LE PETIT ROBERT

DICTIONNAIRE ALPHABÉTIQUE ET ANALOGIQUE DE LA LANGUE FRANÇAISE

NOUVELLE ÉDITION DU

PETIT ROBERT

DE

PAUL ROBERT

SOUS LA DIRECTION DE

ALAIN REY

ET JOSETTE REY-DEBOVE

LE ROBERT

Nouvelle édition millésime 2020.

25, avenue Pierre-de-Coubertin, 75013 Paris.

ISBN 978-2-32101-378-5

PRINCIPAUX COLLABORATEURS

direction Société DICTIONNAIRES LE ROBERT
représentée par
CHARLES BIMBENET
Directeur général

Première édition (1967)

rédaction JOSETTE REY-DEBOVE
HENRI COTTEZ (Ancien élève E. N. S.)
ALAIN REY

travaux annexes de la rédaction J. NÉNAULT – GENEVIÈVE PENCHENAT – LILIANE LÉOTARD
ALIETTE LUCOT (phonétique) – YVETTE LAFITE
ANDRÉ FERRÉ (Inspecteur honoraire de l'Enseignement)
PHILIPPE ROBERT – CYRIL VEKEN

secrétariat et correction FERNANDE BALLESTER (Secr. de direction)
RENÉE de COURVILLE
GEORGES CHETCUTI (Chef correcteur)
ROGER COPPEAUX – ANDRÉ MONTAGNE

Éditions de 1977 à 2007

rédaction CHRISTINE de BELLEFONDS
SOPHIE CHANTREAU
MARIE-HÉLÈNE DRIVAUD
LAURENCE LAPORTE
avec le concours de
CORINNE COULET – ISABELLE ESMOINGT
BÉNÉDICTE GAILLARD – MARIE-JOSÉE JUGLAR
AMINA MEDDEB – ISABELLE MÉTAYER
FRANÇOISE MOREL-TIPHINE – DANIEL PÉCHOIN
CHANTAL PAILLET – DOMINIQUE TAULELLE

spécialités MARIE-JOSÉ BROCHARD, ÉDITH LANÇON (étymologies)
MICHAELA HEINZ, AMINA MEDDEB
et CYRIL VEKEN (locutions)
BÉATRICE LEBEAU-BENSA (graphies)
ALIETTE LUCOT-SARIR (phonétique, homonymes)
DANIÈLE MORVAN (suffixes)
BRIGITTE VIENNE (renvois analogiques)

terminologies JACQUES BEAU ; CNAM (techniques et technologie)
MARIE-FRANÇOISE BOUCHON Conservatoire national de musique et de danse (chorégraphie)
GEORGES COHEN Professeur honoraire à l'Institut Pasteur (sciences de la vie)
JEAN-CLAUDE FÉRAY, INSERM (histoire des sciences)
COLETTE GALLERON-JULIENNE Docteur ès sciences (astronomie, physique, mathématiques, sciences naturelles, musique)

Ludmila MANUILA Docteur en médecine (contribution aux articles de médecine)

Maurice PACQUETET Président honoraire à la cour d'appel de Paris (droit, procédure)

Catherine TEULE-MARTIN Docteur ès sciences de gestion (économie, finances)

avec les conseils de Marie-Josée BRAKHA pour la religion juive

francophonie

Maurice PIRON (Belgique)
Violaine SPICHIGER (Suisse)
Gilberte GAGNON, Jean-Yves DUGAS (Québec)

organisation et gestion

Marie-Hélène DRIVAUD (coordination rédactionnelle auprès des services techniques)
Dominique LOPIN (secrétariat de rédaction)

documentation et informatique documentaire

Emmanuelle CARRANCE-MORAND
Laurent CATACH – Annick DEHAIS
Catherine MARTY – Malika MEKDAD
Véronique MULLON – Laurent NICOLAS
Dominique LOPIN (cinéma)
Émile SEUTIN (néologismes)

préparation

Émilie BARAO – Xiao-Lin FU
Véronique LE GALL – Odile MORVAN
Anne ROUMY – Marylène LACAZE

informatique

Luc AUDRAIN – Karol GOSKRZYNSKI
Élisabeth HUAULT – Kamal LOUDIYI
organisation :
Annie BONDE – Annick DEHAIS
saisie :
Anne BAUDRILLARD
Cécile CHALANDON – Monique HÉBRARD
Hellen RANSON

lecture – correction

Robert PAUCOU – Jacqueline QUÉNY-KLAPKOWSKI
Annick VALADE
Françoise GÉRARDIN – Michel HERON
Nadine LEFORT – Anne-Marie LENTAIGNE
Brigitte ORCEL – Méryem PUILL-CHÂTILLON
Muriel ZARKA-RICHARD – Édith ZHA
et
Pierre BANCEL – Cécile CHALANDON
Véronique DUSSIDOUR – Christine EHM
Régine FERRANDIS – Françoise MARÉCHAL
Lydie RODIER

conception technique et maquette

Gonzague RAYNAUD

Éditions de 2008 à 2020

direction éditoriale	Marie-Hélène DRIVAUD
rédaction	Marie-José BROCHARD – Sophie CHANTREAU Marie-Hélène DRIVAUD – Laurence LAPORTE Édouard TROUILLEZ avec le concours d'Élisabeth HUAULT, Annick DEHAIS et de Béatrice LEBEAU-BENSA (graphies)
français hors de France	Guy BERTRAND – Bruno de BESSÉ – André THIBAULT Michel FRANCARD en collaboration avec Geneviève GERON et Régine WILMET
terminologie	Jean ABOUDARHAM – Maurice COSANDEY, Hervé DURAND – Mélodie FAURY – Charles HAAS Sylvie et Jean-Baptiste VERCKEN Gérard SOULIER – Jean-Claude TANGUY
informatique éditoriale	Sébastien PETTOELLO Karol GOSKRZYNSKI Dominique LE FUR Monique HÉBRARD – Claude SELLIN
documentation et informatique documentaire	Laurent CATACH Annick DEHAIS – Laurent NICOLAS – Émilie BARAO
lecture-correction	Nathalie KRISTY – Anne-Marie LENTAIGNE Sylvie PORTÉ – Méryem PUILL-CHÂTILLON Laure-Anne VOISIN – Muriel ZARKA-RICHARD
conception technique et maquette	Maud DUBOURG avec Nadine NOYELLE et Stéphanie PARLANGE (production)

PRÉFACE DU PETIT ROBERT
(première édition, 1967)
par Paul ROBERT (1910-1980)

L'espoir, puis la conviction de rendre service à mes contemporains m'ont permis d'aboutir à la publication du *Dictionnaire alphabétique et analogique de la langue française*, au terme d'un effort soutenu pendant près de vingt ans. Sans manquer à la modestie, je puis répéter, un siècle après Littré, que l'accueil du public a dépassé mes plus vives espérances et qu'il justifierait, à lui seul, l'idée de préparer un abrégé de mon ouvrage. L'usage d'un petit dictionnaire, pratique et maniable, est, en effet, plus commode pour le possesseur de six gros volumes, quand il s'agit de vérifier rapidement l'orthographe, la prononciation ou le sens courant d'un mot.

Mais la nécessité d'un nouveau dictionnaire n'apparaîtrait pas évidente s'il ne devait innover sur ceux qui existent déjà. Or, l'innovation du *ROBERT* — si j'ose me servir moi-même de cette appellation — réside principalement dans l'enrichissement du cadre alphabétique par le jeu des associations d'idées. Cette conception, qui a fait le succès du grand dictionnaire, s'imposait dans l'élaboration du petit. On y retrouvera donc, à chaque article, un inventaire aussi complet que possible des rapports analogiques de toute sorte, que la source découle des étymologies, des termes des définitions, des enchaînements syntaxiques, des liens de synonymie et d'antonymie ou des fils multiples que la simple logique tresse entre les mots.

L'évolution du langage au cours de ces vingt dernières années nous a conduits à faire entrer dans la nomenclature du *Petit ROBERT* un certain nombre de mots qui ne figurent pas dans le grand. En revanche, les dimensions du nouvel ouvrage nous ont contraints à des suppressions inévitables.

Ce dictionnaire, minutieusement préparé et tenu à jour des plus récents travaux scientifiques — notamment dans le domaine linguistique (phonétique, étymologie, datations, etc.) —, est destiné à un très vaste public, mais d'abord aux maîtres et aux élèves de tous les degrés de l'Enseignement, en France et dans les pays d'expression française. Je suis convaincu qu'il contribuera également à l'expansion de notre langue au-delà des frontières linguistiques, en aidant l'étranger à l'apprendre et à s'en servir correctement.

La réduction a nécessairement porté sur une part du vocabulaire mais, en outre, sur la masse d'exemples qui illustrent l'emploi des mots. On s'est efforcé de ne rien négliger d'essentiel, mais le lecteur doit être averti qu'il ne saurait trouver dans les deux mille pages d'un volume de format réduit l'équivalent des cinq mille six cents pages distribuées dans les six gros volumes du *ROBERT*.

Quinze ans après la formation de mon groupe de collaborateurs permanents, j'ai la fierté de retrouver à mes côtés ceux qui en composaient le noyau initial. C'est au plus ancien de mes rédacteurs, M. Alain Rey, que j'avais confié, dès 1959, le soin de remplir, auprès de moi, les fonctions de secrétaire général de la rédaction du Dictionnaire, fonctions entre toutes difficiles, qu'il a assumées avec une compétence telle qu'il devait, tout naturellement, affronter des responsabilités accrues dans l'élaboration du *Petit ROBERT*. Quelle gratitude le « maître de l'œuvre » ne doit-il pas, du fond de son cœur, à tous ceux qui y ont participé, du principal second au plus modeste de nos auxiliaires ! Aux noms de MM. Robert Le Bidois, docteur ès lettres, Jean Lecomte, membre de l'Institut, et Paul Laffitte, professeur de chimie à la Sorbonne, qui nous ont apporté leur éminent concours dans la révision du *Grand ROBERT*, j'ai le devoir d'associer dans ma reconnaissance profonde celui du regretté M. André Ferré, inspecteur honoraire de l'Enseignement.

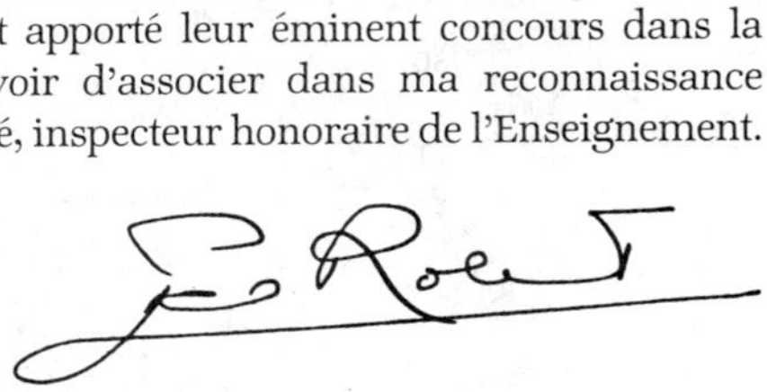

PRÉFACE

par Alain REY (1967; 1977), actualisée en 1993 par Josette REY-DEBOVE et Alain REY, en 2017 par Alain REY.

UNE LANGUE BIEN VIVANTE

On verra au simple coup d'œil que ce dictionnaire reste fidèle à ce qui a fait son succès, la richesse, la précision et la modernité de la description du lexique. C'est ce souci de modernité qui nous a amenés à publier, depuis 1967, de nouvelles éditions remaniées. Car il ne suffit pas d'ajouter des mots nouveaux pour qu'un dictionnaire soit actualisé ; la modernité pénètre la langue dans toute son épaisseur : les mots, certes, mais aussi les significations, les contextes d'emploi, les locutions, et les allusions qui sont les témoins et les signaux de notre époque.

Ce *Petit Robert* est nouveau parce que, le français ayant profondément changé, il a fallu en reprendre la description par le menu. La langue évolue de plusieurs façons ; parfois accidentellement, parfois nécessairement puisque tout se modifie en nous et autour de nous. Le lexique d'une langue est la mesure de toute chose, et le lexicographe doit faire le point chaque fois qu'un écart devient sensible entre le dictionnaire et l'univers culturel présent. Cette situation impose une relecture ligne à ligne, des textes originaux et de nouvelles synthèses.

Ainsi, nous pensons avoir apporté quelques améliorations de méthode qui sont le fruit de l'expérience, notamment en matière d'anglicismes, de féminisation des noms de métiers, de rectifications orthographiques. Ce dictionnaire reste fidèle à son rôle d'observateur objectif, rôle qui répond à la demande majoritaire des usagers du français. Il arrive qu'il donne son avis sur une forme ou un emploi, mais c'est alors par des remarques explicites qui ne peuvent être confondues avec l'objet de la description.

Enfin, ce *Petit Robert* bénéficie des techniques de l'informatique à trois stades de la production du texte ; tout d'abord un **corpus** vaste et varié de citations mises en mémoire ; ensuite, un **balisage logique** du texte qui constitue une source d'informations constamment disponibles et modifiables. Ce balisage intervient dans l'**aide à la rédaction**, pour pouvoir travailler sur des ensembles de mots posant les mêmes problèmes, et pour vérifier la cohérence du discours de description, aussi bien dans ses différents domaines d'information que dans sa typographie, la seconde étant normalisée comme support formel des premiers.

UN DICTIONNAIRE QUI A UNE HISTOIRE

En 1967, le *Petit Robert* faisait sa première apparition. À cette époque, il y avait peu de dictionnaires en un volume sur le marché, et leur contenu était surtout encyclopédique ; on considérait la lexicographie comme un travail utilitaire, et les dictionnaires n'étaient plus, comme par le passé, un lieu privilégié de réflexion et de recherches sur le langage.

Le *Petit Robert*, dès sa naissance, suscita un vif intérêt chez les lecteurs qui, à côté du bon usage garanti par les grands auteurs, retrouvaient leur emploi quotidien du français dans ce qu'il avait de plus actuel et même de plus familier. Il n'est pas indifférent que ce dictionnaire soit sorti à la veille de Mai 1968. Les lecteurs se sont reconnus dans le *Petit Robert* et ont reconnu leur époque ; le dictionnaire devenait pour lors un ouvrage vivant, le trésor lexical de chacun, en même temps qu'il décrivait avec un soin de précision ce que tout francophone souhaitait savoir sur les mots.

Plusieurs autres aspects originaux de l'ouvrage méritent d'être rappelés. D'abord le caractère historique du *Petit Robert* lui faisait prendre la relève du *Littré* (1863-1872), devenu inutilisable pour le lexique contemporain, et que toute adaptation moderne défigure. Le *Petit Robert* améliorait les étymologies grâce à l'exploitation du *Französisches Etymologisches Wörterbuch* de Walther von Wartburg, réservé aux spécialistes. En outre, il empruntait au *Dictionnaire général* de Hatzfeld et Darmesteter (1900), ouvrage trop peu connu, la présentation arborescente des significations (polysémie en arbre), bien supérieure à la présentation linéaire de Littré. À cela s'ajoutait un effort original pour dater l'apparition des sens, qui ouvrait des horizons étonnants sur l'histoire culturelle. Le système « analogique », largement exploité dans le *Dictionnaire alphabétique et analogique de la langue française* devenu par la suite *Grand Robert*, permettait de trouver un mot oublié ou inconnu à partir d'un mot connu. En ce qui concerne les définitions, nous les voulions plus précises et plus fines, à une époque où la linguistique pure souhaitait expliquer le lexique par la syntaxe. Enfin, la littérature était constamment présente dans les citations empruntées aux écrivains, du XVIIe siècle à la période contemporaine ; « Phèdre » y côtoyait « Zazie dans le métro ».

L'accueil fait à la langue courante familière constituait alors une hardiesse qui bousculait la tradition. Il n'était plus possible d'ignorer cet aspect de l'usage depuis que les écrivains s'étaient mis à l'exploiter, et qu'une grande partie de l'argot s'était banalisée dans l'expression orale. L'introduction de ce vocabulaire imposait que l'on signale des niveaux de langue en adoptant un point de vue sociolinguistique. Il fallut développer un système de marques qui n'était pas nécessaire du temps où les dictionnaires, tous normatifs, rejetaient les mots que la « bonne société » n'acceptait pas.

On doit ajouter aussi que, pour la première fois dans un dictionnaire monolingue, la prononciation normalisée de tous les mots était transcrite dans l'alphabet de l'Association phonétique internationale (A. P. I.) ; cette information indispensable aux lecteurs non francophones a contribué à instaurer l'utilisation des dictionnaires français monolingues dans l'apprentissage du français langue étrangère.

LE DICTIONNAIRE DE LANGUE

UNITÉS ET INFORMATIONS

Il n'est jamais inutile de rappeler ce qu'est un dictionnaire de langue et d'évaluer les oppositions par lesquelles on le caractérise. D'abord, tout dictionnaire français a de nos jours un classement alphabétique qui en permet la consultation. Un dictionnaire qui regroupe les mots par familles, comme le premier *Dictionnaire de l'Académie* (1694) ou aujourd'hui le *Dictionnaire historique de la langue française*, fait généralement des renvois à une nomenclature alphabétique. Ce classement formel est commode parce qu'il ne préjuge d'aucune connaissance sur les mots autre que leur graphie.

On oppose le dictionnaire de langue à l'encyclopédie alphabétique, le premier informant sur des **mots** et le second sur la **connaissance du monde**. Ce critère est insuffisant si l'on considère la **définition**, pièce maîtresse de ces ouvrages, car elle vaut pour les deux types de dictionnaires : en définissant un « objet » elle présente aussi le sens du mot qui le désigne. Certains ont pris l'habitude d'opposer les noms propres (encyclopédie) et les noms communs (langue) ; cette distinction n'est pas sérieuse car on n'a jamais vu de dictionnaires de langue ne contenant que des noms. Aucun dictionnaire général ne néglige les verbes, les adjectifs, les adverbes, les mots grammaticaux.

L'opposition **noms propres/noms communs**, trop restrictive, n'est pas toujours pertinente. D'une part, le dictionnaire de langue donne des noms propres en sous-entrées des articles, lorsque ces noms sont formés de noms communs (*Côte d'Azur* à *côte*, *Organisation des Nations unies* ou

O.N.U. à *organisation*). D'autre part, les encyclopédies alphabétiques ne présentent pas que des noms propres, mais aussi des noms communs qui dénomment les choses que l'on veut faire connaître (*Darwin*, mais aussi *darwinisme* et *évolutionnisme*).

On envisage alors un autre critère qui peut sembler décisif, celui des **mots grammaticaux** ; une encyclopédie alphabétique ne fait pas figurer les mots *à, quel, demain* à sa nomenclature. Mais aussitôt surgit le contre-exemple du « **dictionnaire encyclopédique** », qui tente de réunir langue et encyclopédie et qui traite lui aussi ces mots ; à la nomenclature d'un dictionnaire de langue, il mêle des noms propres, il ajoute des paragraphes encyclopédiques et des illustrations aux mots et aux termes qui en relèvent. Leur description est alors limitée à la définition : on ne sait rien de leur origine, de leur histoire, et peu de choses quant à la diversité de leurs emplois, leurs synonymes ou leurs contraires.

La différence fondamentale entre le vrai dictionnaire de langue et les ouvrages apparentés réside dans le programme d'**information sur le signe**. Ce programme n'est pas seulement lié à la reconnaissance et à la compréhension du mot ; il doit aider à la production des phrases en montrant comment le mot s'emploie à l'écrit comme à l'oral. La **prononciation** est fondamentale, mais aussi l'entourage du mot, les **collocations** (mots qui apparaissent souvent en même temps), les **locutions** (expressions figées), et aussi les **constructions** syntaxiques, les **difficultés** d'emploi. En somme, ce qui est absolument nécessaire, après la définition, c'est une large exemplification où le mot se trouve dans des contextes attendus, ce qu'on appelle la **phraséologie**.

Plus généralement, toutes les informations sur le signe, à l'exception de la définition, sont de nature à distinguer le dictionnaire de langue du dictionnaire encyclopédique. Ce schéma se trouve vérifié dans le **dictionnaire général bilingue** qui est toujours un dictionnaire de langue ; ce dictionnaire sert à la version et au thème et ne saurait être encyclopédique puisqu'on y passe d'une langue à une autre par des équivalences de mots dont le contenu n'est pas analysé (absence de définitions).

NOMBRE ET NATURE DES ENTRÉES

Aucun dictionnaire n'est complet au sens où il contiendrait tous les mots de la langue décrite. L'ensemble des mots utilisés en français relève d'un autre ordre de grandeur, qui d'ailleurs ne saurait être précisé. Dans le moment présent, le lexique est **indéterminé**, car à chaque instant des mots sont créés ou empruntés qui n'arrivent pas à la connaissance et encore moins à l'usage actif de l'« honnête homme » (taxinomies scientifiques, terminologies, etc.) et c'est tant mieux pour lui, car il n'en a aucun besoin. Pour les professionnels, on le sait, il existe des **dictionnaires spécialisés** et des lexiques, des terminologies.

Si la notion de **complétude** n'a aucun sens, celle du **nombre de mots** traités n'a aucune pertinence. On peut enfler à volonté la nomenclature d'un dictionnaire général de la langue en puisant dans les répertoires de mots rares. La surenchère quantitative, souvent utilisée comme argument de promotion des dictionnaires généraux, touche l'aspect le plus formel de la nomenclature. Or, une bonne nomenclature de dictionnaire est une structure, et non une simple liste d'entrées (on l'appelle **macrostructure**) ; quel que soit le nombre de mots, elle se construit sur un axe de fréquences, du plus courant au moins courant.

Un petit dictionnaire qui traite *violon* peut ne pas intégrer *vibraphone* qui est un vocable plus rare ; mais l'inverse serait absurde. **La nature des mots traités** est en relation avec le nombre de mots prévus pour une nomenclature. Aussi bien le lecteur qui cherche en vain un mot dans un dictionnaire en un volume doit-il se demander si ce vocable n'est pas trop rare ou trop spécialisé pour y figurer, avant d'accuser le lexicographe de négligence ou de retard.

LES MOTS DU DICTIONNAIRE

LA NOMENCLATURE

La nomenclature du *Petit Robert* est vaste pour un dictionnaire en un volume, sans que cette richesse nuise au contenu des articles (leur « microstructure ») dont beaucoup occupent plus d'une page. Une telle densité de l'information est rendue possible par le système de présentation (abréviations, caractères typographiques liés au type d'information, suppression des redondances grâce aux renvois dans le traitement des expressions).

Le *Petit Robert* répertorie plus de 60000 mots. Des milliers d'entrées, introduites entre 1967 et aujourd'hui, sont des néologismes représentatifs de tous les usages de la société. On y trouvera des mots didactiques, des mots culturels qui reflètent un état social ; des mots scientifiques et techniques (par exemple, ceux de l'informatique, de l'écologie...) ; des mots désignant des réalités quotidiennes, parmi lesquels ceux des plaisirs de la table, avec des emprunts à d'autres langues que l'anglais américain : italien, espagnol, japonais...

Ces mots ajoutés s'inscrivent dans une nomenclature révisée et rééquilibrée, notamment par la suppression très exceptionnelle d'archaïsmes scientifiques et techniques.

La nouvelle nomenclature a obligatoirement entraîné un nouveau système de renvois et de « fermeture du texte ». Tous les mots utilisés dans les définitions sont eux-mêmes définis dans l'ouvrage ; seule exception, les éléments des classifications scientifiques cités entre parenthèses.

ÉLÉMENTS

La nomenclature contient aussi des éléments de formation des mots savants. La présence de ces unités est destinée à expliquer la formation de termes récents (du dictionnaire ou hors dictionnaire) et non à répertorier les éléments — ou **morphèmes** — du français. La liste de ces éléments s'enrichit selon les besoins néologiques des sciences.

ENTRÉES HORS NOMENCLATURE

La place des mots traités dans un dictionnaire est naturellement fixée dans la nomenclature alphabétique qui se suit sans interruption du A au Z (zzz !). Un mot (ou un élément) qui figure à la nomenclature est appelé **entrée**, et cette entrée donne matière à un **article**.

Mots dérivés

Néanmoins certaines régularités peuvent inciter à modifier ce principe pour des raisons pratiques. On observe, par exemple, qu'un mot comme *glaciologie* a pour dérivés *glaciologue* et *glaciologique*, et que pour toutes les sciences, le français possède ce système (*cardiologie* → *cardiologue, cardiologique*, etc.). Le sens de ces mots dérivés va de soi, et seules des indications de forme et de catégorie grammaticale sont alors nécessaires. La préférence donnée aux mots dont le sens mérite une explication a conduit à signaler de nombreux **dérivés** dans l'article du **mot-base**, le plus souvent à la fin. Il ne faut voir aucune intention théorique dans ces regroupements qui ont été pratiqués à la condition que l'ordre alphabétique n'en soit pas perturbé.

Entrées modifiées

De même, en dehors des variantes orthographiques qui sont généralement données en seconde entrée, un mot peut avoir plusieurs formes abrégées (**abréviations** et **troncations**) ou augmentées, sans changement de sens, et ces formes figurent à l'article du mot normal. Ainsi, le mot *réac* est traité sous *réactionnaire* avec toutes les informations ordinaires sauf le sens, qui est identique ; *vs* est signalé à *versus*. Un rappel de ces formes à la nomenclature avec renvoi au mot courant permet au lecteur de les retrouver.

Dérivés de noms propres Les noms propres de personnes (**anthroponymes**) et de lieux (**toponymes**) produisent de nombreux dérivés, adjectifs ou noms ordinaires. Ces mots sont embarrassants pour le lexicographe dans la mesure où les noms propres sont internationaux et donc translinguistiques. Ce n'est qu'une question d'usage, rien n'empêche de produire des adjectifs français à partir de tous les noms allemands ou arabes d'une encyclopédie. D'autre part, la plupart de ces dérivés n'ont pas véritablement de sens linguistique : ils désignent par leur radical une personne, un lieu et signifient par leur suffixe (ex. *hégélien ; berlinois, pakistanais*).

Pour cette raison, une liste des dérivés de noms propres figure en fin d'ouvrage, augmentée des adjectifs savants qui ne sont pas dérivés et constituent une difficulté, par exemple *pontépiscopien* pour « de Pont-l'Évêque ». Si le dérivé a un sens ou un emploi spécifique, il est traité à la nomenclature : *viennois* à cause de *pain viennois* et *viennoiserie* ; *vénitien* à cause de *blond vénitien, lanterne vénitienne.* Lorsqu'une expression contient un nom propre, on la trouvera à l'autre élément : *chou de Bruxelles* est défini à *chou.*

Variantes On appelle **variante** d'un mot une autre façon autorisée de l'écrire, avec ou sans différence de prononciation *(bette/blette ; clé/clef)* mais sans changement d'affixes, sans abréviation ni troncation. Les variantes ont une importance plus ou moins grande par rapport au mot de référence. L'estimation de cette importance est exprimée dans le *Petit Robert* par la manière de présenter la variante, ou les variantes. Si deux formes sont courantes, elles figurent à la nomenclature en entrée double : ÉVÈNEMENT ou ÉVÉNEMENT ; dans cette présentation, le lexicographe favorise la première forme ; c'est elle, en effet, qui fonctionne pour l'ensemble du dictionnaire, dans les définitions, les exemples, les renvois de synonymes, de contraires, etc. Si la variante est plus rare, on la signale par « on écrit aussi, parfois » : CALIFE (on écrit aussi *khalife*). Enfin, lorsqu'une faute courante apparaît comme plus légitime que la « bonne » graphie, on a choisi de la promouvoir : CHARIOT ou CHARRIOT (d'après les autres mots de la même famille). Si l'on souhaite un certain desserrement d'une norme parfois arbitraire, c'est la « faute » intelligente qui doit servir de variante à une graphie recommandée mais irrégulière.

La notion de variante existe aussi à l'oral ; il arrive qu'un mot à graphie constante soit, dans l'usage, prononcé de deux ou plusieurs façons, et ceci, sans rapport avec les diverses régions de la francophonie. Même si la norme de l'oral est socialement moins contraignante, il est nécessaire de donner plusieurs notations phonétiques par égard pour les non-francophones. Ces variantes entraînent aussi des phénomènes importants d'homonymie (voir ci-dessous).

HISTOIRE ET PATRIMOINE

Toute description du vocabulaire, dans une langue ancienne et riche en témoignages littéraires, comme le français, est incomplète sans un coup d'œil rétrospectif. Pour mieux comprendre l'usage actuel, de brefs rappels historiques s'imposent. L'histoire est présente dans ce dictionnaire de bien des manières. Si l'origine des mots ne justifie pas toujours leur valeur présente, elle reste indispensable à qui veut comprendre comment s'est constituée la langue qu'il emploie. Sortie du **latin populaire des Gaules**, cette langue s'est colorée de très anciens **emprunts germaniques** à la langue des Francs, cet ancien bas francique qui, très modifié, survit dans le francique de Lorraine. La langue française témoigne même de l'antique fonds celtique (le **gaulois**). Puis, elle s'est enrichie d'**emprunts**, d'abord au latin chrétien et au latin classique, puis au grec et, à partir du XVIe siècle, aux langues vivantes voisines (italien, ensuite espagnol, néerlandais, anglais, allemand, etc.) ou plus lointaines (arabe, hébreu, turc, langues indiennes d'Amérique...). Cet enrichissement constant ne va pas sans inconvénients : au XVIe siècle, le français « italianisé », aujourd'hui, la marée des américanismes déferlant sur le français, comme elle envahit la plupart des langues du monde, y compris l'anglais britannique.

Dans ce dictionnaire, des étymologies brèves, aussi précises que possible, résument l'état actuel des connaissances : les informations apportées par le grand ouvrage de Walther von Wartburg, puis par le *Trésor de la langue française* (1971-1994) et par le *Dictionnaire historique de la langue française* (1992 ; 2016) ont été largement utilisées. Ces étymologies comportent une date (ou une époque, un siècle), celle de la première apparition connue dans un texte du mot concerné ; puis, éventuellement, la forme ancienne est mentionnée avec le sens le plus archaïque de ce mot, s'ils sont très distincts de la forme et des sens modernes ; enfin, on donne l'**étymon**, le mot latin, grec ou autre dont est issu le vocable français. En outre, des dates situent l'apparition de sens particuliers, à l'intérieur de l'article. Ces informations sont plus abondantes que dans tout autre dictionnaire français en un seul volume. Elles manifestent l'importance accordée à la notion de **patrimoine culturel**, et au fait que les usages actuels se sont constitués par un cheminement **historique**, que reflète aussi l'organisation des articles. Le plan logique, qui fait l'entière économie de cette histoire, a semblé insuffisant pour une description complète, où certaines valeurs de sens, certains usages aujourd'hui abandonnés sont inscrits dans la tradition littéraire, dans l'histoire des idées, des sentiments et des mœurs « en français ».

Cette attitude correspond à une volonté d'enrichir la connaissance de la langue moderne par le recours aux richesses de son passé, à l'espoir de garantir l'avenir par référence aux réussites langagières de la Renaissance, de l'âge classique, du romantisme, qui nous sont transmises par les textes, par le théâtre, par les adaptations.

VARIÉTÉS DU FRANÇAIS

La double démarche qui, partant du bon usage actuel, revient aux origines par l'étymologie et l'histoire, et qui conduit d'exemples neutres aux créations des littératures de diverses époques et de divers lieux (les littératures belge, suisse, québécoise, africaines, caraïbes, etc., sont bien entendu représentées) manifeste assez, à l'intérieur de l'unité incontestable et nécessaire du français, ses multiples **variations**. Refusant l'autocensure d'une norme rigoureuse — il incombe au *Dictionnaire de l'Académie française* de remplir ce rôle — le *Petit Robert* se devait de noter les **valeurs sociales** d'emploi des mots et des sens. Valeurs inscrites dans le temps, d'abord, ce qui est donné comme un archaïsme étant marqué VX (vieux) s'il risque de n'être plus compris, ou VIEILLI (s'il est encore compris).

Témoins de la variété dans l'espace, les **régionalismes** de France et d'ailleurs sont mentionnés comme tels, ou précisés par la mention de leur domaine géographique d'usage. Ce dernier est souvent indispensable lorsqu'il s'agit de refléter les emplois du français hors de France, soit en tant que langue maternelle (Belgique, Suisse, Québec et Acadie), soit en tant que langue officielle non maternelle, situation d'ailleurs représentée en France même (Alsace, Corse, Catalogne, Pays basque, et encore parfois Bretagne, Flandres françaises ou Lorraine germanophone), situation normale dans les Caraïbes ou l'océan Indien, avec le bilinguisme créole-français, en Afrique francophone et partiellement au Maghreb. Pour les mots et usages propres à ces pays et territoires, on précise la zone d'emploi (« Québec », « français d'Afrique », etc.). Les termes institutionnels, pour leur part, sont distingués lorsqu'ils n'ont cours qu'en français de France, ou en français de Suisse ou de Belgique, ou du Canada francophone, par une mention : Au Québec, En Suisse, etc.

Cependant, l'objectif principal du *Petit Robert* n'a pas varié : c'est la description d'un français général, d'un français commun à l'ensemble de la francophonie, coloré par des usages particuliers, et seulement lorsque ces usages présentent un intérêt pour une majorité de locuteurs dans un lieu donné. Ainsi de la désignation de réalités propres ou d'usages très spécifiques, comme le *bleuet* québécois, les *pralines* belges — qui ne sont pas exactement des *chocolats* et encore moins des *pralines* selon l'usage de France —, les *pistaches* antillaises — qui sont ailleurs des *arachides* et aussi, en français d'Europe, des *cacahouètes*. Ces données ne prétendent pas remplacer les descriptions spécifiques des belgicismes, helvétismes, québécismes, africanismes, antillanismes, maghrébinismes, etc., et encore moins se substituer à des dictionnaires du français décrivant l'usage et la norme de cette langue dans une communauté sociale donnée.

Le *Petit Robert*, bien qu'il décrive fondamentalement une norme du français de France, inclut certains régionalismes, de France et d'ailleurs, pour souligner qu'il existe plusieurs « bons usages », définis non par un décret venu de Paris, mais par autant de réglages spontanés ou de décisions collectives qu'il existe de communautés vivant leur identité en français. C'est pourquoi les helvétismes ont été choisis par des Suisses, les belgicismes par des Belges, les québécismes par des Québécois, et ainsi pour chaque sélection de vocabulaire.

Quant aux variantes qu'on attribue à des « **niveaux de langue** », elles sont signalées avec le plus de précision possible, compte tenu de l'ampleur de la description et, comme on l'a vu plus haut, de l'absence de tabous *. De l'emploi réservé à la langue écrite et à des discours « soutenus », propre au français écrit et notamment à l'usage littéraire dominant, aux emplois « familiers », diverses nuances sont possibles. Il faut en distinguer les usages qui constituent de véritables signaux d'appartenance sociale comme « argot, argotique » ou « populaire », réservés aux emplois qui dénotent une scolarisation insuffisante. D'autres marques s'appliquent à des contenus qui ne peuvent être exprimés sans danger de choquer, tel « vulgaire », ou encore qui manifestent une attitude hostile et violente, du simple « péjoratif » à l'insulte et à l'injure raciste ou sexiste, explicitement qualifiées et dénoncées.

Certains termes ne sont en usage que dans un domaine particulier de la communication ou dans un type de discours, et les abréviations qui correspondent à des **domaines du savoir** dans les encyclopédies sont employées ici pour caractériser un **emploi didactique, technique** ou **scientifique** du français et qui ne serait ni naturel ni normal dans l'usage général. Au contraire des mots et sens familiers, ces termes spéciaux sont le plus souvent partagés par toutes les communautés francophones et appartiennent à ce fonds commun que l'on peut qualifier de « français général » et qui rend possible la communication, malgré les divergences, dans toute la francophonie.

ÉVOLUTION DU LEXIQUE

À observer l'ensemble des entrées ajoutées dans cette édition, on peut apercevoir assez clairement dans quelles directions évolue le lexique. Quelques pessimistes parlent du français comme d'une langue qui aurait

* Voir la liste des abréviations qui commente la valeur de ces niveaux (p. XXVIII).

perdu sa **créativité** et qui ne vivrait plus que d'emprunts à l'anglais : le *Petit Robert* leur apportera la preuve du contraire et montrera que les néologismes, toujours aussi nombreux, sont en outre formés selon de nouveaux modèles ; l'époque actuelle invente d'**autres procédures** pour créer des mots.

MOTS COMPOSÉS

Les mots savants sont traditionnellement formés avec des radicaux latins *(octogénaire)* ou grecs *(stéthoscope)*, parfois hybrides *(monocle)*, ces derniers autrefois critiqués par les puristes. Aujourd'hui, un très grand nombre de mots mêlent le grec ou le latin au français, et ce modèle est de plus en plus productif (*stratosphère, agro-alimentaire, écomusée, hydrocarbure, narcotrafiquant, hélitreuiller, voyoucratie, boulodrome, pochothèque, fraisiculteur* [avec ajout d'un *o* ou d'un *i* de liaison]).

Parfois même, on compose de cette façon avec deux mots français *(placoplatre, alcalinoterreux, riziculture)*. Cette composition des mots reste « savante » dans la mesure où l'ordre des mots est inversé par rapport à la désignation ordinaire *(placoplatre : plâtre en plaques ; riziculture : culture du riz)*. Le français, désormais, peut, comme l'anglais, produire des composés courants de ce type tout en disposant du système sans inversion, du type *jupe-culotte, voiture-bar* ou *abribus*. De plus, l'adjonction du *o* ou du *i* de liaison produit en fait un nouvel élément : *placo-, filo-, rizi-*, etc. Nous avons donc légitimé *moto-* de *moteur* (*motocycle, mototracteur*, etc.), *toxico-* de *toxique (toxicomane), séro-* de *sérum (sérodiagnostic)*.

On voit comment, partie de règles très contraignantes, la composition des mots s'est libérée. Il n'est plus possible aujourd'hui de dire que la morphologie lexicale du français est une entrave à la créativité. Ce point de vue puriste est dépassé par les faits, et il faut accepter qu'une langue vivante change de normes, quitte à rester réservés par rapport au procédé pris à l'anglais des **mots-valises**, formés, non sur des éléments signifiants, mais sur des syllabes (ex. *handisport*).

TRONCATIONS

Les dernières décennies ont été marquées, pour le vocabulaire, par un écourtement des formes qui s'étend et s'accélère dans tous les registres de la langue, des mots irremplaçables comme *cinéma*, déjà ancien et qui a donné *ciné*, aux mots courants de bonne compagnie, comme *mélo, météo, écolo*, et aux mots plus familiers comme *appart (appartement), intox (intoxication), stup (stupéfiant)*, etc. Toutes ces formes, parfois sibyllines pour les étrangers, ont été signalées dans le dictionnaire, et beaucoup figurent à la nomenclature où elles renvoient au mot complet. Leur brièveté, en effet, est un avantage pour les locuteurs, mais comme la coupure survient quasiment n'importe où (*prof* pour *professeur, pro* pour *professionnel*), la restitution du mot complet est aléatoire.

Une autre difficulté de « reconnaissance » du mot est due au double phénomène de troncation avec suffixation populaire, souvent, mais pas seulement en *-o*, qui se manifeste dans de nombreux mots apparentés à l'argot : *alcoolo (alcoolique), apéro (apéritif), dirlo (directeur), chômedu (chômage)*.

Enfin, on peut constater que le raccourcissement frappe aussi les éléments, tant par des décisions volontaires que par des confusions dans la coupe des mots : *hélico- (hélicoptère)* devient *héli- (héliport), pétrolo-* de *pétrole* devient *pétro- (pétrochimie)*, etc. De plus, de nombreux éléments prennent le sens du mot très connu dans lequel ils figurent : *oxy-* « pointu » a acquis le sens de « oxygène » *(oxyhémoglobine), psycho-* « âme », celui de « psychologie » *(psycholinguistique), narco-* « sommeil », celui de « narcotique, stupéfiant, drogue » *(narcotrafiquant)*. Tous ces mouvements témoignent de la vitalité du français.

SIGLES Une autre façon d'écourter le discours est l'emploi des sigles. D'abord surtout réservés aux sociétés, institutions, partis et syndicats (B.H.V., B.N.P., S.D.N., U.D.F., C.G.T., etc.), ils représentaient des noms propres dans l'écriture. Leur usage s'est massivement répandu pour les noms communs (C.C.P., H.L.M., I.V.G., P.M.E., O.P.A.) et même les adjectifs (B.C.B.G). On les a de plus en plus employés à l'oral ; certains sont si courants que la forme complète correspondante est souvent ignorée (C.R.S. « agent des *Compagnies républicaines de sécurité* »). En outre, lorsque la suite de lettres est prononçable, les sigles se lisent, pour la plupart sans être épelés, comme des mots ordinaires et perdent leurs points, parfois aussi leurs capitales (ZUP, DOM-ROM, *ovni, sida*) ; ce système rétroagit sur l'écriture des sigles non prononçables (B.D., *bande dessinée* qui a donné *bédé*). Tous les cas sont susceptibles de produire des dérivés qui, n'étant jamais des noms propres, trouvent leur place dans le dictionnaire de langue *(cégétiste, cébiste, bédéphile, énarque, opéable, vépéciste)*. On voit que se développe un puissant système de création lexicale, marqué par la démotivation graphique, comme celle qui s'est produite en passant de *n*ième à *énième*, avec la même prononciation. Le *Petit Robert*, qui répertorie ces mots et donne leur étymologie, garde la mémoire de leur curieuse formation.

MOTS ÉTRANGERS Parmi les nouvelles entrées, il y a un nombre important de mots étrangers récemment implantés en français. L'anglicisme est quantitativement dominant, mais on observe un afflux d'emprunts à d'autres langues, notamment des mots italiens, arabes, espagnols, allemands, japonais et russes. La mondialisation de l'information et les grands mouvements du tourisme, en rétrécissant le monde, rendent toutes les langues plus poreuses ; ces emprunts sont justifiés par la nécessité de désigner les choses qui viennent de loin et qui restaient ignorées. C'est un rapprochement entre les peuples et entre les langues car ces mots, généralement non assimilés, deviennent des **mots universels**.

Certains anglicismes, on le sait, sont plus contestables dans la mesure où ils ne sont pas nécessaires. Le prestige des États-Unis, leur puissance économique et leur avance technoscientifique suscitent un flot d'emprunts et ceci, même lorsque le mot français qui convient existe déjà. La situation est aggravée par la rapidité de l'information. Par ailleurs, l'anglicisme qui était autrefois un snobisme des classes aisées exerce aujourd'hui une pression qui touche toutes les classes de la société, et plus largement les adolescents. Dans le domaine des terminologies, des institutions ont été créées au Québec pour proposer des mots français en remplacement des anglicismes, en France, sous l'égide de la *Délégation générale à la langue française et aux langues de France* pour « l'enrichissement du vocabulaire ». Et parfois l'entreprise est couronnée de succès complet (*ordinateur* pour *computer, logiciel* pour *software*) ou relatif (*courriel* pour *e-mail*). Nous avons signalé comme tels les anglicismes et américanismes récents et indiqué le mot français correspondant proposé (recommandation officielle), sans faire apparaître à la nomenclature ce qui n'est pas attesté par l'usage. Car la vocation du *Petit Robert* n'est pas de légiférer, mais d'observer la langue en attirant l'attention sur les problèmes. Il faut signaler aussi — et les commissions ne s'en préoccupent pas — que les emprunts récents à l'anglais ont fortement amplifié le phénomène de l'**acronymie**, ou formation d'un mot avec certaines syllabes extraites de plusieurs mots. Cette formation sauvage se manifeste par exemple dans *contraception* (anglais *contra- + conception*), *navicert* (anglais *navigation certificate*), *brunch* (angl. *breakfast + lunch*) ; en français, on a créé, par exemple, *progiciel (programme + logiciel), velcro (velours + crochet), héliport (hélicoptère + aéroport), tapuscrit (taper + manuscrit), volucompteur (volume + compteur*) et bien d'autres. Là encore, l'avantage de la brièveté s'accompagne de l'impossibilité de l'analyse morphologique utile à la compréhension des mots. Néanmoins, la morphologie des composés savants n'étant plus maîtrisée que par des lettrés, cette façon de former librement des mots a un aspect ludique qui la rend très productive : voir ci-dessus les « mots-valises ».

La dérivation française sur des mots anglais continue de se développer : après avoir formé *footing, tennisman,* on a produit en français *relooker, glamoureux, footeux, débriefer. Camping-car* est aussi un produit français inconnu des anglophones.

VERLAN

De tout temps on a forgé des parlers « subrogés » qui permettent de déguiser les mots selon des règles instaurées pour des initiés. Nous avons eu le « javanais », le « loucherbem » (prononcé [luʃebɛm]), et le verlan, qui présente les mots à l'envers et s'est développé à partir de 1970-1980. Il n'est pas dans notre propos de décrire un tel système, qui par ailleurs est limité à un milieu restreint. Mais certains mots se sont répandus dans l'usage familier courant et ne pouvaient être raisonnablement rejetés. Nous avons donc traité les mots *beur, meuf, chelou, relou, zarbi*... sur le même pied que certains mots familiers.

GRAPHIES ET PRONONCIATIONS

Les façons d'écrire et les façons de prononcer le français n'évoluent pas au même rythme. Si l'écriture change plus lentement, c'est qu'elle reste socialement valorisée par rapport à l'oral qui, aujourd'hui encore, est considéré comme une expression libre, familière et sans conséquence (alors que c'est la langue orale qui fonde l'objet d'étude de la linguistique). L'écrit laisse par essence une trace et constitue le lieu de la norme et de la stabilité. Cette pesanteur de l'écrit constitue parfois une gêne, comme lorsque la prononciation s'éloigne de l'écriture ; mais elle constitue aussi un frein pour la langue parlée qui est massivement déviante et inventive. De plus, c'est le français écrit qui garde le passé en mémoire et assure la continuité du système. Si *doigt* s'écrivait *doi*, la relation formelle avec *digital* serait perdue. Néanmoins il ne faudrait pas croire que l'écrit est un système régulier dans son ensemble. Il a subi des réformes autoritaires (justement l'ajout de *gt* pour *doigt* au XVIe s.) et il lui est arrivé maints accidents qu'on appelle pudiquement « exceptions ».

Le *Petit Robert* est très attentif aux évolutions des graphies*, qui souvent tendent à plus de simplicité. On peut observer la soudure des éléments préfixés (le trait d'union était malvenu puisqu'il ne joignait pas deux mots). L'Académie des sciences a entériné cette évolution. La soudure intervient aussi pour les mots composés et on écrit *plateforme.* Il arrive que pour certains mots empruntés, plusieurs graphies soient d'abord attestées *(kouglof, casher...).* Mais le temps les sélectionne et la forme se stabilise, généralement au profit de l'assimilation.

Les emprunts anglais offrent de nombreux noms en *-er* prononcés tantôt comme dans *blister*, tantôt comme dans *freezer (-eur),* tantôt des deux façons (*scooter,* etc.). La tendance actuelle est de franciser le suffixe *-er* en *-eur (bluffeur, crawleur, kidnappeur, mixeur),* ce qui permet la féminisation en *-euse,* et ceci d'autant plus lorsqu'il existe déjà un verbe en *-er (bluffer, kidnapper,* etc.) ; ces emprunts s'alignent alors sur le système français *danse, danser, danseur : bluff, bluffer, bluffeur.*

On observe aussi une francisation des pluriels des mots étrangers au fur et à mesure que l'emprunt est plus usité : *des supermans, des sandwichs, des whiskys, des minimums, des adagios, des tatamis.* Et pour les langues

---

* Pour l'évolution depuis 1993, voir la mise au point d'Alain Rey (p. suivante)

qui prennent un *s* prononcé au pluriel, la tendance progresse vers le *s* muet du français : *des paellas, des chorizos, des goldens.*

On peut remarquer aussi qu'avec le temps, la prononciation traditionnelle et irrégulière de certains mots (*dompteur, magnat, arguer, homuncule,* etc.) est plus ou moins abandonnée au profit de la règle générale (comme dans *somptueux, magnifique, narguer, homoncule*) ; cependant *compter,* comme tous les mots très fréquents, ne peut guère changer, pas plus que *femme* ou *monsieur.* Mais chaque moment s'inscrit dans une évolution globale de la prononciation dont les causes sont difficiles à démêler. Le *Petit Robert* a déjà parcouru une période historique d'un demi-siècle, où les évolutions phonétiques sont sensibles : regain du *e* caduc prononcé, neutralisation des *a* et aussi des *é,* des *o* dans certaines positions, disparition de nombreuses géminées. La comparaison des notations phonétiques est instructive à cet égard*. Et déjà deviennent perceptibles une nouvelle articulation des mots, un déplacement des liaisons et une montée terminale de l'accent de phrase destinée à stimuler l'attention. Ces tendances donnent parfois lieu à de pénibles excès, notamment dans le discours des médias où les mots sont arbitrairement détachés, les liaisons alternativement négligées ou excessives... Il faut aussi admettre, à l'encontre d'une opinion répandue, que ce discours est le plus souvent moins fautif et plus riche que ceux que l'on peut entendre quotidiennement dans les usages spontanés.

L'ORTHOGRAPHE

Depuis 1993, date où le *Petit Robert* devint un acteur réfléchi dans la tentative d'une réforme de l'orthographe, le temps a passé et il faut tirer les leçons de l'expérience.

Pour ce faire, dix pour cent des entrées du dictionnaire ont été réexaminées, et la totalité de son texte mis en conformité avec les entrées. Ainsi, on a considéré, lorsque deux façons d'écrire sont possibles, qu'il fallait placer dans le dictionnaire lui-même en premier celle qui correspondait à l'usage. Là où on avait ACUPUNCTURE ou ACUPONCTURE, avec l'orthographe ancienne et traditionnelle en premier, on trouvera dans le *Petit Robert,* ACUPONCTURE ou ACUPUNCTURE ; là où on avait « BRASERO... On écrirait mieux BRASÉRO », on trouvera simplement « BRASÉRO... On écrit aussi BRASERO ». Dans ce cas, le jugement de valeur a été remplacé par un constat d'usage. La simplification et la clarification des présentations en sont accrues.

En outre, la raison d'être des nouvelles manières d'écrire a été explicitée. Là où une proposition logique est peu appliquée, la présentation a été modifiée : à BOURSOUFLÉ, CAHUTE, DESSILLER, on avait : « On écrirait mieux BOURSOUFFLÉ, CAHUTTE, DÉCILLER », sans expliquer la raison de ce jugement. Il a été remplacé par une constatation objective et une explication : « La graphie *boursoufflé* avec *2 f,* d'après *souffle,* est régulière » et « La variante *déciller* est conforme à l'origine du mot, *cil* ».

L'utilisateur pourra ainsi faire son choix en connaissance de cause. En particulier, on explique que la nouvelle façon d'écrire, admise au nom de la réforme (sans éliminer la forme traditionnelle), consiste en une mise en conformité avec la famille de mots ou avec le système général de l'orthographe française.

Ainsi, à CHARIOT, on ajoute : « La graphie *charriot* avec *2 r,* d'après le latin *carrus* et par analogie avec les autres mots de la série, est régulière » ;

* Voyez le détail analysé par A. Lucot-Sarir (p. XXIV sqq.)

à IMBÉCILLITÉ, « La graphie *imbécilité* avec un seul *l*, d'après *imbécile*, est régulière ».

Pour les composés, on est allé plus loin dans la régularisation du singulier écrit sans *s* (BLOC-NOTE, ESSUIE-VERRE, LANCE-FLAMME...) et du pluriel avec un *s* (« des *cache-cols*, des *grille-pains* »), alors que les traditionnels pluriels invariables, sans *s*, étaient auparavant indiqués. On a aussi enregistré l'habitude qui se généralise d'écrire des noms composés sans division interne : AUTOSTOP, PAREBRISE sont donnés en premier, avant AUTO-STOP et PARE-BRISE.

Cependant, l'orthographe traditionnelle a été respectée, à côté de l'autre « réformée ». Les mots archaïques ont tous gardé leur orthographe ancienne, ainsi que des emprunts, pour lesquels la francisation applique les règles habituelles pour les accents (IMPRÉSARIO, TORÉRO, présentés avant les formes sans accent sur les *e*) et les pluriels (des *tifosis*).

La poursuite du travail concernant l'évolution de l'orthographe française dans le *Petit Robert* repose sur la prise en compte des principes d'une simplification et sur le respect de l'usage, selon qu'il accepte ou rejette certaines propositions. Les accents circonflexes, qui donnent leur personnalité à certains mots écrits, ont été pour la plupart maintenus. Elle repose aussi sur une recherche de pédagogie : clarté et homogénéité dans la présentation des variantes, explication par des remarques de la raison des changements enregistrés. Chaque fois qu'une modification a paru excessive ou perturbante, elle n'a pas été retenue. Ce n'est pas au dictionnaire de jouer les réformateurs par principe, encore moins les révolutionnaires.

La spécificité du *Petit Robert*, dans le traitement de l'orthographe réformée, est qu'il ne se contente pas d'ajouter et de commenter les formes nouvelles dans les entrées du dictionnaire, mais qu'il entend suivre les règles proposées dans l'intégralité de son texte.

En ce qui concerne les relations entre orthographe et prononciation, qui sont à l'origine de bien des incertitudes, voir ci-dessous le texte sur la « Transcription phonétique ». Cette transcription est également contrôlée et revue au fil des éditions.

LE SENS DES MOTS

Le projet fondamental d'un dictionnaire de langue est le recensement et l'analyse des significations ; il n'existe aucun ouvrage spécial qui assume cette fonction, alors que tous les autres aspects du lexique peuvent faire l'objet d'un dictionnaire (de prononciation, d'orthographe, d'étymologie, d'analogies, de synonymes, etc.) et de l'attention des grammaires. C'est pourquoi la vérification d'un sens passe si souvent par le recours aux dictionnaires les plus connus, comme en témoignent les citations de définitions lexicographiques dans la presse et les écrits didactiques. C'est pourquoi aussi les recherches sur le sens, sémantique linguistique ou informatique « cognitive », s'appuient sur le dictionnaire de langue comme corpus ou base de données. Le dictionnaire de langue est la mémoire lexicale d'une société, et c'est le lexique qui est porteur de la quasi-totalité des significations qu'aucun de nous ne peut mémoriser. Même les écrivains, qui ont de plus grands besoins d'expression, recourent au dictionnaire.

LA CIRCULATION DU SENS

Quand on parle de sens, on pense généralement aux définitions des mots, telles qu'on peut les trouver dans un dictionnaire encyclopédique. Mais un véritable dictionnaire de langue va beaucoup plus loin en décrivant toutes les manifestations du sens et sa circulation dans le lexique.

La nomenclature d'un dictionnaire ne doit pas abuser : c'est une liste d'unités formelles qui permet, en fait, d'accéder au **fin réseau des significations** que l'article tout entier va tenter de mettre au jour. Les définitions multiples s'organisent en arborisation ; d'autres glosent les groupes de mots (sous-entrées) et les locutions ; les définitions sont elles-mêmes balisées par des synonymes et clarifiées par des contraires. Les expressions renvoient elles aussi à des mots qui sont leurs synonymes, appelés **analogies** (fonction **onomasiologique**) ; synonymes et analogies développent un champ de significations. Enfin, l'emploi du mot en contexte, dans des exemples forgés ou des citations signées, montre la signification en action, avec ses connotations. Ce type d'information permet de comprendre le mot dans toutes ses nuances (fonction de **décodage**) et de l'employer dans le contexte et la situation qui conviennent (fonction d'**encodage**). L'actualisation du *Petit Robert* porte sur tous ces aspects.

Un important travail sur les synonymes et les analogies montre comment le sens s'est déplacé dans l'expression de nouveaux thèmes et de nouvelles valeurs propres à notre époque.

L'EXEMPLE ET LA CITATION

L'exemple est une phrase ou une partie de phrase où figure l'entrée, qui est produite par le lexicographe ou empruntée à un auteur, avec mention de son nom, et dans les gros ouvrages comme le *Grand Robert*, avec la référence complète du texte (**citation**). Les deux types de textes présentent des fonctions communes : montrer le mot en action, sa place dans la phrase, sa morphologie (formes conjuguées de verbes, formes au féminin et au pluriel), montrer que le sens du mot est bien compatible avec la définition. Cependant, aucun exemple ne peut manifester tout et seulement ce que la définition exprime. L'exemple et la citation apportent des éléments de preuve en **montrant** ce qu'affirme par ailleurs le dictionnaire. Certaines citations ne figurent que pour attester l'existence effective d'un néologisme ou d'un emploi récent. Le *Petit Robert* présente ainsi de nombreuses citations de journaux qui ne sont que des attestations, la presse « allant plus vite » que la littérature dans l'emploi des mots et des sens nouveaux.

Néanmoins, l'**exemple** produit et la citation sont fondamentalement différents dans leur signification globale. L'exemple du lexicographe, qui est traditionnellement appelé *exemple forgé*, est en effet « forgé, produit pour la circonstance » ; mais l'adjectif *forgé* peut faire songer à tort à « forgé de toutes pièces », avec le sens péjoratif de « sans existence réelle ». Or, les exemples du lexicographe sont au contraire des énoncés tout prêts, les phrases lues ou entendues le plus fréquemment. Et cette grande fréquence sélectionne l'emploi le plus attendu du mot, un **lieu commun** dans un sens non péjoratif, autrement dit un **stéréotype**. L'ensemble des exemples d'un dictionnaire est un reflet de ce qui se dit le plus souvent à une époque donnée dans une langue et un usage donnés. La somme de ces exemples et notamment la **phraséologie** fixe un état présent de la société, de ses préoccupations et de ses valeurs. Il n'y a donc rien de « forgé » au sens artificiel, dans un bon exemple, qu'on peut qualifier, bien au contraire, de « naturel ».

La **citation** d'auteur, pour sa part, ne se donne pas comme lieu commun : le texte émane d'une seule personne qui, en général, ne prend pas la plume dans l'intention d'écrire ce que tout le monde dit et écrit déjà. La citation littéraire manifeste un contenu dans une forme personnelle qui le met en valeur ; la seule limite à l'incongruité d'une citation, c'est le choix raisonnable du lexicographe (la poésie moderne notamment ne peut pas toujours servir à l'éclaircissement des significations). Ainsi la citation littéraire est complémentaire de l'exemple ; elle se présente comme un modèle supérieur d'expression et une référence culturelle, mais aussi comme un ancrage dans le particulier et un surgissement de l'individu sur fond de stéréotypes sociaux. Le texte littéraire est le plus apte à manifester « l'expérience des limites », comme dans cet exemple de Jean Genet pour l'adjectif *habitable* : « Quand j'étais misérable, marchant dans la pluie et le vent, la plus petite anfractuosité, le moindre abri devenait habitable ». Cette édition bénéficie de l'apport de nombreux écrivains actuels : Marie Darrieussecq, Andrée Chedid, Annie Ernaux, Marie NDiaye, Amélie Nothomb, Fred Vargas ; Patrick Modiano, Patrick Grainville, Daniel Pennac, Pascal Quignard, Philippe Sollers, Patrick Chamoiseau, Tahar Ben Jelloun...

Tous les dictionnaires de langue sont établis à partir d'un **corpus** de citations : fichiers manuels d'autrefois, base de données informatisées aujourd'hui. Mais c'est le lexicographe qui, en amont, décide de la composition du corpus et en aval du choix des textes qui conviennent à son projet d'illustrer les mots. La part d'inattendu que le corpus impose au lexicographe est surtout de nature néologique (mots, sens nouveaux, constructions nouvelles).

LOCUTIONS ET ALLUSIONS

Le dernier quart du XXe siècle et le début du XXIe semblent caractérisés, pour le français, par le foisonnement de nouvelles locutions, familières ou non : *renvoyer l'ascenseur, remettre les pendules à l'heure, ne pas faire dans la dentelle, jouer dans la cour des grands, revoir sa copie, vouloir le beurre et l'argent du beurre, avoir plusieurs casquettes, se faire une toile, bronzer idiot, à fond la caisse, à l'aise Blaise*, etc., et aussi des locutions-phrases : *On se calme ! Elle a fait très fort ! La balle est dans son camp. C'est la faute à pas de chance*, etc. Le *Petit Robert* en signale un très grand nombre distribuées dans les articles à l'endroit convenable pour le sens.

L'unité langagière la plus originale de l'époque est l'allusion, expression ou phrase empruntée à une personne connue sans la citer nommément *(« cryptocitation »)*. Alors que la locution est proche du mot, l'allusion est proche de la citation. Autrefois, l'allusion était surtout chose personnelle, et renvoyait à la littérature ; lorsque Stendhal écrit « M. Villeraye, se promenant au jardin avec madame de Nintray ... *lui tint à peu près ce langage* », chacun reconnaissait La Fontaine. Aujourd'hui l'allusion s'est socialisée et renvoie au discours politique (les « petites phrases », les tweets et les slogans comme « *Touche pas à mon pote* », SOS Racisme) aussi bien qu'aux dialogues de films (« *Atmosphère !* », dans *Hôtel du Nord*, de Carné et Prévert), aux chansons et aux numéros des comiques et humoristes, tels Pierre Desproges, Raymond Devos ou Coluche. Cette complicité entre les personnes qui s'établit par l'allusion lui confère le statut de stéréotype, prenant place dans la mémoire collective.

D'autre part, nous avons souvent cité des **titres d'œuvres**, surtout de littérature et de musique, titres français ou traduits d'une autre langue : *La Bête humaine* de Zola, *La Femme et le Pantin* de Pierre Louÿs, *Par-delà le bien et le mal* de Nietzsche, la *Symphonie pastorale* de Beethoven, *La Veuve joyeuse*, opérette de Franz Lehár. La présence de ces titres-exemples (que la 9e édition du *Dictionnaire de l'Académie* mentionne pour la première fois) répond à plusieurs fonctions. La plus importante est l'allusion culturelle, avec ses connotations, qui peut être réutilisée en situation. Mais le titre peut servir d'exemple pour illustrer un mot rare ou ancien (*Les Trois Mousquetaires* de Dumas, *Terraqué* de Guillevic). Inversement, des titres très connus mais dont le sens n'est pas clair sont cités pour l'explicitation, ce titre étant alors traité comme une locution *(La Peau de chagrin, Les Hauts de Hurlevent*, traduction incertaine, *L'Essai sur les données immédiates de la conscience, La Ballade des pendus)*.

Le *Petit Robert* évolue annuellement. Nécessairement, parce que le français évolue en lui-même et dans ses usages ; délibérément, car le point de vue sur notre langue s'est enrichi : reconnaissance de la pluralité des usages, levée de tabous, connaissances nouvelles, enjeux et combats (la pression accrue de l'anglais américain, les nouveaux équilibres langagiers en Europe, au Maghreb...), sensibilité linguistique en constant mouvement. Ces facteurs justifiaient un investissement important, en travail intellectuel, en technique informatique, en repérage et en analyse des évolutions contemporaines du lexique, en expertise scientifique, technique et technologique, juridique, économique. Ceci explique le nombre important de collaborateurs réunis pour les éditions successives.

Modifié, enrichi, parfois abrégé, le texte entier du *Petit Robert* a été revu. C'est une description plus riche, plus claire encore, plus homogène, que l'on présente au lecteur, sans rupture cependant avec le passé, car le *Petit Robert* reste l'héritier d'une tradition où l'Académie française depuis 1694, Furetière, Littré, le *Dictionnaire général* ont défini les règles du jeu. Au XXe siècle, cette tradition du dictionnaire de langue, un moment négligée en France, a été remise en honneur par Paul Robert. Son œuvre, poursuivie par ceux qui furent ses principaux collaborateurs, occupe une place notable dans l'histoire des dictionnaires. L'évolution du français, celle des connaissances sur la langue, celle du monde où vit une communauté francophone variée culturellement mais unie par son langage, nécessitent une évolution rapide des dictionnaires, soutenue par les progrès techniques : le *Petit Robert*, sans rompre avec le passé du genre, témoigne de son état le plus actuel.

La lexicographie de langue française forme une longue chaîne de savoirs à la fois érudits et artisanaux, où s'affirment parfois le génie de la langue française et la richesse spécifique des cultures qu'elle exprime. S'inscrire dans cette tradition suppose une innovation continue et une durable passion impliquant une foi solide dans l'avenir du français. Nous espérons en avoir témoigné.

CINQUANTE ANS

En cinquante ans d'existence, le *Petit Robert*, bénéficiant d'une remarquable fidélité de la part de ses lecteurs, a vu plusieurs éditions nouvelles où mots, expressions, sens, citations littéraires, évoluaient au rythme du langage et de la société. Pendant ces années, le grand dictionnaire Robert a été par deux fois totalement remanié et enrichi, passant à l'édition informatique en ligne.

Ce dictionnaire transforma une petite maison d'édition en l'un des artisans éditoriaux de l'illustration et de la diffusion du français, au centre d'une constellation d'ouvrages. Sa conception initiale, tout en conservant des vertus jusqu'alors réservées aux recueils les plus développés, était à la fois descriptive de l'usage actuel, historique, « analogique » — l'idée de Paul Robert est celle que l'informatique a adoptée : l'hypertexte — et ouverte aux références littéraires francophones. En 1967, l'ouvrage accompagnait un mouvement d'intérêt inédit pour la science linguistique. Dans l'évolution constante de son texte, le *Petit Robert* fut toujours respectueux de ses origines, se modelant aux exigences de la modernité sans renoncer aux richesses du passé.

Cependant, la version actuelle marque un effort accru vers une meilleure « visibilité », non seulement optique, mais intellectuelle. Au-delà de la fonction de référence, ce dictionnaire mène un combat contre la pensée unique et l'expression appauvrie. Il balaie un spectre très large d'usages du français allant de la pensée abstraite et des techniques contemporaines à l'expression spontanée des usages langagiers de cette France qu'on dit « d'en bas », alors qu'elle est de partout et de tous. Il est ouvert à la pluralité géographique des « francophonies » et tend à montrer que le français, cette langue née en Europe occidentale au sein des dialectes « gallo-romains » est aujourd'hui en partage en diverses régions du monde.

Or, l'idée de partage, pour cette langue comme pour d'autres, ne peut se limiter à l'espace, mais concerne aussi les diverses parties de la société. Ce dictionnaire souhaite réagir contre une attitude nourrie d'une idéologie, celle d'une norme supérieure pour une élite, dans une population ainsi hiérarchisée, et dont les usages, lorsqu'ils se distinguent de ce « bon usage », ne suscitent que mépris, dérision ou rejet. Le « bon usage » convenait peut-être à l'Ancien Régime, mais demande sérieuse révision, et ce sont plusieurs usages, plus ou moins licites et que personne ne peut juger « bons » ou « mauvais », qui forment la réalité d'une langue.

L'idéologie de l'élite, des couches supérieures, ignore superbement ou juge sévèrement, dans l'ignorance têtue du réel social, tout autre usage que le sien. Au contraire, le *Petit Robert* est ouvert à la diversité, à la communication plurielle ; il veut combattre le pessimisme intéressé et passéiste des purismes agressifs comme l'indifférence molle des laxismes. Le français le mérite.

PRINCIPES DE LA TRANSCRIPTION PHONÉTIQUE

Alphabet phonétique et valeur des signes

VOYELLES

[i]	**il**, **épi**, **lyre**
[e]	**blé**, **aller**, **chez**, **épée**
[ɛ]	**lait**, **merci**, **fête**
[a]	**ami**, **patte**
[ɑ]	**pas**, **pâte**
[ɔ]	**fort**, **donner**, **sol**
[o]	**mot**, **dôme**, **eau**, **saule**, **zone**
[u]	**genou**, **roue**
[y]	**rue**, **vêtu**
[ø]	**peu**, **deux**
[œ]	**peur**, **meuble**
[ə]	**premier**
[ɛ̃]	**brin**, **plein**, **bain**
[ɑ̃]	**sans**, **vent**
[ɔ̃]	**ton**, **ombre**, **bonté**
[œ̃]	**lundi**, **brun**, **parfum**

SEMI-CONSONNES

[j]	**yeux**, **paille**, **pied**, **panier**
[w]	**oui**, **fouet**, **joua** (et joie)
[ɥ]	**huile**, **lui**

CONSONNES

[p]	**père**, **soupe**
[t]	**terre**, **vite**
[k]	**cou**, **qui**, **sac**, **képi**
[b]	**bon**, **robe**
[d]	**dans**, **aide**
[g]	**gare**, **bague**, **gui**
[f]	**feu**, **neuf**, **photo**
[s]	**sale**, **celui**, **ça**, **dessous**, **tasse**, **nation**
[ʃ]	**chat**, **tache**, **schéma**
[v]	**vous**, **rêve**
[z]	**zéro**, **maison**, **rose**
[ʒ]	**je**, **gilet**, **geôle**
[l]	**lent**, **sol**
[ʀ]	**rue**, **venir**
[m]	**mot**, **flamme**
[n]	**nous**, **tonne**, **animal**
[ɲ]	**agneau**, **vigne**
[h]	**hop** ! (exclamatif)
[']	(pas de liaison) **héros**, **onze**, **yaourt**
[ŋ]	mots empruntés à l'anglais, **camping**
[χ]	(mots empruntés à l'espagnol) **jota** ; (à l'arabe) **khamsin**, etc.

REM. 1. La distinction entre [a] et [ɑ] tend à disparaître au profit d'une voyelle centrale intermédiaire (nous avons choisi de la noter [a]).
2. La distinction entre [ɛ̃] et [œ̃] tend à disparaître au profit de [ɛ̃].
3. Le [ə] note une voyelle inaccentuée *(premier)* ou caduque *(petit)*, proche dans sa prononciation de [œ] *(peur)*, qui a tendance à se fermer en syllabe ouverte (*le* dans *fais-le*).
4. Le [χ], son étranger au système français, est parfois remplacé par [ʀ].

LA TRANSCRIPTION PHONÉTIQUE

Pourquoi une transcription phonétique ?

L'orthographe française a été fixée pour l'essentiel, après bien des hésitations, par les grammairiens de la fin du XVIe siècle. Il fallait alors, notamment avec l'invention de l'imprimerie, mettre un peu d'ordre dans l'écriture. Ainsi l'alphabet latin, utilisé pour le français écrit, comprenait 6 voyelles, alors que l'évolution de la langue orale conduit à distinguer (dans un usage devenu rare) 16 voyelles aujourd'hui. Mais le désir de rapprocher l'écrit de l'oral était contrarié par le désir aussi légitime de renforcer les liens graphiques avec la langue mère, le latin : ainsi a-t-on corrigé *tens* en *temps* à cause de *tempus, doi* en *doigt* à cause de *digitum*. La langue orale a continué d'évoluer alors que les graphies se sont stabilisées en gardant de nombreuses traces de l'étymologie latine. L'écart entre le code écrit et le code oral n'a cessé de se creuser, le second ne pouvant être déduit du premier ; d'où la nécessité de noter la prononciation. D'anciens dictionnaires de langue (tels le *Dictionnaire général* vers 1900, ou le premier *Grand Robert*) avaient fait des tentatives de notation de « prononciation » en translittérant le mot à l'aide d'une orthographe simplifiée qui variait d'un ouvrage à l'autre.

On a choisi dès 1964 de donner une prononciation avec les signes de l'Association internationale de phonétique ou A.P.I., utilisés par les phonéticiens (le sigle A.P.I. désigne souvent l'alphabet lui-même). Le programme de l'A.P.I. est simple mais ambitieux. Il se propose de faire correspondre un symbole à chaque son distinctif, dans une langue donnée, de telle sorte qu'un même son soit noté par le même symbole et qu'un symbole corresponde toujours au même son. L'alphabet de l'A.P.I. est aujourd'hui adopté internationalement.

Le *Petit Robert* a fait l'objet d'une révision intégrale de la phonétique en 1993. Une comparaison avec le *Petit Robert* de 1967 permet d'évaluer le chemin parcouru tant sur le plan de **l'évolution de la prononciation** que sur celui des **principes théoriques** qui ont guidé notre travail. La comparaison nous a permis de constater que certains points du système phonétique français étaient stables et d'autres en mutation. De même que l'enrichissement du vocabulaire donne l'image d'une langue vivante, de même le réajustement de certaines prononciations selon l'usage actuel peut sensibiliser le lecteur du dictionnaire aux tendances évolutives des sons du français.

TENDANCES DANS L'ÉVOLUTION DU SYSTÈME DES SONS

Les semi-consonnes

La **syllabation** a une influence sur la prononciation dans différents cas. Pour éviter le hiatus, en général les voyelles les plus fermées du français [i], [y], [u], suivies d'une voyelle prononcée, ne sont pas syllabiques et donc se comportent comme des consonnes. Ainsi on prononce *su* [sy] mais *suie* [sɥi], *pie* [pi] mais *pied* [pje], *fou* [fu] mais *fouet* [fwɛ]. Cette variation consonantique, qui est automatique chez les Parisiens, n'est pas toujours perçue et, de plus, elle tend à se produire moins systématiquement. On entend actuellement *muette* [myɛt] et non [mɥɛt] ou *fluide* [flyid]. Nous avons cependant transcrit ces mots selon l'ancien usage, en maintenant une règle dont l'application est assez flottante, mais qui aide à maintenir l'opposition entre *pied* [pje] et *piller* [pije] ainsi que la prononciation [wa] du digramme *oi*.

La syllabation se manifeste aussi pour isoler par analyse les éléments savants d'un mot : *bio/type* [bjotip] mais *bi/oxyde* [biɔksid].

Le *e* instable Nous avons souvent maintenu un [(ə)] en syllabe initiale des mots afin de distinguer les cas où ce *e* instable peut tomber (ex. *petit* [p(ə)ti], *nous gelons* [ʒ(ə)lɔ̃], de ceux où il ne tombe jamais (*belette* [bəlɛt], *nous gelions* [ʒəljɔ̃]). Nous l'avons toutefois supprimé lorsqu'il figurait entre parenthèses à la fin des mots terminés par deux consonnes prononcées (ex. *porte* qui était transcrit [pɔʀt(ə)]) ; nous prenions alors en compte la prononciation du mot en discours. Mais actuellement, la prononciation de ce *e* instable dépend moins de sa place dans l'énoncé et on entend souvent dire *une porte fermée* [ynpɔʀtfɛʀme].

Les liaisons Le problème posé par les liaisons ressemble à plus d'un titre à celui du *e* instable. On peut distinguer les liaisons obligatoires (déterminant + nom : *un homme* [œ̃nɔm], *un grand homme* [œ̃gʀɑ̃tɔm] ou pronom + verbe : *ils ont* [ilzɔ̃], *ils en ont* [ilzɑ̃nɔ̃], *nous nous en allons* [nunuzɑ̃nalɔ̃]), les liaisons « interdites » (principalement nom au singulier + adjectif : *l'enfant adorable* [lɑ̃fɑ̃adɔʀabl] et les liaisons facultatives principalement après les verbes : *il chantait une chanson* [ilʃɑ̃tɛ(t)ynʃɑ̃sɔ̃] ou après les noms au pluriel : *des enfants adorables* [dezɑ̃fɑ̃(z)adɔʀabl]). Comme pour le *e* instable, la liaison facultative joue un rôle important en tant qu'indice du niveau plus ou moins familier du discours ; jongler avec la liaison comme avec le *e* instable marque l'aisance du locuteur face aux usages multiples de la langue. Il n'y a qu'à écouter les hommes politiques pour sentir comment ils jouent de la liaison facultative ; ils la suppriment quand ils veulent créer une connivence avec les journalistes ou le public, et ils la maintiennent quand ils veulent donner plus de poids à leur dire. Une personne qui fait trop de liaisons facultatives risque d'avoir l'air emprunté, et celle qui fait une liaison « interdite » (ou absente) risque de se disqualifier aux yeux de ses interlocuteurs. La tendance du français commun dans la conversation est de s'en tenir aux liaisons obligatoires même si la maîtrise des liaisons facultatives est souvent souhaitable dans des registres de langue soutenue. Nous avons indiqué à l'intérieur de l'article certaines liaisons obligatoires surtout dans le cas des nasales, car la liaison se fait avec ou sans dénasalisation (ex. *bon anniversaire* [bɔnanivɛʀsɛʀ] mais *aucun ami* [okœ̃nami]), et aussi dans certains syntagmes en voie de lexicalisation (ex. *de but en blanc* [dəbytɑ̃blɑ̃]).

Un cas de non liaison : **le *h* dit aspiré**.

Traditionnellement, il y a élision et liaison devant les mots commençant par une voyelle ou par un *h* muet (*l'eau* [lo], *les eaux* [lezo] ; *l'habit* [labi], *les habits* [lezabi]).
En revanche, devant les mots (le plus souvent d'origine germanique) commençant par un *h* dit aspiré (noté ['] dans les entrées du dictionnaire), on ne fait ni élision, ni liaison (*le haut* [ləo], *les hauts* [leo]). Pour éviter de confondre *haut* et *eau* dans le discours, *haut* est transcrit ['o].

Cette marque ['] a été étendue à des mots devant lesquels on ne fait ni liaison ni élision, en particulier les noms de nombre (*onze* ['ɔ̃z]) et beaucoup de mots commençant par la lettre *y* suivie d'une voyelle prononcée, car le début de ces mots est perçu comme une consonne (*yaourt* ['jauʀt]). Ainsi *hiéroglyphe* a été transcrit ['jeʀɔglif] malgré son origine grecque, à cause du son [j] initial qui favorise l'absence de liaison.

Consonnes doubles ou géminées Une tendance à la simplification des géminées apparaît nettement. Ainsi, dans la préface du *Petit Robert* de 1967, nous disions des géminées : « Elles se prononcent presque toujours dans certains mots savants ou étrangers et à l'articulation d'un préfixe avec un radical *(illégal)*. » Une comparaison des transcriptions de ces mots fait apparaître que beaucoup de géminées, autrefois considérées comme obligatoires, ont été notées comme facultatives ou bien supprimées. C'est dans les mots à préfixe non modifiable que les géminées résistent le mieux, ainsi dans *interrègne* [ɛ̃tɛʀʀɛɲ] plutôt que dans *irresponsable* [i(ʀ)ʀɛspɔ̃sabl].

Consonnes muettes

On constate une tendance à prononcer des consonnes écrites autrefois considérées comme **consonnes muettes**. Selon l'usage de plus en plus fréquent, nous avons noté une consonne à la fin d'un certain nombre de mots (*but* [by(t)]) et même parfois à l'intérieur de certains mots (*dompteur* [dɔ̃(p)tœʀ]). La prononciation de ces consonnes est néanmoins toujours considérée comme abusive par les puristes et par certains pédagogues. Dans ce cas, l'influence de l'orthographe est déterminante.

Évolution du système vocalique

Si l'on s'en tenait à noter la prononciation commune aux francophones, on aurait noté un seul son (*archiphonème*) pour les « voyelles à deux timbres », par exemple E pour regrouper [e] et [ɛ], A pour [a] et [ɑ], O pour [o] et [ɔ] et OE pour [ø] et [œ] et même [ə]. Cette notation réduirait le système vocalique du français à 10 voyelles au lieu de 16. Mais la prononciation standard (notamment à Paris) conserve encore les oppositions e/ɛ (ex. *épée/épais*) et o/ɔ (ex. *saute/sotte*).

Pour les personnes faisant une différence entre [e] (fermé) et [ɛ] (ouvert) en syllabe finale de mot, l'usage est de généraliser une prononciation [ɛ] pour la graphie *-ai*. Ainsi *j'ai, quai, gai* autrefois prononcés avec [e] ont tendance à se prononcer [ʒɛ], [kɛ], [gɛ]. De même, le futur et le passé simple des verbes en *-er* ont tendance à se prononcer avec [ɛ] comme le conditionnel et l'imparfait (ex. : *je chantai* [ʃɑ̃tɛ] et *je chanterai* [ʃɑ̃tʀɛ]). Quant à l'opposition ø/œ (ex. *jeûne/jeune*), elle se maintient surtout grâce à l'alternance masculin/féminin du type *menteur* [mɑ̃tœʀ], *menteuse* [mɑ̃tøz]. Tous ces faits nous ont conduits à garder le système vocalique du français avec 16 voyelles.

Si la prononciation d'Île-de-France est généralement considérée comme une prononciation de référence (à tort ou à raison), un accent trop « parisien » est au contraire considéré comme populaire ou archaïque. Ainsi l'ancienne prononciation des mots en *-ation* [ɑsjɔ̃] nous a semblé vieillie, nous avons donc noté [asjɔ̃] (ex. *éducation* [edykasjɔ̃]). L'ancienne prononciation parisienne *gare* [gɑʀ], ressentie comme populaire, a été éliminée et là aussi nous avons noté un [a].

Cette évolution nous a amenée à reconsidérer certaines de nos positions sur l'**homonymie** et à envisager comme de possibles homonymes (notés HOM. poss. dans la rubrique finale) de nouvelles unités :

1) Des mots ne se distinguant que par les voyelles [a] et [ɑ] ou [ɛ̃] et [œ̃] prononcées de façon identique par beaucoup de Français (ex. *ta* et *tas* ; *brin* et *brun*).

2) Des mots ne se distinguant que par les voyelles [e] et [ɛ] et même [o] et [ɔ] en syllabe non finale de mot (ex. *pécheur* et *pêcheur* ; *méson* et *maison* ; *chauffard* et *schofar*).

Dans cette révision des homonymes, nous avons mis en relation certaines formes verbales conjuguées qui pourraient être confondues à l'oral. Ainsi le verbe *savoir* est rapproché des verbes *saurer, suer* et *sucer* par l'intermédiaire de formes fléchies homophones, et pour certaines formes, les verbes *allaiter* et *haleter* ont une prononciation commune (ex. [ɛlalɛt] pour *elle allaite* ou *elle halète*).

CHOIX DE PRÉSENTATION DE LA PHONÉTIQUE

Dans le cas de réalisations phonétiques multiples, nous avons choisi de noter une seule des variantes possibles, de préférence la plus conforme à la prononciation récente des locuteurs urbains éduqués d'Île-de-France et de régions voisines, en espérant ne pas choquer les utilisateurs d'usages plus anciens, ruraux ou de régions où subsiste soit un bilinguisme, soit l'influence d'une autre langue ou de dialectes (par ex. Occitanie, Bretagne, Alsace...). La prononciation effective du français langue maternelle en Belgique et en Suisse pose des problèmes similaires. En revanche, les usages de français hors d'Europe relèvent de problématiques différentes.

Il y a cependant une exception à cette préférence pour la transcription unique : les emprunts. Entre la prononciation proche de la langue d'origine et une prononciation totalement francisée, coexiste toute une gamme de prononciations intermédiaires. En général, nous avons mis en première position la prononciation la plus « francisée », suivant ainsi l'usage du plus grand nombre et les recommandations officielles d'intégration des mots étrangers au système français. Les pluriels des emprunts ont souvent été mentionnés à l'intérieur des articles. Nous avons renoncé à indiquer la prononciation correspondante, en particulier pour le *-s* final des emprunts à l'anglais ou à l'espagnol. Une transcription normative justifierait que l'on note le *s* du pluriel, mais pour les emprunts la tendance actuelle est de traiter ces mots « à la française », c'est-à-dire de ne plus prononcer le *-s* final. Ainsi il semble qu'on prononce actuellement *des jeans* plus souvent [dʒin] que [dʒins].

Parfois un mot comporte plusieurs formes graphiques qui peuvent aussi correspondre à plusieurs formes phonétiques. Dans un souci d'harmonisation de l'orthographe et de la prononciation, il aurait été souhaitable d'assortir chaque orthographe de la prononciation qui lui correspondait le mieux. Mais, à cause d'une certaine indépendance du code oral par rapport au code écrit, cela n'a pas toujours été possible. Parfois, nous avons présenté des entrées différentes assorties chacune de sa prononciation, mais ailleurs, nous avons noté toutes les variantes phonétiques au premier mot en entrée.

La transcription phonétique est systématique pour toutes les entrées. Cependant, il est inutile, et même peu réaliste de transcrire les éléments, car leur prononciation varie souvent selon les mots. De plus, quand certains dérivés constitués selon les principes de dérivation usuels en français ont été traités à l'intérieur d'un article, nous n'avons pas jugé utile de les transcrire : ainsi l'entrée *glaciologie* ayant été transcrite, nous n'avons pas donné la prononciation de *glaciologue* dont la terminaison est identique à celle de *cardiologue*, selon un modèle régulier.

Aliette LUCOT-SARIR

N. B. Les évolutions ici décrites pour la période 1967-1993 n'ont fait que se poursuivre et s'amplifier, sans exiger une nouvelle transcription.

TABLEAU DES TERMES, SIGNES CONVENTIONNELS ET ABRÉVIATIONS DU DICTIONNAIRE

REM. Dans ce tableau, *terme* présente un mot de spécialistes qui fait partie d'une terminologie (technique, didactique, scientifique) et non du vocabulaire courant. Les noms de domaines ne renvoient pas à des domaines encyclopédiques, ils indiquent que le terme dont ils précèdent la définition appartient au vocabulaire des spécialistes de ce domaine.

- **I** numéros généraux correspondant à un regroupement de sens apparentés ou de formes semblables
- **A, B** subdivision de **I**, **II** ... dans les grands articles
- **■ 1, ■ 2** numéros correspondant à un sens, et éventuellement à un emploi ou un type d'emploi (parfois regroupés sous **I**, **II**)
- **■** sert à introduire les articles sans subdivisions
- **♦** signe de subdivision qui sépare les nuances de sens ou d'emploi à l'intérieur d'un sens (■ 1, ■ 2, etc.), suivi ou non d'une nouvelle définition
- **◊** dans une étymologie, sépare la date d'apparition du mot en français de son origine
- **—** sépare les nuances déterminées par le contexte ; les emplois ou expressions à l'intérieur d'un même sens
- **■ CONTR. ■ HOM.** annonce une rubrique finale (contraires, homonymes)
- **1, 2** avant une entrée, signale qu'il s'agit d'une forme homographe d'une autre (ex. 1 **POSTER**, 2 **POSTER**) ; ce numéro est rappelé dans les renvois et dans les contraires (ex. ➤ 1 **poster**)
- ***** placé après un mot, signifie qu'on y trouvera une explication
- **o** placé avant un mot, dans une étymologie, signifie qu'il s'agit d'une forme non attestée, reconstituée selon les lois phonétiques
- **➤** suivi d'un mot en gras, présente un mot qui a un grand rapport de sens : 1° avec le mot traité ; 2° avec l'exemple qui précède
- **→** dans les étymologies, présente un terme apparenté. → aussi CF.
- **[ ]** après chaque entrée, contient la prononciation en alphabet phonétique ; dans un article, contient la prononciation d'un groupe de mots ou d'une entrée dérivée posant un problème particulier
- **/ /** contient une variante (graphie, conjugaison) admise par *Les Rectifications de l'orthographe* (*Journal officiel* n° 100, décembre 1990)
- **ABRÉV.** abréviation
- **ABSOLT** absolument (en construction absolue : sans le complément attendu)
- **ABSTRAIT** qualifie un sens (s'oppose à CONCRET)
- **ABUS.** abusif
- **ABUSIVT** abusivement (emploi très critiquable, parfois faux sens ou solécisme)
- **ACCUS.** accusatif
- **ACOUST.** terme d'acoustique
- **ADAPT.** adapté, adaptation (d'une forme étrangère adaptée en français)
- **ADJ.** adjectif (LOC. ADJ. : locution adjective)
- **ADJT** adjectivement (emploi en valeur d'adjectif d'un mot qui ne l'est pas normalement)
- **ADMIN.** dans la langue écrite de l'administration seulement
- **ADV.** adverbe ; adverbial
- **ADVT** adverbialement (emploi comme adverbe d'un mot qui ne l'est pas normalement)
- **AÉRONAUT.** terme d'aéronautique
- **AGRIC.** terme d'agriculture
- **AGRON.** terme d'agronomie
- **ALCHIM.** terme du langage des alchimistes (mot vieux ou encore utilisé en histoire des sciences)
- **ALG.** terme d'algèbre
- **ALLÉGOR.** allégorique
- **ALLUS.** allusion
- **ALPIN.** terme d'alpinisme
- **ALTÉRATION** modification anormale d'une forme ancienne ou étrangère
- **ANAL.** (par) analogie : qualifie le sens d'un mot issu du sens précédent par une comparaison implicite (ex. analogie de forme, de couleur) ou plus généralement une valeur impliquant le sentiment d'un rapport
- **ANAT.** terme d'anatomie
- **ANCIENNT** anciennement : présente un mot ou un sens courant qui désigne une chose du passé disparue. Ne pas confondre avec VIEUX, avec HIST.
- **ANGL.** anglais
- **ANGLIC.** anglicisme : mot anglais, de quelque provenance qu'il soit, employé en français et critiqué comme emprunt abusif ou inutile (les mots anglais employés depuis longtemps et normalement en français ne sont pas précédés de cette marque)
- **ANT.** antique
- **ANTHROP.** terme d'anthropologie
- **ANTIPHR.** (par) antiphrase : en exprimant par ironie l'opposé de ce qu'on veut dire
- **ANTIQ.** terme employé en histoire antique. → HIST.
- **APIC.** terme d'apiculture
- **APPELL.** appellation
- **APPOS.** apposition (PAR APPOS. : par apposition). Se dit d'un nom qui en suit un autre et le détermine, sans mot grammatical entre eux
- **APR.** après
- **AR.** arabe
- **ARBOR.** terme d'arboriculture. → SYLVIC.
- **ARCHÉOL.** terme d'archéologie, d'Antiquité (→ ANTIQ.), d'art ou d'histoire concernant des objets matériels
- **ARCHIT.** terme d'architecture
- **ARG.** mot d'argot, emploi argotique limité à un milieu particulier, surtout professionnel (ARG. SCOL. : argot scolaire ; ARG. MAR. : argot des marins), mais inconnu du grand public ; ARG. FAM. : mot d'argot passé dans le langage familier ; argotique. Ne pas confondre avec FAM. et POP.
- **ARITHM.** terme d'arithmétique
- **ART.** article
- **ARTILL.** terme d'artillerie
- **ARTS (ou EN ART)** mot spécial au langage des arts (technique, critique, histoire...)
- **ASTROL.** terme d'astrologie
- **ASTRON.** terme d'astronomie
- **ASTRONAUT.** terme d'astronautique
- **AT.** atomique (Nº AT., M. AT. : numéro, masse atomique)
- **ATHLÉT.** terme d'athlétisme
- **ATTRACTION** phénomène par lequel un mot prend l'aspect d'un autre mot avec lequel il est en étroite relation (formelle, syntaxique ou autre)
- **AUDIOVIS.** terme d'audiovisuel
- **AUGMENT.** augmentatif
- **AUJ.** aujourd'hui
- **AUTOM.** terme du langage de l'automobile
- **AUTOMAT.** terme de l'automatique

AUXIL. auxiliaire

AVANT avant 1655 : au plus tard en 1655, souvent date de mort d'un auteur dont on ne peut dater certaines œuvres

AVIAT. terme de l'aviation

BACTÉRIOL. terme de bactériologie

BALIST. terme de balistique

BÂT. terme du bâtiment

BIBL. biblique

BIJOUT. terme de bijouterie

BIOCHIM. terme de biochimie

BIOL. terme de biologie

BLAS. terme de blason

BOT. terme de botanique ; botanique (adj.)

BOUCH. terme de boucherie

BOULANG. terme de boulangerie

BOURSE terme du langage boursier

BX-ARTS beaux-arts

C.-À-D. c'est-à-dire

CALLIGR. terme de calligraphie

CAN. canon (dr. can. : droit canon)

CARACTÉROL. terme de caractérologie

CARD. cardinal (ADJ. NUMÉR. CARD. : adjectif numéral cardinal)

CARTES terme spécial aux jeux de cartes

CARTOGR. terme de cartographie

CATHOL. catholique ; catholicisme

CELL. cellulaire (BIOL. CELL. : biologie cellulaire)

CELT. celtique

CÉRAM. terme de céramique

CF. confer, comparez : sert à présenter un mot de sens différent, mais comparable ; une expression, une locution de même sens (en cas d'ambiguïté, le mot où l'on trouvera des informations est indiqué par *) ; une expression, un terme de formation semblable, de même origine, dans les étymologies

CHANS. chanson

CHARCUT. terme de charcuterie

CHARPENT. terme de charpenterie

CHASSE terme de chasse (surtout chasse au fusil). → VÉN.

CHAUSS. chaussées (PONTS ET CHAUSS. : Ponts et Chaussées)

CH. DE FER terme des chemins de fer

CHIM. terme de chimie ; chimique

CHIR. terme de chirurgie

CHORÉGR. terme de chorégraphie (danse classique)

(CHOSES) présente un sens, un emploi où le mot (adjectif, verbe) ne peut s'employer qu'avec des noms de choses (s'oppose à ÊTRES VIVANTS ou à PERSONNES)

CHRÉT. chrétien (LITURG. CHRÉT. : terme de la liturgie chrétienne)

CIN. terme du cinéma

CIV. civil (DR. CIV. : droit civil)

CLASS. classique

COLLECT. collectif : présente un mot employé au singulier pour désigner un ensemble, une pluralité

COLLECTIVT collectivement, en emploi collectif

COMM. terme de la langue commerciale ou terme technique concernant les activités commerciales ; commercial (DR. COMM. : droit commercial)

COMMUNIC. terme de la communication

COMPAR. 1° comparaison (PAR COMPAR. : par comparaison avec ce qui précède, lorsque cette comparaison est explicite [emploi de *comme, tel*]) ; 2° comparatif

COMPL. complément

COMPOS. 1° composé ; 2° composition

COMPTAB. terme de comptabilité

CONCRET qualifie un sens (s'oppose à ABSTRAIT)

CONDIT. conditionnel

CONFIS. terme de confiserie

CONFUS. confusion (PAR CONFUS. : par confusion)

CONJ. 1° conjonction ; 2° conjonctif (LOC. CONJ. : locution conjonctive)

CONJUG. conjugaison

CONSTIT. constitutionnel

CONSTR. terme de construction

CONTR. contraire

CONTRACT. contraction

COORDIN. coordination

CORRUPTION altération d'une forme

COUR. courant : insiste sur le fait qu'un sens, un emploi est connu et employé de tous, quand le mot est d'apparence savante ou quand les autres sens sont techniques, savants, etc. ; PLUS COUR. : plus courant que d'autres sens eux-mêmes courants ; ou relativement plus courant que les autres sens (sans être très courant dans l'absolu)

COUT. terme de couture

CR. criminel (DR. CR. : droit criminel)

CRISTALLOGR. terme de cristallographie

CROISEMENT contamination de deux mots à l'origine d'un troisième, participant de chacun d'eux

CUIS. terme de cuisine, excluant le plus souvent les termes propres à la pâtisserie. → PÂTISS.

CYBERN. terme de cybernétique

DANSE terme de danse. → CHORÉGR.

DÉBUT devant un siècle jusqu'au XVe s. (1492), signifie que le texte a été composé entre les années 01 et 34. Ex. début XIVe s. = entre 1301 et 1334. À partir du XVIe siècle, signifie que le mot apparaît dans les premières années du siècle.

DÉF. 1° défini (ART. DÉF. : article défini) ; 2° définition

DÉFORM. déformation. → ALTÉRATION, CORRUPTION

DÉM. démonstratif

DÉMOGR. terme de démographie

DÉNIGR. dénigrement (PAR DÉNIGR. : par dénigrement, présente un mot ou un emploi péjoratif, injurieux) → PÉJ.

DENT. dentaire (CHIR. DENT. : chirurgie dentaire)

DESS. terme de dessin

DÉTERM. 1° déterminatif ; 2° déterminant

DIALECTAL qualifie un mot ou un emploi provenant d'un dialecte, d'un patois, qui n'est pas employé comme un mot du français général et n'appartient pas à l'usage bourgeois, urbain (à la différence de RÉGIONAL)

DIDACT. didactique : mot ou emploi qui n'existe que dans la langue savante (ouvrages pédagogiques, etc.) et non dans la langue parlée ordinaire. – Les mots didactiques sont présentés par DIDACT., SC. (sciences) ou une abréviation d'un nom de science

DIPLOM. terme de diplomatie ; diplomatique

DIR. direct (TR. DIR. : transitif direct)

DOC. terme de documentation

DR. terme de la langue du droit (DR. CAN. : droit canon ; DR. CIV. : droit civil ; DR. COMM. : droit commercial ; DR. CR. : droit criminel ; DR. FISC. : droit fiscal ; DR. INTERNAT. : droit international ; DR. TRAV. : droit du travail)

ÉBÉNIST. terme d'ébénisterie

ÉCOL. terme d'écologie

ÉCON. terme d'économie

ÉD. édition

ÉLECTR. terme d'électricité

ÉLECTRON. terme d'électronique

ÉLECTROTECHN. terme d'électrotechnique

ELLIPT elliptiquement : présente une expression où un terme attendu n'est pas exprimé

EMBRYOL. terme d'embryologie

EMPHAT. emphatique

ENFANTIN (LANG. ENFANTIN : langage enfantin, mot, expression du langage des jeunes enfants, que des adultes peuvent également employer en s'adressant à eux ou par emploi stylistique)

ENTOMOL. terme d'entomologie

ENV. environ

ENZYMOL. terme d'enzymologie

ÉPISTÉM. terme d'épistémologie

ÉQUIT. terme d'équitation. → HIPPOL.

ÉQUIV. équivalent

ESCR. terme d'escrime

ESP. espagnol

ETHNOGR. terme d'ethnographie
ETHNOL. terme d'ethnologie
ÉTHOL. terme d'éthologie
EUPHÉM. euphémisme (PAR EUPHÉM. : par euphémisme, présente un emploi qui remplace un terme plus cru)
ÉVANG. évangélique
EX. exemple (PAR EX. : par exemple)
EXAGÉR. exagération (PAR EXAGÉR. : par exagération, présente un sens, une expression emphatique)
EXCLAM. exclamation ; exclamatif, en interjection
EXPR. expression (DANS QUELQUES EXPR. : sens qui ne se manifeste que dans quelques expressions)
EXT. (par) extension : qui présente un sens plus large ; qui s'applique à de plus nombreux objets (s'oppose à SPÉCIALT). Ne pas confondre avec PLUS GÉNÉRALT
F. 1° forme ; 2° féminin (N. F. : nom féminin)
FAM. familier (usage parlé et même écrit de la langue quotidienne : conversation, etc., mais ne s'emploierait pas dans les circonstances solennelles ; concerne la situation de discours et non l'appartenance sociale, à la différence de POPULAIRE → POP.)
FAUCONN. terme de fauconnerie
FÉM. féminin (AU FÉM. : au féminin)
FÉOD. terme concernant la féodalité, utilisé par les historiens, les juristes, etc.
FIG. figuré : sens issu d'une image (valeur abstraite correspondant à un sens concret)
FIN devant un siècle jusqu'au XVe s. (1492) signifie que le texte a été composé entre les années 66 et 00. Ex. fin XIIe s. = entre 1166 et 1200. À partir du XVIe siècle, signifie que le mot apparaît au tournant du siècle.
FIN. terme de finances ; financier, adj. (DR. FIN. : droit financier)
FISC. fiscal
FORTIF. terme de fortifications
FRANÇAIS ancien français, du IXe s. à 1350 ; moyen français, de 1350 à 1600 ; français moderne, depuis 1600.
FRÉQUENT. fréquentatif
FUT. futur
GÉNÉR. général
GÉNÉRALT généralement, le plus souvent ; PLUS GÉNÉRALT : d'une façon plus courante (faits, caractères)
GÉNÉT. terme de génétique
GÉOD. terme de géodésie
GÉOGR. terme de géographie
GÉOL. terme de géologie
GÉOM. terme de géométrie
GÉOMORPH. terme de géomorphologie
GÉOPHYS. terme de géophysique
GÉROND. gérondif
GREC grec, adj. (ANTIQ. GR., HIST. GR. : Antiquité, histoire grecque) ; grec (employé seul : grec ancien), grec byzantin : grec médiéval parlé entre 330 et 1453
GRAMM. terme de grammaire
GRAV. terme de gravure
GYMN. terme de gymnastique
HAPAX apparition, attestation isolée d'un mot (suivi de la date de cette attestation)
HÉMATOL. terme d'hématologie
HÉRALD. terme d'héraldique
HIPPOL. terme d'hippologie
HISPANO-AMÉRICAIN espagnol d'Amérique
HIST. 1° terme d'histoire (HIST. ANT. : histoire antique [→ ANTIQ.] ; HIST. MOD. : histoire moderne ; HIST. SC. : histoire des sciences ; HIST. RELIG. : histoire des religions, etc.) ; 2° historique
HISTOL. terme d'histologie
HOM. homonyme : présente la ou les formes ayant la même prononciation que le mot traité (HOM. POSS. : homonyme possible)
HORLOG. terme d'horlogerie
HORTIC. terme d'horticulture
HYDROGR. terme d'hydrographie
HYPERB. hyperbole (PAR HYPERB. : par hyperbole)
IBID. ibidem (dans le même livre)
ICONOGR. terme d'iconographie
ID. idem
IMMUNOL. terme d'immunologie
IMP. imparfait (temps du verbe)
IMPÉR. impératif (mode du verbe)
IMPERS. impersonnel (V. IMPERS. : verbe impersonnel) ; impersonnellement (emploi impersonnel d'un verbe personnel)
IMPR. impropre (emploi critiquable, par confusion sémantique)
IMPRIM. terme d'imprimerie. → TYPOGR.
IMPROPRT improprement
IND. indirect (V. TR. IND. : verbe transitif indirect, dont l'objet est introduit par une préposition ; COMPL. IND. : complément indirect, introduit par une préposition)
INDÉF. indéfini
INDIC. indicatif (mode du verbe)
INDUSTR. terme de l'industrie ; industriel (adj.)
INF. infinitif
INFORM. terme d'informatique
INGÉN. terme d'ingénierie
INTERJ. interjection
INTERNAT. international (DR. INTERNAT. : droit international)
INTERROG. interrogation ; interrogatif
INTR. intransitif (V. INTR. : verbe intransitif, qui n'a jamais de complément d'objet dans le sens envisagé [ne pas confondre avec ABSOLT])
INTRANS. intransitivement (passage d'un transitif à un emploi intransitif)
INTROD. introduisant (telle forme, tel mot)
INUS. inusité : emploi qui est extrêmement rare, ou non attesté hors des dictionnaires
INV. invariable
IRON. ironique, ironiquement, pour se moquer (souvent par antiphrase)
IRRÉG. irrégulier
IT. italien
JARD. terme de jardinage
JEU, JEUX terme spécial à un jeu (peu connu dans l'usage général)
JOAILL. terme de joaillerie
JOURNAL. terme particulier au milieu de la presse, du journalisme
JUD. judaïque (ANTIQ. JUD., RELIG. JUD. : terme didactique concernant l'Antiquité judaïque, la religion judaïque)
JURID. juridique
LANG. langage
LAT. latin
LATIN LATIN CLASSIQUE, de l'époque de Cicéron (Ier s. av. J.-C. – 14 apr. J.-C.) ; LATIN IMPÉRIAL OU POST-CLASSIQUE, de l'époque de l'Empire (Ier-IIe s.) ; BAS LATIN, LATIN TARDIF (IIIe-Ve s.) ; LATIN MÉDIÉVAL (Ve s. à la Renaissance) ; LATIN MODERNE (XVIe s. – début du XXe s.) ; LATIN POPULAIRE, parlé par les peuples conquis, reconstitué à partir des langues romanes ; LATIN CHRÉTIEN, utilisé par la communauté des premiers chrétiens ; LATIN SCOLASTIQUE, utilisé en dialectique à partir du XIIIe s. ; LATIN DIDACTIQUE, utilisé dans l'enseignement ; LATIN BIBLIQUE, qui a servi à traduire la Bible des Septante et la Vulgate ; LATIN ECCLÉSIASTIQUE, langue de l'administration de l'Église ; LATIN RELIGIEUX, de la liturgie ; LATIN SCIENTIFIQUE OU LATIN SAVANT, forgé par les savants avec les racines du latin classique, et servant de langue scientifique universelle ; LATIN DES BOTANISTES, DES MÉDECINS..., utilisé dans la terminologie de la botanique, de la médecine...
LÉGISL. terme de législation
LING. terme de linguistique
LITTÉR. 1° terme des études littéraires (HIST. LITTÉR. : terme d'histoire littéraire) ; 2° littéraire : désigne un mot qui n'est pas d'usage familier, qui s'emploie surtout dans la langue écrite élégante. Ce mot a générale-

ment des synonymes d'emploi plus courant
LITTÉRALT littéralement, mot pour mot
LITURG. terme de liturgie (LITURG. CATHOL., CHRÉT., JUD., etc.)
LOC. locution (groupe de mots formant une unité et ne pouvant pas être modifié à volonté ; certaines ont la valeur d'un mot grammatical) ; LOC. ADV. : locution adverbiale, à valeur d'adverbe ; LOC. CONJ. : locution conjonctive, à valeur de conjonction ; LOC. PRÉP. : locution prépositive, à valeur de préposition ; LOC. ADJ. : locution adjective, à valeur d'adjectif. – LOC. FIG. : locution(s) figurée(s) ; LOC. FAM. : expression familière ; LOC. PROV. : locution proverbiale
LOG. terme de logique
M. 1° masculin (N. M. : nom masculin ; ADJ. M. : adjectif masculin). Le nom masculin s'emploie aussi à propos d'une femme si le mot est défini par Personne qui... Autrement, la définition commence par Celui qui... ; 2° masse (M. AT. : masse atomique)
MAÇONN. terme de maçonnerie
MANÈGE terme de manège
MAR. terme de marine concernant les navires, la navigation et utilisé par les marins, les spécialistes seulement
MARQUE DÉPOSÉE nom de marque appartenant à une firme commerciale
MASC. masculin (AU MASC. : au masculin)
MATÉR. matériaux
MATH. terme de mathématiques
MÉCAN. terme de mécanique
MÉCANOGR. terme de mécanographie
MÉD. 1° terme de médecine (→ BIOL., PATHOL.) ; 2° médical
MÉDIÉV. médiéval
MENUIS. terme de menuiserie
MÉRID. méridional, du Midi de la France
MÉTALL. terme de métallurgie
MÉTAPH. métaphore (PAR MÉTAPH. : par métaphore, comparaison implicite intermédiaire entre le propre et le figuré) ; métaphorique. Ne pas confondre avec COMPAR.
MÉTÉOROL. terme de météorologie
MÉTON. (par) métonymie : introduit un emploi issu d'un autre emploi par cette figure
MÉTR. terme de métrique
MÉTROL. terme de métrologie
MICROBIOL. terme de microbiologie
MILIEU devant un siècle jusqu'au XVe s. (1492), signifie que le texte a été composé entre les années 35 et 65. Ex. milieu XVe s. = entre 1435 et 1465. À partir du XVIe s., signifie que le mot apparaît dans les années 50 du siècle
MILIT. terme du langage militaire ; militaire (adj.)
MINÉR. terme de minéralogie
MOD. moderne (insiste sur le fait qu'un sens, un emploi est d'usage actuel, quand le sens précédent ou les emplois voisins sont vieux, abandonnés)
MODIF. modification
MOL. moléculaire (BIOL. MOL. : biologie moléculaire)
MOR. terme de morale
MUS. terme de musique ; HIST. MUS. : terme de l'histoire de la musique
MYST. terme de mystique
MYTH. terme de mythologie
N. nom (N. M. : nom masculin ; N. F. : nom féminin ; N. M. OU F. : nom dont le genre est fluctuant ; N. M. et F. : nom pour lequel un sens correspond à un genre ; N. : nom qui a la même forme pour les deux genres [épicène ; ex. élève] ou nom avec accord morphologique [ex. chanteur, euse] ; N. M. PL. : nom masculin pluriel ; N. PR. : nom propre)
N° numéro (N° AT. : numéro atomique)
NAT. naturel (SC. NAT. : sciences naturelles)
NAVIG. terme de navigation
NÉOL. néologisme : mot nouveau relevé ou entendu depuis peu de temps
NEUROL. terme de neurologie
NOMBR. nombreux
NOM DÉPOSÉ nom appartenant à une firme commerciale, mais utilisé comme nom commun
NUCL. terme spécial au domaine nucléaire (PHYS. NUCL. : physique nucléaire)
NUMÉR. numéral
NUMISM. terme de numismatique. → ARCHÉOL.
OBSC. obscur
OCÉANOGR. terme d'océanographie
OCCID. occidental
OFFIC. officiel (RECOMM. OFFIC. : recommandation officielle)
ONOMAT. onomatopée ou formation expressive ; onomatopéique
OPPOS. opposition (PAR OPPOS. : par opposition à)
OPPOSÉ À introduit un mot de sens opposé, en opposition permanente
OPT. terme d'optique
ORD. ordinal (ADJ. NUMÉR. ORD. : adjectif numéral ordinal)
ORGAN. organique (CHIM. ORGAN. : chimie organique)
ORTHOGR. orthographe ; orthographique
P. 1° passé (P. COMPOS. : passé composé) ; 2° participe (P. PRÉS. : participe présent ; P. P. : participe passé – REM. Les participes passés adjectifs importants sont traités à l'ordre alphabétique. Les autres sont mentionnés au verbe. – P. P. ADJ. : participe passé adjectif ; P. P. OU AU P. P. : participe passé (certains sont donnés en exemple sans mention particulière, après un tiret. – P. P. SUBST. : nom issu d'un participe)
PALÉOGR. terme de paléographie
PALÉONT. terme de paléontologie
PAPET. terme de papeterie
PARAPSYCHOL. terme de parapsychologie
PARTICIP. participial (SUBST. PARTICIP. : nom issu d'un participe) ; proposition participiale
PARTICULT particulièrement : concernant telle situation, tel objet particuliers. (Ne pas confondre avec SPÉCIALT, qui concerne le sens et non pas ce dont on parle)
PARTIT. partitif
PASS. passif (voix du verbe) ; PRONOM. PASS. : forme pronominale dans le sens passif
PATHOL. terme de pathologie. → PHYSIOL., MÉD.
PÂTISS. terme de pâtisserie. → CUIS.
P.-Ê. peut-être
PÊCHE terme de pêche (→ MAR.)
PÉDAG. terme de pédagogie
PEINT. terme de peinture
PÉJ. péjoratif ; péjorativement (employé avec mépris, en mauvaise part, sans que le sens l'indique expressément)
PÉN. pénal (DR. PÉN. : droit pénal)
PERS. 1° personne (1RE PERS. DU PRÉS. : 1re personne du présent) ; 2° personnel (PRON. PERS. : pronom personnel)
(PERSONNES) présente un sens, un emploi où le mot (adjectif, verbe) ne peut s'employer qu'avec des noms de personnes (s'oppose à CHOSES)
PERSPECT. perspective
PÉTR. terme du langage des pétroles
PHARM. terme de pharmacie
PHARMACOL. terme de pharmacologie
PHILOS. terme de philosophie
PHONÉT. terme de phonétique
PHONOL. terme de phonologie
PHOTOGR. terme de photographie
PHYLOG. terme de phylogénétique
PHYS. terme de physique
PHYSIOL. terme de physiologie. → PATHOL., MÉD.
PISCIC. terme de pisciculture
PL., PLUR. pluriel (N. M. PL. : nom masculin pluriel ; AU PLUR. : au pluriel)
PLAIS., PLAISANT plaisanterie (PAR PLAIS.), plaisant : emploi qui vise à être drôle, à amuser, mais sans ironie
PLUR. → PL.
PLUS. plusieurs
POÉT. mot de la langue littéraire (→ LITTÉR.) utilisé seulement en poésie

POLIT. terme de politique
POP. populaire : qualifie un mot ou un sens courant dans la langue parlée des milieux populaires (souvent argot ancien répandu), qui ne s'emploierait pas dans un milieu social élevé. (À distinguer de FAM., qui concerne une situation de communication)
POSS. 1° possessif (ADJ. POSS. : adjectif possessif) ; 2° possible (HOM. POSS. : homonyme possible, présente un mot devenu homonyme de l'entrée lorsque deux prononciations coexistent, par suite de la disparition d'une opposition de sons chez certains locuteurs)
PR. propre (N. PR. : nom propre ; AU PR. : au sens propre [opposé à AU FIGURÉ])
PRÉCÉD. précédent
PRÉF. préfixe
PRÉHIST. préhistoire
PRÉP. préposition ; prépositif (LOC. PRÉP. : locution prépositive)
PRÉPOSITIVT prépositivement
PRÉS. présent (temps du verbe) ; P. PRÉS. : participe présent
PROB. probable
PROBABLT probablement
PROCÉD. terme de procédure. → DR.
PRON. 1° pronom (PRON. PERS. : pronom personnel ; PRON. DÉM. : pronom démonstratif ; PRON. REL. : pronom relatif) ; 2° pronominal (V. PRON. : verbe pronominal)
PRONOM. pronominalement (emploi pronominal isolé d'un verbe)
PRONONC. prononciation
PROPOS. proposition
PROPRT proprement : désigne le sens premier d'un mot d'où est issu un mot français quand c'est dans un autre sens qu'il a été pris
PROV. proverbe ; proverbial
PROVENÇAL ancien provençal : ancien stade du dialecte de la Provence ou stade ancien des dialectes occitans
PSYCHAN. terme de psychanalyse
PSYCHIATR. terme de psychiatrie
PSYCHOL. terme de psychologie
PSYCHOPATHOL. terme de psychopathologie
PSYCHOPHYSIOL. terme de psychophysiologie
PSYCHOTECHN. terme de psychotechnique
PUBL. public (DR. PUBL. : droit public ; TRAV. PUBL. : travaux publics)
PUBLIC. terme de publicité
PYROTECHN. terme de pyrotechnie
QQCH. quelque chose
QQN quelqu'un
RADIO radiodiffusion
RARE mot qui, dans son usage particulier (il peut être didactique, technique, etc.), n'est employé qu'exceptionnellement
RÉCIPR. réciproque (V. PRON. RÉCIPR. : verbe pronominal réciproque)
RECOMM. recommandation (RECOMM. OFFIC. : recommandation officielle, termes et expressions approuvés ou recommandés par arrêté ministériel, en application des décrets relatifs à l'enrichissement de la langue française)
RÉFECTION modification d'une forme plus ancienne, sous l'influence d'une forme du latin classique, du français, etc.
RÉFL. réfléchi (V. PRON. RÉFL. : verbe pronominal réfléchi)
RÉGION. régional (mot ou emploi particulier au français parlé dans une ou plusieurs régions [France, pays francophones], mais qui n'est pas d'usage général ou qui est senti comme propre à une région). À distinguer de DIAL.
REL. relatif (PRON. REL. : pronom relatif)
RELATIVT relativement
RELIG. terme de religion. → aussi LITURG., THÉOL.
RELIURE terme de reliure
REM. remarque
RHÉT. terme de rhétorique
ROM. romain (ANTIQ. ROM. : Antiquité romaine)
S. siècle
SAVANT mot, dérivé savant, formé d'éléments grecs ou latins
SC. terme du langage scientifique et appartenant en général au domaine de plusieurs sciences
SCOL. scolaire (ARG. SCOL. : argot scolaire)
SCOLAST. terme de scolastique
SCULPT. terme de sculpture
S.-ENT. sous-entendu
SÉMIOL. terme de sémiologie
SEULT seulement
SING. singulier
SOC. social
SOCIOL. terme de sociologie
SORCELL. terme de sorcellerie
SPÉCIALIS. spécialisation (de sens, d'emploi)
SPÉCIALT spécialement : dans un sens plus étroit, moins étendu ; s'oppose à PAR EXT. (Ne pas confondre avec PARTICULT)
SPÉLÉOL. terme de spéléologie
SPORT terme du langage des sports, peu connu du grand public (certains sont présentés par le nom du sport où ils sont employés : FOOTBALL, TENNIS, BOXE, etc.)
STATIST. terme de statistique
STÉNOGR. terme de sténographie
STYLIST. terme de stylistique
SUBJ. subjonctif (mode du verbe)
SUBORDIN. subordination
SUBST. substantif, substantivé (emploi comme nom de toute autre partie du discours)
SUBSTANT. substantivement ; substantivation
SUFF. suffixe
SUIV. suivant
SUPERL. superlatif
SUPPL. supplément
SYLL. syllabe
SYLVIC. terme de sylviculture. → ARBOR.
SYMB. symbole (d'une unité de mesure, etc.)
SYN. synonyme
T. 1° terme (T. D'AFFECTION : terme d'affection) ; 2° tome
TAUROM. terme de tauromachie
TECHN. technique (mot appartenant au langage technique, et peu ou mal connu de l'ensemble du public ; quand il s'agit d'une technique particulière et très importante, TECHN. est remplacé par le nom de cette technique [AVIAT., ÉLECTR., PHOTOGR.])
TECHNOL. terme de technologie
TÉLÉCOMM. terme de télécommunications
TÉLÉDÉTECT. terme de télédétection
TÉLÉV. terme de télévision
THÉÂTRE terme de théâtre
THÉOL. terme de théologie
TOPOGR. terme de topographie
TR. transitif (V. TR. : verbe transitif, qui a un complément d'objet [exprimé ou non] ; TR. DIR. : transitif direct [→ DIR.] ; TR. IND. : transitif indirect [→ IND.]
TRAD. traduction (de telle langue ; de tel auteur)
TRANS. transitivement (présente un emploi exceptionnellement transitif d'un verbe intransitif)
TRAV. travail (DR. TRAV. : droit du travail ; TRAV. PUBL. : travaux publics)
TURF terme spécial au milieu du turf, des courses de chevaux
TYPOGR. terme de typographie. → IMPRIM.
V. 1° verbe (V. INTR. ; V. TR. ; V. PRON. ; V. IMPERS.) ; 2° vers (devant une date) ; 3° voir
VAR. variante
VÉN. terme de vénerie (chasse à courre)
VERB. verbal (LOC. VERB. : locution verbale)
VERSIF. terme de versification
VÉTÉR. terme de l'art vétérinaire ; quand il s'agit du cheval, voir HIPPOL.
VIEILLI mot, sens ou expression encore compréhensible de nos jours, mais qui ne s'emploie plus naturellement dans la langue parlée courante

VIROL. terme de virologie
VITIC. terme de viticulture
VOC. vocabulaire
VS versus
VULG. vulgaire : mot, sens ou emploi choquant, le plus souvent lié à la sexualité et à la violence, qu'on ne peut employer dans un discours soucieux de courtoisie, quelle que soit l'origine sociale
VX vieux (mot, sens ou emploi de l'ancienne langue, incompréhensible ou peu compréhensible de nos jours et jamais employé, sauf par effet de style : archaïsme). Ne pas confondre avec ANCIENNT
ZOOL. terme de zoologie
ZOOTECHN. terme de zootechnie

LISTE DES PRINCIPAUX AUTEURS CITÉS

A

Abellio (Raymond)
Académie, Dictionnaire de l'Académie française
C. Achache (Carole)
Achard (Marcel)
O. Adam (Olivier)
P. Adam (Paul)
Adamov (Arthur)
C. Aderhold (Carl)
J. Aicard (Jean)
É. Ajar (Émile)
Alain
Alain-Fournier
Albert-Birot (Pierre)
d'Alembert
Alexakis (Vassilis)
J. S. Alexis (Jacques Stephen)
C. d'Allaines (Claude)
Allais (Alphonse)
J. Almendros (Julien)
J. Almira (Jacques)
Althusser (Louis)
S. Amadis (Saïd)
F. Ambrière (Francis)
J.-P. Amette (Jacques-Pierre)
Amiel (Henri-Frédéric)
J. Amila (Jean)
J. Anglade (Jean)
Ch. Angot (Christine)
Anouilh (Jean)
Apollinaire (Guillaume)
N. Appanah (Nathacha)
Aragon (Louis)
C. Arambourg (Camille)
Aristote
M. Arland (Marcel)
G. Arnaud (Georges)
Arnothy (Christine)
A. Arnoux (Alexandre)
R. Aron (Raymond)
Artaud (Antonin)
Arvers (Alexis Félix)
P. Assouline (Pierre)
J. Attali (Jacques)
F. Aubenas (Florence)
M. Aubert (Marcel)
Aubigné (Agrippa d')
S. Audeguy (Stéphane)
Audiberti (Jacques)
M. Audoux (Marguerite)
Augier (Émile)
Aveline (Claude)
Aymé (Marcel)
Aznavour (Charles)

B

Hampâté Bâ (Amadou Hampâté)
M. Bâ (Mariama)
Babeuf (Gracchus)
Bachelard (Gaston)
É. Badinter (Élisabeth)
Baïf (Jean Antoine de)
J.-C. Bailly (Jean-Christophe)
P. Bailly (Pierric)
Bainville (Jacques)
Bally (Charles)
Balzac (Honoré de)
Guez de Balzac
Banville (Théodore de)
J. Barbeau (Jean)
M. Barbery (Muriel)
Barbey, Jules-Amédée Barbey d'Aurevilly
A. Barbier (Auguste)
Barbusse (Henri)
Ch. Bardenat (Charles)
Barjavel (René)
R. Barre (Raymond)
Barrès (Maurice)
Barthes (Roland)
Barthou (Louis)
Baruk (Henri)
M. Bashkirtseff (Marie)
G. Bataille (Georges)
H. Bataille (Henry)
M. Bataille (Michel)
Gaston Baty
Bauby (Jean-Dominique)
H. Bauchau (Henry)
Baudelaire (Charles)
Baudrillard (Jean)
Bayle (Pierre)
Bazin (Hervé)
A. Bazin (André)
R. Bazin (René)
G. Béart (Guy)
Y. Beauchemin (Yves)
V.-L. Beaulieu (Victor-Lévy)
Beaumarchais
Beauvoir (Simone de)
B. Beck (Béatrix)
Beckett (Samuel)
Becque (Henry)
Bedel (Maurice)
Bédier (Joseph)
Bedos (Guy)
A. Begag (Azouz)
Bégaudeau (François)
Béguin (Albert)
Beigbeder (Frédéric)
du Bellay (Joachim)
R. Belleau (Rémy)
Bellefroid (Jacques)
Belletto (René)
G. Belorgey (Gérard)
T. Benacquista (Tonino)
J. Benameur (Jeanne)
Benda (Julien)
Ben Jelloun (Tahar)
L. Ben Mansour (Latifa)
P. Benoit (Pierre)
J.-L. Benoziglio (Jean-Luc)
Béranger (Pierre Jean de)
V. Bérard (Victor)
H. Béraud (Henri)
A. Bercoff (André)
G. Berger (Gaston)
Y. Berger (Yves)
Bergounioux (Pierre)
Bergson (Henri)
Berlioz (Hector)
Bernanos (Georges)
C. Bernard (Claude)
J. Bernard (Jean)
T. Bernard (Tristan)
Bernardin de Saint-Pierre
Bernstein (Henry)
H. Berr (Henri)
A. Berry (André)
M. Berthelot (Marcelin)
A. Bertrand (Aloysius)
J. Bertrand (Janette)
L. Bertrand (Louis)
Bescherelle (Louis-Nicolas)
G. Besson (George)
P. Besson (Patrick)
Ph. Besson (Philippe)
M. Beti (Mongo)
Beyala (Calixthe)
BIBLE
BIBLE Crampon
BIBLE Sacy
Bichat (Marie François Xavier)
Billy (André)
A. Binet (André)
L. Binet (Laurent)

N. Bismuth (Nadine)
M.-C. Blais (Marie-Claire)
M. Blanc (Marcel)
R. Blanché (Robert)
Blanchot (Maurice)
M. Blancpain (Marc)
J. Blanzat (Jean)
B. Blier (Bertrand)
J.-R. Bloch (Jean-Richard)
M. Bloch (Marc)
O. Bloch (Oscar)
R. Bloch (Raymond)
Blondel (Maurice)
Blondin (Antoine)
Bloy (Léon)
Blum (Léon)
Chr. Bobin (Christian)
Bodard (Lucien)
Boileau (Nicolas)
É. Boirac (Émile)
Boissy (Louis de)
Bonaparte, Napoléon Bonaparte
Bonnefoy (Yves)
J. Bonnie (Julie)
H. Bordeaux (Henry)
P. Borel (Petrus)
G. Borgeaud (Georges)
Borniche (Roger)
H. de Bornier (Henri)
J.-L. Bory (Jean-Louis)
Bosco (Henri)
Bossuet (Jacques Bénigne)
Boudard (Alphonse)
Bougainville (Louis-Antoine de)
C. Bouglé (Célestin)
D. Boulanger (Daniel)
C. Boulouque (Clémence)
N. Bouraoui (Nina)
Bourbaki (Nicolas)
Bourdaloue (Louis)
Bourdieu (Pierre)
Bourgeade (Pierre)
Bourget (Paul)
Boursault (Edme)
Bousquet (Joë)
G. Bouthoul (Gaston)
É. Boutmy (Émile)
P. Boutroux (Pierre)
N. Bouvier (Nicolas)
Boylesve (René)
Braque (Georges)
Brasillach (Robert)
Brassens (Georges)
Braudel (Fernand)
Bréal (Michel)
Brel (Jacques)
R. Bresson (Robert)
Breton (André)
Brieux (Eugène)
Brillat-Savarin (Anthelme)
Brissot (Jacques Pierre)
Broglie (Louis de)
Ch. de Brosses (Charles)
P. Bruckner (Pascal)
Ch. Bruneau (Charles)
Brunetière (Ferdinand)
Brunot (Ferdinand)
L. Brunschvicg (Léon)
Buffon
K. Bugul (Ken)
A. Burloud (Albert)
É. Burnouf (Émile)
Bussy-Rabutin
Butor (Michel)

C

Caillois (Roger)
Calaferte (Louis)
H. Calet (Henri)
Calvin
J. Cambon (Jules)
Camus (Albert)
A. de Candolle (Alphonse)
J. Capelle (Jean)
Capitant (Henri)
Carco (Francis)
Carcopino (Jérôme)
M. Cardinal (Marie)
J. Carles (Jules)
Carrel (Alexis)
E. Carrère (Emmanuel)
Ph. Carrese (Philippe)
J.-C. Carrière (Jean-Claude)
J. Cartier (Jacques)
Cartier-Bresson (Henri)
Casanova (Jacques Casanova de Seingalt)
M. del Castillo (Michel)
J. Cau (Jean)
M. Caullery (Maurice)
P. Cauvin (Patrick)
Cavanna (François)
Cayrol (Jean)
J. Cazotte (Jacques)
Céline (Louis-Ferdinand)
Cendrars (Blaise)
Cervantès
Césaire (Aimé)
Cézanne (Paul)
Chabrol (Jean-Pierre)
C. Chabrol (Claude)
Chalandon (Sorj)
Chamfort (Nicolas de)
P. Chamoiseau (Patrick)
Ph. de Champaigne (Philippe)
Champollion (Jean-François)
Chant du départ
M. Chappaz (Maurice)
R. Char (René)
Chardonne (Jacques)
Charles d'Orléans
E. Charles-Roux (Edmonde)
Chateaubriand
Châteaubriant (Alphonse de)
N. Châtelet (Noëlle)
Chauchard (Paul)
M. de Chazal (Malcolm de)
A. Chedid (Andrée)
Chênedollé (Charles Lioult de)
A. Chénier (André de)
M.-J. Chénier (Marie-Joseph de)
É. Chénon (Émile)
É. Cherrière (Éric)
Chessex (Jacques)
G. Chevallier (Gabriel)
J. Chirac (Jacques)
Chombart de Lauwe (Paul-Henry)
Choquet (Gustave)
Christophe (Georges Colomb, dit)
Cingria (Charles-Albert)
Cioran (Emil Michel)
Cixous (Hélène)
R. Clair (René)
Clancier (Georges-Emmanuel)
Claudel (Paul)
Ph. Claudel (Philippe)
B. Clavel (Bernard)
Clavel (Maurice)
Clemenceau (Georges)
Cliff (William)
H. Clouard (Henri)
C. M. Cluny (Claude Michel)
J.-F. Coatmeur (Jean-François)
Cocteau (Jean)
Code civil
Code commercial
Code de la consommation
Code d'instruction criminelle
Code Napoléon
Code pénal
Code de procédure civile
Code de la route
A. Cœuroy (André)
A. Cohen (Albert)
Colette
C. Collard (Cyril)
Coluche
Comte (Auguste)
G. Conchon (Georges)
Condillac (Étienne Bonnot de)
Condorcet
R. Confiant (Raphaël)
Constant (Benjamin)
P. Constant (Paule)
Constantin-Weyer (Maurice)
M. Contat (Michel)
J. Cordelier (Jeanne)
Corneille (Pierre)
Th. Corneille (Thomas)
Corot (Camille)
L. Cossé (Laurence)
Cossery (Albert)
de Coubertin (Pierre)
P. Couderc (Paul)
P.-L. Courier (Paul-Louis)
Courchay (Claude)
A. Cournot (Antoine Augustin)
Courrière (Yves)
Cours de navigation des Glénans
Courteline
J.-P. Courthéoux (Jean-Paul)
V. Cousin (Victor)
Cousteau (Jacques-Yves)
Crébillon
Crevel (René)
de Croisset (Francis)
Ch. Cros (Charles)
Marie Curie
Curtis (Jean-Louis)
C. Cusset (Catherine)
Cuvier (Georges)
Cyrano, Savinien de Cyrano de Bergerac
B. Cyrulnik (Boris)

D

Dabadie (Jean-Loup)
Dabit (Eugène)
P. Dac (André Isaac, dit Pierre)
B. Dadié (Bernard)
Daeninckx (Didier)

Dalloz (éditions)
Dancourt
Daniel-Rops
Daninos (Pierre)
M. G. Dantec (Maurice Georges)
Danton (Georges Jacques)
F. Dard (Frédéric)
G. Darien (Georges)
M. Darrieussecq (Marie)
Daudet (Alphonse)
L. Daudet (Léon)
R. Daumal (René)
Dauzat (Albert)
R. Debray (Régis)
DÉCLARATION DES DROITS DE L'HOMME
D. Decoin (Didier)
R. Deforges (Régine)
Degas (Edgar)
G. Delacourt (Grégoire)
Delacroix (Eugène)
H. Delacroix (Henri)
Y. Delage (Yves)
Delamare (Valéry)
Del Amo (Jean-Baptiste)
J. Delay (Jean)
Ph. Delerm (Philippe)
Delille (abbé Jacques)
L. Delluc (Louis)
A. Delpuech
A. Demangeon (Albert)
A. Demolon (Albert)
Déon (Michel)
R. Depardon (Raymond)
R. Depestre (René)
Déroulède (Paul)
A. Desarthe (Agnès)
J.-P. Desbiens (Jean-Paul)
J.-L. Descamps
Descartes (René)
L.-R. Des Forêts (Louis-René)
V. Despentes (Virginie)
M. Desplechin (Marie)
Desproges (Pierre)
L.-P. Desrosiers (Léo-Paul)
Destouches
J.-L. Destouches (Jean-Louis)
R. Detambel (Régine)
Detrez (Conrad)
J. Deval (Jacques)
P. Deville (Patrick)
Devos (Raymond)
A. Dhôtel (André)
Diabaté (Massa Makan)
M. Dib (Mohammed)
J. Dicker (Joël)
Diderot (Denis)
F. Diome (Fatou)
Djian (Philippe)
Doisneau (Robert)
Dolto (Françoise)
J. Doniol-Valcroze (Jacques)
Dorgelès (Roland)
B. Dorival (Bernard)
G. Dormann (Geneviève)
J. Dorst (Jean)
M. Dorval (Marie)
Drieu la Rochelle (Pierre)
J. Drillon (Jacques)
Druon (Maurice)
J.-P. Dubois (Jean-Paul)
Duby (Georges)
M. Du Camp (Maxime)
R. Ducharme (Réjean)
Ducis (Jean-François)
M. Dugain (Marc)
Duhamel (Georges)
É. Dujardin (Édouard)
Ch. Dullin (Charles)
Dumarsais
Dumas, Alexandre Dumas père
Dumas fils, Alexandre Dumas fils
R. Dumont (René)
A. Dupont-Sommer (André)
J. Duquesne (Jacques)
Duras (Marguerite)
Durkheim (Émile)
Duteurtre (Benoît)
Dutourd (Jean)
Duverger (Maurice)
Duvert (Tony)

E

I. Eberhardt (Isabelle)
Echenoz (Jean)
G. Elgozy (Georges)
Éluard (Paul)
P. Émond (Paul)
M. Enard (Mathias)
ENCYCLOPÉDIE
A. Ernaux (Annie)
Esmein (Adhémar)
Estaunié (Édouard)
H. Estienne (Henri)
Étiemble (René)
ÉVANGILE
Exbrayat (Charles)

F

Fabre (Jean Henri)
Fabre d'Églantine
Faguet (Émile)
Fallet (René)
Fanon (Franz)
Fargue (Léon-Paul)
N. Fargues (Nicolas)
Farrère (Claude)
Fauconnier (Henri)
É. Faure (Élie)
J. Favre (Jules)
G. Faye (Gaël)
L. Febvre (Lucien)
Fénelon, François de Salignac de La Mothe Fénelon
M. Feraoun (Mouloud)
C. Férey (Caryl)
Fernandez (Dominique)
A. Ferney (Alice)
Ferniot (Jean)
J. Ferrari (Jérôme)
Ferré (Léo)
J. Ferron (Jacques)
J. Ferry (Jules)
Th. Fersen (Thomas)
É. Filhol (Élisabeth)
J.-P. Filion (Jean-Paul)
P. Filion (Pierre)
Finkielkraut (Alain)
M. Fitoussi (Michèle)
Flaubert (Gustave)
Fléchier (Esprit)
Florian (Jean-Pierre Claris de)
R. Floriot (René)
Focillon (Henri)
D. Foenkinos (David)
Fontenelle (Bernard Le Bovier de)
R. Forlani (Remo)
Fottorino (Éric)
Foucault (Michel)
P. Foulquié (Paul)
Fourastié (Jean)
Fourier (Charles)
G. Fournier (Gabriel)
J.-L. Fournier (Jean-Louis)
Francastel (Pierre)
France (Anatole)
D. Franck (Dan)
François Ier
L. Fréchette (Louis)
Frédéric II
Freud (Sigmund)
Frison-Roche (Roger)
Fromentin (Eugène)
R. Frydman (René)
Furetière (Antoine)
Fustel de Coulanges (Numa Denis)

G

Ch. Gailly (Christian)
Gainsbourg (Serge)
Galland (Antoine)
C. Gallay (Claudie)
L. Gallien (Louis)
M. Galliot (Marcel)
Gambetta (Léon)
Gandhi
A.-M. Garat (Anne-Marie)
Garaudy (Roger)
M. Garçon (Maurice)
Garnier (Marcel)
Garnier et Delamare
P. Garnier (Pascal)
Garouste (Gérard)
A. Garréta (Anne)
R. Gary (Romain)
Gascar (Pierre)
L. Gaudé (Laurent)
de Gaulle (Charles)
G. de Gaulle-Anthonioz (Geneviève)
Gautier (Théophile)
Gavalda (Anna)
Gaxotte (Pierre)
M. Gazier (Michèle)
GENÈSE
Genet (Jean)
Genevoix (Maurice)
Genlis (Comtesse de)
P.-G. de Gennes (Pierre-Gilles)
de Genoude (Eugène-Antoine)
Géraldy (Paul)
Gérando (Joseph-Marie de)
S. Germain (Sylvie)
M. Gevers (Marie)
A. Ghalem (Ali)
Ghelderode (Michel de)
Gide (André)
Ch. Gide (Charles)
Ch. Gide et Rist
É. Gille (Élisabeth)

Giono (Jean)
R. Girard (René)
É. de Girardin (Émile)
Giraudoux (Jean)
F. Giroud (Françoise)
Ch. Giudicelli (Christian)
Glissant (Édouard)
Gobineau
Goblot (Edmond)
Godard (Jean-Luc)
Godbout (Jacques)
P. Gombert (Pierre)
Goncourt (Edmond et Jules de)
R. Gonnard (René)
Gonseth (Ferdinand)
G. Gougenheim (Georges)
J.-M. Gourio (Jean-Marie)
R. de Gourmont (Remy)
Gournay (Jacques-Claude-Marie Vincent de)
Gracq (Julien)
Grainville (Patrick)
Green (Julien)
Gresset (Jean-Baptiste Louis)
P. Grimal (Pierre)
Ph. Grimbert (Philippe)
A.-L. Grobéty (Anne-Lise)
B. et F. Groult (Benoîte et Flora)
Guéhenno (Jean)
J.-M. Guenassia (Jean-Michel)
F. Guène (Faïza)
R. Guérin (Raymond)
A. Guerne (Armel)
Guèvremont (Germaine)
H. Guibert (Hervé)
Guignebert (Charles)
Guillain (Robert)
G. Guillaume (Gustave)
P. Guillaume (Paul)
É. Guillaumin (Émile)
Guilloux (Louis)
P. Guimard (Paul)
P. Guiraud (Pierre)
S. Guitry (Sacha)
Guizot (François)
Guth (Paul)
Guyau (Jean-Marie)

H

Y. Haenel (Yannick)
J.-E. Hallier (Jean-Edern)
J. Hamburger (Jean)
Hamelin (Octave)
Hamilton (Antoine)
Hamp (Pierre)
E. Haraucourt (Edmond)
J. Harpman (Jacqueline)
Hatzfeld (Adolphe)
É. Haug (Émile)
P. Hazard (Paul)
A. Hébert (Anne)
Hébert (Jacques)
P. J. Hélias (Pierre Jakez)
F. Hellens (Franz)
Helvétius (Claude Adrien)
Hémon (Louis)
Henri IV
Henriot (Émile)
P. Herbart (Pierre)
Heredia (José Maria de)
Hergé (Georges Rémi, dit)
Hériat (Philippe)
A. Hermant (Abel)
Herriot (Édouard)
Hervieu (Paul)
M. Herzog (Maurice)
S. Hessel (Stéphane)
Hjelmslev (Louis)
Hodeir (André)
Homère
A. d'Houdetot (Adolphe)
Houellebecq (Michel)
Ph. Huet (Philippe)
Hugo (Victor)
F. Humbert (Fabrice)
N. Huston (Nancy)
R. Huyghe (René)
Huysmans (Joris-Karl)
Hyvernaud (Georges)

I

Ikor (Roger)
Ionesco (Eugène)
Istrati (Panaït)
Izzo (Jean-Claude)

J

Jabès (Edmond)
I. Jablonka (Ivan)
Jaccottet (Philippe)
F. Jacob (François)
M. Jacob (Max)
A. Jacquard (Albert)
Ph. Jaenada (Philippe)
Jaloux (Edmond)
Jammes (Francis)
P. Janet (Pierre)
Janin (Jules)
Jankélévitch (Vladimir)
Japrisot (Sébastien)
A. Jardin (Alexandre)
Jarry (Alfred)
C. Jasmin (Claude)
R. Jauffret (Régis)
Jaurès (Jean)
A. Jenni (Alexandre)
Joffo (Joseph)
Joffre (Joseph Jacques Césaire)
R. Jolivet (Régis)
Th. Jonquet (Thierry)
R. Jorif (Richard)
Joubert (Joseph)
Jouhandeau (Marcel)
F. Jourdain (Francis)
P. J. Jouve (Pierre Jean)
Jouvet (Louis)

K

A. Kahn (Axel)
Kant (Emmanuel)
A. Karr (Alphonse)
Kateb (Yacine)
Kemp (Robert)
Kerangal (Maylis de)
Kersauson (Olivier de)
Kessel (Joseph)
Y. Khadra (Yasmina)
P. Klossowski (Pierre)
C. Klotz (Claude)
Koltès (Bernard-Marie)
B. Kouchner (Bernard)
Kourouma (Ahmadou)
Kristeva (Julia)
Kundera (Milan)

L

A. Laâbi (Abdellatif)
M. Laberge (Marie)
Labiche (Eugène)
Ch. Laborde (Christian)
H. Laborit (Henri)
M.-S. Labrèche (Marie-Sissi)
La Bruyère
Lacan (Jacques)
Lacarrière (Jacques)
Lachelier (Jules)
Laclos, Choderlos de Laclos
Lacombe (Henri)
Lacordaire (père Jean-Baptiste Henri)
Lacouture (Jean)
Lacretelle (Jacques de)
Mme de La Fayette (Marie-Madeleine)
D. Laferrière (Dany)
La Fontaine (Jean de)
Laforgue (Jules)
Lagache (Daniel)
J. Lagneau (Jules)
Lagrange (Louis de)
Laharpe
Y. Lahens (Yanick)
P. Lainé (Pascal)
Lalande (André)
Lamarck
Lamartine (Alphonse de)
Lambert (Louis)
Mme de Lambert
Lamennais (Félicité Robert de)
La Motte-Houdar, Antoine Houdar de La Motte
Langevin (Paul)
Lanson (Gustave)
Lapérouse (comte de)
P. Lapeyre (Patrick)
Laplace
J. Laplanche (Jean)
Laplanche et Pontalis
Larbaud (Valery)
L. Larchey (Lorédan)
La Rochefoucauld
G. La Rocque (Gilbert)
Lartéguy (Jean)
C. Laurens (Camille)
J. Laurent (Jacques)
Lautréamont
La Varende
Laveaux (Jean-Charles)
Lavedan (Henri)
Lavelle (Louis)
Lavisse (Ernest)
C. Laye (Camara)
Léautaud (Paul)
G. et R. Le Bidois (Georges et Robert)
Le Breton (Auguste)
M. Le Bris (Michel)
B. Le Callet (Blandine)
Le Clézio (Jean-Marie Gustave)

Lecomte (Georges)
J. Lecomte (Jules)
Leconte de Lisle
Le Corbusier (Charles-Édouard Jeanneret, dit)
V. Leduc (Violette)
H. Lefebvre (Henri)
K. Lefèvre (Kim)
F. Léger (Fernand)
Leibniz (Wilhelm Gottfried)
Leibowitz (René)
Leiris (Michel)
F. Le Lionnais (François)
A.-P. Lentin (Albert-Paul)
Lemaitre (Jules)
P. Lemaitre (Pierre)
Le Masson (Henri)
Lemelin (Roger)
C. Lépidis (Clément)
H. Le Porrier (Herbert)
Leroi-Gourhan (André)
E. Le Roy (Eugène)
É. Le Roy (Édouard)
G. Leroy (Gilles)
Lesage (Alain René)
Le Senne (René)
Lévi-Strauss (Claude)
LÉVITIQUE
Lévy-Bruhl (Lucien)
W. Lewino (Walter)
L. Liard (Louis)
A. de Libera (Alain)
Liberati (Simon)
Lichtenberger (Henri)
S. Lilar (Suzanne)
M. Lindon (Mathieu)
Linze (Jacques-Gérard)
J. Littell (Jonathan)
Littré (Émile)
A. Londres (Albert)
H. Lopes (Henri)
Loti (Pierre)
É. Louis (Édouard)
Louis XIV
Louis XVI
Louvet de Couvray (Jean-Baptiste)
Louÿs (Pierre)
Lwoff (André)
Lyautey (Louis Hubert Gonzalve)
J.-F. Lyotard (Jean-François)

M

A. Maalouf (Amin)
A. Mabanckou (Alain)
Mac-Mahon
Mac Orlan (Pierre)
Madelin (Louis)
Maeterlinck (Maurice)
P. Magnan (Pierre)
Magritte
Maine de Biran
Mairet (Jean)
J. de Maistre (Joseph)
A. Makine (Andreï)
Malebranche (Nicolas)
L. Malet (Léo)
Malet et Isaac
Malherbe (François de)
Mallarmé (Stéphane)
Mallet-Joris (Françoise)
Malraux (André)
Manchette (Jean-Patrick)
E. Manet (Eduardo)
MANIFESTE COMMUNISTE
R. Maran (René)
Marat (Jean-Paul)
A. Marc (André)
G. Marcel (Gabriel)
Marguerite de Navarre
Margueritte (Victor)
Maritain (Jacques)
Marivaux, Pierre Carlet de Chamblain de Marivaux
Marmontel (Jean-François)
Marot (Clément)
Marouzeau (Jules)
LA MARSEILLAISE
R. Marteau (Robert)
Martin du Gard (Roger)
Martinet (André)
C. Martinez (Carole)
Martonne (Emmanuel de)
K. Marx (Karl)
F. Maspero (François)
Massillon (Jean-Baptiste)
Matisse (Henri)
G. Matoré (Georges)
C. Mauclair (Camille)
Th. Maulnier (Thierry)
Maupassant (Guy de)
C. Mauriac (Claude)
Mauriac (François)
Maurois (André)
Maurras (Charles)
L. Mauvignier (Laurent)
Memmi (Albert)
Ménage (Gilles)
Mercier (Louis Sébastien)
Mérimée (Prosper)
R. Merle (Robert)
Merleau-Ponty (Maurice)
J. Merlino (Jacques)
P. Mérot (Pierre)
P. Mertens (Pierre)
V. Message (Vincent)
M. Meyer (Michel)
É. Meyerson (Émile)
Mézeray (François Eudes de)
Michaux (Henri)
F.-B. Michel (François-Bernard)
L. Michel (Louise)
Michelet (Jules)
P. Michon (Pierre)
C. Millet (Catherine)
R. Millet (Richard)
J.-P. Milovanoff (Jean-Pierre)
C. Minard (Céline)
A. Minc (Alain)
Miomandre (Francis de)
Mirabeau
Mirbeau (Octave)
G. Miron (Gaston)
Mistral (Frédéric)
Mitterrand (François)
Modiano (Patrick)
Y. Moix (Yann)
A. Moles (Abraham)
Molière
Mondor (Henri)
H. Monnier (Henri)
J. Monod (Jacques)
Th. Monod (Théodore)
Montaigne (Michel de)
Montesquieu
Montherlant (Henry de)
de Monzie (Anatole)
Morand (Paul)
Mordillat (Gérard)
Moréas (Jean)
F. Moreau (Fernand)
E. Morin (Edgar)
Mouloudji (Marcel)
Mounier (Emmanuel)
Moustaki (Georges)
Musset (Alfred de)

N

Ch. Nadir (Chems)
Napoléon
Napoléon III
Narcejac (Thomas)
Y. Navarre (Yves)
G. Navel (Georges)
M. NDiaye (Marie)
Nelligan (Émile)
I. Némirovsky (Irène)
Nerval (Gérard de)
P. Nicole (Pierre)
Nietzsche (Friedrich)
Nimier (Roger)
M. Nimier (Marie)
Nizan (Paul)
Noailles (Anna de)
Nodier (Charles)
B. Noël (Bernard)
D. Noguez (Dominique)
J. Nohain (Jean)
Noiret (Philippe)
P. Nora (Pierre)
A. Nothomb (Amélie)
Nougaro (Claude)
Nourissier (François)
J.-P. Nozière (Jean-Paul)

O

Z. Oldenbourg (Zoé)
Olievenstein (Claude)
M. Onfray (Michel)
C. Ono-dit-Biot (Christophe)
C. Orban (Christine)
d'Ormesson (Jean)
Orsenna (Erik)
Ch. Oster (Christian)
M. Ouary (Malek)
F. Ouellette (Francine)
V. Ovaldé (Véronique)
Oyono (Ferdinand)

P

Pagnol (Marcel)
É. Pailleron (Édouard)
Palmade (Guy)
Brice Parain
A. Paré (Ambroise)
G. Paris (Gaston)
Pascal (Blaise)
Pasteur (Louis)
Paulhan (Jean)
Pauwels (Louis)
C. Paysan (Catherine)

Péguy (Charles)
F. Pellerin (Fred)
Pennac (Daniel)
A. Perdiguier (Agricol)
Perec (Georges)
Pergaud (Louis)
G. Péri (Gabriel)
Perrault (Charles)
M. Perrein (Michèle)
Perret (Jacques)
P. Perret (Pierre)
J. Perrin (Jean)
G. Perros (Georges)
F. Perroux (François)
J. de Pesquidoux (Joseph)
Pétain (Philippe)
Peyré (Joseph)
R. Peyrefitte (Roger)
Ch.-L. Philippe (Charles-Louis)
Pascal Pia
Piaget (Jean)
Picabia (Francis)
Picasso (Pablo)
H. Pichette (Henri)
Picouly (Daniel)
H. Piéron (Henri)
abbé Pierre (Henri Grouès, dit)
L. Pille (Lolita)
G. Pineau (Gisèle)
R. Pinget (Robert)
E. Pireyre (Emmanuelle)
Piron (Alexis)
J.-C. Pirotte (Jean-Claude)
A. Pizon (Antoine)
G. Planche (Gustave)
Planiol (Marcel)
Plisnier (Charles)
Poe (Edgar Allan)
Poincaré (Henri)
R. Poincaré (Raymond)
P. Poiré (Paul)
Poirot-Delpech (Bertrand)
M. Polac (Michel)
Ponge (Francis)
Pontalis (Jean-Bertrand)
Logique de Port-Royal
A. Postel (Alexandre)
Potain (Pierre Carl Édouard)
J. Potocki (Jan)
Poulaille (Henry)
Pourrat (Henri)
Poussin (Nicolas)
H. Pradal (Henri)
M. Pradines (Maurice)
M. Prenant (Marcel)
Prévert (Jacques)
abbé Prévost
J. Prévost (Jean)
M. Prévost (Marcel)
Protagoras
Proudhon (Pierre Joseph)
Proust (Marcel)
R. Puértolas (Romain)
C. Pujade-Renaud (Claude)

Q

H. Queffélec (Henri)
Y. Queffélec (Yann)
Queneau (Raymond)
Quignard (Pascal)

R

Rabelais (François)
Racan
Racine (Jean)
Radiguet (Raymond)
Ragon (Michel)
P. Rambaud (Patrick)
Rameau (Jean-Philippe)
Ramuz (Charles Ferdinand)
M. Rat (Maurice)
F. Rauh (Frédéric)
V. Ravalec (Vincent)
Raynal (abbé Guillaume)
F. Raynaud (Fernand)
L. Réau (Louis)
P. Reboux (Paul)
É. Reclus (Élisée)
J. Réda (Jacques)
H. Reeves (Hubert)
Regnard (Jean-François)
H. de Régnier (Henri)
M. Régnier (Mathurin)
Reichenbach (François)
S. Reinach (Salomon)
É. Reinhardt (Éric)
P.-J. Remy (Pierre-Jean)
Renan (Ernest)
Renard (Jules)
Renaud
J. Renaud (Jacques)
J. Renoir (Jean)
Ch. Renouvier (Charles)
Resnais (Alain)
Restif, Restif de la Bretonne
Retz (cardinal de)
Revel (Jean-François)
Reverdy (Pierre)
A. Rey (Alain)
H.-F. Rey (Henri-François)
J. Rey-Debove (Josette)
A. Reyes (Alina)
Rezvani
Ribot (Théodule)
J.-J. Richard (Jean-Jules)
Richelieu
Richepin (Jean)
P. Richer (Paul)
Ricœur (Paul)
Rimbaud (Arthur)
Rinaldi (Angelo)
Ringuet
A. Rivard
Rivarol
Robbe-Grillet (Alain)
Robespierre (Maximilien de)
Robida (Albert)
A. Robin (Armand)
M. Rocard (Michel)
H.-P. Roché (Henri-Pierre)
Ch. Rochefort (Christiane)
H. Rochefort (Henri)
Rodenbach (Georges)
Rodin (Auguste)
Mme Roland
D. Rolin (Dominique)
J. Rolin (Jean)
O. Rolin (Olivier)
M. Rolland (Martin)
R. Rolland (Romain)
Rollin (Charles)
Romains (Jules)
Romeuf (Jean)
D. Rondeau (Daniel)
W. Ronis (Willy)
Ronsard (Pierre de)
Roquebrune (Robert de)
O. Rosenthal (Olivia)
M. Rostain (Michel)
Rostand (Edmond)
J. Rostand (Jean)
Rotrou (Jean de)
M. Rouanet (Marie)
Rouart (Jean-Marie)
J. Rouaud (Jean)
J. Roubaud (Jacques)
Rougemont (Denis de)
Rouget de Lisle (Claude Joseph)
J. Roumain (Jacques)
Rousseau (Jean-Jacques)
J.-B. Rousseau (Jean-Baptiste)
R. Roussel (Raymond)
C. Roy (Claude)
G. Roy (Gabrielle)
Royer-Collard (Pierre Paul)
J. Ruffié (Jacques)
J.-Ch. Rufin (Jean-Christophe)

S

Sabatier (Robert)
M. Sachs (Maurice)
Sade (Marquis de)
A. Sadji (Abdoulaye)
Sadoul (Georges)
Sagan (Françoise)
Sainéan (Lazare)
Saint-Saëns (Camille)
Saint-Amant
Sainte-Beuve (Charles Augustin)
Saint-Évremond, Charles de Marguetel de Saint-Évremond
Saint-Exupéry (Antoine de)
Saint-John Perse
Saint-Just (Louis Antoine)
Saint-Saëns (Camille)
Saint-Simon
Salacrou (Armand)
Salvandy (Narcisse Achille de)
Samain (Albert)
San-Antonio (Frédéric Dard)
Sand (George)
Sandeau (Jules)
Sandfeld (Kristian)
Sarraute (Nathalie)
Sarrazin (Albertine)
Sartre (Jean-Paul)
Satie (Erik)
J. Saucier (Jocelyne)
Saussure (Ferdinand de)
Sauvy (Alfred)
Savard (Félix Antoine)
J.-B. Say (Jean-Baptiste)
Scarron (Paul)
Schaeffer (Pierre)
É.-E. Schmitt (Éric-Emmanuel)
R. Schuman (Robert)
B. Schwartz (Bertrand)
Schwartzenberg (Léon) et Viansson-Ponté (Pierre)
A. Schwarz-Bart (André)
S. Schwarz-Bart (Simone)

Schwob (Marcel)
Scribe (Eugène)
Segalen (Victor)
Ségur (Philippe-Paul)
J.-L. Seigle (Jean-Luc)
Seignobos (Charles)
Sembene (Ousmane)
J. Semprun (Jorge)
Sénac de Meilhan (Gabriel)
Senancour (Étienne Pivert de)
Senghor (Léopold Sédar)
Serguine (Jacques)
M. Serres (Michel)
Ch. Serrus (Charles)
J.-J. Servan-Schreiber (Jean-Jacques)
Mme de Sévigné
F. Seyvos (Florence)
Shakespeare (William)
Siegfried (André)
Sieyès (Emmanuel)
Simenon (Georges)
C. Simon (Claude)
P.-H. Simon (Pierre-Henri)
G. Simondon (Gilbert)
Simonin (Albert)
M. Sizun (Marie)
L. Slimani (Leïla)
Socrate
Sollers (Philippe)
G. Sorel (Georges)
J. Sorman (Joy)
A. Soubiran (André)
Souchon (Alain)
G. Soucy (Gaétan)
J.-Y. Soucy (Jean-Yves)
P. Souday (Paul)
Mme de Souza
A. Sow Fall (Aminata)
Mme de Staël
J. Stéfan (Jude)
Stendhal
J. Sternberg (Jacques)
Stravinski (Igor)
Suarès (André)
E. Sue (Eugène)
Sully
Sully Prudhomme
Supervielle (Jules)

T

Tailhade (Laurent)
Taillemagre (Jean)
Taine (Hippolyte)
Talleyrand, Charles Maurice de Talleyrand-Périgord
Tardieu (Jean)
G. Tavard (Guillaume)
Teilhard de Chardin (Pierre)
Tesnière (Lucien)
J. Testart (Jacques)
Testut (Jean Léo)
A. Tétry (Andrée)
J. Teulé (Jean)
Tharaud (Jérôme et Jean)
J.-F. Théry (Jean-François)
Theuriet (André)
Thibaudet (Albert)
Thiers (Adolphe)
F. Thilliez (Franck)
R. Thom (René)
H. Thomas (Henri)
Tocqueville (Alexis de)
T. Topin (Tito)
Toulet (Paul-Jean)
Tournier (Michel)
J.-Ph. Toussaint (Jean-Philippe)
J.-L. Trassard (Jean-Loup)
Tremblay (Michel)
Trenet (Charles)
DICTIONNAIRE DE TRÉVOUX
Triolet (Elsa)
F. Tristan (Frédérick)
Trombe (Félix)
Troyat (Henri)
Truffaut (François)
K. Tuil (Karine)
Turenne
Turgot
Tzara (Tristan)

U

S. Ullmann (Stephan)
Uvarov et Chapman

V

J. Vaché (Jacques)
Vailland (Roger)
Valéry (Paul)
Vallès (Jules)
Van Cauwelaert (Didier)
Van der Meersch (Maxence)
Van Gogh (Vincent)
F. Vargas (Fred)
Vaugelas (Claude Favre de)
J. Vautrin (Jean)
Vauvenargues
S. Veil (Simone)
Vendryes (Joseph)
Vercel (Roger)
Vercors
Verhaeren (Émile)
Verlaine (Paul)
J. Verne (Jules)
J. Vettier (Jacques)
Vialar (Paul)
Vialatte (Alexandre)
Vian (Boris)
Viansson-Ponté (Pierre)
Th. de Viau (Théophile)
G. Viaud (Gaston)
D. de Vigan (Delphine)
L. Vigée (Louis Jean-Baptiste)
Vigny (Alfred de)
J. Vilar (Jean)
Vildrac (Charles)
Villemain (Abel François)
P. Villeneuve
Villiers, Villiers de l'Isle-Adam
Villon (François)
J.-D. Vincent (Jean-Didier)
Voiture (Vincent)
Voltaire

W

A. Waberi (Abdourahman)
H. Wallon (Henri)
Warusfel (André)
S. Weil (Simone)
F. Weyergans (François)
A. Wiazemsky (Anne)
Wilde (Oscar)
L. de Wilde (Laurent)
M. Winckler (Martin)
Wolinski (Georges)

Y

J. Yanne (Jean)
Yourcenar (Marguerite)

Z

É. Zarifian (Édouard)
Ziegler (Jean)
J. Zobel (Joseph)
Zola (Émile)
Zwang (Gérard)

TITRES DE PÉRIODIQUES

Biba
Les Cahiers du cinéma
Courrier international
Le Devoir
Le Droit
Les Échos
Elle
L'Entreprise
L'Équipe
L'Express
Le Figaro
Gault et Millau
L'Humanité
Investir
Journal officiel
Libération
Lire
Le Matin
Le Monde
Le Monde diplomatique
Le Nouvel Observateur
Les Nouvelles littéraires
Ouest-France
Le Parisien
Le Point
Politis
Le Progrès
La Recherche
Science et Vie
Sciences et Avenir
Le Soir
Sud-Ouest
Le Temps
Télérama
La Voix du Nord

FILMS CITÉS

Le nom du (ou des) dialoguiste(s) est indiqué entre parenthèses.

À bout de souffle (Godard et Truffaut)
À nos amours (M. Pialat)
Buffet froid (B. Blier)
Le cave se rebiffe (M. Audiard)
Cent Mille Dollars au soleil (M. Audiard)
Les Dames du bois de Boulogne (Cocteau)
Et Dieu créa la femme (R. Vadim)
La Discrète (C. Vincent et J.-P. Ronssin)
Drôle de drame (Carné et Prévert)
Les Enfants du paradis (Prévert)
François Ier (Christian-Jaque)
La Grande Illusion (J. Renoir et Ch. Spaak)
La Grande Sauterelle (M. Audiard)
L'Homme qui aimait les femmes (Truffaut)
Hôtel du Nord (H. Jeanson)
Mannequins de Paris (M. Audiard)
Marius (Pagnol)
Le Mépris (Godard, d'après Moravia)
Monsieur Ripois (Queneau et H. Mills)
Le Pacha (M. Audiard)
Pépé le Moko (H. Jeanson)
Le Père Noël est une ordure (J.-M. Poiré)
Pierrot le fou (Godard)
Providence (D. Mercer)
Quai des brumes (Prévert)
Les 400 Coups (M. Moussy)
Que la fête commence (J. Aurenche et B. Tavernier)
Le Roman d'un tricheur (S. Guitry)
Le Sang d'un poète (Cocteau)
Le Schpountz (Pagnol)
Le Testament d'Orphée (Cocteau)
Les Tricheurs (J. Sigurd)
Un air de famille (C. Klapisch, J.-P. Bacri, A. Jaoui)
Une femme est une femme (Godard)
Un monde sans pitié (É. Rochant)
Un taxi pour Tobrouk (M. Audiard)
Les Visiteurs du soir (Prévert et P. Laroche)

cit
Frase int -> 3
3 cita
termini chiave
[3
domanda -> Dans quelle misure
[3
piano (3 parti, termi princ)
[3 + 3 cita + collegam. auth
3 II part
3 III part
[3
Rassunto

Marivaux

tromperie = inganno
vengeance = vendetta
trahison = tradimento
vengeance = vendetta
désespérée = Tacito-Britann.
Araminte
se moque = prendere gioco
suivante = ancella

A

1**A** [ɑ] **n. m. inv.** ■ **1** Première lettre et première voyelle de l'alphabet : *a majuscule* (A), *a minuscule* (a), *a accent circonflexe* (â), *a accent grave* (à) *(çà, là, déjà). Le a commercial* (@). ➤ **arobase.** — PRONONC. Lettre qui correspond aux deux voyelles les plus ouvertes du français : *a antérieur* [a] *(ta, patte), a postérieur* [ɑ] *(tas, pâte)* ; *a nasal* [ɑ̃] *(enfant). Digrammes, trigrammes comportant a : au, eau,* qui notent o* fermé [o] *(faux, beau)* ou parfois o ouvert [ɔ] *(centaure)* ; *all,* qui note [ɔl] dans les emprunts à l'anglais *(hall, football, call-girl)* ; *oa,* qui note [o] dans des emprunts *(goal, ferry-boat)* ; *ea* (➤ 1e) ; *ai* (➤ 1i) ; *-ail* (➤ 1l) ; *an, aen, aon, ain* (➤ 1n) ; *æ* (➤ 1e) ; *ay* (➤ 1y). ■ **2** LOC. *Depuis A jusqu'à Z* (ou *de A à Z*) : du commencement à la fin, entièrement. *Il lui a tout raconté, de A à Z. Ne savoir ni a ni b* : ne pas savoir lire ; être complètement ignorant. *Prouver, démontrer par a + b* [ɑplysbe], avec une rigueur mathématique. ■ **HOM.** Ah ; poss. à.

2**A** **abrév. et symboles** ■ **1** **A** [ɑ] **n. m. inv.** La note *la* (dans la nomenclature musicale anglo-saxonne et germanique). ■ **2** **A** [ɑ] **n. m. inv.** Note la plus élevée (dans un système de notation alphabétique). *Avoir un A en histoire.* ◆ FIN. *Triple A* ou *AAA* [tʀipləa] : la meilleure note donnée par une agence de notation*. *Pays qui perd son triple A.* ■ **3** **A** [gʀɑ̃ta] **adj. inv.** Masse atomique, exprimée en grammes. — **A** [ɑ̃pɛʀ] **n. m. inv.** Ampère. ■ **4** **Å** [aŋstʀœm] **n. m. inv.** Angström. ■ **5** **a** [aʀ] **n. m. inv.** Are. ■ **6** **A** [ɑ] **n. f.** Autoroute. *L'A6 relie Paris à Marseille,* l'autoroute du Sud, l'autoroute du Soleil. ■ **7** **A** [ɑ] *A3, A4, A5,* formats normalisés de feuilles de papier.

1**A-** ■ Élément, du latin *ad,* marquant la direction, le but à atteindre, ou le passage d'un état à un autre (var. *ad- ; ac-, af-, ag-, al-, an-, ar-, as-, at-*) : *amener, alunir, adoucir.* ➤ **à.**

2**A-** ■ Élément tiré du grec exprimant la négation («pas»), ou la privation («sans»), et dit *a privatif* (var. *an-* devant voyelle) : *anaérobie, apolitique.*

À [a] **prép.** — fin IXe, marquant des rapports de position (III, 3°) ◇ du latin *ad* → 1a-

Contraction de *à le* en AU [o], de *à les* en AUX [o] ; cf. aussi pron. possessifs et personnels (ex. *À moi.* ➤ **mien ; me**).

I **INTRODUISANT UN OBJET INDIRECT** (D'un verbe) *Nuire à sa santé.* — (D'un nom) *Le recours à la force.* — (D'un adjectif) *Fidèle à sa parole.* — (Suivi d'un infinitif) *Il se résolut à partir.* ◆ **À CE QUE** (suivi du subjonctif). *Je tiens à ce qu'il soit là.*

II **MARQUANT DES RAPPORTS DE DIRECTION** ■ **1** (milieu XIe) Lieu de destination. *Aller à Paris* ; *je pense y aller.* ➤ 3**y.** *Passer à table. Droit au but ! À la porte ! Je viens à vous.* ➤ 1**vers.** — *Aller à la boulangerie.* POP. (Emploi critiqué) *Aller au notaire.* ➤ **chez.** *Aller à la pêche.* **DE... À...** *Du nord au sud. Il n'y a pas loin d'ici à chez moi.* — (Introd. le compl. d'un nom) *Son voyage à Paris.* ■ **2** FIG. Progression dans une série. *Du premier au dernier.* — (Temps) *Recevoir de 4 à 6 heures.* — (Entre deux numéraux, marque l'approximation) ➤ **environ.** *Un enfant de six à sept ans. Des groupes de cinq à dix personnes* (mais *de neuf ou dix personnes*). — (Changement d'état) *Passer du rire aux larmes, de vie à trépas.* ■ **3** Aboutissement à un point extrême (cf. Jusqu'à, au point de). *J'en arrive, j'en viens à penser qu'il a raison. De là à le condamner, il n'y a qu'un pas.* — (Conséquence) *Courir à perdre haleine.* — (Introduit le compl. d'un adj.) *Fou à lier.* ■ **4** Destination de choses, but. ➤ **pour.** *Donner une lettre à poster, un pantalon à nettoyer. C'est à prendre ou à laisser.* — (Obligation). *C'est à voir* : il faut voir. — Devant un inf., À, pour QQCH. À. *Nous avons à manger* (cf. De quoi). *Ce travail laisse à désirer.* — (Introduit le compl. d'un nom) *Un verre à liqueur. Des glaces à emporter.* — (Obligation). *Un homme à ménager.* — (Introduit le compl. d'un adj.) *N'être bon à rien. C'est plus facile à dire qu'à faire.* ■ **5** (Attribution) *Donner de l'argent à un ami.* ELLIPT *Salut à tous !* — (En dédicace). *À ma femme bien-aimée.* — (Introduit le compl. d'un nom) *Hymne au soleil.* ■ **6** Rapprochement (introduit un compl. d'adj. ou d'adv.). *Semblable, pareil à. Conformément, relativement à.*

III **MARQUANT DES RAPPORTS DE POSITION** ■ **1** (milieu XIe) Position dans un lieu. ➤ **dans,** 1**en.** *Il vit à Paris. En France comme à l'étranger. S'installer aux États-Unis.* — *Avoir mal à la tête.* — (Introduit le compl. d'un nom) *Une propriété à la campagne.* ■ **2** FIG. Position dans une situation. *Se mettre au travail. Elle est* toujours à se plaindre* (cf. En train de). *Être* à ce qu'on fait.* — (Avec un indéfini ou un numéral, et suivi de l'infinitif) *Être le premier à faire qqch.,* le premier qui fait qqch. ➤ **qui.** *Nous sommes plusieurs à l'attendre.* ◆ Suivi de l'infinitif, avec la valeur d'un gérondif (hypothèse, cause) *À vous priver comme cela, vous tomberez malade,* en vous privant ainsi. *À tout prendre. À dire vrai.* ■ **3** (fin IXe) Position dans le temps. *Il est parti à cinq heures. Remettons à lundi.* — *À demain ! À tout à l'heure ! À la prochaine (fois) !* PAR EXT. (Simultanéité, cause) *À ces mots, il se fâcha.* — (Introduit le compl. de durée d'un nom) *Juge à vie. Emprisonnement à perpétuité.* ■ **4** Appartenance. *Ce livre est à moi. À qui sont ces gants !* — ELLIPT *À nous la liberté ! Bien à vous.* — **C'EST À... DE** (et l'infinitif) : il appartient à... de. *C'est à moi de l'aider* : c'est mon devoir, ou c'est mon tour de l'aider. ELLIPT *À vous de jouer !* — **C'EST** (et adj.) **À...** *C'est gentil à vous d'accepter* : vous êtes gentil d'accepter. ◆ (Introduit le compl. d'un nom) VX ou POP. *La fille à ma tante.* ➤ 1**de.** LOC. *Bête à bon Dieu. Fils à papa.* — (Avec un pronom personnel pour mettre la possession en relief) *Un cousin à moi* : un de mes cousins. *Il a un style à lui, son style à lui.* (Avec une valeur affective) *Ma petite femme à moi.*

IV **MARQUANT LA MANIÈRE D'ÊTRE OU D'AGIR** ■ **1** (fin IXe) Moyen, instrument. ➤ **avec,** 1**par.** *Aller à pied. Observer à l'œil nu. Se chauffer au mazout.* ◆ (Introduit le compl. d'un nom) *Bateau à moteur. Pommes au four.* ■ **2** Manière. *Il vit à l'aise. Acheter à crédit. Cuire à feu doux. À bride abattue.* — (Introduit le compl. d'un nom) *Tissu à rayures.* ◆ **À LA...** (suivi d'un adj., d'un nom, d'une loc.) *Parler à la légère,* légèrement. *Vendre à la sauvette. Filer à l'anglaise*. Victoire* à la Pyrrhus. Tomate à la croque au sel.*

■ **3** Prix. *Je vous le fais à cent euros. J'ai mieux à moins cher.* ➤ **pour.** — (Introduit le compl. d'un nom) *Un cigare à cinq euros.* ➤ 1 **de** (*à* indique plutôt un prix dans une échelle de prix, *de* une valeur). ■ **4** Caractérisation par accompagnement. ➤ **avec.** — (Introduit le compl. d'un nom) *Un pain aux raisins. Un steak au poivre. L'homme au chapeau rond.* ■ **5** Association numérique (avec un numéral ou un indéfini). *Ils sont venus à dix, à plusieurs,* en étant dix, plusieurs à la fois. *Ils vivent à quatre dans l'appartement.* — *Deux à deux :* deux à la fois. ➤ 1 **par.**
■ HOM. poss. 1 A, ah.

ABACA [abaka] **n. m.** – 1664 ◊ espagnol *abacá,* mot des Philippines ■ Matière textile appelée aussi *chanvre de Manille* ou *tagal,* tirée des pétioles des feuilles d'un bananier.

ABACULE [abakyl] **n. m.** – 1933 ◊ latin *abaculus* ■ DIDACT. Petit cube constituant l'élément d'une mosaïque. ➤ **tesselle.**

ABAISSANT, ANTE [abɛsɑ̃, ɑ̃t] **adj.** – 1846 ◊ de *abaisser* ■ Qui abaisse moralement. ➤ **dégradant, humiliant.**

ABAISSE [abɛs] **n. f.** – 1390 ◊ de *abaisser* ■ PÂTISS. Pâte amincie sous le rouleau. ■ HOM. Abbesse.

ABAISSE-LANGUE [abɛslɑ̃g] **n. m.** – 1841 ◊ de *abaisser* et *langue* ■ MÉD. Instrument en forme de palette servant à abaisser la langue pour examiner la gorge. *Des abaisse-langues.*

ABAISSEMENT [abɛsmɑ̃] **n. m.** – 1170 ◊ de *abaisser* ■ **1** Action de faire descendre ; état de ce qui est descendu (➤ **baisse**). *L'abaissement d'un store. Un léger abaissement des paupières. Abaissement du niveau d'un liquide.* — GÉOM. *L'abaissement d'une perpendiculaire.* ■ **2** Action de diminuer (une valeur), de la rendre plus basse. ➤ **diminution.** *Abaissement de la température ; d'un taux ; de la valeur d'une monnaie* (➤ **chute, dévaluation**). *L'abaissement de l'âge de la majorité.* ■ **3** VX Action de rendre moins puissant, d'être moins puissant. *« Après l'abaissement des Carthaginois »* MONTESQUIEU. ➤ **anéantissement, décadence, déclin.** ■ **4** VIEILLI État d'une personne qui a perdu toute indépendance et tout orgueil. ➤ **avilissement, déchéance,** 1 **dégradation, humiliation.** RELIG. *Abaissement volontaire.* ➤ **renoncement.** ■ CONTR. Élévation, relèvement. Amélioration, progrès. Gloire.

ABAISSER [abese] **v. tr.** ‹1› – XIIe ◊ de 1 *a-* et *baisser*
I ■ **1** Faire descendre à un niveau plus bas. ➤ **baisser.** *Abaisser une vitre. Abaisser une manette.* (On ne dit pas *abaisser,* mais *amener* les voiles.*) — GÉOM. *Abaisser une perpendiculaire,* mener d'un point une perpendiculaire à une droite. — *Abaisser un chiffre :* dans une division, écrire un chiffre du dividende à la suite du reste obtenu. — *Abaisser son jeu.* ➤ **abattre.** ■ **2** RARE Diminuer la hauteur de. *Abaisser la pâte au rouleau à pâtisserie* (➤ **abaisse**). ■ **3** Diminuer la quantité de, faire baisser. *Abaisser la température ; le prix d'une denrée ; un taux.* ➤ **diminuer.** *Abaisser l'âge de la majorité,* y accéder plus jeune. ■ **4** FIG. Faire descendre à un niveau inférieur. *Abaisser une puissance.* ➤ **abattre, affaiblir, écraser.** *« S'il se vante, je l'abaisse »* PASCAL. *« La douleur abaisse, humilie, porte à blasphémer »* RENAN. ➤ **humilier, mortifier, ravaler.**
II **S'ABAISSER v. pron.** ■ **1** Descendre à un niveau plus bas. *Le terrain s'abaisse vers la rivière.* ➤ **descendre.** — Pouvoir être descendu, abaissé. *Vitre qui s'abaisse.* ■ **2** FIG. Se mettre dans une position inférieure. *« Quiconque s'abaissera sera élevé »* (BIBLE). ➤ **s'humilier.** *« La bonté qu'il a de s'abaisser à s'entretenir avec vous »* RACINE. ➤ **condescendre, daigner.** *S'abaisser à des compromissions.* ➤ **s'avilir, se compromettre.**
■ CONTR. Élever, hausser, relever ; exalter, glorifier. Monter ; hausser (se).
■ HOM. poss. ABC.

ABAISSEUR, EUSE [abɛsœʀ, øz] **adj.** – 1690 ; 1564 autre sens ◊ de *abaisser* ■ ANAT. Se dit d'un muscle servant à abaisser une partie du corps. — SUBST. *L'abaisseur du sourcil.*

ABAJOUE [abaʒu] **n. f.** – 1766 ◊ pour *la bajoue* ■ Poche entre la joue et la mâchoire, chez certains animaux (singes, rongeurs), servant de réserve à aliments. *Les abajoues du hamster.*

ABALONE [abalɔn] **n. m.** – 1966 ◊ mot anglais américain ■ ZOOL. Ormeau (2°). *« des huîtres perlières et des abalones dont la coquille était jadis très prisée »* PEREC.

ABANDON [abɑ̃dɔ̃] **n. m.** – XIIe ◊ de l'ancien français *(mettre) à bandon* « au pouvoir de », d'origine germanique ■ **1** Action de renoncer (à une chose), de laisser (qqch.). *Politique d'abandon.* ➤ **abdication, concession.** *Abandon des hostilités.* ➤ **arrêt, capitulation, cessation, suspension.** — DR. Acte par lequel on renonce (à un bien, à un droit, à une prétention juridique). ➤ **cession,** 1 **don.** *Abandon de mitoyenneté. Abandon d'une accusation.* ➤ **renonciation.** ■ **2** DR. Action de quitter (un lieu dans lequel on est tenu de séjourner). *Abandon du domicile conjugal. Abandon des lieux, de navire.* PAR EXT. *Abandon de poste, de service.* ◆ (Canada) *Abandon scolaire :* arrêt de la fréquentation de l'école avant la fin de la période de l'obligation scolaire. ➤ **décrochage.** ■ **3** Action de renoncer à utiliser (qqch.). *Abandon d'une hypothèse de travail, d'un projet.* ➤ 2 **rejet.** *Abandon d'un type ancien de machine.* ■ **4** SPÉCIALT (1884) SPORT Action de renoncer à poursuivre une épreuve sportive, une compétition. *Les abandons ont été nombreux pendant la dernière étape.* ■ **5** Action de délaisser (qqn, qqch.), de ne plus s'en occuper. DR. *Abandon de famille :* délit constitué par le délaissement de la résidence familiale pour se soustraire à ses obligations de parent. *Abandon d'enfant* (➤ **délaissement** parental), *d'incapable.* ➤ **exposition.** — *Abandon d'un époux, d'une maîtresse.* ➤ FAM. **lâchage, plaquage.** *« Mon cœur brisé par un abandon si cruel, une trahison si basse »* MUSSET. *Sentiment d'abandon* (➤ **abandonnique**). ◆ État de ce qui est délaissé. *Un air d'abandon et de ruine.* — **loc. adv. À L'ABANDON :** dans un état d'abandon. *Un jardin laissé à l'abandon.* ■ **6** Action de se laisser aller, de se détendre ; effet agréable qui en résulte. *Renversée dans son fauteuil, avec abandon.* ➤ **détente, naturel, nonchalance.** *« L'abandon enchanté de son sommeil »* MAURIAC. — Calme confiant. *S'épancher avec abandon.* ➤ **confiance.** ■ CONTR. Acquisition, adoption ; conservation, maintien. Raideur, tension ; méfiance.

ABANDONNATAIRE [abɑ̃dɔnatɛʀ] **n.** – 1846 ◊ de *abandon* ■ DR. Personne à qui est fait un abandon de biens.

ABANDONNÉ, ÉE [abɑ̃dɔne] **adj.** – de *abandonner* ■ **1** Qu'on a abandonné, délaissé. *Enfants abandonnés. Séduite et abandonnée* (par son amant). — *Abandonné par tous les médecins :* considéré comme incurable. ➤ **condamné.** — Sans propriétaire. *Chien abandonné. Biens abandonnés.* ■ **2** Que ses habitants ont abandonné. *Maison abandonnée. Village abandonné.* ➤ **dépeuplé, déserté, inhabité.** ■ **3** Qui n'est pas utilisé. *Modèle abandonné.* ■ **4** Qui a de l'abandon (6°). *Position abandonnée.* ■ CONTR. Recherché. Tendu.

ABANDONNER [abɑ̃dɔne] **v. tr.** ‹1› – 1080 ◊ de *abandon*
I ■ **1** Ne plus vouloir de (un bien, un droit). ➤ **renoncer** (à). *Abandonner ses biens. Abandonner le pouvoir, une charge.* ➤ 2 **se démettre, se désister.** ◆ Laisser (un bien, un droit) à qqn. *Abandonner sa fortune à qqn.* ➤ **donner, léguer.** PAR EXT. Laisser, confier. *Abandonner à qqn le soin de faire qqch.* ◆ Laisser au pouvoir (de qqch.). *Abandonner une ville au pillage. Vous m'abandonnez à mon triste sort.* ■ **2** Quitter, laisser définitivement (qqn dont on doit s'occuper, envers qui on est lié). *Abandonner ses enfants. Elle le délaisse sans se résoudre à l'abandonner.* ➤ FAM. 1 **lâcher ;** 2 **droper, larguer, plaquer** (cf. Laisser tomber*). *« Dès qu'il ne voit plus les gens, il les oublie, il les abandonne »* DUHAMEL. ◆ Cesser d'aider, de soutenir. *Ses alliés, ses complices l'abandonnent.* — Faire défaut. *Son courage l'abandonna.* ■ **3** Quitter définitivement (un lieu). *Abandonner la capitale.* ➤ **déserter, laisser.** *Abandonner son poste.* — *Abandonner le domicile conjugal.* ■ **4** Renoncer à (une action difficile, pénible). *Abandonner la lutte, le combat.* ➤ **capituler, céder, flancher** (cf. Lâcher* pied, lâcher prise). *Abandonner les recherches.* ➤ **cesser.** *Abandonner la partie.* — ABSOLT *J'abandonne !* ➤ **capituler,** FAM. **décrocher, démissionner.** SPORT *Athlète qui abandonne* (en cours d'épreuve). ■ **5** Cesser d'employer, ne plus considérer comme utile, bon. *Abandonner une hypothèse* (➤ **rejeter**), *un procédé.*
II **S'ABANDONNER v. pron.** ■ **1** *S'abandonner à :* se laisser aller à (un état, un sentiment). *S'abandonner au désespoir.* ➤ **se livrer, succomber.** *S'abandonner à la facilité.* ■ **2** ABSOLT, VIEILLI Accorder les dernières faveurs à un homme. *« Se cachant la figure, elle s'abandonna »* FLAUBERT. ■ **3** Se détendre, se laisser aller physiquement. *« Ses muscles se détendirent, ses épaules s'abandonnèrent contre le mur : il dormait »* MARTIN DU GARD. ■ **4** Se livrer en toute confiance. ➤ **s'épancher, se fier.** *Elle « céda au plaisir de s'abandonner, de se confier »* MAURIAC.
■ CONTR. Rechercher. Soigner, soutenir. Continuer. Garder, maintenir. — Résister. Raidir (se). Méfier (se), observer (s').

ABANDONNIQUE [abɑ̃dɔnik] **adj. et n.** – 1947 ◊ de *abandon* ■ PSYCHOL. Se dit d'un sujet (surtout d'un enfant) qui vit dans la crainte d'être abandonné, sans qu'il existe nécessairement de raisons objectives justifiant cette crainte.

ABAQUE [abak] **n. m.** – XIIe ◊ latin *abacus* ■ **1** Tablette à calculer de l'Antiquité, devenue au Xe s. un tableau à colonnes (unités, dizaines, centaines) utilisant les chiffres arabes. ◆ MOD. Boulier-compteur. — MATH., PHYS. Représentation graphique d'une famille de courbes, permettant de lire les valeurs approchées des solutions d'équations difficiles ou longues à résoudre. ■ **2** (1561 *abacus*) Partie supérieure du chapiteau d'une colonne en forme de tablette. ➤ **tailloir.**

ABASIE [abazi] **n. f.** – 1897 ◊ de 2*a-* et grec *basis* «action de marcher» ■ MÉD. Impossibilité de marcher sans qu'il y ait trouble musculaire. ➤ **dysbasie.** *Astasie*-abasie.*

ABASOURDI, IE [abazuʀdi] **adj.** – de *abasourdir* ■ **1** Étourdi par un grand bruit. ■ **2** PAR EXT. Étourdi par ce qui surprend. ➤ **étonné, stupéfait.** *D'un air abasourdi.* ➤ **ahuri, hébété.**

ABASOURDIR [abazuʀdiʀ] **v. tr.** ‹2› – 1721 ; «tuer» début XVIIe ◊ de l'argot *basourdir* 1628 «tuer», avec influence de *assourdir* ■ **1** Assourdir, étourdir par un grand bruit. ■ **2** PAR EXT. Étourdir de surprise. ➤ **hébéter, sidérer, stupéfier.** *Cette nouvelle m'a abasourdi.* — **n. m. ABASOURDISSEMENT,** 1845.

ABASOURDISSANT, ANTE [abazuʀdisɑ̃, ɑ̃t] **adj.** – 1833 ◊ de *abasourdir* ■ **1** RARE Assourdissant, abrutissant. ■ **2** Stupéfiant. *Nouvelle abasourdissante.*

ABAT [aba] **n. m.** – 1524 «action de tuer au combat» ; 1400 «viande animale» ◊ de *abattre*

I VX ■ **1** Action d'abattre. *Abat d'arbres.* ■ **2** Action de s'abattre. *Pluie d'abat* : violente averse. *«Une de ces pluies d'abat sans trêve, sans merci»* LOTI.

II AU PLUR. Parties accessoires d'animaux tués pour la consommation. *Abats de poulet.* ➤ **abattis.** *Abats d'animaux de boucherie* (cœur, foie, mamelle, mou, rate, rognons, gras-double, tripes, langue, mufle, pieds, ris, amourettes) *vendus chez le tripier.*

ABATAGE ➤ **ABATTAGE**

ABÂTARDIR [abɑtaʀdiʀ] **v. tr.** ‹2› – XIIe ◊ de 1*a-* et *bâtard* ■ **1** Altérer en faisant perdre les qualités de la race. — PRONOM. *Race qui s'est abâtardie.* ➤ **dégénérer.** ■ **2** FIG. Faire perdre ses qualités à. ➤ **avilir,** 1**dégrader.** *«Il est des victoires qui exaltent, d'autres qui abâtardissent»* SAINT-EXUPÉRY. — PRONOM. S'altérer, dégénérer. *«Le haut de la société s'abâtardit et dégénère»* HUGO. — **n. m. ABÂTARDISSEMENT,** 1495. ■ CONTR. Améliorer.

ABATÉE ➤ **ABATTÉE**

ABATIS ➤ **ABATTIS**

ABAT-JOUR [abaʒuʀ] **n. m.** – 1670 ◊ de *abattre* (I, 3°) et *jour* «clarté» ■ **1** ARCHIT. Ouverture percée obliquement dans un mur pour éclairer une pièce, un sous-sol de haut en bas. ■ **2** (1829) Réflecteur qui rabat la lumière d'une lampe. *Le bâti, la carcasse d'un abat-jour. Abat-jour hémisphérique, tronconique. Abat-jour de métal, de tissu, de papier. Des abat-jours* ou *des abat-jour* (inv.).

ABAT-SON [abasɔ̃] **n. m.** – 1833 ◊ de *abattre* (I, 3°) et 2*son* ■ Ensemble de lames inclinées dont on garnit les baies des clochers pour renvoyer vers le sol le son des cloches. *Des abat-sons.*

ABATTAGE [abataʒ] **n. m.** – 1265 ◊ de *abattre* ■ On a écrit *abatage.*

I Action d'abattre, de faire tomber. ■ **1** Action d'abattre (des arbres). *L'abattage d'un sapin à la cognée, à la scie, à la tronçonneuse. Procéder à l'abattage des arbres dans une forêt.* ➤ 2**coupe.** ■ **2** Action de détacher (le minerai) de la paroi d'une mine. *«des outils d'abattage, une rivelaine à deux pointes, une masse, une hache»* CHALANDON. *Abattage au marteau-piqueur.* ■ **3** Action d'abattre, de tuer (un animal de boucherie). *Abattage d'un bœuf au merlin. Étourdissement et abattage. Abattage rituel* (➤ **casher, halal**). ■ **4** FIG. **AVOIR DE L'ABATTAGE.** (1822) ARG. ANC. Avoir une haute stature, une grande vigueur. — (1908) MOD. Avoir du brio, de l'entrain, tenir son public en haleine. *Actrice, animateur qui a de l'abattage.*

II Action de coucher ce qui est debout. *L'abattage d'un cheval,* pour le soigner. MAR. *Abattage d'un navire en carène,* pour le réparer.

III ■ **1** COMM. *Vente à l'abattage* : vente à vil prix et par grandes quantités d'une marchandise de qualité médiocre. — ARG. «Commerce galant rapide à prix fixe et de tarif modeste» (Simonin). *Maison d'abattage. Travailler à l'abattage.* ■ **2** Ouvrage mené expéditivement, aux dépens de la qualité. *Faire de l'abattage. «il s'est promis de ne pas céder à la tentation de l'abattage, de continuer à voir dans chaque dossier une histoire singulière»* E. CARRÈRE.

ABATTANT [abatɑ̃] **n. m.** – 1680 ◊ de *abattre* ■ Pièce mobile d'un meuble, d'un siège que l'on peut lever ou abaisser à volonté. *L'abattant d'un secrétaire.* — *L'abattant d'une cuvette de W.-C.*

ABATTÉE [abate] **n. f.** – 1687 ◊ de *abattre* ■ On a écrit *abatée.* ■ **1** MAR. Mouvement d'un navire (surtout d'un navire à voiles) dont l'axe s'éloigne du lit du vent (opposé à *aulofée*). ■ **2** (1932) AVIAT. Chute en piqué à la suite d'une perte de vitesse.

ABATTEMENT [abatmɑ̃] **n. m.** – XIIIe ◊ de *abattre*

I Action d'abattre. ■ **1** VX (CONCRET) ➤ **abat, abattage.** ■ **2** (1259) Diminution ; SPÉCIALT Rabais sur une somme à payer. ➤ **déduction.** — (1932) DR. FISC. Fraction de la matière imposable* exemptée de l'impôt. *Abattement à la base. Un abattement de dix pour cent.*

II État d'une personne abattue. ■ **1** Grande diminution des forces physiques. ➤ **affaiblissement, épuisement, faiblesse, fatigue, lassitude, prostration, torpeur.** *«L'abattement amortit la douleur physique et morale»* CONSTANT. ■ **2** Dépression morale, désespoir calme. ➤ **accablement, affliction, découragement, dépression, désespoir, écœurement, effondrement, neurasthénie.** *Être dans un état d'abattement profond.*

■ CONTR. Énergie, excitation. Exaltation, joie.

ABATTEUR, EUSE [abatœʀ, øz] **n.** – XIIe ◊ de *abattre* ■ **1** Personne qui abat. VX *Abatteur d'arbres.* — FIG. VIEILLI *Un abatteur de quilles* : celui qui se vante de prouesses (notamment amoureuses). ■ **2** Ouvrier qui extrait le minerai, le charbon. *Il «était abatteur. Il travaillait au front de taille, le pire des métiers»* CHALANDON. ■ **3** (1752) *Un grand abatteur de besogne, de travail* : personne qui abat de la besogne, travaille beaucoup et efficacement.

ABATTIS [abati] **n. m.** – XIIe ◊ de *abattre* ■ **1** Amas de bois abattu. MILIT. Obstacle artificiel formé d'arbres abattus, de branchages. — (1674) (Canada) *Abattis* ou *abatis* : terrain (entièrement ou partiellement) déboisé, qui n'est pas encore essouché. *«On traversa l'abatis du Colombier piqueté de souches, de recrus de plaines et de fougères brunes»* SAVARD. — *Faire un abattis.* ➤ **déboiser.** ■ **2** AU PLUR. *Les abattis* : abats de volaille (tête, cou, ailerons, pattes, foie, gésier). ◆ FIG. et FAM. Bras et jambes. LOC. *Numéroter ses abattis* : se préparer à une lutte comme si on risquait de perdre l'intégrité et la disposition de ses membres. *Tu peux numéroter tes abattis !* (menace).

ABATTOIR [abatwaʀ] **n. m.** – 1806 ◊ de *abattre* ■ Bâtiment où l'on abat les animaux de boucherie. *Bouvrils, échaudoirs, équarrissoirs d'un abattoir. «La fauve et fade odeur de l'abattoir»* DUHAMEL. — FIG. *Envoyer des soldats à l'abattoir,* au massacre. ➤ **boucherie.**

ABATTRE [abatʀ] **v.** ‹41› – 1080 ; *abattas* VIIIe ◊ latin populaire *abattere*

I ~ **v. tr. A. METTRE À BAS** ■ **1** Jeter à bas (ce qui est vertical). *Abattre des quilles avec une boule.* ➤ **renverser.** VX ou SPORT *Abattre l'adversaire,* le jeter à terre. ➤ 1**tomber** (tr.). *Abattre un arbre,* en le sciant, le coupant à la base. *Abattre un mur, une cloison* (➤ **démolir**), *des fortifications.* ➤ **démanteler, raser.** — *Abattre du minerai,* le détacher de la paroi pour le faire choir. ■ **2** Faire tomber en donnant un coup mortel. ➤ **tuer.** *Abattre un cheval blessé. Chasseur qui abat un oiseau.* PAR ANAL. *Abattre un avion.* — *Abattre qqn,* l'assassiner avec une arme à feu. ➤ FAM. **descendre.** *Ils l'ont abattu à bout portant, de trois coups de révolver. Le terroriste a été abattu.* ➤ **neutraliser.** LOC. *Un homme, une femme à abattre,* à tuer ; FIG. à vaincre, à éliminer. ■ **3** Rabattre au sol. *La pluie abat la poussière.* PROV. *Petite pluie abat grand vent,* et FIG. il suffit parfois de peu de chose pour apaiser une grande querelle. ■ **4** (1798 ◊ fig. de *abattre des arbres*) *Abattre de la besogne, du travail,* en faire beaucoup ; travailler beaucoup et efficacement. — *Abattre de la distance, des kilomètres.* ■ **5** FIG. Rendre faible, ôter les forces à. *Cette grosse fièvre l'a abattu.* ➤ **affaiblir, épuiser, fatiguer.** ◆ Ôter l'énergie, l'espoir, la joie à. ➤ **accabler, anéantir, décourager, démonter, démoraliser, déprimer, désespérer.** *Cette critique a suffi à l'abattre.* LOC. *Ne pas se laisser abattre* : rester calme, placide dans une circonstance difficile ; PAR EXT. s'occuper de son plaisir en dépit des difficultés. ■ **6** VX ou LITTÉR. *Abattre l'orgueil, le courage.* ➤ **détruire, ruiner.** *«Ses malheurs n'avaient point abattu sa fierté»* RACINE.

B. METTRE À TERRE, À PLAT Coucher (ce qui est debout). *Abattre un cheval,* pour le soigner. *Abattre un navire en carène,* pour réparer la carène. — CARTES *Abattre ses cartes, son jeu :* déposer ses cartes, en les montrant, avant la fin du jeu (dans la certitude d'avoir gagné). ➤ **abaisser, 1étaler.** FIG. Dévoiler ses desseins et passer à l'action.

II ~ v. intr. MAR. Gouverner de façon à éloigner l'axe d'un bateau du lit du vent (opposé à *lofer*). ➤ **arriver** (cf. Laisser porter*).

III ~ v. pron. S'ABATTRE (SUR) ▪ **1** Tomber tout d'un coup. ➤ **s'affaisser, s'écrouler, s'effondrer.** *Le grand mât craqua et s'abattit. S'abattre comme une masse.* ◆ Se laisser tomber (sur). *Elle s'abattit sur son lit.* ▪ **2** Tomber brutalement, être jeté (sur). *La foudre s'est abattue sur le clocher.* ▪ **3** Se laisser tomber (sur) en volant (SPÉCIALT pour manger). *« Des volées de petits moineaux s'abattaient sur cette moisson »* DAUDET. *Aigle qui s'abat sur sa proie.* ➤ **fondre.** FIG. Se jeter sur (pour piller). *« On verra des nuées de concussionnaires s'abattre sur le trésor public »* FRANCE. — FIG. *Le malheur, le découragement s'abattit sur lui.* ➤ **fondre, 1tomber.**
▪ CONTR. Relever, remonter.

ABATTU, UE [abaty] **adj. et n. m.** – de *abattre* ▪ **1** Qui n'a plus de force, est très fatigué (en parlant d'un malade). ➤ **faible, 1las.** *Le convalescent est encore très abattu.* ▪ **2** Triste et découragé. ➤ **affligé, découragé, dégoûté, déprimé, prostré.** ▪ **3** Détruit en vol, en parlant d'un avion. ▪ **4** Abaissé. *À bride* abattue.* — **n. m.** Position du chien d'un fusil désarmé. *Cran de l'abattu.*

ABAT-VENT [abavɑ̃] **n. m.** – 1210 ◇ de *abattre* (I, 3°) et *vent* ▪ TECHN. Lame inclinée adaptée à une fenêtre, une ouverture, une cheminée pour les protéger du vent, de la pluie. *Des abat-vents* ou *des abat-vent* (inv.). ➤ **aussi mitre.**

ABAT-VOIX [abavwɑ] **n. m. inv.** – 1808 ◇ de *abattre* (I, 3°) et *voix* ▪ Dais placé au-dessus d'une chaire pour rabattre la voix du prédicateur vers l'auditoire.

ABBATIAL, IALE, IAUX [abasjal, jo] **adj.** – *abbacial* 1404 ◇ latin ecclésiastique *abbatialis* ▪ Qui appartient à l'abbé, à l'abbesse ou à l'abbaye. *Fonctions abbatiales. Église abbatiale.* — **n. f.** Église principale d'une abbaye. *Une abbatiale gothique.*

ABBAYE [abei] **n. f.** – 1175 ; *abadie* XIe ◇ latin *abbatia* ▪ **1** Couvent, monastère dirigé par un abbé ou une abbesse. *Une abbaye bénédictine.* ▪ **2** Bâtiments de ce monastère. *Cloître d'une abbaye. Abbaye gothique.*

ABBÉ [abe] **n. m.** – XIIIe ; 1080 *abet* ◇ latin *abbas, atis* ▪ **1** Dans l'Église catholique et orthodoxe, Supérieur d'un monastère d'hommes érigé en abbaye. *Abbé régulier :* religieux. *Abbé commendataire :* séculier. *Abbé crossé et mitré.* ▪ **2** Au Moyen Âge, Chef d'une confrérie de jeunes gens. ▪ **3** Titre donné à un prêtre séculier. *Monsieur l'abbé. « Le bon abbé Blanès, curé de Grianta »* STENDHAL. Dans le clergé français, Prêtre qui n'est pas détenteur d'un bénéfice (à la différence du curé*). ▪ HOM. Abée.

ABBESSE [abɛs] **n. f.** – XIIe ◇ latin *abbatissa* ▪ Supérieure d'un couvent de religieuses érigé en abbaye. *L'abbesse et la coadjutrice.* ▪ HOM. Abaisse.

ABBEVILLIEN, IENNE [abviljɛ̃, jɛn] **adj. et n. m.** – v. 1932 ◇ de *Abbeville,* agglomération de la Somme ▪ GÉOL., PALÉONT. Se dit d'un type de culture du paléolithique inférieur, parfois considéré comme un précurseur de l'acheuléen*. ➤ **chelléen.** — **n. m.** Période de cette culture. *Les premiers silex taillés en bifaces* sinueux caractérisent l'abbevillien.*

A B C [ɑbese] **n. m. inv.** – *abécé* 1119 ◇ de *A, B* et *C,* noms des trois premières lettres de l'alphabet ▪ **1** Petit livre pour apprendre l'alphabet. ➤ **abécédaire.** ▪ **2** FIG. Rudiments, premiers principes d'une connaissance, d'un art. *L'a b c du métier.* ➤ **b. a.-ba.** ▪ HOM. poss. Abaisser.

ABCÉDER [apsede] **v. intr.** ‹6› – 1539 ◇ latin *abscedere* ▪ MÉD. Se transformer en abcès, suppurer. *Tumeur qui abcède.* — PRONOM. *Nodule qui s'est abcédé.* — **p. p. adj.** *Nodule abcédé.*

ABCÈS [apsɛ] **n. m.** – 1537 ◇ latin *abscessus* ▪ Amas de pus formant une poche au sein d'un tissu ou d'un organe. ➤ aussi **anthrax, bubon, clou, furoncle, phlegmon.** *Abcès chaud,* accompagné d'inflammation aiguë : chaleur, rougeur, gonflement, douleur. *Abcès froid,* qui évolue sans signes d'inflammation aiguë, comme dans la tuberculose. ➤ **écrouelles.** *Abcès qui mûrit, crève. Débrider, inciser, ouvrir, percer, vider un abcès.* LOC. FIG. *Crever, vider l'abcès :* prendre des mesures violentes de manière à extirper la cause d'un mal, d'un sujet de discorde. *Abcès artificiel* ou *de fixation,* provoqué par une injection d'essence térébenthine pour localiser une infection générale. LOC. FIG. *Abcès de fixation :* évènement ou phénomène qui canalise et empêche un principe jugé dangereux de se propager. *« Le sport : un abcès de fixation que la bourgeoisie a mis du temps à découvrir »* MAURIAC.

ABDICATAIRE [abdikatɛʀ] **adj. et n.** – 1848 ◇ du latin *abdicare* ▪ Qui a abdiqué le pouvoir. *Le roi abdicataire.*

ABDICATION [abdikasjɔ̃] **n. f.** – 1406 ◇ latin *abdicatio* ▪ **1** Action d'abdiquer, de renoncer à qqch. ➤ **abandon, renonciation.** *L'abdication de sa volonté, de ses ambitions. « Tout plutôt que l'abdication de la raison, de la justice devant la force brutale »* MARTIN DU GARD. ▪ **2** SPÉCIALT Action de renoncer au pouvoir suprême, à la couronne.

ABDIQUER [abdike] **v. tr.** ‹1› – 1402 ◇ latin *abdicare,* de *dicere* ▪ **1** LITTÉR. Renoncer à (une chose). *Abdiquer son autorité.* ◆ ABSOLT, COUR. Renoncer à agir, se déclarer vaincu. ➤ **abandonner, céder, démissionner.** *Refuser d'abdiquer dans l'adversité.* ▪ **2** Renoncer (au pouvoir suprême). *Abdiquer la couronne.* ◆ ABSOLT *Roi contraint d'abdiquer. Abdiquer en faveur de son fils.*

ABDOFESSIERS ou **ABDOS-FESSIERS** [abdofesje] **n. m. pl.** – 1994 ◇ de *abdos* (→ abdominal) et 2*fessier* ▪ Exercices visant à renforcer les muscles abdominaux et fessiers. — On écrit aussi **ABDO-FESSIERS.**

ABDOMEN [abdɔmɛn] **n. m.** – 1537 ◇ latin *abdomen* ▪ **1** ANAT. Cavité viscérale à la partie inférieure du tronc, limitée en haut par le diaphragme, contenant la plus grande partie de l'appareil digestif, l'appareil urinaire et l'appareil génital interne. *Douleurs de l'abdomen.* ➤ **abdominal.** *Régions de l'abdomen.* ➤ **épigastre, hypogastre.** — COUR. Partie antérieure de l'abdomen. ➤ **ventre.** ▪ **2** Partie postérieure du corps des arthropodes. *Abdomen d'insecte. Des abdomens.*

ABDOMINAL, ALE, AUX [abdɔminal, o] **adj.** – 1611 ◇ de *abdomen* ▪ Qui appartient à l'abdomen. *Muscles abdominaux.* — **n. m. pl.** (1829) *Les abdominaux :* les muscles abdominaux. *Abdominaux saillants* (cf. FAM. Tablettes* de chocolat). — PAR EXT. Exercices pour développer ces muscles. *Faire des abdominaux.* ABRÉV. FAM. *Des abdos* [abdo]. ➤ aussi **abdofessiers, gainage.**

ABDUCTEUR, TRICE [abdyktœʀ, tʀis] **adj. et n. m.** – 1565 ◇ latin *abductor* ▪ **1** ANAT. Qui produit l'abduction. *Muscle abducteur.* — **n. m.** *L'abducteur du gros orteil.* ▪ **2** TECHN. *Tube abducteur,* qui recueille les gaz provenant d'une réaction chimique.
▪ CONTR. Adducteur.

ABDUCTION [abdyksjɔ̃] **n. f.** – 1541 ◇ latin *abductio* ▪ PHYSIOL. Mouvement qui écarte un membre ou une partie quelconque du plan médian du corps. ▪ CONTR. Adduction.

ABÉCÉDAIRE [ɑbesedɛʀ] **adj. et n. m.** – 1529 ◇ latin *abecedarius ;* des quatre premières lettres de l'alphabet ▪ **1** VX Alphabétique. ▪ **2** **n. m.** Livre pour apprendre l'alphabet. ➤ **a b c, alphabet.**

ABÉE [abe] **n. f.** – *ébée* 1444 ; pour *la bée* 1119 ◇ de *béer* ▪ Ouverture donnant passage à l'eau qui tombe sur la roue d'un moulin. ▪ HOM. Abbé.

ABEILLE [abɛj] **n. f.** – XIIIe ◇ ancien occitan *abelha,* latin *apicula* ▪ **1** Insecte social hyménoptère *(apidés),* dit *mouche à miel,* vivant en colonie (➤ **essaim**) et produisant la cire et le miel. *« Les abeilles sont ces insectes d'or qui volent de fleur en fleur pour en recueillir le nectar et la poudre »* CLAUDEL. *Les trois castes des abeilles : abeille femelle travailleuse* (➤ **butineuse, ouvrière**), *reproductrice* (➤ **reine**) ; *abeille mâle* (cf. Faux bourdon*). *Œufs d'abeille.* ➤ **couvain.** *Élevage d'abeilles.* ➤ **apiculture, ruche.** *Abeille solitaire.* ➤ **andrène, xylocope.** *Piqûre d'abeille* (d'ouvrière), avec un aiguillon à venin. *L'abeille bourdonne.* — LOC. FAM. *Avoir les abeilles :* être agité, énervé (comme si on était tourmenté par un essaim). *« J'ai les abeilles là hein ! Là ça va être ta fête ! »* COLUCHE. ▪ **2** **NID(S) D'ABEILLES.** ➤ **nid.** ▪ **3** Insigne d'armoiries représentant cet insecte. *Les abeilles impériales. « Filles de la lumière, abeilles, Envolez-vous de ce manteau ! »* HUGO.

ABÉLIEN, IENNE [abeljɛ̃, jɛn] **adj.** – 1853 ◇ de *Abel,* mathématicien norvégien ▪ MATH. *Groupe, anneau abélien,* commutatif*. ◆ *Équation abélienne,* telle que chaque racine peut s'exprimer rationnellement en fonction de l'une quelconque des autres. *Intégrale abélienne,* généralisation des intégrales elliptiques due à Abel.

ABÉNAQUIS, ISE [abenaki, iz] **adj. et n.** – 1676, n. ◇ d'un mot algonquin «(ceux de la) terre de l'aurore, de l'est» ■ Relatif à une nation amérindienne du centre du Québec, appartenant à la famille algonquine. *Territoire abénaquis.* — **n.** *Les Abénaquis.* ◆ **n. m.** (1736) *L'abénaquis :* langue amérindienne.

ABER [abɛʀ] **n. m.** – 1834 ◇ mot breton ■ Profond estuaire de rivière en Bretagne (côtes à *rias**). *La région des abers.*

ABERRANCE [abeʀɑ̃s] **n. f.** – 1936, répandu 1950 ◇ de *aberrant* ■ SC. Dans un ensemble d'observations, Caractère d'une grandeur qui s'écarte beaucoup de la valeur moyenne.

ABERRANT, ANTE [abeʀɑ̃, ɑ̃t] **adj.** – 1842 ◇ du latin *aberrare* «s'éloigner, s'écarter» ■ Qui s'écarte du type normal. ■ **1** Qui s'écarte de la règle, se fourvoie, est contraire à la raison. *Une idée, une conduite aberrante.* ➤ **absurde, insensé.** ■ **2** BIOL. *Espèce aberrante,* qui présente des variations rares par rapport à l'espèce type, notamment par mutation. ■ **3** LING. Se dit d'une forme irrégulière et singulière. ➤ **anomal.** ■ **4** STATIST. Qui présente un caractère d'aberrance. *Mesure, observation aberrante.* ■ **CONTR.** Normal, régulier.

ABERRATION [abeʀasjɔ̃] **n. f.** – 1753 ; «éloignement» 1633 ◇ latin *aberratio,* par l'anglais ■ **1** État d'une image qui s'écarte de la réalité. ◆ ASTRON. Déplacement apparent d'un corps céleste causé par les effets combinés du mouvement de l'observateur (translation de la Terre sur son orbite) et de la vitesse de la lumière. — OPT. Défaut de l'image donnée par un instrument d'optique (lentille, miroir grossissant), ou par l'œil, dû à une irrégularité de forme *(aberration géométrique, aberration de sphéricité),* ou à une inégalité de réfraction des différentes fréquences du rayonnement *(aberration chromatique).* ➤ **astigmatisme, irisation.** — BIOL. Écart par rapport à l'espèce type. *Aberration chromosomique :* anomalie dans le nombre ou la structure des chromosomes, à l'origine de diverses manifestations pathologiques (notamment trisomie). ■ **2** (XVIIIe, cour. XXe) Déviation du jugement, du bon sens. ➤ **égarement, folie.** *Un moment d'aberration.* — *Une aberration :* une idée, une conduite aberrante. ➤ **absurdité.** *C'est une véritable aberration.*

ABÊTIR [abetiʀ] **v. tr.** ‹2› – v. 1360 ◇ de 1*a-* et *bête* ■ Rendre bête, stupide. ➤ **abrutir, crétiniser.** *«Le fatras qu'on impose aux écoliers pour les abêtir et les étioler»* LOTI. — PRONOM. *Il s'abêtit de jour en jour.* ■ **CONTR.** Éveiller.

ABÊTISSANT, ANTE [abetisɑ̃, ɑ̃t] **adj.** – avant 1844 ◇ de *abêtir* ■ Qui abêtit, rend stupide, est propre à le faire. ➤ **abrutissant, crétinisant.** *Tâches abêtissantes et répétitives. Spectacle, jeu abêtissant.* ■ **CONTR.** Enrichissant.

ABÊTISSEMENT [abetismɑ̃] **n. m.** – 1859 ; hapax 1552 ◇ de *abêtir* ■ **1** Action d'abêtir. ➤ **abrutissement, crétinisation.** *«L'abêtissement systématique des masses»* BEAUVOIR. ■ **2** État d'une personne abêtie. ➤ **crétinisme.** *«La renaissance de la superstition lui semblait le signe d'un complet abêtissement»* RENAN.

ABHORRER [abɔʀe] **v. tr.** ‹1› – 1495 ; *avorrir* XIIIe ◇ latin *abhorrere* ■ LITTÉR. Avoir en horreur, détester au plus haut point. ➤ **détester*, exécrer, haïr.** *«cet homme* [Napoléon] *dont j'admire le génie et dont j'abhorre le despotisme»* CHATEAUBRIAND. — *Abhorré de tous. Une justice abhorrée.* ■ **CONTR.** Adorer.

ABÎME [abim] **n. m.** /ABIME/ – milieu XIIe, comme terme de religion (I, 1°) ◇ du latin populaire *abismus,* de *abyssus,* mot emprunté au grec par les chrétiens et signifiant «sans fond» → abysse. REM. Écrit dès l'origine *aby(s)me, abi(s)me,* le mot s'impose définitivement sous sa graphie actuelle à partir de 1798. On le trouve cependant encore aujourd'hui sous la forme *abyme* dans la locution *en abyme* (II).

I Gouffre dont la profondeur est insondable. ■ **1** LITTÉR. Cavité naturelle très profonde. ➤ **précipice.** — RELIG. *Les abîmes de l'enfer.* ■ **2** COUR. PAR MÉTAPH. **ABÎME ENTRE...,** se dit d'une grande séparation, d'une différence extrêmement importante. ➤ **fossé, monde.** *Il y a un abîme entre ces deux opinions.* ■ **3** LITTÉR. Se dit d'une chose insondable, notamment des infinis, du temps. *«Éternité, néant, passé, sombres abîmes»* LAMARTINE. *«Se perdre dans l'abîme des temps»* LA BRUYÈRE. ➤ **nuit.** *«Qu'est devenu mon cœur, navire déserté ! Hélas ! Il a sombré dans l'abîme du Rêve !»* NELLIGAN. ◆ LOC. **UN ABÎME DE...** *Un abîme de perplexité. «l'abîme de silence qui venait de s'ouvrir entre eux»* P. MERTENS. ■ **4** Se dit d'une situation morale ou matérielle très mauvaise, quasi désespérée. ➤ **perte, ruine.** *Être au bord de l'abîme, toucher le fond de l'abîme. «L'abîme où elle se précipitait»* FLAUBERT. — LOC. *La course à l'abîme,* se dit d'une évolution dangereuse par laquelle une personne, un pays se précipite vers une catastrophe.

II LOC. **EN ABYME,** RARE **ABÎME.** ■ **1** (1671) HÉRALD. *«on dit d'un petit écu, qui est au milieu d'un grand, qu'il est mis en abyme»* FURETIÈRE. *«la comparaison avec ce procédé du blason qui consiste, dans le premier, à en mettre un second "en abyme"»* GIDE. ■ **2** SÉMIOL. Se dit d'une œuvre montrée à l'intérieur d'une autre qui en parle, lorsque les deux systèmes signifiants sont identiques : récit dans le récit, film dans le film, peinture représentée dans une peinture, etc. *Mise en abyme.* — *Structure en abyme :* structure d'une œuvre qui en contient une autre en abyme. *Récit en abyme.*

ABÎMÉ, ÉE [abime] **adj.** /ABIMÉ, ÉE/ – de *abîmer* ■ **1** VX Ruiné. *«Des sujets abîmés»* MONTESQUIEU. ■ **2** Endommagé, détérioré. *Objets abîmés en solde. Peinture abîmée.* ■ **3** POP. Blessé, défiguré, enlaidi. ➤ **amoché, arrangé.**

ABÎMER [abime] **v. tr.** ‹1› /ABIMER/ – XIVe ◇ de *abîme*

I ■ **1** VX Précipiter dans un abîme. ➤ **engloutir.** FIG. Plonger dans un état dangereux. ■ **2** VX Mettre dans une mauvaise situation, perdre, ruiner. *«De si grands maux sont capables d'abîmer l'État»* BOSSUET. — VX Ravaler, critiquer. *«Critiques et louanges m'abîment et me louent sans comprendre un mot de mon talent»* GAUTIER. ■ **3** (1567) MOD. Mettre hors de service, endommager (qqch.). ➤ **casser,** 1**dégrader, démolir, détériorer, détraquer, gâter, ravager, saboter, saccager ;** FAM. **amocher, bigorner, bousiller, déglinguer, esquinter, flinguer, fusiller, massacrer, ruiner ;** RÉGION. **escagasser, maganer, poquer.** *Abîmer un meuble, un livre, un vêtement. Elle s'est abîmé la voix.* ◆ FAM. *Abîmer qqn,* le meurtrir, le blesser* par des coups. ➤ **amocher, arranger.** *Il s'est fait salement abîmer.* — LOC. *Abîmer le portrait à qqn,* le défigurer en le blessant. *S'abîmer le portrait.*

II **S'ABÎMER** **v. pron.** ■ **1** LITTÉR. Tomber, s'engloutir (dans qqch.). *L'avion s'abîma dans la mer.* — FIG. Se plonger (dans qqch.) comme dans un abîme. ➤ **se plonger.** *«les gros chagrins en quoi l'on aime à s'abîmer en plongeant sa face dans l'oreiller»* LEIRIS. — *Être abîmé dans ses réflexions.* ■ **2** Se détériorer, se gâter. *Cette poire s'abîme.*

AB INTESTAT [abɛ̃tɛsta] **loc. adv. et loc. adj.** – 1409 ◇ latin *ab intestato,* de *ab* «de» et *intestatus* «qui n'a pas testé» ■ DR. CIV. Sans testament. *Hériter ab intestat. Il est mort ab intestat.* — *Succession ab intestat. Défunt ab intestat* (➤ **héritier ; succession**).

ABIOGENÈSE [abjoʒənɛz] **n. f.** – 1892 ◇ adaptation de l'anglais *abiogenesis* (1870) ■ BIOL. Apparition de la vie à partir de la matière inanimée (cf. Génération* spontanée).

ABIOTIQUE [abjɔtik] **adj.** – 1874 ◇ de 2*a-* et grec *biôtikos* «qui concerne la vie» ■ ÉCOL. Où la vie est absente, ou impossible. *Milieu abiotique.* — *Facteurs abiotiques :* facteurs physicochimiques d'un écosystème qui ne dépendent pas des êtres vivants. ■ **CONTR.** Biotique.

AB IRATO [abiʀato] **loc. adv. et loc. adj.** – 1759 ◇ latin juridique *(testamentum) ab irato (factum)* «(testament fait) par qqn que la colère anime» IIIe ■ DR. CIV. Sous l'empire de la colère. *«Il semble que le testament politique du cardinal Albéroni ait été fait* ab irato*»* VOLTAIRE. — **loc. adj.** *Acte, testament ab irato.*

ABJECT, E [abʒɛkt] **adj.** – avant 1460 ◇ latin *abjectus* ■ Digne du plus grand mépris, qui inspire une violente répulsion. ➤ **abominable, dégoûtant*, ignoble, infâme, méprisable, odieux, vil.** *Un être abject. Il a été abject. Des sentiments abjects. Son comportement est abject.* — **adv. ABJECTEMENT** [abʒɛktəmɑ̃].

ABJECTION [abʒɛksjɔ̃] **n. f.** – 1372 ◇ latin *abjectio* ■ **1** Extrême degré d'abaissement, d'avilissement. ➤ **avilissement, indignité, infamie.** *Vivre dans l'abjection. «La complaisance célinienne pour l'abjection humaine»* KRISTEVA. ■ **2** Comportement, discours abject ; situation abjecte. *Ce livre est une abjection,* une chose abjecte.

ABJURATION [abʒyʀasjɔ̃] **n. f.** – 1492 ◇ latin *abjuratio* ■ Action d'abjurer. ➤ **apostasie.** *L'abjuration d'Henri IV, de la religion protestante par Henri IV.*

ABJURER [abʒyʀe] **v. tr.** ‹1› – 1327 ◇ latin *abjurare* ■ RELIG. Abandonner solennellement (une opinion religieuse). ➤ **renier.** *Abjurer l'hérésie.* — ABSOLT Renoncer solennellement à la religion qu'on professait. *«Le 25 juillet 1593, Henri IV abjura en l'église Saint-Denis»* BAINVILLE.

ABLASTINE [ablastin] **n. f.** – 1970 ◇ de 2*a-*, *blast(o)-* et *-ine* ■ BIOCHIM. Anticorps empêchant la reproduction de certains parasites responsables d'infections (bactéries, trypanosomes...).

ABLATER [ablate] **v. tr.** ‹1› – 1923 en géol., généralisé milieu XXe ◊ repris à l'anglais *to ablate*, du moyen français *ablater* «enlever» ■ GÉOL., SC. et TECHN. Produire l'ablation de. — PRONOM. *S'ablater* : subir une ablation.

ABLATIF, IVE [ablatif, iv] **n. m. et adj.** – XIVe ; «qui enlève» XIIIe ◊ latin *ablativus*

I **n. m.** GRAMM. Cas de la déclinaison latine, indiquant qu'un substantif sert de point de départ ou d'instrument à l'action. *Mettre un mot à l'ablatif. Ablatif absolu* : proposition participiale dont le sujet et le verbe sont à l'ablatif.
II **adj.** (1970 ◊ repris à l'anglais *ablative*, de *to ablate*) Propre à l'ablation*. *Chirurgie ablative.*

ABLATION [ablasjɔ̃] **n. f.** – XIIIe ◊ latin *ablatio* ■ **1** CHIR. Action d'enlever. ➤ **amputation, excision, exérèse ; -ectomie.** *Pratiquer l'ablation d'un rein.* ■ **2** (1885 ◊ probablt repris à l'anglais *ablation* [1860]) GÉOL. Perte de substance subie par un relief. *L'érosion est une ablation.* — Perte de glace subie par un glacier. ■ **3** (1964) SC., TECHN. Destruction progressive et superficielle d'un matériau par décomposition, fusion, érosion, sublimation, vaporisation. *Vitesse d'ablation. L'ablation de matériaux appropriés limite l'échauffement cinétique des cônes de fusées.*

–ABLE ■ Élément, du latin *-abilis*, signifiant «qui peut être» *(récupérable, ministrable)* ou moins souvent «qui donne», «enclin à» *(secourable, pitoyable).*

ABLÉGAT [ablega] **n. m.** – 1752 ◊ latin *ablegatus* «envoyé» ■ Vicaire d'un légat. — Envoyé du pape.

ABLERET [abləʀɛ] **n. m.** – *ableré* XIVe ◊ de *able* → ablette ■ Filet de pêche carré. ➤ **carrelet.** — On dit aussi **ABLIER.**

ABLETTE [ablɛt] **n. f.** – 1525 ; *auvette* 1386 ◊ diminutif de *able*, de même sens, du latin *albulum* «blanchâtre» ■ Petit poisson comestible, à écailles argentées *(cyprinidés)*, qui vit en troupe dans les eaux douces. *Utilisation des écailles de l'ablette dans la fabrication des fausses perles.*

ABLUTION [ablysjɔ̃] **n. f.** – XIIIe ◊ latin ecclésiastique *ablutio* ■ **1** LITURG. ROM. Action de verser sur les doigts du prêtre du vin et de l'eau après la communion. PAR EXT. (AU PLUR.) L'eau et le vin ainsi versés. *Les ablutions de la messe.* ■ **2** RELIG. Lavage du corps, d'une partie du corps comme purification religieuse. *Les ablutions des musulmans, des hindous.* ■ **3** Action de se laver. *Faire ses ablutions.* — VIEILLI *Ablutions intimes.* ➤ **toilette.**

ABNÉGATION [abnegasjɔ̃] **n. f.** – 1488 ; «abjuration» 1377 ◊ latin *abnegatio* «refus» ■ Sacrifice volontaire de soi-même, de son intérêt. ➤ **désintéressement, dévouement, sacrifice.** *Un acte d'abnégation.* ■ CONTR. Égoïsme.

ABO [abeo] **adj.** – milieu XXe ◊ de *A, B* et *O*, noms des groupes sanguins ■ BIOL. *Système ABO* : système d'histocompatibilité des globules rouges conduisant à répartir les individus selon quatre groupes sanguins A, B, AB et O.

ABOI [abwa] **n. m.** – XIIe ◊ de *aboyer* ■ **1** VX ou LITTÉR. Aboiement. «*Le soir était tout vibrant d'abois de chiens*» MAURIAC. ■ **2** AU PLUR. (CHASSE) *Les abois*, cris de la meute au moment où elle entoure la bête ; PAR EXT. situation de la bête ainsi entourée. «*Les pleurs de la biche aux abois*» VIGNY. ♦ LOC. FIG. *Aux abois* : dans une situation matérielle désespérée. *Créanciers aux abois. Il est aux abois.*

ABOIEMENT [abwamɑ̃] **n. m.** – *abaement* XIIIe ◊ de *aboyer* ■ **1** Cri du chien ; action d'aboyer (➤ 1 **ouah**). ■ **2** PAR ANAL. Cri rappelant celui du chien. «*Les aboiements des crieurs de journaux*» MARTIN DU GARD. ■ **3** FIG. et PÉJ. Paroles violentes. «*Aboiements patriotiques*» GIDE. «*Les aboiements de la critique*» BUFFON.

ABOITEAU [abwato] **n. m.** – milieu XVIIIe ; *aboteau* 1687 ◊ de l'ancien français *bot* «digue», du germanique *butt* «émoussé» → bot ■ RÉGION. (Canada) Digue munie de vannes qui se ferment quand la mer monte et qui laissent s'écouler l'eau des marais. *Les aboiteaux d'Acadie.* — Terre littorale ainsi gagnée pour la culture.

ABOLIR [abɔliʀ] **v. tr.** ‹2› – 1417 «détruire» ◊ latin *abolere*, de *alere* «faire grandir» ■ Réduire à néant, supprimer. ➤ **anéantir, détruire, supprimer.** ■ **1** Supprimer (un texte ayant force prescriptive, une coutume) par une action volontaire ou involontaire, soudaine ou progressive. *Abolir une loi* (➤ **abroger**), *un usage, une règle.* ➤ **annuler, infirmer, invalider.** *Abolir une peine.* «*Si l'on veut abolir la peine de mort, en ce cas que messieurs les assassins commencent*» A. KARR. ■ **2** Supprimer, détruire, faire disparaître. «*Une mode est abolie par une plus nouvelle*» LA BRUYÈRE. *L'avion abolit les distances.* ➤ **effacer.** — RÉGION. (Canada) *Cette société va abolir cent postes.* ➤ **supprimer.** — **p. p. adj.** *Usages abolis.* «*Aboli bibelot d'inanité sonore*» MALLARMÉ. ■ CONTR. Établir, fonder.

ABOLITION [abɔlisjɔ̃] **n. f.** – *abolicion* 1316 ◊ latin *abolitio* ■ **1** DR. Le fait d'abolir, de supprimer ; son résultat. *L'abolition d'une loi.* ➤ **abrogation.** — *L'abolition des privilèges le 4 août 1789.* ■ **2** COUR. Suppression (d'une coutume, d'une situation). *L'abolition de l'esclavage, de la peine de mort.* — RÉGION. (Canada) *Abolition de poste.*

ABOLITIONNISME [abɔlisjɔnism] **n. m.** – 1836 ◊ anglais *abolitionism* ■ Attitude, doctrine de ceux qui demandent, ont demandé l'abolition d'une loi, d'une coutume (l'abolition de l'esclavage, de la peine de mort).

ABOLITIONNISTE [abɔlisjɔnist] **adj. et n.** – 1826 ◊ anglais *abolitionist* ■ **1** Partisan de l'abolitionnisme. ■ **2** Relatif à l'abolitionnisme. *Principes abolitionnistes.*

ABOMINABLE [abɔminabl] **adj.** – XIIe ◊ latin *abominabilis* «à repousser comme mauvais présage» ■ **1** Qui inspire de l'horreur. ➤ **affreux, atroce, horrible, monstrueux.** *Crime abominable.* ■ **2** PAR EXT. (XIIIe) Très mauvais. ➤ **détestable, exécrable.** *Un temps abominable. Il est abominable dans ce rôle.*

ABOMINABLEMENT [abɔminabləmɑ̃] **adv.** – XIVe ◊ de *abominable* ■ D'une manière abominable. ➤ **affreusement, horriblement.** *Abominablement laid.*

ABOMINATION [abɔminasjɔ̃] **n. f.** – XIIe ◊ latin ecclésiastique *abominatio* ■ **1** LITTÉR. Horreur inspirée par ce qui est impie. «*Cette ville profane est en abomination à notre saint prophète*» MONTESQUIEU. — *Avoir qqn, qqch. en abomination*, en horreur. *J'ai le mensonge en abomination.* ■ **2** Acte, chose abominable. *L'abomination qu'est la torture. Ce chantage est une abomination.* ■ **3** LOC. (trad. de la Bible) *L'abomination de la désolation*, le plus grand sacrilège ; FIG. le comble d'un mal

ABOMINER [abɔmine] **v. tr.** ‹1› – XIIe ◊ latin *abominari* ■ LITTÉR. Avoir en horreur. ➤ **abhorrer, détester*, exécrer.**

ABONDAMMENT [abɔ̃damɑ̃] **adv.** – 1190 *habondamment* ◊ de *abondant* ■ D'une manière abondante, en grande quantité. *Livre abondamment illustré. Saler abondamment.* ➤ **beaucoup.** *Servez-vous abondamment.* ➤ **copieusement, largement** (cf. À volonté ; FAM. à gogo). ■ CONTR. Peu.

ABONDANCE [abɔ̃dɑ̃s] **n. f.** – 1119 ◊ latin *abundantia* «affluence», famille de *unda* «flot» ■ **1** Grande quantité, quantité supérieure aux besoins. ➤ **pléthore, profusion, surabondance.** *L'abondance des légumes sur le marché.* PROV. *Abondance de biens ne nuit pas*, se dit quand on accepte, par mesure de prévoyance, une chose dont on a déjà suffisamment. *L'abondance des textes cités* (➤ **multiplicité**), *de la documentation* (➤ **richesse**). — **loc. adv. EN ABONDANCE :** abondamment. ➤ **foison (à), profusion (à).** *Il y a des fruits en abondance.* ■ **2** ABSOLT Ressources supérieures aux besoins. *Vivre dans l'abondance.* ➤ **aisance, fortune, luxe, opulence, prospérité.** *Année d'abondance*, où les produits sont abondants. **CORNE D'ABONDANCE,** d'où s'échappent des fruits, des fleurs, emblème de l'abondance. — ÉCON. Situation économique où la quantité de biens et de services répondent aux besoins. *Société d'abondance. Doctrine de l'abondance* : théorie préconisant l'abandon du malthusianisme économique, et l'instauration d'une économie distributive, dans laquelle la production serait soutenue par le débouché. ■ **3** Richesse d'expression, d'élocution. *Parler avec abondance.* LOC. *Parler d'abondance*, avec aisance et en improvisant. ■ **4** LOC. (expr. tirée de la Bible) **D'ABONDANCE DE CŒUR :** en s'épanchant avec confiance. ■ CONTR. Absence, rareté. Disette, pénurie. Dénuement, indigence, pauvreté.

ABONDANCISTE [abɔ̃dɑ̃sist] **adj. et n.** – v. 1945 ◊ de *abondance* ■ ÉCON. POLIT. Partisan des doctrines de l'abondance.

ABONDANT, ANTE [abɔ̃dɑ̃, ɑ̃t] **adj.** – 1120 ◊ latin *abundans* ■ **1** Qui abonde, est en grande quantité. *Récolte abondante. Abondante nourriture.* ➤ **copieux, plantureux.** *Cheveux abondants.* ➤ **épais, foisonnant, opulent.** *Larmes abondantes.* ➤ **nombreux.** *Trop abondant.* ➤ **excessif, pléthorique, surabondant.** ♦ MATH. *Nombre abondant* : nombre entier naturel dont la somme des diviseurs excède son double. *12, 18, 20 sont des nombres abondants.* ■ **2** LITTÉR. Qui possède (qqch.) en abondance. *Pays abondant en vin et en produits de toutes sortes.* ➤ **fertile, riche.** ■ **3** LITTÉR. *Style abondant*, où l'expression, le développement de l'idée sont aisés, riches. «*Fiévreux, il se* *mit à écrire d'une plume abondante»* AYMÉ. — (Écrivains, orateurs) Qui développe sa pensée avec aisance, facilité. *«Je me sens expansif, fluide, abondant et débordant dans les douleurs fictives»* FLAUBERT. ■ CONTR. Rare ; 1 maigre ; insuffisant. Pauvre.

ABONDE [abɔ̃d] **n. f.** – 1835 ◊ de *abonder* ■ RÉGION. (Lyonnais, Centre) Profit. LOC. *Faire de l'abonde,* faire du profit, être avantageux (aliments).

ABONDEMENT [abɔ̃dmɑ̃] **n. m.** – XIIe, repris 1866 ◊ de *abonder* ■ ADMIN. Addition, augmentation (d'une somme d'argent). — ABSOLT Contribution au financement.

ABONDER [abɔ̃de] **v.** ‹ 1 › – 1120 ◊ latin *abundare* «regorger», famille de *unda* «flot»

I **v. intr.** ■ **1** Être en abondance, en grande quantité. *Les marchandises, les richesses abondent. Les fautes abondent dans ce texte.* ➤ **foisonner, fourmiller, pulluler.** — LOC. JURID. *Ce qui abonde ne vicie pas :* un moyen de plus ne peut que rendre la cause meilleure. ■ **2 ABONDER DE, EN :** (VX) avoir ou produire (qqch.) en abondance. *Pays qui abonde en vigne.* ➤ **regorger.** — MOD. **ABONDER EN :** être plein de, rempli de, riche en. *Abonder en évènements. Le texte abonde en citations.* ■ **3** ABSOLT *Abonder dans le sens de qqn :* parler dans le même sens que lui, être tout à fait de son avis.

II **v. tr.** FIN. Contribuer au financement de (qqch.). *Abonder un budget, un plan d'épargne salariale.*

ABONNÉ, ÉE [abɔne] **adj.** et **n.** – 1798 ◊ de *abonner* ■ Qui a pris un abonnement. *Lecteurs abonnés à un journal.* — **n.** *Liste des abonnés du téléphone.* ➤ **annuaire.** LOC. *Être, se mettre aux abonnés absents ;* FIG. refuser de répondre, de se manifester. — *Les abonnés d'une chaîne de vidéos.*

ABONNEMENT [abɔnmɑ̃] **n. m.** – 1275 ◊ de *abonner* ■ **1** Convention à prix limité global, entre un fournisseur et un client, pour la livraison régulière de produits ou l'usage habituel d'un service. *Prendre, souscrire* (➤ **souscription**) *un abonnement à un journal, au théâtre. Résilier un abonnement. Abonnement à l'électricité, au gaz, au téléphone, à Internet. Carte* d'abonnement* (pour les moyens de transport). ➤ 2 **forfait.** *Abonnement de six mois. Abonnement à prix réduit.* — Montant d'un abonnement. *L'abonnement va augmenter.* ◆ *Abonnement à une chaîne de vidéos, à un compte sur un réseau social.* ■ **2** INFORM. Liaison établie entre un ordinateur et un site permettant à l'utilisateur d'être informé des modifications apportées au contenu de ce site et de télécharger les mises à jour. ■ **3** FAM. Habitude régulière, réitération (d'un évènement). *Il a encore eu un accident, c'est un abonnement !*

ABONNER [abɔne] **v. tr.** ‹ 1 › – XVIIIe ; «fixer une redevance régulière» 1306 ; «limiter» v. 1260 ◊ de *bonne,* ancienne forme de *borne* ■ **1** Prendre un abonnement pour (qqn). *Abonner un ami à un journal.* — PRONOM. *S'abonner à un journal, à une série de concerts, au câble, à une liste de diffusion.* ◆ *S'abonner à une chaîne de vidéos sur Internet, à un compte sur un réseau social,* choisir d'en recevoir automatiquement les publications. ➤ **suivre.** ■ **2** FIG. et FAM. *Être abonné à :* être coutumier de, avoir pris l'habitude de. *Il a encore eu un accident ; il y est abonné !* ■ CONTR. Désabonner.

ABONNIR [abɔniʀ] **v. tr.** ‹ 2 › – XIIe ◊ de 1 *a-* et 1 *bon* ■ RARE Amender, bonifier. *Abonnir une terre.* ➤ **améliorer.** *Les caves fraîches abonnissent le vin.* — **S'ABONNIR v. pron.** Devenir bon. *Le vin s'abonnit en vieillissant.* ➤ 1 se **bonifier.** — **n. m. ABONNISSEMENT,** 1653.

ABORD [abɔʀ] **n. m.** – 1468 ◊ de *aborder*

I ■ **1** VX Action d'aborder un rivage ; PAR EXT. d'arriver dans un lieu. ➤ **accès.** ■ **2** PAR EXT. AU PLUR. *Les abords d'un lieu,* ce qui y donne accès, l'entoure immédiatement. ➤ **alentours, environ.** *Ralentir aux abords d'une école. Les abords du volcan sont dangereux.* ■ **3** CHIR. *Voie d'abord :* cheminement anatomique donnant accès à un organe, au site opératoire. ■ **4** loc. adv. MAR. **EN ABORD :** le long du bord, à l'intérieur du pavois*. *Espar arrimé en abord.*

II ■ **1** Action d'aborder qqn, de venir le trouver, de s'adresser à lui. — VIEILLI *«Les abords furent silencieux, les compliments brefs»* MARIVAUX. — MOD. (dans quelques expr.) *Être d'un abord facile.* ➤ **accessible,** RÉGION. **parlable.** *Sous des abords assez froids, il est charmant,* malgré une apparence, des dehors... — **À L'ABORD** (LITTÉR.) ; **DÈS L'ABORD** (LITTÉR.) ; **AU PREMIER ABORD ; DE PRIME ABORD :** dès la première rencontre ; PAR EXT. à première vue, tout de suite. *«Monseigneur surprenait à l'abord par les grands traits pâles de son visage»* FRANCE. *Au premier abord, le problème paraît insoluble.* ➤ **a priori.** *«Cet homme, au premier abord un peu fermé»* GONCOURT. *«Elle avait deviné de prime abord qu'ils avaient en commun bien des rancunes»* GREEN. ■ **2** loc. adv. **D'ABORD.** LITTÉR. Dès le premier contact. *«L'art suprême est celui qui ne se laisse pas d'abord reconnaître»* GIDE. ◆ COUR. En premier lieu. — (Dans le temps) Au préalable. *Demandons-lui d'abord son avis, nous déciderons ensuite. Il faut d'abord que nous nous préparions. Tout d'abord :* avant toute chose. — (Dans une série ordonnée) En premier lieu. *D'abord les petits, ensuite les grands. Les femmes et les enfants d'abord.* — Essentiellement. *Chacun lutte d'abord pour survivre. «L'homme est né d'abord orgueilleux»* BERNANOS. — (En tête de phrase ou en incise, pour renforcer une affirmation) *Moi, d'abord, je n'aime pas le café.*

■ CONTR. Après, ensuite.

ABORDABLE [abɔʀdabl] **adj.** – 1542 ◊ de *aborder* ■ **1** RARE Où l'on peut aborder. *Côte abordable.* ■ **2** (1611) LITTÉR. Qu'on peut aborder en étant bien accueilli, d'un abord facile. ➤ RÉGION. **parlable.** *«Il est d'une humeur ! il n'est pas abordable depuis quelques jours»* SCRIBE. ■ **3** (1803) COUR. Accessible, en parlant d'un prix (cf. Bon marché*). *Manteau d'un prix abordable.* — D'un prix raisonnable. *En cette saison, les fraises ne sont pas abordables.* ■ CONTR. Inabordable, inaccessible. Cher.

ABORDAGE [abɔʀdaʒ] **n. m.** – 1634 ; sens général 1553 ◊ de *aborder* ■ **1** MAR. Action d'aborder (un navire). ◆ SPÉCIALT Manœuvre qui consiste à s'amarrer bord à bord avec un navire et à monter à son bord pour s'en rendre maître. *Aller, monter à l'abordage. À l'abordage !* (commandement). ■ **2** Collision de deux navires. ■ **3** (1983 ; de *aborder* II, 3°) RÉGION. (Algérie) Action d'aborder une femme, pour lier connaissance.

ABORDER [abɔʀde] **v.** ‹ 1 › – fin XIIe ◊ de *à* et *bord*

I (de *à* et *bord* «bordage») **v. tr.** ■ **1** MAR. Se mettre bord à bord avec (un navire) ; éperonner* (un navire). ➤ **abordage.** — PAR EXT. ➤ **accoster.** ■ **2** Heurter accidentellement (un vaisseau).

II (XIVe ◊ de *à* et *bord* «rivage») ■ **1 v. intr.** Arriver au rivage, sur le bord. *Aborder dans une île, au port.* ■ **2 v. tr.** Atteindre, toucher (le rivage). *Aborder les rochers.* — PAR EXT. Arriver à (un lieu inconnu ou qui présente des difficultés). *Aborder une montagne par la face nord.* ■ **3** FIG. *Aborder qqn :* s'approcher de qqn, aller à qqn (qu'on ne connaît pas, ou avec qui l'on n'est pas familier) pour lui adresser la parole. ➤ **accoster.** *Aborder qqn dans la rue. Aborder une femme* (➤ RÉGION. **abordage**). *Elle s'est fait aborder par un inconnu* (➤ FAM. **draguer**). PRONOM. *«Tout le monde s'abordait, s'interrogeait sans se connaître»* VOLTAIRE. ■ **4** FIG. En venir à..., pour en parler, en débattre. ➤ **entamer.** *Aborder un sujet. La question a été abordée mais pas approfondie.* ➤ **évoquer.** — Arriver au bord de (une situation, un état dans lequel on veut entrer) ; commencer à s'occuper de (qqch.). *Aborder une épreuve avec courage. «On n'aborde pas la solitude sans provisions morales»* BALZAC. *Aborder la musique moderne.* ■ **5** COUR. (en parlant d'une automobile, de son conducteur) S'engager dans (une partie de la voie où la conduite est délicate, dangereuse). *Aborder un virage. Aborder avec prudence un carrefour.*

■ CONTR. 1 Appareiller, 1 partir. Quitter.

ABORIGÈNE [abɔʀiʒɛn] **n.** et **adj.** – 1488 plur. «premiers habitants de l'Italie» ◊ latin *aborigenes* plur., p.-ê. nom de peuple, altéré d'après *indigena* «indigène» ou *ab origine* «de l'origine» (var. *aborigines*) ■ Autochtone dont les ancêtres sont considérés comme étant à l'origine du peuplement. ➤ **indigène, natif, naturel.** *Une jeune aborigène. Les aborigènes d'Australie* (REM. Le mot tend à s'employer surtout dans ce contexte). — **adj.** *Population aborigène* (opposé à ***allogène***). *Plantes, animaux aborigènes,* originaires du pays où ils vivent.

ABORTIF, IVE [abɔʀtif, iv] **adj.** – 1752 ; XIVe «avorté» ◊ latin *abortivus* «qui fait avorter» ■ DIDACT. ■ **1** Qui fait avorter. *Remède abortif. La pilule abortive.* — SUBST. *Un abortif.* ■ **2** Se dit d'une maladie, d'un symptôme qui cesse sans avoir accompli son évolution normale. *Fièvre abortive.* ◆ *Fœtus abortif,* qui ne parvient pas au terme de son développement.

ABOUCHEMENT [abuʃmɑ̃] **n. m.** – XVIe ◊ de *aboucher* ■ **1** VX ou LITTÉR. Mise en rapport (de personnes). ➤ **entretien, entrevue.** *«Des tentatives d'abouchement qui n'ont pas réussi»* GONCOURT. ■ **2** Application de l'ouverture (d'un conduit) à celle d'un autre afin qu'ils communiquent. ➤ **jonction.** ANAT. *Abouchement de vaisseaux.* ➤ **anastomose.**

ABOUCHER [abuʃe] **v. tr.** ‹ 1 › – XIIIe «tomber en avant (sur la bouche)» ◊ de *à* et *bouche* ■ **1** (XVIIe) VX ou LITTÉR. Mettre en rapport, provoquer une entrevue. *«Il m'a aussi abouché avec M. d'Espagne»* RACINE. PRONOM. *S'aboucher avec qqn.* ■ **2** Mettre l'ouverture de (un conduit) contre celle d'un autre afin qu'ils communiquent. — CHIR. *Aboucher deux vaisseaux.* ➤ **anastomoser.**

ABOULER [abule] v. ‹1› – 1790 ◊ de *à* et *bouler* ■ ARG. ■ **1** v. intr. ou pron. VX *Abouler* ou *s'abouler :* arriver. ■ **2** v. tr. Donner. *Aboule le fric !*

ABOULIE [abuli] n. f. – 1883 ◊ grec *aboulia* «irréflexion», sens modifié d'après *boulesthai* «vouloir» ■ MÉD. Trouble mental caractérisé par une diminution ou une disparition de la volonté se traduisant par une inaptitude à choisir, à se décider, à passer à l'acte. ➤ **apathie.**

ABOULIQUE [abulik] adj. – 1887 n. ◊ de *aboulie* ■ Atteint d'aboulie. — n. *Un, une aboulique.*

ABOUT [abu] n. m. – 1213 ◊ de *abouter* ■ TECHN. Extrémité d'une pièce de bois, de métal, préparée pour se joindre à une autre. — Pièce métallique que l'on fixe à une seringue pour y adapter l'aiguille. ➤ **embout.** — Extrémité (d'un rail).

ABOUTER [abute] v. tr. ‹1› – 1247 ◊ de *à* et *bout* ■ TECHN. Mettre bout à bout, joindre par le bout (➤ **about**). — n. m. **ABOUTEMENT,** 1319.

ABOUTI, IE [abuti] adj. – 1891 ◊ de *aboutir* ■ Qui a été mené à bien. *Un prototype très abouti.* ■ CONTR. Inabouti.

ABOUTIR [abutiʀ] v. ‹2› – 1319 ◊ de *à* et *bout* ■ **1** v. tr. ind. Arriver par un bout ; se terminer, tomber (dans). *«Un chemin de traverse qui aboutissait à un bouquet d'arbres»* JALOUX. *Couloir qui aboutit dans une chambre, sur une terrasse.* — FAM. (PERSONNES) Arriver finalement (dans un lieu, parfois imprévu). *Après deux heures de marche, ils ont abouti dans un village.* ➤ FAM. **atterrir.** ■ **2** FIG. **ABOUTIR À... :** conduire à..., en s'achevant dans. ➤ **conduire, mener** (à). *Tes protestations n'aboutissent, n'aboutiront à rien. L'enquête aboutit à cette conclusion. «Une idée fixe aboutit à la folie ou à l'héroïsme»* HUGO. ◆ v. intr. Avoir finalement un résultat. ➤ **réussir.** *Les recherches, les négociations, l'enquête sont sur le point d'aboutir. Votre requête ne peut aboutir.* ■ CONTR. Commencer, 1 partir (de). Échouer, rater.

ABOUTISSANT [abutisɑ̃] n. m. – XVIe ◊ p. prés. de *aboutir* ■ **1** *Les tenants et les aboutissants (d'une affaire),* tout ce qui s'y rapporte (ses causes, son origine, ses conséquences). *Il connaît les tenants et les aboutissants de ce scandale.* ■ **2** (1866) LITTÉR. Ce à quoi quelque chose aboutit (FIG.). ➤ **aboutissement, résultat.** *«Tout ce que nous sommes est l'aboutissant d'un travail séculaire»* RENAN.

ABOUTISSEMENT [abutismɑ̃] n. m. – 1611 ; «action de pousser qqn à faire qqch.» 1125 ◊ de *aboutir* ■ **1** Le fait d'aboutir (2°), d'avoir un résultat. *L'aboutissement d'un projet, de l'enquête.* ■ **2** Ce à quoi une chose aboutit. ➤ **résultat ; issue, terme.** *L'heureux aboutissement de nos efforts. «Aucune action humaine n'a de source unique, elle est l'aboutissement de causes dissemblables et multiples»* JALOUX.

ABOYER [abwaje] v. intr. ‹8› – *abaier* XIIe ◊ latin populaire °*abbaudiare,* de *baudari* ■ **1** Pousser son cri, en parlant du chien. ➤ **glapir, hurler, japper.** PROV. *Chien qui aboie ne mord pas :* les personnes qui menacent et manifestent leur colère ne sont pas les plus dangereuses. *Les chiens aboient, la caravane* passe.* ■ **2** PAR ANAL. Faire un bruit semblable à un aboiement. *«des canons continuaient à aboyer sourdement»* MARTIN DU GARD. ■ **3** FIG. et LITTÉR. Crier (contre qqn), invectiver. ➤ **clabauder.** *Aboyer contre, après qqn.* ■ **4** TRANS. FIG. Émettre, dire d'une voix furieuse. *L'adjudant aboie ses ordres.*

ABOYEUR, EUSE [abwajœʀ, øz] n. – *abayeur* 1387 ; fém. 1843 ◊ de *aboyer* ■ **1** n. m. Chien qui aboie. — SPÉCIALT (CHASSE) Chien qui aboie sans attaquer le gibier. ■ **2** n. m. (XVIIIe) ANCIENNT Crieur à l'entrée d'une salle, qui annonce le spectacle. ➤ **annonceur.** — Crieur qui annonce les invités dans une réception. — Camelot, bonimenteur. ■ **3** Personne qui aboie (FIG.) contre qqn.

ABRACADABRANT, ANTE [abʀakadabʀɑ̃, ɑ̃t] adj. – 1834 ◊ de *abracadabra* (1560), formule magique d'origine incertaine. *Abracadabra* viendrait de l'hébreu *arba daq arba* lu à l'envers, signifiant «quatre [Dieu] anéantit quatre [les quatre éléments]». ■ Extraordinaire et incohérent. *Une histoire invraisemblable, abracadabrante.* ➤ **absurde, extravagant.** REM. Rimbaud emploie *abracadabrantesque.*

ABRASER [abʀɑze] v. tr. ‹1› – début XXe ; méd. 1864 ; «démolir» 1364 ◊ reformé d'après *abrasif, abrasion* ■ TECHN. User (une matière, un objet) par abrasion, par frottement. — PRONOM. *Pièce qui s'abrase.*

ABRASIF, IVE [abʀɑzif, iv] n. m. et adj. – 1905 ◊ anglais *abrasive* (1853 n.), du latin *abradere* → abrasion ■ TECHN. Matière qui use, nettoie, polit par frottement. *L'émeri, les poudres à récurer sont des abrasifs.* — adj. *Poudre abrasive.*

ABRASION [abʀɑzjɔ̃] n. f. – 1611 ◊ latin *abrasio,* de *abradere* «enlever en grattant» ■ TECHN. Action d'user par frottement, grattement. *Surface d'abrasion des dents* (où les dents s'usent sur leurs antagonistes). ◆ GÉOL. Usure mécanique d'une roche par le frottement des eaux ou des glaces. *Une plateforme d'abrasion marine. L'abrasion glaciaire.* ➤ **érosion.** ◆ MÉD. Enlèvement par raclage superficiel de certains tissus.

ABRÉACTION [abʀeaksjɔ̃] n. f. – 1913 ◊ adaptation de l'allemand *Abreagieren* (1895) ■ PSYCHAN. Brusque libération émotionnelle ; réaction d'extériorisation par laquelle un sujet se libère d'un refoulement affectif. ➤ **défoulement.**

ABRÉGÉ [abʀeʒe] n. m. – 1305 ◊ de *abréger* ■ **1** LITTÉR. Représentation en petit. ➤ **raccourci, réduction.** *Un abrégé de l'univers.* ■ **2** SPÉCIALT Discours ou écrit réduit aux points essentiels. ➤ **résumé ; digest ; compendium, épitomé.** *L'abrégé d'une conférence, d'un livre.* — PAR EXT. Petit ouvrage présentant le résumé d'une connaissance, d'une technique. ➤ 2 **précis.** *Un abrégé de grammaire.* ■ **3** loc. adv., loc. adj. **EN ABRÉGÉ :** en raccourci, avec très peu de signes, de mots ; en résumé, en passant sur les détails. *Mot en abrégé.* ➤ **abréviation.** *Écrire en abrégé* (cf. Style télégraphique*). *«Voici, très en abrégé, un spécimen de ma polémique»* CHATEAUBRIAND. ■ CONTR. Amplification. Grand (en) ; détail (en).

ABRÈGEMENT [abʀɛʒmɑ̃] n. m. – 1304 ; «diminution de la valeur» 1283 ◊ de *abréger* ■ Action d'abréger. ➤ **raccourcissement.** *L'abrègement d'un texte. L'abrègement du délai imparti. Abrègement d'un mot.* ➤ **abréviation, siglaison, troncation.** — PHONÉT. Réduction de la durée d'émission d'un phonème. — On écrit aussi *abrégement.* ■ CONTR. Allongement.

ABRÉGER [abʀeʒe] v. tr. ‹3 et 6› – XIIe ◊ bas latin *abbreviare,* de *brevis* «bref» ■ Rendre bref. ■ **1** Diminuer la durée de. *Abréger une visite, un repas.* ➤ **écourter.** *Abréger les souffrances d'un malade. Abréger sa vie, ses jours* (par la fatigue, les excès, le souci). ■ **2** Diminuer la matière de (un discours, un récit, un écrit). *Abréger un texte, le récit d'une histoire.* ➤ **écourter, raccourcir, résumer, tronquer.** ABSOLT *«La tâche de l'historien consiste essentiellement à abréger»* BAINVILLE. *Abrégeons ! au fait !* (➤ 1 **bref**). ■ **3** *Abréger un mot :* supprimer une partie des lettres (les moins essentielles et souvent les dernières). ➤ **abrègement, abréviation.** — v. pron. pass. *«Madame» s'abrège en «Mme».* ■ CONTR. Allonger, développer.

ABREUVEMENT [abʀœvmɑ̃] n. m. – *abevrement* XIIIe ◊ de *abreuver* ■ Action d'abreuver (des bêtes).

ABREUVER [abʀœve] v. tr. ‹1› – XIIIe ; *abevrer* XIIe ◊ latin populaire °*abbiberare,* de *bibere* «boire»

I ■ **1** Faire boire abondamment (un animal, et SPÉCIALT un cheval). *Abreuver un troupeau.* PRONOM. *Les chameaux s'abreuvent à l'oasis.* — FAM. (PERSONNES) *S'abreuver :* boire abondamment. ■ **2** FIG. *Abreuver qqn de qqch.,* lui en donner abondamment. *Abreuver qqn de compliments.* ➤ **combler, couvrir.** Plus cour. *Il l'a abreuvé d'injures.* ➤ **accabler.** — *Être abreuvé de qqch.,* nourri de ; PAR EXT. fatigué, saturé de.

II TECHN. Imbiber abondamment (une matière). Mettre une première couche d'enduit, de peinture sur (une surface) pour en boucher les pores.

■ CONTR. Assoiffer, priver.

ABREUVOIR [abʀœvwaʀ] n. m. – XIIIe ◊ de *abreuver* ■ **1** Lieu, récipient aménagé pour faire boire les animaux. *Mener les bêtes à l'abreuvoir. Abreuvoir à poussins.* ■ **2** (Canada) Fontaine à eau.

ABRÉVIATIF, IVE [abʀevjatif, iv] adj. – 1442 ◊ du latin *abbreviare* → abréger ■ Qui sert à abréger. *Signes abréviatifs. Point abréviatif.*

ABRÉVIATION [abʀevjasjɔ̃] n. f. – v. 1450 ; «texte abrégé» 1375 ◊ bas latin *abbreviatio* ■ **1** VX Abrègement (de temps). ■ **2** Retranchement de lettres dans un mot, de mots dans une phrase pour écrire plus vite ou prendre moins de place. *Abréviation de* Mademoiselle *en* Mlle, *de* kilomètre *en* km, *de* c'est-à-dire *en* c.-à-d. ◆ Mot écrit en abrégé. *L'abréviation se prononce* *toujours comme le mot entier. Liste des abréviations.* ▪ **3** PAR EXT. Expression, mot abrégé à l'oral. ➤ **acronyme, aphérèse, apocope, sigle.**

ABRI [abʀi] **n. m.** – fin XIIᵉ ◇ de l'ancien français *abrier* «mettre à couvert» → abrier ▪ **1** Lieu où l'on peut mettre à couvert, protéger contre les intempéries ou un danger des personnes ou des choses. ➤ **asile, refuge.** *Chercher un abri sous un arbre. Un abri contre la pluie. Un abri contre les regards indiscrets. Mets le parasol dans l'abri de jardin.* ▪ **2** Habitation rudimentaire, parfois provisoire. ➤ **baraquement, cabane, hutte, tente.** *Bidonville fait d'abris de fortune* (➤ **sans-abri**). ▪ **3** Toit supporté par des montants ou construction rudimentaire destiné à protéger le voyageur (à la campagne, en montagne, aux arrêts de train, d'autobus). ➤ **gîte, refuge ; abribus.** — *Abri contre le soleil.* ➤ **ombrière.** ▪ **4** MILIT. Installation, au sol ou en sous-sol, destinée à protéger du feu ennemi. ➤ **boyau, tranchée ; cagna.** *Abri souterrain. Abris fortifiés.* ➤ **fortification ; blockhaus, casemate, fortin.** — Lieu souterrain qui, dans une agglomération, est susceptible de protéger contre les bombardements. *Abri antiaérien. Abri antiatomique,* destiné à protéger contre les effets d'une arme atomique. *Tous aux abris !* ▪ **5** *Abri météorologique* : enceinte protégeant les instruments. *Température relevée sous abri.* ▪ **6** FIG. Ce qui préserve de l'adversité. ➤ **protection, refuge.** *Il chercha auprès d'elle un abri contre l'hostilité générale.* ▪ **7** **loc. adv.** **À L'ABRI :** à couvert des intempéries, des dangers. *Se mettre à l'abri.* ➤ **s'abriter** ; se **planquer.** *Les dossiers sont à l'abri* (cf. En lieu sûr*). ▪ **8** **loc. prép.** **À L'ABRI DE :** à couvert contre (qqch.). *Se mettre à l'abri du vent, du soleil. Agir à l'abri des regards.* FIG. *Être à l'abri du besoin* : ne pas être dans le besoin, vivre dans l'aisance. *Il est à l'abri de tout soupçon* (cf. Au-dessus de). *Nul n'est à l'abri de ce genre d'erreur,* chacun peut en faire une semblable. ◆ Protégé par (qqch.). *Se mettre à l'abri du feuillage.* FIG. *«À l'abri de ce badinage je dis des vérités»* VOLTAIRE. ▪ CONTR. Découvert (à).

ABRIBUS [abʀibys] **n. m.** – 1974 ◇ n. déposé, de *abri* et *bus* ▪ Arrêt d'autobus équipé d'un abri pour les voyageurs et pouvant comporter une cabine téléphonique. ➤ RÉGION. **aubette.**

ABRICOT [abʀiko] **n. m.** – 1545 ◇ de l'espagnol *albaricoque* ou du portugais *albricoque*, venant tous deux de l'arabe *al-barqūq* «prune». L'arabe est calqué sur le grec *praekokhion* «fruit précoce», de même origine latine que le français *précoce.* ▪ **1** Fruit de l'abricotier, à noyau, à chair et peau jaune orangé. *Abricots frais, secs. Confiture, compote, jus d'abricots. Liqueur d'amandes d'abricots.* ➤ **amaretto.** — *Pêche*-abricot.* ▪ **2** Couleur jaune orangé très doux. *Un abricot tirant sur le rouge.* — ADJT INV. *Des rubans abricot. «ce hâle d'été qui donnait à sa peau une merveilleuse carnation abricot»* J.-PH. TOUSSAINT.

ABRICOTÉ, ÉE [abʀikɔte] **adj.** – 1845 ; n. m. «abricot confit» 1690 ◇ de *abricot* ▪ Qui tient de l'abricot. *Pêche abricotée* (cf. COUR. Pêche*-abricot). — Aux abricots. *Gâteau abricoté.*

ABRICOTIER [abʀikɔtje] **n. m.** – 1526 ◇ de *abricot* ▪ Arbre fruitier *(rosacées)*, à fleurs blanches paraissant avant les feuilles, qui produit l'abricot.

ABRIER [abʀije] **v. tr.** ⟨7⟩ – milieu XVIIIᵉ ◇ du latin *apricare* «chauffer au soleil». Ce mot était courant en français de France du XIIIᵉ au XVIIIᵉ s. ▪ RÉGION. (Ouest ; Canada, Louisiane) ▪ **1** Recouvrir (qqn) d'une couverture. ▪ **2** Recouvrir (qqch.) pour protéger. ▪ **3** FIG. *Abrier un scandale.* ➤ **cacher, dissimuler.** ▪ **4** **v. pron.** *S'abrier* : se couvrir, s'habiller chaudement.

ABRI-SOUS-ROCHE [abʀisuʀɔʃ] **n. m.** – 1868 ◇ de *abri, sous* et *roche* ▪ GÉOL., PALÉONT. Cavité peu profonde au pied d'une paroi rocheuse en surplomb, ayant servi d'habitation préhistorique. *Des abris-sous-roche.*

ABRITÉ, ÉE [abʀite] **adj.** – 1740 ◇ de *abriter* ▪ Se dit d'un lieu qui est à l'abri du vent. *Une terrasse bien abritée.*

ABRITER [abʀite] **v. tr.** ⟨1⟩ – hapax 1489, repris XVIIIᵉ ◇ de *abri*
I ▪ **1** Mettre à l'abri. *Abriter qqn sous son parapluie.* ▪ **2** Protéger, en parlant d'un abri. *Un grand parasol qui abrite du soleil.* ➤ **garantir.** ▪ **3** Recevoir (des occupants), en parlant d'une maison. ➤ **héberger, loger.** *Hôtel qui peut abriter deux cents personnes. — Ce local abrite les services commerciaux,* leur est affecté.
II **S'ABRITER** **v. pron.** ▪ **1** Se mettre à l'abri (des intempéries, du danger). *S'abriter du vent, de la pluie.* ➤ se **préserver,** se **protéger.** — ABSOLT *S'abriter sous un arbre, derrière un arbre. Abritons-nous quelques instants.* ▪ **2** FIG. *S'abriter derrière qqn* : faire assumer par une personne plus puissante une responsabilité, une initiative qu'elle a partagée. *S'abriter derrière la loi,* être couvert par elle.
▪ CONTR. Découvrir, exposer.

ABRIVENT [abʀivɑ̃] **n. m.** – 1771 ◇ de *abri* et *vent* ▪ Paillasson vertical pour protéger les cultures du vent. ➤ **brise-vent.** *Des abrivents.*

ABROGATIF, IVE [abʀɔgatif, iv] **adj.** – 1845 ◇ de *abroger* ▪ Qui a pour objet d'abroger. ➤ **abrogatoire.** *Loi abrogative.*

ABROGATION [abʀɔgasjɔ̃] **n. f.** – avant 1356 ◇ latin *abrogatio* ▪ Action d'abroger. ➤ 2 **retrait.** *Abrogation d'un acte réglementaire. Abrogation tacite. Abrogation expresse.*

ABROGATOIRE [abʀɔgatwaʀ] **adj.** – 1853 ◇ de *abroger* ▪ Abrogatif. *Mesures abrogatoires.*

ABROGER [abʀɔʒe] **v. tr.** ⟨3⟩ – 1398 ◇ latin *abrogare* ▪ Retirer la force obligatoire à (un acte législatif ou réglementaire). ➤ **casser, révoquer, supprimer.** *Abroger une loi, un règlement, une disposition.* — **p. p. adj.** *Décisions abrogées.* — **adj.** **ABROGEABLE.** ▪ CONTR. Établir, instituer, promulguer.

ABRUPT, E [abʀypt] **adj.** et **n. m.** – 1512 ◇ latin *abruptus,* de *rumpere* «rompre» ▪ **1** Dont la pente est quasi verticale (comme rompue). ➤ **accore, escarpé,** 5 **pic (à).** *Versant abrupt d'une montagne. Sentier abrupt.* ➤ **raide.** — **n. m.** *Un abrupt* : une paroi abrupte, verticale. ➤ **à-pic, escarpement.** ▪ **2** FIG. Se dit d'une personne trop directe, qui ne prend pas de ménagements. *Un homme abrupt et revêche.* ◆ Qui est exprimé sans précaution, sans transition. ➤ **brutal.** *Une conclusion abrupte.*
▪ CONTR. Doux. Affable, courtois.

ABRUPTEMENT [abʀyptəmɑ̃] **adv.** – 1327 ◇ de *abrupt* ▪ D'une manière abrupte (2°), directe, brutale, inopinée. ➤ **ex abrupto.** *La question lui fut posée abruptement.*

ABRUTI, IE [abʀyti] **adj.** et **n.** – 1845 ◇ de *abrutir* ▪ **1** Dont les facultés intellectuelles sont temporairement amoindries par (un agent extérieur, la fatigue, etc.). *Être abruti de soleil, de fatigue.* ➤ RÉGION. **ensuqué** (cf. Dans les vapes). *Cessez ce bruit, je suis abruti !* ▪ **2** FAM. Sans intelligence. *Ce type est complètement abruti.* ➤ **demeuré, idiot, stupide.** *Un air abruti.* ➤ **ahuri, hébété.** — **n.** Personne stupide (surtout employé en injure). *Espèce d'abruti !* ➤ **crétin.** ▪ CONTR. Dispos. Éveillé, intelligent.

ABRUTIR [abʀytiʀ] **v. tr.** ⟨2⟩ – 1541 ◇ de *à* et *brute* ▪ **1** VX ou LITTÉR. Rendre semblable à la brute, dégrader l'être pensant. *«La débauche avait abruti son esprit»* ROUSSEAU. ➤ **altérer,** 1 **dégrader.** ▪ **2** Rendre stupide. ➤ **abêtir, crétiniser.** *Une propagande qui abrutit les masses.* ▪ **3** Faire perdre à (qqn) la vivacité d'esprit. *Abrutir un enfant de travail.* ➤ **surmener.** *Ce vacarme nous abrutit.* ➤ **assourdir, étourdir.** — PRONOM. *S'abrutir de travail.*
▪ CONTR. Élever, éveiller.

ABRUTISSANT, ANTE [abʀytisɑ̃, ɑ̃t] **adj.** – fin XVIIᵉ ◇ de *abrutir* ▪ **1** VX Qui abrutit (1°), dégrade l'être pensant. ➤ **dégradant.** *«Les plaisirs abrutissants de la table»* MASSILLON. ▪ **2** MOD. Qui abrutit (3°). *Un vacarme, un travail abrutissant.* ➤ **fatigant.**

ABRUTISSEMENT [abʀytismɑ̃] **n. m.** – 1586 ◇ de *abrutir* ▪ **1** VX État d'une personne qui vit comme une brute, une bête. ▪ **2** MOD. Action d'abrutir, de rendre stupide. *«La presse est une école d'abrutissement»* FLAUBERT. ➤ **abêtissement, crétinisation.** ▪ CONTR. Civilisation, évolution. Éducation, élévation.

A. B. S. [abeɛs] **n. m.** – 1982 ◇ sigle anglais *Anti-lock Brake* (ou *Braking) System* ▪ *Système A. B. S.* : système antiblocage des roues d'un véhicule assurant un freinage optimal sans dérapage.

ABSCISSE [apsis] **n. f.** – 1732 ◇ latin *abscissa (linea)* «(ligne) coupée» ▪ MATH. Coordonnée* horizontale qui permet de déterminer, avec la coordonnée verticale (➤ **ordonnée**), la position d'un point dans un plan. *Porter une grandeur en abscisse. Abscisse d'un point sur un axe, d'un espace affine. Abscisse curviligne*.*

ABSCONS, ONSE [apskɔ̃, ɔ̃s] **adj.** – 1509 ◇ latin *absconsus* «caché», famille de *condere* «unir» ▪ DIDACT. Difficile* à comprendre. ➤ **abstrus.** *Un langage abscons. «Un article où je suis pris à partie comme exemple de ces écrivains "abscons" dont la France ne veut "à aucun prix"»* GIDE. ▪ CONTR. Clair, facile.

ABSENCE [apsɑ̃s] **n. f.** – XIIIᵉ ◇ latin *absentia* ▪ **1** Le fait de n'être pas dans un lieu où l'on pourrait, où l'on devrait être. *On a remarqué l'absence de Monsieur X dans, (à) cette réunion. Nous avons regretté votre absence.* LOC. *Briller par son absence,* se dit ironiquement d'une absence remarquée. ◆ DR. Situation légale d'une personne qui a cessé de paraître au lieu de son domicile et dont on n'a pas de nouvelles depuis au moins quatre ans. ▪ **2** Le fait d'avoir quitté la compagnie de qqn. ➤ **éloignement, séparation.** *L'absence d'une personne aimée.* «*Et l'absence de ce qu'on aime a toujours trop duré*» MOLIÈRE. — ABSOLT «*L'absence diminue les médiocres passions et augmente les grandes*» LA ROCHEFOUCAULD. ▪ **3** Le fait de s'absenter, de partir ; le temps que dure cette situation. *Ils ont fini le plat pendant votre absence.* ◆ **EN L'ABSENCE DE :** lorsque (qqn) est absent. *Il est plus expansif en l'absence de ses parents.* À défaut de (qqn qui est absent). *En l'absence du directeur, voyez son adjoint.* ▪ **4** Le fait de manquer à une séance, un cours. ➤ **absentéisme.** *Les absences de cet élève sont trop nombreuses.* ▪ **5** Le fait pour une chose de ne pas se trouver (là où on s'attend à la trouver). ➤ 2 **manque.** *L'absence de feuilles aux arbres, de rideaux aux fenêtres.* ▪ **6** Le fait de ne pas exister. ➤ **défaut,** 2 **manque ;** et aussi 2 **a-, ana-, dé-,** 1 **in- ; non, sans.** *L'absence de père dans sa vie. Absence de loi* (cf. Vide juridique*). «*Le protestant ne voyait dans le mal que l'absence du bien*» GIDE. ▪ **7** *Une absence :* défaillance de mémoire ou moment de distraction. *Avoir une absence, des absences. Il* «*était sujet à des vertiges, des absences, des pertes de mémoire, séquelles de ses blessures*» M. DUGAIN. ▪ **8** MÉD. *Absence (épileptique) :* arrêt soudain, de courte durée, de la conscience, sans défaillance des fonctions végétatives, caractéristique de la forme mineure de l'épilepsie. ▪ CONTR. Présence.

ABSENT, ENTE [apsɑ̃, ɑ̃t] adj. et n. – *ausent* XIIe ◇ latin *absens, absentis* ▪ **1** Qui n'est pas (dans le lieu où il pourrait, devrait être), qui est éloigné (de ce lieu). *Il est absent de son bureau, de Paris. Elle a été absente deux mois, pendant deux mois.* ◆ (Avec un nom d'action) *Absent à* (emploi critiqué), *de* (VX). *Elle était absente à la réunion, au procès.* «*Il convenait que je fusse absent de votre mariage*» HUGO. ▪ **2** VX Qui est séparé (de qqn). «*Quel chagrin lorsqu'il est absent de la personne aimée*» FLÉCHIER. ▪ **3** ABSOLT Qui n'est pas là où on s'attendrait à le trouver (lieu ou compagnie). *Élève absent. Être porté absent.* ➤ **manquer.** *Être, se mettre aux abonnés* absents.* — DR. Qui est dans la situation juridique de l'absence*. ◆ n. *Dire du mal des absents, des absentes.* PROV. *Les absents ont toujours tort* (car ils ne sont pas là pour se défendre). ▪ **4** (CHOSES) *Être absent quelque part, dans un endroit, être absent de qqch.* ➤ **manquer.** *La gaieté est absente de cette maison. La ponctuation est totalement absente de ce texte.* ▪ **5** FIG. Qui ne porte pas attention à ce qui l'entoure, qui n'est pas à ce qu'il devrait faire. ➤ **distrait, inattentif.** *Un air absent.* ➤ **rêveur.** ▪ CONTR. 1 Présent ; attentif.

ABSENTÉISME [apsɑ̃teism] n. m. – *absentisme* 1828 ◇ anglais *absenteeism,* de *absentee* «absent» ▪ **1** VX ou DIDACT. Habitude prise par les propriétaires fonciers de résider hors de leurs terres. ▪ **2** (1846) Comportement d'une personne qui manque à son obligation de présence, qui est souvent absente. *Taux d'absentéisme. Absentéisme abusif. Absentéisme scolaire.*

ABSENTÉISTE [apsɑ̃teist] adj. et n. – 1853 ◇ de *absentéisme* ▪ **1** Qui est partisan de l'absentéisme (1o). ▪ **2** (1866) Qui pratique l'absentéisme (2o). — n. Personne qui est souvent absente, qui manque d'assiduité (dans un travail, une obligation). ➤ **absentéisme.**

ABSENTER (S') [apsɑ̃te] v. pron. ‹1› – 1332 ; emplois trans. jusqu'au XVIe ◇ bas latin *absentare* ▪ S'éloigner momentanément (du lieu où l'on doit être, où les autres pensent vous trouver). *S'absenter de son domicile, de son poste.* ➤ **quitter.** — ABSOLT *Demander la permission de s'absenter. Il s'est absenté quelques instants.* ➤ **s'éclipser,** 1 **sortir.** ▪ CONTR. Demeurer.

ABSIDE [apsid] n. f. – 1562 ◇ bas latin *absida,* du grec *hapsis* «voûte» ▪ Partie arrondie en hémicycle de certaines églises, derrière le chœur (➤ **chevet**). ▪ HOM. Apside.

ABSIDIAL, IALE, IAUX [apsidjal, jo] adj. – 1908 ◇ de *abside* ▪ De l'abside. *Chapelle absidiale.* «*Ce fond semi-circulaire, cette conque absidiale, avec ses chapelles nimbant le chœur*» HUYSMANS. — On dit aussi **ABSIDAL, ALE, AUX.**

ABSIDIOLE [apsidjɔl] n. f. – 1866 ◇ diminutif de *abside* ▪ Petite chapelle en demi-cercle d'une abside.

ABSINTHE [apsɛ̃t] n. f. – *absince* 1190 ◇ latin *absinthium,* du grec *apsinthion* ▪ **1** Espèce d'armoise, plante *(composées)* amère et aromatique. *Absinthe des Alpes.* ➤ **génépi.** ▪ **2** Liqueur alcoolique toxique, de couleur verte, extraite de cette plante, très en vogue à la fin du XIXe s.

ABSINTHISME [apsɛ̃tism] n. m. – 1872 ◇ de *absinthe* ▪ Intoxication par l'absinthe.

ABSOLU, UE [apsɔly] adj. et n. m. – *asolue* 1080 ◇ latin *absolutus*

I adj. ▪ **1** Qui ne comporte aucune restriction ni réserve. ➤ **achevé, intégral, total.** *Une confiance absolue dans l'avenir.* ➤ **aveugle.** *C'est une nécessité, une impossibilité absolue. Silence absolu.* «*Il se trouve dans le noir* [...] *rien ne permet de s'orienter, aucune lueur. C'est la nuit absolue*» ROBBE-GRILLET. ◆ SPÉCIALT *Pouvoir absolu.* ➤ **despotique, dictatorial, totalitaire, tyrannique.** PAR EXT. *Monarchie absolue, roi absolu,* qui a le pouvoir absolu (opposé à *constitutionnel*). ◆ *Alcool absolu,* pur. ▪ **2** Parfait ; aussi parfait qu'on peut l'imaginer. ➤ 1 **idéal.** *La quête de l'amour absolu.* ▪ **3** Qui ne fait aucune concession, ne supporte ni la critique ni la contradiction. *Un esprit absolu.* ➤ **autoritaire, despotique, entier, intransigeant.** «*Les natures absolues ont besoin de ces partis tranchés*» RENAN. «*À votre âge on a des jugements absolus*» BERNANOS. *Ton absolu.* ➤ **cassant, tranchant.** ▪ **4** (Opposé à *relatif*) Qui est tel en lui-même, considéré en lui-même et non par rapport à autre chose. ➤ **soi** (en soi). *Majorité* absolue.* ◆ MILIT. *L'arme absolue,* contre laquelle aucune défense n'est possible. ◆ Identique pour tous les observateurs, quel que soit leur système de référence (ou référentiel*). ➤ **invariant.** *Température absolue,* comptée à partir du zéro* absolu. ◆ MATH. *Valeur* absolue.* ◆ GRAMM. *Ablatif*, génitif* absolu. Emploi absolu d'un verbe transitif,* sans complément d'objet.

II n. m. ▪ **1** PHILOS. Ce qui existe indépendamment de toute condition ou de tout rapport avec autre chose. «*L'absolu, s'il existe, n'est pas du ressort de nos connaissances*» BUFFON. «*Tant que l'absolu s'incarna dans le siècle, nous pouvions nous battre heureux*» R. DEBRAY. ▪ **2** LOC. **DANS L'ABSOLU :** sans comparer, sans tenir compte des conditions, des circonstances. *On ne peut juger de cela dans l'absolu.* ▪ **3** ALCHIM. La matière unique d'où dériveraient tous les corps. «*La Recherche de l'absolu*», *roman de Balzac.* ▪ **4** Extrait préparé à partir des essences concrètes*, par dissolution dans l'alcool et séparation des cires insolubles. *Absolu de rose, de jasmin,* utilisé en parfumerie.

▪ CONTR. Limité, partiel. Imparfait. Conciliant, libéral. Relatif. — Contingent.

ABSOLUITÉ [apsɔlɥite] n. f. – 1866 ◇ de *absolu* ▪ DIDACT. Qualité de ce qui est absolu.

ABSOLUMENT [apsɔlymɑ̃] adv. – 1225 ◇ de *absolu* ▪ **1** D'une manière absolue, qui ne souffre aucune réserve. *Il refuse absolument votre offre ; d'obéir. Il veut absolument vous voir* (cf. À tout prix*). *Il faut absolument le prévenir.* ▪ **2** (Avec un adj.) Tout à fait. ➤ 1 **complètement, entièrement, foncièrement, totalement.** *C'est absolument faux. Il n'a absolument rien à dire.* «*Nous avons beau faire, nous ne pouvons pas être absolument naturels*» LARBAUD. — (Pour acquiescer) *C'est mieux ainsi. – Absolument.* ➤ **oui.** ▪ **3** GRAMM. *Verbe, nom employé absolument,* sans l'expansion attendue.

ABSOLUTION [apsɔlysjɔ̃] n. f. – XIIe ◇ latin *absolutio* ▪ Action d'absoudre. ▪ **1** Effacement d'une faute par le pardon. ◆ LITURG. CATHOL. Rémission des péchés accordée par le prêtre après la confession. *Donner l'absolution à un pécheur.* ➤ **absoudre.** ▪ **2** DR. Jugement qui, tout en déclarant coupable un prévenu, le renvoie de l'accusation, sa faute ne donnant lieu à l'application d'aucune sanction. *Prononcer l'absolution de l'accusé. L'absolution n'est pas un acquittement.* ▪ CONTR. Condamnation.

ABSOLUTISME [apsɔlytism] n. m. – 1796 ◇ de *absolu* ▪ Système de gouvernement où le pouvoir du souverain est absolu, n'est soumis à aucun contrôle. ➤ **autocratie, césarisme, despotisme, dictature, tyrannie.**

ABSOLUTISTE [apsɔlytist] adj. et n. – 1823 ◇ d'après *absolutisme* ▪ Favorable à l'absolutisme. *Théorie absolutiste.* ◆ Partisan de l'absolutisme. — n. *Les absolutistes.*

ABSOLUTOIRE [apsɔlytwaʀ] adj. – 1321 ◇ latin *absolutorius* ▪ RELIG., DR. Qui absout. *Sentence absolutoire.*

ABSORBABLE [apsɔʀbabl] adj. – 1834 ◇ de *absorber* ▪ Qui peut être absorbé. *Médicament absorbable sans eau.*

ABSORBANCE [apsɔʀbɑ̃s] n. f. – v. 1970 ◇ de *absorbant* ▪ OPT. Grandeur mesurant la diminution d'intensité d'un rayonnement après un parcours dans un milieu absorbant (➤ **absorption**).

ABSORBANT, ANTE [apsɔʀbɑ̃, ɑ̃t] adj. – 1740 ◇ de *absorber* ▪ **1** Qui absorbe les fluides, les particules, le rayonnement. BOT. *Poils* absorbants des racines.* — *La gaze, tissu absorbant employé en pansements.* ➤ **hydrophile.** *Papier absorbant.* ➤ **essuie-tout ; sopalin.** *Couches-culottes absorbantes.* ▪ **2** Pou-

voir absorbant, d'absorber les fluides, les particules, le rayonnement (infrarouge, ultraviolet). ▪ **3** FIG. Qui s'empare de l'esprit et l'occupe tout entier. *Un travail absorbant.* ▪ CONTR. Hydrofuge, imperméable.

ABSORBER [apsɔʀbe] **v. tr.** ‹1› – *assorber* «engloutir» milieu XIe ◊ latin *absorbere*

I ▪ **1** Laisser pénétrer et retenir (un fluide, des particules, un rayonnement) dans sa substance. *Le sable absorbe l'eau.* ➤ **s'imbiber, s'imprégner.** *Le buvard absorbe l'encre.* ➤ 1 **boire.** *La couleur noire absorbe la lumière.* — (ÊTRES VIVANTS) Faire pénétrer en soi pour assimiler. *Les racines absorbent les éléments nutritifs de la terre.* ➤ **pomper.** ▪ **2** Boire, manger. *Il n'a rien absorbé depuis hier.* ➤ **prendre.** *Absorber un médicament.* ➤ **ingurgiter.** ▪ **3** FIG. Faire disparaître par incorporation. *Entreprise qui en absorbe une autre.* ➤ **racheter ; fusionner** (avec), **phagocyter.** ABSOLT *«L'Église a deux manières de réagir en présence de l'hérésie : repousser, absorber»* GIDE. ➤ **annexer, assimiler, résorber.** — Faire disparaître en utilisant. *Cet achat a absorbé toutes mes économies.* ➤ **dévorer, engloutir.** ▪ **4** Occuper tout entier. ➤ **accaparer.** *Ce travail l'absorbe beaucoup.*

II **S'ABSORBER v. pron.** ▪ **1** Disparaître, se fondre, se perdre dans. *«Ce tapage s'absorbait dans le bruissement de la vapeur»* FLAUBERT. ▪ **2** Occuper son esprit tout entier (à qqch.). *S'absorber dans son travail.* — *Être absorbé dans sa lecture, ses pensées.* ➤ **plonger.** *Elle a l'air absorbé, elle est tout absorbée.* ➤ **méditatif, préoccupé.**

▪ CONTR. Dégorger, rejeter.

ABSORBEUR [apsɔʀbœʀ] **n. m.** – 1929 ◊ de *absorber* ▪ Appareil qui absorbe. ▪ **1** Élément d'une installation frigorifique à absorption. ➤ **saturateur.** ▪ **2** Appareil de raffinage utilisé pour l'absorption des gaz (industrie du pétrole).

ABSORPTION [apsɔʀpsjɔ̃] **n. f.** – 1586 ◊ latin *absorptio* ▪ **1** Action d'absorber. *L'absorption de l'eau par les terrains perméables ; d'une crème par la peau.* — PHYSIOL. *Absorption digestive :* passage des produits de la digestion dans le sang et la lymphe, au niveau des villosités intestinales. — PHYS. Diminution d'intensité d'un rayonnement après la traversée d'un milieu absorbant. ➤ **diffusion.** — TECHN. *Réfrigération par absorption* (du fluide générateur de froid par une autre substance). ▪ **2** Action de boire, de manger, d'avaler, de respirer (qqch., SPÉCIALT qqch. d'inhabituel ou de nuisible). *Suicide par absorption d'un poison.* ➤ **ingestion.** *Absorption de gaz toxiques.* ▪ **3** FIG. Action de faire disparaître, en s'annexant (qqch.). *Absorption de l'individu dans le groupe.* FIN. Transmission du patrimoine d'une société, d'une entreprise à une autre société. ➤ **fusion, rachat ; concentration.** *L'absorption d'une entreprise par une multinationale.* ▪ **4** RARE État d'une personne absorbée. *«L'absorption fixe du fou»* BARBEY. ▪ CONTR. Élimination, 2 rejet.

ABSORPTIVITÉ [apsɔʀptivite] **n. f.** – 1834 ◊ de *absorptif* «absorbant» (1832), d'après le latin *absorptio* ▪ PHYS., CHIM. Pouvoir d'absorption d'une substance, d'un corps.

ABSOUDRE [apsudʀ] **v. tr.** ‹51› – *absols* Xe ◊ latin ecclésiastique *absolvere* ▪ **1** LITURG. CATHOL. Remettre les péchés de (qqn), donner l'absolution à (qqn). *Absoudre un pécheur.* ▪ **2** Pardonner à (qqn), excuser. ➤ **disculper.** *Il l'a absous /absout/, il l'a absoute.* ABSOLT *«Pendant que la bouche accuse, le cœur absout»* MUSSET. ▪ **3** DR. Renvoyer de l'accusation (un coupable dont la faute n'est pas punie par la loi). ▪ CONTR. Condamner.

ABSOUTE [apsut] **n. f.** – *absolte* 1319 ◊ de *absoudre* ▪ LITURG. CATHOL. ▪ **1** Prières prononcées autour du cercueil, après l'office des morts. *Dire, célébrer, donner l'absoute.* ▪ **2** Absolution publique, le jeudi saint.

ABSTÈME [apstɛm] **adj.** et **n.** – 1596 ◊ latin *abstemius* ▪ **1** DR. CAN. Qui, par répugnance naturelle, ne peut communier au vin. ▪ **2** DIDACT. Qui s'abstient de boire de l'alcool. ➤ **abstinent, sobre. n.** *Les abstèmes musulmans, hindous.*

ABSTENIR (S') [apstəniʀ] **v. pron.** ‹22› – *abstenir* XIVe ; *astenir* 1050 ◊ latin *abstinere* «tenir éloigné», refait d'après *tenir* ▪ **1** *S'abstenir de faire :* ne pas faire, volontairement. ➤ **s'empêcher, éviter,** se **garder, s'interdire.** *Il s'est abstenu de répondre.* ➤ se **refuser.** *S'abstenir de manger* (➤ **abstinence**). *On ne peut s'abstenir de juger.* ➤ **se dispenser.** *Nous nous en sommes abstenus.* ▪ **2** ABSOLT *S'abstenir :* ne pas agir, ne rien faire. *«Il est vain d'agir ou de s'abstenir»* FRANCE. PROV. *Dans le doute abstiens-toi.* ◆ SPÉCIALT Ne pas voter. *De nombreux électeurs se sont abstenus* (➤ **abstention**). ▪ **3** *S'abstenir d'une chose,* s'en passer volontairement ou s'abstenir de la faire. *Elle s'abstient totalement d'alcool.* ➤ se **priver, renoncer** (à). *Le ministre s'abstient de tout commentaire.* ▪ CONTR. Intervenir, prendre (part).

ABSTENTION [apstɑ̃sjɔ̃] **n. f.** – v. 1840 ; *astension* «abstinence» 1160 ◊ latin *abstentio* «action de retenir» ▪ Action de s'abstenir de faire qqch. *L'abstention de qqn dans une affaire, en matière de... «L'abstention de l'État en tout ce qui n'est pas intérêt social immédiat»* RENAN. ➤ **neutralité, non-intervention.** — SPÉCIALT Le fait de ne pas se prononcer, de ne pas voter. ➤ **abstentionnisme.** PAR EXT. Absence de vote d'un électeur. *Il y a eu quarante pour cent d'abstentions aux élections cantonales. La motion a été adoptée par vingt voix et deux abstentions.* ▪ CONTR. 1 Action, intervention.

ABSTENTIONNISME [apstɑ̃sjɔnism] **n. m.** – 1870 ◊ de *abstention* ▪ Attitude des personnes qui refusent de voter, ou ne votent pas. *Lutte de l'État contre l'abstentionnisme.*

ABSTENTIONNISTE [apstɑ̃sjɔnist] **n.** – 1853 ◊ de *abstention* ▪ Partisan de l'abstention dans un vote ; personne qui ne vote pas. *Un grand nombre d'abstentionnistes.* — **adj.** *Électeur abstentionniste.* ▪ CONTR. Votant.

ABSTINENCE [apstinɑ̃s] **n. f.** – *austinance* 1050 ◊ latin *abstinentia* ▪ **1** Privation volontaire de certains aliments (par ex., viande) ou boissons (alcool), pour une raison religieuse ou médicale. *Faire abstinence le vendredi.* ➤ 1 **maigre.** ▪ **2** LITTÉR. ➤ **sobriété** (1°), **tempérance.** *Vivre dans l'abstinence de tous les plaisirs.* ▪ **3** EUPHÉM. Continence. ➤ **chasteté.**

ABSTINENT, ENTE [apstinɑ̃, ɑ̃t] **adj.** – 1170 ◊ latin *abstinens* ▪ **1** Qui observe les abstinences de sa religion. ▪ **2** Qui boit et mange avec modération. — Qui s'abstient volontairement d'alcool. ➤ **abstème.** ▪ **3** EUPHÉM. Continent. ➤ **chaste.**

ABSTRACT [apstʀakt] **n. m.** – 1939 ◊ mot anglais ▪ ANGLIC. Résumé d'un texte scientifique ou technique. *Les abstracts d'un congrès.* — Recomm. offic. *résumé.*

ABSTRACTEUR, TRICE [apstʀaktœʀ, tʀis] **n.** – 1532 ◊ bas latin *abstractor* «qui sépare» ▪ **1 n. m.** ANCIENNT **ABSTRACTEUR DE QUINTESSENCE :** alchimiste qui extrayait la partie la plus subtile d'un corps. ▪ **2** FIG. Personne qui subtilise à l'excès. *«Les philosophes eux-mêmes, les abstracteurs de quintessence»* MICHELET.

ABSTRACTIF, IVE [apstʀaktif, iv] **adj.** – 1747 ; «abstrait» 1510 ◊ latin *abstractivus* ▪ Qui abstrait, sert à former des idées abstraites. *«Il n'avait sûrement pas assez de culture historique, ou de subtilité intellectuelle, ou de finesse abstractive»* ABELLIO.

ABSTRACTION [apstʀaksjɔ̃] **n. f.** – 1361 «séparation, isolement» ◊ bas latin *abstractio* ▪ **1** VX Action de séparer, d'isoler. — MOD. **FAIRE ABSTRACTION DE :** écarter par la pensée, ne pas tenir compte de. ➤ 1 **écarter, négliger.** *«Le principe essentiel de la science, c'est de faire abstraction du surnaturel»* RENAN. *Abstraction faite de son âge,* compte non tenu de. ▪ **2** PHILOS. Fait de considérer à part un élément (qualité ou relation) d'une représentation ou d'une notion, en portant spécialement l'attention sur lui et en négligeant les autres. *L'homme est capable d'abstraction et de généralisation. Pouvoir, faculté d'abstraction.* ◆ *Une, des abstractions.* Résultat de cette opération, qualité ou relation isolée par l'esprit. ➤ **aussi notion.** *La couleur, la forme sont des abstractions.* ▪ **3** COUR. *Une, des abstractions.* Idée abstraite (**opposé à** ***représentation concrète,*** **à** ***réalité vécue***). *La vieillesse est encore pour elle une abstraction. La langue est une abstraction.* ➤ **concept.** *«L'homme a une telle facilité à s'évader en des abstractions nobles et fausses»* MAUROIS. ➤ **chimère, entité.** ▪ **4** (v. 1930) Technique artistique de l'art abstrait*. *Abstraction géométrique.* — Œuvre d'art réalisée selon cette technique. *«mes marines, mes natures mortes, mes abstractions sur les thèmes bibliques»* J.-P. AMETTE. ▪ CONTR. Réalité.

ABSTRAIRE [apstʀɛʀ] **v. tr.** ‹50› – XIVe «enlever» ◊ latin *abstrahere* ▪ **1** Considérer par abstraction (un caractère, une qualité) en séparant, en isolant. *«la science isole ce qu'elle étudie ; et elle l'abstrait pour en retirer le générique»* CAILLOIS. ABSOLT *Il faut abstraire pour généraliser.* ▪ **2** **S'ABSTRAIRE v. pron.** S'isoler mentalement du milieu extérieur pour mieux réfléchir. *Il arrive à s'abstraire complètement au milieu de cette agitation.*

ABSTRAIT, AITE [apstʀɛ, ɛt] **adj.** et **n. m.** – *abstract* 1372 ◊ latin *abstractus* ▪ **1** Se dit d'une notion de qualité ou de relation considérée par abstraction. *La blancheur est une idée abstraite.* — Qui n'existe que sous forme d'idée. *La richesse, pour elle, c'est bien abstrait.* ◆ MATH. *Mesure abstraite,* mesure sur un ensemble. ▪ **2** Qui use d'abstractions, opère sur des qualités et des relations et non sur la réalité. *Pensée abstraite. Sciences abstraites* (mathématiques, logique, métaphysique, etc.). ➤ **pur.** ▪ **3** PAR EXT. Qui est difficile à comprendre, à cause des abstractions, par le manque de représentations du monde sensible. *Un texte,* PAR EXT. *un auteur trop abstrait.* ➤ **abscons, abstrus.** ▪ **4** (1932) ARTS Qui ne représente pas le monde sensible (réel ou imaginaire) ; qui utilise la matière, la ligne et la couleur pour elles-mêmes. *Art abstrait. Peinture, toile abstraite. Peintre abstrait.* ➤ **non-figuratif.** ▪ **5 n. m.** Ce qui est abstrait. ➤ **abstraction.** *Aller du concret vers l'abstrait.* ◆ **DANS L'ABSTRAIT :** sans référence à la réalité concrète. ➤ **abstraitement.** *Parler dans l'abstrait. Tout cela est bien joli dans l'abstrait !* ◆ *L'abstrait :* l'art abstrait. *Aimer l'abstrait.* — *Un abstrait :* un peintre (homme ou femme) abstrait. *Les abstraits et les surréalistes.* ▪ CONTR. Concret, 1 positif, réel. Figuratif.

ABSTRAITEMENT [apstʀɛtmɑ̃] **adv.** – *abstractement* 1579 ◇ de *abstrait* ▪ **1** D'une manière abstraite. *S'exprimer trop abstraitement.* ▪ **2** Dans l'abstrait. *Parler des femmes en général et abstraitement.* ▪ CONTR. Concrètement.

ABSTRUS, USE [apstʀy, yz] **adj.** – 1327 ◇ latin *abstrusus*, de *abstrudere* «repousser» ▪ DIDACT. Qui est difficile à comprendre. ➤ **abscons, abstrait, obscur.** *Théorie abstruse.* ▪ CONTR. Clair.

ABSURDE [apsyʀd] **adj.** et **n. m.** – *absorde* XIIe ◇ latin *absurdus* «discordant», de *surdus* «sourd» ▪ **1** Contraire à la raison, au sens commun. ➤ **déraisonnable, extravagant, inepte, insensé, saugrenu, stupide.** *C'est une idée absurde. «Il est dans la nature humaine de penser sagement et d'agir d'une façon absurde»* FRANCE. — IMPERS. *Il est absurde de penser que cela changera.* — PAR EXT. Inopiné et qui contrarie les intentions de qqn. *«Un absurde contre-temps»* GIDE. ➤ **ridicule.** — (PERSONNES) *Vous êtes absurde !* vous dites des absurdités. ➤ **déraisonnable, fou*.** ▪ **2** LOG. Qui viole les règles de la logique. *«Un raisonnement absurde est un raisonnement formellement faux»* LALANDE. — **n. m.** Ce qui est faux pour des raisons logiques. *Raisonnement, démonstration par l'absurde,* en prouvant que si on n'admet pas la proposition à démontrer on aboutit à des conséquences absurdes. ▪ **3** (répandu par A. Camus) Dont l'existence ne paraît justifiée par aucune fin dernière. *«On ne se suicide pas parce que la vie est absurde, ou parce qu'on est abandonné. Ces raisons-là viennent après»* LE CLÉZIO. — **n. m.** *L'absurde :* l'absurdité de la condition et de l'existence humaines. *Philosophie de l'absurde. «L'absurde est la notion essentielle et la première vérité»* CAMUS. ▪ CONTR. Fondé, raisonnable, sage, sensé. 2 Logique.

ABSURDEMENT [apsyʀdəmɑ̃] **adv.** – 1549 ◇ de *absurde* ▪ D'une manière absurde. *Il s'est absurdement conduit.*

ABSURDITÉ [apsyʀdite] **n. f.** – 1375 ◇ bas latin *absurditas* ▪ **1** Caractère absurde. *L'absurdité de sa conduite, d'un raisonnement.* PHILOS. *L'absurdité de l'existence.* ▪ **2** Chose absurde. ➤ **bêtise*, ineptie, non-sens, stupidité.** *Ce refus est une absurdité. Dire des absurdités.* ▪ CONTR. Bien-fondé, sagesse. 1 Sens.

ABUS [aby] **n. m.** – 1361 ◇ latin *abusus* «mauvais usage» ▪ **1** Action d'abuser d'une chose ; usage mauvais, excessif ou injuste. *L'abus d'alcool.* ➤ **excès.** *Chose nuisible par l'abus qu'on en fait.* DR. *Abus d'autorité, de pouvoir :* acte d'un fonctionnaire qui outrepasse le pouvoir qui lui a été confié. *Abus de droit :* usage abusif d'un droit. *Abus de position dominante*. Abus de biens sociaux.* ➤ **détournement.** *Abus de confiance :* délit que l'on commet en abusant de la confiance de qqn. *Abus de faiblesse*.* — (anglais *sexual abuse*) *Abus sexuels sur les enfants,* sévices, violences. ◆ LOC. FAM. *Il y a de l'abus,* de l'exagération ; les choses vont trop loin. ▪ **2** ABSOLT Cet usage, lorsqu'il s'est établi dans une société ; coutume mauvaise. *Tolérer un abus. Réformer un abus. Les abus et les désordres sociaux.* ➤ **injustice.**

ABUSER [abyze] **v. tr.** ⟨1⟩ – 1312 ◇ latin médiéval °*abusare*

I v. tr. ind. User mal, avec excès. *User d'une chose sans en abuser* (cf. Dépasser la mesure). *Abuser de l'alcool. Abuser de son autorité, de son pouvoir.* ➤ **outrepasser.** *Abuser de la patience de qqn. «Il faut toujours abuser de sa liberté»* ÉLUARD. — ABSOLT (FAM.) *Téléphoner à trois heures du matin, vraiment il abuse !* ➤ **exagérer,** RÉGION. **ambitionner.** LOC. *C'est abuser :* il y a de l'abus. *Dix euros pour un café, c'est abuser !* ◆ *Abuser d'une personne,* la posséder quand elle n'est pas en situation de refuser ; PAR EUPHÉM. la violer. *Il abusait de sa belle-fille.*

II PAR EXT. **v. tr. dir.** Tromper (qqn) en abusant de sa crédulité. ➤ **berner, duper*, leurrer.** *Chercher à abuser qqn. La ressemblance vous abuse. Se laisser abuser.* ◆ **S'ABUSER v. pron.** Se tromper, se méprendre. *«Je commençais à croire que je m'étais abusé»* SAINTE-BEUVE. LOC. *Si je ne m'abuse :* sauf erreur. *C'était hier, si je ne m'abuse.*

▪ CONTR. Détromper.

ABUSEUR, EUSE [abyzœʀ, øz] **n.** et **adj.** – début XIVe ◇ de *abuser* ▪ Personne qui abuse. — SPÉCIALT (1977) Personne qui abuse sexuellement d'un enfant. **adj.** *Père abuseur.*

ABUSIF, IVE [abyzif, iv] **adj.** – 1361 ◇ bas latin *abusivus* ▪ **1** Qui constitue un abus. *L'usage abusif d'un médicament.* ➤ **excessif, immodéré, mauvais.** *Emploi abusif d'un mot :* emploi d'un mot dans un sens qu'il n'a pas. ▪ **2** Qui abuse de son pouvoir. ➤ **possessif.** *Mère abusive, père abusif,* qui maintient son enfant dans une trop grande dépendance affective. *Veuve abusive,* qui exploite la notoriété du défunt à son profit.

ABUSIVEMENT [abyzivmɑ̃] **adv.** – 1495 ◇ de *abusif* ▪ D'une manière abusive. *Mot employé abusivement,* dans un sens qu'il n'a pas.

ABYME ➤ **ABÎME**

ABYSSAL, ALE, AUX [abisal, o] **adj.** – 1885 ; «dont l'immensité est insondable» théol. 1521 ◇ du latin *abyssus* «abîme» ▪ **1** GÉOGR. Des grandes profondeurs, qui a rapport aux abysses. ➤ **hadal.** *Fosses* abyssales. Faune abyssale.* ➤ **pélagique.** ▪ **2** LITTÉR. D'une profondeur, d'une ampleur insondable. *Un malentendu abyssal. Déficit abyssal. «un corsage rouge au décolleté abyssal»* Y. HAENEL.

ABYSSE [abis] **n. m.** – attesté 1890 ◇ latin *abyssus* «abîme», du grec *abussos* «sans fond» → abîme ▪ GÉOGR. Grande profondeur du relief sous-marin, fosse sous-marine. *La topographie des abysses. Un abysse de 5 000 m.* — FIG. et LITTÉR. Abîme ; couche profonde de la personnalité.

ABYSSIN, INE [abisɛ̃, in] **adj.** et **n.** – 1704 ◇ de *Abyssinie* ▪ **1** De l'Abyssinie. *Massif abyssin.* ➤ **abyssinien.** — **n.** *Les Abyssins :* les habitants de l'Abyssinie. ▪ **2** *Chat abyssin :* chat à tête triangulaire, au pelage fauve et au corps svelte. — **n. m.** *Un abyssin.*

ABYSSINIEN, IENNE [abisinjɛ̃, jɛn] **adj.** et **n.** – 1796 ◇ de *Abyssinie* ▪ Abyssin (1°).

ABZYME [abzim] **n. f.** – 1986 ◇ mot anglais, de *a(nti)b(ody)* «anticorps» et *(en)zyme* ▪ BIOCHIM. Anticorps doué d'activité catalytique, comme une enzyme.

ACABIT [akabi] **n. m.** – 1650, dans *de bon acabit* «de bonne qualité», en parlant d'objets ◇ mot d'origine inconnue. L'occitan *acabir* «achever» n'explique pas le passage du sens d'«achevé» à celui de «de bonne qualité». REM. *Acabie* n. f. «sorte, espèce» est employé jusqu'au XVIIIe s. ▪ **1** VX Manière d'être (**dans des loc. :** *de quel acabit ; de bon acabit*). ▪ **2** LOC. MOD. **(souvent péj.)** *De cet acabit ; de, du même acabit :* de cette, de même nature (cf. De la même farine). *Le reste est du même acabit.*

ACACIA [akasja] **n. m.** – 1553 ; *acacie* XIVe ◇ latin *acacia*, du grec ▪ **1** BOT. Arbre à feuilles divisées en folioles, à fleurs jaunes, dont certaines espèces produisent la gomme arabique. *Le mimosa* est un acacia* (cf. Bois d'amourette*). ▪ **2** COUR. Arbre à feuilles composées *(papilionacées),* à fleurs blanches ou jaunes en grappes, appelé scientifiquement *robinier** ou *faux acacia. «L'acacia de la cour, revêtu d'une immense dentelle de fleurs blanches»* GREEN. *Miel d'acacia.*

ACADÉMICIEN, IENNE [akademisjɛ̃, jɛn] **n.** – 1555 ; fém. 1648 ◇ latin *academicus* → académie ▪ **1 n. m.** ANTIQ. Disciple de Platon. ➤ **platonicien.** ▪ **2** COUR. Membre de l'Académie française. ➤ **immortel.** *Épée, habit vert d'académicien. Marguerite Yourcenar, première académicienne* (1980). — Membre d'une société (artistique, littéraire, scientifique) appelée *académie. Les académiciens Goncourt. Colette était académicienne de l'Académie royale de Belgique.*

ACADÉMIE [akademi] **n. f.** – v. 1535 ◇ de l'italien *accademia*, emprunté au grec *Akadêmia* «jardin d'*Akadêmos* [héros grec]» où enseignait Platon, par le latin

I ▪ **1** Société de gens de lettres, savants, artistes. *Académie de musique, de médecine. L'Académie des sciences de Berlin.* ◆ ABSOLT **L'ACADÉMIE :** *l'Académie française,* fondée par Richelieu en 1635. *Les membres de l'Académie* (les quarante). ➤ **académicien, immortel.** *Siège de l'Académie.* ➤ **fauteuil.** *Être reçu à l'Académie* (cf. Sous la coupole). *Être élu à l'Académie. Le secrétaire perpétuel de l'Académie. Dictionnaire de l'Académie. Avec les Académies des beaux-arts, des inscriptions et belles-lettres, des sciences, des sciences morales et* *politiques, l'Académie française forme l'Institut* de France.* ▪ **2** (XVIe) École supérieure. *Les académies d'équitation.* ◆ MOD. *Académie de dessin, d'architecture.* ▪ **3** LOC. *Académie de billard :* établissement privé, salle de jeu réservée exclusivement à la pratique du billard. ▪ **4** (1808) Circonscription de l'enseignement. *Les facultés de l'académie de Paris, de Strasbourg. Le recteur de l'académie de Nancy. Inspecteur d'académie.*

II (de I, 2° : *académie de dessin, de peinture*) Exercice de peinture, de dessin où l'on travaille d'après le modèle nu ; ce modèle. ➤ 1 **nu.** *Les « meilleurs morceaux d'académie que Rubens a peints »* FROMENTIN. — FAM. et VIEILLI Aspect du corps nu. *Elle a une superbe académie.*

ACADÉMIQUE [akademik] **adj.** – XVIe ; titre en 1361 ◊ latin *academicus,* de *academia* ▪ **1** ANTIQ. De l'école platonicienne. ➤ **académicien** (I°). ▪ **2** D'une Académie (I°) ; SPÉCIALT de l'Académie française. *Fauteuil, réception, discours académique.* ▪ **3** (1839) Qui suit étroitement les règles conventionnelles, avec froideur ou prétention. ➤ **compassé, conventionnel.** *Un poète académique. Style académique.* — (En art) *Peinture académique.* ➤ **académisme.** ▪ **4** (En France) Qui a rapport à l'administration de l'académie (enseignement). *Inspection académique. Palmes académiques :* distinction honorifique qui récompense des services rendus au sein de l'Université ; décoration qui y correspond. — (Belgique, Luxembourg, Canada, Suisse) *Année académique :* année universitaire. (Belgique) *Liberté académique,* dont jouissent les enseignants universitaires dans leurs activités d'enseignement et de recherche. *Le quart d'heure académique :* le quart d'heure de grâce (toléré avant le début d'un cours, d'une réunion). — **adv. ACADÉMIQUEMENT,** 1570. ▪ CONTR. Naturel, spontané.

ACADÉMISABLE [akademizabl] **adj.** – 1890 ◊ d'après *Académie* ▪ Susceptible d'entrer à l'Académie française.

ACADÉMISME [akademism] **n. m.** – 1876 ◊ de *académique* ▪ Observation étroite des traditions académiques ; classicisme étroit. *On a parfois accusé Ingres d'académisme, sans comprendre son originalité profonde.*

ACADIANISME [akadjanism] **n. m.** – 1909 ◊ de *Acadie* ▪ Fait de langue propre au français parlé en Acadie.

ACADIEN, IENNE [akadjɛ̃, jɛn] **adj.** et **n.** – 1842 ◊ de *Acadie,* région orientale du Canada français ▪ **1** D'Acadie, qui concerne l'Acadie. *Antonine Maillet, romancière acadienne.* **n.** *Les Acadiens exilés en Louisiane.* ➤ **cajun.** ◆ **n. m.** Variante du français canadien parlé en Acadie (parfois en Louisiane. ➤ **cajun**). ➤ **chiac.** ▪ **2** (1960) GÉOL. *La phase acadienne :* phase tectonique du carbonifère. — **n. m.** *L'acadien.* ➤ **cambrien.** ▪ HOM. Akkadien.

AÇAÏ [asaj] **n. m.** – 1949 ◊ mot portugais d'origine tupie « arbre qui pleure » ▪ Espèce de palmier d'Amérique du Sud. *Baie d'açaï :* fruit rond, bleu foncé comme la myrtille, apprécié pour ses propriétés antioxydantes. ▪ HOM. Assai.

ACAJOU [akaʒu] **n. m.** – *acaïou* 1558 ◊ mot tupi du Brésil « anacardier », confondu en français avec l'*acajatinga* (*acajoucantin* 1645) ▪ Arbre des régions tropicales *(méliacées),* dont le bois rougeâtre et facile à polir est utilisé en ébénisterie et en marqueterie. *Acajou d'Amérique :* arbre de l'espèce *swietenia* dont le bois est très dur ; ce bois. *Acajou de Cayenne* (cf. Bois d'amarante*). *Acajou africain :* arbre d'une espèce voisine *(khaya)* dont le bois est d'utilisation courante. — ADJT INV. D'une couleur brun rougeâtre. *Des cheveux acajou.*

ACALÈPHES [akalɛf] **n. m. pl.** – 1839 ◊ grec *akalêphê* « ortie de mer » ▪ Classe d'invertébrés marins *(cnidaires),* comprenant de grandes méduses *(scyphozoaires).* — Sing. *Un acalèphe.*

ACALORIQUE [akalɔrik] **adj.** – 1976 ◊ de 2 *a-* et *calorique* ▪ Qui n'apporte pas de calories (à un organisme). *Édulcorant acalorique.*

ACANTHE [akɑ̃t] **n. f.** – *achante* 1509 ◊ latin *acanthus,* du grec *akantha* « épine » ▪ **1** Plante à feuilles très découpées *(acanthacées),* dont une espèce ornementale est appelée *patte d'ours.* ▪ **2** (XVIe) *Acanthe* ou *feuille d'acanthe :* ornement architectural. *Les feuilles d'acanthe des chapiteaux corinthiens.*

ACANTHOCÉPHALES [akɑ̃tosefal] **n. m. pl.** – 1839 ◊ du grec *akantha* « épine » et de *-céphale* ▪ ZOOL. Embranchement de vers nématodes qui, à l'état larvaire, sont parasites des insectes, des crustacés et des petits mammifères et, à l'état adulte, du tube digestif des animaux (surtout porc) et des humains. — Au sing. *Un acanthocéphale.*

ACANTHOPTÉRYGIENS [akɑ̃topteriʒjɛ̃] **n. m. pl.** – 1808 ◊ grec *akantha* « épine » et *pterux* « aile, nageoire » ▪ VIEILLI Ordre de poissons osseux, à nageoire dorsale épineuse, comprenant des milliers d'espèces *(téléostéens).* ➤ **dorade,** 1 **maquereau,** 1 **perche.** Au sing. *Un acanthoptérygien.* — **adj.** *Poisson acanthoptérygien.*

A CAPPELLA ou **A CAPELLA** [akapela ; akapɛlla] **loc. adj.** et **loc. adv.** /À CAPELLA/ – 1859 ◊ italien « à chapelle » ▪ MUS. Sans accompagnement d'instruments. *Chœur a cappella. Chanter a cappella.*

ACARIÂTRE [akaʀjɑtʀ] **adj.** – 1524 ◊ probablement de saint *Acharius,* évêque de Noyon (VIIe), qui passait pour guérir la folie, le sens premier du mot étant en effet « fou » ou « qui rend fou » (fin XVe). Le sens actuel a subi l'influence du latin *acer* « âpre, rude » → aigre et âcre ▪ D'un caractère désagréable, difficile*. ➤ **acerbe, acrimonieux, agressif, aigre, atrabilaire, grincheux, hargneux, insociable, querelleur,** VIEILLI **quinteux, revêche.** *Un vieillard hypocondriaque et acariâtre. « Une femme bruyante et acariâtre, qui le traitait de fainéant ou de fou »* R. ROLLAND. ➤ **chameau, chipie,** 1 **chouette, furie, mégère, pie-grièche.** — *Humeur acariâtre.*

ACARICIDE [akaʀisid] **n. m.** et **adj.** – v. 1970 ◊ de *acari(en)* et *-cide* ▪ Produit utilisé pour détruire les acariens.

ACARIENS [akaʀjɛ̃] **n. m. pl.** – 1842 ; *acarides* n. f. pl. 1832 ◊ de *acarus* ▪ Ordre de très petits arachnides, souvent parasites et pathogènes. ➤ **acarus, aoûtat, araignée** (rouge), **démodex, sarcopte, tique, trombidion.** *Destruction des acariens* (➤ **acaricide**). — Au sing. *Un acarien, présent dans la poussière d'appartement, est responsable d'un type d'asthme allergique.*

ACARUS [akaʀys] **n. m.** – 1808 ; *acare* 1752 ◊ latin des zoologistes, du grec *akari* « ciron » ▪ ZOOL. Parasite de l'ordre des acariens. *Acarus de la gale.* ➤ **sarcopte.** *Des acarus.*

ACATHISIE ou **AKATHISIE** [akatizi] **n. f.** – 1902 ◊ de 2 *a-* et du grec *kathisis* « action de s'asseoir » ▪ MÉD. Impossibilité de rester immobile, liée à certaines lésions cérébrales ou d'origine maniaque. REM. On trouve parfois *acathésie.* — **adj. ACATHISIQUE.** *Malade acathisique.*

ACAULE [akol] **adj.** – 1783 ◊ grec *akaulos,* de *a-* (cf. 2 *a-*) et *kaulos* « tige » ▪ BOT. Sans tige (I°) apparente. *Le pissenlit, plante acaule.*

ACCABLANT, ANTE [akablɑ̃, ɑ̃t] **adj.** – fin XVIIe ◊ de *accabler* ▪ **1** Qui pèse lourdement et fatigue. *Un poids accablant.* ➤ **écrasant, lourd.** *Une chaleur accablante.* ➤ **pénible.** ▪ **2** Qui accable psychologiquement. *Témoignage accablant.* ➤ **accusateur.** *« Tout événement a deux aspects, toujours accablant si l'on veut, toujours réconfortant et consolant si l'on veut »* ALAIN. ▪ CONTR. Doux, léger ; consolant.

ACCABLEMENT [akabləmɑ̃] **n. m.** – 1556 « écrasement » ◊ de *accabler* ▪ **1** Action d'accabler. FIG. LITTÉR. *« L'Écriture fournit Bossuet de textes impitoyables pour l'accablement des pécheurs »* MAURIAC. — VX Charge excessive. ▪ **2** (1636) État d'une personne qui supporte une situation très pénible. ➤ **abattement.** *Accablement physique ; moral.*

ACCABLER [akable] **v. tr.** ⟨1⟩ – début XIVe, aussi « abattre (des arbres) » ◊ de 1 *a-* et de l'ancien français *chabler* « gauler (les noix) » (→ 1 chablis), aussi *cabler* « abattre (du vent) » en ancien normand. *Chabler, cabler,* dérivés de *caable* « catapulte » (fin XIe), remontent au grec *katabolê* « lancement ». ▪ **1** VX ou LITTÉR. Écraser ou faire plier sous un poids. ➤ 2 **terrasser.** *Être accablé sous une charge.* ▪ **2** VX Abattre, achever (un adversaire). *Accabler l'ennemi sous le nombre.* ▪ **3** (XVIIe) Faire supporter une chose pénible, dangereuse à. *Accabler les contribuables d'impôts.* ➤ **écraser.** *Accabler la population d'exactions.* ➤ **opprimer.** *Il nous accable de travail.* ➤ **surcharger.** — (Sujet chose) *La fatigue qui l'accable. Accablé de fatigue. Le chagrin dont elle est accablée. « Cette horrible peur l'obsédait, l'accablait, la talonnait »* R. ROLLAND. *Ce témoignage l'accable.* ➤ **accuser.** ▪ **4** (1651) *Accabler (qqn) de :* faire subir. *Accabler d'injures, de reproches.* ➤ **abreuver, agonir.** *« Il les accabla de sa colère et de son mépris »* FRANCE. ▪ **5** (1640) Combler. *Accabler de bienfaits, de cadeaux.* IRON. *Il nous accable de ses prévenances, de ses conseils.* ➤ **bombarder, excéder, fatiguer.** ▪ CONTR. Soulager ; décharger, libérer, réconforter.

ACCALMIE [akalmi] **n. f.** – 1783 ◊ de l'ancien français *accalmir,* dérivé de *calme* ▪ **1** MAR. Calme passager de la mer ; arrêt du vent. ➤ **bonace, embellie.** ◆ PAR EXT. Arrêt de la pluie. *Profiter d'une accalmie pour sortir.* ▪ **2** (1866) Calme, repos qui survient après l'agitation. ➤ **apaisement, paix, tranquillité.** *Période, moment d'accalmie.* ➤ **trêve.** *« Rien ne m'effraye plus que la* *fausse accalmie d'un visage qui dort»* COCTEAU. ■ CONTR. Tempête. Agitation, crise, reprise.

ACCAPARANT, ANTE [akapaʀɑ̃, ɑ̃t] adj. – fin XIXe ◊ p. prés. de *accaparer* ■ 1 Qui veut garder pour soi seul (une personne, l'attention de cette personne). ➤ **envahissant, exclusif, exigeant.** *Un enfant accaparant.* ■ 2 Qui occupe entièrement le temps (de qqn). *Un travail accaparant.* ➤ **chronophage.**

ACCAPAREMENT [akapaʀmɑ̃] n. m. – 1751 écon. ◊ de *accaparer* ■ 1 Le fait d'accaparer (1°). ➤ **monopolisation.** ■ 2 Le fait de prendre pour soi seul. *Cette répugnance «à toute possession particulière, à tout accaparement»* GIDE.

ACCAPARER [akapaʀe] v. tr. ⟨1⟩ – 1669 ◊ du sens de «accumuler des biens à des fins spéculatives» (1562 à Bordeaux), de l'occitan *accapara*, de *caparra* «arrhes», emprunté à l'italien, mot à mot «début (*capo*) de paiement (*arra*)», du latin *arrha* → arrhes ■ 1 ÉCON. Acheter ou retenir (une valeur, une marchandise) afin de la rendre rare et d'en faire monter le prix. ➤ **s'emparer, monopoliser, truster ; spéculer.** *Accaparer un marché.* ■ 2 Prendre, retenir en entier. *Accaparer le pouvoir, les charges, les honneurs.* — *Se laisser accaparer par son travail.* ➤ **dévorer ;** FAM. **bouffer.** — FAM. Occuper indûment. *Elle accapare la salle de bains pendant des heures.* ■ 3 *Accaparer qqn,* le retenir. *Cet invité a accaparé la maîtresse de maison.* — (Belgique) *S'accaparer (qqn, qqch.* ou *de qqn, de qqch.)* : retenir indûment. ■ CONTR. Distribuer, partager.

ACCAPAREUR, EUSE [akapaʀœʀ, øz] n. – XVIIIe ◊ de *accaparer* ■ 1 Personne qui accapare. ➤ **monopolisateur ; spéculateur.** ■ 2 adj. FIG. Qui cherche à retenir (qqn). *«Son insistance accapareuse»* C. SIMON.

ACCASTILLAGE [akastijaʒ] n. m. – 1678 ◊ de *accastiller* ■ MAR. ■ 1 VX Partie du navire qui reste hors de l'eau, composée des châteaux d'avant et d'arrière. ■ 2 MOD. Ensemble des aménagements et appareils utilisés sur les superstructures des bateaux ; quincaillerie marine. *Accastillage en inox.*

ACCASTILLER [akastije] v. tr. ⟨1⟩ – 1678 ◊ espagnol *accastillar,* de *castillo* «château» ■ MAR. Mettre en place l'accastillage de (un navire), sur le pont supérieur.

ACCÉDANT, ANTE [aksedɑ̃, ɑ̃t] n. – v. 1980 ◊ de *accéder* ■ *Accédant à la propriété* : personne qui devient propriétaire (d'une habitation). ➤ aussi **primoaccédant.** — ABSOLT *Les accédants.*

ACCÉDER [aksede] v. tr. ind. ⟨6⟩ – XIIIe ◊ latin *accedere* ■ 1 Avoir accès dans un lieu, pouvoir y pénétrer. *On accède au grenier par une échelle.* — FIG. ➤ **arriver, atteindre, parvenir.** *Accéder au trône.* *«Connaître c'est accéder à la vision»* SAINT-EXUPÉRY. *Accéder à un emploi. Accéder à la propriété :* devenir propriétaire (d'une habitation) (➤ **accédant**). ■ 2 (XVIIIe) VX Se joindre à (qqn), dans un engagement. *Accéder à un traité.* ◆ MOD. Accepter, donner son consentement à. ➤ **acquiescer, consentir, souscrire.** *Accéder aux prières, aux vœux, aux désirs de qqn.* ➤ se **rendre.**

ACCÉLÉRANDO [akseleʀɑ̃do] adv. – 1907 ◊ italien *accelerando* ■ MUS. En pressant le mouvement. *Finir accélérando.* — SUBST. *Des accélérandos.* — On écrit aussi *accelerando.*

ACCÉLÉRATEUR, TRICE [akseleʀatœʀ, tʀis] adj. et n. m. – *muscle accélérateur* 1611 ◊ de *accélérer*

I adj. Qui accélère. *Force accélératrice.* ➤ **accélération.**

II n. m. ■ 1 Organe qui commande l'admission du mélange gazeux au moteur (l'admission accrue augmente la vitesse). *Pédale d'accélérateur. Appuyer sur l'accélérateur,* sur la pédale d'accélérateur. ➤ FAM. **champignon.** *Lâcher l'accélérateur.* FAM. *Donner, mettre un coup d'accélérateur* ; FIG. stimuler, faire passer à un stade supérieur (cf. Passer à la vitesse* supérieure). *Donner un coup d'accélérateur à sa carrière.* ➤ 2 **booster.** ■ 2 BÂT. *Accélérateur (de prise)* : adjuvant que l'on mêle au mortier ou au béton pour en accélérer la prise. ■ 3 PHOTOGR. Substance qui accélère une réaction. ■ 4 (1953) PHYS. *Accélérateur (de particules)* : appareil qui communique des énergies très élevées à des particules chargées et à des ions. *Accélérateur linéaire, circulaire.* ➤ **bêtatron, bévatron, collisionneur, cyclotron.** ■ 5 AÉRONAUT. Dispositif d'accélération d'un engin spatial. ➤ 1 **booster** (ANGLIC.). ■ 6 INFORM. Logiciel qui accélère les performances. *Accélérateur graphique,* qui rend l'affichage plus rapide.

ACCÉLÉRATION [akseleʀasjɔ̃] n. f. – 1327 ◊ latin *acceleratio,* de *accelerare* ■ 1 COUR. Augmentation de vitesse. *L'accélération d'un mouvement. Cette voiture a des accélérations foudroyantes.* — FIG. Le fait d'aller plus vite. *L'accélération du pouls, de la respiration. L'accélération des travaux. L'accélération de l'histoire :* évènements et transformations qui se succèdent de plus en plus vite. ■ 2 PHYS. Variation de la vitesse en fonction du temps. *Accélération de la pesanteur. Le mètre par seconde carrée est l'unité de mesure d'accélération.* ◆ MATH. *Vecteur accélération :* vecteur dérivé, par rapport au temps, du vecteur vitesse d'un point sur une trajectoire. *Accélération négative.* ➤ **décélération.** ◆ ÉCON. *Principe d'accélération :* rapport quantitatif entre la production des articles finis et celle des moyens de production nécessaires correspondants. ■ CONTR. Ralentissement.

ACCÉLÉRÉ, ÉE [akseleʀe] adj. et n. m. – 1611 «hâté, pressé» ◊ de *accélérer* ■ 1 Rendu plus rapide qu'à l'ordinaire. *Rythme accéléré. Pas accéléré.* ➤ **redoublé.** SC. *Mouvement uniformément accéléré,* dont l'accélération* est constante. ■ 2 n. m. (1921) CIN. Procédé qui simule, à la projection, des mouvements accélérés. *Effets d'accéléré. Le film «passe en accéléré»* C. MAURIAC. ■ CONTR. Ralenti.

ACCÉLÉRER [akseleʀe] v. tr. ⟨6⟩ – 1327 ◊ latin *accelerare,* de *celer* «rapide» → célérité ■ 1 COUR. Rendre plus rapide. *Accélérer l'allure, le mouvement.* ➤ **hâter, presser.** — PRONOM. *Le pouls s'accélère.* ■ 2 FIG. Rendre plus prompt. ➤ **activer, avancer, presser.** *Il faut accélérer les travaux, l'exécution.* — Stimuler. *Accélérer sa carrière.* ➤ FAM. 2 **booster.** ■ 3 INTRANS. (1937) Augmenter la vitesse d'une voiture, la vitesse du moteur (même à l'arrêt). ➤ **accélérateur.** *Accélérez, changez de vitesse.* ■ CONTR. Modérer, ralentir, retarder. Décélérer, freiner.

ACCÉLÉRINE [akseleʀin] n. f. – après 1951 ◊ anglais *accelerin* ■ BIOCHIM. Facteur protéique qui stimule l'activation de la prothrombine, impliqué dans la coagulation sanguine.

ACCÉLÉROGRAPHE [akseleʀɔgʀaf] n. m. – 1873 ◊ de *accélérer* et *-graphe* ■ TECHN. Appareil permettant d'enregistrer graphiquement l'accélération d'un mouvement.

ACCÉLÉROMÈTRE [akseleʀɔmɛtʀ] n. m. – 1873 ◊ de *accélérer* et *-mètre* ■ TECHN. Appareil qui mesure les accélérations.

ACCENT [aksɑ̃] n. m. – 1265 ◊ latin *accentus*

I ■ 1 Augmentation d'intensité de la voix sur un son, dans la parole (*accent d'intensité* dit à tort *accent tonique,* les deux accents étant difficiles à distinguer en latin). — MUS. Mise en relief d'un point fort dans une ligne mélodique, soit par le renforcement d'intensité d'une note, soit par l'allongement de sa durée. ■ 2 Élévation de la voix sur un son *(accent de hauteur ; accent musical).* ➤ 2 **ton.** *L'accent d'intensité et l'accent de hauteur portent souvent sur la même syllabe.* — *Accent de phrase.* ■ 3 (1549) Signe graphique qui note un accent (langues anciennes ; espagnol, langues slaves, etc.). — Signe qui, placé sur une voyelle, la définit (en français). *E accent aigu* [aksɑ̃tegy] (é : fermé) ; *grave* (è : ouvert), *circonflexe* (ê : ouvert ; plus long à l'origine). — Signe diacritique analogue (à ; où). — Caractère typographique correspondant à un accent graphique.

II ■ 1 (1559) Ensemble des inflexions de la voix (timbre, intensité) permettant d'exprimer un sentiment, une émotion. ➤ **inflexion, intonation.** *«L'accent est l'âme du discours»* ROUSSEAU. *Un accent douloureux, plaintif. Un accent de sincérité, d'authenticité* (au fig. dans une œuvre). *«On ne disait pas encore "les affaires" avec l'accent spécial qu'on y met aujourd'hui»* DUHAMEL. ■ 2 LITTÉR. *Les accents :* sons expressifs. — De la parole, du chant. *«Ces accents pleins d'amour, de charme et de terreur»* MUSSET. *Les accents de sa voix.* — D'un instrument. *Les accents guerriers du clairon.* ➤ **voix.** ■ 3 FIG. Caractère personnel (du style). ➤ **manière, note.** ■ 4 PAR ANAL. Intensité plus forte d'une couleur, d'un trait. *Donner de l'accent.* ■ 5 LOC. FIG. **METTRE L'ACCENT SUR :** insister sur. ➤ **souligner.** *Il a mis l'accent sur les problèmes sociaux.*

III (1680) Ensemble des caractères phonétiques distinctifs d'une communauté linguistique considérés comme un écart par rapport à la norme (dans une langue donnée). *L'accent lorrain, du Midi, normand. Avoir l'accent italien, anglais (en français) ; l'accent français (en espagnol). «C'est ce qu'elle me dit en français, avec son accent de rocaille et de chant, cet accent italien des films qu'on aimait»* V. OLMI. *«La voix a le vieil accent parisien»* ROMAINS. *Accent faubourien,* accent populaire parisien. — ABSOLT Prononciation qui diffère de la norme et qui est rattachée à un fait géographique. *Avoir un léger accent. Perdre son accent.* SPÉCIALT L'accent du sud de la France (pour les locuteurs du Nord). *Parler avec l'accent* ([avelaksɑ̃]).

ACCENTUATION [aksɑ̃tɥasjɔ̃] **n. f.** – 1521 ◊ latin *accentuatio* ■ **1** Le fait de mettre l'accent (I). *Les règles de l'accentuation grecque, russe.* — Le fait de placer les signes appelés accents. *Fautes d'accentuation.* ■ **2** Le fait ou la manière de prononcer avec force ou expression. ■ **3** FIG. Le fait d'être accentué. *« Un visage qui semble mou, malgré l'accentuation de certains traits »* ROMAINS. ■ **4** ÉLECTRON. Modification des amplitudes relatives des composantes spectrales d'un signal. ➤ **désaccentuation, préaccentuation.**

ACCENTUÉ, ÉE [aksɑ̃tɥe] **adj.** – p. p. de *accentuer* ■ **1** Sur quoi porte l'accent. *Syllabe accentuée.* ■ **2** Fort, marqué. ➤ **prononcé.** *Une rivalité accentuée.* ■ **3** Muni d'un accent graphique. *E accentué.* ■ CONTR. Atone.

ACCENTUEL, ELLE [aksɑ̃tɥɛl] **adj.** – 1908 ; « accentué » 1621 ◊ du latin *accentus* → accent ■ LING. Qui porte, conserve l'accent d'intensité ou l'accent tonique. *Syllabe accentuelle.*

ACCENTUER [aksɑ̃tɥe] **v. tr.** ⟨1⟩ – 1511 « déclamer » ◊ latin *accentuare*, de *accentus* → accent

I ■ **1** Élever ou intensifier la voix sur (tel son, dans la parole). *Accentuer la voyelle finale, en français.* ■ **2** Tracer un accent sur (une lettre). *Accentuer un a.* — ABSOLT *Il ne sait pas accentuer correctement.*

II ■ **1** VIEILLI Prononcer avec expression, avec des accents. *« Accentuer avec justesse et sobriété »* MARMONTEL. ■ **2** MOD. Donner de l'intensité, de l'expression à ; faire ressortir, souligner. *« Son geste* [de Danton] *accentuait la puissance de sa voix »* BARTHOU. — (XXe) Donner un caractère plus marqué à (qqch.). ➤ **augmenter, intensifier, renforcer.** *Accentuer son effort, son action.* PRONOM. Devenir plus net, plus fort. *Le déséquilibre s'accentue. Cette tendance s'est accentuée avec l'âge.*

■ CONTR. Atténuer, modérer, réduire.

ACCEPTABILITÉ [aksɛptabilite] **n. f.** – 1737 ◊ de *acceptable* ■ Qualité de ce qui est acceptable. *Seuil d'acceptabilité,* au-delà duquel qqch. n'est plus acceptable. ♦ LING. Caractère d'une phrase acceptable pour la syntaxe et pour le sens (correcte et signifiante). *L'acceptabilité d'une phrase exige qu'elle ne soit ni agrammaticale* ni asémantique*.* ➤ **grammaticalité, signifiance.**

ACCEPTABLE [aksɛptabl] **adj.** – début XIIIe ; *acetable* « agréable » 1165 ◊ de *accepter* ■ **1** Qui mérite d'être accepté. ➤ **recevable.** *Offres acceptables.* ➤ FAM. **valable.** *Cette pratique n'est pas acceptable.* ➤ **admissible.** ♦ LING. *Phrase acceptable.* ➤ **correct.** ■ **2** Assez bon, admissible. ➤ **passable, satisfaisant.** *Des notes acceptables.* ■ CONTR. Inacceptable.

ACCEPTANT, ANTE [aksɛptɑ̃, ɑ̃t] **adj.** et **n.** – 1464 ◊ de *accepter* ■ DR. Qui accepte, donne son consentement à une convention.

ACCEPTATION [aksɛptasjɔ̃] **n. f.** – 1262 ◊ latin *acceptatio* ■ **1** Le fait d'accepter. *L'acceptation d'un don, d'un cadeau par qqn* (RARE). *Il faut l'acceptation du conjoint.* ➤ **accord, consentement.** *Donner son acceptation.* FIG. *« La guerre, ce n'est pas l'acceptation du risque, c'est l'acceptation pure et simple de la mort »* SAINT-EXUPÉRY. ABSOLT *« Le devoir est une série d'acceptations »* HUGO. ■ **2** DR. Acte par lequel une partie accepte ce que l'autre lui offre ; consentement formel. *L'acceptation d'une donation.* ♦ *L'acceptation d'une traite :* la promesse de payer. ■ CONTR. Refus ; protestation.

ACCEPTER [aksɛpte] **v. tr.** ⟨1⟩ – v. 1250 ◊ latin *acceptare*, fréquentatif de *accipere* « recevoir, accueillir », de *capere* « prendre »

I ACCEPTER (qqn, qqch.). ■ **1** Recevoir, prendre volontiers (ce qui est offert, proposé). *Accepter un don, un cadeau, une invitation. Accepter qqch. de qqn. Je ne peux accepter votre proposition. Accepter des excuses.* ➤ **agréer.** ABSOLT *J'accepte volontiers, de grand cœur.* ■ **2** DR. Donner son accord à. *Accepter une succession.* SPÉCIALT *Accepter une lettre de change,* promettre de la payer à échéance. ■ **3** *Accepter qqn,* l'admettre auprès de soi ou dans tel rôle. *Accepter (qqn) pour époux.* — PRONOM. *S'accepter tel qu'on est.* ➤ **s'assumer.** ■ **4** ABSTRAIT Considérer comme vrai. ➤ **croire.** *Elle « accepte aveuglément les prédictions des somnambules et du marc de café »* DAUDET. ➤ FAM. **avaler.** *Accepter une thèse, une théorie.* ➤ **adhérer** (à), **embrasser.** *J'en accepte l'augure*.* ■ **5** Se soumettre à (une épreuve) ; ne pas refuser. ➤ **se résigner, souffrir, subir, supporter.** *Accepter le danger, le risque, la mort. « Louise, passive, résignée, a accepté ce malheur comme elle accepte tout »* R. ROLLAND. *Il ne peut pas accepter son échec.* ➤ **assumer.** ■ **6** Consentir à (un acte proposé). *Accepter le combat, la lutte :* se montrer prêt à se battre. *Accepter la discussion, le débat.*

II ■ **1** **v. tr. ind. ACCEPTER DE** (et l'inf.) : bien vouloir. ➤ **consentir** (à). *Il a accepté de venir, de nous aider.* ■ **2** **ACCEPTER QUE** (et le subj.) : supporter. *« Ceux qui n'acceptent pas que la vie soit une partie qu'il faut toujours perdre »* MAURIAC.

■ CONTR. Décliner, récuser, refuser, rejeter, 1 repousser.

ACCEPTEUR [aksɛptœʀ] **n. m.** et **adj. m.** – 1509 ◊ latin *acceptor* ■ **1** (1740) Personne qui accepte une lettre de change, une traite. ➤ **tiré.** ■ **2** **adj. m.** SC. Capable de se combiner à. *Corps accepteur d'oxygène, d'hydrogène. Atome accepteur :* dans un semi-conducteur, atome d'impureté* pouvant recevoir un électron d'un autre atome (dit *donneur*). — **n. m.** *Un accepteur d'électrons est un oxydant.*

ACCEPTION [aksɛpsjɔ̃] **n. f.** – début XIIIe ◊ latin *acceptio* ■ **1** VX Acceptation. ■ **2** LOC. *Sans acception de :* sans faire entrer en ligne de compte. *Sans acception de personne, de fortune.* ■ **3** (XVIIe) Sens particulier d'un mot, admis et reconnu par l'usage. ➤ **signification.** *Acception propre, figurée. Mot à nombreuses acceptions* (polysémique). LOC. *Dans toute l'acception du terme :* au sens intégral, fort. *Il est odieux, dans toute l'acception du terme,* vraiment odieux.

ACCÈS [aksɛ] **n. m.** – fin XIIIe *donner accès* ◊ latin *accessus*, p. p. de *accedere* → accéder

I ■ **1** Possibilité d'aller, de pénétrer dans (un lieu), d'entrer. ➤ **abord, approche, entrée, ouverture.** *L'accès de ce parc est interdit ; une grille en interdit l'accès. Port d'accès facile aux paquebots.* — Voie qui permet d'entrer. *Les principaux accès de Paris.* — LOC. *Avoir accès* (à un lieu). ➤ **accéder** (à), **atteindre.** *On a accès à la terrasse par le salon. Donner accès :* permettre d'entrer ; FIG. permettre d'obtenir (➤ **conduire, mener**). *Carte, badge donnant accès à une entreprise. Concours qui donne accès à un poste de direction.* ■ **2** Possibilité d'approcher (qqn). *Avoir accès auprès de qqn. Il est d'un accès difficile.* ■ **3** FIG. Possibilité de connaître, de participer (à qqch.). *Le libre accès à l'information. « L'accès des plaisirs défendus »* FLAUBERT. ■ **4** INFORM. Recherche et voie d'obtention d'informations en mémoire ou stockées sur un support. *Accès direct, accès séquentiel. Accès aléatoire* (➤ **RAM**) *aux mémoires d'un ordinateur. Accès en lecture, en écriture. Temps d'accès. Autorisation d'accès,* donnant possibilité d'utiliser les ressources d'un système. — *Fournisseur* d'accès. Accès sans fil à l'internet :* recomm. offic. pour *wifi.*

II (1372) ■ **1** Arrivée ou retour d'un phénomène pathologique. *Accès de fièvre.* ➤ **poussée.** *Accès de toux.* ➤ 3 **quinte.** *Un subit accès de folie.* ➤ **crise.** ■ **2** Brusque phénomène psychologique ; sentiment vif et passager. *Des accès de colère, de fureur, de tristesse. Il est généreux par accès.*

ACCESSIBILITÉ [aksesibilite] **n. f.** – 1630 ◊ de *accessible* ■ Possibilité d'accéder, d'arriver à. *L'accessibilité à un lieu,* FIG. *à un emploi. L'accessibilité des transports en commun aux personnes à mobilité réduite. Accessibilité à l'eau potable.*

ACCESSIBLE [aksesibl] **adj.** – 1355 ◊ de *accéder* ■ **1** Où l'on peut accéder, arriver, entrer. *Cette région est difficilement accessible. Ce lieu n'est accessible que par avion. Parc accessible à tous, aux visiteurs.* — *Roue de secours facilement accessible,* à portée de la main. ♦ FIG. Qui ne présente pas d'obstacles. *Prix accessible.* ➤ **abordable.** *Lecture accessible au profane.* ➤ **compréhensible, intelligible.** ■ **2** (PERSONNES) Que l'on peut approcher, voir, rencontrer. *Il est peu accessible.* ■ **3** FIG. Ouvert, sensible à. *Être accessible aux idées nouvelles, à la flatterie.* ■ CONTR. Inaccessible ; impénétrable, inabordable ; insensible ; ardu, difficile, 1 secret.

ACCESSION [aksesjɔ̃] **n. f.** – XIIe ◊ latin *accessio*

I Le fait d'accéder. ■ **1** VX Arrivée. ■ **2** (XVIIIe ◊ emprunté à l'anglais) *Accession au trône,* le fait d'y monter. ➤ **avènement.** ■ **3** FIG. et MOD. Le fait d'accéder, d'arriver (à un état, une situation). *Accession d'un pays à l'indépendance. Accession* (des locataires) *à la propriété.*

II ■ **1** DR. *Droit d'accession :* droit qu'a le propriétaire d'une chose sur ce qui est produit par elle et sur ce qui s'y unit et s'y incorpore. *« La propriété s'acquiert aussi par accession ou incorporation »* (CODE CIVIL). ➤ **accroissement, adjonction, atterrissement.** ■ **2** Adhésion. *L'accession d'un État à un traité.*

ACCESSIT [aksesit] **n. m.** – 1680 ◊ mot latin « il ou elle s'approche », d'après la formule utilisée autrefois dans les distributions de prix *Ad hos proxime accesserunt* « De ceux-ci (les lauréats), ils s'approchèrent le plus près » ■ Distinction, récompense accordée aux personnes qui, sans avoir obtenu de prix, s'en sont approchées. *Troisième accessit d'anglais. Des accessits.*

ACCESSOIRE [akseswaʀ] **adj.** et **n. m.** – 1296 ◊ latin médiéval *accessorius*, de *accedere* « joindre » → accéder

I adj. ▪ **1** Qui vient avec ou après ce qui est principal, essentiel. VX « *Un grand État devenu accessoire d'un autre* » MONTESQUIEU. ➤ **dépendant.** — MOD. (DR. ou ABSTRAIT) *Une action accessoire. Un problème accessoire.* ➤ 1 **annexe, complémentaire,** 2 **incident, secondaire, subsidiaire.** PAR EXT. *C'est tout à fait accessoire.* ➤ **insignifiant, négligeable.** ▪ **2** SUBST. Ce qui est accessoire. *Distinguer l'essentiel de l'accessoire.*

II n. m. Chose accessoire. ▪ **1** VX (le plus souvent au plur.) Parties secondaires d'un tableau. ▪ **2** MOD. Objet nécessaire à une représentation théâtrale, un déguisement. *Décors, costumes et accessoires* (➤ **accessoiriste**). *Magasin des accessoires* (d'un théâtre, de studios de cinéma ou de télévision). ▪ **3** Élément associé à une toilette, mais n'en faisant pas partie (sac, gants, chaussures, ceinture, etc.). *Accessoire de mode. Égayer un tailleur noir par des accessoires rouges.* ➤ **accessoiriser.** ▪ **4** Pièce constituant un complément utile pour le fonctionnement d'un objet. *Accessoires d'automobiles. Rayon d'accessoires pour la photographie.*

▪ CONTR. (du I) Essentiel, principal.

ACCESSOIREMENT [akseswaʀmɑ̃] **adv.** – 1326 ◊ de *accessoire* ▪ D'une manière accessoire ; en plus d'un motif principal. ➤ **subsidiairement.**

ACCESSOIRISER [akseswaʀize] **v. tr.** ⟨1⟩ – v. 1980 ◊ de *accessoire* ▪ Compléter (une toilette) par un ou des accessoires.

ACCESSOIRISTE [akseswaʀist] **n.** – 1902 ◊ de *accessoire* ▪ Personne qui dispose les accessoires (éléments mobiles de décor, objets) au théâtre, au cinéma, à la télévision. *L'équipe des machinistes, des électriciens, des accessoiristes.*

ACCIDENT [aksidɑ̃] **n. m.** – 1175 ◊ latin *accidens*, de *accidere* « survenir », de *cadere* « tomber » → choir ▪ **1** Évènement fortuit, imprévisible. VX *Un accident heureux, malheureux.* ▪ **2** MOD. Épisode non essentiel. « *La poésie n'était pas mon métier ; c'était un accident, une aventure heureuse* » LAMARTINE. — LOC. LITTÉR. **PAR ACCIDENT :** par hasard. ➤ **fortuitement.** — COUR. *Accident de parcours**. ▪ **3** PHILOS. Ce qui « s'ajoute » à l'essence, peut être modifié ou supprimé sans altérer la nature. ➤ **attribut, phénomène.** *Dieu,* « *Substance qui jamais ne reçoit d'accident* » CORNEILLE. — PAR EXT. Fait accessoire (➤ **accidentel**), secondaire. *Je ressentis ces événements,* « *non comme des accidents ou des phénomènes limités, mais comme des faits significatifs* » VALÉRY. ▪ **4** (fin XIIe) Évènement fâcheux, malheureux. ➤ **aventure, calamité, contretemps, coup, ennui, malheur, mésaventure, revers,** FAM. **tuile.** *Accident climatique,* évènement climatique exceptionnel (tempête, sécheresse, canicule...). « *Je crains cent accidents qui peuvent arriver* » MOLIÈRE. *Il a cassé un verre : c'est un petit accident.* ➤ 1 **incident.** « *ce que l'on appelle pudiquement les "accidents de la vie" (divorce, maladie, chômage)* » (Le Figaro, 2012). — SPÉCIALT Grossesse non désirée. « *La vie sexuelle restait clandestine et rudimentaire, hantée par "l'accident"* » A. ERNAUX. ♦ (XVIIIe) COUR. Évènement imprévu et soudain qui entraîne des dégâts, des dangers (blessure, mort). ➤ **choc, chute, collision, explosion.** *Accident de voiture* (➤ **carambolage**), *de chemin de fer* (➤ **déraillement**), *d'avion* (➤ **crash**). *Les accidents de la route. Un accident de la circulation. Il a eu un accident, sa voiture est en miettes. Simulation d'accident.* ➤ ANGLIC. **crash test.** *Accident du travail,* qui survient pendant le travail ou qui est occasionné par lui. *Accident de la vie privée* ou *de la vie courante,* qui survient en dehors du travail et des accidents de la circulation. ▪ **5** MÉD. Phénomène qui survient brutalement au cours d'une maladie. ➤ **complication, lésion.** *Accident vasculaire cérébral (AVC). Accident des anticoagulants* (complication du traitement). *Accident ischémique transitoire.* ▪ **6** Ce qui rompt l'uniformité. **ACCIDENT DE TERRAIN :** dislocation* ou déformation de tout genre. ➤ **aspérité, mouvement ; accidenté.** — MUS. Altération qui n'est pas à la clé ; signe qui l'indique (dièse, bémol, bécarre).

ACCIDENTÉ, ÉE [aksidɑ̃te] **adj.** – 1662, repris 1824 ◊ de *accident* ▪ **1** Qui présente des accidents (6°), des inégalités. ➤ **inégal, mouvementé.** *Terrain accidenté. Région accidentée,* montagneuse. ▪ **2** (1909) FAM. Qui a subi un accident. *Personne accidentée sur la voie publique.* « *échoués sur les bas-côtés une jolie proportion de véhicules accidentés* » ECHENOZ. — SUBST. (PERSONNES) *Les accidentés de la route, du travail.* ▪ CONTR. Égal, 1 plat, uni.

ACCIDENTEL, ELLE [aksidɑ̃tɛl] **adj.** – XIIIe ◊ de *accident* ▪ **1** Qui arrive par hasard, qui est produit par une circonstance occasionnelle. ➤ **contingent, fortuit, imprévu, occasionnel.** *Des causes accidentelles.* — SPÉCIALT *Mort accidentelle,* du fait d'un accident (4°). ▪ **2** PHILOS. De l'accident (3°) [opposé à *absolu, substantiel* et *nécessaire*]. ➤ **accessoire, extrinsèque.** ▪ **3** MUS. *Signes accidentels :* accidents (6°). ▪ CONTR. Certain, constant, fatal, intentionnel, normal, régulier.

ACCIDENTELLEMENT [aksidɑ̃tɛlmɑ̃] **adv.** – XVe ◊ de *accidentel* ▪ **1** D'une manière fortuite, imprévue ; par hasard. ➤ **inopinément ; incidemment.** ▪ **2** Par suite d'un accident (4°). *Il est mort accidentellement.* ▪ CONTR. Constamment, fatalement, normalement.

ACCIDENTOGÈNE [aksidɑ̃tɔʒɛn] **adj.** – 1990 ◊ de *accident* et *-gène* ▪ Particulièrement susceptible de provoquer des accidents de la route. *Carrefour accidentogène.* ➤ **dangereux.** *L'alcool, la vitesse, facteurs accidentogènes.* « *concentré sur la route, afin d'éviter ces petites distractions érotiques tellement accidentogènes* » G. DELACOURT.

ACCIDENTOLOGIE [aksidɑ̃tɔlɔʒi] **n. f.** – 1973 ◊ de *accident* et *-logie* ▪ Étude des accidents de la circulation. — **n. ACCIDENTOLOGUE.**

ACCISE [aksiz] **n. f.** – XVIe ◊ moyen néerlandais *accijs* « impôt de consommation » ▪ En Belgique, au Luxembourg, au Canada, Ensemble des impôts indirects frappant certains produits de consommation (tabac, boissons alcoolisées, certains produits pétroliers...). (Toujours au plur. en Belgique et au Luxembourg.)

ACCLAMATION [aklamasjɔ̃] **n. f.** – 1504 ◊ latin *acclamatio*, de *acclamare* ▪ **1** (Surtout au plur.) Cri collectif d'enthousiasme pour saluer qqn ou approuver qqch. *Son retour fut salué par des acclamations.* ➤ **applaudissement, hourra, ovation, vivat.** ▪ **2** loc. adv. (1740) *Par acclamation :* à l'unanimité et avec enthousiasme. *Élire, nommer par acclamation,* sans scrutin, à main levée. ▪ CONTR. Huée, sifflet, tollé.

ACCLAMER [aklame] **v. tr.** ⟨1⟩ – 1504 ◊ latin *acclamare* ▪ Saluer par des cris de joie, des manifestations publiques d'enthousiasme. ➤ **applaudir, ovationner ; acclamation.** *La foule les acclame. Le président s'est fait acclamer.* ▪ CONTR. Conspuer, huer, siffler.

ACCLIMATABLE [aklimatabl] **adj.** – 1845 ◊ de *acclimater* ▪ Qui peut être acclimaté. *Plante acclimatable en France.*

ACCLIMATATION [aklimatasjɔ̃] **n. f.** – 1832 ◊ de *acclimater* ▪ **1** ÉCOL. Le fait d'acclimater des animaux, des plantes ; le fait de s'acclimater. *L'acclimatation des végétaux à un milieu.* ♦ BIOL. Réaction physiologique d'adaptation des êtres vivants à un ou des facteurs de leur milieu de vie habituel, sur une durée limitée (jours, semaines). ▪ **2 JARDIN D'ACCLIMATATION :** jardin zoologique (➤ **zoo**) où vivent des espèces exotiques.

ACCLIMATEMENT [aklimatmɑ̃] **n. m.** – 1801 ◊ de *acclimater* ▪ **1** Le fait, pour un organisme, de vivre et de se reproduire dans un milieu différent de son milieu d'origine. *Acclimatement d'une espèce aux climats froids.* ➤ **acclimatation.** ▪ **2** (PERSONNES) VIEILLI Le fait de s'habituer à un autre milieu.

ACCLIMATER [aklimate] **v. tr.** ⟨1⟩ – 1775 ◊ de *climat* ▪ **1** Habituer à un nouveau climat, à un milieu géographique différent. *Acclimater une plante tropicale en pays tempéré.* ▪ **2** (1803) **S'ACCLIMATER v. pron.** *Plante qui s'acclimate.* — (PERSONNES) S'habituer à un nouveau pays, à de nouvelles habitudes. *Elle s'était acclimatée à la vie de pensionnaire.* ➤ **s'accoutumer.** ▪ **3** FIG. Introduire quelque part (une idée, un usage). *Acclimater une mode anglaise en France.*

ACCOINTANCE [akwɛ̃tɑ̃s] **n. f.** – 1170 ◊ de l'ancien français *accointer*, famille de *cognitus* « connu » ▪ **1** VIEILLI Liaison familière. ➤ **fréquentation, lien.** ▪ **2** LOC. **AVOIR DES ACCOINTANCES (dans un milieu) :** avoir des relations, des amis. « *Il avait des accointances parmi les hommes du pouvoir, et jusque dans le monde de la police* » R. ROLLAND.

ACCOLADE [akɔlad] **n. f.** – début XVIe ◊ de *accoler*, ou provençal *accolada*

I ▪ **1** Le fait de mettre les bras autour du cou. ➤ **embrassade.** *Donner, recevoir l'accolade.* ▪ **2** HIST. Coup donné avec le plat de l'épée sur l'épaule, accompagné d'un « léger embrassement » (Rousseau), rituel dans la cérémonie par laquelle qqn était armé chevalier (➤ **adoubement**). ♦ MOD. Geste qui accompagne la remise officielle d'une décoration (autrefois, coup du plat de l'épée ou du sabre sur l'épaule, suivi d'une accolade). *Nous lui avons remis les insignes de son grade et donné l'accolade* (formule traditionnelle).

II ▪ **1** (1740) Signe à double courbure ({), qui sert à réunir plusieurs lignes *(accolade verticale)* ou colonnes *(accolade horizontale)* ; trait qui permet de joindre plusieurs portées. ▪ **2** (1863) ARCHIT. Arc surbaissé à courbes et contre-courbes qui ressemble à une accolade horizontale (gothique flamboyant).

ACCOLAGE [akɔlaʒ] **n. m.** – 1732 ◇ de *accoler* ▪ TECHN. Fixation des jeunes pousses (de vigne, d'arbres) sur un support (espalier, échalas).

ACCOLEMENT [akɔlmɑ̃] **n. m.** – 1842 ; «étreinte» 1213 ◇ de *accoler* ▪ Rapprochement de deux choses accolées.

ACCOLER [akɔle] **v. tr.** ⟨1⟩ – fin XIe ◇ de *col* «cou», p.-ê. latin populaire °*accollare*

I VX Embrasser en jetant les bras autour du cou. ➤ **accolade.** — FIG. et LITTÉR. PRONOM. *«Deux noirs papillons qui s'accolent»* COLETTE.

II MOD. ▪ **1** Joindre ou fixer de manière à faire toucher, à mettre contre. *Lits accolés.* — SPÉCIALT *Accoler la vigne.* ➤ **accolage ; échalasser.** ▪ **2** Réunir, mettre à côté. *Accoler une particule à son nom.* ➤ **adjoindre.** PRONOM. *Préfixe qui s'accole à un nom.* ➤ **juxtaposer.** ▪ **3** (1690) Réunir par une accolade (II). *Accoler deux paragraphes.*

ACCOMMODANT, ANTE [akɔmɔdɑ̃, ɑ̃t] **adj.** – 1671 ; *(remède) accommodant* «utile» v. 1600 ◇ de *accommoder* ▪ Qui est facile à contenter, à satisfaire ; qui s'accommode facilement des personnes, des circonstances. ➤ **arrangeant, complaisant, conciliant, débonnaire, facile, sociable, traitable.** *Il est très accommodant, d'une humeur accommodante* (cf. Être bon prince*, être du bois* dont on fait les flûtes). — VX *Accommodant à :* qui supporte, admet facilement.

ACCOMMODAT [akɔmɔda] **n. m.** – v. 1965 ◇ de *accommoder* ▪ BIOL. Modification morphologique ou physiologique, non transmise aux descendants, qui permet à un être vivant de s'adapter à un milieu différent de son milieu habituel.

ACCOMMODATEUR, TRICE [akɔmɔdatœʀ, tʀis] **adj.** – 1578 ◇ de *accommoder* ▪ Qui permet l'accommodation. *Le cristallin est l'organe accommodateur de l'œil.*

ACCOMMODATION [akɔmɔdasjɔ̃] **n. f.** – XIVe «prêt gratuit» (cf. *accommodement*) ◇ de *accommoder* ▪ **1** (1566) Action d'accommoder ou de s'accommoder (aux circonstances, aux individus). ➤ **adaptation.** ▪ **2** PHYSIOL. Aptitude de l'œil à accommoder (III). *L'amplitude d'accommodation s'évalue en dioptries. Diminution du pouvoir d'accommodation.* ➤ **presbytie.** ▪ **3** PSYCHOL. Modification des activités mentales (surtout chez l'enfant), en vue de s'adapter au milieu, à des situations nouvelles.

ACCOMMODEMENT [akɔmɔdmɑ̃] **n. m.** – 1585 ◇ de *accommoder* ▪ **1** VX Arrangement convenable. ◆ MOD. *Accommodement (raisonnable) :* au Canada, compromis visant à concilier les droits fondamentaux et les particularités culturelles et religieuses d'un individu, d'une communauté. ▪ **2** MOD. Règlement à l'amiable (d'un différend, d'une querelle). ➤ **arrangement, compromis, conciliation.** *Obtenir un accommodement.* ▪ **3** FIG. Expédient pour concilier, faire taire les scrupules, etc. *Trouver des accommodements avec le ciel.*

ACCOMMODER [akɔmɔde] **v.** ⟨1⟩ – 1530 ◇ du latin *accommodare,* famille de *commodus* → 1 commode

I ~ **v. tr. VX** ▪ **1 ACCOMMODER (qqch.) À (qqch.).** ➤ **adapter.** ▪ **2** VX **ACCOMMODER AVEC :** faire s'accorder, concorder. ➤ **allier, concilier.** *«Ils accommodent la religion avec les plaisirs»* FLÉCHIER. PRONOM. *S'accommoder avec qqn :* s'arranger. ▪ **3** LITTÉR. **ACCOMMODER (qqn) DE,** le pourvoir.

II ~ **v. tr.** (1549) Rendre commode ou convenable. ➤ **adapter, agencer, apprêter, arranger, disposer, installer, préparer.** SPÉCIALT ▪ **1** VX Coiffer, habiller. — Mettre en bon état. *«En voyant accommoder les fontaines»* Mme DE SÉVIGNÉ. — Bien installer (qqn). *«Que je l'accommode dans sa chaise»* MOLIÈRE. ▪ **2** FIG. (1578) VIEILLI *Accommoder qqn,* le ridiculiser, le maltraiter. ➤ **arranger.** ▪ **3** (1608) MOD. Préparer (des aliments) pour la consommation. ➤ **apprêter, assaisonner, cuisiner.** *L'art d'accommoder les restes.*

III ~ **v. intr.** (1945) PHYSIOL. Modifier automatiquement la distance focale du cristallin pour que l'image d'objets qui sont à des distances variées se forme sur la rétine. ➤ **accommodation** (2°). — ABSOLT *Avoir des difficultés à accommoder* (➤ **presbyte**).

IV ~ **v. pron. S'ACCOMMODER** ▪ **1** (1539) VX ou LITTÉR. *S'accommoder à :* s'adapter à ou s'accorder avec (des choses abstraites ; des personnes). *«Cherchons à nous accommoder à cette vie»* MONTESQUIEU. *«La maladie, assurent les hygiénistes, est une tentative du système pour s'accommoder aux mauvaises conditions du milieu»* G. DARIEN. ▪ **2** COUR. *S'accommoder de :* accepter comme pouvant convenir. ➤ **accepter, supporter** (cf. Prendre les choses comme elles viennent*, les gens comme ils sont*). *Il s'accommode de tout* (➤ **accommodant**). *Elle s'est accommodée de la situation.* ➤ **s'arranger, se contenter.**

▪ CONTR. Déranger, opposer, séparer. Refuser.

ACCOMPAGNANT, ANTE [akɔ̃paɲɑ̃, ɑ̃t] **n.** – 1972 ◇ de *accompagner* ▪ **1** Personne qui accompagne une autre personne, notamment lors d'un séjour. *Accompagnant d'un congressiste, d'un curiste. Visiteurs et accompagnant d'un malade hospitalisé.* — *Accompagnant d'élève en situation de handicap.* ▪ **2** Personne qui soutient une personne en fin de vie. *Accompagnant bénévole en soins palliatifs.*

ACCOMPAGNATEUR, TRICE [akɔ̃paɲatœʀ, tʀis] **n.** – v. 1670 ◇ de *accompagner* ▪ **1** MUS. Personne qui accompagne la partie principale. *Cette pianiste est l'accompagnatrice d'un violoniste, d'un chanteur.* ▪ **2** (XXe) Personne qui accompagne et guide un groupe (de voyageurs, de touristes) ou une autre personne ayant besoin d'assistance. *Accompagnateur de voyage. Accompagnateur en montagne.* ➤ **guide.** *Accompagnateur d'enfant. L'accompagnateur d'un journaliste.* ➤ **fixeur.** — **adj.** *Guide accompagnateur.*

ACCOMPAGNEMENT [akɔ̃paɲmɑ̃] **n. m.** – XIIe ◇ de *accompagner* ▪ **1** RARE Action d'aller de compagnie avec ; personne(s) qui accompagne(nt). ➤ **cortège, équipage, escorte.** ▪ **2** FIG. Ce qui accompagne, vient s'ajouter. *«Les levers de soleil sont un accompagnement des longs voyages en chemin de fer»* PROUST. *L'accompagnement nécessaire, inévitable d'un évènement.* ➤ **conséquence, résultat, suite.** ▪ **3** Légumes qui accompagnent une viande, un poisson. ➤ **garniture.** ▪ **4** (1690) Action de jouer une partie musicale de soutien à la partie principale ; cette partie. *Accompagnement de piano. Chanter sans accompagnement.* ➤ **a cappella.** ▪ **5** MILIT. Action de soutien. *Tir d'accompagnement.* ▪ **6** Action de soutenir. *Accompagnement de fin de vie,* soutien physique et moral d'un malade qui va mourir (➤ **accompagner**). *Accompagnement scolaire,* dispositif d'aide à la réussite scolaire.

ACCOMPAGNER [akɔ̃paɲe] **v. tr.** ⟨1⟩ – XIIe ◇ de 1 *a-* et ancien français *compain* → compagnon, copain

I (Idée de mouvement) Se joindre à (qqn) pour aller où il va en même temps que lui, aller de compagnie avec. ➤ **conduire, escorter, guider, mener.** *«Comme il veut qu'elle l'accompagne partout, il n'ose plus aller nulle part»* GIDE. *Accompagner pour surveiller.* ➤ **chaperonner.** *Accompagnez-moi à, jusqu'à la gare. Accompagner un groupe de touristes en Inde* (➤ **accompagnateur**). PAR EXT. *Tous nos vœux l'accompagnent.* ◆ PASS. *Il est toujours accompagné de, par sa sœur.* — **p. p. adj.** Qui est avec une ou plusieurs autres personnes. *Des enfants seuls ou accompagnés* (par des adultes). *Groupe accompagné. Conduite accompagnée,* accessible aux jeunes conducteurs à partir de 16 ans qui doivent être accompagnés d'un titulaire du permis de conduire. — *Accompagner un malade,* l'entourer, le soutenir moralement et physiquement à la fin de sa vie (➤ **accompagnant**). ◆ Se joindre à (qqn) pour prendre une boisson, un aliment. *«J'ai un excellent cognac dans le bar. Vous m'accompagnez ?»* J. BENAMEUR.

II ▪ **1** S'ajouter à, se joindre à (autre chose). *L'adjectif qui accompagne le nom.* — CUIS. *Accompagner une viande de légumes.* ➤ **garnir.** *Un vin blanc sec accompagnait l'entrée.* ▪ **2** (1690) Ajouter (qqch.) à (qqch.). *Il accompagne ses paroles d'un geste menaçant.* ▪ **3** Jouer avec (qqn) la partie qui soutient sa mélodie. *Accompagner un violoniste au piano.* — ABSOLT *Il accompagne à merveille.* — PRONOM. *S'accompagner à la guitare.* ▪ **4** Survenir en même temps que, avoir pour effet simultané. *Douleur accompagnée de nausées.* — PRONOM. *Un échec s'accompagne toujours de quelque humiliation.*

▪ CONTR. Quitter ; précéder, suivre.

ACCOMPLI, IE [akɔ̃pli] **adj.** et **n. m.** – fin XIIe ◇ de *accomplir* ▪ **1** (Après le nom) Qui est parfait en son genre. ➤ **consommé, 1 idéal, incomparable, parfait.** *Ma grand-mère était une épouse accomplie.* ▪ **2** Terminé. *Les temps sont accomplis,* venus. *«Vingt années accomplies»* LA BRUYÈRE. — LOC. (XIXe) **LE FAIT ACCOMPLI :** ce qui est fait, terminé, sur quoi on ne peut revenir. *Il a dû s'incliner, céder devant le fait accompli. Il a* *été mis devant le fait accompli* : on ne l'a pas consulté. ▪ **3** n. m. LING. Aspect du procès*, de la forme verbale qui l'exprime, lorsqu'il a atteint sa limite finale. *Les temps de l'accompli* : les temps composés et surcomposés, en français.

ACCOMPLIR [akɔ̃pliʀ] **v. tr.** ‹2› – 980 ◇ de 1*a-* et ancien français *complir* «achever», latin *complere* «remplir» ▪ Faire complètement. ➤ **achever, terminer.** ▪ **1** Faire (qqch.) jusqu'au bout, mener à son terme. *Accomplir une mauvaise action.* ➤ **commettre, perpétrer.** *Crime froidement accompli. Accomplir des exploits. Accomplir une peine de prison.* «*Je n'avais pas encore accompli mes quatre ans*» FRANCE. ➤ FAM. **tirer.** — **p. p. adj.** *Mission accomplie !* ▪ **2** Faire en effet (ce qui était préparé, projeté). ➤ **effectuer, exécuter, réaliser.** «*aucune force au monde ne l'empêcherait jamais d'accomplir ce qu'il avait une fois résolu*» MAURIAC. ▪ **3** Faire (ce qui est demandé, ordonné, proposé) ; obéir à (une volonté, un ordre) en exécutant qqch. ➤ **remplir, satisfaire** (à). *Accomplir un vœu, un souhait, une promesse. Accomplir la volonté de Dieu.* ➤ **obéir.** *Accomplir son devoir, sa tâche.* ➤ **s'acquitter.** *Accomplir un rite.* ➤ **observer, suivre.** — **p. p. adj.** *La satisfaction du devoir accompli.* ▪ **4** **v. pron.** *S'accomplir* : se réaliser, avoir lieu. ➤ **arriver.** *Son souhait s'est accompli.* — (PERSONNES) Se réaliser pleinement. *Elle s'accomplit dans le travail.* ▪ CONTR. Commencer, ébaucher, esquisser ; échouer ; désobéir, refuser.

ACCOMPLISSEMENT [akɔ̃plismɑ̃] **n. m.** – XIIIe ◇ de *accomplir* ▪ **1** Le fait d'accomplir. ➤ **exécution.** «*L'hésitation suprême et puis l'accomplissement de l'acte irrévocable*» LOTI. ▪ **2** État de ce qui est accompli, réalisé. ➤ **couronnement, réalisation.** *L'accomplissement de ses désirs, de son rêve.* ▪ CONTR. Ébauche, esquisse, préparation ; échec.

ACCON, ACCONAGE, ACCONIER ➤ **ACON, ACONAGE, ACONIER**

ACCORD [akɔʀ] **n. m.** – fin XIIe ◇ de *accorder*

I ENTRE DES PERSONNES ▪ **1 L'ACCORD :** l'état qui résulte d'une communauté ou d'une conformité de pensées, de sentiments. ➤ **communion,** VX **concert, concorde, entente, harmonie, intelligence,** 1**union.** *L'accord est unanime, général.* ➤ **consensus.** *D'un commun accord* : unanimement. — *L'accord entre des alliés, des conjurés.* ➤ **alliance, collusion, complicité, connivence.** — *Accord de coopération entre deux États.* ▪ **2 EN ACCORD :** en s'entendant bien. *Vivre en accord, en parfait accord avec qqn.* ▪ **3** (fin XIIe) **D'ACCORD.** *Être d'accord* : avoir la même opinion, le même avis ou la même intention (cf. Agir dans le même sens*, faire cause* commune, se donner la main*, marcher* la main dans la main, comme un seul homme, être unis, ne faire qu'un* avec). *Ils sont toujours d'accord pour faire un mauvais coup* (cf. Être de mèche*). *Ils se sont mis d'accord.* ➤ **s'entendre ; se concerter.** «*l'âge ou l'expérience prématurée nous apportent ce bienfait de nous mettre d'accord, un jour ou l'autre, avec nous-mêmes*» SAND. *Ils sont tombés d'accord qu'ils attendraient.* — *Être d'accord avec qqn,* être du même avis, partager son opinion (cf. Abonder* dans son sens). *Être d'accord avec qqn sur qqch., à propos de qqch. Nous ne sommes pas d'accord sur ce point.* ABSOLT *Je ne suis pas d'accord.* — ELLIPT **adv. D'ACCORD :** j'y consens. *Viendrez-vous demain ? – D'accord.* ➤ **oui ; O. K.** FAM. *Pas d'accord ! D'ac.* ▪ **4** (fin XIIe) **UN ACCORD :** un arrangement entre des personnes, des groupes, qui se mettent d'accord. ➤ **convention, pacte, traité.** *Négocier, conclure, passer un accord. Respecter, rompre un accord. Accord-cadre* : accord général qui peut servir de cadre à des accords ultérieurs. *Des accords-cadres.* — *Accord commercial ; accord de paiement.* — *Après plusieurs heures de discussions, nous sommes arrivés à un accord.* ➤ **compromis.** *Accord à l'amiable,* de gré à gré. *Accord de principe,* qui ne mentionne pas les détails d'application. — *Accords bilatéraux, multilatéraux. Accord de libre-échange*.* — Recomm. offic. pour *deal.* ▪ **5** *Donner son accord* : accepter, autoriser, permettre. ➤ **acceptation, autorisation, permission.**

II ENTRE DES CHOSES ▪ **1** VX ou DIDACT. (1538) **L'ACCORD :** l'état qui résulte de la présence simultanée de choses qui ont des rapports, forment un ensemble. ➤ **affinité, compatibilité, concordance, conformité, correspondance, équilibre, harmonie.** *L'accord qui règne entre les parties d'une œuvre. L'accord des mets et des vins.* ▪ **2** *Choses qui sont d'accord* (VX), *en accord,* adaptées, adéquates, appropriées. ➤ **se répondre** (cf. Être au diapason, dans le ton). «*Pourquoi, dans ton œuvre céleste, Tant d'éléments si peu d'accord*» MUSSET. *Mettre en accord.* ➤ **accorder. EN ACCORD AVEC,** qui correspond à. *Ses actes ne sont pas en accord avec ses paroles.* ➤ **cadrer.**

III SENS SPÉCIALISÉS A. MUSIQUE ▪ **1** (milieu XIVe) **UN ACCORD :** l'association de plusieurs sons (au moins trois) simultanés ayant des rapports de fréquence (codifiés par les lois de l'harmonie* classique). *Accords consonants* (➤ **consonance**), *dissonants* (➤ **dissonance**). *Accords naturels, renversés* (➤ **renversement**). *Intervalles* (altérés) d'un accord* : séparation en nombre des degrés extrêmes de l'accord. *Accord de tierce, de quinte, accord de septième diminuée. Accord parfait,* dont les fréquences sont entre elles comme 4, 5 et 6 dans la gamme tempérée* (tonique, médiante et dominante). ♦ Émission de tels sons. *Accords arpégés.* ➤ **arpège.** *Frapper un accord* (piano). *Plaquer un accord sur sa guitare.* ▪ **2** Action d'accorder un instrument ; manière d'être accordé. — SPÉCIALT *Ce piano tient l'accord,* reste bien accordé.

B. ÉLECTRONIQUE (1976) Réglage de la fréquence (d'un appareil). *L'accord d'un récepteur sur une station émettrice. Fréquence d'accord* : fréquence pour laquelle un circuit oscillant* ou un circuit sélectif présente une valeur optimale.

C. GRAMMAIRE Correspondance entre des formes (➤ **morphologie**) dont l'une est subordonnée à l'autre. *L'accord de l'adjectif avec le substantif, du verbe avec son sujet. Accord des participes*. Accord en genre, en nombre. Faute d'accord.*

▪ CONTR. Désaccord ; brouille, conflit, discorde, discussion, mésentente, rupture ; contraste, disparité, incompatibilité, opposition. ▪ HOM. Accore, accort, acore.

ACCORDAILLES [akɔʀdɑj] **n. f. pl.** – 1539 ◇ de *accorder* ▪ VX Fiançailles.

ACCORDÉ, ÉE [akɔʀde] **adj.** – 1539 ◇ de *accorder* ▪ VX Fiancé, fiancée. SUBST. «*L'Accordée de village*», *tableau de Greuze.*

ACCORDÉON [akɔʀdeɔ̃] **n. m.** – 1833 ◇ allemand *Akkordion* (1829), *-éon* par influence de *orphéon* ▪ **1** Instrument de musique à soufflet et à anches métalliques. ➤ aussi **bandonéon, concertina.** *Accordéon à clavier, à touches, à boutons. Accordéon chromatique, diatonique. L'accordéon du bal musette.* ▪ **2** LOC. **EN ACCORDÉON :** qui forme des plis parallèles. *Chaussettes en accordéon.* — APPOS. INV. COUT. *Plissé accordéon.* — IMPRIM. *Pliage accordéon du papier.* ♦ *Circulation en accordéon,* alternativement fluide et dense.

ACCORDÉONISTE [akɔʀdeɔnist] **n.** – 1866 ◇ de *accordéon* ▪ Personne qui joue de l'accordéon. *Une bonne accordéoniste.*

ACCORDER [akɔʀde] **v. tr.** ‹1› – 1080 ◇ latin populaire *accordare,* de *ad* et *cor, cordis* «cœur», avec influence de *chorda* «corde», en musique

I METTRE D'ACCORD OU EN ACCORD ▪ **1** RARE Mettre (des personnes) en communauté d'idées, de sentiments. ➤ **unir.** «*Soyez joints, mes enfants, que l'amour vous accorde*» LA FONTAINE. — SPÉCIALT ; VX ou RÉGION. Fiancer. ➤ **accordé.** ▪ **2** VX Apaiser (un différend), régler (une affaire) en réconciliant. ➤ **arranger.** *Accorder une querelle* (La Fontaine, Corneille). ▪ **3** MOD. (choses abstraites) Mettre en harmonie, en établissant un accord (II). ➤ **adapter, agencer, allier, apparier, approprier, assembler, associer, assortir, harmoniser.** *Accorder ses principes et sa vie.* «*Celui qui accorde sa raison particulière avec la raison universelle*» FRANCE. ▪ **4** MUS. (premier emploi) VX Faire aller des sons ensemble de manière à produire de la musique ; jouer. — MOD. Mettre (un ou plusieurs instruments) au même diapason. *Accorder un piano, un violon* (➤ **accord, accordeur**). **p. p. adj.** *Guitare mal accordée.* LOC. FIG. *Accordez vos flûtes* (VX), *vos violons* : mettez-vous d'accord. ♦ ÉLECTRON. Régler la fréquence de (un appareil, un circuit). *Circuit accordé.* ➤ **oscillant.** — GRAMM. Donner à (un élément linguistique) un aspect formel en rapport avec sa fonction ou avec la forme d'un élément dominant. *Accorder l'adjectif avec le nom.*

II CONSENTIR (1293) ▪ **1** Consentir à admettre, à reconnaître, à tenir pour vrai. ➤ **concéder, convenir, reconnaître.** *Je vous accorde que j'ai eu tort.* ➤ **admettre, avouer, confesser.** «*Je vous accorde qu'il vaut mieux être bête comme tout le monde que d'avoir de l'esprit comme personne*» FRANCE. — En incise. *Il est étourdi, je vous l'accorde.* ▪ **2** Consentir à donner, à laisser ou à permettre ; donner son accord à. *Accorder un crédit, un délai, une faveur.* ➤ **adjuger, allouer, impartir, octroyer.** *Accorder sa confiance. Il lui avait accordé la main de sa fille.* ♦ VIEILLI «*Tous vos désirs, Esther, vous seront accordés*» RACINE. ➤ **exaucer, satisfaire.** ▪ **3** Attribuer. *Accorder de l'importance, de la valeur.* ➤ **attacher.**

III S'ACCORDER **v. pron.** ▪ **1** RÉCIPR. Se mettre, être d'accord. — (PERSONNES) *Ils ne peuvent s'accorder ; leurs caractères s'accordent mal.* ➤ **s'entendre.** *Ils s'accordent pour lui donner tort,* ils sont d'accord. *Les experts s'accordent à dire que...* — (CHOSES) Être en accord. *«Nul ne veut le bien public que quand il s'accorde avec le sien»* ROUSSEAU. ➤ se **concilier.** *Ces couleurs s'accordent bien.* ➤ **s'harmoniser, se marier.** ■ **2** GRAMM. Être en concordance. *Le verbe s'accorde avec son sujet.* ■ **3** Se donner. *Il ne s'accorde jamais de répit. Accordez-vous un peu de repos !* ➤ **s'octroyer.**

■ CONTR. Désaccorder ; brouiller, diviser, opposer. — Nier, refuser, rejeter, 1 repousser. — Contraster, détonner, jurer. Interdire (s'), refuser (se).

ACCORDERIE [akɔʀdəʀi] **n. f.** – 2004 au Canada ◊ marque déposée ; de *accord* ou *s'accorder* ■ Réseau d'échange de services entre habitants (➤ **accordeur**) d'un même quartier.

ACCORDEUR, EUSE [akɔʀdœʀ, øz] **n.** – 1768 ; «conciliateur» 1325 ◊ de *accorder*

I Professionnel(le) qui accorde les instruments à cordes frappées (pianos), les orgues, etc. *Une bonne accordeuse de pianos.*

II Membre d'une accorderie.

ACCORDOIR [akɔʀdwaʀ] **n. m.** – 1690 ◊ de *accorder* ■ Outil d'accordeur (de pianos, d'orgues).

ACCORE [akɔʀ] **n. et adj.** – 1671 ; *escore* 1382 ◊ moyen néerlandais *schore* «écueil» ■ **1 n. m.** VX Contour d'un écueil. ■ **2 n. m. ou f.** Pièce de bois utilisée pour caler un navire tiré au sec ou en construction, étai. *Les accores d'étrave, d'étambot.* ■ **3 adj.** (1773) GÉOGR. Se dit d'un rivage à falaises abruptes qui plonge verticalement dans la mer. *Une côte accore. «Le rocher qui prolonge la pointe est accore, il n'a pas d'estran»* (COURS DE NAVIGATION). ■ HOM. Accord, accort, acore.

ACCORT, ORTE [akɔʀ, ɔʀt] **adj.** – milieu XIVe «avisé» ◊ italien *accorto* ■ **1** VX Habile. *«Cette accorte feinte»* CORNEILLE. ■ **2** (1552) VX ou LITTÉR. Gracieux et vif. *«Apte à l'amour, accort pendant l'amour»* COLETTE. — PAR PLAIS. *Une accorte servante.* ➤ **agréable, aimable, 1 avenant.** ■ CONTR. Disgracieux, rébarbatif. ■ HOM. Accord, accore, acore.

ACCOSTAGE [akɔstaʒ] **n. m.** – 1540 ◊ de *accoster* ■ **1** Manœuvre pour accoster ; le fait d'accoster. *Quai, ponton d'accostage.* ◆ Opération précédant l'amarrage de deux engins lors d'un rendez-vous spatial. ■ **2** FAM. Action d'accoster quelqu'un.

ACCOSTER [akɔste] **v. tr.** ⟨1⟩ – avant 1555 ◊ de l'italien *accostare* «mettre côte à côte» (XIIe) ■ **1** VX Aller près de (qqn) pour lui parler. — MOD. Aborder* de façon cavalière. *Être accosté par un inconnu.* ➤ **aborder.** — SPÉCIALT Chercher à lier connaissance. *«il suivait longuement les grosses filles du quartier avant de les accoster»* R. GUÉRIN. ■ **2** (XVIIIe ◊ pour *accoter* → côte) MAR., ASTRONAUT. S'approcher contre, se mettre bord à bord avec. ➤ **aborder.** — *Accoster le quai. Quai où l'on peut accoster* (adj. **ACCOSTABLE**). — ABSOLT *Le paquebot accoste à Palerme.*

ACCOT [ako] **n. m.** – 1759 ◊ de *accoter* ■ HORTIC. Écran de paille, de feuilles, voire de fumier froid, destiné à protéger des semis ou des jeunes plantes contre le gel.

ACCOTEMENT [akɔtmɑ̃] **n. m.** – 1755 ; «ce qui étaye» 1614 ◊ de *accoter* ■ **1** Espace aménagé entre la chaussée et le fossé, entre un mur et un ruisseau. ➤ RÉGION. **berme.** *Accotements stabilisés. Stationner sur l'accotement.* ➤ **bas-côté.** ■ **2** Ballast latéral des voies ferrées.

ACCOTER [akɔte] **v. tr.** ⟨1⟩ – XIIe ◊ confusion entre *accoster*, de *coste* → côte (1190), et *accoter* (1160), bas latin *accubitare*, de *cubitus* «coude» → s'accouder ■ **1** VX ou RÉGION. (Canada) Soutenir en appuyant. ➤ **étayer.** — Appuyer d'un côté. *Vélo accoté au mur.* PRONOM. *«Un homme debout, qui s'accotait au comptoir»* DAUDET. — *Village accoté au rocher.* ■ **2 v. pron.** (1968) (Canada) FAM. Vivre en concubinage. ■ HOM. poss. À-côté.

ACCOTOIR [akɔtwaʀ] **n. m.** – *accoutouer* XVIe ◊ de *accoter* ■ Appui qui sert à s'accoter (accoudoir, dossier). *Les accotoirs d'un fauteuil.* ➤ **accoudoir.** — SPÉCIALT Saillie d'un dossier où l'on peut appuyer sa tête.

ACCOUCHÉE [akuʃe] **n. f.** – 1321 ◊ de *accoucher* ■ Femme qui vient d'accoucher. ➤ **1 mère, parturiente.** *Une jeune accouchée.*

ACCOUCHEMENT [akuʃmɑ̃] **n. m.** – XIIe ◊ de *accoucher*

I ■ **1** Le fait d'accoucher ; sortie de l'enfant hors du corps de sa mère. ➤ **couches, délivrance, enfantement,** VX **gésine, parturition ; naissance ; maternité.** *Accouchement à terme. Accouchement avant terme, prématuré,* avant 37 semaines entières de gestation. ➤ **avortement** (cf. Fausse couche*). *Douleurs de l'accouchement.* ➤ **douleur, tranchées, 1 travail.** *Les trois phases de l'accouchement :* dilatation, expulsion, délivrance. ■ **2** (1835) Opération médicale par laquelle on assiste la femme qui accouche (➤ **obstétrique**). *Ce médecin a fait des centaines d'accouchements.* ➤ **accoucheur, sage-femme.** *Accouchements aux fers, au forceps. Accouchement par voie* basse, par césarienne.* ■ **3** Méthode d'accouchement. *Accouchement sans douleur :* entraînement psychosomatique pour supprimer la peur et diminuer les douleurs.

II FIG. Élaboration pénible, difficile. ➤ **maïeutique ; accoucher** (II).

ACCOUCHER [akuʃe] **v. tr.** ⟨1⟩ – milieu XIIe ◊ de *1 a-* et *coucher*

I ■ **1** TR. IND. **ACCOUCHER DE :** donner naissance à (un enfant). ➤ **accouchement ; enfanter, engendrer, mettre** (au monde). *Elle a accouché d'un garçon.* VIEILLI ou LITTÉR. *Elle est accouchée d'un garçon.* — ABSOLT *Elle accouchera dans un mois. Accoucher avant terme* (➤ **prématuré**). *Accoucher par voie* basse, par césarienne. Accoucher sous péridurale. Accoucher sous X*.* ■ **2** TR. DIR. (1671) Aider (une femme) à mettre son enfant au monde. *La sage-femme qui l'a accouchée.*

II (1654) FIG. ■ **1** TR. IND. PAR PLAIS. Élaborer péniblement. ➤ **créer, produire.** *Il a fini par accoucher d'un mauvais roman.* ■ **2** FAM. ABSOLT Se décider à parler. *Alors, tu accouches ?* (cf. Ça sort, ça vient ?). *«Je t'en prie, Alexander, accouche ! pressa Kerry»* J.-CH. RUFIN.

ACCOUCHEUR, EUSE [akuʃœʀ, øz] **n.** – 1671 au fém. «sage-femme» ; masc. 1677 ◊ de *accoucher* ■ Personne qui fait des accouchements, aide les femmes à accoucher. ➤ **maïeuticien, médecin, sage-femme.** — APPOS. *Médecin accoucheur.* ➤ **gynécologue, obstétricien.** PAR EXT. (1829) *Crapaud accoucheur.* ➤ **alyte.**

ACCOUDEMENT [akudmɑ̃] **n. m.** – 1611 ; «accoudoir» 1412 ◊ de *s'accouder* ■ Le fait de s'appuyer sur le coude ; position d'une personne accoudée.

ACCOUDER (S') [akude] **v. pron.** ⟨1⟩ – fin XIIe ◊ de *acoter* 1160, du latin *accubitare* (→ accoter) ; d'après *coude* ■ S'appuyer sur le(s) coude(s). *S'accouder sur une table, à une balustrade.* — *Accoudé au bastingage.*

ACCOUDOIR [akudwaʀ] **n. m.** – XIVe ◊ de *s'accouder* ■ Appui pour s'accouder. *L'accoudoir d'une portière d'automobile* (➤ **appuie-bras, repose-bras**), *d'un prie-Dieu, d'un fauteuil* (➤ **accotoir, bras**). *Accoudoir pliant, escamotable* (d'une banquette).

ACCOUPLE [akupl] **n. f.** – 1360 «lien» ◊ de *accoupler* ■ Lien pour attacher des chiens de chasse (➤ **couple**).

ACCOUPLÉ, ÉE [akuple] **adj.** – de *accoupler* ■ **1** Uni, joint à un autre pour former un couple ; uni sexuellement. ■ **2** TECHN. *Roues accouplées d'une locomotive. Piles électriques accouplées. Colonnes accouplées.*

ACCOUPLEMENT [akupləmɑ̃] **n. m.** – XIIIe fig. ◊ de *accoupler* ■ **1** VX Le fait de réunir, de mettre ensemble (par couples). — MOD. TECHN. Le fait d'accoupler. *Barre, bielle d'accouplement.* — MÉCAN. Dispositif établissant une liaison mécanique. *Accouplement rigide, élastique, hydraulique.* — FIG. *Un étrange accouplement de mots.* ➤ **assemblage, réunion.** ■ **2** (XVIe) COUR. Union sexuelle. ➤ **coït, copulation.** VX Mariage. — MOD. Conjonction du mâle et de la femelle d'une espèce animale. ➤ **monte, remonte, saillie ; croisement, reproduction, sélection.** *«Les bêtes fauves qui se cachent dans leurs accouplements»* FLAUBERT.

ACCOUPLER [akuple] **v. tr.** ⟨1⟩ – v. 1180 ◊ de *1a-* et *couple* ■ **1** Joindre, réunir par deux. *Accoupler des bœufs à la charrue.* — TECHN. *Accoupler deux roues par une bielle. Accoupler des générateurs électriques.* ➤ **coupler.** ■ **2** FIG. Réunir (deux choses qui jurent entre elles). *Accoupler deux mots, deux idées disparates.* ■ **3** SPÉCIALT Procéder à l'accouplement de (un mâle et une femelle). *Accoupler une vache flamande et (à) un taureau anglais. Accoupler un chien-loup et une chienne.* — PRONOM. (XVIe) **S'ACCOUPLER :** s'unir sexuellement (animaux). ➤ **côcher, couvrir, frayer, saillir.**

ACCOURCIR [akuʀsiʀ] **v.** ⟨2⟩ – *accorcir* XIIe ◊ de *1a-* et *court* ■ **1 v. tr.** VX Rendre plus court. ➤ MOD. **raccourcir.** ■ **2 v. intr.** LITTÉR. *Les jours accourcissent.* ■ CONTR. Allonger.

ACCOURIR [akuʀiʀ] **v. intr.** ⟨11⟩ – fin XIe ◊ latin *accurrere* → courir ■ Venir en courant, en se pressant. *Je suis vite accouru ; j'ai vite accouru. Le troupeau accourt vers l'étable. Nous avons accouru pour l'aider. Il est accouru nous voir.* ■ CONTR. Arrêter (s'), traîner ; fuir.

ACCOUTREMENT [akutʀəmɑ̃] **n. m.** – 1498 ◊ de *accoutrer* ■ **1** VX Vêtements. ■ **2** MOD. Habillement étrange, ridicule. ➤ **affublement, défroque, déguisement, fagotage.** *Un accoutrement bizarre, grotesque.*

ACCOUTRER [akutʀe] **v. tr.** ‹1› – fin XIIIe var. *acostrer* «arranger» ◊ latin populaire °*acconsuturare,* de °*cosutura* «couture» ■ **1** VX Vêtir, habiller. ■ **2** (XVIIe) PÉJ. MOD. Habiller (ridiculement). ➤ **affubler, déguiser, fagoter, harnacher.** — PRONOM. *Il s'accoutre d'une manière ridicule.* **p. p. adj.** *Bizarrement accoutré.*

ACCOUTUMANCE [akutymɑ̃s] **n. f.** – *acostomance* 1160 ◊ de *accoutumer* ■ **1** Le fait de s'habituer, de se familiariser. *«Il y a certainement une accoutumance au malheur»* GIDE. ➤ **acclimatement, adaptation, habituation.** *«Dans mon accoutumance à la voir malade»* PROUST. — ABSOLT *L'accoutumance.* ➤ **habitude.** ■ **2** MÉD. Processus par lequel un organisme tolère de mieux en mieux un agent extérieur (➤ **immunisation, insensibilisation**) ; son résultat (➤ **immunité**). *Accoutumance à un poison.* ➤ **mithridatisation.** — État dû à l'usage prolongé d'un médicament, d'une drogue (désir de continuer, effets nuisibles, etc.). *Ce médicament n'a pas d'effet d'accoutumance* (➤ **besoin, dépendance, toxicomanie**).

ACCOUTUMÉ, ÉE [akutyme] **adj.** – de *accoutumer* ■ **1** Ordinaire, habituel. *Sa sieste accoutumée. À l'heure accoutumée.* ■ **2 loc. adv. À L'ACCOUTUMÉE :** à l'ordinaire. *Il est passé à 8 heures, comme à l'accoutumée,* comme de coutume.

ACCOUTUMER [akutyme] **v. tr.** ‹1› – *acustumer* fin XIIe ◊ de 1*a-* et *coutume*

I VX *Avoir accoutumé une chose,* l'avoir prise comme habitude. ➤ **accoutumé.** — LITTÉR. *Avoir accoutumé de faire qqch.,* en avoir l'habitude. *«À la Bastille, où il avait accoutumé de vivre»* FRANCE.

II ■ **1** Faire prendre l'habitude de. ➤ **familiariser, habituer.** *Accoutumer à une règle.* ➤ **plier.** *On ne l'a pas accoutumé à travailler.* ■ **2** PASS. *Être accoutumé à :* avoir pris l'habitude de. *Je suis accoutumée à ce genre de remarques. «J'étais accoutumé à ne plus la voir»* FRANCE. ■ **3 v. pron.** *S'accoutumer à :* s'habituer à (cf. Se faire à). *«On s'y fait. On s'accoutume à se passer de Paris»* FLAUBERT.

■ **CONTR.** Désaccoutumer, déshabituer.

ACCOUVAGE [akuvaʒ] **n. m.** – 1907 ◊ de *couver* ■ Technique qui consiste à provoquer et contrôler l'éclosion des œufs, en couveuses artificielles (industrie des œufs).

ACCRÉDITATION [akʀeditasjɔ̃] **n. f.** – 1853 ◊ de *accréditer* ■ Action d'accréditer (un agent diplomatique) auprès d'un gouvernement étranger. *Accréditation d'un ambassadeur auprès d'un chef d'État.* — PAR EXT. *Accréditation d'un journaliste à suivre une épreuve sportive.*

ACCRÉDITER [akʀedite] **v. tr.** ‹1› – 1553 ◊ de *à* et *crédit* ■ **1** VX *Accréditer qqn,* le mettre en crédit (opposé à *discréditer*). — MOD. Donner l'autorité nécessaire pour agir en qualité de. *Accréditer un ambassadeur auprès d'un chef d'État* (par des lettres de créance). *Accréditer un reporteur. — Être accrédité auprès d'une banque.* ➤ **accréditif** (2°). — **p. p. adj.** *Les journalistes accrédités.* — **n.** *Les accrédités.* ■ **2** (1671) *Accréditer qqch.* : rendre croyable, plausible. ➤ **autoriser, propager.** *«Ces rudes propos des soldats français contre les "calotins" avaient accrédité la légende d'une France athée»* MADELIN. — **p. p. adj.** *Des opinions accréditées.* — PRONOM. *S'accréditer :* se propager, se répandre (en parlant d'un bruit, d'une rumeur). *«Si on laisse courir des mensonges sans les démentir, ils risquent de s'accréditer»* QUENEAU.

ACCRÉDITEUR [akʀeditœʀ] **n. m.** – 1845 ◊ de *accréditer* ■ Personne qui donne sa garantie en faveur d'un tiers. ➤ **caution, garant.**

ACCRÉDITIF, IVE [akʀeditif, iv] **adj.** et **n. m.** – 1895 n. m. ◊ de *accréditer* ■ **1** Qui accrédite (1°). ■ **2 n. m.** FIN. Lettre d'instruction par laquelle une banque met à la disposition d'un client des fonds sur une autre place financière (succursale, correspondant, banque étrangère) ; cette opération.

ACCRESCENT, ENTE [akʀesɑ̃, ɑ̃t] **adj.** – 1834 ◊ latin *accrescens,* de *accrescere* «s'accroître» ■ BOT. Se dit de parties florales qui continuent leur croissance après la fécondation. *Les styles des benoîtes sont accrescents.*

ACCRÉTION [akʀesjɔ̃] **n. f.** – 1751 ◊ latin *accretio* ■ SC. Processus d'agglomération d'éléments inorganiques, solides ou fluides. *Accrétion de nuages, de dunes.* — ASTRON. *Disque d'accrétion :* disque de gaz et de particules entourant un corps céleste.

ACCRO [akʀo] **adj.** et **n.** – 1979 ◊ abrév. de *(être) accroché* ■ FAM. ■ **1** Dépendant d'une drogue. ➤ ANGLIC. **addict.** *Elles sont accros à l'héroïne.* — PAR EXT. *Il est accro au chocolat.* ■ **2** Passionné par (qqch.). ➤ **fana.** *Les accros de la glisse.* ■ **HOM.** Accroc.

ACCROBRANCHE ou **ACROBRANCHE** [akʀɔbʀɑ̃ʃ] **n. f.** – 1991, -1997 ◊ *accrobranche* marque enregistrée 1996 ; de *acrobatie* et *branche,* avec influence de *s'accrocher aux branches* ■ Activité de plein air qui se pratique dans un site forestier aménagé et qui consiste à se déplacer de branche en branche ou d'arbre en arbre.

ACCROC [akʀo] **n. m.** – 1530 «crochet» ◊ de *accrocher* ■ **1** (1680) Déchirure faite par ce qui accroche. *Faire un accroc à son pantalon.* — Au billard *«Le premier accroc coûte deux cents francs»,* roman d'Elsa Triolet. FIG. *Un accroc à la réputation* (➤ **tache**), *à la règle* (➤ **infraction**). ■ **2** Difficulté* qui arrête, incident qui a des conséquences malheureuses. ➤ **anicroche, complication, contretemps, embarras, empêchement, obstacle.** *Plan qui se déroule sans accroc. De légers accrocs.* ■ **HOM.** Accro.

ACCROCHAGE [akʀɔʃaʒ] **n. m.** – 1583 ◊ de *accrocher*

I ■ **1** Action d'accrocher ; fait d'être accroché. *L'accrochage de deux wagons.* — Manière d'exposer des tableaux (dans une galerie, une exposition) ; petite exposition. *Un bel accrochage.* ♦ BOT. *Organes d'accrochage.* ➤ **fixation.** ■ **2** (1784) Débouché d'une galerie de mine dans un puits. ■ **3** Le fait d'entrer en relation, en communication avec (qqn, un émetteur). *L'accrochage d'une station.*

II ■ **1** Le fait de s'accrocher ; léger choc* entre deux voitures (➤ **accident, collision**). *Avoir un accrochage.* ■ **2** MILIT. Bref engagement. *Accrochage entre deux patrouilles.* — FAM. Dispute*. ➤ **démêlé, querelle.** *Elles ont eu un petit accrochage.* ■ **3** Le fait d'accrocher (III).

■ **CONTR.** Décrochage.

ACCROCHE [akʀɔʃ] **n. f.** – attesté 1970 ; «crochet» XVIe ◊ déverbal de *accrocher* ■ PUBLIC., JOURNAL. Dessin, slogan, début d'un texte destiné à accrocher l'attention. *Trouver une bonne accroche. «se concentrer sur l'accroche qui porte en elle toute la logique de la chronique»* DAENINCKX. ♦ Recomm. offic. pour l'anglicisme *teaser* (2°).

ACCROCHE-CŒUR [akʀɔʃkœʀ] **n. m.** – 1837 «favoris» ◊ de *accrocher* et *cœur* ■ Mèche de cheveux en croc, collée sur la tempe. *Des accroche-cœurs.* ➤ **guiche.**

ACCROCHE-PLAT [akʀɔʃpla] **n. m.** – 1877 ◊ de *accrocher* et 2*plat* ■ Support, agrafe pour accrocher un plat ornemental au mur. *Des accroche-plats.*

ACCROCHER [akʀɔʃe] **v.** ‹1› – v. 1165 ◊ de 1*a-* et *croc*

I v. tr. ■ **1** Retenir, arrêter par un crochet, une pointe. *Être accroché par un buisson épineux. Accrocher sa jupe. Accrocher une embarcation au passage avec une gaffe.* ➤ **aborder, crocher.** — PAR EXT. Heurter (un véhicule). *Le camion a accroché une voiture* (➤ **accrochage**). ■ **2** (XVIe) Suspendre à un crochet. *Accrocher son manteau. Accrocher un tableau au mur.* LOC. FIG. *Il faut avoir le cœur bien accroché,* ne pas être facilement écœuré, dégoûté. LOC. FAM. (calque de l'anglais *to hang up one's skates*) (Canada) *Accrocher ses patins :* arrêter la compétition (hockey) ; FIG. cesser son activité. — POP. *Se l'accrocher* (la ceinture) : se priver (cf. Se serrer la ceinture*). *Tu peux toujours te l'accrocher !* rien à faire, je refuse. ■ **3** FIG. Arrêter (qqn) au passage pour lui parler. ➤ **aborder, cramponner, retenir** (qqn). ■ **4** MILIT. *Accrocher l'ennemi,* le retenir par son action. ➤ **immobiliser.** ■ **5** Retenir l'attention, l'intérêt de (qqn). ➤ **intéresser.** *Ce film accroche les spectateurs dès le début.* ABSOLT *Cette publicité accroche* (➤ **accrocheur,** 2°). *Il est déprimé, rien n'accroche plus.* ■ **6** *Accrocher une station,* l'attraper, la capter. ■ **7** ABSOLT, FAM. Rendre dépendant d'une drogue. *La coke est l'une des drogues qui accroche le plus. Être accroché* (➤ **accro**).

II S'ACCROCHER v. pron. ■ **1** (PASS.) Être retenu ou suspendu à un crochet. *«Les idées ne s'accrochaient pas au clou comme les épées»* HUGO. ■ **2** (RÉFL.) Se tenir avec force. ➤ se **cramponner.** *Accrochez-vous à la rampe. Plante qui s'accroche par des vrilles*.* — FIG. *Une maison s'accrochait au flanc de la colline. S'accrocher à son passé, à ses illusions.* FAM. *S'accrocher :* ne pas céder. ➤ **tenir.** *Il faut s'accrocher. «Mais il faut s'accrocher pour se faire ouvrir les portes. Avec un peu de persuasion et de l'habitude, on y arrive»* M. DESPLECHIN. *Accroche-toi ! S'accrocher au cocotier,* tenir bon. ♦ FAM. Devenir dépendant d'une drogue (➤ **accro**). ■ **3** FAM. *S'accrocher à qqn,* maintenir des relations affectives ou intéressées qui l'importunent. ■ **4** FAM. Se disputer. ➤ **s'attraper.** *S'accrocher avec qqn. Ils se* *sont accrochés.*

III v. intr. ■ **1** Présenter des difficultés de fonctionnement, des accrocs*. *La conférence a accroché sur un point délicat.* ➤ **achopper.** ◆ TECHN. Entrer en oscillations indésirables. *L'amplificateur accroche* (➤ **larsen**). ■ **2** FAM. Avoir un bon contact (avec qqn), être attiré, séduit. *Il accroche avec son prof. Difficile d'accrocher avec ce jeu.*
■ **CONTR.** Décrocher.

ACCROCHEUR, EUSE [akʀɔʃœʀ, øz] **adj.** et **n.** – 1635 fig. ◇ de *accrocher* ■ **1** Qui accroche, retient. ➤ **tenace.** *C'est un bon vendeur, très accrocheur ; c'est un accrocheur.* ➤ 3 **battant.** ■ **2** Qui retient l'attention (d'une manière parfois grossière). *Une publicité accrocheuse.* ➤ **racoleur, raccrocheur.** *Un titre accrocheur.* ■ **3 n.** Personne qui accroche les œuvres d'art dans une exposition, un musée.

ACCROIRE [akʀwaʀ] **v. tr.** ‹seult inf.› – début XIIe ◇ de *à* et *croire : faire à croire* ■ **1** VX, LITTÉR. ou RÉGION. (Canada) **FAIRE, LAISSER ACCROIRE** *qqch.* : faire, laisser croire une chose fausse. *Il veut nous faire accroire que...* ■ **2** LOC. (avec *en*) *En faire accroire :* tromper. *S'en laisser accroire :* se laisser tromper.

ACCROISSEMENT [akʀwasmɑ̃] **n. m.** – 1150 ◇ de *accroître* ■ **1** Le fait de croître, d'augmenter. ➤ **augmentation*, hausse, progression.** *Accroissement de la production. Accroissement naturel :* différence entre le nombre de naissances et le nombre de décès dans une population au cours d'une période donnée. *Accroissement de la vitesse.* ➤ **accélération.** *Accroissement du patrimoine. Accroissement des richesses.* ➤ **accumulation, multiplication.** ■ **2** (1239) DR. Droit par lequel une chose revient (en plus) à une personne, un fonds. *Accroissement au profit des légataires.* ■ **3** VIEILLI Le fait de se développer (plantes, animaux). ➤ **croissance.** ■ **4** MATH. Mesure algébrique de la variation (d'une variable). *Le taux d'accroissement d'une fonction ; le théorème des accroissements finis.* ➤ **dérivée.** ■ **CONTR.** Diminution, perte.

ACCROÎTRE [akʀwatʀ] **v. tr.** ‹55, sauf p. p. *accru*› /ACCROITRE/ – *acreiste* «croître» XIIe ◇ latin *accrescere*, de *crescere* «croître» ■ **1** (fin XVIe) Rendre plus grand, plus important. ➤ **agrandir, amplifier, augmenter*, développer, élargir, étendre.** *Accroître ses biens, son patrimoine* (➤ **accumuler**), *sa production, son pouvoir.* — **v. pron. S'ACCROÎTRE.** ➤ **grandir, grossir ; croître.** *La population de ce pays s'est accrue de deux millions de personnes. Mon irritation «s'accrut avec le temps»* BALZAC. — **p. p. adj. ACCRU, UE.** *Le capital accru des intérêts. Il écoutait avec une attention accrue.* ■ **2** TR. IND. DR. Revenir à qqn, à son profit. *La part de leur cousin est accrue aux cohéritiers.* ➤ **bénéficier, échoir.** ■ **CONTR.** Amoindrir, diminuer, réduire, restreindre.

ACCROUPIR (S') [akʀupiʀ] **v. pron.** ‹2› – 1384 ; XIIe «s'asseoir sur la croupe» (animaux) ◇ de *à* et *croupe* ■ S'asseoir les jambes repliées, sur ses talons. — **p. p. adj.** *Accroupies derrière un buisson.* ➤ **croupetons** (à). *Le Scribe accroupi, statue du Louvre. Danseur accroupi* (cf. Danse russe*).

ACCROUPISSEMENT [akʀupismɑ̃] **n. m.** – 1555 ◇ de *s'accroupir* ■ Position d'une personne accroupie. Action de s'accroupir.

ACCRU [akʀy] **n. m.** – 1829 ◇ de *accroître* ■ HORTIC. Rejeton produit par la racine.

ACCRUE [akʀy] **n. f.** – 1246 ◇ de *accroître* ■ **1** Augmentation de surface par le retrait des eaux. ➤ **accession, accroissement, atterrissement, laisse.** ■ **2** Extension d'un bois par rejets naturels.

ACCUEIL [akœj] **n. m.** – 1188 ◇ de *accueillir* ■ **1** Manière de recevoir qqn, de se comporter avec lui quand on le reçoit ou quand il arrive. ➤ **abord, traitement.** *Accueil aimable, chaleureux ; froid.* — LOC. *Faire bon, mauvais accueil à qqn ;* FIG. *à une idée. Paroles d'accueil,* pour accueillir. ➤ **bienvenue.** *Il a reçu le meilleur accueil.* PAR EXT. *Le public a fait un accueil enthousiaste à cette pièce.* — VX *Faire accueil,* bon accueil. ■ **2** (XXe) **... D'ACCUEIL.** *Centre, organisation, bureau d'accueil,* chargé de recevoir des voyageurs, des réfugiés, etc. *Hôtesse d'accueil. Structure* d'accueil* (➤ **accueillant, n.**). *Famille d'accueil. «Ils étaient malheureux dans leur famille d'accueil, [...] parce que les gens ne les aimaient pas et, sournoisement, les maltraitaient»* M. NDIAYE. — *Capacité d'accueil :* nombre de personnes pouvant être accueillies dans un lieu donné (hôtel, station touristique...). *La France, terre d'accueil* (des réfugiés politiques). — *Comité d'accueil,* organisé pour accueillir officiellement une personnalité. FIG. Personnes réunies pour conspuer, critiquer qqn (notamment une personnalité en visite). ◆ ELLIPT *Adressez-vous à l'accueil.* ■ **3** *Mère* d'accueil.*

ACCUEILLANT, ANTE [akœjɑ̃, ɑ̃t] **adj.** et **n.** – XIIIe ◇ de *accueillir* ■ **1** Qui fait bon accueil. ➤ **accessible, aimable, cordial, hospitalier,** RÉGION. **recevant.** *Un hôte accueillant et généreux. Des gens très accueillants.* ◆ PAR EXT. Bien disposé, favorable. *Chercher une oreille accueillante.* ➤ **propice.** *Il s'est montré accueillant à nos projets.* ■ **2** (CHOSES) D'un abord agréable ; où l'on est bien accueilli. *Auberge, maison accueillante.* ■ **3 n.** Bénévole qui accueille et écoute des personnes démunies, dans une association charitable. ■ **CONTR.** 1 Froid, glacial, inhospitalier.

ACCUEILLIR [akœjiʀ] **v. tr.** ‹12› – fin XIe ◇ du latin populaire *accolligere*, de *colligere* (→ cueillir), famille de *legere* → 1 lire

I ■ **1** *Accueillir qqn* (quelque part), être là lorsqu'il arrive, aller le chercher. *Ils sont venus m'accueillir à la gare.* ➤ **chercher.** ■ **2** Donner l'hospitalité à (qqn). ➤ **héberger, loger.** *Il nous a accueillis chez lui.* (Sujet chose) *Pays qui accueille les immigrés. Foyer qui accueille les sans-abris.* ◆ Accepter (qqn) (dans un groupe). ➤ **admettre.** *Nous l'avons accueilli dans notre équipe. Nous sommes heureux de vous accueillir parmi nous.* ■ **3** (Sujet chose) Recevoir. *Le stade peut accueillir cent mille personnes.* ➤ **contenir.**

II ■ **1** Se comporter d'une certaine manière avec (une personne qui se présente). *Accueillir un ami chaleureusement, à bras* ouverts ; froidement. Le ministre a été bien accueilli.* ■ **2** (Sujet chose) Accompagner, suivre l'arrivée de. ➤ **saluer.** *Un tonnerre d'applaudissements, un silence glacial accueillit ses paroles. Arrivée accueillie par des huées.*

ACCULÉE [akyle] **n. f.** – 1848 ◇ de *acculer* ■ MAR. Embardée vers l'arrière d'un bateau qui cule*. *Coup d'acculée dans une lame déferlante* (➤ **abattée, aulofée**).

ACCULER [akyle] **v. tr.** ‹1› – 1200 ◇ de 1 *a-* et *cul* ■ **1** Pousser dans un endroit où tout recul est impossible. *Acculer l'ennemi à la mer, au fleuve. «Le taureau avait acculé Félicité contre une claire-voie»* FLAUBERT. ■ **2** FIG. (XIIIe) VX Ne laisser aucune échappatoire à ; mettre dans l'impossibilité de répondre, de réagir. — MOD. *Acculer qqn à qqch.* ➤ **contraindre, forcer.** *Acculer les opposants à l'exil. Être acculé à la faillite.*

ACCULTURATION [akyltyʀasjɔ̃] **n. f.** – 1911 ◇ mot anglais (1880), de *culture* «culture» ■ DIDACT. ■ **1** Processus par lequel un groupe humain assimile tout ou partie des valeurs culturelles d'un autre groupe humain. *L'acculturation des Amérindiens. Déculturation et acculturation.* ■ **2** Adaptation d'un individu à une culture étrangère avec laquelle il est en contact. *L'acculturation d'un immigré.*

ACCUMULATEUR [akymylatœʀ] **n. m.** – 1881 ; «celui qui accumule» 1564 ◇ de *accumuler* ■ ÉLECTROTECHN. (VX) Appareil qui emmagasine l'énergie électrique fournie par une réaction chimique et la restitue sous forme de courant. *Batterie d'accumulateurs :* accumulateurs montés en série*, utilisés dans les véhicules automobiles. ➤ **batterie.** — ABRÉV. FAM. (v. 1930) **ACCUS** [aky]. LOC. FIG. *Recharger les* (ou *ses*) *accus :* reprendre des forces. ◆ INFORM. Registre de l'unité de traitement d'un ordinateur où sont enregistrés les résultats des opérations.

ACCUMULATION [akymylasjɔ̃] **n. f.** – 1336 ◇ de *accumuler* ■ **1** Action d'accumuler ; le fait d'être accumulé. ➤ **addition, agglomération, amoncellement, entassement ; amas, quantité, tas.** *Une accumulation de richesses, de provisions. «l'accumulation des stocks»* MAUROIS. — *Une accumulation de preuves accablantes.* — PATHOL. *Accumulation compulsive d'objets.* ➤ **syllogomanie.** ◆ ÉCON. *Accumulation des biens, du capital.* ➤ **épargne, investissement, thésaurisation.** *Taux d'accumulation.* ◆ GÉOGR. Entassement de matériaux d'érosion. ■ **2** Emmagasinage d'énergie électrique. *Chauffage par accumulation. Poêle à accumulation.* ■ **3** MATH. *Point d'accumulation :* point d'une partie A d'un espace topologique E dont tout voisinage contient un nombre infini de points de A. ■ **CONTR.** Dispersion, éparpillement.

ACCUMULER [akymyle] **v. tr.** ‹1› – 1327 ◇ latin *accumulare* ■ **1** Mettre ensemble en grand nombre. ➤ **amasser, amonceler, entasser.** *Accumuler les richesses. Des «rapports administratifs accumulés les uns sur les autres»* COURTELINE. ➤ **empiler.** ■ **2** ABSTRAIT Produire en grand nombre. *Accumuler des preuves.* ➤ **réunir.** *Accumuler des notes.* PÉJ. *Il accumule les maladresses, les gaffes.* ➤ **collectionner.** *Accumuler erreur sur erreur.* ■ **3** ABSOLT Amasser des richesses (concrètes ou abstraites). *«On entasse, on accumule»* MICHELET. ➤ **capitaliser, thésauriser.** ■ **4 S'ACCUMULER v. pron.** Augmenter en nombre, en volume dans un même endroit, à un moment donné. *Le courrier s'accumule dans la boîte à lettres.* ➤ **s'entasser.** *L'eau s'est accumulée sur la terrasse. Le travail s'accumule, nous prenons* *du retard. La haine accumulée dans son cœur.* ■ CONTR. Disperser, gaspiller, répandre.

ACCUS ➤ **ACCUMULATEUR** ■ HOM. Acul.

ACCUSATEUR, TRICE [akyzatœʀ, tʀis] **n.** et **adj.** – 1327 ◇ latin *accusator* ■ **1** Personne qui accuse. ➤ **délateur, dénonciateur ; calomniateur.** — (1791) HIST. *Accusateur public :* magistrat chargé du ministère public (pendant la Révolution). ■ **2 adj.** Qui constitue ou dénote une accusation. *Documents accusateurs. Regard accusateur. Des traces accusatrices.* ➤ **révélateur.**

ACCUSATIF [akyzatif] **n. m.** – XIIe ◇ latin *accusativus,* de *accusare* «faire paraître» ■ GRAMM. Cas qui marque le complément d'objet ou certains compléments prépositionnels (➤ 1 **régime**). *Accusatif latin, grec. Mettre un nom à l'accusatif.*

ACCUSATION [akyzasjɔ̃] **n. f.** – 1275 ◇ latin *accusatio* ■ **1** Action de signaler (qqn) comme coupable ou (qqch.) comme répréhensible. *Accusations malveillantes, fausses.* ➤ **calomnie, dénigrement, diffamation, médisance.** *Lancer, porter une accusation. « On souffre davantage des accusations justifiées que de celles qu'on ne méritait point »* GIDE. ■ **2** DR. Action en justice par laquelle on désigne comme coupable, devant un tribunal. ➤ **plainte, poursuite.** *Les principaux chefs (sujets) d'accusation. Mise* en accusation. Mettre qqn en accusation. Le ministère* public a pour rôle de soutenir l'accusation.* — PAR EXT. *L'accusation :* le ministère public. — ANCIENNT *Acte d'accusation :* en cour d'assises, document qui exposait les faits délictueux imputés à l'accusé, leur nature juridique et les circonstances pouvant aggraver ou diminuer la peine. — (1959) ANCIENNT *Chambre* d'accusation, chambre des mises en accusation.*

ACCUSATOIRE [akyzatwaʀ] **adj.** – v. 1355 ◇ latin *accusatorius* ■ DR. Relatif à l'accusation, qui la motive. *Procédure accusatoire.*

ACCUSÉ, ÉE [akyze] **n.** – XIIIe ◇ de *accuser* ■ **1** Personne à qui on impute une faute, un délit (➤ aussi **inculpé, prévenu**). *L'accusé bénéficie jusqu'au jugement de la présomption d'innocence.* DR. Inculpé* qu'un arrêt de la Chambre de l'instruction a renvoyé en cour d'assises. *Comparution de l'accusé. L'accusé a été confronté aux témoins. La défense de l'accusé. Le banc* des accusés. Accusé, levez-vous ! L'accusé est jugé ; acquitté, condamné.* ■ **2 n. m. ACCUSÉ DE RÉCEPTION :** avis informant qu'une chose a été reçue. *Lettre recommandée avec accusé de réception.*

ACCUSER [akyze] **v. tr.** ⟨1⟩ – 980 *acuser* ◇ latin *accusare* ■ **1** Signaler ou présenter (qqn) comme coupable (d'une faute, d'une action blâmable, d'un défaut). ➤ **attaquer*, charger, dénoncer, diffamer, incriminer.** *« Je n'accuse personne et vous tiens innocente »* CORNEILLE. *« Incapable d'accuser quelqu'un sans preuves »* BOURGET. — *Accuser* (qqn) *de...,* lui faire grief de. ➤ **taxer.** *On l'accuse des pires méfaits, d'un crime, d'avoir tué, empoisonné sa femme.* PROV. *Qui veut noyer son chien l'accuse de la rage :* on juge sévèrement ce qu'on a décidé de supprimer, de détruire. — PRONOM. *S'accuser :* s'avouer coupable (➤ **autoaccusation**). PROV. *Qui s'excuse s'accuse. Il s'accusa d'imprudence.* ➤ aussi **s'entraccuser.** — FIG. *Accuser le sort, les évènements,* les rendre responsables (d'un mal). ■ **2** DR. Déférer (une personne soupçonnée d'un crime) devant la cour d'assises. ➤ **accusation, accusé ; impliquer, inculper ; citer, poursuivre.** ■ **3** Signaler, rendre manifeste. RELIG. *Accuser ses péchés.* ➤ **confesser.** — *Accuser réception :* donner avis qu'on a reçu. *Accuser réception d'une lettre.* ■ **4** FIG. ➤ **indiquer, montrer, révéler.** *Rien dans son comportement n'accusait son désarroi.* ➤ **trahir.** *Son visage accuse la fatigue, l'âge.* LOC. FAM. *Accuser le coup :* montrer par ses réactions qu'on est affecté, physiquement ou moralement. *Accuser un recul, une perte, du retard.* ■ **5** (XVIIe) Faire ressortir, faire sentir avec force. ➤ **accentuer, dessiner, marquer.** *La lumière accuse les reliefs. Robe moulante qui accuse les formes du corps.* — **p. p. adj.** *Un type physique très accusé. Des traits accusés.*

ACE [ɛs] **n. m.** – 1928 ◇ mot anglais ■ ANGLIC. ■ **1** Au tennis, Balle de service qui fait le point, l'adversaire n'ayant pu la toucher. ■ **2** Au golf, Trou réalisé en un coup. **Recomm. offic. :** *trou en un, as ;* (Canada) *trou d'un coup.* ■ HOM. Ès, esse, 1 s.

-ACÉE(S) ■ Élément, du latin *-aceae,* de *-aceus,* utilisé pour former les noms de familles botaniques : *polygonacées, rosacées.*

ACELLULAIRE [aselylɛʀ] **adj.** – 1910 ◇ de 2 *a-* et *cellulaire* ■ BIOL. Qui n'est pas formé de cellules distinctement cloisonnées. — *Extrait acellulaire,* obtenu par rupture des cellules et dans lequel il n'y a pas de cellules viables.

ACÉPHALE [asefal] **adj.** et **n.** – 1375 ◇ latin *acephalus,* du grec ; cf. 2 *a-* et *-céphale* ■ **1** Sans chef, sans dirigeant. *Société acéphale.* ■ **2** Sans tête. *Fœtus acéphale.* ■ **3** (XVIIIe) ZOOL. Qui, parmi les artiozoaires, n'a pas de tête. **n. m. pl.** VX *Les acéphales :* les lamellibranches.

ACERBE [asɛʀb] **adj.** – 1195 ; «cruel, méchant» jusqu'au XVIe ◇ latin *acerbus,* de *acer* ■ **1** VX Aigre et âpre. *Goût acerbe.* ■ **2** Qui cherche à blesser ; qui critique avec méchanceté. ➤ **acrimonieux, agressif, 1 caustique, mordant, sarcastique, virulent.** *Répondre d'une manière acerbe. Un ton acerbe. Critiques acerbes.* — **n. f.** RARE **ACERBITÉ,** 1327.

ACÉRÉ, ÉE [asere] **adj.** – 1155 «garni d'acier» ◇ de *acer,* forme ancienne de *acier* ■ **1** Se dit d'un objet métallique garni d'acier pour le rendre plus tranchant, plus effilé. *Des flèches acérées.* ♦ PAR EXT. Dur, tranchant et pointu. *Griffes acérées.* ■ **2** (XVIe) LITTÉR. ➤ **acerbe, 1 caustique.** *Critiques acérées.*

ACÉRER [asere] **v. tr.** ⟨6⟩ – *acherer* «garnir d'acier» 1348 ◇ de *acer* → acéré ■ RARE Aiguiser.

ACÉRICOLE [aseʀikɔl] **adj.** – 1929 ◇ du latin *acer* «érable» et *-cole* ■ Relatif à l'acériculture. *Aménagement acéricole.*

ACÉRICULTURE [aseʀikyltyʀ] **n. f.** – 1929 au Québec ◇ du latin *acer* «érable», sur le modèle de *arboriculture* ■ Culture et exploitation de l'érable à sucre, au Canada. ➤ **érablière.** — **n. ACÉRICULTEUR, TRICE,** 1929.

ACÉROLA ou **ACEROLA** [aseʀɔla] **n. m.** – 1991 ◇ espagnol *acerola* → azerole ■ Petit fruit rouge vif ressemblant à la cerise, à peau lisse et à saveur acidulée, originaire des régions tropicales, appelé parfois *cerise des Antilles* ou *de la Barbade. L'acérola est très riche en vitamine C.*

ACESCENCE [asesɑ̃s] **n. f.** – 1735 ◇ de *acescent* ■ DIDACT. Propriété, état d'un liquide acescent. *Acescence des vins :* maladie des vins piqués, due à des bactéries acétiques.

ACESCENT, ENTE [asesɑ̃, ɑ̃t] **adj.** – 1735 ◇ du latin *acescere* «aigrir» ■ DIDACT. Qui s'aigrit, devient acide. *Bière acescente.*

ACÉTAMIDE [asetamid] **n. m.** – 1847 ◇ allemand *Azetamid ;* cf. *acétique* et *amide* ■ CHIM. Amide de l'acide acétique ($CH_3{-}CO{-}NH_2$).

ACÉTATE [asetat] **n. m.** – 1787 ◇ de *acét(ique)* et suffixe chimique *-ate* ■ CHIM. Sel ou ester de l'acide acétique. ➤ **éthanoate.** *Acétate cuivrique* (verdet). *Acétate d'aluminium,* employé comme mordant. *Acétate de cellulose,* ou ABSOLT *acétate,* employé dans la fabrication de matières plastiques, de textiles synthétiques, de films ou de vernis. ➤ **acétocellulose.** *Chemisier en acétate.*

ACÉTIFICATION [asetifikasjɔ̃] **n. f.** – 1789 ◇ du latin *acetum* «vinaigre» ; cf. anglais *acetification* (1753) ■ Action de convertir en vinaigre, en acide acétique. *Vinaigre préparé par l'acétification du vin, de l'alcool.*

ACÉTIFIER [asetifje] **v. tr.** ⟨7⟩ – 1845 ; p. p. 1835 ◇ du latin *acetum* «vinaigre» ■ Effectuer l'acétification de (qqch.).

ACÉTIMÈTRE [asetimɛtʀ] ou **ACÉTOMÈTRE** [asetɔmɛtʀ] **n. m.** – 1834, -1853 «acidimètre» ◇ du latin *acetum* «vinaigre» et *-mètre* ■ Acidimètre servant à mesurer la concentration d'un liquide en acide acétique.

ACÉTIQUE [asetik] **adj.** – 1787 ◇ du latin *acetum* «vinaigre» ■ **1** CHIM. **ACIDE ACÉTIQUE :** acide du vinaigre (CH_3CO_2H), liquide corrosif, incolore, d'odeur suffocante, provenant de l'oxydation de l'alcool éthylique par un ferment communément appelé *mère* du vinaigre.* ➤ **éthanoïque.** ■ **2** (1866) Qui a rapport au vinaigre, à l'acide acétique. *Fermentation acétique,* qui donne naissance au vinaigre (➤ **acétobacter**). *Odeur acétique.* ■ HOM. Ascétique.

ACÉTOBACTER [asetobaktɛʀ] **n. m.** – v. 1950 ◇ latin scientifique *acetobacter,* de *acetum* «vinaigre» et grec *baktêrion* (→ bactérie) ■ CHIM. Bactérie qui provoque la transformation de l'alcool en acide acétique. *Des acétobacters.*

ACÉTOCELLULOSE [asetoselyloz] **n. f.** – 1928 ◇ de *acét(ique)* et *cellulose* ■ Acétate* de cellulose.

ACÉTOMÈTRE ➤ **ACÉTIMÈTRE**

ACÉTONE [asetɔn] **n. f.** – 1833 ◇ de *acét(ique)* et suffixe chimique *-one* ■ CHIM. Corps le plus simple du groupe des cétones (CH_3COCH_3), liquide incolore, inflammable, d'odeur caractéristique, utilisé comme solvant.

ACÉTONÉMIE [asetɔnemi] n. f. – 1885 ◊ de *acétone* et *-émie* ■ MÉD. Présence anormale dans le sang d'acétone ou de cétones voisines (ex. dans le diabète). *Vomissements dus à l'acétonémie infantile.* — adj. **ACÉTONÉMIQUE.**

ACÉTONURIE [asetɔnyʀi] n. f. – 1885 ◊ de *acétone* et *-urie* ■ MÉD. Présence d'acétone dans les urines (chez les diabétiques, les jeûneurs).

ACÉTYLCHOLINE [asetilkɔlin] n. f. – 1914 ◊ de *acétyle* et *choline* ■ BIOCHIM. Neurotransmetteur dérivé de la choline (➤ **cholinestérase**), intervenant à la fois dans le cerveau et le système nerveux périphérique, se fixant sur un récepteur spécifique au niveau de la synapse neuromusculaire (➤ **cholinergique**).

ACÉTYLCOENZYME [asetilkoɑ̃zim] n. f. – 1964 ; 1951 en anglais ◊ du radical de *acétyle* et de *coenzyme* ■ BIOCHIM. *Acétylcoenzyme A* : coenzyme contenant de l'acide pantothénique*, jouant un rôle dans le transfert biologique des radicaux acétyles.

ACÉTYLE [asetil] n. m. – 1853 ◊ de *acét(ique)* et *-yle* ■ CHIM. Radical univalent de formule CH_3-CO-. *Chlorure d'acétyle.*

ACÉTYLÈNE [asetilɛn] n. m. – 1862 ◊ de *acétyle* et *-ène* ■ CHIM. Hydrocarbure non saturé (C_2H_2), gaz incolore, inflammable et toxique, produit par action de l'eau sur le carbure de calcium, utilisé dans les *lampes* et *chalumeaux à acétylène* et surtout comme produit de départ pour de très nombreuses synthèses organiques. ➤ **éthyne.** *Soudure à l'acétylène.* « *La lueur de l'acétylène dansa sur les parois luisantes* » GASCAR. — adj. **ACÉTYLÉNIQUE,** 1890. *Hydrocarbure acétylénique,* qui contient une triple liaison $C{\equiv}C$. ➤ **alcyne.**

ACÉTYLSALICYLIQUE [asetilsalisilik] adj. – 1887 ; *acétosalicylique* 1856 ◊ de *acétyl(e)* et *salicylique* ■ CHIM., PHARM. *Acide acétylsalicylique* : aspirine.

ACHAINE ➤ **AKÈNE**

ACHALANDAGE [aʃalɑ̃daʒ] n. m. – 1820 ◊ de *achalander* ■ **1** VX ou RÉGION. (Canada) Ensemble des clients d'un commerçant. ■ **2** (1965) (Canada) Fréquentation (d'un lieu, d'un service). *L'achalandage du métro ; d'un site web.* ■ **3** (Sens critiqué) Ensemble des marchandises proposées à la clientèle par un commerçant.

ACHALANDÉ, ÉE [aʃalɑ̃de] adj. – 1383 ◊ de *achalander* ■ **1** RARE ou RÉGION. (Canada) Qui attire de nombreux clients. *Une boutique bien achalandée.* ◆ Par ext. LITTÉR. ou RÉGION. (Canada) Fréquenté par un public nombreux. *Autoroute, gare achalandée.* — *Semaine achalandée.* ➤ **chargé.** ■ **2** COUR. Par confus. (emploi critiqué) Qui a beaucoup de marchandises.

ACHALANDER [aʃalɑ̃de] v. tr. ⟨1⟩ – 1383 ◊ de 1 *a-* et 2 *chaland* ■ RARE Procurer des clients à. « *Un cinéma en plein air, chargé d'achalander les cafés* » GIDE.

ACHALANT, ANTE [aʃalɑ̃, ɑ̃t] adj. et n. – milieu XVIIIe ◊ de *achaler* ■ (Canada) FAM. Qui dérange, importune. ➤ **énervant, fatigant.** « *Nous trouve-t-elle corrects ou achalants, cool ou cons ?* » R. DUCHARME.

ACHALASIE [akalazi] n. f. – 1952 ◊ de 2 *a-* et du grec *khalasis* « relâchement » ■ MÉD. Défaut de relâchement d'un sphincter lors de l'arrivée de l'onde péristaltique. *L'achalasie du cardia rend difficile la progression du bol alimentaire.*

ACHALER [aʃale] v. tr. ⟨1⟩ – milieu XVIIIe ◊ de *chaloir* « chauffer » au sens figuré ■ RÉGION. (Ouest ; Canada) FAM. Déranger, importuner. ➤ FAM. **embêter.** « *Non ! Non ! Laisse-moi tranquille ! Cesse de m'achaler* » R. DUCHARME.

ACHARDS [aʃaʀ] n. m. pl. – 1609 ◊ du malais d'origine persane *ăčar*, par le portugais (1563) ■ Condiment composé de petits légumes, de fruits et de graines aromatiques, macérés dans du vinaigre. ➤ **pickles.** *Sardines aux achards.*

ACHARNÉ, ÉE [aʃaʀne] adj. – v. 1170 ◊ de 1 *a-* et ancien français *charn* « chair » ■ **1** Qui fait preuve d'acharnement. ➤ **enragé.** *Un adversaire, un joueur, un travailleur acharné. Acharné à :* qui s'attache avec acharnement à. « *Des soldats acharnés au meurtre* » RACINE. (Avec l'inf.) *Des ennemis acharnés à se détruire.* ■ **2** Où il entre de l'acharnement. ➤ **furieux, opiniâtre.** « *Les combats seront furieux, implacablement acharnés* » MICHELET. *Des efforts acharnés.*

ACHARNEMENT [aʃaʀnəmɑ̃] n. m. – 1611 ◊ de *acharner* ■ Ardeur furieuse et opiniâtre dans la lutte, la poursuite, l'effort. ➤ **furie, opiniâtreté.** *Résister avec acharnement. Son acharnement à le défendre.* — LOC. *Acharnement thérapeutique :* utilisation systématique de tous les moyens médicaux pour garder en vie qqn qui est perdu. ■ CONTR. Mollesse.

ACHARNER [aʃaʀne] v. ⟨1⟩ – v. 1170 au p. p. ◊ → acharné ■ **1** v. tr. (CHASSE) VX Donner le goût de la chair à (un chien, un faucon). — FIG. (XIVe) VIEILLI Rendre acharné. « *Des soldats qu'une férocité naturelle acharnait sur les vaincus* » FLÉCHIER. ■ **2** v. pron. **S'ACHARNER SUR, APRÈS, CONTRE... :** attaquer, poursuivre, combattre avec acharnement. « *le vautour s'acharnant sur le ver de terre* » HUGO. *Le sort s'acharne après lui.* — **S'ACHARNER À** *faire qqch.* ➤ **s'escrimer, s'évertuer, s'obstiner.** « *La Providence s'acharnait à la poursuivre* » FLAUBERT. ABSOLT *Il s'acharne :* il continue, il persévère avec acharnement.

ACHAT [aʃa] n. m. – 1164 ◊ de *achater*, variante ancienne de *acheter* ■ **1** Action d'acheter. ➤ **acquisition, emplette.** *Faire l'achat de qqch.,* l'acheter. *Faire des achats* (cf. Faire des courses*). *Achat au comptant, à crédit. Prix d'achat. Donner un ordre d'achat. Achat à la baisse, à la hausse. Groupement d'achat. Centrale d'achat :* organisme commun à plusieurs entreprises, dont il centralise les achats. *Coopérative d'achat.* ÉCON. *Pouvoir* d'achat.* ■ **2** (Souvent au plur.) Ce qu'on a acheté. *Montrez-moi un peu vos achats.*

ACHE [aʃ] n. f. – XIIe ◊ latin *apia*, fém. en latin populaire ; plur. de *apium* ■ Plante ombellifère, herbacée, dont deux variétés sont cultivées comme alimentaires, le céleri à côtes et le céleri-rave. ■ HOM. 1 H, hache, hasch.

ACHEMINEMENT [aʃ(ə)minmɑ̃] n. m. – 1454 ◊ de *acheminer* ■ **1** Action, manière de progresser vers un but ; étape sur la voie qui mène à un but. « *Lent acheminement vers la mort* » PROUST. ■ **2** (fin XIXe) Action d'acheminer en vue d'un transport déterminé. *L'acheminement du courrier. Numéro* postal d'acheminement.*

ACHEMINER [aʃ(ə)mine] v. tr. ⟨1⟩ – 1080 ◊ de 1 *a-* et *chemin* ■ **1** Mettre dans le chemin, diriger vers un lieu déterminé. *Acheminer la correspondance, un colis, des vivres vers Lyon.* ➤ **envoyer.** PRONOM. *S'acheminer :* se diriger, avancer. ■ **2** FIG. Mettre dans la voie qui mène à un but. « *La réforme de 1860 acheminait au régime parlementaire* » BAINVILLE. PRONOM. Avancer par étapes vers un but. « *L'homme s'achemine à de sublimes destinées* » BALZAC. *S'acheminer vers la sagesse.*

ACHÈNE ➤ **AKÈNE**

ACHETABLE [aʃ(ə)tabl] adj. – fin XIVe ◊ de *acheter* ■ Qu'on peut acheter ; qui peut être acheté, acquis pour de l'argent. « *Tout individu est achetable. Il ne faut que savoir dans quelle monnaie* » HAMP. ➤ **vénal.**

ACHETER [aʃ(ə)te] v. tr. ⟨5⟩ – *achater* XIIe ; *acheder* Xe ◊ latin populaire °*accaptare*, de *captare* « chercher à prendre *(capere)* » ■ **1** Acquérir (un bien, un droit) contre paiement. *Acheter une voiture, une maison, une robe, le journal, le pain.* « *Le plaisir d'acheter des curiosités* » BALZAC. « *On paye chaque plat au moyen de jetons préalablement achetés à la caisse* » DUHAMEL. *Acheter des marchandises au comptant, à crédit, en gros. C'est un livre que j'ai acheté d'occasion, très bon marché. Je l'ai acheté cent euros.* ➤ **payer.** *Acheter qqch. au marché, dans un magasin, chez le pharmacien, par correspondance. Un bout de terrain que j'ai acheté à mon voisin,* qu'il m'a vendu. *Un jouet que j'ai acheté à mon petit-fils,* que je lui ai offert. *Elle s'est acheté de nouvelles chaussures. Acheter des actions, des devises.* FIG. *Acheter chat en poche*.* ABSOLT Passer un ordre d'achat en bourse. « *Les imbéciles vendent quand tout baisse, achètent quand tout hausse* » MAUROIS. ■ **2** PAR EXT. Obtenir à prix d'argent (qqch. qui n'est pas proprement vénal). *Acheter le suffrage, le silence de qqn.* PRONOM. (PASS.) « *La confiance, c'est presque un mystère. Ça ne s'achète pas et ça n'a pas de prix* » J. ROUMAIN. ◆ Corrompre (qqn). « *consuls, prêteurs* [...] *furent achetés au prix qu'ils mirent eux-mêmes* » MONTESQUIEU. *Il s'est laissé acheter.* ■ **3** FIG. Obtenir (un avantage) au prix d'un sacrifice. « *C'est acheter la paix du sang d'un malheureux* » RACINE. *Vous achetez bien cher votre tranquillité.* ➤ **payer.** ■ CONTR. Vendre.

ACHETEUR, EUSE [aʃ(ə)tœʀ, øz] n. – fin XIIe ◊ de *acheter* ■ **1** Personne qui achète. ➤ **acquéreur, client.** *L'acheteur et le vendeur. Ces soldes n'ont pas trouvé acheteur.* ➤ **preneur.** *Je ne suis pas acheteur :* je ne me propose pas d'acheter (la chose en question). — adj. *Les pays acheteurs.* ■ **2** (1801) Agent chargé d'effectuer les achats pour le compte d'un employeur. *Elle est acheteuse dans un grand magasin.* ■ CONTR. Vendeur.

ACHEULÉEN, ENNE [aʃøleɛ̃, ɛn] **adj. et n. m.** – 1869 ◇ de *Saint-Acheul*, localité de la Somme ■ GÉOL., PALÉONT. Se dit d'un type de culture du paléolithique inférieur caractérisé par de grands silex taillés en bifaces*. *La civilisation acheuléenne.* — **n. m.** *L'acheuléen* : cette période du paléolithique. ➤ **abbevillien.**

ACHEVÉ, ÉE [aʃ(ə)ve] **adj. et n. m.** – 1538 ◇ de *achever* ■ **1** LITTÉR. Parfait en son genre. ➤ **accompli.** *Une œuvre achevée.* ♦ PÉJ. Qui est totalement ce qu'il est. « *Un fou achevé* » FURETIÈRE. *C'est d'un ridicule achevé.* ➤ 1 **complet, total.** ■ **2 n. m.** *Achevé d'imprimer**. ■ CONTR. Imparfait.

ACHÈVEMENT [aʃɛvmɑ̃] **n. m.** – 1273 ◇ de *achever* ■ **1** Action d'achever (un ouvrage) ; fin. *La station sera fermée jusqu'à l'achèvement des travaux.* ■ **2** (1611) LITTÉR. Perfection. « *L'œuvre racinienne atteint dans* Phèdre *son achèvement* » MAURIAC. ■ CONTR. Commencement. Ébauche.

ACHEVER [aʃ(ə)ve] **v. tr.** ⟨5⟩ – 1080 ◇ de l'ancien français *à chief* « à bout » ■ **1** Finir (généralement d'une façon satisfaisante, en menant à bonne fin). ➤ **terminer.** *Achever un travail, un programme.* ➤ **finaliser.** *Il est mort sans avoir achevé son roman.* « *C'est à l'intelligence d'achever l'œuvre de l'intuition* » R. ROLLAND. *Achever ses jours, sa vie dans la retraite.* PRONOM. Prendre fin. « *Sur la terre aujourd'hui notre destin s'achève* » HUGO. ♦ Dire pour finir. *En achevant ces mots, il se leva.* ABSOLT « *Il eut à peine achevé que chacun applaudit* » LA FONTAINE. *Laissez-le achever.* ➤ **conclure.** ♦ **ACHEVER DE** (et inf.) : achever l'action de. *J'ai achevé de ranger mes papiers.* ♦ (Sujet chose) Apporter le dernier élément nécessaire pour que se réalise pleinement un état, un fait. « *Ses réprimandes achevèrent d'indisposer contre lui ses élèves* » GIDE. ■ **2** (XVIe) Porter le coup de grâce à (une personne, un animal). « *Ils achèveront le grand blessé, s'il alourdit l'avance d'une armée* » SAINT-EXUPÉRY. *Achever un cheval blessé* (➤ **abattre**), *une bête forcée* (➤ **servir**). ■ **3** (1614) Ruiner définitivement la santé ou la fortune de (qqn). ➤ **anéantir.** *Ce deuil l'a achevé, il ne s'en relèvera pas.* ♦ FAM. Agiter, troubler, faire perdre la tête définitivement. « *Et cet interrogatoire l'acheva, il ne put se contenir davantage* » ZOLA. — Fatiguer à l'extrême. *Cette longue course m'a achevée.* ■ CONTR. Commencer. Épargner.

ACHIGAN [aʃigɑ̃] **n. m.** – 1683 ◇ mot algonquin « celui qui se débat » ■ RÉGION. (Canada) Perche noire. ➤ **black-bass.**

ACHILLÉE [akile] **n. f.** – 1572 ◇ latin d'origine grecque *achillea* ■ BOT. Plante à longues feuilles très découpées *(composées)* dont l'espèce la plus commune est l'*achillée millefeuille** utilisée en pharmacopée.

ACHOLIE [akɔli] **n. f.** – 1855 ◇ grec *akholia*, de *kholê* « bile » ■ MÉD. Suppression ou diminution notable de la sécrétion biliaire. *Acholie pigmentaire* : absence de sécrétion des pigments biliaires.

ACHONDROPLASIE [akɔ̃dʀoplazi] **n. f.** – 1876 ◇ grec *akhondros* « sans cartilage » et *-plasie*, pour *-plastie* ■ MÉD. Affection héréditaire et congénitale caractérisée par un arrêt de la croissance des os en longueur, et se manifestant par un type de nanisme* (grosse tête, cyphose de la colonne vertébrale, membres courts).

ACHOPPEMENT [aʃɔpmɑ̃] **n. m.** – début XIIIe ◇ de *achopper* ■ VX ou LITTÉR. Obstacle contre lequel on bute, difficulté qu'on rencontre. « *Il y a là un grand achoppement pour l'esprit* » GIDE. — MOD. LOC. *Pierre d'achoppement* : obstacle, écueil.

ACHOPPER [aʃɔpe] **v. tr. ind.** ⟨1⟩ – XIIe ◇ de 1 *a-* et *chopper* « buter » ■ **1** VX ou LITTÉR. Buter du pied contre un obstacle, trébucher. — FIG. *Achopper à un problème, sur un mot difficile.* ■ **2** *S'achopper (à)* **v. pron.** FIG. et LITTÉR. Se heurter. *S'achopper à une difficulté.*

ACHOURA [aʃuʀa] **n. f.** – 1952 ◇ de l'arabe ■ RÉGION. (Maghreb, Afrique noire) Fête religieuse musulmane commémorant le martyre de Hussein, neveu de Mahomet, célébrée le dixième jour du premier mois de l'année musulmane et soulignant le nouvel an. *Célébrer l'achoura.*

ACHROMAT [akʀɔma] **n. m.** – 1960 ◇ de *achromat(ique)* ■ OPT. Objectif rendu achromatique par l'association de lentilles de propriétés optiques complémentaires.

ACHROMATIQUE [akʀɔmatik] **adj.** – 1764 ◇ de 2 *a-* et grec *khrôma* « couleur » ■ **1** PHYS. Se dit d'un système optique dont la réponse est indépendante du rayonnement incident et donc de sa couleur (➤ **aberration, irisation ; achromat ; crown-glass, flint-glass**). ■ **2** (1899) BIOL. Qui se colore mal par les colorants cytologiques usuels. *Fuseau* achromatique.*

ACHROMATISER [akʀɔmatize] **v. tr.** ⟨1⟩ – 1823 ◇ de *achromatique* ■ TECHN. Rendre achromatique (un système optique).

ACHROMATISME [akʀɔmatism] **n. m.** – 1823 ◇ de *achromatique* ■ PHYS., OPT. Caractère d'un système optique achromatique réalisé en général par la combinaison de deux verres différents (➤ **chromatisme**).

ACHROMATOPSIE [akʀɔmatɔpsi] **n. f.** – 1845 ◇ grec *akhrômatos* « sans couleur » et *-opsie* ■ DIDACT. Absence congénitale ou acquise de la perception des couleurs. ➤ **daltonisme, dyschromatopsie.**

ACHROMIE [akʀɔmi] **n. f.** – 1865 ◇ de 2 *a-* et grec *khrôma* « couleur » ■ MÉD. Absence de coloration normale, surtout de pigmentation de la peau. ➤ **albinisme, dyschromie, vitiligo.** — **adj. ACHROMIQUE,** 1866. ■ CONTR. Hyperchromie.

ACHYLIE [aʃili] **n. f.** – 1865 ◇ de 2 *a-* et du radical de *chyle* ■ MÉD. Absence de sécrétion d'un suc digestif *(achylie gastrique, pancréatique)* ou du chyle.

ACICULAIRE [asikylɛʀ] **adj.** – 1801 ◇ latin *acicula* « petite aiguille » ■ **1** MINÉR. En aiguilles ou en baguettes. *Le faciès aciculaire de certains silicates.* ■ **2** (1845) BOT. Aigu, piquant comme une aiguille. *Les aiguilles des pins et des sapins sont des organes aciculaires.*

ACIDALIE [asidali] **n. f.** – 1845 ◇ latin des zoologistes *acidalia*, appellation mythologique, surnom de Vénus ■ ZOOL. Petit papillon nocturne, aux ailes peu colorées, commun en France.

ACIDE [asid] **adj. et n. m.** – 1545 ◇ latin *acidus*, de *acer*

I adj. ■ **1** Qui est piquant au goût. ➤ **aigre.** *Une saveur un peu acide.* ➤ **acidulé.** *L'oseille est acide. Fruit acide.* ➤ 2 **sur.** « *le poivre, le vinaigre et les pommes, pourvu qu'elles fussent vertes — tout ce qui était acide, relevé, piquant* » TOURNIER. ♦ FIG. Acerbe, désagréable. *Des propos, des réflexions acides.* ➤ **acrimonieux,** 1 **caustique.** « *Ces petits souvenirs-là, comme ils sont acides, irritants* » COLETTE. — Piquant. *Grâce, charme acide.* ■ **2** (XVIIe) Qui possède les propriétés des acides, est propre aux acides. *Solution acide. Fermentation acide. La fonction acide. Sel acide,* issu de la neutralisation incomplète d'un polyacide. ➤ **bisulfate.** *Réaction acide* (opposé à *basique*) : réaction d'un indicateur à un pH inférieur à 7. ♦ (1847) *Roches acides,* abondantes en silice (plus de 65 %). ♦ Qui contient de l'acide. *Pluies* acides.*

II n. m. ■ **1** (XVIIe ◇ latin scientifique *acidum*) ANCIENNT Constituant chimique universel, antagoniste de l'alcali ; selon Lavoisier, Corps oxygéné rougissant le papier de tournesol. ■ **2** CHIM. Tout corps capable de libérer des ions hydrogène (H^+), qui donne un sel avec une base* et, en solution aqueuse, change la couleur des papiers indicateurs (pH* inférieur à 7). MOD. Donneur de proton (théorie de Brönsted) ; accepteur de doublets (théorie de Lewis). *Acides forts (acide chlorhydrique, nitrique), acides faibles (acide acétique, borique),* selon leur degré de dissociation dans l'eau. *Acides ne renfermant pas d'oxygène ou hydracides (acide chlorhydrique, bromhydrique). Acides dont l'hydrogène est lié à un atome d'oxygène ou oxacides (acide acétique, phosphorique),* classés en *monoacides, diacides,* etc., selon le nombre d'ions hydrogène qu'ils contiennent. *Réaction d'un acide avec une base.* ➤ **acidobasique.** ♦ CHIM. ORGAN. *Acides organiques,* qui possèdent dans leur molécule un ou plusieurs groupements carboxyle (—COOH). *Acides gras* : acides organiques, en général issus de l'hydrolyse d'un corps gras (➤ **lipide**). *Acides gras saturés, insaturés. Acides aminés*, nucléiques*. Acides aromatiques. — Les acides, corrosifs, attaquent certains corps. Acide nitrique* (➤ **eau-forte**), *chlorhydrique* (esprit-de-sel ➤ **esprit,** II, 2°), *sulfurique* (➤ **vitriol**). ♦ (1966) *Acide lysergique diéthylamide,* et ABSOLT *acide* : drogue hallucinogène. ➤ **L. S. D.** *Prendre de l'acide.* « *cette molécule rendait plus bavard qu'un acide ordinaire* » LIBERATI.

ACIDIFIABLE [asidifjabl] **adj.** – 1786 ◇ de *acidifier* ■ CHIM. Qui peut être acidifié. *Base acidifiable.*

ACIDIFIANT, IANTE [asidifjɑ̃, jɑ̃t] **adj. et n. m.** – 1808 ◇ de *acidifier* ■ CHIM. Qui a la propriété d'acidifier. ♦ **n. m.** Produit acidifiant. *Des acidifiants.*

ACIDIFICATION [asidifikasjɔ̃] **n. f.** – 1786 ◇ de *acidifier* ■ **1** CHIM. Transformation en acide ou ajout d'acide. ■ **2** GÉOL. Injection d'acide chlorhydrique dans une couche calcaire pour faciliter un forage.

ACIDIFIER [asidifje] **v. tr.** ⟨7⟩ – 1786 ◇ de *acide* ■ Rendre acide, transformer en acide. — PRONOM. *Matière qui s'acidifie,* devient acide.

ACIDIMÈTRE [asidimɛtʀ] **n. m.** – 1869 ◇ de *acide* et *-mètre* ■ CHIM. Instrument servant à l'acidimétrie.

ACIDIMÉTRIE [asidimetʀi] **n. f.** – 1841 ◇ de *acide* et *-métrie* ■ CHIM. Détermination du titre d'une solution acide. *Établir l'acidimétrie du lait.*

ACIDITÉ [asidite] **n. f.** – 1545 ◇ bas latin *aciditas* ■ **1** Saveur acide. *L'acidité du citron, de l'oseille.* ◆ FIG. Caractère mordant, causticité. *L'acidité de sa remarque.* — Caractère piquant. *« Cette acidité virginale »* THARAUD. ■ **2** CHIM. Qualité acide d'une substance. *L'acidité d'une solution aqueuse correspond à sa concentration ou à son activité en ions hydrogène* (pH). *L'acidité et la basicité* d'un corps.* — *Acidité gastrique* : proportion d'acide chlorhydrique dans le suc gastrique. ➤ **hyperchlorhydrie.** ■ CONTR. Alcalinité.

ACIDOBASIQUE [asidobɑzik] **adj.** – 1834 ◇ de *acide* et 1 *basique* ■ CHIM. Qui concerne le rapport entre acides et bases. *Réactions acidobasiques. Titrage acidobasique,* d'un acide par une base ou d'une base par un acide. *Indicateurs acidobasiques* (ex. hélianthine, bleu de bromothymol). — PHYSIOL. *Bilan, équilibre acidobasique,* entre les acides et les bases présents dans l'organisme. — On écrit aussi *acido-basique.*

ACIDOPHILE [asidɔfil] **adj.** – 1897 ◇ de *acide* et *-phile* ■ BIOL. ■ **1** Qui fixe les colorants acides, comme l'éosine. ➤ **éosinophile.** *Cellules acidophiles et cellules basophiles.* ■ **2** Qui peut ou doit vivre dans des conditions de forte acidité.

ACIDOSE [asidoz] **n. f.** – 1909 ◇ de *acide* et 2 *-ose* ■ MÉD. Trouble de l'équilibre entre les acides et les bases de l'organisme (sang), caractérisé par une prédominance de l'acidité (➤ **alcalose**).

ACIDULÉ, ÉE [asidyle] **adj.** – 1721 ◇ du p. p. de *aciduler,* famille du latin *acidus* → acide ■ **1** Légèrement acide. *Un goût acidulé.* ➤ **aigrelet, suret.** *Vin acidulé.* ■ **2** Qu'on a acidulé. *Bonbons acidulés.* ◆ FIG. *Tons, coloris acidulés,* aux couleurs vives de bonbons acidulés.

ACIDULER [asidyle] **v. tr.** ⟨1⟩ – 1721 ◇ du latin *acidulus* → acidulé ■ Rendre légèrement acide par addition d'une substance acide.

ACIER [asje] **n. m.** – XIIe ; *acer* 1080 ◇ bas latin °*aciarium,* de *acies* « pointe, tranchant » ■ **1** Alliage de fer et de carbone (moins de 1,5 %), auquel on donne, par traitement mécanique ou thermique, des propriétés variées (malléabilité, résistance). *L'acier trempé* est très dur. L'acier a plus de liant* que le fer. Acier doux* (jusqu'à 0,25 % de carbone), *dur* (de 0,60 à 0,70 %). *Acier Bessemer* (élaboré au convertisseur Bessemer), *Thomas* (au convertisseur Thomas), *Martin* (au four Martin). *Acier indéformable. Acier chromé. Acier inoxydable,* renfermant du chrome et du nickel. *Acier cémenté, forgé, fritté ; acier au creuset. Aciers spéciaux. Foret en acier rapide. Fabrication, affinage de l'acier* (par décarburation de la fonte). ➤ **métallurgie, sidérurgie.** *Meubles en acier. Des lunettes à monture d'acier. Immeuble de verre et d'acier. Poumon* d'acier.* ■ **2** *L'acier* : l'industrie, le commerce de l'acier. *Un magnat, un roi de l'acier.* ■ **3** POÉT. (VX) Arme d'acier. ■ **4** PAR COMPAR. *Gris, bleu acier. Une voiture gris acier.* ■ **5** FIG. *D'acier* : dur comme l'acier. *Des muscles d'acier. « Une voix coupante comme une voix d'acier »* GONCOURT. *Un regard d'acier,* dur et froid. — LOC. *Avoir un moral d'acier,* à toute épreuve. — VIEILLI Dur, insensible. *« ces cœurs d'acier »* CORNEILLE.

ACIÉRAGE [asjeʀaʒ] **n. m.** – 1753 ◇ de *aciérer* ■ **1** VX Transformation (du fer) en acier (on a dit *aciération* **n. f.**). ■ **2** (1864) Opération consistant à recouvrir d'une couche d'acier la surface d'une plaque métallique (galvanoplastie) ou à donner à certains métaux la dureté de l'acier. *Aciérage de l'aluminium.*

ACIÉRER [asjeʀe] **v. tr.** ⟨6⟩ – 1470 ; variante ancienne *acérer* ◇ de *acier* ■ **1** VX Garnir d'acier par soudure (une arme, un outil de fer). ■ **2** (1834) VX Convertir (le fer) en acier. ■ **3** (1864) Procéder à l'aciérage de. *Aciérer des planches de cuivre.* — **p. p. adj.** *Fonte aciérée.*

ACIÉRIE [asjeʀi] **n. f.** – 1751 ◇ de *acier* ■ Usine où l'on fabrique l'acier.

ACIÉRISTE [asjeʀist] **n.** – 1932 ; « ouvrier qui travaille l'acier » 1801 ◇ de *acier* ■ TECHN. Métallurgiste spécialiste de la fabrication de l'acier.

ACINÉSIE ➤ **AKINÉSIE**

ACINUS [asinys] **n. m.** – 1865 ; latin scientifique 1689 ◇ mot latin « grain de raisin, baie » ■ ANAT. Petite cavité glandulaire en cul de sac et arrondie, se déversant dans un canal excréteur. *Des acinus* ou *des acini* (plur. lat.). *Le pancréas, les glandes salivaires sont des glandes à acinus* (*acineux, euse,* **adj.**, 1834). *Les acinus du sein* (de la femme).

ACLINIQUE [aklinik] **adj.** – 1898 ◇ grec *aklinês* « qui ne penche pas » ■ GÉOPHYS. *Lieu, point aclinique,* où l'inclinaison du champ magnétique terrestre est nulle. *Ligne aclinique,* reliant les points acliniques de la surface terrestre.

ACMÉ [akme] **n. m.** ou **f.** – 1751 ◇ grec *akmê* « partie aiguë d'un objet » ■ DIDACT. ■ **1** VX Phase de la maladie où les symptômes morbides sont au plus haut degré d'intensité. ■ **2** (v. 1930) Apogée*, moment du plus grand développement. ➤ **zénith.** *L'acmé d'une doctrine philosophique, d'une civilisation.* — LITTÉR. Sommet, point culminant. *L'acmé de la vie.*

ACNÉ [akne] **n. f.** – 1816 ◇ pour *achné,* grec *akhnê* « efflorescence » ■ Lésion de la peau au niveau des follicules pilosébacés. *Acné juvénile* (ou *acné vulgaire*) : comédons enflammés apparaissant à la puberté. *Acné rosacée.* ➤ **couperose.** — **adj. ACNÉIQUE,** 1858. ■ HOM. Haquenée.

ACOLYTAT [akɔlita] **n. m.** – 1721 ◇ latin médiéval *acolytatus* → acolyte ■ RELIG. CATHOL. Le plus élevé des ordres mineurs.

ACOLYTE [akɔlit] **n. m.** – XIIe ◇ latin ecclésiastique *acolythus,* du grec *akolouthos* « suivant, serviteur » ■ **1** RELIG. CATHOL. (avant 1972) Clerc élevé à l'acolytat, dont l'office est de servir à l'autel. ➤ **servant.** ■ **2** FIG. (XVIIe) SURTOUT PÉJ. Compagnon, complice qu'une personne traîne toujours à sa suite. *Flanqué de ses deux acolytes.*

ACOMPTE [akɔ̃t] **n. m.** – 1771 ; *à compte* 1740 ◇ de *à* et *compte* ■ Paiement partiel à valoir sur le montant d'une somme due. ➤ **arrhes, avance, provision.** *Donner, verser, déduire un acompte. Le versement d'un acompte implique l'engagement ferme des deux parties.* ◆ FIG. (FAM.) Petit avantage, petit plaisir qu'on reçoit ou prend en attendant mieux.

ACON [akɔ̃] **n. m.** – 1650 ◇ mot poitevin, p.-ê. de l'anglo-saxon *naca* « barque » ■ MAR. Embarcation à fond plat servant au chargement et au déchargement des navires. ➤ **allège.** — On écrit aussi *accon.*

ACONAGE [akɔnaʒ] **n. m.** – 1650 ◇ de *acon* ■ MAR. Opération de chargement ou de déchargement d'un navire au moyen d'acons. — On écrit aussi *acconage.*

ACONIER [akɔnje] **n. m.** – 1866 ◇ de *acon* ■ MAR. Patron d'un acon*. — Celui dont le métier est d'assurer l'embarquement ou le débarquement des marchandises, de les arrimer à bord d'un navire ou de les mettre en entrepôt. — On écrit aussi *acconier.*

ACONIT [akɔnit] **n. m.** – XVIe ; *aconita* XIIe, puis *aconite* ◇ latin d'origine grecque *aconitum* ■ BOT. Plante vénéneuse *(renonculacées),* dont les fleurs ont le sépale supérieur en forme de casque.

ACONITINE [akɔnitin] **n. f.** – 1834 ◇ de *aconit* ■ BIOCHIM., PHARM. Alcaloïde contenu dans la racine de l'aconit napel, utilisé comme analgésique.

A CONTRARIO [akɔ̃tʀaʀjo] **loc. adv.** et **loc. adj.** /À CONTRARIO/ – 1792 ◇ loc. du latin scolastique et juridique, traduite « par la raison des contraires » aux siècles classiques ■ **1** Se dit d'un raisonnement qui, partant d'une opposition dans les hypothèses, conclut à une opposition dans les conséquences. ■ **2** **loc. adv.** En sens contraire, inversement. *Il « n'en concevait aucune amertume, aucune rancœur. Ni aucune fierté, a contrario »* TH. JONQUET.

ACOQUINEMENT [akɔkinmɑ̃] **n. m.** – 1858 ◇ de *s'acoquiner* ■ VIEILLI Liaison peu honorable.

ACOQUINER (S') [akɔkine] **v. pron.** ⟨1⟩ – 1690 ◇ de 1 *a-* et *coquin* ■ Se lier (à une personne peu recommandable). *« Vous vous acoquinez avec le premier venu »* TROYAT.

ACORE [akɔʀ] **n. m.** – XVIe ◇ latin d'origine grecque *acorum* ■ Plante aquatique *(aracées),* aussi appelée *roseau aromatique,* à parfum de mandarine et à saveur amère et poivrée. ■ HOM. Accord, accore, accort.

À-CÔTÉ [akote] **n. m.** – 1917 ◇ subst. de la loc. adv. *à côté* ■ Point, problème accessoire. *Ce n'est qu'un à-côté de la question.* ◆ Gain d'appoint. *Il gagne tant, sans compter les à-côtés.* ■ HOM. poss. Accoter.

ACOTYLÉDONE [akɔtiledɔn] **adj.** – 1773 ◇ de 2 *a-* et *cotylédon* ■ BOT. (VX) Cryptogame.

À-COUP [aku] **n. m.** – 1835 ◊ de *à* et *coup* ■ Discontinuité de mouvement provoquant des secousses. ➤ **saccade, secousse, soubresaut.** *« Cet équipage difficile à mener s'avance avec des à-coups, des arrêts »* LOTI. *Il y a des à-coups dans le moteur.* — **loc. adv. PAR À-COUPS :** de façon irrégulière, intermittente (cf. Par accès). *Travailler par à-coups. « Les choses éclatantes, on ne les fait* [...] *que par à-coups »* PROUST.

ACOUPHÈNE [akufɛn] **n. m.** – v. 1950 ◊ grec *akouein* « entendre » et *phainesthai* « paraître » ■ MÉD. Sensation auditive anormale qui n'est pas provoquée par un son extérieur (bourdonnement, tintement d'oreille).

ACOUSMATIQUE [akusmatik] **adj.** et **n. f.** – 1955, à nouveau 1972, F. Bayle ◊ du grec *akousmatikos* « disposé à écouter », chez les Pythagoriciens ■ *Musique acousmatique,* composée de sons (naturels ou électroniques) dont on ne voit pas la source physique, pour privilégier l'écoute. — **n. f.** *Électroacoustique et acousmatique.*

ACOUSTICIEN, IENNE [akustisjɛ̃, jɛn] **n.** – 1876 ◊ de *acoustique* ■ Spécialiste de l'acoustique.

ACOUSTIQUE [akustik] **adj.** et **n. f.** – 1700 n. f. ◊ du latin scientifique *acusticus* (Kircher, 1650), du grec *akoustikos* « qui concerne l'ouïe »

I adj. ■ **1** Qui appartient à l'ouïe, sert à la perception des sons. *Nerf acoustique,* auditif. ◆ Qui facilite la perception des sons. *Cornet* acoustique* (cf. Prothèse auditive*). — *Guitare acoustique, basse acoustique* (opposé à *électrique*). ■ **2** (1834) Relatif au son, du domaine de l'acoustique. ➤ **sonore.** *Les phénomènes, les ondes acoustiques. La pression acoustique.*

II n. f. (1700) ■ **1** Partie de la physique (en relation avec la physiologie, la psychologie et la musique) qui traite des sons (sons audibles pour l'oreille humaine, infrasons*, ultrasons*) et des ondes sonores (nature, production, propagation, détection et réception). ◆ *Acoustique architecturale :* ensemble des techniques assurant une bonne propagation du son ainsi que l'isolation acoustique dans les constructions. ■ **2** (1898) Qualité d'un local (théâtre, salle de concert) au point de vue de la propagation du son. *La bonne, la mauvaise acoustique d'une salle.*

ACQUÉREUR [akerœr] **n. m.** – 1385 ◊ de *acquérir* ■ Personne qui acquiert (un bien). ➤ **acheteur.** *Ce tableau n'a pas trouvé acquéreur.* ➤ **preneur.** *L'État se porte acquéreur du château.* REM. Au fém., on rencontre la forme *acquéreuse ; acquéreur* est encore employé pour parler d'une femme. *Elle s'est portée acquéreur d'un terrain.* Le fém. *acquéresse,* rare, appartient à la langue juridique. *Il exposa qu'elles « étaient légitimes propriétaires du couvent ; qu'elles le tenaient de l'acquéresse »* BARRÈS.

ACQUÉRIR [akerir] **v. tr.** ‹21› – 1370 ; *acquerre* 1148 ◊ latin populaire °*acquaerere,* classique *acquirere* ■ **1** Devenir propriétaire de (un bien, un droit), par achat, échange, succession. ➤ **acquisition.** *Acquérir une terre, un immeuble. « Les manuscrits que le vieux savant acquit au prix d'un modeste pécule »* FRANCE. ■ **2** Arriver à posséder (une chose avantageuse). ➤ **gagner, obtenir.** *« On veut acquérir de la gloire »* LA ROCHEFOUCAULD. *Acquérir des connaissances, des qualités. Acquérir la certitude que.* — *Il s'est acquis l'estime de ses chefs,* il a obtenu pour lui. — PRONOM. (PASS.) *L'expérience s'acquiert lentement.* ◆ (Sujet chose) Arriver à avoir (une qualité). ➤ **prendre.** *Ces tableaux ont acquis beaucoup de valeur.* ■ **3** (Sujet chose) Procurer la possession, la disposition de (qqch.) à (qqn). ➤ **valoir.** *« trois amants que ses charmes lui acquirent successivement »* LA BRUYÈRE. *L'aisance que ses efforts lui ont acquise.* ■ CONTR. Céder, vendre. Perdre. ■ HOM. *Acquîtes :* acquitte (acquitter).

ACQUÊT [akɛ] **n. m.** – XIIe ◊ latin vulgaire °*acquaesitum,* p. p. subst. de °*acquaerere* → acquérir ■ DR. Bien acquis par l'un des époux au cours de l'association conjugale, et qui fait partie de la masse commune (opposé à *propre*). *Communauté réduite aux acquêts :* régime matrimonial où seuls les biens acquis par chacun des époux pendant leur union sont leur propriété commune. ■ HOM. Haquet.

ACQUIESCEMENT [akjɛsmɑ̃] **n. m.** – 1527 ◊ de *acquiescer* ■ **1** DR. Adhésion d'une personne à un acte fait, une demande formée, un jugement rendu contre elle. *Acquiescement pur et simple, exprès, tacite, implicite, conditionnel.* ■ **2** (XVIIe) COUR. Consentement, acceptation. ➤ **approbation, assentiment.** *Signe d'acquiescement.* ➤ **oui.** *« Elle prit notre silence pour un acquiescement »* MAURIAC. *« l'acquiescement des masses* [...] *à ce régime dictatorial était spontané »* BAINVILLE. ■ CONTR. Opposition, refus.

ACQUIESCER [akjese] **v. tr. ind.** ‹3› – XIVe ◊ latin *acquiescere,* au sens du français en latin juridique et ecclésiastique ■ **1** DR. Donner son acquiescement à. *Acquiescer à un jugement.* ■ **2** (XVIe) COUR. Donner son entier consentement à. ➤ **accepter, approuver, consentir, déférer.** *Acquiescer à une demande, à un vœu. « ils se croient victimes dès qu'on n'acquiesce pas à leurs arguments »* CAILLOIS. — ABSOLT *« Elle acquiesce d'un signe de tête »* MARTIN DU GARD. — En incise *« Oui », acquiesça-t-il.* ■ CONTR. Opposer (s'), refuser.

1**ACQUIS** [aki] **n. m.** – 1595 ◊ p. p. subst. de *acquérir* ■ **1** Savoir acquis, expérience acquise constituant une espèce de capital. *Validation des acquis de l'expérience (V. A. E.) :* procédure de reconnaissance des compétences acquises dans l'exercice d'une activité professionnelle, permettant d'obtenir une certification (diplôme, titre). ■ **2** PLUR. (v. 1960) **LES ACQUIS :** les avantages sociaux qui ont été acquis. *Le gouvernement a promis aux syndicats de maintenir les acquis. « pas cette société où on remet en cause* [...] *les acquis de la Sécurité sociale »* S. HESSEL. ■ **3** DR. *Acquis communautaire :* ensemble des règles de droit originaire (traités) ou dérivé (actes pris par les institutions communes) auxquelles les pays candidats à l'adhésion doivent souscrire pour entrer dans l'Union européenne. ■ HOM. Acquit.

2**ACQUIS, ISE** [aki, iz] **adj.** – p. p. de *acquérir* ■ **1** Qui a été acquis par l'individu, par opposition à ce qui lui est naturel ou lui a été transmis. *« Ses qualités tant acquises que naturelles »* VOLTAIRE. *« Les hommes qui possèdent une fortune acquise et non transmise »* BALZAC. *Le savoir acquis. L'expérience acquise.* — PROV. *Bien mal acquis ne profite* jamais.* BIOL. *Caractères acquis,* qui n'appartiennent pas au patrimoine chromosomique de l'individu et apparaissent par adaptation au milieu. *Immunité acquise.* ◆ PAR EXT. PHYS. *Vitesse* acquise.* ■ **2** *Acquis à* (qqn) : qui est reconnu comme lui appartenant, dont il peut disposer de façon définitive et sûre. *Ce droit lui est acquis. Mon soutien vous est acquis.* — *Avantages acquis* (à une catégorie de personnel). ➤ 1**acquis** (2o). — (PERSONNES) *Je vous suis tout acquis,* entièrement dévoué. ◆ ABSOLT Reconnu sans contestation. *Nous pouvons considérer comme acquis ce premier point. C'est un fait acquis, une chose acquise.* ■ **3 ACQUIS À** (une idée, un parti) **:** définitivement gagné à, partisan de. *Il est maintenant acquis à notre projet.* ■ CONTR. Héréditaire, inné, naturel. Contesté, discuté. Hostile.

ACQUISITIF, IVE [akizitif, iv] **adj.** – XVe ◊ bas latin *acquisitivus* ■ **1** DR. Qui appartient, équivaut à l'acquisition. *Prescription* acquisitive.* ■ **2** DIDACT. Qui pousse à acquérir. *Les instincts acquisitifs.* ➤ **possessif** (II).

ACQUISITION [akizisjɔ̃] **n. f.** – 1283 ◊ latin *acquisitio* ■ **1** Action d'acquérir. *Faire l'acquisition d'un terrain.* ➤ **achat.** DR. *Acquisition à titre onéreux, à titre gratuit. Modes d'acquisition de la propriété* (succession, donation, contrat de vente ou d'échange, accession, prescription). ◆ Bien acquis. *Voici ma dernière acquisition. Faire une bonne, une mauvaise acquisition en achetant qqch.* ■ **2** Fait d'arriver à posséder. *L'acquisition d'une habitude, de connaissances. « L'acquisition des membres, chez les Batraciens »* J. ROSTAND. *« La croyance à la transmission des acquisitions psychiques »* J. ROSTAND. ■ **3** (d'après l'anglais) INFORM. Prélèvement de données destinées au traitement par ordinateur. *Temps d'acquisition.* ■ CONTR. Cession. Perte.

ACQUIT [aki] **n. m.** – XIIe ◊ de *acquitter* ■ Reconnaissance écrite d'un paiement. ➤ **décharge, quittance.** *Pour acquit :* mention (avec date et signature) portée sur un document attestant un paiement. ◆ LOC. *Par acquit de conscience :* pour décharger entièrement sa conscience, pour se garantir de tout risque d'avoir qqch. à se reprocher. ■ HOM. Acquis.

ACQUIT-À-CAUTION [akitakosjɔ̃] **n. m.** – 1723 ◊ de *acquit* et *caution* ■ Titre délivré par une administration financière, qui permet à des marchandises soumises à des droits, à des taxes de circuler ou d'être stockées en suspension de ces droits (caution étant donnée que ces obligations seront acquittées au lieu de destination dans un délai fixé). *Des acquits-à-caution.*

ACQUITTEMENT [akitmɑ̃] **n. m.** – XIIIe ◊ de *acquitter* ■ **1** Action d'acquitter (une dette), d'exécuter (une obligation). ➤ **paiement, règlement.** ◆ Action d'acquitter (un droit). ■ **2** (début XIXe ; hapax 1725) Action d'acquitter (un accusé). ➤ **absolution.** *Ordonnance, verdict d'acquittement.*

ACTINIQUE [aktinik] adj. – 1866 ◊ du grec *aktis, aktinos* «rayon» ■ DIDACT. (VIEILLI) ■ 1 Se dit d'un rayonnement ayant la propriété (*actinisme* n. m.) d'exercer une action chimique sur certaines substances. *Les rayons ultraviolets sont actiniques.* ■ 2 PAR EXT. Qui se rapporte ou est dû à la lumière. *Dermatite actinique :* coup de soleil (➤ actinite). ■ CONTR. Inactinique.

ACTINITE [aktinit] n. f. – 1970 ◊ du grec *aktis, aktinos* «rayon» et de *-ite* ■ MÉD. Inflammation de la peau provoquée par les rayons solaires (SYN. COUR. coup de soleil*).

ACTINIUM [aktinjɔm] n. m. – 1881 ◊ du grec *aktis, aktinos* «rayon» ■ CHIM. Élément radioactif (Ac ; n° at. 89), de la famille des actinides*.

ACTINO- ■ Élément, du grec *aktis, aktinos* «rayon», qui sert à former des mots savants.

ACTINOLOGIE [aktinɔlɔʒi] n. f. – 1946 ; «histoire des animaux rayonnés» 1866 ◊ de *actino-* et *-logie* ■ DIDACT. (VIEILLI) Science qui étudie les propriétés curatives des divers rayons (ultraviolets, infrarouges, etc.) et leurs effets sur les êtres vivants.

ACTINOMÈTRE [aktinɔmɛtʀ] n. m. – 1838 ◊ de *actino-* et *-mètre* ■ PHYS. Instrument de mesure de l'intensité d'énergie d'un rayonnement électromagnétique (d'origine solaire, en particulier).

ACTINOMYCÈTE [aktinomisɛt] n. m. – 1922 ◊ de *actino-* et *-mycète* ■ BIOL. Bactérie filamenteuse, ramifiée, ressemblant aux champignons microscopiques, que l'on trouve dans le sol, l'eau et la matière en décomposition. *Certains actinomycètes sont pathogènes, d'autres produisent des antibiotiques.*

ACTINOMYCOSE [aktinomikoz] n. f. – 1884 ◊ allemand *Actinomykose* (1880), du latin scientifique *actinomyces* → actinomycète et 2-ose ■ MÉD. Infection chronique causée par des bactéries appartenant au genre *actinomyces,* qui atteint les humains et les animaux (bovidés) et caractérisée par des lésions d'aspect tumoral, avec formation d'abcès de la peau et, plus rarement, des organes internes (poumon, tube digestif).

ACTINOPTÉRYGIENS [aktinopteʀiʒjɛ̃] n. m. pl. – milieu XXe ◊ de *actino-* et *-ptérygien,* du grec *pterugion* «nageoire» ■ ZOOL. Sous-classe de poissons osseux *(ostéichtyens),* à nageoires renforcées par des rayons osseux articulés. *Les actinoptérygiens comprennent les chondrostéens et les téléostéens.* — Au sing. *Un actinoptérygien.*

ACTINOTE [aktinɔt] n. f. – 1801 ◊ du grec *aktinôtos* «radié» ■ MINÉR. Variété d'amphibole* non alumineuse, de couleur verte.

ACTINOTHÉRAPIE [aktinoteʀapi] n. f. – 1933 ◊ de *actino-* et *-thérapie* ■ MÉD. Traitement par des rayons lumineux produits artificiellement.

1 **ACTION** [aksjɔ̃] n. f. – milieu XIIe, dans *acciun de grace* ◊ du latin *actio,* famille de *agere* → agir

I CE QUE FAIT QUELQU'UN ■ 1 (début XIIIe) Ce que fait qqn et ce par quoi il réalise une intention ou une impulsion. ➤ 1 acte, 2 fait. «*Les actions les plus décisives de notre vie* [...] *sont le plus souvent des actions inconsidérées*» GIDE. «*La plupart des hommes sont plus capables de grandes actions que de bonnes*» MONTESQUIEU. *Faire une bonne action.* ➤ B. A. *Commettre une mauvaise action.* ➤ méfait. «*Une mauvaise action trouve toujours sa récompense*» M. AUDIARD. *Action d'éclat.* ➤ exploit, prouesse. *Pensées, paroles et actions. L'action de transporter :* l'action qui consiste à transporter. ➤ opération. *Verbe d'action,* qui exprime une action (opposé à *verbe d'état*). ■ 2 Fait de produire un effet, manière d'agir sur qqn ou qqch. «*L'action est une suite d'actes désespérés qui permet de gagner l'espoir*» BRAQUE. *Changement politique dû à l'action personnelle d'un ministre.* ➤ influence, intervention. *Un vaste champ d'action. Chercher des moyens d'action. L'action du médicament commence à se faire sentir* (➤ actif). *Le mur s'est détérioré sous l'action de l'humidité, du gel.* ➤ effet. EN ACTION : en train d'agir, de produire son effet. ➤ activité. *Entrer, être, mettre en action.* ◆ (1954) *Action psychologique :* propagande insidieuse, tendant à accréditer dans une population certaines idées politiques. «*Dans la guerre révolutionnaire, l'action militaire cède le pas à l'action psychologique*» COURRIÈRE. ■ 3 SC. (PHYS.) Effet de l'ensemble des forces exercées par un système sur un autre. *Action de Maupertuis :* grandeur ayant les dimensions* du produit d'une énergie par une durée (ou d'une quantité de mouvement* par une longueur). — *Principe de moindre action :* en optique, principe de trajet minimal d'un rayon lumineux (principe de Fermat) ; en mécanique, principe selon lequel l'action, le long d'un trajet, est minimale. — *Constante* d'action.* ◆ *Principe d'égalité de l'action et de la réaction,* selon lequel les interactions* qu'exercent l'un sur l'autre deux points matériels sont représentables par deux forces égales et opposées. *Rayon d'action.* ➤ portée. ◆ MATH. *Action d'un groupe G sur un ensemble E :* application de G × E dans E. ➤ opérant. ■ 4 L'ACTION : l'exercice de la faculté d'agir (par opposition à la pensée, aux paroles), déploiement d'énergie en vue d'une fin. ➤ activité, effort, 1 travail. *Aimer l'action. Il lui faut de l'action.* «*La spéculation est un luxe, tandis que l'action est une nécessité*» BERGSON. *Se jeter dans l'action. Il est temps de passer à l'action* (➤ agir, intervenir). *Un homme, une femme d'action.* — *Liberté d'action.* ◆ SPÉCIALT Combat, lutte. *Engager l'action. Dans le feu de l'action. L'action politique, syndicale. L'action directe* (grèves, manifestations). «*Les terroristes ont décidé de ne plus intervenir que par l'"action directe," c'est-à-dire par les exécutions*» MALRAUX. *Les syndicats ont organisé une journée d'action nationale.* — MILIT. *Une action :* une opération précise, un coup de main. ◆ PAR EXT. *Action catholique :* organisation de propagande catholique. ◆ (milieu XIIe) *Action de grâce(s)*.* ◆ (Belgique, Luxembourg, Suisse) Vente promotionnelle.

II EXERCICE D'UN DROIT EN JUSTICE (milieu XIIIe) ■ 1 Pouvoir légal de s'adresser à la justice, en permettant à chacun de lui soumettre une prétention et à l'adversaire d'en discuter le bien-fondé (CODE DE PROCÉDURE CIVILE). *Action judiciaire. Intenter une action contre qqn.* ➤ demande, poursuite, recours. *Action personnelle, réelle,* par laquelle on demande la reconnaissance ou la protection d'un droit personnel, réel. *Action collective, action de groupe,* intentée par un groupe de personnes ayant subi les mêmes torts. *Action mobilière, immobilière,* par laquelle s'exerce un droit portant sur un meuble, un immeuble. *Action paulienne*, indirecte** (ou *oblique*). *Intenter une action en diffamation, en recherche de paternité. Action civile,* exercée par la victime d'une infraction à la loi pénale en réparation du dommage qui lui a été causé. *Action publique,* mise en mouvement et exercée au nom de la société par le ministère public pour l'application des peines. *Action abusive,* intentée dans l'intention de nuire. *Action dilatoire,* visant à obtenir des délais en saisissant le juge de prétentions dénuées de fondement. ■ 2 Exercice du pouvoir de répression. *Entraver l'action de la justice.*

III SUJET D'UNE ŒUVRE DRAMATIQUE (1566 ◊ traduction du grec *praxis*) Suite de faits et d'actes constituant le sujet d'une œuvre dramatique ou narrative. ➤ intrigue. *Exposition, nœud, péripéties, dénouement d'une action tragique. Unité* d'action.* «*C'est dans son action intérieure qu'est le secret d'une œuvre dramatique*» JOUVET. *L'action du film se passe en Italie.* ◆ Animation tenant aux faits et aux actes représentés ou racontés. *Cela manque d'action. Film d'action.*

■ CONTR. Inaction.

2 **ACTION** [aksjɔ̃] n. f. – 1669 ◊ probablt de *action* XVIIe «dette active», par le néerlandais *actie* ■ Titre cessible et négociable représentant une part du capital d'une société de capitaux. ➤ 1 part, valeur ; certificat (d'investissement), obligation. *Société par actions. Émettre, rémunérer des actions. Action nominative, au porteur. Action de capital. Action de jouissance,* que les actionnaires remboursés par l'amortissement de l'action de capital, reçoivent de la société. *Action d'apport,* remise aux fondateurs d'une société. *Action cotée en Bourse. Baisse, hausse du cours d'une action.* ➤ cotation. *Dividendes d'une action.* ➤ coupon. — LOC. FIG. *Ses actions montent, sont en hausse, baissent, sont en baisse :* il a plus, moins de crédit, de chances de réussir.

ACTIONNAIRE [aksjɔnɛʀ] n. – 1675 ◊ de 2 *action* ■ Propriétaire d'une ou plusieurs actions. ➤ associé. *L'assemblée des actionnaires. Les actionnaires touchent des dividendes.*

ACTIONNARIAT [aksjɔnaʀja] n. m. – 1912 ◊ de *actionnaire* ■ Fait d'être actionnaire. — Ensemble des actionnaires. ◆ *Actionnariat ouvrier :* système de participation ouvrière aux bénéfices (ou même à la gestion) de l'entreprise. — *Actionnariat des salariés.*

ACTIONNEMENT [aksjɔnmɑ̃] n. m. – 1933 ◊ de *actionner* ■ RARE Action d'actionner, mise en marche. *L'actionnement à distance d'une machine.*

ACTIONNER [aksjɔne] v. tr. ‹1› – 1312 ◊ de 1 *action* ■ 1 DR. Poursuivre en justice. «*s'il y a des dégâts, j'actionnerai la compagnie en dommages et intérêts*» ROBIDA. ■ 2 (XVIe) COUR. Mettre en mouvement, faire fonctionner (un mécanisme). *Actionner le dispositif de départ d'un moteur.* ■ **3** FAM. Faire agir (qqn). *« Je vais actionner tout de suite le ministre »* AYMÉ.

ACTIONNEUR [aksjɔnœʀ] **n. m.** – v. 1980 ◊ de *actionner* ■ TECHN. Organe d'un système agissant sur une machine de manière à modifier son état ou son comportement.

ACTIONNISME [aksjɔnism] **n. m.** – XXe ◊ de 1 *action*
I (allemand *Aktionismus*) *L'actionnisme (viennois)* : mouvement artistique autrichien né dans les années 1960, caractérisé par une mise en scène violente du corps humain.
II Politique qui privilégie l'action. — **adj.** et **n. ACTIONNISTE.**

ACTIVATEUR, TRICE [aktivatœʀ, tʀis] **n. m.** et **adj.** – 1910 ◊ de *activer* ■ **1** PHYS. Substance qui, mélangée dans une proportion infime à un corps photoconducteur, augmente son activité et, souvent, modifie ses caractéristiques spectrales. — **adj.** *Substances activatrices.* ■ **2** BIOCHIM. Substance qui augmente l'activité d'une enzyme. ■ **3** GÉNÉT. Séquence d'ADN augmentant l'activité de certains promoteurs* eucaryotes*, active quelle que soit son orientation sur le brin d'ADN ou sa localisation par rapport au promoteur. ■ **4** *Activateur de croissance* : additif employé dans l'alimentation des animaux d'élevage en vue d'accélérer leur croissance. ■ CONTR. Répresseur.

ACTIVATION [aktivasjɔ̃] **n. f.** – 1910 ◊ de *activer* ■ **1** CHIM. Opération consistant à augmenter les propriétés physiques ou chimiques d'une substance (généralement en la soumettant à un rayonnement). *Activation de l'ergostérol, du charbon.* — BIOCHIM. *Activation d'une enzyme.* ■ **2** CHIM. *Énergie d'activation,* nécessaire à une molécule ou un groupe de molécules pour passer d'un état électronique métastable* à un état instable. ◆ PHYS. *Activation radioactive* : transformation d'un noyau non radioactif en noyau radioactif, généralement par capture neutronique. ■ **3** PHYSIOL. Ensemble des changements produits dans l'ovocyte juste après sa fécondation par le spermatozoïde. ■ **4** COUR. Fait de rendre actif, de devenir actif. *L'activation des mouvements sociaux entraînée par la hausse du coût de la vie.*

ACTIVEMENT [aktivmɑ̃] **adv.** – 1327 ◊ de *actif* ■ En déployant une grande activité, avec beaucoup d'ardeur. *Il a collaboré activement au projet. Il s'en occupe activement.* ■ CONTR. Mollement, passivement.

ACTIVER [aktive] **v. tr.** ⟨1⟩ – XVe, repris fin XVIIIe ◊ de *actif* ■ **1** Rendre plus prompt (en augmentant l'activité). ➤ **accélérer, hâter.** *Activer les travaux, les préparatifs.* ABSOLT (FAM.) *Allons, activons !* pressons ! ■ **2** Mettre en action, rendre actif. *Activer un module* (dans un programme informatique). ■ **3** (Sujet chose) Rendre plus vif, plus agissant. ➤ **aviver, stimuler.** *Le vent activait l'incendie. Les douches froides activent la circulation.* ◆ CHIM. Procéder à l'activation de. **p. p. adj.** *Charbon activé.* — PHYS. Rendre radioactif. ■ **4 v. pron.** (1927) **S'ACTIVER :** déployer une grande activité, s'affairer. *« Des indigènes reçoivent les caisses et s'activent avec de grands cris »* GIDE. ■ CONTR. Ralentir. Inhiber.

ACTIVEUR [aktivœʀ] **n. m.** – 1953 ◊ de *activer* ■ CHIM. Substance qui, ajoutée en faible quantité à un catalyseur, en augmente beaucoup l'activité. ➤ **promoteur** (2°). *Les activeurs accélèrent la vulcanisation du caoutchouc.*

ACTIVISME [aktivism] **n. m.** – 1911 ◊ de *actif* ■ **1** PHILOS. Attitude morale consistant à rechercher l'efficacité, les réalisations ; forme de pragmatisme. *« La psychanalyse débouche [...] sur un activisme animé de charité »* LACAN. ■ **2** (1916-1918) POLIT. Mouvement des Flamingants partisans de l'action en faveur de la langue flamande que soutenait l'occupant allemand. ■ **3** Attitude politique qui préconise l'action directe, voire violente, et la propagande active. ➤ **extrémisme, terrorisme.** ■ HOM. Hacktivisme.

ACTIVISTE [aktivist] **n.** – 1916-1918 ◊ de *activisme* ■ POLIT. Partisan de l'activisme. *L'opposition des activistes à l'indépendance de l'Algérie.* — **adj.** *« Les milieux activistes d'Alger »* MAURIAC. ◆ Extrémiste. *Des activistes d'extrême droite.* ■ HOM. Hacktiviste.

ACTIVITÉ [aktivite] **n. f.** – 1425 ◊ latin médiéval *activitas,* du latin des philosophes *activus* ■ **1** VIEILLI Chez un agent, Faculté d'agir, de produire un effet. *L'activité d'un acide, d'un poison. Sphère* d'activité.* ◆ MOD. *Activité d'un volcan ; volcan en activité.* ➤ **éruption.** GÉOL. *Activité tectonique.* — PHYS. *Activité optique* : ensemble des propriétés optiques d'un milieu désordonné (fluide) ou ordonné (cristallin) comprenant le pouvoir rotatoire naturel et le dichroïsme* circulaire (➤ **activateur**). — *Activité radioactive* : nombre de désintégrations produites par unité de temps dans un élément radioactif donné. ➤ **radioactivité.** *L'activité d'un radionucléide se mesure en becquerels.* — CHIM. *Activité chimique* : concentration idéale que devrait avoir un soluté en solution pour vérifier les lois de la thermodynamique. — ASTRON. *Activité solaire* : ensemble de phénomènes donnant lieu à l'observation d'évènements comme les éruptions solaires, susceptibles de perturber l'atmosphère et le champ magnétique terrestre. ■ **2** (XVIe) Qualité d'une personne active. ➤ **dynamisme, énergie, vitalité, vivacité.** *« Les Chinois ont une activité prodigieuse »* MONTESQUIEU. *Une femme d'une activité débordante. Déployer, faire preuve d'une grande activité, d'une activité inlassable, fébrile. « des couples qui visitent Venise avec une activité d'insectes »* COCTEAU. ■ **3** (XIXe) Ensemble des actes coordonnés et des travaux de l'être humain ; fraction spéciale de cet ensemble. *Les produits de l'activité humaine. Activité économique* : actes humains visant à satisfaire les besoins par la production et l'échange de biens et de services. — *Rapport d'activité,* sur l'ensemble de l'action d'une organisation professionnelle, d'un parti, d'une association, etc. *Les activités industrielles, commerciales.* — *J'ignore tout de ses activités.* ➤ **occupation.** *Pratiquer une activité sportive. Activités manuelles, intellectuelles, de plein air.* ◆ PSYCHOL., BIOL. Ensemble des phénomènes psychiques et physiologiques correspondant aux actes de l'être vivant, relevant de la volonté, des tendances, de l'habitude, de l'instinct, etc. ; série de phénomènes de cet ordre. *L'activité volontaire, réflexe, chez l'être humain. Activité nerveuse supérieure,* celle de la région subcorticale et des grands hémisphères cérébraux. *Activité mentale, motrice, sensitive.* ■ **4** Situation d'une personne (SPÉCIALT d'un militaire) qui exerce son emploi. *« Le passage de l'activité à la retraite est le temps critique de l'employé »* BALZAC. *Officier de réserve placé en situation d'activité* (quand les nécessités militaires exigent un renforcement des cadres). *Fonctionnaire encore en activité,* en fonction (opposé à *en retraite, retraité*). — PAR ANAL. *Industrie, affaires en pleine activité* (opposé à *en sommeil*). ■ CONTR. Inactivité, inertie, paresse. Non-activité.

ACTUAIRE [aktɥɛʀ] **n.** – 1872 ◊ anglais *actuary,* du latin *actuarius* « sténographe, scribe chargé des procès-verbaux », de *actum* « acte » ■ Professionnel(le), spécialiste de l'actuariat.

ACTUALISATION [aktɥalizasjɔ̃] **n. f.** – 1834 ◊ de *actualiser* ■ **1** PHILOS. Passage de la puissance à l'acte. On a dit aussi *actuation.* ■ **2** Passage de l'état virtuel à l'état réel. *L'actualisation des souvenirs.* ■ **3** ÉCON. Méthode de valorisation (d'un bien, d'un revenu) à l'époque actuelle. *Taux d'actualisation,* permettant la comparaison d'un revenu (ou d'une dépense) à venir et d'un revenu (ou d'une dépense) actuel. ■ **4** (anglais *actualization,* de *actual* « réel ») LING. Opération propre au discours par laquelle une unité de langue (code) est insérée dans un discours (message) particulier. *Actualisation du nom par l'article.* ■ **5** COUR. Fait de mettre à jour. ➤ **aggiornamento, réactualisation.** *L'actualisation d'un atlas, d'une encyclopédie* (cf. Mise à jour*).

ACTUALISER [aktɥalize] **v. tr.** ⟨1⟩ – 1834 ; chim. « réaliser » 1641 ◊ de *actuel* ■ **1** PHILOS. Opérer l'actualisation de. ■ **2** Donner un caractère d'actualité à (une chose ancienne), moderniser. *Actualiser ses méthodes de travail.* ■ **3** ÉCON. Transformer en valeur actuelle (un patrimoine ancien, des revenus futurs). — **p. p. adj.** *Le bénéfice actualisé d'une entreprise.* ■ **4** LING. Faire passer (un élément du langage) du système de la langue à la réalité observable de la parole, du discours. ■ **5** COUR. Mettre à jour*. *Actualiser un dictionnaire.* — **p. p. adj.** *Édition actualisée d'un ouvrage.* ◆ INFORM. Mettre à jour les données visibles à l'écran. ➤ **rafraîchir.**

ACTUALITÉ [aktɥalite] **n. f.** – *actuauté* 1253 ◊ latin médiéval *actualitas* « mise en action », de *actualis* « actuel » ■ **1** PHILOS. Caractère de ce qui est actuel (en acte). ■ **2** (1823) COUR. Caractère de ce qui est actuel, relatif aux choses qui intéressent l'époque actuelle. *Souligner l'actualité d'un problème. Ce livre n'est plus d'actualité.* ■ **3** Ensemble des évènements actuels, des faits tout récents. *S'intéresser à l'actualité politique, sportive. « il tomba sur une émission qui décortiquait l'actualité culturelle de la semaine »* HOUELLEBECQ. ◆ *L'actualité d'un artiste, d'une célébrité,* l'ensemble de ses projets. *« Le repas était terminé, tout le monde avait parlé de son actualité »* J.-L. FOURNIER. ◆ AU PLUR. Informations, nouvelles du moment (dans la presse et surtout en images). *Actualités télévisées.* ➤ **journal.** *Les actualités régionales.* — ABRÉV. FAM. **ACTU.** *Toute l'actu musicale. Les actus de la semaine.* ■ CONTR. 1 Passé.

ACTUARIAT [aktɥaʀja] **n. m.** – 1900 ◇ de *actuaire* ■ Technique appliquant les méthodes statistiques et du calcul des probabilités aux opérations financières, aux problèmes d'assurance, de prévoyance et d'amortissement.

ACTUARIEL, IELLE [aktɥaʀjɛl] **adj.** – 1908 ◇ de *actuaire* ■ ÉCON. Relatif aux méthodes mathématiques des actuaires*. *Taux de rendement actuariel* ou *taux actuariel* : taux de rendement actualisé d'un capital dont le remboursement et le paiement des intérêts sont échelonnés dans le temps. *Taux d'intérêt actuariel d'un emprunt. Taux actuariel brut, net,* avant ou après prélèvement fiscal.

ACTUATION ➤ **ACTUALISATION**

ACTUEL, ELLE [aktɥɛl] **adj.** – après 1350 «actif, efficace», en parlant de qqn ◇ bas latin *actualis* «agissant», spécialisé en latin scolastique ■ **1** PHILOS. Qui est en acte (et non en puissance, virtuel). ➤ **1 effectif.** *« cette aperception actuelle, et non seulement virtuelle »* BERGSON. ♦ (XIXe) PHYS. *Énergie* actuelle,* ou *cinétique* (opposé à *potentielle*). ■ **2** (1541) THÉOL. *Péché actuel,* consistant en un acte personnel (opposé à *originel*). *Grâce actuelle,* qui intervient dans un acte particulier (opposé à *grâce habituelle*). ■ **3** (1750 ◇ du sens méd. «qui produit son effet en un moment» XVIe) COUR. Qui existe, se passe au moment où l'on parle. ➤ **1 présent.** *À l'époque, à l'heure actuelle. « Regards sur le monde actuel », de Valéry.* ➤ **contemporain.** *Le pape actuel. L'actuel président de la République,* qui est en activité (opposé à *2 ex-*). *Son mari actuel.* — Aujourd'hui nommé, appelé, en parlant d'un endroit. *Constantinople, l'actuelle Istanbul.* ■ **4** Qui intéresse notre époque, se trouve au goût du jour. ➤ **moderne.** *Une grande œuvre toujours actuelle.* ■ CONTR. Potentiel, virtuel. Ancien, 3 passé ; démodé, obsolète, périmé.

ACTUELLEMENT [aktɥɛlmɑ̃] **adv.** – XIVe ◇ de *actuel* ■ **1** PHILOS. En acte, effectivement. ■ **2** COUR. Dans les circonstances actuelles, à l'heure actuelle. *Il est actuellement malade. Actuellement, nous ne pouvons pas vous répondre.* ➤ **aujourd'hui, présentement** (cf. À présent). ■ CONTR. Virtuellement. Anciennement, autrefois.

ACUITÉ [akɥite] **n. f.** – avant 1320 ◇ bas latin *acuitas,* du latin *acutus* «aigu» ■ **1** Caractère aigu, intense. ➤ **intensité.** *L'acuité de la douleur. L'acuité du froid. L'acuité d'un son.* — FIG. *L'acuité de la crise économique.* ➤ **gravité.** ■ **2** Degré de sensibilité (d'un sens) ; finesse de sensibilité discriminative. *Mesure de l'acuité visuelle, auditive* (➤ **audiométrie**), d'après des *échelles d'acuité.* ■ **3** (1832) Finesse et pénétration intellectuelle. ➤ **perspicacité.** *Une grande acuité d'esprit. Observations d'une rare acuité.*

ACUL [aky] **n. m.** – 1819 ; «fond d'un terrier, endroit où on accule le gibier» XVIe ◇ de *acculer* ■ Fond d'un parc à huîtres, du côté de la mer. ■ HOM. Accus.

ACULÉATES [akyleat] **n. m. pl.** – 1928 ◇ latin *aculeatus* ■ ZOOL. Sous-ordre d'hyménoptères à aiguillon. — **Au sing.** *Un aculéate.*

ACUMINÉ, ÉE [akymine] **adj.** – 1808 ◇ latin *acuminatus* ■ BOT. Dont l'extrémité se termine en pointe fine et allongée. *Les feuilles de l'orme champêtre sont acuminées.*

ACUPONCTEUR, TRICE ou **ACUPUNCTEUR, TRICE** [akypɔ̃ktœʀ, tʀis] **n.** – 1829 ◇ de *acuponcture* ■ Médecin spécialisé dans l'acuponcture.

ACUPONCTURE ou **ACUPUNCTURE** [akypɔ̃ktyʀ] **n. f.** – 1765, repris XXe ◇ latin des médecins *acupunctura,* de *acus* «aiguille» et *punctura* «piqûre» ■ Thérapeutique consistant dans l'introduction d'aiguilles très fines en des points précis des tissus ou des organes où elles demeurent pendant un temps variable. *L'acuponcture chinoise.* ➤ aussi **auriculothérapie.**

ACUTANGLE [akytɑ̃gl] **adj.** – 1721 ; *angulus acutus* 1671 ◇ du radical du latin *acutus* «aigu» et de *angle* ■ MATH. *Triangle acutangle,* dont les trois angles sont aigus.

ACYCLIQUE [asiklik] **adj.** – v. 1920 ◇ de *2 a-* et *cyclique* ■ **1** GÉOL. *Relief acyclique* (ou *modelé*), qui ne s'explique pas par un cycle d'érosion. ■ **2** CHIM. ORGAN. *À chaîne* ouverte.* ■ **3** MATH. Se dit d'une structure algébrique qui ne possède pas de cycle. ■ CONTR. Cyclique, périodique, récurrent.

1 **ADAGE** [adaʒ] **n. m.** – 1529 ◇ latin *adagium* ■ Maxime pratique ou juridique, ancienne et populaire. *Comme dit l'adage.*

2 **ADAGE** [adaʒ] **n. m.** – XIXe ◇ de *adagio* ■ CHORÉGR. Suite de mouvements exécutés sur un rythme lent, souvent avec l'appui d'un partenaire. *Un cours d'adage.*

ADAGIO [ada(d)ʒjo] **adv.** et **n. m.** – 1726 ◇ mot italien «à son aise, doucement» ■ MUS. ■ **1 adv.** Lentement (indication de mouvement). ■ **2 n. m.** *Un adagio* : morceau ou pièce musicale à exécuter dans un tempo lent. *L'Adagio d'Albinoni. Des adagios.* — ADJT *Un passage adagio.*

ADAMANTIN, INE [adamɑ̃tɛ̃, in] **adj.** – 1509 ◇ latin *adamantinus,* du grec *adamantinos* «dur comme l'acier, le diamant *(adamos, adamantos)* » ■ LITTÉR. Qui a la dureté, l'éclat du diamant. ♦ (1866) Constituant l'émail des dents. *Les cellules adamantines.*

ADAMIQUE [adamik] **adj.** – 1654 ◇ de *Adam* ■ D'Adam, propre à Adam. *Innocence adamique.*

ADAMISME [adamism] **n. m.** – 1866 ◇ de *Adam* ■ HIST. RELIG. Hérésie des *adamiens* ou *adamites,* hérétiques nudistes du IIe s., adversaires du mariage (mouvement repris en Bohême au XVe s.).

ADAPTABILITÉ [adaptabilite] **n. f.** – 1932 ◇ de *adaptable* ■ État de ce qui est adaptable. *Adaptabilité d'une espèce au milieu. Adaptabilité d'un matériau à des usages variés.* — PSYCHOL. Capacité de s'adapter. *Test d'adaptabilité.*

ADAPTABLE [adaptabl] **adj.** – 1775 ◇ de *adapter* ■ Qui peut s'adapter, qu'on peut adapter. ➤ **flexible, modulable, souple.** *« le "chalet polyvalent," la demeure souple, extensible, adaptable à toutes les familles ! Sous tous les climats ! »* CÉLINE.

ADAPTATEUR, TRICE [adaptatœʀ, tʀis] **n.** – 1885 ◇ de *adapt(ation)* ■ **1** Auteur d'une adaptation (au théâtre, au cinéma). ■ **2 n. m.** (1948) Dispositif ou pièce mécanique, électrique, permettant d'adapter un appareil ou un mécanisme à un autre usage que celui qui était prévu initialement ou à d'autres conditions d'utilisation. ♦ ÉLECTRON. Dispositif réalisant une adaptation. *Adaptateur d'impédance.*

ADAPTATIF, IVE [adaptatif, iv] **adj.** – 1898 ◇ de *adaptation* ■ DIDACT. Qui produit ou facilite une adaptation. *Réponse adaptative au froid.* BIOCHIM. VIEILLI *Enzyme adaptative.* ➤ **inductible.**

ADAPTATION [adaptasjɔ̃] **n. f.** – 1501 ◇ latin médiéval *adaptatio* → adapter ■ **1** Action d'adapter ou de s'adapter ; modification qui en résulte. *Adaptation d'un enseignement à l'âge des élèves. « la plus légère idée nouvelle nécessite de lui* [l'être faible] *un effort d'adaptation »* GIDE. ■ **2** (1866 ◇ anglais *adaptation*) BIOL., ÉCOL. Ensemble des modifications morphologiques et physiologiques génétiquement fixées, concourant à la survie (d'une espèce) dans un habitat donné. ➤ **accommodat.** *Adaptation d'une espèce à son environnement. Le mimétisme* est une forme de l'adaptation. « Le problème de la transformation des espèces se confond pour Lamarck avec celui de l'adaptation »* J. ROSTAND. *« En fait, l'adaptation n'est pas une composante nécessaire de l'évolution »* F. JACOB. ♦ PSYCHOL. *Faculté d'adaptation* : aptitude d'un individu à modifier sa structure ou son comportement pour répondre harmonieusement à des situations nouvelles. ■ **3** Accoutumance de l'œil aux conditions d'éclairage. *Adaptation à la lumière, à l'obscurité.* ■ **4** (1885) Traduction très libre d'une pièce de théâtre, comportant des modifications nombreuses qui la mettent au goût du jour. *Les adaptations de Shakespeare par Ducis.* ♦ Transposition à la scène ou à l'écran d'une œuvre d'un genre littéraire différent (surtout romanesque). *« Les Possédés », roman de Dostoïevski, adaptation de Camus. Une adaptation cinématographique.* ♦ MUS. Arrangement ou transcription. *Adaptation pour orgue d'une sonate pour cordes.* ■ CONTR. Inadaptation. Immutabilité.

ADAPTER [adapte] **v. tr.** ‹1› – 1270 ◇ latin *adaptare* «ajuster à», de *ad* et *aptus* «apte» ■ **1** Réunir (une chose à une autre), appliquer après ajustement. ➤ **ajuster, joindre, rattacher.** *Adapter des roulettes aux pieds d'une table, un embout à un tuyau. Plongeur qui adapte son masque.* ■ **2** (ABSTRAIT) Approprier (qqch., qqn) à (qqch., qqn), mettre en harmonie avec. *Adapter ses dépenses à sa situation, ses désirs aux circonstances.* ➤ **accorder.** *« Leurs arts sont adaptés à leur manière de vivre »* MONTESQUIEU. ➤ **convenir.** ♦ PRONOM. Se mettre en harmonie avec (les circonstances, le milieu), réaliser son adaptation biologique. ➤ **s'acclimater, s'habituer.** *Sur plusieurs générations, les animaux s'adaptèrent aux nouvelles conditions climatiques. L'art « se métamorphose, il s'adapte aux circonstances »* R. ROLLAND. *L'organisme s'adapte à l'effort. Incapacité à s'adapter aux situations nouvelles.* ➤ **psychorigidité.** — ABSOLT *Il faut savoir s'adapter,* être souple*, capable d'évoluer. ■ **3** (1885) Faire l'adaptation de. *Adapter un roman pour le théâtre, la télévision. Un film adapté du roman de...* — MUS. *Adapter une pièce orchestrale pour le piano.* ■ **4** ÉLECTRON. Rendre maximum le transfert d'énergie de (un dispositif) vers un autre. — *Une antenne adaptée.* ■ CONTR. Séparer. Opposer.

ADDAX [adaks] n. m. – 1846 ◇ mot latin ■ Grande antilope du Sahara, à la robe blanchâtre et aux longues cornes annelées et spiralées. *Les addax et les oryx sont des espèces menacées.*

ADDENDA [adɛ̃da] n. m. – 1701 ◇ mot latin «choses à ajouter *(addere)*» ■ Ensemble de notes additionnelles à la fin d'un ouvrage. *Des addendas* ou *des addenda* (plur. lat.).

ADDICT [adikt] adj. et n. – 1985 ◇ mot anglais «toxicodépendant» (1909) → addiction ■ ANGLIC. Dépendant d'une drogue, et FIG., d'une activité. *Être addict au tabac.* ➤ **accro.** — n. *«les déprimés, les anxieux, les addicts, les anorexiques»* C. LAURENS. — REM. Le féminin *addicte* est rare.

ADDICTIF, IVE [adiktif, iv] adj. – 1983 ◇ de *addiction* ■ Qui crée, dénote une dépendance. *Conduite addictive.* ➤ **addiction.** *Comportement addictif d'un joueur.* ➤ **compulsif.** — n. m. *La nicotine est un addictif.*

ADDICTION [adiksjɔ̃] n. f. – 1970 ◇ mot anglais, du bas latin *addictus* «adonné à» ■ ANGLIC. Relation de dépendance (à une substance, une activité) qui a de graves conséquences sur la santé. *J'avais «échappé à la plupart des addictions. J'avais échappé à l'alcool, à la drogue, au jeu»* M. DARRIEUSSECQ. *Addiction au tabac, à l'héroïne* (➤ **toxicodépendance**).

ADDICTOLOGIE [adiktɔlɔʒi] n. f. – 1999 ◇ de *addict(ion)* et *-logie* ■ Discipline médicale qui étudie les comportements liés à l'addiction et les mécanismes de la dépendance. — n. **ADDICTOLOGUE.**

ADDITIF, IVE [aditif, iv] adj. et n. m. – 1843 ◇ bas latin *additivus* ■ **1** Relatif à l'addition. MATH. *Loi additive* : loi de composition* interne notée +. ➤ **addition.** ■ **2** n. m. (1946) Supplément, article additionnel. *Un additif au budget.* — adj. *Note additive.* ■ **3** n. m. Produit incorporé à une essence, une huile, pour l'améliorer. adj. **ADDITIVÉ, ÉE,** 1986. ◆ *Additif alimentaire* : substance ajoutée à une denrée alimentaire pour en améliorer la présentation, la saveur, la texture, la conservation. *Les additifs alimentaires peuvent être des colorants, des conservateurs, des agents de sapidité, de texture, d'aromatisation.*

ADDITION [adisjɔ̃] n. f. – v. 1275 ◇ latin *additio* «chose ajoutée», de *addere* «ajouter» ■ **1** Action d'ajouter en incorporant. ➤ **adjonction.** *L'addition de plusieurs choses. Liqueur composée par addition d'un sirop à une eau-de-vie.* — CHIM. Réaction chimique dans laquelle deux ou plusieurs molécules s'unissent pour former une nouvelle molécule saturée. *Composé d'addition.* ◆ Chose ajoutée, élément incorporé. ➤ **addenda, 2 annexe, complément, supplément.** *Notes et additions. L'addition d'une preuve au dossier.* ➤ **ajout.** ■ **2** (v. 1363) *Addition (arithmétique)* : opération consistant à réunir en un seul nombre toutes les unités ou fractions d'unité contenues dans plusieurs autres. ➤ **1 somme.** *L'addition est associative, commutative et possède un élément neutre, zéro. Addition dans N* : loi de composition* interne (notée +) définie par la réunion de deux ensembles disjoints. *Addition logique.* ◆ PSYCHOL. Sommation. ■ **3** (1831) Note présentant le total des dépenses effectuées au restaurant (parfois au café). ➤ **note** (cf. FAM. La douloureuse). *Garçon, l'addition ! Régler l'addition.* ◆ Le prix à payer. *L'addition est lourde.* — FIG. *Payer l'addition*, subir les conséquences de ses actes ou de ceux d'autrui. *«il vient un moment où le destin rapplique avec l'addition»* M. DUGAIN. ■ CONTR. Déduction, soustraction.

ADDITIONNEL, ELLE [adisjɔnɛl] adj. – 1500 ◇ de *addition* ■ Qui s'ajoute ou doit s'ajouter. *L'acte additionnel* (à la constitution de l'Empire). *Centimes* additionnels.* — SPORT (football, rugby) *Temps additionnel* : temps de jeu ajouté à la fin d'une rencontre, tenant compte des arrêts de jeu.

ADDITIONNER [adisjɔne] v. tr. ⟨1⟩ – 1549 ◇ de *addition* ■ **1** VX Augmenter par des additions. ➤ **ajouter** (à). ◆ MOD. Modifier, enrichir par addition d'un élément. *Des colorants ont été additionnés aux aliments.* — *Jus de fruit additionné de sucre.* ■ **2** (1680) Faire l'addition de (plusieurs nombres ou quantités). ➤ **2 sommer, totaliser.** *Additionner des nombres, des fractions.* FIG. *«Le désespoir est un compteur, il additionne tout»* HUGO. — PRONOM. *S'additionner* : s'ajouter (les uns aux autres). *Les erreurs s'additionnaient.* ■ CONTR. Soustraire.

ADDUCTEUR [adyktœr] adj. m. et n. m. – 1690 ◇ bas latin *adductor*, de *adducere* «amener» ■ **1** ANAT. *Muscle adducteur*, qui produit un mouvement d'adduction. *Les muscles adducteurs des doigts.* — n. m. *L'adducteur du gros orteil.* ■ **2** (1898) *Canal adducteur*, ou n. m. *un adducteur* : un canal d'adduction des eaux. ■ CONTR. Abducteur.

ADDUCTION [adyksjɔ̃] n. f. – 1541 ◇ bas latin *adductio* ■ **1** ANAT. Mouvement qui rapproche un membre du plan sagittal du corps. *Adduction de l'œil* : mouvement horizontal de l'œil vers le nez. ■ **2** (1890) Action de dériver les eaux d'un lieu pour les amener dans un autre. *Travaux d'adduction d'eau.*

ADÉNINE [adenin] n. f. – 1885 *Adenin*, en allemand ◇ du grec *adên* «glande» et *-ine* ■ BIOCHIM. Base azotée purique, l'une des quatre bases essentielles des acides nucléiques et composant d'autres molécules importantes pour l'organisme (ATP).

ADÉNITE [adenit] n. f. – 1836 ◇ du grec *adên* «glande» et *-ite* ■ MÉD. Inflammation des ganglions lymphatiques.

ADÉNOCARCINOME [adenokaʀsinom] n. m. – avant 1929 ◇ du grec *adên* «glande» et *carcinome* ■ MÉD. Tumeur maligne d'origine glandulaire. *Adénocarcinome du côlon.*

ADÉNOÏDE [adenɔid] adj. – 1541 ◇ grec *adenoeidês*, de *adên* «glande» et *-eidês* (cf. *-oïde*) ■ MÉD. Qui a rapport au tissu ganglionnaire et à ses affections. ➤ **lymphoïde.** *Ablation des végétations* adénoïdes* (*adénoïdectomie* n. f.).

ADÉNOME [adenom] n. m. – 1858 ◇ grec *adên* «glande» et *-ome* ■ PATHOL. Tumeur qui se développe aux dépens d'une glande. *Adénome prostatique.*

ADÉNOPATHIE [adenopati] n. f. – 1855 ◇ grec *adên* «glande» et *-pathie* ■ MÉD. Nom générique des diverses affections des ganglions lymphatiques. ➤ **adénite.**

ADÉNOSINE [adenozin] n. f. – 1919 ◇ de *adén(ine)*, 1 *-ose* et *-ine* ■ BIOCHIM. Un des constituants élémentaires des acides nucléiques (ADN, ARN) et de nucléotides libres, résultant de la combinaison de l'adénine avec le ribose. *Adénosine monophosphate* (➤ **AMP**), *diphosphate* (➤ **ADP**), *triphosphate* (➤ **ATP**).

ADÉNOVIRUS [adenoviʀys] n. m. – 1968 ◇ du grec *adên* «glande» et *virus* ■ MÉD., VIROL. Virus à ADN, non enveloppé, infectant l'appareil digestif, les voies respiratoires et le foie des humains et des animaux. — adj. **ADÉNOVIRAL, ALE, AUX.** *Infection adénovirale.*

ADENT [adɑ̃] n. m. – 1573 ◇ de *adenter* XIIIe «mordre» ■ Assemblage à l'aide d'entailles sur les faces opposées de deux pièces de bois.

ADEPTE [adɛpt] n. – 1630 ◇ latin *adeptus* «ayant atteint», p. p. de *adipisci* «atteindre» ■ **1** Alchimiste parvenu au grand œuvre. ◆ (1723) Personne initiée à une doctrine ésotérique, aux secrets d'un art, d'une science. *«Les adeptes se multiplient ; l'initié foisonne»* VALÉRY. ■ **2** (XIXe ◇ probablt d'après l'anglais) Fidèle (d'une religion), partisan (d'une doctrine). *Secte qui fait beaucoup d'adeptes.* ➤ **disciple, prosélyte.** *Les adeptes de Satan.* ■ **3** Personne qui pratique une certaine activité. *Les adeptes du ski.*

ADÉQUAT, ATE [adekwa(t), at] adj. – XIVe, repris 1736 ◇ latin *adaequatus* «rendu égal» ■ **1** DIDACT. Qui rend compte de son objet de manière exhaustive. *Conception, idée adéquate de Dieu.* — *Nom adéquat à une idée.* ■ **2** COUR. Exactement proportionné à son objet, adapté à son but. ➤ **approprié, congruent, convenable, idoine, juste.** *C'est l'expression adéquate, la réponse adéquate. Nous avons trouvé l'endroit adéquat. «l'importance de l'école, partout adéquate à la civilisation»* HUGO. — adv. **ADÉQUATEMENT,** 1889. ■ CONTR. Inadéquat.

ADÉQUATION [adekwasjɔ̃] n. f. – avant 1861 ◇ bas latin *adaequatio* ■ DIDACT. Rapport de convenance parfaite, équivalence. *L'adéquation de l'organe avec la fonction. L'adéquation de l'expression à l'idée. Il y a une parfaite adéquation entre ce qu'il dit et ce qu'il fait.*

ADHÉRENCE [adeʀɑ̃s] n. f. – XIVe ◇ bas latin *adhaerentia* ■ **1** État d'une chose qui adhère, tient fortement à une autre. *L'adhérence des pneus au sol.* ◆ MÉD. Union accidentelle ou pathologique de tissus contigus, dans l'organisme. *Adhérence pleurale.* — AU PLUR. COUR. *Des adhérences digestives.* ◆ BOT. Soudure totale ou partielle d'un organe avec un organe voisin. BIOL. CELL. Liaison des cellules entre elles ou à un support acellulaire. *Molécules d'adhérence cellulaire.* ■ **2** FIG. (XVe-XVIIe «adhésion») RARE Attache. *«Deux âmes déliées de toute adhérence humaine»* MARTIN DU GARD. ■ **3** MATH. *Adhérence d'une partie A d'un espace topologique E* (notée $\bar{A}$), le plus petit ensemble fermé contenant A.

ADHÉRENT, ENTE [adeʀɑ̃, ɑ̃t] adj. et n. – 1331 ◊ latin *adhaerens* → adhérer ■ 1 Qui adhère, tient fortement à autre chose. *Matière adhérente à la peau.* — BOT. *Ovaire adhérent,* soudé au calice. ◆ FIG. *Son regard « se collait sur la passante, si adhérent, si corrosif »* PROUST. ■ 2 n. (XIVe «partisan») Personne qui adhère à un parti, une association. ➤ **membre.** *Carte d'adhérent.* ■ 3 MATH. Relatif à l'adhérence* (3°). *Point adhérent :* point d'accumulation*.

ADHÉRER [adeʀe] v. tr. ind. ⟨6⟩ – XIVe ◊ latin *adhaerere,* de *ad* et *haerere* «être fixé» ■ 1 (CHOSES) Tenir fortement par un contact étroit de la totalité ou la plus grande partie de la surface. ➤ **coller.** *Des pneus qui adhèrent bien à la route, dans les virages* (➤ **adhérence**). *« Au squelette adhèrent encore des lambeaux de faux cuir »* DUHAMEL. ■ 2 (PERSONNES) Se déclarer d'accord avec, partisan de. *J'adhère à votre opinion, à ce que vous dites.* ➤ **approuver ;** se **rallier.** *Adhérer à un idéal.* ◆ S'inscrire (à une association, un parti dont on partage les vues). ➤ **adhérent** (2°) ; **adhésion.** *Il a adhéré très jeune au parti.* ■ CONTR. 1 Détacher (se) ; rejeter ; démissionner.

ADHÉSIF, IVE [adezif, iv] adj. et n. m. – 1478, repris XIXe ◊ du radical de *adhésion* ■ 1 Qui reste adhérent, collé après application. ➤ **collant ;** aussi **autoadhésif, autocollant ; thermocollant.** *Ruban adhésif,* enduit d'un produit qui le fait adhérer sans mouillage. ➤ 2 **scotch.** *Pansement adhésif.* ➤ **sparadrap.** ■ 2 n. m. Tissu, papier adhésif ; substance permettant de coller des surfaces. *Appliquer un adhésif sur une plaie. — Adhésif repositionnable.* ➤ **post-it.**

ADHÉSION [adezjɔ̃] n. f. – 1372 ◊ latin *adhaesio* «point de contact» ■ 1 VX Adhérence. — MOD. PHYS. Force qui s'oppose à la séparation de deux corps mis en contact (attraction intermoléculaire). ■ 2 Approbation réfléchie. ➤ **accord, agrément, assentiment.** *Donner, refuser son adhésion à un projet. Le projet a recueilli une très large adhésion auprès du public. « je reste en adhésion avec l'extérieur »* LE CLÉZIO. ◆ DR. INTERNAT. Acceptation par un État des obligations que comporte un traité déjà conclu entre d'autres États. *L'adhésion d'un nouveau pays à l'Union européenne.* ■ 3 Action d'adhérer, de s'inscrire (à une association, un parti). ➤ **affiliation, ralliement.** *Le parti a enregistré des adhésions massives. Bulletin d'adhésion.* ■ CONTR. Opposition, refus ; démission.

AD HOC [adɔk] loc. adj. – 1748 jurid. ◊ loc. latine «à cet effet» ■ 1 Parfaitement qualifié, expert en la matière. (SOUVENT IRON.) *C'est l'homme ad hoc.* — DR. *Tuteur*, curateur* ad hoc. Juge ad hoc,* nommé spécialement pour une affaire. ■ 2 Destiné expressément à cet usage. *Il faut un instrument ad hoc.* ➤ **adéquat, idoine.** *« Cela est contre les règlements, il faut un ordre ad hoc »* STENDHAL. — PÉJ. *Argument, exemple ad hoc.* ■ HOM. Haddock.

AD HOMINEM [adɔminɛm] loc. adj. – 1623 ◊ expression latine «vers l'homme» ■ DIDACT. *Argument ad hominem,* qui est dirigé contre la personne de l'adversaire et a une valeur toute particulière dans son cas (en lui opposant notamment ses actes ou ses déclarations).

ADIABATIQUE [adjabatik] adj. et n. f. – 1868 ◊ du grec *adiabatos* «qu'on ne peut traverser», par l'allemand ■ PHYS., MÉTÉOR. Se dit des transformations impliquant une expansion ou une compression sans perte ou gain de chaleur. *Détente, compression adiabatique.* — n. f. *Une adiabatique :* une courbe représentative d'une telle transformation. *Adiabatique réversible.* ➤ **isentropique.**

ADIABATISME [adjabatism] n. m. – 1877 ◊ de *adiabatique* ■ PHYS. État d'un système qui ne transmet ni ne reçoit aucune quantité de chaleur.

ADIANTE [adjɑ̃t] n. m. – 1549 ◊ latin d'origine grecque *adiantum* ■ Fougère ornementale. ➤ **capillaire.**

ADIAPHORÈSE [adjafɔʀɛz] n. f. – 1846 ◊ de 2 *a-* et du grec *diaphorêsis* «transpiration» ■ PATHOL. Diminution ou absence de transpiration.

ADIEU [adjø] interj. et n. m. – XIIe ◊ pour *à Dieu* ■ 1 Formule dont on se sert en prenant congé de qqn qu'on ne doit pas revoir de quelque temps (opposé à *au revoir*) ou même qu'on ne doit plus revoir. — (REM. Dans le Midi, se dit souvent pour *bonjour* et *au revoir.*) *Adieu, mes amis ! « Adieu ! je crois qu'en cette vie Je ne te reverrai jamais »* MUSSET. — LOC. *Dire adieu à qqn,* prendre congé de lui. ◆ Formule par laquelle on marque qu'une chose est perdue pour soi. *« Adieu veau, vache, cochon, couvée »* LA FONTAINE. — LOC. *Dire adieu à :* renoncer à, considérer comme perdu. *Vous pouvez dire adieu à votre tranquillité.* ■ 2 n. m. (1588) Fait de prendre congé, de se séparer de qqn. *Le moment des adieux. Une visite d'adieu. Faire ses adieux à qqn. Un éternel adieu,* marquant une séparation définitive. ◆ POÉT. *« C'est l'adieu brûlant de l'été, qui finit avec septembre »* FROMENTIN.

À DIEU VA [adjøva] ou **À DIEU VAT** [adjøvat] loc. interj. – 1690 ◊ de *à, Dieu* et impératif de *aller* ■ 1 VX MAR. Commandement de virement de bord vent devant (manœuvre dangereuse qui justifiait cette formule solennelle), aujourd'hui remplacé par *« Envoyez ! ».* ■ 2 MOD. À la grâce de Dieu ! Advienne que pourra !

ADIPEUX, EUSE [adipø, øz] adj. – 1503 ◊ du latin *adeps, adipis* «graisse» ■ 1 ANAT. De nature graisseuse. *Cellule adipeuse,* formée par une mince membrane protoplasmique remplie d'une matière grasse. ➤ **adipocyte.** *Tissu adipeux :* tissu conjonctif où prédominent les cellules adipeuses. ■ 2 COUR. Gras. *Ventre, plis adipeux* (➤ **obèse**).

ADIPIQUE [adipik] adj. – 1865 ◊ du radical de *adipeux* ■ CHIM. VIEILLI *Acide adipique.* ➤ **hexanedioïque.**

ADIP(O)- ■ Élément, du latin *adeps, adipis* «graisse».

ADIPOCYTE [adipɔsit] n. m. – 1970 ◊ de *adipo-* et *-cyte* ■ BIOL. Cellule spécialisée dans le stockage des lipides.

ADIPOLYSE [adipɔliz] n. f. – 1960 ◊ de *adipo-* et *-lyse* ■ DIDACT. Dissolution des graisses par hydrolyse.

ADIPOPEXIE [adipɔpɛksi] n. f. – début XXe ◊ de *adipo-* et du grec *pêxis* «fixation» ■ PHYSIOL. Fixation des graisses dans les tissus adipeux.

ADIPOSE [adipoz] n. f. – 1878 ◊ du radical de *adipeux* et 2 *-ose* ■ PATHOL. État morbide caractérisé par la surcharge graisseuse du tissu cellulaire. ➤ **obésité.**

ADIPOSITÉ [adipozite] n. f. – 1869 ◊ de *adipeux* ■ Accumulation de graisse dans le tissu cellulaire sous-cutané, surtout lorsqu'elle est localisée (hanches, fesses, etc.). ➤ **corpulence, embonpoint, lipome, obésité.**

ADIPSIE [adipsi] n. f. – 1834 ◊ de 2 *a-* et du grec *dipsa* «soif» ■ MÉD. Diminution ou perte complète de la soif.

ADJACENT, ENTE [adʒasɑ̃, ɑ̃t] adj. – 1314 ◊ latin *adjacens,* de *adjacere* «être situé auprès» ■ 1 Contigu, voisin. ➤ **attenant, proche.** *Terrain adjacent à un bois. Les rues adjacentes.* ■ 2 (1751) MATH. *Angles, secteurs angulaires adjacents,* qui ont même sommet, un côté commun et une intersection réduite à ce côté commun. *Sommets adjacents d'un graphe,* réunis par un arc dont ils sont les extrémités.

ADJECTIF, IVE [adʒɛktif, iv] n. m. et adj. – XIVe ◊ latin des grammairiens *adjectivum* «qui s'ajoute», traduction du grec *epithêton* → épithète

I n. m. Mot susceptible d'être adjoint directement *(épithète)* ou indirectement *(attribut)* au substantif avec lequel il s'accorde, pour exprimer une qualité *(qualificatif)* ou un rapport *(déterminatif). Adjectifs démonstratifs, exclamatifs, indéfinis, interrogatifs, possessifs, numéraux, relatifs* (➤ **déterminant**). *Adjectifs qualificatifs. Degrés de comparaison et d'intensité de l'adjectif qualificatif.* ➤ **comparatif, superlatif.** *Adjectif substantivé ; employé adverbialement. Adjectif verbal :* participe présent adjectivé.

II adj. (1853 ; *nom adjectif* XIVe «adjectif») VIEILLI De la nature de l'adjectif, qui a une valeur d'adjectif. ➤ **adjectival.** *Locution adjective.*

ADJECTIVAL, ALE, AUX [adʒɛktival, o] adj. – début XXe ◊ de *adjectif* ■ Qui est de la nature de l'adjectif, relatif à l'adjectif. *Syntagme adjectival. Locution adjectivale.*

ADJECTIVEMENT [adʒɛktivmɑ̃] adv. – XVe ◊ de *adjectif* ■ Dans un emploi d'adjectif. *Substantif employé adjectivement* ou *nom épithète*.*

ADJECTIVER [adʒɛktive] v. tr. ⟨1⟩ – 1801 ◊ de *adjectif* ■ Employer comme adjectif. — *Participe présent adjectivé.*

ADJOINDRE [adʒwɛ̃dʀ] v. tr. ⟨49⟩ – XIIe ; *adjungeat* VIIIe ◊ latin *adjungere* ■ 1 *Adjoindre* (qqn) *à* (qqn). Associer (une personne) pour aider, contrôler. *« Il leur a adjoint un bataillon de garde soldée »* MICHELET. — PRONOM. (RÉFL. IND.) *Il a dû s'adjoindre deux collaborateurs.* ■ 2 (XIXe ◊ repris de l'ancien français) Joindre, ajouter (une chose) à une autre. *Les anciens adjoignaient souvent un surnom à leur nom patronymique.*

ADJOINT, OINTE [adʒwɛ̃, wɛ̃t] n. et adj. – 1337 ◊ p. p. de *adjoindre*
I n. Personne associée à une autre pour l'aider dans ses fonctions. ➤ 2 **aide, assistant, collaborateur, second.** *Demandez à mon adjoint.* SPÉCIALT *Adjoint(e) au maire* : conseiller, conseillère municipal(e) élu(e) par le conseil pour assister le maire dans ses fonctions et au besoin le suppléer. MILIT. *Adjoints de chancellerie.* — *Adjoints administratifs, techniques. Adjoint(e) d'enseignement* : fonctionnaire chargé(e) d'un service mixte de surveillance et d'enseignement. — *Adjoint de sécurité*.* ◆ APPOS. *Directeur adjoint.*
II adj. MATH. *Matrice adjointe* (notée M*) *d'une matrice complexe* (M) : matrice conjuguée de la matrice transposée de M.

ADJONCTION [adʒɔ̃ksjɔ̃] n. f. – XIVe ◊ latin *adjunctio* ■ Action d'adjoindre (une personne, une chose). ➤ **accession, admission, association.** *Le parti a décidé l'adjonction de deux nouveaux membres au comité directeur. Confiture sans adjonction de conservateurs.* ➤ **addition, ajout.** ◆ Chose adjointe, addition. ➤ **ajout.** *Faire des adjonctions dans un texte.*

ADJUDANT, ANTE [adʒydɑ̃, ɑ̃t] n. – 1776 ; «aide canonnier» 1671 ◊ espagnol *ayudante*, de *ayudar* «aider», du latin *adjuvare* ■ Sous-officier des armées de terre et de l'air qui, dans la hiérarchie des grades, vient au-dessus du sergent-chef, et sert d'auxiliaire immédiat à l'officier responsable. ➤ POP. **juteux.** *Bien, mon adjudant.* (1912) *Adjudant-chef*, au-dessus de l'adjudant et en dessous du major. *Une adjudante-chef. Des adjudants-chefs.* — PÉJ. *Un adjudant* : un chef tatillon, autoritaire et borné. ◆ (1883) *Adjudant-major* : officier du grade de capitaine chargé d'assister ou suppléer un officier supérieur. *Des adjudants-majors.*

ADJUDICATAIRE [adʒydikatɛʀ] n. – 1430 ◊ du radical de *adjudication* ■ Bénéficiaire d'une adjudication. ➤ **acquéreur.**

ADJUDICATEUR, TRICE [adʒydikatœʀ, tʀis] n. – 1823 ◊ du radical de *adjudication* ■ Personne qui met en adjudication.

ADJUDICATIF, IVE [adʒydikatif, iv] adj. – 1534 ◊ de *adjudication* ■ Qui adjuge ; relatif à l'adjudication. *Sentence adjudicative.*

ADJUDICATION [adʒydikasjɔ̃] n. f. – 1330 ◊ latin juridique *adjudicatio* ■ **1** DR. CIV. Déclaration par laquelle le juge ou un officier public attribue au plus offrant un bien mis aux enchères. *Vente par adjudication* : vente aux enchères*. *Adjudication volontaire ; judiciaire, forcée.* ■ **2** *Adjudication administrative* : marché entre l'Administration et un particulier dans des conditions de publicité et de concurrence, l'Administration vendant au plus offrant, ou achetant à celui qui fait le rabais le plus intéressant en respectant le cahier des charges (cf. Appel* d'offres). *Adjudication de fournitures, de travaux publics.*

ADJUGER [adʒyʒe] v. tr. ⟨3⟩ – *ajugier* XIIe ◊ latin *adjudicare* ■ **1** Attribuer par un jugement en faveur d'une partie. *Adjuger au demandeur ses conclusions*, rendre un jugement conforme à ses conclusions. ◆ PAR EXT. (1659) Décerner. *Adjuger un prix, une récompense.* — FAM. Donner. ◆ PRONOM. (RÉFL. IND.) S'attribuer, s'emparer de. *Comme toujours, il s'est adjugé la meilleure part.* ■ **2** (XVIIe) Attribuer par adjudication (à l'enchérisseur, au soumissionnaire). *Adjuger une maison, une œuvre d'art.* ELLIPT *Une fois, deux fois, trois fois, adjugé ! vendu !* se dit lorsqu'une chose est adjugée à l'encan.

ADJURATION [adʒyʀasjɔ̃] n. f. – 1488 ◊ latin ecclésiastique *adjuratio* ■ **1** THÉOL. Commandement au nom de Dieu. *L'exorcisme est une des formes de l'adjuration.* ■ **2** Demande au nom de Dieu, par un appel aux sentiments religieux. ◆ PAR EXT. (plus cour.) Prière instante. *Il s'entêtait, malgré les adjurations de sa famille.* ➤ **supplication.**

ADJURER [adʒyʀe] v. tr. ⟨1⟩ – *ajurer* XIIIe ◊ latin *adjurare* ■ Commander ou demander à (qqn) en adressant une adjuration. *Je vous adjure de quitter le pays.* ➤ **supplier.**

ADJUVANT [adʒyvɑ̃] n. m. – 1834 ; adj. «qui aide, auxiliaire» 1560 ◊ latin *adjuvans*, p. prés. de *adjuvare* «aider» ■ **1** Médicament, traitement auxiliaire, destiné à renforcer ou compléter la médication principale. — Substance ajoutée à un vaccin pour en accroître le pouvoir immunogène. ◆ PAR ANAL. Produit que l'on ajoute à un matériau pour l'améliorer. ➤ **additif.** *Les adjuvants du béton* (cendres volantes, fumées de silice). ■ **2** (fin XIXe) FIG. Auxiliaire, stimulant. *«L'exemple personnel n'est pas un adjuvant nécessaire à l'influence de leurs idées»* LOUŸS. ■ **3** DIDACT. Dans un récit, une pièce de théâtre, Personnage dont la fonction est d'aider celui qui accomplit l'action. *Les adjuvants et les opposants.*

ADJUVAT [adʒyva] n. m. – 1875 ◊ du latin *adjuvare* «aider» ■ MÉD. Fonction d'assistanat en anatomie, médecine ou chirurgie.

AD LIBITUM [adlibitɔm] loc. adv. – 1835 ◊ mots latins ■ À volonté, au choix. — MUS. (abrév. *ad lib.*) Au gré de l'exécutant.

AD LITEM [adlitɛm] loc. adj. – 1866 ◊ mots latins ■ En vue d'un procès. *Mandat, provision* ad litem.*

ADMETTRE [admɛtʀ] v. tr. ⟨56⟩ – XVe ; *ametre* XIIIe, sens divers en ancien français ◊ latin *admittere* ■ **1** Accepter de recevoir (qqn). ➤ **accueillir, agréer.** *Admettre qqn à sa table. Être admis à un examen. «Jusqu'à ce qu'il eût été admis à l'Académie»* SAINTE-BEUVE. *Les chiens ne sont pas admis.* — *Admettre qqn à siéger*, lui en reconnaître le droit. ➤ **autoriser.** *Admis à faire valoir ses droits à la retraite.* ■ **2** Considérer comme acceptable par l'esprit (par un jugement de réalité ou de valeur). *«Il admettra ou rejettera certains faits»* VALÉRY. *C'est une chose communément admise. «Tous les peuples primitifs ont admis que le fou est habité par un démon»* MAUROIS. (Avec l'indic.) *J'admets que j'ai eu tort.* ➤ **accorder, reconnaître.** ◆ Accepter à titre de simple hypothèse qu'on retient provisoirement. ➤ **supposer.** *Admettre une chose comme vraie, possible.* (Avec le subj.) *En admettant que cela soit vrai. Admettons que* : en supposant que. *Admettons qu'il ait raison. Admettons !* (cf. Je veux bien*). ■ **3** (Surtout en phrase négative) Accepter, permettre. *Il n'admet pas la contradiction.* ➤ **tolérer.** (Avec le subj.) *Je n'admets pas qu'il vienne sans prévenir.* ◆ (Sujet chose) Autoriser, permettre. ➤ **souffrir.** *D'un ton qui n'admettait pas de réplique. Cette règle n'admet aucune exception.* ➤ **comporter.** ■ **4** Déclarer recevable en justice. *La chambre a admis le pourvoi.* ■ **5** (XIXe) Laisser entrer. *«D'inextricables ruelles qui ne peuvent admettre de voitures»* GAUTIER. *Les gaz sont admis dans le cylindre.* ■ CONTR. Exclure, rejeter. ■ HOM. *Admirent* : admire (admirer).

ADMINICULE [adminikyl] n. m. – 1555 ◊ latin *adminiculum* ■ **1** VX Appui, moyen auxiliaire. ◆ DR. Élément, commencement de preuve. ➤ **indice.** ■ **2** (1740) Attribut, ornement d'une figure de médaille.

ADMINISTRATEUR, TRICE [administʀatœʀ, tʀis] n. – XIIe ◊ latin *administrator* ■ **1** Personne qui administre, qui gère. *Administrateur légal*, désigné par la loi. ➤ **curateur, tuteur.** *Administrateur séquestre. Administrateur de biens.* ➤ **gérant, syndic.** *Administrateur de la Comédie-Française*, qui préside le comité d'administration de la Comédie-Française. *Administrateur judiciaire*, désigné par la justice. ➤ **liquidateur.** ◆ ABSOLT Personne qui a les qualités requises par les tâches d'administration. ➤ **gestionnaire.** *Un bon, un médiocre administrateur.* ■ **2** Titre de certains fonctionnaires. *Administrateur civil.* Personne physique ou morale membre du conseil* d'administration d'une société anonyme. *Rémunération des administrateurs.* ➤ **jeton** (de présence), **tantième.** ■ **3** INFORM. *Administrateur système, administrateur de réseau, de bases de données*, chargé de mettre en œuvre, maintenir, faire évoluer les ressources informatiques de son domaine. *Administrateur de site, de serveur* : recomm. offic. pour ***webmaster***. ➤ **webmestre.**

ADMINISTRATIF, IVE [administʀatif, iv] adj. – 1789 ◊ du radical de *administration* ■ **1** Relatif, propre à l'Administration. *Les autorités administratives. Acte administratif*, émanant de ces autorités. *Droit* administratif. La fonction* administrative. La division administrative de la France* (régions, départements, arrondissements, cantons, communes). ■ **2** Chargé de tâches d'administration. *Directeur administratif.*

ADMINISTRATION [administʀasjɔ̃] n. f. – après 1250 ; *aministracion* v. 1200 ◊ latin *administratio* ■ **1** DR. CIV. Action de gérer un bien, un ensemble de biens. ➤ **gestion.** *L'administration de la communauté. Administration légale* : attributs patrimoniaux se rattachant à l'autorité parentale. *Administration d'une société* (par un *conseil* d'administration*). — INFORM. *L'administration d'un serveur, d'un réseau*, sa gestion et sa maintenance. ◆ COUR. Action ou manière de gérer (des affaires privées ou publiques). *«Une administration intelligente et suivie»* GIDE. ■ **2** (sens précisé fin XVIIIe) Fonction consistant à assurer l'application des lois et la marche des services publics conformément aux directives gouvernementales ; ensemble des services et agents chargés de cette fonction *(l'Administration). L'administration du pays* (centrale, départementale, etc.). *L'administration des départements est confiée aux préfets, commissaires de la République. Entrer dans l'Administration* (cf. Fonction* publique, service public*). *École nationale d'administration (E. N. A.)*, formant depuis 1945 les fonctionnaires administratifs supérieurs (➤ **énarque**). ♦ (1793) Service public, ensemble des fonctionnaires qui en sont chargés. *L'administration de l'Enregistrement, des Eaux et Forêts, des Douanes.* ♦ ANGLIC. Équipe gouvernementale. ➤ **gouvernement.** *L'administration Bush.* ▪ **3** (XVIIe) Action de conférer (un sacrement), d'administrer (un remède). *« le temps nécessaire à l'administration du dernier sacrement »* CHATEAUBRIAND.

ADMINISTRATIVEMENT [administʀativmɑ̃] **adv.** – 1838 ◊ de *administratif* ▪ D'un point de vue administratif, par la voie administrative.

ADMINISTRÉ, ÉE [administʀe] **n.** – 1796 ◊ de *administrer* ▪ Personne soumise à une autorité administrative. *Le maire et ses administrés. « Messieurs et chers administrés »* DAUDET.

ADMINISTRER [administʀe] **v. tr.** ‹1› – fin XIIe ◊ du latin *administrare* ▪ **1** Gérer en faisant valoir, en défendant les intérêts. *Administrer les biens d'un mineur, d'un incapable.* ▪ **2** Assurer l'administration de (un pays, une circonscription) en exerçant des fonctions de direction et de contrôle (qui ne sont pas d'ordre législatif ni gouvernemental). *Le maire administre la commune.* ➤ **diriger, gérer.** ▪ **3** Conférer (un sacrement). *« Le prêtre qui administrait à Clovis le baptême »* CHATEAUBRIAND. PAR EXT. (1754) Donner l'extrême-onction à. *Administrer un malade.* ♦ Faire prendre (un remède). *« Il s'agit d'administrer quelque puissant antidote »* FLAUBERT. ♦ Produire (une preuve) en justice. ♦ (1804) FAM. Donner, flanquer (des coups). *Administrer une correction.*

ADMIRABLE [admiʀabl] **adj.** – 1160 ◊ latin *admirabilis* ▪ **1** VX ou LITTÉR. Étonnant. *« C'est une chose admirable, que tous les grands hommes ont [...] quelque petit grain de folie »* MOLIÈRE. SUBST. (neutre) *« L'admirable, c'est qu'autour de lui on faisait cercle »* GIDE. ▪ **2** D'une beauté, d'une qualité digne d'admiration. ➤ 1 **beau*, merveilleux.** *« Le visage est laid, mais le torse admirable »* GIDE. *Un portrait admirable de vérité.* ➤ **éblouissant.** IRON. *« admirable résultat du racisme »* DUHAMEL. ▪ CONTR. Horrible, laid, lamentable.

ADMIRABLEMENT [admiʀabləmɑ̃] **adv.** – 1422 ◊ de *admirable* ▪ D'une manière admirable, merveilleuse. ➤ **merveilleusement, parfaitement.** *Détails admirablement peints.*

ADMIRATEUR, TRICE [admiʀatœʀ, tʀis] **n.** – 1537 ◊ latin *admirator* ▪ Personne qui admire (un être, une œuvre). *« Cet admirateur à la fois passionné, lucide, dont nul écrivain ne se passe sans dommage »* MAURIAC. *Je suis une de vos admiratrices. Admirateurs d'une vedette.* ➤ **fan, groupie.** *Club d'admirateurs.* ➤ **fan-club** (ANGLIC.). ▪ CONTR. Contempteur.

ADMIRATIF, IVE [admiʀatif, iv] **adj.** – 1370 ◊ bas latin *admirativus* ▪ **1** Qui est en admiration (devant qqn, un spectacle). *Les touristes s'arrêtaient, admiratifs.* ▪ **2** Qui marque l'admiration. ➤ **émerveillé.** *Un regard admiratif.* ▪ CONTR. Méprisant.

ADMIRATION [admiʀasjɔ̃] **n. f.** – XIIe ◊ latin *admiratio* ▪ **1** VX Étonnement devant qqch. d'extraordinaire ou d'imprévu. ▪ **2** Sentiment de joie et d'épanouissement devant ce qu'on juge supérieurement beau ou grand. ➤ **émerveillement, enthousiasme, ravissement.** *« Il y a dans l'admiration on ne sait quoi de fortifiant »* HUGO. *Être saisi, transporté d'admiration. Exciter, soulever l'admiration* (➤ **éblouir, émerveiller**). *Son courage fait l'admiration de tout le monde. Il était en admiration devant ce tableau. Tomber en admiration.* LOC. IRON. *Être en admiration devant qqn,* l'idolâtrer. ➤ **adoration, extase.** ♦ VX Objet de ce sentiment. *« Il devient l'admiration de la superbe Ninive »* MASSILLON.

ADMIRATIVEMENT [admiʀativmɑ̃] **adv.** – 1866 ◊ de *admiratif* ▪ Avec admiration, un air admiratif.

ADMIRER [admiʀe] **v. tr.** ‹1› – *amirer* 1360 ◊ latin *admirari* « s'étonner » ▪ **1** VX Considérer avec étonnement. ▪ **2** (1566) Contempler avec admiration, avoir de l'admiration pour (ce qui est beau, grand). ➤ **s'enthousiasmer, s'extasier,** 1 **goûter.** *« Nous aimons toujours ceux qui nous admirent »* LA ROCHEFOUCAULD. *« Admirons les grands maîtres, ne les imitons pas »* HUGO. PRONOM. *« Les portraits de Saint-Simon écrits par lui sans qu'il s'admire »* PROUST. ➤ aussi **s'entradmirer.** ♦ IRON. *J'admire votre confiance. Je vous admire de rester calme.* ▪ CONTR. Dédaigner, mépriser. ▪ HOM. *Admire* : admirent (admettre).

ADMIS, ISE ➤ **ADMETTRE**

ADMISSIBILITÉ [admisibilite] **n. f.** – 1789 ◊ de *admissible* ▪ Fait d'être admissible. *L'admissibilité aux emplois, à la fonction publique.* ♦ (fin XIXe) SCOL. *Liste d'admissibilité. Dans les concours, l'admissibilité n'est pas acquise.*

ADMISSIBLE [admisibl] **adj.** – 1453 ◊ latin médiéval *admissibilis* ▪ **1** VIEILLI Que l'esprit peut admettre, qui est recevable. *Hypothèse admissible.* ♦ MOD. **(surtout négatif)** Tolérable, supportable. *Sa conduite n'est pas admissible.* ▪ **2** Qui peut être admis (à un emploi). *« tous les citoyens sont également admissibles à toutes dignités, places et emplois publics »* (DÉCLARATION DES DROITS DE L'HOMME). SPÉCIALT (1885) Admis (après correction des premières épreuves, de l'écrit) à subir les épreuves définitives, l'oral d'un examen. *Candidat déclaré admissible. Deux fois admissible à l'agrégation* (biadmissible). SUBST. *Liste des admissibles.* ▪ CONTR. Inadmissible, irrecevable. Ajourné, refusé.

ADMISSION [admisjɔ̃] **n. f.** – 1539 ◊ latin *admissio* ▪ **1** Action d'admettre (qqn), fait d'être admis. *J'ai envoyé au président du club ma demande d'admission. Admission dans une école, à un examen. Admission sur concours.* ▪ **2** (XVIIIe) Action d'admettre en justice. *Admission, arrêt d'admission de pourvoi.* ♦ DOUANES *Admission temporaire* : régime douanier permettant l'importation, en suspension de droits et de taxes, de marchandises destinées à être réexportées. ➤ **acquit-à-caution.** ▪ **3** (1904) Fait de laisser entrer (un gaz). *Régler l'admission de la vapeur.* SPÉCIALT Entrée des gaz dans le cylindre, constituant le premier temps du cycle d'un moteur à explosion. *Came*, soupape d'admission.* ▪ **4** Le fait d'admettre intellectuellement, d'accepter (qqch.). *L'admission d'une idée, d'une vérité.*

ADMITTANCE [admitɑ̃s] **n. f.** – 1896 ◊ mot anglais, du latin *admittere* « admettre » ▪ PHYS. Grandeur inverse de l'impédance dans un circuit électrique parcouru par un courant alternatif, quotient de l'intensité efficace du courant par la tension appliquée aux bornes du circuit. *L'unité d'admittance est le siemens.*

ADMONESTATION [admɔnɛstasjɔ̃] **n. f.** – *amonestation* 1260 ; repris XIXe ◊ de *admonester* ▪ DR. ou LITTÉR. Action d'admonester, avertissement sévère. ➤ **remontrance, réprimande, semonce.** *L'admonestation du juge au prévenu.*

ADMONESTER [admɔnɛste] **v. tr.** ‹1› – milieu XIIe *amonester* ◊ du latin populaire *admonestare,* famille de *monere* « avertir » → monnaie ▪ DR. ou LITTÉR. Réprimander* sévèrement, sans condamner, mais en avertissant de ne pas recommencer. *Le juge s'est contenté d'admonester le prévenu.*

ADMONITION [admɔnisjɔ̃] **n. f.** – *amonition* XIIe ◊ latin ecclésiastique et juridique *admonitio* « avertissement » ▪ DR. ou RELIG. Admonestation (de l'autorité judiciaire ou ecclésiastique). ♦ LITTÉR. Réprimande, avertissement sévère. *« trop enclin à regimber contre les admonitions maternelles »* GIDE.

ADN ou **A. D. N.** [adeɛn] **n. m.** – 1955 ◊ sigle ▪ Acide désoxyribonucléique, polymère de nucléotides, constituant essentiel des chromosomes*, support matériel de l'information génétique. ➤ aussi **épisome.** *Structure en double hélice de l'ADN. Constituants de l'ADN.* ➤ **désoxyribose ; nucléotide ; purique, pyrimidique.** *Séquences d'ADN.* ➤ **cistron ; cluster, opéron.** *ADN complémentaire* ou *ADNc* : ADN recombiné formé de fragments d'origines diverses. *ADN recombinant. Puce à ADN.* ➤ **biopuce.** *Virus à ADN.* ➤ **adénovirus.** — EN APPOS. *Analyse, test ADN.* ♦ FIG. et FAM. *C'est dans son ADN,* dans sa nature profonde. — On trouve aussi l'anglic. **DNA.**

AD NAUSEAM [adnozeam] **loc. adv.** – 1620 ◊ mots latins « jusqu'à la nausée » ▪ LITTÉR. Jusqu'au dégoût, à l'écœurement. *Répéter qqch. ad nauseam.*

ADO ➤ **ADOLESCENT** ▪ HOM. Ados.

ADOBE [adɔb] **n. m.** – 1868 ◊ mot espagnol ▪ Brique d'argile non cuite, obtenue par simple séchage au soleil. ➤ 2 **banco.**

ADOLESCENCE [adɔlesɑ̃s] **n. f.** – fin XIIIe ◊ latin *adolescentia,* de *adolescens* → adolescent ▪ Âge qui succède à l'enfance et précède l'âge adulte (environ de 12 à 18 ans chez les filles, 14 à 20 ans chez les garçons), immédiatement après la puberté. *« la plus délicate des transitions, l'adolescence, [...] le commencement d'une femme dans la fin d'un enfant »* HUGO. *« jouir de toutes ces expériences, de tous ces affects que l'on regroupe sous le nom d'*adolescence *»* É. LOUIS.

ADOLESCENT, ENTE [adɔlesɑ̃, ɑ̃t] **n.** – 1327 ◊ latin *adolescens,* de *adolescere* « grandir » ▪ Jeune garçon, jeune fille à l'âge de l'adolescence. ➤ **éphèbe, jouvenceau, teenager.** *« L'adolescent est l'être qui blâme, qui s'indigne, qui méprise »* ALAIN. — ABRÉV. FAM. (1974) **ADO** [ado]. *Des ados. Un camp d'ados.*

ADONIDE [adɔnid] **n. f.** – 1838 ◊ de *Adonis,* dont le sang, quand il fut tué à la chasse, aurait teinté cette fleur ■ Plante herbacée *(renonculacées),* aux fleurs rouges ou jaunes. *Adonide annuelle* ou *œil-de-faisan,* produisant un poison violent. *Adonide de printemps,* vivace, toxique, à fleurs jaunes.

ADONIS [adɔnis] **n. m.** – 1565 ◊ de *Adonis,* héros mythologique célèbre par sa beauté ■ **1** Jeune homme d'une grande beauté. ➤ **apollon, éphèbe.** « *Il faut être un Adonis pour se faire peindre* » FRÉDÉRIC II. LOC. *Ce n'est pas un Adonis,* il n'est pas très beau. ■ **2** (1839) Papillon diurne, du genre lycène.

ADONNER [adɔne] **v.** ‹1› – XIIe ◊ latin populaire °*addonare,* de *donare* → donner

I **v. pron.** ■ **1** Se livrer avec ardeur à (une activité, une pratique). *S'adonner à l'étude, à son vice. Un individu adonné à la boisson.* ■ **2** (1894) **(Canada)** FAM. S'entendre, s'accorder ; se plaire. « *Vous avez l'air de bien vous adonner, toi et lui. Ça commence à faire un temps que vous êtes mariés* » M. LABERGE.

II **v. intr.** ■ **1** (1687) MAR. En parlant du vent, Tourner dans un sens favorable. ■ **2** **(Canada)** FAM. *Ça adonne bien, mal :* ça tombe, ça se présente bien, mal.

■ CONTR. Abandonner, se détourner. — Refuser.

ADOPTANT, ANTE [adɔptɑ̃, ɑ̃t] **adj. et n.** – 1728 ◊ de *adopter* ■ Qui adopte légalement quelqu'un. *Une famille adoptante,* qui adopte un enfant. — **n.** *Les futurs adoptants.*

ADOPTER [adɔpte] **v. tr.** ‹1› – XIVe ◊ latin *adoptare* ■ **1** Prendre légalement pour fils ou pour fille (➤ **adoption**). *C'est un enfant qu'ils ont adopté.* **p. p. adj.** *Un orphelin adopté.* SUBST. *Un adopté.* ♦ PAR EXT. (XVIIe) Traiter comme son propre enfant, reconnaître comme apparenté d'esprit, de goût. « *Elle avait été très vite adoptée par ce monde de savants* » MAUROIS. ■ **2** (début XVIIIe) FIG. Faire sien en choisissant, en décidant de suivre. ➤ **approuver, choisir, embrasser, suivre.** « *l'âpreté avec laquelle il soutenait les opinions qu'il avait une fois adoptées* » BARRÈS. « *adopter* [...] *le langage et les coutumes de la Turquie* » LOTI. *Adopter un profil* bas.* LOC. *L'essayer c'est l'adopter,* vous serez satisfait, vous ne pourrez vous en passer. — SPÉCIALT Approuver par un vote. *L'Assemblée a adopté le projet de loi.* ■ CONTR. Abandonner, rejeter.

ADOPTIF, IVE [adɔptif, iv] **adj.** – XIIe ◊ latin juridique *adoptivus* ■ Qui est par adoption, résulte d'une adoption. *Père* (➤ **nourricier**), *fils adoptif. Filiation, famille adoptive. Légitimation* adoptive.* ♦ PAR EXT. D'adoption. *C'est sa patrie adoptive.*

ADOPTION [adɔpsjɔ̃] **n. f.** – XIIIe ◊ latin juridique *adoptio* ■ **1** Action d'adopter (qqn), acte juridique établissant entre deux personnes (l'*adoptant* et l'*adopté*) des relations de droit analogues à celles qui résultent de la filiation. *Adoption plénière* (rupture des liens avec la famille d'origine) et *adoption simple* (laissant subsister des liens avec la famille d'origine). ➤ **légitimation.** ♦ (1681) *D'adoption :* qu'on a adopté, qu'on reconnaît pour sien. *La France est devenue sa patrie d'adoption.* ■ **2** (1798) Action d'adopter (qqch. qu'on approuve, qu'on choisit de suivre). *Adoption d'un projet de loi.*

ADORABLE [adɔʀabl] **adj.** – XIVe ◊ bas latin *adorabilis* ■ **1** Digne d'être adoré. « *péché contre l'adorable bonté divine* » SARTRE. ■ **2** (XVIIe ; mot précieux) Digne d'être aimé passionnément. « *Mais j'aime tout de bon l'adorable Henriette* » MOLIÈRE. PAR EXAGÉR. Extrêmement aimable et gracieux. ➤ **charmant,** FAM. **craquant, exquis.** *Une adorable petite fille. Un chien adorable.*

ADORABLEMENT [adɔʀabləmɑ̃] **adv.** – v. 1830 ◊ de *adorable* ■ D'une manière adorable, exquise. « *Vous êtes adorablement bien mise* » BALZAC.

ADORATEUR, TRICE [adɔʀatœʀ, tʀis] **n.** – 1420 ◊ latin ecclésiastique *adorator* ■ **1** Personne qui adore, rend un culte à (une divinité). *Les Incas, adorateurs du Soleil.* ■ **2** Amoureux empressé. « *Volage adorateur de mille objets divers* » RACINE.

ADORATION [adɔʀasjɔ̃] **n. f.** – XIVe ◊ latin *adoratio* ■ **1** RELIG. Action d'adorer. ➤ **culte, latrie.** *L'Adoration des Mages* (➤ **épiphanie**). « *Les Bénédictines de l'adoration perpétuelle du Saint-Sacrement* » HUGO. ■ **2** Amour fervent, culte passionné. « *Son respect pour elle allait jusqu'à l'adoration* » BALZAC. *Il est en adoration devant elle, il lui voue une véritable adoration.* ■ CONTR. Haine, mépris.

ADORER [adɔʀe] **v. tr.** ‹1› – XIIe ◊ latin *adorare,* de *orare* « prier » ■ **1** Rendre un culte (THÉOL. un culte de latrie) à (Dieu, une divinité, un symbole divin). « *Zeus a commencé par être celui qu'on adore au sommet des montagnes* » BERGSON. LOC. *Brûler ce qu'on a adoré :* ne pas être constant dans ses admirations. *Adorer le veau* d'or.* ■ **2** Aimer d'un amour ou d'une affection passionnée. ➤ **idolâtrer.** « *C'est peu de dire aimer, Elvire : je l'adore* » CORNEILLE. « *Sa fille qu'il adorait* » R. ROLLAND. ■ **3** Avoir un goût très vif pour (qqch.). ➤ **raffoler** (de). *Il adore la musique, les chevaux. Des fraises à la crème ! j'adore ça.* (Avec l'inf.) *Elle adore faire la sieste.* ■ CONTR. Détester.

ADORNER [adɔʀne] **v. tr.** ‹1› – XVe et XVIe, repris comme archaïsme au XIXe (1863) ◊ de l'ancien français *aorner* (milieu XIIe), d'après le latin *adornare,* de *ornare* → orner ■ LITTÉR. Parer. — PRONOM. « *un chauffeur routier* [...] *dont les bras énormes s'adornaient de tatouages canailles* » TOURNIER.

ADOS [ado] **n. m.** – 1697 ; ancien français « soutien, appui » ◊ de *adosser* ■ Talus de terre rapportée, destiné à protéger les cultures (notamment les primeurs) contre les intempéries. *Les ados d'un fossé.* ■ HOM. Ado (adolescent).

ADOSSEMENT [adosmɑ̃] **n. m.** – 1432 ◊ de *adosser* ■ État de ce qui est adossé. *Adossement d'une maison contre, à une falaise.*

ADOSSER [adose] **v. tr.** ‹1› – milieu XIIe ◊ de 1*a-* et *dos* ■ Appuyer en mettant le dos, la face postérieure contre. *Adosser un malade à un oreiller.* « *Le théâtre était adossé à la citadelle* » CHATEAUBRIAND. PRONOM. S'appuyer en mettant le dos contre. *Il s'adosse à la barrière. Adossé à la porte, il m'empêchait de sortir.*

ADOUBEMENT [adubmɑ̃] **n. m.** – XIIe ◊ de *adouber* ■ Au Moyen Âge, Cérémonie au cours de laquelle le jeune noble était fait chevalier, recevait des armes et un équipement (nommé aussi *adoubement,* plus tard remplacé par l'armure).

ADOUBER [adube] **v. tr.** ‹1› – 1080 ◊ francique °*dubban* « frapper », parce que le futur chevalier recevait de son parrain un coup sur la nuque ■ **1** Armer chevalier par la cérémonie de l'adoubement. « *Quand Bayard adoube François Ier, Tristan et Perceval sont morts* » MALRAUX. ■ **2** PAR EXT. (1752 ◊ du sens de « équiper, arranger », en ancien français) ABSOLT Aux échecs, Remettre en place une pièce déplacée par accident, ou déplacer provisoirement une pièce, sans jouer le coup. *J'adoube,* formule employée pour avertir l'adversaire que le coup n'est pas joué. ■ **3** FIG. Reconnaître, déclarer la valeur de (qqn). *Une jeune cinéaste adoubée par ses pairs.* — (CHOSES) *La commission a adoubé le projet.* ➤ **approuver, valider.**

ADOUCIR [adusiʀ] **v. tr.** ‹2› – XIIe ◊ de 1*a-* et *doux* ■ **1** Rendre plus doux, plus agréable aux sens. « *Un épais brouillard adoucissait les tons des verdures* » GIDE. ➤ **atténuer.** « *Une voix suraiguë qu'elle cherchait vainement à adoucir* » ALAIN-FOURNIER. PRONOM. *Le climat s'adoucit.* SPÉCIALT Opérer l'adoucissement de. *Adoucir l'eau.* ■ **2** FIG. Rendre moins rude, moins violent. ➤ **corriger, édulcorer, modérer.** « *En adoucissant ce que son visage avait d'un peu fier* » DAUDET. PROV. *La musique adoucit les mœurs.* ■ CONTR. Aggraver, irriter.

ADOUCISSAGE [adusisaʒ] **n. m.** – 1723 ◊ de *adoucir* ■ **1** (1752) TEXTILE Traitement destiné à éclaircir les couleurs. ■ **2** (1842) TECHN. Opération consistant à polir (une glace, une pierre taillée, un marbre, des métaux) de façon à réaliser une surface unie.

ADOUCISSANT, ANTE [adusisɑ̃, ɑ̃t] **adj.** – 1698 ◊ de *adoucir* ■ PHARM. Qui calme les irritations superficielles. ➤ **lénitif.** *Huile adoucissante.* ♦ **n. m.** COUR. Produit utilisé en fin de rinçage pour rendre le linge plus doux. ➤ **assouplissant.** ■ CONTR. Irritant.

ADOUCISSEMENT [adusismɑ̃] **n. m.** – début XVe ◊ de *adoucir* ■ **1** Action d'adoucir, fait de s'adoucir. *On s'attend à un adoucissement de la température.* SPÉCIALT *Adoucissement de l'eau,* élimination des sels (de calcium, fer, etc.) qui la rendent dure. *Adoucissement de l'essence, des lampants :* procédé de raffinage destiné à éliminer les mercaptans. ■ **2** FIG. Soulagement, atténuation. « *Apporter de l'adoucissement à mes peines* » CHATEAUBRIAND. ■ CONTR. Aggravation.

ADOUCISSEUR, EUSE [adusisœʀ, øz] **n.** – 1797 ◊ de *adoucir* ■ **1** Ouvrier, ouvrière spécialisé(e) dans l'adoucissage. *Adoucisseur de pièces d'horlogerie.* ■ **2** **n. m.** (v. 1960) Appareil servant à adoucir l'eau.

ADP ou **A. D. P.** [adepe] **n. f.** – 1949 ◊ sigle ■ BIOCHIM. Adénosine diphosphate. *L'ATP donne de l'ADP par hydrolyse.*

AD PATRES [adpatʀɛs] **loc. adv.** – 1569 ◊ mots latins « vers les pères, les ancêtres » ■ LOC. FAM. *Envoyer qqn ad patres,* le faire mourir, le tuer (cf. Envoyer dans l'autre monde*).

ADRAGANTE [adʀagɑ̃t] **n. f.** – 1560 ◇ altération de *tragacanthe*, latin d'origine grecque *tragacantha*, désignant l'arbrisseau épineux d'où coule cette gomme ■ PHARMACOL. Gomme extraite des tiges de l'astragale*. — **adj. f.** *Gomme adragante,* qui exsude d'arbrisseaux du genre astragale, utilisée en pharmacie et pour l'apprêt des tissus. On a dit aussi *gomme d'adragant.*

ADRÉNALINE [adʀenalin] **n. f.** – 1902 ◇ anglais *adrenalin* (1901), de *ad-* (cf. 1*a-*) et *renal* «du rein» ■ Hormone sécrétée essentiellement par la glande médullosurrénale et par certains neurones, très importante dans le fonctionnement du système nerveux sympathique et dans la réponse de l'organisme à diverses agressions (stress). ➤ **épinéphrine.** *L'adrénaline est une catécholamine. Décharge d'adrénaline consécutive à une émotion.* «*ce choc au cœur, l'adrénaline lâchée d'un coup, une vague électrique qui vient buter au bout des doigts et paralyse la gorge*» M. DARRIEUSSECQ. — FIG. *Poussée d'adrénaline :* emportement, vive réaction.

ADRÉNERGIQUE [adʀenɛʀʒik] **adj.** – 1952 ◇ anglais *adrenergic*, de *adren(alin)* et du grec *ergon* «travail» ■ PHYSIOL. Se dit des fibres nerveuses sécrétant la noradrénaline (système sympathique). — *Récepteurs adrénergiques* α, dont dépendent presque tous les effets excitateurs de la stimulation sympathique. *Récepteurs adrénergiques* β, responsables de presque tous les effets inhibiteurs de la stimulation sympathique (➤ **bêtabloquant**).

ADRESSAGE [adʀesaʒ] **n. m.** – 1968 ◇ de *adresser* ■ INFORM. Procédé par lequel est définie l'adresse* (1, 4°) d'une donnée sur un support. *Capacité d'adressage :* nombre de positions mémoires susceptibles d'être adressées par un processeur. ◆ Création ou exploitation d'une adresse. *Adressage automatique dans la gestion d'abonnements.*

1**ADRESSE** [adʀɛs] **n. f.** – fin XVe, au sens 2° ◇ de *adresser*, famille du latin *directus* «droit» (→ 1 droit et 1 direct). *Adresse* a eu le sens de «chemin direct» (fin XIIe), puis, au fig. de «droit chemin, bon chemin» (fin XIIIe) d'où celui de «conseil» et d'«information» (fin XIVe). Le mot a été emprunté par l'anglais *address* puis réemprunté par le français au sens d'«expression des vœux au souverain» (3°), dans un contexte anglais (1656) ■ **1** (1601) Indication du domicile d'une personne. *Répondez-moi à cette adresse. Nom, adresse, numéro de téléphone. J'ai oublié de mettre l'adresse sur l'enveloppe.* ➤ **suscription.** *Un carnet d'adresses. Changer d'adresse,* de lieu de résidence. *Partir sans laisser d'adresse. Il m'a donné une bonne adresse,* le nom de l'endroit où il y a un bon restaurant, un bon fournisseur. ■ **2** Action d'adresser, de s'adresser à qqn. *À l'adresse de qqn :* à l'endroit de, à l'intention de qqn. «*Tous les mensonges qu'un monde indulgent multiplie à mon adresse*» ZOLA. LOC. *Se tromper d'adresse :* s'adresser à une personne indifférente ou hostile. ■ **3** (1789 ; «requête au roi d'Angleterre» 1687 ◇ anglais *address*, du français) Expression des vœux et des sentiments d'une assemblée politique, adressée au souverain. *L'adresse des 221 en réponse au discours du trône de Charles X.* ■ **4** Signe (mot, formule) sous lequel est classée une information. *Les mots de la nomenclature d'un dictionnaire sont des adresses.* ➤ **entrée.** ◆ INFORM. Expression numérique ou littérale représentant un emplacement de mémoire dans un ordinateur et permettant d'y retrouver une information. *Relations entre adresses.* ➤ **instruction.** *Définition de l'adresse d'une donnée.* ➤ **adressage ; chaînage.** — *Adresse électronique :* code alphanumérique permettant l'identification du correspondant et l'échange de messages sur un réseau télématique. ➤ **e-mail.** *Adresse universelle, adresse réticulaire :* **recomm. offic.** pour *URL.*

2**ADRESSE** [adʀɛs] **n. f.** – fin XIVe, sens 2° ◇ de l'ancien français *adrece* «bonne direction» (→ 1 adresse), avec influence de *adroit* ■ **1** (1403) Qualité physique d'une personne qui fait les mouvements les mieux adaptés à la réussite de l'opération (jeu, travail, exercice). ➤ **dextérité, habileté.** *L'adresse d'un jongleur, d'un joueur de tennis.* «*une adresse de singe à se rattraper des mains, des pieds*» ZOLA. *Jeux d'adresse. Tours d'adresse.* ➤ **escamotage, jonglerie, prestidigitation.** ■ **2** Qualité d'une personne qui sait s'y prendre, manœuvrer comme il faut pour obtenir un résultat. ➤ **art, diplomatie, doigté, finesse, habileté, ruse.** «*elle est d'une adresse à désespérer un diplomate*» BALZAC. ■ CONTR. Gaucherie, maladresse.

ADRESSER [adʀese] **v. tr.** ‹1› – fin XIVe ◇ de 1*a-* et *dresser*. Deux sens de *adresser* ont disparu : «mettre debout ; relever» (début XIIe jusqu'au début XVIIe), pris en charge par *dresser* et *redresser*, et celui de «diriger vers», par *diriger*, tous de la famille latine de *directus* → 1 droit et 1 direct ■ **1** Émettre (des paroles) en direction de qqn. *Je ne vous ai pas adressé la parole. Adresser des vœux, un compliment, une critique à qqn.* ■ **2** (XVIe) Envoyer en direction de qqn. *Il a paré le coup que son adversaire lui adressait.* ◆ Faire parvenir à l'adresse de qqn. *La dernière lettre que vous m'avez adressée.* SPÉCIALT Envoyer en dédiant (un ouvrage). ■ **3** Diriger (qqn) vers la personne qui convient. *Le médecin m'a adressé à un spécialiste.* ■ **4** INFORM. Définir une adresse en vue d'établir une liaison avec (un dispositif). *Adresser une mémoire, un périphérique.* ■ **5** v. pron. **S'ADRESSER À (qqn),** lui parler ; aller le trouver, avoir recours à lui. *Je ne peux pas vous renseigner, adressez-vous à l'hôtesse. C'est à la femme et non au médecin que je m'adresse.* FIG. Faire appel à (qqch.). «*Lamennais s'adresse au cœur*» HUGO. ◆ (Sujet chose) Être adressé, destiné. *Le public auquel ce livre, ce film s'adresse,* qu'il veut toucher (➤ **cible**).

ADRET [adʀɛ] **n. m.** – 1927, comme terme de géographie ◇ mot dialectal du Sud-Est, de l'ancien occitan *adrech*, variante de *adroit* n. m. «endroit, bon côté», famille de 2 *droit* ■ RÉGION. ou GÉOGR. Versant exposé au soleil, en pays montagneux. ➤ **soulane.** ■ CONTR. Ubac.

ADROIT, OITE [adʀwa, wat] **adj.** – XIIe ◇ de 1*a-* et *droit* ■ **1** Qui a de l'adresse dans ses activités physiques. *Être adroit de ses mains.* ■ **2** Qui se conduit, manœuvre avec adresse. ➤ **habile, ingénieux, rusé.** *Un négociateur adroit.* ◆ Qui marque de l'adresse. *Ce n'est pas très adroit de sa part. S'en tirer par une adroite pirouette.* ■ CONTR. Gauche, maladroit.

ADROITEMENT [adʀwatmɑ̃] **adv.** – XIIe ◇ de *adroit* ■ Avec adresse. «*Des insectes rares qu'il préparait adroitement avant de les fixer*» MAC ORLAN. ◆ Habilement, astucieusement. *Présenter adroitement sa défense.* ■ CONTR. Maladroitement.

ADSL [ɑdeɛsɛl] **n. m.** – 1993 au Québec ◇ sigle anglais, de *Asymmetric Digital Subscriber Line* «ligne d'abonné numérique asymétrique» ■ ANGLIC. TECHN. Protocole de transmission numérique à haut débit qui utilise le réseau téléphonique. *L'ADSL.* — **Recomm. offic.** *liaison numérique asymétrique.*

ADSORBANT, ANTE [atsɔʀbɑ̃, ɑ̃t] **adj. et n. m.** – 1928 ◇ de *adsorber* ■ PHYS. Qui produit l'adsorption. — **n. m.** *Le charbon de bois est un adsorbant.*

ADSORBER [atsɔʀbe] **v. tr.** ‹1› – 1907 ◇ latin *ad* «sur» et *sorbere* «avaler», d'après *absorber* ■ PHYS. Retenir, fixer par adsorption.

ADSORPTION [atsɔʀpsjɔ̃] **n. f.** – 1904 ◇ latin *ad* «sur» et du radical de *absorption* ■ PHYS. Rétention à la surface d'un solide (➤ **adsorbant**) des molécules d'un gaz ou d'une substance en solution ou en suspension. ■ CONTR. Désorption.

ADSTRAT [atstʀa] **n. m.** – milieu XXe ◇ latin *ad* «sur» et du radical de *substrat* ■ LING. Ensemble de faits linguistiques concordants apparaissant sur un territoire dans plusieurs systèmes linguistiques, et correspondant à des échanges d'influences.

ADULATEUR, TRICE [adylatœʀ, tʀis] **n.** – 1370 ◇ latin *adulator* ■ LITTÉR. Personne qui flatte bassement, courtisan servile. ➤ **flagorneur, flatteur.** — **adj.** RARE «*des dédicaces adulatrices*» LAMARTINE.

ADULATION [adylasjɔ̃] **n. f.** – XIIe ◇ latin *adulatio* ■ VIEILLI Flatterie servile. ➤ **flagornerie.** ◆ Louange, admiration excessive.

ADULER [adyle] **v. tr.** ‹1› – fin XIVe ◇ latin *adulari* ■ **1** VIEILLI Flatter bassement, en courtisan servile. ➤ **encenser, flagorner.** «*vous adulez bassement le souverain*» DIDEROT. ■ **2** PAR EXT. (milieu XIXe) Combler de louanges, de témoignages d'admiration. ➤ **choyer, fêter.** «*recherché, adulé par la société la plus choisie*» PROUST. ■ CONTR. Critiquer. Honnir.

ADULESCENT, ENTE [adylesɑ̃, ɑ̃t] **n. et adj.** – 1984 ◇ mot-valise, de *adulte* et *adolescent* ■ Jeune adulte dont le comportement rappelle celui des adolescents. — **adj.** *Une attitude adulescente.*

ADULTE [adylt] **adj. et n.** – 1394 ◇ latin *adultus*, p. p. de *adolescere* «grandir» → adolescent ■ **1** Se dit d'un être vivant qui est parvenu au terme de sa croissance. BIOL. Individu qui a acquis la capacité de se reproduire. *Animal, plante adulte. Âge adulte,* chez l'être humain, de la fin de l'adolescence au commencement de la vieillesse. ➤ **mûr.** — *Être adulte :* avoir une psychologie d'adulte (opposé à *infantile*). ➤ **maturité.** ◆ FIG. (CHOSES) Parvenu à son plein développement. «*les ressources du cinéma arrivé à l'âge adulte*» ROMAINS. ■ **2 n.** Homme, femme adulte. «*l'indifférence des enfants à l'égard des adultes*» MAURIAC. *Spectacle réservé aux adultes.* ➤ **majeur.**

ADULTÉRATION [adylteʀasjɔ̃] **n. f.** – 1374 ◇ latin *adulteratio* ■ VX Altération, falsification.

1 **ADULTÈRE** [adyltɛʀ] **adj.** – XIIe ◊ latin *adulter* ■ Coupable d'adultère. ➤ **infidèle.** *La femme adultère de l'Évangile.* SUBST. *« La future adultère va demander secours à l'Église »* BAUDELAIRE. ◆ PAR EXT. ➤ **extraconjugal.** *Un amour adultère. « Des désirs adultères »* FLAUBERT. ■ CONTR. Fidèle.

2 **ADULTÈRE** [adyltɛʀ] **n. m.** – XIIe ◊ latin *adulterium* ■ Rapport sexuel volontaire d'une personne mariée avec une personne autre que son conjoint. ➤ **infidélité.** *Commettre un adultère.* ➤ **tromper.** *Constat d'adultère.*

ADULTÉRER [adyltere] **v. tr.** ‹6› – XVIe ◊ latin *adulterare* ■ VX Altérer, falsifier. *Beauté de ce tissage « que rien ne vient adultérer »* GIDE.

ADULTÉRIN, INE [adylteʀɛ̃, in] **adj.** – 1327 ◊ latin *adulterinus* ■ DR. Né d'un adultère. *Enfants adultérins.* — Qui a rapport à l'adultère. *Rapports adultérins.* ➤ **extraconjugal.**

ADULTISME [adyltism] **n. m.** – 1960 ◊ de *adulte* ■ PSYCHOL. Caractère du comportement adulte. ■ CONTR. Infantilisme.

AD USUM DELPHINI [adyzɔmdɛlfini] **loc. adj.** – 1866 ◊ mots latins « à l'usage du Dauphin » ■ Se dit des éditions expurgées des classiques latins que Louis XIV fit imprimer à l'usage du Dauphin. — PAR EXT. IRON. Se dit d'un texte expurgé.

AD VALOREM [advalɔʀɛm] **loc. adj.** – 1846 ◊ mots latins « suivant la valeur » ■ FIN. Se dit de droits, impôts, taxes établis proportionnellement à une valeur de référence. ■ CONTR. Forfaitaire, spécifique.

ADVECTION [advɛksjɔ̃] **n. f.** – milieu XXe ◊ latin *advectio* « transport » ■ DIDACT. Déplacement d'une masse d'air dans le sens horizontal. MÉTÉOR. *Brouillard d'advection.* ■ CONTR. Convection.

ADVENIR [advəniʀ] **v. intr.** ‹22, inf. et 3e pers. seult› – début XIIIe ◊ réfection de l'ancien français *avenir* (cf. *avenu*), du latin *advenire* ■ **1** VX et LITTÉR. **(sujet personne)** *Advenir à faire qqch.*, y réussir. ■ **2** MOD. (D'un évènement) Arriver, survenir, se produire. *Les graves évènements (qui sont) advenus ces jours-ci,* qui ont eu lieu, se sont produits. LOC. PROV. *Advienne que pourra :* qu'il en résulte ceci ou cela, peu importe. ➤ **à Dieu va.** ■ **3 v. impers.** **(avec *que* et indic.)** *Qu'est-il advenu ? Il advint que la reine se remaria. Que va-t-il advenir de moi ? Qu'adviendra-t-il de ces enfants ?* ◆ LOC. *Quoi qu'il advienne :* quoi qu'il arrive, quelle que soit la suite des évènements. *Résolu, quoi qu'il advînt.*

ADVENTICE [advɑ̃tis] **adj. et n. f.** – 1767 ; « adventif » dr. 1751 ; *a(d)ventis* XIIe ◊ latin *adventicius* « qui s'ajoute, supplémentaire »
I adj. ■ **1** PHILOS. *Idée adventice,* qui n'est pas innée, qui vient des sens. ■ **2** (1829) BOT. Se dit d'une plante qui colonise par accident un territoire qui lui est étranger sans y avoir été volontairement semée. ◆ Se dit d'une espèce végétale indésirable, présente dans la culture d'une autre espèce. *Plantes adventices :* mauvaises herbes. ■ **3** (XIXe) FIG. Qui ne fait pas naturellement partie de la chose, qui s'ajoute accessoirement. *« elle avait encombré sa vie de maintes préoccupations adventices »* GIDE.
II n. f. ANAT. Tunique externe d'un vaisseau ou d'un conduit.

ADVENTIF, IVE [advɑ̃tif, iv] **adj.** – XVIe ; *aventif* XIIe ◊ latin *adventicius,* avec substitution de suffixe ■ **1** VX (DR.) Qui ne vient pas par succession directe. ■ **2** (1834) BOT. Qui apparaît dans une position particulière, par rapport aux processus (normaux) de ramification. *Racines adventives, bourgeons adventifs.* ■ **3** GÉOL. *Cône adventif :* cône volcanique secondaire qui se forme sur l'édifice principal d'un volcan à partir d'un centre d'éruption secondaire.

ADVENTISTE [advɑ̃tist] **n.** – 1894 ◊ anglais américain *adventist,* de *advent* « avènement », du latin *adventus* ■ Membre d'un mouvement religieux protestant, né aux États-Unis, qui attend un second avènement du Messie. — **adj.** *L'Église adventiste du septième jour.*

ADVERBE [advɛʀb] **n. m.** – XVe ; *averbe* XIIIe ◊ latin *adverbium* ■ Mot invariable ajoutant une détermination à un verbe, un adjectif, un adverbe, ou une phrase. *Adverbes de lieu, de temps, de quantité, de manière, d'affirmation, de négation, de doute. Adverbe en* -ment.

ADVERBIAL, IALE, IAUX [advɛʀbjal, jo] **adj.** – 1550 ◊ bas latin *adverbialis* ■ Qui a le caractère de l'adverbe. *Emploi adverbial d'un adjectif. Locution adverbiale.* — **adv. ADVERBIALEMENT,** 1606.

ADVERSAIRE [advɛʀsɛʀ] **n.** – XIIe ; fém. XIXe ◊ latin *adversarius* ■ Personne qui est opposée à une autre dans un combat, un conflit, une compétition, un litige, un procès. ➤ **antagoniste, concurrent, contradicteur, ennemi, rival.** *Poursuivre, affronter son adversaire.* ◆ Personne hostile à (une doctrine, une pratique). *« Les adversaires du matérialisme »* BERGSON. ■ CONTR. Allié, ami, partenaire ; partisan.

ADVERSATIF, IVE [advɛʀsatif, iv] **adj.** – *aversatif* 1550 ◊ bas latin *adversativus* ■ LING. Qui marque une opposition. *Conjonction adversative* (ex. mais, pourtant).

ADVERSE [advɛʀs] **adj.** – XVe ; *averse* 1080 ◊ latin *adversus,* de *versus* « tourné » ■ Opposé, contraire. *L'équipe, le camp adverse. « La France est divisée en deux blocs adverses »* DUHAMEL. *Partie adverse,* contre laquelle on plaide. ■ CONTR. Allié, ami.

ADVERSITÉ [advɛʀsite] **n. f.** – XIIe ◊ latin ecclésiastique *adversitas* ■ LITTÉR. Sort contraire. ➤ **fatalité.** *« Il s'était roidi contre l'adversité »* HUGO. ◆ Situation malheureuse d'une personne qui a éprouvé des revers. ➤ **malchance, malheur.** *« Il est possible d'être homme même dans l'adversité »* SARTRE. ■ CONTR. Bonheur, chance, prospérité.

AD VITAM ÆTERNAM [advitametɛʀnam] **loc. adv.** – 1866 ◊ mots latins « pour la vie éternelle » ■ FAM. À jamais, pour toujours. ➤ **éternellement.** *On ne va pas l'attendre ad vitam æternam !*

ADYNAMIE [adinami] **n. f.** – 1808 ◊ grec *adunamia* ■ MÉD. Extrême faiblesse musculaire qui accompagne certaines maladies. ➤ **asthénie.**

AÈDE [aɛd] **n. m.** – 1841 ◊ grec *aoidos* « chanteur » ■ Poète épique et récitant, dans la Grèce primitive. *Homère a été le plus grand et le dernier des aèdes.*

AÉDÈS ou **AEDES** [aedɛs] **n. m.** – 1818 ◊ mot du latin scientifique, probablt du grec *aêdês* « désagréable » ■ ZOOL. Moustique dont l'une des espèces est le vecteur de la fièvre jaune et de la dengue*.

ÆGAGROPILE ➤ **ÉGAGROPILE**

ÆGOSOME ➤ **ÉGOSOME**

ÆPYORNIS ➤ **ÉPYORNIS**

AÉRAGE [aeʀaʒ] **n. m.** – *airage* 1758 ◊ de *aérer* ■ Circulation de l'air, renouvelé et réfrigéré, dans les galeries souterraines. ➤ **ventilation.** *L'aérage d'une mine. Circuit d'aérage.*

AÉRATEUR [aeʀatœʀ] **n. m.** – 1866 adj. ◊ du radical de *aération* ■ Appareil servant à l'aération. ➤ **ventilateur.**

AÉRATION [aeʀasjɔ̃] **n. f.** – 1836 ◊ de *aérer* ■ Action d'aérer (une pièce) ; son résultat. *Conduit d'aération.*

AÉRAULIQUE [aeʀolik] **n. f.** – milieu XXe ◊ du latin *aer* « air » et du grec *aulos* « flûte, tuyau » ■ ANC. PHYS. Étude de l'écoulement des gaz non comprimés dans les conduits. ➤ **hydrodynamique.**

AÉRÉ, ÉE [aeʀe] **adj.** – de *aérer* ■ **1** Où l'air circule. *Un quartier aéré.* ◆ *Centre aéré,* qui propose aux enfants scolarisés des activités de plein air pendant les grandes vacances. ■ **2** Peu dense, peu compact. *Mise en page aérée.*

AÉRER [aeʀe] **v. tr.** ‹6› – 1398 ; *air(i)er* en ancien français ◊ du latin *aer* « air » ■ **1** Faire entrer de l'air dans (un lieu clos), renouveler l'air de. ➤ **ventiler.** *Aérez la chambre, ça sent le renfermé.* ◆ Exposer à l'air. *Aérer la literie.* — PRONOM. *Il faut vous aérer un peu,* prendre l'air. — LOC. FIG. *S'aérer la tête :* se changer les idées. ■ **2** PAR EXT. (fin XIXe) Rendre moins touffu, moins dense. *Les bois « aérés de larges clairières »* ZOLA. ◆ FIG. *Aérer un texte* (➤ **aéré,** 2°).

AÉRICOLE [aeʀikɔl] **adj.** – 1853 ◊ latin *aer* « air » et *-cole* ■ BOT. Se dit d'un organisme végétal qui vit dans l'air.

AÉRIEN, IENNE [aeʀjɛ̃, jɛn] **adj.** – XIIe ◊ latin *aer* « air »
I ■ **1** VX Fait d'air, gazeux. *« Les Anges prennent un corps aérien »* FURETIÈRE. *Esprits aériens.* ◆ (XVIIe) PEINT. *Perspective* aérienne.* ◆ FIG. Léger comme l'air. ➤ **immatériel.** *Une démarche aérienne.* ■ **2** (XVIe) Qui vit, se développe dans l'air. ◆ POÉT. *Le peuple aérien :* les oiseaux. ◆ Qui est à l'air libre **(opposé à souterrain).** *Métro aérien.* — BOT. *Végétaux aériens.* ➤ **aéricole.** *Racines aériennes.* ■ **3** (XIXe) De l'air, de l'atmosphère. *Les mouvements aériens.* ◆ Qui se produit, se fait dans l'air, par air. *Les phénomènes aériens. La navigation aérienne.* ◆ Suspendu en l'air. *Câble aérien.* ◆ TÉLÉCOMM. *Télégraphe* aérien. Circuit aérien :* circuit téléphonique ou télégraphique sur poteaux. — **n. m.** (v. 1970) RADIO Antenne.
II (XXe) Relatif, propre à l'aviation, assuré par l'aviation. *Transport aérien. Lignes aériennes. Le droit aérien règle l'usage de l'espace aérien. Catastrophe aérienne.* ◆ *Pont aérien :* liaison quasi continue effectuée par avion d'un lieu à un

autre lieu accessible seulement par ce moyen. *Ravitaillement des populations sinistrées par pont aérien.* ◆ *Photographie, vue aérienne,* prise d'avion. MILIT. *Forces aériennes :* l'aviation militaire. *Région, unité aérienne. Base aérienne. Défense aérienne du territoire (D. A. T.). Attaque aérienne.*

AÉRIFÈRE [aeʀifɛʀ] **adj.** – 1808 ◇ latin *aer* «air» et *-fère* ■ **1** PHYSIOL. Qui conduit, distribue l'air. *Les conduits aérifères* (bouche, fosses nasales, etc.). ■ **2** BOT. Se dit d'une structure végétale qui renferme de l'air. *Lacune aérifère.*

AÉRIUM [aeʀjɔm] **n. m.** – 1948 ◇ du latin *aerius* «de l'air, aérien», d'après *sanatorium* ■ Établissement de repos, de vie au bon air, pour les convalescents, les enfants menacés de tuberculose. ➤ **préventorium.** *Des aériums.*

AÉRO- ■ Élément, du grec *aêr, aeros* «air», désignant soit l'atmosphère, soit la navigation aérienne, l'aviation.

AÉROBIC [aeʀɔbik] **n. f.** – 1981 ◇ anglais *aerobics* ■ ANGLIC., VIEILLI Gymnastique qui modèle le corps et oxygène les tissus par des mouvements rapides effectués en musique.

AÉROBIE [aeʀɔbi] **adj.** et **n. m.** – 1875 ◇ de *aéro-* et *-bie* ■ **1** MICROBIOL. Se dit de micro-organismes qui ne peuvent se développer de manière optimale qu'en présence d'air ou d'oxygène libre. ■ **2** TECHN. Se dit des propulseurs qui ont besoin de l'oxygène de l'air pour fonctionner. ■ **3** BIOCHIM. Se dit d'une réaction qui nécessite l'oxygène gazeux pour avoir lieu. *Respiration cellulaire aérobie.* ■ **4** **n. m.** BIOL. Organisme ayant besoin d'air ou d'oxygène pour se développer. *Le bacille du charbon est un aérobie. Aérobies stricts ou facultatifs.* ■ CONTR. Anaérobie.

AÉROBIOLOGIE [aeʀobjɔlɔʒi] **n. f.** – 1946 ◇ de *aéro-* et *biologie* ■ DIDACT. Étude des micro-organismes (pollens, spores, acariens...) en suspension dans l'atmosphère. *Laboratoire, réseau d'aérobiologie.* — **adj.** **AÉROBIOLOGIQUE.** *Surveillance aérobiologique.*

AÉROBIOSE [aeʀɔbjoz] **n. f.** – 1920 ◇ de *aéro-* et du grec *bios* «vie» ■ DIDACT. Vie dans un milieu contenant de l'air ou de l'oxygène. ■ CONTR. Anaérobiose.

AÉROCLUB [aeʀoklœb] **n. m.** – 1898 ◇ de *aéro-* et *club* ■ Société réunissant les amateurs pratiquant les sports aériens (pilotage d'avions légers, vol à voile, aéromodélisme). *Des aéroclubs.* — On écrit aussi *aéro-club, des aéro-clubs.*

AÉROCOLIE [aeʀɔkɔli] **n. f.** – 1926 ◇ de *aéro-* et du radical de *côlon* ■ MÉD. Accumulation d'air dans le côlon.

AÉRODIGESTIF, IVE [aeʀodiʒɛstif, iv] **adj.** – 1923 ◇ de *aéro-* et *digestif* ■ MÉD. Qui concerne l'appareil respiratoire et l'appareil digestif. *Cancer des voies aérodigestives supérieures* (cavité buccale, pharynx).

AÉRODROME [aeʀodʀom] **n. m.** – 1903 ; «machine volante» 1896 ◇ de *aéro-* et *-drome* ■ Terrain aménagé pour le décollage et l'atterrissage des avions. *Pistes balisées, tarmac, hangars, tour de contrôle d'un aérodrome.* — PAR EXT. Petit aéroport*.

AÉRODYNAMIQUE [aeʀodinamik] **n. f.** et **adj.** – 1834 ◇ de *aéro-* et *dynamique* ■ **1** Partie de la physique qui étudie les phénomènes accompagnant tout mouvement relatif entre un corps et l'air où il baigne. *Aérodynamique théorique, expérimentale. Spécialiste de l'aérodynamique* (**AÉRODYNAMICIEN, IENNE** **n.**). ■ **2** **adj.** (1834) Relatif à l'aérodynamique et à ses études. *Laboratoire, soufflerie aérodynamique.* ◆ Conforme aux lois de l'aérodynamique. *Profil aérodynamique,* conçu pour améliorer la pénétration dans l'air (➤ **portance, traînée**). *Frein aérodynamique.* ➤ **aérofrein.** AUTOM. *Carrosserie, lignes aérodynamiques,* profilées.

AÉRODYNAMISME [aeʀodinamism] **n. m.** – 1942 ◇ de *aérodynamique* ■ Caractère aérodynamique (d'un véhicule). *L'aérodynamisme d'une carrosserie de voiture, d'un avion. Les béquets et les spoilers améliorent l'aérodynamisme des voitures de sport.*

AÉRODYNE [aeʀodin] **n. m.** – avant 1926 ◇ de *aéro-* et *-dyne* ■ DIDACT. Tout appareil volant plus lourd que l'air (opposé à *aérostat*). Ex. avion, hélicoptère, U. L. M., etc.

AÉROFREIN [aeʀofʀɛ̃] **n. m.** – milieu XXe ◇ de *aéro-* et *frein* ■ Frein aérodynamique. *Décélération* d'un avion qui va atterrir, due à l'action des aérofreins.* ➤ **volet.** — PAR ANAL. Tout dispositif de freinage aérien (parachute, etc.).

AÉROGARE [aeʀogaʀ] **n. f.** – 1933 ◇ de *aéro-* et *gare* ■ Ensemble des bâtiments d'un aéroport réservés aux voyageurs et aux marchandises. ◆ Dans une grande ville, Lieu de départ et d'arrivée des moyens de transport desservant un aéroport. ➤ 2 **terminal.** *L'aérogare des Invalides, à Paris.*

AÉROGASTRIE [aeʀogastʀi] **n. f.** – 1866 ◇ de *aéro-* et grec *gastêr, gastros* «estomac» ■ MÉD. Présence d'air dans l'estomac.

AÉROGEL [aeʀɔʒɛl] **n. m.** – 1931 ◇ de *aéro-* et *gel* ; cf. anglais *aerogel* (1923) ■ CHIM. Gel rigide de silice ou d'agar-agar, qui, une fois séché, devient très léger et retient sa porosité. *L'aérogel est un excellent isolant thermique.*

AÉROGÉNÉRATEUR [aeʀoʒeneʀatœʀ] **n. m.** – 1940 ◇ de *aéro-* et *générateur* ■ TECHN. Éolienne qui transforme l'énergie cinétique du vent en énergie mécanique (rotor) qui est elle-même transformée en énergie électrique (générateur).

AÉROGLISSEUR [aeʀoglisœʀ] **n. m.** – 1964 ◇ de *aéro-* et *glisser* ■ Véhicule se déplaçant sans frottement, grâce à un volume d'air en surpression par rapport à l'atmosphère enfermée entre le fond du véhicule et la surface sur laquelle il se déplace (coussin d'air*). *La sustentation des aéroglisseurs est obtenue par l'application du phénomène d'effet de sol. Aéroglisseurs terrestres* (➤ **aérotrain**), *marins* (➤ **hovercraft, hydroglisseur, naviplane**).

AÉROGRAMME [aeʀɔgʀam] **n. m.** – milieu XXe ◇ de *aéro-* et *-gramme* ■ Lettre acheminée par avion, affranchie à un tarif forfaitaire pour n'importe quelle destination.

AÉROGRAPHE [aeʀɔgʀaf] **n. m.** – 1923 ◇ de *aéro-* et *-graphe* ■ Pulvérisateur à air comprimé dont on se sert pour projeter de la couleur ou de l'encre. ➤ **pistolet.**

AÉROLITHE ou **AÉROLITE** [aeʀɔlit] **n. m.** – 1806 ◇ de *aéro-* et *-lithe* ■ Météorite*, spécialement formée de silicates.

AÉROLOGIE [aeʀɔlɔʒi] **n. f.** – 1696 ◇ de *aéro-* et *-logie* ■ PHYS. Étude des propriétés des régions inférieures de l'atmosphère (troposphère et stratosphère). *L'aérologie et l'aéronomie.*

AÉROMOBILE [aeʀɔmɔbil] **adj.** – 1969 ◇ de *aéro-* et *-mobile* ■ MILIT. Transporté par voie aérienne (en parlant de troupes, de matériel militaire). *Division aéromobile.* ➤ **aéroporté.**

AÉROMODÉLISME [aeʀomɔdelism] **n. m.** – 1942 ◇ de *aéro-* et *modélisme* ■ Technique de la construction et de l'utilisation des modèles réduits d'aéronefs conçus pour voler (*aéromodèle,* **n. m.**).

AÉROMODÉLISTE [aeʀomɔdelist] **n.** – 1942 ◇ de *aéro-* et *modéliste* ■ Personne qui pratique l'aéromodélisme.

AÉROMOTEUR [aeʀomɔtœʀ] **n. m.** – 1853 ◇ de *aéro-* et *moteur* ■ TECHN. Moteur actionné par l'air, le vent. ➤ **éolienne.**

AÉRONAUTE [aeʀonot] **n.** – 1784 ◇ de *aéro-* et *-naute* ■ Pilote, membre de l'équipage d'un aérostat.

AÉRONAUTIQUE [aeʀonotik] **adj.** et **n. f.** – 1783 ◇ de *aéro-* et *nautique* ■ **1** Relatif à la navigation aérienne. *Industrie aéronautique. Constructions aéronautiques.* ■ **2** **n. f.** (1835) Science de la navigation aérienne, technique de la construction des appareils de locomotion aérienne. ➤ **aviation.** *Aéronautique civile, militaire. École nationale supérieure de l'Aéronautique et de l'Espace.* ◆ *L'aéronautique navale :* les forces militaires aériennes de la marine, l'aéronavale*.

AÉRONAVAL, ALE [aeʀonaval] **adj.** et **n. f.** – 1956 ; «aéronautique» 1783 ◇ de *aéro-* et *naval* ■ Qui appartient à la fois à l'aviation et à la marine. *Forces aéronavales. Des équipements aéronavals.* ◆ **n. f.** Ensemble des formations et installations aériennes de la marine militaire française (cf. Aéronautique* navale).

AÉRONEF [aeʀɔnɛf] **n. m.** – 1844 ◇ de *aéro-* et *nef* «navire» ■ **1** VX Machine volante plus lourde que l'air, propulsée par des ailes battantes ou tournantes (opposé à *aérostat*). ■ **2** (début XXe) DIDACT. Tout appareil capable de se déplacer dans les airs. ➤ **aérodyne, aérostat.**

AÉRONOMIE [aeʀɔnɔmi] **n. f.** – 1954 ◇ de *aéro-* et *-nomie* ■ PHYS. Étude des propriétés de l'ionosphère*, région supérieure de l'atmosphère.

AÉROPATHIE [aeʀɔpati] **n. f.** – 1970 ◇ de *aéro-* et *-pathie* ■ PATHOL. Toute affection provoquée par des changements de pression atmosphérique (par ex. mal de l'air, maladie des caissons*).

AÉROPHAGIE [aeʀɔfaʒi] **n. f.** – 1891 ◊ de *aéro-* et *-phagie* ▪ Déglutition d'une certaine quantité d'air qui pénètre dans l'œsophage et l'estomac. *Avoir de l'aérophagie,* éructer.

AÉROPHONE [aeʀɔfɔn] **n. m.** – 1965 ; «orgue à vapeur» 1834 ◊ de *aéro-* et *-phone,* d'après l'allemand *Aerophon* (Hornbostel-Sachs, 1914) pour le sens moderne ▪ MUS. Instrument de musique dont le son est produit par la vibration de l'air. *La flûte, le trombone, l'accordéon sont des aérophones.*

AÉROPLANE [aeʀɔplan] **n. m.** – 1855, répandu v. 1885 ◊ de *aéro-* et 1*plan* (par oppos. aux aérostats sphériques) ▪ VX OU PLAISANT Avion.

AÉROPORT [aeʀɔpɔʀ] **n. m.** – 1922 ◊ de *aéro-* et *port* ▪ Ensemble d'installations (aérodrome, aérogare, ateliers) nécessaires au trafic aérien intéressant une ville ou une région. ➤ **altiport, héliport.** *L'aéroport d'Orly, de Roissy.*

AÉROPORTÉ, ÉE [aeʀɔpɔʀte] **adj.** – 1928 ◊ de *aéro-* et *porté* ▪ MILIT. Transporté par voie aérienne (avion, planeur, hélicoptère ➤ **héliporté**). *Troupes, divisions aéroportées.*

AÉROPORTUAIRE [aeʀɔpɔʀtɥɛʀ] **adj.** – v. 1970 ◊ de *aéroport,* d'après *portuaire* ▪ Qui concerne un aéroport, appartient à un aéroport. *Capacité aéroportuaire.* ◆ Relatif aux aéroports. *L'équipement aéroportuaire de la capitale.*

AÉROPOSTAL, ALE, AUX [aeʀɔpɔstal, o] **adj.** – 1927 ◊ de *aéro-* et *postal* ▪ Relatif à la poste aérienne. *Compagnie générale aéropostale* (1927-1933), ou **n. f.** *l'Aéropostale.*

AÉROSCOPE [aeʀɔskɔp] **n. m.** – 1865 ◊ de *aéro-* et *-scope* ▪ PHYS. Appareil servant à mesurer la quantité de poussières contenue dans l'air.

AÉROSOL [aeʀɔsɔl] **n. m.** – 1928 ◊ de *aéro-* et 4*sol* ▪ **1** PHYS. Suspension dans un milieu gazeux (l'air ou tout autre gaz) de particules colloïdales* solides ou liquides. *Le brouillard, les nuages sont des aérosols.* ▪ **2** COUR. Système ou appareil qui pulvérise ces particules. *Les aérosols sont employés comme véhicules de certains agents médicamenteux* (*aérosolthérapie* **n. f.**). ➤ **atomiseur, nébuliseur.** *Laque pour les cheveux en aérosol.* — APPOS. *Des bombes aérosols.*

AÉROSONDAGE [aeʀosɔ̃daʒ] **n. m.** – 1953 ◊ de *aéro-* et *sondage* ▪ Sondage par ballon des hautes régions de l'atmosphère.

AÉROSPATIAL, IALE, IAUX [aeʀospasjal, jo] **adj.** – v. 1960 ◊ de *aéro-* et *spatial* ▪ Qui appartient à la fois aux domaines aéronautique et spatial. *Engin aérospatial. Techniques aérospatiales.* — **n. f.** L'industrie aérospatiale. *Ingénieur de l'aérospatiale.*

AÉROSTAT [aeʀɔsta] **n. m.** – 1783 ◊ de *aéro-* et *-stat* ▪ Appareil dont la sustentation dans l'air est due à l'emploi d'un gaz plus léger que l'air (opposé à *aérodyne*). ➤ 1**ballon ; dirigeable, montgolfière.** «*Il faut alors jeter du lest, sinon l'aérostat descendra*» BAUDELAIRE.

AÉROSTATION [aeʀostasjɔ̃] **n. f.** – 1784 ◊ de *aérostat* ▪ Étude, technique et manœuvre des aérostats.

AÉROSTATIQUE [aeʀɔstatik] **adj.** et **n. f.** – 1783 ◊ de *aérostat* ▪ Relatif aux aérostats, à l'aérostation. ◆ **n. f.** Théorie de l'équilibre de l'air et des gaz à l'état de repos.

AÉROSTIER, IÈRE [aeʀɔstje, jɛʀ] **n.** – 1794 ◊ pour *aérostatier,* de *aérostat* ▪ **1 n. m.** HIST. MILIT. Observateur à bord d'un aérostat. ▪ **2** Pilote d'un aérostat.

AÉROTECHNIQUE [aeʀotɛknik] **n. f.** et **adj.** – 1911 ◊ de *aéro-* et *technique* ▪ AVIAT. Technique ayant pour objet l'application des lois de l'aérodynamique à la conception et à la construction d'engins destinés à la navigation aérienne. — **adj.** Relatif à cette technique.

AÉROTERRESTRE [aeʀotɛʀɛstʀ] **adj.** – 1957 ◊ de *aéro-* et *terrestre* ▪ Se dit d'une formation militaire composée d'éléments des armées de terre et de l'air opérant conjointement, et placée sous un commandement unique.

AÉROTHERMIE [aeʀotɛʀmi] **n. f.** – 1884 ◊ de *aéro-* et *-thermie* ▪ **1** TECHN. Système de récupération par une pompe à chaleur des calories contenues dans l'air ambiant. *Production d'eau chaude par aérothermie.* ▪ **2** (1960) SC. Science qui étudie à la fois l'aéronautique et la thermodynamique.

AÉROTHERMIQUE [aeʀotɛʀmik] **adj.** – 1874 ◊ de *aéro-* et *thermique* ▪ **1** Qui concerne l'aérothermie (1°). ▪ **2** (1899) Qui a rapport à la fois à l'aéronautique et à la thermodynamique.

AÉROTRAIN [aeʀotʀɛ̃] **n. m.** – 1965 ◊ n. déposé, de *aéro-* et *train* ▪ Véhicule aéroglisseur* circulant sur une voie monorail. *Un aérotrain peut être propulsé par un moteur électrique linéaire*, un turbopropulseur ou un turboréacteur.*

ÆSCHNE [ɛskn] **n. f.** – 1885 ◊ du latin des zoologistes *aeschna,* d'origine inconnue ▪ ZOOL. Grande libellule *(odonates)* à abdomen long et étroit.

ÆTHUSE ➤ **ÉTHUSE**

AÉTITE [aetit] **n. f.** – 1546 ; *échites* XIIe ◊ latin *aetites,* mot grec «(pierre) d'aigle», qu'on prétendait se trouver dans les nids ▪ ANC. MINÉR. Variété d'oxyde de fer hydraté.

AFFABILITÉ [afabilite] **n. f.** – 1270 ◊ latin *affabilitas* ▪ Caractère, manières d'une personne affable. ➤ **amabilité, bienveillance, politesse** (cf. Bonne grâce*). ▪ CONTR. Brusquerie, hauteur.

AFFABLE [afabl] **adj.** – 1367 ◊ latin *affabilis* «à qui on peut parler» ▪ Qui accueille et écoute de bonne grâce les personnes qui s'adressent à lui. ➤ **accueillant, aimable, bienveillant, gracieux,** 1**poli.** *Le ministre a été très affable avec nous au cours de l'audience.* — **adv. AFFABLEMENT,** 1532. ▪ CONTR. Brusque, désagréable.

AFFABULATEUR, TRICE [afabylatœʀ, tʀis] **adj.** et **n.** – 1964 ◊ de *affabuler* ▪ Qui affabule, présente comme réels des faits imaginés. — **n.** *La victime n'était qu'une affabulatrice.*

AFFABULATION [afabylasjɔ̃] **n. f.** – 1777 ◊ bas latin *affabulatio* ▪ **1** VX Moralité d'une fable. ▪ **2** (1863) Arrangement de faits constituant la trame d'un roman, d'une œuvre d'imagination. ▪ **3** PSYCHAN., PSYCHOL. ➤ **fabulation** (2°).

AFFABULER [afabyle] **v.** ⟨1⟩ – 1926 ◊ de *affabulation* ▪ **1 v. tr.** Composer les épisodes de (une œuvre de fiction). «*Si j'avais plus d'imagination, j'affabulerais des intrigues*» GIDE. ▪ **2 v. intr.** Fabuler. *Un héritage ! Il affabule.* ➤ **rêver.**

AFFACTURAGE [afaktyʀaʒ] **n. m.** – 1973 ◊ de *facture* ▪ Gestion des comptes clients d'une entreprise par un organisme extérieur spécialiste du recouvrement et du contentieux. — Recomm. offic. pour *factoring.*

AFFADIR [afadiʀ] **v. tr.** ⟨2⟩ – 1226 ◊ de 1*a-* et *fade* ▪ **1** VX Faire défaillir, écœurer. *Un été orageux sévit, «affadissant toutes les volontés»* HUYSMANS. ▪ **2** (XVIe) Rendre fade. *Sauce qui affadit les aliments. Le soleil a affadi les couleurs du rideau.* — Priver de saveur, de force. *Traduction qui affadit un texte.* — PRONOM. «*De Molière oublié le sel s'est affadi*» VOLTAIRE. ▪ CONTR. Affermir. Pimenter, relever.

AFFADISSANT, ANTE [afadisɑ̃, ɑ̃t] **adj.** – 1611 ◊ de *affadir* ▪ RARE Qui ôte la saveur, la force. «*après des siècles de sensations affadissantes*» STENDHAL.

AFFADISSEMENT [afadismɑ̃] **n. m.** – 1578 ◊ de *affadir* ▪ **1** VX Écœurement. «*d'autres bouffées d'affadissement*» FLAUBERT. ▪ **2** Perte de saveur, de force (notamment en art). *L'affadissement de la tragédie classique au XVIIIe siècle.*

AFFAIBLIR [afebliʀ] **v. tr.** ⟨2⟩ – début XIIe ◊ de 1*a-* et *faible* ▪ **1** Rendre physiquement faible, moins fort. ➤ **abattre, débiliter, diminuer, miner ;** RÉGION. **maganer.** «*Moins affaibli par l'âge que par la maladie*» LA BRUYÈRE. PRONOM. (PASS.) *Le malade s'affaiblit.* ➤ **baisser, décliner, dépérir.** — PAR ANAL. (POLIT., MILIT.) *Affaiblir l'opposition. Le syndicat est sorti affaibli de ces grèves.* ▪ **2** Priver moralement d'une partie de sa force, de son intensité. ➤ **diminuer.** «*Si la civilisation n'affaiblit pas le courage*» FRANCE. ▪ **3** Priver d'une partie de son énergie, de sa valeur expressive. ➤ **adoucir, atténuer, édulcorer.** *Affaiblir un contraste.* PRONOM. *Le sens de cette expression s'est affaibli.* ▪ CONTR. Fortifier. Renforcer. Exagérer, grossir.

AFFAIBLISSANT, ANTE [afeblisɑ̃, ɑ̃t] **adj.** – 1690 ◊ de *affaiblir* ▪ Qui affaiblit (1°). ➤ **débilitant, déprimant.** *Un régime affaiblissant.* ▪ CONTR. Fortifiant.

AFFAIBLISSEMENT [afeblismɑ̃] **n. m.** – 1290 ◊ de *affaiblir* ▪ Perte de force, d'intensité. *L'affaiblissement du malade.* ➤ **abattement.** *Il s'inquiète de l'affaiblissement de sa vue.* ➤ **baisse, diminution, faiblesse, fatigue.** «*l'affaiblissement de l'esprit politique chez une nation*» RENAN. ➤ **décadence, déclin, dépérissement.** *Ce mot a subi un affaiblissement de sens.* ◆ PHYS. Diminution d'une puissance acoustique, électromagnétique ou électrique, due à une propagation ou à un dispositif. ➤ **atténuation.** ▪ CONTR. Amplification.

AFFAIBLISSEUR [afeblisœʀ] **n. m.** – XXe ◊ de *affaiblir* ▪ PHOTOGR. Réactif chimique qui permet de diminuer l'opacité d'un cliché.

AFFAIRE [afɛʀ] **n. f.** – milieu XIIe ◊ de *à* et 1*faire*

II UNE AFFAIRE, DES AFFAIRES ▪ **1** Ce que qqn a à faire, ce qui l'occupe ou le concerne. *C'est mon affaire, et non la vôtre. Occupez-vous de vos affaires* (cf. FAM. De vos oignons). LOC. *Toute(s) affaire(s) cessante(s)*. J'en fais mon affaire :* je me charge de cela. ◆ Ce qui intéresse particulièrement qqn, lui convient. *J'ai votre affaire.* LOC. *Être à son affaire :* faire ce que l'on aime et que l'on sait faire. FAM. *Faire son affaire à qqn,* le punir, le tuer (cf. Régler* son compte à qqn). *Faire l'affaire :* convenir. *Cela fera l'affaire. Cet horaire ne fait pas mon affaire,* ne m'arrange pas. *Il aurait bien fait son affaire de ce poste,* il aurait aimé l'obtenir. ▪ **2** *Une affaire de..., où* (qqch.) est en jeu. ➤ **question.** *Une affaire d'honneur, de conscience, de cœur, de gros sous. C'est (une) affaire de goût,* qui ne relève que du goût de chacun. — ABSOLT *L'affaire :* la chose en question. *« Le temps ne fait rien à l'affaire »* MOLIÈRE. *C'est une autre affaire :* c'est un problème tout différent, où d'autres facteurs interviennent (cf. C'est une autre* histoire, une autre paire de manches*). *C'est une affaire entendue,* une chose réglée. ▪ **3** Ce qui occupe de façon embarrassante. ➤ **difficulté, ennui.** *C'est toute une affaire, ce n'est pas une mince affaire :* c'est très difficile et compliqué. ➤ FAM. **binz.** *En faire toute une affaire* (cf. FAM. En faire tout un plat, un fromage). (Belgique) *Être (tout) en affaire :* être dans tous ses états. *C'est l'affaire d'une seconde :* cela peut s'arranger très vite. *La belle affaire !* exclamation ironique par laquelle on dénie de l'importance à ce qui vient d'être dit (cf. Et après, qu'importe). *Une fâcheuse, une sale affaire :* un embêtement, un gros ennui. ◆ Danger. *Se tirer d'affaire :* se sortir d'une situation pénible, difficile ou dangereuse. *Être hors* d'affaire.* ▪ **4** (1690) Ensemble de faits créant une situation compliquée, où diverses personnes, divers intérêts sont aux prises. *C'est une affaire délicate, épineuse. Une affaire d'État*. Je ne veux pas intervenir dans cette affaire. Il faut tirer cette affaire au clair. On a voulu étouffer l'affaire.* ➤ **scandale.** *Quelle affaire !* ➤ **histoire.** ◆ SPÉCIALT Scandale social, politique venant à la connaissance du public. *Une affaire de fausses factures. « Beaucoup trop d'"affaires" accumulées, ces dernières années, beaucoup trop de coupables couverts ou miraculeusement dédouanés »* PENNAC. ◆ Évènement, crime posant une énigme policière. *L'affaire de la rue X.* ▪ **5** (1690) Procès, objet d'un débat judiciaire. *Saisir le tribunal d'une affaire. Instruire, juger, plaider une affaire civile, correctionnelle.* ➤ **cause.** *L'affaire Dreyfus.* ◆ Querelle entraînant un duel. *Les témoins ont essayé d'arranger l'affaire.* ▪ **6** (1694) Combat, conflit militaire ou diplomatique. *« Et maintenant buvons, car l'affaire était chaude »* HUGO. ▪ **7** Marché conclu ou à conclure avec qqn. *Vous avez fait une bonne affaire. Faire affaire avec qqn.* ➤ **traiter.** *Être sur une affaire.* ➤ **coup.** *« Ils se tapèrent dans la main pour indiquer que l'affaire était faite »* MAUPASSANT. — Sans compl. *Cette occasion est une affaire,* un achat avantageux. *L'affaire du siècle.* — (Sujet nom de personne) FAM. Un bon partenaire sexuel. *« Lucette n'est pas l'affaire du siècle, au plumard [...] c'est une nature frigide »* SAN-ANTONIO. ▪ **8** (1690) Entreprise commerciale ou industrielle. *Être à la tête d'une grosse affaire. Lancer, gérer une affaire. Une affaire qui marche, qui tourne,* florissante. *Il est intéressé dans l'affaire.* ▪ **9 AVOIR AFFAIRE.** (fin XIIe) VX *Avoir affaire de,* besoin de. *« Qu'un lion d'un rat eût affaire »* LA FONTAINE. *« Qu'ai-je affaire d'aller me tuer pour des gens ? »* MONTESQUIEU. — MOD. *Avoir affaire à qqn :* se trouver en rapport avec qqn. *J'ai déjà eu affaire à lui. Avoir affaire à forte* partie. Vous aurez affaire à moi !* formule de menace (cf. Vous aurez de mes nouvelles*).

III AU PLUR. LES AFFAIRES ▪ **1** (1508) Ensemble des occupations et activités d'intérêt public. *Les affaires publiques. Ministère des Affaires étrangères. Chargé* d'affaires. S'occuper des affaires communales. Être aux affaires. Expédier les affaires courantes*.* ▪ **2** Situation matérielle d'un particulier. *Mettre de l'ordre dans ses affaires.* ◆ FAM. État dans le développement d'une intrigue, d'une aventure amoureuse. *Où en sont tes affaires ? Cela fera avancer mes affaires.* ▪ **3** ÉCON. Les activités économiques (notamment dans leurs conséquences commerciales et financières). ➤ FAM. **business.** *Les affaires reprennent ;* FIG. les choses bougent, s'améliorent. *Il est dans les affaires. Homme* (➤ **businessman**), *femme d'affaires* (➤ **businesswoman**). *Il est dur en affaires. Repas d'affaires. Voyage d'affaires* (par oppos. à *d'agrément*). LOC. PROV. *Les affaires sont les affaires :* il ne faut pas en affaires s'embarrasser de sentiments, de scrupules. *Lettre d'affaires. Agent, cabinet d'affaires,* qui se charge de conseiller les placements ou de gérer les biens de leurs clients. — *Chiffre* d'affaires.* ▪ **4** (début XIIIe) Objets ou effets personnels. *Ranger ses affaires. Fouiller dans les affaires de qqn.* ▪ **5** (XVe) FAM. (Femme) *Avoir ses affaires,* avoir ses règles. *« depuis trois mois elle n'avait pas eu ses affaires. Ses affaires ! Quelles affaires ? – Mes règles, quoi ! »* H. CALET.

AFFAIRÉ, ÉE [afeʀe] adj. – 1584 ; « qui a des ennuis d'argent » avant 1573 ◇ de *affaire* ▪ Qui est ou paraît surchargé d'affaires, très occupé. *« Et, sans aucune affaire, est toujours affairé »* MOLIÈRE. *Foule bruyante et affairée.* PAR EXT. *Un air affairé.* — Qui s'affaire. *« Je suis affairé à achever un second volume »* FLAUBERT. ▪ CONTR. Désœuvré, oisif.

AFFAIREMENT [afɛʀmɑ̃] n. m. – 1865 ; « affaire » 1160 ◇ de *affairé* ▪ État, comportement d'une personne affairée, qui s'agite beaucoup. *« Je ne puis appeler travail cet affairement »* GIDE. ▪ CONTR. Oisiveté.

AFFAIRER (S') [afeʀe] v. pron. ⟨1⟩ – 1876 ◇ de *affairé* ▪ Se montrer actif, empressé, s'occuper activement. ➤ **s'agiter.** *S'affairer autour de ses invités. Elle s'affaire à préparer son dîner.*

AFFAIRISME [afeʀism] n. m. – 1921 ◇ de *affaire* ▪ Tendance à ne s'occuper que d'affaires particulièrement lucratives à base de spéculation ; activités des affairistes.

AFFAIRISTE [afeʀist] n. – 1928 ◇ de *affaire* ▪ Homme, femme d'affaires sans scrupules, avant tout préoccupé(e) du profit. ➤ **spéculateur.** — adj. *Un milieu affairiste.*

AFFAISSEMENT [afɛsmɑ̃] n. m. – 1538 ◇ de *affaisser* ▪ Fait de s'affaisser, état de ce qui est affaissé. ➤ **dépression, tassement.** *Affaissement du sol* (➤ **effondrement**), *de la chaussée. Affaissement d'un organe, d'un muscle.* FIG. *Ils succombent « à l'affaissement de leurs propres forces »* G. BATAILLE.

AFFAISSER [afese] v. tr. ⟨1⟩ – 1529 ; *afaicher* 1250 ◇ de *à* et *faix* ▪ **1** RARE Faire plier, baisser de niveau sous le poids. ➤ **tasser.** ▪ **2 S'AFFAISSER** v. pron. Plier, baisser de niveau sous un poids ou une pression. *Le sol s'est affaissé par endroits.* ➤ **s'effondrer.** *« Le délabrement des façades affaissées sur elles-mêmes »* BOURGET. *Muscle qui s'affaisse.* ◆ Tomber en pliant sur les jambes. *« On vit Gavroche chanceler, puis il s'affaissa »* HUGO. ➤ **s'abattre, s'écrouler.** ▪ CONTR. Relever. Redresser (se).

AFFAITEMENT [afɛtmɑ̃] n. m. – 1180 ◇ de l'ancien verbe *afaiter,* ancien français *afaitier* « arranger, disposer », latin populaire °*affactare,* du radical de *facere* « faire » ▪ ANCIENNT Dressage (des faucons) pour la chasse. — On a dit aussi *affaitage,* 1690.

AFFALEMENT [afalmɑ̃] n. m. – 1857 ◇ de *s'affaler* ▪ Action de s'affaler ; état d'une personne affalée.

AFFALER [afale] v. tr. ⟨1⟩ – 1610 ◇ néerlandais *afhalen* → haler ▪ **1** MAR. Faire descendre en tirant. *Affaler un cordage, un chalut. « J'ordonne alors de tout affaler car le moteur tribord est en train de se disloquer »* KERSAUSON. ◆ Pousser vers la côte, faire échouer. ▪ **2 S'AFFALER** v. pron. MAR. Être porté vers la côte, s'échouer. ◆ Se laisser descendre, glisser (le long d'un cordage). — PAR EXT. (1872) COUR. Se laisser tomber. *Elle s'est affalée sur le divan.* ➤ **s'avachir ;** RÉGION. **s'évacher.**

AFFAMÉ, ÉE [afame] adj. – début XIIe « réduit à la faim » ◇ de *affamer* ▪ **1** Qui souffre de la faim. *Populations affamées* (➤ **famine**). LOC. PROV. *Ventre affamé n'a pas d'oreilles :* la personne qui a faim n'écoute plus rien. SUBST. *« L'effroyable misère des campagnes avait rabattu [...] des troupeaux d'affamés sur Paris »* MICHELET. ▪ **2** (1579) FIG. Avide, passionné (de). ➤ **altéré, assoiffé.** *Affamé de gloire, de tendresse, de justice.* ▪ CONTR. Rassasié, repu.

AFFAMER [afame] v. tr. ⟨1⟩ – XIIe ◇ latin populaire °*affamare,* de *fames* « faim » ▪ Faire souffrir de la faim en privant de vivres. *Un blocus pour affamer la population.* — Donner une grande faim à. *Cette marche m'a affamé.*

AFFAMEUR, EUSE [afamœʀ, øz] n. – 1791 ◇ de *affamer* ▪ Personne qui affame le peuple, organise la famine, la disette.

AFFECT [afɛkt] n. m. – 1908 ◇ de l'allemand *Affekt,* lui-même du latin *affectus* ▪ PSYCHOL. État affectif élémentaire. *Les sensations et les affects.*

1 **AFFECTATION** [afɛktasjɔ̃] n. f. – 1413 ◇ du latin médiéval *affectatus* « destiné, affecté » → 2 affecter ▪ **1** Destination à un usage déterminé. *Décréter l'affectation d'un immeuble à un service public. Affectation d'une somme à un budget.* ➤ **attribution, destination, imputation.** ▪ **2** (1899 ; d'abord milit.) Désignation à un poste, à une fonction, à une unité militaire. *Affectation de défense :* affectation dans un emploi civil d'un citoyen soumis aux obligations du service de défense. — PAR EXT.

Rejoindre son affectation, le poste auquel on a été affecté. ■ **3** MATH. Action d'affecter* (3, 3°), de donner à une variable une valeur, un indice. ■ CONTR. Désaffectation.

2 **AFFECTATION** [afɛktasjɔ̃] **n. f.** – 1541 ◇ latin *affectatio* «recherche, poursuite de» ■ **1** VX Vif désir ; fait de rechercher par-dessus tout. *«Cette affectation que quelques-uns ont de plaire à tout le monde»* LA BRUYÈRE. ■ **2** (milieu XVIIe) Action d'adopter (une manière d'être ou d'agir) de façon ostentatoire, mais seulement en apparence. ➤ **étalage, exagération, imitation, simulation.** *Affectation de vertu.* ➤ **pruderie.** *Affectation de piété.* ➤ **hypocrisie, pharisaïsme, tartuferie.** *«On n'échappe pas au ridicule par une affectation de gravité»* BERNANOS. ■ **3** ABSOLT Manque de naturel, de simplicité. ➤ **affèterie, comédie, pose, recherche.** *«L'affectation dans le geste, dans le parler et dans les manières»* LA BRUYÈRE. *Un style plein d'affectation.* ➤ **préciosité.** ■ CONTR. Naturel, simplicité.

AFFECTÉ, ÉE [afɛkte] **adj.** – 1493 ◇ latin *affectatus* → 1 affecter ■ Qui manque de sincérité ou de naturel. *«sa bizarrerie avait l'avantage de n'être pas affectée»* GAUTIER. ➤ **étudié, feint, forcé, hypocrite.** *«aucune charlatanerie dans le regard, rien de théâtral et d'affecté»* CHATEAUBRIAND. *Style affecté.* ➤ **contourné, entortillé, maniéré, précieux.** *Manières, attitudes affectées.* ➤ **affété, apprêté, compassé, contraint, forcé, guindé, raide.** ■ CONTR. Naturel, simple.

1 **AFFECTER** [afɛkte] **v. tr.** ‹1› – XIVe ◇ latin *affectare* «rechercher, poursuivre» ■ **1** Prendre, adopter (une manière d'être, un comportement) de façon ostentatoire, sans que l'intérieur réponde à l'extérieur. ➤ **afficher, 1 étaler, feindre, simuler.** *Quoique très ému, «il affecta [...] la plus grande gaieté»* DAUDET. *Affecter de s'amuser* (cf. Faire semblant* de). ■ **2** (XVe) VX Rechercher, ambitionner plus que tout. *«Soupçonné par le peuple d'affecter la tyrannie»* BOSSUET. ◆ VX Aimer, employer avec prédilection. ➤ **affectionner.** *«ceux qui affectent ce langage»* MOLIÈRE. *Affecter de :* chercher à. ■ **3** PAR EXT. (XVIIIe) (CHOSES) Revêtir volontiers, habituellement (une forme). *Fièvre affectant le type intermittent.*

2 **AFFECTER** [afɛkte] **v. tr.** ‹1› – 1551 ◇ du latin médiéval *affectatus* (→ 1 affectation), latinisation probable de l'ancien français *afaitier* → affaitement ■ **1** Destiner, réserver à un usage ou à un usager déterminé. *Les crédits que le budget a affectés à l'Éducation nationale.* ➤ **imputer.** ■ **2** (1899 ◇ cf. 1 *affectation*) Procéder à l'affectation de (qqn). ➤ **désigner, nommer.** ■ CONTR. Désaffecter.

3 **AFFECTER** [afɛkte] **v. tr.** ‹1› – XVe ◇ du latin *affectus* → affect ■ **1** Toucher (qqn) par une impression, une action sur l'organisme ou le psychisme. *Tout ce qui affecte notre sensibilité. Être affecté d'une maladie, d'une infirmité,* atteint. ➤ **affliger.** ◆ Toucher en faisant une impression pénible. ➤ **émouvoir, frapper.** *Son échec l'a beaucoup affecté.* — PRONOM. S'affliger, souffrir. *«Il s'affecterait de mon inconstance»* ROUSSEAU. ■ **2** MÉTÉOROL. Exercer son action sur (qqch.). *Les perturbations qui affectent le nord de la France.* ■ **3** (XVIIIe) MATH. Modifier (une quantité) par un signe, un coefficient. *Un nombre négatif est un nombre affecté du signe –.*

AFFECTIF, IVE [afɛktif, iv] **adj.** – 1452 *l'affective* «la faculté d'affection, le cœur» ◇ bas latin *affectivus* ■ **1** VX Affectueux, sensible ; touchant. ■ **2** (1762) PSYCHOL. Qui concerne les états de plaisir ou de douleur (simples : affects, sensations ; ou complexes : émotions, passions, sentiments). ➤ **psychoaffectif.** *États affectifs.* — COUR. *La vie affective :* les sentiments, les plaisirs et douleurs d'ordre moral. *Réaction affective,* non raisonnée, peu objective.

AFFECTION [afɛksjɔ̃] **n. f.** – 1190 ◇ latin *affectio*

I ■ **1** PSYCHOL. État affectif, état psychique accompagné de plaisir ou de douleur. ➤ **affect, émotion, passion, sentiment.** *«Je nommerai affection tout ce qui nous intéresse par quelque degré de plaisir ou de peine»* ALAIN. ■ **2** (1539) VX Processus morbide considéré dans ses manifestations actuelles plutôt que dans ses causes. — MOD. Tout processus morbide organique ou fonctionnel. ➤ **anomalie, dysfonctionnement, lésion, maladie, syndrome.** *Affection aiguë, chronique. Affection de longue durée (ALD).*

II (1546) Sentiment tendre qui attache une personne à une autre. ➤ **amitié, attachement, tendresse.** *Affection maternelle, filiale.* ➤ **amour, piété.** *Prendre qqn en affection, se prendre d'affection pour qqn. Avoir, éprouver de l'affection pour qqn. «Il y a place pour toutes les affections dans le cœur»* HUGO. *Avoir besoin d'affection. Marques d'affection.* ➤ **câlin, caresse.** *Termes d'affection.* ➤ **hypocoristique.**
■ CONTR. Aversion, désaffection, hostilité, indifférence, inimitié.

AFFECTIONNÉ, ÉE [afɛksjɔne] **adj.** – de *affectionner* ■ Attaché par l'affection, dévoué, dans les formules de fin de lettre. *Votre affectionné, votre fille affectionnée.*

AFFECTIONNER [afɛksjɔne] **v. tr.** ‹1› – XIVe ◇ de *affection* ■ **1** VX Attacher, intéresser (à qqn ou qqch.). PRONOM. *«Nous nous affectionnons aux gens qui nous consolent»* MARIVAUX. ■ **2** VIEILLI Être attaché à, aimer, chérir. *«Il affectionne beaucoup [...] cette vieille grand-mère»* LOTI. ◆ MOD. Avoir une prédilection pour. *Le genre de robe qu'elle affectionne.* ■ CONTR. 1 Détacher (se) ; détester.

AFFECTIVITÉ [afɛktivite] **n. f.** – 1865 ◇ de *affectif* ■ **1** Aptitude à être affecté de plaisir ou de douleur. ■ **2** Ensemble des phénomènes de la vie affective. ➤ **sensibilité.** *Une affectivité mal contrôlée.*

AFFECTUEUSEMENT [afɛktɥøzmɑ̃] **adv.** – fin XIIIe ◇ de *affectueux* ■ D'une manière affectueuse. ➤ **tendrement.** *Je vous embrasse affectueusement. Affectueusement vôtre.* ■ CONTR. Durement, froidement.

AFFECTUEUX, EUSE [afɛktɥø, øz] **adj.** – 1347 ; milieu XIIIe autre sens ◇ bas latin *affectuosus* ■ Qui montre de l'affection. ➤ 2 **aimant,** 2 **tendre ;** RÉGION. **amitieux.** *Un enfant très affectueux. Paroles, pensées affectueuses.* ➤ **chaleureux.** ■ CONTR. Dur, 1 froid, malveillant.

1 **AFFÉRENT, ENTE** [aferɑ̃, ɑ̃t] **adj.** – XVIIe ◇ altération de l'ancien français *a(u)férant* (XIIe), de *aferir,* impers. *il afiert* «il convient», latin *affert* «cela apporte, contribue», de *afferre* ■ **1** DIDACT. Qui se rapporte à. *Renseignements afférents à une affaire* (ACADÉMIE). *Le dossier et les documents y afférents.* ■ **2** DR. Qui revient à. *La part afférente à chaque héritier.*

2 **AFFÉRENT, ENTE** [aferɑ̃, ɑ̃t] **adj.** – 1814 ◇ latin *afferens,* p. prés. de *afferre* «apporter» ■ PHYSIOL. Qui va, qui amène de la périphérie vers le centre ; qui amène vers un organe. *Vaisseau afférent, nerf afférent* (nerf sensitif). *Neurone afférent.* ■ CONTR. Efférent.

AFFERMAGE [afɛʀmaʒ] **n. m.** – 1843 ; «engagement d'un serviteur» 1489 ◇ de *affermer* ■ **1** Location d'un bien rural moyennant paiement d'un fermage. ■ **2** Location (d'emplacements, de pages de journaux) en vue d'affichages publicitaires.

AFFERMER [afɛʀme] **v. tr.** ‹1› – 1260 ◇ de *à* et 2 *ferme* ■ Louer, céder par affermage.

AFFERMIR [afɛʀmiʀ] **v. tr.** ‹2› – 1372 ◇ de 1 *a-* et 1 *ferme* ■ **1** RARE Rendre ferme, plus stable, plus solide. *Affermir ses positions.* ➤ **consolider.** *«Il affermit sa casquette»* DUHAMEL. PRONOM. *«Le mouvement du cavalier qui s'affermit en selle»* COLETTE. ■ **2** Raffermir. *Un traitement qui affermit les seins.* ■ **3** FIG. Rendre plus assuré, plus fort. ➤ **assurer, consolider, fortifier, renforcer.** *Affermir son pouvoir, son autorité. «affermir une position qu'elle jugeait inébranlable»* PROUST. *Cela n'a fait que l'affermir dans sa résolution.* ➤ **confirmer.** ■ CONTR. Ébranler. Amollir. Affaiblir.

AFFERMISSEMENT [afɛʀmismɑ̃] **n. m.** – 1551 ◇ de *affermir* ■ Action d'affermir ; fait de s'affermir (surtout au fig.). *L'affermissement de la monarchie, du pouvoir.*

AFFÉTÉ, ÉE [afete] **adj.** – XVe ◇ p. p. de l'ancien verbe *afaitier* (cf. *affaitement*), repris sous l'influence de l'italien *affetato* ■ VX Plein d'affèterie. ➤ **affecté, maniéré.** *«Je laisse aux doucereux ce langage affété»* BOILEAU. ■ CONTR. Simple.

AFFÈTERIE [afɛtʀi] **n. f.** – v. 1500 ◇ de *affété* ■ LITTÉR. Abus du gracieux, du maniéré dans l'attitude ou le langage. ➤ 2 **affectation, mièvrerie, minauderie, préciosité.** — On écrit aussi *afféterie.* ■ CONTR. Naturel, simplicité.

AFFICHAGE [afiʃaʒ] **n. m.** – 1792 ◇ de *afficher* ■ Action d'afficher, de poser des affiches. *Panneaux d'affichage. Affichage interdit. Affichage électoral, publicitaire. Double affichage des prix, en francs et en euros. — Tableau d'affichage* (sur un hippodrome, un stade), où s'inscrivent les résultats. ➤ RÉGION. **babillard.** ◆ INFORM. Présentation visuelle de données, de résultats. ➤ **visualisation.** *L'affichage d'un menu*.* TECHN. *Une montre à affichage numérique. Affichage à cristaux* liquides (ACL). Affichage des départs d'avions.* ➤ **téléaffichage.**

AFFICHE [afiʃ] **n. f.** – 1427 ; «agrafe, épingle» XIIe ◇ de *afficher* ■ Feuille imprimée destinée à porter qqch. à la connaissance du public, et placardée sur les murs ou des emplacements réservés. ➤ **annonce, avis, placard, proclamation.** *Affiches judiciaires* (apposées en vertu de jugements), *légales* (électorales, de recrutement, etc.), *publicitaires* (illustrées).

Mur couvert d'affiches. Colleur d'affiches. — *Affiche de théâtre. Tête* d'affiche.* — Annonce d'un spectacle. *Une très belle affiche.* ➤ **distribution, programmation.** — LOC. *Mettre une pièce à l'affiche,* l'annoncer. *Spectacle qui reste à l'affiche,* qu'on continue de jouer. — *L'art de l'affiche. Les affiches de Toulouse-Lautrec, de Chéret.* ➤ 3 **poster.** — SPORT Match phare d'un championnat. *L'affiche du championnat de France de football.*

AFFICHÉ, ÉE [afiʃe] adj. – de *afficher* ■ Montré publiquement. *Une liaison affichée. Un objectif clairement affiché.* ■ CONTR. Caché, dissimulé.

AFFICHER [afiʃe] v. tr. ‹1› – XVIe ; «fixer, planter» 1080 ◇ de *à* et 1*ficher* ■ **1** Annoncer, faire connaître par voie d'affiches (ou par le tableau d'affichage). ➤ **placarder.** *Afficher une vente aux enchères. Afficher les résultats, les rapports d'une course. Les prix, les horaires sont affichés. Théâtre qui affiche complet.* ◆ ABSOLT Poser des affiches. *Défense d'afficher.* ◆ INFORM. Faire apparaître (une information visuelle) sur un cadran, un écran. ➤ **éditer, visualiser.** ■ **2** (1690) FIG. VX Dire, publier partout. ◆ (1740) Montrer publiquement et avec ostentation, faire étalage de. *Afficher ses opinions politiques.* — PRONOM. «*cette débauche, loin de se cacher [...], s'affiche et s'étale*» MADELIN. ◆ Montrer en public (qqn avec qui on est lié). ➤ **exhiber.** «*Les femmes les plus brillantes affichaient des amants moins respectables*» PROUST. PRONOM. *Il s'affiche avec sa maîtresse.* ■ CONTR. Cacher.

AFFICHETTE [afiʃɛt] n. f. – 1867 ; «affiquet» XIIe ◇ de *affiche* ■ Petite affiche.

AFFICHEUR, EUSE [afiʃœʀ, øz] n. – 1664 ◇ de *afficher* ■ **1** Professionnel(le) chargé(e) de la pose et de la conservation des affiches sur les emplacements réservés. ■ **2** n. m. TECHN. Dispositif d'affichage. *Des afficheurs à cristaux liquides.* — *Téléphone à afficheur,* équipé d'un écran sur lequel apparaissent des informations.

AFFICHISTE [afiʃist] n. – 1904 ; *affichier* 1866 ; «publiciste» 1789 ◇ de *affiche* ■ Dessinateur, dessinatrice publicitaire spécialisé(e) dans la création des affiches.

AFFIDAVIT [afidavit] n. m. – 1773 ◇ mot anglais, 3e pers. du parfait de l'indic. du latin médiéval *affidare* «faire foi, attester» ■ DR. Déclaration faite par le porteur étranger de valeurs mobilières, qui lui permet d'être affranchi, dans le pays qui reçoit cette déclaration, des impôts dont ces valeurs sont déjà frappées dans son pays d'origine. *Des affidavits.*

AFFIDÉ, ÉE [afide] adj. – 1567 ◇ italien *affidato,* du latin médiéval *affidare,* famille de *fides* «foi» ■ **1** VX À qui on peut se fier, se confier. SUBST. Confident. ■ **2** (1622) PÉJ. Qui se prête en agent sûr à tous les mauvais coups. SUBST. *Un de ses affidés,* de ses agents ou complices prêts à tout. ➤ **acolyte.** ■ HOM. Aphidés.

AFFILAGE [afilaʒ] n. m. – 1846 ◇ de *affiler* ■ Opération consistant à affiler (un instrument tranchant). ➤ **affûtage, aiguisage.** — On dit aussi **AFFILEMENT.**

AFFILÉE (D') [dafile] loc. adv. – 1853 ◇ de *affiler* «planter en file, aligner» (1671), de *file* ■ À la file, sans interruption (cf. De suite). *Dormir dix heures d'affilée. Il a débité plusieurs histoires d'affilée.*

AFFILER [afile] v. tr. ‹1› – XIIe ◇ latin populaire °*affilare,* de *filum* «fil (de l'épée)» ■ **1** Donner le fil à (un instrument tranchant) en émorfilant ; rendre à nouveau parfaitement tranchant (un instrument ébréché, émoussé). ➤ **affûter, aiguiser ; repasser.** ■ **2** LOC. (XIIIe) *Avoir la langue (bien) affilée* : être très bavard, et SPÉCIALT très médisant (cf. Avoir la langue* bien pendue).

AFFILIATION [afiljasjɔ̃] n. f. – 1762 ; «adoption» 1560 ◇ latin médiéval *affiliatio* → affilier ■ Action d'affilier, fait d'être affilié. *Le club local a demandé son affiliation à la Fédération.* ➤ **rattachement.** *Nom, adresse, affiliation. Depuis mon affiliation à la Société.* ➤ **admission, entrée.**

AFFILIER [afilje] v. tr. ‹7› – 1732 ; «adopter» XIVe ◇ latin médiéval *affiliare,* de *filius* «fils» ■ **1** Faire entrer (un groupement) dans une association, rattacher à une société mère. «*La société des amis de l'ABC, affiliée aux mutuellistes d'Angers*» HUGO. ■ **2** Admettre (qqn) dans une association. *Se faire affilier à un parti.* PRONOM. *S'affilier* : adhérer, s'inscrire. «*À quel parti est-il affilié ?*» MAUROIS. SUBST. *Les affiliés* : les adhérents, les membres.

AFFILOIR [afilwaʀ] n. m. – 1829 ; *affiloire* 1610 ◇ de *affiler* ■ Pierre, instrument servant à affiler.

AFFIN, INE [afɛ̃, in] adj. – XIIe-XVIe «voisin, pareil, parent» ; repris milieu XIXe ◇ latin *affinis* ■ **1** DIDACT. Qui présente une affinité. LING. *Langues affines.* ■ **2** ➤ **affine.**

AFFINAGE [afinaʒ] n. m. – 1390 ◇ de *affiner* ■ **1** Purification, raffinage*. *Affinage des métaux.* ➤ **affinerie.** *Affinage du verre par élimination des bulles.* ■ **2** (XVIIIe) Dernière façon, finissage. *Affinage du lin.* SPÉCIALT Achèvement de la maturation des fromages. *Cave d'affinage.*

AFFINE [afin] adj. – XXe ◇ fém. de *affin* ■ **1** BIOL. *Formes affines,* présentant des ressemblances ne traduisant pas toujours des liens de parenté. *Les sélaginelles sont affines aux lycopodes.* ■ **2** MATH. *Transformation affine* : transformation dans le plan ou dans l'espace décrite par des équations algébriques linéaires. *Propriétés affines,* invariantes dans une transformation affine. *Espace affine* : ensemble attaché à un espace vectoriel sur un corps commutatif (➤ **bipoint**).

AFFINEMENT [afinmɑ̃] n. m. – 1580 ◇ de *affiner* ■ Fait de s'affiner*. *L'affinement du goût.*

AFFINER [afine] v. tr. ‹1› – 1223 ◇ de *à* et 2*fin* ■ **1** Purifier, procéder à l'affinage de (un métal, le verre). ■ **2** (1752) Opérer le finissage de. *Affiner un drap.* SPÉCIALT *Affiner les fromages,* en achever la maturation. ■ **3** (XVIe) VX Tromper par ruse. ■ **4** (XVIe) FIG. Rendre plus fin, plus délicat. *La lecture a affiné son jugement.* PRONOM. *Son visage s'est affiné avec l'âge.* «*Est-ce qu'une pensée, d'un individu à l'autre, d'un siècle à l'autre, s'affine ?*» LE CLÉZIO. ■ CONTR. Alourdir, épaissir.

AFFINERIE [afinʀi] n. f. – 1552 ◇ de *affiner* ■ Lieu où l'on affine les métaux.

AFFINEUR, EUSE [afinœʀ, øz] n. – XIVe ◇ de *affiner* ■ Professionnel(le) chargé(e) de l'affinage (des métaux, du verre ; des fromages).

AFFINITÉ [afinite] n. f. – fin XIIIe ◇ du latin *affinitas* ■ **1** DR. Parenté par alliance. — FIG. Conformité (entre des choses). «*une affinité de doctrines avec moi*» CHATEAUBRIAND. ➤ **parenté.** ■ **2** (XIVe) MOD. Rapport de conformité, de ressemblance ; liaison plus ou moins sensible. ➤ **accord, sympathie.** *Avoir des affinités avec qqn* (cf. Des atomes crochus*). «*les affinités mystérieuses qui m'unissent avec tout ce qui est beau*» LOTI. *Certains rêves de tendresse partagée s'allient «par une sorte d'affinité, au souvenir [...] d'une femme»* PROUST. — LOC. *Et plus si affinités,* formule utilisée dans les petites annonces de rencontres. «*Avec une assistante dévouée pour le seconder, éplucher les patates, servir les clients, et plus si affinités...*» TH. JONQUET. ■ **3** (XVIIe ◇ latin des alchimistes *affinitas* XIIIe) CHIM. VX Propriété de deux corps de s'unir entre eux par l'intermédiaire de leurs particules semblables. (XVIIIe) MOD. Action physique responsable de la combinaison des corps entre eux. BIOL., BIOCHIM. Force par laquelle une molécule entre en interaction avec un site de liaison. *Constante d'affinité. Affinité d'une enzyme pour son substrat, d'un antigène pour un anticorps.* PAR MÉTAPH. «*Les Affinités électives*», *roman de Goethe.* ◆ Force mesurable, qui, dans un composé, maintient les atomes en liaison. ■ **4** (XIXe ◇ latin scientifique *affinitas*) BIOL. Ressemblance entre êtres vivants traduite par des formes affines*. — LING. Phénomène marquant une parenté entre diverses langues. — (1885) MATH. Correspondance entre les points de deux plans qui transforme les droites parallèles de l'un en droites parallèles de l'autre. Application d'un coefficient multiplicateur à l'ordonnée de tous les points d'un plan. *Affinité orthogonale,* dont l'axe et la direction sont orthogonaux. — PHYS. *Affinité électronique* : énergie dégagée dans la formation d'un ion négatif par fixation d'un électron sur un atome. ■ CONTR. Antipathie. Opposition.

AFFIQUET [afikɛ] n. m. – XIIe ◇ diminutif de *affique,* var. de *affiche* → 1 ficher ■ IRON. (surtout plur.) Petit bijou ou objet de parure agrafé aux vêtements. — PAR EXT. Parures ridicules.

AFFIRMATIF, IVE [afiʀmatif, iv] adj. et adv. – XIIIe ◇ bas latin *affirmativus*

I adj. ■ **1** Qui constitue, exprime une affirmation* (1°). *Parler d'un ton affirmatif.* ◆ (PERSONNES) Qui affirme, est porté à affirmer avec force. «*affirmatifs, dogmatiques, même dans leur scepticisme*» ROUSSEAU. *Il a été très affirmatif, il vient.* ■ **2** Qui constitue, exprime une affirmation (2°) dans la forme. *Proposition affirmative* (par oppos. à *négative*). «*De toutes les réponses affirmatives, la plus simple est oui*» BRUNOT. SUBST. (XVIe) *Répondre par l'affirmative* : répondre oui.

II adv. (XXe) T. de transmissions Oui. *M'entendez-vous ? – Affirmatif !*

■ CONTR. Négatif.

AFFIRMATION [afiʀmasjɔ̃] **n. f.** – fin XIIIe ◊ latin *affirmatio* ▪ **1** Action d'affirmer, de donner pour vrai un jugement (qu'il soit, dans la forme, affirmatif ou négatif) ; le jugement ainsi énoncé (opposé à *interrogation*). ➤ **assertion, proposition.** « *certaines affirmations positives ou négatives* » BRUNOT. *En dépit de vos affirmations, je n'en crois rien.* ◆ DR. *Affirmation de compte, de créance* : déclaration par laquelle on certifie l'exactitude, la réalité d'un compte, d'une créance. ▪ **2** Caractère d'une proposition dans laquelle la relation énoncée par la copule est donnée comme réelle et positive ; cette proposition. *Adverbes d'affirmation.* ▪ **3** Action, manière d'affirmer, de manifester de façon indiscutable (une qualité). ➤ **expression, manifestation.** *Avec ce nouveau livre, on assiste à l'affirmation de sa personnalité. L'affirmation de soi.* ▪ CONTR. Doute, question ; démenti, négation.

AFFIRMATIVEMENT [afiʀmativmɑ̃] **adv.** – v. 1460 ◊ de *affirmatif* ▪ **1** VIEILLI D'une manière affirmative, dogmatique, avec assurance. « *J'ai parlé trop affirmativement* » VOLTAIRE. ▪ **2** Par l'affirmative, en disant oui. *Il a répondu affirmativement.* ▪ CONTR. Négativement.

AFFIRMER [afiʀme] **v. tr.** ⟨1⟩ – XIIIe ◊ latin *affirmare* ▪ **1** Donner (une chose) pour vraie, énoncer (un jugement) comme vrai. ➤ **assurer, avancer, certifier, déclarer, garantir, prétendre, soutenir.** « *tant qu'on n'a pas vu de ses yeux, on n'a le droit de rien affirmer* » MAURIAC. *Je l'affirme sur l'honneur.* ➤ **jurer.** *J'affirme qu'il ment. J'affirme que non. J'affirme l'avoir rencontré ce jour-là.* ABSOLT « *On ne peut affirmer. On peut tout supposer* » ROMAINS. ▪ **2** Énoncer avec affirmation* (2°). « *L'Église affirme, la raison nie* » HUGO. ▪ **3** Manifester de façon indiscutable. *Affirmer sa personnalité.* PRONOM. « *Il est bon à leur âge de s'affirmer contre nous* » SARRAUTE. *Son talent s'affirme.* ➤ **se poser. p. p. adj.** *Une personnalité affirmée.* ▪ CONTR. Contester, démentir, nier. Cacher.

1 **AFFIXE** [afiks] **n. m.** – 1575 ◊ latin *affixus*, de *affigere* « attacher » ▪ Élément susceptible d'être incorporé à un mot, avant, dans ou après le radical (préfixe, infixe, suffixe) pour en modifier le sens ou la fonction. — **adj. AFFIXAL, ALE, AUX,** fin XIXe.

2 **AFFIXE** [afiks] **n. f.** – 1885 ◊ latin *affixus* → 1 affixe ▪ MATH. Nombre complexe représentant un point du plan.

AFFLEUREMENT [aflœʀmɑ̃] **n. m.** – 1593 ◊ de *affleurer* ▪ **1** Action de mettre de niveau. ▪ **2** Fait d'affleurer, d'apparaître à la surface du sol. *Affleurement d'un filon, d'une couche géologique.* — FIG. Émergence. « *un affleurement continu d'une sagesse souriante* » GIDE.

AFFLEURER [aflœʀe] **v.** ⟨1⟩ – 1397 ◊ de *fleur*, dans l'expr. *à fleur de* ▪ **1 v. tr.** TECHN. Mettre au même niveau (deux pièces contiguës). *Affleurer au grattoir les joints d'un parquet.* ▪ **2 v. intr.** (XVIe) VX Être de niveau. — (1845) MOD. Apparaître, sortir à la surface du sol. *Couche, roc qui affleure.* FIG. « *une sensualité sous-jacente qui, de temps à autre, affleure* » MAUROIS. ➤ **émerger.** ▪ CONTR. Enfoncer (s').

AFFLICTIF, IVE [afliktif, iv] **adj.** – 1501 ; « affligeant » 1374 ◊ du latin *afflictum*, supin de *affligere* « frapper » ▪ DR. Qui frappe le criminel dans son corps, sa vie. *Peines afflictives* (par oppos. à *infamantes*).

AFFLICTION [afliksjɔ̃] **n. f.** – 1050 ◊ bas latin *afflictio* → affliger ▪ LITTÉR. Peine profonde, abattement à la suite d'un coup du sort, d'un grave revers. ➤ **détresse, tristesse.** *Être plongé dans une profonde affliction.* « *De l'accablement on monte à l'abattement, de l'abattement à l'affliction* » HUGO. ▪ CONTR. Allégresse, joie.

AFFLIGEANT, ANTE [afliʒɑ̃, ɑ̃t] **adj.** – 1578 ◊ de *affliger* ▪ **1** Qui afflige, frappe douloureusement. ➤ **triste ; attristant, désolant, funeste.** *Il est dans une situation affligeante.* ▪ **2** Pénible, difficilement supportable en raison de sa faible valeur. ➤ **déplorable, lamentable.** *Un film, un spectacle affligeant, d'une bêtise affligeante.* ▪ CONTR. Gai.

AFFLIGER [afliʒe] **v. tr.** ⟨3⟩ – 1120 ◊ latin *affligere* « frapper, abattre » ▪ **1** LITTÉR. Frapper durement, accabler (d'un mal, d'un malheur). « *Les maux qui affligent la terre* » LAMENNAIS. *Être affligé d'une maladie chronique.* — PLAISANT Pourvoir d'une qualité fâcheuse. *Affligé d'un rire sonore.* ▪ **2** Attrister profondément, causer de l'affliction à. ➤ 1 **chagriner, peiner.** *Cette nouvelle l'a profondément affligé.* — **p. p. adj.** « *Charles la supposait affligée* » FLAUBERT. ➤ **triste.** SUBST. *Consoler les affligés.* — PRONOM. « *Nous ne savons quand nous devons nous affliger ou nous réjouir* » MONTESQUIEU. *Je m'afflige de le savoir malade.* ▪ CONTR. Consoler, gratifier, réconforter. Réjouir.

AFFLOUER [aflue] **v. tr.** ⟨1⟩ – 1773 ◊ de *flouée*, mot normand, de l'ancien scandinave *flôd* ▪ VX Renflouer (un bateau).

AFFLUENCE [aflyɑ̃s] **n. f.** – 1393 ◊ latin *affluentia* ▪ **1** VX Abondance. ▪ **2** MOD. Réunion d'une foule de personnes qui vont au même endroit. ➤ **concours, presse.** *L'affluence des clients était telle que les employés étaient débordés. Éviter de prendre le métro aux heures d'affluence* (cf. De pointe).

AFFLUENT [aflyɑ̃] **n. m.** – 1835 ; « confluent » 1751 ; *rivières affluentes* 1690 ; « qui abonde, qui coule » XVIe ◊ latin *affluens* → affluer ▪ Cours d'eau qui se jette dans un autre. *Les affluents de la Seine.*

AFFLUER [aflye] **v. intr.** ⟨1⟩ – 1375 ; autre sens 1180 ◊ latin *affluere*, de *fluere* « couler » ▪ **1** Couler en abondance vers (liquide organique). *Le sang afflue au cerveau.* — PAR EXT. *Les affaires reprennent, l'argent afflue.* ▪ **2** Se porter en foule vers, arriver en grand nombre. « *toutes sortes d'intrépides affluèrent sous son drapeau* » FLAUBERT.

AFFLUX [afly] **n. m.** – 1611 ◊ de *affluer*, d'après *flux* ▪ **1** Fait d'affluer (1°). *Afflux de sang à la face.* — Mouvement des charges électriques vers un point. ▪ **2** Arrivée massive. ➤ **affluence.** *Il y a eu un afflux de visiteurs.* ➤ **flot.**

AFFOLANT, ANTE [afɔlɑ̃, ɑ̃t] **adj.** – fin XVIIe ◊ de *affoler* ▪ **1** Qui affole, trouble au plus haut point. ➤ **bouleversant, troublant.** « *La femme qui cache et montre l'affolant mystère de la vie* » MAUPASSANT. ▪ **2** FAM. Très inquiétant, effrayant. *La vie augmente tous les jours, c'est affolant.* ▪ CONTR. Rassurant.

AFFOLÉ, ÉE [afɔle] **adj.** – 1501 ◊ de *affoler* ▪ **1** Rendu comme fou sous l'effet d'une émotion violente (peur, sentiment d'être débordé, dépassé). ➤ **effaré, épouvanté.** « *Mais allez donc faire entendre raison à des gens affolés* » MAUPASSANT. ▪ **2** (1690) *Boussole, aiguille affolée*, qui subit des déviations subites et irrégulières (variations brusques du champ magnétique). ▪ CONTR. 2 Calme, 1 serein.

AFFOLEMENT [afɔlmɑ̃] **n. m.** – XIIIe ◊ de *affoler* ▪ **1** État d'une personne affolée. ➤ **agitation, désarroi, inquiétude, peur.** *Dans son affolement, elle a oublié ses clés.* « *l'affolement du joueur qui perd chaque partie et voit avec effroi arriver l'heure de la dernière* » JALOUX. *Surtout, pas d'affolement !* ➤ **panique.** ▪ **2** Variations de la boussole affolée. ▪ CONTR. 1 Calme, sérénité.

AFFOLER [afɔle] **v. tr.** ⟨1⟩ – XIIe ◊ de *fol* → fou ▪ **1** Rendre comme fou, sous l'effet d'une émotion violente, faire perdre la tête à. ➤ **bouleverser.** *Je fus coquette,* « *caressante et perfide. J'affolai cet enfant* » MAUPASSANT. ▪ **2** Rendre fou d'inquiétude, plonger dans l'affolement. ➤ **effrayer, paniquer.** *Ce bruit les a affolés.* PRONOM. Perdre la tête par affolement. *Elle s'est affolée et a pris une décision stupide. Ne vous affolez pas.* ▪ CONTR. Calmer, rassurer.

AFFOUAGE [afwaʒ] **n. m.** – 1256 ◊ de l'ancien verbe *affouer* « faire du feu, fournir du chauffage », du latin *focus* « foyer, feu » ▪ DR. Droit de prendre du bois de chauffage dans une forêt communale ; part de bois qui revient à chacun des bénéficiaires (ou *affouagistes*).

AFFOUILLEMENT [afujmɑ̃] **n. m.** – 1835 ◊ de *affouiller* ▪ Action de creusement des eaux, due à la butée des courants sur une rive, aux remous et tourbillons sur les piles de pont, les jetées, etc. ; dégradation ainsi produite. « *l'affouillement profond de la côte* » HUGO.

AFFOUILLER [afuje] **v. tr.** ⟨1⟩ – 1835 ◊ de *à* et *fouiller* ▪ Provoquer l'affouillement de. ➤ **creuser, éroder, excaver.**

AFFOURCHER [afuʀʃe] **v. tr.** ⟨1⟩ – 1670 ; « disposer en fourche » XIIe ◊ de *à* et *fourche* ▪ MAR. Mouiller sur deux ancres, dont les lignes de mouillage sont disposées en V. *Affourcher un navire.*

AFFOURRAGEMENT [afuʀaʒmɑ̃] **n. m.** – 1627 ◊ de *affourrager* ▪ Approvisionnement, globalement calculé, des animaux d'une ferme en fourrages. — On écrit parfois *affouragement.*

AFFOURRAGER [afuʀaʒe] **v. tr.** ⟨3⟩ – 1393 ◊ de *à* et *fourrage* ▪ Approvisionner en fourrages. *Affourrager les vaches.* — On écrit parfois *affourager.*

AFFRANCHI, IE [afʀɑ̃ʃi] **adj.** et **n.** – de *affranchir* ▪ **1** Qui a été affranchi. *Esclave, serf affranchi.* — **n.** (1640) À Rome, Esclave affranchi (« *libertinus* »). ▪ **2** Qui s'est intellectuellement libéré des préjugés, des traditions. *Une femme affranchie.* ▪ **3 n.** (1821) VIEILLI Celui qui vit en marge des lois, homme du milieu. — MOD. Personne qui mène une vie libre, hors de la morale courante. « *Il jouait aux affranchis* » SARTRE. ➤ **dur.**

AFFRANCHIR [afʀɑ̃ʃiʀ] **v. tr.** ‹2› – XIIIe ◊ de *à* et 2*franc*
I ▪ **1** Rendre civilement libre, de condition libre (un esclave, un serf). ♦ (XIVe) Rendre politiquement indépendant. *Affranchir un peuple de la tyrannie.* ▪ **2** FIG. (XVIe) Délivrer de tout ce qui gêne. *« Épicure affranchit les âmes des vaines terreurs »* FRANCE. PRONOM. *« c'est le plus petit nombre qui s'est affranchi des traditions »* LOTI. ➤ **s'émanciper, se libérer.** ♦ **(Belgique)** *S'affranchir* : gagner en assurance, en hardiesse. ▪ **3** (1837) VIEILLI Initier au métier de voleur, apprendre à vivre en marge des lois. — (1900) FAM. Éclairer, mettre au courant (en fournissant des renseignements). *C'est ton frère qui m'a affranchi.*
II ▪ **1** (fin XIIIe) VX Exempter (d'une taxe). ♦ (1802) Rendre (une lettre, un envoi postal) exempt de taxe pour le destinataire (en payant soi-même le timbre). — **p. p. adj.** *Lettre insuffisamment affranchie.* — ABSOLT *Machine à affranchir.* ▪ **2** (1877) Rendre (une carte) maîtresse en faisant tomber les cartes supérieures.
▪ CONTR. Asservir, soumettre ; assujettir, astreindre. Défranchir.

AFFRANCHISSEMENT [afʀɑ̃ʃismɑ̃] **n. m.** – 1276 ◊ de *affranchir* ▪ **1** Action de rendre libre (un esclave, un serf). ➤ **manumission.** ♦ Action de rendre politiquement indépendant. ➤ **émancipation, libération.** *« Si le Divan voulait traiter pour l'affranchissement de la Grèce »* CHATEAUBRIAND. ▪ **2** FIG. Délivrance, libération. *« l'affranchissement et le progrès de l'esprit humain »* RENAN. ▪ **3** VX Action de rendre franc (de taxes, servitudes). — SPÉCIALT (1845) Acquittement préalable des frais de port (par apposition d'un timbre). *Affranchissement d'une lettre, d'un colis. Tarifs d'affranchissement pour la France, pour l'étranger.* ▪ CONTR. Asservissement, assujettissement.

AFFRES [ɑfʀ] **n. f. pl.** – 1460 ◊ probablt ancien provençal *affre* « horreur », du germanique *aifr-* « horrible, terrible » ▪ LITTÉR. Tourment, torture. *Les affres de la mort. Être dans les affres de la douleur. « les affres de l'humiliation »* BERNANOS.

AFFRÈTEMENT [afʀɛtmɑ̃] **n. m.** – 1584 ; « équipement » 1366 ◊ de *affréter* ▪ Contrat par lequel un fréteur met un moyen de transport (camion, cargo, navire, avion, etc.) à la disposition d'un affréteur, moyennant rémunération, pour le transport de marchandises ou de personnes. ➤ **nolisement ; charte-partie.** *Affrètement à temps, au voyage. Courtier d'affrètement.*

AFFRÉTER [afʀete] **v. tr.** ‹6› – 1639 ; « équiper » 1322 ◊ de *fret* ▪ Louer (un moyen de transport : camion, avion, navire, etc.). ➤ **chartériser, noliser.**

AFFRÉTEUR, EUSE [afʀetœʀ, øz] **n.** – 1678 ◊ de *affréter* ▪ Personne qui prend en location (un moyen de transport).

AFFREUSEMENT [afʀøzmɑ̃] **adv.** – 1538 ◊ de *affreux* ▪ **1** D'une manière affreuse, particulièrement effrayante ou révoltante. ➤ **horriblement.** *Il a été affreusement torturé.* ▪ **2** (1701) Extrêmement, terriblement. *Un plat affreusement salé. Je suis affreusement en retard.*

AFFREUX, EUSE [afʀø, øz] **adj.** – v. 1500 ◊ de *affres* ▪ **1** Qui provoque une réaction d'effroi et de dégoût. ➤ **abominable, atroce, effrayant, horrible, monstrueux.** *« Hélas ! du crime affreux dont la honte me suit »* RACINE. *« délivrés du plus affreux cauchemar »* LOTI. — (PERSONNES) *Un affreux bonhomme.* ➤ **méchant, vilain.** *Un affreux jojo*.* SUBST. (FAM.) *Un affreux.* ♦ (v. 1960) Mercenaire blanc au service d'une armée africaine. ▪ **2** Qui est extrêmement laid. ➤ **hideux, repoussant.** *« son chien Dick, affreux bâtard de caniche et de barbet »* MAUROIS. PAR EXAGÉR. *Elle est affreuse avec cette coiffure.* ▪ **3** Tout à fait désagréable. ➤ **détestable.** *Il fait un temps affreux. C'est un affreux malentendu. Le plus affreux, c'est que...* ➤ **terrible.** ▪ CONTR. 1 Beau, 1 bon.

AFFRIANDER [afʀijɑ̃de] **v. tr.** ‹1› – XIVe ◊ de *à* et *friand* ▪ VX ou LITTÉR. Mettre en goût ; allécher, attirer. *« Mais Alençon n'est pas une ville qui affriande l'étranger »* BALZAC.

AFFRIOLANT, ANTE [afʀijɔlɑ̃, ɑ̃t] **adj.** – 1808 ◊ de *affrioler* ▪ Physiquement excitant. ➤ FAM. **bandant.** *Des dessous affriolants.* ♦ FIG. Séduisant, attirant. *Un programme qui n'a rien d'affriolant.* ➤ FAM. **folichon.**

AFFRIOLER [afʀijɔle] **v. tr.** ‹1› – 1530 ◊ de l'ancien verbe *frioler* (XIVe) « frire, griller d'envie », variante méridionale de *frire* ▪ RARE Attirer, allécher. *« ce bon farniente qui nous affriole à tout âge »* BALZAC.

AFFRIQUÉE [afʀike] **adj. f.** – fin XIXe ◊ latin *affricare* « frotter contre » ▪ Se dit de consonnes constituant un phonème double, occlusives au début de l'émission et constrictives à la fin (ex. ts, dz, en a. fr.).

AFFRONT [afʀɔ̃] **n. m.** – v. 1560 ◊ de *affronter* « couvrir de honte » en ancien français ▪ Offense faite publiquement avec la volonté de marquer son mépris et de déshonorer ou humilier. ➤ **avanie, humiliation, offense, outrage.** *« Achève, et prends ma vie après un tel affront »* CORNEILLE. *Faire un affront à qqn. Essuyer un affront.* ▪ CONTR. Louange.

AFFRONTEMENT [afʀɔ̃tmɑ̃] **n. m.** – avant 1540 ; 1587 en contexte militaire ◊ de *affronter* ▪ **1** Action d'affronter, fait de s'affronter. *L'affrontement de deux grandes puissances. Affrontements entre policiers et manifestants.* ▪ **2** (1846) Action de mettre de niveau, de front. *L'affrontement des lèvres de la plaie.*

AFFRONTER [afʀɔ̃te] **v. tr.** ‹1› – début XIIIe ; autre sens 1160 ◊ de *front* ▪ **1** Aller hardiment au-devant de (un adversaire, un danger). ➤ **braver, s'exposer** (cf. Faire face, faire front à). *Affronter l'ennemi. Affronter courageusement ses adversaires. Affronter un problème, un risque, des difficultés. Affronter les intempéries. « La croyance qu'on pourra revenir vivant du combat aide à affronter la mort »* PROUST. ♦ PRONOM. Se heurter dans un combat. *« Voilà que s'affrontent deux puissances »* BARRÈS. FIG. *Les théories qui s'affrontent.* ▪ **2** (XVIe) Opposer front à front. — **p. p. adj.** BLAS. *Animaux affrontés,* figurés front contre front. ♦ (1835) Mettre de front, de niveau. *Affronter les lèvres d'une plaie. Affronter deux pièces de bois.*

AFFUBLEMENT [afybləmɑ̃] **n. m.** – XIIIe ◊ de *affubler* ▪ RARE Accoutrement.

AFFUBLER [afyble] **v. tr.** ‹1› – XIIe ; « vêtir », « agrafer » 1080 ; sens péj. début XIXe ◊ latin populaire °*affibulare,* de *fibula* « agrafe » ▪ Habiller bizarrement, ridiculement comme si on déguisait. ➤ **accoutrer.** *« ces singes que l'on affuble d'une robe »* JALOUX. PRONOM. *Elle s'affubla d'un chapeau. Il faut voir comment elle est affublée.*

AFFUSION [afyzjɔ̃] **n. f.** – 1546 ◊ bas latin *affusio* ▪ Procédé thérapeutique consistant à verser de l'eau (froide ou chaude) sur une partie du corps.

AFFÛT [afy] **n. m.** /AFFUT/ – 1445 ◊ de *affûter* ▪ **1** Bâti servant à supporter, pointer et déplacer un canon. ▪ **2** (1638) Endroit où l'on s'embusque pour attendre le gibier ; l'attente elle-même. *« À l'heure de l'affût »* LA FONTAINE. *Chasseur à l'affût. Être, se mettre à l'affût.* PAR ANAL. *« Une araignée à l'affût »* MARTIN DU GARD. ♦ LOC. *Être à l'affût de :* guetter l'occasion de saisir ou de faire, épier (cf. Être aux aguets*). *« À l'affût de tous les vents de la mode »* RENAN. — PAR EXT. *Il est à l'affût de la moindre erreur.*

AFFÛTAGE [afytaʒ] **n. m.** /AFFUTAGE/ – 1680 ; « affût de canon » 1421 ◊ de *affûter* ▪ **1** Assortiment d'outils nécessaires à un ouvrier. ▪ **2** Opération consistant à affûter (un outil). *Affûtage à la meule.*

AFFÛTÉ, ÉE [afyte] **adj.** /AFFUTÉ, ÉE/ – de *affûter* ▪ *Un esprit affûté,* fin, vif. ➤ **aiguisé.** *« Un caractère [...] pénétrant, inquisiteur et affûté »* CENDRARS. — PAR EXT. (PERSONNES) *Un journaliste affûté.*

AFFÛTER [afyte] **v. tr.** ‹1› /AFFUTER/ – 1680 ; « poster, disposer, mettre en état » XIIe ◊ de *à* et *fût* ▪ **1** Aiguiser (un outil tranchant) en reconstituant le profil de coupe. *Affûter des couteaux, des scies.* ➤ **affiler.** — ABSOLT *Pierre à affûter.* — **Au p. p.** *Des ciseaux bien affûtés.* ▪ **2** (1906) SPORT Préparer soigneusement (un cheval) afin qu'il soit en pleine forme pour une course. ▪ **3** FIG. Tenir prêt, en vue d'une épreuve. *Affûter ses arguments, son stylo.* ▪ CONTR. Émousser.

AFFÛTEUR, EUSE [afytœʀ, øz] **n.** /AFFUTEUR, EUSE/ – 1897 ; « celui qui pointe un canon » 1506 ◊ de *affûter* ▪ Ouvrier spécialisé dans l'affûtage des outils. ➤ **aiguiseur.** *Affûteur-outilleur.* ♦ **n. f.** *Affûteuse :* machine à affûter les outils.

AFFÛTIAUX [afytjo] **n. m. pl.** /AFFUTIAUX/ – 1680 ◊ de *affûter* ▪ FAM. Objets de parure sans valeur. ➤ **affiquet.** — VIEILLI ou RÉGION. Outils.

AFGHAN, ANE [afgɑ̃, an] **adj.** et **n.** – 1804 ◊ mot persan ▪ De l'Afghanistan. *Lévrier afghan.* ♦ **n.** *Les Afghans.* — **n. m.** *L'afghan,* langue du groupe iranien oriental.

AFICIONADO [afisjɔnado] **n. m.** – 1804 ◊ mot espagnol, de *aficionar* « donner le goût (de qqch.) », famille du latin *affectio* → affection ▪ Amateur de courses de taureaux. ♦ (fin XIXe, répandu milieu XXe) Amateur fervent d'un auteur, d'un spectacle. *Les aficionados du football.* ➤ **tifosi.** *« Les "aficionados" de Lope de Vega »* MÉRIMÉE.

AFIN DE [afɛ̃də] loc. prép., **AFIN QUE** [afɛ̃kə] loc. conj. – XIVe ◇ pour *à fin de, que* (cf. *à seule fin de*) ▪ Marquent l'intention, le but. ➤ **pour.** *Afin de,* et l'inf. *Afin que,* et le subj. « *Donnez !... Afin qu'un blé plus mûr fasse plier vos granges ; afin d'être meilleurs* » HUGO.

AFLATOXINE [aflatɔksin] n. f. – v. 1970 ◇ de *a(spergillus) fla(vus)* et *toxine* ▪ BIOCHIM. Toxine produite par une moisissure se développant notamment sur les arachides.

AFOCAL, ALE, AUX [afɔkal, o] adj. – milieu XXe ◇ de 2a- et *focal* ▪ PHYS., OPT. Relatif à une lentille ou à un système optique centré dont les foyers sont rejetés à l'infini.

A FORTIORI [afɔʀsjɔʀi] loc. adv. /À FORTIORI/ – 1834 ◇ latin scolastique *a fortiori (causa)* « par (une raison) plus forte » ▪ En concluant de la vérité d'une proposition à la vérité d'une autre pour laquelle la raison invoquée s'applique encore mieux (cf. À plus forte raison*).

AFRICAIN, AINE [afʀikɛ̃, ɛn] adj. et n. – XVIe ; *african* 1080 ◇ latin *africanus* ▪ De l'Afrique, et SPÉCIALT De l'Afrique subsaharienne. *Le continent africain. Langues africaines* (ou *négro-africaines*). n. *Les Africains :* les habitants de l'Afrique, et SPÉCIALT les Noirs d'Afrique (par oppos. à *Nord-Africains* et à *Sud-Africains*).

AFRICAIN-AMÉRICAIN, AFRICAINE-AMÉRICAINE [afʀikɛ̃ameʀikɛ̃, afʀikɛnameʀikɛn] adj. et n. – 2002 ◇ calque de l'anglais américain *african american* (1969) ▪ Relatif aux Américains d'origine africaine. ➤ **afro-américain, négro-américain, noir.** *Les athlètes africaines-américaines.* — n. *Les Africains-Américains.*

AFRICANISATION [afʀikanizasjɔ̃] n. f. – v. 1965 ◇ de *africain* ▪ **1** Le fait d'africaniser (1°). ▪ **2** Fait de prendre un caractère africain.

AFRICANISER [afʀikanize] v. tr. ‹1› – v. 1960 ◇ de *africain* ▪ **1** Rendre africain, remplacer les fonctionnaires et les cadres européens par des Africains, dans les pays d'Afrique subsaharienne devenus indépendants. ▪ **2** PRONOM. **S'AFRICANISER.** Prendre un caractère africain.

AFRICANISME [afʀikanism] n. m. – 1752 ◇ de *africain* ▪ Tournure, expression propre au français d'Afrique.

AFRICANISTE [afʀikanist] n. – 1908 ◇ de *africain* ▪ Spécialiste des langues et civilisations africaines.

AFRIKAANS ou **AFRIKANS** [afʀikɑ̃s] n. m. et adj. – 1952 ◇ mot néerlandais ▪ Parler néerlandais d'Afrique du Sud (une des onze langues officielles de ce pays, avec l'anglais). — adj. *La presse afrikaans.*

AFRIKANER [afʀikanɛʀ] ou **AFRIKANDER** [afʀikɑ̃dɛʀ] n. – 1810 *Afrikander* ◇ néerlandais du Cap *Afrikaander,* de *Afrikaansch* « Africain » ▪ Citoyen de l'Afrique du Sud, d'ascendance néerlandaise. *Les Afrikaners.* — adj. Relatif à la souche néerlandaise des citoyens de l'Afrique du Sud. *La culture afrikaner.*

AFRO [afʀo] adj. – 1971 ◇ anglais *afro-american* ▪ Se dit d'une coupe de cheveux crépus ou frisés formant une boule volumineuse autour du visage. *Coiffure afro. Des coupes afros.* — PAR EXT. n. f. Coupe afro. « *ses cheveux taillés en afro courte* » M. NDIAYE.

AFRO- ▪ Élément, du latin *afer, afri* « africain », indiquant l'origine africaine, et qui s'emploie pour former des adjectifs et des substantifs.

AFRO-AMÉRICAIN, AINE [afʀoameʀikɛ̃, ɛn] adj. – 1826 ◇ de *afro-* et *américain* ▪ Qui est relatif aux Noirs des États-Unis. ➤ **africain-américain, négro-américain, noir.** *La musique afro-américaine.* — n. *Les Afro-Américains.*

AFRO-ASIATIQUE [afʀoazjatik] adj. – 1937 ◇ de *afro-* et *asiatique* ▪ **1** Commun à l'Afrique et à l'Asie, du point de vue politique. *Les relations afro-asiatiques.* — n. *Les Afro-Asiatiques.* ▪ **2** LING. *Famille afro-asiatique.* ➤ **chamito-sémitique.**

AFRO-BRÉSILIEN, IENNE [afʀobʀeziljɛ̃, jɛn] adj. – milieu XXe ◇ de *afro-* et *brésilien* ▪ Qui est d'origine africaine, au Brésil. *Population afro-brésilienne.* — n. *Les Afro-Brésiliens.*

AFRO-CUBAIN, AINE [afʀokybɛ̃, ɛn] adj. – milieu XXe ◇ de *afro-* et *cubain,* d'après l'anglais ▪ Qui est d'origine africaine, à Cuba. *Les rythmes afro-cubains.* — n. *Les Afro-Cubains.*

AFTER [aftœʀ] n. m. (parfois f.) – 1995 ◇ ellipse de l'anglais *after-hours (club),* de l'adj. *after-hours* « après *(after)* les heures (de fermeture) » (1929) ▪ ANGLIC. Réunion festive après un spectacle, une soirée. « *mon père avait acheté un loft [...] sur la 53e rue, au-dessus du MOMA. J'y organisais des afters* » BEIGBEDER.

AFTER-SHAVE n. m. inv. ou **AFTERSHAVE** [aftœʀʃɛv] n. m. – 1959 ◇ mot anglais ▪ ANGLIC. Produit que les hommes appliquent sur leur visage après s'être rasés. ➤ **après-rasage.** *Flacon d'after-shave. Des after-shave, des aftershaves.* — adj. inv. *Des lotions after-shave.*

AGA ➤ **AGHA**

AGAÇANT, ANTE [agasɑ̃, ɑ̃t] adj. – 1530 ◇ de *agacer* ▪ **1** VIEILLI Aguichant, provocant. « *Lancer des œillades agaçantes sur quelque jeune cavalier* » LESAGE. ▪ **2** Qui agace, énerve, contrarie. ➤ **crispant, énervant, irritant, urticant.** *Bruit agaçant. C'est agaçant, ce bruit. Personne agaçante.* ▪ CONTR. Agréable.

AGACE [agas] n. f. – XIe ◇ de l'ancien haut allemand *agaza* ▪ RÉGION. Pie. REM. *Agace* et variantes *(agasse, agache, ajasse, jasse, euillasse)* sont largement répandues en français régional de France et au Canada.

AGACEMENT [agasmɑ̃] n. m. – 1549 ◇ de *agacer* ▪ Énervement fait d'impatience et de mécontentement. ➤ **irritation.** *Manifester son agacement. Geste d'agacement.*

AGACER [agase] v. tr. ‹3› – fin XIIe ◇ de l'ancien français *acier* « rendre aigre » et « agacer les dents » (début XIIIe), lui-même du latin populaire *adaciare* « aiguiser », famille de *acidus* → acide ▪ **1** VX Harceler. ◆ (XVIIe) MOD. Provoquer par des taquineries, des agaceries. ▪ **2** (XVIe) Affecter d'une sensation d'irritation. *Fruit vert qui agace les dents.* ◆ PAR EXT. (XVIIe) Mettre dans un état d'agacement. ➤ **énerver, hérisser, horripiler, irriter ;** RÉGION. **écœurer, picosser.** *Laisse-moi tranquille, tu m'agaces ! Je ne trouve pas mes clés, ça m'agace !* — p. p. adj. « *agacé* [...] *de l'entendre soutenir une erreur* » PROUST. ▪ CONTR. Calmer.

AGACERIE [agasʀi] n. f. – 1671 ◇ de *agacer* ▪ Surtout plur. Mines ou paroles inspirées par une coquetterie légèrement provocante. ➤ **avance, coquetterie, minauderie.** *Faire des agaceries à qqn.*

AGALACTIE [agalakti] ou **AGALAXIE** [agalaksi] n. f. – 1803, –1845 ◇ de 2a- et grec *gala, galactos* « lait » ▪ MÉD. Absence de la sécrétion lactée chez les femmes et les femelles des mammifères.

AGAME [agam] adj. – 1805 ◇ de 2a- et *-game* ▪ Se dit des plantes qui n'ont ni étamine ni pistil. *Les champignons et les algues sont des plantes agames.*

AGAMI [agami] n. m. – 1664 ◇ mot caraïbe ▪ ZOOL. Oiseau échassier *(gruiformes)* d'Amérique du Sud, au plumage noir et roux, appelé *oiseau-trompette* à cause du cri particulier du mâle. ▪ HOM. Agamie.

AGAMIE [agami] n. f. – 1809 ◇ de 2a- et *-gamie* ▪ BOT. Reproduction asexuée (par bourgeonnement, scissiparité ou formation de spores). ▪ HOM. Agami.

AGAMMAGLOBULINÉMIE [agamaglɔbylinemi] n. f. – v. 1970 ◇ de 2a-, *gammaglobuline* et *-émie* ▪ MÉD. Absence ou insuffisance de gammaglobulines dans le plasma sanguin.

AGAPANTHE [agapɑ̃t] n. f. – 1812 ◇ latin savant *agapantha,* du grec *agapê* « affection » et *-anthe* ▪ Plante ornementale vivace *(liliacées),* appelée aussi *tubéreuse bleue,* cultivée pour ses hampes florales bleues ou blanches.

AGAPE [agap] n. f. – 1574 ◇ latin ecclésiastique *agape,* du grec *agapê* « amour » ▪ **1** HIST. ECCLÉS. Repas en commun des premiers chrétiens. ▪ **2** PAR EXT. (1847) VX Repas entre convives unis par un sentiment de fraternité. MOD. (AU PLUR.) PLAISANT Festin. *Faire des agapes.*

AGAR-AGAR [agaʀagaʀ] n. m. – 1865 ◇ mot malais ▪ Substance mucilagineuse extraite d'algues rouges. *L'agar-agar est utilisé dans l'alimentation (additif gélifiant), en microbiologie* (*milieux de culture* ➤ **agarose, gélose**). *Des agars-agars.*

AGARIC [agaʀik] n. m. – 1256 ◇ latin *agaricum,* grec *agarikon* ▪ BOT. Genre de champignons *(agaricacées)* à chapeau et à lamelles. *Les champignons de couche sont des agarics.* — SPÉCIALT *Agaric champêtre :* rosé des prés.

AGARICACÉES [agaʀikase] n. f. pl. – 1913 ◇ de *agaric* ▪ Famille de champignons basidiomycètes à lamelles, dont la plupart sont comestibles.

AGAROSE [agaʀoz] n. f. – 1963 ◇ anglais *agarose* (1953), de *agar* (→ agar-agar) et *-ose* (→ 1-ose) ▪ BIOL. Polysaccharide extrait de l'agar-agar, utilisé en laboratoire pour l'étude de séquences nucléotidiques ou protéiques, ou dans les milieux de culture (bactéries, champignons, cellules). *Gel d'agarose.*

AGASSE ➤ **AGACE**

AGATE [agat] **n. f.** – fin XIIIe ◊ du latin *achates,* lui-même du grec *akhatês,* de *Akhatês,* nom d'une rivière de Sicile, aujourd'hui le Dirillo, près de laquelle on aurait découvert les premiers gisements ■ **1** MINÉR. Variété de calcédoine, finement zonée, aux teintes nuancées et contrastées, utilisée comme pierre précieuse (camées, coupes, etc.). ♦ Objet d'art en agate. *Les agates antiques.* ■ **2** Verre marbré imitant cette pierre. *Bille d'agate,* ELLIPT *une agate.*

AGATISÉ, ÉE [agatize] **adj.** – 1781 ◊ de *agate* ■ Qui a le poli, le nuancé de l'agate.

AGAVE [agav] **n. m.** – 1769 ◊ latin scientifique *agave,* de *Agave,* nom mythologique, grec *agauê* «l'admirable» ■ BOT. Plante d'origine mexicaine *(agavacées),* très décorative, aux feuilles vastes et charnues, dont on tire des fibres textiles (➤ **pite, sisal, tampico**) à partir des feuilles, et des boissons de la sève fermentée (➤ **pulque**) ou distillée (➤ **mescal, téquila**). ➤ RÉGION. **caboulliat.**

AGE [aʒ] **n. m.** – 1801 ◊ variante dialectale (Poitou, Berry) de *haie* XIIIe, en ce sens ■ Longue pièce horizontale à laquelle s'ajustent le soc et toutes les autres pièces de la charrue. ■ HOM. poss. Âge.

ÂGE [ɑʒ] **n. m.** – fin XIe ◊ de l'ancien français *edet* (fin XIe), *eé* (début XIIe), du latin classique *aetas, aetatis,* et suffixe *-age.* REM. Les formes anciennes reflètent l'évolution du mot jusqu'à sa forme actuelle : *edage* (XIe), *eage* et *aage* (fin XIIe) puis *age* (XVe), enfin *âge* (début XVIIe).

I DURÉE DE L'EXISTENCE ■ **1** VX (sauf dans certaines expr.) Vie humaine considérée dans sa durée. LOC. *À la fleur* de l'âge. Un homme dans la force* de l'âge.* ■ **2** Temps écoulé depuis qu'une personne est en vie. *Cette convention «qui veut qu'on ne demande pas son âge à une femme de plus de trente ans, qu'on évite même d'y faire allusion, comme s'il s'agissait d'une maladie honteuse»* TOURNIER. *Cacher son âge. Ils ont le même âge. Il a été nommé à l'âge de trente-cinq ans.* LOC. *Il ne fait, il ne paraît, il ne porte pas son âge, on ne lui donnerait pas son âge, il fait plus jeune que son âge :* à le voir, on ne croirait pas qu'il a déjà cet âge. *Il n'a pas d'âge,* on ne peut, en le voyant, dire l'âge qu'il a. *Une personne d'un certain âge, d'un âge avancé,* plutôt âgée. *En raison de son grand âge. Doyen, président d'âge. Bénéfice de l'âge :* avantage accordé à l'âge, au plus âgé. *Dispense*, limite* d'âge. Âge mental*. Âge légal,* prescrit par la loi, pour avoir certaine capacité. *Âge scolaire*. Âge de raison*. Âge canonique*. L'âge du Christ :* 33 ans (l'âge auquel serait mort le Christ). *Population en âge de travailler,* qui a l'âge requis pour travailler. *J'ai passé l'âge de me laisser faire :* je ne suis plus à l'âge où on se laisse faire. *Vieux avant l'âge,* avant l'âge où il est normal de l'être. LOC. *Avoir l'âge de ses artères*.* — DÉMOGR. *Pyramide* des âges. Classes* d'âge. Groupe d'âge :* ensemble des individus dont l'âge est compris entre deux limites. ♦ (Êtres vivants, etc.) *Course pour chevaux de tout âge. Savoir reconnaître l'âge d'un arbre, d'un vin.* — PAR ANAL. *Détermination de l'âge des roches, de l'âge de la Terre* (➤ **datation**). *Un alcool de vingt ans d'âge.* **loc. adj.** *Hors d'âge :* se dit d'un alcool (armagnac, calvados, cognac) d'au moins dix ans. *«un immense verre de fine hors d'âge»* P. LEMAITRE. ■ **3** Période de la vie allant approximativement de tel âge (2°) à tel autre. *«Chaque âge a ses plaisirs, son esprit et ses mœurs»* BOILEAU. LOC. *C'est, ce n'est plus de mon (ton, son) âge. Le premier âge :* l'enfance ; SPÉCIALT COMM. de la naissance à six mois. APPOS. *Lait deuxième âge. Un enfant en bas âge :* un bébé. *Âge tendre :* enfance et adolescence. *L'âge ingrat*, l'âge bête. Le jeune, le bel âge :* la jeunesse. *L'âge adulte. L'âge mûr*. Personne entre deux âges,* entre la maturité et la vieillesse. *«un groupe de sept ou huit hommes entre deux âges et plus près du second que du premier»* H. LOPES. *Le troisième âge :* l'âge de la retraite. *Le troisième âge commence à 60 ans. «Une autre génération me repoussait vers le troisième âge»* BAZIN. *Le quatrième âge :* la vieillesse au-delà de 75 ans. *«Au bord du quatrième âge, mes performances restent celles de ma trentaine»* R. DEPESTRE. *Le grand âge :* la vieillesse. VIEILLI *Femme à l'âge critique,* à l'âge de la ménopause. *Retour* d'âge.* ♦ ABSOLT La vieillesse. *«Quand l'âge est venu, sans refroidir la jeunesse du cœur»* R. ROLLAND. *«Un peu d'arthrose, c'est tout, c'est l'âge»* GREEN. *Homme d'âge,* âgé.

II DIVISION HISTORIQUE ■ **1** Grande période de l'histoire. *Le Moyen Âge* (voir ce mot). MYTH. *L'âge d'or* (➤ **millénium**), *d'argent, d'airain, de fer.* LOC. *Âge d'or :* époque prospère, favorable. *Un animal venu du fond des âges :* un fossile* vivant. *L'âge des cavernes*. «les mathématiciens analystes de l'âge classique»* M. SERRES. *L'âge actuel, notre âge :* l'époque contemporaine. *Il faut être de son âge,* de son temps. *D'un autre âge.* ➤ **époque.** *Un âge nouveau.* ➤ **ère.** *«Le cinéma, c'est l'âge de la machine»* F. LÉGER. *D'âge en âge :* de siècle en siècle, dans tout le cours de l'histoire. *À travers les âges :* au cours de l'histoire. ■ **2** Grande division de la préhistoire. *Âge de la pierre.* ➤ **paléolithique, mésolithique, néolithique.** *L'âge du bronze. L'âge du renne.*

■ HOM. poss. Age.

ÂGÉ, ÉE [ɑʒe] **adj.** – XVIIe ; *aagé* XIVe ; «majeur» 1283 ◊ de *âge* ■ **1** Qui est d'un âge avancé. ➤ **vieux.** *Les personnes âgées :* les vieillards. *Il est très âgé.* ■ **2** Qui a tel ou tel âge. *Le plus âgé, le moins âgé des deux enfants.* ➤ **aîné, cadet.** *Âgé de trente ans :* qui a trente ans. ■ CONTR. Jeune.

AGENCE [aʒɑ̃s] **n. f.** – 1653 ◊ italien *agenzia,* de *agente* → 2 agent ■ **1** VX Emploi d'agent (2, 1°). *«L'agence générale du clergé est fort recherchée»* FURETIÈRE. ■ **2** (1835) VX Administration confiée à un ou plusieurs agents. *«L'agence du trésor public»* (ACADÉMIE 1835). — MOD. Organisme administratif chargé de coordonner des moyens. *L'Agence internationale de l'énergie atomique. L'Agence nationale de la recherche.* ■ **3** (v. 1840 *agence Havas*) Établissement commercial servant essentiellement d'intermédiaire. *Agence de placement.* ➤ **bureau.** *Agence matrimoniale. Agence théâtrale, de voyages, immobilière, de publicité. Agence de presse*. Agence photographique. «Je donnais mes photographies à mon agence et je n'avais plus vraiment de contrôle sur leur utilisation»* W. RONIS. — *Agence de notation*.* ♦ Locaux d'un établissement de ce genre. *L'agence est fermée le samedi.* ■ **4** Succursale bancaire. *Directeur d'agence.*

AGENCEMENT [aʒɑ̃smɑ̃] **n. m.** – XIIe ◊ de *agencer* ■ Action, manière d'agencer ; arrangement résultant d'une combinaison. ➤ **aménagement, disposition, ordonnance, organisation.** *L'agencement de cuisines, de magasins. L'agencement des mots dans la phrase.* ■ CONTR. Désordre.

AGENCER [aʒɑ̃se] **v. tr.** ⟨3⟩ – XIIe ◊ de l'ancien adj. *gent, gente* «noble, beau», latin *genitus* «né», d'où «bien né» en latin médiéval ■ **1** VX Parer, embellir. ■ **2** Disposer en combinant (des éléments), organiser (un ensemble) par une combinaison d'éléments. ➤ **ajuster, arranger, ordonner.** *L'art d'agencer les scènes d'une pièce.* PRONOM. *«Une langue se compose de mots, qui s'agencent en phrases»* DAUZAT. ♦ Aménager (un local). ➤ **installer.** *Un bureau bien agencé.*

AGENCIER, IÈRE [aʒɑ̃sje, jɛʀ] **n.** – v. 1965 ◊ de *agence* ■ Journaliste d'une agence de presse.

AGENDA [aʒɛ̃da] **n. m.** – 1535 ◊ mot latin «choses à faire *(agere)*», spécialt «office» en latin médiéval, d'où *agende* fin XIIIe, en ce sens ■ **1** Carnet sur lequel on inscrit jour par jour ce qu'on doit faire, ses rendez-vous, ses dépenses, etc. *Des agendas de poche, de bureau, publicitaires. Agenda électronique.* ➤ **alphapage, organiseur.** ■ **2** PAR EXT. Emploi du temps, programme. *Avoir un agenda chargé. — L'agenda sportif du week-end.* ♦ ANGLIC. Ordre du jour. *Question inscrite à l'agenda du sommet européen.* ♦ *Agenda 21 :* programme d'actions en faveur de l'environnement adopté en 1992 par les États membres de l'ONU.

AGENDER [aʒɛ̃de ; aʒɑ̃de] **v. tr.** ⟨1⟩ – 1919 ◊ de *agenda* ■ (Suisse) Noter dans un agenda, un calendrier. *Évènements à agender.* — Fixer une date pour (un rendez-vous, une réunion). *Agender un débat.*

AGÉNÉSIE [aʒenezi] **n. f.** – 1814 ◊ de 2 *a-* et *-génésie* ■ **1** EMBRYOL. Défaut de développement d'un tissu ou d'un organe de l'embryon, provoquant certaines atrophies ou anomalies. ➤ aussi **aplasie, hypoplasie.** *Agénésie ovarienne, dentaire.* ■ **2** Croisement dont les produits sont inféconds (entre eux et avec des individus de l'une ou l'autre race mère). ■ **3** PHYSIOL. Incapacité d'engendrer due à la malformation des organes reproducteurs. ➤ **stérilité.**

AGENOUILLEMENT [aʒ(ə)nujmɑ̃] **n. m.** – XIVe ◊ de *s'agenouiller* ■ Action de s'agenouiller, position d'une personne à genoux. *«l'agenouillement des oraisons muettes»* GONCOURT. ➤ **génuflexion.**

AGENOUILLER (S') [aʒ(ə)nuje] **v. pron.** ⟨1⟩ – XIe ◊ de *à* et *genou* ■ **1** Se mettre à genoux dans une attitude de prière ou de soumission. *«L'homme, face à face avec la nuit [...] s'agenouille, se prosterne»* HUGO. *Prêtre agenouillé devant l'autel.* — FIG. *S'agenouiller devant le pouvoir,* se soumettre, s'humilier. ■ **2** Se mettre à genoux. *L'agneau s'agenouille pour téter.*

AGENOUILLOIR [aʒ(ə)nujwaʀ] n. m. – 1552 ◊ de *s'agenouiller* ■ Petit prie-Dieu ; planche d'un banc d'église servant d'appui aux genoux.

1 **AGENT** [aʒɑ̃] n. m. – 1337 ◊ latin scolastique *agens*, subst. du p. prés. de *agere* «agir, faire» ■ **1** L'être qui agit (opposé à *patient*, qui subit l'action). GRAMM. *Complément d'agent* : complément d'un verbe passif, introduit en français par *par* ou *de*, désignant l'auteur de l'action. ■ **2** Ce qui agit, opère ; force, corps, substance intervenant dans la production de certains phénomènes. ➤ **cause, 2 facteur, principe.** *Agents naturels, atmosphériques. Agent thérapeutique, pathogène. Agent innervant*. Agent orange* : défoliant utilisé comme arme chimique par les Américains au Viêtnam. *Agents physiques, chimiques qui sont à l'origine de certaines maladies.* ■ **3** INFORM. *Agent (logiciel)* : logiciel qui exécute certaines tâches de manière autonome grâce à l'intelligence* artificielle. *Agent conversationnel*, qui simule le dialogue en langage naturel avec l'utilisateur. ➤ ANGLIC. **chatbot.**

2 **AGENT, ENTE** [aʒɑ̃, ɑ̃t] n. – 1578 ◊ repris, par l'italien *agente*, au latin juridique et médiéval *agens* «celui qui fait, qui s'occupe de», de *agere* → 1 agent ■ **1** Surtout péj. Personne chargée des affaires et des intérêts d'un individu, d'un groupe ou d'un pays, pour le compte desquels elle agit. ➤ **1 émissaire, intendant, représentant.** ANCIENNT *Agent général du clergé.* — «*Ils m'ont dénoncé comme un agent de l'Allemagne*» JAURÈS. ■ **2** (XVIe *agent de change*) Personne employée par les services publics ou les entreprises privées (appelée à servir d'intermédiaire entre la direction et les usagers). ➤ **commis, employé, 1 facteur.** *Agent d'entretien, technique, de maîtrise. Agent public, administratif, de l'État* : fonctionnaire. *Agent comptable. Agent de sécurité.* ➤ **2 vigile.** (Canada) *Agent, agente de bord*.* ◆ COMM., FIN. Personne (physique ou morale) jouant le rôle d'intermédiaire dans des opérations commerciales, industrielles et financières. *Agent d'assurances, d'affaires, de publicité, immobilier.* ➤ **courtier, gérant, mandataire.** *Agent commercial.* — Intermédiaire agissant en qualité de mandataire au nom et pour le compte de producteurs, d'industriels, de commerçants. *Agent exclusif. Agent à la commission. Agent à l'exportation. Agent artistique*, procurant des engagements aux artistes moyennant rémunération. *Agent littéraire* : intermédiaire entre auteurs et éditeurs. ➤ aussi **impresario.** *Agent de change* : officier ministériel et commerçant jouissant du monopole de courtage des opérations portant sur des valeurs mobilières inscrites ou non à la cote officielle (fonction transférée, depuis 1988, aux sociétés de Bourse). ➤ **opérateur** (financier) ; et aussi **broker, trader.** *Agent en douane maritime*, agissant pour le compte d'une compagnie maritime. ◆ *Agents diplomatiques, consulaires.* MILIT. *Agent de liaison, de transmission.* ◆ SPÉCIALT (police ou activités analogues) *Agent de police* : gardien de la paix. ➤ aussi **îlotier.** — ABSOLT *Un agent, une agente.* ➤ FAM. **flic, keuf, poulet ;** POP. **cogne.** *Agent cycliste. Appeler un agent, les agents.* — *Agent de la police judiciaire, de la sûreté. Agent d'une police privée.* ➤ **détective, 2 vigile.** *Agents de renseignements, agents secrets* (des services d'espionnage). ➤ **espion ;** FAM. **barbouze, 1 taupe.** *Agent double*, qui sert deux adversaires, en trahissant l'un au profit de l'autre.

AGERATUM ou **AGÉRATUM** [aʒeʀatɔm] n. m. – 1751 ◊ latin d'origine grecque *ageraton* ■ Petite plante buissonnante ornementale *(composées)*, à fleurs bleues. *Une bordure d'ageratums.*

AGÉTAC [aʒetak] n. m. – 1987 ◊ acronyme de *Accord général sur les tarifs douaniers et le commerce* ■ COMM. INTERNAT. Accord conclu entre plusieurs pays en vue de réduire les tarifs douaniers.

AGGIORNAMENTO [a(d)ʒjɔʀnamɛnto] n. m. – v. 1962 ◊ mot italien ■ Adaptation de la tradition de l'Église à la réalité contemporaine. — PAR EXT. Adaptation à l'évolution du monde actuel. *Des aggiornamentos.*

AGGLO ➤ **AGGLOMÉRÉ**

AGGLOMÉRAT [aglɔmeʀa] n. m. – 1823 ◊ de *agglomérer* ■ **1** GÉOL. Ensemble naturel d'éléments minéraux agglomérés. ➤ **agrégat, conglomérat.** *Les agglomérats volcaniques.* ■ **2** Ensemble plus ou moins hétéroclite de personnes ou d'objets.

AGGLOMÉRATION [aglɔmeʀasjɔ̃] n. f. – 1762 ◊ du latin *agglomerare* → agglomérer ■ **1** VX Fait de s'agglomérer naturellement. ➤ **accrétion.** «*L'agglomération des sables*» (ACADÉMIE 1795). ◆ MOD. Action d'agglomérer (diverses matières) à l'aide d'un liant. *Agglomération à chaud, sous pression.* ■ **2** (début XIXe) FIG. Union, association intime. «*La nation française est* [...] *une agglomération internationale de peuples*» SEIGNOBOS. ■ **3** (1861) Concentration d'habitations, ville ou village. *Agglomération rurale, urbaine. Ralentir en abordant une agglomération.* «*un de ces enclos, minuscule agglomération de quatre à six huttes*» GIDE. *Communauté* d'agglomération.* ◆ Ensemble constitué par une ville et ses faubourgs ou sa banlieue. ➤ **conurbation, métropole.** *L'agglomération parisienne. Une agglomération de 50 000 habitants.* ■ CONTR. Désagrégation.

AGGLOMÉRÉ [aglɔmeʀe] n. m. – 1866 ◊ de *agglomérer* ■ **1** Boulet ou briquette de poussier aggloméré à l'aide d'un liant (brai de houille ou de pétrole), servant de combustible. ■ **2** (1899) Matériau de construction et de travaux publics de forme régulière, obtenu par un mélange de matières diverses (sables, cailloux, scories, déchets végétaux, bois, liège, paille, etc.) agrégées avec un liant et comprimées. *Aggloméré de liège. Panneau d'aggloméré. Vis pour bois et aggloméré.* — ABRÉV. FAM. (1933) **AGGLO** [aglo]. *Les parpaings sont des agglos.*

AGGLOMÉRER [aglɔmeʀe] v. tr. (6) – 1777 pronom. ◊ latin *agglomerare*, de *glomus, glomeris* «pelote» ■ **1** RARE Unir en un tout compact. ➤ **agglutiner, agréger, assembler, entasser.** *Population agglomérée*, concentrée. ➤ **agglomération.** — PRONOM. *Les sables se sont agglomérés en dunes.* ■ **2** TECHN. Unir en un bloc cohérent (des matières à l'état de fragments ou de poudre), en utilisant un liant. ■ CONTR. Désagréger, disperser, séparer.

AGGLUTINANT, ANTE [aglytinɑ̃, ɑ̃t] adj. – XVIe ◊ de *agglutiner* ■ **1** Propre à agglutiner, à recoller. *Substances agglutinantes.* ➤ **adhésif.** — n. m. *Un agglutinant* : un liant, un emplâtre. ◆ IMMUNOL. Qui provoque l'agglutination des germes, des bactéries. *Sérum agglutinant.* ■ **2** (1863) LING. Fondé sur l'agglutination. *Langues agglutinantes* (ex. finno-ougrien).

AGGLUTINATION [aglytinasjɔ̃] n. f. – 1537 ◊ bas latin *agglutinatio* ■ Action d'agglutiner, fait de s'agglutiner. ◆ IMMUNOL. Réaction de défense immunitaire de l'organisme, caractérisée par le groupement en petits amas de corps figurés porteurs d'un antigène (➤ **agglutinogène**) en présence de l'anticorps (➤ **agglutinine**) correspondant. — Phénomène analogue observé sur les hématies. *Détermination des groupes sanguins par agglutination des hématies.* ◆ LING. Addition d'affixes aux mots-bases (ou thèmes), exprimant des rapports grammaticaux. ◆ PHONÉT. Réunion d'éléments phonétiques appartenant à des morphèmes différents en un seul élément morphologique (ex. l'ierre, devenu lierre). ■ CONTR. Déglutination.

AGGLUTINER [aglytine] v. tr. (1) – XVIe ; «réunir» XIVe ◊ latin *agglutinare*, de *ad* et *gluten, glutinis* «colle, glu» ■ Coller ensemble, réunir de manière à former une masse compacte. ➤ **agglomérer.** *Sérum qui agglutine les germes.* — PRONOM. *Les passants s'étaient agglutinés devant la vitrine.* «*c'est autour de cela que s'agglutinera le souvenir*» GIDE.

AGGLUTININE [aglytinin] n. f. – 1903 ◊ de *agglutiner* ■ IMMUNOL. Anticorps naturel qui apparaît dans le sérum, spécialisé contre un antigène (➤ **agglutinogène**), et provoque l'agglutination* de cet antigène (microbes, globules rouges, etc.).

AGGLUTINOGÈNE [aglytinɔʒɛn] n. m. – 1904 ◊ du radical de *agglutiner* et *-gène* ■ IMMUNOL. Substance (antigène) située à la surface des globules rouges et qui provoque leur agglutination* en présence de l'anticorps (➤ **agglutinine**) correspondant. *Les agglutinogènes définissent les groupes sanguins. Il n'y a pas d'agglutinogène dans les hématies des donneurs de sang universels.*

AGGRAVANT, ANTE [agʀavɑ̃, ɑ̃t] adj. – *excommunication aggravante* 1690 ; «qui alourdit» XVIe ◊ de *aggraver* ■ Qui rend le cas plus grave, ajoute à la gravité de la faute. *Circonstance aggravante.* ■ CONTR. Atténuant.

AGGRAVATION [agʀavasjɔ̃] n. f. – XIVe ◊ bas latin *aggravatio*, spécialisé en latin ecclésiastique ■ **1** ANCIENNT Second avertissement d'excommunication. ■ **2** (1835 *aggravation de peine*) DR. Augmentation (de la peine) ; particularité qui aggrave (le délit, le crime). ■ **3** (1845) Fait de s'aggraver, d'empirer. *L'aggravation du mal.* ➤ **recrudescence, redoublement.** *Aggravation de l'état du malade, de la situation financière, d'un conflit.* ■ CONTR. Atténuation, réduction. Amélioration.

AGGRAVÉE [agʀave] n. f. – 1853 ◊ de l'ancien adj. *agravé* (XVe) «endolori par le gravier», du radical de *gravier* ■ Inflammation du pied chez les animaux (surtout les chiens) qui ont trop marché sur un sol caillouteux. ■ HOM. Aggraver.

AGGRAVER [agʀave] **v. tr.** ‹1› – XIVe ; «alourdir, fatiguer, surcharger» XIe à XVIIe ◊ latin *aggravare*, de *gravis* → grave ▪ **1** Rendre plus grave, plus condamnable. *Il a aggravé son cas. «À quoi bon aggraver notre tort par la haine ?»* HUGO. — **p. p. adj.** DR. Commis avec circonstances aggravantes. *Infraction, violence aggravée. Vol aggravé.* ▪ **2** Rendre plus lourd, plus pénible à supporter. *«alourdir la dette et [...] aggraver l'impôt»* MADELIN. ▪ **3** Rendre plus grave, plus dangereux. ➤ **envenimer.** *Cette imprudence a contribué à aggraver le mal.* — PRONOM. ➤ **se détériorer, empirer.** *L'état du malade s'est aggravé dans la nuit.* ▪ **4** Rendre plus violent, plus profond. ➤ **exaspérer, redoubler.** *Les mesures ont aggravé le mécontentement. «Le vide mortel de ces heures [...] aggravait sa détresse»* MARTIN DU GARD. ▪ CONTR. Atténuer. Alléger, diminuer. Améliorer. Calmer. ▪ HOM. Aggravée.

AGHA [aga] **n. m.** – 1535 ◊ mot turc «chef» ▪ Officier de la cour du sultan, dans l'ancienne Turquie. ♦ En Algérie, Chef au-dessus du caïd. *Des aghas.* ♦ *Agha Khan,* titre du chef spirituel des musulmans ismaéliens. — On écrit aussi *aga.*

AGILE [aʒil] **adj.** – XIVe ◊ latin *agilis*, de *agere* ▪ **1** Qui a de la facilité et de la rapidité dans l'exécution de ses mouvements. ➤ **leste, souple, vif.** *«La bohémienne dansait [...] agile, légère»* HUGO. *«Le clown agile»* VERLAINE. *Les doigts agiles du pianiste.* ▪ **2** FIG. Prompt dans les opérations intellectuelles. *Un esprit agile.* ▪ CONTR. Gauche, lent, lourd.

AGILEMENT [aʒilmɑ̃] **adv.** – XIVe ◊ de *agile* ▪ Avec agilité.

AGILITÉ [aʒilite] **n. f.** – XIVe ◊ latin *agilitas* ▪ Qualité de ce qui est agile. ➤ **aisance, légèreté, rapidité, souplesse, vivacité.** *Ils «se hissaient le long des murs avec une agilité et une malice toutes simiesques»* BARRÈS. FIG. *L'agilité de sa pensée.* ▪ CONTR. Gaucherie, lenteur, lourdeur.

AGIO [aʒjo] **n. m.** – 1679 ◊ italien *aggio* ▪ **1** VX Différence entre la valeur nominale et la valeur réelle d'échange d'une monnaie, d'un effet ; le profit que cette différence permettait de réaliser à l'agioteur. ▪ **2** MOD. Rémunération (intérêt, commission) perçue par une banque, un intermédiaire à l'occasion de certaines opérations. *Frais d'agios pour découvert bancaire.*

A GIORNO ➤ **GIORNO (À)**

AGIOTAGE [aʒjɔtaʒ] **n. m.** – début XVIIIe ◊ de *agioter*, de *agio* ▪ HIST. «L'étude et l'emploi de manœuvres les moins délicates pour produire des variations inattendues dans le prix des effets publics et tourner à son profit les dépouilles de ceux qu'on a trompés» (Mirabeau). ➤ **spéculation.** *Se livrer à l'agiotage* (**AGIOTER** v. intr. ‹1›).

AGIOTEUR, EUSE [aʒjɔtœʀ, øz] **n.** – début XVIIIe ◊ de *agioter*, de *agio* ▪ HIST. Personne qui se livrait à l'agiotage. ➤ **spéculateur.** ♦ Aujourd'hui, Spéculateur utilisant des informations obtenues plus ou moins malhonnêtement pour influencer le cours des valeurs à son profit. ➤ **initié.**

AGIR [aʒiʀ] **v.** ‹2› – 1450 ◊ latin *agere*

I **v. intr.** ▪ **1** Poursuivre (en justice). *Agir par voie de requête, d'assignation.* ▪ **2** (XVIe) Faire qqch., avoir une activité qui transforme plus ou moins ce qui est. *«Nous sommes nés pour agir»* MONTAIGNE. *«Ce n'est pas être, pour un homme, que de ne pas agir»* CLAUDEL. — SPÉCIALT (opposé à *penser* ou à *discourir*) S'exprimer par des actes, intervenir en passant à l'action. *Le moment est venu d'agir. «C'est la foi qui donne à l'homme l'élan qu'il faut pour agir»* MARTIN DU GARD. ▪ **3** Se comporter dans l'action de telle ou telle manière. *Manière d'agir :* comportement, conduite. *Vous avez agi à la légère. Il a agi par calcul. «ce ne sont pas les plus bêtes qui agissent le plus bêtement»* FRANCE. *C'est agir en honnête homme. «Quiconque est loup, agisse en loup»* LA FONTAINE. *Il a bien, mal agi envers eux* (cf. En user avec). ♦ Intervenir, s'employer. *Agir au nom de l'État, d'un parti. Essayer d'agir en sa faveur auprès du ministre.* ♦ **FAIRE AGIR :** mettre en action, en œuvre. *C'est l'intérêt qui le fait agir,* qui le pousse. ➤ **animer, mener.** *Faites agir vos amis,* faites-les intervenir. ▪ **4** Produire un effet sensible, exercer une action, une influence réelle. ➤ **influer, opérer.** *«La foi a cela de particulier que, disparue, elle agit encore»* RENAN. *Son charme n'agit plus. Médicament qui agit rapidement.*

II TRANS., RARE et LITTÉR. Faire agir. *Ce qui agit un être. «En vérité je suis agi»* G. BATAILLE.

III PRONOM. IMPERS. (XVIe ◊ calqué sur le latin *agitur de*) ▪ **1** Marquant ce qui est en question, en cause, abordé ou intéressé en l'occurrence (cf. Il est question). *Il s'agit dans ce livre des origines de la Révolution. Il s'est agi de cette affaire dans le conseil* (ACADÉMIE). *C'est de vous, de votre santé qu'il s'agit. Ce dont il s'agit. De quoi s'agissait-il ? Il ne s'agit pas de ça :* ce n'est pas là notre sujet. *Quand il s'agit de se mettre à table, il est toujours le premier. Il s'agira de ne pas se tromper.* ▪ **2** Marquant ce qui est désormais le point important, le devoir à suivre (cf. Il importe). *Il s'agit maintenant d'être sérieux. «Trouver une bonne formule ne suffit pas, il s'agit de n'en plus sortir»* GIDE. FAM. *Il s'agit que vous le retrouviez, et rapidement !* il faut que. ▪ **3** *S'agissant de :* quand il s'agit de, puisqu'il s'agit de. *S'agissant des salaires, une décision est à prendre.*

▪ HOM. *Agîtes :* agite (agiter).

ÂGISME [ɑʒism] **n. m.** – 1985 ◊ de *âge*, par anal. avec *racisme* ▪ Discrimination envers toute personne âgée.

AGISSANT, ANTE [aʒisɑ̃, ɑ̃t] **adj.** – 1584 ◊ de *agir* ▪ Qui agit effectivement, se manifeste par des effets tangibles. ➤ **actif,** 1 **effectif,** 1 **efficace.** *Force agissante. «Une foi vive et agissante»* BOURDALOUE. *Une minorité agissante.* ▪ CONTR. Inactif, inefficace.

AGISSEMENTS [aʒismɑ̃] **n. m. pl.** – 1794 ◊ de *agir* ▪ Suite de procédés et de manœuvres condamnables. ➤ **intrigue, machination, manigance, menées ;** FAM. **combine, magouille.**

AGITATEUR, TRICE [aʒitatœʀ, tʀis] **n.** – 1784 ; «cocher» 1520, sens du latin *agitator* ; «représentant de l'armée parlementaire anglaise» 1687 ◊ de *agiter* ▪ **1** Personne qui crée ou entretient l'agitation politique ou sociale. ➤ **factieux, meneur, trublion.** *Les agitateurs royalistes de la Vendée. «De dangereux agitateurs, tel Oulianov, le futur Lénine»* BAINVILLE. ♦ Personne, société qui innove, bouscule les idées reçues. *«Un extraordinaire agitateur d'idées»* HOUELLEBECQ. *Une agitatrice de consciences.* ▪ **2** **n. m.** (1838) Instrument de laboratoire, dispositif servant à agiter des liquides, brasser des mélanges. — *Agitateur jetable pour boisson.* ➤ FAM. **touillette.**

AGITATION [aʒitasjɔ̃] **n. f.** – 1355 ◊ latin *agitatio* ▪ **1** État de ce qui est agité, parcouru de mouvements irréguliers en divers sens. ➤ 2 **trouble, turbulence.** *«l'agitation de l'eau»* ROUSSEAU. *«l'agitation d'une ruche inquiétée»* HUGO. — PHYS. *Agitation thermique :* mouvement spontané et continu des molécules les unes par rapport aux autres, qui augmente avec la température. ♦ Mouvement collectif d'un groupe de personnes, de la foule. *«cette agitation [...] qui secoue les boulevards à la sortie des théâtres»* MAUPASSANT. ➤ **animation, branle-bas, grouillement, remue-ménage.** ▪ **2** État d'une personne en proie à des émotions et à des impulsions diverses, et qui ne peut rester en repos. ➤ **fièvre, nervosité.** *«À mes jours d'agitation succédaient des jours de torpeur»* FRANCE. *Son agitation augmentait avec l'attente.* ♦ PSYCHIATR. Manifestation extérieure d'un état d'excitation psychique et motrice. ▪ **3** Mécontentement d'ordre politique ou social se traduisant par des manifestations, des revendications, des troubles. ➤ **ébullition, effervescence, fermentation,** FAM. **grogne, remous.** *L'agitation étudiante.* ▪ CONTR. 1 Calme, paix, repos.

AGITATO [aʒitato] **adv.** et **n. m.** – 1791 ◊ mot italien «agité» ▪ MUS. De manière vive, passionnée (indication de mouvement). — ADJT INV. *Des passages agitato.* — **n. m.** *Un agitato suivi d'un modérato. Des agitatos.*

AGITÉ, ÉE [aʒite] **adj.** – de *agiter* ▪ En proie à une agitation quelconque. *Esprits agités.* ➤ **effervescent.** *Son sommeil est agité.* ➤ **inquiet.** *Mener une vie agitée.* ➤ **fiévreux, mouvementé, tourmenté.** — *Mer agitée.* ➤ **houleux.** MÉTÉOR. MAR. *Mer peu agitée :* état de la mer dont la hauteur des vagues est comprise entre 0,5 et 1,25 m. *Mer agitée,* dont la hauteur des vagues est comprise entre 1,25 et 2,5 m. — *Un enfant continuellement agité.* ➤ **nerveux.** *Le malade est très agité.* SUBST. *Le pavillon des agités, dans un hôpital psychiatrique.* ▪ CONTR. 2 Calme, paisible.

AGITER [aʒite] **v. tr.** ‹1› – XIIIe ◊ latin *agitare* «remuer», fréquentatif de *agere* «agir» ▪ **1** Remuer vivement en divers sens, en déterminant des mouvements irréguliers. *«Pas un souffle de vent n'agitait les arbres»* MUSSET. *Barque agitée par les vagues.* ➤ **ballotter.** *«un long soubresaut agita son pauvre corps»* DAUDET. ➤ **secouer.** *Agiter les bras pour faire signe.* — FIG. *Agiter le spectre, la menace de... devant quelqu'un.* ♦ Remuer pour brasser, pour mélanger un liquide. *Agiter avant utilisation* (indication sur un flacon, etc.). ▪ **2** LITTÉR. Troubler (qqn) en déterminant un état d'agitation. ➤ **émouvoir, exciter, inquiéter, tourmenter.** *«Mes sensations me tourmentent, m'agitent sans cesse»* HUGO. *«Je fus agité tout entier par la curiosité»* PROUST. ▪ **3** (XVIIe) Examiner et débattre à plusieurs. *Nous avons longuement agité la question.* ➤ **discuter, traiter.** ▪ **4** **v. pron.**

S'AGITER : se mouvoir, aller et venir en tous sens. ➤ **bouger, se démener, gesticuler ;** FAM. **gigoter, tournicoter, vibrionner ;** RÉGION. **bouléguer.** LOC. FAM. *S'agiter comme un diable dans un bénitier*. Ne t'agite pas comme ça.* ➤ **s'exciter.** *Le restaurant était plein, les garçons s'agitaient.* ➤ **s'activer, s'affairer.** *« On s'agite, on lutte »* LOUŸS. ■ CONTR. Calmer. ■ HOM. *Agite :* agîtes (agir).

AGIT-PROP [aʒitpʀɔp] n. f. inv. – XXᵉ ◇ calque du russe, lui-même du français *agit(ation)* et *prop(agande)* ■ Agitation et propagande politique (de nature marxiste).

AGLYCONE [aglikon] n. m. ou f. – 1953 ◇ allemand *Aglykon* 1925 (cf. 2*a-* et *glyc(o)-*) ■ BIOCHIM. Composé non glucidique entrant dans la composition des hétérosides.

AGLYPHE [aglif] adj. et n. m. – 1865 ◇ de 2*a-* et du grec *gluphê* « sillon » ■ ZOOL. Se dit des serpents non venimeux pourvus de dents sans sillons. *La couleuvre, le boa, le python sont des serpents aglyphes.*

AGNAT [agna] n. m. – 1697 ◇ latin *agnatus* ■ DR. ROM. et ANC. Parent par agnation, descendant d'une même souche masculine (opposé à *cognat*).

AGNATHE [agnat] adj. et n. m. – 1805 ◇ de 2*a-* et du grec *gnathos* « mâchoire » ■ DIDACT. Qui n'a pas de mâchoire, de mandibule. — n. m. pl. ZOOL. Classe de poissons vertébrés sans mâchoires. *Les lamproies sont des agnathes.*

AGNATION [agnasjɔ̃] n. f. – 1539 ◇ latin *agnatio* ■ DR. ROM. Parenté par les mâles (opposé à *cognation*).

AGNEAU [aɲo], **AGNELLE** [aɲɛl] n. – *agnel* XIIᵉ ◇ bas latin *agnellus, agnella,* diminutif de *agnus* ■ **1** Petit de la brebis. *L'agnelle est un agneau femelle. Agneaux de lait, de boucherie.* — HIST. JUD. *Agneau pascal,* que les juifs immolaient tous les ans, à Pâque*. ◆ *Être doux comme un agneau :* être d'un caractère très doux, très pacifique. *C'est un agneau.* ◆ RELIG. *L'Agneau de Dieu, l'Agneau mystique :* Jésus-Christ (en tant que victime sans tache). ■ **2** Viande d'agneau. *Épaule, côtelettes, baron, noisette, gigot d'agneau.* ◆ Fourrure d'agneau. *Agneau des Indes, de Toscane, rasé.* ➤ **astrakan.** *Manteau d'agneau.* ■ **3** Terme d'affection *Bonjour mes (petits) agneaux.*

AGNELAGE [aɲ(ə)laʒ] n. m. – 1840 ◇ de *agneler* ■ Mise bas, chez la brebis ; époque où la brebis met bas. *Agnelage de printemps, d'automne.*

AGNELER [aɲ(ə)le] v. intr. ⟨5⟩ – XIIᵉ ◇ de *agnel, agneau* ■ Mettre bas, en parlant de la brebis.

AGNELET [aɲ(ə)lɛ] n. m. – 1177 ◇ de *agnel, agneau* ■ Petit agneau.

AGNELIN [aɲ(ə)lɛ̃] n. m. – XIIIᵉ ◇ de *agnel, agneau* ■ Peau d'agneau mégissée avec sa laine.

AGNELINE [aɲ(ə)lin] n. f. – XIIIᵉ ◇ de *agnel, agneau* ■ Laine d'agneau, soyeuse et frisée, provenant de la première tonte.

AGNELLE ➤ **AGNEAU**

AGNOSIE [agnozi] n. f. – 1899 ◇ emprunté à l'allemand 1891, du grec *agnôsia* ■ PSYCHOPATH. Incapacité de reconnaître ce qui est perçu (alors que les organes sensoriels restent intacts). *Agnosie visuelle* (➤ **alexie**), *auditive* (SYN. **surdité* verbale**). ➤ **aussi amusie, asomatognosie, asymbolie.**

AGNOSTICISME [agnɔstisism] n. m. – 1884 ◇ anglais *agnosticism* → agnostique ■ Doctrine d'après laquelle tout ce qui est au-delà du donné expérimental (tout ce qui est métaphysique) est inconnaissable.

AGNOSTIQUE [agnɔstik] adj. – 1884 ◇ anglais *agnostic* 1869, du grec *agnôstos* « inconnu, inconnaissable » ■ Propre, relatif à l'agnosticisme. — n. Personne qui professe l'agnosticisme. ➤ **non-croyant.** *Il y a plus d'agnostiques que d'athées*.*

AGNUS-CASTUS [aɲyskastys ; agnyskastys] n. m. – milieu XVᵉ ◇ mot du latin scientifique, du latin d'origine grecque *agnos,* désignant cette plante, et de *castus* (→ chaste). *Castus* est la traduction du grec *hagnos* « chaste », par jeu de mots entre *agnos* et *hagnos.* ■ BOT. Arbrisseau tomenteux *(verbénacées)* des régions méditerranéennes auquel on attribuait des vertus calmantes. ➤ **gattilier.**

AGNUS DEI [aɲysdei ; agnysdei] n. m. inv. – 1360 ◇ mots latins « agneau de Dieu » ■ **1** Médaillon bénit portant en effigie l'Agneau mystique. ■ **2** (1732) Prière de la messe, commençant par ces mots répétés trois fois, après le mélange des saintes espèces ; moment où l'officiant récite cette prière.

AGOGIQUE [agɔʒik] n. f. – 1897 ◇ allemand *Agogik* (1884), du grec *agogê* ■ MUS. Légères modifications du tempo non écrites dans la partition. *L'agogique d'une interprétation.*

-AGOGUE, -AGOGIE ■ Groupes suffixaux, du grec *-agôgos,* et *-agôgia,* de *agein* « mener, conduire ».

AGONIE [agɔni] n. f. – 1546 ; « angoisse » XIIᵉ ◇ latin ecclésiastique *agonia,* du grec *agônia* « lutte, angoisse » ■ **1** Moment du déclin des fonctions vitales précédant la mort. *L'agonie est caractérisée par un affaiblissement de la circulation et une irrigation cérébrale insuffisante. — Entrer en agonie, être à l'agonie.* ➤ **moribond,** FAM. **subclaquant.** *Une longue agonie. « sa chère main toute moite des sueurs de l'agonie »* DAUDET. ■ **2** FIG. (v. 1780) Déclin précédant la fin. *L'agonie d'une dictature.*

AGONIR [agɔniʀ] v. tr. ⟨2⟩ – 1754 ◇ altération probable d'après *agonie,* de l'ancien français *ahon(n)ir* XIIᵉ « déshonorer, insulter » → honnir ■ RARE Injurier, insulter. *Il s'est fait agonir.* — PAR RENFORCEMENT, COUR. *Agonir d'injures. « elle m'a agonie de sottises »* ZOLA. ➤ **accabler.**

AGONISANT, ANTE [agɔnizɑ̃, ɑ̃t] adj. – 1587 ◇ de *agoniser* ■ Qui agonise. ➤ **mourant.** n. ➤ **moribond.** *« le prêtre commence la prière des agonisants »* DAUDET. ◆ Qui s'éteint, qui meurt. *Un régime agonisant. « ces jets de clarté qu'exhalent par instant les foyers agonisants »* HUGO. *Une coutume, une passion agonisante.*

AGONISER [agɔnize] v. intr. ⟨1⟩ – fin XVIᵉ ◇ latin ecclésiastique *agonizare,* du grec *agônizesthai* « lutter, faire effort » ■ **1** Être à l'agonie. ➤ **s'éteindre.** *« devant un soldat qui agonise sous vos yeux »* MONTHERLANT. ■ **2** FIG. Être près de sa fin. ➤ **décliner, s'effondrer.** *« l'empire romain agonisait »* BAINVILLE.

AGONISTE [agɔnist] adj. et n. m. – 1764 ◇ latin ecclésiastique *agonista* « qui combat dans les jeux » ■ BIOL. ■ **1** adj. Dont l'action va dans le même sens, dont l'effet est identique. *Muscle agoniste,* qui concourt à l'exécution d'un mouvement (opposé à *antagoniste*). ➤ **congénère.** *Molécule agoniste.* ■ **2** n. m. Substance ou médicament qui produit des effets identiques à ceux d'une substance de référence. *Agonistes potassiques. Agoniste de la morphine, de l'adrénaline.*

AGORA [agɔʀa] n. f. – 1831 ◇ mot grec ■ **1** ANTIQ. GR. Grande place, avec boutiques, tribunaux, etc., où siégeait l'assemblée du peuple (cf. Forum). ■ **2** (v. 1975) Espace aménagé pour la circulation piétonnière, dans un ensemble urbain moderne.

AGORAPHOBIE [agɔʀafɔbi] n. f. – 1865 ◇ du grec *agora* « place » et *-phobie* ■ DIDACT. Phobie des espaces libres et des lieux publics. *« franchir sans agoraphobie l'espace creusé d'abîmes qui va de l'antichambre au petit salon »* PROUST. — adj. et n. **AGORAPHOBE.**

AGOUTI [aguti] n. m. – 1758 ; *agoutin* 1556 ; var. *acouti, acouty* XVIIᵉ ◇ tupi-guarani *acouti* ■ Petit mammifère *(rongeurs)* des Antilles et de l'Amérique du Sud, de la taille d'un lièvre.

AGRAFAGE [agʀafaʒ] n. m. – 1853 ◇ de *agrafer* ■ Action d'agrafer, de poser des agrafes. *Agrafage des bouchons de champagne. Agrafage d'une toile sur un mur.* — CHIR. Ostéosynthèse à l'aide d'agrafes. — TECHN. Assemblage des tôles à l'aide de replis façonnés sur les bords.

AGRAFE [agʀaf] n. f. – 1421 ◇ de 1*a-* et ancien français *graf(f)e,* du germanique *°krappa* « crochet » ■ **1** Attache formée d'un crochet qu'on passe dans un anneau, une boucle, une bride ; bijou servant d'agrafe, broche. *Cape retenue par une agrafe.* ■ **2** Fil ou lamelle métallique, recourbé(e) aux deux extrémités, servant à assembler des emballages, des papiers ; à retenir des bouchons ; à tapisser, etc. *Agrafes de bureau, de bouteilles. Ôter les agrafes des feuilles* (➤ **dégrafeur**). — CHIR. Petit crochet ou petite lame en métal recourbé(e) aux deux bouts, servant à fermer une plaie ou une incision, ou destiné(e) à réunir deux parties d'un os fracturé. *Pince à agrafe.* ■ **3** Crampon de métal servant à relier des pierres ou assises de pierre, les claveaux d'un arc, etc., pour empêcher tout écartement. ◆ Ornement sculpté, en forme de console ou de mascaron, qui semble unir la clef d'un arc aux moulures de l'archivolte.

AGRAFER [agʀafe] v. tr. ⟨1⟩ – 1546 ◇ de *agrafe* ■ **1** Attacher avec des agrafes ; assembler, fixer en posant des agrafes. *Agrafer son soutien-gorge. Agrafer des brochures.* ■ **2** (1833) FAM. Prendre au collet, arrêter. *Il s'est fait agrafer par les flics.* ➤ **arrêter*,** FAM. **épingler, prendre.** ■ CONTR. Dégrafer.

AGRAFEUSE [agʀaføz] n. f. – 1912 ◇ de *agrafer* ■ Outil ou machine servant à agrafer (des bouchons, des emballages, des feuilles de papier, des tapisseries, etc.).

AGRAIRE [agʀɛʀ] **adj.** – 1355 ◊ latin *agrarius*, de *ager, agri* «champ» ▪ **1** Qui concerne le partage, la propriété des terres. *Les lois agraires, la question agraire à Rome. Réforme agraire :* nouvelle répartition des terres avec dépossession des grands propriétaires (en pays socialistes, décolonisés). ▪ **2** (1863) Qui concerne la surface des terres. *Les mesures, les unités agraires* (➤ **acre, are, arpent, hectare,** 2 **perche, verge**).

AGRAMMATICAL, ALE, AUX [agʀamatikal, o] **adj.** – 1929 ◊ de 2*a-* et *grammatical* ▪ LING. Qui n'est pas grammatical, conforme aux règles de la grammaire. *Phrase agrammaticale* (ex. Toi venir bientôt).

AGRAMMATISME [agʀamatism] **n. m.** – 1884 ◊ du grec *agrammatos* «illettré» ▪ DIDACT. Forme d'aphasie, trouble de l'agencement syntactique des mots.

AGRANDIR [agʀɑ̃diʀ] **v. tr.** ‹2› – 1265 ◊ de 1*a-* et *grand* ▪ **1** Rendre plus grand, plus spacieux en augmentant les dimensions. ➤ **allonger, élargir, étendre, grossir.** *Agrandir une ouverture. Il cherche à agrandir son domaine.* SPÉCIALT *Agrandir une photographie.* — PRONOM. *La ville s'est agrandie depuis la guerre. Le propriétaire veut s'agrandir,* agrandir son domaine, sa maison. FAM. *Nous voudrions nous agrandir* (en changeant d'appartement). ♦ Faire paraître plus grand. *Cette glace agrandit la pièce.* ▪ **2** Rendre plus important, plus considérable. ➤ **développer.** *Agrandir son entreprise.* ▪ CONTR. Diminuer, rapetisser, réduire.

AGRANDISSEMENT [agʀɑ̃dismɑ̃] **n. m.** – 1502 ◊ de *agrandir* ▪ Action d'agrandir, fait de s'agrandir. ➤ **élargissement, extension.** *Travaux d'agrandissement d'un restaurant. L'agrandissement continuel de Paris.* ♦ SPÉCIALT Opération photographique consistant à tirer d'un cliché une épreuve agrandie. — Photo ainsi obtenue. *Encadrer un agrandissement.* ▪ CONTR. Réduction.

AGRANDISSEUR [agʀɑ̃disœʀ] **n. m.** – 1897 ◊ de *agrandir* ▪ Appareil servant aux agrandissements photographiques.

AGRANULOCYTOSE [agʀanylositoz] **n. f.** – 1922 ◊ de 2*a-*, latin *granulum* «petit grain», *-cyte* et 2*-ose* ▪ PATHOL. Disparition ou diminution importante du nombre des globules blancs polynucléaires du sang due à une allergie (médicaments), à une chimiothérapie ou à un rayonnement ionisant.

AGRAPHIE [agʀafi] **n. f.** – 1865 ◊ de 2*a-* et *graphie* ▪ DIDACT. Perte de la capacité d'écrire, par lésion des centres nerveux de l'écriture, généralement associée à d'autres troubles aphasiques.

AGRARIEN, IENNE [agʀaʀjɛ̃, jɛn] **n. et adj.** – 1796 ; *agrairien* 1790 ◊ de *agraire* ▪ **1** HIST. ÉCON. Partisan des lois agraires, du partage des terres entre les personnes qui les cultivent. *Babeuf et les agrariens.* ▪ **2** (1885 ◊ allemand *Agrarier*) Appellation politique de partis qui se proposent de défendre les intérêts des propriétaires fonciers. *L'ancien parti agrarien allemand.*

AGRÉABLE [agʀeabl] **adj.** – XIIe ◊ de *agréer* ▪ **1** Qui agrée, fait plaisir (à qqn). *Si cela peut vous être agréable. Il me serait agréable de vous rencontrer, que vous veniez.* VIEILLI *Avoir pour agréable :* juger bon. — *Sons agréables à l'oreille.* ➤ **harmonieux.** ▪ **2** ABSOLT Qui plaît aux sens, qu'on voit, entend, sent avec plaisir. ➤ **plaisant.** *Une musique agréable. Une odeur agréable. Ce petit vin est très agréable. Un temps agréable. Il a une maison bien agréable. Il mène une vie très agréable.* ➤ **doux, heureux.** — *Ce sont des gens agréables.* ➤ **charmant,** 2 **gentil, sympathique.** «*Un garçon bien fait, agréable de sa personne*» MOLIÈRE. ➤ 1 **beau, séduisant.** — (Avec une précision) *Agréable à voir, à entendre, à toucher. Vêtement agréable à porter.* ♦ SUBST. NEUTRE *Joindre l'utile à l'agréable.* ▪ CONTR. Déplaisant, désagréable, pénible.

AGRÉABLEMENT [agʀeabləmɑ̃] **adv.** – XIVe ; «volontiers» 1270 ◊ de *agréable* ▪ D'une manière agréable. *Jouer agréablement du violon. J'en ai été agréablement surpris.* ▪ CONTR. Désagréablement.

AGRÉATION [agʀeasjɔ̃] **n. f.** – 1806 ◊ de *agréer* ▪ En Belgique, Agrément officiel donné à un acte administratif.

AGRÉÉ [agʀee] **n. m.** – 1829 ◊ de *agréer* ▪ Mandataire représentant les parties au tribunal de commerce. *La profession d'agréé a fusionné en 1971 avec celles d'avocat et d'avoué.*

AGRÉER [agʀee] **v.** ‹1› – 1138 ◊ de 1*a-* et *gré* ▪ **1 v. tr. ind.** LITTÉR. Être au gré de. ➤ **convenir, plaire.** *Agréer à qqn. Si cela vous agrée.* ▪ **2 v. tr. dir.** (1172) Trouver à son gré, accueillir avec faveur. «*Il se chargea [...] de faire agréer la demande du jeune Orsini*» MUSSET. SPÉCIALT (formules de politesse) *Veuillez agréer mes salutations distinguées, l'expression de mes sentiments respectueux.* ▪ **3** DR. Admettre (qqn) en donnant son agrément. **p. p. adj.** *Représentant agréé. Clinique agréée.* ➤ **conventionné.**

AGRÉG ➤ **AGRÉGATION**

AGRÉGAT [agʀega] **n. m.** – 1745 ; «subtilité» 1556 ◊ du radical latin de *agréger* ▪ **1** Assemblage hétérogène de substances ou éléments qui adhèrent solidement entre eux. ➤ **aggloméra, conglomérat.** *Les roches sont des agrégats composés de minéraux.* ♦ ABUSIVEMENT Nom officiel des divers matériaux (gravier, pierrailles, sable, etc.) destinés à la confection des mortiers et bétons. ♦ FIG. «*un agrégat de raisonnements*» PROUST. ▪ **2** (1965 ; «somme» 1751) ÉCON. Grandeur caractéristique de l'activité économique établie à partir des données fournies par la comptabilité nationale (ex. produit intérieur brut, masse monétaire, etc.). *Les agrégats de production, de crédit. Les agrégats monétaires.* «*la politique économique et [...] ses grands agrégats, le budget, la monnaie, le commerce extérieur ou la dette*» FOTTORINO.

AGRÉGATEUR [agʀegatœʀ] **n. m.** – 1998 ◊ anglais américain *aggregator* ▪ INFORM. Logiciel qui permet de rassembler périodiquement sur une interface les informations publiées sur différents sites préalablement définis par l'utilisateur. *Agrégateur de contenu.* ➤ aussi **syndication, RSS.**

AGRÉGATIF, IVE [agʀegatif, iv] **n.** – v. 1930 ◊ de *agréger* ▪ Étudiant, étudiante préparant l'agrégation. *Une agrégative d'histoire.*

AGRÉGATION [agʀegasjɔ̃] **n. f.** – 1375 ◊ bas latin *aggregatio* ▪ **1** Assemblage en un tout adhérent (de particules solides). *Force d'agrégation.* ▪ **2** (XVIIe) VX Admission à une famille noble, à une compagnie ; SPÉCIALT Rattachement de professeurs à la faculté de droit. ♦ (1766) Admission dans le corps des enseignants de l'Université à titre de professeur suppléant. — (1821) MOD. Admission sur concours au titre d'agrégé ; ce concours, ce titre lui-même. *Le concours de l'agrégation se prépare à l'université. Se présenter, réussir à l'agrégation de lettres, de mathématiques.* — ABRÉV. FAM. **AGRÉG** [agʀɛg]. *L'agrég de philo. Cours d'agrég.* ▪ CONTR. Désagrégation.

AGRÉGÉ, ÉE [agʀeʒe] **n.** – 1740 ◊ de *agréger* ▪ **1** VX Docteur en droit attaché après concours à la faculté, et chargé de préparer les étudiants (sans être professeur). — (1766) Professeur suppléant. ▪ **2** (1821) MOD. Personne déclarée apte, après avoir passé le concours de l'agrégation, à être titulaire d'un poste de professeur de lycée ou de certaines facultés (droit, sciences économiques, médecine, pharmacie...). *Une agrégée de géographie.* — **adj.** *Un professeur agrégé.*

AGRÉGER [agʀeʒe] **v. tr.** ‹3 et 6› – fin XVe ◊ latin *aggregare,* de *grex, gregis* «troupeau, troupe» ▪ **1** (Surtout à la voix pron. et au p. p.) Unir en un tout (des particules solides). *Des cristaux de quartz, de feldspath se sont agrégés dans les granits.* ▪ **2** Adjoindre, rattacher (à une compagnie, une société). ➤ **admettre, associer, incorporer.** «*dans l'espoir de débaucher quelques éléments intéressants du petit clan et de les agréger à son propre salon*» PROUST. PRONOM. «*en s'agrégeant à un parti*» MALRAUX. ▪ CONTR. Désagréger.

AGRÉMENT [agʀemɑ̃] **n. m.** – 1465 ◊ de *agréer* ▪ **1** Permission, approbation émanant d'une autorité. ➤ **consentement.** *Agrément délivré en vue d'une adoption. Il voulait avoir l'agrément du ministre, soumettre la chose à son agrément.* — DR. Adhésion expresse ou tacite donnée par un tiers à un acte juridique et donnant effet à celui-ci. *Sous-louer un appartement avec l'agrément du propriétaire.* ▪ **2** Qualité d'une chose, d'un être, qui les rend agréables. ➤ **attrait,** 2 **charme, grâce.** «*ces tristes rues de province [...] sans animation [...] ni caractère, ni agrément*» GIDE. *Les agréments de la vie,* ce qui la rend agréable, facile. ♦ MUS. Ornement*. ▪ **3** Plaisir (dans certaines expr.). VIEILLI *Arts d'agrément :* arts mineurs cultivés pour le simple plaisir, pratiqués en amateur (dessin, musique, broderie). *Jardin d'agrément* (opposé à *potager*). *Voyage d'agrément* (opposé à *d'affaires*). ▪ CONTR. Désapprobation ; défaut, désagrément.

AGRÉMENTER [agʀemɑ̃te] **v. tr.** ‹1› – 1801 ◊ de *agrément* ▪ Rendre agréable, moins monotone par l'addition d'ornements ou d'éléments de variété. ➤ **orner, relever.** *Robe agrémentée de volants. Des gravures pour agrémenter la pièce.* IRON. *Une dispute agrémentée de coups de poing.* ▪ CONTR. Déparer, enlaidir.

AGRÈS [agʀɛ] **n. m. pl.** – 1491 ; «équipement» XIIe ◊ de l'ancien verbe *agre(i)er* XIIe, de l'ancien scandinave *greida* «équiper» → gréer ▪ **1** MAR. (VIEILLI) Gréement. ♦ PAR ANAL. Matériel de manœuvre d'un aérostat. — Accessoires de manœuvre, de levage, d'arrimage. ▪ 2 (1888) Appareils utilisés pour divers exercices de gymnastique (barre fixe, barres parallèles, anneaux, corde, poutre, etc.). *Les agrès d'un portique, d'un gymnase. Exercices aux agrès.*

AGRESSER [agʀese] v. tr. ⟨1⟩ – cour. du XIVe au XVIe, repris 1892 ◊ du radical latin de *agresseur, agression* ▪ 1 Commettre une agression sur. ➤ **assaillir** (cf. Se jeter* sur). *Deux individus l'ont agressé la nuit dernière.* ♦ (Sujet chose) Faire du mal, déranger. *Des bruits, des publicités qui vous agressent.* ▪ 2 (d'apr. *agressif*) Provoquer, choquer (qqn) surtout par la parole. ➤ **attaquer***. *Il l'agresse constamment.* ▪ 3 PSYCHOL. *Être, se sentir agressé,* du fait de la confrontation réelle ou supposée avec une personne, une situation, etc., ressentie psychologiquement comme une menace.

AGRESSEUR, EUSE [agʀesœʀ, øz] n. – 1495 ; *aggresseur* 1404 ◊ bas latin *aggressor* ▪ 1 Personne qui attaque la première. — n. m. DR. INTERNAT. État qui commet une agression. *La définition de l'agresseur a fait l'objet de nombreuses discussions.* ▪ 2 Individu qui commet une agression sur qqn. *Elle a pu reconnaître son agresseur. L'agresseuse est écrouée.*

AGRESSIF, IVE [agʀesif, iv] adj. – v. 1793 ◊ du radical latin de *agression* ▪ 1 Qui a un caractère d'agression, qui marque la volonté d'attaquer, de critiquer sans ménagement. ➤ **menaçant, violent.** *Il a prononcé un discours agressif. Un ton particulièrement agressif.* ♦ Qui provoque, agresse la sensibilité. *Couleur agressive.* ➤ **criard.** *« d'une coquetterie agressive »* MAUPASSANT. ➤ **provocant.** ▪ 2 Qui a tendance à attaquer, à rechercher la lutte. ➤ **batailleur, belliqueux, combatif, hargneux, querelleur ;** FAM. **bagarreur, rentre-dedans, teigneux.** *« une Allemagne [...] agressive »* SIEGFRIED. — PAR EXT. *Un vendeur agressif.* ♦ PSYCHOL. Propre à l'instinct d'agression, qui manifeste l'agressivité. *Impulsions agressives. Tempérament agressif.* ▪ 3 *Maladie agressive,* d'évolution rapide et intense. *Forme agressive de cancer.* ▪ CONTR. Doux, inoffensif.

AGRESSION [agʀesjɔ̃] n. f. – v. 1395 ◊ latin *aggressio* ▪ 1 DR. PÉN. Attaque contre les personnes ou les biens protégés par la loi pénale. DR. INTERNAT. Attaque armée d'un État contre un autre, non justifiée par la légitime défense. *L'agression hitlérienne contre la Pologne. Condamnation des guerres d'agression.* ▪ 2 Attaque* violente contre une personne. *Agression nocturne. Agression sexuelle,* caractérisée par le contact d'une partie intime, sans le consentement de la victime. *Passant victime d'une agression.* ♦ PSYCHOL. *Instinct d'agression.* ➤ **agressivité.** ▪ 3 Attaque de l'intégrité des fonctions physiques ou mentales de l'individu, par un agent externe. *Agression microbienne. Les agressions de la vie urbaine.* ➤ **stress.**

AGRESSIVEMENT [agʀesivmɑ̃] adv. – 1845 ◊ de *agressif* ▪ De manière agressive.

AGRESSIVITÉ [agʀesivite] n. f. – 1873 ◊ de *agressif* ▪ Caractère agressif. ➤ **violence.** *« une méfiance, [...] une agressivité de plébéien en transfert de classe »* MAUROIS. ♦ PSYCHOL. Manifestations de l'instinct d'agression. *Agressivité de l'enfant* (réactions d'opposition à l'entourage). *Agressivité constitutionnelle ou accidentelle chez l'adulte.* ♦ *Agressivité d'un virus, d'une tumeur.* ▪ CONTR. Douceur.

AGRESTE [agʀɛst] adj. – v. 1220 ◊ latin *agrestis* ▪ VX ou LITTÉR. Champêtre, rustique. *La vie agreste.*

AGRICOLE [agʀikɔl] adj. – 1765 ; n. m. « agriculteur » 1361 ◊ latin *agricola* ▪ 1 (Pays, peuple) Qui se livre à l'agriculture. *« La France est un pays agricole »* (ENCYCLOPÉDIE). ▪ 2 (1834) Relatif, propre à l'agriculture. ➤ **rural.** *Ressources, produits agricoles. Coopérative, syndicat agricole. Crédit agricole. Comices* agricoles. Enseignement, lycée agricole. Exploitation agricole. Ouvrier agricole. Outils agricoles :* bêche, binette, faucille, faux, fourche, herse, houe, râteau, serpe... *Machines agricoles :* charrue, débroussailleuse, faucheuse, lieuse, moissonneuse-batteuse, tracteur, tronçonneuse. *Travaux agricoles :* amendement, défrichement, ensemencement, fauchage, fenaison, irrigation, labour, labourage, moisson, récolte, sarclage, semailles, sulfatage ; arboriculture, élevage, horticulture, sylviculture, viticulture. — *Politique agricole commune (PAC),* visant à la régulation des marchés agricoles des pays membres de l'Union européenne.

AGRICULTEUR, TRICE [agʀikyltœʀ, tʀis] n. – 1495 ◊ latin *agricultor* ▪ Personne exerçant une des activités de l'agriculture, en tant qu'exploitant (ex. apiculteur, arboriculteur, aviculteur, céréaliculteur, horticulteur, viticulteur). ➤ **cultivateur ;** 1 **colon, éleveur, exploitant, fermier, paysan, planteur.**

AGRICULTURE [agʀikyltyʀ] n. f. – fin XIIIe ◊ latin *agricultura* ▪ Culture du sol ; ensemble des travaux transformant le milieu naturel pour la production des végétaux et des animaux utiles aux humains. ➤ 1 **culture, élevage.** *Les produits de l'agriculture* (➤ **agroalimentaire**). *Ministère de l'Agriculture. École d'agriculture.* ➤ **agronomie ; agrobiologie, agrochimie.** *Agriculture intensive. Agriculture raisonnée, biologique.* ➤ **agroécologie ;** aussi **permaculture.**

AGRILE [agʀil] n. m. – 1853 ◊ latin des zoologistes *agrilus,* de *ager, agri* « champ » ▪ Insecte coléoptère. ➤ **bupreste.**

AGRION [agʀijɔ̃] n. m. – 1823 ◊ latin des zoologistes *agrion* (1775), du grec *agrios* « des champs, sauvage » ▪ Petite libellule *(odonates)* au corps fin et coloré, appelée aussi *demoiselle.*

AGRIOTE [agʀijɔt] n. m. – 1845 ◊ latin des zoologistes *agriotes,* du grec *agrios* → agrion ▪ Petit insecte coléoptère *(élatéridés)* dont la larve (taupin des moissons, ver fil de fer) s'attaque aux céréales.

AGRIPAUME [agʀipom] n. f. – 1539 ◊ latin médiéval *agripalma* ▪ Plante dicotylédone *(labiacées),* à haute tige et à fleurs roses. ➤ **léonure.**

AGRIPPEMENT [agʀipmɑ̃] n. m. – 1929 ◊ de *agripper* ▪ Action d'agripper, de s'agripper. — DIDACT. Réflexe du nourrisson qui ferme la main sur tout objet à sa portée. REM. On emploie aussi l'anglic. *grasping-reflex.*

AGRIPPER [agʀipe] v. tr. ⟨1⟩ – XVe ; « arracher » v. 1200 ◊ de *à* et *gripper* ▪ Saisir en serrant (pour s'accrocher). *Perroquet qui agrippe son perchoir.* — PRONOM. S'accrocher en serrant les doigts. *S'agripper à une échelle.* ▪ CONTR. 1 Lâcher.

AGRO- ▪ Élément, du grec *agros* « champ », qui signifie « de l'agriculture ».

AGROALIMENTAIRE [agʀoalimɑ̃tɛʀ] adj. – 1971 ◊ de *agro-* et *alimentaire* ▪ Relatif à la transformation par l'industrie des produits agricoles, et PAR EXT. halieutiques destinés à l'alimentation. *Produits agroalimentaires.* — n. m. *L'agroalimentaire :* l'ensemble des activités économiques agroalimentaires. ➤ ANGLIC. **agrobusiness.**

AGROBIOLOGIE [agʀobjɔlɔʒi] n. f. – 1948 ◊ de *agro-* et *biologie* ▪ Science appliquant les recherches biologiques à l'agriculture.

AGROBUSINESS [agʀobiznɛs] n. m. – 1959 ; *agribusiness* 1958 ◊ mot anglais, de *agro-* et *business* ▪ ANGLIC. Ensemble des activités économiques liées à la filière agricole et à l'industrie agroalimentaire (➤ **agro-industrie**). *Les géants de l'agrobusiness.* — On écrit aussi **AGROBIZNESS.**

AGROCARBURANT [agʀokaʀbyʀɑ̃] n. m. – 2004 ◊ de *agro-* et *carburant* ▪ Carburant produit à partir de matériaux organiques renouvelables et non-fossiles. ➤ **biocarburant.**

AGROCHIMIE [agʀoʃimi] n. f. – 1960 ◊ de *agro-* et *chimie* ▪ Chimie agronomique. — n. **AGROCHIMISTE ;** adj. **AGROCHIMIQUE.**

AGROÉCOLOGIE [agʀoekɔlɔʒi] n. f. – 1986 ; autre sens 1931 ◊ de *agro-* et *écologie* ▪ DIDACT. Ensemble des méthodes de production agricole respectueuses de l'environnement. — adj. **AGROÉCOLOGIQUE,** 1985 (autre sens 1929).

AGROFORESTERIE [agʀofɔʀɛstəʀi] n. f. – 1982 ◊ de *agro-* et *foresterie* ▪ AGRON. Mode d'exploitation agricole qui associe sur une même parcelle une production annuelle (cultures, pâtures) et la plantation d'arbres ou d'arbustes. *L'agroforesterie améliore la production agricole et favorise la biodiversité.*

AGRO-INDUSTRIE [agʀoɛ̃dystʀi] n. f. – 1975 ◊ de *agro-* et *industrie* ▪ Ensemble des industries en rapport avec l'agriculture (matériel agricole, agroalimentaire, etc.). *Les agro-industries.* — adj. **AGRO-INDUSTRIEL, IELLE.**

AGROLOGIE [agʀɔlɔʒi] n. f. – 1836 ◊ de *agro-* et *-logie* ▪ Étude scientifique des terres cultivables.

AGRONOME [agʀɔnɔm] n. – 1361 ◊ grec *agronomos* ▪ Spécialiste en agronomie. — APPOS. *Ingénieur agronome :* diplômé d'une école supérieure d'agronomie. *Des ingénieurs agronomes.*

AGRONOMIE [agʀɔnɔmi] n. f. – 1361 ◊ de *agronome* ▪ Étude scientifique des problèmes (physiques, chimiques, biologiques) que pose la pratique de l'agriculture. ➤ **agrobiologie, agrochimie.** — adj. **AGRONOMIQUE,** fin XVIIIe.

AGROPASTORAL, ALE, AUX [agʀopastɔʀal, o] **adj.** – v. 1965 ◊ de *agro-* et *pastoral* ■ Qui se livre à l'agriculture et à l'élevage. *Les sociétés agropastorales.*

AGROSTIS [agʀɔstis] **n. f.** – 1809 ◊ mot latin, du grec *agrôstis* «chiendent» ■ Plante monocotylédone *(graminées)*, annuelle ou vivace, abondante dans les prairies. — On dit aussi **AGROSTIDE.**

AGROSYSTÈME [agʀosistɛm] **n. m.** – 1976 ◊ de *agro-* et *système* ■ DIDACT. Écosystème aménagé et exploité par l'être humain. *La rizière est un agrosystème.*

AGROTIS [agʀɔtis] **n. m.** – 1841 ◊ latin des zoologistes *agrotis*, du grec *agrotês* «campagnard» ■ ZOOL. Noctuelle *(lépidoptères)* à ailes brunâtres, dont la chenille (ver gris) s'attaque aux céréales.

AGROTOURISME [agʀotuʀism] **n. m.** – 1977 *agritourisme* ◊ de *agro-* et *tourisme* ■ Tourisme qui se pratique en zone rurale (gîtes, chambres d'hôtes, camping à la ferme...).

AGRUME [agʀym] **n. m.** – 1859 ◊ italien *agrumi* ; cf. l'ancien français *aigruns* «légumes ou fruits à saveur acide», du radical de *aigre* ■ *Les agrumes* : nom collectif désignant les oranges, citrons, mandarines, pamplemousses, limes, limettes, bergamotes et autres fruits du genre citrus. *L'orange est un agrume riche en vitamine C. Agrumes hybrides.* ➤ **clémentine, clémenvilla, minnéola, pomélo, tangélo, tangerine, yuzu.** *Culture des agrumes.* ➤ **agrumiculture.**

AGRUMICULTURE [agʀymikyltyʀ] **n. f.** – 1938 ◊ de *agrume* et 1*culture* ■ Culture des agrumes.

AGUARDIENTE [agwaʀdjɛnte] **n. f.** – 1830 ◊ mot espagnol, de *agua* «eau» et *ardiente* «ardente» ■ Eau-de-vie en usage en Amérique centrale et du Sud.

AGUERRIR [ageʀiʀ] **v. tr.** ⟨2⟩ – 1543 ◊ de *à* et *guerre* ■ **1** Habituer aux dangers de la guerre. *Il disposait de troupes aguerries.* ➤ **entraîner.** ■ **2** (1592) Habituer à des choses pénibles, difficiles. — PRONOM. (1580) *S'aguerrir* : s'endurcir. *Elle s'est aguerrie au froid, contre le froid.* ■ CONTR. Amollir.

AGUETS (AUX) [ozagɛ] **loc. adv.** – XVIIe ◊ de l'ancien français *agait* «guet, embuscade» → guetter ■ En position de guetteur, d'observateur en éveil et sur ses gardes. *Être, rester aux aguets* (cf. À l'affût, aux écoutes). «*chacun semble aux aguets comme un faucon dans son nid*» MÉRIMÉE.

AGUEUSIE [agøzi] **n. f.** – 1897 ; *agueustie* 1836 ◊ de 2*a-* et du grec *gueusis* «goût» ■ DIDACT. Absence de sensibilité gustative.

AGUI [agi] **n. m.** – 1776 ◊ de *aguier* «conduire» XIIIe ■ MAR. Cordage terminé par un nœud de chaise, employé pour hisser un charpentier, un calfat. *Nœud d'agui.* ➤ **laguis.** — MOD. Ajut* de cordages réalisé par deux nœuds de chaise.

AGUICHANT, ANTE [agiʃɑ̃, ɑ̃t] **adj.** – v. 1860 ◊ de *aguicher* ■ Qui aguiche, est propre à aguicher. ➤ **affriolant, aguicheur, provocant.**

AGUICHE [agiʃ] **n. f.** – 1982 ◊ de *aguicher* ■ PUBLIC. Énigme destinée à susciter et à maintenir l'attention du public, dans la phase initiale d'une campagne de publicité. — Recomm. offic. pour l'anglicisme *teaser* (1°).

AGUICHER [agiʃe] **v. tr.** ⟨1⟩ – 1881 ; argot, «exciter contre, agacer» 1842 ◊ de *guiche* ■ Exciter, attirer par des agaceries, des manières provocantes. ➤ **allumer.**

AGUICHEUR, EUSE [agiʃœʀ, øz] **adj. et n.** – 1896 ◊ de *aguicher* ■ Aguichant. — **n.** *Une petite aguicheuse* (cf. Allumeuse, coquette).

AH [ˈɑ] **interj.** – XVIe ; *a* 1050 ◊ latin *a(h)*, onomatopée ■ **1** Interjection expressive, marquant un sentiment vif (plaisir, douleur, admiration, impatience, etc.). ➤ 1**ha.** ■ **2** Interjection d'insistance, de renforcement. «*Ah ! que j'en ai suivi de ces petites vieilles !*» BAUDELAIRE. *Ah ! j'y pense, pouvez-vous venir demain ?* ■ **3** (Redoublé) Marque la surprise, la perplexité. *Ah ! ah ! c'est ennuyeux.* ■ **4** Sert à transcrire le rire. *Ah ! ah ! Elle est bien bonne !* ■ **5** (En loc. exclam.) *Ah zut ! Ah ça alors ! Ah mais !* (menaçant). *Ah bon !* tant mieux. *Ah oui ! Ah non !* — (Interrog.) *Ah oui ? Ah bon ?* ➤ **vraiment.** ■ **6 n. m.** *Pousser des oh ! et des ah !* [deoedeɑ]. ➤ **s'exclamer.** ■ HOM. 1A ; poss. à.

AHAN [aɑ̃] **n. m.** – X^e ◊ dérivation probable, comme l'ancien provençal *afan* et l'italien *affanno* «peine, souci», du latin populaire °*affannare* «se donner de la peine», de *afannæ* «sottises, choses embrouillées» ■ **1** VX OU LITTÉR. Effort pénible. «*ce que j'écris sans plus d'ahan*» GIDE. **loc. adv.** *D'ahan* : avec peine. ■ **2** (1798) LITTÉR. Respiration bruyante accompagnant cet effort. «*Il était si fatigué que, chaque fois qu'il montait sur un trottoir, il avait une sorte d'ahan*» MONTHERLANT. ➤ **aussi han.**

AHANER [aane] **v. intr.** ⟨1⟩ – milieu XIe ◊ de *ahan* ■ **1** VX Faire de grands efforts, peiner. ■ **2** (1798) LITTÉR. Respirer bruyamment sous l'effort. «*Ils tirent sur les cordes, ahanent, poussent, arrachent de terre à demi la formidable croix*» J. CAU.

AHURI, IE [ayʀi] **adj.** – de *ahurir* ■ Surpris et déconcerté au point de paraître stupide. ➤ **abasourdi, éberlué.** *Avoir l'air ahuri.* ➤ **hébété.** «*Il y avait des gens ahuris* [...] *qui erraient dans la bagarre, éperdus*» HUGO. SUBST. *Quel ahuri !*

AHURIR [ayʀiʀ] **v. tr.** ⟨2⟩ – XVe ; «hérisser» 1270 ◊ de *hure* ■ Déconcerter complètement en étonnant ou en faisant perdre la tête. ➤ **abasourdir.** «*Le destin nous ahurit par une prolixité de souffrances insupportables*» HUGO.

AHURISSANT, ANTE [ayʀisɑ̃, ɑ̃t] **adj.** – fin XIXe ◊ de *ahurir* ■ Qui ahurit. ➤ **confondant, époustouflant, étonnant, sidérant, stupéfiant.** *Une nouvelle ahurissante.* «*Devant le gîte d'étape de Moussaren, ahurissant tam-tam*» GIDE. — PAR EXT. Scandaleux, excessif. *Il a un culot ahurissant.*

AHURISSEMENT [ayʀismɑ̃] **n. m.** – 1853 ◊ de *ahurir* ■ État d'une personne ahurie. ➤ **étonnement, stupéfaction.** *Dans un état d'ahurissement.* ➤ **hébétude.**

AÏ [ai] **n. m.** – 1765 ; *hay* 1578 ◊ mot tupi-guarani ■ ZOOL. Petit mammifère *(édentés)* de la forêt brésilienne, aux mouvements lents, communément appelé *paresseux.* ➤ **bradype.** *Des aïs.*

AICHE ; AICHER ➤ **ESCHE ; ESCHER**

AÏD [aid] **n. m.** – 1936 ◊ de l'arabe *îd* «fête» ■ Toute fête religieuse musulmane. *La prière de l'aïd.* «*la viande du mouton de l'aïd*» M. FERAOUN.

AIDANT, ANTE [ɛdɑ̃, ɑ̃t] **n. et adj.** – 1968, en référence à la Belgique ◊ de *aider* ■ **1** Personne qui aide, assiste une personne dépendante (personne âgée, en situation de handicap...) dans sa vie quotidienne. *Aidants familiaux, professionnels.* ➤ 2**aide, auxiliaire** (de vie). — (Canada) *Aidant naturel* : membre de la famille ou personne du proche entourage qui assiste une personne dépendante. — **adj.** *Le médecin et la personne aidante.* ➤ **assistant.** ■ **2** Personne qui porte assistance à un étranger en situation irrégulière.

1**AIDE** [ɛd] **n. f.** – 1268 ; *aiudha* 842 ◊ de *aider*

I Action d'aider. ■ **1** Action d'intervenir en faveur d'une personne en joignant ses efforts aux siens. ➤ **appui, assistance, collaboration, concours, coopération, secours, soutien.** *J'ai besoin de votre aide. Apporter, offrir son aide à qqn. Venir à l'aide de qqn, en aide à qqn. Demander, recevoir de l'aide. Appeler qqn à son aide.* «*Un artiste ne peut attendre aucune aide de ses pairs*» COCTEAU. *Avec l'aide de Dieu.* — EXCLAM. *À l'aide !* au secours ! ◆ **loc. prép. À L'AIDE DE :** en se servant de, au moyen de. ➤ **avec, grâce** (à). *Ouvrir une enveloppe à l'aide d'un couteau.* ■ **2** Assistance financière, économique (à des personnes physiques sans ressources, âgées, handicapées, ou à des personnes morales). *Aide sociale* (1953, anciennt *assistance*), réglementée par l'État dans le cadre départemental. *Aide sociale à l'enfance, aux personnes âgées.* — (1977) *Aide personnalisée au logement (A. P. L.). — Aide juridictionnelle*.* — *Aide au retour* : ensemble des moyens mis en œuvre pour favoriser le retour des immigrés dans leur pays. — *Aide au développement* : concours apporté par les pays industrialisés aux pays en voie de développement et aux pays les moins avancés. ➤ **coopération.** — *Le système d'aide aux exportations.* ➤ **incitation.** ■ **3** INFORM. *Aide en ligne,* assistance consultable à l'écran, intégrée à un logiciel. — Recomm. offic. pour remplacer l'anglic. *hot-line.*

II AU PLUR. Choses qui aident. ■ **1** (XIIIe) ANCIENNT Prestations pécuniaires dues au suzerain ; impôts indirects, sous l'Ancien Régime. *Cour des aides,* tranchant le contentieux en matière d'aides. ■ **2** ÉQUIT. Moyens par lesquels le cavalier agit sur son cheval. *Aides supérieures* (mains, rênes, mors), *inférieures* (jambes, éperons), *accessoires* (voix, cravache). ■ CONTR. Empêchement, gêne.

2**AIDE** [ɛd] **n.** – XVIe ; XIIIe n. f. ◊ de *aider* ■ **1** Personne qui en aide une autre dans une opération et travaille sous ses ordres. ➤ **adjoint, assistant, auxiliaire, second.** REM. Se joint souvent par un trait d'union au mot désignant le professionnel qui emploie un (une) aide : *des aides-chimistes, des aides-comptables. Aide familial(e)* : travailleur, travailleuse social(e) qui intervient dans les familles. (1934) *Aide-ménagère* : personne qui intervient à domicile pour faciliter la vie quotidienne des personnes âgées, handicapées. ➤ **aidant.** *Des aides-ménagères. Aide à domicile* : personne qui assiste dans leur vie quotidienne les personnes fragilisées de tous âges (enfants, personnes âgées, malades, handicapées) afin de préserver leur maintien à domicile. *«quelqu'un qui puisse s'en occuper, une aide à domicile qui vienne pour le ménage, les courses, le suivi des traitements»* KERANGAL. *Aide de vie.* ➤ **auxiliaire** de vie. *Aide-soignant(e)* : personne aidant les infirmiers et les infirmières à donner des soins aux malades. *Des aides-soignantes.* ▪ **2** n. m. MILIT. ANCIENNT *Aide de camp* : officier d'ordonnance d'un chef militaire.

AIDE-MÉMOIRE [ɛdmemwaʀ] n. m. – 1853 ◇ de *aider* et 1 *mémoire* ▪ Abrégé destiné à soulager la mémoire de l'étudiant en ne lui présentant que l'essentiel des connaissances à assimiler. ➤ **mémento.** *Des aide-mémoire* (inv.) ou *des aide-mémoires.*

AIDER [ede] v. tr. ‹1› – v. 1050 ; 1080 *aïe* (2e pers. sing. impératif) ; x^e^ *aiud* (3e pers. prés.) ◇ latin *adjutare*

I v. tr. dir. Appuyer (qqn) en apportant son aide. ➤ **assister, épauler, 1 patronner, protéger, seconder, secourir, soulager, soutenir** (cf. Donner un coup de main*). *Son fils l'a aidé dans ses travaux. Aidé de ses collaborateurs. Aide-moi à comprendre. Que Dieu vous aide !* ◆ (Sujet chose) Servir, être utile. *Cela m'a beaucoup aidé.* FAM. *Un diplôme, ça aide ! — L'alcool aidant, les langues se délient* : l'alcool y concourant aussi. — FAM. *Le pauvre, il n'est pas aidé* (cf. Il n'est pas gâté* par la nature).

II v. tr. ind. ▪ **1** VX ou RÉGION. (compl. personne) Aider (à). *«pendant que le chirurgien lui aidait à se rhabiller»* MARIVAUX. ▪ **2** MOD. (compl. chose) Faciliter, contribuer à. *Ces mesures pourront aider au rétablissement de l'économie.*

III v. pron. ▪ **1** Se servir de (qqch. qui n'est pas à proprement parler un instrument). *Elle s'est aidée d'un dictionnaire pour traduire ce texte.* ▪ **2** loc. prov. *Aide-toi, le Ciel t'aidera* : il faut faire des efforts avant de compter sur la Providence, la chance. ▪ **3** (RÉCIPR.) S'entraider. *Ils se sont aidés mutuellement.* ▪ CONTR. Abandonner, contrarier, 2 desservir, gêner, nuire.

AÏE [aj] interj. – fin XIe *ahi* ◇ onomat. ▪ Interjection exprimant la douleur, et PAR EXT. une surprise désagréable, un ennui. ➤ **ouille ;** RÉGION. **ouch.** *Aïe, ça fait mal. Aïe aïe aïe !* [ajajaj]. ▪ HOM. Ail.

AÏEUL, AÏEULE [ajœl] n. – XIIe ◇ latin populaire °*aviolus, aviola*, classique *avus, avia* ▪ **1** VX Grand-père, grand-mère. *Ses aïeuls paternels.* ▪ **2** AU PLUR. LITTÉR. *Les aïeux* [ajø]. Ancêtres. *«qui sert son pays n'a pas besoin d'aïeux»* VOLTAIRE. ◆ LOC. FAM. *Mes aïeux !* s'emploie comme si on prenait ses ancêtres à témoin d'une chose remarquable. *«celui-là, mes aïeux, il n'y a pas moyen de s'en débarrasser»* QUENEAU.

AIGLE [ɛgl] n. m. et f. – XIIe ◇ latin *aquila*, probablt par l'ancien occitan *aigla*

I n. m. ▪ **1** Grand rapace diurne *(falconiformes)* au bec crochu, aux serres puissantes, qui construit son nid (aire) sur les hautes montagnes. *Aigle royal, impérial. Aigle jean-le-blanc.* ➤ **circaète.** *Aigle de mer.* ➤ **pygargue.** *Aigle pêcheur.* ➤ **balbuzard.** *L'aigle glatit ou trompette.* ◆ PAR COMPAR. *Des yeux d'aigle*, particulièrement perçants. *Nez en bec d'aigle.* ➤ **aquilin.** FIG. *Coup d'œil, regard d'aigle* : vue pénétrante, profonde. *La pensée «s'élance du vol de l'aigle»* FRANCE. ▪ **2** LOC. FAM. *Ce n'est pas un aigle* : il n'a rien d'un esprit supérieur, il n'est pas très intelligent. ▪ **3** PAR EXT. Figure représentant un aigle. *L'aigle noir de Prusse*, décoration. ◆ Lutrin surmonté d'un aigle sculpté. ◆ *Grand, petit aigle*, dénomination de formats de papier.

II n. f. ▪ **1** Femelle de l'aigle. *Une aigle et ses aiglons.* ▪ **2** PAR EXT. Figure héraldique représentant un aigle. *Aigle éployée, essorée.* ◆ Enseigne militaire en forme d'aigle. *Les aigles romaines. L'aigle impériale* (des armées napoléoniennes).

AIGLEFIN ➤ **ÉGLEFIN**

AIGLETTE [ɛglɛt] n. f. – 1280 ◇ de *aigle* ▪ BLAS. ➤ **alérion.**

AIGLON, ONNE [ɛglɔ̃, ɔn] n. – 1546 ◇ de *aigle* ▪ Petit de l'aigle. ◆ FIG. *L'Aiglon* : nom donné à Napoléon II (fils de l'Aigle, Napoléon Ier).

AIGRE [ɛgʀ] adj. – XIIe ; XIe «avide» ◇ bas latin *acrus*, classique *acer* ▪ **1** Qui est d'une acidité désagréable au goût ou à l'odorat. *Saveur, odeur aigre. Aigre au goût. Cerises aigres* : griottes. ◆ Devenu acide en se corrompant. *Lait, vin aigre.* — SUBST. Saveur, odeur aigre. *Le vin sent l'aigre. Le lait tourne à l'aigre.* ▪ **2** PAR ANAL. Aigu, criard, perçant. *«litanies d'une flûte au son aigre»* PEREC. ◆ Vif, froid au point de saisir, de piquer. ➤ 1 **piquant.** *Un froid aigre. «Une bise aigre sifflait»* GAUTIER. ▪ **3** FIG. VX Violent. MOD. Plein d'aigreur. ➤ **acariâtre*, acerbe, acrimonieux, 1 amer, mordant, 1 piquant.** *Elles «se mettaient à éructer leur aigre condamnation des hommes»* P. CONSTANT. SUBST. (VIEILLI) *Entre l'aigre et le doux* : d'un ton mi-acerbe, mi-bienveillant. ➤ **aigre-doux.** MOD. *La discussion tourne à l'aigre*, s'envenime, dégénère en propos blessants. ▪ CONTR. Doux. Agréable.

AIGRE-DOUX, DOUCE [ɛgʀədu, dus] adj. – 1541 ◇ de *aigre* et *doux* ▪ **1** Dont la saveur est à la fois acide et sucrée. *Oranges aigres-douces. Porc à la sauce aigre-douce* (cuisine extrême-orientale). ▪ **2** FIG. Où l'aigreur perce sous la douceur. *Un échange de propos aigres-doux.*

AIGREFIN [ɛgʀəfɛ̃] n. m. – 1670 ◇ probablt emploi fig. de *aigrefin*, var. de *églefin*, avec influence de l'ancien verbe *agriffer* «saisir, voler» ▪ Homme qui vit d'escroqueries, de procédés indélicats ; chevalier d'industrie. ➤ **escroc, faisan, filou.**

AIGRELET, ETTE [ɛgʀəlɛ, ɛt] adj. – 1554 ◇ de *aigre* ▪ Légèrement aigre. ➤ **suret.** *Un petit vin blanc aigrelet. — Une voix aigrelette*, fluette et aiguë.

AIGREMENT [ɛgʀəmɑ̃] adv. – XIIe ◇ de *aigre* ▪ Avec aigreur. *Il leur reprochait aigrement leur négligence.* ◆ RARE Avec un son aigre. *La girouette «grince aigrement au vent»* FRANCE.

AIGREMOINE [ɛgʀəmwan] n. f. – XIIIe ◇ latin *agrimonia*, altération du grec *agremônê* ▪ BOT. Plante herbacée *(rosacées)* des prés et des bois, à fleurs jaunes et fruits à crochets adhérents.

AIGRETTE [ɛgʀɛt] n. f. – *égreste* 1375 ◇ provençal *aigreta*, de *aigron*, forme régionale de *héron*

I Oiseau du genre héron *(ciconiiformes)*, remarquable par ses plumes effilées aux barbes espacées.

II PAR EXT. ▪ **1** (1611) Faisceau de plumes surmontant la tête de certains oiseaux. *L'aigrette du paon.* ▪ **2** (1532) Ornement fait d'un bouquet de plumes, ou d'un faisceau similaire. ➤ **panache, plumet.** *Casque à aigrette. Aigrette de diamants, de perles, de verre filé.* ◆ (1694) BOT. Faisceau de poils ou de soies dont sont munis certains akènes ou graines, permettant leur transport par le vent (graine *aigrettée*).

AIGREUR [ɛgʀœʀ] n. f. – XIVe ◇ de *aigre* ▪ **1** Saveur aigre. ➤ **acidité.** *L'aigreur du lait tourné.* ◆ AU PLUR. Sensation d'acidité dans la région épigastrique accompagnant une régurgitation, une éructation. *Avoir des aigreurs (d'estomac).* ➤ **brûlure ;** RÉGION. **brûlant.** ▪ **2** (XVIe) FIG. Mauvaise humeur se traduisant par des remarques désobligeantes ou fielleuses. ➤ **acrimonie, amertume, animosité.** *Répliquer avec aigreur, non sans aigreur.* ▪ CONTR. Douceur. Aménité, sérénité.

AIGRI, IE [egʀi] adj. – de *aigrir* ▪ Que les déceptions ont rendu irritable, agressif. ➤ 1 **amer.** *«j'étais aigri ; [...] je ne pouvais plus rien supporter»* DAUDET.

AIGRIR [egʀiʀ] v. ‹2› – XIIe ◇ de *aigre*

I v. tr. ▪ **1** Rendre aigre. ➤ **altérer, corrompre.** *Faire aigrir le lait*, le faire tourner. — PRONOM. *Le vin s'aigrit*, devient aigre. ▪ **2** FIG. Remplir d'aigreur, rendre aigri, amer. ➤ **indisposer, irriter.** *«la gaieté charmante de son esprit l'a préservé de la souffrance qui aigrit»* SAND. — PRONOM. *Son caractère s'est aigri.*

II v. intr. Devenir aigre. *Le vin commence à aigrir.*

▪ CONTR. Adoucir, consoler.

AIGU, UË [egy] adj. /fém. AIGÜE/ – XIIIe ; *agu(d)* 1080 ◇ latin *acutus* ▪ **1** Terminé en pointe ou en tranchant. ➤ **acéré, coupant, pointu.** *Une flèche aiguë. Oiseau au bec aigu. — Angle aigu*, plus petit que l'angle droit (opposé à *obtus*). ◆ Très fin ou effilé. *Pointe aiguë.* ▪ **2** D'une fréquence élevée, en haut de l'échelle des sons. *Note, voix aiguë.* ➤ **aigre, criard, perçant, strident.** — SUBST. *L'aigu* : le registre supérieur d'un instrument ou d'une voix. *Passer du grave à l'aigu. Haut-parleur d'aigus* : recomm. offic. pour 1 *tweeter. — Accent* aigu.* ▪ **3** Intense et pénétrant (douleur). ➤ **vif, violent.** *La douleur était «si aiguë qu'en un instant elle disloqua tous les traits de son visage»* MARTIN DU GARD. ◆ À apparition brusque et évolution rapide (maladie) (opposé à *chronique*). *Phases, crises aiguës.* PAR ANAL. *Conflit aigu entre deux États.* ▪ **4** FIG. Particulièrement vif et pénétrant dans le domaine de l'esprit. ➤ **incisif, perçant,**

subtil ; acuité. *Il avait « un sens aigu de l'utilisation des médias »* T. TOPIN. ■ CONTR. Émoussé ; grave, sourd.

AIGUAIL [ɛgaj] n. m. – 1540 ◊ mot de l'Ouest, de *aigue* « eau » ■ RÉGION. Rosée.

AIGUE-MARINE [ɛgmaʀin] n. f. – 1578 ◊ ancien occitan °*aiga marina* « eau de mer » ■ Variété de béryl d'un bleu vert. *Des aigues-marines.*

AIGUIÈRE [ɛgjɛʀ] n. f. – XIVe ◊ ancien occitan *aiguiera*, du latin populaire °*aquaria* ■ HIST. Vase à eau, le plus souvent en métal précieux ciselé, muni d'une anse et d'un bec. *Une « esclave verse de l'eau d'une aiguière d'or sur un bassin d'argent »* FÉNELON.

AIGUILLAGE [egɥijaʒ] n. m. – 1869 ◊ de *aiguiller* ■ **1** Manœuvre des aiguilles (I, 4°) des voies ferrées. *Poste, cabine d'aiguillage. Aiguillage automatique. Erreur d'aiguillage.* ◆ FIG. Action d'orienter (des personnes, des idées). *Mauvais aiguillage :* mauvaise orientation. ■ **2** (1931) Appareil permettant les changements de voie. ➤ **aiguille.** *Aiguillage de bifurcation, de dédoublement. Aiguillage à deux, trois voies.*

AIGUILLAT [egɥija] n. m. – 1558 ◊ provençal *agulhat*, du latin *aculeatus* « qui a des piquants » ■ Petit requin, appelé aussi *chien de mer*, poisson comestible.

AIGUILLE [egɥij] n. f. – XVe ; *aguille* XIIe ◊ bas latin *acucula*, diminutif de *acus* → aigu

I ■ **1** Fine tige d'acier pointue à une extrémité et percée à l'autre d'un chas où passe le fil. *Aiguille à coudre, à broder. Aiguilles de machine à coudre. « Suzanne mouilla le fil entre ses lèvres, prit l'aiguille et l'enfila »* DUHAMEL. *Pousser, tirer l'aiguille. Dentelle à l'aiguille. Travaux d'aiguille.* ◆ LOC. *De fil* en aiguille.* VX *(Disputer) sur la pointe d'une aiguille, sur des pointes d'aiguille*, sur des détails sans importance et avec une subtilité excessive. *Chercher une aiguille dans une botte de foin, une meule de foin*, une chose impossible à trouver. ■ **2** PAR EXT. *Aiguille à tricoter :* tige de métal ou de matière plastique, soit pointue aux deux extrémités, soit à pointe et à tête, servant à confectionner un tricot à la main. — CHIR. Tige métallique effilée, creuse ou pleine, droite ou courbe, servant aux injections, aux sutures. *Aiguille hypodermique*, ajustée à l'extrémité d'une seringue. *Aiguille pour micro-injection* (ou **MICROAIGUILLE** n. f.). *Aiguilles d'acuponcteur.* ■ **3** Tige ou lame métallique terminée en pointe. *Les aiguilles d'une pendule, d'une montre*, qui tournent sur le cadran (*petite aiguille, grande aiguille* et *trotteuse*). *Dans le sens* des aiguilles d'une montre. Aiguille de cadran solaire.* ➤ **style.** *Aiguille d'un appareil enregistreur, d'une balance.* ➤ **index.** *L'aiguille aimantée d'une boussole. Aiguille affolée.* ANCIENNT *Aiguille de phonographe* (remplacée par le saphir), *de fusil* (remplacée par le percuteur). ■ **4** (1819) Portion de rail mobile servant à opérer les changements de voie ; dispositif d'aiguillage.

II PAR ANAL. ■ **1** Monument terminé en pointe au sommet. *Aiguille d'un clocher.* ➤ **1 flèche.** *« Médine aux mille tours, d'aiguilles hérissée »* HUGO. ■ **2** Sommet rocheux effilé de certaines montagnes de type alpin, séparées par d'étroits couloirs très escarpés. ➤ **dent, 4 pic.** *L'aiguille Verte du massif du Mont-Blanc.* ◆ Pointe rocheuse. *« des aiguilles et des escarpements »* GIDE. ■ **3** Nom usuel de plusieurs coquilles pointues (turritelle, 2 cérite, etc.), et de plusieurs poissons allongés (orphie, syngnathe, etc.). ■ **4** L'un des deux types de feuilles des conifères (➤ **aciculaire**). *Des sentiers « tout glissants d'aiguilles sèches »* DAUDET. *Aiguilles de pin.* ■ **5** Appos. *Talon* aiguille.*

AIGUILLÉE [egɥije] n. f. – 1229 ◊ de *aiguille* ■ Longueur de fil enfilé sur une aiguille, nécessaire pour coudre.

AIGUILLER [egɥije] v. tr. ‹1› – 1853 ; « coudre » XIIIe ◊ de *aiguille* ■ **1** Diriger (un train) d'une voie sur une autre par un système d'aiguillage. ■ **2** (1922) FIG. Diriger, orienter dans des démarches, une carrière. *Il a été mal aiguillé. « ses parents eurent grand souci de l'aiguiller sur un chemin normal »* BEAUVOIR.

AIGUILLETÉ, ÉE [egɥij(ə)te] adj. – v. 1965 ◊ de *aiguilleter* ■ Fabriqué par l'emmêlement des fibres textiles au moyen d'aiguilles barbelées. *Moquette aiguilletée.*

AIGUILLETER [egɥij(ə)te] v. tr. ‹4 /5/› – 1549 ◊ de *aiguillette* ■ **1** MAR. Amarrer. ■ **2** Fabriquer (du feutre) en fixant à l'aide d'aiguilles à crochet des touffes de matière textile dans un soubassement de tissu grossier.

AIGUILLETTE [egɥijɛt] n. f. – XIIIe ◊ de *aiguille* ■ **1** ANCIENNT Petit cordon ou ruban ferré aux deux extrémités, servant à fermer ou garnir un vêtement, notamment à attacher les chausses au pourpoint. LOC. *Nouer l'aiguillette :* faire un maléfice supposé capable de rendre un homme impuissant. ◆ Ornement militaire fait de cordons tressés et s'attachant à l'épaule. ◆ MAR. Amarre. ■ **2** (XVIe) CUIS. Tranche mince de filet (de volaille). ◆ Partie du romsteck.

AIGUILLEUR, EUSE [egɥijœʀ, øz] n. – 1845 ◊ de *aiguiller* ■ Agent chargé du service et de l'entretien d'un poste d'aiguillage. — PAR EXT. (v. 1964) *Aiguilleur du ciel :* contrôleur* de la navigation aérienne.

AIGUILLON [egɥijɔ̃] n. m. – XIIIe ; *aguillon* XIIe ◊ latin médiéval *aculeo, onis*, classique *aculeus* ■ **1** Long bâton muni d'une pointe de fer servant à piquer les bœufs. — FIG. Stimulant. *« l'amour, l'aiguillon tout-puissant de nos activités »* MICHELET. ■ **2** Dard effilé et rétractile, portant généralement un venin à l'extrémité de l'abdomen de certains hyménoptères (guêpes, abeilles). — FIG. VIEILLI Ce qui pique, tourmente de façon cuisante. *Percés « des aiguillons du désir charnel »* FRANCE. ◆ BOT. Petite épine acérée portée par certaines tiges. *Les aiguillons de la tige de l'églantier.*

AIGUILLONNER [egɥijɔne] v. tr. ‹1› – XIIe *aguillonner* ◊ de *aiguillon* ■ **1** Piquer, exciter (un bœuf) avec l'aiguillon. ■ **2** FIG. Animer, stimuler. *« Le désir physique, cette belle fatalité qui aiguillonne le monde »* MICHELET. ■ CONTR. Calmer, réfréner.

AIGUILLOT [egɥijo] n. m. – 1556 ◊ de *aiguille* ■ MAR. Partie mâle d'une ferrure de gouvernail, servant de pivot au mouvement de celui-ci.

AIGUISAGE [egizaʒ] n. m. – 1467 ◊ de *aiguiser* ■ Action, manière d'aiguiser. *L'aiguisage d'un rasoir, d'une faux.* ➤ **affûtage.** — On a dit aussi *aiguisement.*

AIGUISER [egize] v. tr. ‹1› – XIIIe ; *aguiser* XIIe ◊ de *aigu* ■ **1** Rendre tranchant ou pointu. ➤ **affiler, affûter, repasser.** *Aiguiser un rasoir, une faux, un couteau à découper. Pierre, meule à aiguiser* (➤ **affiloir, aiguisoir, fusil**). *L'oiseau aiguisait son bec sur un os de seiche.* ■ **2** Rendre plus vif, plus pénétrant. *Fumet qui aiguise l'appétit. « avec une finesse d'ouïe que l'inquiétude avait aiguisée »* FRANCE. — P. p. adj. *Un esprit aiguisé.* ➤ **affuté.** *« le regard aussi sûr et aussi aiguisé que celui des Indiens »* LE CLÉZIO. ◆ Affiner, polir. *« il revient sur toutes les phrases, il les aiguise, il les affûte »* DUHAMEL. *Aiguiser une épigramme*, la faire particulièrement piquante, mordante. ■ CONTR. Émousser.

AIGUISEUR, EUSE [egizœʀ, øz] n. – XIVe ◊ de *aiguiser* ■ **1** Ouvrier, ouvrière procédant à l'aiguisage (des couteaux, etc.). ➤ **affûteur, rémouleur, repasseur.** ■ **2** n. m. Outil qui sert à aiguiser. ➤ **affûteuse.**

AIGUISOIR [egizwaʀ] n. m. – 1468 ◊ de *aiguiser* ■ Outil à aiguiser, à pierre ou molettes d'acier.

AÏKIDO [aikido] n. m. – 1961 ◊ mot japonais « la voie de la paix » ■ Art martial d'origine japonaise, fondé sur la neutralisation de la force antagoniste par des mouvements de rotation du corps, et l'utilisation de clés aux articulations. *Des aïkidos.*

AIL [aj] n. m. – XIIe ◊ latin *al(l)ium* ■ Plante bulbeuse *(liliacées)* dont le bulbe *(tête d'ail)* est composé de caïeux *(gousses d'ail)* à odeur forte et saveur piquante utilisés comme condiment. *Ail blanc, rose. Ajouter une pointe d'ail. Vinaigrette, mayonnaise à l'ail.* ➤ **aillade, aïoli.** *Gigot à l'ail. Croûton à l'ail* (➤ **ailler**). *Ail en chemise*. Des aulx* [o] (VIEILLI), MOD. *des ails.* — *Ail des ours* ou *ail d'ours :* variété d'ail sauvage que l'on consomme comme légume ou condiment. ◆ BOT. Genre de plantes voisines. ➤ **alliacé.** ■ HOM. Aïe.

AILANTE [elɑ̃t] n. m. – 1824 ◊ latin des botanistes *ailantus*, d'un mot malais ■ Arbre ornemental *(simarubacées)*, d'origine asiatique, à grandes feuilles, appelé aussi *faux vernis du Japon. La teinture d'ailante est utilisée en homéopathie.*

AILE [ɛl] n. f. – début XIIe ◊ du latin *ala*

I ORGANE DU VOL ■ **1** Chacun des organes du vol chez les oiseaux, les chauves-souris, les insectes (➤ **élytre**). *L'oiseau bat des ailes. Les plumes des ailes* (➤ **alaire**). *Ailes déployées.* ➤ **envergure.** *« Tout l'oiseau est aile »* ALAIN. *Ailes colorées des papillons. « d'innombrables libellules aux ailes de verre, nacrées et frémissantes »* MAUPASSANT. *Insecte sans ailes* (➤ **aptère**). ◆ *Battre de l'aile*, se dit d'un oiseau blessé. FIG. (1585) *Leur couple bat de l'aile*, est au bord de la rupture. (CHOSES) Ne pas bien marcher. *L'entreprise ne bat que d'une aile.* — *Avoir du plomb dans l'aile*, se dit de l'oiseau touché par le chasseur. FIG. Être compromis. *Avoir un coup dans l'aile* : être en mauvaise posture, perdre de sa force ; être ivre. *Avoir des ailes* : aller, courir très vite. *«il court, il semble avoir des ailes»* LA FONTAINE. *La peur donne des ailes,* elle fait aller très vite. *Se sentir pousser des ailes* : devenir plein d'énergie, de vitalité. *Voler de ses propres ailes* : être indépendant, se passer de l'aide d'autrui. — *Rogner les ailes à un oiseau.* LOC. *Rogner les ailes à qqn,* lui enlever de ses moyens d'action. *Sous l'aile de* : sous la protection de. *Se brûler les ailes* (comme le papillon à la flamme) : se compromettre, perdre de sa réputation. ◆ POÉT. et ALLÉGOR. *«Sur les ailes du temps la tristesse s'envole»* LA FONTAINE. *Les ailes de la Victoire. «Les vastes ailes de la paix»* HUGO. *La nuit «vous frôle en passant de son aile noire»* DAUDET. ▪ **2** CUIS. Partie charnue d'une volaille comprenant tout le membre qui porte l'aile. *L'aile ou la cuisse ?* ▪ **3** Grande nageoire pectorale. *Les ailes de l'exocet. Ailes de raie.*

II PARTIE PLANE ET ALLONGÉE QUI PREND LE VENT ▪ **1** (1680) Chacun des châssis garnis de toile d'un moulin à vent. ▪ **2** Chacun des plans de sustentation d'un avion. ➤ **extrados, intrados.** *Étude des profils des ailes. Aile en flèche, en delta, soufflée. Longerons, nervures, revêtements d'une aile.* ◆ *Aile libre, aile volante, aile delta* ou ABSOLT *aile.* ➤ **deltaplane ; kitesurf, parapente.**

III PARTIE LATÉRALE ▪ **1** (début XIVe) Partie latérale d'une armée en ordre de bataille. ➤ **flanc.** *Aile gauche, droite.* ◆ **AILE MARCHANTE :** dans le mouvement de conversion d'une troupe, partie la plus éloignée du pivot. ◆ SPORT Gauche et droite de l'attaque d'une équipe (opposé à *centre*). ➤ **ailier.** *Changement d'aile,* par déplacement rapide du ballon d'une aile à l'autre. APPOS. (RUGBY) *Trois-quarts aile* : joueur placé à une des ailes. ◆ POLIT. Partie d'un groupe politique caractérisée par rapport à un centre. *L'aile gauche, l'aile droite du parti.* ▪ **2** (fin XIIe) Partie latérale d'une construction. *L'aile nord du château* (opposé à *corps de logis*). *Ailes d'un pont* : murs soutenant les berges, pour protéger les culées. ◆ Partie de la carrosserie située au-dessus des roues d'une automobile. *Il a embouti son aile avant droite.* ▪ **3** BOT. Chacun des deux petits pétales latéraux de la corolle des papilionacées. ◆ Expansion membraneuse des samares, de certains akènes, permettant leur transport par le vent. ◆ Branches des arbres en espalier situées de part et d'autre des branches mères. ▪ **4** (1546) *Ailes du nez* : moitiés inférieures des faces latérales du nez. *«les ailes de son nez nervurées de fibrilles rouges»* PROUST. — Partie latérale de diverses régions du cerveau.

▪ **HOM.** Ale, elle, 1 l.

AILÉ, ÉE [ele] **adj.** – XVe ; *alé* XIIe ◇ latin *alatus* ▪ **1** Pourvu d'ailes. *Les fourmis mâles sont généralement ailées. Pégase, le cheval ailé.* ◆ BOT. *Le fruit ailé des érables.* ▪ **2** FIG. Qui semble avoir des ailes, par son caractère aérien ou immatériel. *Démarche ailée. «le rêve ailé et magnifique»* MAUPASSANT. ▪ **HOM.** Héler.

AILERON [ɛlʀɔ̃] **n. m.** – XVIe ; *aleron* XIIe ◇ de *aile* ▪ **1** Extrémité de l'aile d'un oiseau. — CUIS. *Aileron de dinde.* ◆ Nageoire triangulaire de certains poissons. *Ailerons de requin.* ▪ **2** MAR. VX Panneau amovible servant à augmenter la surface d'un gouvernail. — Pièce prolongeant la quille et formant plan de dérive. ◆ Volet articulé placé à l'arrière de l'aile d'un avion, commandé par le manche à balai, servant à virer. ▪ **3** Contrefort caractéristique du style baroque, en forme de console renversée. ▪ **4** ANAT. Lame fibreuse. *Ailerons de la rotule.* ▪ **5** Manche très courte sur le dessus de l'épaule.

AILETTE [ɛlɛt] **n. f.** – *elette* XIIe ; divers sens avant les sens modernes ◇ de *aile* ▪ **1** (1866) Chacune des lames métalliques fixées à un projectile pour l'équilibrer, constituant son empennage. *Grenade à ailettes.* ◆ *Écrou à ailettes.* ➤ **papillon.** ▪ **2** Lame saillante destinée à augmenter la surface de transmission de chaleur d'un tuyau, d'un tube. *Radiateur à ailettes.* ◆ Chacune des pièces métalliques incurvées disposées sur les stators et rotors des compresseurs et des turbines, servant à modifier le sens de l'écoulement de l'air pendant la rotation. ➤ 3 **aube.**

AILIER, IÈRE [elje, jɛʀ] **n.** – 1905 ◇ de *aile* ▪ Au football, Chacun des deux avants situés à l'extrême droite et à l'extrême gauche. *Ailier droit, gauche. L'ailier se rabat, centre.*

AILLADE [ajad] **n. f.** – 1532 ◇ provençal *alhada,* de *alh,* latin *al(l)ium* «ail» ▪ **1** Sauce vinaigrette à l'ail. ▪ **2** Croûton de pain grillé, frotté d'ail et arrosé d'huile d'olive.

-AILLE ▪ Élément de substantifs collectifs à valeur péjorative : *mangeaille, marmaille.*

AILLER [aje] **v. tr.** ⟨1⟩ – 1908 ◇ de *ail* ▪ Piquer d'ail (un gigot), frotter d'ail (du pain). — **p. p. adj.** *Croûton aillé.*

-AILLER ▪ Groupe suffixal de verbes, fréquentatif et péjoratif : *disputailler, criailler,* etc.

AILLEURS [ajœʀ] **adv.** – XIIIe ; *ailurs* 1050 ◇ probablt latin populaire °*aliore (loco),* compar. du classique *alio,* avec *s* adverbial ▪ **1** Dans un autre lieu (que celui où l'on est ou dont on parle), autre part. *Allons ailleurs, nous sommes mal ici. «Pourquoi chercher ailleurs ce que l'on a chez soi ?»* BOURSAULT. *Vous ne trouverez cette marque nulle part ailleurs,* en aucun autre endroit. *Partout ailleurs* : en tout autre endroit. *Ne souhaite pas «trouver Dieu ailleurs que partout»* GIDE. — FIG. *Il est ailleurs, son esprit est ailleurs* : il rêve, il est distrait. ➤ **absent.** *Avoir la tête ailleurs.* — VX *Aimer ailleurs* : aimer une autre personne. MOD. *Aller voir ailleurs* : être infidèle. *«leur mère dont il était séparé parce qu'elle ne supportait pas bien qu'il aille voir ailleurs»* O. ADAM. ▪ **2** (Précédé d'une prép.) *Des extraterrestres venus d'ailleurs,* d'une autre planète. *Ce n'est pas pour ici, c'est pour ailleurs.* RARE *«le conduire par ailleurs»* SAINT-SIMON. — SUBST. Lieu situé ailleurs, pays étranger ou lointain. *«on ne pense pas spontanément à la fuite parce qu'on ignore qu'il existe un ailleurs»* É. LOUIS. *«la puissante odeur de kérosène qui devient aujourd'hui le parfum des ailleurs»* BAZIN. ◆ **loc. adv. D'AILLEURS,** marquant que l'esprit envisage un autre aspect des choses, introduisant donc une restriction ou une nuance nouvelle (cf. D'autre part, du reste). *«Père injuste, cruel, mais d'ailleurs malheureux»* RACINE. — **PAR AILLEURS :** d'un autre côté, à un autre point de vue. *Je la trouve jolie ; elle m'est par ailleurs indifférente.*

AILLOLI ➤ **AÏOLI**

AIMABLE [ɛmabl] **adj.** – XIVe ; *amable* XIIe ◇ latin *amabilis* ▪ **1** VX Qui mérite d'être aimé. *«Rien ne rend si aimable que de se croire aimé»* MARIVAUX. ◆ VIEILLI Agréable, qui plaît. *«Il y a des heures aimables et des moments exquis»* FRANCE. ▪ **2** MOD. Qui cherche à faire plaisir. ➤ **affable, attentionné,** 1 **avenant,** 2 **gentil, sociable ;** RÉGION. 2 **fin.** *Il a été très aimable avec moi. Je vous remercie, vous êtes très aimable.* ➤ **complaisant, obligeant.** *Il a eu un mot aimable pour tout le monde. Une aimable invitation. C'est bien aimable à vous d'être venue.* ◆ Dont l'abord est agréable, qui répond volontiers, avec le sourire. *Un postier, un standardiste aimable. Tu n'es guère aimable, ce matin. Aimable comme une porte de prison**. ▪ **CONTR.** Haïssable. Désagréable, insupportable. Bourru, grincheux, hargneux.

AIMABLEMENT [ɛmabləmɑ̃] **adv.** – 1322 ◇ de *aimable* ▪ Avec amabilité. *Il nous a aimablement renseignés.*

1 **AIMANT** [ɛmɑ̃] **n. m.** – fin XIIIe ◇ du latin populaire *adimas, adimantis,* du latin classique d'origine grecque *adamas, adamantis* qui a aussi donné *diamant* ▪ **1** VIEILLI *Aimant naturel, pierre d'aimant* : magnétite. ▪ **2** (1751) *Aimant artificiel* ou *aimant* : corps ou substance qui a reçu la propriété d'attirer le fer. *Les deux pôles d'un aimant. Masse, champ, moment magnétique* d'un aimant. Aimant décoratif.* ➤ **magnet.** ▪ **3** FIG. Force d'attraction. *«comme liés ensemble par quelque invisible aimant»* LOTI.

2 **AIMANT, ANTE** [ɛmɑ̃, ɑ̃t] **adj.** – fin XVIIe ◇ de *aimer* ▪ Naturellement porté à aimer. ➤ **affectueux,** 2 **tendre.** ▪ **CONTR.** 1 Froid.

AIMANTATION [ɛmɑ̃tasjɔ̃] **n. f.** – v. 1750 ◇ de *aimanter* ▪ **1** État de ce qui est aimanté. *Aimantation dans un champ magnétique.* ▪ **2** Action d'aimanter. *Courants d'aimantation* : courants électriques internes à la matière qui créent un champ magnétique équivalant à celui créé par l'aimantation du même volume. *Intensité d'aimantation* : vecteur représentant l'aimantation par unité de volume. ▪ **CONTR.** Désaimantation.

AIMANTER [ɛmɑ̃te] **v. tr.** ⟨1⟩ – 1386 ◇ de 1 *aimant* ▪ Doter (un métal) de la propriété de l'aimant. ➤ **magnétiser.** *Aimanter un barreau de fer.* — **p. p. adj.** *Aiguille aimantée de la boussole,* dont une des pointes, par suite de son aimantation, s'oriente vers le nord. *Objet décoratif aimanté.* ➤ **magnet.** — PRONOM. (PASS.) *Substances qui s'aimantent.* ➤ **diamagnétique, paramagnétique.** ▪ **CONTR.** Désaimanter.

AIMER [eme] **v. tr.** ⟨1⟩ – fin IXe *amer* «avoir du goût pour qqch.» ◇ latin *amare*

I AIMER QUELQU'UN ▪ **1** Éprouver de l'affection, de l'amitié, de la tendresse, de la sympathie pour (qqn). ➤ **chérir.** *Aimer sa mère, ses enfants. «J'aimais un fils plus que ma vie»* LA FONTAINE. *Aimer qqn comme son frère, de tout son cœur. Un vieil ami que j'aime beaucoup. Je l'aime bien. Être bien, mal aimé.* ➤ **bien-aimé, mal-aimé.** *«Personne ne l'aimait,* *pas une âme au monde»* I. NÉMIROVSKY. *«Tu aimeras ton prochain comme toi-même»* (BIBLE). *«N'aimer que soi, c'est haïr les autres»* LAMENNAIS. PROV. *Qui aime bien châtie* bien. Qui m'aime me suive* !* ■ **2** Éprouver de l'amour, de la passion pour (qqn). ➤ **adorer, idolâtrer.** *«Je t'aimais inconstant, qu'aurais-je fait fidèle ?»* RACINE. *«Un homme passionné voit toutes les perfections dans ce qu'il aime»* STENDHAL. *«ils disaient : "Je t'aime ! tu m'aimes ?" comme on dit : "Allô ! allô !"»* T. BERNARD. — ABSOLT Être amoureux. *Le bonheur d'aimer. Aimer et être aimé. «Et vivre sans aimer n'est pas proprement vivre»* MOLIÈRE. *«Croyez. Aimez. Ceci est toute la loi»* HUGO.

II AIMER QUELQUE CHOSE ■ **1** Avoir du goût pour (qqch.). ➤ **affectionner, apprécier, 1 goûter, s'intéresser** (à) ; FAM. **kifer, triper** (sur). *Aimer la lecture, le sport. Aimer la musique, aimer Mozart. Aimer un endroit. «Ce n'est pas un pays qu'on aime seulement parce qu'on a eu la chance, méritée ou non, d'en jouir de père en fils»* VERCORS. ◆ Trouver bon au goût, être friand de. *Il aime beaucoup les fruits de mer.* ➤ **adorer, raffoler de.** *Cet enfant n'aime rien* (➤ **difficile**). ■ **2** (Suivi de l'inf.) Trouver agréable, être content de, se plaire à. *Elle aime danser. Il n'aime pas être bousculé.* **AIMER À.** (LITTÉR.) *Il y a des lieux «où l'on aimerait à vivre»* LA BRUYÈRE. MOD. *J'aime à croire, à penser que :* je veux croire, penser que. ◆ (CHOSES) ➤ **demander.** *Cette plante aime le soleil,* a besoin de soleil pour se développer. ◆ (Suivi du subj.) Désirer, souhaiter. *J'aimerais bien que vous me jouiez quelque chose. «j'aime que les choses soient à leur place»* ZOLA. ■ **3 AIMER MIEUX :** préférer (d'une préférence affective plus que rationnelle). *J'aime mieux son premier livre que le second. J'aimerais mieux la mort, j'aimerais mieux mourir ! Il aime mieux jouer que travailler.* — LITTÉR. *«J'aimerais mieux, plutôt que d'être à ce point infâme, qu'un chien rongeât mon crâne»* HUGO. *«J'aime mieux qu'Acante soit méchant que si je l'étais»* FÉNELON. ◆ (Dans le même sens) *J'aime autant ça. J'aimerais autant partir en été.*

III S'AIMER v. pron. ■ **1** (RÉFL.) Être attaché à soi, amoureux de soi. *«Narcisse s'aima»* COCTEAU. ◆ Se plaire, se trouver bien. *Je ne m'aime pas dans cette robe.* ■ **2** (RÉCIPR.) Être mutuellement attachés par l'affection, l'amour. *Nous nous aimons beaucoup, ma sœur et moi. «Deux pigeons s'aimaient d'amour tendre»* LA FONTAINE. *«On s'aime à mesure qu'on se connaît mieux»* MICHELET. — PAR EUPHÉM. Faire l'amour. *«D'ailleurs, quelle idée de s'aimer la nuit !»* NIMIER.

■ **CONTR.** Détester, haïr. ■ **HOM.** poss. *Aimais :* émets (émettre).

AINE [ɛn] n. f. – XIIe ◊ latin °*inguinem*, accusatif populaire du classique *inguen*, neutre ■ Partie du corps entre le haut de la cuisse et le bas-ventre. *Pli de l'aine,* correspondant en profondeur à l'arcade crurale. *Hernie de l'aine.* ➤ **inguinal.** ◆ PAR EXT. Pli de l'aine. ■ **HOM.** Haine, 1 n.

AÎNÉ, ÉE [ene] adj. et n. /AINÉ, ÉE/ – XIIIe ; *ainz né* XIIe ◊ de l'ancien français *ainz* «avant», latin populaire °*antius*, compar. de *ante*, et *né* ■ **1** Qui est né le premier (par rapport aux enfants, aux frères et sœurs). *C'est mon fils aîné, ma sœur aînée. «Fromont jeune et Risler aîné»,* roman d'Alphonse Daudet. FIG. (ANCIENNT) *La France, fille aînée de l'Église.* ◆ Descendant de l'aîné. *La branche aînée de la famille.* ■ **2** n. Frère ou sœur plus âgé qu'un autre enfant. ➤ **premier-né.** *L'aînée des sœurs. «Abel était l'aîné, j'étais le plus petit»* HUGO. ◆ Personne plus âgée que telle autre. *Elle est mon aînée, mon aînée de deux ans.* PAR EXT. (LITTÉR.) *Nos aînés :* nos ancêtres, nos devanciers. *Les aînés :* les personnes âgées. *Le club des aînés.* ■ **CONTR.** Benjamin, cadet, puîné. ■ **HOM.** Henné.

AÎNESSE [ɛnɛs] n. f. /AINESSE/ – 1283 ◊ de *aîné* ■ HIST. *Droit d'aînesse :* droit de primogéniture, avantageant considérablement l'aîné dans une succession.

AINSI [ɛ̃si] adv. – XIIIe ; *einsi* 1080 ◊ composé de *si*, latin *sic*, et d'un premier élément d'origine inconnue

I (Manière) De cette façon. ■ **1** (Comme il a été dit ou montré). *Vous devez accepter, c'est ainsi ; c'est ainsi et pas autrement* (cf. Comme ça). *C'est mieux ainsi. Il en a toujours été ainsi. N'acceptez pas, vous auriez tort d'agir ainsi. Tenez-le ainsi, entre les deux doigts. C'est ainsi que... :* voilà comment. *«Est-ce ainsi que les hommes vivent ?»* ARAGON. ◆ (Devant le verbe, avec inversion du sujet.) *«Ainsi dit, ainsi fait»* LA FONTAINE. *«Ainsi parlait Zarathoustra»,* titre français d'un ouvrage de Nietzsche. *Ainsi pourrez-vous les rencontrer. Ainsi va le monde* ! — Ainsi soit-il,* formule optative terminant une prière chrétienne. ➤ **amen.** ◆ LOC. *Et ainsi de suite :* en continuant de la même façon (à la fin d'une énumération). *«Le lundi qui pousse le mardi qui pousse le mercredi et ainsi de suite les saisons»* PRÉVERT. — **POUR AINSI DIRE,** pour parler de cette façon (s'emploie pour atténuer l'expression employée). *«Les avions s'éloignant, indifférents pour ainsi dire»* C. SIMON. *Il est pour ainsi dire le chef.* ➤ **presque, quasiment.** ■ **2** (En tête de phrase, introduit une conclusion) Comme on peut le constater, cela étant, par conséquent. *Ainsi la prudence est nécessaire. «Ainsi tout est vain en l'homme»* BOSSUET. *Ainsi, vous partez à l'étranger ?* ■ **3** Par exemple. *Certains mammifères sont marins, ainsi la baleine.*

II (Comparaison) ■ **1** adv. De même. *«De même qu'un voyageur éprouve une lassitude sans bornes : ainsi la France sentit tout à coup sa blessure»* MUSSET. ■ **2** loc. conj. **AINSI QUE.** De la même façon que. ➤ **comme** (cf. De même que). *Je le connais ainsi que sa femme. «Il est bon que chacun s'accuse ainsi que moi»* LA FONTAINE. — (Réitération d'une information) Comme. *Ainsi qu'on vient de le dire, ainsi qu'il a été dit, montré, prouvé plus haut.* ◆ (Affaibli en conj. de coordin.) Tout comme. ➤ **et.** *«La candeur du juge, ainsi que son mérite»* LA FONTAINE.

AÏOLI [ajɔli] n. m. – 1744 ◊ provençal *aioli*, de *ai* «ail» et *oli* «huile» ■ **1** Mayonnaise à l'ail et à l'huile d'olive. *Aïoli au piment.* ➤ **rouille.** ■ **2** Plat de poisson poché et de légumes bouillis, servis avec un aïoli. *Un aïoli de morue.* — On écrit aussi *ailloli*.

1 **AIR** [ɛʀ] n. m. – début XIIe ◊ du latin *aer*

I GAZ ■ **1** COUR. Fluide gazeux constituant l'atmosphère, que respirent les êtres vivants. *«respirant à pleine poitrine le bon air vif et piquant»* LOTI. *L'air de la mer, de la campagne. L'air marin. Respirer l'air pur. Une bouffée d'air frais. Un bol* d'air. Le fond* de l'air. À l'air libre*. L'air vicié, pollué des villes. On manque d'air ici. Donner de l'air :* aérer. *Air conditionné*, climatisé*.* LOC. **PRENDRE L'AIR :** sortir de chez soi, aller se promener. **CHANGER D'AIR :** aller dans un lieu où règne un autre climat. *Le médecin lui a recommandé de changer d'air. Vivre de l'air du temps :* être sans ressources. *«Est-ce qu'ils croient qu'un sapeur ça vit de l'air du temps ?»* CHRISTOPHE. FAM. **NE PAS MANQUER D'AIR :** avoir de l'aplomb. *Tu ne manques pas d'air !* (cf. Tu es gonflé). *Tu me pompes* l'air.* **À L'AIR :** non recouvert. (Partie du corps) *Se promener les fesses à l'air,* nues. *À l'air libre*.* — (Considéré dans ses mouvements) *Pas un souffle d'air. «Une bouffée d'air brûlant s'échappa de l'ouverture»* GAUTIER. *Courant* d'air. Déplacement d'air,* de masses d'air. *Trou* d'air.* ■ **2** PHYS., CHIM. Mélange gazeux de composition constante à l'état pur (en volume, 21 % d'oxygène, 78 % d'azote, 1 % d'argon et autres gaz rares), souvent chargé d'impuretés (vapeur d'eau, gaz carbonique, ozone, etc.), inodore, incolore et transparent sous une faible épaisseur. *Analyse volumétrique de l'air* (par l'eudiomètre, le phosphore à froid). *Couche d'air atmosphérique.* ➤ **atmosphère.** *État hygrométrique* de l'air. Pesanteur de l'air.* ➤ **pression** (atmosphérique). *Air comprimé*. Air liquide*.* TECHN. *Coussin d'air :* couche d'air insufflée à la base d'un véhicule terrestre (➤ **aérotrain**) ou marin (➤ **aéroglisseur, naviplane**), et qui lui permet de se maintenir au-dessus du sol ou de l'eau. *L'aéroglisseur se déplace sur coussin d'air.* ■ **3** (fin XIIIe) Ce fluide en mouvement. ➤ **vent.** *Il y a, il fait de l'air aujourd'hui. En plein air :* dans le vent, au-dehors. *Sports de plein air.* LOC. *Être libre comme l'air,* libre de ses mouvements, sans aucune sujétion. ■ **4** Espace rempli par ce fluide au-dessus de la terre. ➤ **ciel.** *Fendre l'air. S'élever dans l'air, dans les airs. Descendre du haut des airs.* POÉT. *Les habitants de l'air :* les oiseaux. *Génies de l'air :* elfes, sylphes, etc. LOC. FAM. (1857 ◊ d'une opérette où une sylphide s'évapore) *Jouer la fille de l'air :* disparaître, s'enfuir. ◆ AVIAT. *La conquête de l'air. L'avion a pris l'air,* a décollé. *Baptême* de l'air. Transports par air,* par voie aérienne. *Armée de l'air :* ensemble des forces aériennes militaires. *Missile air-air, air-mer, air-sol,* tiré d'un engin aérien sur une cible aérienne, maritime, terrestre. — PAR EXT. Aviation, transports aériens. *École de l'air. Hôtesse de l'air. Mal de l'air. Pirates* de l'air.*

II EN L'AIR ■ **1** En haut, vers le ciel. *Regarder en l'air. Le nez en l'air. Mettre les bras en l'air* (➤ **1 lever**). *Les mains en l'air !* (cf. Haut* les mains). *Tirer en l'air.* — LOC. *Partie de jambes* en l'air. S'envoyer* en l'air.* ■ **2** PAR EXT. Loin de soi. *Je vais envoyer, flanquer tout ça en l'air* (cf. Envoyer promener*). — *Fiche, foutre en l'air,* faire échouer. (Sujet chose) *Ça va tout fiche en l'air.* ■ **3** En désordre, sens dessus dessous. *Il a tout mis en l'air en cherchant ce papier.* ➤ **déranger.** ■ **4** FIG. Loin des réalités. *Paroles, promesses en l'air,* peu sérieuses, sans fondement. — (En parlant de qqn) *Une tête en l'air :* un étourdi. loc. adj. *Il est vraiment tête en l'air !* (cf. Dans la lune*, dans les nuages*).

III ATMOSPHÈRE, AMBIANCE *Prendre l'air du bureau,* s'informer de ce qui s'y passe, de l'état d'esprit qui y règne. *Il y a du changement dans l'air,* on dirait que les choses vont

changer. LOC. *Il y a de l'orage* dans l'air. L'air du temps* : les idées, les manières d'une époque. *Être dans l'air* : être en préparation, commencer à être senti, à se répandre. *L'idée était dans l'air.* ◆ Champ, espace libre. *Se donner de l'air* : se libérer de certaines contraintes. *Il faudrait mettre un peu d'air dans ce texte, cette page,* un peu d'espace entre les lignes, les paragraphes. ➤ **aérer.**
▪ **HOM.** Aire, ère, erre, ers, haire, hère, 1 r.

2 **AIR** [ɛʀ] **n. m.** – 1580 ◇ ext. de l'emploi fig. «atmosphère, ambiance» de 1 *air* ▪ **1** Apparence générale habituelle à une personne. ➤ **allure, façon, genre.** LOC. *Avoir (un) grand air,* de la distinction, de la noblesse. *«La duchesse de Bourgogne avait un grand air»* VOLTAIRE. *Prendre de grands airs* : faire l'important, le grand seigneur. VX *Le bel air* : les manières du beau monde. *Avoir bon air* (VIEILLI), *l'air comme il faut. Il a un drôle d'air. Il y a entre eux un air de famille. Avoir un faux air de qqn,* une vague ressemblance. ▪ **2** Apparence expressive plus ou moins durable, manifestée par le visage, la voix, les gestes, etc. ➤ **expression, 1 mine.** *Avoir, prendre un air étonné. «des clignements d'yeux, des airs entendus»* DAUDET. *Des airs penchés*. «Un petit air de doute et de mélancolie»* MUSSET. ▪ **3 AVOIR L'AIR :** présenter tel aspect. *De quoi ai-je l'air dans cette tenue ? «Vraiment on a l'air d'un laquais et non pas d'un amant»* BANVILLE. ◆ (Suivi d'un adj. et entraînant ou non l'accord de l'attribut) ➤ **paraître.** *«Elle avait l'air hardi et content d'elle-même»* SAND. *«Tous ont l'air triste»* FLAUBERT. *Elle avait l'air surprise. «Ils m'avaient l'air terriblement hardis»* FRANCE. — (CHOSES) *«Leur vitesse n'avait pas l'air excessive»* FLAUBERT. *Ça n'a pas l'air facile.* ◆ (Avec de et l'inf.) ➤ **sembler.** *Tu as l'air de me le reprocher.* Les *«minarets qui ont l'air de pointer vers les étoiles»* LOTI. FAM. *Ça m'a tout l'air d'être fermé ; ça m'en a tout l'air.* ◆ *N'avoir l'air de rien* : avoir l'air insignifiant, sans valeur, facile (mais être réellement tout autre chose). *«Du dehors, la maison n'avait l'air de rien»* DAUDET. *C'est un travail qui n'a l'air de rien, mais qui demande de la patience.* — (PERSONNES) *Sans avoir l'air de rien, l'air de rien, sans avoir l'air d'y toucher* : discrètement (cf. Mine* de rien). *Cette sournoiserie «qui leur fait enfreindre les règlements sans avoir l'air d'y toucher»* DEL AMO.

3 **AIR** [ɛʀ] **n. m.** – 1578 ◇ de l'italien *aria* «apparence, expression du visage» et «mélodie», du latin *aera,* accusatif de *aer, aeris* «air» → 1 air. REM. L'italien *aria* a connu la même évolution de sens que l'allemand *Weise* «manière» et «mélodie». ▪ **1** Morceau de musique composé pour une voix, accompagné de paroles. ➤ **mélodie.** *Il faut «que l'air soit accommodé aux paroles»* MOLIÈRE. *Fredonner, siffler l'air d'une chanson à la mode. Air classique.* ➤ **2 aria.** *Un air d'opéra. Le grand air de la Tosca.* LOC. PROV. *L'air ne fait pas la chanson* : on ne doit pas juger les gens sur l'apparence. *C'est l'air qui fait la chanson* : c'est le ton qui donne un sens aux paroles. LOC. *En avoir l'air et la chanson* : être réellement ce que l'on paraît. ▪ **2** Chant, chanson (musique et paroles à la fois). *Des airs à boire,* bachiques. *Airs d'autrefois, vieux airs des provinces françaises. Sur l'air des lampions*. C'est un air connu ;* FIG. une banalité, un lieu commun (cf. On connaît la chanson*). ▪ **3** Partie, de style mélodique, d'une composition vocale et instrumentale, ou purement instrumentale. *Air de danse. Variations sur un air.* ➤ **cantate, concert, opéra, oratorio, récitatif, suite.**

AIRAIN [ɛʀɛ̃] **n. m.** – XVIe ; *arain* XIIe ◇ bas latin *aeramen,* du classique *aes, aeris* ▪ VX OU LITTÉR. Bronze. *«C'est l'angélus qui sonne [...], l'air s'emplit de vibrations d'airain»* LOTI. ◆ FIG. *D'airain* : dur, implacable. *Cœur d'airain.* — *La loi d'airain* : nom donné par Lassalle à la loi qui, en régime capitaliste, limite le salaire de l'ouvrier au minimum vital ; PAR EXT. principe, règle inflexible.

AIRBAG [ɛʀbag] **n. m.** – 1992 ◇ n. déposé, de l'anglais *air* «1 air» et *bag* «1 sac» ▪ ANGLIC. Équipement de sécurité d'un véhicule, composé d'un coussin qui se gonfle en cas de choc afin de protéger le conducteur et les passagers. *Des airbags.* **Recomm. offic.** *sac gonflable, coussin gonflable, coussin de sécurité.* — PAR COMPAR. *«avec des nibards gros comme des airbags»* Y. KHADRA. — FIG., FAM. Sein (de femme).

AIRBUS [ɛʀbys] **n. m.** – 1966 ◇ de 1 *air* et *(auto)bus* ▪ Grand avion de transport pour passagers.

1 **AIRE** [ɛʀ] **n. f.** – fin XIe ◇ du latin *area* ▪ **1** Toute surface plane. ◆ ANCIENNT Terrain aplani où l'on battait le grain. ◆ CONSTR. *Aire d'un plancher, d'un bassin,* leur soubassement, leur fond, faits de divers matériaux. ◆ GÉOL. *Aires continentales* : anciennes plateformes stables sur lesquelles se sont déposées les roches sédimentaires. ◆ AVIAT. *Aire d'atterrissage, de manœuvre, de stationnement.* ASTRONAUT. *Aire de lancement* : plateforme où sont réunis les équipements qui assurent la construction et le lancement d'un engin spatial. ◆ *Aire de repos* : espace aménagé en bordure d'autoroute pour permettre aux automobilistes de faire halte sans gêner la circulation. *Aire de jeux pour les enfants.* ▪ **2** (XIIIe) GÉOM. Portion limitée de surface, nombre qui la mesure. ➤ **superficie.** *Calculer l'aire d'un triangle.* MATH., PHYS. *Loi des aires* : loi d'un mouvement sous l'action d'une force centrale selon laquelle le rayon vecteur du mobile balaie une aire constante par unité de temps. *Les planètes autour du Soleil ont un mouvement qui suit la loi des aires. Méthode des aires* : procédé combinant les méthodes de l'astronomie de position et du positionnement géodésique. *La méthode des aires et la méthode des arcs de méridien.* ◆ MAR. *Aire de vent* : trente-deuxième partie de l'horizon. ➤ **rhumb.** ▪ **3** Région plus ou moins étendue occupée par certains êtres, lieu de certaines activités, certains phénomènes. ➤ **1 champ, domaine, zone.** *Aire urbaine,* constituée par un pôle urbain et sa couronne périurbaine. *Aire linguistique,* propre à un fait ou ensemble de faits linguistiques. ◆ ÉCOL., GÉOGR. Portion d'espace où se rencontre une espèce vivante. *Aire de répartition de la vigne, des forêts. Aire de répartition d'une espèce animale* (dite *aire spécifique*). ◆ Région anatomique. ➤ **zone.** *Aire striée* : champ strié*. *Aire germinative* : portion du germe où l'ectoderme épaissi marque l'emplacement du futur embryon. ▪ **HOM.** Air, ère, erre, ers, haire, hère, 1 r.

2 **AIRE** [ɛʀ] **n. f.** – fin XIe ◇ du latin *ager, agri* «champ, territoire» ▪ Espace plat où nichent les oiseaux de proie. PAR EXT. Le nid lui-même. *L'aire d'un aigle.*

AIREDALE [ɛʀdɛl] **n. m.** – 1900 ◇ mot anglais, abrév. de *Airedale terrier* (1880), nom de la vallée *(dale)* de l'*Aire* ▪ Chien terrier à poil dur, à corps court et musclé. *Des airedales.*

AIRELLE [ɛʀɛl] **n. f.** – 1573, à Lyon ◇ mot du dialecte franco-provençal (1555), d'un dérivé en *-ella* du latin *atra,* fém. de *ater* «noir» ▪ **1** Arbrisseau porteur de baies comestibles, à la saveur légèrement acide, dont il existe plusieurs espèces. *L'airelle myrtille.* ➤ **myrtille.** *L'airelle à fruits rouges. L'airelle des bois,* à baie bleue. ➤ **bleuet.** ▪ **2** Baie rouge de cet arbrisseau. *Rôti de biche aux airelles.*

AIRER [eʀe] **v. intr.** ⟨1⟩ – XIIIe ◇ de 2 *aire* ▪ Faire son nid, nicher (oiseaux de proie). ▪ **HOM.** Errer.

AIS [ɛ] **n. m.** – 1160 ◇ latin *axis* ▪ VX Planche. MOD. Planchette de bois (recouverte d'étoffe, de peau), utilisée pour les plats des reliures médiévales. ◆ TECHN. Plaque rectangulaire en bois ou en carton destinée à la mise en presse d'un livre à relier. ▪ **HOM.** Haie.

AISANCE [ɛzɑ̃s] **n. f.** – 1283 ◇ latin *adjacentia* «environs», puis bas latin «bonne disposition» ▪ **1** AU PLUR. (VX sauf dans certaines expr.) Commodités. DR. *Aisances de voirie* : droits des riverains sur la voie publique (droits d'accès, de vue, de jour, etc.). — *Cabinet, lieux d'aisances* : lieu aménagé pour la satisfaction des besoins naturels. ➤ **toilettes.** *Fosse* d'aisances.* ▪ **2** (XVe) Situation de fortune qui assure une vie facile. *Vivre dans l'aisance sans être vraiment riche.* ▪ **3** (XVIIe) Facilité naturelle qui ne donne aucune impression d'effort. ➤ **grâce, naturel.** *Un gentilhomme «avait, pour saluer, prendre du tabac, [...] l'aisance et la grâce»* TAINE. *«Leur aisance à s'exprimer en français»* LOTI. *Avec aisance, avec une parfaite aisance.* ▪ **CONTR.** Gêne. Difficulté, embarras.

1 **AISE** [ɛz] **n. f.** – XIIe ; «espace vide à côté de qqn» XIe ◇ latin populaire °*adjacens,* substantivation du p. prés. classique de *adjacere* «être adjacent, voisin» ▪ **1** État d'une personne que rien ne gêne. *«L'aise en voyage, c'est tout»* FLAUBERT. LOC. **ÊTRE À L'AISE :** ne pas être gêné. *Je suis à l'aise dans ce costume.* Être commodément installé. *«Croyez-vous donc qu'on soit à l'aise dans cette armoire ?»* HUGO. N'éprouver aucune crainte, aucun embarras. *À l'aise en toute situation.* FAM. *Être à l'aise dans ses baskets*.* — **SE METTRE À L'AISE :** se débarrasser des vêtements, des objets qui gênent. *Mettez-vous à l'aise.* — **METTRE À L'AISE :** donner toute facilité de s'exprimer, d'agir, épargner toute gêne, toute timidité. ➤ RÉGION. **dégêner.** *Je vous mets à l'aise, nous serons seuls.* — **MAL À L'AISE :** contraint, embarrassé, gêné. *Son discours nous a mis mal à l'aise* (➤ **malaisant**). *Il est mal à son aise.* — **À SON AISE :** sans être contraint. *En parler à son aise,* sans connaître les difficultés que d'autres peuvent éprouver. *En prendre à son aise avec qqch.* : ne pas se gêner, ne faire que ce qui plaît. *Vous en prenez à votre aise avec le règlement. Faire qqch. à son aise,* en toute liberté,

à loisir. « *Vous jouirez à votre aise du plaisir de sa vue* » MOLIÈRE. *À votre aise !* comme vous voudrez. — FAM. *À l'aise* : facilement. *Ça passe à l'aise. À l'aise, Blaise !* — *Être à son aise* : vivre dans une honnête aisance. *Ils sont à leur aise.* ■ **2** LITTÉR. Contentement, joie. *Combler, remplir d'aise.* « *tant ils avaient d'aise d'être ensemble* » SAND. *Des soupirs d'aise.* ■ **3** AU PLUR. Les commodités de la vie. LOC. *Aimer ses aises*, son confort, son bien-être. *Prendre ses aises* : s'installer, s'étaler de façon peu discrète.

2 **AISE** [ɛz] **adj.** – XIIe ◊ de 1 *aise* ■ LITTÉR. **(auj. toujours précédé d'un intensif)** Content. *Nous en sommes bien aises.* « *il fut tout heureux et tout aise De rencontrer un limaçon* » LA FONTAINE. ■ CONTR. Mécontent.

AISÉ, ÉE [eze] **adj.** – XIIIe ◊ de l'ancien verbe *aisier*, de *aise* ■ **1** Qui a de l'aisance, où l'on ne sent aucune gêne. ➤ **naturel, souple.** « *j'admirais leur air libre et aisé* » LESAGE. *Il* « *prêtait à ses connaissances* [...] *un tour aisé, clair* » MAUPASSANT. ◆ Qui vit dans l'aisance. *Une famille aisée.* ■ **2** LITTÉR. Qui se fait sans peine. ➤ **facile.** « *La critique est aisée, et l'art est difficile* » DESTOUCHES. — IMPERS. « *Il n'est pas si aisé de se faire un nom* » LA BRUYÈRE. ■ CONTR. Embarrassé, gêné ; modeste. Difficile, malaisé.

AISÉMENT [ezemɑ̃] **adv.** – XIIe ◊ de *aisé* ■ LITTÉR. Sans difficulté, sans peine. ➤ **facilement.** « *Je pardonne aisément* » MONTESQUIEU. « *la pensée ne peut pas se dégager aisément des liens que lui a faits l'habitude* » FUSTEL DE COULANGES. — *Il fait aisément 35 degrés.* ■ CONTR. Malaisément.

AISSEAU [ɛso] **n. m.** – XIVe ◊ diminutif de *ais* ■ Petite planche utilisée en construction. ➤ 1 **bardeau.**

AISSELLE [ɛsɛl] **n. f.** – 1175 ◊ latin populaire °*axella*, classique *axilla*, diminutif de *ala* « aile » ■ **1** Dépression située entre l'extrémité supérieure du bras et la paroi latérale du thorax (➤ **axillaire**). « *Lorsque Nana levait les bras, on apercevait les poils d'or de ses aisselles* » ZOLA. ■ **2** (XVIIe) BOT. Angle aigu que forme la jonction entre branche et rameau, entre branche et tige ou pétiole. *L'aisselle abrite souvent un bourgeon dormant.*

AJOINTER [aʒwɛ̃te] **v. tr.** ‹1› – 1838 ◊ de *à* et 1 *joint* ■ Joindre bout à bout. ➤ **abouter.** *Ajointer des tuyaux.*

AJONC [aʒɔ̃] **n. m.** – 1389 ; par attraction de *jonc* ; *ajo(u)* XIIIe ◊ mot berrichon d'origine probablt prélatine ■ Arbrisseau à feuilles en épines acérées *(papilionacées)*, à fleurs jaunes, commun dans les landes atlantiques.

AJOUR [aʒuʀ] **n. m.** – 1866 ◊ de *ajouré* ■ ARCHIT. Petite ouverture laissant passer le jour. — Jour à l'intérieur d'un motif de broderie.

AJOURÉ, ÉE [aʒuʀe] **adj.** – 1644 ◊ de *à* et *jour* ■ **1** BLAS. Dont l'ouverture laisse voir l'émail du champ. ■ **2** (fin XVIIIe) Percé, orné de jours. *Porte, clôture ajourée.* — (BRODERIE) *Motifs, points ajourés. Draps ajourés.* ■ CONTR. Plein.

AJOURER [aʒuʀe] **v. tr.** ‹1› – 1895 ◊ de *ajouré* ■ Percer, orner de jours. *Ajourer un napperon.*

AJOURNEMENT [aʒuʀnəmɑ̃] **n. m.** – fin XIIIe ; « lever du jour » 1213 ◊ de *ajourner* ■ **1** ANCIENNT Assignation à comparaître à jour fixe devant un tribunal. ■ **2** (1751) Renvoi à une date ultérieure ou indéterminée. ➤ **remise.** *Le ministre a demandé l'ajournement du débat. Ajournement d'un procès. Ajournement des Chambres* : suspension de la session des Chambres par le gouvernement pour un temps indéterminé. ◆ Renvoi d'un conscrit *(ajournement d'incorporation)* à une nouvelle séance du conseil de révision, d'un candidat à une nouvelle session d'examen. ■ **3** Fait de remettre à plus tard les décisions, d'atermoyer. ➤ **atermoiement, procrastination, retard.** *Cette habitude* « *de l'ajournement perpétuel* » PROUST.

AJOURNER [aʒuʀne] **v. tr.** ‹1› – XIIIe ; « faire jour » 1080 ◊ de 1 *a-* et *jour* ■ **1** ANCIENNT Assigner par exploit d'ajournement*. ■ **2** (1775) Renvoyer à un autre jour ou à une date indéterminée. *Ajourner un débat, un procès, des élections.* — Remettre, retarder. *Ajournez votre départ.* ■ **3** **(Compl. personne)** Renvoyer (un conscrit, un candidat) à une séance ultérieure du conseil de révision, à une session d'examen ultérieure. ➤ **refuser,** VX **retoquer.** — **p. p. adj.** *Candidat ajourné à un an.* SUBST. *Les ajournés* : les conscrits, les candidats ajournés.

AJOUT [aʒu] **n. m.** – 1895 ◊ de *ajouter* ■ **1** Action d'ajouter. *Sans ajout de sucre, de conservateurs.* ➤ **adjonction.** ■ **2** Élément ajouté à l'original, au plan primitif. ➤ **addition.** *Manuscrits, épreuves surchargés d'ajouts. Édifice gâté par des ajouts.* ■ CONTR. Suppression.

AJOUTER [aʒute] **v. tr.** ‹1› – XIIe ; « mettre auprès, réunir » 1080 ; d'abord *ajoster, ajuster* ◊ de l'ancien français *joste* « auprès », latin *juxta* → jouter

I **v. tr.** ■ **1** Mettre en plus ou à côté. ➤ **joindre.** *Ajouter un étage à une construction. Ajoutez quelques petits oignons. Il a ajouté un chapitre au texte original.* ◆ Dire en plus. *Permettez-moi d'ajouter un mot.* « *Eh bien ! ajouta-t-il* » LA FONTAINE. *J'ajoute que c'est bien naturel. Je n'ai rien à ajouter.* ◆ Considérer en outre. *Ajoutez à cela son mauvais caractère.* ■ **2** (XIIe) *Ajouter foi à* : accorder créance à. ➤ **croire.** « *Elle n'ajoutait aucune foi à ces abominations* » MAURIAC. ■ **3** **(Sujet chose)** *Cela ajoute une note de gaieté. Cela n'ajoute rien*, n'améliore pas.

II **v. tr. ind.** Augmenter, accroître. « *La crainte ajoute à nos peines, comme les désirs ajoutent à nos plaisirs* » MONTESQUIEU. *En intervenant, il n'a fait qu'ajouter à la pagaille.*

III **v. pron.** Se joindre, en grossissant, en aggravant, en renforçant. *Diverses primes s'ajoutent au salaire de base. À cela, vient s'ajouter une nouvelle difficulté.*
■ CONTR. Déduire, enlever, ôter, retrancher, soustraire.

AJUSTAGE [aʒystaʒ] **n. m.** – 1350 ◊ de *ajuster* ■ Opération destinée à donner à une pièce la dimension exacte que requiert son ajustement à une autre. ◆ Mise à l'épaisseur des lames métalliques dans lesquelles sont découpées les monnaies afin d'obtenir le poids légal.

AJUSTEMENT [aʒystəmɑ̃] **n. m.** – 1328 ◊ de *ajuster* ■ **1** Action d'ajuster ; fait d'être ajusté, degré de serrage ou de jeu entre deux pièces assemblées (mâle et femelle). *Ajustement libre, bloqué, serré, tournant, glissant.* ■ **2** FIG. Adaptation, mise en rapport. « *le choix, l'ajustement des termes* » DUHAMEL. ◆ VX Arrangement de la toilette. ➤ **mise ; habillement.** « *Théognis est recherché dans son ajustement* » LA BRUYÈRE. ■ **3** STATIST. Élimination des irrégularités constatées dans des tracés ou des indices, pour faire apparaître plus clairement la tendance générale. *Ajustement de séries statistiques à une loi de probabilité.*

AJUSTER [aʒyste] **v. tr.** ‹1› – XIIIe ◊ de 1 *a-* et *juste* ■ **1** Mettre aux dimensions convenables, rendre conforme à un étalon. ➤ **régler.** *Ajuster les rênes, les étriers. Ajuster une pièce mécanique, les flans des monnaies. Ajuster un tir, un coup de fusil.* PAR EXT. Viser avec une arme à feu. *Ajuster un lièvre.* LOC. *Ajuster son coup* : bien combiner son coup. ◆ VIEILLI Arranger, disposer de façon appropriée. *Ajuster sa toilette, sa coiffure.* — PRONOM. *Il* « *s'ajusta mieux, avec une certaine coquetterie* » LOTI. ➤ **s'habiller, se parer.** ■ **2** Mettre en état d'être joint à (par adaptation, par ajustage). *Ajuster un tuyau à un robinet, un manche à un outil. Vêtement ajusté*, qui dessine la taille, les formes **(opposé à *ample*)**. ➤ **collant, moulant ; cintrer.** PRONOM. *Couvercle faussé qui s'ajuste mal au récipient.* ◆ FIG. Mettre en conformité avec, adapter. *L'expression* « *admirablement ajustée à la pensée* » FAGUET. ■ **3** VIEILLI Mettre (plusieurs choses) en accord, en harmonie pour un but déterminé. ➤ **assembler, joindre, monter.** ■ CONTR. Déranger.

AJUSTEUR, EUSE [aʒystœʀ, øz] **n.** – XVIe « ajusteur de monnaies » ◊ de *ajuster* ■ Ouvrier qui trace et façonne des métaux d'après un plan, réalise des pièces mécaniques. *Ajusteur de précision. Ajusteur-mécanicien, ajusteur-monteur, ajusteur-outilleur.*

AJUT [aʒyt] **n. m.** – 1751 *ajuste* ◊ de *ajuster* ■ MAR. Action de joindre (deux cordages). *Nœud d'ajut.*

AJUTAGE [aʒytaʒ] **n. m.** – 1676 ◊ var. de *ajustage* ■ Dispositif à un ou plusieurs trous, s'adaptant à l'orifice d'une canalisation, permettant de modifier l'écoulement d'un fluide. *Ajutage cylindrique. Ajutage d'un tuyau d'arrosage.*

AKATHISIE ➤ **ACATHISIE**

AKÈNE [akɛn] **n. m.** – 1802 ◊ de 2 *a-* et du grec *khainein* « s'ouvrir » ■ BOT. Fruit sec, indéhiscent, dont la graine unique n'est pas soudée au péricarpe*. *L'akène du pissenlit, du noisetier. Les akènes de la fraise.* — On écrit parfois *achaine, achène* [akɛn].

AKINÉSIE [akinezi] **n. f.** – 1877 ◊ grec *akinêsia* « immobilité » ■ MÉD. Impossibilité pathologique de faire certains mouvements (sans que la force musculaire soit diminuée). ➤ **aussi amimie.** On dit aussi **ACINÉSIE** [asinezi]. — **adj. AKINÉTIQUE.**

AKKADIEN, IENNE [akadjɛ̃, jɛn] **adj. et n. m.** – *accadien* 1878 ◊ de *Akkad*, nom hébreu d'une ville de Mésopotamie ■ HIST. Du pays d'Akkad, région de la Mésopotamie centrale (au nord de Sumer). *L'art akkadien.* — **n. m.** *L'akkadien* : la plus ancienne des langues sémitiques (sémitique oriental, d'où est issu l'assyrien). ➤ **assyro-babylonien.** ■ HOM. Acadien.

AKVAVIT ➤ **AQUAVIT**

ALABANDITE [alabɑ̃dit] **n. f.** – 1824 ; «almandin» 1690 ◊ de *Alabanda*, ancienne ville d'Asie Mineure ■ MINÉR. Sulfure de manganèse naturel, de couleur grise à vert noirâtre.

ALABASTRITE [alabastʀit] **n. f.** – 1771 ◊ latin *alabastrites* → albâtre ■ Albâtre gypseux très blanc. *Statuette en alabastrite.*

ALACRITÉ [alakʀite] **n. f.** – 1495 ◊ latin *alacritas* ■ RARE Enjouement, entrain.

ALAIRE [alɛʀ] **adj.** – 1827 ◊ latin *alarius* ■ Qui appartient, est relatif à l'aile (d'un animal, d'un avion). *Plumes alaires. Membrane alaire des chauves-souris. — Surface, charge alaire d'un avion.*

ALAISE ➤ **ALÈSE**

ALAMBIC [alɑ̃bik] **n. m.** – milieu XIIIe ◊ de l'arabe *al anbîq* «chapiteau d'un alambic», emprunté au grec *ambix* «vase» ■ Appareil servant à la distillation. *Cucurbite, condenseur, manomètre, serpentin d'un alambic.* ♦ LOC. (VIEILLI) *Passer une affaire par, à l'alambic,* l'examiner minutieusement.

ALAMBIQUÉ, ÉE [alɑ̃bike] **adj.** – 1688 ◊ p. p. de l'ancien verbe *alambiquer* 1552, de *alambic* ■ Exagérément compliqué et contourné. ➤ **quintessencié, subtil.** «*les pages alambiquées du roman panthéiste de M. de Lamartine*» SAINTE-BEUVE. «*un esprit des plus confus, alambiqué*» PROUST. ➤ **amphigourique, biscornu, tarabiscoté.**

ALANDIER [alɑ̃dje] **n. m.** – 1838 ◊ de 1*a-* et *landier* ■ Foyer placé à la base d'un four servant à la cuisson des céramiques.

ALANGUI, IE [alɑ̃gi] **adj.** – de *alanguir* ■ Languissant, langoureux. *Un air alangui.* ➤ **nonchalant.** *Dans une pose alanguie.* ➤ **langoureux.**

ALANGUIR [alɑ̃giʀ] **v. tr.** ⟨2⟩ – 1539 ◊ de 1*a-* et *languir* ■ Rendre languissant. ➤ **abattre, affaiblir.** «*cette sorte de paresse qui souvent l'alanguissait*» JAURÈS. PRONOM. Tomber dans un état de langueur. *Chat qui s'alanguit au soleil.* ■ CONTR. Exciter, stimuler.

ALANGUISSEMENT [alɑ̃gismɑ̃] **n. m.** – 1552 ◊ de *alanguir* ■ État d'une personne qui s'alanguit. ➤ **langueur.** «*cet alanguissement de la chair*» MAUPASSANT.

ALANINE [alanin] **n. f.** – 1850 ◊ de *al(déhyde)* et suffixe chimique *-ine* ■ BIOCHIM. Acide aminé naturel aliphatique.

ALARMANT, ANTE [alaʀmɑ̃, ɑ̃t] **adj.** – 1766 ◊ de *alarmer* ■ Qui alarme, est de nature à alarmer. ➤ **inquiétant.** *Nouvelles, rumeurs alarmantes. Symptôme, état alarmant.* ➤ **préoccupant.** ■ CONTR. Rassurant.

ALARME [alaʀm] **n. f.** – XIVe ◊ italien *all'arme* «aux armes !». Cf. *alerte.* ■ **1** Signal pour appeler aux armes, annoncer l'approche de l'ennemi. ➤ 1**alerte.** *Le guetteur a donné l'alarme. Sonner l'alarme.* ♦ Signal avertissant d'un danger. *Pousser un cri d'alarme. Sirène, sonnette d'alarme. Signal d'alarme,* que les voyageurs peuvent actionner en cas de danger, et qui provoque l'arrêt du train. ♦ Dispositif de surveillance d'un local, d'un véhicule. *Alarme volumétrique,* surveillant un espace. *Alarme périphérique,* surveillant les accès. ♦ TÉLÉCOMM. *Fausse alarme :* détection erronée. *Taux de fausse alarme admissible pour un radar.* ♦ LOC. *Donner, sonner l'alarme, tirer la sonnette d'alarme :* lancer des avertissements quant à des dangers menaçants. ■ **2** Trouble, agitation d'une troupe, d'un camp à ce signal. ♦ Vive inquiétude en présence d'une chose alarmante. *À la première alarme, le voilà affolé. Ce n'était qu'une fausse alarme,* nous nous sommes inquiétés sans raison. ➤ 1**alerte.** ■ CONTR. Tranquillité.

ALARMER [alaʀme] **v. tr.** ⟨1⟩ – v. 1620 ; «donner l'alarme» 1578 ◊ de *alarme* ■ Inquiéter en faisant pressentir un danger. *Il a eu une rechute qui a alarmé son entourage.* «*Le peuple était très justement alarmé d'une fuite possible du Roi*» MICHELET. — VIEILLI *Alarmer la pudeur,* l'effaroucher. ♦ PRONOM. S'inquiéter vivement. *Elle s'alarme pour un rien.* ■ CONTR. Rassurer, tranquilliser.

ALARMISME [alaʀmism] **n. m.** – 1956 ◊ de *alarmiste* ■ Tendance à répandre l'inquiétude en étant alarmiste. ➤ **catastrophisme, pessimisme.**

ALARMISTE [alaʀmist] **n.** – 1792 ◊ de *alarme* ■ Personne qui répand intentionnellement des bruits alarmants. ➤ **défaitiste, pessimiste.** — **adj.** *Médecin alarmiste. Article, communiqué alarmiste.* ➤ **catastrophiste.**

ALASTRIM [alastʀim] **n. m.** – avant 1920 ◊ du portugais *alastrar* «se répandre» ■ PATHOL. Forme mineure de la variole, observée surtout en Amérique et en Afrique.

ALATERNE [alatɛʀn] **n. m.** – 1551 ◊ latin *alaternus* ■ BOT. Nerprun à feuilles persistantes.

ALBACORE [albakɔʀ] **n. m.** – v. 1525 ◊ de l'hispano-américain *albacora,* lui-même probablement de l'arabe du Maroc *al bakûra* «jeune thon», de *bākûr* «précoce» ■ ZOOL. Thon blanc. ➤ **germon.**

ALBANAIS, AISE [albanɛ, ɛz] **adj. et n.** – 1512 ◊ de *Albania* «Albanie», nom donné en latin médiéval à l'ancienne Épire ■ De l'Albanie. *Frontière gréco-albanaise.* — **n.** *Les Albanais.* **n. m.** *L'albanais :* langue indo-européenne parlée principalement en Albanie, comprenant deux dialectes.

ALBÂTRE [albɑtʀ] **n. m.** – 1160 ◊ latin d'origine grecque *alabastrum* ■ Variété de gypse compact coloré *(albâtre oriental)* ou très blanc (➤ **alabastrite**). *L'albâtre blanc d'Italie,* semblable au marbre mais plus chaud au toucher. ABUSIVEMENT Calcite translucide peu colorée. — POÉT. *D'albâtre :* d'une blancheur éclatante. «*Déesse aux yeux d'azur, aux épaules d'albâtre*» MUSSET. ♦ Objet d'art (coupe, statuette) en albâtre.

ALBATROS [albatʀos] **n. m.** – 1751 ◊ de l'anglais *albatros,* probablement altération de *alcatras* «pélican, albatros» (1564), d'après le latin *albus* «blanc». *Alcatras,* que l'on relève aussi en français sous la forme *alcatraz* «pélican d'Amérique» (1556) et «albatros» (1610), est un mot portugais (pour «pélican») ou espagnol (pour «albatros»), emprunté à l'arabe *al-ġaṭṭās* «aigle marin». ■ **1** Grand oiseau planeur blanc ou gris *(procellariiformes)* océanique ou pélagique, au bec crochu, vivant souvent en vastes colonies. *L'albatros hurleur des mers australes.* «*les gros albatros lourds, d'une teinte sale*» LOTI. «*L'albatros*», *poème de Baudelaire.* ■ **2** Au golf, Trou réalisé en trois coups de moins que le par (➤ **aussi birdie, eagle**).

ALBÉDO [albedo] **n. m.** – 1901 ◊ du latin *albedo* «blancheur» ■ PHYS., ASTRON. Fraction du flux total de lumière ou de particules incidentes renvoyée par réflexion diffuse à la surface de séparation de deux milieux. *Un corps noir possède un albédo nul. Mesure des albédos des planètes.* ➤ **magnitude.**

ALBIGEOIS, OISE [albiʒwa, waz] **adj. et n.** – XIIIe ◊ de *Albiga,* nom latin d'Albi ■ D'Albi. *La région albigeoise.* — HIST. RELIG. *Les albigeois :* fraction de la secte des cathares, contre lesquels le pape Innocent III fit prêcher la croisade au XIIIe s.

ALBINISME [albinism] **n. m.** – 1838 ◊ de *albinos* ■ Absence totale de pigment dans la peau, le système pileux et les yeux (iris), due à des facteurs génétiques. ➤ **achromie.** — (Emplois critiqués) *Albinisme partiel,* caractérisé par la présence de taches blanches cutanées, de mèches de cheveux blancs ; *albinisme acquis* (➤ **vitiligo**). ■ CONTR. Mélanisme.

ALBINOS [albinos] **n.** – 1763 «albinos d'Afrique occidentale» ◊ mot espagnol, plur. de *albino,* famille du latin *albus* «blanc» ■ Individu atteint d'albinisme. — **adj.** *Lapine albinos.*

ALBITE [albit] **n. f.** – 1814 ◊ du latin *albus* «blanc» ■ Feldspath de couleur blanche, riche en sodium.

ALBUGINÉ, ÉE [albyʒine] **adj. et n. f.** – 1377 ◊ du latin *albugo, albuginis* «taie», de *albus* «blanc» ■ HISTOL. De couleur blanchâtre. ♦ **n. f.** Tissu, membrane blanchâtre de certains organes. *Albuginée qui enveloppe le testicule. Albuginée de l'œil.*

ALBUGO [albygo] **n. m.** – 1492 ◊ mot latin → albuginé ■ MÉD. Tache blanche de la cornée. ♦ Tache blanche des ongles. *Ongles constellés d'albugos.*

ALBUM [albɔm] **n. m.** – 1704 ◊ de l'expression du latin moderne *album amicorum,* mot à mot «liste (album) d'amis» (1662), du latin *album* «tableau blanc exposé publiquement» puis «liste», de *albus* «blanc». L'expression latine, qui désignait un petit livre blanc dans lequel on recueillait les autographes d'amis ou de gens connus, ainsi que le sens actuel d'*album,* viennent d'Allemagne. ■ **1** Cahier ou classeur personnel destiné à recevoir des dessins, des photos, des autographes, des collections diverses. *Un album de timbres.* ■ **2** Recueil imprimé d'illustrations, de documents iconographiques. *Des albums de bandes dessinées.* ■ **3** Enregistrement phonographique constitué d'un ou plusieurs disques réunis sous la même jaquette. ➤ **aussi EP, single** (ANGLIC.). *Jeune chanteuse qui vient d'enregistrer son premier album.* ♦ Ensemble de morceaux de musique distincts constituant un tout cohérent. *Télécharger le dernier album d'un groupe.*

ALBUMEN [albymɛn] n. m. – 1803 ⬦ mot bas latin ▪ **1** EMBRYOL. Blanc de l'œuf constitué principalement d'albumine, contribuant à la nutrition de l'embryon de l'oiseau. ▪ **2** Tissu de réserve d'une graine, source de nourriture pour l'embryon.

ALBUMINE [albymin] n. f. – 1792 ⬦ bas latin *albumen* «blanc d'œuf» ▪ BIOCHIM. Membre d'une classe de protéines hydrosolubles présentes dans le sérum sanguin, le lait, les œufs et dans de nombreux fluides biologiques. *Les albumines sont coagulées par la chaleur.* — COUR. *Avoir de l'albumine* : présenter de l'albuminurie. — adj. **ALBUMINEUX, EUSE,** 1736.

ALBUMINÉ, ÉE [albymine] adj. – 1814 ⬦ de *albumen* ▪ BOT. Pourvu d'albumen. *Graine albuminée.*

ALBUMINOÏDE [albyminɔid] adj. – 1853 ⬦ de *albumine* et *-oïde* ▪ VIEILLI De la nature de l'albumine. — n. m. Protéide.

ALBUMINURIE [albyminyʀi] n. f. – 1838 ⬦ de *albumine* et *-urie* ▪ PATHOL. Présence d'albumine dans les urines. ➤ **protéinurie.**

ALBUMINURIQUE [albyminyʀik] adj. – 1857 ⬦ de *albuminurie* ▪ Relatif à l'albuminurie. ♦ Atteint d'albuminurie. — n. *Un, une albuminurique.*

ALBUMOSE [albymoz] n. f. – 1898 ⬦ du radical de *albumine* et 1 *-ose* ▪ BIOCHIM. Polypeptide produit par l'hydrolyse incomplète d'une protéine.

ALCADE [alkad] n. m. – 1576 ; *arcade* 1323 ⬦ espagnol *alcalde*, de l'arabe *al-qâdi* → cadi ▪ VX Juge de paix, dans les pays espagnols. MOD. Maire, en Espagne.

ALCALESCENT, ENTE [alkalesɑ̃, ɑ̃t] adj. – 1735 ⬦ du radical de *alcalin* ▪ Qui a ou prend des propriétés alcalines. — n. f. **ALCALESCENCE,** 1771.

ALCALI [alkali] n. m. – 1509 ⬦ arabe *al-qâly* «soude» ▪ **1** CHIM. Nom générique des bases que donnent avec l'oxygène et l'hydrogène les métaux dits alcalins. VX *Alcalis fixés* (potasse et soude), *alcali volatil* (ammoniaque), *végétal* (potasse), *minéral* (soude). *Alcalis caustiques.* ▪ **2** COMM. Solution ammoniacale ; PAR EXT., se dit de certains des sels d'ammonium à propriétés basiques (carbonate).

ALCALIMÉTRIE [alkalimetʀi] n. f. – 1853 ⬦ de *alcali* et *-métrie* ▪ Détermination du titre d'une solution alcaline, à l'aide d'un appareil appelé *alcalimètre.*

ALCALIN, INE [alkalɛ̃, in] adj. – 1691 ⬦ de *alcali* ▪ CHIM. Qui appartient, a rapport aux alcalis, et PAR EXT. Qui a les propriétés d'une base (➤ 1 **basique**). *Solution alcaline,* dont le pH est supérieur à 7. *Pile alcaline,* dont l'électrolyte est alcalin. *Fusion alcaline :* fusion de soude et d'un dérivé du benzène, procédé utilisé pour la synthèse du phénol. *Métaux alcalins,* qui, combinés avec l'oxygène et l'hydrogène, produisent des alcalis. ➤ **césium, francium, lithium, potassium, rubidium, sodium.** *Les métaux alcalins figurent dans la première colonne de la classification périodique. Terres alcalines :* oxydes des métaux alcalinoterreux. *Roches alcalines,* riches en métaux alcalins, sodium et potassium principalement. — *Médicament alcalin,* ou SUBST. *un alcalin,* antiacide (ex. bicarbonate de soude). — *Lessive alcaline,* contenant de l'alcali.

ALCALINISER [alkalinize] v. tr. ‹1› – 1890 ; *alcaliser* 1610 ⬦ de *alcalin* ▪ CHIM. Rendre alcalin, douer de propriétés alcalines.

ALCALINITÉ [alkalinite] n. f. – 1834 ⬦ de *alcalin* ▪ CHIM. ▪ **1** État alcalin, propriété alcaline. ▪ **2** Proportion en produits alcalins. ➤ **basicité.**

ALCALINOTERREUX, EUSE [alkalinoteʀø, øz] adj. – 1834 ⬦ de *terres alcalines* ▪ CHIM. *Métaux alcalinoterreux :* métaux fortement basiques qui comprennent le calcium, le baryum, le strontium et le radium. *Les métaux alcalinoterreux figurent dans la deuxième colonne de la classification périodique.*

ALCALOÏDE [alkalɔid] n. m. – 1827 ⬦ de *alcali* et *-oïde* ▪ BIOCHIM. Substance organique d'origine végétale, alcaline, contenant au moins un atome d'azote dans la molécule et possédant des propriétés basiques. *Les alcaloïdes ont une puissante action physiologique* (toxique ou thérapeutique : morphine, strychnine, etc.).

ALCALOSE [alkaloz] n. f. – 1926 ⬦ de *alcali* et 2 *-ose* ▪ PATHOL. Trouble de l'équilibre entre les acides et les bases de l'organisme (sang), avec prédominance de l'alcalinité, consécutif à une perte ou une élimination excessive d'acides ou à la rétention de bases à la suite d'un apport excessif (*alcalose métabolique* ou *non gazeuse*). ➤ **acidose.**

ALCANE [alkan] n. m. – 1960 ⬦ de *alc(ool)* ▪ CHIM. Terme générique des hydrocarbures aliphatiques saturés (C_nH_{2n+2}) autrefois appelés *paraffines**, rattachés formellement au méthane et comprenant, outre ce dernier, l'éthane, le propane, le butane, l'hexane, etc.

ALCAPTONURIE [alkaptɔnyʀi] n. f. – 1859 ⬦ de *alcaptone*, de *alca(li)*, du radical latin *captare* «prendre», et *-urie* ▪ MÉD. Trouble métabolique héréditaire, se traduisant par la couleur noire de l'urine.

ALCARAZAS [alkaʀazas] n. m. – 1798 ⬦ espagnol *alcarraza*, de l'arabe *al-karaz* ▪ Vase de terre poreuse où l'on met l'eau à rafraîchir (par évaporation). ➤ **gargoulette.** «*l'alcarazas blanc* [...] *qui sue sur la table*» COLETTE.

ALCAZAR [alkazaʀ] n. m. – 1669, à nouveau depuis 1866 ⬦ mot espagnol, de l'arabe *al qasr*, lui-même emprunté au latin *castrum* «place forte» ▪ Palais fortifié d'origine maure, en Espagne. *L'alcazar de Cordoue, de Tolède.*

ALCÈNE [alsɛn] n. m. – avant 1960 ⬦ de *alc(ool)* et suffixe chimique *-ène* ▪ CHIM. Hydrocarbure généralement acyclique de formule C_nH_{2n}, encore appelé *carbure éthylénique* ou *oléfine*, et qui possède la double liaison*. *L'éthylène est un alcène.*

ALCHÉMILLE [alkemij] n. f. – 1611 ⬦ latin médiéval *alchemilla*, du radical de *alchimie*, à cause des vertus attribuées par les alchimistes à cette plante ▪ BOT. Plante vivace *(rosacées)*, à petites fleurs apétales vert-jaune.

ALCHIMIE [alʃimi] n. f. – fin XIIIe *alquemie* ⬦ du latin médiéval *alchimia*, de l'arabe *al-kîmiyâ* emprunté au grec *chumeia / chêmeia* «art de fondre et d'allier les métaux» → chimie ▪ Science occulte, née de la fusion de techniques chimiques gardées secrètes et de spéculations mystiques, tendant à la réalisation du grand œuvre. ➤ **hermétisme.** ♦ FIG. «*mon alchimie du verbe*» RIMBAUD.

ALCHIMIQUE [alʃimik] adj. – 1547 ⬦ de *alchimie* ▪ Propre à l'alchimie. *Symboles alchimiques. La littérature alchimique.*

ALCHIMISTE [alʃimist] n. – 1532 ; *alkemiste* v. 1370 ⬦ de *alchimie* ▪ Personne qui s'occupait d'alchimie. *La pierre philosophale des alchimistes du Moyen Âge.*

ALCOOL [alkɔl] n. m. – *alcohol* 1586 ⬦ latin des alchimistes *alko(ho)l* «substance produite par distillation totale», lui-même de l'arabe *al-kohl* «antimoine pulvérisé» → khol

I SENS COURANT ▪ **1** Liquide incolore, volatil, inflammable, obtenu par la distillation du vin et des jus sucrés fermentés. ➤ **éthanol** (cf. Esprit*-de-vin). *La fermentation* du moût produit de l'alcool.* ➤ **alcoolification.** *Ajouter de l'alcool au moût.* ➤ **mutage, vinage.** *Distiller l'alcool avec un alambic.* ➤ **bouilleur** (de cru). *Alcool absolu,* anhydre. *Alcool rectifié,* qui a subi une seconde distillation. *Alcool à 90°* ou *à 90. Degré d'alcool. Teneur en alcool d'un vin, d'une liqueur.* ➤ **alcoomètre.** *Alcools naturels,* produits par distillation du vin, des marcs, cidres, poirés et jus de fruits. *Alcools industriels,* tirés de la betterave, de la canne à sucre, des grains, des pommes de terre. *Alcool dénaturé,* rendu impropre à la consommation de bouche au moyen d'un dénaturant et réservé aux emplois industriels. *Alcool camphré*.* ABSOLT *L'alcool entre dans la fabrication de nombreux produits chimiques et pharmaceutiques. Un thermomètre à alcool. Désinfecter une plaie à l'alcool.* ▪ **2** (1834) ABSOLT et COUR. *Un alcool :* boisson alcoolique forte, en général à l'exclusion du vin, de la bière, du cidre. ➤ **eau-de-vie, esprit, liqueur,** 2 **marc, spiritueux ;** FAM. **bistouille, casse-patte, gnole,** 1 **goutte, rincette, tord-boyau.** «*Vous ne prenez toujours pas d'alcool, pas de vin ?*» SIMENON. SPÉCIALT *Les alcools :* les eaux-de-vie et les spiritueux. *Alcools blancs :* eaux-de-vie de fruits, incolores. *Alcools bruns :* cognac, armagnac, calvados... *Alcool de menthe. Alcools de vin, de marc, de raisins, de grains.* ➤ **absinthe, aquavit, arak, armagnac, brandy, cachaça, cognac, fine, genièvre, gin, kirsch, ouzo, raki, rhum, saké, schnaps, tafia, téquila, vodka, whisky.** «*L'étage inférieur est garni de cinq bouteilles d'alcool de fruits : kirsch, mirabelle, quetsch, prune, framboise*» PEREC. *Prendre un petit verre* d'alcool après le repas.* ➤ **digestif, pousse-café.** *Arroser* son café d'alcool.* — SPÉCIALT *Un alcool :* un verre d'alcool. *Garçon ! Un café et un petit alcool, s'il vous plaît.* ▪ **3** *L'alcool :* les boissons alcoolisées. *Consommation d'alcool. Boire de l'alcool, trop d'alcool.* ➤ **s'enivrer*.** LOC. *Noyer* son chagrin dans l'alcool.* «*le refuge dans l'alcool et la drogue pour arriver à survivre*» C. CUSSET. ▪ **4** *L'alcool :* l'élément alcoolique des boissons alcoolisées. *Les effets de l'alcool.* ➤ **ivresse.** «*des comportements ridicules, regrettés le lendemain quand les effets de* *l'alcool ont disparu»* É. LOUIS. FAM. *Avoir un problème avec l'alcool.* ➤ FAM. **picole.** *L'alcool au volant. «L'alcool tue»,* slogan antialcoolique. *Voix éraillée par l'alcool. «Elle avait un visage si violemment marqué par l'alcool qu'il était à la fois livide et violacé»* P. CONSTANT. *Tenir** *l'alcool. Taux d'alcool dans le sang.* ➤ **alcoolémie, alcootest.** *Bière, cocktail sans alcool.* ■ **5** Alcoolisme. *Tomber, sombrer dans l'alcool. «Quant à l'alcool, c'est un épouvantable fléau...»* GUILLOUX.

II EN CHIMIE ■ **1** (1835) Alcool éthylique* ou méthanol, utilisé comme combustible. *Alcool à brûler. Lampe, réchaud à alcool.* ■ **2** Corps organique possédant le groupement hydroxyle (—OH) non lié directement à un noyau aromatique (à la différence des phénols) et pouvant être considéré comme un dérivé des hydrocarbures. *Alcools éthylique* (sens I), *méthylique* (sens II), *allylique, amylique, butylique, terpénique, vinylique. Alcools primaires, secondaires, tertiaires.* ➤ **polyalcool.** — *Fonction alcool,* créée par le groupe —OH, lorsqu'il est fixé sur un carbone aliphatique.

ALCOOLAT [alkɔla] **n. m.** – 1819 ◇ de *alcool* ■ **1** Médicament obtenu par distillation de l'alcool sur des substances aromatiques. *Alcoolat de mélisse, de menthe.* ■ **2** Solution d'essence aromatique dans de l'alcool. ➤ **eau** (I, B, 2°).

ALCOOLATURE [alkɔlatyʀ] **n. f.** – 1833 ◇ de *alcool* ■ Médicament obtenu en faisant macérer de l'alcool et des plantes fraîches en parties égales.

ALCOOLÉ [alkɔle] **n. m.** – 1828 ◇ de *alcool* ■ Médicament dont l'alcool est l'excipient. ➤ **teinture.**

ALCOOLÉMIE [alkɔlemi] **n. f.** – v. 1960 ◇ de *alcool* et *-émie* ■ MÉD. Taux d'alcool dans le sang. *Mesure de l'alcoolémie par l'alcootest.*

ALCOOLIER, IÈRE [alkɔlje, jɛʀ] **n. et adj.** – 1987 ◇ de *alcool* ■ Fabricant(e) de boissons alcooliques. *Les alcooliers et les cigarettiers.* — **adj.** *L'industrie alcoolière.*

ALCOOLIFICATION [alkɔlifikasjɔ̃] **n. f.** – 1845 ◇ de *alcool* ■ Fermentation alcoolique, par laquelle le glucose se dédouble en anhydride carbonique et en alcool.

ALCOOLIQUE [alkɔlik] **adj. et n.** – 1789 ◇ de *alcool* ■ **1** VIEILLI Qui contient de l'alcool. *Les boissons alcooliques* (➤ **alcoolisé**). ■ **2** Relatif à l'alcool. *Fermentation alcoolique.* ➤ **alcoolification.** ■ **3** (1859) Propre à l'alcoolisme. *Délire alcoolique.* ■ **4** (1868) Qui boit trop d'alcool. *Il est alcoolique. «est alcoolique celui qui prend conscience un jour que l'alcool est l'occupation la plus importante de sa vie»* P. MÉROT. — **n.** (1885) Personne atteinte d'alcoolodépendance, d'alcoolisme chronique. ➤ **éthylique, ivrogne ;** FAM. **alcoolo, pochard, poivrot.** *Un alcoolique invétéré.* ■ CONTR. Abstème, sobre.

ALCOOLISABLE [alkɔlizabl] **adj.** – 1866 ◇ de *alcooliser* ■ Qui peut être converti en alcool.

ALCOOLISATION [alkɔlizasjɔ̃] **n. f.** – 1834 ; «pulvérisation» 1706 ◇ de *alcooliser* ■ **1** Transformation en alcool. ➤ **alcoolification.** ■ **2** Action de mêler de l'alcool à une boisson. ■ **3** Imprégnation de l'organisme en alcool. *Syndrome d'alcoolisation foetale,* par exposition prénatale à l'alcool. — MÉD. *Alcoolisation d'un nerf :* injection d'alcool dans un nerf (comme traitement d'une névralgie).

ALCOOLISER [alkɔlize] **v. tr.** ‹1› – 1620 ◇ de *alcool* ■ **1** Convertir en alcool. ■ **2** Additionner d'alcool. *Alcooliser un vin.* ➤ **viner.** — **p. p. adj.** *Boisson alcoolisée,* qui contient de l'alcool (vins, bières, alcools). *Une soirée alcoolisée,* où l'on consomme beaucoup d'alcool. ➤ **arrosé.** *Un conducteur alcoolisé,* sous l'emprise de l'alcool. *«Mais il faut dire à sa décharge qu'il est déjà plus qu'alcoolisé»* P. LAPEYRE. ■ **3** PRONOM. FAM. Abuser des boissons alcooliques. *«plus instable que jamais depuis qu'il s'alcoolisait»* CENDRARS.

ALCOOLISME [alkɔlism] **n. m.** – 1853 ◇ adaptation du latin scientifique *alcoholismus (chronicus),* terme créé par le médecin Huss (1849) ■ Abus des boissons alcoolisées, déterminant un ensemble de troubles morbides ; ces troubles eux-mêmes. ➤ **delirium tremens.** *Alcoolisme aigu :* ivresse. *Alcoolisme chronique,* ou (COUR.) *alcoolisme,* résultant de la consommation régulière d'une quantité importante d'alcool. ➤ **éthylisme, exogénose, ivrognerie, œnolisme.** *Traitement, prévention de l'alcoolisme.* ➤ **alcoologie.** *Alcoolisme mondain**.

ALCOOLO [alkɔlo] **adj. et n.** – 1970 ◇ de *alcool(ique)* et suffixe fam. *-o* ■ FAM. Alcoolique. *Elles sont alcoolos.* — **n.** *De vieux alcoolos.*

ALCOOLODÉPENDANCE [alkɔlɔdepɑ̃dɑ̃s] **n. f.** – 1987 ◇ de *alcool* et *dépendance* ■ Dépendance à l'alcool. — **adj. et n. ALCOOLODÉPENDANT, ANTE,** 1990.

ALCOOLOGIE [alkɔlɔʒi] **n. f.** – 1974 ◇ de *alcoo(l)* et *-logie* ■ Discipline médicale qui traite des troubles liés à l'alcoolisme et vise à la mise en œuvre de leur prévention. *Consultation d'alcoologie.* — **n. ALCOOLOGUE,** 1974.

ALCOOMÈTRE [alkɔmɛtʀ] **n. m.** – 1809 ◇ pour *alcoolomètre,* de *alcool* et *-mètre* ■ Densimètre destiné à mesurer la teneur des liquides en alcool éthylique (*alcoométrie* **n. f.**). ➤ **pèse-alcool.**

ALCOOTEST [alkɔtɛst] **n. m.** – 1960 ◇ *Alco(o)test,* n. déposé en 1953 ; de *alcoo(l)* et 2 *test* ■ Appareil portatif qui sert à mesurer l'alcoolémie. ➤ **éthylotest.** — Épreuve permettant d'estimer la présence d'alcool dans l'organisme. *Automobiliste responsable d'un accident soumis à l'alcootest. Des alcootests.*

ALCORAN ➤ **CORAN**

ALCÔVE [alkov] **n. f.** – 1646 ◇ espagnol *alcoba,* de l'arabe *al-qubba* «petite chambre» ■ Enfoncement ménagé dans une chambre pour un ou plusieurs lits, qu'on peut fermer dans la journée. ◆ HIST. LITTÉR. Partie de la chambre où les Précieuses tenaient salon. ➤ **ruelle.** ◆ SPÉCIALT Lieu des rapports amoureux, érotiques. *Les secrets de l'alcôve. Des histoires d'alcôves. Britannicus est «une comédie d'alcôve se terminant en drame de Zola»* FAGUET.

ALCOYLE [alkɔil] **n. m.** – 1904 ◇ de *alcool* ■ CHIM. Radical univalent provenant d'un hydrocarbure aliphatique saturé (alcane*), auquel on a soustrait un atome d'hydrogène. — On dit aussi **ALKYLE.**

ALCYNE [alsin] **n. m.** – 1960 ◇ de *alc(ool)* ■ CHIM. Type d'hydrocarbure, généralement aliphatique, de formule C_nH_{2n-2} et qui possède la liaison triple, ou acétylénique.

ALCYON [alsjɔ̃] **n. m.** – 1265 ◇ mot latin d'origine grecque ■ **1** MYTH. Oiseau marin fabuleux, dont la rencontre était un présage de calme et de paix. *«Oiseaux chers à Thétis, doux alcyons, pleurez !»* A. CHÉNIER. ■ **2** (1711 ; *alcyonium* 1690 ◇ mot latin «écume de mer») ZOOL. Polype vivant en colonies massives sur les fonds rocheux, appelé aussi *main de mer* ou *doigts de mort.* ◆ *Alcyon pie :* martin-pêcheur d'Afrique et d'Asie du Sud-Ouest.

ALCYONAIRES [alsjɔnɛʀ] **n. m. pl.** – 1834 ◇ de *alcyon* ■ ZOOL. Classe d'invertébrés *(cnidaires)* possédant un polype à huit tentacules et formant d'importantes colonies. ➤ **alcyon, 1 corail.** *Les bouquets «offerts du fond des mers par les alcyonaires»* BRETON.

ALDÉHYDE [aldeid] **n. m.** – 1845 ◇ du latin scientifique *al(cohol) dehyd(rogenatum)* «alcool déshydrogéné» ■ **1** CHIM. Composé organique renfermant un groupement —CHO, obtenu par oxydation (ou élimination d'hydrogène) d'un alcool primaire. *Aldéhyde formique* (➤ **formol**), *aldéhyde benzoïque* (ou essence artificielle d'amandes amères). — *Fonction aldéhyde,* créée par le groupe —CHO. *Aldéhyde alcool :* composé renfermant une ou plusieurs fonctions aldéhyde et une ou plusieurs fonctions alcool. ➤ **aldol.** ■ **2** *Aldéhyde acétique :* liquide volatil, d'odeur vive, provenant de l'alcool (éthylique) par enlèvement d'hydrogène. — **adj. ALDÉHYDIQUE,** 1846.

AL DENTE [aldɛnte] **adv. et adj. inv.** – 1952 ◇ expression italienne «à la dent» ■ *Pâtes cuites al dente,* peu cuites et qui restent fermes sous la dent. — PAR EXT. *Haricots verts al dente.*

ALDIN, INE [aldɛ̃, in] **adj.** – 1529 ◇ latin érudit *aldinus,* de *Aldus Manucius,* nom latinisé de *Aldo Manuzio,* Alde Manuce, ancêtre de la célèbre famille des Aldes, imprimeurs vénitiens des XVe et XVIe s. ■ Des Aldes, relatifs aux Aldes. *Caractères aldins,* dont le plus remarquable est l'italique. *Les éditions aldines.*

ALDOL [aldɔl] **n. m.** – 1872 ◇ de *ald(éhyde)* et *(alco)ol* ■ CHIM. Produit de la condensation de l'aldéhyde*. PAR EXT. Aldéhyde* alcool.

ALDOSE [aldoz] **n. m.** – 1890 ◇ de *ald(éhyde)* et 1 *-ose* ■ CHIM. Sucre contenant un groupe aldéhydique.

ALDOSTÉRONE [aldosteʀɔn] **n. f.** – après 1953 ◇ de *aldéhyde, stérol* et suffixe *-one* ■ BIOCHIM., PHYSIOL. Hormone corticosurrénale qui maintient l'équilibre hydrominéral du sang, contribue à la régulation de la tension artérielle et accélère la néoglucogenèse*.

ALE [ɛl] **n. f.** – 1280 ◇ mot du moyen néerlandais ; repris à l'anglais au XVIIe ■ Bière anglaise blonde et peu amère, fabriquée avec du malt peu torréfié. ➤ **pale-ale.** *Des ales.* ■ HOM. Aile, elle, 1 l.

ALÉA [alea] **n. m.** – 1852 ◊ mot latin «jeu de dés, hasard» ■ Évènement imprévisible, tour imprévisible que peuvent prendre les évènements. ➤ **hasard.** *Les aléas du métier. Aléa thérapeutique :* accident médical survenant en l'absence de faute des soignants.

ALÉATOIRE [aleatwaʀ] **adj.** – 1596 ◊ latin *aleatorius,* de *alea* ■ **1** DR. *Contrat aléatoire :* convention réciproque dont les effets, quant aux avantages et aux pertes, dépendent d'un évènement incertain, par ex. jeu, pari, contrat de vente viagère. ■ **2** (1845) Que rend incertain, dans l'avenir, l'intervention du hasard. ➤ **hasardeux, problématique.** *Son succès est bien aléatoire.* SUBST. *Faire face à l'aléatoire.* ◆ PHYS. *Grandeur aléatoire,* qui peut prendre plusieurs valeurs déterminées par une loi de probabilité. *Processus aléatoire,* dont la variation en fonction du temps est régie par une loi statistique (➤ **probabilité, stochastique**). *Sélection aléatoire.* ➤ **hasardisation, randomisation.** — SC. *Évènements aléatoires,* qui suivent une loi de probabilité. **n. m.** Domaine scientifique des probabilités. ■ **3** (v. 1965) **Emploi critiqué** *Musique aléatoire,* dont la conception ou l'exécution sont fondées sur l'intervention du hasard. — LITTÉRATURE *Œuvre aléatoire,* faisant place au choix du lecteur. *Les œuvres aléatoires de Queneau et de l'Oulipo.* ■ CONTR. Certain.

ALÉATOIREMENT [aleatwaʀmɑ̃] **adv.** – 1829 ◊ de *aléatoire* ■ De manière aléatoire. *«L'homme ne gouverne pas son imagination comme son esprit, mais aléatoirement comme sa sexualité»* MALRAUX.

ALÉMANIQUE [alemanik] **adj. et n. m.** – 1838, sens moderne ◊ bas latin *alamannicus,* de *Aleman(n)i* «les Alamans», tribu germanique installée en Souabe et en Suisse → allemand ■ Propre à la Suisse de langue allemande (dite *Suisse alémanique*). ➤ **aussi germanophone. n. m.** *L'alémanique :* parler du haut allemand. *Le bas alémanique.*

ALÈNE ou **ALÊNE** [alɛn] **n. f.** – fin XIIe ◊ du germanique *alisna,* de même origine que l'allemand *Ahle,* de même sens ■ Poinçon effilé servant à percer les cuirs. ■ HOM. Allène, haleine.

ALÉNOIS [alenwa] **adj. m.** – 1546 ◊ altération de *orlénois* «d'Orléans» XIIIe ■ *Cresson* alénois.* ➤ **nasitort, passerage.**

ALENTOUR [alɑ̃tuʀ] **adv.** – 1335 ◊ de *à, l'* et *entour* ■ Dans l'espace environnant, tout autour. *«Aucune branche de verdure au-dessus de leur tête, ni alentour»* LOTI. — (Graphie archaïque) *«Ils promenaient à l'entour leurs yeux ivres»* FLAUBERT. *D'alentour :* des environs. — **loc. prép.** VX OU LITTÉR. *Alentour de :* autour de.

ALENTOURS [alɑ̃tuʀ] **n. m. pl.** – 1766 ◊ subst. de *alentour,* adv. ■ Lieux circonvoisins, environs. *Les alentours de la ville.* ➤ **abords, environs, proximité, voisinage.** *Personne aux alentours.* — *Aux alentours de :* marque l'approximation. *Aux alentours du 1er mai* (➤ 1**vers**), *de 1 000 euros* (➤ **environ**). ◆ Bordures de tapisserie encadrant le sujet central.

ALÉOUTE [aleut] ou **ALÉOUTIEN, IENNE** [aleusjɛ̃, jɛn] **adj. et n.** – 1838 ◊ mot inuit ■ Relatif à l'archipel qui s'étend entre l'Alaska et le Kamtchatka. *Les îles Aléoutiennes.* ◆ **n.** *Les Aléoutiens ; les Aléoutes.* — **n. m.** *L'aléoute :* langue proche de l'eskimo, parlée par quelques centaines de personnes.

ALEPH [alɛf] **n. m.** – 1751 ◊ mot hébreu ■ **1** LING. Première lettre de l'alphabet hébraïque. ■ **2** MATH. Nombre cardinal caractérisant la puissance* d'un ensemble infini (➤ **transfini**).

ALÉPINE [alepin] **n. f.** – 1819 ◊ de *Alep,* nom d'une ville de Syrie ■ Tissu de soie et de laine.

ALÉRION [aleʀjɔ̃] **n. m.** – XVIIe ; «grand aigle» fin XIIe ◊ francique °*adalaro ;* cf. allemand *Adler* ■ BLAS. Petite aigle sans bec ni pattes.

1**ALERTE** [alɛʀt] **n. f.** – XVIe ◊ de *à l'(h)erte* «sur ses gardes» (1540), de l'italien *all'erta* «sur la hauteur», cri militaire pour appeler à guetter, famille du latin *erigere* «dresser». Cf. *alarme,* également d'origine italienne. ■ **1** Signal prévenant d'un danger et appelant à prendre toutes les mesures de sécurité utiles. ➤ **alarme ; sirène, tocsin ; bip.** *Donner l'alerte.* ➤ **éveil ; alerter.** *Les pompiers sont arrivés trois minutes après l'alerte. Alerte aérienne :* sirène avertissant la population d'un bombardement imminent. *Alerte à la bombe :* information indiquant la présence probable d'un engin explosif dissimulé dans un lieu public. PAR EXT. *L'alerte a duré deux heures. — Lanceur* d'alerte.* ◆ SPÉCIALT *Troupes en état d'alerte,* prêtes à intervenir. *Alerte rouge*. Dispositif d'alerte.* — LOC. *Être en alerte :* être en éveil, pour parer au danger (cf. Être sur le qui-vive*, sur ses gardes*). ◆ **interj.** *Alerte !* Soyez sur vos gardes ! ■ **2** PAR EXT. Indice d'un danger imminent. ➤ **menace.** *Elle a eu un infarctus et depuis cette alerte, elle a beaucoup réduit ses activités.* ➤ **avertissement.** *À la première alerte, en cas d'alerte.* LOC. *Une fausse alerte,* qui ne correspond à aucun danger sérieux. ■ **3** Situation critique, dangereuse, qui nécessite des mesures. *Cote* d'alerte.* ■ **4** INFORM. Dispositif d'envoi automatique de messages prévenant de nouveaux résultats de recherche sur un sujet donné. *Créer une alerte sur un moteur de recherche.* ◆ Message ainsi envoyé. ➤ **aussi notification.** *Recevoir une alerte par courrier électronique.*

2**ALERTE** [alɛʀt] **adj.** – XVIe ◊ de 1*alerte* ■ **1** VX Vigilant. ■ **2** MOD. Vif et leste (malgré l'âge, l'embonpoint, etc.). *«un petit vieux, frétillant, sec* [...] *alerte et gai»* DAUDET. ■ **3** *Un esprit alerte.* ➤ **éveillé, fringant, rapide, vif.** *Écrire d'une plume alerte.* ■ CONTR. Inerte, lourd.

ALERTER [alɛʀte] **v. tr.** ‹1› – 1918 ◊ de 1*alerte* ■ **(Sujet personne)** Avertir en cas de danger (et PAR EXT. dans le cas d'une difficulté quelconque) pour que des mesures soient prises. *Alerter la police.* ➤ **prévenir.** Mettre en garde. *Alerter le public.* MILIT. Mettre en état d'alerte. LOC. *Alerter l'ennemi :* donner l'éveil. ◆ **(Sujet chose)** Signaler, faire pressentir une menace. *Ses cris ont alerté les voisins.*

ALÉSAGE [alezaʒ] **n. m.** – 1813 ◊ de *aléser* ■ Opération consistant à parachever, en en calibrant exactement les dimensions, les trous qui traversent une pièce mécanique. ◆ AUTOM. Usinage des cylindres ; PAR EXT. Diamètre d'un cylindre.

ALÈSE ou **ALAISE** [alɛz] **n. f.** – *aleize* 1419 ◊ *l'alaize,* coupure fautive de *la laize* → laize, lé ■ **1** Pièce de tissu (parfois imperméable) que l'on place dans un lit pour protéger le matelas. ■ **2** Planche qu'on ajoute à une autre pour élargir un panneau.

ALÉSÉ, ÉE [aleze] **adj.** – 1671 ; *aleessé* 1559 ; variante *alisé* ◊ de l'ancien français *alaisier* → aléser ■ BLAS. Se dit d'une pièce honorable diminuée de longueur (ne touchant pas les bords de l'écu).

ALÉSER [aleze] **v. tr.** ‹6› – 1671 ◊ spécialisation de l'ancien français *alaisier* «élargir», latin populaire °*allatiare,* de *latus* «large» ■ Procéder à l'alésage de (une pièce métallique généralement cylindrique). *Aléser le tube d'un canon.* ➤ **calibrer,** 2**fraiser, percer, rectifier, tourner.**

ALÉSEUR [alezœʀ] **n. m.** – XXe ◊ de *aléser* ■ Ouvrier spécialiste de l'alésage.

ALÉSEUSE [alezøz] **n. f.** – 1924 ◊ de *aléser* ■ Machine-outil servant à l'alésage. *Une aléseuse-fraiseuse.*

ALÉSOIR [alezwaʀ] **n. m.** – 1671 ◊ de *aléser* ■ Outil à aléser.

ALÉTHIQUE [aletik] **adj.** – milieu XXe ◊ du grec *alêthês* «réel, vrai» ■ LOG. *Modalités aléthiques :* modalités logiques (logique modale) selon lesquelles les propositions sont considérées comme vraies ou fausses, possibles ou impossibles, plausibles ou contestables, nécessaires ou contingentes. ➤ **déontique.**

ALEURODE [aløʀɔd] **n. m.** – 1898 ◊ grec *aleurôdês* «qui ressemble à de la farine» ■ Puceron sauteur dont certaines espèces vivent sur la chélidoine et le chou.

ALEURONE [aløʀɔn] **n. f.** – 1865 ◊ grec *aleuron* «farine» ■ BOT. Substance protéique de réserve des graines de nombreux spermaphytes. ➤ **légumine.**

ALEVIN [alvɛ̃] **n. m.** – 1680 (début XIIIe) ◊ de l'expression *(il) a son alevin corant* «(il) se porte bien» (début XIIIe), mot à mot «sa progéniture court». *Alevin* vient du latin populaire *allevamen,* de *allevare* «élever, nourrir». ■ Jeune poisson destiné au peuplement des rivières et des étangs, à l'aquaculture. ➤ **nourrain.** *Alevins de truite.*

ALEVINAGE [alvinaʒ] **n. m.** – 1690 ◊ de *aleviner* ■ Peuplement (des eaux) en poissons ; pisciculture.

ALEVINER [alvine] **v. tr.** ‹1› – 1308 ◊ de *alevin* ■ Peupler d'alevins. ➤ **empoissonner.** *Aleviner un étang.*

ALEVINIER [alvinje] **n. m.** et **ALEVINIÈRE** [alvinjɛʀ] **n. f.** – 1721, –1700 ◊ de *alevin* ■ Étang, vivier où l'on élève des alevins.

ALEXANDRA [alɛksɑ̃dʀa] **n. m.** – XXe ◊ n. pr. ■ Cocktail fait de lait chocolaté et d'alcool. *Garçon, deux alexandras !*

ALEXANDRIN, INE [alɛksɑ̃dʀɛ̃, in] **adj. et n. m.** – 1080 ◊ latin *alexandrinus* ■ **1** D'Alexandrie et de la civilisation hellénistique dont cette ville fut le centre. *Poètes alexandrins* (Callimaque, Hérondas, Théocrite), érudits et raffinés. *Art alexandrin,* généralement expressionniste (bas-reliefs, mosaïques). ◆ PAR EXT. D'une subtilité excessive. *« Les discussions alexandrines »* SARTRE. ▪ **2** (1432 ◇ de *li romans d'Alexandre,* poème français du XIIe, en vers de douze syllabes) *Vers alexandrin,* ou **n. m.** *un alexandrin :* vers français de douze syllabes. *Du XVIe au XIXe siècle, l'histoire de l'alexandrin se confond presque avec celle de la poésie française. Une tragédie en alexandrins.*

ALEXIE [alɛksi] **n. f.** – 1882 ◇ de 2a- et du grec *legein* au sens de « lire » ▪ NEUROL. Incapacité de reconnaître à la lecture les éléments du langage, les organes visuels étant intacts (SYN. cécité* verbale). ➤ **agnosie, aphasie.** *Agraphie et alexie.* — **adj.** et **n.** **ALEXIQUE,** (1906).

ALEXINE [alɛksin] **n. f.** – 1903 ◇ allemand *Alexin* 1889, du grec *alexein* « repousser » ▪ IMMUNOL., BIOCHIM. VX ➤ **complément.**

ALEZAN, ANE [alzɑ̃, an] **adj.** et **n.** – 1534 ◇ de l'espagnol *alazan,* emprunté à l'arabe *'aṣhab* « alezan (cheval) ; roux, fauve (chameau) » ▪ Dont la robe (cheval, mulet) est brun rougeâtre. *Une jument alezane.* **n. m.** Cheval de couleur alezan.

ALFA [alfa] **n. m.** – 1848 ◇ arabe *halfā* ▪ Plante herbacée *(légumineuses)* d'Afrique du Nord et d'Espagne, dont les feuilles servent de matière première à la fabrication de la sparterie et de certains papiers. *Mise en charpie, la corde d'alfa est utilisée comme un gant de crin.* ◆ Papier d'alfa. *Exemplaire numéroté sur alfa.* ▪ HOM. Alpha.

ALFALFA [alfalfa] **n. f.** – 1716 ; 1605 comme mot étranger ◇ mot espagnol, de l'arabe *al-faṣfaṣa* ▪ Luzerne cultivée, riche en protéines et en calcium. *Graines germées d'alfalfa.*

ALFATIER, IÈRE [alfatje, jɛʀ] **n.** et **adj.** – 1884 ◇ de *alfa* ▪ Ouvrier qui récolte l'alfa. — **adj.** (1908) Relatif à l'alfa.

ALGARADE [algaʀad] **n. f.** – 1549 ; « attaque brusquée » v. 1530 ◇ espagnol *algarada,* de l'arabe *al-ghâra* ▪ Sortie inattendue contre qqn. *« aux fureurs de mon père, [...] à ses tonnantes algarades »* DUHAMEL. *Avoir une algarade avec qqn.* ➤ **accrochage, querelle** (cf. Prise de bec*).

ALGAZELLE [algazɛl] **n. f.** – 1782 ; *algazel* 1764 ◇ arabe *al-ghazâl ;* cf. *gazelle* ▪ Grande antilope blanche d'Afrique.

ALGÈBRE [alʒɛbʀ] **n. f.** – fin XIVe ◇ latin médiéval *algebra,* arabe *al-jabr* « contrainte, réduction », dans le titre d'un ouvrage de Al-Khawarizmi, IXe ▪ **1** Science qui utilise les règles opératoires (➤ **opération**) sur des nombres réels ou des nombres complexes qui peuvent être représentés par des lettres. ▪ **2** MATH. Partie autonome de la mathématique attachée à l'étude d'ensembles constitués d'autres éléments (objets géométriques, probabilités, espaces topologiques...) et qui emploie à la place des opérations courantes les lois de composition* (internes ou externes) dont la combinaison détermine des structures algébriques. ➤ **axiomatique ; groupe ; anneau, corps,** 1 **espace.** *Algèbre particulière :* partie de l'algèbre qui étudie soit une structure algébrique, soit un ou des ensembles munis de structures algébriques. *Algèbre linéaire :* étude des espaces vectoriels, des applications linéaires ou multilinéaires, des matrices, déterminants, tenseurs... *Algèbre de Boole,* qui soumet le raisonnement logique à des règles de calcul. ➤ **booléen ; informatique.** *« L'algèbre est une langue bien faite et c'est la seule »* CONDILLAC. ▪ **3** FIG. et VIEILLI Chose difficile à comprendre, domaine inaccessible à l'esprit. *C'est de l'algèbre pour moi.* ➤ **chinois, hébreu.** ◆ (XIXe) FIG. Analyse rationnelle, esprit d'abstraction et de généralisation. *« Cette algèbre rapide qu'on appelle l'esprit du jeu »* SAINTE-BEUVE. *« Algèbre des valeurs morales », essai de Jouhandeau.*

ALGÉBRIQUE [alʒebʀik] **adj.** – XVIIIe ; *algébraïque* 1585 ◇ de *algèbre* ▪ Relatif à l'algèbre, qui s'effectue par l'algèbre. *Calcul numérique et calcul algébrique.* — *Mesure, quantité algébrique. Courbe, équation*, fonction* algébrique. Nombre* algébrique. Topologie* algébrique.* — **adv.** **ALGÉBRIQUEMENT,** 1782.

ALGÉBRISTE [alʒebʀist] **n.** – fin XVIe ◇ de *algèbre* ▪ Mathématicien, mathématicienne qui se consacre spécialement à l'algèbre. *Les algébristes modernes.*

ALGÉRIEN, IENNE [alʒeʀjɛ̃, jɛn] **adj.** et **n.** – 1677 ◇ de *Alger,* autrefois nom de la ville et du pays, de l'arabe *Al-Djazaïr* ▪ De l'Algérie. *L'Atlas, le Sahara algérien. Populations algériennes* (arabe, berbère, kabyle). *Ville algérienne, village algérien.* ➤ **casbah, douar, ksar.** *Le conflit algérien :* les évènements, la guerre d'Algérie. *La révolution algérienne. Travailleur algérien en France.* ◆ **n.** Maghrébin* d'Algérie. *Les Algériens. Une Algérienne.* — **n. m.** *L'algérien :* l'arabe dialectal d'Algérie.

ALGICIDE [alʒisid] **adj.** et **n. m.** – 1974 ◇ de *algue* et *-cide* ▪ DIDACT. Qui empêche la prolifération des algues, les détruit. *Propriétés algicides du cuivre.*

ALGIDE [alʒid] **adj.** – 1812 ◇ latin *algidus* « froid » ▪ Accompagné d'algidité. *Sueur algide.*

ALGIDITÉ [alʒidite] **n. f.** – 1836 ◇ de *algide* ▪ PATHOL. Refroidissement avec sensation de froid et tendance au collapsus.

ALGIE [alʒi] **n. f.** – 1948 ◇ → -algie ▪ MÉD. Douleur le plus souvent diffuse, sans relation bien définie avec une cause organique. *Algie vasculaire de la face (AVF).*

-ALGIE ▪ Groupe suffixal, du grec *-algia,* de *algos* « douleur ».

ALGINATE [alʒinat] **n. m.** – 1898 *alginate de fer* ◇ de *algine* et suffixe chimique ▪ CHIM. Sel ou ester de l'acide alginique. *L'alginate est utilisé en dentisterie (empreintes), dans l'industrie alimentaire (additifs : épaississants, gélifiants).*

ALGINE [alʒin] **n. f.** – 1886 ◇ de *alg(ue)* et *-ine* ▪ CHIM. Composé glucidique à caractère mucilagineux que l'on trouve dans les algues brunes, utilisé dans l'industrie.

ALGINIQUE [alʒinik] **adj.** – 1898 ◇ de *algine* ▪ CHIM. *Acide alginique :* polysaccharide colloïdal extrait des algues brunes, qui gonfle énormément au contact de l'eau (➤ **alginate**). *L'acide alginique est utilisé pour clarifier le vin, la bière.*

ALGIQUE [alʒik] **adj.** – 1912 ◇ de *algie* ▪ DIDACT. Relatif à la douleur physique. *Fièvre algique,* résultant d'une excitation douloureuse.

ALGO- ▪ Élément, du grec *algos* « douleur » : *algologie.*

ALGODYSTROPHIE [algodistʀɔfi] **n. f.** – 1959 ◇ de *algo-* et *dystrophie* ▪ MÉD. Syndrome douloureux d'origine possiblement nerveuse atteignant l'extrémité d'un membre, une articulation, secondaire à un traumatisme ou à une intervention chirurgicale.

1 **ALGOLOGIE** [algɔlɔʒi] **n. f.** – 1817 ◇ de *algue* et *-logie* ▪ BOT. Partie de la botanique qui étudie les algues. ➤ **phycologie.** — **n.** **ALGOLOGUE.**

2 **ALGOLOGIE** [algɔlɔʒi] **n. f.** – 1995 ◇ de *algo-* et *-logie* ▪ Branche de la médecine qui a pour objet l'étude de la douleur et son traitement. — **n.** **ALGOLOGUE.**

ALGONQUIN, INE [algɔ̃kɛ̃, in] **adj.** et **n.** – 1612 ◇ de l'algonquin *algumakin* « où l'on pêche au harpon » ▪ Qui appartient à la nation amérindienne du Canada portant ce nom. *La nation algonquine.* ➤ **iroquois.** *Les langues algonquines.* **n.** *« les Algonquins, reste d'une nation, autrefois si puissante »* CHATEAUBRIAND. — On a écrit *algonkin, ine.*

ALGORITHME [algɔʀitm] **n. m.** – 1554 ◇ latin médiéval *Algorithmus,* n. pr. latinisé de l'arabe *Al-Khawarizmi* (cf. *algèbre*), pris pour nom commun, égalt sous la forme *algorismus* ▪ VX Système de numération décimale emprunté des Arabes. ◆ MOD. MATH. Suite finie, séquentielle de règles que l'on applique à un nombre fini de données, permettant de résoudre des classes de problèmes semblables. *L'algorithme d'Euclide permet de trouver le P. G. C. D.* de deux nombres.* Ensemble des règles opératoires propres à un calcul ou à un traitement informatique. — Calcul, enchaînement des actions nécessaires à l'accomplissement d'une tâche. ➤ **automate.**

ALGORITHMIQUE [algɔʀitmik] **adj.** et **n. f.** – 1845 ◇ de *algorithme* ▪ **1** HIST. MATH. Relatif au système de numération dit *algorithme.* ▪ **2** **n. f.** DIDACT. Science qui étudie l'application des algorithmes à l'informatique.

ALGOTHÉRAPIE [algoteʀapi] **n. f.** – XXe ◇ de *algue* et *-thérapie* ▪ Traitement médical par les algues.

ALGUE [alg] **n. f.** – 1551 ◇ latin *alga* ▪ **1** COUR. Plante aquatique, de forme filamenteuse ou rubanée. *Algues marines.* ➤ **goémon,** 1 **laminaire, ulve, varech.** *Algues d'eau douce.* ➤ **euglène, vauchérie, volvoce.** *« Parmi les algues nagent les poissons images du souvenir »* APOLLINAIRE. *Produit qui détruit les algues* (➤ **algicide**). — *Algues sauvages, cultivées. Algues alimentaires.* ➤ **nori, wakamé.** *Tartare d'algues.* ▪ **2** BOT. Thallophyte caractérisée par la présence de chlorophylle. *Étude des algues.* ➤ 1 **algologie, phycologie.** *Algues brunes.* ➤ **fucus, padine, sargasse ;** aussi **algine.** *Algues rouges.* ➤ **coralline, némale ; rhodophycées.** *Algues vertes.* ➤ **caulerpe, chlorelle.** *Algues micro-*

scopiques. ➤ **diatomée, dinophysis, spiruline.** ANCIENNT *Algues bleues.* ➤ **cyanobactéries.**

1**ALIAS** [aljas] **adv.** et **n. m.** – XVe ◇ mot latin «une autre fois, autrement» ■ Autrement appelé (de tel ou tel nom). *Jacques Collin, alias Vautrin, alias Carlos Herrera.* ◆ **n. m.** Nom d'emprunt. *«alias jouant non comme des surnoms mais comme des pseudonymes, puisque créés pour se réinventer surfeurs planétaires quand on est lycéens d'estuaire»* KERANGAL.

2**ALIAS** [aljas] **n. m.** – v. 1995 ◇ anglais américain *alias*, du latin → 1alias ■ ANGLIC. INFORM. Fichier utilisé comme raccourci pour accéder à un autre fichier (appelé *l'original*).

ALIBI [alibi] **n. m.** – 1394 ◇ mot latin «ailleurs» ■ **1** DR. Moyen de défense tiré du fait qu'on se trouvait, au moment de l'infraction, dans un lieu autre que celui où elle a été commise. *Avoir, fournir un alibi. Vérifier des alibis. Un alibi sérieux, solide.* ■ **2** (XVe-XVIe «diversion, ruse», repris XIXe) FIG. Circonstance, activité permettant de se disculper, de faire diversion. ➤ **camouflage, justification,** 2**prétexte.** *«le darwinisme servait d'alibi scientifique pour justifier les inégalités sociales et les formes variées du racisme»* F. JACOB.

ALIBOUFIER [alibufje] **n. m.** – 1783 ◇ mot provençal, d'origine inconnue ■ Styrax* officinal.

ALICAMENT [alikamɑ̃] **n. m.** – 1996 ◇ mot-valise, de *aliment* et *médicament* ■ Aliment dont la composition explicitement formulée implique un effet actif sur la santé du consommateur.

ALICYCLIQUE [alisiklik] **adj.** – milieu XXe ◇ de *ali(phatique)* et *cyclique* ■ CHIM. Qui appartient à une classe de composés organiques cycliques dérivant des composés aliphatiques correspondants par fermeture de cycle.

ALIDADE [alidad] **n. f.** – 1415 ◇ latin médiéval *alidada*, de l'arabe *al-idhâla* ■ DIDACT. Règle de topographe, mobile autour d'un point fixe, portant un instrument de visée (pinnules* ou lunette), qui sert à déterminer une direction ou mesurer un angle. ◆ Partie mobile d'un théodolite.

ALIEN [aljɛn] **n.** – 1986 ; 1985, comme adj. ◇ mot anglais «étranger» puis «créature extraterrestre» (1953), de l'ancien français *alien*, du latin *alienus* «étranger» → aliéner ■ ANGLIC. Extraterrestre. *Les aliens.* — FIG. Personne étrangère à un milieu. *Passer pour un alien.*

ALIÉNABILITÉ [aljenabilite] **n. f.** – 1795 ◇ de *aliénable* ■ DR. Qualité d'un bien aliénable. ■ CONTR. Inaliénabilité.

ALIÉNABLE [aljenabl] **adj.** – 1523 ◇ de *aliéner* ■ DR. Qui peut être aliéné. *Biens aliénables.* ■ CONTR. Inaliénable.

ALIÉNANT, ANTE [aljenɑ̃, ɑ̃t] **adj.** – 1943 ◇ de *aliéner* ■ Qui aliène, retire à l'individu la libre disposition de lui-même. ➤ **asservissant, assujettissant.** *Un travail aliénant. «Toute vie en société est aliénante et oppressive pour l'individu»* H. LABORIT.

ALIÉNATAIRE [aljenatɛʀ] **n.** – 1509 ◇ du radical de *aliénation* ■ DR. Personne en faveur de qui se fait une aliénation.

ALIÉNATEUR, TRICE [aljenatœʀ, tʀis] **n.** – 1596 ◇ latin juridique *alienator* ■ DR. Personne qui transmet un bien par aliénation.

ALIÉNATION [aljenasjɔ̃] **n. f.** – 1265 ◇ latin *alienatio* → aliéner ■ **1** DR. CIV. Acte translatif de propriété ou de droit, à titre gratuit (donation, legs) ou onéreux (vente, cession). DR. INTERNAT. *Aliénation de territoire,* en cas d'annexion. ■ **2** (1745 ; *aliénation d'esprit* XIVe) Trouble mental, passager ou permanent, qui rend l'individu comme étranger à lui-même et à la société où il est incapable de mener une vie sociale normale. ➤ **démence, folie.** *L'aliénation entraîne une mesure d'internement ou de protection.* ■ **3** (XVIe) Aversion, hostilité collective envers qqn. *Aliénation des esprits,* opinion hostile. ■ **4** (XVIIIe) FIG. Fait de céder ou de perdre (un droit, un bien naturel). *Ce serait une aliénation de ma liberté.* ◆ (traduction de l'allemand *Entfremdung,* Hegel et Marx) PHILOS. État de l'individu qui, par suite des conditions sociales (économiques, politiques, religieuses), est privé de son humanité et est asservi. PAR EXT. Tout processus par lequel l'être humain est rendu comme étranger à lui-même. *L'aliénation de la femme. «cette aliénation culturelle dans laquelle il voyait son pays si furieusement avide de perdre son âme»* PENNAC.

ALIÉNÉ, ÉE [aljene] **adj.** et **n.** – XVIe ◇ latin *alienatus* → aliéner ■ **1** (CHOSES) Cédé par aliénation. *Un patrimoine aliéné.* ◆ (PERSONNES) Altéré dans sa personnalité. *«Je suis limité et aliéné* [...] *et toute révolution, toute littérature ne sont que des oublis momentanés de l'aliénation»* IONESCO. ■ **2** **n.** Personne atteinte d'aliénation mentale, dont l'état nécessite l'internement dans un hôpital psychiatrique (cf. Malade* mental). ANCIENNT *Asile* d'aliénés.* ➤ **fou*.**

ALIÉNER [aljene] **v. tr.** ‹6› – 1265 ◇ latin *alienare,* de *alienus* «qui appartient à un autre», de *alius* «autre» ■ **1** Céder par aliénation. *Aliéner un bien à fonds perdu, à titre universel,* moyennant une rente viagère. ◆ FIG. et LITTÉR. *«par le mariage, j'aliénais volontairement une liberté que mon livre revendiquait»* GIDE. ■ **2** (XIVe) VX *Aliéner l'esprit* : rendre fou. ➤ **aliéné.** ■ **3** (XVIe) Éloigner, rendre hostile. VIEILLI *«Toutes ces réflexions aliénèrent enfin mon cœur de cette femme»* ROUSSEAU. — MOD. *S'aliéner les esprits, la sympathie de la population,* les perdre, les écarter de soi. ◆ PHILOS. Entraîner l'aliénation de.

ALIÉNISTE [aljenist] **n.** – 1844 ◇ de *aliéné* ■ VIEILLI Médecin spécialisé dans le traitement des aliénés. ➤ **psychiatre.** EN APPOS. *Médecin aliéniste.*

ALIGNÉ, ÉE [aliɲe] **adj.** – de *aligner* ■ **1** Disposé, rangé en ligne droite. *Des rues bien alignées.* ➤ **rectiligne** (cf. Tracé au cordeau*). ◆ TYPOGR. *Caractères mal alignés.* ■ **2** Conforme à (un parti, un gouvernement). *Les États alignés sur l'un ou l'autre des deux blocs.* ■ CONTR. Délinéarisé. Non-aligné.

ALIGNEMENT [aliɲ(ə)mɑ̃] **n. m.** – 1387 ◇ de *aligner* ■ **1** Fait d'aligner, d'être aligné. *«La façade de briques était juste à l'alignement de la rue»* FLAUBERT. ASTRON. *Alignement des astres, des planètes* ; FIG. concours de circonstances exceptionnel. MAR. Demi-droite passant par deux amers*. ◆ DR. Mesure administrative destinée à rectifier et à élargir les voies publiques en frappant les terrains riverains d'une servitude empêchant leurs propriétaires de bâtir des constructions nouvelles et d'entretenir celles qui s'y trouvent. *Maisons frappées d'alignement.* ◆ TYPOGR. Le fait de disposer les caractères sur une ligne. ■ **2** Action de s'aligner. (PERSONNES) *Soldat qui se met à l'alignement.* ◆ FIG. *L'alignement d'un pays sur une grande puissance.* — *Alignement monétaire* : fixation d'un nouveau cours des changes en fonction du pouvoir d'achat relatif de deux ou plusieurs monnaies. ➤ **dévaluation, réévaluation.** ■ **3** Rangée de choses alignées. SPÉCIALT *Les alignements de Carnac* : les rangées de menhirs sur des lignes parallèles, à Carnac. ■ CONTR. Non-alignement.

ALIGNER [aliɲe] **v. tr.** ‹1› – XIIe ◇ de 1*a-* et *ligne*

I ■ **1** Disposer selon une ligne droite. *Aligner des plants au cordeau. «Les maisons, au lieu d'être alignées, sont dispersées sans symétrie et sans ordre»* ROUSSEAU. — *Aligner des soldats.* PAR EXT. Mettre en ligne de bataille. ■ **2** Inscrire ou prononcer à la suite. *Aligner des mots, des phrases.* (Souvent péj.) *«les arguments qu'il aligne en bon ordre»* MARTIN DU GARD. ◆ FAM. *Les aligner* : donner les billets l'un après l'autre, payer. ■ **3** *Aligner qqch. sur* : mettre sur la même ligne que. SPÉCIALT *Aligner une monnaie sur une autre,* en déterminer le cours par rapport à une autre. ➤ **dévaluer, réévaluer.** — FIG. Rendre conforme à. *Aligner sa politique sur celle de qqn.*

II S'ALIGNER v. pron. ■ **1** Être disposé, se placer sur la même ligne. *Alignez-vous pour le départ. Les visiteurs s'alignent sur une file.* ■ **2** SPÉCIALT, VX Se disposer à se battre en duel. MOD. Affronter à plusieurs dans une compétition. *S'aligner contre l'équipe adverse.* LOC. FAM. *Tu peux toujours t'aligner* : tu n'es pas de taille, tu seras battu. *«Mais pour être des hommes, dans le sens plein du terme, les autres pouvaient toujours s'aligner !»* FERNANDEZ. ■ **3** *S'aligner sur qqn, qqch.,* adopter son comportement, s'y conformer. *S'aligner sur une politique.*

ALIGOT [aligo] **n. m.** – 1839 ◇ du rouergat *oligot,* probablement du français *haricot* «ragoût (de mouton)», le fromage mélangé aux pommes de terre formant un ragoût ■ Préparation à base de purée de pommes de terre et de tomme fraîche mélangées à chaud (spécialité auvergnate).

ALIGOTÉ [aligɔte] **n. m.** – 1907 ; *alligotet* 1866 ◇ ancien français *harigoter* «déchirer», du germanique °*hariôn,* de même sens ■ Cépage blanc de Bourgogne. — Vin produit par ce cépage. *Un aligoté.*

ALIMENT [alimɑ̃] **n. m.** – 1120 ◇ latin *alimentum,* de *alere* «nourrir» ■ **1** Toute substance susceptible d'être digérée, de servir à la nutrition d'un être vivant. ➤ **comestible, denrée, nourriture, pâture,** 2**vivre.** *Aliments des humains, des animaux. La saveur, le goût, la consistance d'un aliment. Aliments naturels,* composés d'*aliments simples* (minéraux ou organiques). *Aliment complet,* qui contient tous les éléments nécessaires à l'organisme (ex. le lait). *Aliment solide ; liquide.* ➤ **boisson, soupe.** *Aliment frais, séché, déshydraté, lyophilisé, salé, fumé, congelé, surgelé. Aliment sous vide, en boîte* (➤ **conserve**).

Conservateur d'un aliment. Aliment cru, cuit* (➤ **cuisine**). *Valeur énergétique, nutritive d'un aliment* (➤ **calorie**). *Aliment riche en protéines, en vitamines, en oligoéléments...* ➤ **alicament, superaliment.** *Aliment allégé*, diététique. Aliment qui plaît* (➤ **gourmandise**). ▪ **2** DR. AU PLUR. Moyens d'existence nécessaires à une personne dans le besoin et exigibles par elle, de certains tiers (cf. Obligation, pension alimentaire*). ▪ **3** (XVIe) FIG. Ce qui nourrit, entretient. «*Fournir un aliment à des curiosités encore indistinctes*» GIDE.

ALIMENTAIRE [alimɑ̃tɛʀ] **adj.** – XVIe ✧ latin *alimentarius* ▪ **1** Qui peut servir d'aliment. *Denrées, produits alimentaires. Pâtes* alimentaires.* ◆ Relatif à l'alimentation. *Ration, régime alimentaire. Bol* alimentaire. — Troubles du comportement alimentaire (TCA)* : anorexie, boulimie, hyperphagie... — *Industrie alimentaire.* ➤ **agroalimentaire.** ▪ **2** DR. Qui a rapport aux aliments. *Obligation alimentaire*, de fournir les aliments. *Pension alimentaire*, servie à une personne qui en a besoin, en vertu d'un accord amiable ou d'un jugement (lequel peut accorder, en attendant, une *provision alimentaire*). ▪ **3** Qui n'a d'autre objet que de fournir de quoi vivre. *Une besogne alimentaire.* «*refuser des propositions intéressantes parce qu'on venait juste de s'embarquer dans une pièce purement alimentaire*» PH. DELERM.

ALIMENTATION [alimɑ̃tasjɔ̃] **n. f.** – 1412, repris début XIXe ✧ latin médiéval *alimentatio* ▪ **1** Action ou manière d'alimenter, de s'alimenter. *Alimentation des troupes.* ➤ **ravitaillement.** *Les éléments de base de l'alimentation humaine. Alimentation artificielle.* ➤ **perfusion.** *Troubles de l'alimentation* (anorexie, boulimie, hyperphagie, pica...). — Aliments consommés. ➤ **nourriture ; repas.** *Alimentation équilibrée, riche. Surveillez votre alimentation !* ➤ 1 **régime ; diététique.** ◆ Commerce des denrées alimentaires. *Magasin d'alimentation* (➤ **épicerie**). ▪ **2** PAR EXT. (1845) Action de fournir (à la consommation de). *Alimentation d'une ville en eau, d'une usine en matières premières. Alimentation d'une chaudière* (en eau), *d'un moteur* (en combustible), *d'un circuit* (en courant), *d'une armée* (en munitions). *Ligne d'alimentation* : recomm. offic. pour *feeder. Mécanisme d'alimentation d'une arme à répétition.* ➤ **approvisionnement.** ▪ **3** TECHN. Dispositif fournissant l'énergie électrique continue nécessaire au fonctionnement d'un appareil électronique. *Une alimentation stabilisée. Alimentation à découpage,* à double conversion énergétique. ➤ **convertisseur.**

ALIMENTER [alimɑ̃te] **v. tr.** ⟨1⟩ – XIVe ✧ latin médiéval *alimentare* ▪ **1** PHYSIOL. Fournir une certaine alimentation à. ➤ **nourrir.** *Vous pouvez alimenter légèrement le malade. Il faut l'alimenter avec des légumes.* PRONOM. *Ne plus s'alimenter* (➤ **anorexie,** 1 **diète, jeûne ;** cf. Grève* de la faim). *Il recommence à s'alimenter.* ▪ **2** PAR EXT. (XIXe) Approvisionner. *Alimenter un village en eau. Alimenter une chaudière.* ◆ FIG. Entretenir, nourrir. *Cela suffit à alimenter la conversation.*

ALINÉA [alinea] **n. m.** – XVIIe ✧ de *a linea*, mots latins «(en s'écartant) de la ligne» ▪ Renfoncement de la première ligne d'un paragraphe, dans un texte. ◆ Passage compris entre deux de ces lignes en retrait. ➤ **paragraphe.**

ALIOS [aljos] **n. m.** – 1840 ✧ mot gascon, du radical de *lie, liais* ▪ GÉOL. Grès organique ou ferrugineux constituant un des horizons du podzol des Landes.

ALIPHATIQUE [alifatik] **adj.** – 1903 ✧ du grec *aleiphar, atos* «graisse» ▪ CHIM. Se dit de corps chimiques de la série grasse, à chaîne carbonée saturée linéaire ou ramifiée ouverte (opposé à *aromatique*). *Hydrocarbures aliphatiques.*

ALIQUANTE [alikɑ̃t] **adj. f.** – 1752 ✧ de *aliquanta* (1653), fém. du latin *aliquantus* «d'une certaine grandeur» ▪ MATH. VX *Partie aliquante*, qui n'est pas contenue un nombre exact de fois dans un tout. ▪ CONTR. Aliquote.

ALIQUOTE [alikɔt] **adj. f.** – 1484 ✧ latin *aliquot* «un certain nombre de» ▪ MATH. VX *Partie aliquote*, qui est contenue un nombre exact de fois dans un tout. ▪ CONTR. Aliquante.

ALISE [aliz] **n. f.** – XIIe ✧ probablt gaulois °*alisia* ▪ Fruit de l'alisier, d'un goût légèrement acidulé. *Eau-de-vie d'alises.*

ALISIER [alizje] **n. m.** – 1235 ✧ de *alise* ▪ Espèce de sorbier *(rosacées)*, produisant les alises. «*l'odeur aigre des sèves* [...] *le long des troncs des alisiers sauvages*» GIONO.

ALISMA [alisma] ou **ALISME** [alism] **n. m.** – 1704, -1842 ✧ grec *alisma* ▪ BOT. Plantain d'eau *(alismacées)* aux feuilles partiellement submergées et aux tissus remplis d'air.

ALITEMENT [alitmɑ̃] **n. m.** – 1549 ✧ de *aliter* ▪ Séjour forcé d'un malade au lit.

ALITER [alite] **v. tr.** ⟨1⟩ – fin XIIe ✧ de *lit* ▪ Faire prendre ou garder le lit à (un malade). PRONOM. ➤ **se coucher.** *Il a dû s'aliter hier. Un malade alité depuis des années.* ➤ **grabataire.**

ALIZARI [alizaʀi] **n. m.** – 1805 ✧ mot gréco-turc, probablt de l'arabe *al-usâra* «jus, extrait» ▪ Racine de la garance.

ALIZARINE [alizaʀin] **n. f.** – 1839 ✧ de *alizari* ▪ Matière colorante d'un beau rouge, extraite autrefois des racines de garance, aujourd'hui obtenue par synthèse.

ALIZÉ [alize] **adj.** et **n. m.** – 1678 ; *alisée* 1643 ✧ ancien français *alis*, var. de *lisse* ▪ *Vent alizé* ou SUBST. *alizé* : vent régulier soufflant toute l'année de l'Est, sur la partie orientale du Pacifique et de l'Atlantique comprise entre les parallèles 30° N. et 30° S. «*l'alizé austral soufflait avec sa plus exquise douceur*» LOTI. — **adj. ALIZÉEN, ENNE.**

ALKÉKENGE [alkekɑ̃ʒ] **n. m.** – 1694 ; *alquequange* 1555 ✧ de l'arabe *al-kâkang* ▪ BOT. Plante vivace du genre physalis*.

ALKERMÈS [alkɛʀmɛs] **n. m.** – 1546 «kermès» ✧ de l'espagnol *alkermes*, lui-même de l'arabe *al-qirmiz* «cochenille» → kermès ▪ ANCIENNT Liqueur à base de cannelle et de girofle, avec addition d'aromates divers, colorée en rouge au kermès animal.

ALKYLE ➤ **ALCOYLE**

ALLAITANT, ANTE [alɛtɑ̃, ɑ̃t] **adj.** – 1863 ✧ de *allaiter* ▪ Qui allaite. *Femme allaitante. — Femelle allaitante. Troupeau bovin allaitant.*

ALLAITEMENT [alɛtmɑ̃] **n. m.** – 1273 ✧ de *allaiter* ▪ Action d'allaiter, alimentation en lait du nourrisson jusqu'au sevrage. *Allaitement maternel, artificiel.* ➤ **tétée.** *Allaitement mixte*, au sein et au biberon. ▪ HOM. Halètement.

ALLAITER [alete] **v. tr.** ⟨1⟩ – *alaitier* XIIe ✧ bas latin *allactare* ▪ Nourrir de son lait (un nourrisson, un petit). ◆ ABSOLT Donner le sein. «*Nombre d'entre elles allaitaient tout en travaillant*» GIDE. ▪ HOM. *Allaite* : halète (haleter).

ALLANT, ANTE [alɑ̃, ɑ̃t] **n. m.** et **adj.** – XIIe ✧ de *aller* ▪ **1 n. m. pl.** *Allants et venants* : personnes qui vont et viennent. «*des allants et venants, un vacarme d'enfer*» P.-L. COURIER. ▪ **2 adj.** (XVIe) LITTÉR. Qui marche facilement ou avec plaisir, fait preuve d'activité. ➤ **actif, vif.** «*Tu es plus allante que moi*» R. BAZIN. ▪ **3** (1923) Ardeur d'une personne qui va de l'avant, ose entreprendre. ➤ **énergie, entrain.** *Se sentir plein d'allant. Manquer d'allant.*

ALLANTOÏDE [alɑ̃tɔid] **n. f.** – 1541 ✧ grec *allantoeidês* «en forme de boyau» ▪ ZOOL. Membrane annexe embryonnaire des vertébrés amniotes qui intervient dans l'excrétion et les échanges respiratoires.

ALLÉCHANT, ANTE [aleʃɑ̃, ɑ̃t] **adj.** – 1495 ✧ de *allécher* ▪ Qui allèche, fait espérer quelque plaisir. *Une odeur alléchante.* ➤ **appétissant.** FIG. *Une proposition alléchante*, séduisante, tentante. ▪ CONTR. Repoussant.

ALLÉCHER [aleʃe] **v. tr.** ⟨6⟩ – XIIe ✧ latin populaire °*allecticare*, classique *allectare* ▪ Attirer en flattant les sens, par la promesse de quelque plaisir. ➤ **appâter.** «*Maître Renard, par l'odeur alléché*» LA FONTAINE. ◆ FIG. Attirer, tenter. «*Afin d'allécher les lecteurs*» GIDE. ▪ CONTR. 1 Repousser.

ALLÉE [ale] **n. f.** – 1160 ✧ de 1 *aller* ▪ **1** *Allée et venue* : mouvement de gens qui vont et viennent. *C'était une allée et venue continuelle.* AU PLUR. Démarches et déplacements divers. ➤ **course.** *Perdre son temps en allées et venues.* ▪ **2** (XIIIe) Dans un jardin, une forêt, Chemin bordé d'arbres, de massifs, de verdure. «*Plantée pour elles d'arbres d'une seule essence, l'allée des Acacias était fréquentée par les Beautés célèbres*» PROUST. *Allée cavalière*. — Dans une ville, Promenade plantée d'arbres. ➤ **avenue, cours,** 1 **mail.** ◆ Voie bordée de figures sculptées. *L'allée des sphinx, à Karnak.* ▪ **3** VIEILLI Dans un lieu couvert, Couloir, passage. *Allées d'une église* : nef et bas-côtés. ◆ ARCHÉOL. *Allée couverte* : dolmens rangés en couloir. ▪ HOM. Aller, haler ; poss. hâlé, hâler.

ALLÉGATION [a(l)legasjɔ̃] **n. f.** – XIIIe ✧ latin juridique *allegatio* ▪ **1** DIDACT. ou LITTÉR. Citation qu'on fait de quelque texte autorisé pour s'en prévaloir, affirmation étayée sur cette citation. «*La première audience fut levée sur cette audacieuse allégation*» BALZAC. ▪ **2** COUR. Affirmation quelconque. *Selon les allégations du ministre... PÉJ. Il faudra prouver vos allégations. Des allégations mensongères.*

ALLÈGE [alɛʒ] **n. f.** – 1463 ; «allègement» XIIe ◊ de *alléger* ■ **1** Embarcation servant au chargement ou au déchargement des navires. ■ **2** Mur d'appui à la partie inférieure d'une fenêtre.

ALLÉGÉ, ÉE [aleʒe] **adj.** – 1980 ◊ de *alléger* ■ Qui a une teneur en lipides réduite. ➤ **light** (ANGLIC.). *Un fromage allégé.* **n. m.** *Un régime hypocalorique à base d'allégés.*

1 **ALLÉGEANCE** [aleʒɑ̃s] **n. f.** – 1165 ◊ de *alléger* ■ VX Soulagement. *«Elle goûte, ce soir, la même allégeance qu'à ses réveils d'alors»* MAURIAC.

2 **ALLÉGEANCE** [aleʒɑ̃s] **n. f.** – 1704 ; *allegeance* 1669 ◊ anglais *allegiance*, de l'ancien français *li(e)jance*, de *lige* ■ **1** HIST. Fidélité, vassalité de l'homme lige. *Serment d'allégeance. Faire acte d'allégeance.* ■ **2** DR. Obligation de fidélité et d'obéissance à une nation ; nationalité (➤ **ressortissant**). *Allégeance perpétuelle. Double allégeance.* ■ **3** Fidélité et soumission. *L'allégeance de l'armée au président.*

ALLÈGEMENT ou **ALLÉGEMENT** [alɛʒmɑ̃] **n. m.** – *alegemant* 1177 ◊ de *alléger* ■ **1** Diminution de poids, de charge. *Donner de l'allègement à un bateau.* ■ **2** Fait ou moyen d'alléger (ce qui constitue une charge trop lourde à supporter). *Demander l'allègement des programmes scolaires. Un allègement fiscal.* ➤ **dégrèvement.** *«Ce poids est donc resté sans allégement sur ma conscience»* ROUSSEAU. La vie *«n'est pas supportable sans de grands allégements»* FLAUBERT. ■ CONTR. Alourdissement, surcharge.

ALLÉGER [aleʒe] **v. tr.** ⟨3 et 6⟩ – XIe ◊ bas latin *alleviare*, de *levis* «léger» ■ **1** Rendre moins lourd en débarrassant d'une partie du poids. *Alléger un bateau.* ➤ **délester.** *Alléger une sauce*, la rendre moins épaisse. — FAM. *Alléger quelqu'un de son portefeuille*, lui dérober son argent. ■ **2** Rendre moins pesant. *Alléger la charge des contribuables, les impôts.* ➤ **dégrever.** FIG. *«ses pas appesantis par la tristesse [...], allégés par un peu de joie»* FRANCE. ■ CONTR. Alourdir.

ALLÉGORIE [a(l)legɔʀi] **n. f.** – 1118 ◊ latin *allegoria*, d'origine grecque ■ **1** Narration ou description métaphorique dont les éléments sont cohérents et qui représentent avec précision une idée générale. *«C'est une belle allégorie, dans la Bible, que cet arbre de la science du bien et du mal qui produit la mort»* CHAMFORT. ➤ **métaphore, mythe, symbole.** *Le déploiement, les arborescences de l'allégorie.* SPÉCIALT Personnification d'une idée abstraite. *L'allégorie de la mollesse dans «Le Lutrin» de Boileau.* ■ **2** ARTS Représentation d'une entité abstraite par un être animé (le plus souvent un personnage) auxquels sont associés des attributs symboliques dans une narration (littérature, cinéma) ou un projet narratif (arts plastiques). *Les paraboles des Évangiles sont souvent des allégories. «Le Roman de la rose», longue allégorie de l'amour. «L'Allégorie du printemps» de Botticelli.*

ALLÉGORIQUE [a(l)legɔʀik] **adj.** – XIVe ◊ bas latin *allegoricus* ■ Qui appartient à l'allégorie, repose sur des allégories. ➤ **métaphorique, symbolique.** *Roman, peinture allégorique. «Une interprétation allégorique des mystères les plus solides de la foi»* FRANCE. *Au Moyen Âge, tout texte était réputé avoir plusieurs sens : littéral, allégorique, anagogique.* ■ CONTR. Littéral, réaliste.

ALLÉGORIQUEMENT [a(l)legɔʀikmɑ̃] **adv.** – 1488 ◊ de *allégorique* ■ D'une manière allégorique, dans un sens allégorique. *Texte interprété allégoriquement.* ■ CONTR. Littéralement.

ALLÈGRE [a(l)lɛgʀ] **adj.** – XVe ; *(h)aliegre* XIIe ◊ latin *alacer*, par l'intermédiaire de formes populaires → alacrité ■ Plein d'entrain, vif. *«Le paysan est vieux, l'attelage exténué ; un seul être est allègre et ingambe»* SAND. ➤ **gai.** *Marcher d'un pas allègre.*

ALLÈGREMENT ou **ALLÉGREMENT** [a(l)lɛgʀəmɑ̃] **adv.** – *alegrament* 1252 ◊ de *allègre* ■ D'une manière allègre, avec entrain. ➤ **vivement.** *Siffloter allègrement.* ◆ PÉJ. Avec un entrain qui suppose une certaine légèreté ou inconscience. *Il nous a allègrement laissés choir.*

ALLÉGRESSE [a(l)legʀɛs] **n. f.** – *alegrece* XIIIe ◊ de *allègre* ■ Joie très vive qui d'ordinaire se manifeste publiquement. ➤ **gaieté, jubilation.** *Un chant d'allégresse.* ➤ **alléluia.** *Au milieu de l'allégresse générale.* ■ CONTR. Consternation, tristesse.

ALLÉGRETTO [a(l)legʀeto] **adv.** et **n. m.** – 1703 ◊ italien *allegretto*, diminutif de *allegro* ■ **adv.** MUS. Dans un tempo un peu vif entre l'andante et l'allégro. ◆ **n. m.** Morceau exécuté dans ce tempo. *Des allégrettos.* — On écrit aussi *allegretto.*

ALLÉGRO [a(l)legʀo] **adv.** et **n. m.** – 1703 ◊ italien *allegro* «vif» ■ **adv.** MUS. Assez rapidement (mais moins que *presto*). *Jouer allégro.* ◆ **n. m.** Morceau exécuté dans ce tempo. SPÉCIALT Premier mouvement d'une sonate, d'une œuvre de la forme sonate. *Deux allégros de Mozart.* — On écrit aussi *allegro.*

ALLÉGUER [a(l)lege] **v. tr.** ⟨6⟩ – 1393 ; *alléguier* 1278 ◊ latin *allegare*, spécialisé en latin juridique ■ **1** Citer comme autorité, pour sa justification. *Alléguer un texte de loi, un auteur.* ➤ **invoquer.** ■ **2** (XVIIe) Mettre en avant, invoquer, pour se justifier, s'excuser. ➤ **arguer, exciper** (de), **objecter, prétexter.** *«Alléguant quelque excuse de santé»* HUGO. — Avec *que* et l'indic., le condit. *Il suffit d'alléguer que la cohabitation est impossible.*

ALLÈLE [alɛl] **n. m.** – 1936 ◊ abrév. de *allélomorphe* ■ GÉNÉT. Chacune des versions possibles d'un même gène, à localisation identique sur les chromosomes homologues (SYN. gène allélomorphe*). *Allèle dominant, allèle récessif.* — **adj. ALLÉLIQUE.**

ALLÉLOMORPHE [alelɔmɔʀf] **adj.** – 1903 ◊ grec *allêlo-* marquant la réciprocité et *-morphe* ■ GÉNÉT. *Gènes allélomorphes.* ➤ **allèle.**

ALLÉLUIA [a(l)leluja] **n. m.** et **interj.** – début XIIe ◊ du latin ecclésiastique *alleluia*, de l'hébreu «louez Dieu» ■ **1** Cri de louange et d'allégresse fréquent dans les psaumes, adopté par l'Église dans sa liturgie, surtout au temps pascal. — **interj.** FAM. S'emploie pour se réjouir d'un évènement inespéré. *Alléluia, la voiture a démarré !* ◆ Pièce musicale ornée de vocalises, chantée avant l'évangile au cours de la messe. *Des alléluias.* ◆ POÉT. Chant de joie. ■ **2** Plante dicotylédone *(oxalidées)* qui fleurit vers Pâques. ➤ **oxalide.** ■ **3** Gâteau au cédrat, confectionné traditionnellement à Pâques (spécialité de Castelnaudary).

ALLEMAND, ANDE [almɑ̃, ɑ̃d] **adj.** et **n.** – *Aleman*, 1080 ◊ du latin *Alama(n)ni* ou *Alema(n)ni* «Alamans» confédération de peuples germaniques ■ **1** De l'Allemagne. ➤ **germanique, tudesque.** *Le peuple allemand.* ➤ **est-allemand, ouest-allemand.** *La philosophie allemande. «Le romantisme allemand [...] investit le monde sans fureur et sans violence»* GRACQ. *La musique allemande.* — *Un berger* allemand.* ◆ **n.** *Les Allemands.* ➤ 2 **germain, teuton ;** PÉJ. **boche,** 2 **chleuh, fridolin,** 2 **frisé, fritz.** *Querelle* d'Allemand. Les Allemands de l'Ouest* (R. F. A.), *de l'Est* (R. D. A.) (jusqu'en 1990). ◆ *La langue allemande* ou **n. m.** *l'allemand :* langue du groupe germanique occidental, comprenant le *haut allemand* (devenu, depuis Luther, l'allemand classique) et le *bas allemand* (représenté aujourd'hui par divers parlers de la plaine de l'Allemagne du Nord). *L'allemand est parlé en Allemagne, en Autriche, en Suisse...* (➤ **germanophone**). ◆ **adj.** Qui appartient à la culture allemande. *Des Suisses allemands.* ➤ **alémanique.** ■ **2** **n. f.** (XVIe) Danse d'origine allemande, en honneur à la cour de Louis XIV. — MUS. Première pièce de la suite* instrumentale. ■ **3** **n. f.** THÉÂTRE Répétition rapide d'une pièce, pour mettre au point les déplacements.

ALLÈNE [alɛn] **n. m.** – 1890 ◊ pour *allylène* → allyle ■ CHIM. Hydrocarbure gazeux de formule $H_2C{=}C{=}CH_2$. ■ HOM. Alène, haleine.

1 **ALLER** [ale] **v.** ⟨9⟩ – fin XIe ◊ du latin *ambulare* «aller et venir, se promener», qui a aussi donné *ambler*. Le radical *ir-* *(j'irai)* vient du verbe latin *ire* «aller, marcher» et *v-* *(il va)*, de *vadere*, de même sens.

I ~ **v. intr. A.** MARQUE LE DÉPLACEMENT D'UN LIEU DANS UN AUTRE (sens propre et métaphorique). — REM. *Avoir été* est en concurrence avec *être allé* dans la langue familière pour tous les temps composés du verbe : *«Moi aussi, je suis allé où vous avez été»* ALAIN-FOURNIER. ➤ 1 **être.** ■ **1** (PERSONNES) Se déplacer. *Aller à pied.* ➤ **marcher.** *«elle allait à grands pas»* LA FONTAINE. ➤ **avancer.** *Aller vite.* ➤ **filer, foncer.** *Allez plus vite !* ➤ **accélérer,** *Aller à cheval* (➤ **monter**), *à bicyclette, en voiture. Comment irez-vous là-bas ?* (cf. Par quel moyen de locomotion*). *Nous allions à 140 à l'heure.* ➤ **rouler.** *Parfois, on va plus vite en métro qu'en voiture.* ➤ **circuler.** *Je vais avec vous, nous irons ensemble.* — (Avec destination) *Aller à* Paris, au Portugal, aux Antilles, en* Italie, dans les Alpes, à la campagne, en ville, sur la côte.* ➤ **se rendre.** *Il espère aller en Écosse. Il va au Canada en juin.* ➤ 1 **partir** (cf. S'en aller, III). *Aller de Paris à Pékin. Aller jusqu'* à Pékin. Aller de ville en ville. Allons au salon.* ➤ **passer.** *Va dans ta chambre. Je suis allé chez lui, il est venu chez moi.* ➤ **venir.** FIG. *Allons au fait*.* — (Lieu de vente, de services) *Aller à l'épicerie, au café, chez le boulanger, chez le coiffeur, chez le médecin.* — (Avec adverbe de lieu) *Où va-t-il ?* (➤ **où**). *Nous ne savons où aller. Il va où il veut. Aller tout près, loin* (➤ **loin**). *Allons dehors.* ➤ 1 **sortir.** *J'y vais. Il faut y aller. Y es-tu allé,* (sans *y*) *iras-tu ?* (➤ 3 **y**). *Allez-y en taxi. «Bon, allons-y Alonzo»* (GODARD, «Pierrot le Fou», film). LOC. *Qui va là ?* formule d'interpellation du veilleur, de la sentinelle (➤ **qui-vive**). — ABSOLT *Aller et venir*.* LITTÉR. *«Je suis une force qui va !»* HUGO. ◆ (Indication de direction) *Aller tout droit*, à droite, à gauche.* ➤ **prendre.** *Aller en avant* (➤ **avancer**), *en arrière*

(➤ **reculer**). *Nous allons dans la même direction. Il allait vers le village.* ➤ se **diriger.** *Nous allons sur Marseille* (FAM. et CRITIQUÉ). *Aller à travers champs.* ➤ **traverser.** *Aller au-devant de qqn* (➤ 2 **devant**), à sa rencontre. *Je n'irai pas par quatre chemins**. ◆ (Belgique) LOC. FAM. *Faire aller qqn,* le taquiner, le faire marcher. ◆ (Véhicules) *Cette voiture va vite. L'avion qui va à Nice* (cf. À destination* de, pour*). FAM. *Votre billet ne va que jusqu'à Lille.* ▪ **2** PAR MÉTAPHORE Occuper un espace jusqu'à une limite. **ALLER À** (spatial, sans mouvement). ➤ **aboutir, conduire, mener.** *La route qui va au château. Le couloir qui allait de la cuisine au salon.* (Dans une suite, une échelle) *Le chapitre qui va de la page 20 à la page 35.* (Temporel) *La période qui va du 1er avril au 15 mai.* **ALLER JUSQU'À.** ➤ **arriver,** s'**étendre.** *Le jardin va jusqu'à la rivière. L'armoire va jusqu'au plafond.* ➤ **atteindre.** — (Temporel) *L'abonnement va jusqu'en décembre,* est valable jusqu'à cette date. FAM. *Pour le pain, ça ira jusqu'à lundi.* — (Gradation) *Une colère qui va jusqu'à la fureur. Elle est allée jusqu'à lui dire que...* ▪ **3** Se déplacer pour faire qqch., le mouvement étant secondaire. (Avec un nom de lieu) *Aller à l'église, au cinéma. Son fils ira bientôt à l'école.* ➤ **fréquenter.** *Aller aux toilettes**. (Avec un nom d'action) *Aller à la chasse, à la pêche, au travail, à la guerre, en excursion, en ambassade.* — Se déplacer pour chercher qqch. *Aller aux provisions, aux nouvelles, aux renseignements.* (Pour ramasser qqch.) *Aller au bois, aux champignons, aux fraises, aux moules,* etc. POP. ou RÉGION. *Aller au pain,* aller l'acheter. ▪ **4** (Sujet chose) Être destiné à. *L'héritage ira à sa fille. À lui va toute mon affection. Ce compliment me va droit au cœur**. ◆ (CHOSES) Devoir être mis, rangé quelque part. *Les draps vont dans le placard.* ➤ se **mettre,** se **ranger.** *Ce couvercle va sur la marmite. Tout ceci ira à la poubelle.* — Pouvoir supporter d'être mis quelque part. *Un plat qui va au feu.* ▪ **5** (Avec un verbe à l'infinitif exprimant le but) *Aller travailler. Bonsoir, je vais me coucher* (cf. II, 1°, auxiliaire). *Il faut qu'il aille les chercher. Allons nous promener. On sonne, je vais ouvrir, j'y vais ; vas-y. Va voir ce que c'est,* POP. *vas-y voir.* (Injures) *Va te faire voir*, te faire foutre*, te faire cuire un œuf**. ◆ (Pour désapprouver une initiative) *Il est allé se mettre dans une situation impossible. Qu'est-ce que tu es encore allé raconter ? Qu'allez-vous imaginer ?* (À l'impératif négatif) *N'allez pas imaginer que... N'allez pas croire de tels ragots.* ▪ **6** LOC. **Y ALLER DE** (et substantif). Miser au jeu. *Y aller de cent euros.* — Participer à une activité collective. *Elle y est allée de sa chanson.* — (IMPERSONNEL) Être en jeu. *Il y va de ma santé, de ta réputation.* — RÉGION. (Luxembourg) *Il y va de :* il est question de. *Dans cet article, il y va de la pollution.*

B. MARQUE UNE MANIÈRE DE FAIRE OU D'ÊTRE ▪ **1** (Sujet personne) Agir (manière, durée). *Il faut aller vite.* ➤ **agir,** 1 **faire.** *Appliquez-vous, vous allez trop vite* (cf. À la va-vite). *C'est fragile, allez-y doucement !* FAM. *Vas-y mollo. Y aller fort*. Ne pas y aller de main* morte. Nous irons jusqu'au bout.* — LOC. FAM. *Ça y va !* les choses sont menées rondement. ▪ **2** (Sujet chose) Évoluer. *Ses affaires vont de mal* en pis, vont à vau-l'eau*. Ça va comme ça peut. Ça va de soi*, ça va sans dire*. Rien ne va plus !* les jeux sont faits (à la roulette). «*l'homme en noir qui prononçait les paroles rituelles, établissant le contact, la tension entre les regards et la bille : "Les jeux sont faits ? rien ne va plus."*» P. LAINÉ. ◆ IMPERS. *Il en va de... comme de...* (pour comparer des statuts communs). ➤ 1 **être.** *Il en va de même pour...* ◆ **LAISSER ALLER :** laisser évoluer sans intervenir. *Il laisse aller ses affaires* (➤ **négliger**), *il laisse tout aller.* (Sujet personne) *Se laisser aller :* s'abandonner, se décourager. *Se laisser aller au désespoir. Depuis la mort de sa femme, il se laisse aller.* SPÉCIALT Ne pas se contracter, se contraindre. *Laissez-vous aller ! Se laisser aller à* (et inf.) : ne pas faire d'effort pour s'empêcher de (faire, dire). *Elle s'est laissée aller à pleurer.* ▪ **3** (Sujet chose) Marcher, fonctionner. *Comment vont les affaires ?* PROV. *Quand le bâtiment* va, tout va.* FAM. *Ça va pas, la tête* ? Tout va bien ? Ça va les études, la santé ? Ça va ?* pour s'informer de la vie de qqn, demander de ses nouvelles*. *Ça va très bien.* ➤ FAM. **baigner.** FAM. *On fait aller :* ça ne va pas très bien mais on y remédie. *Ça va comme tu veux ? Ça pourrait aller mieux.* «*Ah, ça ira, ça ira, les aristocrates à la lanterne !*» (chanson révolutionnaire). ◆ SPÉCIALT (sujet personne) Être dans tel état de santé. ➤ se **porter.** *Comment allez-vous ? Je vais bien, merci.* ➤ 1 **être,** se **sentir.** *Quand vous irez mieux* (cf. Recouvrer* la santé). ▪ **4** Convenir. *Ce n'est pas la clé qui va pour ce tiroir.* **ALLER À qqn :** être convenable pour lui. ➤ 2 **seoir.** *Ça ne te va pas, de prendre des décisions. Rendez-vous demain, ça vous va ? Ça me va* (cf. D'accord). ELLIPT *Ça va :* ça me convient. *Je vous en donne deux cents euros, ça va ?* (cf. V, 4°). *Ça peut aller ? Ça ira comme ça ? — Oh ! ça va !* ça suffit, assez ! (pour faire cesser le comportement, les paroles de l'autre). ◆ **ALLER BIEN, MAL** (ou autre adverbe de manière) **À qqn :** être plus ou moins seyant (CHOSES). *Cette robe, cette coiffure te va bien, te va à ravir. Le noir lui va mal.* FIG. *La colère lui va bien.* ➤ 2 **seoir.** *Ça lui va comme un gant**. — ABSOLT Convenir, être de la bonne taille, être seyant. *Ces chaussures me vont, c'est ma taille. Cette couleur ne lui va pas. Tout lui va !* ▪ **5 ALLER AVEC, ENSEMBLE :** accompagner normalement, être adapté à. *La veste qui va avec ce pantalon, les serviettes qui vont avec la nappe. Cette vis et ce boulon vont ensemble.* FAM. *La carte, et l'enveloppe qui va avec.* ◆ **ALLER BIEN, MAL** (ou autre adverbe) **AVEC, ENSEMBLE :** être plus ou moins bien assorti. *Le rose va bien avec le brun.* ➤ s'**harmoniser.** *Le style Empire et le style moderne vont très bien ensemble.* — (ELLIPT sans *avec*) Faire bel effet (cf. Faire* bien). *Ce fauteuil ira bien dans votre chambre.* — (PERSONNES) *Ils vont bien ensemble, tous les deux.* ▪ **6** FIG. **NE PAS ALLER SANS** (choses abstraites) : être généralement accompagné de. ➤ **comporter.** *Ça n'ira pas sans difficulté :* ce ne sera pas facile. *Sa gentillesse ne va pas sans duplicité.* ▪ **7 ALLER CONTRE, À L'ENCONTRE DE :** s'opposer. *Je n'irai pas contre sa volonté. Si j'allais à l'encontre* de ses propositions.* ▪ **8** (PERSONNES) **ALLER SUR...** (avec indication de l'âge) : être proche d'avoir... *Il va sur (ses) 25 ans :* il a 24 ans révolus.

II ~ **v. auxiliaire** ▪ **1** Auxiliaire de temps devant l'infinitif, pour former le futur prochain, et employé au présent et à l'imparfait de l'indicatif (cf. aussi S'en aller, III). — (au présent) *Il va partir* (cf. Être sur le point* de). *Il vient d'arriver et il va repartir. Ce soir, je vais me coucher tôt. Nous allons réfléchir. Je vais le faire patienter. Qu'est-ce que je vais lui dire ? Il ne va pas le croire. Elles vont être contentes. Attention, le vase va tomber ! Ça va barder !* IMPERSONNEL *Il va pleuvoir.* (Devant le verbe *aller*) *Il va aller au cinéma.* — (À l'imparfait, action souvent non réalisée) *Nous allions partir quand il est arrivé. J'allais justement vous téléphoner.* IMPERSONNEL *Je pensais qu'il allait pleuvoir. J'allais (vous) le dire !* (ce que vous avez dit). *Qu'est-ce que vous alliez dire ?* (Devant *aller*) *J'allais y aller.* (REM. Peu usité avec l'imparfait à cause des formes de même radical que l'infinitif). ◆ VIEILLI **ALLER POUR** et l'infinitif (futur prochain narratif, but non réalisé). «*Chatterton va pour le rejoindre puis y renonce*» VIGNY. ▪ **2** (Avec un verbe de mouvement, employé au participe présent ou au gérondif) Pour exprimer la simultanéité, l'aspect duratif ou progressif. (participe présent) «*Un fiacre allait trottinant*» (chans.). (cf. aussi S'en aller, III.) *La route va s'élargissant. Le mal va croissant, est allé (a été) empirant. Son angoisse allait augmentant.* (gérondif) *Ça va en diminuant. Leur nombre va en augmentant.*

III ~ **v. pron. S'EN ALLER** ▪ **1** (fin XIIe) Quitter le lieu où l'on est. ➤ 1 **partir.** *Adieu, je m'en vais. Il s'en va demain. Va-t'en !* (cf. Dehors ! Fous le camp* !). *Qu'il s'en aille.* «*La condition des personnes qui restent est toujours plus triste que celle des personnes qui s'en vont*» MARIVAUX. *Après, on s'en ira. Elles s'en sont allées sans rien dire. L'avion s'en va. S'en aller quelque part :* partir quelque part. *S'en aller au marché, en Corse, dans le Midi.* ▪ **2** VIEILLI ou LITTÉR. Mourir. *Le jour où il s'en est allé,* où il nous a quittés*. ▪ **3** (CHOSES) Partir, disparaître. *Le parfum s'en va, au bout d'un moment. La peinture s'écaille et s'en va* (cf. Elle ne tient* pas). — ABSTRAIT, LITTÉR. *Le temps, l'été s'en va.* ➤ **passer.** «*Tous ses projets* [...] *s'en étaient allés au vent*» LOTI. ▪ **4** (CONCRET) Pouvoir être ôté, détaché de. ➤ s'**enlever.** *La peau des tomates s'en va difficilement. La capuche de ce manteau s'en va* (➤ **amovible, détachable**). ▪ **5** Pouvoir être effacé. ➤ 1 **partir.** *J'ai beau frotter, la tache ne s'en va pas.* FAM. *Ça s'en va à l'eau de Javel.* ▪ **6** (Avec l'infinitif) Partir faire qqch. (emploi négligé). *Je m'en vais chercher du pain, voir ce qui se passe* (cf. ci-dessus I, A, 5°). ◆ VX ou POP. Comme verbe auxiliaire exprimant le futur prochain. *Je m'en vais vous raconter mon histoire* (cf. II, 1°). — REM. Surtout employé à la 1re pers. sing. du présent. ▪ **7** (Suivi du participe présent) VX ou LITTÉR. «*Le fils du roi s'en va chassant*» (chans.).

IV ~ **v. tr.** LOC. *Aller son chemin :* aller là où l'on a prévu d'aller. FIG. *Aller son petit bonhomme* de chemin.*

V ~ **interj. VA, ALLONS, ALLEZ** ▪ **1 VA, ALLONS, ALLEZ,** pour inciter au départ, et surtout à l'action. *Allons, debout ! Allez, au travail !* «*Allons, enfants de la patrie*» («La Marseillaise»). *Allez, les bleus !* (équipe sportive). «*Allons vite, ma chaise et des sièges à tout le monde*» MOLIÈRE. *Allons, pressons :* dépêchez-vous. *Vas-y ! — Et allez-y ! Et allez donc !* formules d'encouragement ironique pour ce qu'on réprouve. — *Va donc, (eh)...* suivi d'une injure indique le mépris, le rejet. *Va donc, eh cocu !* ▪ **2 ALLONS !** s'emploie pour dénier, dissuader, réprimander. *Allons, il faut réagir !* (cf. Voyons). ➤ **voir.** *Allons, un peu de calme ! Allons, allons, ce n'est pas sérieux ! Allons donc, vous y croyez ?* ▪ **3 VA, ALLEZ,** s'emploie

pour exprimer la résignation, la conciliation. *Je le sais bien, va ! Allez, consolez-vous ! « Quand même, allez, c'était la belle vie »* PEREC. ▪ **4 VA POUR,** servant à acquiescer (cf. D'accord). *Va pour 50 euros. Va pour demain.*
▪ CONTR. Rester. Revenir. ▪ HOM. Allée, haler ; *alliez* : alliez (allier) ; poss. hâler.

2**ALLER** [ale] n. m. – XIIe ◊ subst. de 1*aller* ▪ **1** Fait d'aller, trajet fait en allant à un endroit déterminé (opposé à *retour*). *L'aller a été plus facile que le retour. J'ai pris à l'aller le train du matin.* — SPÉCIALT Billet de chemin de fer valable pour l'aller. *Un aller, un aller simple pour Marseille. Un aller (et) retour* : billet double comportant un coupon de retour. *Des allers et retours, des allers-retours.* ◆ APPOS. *Match aller* : premier match opposant deux équipes dans un championnat. *Des matchs allers.* ▪ **2** LOC. FAM. *Aller et retour* : paire de gifles. *Il lui a flanqué un de ces allers et retours !* ▪ **3** Évolution des choses, dans l'expr. *pis* aller.* ▪ CONTR. Retour.

ALLERGÈNE [alɛʀʒɛn] n. m. et adj. – 1922 ◊ de *allergie* et *-gène* ▪ Substance qui déclenche l'allergie et les troubles qui y sont associés. ➤ **antigène.** *La poussière, le pollen, les poils de chat sont des allergènes. Désensibilisation aux allergènes.* ◆ adj. Qui détermine ou favorise l'allergie. *« du polyester, tu sues là-dedans, c'est allergène, et ça gratte »* K. TUIL. On dit aussi **ALLERGÉNIQUE** adj.

ALLERGIE [alɛʀʒi] n. f. – 1909 ◊ de l'allemand *Allergie* 1906 formé sur le grec *allos* « autre, différent » et *-ergeia* ou *-ergia* « action, efficacité » (→ ergo-, -ergie) ▪ Modification des réactions d'un organisme à un agent pathogène, lorsque cet organisme a été l'objet d'une atteinte antérieure par le même agent. ➤ **sensibilisation ; atopie.** *La notion d'allergie réunit immunité et anaphylaxie. Allergie respiratoire, cutanée. Allergie aux pollens,* provoquée par les pollens (➤ **pneumallergène**). *Allergie à la pénicilline. Avoir des allergies. Qui ne provoque pas d'allergie.* ➤ **anallergique, hypoallergénique.** *Traitement des allergies.* ➤ **désensibilisation ; antihistaminique.** ◆ FIG. *Allergie au travail, à la politique.* ▪ CONTR. Anergie.

ALLERGIQUE [alɛʀʒik] adj. – 1920 ◊ de *allergie*, ou de l'adj. allemand *allergisch* (1906) ▪ **1** Propre à l'allergie. *Phénomènes allergiques.* ▪ **2** Qui réagit en manifestant une allergie à (une substance). *Être allergique au blanc d'œuf.* — n. *Les allergiques.* ➤ **atopique.** ▪ **3** FIG. Qui est réfractaire à, supporte mal (qqch.). *« Il était allergique à la chlorophylle, le verdoiement de ces pâturages l'excédait »* BEAUVOIR.

ALLERGISANT, ANTE [alɛʀʒizɑ̃, ɑ̃t] adj. et n. m. – v. 1920 ◊ de *allergie* ▪ MÉD. Qui peut provoquer des allergies.

ALLERGOLOGIE [alɛʀgɔlɔʒi] n. f. – 1958 ◊ de *allergie* et *-logie* ▪ MÉD. Étude et thérapeutique des allergies. — adj. **ALLERGOLOGIQUE.**

ALLERGOLOGUE [alɛʀgɔlɔg] n. – v. 1965 ◊ de *allergologie* ▪ MÉD. Spécialiste des questions d'allergie. — On dit aussi **ALLERGOLOGISTE.**

ALLEU [alø] n. m. – *allœuf* 1131 ◊ de l'ancien francique *alaud* « totale propriété » ▪ DR. FÉOD. Domaine héréditaire conservé en toute propriété, libre et franc de toute redevance. *Franc-alleu* [fʀɑ̃kalø]. ▪ CONTR. Fief, tenure.

ALLEUTIER [aløtje] n. m. – 1534 ◊ de *alleu* ▪ DR. FÉOD. Propriétaire d'un alleu. *L'alleutier était un homme libre.* ▪ CONTR. Vassal, tenancier.

ALLIACÉ, ÉE [aljase] adj. – 1802 ◊ du latin *allium* « ail » ▪ **1** Propre à l'ail. *Odeur alliacée.* ▪ **2** BOT. *Plantes alliacées* (ail, ciboule, échalote, oignon, poireau). ▪ **3** Qui contient de l'ail. *Beurre alliacé.*

ALLIAGE [aljaʒ] n. m. – 1515 ◊ de *allier* ▪ **1** Produit métallique obtenu en incorporant à un métal un ou plusieurs éléments. *Alliages ferreux, cuivreux, légers* (à base d'aluminium). *Alliages de nickel, de métaux précieux. Alliage par fusion, cémentation, frittage, dépôt électrolytique. Alliages réfractaires.* ➤ **superalliage.** *Alliage fusible,* à bas point de fusion. *Traitement d'un alliage à l'étain. Alliage à mémoire,* qui a la propriété de retrouver, quand il est réchauffé, la forme qu'on lui avait donnée à basse température. ◆ FIG. Mélange peu harmonieux. ▪ **2** VX Métal ou élément combiné avec le métal de base. ◆ FIG. Élément ajouté, apport. *Un créole « sans le moindre alliage de sang coloré »* DUHAMEL.

ALLIAIRE [aljɛʀ] n. f. – 1572 ◊ du latin *allium* « ail » ▪ BOT. *Alliaire officinale* : plante bisannuelle *(cruciféracées)* du bord des chemins, à odeur alliacée et saveur piquante, utilisée en cuisine et comme antiseptique.

ALLIANCE [aljɑ̃s] n. f. – XIIe ◊ de *allier* ▪ **1** Union contractée par engagement mutuel. DR. INTERNAT. Union de deux puissances qui s'engagent par un traité *(traité d'alliance)* à se porter mutuellement secours en cas de guerre. ➤ **coalition, entente, ligue, pacte.** *Alliance défensive et offensive. Conclure, contracter, rompre une alliance. Le renversement* des alliances. La Sainte*-Alliance. Alliance atlantique.* PAR ANAL. *Alliance entre deux partis politiques. Alliance électorale.* ◆ RELIG. *Ancienne Alliance* : pacte entre les Hébreux et Yahweh, fondement de la religion juive. *Nouvelle Alliance* : pacte entre Dieu et tous ceux qui reconnaissent le sacrifice du Christ, fondement du christianisme. *L'Arche* d'Alliance.* ▪ **2** (XIIIe) Lien juridique existant entre un époux et le parent de son conjoint, et PAR EXT. entre les familles de l'un et de l'autre. ➤ **parenté ; belle-famille.** *Neveu par alliance. « jamais une famille [...] comme la mienne ne voudrait faire alliance avec la famille Fadet »* SAND [➤ **mésalliance**]. ◆ *Anneau d'alliance,* ou ELLIPT (1611) *alliance* : anneau nuptial, symbole de l'union. *Le prêtre bénit les alliances. Porter une alliance.* ▪ **3** Union, accord. *Des alliances d'intérêts. « l'alliance [...] qui s'établit entre l'artiste et ses contemporains »* TAINE. ◆ Combinaison d'éléments divers. *« il était homme du monde et homme de lettres, alliance rare »* VIGNY. *Alliance de mots* : rapprochement audacieux de mots. *Alliance de couleurs.* ▪ CONTR. Désunion, divorce.

ALLIÉ, IÉE [alje] adj. et n. – *alliiet* 1316 ◊ de *allier* ▪ **1** Uni par un traité d'alliance. *Les pays alliés.* n. *Soutenir ses alliés.* SPÉCIALT *Les Alliés* : les pays alliés contre l'Allemagne au cours des deux guerres mondiales du XXe s. adj. Des Alliés, en 1914-1918 et en 1939-1945. *Le commandement allié. Des bombardements alliés.* ▪ **2** n. Personne qui apporte à une autre son appui, prend son parti. ➤ **ami, soutien.** *J'ai trouvé en lui un allié. C'est sa meilleure alliée.* ▪ **3** (1539) DR. Uni par alliance. *Une famille alliée aux Bourbons.* SUBST. *Les alliés* : les personnes unies par alliance. *Les parents et alliés.* ▪ CONTR. Ennemi, opposé. ▪ HOM. Hallier.

ALLIER [alje] v. tr. ⟨7⟩ – *s'alier* v. 1100 ◊ latin *alligare* ▪ **1** v. pron. **S'ALLIER À, AVEC :** s'unir par une alliance. *« Napoléon III refusa : s'allier à l'Autriche, c'était renoncer à sauver l'Italie »* BAINVILLE. ➤ **s'associer,** se **coaliser,** se **liguer, s'unir.** ◆ DR. S'unir par un mariage. *« S'allier [...] à la maison d'un gentilhomme »* MOLIÈRE. ▪ **2** v. tr. (XIIe) Combiner dans un alliage. *Allier l'or et l'argent, avec l'argent. Argent allié de cuivre.* ▪ **3** FIG. Associer (des éléments dissemblables). *« allier une avarice presque sordide avec le plus grand mépris pour l'argent »* ROUSSEAU. ➤ **concilier, joindre, marier, mêler.** — PRONOM. S'associer, se combiner. *« Certains rêves de tendresse partagée s'allient volontiers au souvenir d'une femme »* PROUST. ▪ CONTR. Désunir, opposer. ▪ HOM. Hallier ; *alliez* : alliez (aller).

ALLIGATOR [aligatɔʀ] n. m. – 1663 ◊ mot anglais, altération de l'espagnol *el lagarto* « le lézard » ▪ Reptile *(crocodiliens)* d'Amérique du Nord (Floride surtout) pouvant atteindre plusieurs mètres de long. ➤ aussi **caïman, crocodile.**

ALLITÉRATIF, IVE [a(l)liteʀatif, iv] adj. – 1894 ◊ de *allitération* ▪ RHÉT. De l'allitération. *Un « enchaînement allitératif de syllabes »* VALÉRY.

ALLITÉRATION [a(l)liteʀasjɔ̃] n. f. – 1751 ◊ anglais *alliteration*, du latin *littera* « lettre » ▪ RHÉT. Répétition des consonnes initiales (et PAR EXT. des consonnes intérieures) dans une suite de mots rapprochés. *L'allitération peut être un procédé de style.* ➤ **assonance.**

ALLO [alo] interj. – 1880 ◊ anglais américain *hallo, hello,* onomatopée ▪ Interjection conventionnelle servant d'appel dans les communications téléphoniques. *Allo, allo, ne coupez pas.* — On écrit aussi *allô.* ▪ HOM. Halo.

ALLO- ▪ Élément, du grec *allos* « autre »

ALLOCATAIRE [alɔkatɛʀ] n. – 1917 ◊ du radical de *allocation* ▪ ADMIN. Bénéficiaire d'une allocation. ➤ **prestataire.** *Numéro d'allocataire.*

ALLOCATION [alɔkasjɔ̃] n. f. – 1516 ; *allocacion* « inscription, enregistrement » 1478 ◊ latin médiéval *allocatio* → allouer ▪ Fait d'allouer ; somme allouée, prestation en argent. *Voyageur qui demande une allocation de devises.* SPÉCIALT Prestation en argent consentie par la Sécurité sociale (en France) ou par un organisme similaire à différents titres de la législation sociale, pour faire face à un besoin. *Allocations familiales. Allocations de maternité, de logement. Allocation de chômage, allocation d'Aide publique* (versée par l'État aux chômeurs).

Allocation aux adultes handicapés (AAH). — ABRÉV. FAM. (1916) **ALLOC.** *Toucher les allocs,* les allocations familiales.

ALLOCENTRISME [alosɑ̃tʀism] n. m. – 1951 ◇ de *allo-*, d'après *égocentrisme* ■ PSYCHOL. Attitude psychologique qui consiste à considérer les autres comme centre d'intérêt. ■ CONTR. Égocentrisme, égoïsme, égotisme.

ALLOCHTONE [alɔktɔn] adj. – 1907 ◇ de *allo-*, d'après *autochtone* ■ DIDACT. (ÉCOL., GÉOL.) Qui provient d'un endroit différent. *Des roches allochtones mises en place par action tectonique. Espèce allochtone,* qui vit en dehors de son aire de répartition naturelle. ■ CONTR. Autochtone.

ALLOCUTAIRE [a(l)lɔkytɛʀ] n. – 1936 ◇ du radical de *allocution* ■ LING. Personne à qui l'on parle, qui reçoit le message du locuteur. ➤ 1 **récepteur.** *Le locuteur et son allocutaire.*

ALLOCUTION [a(l)lɔkysjɔ̃] n. f. – 1705 ◇ latin *allocutio*, de *alloqui* «haranguer» ■ Bref discours adressé par une personnalité, dans une circonstance particulière et à un public précis. *Une allocution radiotélévisée du chef de l'État.* ➤ 1 **adresse, speech ;** FAM. **laïus.** *Prononcer, faire une allocution.*

ALLODIAL, IALE, IAUX [alɔdjal, jo] adj. – 1463 ◇ latin médiéval *allodialis* → alleu ■ DR. FÉOD. Qui appartient à un alleu. *Biens allodiaux.*

ALLOGAMIE [alɔgami] n. f. – 1951 ◇ de *allo-* et *-gamie* ■ BOT. Mode de reproduction sexuée accompli par le pollen des fleurs d'une plante fécondant les fleurs d'une autre plante de la même variété ou espèce. *L'allogamie ou pollinisation croisée.* ➤ **endogamie, exogamie.** — adj. **ALLOGAME.** ■ CONTR. Autogamie.

ALLOGÈNE [alɔʒɛn] adj. – 1890 ◇ de *allo-* et *-gène* ■ **1** ANTHROP. D'une origine différente de celle de la population autochtone, et installé tardivement dans le pays. *Éléments allogènes.* ■ **2** HYDROGR. Se dit d'un cours d'eau issu d'une région lui imprimant certains caractères. ♦ GÉOL. *Minéral allogène,* qui n'a pas pris naissance dans la région où il se trouve. ■ CONTR. Aborigène, autochtone, indigène. ■ HOM. Halogène.

ALLOGREFFE [alɔgʀɛf] n. f. – 1972 ◇ de *allo-* et *greffe* ■ MÉD. Greffe sur un individu d'un greffon (*allogreffon* n. m.) prélevé sur un autre individu. ■ CONTR. Autogreffe.

ALLONGE [alɔ̃ʒ] n. f. – XIIIᵉ ◇ de *allonger* ■ **1** Pièce servant à allonger. ➤ **rallonge.** ♦ Crochet de boucherie. ■ **2** (1897) Longueur des bras d'un boxeur. *Il « avait une allonge supérieure et il n'eut pas de mal à placer quelques directs »* QUENEAU.

ALLONGÉ, ÉE [alɔ̃ʒe] adj. – 1539 ◇ de *allonger* ■ **1** Étendu de tout son long. *Rester allongé. Anchois allongés ou roulés.* ■ **2** Étendu en longueur de façon caractéristique. MATH. *Ellipsoïde* allongé* (opposé à *aplati*). *Cycloïde* allongé.* COUR. *Un crâne allongé. Silhouette allongée.* ➤ **élancé.** LOC. *Mine allongée,* qui traduit la déception. ➤ **long.** ■ **3** *Café allongé,* auquel on ajoute un peu d'eau. ■ CONTR. Raccourci, trapu. Serré.

ALLONGEMENT [alɔ̃ʒmɑ̃] n. m. – 1224 ◇ de *allonger* ■ **1** Fait de s'allonger. *L'allongement de la tige d'une plante.* SPÉCIALT Propriété qu'ont les métaux de s'allonger quand ils sont soumis à une traction. GÉOL. *Allongement d'un cristal :* relation entre la forme géométrique du cristal et ses indices de réfraction à la lumière. ■ **2** Forme allongée. *L'allongement de l'aile d'un avion,* le fait qu'elle s'effile dans le sens de l'envergure. ■ **3** Fait de s'accroître dans la durée ; son résultat. *L'allongement des jours au printemps.* — SPÉCIALT Accroissement de durée d'un phonème (réalisé). ■ CONTR. Raccourcissement.

ALLONGER [alɔ̃ʒe] v. ⟨3⟩ – XIIᵉ ◇ de 1 *a-* et *long*

I v. tr. ■ **1** Rendre plus long, augmenter la longueur de. *Allonger une jupe de quelques centimètres.* ➤ **rallonger.** PAR ANAL. *Allonger une sauce,* l'augmenter de volume par addition d'eau, de bouillon. LOC. *Allonger la sauce :* délayer ce qu'on dit, ce qu'on écrit. ♦ Faire paraître allongé. *« Son visage qu'allongeait un reste de cheveux dressés en brosse »* MARTIN DU GARD. ■ **2** Étendre (un membre), déployer. *Allonger le bras. « Une jambe allongée au bord du lit »* FRANCE. — *Allonger le pas :* presser la marche en faisant des pas plus longs. ♦ PAR EXT. FAM. Donner (un coup) en étendant la main, la jambe. *Je vais t'allonger une gifle.* ♦ POP. Étendre à terre (un adversaire). *Il l'a allongé au tapis.* — Tendre, verser (de l'argent). *« Vous pensez que je vais allonger cinquante mille balles à ce vieux grigou ! »* ROMAINS. ■ **3** Accroître en durée. *Allonger ses vacances.* ➤ **prolonger.** Faire paraître d'une plus grande durée. *« La vie est courte, mais l'ennui l'allonge »* RENARD.

II v. intr. Devenir plus long (dans le temps). *Les jours commencent à allonger.*

III S'ALLONGER v. pron. ■ **1** Devenir ou paraître plus long (dans l'espace ou dans le temps). *« Il maigrit, sa taille s'allongea »* FLAUBERT. *« Leurs entretiens s'allongeaient comme les crépuscules »* LOTI. *L'addition s'allonge.* ■ **2** (RÉFL.) S'étendre de tout son long. *Je vais m'allonger un peu* (sur le lit). ➤ 1 **se coucher.** *Restez allongé.* — VULG. Accepter les relations sexuelles. ♦ FIG. et POP. Avouer (dans un interrogatoire). ➤ **s'affaler** (cf. Se mettre à table*). *« Il ne s'allongerait pas comme ça. C'est un coriace »* PENNAC. ♦ FAM. S'étaler par terre. ■ CONTR. Raccourcir, réduire. Replier.

ALLOPATHE [alɔpat] adj. – v. 1800 ◇ de *allopathie* ■ MÉD. Qui traite par l'allopathie. *Médecin allopathe.* VIEILLI *Méthode allopathe.* ➤ **allopathique.** ■ CONTR. Homéopathe.

ALLOPATHIE [alɔpati] n. f. – 1838 ◇ mot créé en allemand (Hahnemann, vers 1800) par opposition à *Homöopathie* (→ homéopathie), et formé sur le grec *allos* «autre» (→ allo-) et *pathos* «souffrance» (→ -pathie) ■ Médecine classique. ■ CONTR. Homéopathie.

ALLOPATHIQUE [alɔpatik] adj. – 1833 ◇ de *allopathie* ■ MÉD. Relatif à l'allopathie. ■ CONTR. Homéopathique.

ALLOPATRIQUE [alɔpatʀik] adj. – 1954 ◇ de *allo-* et grec *patra* «lieu d'origine, patrie», d'après l'anglais *allopatric* (1942) ■ BIOL. Se dit de populations de la même espèce initiale, qui évoluent différemment du fait de leur séparation géographique (barrières naturelles). *Spéciation allopatrique.* ■ CONTR. Sympatrique.

ALLOPHONE [alɔfɔn] n. et adj. – milieu XXᵉ ◇ de *allo-* et *-phone* ■ DIDACT. ■ **1** Personne dont la langue maternelle est une langue étrangère, dans la communauté où elle se trouve. adj. *Des étudiants allophones.* ■ **2** n. m. Se dit de formes phonétiquement différentes qui ont la même graphie (opposé à *homophone*). *Poster* (v. tr.) *et poster* (n. m.) *sont des allophones. Allophones et homographes.*

ALLOSTÉRIE [alɔsteʀi] n. f. – 1961 ◇ de *allo-* et du grec *stereos* «solide» ■ BIOCHIM. Propriété de certaines protéines qui changent de conformation et d'activité lorsqu'elles s'associent à un ligand (activateur ou inhibiteur) sur un site spécifique différent du site actif dans le cas d'une enzyme. — adj. **ALLOSTÉRIQUE.** *Enzyme allostérique. L'hémoglobine est une protéine allostérique.*

ALLOTISSEMENT [alɔtismɑ̃] n. m. – 1866 ◇ de *allotir* «répartir en lots», de 1 *a-* et *lot* ■ TRANSPORT Opération qui consiste à organiser l'entreposage de lots de produits selon leur destination, de façon à faciliter leur manutention et leur enlèvement. ➤ **groupage.**

ALLOTROPIE [alɔtʀɔpi] n. f. – 1855 ◇ mot créé par Berzelius en suédois v. 1830 sur le grec *allos* «autre» (→ allo-) et *tropos* «direction» (→ -trope, -tropie) ■ CHIM. Propriété qu'a une espèce chimique (élément ou molécule) d'exister dans les mêmes conditions physiques sous les formes cristalline et amorphe. ➤ **polymorphisme.** *Allotropie du soufre, du phosphore.*

ALLOTROPIQUE [alɔtʀɔpik] adj. – 1860 ◇ de *allotropie* ■ CHIM. Qui appartient à l'allotropie. *Variétés, états allotropiques d'un corps simple ou composé.*

ALLOUER [alwe] v. tr. ⟨1⟩ – 1491 ; ancien français *aloer* «mettre, placer» ◇ latin populaire °*allocare*, de *locus* «place» → 2 louer ■ Attribuer (une somme d'argent, une indemnité). *« vous reprochez à un savant de ne pas gagner la faible somme que l'État lui alloue »* RENAN. ➤ **donner.** ♦ Accorder (un temps déterminé pour un travail). ➤ **impartir.** *Les délais qui nous sont alloués.*

ALLUCHON [a(l)lyʃɔ̃] n. m. – 1425 ◇ diminutif dialectal de *aile* ■ Dent d'engrenage adaptable à une roue.

ALLUMAGE [alymaʒ] n. m. – 1845 ◇ de *allumer* ■ **1** Action d'allumer (un foyer), d'enflammer. *Le concierge était chargé de l'allumage des poêles.* ♦ (1879) AUTOM. Inflammation du mélange gazeux provenant du carburateur. *Allumage par batterie d'accumulateurs. Bougies d'allumage. Allumage par magnéto. Allumage électronique. Panne d'allumage. Avance, retard à l'allumage :* dispositif permettant au gaz de s'enflammer au moment le plus favorable. LOC. FAM. *Avoir du retard à l'allumage :* apprendre, comprendre, réagir trop tard. — PAR EXT. Ensemble des organes assurant l'allumage (batterie, bobine transformatrice, allumeur et bougies). *Régler l'allumage.* ■ **2** RARE Action d'allumer (une source lumineuse). *L'allumage des feux de position est obligatoire par temps de brouillard.* ■ CONTR. Extinction.

ALLUMÉ, ÉE [alyme] adj. – de *allumer* ▪ **1** Qu'on a allumé. ◆ FIG. et FAM. Fou, illuminé. *Il est un peu allumé.* ▪ **2** Rouge et luisant. *Un teint allumé.* ▪ **3** BLAS. D'un émail différent du reste, ou particulier.

ALLUME-CIGARE [alymsigaʀ] n. m. – 1900 ◇ de *allumer* et *cigare* ▪ Briquet à incandescence, dont est souvent muni le tableau de bord d'un véhicule automobile, et qui sert à allumer les cigarettes, les cigares. *« au lieu d'utiliser son briquet,* [il] *presse l'allume-cigare, qu'il tend ensuite par la portière ouverte aux fumeurs ébahis »* J. ROUAUD. *Des allume-cigares.*

ALLUME-FEU [alymfø] n. m. – 1866 ◇ de *allumer* et 1*feu* ▪ Petite bûche enduite de résine. ➤ **ligot.** ◆ Tout produit servant à allumer un feu (cheminée, barbecue, etc.). *Des allume-feux.*

ALLUME-GAZ [alymgɑz] n. m. inv. – 1891 ◇ de *allumer* et *gaz* ▪ Briquet de cuisine servant à allumer le gaz (aux brûleurs d'un réchaud, d'une cuisinière).

ALLUMER [alyme] v. tr. ⟨1⟩ – 1080 ◇ latin populaire °*alluminare*

I (Feu) ▪ **1** Mettre le feu à. *Allumer du bois sec, la mèche d'un explosif. « Il prit la cigarette, l'alluma au briquet »* GENEVOIX. *Allumer le gaz.* PAR MÉTON. (contenu) *Allumer une pipe.* ◆ PAR EXT. *Allumer le feu,* le faire. *Pyromane qui allume des feux de forêt.* — PRONOM. RÉFL. *L'incendie s'alluma rapidement.* ▪ **2** Exciter, éveiller de façon soudaine (une passion). *Allumer la colère, les désirs, les feux* de l'amour.* ➤ **enflammer, susciter.** *« Brûlé de plus de feux que je n'en allumai »* RACINE. *Allumer la guerre.* ▪ **3** FAM. Séduire (qqn). ➤ **aguicher, draguer.** *« elle pouvait m'allumer sans risque »* CLAVEL (cf. Allumeuse*). ▪ **4** ARG. Tirer sur (qqn) avec une arme à feu. FIG. Critiquer (qqn) violemment ; mettre en cause, prendre à partie. *Le ministre s'est fait allumer par ses adversaires.* ➤ **éreinter,** 2**taper** (sur) (cf. Descendre* qqn en flammes).

II (Lumière) Rendre lumineux en enflammant, ou par l'électricité (courant, pile). *Allumer les bougies. Allumer un lampadaire, une lampe de poche. Toutes les lampes, les lumières* étaient allumées* (➤ **illumination**). *Les feux de position sont restés allumés.* — PRONOM. Devenir lumineux. *Le phare s'allume. L'écran s'allume, le voyant rouge s'est allumé. Signal lumineux qui s'allume et s'éteint.* — FIG. *« Son cœur bondit, ses yeux s'allument »* DAUDET. ➤ **briller.** ◆ PAR EXT. *Allumer la lumière. Allumer l'électricité.* ABSOLT *Pourriez-vous allumer ? Voulez-vous allumer dans l'entrée ?* donner de la lumière. *« il n'avait pas allumé, la pièce n'était éclairée que par la lampe posée sur son bureau »* HOUELLEBECQ. — PRONOM. *À l'heure où les lumières s'allument.* ◆ PAR MÉTON. *Allumer une pièce. La chambre est restée allumée.* — PRONOM. (PASS.) *L'entrée s'allume à gauche de la porte.*

III (Énergie) ▪ **1** Faire fonctionner en mettant le feu. *Allumer le poêle, un four à gaz. Allumer une fusée* (cf. Mettre à feu*). ▪ **2** Faire fonctionner (un appareil électrique) par une prise de courant (➤ **brancher**) ou un bouton*. *Allumer la radio, la télévision.* — PRONOM. (PASS.) *Où, comment s'allume la photocopieuse ? Le four s'allume électriquement.*

▪ CONTR. Éteindre ; arrêter, débrancher.

ALLUMETTE [alymɛt] n. f. – 1213 ◇ de *allumer* ▪ **1** ANCIENNT Petite bûchette servant à recueillir et transmettre la flamme. (1845) MOD. Brin de bois, de carton imprégné à une extrémité d'un produit susceptible de s'enflammer par friction. *Boîte, pochette d'allumettes. Gratter une allumette. « il disparut un beau jour, à Dakar, sous prétexte d'aller acheter des allumettes »* VIALATTE. LOC. *Avoir les jambes comme des allumettes,* longues et maigres. ▪ **2** (1739) Gâteau sec allongé, en pâte feuilletée, généralement recouvert d'un glaçage au sucre. — *Allumette au fromage :* petit rectangle de pâte feuilletée imprégnée de fromage. — APPOS. *Pommes allumettes :* frites coupées finement (cf. Pommes paille*).

ALLUMETTIER, IÈRE [alym(ə)tje ; alymetje, jɛʀ] n. – 1532 *allumetier* ◇ de *allumette* ▪ Fabricant(e) d'allumettes ; personne employée à la fabrication des allumettes.

ALLUMEUR, EUSE [alymœʀ, øz] n. – 1374 ◇ de *allumer* ▪ **1** ANCIENNT Personne chargée d'allumer et d'éteindre les appareils d'éclairage public. *L'allumeur de réverbères. « à quoi pouvaient servir* [...] *sur une planète sans maison* [...] *un réverbère et un allumeur de réverbère »* SAINT-EXUPÉRY. ▪ **2** n. f. FIG. (FAM.) Femme aguichante, qui cherche à susciter le désir masculin (cf. Coquette). *« être traitée de salope et d'allumeuse »* A. ERNAUX. ▪ **3** n. m. (1894) Partie de l'allumage, rassemblant dans un boîtier les dispositifs d'avance à l'allumage, de rupture et de distribution du courant aux bougies. ➤ **delco.** — Nom de divers dispositifs automatiques d'inflammation ou de mise à feu.

ALLURE [alyʀ] n. f. – 1170 ◇ de 1*aller* ▪ **1** Vitesse de déplacement. *Rouler à toute allure, à vive allure. Forcer son allure.* — LOC. FAM. *À l'allure où vont les choses,* de la façon dont elles changent (rapidement). ▪ **2** Manière d'aller, de se déplacer. ➤ **démarche,** 2**marche,** 1**pas.** *« L'allure noble qu'on appelle* [...] *un pas d'ambassadeur »* BALZAC. — SPÉCIALT *Les allures du cheval. Allures naturelles* (pas, trot, galop), *défectueuses* (amble, aubin), *acquises* (par le dressage : pas d'école, passage, etc.). ◆ PAR ANAL. Direction que suit un navire par rapport à celle du vent. *Allures de près, de largue, de vent arrière. Allures de sauvegarde. Les allures et les amures*.* ➤ **cape, fuite.** ▪ **3** FIG. Manière de se comporter. ➤ **attitude, comportement, façon.** *Il a une grande liberté d'allure.* ▪ **4** PAR EXT. Manière de se tenir, de se présenter. ➤ **maintien.** LOC. *Avoir belle allure, fière, grande allure. Changer d'allure.* ➤ FAM. **look.** ◆ ABSOLT *Avoir de l'allure,* de la distinction, de la noblesse dans le maintien, la tenue. ➤ **classe, prestance.** *Quelle allure ! Il avait de l'allure, dans ce costume.* ➤ FAM. **dégager.** ▪ **5** FAM. Apparence générale d'une chose. ➤ 2**air,** 1**tournure.** *Elle a une drôle d'allure, cette maison.* ➤ FAM. **touche.** ◆ ABSOLT *Avoir de l'allure :* impressionner par son apparence (cf. Faire bien, faire bel effet, FAM. en jeter*). *Une robe, une voiture qui a de l'allure, beaucoup d'allure.* ➤ **chic, classe ;** FAM. **gueule.** ▪ **6** (Canada) *Avoir (bien) de l'allure :* être sensé, raisonnable. *Ce que tu proposes a bien de l'allure. Ces prix ont de l'allure. Ça n'a pas d'allure :* ça n'a pas de sens, c'est absurde.

ALLURÉ, ÉE [alyʀe] adj. – 1929 ◇ de *allure* ▪ (PERSONNES ou CHOSES) Qui a de l'allure, du chic. ➤ **chic (adj.).** *Une robe très allurée.*

ALLUSIF, IVE [a(l)lyzif, iv] adj. – 1770 ◇ du radical de *allusion* ▪ **1** Qui contient une allusion. ▪ **2** (PERSONNES) Qui parle par allusions. ▪ **3** Qui procède par allusion. *Un style allusif.* — adv. **ALLUSIVEMENT.** *S'exprimer allusivement.*

ALLUSION [a(l)lyzjɔ̃] n. f. – 1558 ; « jeu de mots » 1674 ◇ bas latin *allusio* ▪ Manière d'éveiller l'idée d'une personne ou d'une chose sans en faire expressément mention ; parole, écrit utilisant ce procédé. ➤ **insinuation, sous-entendu.** *Une allusion claire, transparente. Les allusions personnelles,* qui ont trait à la personne des gens. *L'allusion m'échappe.* — loc. verb. **FAIRE ALLUSION À...** ➤ **évoquer.** *Il n'a pas fait allusion à l'héritage.*

ALLUVIAL, IALE, IAUX [a(l)lyvjal, jo] adj. – 1802 ◇ du radical de *alluvion* ▪ Produit ou constitué par des alluvions. *Vallée alluviale. Terrains alluviaux.*

ALLUVION [a(l)lyvjɔ̃] n. f. – 1641 ; « inondation » 1527 ◇ latin *alluvio* ▪ **1** VIEILLI Alluvionnement. ◆ DR. Accroissement de terrain par alluvionnement. *« L'alluvion profite au propriétaire riverain »* (CODE CIVIL). ▪ **2** (1815) AU PLUR. Dépôt de sédiments d'un cours d'eau, d'un lac et constitué selon les régions et la force des courants, de galets, de graviers, de boues et de limons. ➤ **colluvion.** *Alluvions anciennes, récentes. Delta formé par les alluvions d'un fleuve.* PAR ANAL. *Alluvions glaciaires, éoliennes :* formations glaciaires, éoliennes. — adj. **ALLUVIONNAIRE** [a(l)lyvjɔnɛʀ], 1844.

ALLUVIONNEMENT [a(l)lyvjɔnmɑ̃] n. m. – 1877 ◇ de *alluvion* ▪ DIDACT. Formation d'alluvions (résultant de la diminution de la pente et de la vitesse du cours d'eau). *Zone d'alluvionnement.*

ALLUVIONNER [a(l)lyvjɔne] v. intr. ⟨1⟩ – 1956 ; v. tr. 1908 ◇ de *alluvion* ▪ Déposer des alluvions.

ALLYLE [alil] n. m. – 1855 ◇ du latin *al(l)ium* « ail » et suffixe chimique *-yle,* du grec *hulê* « substance » ▪ CHIM. Radical de formule $CH_2{=}CH{-}CH_2{-}$ présent dans de nombreux esters (découvert d'abord dans les *sulfures d'allyle* de l'essence d'ail).

ALLYLIQUE [alilik] adj. – 1865 ◇ de *allyle* ▪ CHIM. Qui renferme le radical allyle. *Alcool allylique,* obtenu par hydrolyse du chlorure d'allyle.

ALMA MATER [almamatɛʀ] n. f. inv. – 1890 ◇ mots latins « mère nourricière », de *alere* « nourrir », cf. *alumni* ▪ (Souvent plais.) L'Université. — (Belgique, Luxembourg, Suisse, Canada) L'université où l'on a fait ses études.

ALMANACH [almana] n. m. – début XIVe ◇ du latin médiéval *almanachus,* de l'arabe *al-manakh* ▪ **1** Calendrier accompagné d'observations astronomiques, de prévisions météorologiques, de conseils pratiques relatifs aux travaux à faire selon la saison. ➤ **agenda, éphéméride.** *Les anciens almanachs illustrés. L'Almanach des Muses,* qui contenait des poésies.

▪ **2** Annuaire, publication ayant vaguement pour base le calendrier. *L'almanach de Gotha :* annuaire généalogique et diplomatique. *L'almanach Vermot,* célèbre pour ses plaisanteries populaires.

ALMANDIN [almɑ̃dɛ̃] **n. m.** et **ALMANDINE** [almɑ̃din] **n. f.** – 1898, -XVIIe ◊ var. de *alabandite* ▪ Grenat aluminoferreux.

ALMASILICIUM [almasilisjɔm] **n. m.** – 1948 ◊ de *al(uminium), ma(gnésium)* et *silicium* ▪ Alliage léger inoxydable d'aluminium, magnésium et silicium. *Almasilicium vendu en plaque, en profilé.*

ALMÉE [alme] **n. f.** – 1785 ◊ arabe *aluma* «savante» ▪ Danseuse égyptienne lettrée. PAR EXT. Danseuse orientale.

ALMICANTARAT [almikɑ̃taʀa] **n. m.** – 1660 ◊ arabe *al-muquantarat* «l'astrolabe» ▪ DIDACT. Cercle de la sphère céleste, parallèle à l'horizon.

ALOÈS [alɔɛs] **n. m.** – 1160 ; *aloé* XIIe ◊ latin *aloe,* mot grec ▪ Plante *(liliacées)* des climats chauds et secs, aux feuilles acérées, charnues et cassantes. ♦ *Aloès médicinal :* suc concentré de l'aloès, purgatif très amer. ➤ **chicotin.** *Pilules d'aloès.* — **adj. ALOÉTIQUE** [alɔetik] **(PHARM.).**

ALOE VERA ou **ALOÉ VÉRA** [alɔveʀa] **n. m. inv.** – 1991 ◊ latin botanique *aloe vera,* de *aloe* «aloès» et *vera* «vraie» ▪ BOT. Aloès d'une espèce cultivée pour ses propriétés médicinales. *Gel d'aloe vera.*

ALOGIQUE [alɔʒik] **adj.** – 1611 «déraisonnable» ◊ de 2 *a-* et *logique* ▪ (1902 ◊ allemand *alogisch)* PHILOS. Étranger aux déterminations de la logique. *«La plasticité de ce public à des formes de pensée alogiques et hypnotiques»* BARTHES.

ALOI [alwa] **n. m.** – 1268 ◊ de l'ancien français *aloier,* variante de *allier* ▪ **1** VX Alliage. SPÉCIALT Titre légal (d'une monnaie, d'un article d'orfèvrerie). ▪ **2 loc. adj.** *De bon, de mauvais aloi :* de bonne, de mauvaise qualité, qui mérite, ne mérite pas l'estime. *«une gloire du meilleur aloi»* CAILLOIS.

ALOPÉCIE [alɔpesi] **n. f.** – 1505 ◊ du latin *alopecia,* famille du grec *alôpêx* «renard», à cause de la chute annuelle des poils de cet animal ▪ MÉD. Chute temporaire ou non des cheveux ou des poils, partielle ou totale. ➤ **calvitie, pelade, teigne.**

ALORS [alɔʀ] **adv.** – 1250 ◊ de *à* et *lors*

I adv. ▪ **1** (Temporel) À ce moment, à cette époque. *Il comprit alors son erreur. Une maison «située aux environs immédiats de la ville de Brest dans ce qui était alors la campagne»* ROBBE-GRILLET. *D'alors :* de ce temps. *«Les gens d'alors étaient d'autres gens que les nôtres»* LA FONTAINE. *Jusqu'alors :* jusqu'à cette époque. ▪ **2** (Introd. une conséquence) Dans ce cas, dans ces conditions. *Alors, n'en parlons plus.* — En conséquence. *Il n'y a pas de bus, alors je suis venu à pied.* ➤ **aussi.** ♦ (Pour demander une suite, une précision) *«Ils rentrent de voyage. - Et alors, ça leur a plu ?»* ♦ (Pour réfuter une objection) *Et alors ? Qu'est-ce que ça change ?* (cf. Et puis*). ▪ **3** Permet de renforcer l'expression, d'insister. — (Pour amorcer la conversation). *Alors, ça va ?* — (Pour marquer l'impatience). *Alors, ça vient ?* — (L'étonnement, la surprise). *Ça alors !* — (L'indignation). *Non, mais alors !*

II loc. conj. de subordin. ALORS QUE. ▪ **1** (Temporel) Lorsque. *Cela s'est produit alors qu'il n'était pas chez lui.* ▪ **2** (1422) **Adversatif** À un moment où au contraire... *«Cependant on vous voit une morne tristesse Alors que dans vos yeux doit briller l'allégresse»* MOLIÈRE. *Il fait bon chez vous, alors que chez moi on gèle.* ➤ **tandis que.** ▪ **3** En dépit du fait que, contrairement au fait que. ➤ 1 **bien** (que). *On la critique alors qu'elle n'est pas responsable.* ▪ **4** (En compar.) *Il est blond alors que son frère est brun. Pour moi c'est primordial alors que pour lui c'est sans importance.*

ALOSE [aloz] **n. f.** – XIIe ◊ bas latin *alausa,* d'origine gauloise ▪ Poisson *(clupéiformes)* apparenté aux sardines et harengs, qui remonte les rivières au printemps pour frayer. *Grande alose,* ou *alose commune. Petite alose. Alose au four.*

ALOUATE [alwat] **n. m.** – 1741 ◊ d'un mot amérindien de la Guyane ▪ Singe hurleur de l'Amérique centrale, au pelage roux *(cébidés).*

ALOUETTE [alwɛt] **n. f.** – fin XIIe ◊ diminutif de l'ancien français *aloe* (→ aloyau), du latin d'origine gauloise *alauda* ▪ Petit oiseau à plumage gris ou brunâtre *(passériformes).* ➤ 1 **calandre, mauviette.** *«La gaie alouette au ciel a fredonné»* RONSARD. ➤ **grisoller.** *Chasse aux alouettes. Miroir* aux alouettes.* — *Pâté d'alouettes.* LOC. PROV. *Il attend que les alouettes lui tombent toutes rôties :* il ne veut pas se donner la moindre peine. ♦ PAR ANAL. (CUIS.) *Alouette sans tête :* paupiette.

ALOURDIR [aluʀdiʀ] **v. tr.** ⟨2⟩ – XIIe ◊ de *lourd* ▪ **1** Rendre lourd, plus lourd. ➤ **charger, surcharger.** *La neige alourdit les branches.* ▪ **2** PAR EXT. Rendre pesant, moins alerte. *«Sa tête alourdie de sommeil»* DAUDET. ➤ **appesantir, engourdir.** *«L'âge commençait de l'alourdir»* DUHAMEL. PRONOM. *Sa démarche s'est alourdie.* ♦ Donner un caractère pesant, embarrassé. *Cette tournure alourdit la phrase.* ▪ **3** FIG. Augmenter (ce qui pèse). *Alourdir les charges.* ▪ CONTR. Alléger.

ALOURDISSEMENT [aluʀdismɑ̃] **n. m.** – v. 1400 ◊ de *alourdir* ▪ **1** Le fait d'alourdir. *L'alourdissement d'un véhicule.* ▪ **2** Fait de s'alourdir. ➤ **appesantissement, lourdeur.** *Éprouver une sensation d'alourdissement.* ▪ CONTR. Allègement, légèreté.

ALOYAU [alwajo] **n. m.** – *allouyaux* 1393 ◊ probablt du radical de *alouette,* parce qu'on en rôtissait des morceaux à la broche comme des alouettes ▪ BOUCH. Région lombaire du bœuf, s'étendant de l'avant-dernière côte à la partie antérieure du bassin, renfermant le filet, le romsteck et le contre-filet. *Un morceau dans l'aloyau, d'aloyau.*

ALPAGA [alpaga] **n. m.** – 1739 *alpaca* ◊ de l'espagnol *alpaca,* emprunté à une langue du Pérou (aymara) *alpaka,* lui-même p.-ê. d'un mot quéchua signifiant «brun-roux» → alpaguer ▪ **1** Mammifère *(ruminants)* voisin du lama et de la vigogne, domestiqué en Amérique du Sud, remarquable par la laine fine et longue de sa toison. ▪ **2** (1808) Tissu mixte, autrefois à base de laine d'alpaga, aujourd'hui de soie et de laine en torsion grenadine. *Veste d'alpaga, en alpaga.* PAR MÉTON. *Un alpaga.*

ALPAGE [alpaʒ] **n. m.** – 1546 ◊ mot du Dauphiné, de *Alpes* ▪ Pâturage de haute montagne ; saison passée par un troupeau dans ce pâturage. ➤ **estivage.**

ALPAGUER [alpage] **v. tr.** ⟨1⟩ – 1935 ◊ de *alpag* 1869, apocope de *alpaga* «manteau» ▪ ARG. Appréhender, arrêter*. ➤ FAM. **épingler.** — PAR EXT. Mettre la main sur, s'emparer de, saisir (qqn). *«Il me fallait les alpaguer [...] pour qu'ils me crachent ce qu'ils savaient sur notre compte»* SIMONIN.

ALPAX [alpaks] **n. m.** – 1920 ◊ de *al(uminium)* et du latin *pax* «paix», jeu de mots sur l'inventeur Aladar Pacz ▪ TECHN. Alliage d'aluminium et de silicium affiné.

ALPE [alp] **n. f.** – 1405 ◊ de *Alpes,* latin *Alpes,* nom d'origine celtique ▪ Pâturage des Alpes. ➤ **alpage.** *Les troupeaux sont dans l'alpe.*

ALPENSTOCK [alpɛnstɔk] **n. m.** – 1853 ◊ mot allemand «bâton *(Stock)* des Alpes» ▪ VIEILLI Bâton ferré utilisé autrefois pour les excursions en montagne.

ALPESTRE [alpɛstʀ] **adj.** – 1555 ◊ italien *alpestre* ▪ Propre aux Alpes. ➤ **alpin.** *Les paysages alpestres.* ♦ (1834) BOT. *Plantes alpestres,* qui vivent normalement dans les régions moyennes des montagnes (autour de 1 000 mètres).

ALPHA [alfa] **n. m. inv.** – XIIe ◊ mot grec

I ▪ **1** Première lettre (A, α) de l'alphabet grec. *Alpha privatif,* qui donne, dans les composés grecs, une valeur négative. ♦ FIG. (expr. de l'Apocalypse, en parlant de Dieu) *L'alpha et l'oméga :* le commencement et la fin. *«Le premier et le dernier mot, l'alpha et l'oméga d'un catéchisme»* FROMENTIN. ▪ **2** DIDACT. Étoile choisie comme la première d'une constellation. *Alpha du Centaure.* ▪ **3** CHIM. Décalage d'un atome de carbone par rapport à un atome de référence dans une molécule. *Attaque, substitution en alpha.*

II APPOS. INV. ▪ **1** PHYS. *Particule α, alpha,* composée de deux protons et deux neutrons, semblable au noyau d'hélium. ➤ **hélion.** *Rayons, rayonnement α, alpha :* flux de particules α. — PHYSIOL. *Récepteur adrénergique* α.* ▪ **2** PHYSIOL. *Rythme α, alpha :* rythme de l'activité cérébrale qui s'observe principalement pendant les périodes de repos. — *Ondes α, alpha,* propres au rythme alpha. ▪ **3** ÉTHOL. *Mâle alpha :* mâle dominant*. *«ces grands primates dont les mâles alpha battent, violent, et tuent parfois les soumis de la tribu»* R. JAUFFRET. ♦ PAR EXT. COUR. Homme viril ou puissant. *«Ce qui fait kiffer le mâle alpha, c'est le pouvoir»* V. DESPENTES.

▪ HOM. Alfa.

ALPHABET [alfabɛ] **n. m.** – v. 1140 ◊ bas latin *alphabetum,* du grec *alpha* et *bêta,* nom des deux premières lettres grecques ▪ **1** Système de signes graphiques (lettres) servant à la transcription des sons (consonnes, voyelles) d'une langue ; série des lettres, rangées dans un ordre traditionnel. ➤ **syllabaire.** *Les Phéniciens ont établi le premier modèle d'alphabet. Les vingt-six* *lettres de l'alphabet du français. Réciter l'alphabet. — Alphabet de l'association phonétique internationale* (*A. P. I.* [ɑpei]) : système de signes conventionnels servant à noter d'une manière uniforme les phonèmes des diverses langues. — PAR EXT. *Alphabet braille*, morse*.* ◆ INFORM. Ensemble de caractères utilisé dans un système informatique ou de transmission de l'information. ➤ **langage.** ◆ GÉNÉT. *L'alphabet génétique est constitué des initiales des acides nucléiques.* ■ **2** Livre à l'usage des enfants contenant les premiers éléments de la lecture (lettres, syllabes, mots). ➤ **A B C, abécédaire.**

ALPHABÈTE [alfabɛt] **n. et adj.** – 1979 ◇ de *analphabète* ■ (Maroc, Afrique noire) Personne qui sait lire et écrire. — **adj.** *Une femme alphabète.*

ALPHABÉTIQUE [alfabetik] **adj.** – XVe ◇ de *alphabet* ■ **1** Qui repose sur l'alphabet, est propre à l'alphabet. *Écriture* alphabétique. Ordre alphabétique.* ■ **2** Qui est dans l'ordre alphabétique. *Dictionnaire, index alphabétique. Table alphabétique des matières. Liste alphabétique des lauréats.* — **adv.** **ALPHABÉTIQUEMENT.**

ALPHABÉTISATION [alfabetizasjɔ̃] **n. f.** – 1913 ◇ de *alphabet* ■ Enseignement de l'écriture et de la lecture aux personnes analphabètes d'une population ou à des personnes ne connaissant pas un alphabet donné. *Campagne d'alphabétisation.*

ALPHABÉTISER [alfabetize] **v. tr.** ‹1› – milieu XXe ; «classer par ordre alphabétique» 1853 ◇ de *alphabet* ■ Apprendre à lire et à écrire à (un groupe social partiellement analphabète ou ignorant un système d'écriture). — **p. p. adj.** *Population, région alphabétisée.*

ALPHABÉTISME [alfabetism] **n. m.** – 1878 ◇ de *alphabet* ■ Système d'écritures reposant sur un alphabet (opposé à *écriture idéographique, syllabique*).

ALPHANUMÉRIQUE [alfanymerik] **adj.** – 1945 ◇ de *alpha(bet)* et *numérique* ■ DIDACT. Qui comprend ou utilise les lettres d'un alphabet et des chiffres. *Classement alphanumérique. Affichage alphanumérique.*

ALPHAPAGE [alfapaʒ] **n. m.** – 1987 ◇ n. déposé, de *alpha(numérique)* et de l'anglais américain *to page* → pageur ■ Appareil de radiomessagerie qui affiche en toutes lettres des messages courts reçus par l'intermédiaire d'un réseau radio ; ce réseau. ➤ RÉGION. **téléavertisseur.**

ALPIN, INE [alpɛ̃, in] **adj.** – début XIIIe, repris 1796 ◇ latin *alpinus* ■ **1** Des Alpes. ➤ **alpestre.** *La chaîne alpine.* ◆ *Troupes alpines, chasseurs alpins* : unités militaires chargées de la défense des Alpes, spécialisées dans la guerre de montagnes. — *Chèvre alpine* : race de chèvre originaire des Alpes. — BOT. *Plantes alpines,* qui vivent normalement en haute montagne (plus haut que les plantes alpestres). — (1930) *Ski alpin,* combinant le slalom et la descente. *Combiné* alpin.* ■ **2** GÉOGR. *Cycle alpin,* débutant au trias, se poursuivant au tertiaire. *Glaciers alpins.* ■ **3** (1874) D'alpinisme. *Club alpin.*

ALPINISME [alpinism] **n. m.** – 1876 ◇ de *alpin* ■ Sport des ascensions en montagne. ➤ **escalade, montagne, varappe.**

ALPINISTE [alpinist] **n.** – 1874 ◇ de *alpinisme* ■ Personne qui pratique l'alpinisme. *Cordée d'alpinistes.* ➤ **ascensionniste.** *Alpiniste qui escalade un glacier.* ➤ **glaciériste.**

ALPISTE [alpist] **n. m.** – 1617 ◇ espagnol *alpista,* mot des Canaries ■ BOT. Graminée dont l'espèce la plus connue, l'*alpiste des Canaries,* est cultivée pour ses graines qui servent à la nourriture des oiseaux.

ALQUIFOUX [alkifu] **n. m.** – 1697 ◇ espagnol *alquifol* «sulfure d'antimoine», variante de l'arabe *al-kuhl* ■ CHIM. Substance pulvérulente obtenue par broyage de sulfure de plomb (galène), de sable et d'argile, et utilisé notamment pour vernir et imperméabiliser les céramiques.

ALSACIEN, IENNE [alzasjɛ̃, jɛn] **adj. et n.** – XVIIIe ◇ du latin *Alsacia* (VIIIe), de l'allemand *Elsass* ■ De l'Alsace. *La plaine alsacienne. Choucroute alsacienne.* **n.** *Les Alsaciens. Costume régional d'Alsacienne.* — *L'alsacien* : ensemble des parlers germaniques d'Alsace.

ALTÉRABLE [alterabl] **adj.** – 1361 ◇ de *altérer* ■ Qui peut s'altérer. ➤ **corruptible, fragile.** — **n. f.** **ALTÉRABILITÉ.** ■ CONTR. Inaltérable.

ALTÉRAGÈNE [alteraʒɛn] **adj.** – après 1950 ◇ de *altérer* et *-gène* ■ DIDACT. Se dit d'une substance ou d'un facteur qui provoque une altération de l'environnement. **n. m.** *Les polluants sont des altéragènes.*

ALTÉRANT, ANTE [alterɑ̃, ɑ̃t] **adj.** – XVIe ◇ de *altérer* ■ **1** Qui donne soif. ■ **2** Qui provoque une altération. ■ CONTR. (du 1°) Désaltérant.

ALTÉRATION [alterasjɔ̃] **n. f.** – v. 1260 ◇ bas latin *alteratio* → altérer

I ■ **1** RARE (sauf emplois spéciaux) Changement, modification. *«ces altérations du sens des mots»* PROUST. — GÉOL. Transformation des roches, due à des facteurs chimiques et biologiques, responsable, avec la désagrégation, de la formation des sols. ■ **2** Signe modifiant la hauteur de la note, placé soit à la clé, soit devant la note (pour une mesure). ➤ **bécarre, bémol, dièse ; accident, armature.**

II ■ **1** (XVIe) Changement* en mal par rapport à l'état normal. ➤ 1 **dégradation, détérioration.** *«Je fus frappé de l'altération de son visage»* CHATEAUBRIAND. *Ce texte ancien a subi de nombreuses altérations. Altération d'une marchandise.* ➤ **corruption, pourriture.** ■ **2** DR. Modification qui a pour objet de fausser le sens, la destination ou la valeur d'une chose et d'où résulte un préjudice. ➤ **falsification.** *«l'altération, la falsification ou l'effacement des traces ou indices»* (CODE PÉNAL). *Altération de la vérité dans un écrit* : faux en écriture.

ALTERCATION [altɛrkasjɔ̃] **n. f.** – XVIe ; «débat, désaccord» 1289 ◇ latin *altercatio* ■ Échange bref et brutal de propos vifs, de répliques désobligeantes. ➤ **dispute*, empoignade ;** RÉGION. **brasse-camarade** (cf. Prise* de bec). *Une violente altercation.*

ALTER EGO [altɛrego] **n. m. inv.** – 1825 ◇ mots latins «un second moi-même» ■ Personne de confiance qu'on peut charger de tout faire à sa place (cf. Bras* droit). *«Dumay, devenu l'alter ego de l'armateur»* BALZAC. LOC. *Mon alter ego* : un autre moi-même, un ami inséparable.

ALTÉRER [altere] **v. tr.** ‹6› – 1370 ◇ latin *alterare* «rendre autre», de *alter*

I ■ **1** Provoquer l'altération (I°) de. ➤ **modifier, transformer.** PRONOM. *Les minéraux riches en fer s'altèrent rapidement.* — MUS. *Altérer un intervalle,* le diminuer ou l'augmenter d'un demi-ton, ou d'un ton. ■ **2** Changer en mal. ➤ **abîmer*, corrompre, gâter.** *La chaleur altère les denrées périssables. Couleur altérée par le soleil* (➤ **fané,** 3 **passé**). — FIG. *L'émotion altérait ses traits.* ➤ **troubler.** *D'une voix altérée. «Avant que les préjugés aient altéré nos penchants naturels»* ROUSSEAU. ◆ PRONOM. *Vin qui s'est altéré au contact de l'air.* ➤ **s'éventer.** *«L'amour humain s'altère, se corrompt et meurt»* MAURIAC. ■ **3** Falsifier, fausser (➤ **altération ; et aussi frelater**). *Altérer des monnaies. Altérer un texte, un auteur. Altérer la vérité* : mentir, chercher à tromper.

II PAR EXT. (XVIe ; «troubler, mettre hors de soi» XIVe) Exciter la soif de. ➤ **assoiffer** (cf. Donner soif*). *La promenade, l'émotion m'a altéré.* ◆ FIG. *Altéré de* : avide de. ➤ **assoiffé.** *«Du sang de l'innocence est-il donc altéré !»* RACINE.

■ CONTR. (du II) Désaltérer.

ALTÉRITÉ [alterite] **n. f.** – 1697 ; «changement» XIVe ◇ bas latin *alteritas* ■ PHILOS. Fait d'être un autre, caractère de ce qui est autre. *«la communauté* [...] *ne serait rien si elle n'ouvrait celui qui s'y expose à l'infinité de l'altérité»* BLANCHOT. *«L'altérité est le concept le plus antipathique au "bon sens"»* BARTHES. ■ CONTR. Identité.

ALTERMONDIALISATION [altɛrmɔ̃djalizasjɔ̃] **n. f.** – 2002 ◇ de *antimondialisation,* d'après *altermondialisme* ■ Courant d'opinion qui propose un type de développement économique opposé au modèle libéral (mondialisation), plus soucieux du développement humain et de la protection de l'environnement. ➤ **altermondialisme.**

ALTERMONDIALISME [altɛrmɔ̃djalism] **n. m.** – 2002 ◇ du latin *alter* «autre», d'après *antimondialiste* ■ Mouvement qui conteste la mondialisation libérale et réclame d'autres modèles économiques, sociaux, écologiques et culturels. ➤ **altermondialisation, antimondialisation.**

ALTERMONDIALISTE [altɛrmɔ̃djalist] **adj.** – 2002 ◇ du latin *alter* «autre» et *(anti)mondialiste* ■ Relatif à l'altermondialisme. *Rassemblement altermondialiste.* ◆ Partisan de l'altermondialisme. *Militant altermondialiste.* — **n.** *Les altermondialistes.* ABRÉV. **ALTER** [altɛr] *Les alters.* ■ HOM. Haltère.

ALTERNANCE [altɛrnɑ̃s] **n. f.** – 1830 ◇ de *alternant* ■ **1** Succession répétée, dans l'espace ou dans le temps, qui fait réapparaître tour à tour, dans un ordre régulier, les éléments d'une série. *Alternance de bancs de sable et d'argile. L'alternance des saisons. «L'alternance d'un soleil toujours chaud avec des nuits toujours pures»* LOTI. *Alternance des cultures.* ➤ **alternat, assolement, rotation.** BOT. *Alternance de générations :* succession des phases haploïde* et diploïde* du cycle de vie d'un végétal à reproduction sexuée. ◆ *Formation en alternance,* faisant alterner les sessions d'étude et des phases d'activité professionnelle en entreprise. *Contrat* (de travail, d'apprentissage) *en alternance.* — *Alternance :* formation en alternance ; situation d'un(e) alternant(e). *Une alternance en comptabilité.* ■ **2** LING. Variation subie par un phonème ou un groupe de phonèmes dans un système morphologique donné. *Alternance vocalique* (ex. *nous pouvons / ils peuvent*). ➤ **apophonie.** ◆ LITTÉR. Succession alternée des rimes consonantiques et vocaliques. ■ **3** PHYS. Demi-période d'un phénomène sinusoïdal. ■ **4** Succession au pouvoir de deux tendances politiques par le jeu du suffrage. *Alternance démocratique. «la nouvelle majorité avait déçu et une alternance s'annonçait»* O. ADAM.

ALTERNANT, ANTE [altɛʀnɑ̃, ɑ̃t] adj. et n. – 1519 ◇ latin *alternans,* de *alternare* → alterner ■ **1** Qui alterne. *Cultures alternantes. Pouls alternant :* arythmie caractérisée par la succession régulière d'une pulsation normale et d'une pulsation faible. ■ **2** n. Personne qui suit une formation en alternance*. ■ CONTR. Continu.

ALTERNAT [altɛʀna] n. m. – 1791 ◇ de *alterner* ■ DIDACT. Droit d'occuper tour à tour le premier rang (pour des États, des villes). ◆ Rotation (des cultures). ◆ LOC. *À l'alternat :* qui se fait selon deux directions opposées, alternativement.

ALTERNATEUR [altɛʀnatœʀ] n. m. – 1892 ◇ de *alternatif* ■ Ensemble constitué d'une partie fixe (stator) et d'une partie mobile (rotor) qui génère un courant électrique alternatif par conversion d'énergie cinétique. *L'alternateur d'une automobile.*

ALTERNATIF, IVE [altɛʀnatif, iv] adj. – 1375 ◇ latin *alternatum,* supin de *alternare* → alterner ■ **1** Qui présente une alternance. ➤ **périodique, successif.** *Présidence alternative,* exercée alternativement. *«Le choc alternatif des rames»* HUGO. ◆ (XVIIIe) *Mouvement alternatif :* mouvement régulier qui a lieu dans un sens puis dans l'autre (piston, pendule, etc.). — (fin XIXe) *Courant alternatif,* dont l'intensité varie selon une sinusoïde (opposé à *continu*). *Cycles, fréquence d'un courant alternatif. Tension alternative,* qui prend successivement des valeurs positives et des valeurs négatives. ■ **2** LOG. Qui énonce deux assertions dont une seule est vraie. *Proposition alternative.* ➤ 1 **alternative.** ◆ DR. *Obligation alternative,* offrant le choix entre deux prestations. ■ **3** (Emploi critiqué) Qui constitue une solution de remplacement. *Peines alternatives.* ◆ SPÉCIALT Qui, par sa pratique, propose d'autres choix que ceux imposés par les sociétés industrielles et technologiques, par la société de consommation. *Médecine alternative.* ➤ **doux, parallèle.** *Mondialisation alternative* (➤ **altermondialisme**). POLIT. *Mouvements alternatifs.* SUBST. *Les verts et les alternatifs. «quelques alternatifs berlinois en mal d'authenticité»* J. BONNIE. ◆ (2017 ; anglais *alternative facts*) *Faits alternatifs :* contrevérités manifestes soutenues par certains politiciens à des fins de propagande ; PAR EXT. PLAIS. mensonges grossiers. ■ **4** Qui s'oppose au courant majeur d'un style, d'une mode. *Le rock alternatif. «Lower Main Street, qui concentrait bars et restaurants alternatifs»* C. FÉREY.

1 **ALTERNATIVE** [altɛʀnativ] n. f. – 1401 ◇ de *alternatif* ■ **1** VX (AU SING.) Alternance. ◆ MOD. (AU PLUR.) Phénomènes ou états opposés se succédant régulièrement. *«Des alternatives [...] d'exaltation et d'abattement»* FLAUBERT. ■ **2** (XVIIe) Obligation alternative* ; situation dans laquelle il n'est que deux partis possibles. *«La conversation de Valéry me met dans cette affreuse alternative : ou bien trouver absurde ce qu'il dit, ou bien trouver absurde ce que je fais»* GIDE. ◆ LOG. Système de deux propositions dont l'une est vraie, l'autre fausse, nécessairement. — Opérateur d'une proposition complexe, par lequel la proposition n'est vraie que si une seule proposition élémentaire est vraie (SYMB. W). ■ **3** (d'après l'anglais *alternative*) Emploi critiqué Solution de remplacement. *«Les deux alternatives de ce dilemme»* BRÉAL. *Une alternative à la pilule.*

2 **ALTERNATIVE** [altɛʀnativ] n. f. – 1899 ◇ espagnol *alternativa,* même origine que 1 *alternative* ■ TAUROM. Cérémonie donnant au jeune novilléro le droit d'alterner dans les courses avec les toréros.

ALTERNATIVEMENT [altɛʀnativmɑ̃] adv. – 1355 ◇ de *alternatif* ■ En alternant ; tour à tour. ➤ **successivement** (cf. À tour de rôle*). *«Deux chaussures noires qui avancent et reculent sur la neige, alternativement»* ROBBE-GRILLET.

ALTERNE [altɛʀn] adj. – 1350 ◇ latin *alternus* ■ SC. Qui présente une alternance d'ordre spatial (seult en emplois spéciaux). *Structure alterne.* BOT. *Disposition alterne :* disposition des organes placés alternativement et non face à face. *Disposition alterne des rameaux, des feuilles.* PAR EXT. *Feuilles alternes.* ◆ MATH. *Angles alternes,* formés par deux droites avec les côtés opposés de la sécante (*internes,* pour ceux qui sont entre les deux droites ; *externes,* pour ceux qui sont en dehors).

ALTERNÉ, ÉE [altɛʀne] adj. – de *alterner* ■ En alternance. *Vers alternés,* distiques. *Rimes alternées,* croisées. — *Stationnement alterné,* autorisé par quinzaine d'un côté d'une voie, puis de l'autre. *Circulation* alternée.* — DR. *Résidence alternée,* COUR. *garde alternée :* mode de résidence de l'enfant en alternance au domicile de chacun des parents, après leur séparation. *«Je les avais* [les enfants] *une semaine sur deux, à cette époque, nous pratiquions la garde alternée, avec mon mari»* C. LAURENS. ◆ MATH. *Série alternée,* dont les termes successifs non nuls sont alternativement positifs et négatifs. ◆ MUS. *Chant alterné,* où un soliste et un chœur ou bien deux chœurs se répondent. ➤ **antienne.**

ALTERNER [altɛʀne] v. ‹1› – avant 1585 ; trans. «faire succéder en alternance» ◇ latin *alternare,* de *alternus* ■ **1** v. intr. Se succéder en alternance. *Deux personnes qui alternent.* ➤ **se remplacer, se relayer.** *«Les vents violents alternaient avec des calmes plats»* FROMENTIN. ■ **2** v. tr. (1776) Faire succéder alternativement (les cultures) par rotation (➤ **assolement**).

ALTESSE [altɛs] n. f. – 1560 ◇ italien *altezza,* de *alto* «haut», du latin *altus* ■ Titre d'honneur donné aux princes et princesses du sang. *Son Altesse Royale le prince de... Altesse sérénissime*.* ◆ Personne portant ce titre.

ALTHÆA [altea] n. f. et m. /ALTÉA/ – XVe *altee, altea* ◇ mot latin ■ BOT. ■ **1** n. f. Plante vivace *(malvacées)* appartenant au genre du même nom et qui comprend la guimauve officinale et la rose trémière. *Des althæas.* ■ **2** n. m. Espèce non tropicale de l'hibiscus.

ALTIER, IÈRE [altje, jɛʀ] adj. – 1578 ◇ italien *altiero,* de *alto* «haut», du latin *altus* ■ VX Haut, élevé. ◆ (XVIIe) MOD. Qui a ou marque la hauteur, l'orgueil du noble. ➤ 1 **hautain.** *«La race altière des Guermantes»* PROUST.

ALTIMÈTRE [altimɛtʀ] n. m. – 1808 ; *échelle altimètre* 1562 ◇ latin médiéval *altimeter,* de *altus* «haut» ■ VX Ancien instrument d'altimétrie. ◆ (1922) MOD. Appareil indiquant l'altitude du lieu où l'on se trouve. *L'altimètre d'un avion.*

ALTIMÉTRIE [altimetʀi] n. f. – 1690 ◇ de *altimètre* ■ Méthode géométrique de mesure de la hauteur d'un objet (montagne, tour, etc.). ◆ Signes qui, sur une carte, représentent le relief. — adj. (1840) **ALTIMÉTRIQUE.**

ALTIPORT [altipɔʀ] n. m. – v. 1960 ◇ de *alti(tude)* et *(aéro)port* ■ Petit terrain d'atterrissage en haute montagne.

ALTISE [altiz] n. f. – 1808 ◇ latin des zoologistes *haltica,* du grec *haltikos* «bon sauteur» ■ Insecte coléoptère sauteur *(chrysomélidés),* qui cause des dégâts dans les vignes et les potagers.

ALTISTE [altist] n. – 1877 ; «choriste contralto» 1834 ◇ de *alto* ■ Instrumentiste qui joue de l'alto.

ALTITUDE [altityd] n. f. – 1485 ◇ latin *altitudo* ■ **1** Élévation d'un point par rapport au niveau de la mer. *Altitude relative :* élévation d'un point par rapport à un autre. *Mesure des altitudes* (opérations de nivellement). *Voler à basse altitude.* ■ **2** SPÉCIALT Grande altitude. *Avion qui prend de l'altitude. Mal d'altitude :* troubles ressentis en haute montagne, en avion. *En altitude :* à une altitude élevée.

ALTO [alto] n. – 1771 ◇ mot italien «haut», du latin *altus* ■ **1** MUS. n. m. Voix de femme de tessiture grave (➤ **contralto**), partie intermédiaire entre soprano et ténor. — n. f. Personne qui a cette voix. *Les altos* ou *les alti* (plur. it.) *d'une chorale.* ■ **2** n. m. (1808 ; d'abord appelé *quinte* ou *haute-contre de violon*) Instrument de la famille des violons, d'une quinte plus grave et un peu plus grand. ◆ n. Instrumentiste qui joue de cet instrument. ➤ **altiste.** *Les altos.* ■ **3** APPOS. INV. *Saxophone alto. Des clarinettes alto.* n. m. *Une improvisation de Charlie Parker à l'alto.*

ALTOCUMULUS [altokymylys] n. m. – 1890 ◊ du latin *altus* «haut» et *cumulus* ■ MÉTÉOR. Nuage moyen (2 000 - 6 000 m), formant une couche de lamelles ou de flocons assez réguliers disposés en files ou en groupes.

ALTOSTRATUS [altostratys] n. m. – 1891 ◊ du latin *altus* «haut» et *stratus* ■ MÉTÉOR. Nuage moyen (2 000 à 6 000 m), ressemblant au cirrostratus, mais formant un voile plus épais et plus sombre.

ALTRUISME [altrɥism] n. m. – 1830 ◊ de *autrui*, d'après le latin *alter* «autre» ■ Disposition à s'intéresser et à se dévouer à autrui (➤ aussi **allocentrisme, philanthropie**). «*Cette charité froide qu'on nomme l'altruisme*» FRANCE. ♦ PHILOS. Doctrine considérant le dévouement à autrui comme la règle idéale de la moralité. ■ CONTR. Égoïsme.

ALTRUISTE [altrɥist] adj. et n. – 1852 ◊ de *altruisme* ■ Empreint d'altruisme, propre à l'altruisme. *Des sentiments altruistes.* n. *C'est un altruiste.* ■ CONTR. Égoïste.

ALTUGLAS [altyglas] n. m. – 1958 ◊ n. déposé, de *Altu(lor)*, nom de la société, et de l'allemand *Glas* «verre», d'après *plexiglas* ■ Matière synthétique translucide ou teintée, très résistante (abusivt écrit *altuglass*). ➤ **plexiglas**. *Table, porte en altuglas.*

ALU ➤ **ALUMINIUM**

ALUCITE [alysit] n. f. – 1777 ◊ latin des zoologistes *alucita*, du bas latin «moucheron» ■ ZOOL. Petit papillon aux ailes fendues et plumeuses. ♦ *Alucite des céréales* : teigne des blés.

ALUMINAGE [alyminaʒ] n. m. – 1890 ◊ de *aluminer* ■ TECHN. Imprégnation d'un mordant par dépôt d'alumine.

ALUMINATE [alyminat] n. m. – 1838 ◊ de *alumine* ■ CHIM. Sel où l'alumine joue le rôle d'anhydride d'acide. *Aluminates colorés*, utilisés comme pigments des couleurs céramiques. *Aluminate de calcium.*

ALUMINE [alymin] n. f. – 1782 ◊ latin *alumen, aluminis* «alun» ■ CHIM. Oxyde (*alumine anhydre* Al_2O_3) ou hydroxyde $Al(OH)_3$ d'aluminium. *L'alumine anhydre, colorée ou non par des oxydes métalliques, constitue plusieurs pierres précieuses, ou pierres fines.* ➤ **améthyste, rubis, saphir, topaze.** *Alumine cristallisée.* ➤ **corindon.** *Alumine hydratée*, obtenue par attaque de la bauxite à la soude.

ALUMINER [alymine] v. tr. ⟨1⟩ – 1845 ◊ de *alumine* ■ **1** Combiner avec l'alumine. ■ **2** (1959 ◊ de *aluminium*) Recouvrir d'aluminium. ➤ **aluminiage.**

ALUMINERIE [alyminʀi] n. f. – 1956 ◊ de *alumine* ■ TECHN. Usine qui produit de l'aluminium.

ALUMINEUX, EUSE [alyminø, øz] adj. – 1490 ◊ latin *aluminosus* ■ VX Mêlé d'alun. (1845) MOD. Qui contient de l'alumine ou un autre composé de l'aluminium. *Minéraux, ciments alumineux.*

ALUMINIAGE [alyminjaʒ] n. m. – 1948 ◊ de *aluminium* ■ Procédé de protection du fer par une couche d'aluminium.

ALUMINIER [alyminje] n. m. – 1981 ◊ n. déposé, de *aluminium* ■ **1** Industriel de l'aluminium. ■ **2** Professionnel du bâtiment qui installe des structures en aluminium (fenêtres, vérandas...).

ALUMINIUM [alyminjɔm] n. m. – 1819 ◊ mot créé en anglais (H. Davy, 1812), sur *alumina* «terre d'alun» (→ alumine) et *-ium* ■ Élément atomique (Al ; n° at. 13 ; m. at. 26,982), métal blanc léger, abondant dans la nature. ➤ **alumine, bauxite.** *Alliages d'aluminium.* ➤ **alpax, duralumin.** *Casseroles en aluminium. Papier d'aluminium.* — ABRÉV. FAM. **ALU,** 1947. *Du papier d'alu.*

ALUMINOTHERMIE [alyminotɛʀmi] n. f. – 1900 ◊ de *aluminium* et *-thermie* ■ Production de hautes températures basée sur la réaction de l'aluminium en poudre sur divers oxydes métalliques. ➤ **thermite.** *Les rails de chemin de fer sont soudés par aluminothermie.*

ALUMNI [alymni ; alumni] n. m. pl. – 1870 à propos des États-Unis ; autre sens 1747 ◊ mot latin, pluriel de *alumnus* «disciple, élève», par l'anglais (1645), de *alere* «nourrir», cf. *alma mater* ■ ANGLIC. Anciens élèves d'une grande école, regroupés au sein d'une association. *Les alumni de Polytechnique.* — Au sing. *Un, une alumni* ou *alumnus* [alymnys ; alumnus] (sing. lat.).

ALUN [alœ̃] n. m. – XIIe ◊ latin *alumen* ■ **1** Sulfate double de potassium et d'aluminium hydraté, utilisé en teinture, mégisserie, médecine (astringent et caustique). ■ **2** CHIM. Sulfate double d'un élément monovalent et d'un élément trivalent.

ALUNER [alyne] v. tr. ⟨1⟩ – 1534 ◊ de *alun* ■ Imprégner d'alun. — n. m. **ALUNAGE,** 1808.

ALUNIR [alyniʀ] v. intr. ⟨2⟩ – 1921 ◊ de *lune* ■ Aborder sur la Lune, prendre contact avec la Lune. «*Un parachute qu'on avait imaginé pour permettre, lors d'un futur voyage interplanétaire, d'alunir*» P. REBOUX. REM. Ce verbe et son dérivé ne sont pas admis par l'Académie qui recommande l'emploi de *atterrir* et *atterrissage*.

ALUNISSAGE [alynisaʒ] n. m. – 1923 ◊ de *alunir* ■ Fait d'alunir. *L'alunissage des astronautes américains en 1969.*

ALUNITE [alynit] n. f. – 1824 ◊ de *alun* ■ Sulfate basique double hydraté d'aluminium et de potassium que l'on trouve dans la nature, utilisé pour la production d'alun et de sulfate d'aluminium.

ALVÉOLAIRE [alveɔlɛʀ] adj. – 1751 ◊ de *alvéole* ■ Des alvéoles dentaires. *Os alvéolaire.* — PHONÉT. Articulé au niveau des alvéoles. ♦ Des alvéoles pulmonaires. *Air alvéolaire.*

ALVÉOLE [alveɔl] n. m. (VX) ou f. – XVIe ; *alveolle* 1519 ◊ latin *alveolus*, diminutif de *alveus* «cavité» ■ **1** Cellule de cire que fait l'abeille. «*Chacun de ces alvéoles est un hexagone*» MAETERLINCK. FIG. «*Ce cabinet de travail qui était comme une alvéole vide*» MARTIN DU GARD. ■ **2** (fin XVIe) ANAT. *Alvéoles dentaires* : cavités au bord des maxillaires où sont implantées les racines des dents. ♦ (1885) *Alvéoles pulmonaires* : culs-de-sac terminaux des ramifications bronchiques. ■ **3** (fin XIXe) Cavité ou dépression d'une roche. «*Un alvéole* [...] *dans le coin le plus reculé de la crypte*» TOURNIER.

ALVÉOLÉ, ÉE [alveɔle] adj. – 1834 ◊ de *alvéole* ■ Qui présente des alvéoles, des creux réguliers. *Matelas, coussins en caoutchouc alvéolé. Carton alvéolé.* ➤ **gaufré.** *Métal alvéolé*, utilisé en construction aéronautique.

ALVÉOLITE [alveɔlit] n. f. – 1896 ◊ de *alvéole* et *-ite* ■ MÉD. Inflammation des alvéoles pulmonaires ou des alvéoles dentaires.

ALVIN, INE [alvɛ̃, in] adj. – 1834 ◊ latin *alvinus*, de *alvus* «intestin» ■ MÉD. RARE Qui se rapporte au ventre, aux intestins ; qui en provient. *Évacuations alvines.* ■ HOM. Alevin.

ALYSSE [alis] n. f. – 1583 ◊ grec *alusson* «plante qui préserve de la rage», d'où l'ancienne forme *alysson* en français (1542) ■ BOT. Plante dicotylédone (*crucifères*) à fleurs blanches ou jaunes, cultivée dans les jardins, appelée aussi *corbeille* d'argent, d'or.*

ALYTE [alit] n. m. – 1845 ◊ latin des zoologistes *alytes*, du grec *alutos* «qu'on ne peut dénouer» ■ ZOOL. Batracien d'Europe (*anoures*), appelé aussi *crapaud accoucheur*, qui porte enroulés autour de ses pattes les chapelets d'œufs pondus par la femelle.

ALZHEIMER [alzajmɛʀ] n. m. – 1988 ◊ de *maladie d'Alzheimer*, du n. d'un médecin allemand ■ MÉD. Affection neurologique caractérisée par une altération intellectuelle et cognitive progressive et irréversible. «*les maladies dégénératives comme l'alzheimer ou le parkinson*» (Le Nouvel Observateur, 1994).

A. M. [ɑɛm ; eɛm] loc. adv. – sigle anglais, de la loc. latine *ante meridiem* «avant midi» ■ Avant midi, dans les pays où les heures sont comptées jusqu'à douze. *L'avion part à 8 heures a. m.*, à 8 heures du matin (opposé à *p. m.*).

AMABILITÉ [amabilite] n. f. – 1683 ; *amiableté* XIIIe ◊ latin *amabilitas* ■ Qualité d'une personne aimable, manifestation de cette qualité. ➤ **affabilité, aménité, gentillesse, obligeance, politesse.** *Il m'a renseigné avec une grande amabilité. Veuillez avoir l'amabilité de le prévenir de ma visite.* ♦ AU PLUR. Prévenances, paroles aimables. ➤ **civilité.** *Faire assaut, rivaliser d'amabilités.* — IRON. *Échanger des amabilités* : s'insulter copieusement. ■ CONTR. Grossièreté.

AMADOU [amadu] n. m. – 1723 ; *amadoue* «onguent jaune» 1628 ◊ mot provençal «amoureux» ■ Substance spongieuse provenant de l'amadouvier, préparée pour être inflammable. *Mèche d'amadou des anciens briquets.*

AMADOUER [amadwe] v. tr. ⟨1⟩ – 1531 ◊ probablt du même radical que *amadou* ■ Amener à ses fins ou apaiser (qqn qui était hostile ou réservé) par des petites flatteries, des attentions adroites. ➤ **enjôler, gagner.** «*Des paroles aimables comme en ont au régiment les anciens pour un bleu qu'on veut amadouer*» PROUST. *Se laisser amadouer.*

AMADOUVIER [amaduvje] n. m. – 1775 ◊ de *amadou* ▪ Champignon polypore *(basidiomycètes)* des arbres feuillus et des bois morts, dont on tirait l'amadou. *« Elle caresse le tronc humide et froid, la protubérance soyeuse d'un amadouvier »* DEL AMO.

AMAGNÉTIQUE [amaɲetik] adj. – 1974 ◊ de 2*a*- et *magnétique* ▪ Qui n'a pas de propriété magnétique. *Un dragueur de mines à coque amagnétique.*

AMAIGRIR [amegʀiʀ] v. tr. ⟨2⟩ – v. 1200 ◊ de 1*a*- et *maigre* ▪ **1** Rendre maigre. *Le jeûne l'a amaigri.* ➤ **émacier.** PRONOM. Maigrir. ▪ **2** AGRIC. *Amaigrir un terrain,* l'épuiser. ▪ **3** TECHN. *Amaigrir une poutre,* en diminuer l'épaisseur. ▪ CONTR. Engraisser, grossir.

AMAIGRISSANT, ANTE [amegʀisɑ̃, ɑ̃t] adj. et n. m. – 1542 ◊ de *amaigrir* ▪ **1** Qui fait maigrir. *Régime amaigrissant.* ➤ **hypocalorique.** ▪ **2** n. m. Médicament amaigrissant.

AMAIGRISSEMENT [amegʀismɑ̃] n. m. – v. 1300 ◊ de *amaigrir* ▪ Fait de maigrir, d'avoir maigri. *Cure d'amaigrissement.* ➤ 1**régime.**

AMALGAMATION [amalgamasjɔ̃] n. f. – 1620 ◊ de *amalgamer* ▪ Opération métallurgique consistant à combiner le mercure avec un autre métal, ou à extraire l'or et l'argent de certains minerais au moyen du mercure.

AMALGAME [amalgam] n. m. – 1431 ◊ latin des alchimistes *amalgama,* probablt d'origine arabe ▪ **1** Alliage du mercure et d'autres métaux (qu'il liquéfie). *Amalgame de plomb. Amalgame d'argent-étain pour les obturations dentaires.* ABSOLT *Carie obturée avec de l'amalgame.* ▪ **2** FIG. Mélange hétérogène de personnes ou de choses de nature différente. *« Le plaisant et le tendre sont difficiles à allier ; cet amalgame est le grand œuvre »* VOLTAIRE. ➤ **assemblage, composé.** ◆ MILIT. Fusion d'unités militaires de provenance et de formation différentes. ▪ **3** Fait d'englober artificiellement, en exploitant un point commun, diverses formations politiques afin de les discréditer. *Un député qui pratique l'amalgame.* ▪ **4** LING. Fusion indissociable de plusieurs morphèmes (ex. du pour de le).

AMALGAMER [amalgame] v. tr. ⟨1⟩ – XIVe ◊ latin *amalgamare* ▪ **1** TECHN. Combiner (un métal) avec du mercure (➤ **amalgame**). *Amalgamer l'or.* ▪ **2** Unir (des choses de nature différente) dans un mélange. *Amalgamer du beurre et* (ou à) *de la farine.* ➤ **incorporer.** ◆ FIG. *Mirabeau « amalgamait [...] dans sa parole sa passion personnelle et la passion de tous »* HUGO. ➤ **associer, combiner.** ▪ **3** MILIT. Réunir (des unités de provenance et de formation différentes) dans le même corps d'armée. ▪ **4** PRONOM. (RÉFL.) *S'amalgamer à qqch., avec qqch.* : se combiner à. — (RÉCIPR.) Se mêler de façon à former un tout. ➤ **fusionner.** *« La civilisation et la nature semblent ne s'être pas encore bien amalgamées »* Mme DE STAËL.

AMAN [amɑ̃] n. m. – 1731 ◊ de l'arabe *'amān* « sécurité » ▪ En pays musulman, Octroi de la vie sauve à un ennemi ou un rebelle vaincu. *Demander l'aman* : faire sa soumission. *« Le F. L. N. contraint par la force à demander l'aman »* MAURIAC. ▪ HOM. Amant.

AMANDAIE [amɑ̃dɛ] n. f. – XVIe ◊ de *amande* ▪ Plantation d'amandiers. — On trouve aussi **AMANDERAIE** [amɑ̃dʀɛ].

AMANDE [amɑ̃d] n. f. – 1270 ◊ latin populaire °*amandula,* classique *amygdala* ; cf. *amygdale* ▪ **1** Drupe oblongue de l'amandier, dont la graine comestible est riche en huile. *Amandes douces, amères. Amandes fraîches, sèches. Amandes mondées, effilées. Pâte, gâteaux d'amandes* (frangipane, massepain, nougat, touron). *Amandes lissées, pralinées.* ➤ **dragée, praline.** *Sirop d'amandes.* ➤ **orgeat.** *Truite aux amandes. Amandes salées,* pour l'apéritif. *Lait d'amandes,* pour la toilette. ◆ *En amande* : en forme d'amande. ➤ **oblong.** *Des yeux en amande.* ◆ APPOS. INV. *Vert amande* : vert tendre qui évoque la couleur de la coque de l'amande fraîche. *Des velours vert amande.* ▪ **2** (XVIIe ◊ par anal.) Graine d'un fruit à noyau. *L'amande de la cerise, de l'abricot. Liqueur d'amandes d'abricots.* ➤ **amaretto.** ◆ *Amande de terre* : fruit du souchet. ▪ **3** (Par anal. de forme) *Amande de mer* : gros coquillage comestible. ◆ (1866) ARCHIT. Encadrement elliptique autour de la représentation du Christ, notamment sur le tympan des églises romanes. ➤ **mandorle.** ▪ HOM. Amende.

AMANDIER [amɑ̃dje] n. m. – 1372 ◊ de *amande* ▪ Arbre du genre prunus, répandu dans tout le Bassin méditerranéen, cultivé pour ses fruits (➤ **amande**). *Des amandiers en fleur. Amandier de Chine.* ➤ **prunus.**

AMANDINE [amɑ̃din] n. f. – 1834 ◊ de *amande* ▪ Gelée faite d'huile d'amandes douces et de sucre. — COUR. Petit gâteau frais aux amandes.

AMANITE [amanit] n. f. – 1611 ◊ grec *amanitês* ▪ Champignon à lamelles *(agaricacées),* très commun dans les forêts de l'hémisphère Nord, comportant plusieurs espèces, certaines comestibles (oronge), d'autres vénéneuses *(amanite tue-mouche)* ou même mortelles *(amanite phalloïde).*

AMANT, ANTE [amɑ̃, ɑ̃t] n. – XIIe ◊ p. prés. subst. de *amer,* ancienne forme de *aimer* ▪ **1** VX Personne qui aime d'amour et qui est aimée. ➤ **amoureux, soupirant.** *Son amante. « Un amant fait sa cour où s'attache son cœur »* MOLIÈRE. ▪ **2** (v. 1670) MOD. Personne qui a des relations sexuelles plus ou moins habituelles avec quelqu'un sans lui être mariée. *Prendre un amant. Avoir un amant.* ➤ **ami.** *C'est son amante.* ➤ **maîtresse.** *« Il est plus facile d'être amant que mari »* BALZAC. *Amant de cœur,* qui est choisi pour lui-même. *Sa femme a des amants* (➤ 1**adultère**). ◆ (Sexuel) *Un bon amant, un piètre amant.* ▪ **3** LITTÉR. Personne éprise de qqch. *« L'amant de la gloire »* HUGO. *« Les amants de la nuit, des lacs, des cascatelles »* MUSSET. ▪ HOM. Aman.

AMARANTE [amaʀɑ̃t] n. f. – 1544 ◊ latin d'origine grecque *amarantus* ▪ Plante ornementale, aux nombreuses fleurs rouges en grappes ; fleur de cette plante. ➤ **passe-velours, queue-de-renard.** — *Bois d'amarante* : acajou de Cayenne, employé en ébénisterie. ◆ ADJT INV. (1694) De la couleur rouge pourpre de l'amarante. *Des rideaux amarante.*

AMARETTO [amaʀeto] n. m. – 1986, au Canada ◊ mot italien (1961), de *amaro* « amer » ▪ Liqueur à base d'amandes d'abricots, originaire d'Italie. *Tiramisu à l'amaretto.*

AMAREYEUR, EUSE [amaʀɛjœʀ, øz] n. – *amareilleur* 1838 ◊ de *marée* ▪ Personne qui travaille dans les parcs à huîtres. ➤ **ostréiculteur.**

AMARIL, ILE [amaʀil] adj. – 1841 ◊ espagnol *(febre) amarilla* « (fièvre) jaune » ▪ MÉD. Qui appartient à la fièvre jaune (ou *typhus amaril*). *Virus amaril.*

AMARINAGE [amaʀinaʒ] n. m. – 1835 ◊ de *amariner* ▪ MAR. Fait de s'amariner.

AMARINER [amaʀine] v. tr. ⟨1⟩ – 1246 ◊ de l'ancien occitan *amarinar* « équiper un navire » ▪ **1** MAR. VX Équiper (un navire) de matelots. ◆ MOD. Faire occuper par un équipage (un navire pris à l'ennemi). ▪ **2** (1789) RARE Habituer à la mer, aux manœuvres sur mer ou à la vie à bord. — COUR. Faire perdre la sensibilité au mal de mer à (qqn). PRONOM. *Vous ne tarderez pas à vous amariner.*

AMARRAGE [amaʀaʒ] n. m. – 1678 ; « gros cordage » 1573 ◊ de *amarrer* ▪ **1** Action, manière d'amarrer un navire, dans un port, une rade. *Bitte d'amarrage.* ▪ **2** Action de maintenir un dirigeable à une certaine distance du sol, en l'attachant à un mât. ▪ **3** Assemblage dans l'espace d'engins spatiaux. ➤ **arrimage.** ▪ CONTR. Démarrage.

AMARRE [amaʀ] n. f. – 1386 ◊ de *amarrer* ▪ Câble, cordage servant à retenir un navire, un ballon en l'attachant à un point fixe. *Larguer les amarres.*

AMARRER [amaʀe] v. tr. ⟨1⟩ – XIVe ◊ du néerlandais *aenmarren* ▪ **1** Maintenir, retenir avec des amarres. *Canot amarré au ponton.* ▪ **2** Fixer, attacher (un cordage, une chaîne). ▪ **3** Attacher* (qqn, qqch.) avec des cordages. *Amarrer des caisses sur un camion.* ➤ **arrimer.** ▪ **4** RÉGION. (Normandie, Bretagne, Vendée ; Acadie, Saint-Pierre-et-Miquelon, Louisiane, Antilles, Réunion, Gabon) Lier, attacher. *Amarrer ses lacets.* ◆ FIG. (Antilles) Ensorceler. — (Réunion) *Être amarré,* séduit, lié sentimentalement. ▪ CONTR. Démarrer.

AMARYLLIS [amaʀilis] n. f. – 1771 ◊ latin des botanistes, du grec *Amarullis,* n. pr. ▪ Plante *(amaryllidacées)* bulbeuse ornementale, dont il existe de nombreuses espèces, aux fleurs éclatantes. *Amaryllis jaune.*

AMAS [amɑ] n. m. – fin XIVe ◊ de *amasser* ▪ **1** Réunion d'objets venus de divers côtés, généralement par apports successifs. ➤ **accumulation, amoncellement, entassement,** 1**masse, monceau, tas.** *Un amas de lettres. « Sous cet amas de décombres fumants »* R. ROLLAND. — FIG. *« L'amas des souvenirs se disperse à tout vent »* HUGO. ◆ Accumulation de ce qui s'est amassé en un point. *Un amas de pus, de neige.* ▪ **2** ASTRON. *Amas d'étoiles, amas stellaire* : groupe stable d'étoiles liées physiquement ; nébulosité apparente qu'un instrument puissant permet de résoudre en des milliers d'étoiles. ➤ **galaxie, nébuleuse.** *Amas d'amas galactiques.* ➤ **superamas.** *Amas globulaire* : amas de forte densité de forme approximativement sphérique. *Amas ouvert,* de faible densité relative. ▪ **3** Gisement minier étendu dans les trois dimensions.

AMASSER [amɑse] **v. tr.** ‹1› – XIIe ◇ de 1*masse* ▪ **1 (Avec un compl. au plur. ou à sens collect.)** Réunir en quantité considérable, par additions successives. ➤ **accumuler, amonceler, entasser, rassembler, recueillir.** « *Toutes les provisions* [...] *amassées par les ennemis pour la campagne* » VOLTAIRE. — *Amasser des richesses, de l'argent,* ou ABSOLT *amasser.* ➤ **capitaliser, thésauriser.** « *Les richesses ne sont belles à amasser que pour les dépenser* » GIDE. ◆ PRONOM. S'entasser, se rassembler en un point. *La neige s'amasse en congères.* « *l'attroupement qui s'était amassé devant l'immeuble* » MARTIN DU GARD. ▪ **2** Rassembler, recueillir en grande quantité. *Amasser des documents, des preuves. Il faut* « *amasser du courage pour les défaillances futures* » FLAUBERT. ▪ **CONTR.** Disperser, disséminer, éparpiller ; dépenser, dissiper.

AMATEUR, TRICE [amatœʀ, tʀis] **n.** – XVe ◇ latin *amator* ▪ **1** Personne qui aime, cultive, recherche (certaines choses). *Un amateur de musique. Il est amateur de bonne cuisine. C'est une amatrice de thé. Les ruines d'Athènes* « *ne sont bien connues que des amateurs des arts* » CHATEAUBRIAND. *Amateur d'art* : collectionneur averti d'objets d'art. ABSOLT *La collection d'un amateur* (d'objets d'art, de livres, etc.). ◆ SPÉCIALT Acheteur éventuel (d'une marchandise). ➤ **preneur.** *Cette belle pièce n'a pas encore trouvé d'amateur, un amateur.* — LOC. FAM. *Je ne suis pas amateur* : je ne suis pas acheteur ; cela ne m'intéresse pas. LOC. *Avis aux amateurs !* avis aux personnes que cela intéresse. ▪ **2** (1762) Personne qui cultive un art, une science, pour son seul plaisir (et non par profession). *Un talent d'amateur.* « *Un amateur qui barbouille des toiles le dimanche* » SARTRE. — APPOS. *Des musiciens amateurs.* ▪ **3** (1859) SPORT Athlète, joueur qui pratique un sport sans recevoir de rémunération directe (opposé à *professionnel*). — APPOS. *Des champions amateurs.* ▪ **4** PÉJ. Personne qui exerce une activité de façon négligente ou fantaisiste. ➤ **dilettante.** *Travailler en amateur. C'est un travail d'amateur.*

AMATEURISME [amatœʀism] **n. m.** – 1891 ◇ de *amateur* ▪ **1** SPORT Condition de l'amateur (définie par un statut). — *Amateurisme marron* : professionnalisme non avoué. ▪ **2** PÉJ. Caractère d'un travail d'amateur (négligé, non fini, incomplet, etc.).

AMATHIE [amati] **n. f.** – 1870 ; « genre de polypier » 1814 ◇ grec *Amatheia,* n. pr. ▪ Crustacé *(décapodes brachyoures)* des bords de la Méditerranée.

AMATIR [amatiʀ] **v. tr.** ‹2› – 1676 ; « abattre, affaiblir, flétrir » XIIe ◇ de *mat, matir* ▪ Rendre mat (l'or, l'argent), en ôtant le poli. — **p. p. adj.** *Argent amati.*

AMAUROSE [amɔʀoz] **n. f.** – 1690 ; *amaphrose* XVIe ◇ grec *amaurôsis* « obscurcissement » ▪ MÉD. Perte totale, généralement soudaine, de la vue, sans lésions décelables de l'œil même, ni troubles fonctionnels de son système optique (➤ **amblyopie, cécité**). *L'amaurose peut être d'origine toxique, nerveuse ou congénitale.*

A MAXIMA [amaksima] **loc. adj.** /À MAXIMA/ – XVIIIe ◇ latin juridique *a maxima poena* ▪ DR. *Appel a maxima,* formé par le ministère public pour diminuer la peine. ▪ **CONTR.** A minima.

AMAZIGH [amazig] **adj. et n.** – 1968, n. d'une revue ◇ d'un mot berbère signifiant « homme libre » ▪ **(Maghreb)** Relatif au peuple berbère. *Les traditions amazighs.* — **n.** *Les Amazighs.* — **n. m.** *L'amazigh* : la langue berbère. ➤ **tamazight.**

AMAZONE [amazon] **n. f.** – 1564 ; n. pr. XIIIe ◇ latin *Amazones* « femmes guerrières d'Asie Mineure » ▪ **1** VIEILLI et LITTÉR. Femme guerrière, virile. ▪ **2** (1610) Cavalière en jupe longue. *Les belles amazones du bois de Boulogne, au XIXe siècle. Selle d'amazone.* — LOC. *Monter en amazone* : monter à cheval avec les deux jambes du même côté de la selle (à l'origine, à cause de la jupe). ▪ **3** (1824) Jupe longue et ample de cavalière. « *Eh ! Comment veux-tu que je monte à cheval puisque je n'ai pas d'amazone !* » FLAUBERT. ▪ **4** FAM. Prostituée qui racole en voiture dans les bois proches des grandes villes.

AMBAGES [ɑ̃baʒ] **n. f. pl.** – XIVe ◇ latin *ambages* ▪ RARE Détours dans l'expression. — **loc. adv.** COUR. **SANS AMBAGES** : sans détours, sans s'embarrasser de circonlocutions. *Parler sans ambages.*

AMBASSADE [ɑ̃basad] **n. f.** – milieu XIVe ◇ de l'italien *ambasciata,* dérivé du latin médiéval *ambactia* « service », d'un mot gotique d'origine gauloise ▪ **1** Députation auprès d'un souverain ou d'un gouvernement étranger. *Envoyer une ambassade extraordinaire.* ◆ Représentation permanente d'un État auprès d'un État étranger (dans la capitale). *L'ambassade et le consulat* de France à Moscou. Attaché*, secrétaire* d'ambassade* (➤ **diplomate**). — PAR EXT. Ensemble du personnel assurant cette mission ; résidence de l'ambassadeur et de ses services. *S'adresser, aller à l'ambassade.* ▪ **2** Mission délicate auprès d'un particulier. *Ils sont allés en ambassade chez le directeur.*

AMBASSADEUR, DRICE [ɑ̃basadœʀ, dʀis] **n.** – 1366 ◇ italien *ambasciatore* → ambassade ▪ **1** Envoyé(e) d'un État auprès d'un État étranger. *Ambassadeur extraordinaire,* chargé d'une mission temporaire. ▪ **2** COUR. Représentant(e) permanent(e) d'un État auprès d'un État étranger ou d'un organisme international, rang le plus élevé dans la hiérarchie diplomatique. *Nommer, accréditer un ambassadeur. Son Excellence l'ambassadeur de France à Londres. L'ambassadrice des États-Unis à l'ONU. Madame l'ambassadeur* ou *Madame l'ambassadrice. L'ambassadeur d'Italie a présenté ses lettres de créance à l'Élysée.* ▪ **3 n. f.** VIEILLI Épouse d'un ambassadeur. ▪ **4** Personne chargée d'un message, d'une mission. *Vous serez mon ambassadeur.* ▪ **5** Personne qui représente à l'étranger (une activité, une caractéristique de son pays). *Un ambassadeur de la chanson québécoise. Les ambassadrices de la mode française.*

AMBI- ▪ Élément, du latin *ambo* « deux à la fois, les deux ensemble ».

AMBIANCE [ɑ̃bjɑ̃s] **n. f.** – 1885 ◇ de *ambiant* ▪ **1** Atmosphère matérielle ou morale qui environne une personne, une réunion de personnes. ➤ **climat, milieu.** *Il avait l'impression d'une ambiance hostile.* « *Il ne pouvait s'abstraire des réalités, de l'ambiance* » BARRÈS. *Une bonne ambiance de travail. Ambiance chaleureuse.* ➤ **convivialité.** ◆ LOC. *Mettre qqn dans l'ambiance,* le faire participer à l'ambiance d'un groupe, d'une situation. — ABSOLT, FAM. *Il y a de l'ambiance ici,* une atmosphère gaie, pleine d'entrain. *On l'invite pour qu'il mette de l'ambiance,* pour que l'atmosphère soit gaie (➤ **boute-en-train**). *Chauffer l'ambiance.* ➤ RÉGION. **ambiancer.** ◆ **loc. adj. D'AMBIANCE.** *Thermostat d'ambiance,* pour régler la température d'un lieu clos. *Parfum d'ambiance.* — CIN. *Lumière d'ambiance* : éclairage général diffus d'un champ de prise de vues, évitant toute ombre forte ; COUR. éclairage de faible intensité. — *Musique d'ambiance* : musique de fond, douce et agréable (➤ **lounge** [ANGLIC.]). ◆ IRON. *Ambiance !* se dit d'une situation qui crée une ambiance morale détestable. *On sentait* « *que le petit n'avait pas intérêt à merder. Ambiance* » GAVALDA. ▪ **2 (Afrique noire)** Soirée dansante.

AMBIANCER [ɑ̃bjɑ̃se] **v. intr.** ‹3› – 1976 ◇ de *ambiance* ▪ **(Afrique noire)** Rendre l'ambiance joyeuse et festive. — TRANS. *Ambiancer une soirée.*

AMBIANCEUR, EUSE [ɑ̃bjɑ̃sœʀ, øz] **n.** – 1989 ◇ de *ambiancer* ▪ **(Algérie, Afrique noire)** ▪ **1** Boute-en-train. ▪ **2** Personne qui aime faire la fête. ➤ **fêtard, noceur.**

AMBIANT, IANTE [ɑ̃bjɑ̃, jɑ̃t] **adj.** – 1538 ◇ latin *ambiens,* de *ambire* « entourer » ▪ Qui entoure de tous côtés, constitue le milieu où on se trouve. *L'air ambiant. La température ambiante.* — FIG. *La morosité ambiante.*

AMBIDEXTRE [ɑ̃bidɛkstʀ] **adj. et n.** – 1547 ◇ bas latin *ambidexter,* de *ambo* « tous les deux » et *dextra* « main droite » ▪ Qui peut faire la même chose de la main droite ou de la main gauche, avec autant de facilité. *Un champion de tennis ambidextre.* — **n.** *Un, une ambidextre.*

AMBIGU, UË [ɑ̃bigy] **adj. et n. m.** /fém. AMBIGÜE/ – XVe ◇ latin *ambiguus*

I adj. ▪ **1** Qui présente deux ou plusieurs sens possibles ; dont l'interprétation est incertaine. ➤ **double, équivoque,** 1**incertain, obscur.** *Elle s'est contentée d'une réponse ambiguë. Le terme est ambigu.* ➤ **amphibologique.** *Geste, sourire ambigu.* ◆ LING. Se dit d'une unité signifiante qui manifeste plusieurs sens ou références possibles en contexte. ➤ **plurivoque, polysémique.** *Phrase ambiguë. Mot ambigu.* ▪ **2** Qui réunit deux qualités opposées, participe de deux natures différentes. « *Un caractère ambigu, un mélange de vertus et de vices* » ABBÉ PRÉVOST. — Dont la nature est équivoque. *Un personnage ambigu.* — PHILOS. Mal déterminé, qui semble participer de natures contraires et appeler des jugements contradictoires. ➤ **ambivalent.** « *Dire que l'existence est ambiguë, c'est* *poser que le sens n'en est jamais fixé»* BEAUVOIR. ▪ **3** MATH. *Théorème ambigu,* pour lequel il existe plusieurs démonstrations.

II n. m. VX *Un ambigu de... et de... :* un mélange de choses de nature différente. *«Un ambigu précieux des choses de l'art et du monde»* PROUST. — ANCIENNT *Ambigu comique :* pièce de théâtre mêlant plusieurs genres dramatiques. *Le théâtre de l'Ambigu, à Paris.*

▪ CONTR. Clair, 1 précis, univoque.

AMBIGUÏTÉ [ɑ̃bigɥite] n. f. /AMBIGÜITÉ/ – 1270 ◊ latin *ambiguitas* ▪ **1** Caractère de ce qui est ambigu dans le langage. ➤ **amphibologie, équivoque, obscurité.** *«L'heureuse ambiguïté du mot cœur»* COMTE. LING. *Ambiguïté d'une phrase, d'un mot.* ➤ **polysémie.** *Levée d'ambiguïté* (➤ **désambiguïser**). ◆ Expression ambiguë. *«Quantité d'incorrections, d'ambiguïtés»* GIDE. ▪ **2** Caractère ambigu (d'un acte, d'un comportement). ▪ **3** PHILOS. Caractère de ce qui est philosophiquement ambigu. ➤ **ambivalence.** ▪ CONTR. Clarté, netteté, précision, univocité.

AMBIGUMENT [ɑ̃bigymɑ̃] adv. – *ambiguement* 1538 ◊ de *ambigu* ▪ DIDACT. De façon ambiguë. ▪ CONTR. Clairement, nettement.

AMBIOPHONIE [ɑ̃bjofɔni] n. f. – 1972 ◊ marque déposée, de *ambiance* et *-phonie* ▪ AUDIOVIS. Ambiance sonore créée par augmentation artificielle de la réverbération des sons.

AMBISEXUÉ, ÉE [ɑ̃bisɛksɥe] adj. – avant 1970 ◊ de *ambi-* et *sexué* ▪ **1** BIOL. ➤ **bisexué.** ▪ **2** PSYCHOL. Se dit d'un individu dont le comportement reflète à la fois des tendances de type masculin et de type féminin.

AMBITIEUSEMENT [ɑ̃bisjøzmɑ̃] adv. – XIVe ◊ de *ambitieux* ▪ D'une manière qui dénote de l'ambition, de la prétention.

AMBITIEUX, IEUSE [ɑ̃bisjø, jøz] adj. – XIIIe ◊ latin *ambitiosus* ▪ **1** Qui a de l'ambition, désire passionnément réussir. *Une femme ambitieuse. Être ambitieux* (cf. Avoir les dents* longues). — SUBST. *«L'ambitieux court toujours après quelque chose»* ALAIN. *Ambitieux sans scrupules.* ➤ **arriviste, carriériste** (cf. Jeune loup*). ◆ VIEILLI *Ambitieux de :* qui a un grand désir de. *Ambitieux de paraître, de se distinguer.* ▪ **2** Qui marque de l'ambition. *Une politique ambitieuse.* ◆ PÉJ. Qui marque trop d'ambition. ➤ **présomptueux, prétentieux.** *Il faut renoncer à cet ambitieux projet. Si le mot n'est pas trop ambitieux.* ➤ 1 **fort.** ▪ CONTR. Humble, modeste, simple.

AMBITION [ɑ̃bisjɔ̃] n. f. – *ambicion* XIIIe ◊ latin *ambitio* ▪ **1** Désir ardent d'obtenir les biens qui peuvent flatter l'amour-propre (pouvoir, honneurs, réussite sociale). *«Les hommes commencent par l'amour, finissent par l'ambition»* LA BRUYÈRE. *Il a de l'ambition. Il manque d'ambition. Il a l'ambition de devenir président. Une ambition démesurée, sans bornes.* ➤ **arrivisme, carriérisme ; mégalomanie.** ▪ **2** Désir ardent de réussite, dans l'ordre intellectuel, moral. *«Les magnifiques ambitions font faire les grandes choses»* HUGO. *J'avais pour lui de grandes ambitions.* ▪ **3** (Sens affaibli) **AMBITION DE** (restrictif ou négatif). Désir ou prétention. *«Toute mon ambition est maintenant de fuir les embêtements»* FLAUBERT. *Je n'ai pas l'ambition d'être la plus élégante.*

AMBITIONNER [ɑ̃bisjɔne] v. ‹1› – fin XVIe ◊ de *ambition* ▪ **1** v. tr. Rechercher avec ou par ambition. *Ambitionner les honneurs. Le titre qu'il ambitionne.* ➤ **briguer, convoiter.** ◆ *Ambitionner de* (et inf.) : désirer, souhaiter vivement de. *La duchesse «à qui l'on ambitionnait de plaire»* VOLTAIRE. ▪ **2** v. intr. (Canada) *Ambitionner (sur le pain bénit) :* aller trop loin, exagérer. *«J'voudrais pas ambitionner. - Non, non, non. Prends. Si tu savais comme ça m'fait plaisir»* F. OUELLETTE. ➤ FAM. **abuser.** ▪ CONTR. Dédaigner, mépriser.

AMBITUS [ɑ̃bitys] n. m. – 1751 ◊ latin médiéval, p. p. de *ambire* «entourer» ▪ MUS. Étendue d'une mélodie, d'une voix, d'un instrument de la note la plus grave à la note la plus aiguë. ➤ **registre, tessiture.**

AMBIVALENCE [ɑ̃bivalɑ̃s] n. f. – 1911 ◊ allemand *Ambivalenz,* du latin *ambo* «tous les deux» et *valence* ▪ **1** PSYCHOL. Caractère de ce qui comporte deux composantes de sens contraire. *Ambivalence affective :* état de conscience comportant des dispositions affectives contraires. *«Le sentiment du chez soi garde une ambivalence profonde»* MOUNIER. ▪ **2** (1936) Caractère de ce qui se présente sous deux aspects cumulatifs, sans qu'il y ait nécessairement opposition. *«L'ambivalence de l'histoire»* MARITAIN. *L'ambivalence d'une attitude.*

AMBIVALENT, ENTE [ɑ̃bivalɑ̃, ɑ̃t] adj. – 1924 ◊ allemand *ambivalent* ▪ PSYCHOL. Qui comporte deux valeurs contraires. ➤ **double.** *Un comportement ambivalent.*

AMBLE [ɑ̃bl] n. m. – fin XIIIe ◊ de *ambler* ▪ Allure d'un quadrupède (chameau, girafe, etc.) qui se déplace en levant en même temps les deux jambes du même côté. *Jument qui va l'amble.* ➤ **haquenée.** *Trotter l'amble. Sa mule «prenait un petit amble sautillant»* DAUDET.

AMBLER [ɑ̃ble] v. intr. ‹1› – milieu XIIe ◊ de l'ancien occitan *amblar,* du latin *ambulare,* qui a aussi donné *aller* ▪ ÉQUIT. Aller l'amble. *Trotteur distancé pour avoir amblé.*

AMBLEUR, EUSE [ɑ̃blœʀ, øz] adj. – XIIe ◊ de *ambler* ▪ ÉQUIT. Qui va l'amble. *Cheval ambleur.*

AMBLY- ▪ Élément, du grec *amblus* «émoussé, affaibli».

AMBLYOPE [ɑ̃bljɔp] adj. et n. – 1838 ◊ grec *amblôpos,* de *ôps* «œil», avec influence de *amblyopie* ▪ **1** MÉD. Atteint d'amblyopie. — n. *Un, une amblyope.* ➤ **malvoyant.** *Édition pour amblyopes.* ▪ **2** ZOOL. Qui a les yeux très petits, qui ne voit presque pas. — n. m. *Les amblyopes.*

AMBLYOPIE [ɑ̃bljɔpi] n. f. – 1611 ◊ grec *ambluôpia* ▪ DIDACT. Affaiblissement de la vue, sans lésion organique apparente (intoxications, état psychopathique, certains strabismes). ➤ **amaurose, cécité.**

AMBLYOSCOPE [ɑ̃bljjɔskɔp] n. m. – 1970 ◊ de *amblyo(pie)* par mauvaise coupe et *-scope* ▪ OPT. Appareil servant à l'examen complet de la vision binoculaire et à l'évaluation d'une amblyopie.

AMBLYSTOME [ɑ̃blistom] n. m. – 1871 ◊ de *ambly-* et du grec *stoma* «bouche» ▪ Genre d'amphibien urodèle d'Amérique du Nord et centrale comprenant une trentaine d'espèces (axolotl, salamandre dorée, etc.).

AMBON [ɑ̃bɔ̃] n. m. – 1740 ◊ grec *ambôn* ▪ Tribune surélevée à l'entrée du chœur de certaines basiliques et églises anciennes.

AMBRE [ɑ̃bʀ] n. m. – XIIIe ◊ latin médiéval *ambar, ambra,* de l'arabe *anbar* «ambre gris» ▪ **1** *Ambre gris :* substance odorante provenant des concrétions intestinales des cachalots qui, rejetées, flottent à la surface de la mer ; parfum très précieux extrait de cette substance. ◆ LOC. VIEILLI *Fin comme l'ambre :* intelligent, subtil, rusé. ▪ **2** *Ambre jaune :* résine fossilisée d'origine végétale, dure et transparente, qui a la propriété de s'électriser par frottement. ➤ **succin.** *Collier d'ambre. Fume-cigarette à bout d'ambre. Couleur d'ambre :* de la couleur jaune doré de l'ambre.

AMBRÉ, ÉE [ɑ̃bʀe] adj. – 1651 en cuis. ◊ de *ambre* ▪ **1** Parfumé à l'ambre gris. *Eau de Cologne ambrée.* ▪ **2** (fin XVIIIe) Qui a les teintes dorées de l'ambre jaune. *Rhum ambré.*

AMBRÉINE [ɑ̃bʀein] n. f. – 1838 ◊ de *ambre* ▪ Alcool de la série terpénique, constituant principal de l'ambre gris.

AMBROISIE [ɑ̃bʀwazi] n. f. – XVIIe ; *ambroise* XVe ◊ latin *ambrosia,* mot grec «immortelle» ▪ **1** MYTH. Nourriture des dieux de l'Olympe, source d'immortalité. *Le nectar et l'ambroisie.* — FIG. Nourriture exquise. ▪ **2** (1771) BOT. Plante aromatique utilisée en infusions (thé du Mexique). ➤ **ansérine.** ▪ **3** Plante herbacée annuelle *(composées)* à feuilles très découpées, originaire d'Amérique du Nord. ➤ RÉGION. **herbe** à POUX. *Le pollen de l'ambroisie est très allergisant.*

AMBROSIEN, IENNE [ɑ̃bʀozjɛ̃, jɛn] adj. – 1704 ◊ latin ecclésiastique *ambrosianus,* de *Ambrosius,* saint Ambroise ▪ LITURG. Propre à saint Ambroise, dont l'origine remonte à saint Ambroise. *Rite, chant ambrosien* (ou *milanais*).

AMBULACRE [ɑ̃bylakʀ] n. m. – XVIe ◊ latin *ambulacrum* «promenade, avenue» ▪ ZOOL. Pied tubulaire rétractile, muni de ventouses, des échinodermes. — adj. **AMBULACRAIRE** [ɑ̃bylakʀɛʀ]. *Les ambulacres sortent des trous ambulacraires disposés sur cinq aires ambulacraires.*

AMBULANCE [ɑ̃bylɑ̃s] n. f. – 1752 ◊ de *ambulant* ▪ **1** ANCIENNT (jusqu'en 1940) Hôpital militaire ambulant ; formation sanitaire équipée de voitures légères, chargée des premiers soins aux blessés. *«Des ambulances qui étaient dirigées par des médecins militaires de vingt-huit* [...] *ans !»* MARTIN DU GARD. *Voiture d'ambulance.* ▪ **2** (1891 *ambulance hippomobile*) Véhicule aménagé pour le transport des malades ou des blessés. ➤ aussi **SAMU.** *La sirène, le gyrophare d'une ambulance. Elle a été transportée en ambulance à l'hôpital. Appelez une ambulance ! «l'intérieur de l'ambulance ressemblait à une salle de torture avec ses flacons, ses tuyaux et ses machins chromés»* DJIAN. — LOC. FIG. et FAM. *Tirer sur une ambulance :* s'acharner sur qqn que le sort a déjà beaucoup éprouvé.

AMBULANCIER, IÈRE [ɑ̃bylɑ̃sje, jɛʀ] n. – 1877 ◊ de *ambulance* ▪ **1** ANCIENNT Infirmier, infirmière d'une voiture d'ambulance. ▪ **2** MOD. Personne qui conduit une ambulance.

AMBULANT, ANTE [ɑ̃bylɑ̃, ɑ̃t] adj. – 1558 ◊ latin *ambulans,* de *ambulare* «marcher, se promener» ▪ **1** Qui se déplace pour exercer à divers endroits son activité professionnelle. ➤ **itinérant.** *Comédiens, musiciens ambulants. Marchand* ambulant. — Un cadavre*, un squelette* ambulant. — Postier, postière ambulant(e),* OU SUBST. *un(e) ambulant(e)* : employé(e) de la poste chargé(e) d'effectuer le tri dans les wagons postaux pendant le trajet. ▪ **2** MÉD. *Érysipèle ambulant,* qui s'étend par plaques successives. ▪ CONTR. 1 Fixe, sédentaire, stable.

AMBULATOIRE [ɑ̃bylatwaʀ] adj. – 1497 ◊ latin *ambulatorius* ▪ **1** ADMIN. VX Qui n'a pas de siège fixe. — FIG. VX Variable, changeant. ▪ **2** MÉD. Qui peut s'accompagner de déambulation. — Capable de se déplacer seul. *Malade ambulatoire.* — Qui laisse au malade la possibilité de se déplacer, de mener une vie active. *Traitement ambulatoire. Chirurgie ambulatoire,* qui permet au patient de sortir quelques heures après l'intervention. ▪ **3** RARE Propre à la marche. «*faire encore quelques kilomètres, emporté par une sorte de lyrisme ambulatoire*» GIDE.

ÂME [ɑm] n. f. – fin IXe ◊ du latin *anima* «souffle». REM. Les formes anciennes retracent l'évolution du latin au français actuel : *anima* (IXe), puis *aneme* et *anme* (fin XIe), *ame* (fin XIIe), enfin *âme* (1752)

I PRINCIPE SPIRITUEL DE L'ÊTRE HUMAIN ▪ **1** RELIG. Principe spirituel de l'être humain, conçu comme séparable du corps, immortel et jugé par Dieu. *Sauver, perdre son âme. Prier pour l'âme, le repos de l'âme de qqn. Dieu ait son âme !* — LOC. *Être l'âme damnée* de qqn. Être comme une âme en peine*. Vendre son âme au diable,* lui promettre son âme en échange d'avantages terrestres. ▪ **2** Un des deux principes composant l'être humain, principe de la sensibilité et de la pensée. «*Nous sommes composés de deux natures opposées, [...] d'âme et de corps*» PASCAL. «*L'âme c'est ce qui refuse le corps. Par exemple ce qui refuse de fuir quand le corps tremble, ce qui refuse de frapper quand le corps s'irrite*» ALAIN. — LOC. *Se donner corps* et âme. Ils s'y sont dévoués corps et âmes. De toute son âme* (cf. De tout son cœur). ▪ **3** Principe de la vie morale, conscience morale. *La paix de l'âme. Force*, grandeur* d'âme.* «*Le peuple n'a guère d'esprit, et les grands n'ont point d'âme*» LA BRUYÈRE. «*J'ai l'habit d'un laquais, et vous en avez l'âme*» HUGO. — LOC. *En mon âme et conscience*.* IRON. *Une bonne âme* : une personne complaisante. *Je trouverai bien une bonne âme pour m'aider.* PAR ANTIPHR. *Les bonnes âmes* : les bien-pensants hypocrites. ▪ **4** Ensemble des fonctions psychiques et des états de conscience. ➤ **conscience, esprit.** *Les mouvements de l'âme.* «*c'était la destruction de notre âme qui était le programme de l'univers concentrationnaire*» G. DE GAULLE-ANTHONIOZ. *État d'âme* : sentiment éprouvé. *Avoir des états d'âme,* des scrupules ; SPÉCIALT, réaction affective considérée comme déplacée. *Un technocrate sans états d'âme. Être musicien dans l'âme,* profondément. — *Vague* à l'âme. À fendre* l'âme. La mort* dans l'âme.* ▪ **5** Principe de la vie végétative et sensitive. «*imaginer que l'âme des bêtes soit de même nature que la nôtre*» DESCARTES. — LOC. *Rendre l'âme* : mourir. *Avoir l'âme chevillée* au corps.* ◆ LAUDATIF Sentiment, vie. *Chanter avec âme.* «*elle était pleine d'éclat et de gentillesse, pleine d'âme*» GUILLOUX. *Une maison triste et sans âme.* ▪ **6** Être vivant, personne. *Avoir charge* d'âme(s). Une ville de plus de dix mille âmes.* ➤ **habitant.** «*Les Âmes mortes*», roman de Gogol. — LOC. *Ne pas trouver (voir, rencontrer) âme qui vive* : ne trouver... personne. «*Il n'y avait pas âme qui vive dans le paysage, tout entier couleur de pain bien cuit*» GRACQ. IRON. *Rencontrer l'âme sœur,* la personne avec laquelle on a beaucoup d'affinités sentimentales. ◆ T. d'affection (VX) *Mon âme, ma chère âme.*

II CE QUI ANIME (UN GROUPE...) ▪ **1** Ensemble des états de conscience communs aux membres d'un groupe. *L'âme d'un peuple.* «*Une nation est une âme*» RENAN. ▪ **2** Personne qui anime une entreprise collective. *Il était l'âme de la conjuration.* ▪ **3** Psychisme que, par une sorte d'animisme, nous prêtons aux choses inanimées. «*Objets inanimés, avez-vous donc une âme ?*» LAMARTINE.

III PARTIE ESSENTIELLE D'UNE CHOSE ▪ **1** (1680) MUS. Petit cylindre de bois qui réunit la table et le fond d'un instrument à cordes. *L'âme d'un violon.* ▪ **2** (1676) Noyau d'une statue. ▪ **3** (1611) Évidement intérieur d'une bouche à feu. *Un canon* «*très épais de parois, très étroit d'âme*» J. VERNE. ▪ **4** TECHN. Partie médiane ou principale. ➤ **centre, cœur, noyau.** *L'âme d'une poutre, d'un rail, d'un conducteur électrique, d'une machine.* «*Je songeais que les architectes appelaient âme la partie usée et creuse de la marche*» QUIGNARD. ▪ **5** HÉRALD. Légende qui explique la figure d'une devise.

AMÉLANCHIER [amelɑ̃ʃje] n. m. – 1549 ◊ du provençal *amélanquier* ▪ BOT. Arbuste des terrains calcaires pauvres *(rosacées),* à floraison précoce et à petites feuilles cotonneuses. *Confiture de baies d'amélanchier.*

AMÉLIORABLE [ameljɔʀabl] adj. – 1804 ◊ de *améliorer* ▪ Susceptible d'être amélioré. ➤ **perfectible.** *Performance améliorable.*

AMÉLIORANT, ANTE [ameljɔʀɑ̃, ɑ̃t] adj. et n. m. – 1844 ◊ de *améliorer* ▪ **1** BOT., AGRIC. Qui améliore le sol, en lui rendant sa fertilité ou en augmentant son rendement, notamment par un apport d'azote. *Plantes, cultures améliorantes.* ▪ **2** n. m. BOULANG. Substance destinée à améliorer l'action de la levure dans les pâtes levées.

AMÉLIORATION [ameljɔʀasjɔ̃] n. f. – 1421, rare avant XVIIe ◊ de *améliorer,* d'après le latin juridique *melioratio* ▪ **1** DR. (AU PLUR.) Ensemble de travaux ou dépenses faits sur un bien et lui procurant une plus-value. ➤ **impense.** *Améliorations nécessaires, utiles, voluptuaires.* ➤ **aménagement, décoration, embellissement, réparation.** *Faire des améliorations dans une maison.* ▪ **2** (XVIIIe) AGRIC. Action d'améliorer (un sol). ➤ **améliorant.** ▪ **3** (début XIXe) Action de rendre meilleur, de changer en mieux ; fait de devenir meilleur, plus satisfaisant. ➤ **perfectionnement, progrès.** *Apporter, faire, opérer, réaliser une amélioration. Les* «*inventions humaines qui tendent à l'amélioration de la vie*» DUHAMEL. *L'amélioration de sa situation, de ses conditions de travail, de son sort, de son état de santé.* ➤ **mieux.** — *Nette amélioration du temps en perspective.* ➤ **éclaircie, embellie.** *Une amélioration dans les relations de ces deux pays.* ➤ **détente.** ▪ CONTR. Aggravation, 1 dégradation, détérioration.

AMÉLIORER [ameljɔʀe] v. tr. ⟨1⟩ – 1507 ; *ameillorer* XIIe ◊ de *meilleur,* d'après le latin juridique *meliorare* ▪ **1** Apporter des améliorations à (un lieu, une maison). ➤ **embellir, réparer, 1 restaurer.** — Rendre (un sol) plus fertile. ➤ **amender, fertiliser.** p. p. adj. *Des terres améliorées.* ▪ **2** (début XIXe) Rendre meilleur, plus satisfaisant, changer en mieux. ➤ **perfectionner ;** RÉGION. **emmieuter.** *Les hommes* «*ont toujours cherché à améliorer leur état*» FRANCE. *Le coureur a encore amélioré son temps. Améliorer un texte, une traduction.* ➤ **corriger, récrire, réviser.** — PRONOM. Devenir meilleur. *Les conditions s'améliorent. Ce vin s'améliore avec l'âge.* ➤ **s'abonnir, 1 se bonifier.** FAM. (PERSONNES) *Il ne s'améliore pas.* ➤ **s'arranger.** ▪ CONTR. 1 Dégrader, détériorer, gâter.

AMEN [amɛn] interj. et n. m. inv. – XIIe ◊ latin ecclésiastique, de l'hébreu «oui, ainsi soit-il» ▪ Mot par lequel se terminent les prières. — LOC. *Dire, répondre amen à tout ce que dit, ce que fait qqn,* l'approuver religieusement, sans réserve. — n. m. inv. «*Un amen éternel*» BOSSUET. ▪ HOM. Amène.

AMÉNAGEABLE [amenaʒabl] adj. – 1960 ◊ de *aménager* ▪ Qui peut être aménagé. *Combles aménageables.*

AMÉNAGEMENT [amenaʒmɑ̃] n. m. – 1327 ; «action de construire, de réparer des bâtiments» ◊ de *aménager* ▪ **1** SYLV. Réglementation des coupes, de l'exploitation des forêts. ▪ **2** (1669) COUR. Action, manière d'aménager, de disposer. ➤ **agencement, arrangement, disposition, distribution, organisation.** *L'aménagement d'une maison, d'une usine.* ▪ **3** ADMIN., ÉCON. Organisation globale de l'espace, destinée à satisfaire les besoins des populations intéressées en mettant en place les équipements nécessaires et en valorisant les ressources naturelles. *Aménagement du territoire*. Aménagement régional, urbain. Plan d'aménagement,* d'urbanisme. *Plan d'aménagement rural (P. A. R.).* ▪ **4** Action d'adapter, de modifier qqch. pour le rendre plus adéquat. *Aménagement du temps de travail. Aménagement de peine* (de prison). — DR. Dispositions particulières, réserves ou modifications dans un texte (➤ **amendement**). ▪ CONTR. Dérangement, désorganisation.

AMÉNAGER [amenaʒe] v. tr. ⟨3⟩ – 1771 ; «approvisionner» XIVe ◊ de *ménage* ▪ **1** SYLV. Régler l'aménagement de (une forêt) [➤ **aménagiste**]. ▪ **2** (v. 1830) Disposer et préparer méthodiquement en vue d'un usage déterminé. ➤ **agencer, arranger, équiper, installer, ordonner.** *Aménager un loft.* ▪ **3** Organiser par l'aménagement (3°). *Aménager un secteur. — Aménager son emploi du temps. Horaires aménagés.*

AMÉNAGEUR, EUSE [amenaʒœʀ, øz] n. – 1906 ◊ de *aménager* ▪ **1** RARE Personne qui aménage. — «*L'habitude ! aménageuse habile mais bien lente*» PROUST. ▪ **2** (1959) Spécialiste de l'aménagement (3°).

AMÉNAGISTE [amenaʒist] n. – 1876 ◇ de *aménager* ■ Spécialiste de l'aménagement* des forêts.

AMENDABLE [amɑ̃dabl] adj. – 1690 ◇ de *amender* ■ Qui peut être amendé.

AMENDE [amɑ̃d] n. f. – XIIIe ; *amande* XIIe ◇ de *amender* ■ **1** Peine prononcée en matière civile, pénale ou fiscale, consistant dans le paiement d'une somme d'argent au Trésor public. ➤ **contravention, P.-V.** *Amende par jour de retard.* ➤ **astreinte.** *Une amende de 150 euros. Timbre*-amende. Condamner à une amende. Encourir une amende. Sous peine d'amende.* ◆ Sanction pécuniaire infligée à qqn. — LOC. *Vous serez (mis) à l'amende,* se dit pour menacer de quelque punition légère ou fictive. ■ **2** ANCIENNT *Amende honorable :* peine infamante consistant dans l'aveu public de la faute. — MOD. LOC. *Faire amende honorable :* reconnaître ses torts, demander pardon. ➤ **autocritique.** ■ HOM. Amande.

AMENDEMENT [amɑ̃dmɑ̃] n. m. – XIIe ◇ de *amender* ■ **1** VX Réparation, amélioration, correction. ◆ (1467) AGRIC. Opération visant à améliorer les propriétés physiques d'un sol ; substance incorporée au sol à cet effet. ➤ **amélioration, ameublissement, chaulage, fertilisation,** 1 **marnage, plâtrage.** *Les matières organiques sont à la fois des amendements et des engrais.* ■ **2** (1778 ◇ anglais *amendment,* du français) POLIT. Modification proposée à un texte soumis à une assemblée délibérante. *Discuter, mettre aux voix, voter un amendement.* «*Le 30 janvier 1875, l'amendement Wallon qui prononçait le mot de République* [...] *était adopté*» BAINVILLE. — *Droit d'amendement :* droit de proposer des amendements, reconnu aux membres d'une assemblée.

AMENDER [amɑ̃de] v. tr. ⟨1⟩ – fin XIe ◇ latin *emendare* ■ **1** Améliorer, corriger. «*mauvais sujets que rien n'amende*» GIDE. — v. pron. «*elle se rangera et s'amendera comme les autres*» SAND. ■ **2** (1690) AGRIC. Améliorer (une terre) par des amendements. ■ **3** (1784 ◇ anglais *to amend,* du français) POLIT. Modifier par amendement. *Amender un projet, une proposition de loi.* ■ CONTR. Détériorer, gâter.

AMÈNE [amɛn] adj. – XIIIe-XVIe «agréable» ◇ latin *amoenus,* de *amare* ■ LITTÉR. Agréable, avenant. ➤ **aimable, courtois ; aménité.** «*Toujours amène et bienveillant envers les hommes de la plus humble condition*» FRANCE. *Un ton, des propos amènes.* ■ CONTR. Acerbe, désagréable. ■ HOM. Amen.

AMENÉE [am(ə)ne] n. f. – XIVe, repris 1866 ◇ de *amener* ■ **1** Action d'amener l'eau. *Canal, tuyaux d'amenée.* ■ **2** Dispositif permettant d'amener un fluide. *Des amenées de gaz.*

1 **AMENER** [am(ə)ne] v. tr. ⟨5⟩ – 1080 ◇ de *mener* ■ **1** Mener (un être animé) auprès de qqn. «*Son impuissance à sauver tous les pauvres bougres qu'on lui amenait*» ZOLA. *Amenez-le-moi immédiatement !* — Mener (un être animé) à un endroit. *Amener qqn chez qqn. Amener ses enfants à la piscine. Amener son chien chez le vétérinaire.* ABSOLT *Mandat* d'amener.* — REM. *Amener* suppose que l'accompagnateur quitte la personne à l'arrivée, à la différence de *emmener.* — PAR EXT. *Quel bon vent* vous amène ?* ■ **2** FIG. *Amener (qqn) à,* conduire, entraîner petit à petit à (quelque acte ou état). *Amener qqn à résipiscence. Amener qqn à ses idées.* — (Avec l'inf.) *Elle a été amenée à prendre une grave décision.* «*amener autrui à partager notre conviction*» GIDE. ■ **3** Faire venir à une destination. ➤ **apporter ; acheminer, conduire.** *Le taxi qui nous a amenés. Cette rivière «que les Romains avaient captée et amenée jusqu'à Nîmes par l'aqueduc»* GIDE. — *Amener de l'eau au moulin* de qqn. Vous nous amenez le beau temps !* ◆ FIG. Diriger, conduire. *N'amenons pas la conversation sur ce sujet.* — *Savoir amener un dénouement, une comparaison.* ➤ 1 **ménager, préparer.** — p. p. adj. *Une conclusion mal amenée.* ◆ Faire sortir (tel point) d'un coup de dés. *Amener une paire.* ■ **4** (Sujet chose) Avoir pour suite assez proche (sans qu'il s'agisse d'une conséquence nécessaire). ➤ **occasionner.** *Cette influence «qui amena dans mon être une complète transformation»* RENAN. «*Ça pourrait t'amener du désagrément*» SAND. ■ **5** v. pron. (fin XIXe) FAM. Venir, arriver. ➤ se **pointer,** se **radiner, rappliquer.** *Amène-toi ici !* «*Du rivage s'amènent deux grandes barques*» GIDE.

2 **AMENER** [am(ə)ne] v. tr. ⟨5⟩ – 1515 ◇ peut-être de l'occitan *amaina* «domestiquer, calmer», d'un type latin *admansionare,* de *mansio* (→ maison) ou de l'italien *ammainare* «abaisser (les voiles)», d'un latin *invaginare,* de *vagina* «enveloppe» (→ gaine) ■ MAR. Abaisser. *Amener les voiles. Amener le pavillon, les couleurs.* ◆ PAR EXT. Tirer à soi. *Pêcheur qui amène son filet. Laisser un brochet s'épuiser pour l'amener plus facilement.* — *Amener la couverture* à soi.*

AMÉNITÉ [amenite] n. f. – XIVe ◇ latin *amoenitas* ■ **1** VX Agrément (d'un lieu). «*L'aménité des rivages*» CHATEAUBRIAND. ■ **2** (1740) Amabilité pleine de charme. ➤ **affabilité.** *Sa supériorité «que sait tempérer l'aménité la plus exquise»* GIDE. *Traiter qqn sans aménité,* durement. ◆ (milieu XIXe) AU PLUR. IRON. Paroles blessantes ou injurieuses. *Elles se sont dit des aménités.*

AMÉNORRHÉE [amenɔʀe] n. f. – 1795 ◇ de 2 *a-, méno-* et *-rrhée* ■ MÉD. Absence de menstrues chez une femme en âge d'être réglée.

AMENTIFÈRE [amɑ̃tifɛʀ] adj. et n. f. – 1863 ◇ du latin *amentum* «courroie, cordon» et *-fère* ■ Se dit des végétaux à inflorescences en cordons ou chatons. — n. f. pl. *Les peupliers, les bouleaux sont des amentifères.*

AMENUISEMENT [amənɥizmɑ̃] n. m. – XIIIe ◇ de *amenuiser* ■ Action d'amenuiser, fait de s'amenuiser. ➤ **amincissement, diminution.** *L'amenuisement des ressources.* ■ CONTR. Épaississement. Augmentation.

AMENUISER [amənɥize] v. tr. ⟨1⟩ – XIIe ◇ de *menuiser* → 1 menu ■ **1** Rendre plus fin, plus menu (un objet). — PRONOM. Devenir plus petit. ➤ **diminuer.** *Son visage s'est amenuisé.* ■ **2** FIG. Rendre moins important. *Amenuiser les risques, les effets secondaires.* PRONOM. *Nos revenus s'amenuisent.* ➤ **diminuer.** *L'espoir s'amenuise.* ■ CONTR. Épaissir, grossir. Augmenter.

1 **AMER, ÈRE** [amɛʀ] adj. et n. m. – XIIe ◇ latin *amarus* ■ **1** Qui produit au goût une sensation caractéristique le plus souvent désagréable (ex. la bile), parfois stimulante (ex. l'écorce de citron, les endives, etc.). *C'est amer comme chicotin*. Chocolat amer. Confiture d'oranges amères. J'ai la bouche amère,* un goût d'amertume dans la bouche. POÉT. *L'onde amère, les flots amers :* la mer. ■ **2** n. m. VX Fiel de certains animaux. ◆ (XVIIIe) MOD. Liqueur obtenue par infusion d'herbes ou d'écorces amères (gentiane, quinquina, noix vomique), tonique et apéritive. ➤ 1 **bitter, vermouth.** *Des amers à la gentiane.* ■ **3** FIG. Qui est cause de chagrin, de rancœur. ➤ **douloureux, pénible, triste ; amertume.** *Des regrets amers. Une amère déception.* ◆ Qui exprime, marque l'amertume. ➤ **blessant, dur, mordant.** *Il m'a fait d'amers reproches. Une raillerie, une ironie amère.* — *Il est très amer,* triste, plein de ressentiment. ■ CONTR. Doux ; agréable ; affectueux, aimable.

2 **AMER** [amɛʀ] n. m. – 1683 ◇ normand *merc,* du scandinave *merki* → 1 marque ■ MAR. Objet fixe et visible servant de point de repère en mer ou sur la côte.

AMÈREMENT [amɛʀmɑ̃] adv. – XIIe ; *amarament* Xe ◇ de 1 *amer* ■ Avec amertume. *Il se plaint amèrement de votre silence.*

AMÉRICAIN, AINE [ameʀikɛ̃, ɛn] adj. et n. – 1556 ◇ de *Amérique,* latin des géographes *America* (1507), du nom de *Amerigo Vespucci* ■ **1** De l'Amérique. ➤ **américano-.** *Le continent américain. Les langues américaines,* parlées par les autochtones (de l'Amérique du Nord, du Mexique et de l'Amérique centrale, de l'Amérique du Sud). — n. *Les Américains du Nord* (➤ **nord-américain**), *du Sud* (➤ **latino-américain, sud-américain**). *Les Amérindiens autochtones.* ➤ **amérindien.** ■ **2** (1783) Des États-Unis d'Amérique. *La politique américaine. Le cinéma américain.* ➤ **hollywoodien.** *Musique* (➤ **blues, country, disco, funky, house music, jazz, ragtime, rhythm and blues,** 2 **rock, soul**) *américaine, danses* (➤ **cake-walk, one-step, shimmy, swing, twist**) *américaines. Cigarette, voiture américaine* (ou n. f. *une américaine*). — n. *Les Américains.* ➤ **états-unien, yankee ;** FAM. **amerloque, ricain.** *Américains d'origine africaine.* ➤ **africain-américain, afro-américain, négro-américain, noir.** — n. m. *L'américain :* l'anglais parlé aux États-Unis. ➤ **anglo-américain ; américanisme.** ◆ (Dans certaines expr.) *Coup-de-poing* américain. Nuit américaine :* technique d'éclairage permettant de filmer de jour des scènes d'extérieur en donnant l'impression de scènes de nuit. *Vedette américaine,* qui passe sur scène juste avant la vedette. *Le quart d'heure américain :* dans une réunion dansante, moment où les femmes invitent les hommes à danser. *Avoir l'œil* américain. Cuisine* américaine. Bar* américain.* — RÉGION. (Nord, Belgique, Luxembourg) *Filet américain :* viande de bœuf hachée ; steak tartare. ELLIPT *Commander un américain frites.* — CUIS. *Homard à l'américaine,* cuit dans une sauteuse avec tomates, échalotes, oignons, vin blanc, etc. — SPORT *Course à l'américaine,* ou ELLIPT *une américaine :* course cycliste sur piste opposant des équipes de plusieurs coureurs qui se relaient. *Football* (ou rugby) américain.*

AMÉRICANISATION [ameʀikanizasjɔ̃] n. f. – 1867 ◇ de *américaniser* ■ Action d'américaniser, fait de s'américaniser.

AMÉRICANISER [ameʀikanize] **v. tr.** ‹1› – 1855 ◊ de *américain* ■ Revêtir, marquer d'un caractère américain (2°). « *La mécanique nous aura tellement américanisés* » BAUDELAIRE. — PRONOM. « *un monde qui* [...] *s'américanise* » SIEGFRIED.

AMÉRICANISME [ameʀikanism] **n. m.** – 1853 ◊ de *américain* ■ **1** VIEILLI Admiration, imitation du mode de vie, de la civilisation des États-Unis. « *Le monde marche vers une sorte d'américanisme* » RENAN. ♦ (1866) Idiotisme américain (par rapport à l'anglais). — (v. 1970) Emprunt du français à l'anglais des États-Unis. ■ **2** (1872) Ensemble des études ethnographiques, archéologiques, linguistiques, etc., consacrées au continent américain, à ses civilisations autochtones : précolombiennes, indiennes.

AMÉRICANISTE [ameʀikanist] **adj.** et **n.** – 1866 ◊ de *américain* ■ DIDACT. ■ **1** Qui concerne l'américanisme. *Études américanistes.* ■ **2** **n.** (1875) Spécialiste (ethnologue, archéologue, linguiste) du continent américain, de ses civilisations autochtones. — Spécialiste de la langue et de la civilisation des États-Unis. *L'étude du français de Louisiane revient souvent aux américanistes.*

AMÉRICANO- ■ Élément servant à former des adjectifs exprimant un rapport entre les États-Unis et un autre pays : *américano-soviétique.*

AMÉRICIUM [ameʀisjɔm] **n. m.** – 1950 ◊ anglais *americium* (1946), de *America*, d'après *europium* ■ CHIM. Élément transuranien artificiel de la série des actinides* (Am ; n° at. 95 ; m. at. [de l'isotope de plus longue période] 243), obtenu depuis 1944 dans des réacteurs nucléaires.

AMÉRINDIEN, IENNE [ameʀɛ̃djɛ̃, jɛn] **adj.** et **n.** – 1930 ◊ anglais américain *Amerindian*, contraction de *American Indian* ■ Des Indiens d'Amérique. *Langues amérindiennes.* — **n.** *Les Amérindiens.*

AMERLOQUE [amɛʀlɔk] **n.** – 1945 ; *amerlo(t)* 1936 ◊ déformation argotique de *Américain* ■ FAM. et PÉJ. Américain des États-Unis. *Les Amerloques.*

AMERRIR [ameʀiʀ] **v. intr.** ‹2› – 1912 ◊ de *mer*, d'après *atterrir* ■ Se poser à la surface de l'eau (hydravion, cabine spatiale).

AMERRISSAGE [ameʀisaʒ] **n. m.** – 1912 ◊ de *amerrir* ■ Action d'amerrir.

AMERTUME [amɛʀtym] **n. f.** – XIIe ◊ latin *amaritudo, inis* ■ **1** Saveur amère. *La légère amertume des endives.* ♦ Maladie des vins, qui les rend amers. ■ **2** Sentiment durable de tristesse mêlée de rancœur, lié à une humiliation, une déception, une injustice du sort. ➤ **découragement, dégoût, dépit, mélancolie, rancœur, ressentiment.** « *Je pensais, plein d'amertume : "pourquoi suis-je sur la terre ?"* » DAUDET. — Caractère de ce qui engendre un tel sentiment. « *toute l'amertume de l'existence* » FLAUBERT. ■ CONTR. Douceur ; joie, 1 plaisir.

AMÉTALLIQUE [ametalik] **adj.** – milieu XXe ◊ de 2 *a-* et *métallique* ■ ÉCON. *Système amétallique* : système monétaire ne se référant à aucun étalon métallique.

AMÉTHYSTE [ametist] **n. f.** – 1080 ◊ latin d'origine grecque *amethystus* ■ Pierre fine violette, variété de quartz. — ADJT INV. De la couleur de cette pierre. *Des velours améthyste.*

AMÉTROPE [ametʀɔp] **adj.** – 1865 ◊ du grec *ametros* « disproportionné » et *-ope* ■ Atteint d'amétropie. ■ CONTR. Emmétrope.

AMÉTROPIE [ametʀɔpi] **n. f.** – 1865 ◊ de *amétrope* ■ PHYSIOL. Défaut dans la structure optique de l'œil ayant pour conséquence l'astigmatisme, la myopie ou l'hypermétropie. ■ CONTR. Emmétropie.

AMEUBLEMENT [amœbləmɑ̃] **n. m.** – 1598 ◊ de l'ancien verbe *ameubler*, de *meuble* ■ **1** Ensemble des meubles d'un logement, considéré dans son agencement. ➤ **décoration, mobilier.** *Ameublement moderne, confortable. Tissu d'ameublement.* ■ **2** Industrie, commerce des objets destinés à meubler. *Rayon d'ameublement d'un grand magasin.*

AMEUBLIR [amœbliʀ] **v. tr.** ‹2› – 1409 ◊ de *meuble*
I DR. Faire entrer dans la communauté (des immeubles propres à un des époux), ce qui conduit à traiter ces immeubles comme des biens meubles.
II (XVIe) AGRIC. Rendre meuble (la terre) pour la culture. ➤ **biner, herser, labourer.** — **p. p. adj.** « *un champ soigneusement ameubli* » FLAUBERT.

AMEUBLISSEMENT [amœblismɑ̃] **n. m.** – 1603 ◊ de *ameublir* ■ **1** DR. Convention matrimoniale consistant à ameublir (I) des immeubles. ■ **2** (1835) AGRIC. Opération consistant à ameublir (II) les terres. ➤ **binage, hersage, labour.**

AMEUTER [amøte] **v. tr.** ‹1› – XIVe ◊ de *meute* ■ **1** VÉN. Assembler (les chiens) en meute pour la chasse. ■ **2** (fin XVIe) COUR. Attrouper dans une intention de soulèvement ou de manifestation hostile. « *On ameute la foule* » HUGO. — PAR EXAGÉR. *Arrête de brailler, tu vas ameuter tout le quartier.* ➤ **alerter.** — PRONOM. S'attrouper dans une intention hostile. ■ CONTR. Calmer, disperser.

AMHARIQUE [amaʀik] **n. m.** – 1613 ◊ latin savant *amharicus*, de *Amhara*, province centrale de l'Éthiopie ■ Langue sémitique du groupe méridional parlée dans la majeure partie du haut plateau abyssin. *L'amharique est la langue officielle de l'Éthiopie.*

AMI, IE [ami] **n.** et **adj.** – Xe ◊ latin *amicus, amica*, de *amare*
I **n.** ■ **1** Personne liée d'amitié avec (une autre personne), ou qui est l'objet de l'amitié de qqn. ➤ FAM. **copain, pote ;** RÉGION. **chum.** « *Qu'un ami véritable est une douce chose !* » LA FONTAINE. *Un de mes bons, de mes vieux amis. Mon meilleur ami. Je suis son ami. Nous étions entre amis. Se quitter bons amis. Elle s'est fait des amis. Traiter qqn en ami. Chambre, prix* d'ami. Un ami d'enfance. L'ami de la maison*, reçu dans l'intimité de la maison. *Des amis communs.* — PROV. *Les amis de nos amis sont nos amis. Les bons comptes* font les bons amis.* ♦ PAR EUPHÉM. Amant (➤ **compagnon**), maîtresse (➤ **compagne**). *Son petit ami* (➤ FAM. **copain, jules, mec**), *sa petite amie* (➤ FAM. **copine, nana ;** RÉGION. **chum,** 1 **doudou ;** cf. Sa belle). — VX ou RÉGION. *C'est sa bonne amie*, une fille avec laquelle il est très lié, qu'il courtise. ♦ *Mes chers amis*, s'emploie souvent en s'adressant à de simples camarades. *Mon petit ami, mon jeune ami*, appellation condescendante. VIEILLI *Eh ! l'ami !* interpellation familière souvent hautaine. ♦ LOC. FAM. *Faire ami-ami* : faire des démonstrations d'affection. ♦ (traduction de l'anglais *friend*) Membre d'un réseau social qui est en relation avec un autre membre. *Groupe d'amis.* ➤ **clique.** ■ **2** Personne qui est bien disposée, a de la sympathie envers une autre ou une collectivité. *Je viens en ami et non en ennemi. Ce sont des amis de la France*, des francophiles. *Nos amis et alliés. Lettre anonyme signée « un ami qui vous veut du bien ». L'ami du peuple*, surnom de Marat. — PAR EXT. *Le chien est l'ami de l'homme.* ♦ (1790) FIG. Partisan, défenseur très attaché à une cause. *La société des amis de la Constitution*, les Jacobins. *Les amis du livre*, les bibliophiles. ■ **3** *Faux ami* : mot qui, dans une langue étrangère, présente une similitude trompeuse avec un mot de sa propre langue (ex. actually [« effectivement » en anglais] et actuellement).
II **adj.** D'un ami, d'amis. ➤ **amical.** *Une main amie. Je l'ai rencontrée « dans une maison amie »* COURTELINE. — PAR EXT. Favorable, bienveillant. « *Les destins amis* » CORNEILLE. « *Une façade amie, celle d'un café* » BOSCO. ♦ Allié. *Pays ami.*
■ CONTR. Ennemi, hostile. ■ HOM. Amict, ammi.

AMIABLE [amjabl] **adj.** – 1402 ; « aimable » XIIe ◊ bas latin *amicabilis* ■ **1** DR. Qui a lieu ou agit par la voie de la conciliation, sans procédure judiciaire. *Un partage amiable. Constat amiable* : déclaration d'accident de la circulation établie d'un commun accord par les conducteurs, quand il n'y a pas de dommages corporels. — PROCÉD. CIV. *Amiable compositeur* : arbitre chargé de régler à l'amiable un différend entre deux personnes. ♦ **loc. adv.** COUR. **À L'AMIABLE :** par voie de conciliation, sans procès, de gré à gré. *Un arrangement à l'amiable. Divorcer à l'amiable.* ■ **2** (1751) MATH. *Nombres amiables* (ou *amicaux*) : paire de nombres tels que chacun d'eux est égal à la somme des parties aliquotes de l'autre (ex. 220 et 284).

AMIANTE [amjɑ̃t] **n. m.** – XVIe ◊ latin d'origine grecque *amiantus* ■ Silicate de magnésium et de calcium, dont les cristaux d'aspect feutré peuvent être travaillés en fibres ; fibres extraites de ce minéral, résistant à l'action d'un foyer ordinaire, ne fondant qu'au chalumeau, et pouvant être tissées. ➤ **asbeste.** *Fils, plaque d'amiante. Carton*-amiante. L'amiante est dangereux pour la santé* (asbestose, cancer...) (➤ **désamianter**). — Tissu composé de fibres d'amiante. *Combinaison en amiante.* — **n. m.** *Amiante-ciment* : ciment auquel on a incorporé des fibres d'amiante. *Des amiantes-ciments.*

AMIBE [amib] **n. f.** – 1822 ◊ latin des zoologistes *amiba* ou *amoeba*, du grec *ameibein* « changer, alterner » ■ ZOOL. Protozoaire pourvu d'un noyau *(rhizopodes)* des eaux douces et salées, qui se déplace à l'aide de pseudopodes. *Il existe de nombreuses* *espèces d'amibes, dont certaines vivent en parasites de l'être humain.* ◆ COUR. *Avoir des amibes,* de l'amibiase.

AMIBIASE [amibjɑz] **n. f.** – 1909 ◇ de *amibien* ■ Parasitose due à des amibes, caractérisée par la dysenterie, et pouvant se compliquer d'abcès (foie, poumons, reins).

AMIBIEN, IENNE [amibjɛ̃, jɛn] **n. et adj.** – 1853 ◇ de *amibe* ■ DIDACT. ■ **1 n. m. pl.** *Les amibiens :* ordre de la classe des rhizopodes, comprenant les amibes proprement dites *(amibes nues)* et les amibes dites *à coquille.* ■ **2 adj.** Causé par les amibes. *Dysenterie amibienne.*

AMIBOÏDE [amibɔid] **adj.** – 1865 ◇ de *amibe* et *-oïde* ■ *Mouvements amiboïdes,* semblables à ceux des amibes qui se déplacent par émission de pseudopodes.

AMICAL, ALE, AUX [amikal, o] **adj. et n. f.** – 1735 ; *amial* XIIe ◇ bas latin *amicalis* ■ **1** Empreint d'amitié, qui marque de l'amitié. ➤ **chaleureux, cordial, sympathique.** *« Cette demoiselle se tournait souvent de mon côté d'un air amical et familier »* MARIVAUX. *Nos relations sont amicales.* — **(Dans une lettre)** *Croyez à mon amical souvenir. Salutations amicales.* ◆ *Association amicale,* ou ELLIPT **AMICALE (n. f.)** : association de personnes ayant une même profession, une même activité, une histoire commune. *L'amicale des anciens élèves de l'école de...* ◆ Qui parle, se comporte avec amitié, avec sympathie. *Il a été très amical.* ◆ *O. P. A. amicale,* avec accord entre les parties. ■ **2** Se dit d'une rencontre sportive ne comptant pas pour un championnat. *Match amical.* ■ CONTR. 1 Froid, hostile, inamical, malveillant.

AMICALEMENT [amikalmɑ̃] **adv.** – 1734 ◇ de *amical* ■ D'une façon amicale. *Nous avons causé amicalement.*

AMICT [ami] **n. m.** – *emit, amit* XIIe ◇ latin *amictus* ■ Rectangle de toile fine que le prêtre se passe autour du cou avant de revêtir l'aube. ■ HOM. Ami, ammi.

AMIDE [amid] **n. m.** – 1833 ◇ de *oxamide,* de *oxalique* et *ammoniaque* ■ CHIM. Tout composé organique dérivant de l'ammoniac ou d'une amine par substitution de radicaux acides à l'hydrogène. — EN APPOS. *Fonction amide,* contenant le groupement –CO–NR–.

AMIDON [amidɔ̃] **n. m.** – début XIVe ◇ du latin médiéval *amidum,* du latin d'origine grecque *amylum* ■ Glucide de poids moléculaire élevé, de formule $(C_6H_{10}O_5)_n$ (polymère du glucose), emmagasiné par les organes de réserve des végétaux (racines, tubercules, graines) sous forme de granules qui, broyés avec de l'eau chaude, fournissent un empois. ➤ **fécule.** *Qui contient de l'amidon.* ➤ **amylacé.** *Empeser à l'amidon.* ➤ **amidonner.** *Amidon de blé, de riz, de pomme de terre.*

AMIDONNAGE [amidɔnaʒ] **n. m.** – 1877 ◇ de *amidonner* ■ Action d'amidonner. ➤ **empesage.**

AMIDONNER [amidɔne] **v. tr.** ⟨1⟩ – 1581 ◇ de *amidon* ■ Enduire (le linge) d'amidon. ➤ **empeser.** — FIG. *« Amidonner les moindres propos »* (Libération, 1985).

AMIDONNERIE [amidɔnʀi] **n. f.** – 1789 ◇ de *amidon* ■ Usine de production d'amidon.

AMIDOPYRINE [amidopiʀin] **n. f.** – 1960 ◇ de *amide, pyro-* et *-ine* ■ Médicament fébrifuge et analgésique.

AMIMIE [amimi] **n. f.** – 1900 ◇ de 2*a-* et du grec *mimia* « imitation » ■ PATHOL. Diminution ou perte de la mimique faciale et de la gestuelle. *L'amimie est d'origine cérébrale (maladie de Parkinson surtout) ou médicamenteuse (psychotropes).* ➤ aussi **akinésie.**

AMINCIR [amɛ̃siʀ] **v. tr.** ⟨2⟩ – XIIIe, repris 1690 ◇ de *mince* ■ **1** Rendre plus mince. *Amincir une poutre.* ➤ **amaigrir.** — *Son régime l'a aminci.* ◆ PRONOM. Devenir plus mince. *Les brumes « peu à peu [...] s'amincissent »* MAUPASSANT. ◆ INTRANS. FAM. ➤ **mincir.** *Elle a aminci.* ■ **2** Faire paraître plus mince. *Cette robe l'amincit.* ■ CONTR. Élargir, épaissir, grossir.

AMINCISSANT, ANTE [amɛ̃sisɑ̃, ɑ̃t] **adj.** – 1690 ◇ de *amincir* ■ Qui amincit. *Robe amincissante.* — Qui fait mincir. *Crème amincissante.* ➤ **amaigrissant, anticellulite.**

AMINCISSEMENT [amɛ̃sismɑ̃] **n. m.** – XVIIIe ◇ de *amincir* ■ Action d'amincir, fait de s'amincir. — État de ce qui est aminci.

AMINE [amin] **n. f.** – 1865 ◇ du radical de *ammoniac* ■ CHIM. Tout composé obtenu par substitution de radicaux hydrocarbonés univalents à l'hydrogène de l'ammoniac. BIOCHIM. *Amines de réveil.* ➤ **amphétamine, catécholamine.** — EN APPOS. *Fonction amine* $(-NH_2)$.

AMINÉ, ÉE [amine] **adj.** – 1903 ◇ de *amine* ■ *Acide aminé :* corps possédant les deux fonctions amine et acide ; unité de base des protéines, précurseur de la synthèse de molécules indispensables. *Les vingt acides aminés constituant les protéines* (➤ aussi **holoprotéine**). *Les protéines sont des séquences d'acides aminés.* — On dit aussi **AMINOACIDE** [aminoasid] **n. m.**

A MINIMA [aminima] **loc. adj.** /À MINIMA/ – 1683 ◇ latin juridique *a minima poena* « de la plus petite peine » ■ DR. *Appel a minima :* appel que le ministère public interjette lorsqu'il estime la peine insuffisante. ■ CONTR. A maxima.

AMINOPLASTE [aminoplast] **n. m.** – 1948 ◇ de *amine* et *plastique* ■ Matière plastique (résine synthétique) obtenue par réaction de condensation entre l'urée et le formol.

AMINOSIDE [aminozid] **n. m.** – 1977 ◇ de *amino(glyco)side,* de *aminé* et *glycoside* → glucoside ■ MÉD. Membre d'une classe d'antibiotiques produits par des moisissures ou par synthèse, dont le chef de file est la streptomycine. *Les aminosides sont très actifs sur de nombreuses espèces de bactéries.*

AMIRAL, ALE, AUX [amiʀal, o] **n.** – XIIIe ; « émir » fin XIe ◇ de l'arabe *'amīr* « chef » → émir ■ **1 n. m.** ANCIENNT Commandant d'une force navale ; dignité équivalant à celle de maréchal. — MOD. **n.** Officier du grade le plus élevé dans la marine, correspondant à celui de général d'armée. ➤ **contre-amiral, vice-amiral.** ◆ **adj.** *Vaisseau, navire amiral,* ayant à son bord un amiral, le chef d'une formation navale. — FIG. *Navire amiral :* entreprise emblématique d'un groupe, d'un secteur, etc. *Magasin amiral :* magasin le plus grand ou le plus prestigieux d'une enseigne. ■ **2 n. f.** VIEILLI Femme d'un amiral.

AMIRAUTÉ [amiʀote] **n. f.** – XIVe ◇ de *amiral* ■ Corps des amiraux, haut commandement de la marine ; siège de ce commandement. — ANCIENNT *Premier lord de l'Amirauté :* ministre de la Marine britannique. — Dignité d'amiral.

AMISH [amiʃ] **n. inv. et adj. inv.** – relevé en 1984 ◇ de l'anglais américain *Amish* (1844), emprunté à l'allemand *Amisch,* de *Jakob Ammann,* nom d'un anabaptiste suisse qui fonda ce groupe dissident en 1693 ■ Membre d'une communauté mennonite* des États-Unis, formée de traditionalistes menant une vie très austère, fondée sur la piété et la non-violence. *Les amish refusent les apports de la société moderne.* — **adj. inv.** *Les coutumes amish.*

AMITIÉ [amitje] **n. f.** – *amistié* 1080 ◇ latin populaire °*amicitatem,* accusatif de °*amicitas,* classique *amicitia* ■ **1** Sentiment réciproque d'affection ou de sympathie qui ne se fonde ni sur les liens du sang ni sur l'attrait sexuel ; relations qui en résultent. ➤ **affection, camaraderie, sympathie.** *« La camaraderie mène à l'amitié »* MAURIAC. *« L'amitié entre homme et femme est délicate, c'est encore une manière d'amour »* COCTEAU. *Une preuve d'amitié. Une solide, une ancienne amitié. Avoir de l'amitié pour qqn. Se lier d'amitié avec qqn. Faire qqch. par amitié pour qqn.* — VIEILLI *Amitié particulière :* liaison homosexuelle. ◆ Rapports amicaux. ➤ **entente.** *L'amitié entre nos deux pays.* ■ **2** Marque d'affection, témoignage de bienveillance. *J'espère que vous nous ferez l'amitié de venir.* — AU PLUR. *Faites-lui toutes mes amitiés :* dites-lui de ma part bien des choses amicales. *Mes amitiés à votre mari.* ■ CONTR. Antipathie, inimitié.

AMITIEUX, IEUSE [amitjø, jøz] **adj.** – 1796 ◇ de *amitié* ■ VX ou RÉGION. **(Belgique ; Ardennes, Normandie, Loire, Rhône-Alpes)** Qui se montre aimable, affectueux. *« affectueuse, câline, "amitieuse", ainsi qu'on disait en normand »* A. ERNAUX. *Un enfant amitieux. — Un chiot amitieux.* — REM. Dans certaines régions (Nord, Rhône-Alpes), on rencontre la forme *amiteux, euse* (1743).

AMITOSE [amitoz] **n. f.** – 1889 ◇ de 2*a-* et *mitose* ■ BIOL. CELL. Processus de division cellulaire, au cours duquel la répartition des chromosomes est inégale, le noyau ne subissant pas toutes les phases de la mitose*. ■ CONTR. Mitose.

AMMI [ami] **n. m.** – 1545 ◇ grec *ammi* ■ BOT. Plante ammophile* du sud et de l'ouest de la France *(ombellifères),* herbacée et annuelle. ■ HOM. Ami, amict.

AMMONAL [amɔnal] **n. m.** – 1909 ◇ de *ammon(ium)* et *al(uminium)* ■ Mélange de nitrate d'ammonium et d'aluminium, utilisé pour la fabrication des explosifs. *Des ammonals.*

AMMONIAC, IAQUE [amɔnjak] **adj. et n. m.** – *armoniac* XIVe ◇ latin *ammoniacum* « de la région du temple d'Ammon », en Libye ■ **1** *Gomme ammoniaque :* gomme-résine d'une plante d'Afrique. VX *Sel ammoniac :* chlorure d'ammonium. ■ **2** (1787) *Gaz ammoniac,* ou **n. m.** *ammoniac :* combinaison gazeuse d'azote et d'hydrogène (NH_3), gaz à odeur piquante, facilement liquéfiable, issu à l'état naturel de la décomposition des matières organiques azotées, préparé industriellement par synthèse, utilisé en particulier pour la préparation des sels ammoniacaux (engrais) et de l'ammoniaque. ■ HOM. Ammoniaque.

AMMONIACAL, ALE, AUX [amɔnjakal, o] adj. – 1748 ◇ de *sel ammoniac* ■ Relatif à l'ammoniac ; contenant de l'ammoniac. « *la puanteur ammoniacale* [de l'urinoir] » C. SIMON. *Sels ammoniacaux.*

AMMONIAQUE [amɔnjak] n. f. – 1834 ◇ de *ammoniac* ■ CHIM. Solution aqueuse de l'ammoniac. ➤ **alcali.** ■ HOM. Ammoniac.

AMMONIAQUÉ, ÉE [amɔnjake] adj. – 1838 ◇ de *ammoniaque* ■ Qui contient de l'ammoniaque. *Nettoyant ménager ammoniaqué.*

AMMONIOTÉLIE [amɔnjoteli] n. f. – v. 1935 ◇ de *ammoni(aque)* et grec *telos* « fin, achèvement » ■ PHYSIOL. Excrétion azotée des animaux sous forme d'ammoniaque. *Ammoniotélie chez les têtards des amphibiens.*

AMMONIOTÉLIQUE [amɔnjotelik] adj. – 1935 ◇ de *ammoniotélie* ■ PHYSIOL. Se dit d'animaux dont l'excrétion azotée s'effectue sous forme d'ammoniaque. *Les animaux ammoniotéliques sont certains poissons, les têtards amphibiens et quelques invertébrés marins.*

AMMONITE [amɔnit] n. f. – 1752 ◇ adaptation du latin scientifique *ammonites* (1732, Breyn), formé sur le latin *Ammonis cornu* « corne d'*Ammon* », dieu égyptien représenté sous la forme d'un bélier ■ PALÉONT. Mollusque céphalopode fossile, à coquille enroulée, très abondant dans les terrains secondaires.

AMMONITRATE [amɔnitʀat] n. m. – 1954 ◇ de *ammonium* et *nitrate* ■ CHIM. Nitrate d'ammonium (NH_4NO_3), couramment employé comme engrais azoté. *L'ammonitrate est explosif dans certaines conditions de température.*

AMMONIUM [amɔnjɔm] n. m. – 1814 ◇ de *ammoniac* ■ CHIM. Radical univalent NH_4 jouant le rôle de métal alcalin dans les sels ammoniacaux. *Des ammoniums. Nitrate d'ammonium* : ammonitrate.

AMMOPHILE [amɔfil] adj. – 1829 n. m. ◇ latin des zoologistes *ammophila*, du grec *ammos* « sable » et *-phile* ■ DIDACT. Qui vit dans le sable. ➤ **arénicole.** *Le fennec est ammophile. Le chardon bleu des sables, plante ammophile.*

AMNÉSIE [amnezi] n. f. – 1771 ◇ grec ecclésiastique *amnêsia* « oubli » ■ Perte totale ou partielle, temporaire ou définitive, de la mémoire. *Amnésie de fixation* (ou *antérograde*), *de conservation* (ou *rétrograde*), *hystérique* (à causes affectives). *Amnésie traumatique* (mécanisme de dissociation). *Amnésies neurologiques* (aphasies, apraxies et agnosies).

AMNÉSIQUE [amnezik] adj. et n. – 1843 ◇ de *amnésie* ■ Atteint d'amnésie. — n. *Un amnésique.* ■ CONTR. Hypermnésique.

AMNIOCENTÈSE [amnjosɛ̃tɛz] n. f. – 1970 ◇ de *amnios* et *-centèse* ■ Prélèvement, par ponction, de liquide amniotique, à des fins d'analyse.

AMNIOS [amnjos] n. m. – 1541 ◇ grec *amnion* ■ EMBRYOL. Annexe embryonnaire enveloppant l'embryon des vertébrés amniotes.

AMNIOSCOPIE [amnjɔskɔpi] n. f. – 1962 ◇ de *amnios* et *-scopie* ■ Examen endoscopique du liquide amniotique.

AMNIOTE [amnjɔt] adj. et n. m. – 1886 ◇ de *amnios* ■ ZOOL. Dont l'embryon est associé à un amnios au cours de son développement. — n. m. *Le singe, la tortue, le perroquet sont des amniotes.*

AMNIOTIQUE [amnjɔtik] adj. – 1814 ◇ de *amnios* ■ ZOOL., ANAT. Qui appartient à l'amnios. *La cavité amniotique est remplie de liquide amniotique* (liquide séreux, exsudé de ses parois, où baigne le fœtus). *Prélèvement de liquide amniotique.* ➤ **amniocentèse.**

AMNISTIABLE [amnistjabl] adj. – 1866 ◇ de *amnistier* ■ Qu'on peut amnistier. *Crime amnistiable.*

AMNISTIANT, IANTE [amnistjɑ̃, jɑ̃t] adj. – 1879 ◇ de *amnistier* ■ *Grâce amnistiante*, accordée par le chef de l'État dans les conditions spéciales prévues par une loi d'amnistie et ayant par là les effets de l'amnistie.

AMNISTIE [amnisti] n. f. – *amnestie* 1546 ◇ grec *amnêstia*, de *amnêstos* « oublié » ■ Acte du pouvoir législatif prescrivant l'oubli officiel d'une ou plusieurs catégories d'infractions et annulant leurs conséquences pénales. *À la différence de la grâce*, l'amnistie ne peut être accordée que par une loi* (dite *loi d'amnistie*). ♦ LITTÉR. Pardon total.

AMNISTIER [amnistje] v. tr. ⟨7⟩ – 1795 ◇ de *amnistie* ■ Faire bénéficier d'une amnistie (des délinquants ou des délits). p. p. adj. *Des condamnés amnistiés*, ou SUBST. *des amnistiés.* — Supprimer (les effets d'une mesure de justice) par l'amnistie. ♦ LITTÉR. Pardonner, excuser.

AMOCHER [amɔʃe] v. tr. ⟨1⟩ – 1867 ◇ de *moche* n. m. « écheveau », du francique *mokka* « masse informe » ■ FAM. Blesser* par des coups. — Détériorer. ➤ **abîmer*.** *Il a amoché sa voiture.* — PRONOM. *Il s'est bien amoché.*

AMODIATION [amɔdjasjɔ̃] n. f. – 1419 ◇ latin médiéval *admodiatio* → amodier ■ AGRIC. Location d'une terre moyennant une prestation périodique, en nature ou en argent (versée par l'*amodiataire* à l'*amodiateur*). ♦ Convention par laquelle le concessionnaire d'une mine en remet l'exploitation à un tiers moyennant redevance.

AMODIER [amɔdje] v. tr. ⟨7⟩ – 1283 ◇ latin médiéval *admodiare*, de *modius* « boisseau » ■ Louer (une terre, une mine) par un contrat d'amodiation.

AMOINDRIR [amwɛ̃dʀiʀ] v. tr. ⟨2⟩ – XIVe ; *amanrir* XIIe ◇ de *moindre* ■ Diminuer (la force, la valeur, l'importance) ; diminuer l'importance de (qqch.). ➤ **réduire.** « *amoindrir la haute valeur de l'enseignement historique* » HUGO. — *Ces « impressions ne sont pas amoindries par le contact de la réalité* » R. ROLLAND. — PRONOM. Décroître, diminuer. *Leur fortune s'est amoindrie.* — *Force amoindrie.* ■ CONTR. Accroître, agrandir, amplifier, augmenter.

AMOINDRISSEMENT [amwɛ̃dʀismɑ̃] n. m. – XVe ; *amanrissement* XIIe ◇ de *amoindrir* ■ Diminution, réduction. « *L'amoindrissement de territoire et de puissance que nous devons à Bonaparte* » CHATEAUBRIAND. ■ CONTR. Accroissement, augmentation.

AMOK [amɔk] n. m. – 1648, rare avant le XIXe ◇ du malais *amuk* n. et adj. « folie meurtrière » et « furieux » ■ Forme de folie homicide observée chez les Malais ; individu qui en est atteint. « *l'amok, dès qu'il a vu le sang couler, n'épargnera personne* » FAUCONNIER.

AMOLLIR [amɔliʀ] v. tr. ⟨2⟩ – XIIe ◇ de *mol, mou* ■ **1** Rendre mou, moins ferme. *L'asphalte était amolli par la chaleur.* ➤ **ramollir.** « *La peur et la honte amollissaient ses muscles* » GENET. ■ **2** FIG. VIEILLI Diminuer dans son énergie, dans sa résistance. ➤ **affaiblir, alanguir, débiliter.** « *Voulez-vous gouverner* [...] *les hommes, amollissez-les par la volupté* » LAMENNAIS. — PRONOM. *S'amollir.* ➤ **faiblir, fléchir, mollir.** « *En est-il entre vous dont le courage s'amollisse !* » MADELIN. ■ CONTR. Affermir, durcir, endurcir.

AMOLLISSANT, ANTE [amɔlisɑ̃, ɑ̃t] adj. – 1425 ◇ de *amollir* ■ Qui amollit, ôte l'énergie. ➤ **affaiblissant, débilitant.** « *Sur cette terre amollissante et tiède* » MAUPASSANT. ■ CONTR. Exaltant, 1 tonique.

AMOLLISSEMENT [amɔlismɑ̃] n. m. – 1539 ◇ de *amollir* ■ Action d'amollir ; état de ce qui est amolli (surtout au fig.). ➤ **affaiblissement, relâchement.** « *L'amollissement général, qui est* [...] *le produit du progrès des jouissances* » DELACROIX. ■ CONTR. Endurcissement ; dureté.

AMONCELER [amɔ̃s(ə)le] v. tr. ⟨4 /5/⟩ – XIIe ◇ de *monceau* ■ Réunir en monceau. ➤ **entasser.** *Le vent amoncelle les feuilles mortes.* — PRONOM. *Les nuages « s'amoncelaient au couchant* » FLAUBERT. ➤ **s'amasser.** *La neige s'amoncelle dans les rues.* — *Sable amoncelé en dunes.* ♦ FIG. Accumuler. « *amonceler des évidences* » HUGO. ■ CONTR. Disperser, éparpiller.

AMONCELLEMENT [amɔ̃sɛlmɑ̃] n. m. /AMONCÈLEMENT/ – XIIe ◇ de *amonceler* ■ Entassement, accumulation. ➤ **amas, monceau, tas.** « *L'amoncellement étincelant des coquillages* » HUGO. — FIG. « *le déblayage d'un amoncellement de correspondance* » GIDE. ■ CONTR. Dissémination, éparpillement.

AMONT [amɔ̃] n. m. – XVIIe ; adv. « vers le haut » 1080 ◇ pour *à mont* « vers la montagne » ■ **1** Partie d'un cours d'eau comprise entre un point considéré et la source. *En allant vers l'amont. Le pays d'amont. D'amont en aval.* ♦ SKI Côté de la montagne, au-dessus du skieur. — APPOS. INV. Qui est situé plus haut (que l'autre ski). *Le ski amont.* ♦ loc. prép. *En amont de* : au-dessus de (tel point d'un cours d'eau). *Paris est en amont de Rouen.* ♦ PAR EXT. *Vent d'amont* : sur certaines côtes, vent venant de l'intérieur des terres. ■ **2** FIG. Ce qui vient avant un point considéré, dans un processus, un enchaînement. *Il faut agir en amont, par la prévention. «Toutes les précautions légales ayant été prises bien en amont»* C. MINARD. — ÉCON. *Les industries en amont fournissent les matières premières, les produits semi-finis, les biens d'équipement aux industries en aval. Les produits d'amont.* ■ CONTR. 1 Aval.

AMORAL, ALE, AUX [amɔʀal, o] adj. – 1885 ◇ de 2a- et *moral* ■ Qui est moralement neutre, étranger au domaine de la moralité. *«Les lois de la nature sont a-morales»* GUYAU. ♦ Immoral par défaut de sens moral. ■ CONTR. Moral.

AMORALISME [amɔʀalism] n. m. – 1905 ◇ de *amoral* ■ Conception philosophique de la vie étrangère à toute considération de valeur morale. — Attitude d'un être amoral. ■ CONTR. Moralisme.

AMORALITÉ [amɔʀalite] n. f. – 1885 ◇ de *amoral* ■ DIDACT. Caractère de ce qui est amoral. ■ CONTR. Moralité.

AMORÇAGE [amɔʀsaʒ] n. m. – 1838 ◇ de *amorcer* ■ **1** TECHN. Action ou manière d'amorcer. *Amorçage d'une cartouche, d'un obus,* dispositif d'inflammation ou de détonation. *Amorçage d'une pompe.* — ÉLECTR. Génération du régime variable précédant l'établissement en régime permanent. ■ **2** Fait de garnir d'un appât. *L'amorçage d'une ligne de pêche.* ■ **3** FIN. *Capital, fonds d'amorçage,* destiné(s) au financement (fonds* propres) des premiers stades de la création d'entreprise. ■ CONTR. Désamorçage.

AMORCE [amɔʀs] n. f. – XIIIe *amorse* ◇ subst. fém. de *amors,* p. p. de l'ancien français *amordre,* du latin populaire °*admordere*

I ■ **1** PÊCHE VX Appât. ♦ MOD. Produit jeté dans l'eau pour amorcer le poisson (et PAR EXT. disséminé pour attirer le gibier dans le piège). *Le blé, le pain, le sang, les vers blancs servent d'amorces.* ■ **2** FIG. VX Ce qui attire, séduit. ➤ **appât.** *«les trompeuses amorces»* BOILEAU.

II PAR EXT. ■ **1** (v. 1620) Petite masse de matière détonante servant à provoquer l'explosion d'une charge de poudre ou d'explosif ; dispositif de mise à feu. ➤ **détonateur.** — Petite charge enfermée dans une capsule, et capable de détoner. ➤ **pétard.** *Pistolet à amorces pour enfants.* ■ **2** (1866) Premier tronçon d'une route, d'une voie ferrée (servant d'indication pour les travaux à venir). ♦ (1923) *Bande-amorce* ou *amorce :* ruban coloré qu'on colle à l'extrémité d'un film ou d'une bande magnétique pour protéger le pourtour extérieur du rouleau et mettre en place le dispositif. *Des bandes-amorces.* ♦ INFORM. Partie d'un programme qui entraîne l'apparition d'instructions suivantes. ■ **3** (1948) FIG. Manière d'entamer, de commencer. ➤ **commencement, début, ébauche.** *Cette rencontre pourrait être l'amorce d'une négociation véritable.* — Début, à la une, d'un article dont la suite figure à l'intérieur du journal.
■ CONTR. Achèvement, conclusion.

AMORCER [amɔʀse] v. tr. ⟨3⟩ – *amorsser* XIVe ◇ de *amorce* ■ **1** PÊCHE Garnir d'un appât. ➤ **appâter.** *Amorcer l'hameçon, la ligne.* ♦ Attirer (le poisson, le gibier) en répandant des amorces. — ABSOLT *Amorcer avec du blé.* ♦ FIG. VX Attirer, séduire. ■ **2** (XVIe) Garnir d'une amorce (une charge explosive). *Amorcer un pistolet.* ♦ *Amorcer une pompe,* la mettre en état de fonctionner, en en remplissant d'eau le corps. *Amorcer un siphon.* ■ **3** (1680) Commencer à percer (un trou, une ouverture). ♦ Commencer à percer (une voie), exécuter l'amorce de (une route, etc.). ■ **4** FIG. Entamer, ébaucher (un mouvement). *Amorcer un geste, un virage.* ♦ Ouvrir la voie à, mettre en train. ➤ **commencer, entamer.** *Amorcer la conversation, des négociations.* ♦ PRONOM. Commencer, débuter. *La décrue s'amorce.* ■ CONTR. Désamorcer ; achever, conclure.

AMORÇOIR [amɔʀswaʀ] n. m. – 1584 ◇ de *amorcer* ■ **1** VX Dispositif pour amorcer une arme à feu. ■ **2** (1922) PÊCHE Boîte permettant de déposer l'amorce au fond de l'eau.

AMOROSO [amɔʀozo] adv. – 1768 ◇ mot italien «amoureusement» ■ MUS. Avec tendresse (indication de nuance). *Jouer amoroso.*

AMORPHE [amɔʀf] adj. – 1784 ◇ grec *amorphos* ■ **1** PHYS., MINÉR. Qui n'est pas organisé, au niveau microscopique, en structure cristalline. *État amorphe* (opposé à *état cristallin*). ➤ **vitreux.** *La silice vitreuse est amorphe.* ■ **2** (1896) CARACTÉROL. Dont la personnalité est inconsistante. — SUBST. *«Les amorphes [...] ne sont pas une voix, mais un écho»* RIBOT. ■ **3** COUR. Sans énergie, sans réaction. ➤ **apathique, atone, inconsistant, 1 mou.** *Des élèves amorphes.* ■ CONTR. Dynamique, énergique, vif.

AMORTI [amɔʀti] n. m. – 1931 ◇ de *amortir* ■ SPORT Manière de toucher le ballon, la balle en amortissant le coup ; coup ainsi exécuté. *Un amorti de la poitrine* (➤ aussi **amortir**).

AMORTIR [amɔʀtiʀ] v. tr. ⟨2⟩ – fin XIIe ◇ latin populaire °*admortire,* de *mortus* → 2 mort ■ **1** Rendre moins violent, atténuer l'effet de. ➤ **affaiblir, diminuer, réduire.** *Tampons destinés à amortir un choc. Il est tombé sur un massif qui a amorti sa chute.* — PRONOM. *Les oscillations s'amortissent. — Les bruits «me parvenaient amortis [...] par l'humidité»* PROUST. ➤ **assourdir, étouffer.** *Couleurs amorties,* dont on a affaibli l'intensité. PHYS. *Oscillation amortie* (opposé à *entretenue*) : oscillation non périodique dont l'amplitude diminue au cours du temps, puis s'annule. ■ **2** FIG. Rendre moins vif. ➤ **calmer, émousser.** *Amortir la sensibilité, l'ardeur de la jeunesse.* — p. p. adj. *«Bourdet a un air sinon délabré, du moins terriblement amorti»* DRIEU LA ROCHELLE. SUBST. FAM. et PÉJ. Adulte, pour les jeunes. *Les amortis et les croulants*.* ■ **3** (XVe) FIN. Éteindre (une dette, un emprunt) par remboursement. *Amortir le capital d'un emprunt. — Amortir une action,* en rembourser par anticipation la valeur nominale. ♦ ÉCON. Préserver la capacité de renouveler (un bien capital, un investissement) par l'amortissement. *Amortir les équipements de production.* COUR. *Il a amorti son camion en deux ans. Immeuble complètement amorti.* FAM. *Amortir ses vacances,* profiter au maximum de tout ce pour quoi on a payé. ➤ **rentabiliser.** ■ CONTR. Augmenter, exagérer, stimuler.

AMORTISSABLE [amɔʀtisabl] adj. – 1465 ◇ de *amortir* ■ Qui peut être amorti (3°). *Emprunt amortissable. Du 3 % amortissable.*

AMORTISSEMENT [amɔʀtismɑ̃] n. m. – XVe ; «conversion en bien de mainmorte» XIIIe ◇ de *amortir* ■ **1** FIN. *Amortissement financier :* extinction graduelle d'une dette, d'un emprunt par un remboursement échelonné. *Amortissement d'un emprunt. — Amortissement des actions d'une société,* fait de les amortir. ♦ (milieu XIXe) ÉCON., COMPTAB. Imputation en comptabilité des sommes nécessaires au maintien en état du capital qui se déprécie dans le temps (par usure, obsolescence, etc.). — COUR. *L'amortissement d'une voiture, d'un réfrigérateur.* ■ **2** (XVe) ARCHIT. Couronnement d'un édifice, d'un ouvrage, qui va en se réduisant progressivement. *Le pinacle sert d'amortissement à un contrefort.* ■ **3** (1854 ◇ du sens ancien «affaiblissement») Action, manière d'amortir, de réduire l'effet. *Amortissement d'un choc.* — PHYS. Diminution progressive de l'amplitude du mouvement oscillatoire d'un système acoustique, mécanique, électrique, causée par la perte d'énergie du système au cours du temps. *Amortissement par frottement.* — ÉLECTRON. *Coefficient d'amortissement :* grandeur caractérisant, pour un circuit, l'amortissement d'oscillations engendrées par un phénomène transitoire.

AMORTISSEUR, EUSE [amɔʀtisœʀ, øz] n. m. et adj. – 1882 ◇ de *amortir* ■ **1** Dispositif destiné à amortir la violence d'un choc, la trépidation d'une machine, l'intensité d'un son. *Amortisseurs (de suspension) d'une automobile. Amortisseurs d'avion,* atténuant les chocs à l'atterrissage. *Amortisseur de parachute.* ■ **2** adj. Qui amortit. *«Couches de sable amortisseuses»* LE MASSON.

AMOUR [amuʀ] n. m. – milieu IXe ◇ de l'ancien occitan *amor,* du latin *amor.* REM. Le mot est souvent féminin du IXe au XVIe s. Le masculin s'impose au XVIIe s., alors que le féminin se maintient au pluriel.

I ATTACHEMENT À QQN ■ **1** Disposition à vouloir le bien d'une entité humanisée (Dieu, le prochain, l'humanité, la patrie) et à se dévouer à elle. *L'amour de l'homme pour Dieu* (répondant, dans la mystique chrétienne, à *l'amour de Dieu pour les hommes*). ➤ **adoration, charité, dévotion, piété.** LOC. *Pour l'amour de Dieu :* par pitié, je vous en prie. — *L'amour du prochain, d'autrui.* ➤ **altruisme, dévouement, fraternité, philanthropie.** *L'amour de la patrie.* ➤ **patriotisme.** ■ **2** Affection, tendresse entre les membres d'une famille. *L'amour maternel, paternel, filial, fraternel,* de la mère, du père (envers les enfants), des enfants (envers les parents), des frères (envers les frères et sœurs). *«Oh ! l'amour d'une mère ! amour que nul n'oublie»* HUGO. ■ **3** (fin XIIe) Inclination envers une personne, le plus souvent à caractère passionnel, fondée sur l'instinct sexuel mais entraînant des comportements variés (souvent en emploi absolu). *L'amour qu'il a, qu'il éprouve pour elle. «Parlez-moi d'amour»* (chanson). *Cupidon, Éros, dieu de l'amour. Vivre un grand amour. Aimer quelqu'un d'amour. Vivre d'amour et d'eau* fraîche. Filer* le parfait amour. Amour courtois*, platonique, chaste. L'amour physique.* ➤ **érotisme, sexe, sexualité.** *Amour subit* (cf. Coup de foudre*). *L'amour fou. L'amour avec un grand A. Amour homosexuel. Amour libre, hors mariage.* ➤ **concubinage, liaison** (cf. Union* libre). *Amour passager.* ➤ **1 amourette, caprice, flirt, passade.** *Déclaration d'amour. Lettre, roman d'amour. «Une* *histoire d'amour c'est comme une œuvre d'art : une étincelle, beaucoup de patience, et la patine du temps...»* **B. BLIER.** *Un mariage d'amour. «Chagrin d'amour dure toute la vie»* **FLORIAN.** — ABSOLT *«L'amour n'est que l'échange de deux fantaisies et le contact de deux épidermes»* **CHAMFORT.** *C'est pas de l'amour, c'est de la rage*.* ♦ AU PLUR. Liaison, aventure amoureuse. *Comment vont tes amours ?,* ta vie amoureuse, sentimentale. *À vos amours !* à vos souhaits*. — POÉT. (AU FÉM.) *Des amours tumultueuses. «Le vert paradis des amours enfantines»* **BAUDELAIRE.** ♦ (Canada) LOC. FAM. *Être, tomber en amour :* être, devenir amoureux. ▪ **4** PAR EUPHÉM. (ou dans l'expr. *amour physique*) Relations sexuelles. *«quinze euros la pipe et trente euros l'amour»* **ECHENOZ.** VIEILLI *L'acte d'amour.* — **FAIRE L'AMOUR :** (VX) faire la cour ; (MOD.) (1622) avoir des rapports sexuels. ➤ FAM. 1 **baiser,** 1 **coucher, niquer ;** PLAISANT **forniquer** (cf. FAM. S'envoyer* en l'air). *«Il est impossible de faire l'amour sans un certain abandon, sans l'acceptation au moins temporaire d'un certain état de dépendance et de faiblesse»* **HOUELLEBECQ.** ▪ **5** Accouplement chez les animaux. *La saison des amours.* ➤ **rut.** ▪ **6** Personne aimée. *Mon amour,* se dit en s'adressant à l'être aimé. — PAR EXT. FAM. *Vous seriez un amour si :* vous seriez très gentil de. ▪ **7** (1508) Personnification mythologique de l'amour (3°). *L'Amour avec son arc et son carquois. Peindre des Amours, des petits Amours.* — PAR COMPAR. *Elle est jolie comme un amour. Un amour d'enfant.* — FAM. *Un amour de petite lampe :* une très jolie petite lampe.

II ATTACHEMENT À QQCH. (1538) ▪ **1** Attachement désintéressé et profond à quelque valeur. *L'amour de la justice, de la vérité. Avoir l'amour de son métier. Faire une chose avec amour,* avec le soin, le souci de perfection de la personne qui aime son travail. ▪ **2** Goût très vif pour une chose, une activité qui procure du plaisir. ➤ **passion.** *L'amour de la nature, du sport. Pour l'amour de qqch. :* par considération, par admiration pour. *Pour l'amour de l'art.*

III SYNTAGMES (1863) *Amour en cage.* ➤ **alkékenge.** *Pommier* d'amour. Puits* d'amour.*

▪ CONTR. Antipathie, haine ; aversion.

AMOURACHER (S') [amuʀaʃe] v. pron. ⟨1⟩ – milieu XVIe ◊ formé sur l'italien *amoraccio* «amour passager», famille du latin *amor* → amour ▪ PÉJ. Tomber amoureux (de). ➤ **s'enticher, s'éprendre ;** FAM. **se toquer.** *Elle s'est amourachée de son moniteur de tennis.*

1 **AMOURETTE** [amuʀɛt] n. f. – *amorette* XIIe ◊ de *amour* ▪ VIEILLI Amour peu sérieux, passager, sans conséquence. ➤ **béguin, caprice, flirt, passade, tocade.** *Ce n'était qu'une amourette.*

2 **AMOURETTE** [amuʀɛt] n. f. – 1531 ◊ altération, sous l'influence de *amour,* de l'ancien français *amarouste,* famille du latin *amalusta* «camomille» ▪ **1** RÉGION. Nom de diverses plantes des champs (muguet, brize, etc.). ▪ **2** (1808 ◊ origine inconnue) *Bois d'amourette :* bois d'un acacia d'origine exotique utilisé en marqueterie.

AMOURETTES [amuʀɛt] n. f. pl. – 1771 ◊ ancien provençal *amoretas* «testicules du coq», de *amor* «amour» ▪ CUIS. Morceaux de moelle épinière de veau (de bœuf, de mouton) servis comme garnitures.

AMOUREUSEMENT [amuʀøzmɑ̃] adv. – XIIIe ◊ de *amoureux* ▪ Avec amour, tendrement. *«Léon la regardait si amoureusement»* **FLAUBERT.** ♦ Avec amour, avec un soin tout particulier. *Les objets d'art qu'il avait amoureusement rangés dans ses vitrines.* ▪ CONTR. Froidement, négligemment.

AMOUREUX, EUSE [amuʀø, øz] adj. et n. – 1220 ◊ latin vulgaire *amorosus,* avec influence de *amour* ▪ **1** Qui éprouve de l'amour, qui aime. ➤ **épris ;** FAM. **mordu, pincé ;** RÉGION. **bleu.** *Tomber, être amoureux de qqn.* ➤ **s'amouracher, s'éprendre** (cf. FAM. En pincer, RÉGION. tomber en amour). *«Il tomba amoureux de tout son long»* **C. M. CLUNY.** *Éperdument amoureux. Amoureux fou* (ou *fou amoureux*). *Elle est folle amoureuse de vous.* — LOC. *Amoureux des onze mille, des cent mille vierges,* de toutes les femmes. — n. (XIIIe) *«Il n'est ni mon amant, ni mon flirt, c'est mon amoureux»* **COLETTE.** ➤ **adorateur, soupirant.** *Un amoureux transi. Les deux amoureux se prenaient par la main.* ➤ **tourtereau.** — THÉÂTRE *Elle joue les amoureuses.* ♦ Porté à l'amour (physique surtout). *Un tempérament amoureux.* ➤ **ardent, lascif, voluptueux.** ♦ Propre à l'amour, qui marque de l'amour. *La vie amoureuse de X. Des regards amoureux.* — Qui concerne l'amour physique. ➤ **sexuel.** *Désir amoureux. Expérience amoureuse.* ▪ **2** (1569) Qui a un goût très vif pour (qqch.). ➤ **amateur, fanatique, féru, fervent, fou*, passionné.** *Amoureux de la gloire. «Tu deviens de plus en plus amoureux de la nature»* **FLAUBERT.** ▪ CONTR. 1 Froid, indifférent ; ennemi.

AMOUR-PROPRE [amuʀpʀɔpʀ] n. m. – 1521 ◊ de *amour* et *propre* ▪ **1** VX Attachement exclusif à sa propre personne, à sa conservation et son développement. ➤ **égoïsme.** ▪ **2** Sentiment vif de la dignité et de la valeur personnelle, qui fait qu'un être souffre d'être mésestimé et désire s'imposer à l'estime d'autrui. ➤ **fierté.** *Des blessures d'amour-propre* (➤ **humiliation, mortification**). *«dénué d'amour-propre à un degré qui ferait aisément manquer de dignité»* **PROUST.** *«l'amour-propre en souffrance a fait de grands révolutionnaires»* **CHATEAUBRIAND.** *Des amours-propres.* ▪ CONTR. Abnégation. Humilité.

AMOVIBILITÉ [amɔvibilite] n. f. – 1748 ◊ de *amovible* ▪ DR. Caractère d'une fonction ou d'un fonctionnaire amovible. ▪ CONTR. Inamovibilité.

AMOVIBLE [amɔvibl] adj. – 1681 ◊ latin médiéval *amovibilis,* du latin *amovere* «écarter» ▪ **1** DR. (D'un fonctionnaire, d'un magistrat) Qui peut être déplacé, changé d'emploi, révoqué. *Fonction amovible,* qui peut être retirée pour être attribuée à d'autres. ▪ **2** (1792) Qu'on peut enlever ou remettre à volonté. ➤ **extractible.** *Doublure, col amovible.* ▪ CONTR. Inamovible.

AMP ou **A. M. P.** [ɑɛmpe] n. f. – attesté 1972 ◊ sigle, de l'anglais ▪ BIOCHIM. Adénosine monophosphate. *L'AMP cyclique est un second messager* important de la cellule.*

AMPÉLOGRAPHIE [ɑ̃pelɔgʀafi] n. f. – 1838 ◊ du grec *ampelos* «vigne» et *-graphie* ▪ DIDACT. Étude de la vigne. *Ampélographie et œnologie.* — adj. **AMPÉLOGRAPHIQUE,** 1866.

AMPÉLOLOGIE [ɑ̃pelɔlɔʒi] n. f. – 1866 ◊ du grec *ampelos* «vigne» et *-logie* ▪ Ensemble des disciplines dont l'objet est l'étude de la vigne. *Ampélologie et ampélographie.*

AMPÉLOPSIS [ɑ̃pelɔpsis] n. m. – 1845 ◊ du latin scientifique *ampelopsis* (1803), formé sur le grec *ampelos* «vigne» et *opsis* «apparence» ▪ BOT. Plante grimpante *(vitacées),* à vrilles terminées en crampons, communément appelée *vigne vierge.*

AMPÉRAGE [ɑ̃peʀaʒ] n. m. – 1905 ◊ de *ampère* ▪ COUR. (Incorrect en sc.) Intensité de courant électrique.

AMPÈRE [ɑ̃pɛʀ] n. m. – 1865 ◊ de *Ampère,* nom d'un physicien ▪ MÉTROL. Unité SI de mesure de l'intensité de courant électrique (SYMB. A), qui correspond au flux d'une charge de un coulomb par seconde dans un conducteur. *Un fusible de 20 ampères.* — *Ampère par mètre* (SYMB. A/m) : unité de mesure d'intensité de champ magnétique.

AMPÈRE-HEURE [ɑ̃pɛʀœʀ] n. m. – 1886 ◊ de *ampère* et *heure* ▪ MÉTROL. Unité de mesure de quantité d'électricité, égale à la quantité d'électricité qui traverse en une heure un conducteur quand l'intensité du courant est de un ampère (SYMB. Ah). *L'ampère-heure vaut 3 600 coulombs. Capacité de 100 ampères-heure.*

AMPÈREMÈTRE [ɑ̃pɛʀmɛtʀ] n. m. – 1883 ◊ de *ampère* et *-mètre* ▪ Instrument destiné à mesurer l'intensité d'un courant électrique. ➤ **galvanomètre.**

AMPHÉTAMINE [ɑ̃fetamin] n. f. – v. 1945 ◊ probablt de l'anglais *amphetamine* 1938, de *a(lpha)-m(ethyl)-phe(ne)t(hyl)amine* ▪ Substance chimique employée comme excitant du système nerveux central et comme anorexigène. *Dérivés de l'amphétamine.* ➤ **benzédrine, ecstasy, MDMA, méthamphétamine.** *Dopage aux amphétamines.* — ABRÉV. FAM. **AMPHÉ** [ɑ̃fe], **AMPHÈTE** [ɑ̃fɛt]. *Il prend des amphés.* ➤ **speed.**

AMPHI ➤ **AMPHITHÉÂTRE**

AMPH(I)- ▪ Élément, du grec *amphi* «des deux côtés, en double» ou «autour».

AMPHIARTHROSE [ɑ̃fiaʀtʀoz] n. f. – 1690 ◊ de *amphi-,* sur le modèle de *diarthrose* ▪ ANAT. Symphyse.

AMPHIBIE [ɑ̃fibi] adj. et n. m. – 1553 ◊ du grec *amphibios,* de *amphi* «double» (→ amph[i]-) et *bioun* «vivre» (→ -bie) ▪ **1** BIOL. Capable de vivre à l'air ou dans l'eau, entièrement émergé ou immergé. *La grenouille est amphibie. Végétal amphibie,* dont le développement peut s'effectuer aussi bien au-dessus que sous la surface de l'eau. *La jussiée est amphibie.* — PAR EXT. Qui vit ordinairement à la surface de l'eau (ex. phoque), ou dans l'eau à l'état larvaire et hors de l'eau à l'état adulte (ex. crapaud). n. m. (1653) *Un amphibie.* ▪ **2** (1930) Conçu pour être utilisé sur terre ou dans l'eau. *Voiture, char amphibie. Avion amphibie :* bombardier d'eau. — MILIT. *Escadron amphibie. Opérations amphibies,* menées conjointement par les armées de terre et de mer (ex. débarquement).

AMPHIBIENS [ɑ̃fibjɛ̃] n. m. pl. – 1822 ♦ de *amphibie* ■ ZOOL. Classe d'animaux vertébrés tétrapodes amphibies dont la peau nue, molle, humide, est criblée de glandes à sécrétion visqueuse, dont la respiration est surtout cutanée, et qui subissent une métamorphose. ➤ **batracien ; anoure, apode, urodèles.** — Au sing. *La grenouille est un amphibien.*

1 **AMPHIBOLE** [ɑ̃fibɔl] n. f. – 1787 ♦ grec *amphibolos* « à double pointe » ■ GÉOL. Groupe de silicates à deux clivages faciles et parfaits. *Amphiboles alumineuses* (ex. hornblende), *non alumineuses* (ex. actinote). *Qui contient des amphiboles* (**AMPHIBOLIQUE** adj., 1822).

2 **AMPHIBOLE** [ɑ̃fibɔl] adj. – 1906 ♦ grec *amphibolos* « ambigu » ■ PATHOL. Incertain, qui n'a pas de caractères bien définis. *Stade amphibole (d'une fièvre),* qui présente des variations importantes de température.

AMPHIBOLOGIE [ɑ̃fibɔlɔʒi] n. f. – 1523 ♦ du latin *amphibologia*, de *amphibolia*, mot grec formé sur *amphi* « double » (→ amph[i]-) et *ballein* « lancer » ■ Double sens présenté par une proposition. ➤ **ambiguïté, équivoque.**

AMPHIBOLOGIQUE [ɑ̃fibɔlɔʒik] adj. – 1596 ♦ de *amphibologie* ■ Qui présente une amphibologie. ➤ **ambigu, équivoque.**

AMPHICTYON [ɑ̃fiktjɔ̃] n. m. – 1556 ♦ mot latin, du grec *amphiktuôn* ■ HIST. GR. Député à une amphictyonie.

AMPHICTYONIE [ɑ̃fiktjɔni] n. f. – 1762 ♦ grec *amphiktuonia* ■ HIST. GR. Association de cités grecques à caractère religieux, placée sous le patronage d'un dieu.

AMPHIGOURI [ɑ̃figuʀi] n. m. – 1738 ♦ origine inconnue ■ VX Écrit ou discours burlesque rempli de galimatias. ♦ LITTÉR. Production intellectuelle confuse et incompréhensible.

AMPHIGOURIQUE [ɑ̃figuʀik] adj. – 1748 ♦ de *amphigouri* ■ Qui tient de l'amphigouri. ➤ **alambiqué, embrouillé, incompréhensible.** *La plaidoirie amphigourique de Petit-Jean dans « Les Plaideurs ».* — Compliqué, obscur.

AMPHIMIXIE [ɑ̃fimiksi] n. f. – 1903 ♦ de *amphi-* et du grec *mixis* « mélange » ■ BOT. Fusion des deux gamètes mâle et femelle, provenant de thalles ou de rameaux de sexe différent. *L'amphimixie est une étape charnière dans les cycles d'alternance*.* — ZOOL. Fusion de noyaux mâle et femelle des gamètes.

AMPHINEURES [ɑ̃finœʀ] n. m. pl. – 1892 ♦ formé sur le grec *amphi* « double » (→ amph[i]-) et *neura* « nerf, corde » ■ ZOOL. Classe de mollusques primitifs, sans yeux ni tentacules.

AMPHIOXUS [ɑ̃fjɔksys] n. m. – 1845 ♦ de *amphi-* et du grec *oxus* « pointu » ■ ZOOL. Petit animal marin primitif ammophile, pourvu d'une notocorde*, à reproduction sexuée. ➤ **céphalocordés.**

AMPHISBÈNE [ɑ̃fisbɛn] n. m. – XIIe ♦ latin *amphisbaena*, grec *amphisbaina*, de *amphis* « des deux côtés » et *bainein* « aller » ■ **1** VX Serpent fabuleux à deux têtes. ■ **2** (1611) Reptile fouisseur *(lacertiliens)*, lézard apode capable de se déplacer dans les deux sens. *L'amphisbène blanc des sols sableux d'Amérique.*

AMPHITHÉÂTRE [ɑ̃fiteɑtʀ] n. m. – 1213 ♦ latin d'origine grecque *amphitheatrum* ■ **1** HIST. ROM. Vaste édifice circulaire à gradins étagés, occupé au centre par une arène, destiné d'abord et essentiellement aux combats de gladiateurs (plus tard, à divers spectacles, même à des naumachies). *L'amphithéâtre Flavien :* le Colisée. — PAR COMPAR. *S'élever en amphithéâtre, former un amphithéâtre :* s'étager sur une pente. ♦ (1927) GÉOL. *Amphithéâtre morainique :* suite de moraines terminales disposées en arc de cercle autour de l'extrémité d'une langue glaciaire. ■ **2** (1511) Étage supérieur d'un théâtre, où les spectateurs sont placés sur des gradins superposés. ➤ **poulailler.** ■ **3** (1751) Local garni de gradins, réservé aux cours et travaux pratiques d'anatomie et de chirurgie ; PAR EXT. (XIXe) Salle similaire où les professeurs d'université font les cours. ➤ RÉGION. **auditoire, aula.** — ABRÉV. FAM. (1829) **AMPHI.** *Le grand amphi.* ♦ Ensemble des étudiants d'un amphithéâtre. — Cours donné dans un amphithéâtre. *Suivre un amphi. Des amphis.*

AMPHITRYON, ONNE [ɑ̃fitʀijɔ̃, ɔn] n. – 1752 ♦ des vers de Molière *« Le véritable Amphitryon Est l'Amphitryon où l'on dîne »* dans la comédie de ce nom, du grec *Amphitruôn*, chef thébain ■ Hôte qui offre à dîner. *« Un amphitryon avait fait servir sur sa table un saucisson d'Arles de taille héroïque »* BRILLAT-SAVARIN. — LITTÉR. *« Les Amphitryonnes de cet incroyable souper »* BARBEY.

AMPHOLYTE [ɑ̃fɔlit] n. m. – 1920 ♦ grec *ampho* « tous les deux » et *lutos* « qui peut être libéré ou dissous » ■ CHIM. Substance protidique qui agit dans certains cas comme acide et dans d'autres comme base.

AMPHORE [ɑ̃fɔʀ] n. f. – 1518 ♦ latin d'origine grecque *amphora* ■ Vase antique à deux anses, pansu, à pied étroit. — Récipient moderne de même forme. ♦ PAR MÉTAPH. *« l'amphore admirablement évasée de son corps »* FRANCE.

AMPHOTÈRE [ɑ̃fɔtɛʀ] adj. – 1866 ♦ grec *amphoteros* « l'un et l'autre » ■ CHIM. Qui possède à la fois un caractère acide et un caractère basique. *L'alumine, les acides aminés sont des substances amphotères.*

AMPLE [ɑ̃pl] adj. – XIIe ♦ latin *amplus* ■ **1** Qui a de l'ampleur. ➤ **large.** *Manteau ample* (opposé à *cintré, ajusté*). ♦ D'une amplitude considérable. *Des mouvements amples. « Une oscillation ample et vague secouait la foule »* SARTRE. *Une voix ample.* ■ **2** FIG. Abondant, qui se développe largement. *Donnez-moi de plus amples renseignements. C'est un sujet, une matière très ample.* ➤ **vaste.** *Jusqu'à plus ample informé*.* ■ CONTR. Étroit, restreint.

AMPLECTIF, IVE [ɑ̃plɛktif, iv] adj. – 1838 ♦ du latin *amplecti* « entourer » ■ BOT. Qui enveloppe complètement (un autre organe).

AMPLEMENT [ɑ̃pləmɑ̃] adv. – XIIe ♦ de *ample* ■ Avec ampleur, d'une manière développée. ➤ **abondamment.** *Il m'a amplement exposé toute l'affaire.* ♦ En allant au-delà du nécessaire. *C'est amplement suffisant.* ➤ **largement** (cf. Bien assez). *Je l'ai amplement dédommagé.* ■ CONTR. Étroitement, peu.

AMPLEUR [ɑ̃plœʀ] n. f. – 1718 ♦ de *ample*. REM. Ce mot a remplacé *amplesse* utilisé du XIIIe s. au début du XVIe s. ■ **1** Largeur étendue au-delà du nécessaire, ou volume considérable. *Donner plus ou moins d'ampleur à une jupe. — L'ampleur de la voix.* ♦ Amplitude. *« l'ampleur lente de ses mouvements »* LOTI. ■ **2** Caractère de ce qui est abondant, a une grande extension ou importance. ➤ **abondance, développement.** *L'ampleur de ses connaissances. « L'ampleur croissante des échanges »* JAURÈS. *Le mouvement, la manifestation a pris de l'ampleur. Devant l'ampleur du désastre, des dégâts. Envisager une question dans toute son ampleur.* ■ CONTR. Étroitesse, petitesse.

AMPLI ➤ **AMPLIFICATEUR** (I, 2°)

AMPLIATIF, IVE [ɑ̃plijatif, iv] adj. – 1701 ♦ formé sur *ampliation* ■ DR. Qui développe et complète ce qui a été dit dans un acte précédent. *Mémoire ampliatif.* ♦ Constituant une ampliation. *Acte ampliatif.*

AMPLIATION [ɑ̃plijasjɔ̃] n. f. – 1638, au sens de « copie » ♦ du latin *ampliatio*, famille de *amplus* « large » → ample ■ **1** DR. VX Action de compléter, de développer (un acte, une requête). ■ **2** PAR EXT. (1638) Duplicata authentifié d'un acte notarié ou administratif. *Pour ampliation :* pour copie conforme (formule figurant au bas d'un acte ampliatif). ■ **3** (1863) PHYSIOL. Augmentation du volume de la cage thoracique lors de l'inspiration.

AMPLIFIANT, IANTE [ɑ̃plifjɑ̃, jɑ̃t] adj. – 1830, au sens de « grossissant » ♦ de *amplifier* ■ RARE Qui amplifie. *Induction amplifiante.*

AMPLIFICATEUR, TRICE [ɑ̃plifikatœʀ, tʀis] n. m. et adj. – 1898 ♦ du latin *amplificator*, famille de *amplus* → ample

I n. m. ■ **1** Type d'agrandisseur photographique. ■ **2** Appareil ou dispositif destiné à augmenter l'amplitude d'un phénomène (oscillations électriques en particulier) et qui fournit une puissance utile de sortie supérieure à la puissance d'entrée. *Un amplificateur audiofréquence*, radiofréquence*. Amplificateur opérationnel :* circuit intégré de très grand gain utilisé pour réaliser de nombreuses fonctions de l'électronique. *Amplificateur de lumière.* ➤ **laser.** ♦ SPÉCIALT Élément d'une chaîne acoustique qui précède les haut-parleurs. — ABRÉV. FAM. **AMPLI.** *L'ampli et le tuner d'une chaîne* (➤ 1 **booster**). *Des amplis.* ■ **3** GÉNÉT. Séquence d'ADN amplifiant fortement la transcription d'un ou plusieurs gènes situés en cis. ■ **4** FIG. *« Le regret est un amplificateur du désir »* PROUST.

II adj. RARE Qui réalise une amplification. *Circuit amplificateur.*

AMPLIFICATION [ɑ̃plifikasjɔ̃] n. f. – XIVe ♦ latin *amplificatio* ■ **1** VX Agrandissement, accroissement. ♦ (1801) OPT. Grossissement. — TECHN. Opération consistant à accroître une amplitude ou une puissance à l'aide d'un amplificateur ; valeur de cet accroissement exprimé comme le rapport entre la grandeur de sortie et celle d'entrée. *Amplification de rayonnement :* augmentation de la luminosité d'une image optique par luminescence* ou par effet photoélectrique*. ■ **2** BIOL. MOL. Production de copies supplémentaires d'une séquence d'acide nucléique trouvée sous forme d'ADN. *La PCR est une réaction d'amplification de fragments d'ADN en laboratoire.* ■ **3** (XVIe) STYL. Développement ou gradation par addition de détails ou d'images (notamment dans la description). PÉJ. Développement verbeux, exagération oratoire. ➤ **exagération.** ■ **4** Action de s'amplifier. *Amplification des mouvements sociaux.*

AMPLIFIER [ɑ̃plifje] **v. tr.** ‹7› – XVe ; *amplier* XIIIe ◇ latin *amplificare* ■ **1** Agrandir, augmenter les dimensions, l'intensité de (SPÉCIALT à l'aide d'amplificateurs). *Amplifier une image, un courant.* — PRONOM. Prendre plus d'amplitude, d'ampleur. *Le bruit s'amplifie.* FIG. *« la moindre pensée s'amplifie de tous les échos qu'elle éveille »* GIDE. ■ **2** (XVIIe) Développer par amplification (2°). PÉJ. Embellir, exagérer. ■ CONTR. Diminuer.

AMPLITUDE [ɑ̃plityd] **n. f.** – XVe ◇ latin *amplitudo* ■ **1** VX Grandeur, étendue. *« Dans l'amplitude et immensité de la nature »* PASCAL. ■ **2** (1784) SC. Différence entre les valeurs extrêmes d'une grandeur. *Amplitude d'un intervalle borné :* distance entre les bornes. *Amplitude d'une fonction périodique,* sa valeur maximale. *Amplitude d'un mouvement oscillatoire :* valeur maximale de l'élongation du corps oscillant autour de sa position d'équilibre. *Amplitude d'une onde, d'une vague.* ■ **3** Écart entre deux valeurs extrêmes de la température (jour, mois, année). *Amplitude diurne. Amplitude moyenne annuelle :* écart entre la moyenne du mois le plus chaud et celle du mois le plus froid, souvent utilisé pour définir les climats. ■ **4** PAR EXT. (en parlant d'un mouvement du corps). *L'amplitude d'un geste.* ◆ Importance, développement considérable (plus rare que *ampleur,* 2°). *L'amplitude des problèmes mondiaux.*

AMPOULE [ɑ̃pul] **n. f.** – XIIe ◇ latin *ampulla* ■ **1** Petite fiole à col long et à ventre renflé. *La sainte ampoule,* qui contenait l'huile consacrée servant à l'onction des rois de France. *Ampoules de laboratoire* (*ampoule à décanter,* etc.). ■ **2** Tube de verre effilé et fermé, destiné à la conservation d'une dose déterminée de médicament liquide ; son contenu. *Une ampoule buvable, injectable. Ampoule autocassable. Prendre une ampoule matin et soir.* ■ **3** Globe de verre vide d'air (ou rempli d'un gaz sous faible pression) contenant le filament des lampes à incandescence, les électrodes des tubes électroniques ou tout autre élément pouvant produire de la lumière. *Ampoule électrique. Ampoule globe, flamme. Ampoule au krypton, au xénon. Culot d'une ampoule. Ampoule à vis, à baïonnette. Ampoule LED. Ampoule fluocompacte. Ampoule (à) basse consommation. Changer une ampoule grillée.* ■ **4** (XIIIe) COUR. Cloque de la peau formée par une accumulation de sérosité, à la suite de frottement, d'échauffement, etc. ➤ 2 **bulle, phlyctène, vésicule.** *Avoir des ampoules aux mains, aux pieds.* ➤ RÉGION. 1 **cloche.** *« de grosses ampoules blanches se formaient au bout de ses doigts, [...] éclataient, il en sortait de l'eau, du sang »* ECHENOZ. ■ **5** (XIXe) SC. NAT. Nom donné à certaines vésicules ou vacuoles. — ANAT. Renflement de certains organes. *Ampoule rectale.*

AMPOULÉ, ÉE [ɑ̃pule] **adj.** – 1550, Ronsard ◇ de l'ancien verbe *ampouler* « faire avec emphase » (du XVIe au XVIIIe s.) du latin *ampullari,* famille de *ampulla* → ampoule ■ Emphatique, boursouflé, pompeux (style, expression). *« des friselis de paraphe ampoulé »* ECHENOZ. ■ CONTR. Simple.

AMPUTATION [ɑ̃pytasjɔ̃] **n. f.** – 1478 ◇ latin *amputatio* ■ **1** Opération chirurgicale consistant à couper un membre, un segment de membre, une partie saillante ; PAR EXT. VIEILLI Ablation d'un organe (cf. -ectomie, -tomie). ■ **2** Retranchement, perte importante. ➤ **mutilation.** *Ce serait une amputation de son capital.*

AMPUTÉ, ÉE [ɑ̃pyte] **adj. et n.** – 1834 n. ◇ de *amputer* ■ Qui a subi une amputation. ➤ **mutilé.** — **n.** *Un amputé du bras.*

AMPUTER [ɑ̃pyte] **v. tr.** ‹1› – XVe ◇ latin *amputare* « élaguer, tailler » ■ **1** Faire l'amputation de (un membre, etc.). *On lui a amputé la main gauche.* ➤ **couper, enlever.** — PAR EXT. *Amputer qqn,* lui enlever un membre. *Amputer un blessé. On l'a amputé de la jambe.* ■ **2** Couper, retrancher ; priver par suppression, retranchement. ➤ **diminuer, mutiler.** *La pièce a été amputée de plusieurs scènes. « J'étais amputé de l'éternel »* MALRAUX.

AMUÏR (S') [amɥiʀ] **v. pron.** ‹2› – fin XIXe ◇ repris de l'ancien français *amuir* « rendre muet » XIIe, famille du latin *mutus* « muet » ■ PHONÉT. Devenir muet, ne plus se prononcer.

AMUÏSSEMENT [amɥismɑ̃] **n. m.** – fin XIXe ◇ de *s'amuïr* ■ PHONÉT. Fait de s'amuïr. *L'amuïssement du* e, *du* s *en français.*

AMULETTE [amylɛt] **n. f.** – 1558 ◇ latin *amuletum,* de l'arabe *hamilat* ■ Petit objet qu'on porte sur soi dans l'idée superstitieuse qu'il préserve des maladies, dangers, maléfices, etc. ➤ **fétiche, grigri, mascotte, porte-bonheur, talisman.**

AMURE [amyʀ] **n. f.** – 1634 ◇ provençal *amura,* de *amurar* « fixer au mur, à la muraille du navire », famille du latin *murus* « mur » ■ MAR. ■ **1** VIEILLI Cordage servant à retenir une voile du côté d'où vient le vent. MOD. *Point d'amure :* le point de fixation d'une voile le plus bas et le plus au vent. ■ **2** PAR EXT. Côté d'où un bateau reçoit le vent. — **loc. adv.** *Bâbord amures, tribord amures :* en recevant le vent par bâbord, par tribord. *Changer d'amure(s).* ➤ **virer.**

AMURER [amyʀe] **v. tr.** ‹1› – 1552 ◇ de l'espagnol *amurar* → amure ■ Fixer (une voile) par son point d'amure. *Foc amuré sur un bout-dehors.*

AMUSANT, ANTE [amyzɑ̃, ɑ̃t] **adj.** – 1694 ◇ de *amuser* ■ Qui amuse, est propre à distraire, divertir. ➤ **comique, divertissant, drôle*, plaisant, réjouissant.** *Jeu amusant. « Les principes, toujours les principes. L'homme n'était pas amusant »* MICHELET. *Amusant à...* (et l'inf.). *Amusant à voir, à entendre.* ◆ PAR EXT. Curieux, bizarre. *« Tiens c'est amusant, je n'avais jamais fait attention »* PROUST. — SUBST. NEUTRE *« La majorité cherche dans les arts l'amusant et jamais le beau »* VIGNY. *L'amusant de l'affaire. L'amusant c'est que, c'est de...* ■ CONTR. Assommant, ennuyeux, rasoir, triste.

AMUSE-BOUCHE [amyzbuʃ] **n. m.** – 1955 ◇ de *amuser* et *bouche* ■ Au restaurant, Euphémisme pour *amuse-gueule.* ➤ **amuse-gueule.** *Des amuse-bouches.*

AMUSE-GUEULE [amyzgœl] **n. m.** – 1946 ◇ de *amuser* et *gueule* ■ Petit sandwich, biscuit salé, etc., servi avec l'apéritif, ou au cours d'une réception. *« patienter avec un verre de vin et des amuse-gueules »* M. NDIAYE. ◆ FIG. Préliminaire qui fait patienter. *La prime qui t'est proposée n'est qu'un amuse-gueule.*

AMUSEMENT [amyzmɑ̃] **n. m.** – 1500 ◇ de *amuser* ■ **1** VX Perte de temps ; manière d'amuser, de tromper. ➤ **diversion, leurre, tromperie.** *L'espérance « n'est qu'un amusement inutile »* BOSSUET. ■ **2** (XVIIe) Action de distraire, ou de se distraire agréablement. ➤ **délassement, divertissement, récréation.** *Faire qqch. par amusement. Pour l'amusement des foules.* ➤ RÉGION. **fun.**

AMUSER [amyze] **v. tr.** ‹1› – XIIe ◇ de *muser*

I ■ **1** VX Occuper en faisant perdre le temps. ◆ Tromper en donnant de faux espoirs. *« Les promesses trompeuses dont le faux prophète [...] amusait le peuple »* BOSSUET. ◆ MOD. Détourner l'attention de. ➤ **distraire.** *Tu amuseras le caissier pendant qu'on ouvrira le coffre.* LOC. *Amuser le tapis :* jouer petit jeu en attendant la partie sérieuse. PAR EXT. Donner le change. ■ **2** (XVIIe) Distraire agréablement, donner de l'agrément ; faire rire ou sourire. ➤ **délasser, divertir.** *« Ce jeu de ballon m'a [...] amusé comme un enfant »* GIDE. *« Cela l'amusait beaucoup, il était pris de fou rire »* LOTI. ➤ **égayer.** *Un rien l'amuse.* LOC. FAM. *Amuser la galerie :* faire rire l'assistance en concentrant l'attention sur soi. — **p. p. adj.** *Un sourire amusé,* qui exprime l'amusement. — (Dans une situation où l'on n'est pas d'accord) *Tu m'amuses* (cf. Laisse-moi rire !). *Si ça t'amuse :* si tu veux, si tu en as envie (cf. Si ça te chante).

II S'AMUSER v. pron. ■ **1** Perdre son temps à des riens. *L'étape est longue, il ne faudra pas s'amuser en route.* ➤ **baguenauder, batifoler, folâtrer.** ■ **2** Se distraire agréablement. ➤ se **divertir, jouer ;** RÉGION. **s'épivarder.** *Nous nous sommes amusés comme des fous.* ➤ FAM. **s'éclater, s'enjailler, triper.** *Il s'amuse avec nous. S'amuser d'un rien. On ne va pas s'amuser :* ce sera difficile. — *S'amuser à* (et nom ou inf.). *S'amuser à des bêtises. Il s'amusait à la taquiner* (cf. Prendre un malin plaisir* à). ■ **3** PÉJ. Mener une vie de plaisirs, faire la noce.

■ CONTR. Ennuyer.

AMUSETTE [amyzɛt] **n. f.** – 1653 ◇ de *amuser* ■ **1** VIEILLI Distraction sans importance, passe-temps qu'on ne prend pas au sérieux. ■ **2** (Belgique) FAM. Personne dissipée, qui s'amuse à des bagatelles.

AMUSEUR, EUSE [amyzœʀ, øz] **n.** – fin XVIIe ; «trompeur» 1545 ◊ de *amuser* ■ Personne qui amuse, distrait (une société, un public). *Un amuseur public.* ➤ **bateleur, bouffon, clown, comique ; animateur.**

AMUSIE [amyzi] **n. f.** – 1892 ◊ grec *amousia* «manque d'harmonie» ■ MÉD. Perte de la capacité de chanter, de jouer, ou de reconnaître une musique. — PAR EXT. Absence de sens musical.

AMYGDALE [amidal] **n. f.** – v. 1370 ◊ latin *amygdala* «amande» (→ amande), d'origine grecque ■ ANAT. Structure en forme d'amande. SPÉCIALT *Amygdale palatine :* chacun des deux organes lymphoïdes situés sur la paroi latérale du pharynx, entre les piliers du voile du palais. ABSOLT *Être opéré des amygdales.* ◆ *Amygdale pharyngienne :* amas de follicules clos occupant la région médiane de la voûte du pharynx, dont l'hypertrophie constitue les végétations* adénoïdes. ◆ *Amygdale cérébelleuse :* chacun des deux lobules situés sur la partie inférieure des hémisphères du cervelet. — *Amygdale cérébrale :* chacun des deux lobules situés dans la partie antérieure du lobe temporal et régissant les fonctions instinctives et affectives.

AMYGDALECTOMIE [amidalɛktɔmi] **n. f.** – 1927 ◊ de *amygdale* et *-ectomie* ■ Ablation chirurgicale des amygdales.

AMYGDALINE [amidalin] **n. f.** – 1834 ◊ du latin *amygdala* «amande» ■ BIOCHIM. Hétéroside* présent dans les amandes amères, utilisé comme agent de saveur.

AMYGDALITE [amidalit] **n. f.** – 1775 ◊ de *amygdale* et *-ite* ■ Inflammation des amygdales. ➤ **angine.**

AMYLACÉ, ÉE [amilase] **adj.** – 1776 ◊ du latin *amylum* → amidon ■ De la nature de l'amidon ; qui contient de l'amidon. *Les matières amylacées.*

AMYLASE [amilɑz] **n. f.** – 1875 ◊ du latin *amylum* et *-ase* ■ CHIM., BIOL. Enzyme provoquant l'hydrolyse de l'amidon en maltose, puis en glucose, que l'on rencontre dans la salive, le suc pancréatique, et dans divers micro-organismes et végétaux. ➤ **diastase.** *Amylase salivaire.* ➤ **ptyaline.**

AMYLE [amil] **n. m.** – 1840 ◊ latin *amylum,* du grec → amidon ■ CHIM. Radical hydrocarboné univalent C_5H_{11}. *Le nitrite d'amyle soulage les douleurs de l'angine de poitrine.*

AMYLÈNE [amilɛn] **n. m.** – 1844 ◊ du latin *amylum* et *-ène* ■ CHIM. Hydrocarbure isomérique de formule C_5H_{10}, obtenu par déshydratation des alcools amyliques correspondants.

AMYLIQUE [amilik] **adj.** – 1855 ◊ de *amyle* ■ CHIM. *Alcool amylique :* tout alcool de formule $C_5H_{11}OH$.

AMYLOBACTER [amilobaktɛʀ] **n. m.** – 1885 ◊ du latin *amylum* et du radical de *bactérie* ■ BACTÉRIOL. Bactérie anaérobie, agent de la fermentation butyrique.

AMYLOPLASTE [amiloplast] **n. m.** – 1887 ◊ du latin *amylum* «amidon» et *plaste* ■ BIOL. CELL. Plaste spécialisé dans le stockage des réserves glucidiques dans les cellules végétales. *Les amyloplastes des tubercules.*

AMYLOSE [amiloz] **n. f.** – 1906 ◊ du latin *amylum* «amidon» (→ amidon) et 1-*ose* ■ MÉD. Dépôt pathologique de protéines dégradées dans certains organes ou dans le derme. *Amylose rénale.* — REM. On dit aussi *amyloïdose.*

AMYOTROPHIE [amjɔtʀɔfi] **n. f.** – 1865 ◊ de 2*a-*, *myo-* et *-trophie* ■ PATHOL. Atrophie musculaire. *Amyotrophie spinale infantile.* — **adj. AMYOTROPHIQUE,** 1898. *Sclérose* latérale amyotrophique.*

AN [ɑ̃] **n. m.** – v. 1050 «mesure du temps, année» ◊ latin *annus* ■ **1** Durée conventionnelle, voisine de celle d'une révolution de la Terre autour du Soleil. — Cet espace de temps utilisé pour mesurer la durée ou l'âge. ➤ **année.** *Vingt ans après. Il gagne tant par an.* ➤ **annuellement.** *Elle a quarante ans :* elle est âgée de quarante ans. ➤ FAM. **balai,** 2**berge,** 3**pige.** *Attendre cent* sept ans.* — POÉT. *Les ans :* le temps qui passe pour l'être humain. VX *Être chargé d'ans,* très âgé. — LOC. *Bon an, mal an :* en faisant la moyenne entre les bonnes et les mauvaises années. ■ **2** Année en tant que point du temps. *L'an dernier, l'an prochain. Le jour, le premier de l'An, le Nouvel An :* le premier janvier. *Le Nouvel An chinois :* le premier jour du calendrier chinois, qui se situe en janvier ou en février. *L'an 250 avant Jésus-Christ. L'an 1000. En l'an de grâce*... L'an II du calendrier républicain.* «*Ô soldats de l'an deux*» HUGO. *Je m'en moque comme de l'an quarante*.* ■ **HOM.** En, han.

AN- ➤ 2**A-**

ANA [ana] **n. m.** – XVIIe ◊ de la terminaison du titre latin de recueils : *Scaligeriana, Menagiana,* plur. neutre d'adj. en *-anus* ■ Recueil de pensées, de bons mots d'un auteur, d'une personnalité, d'anecdotes relatives à sa vie, etc. *Des anas* ou *des ana* (plur. lat.).

ANA- ■ Élément emprunté au grec, signifiant «de bas en haut, en remontant» *(anaglyphe),* «en arrière» *(anachorète),* «à rebours», «en sens contraire» *(anaphylaxie),* ou «de nouveau» *(anabaptiste).*

ANABAPTISTE [anabatist] **n. et adj.** – 1525 ◊ du grec ecclésiastique *anabaptizein* «baptiser à nouveau» ■ Membre d'un des mouvements religieux issus de la Réforme qui n'admettent pas le baptême des enfants et procèdent à un second baptême de leurs adeptes à l'âge de raison. ➤ **mennonite.** — **adj.** *Doctrine anabaptiste* (**ANABAPTISME n. m.,** 1564).

ANABIOSE [anabjoz] **n. f.** – 1890 ◊ allemand *Anabiose,* adaptation du grec *anabiôsis* «résurrection» ■ BIOL. Reprise d'une vie active après une phase de dormance prolongée due à des conditions environnementales défavorables. *Anabiose d'une cellule, d'un organe, d'un végétal* (➤ **anhydrobiose**).

ANABOLISANT, ANTE [anabɔlizɑ̃, ɑ̃t] **n. m. et adj.** – 1969 ◊ de *anabolisme* ■ MÉD. Substance stimulant l'anabolisme, et entraînant notamment un accroissement du système musculaire. *Un athlète qui prend des anabolisants.* — **adj.** *Substances anabolisantes. Stéroïdes anabolisants.*

ANABOLISÉ, ÉE [anabɔlize] **adj.** – XXe ◊ de *anabolisme* ■ Sous l'effet de substances à action anabolisante. *Athlètes anabolisés.* — *Veaux anabolisés* (pour stimuler la croissance).

ANABOLISME [anabɔlism] **n. m.** – 1898 ◊ grec *anabolê* «ascension», de *bolos* «jet» ■ PHYSIOL. Phase du métabolisme comprenant les phénomènes de biosynthèse. *Anabolisme et catabolisme.* — **adj. ANABOLIQUE,** 1905.

ANABOLITE [anabɔlit] **n. m.** – 1970 ◊ de *anabolisme* ■ PHYSIOL. Substance produite lors de l'anabolisme*. ➤ aussi **catabolite.**

ANACARDIER [anakaʀdje] **n. m.** – 1768 ◊ de *anacarde* «anacardier» et «fruit de cet arbre», du latin médiéval *anacardus,* de *anacardium,* altération du grec *onakardion,* mot à mot «cœur *(kardion)* d'âne *(onos)*» ■ BOT. Arbre tropical *(anacardiacées),* aussi appelé *acajou à pommes,* donnant la noix de cajou* comestible.

ANACHORÈTE [anakɔʀɛt] **n. m.** – fin XVIe, Ronsard ◊ du latin ecclésiastique *anachoreta,* du grec *anakhôrêtês,* mot à mot «qui se retire». REM. La forme ancienne *anac(h)orite,* utilisée de la fin XIIe s. au XVIe s., reflétait la prononciation byzantine du mot grec. ■ Religieux contemplatif qui se retire dans la solitude (opposé à *cénobite*). *Les anachorètes de la Thébaïde.* ➤ **ermite.** PAR COMPAR. *Mener une vie d'anachorète :* vivre en solitaire.

ANACHORÉTIQUE [anakɔʀetik] **adj.** – 1845 ◊ latin ecclésiastique *anachoreticus,* d'origine grecque ■ Propre aux anachorètes (opposé à *cénobitique*). ➤ **érémitique.** *La vie anachorétique* (**ANACHORÉTISME n. m.**).

ANACHRONIQUE [anakʀɔnik] **adj.** – 1866 ◊ de *anachronisme* ■ **1** Entaché d'anachronisme. ■ **2** PAR EXT. Qui est déplacé à son époque, qui est d'un autre âge. ➤ **désuet, obsolète, périmé.** «*j'avais le romantisme indécrottable, anachronique et, pourquoi pas, réactionnaire*» FALLET.

ANACHRONISME [anakʀɔnism] **n. m.** – 1625 ◊ de *ana-* et du grec *khronos* «temps» ■ **1** Confusion de dates, attribution à une époque de ce qui appartient à une autre. ➤ **parachronisme.** *Anachronismes dans le décor et les costumes de théâtre.* ■ **2** PAR EXT. Caractère de ce qui est anachronique, périmé ; chose, usage, imitation anachronique. ➤ **survivance.**

ANACLITIQUE [anaklitik] **adj.** – 1953 ◊ grec *anaklinein* «replier sur soi-même» ■ PSYCHOPATH. *Dépression anaclitique :* arrêt de développement survenant pendant la première année de la vie chez l'enfant brusquement séparé de sa mère.

ANACOLUTHE [anakɔlyt] **n. f.** – 1751 ◊ bas latin des grammairiens d'origine grecque *anacoluthon* «absence de suite» ■ Rupture ou discontinuité dans la construction d'une phrase (ex. «Et pleurés du vieillard, il grava sur leur marbre» [La Fontaine] ;tantôt il est content, ou alors il pleure).

ANACONDA [anakɔ̃da] **n. m.** – *anacondo* 1845 ◊ origine inconnue ; désigne en anglais, au XVIIe, un serpent de Ceylan ■ Grand boa constricteur *(squamés)* d'Amérique du Sud. ➤ **eunecte.**

ANAPHYLACTIQUE [anafilaktik] adj. – 1902 ◊ de *anaphylaxie,* d'après *prophylactique* ■ Relatif, propre à l'anaphylaxie. *État anaphylactique* : état de sensibilisation permettant *le choc anaphylactique.*

ANAPHYLAXIE [anafilaksi] n. f. – 1902 ◊ de *ana-* et du grec *phulaxis* «protection» ■ MÉD. Réaction aiguë ou suraiguë de l'organisme consécutive à la présence d'une substance étrangère après que celle-ci y a été introduite. ➤ **allergie.**

ANAPLASTIE [anaplasti] n. f. – 1845 ◊ formé sur le grec *anaplassein,* de *ana* «de nouveau» (→ ana-) et *plassein* «modeler» (→ plaste, plastie, plastic, plastique) ■ CHIR. Réparation d'une partie mutilée, le plus souvent par autogreffe. ➤ **autoplastie.**

ANAR ➤ **ANARCHISTE**

ANARCHIE [anaʀʃi] n. f. – XIVe ◊ grec *anarkhia* «absence de chef» ■ **1** POLIT. Désordre résultant d'une absence ou d'une carence d'autorité. *Un pays en proie à l'anarchie. «l'anarchie déchaîne les masses»* CHATEAUBRIAND. ◆ PAR EXT. Confusion due à l'absence de règles ou d'ordres précis. *C'est l'anarchie dans ce collège.* ➤ FAM. **bordel.** ■ **2** (1840) Anarchisme. ■ CONTR. Despotisme, ordre.

ANARCHIQUE [anaʀʃik] adj. – 1594 ◊ de *anarchie* ■ Caractérisé par l'anarchie, le désordre. *Gouvernement anarchique. Un développement anarchique, incontrôlé. «la cellule cancéreuse est une cellule anarchique»* J. BERNARD. ◆ Propre à l'anarchisme. ■ CONTR. Despotique, organisé.

ANARCHIQUEMENT [anaʀʃikmɑ̃] adv. – 1843 ◊ de *anarchique* ■ D'une façon anarchique, désordonnée. *Ville qui s'est développée anarchiquement.*

ANARCHISANT, ANTE [anaʀʃizɑ̃, ɑ̃t] adj. – 1925 ◊ de *anarchie* ■ Qui tend à l'anarchisme, a des sympathies pour l'anarchisme.

ANARCHISME [anaʀʃism] n. m. – 1834 ◊ de *anarchiste* ■ **1** Conception politique qui tend à supprimer l'État, à éliminer de la société tout pouvoir disposant d'un droit de contrainte sur l'individu. *L'anarchisme de Proudhon, de Bakounine.* ■ **2** Refus de toute autorité, de toute règle (cf. Il est interdit d'interdire*).

ANARCHISTE [anaʀʃist] n. et adj. – 1791 ◊ de *anarchie* ■ Partisan de l'anarchisme ; membre d'un parti se réclamant de cette doctrine. ➤ **libertaire.** *Les attentats des anarchistes en 1892-1894. «Le Christ ? C'est un anarchiste qui a réussi. C'est le seul»* MALRAUX. ABRÉV. FAM. (1901) **ANAR.** *Des anars.* — adj. *Parti anarchiste.* FAM. *Des attentats anars.* ◆ PAR EXT. Personne qui rejette toute autorité, toute règle.

ANARCHOSYNDICALISME [anaʀkosɛ̃dikalism] n. m. – fin XIXe ◊ du radical de *anarchisme* et de *syndicalisme* ■ HIST. Syndicalisme révolutionnaire et antiétatiste, né de l'entrée massive des anarchistes dans le mouvement syndical. — adj. et n. **ANARCHOSYNDICALISTE.**

ANARTHRIE [anaʀtʀi] n. f. – 1897 ◊ mot créé en allemand (1867, Leyden) sur le grec *anarthria* «non-articulation», famille de *arthron* «articulation» (→ arthr(o)-) ■ PATHOL. Trouble de l'articulation des sons, par lésion des centres moteurs du langage au niveau du cortex cérébral. ➤ **dysarthrie ; aphasie.**

ANASARQUE [anazaʀk] n. f. – 1636 ◊ du grec *ana sarka* «hydropisie», de *ana* «en remontant» (→ ana-) et *sarx, sarkos* «chair» (→ sarco-, sarcome, sarcophage) ■ Hydropisie du tissu cellulaire provoquant un œdème généralisé.

ANASTATIQUE [anastatik] adj. – 1845 ◊ grec *anastasis* «résurrection» ■ IMPRIM. Qui reproduit un texte imprimé par un procédé chimique. *Reproduction anastatique* : réimpression d'un ouvrage ancien sans recomposition (➤ **reprint**).

ANASTIGMAT [anastigmat] adj. m. – 1897 ◊ de 2 *a-* et *astigmatisme* ■ OPT. Se dit d'un objectif dépourvu d'astigmatisme. — On dit aussi **ANASTIGMATIQUE.**

ANASTOMOSE [anastɔmoz] n. f. – XVIe ◊ grec *anastomôsis* «embouchure» ■ ANAT., BOT. Communication entre deux organes, deux vaisseaux, deux conduits de même nature ou deux nerfs. ◆ CHIR. Abouchement de deux conduits organiques.

ANASTOMOSER [anastɔmoze] v. tr. ‹1› – *s'anastomoser* 1717 ◊ de *anastomose* ■ Réunir par anastomose. ➤ **aboucher.** — PRONOM. Former une anastomose.

ANATHÉMATISER [anatematize] v. tr. ‹1› – XIVe ◊ latin ecclésiastique *anathematizare,* d'origine grecque ■ Frapper d'anathème. ➤ **excommunier.** ◆ FIG. Condamner avec force, maudire. — On dit aussi **ANATHÉMISER.**

ANATHÈME [anatɛm] n. – XIIe ◊ latin ecclésiastique *anathema,* mot grec ■ **1** n. m. Excommunication majeure prononcée contre les hérétiques ou les ennemis de la foi catholique. *Frapper qqn d'anathème. Prononcer l'anathème contre qqn. Lever un anathème.* ◆ FIG. Condamnation totale. *Jeter, lancer l'anathème sur qqn, une science.* ■ **2** Personne frappée de cette excommunication. *Un, une anathème.*

ANATIFE [anatif] n. m. – 1808 ◊ abrév. de *anatifère* adj. (XVIIe), du latin *anas, anatis* «canard» et *-fère,* d'après la légende populaire selon laquelle les canards sauvages déposeraient leurs œufs dans ce coquillage ■ Crustacé qui se fixe aux objets flottant en mer. *Les anatifes et les balanes constituent la sous-classe des cirripèdes.*

ANATOMIE [anatɔmi] n. f. – 1314 ◊ du latin *anatomia* «dissection», d'origine grecque ■ **1** Étude scientifique, par la dissection ou d'autres méthodes (imagerie, endoscopie, etc.), de la structure et de la forme des êtres organisés ainsi que des rapports entre leurs différents organes. ➤ **morphologie.** *Anatomie humaine, animale, végétale, comparée. Anatomie descriptive.* ➤ **angiologie, myologie, neurologie, ostéologie, splanchnologie.** *Anatomie macroscopique, microscopique* (➤ **histologie**). *Anatomie pathologique* : étude des altérations des organes et des tissus. (1865) *Anatomie artistique* : étude des formes extérieures en vue de la représentation par l'art. ◆ PAR EXT. Structure de l'organisme ainsi étudié. *Caractères généraux de l'anatomie d'un crustacé.* — Les formes extérieures (étudiées par l'anatomie artistique). *Une belle anatomie.* FAM. *Dévoiler son anatomie* : se déshabiller devant témoin. ■ **2** (1532, Rabelais) Dissection. *Pièce d'anatomie. Amphithéâtre d'anatomie. Aide d'anatomie.* ➤ **adjuvat.** ◆ PAR EXT. (1611) Corps (ou partie du corps) disséqué et préparé en vue de sa conservation ; imitation d'un corps disséqué. *Des «anatomies en cire colorée»* VOLTAIRE.

ANATOMIQUE [anatɔmik] adj. – 1546 ◊ bas latin *anatomicus,* d'origine grecque ■ Relatif à l'anatomie. *Caractères anatomiques des insectes. Planche anatomique du cœur.* — Adapté à l'anatomie. *Des chaussures de ski anatomiques.*

ANATOMIQUEMENT [anatɔmikmɑ̃] adv. – 1651 ◊ de *anatomique* ■ De manière anatomique ; du point de vue de l'anatomie.

ANATOMISTE [anatɔmist] n. – 1503 ◊ de *anatomie* ■ Spécialiste de l'anatomie. ◆ FIG. VX Analyste minutieux.

ANATOMO- ■ Élément, de *anatomie,* servant à former des mots savants de médecine.

ANATOMOPATHOLOGIE [anatɔmopatɔlɔʒi] n. f. – 1865 ◊ de *anatomo-* et *pathologie* ■ DIDACT. Science qui a pour objet l'étude macroscopique et microscopique de lésions anatomiques. — n. (1833) **ANATOMOPATHOLOGISTE.**

ANATOXINE [anatɔksin] n. f. – 1923 ◊ de *ana-* et *toxine* ■ BIOCHIM., BACTÉRIOL. Toxine bactérienne soumise à un traitement par le formol qui lui fait perdre ses propriétés toxiques tout en lui conservant ses propriétés immunisantes. *Anatoxine diphtérique.*

ANAVENIN [anavənɛ̃] n. m. – 1970 ◊ de *ana-* et *venin* ■ MÉD. Vaccin contre le venin de serpent.

ANCESTRAL, ALE, AUX [ɑ̃sɛstʀal, o] adj. – 1853 ◊ de *ancestre, ancêtre* ■ **1** Qui a appartenu aux ancêtres, qu'on tient des ancêtres. *Mœurs, croyances ancestrales.* PAR EXT. Qui remonte très loin dans le temps. ➤ **immémorial.** ■ **2** BIOL. *Gène ancestral,* dont dérive une famille de gènes actuelle.

ANCÊTRE [ɑ̃sɛtʀ] n. – *ancestre* XIIe ◊ latin *antecessor* ■ **1** Personne qui est à l'origine d'une famille, dont on descend. ➤ **aïeul.** *«la gens adorait en commun un ancêtre»* FUSTEL DE COULANGES. *Les ancêtres* : les ascendants au-delà du grand-père. *J'interroge «les mânes de mes ancêtres»* DUHAMEL. ■ **2** Se dit d'une espèce dont une autre provient. *Le mammouth est l'ancêtre de l'éléphant. Ancêtre commun* : ascendant réel ou hypothétique, portant des caractères partagés par des groupes d'individus actuels différents. — (CHOSES) *La draisienne est l'ancêtre de la bicyclette.* ■ **3** Initiateur lointain, devancier. ➤ **précurseur.** *Considérer Lautréamont comme un ancêtre du surréalisme.* ■ **4** AU PLUR. Les personnes qui ont vécu avant nous, les individus des siècles passés. *Nos ancêtres les Gaulois.* ■ **5** FAM. Vieillard.

ANCHE [ɑ̃ʃ] n. f. – XVIe ; «goulot» 1413 ◊ mot dialectal de l'Ouest, du germanique *°ankja* ■ Languette mobile dont les vibrations produisent le son dans les instruments dits *à anche* (clarinette, saxophone, etc.) ou les tuyaux d'orgue. ■ HOM. Hanche.

ANCHOÏADE [ɑ̃ʃɔjad] **n. f.** – 1886 ◊ du provençal *anchouiado* ■ Sauce à base d'huile et d'anchois pilés.

ANCHOIS [ɑ̃ʃwa] **n. m.** – 1546 ◊ de l'ancien provençal *anchoia*, du grec *aphuê*, par le latin populaire *apyia* ■ Petit poisson de mer *(clupéiformes)*, commun en Méditerranée, qu'on consomme surtout mariné et salé. *Filets d'anchois à l'huile. Beurre d'anchois* : beurre mêlé de filets d'anchois écrasés. — PAR EXT. *Anchois de Norvège* : sprat.

ANCIEN, IENNE [ɑ̃sjɛ̃, jɛn] **adj.** – XIe ◊ latin tardif *anteanus* (VIIIe), de *ante* «avant» ■ **1** Qui existe depuis longtemps, qui date d'une époque bien antérieure. ➤ **antique, vieux.** *Une coutume très ancienne.* ➤ **séculaire.** *L'Ancien et le Nouveau Testament.* — **Au compar.** *Cette partie de l'église est plus ancienne que le reste,* remonte à une époque antérieure. ◆ SPÉCIALT **(après le nom)** Qui a été fabriqué autrefois et en tire sa valeur. *Acheter un meuble ancien* (➤ **antiquaire, brocanteur**). *Livres anciens, reliures anciennes.* PAR EXT. *Librairie ancienne,* où l'on vend des livres anciens. SUBST. *Aimer l'ancien,* les meubles, les objets d'art anciens. — **loc. adv.** *À l'ancienne* : à la manière d'autrefois. *Blanquette de veau à l'ancienne.* ■ **2 (Devant le nom)** Qui est caractéristique du passé et n'existe plus. ➤ **archaïque, désuet.** *Un ancien modèle. L'ancien franc** (➤ **centime**). *Un million ancien* : dix mille francs. *L'Ancien Régime. L'ancien temps.* ➤ **révolu.** — Qui a été autrefois tel et ne l'est plus. ➤ 2 **ex-.** *Un ancien ministre. L'association des anciens élèves d'une école. Une ancienne maîtresse* (FAM. *une ancienne, une ex*). *Un ancien amant* [œ̃nɑ̃sjɛnamɑ̃]. *Les anciens combattants.* **n.** «*ces gueuletons avec les anciens d'Afrique du Nord, les méchouis, la nostalgie de quelque chose perdu là-bas*» L. MAUVIGNIER. ■ **3** Qui a existé il y a longtemps. ➤ **antique,** 3 **passé.** «*Et ceci se passait dans des temps très anciens*» HUGO. ➤ **immémorial, reculé.** *Les peuples anciens,* de l'Antiquité. PAR EXT. *L'histoire ancienne,* l'histoire de ces peuples. — LOC. FAM. *C'est de l'histoire ancienne* : c'est du passé. ◆ SUBST. *Les Anciens* : les peuples et les écrivains de l'Antiquité. SPÉCIALT *La querelle des Anciens et des Modernes* : célèbre querelle littéraire du XVIIe et du XVIIIe siècle. ■ **4** Qui a un certain âge ou de l'ancienneté. *Il est plus ancien que moi dans le métier. Pline l'Ancien et Pline le Jeune.* SUBST. *Il est mon ancien* (➤ **aîné, doyen**). *Les anciens du village, d'un parti. Demander conseil aux anciens. Le Conseil des Anciens* (an III) : le Sénat. ■ CONTR. Jeune, nouveau, récent ; actuel, moderne.

ANCIENNEMENT [ɑ̃sjɛnmɑ̃] **adv.** – XIIe ◊ de *ancien* ■ Dans les temps anciens, autrefois. *Le mot* salle *désignait anciennement une grande pièce de réception.* ■ CONTR. Récemment.

ANCIENNETÉ [ɑ̃sjɛnte] **n. f.** – XIIe ◊ de *ancien* ■ **1** Caractère de ce qui existe depuis longtemps. ➤ **antiquité.** *Discuter de l'ancienneté d'un titre nobiliaire.* «*La ferme avait* [...] *un caractère d'ancienneté*» FLAUBERT. — LOC. *De toute ancienneté* : depuis un temps immémorial. ■ **2** Temps passé dans une fonction ou un grade, à compter de la date de la nomination. *Avoir dix ans d'ancienneté. Prime d'ancienneté. Avancement à l'ancienneté ou au choix.* ■ CONTR. Nouveauté.

ANCILLAIRE [ɑ̃silɛʀ] **adj.** – 1855 ; «qui a rapport aux servantes» 1803 ◊ latin *ancillaris,* de *ancilla* «servante» ■ PLAISANT Se dit de liaisons avec des servantes. *Des amours ancillaires.*

ANCOLIE [ɑ̃kɔli] **n. f.** – 1325 ◊ du latin *aquileia,* d'origine obscure, p.-ê. de *aquila* «aigle» ou de *aquilegia* «qui recueille l'eau», comme l'allemand *Akelei* (XIIe, *acoleia*) ■ Plante herbacée *(renonculacées),* dont certaines espèces, ornementales, possèdent des fleurs bleues, blanches ou roses aux pétales terminés en éperon recourbé.

ANCRAGE [ɑ̃kʀaʒ] **n. m.** – XVe ◊ de *ancrer* ■ **1** MAR. VX Mouillage. — MOD. Dispositif de mouillage à poste fixe. *L'ancrage d'une bouée, d'une balise.* Lieu où un navire est ancré. ■ **2** (fin XIXe) Action, manière d'ancrer, d'attacher à un point fixe. ➤ **blocage, fixation.** *Ancrage des câbles d'un pont suspendu* (dans un *massif d'ancrage*). ◆ FIG. (v. 1967) Implantation. *L'ancrage d'un parti dans la société politique d'un pays.* ➤ **enracinement.** — *Point d'ancrage* : lieu (abstrait) de fixation. PSYCHOL. *Phénomène, effet d'ancrage.* ■ HOM. Encrage.

ANCRE [ɑ̃kʀ] **n. f.** – XIIe ◊ latin *ancora* ■ **1** Lourd instrument d'acier qui, en se fixant sur le fond, immobilise le navire auquel il est relié par une ligne de mouillage. «*Les matelots mouillaient une nouvelle ancre*» MAUROIS. *Navire qui chasse* sur son ancre.* ◆ LOC. *Jeter l'ancre* : mouiller. FIG. S'installer, se fixer. — *Lever l'ancre* : appareiller. FIG. et FAM. S'en aller (cf. Mettre les voiles* ; lever le camp*). ◆ *Ancre à jas** : ancre classique. *Ancre flottante,* qui maintient, par gros temps, le navire face au vent et aux vagues. *Ancre de miséricorde* (ou *de salut*) : l'ancre la plus forte du navire. FIG. VX Dernière ressource. ■ **2** Motif décoratif qui figure une ancre à jas. *Une ancre marine. Une casquette ornée d'une ancre.* ■ **3** PAR ANAL. (1561) Barre de fer, en forme de T, de X, etc., destinée à empêcher l'écartement d'un mur, à s'opposer à la poussée d'une voûte. ◆ (1720) Pièce oscillante, en forme d'ancre, qui règle l'échappement* (dit *à ancre*) d'une horloge. ■ HOM. Encre.

ANCRER [ɑ̃kʀe] **v. tr.** ⟨1⟩ – XIIe ◊ de *ancre* ■ **1** Retenir (un navire) en jetant l'ancre. — PRONOM. Mouiller. ■ **2** (XVe) ABSTRAIT Fixer solidement. ➤ **enraciner, implanter.** «*La vanité est si ancrée dans le cœur de l'homme*» PASCAL. *Mot bien ancré dans l'usage.* — PRONOM. «*laisser s'ancrer dans l'opinion l'idée qu'une guerre nous menace*» MARTIN DU GARD. ■ **3** (fin XVIIIe) TECHN. Fixer avec une ancre, par un procédé d'ancrage. *Ancrer un câble.* ■ CONTR. 1 Détacher. ■ HOM. Encrer.

ANDAIN [ɑ̃dɛ̃] **n. m.** – fin XVIe ◊ de l'ancien français *andain* «enjambée, pas» (de fin XIIIe à 1660) puis «chemin que trace le faucheur» (depuis 1636), du latin médiéval *andainus* (fin IXe), dérivé populaire de *ambitus* «circuit, pourtour» (→ ambitus), famille de *ambire* «entourer» (→ ambiant) ■ Ligne de foin séché, que l'on forme après le fanage* et avant le ramassage (opération de l'*andainage* faite par un *andaineur* rotatif). ■ HOM. Andin.

ANDALOU, OUSE [ɑ̃dalu, uz] **adj.** et **n.** – 1701 ◊ de *Andalousie* ■ D'Andalousie. *Musique andalouse* : legs de la musique arabe d'Espagne jouée au Maghreb ; ABUSIVEMENT flamenco. ◆ **n.** *Les Andalous.*

ANDANTE [ɑ̃dɑ̃t ; andante] **adv.** et **n. m.** – 1710 ◊ mot italien «allant», de *andare* «aller» ■ **adv.** MUS. De manière modérée, assez lentement (indication de mouvement, intermédiaire entre l'adagio et l'allégro). ◆ **n. m.** Morceau exécuté dans ce tempo. *Des andantes.*

ANDANTINO [ɑ̃dɑ̃tino ; andantino] **adv.** et **n. m.** – 1751 ◊ diminutif de *andante* ■ **adv.** MUS. De manière modérée, un peu plus animée que *andante* (indication de mouvement). ◆ **n. m.** Morceau exécuté dans ce tempo. *Des andantinos.*

ANDÉSITE [ɑ̃dezit] **n. f.** – 1866 ◊ d'abord en allemand, pour désigner une lave des *Andes* ■ MINÉR. Roche volcanique contenant de 53 à 62% de silice, caractéristique des zones de subduction. *Andésite vitreuse* (de couleur sombre), *cristallisée* (de couleur claire, présentant des cristaux de plagioclase avec un peu de pyroxène ou d'amphibole).

ANDIN, INE [ɑ̃dɛ̃, in] **adj.** et **n.** – 1838 ◊ de *Andes* ■ Des Andes. *Les plateaux andins.* ◆ **n.** *Les Andins.* ■ HOM. Andain.

ANDOUILLE [ɑ̃duj] **n. f.** – XIIe ◊ latin populaire °*inductile,* de *inducere* «introduire» ■ **1** Charcuterie à base de boyaux de porc ou de veau, coupés en lanières et enserrés dans une partie du gros intestin, qui se mange froide. *Andouille de Vire, de Guéméné.* — FAM. (VIEILLI) *Un grand dépendeur* d'andouilles.* ■ **2** (1866) FAM. Niais, imbécile. *Quelle andouille, ce type ! Faire l'andouille* : faire l'imbécile ou simuler la naïveté.

ANDOUILLER [ɑ̃duje] **n. m.** – XIVe ◊ altération de *antoillier,* probablt latin populaire °*ant(e)oculare* «qui est devant les yeux» ■ Ramification du merrain des bois des cervidés (permettant de déterminer l'âge de l'animal). ➤ 1 **cor.**

ANDOUILLETTE [ɑ̃dujɛt] **n. f.** – 1680 ◊ de *andouille* ■ Petite andouille qui se mange chaude. *Andouillette de Troyes.*

-ANDRE, -ANDRIE ■ Groupes suffixaux, du grec *-andros, -andria,* de *anêr.* ➤ **andro-.**

ANDRÈNE [ɑ̃dʀɛn] **n. m.** – 1809 ◊ latin des zoologistes *andrena,* du grec *anthrênê* «frelon» ■ Abeille solitaire, qui creuse son nid dans la terre.

ANDRO- ■ Élément, du grec *anêr, andros* «homme, mâle». ➤ **-andre, -andrie.**

ANDROCÉE [ɑ̃dʀɔse] **n. m.** – 1834 ◊ de *andro-,* d'après *gynécée* ■ BOT. Ensemble des pièces fertiles mâles de la fleur. ➤ 2 **étamine.**

ANDROCÉPHALE [ɑ̃dʀosefal] **adj.** – 1889 ◊ de *andro-* et *-céphale* ■ À tête d'homme. *Taureau androcéphale.*

ANDROGÈNE [ɑ̃dʀɔʒɛn] **adj.** et **n. m.** – 1945 ◊ de *andro-* et *-gène* ■ BIOL. Qui provoque l'apparition des caractères sexuels masculins. *Hormones androgènes.* ➤ **mâle.** *Relatif aux hormones androgènes* (**adj. ANDROGÉNIQUE**). — **n. m.** Substance hormonale mâle.

ANDROGENÈSE [ɑ̃dʀoʒənɛz] **n. f.** – 1936 ◇ de *andro-* et *-genèse* ▪ BIOL. ▪ **1** Développement d'un gamète mâle sans fécondation. ➤ aussi **parthénogenèse.** ▪ **2** Production dans l'organisme d'hormones mâles. — On dit aussi **ANDROGÉNIE.** — adj. **ANDROGÉNÉTIQUE.**

ANDROGYNE [ɑ̃dʀɔʒin] **adj.** et **n.** – 1555, comme nom ◇ du latin d'origine grecque *androgynus*, du grec *anêr, andros* «homme» (→ andr[o]-) et *gunê* «femme» (→ -gyne) ▪ Qui présente des caractères du sexe opposé, dont les organes génitaux externes sont mal différenciés. ➤ **hermaphrodite.** *Femme androgyne,* dont la morphologie ressemble à celle d'un homme. *Homme androgyne,* à caractères extérieurs féminins. *Allure androgyne.* — **n.** *Un, une androgyne.* ◆ BOT. Qui possède, sur le même individu, des fleurs mâles et des fleurs femelles.

ANDROGYNIE [ɑ̃dʀɔʒini] **n. f.** – XVIe, repris 1842 ◇ de *androgyne* ▪ Caractère d'un individu androgyne ; pseudohermaphrodisme partiel.

ANDROÏDE [ɑ̃dʀɔid] **n.** et **adj.** – XVIIIe ◇ de *andr(o)-* et *-oïde* ▪ **1** VX Automate à forme humaine. ▪ **2** **adj.** MOD. Qui ressemble à l'être humain, présente les caractères de l'humain. SUBST. *Les androïdes peuplent les romans de science-fiction. Androïdes et cyborgs.*

ANDROLOGIE [ɑ̃dʀɔlɔʒi] **n. f.** – avant 1970 ◇ de *andro-* et *-logie* ▪ Discipline médicale qui étudie la physiologie et la pathologie de l'appareil génital masculin. — **n. ANDROLOGUE.**

ANDROPAUSE [ɑ̃dʀopoz] **n. f.** – 1952 ◇ de *andro-* et *(méno)pause* ▪ Diminution progressive de l'activité testiculaire chez l'homme d'un certain âge ; époque où elle se produit. *L'andropause* ou *«retour d'âge masculin».*

ANDROSTÉRONE [ɑ̃dʀosteʀɔn] **n. f.** – 1931 ◇ de *andro-* et *stérone* ▪ BIOCHIM. Hormone sexuelle mâle, dérivée de la testostérone, dont l'activité androgène est inférieure à celle de cette dernière.

ÂNE [ɑn] **n. m.** – *asne* Xe ◇ latin *asinus* ▪ **1** Mammifère sauvage ou domestique *(équidés),* plus petit que le cheval, à grosse tête et longues oreilles, à robe généralement grise. ➤ **ânesse, ânon, baudet, bourricot, bourrique,** VX 1**grison ;** et aussi **bardot,** 1**mulet.** *Âne domestique. Âne sauvage.* ➤ **hémione,** 1**onagre.** *L'âne brait* (➤ **hihan**). *«des ribambelles de petits ânes chargés de sacs»* DAUDET. *Qui concerne l'âne.* ➤ **asinien.** LOC. *Têtu comme un âne. Le coup de pied de l'âne* (donné par l'âne au lion devenu vieux, dans les fables) : la dernière attaque ou insulte que le faible lance lâchement contre un adversaire accablé. *Être comme l'âne de Buridan* (qui meurt sans pouvoir se décider pour un seau d'eau ou une botte de foin) : hésiter entre deux partis à prendre. *Passer du coq à l'âne :* passer brusquement d'un sujet à un autre, sans liaison. ➤ **coq-à-l'âne.** *Peser un âne mort,* très lourd. ◆ *Dos d'âne :* élévation ou bosse présentant deux versants opposés. ➤ 2**cassis.** *Des dos d'âne.* — *Tête d'âne :* chabot. ▪ **2** FIG. Individu à l'esprit borné, incapable de rien comprendre. ➤ **bête, idiot, ignorant, imbécile, sot.** *«Je commençais à passer pour un vaurien, un paresseux, un âne enfin»* CHATEAUBRIAND. *Un âne bâté*. Bonnet d'âne :* bonnet figurant une tête d'âne dont on affublait les cancres pour les humilier. *C'est le pont* aux ânes. Faire l'âne pour avoir du son :* faire l'imbécile pour obtenir une information utile. ▪ **3** FAM. ou PÉJ. *Peau d'âne :* diplôme.

ANÉANTIR [aneɑ̃tiʀ] **v. tr.** ‹2› – fin XIIe ◇ de 1*a-* et *niant,* forme ancienne de *néant* ▪ **1** Détruire au point qu'il ne reste rien. ➤ **annihiler, annuler, détruire, ruiner.** *Anéantir une armée* (➤ **écraser**), *un peuple* (➤ **exterminer**). *Le temps «anéantit l'amour»* FRANCE. ▪ **2** Plonger dans un abattement total. ➤ **abattre, briser, exténuer.** *La nouvelle l'a anéanti.* ◆ PAR EXAGÉR. *Je suis anéanti,* stupéfait et consterné. ▪ **3** **v. pron.** Disparaître complètement. ➤ **s'écrouler, sombrer.** *Des «vies qui stagnent avant de s'anéantir dans l'oubli»* MAURIAC. ◆ RELIG. S'humilier devant Dieu. ▪ CONTR. Créer, fortifier, maintenir.

ANÉANTISSEMENT [aneɑ̃tismɑ̃] **n. m.** – 1309 ◇ de *anéantir* ▪ Destruction complète. ➤ **annihilation, disparition, effondrement,** 1**mort, ruine.** *L'anéantissement d'un peuple, de l'ennemi. C'est l'anéantissement de tous mes espoirs.* ➤ **évanouissement.** ◆ Abattement total. ➤ **accablement, épuisement, prostration.** ▪ CONTR. Création, maintien.

ANECDOTE [anɛkdɔt] **n. f.** – 1685 ◇ du latin *anecdota* (surtout plur.), du grec *anekdota* «choses inédites», titre d'un ouvrage de Procope (VIe) ▪ LITTÉR. Particularité historique, petit fait curieux dont le récit peut éclairer le dessous des choses, la psychologie humaine. *«Les anecdotes sont de petits détails longtemps cachés»* VOLTAIRE. — COUR. Récit d'un fait curieux ou pittoresque, historiette. ◆ ABSOLT Détail ou aspect secondaire, sans généralisation et sans portée. *Ce peintre ne s'élève pas au-dessus de l'anecdote. S'en tenir à l'anecdote.*

ANECDOTIER, IÈRE [anɛkdɔtje, jɛʀ] **n.** – 1730 ◇ de *anecdote* ▪ LITTÉR. Personne qui raconte des anecdotes, aime l'anecdote. *«Pauvres anecdotiers de la Révolution»* JAURÈS. ➤ **chroniqueur.**

ANECDOTIQUE [anɛkdɔtik] **adj.** – 1781 ◇ de *anecdote* ▪ Qui s'attache aux anecdotes, contient des anecdotes. *Récit anecdotique.* ◆ PÉJ. Qui s'en tient à l'anecdote, ne présente pas d'intérêt général. *Détail anecdotique. Peinture anecdotique.*

ANÉCHOÏQUE [anekɔik] **adj.** – 1949 ◇ de 2*a-* et *écho,* d'après l'anglais *anechoic* (1946) ▪ DIDACT. Se dit d'un lieu dont les parois absorbent les ondes électromagnétiques, évitant la réflexion des murs et l'écho. *Caisson, salle, cabine anéchoïque. Chambre* anéchoïque.* — On dit aussi **ANÉCHOÏDE,** 1963.

ANÉMIANT, IANTE [anemjɑ̃, jɑ̃t] **adj.** – 1832 ◇ de *anémier* ▪ Qui anémie. *Climat, régime anémiant.* ➤ **débilitant.**

ANÉMIE [anemi] **n. f.** – 1722 ◇ latin scientifique *anaemia,* du grec *anaimia* «manque de sang», de *haima* «sang» (→ -émie) ▪ **1** MÉD. Diminution du nombre des globules rouges du sang et de leur teneur en hémoglobine, dont les principaux symptômes généraux sont la pâleur, la fatigue, l'essoufflement et l'accélération du pouls, des syncopes, des vertiges, des troubles digestifs. *L'anémie peut avoir pour cause l'hémorragie, la destruction excessive des globules rouges* (➤ **hémolyse**), *un trouble de la formation des globules* (infections, intoxications). *Anémie falciforme.* ➤ **drépanocytose.** *Anémie pernicieuse :* forme grave d'anémie, accompagnée d'une atrophie de la muqueuse gastrique et de lésions nerveuses. ➤ **chlorose.** *Anémie méditerranéenne.* ➤ **thalassémie.** ▪ **2** FIG. Dépérissement, crise, alanguissement, faiblesse. *L'anémie de la production.* ▪ CONTR. Force, santé.

ANÉMIER [anemje] **v. tr.** ‹7› – 1857, au p. p. ◇ de *anémie* ▪ Rendre anémique. ➤ **affaiblir, épuiser.** *Ce régime l'a beaucoup anémiée.* ◆ FIG. *«Une France anémiée par le ralentissement de l'activité économique»* JAURÈS.

ANÉMIQUE [anemik] **adj.** – 1833 ◇ de *anémie* ▪ **1** Atteint d'anémie. ➤ **faible.** *Elle était «pâle, engourdie, anémique, étiolée»* R. ROLLAND. — FIG. Sans ressort, sans force. *«cette lumière anémique* [...] *des ampoules électriques»* ARAGON. ▪ **2** Qui a rapport à l'anémie. *État anémique.*

ANÉMO- ▪ Élément, du grec *anemos* «vent».

ANÉMOGRAPHE [anemɔgʀaf] **n. m.** – 1877 ◇ de *anémo-* et *-graphe* ▪ Anémomètre enregistreur.

ANÉMOMÈTRE [anemɔmɛtʀ] **n. m.** – début XVIIIe ◇ de *anémo-* et *-mètre* ▪ Appareil servant à mesurer la vitesse du vent et, en général, la vitesse d'écoulement d'un fluide gazeux. ➤ **anémographe.**

ANÉMONE [anemɔn] **n. f.** – XIVe ◇ du latin d'origine grecque *anemone,* du grec *anemos* «vent» (→ anémo-), la fleur s'ouvrant au moindre vent ▪ **1** Plante herbacée *(renonculacées),* à fleurs sans corolle, de couleurs vives (environ 70 espèces). *Anémone des jardins, des fleuristes. Anémone des bois* ou *anémone sylvie.* — Fleur de cette plante. *Bouquet d'anémones.* ▪ **2** (1808) ZOOL. *Anémone de mer :* animal marin carnivore, polype à tentacules paralysants. ➤ **actinie.** *«L'anémone de mer s'ouvre en pâle marguerite rose»* MICHELET.

ANÉMOPHILE [anemɔfil] **adj.** – 1893 ◇ de *anémo-* et *-phile* ▪ BOT. Se dit des plantes dont les fleurs se prêtent à l'entraînement du pollen par le vent (mode de pollinisation dit *anémophilie* **n. f.**).

ANENCÉPHALE [anɑ̃sefal] **adj.** et **n.** – 1822 ◇ du grec *anegkephalos ;* cf. 2*a-* et *encéphale* ▪ Privé d'encéphale. ➤ **acéphale.** — **n.** *Un anencéphale.*

ANENCÉPHALIE [anɑ̃sefali] **n. f.** – avant 1841 ◇ de *anencéphale* ▪ PATHOL. Malformation congénitale du système nerveux caractérisée par l'absence d'encéphale.

ANERGIE [anɛʀʒi] **n. f.** – 1922 ◇ de 2*a-* et *(all)ergie* ▪ MÉD. Disparition de l'allergie.

ÂNERIE [ɑnʀi] n. f. – 1488 ◊ de *âne* ■ VIEILLI Stupidité, ignorance grossière. ♦ MOD. Propos ou acte stupide. ➤ **bêtise, bourde, sottise ;** FAM. **connerie.** *Dire, faire des âneries.*

ANÉROÏDE [aneʀɔid] adj. m. – 1844 pour *anaéroïde* ◊ de 2*a-* et du grec *aeroeidês* «aérien» ■ PHYS. VX Qui est sans liquide. *Baromètre anéroïde,* dans lequel la force de pression est équilibrée par la force d'élasticité d'une paroi métallique.

ÂNESSE [ɑnɛs] n. f. – *asnesse* XIIe ◊ de *âne* ■ Femelle de l'âne. *Lait d'ânesse.*

ANESTHÉSIANT, IANTE [anɛstezjɑ̃, jɑ̃t] adj. – 1866 ◊ de *anesthésie* ■ Qui anesthésie. ➤ **anesthésique.** — n. m. *Des anesthésiants locaux.*

ANESTHÉSIE [anɛstezi] n. f. – 1753 ◊ latin *anaesthesia,* du grec ■ **1** Perte d'un des modes de la sensibilité, ou de la sensibilité d'un organe, ou de la sensibilité générale. *Anesthésie visuelle, auditive, thermique, algique* (➤ **analgésie**). ■ **2** (1847) Suppression de la sensibilité, et SPÉCIALT de la sensibilité à la douleur, obtenue par l'emploi des anesthésiques. ➤ **insensibilisation, narcose.** *Anesthésie générale, locale, locorégionale. Anesthésie par inhalation, par intubation. Anesthésie rachidienne* (➤ **rachianesthésie**), *péridurale. Pratiquer, faire une anesthésie. L'opéré est sous anesthésie.* ■ **3** FIG. État d'indifférence. «*la miséricordieuse anesthésie que dispense l'amour*» COLETTE. ■ CONTR. Hyperesthésie.

ANESTHÉSIER [anɛstezje] v. tr. ‹7› – 1851 ◊ de *anesthésie* ■ Insensibiliser (un organisme, un organe), en le soumettant à l'action d'un anesthésique*. ➤ **endormir.** *Anesthésier un malade pour l'opérer. Anesthésier la gencive avant d'arracher une dent.* ♦ (1896) FIG. LITTÉR. Apaiser, endormir.

ANESTHÉSIOLOGIE [anɛstezjɔlɔʒi] n. f. – 1950 ◊ de *anesthésie* et *-logie* ■ MÉD. Branche de la médecine qui traite de l'anesthésie et de la réanimation. n. (1973) **ANESTHÉSIOLOGISTE.**

ANESTHÉSIQUE [anɛstezik] adj. et n. m. – 1847 ◊ de *anesthésie* ■ Se dit d'une substance médicamenteuse employée pour obtenir une anesthésie générale ou locale. ➤ **anesthésiant.** *Piqûre anesthésique.* — n. m. *Un anesthésique* (cocaïne, éther, protoxyde d'azote, etc.). *Injection d'anesthésique.*

ANESTHÉSISTE [anɛstezist] n. – 1897 ◊ de *anesthésie* ■ Médecin qui pratique l'anesthésie. *Anesthésiste-réanimateur.* — APPOS. *Médecin, infirmier anesthésiste.*

ANESTHÉTIQUE ➤ **INESTHÉTIQUE**

ANETH [anɛt] n. m. – XIIIe ◊ latin d'origine grecque *anethum* ■ BOT. Plante aromatique *(ombellifères),* appelée aussi *fenouil* bâtard, faux anis,* sauvage et cultivée pour ses feuilles et ses graines utilisées en pharmacopée et comme condiment. *Saumon mariné à l'aneth.*

ANÉVRISMAL, ALE, AUX [anevʀismal, o] adj. – 1478 ◊ de *anévrisme* ■ Relatif ou propre à l'anévrisme. *Hématome anévrismal.* — On écrit parfois *anévrysmal* (DIDACT.).

ANÉVRISME [anevʀism] n. m. – 1478 ◊ grec *aneurusma* «dilatation» ■ MÉD. Dilatation localisée sur le trajet d'une artère avec risque d'hémorragie par rupture *(rupture d'anévrisme).* — On écrit parfois *anévrysme* (DIDACT.).

ANFRACTUOSITÉ [ɑ̃fʀaktɥozite] n. f. – 1503 ◊ du bas latin *anfractuosus* «tortueux» ■ Surtout plur. Cavité profonde et irrégulière. ➤ **creux, crevasse, enfoncement, trou.** *Les anfractuosités d'une côte rocheuse. — Une grotte pleine d'anfractuosités.*

ANGARIE [ɑ̃gaʀi] n. f. – 1803 ◊ latin juridique *angaria* «corvée de charroi», du grec *angareia* «réquisition» ■ DR. INTERNAT. Droit, pour un État belligérant, de recueillir des navires neutres se trouvant dans ses eaux territoriales.

ANGE [ɑ̃ʒ] n. m. – début XIe *angele* ◊ du latin ecclésiastique *angelus,* du grec *angelos* «messager», lui-même calque de l'hébreu *mal'akh.* REM. Les formes anciennes reflètent l'hésitation entre l'adaptation populaire et savante de ce mot : *angle* (fin XIe), *angre* (XIIe), d'une part, et *angele* (début XIe), *angel* (XIIe), enfin *ange* (depuis le XIIIe), d'autre part. ■ **1** THÉOL. Être spirituel, intermédiaire entre Dieu et les croyants, ministre des volontés divines. *L'ange Gabriel.* «*L'homme n'est ni ange ni bête, et le malheur veut que qui veut faire l'ange fait la bête*» PASCAL. *Bons anges,* fidèles à Dieu. *Mauvais anges, anges déchus,* au service du démon. FIG. *Le bon, le mauvais ange de qqn :* la personne qui exerce une bonne, une mauvaise influence sur qqn. — *Anges gardiens,* appelés à protéger chaque personne. «*Qui est ton ange gardien, Rudy, quel est son nom et quel est son rang dans la hiérarchie angélique ?*» M. NDIAYE. FIG. *C'est son ange gardien,* la personne qui veille, guide et protège en tout une autre personne (par iron. garde du corps). *Une patience d'ange,* exemplaire, infinie. *Beau comme un ange. Il travaille comme un ange,* parfaitement. *Dormir comme un ange.* ♦ LOC. *Être aux anges,* dans le ravissement. *Rire* aux anges. Un ange passe,* se dit quand il se produit dans une conversation un silence gêné et prolongé. «*l'un de ces hasards qui font que plusieurs conversations s'arrêtent en même temps (un ange passe), le silence se fait*» D. DE VIGAN. *Discuter du sexe des anges :* se livrer à des discussions byzantines, oiseuses. *La part des anges :* l'alcool qui s'évapore lors du vieillissement des eaux-de-vie. *Saut* de l'ange. Cheveux* d'ange. Lit* d'ange. Nid* d'ange.* (1878) VIEILLI *Faiseuse d'anges :* avorteuse. ■ **2** Personne parfaite. *Sa femme est un ange.* FAM. *Vous seriez un ange si vous vouliez bien me rendre ce service. Ce n'est pas un ange,* il n'est pas parfait. *Un ange de* (suivi d'un nom de qualité) : personne exemplaire, parfaite dans (qqch.). *Un ange de douceur, de pureté. Mon ange,* s'emploie comme terme d'affection. ■ **3** (1552) Grand poisson de mer *(squaliformes),* d'une forme intermédiaire entre la raie et le requin, dont la peau est employée en maroquinerie (➤ **galuchat**).

ANGÉIOLOGIE ➤ **ANGIOLOGIE**

ANGÉITE [ɑ̃ʒeit] n. f. – 1850 ◊ de *angi(o)-* et *-ite* ■ PATHOL. Inflammation des vaisseaux sanguins (surtout artères) ou lymphatiques. ➤ **artérite, lymphangite, phlébite.** — On dit aussi **ANGIITE** [ɑ̃ʒiit].

1**ANGÉLIQUE** [ɑ̃ʒelik] adj. – XIIIe ◊ latin ecclésiastique *angelicus* ■ **1** Qui appartient à l'ange, est propre aux anges. *Hiérarchie, chœur angélique. Salutation angélique,* adressée par l'ange Gabriel à la Vierge. ➤ **ave Maria.** ■ **2** Digne d'un ange, qui évoque la perfection, l'innocence de l'ange. ➤ **céleste, parfait, séraphique.** *Une douceur, une patience angélique. Un sourire angélique.* ■ CONTR. Démoniaque, diabolique.

2**ANGÉLIQUE** [ɑ̃ʒelik] n. f. – 1538 ◊ de 1*angélique* ■ **1** Plante bisannuelle aromatique *(ombellifères)* dont la tige et les pétioles sont utilisés en confiserie. ■ **2** Tige confite de cette plante. *Gâteau décoré d'angélique.*

ANGÉLISME [ɑ̃ʒelism] n. m. – 1939 ◊ de 1*angélique* ■ Disposition à se croire désincarné, à se comporter en pur esprit. «*l'angélisme du rêve mallarméen*» BÉGUIN.

ANGELOT [ɑ̃ʒ(ə)lo] n. m. – XIIIe ◊ de *ange* ■ Petit ange représenté dans l'art religieux.

ANGÉLUS [ɑ̃ʒelys] n. m. – 1690 ◊ latin *angelus* «ange», mot initial de cette prière ■ LITURG. Prière de dévotion mariale qui se dit le matin, à midi et le soir ; son de cloche qui l'annonce. *Sonner l'angélus.* «*Les sonneries pieuses de l'Angélus du soir, se répondant de paroisse en paroisse*» RENAN. «*L'Angélus*» de Millet.

ANGEVIN, INE [ɑ̃ʒ(ə)vɛ̃, in] adj. – 1080 ◊ bas latin *Andegavinus,* de *Andegavi* «les Andégaves», peuple de la Gaule romaine ■ D'Angers, de l'Anjou. «*la douceur angevine*» DU BELLAY. n. *Un Angevin, une Angevine.*

ANGIECTASIE [ɑ̃ʒjɛktazi] n. f. – 1846 ◊ de *angi(o)-* et *-ectasie* ■ PATHOL. Dilatation permanente d'un vaisseau. ➤ **anévrisme, angiome.**

ANGIITE ➤ **ANGÉITE**

ANGINE [ɑ̃ʒin] n. f. – 1532 ◊ latin *angina* ■ **1** Inflammation de l'isthme du gosier et du pharynx (cf. Mal de gorge*). *Avoir une angine. Angine rouge* (souvent compliquée d'amygdalite), *blanche* (herpétique, diphtérique). *Angine couenneuse*.* ■ **2** (1768) **ANGINE DE POITRINE :** syndrome d'origine coronarienne, caractérisé par des douleurs constrictives dans la région précordiale, accompagnées d'angoisse. ➤ **angor.** — adj. et n. **ANGINEUX, EUSE,** 1615.

ANGI(O)- ■ Élément, du grec *aggeion* «capsule ; vaisseau».

ANGIOCARDIOGRAPHIE [ɑ̃ʒjokaʀdjɔgʀafi] n. f. – après 1937 ◊ de *angio-, cardio-* et *-graphie* ■ MÉD. Examen radiologique du cœur et des gros vaisseaux qui s'y abouchent (aorte, artère pulmonaire).

ANGIOCHOLITE [ɑ̃ʒjokɔlit] n. f. – 1877 ◊ de *angio-,* grec *kholê* «bile» et *-ite* ■ PATHOL. Inflammation des canaux biliaires du foie (souvent à la suite d'une obstruction par des calculs).

ANGIOGRAPHIE [ɑ̃ʒjɔgʀafi] **n. f.** – 1808 ◊ de *angio-* et *-graphie* ■ **1** VX Description des vaisseaux du corps humain. ■ **2** (1952) MOD. Radiographie des vaisseaux après injection d'un liquide opaque aux rayons X.

ANGIOLOGIE [ɑ̃ʒjɔlɔʒi] **n. f.** – 1692 ◊ de *angio-* et *-logie* ■ MÉD. Étude de l'anatomie et de la pathologie des artères, des veines et des canaux lymphatiques. — On dit aussi **ANGÉIOLOGIE** [ɑ̃ʒejɔlɔʒi].

ANGIOME [ɑ̃ʒjom] **n. m.** – 1869 ◊ de *angi(o)-* et *-ome* ■ MÉD. Tuméfaction due à une prolifération de vaisseaux sanguins ou lymphatiques.

ANGIONEUROTIQUE [ɑ̃ʒjonøʀɔtik] **adj.** – 1924 ◊ de l'allemand *angioneurotisch* (1889), formé sur le grec *aggeion* «récipient» (→ angi[o]-) et *neuron* «nerf» (→ neur[o]-) ■ MÉD. *Œdème angioneurotique :* manifestation allergique se caractérisant par un gonflement du visage.

ANGIOPLASTIE [ɑ̃ʒjoplasti] **n. f.** – v. 1960 ◊ de *angio-* et *-plastie* ■ MÉD. Opération visant à réparer ou remodeler un vaisseau (suture, désobstruction, élargissement). *Angioplastie pratiquée en cas de sténose artérielle.*

ANGIOSCOPIE [ɑ̃ʒjɔskɔpi] **n. f.** – 1836 ◊ de *angio-* et *-scopie* ■ MÉD. Examen endoscopique des vaisseaux sanguins. *Angioscopie coronarienne, rétinienne.*

ANGIOSPERME [ɑ̃ʒjospɛʀm] **adj. et n. f.** – 1740 ◊ latin des botanistes *angiospermia*, du grec *aggeion* «récipient, enveloppe» et *sperma* «semence» ■ BOT. Dont les ovules sont enclos et les graines enfermées dans des fruits (opposé à *gymnosperme*). — **n. f. pl. LES ANGIOSPERMES :** sous-embranchement des spermaphytes.

ANGIOTENSINE [ɑ̃ʒjotɑ̃sin] **n. f.** – 1968 ◊ de *angio-* et *tens(ion)* ■ BIOCHIM. Hormone peptidique, dérivée d'une protéine plasmatique, libérée par action de la rénine et ayant une action hypertensive.

ANGLAIS, AISE [ɑ̃glɛ, ɛz] **adj. et n.** – *engleis* XIIe ◊ bas latin *Angli* «Angles», peuple germanique établi en Grande-Bretagne

I adj. ■ **1** De l'Angleterre (et ABUSIVEMENT de Grande-Bretagne). ➤ **britannique ; anglo-.** *La monarchie anglaise. Noblesse anglaise.* ➤ **gentry.** *Pur-sang anglais. Cigarette anglaise. Bière* anglaise. Monnaie anglaise.* ➤ **2 livre, penny, shilling ; guinée, jacobus, souverain.** *Meubles anglais, de style anglais. Assiette* anglaise. Petit-déjeuner anglais.* ➤ **breakfast.** *Fromage anglais.* ➤ **cheddar, chester, stilton.** *Capote* anglaise. Semaine* anglaise. Clé* anglaise.* ♦ *Le Canada anglais,* de langue et de culture anglaises (opposé à *Canada français*). ■ **2 loc. adj. et adv. À L'ANGLAISE :** à la façon anglaise. *Jardin* à l'anglaise. Pommes de terre à l'anglaise,* à la vapeur. — LOC. *Filer à l'anglaise,* sans prendre congé et sans être aperçu (cf. En douce).

II n. ■ **1** *L'anglais :* langue du groupe germanique, parlée principalement en Grande-Bretagne *(l'anglais britannique),* aux États-Unis (*l'anglais américain* ➤ **anglo-américain**) et dans l'ancien Empire anglais. *L'anglais des affaires. L'anglais simplifié.* ➤ **globish.** *Cours d'anglais. Parler anglais* (➤ **anglophone**). *Chanter en anglais. Influence de l'anglais* (➤ **anglicisme, franglais**). ■ **2** Personne qui habite l'Angleterre et PAR EXT. (ABUSIVEMENT) les îles Britanniques. ➤ FAM. **angliche, rosbif.** *Les Anglais.* ♦ Au Canada, *les Anglais :* les anglophones.

■ **HOM.** Anglet.

ANGLAISE [ɑ̃glɛz] **n. f.** – 1788 ◊ de *anglais* ■ **1** Écriture cursive penchée à droite. ■ **2** (1829) AU PLUR. **ANGLAISES :** longues boucles de cheveux verticales roulées en spirales. — PAR ANAL. «*elle* [...] *continuera à passer la lame de ses ciseaux contre le ruban doré jusqu'à ce qu'il dégouline en anglaises sur le papier de cellophane*» M. NIMIER.

ANGLAISER [ɑ̃gleze] **v. tr.** ‹1› – 1788 ◊ de *(couper la queue) à l'anglaise* ■ TECHN. *Anglaiser un cheval,* lui couper les muscles abaisseurs de la queue afin qu'elle reste horizontale.

ANGLE [ɑ̃gl] **n. m.** – XIIe ◊ latin *angulus* ■ **1** COUR. Saillant ou rentrant formé par deux lignes ou deux surfaces qui se coupent. ➤ **arête, coin, encoignure, renfoncement.** *À l'angle de la rue. Former un angle, être en angle. La maison qui fait l'angle,* qui est à l'angle de deux rues. *Meuble d'angle,* à placer dans l'angle d'une pièce. ➤ **encoignure.** ♦ FIG. Aspérité. «*Son caractère ombrageux prenait de jour en jour des angles plus vifs*» FROMENTIN. — LOC. *Arrondir* les angles. Sous (tel, un certain...) angle :* envisagé, présenté, pris de telle façon, d'un certain point de vue. *Une vision sous l'angle chronologique.* ➤ **aspect.** *Angle (journalistique) :* manière de traiter un sujet. ➤ **approche.** «*choisir avec eux* [les auteurs] *l'angle de leur papier*» FOTTORINO. ■ **2** MATH. Figure formée par deux lignes ou deux plans qui se coupent. *Mesurer un angle* (➤ **rapporteur ; degré, gon, 1 grade, radian**). *Angle plan,* à deux dimensions. *Angle saillant,* de moins de 180°. *Angle rentrant,* de plus de 180°. *Angle plat,* de 180°. *Angle aigu,* inférieur à 90°. *Angle obtus,* supérieur à 90°. *Angle droit*,* de 90°. *Angle d'un couple de demi-droites vectorielles. Angle orienté,* compté positivement ou négativement selon le sens direct* ou rétrograde de la rotation qu'il définit. *Angle nul :* angle d'un couple de demi-droites parallèles. *Angle au centre, angle inscrit dans un cercle. Angles égaux. Angles complémentaires, supplémentaires, opposés par le sommet. Bissectrice* d'un angle. Angle dièdre*, polyèdre*. Angle solide :* rapport de l'aire découpée sur un cercle de rayon R et de centre O par un cône de sommet O, mesuré en stéradians. — PHYS., OPT. *Angle d'incidence*, de réflexion*, de réfraction*. Angle limite*. Angle optique, visuel. Angle de champ d'un objectif. Objectif à grand angle.* ➤ **grand-angle.** — ASTRON. *Angle horaire*. Angles d'Euler,* qui définissent le mouvement d'un solide dont un point est fixe (➤ **nutation, précession, rotation**). — BALIST. *Angle de mire. Angle de site*, de tir. Angle mort*.* — AVIAT. *Angle d'attaque,* formé par le plan de référence de l'aile d'un avion avec la direction suivie ; FIG. manière d'aborder un sujet, un problème. — MILIT. *Angle de marche, de route,* formé par une direction de marche avec le nord magnétique. — ANAT. *Angle facial*. Angle interne, externe de l'œil. Angles des lèvres.* ➤ **commissure.**

ANGLEDOZER [ɑ̃glədozœʀ] **n. m.** /ANGLEDOZEUR/ – 1946 ◊ mot anglais américain, de *to angle* «obliquer» et *bulldozer* ■ ANGLIC. TECHN. Engin de travaux publics qui creuse le sol en l'attaquant sous un angle oblique et en rejetant les déblais sur le côté.

ANGLET [ɑ̃glɛ] **n. m.** – 1740 ◊ de *angle* ■ TECHN. Cavité (entaille, moulure) à angle droit qui sépare les bossages (cf. Ligne de refend*). ■ **HOM.** Anglais.

ANGLICAN, ANE [ɑ̃glikɑ̃, an] **adj. et n.** – 1554 ◊ latin médiéval *anglicanus* ■ Qui appartient à l'anglicanisme. *Église anglicane. Évêque, pasteur anglican.* — **n.** Adepte de l'anglicanisme. *Un anglican, une anglicane.*

ANGLICANISME [ɑ̃glikanism] **n. m.** – 1801 ◊ de *anglican* ■ Religion officielle de l'Angleterre, établie à la suite de la rupture de Henri VIII avec Rome au XVIe s., sorte de compromis entre le catholicisme et le calvinisme.

ANGLICHE [ɑ̃gliʃ] **adj. et n.** – 1861 ◊ francisation de l'anglais *english* «anglais» ■ FAM. VIEILLI Anglais, anglaise. — **n.** *Les Angliches.*

ANGLICISER [ɑ̃glisize] **v. tr.** ‹1› – XVIIIe ◊ du latin médiéval *anglicus* ■ Donner un caractère, un aspect anglais à (qqn ou qqch.). *Angliciser son nom.* — PRONOM. *La mode s'anglicise.* — **p. p. adj.** *Mots français anglicisés.* — **n. f. ANGLICISATION.**

ANGLICISME [ɑ̃glisism] **n. m.** – 1652 ◊ du latin médiéval *anglicus* ■ Locution propre à la langue anglaise. ♦ Emprunt à l'anglais (PAR EXT. à l'anglais d'Amérique ➤ **américanisme**).

ANGLICISTE [ɑ̃glisist] **n.** – 1939 ◊ du latin médiéval *anglicus* ■ Spécialiste de la langue anglaise, de la littérature de langue anglaise et de la culture anglophone.

ANGLO- ■ Élément, tiré de *anglais.*

ANGLO-AMÉRICAIN, AINE [ɑ̃gloamerikɛ̃, ɛn] **adj. et n.** – 1789 ◊ de *anglo-* et *américain* ■ Relatif à l'Angleterre et aux États-Unis. «*les mœurs anglo-américaines qui tendent à nous envahir*» GAUTIER. ♦ **n. m.** Langue anglaise parlée aux États-Unis. ➤ **américain.**

ANGLO-ARABE [ɑ̃gloaʀab] **adj.** – 1838 ◊ de *anglo-* et *arabe* ■ Se dit des chevaux qui proviennent d'un croisement de pur-sang anglais et arabe. SUBST. *Des anglo-arabes.*

ANGLOMANE [ɑ̃glɔman] **n.** – 1764 ◊ de *anglo-* et *-mane* ■ VIEILLI Personne qui imite et admire sans discernement les Anglais et leurs usages.

ANGLOMANIE [ɑ̃glɔmani] **n. f.** – 1754 ◊ de *anglo-* et *-manie* ■ Manie, travers des anglomanes.

ANGLO-NORMAND, ANDE [ɑ̃glonɔʀmɑ̃, ɑ̃d] **adj.** – 1796 ◊ de *anglo-* et *normand* ■ Qui réunit des éléments anglais et normands. *Les îles Anglo-Normandes :* l'archipel britannique de la Manche. *Cheval anglo-normand,* croisement des races anglaise et normande. ♦ *Le dialecte anglo-normand,* ou **n. m.** *l'anglo-normand :* dialecte français (langue d'oïl) qui était parlé en Angleterre au Moyen Âge, dans les classes cultivées. *Les œuvres de Wace sont écrites en anglo-normand.*

ANGLOPHILE [ɑ̃glɔfil] **adj. et n.** – 1829 ◊ de *anglo-* et *-phile* ■ Qui a ou marque de la sympathie pour les Anglais (notamment en politique). **n.** *Un, une anglophile.* ■ **CONTR.** Anglophobe.

ANGLOPHILIE [ɑ̃glɔfili] **n. f.** – avant 1865 ◊ de *anglo-* et *-philie* ■ Sympathie pour les Anglais et ce qui est anglais. ■ **CONTR.** Anglophobie.

ANGLOPHOBE [ɑ̃glɔfɔb] **adj. et n.** – 1829 ◊ de *anglo-* et *-phobe* ■ Qui déteste les Anglais. ■ **CONTR.** Anglophile.

ANGLOPHOBIE [ɑ̃glɔfɔbi] **n. f.** – 1829 ◊ de *anglo-* et *-phobie* ■ Aversion pour les Anglais et ce qui est anglais. ■ **CONTR.** Anglophilie.

ANGLOPHONE [ɑ̃glɔfɔn] **adj. et n.** – 1894, comme nom ◊ de *anglo-* et *-phone* ■ Où l'on parle l'anglais. *Le Canada anglophone.* — Qui parle la langue anglaise. **n.** *Un, une anglophone.*

ANGLO-SAXON, ONNE [ɑ̃glosaksɔ̃, ɔn] **adj. et n.** – 1599 ◊ de *anglo-* et *saxon* ■ **1** HIST. Relatif aux envahisseurs germaniques (Angles, Saxons, Jutes) de la Grande-Bretagne au VIe s. **n. m.** *L'anglo-saxon,* leur langue, le vieil anglais. ■ **2** (1863) Relatif aux peuples de civilisation britannique. *Une coutume anglo-saxonne.* — **n.** *Les Anglo-Saxons,* ces peuples.

ANGOISSANT, ANTE [ɑ̃gwasɑ̃, ɑ̃t] **adj.** – 1306, repris XXe ◊ de *angoisser* ■ Qui cause de l'angoisse, est extrêmement inquiétant. *Une situation angoissante. Douleur angoissante.* ➤ **angor.** ■ **CONTR.** Apaisant, rassurant.

ANGOISSE [ɑ̃gwas] **n. f.** – XIIe ◊ du latin *angustia,* surtout plur. «étroitesse, lieu resserré» (encore en ancien français), «gêne, angoisse» en latin ecclésiastique ■ **1** Malaise psychique et physique, né du sentiment de l'imminence d'un danger, caractérisé par une crainte diffuse pouvant aller de l'inquiétude à la panique et par des sensations pénibles de constriction épigastrique ou laryngée (gorge serrée). ➤ **anxiété, peur.** *Crise d'angoisse. Médicament contre l'angoisse.* ➤ **anxiolytique.** *«Étrange sensation que l'angoisse : on sent au rythme de son cœur qu'on respire mal»* MALRAUX. *«Cette angoisse de la mort tortura [...] son enfance»* R. ROLLAND. ◆ FAM., COUR. *C'est l'angoisse :* c'est pénible. *J'ai l'angoisse.* ■ **2** (Depuis Kierkegaard et l'existentialisme) Inquiétude métaphysique née de la réflexion sur l'existence. *«vivre est le malaise, puisque vivre c'est vivre dans l'angoisse»* IONESCO. ■ **3** (de *Angoisse,* nom d'un village du Limousin) *Poire* d'angoisse.* ■ **CONTR.** Placidité, sérénité, tranquillité.

ANGOISSÉ, ÉE [ɑ̃gwase] **adj.** – de *angoisser* ■ COUR. Qui éprouve ou exprime de l'angoisse. *«le regard angoissé de quelqu'un qui se noie»* GIDE. ➤ **affolé, effrayé, épouvanté, paniqué.** ◆ SUBST. *Un, une angoissé(e) :* une personne sujette à l'angoisse. ➤ **anxieux.**

ANGOISSER [ɑ̃gwase] **v.** ⟨1⟩ – 1080 ◊ latin ecclésiastique *angustiare* → angoisse ■ **1 v. tr.** Inquiéter au point de faire naître l'angoisse. ➤ **oppresser, tourmenter ; angoissant.** *Ce retard l'angoisse.* — PRONOM. Être saisi d'angoisse, devenir anxieux. *Inutile de s'angoisser.* ■ **2 v. intr.** FAM. Éprouver de l'angoisse, se faire du souci. ➤ 2 **flipper.** *Elle angoisse pour l'avenir.* ■ **CONTR.** Apaiser, calmer, tranquilliser.

ANGON [ɑ̃gɔ̃] **n. m.** – XVe ◊ bas latin *angon,* du francique °*ango* «crochet» ■ Ancienne arme franque, sorte de javelot à pointe barbelée.

ANGOR [ɑ̃gɔʀ] **n. m.** – 1845 ◊ mot latin «serrement, oppression» ■ MÉD. Douleur brutale, angoissante, en particulier l'angine* de poitrine.

ANGORA [ɑ̃gɔʀa] **adj.** – 1792 ◊ pour *d'Angora,* ville de Turquie, *Ankara* ■ **1** Se dit de races d'animaux (chèvres, chats, lapins) aux poils longs et soyeux. *Des chèvres angoras.* ➤ **mohair. n. m.** *Un angora :* un chat, un lapin angora. ■ **2** *Laine angora,* ou SUBST. MASC. *de l'angora :* textile fait de ces poils. *Pull-over en angora.*

ANGSTRÖM ou **ANGSTRŒM** [ɑ̃gstʀøm] **n. m.** – 1906 ◊ nom d'un physicien suédois ■ MÉTROL. Unité de mesure de longueur (SYMB. Å) employée en microphysique, valant un dix-millième de micromètre, soit 10^{-10} mètre. *Un nanomètre équivaut à 10 angströms.*

ANGUIFORME [ɑ̃gifɔʀm] **adj.** – 1834 ◊ du latin *anguis* «serpent» et *-forme* ■ Qui a la forme d'un serpent.

ANGUILLE [ɑ̃gij] **n. f.** – 1165 ◊ latin *anguilla* ■ Poisson de forme très allongée *(anguilliformes),* à peau visqueuse et glissante, qui effectue sa croissance en eau douce et va se reproduire en mer (mer des Sargasses). ➤ **civelle, leptocéphale, pibale.** *Matelote d'anguille. Anguille de mer.* ➤ **congre.** *Anguille électrique.* ➤ **gymnote.** — LOC. *Se faufiler comme une anguille,* avec agilité. *Glisser comme une anguille :* s'échapper. *Il y a anguille sous roche :* il y a une chose cachée qu'on soupçonne.

ANGUILLÈRE ou **ANGUILLIÈRE** [ɑ̃gijɛʀ] **n. f.** – XVIe ◊ de *anguille* ■ TECHN. Vivier ou pêcherie à anguilles.

ANGUILLIFORME [ɑ̃gijifɔʀm] **adj. et n. m.** – 1808 ◊ de *anguille* et *-forme* ■ ZOOL. Qui a la forme de l'anguille. — **n. m.** *L'ordre des anguilliformes.*

ANGUILLULE [ɑ̃gijyl] **n. f.** – 1845 ◊ de *anguille,* d'après les diminutifs latins ■ ZOOL. Ver rond *(nématodes)* vivant dans les matières fermentescibles, les sols humides, en parasite des plantes. *Anguillule du vinaigre, du blé.* ➤ **tylenchus.**

ANGULAIRE [ɑ̃gylɛʀ] **adj.** – 1377 ◊ latin *angularis* ■ **1** Qui forme un angle. *Pierre angulaire :* pierre fondamentale faisant l'angle extérieur d'un bâtiment ; FIG. élément fondamental. *La laïcité, pierre angulaire de la République.* ■ **2** PHYS. *Vitesse angulaire :* mesure de la vitesse de rotation d'un mobile autour d'un axe fixe, exprimée en radian par seconde. *Accélération angulaire :* variation de la vitesse angulaire au cours du temps, exprimée en radian par seconde carrée. *Coefficient angulaire.* ➤ **pente.** — MATH. **SECTEUR ANGULAIRE** *(d'un plan euclidien) :* intersection de deux demi-plans dont les frontières sont des droites sécantes en un point appelé sommet. *Secteur angulaire saillant,* dont la mesure est un angle aigu. *Secteur angulaire rentrant,* dont la mesure est un angle obtus. — MATH., OPT., ASTRON. **DISTANCE ANGULAIRE** *(de deux droites) :* mesure du secteur angulaire qu'elles forment. *Distance angulaire de deux points :* angle formé par les rayons visuels joignant l'œil de l'observateur à ces points. *Distance angulaire de deux étoiles.* ■ **3** ANAT. *Artère angulaire,* qui passe au-dessus de l'angle interne de l'œil.

ANGULEUX, EUSE [ɑ̃gylø, øz] **adj.** – 1539 ◊ latin *angulosus* ■ **1** Qui présente des angles, des arêtes vives. *«sa face anguleuse au nez droit»* ALAIN-FOURNIER. — MATH. *Point anguleux d'une courbe :* point où la courbe a deux demi-tangentes non alignées. ■ **2** FIG. Plein d'aspérités, difficile. *«cet esprit rétif et anguleux»* SARTRE. ■ **CONTR.** Rond ; agréable.

ANGUS [ɑ̃gys] **n. m.** – 1856 ◊ mot anglais (1842), du n. d'une région d'Écosse ■ Race bovine originaire d'Écosse, dépourvue de cornes, appréciée pour sa viande. *L'angus noir.* ◆ **n.** Bovin de cette race. — APPOS. *Bœuf angus.*

ANGUSTURA [ɑ̃gystyʀa] **n. f.** – 1810 *angusture* ◊ de *Angostura,* ancien nom de Ciudad Bolivar, ville du Venezuela ■ Écorce de certaines rubiacées d'Amérique du Sud, employée comme fébrifuge ou tonique et comme ingrédient d'un amer. ◆ Cet amer, consommé en apéritif, en digestif ou dans des cocktails.

ANHARMONIQUE [anaʀmɔnik] **adj.** – 1837 ◊ de 2 *a-* et *harmonique* ■ MATH. *Rapport anharmonique.* ➤ **birapport.** PHYS. *Oscillation anharmonique,* dont la loi de variation s'écarte de la fonction sinusoïdale.

ANHÉLATION [anelasjɔ̃] **n. f.** – XVIe ◊ latin *anhelatio* ■ MÉD. Respiration courte et précipitée. ➤ **essoufflement.**

ANHÉLER [anele] **v. intr.** ⟨6⟩ – XVe ◊ latin *anhelare* ■ RARE Respirer péniblement, haleter.

ANHIDROSE ou **ANIDROSE** [anidʀoz] **n. f.** – 1843 ◊ de 2 *a-* et du grec *hidrôs* «sueur» ■ MÉD. Absence ou diminution importante de la transpiration. ➤ **dyshidrose.** — **adj. et n. m. ANHIDROTIQUE** ou **ANIDROTIQUE** [anidʀɔtik]. ➤ **antisudoral.**

ANHISTORIQUE [anistɔʀik] **adj.** – XXe ◊ de 2 *a-* et *historique* ■ DIDACT. Qui ne tient pas compte du point de vue historique.

ANHYDRE [anidʀ] **adj.** – 1820 ◊ grec *anudros* ■ CHIM. Qui ne contient pas d'eau. ■ **CONTR.** Aqueux.

ANHYDRIDE [anidʀid] **n. m.** – 1859 ◊ de *anhydre* et *(ac)ide* ■ CHIM. Composé obtenu par déshydratation totale d'un acide ; SPÉCIALT Composé organique de formule générale R–CO–O–CO–R′. *Anhydride sulfureux*.*

ANHYDRITE [anidʀit] **n. f.** – 1845 ◊ de *anhydre* ■ MINÉR. Sulfate naturel anhydre de calcium, présent dans les dépôts d'évaporation des eaux marines.

ANHYDROBIOSE [anidʀobjoz] **n. f.** – 1894 ◊ grec *anudros* «sans eau» et *bios* «vie» ■ BOT., ÉCOL. État de vie ralentie engendré par une sécheresse conduisant à la dessiccation d'un organisme. *Les mousses peuvent survivre en anhydrobiose* (➤ **reviviscence**).

ANICROCHE [anikʀɔʃ] **n. f.** – 1584 ◊ «sorte d'arme» 1546, probablt recourbée *(croche)* en bec de cane (ancien français *ane*) ■ Petite difficulté qui accroche, petit obstacle qui arrête. ➤ **accroc**, 1**incident**. *Tout s'est bien passé, à part quelques petites anicroches.*

ANIDROSE ➤ **ANHIDROSE**

ÂNIER, IÈRE [ɑnje, jɛʀ] **n.** – XIIe ◊ latin *asinarius* ■ Personne qui conduit les ânes.

ANILIDE [anilid] **n. m.** – 1845 ◊ de *anil(ine)* et *-ide* ■ CHIM. ORGAN. Tout amide dérivé de l'aniline, de formule $R{-}CO{-}NH{-}C_6H_5$.

ANILINE [anilin] **n. f.** – 1843 ◊ adaptation de l'allemand *Anilin* (1841), formé sur *Anil* «indigo», emprunté au français *anil* (1582). Ce dernier, emprunté au portugais, remonte, par l'intermédiaire de l'arabe, au persan *nil* «indigo». ■ CHIM. et COUR. Amine aromatique, de formule $C_6H_5{-}NH_2$, liquide huileux, incolore, toxique, employé dans la fabrication des colorants, des vernis, des carburants de fusée, et dans la synthèse organique. *L'aniline, d'abord isolée des produits de distillation de l'indigo, est aujourd'hui obtenue par réduction du nitrobenzène. Intoxication par l'aniline* (**ANILISME n. m.**, 1878).

ANIMADVERSION [animadvɛʀsjɔ̃] **n. f.** – XVIe ◊ latin *animadversio* ■ LITTÉR. Blâme, antipathie, réprobation. «*l'épaisseur de niaise animadversion dont les journaux français font étalage*» J.-R. BLOCH. ■ CONTR. Adhésion, approbation, louange.

1**ANIMAL, AUX** [animal, o] **n. m.** – fin XIIe ◊ latin *animal*

I (Concept général, incluant l'être humain) ■ **1** BIOL. Être vivant organisé, doué de sensibilité et de motilité, hétérotrophe (difficile à distinguer du végétal à l'état unicellulaire). ■ **2** COUR. *Animal raisonnable, social, supérieur, humain,* etc. : l'être humain. «*l'homme est un animal sociable*» MONTESQUIEU. ◆ (1537) T. d'injure Personne grossière, stupide, brutale. «*Il commence à me courir, l'animal*» CURTIS. — (Atténué) *Il a drôlement réussi, l'animal !*

II (Concept excluant l'être humain) Être vivant non végétal, doué de sensibilité, ne possédant pas les caractéristiques de l'espèce humaine (langage articulé, fonction symbolique, etc.). ➤ **bête ; insecte, mammifère, mollusque, oiseau, poisson, reptile, ver,** etc. *Science qui étudie les animaux.* ➤ **zoologie.** *Classification des animaux.* ➤ **taxinomie, zootaxie.** *Animaux actuels, fossiles.* ➤ 2**faune.** *Animaux fabuleux, symboliques. Animaux sauvages* (➤ **fauve**), *domestiques, utilitaires, de laboratoire*, de compagnie*, de boucherie*, de réforme*. Animal de rente,* destiné à la production de denrées alimentaires (viande, poisson, lait, œufs, miel...). *Apprivoiser, domestiquer, dompter, dresser un animal.* — *L'animal-machine :* l'animal, selon la conception mécaniste de Descartes (opposé à *l'humain, qui raisonne*). «*L'animal primitif qui subsiste indéfiniment dans l'homme*» TAINE. ➤ **bête, brute ; bestialité.** *L'homme et l'animal.* ➤ **anthropomorphisme.** *Défense des animaux.* ➤ **animalisme.** *Société protectrice des animaux (S. P. A.) :* société fondée en 1845, veillant au bon traitement des animaux et poursuivant, le cas échéant, par voie judiciaire, tout abus constaté à leur égard. ◆ *Animaux purs, impurs :* distinction établie par la loi mosaïque et déclarant impropres à l'alimentation les animaux amphibies et ceux au pied fendu (grenouille, porc, âne, lièvre, etc.).

2**ANIMAL, ALE, AUX** [animal, o] **adj.** – XIIIe ◊ latin *animalis* ■ **1** Qui a rapport à l'animal (I, 1°) [opposé à *végétal* et incluant l'être humain]. *Espèces animales. Règne animal. Fonctions animales :* fonctions sensitives, nerveuses et motrices qui caractérisent le règne animal. *Chaleur animale,* dégagée par le corps. *Milieu sans vie animale* (➤ 1**azoïque**). VX *Esprits* animaux.* ◆ Qui en l'homme est propre à l'animal. ➤ **bestial, brutal, charnel,** 1**physique, sensuel.** «*L'instinct maternel est divinement animal*» HUGO. *Une confiance animale,* instinctive. *Une beauté animale.* ■ **2** Qui est propre à l'animal (excluant l'être humain). *Instinct animal. Graisse, matière animale,* qui provient des bêtes. *Farines* animales. Charbon, noir animal. Traction animale,* produite par l'animal. *Étude du comportement animal.* ➤ **éthologie.** ■ CONTR. Végétal. Spirituel.

ANIMALCULE [animalkyl] **n. m.** – 1564 ◊ de 1*animal,* d'après *homoncule* ■ Animal microscopique.

ANIMALERIE [animalʀi] **n. f.** – v. 1960 ◊ de 1*animal* ■ **1** Lieu où l'on élève les animaux et notamment, dans un laboratoire, ceux qui sont destinés aux expériences scientifiques (➤ **animalier,** 2°). ■ **2** Magasin qui fait le commerce des petits animaux de compagnie (chiens, chats, poissons, oiseaux...).

ANIMALIER, IÈRE [animalje, jɛʀ] **n.** et **adj.** – avant 1778 ◊ de *animal* ■ **1 n. m.** Peintre, sculpteur d'animaux. EN APPOS. *Un peintre animalier.* ■ **2** (v. 1960) Personne chargée de l'entretien des animaux, dans un laboratoire, un zoo, une animalerie... ■ **3 adj.** Qui concerne les animaux. *Parc animalier,* où des animaux rares sont en liberté. ◆ Qui se rapporte aux animaux. *Documentaire animalier. Littérature animalière, vocabulaire animalier.*

ANIMALISME [animalism] **n. m.** – 2007 ; autre sens 1801 ◊ de 1*animal* ■ DIDACT. Mouvement de défense des droits des animaux en tant qu'êtres sensibles. *Animalisme et antispécisme.* — **adj.** et **n. ANIMALISTE.**

ANIMALITÉ [animalite] **n. f.** – XIIe ◊ de 1*animal* ■ **1** Ensemble des caractères propres à l'animal ; le règne animal. ■ **2** La partie animale de l'être humain. ➤ **bestialité, instinct.** «*L'ascendant croissant de notre humanité sur notre animalité*» COMTE. ■ CONTR. Humanité, spiritualité.

ANIMATEUR, TRICE [animatœʀ, tʀis] **adj.** et **n.** – 1801 ◊ bas latin *animator*

I ■ **1** Qui anime, insuffle la vie. ➤ **créateur, vivifiant.** ■ **2 n.** Personne qui anime une collectivité par son ardeur et son allant. «*le chef, l'animateur, l'entraîneur qu'était Bonaparte*» MADELIN.

II n. ■ **1** Personne qui présente et commente un spectacle (music-hall) ou une émission (radio, télévision). ➤ **meneur** (de jeu), **présentateur.** *L'animateur d'un débat. L'animateur d'une émission matinale.* ➤ **matinalier.** — Personne qui passe de la musique, dans une réunion publique ou privée. Recomm. offic. pour *disc-jockey**. ■ **2** (1929) CIN. Auteur de dessins animés, technicien responsable de l'animation. ■ **3** (v. 1960) Spécialiste de l'animation (3°) des groupes humains. *Animateur de centre aéré* (➤ **BAFA**).

ANIMATION [animasjɔ̃] **n. f.** – XIVe ◊ latin *animatio,* de *anima* ■ **1** RARE Action d'animer, de donner la vie. ◆ THÉOL. Union de l'âme au corps. *Animation immédiate,* dès la conception. ■ **2** Caractère de ce qui est animé, vif, plein de vie. *Parler avec animation.* ➤ **chaleur, flamme passion, vivacité.** *Mettre de l'animation dans une réunion,* amuser, faire rire. ➤ **entrain.** ◆ Allées et venues dans un lieu. *Il y a beaucoup d'animation dans ce quartier.* ➤ **activité, mouvement.** ■ **3** (1972) Méthodes de conduite d'un groupe qui favorisent l'intégration et la participation de ses membres à la vie collective (cf. Dynamique* de groupe). *L'animation d'une maison de la culture, d'un centre aéré.* ■ **4** Mise en mouvement de dessins ou de figurines donnant l'illusion de la vie. *Cinéma d'animation :* dessins* animés, films de marionnettes ou de personnages de pâte à modeler. ■ **5** Élément graphique animé (dessin, image, pictogramme...), en général interactif, et souvent en 3 D. «*leur site Internet était graphiquement très innovant, avec des animations saisissantes*» HOUELLEBECQ. ■ **6** *Animation satellite :* images animées de phénomènes météorologiques prises par satellite. ■ CONTR. 1Calme, froideur, repos, torpeur.

ANIMATRONIQUE [animatʀɔnik] **n. f.** – v. 1980 ◊ mot-valise, de *anima(tion)* et *(élec)tronique,* d'après l'anglais *animatronics* (1971) ■ TECHN. Ensemble de procédés électromécaniques utilisés pour animer des figurines représentant des êtres vivants. — PAR MÉTON. Créature ainsi animée. *Les dinosaures de ce film sont des animatroniques.*

ANIMÉ, ÉE [anime] **adj.** – de *animer* ■ **1** DIDACT. Doué de vie. ➤ 2**vivant.** *Les êtres animés :* les plantes et les animaux (opposés aux choses). — ABUSIVEMENT En grammaire, se dit des personnes et des animaux qui bougent. ◆ THÉOL. Qui a une âme. *L'embryon est-il animé ?* ■ **2** Plein de vie, de vivacité. *Échange, débat animé.* ➤ **vif.** — MUS. *Animé* (ou it. *animato*). ◆ LITTÉR. *Animé contre qqn.* ➤ **irrité.** ■ **3** Plein de mouvement, d'agitation. *Rue peu animée.* ■ **4** *Dessin* animé.* ■ CONTR. Inanimé ; 1froid.

ANIMER [anime] **v. tr.** ⟨1⟩ – XIVe ◊ latin *animare,* de *anima* ■ **1** Douer de vie, insuffler la vie à (qqn ou qqch.). «*une volonté meut l'univers et anime la nature*» ROUSSEAU. ➤ **animisme.** — *L'artiste anime le marbre, ses personnages.* ◆ Douer d'activité, de mouvement. *Les jeunes ont animé le quartier.* ◆ FIG. *Animer la conversation, la soirée.* ➤ **égayer.** ■ **2** Communiquer son ardeur, son enthousiasme à (qqn). ➤ **aiguillonner,**

électriser, enflammer, stimuler. *« il animait les six chanteurs de la voix et du geste »* HUGO. ◆ SPÉCIALT (VIEILLI) Exciter (contre qqn). *« Animant le peuple contre la noblesse »* BOSSUET. ◆ Donner l'impulsion à (une entreprise), être à l'origine de l'activité de. ➤ **diriger, impulser** (cf. Faire marcher*). *Animer une entreprise, un spectacle. En menant, il a animé la course.* ▪ **3** Donner de l'éclat, de la vivacité à (qqch.). ➤ **aviver, enflammer.** *Un doigt de vin « anima les regards »* FRANCE. ◆ (Sujet chose) Constituer le principe de l'activité de. ➤ **inspirer, mener.** *La volonté qui l'anime. Animé des meilleures intentions.* ▪ **4** PRONOM. Naître à la vie, au mouvement. *Dans son rêve, la statue s'animait.* ➤ **s'ébranler,** se **mouvoir.** *La rue s'anime le soir.* — (Sujet personne) Devenir gai, loquace, plein d'entrain. ➤ **s'échauffer.** *« Sans être naturellement gai, il s'animait de la gaieté des autres »* MARMONTEL. ◆ Prendre de la vivacité, de l'éclat. *Le débat s'anime.* ▪ CONTR. Arrêter, paralyser, retenir.

ANIMISME [animism] n. m. – 1781 ◇ de *animiste* ▪ **1** ANCIENNT Doctrine physiologico-médicale de Stahl, expliquant les faits vitaux par l'intervention de l'âme. ➤ **vitalisme.** ▪ **2** (1880) SOCIOL. Attitude consistant à attribuer aux choses une âme analogue à l'âme humaine. *L'animisme de l'enfant.* — Attitude religieuse traditionnelle, en Afrique. *Coexistence de l'animisme et de l'islam.*

ANIMISTE [animist] adj. et n. – 1765 ◇ du latin *anima* « âme » ▪ Qui professe l'animisme, est marqué par l'animisme (1° et 2°). *Populations africaines animistes.* n. *Un, une animiste.*

ANIMOSITÉ [animozite] n. f. – début XIVe ◇ bas latin *animositas* ▪ Sentiment persistant de malveillance qui porte à nuire à qqn. ➤ **antipathie, haine, inimitié.** *Je le dis sans animosité.* ◆ Emportement, violence (dans une discussion, un affrontement, etc.). ➤ **agressivité, âpreté, véhémence.** *Il y avait trop d'animosité, de part et d'autre, dans ce débat.* ▪ CONTR. Bienveillance, cordialité.

ANION [anjɔ̃] n. m. – 1838 ◇ mot créé en anglais (1834, Faraday) sur le grec *anion* « qui s'élève » → ion, cation ▪ PHYS. Ion à charge négative qui, dans une électrolyse, se dirige vers l'anode (opposé à *cation*).

ANIS [ani(s)] n. m. – XIIIe ◇ latin d'origine grecque *anisum* ▪ Plante dicotylédone *(ombellifères),* cultivée pour ses propriétés aromatiques et médicinales. *Boissons alcoolisées à l'anis.* ➤ **ouzo, pastis, raki.** *Liqueur d'anis.* ➤ **anisette.** *Bonbons à l'anis.* ◆ *Faux anis.* ➤ **aneth.** *Anis des Vosges.* ➤ **cumin.** *Anis étoilé.* ➤ **badiane.**

ANISAKIASE [anizakjaz] n. f. – 1981 ◇ de *anisakis,* nom du parasite, du grec « en nombre inégal de fois » ▪ MÉD. Infestation parasitaire gastro-intestinale par les larves d'un parasite (anisakis), nématode de la famille des ascarides. *La consommation de poisson cru ou insuffisamment cuit peut provoquer une anisakiase.*

ANISER [anize] v. tr. ‹1› – 1564 ◇ de *anis* ▪ Parfumer à l'anis. — p. p. adj. *Apéritif anisé.*

ANISETTE [anizɛt] n. f. – 1771 ◇ de *anis* ▪ Liqueur préparée avec des graines d'anis. — Verre de cette liqueur. *Prendre une anisette.*

ANISOCORIE [anizɔkɔʀi] n. f. – 1933 ◇ du grec *anisos* « inégal » et *korê* « pupille » ▪ MÉD. Inégalité du diamètre des deux pupilles.

ANISOGAMIE [anizɔgami] n. f. – 1960 ◇ de 2*a-* et *isogamie* ▪ BIOL. ➤ **hétérogamie.** ▪ CONTR. Isogamie.

ANISOTROPE [anizɔtʀɔp] adj. – 1858 ◇ de 2*a-* et *isotrope* ▪ PHYS. Se dit d'une substance, d'un corps dont les propriétés varient selon la direction considérée, même si le milieu, la matière est homogène. *Le cristal est anisotrope.* ▪ CONTR. Isotrope.

ANISOTROPIE [anizɔtʀɔpi] n. f. – 1890 ◇ de *anisotrope* ▪ PHYS. État, qualité d'une substance anisotrope. ▪ CONTR. Isotropie.

ANITE [anit] n. f. – 1910 ◇ de *anus* et *-ite* ▪ MÉD. Inflammation de l'anus. *Anite hémorroïdaire.*

ANKYLOSE [ɑ̃kiloz] n. f. – 1721 ◇ grec *agkulôsis* ▪ Diminution ou impossibilité absolue des mouvements d'une articulation naturellement mobile. ➤ **courbature, paralysie.** ▪ CONTR. Souplesse.

ANKYLOSER [ɑ̃kiloze] v. tr. ‹1› – *ankylosé* 1749 ◇ de *ankylose* ▪ **1** Paralyser par ankylose. — p. p. adj. *Membre ankylosé.* ▪ **2** PRONOM. Être atteint d'ankylose. *Je m'ankylose, dans cette position.* — PAR EXT. Perdre de sa rapidité de réaction, de mouvement par suite d'une immobilité, d'une inaction prolongée. ➤ se **rouiller.** *L'esprit s'ankylose dans la routine.*

ANKYLOSTOME [ɑ̃kilostom] n. m. – 1877 ◇ grec *agkulos* « recourbé, crochu » et *stoma* « bouche » ▪ ZOOL. Ver, nématode parasite de l'intestin grêle, provoquant une anémie pernicieuse. — n. f. **ANKYLOSTOMIASE** [ɑ̃kilɔstɔmjaz].

ANNAL, ALE, AUX [anal, o] adj. – début XIIe ◇ latin *annalis* ▪ DR. Qui ne dure qu'un an (➤ aussi **annuel**). *Droit annal,* qui produit ses effets au bout d'un an. *Prescription annale.* ▪ HOM. Anal, annales ; anneau.

ANNALES [anal] n. f. pl. – 1447 ◇ latin *annales,* plur. de *annalis* « de l'année » ▪ **1** Ouvrage rapportant les évènements dans l'ordre chronologique, année par année. ➤ 1 **chronique.** *« les Orientaux écrivent des annales plutôt que de l'histoire »* BARRÈS. ◆ PAR EXT. Histoire. *Célèbre dans les annales du crime.* ▪ **2** Titre de revues, de recueils périodiques de faits relatifs à la vie religieuse, scientifique, etc. *Annales de géographie.* ▪ HOM. Anal ; annal.

ANNALISTE [analist] n. – 1560 ◇ de *annales* ▪ Auteur d'annales ; historien(ne). ➤ **mémorialiste.** *« Un écrivain touche à bien des plaies en se faisant l'annaliste de son temps »* BALZAC. ▪ HOM. Analyste.

ANNALITÉ [analite] n. f. – 1876 ◇ de *annal* ▪ DR. Caractère de ce qui est annal. *Annalité d'une possession.* ▪ HOM. Analité.

ANNAMITE [anamit] adj. et n. – 1838 ◇ de *Annam* ▪ HIST. Relatif à l'Annam ou à ses habitants. ◆ n. *Un, une Annamite.* — n. m. (VIEILLI) *L'annamite :* langue du groupe thaï (Indochine et Chine du Sud). ➤ **vietnamien.**

ANNEAU [ano] n. m. – XIe ◇ latin *an(n)ellus*

I ▪ **1** Cercle de matière dure qui sert à attacher ou à retenir. ➤ **boucle,** 2 **coulant.** *Anneaux de rideau. Passer un crochet dans un anneau. L'anneau d'un piton, d'un cadenas, d'un porte-clé. Classeur à anneaux. Anneaux réunissant deux objets.* ➤ **bride, collier, manchon, mousqueton, virole.** *Anneau de renfort.* ➤ 1 **frette.** *Anneau de suspension.* ➤ **bélière, tire-fond.** — MÉD. *Anneau gastrique*.* — MAR. *Anneau d'une ancre.* ➤ **organeau.** *Anneau de cordage.* ➤ 1 **erse.** *Anneau d'amarrage.* PAR EXT. Emplacement de mouillage. *Louer un anneau de port.* ◆ *Les anneaux d'une chaîne.* ➤ **chaînon, maillon.** — FIG. *« Remontant depuis le dernier anneau de la chaîne des êtres jusqu'à l'homme »* CHATEAUBRIAND. ▪ **2** Petit cercle de métal (souvent précieux) qu'on met au doigt. ➤ **bague.** *Anneau nuptial, de mariage.* ➤ **alliance.** *Doigt qui porte l'anneau* (➤ 1 **annulaire**). *Anneau pastoral, épiscopal. Anneau sigillaire.* — Boucle d'oreille composée d'un cercle métallique. ➤ **créole.** *« Les pirates ont des nez vermeils Et des anneaux d'or pendus aux oreilles »* VIAN. ▪ **3** AU PLUR. Appareil de gymnastique composé de deux cercles métalliques fixés à l'extrémité de deux cordes suspendues. *Les anneaux d'un portique. Exercices aux anneaux.* ➤ **agrès.**

II ▪ **1** Forme circulaire (entourant ou non qqch.). *Anneaux olympiques. Cheveux retombant en anneaux.* ➤ **boucle.** — *Anneau routier :* rocade interne la plus proche du centre-ville. ➤ 2 **ring.** — BOT. Collerette membraneuse à la partie supérieure du pied d'un champignon. *L'anneau d'une lépiote.* Dépôt annuel de bois secondaire chez les végétaux supérieurs ligneux. ➤ **cercle** (annuel), **cerne ; dendrochronologie.** — ZOOL. ➤ **métamère, segment.** — ARCHIT. Ceinture de faible saillie décorant les colonnes annelées. ▪ **2** *Les anneaux de Jupiter, de Saturne, d'Uranus :* ceintures concentriques composées de fragments solides entourant ces planètes. — PHYS. *Anneaux à l'infini, de diffraction*, d'interférence*. Anneaux colorés de Newton,* qui se produisent concentriquement autour du point de contact d'une lentille convexe et d'une surface plane réfléchissante. *Anneau oculaire*.* — NUCL. *Anneau de stockage :* dispositif annulaire destiné à accélérer des particules chargées en vue d'effectuer des collisions avec des particules d'un autre anneau de stockage. *Anneau de collision :* anneau de stockage permettant des collisions entre particules de charges opposées (➤ **collisionneur**). ▪ **3** MATH. Structure algébrique, triplet formé d'un ensemble et de deux lois de composition sur cet ensemble, la loi d'addition et la loi de multiplication. *Les entiers rationnels (munis de l'addition et de la multiplication) forment un anneau. Anneau de polynômes, de matrices.* ◆ *Anneau sphérique :* portion de surface d'une sphère comprise entre deux cercles parallèles.

▪ HOM. Anaux (anal), annaux (annal).

ANNÉE [ane] **n. f.** – 1170 ◊ latin populaire °*annata*, de *annus* → an ▪ **1** ASTRON. Temps de révolution de la Terre autour du Soleil. PAR EXT. Temps de révolution d'une planète autour du Soleil, d'un satellite autour d'une planète. *L'année de Mars, l'année lunaire. Année sidérale**. *Année tropique* : temps qui s'écoule entre deux passages successifs de la Terre au point vernal* (365,2421988... jours, pour l'année tropique moyenne). *Année astronomique,* d'une durée égale à l'année tropique moyenne, commençant conventionnellement à un instant où la longitude moyenne du Soleil atteint une valeur déterminée (moment qu'on maintient, grâce à la correction des années bissextiles, à la même date, le 1er janvier). ➤ **calendrier.** — (1877) *Année de lumière.* ➤ **année-lumière.** *Des années de lumière.* ♦ COUR. Période de douze mois commençant le 1er janvier à 0 h pour un pays appartenant à un fuseau horaire donné et finissant le 31 décembre. *Année civile, calendaire**. *Les saisons de l'année.* — *Souhaiter à qqn la bonne année,* au nouvel an*. — Chacun de ces espaces de temps rangés dans l'ordre chronologique et datés. *L'année 1900. En quelle année ? L'année dernière, prochaine. L'année sainte**, *climatérique**. *L'année séculaire**. — AU PLUR. *Les années 60. Les années folles* : les années 1920-1930. «*Les Anglaises des années vingt étaient encore les Anglaises à chapeaux à fleurs et à longues dents des comédies de Labiche*» GRACQ. *Les années swing. Les années Mitterrand. Les années de plomb**. ▪ **2** Période égale à douze mois, considérée dans sa durée seulement et commençant à une date quelconque. ➤ **an.** *Il y a bien deux années que je ne l'ai pas rencontré. Location au mois ou à l'année.* — **(qualifié)** *Une année difficile. C'est une bonne année pour le bourgogne.* ➤ **millésime.** *Année budgétaire* : période d'exercice d'un budget. *Année sabbatique**. *Année de césure**. *Année blanche**. ♦ Cette période, à dater du jour de la naissance. ➤ **âge.** *Il est dans sa dix-huitième année.* «*Courbé comme un vieillard sous le poids des années*» HUGO. *Les vertes années* : l'adolescence. ▪ **3** Période d'activité, d'une durée inférieure à une année, mais considérée d'année en année. *Année scolaire, théâtrale. Année ecclésiastique,* commençant le premier dimanche de l'Avent. — SPÉCIALT Durée annuelle d'études. *Étudiant de deuxième année.*

ANNÉE-LUMIÈRE [anelymjɛʀ] **n. f.** – 1908 ; *année de lumière* 1877 ◊ de *année* et *lumière* ▪ MÉTROL. Unité astronomique de mesure de longueur (SYMB. al), correspondant à la distance parcourue par la lumière dans le vide en une année, soit env. $9{,}461.10^{15}$ mètres, ou 0,307 parsec. *L'étoile la plus proche se situe à 4,22 années-lumière de la Terre.* — On dit aussi *année de lumière.* — FIG. *À des années-lumière de* : très éloigné de. *La réalité est à des années-lumière de ses illusions.*

ANNELÉ, ÉE [an(ə)le] **adj.** – 1544 ◊ de *anel* → anneau ▪ Disposé en anneaux. *Chevelure annelée.* ➤ **bouclé.** BOT. *Vaisseaux annelés.* ZOOL. *Vers annelés* : annélides. ♦ *Colonne annelée,* ceinturée d'anneaux.

ANNÉLIDES [anelid] **n. m. pl.** – 1802 ◊ de *anel* → anneau ▪ ZOOL. Embranchement des vers à segments (ou métamères) comprenant les polychètes, les oligochètes et les hirudinées. AU SING. *Un annélide.*

1 **ANNEXE** [anɛks] **adj.** – XIIIe ◊ latin *annexus,* p. p. de *annectere* «attacher à» ▪ **1** Qui est rattaché à un élément principal. ➤ **complémentaire, secondaire.** *Bâtiment annexe. Les pièces annexes d'un dossier. École annexe* : école primaire attachée à une école normale, où les futurs maîtres font des stages. ▪ **2** Qui est accessoire, peu important. *Questions annexes.* ➤ 1 **mineur.** ▪ CONTR. Essentiel.

2 **ANNEXE** [anɛks] **n. f.** – XVIe ◊ latin *annexus* «association» ▪ **1** Bâtiment, pièce, organe annexe. *Loger à l'annexe de l'hôtel.* ➤ **dépendance, succursale.** ♦ Chapelle dépendant de l'église paroissiale. ♦ MAR. Embarcation auxiliaire. *Une annexe pneumatique.* ➤ **canot.** ▪ **2** ANAT. Élément qui se rattache à un organe principal. *Les annexes de l'œil, de l'utérus.* EMBRYOL. *Annexes embryonnaires* : organes temporaires situés en dehors du corps de l'embryon, assurant sa nutrition et sa protection (amnios, placenta). ▪ **3** Pièces, fichiers, dispositions additives et complémentaires. *Les annexes d'une loi, d'un traité. En annexe à, de ce dossier.* ➤ **appendice.** DR. CIV. *Annexe de propre* : clause particulière d'un contrat de mariage sous le régime de la communauté.

ANNEXER [anɛkse] **v. tr.** ⟨1⟩ – 1269 ◊ de *annexe* ▪ **1** Joindre à un objet principal (une chose qui en devient la dépendance). ➤ **incorporer, rattacher, réunir.** *Annexer des pièces à un dossier.* — **p. p. adj.** *Documents annexés. Les documents ci-annexés,* ci-joints. ▪ **2** Faire passer sous sa souveraineté. *Annexer un territoire.* ♦ FIG. *Il a annexé mon bureau.* ➤ **coloniser, occuper.** — PRONOM. (FAM.) S'attribuer. *S'annexer le meilleur morceau.* ▪ CONTR. 1 Détacher, séparer ; céder.

ANNEXION [anɛksjɔ̃] **n. f.** – fin XIVe, repris 1660, puis milieu XIXe ◊ bas latin *annexio* ▪ POLIT. Action d'annexer (2°). *L'annexion de la Savoie à la France.* ➤ **incorporation, rattachement.** ♦ Prise de possession, mainmise. *L'annexion d'un domaine de connaissances par une discipline.* ▪ CONTR. Cession, séparation.

ANNEXIONNISTE [anɛksjɔnist] **adj.** et **n.** – 1853 ◊ de *annexion* ▪ Qui a pour objet l'annexion d'un pays à un autre. *Politique annexionniste.* ♦ Partisan d'une politique d'annexion. — **n.** *Les annexionnistes.* ♦ Qui absorbe, revendique comme sien. «*certaines tendances réductionnistes ou plus précisément annexionnistes*» PIAGET. — **n. m.** (1866) **ANNEXIONNISME.**

ANNIHILATION [aniilasjɔ̃] **n. f.** – XIVe ◊ latin ecclésiastique *annihilatio* → annihiler ▪ **1** VX Anéantissement, annulation. *L'annihilation de ses projets.* ▪ **2** MOD. PHYS. Transformation d'une paire (particule et antiparticule) en un rayonnement de particules de nature différente (photons, en particulier). ➤ **dématérialisation.**

ANNIHILER [aniile] **v. tr.** ⟨1⟩ – XIVe ◊ latin ecclésiastique *annihilare,* de *nihil* «rien» ▪ Réduire à rien. ➤ **anéantir, annuler, détruire.** *Le destin a annihilé ses efforts.* PRONOM. «*l'être individuel s'annihile*» LOTI. ♦ Briser, paralyser la volonté de (qqn). ➤ **inhiber.** *Le chagrin l'annihile.* ▪ CONTR. Créer, fortifier, maintenir.

ANNIVERSAIRE [anivɛʀsɛʀ] **adj.** et **n. m.** – fin XIIe, comme nom ◊ du latin *anniversarius* «qui revient tous les ans» ▪ **1 adj.** (1556) Qui ramène le souvenir d'un évènement arrivé à pareil jour une ou plusieurs années auparavant. *Jour, service anniversaire.* ➤ **commémoratif.** ▪ **2 n. m.** (fin XIIe) Jour anniversaire (donnant lieu généralement à une fête). *L'anniversaire de la naissance, de la mort d'un personnage célèbre. Le cinquantième anniversaire de leur mariage* (cf. Noces* d'or). *Fêter le centième anniversaire d'un évènement, d'une œuvre.* ➤ **centenaire, commémoration.** *Célébrer un anniversaire.* ♦ (1814) ABSOLT Jour anniversaire de la naissance de qqn. ABRÉV. FAM. **ANNIV** [aniv], **(Belgique) ANNIF** [anif]. *C'est mon, son anniversaire. Bon anniversaire ! Son vingtième anniversaire* : le jour de ses vingt ans. «*sans anniversaire, comment savoir que nous existons et que le temps nous est compté ?*» M. DESPLECHIN.

ANNONCE [anɔ̃s] **n. f.** – 1440 *anunce* ◊ de *annoncer* ▪ **1** Action d'annoncer, de faire savoir qqch., verbalement ou par écrit. ➤ **avis, communication, communiqué, déclaration, notification, nouvelle, publication.** *L'annonce des résultats du scrutin. L'annonce du diagnostic. Bande-annonce d'un film.* ➤ 1 **bande.** — *Effet d'annonce* : création d'un évènement par le seul fait de l'annoncer avant qu'il ait eu lieu. *Les* «*politiques, plus soucieux de l'effet d'annonce que des suites concrètes de leur initiative*» (Le Monde, 2001). ♦ **À L'ANNONCE DE (qqch.) :** au moment où l'on apprend (une nouvelle). *À l'annonce de cet évènement...* ▪ **2** Écrit contenant un avis annonçant qqch. *Annonces publicitaires, par affiches, prospectus.* ➤ **message,** 2 **réclame.** — DR. *Annonce judiciaire, légale,* dont la loi, un jugement exige l'insertion dans les journaux. ♦ **PETITE ANNONCE :** texte bref, offre ou demande de biens ou de services (emploi, appartement, etc.). *Rubrique des petites annonces dans un journal. Répondre à une petite annonce.* ▪ **3** CARTES **(bridge, etc.)** Déclaration par chaque joueur de ses cartes marquantes ou du contrat qu'il se propose de remplir. *Annonce de deux trèfles.* ➤ **enchère.** ▪ **4** Ce qui laisse prévoir une chose, anticipe un évènement. ➤ **indice, présage, signe.** «*Cette apparente stupidité qui est l'annonce des âmes fortes*» ROUSSEAU.

ANNONCER [anɔ̃se] **v. tr.** ⟨3⟩ – début XIe ◊ du latin *annuntiare,* famille de *nuntius* «messager» → nonce ▪ **1** Faire savoir, porter à la connaissance. ➤ **apprendre, communiquer,** 1 **dire, publier, signaler.** *Annoncer à qqn une bonne, une mauvaise nouvelle. Annoncer qqch. dans les formes légales.* ➤ **notifier.** *Il lui annonça qu'il partait. Annoncer un carré, deux sans atout* (aux cartes), en faire l'annonce. *Annoncer la couleur**. ♦ Publier par un avis verbal ou écrit. *Les journaux ont annoncé son mariage.* ♦ Signaler (qqn) comme arrivant, se présentant. *Veuillez m'annoncer à Madame. Se faire annoncer* (par un employé, un huissier). ▪ **2** Prédire. *Les prophètes annonçaient la venue du Messie. La météo a annoncé du soleil.* ▪ **3 (Sujet chose)** Être l'indice, le signe de. ➤ **dénoter, indiquer, marquer, signaler.** «*une figure agréable, très douce, annonçant une sorte de candeur*» CHATEAUBRIAND. *Ces chiffres n'annoncent rien de* *bon.* ➤ **augurer, révéler.** ◆ Indiquer comme devant prochainement arriver ou se produire. *« L'émotion qui annonce l'amour »* ALAIN. *« cette petite fleur qui annonce le beau temps »* HUGO. ➤ **préluder** (à). ▪ **4** PRONOM. Apparaître comme devant prochainement se produire. *« La décadence s'annonce de toutes parts »* VOLTAIRE. ◆ Se présenter comme un bon ou un mauvais début. *La rentrée s'annonce plutôt bien.* ▪ CONTR. Cacher, taire.

ANNONCEUR, EUSE [anɔ̃sœʀ, øz] n. – 1752 ; « hérault » XIIe ◊ de *annoncer* ▪ **1** n. m. VX Comédien qui annonçait le prochain spectacle. ▪ **2** Personne qui paie l'insertion d'une annonce dans un journal, ou fait passer un message publicitaire dans les médias. *Annonceurs et publicitaires.* ▪ **3** (1985) **(Canada)** Personne qui présente une émission, à la radio ou à la télévision. ➤ **animateur, présentateur.**

ANNONCIATEUR, TRICE [anɔ̃sjatœʀ, tʀis] n. – XVe ◊ latin ecclésiastique *adnuntiator* ▪ RARE Personne qui annonce, prédit. ➤ **héraut. adj.** Qui présage, avant-coureur. ➤ **précurseur.** *Signes annonciateurs.*

ANNONCIATION [anɔ̃sjasjɔ̃] n. f. – XIIe ◊ latin ecclésiastique *adnuntiatio* ▪ Message de l'ange Gabriel à la Vierge pour lui annoncer sa conception miraculeuse. *La fête de l'Annonciation a lieu le 25 mars.*

ANNONCIER, IÈRE [anɔ̃sje, jɛʀ] n. – 1847 ◊ de *annonce* ▪ Personne qui est chargée de la composition et de l'insertion des annonces dans un journal.

ANNONE [anɔn] n. f. – XIIe ◊ latin *annona* ▪ ANTIQ. ROM. Récolte de l'année ; ravitaillement du peuple en blé. *Préfet de l'annone.* — Impôt en nature pour assurer ce ravitaillement. ▪ HOM. Anone.

ANNOTATEUR, TRICE [anɔtatœʀ, tʀis] n. – 1552 ◊ de *annoter* ▪ Personne qui annote (un texte). ➤ **commentateur, éditeur** (Io), **scoliaste.**

ANNOTATION [anɔtasjɔ̃] n. f. – XIVe ◊ latin *adnotatio* ▪ Note critique ou explicative qui accompagne un texte. ➤ **apostille, glose, remarque.** — Note de lecture qu'on inscrit sur un livre.

ANNOTER [anɔte] v. tr. ‹1› – 1706 ; « inventorier » 1418 ◊ latin *adnotare* ▪ Accompagner (un texte) de notes critiques ; mettre sur (un livre) des notes personnelles. *Exemplaire annoté par l'auteur.* ➤ **commenter, marginer.**

ANNUAIRE [anɥɛʀ] n. m. – 1791 ◊ du latin *annuus* « annuel » et *-aire* ▪ Recueil publié annuellement et qui contient des renseignements remis à jour tous les ans. *L'annuaire des téléphones.* ➤ **bottin.** *Chercher un nom dans l'annuaire. Consulter l'annuaire. L'Annuaire du Bureau des longitudes.* ◆ INFORM. Site spécialisé dans l'indexation des sites web.

ANNUALISER [anɥalize] v. tr. ‹1› – 1985 ◊ de *annuel* ▪ ADMIN. Donner une périodicité annuelle à ; établir sur la base de l'année. *Annualiser le temps de travail.* — **p. p. adj.** *Salaire annualisé.* — **n. f. ANNUALISATION,** 1984.

ANNUALITÉ [anɥalite] n. f. – 1789 ◊ de *annuel,* d'après le latin *annualis* ▪ Qualité de ce qui est annuel, valable pour une seule année. *Le principe de l'annualité budgétaire.*

ANNUEL, ELLE [anɥɛl] adj. – fin XIe ◊ du bas latin *annualis* ▪ **1** Qui a lieu, revient chaque année. *Banquet annuel. Congé annuel. Publication annuelle.* ➤ **annuaire.** *Rente annuelle,* perçue chaque année. ▪ **2** (1365) Qui dure un an. *« à Rome les préteurs étaient annuels »* MONTESQUIEU. — (1718) *Plantes annuelles,* qui ne vivent qu'un an (opposé à *bisannuelles, vivaces*).

ANNUELLEMENT [anɥɛlmɑ̃] adv. – *anuelment* 1294 ◊ de *annuel* ▪ Par an, chaque année. *Droits perçus annuellement.*

ANNUITÉ [anɥite] n. f. – 1395 ◊ latin médiéval *annuitas* ▪ Montant annuel de la somme que doit verser un débiteur à son créancier pour le remboursement du capital (amortissement) et le paiement des intérêts d'un emprunt. ◆ Dans le décompte des pensions, Équivalent d'une année de service. *« Elle ne disposait pas des annuités qui lui auraient permis de toucher une pension à taux plein »* D. DE VIGAN.

ANNULABLE [anylabl] adj. – 1823 ◊ de *annuler* ▪ Qui peut être annulé. ➤ **attaquable, résiliable.**

1 **ANNULAIRE** [anylɛʀ] n. m. – 1539 pour *doigt annulaire* ◊ bas latin *(digitus) anularis* « (doigt) propre à l'anneau » ▪ Doigt auquel on met l'anneau, le quatrième à partir du pouce. *Porter une alliance à l'annulaire.*

2 **ANNULAIRE** [anylɛʀ] adj. – 1546 ◊ latin *anularius* ▪ En forme d'anneau. ANAT. *Protubérance, ligament annulaire.* ASTRON. *Éclipse annulaire.*

ANNULATION [anylasjɔ̃] n. f. – 1320, repris fin XVIIIe ◊ latin ecclésiastique *adnulatio* ▪ DR. Décision judiciaire ou administrative déclarant sans effet un acte contrevenant à un commandement ou à une défense de la loi. ➤ **abrogation,** 1 **cassation, infirmation, invalidation, résolution, révocation.** — COUR. Suppression. *L'annulation d'une commande. Annulation de la dette des pays en voie de développement par les pays riches.* ▪ CONTR. Confirmation, maintien, ratification.

ANNULER [anyle] v. tr. ‹1› – 1289 ◊ latin ecclésiastique *adnullare,* de *nullus* « nul » ▪ **1** DR. Déclarer ou rendre sans effet, frapper de nullité. ➤ **abroger, casser, dissoudre, infirmer, invalider, réformer, résoudre, révoquer.** *Son mariage a été annulé. La Cour a annulé le premier jugement.* — COUR. Supprimer, rendre nul. *Annuler un contrat* (➤ **résilier**), *un rendez-vous* ➤ **décommander.** *Mon dernier versement annulait ma dette.* ➤ **éteindre.** *J'ai dû annuler mes engagements.* ➤ **dénoncer, reprendre.** *Le vol pour Madrid a été annulé. Le présent avis annule et remplace le précédent.* ▪ **2 S'ANNULER** v. pron. (récipr.) Produire un résultat nul en s'opposant (comme un positif et un négatif). *« les sentiments se superposent quelquefois sans s'annuler »* MAUROIS. *Ces deux forces s'annulent.* ➤ se **neutraliser.** ▪ CONTR. Confirmer, ratifier, valider.

ANOBLIR [anɔbliʀ] v. tr. ‹2› – 1326 ◊ de 1 *a-* et *noble* ▪ Conférer un titre de noblesse à. *Il a été anobli par la reine. Anoblir par adoubement.* REM. Ne pas confondre avec *ennoblir**.

ANOBLISSEMENT [anɔblismɑ̃] n. m. – 1345 ◊ de *anoblir* ▪ Action d'anoblir. *Lettres d'anoblissement,* octroyées par le roi.

ANODE [anɔd] n. f. – 1838 ◊ du grec *anodos* « chemin vers le haut » ▪ PHYS. Électrode positive (opposé à *cathode*). — CHIM. Électrode qui attire et oxyde les anions, siège de l'oxydation, qui est le pôle positif dans une électrolyse et le pôle négatif dans une pile.

ANODIN, INE [anɔdɛ̃, in] adj. – 1503 ◊ bas latin *anodynos,* du grec *anôdunos,* de *an-* (cf. 2 *a-*) et *odunê* « douleur » ▪ **1** VX Qui calme la douleur (sans guérir). FIG. *Remèdes anodins :* moyens peu efficaces, palliatifs. ▪ **2** (XVIIe) MOD. Inoffensif, sans danger. *Une blessure tout à fait anodine. Une plaisanterie anodine.* ◆ Sans importance, insignifiant. *Un personnage bien anodin.* ➤ 2 **falot,** 1 **terne.** ▪ CONTR. Dangereux, important.

ANODIQUE [anɔdik] adj. – 1897 ◊ de *anode* ▪ PHYS. Qui est relatif à l'anode (opposé à *cathodique*). *Courant anodique.* — *Oxydation anodique,* produite par un tel courant.

ANODISATION [anɔdizasjɔ̃] n. f. – milieu XXe ◊ de *anodiser* ▪ TECHN. Oxydation superficielle d'un métal par le passage d'un courant anodique. ➤ **carburation, cémentation ; galvanisation.**

ANODISER [anɔdize] v. tr. ‹1› – milieu XXe ◊ de *anode* ▪ TECHN. Faire subir une oxydation anodique à (un métal) pour en améliorer les propriétés superficielles. — **p. p. adj.** *Aluminium anodisé.*

ANODONTE [anɔdɔ̃t] adj. et n. m. – 1805 ◊ grec *anodous, anodontos* « édenté » ▪ DIDACT. ▪ **1** adj. Qui ne possède pas de dents. *Maxillaire anodonte.* ▪ **2** n. m. (1799) Mollusque bivalve d'eau douce *(lamellibranches),* à coquille mince et nacrée intérieurement, dont la charnière est dépourvue de dents, appelé aussi *moule d'étang.*

ANOMAL, ALE, AUX [anɔmal, o] adj. – 1174 ◊ bas latin *anomalus,* du grec *omalos* « pareil » ▪ DIDACT. Aberrant, hors de l'ordinaire. *Maladie anomale,* qui n'évolue pas comme les autres du même genre. — GRAMM. Se dit d'une forme ou d'une construction qui présente un caractère aberrant par rapport à un type ou une règle (sans être incorrecte ou anormale). ➤ **irrégulier ; anomalie.** ▪ CONTR. Régulier.

ANOMALE [anɔmal] n. m. – 1853 ◊ bas latin *anomalus* → anomal ▪ Insecte coléoptère *(scarabéidés)* dont une espèce est nuisible à la vigne. — On dit aussi **ANOMALA.**

ANOMALIE [anɔmali] n. f. – 1570 ◊ bas latin d'origine grecque *anomalia* « irrégularité, inégalité » ▪ **1** GRAMM. Forme, construction anomale. ➤ **irrégularité.** ▪ **2** (XVIIe ◊ de *anomalia* « irrégularité » du mouvement des planètes, Kepler) ASTRON. *Anomalie vraie ou excentrique :* angle formé dans le plan de l'orbite d'une planète par la direction de cette planète et celle du périhélie. ➤ **excentricité.** ▪ **3** (1808 comme subst. de *anomal*) BIOL. Déviation du type normal. ➤ **aberration, difformité, malformation, muta-**

tion. GÉNÉT. *Anomalie génétique,* par mutation d'un gène. — COUR. Bizarrerie, singularité ; exception à la règle. *Il y a une anomalie.* ■ CONTR. Régularité.

ANOMALON [anɔmalɔ̃] **n. m.** – 1984 ◊ mot créé en anglais (1982), de *anomal(ous)* et *(electr)on* ■ PHYS. Fragment d'un noyau atomique présentant, dans les interactions avec la matière, un comportement anormal.

ANOMIE [anɔmi] **n. f.** – 1885 ◊ grec *anomia* ■ DIDACT. Absence d'organisation ou de loi, disparition des valeurs communes à un groupe. — **adj. ANOMIQUE,** 1893.

ÂNON [ɑnɔ̃] **n. m.** – XIIe ◊ diminutif de *âne* ■ Petit d'un âne et d'une ânesse, petit âne.

ANONE [anɔn] **n. f.** – 1556 *anon* ◊ de l'arawak (Haïti) *anon,* par l'intermédiaire de l'espagnol *anona* (1535) ■ Fruit charnu, sucré et parfumé, appelé aussi *pomme cannelle* (➤ **corossol**), d'un arbre des régions équatoriales ; cet arbre lui-même *(anonacées),* rappelant le pommier. ■ HOM. Annone.

ÂNONNEMENT [anɔnmɑ̃] **n. m.** – 1695 ◊ de *ânonner* ■ Action d'ânonner ; paroles ânonnées.

ÂNONNER [anɔne] **v. tr.** ⟨1⟩ – 1606 ◊ de *ânon* ■ Lire, parler, réciter d'une manière pénible et hésitante. ➤ **bredouiller.** *Ânonner les tables de multiplication.* ABSOLT *« qu'il bredouille, qu'il ânonne, qu'il cherche ses mots »* CHATEAUBRIAND.

ANONYMAT [anɔnima] **n. m.** – 1864 ◊ de *anonyme* ■ État de la personne ou de la chose qui est anonyme. *Garder l'anonymat.* ➤ **incognito.** *Sous le couvert de l'anonymat. Elle « lui attribue un numéro d'identification, matricule qui garantit l'anonymat du donneur »* KERANGAL.

ANONYME [anɔnim] **adj.** – 1540 ◊ bas latin *anonymus,* du grec *onoma* « nom » ■ **1** Dont on ignore le nom, ou qui ne fait pas connaître son nom. *L'auteur anonyme d'une chanson de geste. Le maître anonyme qui a peint ce retable. Un pamphlétaire anonyme. Rendre anonymes des données, des témoignages* (➤ **anonymiser**). — *Une foule anonyme,* composée d'inconnus. ■ **2** Dont le, la responsable n'a pas laissé son nom ou l'a caché. *Recevoir des lettres anonymes* (➤ **anonymographe**). *Coup de téléphone anonyme. Un don anonyme. « Les pyramides d'Égypte sont anonymes »* HUGO. ■ **3** FIG. Impersonnel, neutre, sans originalité. *Un style, un décor anonyme.* ■ **4** DR. FIN. Dont le nom du propriétaire n'est pas connu. *Bon du Trésor anonyme.* (1807) **SOCIÉTÉ ANONYME :** société* par actions dans laquelle la responsabilité de chacun des actionnaires est limitée au montant des actions qu'il détient. ■ CONTR. Connu ; signé ; personnalisé. 2 Nominatif.

ANONYMEMENT [anɔnimmɑ̃] **adv.** – 1776 ◊ de *anonyme* ■ En gardant l'anonymat.

ANONYMISER [anɔnimize] **v. tr.** ⟨1⟩ – 1984 ; au p. p. 1974 ; pronom. 1901 ◊ de *anonyme* ■ Rendre anonyme pour empêcher l'identification. *Anonymiser les données personnelles sur Internet.* — **n. f. ANONYMISATION.** *Anonymisation de la jurisprudence.*

ANONYMOGRAPHE [anɔnimɔgʀaf] **n.** – 1943 ◊ de *anonyme* et *-graphe* ■ DIDACT. Personne qui écrit des lettres anonymes. *Un anonymographe calomniateur.* ➤ **corbeau.**

ANOPHÈLE [anɔfɛl] **n. m.** – 1829 ◊ du grec *anôphelês* « nuisible » ■ Insecte diptère *(culicidés),* moustique dont la femelle est l'agent de transmission du paludisme et de la filariose.

ANORAK [anɔʀak] **n. m.** – 1897 ◊ mot inuit ■ Veste courte à capuchon, imperméable, portée notamment par les skieurs. ➤ **doudoune, parka.**

ANORDIR [anɔʀdiʀ] **v. intr.** ⟨2⟩ – 1783 ◊ de *nord* ■ MAR. Tourner au nord (vent). ➤ **nordir.**

ANOREXIE [anɔʀɛksi] **n. f.** – 1584 ◊ grec *anorexia* ■ MÉD. Perte ou diminution de l'appétit. ➤ **inappétence.** ◆ PSYCHOPATHOL. *Anorexie (mentale) :* trouble du comportement alimentaire se manifestant par une perte de poids intentionnelle motivée par la peur de grossir. ■ CONTR. Boulimie.

ANOREXIGÈNE [anɔʀɛksiʒɛn] **adj.** et **n. m.** – 1967 ◊ de *anorexie* et *-gène* ■ MÉD. Propre à réduire la sensation de faim, à provoquer une anorexie momentanée. ➤ **coupe-faim.** *Les amphétamines sont anorexigènes.* — **n. m.** *Un anorexigène.*

ANOREXIQUE [anɔʀɛksik] **adj.** et **n.** – 1903 ◊ de *anorexie* ■ **1** Relatif à l'anorexie. *Comportement anorexique.* ■ **2** Qui souffre d'anorexie et SPÉCIALT d'anorexie mentale. *Jeune fille anorexique.* — **n.** *Un, une anorexique.* ■ CONTR. Boulimique.

ANORGANIQUE [anɔʀganik] **adj.** – 1826 ◊ de 2 *a-* et *organique* ■ MÉD. Se dit d'un trouble qui n'est pas dû à une lésion organique.

ANORGASMIE [anɔʀgasmi] **n. f.** – XXe ◊ de 2 *a-* et *orgasme* ■ DIDACT. Absence ou insuffisance d'orgasme au cours de l'acte sexuel. ➤ **anaphrodisie, frigidité.** *« L'anorgasmie féminine n'est pourtant pas comparable à l'impuissance masculine : une femme frigide n'est pas une femme stérile »* V. DESPENTES.

ANORMAL, ALE, AUX [anɔʀmal, o] **adj.** et **n.** – XIIIe ◊ latin médiéval *anormalis* → normal ■ **1** Qui n'est pas conforme aux règles générales ou aux lois reconnues. ➤ **irrégulier.** *L'évolution de la maladie était anormale* (➤ **anomal**). *Il fait une température anormale pour la saison.* ■ **2** Qui, étant imprévu et inexplicable, provoque la surprise ou l'inquiétude. *Des bruits anormaux. Il se passe quelque chose d'anormal.* ➤ **bizarre*, inhabituel, insolite.** *Une réaction anormale.* — SPÉCIALT Exceptionnel par son intensité. *Une force anormale.* ➤ **phénoménal.** ◆ **n. m.** Ce qui est anormal. *L'horreur « du morbide, de l'anormal »* GIDE. ■ **3** SPÉCIALT Qui est atteint d'une anomalie dans son développement physiologique ou mental. *Des enfants anormaux.* ➤ **inadapté.** SUBST. *Un anormal, une anormale.* ■ CONTR. Normal.

ANORMALEMENT [anɔʀmalmɑ̃] **adv.** – 1875 ◊ de *anormal* ■ D'une manière anormale. *Il est anormalement gai, aujourd'hui.* ■ CONTR. Normalement.

ANORMALITÉ [anɔʀmalite] **n. f.** – 1845 « anomalie » ◊ de *anormal* ■ DIDACT. Caractère de ce qui est anormal. ➤ **anomalie.** *« L'anormalité est aussi légitime que la règle »* FLAUBERT.

ANOSMIE [anɔsmi] **n. f.** – 1801 ◊ du grec *anosmos* « inodore » ■ MÉD. Diminution ou perte complète de l'odorat.

ANOSOGNOSIE [anozɔgnozi] **n. f.** – 1914, Babinski ◊ de 2 *a-*, *noso-* et *-gnosie* ■ MÉD. Trouble neuropsychologique caractérisé par la méconnaissance par le patient de la maladie dont il est atteint. *Anosognosie de l'aphasique.*

ANOURE [anuʀ] **adj.** et **n. m.** – 1802 ◊ de 2 *a-* et *-oure* ■ ZOOL. Qui n'a pas de queue. *Un batracien anoure.* — **n. m. pl.** Amphibiens (crapauds, grenouilles) sans queue à l'état adulte et pourvus de membres postérieurs allongés adaptés au saut.

ANOVULATION [anɔvylasjɔ̃] **n. f.** – 1960 ◊ de 2 *a-* et *ovulation* ■ MÉD. Suspension ou arrêt de l'ovulation.

ANOVULATOIRE [anɔvylatwaʀ] **adj.** – 1960 ◊ de 2 *a-* et du radical de *ovulation* ■ MÉD. Qui ne présente pas d'ovulation. *Cycle anovulatoire. Pilule anovulatoire,* qui empêche l'ovulation.

ANOXÉMIE [anɔksemi] **n. f.** – 1855 ◊ de 2 *a-*, *ox(ygène)* et *-émie* ■ MÉD. Diminution de la quantité d'oxygène contenue dans le sang (entraînant l'anoxie).

ANOXIE [anɔksi] **n. f.** – 1950 ◊ de 2 *a-* et *ox(ygène)* ■ MÉD. Diminution de la quantité d'oxygène que le sang distribue aux tissus. *Anoxie néonatale.*

ANSE [ɑ̃s] **n. f.** – XIIIe ◊ latin *ansa* « poignée » ■ **1** Partie recourbée et saillante de certains ustensiles, permettant de les saisir, de les porter. ➤ **anneau, poignée.** *Anse d'une cruche, d'un panier, d'une tasse. Les deux anses de l'amphore.* — LOC. *Faire danser l'anse du panier,* se disait d'un domestique qui majorait le prix des achats faits pour ses patrons. ■ **2** (1484 ◊ par anal. de forme) Petite baie peu profonde. ➤ **calanque, 1 crique.** ■ **3** (1561) ARCHIT. *Anse (de panier) :* arc dont la courbe surbaissée a la forme d'une demi-ellipse. MATH. Courbe formée d'un nombre impair d'arcs de cercles. ■ **4** (1805) ANAT. Portion d'organe en forme d'arc. *Anse intestinale.* ■ HOM. Hanse.

ANSÉ, ÉE [ɑ̃se] **adj.** – 1606 ◊ de *anse* ■ Qui porte une anse. *Vase ansé. Croix ansée :* croix en forme de T surmontée d'une anse (symbole de vie).

ANSÉRIFORME [ɑ̃seʀifɔʀm] **adj.** et **n. m.** – 1907 ◊ du latin *anser* « oie » et *-forme* ■ **1** DIDACT. Qui a l'apparence de l'oie. *Un oiseau ansériforme.* ■ **2** **n. m. pl.** ZOOL. **LES ANSÉRIFORMES :** ordre d'oiseaux aquatiques palmipèdes et lamellirostres (cygne, oie, canard, bernache, etc.).

ANSÉRINE [ɑ̃seʀin] **n. f.** – 1788 ◊ du latin *anser* « oie », à cause de la similitude des feuilles avec une patte d'oie ■ BOT. Plante annuelle *(chénopodiacées),* dont une variété, l'ambroisie ou thé des jésuites, au parfum de citronnelle, a des vertus médicinales. — Potentille des lieux humides *(rosacées),* appelée aussi *patte d'oie.*

ANTAGONIQUE [ɑ̃tagɔnik] adj. – 1861 ◊ de *antagonisme* ■ Qui est en antagonisme, en opposition. ➤ **adverse, opposé ; concurrent.** *Intérêts, forces antagoniques.* ■ CONTR. Allié.

ANTAGONISME [ɑ̃tagɔnism] n. m. – 1751 ◊ grec *antagônisma* ■ **1** PHYSIOL. Opposition fonctionnelle de deux muscles, de deux systèmes (opposé à *synergie*). ■ **2** (1826) COUR. État d'opposition de deux forces, de deux principes. ➤ **conflit, opposition, rivalité.** *Antagonisme entre deux partis. Un antagonisme d'intérêts.* ■ CONTR. Accord, concordance, harmonie.

ANTAGONISTE [ɑ̃tagɔnist] adj. et n. – 1575 ◊ grec *antagônistês* ■ **1** PHYSIOL. Qui est en antagonisme (1°). *Muscles antagonistes* (opposé à *agonistes*). *Dent antagoniste,* du maxillaire opposé. — SC. *Substance antagoniste,* qui bloque un récepteur et entrave sa stimulation. n. m. *Le glucagon est un antagoniste de l'insuline.* ■ **2** (XVIIe) Opposé, rival. ➤ **antagonique.** *Deux visions antagonistes. « des camps antagonistes, défendant des idéologies opposées » H. LABORIT.* ◆ n. Adversaire, concurrent(e). ■ CONTR. Ami ; allié.

ANTALGIQUE [ɑ̃talʒik] adj. – 1793 ◊ de *ant(i)-* et *-algie* ■ MÉD. Qui calme la douleur. ➤ **analgésique, antidouleur, calmant.** — n. m. *« j'avais besoin d'un antalgique, j'avais besoin qu'on transforme ma douleur en une absence feutrée » A. JENNI.*

ANTAN (D') [dɑ̃tɑ̃] loc. adj. – XIIe ◊ latin populaire °*anteannum* « l'an passé » ■ LITTÉR. D'autrefois, du temps passé. *« Mais où sont les neiges d'antan ! » VILLON.*

ANTARCTIQUE [ɑ̃taʀktik] adj. – 1338 ◊ latin d'origine grecque *antarcticus* ■ Se dit du pôle Sud et des régions qui l'environnent. n. m. *L'Antarctique :* le continent antarctique. ◆ Propre à ce continent. *Faune antarctique* (opposé à *arctique*).

ANTE [ɑ̃t] n. f. – 1547 ◊ latin *anta* ■ ARCHIT. Pilastre carré accompagnant le jambage d'une porte ou formant l'angle d'un édifice (temples grecs et romains). — Pilier d'encoignure. ■ HOM. Ente.

ANTÉ- ■ Élément, du latin *ante* « avant », indiquant l'antériorité. ➤ 2 **anti-.**

ANTÉBOIS, ANTEBOIS ➤ **ANTIBOIS**

ANTÉCAMBRIEN, IENNE [ɑ̃tekɑ̃bʀijɛ̃, ijɛn] adj. – 1959 ◊ de *anté-* et *cambrien* ■ ➤ **précambrien.**

ANTÉCÉDENCE [ɑ̃tesedɑ̃s] n. f. – 1576 ◊ de *antécédent* ■ RARE Antériorité. ◆ GÉOL. Phénomène caractérisant un cours d'eau dont le tracé est antérieur aux déformations tectoniques.

ANTÉCÉDENT, ENTE [ɑ̃tesedɑ̃, ɑ̃t] adj. et n. m. – début XIVe, comme n. ◊ latin *antecedens,* de *cedere* « aller »

I adj. (1314) RARE Antérieur logiquement ou chronologiquement. *« Question sociale ! Certes. Mais la question morale est antécédente » GIDE.* — GÉOL. Qui présente un phénomène d'antécédence. *Vallée antécédente.*

II n. m. (début XIVe) ■ **1** LOG. Proposition d'où résulte la conclusion, ou qui énonce la condition. ➤ **implication.** — MATH. Numérateur de chacun des rapports d'une proportion. — *Antécédent d'un élément :* élément qui, dans une relation, admet celui-ci pour image. ■ **2** (1694) GRAMM. Mot représenté par le pronom qui le reprend. *Antécédent du relatif, de l'anaphorique.* ■ **3** (XIXe) MÉD. souvent plur. Fait antérieur à une maladie, concernant la santé du sujet examiné, de sa famille ou de ses ascendants. *Il a des antécédents allergiques.* ■ **4** COUR. Chacun des actes, des faits appartenant au passé de qqn, en relation avec un aspect de sa vie actuelle. *Avoir de bons, de mauvais antécédents. Les antécédents de l'accusé.* ■ CONTR. Conséquent.

ANTÉCHRIST [ɑ̃tekʀist] n. m. – XIIe ◊ altération du latin ecclésiastique *antichristus* ■ THÉOL. Ennemi du Christ qui, selon l'Apocalypse, viendra prêcher une religion hostile à la sienne un peu avant la fin du monde.

ANTÉDILUVIEN, IENNE [ɑ̃tedilyvjɛ̃, jɛn] adj. – 1750 ◊ de *anté-* et du latin *diluvium* « déluge » ■ **1** Antérieur au déluge. ■ **2** FIG. (FAM. ou PAR PLAIS.) Très ancien, tout à fait démodé. ➤ **préhistorique.** *« Figurez-vous une voiture antédiluvienne » GAUTIER.*

ANTÉFIXE [ɑ̃tefiks] n. f. – 1845 ◊ latin *antefixum* ■ ARCHIT. (ANTIQ. CLASS.) Ornement de sculpture qui décorait le bord des toits tout en masquant les vides des tuiles creuses. *Une antéfixe en terre cuite.*

ANTÉHYPOPHYSE [ɑ̃teipɔfiz] n. f. – v. 1970 ◊ de *anté-* et *hypophyse* ■ PHYSIOL. Partie antérieure de l'hypophyse. — adj. **ANTÉHYPOPHYSAIRE.**

ANTENAIS, AISE [ɑ̃t(ə)nɛ, ɛz] adj. – fin XIIIe ◊ du latin *annotinus* « d'un an », famille de *annus* → an ■ Se dit des ovins de dix à dix-huit mois. *Agneau antenais.*

ANTÉNATAL, ALE [ɑ̃tenatal] adj. – milieu XXe ◊ de *anté-* et *natal* ■ MÉD. Qui concerne la vie utérine, la vie avant la naissance. ➤ **prénatal.** *Des diagnostics anténatals.* ■ CONTR. Postnatal.

ANTENNE [ɑ̃tɛn] n. f. – *antaine* XIIIe ◊ latin *antenna* ■ **1** MAR. Vergue longue et mince des voiles latines. *« Et les vents alizés inclinaient leurs antennes » HEREDIA.* ■ **2** (1712) Appendice sensoriel à l'avant de la tête de certains arthropodes (crustacés, insectes). *Antennes d'un papillon, d'une langouste.* LOC. *Avoir des antennes,* une sensibilité très aiguë, de l'intuition. *Avoir des antennes dans un lieu,* des sources de renseignements. ■ **3** PAR ANAL. Conducteur aérien (tige ou assemblage métallique) destiné à capter ou à diffuser les ondes électromagnétiques. ➤ **aérien** (n. m.). *Antenne de télévision. Antenne collective. Antenne parabolique*, satellite. Antenne relais de téléphonie mobile. Antenne de voiture. Antenne télescopique.* ◆ FIG. RADIO, TÉLÉV. *Garder l'antenne. Passer l'antenne à quelqu'un. Être à, sur l'antenne* (cf. RÉGION. Être en ondes). *Rendre l'antenne au studio. Temps d'antenne.* ➤ **créneau.** ■ **4** PAR EXT. *Antenne chirurgicale :* unité avancée du service de santé militaire. ◆ Poste avancé en liaison avec un centre.

ANTENNISTE [ɑ̃tenist] n. – 1984 ◊ de *antenne* ■ Installateur d'antennes (3°).

ANTÉPÉNULTIÈME [ɑ̃tepenyltjɛm] adj. et n. f. – 1500 ◊ latin des grammairiens *antepaenultimus* ■ DIDACT. Qui précède l'avant-dernier. n. f. (1578) *L'antépénultième :* la syllabe antépénultième, qui précède la pénultième.

ANTÉPISODE [ɑ̃tepizɔd] n. m. – 2005 ◊ de *anté-* et *épisode* ■ (Canada) Préquel.

ANTÉPOSER [ɑ̃tepoze] v. tr. ⟨1⟩ – XXe ; « préférer » XVIe ◊ de *anté-* et *poser* ■ LING. Placer devant, à gauche de (un autre élément de la phrase). *Antéposer l'épithète.* — p. p. adj. *Adjectif antéposé.* ■ CONTR. Postposer.

ANTÉPOSITION [ɑ̃tepozisjɔ̃] n. f. – 1853 ◊ de *anté-* et *position* ■ LING. Action d'antéposer. *Antéposition de l'épithète.* ■ CONTR. Postposition.

ANTÉPULSION [ɑ̃tepylsjɔ̃] n. f. – 1970 ◊ de *anté-* et *pulsion,* au sens vieux de « action, fait de pousser », famille du latin *pellere* « pousser » ■ MÉD. Mouvement d'un membre, ou de l'un de ses segments, dirigé vers l'avant. *Bras en antépulsion.*

ANTÉRIEUR, IEURE [ɑ̃teʀjœʀ] adj. – 1503 ; *anterior* 1488 ◊ latin *anterior* ■ **1** Qui est placé en avant, devant, dans l'espace (opposé à *postérieur,* ou en corrélation avec *inférieur, supérieur,* etc.). *La façade antérieure d'un bâtiment. La face antérieure de l'omoplate. Les membres antérieurs* (ou SUBST. les antérieurs) *d'un cheval.* ◆ PHONÉT. Se dit d'une voyelle articulée dans la région du palais* dur. ➤ **palatal.** *A antérieur* [a]. ■ **2** (1690) Qui est avant, qui précède, dans le temps. ➤ **précédent.** *Vie antérieure,* qu'on aurait menée avant la vie présente. *La découverte du continent arctique est antérieure à celle du continent antarctique. Fait antérieur de dix ans à un autre.* ◆ GRAMM. Qui marque l'antériorité par rapport à une action exprimée dans la phrase. *Passé, futur antérieur.* ■ CONTR. Postérieur. Ultérieur.

ANTÉRIEUREMENT [ɑ̃teʀjœʀmɑ̃] adv. – 1553 ◊ de *antérieur* ■ À une époque antérieure. ➤ **auparavant, précédemment.** — *Antérieurement à :* avant. *Antérieurement à cette date.* ■ CONTR. Postérieurement ; après, ultérieurement.

ANTÉRIORITÉ [ɑ̃teʀjɔʀite] n. f. – milieu XVIe ◊ de *antérieur* ■ Caractère de ce qui est antérieur (dans le temps). ➤ **priorité.** *L'antériorité d'une découverte (sur, par rapport à une autre). Mot qui marque l'antériorité.* ■ CONTR. Postériorité.

ANTÉROGRADE [ɑ̃teʀɔgʀad] adj. – 1892 ◊ du radical de *antérieur* et *-grade,* d'après *rétrograde* ■ MÉD. *Amnésie antérograde,* concernant des faits postérieurs à l'accident ou à la maladie qui en sont responsables, appelée aussi *oubli à mesure* ou *amnésie de fixation* (opposé à *rétrograde*).

ANTÉROPOSTÉRIEUR, IEURE [ɑ̃teʀopɔsteʀjœʀ] adj. – 1839 ◊ du radical de *antérieur* et *postérieur* ■ Qui est orienté selon un axe avant-arrière. *Diamètre antéropostérieur du crâne. Déformations antéropostérieures de la colonne vertébrale* (cyphose, lordose). — On écrit aussi *antéro-postérieur, ieure.*

ANTÉVERSION [ɑ̃tevɛʀsjɔ̃] n. f. – 1833 ◇ de *anté-* et du latin *vertere* «tourner» ■ MÉD. Inclinaison en avant, sans flexion, d'un organe selon son axe vertical. *Antéversion de l'utérus* : inclinaison normale de l'utérus, le fond porté en avant tandis que le col remonte en arrière, appuyant sur le rectum. — *Antéversion dentaire* : déviation d'une dent vers l'avant par rapport à sa position normale. ■ CONTR. Rétroversion.

-ANTHE ■ Élément, du grec *anthos* «fleur».

ANTHELMINTHIQUE [ɑ̃tɛlmɛ̃tik] adj. – 1751 ◇ de 1 *anti-* et du grec *helmins, inthos* «ver» ■ MÉD. ➤ **vermifuge.**

ANTHÉMIS [ɑ̃temis] n. f. – 1549 ◇ latin et grec *anthemis* «camomille» ■ BOT. Plante herbacée *(composées)*, dont les fleurs ressemblent à de petites marguerites. *L'anthémis des champs* ou *fausse camomille. L'anthémis noble* ou *camomille romaine.*

ANTHÈRE [ɑ̃tɛʀ] n. f. – 1611 ◇ du grec *anthêros* «fleuri» ■ BOT. Partie supérieure de l'étamine, renflée, contenant ordinairement deux loges polliniques.

ANTHÉRIDIE [ɑ̃teʀidi] n. f. – 1841 ◇ de *anthère* ■ BOT. Organe mâle contenant les anthérozoïdes **(opposé à *archégone*).**

ANTHÉROZOÏDE [ɑ̃teʀɔzɔid] n. m. – 1854 ◇ de *anthère*, d'après *spermatozoïde* ■ BOT. Gamète mâle **(opposé à *oosphère*).**

ANTHÈSE [ɑ̃tɛz] n. f. – 1801 ◇ du grec *anthêsis* «floraison» ■ BOT. Épanouissement de la fleur.

ANTHOLOGIE [ɑ̃tɔlɔʒi] n. f. – 1574 ◇ grec *anthologia* ■ Recueil de morceaux choisis en prose ou en vers. — *Morceau d'anthologie* : page brillante digne de figurer dans une anthologie. ➤ **chrestomathie, florilège. loc. adj.** *D'anthologie.* ➤ **mémorable.** «*Un but superbe !... Un but d'anthologie !...*» J.-L. BENOZIGLIO. ◆ PAR EXT. *Une anthologie du cinéma.*

ANTHONOME [ɑ̃tɔnɔm] n. m. – 1838 ◇ du latin scientifique *anthonomus* (1821), du grec *anthonomos* «qui se nourrit de fleurs» ■ ZOOL. Insecte coléoptère *(curculionidés)*, charançon dont la femelle dépose ses œufs dans les bourgeons à fleurs des arbres fruitiers.

ANTHOZOAIRES [ɑ̃tozɔɛʀ] n. m. pl. – 1838 ◇ du grec *anthos* «fleur» et *-zoaire* ■ ZOOL. Classe de cnidaires représentée par des polypes vivant isolés (actinie) ou en colonies (madrépore, corail). ➤ **hexacoralliaires, octocoralliaire. Au sing.** *Un anthozoaire.*

ANTHRACÈNE [ɑ̃tʀasɛn] n. m. – 1866 ; *anthracine* 1838 ◇ du radical de *anthracite* ■ CHIM. Hydrocarbure ($C_{14}H_{10}$), extrait du goudron de houille, qui sert à la fabrication de colorants.

ANTHRACITE [ɑ̃tʀasit] n. m. – 1803 ; a désigné depuis le XVIe diverses roches ◇ du grec *anthrax, akos* «charbon» ■ Charbon (houille) d'une variété très pure, donnant peu de cendres lors de sa combustion lente. ◆ ADJT INV. De la couleur gris foncé de l'anthracite. *Des vestes anthracite.* APPOS. INV. *Des voitures gris anthracite.* — **adj. ANTHRACITEUX, EUSE.** *Gisement anthraciteux. Houille anthraciteuse.*

ANTHRACNOSE [ɑ̃tʀaknoz] n. f. – 1879 ◇ du grec *anthrax, akos* «charbon» et *nosos* «maladie» ■ BOT. Maladie des végétaux due à un champignon microscopique. ➤ **charbon, rouille.** *Anthracnose de la vigne, du pois.*

ANTHRACOSE [ɑ̃tʀakoz] n. f. – 1863 ◇ du latin scientifique *anthracosis* (1855), formé sur le grec *anthrax, akos* «charbon» ■ MÉD. Maladie professionnelle due à l'inhalation des poussières de charbon qui s'infiltrent dans les poumons. ➤ **aussi silicose.**

ANTHRAQUINONE [ɑ̃tʀakinɔn] n. f. – 1878 ◇ de *anthra(cène)* et *quinone* ■ CHIM. Produit de l'oxydation de l'anthracène, employé dans la fabrication de colorants.

ANTHRAX [ɑ̃tʀaks] n. m. – *antrac* 1495 ◇ mot latin et grec ■ MÉD. ■ **1** Amas de plusieurs furoncles, avec nécrose de la partie centrale. ■ **2** ANGLIC. Maladie du charbon (II, 1°). ■ HOM. Entraxe.

ANTHRÈNE [ɑ̃tʀɛn] n. m. – 1755 ◇ grec *anthrênê* «frelon» ■ ZOOL. Insecte dont la larve détériore les fourrures.

-ANTHROPE, -ANTHROPIE, -ANTHROPIQUE ■ Groupes suffixaux, du grec *anthrôpos* «homme, être humain» : *pithécanthrope, misanthropie, philanthropique.* ➤ **anthropo-.**

ANTHROPIQUE [ɑ̃tʀɔpik] adj. – 1973 ◇ grec *anthrôpikos* «humain, d'homme» ■ DIDACT. Fait par les humains ; dû à l'existence et à la présence de l'être humain. *Fléaux naturels et anthropiques. Changement climatique d'origine anthropique.* ◆ (1974) *Principe anthropique* : théorie cosmologique stipulant que l'univers a été créé pour que l'être humain puisse l'observer.

ANTHROPISATION [ɑ̃tʀɔpizasjɔ̃] n. f. – 1974 ◇ de *anthropo-* ■ DIDACT. Modification du milieu naturel par l'action humaine. *La déforestation est une anthropisation.*

ANTHROPISÉ, ÉE [ɑ̃tʀɔpize] adj. – v. 1970 ◇ de *anthropo-* ■ DIDACT. (ÉCOL., GÉOGR.) Qui a subi l'influence humaine. *Paysage, littoral anthropisé.*

ANTHROPO- ■ Élément, du grec *anthrôpos* «homme, être humain». ➤ **-anthrope.**

ANTHROPOCÈNE [ɑ̃tʀɔpɔsɛn] n. m. – 2000 ◇ calque de l'anglais *anthropocene* (diffusé par P. J.-Crutzen v. 1990) ; cf. *anthropo-* et *-cène* ■ GÉOL. Période la plus récente du quaternaire, qui succèderait à l'holocène, caractérisée par les effets de l'activité humaine sur la planète. *L'anthropocène commencerait avec la machine à vapeur (1784, brevet de Watt).* «*l'explosion de la centrale de Fukushima nous dit que nous avons rendez-vous avec la sortie fracassante de l'anthropocène*» (Le Monde, 2011).

ANTHROPOCENTRIQUE [ɑ̃tʀɔposɑ̃tʀik] adj. – 1876 ◇ de *anthropo-* et *centre* ■ DIDACT. Qui fait de l'être humain le centre du monde, et du bien de l'humanité la cause finale de toutes choses. *Théorie anthropocentrique.*

ANTHROPOCENTRISME [ɑ̃tʀɔposɑ̃tʀism] n. m. – 1907 ◇ de *anthropocentrique* ■ DIDACT. Philosophie, vue anthropocentrique.

ANTHROPOGÉNIE [ɑ̃tʀɔpɔʒeni] n. f. – 1793 ◇ de *anthropo-* et *-génie* ■ DIDACT. Étude de l'origine et de l'évolution de l'espèce humaine ; cette origine. — On dit aussi **ANTHROPOGENÈSE** [ɑ̃tʀɔpɔʒənɛz].

ANTHROPOÏDE [ɑ̃tʀɔpɔid] adj. et n. – 1865 ; n. 1838 ◇ de *anthropo-* et *-oïde* ■ ZOOL. Qui ressemble à l'être humain. *Singe anthropoïde.* ◆ n. m. Singe de grande taille, dépourvu de queue, possédant un encéphale volumineux et s'appuyant pour marcher sur le dos des phalanges des mains et sur la plante des pieds. ➤ **bonobo, chimpanzé, gibbon, gorille, orang-outan.** *Les anthropoïdes.*

ANTHROPOLOGIE [ɑ̃tʀɔpɔlɔʒi] n. f. – début XIXe ◇ mot créé en allemand (Blumenbach, 1795) sur le grec *anthrôpos* «homme» (→ anthropo-) et *logia* «science» (→ -logie). REM. Relevé avant le XIXe s. au sens général d'«étude de l'homme», *anthropologie* (XVIe s.) est alors un emprunt direct au latin savant *anthropologia* (1501), du grec *anthrôpologos* «qui parle de l'homme» (Aristote) → anthropologue ■ **1** Branche de l'ethnologie qui étudie les caractères anatomiques et biologiques de l'être humain considéré dans la série animale. *Anthropologie physique* (➤ **anthropométrie).** ■ **2** (v. 1930) Ensemble des sciences qui étudient l'espèce humaine. *Anthropologie sociale, culturelle* : branches de l'anthropologie qui étudient les institutions et les techniques dans les diverses sociétés. «*l'anthropologie cherche* [...] *à élaborer la science sociale de l'observé*» LÉVI-STRAUSS. «*Anthropologie structurale*», de Lévi-Strauss.

ANTHROPOLOGIQUE [ɑ̃tʀɔpɔlɔʒik] adj. – 1803 ◇ de *anthropologie* ■ Relatif, propre à l'anthropologie.

ANTHROPOLOGUE [ɑ̃tʀɔpɔlɔg] n. – 1850 ◇ de *anthropologie.* A remplacé *anthropologiste* (1806). ■ Spécialiste d'anthropologie. ➤ **ethnologue.**

ANTHROPOMÉTRIE [ɑ̃tʀɔpɔmetʀi] n. f. – 1750 ◇ de *anthropo-* et *-métrie* ■ **1** VX Étude des proportions du corps humain. ➤ **anatomie** (artistique). ■ **2** (1865) Technique de mensuration du corps humain et de ses diverses parties. *Anthropométrie judiciaire* : méthode d'identification des criminels par ces mensurations (➤ **bertillonnage).** — PAR MÉTON. Service anthropométrique (de la police).

ANTHROPOMÉTRIQUE [ɑ̃tʀɔpɔmetʀik] adj. – 1840 ◇ de *anthropométrie* ■ Qui a rapport à l'anthropométrie. *Fiche, signalement anthropométrique.*

ANTHROPOMORPHE [ɑ̃tʀɔpɔmɔʀf] adj. – 1803 ◇ grec *anthrôpomorphos* ■ DIDACT. Qui a une forme, une apparence humaine. *Lettre anthropomorphe* : lettrine représentant une figure humaine. *Des figurines anthropomorphes et zoomorphes.*

ANTHROPOMORPHIQUE [ɑ̃tʀɔpɔmɔʀfik] adj. – 1829 ◇ de *anthropomorphe* ■ Qui a rapport à l'anthropomorphisme. *Une description anthropomorphique du monde animal.*

ANTHROPOMORPHISME [ɑ̃tʀɔpɔmɔʀfism] **n. m.** – 1749 ◊ de l'ancien n. *anthropomorphite,* du latin ecclésiastique *anthropomorphita* «hérétique qui attribuait à Dieu la forme humaine» ■ **1** Tendance à concevoir la divinité à l'image de l'être humain. *L'anthropomorphisme des anciens Grecs.* ■ **2** Tendance à décrire un phénomène comme s'il était humain, à attribuer aux êtres et aux choses des réactions humaines. ■ **3** Propriété d'un mécanisme dont la structure est à l'image du corps humain. *L'anthropomorphisme d'un robot.*

ANTHROPONYMIE [ɑ̃tʀɔpɔnimi] **n. f.** – 1938 ◊ de *anthropo-* et *-onymie* ■ LING. Partie de l'onomastique qui étudie les noms de personnes. — **n. m. ANTHROPONYME.**

ANTHROPOPHAGE [ɑ̃tʀɔpɔfaʒ] **adj. et n.** – XIVe ◊ latin d'origine grecque *anthropophagus* ■ Qui mange de la chair humaine, SPÉCIALT en parlant des humains. *Tribu anthropophage.* — **n.** *Un, une anthropophage.* ➤ **cannibale.**

ANTHROPOPHAGIE [ɑ̃tʀɔpɔfaʒi] **n. f.** – XVIe ◊ grec *anthrôpophagia* ■ Pratique des anthropophages. ➤ **cannibalisme.**

ANTHROPOPHILE [ɑ̃tʀɔpɔfil] **adj.** – v. 1960 ◊ de *anthropo-* et *-phile* ■ DIDACT. Se dit des organismes (végétaux ou animaux) qui vivent au contact des humains ou dans des lieux qu'ils fréquentent. *Le rat est un animal anthropophile.*

ANTHROPOPITHÈQUE [ɑ̃tʀɔpɔpitɛk] **n. m.** – 1879 ◊ du grec *anthropos* «homme» et *pithêkos* «singe» ■ PALÉONT. Primate fossile présenté comme intermédiaire entre le singe et l'homme.

ANTHYLLIS [ɑ̃tilis] **n. f.** – 1556 ◊ mot latin d'origine grecque ■ BOT. Plante herbacée *(légumineuses)* dont une espèce est fourragère (➤ **vulnéraire**). — On dit aussi **ANTHYLLIDE.**

1**ANT(I)-** ■ Élément, du grec *anti* «en face de, contre», signifiant en composition : ■ **1** Qui est situé en face de, à l'opposé de : *antarctique, anticathode* ; et aussi *Anti-Atlas, Anti-Liban,* **n. pr.** ■ **2** Qui s'oppose à, qui lutte contre les effets de : *antibiotique, antiétatiste, antidrogue, antipathie.* ■ **3** Qui est l'opposé, le contraire de : *anticorps, antihéros, antinomie.* ■ **4** PHYS. *Anti-,* associé au nom de chaque particule fondamentale chargée, désigne l'antiparticule correspondante : *antilepton, antiquark, antiproton.*

2**ANTI-** ■ Élément, du latin *anti-,* var. en composition de *ante-* pour *ante* «avant» (➤ **anté-**) : *antidate, antichambre.*

ANTIADHÉSIF, IVE [ɑ̃tiadezif, iv] **adj.** – avant 1975 ◊ de 1*anti-* et *adhésif* ■ Qui empêche les aliments d'attacher. *Revêtement antiadhésif d'une poêle à frire.*

ANTIAÉRIEN, IENNE [ɑ̃tiaeʀjɛ̃, jɛn] **adj.** – avant 1918 ◊ de 1*anti-* et *aérien* ■ Qui s'oppose aux attaques aériennes. *Artillerie, défense antiaérienne.* ➤ **D. C. A.** *Canons, projectiles antiaériens.*

ANTI-ÂGE [ɑ̃tiaʒ] **adj. inv.** /ANTIÂGE **adj.**/ – v. 1985 ◊ de 1*anti-* et *âge* ■ Destiné à lutter contre le vieillissement de la peau. ➤ **antiride.** *Des crèmes de soins anti-âge.*

ANTIALCOOLIQUE [ɑ̃tialkɔlik] **adj.** – 1890 ◊ de 1*anti-* et *alcoolique* ■ Qui combat l'alcoolisme. *Ligue antialcoolique.*

ANTIALLERGIQUE [ɑ̃tialɛʀʒik] **adj. et n. m.** – v. 1980 ◊ de 1*anti-* et *allergique* ■ Qui prévient ou traite les allergies. ➤ **anallergique.** — **n. m.** Médicament antiallergique.

ANTIAMARIL, ILE [ɑ̃tiamaʀil] **adj.** – milieu XXe ◊ de 1*anti-* et *amaril* ■ MÉD. Propre à combattre la fièvre jaune. *Vaccination antiamarile.*

ANTIAMÉRICANISME [ɑ̃tiameʀikanism] **n. m.** – 1948 ◊ de 1*anti-* et *américanisme* ■ Attitude hostile à l'égard des États-Unis.

ANTIATOMIQUE [ɑ̃tiatɔmik] **adj.** – 1945 ◊ de 1*anti-* et *atomique* ■ Qui s'oppose aux effets nocifs du rayonnement atomique (spécialement en cas de bombardement atomique). *Abri antiatomique.*

ANTIAVORTEMENT [ɑ̃tiavɔʀtəmɑ̃] **adj.** – 1984 ◊ de 1*anti-* et *avortement* ■ Qui s'oppose à l'avortement. *Les mouvements antiavortements* ou *antiavortement* (**inv.**). *Lutte, commando antiavortement.* — **n.** *Manifestation des antiavortements.*

ANTIBACTÉRIEN, IENNE [ɑ̃tibakteʀjɛ̃, jɛn] **adj.** – 1889 ◊ de 1*anti-* et *bactérien* ■ Qui s'oppose au développement des bactéries. ➤ **bactéricide ;** aussi **antimicrobien.** *Savon antibactérien.*

ANTIBIOGRAMME [ɑ̃tibjɔgʀam] **n. m.** – 1960 ◊ de *antibio(tique)* et *-gramme* ■ MÉD., BIOL. Analyse permettant de déterminer la sensibilité d'une souche de bactéries à plusieurs antibiotiques.

ANTIBIORÉSISTANCE [ɑ̃tibjoʀezistɑ̃s] **n. f.** – 1973 ◊ de *antibiotique* et *résistance* ■ BIOL. Capacité d'une bactérie à résister à un antibiotique. — **adj. ANTIBIORÉSISTANT, ANTE,** 1978. ➤ **pénicillorésistant.**

ANTIBIOTHÉRAPIE [ɑ̃tibjoteʀapi] **n. f.** – 1959 ◊ de *antibiotique* et *-thérapie* ■ MÉD. Thérapeutique par les antibiotiques.

ANTIBIOTIQUE [ɑ̃tibjɔtik] **adj. et n. m.** – 1878 ◊ de 1*anti-* et du grec *biôtikos* «qui concerne la vie», avec influence de l'anglais *antibiotic* ■ **1** Se dit d'une substance chimique produite par des micro-organismes (surtout champignons inférieurs), et qui est capable de détruire ou d'empêcher la croissance d'autres micro-organismes. ■ **2** **n. m.** COUR. Substance chimique capable d'empêcher le développement des micro-organismes, quelle que soit son origine (*antibiotiques de synthèse,* sulfamides). *Les antibiotiques ont une action bactériostatique ou bactéricide. Prendre des antibiotiques. Être sous antibiotique* (➤ **antibiothérapie**). *Bactérie résistant à un antibiotique* (➤ **antibiorésistance**). ABRÉV. FAM. **ANTIBIO.** *Des antibios.*

ANTIBLOCAGE [ɑ̃tiblɔkaʒ] **adj.** – 1974 ◊ de 1*anti-* et *blocage* ■ AUTOM. Qui contrôle le freinage du véhicule en évitant le blocage des roues. ➤ **A. B. S.** *Des systèmes antiblocages* ou *antiblocage* (**inv.**).

ANTIBOIS [ɑ̃tibwɑ] **n. m.** – 1842 ; var. *artebois* 1582 ◊ origine inconnue ■ Baguette posée sur le plancher, maintenue à une certaine distance des murs, pour les préserver du frottement des meubles. — On dit aussi **ANTÉBOIS, ANTEBOIS** [ɑ̃tebwɑ].

ANTIBOURGEOIS, OISE [ɑ̃tibuʀʒwa, waz] **adj.** – 1869 ◊ de 1*anti-* et *bourgeois* ■ Qui s'oppose à la bourgeoisie, aux modes de vie et de pensée bourgeois. *«Notre anarchisme antibourgeois»* BEAUVOIR.

ANTIBROUILLAGE [ɑ̃tibʀujaʒ] **n. m.** – milieu XXe ◊ de 1*anti-* et *brouillage* ■ RADIO Dispositif ou procédé tendant à atténuer le brouillage d'une émission.

ANTIBROUILLARD [ɑ̃tibʀujaʀ] **adj. et n. m.** – 1949 ◊ de 1*anti-* et *brouillard* ■ *Phares antibrouillards,* qui percent efficacement le brouillard. — **n. m.** *Des antibrouillards.*

ANTIBRUIT [ɑ̃tibʀɥi] **adj.** – 1932 ◊ de 1*anti-* et *bruit* ■ Destiné à faire écran au bruit. *Mur antibruit le long d'une autoroute. Des casques antibruits* ou *antibruit* (**inv.**). — Qui contribue à la lutte contre le bruit. *Ligue antibruit.*

ANTICALCAIRE [ɑ̃tikalkɛʀ] **adj. inv.** – 1972 ◊ de 1*anti-* et *calcaire* ■ Qui s'oppose au dépôt du calcaire dans une machine, une canalisation, sur le linge. *Des lessives anticalcaire* (➤ **adoucisseur, assouplissant**).

ANTICANCÉREUX, EUSE [ɑ̃tikɑ̃seʀø, øz] **adj.** – 1777 ◊ de 1*anti-* et *cancéreux* ■ Qui combat le cancer. *Centres anticancéreux* : centres médicaux spécialisés dans la lutte contre le cancer. ■ CONTR. Cancérigène.

ANTICAPITALISTE [ɑ̃tikapitalist] **adj.** – 1845 ◊ de 1*anti-* et *capitaliste* ■ Qui s'oppose au capitalisme. *«le gaullisme peut être un régime anticapitaliste si des hommes de gauche en prennent les commandes»* BEAUVOIR.

ANTICASSEUR ou **ANTICASSEURS** [ɑ̃tikasœʀ] **adj.** – 1970 ◊ de 1*anti-* et *casseur* ■ *Loi anticasseur* ou *anticasseurs,* visant à réprimer les délits commis à l'occasion de manifestations considérées comme portant atteinte à l'ordre public et à l'intégrité des biens.

ANTICATHODE [ɑ̃tikatɔd] **n. f.** – 1896 ◊ de 1*anti-* et *cathode* ■ PHYS. Petite lame de métal (tungstène, cuivre, molybdène), qui, placée à l'intérieur d'un tube électronique, reçoit les rayons cathodiques et émet des rayons X.

ANTICELLULITE [ɑ̃tiselylit] **adj. inv.** – milieu XXe ◊ de 1*anti-* et *cellulite* ■ Destiné à combattre la cellulite. ➤ **amincissant.** *Des traitements anticellulite.*

ANTICERNE ou **ANTICERNES** [ɑ̃tisɛʀn] **adj. et n. m.** – 1981 ◊ de 1*anti-* et *cerne* ■ Destiné à estomper les cernes sous les yeux. *Sérum anticerne* ou *anticernes.* — **n. m.** *Un anticerne.*

ANTICHAMBRE [ɑ̃tiʃɑ̃bʀ] **n. f.** – 1529 ◊ italien *anticamera* «chambre de devant» → 2anti- ■ **1** Pièce d'attente placée à l'entrée d'un grand appartement, d'un salon de réception, d'un bureau administratif. ➤ **hall, salle** (d'attente), **vestibule.** — LOC. **FAIRE ANTICHAMBRE :** attendre dans une antichambre le moment d'être introduit ; FIG. attendre pour être reçu. *Courir les antichambres* : solliciter tantôt chez l'un, tantôt chez l'autre. ▪ **2** FIG. Situation provisoire qui en précède une autre plus importante. *« Le vieillissement prématuré, l'antichambre de la mort »* CURTIS.

ANTICHAR [ɑ̃tiʃaʀ] **adj.** – 1928 ◇ de 1*anti-* et *char* ▪ Qui s'oppose à l'action des blindés. *Mines, missiles antichars.*

ANTICHOC [ɑ̃tiʃɔk] **adj.** – 1907 ◇ de 1*anti-* et *choc* ▪ Qui protège des chocs. *Bourrelets antichocs. Emballage antichoc.* — Qui est conçu pour subir sans dommage des chocs. *Montre antichoc.*

ANTICHRÈSE [ɑ̃tikʀɛz] **n. f.** – 1603 ◇ latin juridique d'origine grecque *antichresis* ▪ DR. CIV. Contrat par lequel un débiteur transfère à son créancier la possession de son immeuble, pour en percevoir fruits et revenus jusqu'au remboursement de sa dette. ➤ **nantissement.**

ANTICIPATIF, IVE [ɑ̃tisipatif, iv] **adj.** – 1635 ◇ dérivé du latin *anticipare* → anticiper ▪ DIDACT. OU RÉGION. (Belgique, Luxembourg) Qui anticipe. *Gestion anticipative. Comportement anticipatif.* — **adv. ANTICIPATIVEMENT** (1718).

ANTICIPATION [ɑ̃tisipasjɔ̃] **n. f.** – XVIe ; « usurpation » 1437 ◇ latin *anticipatio* → anticiper ▪ **1** Exécution anticipée d'un acte. *Régler une dette par anticipation* (cf. D'avance). ♦ INFORM. Procédé destiné à améliorer les performances de l'unité de traitement d'un ordinateur en commençant, pendant l'exécution d'une instruction, la recherche de la probable instruction suivante. ♦ MUS. Groupe de notes faisant prévoir l'entrée d'un accord. ♦ RHÉT. Prolepse. ▪ **2** Mouvement de la pensée qui imagine ou vit d'avance un évènement. ➤ **prévision, prospective.** *« L'anticipation n'est possible que grâce à la mémorisation »* H. LABORIT. — *Littérature, roman, film d'anticipation,* dont le fantastique est emprunté aux réalités supposées de l'avenir. ➤ **science-fiction.** ♦ SPORT Faculté de prévoir l'attaque de l'adversaire et d'en préparer la parade. ♦ ÉCON. Hypothèse subjective plus ou moins optimiste ou pessimiste quant à l'avenir, intervenant dans l'étude des fluctuations économiques, la théorie monétaire.

ANTICIPÉ, ÉE [ɑ̃tisipe] **adj.** – XVIe ◇ de *anticiper* ▪ Qui se fait par anticipation, avant la date prévue ou sans attendre l'évènement. *Remboursement anticipé.* ➤ **avancé.** *Avec mes remerciements anticipés. Retraite anticipée.* ▪ CONTR. Retardé, tardif.

ANTICIPER [ɑ̃tisipe] **v.** ‹1› – XVIe ◇ latin *anticipare* « prendre par avance, prendre les devants », de *ante* « avant » et *capere* « prendre » ▪ **1 v. tr.** Exécuter avant le temps déterminé. ➤ **devancer.** *Anticiper un paiement.* ♦ Imaginer et éprouver à l'avance. ➤ **escompter.** *Le cœur « anticipe les maux qui le menacent »* CHATEAUBRIAND. ♦ SPORT Prévoir (l'action de l'adversaire) et en préparer la parade. *Joueur de tennis qui anticipe un revers croisé.* — ABSOLT *Le gardien de but anticipe bien.* ▪ **2 v. intr.** *Anticiper sur :* empiéter sur, en entamant à l'avance. *« Je me retiens d'anticiper sur le récit que j'écrirai plus tard »* MAURIAC. — ABSOLT (COUR.) *N'anticipons pas :* ne devançons pas l'évènement, respectons l'ordre de succession des faits. ▪ CONTR. 2 Différer, retarder ; revenir (sur).

ANTICLÉRICAL, ALE, AUX [ɑ̃tikleʀikal, o] **adj. et n.** – 1866 ◇ de 1*anti-* et *clérical* ▪ Opposé à l'influence et à l'intervention du clergé dans la vie publique. — **n.** *C'est une farouche anticléricale.*

ANTICLÉRICALISME [ɑ̃tikleʀikalism] **n. m.** – 1869 ◇ de *anticlérical* ▪ Attitude, politique anticléricale.

ANTICLINAL, ALE, AUX [ɑ̃tiklinal, o] **adj. et n. m.** – 1845 ◇ anglais *anticlinal,* du grec *antiklinein* « pencher en sens contraire » ▪ GÉOL., GÉOGR. *Pli anticlinal :* pli convexe. ➤ **antiforme.** — **n. m.** *Un anticlinal. Faux anticlinal,* dans lequel les couches situées au cœur de la structure sont les plus récentes (opposé à *faux synclinal*). ▪ CONTR. Synclinal.

ANTICOAGULANT, ANTE [ɑ̃tikɔagylɑ̃, ɑ̃t] **adj. et n. m.** – 1896 ◇ de 1*anti-* et *coagulant* ▪ MÉD. Qui empêche ou retarde la coagulation du sang. *Une substance anticoagulante.* — **n. m.** *L'héparine est un anticoagulant.*

ANTICODON [ɑ̃tikɔdɔ̃] **n. m.** – 1963 ◇ de 1*anti-* et *codon* ▪ GÉNÉT. Triplet de nucléotides, complémentaire du codon, présent sur l'ARN de transfert*.

ANTICOLONIALISME [ɑ̃tikɔlɔnjalism] **n. m.** – 1903 ◇ de 1*anti-* et *colonialisme* ▪ Opposition au colonialisme, à toute exploitation de type colonial. — **adj. et n. ANTICOLONIALISTE.**

ANTICOMMUNISME [ɑ̃tikɔmynism] **n. m.** – 1936 *anti-communisme* ◇ de 1*anti-* et *communisme* ▪ Hostilité au communisme.

ANTICOMMUNISTE [ɑ̃tikɔmynist] **adj. et n.** – 1842 ◇ de 1*anti-* et *communiste* ▪ Animé, marqué par l'anticommunisme.

ANTICOMMUTATIF, IVE [ɑ̃tikɔmytatif, iv] **adj.** – milieu XXe ◇ de 1*anti-* et *commutatif* ▪ MATH. Se dit d'une opération telle que, dans une permutation des éléments, les membres sont opposés de signe ou de sens. *La soustraction des nombres réels, le produit vectoriel sont des opérations anticommutatives.*

ANTICONCEPTIONNEL, ELLE [ɑ̃tikɔ̃sɛpsjɔnɛl] **adj. et n. m.** – 1905 ◇ de 1*anti-* et *conception* ▪ Qui empêche la fécondation et la conception d'un enfant. ➤ **contraceptif, contragestif.** *Pilule anticonceptionnelle.* — *Propagande anticonceptionnelle.* ♦ **n. m.** Contraceptif.

ANTICONFORMISME [ɑ̃tikɔ̃fɔʀmism] **n. m.** – milieu XXe ◇ de 1*anti-* et *conformisme* ▪ Attitude opposée au conformisme, hostilité aux normes, aux usages établis. ➤ **non-conformisme.** ▪ CONTR. Conformisme.

ANTICONFORMISTE [ɑ̃tikɔ̃fɔʀmist] **adj. et n.** – 1953 ◇ de 1*anti-* et *conformiste* ▪ Qui s'oppose au conformisme. ➤ **non-conformiste.** *Attitude anticonformiste.* — **n.** *Un, une anticonformiste.* ▪ CONTR. Conformiste.

ANTICONJONCTUREL, ELLE [ɑ̃tikɔ̃ʒɔ̃ktyʀɛl] **adj.** – milieu XXe ◇ de 1*anti-* et *conjoncturel* ▪ ÉCON. Qui est destiné à redresser une mauvaise conjoncture économique.

ANTICONSTITUTIONNEL, ELLE [ɑ̃tikɔ̃stitysjɔnɛl] **adj.** – 1769 ◇ de 1*anti-* et *constitutionnel* ▪ Contraire à la constitution. ➤ **inconstitutionnel.** *Disposition, mesure anticonstitutionnelle.* ▪ CONTR. Constitutionnel.

ANTICONSTITUTIONNELLEMENT [ɑ̃tikɔ̃stitysjɔnɛlmɑ̃] **adv.** – 1798 ◇ de *anticonstitutionnel* ▪ D'une manière anticonstitutionnelle. ➤ **inconstitutionnellement.** ▪ CONTR. Constitutionnellement.

ANTICOPIE [ɑ̃tikɔpi] **adj.** – 1974 ◇ de 1*anti-* et *copie* ▪ Destiné à empêcher la duplication, la copie abusive (de données protégées par le droit d'auteur). *Les systèmes anticopies.*

ANTICORPS [ɑ̃tikɔʀ] **n. m.** – 1899 ◇ de 1*anti-* et *corps* ▪ Immunoglobuline spécifique, produite par les lymphocytes en présence d'un antigène*, avec lequel elle se combine pour en neutraliser l'effet toxique éventuel. ➤ **antitoxine ;** et aussi **auto-immun.** *Les anticorps sont les vecteurs principaux de la réaction immunitaire de l'organisme. Anticorps monoclonaux*.*

ANTICORROSION [ɑ̃tikɔʀozjɔ̃] **adj.** – v. 1970 ◇ de 1*anti-* et *corrosion* ▪ TECHN. Qui protège contre la corrosion. *Techniques, procédés anticorrosion* (inv.) ou *anticorrosions.*

ANTICRIMINALITÉ [ɑ̃tikʀiminalite] **adj. inv.** – 1970 ◇ de 1*anti-* et *criminalité* ▪ Qui lutte contre la criminalité. *Des mesures anticriminalité. Brigade anticriminalité (BAC).*

ANTICRYPTOGAMIQUE [ɑ̃tikʀiptɔgamik] **adj.** – 1896 ◇ de 1*anti-* et *cryptogamique* ▪ Qui préserve les végétaux des maladies cryptogamiques. ➤ **fongicide.** *Bouillie anticryptogamique.*

ANTICYCLIQUE [ɑ̃tisiklik] **adj.** – 1958 ◇ de 1*anti-* et *cyclique* (2°) ▪ ÉCON. POLIT. Se dit d'une politique économique ou financière qui tente de remédier aux crises cycliques prévisibles. *Une politique budgétaire anticyclique.*

ANTICYCLONE [ɑ̃tisiklon] **n. m.** – 1870 ◇ de 1*anti-* et *cyclone* ▪ Zone de hautes pressions atmosphériques (opposé à *cyclone*). ➤ **maximum** (barométrique). *L'anticyclone des Açores. « quand on sort de ce chaudron, c'est de la glisse jusqu'au sud de l'anticyclone de Sainte-Hélène »* KERSAUSON. ▪ CONTR. Dépression.

ANTICYCLONIQUE [ɑ̃tisiklonik] **adj.** – 1897 ◇ de *anticyclone* ▪ MÉTÉOR. Relatif à un anticyclone. *Situation anticyclonique.* ▪ CONTR. Cyclonique.

ANTIDATE [ɑ̃tidat] **n. f.** – 1413 ◇ de 2*anti-* et *date* ▪ DIDACT. Date inscrite sur un document, antérieure à la date réelle où il a été établi. ▪ CONTR. Postdate.

ANTIDATER [ɑ̃tidate] **v. tr.** ‹1› – 1462 ◇ de *antidate* ▪ Marquer d'une antidate. *Antidater une lettre, un contrat.* ▪ CONTR. Postdater.

ANTIDÉFLAGRANT, ANTE [ɑ̃tideflagʀɑ̃, ɑ̃t] **adj. et n. m.** – v. 1960 ◇ de 1*anti-* et *déflagrant* ▪ TECHN. Qui peut fonctionner dans une atmosphère inflammable sans provoquer d'explosion. *Matériel électrique antidéflagrant.*

ANTIDÉMARRAGE [ɑ̃tidemaʀaʒ] n. m. et adj. – 1987 ◇ de 1*anti-* et *démarrage* ■ Dispositif électronique de sécurité qui peut empêcher le démarrage du véhicule qui en est équipé. *Antidémarrage par transpondeur. Des antidémarrages.* — adj. *Les systèmes antidémarrage* (inv.) ou *antidémarrages.*

ANTIDÉMOCRATIQUE [ɑ̃tidemɔkʀatik] adj. – 1794 ◇ de 1*anti-* et *démocratique* ■ Opposé à la démocratie, à l'esprit démocratique. *Mesures, lois antidémocratiques.* ■ CONTR. Démocratique.

ANTIDÉPLACEMENT [ɑ̃tideplasmɑ̃] n. m. – milieu XXe ◇ de 1*anti-* et *déplacement* ■ MATH. Transformation ponctuelle qui est le produit d'un déplacement par une symétrie relative à un axe (dans le plan) ou à un plan (dans l'espace). ➤ **isométrie.**

ANTIDÉPRESSEUR [ɑ̃tidepʀesœʀ] adj. m. et n. m. – v. 1957 ◇ de 1*anti-* et *dépression* ■ Qui combat les états dépressifs. *Médicament antidépresseur.* ➤ **I. M. A. O.** — n. m. *Un antidépresseur.* ➤ **énergisant, psychotonique, psychotrope, thymoanaleptique.** — On dit aussi **ANTIDÉPRESSIF, IVE** adj.

ANTIDÉRAPANT, ANTE [ɑ̃tideʀapɑ̃, ɑ̃t] adj. – 1894 ◇ de 1*anti-* et p. prés. de *déraper* ■ Propre à empêcher le dérapage. *Pneus antidérapants. Semelle antidérapante.*

ANTIDÉTONANT, ANTE [ɑ̃tidetɔnɑ̃, ɑ̃t] adj. et n. m. – 1927 ◇ de 1*anti-* et *détonant* ■ Qui résiste à la détonation. *Pouvoir, produit antidétonant.* — n. m. Additif antidétonant qui augmente l'indice d'octane d'un carburant.

ANTIDIPHTÉRIQUE [ɑ̃tidifteʀik] adj. – 1877 ◇ de 1*anti-* et *diphtérique* ■ MÉD. Propre à combattre la diphtérie. *Sérum antidiphtérique.*

ANTIDIURÉTIQUE [ɑ̃tidjyʀetik] adj. et n. m. – 1959 ◇ de 1*anti-* et *diurétique* ■ PHYSIOL. Qui inhibe la diurèse, favorise la rétention d'eau. *Hormone antidiurétique (ADH).* ➤ **vasopressine.** — n. m. *Un antidiurétique.*

ANTIDOPAGE [ɑ̃tidɔpaʒ] adj. – v. 1960 ◇ de 1*anti-* et *dopage* ■ Qui s'oppose au dopage, s'exerce contre le dopage. *Lutte, contrôle antidopage. Des tests antidopage* (inv.) ou *antidopages.* — On dit aussi **ANTIDOPING** [ɑ̃tidɔpiŋ].

ANTIDOTE [ɑ̃tidɔt] n. m. – XIIe ◇ latin d'origine grecque *antidotum* ■ **1** Contrepoison. *Le lait est l'antidote du phosphore.* ■ **2** FIG. Remède contre un mal moral. *Un antidote à l'ennui.* ➤ **dérivatif.** « *d'excellents antidotes contre la mélancolie* » MONTESQUIEU.

ANTIDOULEUR [ɑ̃tidulœʀ] adj. – v. 1970 ◇ de 1*anti-* et *douleur* ■ Qui supprime ou atténue la douleur. ➤ **analgésique, antalgique.** *Des médicaments antidouleur* (inv.) ou *antidouleurs.* — n. m. « *Il s'exprime doucement, comme si les antidouleurs l'anesthésiaient* » PH. BESSON.

ANTIDROGUE [ɑ̃tidʀɔg] adj. – v. 1960 ◇ de 1*anti-* et *drogue* ■ Qui est destiné à lutter contre le trafic et l'usage de la drogue, des stupéfiants. *Lutte antidrogue. Dépistages antidrogues.*

ANTIDUMPING [ɑ̃tidœmpiŋ] adj. inv. – 1929 ◇ de 1*anti-* et *dumping* ■ ÉCON. Qui est destiné à lutter contre le dumping*. *Droits antidumping,* appliqués sur les produits importés de pays pratiquant le dumping.

ANTIÉCONOMIQUE [ɑ̃tiekɔnɔmik] adj. – 1860 ◇ de 1*anti-* et *économique* ■ Qui est contraire aux principes d'une bonne économie. *Des mesures antiéconomiques.*

ANTIÉMÉTIQUE [ɑ̃tiemetik] adj. et n. m. – 1795 ◇ de 1*anti-* et *émétique* ■ MÉD. Propre à arrêter les vomissements. — n. m. *Un antiémétique.*

ANTIÉMEUTE [ɑ̃tiemøt] adj. – 1939 ◇ de 1*anti-* et *émeute* ■ Destiné à lutter contre les émeutes. *Unités antiémeutes.* — Au singulier, on trouve aussi *antiémeutes, anti-émeutes.* « *Son arsenal anti-émeutes... Il a un tas de trucs comme ça : Pour assourdir, pour aveugler, pour faire éternuer, pour faire pleurer...* » CÉSAIRE.

ANTIENNE [ɑ̃tjɛn] n. f. – fin XIIe *antevene* ◇ du latin médiéval *antefana,* altération du latin ecclésiastique d'origine grecque *antiphona* → antiphonaire ■ MUS., LITURG. Refrain repris par le chœur entre chaque verset d'un psaume, ou chanté seulement avant et après le psaume. *Recueil d'antiennes.* ➤ **antiphonaire.** ♦ FIG. et VIEILLI Chose que l'on répète, que l'on ressasse. ➤ **refrain, rengaine.** — LOC. *Chanter toujours la même antienne.* ➤ **rabâcher.**

ANTIENZYME [ɑ̃tiɑ̃zim] n. f. ou m. – 1907 ◇ de 1*anti-* et *enzyme* ■ BIOL. Substance, inhibiteur protéique ou anticorps, qui neutralise l'activité d'une enzyme.

ANTIESCLAVAGISTE [ɑ̃tiɛsklavaʒist] adj. et n. – 1866 ◇ de 1*anti-* et *esclavagiste* ■ Opposé à l'esclavage, aux esclavagistes.

ANTIFADING [ɑ̃tifadiŋ] n. m. – 1929 ◇ de 1*anti-* et *fading* ■ TÉLÉCOMM. Dispositif électronique destiné à s'affranchir des variations, dues au fading, de la puissance reçue par un récepteur. ➤ **C. A. G.**

ANTIFASCISTE [ɑ̃tifaʃist] adj. et n. – 1924 ◇ de 1*anti-* et *fasciste* ■ Opposé au fascisme. « *le mouvement antifasciste français* » BEAUVOIR. *Militant antifasciste.* — n. *Les antifascistes.* — ABRÉV. **ANTIFA.** *Skins et antifas.*

ANTIFÉMINISTE [ɑ̃tifeminist] adj. et n. – 1911 ◇ de 1*anti-* et *féministe* ■ Hostile au féminisme. — n. m. **ANTIFÉMINISME.**

ANTIFONGIQUE [ɑ̃tifɔ̃ʒik] adj. et n. m. – milieu XXe ◇ de 1*anti-* et du latin *fungus* « champignon » ■ Qui détruit les champignons ou empêche leur développement. ➤ **antimycosique, fongicide.** — n. m. *Le soufre est un antifongique.*

ANTIFORME [ɑ̃tifɔʀm] adj. et n. f. – 1973 ◇ de 1*anti-* et *forme* ■ GÉOL., GÉOGR. ➤ **anticlinal.**

ANTIFRICTION [ɑ̃tifʀiksjɔ̃] n. m. – 1845 ◇ de 1*anti-* et *friction* ■ Alliage réduisant le frottement, utilisé dans la fabrication de certains organes de machine. — adj. *Métaux antifriction* (inv.) ou *antifrictions.*

ANTIFUMÉE [ɑ̃tifyme] n. m. – v. 1970 ◇ de 1*anti-* et *fumée* ■ TECHN. Substance incorporée à un produit pétrolier destinée à diminuer les fumées par une combustion plus complète. *Des antifumées.* — adj. *Produits antifumée* (inv.) ou *antifumées.*

ANTI-G [ɑ̃tiʒe] adj. inv. – 1956 ◇ de 1*anti-* et *g,* symbole de l'accélération de la pesanteur ■ Antigravitationnel. *Combinaison spatiale anti-g,* limitant les effets de l'accélération sur l'organisme.

ANTIGANG [ɑ̃tigɑ̃g] adj. et n. – 1965 ◇ de 1*anti-* et *gang* ■ *Brigade antigang,* ou n. f. *l'antigang* : brigade de la police judiciaire spécialisée dans la lutte contre les gangs (appelée officiellement *Brigade de recherche et d'intervention*). — n. m. Policier de cette brigade. *Les antigangs.*

ANTIGEL [ɑ̃tiʒɛl] n. m. et adj. – 1923 ◇ de 1*anti-* et *gel* ■ Produit qui abaisse le point de congélation de l'eau. *Antigel pour radiateurs d'automobiles. Des antigels.* — adj. *Produits antigel* (inv.) ou *antigels. Lutte antigel,* par aspersion d'eau, pour protéger les arbres fruitiers du gel.

ANTIGÈNE [ɑ̃tiʒɛn] n. m. – 1904 ◇ de 1*anti-* et *-gène* ■ IMMUNOL. Substance qui, introduite dans l'organisme, provoque une réaction du système immunitaire et la synthèse d'anticorps spécifiques (➤ **immunogène**). *Antigènes microbiens.* — adj. (1914) **ANTIGÉNIQUE.** *Variation* antigénique.*

ANTIGIVRANT, ANTE [ɑ̃tiʒivʀɑ̃, ɑ̃t] adj. et n. m. – 1949 ◇ de 1*anti-* et *givrer* ■ TECHN. Qui empêche la formation de givre. — On dit aussi **ANTIGIVREUR, EUSE** adj. et n. m., et **ANTIGIVRE** adj. inv. et n. m. inv. ■ CONTR. Givrant.

ANTIGLISSE [ɑ̃tiglis] adj. inv. – v. 1970 ◇ de 1*anti-* et *glisse(r)* ■ *Vêtements antiglisse* : vêtements de ski conçus pour éviter au skieur de glisser sur la neige en cas de chute.

ANTIGOUVERNEMENTAL, ALE, AUX [ɑ̃tiguvɛʀnəmɑ̃tal, o] adj. – 1832 ◇ de 1*anti-* et *gouvernemental* ■ Qui est contre le gouvernement, dans l'opposition.

ANTIGRAVITATION [ɑ̃tigʀavitasjɔ̃] n. f. – milieu XXe ◇ de 1*anti-* et *gravitation* ■ PHYS. Force physique hypothétique, de même nature que la gravitation, qui lui serait symétrique et de sens contraire.

ANTIGRAVITATIONNEL, ELLE [ɑ̃tigʀavitasjɔnɛl] adj. – milieu XXe ◇ de 1*anti-* et *gravitationnel* ■ Relatif à l'antigravitation. ➤ **anti-g.** — On dit aussi **ANTIGRAVIFIQUE.**

ANTIGRÈVE [ɑ̃tigʀɛv] adj. – 1948 ◇ de 1*anti-* et 2*grève* ■ Qui s'oppose à une grève. *Des lois antigrèves.*

ANTIGUERRE [ɑ̃tigɛʀ] adj. et n. – 1982 ◇ de 1*anti-* et *guerre* ■ Opposé à la guerre. *Les mouvements antiguerres.* — n. *Les antiguerres.* ➤ **colombe.** ■ CONTR. Belliciste, faucon, va-t-en-guerre.

ANTIHALO [ɑ̃tialo] adj. et n. m. – 1906 ◇ de 1*anti-* et *halo* ■ Qui supprime ou atténue l'effet de halo. *Éclairages antihalos pour le théâtre.* — n. m. *Un antihalo* : un enduit antihalo. *Des antihalos.*

ANTIHAUSSE [ɑ̃tios] adj. – 1955 ◇ de 1*anti-* et *hausse* ■ Qui lutte contre la hausse des prix. ➤ **anti-inflationniste.** *Des mesures antihausses.*

ANTIHÉROS [ɑ̃tiero] n. m. – 1948 ◇ de 1*anti-* et *héros* ■ Personnage n'ayant aucune des caractéristiques du héros (2°, 3°) traditionnel ; héros (protagoniste) qui n'est pas héroïque.

ANTIHISTAMINIQUE [ɑ̃tiistaminik] adj. et n. m. – 1939 ◇ de 1*anti-* et *histaminique* ■ BIOCHIM., PHARM. Qui combat les effets de l'histamine. — n. m. *Les antihistaminiques de synthèse.*

ANTIHYGIÉNIQUE [ɑ̃tiiʒjenik] adj. – 1850 ◇ de 1*anti-* et *hygiénique* ■ Contraire à l'hygiène. ■ CONTR. Hygiénique.

ANTI-INFECTIEUX, IEUSE [ɑ̃tiɛ̃fɛksjø, jøz] adj. et n. m. /ANTIINFECTIEUX, IEUSE/ – 1864 ◇ de 1*anti-* et *infectieux* ■ MÉD. Qui combat l'infection. — n. m. *Les anti-infectieux intestinaux.*

ANTI-INFLAMMATOIRE [ɑ̃tiɛ̃flamatwaʀ] adj. et n. m. /ANTIINFLAMMATOIRE/ – XX° ◇ de 1*anti-* et *inflammatoire* ■ MÉD. Qui combat l'inflammation. ➤ **antiphlogistique.** — n. m. *La cortisone est un anti-inflammatoire. Des anti-inflammatoires.*

ANTI-INFLATIONNISTE [ɑ̃tiɛ̃flasjɔnist] adj. /ANTIINFLATIONNISTE/ – 1949 ◇ de 1*anti-* et *inflationniste* ■ ÉCON. Qui combat l'inflation. ➤ **déflationniste.** *Mesures anti-inflationnistes.* ■ CONTR. Inflationniste.

ANTIJEU [ɑ̃tiʒø] n. m. – 1965 ◇ de 1*anti-* et *jeu* ■ SPORT Jeu ne respectant pas l'esprit sportif. *Au football, l'obstruction volontaire est de l'antijeu.*

ANTIJEUNE ou **ANTIJEUNES** [ɑ̃tiʒœn] adj. – 1971 ◇ de 1*anti-* et *jeune* ■ Hostile aux jeunes. *Discrimination antijeune* ou *antijeunes.*

ANTILITHIQUE [ɑ̃tilitik] adj. et n. m. – 1971 ◇ de 1*anti-* et *lithique* ■ MÉD. Qui prévient la formation des calculs (notamment urinaires). — n. m. *Un antilithique.*

ANTILLAIS, AISE [ɑ̃tijɛ, ɛz] adj. et n. – 1898 ◇ de *Antilles* ■ Des Antilles, archipel d'Amérique centrale, et spécialement des «petites Antilles» (Martinique, Guadeloupe, Trinité, îles Sous-le-Vent). ➤ aussi **caraïbe.** *Créole antillais. Rhum antillais. Cuisine antillaise.* ➤ **acra, blaff, colombo, matoutou.** *Musique antillaise.* ♦ n. *Les Antillais.*

ANTILLANISME [ɑ̃tijanism] n. m. – XX° ◇ espagnol *antillanismo,* de *antillano* «antillais» ■ LING. Fait de langue propre au français (à l'espagnol, à l'anglais...) usité aux Antilles.

ANTILOGARITHME [ɑ̃tilɔgaʀitm] n. m. – 1740 ◇ de 1*anti-* et *logarithme* ■ MATH. Fonction inverse de la fonction logarithme. ♦ Nombre correspondant à un logarithme donné (➤ **exponentielle**).

ANTILOGIE [ɑ̃tilɔʒi] n. f. – 1623 ◇ grec *antilogia,* de *anti* (cf. 1*anti-*) et *logos* (cf. *-logie*) ■ RHÉT. Contradiction d'idées, dans un discours, un écrit. *«Mort vivant» est une antilogie.*

ANTILOPE [ɑ̃tilɔp] n. f. – 1754 ou p.-ê. 1607 ◇ de l'anglais *antelope* (1596), emprunté à l'ancien français *antelop, antelu* «animal fabuleux» (milieu XIII° jusqu'à début XIV°), lui-même du latin médiéval d'origine grecque *ant(h)alopus* ■ Mammifère ruminant *(bovidés),* aux pattes grêles et aux longues cornes arquées. *Antilopes d'Asie* (➤ **nilgaut, saïga**), *d'Afrique* (➤ **addax, algazelle, bubale, damalisque, éland, gnou, impala, oryx, springbok**).

ANTIMATIÈRE [ɑ̃timatjɛʀ] n. f. – 1958 ◇ de 1*anti-* et *matière* ■ PHYS. Matière dans laquelle chaque particule serait remplacée par son antiparticule. *L'existence d'antiparticules est la seule preuve expérimentale de l'existence de l'antimatière.*

ANTIMICROBIEN, IENNE [ɑ̃timikʀɔbjɛ̃, jɛn] adj. et n. m. – 1880 ◇ de 1*anti-* et *microbien* ■ Qui combat les microbes. ➤ **antibactérien, antibiotique, antifongique, antiparasitaire, antiviral.** *Conservateur antimicrobien.*

ANTIMILITARISME [ɑ̃timilitaʀism] n. m. – 1898 ◇ de 1*anti-* et *militarisme* ■ Opposition à l'esprit, aux institutions militaires.

ANTIMILITARISTE [ɑ̃timilitaʀist] adj. et n. – v. 1900 ◇ de 1*anti-* et *militariste* ■ Animé par l'antimilitarisme. *Propagande antimilitariste.* — n. *Un, une antimilitariste.*

ANTIMISSILE [ɑ̃timisil] adj. – 1960 ◇ de 1*anti-* et *missile* ■ Relatif à la défense et à la riposte contre des missiles. *Bouclier* antimissile. Missiles antimissiles.*

ANTIMITE [ɑ̃timit] adj. et n. m. – 1875 ◇ de 1*anti-* et *mite* ■ Qui protège (les lainages, les fourrures) contre les mites. *Produits antimites.* — n. m. *La naphtaline est un antimite. Des antimites.*

ANTIMITOTIQUE [ɑ̃timitɔtik] adj. et n. m. – 1958 ◇ de 1*anti-* et *mitotique* → mitose ■ MÉD. Se dit d'une substance qui inhibe certaines phases de la mitose, empêchant ainsi la multiplication des cellules. — n. m. *Les antimitotiques sont utilisés dans le traitement des cancers.*

ANTIMOINE [ɑ̃timwan] n. m. – début XIV° ◇ du latin médiéval *antimonium,* probablement de l'arabe *'itmīd* ■ CHIM. Corps simple (SYMB. Sb ; n° at. 51 ; m. at. 121,76), solide blanc argenté, cassant, dont le principal minerai est la stibine, et qui augmente la dureté des métaux auxquels on l'associe. ➤ **régule.** *Oxydes, sulfures, chlorures d'antimoine.* ➤ **kermès, khol, stibine, valentinite.**

ANTIMONARCHIQUE [ɑ̃timɔnaʀʃik] adj. – 1714 ◇ de 1*anti-* et *monarchique* ■ Opposé au gouvernement monarchique.

ANTIMONARCHISTE [ɑ̃timɔnaʀʃist] n. – 1845 ◇ de 1*anti-* et *monarchiste* ■ Adversaire du régime monarchique.

ANTIMONDIALISATION [ɑ̃timɔ̃djalizasjɔ̃] n. f. et adj. inv. – 1997 ◇ de 1*anti-* et *mondialisation* ■ Mouvement de protestation qui s'oppose à la mondialisation, qui redoute ses conséquences économiques, sociales, écologiques. ➤ aussi **altermondialisation, altermondialisme.** — adj. inv. *Les militants antimondialisation.* ➤ **antimondialiste.**

ANTIMONDIALISTE [ɑ̃timɔ̃djalist] adj. et n. – 1997 ◇ de 1*anti-*, d'après *antimondialisation* ■ De l'antimondialisation. ➤ **altermondialiste.** *Mouvement antimondialiste.* ♦ Partisan de l'antimondialisation. — n. *Les antimondialistes.*

ANTIMONIATE [ɑ̃timɔnjat] n. m. – 1801 ◇ du radical latin de *antimoine* ■ CHIM. Sel d'un acide oxygéné dérivé de l'antimoine.

ANTIMONIÉ, ÉE [ɑ̃timɔnje] adj. – 1757 ◇ du radical latin de *antimoine* ■ CHIM. Qui contient de l'antimoine, se combine avec l'antimoine. *Hydrogène antimonié :* antimoniure d'hydrogène.

ANTIMONIURE [ɑ̃timɔnjyʀ] n. m. – 1838 ◇ du radical latin de *antimoine* ■ CHIM. Combinaison de l'antimoine avec un autre corps simple.

ANTIMOUSTIQUE [ɑ̃timustik] adj. – 1876 ◇ de 1*anti-* et *moustique* ■ Qui tue ou éloigne les moustiques. *Répulsif antimoustique.* — n. m. *Un antimoustique.*

ANTIMYCOSIQUE [ɑ̃timikozik] adj. et n. m. – milieu XX° ◇ de 1*anti-* et *mycose* ■ ➤ **antifongique.**

ANTINATALISTE [ɑ̃tinatalist] adj. – v. 1960 ◇ de 1*anti-* et *nataliste* ■ Qui cherche à décourager, à limiter la natalité. ➤ **malthusien.** ■ CONTR. Nataliste.

ANTINATIONAL, ALE, AUX [ɑ̃tinasjɔnal, o] adj. – 1743 ◇ de 1*anti-* et *national* ■ Qui est contraire à la nation, à l'intérêt national.

ANTINAUPATHIQUE [ɑ̃tinopatik] adj. et n. m. – après 1950 ◇ de 1*anti-* et *naupathique* ■ MÉD., PHARM. Propre à combattre le mal de mer (et de l'air). *Comprimés antinaupathiques.* — n. m. *Un antinaupathique.*

ANTINAZI, IE [ɑ̃tinazi] adj. et n. – 1936 *anti-nazi* ◇ de 1*anti-* et *nazi* ■ Hostile au nazisme. ➤ **antifasciste.** — n. *Les antinazis.*

ANTINEUTRINO [ɑ̃tinøtʀino] n. m. – 1958 ◇ de 1*anti-* et *neutrino* ■ PHYS. Antiparticule du neutrino. *Des antineutrinos.*

ANTINEUTRON [ɑ̃tinøtʀɔ̃] n. m. – 1956 ◇ de 1*anti-* et *neutron* ■ PHYS. Antiparticule du neutron.

ANTINÉVRALGIQUE [ɑ̃tinevʀalʒik] adj. et n. m. – 1850 ◇ de 1*anti-* et *névralgique* ■ Propre à combattre la névralgie. — n. m. *Un antinévralgique.*

ANTINOMIE [ɑ̃tinɔmi] n. f. – 1546 ◇ latin d'origine grecque *antinomia* ■ **1** DIDACT. ou LITTÉR. Contradiction réelle ou apparente entre deux lois, deux principes. ➤ **opposition.** *«de même devons-nous protéger en nous toutes les antinomies naturelles»* GIDE. ■ **2** (1801) PHILOS. Chez Kant, Conflit entre les lois de la raison pure. — Conflit dialectique. *«Proudhon aurait pu se passer du terme hégélien antinomie»* SAINTE-BEUVE. ■ **3** LOG. ➤ **paradoxe** (3°). ■ CONTR. Accord.

ANTINOMIQUE [ɑ̃tinɔmik] adj. – 1853 ◇ de *antinomie* ■ Se dit de deux lois, de deux principes qui forment une antinomie. ➤ **contradictoire, contraire, opposé.** ■ CONTR. Concordant.

ANTINUCLÉAIRE [ɑ̃tinykleɛʀ] **adj. et n.** – 1960 ◊ de *1anti-* et *nucléaire* ■ Qui est hostile à l'utilisation de l'énergie nucléaire, et notamment à l'installation de centrales nucléaires. **n.** *Antinucléaires et nucléaristes.* — REM. Ne pas confondre avec *antiatomique.*

ANTIOXYDANT, ANTE [ɑ̃tiɔksidɑ̃, ɑ̃t] **adj. et n. m.** – 1960 ◊ de *1anti-* et *oxydant* ■ Qui ralentit ou empêche un processus d'oxydation. — **n. m.** *Antioxydant employé comme additif alimentaire.*

ANTIPALUDÉEN, ENNE [ɑ̃tipalydeɛ̃, ɛn] **adj. et n. m.** – 1968 ◊ de *1anti-* et *paludéen* ■ MÉD. Qui agit sur le paludisme ou qui protège contre lui. — **n. m.** *Un antipaludéen.* ➤ **chloroquine, quinine.** — On dit aussi **ANTIPALUDIQUE.**

ANTIPAPE [ɑ̃tipap] **n. m.** – XIVe ◊ latin médiéval *antipapa* ■ HIST. CATHOL. Pape considéré par l'Église comme irrégulièrement élu, et non reconnu par elle.

ANTIPARALLÈLE [ɑ̃tipaʀalɛl] **adj.** – 1752 ◊ de *1anti-* et *parallèle* ■ **1** MATH. *Couples de droites antiparallèles,* dont les bissectrices sont parallèles. *Vecteurs antiparallèles,* de même direction et de sens opposé. ■ **2** PHYS. *Spins antiparallèles :* moments cinétiques représentables par des vecteurs antiparallèles. ■ **3** BIOCHIM., GÉNÉT. Se dit des deux chaînes de l'acide désoxyribonucléique qui sont de polarité opposée. *Brins antiparallèles de la double hélice d'ADN.*

ANTIPARASITAIRE [ɑ̃tipaʀazitɛʀ] **adj. et n. m.** – v. 1874 ◊ de *1anti-* et *parasitaire* ■ MÉD. Destiné à traiter les maladies dues aux parasites. — **n. m.** *La quinine est un antiparasitaire.*

ANTIPARASITE [ɑ̃tipaʀazit] **adj.** – 1928 ◊ de *1anti-* et *parasite* ■ Qui s'oppose à la production et la propagation de parasites (III). *Dispositif antiparasite d'une radio.*

ANTIPARLEMENTAIRE [ɑ̃tipaʀləmɑ̃tɛʀ] **adj. et n.** – 1778 ◊ de *1anti-* et *parlementaire* ■ Hostile au parlementarisme, au parlement.

ANTIPARLEMENTARISME [ɑ̃tipaʀləmɑ̃taʀism] **n. m.** – début XXe ◊ de *antiparlementaire* ■ Opposition au régime parlementaire.

ANTIPARTICULE [ɑ̃tipaʀtikyl] **n. f.** – 1956 ◊ de *1anti-* et *particule* ■ PHYS. Particule de même masse, même durée de vie, même spin que la particule fondamentale à laquelle elle est associée, et n'en différant que par sa charge électrique (ou l'une des trois composantes de son spin* isotopique). ➤ **antineutrino, antineutron, antiproton.** *La rencontre d'une particule et de son antiparticule peut conduire à leur annihilation.*

ANTIPASTI [ɑ̃tipasti] **n. m.** – v. 1980 ◊ mot italien, plur. de *antipasto* «hors-d'œuvre», famille du latin *pascere* «nourrir» → paître, repas ■ Assortiment de hors-d'œuvre froids (légumes marinés, anchois, olives, salades de fruits de mer) servi en Italie à l'apéritif ou au début du repas ; l'un de ces hors-d'œuvre. *Un antipasti, des antipasti* (plur. it.) ou *des antipastis* [ɑ̃tipasti].

ANTIPATHIE [ɑ̃tipati] **n. f.** – 1542 ◊ latin d'origine grecque *antipathia* ■ **1** VX Défaut d'affinité entre deux substances. ➤ **incompatibilité.** ■ **2** (XVIIe) MOD. Aversion instinctive, irraisonnée, immotivée pour une personne qu'on connaît peu. ➤ **éloignement, prévention, répugnance.** *J'ai de l'antipathie pour cet individu. «Il n'y a rien de si rapide qu'un sentiment d'antipathie»* MUSSET. *«C'est du choc des caractères et non de la lutte des idées que naissent les antipathies»* BALZAC. ■ CONTR. Affection. Affinité, attirance, penchant, sympathie.

ANTIPATHIQUE [ɑ̃tipatik] **adj.** – 1568 ◊ de *antipathie* ■ **1** VX *Antipathique à qqch.* Sans affinité avec, contraire à. ➤ **incompatible.** *«La position défensive est antipathique au caractère français»* CHATEAUBRIAND. ■ **2** (1835) MOD. Qui inspire de l'antipathie. ➤ **déplaisant, désagréable.** *Un homme antipathique.* ◆ PAR EXT. (CHOSES) *Ce genre de discours m'est antipathique.* ■ CONTR. Compatible, convenable ; sympathique.

ANTIPATRIOTIQUE [ɑ̃tipatʀijɔtik] **adj.** – 1767 ◊ de *1anti-* et *patriotique* ■ Contraire au patriotisme, aux intérêts de la patrie. — **n. m. ANTIPATRIOTISME,** 1788.

ANTIPELLICULAIRE [ɑ̃tipelikylɛʀ] **adj.** – 1852 ◊ de *1anti-* et *pellicule* ■ Destiné à lutter contre les pellicules du cuir chevelu. *Lotion, shampoing antipelliculaire.*

ANTIPÉRISTALTIQUE [ɑ̃tipeʀistaltik] **adj.** – 1680 ◊ de *1anti-* et *péristaltique* ■ MÉD. Se dit des contractions qui se font en sens inverse des contractions péristaltiques, et peuvent faire remonter les aliments. ■ CONTR. Péristaltique.

ANTIPERSONNEL [ɑ̃tipɛʀsɔnɛl] **adj. inv.** – v. 1950 ◊ de *1anti-* et *personnel* n. m. ■ MILIT. Se dit des armes et engins employés contre les personnes, et non contre le matériel. *Mines antipersonnel et mines antichars.*

ANTIPHLOGISTIQUE [ɑ̃tiflɔʒistik] **adj. et n. m.** – 1793 ◊ de *1anti-* et *phlogistique* ■ MÉD. (VIEILLI) Qui combat les inflammations. ➤ **anti-inflammatoire.** — **n. m.** *La glace est un antiphlogistique.*

ANTIPHONAIRE [ɑ̃tifɔnɛʀ] **n. m.** – début XIIe *antefinier* ◊ du latin médiéval *antiphonarium,* du grec *antiphôna* → antienne ■ ANCIENNT Recueil des chants, des antiennes de la messe utilisant la notation grégorienne. — MOD. MUS. Recueil des chants de l'office, et SPÉCIALT des heures diurnes.

ANTIPHRASE [ɑ̃tifʀaz] **n. f.** – 1534 ; *antifrasie* XIVe ◊ latin des grammairiens *antiphrasis,* mot grec ■ Manière d'employer un mot, une locution dans un sens contraire au sens véritable, par ironie ou euphémisme (ex. C'est du propre !).

ANTIPIRATAGE [ɑ̃tipiʀataʒ] **adj.** – 1988 ◊ de *1anti-* et *piratage* ■ Destiné à déceler et à éliminer le piratage. *Dispositif antipiratage. Mesures antipiratage* (inv.) ou *antipiratages.*

ANTIPODE [ɑ̃tipɔd] **n. m.** – 1372 ◊ latin *antipodes,* du grec *antipous, podos,* de *anti-* et *pous, podos* «pied» ■ **1** VX Individu, peuple qui, par rapport à un autre, habite un point du globe diamétralement opposé. *«Pythagore disait que la terre était ronde* [...] *et par conséquent qu'il y avait des antipodes qui marchaient les pieds opposés aux nôtres»* FÉNELON. ■ **2** MOD. Lieu de la terre diamétralement opposé à un autre. *La Nouvelle-Zélande est l'antipode de la France, est aux antipodes de la France.* — LOC. FIG. **AUX ANTIPODES :** très loin. *Il part aux antipodes.* ■ **3** PAR EXT. Chose exactement opposée. *«On situera la doctrine en évoquant son antipode»* BENDA. — LOC. *Être aux antipodes de :* être tout à fait à l'opposé de, le plus loin possible de. *Être aux antipodes de la vérité.*

ANTIPODISME [ɑ̃tipɔdism] **n. m.** – 1935 ◊ de *antipode* ■ Exercice acrobatique exécuté avec les pieds en étant couché sur le dos. — **n.** (1914) **ANTIPODISTE.**

ANTIPOÉTIQUE [ɑ̃tipɔetik] **adj.** – 1766 ◊ de *1anti-* et *poétique* ■ DIDACT. Contraire à la poésie, à l'esprit de la poésie.

ANTIPOISON [ɑ̃tipwazɔ̃] **adj.** – v. 1970 ◊ de *1anti-* et *poison* ■ *Centre antipoison :* centre médical spécialisé dans la prévention et la thérapeutique des intoxications. *Des traitements antipoisons.*

ANTIPOLIOMYÉLITIQUE [ɑ̃tipɔljɔmjelitik] **adj.** – 1924 ◊ de *1anti-* et *poliomyélitique* ■ MÉD. Qui combat la poliomyélite. *Vaccin antipoliomyélitique.* — ABRÉV. COUR. **ANTIPOLIO** [ɑ̃tipɔljo].

ANTIPOLLUTION [ɑ̃tipɔlysjɔ̃] **adj. inv.** – v. 1970 ◊ de *1anti-* et *pollution* ■ Propre à combattre la pollution. *Équipements antipollution. — Ligue antipollution.*

ANTIPROTÉASE [ɑ̃tipʀɔteaz] **n. f.** – 1910 ◊ de *1anti-* et *protéase* ■ BIOCHIM., VIROL. Molécule active contre la réplication d'un virus, SPÉCIALT du VIH, en inhibant la protéase du virus indispensable à sa multiplication au sein de l'organisme infecté.

ANTIPROTECTIONNISTE [ɑ̃tipʀɔtɛksjɔnist] **adj. et n.** – 1866 ◊ de *1anti-* et *protectionniste* ■ RARE Opposé au protectionnisme. ➤ **libéral.**

ANTIPROTON [ɑ̃tipʀɔtɔ̃] **n. m.** – 1956 ◊ de *1anti-* et *proton* ■ PHYS. Antiparticule du proton.

ANTIPRURIGINEUX, EUSE [ɑ̃tipʀyʀiʒinø, øz] **adj. et n. m.** – 1938 ◊ de *1anti-* et *prurigineux* ■ MÉD. Qui combat les démangeaisons, le prurit.

ANTIPSYCHIATRE [ɑ̃tipsikjatʀ] **n.** – 1971 ◊ de *1anti-* et *psychiatre* ■ Psychiatre partisan de l'antipsychiatrie. *Je suis «les efforts des "antipsychiatres" pour briser le cercle du "grand renfermement"»* BEAUVOIR.

ANTIPSYCHIATRIE [ɑ̃tipsikjatʀi] **n. f.** – 1967 ◊ de *1anti-* et *psychiatrie,* par l'anglais ■ Ensemble des théories intégrant les signes cliniques de la maladie mentale à une vaste symptomatologie sociale ; pratique thérapeutique conforme à ces théories, et rompant avec les procédés de la psychiatrie classique. — **adj. ANTIPSYCHIATRIQUE.**

ANTIPSYCHOTIQUE [ɑ̃tipsikɔtik] **adj. et n. m.** – 1957 ◊ de *1anti-* et *psychotique* ■ MÉD., PHARM. Destiné à traiter les états psychotiques. — **n. m.** *Les antipsychotiques agissent comme calmants de l'humeur.*

ANTIPUB [ɑ̃tipyb] adj. et n. – 1977 ◊ de 1anti- et 2pub ■ Opposé à la publicité et à ses procédés. *Mouvements antipub* (inv.) ou *antipubs.* — n. *L'action des antipubs.*

ANTIPUTRIDE [ɑ̃tipytʀid] adj. et n. m. – 1763 ◊ de 1anti- et putride ■ DIDACT. Qui empêche la putréfaction. ➤ **antiseptique.** — n. m. *Le phénol est un antiputride.*

ANTIPYRÉTIQUE [ɑ̃tipiʀetik] adj. et n. m. – 1752 ◊ de 1anti- et grec *puretikos,* de *puretos* « fièvre » ■ MÉD. Qui combat la fièvre. ➤ **fébrifuge.**

ANTIPYRINE [ɑ̃tipiʀin] n. f. – 1884 ◊ allemand *Antipyrin* ■ MÉD. Médicament à noyau benzénique, antipyrétique et analgésique.

ANTIQUAILLE [ɑ̃tikaj] n. f. – 1671 ◊ de l'italien *anticaglia,* famille du latin *antiquus* « très ancien » → antique ■ PÉJ. Antiquité ou objet ancien sans valeur. ➤ **vieillerie.**

ANTIQUAIRE [ɑ̃tikɛʀ] n. – 1568 ◊ latin *antiquarius* « relatif à l'antiquité » ■ **1** VX Archéologue. ■ **2** (1823 ◊ allemand *Antiquar*) MOD. Marchand, marchande d'objets d'art, d'ameublement et de décoration anciens. *Un, une antiquaire.*

ANTIQUE [ɑ̃tik] adj. et n. – XIVe ◊ du latin *antiquus* « très ancien »
I adj. ■ **1** VX Qui appartient à une époque reculée, à un lointain passé. « *Chante la berceuse antique* » LOTI. ■ **2** MOD. Très vieux, dégradé par le temps. ➤ **usé, vétuste.** « *Une Bible en images, très antique, toute dépenaillée* » FRANCE. — Qui n'est plus à la mode. ➤ **démodé, suranné.** *Une antique guimbarde.* — loc. adv. (1546) **À L'ANTIQUE :** VX à l'ancienne mode ; MOD. comme dans l'Antiquité. *Drapé à l'antique.* ■ **3** (XVIe) Qui appartient à l'Antiquité, notamment à l'Antiquité gréco-latine. *La Grèce, l'Italie antique. Vases antiques.*
II n. ■ **1** n. m. *L'antique :* l'art, les œuvres d'art antiques. *Imiter l'antique.* ■ **2** n. m. ou f. Œuvre d'art antique. *Cabinet des antiques, collection d'antiques.*
■ CONTR. Moderne.

ANTIQUITÉ [ɑ̃tikite] n. f. – 1080 ◊ latin *antiquitas* ■ **1** VIEILLI Caractère de ce qui est très ancien. ➤ **ancienneté.** *Ces traditions « prouvent au moins l'antiquité des peuples de l'Égypte »* CONDILLAC. ■ **2** Temps très ancien, très reculé. *Cela remonte à la plus haute antiquité.* — LOC. *De toute antiquité :* de tout temps. « *Le cens avait de toute antiquité appartenu au roi* » MONTESQUIEU. ■ **3** (XVIe) *L'Antiquité :* les plus anciennes civilisations. *L'Antiquité grecque et romaine. L'Antiquité et le Moyen Âge. L'Antiquité orientale.* — ABSOLT L'Antiquité gréco-romaine. *Les écrivains du XVIIe siècle s'inspirent de l'Antiquité. Film sur l'Antiquité.* ➤ **péplum.** ■ **4** PLUR. Monuments, œuvres d'art qui restent de l'Antiquité. *Les départements des antiquités orientales, égyptiennes, grecques et romaines au musée du Louvre.* ♦ (1854) Objets d'art, meubles anciens. ➤ **ancien** (n. m.). *Marchand d'antiquités.* ➤ **antiquaire.** ■ **5** FAM. et IRON. Objet démodé, qui n'a plus d'usage. ➤ **antiquaille, vieillerie.** *Jetez-moi toutes ces antiquités !* ■ CONTR. Nouveauté.

ANTIRABIQUE [ɑ̃tiʀabik] adj. – 1850 ◊ de 1anti- et rabique ■ MÉD. Qui agit contre la rage ou la prévient. *Vaccination antirabique.*

ANTIRACISME [ɑ̃tiʀasism] n. m. – 1958 ◊ de 1anti- et racisme ■ Opposition aux doctrines racistes, aux attitudes et aux réactions racistes.

ANTIRACISTE [ɑ̃tiʀasist] adj. et n. – 1938 ◊ de 1anti- et raciste ■ Opposé au racisme. *Manifestation antiraciste* (cf. Touche pas à mon pote*). — n. *Une antiraciste convaincue.*

ANTIRADAR [ɑ̃tiʀadaʀ] adj. et n. m. – milieu XXe ◊ de 1anti- et radar ■ Qui sert à empêcher la détection par radar. *Dispositifs antiradars.* — n. m. *Un antiradar.*

ANTIRADIATION [ɑ̃tiʀadjasjɔ̃] adj. – v. 1960 ◊ de 1anti- et radiation (2o) ■ Qui protège de certains types de rayonnement, de radiations, notamment de la radioactivité (➤ **antiatomique**). *Des abris antiradiations.*

ANTIREFLET [ɑ̃tiʀəflɛ] adj. – v. 1960 ◊ de 1anti- et reflet ■ Se dit d'un revêtement qui diminue les reflets. *Une couche antireflet.* — PAR EXT. *Des verres, des lunettes antireflets.*

ANTIRÉFLEXIF, IVE [ɑ̃tiʀeflɛksif, iv] adj. – XXe ◊ de 1anti- et réflexif ■ MATH. *Relation antiréflexive :* relation binaire dans un ensemble E, telle qu'aucun élément de E n'est en relation avec lui-même.

ANTIRÉGLEMENTAIRE [ɑ̃tiʀegləmɑ̃tɛʀ] adj. /ANTIRÈGLEMENTAIRE/ – avant 1866 ◊ de 1anti- et réglementaire ■ Contraire au règlement. ■ CONTR. Réglementaire.

ANTIREJET [ɑ̃tiʀəʒɛ] adj. – XXe ◊ de 1anti- et 2rejet ■ MÉD. Qui s'oppose au rejet d'une greffe. *Médicaments antirejets.*

ANTIRELIGIEUX, IEUSE [ɑ̃tiʀ(ə)liʒjø, jøz] adj. – 1793 ◊ de 1anti- et religieux ■ Opposé à la religion. *La polémique antireligieuse de Voltaire.*

ANTIRÉTROVIRAL, ALE, AUX [ɑ̃tiʀetʀoviʀal, o] adj. et n. m. – 1990 ◊ de 1anti- et rétroviral ■ VIROL. Qui agit sur les virus à ARN (rétrovirus) en bloquant leur multiplication dans l'organisme. ➤ **antiprotéase.** — n. m. Antiviral de ce type.

ANTIRIDE ou **ANTIRIDES** [ɑ̃tiʀid] adj. et n. m. – 1917 ◊ de 1anti- et ride ■ Qui prévient ou combat les rides. ➤ **anti-âge.** *Crème antiride* ou *antirides. Des sérums antirides.* — n. m. *Appliquer un antiride. Des antirides.*

ANTIROUILLE [ɑ̃tiʀuj] adj. inv. et n. m. – 1869 ◊ de 1anti- et rouille ■ Qui protège contre la rouille (Io), ôte les taches de rouille (➤ **anticorrosion**). *Peinture antirouille.* — n. m. *Le minium est un antirouille. Des antirouilles.*

ANTIROULIS [ɑ̃tiʀuli] adj. – 1989 ◊ de 1anti- et roulis ■ TECHN. Qui tend à diminuer l'amplitude ou à s'opposer à l'apparition du roulis. *Paquebot, avion équipé d'un dispositif antiroulis.*

ANTISATELLITE [ɑ̃tisatelit] adj. – v. 1980 ◊ de 1anti- et satellite ■ Qui s'oppose à l'utilisation militaire de satellites artificiels par l'adversaire. *Des missiles antisatellites.*

ANTISCIENTIFIQUE [ɑ̃tisjɑ̃tifik] adj. – 1828 ◊ de 1anti- et scientifique ■ Contraire à l'esprit scientifique ; qui ne peut faire l'objet d'une science.

ANTISCORBUTIQUE [ɑ̃tiskɔʀbytik] adj. – 1671 ◊ de 1anti- et scorbutique ■ MÉD. Propre à combattre ou à guérir le scorbut. *La vitamine C est antiscorbutique.*

ANTISÈCHE [ɑ̃tisɛʃ] n. f. – milieu XXe ◊ de 1anti- et sécher ■ ARG. SCOL. Morceau de papier, aide-mémoire contenant des informations dont se sert frauduleusement le candidat à un examen. ➤ 2 **pompe ;** RÉGION. **copion.**

ANTISÉGRÉGATIONNISTE [ɑ̃tisegʀegasjɔnist] adj. et n. – milieu XXe ◊ de 1anti- et ségrégation ■ Qui s'oppose à la ségrégation* raciale.

ANTISÉMITE [ɑ̃tisemit] n. et adj. – 1889 ◊ de 1anti- et sémite ■ Raciste animé par l'antisémitisme. — adj. *Propagande antisémite. Des propos antisémites.* « *Je meurs antisémite (respectueux des Juifs sionistes)* » DRIEU LA ROCHELLE.

ANTISÉMITISME [ɑ̃tisemitism] n. m. – 1866 ◊ de antisémite ■ Racisme dirigé contre les Juifs.

ANTISEPSIE [ɑ̃tisɛpsi] n. f. – 1880 ◊ de antiseptique, d'après le grec *sêpsis* « putréfaction » ■ Ensemble des méthodes destinées à prévenir ou combattre l'infection en détruisant des microbes qui existent à la surface ou à l'intérieur des organismes vivants. *Antisepsie et asepsie*.*

ANTISEPTIQUE [ɑ̃tisɛptik] adj. et n. m. – 1765 ◊ de 1anti- et septique ■ Qui prévient ou empêche l'infection en détruisant les microbes. ➤ **antiputride, désinfectant.** *Remède, pansement antiseptique.* — n. m. *Les antiseptiques* (eau oxygénée, formol, permanganate, salol, hypochlorites, etc.). ■ CONTR. Septique.

ANTISÉRUM [ɑ̃tiseʀɔm] n. m. – 1906 ◊ de 1anti- et sérum ■ IMMUNOL. Sérum contenant un type d'anticorps, obtenu d'un animal immunisé par injection de l'antigène correspondant.

ANTISIDA [ɑ̃tisida] adj. inv. – 1985 ◊ de 1anti- et sida ■ Destiné à combattre le sida ; relatif à la lutte contre le sida. *Traitements antisida.* ➤ **A. Z. T., trithérapie.** *Les associations antisida.*

ANTISISMIQUE [ɑ̃tisismik] adj. – 1979 ◊ de 1anti- et sismique ■ Conçu pour résister aux séismes. ➤ **parasismique.** *Construction conforme aux normes antisismiques.*

ANTISKATING [ɑ̃tiskɛtiŋ] n. m. – 1968, comme adj. ◊ de 1anti- et de l'anglais *to skate* « patiner » ■ ANGLIC. Procédé destiné à compenser l'accélération centripète du bras d'un lecteur de disque. — Recomm. offic. **ANTIRIPAGE** n. m.

ANTISLASH [ɑ̃tislaʃ] n. m. – 1986 ◊ de 1anti- et slash ■ Signe typographique de séparation par une barre oblique inversée (\). *Des slashs et des antislashs.*

ANTISOCIAL, IALE, IAUX [ɑ̃tisɔsjal, jo] adj. – 1776 ◊ de 1anti- et social ■ Contraire à la société, à l'ordre social. *Principes antisociaux.* ♦ (1832) Qui n'est pas social, va contre les intérêts des travailleurs. *Mesure antisociale.* ♦ PSYCHOL. Qui transgresse les règles de la vie en société et la morale sociale. *Conduite antisociale.* ➤ **asocial.**

ANTI-SOUS-MARIN, INE [ɑ̃tisumaʀɛ̃, in] adj. – 1918 ◊ de 1*anti-* et *sous-marin* ■ MILIT. Qui sert à combattre les sous-marins. *Grenades anti-sous-marines.*

ANTISPASMODIQUE [ɑ̃tispasmɔdik] adj. et n. m. – 1741 ◊ de 1*anti-* et *spasmodique* ■ MÉD. Qui combat les spasmes, les convulsions. *Remède antispasmodique.* — n. m. *Un antispasmodique* (belladone, bromure, valériane, etc.).

ANTISPÉCISME [ɑ̃tispesism] n. m. – 1993 ◊ de 1*anti-* et *spécisme* ■ DIDACT. Idéologie qui s'oppose au spécisme ; lutte contre le spécisme. ➤ aussi **véganisme.** ■ CONTR. Spécisme.

ANTISPÉCISTE [ɑ̃tispesist] adj. et n. – 1991 ◊ de 1*anti-* et *spéciste* ■ DIDACT. Qui s'oppose au spécisme. — n. *Les antispécistes.* ➤ aussi **végane.** ■ CONTR. Spéciste.

ANTISPORTIF, IVE [ɑ̃tispɔʀtif, iv] adj. – 1891 ◊ de 1*anti-* et *sportif* ■ Hostile au sport ; contraire à l'esprit du sport.

ANTISTATIQUE [ɑ̃tistatik] adj. et n. m. – 1969 ◊ de 1*anti-* et *statique* ■ TECHN. Qui empêche ou limite le développement de l'électricité statique. *Une moquette antistatique.*

ANTISTROPHE [ɑ̃tistʀɔf] n. f. – 1550 ◊ grec *antistrophê* ■ MÉTRIQUE ANC. Seconde stance du chœur lyrique, du même schéma que la première (dans la triade *strophe, antistrophe, épode*).

ANTISUDORAL, ALE, AUX [ɑ̃tisydɔʀal, o] adj. et n. m. – 1853 ◊ de 1*anti-* et *sudoral* ■ PHYSIOL. VX Qui diminue la transpiration (➤ **anhidrose**). — n. m. *Un antisudoral.*

ANTISYMÉTRIQUE [ɑ̃tisimetʀik] adj. – 1947 ◊ de 1*anti-* et *symétrique* (4°) ■ MATH., LOG. Se dit d'une relation binaire entre deux éléments a et b d'un ensemble qui n'est pas la même que la relation entre b et a. *La divisibilité d'un nombre par un autre est une relation antisymétrique.* — MATH., PHYS. *Fonction antisymétrique* f *de la variable* x, telle que $f(-x) = -f(x)$.

ANTISYPHILITIQUE [ɑ̃tisifilitik] adj. – 1774 ◊ de 1*anti-* et *syphilitique* ■ Qui combat la syphilis.

ANTISYSTÈME [ɑ̃tisistɛm] adj. et n. – 1934 ; autre sens XVIIIe ◊ de 1*anti-* et *système* ■ Qui s'oppose au système en place. *Mouvement antisystème. Candidats antisystèmes.* — n. «*les antisystèmes sont ceux qui combattent les valeurs dominantes de la société*» (Le Matin, 2017).

ANTITABAC [ɑ̃titaba] adj. inv. – v. 1960 ◊ de 1*anti-* et *tabac* ■ **1** Qui lutte contre l'usage du tabac. *Campagnes antitabac.* ■ **2** Qui détruit les odeurs de tabac. *Bougie antitabac.*

ANTITACHE [ɑ̃titaʃ] adj. – 1982 ◊ de 1*anti-* et *tache* ■ Se dit d'un traitement qui, appliqué sur un tissu, empêche la formation des taches ou facilite leur élimination. *Des produits antitaches.* — n. m. *Un antitache.*

ANTITERRORISME [ɑ̃titeʀɔʀism] n. m. – 1926 ◊ de 1*anti-* et *terrorisme* ■ Lutte contre le terrorisme. *Le contre-espionnage et l'antiterrorisme.*

ANTITERRORISTE [ɑ̃titeʀɔʀist] adj. – 1795 ◊ de 1*anti-* et *terroriste* ■ Qui lutte contre le terrorisme, est relatif à cette lutte. *Mesures antiterroristes.*

ANTITÉTANIQUE [ɑ̃titetanik] adj. – 1819 ◊ de 1*anti-* et *tétanique* ■ Qui agit contre ou qui prévient le tétanos. *Sérum antitétanique.*

ANTITHÈSE [ɑ̃titɛz] n. f. – v. 1550 ◊ grec *antithesis* ■ **1** Opposition de deux pensées, de deux expressions que l'on rapproche dans le discours pour en faire mieux ressortir le contraste. «*Il y a antithèse lorsqu'on choisit les tours qui rendent l'opposition plus sensible*» CONDILLAC. ♦ PHILOS. Chez Kant, Proposition radicalement opposée à la thèse et constituant avec elle une antinomie ; dans la dialectique hégélienne, Seconde démarche de l'esprit, niant ce qu'il avait affirmé dans la thèse. *Thèse, antithèse et synthèse.* ■ **2** (XIXe) FIG. Chose ou personne entièrement opposée à une autre ; contraste entre deux aspects. ➤ **contraire, inverse.** *Être l'antithèse de qqn, de qqch.* ■ CONTR. Thèse.

ANTITHÉTIQUE [ɑ̃titetik] adj. – v. 1680 ◊ bas latin d'origine grecque *antitheticus* ■ Qui emploie l'antithèse, forme antithèse. *Style antithétique.* ♦ COUR. Opposé, contraire. *Des idées antithétiques.*

ANTITHROMBINE [ɑ̃titʀɔ̃bin] n. f. – 1908 ◊ de 1*anti-* et *thrombine* ■ BIOCHIM. Protéine plasmatique, inhibitrice de la formation de fibrine, et dont le déficit peut provoquer des thromboses. *L'antithrombine est un anticoagulant.*

ANTITHYROÏDIEN, IENNE [ɑ̃titiʀɔidjɛ̃, jɛn] adj. et n. m. – 1904 ◊ de 1*anti-* et *thyroïdien* ■ MÉD. Qui diminue la sécrétion de l'hormone thyroïdienne ; qui traite l'hyperthyroïdie. — n. m. *Traitement du goitre par les antithyroïdiens.*

ANTITOUT [ɑ̃titu] adj. inv. et n. inv. – 1944 ◊ de 1*anti-* et *tout* ■ FAM. Qui s'oppose à tout. — n. inv. *Les antitout /antitouts/.* «*les râleux mièvres, les anti-tout...*» CÉLINE.

ANTITOXINE [ɑ̃titɔksin] n. f. – 1892 ◊ de 1*anti-* et *toxine* ■ MÉD., IMMUNOL. Anticorps élaboré par l'organisme qui réagit contre les toxines.

ANTITOXIQUE [ɑ̃titɔksik] adj. – 1858 ◊ de 1*anti-* et *toxique* ■ VX Qui agit comme contrepoison. ♦ (1903) MOD. Qui agit contre une toxine. *Sérum, vaccin antitoxique.*

ANTITRUST [ɑ̃titʀœst] adj. – milieu XXe ◊ anglais *Anti-Trust Act* (1890) ■ Qui s'oppose à la constitution, l'action des trusts. *Lois antitrusts.*

ANTITRYPSINE [ɑ̃titʀipsin] n. f. – 1903 ◊ de 1*anti-* et *trypsine* ■ BIOCHIM. Protéine plasmatique synthétisée dans le foie, dont l'absence ou l'inactivation cause l'emphysème pulmonaire.

ANTITUBERCULEUX, EUSE [ɑ̃titybɛʀkylø, øz] adj. – 1866 ◊ de 1*anti-* et *tuberculeux* ■ Propre à combattre la tuberculose. *Vaccin antituberculeux.* ➤ **B. C. G.** *Médicaments antituberculeux.* — *Centre antituberculeux.* ➤ **sanatorium.** — Qui contribue à la lutte contre la tuberculose. *Vente de timbres antituberculeux.*

ANTITUMORAL, ALE, AUX [ɑ̃titymɔʀal, o] adj. et n. m. – 1926 ◊ de 1*anti-* et *tumoral* ■ MÉD. Qui combat les tumeurs. ➤ **anticancéreux.** *Traitement antitumoral.* — n. m. *Un antitumoral.*

ANTITUSSIF, IVE [ɑ̃titysif, iv] adj. et n. m. – 1970 ◊ de 1*anti-* et du latin *tussis* «toux» ■ MÉD. Qui combat, calme la toux. *Sirop antitussif.* — n. m. *La codéine est un antitussif.*

ANTIVARIOLIQUE [ɑ̃tivaʀjɔlik] adj. – *anti-variolique* 1804 ◊ de 1*anti-* et *variolique* ■ MÉD. Qui prévient ou combat la variole.

ANTIVENIMEUX, EUSE [ɑ̃tivənimø, øz] adj. – 1897 ◊ de 1*anti-* et *venimeux* ■ MÉD. Contre l'action des venins.

ANTIVIRAL, ALE, AUX [ɑ̃tiviʀal, o] adj. et n. m. – v. 1950 ◊ de 1*anti-* et *viral* ■ MÉD. Se dit d'une substance active contre les virus. ➤ **virocide.** *Médicaments antiviraux.* — n. m. *L'AZT est un antiviral.*

ANTIVIRUS [ɑ̃tiviʀys] n. m. – 1989 ◊ de 1*anti-* et *virus* ■ INFORM. Logiciel capable de détecter les virus informatiques et de les éliminer.

ANTIVOL [ɑ̃tivɔl] n. m. et adj. – 1932 *anti-vol* ◊ de 1*anti-* et 2*vol** ■ Dispositif de sécurité destiné à empêcher le vol (d'un véhicule, d'une marchandise, etc.). *Il plaça «l'antivol sur la jante de la roue avant»* LE CLÉZIO. «*j'ai volé un gros pull en mohair noir après avoir remarqué qu'il était dépourvu de l'antivol en plastique blanc accroché à tous les autres vêtements du magasin*» C. CUSSET. ➤ **bip.** *Des antivols.* — adj. Qui garantit contre le vol. *Le portique antivol d'un magasin. Des alarmes antivol* (inv.) ou *antivols.*

ANTONOMASE [ɑ̃tɔnɔmaz] n. f. – 1634 ◊ latin *antonomasia,* mot grec ■ Trope qui consiste à désigner un personnage par un nom commun ou une périphrase qui le caractérise, ou, inversement, à désigner un individu par le nom du personnage dont il rappelle le caractère typique (ex. un harpagon pour un avare, la Dame de fer pour Mme Thatcher).

ANTONYME [ɑ̃tɔnim] n. m. – 1866 ◊ de *antonymie,* d'après *synonyme* ■ Mot, syntagme, qui, par le sens, s'oppose directement à un autre. ➤ **contraire.** «*Chaud*» *et* «*froid*», «*lever*» *et* «*baisser*» *sont des antonymes.* ■ CONTR. Synonyme.

ANTONYMIE [ɑ̃tɔnimi] n. f. – 1829 ; «juxtaposition de mots inconciliables» 1823 ◊ de 1*ant(i)-* et *-onymie* ■ Opposition de sens entre antonymes.

ANTRE [ɑ̃tʀ] n. m. – XVe ◊ latin d'origine grecque *antrum* «creux» ■ **1** LITTÉR. Caverne, grotte (SPÉCIALT servant de repaire à une bête fauve). — LOC. (allus. à la fable de La Fontaine) *C'est l'antre du lion,* se dit d'un lieu d'où on ne peut guère espérer sortir une fois qu'on y est entré. ♦ FIG. Lieu inquiétant et mystérieux. *Une âme «perdue dans les antres de la cabale»* HUGO. — Lieu où l'on aime se retirer (pour travailler, etc.). *Se réfugier dans son antre.* ■ **2** (1751) ANAT. Nom donné à certaines cavités naturelles. *Antre mastoïdien.* ■ HOM. Entre.

ANTRITE [ɑ̃tʀit] **n. f.** – 1910 ◊ de *antre* (2°) et *-ite* ■ **MÉD.** Inflammation d'une cavité naturelle chez un être vivant. *Antrite gastrique. Antrite mastoïdienne* : mastoïdite.

ANTRUSTION [ɑ̃tʀystjɔ̃] **n. m.** – 1748 ◊ latin médiéval *antrustio*, de *trustis*, latinisation de l'ancien haut allemand *Trost* «fidélité» ■ **HIST.** Leude faisant partie de la suite du roi, chez les Francs. ➤ **vassal.**

ANURIE [anyʀi] **n. f.** – 1855 ◊ de *2a-* et *-urie* ■ **MÉD.** Absence d'urine dans la vessie due à l'arrêt de la sécrétion rénale *(anurie sécrétoire)* ou à un obstacle au cours de l'écoulement de l'urine entre le rein et la vessie *(anurie excrétoire)*.

ANUS [anys] **n. m.** – 1314 ◊ mot latin ■ Orifice du rectum qui donne passage aux matières fécales. ➤ **fondement ; proct(o)- ; FAM. cul, trou** (de balle, du cul). *Sphincters de l'anus. Fistule à l'anus. De l'anus.* ➤ **anal.** ◆ **CHIR.** *Anus artificiel* : orifice pratiqué sur l'intestin et abouché à la peau de l'abdomen, pour l'évacuation des matières en cas d'obstruction intestinale située en aval. ➤ **colostomie, stomie.**

ANXIÉTÉ [ɑ̃ksjete] **n. f.** – XIIe, repris 1531 ◊ latin *anxietas* ■ **MÉD.** État de trouble psychique causé par le sentiment de l'imminence d'un évènement fâcheux ou dangereux, s'accompagnant souvent de phénomènes physiques. ➤ **angoisse, appréhension.** *Crise aiguë d'anxiété.* ➤ **raptus** (anxieux). *Médicament qui réduit l'anxiété.* ➤ **anxiolytique, tranquillisant.** ◆ **COUR.** État d'inquiétude extrême causé par l'appréhension d'un évènement. *Éprouver de l'anxiété. Vivre dans l'anxiété.* ■ **CONTR.** 1 Calme, confiance, sérénité.

ANXIEUX, IEUSE [ɑ̃ksjø, jøz] **adj. et n.** – XIVe, repris XIXe ◊ bas latin *anxiosus*, classique *anxius* ■ **1** Qui s'accompagne d'anxiété, marque de l'anxiété. *États anxieux, crises anxieuses. Une attente anxieuse. Regard anxieux.* ■ **2** Qui éprouve de l'anxiété. ➤ **angoissé, inquiet, tourmenté ; FAM. bileux.** *Un candidat anxieux.* **n.** *C'est un anxieux.* «*L'anxieux s'agrippe à tout ce qui peut renforcer, stimuler son providentiel malaise : vouloir l'en guérir c'est ébranler son équilibre*» **CIORAN.** ◆ **ANXIEUX DE** (et l'inf.). «*Tous anxieux de voir surgir* [...] *Le chef borgne*» **HEREDIA.** — **PAR EXT.** Impatient, désireux de. *Un débutant anxieux de réussir.* — **adv. ANXIEUSEMENT,** 1823. ■ **CONTR.** 2 Calme, confiant, 1 serein.

ANXIOGÈNE [ɑ̃ksjɔʒɛn] **adj.** – 1968 ◊ du radical de *anxieux* et *-gène* ■ **DIDACT.** Qui suscite l'anxiété, l'angoisse. *Un climat anxiogène.*

ANXIOLYTIQUE [ɑ̃ksjɔlitik] **adj. et n. m.** – 1970 ◊ du radical de *anxieux* et *-lytique* ■ **MÉD.** Propre à combattre l'état d'angoisse, l'anxiété. ➤ **tranquillisant.** — **n. m.** *La benzodiazépine est un anxiolytique.*

AORISTE [aɔʀist] **n. m.** – 1548 ◊ bas latin *aoristus*, du grec *aoristos*, proprt «indéfini» ■ **GRAMM.** Temps de la conjugaison grecque à valeur de passé, mais n'indiquant pas une datation précise (notamment dans le cas de l'*aoriste gnomique**).

AORTE [aɔʀt] **n. f.** – début XVe ◊ grec *aortê* ■ Artère qui prend naissance à la base du ventricule gauche du cœur, tronc d'origine de tout le système artériel, comprenant trois parties : *la crosse de l'aorte, l'aorte thoracique et l'aorte abdominale.* — **adj. AORTIQUE,** 1805.

AORTITE [aɔʀtit] **n. f.** – 1824 ◊ de *aorte* et *-ite* ■ **MÉD.** Inflammation de l'aorte.

AOÛT [u(t)] **n. m.** /AOUT/ – début XIIe ◊ du latin populaire °*agustus*, de *Augustus (mensis)*, proprt «(mois) d'Auguste». **REM.** Du XIIe s. au milieu du XVIIIe s., le mot s'est écrit *aoust.* ■ Le huitième mois de l'année (correspondait à *thermidor**, *fructidor**). *Prendre ses vacances en août.* ➤ **aoûtien.** *Août a 31 jours.* «*Août, c'est l'immobilité estivale qui bascule lentement vers les putrescences de l'automne*» **TOURNIER.** *Au commencement d'août. Fin août.* — *La mi-août* : le 15 du mois d'août. *Le 15 août.* ➤ **assomption.** — **RARE** «*Peut-être y eut-il aussi en ce temps-là des août pluvieux !*» **MAURIAC.** ■ **HOM.** Hou, houe, houx, ou, où.

AOÛTAT [auta] **n. m.** /AOUTAT/ – avant 1898 ◊ de *août* ■ Larve d'un acarien (➤ **trombidion**), ectoparasite provoquant des lésions très prurigineuses à la fin de l'été. ➤ **rouget, vendangeon.**

AOÛTEMENT [(a)utmɑ̃] **n. m.** /AOUTEMENT/ – 1838 ◊ de *aoûter* (fin XIIe) «moissonner», de *août* ■ Lignification des jeunes rameaux vers la fin de l'été. «*le processus d'aoûtement au terme duquel les fruits parviennent à maturation*» **S. GERMAIN.**

AOÛTIEN, IENNE [ausjɛ̃, jɛn] **n.** /AOUTIEN, IENNE/ – v. 1960 ◊ de *août* ■ Vacancier du mois d'août. *Les aoûtiens et les juillettistes.*

APACHE [apaʃ] **n. et adj.** – 1751 ◊ de l'hispano-américain (Mexique) d'origine inconnue ■ **1** Indien d'une tribu du sud des États-Unis, réputée pour son courage, ses ruses guerrières et sa férocité. *Les Apaches d'Arizona.* — **adj.** *Des danses apaches.* ■ **2 n. m.** (1902) **VX** Malfaiteur, voyou de grande ville prêt à tous les mauvais coups. ➤ **malfrat.**

APAISANT, ANTE [apɛzɑ̃, ɑ̃t] **adj.** – 1886 ◊ de *apaiser* ■ Qui apporte l'apaisement, donne des apaisements. ➤ **rassurant.** «*Le calme de ses mouvements, la beauté apaisante de sa voix*» **MAUROIS.** ➤ **reposant.** *Prononcer des paroles apaisantes.* ➤ **calmant, lénifiant.** ■ **CONTR.** Excitant, provocant.

APAISEMENT [apɛzmɑ̃] **n. m.** – XIIe ◊ de *apaiser* ■ **1** Fait d'être apaisé ; retour à la paix, au calme. ➤ **rémission.** *Éprouver, ressentir un grand apaisement.* «*l'apaisement de mes souffrances et de ma jalousie*» **PROUST.** — *Une politique d'apaisement,* qui cherche à mettre fin à une tension. ■ **2** (v. 1925) Surtout au plur. Déclaration ou promesse destinée à rassurer. *Donner des apaisements, tous apaisements.* ■ **CONTR.** Déchaînement, excitation, provocation.

APAISER [apeze] **v. tr.** ⟨1⟩ – XIIe ◊ de *paix* ■ **1** Amener (qqn) à des dispositions plus paisibles, plus favorables. ➤ **calmer ; amadouer.** «*des maîtres cruels, que l'on apaisait avec des supplications*» **FLAUBERT.** *Apaiser les esprits.* — *Apaiser un animal furieux. Apaiser la colère des dieux.* ◆ **PRONOM.** «*Je ne m'apaise pas* [...] *si facilement*» **MOLIÈRE.** — **p. p. adj.** *Un visage apaisé.* ➤ **paisible.** ■ **2** Rendre (qqch.) moins violent. ➤ **adoucir, endormir.** «*apaiser le plus lancinant des soucis*» **MAURIAC.** — **PRONOM.** *Sa douleur s'apaise.* ■ **3** Faire cesser, en le satisfaisant (un besoin physique). *Apaiser sa faim* (➤ **assouvir**), *sa soif* (➤ **étancher**). ■ **4** **LITTÉR.** Faire cesser le déchaînement de (un élément naturel). «*Son vol éblouissant apaisait la tempête*» **HUGO.** ◆ **PRONOM.** «*Comme des vagues qui s'apaisent*» **FLAUBERT.** ■ **CONTR.** Agacer, énerver, exciter ; allumer, déchaîner, envenimer, raviver.

APANAGE [apanaʒ] **n. m.** – 1297 *apenaige* ◊ de l'ancien français *apaner* «nourrir (de pain), doter», du latin médiéval *appanare*, de *panis* «pain» ■ **1 HIST.** Portion du domaine royal accordée aux cadets de la Maison de France en compensation de leur exclusion de la couronne. ■ **2** (1546) **COUR.** Ce qui est le propre de qqn ou de qqch. ; bien exclusif, privilège. ➤ **exclusivité, lot, propre.** *Avoir l'apanage de qqch.* «*L'art ne doit plus être l'apanage d'une élite, il est le bien de tous*» **R. ROLLAND.** «*cette maternité délicate dans le geste, – apanage des femmes*» **COLETTE.**

A PARI [apaʀi] **loc. adv. et loc. adj. inv.** /À PARI/ – 1792 ◊ mots latins «par (une raison) égale» ■ **LOG.** Se dit d'un argument, d'un raisonnement qui se fonde sur un rapport de parité, en concluant d'un cas à un autre considéré comme semblable.

APARTÉ [apaʀte] **n. m.** – 1640 ◊ italien *a parte* «à part, à l'écart» ■ **1** Mot ou parole que l'acteur dit à part soi (et que le spectateur seul est censé entendre). *Les apartés étaient fréquents dans la comédie.* — **loc. adv.** *En aparté.* ➤ **1 bas.** ■ **2** (*A-parté* 1770) Entretien particulier, dans une réunion. *Faire des apartés* (cf. **FAM.** Des messes* basses). *Il y avait* «*entre le missionnaire et moi, des apartés en langue polynésienne*» **LOTI.** — *S'entretenir en aparté avec qqn.*

APARTHEID [apaʀtɛd] **n. m.** – 1954 ◊ mot afrikaans, littéralt «séparation», du néerlandais *apart* «à part, séparé» ■ Ségrégation des populations basée sur le critère de la couleur de la peau, en Afrique du Sud (pratiquée officiellement jusqu'en 1990). «*l'apartheid est l'expression institutionnelle de l'idéologie raciste coloniale la plus brutale*» **ZIEGLER.** — **PAR EXT.** *Un apartheid linguistique, social.*

APATHIE [apati] **n. f.** – XIVe ◊ latin *apathia*, lui-même du grec *apatheia*, de l'élément grec *-patheia*, de *pathos* «ce qu'on éprouve» → -pathie ■ **1 PHILOS. ANC.** Insensibilité voulue comme conforme à l'idéal humain. ➤ **ataraxie, impassibilité, imperturbabilité.** ■ **2** (1601) **COUR.** Incapacité d'être ému ou de réagir (par mollesse, indifférence, état dépressif, etc.). ➤ **engourdissement, indolence, inertie, paresse, passivité, résignation.** *Secouer son apathie. Retomber, sombrer dans l'apathie.* «*Quarante années de tempête ont brisé les plus fortes âmes ; l'apathie est grande*» **CHATEAUBRIAND.** «*l'incroyable apathie des classes moyennes*» **MARTIN DU GARD.** ◆ **MÉD.** Affaiblissement de l'initiative et de l'activité, lié à une profonde indifférence affective. *Apathie transitoire liée à un choc émotionnel.* ■ **CONTR.** Sensibilité ; activité, énergie, enthousiasme.

APATHIQUE [apatik] **adj. et n.** – 1643 ◊ de *apathie* ■ **1 PHILOS. ANC.** Parvenu à l'apathie (1°). ■ **2** (début XIXe) Caractérisé par l'apathie ; sans ressort, sans activité. ➤ **amorphe, indifférent, indo-**

lent, inerte, 1**mou.** ◆ SPÉCIALT (MÉD.) Qui se distingue par une activité et une affectivité anormalement faibles. — **n.** *Un, une apathique.* ■ CONTR. Actif, dynamique, énergique, vif.

APATITE [apatit] **n. f.** – 1802 ◊ mot créé en allemand (1786, Werner), sur le grec *apatân* «tromper», c.-à-d. «pierre trompeuse, pseudo-précieuse» ■ MINÉR. Phosphate de calcium en cristaux ou agrégats, à inclusions fréquentes de chlore (*chlorapatite* **n. f.**), de fluor, de silicium et de terres rares. *L'apatite est utilisée dans les engrais artificiels, l'industrie chimique et celle des pierres fines.*

APATRIDE [apatʀid] **adj. et n.** – v. 1920 ◊ de 2*a*- et du grec *patris, idos* «patrie» ■ Qui est dépourvu de nationalité légale, qu'aucun État ne considère comme son ressortissant (➤ **heimatlos**). — **n.** *Les réfugiés et les apatrides. Une apatride.* — **n. f.** (1930) **APATRIDIE.** *Prévention de l'apatridie.*

APAX ➤ **HAPAX**

APEPSIE [apɛpsi] **n. f.** – 1550 ◊ grec *apepsia* «indigestion» ■ MÉD. (VX) Ralentissement important de la digestion par défaut des sécrétions digestives. ➤ **dyspepsie.**

APERCEPTION [apɛʀsɛpsjɔ̃] **n. f.** – 1714 ◊ de *apercevoir*, d'après *perception* ■ PHILOS., PSYCHOL. Acte d'apercevoir, prise de conscience réfléchie de l'objet de la perception. ➤ **appréhension.**

APERCEVOIR [apɛʀsəvwaʀ] **v.** ‹28› – fin XIe, comme v. pron. ◊ de *percevoir*

I **v. tr.** ■ **1** Distinguer, après un effort d'attention, et plus ou moins nettement (qqn ou qqch.). ➤ **discerner, entrevoir, repérer.** *«On apercevait au loin* [...] *l'incendie d'un village»* CHATEAUBRIAND. ◆ Voir, en un acte de vision généralement bref (qqch., qqn qui apparaît), qu'il y ait eu attention ou non. ➤ **découvrir, remarquer.** *Je n'ai fait que l'apercevoir.* ➤ **entrevoir.** *On l'a aperçu qui traversait la rue.* ■ **2** Saisir (qqch.) par une perception distincte. ➤ **appréhender, percevoir.** *«Nos sens n'aperçoivent rien d'extrême»* PASCAL. ◆ Avoir conscience, se rendre compte de. ➤ **comprendre, constater, deviner, sentir, voir.** *«Pascal voit la faiblesse des hommes, mais, derrière elle,* [...] *il aperçoit leur incurable blessure»* FAGUET. — *Laisser, faire apercevoir.* ➤ **montrer.** *«se garder de laisser apercevoir sa méfiance»* STENDHAL.

II **v. pron.** ■ **1** Prendre conscience, se rendre compte de (un fait matériel ou moral). ➤ **constater, noter, remarquer.** *S'apercevoir de son erreur. Elle ne s'en est pas aperçue. Il s'aperçut qu'il trichait.* ➤ ANGLIC. **réaliser.** ■ **2** (RÉFL.) Apercevoir son image. *Elle s'est aperçue dans la glace.* — (RÉCIPR.) Se voir mutuellement. *Nous nous sommes aperçus dans la rue.* — (PASS.) Être aperçu, pouvoir être aperçu. *Un détail qui s'aperçoit à peine.* ➤ **se voir.**

■ CONTR. Perdre (de vue).

APERÇU [apɛʀsy] **n. m.** – 1760 ◊ p. p. subst. de *apercevoir* ■ **1** Première idée que l'on peut avoir d'une chose vue rapidement. ➤ **estimation, vue** (cf. Coup d'œil*). *Par ce tour d'horizon, vous aurez un aperçu de la question. Donner un aperçu de la situation,* en faire un exposé sommaire. ■ **2** Remarque, observation non développée mais qui jette un jour nouveau. *«des remarques et des aperçus d'une sagacité merveilleuse»* GIDE.

APÉRIODIQUE [apeʀjɔdik] **adj.** – 1873 ◊ de 2*a*- et *périodique* ■ **1** PHYS. Qui tend sans oscillation vers un régime stable. ■ **2** MATH. Dépourvu de période. *Fonction apériodique.* ➤ **acyclique.** ◆ ÉLECTRON. Dont les propriétés sont indépendantes de la fréquence.

APÉRITEUR, TRICE [apeʀitœʀ, tʀis] **n. et adj.** – 1877 ◊ bas latin *aper(i)tor* «inaugurateur» ■ DR. Premier assureur, qui établit et gère le contrat dans le cas d'une coassurance. — **adj.** *Société apéritrice.*

APÉRITIF, IVE [apeʀitif, iv] **adj. et n. m.** – 1750 ◊ du bas latin *aper(i)tivus*, de *aperire* «ouvrir» ■ **1** LITTÉR. Qui ouvre, stimule l'appétit. *Boisson apéritive. Promenade apéritive.* ■ **2** **n. m.** (1888) COUR. Boisson à base de vin (quinquina, vermouth) ou d'alcool (amer, gentiane, anis), supposée apéritive, que l'on prend avant le repas. ➤ FAM. **apéro.** *Servir des apéritifs. Offrir, prendre l'apéritif. Verre ; biscuit à apéritif.* — PAR EXT. *Apéritifs sans alcool.* ◆ Moment où l'on prend l'apéritif, avant le repas. *Ils sont arrivés à l'apéritif.*

APÉRO [apeʀo] **n. m.** – 1901 ◊ abrév. de *apéritif* ■ FAM. Apéritif. *«les amateurs de turf prenaient l'apéro, pastis, blanc sec et cacahuètes grillées à gogo»* TH. JONQUET. *Des apéros.*

APERTURE [apɛʀtyʀ] **n. f.** – 1916 ◊ latin *apertura*, de *aperire* «ouvrir» ■ PHONÉT. Écartement des organes au point d'articulation d'un phonème pendant la tenue. *Degrés d'aperture des voyelles.*

APESANTEUR [apəzɑ̃tœʀ] **n. f.** – v. 1960 ◊ de 2*a*- et *pesanteur* ■ ASTRONAUT., PHYS. État dans lequel les effets de la pesanteur sont annihilés, dû à l'annulation ou à un extrême affaiblissement du champ de gravitation. ➤ **impesanteur ;** aussi **microgravité.** *L'apesanteur est liée au déplacement dans l'espace d'un objet animé d'un mouvement dont l'accélération est égale et opposée à celle de la pesanteur. Un vaisseau spatial libre en apesanteur. En état d'apesanteur.*

APÉTALE [apetal] **adj. et n. f.** – 1708 ◊ de 2*a*- et *pétale* ■ BOT. Qui n'a pas de corolle. *La fleur du houblon, celle du bouleau sont apétales.* — **n. f. pl.** *Les apétales* : ancienne sous-classe des dicotylédones comprenant des plantes à fleurs sans corolle.

À-PEU-PRÈS [apøpʀɛ] **n. m. inv.** – 1688 ◊ subst. de la loc. adv. *à peu près* ■ On écrit parfois *un à peu près* (VX). ■ **1** Approximation grossière. *Se fonder sur des faits et non sur des à-peu-près.* ■ **2** Chose imprécise, imparfaite. *«on patauge dans l'à-peu-près»* GIDE. ■ **3** VIEILLI Calembour fondé sur la ressemblance de deux mots.

APEURÉ, ÉE [apœʀe] **adj.** – 1854 ◊ de *apeurer* ■ En proie à la peur. ➤ **craintif, effarouché.** *Un animal apeuré. Regards apeurés.*

APEURER [apœʀe] **v. tr.** ‹1› – 1854 ◊ de *peur* ■ LITTÉR. Effrayer. *«Quand il les aurait bien apeurés»* SAND. — PASS. *«apeuré déjà par ce soupçon qui pesait sur lui»* MAUPASSANT.

APEX [apɛks] **n. m.** – 1863 ◊ mot latin «pointe» ■ **1** Partie sommitale d'un organe (➤ **apical**). *L'apex de la langue. Apex racinaire, caulinaire.* ◆ ZOOL. Sommet de l'enroulement hélicoïdal de la coquille des gastéropodes. ■ **2** Dans les inscriptions latines, Sorte d'accent aigu marquant la quantité longue d'une voyelle. ■ **3** (1894) ASTRON. Point du ciel vers lequel semble se diriger le Soleil, par rapport aux étoiles voisines dans notre galaxie.

APHASIE [afazi] **n. f.** – 1826 ◊ grec *aphasia* ■ MÉD. Trouble de l'expression et/ou de la compréhension du langage oral (surdité verbale) ou écrit (cécité verbale ou alexie), dû à une lésion cérébrale localisée, en l'absence d'atteinte des organes d'émission ou de réception. *Aphasie motrice, sensorielle.*

APHASIQUE [afazik] **adj. et n.** – 1864 ◊ de *aphasie* ■ Relatif à l'aphasie. *Troubles aphasiques.* ◆ Atteint d'aphasie. *Un vieillard aphasique.* — **n.** *Un, une aphasique.*

APHÉLIE [afeli] **n. m.** – avant 1690 ◊ latin scientifique *aphelium* 1596 (Kepler), d'après *apogæum* «apogée», du grec *hêlios* «Soleil» ■ ASTRON. Apoastre d'une planète dans son mouvement autour du Soleil (opposé à *périhélie*).

APHÉRÈSE [afeʀɛz] **n. f.** – 1701 ◊ latin des grammairiens *aph(a)eresis* (1521), du grec *aphairesis* «action d'enlever» ■ LING. Chute d'un phonème ou d'un groupe de phonèmes au début d'un mot (opposé à *apocope*). ➤ **troncation.** *«Car» pour «autocar» se dit par aphérèse.*

APHIDÉS [afide] **n. m. pl.** – 1886 ◊ du latin scientifique *aphis* ■ ZOOL. *Les aphidés* : famille des pucerons vrais *(homoptères).* ■ HOM. Affidé.

APHONE [afɔn ; afon] **adj.** – 1834 ◊ grec *aphônos* ■ Qui n'a plus de voix (pour des raisons physiologiques ou psychosomatiques, mais non cérébrales). *L'orateur, enrhumé, était à moitié aphone.*

APHONIE [afɔni] **n. f.** – 1617 ◊ grec *aphônia* ■ DIDACT. Perte plus ou moins complète de la voix. ➤ **extinction** (de voix).

APHORISME [afɔʀism] **n. m.** – fin XIIIe *auforisme*, rare avant fin XVe ◊ bas latin *aphorismus*, du grec *aphorismos* «brève définition» ■ DIDACT. ou LITTÉR. Formule ou prescription concise résumant une théorie, une série d'observations ou renfermant un précepte. ➤ 1**adage, apophtegme, formule, maxime,** 1**pensée, sentence.** *Les aphorismes d'Hippocrate.* — PÉJ. Sentence prétentieuse et banale. *Parler par aphorismes.*

APHRODISIAQUE [afʀɔdizjak] **adj. et n. m.** – 1742 ◊ grec *aphrodisiakos*, de *Aphroditê* «Aphrodite» ■ **1** Propre (ou supposé tel) à exciter le désir sexuel, à faciliter l'acte sexuel. *Les vertus aphrodisiaques de la cantharide.* — **n. m.** *Un aphrodisiaque* : une substance aphrodisiaque. ■ **2** (avant 1861) ANTIQ. En l'honneur d'Aphrodite. *Le culte aphrodisiaque.*

APHTE [aft] **n. m.** – 1548 ◇ latin d'origine grecque *aphtha* n. f. ■ MÉD. Petite ulcération douloureuse, d'origine virale, siégeant sur la muqueuse de la bouche, du pharynx ou des parties génitales. *Avoir un aphte, des aphtes.*

APHTEUX, EUSE [aftø, øz] **adj.** – 1768 ◇ de *aphte* ■ MÉD. Caractérisé par la présence d'aphtes. — COUR. *Fièvre aphteuse :* maladie éruptive épidémique et contagieuse, due à un virus, atteignant surtout les bovidés.

APHYLLE [afil] **adj.** – 1808 ◇ grec *aphullos* ■ BOT. Dont la tige est dépourvue de feuilles fonctionnelles qui sont parfois remplacées par des écailles. *La cuscute est une plante aphylle.*

API (D') [dapi] **loc. adj.** – 1571 *pomme apie* ◇ du latin *appiana (mala)* «pommes appiennes», c.-à-d. d'Appius, qui les aurait introduites à Rome ■ ANCIENNT *Pomme d'api :* variété de pomme très rouge d'un côté. *«Pomme de reinette et pomme d'api»* (chanson). *Rouge comme une pomme d'api. Des pommes d'api.*

A. P. I. Sigle de *alphabet* de l'association phonétique internationale.*

À-PIC [apik] **n. m.** – 1875 ◇ de la loc. adv. *à pic* ■ Dénivellation naturelle importante du sol, présentant une paroi verticale. *L'à-pic d'une falaise. Des à-pics de 200 mètres.* ➤ **abrupt (n. m.).**

APICAL, ALE, AUX [apikal, o] **adj.** et **n. f.** – 1838 ◇ du latin *apex, apicis* «sommet» ■ **1** Relatif à l'apex (1°). *Croissance apicale :* croissance d'un organe à partir de cellules spécialisées, localisées dans l'apex. BOT. *Bourgeon apical,* situé à l'extrémité d'une tige. ■ **2** PHONÉT. Dont l'articulation est caractérisée par l'application de la pointe de la langue contre les dents, ou les alvéoles, ou la voûte du palais. *R apical.* ➤ **roulé.** — **n. f.** *Une apicale :* une consonne apicale (ex. [t], [d]).

APICAL-BASAL, APICALE-BASALE [apikalbɑzal] **adj.** – 1939 ◇ de *apical* et *basal* ■ BIOL. Qui est orienté selon un axe allant du pôle apical au pôle basal. *Axe apical-basal :* axe d'orientation selon lequel s'organisent les organes, les structures ou les cellules de certains organismes. *Axe apical-basal de la cellule pancréatique, de la tige.*

APICOLE [apikɔl] **adj.** – 1866 ◇ du latin *apis* «abeille» et *-cole* ■ DIDACT. Qui a rapport à l'apiculture. *Matériel apicole.*

APICULTEUR, TRICE [apikyltœʀ, tʀis] **n.** – 1845 ◇ du latin *apis* «abeille», d'après *agriculteur* ■ Personne qui élève des abeilles.

APICULTURE [apikyltyʀ] **n. f.** – 1845 ◇ du latin *apis* «abeille» et *culture* ■ Technique de l'élevage et du soin des abeilles en vue d'obtenir, de leur travail dirigé, le miel et la cire.

APIOL [apjɔl] **n. m.** – 1856 ◇ du latin *apium* «persil» → ache ■ PHARM. Principe actif, extrait des graines de persil, employé comme emménagogue et fébrifuge.

APION [apjɔ̃] **n. m.** – 1823 ◇ mot du latin scientifique (1797), du grec *apion* «poire» ■ ZOOL. Petit charançon *(coléoptères),* qui s'attaque notamment aux fruits.

APIQUER [apike] **v. tr.** ⟨1⟩ – 1687 ◇ de la loc. adv. *à pic** ■ MAR. Agir sur (un espar) de manière qu'il soit vertical, à pic, ou qu'il se rapproche de la verticale.

APITOIEMENT [apitwamɑ̃] **n. m.** – 1759 ◇ de *apitoyer* ■ Fait de s'apitoyer. ➤ **compassion, pitié.** *Assez d'apitoiements !* ■ CONTR. Indifférence.

APITOYER [apitwaje] **v. tr.** ⟨8⟩ – fin XIIIe ◇ de *pitié* ■ Toucher (qqn) de pitié. ➤ **attendrir, émouvoir.** *Que rien n'apitoie.* ➤ **impitoyable.** — PASS. *«Au lieu d'être apitoyée par tant de soumission»* SAND. — **v. pron.** Être touché de pitié. ➤ **compatir.** *Elles se sont apitoyées sur leur sort.*

APLANÉTIQUE [aplanetik] **adj.** – 1851 ◇ de l'anglais *aplanatic* (1794), formé sur le grec *aplanêtos* «qui ne dévie pas» → planète ■ OPT. Qui ne présente pas d'aberration géométrique. *Objectif aplanétique* (ou *aplanat* **n. m.**).

APLANIR [aplaniʀ] **v. tr.** ⟨2⟩ – XIe ◇ de 1*a-* et *plain, plan* ■ **1** Rendre plan ou uni (en faisant disparaître les inégalités, les aspérités). ➤ **égaliser, niveler.** *Aplanir un chemin, un terrain, une plage.* ■ **2** (1644) FIG. Faciliter (un chemin), lever (une difficulté). *«La Providence qui sait toujours aplanir les voies au génie»* BALZAC. — PRONOM. *Les obstacles se sont aplanis.* — **n. m. APLANISSEMENT,** 1539. ■ CONTR. Compliquer, soulever.

APLASIE [aplazi] **n. f.** – 1865 ◇ de 2*a-* et du grec *plasis* «façon, modelage» ■ PATHOL. ■ **1** Arrêt ou insuffisance du développement d'un tissu ou d'un organe. ➤ **hypoplasie.** — **adj. APLASIQUE.** ■ **2** *Aplasie (médullaire) :* diminution de la production des cellules sanguines lors d'une chimiothérapie. *Sortie d'aplasie.* ■ CONTR. Hyperplasie.

APLAT [apla] **n. m.** – 1877 ◇ de *à* et *plat* ■ GRAV., PEINT. Teinte plate appliquée de façon uniforme. *Des aplats.* ◆ IMPRIM. Surface unie donnant à l'impression une teinte uniforme (absence de trait, de trame). *«il glissait son pouce sur les aplats pour s'assurer de la qualité de l'encrage»* DAENINCKX. — On écrit parfois *un à-plat, des à-plats.*

APLATI, IE [aplati] **adj.** – XVIIe ◇ de *aplatir* ■ **1** Dont la courbure ou la saillie est moins accentuée que dans l'état premier ou habituel. *La Terre est aplatie aux pôles. Nez aplati.* ➤ **camus, écrasé.** ■ **2** MATH. Étendu en largeur de façon caractéristique. *Ellipsoïde aplati* (opposé à *allongé*).

APLATIR [aplatiʀ] **v. tr.** ⟨2⟩ – XIVe ◇ de 1*a-* et *plat* ■ **1** Rendre (qqch.) plat ou plus plat. ➤ **écraser.** *Aplatir à coups de marteau, au laminoir. Aplatir une couture au fer à repasser. Aplatir un pli.* ➤ **rabattre.** — Réduire le volume de (qqch.). *Aplatir ses cheveux,* les plaquer, les lisser. — (1931) SPÉCIALT (RUGBY) *Aplatir (le ballon) :* marquer un essai en mettant la main sur le ballon au sol dans l'en-but de l'adversaire. ■ **2** **v. pron.** Se faire aussi plat que possible. *S'aplatir pour passer sous les barbelés. S'aplatir contre un mur.* — FAM. Tomber à plat ventre. ➤ 1**s'étaler.** ◆ (1864) FIG. *S'aplatir devant qqn,* ramper, s'humilier. FAM. *S'aplatir comme une crêpe*.* ■ CONTR. Gonfler, redresser.

APLATISSAGE [aplatisaʒ] **n. m.** – 1845 ◇ de *aplatir* ■ TECHN. Action d'aplatir (des feuilles métalliques, des grains). ➤ **compression, laminage.**

APLATISSEMENT [aplatismɑ̃] **n. m.** – fin XIVe ◇ de *aplatir* ■ **1** Action d'aplatir ; état de ce qui est aplati. *L'aplatissement de la Terre, des planètes.* ◆ FIG. Écrasement ; abaissement, platitude. ■ **2** STATIST. *Aplatissement d'une courbe, d'une distribution statistique :* résultat de la diminution d'activité de la fonction représentative, de la distribution.

APLATISSEUR [aplatisœʀ] **n. m.** – 1819 ◇ de *aplatir* ■ Machine servant à écraser les grains pour l'alimentation animale.

APLOMB [aplɔ̃] **n. m.** – 1547 ◇ de *à plomb* ■ **1** Verticalité indiquée par le fil à plomb ; équilibre (d'un corps) en position verticale. *Le mur a gardé, a perdu son aplomb.* ◆ État d'équilibre du corps reposant sur les membres. — SPÉCIALT (AU PLUR.) *Les aplombs du cheval,* la direction de ses membres par rapport au sol. ■ **2** FIG. (1793 *à-plomb*) Assurance d'une personne que rien ne déconcerte. ➤ **assurance.** *Un aplomb imperturbable. «l'aplomb de ces braves gens-là, leur sécurité dans la bêtise»* FLAUBERT. *«L'aplomb de ce petit me démontait»* GIDE. — PÉJ. Audace effrontée. ➤ **culot, impudence, toupet.** *Vous ne manquez pas d'aplomb ! Il a l'aplomb de soutenir le contraire !* ■ **3** **loc. adv.** (1762) **D'APLOMB :** suivant la verticale. *«les pleins midis tombant d'aplomb sur la rivière»* DAUDET. — PAR EXT. En équilibre stable. *Chat qui retombe d'aplomb. Remettre une étagère d'aplomb.* ➤ RÉGION. **raplomber.** ◆ FIG. En bon état physique et moral. *Une bonne nuit de sommeil l'a remis d'aplomb.* ■ CONTR. Obliquité. Déséquilibre. Timidité.

APNÉE [apne] **n. f.** – 1611 ◇ du latin scientifique *apnaea,* lui-même du grec *apnoia,* de *a-* privatif (→ 2a-) et *pnoia* «respiration» ■ MÉD. Suspension plus ou moins prolongée de la respiration. *Syndrome d'apnée du sommeil,* caractérisée par de nombreuses pauses respiratoires pouvant entraîner des complications cardiovasculaires et pulmonaires. — *Plonger en apnée,* en retenant l'air inspiré, sans matériel de plongée. — **adj.** et **n. APNÉIQUE** [apneik].

APNÉISTE [apneist] **n.** – 1987 ◇ de *apnée* ■ Personne qui pratique la plongée en apnée.

APOASTRE [apoastʀ] **n. m.** – 1962 ◇ du grec *apo-* «loin de» et *astre* ■ ASTRON. Position (d'un satellite, d'une planète) lorsqu'il (elle) est, sur son orbite, à la distance maximale de l'astre autour duquel il (elle) gravite (opposé à *périastre*). ➤ **aphélie, apogée.**

APOCALYPSE [apɔkalips] **n. f.** – fin XIIe ◇ du latin ecclésiastique d'origine grecque *apocalypsis* «révélation», famille du grec *apokaluptein* «découvrir», apparenté au latin *celare* «cacher» → celer ■ **1** *L'Apocalypse :* dernier livre du Nouveau Testament, attribué par l'Église à saint Jean l'Évangéliste, riche en visions symboliques, prophétiques et eschatologiques. *La bête, les quatre cavaliers de l'Apocalypse.* ◆ PAR ANAL. Ouvrage eschatologique. *Les apocalypses juives.* ■ **2** PAR EXT. (1863) Fin du monde. *Après le séisme, toute la région offre une vision d'apocalypse. Un paysage d'apocalypse,* grandiose et terrifiant. ➤ **apocalyptique.**

APOCALYPTIQUE [apɔkaliptik] **adj.** – 1552, repris XVIIIe ◊ grec *apokaluptikos* ▪ **1** Relatif, propre à l'Apocalypse, à une apocalypse. ➤ **prophétique.** *Visions, symboles apocalyptiques. Genre, littérature apocalyptique.* — *Style apocalyptique,* obscur et symbolique. ▪ **2** Qui évoque la fin du monde, de terribles catastrophes. ➤ aussi **postapocalyptique.** *Un paysage apocalyptique.* ➤ **dantesque.**

APOCOPE [apɔkɔp] **n. f.** – 1521 ◊ latin des grammairiens d'origine grecque *apocopa* ▪ LING. Chute d'un phonème, d'une ou plusieurs syllabes à la fin d'un mot (opposé à *aphérèse*). ➤ **troncation.** *On dit «télé» pour «télévision», «mat» pour «matin» par apocope.* — **adj. APOCOPÉ, ÉE,** 1578.

APOCRYPHE [apɔkʀif] **adj. et n. m.** – 1220 ◊ latin ecclésiastique d'origine grecque *apocryphus* ▪ **1** Que l'Église ne reconnaît pas, n'admet pas dans le canon biblique. *Évangiles apocryphes.* — **n. m.** *Les apocryphes de la Bible.* ▪ **2** (XVIIe) Dont l'authenticité est au moins douteuse. ➤ **controuvé, 1 faux, inauthentique.** *Testament apocryphe. «Sa vie aventureuse a prêté à des mémoires apocryphes fabriqués de son vivant»* SAINTE-BEUVE. ▪ CONTR. Authentique, canonique. Reconnu.

APODE [apɔd] **adj. et n. m.** – 1565 ; n. m. «martinet» 1553 ◊ grec *apous, apodos* «sans pieds», de *pous, podos* «pied» → -pode ▪ ZOOL. Dépourvu de pieds, de pattes, de nageoires. *Les larves d'insectes, apodes et vermiformes.* — **n. m. pl.** *Les apodes* : ordre d'amphibiens sans pattes des régions tropicales.

APODICTIQUE [apɔdiktik] **adj.** – 1598 ◊ latin d'origine grecque *apodicticus* ▪ LOG. Qui a une évidence de droit et non pas seulement de fait. ➤ **nécessaire ; et aussi assertorique.**

APOENZYME [apoɑ̃zim] **n. f. ou m.** – 1944 ◊ du grec *apo-* «dérivé de» et de *enzyme* ▪ BIOCHIM. Partie purement protéique d'une enzyme et qui, combinée à un coenzyme*, forme une enzyme active.

APOGAMIE [apɔgami] **n. f.** – 1887 ◊ du grec *apo-* marquant l'éloignement et *-gamie* ▪ BOT. Reproduction asexuée, où l'individu se développe à partir d'une seule cellule diploïde, sans recours à la fécondation. *Fougères multipliées par apogamie.*

APOGÉE [apɔʒe] **n. m.** – 1562 ◊ latin scientifique *apogaeum,* grec *apogeion* «point éloigné de la Terre» ▪ **1** ASTRON. Apoastre du mouvement réel de la Lune et du mouvement apparent du Soleil autour de la Terre (opposé à *périgée*). *Le Soleil atteint son apogée vers le 5 juillet.* ▪ **2** (1652) FIG. Le point le plus élevé, le plus haut degré. ➤ **acmé, apothéose, cime, 1 comble, faîte, maximum, pinacle, sommet, summum, zénith.** *Rome à l'apogée de l'Empire. À l'apogée de sa gloire. Ma ferveur «ne fit que croître et pour atteindre son apogée l'an suivant»* GIDE.

APOLITIQUE [apɔlitik] **adj. et n.** – 1926 ◊ de 2 *a-* et *politique* ▪ Qui n'affiche aucune opinion politique, se tient en dehors de la lutte politique. *Le syndicat, la municipalité se déclare apolitique.* — **n.** *Un, une apolitique.* ▪ CONTR. Politisé.

APOLITISME [apɔlitism] **n. m.** – 1933 ◊ de *apolitique* ▪ Caractère, attitude apolitique. *Partisans de l'apolitisme syndical.*

APOLLINIEN, IENNE [apɔlinjɛ̃, jɛn] **adj.** – 1893 ◊ allemand *apollinisch,* du latin *Apollo, inis* «Apollon» ▪ DIDACT. Selon Nietzsche, Propre à Apollon, c'est-à-dire caractérisé par l'ordre, la mesure, la sérénité, la maîtrise de soi (opposé à *dionysiaque*).

APOLLON [apɔlɔ̃] **n. m.** – 1800 ◊ de *Apollon,* latin *Apollo,* nom d'un dieu ▪ **1** ZOOL. Beau papillon diurne des montagnes d'Europe et d'Asie. ➤ **parnassien.** ▪ **2** (1842, ce dieu étant toujours représenté par une figure humaine d'une beauté parfaite) Homme d'une grande beauté. ➤ **adonis, éphèbe.**

APOLOGÉTIQUE [apɔlɔʒetik] **adj. et n.** – XVe ◊ grec *apologêtikos* ▪ **1** Qui contient une apologie, a un caractère d'apologie. ♦ Qui concerne la défense de la religion. ▪ **2 n. m.** (1636 ◊ latin ecclésiastique *Apologeticum*) Apologie de la religion chrétienne. *L'Apologétique de Tertullien.* ♦ **n. f.** (1853) Discipline ayant pour but de défendre la religion contre les attaques dont elle est l'objet *(apologétique destructive)* ; partie de la théologie ayant pour objet d'établir, par des arguments historiques et rationnels, le fait de la révélation chrétienne dont l'Église est l'organe *(apologétique constructive).* ▪ CONTR. 2 Critique.

APOLOGIE [apɔlɔʒi] **n. f.** – XVe ◊ latin ecclésiastique *apologia,* mot grec ▪ **1** Discours écrit visant à défendre, à justifier une personne, une doctrine. ➤ **1 défense, plaidoyer.** *Il a fait l'apologie du libéralisme. «Si un livre est bon, la critique tombe ; s'il est mauvais, l'apologie ne le justifie pas»* CHATEAUBRIAND. — DR. *Faire l'apologie d'un crime* : prétendre justifier un des crimes réprimés par le Code pénal. ▪ **2** Plus cour. Éloge d'une personne, d'une chose. ➤ **dithyrambe, louange, panégyrique.** ▪ CONTR. Attaque, condamnation, 2 critique, diatribe, philippique.

APOLOGISTE [apɔlɔʒist] **n.** – 1623 ◊ de *apologie* ▪ Auteur, personne qui fait l'apologie de qqn, d'une doctrine, d'un acte. ➤ **défenseur.** — SPÉCIALT (1681) Défenseur de la religion chrétienne. ▪ CONTR. Censeur, 2 critique.

APOLOGUE [apɔlɔg] **n. m.** – 1490 ◊ latin d'origine grecque *apologus* ▪ Petite fable visant essentiellement à illustrer une leçon de morale. ➤ **1 parabole.** *«l'apologue est la démonstration d'une maxime par un exemple»* FAGUET.

APOMORPHE [apɔmɔʀf] **adj.** – 1966 ◊ de *apo-* «loin de» et *-morphe* ▪ PHYLOG. *Caractère apomorphe,* qui résulte de l'évolution d'un caractère ancestral au sein d'un taxon. ▪ CONTR. Plésiomorphe.

APOMORPHINE [apomɔʀfin] **n. f.** – 1872 ◊ du grec *apo-* «dérivé de» et *morphine* ▪ CHIM., PHARM. Dérivé de synthèse de la morphine par perte d'une molécule d'eau. *Le chlorhydrate d'apomorphine est un vomitif utilisé dans les cures de désintoxication alcoolique.*

APONÉVROSE [aponevʀoz] **n. f.** – 1541 ◊ grec *aponeurôsis* ▪ ANAT. Membrane fibreuse qui enveloppe un muscle, lui sert de moyen d'insertion, ou qui sépare deux muscles contigus de deux plans musculaires. ➤ **fascia.** — **adj. APONÉVROTIQUE** [aponevʀɔtik], 1751.

APOPHONIE [apɔfɔni] **n. f.** – 1842 ◊ du grec *apo-* marquant l'éloignement et *-phonie,* pour traduire l'allemand *Ablaut* ▪ LING. Alternance* vocalique (ex. je *meurs,* nous *mourons*).

APOPHTEGME [apɔftɛgm] **n. m.** – 1529 ◊ grec *apophthegma* ▪ DIDACT. Parole mémorable ayant une valeur de maxime. *«un apophtegme extrait du livre de Quinton* [...] *: "On se cache d'être brave comme d'aimer"»* GIDE. — PAR EXT. ➤ **1 adage, aphorisme, précepte.**

APOPHYSAIRE [apɔfizɛʀ] **adj.** – 1846 ◊ de *apophyse* ▪ ANAT. Qui concerne les apophyses. *Ostéite apophysaire.*

APOPHYSE [apɔfiz] **n. f.** – 1541 ◊ grec *apophusis* → -physe ▪ ANAT. Éminence à la surface d'un os. ➤ **épine, protubérance, saillie, tubérosité.** *Apophyses articulaires, musculaires. Apophyse ptérygoïde*. «Les vertèbres cervicales ont des apophyses aiguës, qui soulèvent la peau»* GIDE.

APOPLECTIQUE [apɔplɛktik] **adj. et n.** – 1256 ◊ bas latin d'origine grecque *apoplecticus* ▪ **1** MÉD. Relatif, propre à l'apoplexie. *Ictus apoplectique.* ▪ **2** COUR. Qui a, annonce une prédisposition à l'apoplexie. *«sa large face apoplectique, pourpre de dépit et de colère»* HUGO. — **n.** *Un, une apoplectique.*

APOPLEXIE [apɔplɛksi] **n. f.** – XIIIe ◊ bas latin d'origine grecque *apoplexia* ▪ Arrêt brusque et plus ou moins complet des fonctions cérébrales, avec perte de la connaissance et du mouvement volontaire, sans que la respiration et la circulation soient suspendues. *L'apoplexie est généralement due à une hémorragie cérébrale. Attaque d'apoplexie. Être frappé d'apoplexie.*

APOPROTÉINE [apopʀɔtein] **n. f.** – 1974 ◊ du grec *apo-* «loin de» et *protéine* ▪ BIOCHIM. Partie protéique des lipoprotéines plasmatiques, synthétisée au niveau du foie et de l'intestin.

APOPTOSE [apɔptoz] **n. f.** – 1991 ◊ latin moderne d'origine grecque *apoptosis* «chute» ▪ BIOL. CELL. Processus physiologique de mort cellulaire programmée. *Nécrose et apoptose.* — **adj. APOPTOTIQUE.**

APORÉTIQUE [apɔʀetik] **adj.** – 1866 ◊ du grec *aporêtikos,* de *aporein* «être embarrassé» ▪ PHILOS. ▪ **1** Qui se heurte à une contradiction. *Un raisonnement aporétique.* ▪ **2** Sceptique. *Les philosophes aporétiques,* disciples de Pyrrhon.

APORIE [apɔʀi] **n. f.** – avant 1789 ◊ latin ecclésiastique *aporia,* mot grec ▪ LOG. Difficulté d'ordre rationnel paraissant sans issue. ➤ **antinomie, paradoxe.**

APOSIOPÈSE [apozjɔpɛz] **n. f.** – 1566 ◊ latin *aposiopesis,* mot grec ▪ RHÉT. Interruption brusque d'une construction, traduisant une émotion, une hésitation, une menace. ➤ **réticence.**

APOSTASIE [apɔstazi] **n. f.** – 1250 ◊ latin ecclésiastique *apostasia,* mot grec ▪ **1** THÉOL. Abandon de la foi et de la vie chrétiennes. ➤ **abjurer, renier** (sa foi). — PAR EXT. Renonciation aux vœux. ▪ **2** FIG. (1687) Abandon (d'une doctrine, d'un parti). ➤ **reniement.** ▪ CONTR. Conversion.

APOSTASIER [apɔstazje] v. intr. ‹7› – XVe ◇ de *apostasie* ■ Faire acte d'apostasie. ■ CONTR. Convertir (se).

APOSTAT, ATE [apɔsta, at] adj. et n. – 1265 ◇ latin ecclésiastique d'origine grecque *apostata* ■ Qui a apostasié. *Julien l'Apostat.* — PAR EXT. *Moine apostat.* ◆ FIG. Qui renonce à une opinion, à une cause. ➤ **déserteur, renégat.** *Un apostat du communisme.*

APOSTÉ, ÉE [apɔste] adj. – 1420 ◇ de *aposter,* ancien v. tr., de même sens ■ VIEILLI Placé, installé à un poste pour guetter ou faire un mauvais coup.

A POSTERIORI [apɔsteʀjɔʀi] loc. adv., adj. inv. et n. m. inv. /À POSTÉRIORI loc. adv. et adj. ; APOSTÉRIORI n. m./ – 1626 ◇ loc. latine « en partant de ce qui vient après » ■ LOG. En partant des données de l'expérience. *Raisonner a posteriori.* ◆ adj. inv. Qui est postérieur à l'expérience. *Notion a posteriori,* acquise grâce à l'expérience. — n. m. inv. *Un a posteriori* : un jugement a posteriori. ■ CONTR. A priori.

APOSTILLE [apɔstij] n. f. – fin XVe ◇ de *apostiller* ■ **1** DR. Addition faite en marge d'un écrit, d'une lettre. ➤ **annotation, note, post-scriptum.** ■ **2** (1802) Mot de recommandation ajouté à une lettre, une pétition.

APOSTILLER [apɔstije] v. tr. ‹1› – avant 1450 ◇ de l'ancien français *postille* « annotation », du latin *postilla,* variante de *postea* « ensuite » ■ DIDACT. Mettre une apostille, des apostilles à. *Apostiller une demande, une pétition.*

APOSTOLAT [apɔstɔla] n. m. – 1541 ◇ latin chrétien *apostolatus* → apôtre ■ **1** DIDACT. Ministère d'un apôtre. ■ **2** PAR EXT. Prédication, propagation de la foi. ◆ Prosélytisme. *« Il y apporta son goût de l'apostolat, du combat pour ses idées, du prosélytisme »* LECOMTE. ◆ Mission qui requiert les qualités d'un apôtre, de l'énergie et du désintéressement. *L'enseignement devrait être un apostolat.*

APOSTOLIQUE [apɔstɔlik] adj. – XIIIe ◇ latin chrétien *apostolicus,* grec *apostolikos* ■ **1** Qui vient des apôtres. *Doctrine, tradition apostolique. L'Église catholique, apostolique et romaine.* ■ **2** Qui appartient aux apôtres, ou qui est conforme à leur mission, à leur exemple. *Mission apostolique* : celle des apôtres, et PAR EXT. celle du prédicateur de la foi. ■ **3** Qui émane ou dépend du Saint-Siège. *Bref, lettre apostolique. Nonce* apostolique.* — *Notaire apostolique,* qui, dans chaque diocèse, était autorisé à rédiger les actes en matière ecclésiastique.

APOSTOLIQUEMENT [apɔstɔlikmɑ̃] adv. – 1596 ◇ de *apostolique* ■ RELIG. D'une manière apostolique ; avec zèle.

1 **APOSTROPHE** [apɔstʀɔf] n. f. – 1520 ◇ latin *apostropha,* grec *apostrophê* ■ **1** LITTÉR. Figure de rhétorique par laquelle un orateur interpelle tout à coup une personne ou même une chose qu'il personnifie. *Lancer de brillantes apostrophes.* — GRAMM. *Mot en apostrophe,* apposé et qui interpelle. *Le pronom « toi » est en apostrophe dans « Toi, viens ici ! ».* ■ **2** Interpellation brusque, sans politesse. *Essuyer une apostrophe. Les apostrophes des automobilistes* (➤ **apostropher**).

2 **APOSTROPHE** [apɔstʀɔf] n. f. – 1514 ◇ latin *apostrophus,* grec *apostrophos* ■ Signe (') qui marque l'élision d'une voyelle (ex. L'amour. S'il veut).

APOSTROPHER [apɔstʀɔfe] v. tr. ‹1› – 1672 « appeler » ◇ de *apostrophe* ■ Adresser brusquement la parole à (qqn) de loin et fort, sans politesse. *Elle l'a apostrophé dans la rue pour lui dire son fait.* PRONOM. RÉCIPR. *Chauffeurs qui s'apostrophent et s'injurient. Ils s'apostrophaient d'un immeuble à l'autre.*

APOTHÉCIE [apɔtesi] n. f. – 1822 ◇ du grec *apothêkê* « dépôt » ■ BOT. Réceptacle élaboré par les champignons ascomycètes, dans lequel se localise l'hyménium.

APOTHÈME [apɔtɛm] n. m. – 1751 ◇ du grec *apotithenai* « déposer, abaisser », d'après *hupothema* « base » ■ GÉOM. Médiatrice d'un côté d'un polygone régulier. — Distance du sommet d'un cône de révolution à un point quelconque du cercle de base.

APOTHÉOSE [apɔteoz] n. f. – 1581 ◇ latin *apotheosis,* mot grec, de *apo-* et *theos* « Dieu » ■ **1** DIDACT. Déification des empereurs romains, des héros après leur mort. ■ **2** Honneurs extraordinaires rendus publiquement à qqn. ➤ **consécration, glorification, triomphe.** ■ **3** FIG. Épanouissement sublime. *« La vieillesse qui est une déchéance pour les êtres ordinaires est, pour les hommes de génie, une apothéose »* FRANCE. — Le plus haut degré. ➤ **apogée*.** *« La morale de Descartes est l'apothéose de la volonté résistante »* FAGUET. — La partie ultime et la plus brillante d'une manifestation artistique ou sportive. *Ce ballet a été l'apothéose du festival.*

APOTHICAIRE [apɔtikɛʀ] n. m. – v. 1260 ◇ bas latin *apothecarius,* de *apotheca,* grec *apothêkê* « boutique » → boutique ■ VX Pharmacien. ◆ *Compte d'apothicaire,* (VX) sur lequel il y a beaucoup à rabattre ; (MOD.) très long et compliqué.

APÔTRE [apotʀ] n. m. – fin XIe *apostle* ◇ du latin ecclésiastique *apostolus,* grec *apostolos* « envoyé » ■ **1** Chacun des douze disciples que Jésus-Christ choisit pour prêcher l'Évangile. *Jésus-Christ célébra la Cène avec ses apôtres dans le cénacle. Actes des apôtres* : livre canonique écrit par saint Luc. *L'apôtre Marc, l'un des évangélistes. L'apôtre des gentils* : saint Paul. — PAR EXT. Celui qui propage la foi chrétienne (➤ **prédicateur**), fait des conversions. ➤ **apostolat.** ■ **2** FIG. Personne qui propage, défend une doctrine, une opinion. *Se faire l'apôtre d'une idée. Gandhi, l'apôtre de la non-violence. Avoir une âme d'apôtre.* ■ **3** PAR ANTIPHR. LOC. VX *Faire le bon apôtre* : contrefaire l'homme de bien pour tromper autrui.

APPALACHIEN, IENNE [apalaʃjɛ̃, jɛn] adj. – 1952 ◇ de *Appalaches,* chaîne de montagnes de l'Amérique du Nord ■ GÉOL., GÉOGR. Des Appalaches, relatif aux Appalaches. *Relief appalachien,* caractérisé par des alternances de lignes de crête de hauteur constante et de dépressions allongées, orientées parallèlement. *Sillons et barres appalachiens.*

APPARAÎTRE [apaʀɛtʀ] v. intr. ‹57› /APPARAITRE/ – *aparoistre* 1080 ◇ latin ecclésiastique °*apparescere,* de *apparere* → apparoir ■ **1** Devenir visible, distinct ; se montrer tout à coup aux yeux. ➤ se **manifester,** se **montrer, paraître,** se **présenter,** se **révéler, surgir, survenir, venir.** *Apparaître devant qqn, à qqn. Apparaître à travers qqch.* ➤ **transparaître.** *« Il la revit telle qu'elle lui était apparue un matin »* DAUDET. ◆ SPÉCIALT Se manifester, se montrer sous une forme visible (➤ **apparition**). *L'ange Gabriel apparut à la Vierge. Magicien qui fait apparaître une colombe.* ■ **2** Se faire jour, commencer d'exister. *Cette espèce a apparu, est apparue à l'ère tertiaire.* — IMPERS. *« Il apparaît de temps en temps sur la surface de la terre des hommes rares »* LA BRUYÈRE. FIG. Se révéler à l'esprit par une manifestation. *Tôt ou tard la vérité apparaîtra.* ➤ se **découvrir,** se **dévoiler, jaillir.** *« Les difficultés n'apparaissent qu'à l'exécution »* ROMAINS. ◆ Avec un attribut Se présenter à l'esprit (avec telle ou telle qualité). ➤ **paraître, sembler.** *Sa décision lui apparut équitable.* — **APPARAÎTRE COMME :** se présenter à l'esprit sous tel ou tel aspect. *« Un bon portrait m'apparaît toujours comme une biographie dramatisée »* BAUDELAIRE. *« Son innocence lui apparaissait confusément comme impossible à prouver »* MAUPASSANT. — *Ce témoignage fait apparaître sa culpabilité.* ➤ **montrer.** ■ **3 IL APPARAÎT QUE... :** il ressort de ces constatations que... ; il est apparent, clair, évident, manifeste que... ➤ **apparoir ;** 1 **ressortir.** *Il apparaît, à la lecture des textes, que la loi est pour vous.* ■ CONTR. Cacher (se), disparaître, éclipser (s'), évanouir (s').

APPARAT [apaʀa] n. m. – 1280 ◇ latin *apparatus* « préparatifs » ■ **1** Éclat pompeux, solennel. *Une réception toute simple, sans apparat. Costume, discours d'apparat. Venir en grand apparat.* ➤ **apparat,** 1 **pompe, solennité.** PAR EXT. ➤ **étalage,** 1 **faste, ostentation.** *Il fait tout avec apparat.* ■ **2** ANCIENNT Lexique d'un auteur. *L'apparat de Cicéron.* ◆ MOD. *Apparat critique* : notes et variantes d'un texte. ➤ **appareil.** ■ CONTR. Simplicité.

APPARATCHIK [apaʀatʃik] n. – 1965 ◇ mot russe, par l'allemand *Apparat,* et suff. russe ■ **1** POLIT. Membre influent du parti communiste soviétique. *Les apparatchiks.* ◆ PAR EXT. Homme, femme d'appareil (d'un parti quelconque). ■ **2** PÉJ. Homme, femme d'appareil, servile et carriériste.

APPARAUX [apaʀo] n. m. pl. – XIIe *apparauz* ◇ ancien plur. de *appareil* ■ **1** MAR. Matériels destinés à des manœuvres de force, sur un bateau. *Apparaux de mouillage, de remorquage.* ■ **2** TECHN. Ensemble des appareils de gymnastique. ➤ **agrès, appareil** (4°).

APPAREIL [apaʀɛj] n. m. – XIIe ◇ de 1 *appareiller* ■ **1** VX ou LITTÉR. Apparence, déploiement extérieur des préparatifs, des apprêts*. SPÉCIALT Déroulement d'un cérémonial aux yeux des spectateurs. *Grand, magnifique, pompeux, somptueux appareil.* ➤ **apparat, cérémonie, décor, éclat,** 1 **faste, grandeur, magnificence,** 1 **pompe.** *« J'aime aujourd'hui la guerre et son mâle appareil »* HUGO. ◆ MOD. LOC. *Dans le plus simple appareil* : peu habillé, en négligé ; tout nu. ■ **2** Ensemble d'éléments qui concourent au même but en formant un tout. *L'appareil des lois,* l'ensemble de leurs dispositions. — *Appareil critique.* ➤ **apparat.** — *L'appareil d'un parti* : l'ensemble des organismes administratifs permanents. *Homme, femme d'appareil.* ➤ **apparatchik.** *L'appareil policier d'un gouvernement. « L'appareil des puissances temporelles »* MARTIN DU GARD.

— *« Pour Marx, les appareils d'État* [sont] *les appareils répressifs et idéologiques* organiques *d'une classe, la classe dominante »* ALTHUSSER. ◆ ANAT. Ensemble des organes disposés par la nature pour remplir telle ou telle fonction. ➤ **système.** *Appareil digestif. Appareil urogénital.* ◆ (1676) ARCHIT. Agencement des pierres d'une construction ; aspect de cet agencement. *Des « pavillons construits en pierre meulière ou en brique, parfois dans un appareil des deux »* C. MILLET. PAR EXT. Les dimensions des matériaux, l'épaisseur des pierres utilisées dans la maçonnerie. *Pierre de grand, de moyen, de petit appareil.* ◆ CUIS. Préparation spécifique pour la confection d'un mets. *Appareil à soufflé.* ■ **3** (1170, répandu XIXe-XXe) Assemblage de pièces ou d'organes réunis en un tout pour exécuter un travail, observer un phénomène, prendre des mesures. ➤ **machine ; instrument ; engin.** *Les organes d'un appareil. L'agencement d'un appareil.* ➤ **dispositif.** *Appareils de mesure. Appareil automatique, électrique. Appareils ménagers. Appareil* (machine) *à sous. Appareil de levage. Appareil photographique* ou *appareil photo ; appareil téléphonique. Appareil de projection.* ➤ **projecteur.** *Appareil de radio.* ➤ 2**radio.** *Appareil de télévision.* ➤ **téléviseur ;** 3**poste** (PLUS COUR.). *Appareils orthopédiques, de prothèse.* ◆ (EMPLOIS ABSOLUS) Téléphone. *Allo, qui est à l'appareil ?* — Avion. *L'appareil décolle.* — Dentier ; tiges métalliques pour redresser les dents. *Porter un appareil. « les dents inégales, maintenues par des appareils, serrées au collet, alourdies de griffes »* R. DETAMBEL. — Ce qui soutient, maintient une partie du corps (fracturée). *Avoir le bras dans un appareil.* ■ **4** Agrès. *Faire des exercices aux appareils.* ➤ **apparaux** (2°) **; home-trainer,** 1**rameur.**

APPAREILLABLE [apaʀɛjabl] **adj.** – XXe ◇ de 3*appareiller* ■ MÉD., CHIR. Qui peut porter un appareil de prothèse (➤ 2**appareillage**). *Un sourd appareillable.*

1**APPAREILLAGE** [apaʀɛjaʒ] **n. m.** – 1371 « préparatif » ◇ de 1*appareiller* ■ **1** Ensemble d'appareils et d'accessoires divers disposés pour un certain usage. *Appareillage électrique.* ■ **2** ARCHIT. Action d'appareiller des pierres. — Disposition résultant de cette action. *« Un bel appareillage romain misérablement consolidé à travers les siècles »* BARRÈS. ◆ PAR EXT. Disposition régulière (d'un matériau de construction). *Appareillage de briques en façade. Appareillage à l'anglaise* (parquet). ■ **3** (1771) MAR. Action d'appareiller, de quitter le port. ➤ 1**départ.** *Manœuvres d'appareillage,* ou ABSOLT *appareillage :* préparatifs pour quitter le mouillage. ■ CONTR. Accostage, mouillage.

2**APPAREILLAGE** [apaʀɛjaʒ] **n. m.** – XXe ◇ de 3*appareiller* ■ MÉD. Pose d'un appareil de prothèse. *Appareillage d'un sourd.*

1**APPAREILLER** [apaʀeje] **v.** ‹1› – « préparer » 1080 ◇ du bas latin *appariculare,* latin classique *apparare* « préparer »

I v. tr. ■ **1** VX Préparer. ■ **2** MOD. *Appareiller un filet,* le disposer pour la pêche. *Appareiller un navire,* le garnir de ses apparaux, le disposer pour la navigation. ➤ **gréer.** ■ **3** ARCHIT. *Appareiller des pierres,* les tailler, les agencer en vue de la construction. — **p. p. adj.** *Fût appareillé,* composé de tambours superposés.

II v. intr. (1544) MAR. Se disposer au départ, quitter le mouillage, le port (cf. Lever* l'ancre). *« Nous appareillâmes le lendemain pour retourner en Angleterre »* VOLTAIRE.

■ CONTR. Mouiller ; jeter (l'ancre).

2**APPAREILLER** [apaʀeje] **v. tr.** ‹1› – 1130 ◇ de 1*a-* et *pareil* ■ **1** Trouver (qqch.) pour assortir à autre chose ; unir (deux choses pareilles). ➤ **apparier, assortir, rappareiller.** *Appareiller des gants, des candélabres.* — **p. p. adj.** *« Telles sont les trois raisons appareillées qui* [...] *poussent les écrivains à s'engager »* CAILLOIS. ■ **2** SPÉCIALT Accoupler pour la reproduction. ➤ **apparier.** PRONOM. *Oiseaux qui s'appareillent.* ■ CONTR. Dépareiller.

3**APPAREILLER** [apaʀeje] **v. tr.** ‹1› – XXe ◇ de *appareil* ■ MÉD. Munir d'un appareil de prothèse. *Appareiller un bras.* — *Appareiller un patient.* ◆ SPÉCIALT ABSOLT Équiper d'un appareil auditif. *Se faire appareiller.* — **p. p. adj.** *Un malentendant appareillé.*

APPAREILLEUR, EUSE [apaʀɛjœʀ, øz] **n.** – XIIIe ◇ de 1*appareiller* ■ Maître-maçon qui surveille la coupe et la pose des pierres destinées à la construction (➤ 1**appareillage,** 2°).

APPAREMMENT [apaʀamɑ̃] **adv.** – 1564 ◇ de *apparent* ■ **1** VX De façon apparente. ➤ **visiblement.** *« Des raisins mûrs apparemment »* LA FONTAINE. ■ **2** Selon toute apparence. ➤ **vraisemblablement** (cf. Sans doute*). *Apparemment, il a renoncé. Apparemment, il est sain d'esprit,* en apparence seulement. — VIEILLI **APPAREMMENT QUE :** il semble que. *« Apparemment qu'il trouve moyen d'être en même temps à Paris et à la campagne »* MUSSET. ■ CONTR. Effectivement.

APPARENCE [apaʀɑ̃s] **n. f.** – *aparance* 1283 ◇ bas latin *apparentia,* de *apparere* → apparoir ■ **1** Aspect (de ce qui apparaît) ; ce qu'on voit d'une personne ou d'une chose, manière dont elle se présente. ➤ 2**air, allure,** 2**extérieur, forme,** 1**mine,** 1**tournure.** *Les diverses apparences de la Lune, des planètes.* ➤ **phase.** *On a repeint la maison pour lui donner une belle apparence. Une apparence chétive, maladive.* ■ **2** *Une apparence de...,* trace, vestige. *Ils n'ont plus aucune apparence de liberté. Une légère apparence.* ➤ **lueur,** 1**ombre, semblant, soupçon.** ■ **3** SPÉCIALT L'aspect, l'extérieur d'une chose considérés comme différents de cette chose (réalité). *C'est une simple, une fausse apparence.* ➤ 2**extérieur ; couleur, croûte, décor, dehors, écorce, enveloppe, façade, figure, vernis.** *Des apparences trompeuses. Prendre l'apparence pour réalité. « La femme a une puissance singulière qui se compose de la réalité de la force et de l'apparence de la faiblesse »* HUGO. *On ne doit pas juger sur les apparences, se fier aux apparences* (cf. Tout ce qui brille n'est pas or* ; l'habit* ne fait pas le moine). *Les apparences sont contre lui, mais il est innocent.* — LOC. *Garder, ménager, sauver les apparences :* ne laisser rien apercevoir de ce qui pourrait nuire à sa propre réputation ou à celle de qqn. ➤ **bienséance, convenance.** *Les apparences sont sauves. « Mes parents étaient ainsi* [...], *obsédés par les apparences, terrifiés par tout ce qui dépasse ou dépare »* O. ADAM. *Sacrifier les apparences :* se moquer du qu'en-dira-t-on. ◆ **loc. adv. EN APPARENCE :** extérieurement, autant qu'on peut en juger d'après ce qui paraît, ce qu'on voit. ➤ **apparemment** (1°). *« Si l'on guérit le mal, ce n'est qu'en apparence »* CORNEILLE. *« Des qualités en apparence si peu françaises »* GIDE. ■ **4** PHILOS. Phénomène, par opposition à la chose en soi, l'être, la substance. *La conscience « est une pure apparence en ce sens qu'elle n'existe que dans la mesure où elle apparaît »* SARTRE. ■ **5** VX Le caractère plausible, vraisemblable d'une chose. ➤ **vraisemblance.** *« Il y a de l'apparence qu'il disait vrai »* RACINE. MOD. *Selon toute apparence, il est déjà parti,* d'après ce que l'on voit. *Contre toute apparence,* en dépit de ce qui paraît. *« Si Descartes a voulu, contre toute apparence, que les animaux fussent des machines »* FRANCE.

■ CONTR. Fond ; essence, réalité, substance.

APPARENT, ENTE [apaʀɑ̃, ɑ̃t] **adj.** – *aparant* 1155 ◇ p. prés. de *apparoir* ■ **1** Qui apparaît, se montre clairement aux yeux. ➤ **ostensible, visible.** *Porter un insigne d'une manière apparente. Grossesse peu apparente. C'est très apparent* (cf. Cela se voit comme le nez* au milieu du visage, cela saute* aux yeux). *Poutres apparentes d'un plafond.* COUT. *Piqûre, couture apparente,* décorative. ◆ FIG. ➤ **évident ; clair,** 1**manifeste, visible.** *Dangers apparents et dangers latents. Sans cause apparente. Une ruse trop apparente* (cf. Cousu de fil* blanc). *Sans mobile* apparent.* ■ **2** Qui n'est pas tel qu'il paraît être, qui n'est qu'une apparence (3°). *Le mouvement apparent du Soleil autour de la Terre* (**opposé à** *propre*). *Contradictions apparentes. Des raisons apparentes.* ➤ **prétendu, spécieux, supposé.** *Sous cet éclat apparent, il n'y a rien de solide.* ➤ 1**faux, illusoire, superficiel, trompeur.** — *Mort* apparente.* ■ CONTR. Caché, invisible, latent, 1secret. 1Effectif, réel, véritable, vrai.

APPARENTÉ, ÉE [apaʀɑ̃te] **adj.** – 1225 ◇ de *apparenter* ■ **1** Qui a des rapports de parenté. *Il est apparenté à mon mari,* de la même famille que lui. *Ils sont apparentés.* ■ **2** Allié par l'apparentement électoral. *Listes apparentées.* — **n.** Parlementaire proche d'un groupe. *Une apparentée socialiste.* ■ **3** FIG. Qui ressemble à, est en rapport avec. *« Étrange style, apparenté tout à la fois à Montesquieu et à Saint-Simon »* GIDE. *Les débroussaillants et produits apparentés.*

APPARENTEMENT [apaʀɑ̃tmɑ̃] **n. m.** – 1912 ◇ de *apparenter* ■ Action de s'apparenter. *Apparentement à, avec qqn.* — POLIT. Alliance électorale entre deux listes de candidats qui ont la faculté de grouper leurs voix, de telle sorte que les voix d'une liste puissent être reportées sur l'autre dans une répartition proportionnelle de sièges.

APPARENTER [apaʀɑ̃te] **v. tr.** ‹1› – v. 1165 « traiter comme un parent » ◇ de 1*a-* et *parent*

I VX Rendre parent par alliance. *Son père voulut l'apparenter à une grande famille.* ➤ **allier.**

II MOD. PRONOM. **S'APPARENTER À.** ■ **1** S'allier par le mariage. *Sa famille s'est apparentée à la noblesse.* ■ **2** S'allier par l'apparentement électoral. ■ **3** FIG. (1660) (CHOSES) Avoir une parenté, une ressemblance avec, être de même nature. *Le goût de l'orange s'apparente à celui de la mandarine.*

APPARIEMENT [apaʀimɑ̃] **n. m.** – 1577 ◊ de *apparier* ▪ **1** LITTÉR. Action d'apparier, d'unir par couple, d'assortir par paire. ➤ **accouplement.** « *Ce qui fait un chef-d'œuvre, c'est* [...] *un appariement heureux entre le sujet et l'auteur* » GIDE. ▪ **2** BIOCHIM., GÉNÉT. Association de molécules d'ADN simples brins ou doubles brins. *Appariement des brins complémentaires d'ADN. Appariement des chromosomes lors de la prophase.*

APPARIER [apaʀje] **v. tr.** ‹7› – début XIIIe ◊ ancien français *apairier*, de *à* et *pairier* « parier, accoupler » → 1 pair, paire ▪ **1** LITTÉR. Assortir par paire ou par couple. *Apparier des chevaux, des chaussettes.* ➤ 2 **appareiller, assortir, coupler.** ◆ ÉLECTRON. *Apparier des transistors* : former une paire de transistors ayant des caractéristiques identiques ou complémentaires. ▪ **2** Accoupler le mâle avec la femelle, particulièrement certains oiseaux. *Apparier des pigeons.* — PRONOM. *Les tourterelles se sont appariées.* ▪ CONTR. Déparier.

APPARITEUR, TRICE [apaʀitœʀ, tʀis] **n.** – 1332 ◊ latin *apparitor*, de *apparere* « apparaître » ▪ Huissier ; SPÉCIALT Huissier de faculté. *L'appritrice de la salle d'audience. Les appariteurs de la Sorbonne.* « *après des incidents violents entre étudiants de gauche et de droite, des appariteurs ont filtré les élèves* » CHALANDON. — IRON. *Des appariteurs musclés*.*

APPARITION [apaʀisjɔ̃] **n. f.** – 1190 ◊ latin ecclésiastique *apparitio* « apparition, épiphanie » ▪ **1** Action d'apparaître, de se montrer aux yeux. ➤ **manifestation.** *L'apparition d'un phénomène. L'apparition du jour.* ➤ **naissance.** *Apparition d'une comète. Apparition de boutons sur la peau.* ➤ **éruption.** ◆ (PERSONNES) Le fait d'arriver, d'apparaître dans une compagnie. ➤ **arrivée, venue.** *Faire son apparition quelque part. Ne faire qu'une courte apparition.* ➤ **visite.** ▪ **2** COUR. Le fait de venir à l'existence, de se manifester pour la première fois. *L'apparition de la vie sur la Terre. L'apparition d'une nouvelle technique, de la boussole.* ➤ **invention.** ◆ (ABSTRAIT) Le fait de se révéler, de devenir manifeste. *L'apparition d'un courant de pensée, de nouvelles tendances artistiques.* « *Les hommes appellent miracle l'apparition subite d'une réalité cachée* » R. ROLLAND. ➤ **émergence.** ▪ **3** Manifestation d'un être invisible qui se montre tout à coup sous une forme visible. *Apparition de Jésus-Christ aux rois mages.* ➤ **épiphanie.** *Apparitions de la Vierge.* « *La seule faiblesse de cet homme vraiment honnête, était de croire aux apparitions des esprits* » BALZAC. ◆ Vision de cette forme. *Avoir des apparitions.* ➤ **vision.** ◆ PAR ANAL. Être imaginaire que le visionnaire croit apercevoir. ➤ **fantôme, revenant, spectre.** *Une terrible apparition.* ▪ CONTR. Disparition, éclipse.

APPAROIR [apaʀwaʀ] **v. intr.** ‹usité seulement à l'inf. et à la 3e pers. du sing. de l'indic. prés.› – 1080 ◊ latin *apparere* « apparaître » ▪ DR. Être apparent, évident, manifeste. *Faire apparoir de son bon droit* : en montrer l'évidence. *Il appert de cet acte* : il apparaît, il ressort, il résulte, il est constaté.

APPARTEMENT [apaʀtəmɑ̃] **n. m.** – 1559 ◊ italien *appartamento*, de l'espagnol *apartamiento*, de *apartarse* « s'écarter » ▪ Partie de maison composée de plusieurs pièces qui servent d'habitation. ➤ **habitation, logement ;** et aussi **atelier, loft, penthouse.** *Il y a trois appartements par étage dans cet immeuble. Appartement de deux, trois étages.* ➤ **duplex, souplex,** 2 **triplex.** *Appartement à louer. Acheter un appartement. Être propriétaire de son appartement.* — *Appartement de fonction*, destiné à héberger gratuitement un fonctionnaire, un cadre, généralement sur son lieu de travail. — *Petit appartement de célibataire.* ➤ **garçonnière, studio.** *Appartement meublé.* ➤ **meublé.** *Appartement d'hôtel.* ➤ **suite.** *Appartement-témoin*, que l'on fait visiter aux acheteurs éventuels. *Des appartements-témoins. Plantes d'appartement*, d'intérieur. — ABRÉV. FAM. (1976) **APPART** [apaʀt]. *Visiter des apparts.* — AU PLUR. Ensemble de pièces dans une demeure luxueuse. *Les appartements royaux.* IRON. *Se retirer dans ses appartements.* ◆ FIG. et FAM. *Vente par appartements* : vente d'un groupe par filiale ou par branche d'activité.

APPARTENANCE [apaʀtənɑ̃s] **n. f.** – fin XIIe ◊ de *appartenir* ▪ **1** Le fait d'appartenir. *Rapport d'appartenance.* ➤ **possession.** ◆ Le fait pour un individu d'appartenir à une collectivité (race, pays, classe, parti). *Appartenance à une religion, à une communauté, à un groupe. L'appartenance politique, sociale, religieuse.* « *mon sentiment d'appartenance diminue un peu tous les jours* » HOUELLEBECQ. ◆ MATH. Propriété d'être un élément d'un ensemble, notée ∈. *Relation d'appartenance.* ➤ **inclusion.** ▪ **2** RARE (PLUR.) Ce qui appartient à un bien immeuble. ➤ **accessoire, dépendance.** *Les appartenances d'un château.*

APPARTENIR [apaʀtəniʀ] **v. tr. ind.** ‹22› – fin XIe ◊ latin *adpertinere* « être attenant », de *ad* et *pertinere* « se rattacher à » ▪ **APPARTENIR À.** ▪ **1** Être à qqn en vertu d'un droit, d'un titre. ➤ 1 **être** (à). *Il est en possession d'un bien qui ne lui appartient pas. Ceci m'appartient en toute propriété*, en propre. *Bien qui appartient à la collectivité.* ◆ *Cette île appartient aux États-Unis*, est sous la dépendance politique des États-Unis. ▪ **2** (PERSONNES) *Appartenir à qqn.* ◆ VX Être sous l'autorité de qqn (esclave, domestique). « *J'appartiens à mon maître* » MOLIÈRE. ◆ Être le bien, la chose de qqn. « *Michèle m'appartenait, je ne l'avais encore partagée avec personne* » MAURIAC. ◆ VIEILLI Se donner physiquement. « *Étant sûre de ne jamais appartenir à celui que je préférais* » GAUTIER. ◆ PRONOM. **S'APPARTENIR :** être libre, ne dépendre que de soi-même. *Avec tous ces enfants, je ne m'appartiens plus.* ▪ **3** Être propre à qqn. *Pour des raisons qui m'appartiennent, j'ai refusé.* ◆ IMPERS. Convenir, être l'apanage de. *Il appartient aux parents d'élever leurs enfants*, c'est leur rôle, leur devoir. *Il vous appartient de* : c'est à vous de. *Il ne m'appartient pas d'en décider. Il n'appartient qu'au Conseil de trancher*, la question est de son ressort. ▪ **4** Faire partie de (qqch.). *Appartenir à une vieille famille du pays. Cette question appartient à la philosophie.* ➤ **relever** (de), 2 **ressortir** (à) ; **concerner.** MATH. *Élément qui appartient à un ensemble* (➤ **appartenance**).

APPAS ➤ **APPÂT** (II)

APPASSIONATO [apasjɔnato] **adv.** – 1834 ◊ mot italien « avec passion » ▪ MUS. De façon passionnée (indication de mouvement). *Allégro appassionato.* — **adj.** *La sonate appassionata de Beethoven.* SUBST. *L'Appassionata.*

APPÂT [apɑ] **n. m.** – *appast* début XVIe ◊ de *appâter*

I *Un appât, des appâts.* ▪ **1** Pâture qui sert à attirer des animaux pour les prendre. *Mettre l'appât à un piège, à l'hameçon.* ➤ **amorce, asticot, boette, dévon, esche,** 1 **manne, mouche,** 2 **rogue, ver, vif.** *Attirer avec de l'appât.* ➤ **appâter.** *Poisson qui mord à l'appât.* ▪ **2** FIG. Ce qui attire, engage, pousse à faire qqch. ➤ **carotte.** *L'appât du gain.*

II FIG. (PLUR.) *Les appas /appâts/.* ▪ **1** VX ou LITTÉR. Attraits, charmes de qqch. « *Aux objets répugnants nous trouvons des appas* » BAUDELAIRE. ▪ **2** (XVIIe) VX ou PLAISANT Ce qui dans une femme excite le désir. « *revêtue d'une combinaison blanche qui, Dieu merci, ne dissimulait rien d'appas aussi proéminents que tentateurs* » A. BERCOFF.

APPÂTER [apɑte] **v. tr.** ‹1› – *appaster* 1530 « nourrir, engraisser (les oiseaux) » ◊ latin *pastus* « pâture », avec influence de *apaistre* « repaître » ▪ **1** Attirer avec un appât. *Appâter des oiseaux, des poissons.* ➤ **affriander, allécher, amorcer, attirer.** ▪ **2** (1549) FIG. COUR. Attirer (qqn) par l'appât d'un gain, d'une récompense. ➤ **allécher, séduire.** *Appâter qqn par de belles promesses* (cf. Faire miroiter*), *avec de l'argent* (➤ **carotte**). ▪ CONTR. 1 Repousser.

APPAUVRIR [apovʀiʀ] **v. tr.** ‹2› – *apovrir* 1119 ◊ de 1 *a-* et *pauvre* ▪ **1** Rendre pauvre. *La laine* « *les enrichissait et les appauvrissait par ses hausses et ses baisses imprévisibles* » MAUROIS. *La guerre a appauvri le pays.* ➤ **épuiser, ruiner.** *Appauvri par la crise.* — **p. p. adj.** « *La France appauvrie et comme anémiée* » JAURÈS. ▪ **2** FIG. *Appauvrir une terre* : en diminuer la fécondité, la fertilité. ➤ **épuiser.** *Appauvrir le sang.* ➤ **anémier.** *Retranchements qui appauvrissent un texte.* — SC. Diminuer la concentration, la teneur d'un composant de (un milieu, une substance). *Appauvrir l'atmosphère en oxygène. Uranium appauvri.* ▪ **3 v. pron.** Devenir pauvre. *Le pays s'est appauvri.* FIG. *Un lexique qui s'appauvrit.* ▪ CONTR. Enrichir.

APPAUVRISSEMENT [apovʀismɑ̃] **n. m.** – XIIIe ◊ de *appauvrir* ▪ **1** Action d'appauvrir ; état de ce qui est appauvri. *L'appauvrissement d'un pays* (➤ **tiers-mondisation**), *d'une classe sociale.* ➤ **paupérisation.** ▪ **2** FIG. *L'appauvrissement du sol.* ➤ **épuisement.** *Appauvrissement du sang.* ➤ **anémie.** *L'appauvrissement de la biodiversité.* ▪ CONTR. Enrichissement.

APPEAU [apo] **n. m.** – XIIe « appel » ◊ variante de *appel* en ancien français ▪ **1** Instrument avec lequel on imite le cri des oiseaux pour les attirer au piège. ➤ **leurre, pipeau ; courcaillet.** *Appeaux à sifflet, à languette.* « *Il a fabriqué un appeau avec un petit bout de sureau, et il chante le bruit de l'eau pour attirer ceux qu'il veut tuer* » LE CLÉZIO. ▪ **2** (XIVe) Oiseau dressé à appeler les autres et à les attirer dans les filets. ➤ **appelant,** 1 **chanterelle.** ▪ **3** FIG. *Servir d'appeau à qqn. Se laisser prendre à l'appeau* : se laisser duper, se laisser leurrer (cf. Donner dans le panneau*). ➤ **leurre, piperie.**

APPEL [apɛl] **n. m.** – fin XIe au sens de « recours à une juridiction supérieure » (III) ◊ de *appeler*

I ACTION D'APPELER DE LA VOIX OU PAR UN SIGNAL ▪ **1** (fin XIIe) Action d'appeler de la voix pour faire venir à soi. *Crions plus fort, ils n'ont pas entendu notre appel.* ➤ **cri, interjection.** *Appel à l'aide, au secours. Répondre, accourir à un appel.* PAR EXT. *Appel au moyen d'une cloche, d'un sifflet.* — *Appel téléphonique* : fait d'appeler ou d'être appelé au téléphone (➤ **communication**). *Numéro d'appel. J'ai reçu trois appels dans la matinée. Signal*, transfert* d'appel. Centre d'appels* : ensemble d'agents assurant les contacts d'une entreprise avec sa clientèle, par télématique. — *Appel radio.* — INFORM. *Appel d'un sous-programme* : suspension d'un programme en cours et branchement à un sous-programme. ▪ **2** Action d'appeler l'attention sur soi par un signe. ➤ **signe.** *Appel du regard.* ➤ **œillade.** — LOC. *Appel du pied* : invite. — *Appel de phares*.* ◆ (1990) *Produit d'appel,* produit de base vendu à perte pour attirer les consommateurs dans une grande surface. *Prix d'appel,* pratiqué sur ce type de produit. ▪ **3** (fin XIIe) Action d'appeler par un signal des individus à s'assembler, à se rassembler. « *le muezzin est monté chanter l'appel à la prière* » GIDE. — SPÉCIALT Signal donné par le clairon ou le tambour (sonnerie, batterie) pour assembler les soldats. *Battre, sonner l'appel.* ▪ **4** (1690) Action d'appeler à haute voix des personnes par leur nom afin de s'assurer de leur présence. *Faire l'appel. Être présent, répondre à l'appel. Être absent, manquer à l'appel.* FIG. *Manquer à l'appel* : ne pas être là ; PAR EUPHÉM. (PERSONNES) être mort. *Vote par appel nominal* (des membres d'une assemblée). — DR. *Appel des causes à l'audience* : énumération, par l'huissier chargé du service de l'audience, des causes qui seront plaidées.

II CONVOCATION, DEMANDE, INVITATION ▪ **1** Action d'appeler sous les drapeaux. *L'appel du contingent, de la classe.* ➤ **recensement, recrutement ; incorporation.** *Devancer l'appel. Appel aux armes.* ➤ **mobilisation ; levée** (en masse). *Appel de préparation à la défense*.* ▪ **2 APPEL DE FONDS.** *Faire un appel de fonds* : demander un nouveau versement de fonds à des actionnaires, des associés, des souscripteurs. DR. ADMIN. **APPEL D'OFFRES :** mode de conclusion de marchés publics par lequel l'Administration met publiquement les candidats en concurrence. ▪ **3** Discours ou écrit dans lequel on s'adresse au public pour l'exhorter. ➤ **exhortation, proclamation.** *Appel à l'insurrection, à la révolte, à la désobéissance.* ➤ **excitation, invitation.** FIG. *Appel au peuple* : demande d'argent. — *L'appel du 18 juin* (1940, du général de Gaulle). ▪ **4 FAIRE APPEL :** demander, requérir comme une aide. *Faire appel à qqn, à la générosité de qqn.* ➤ **demande, recours, sollicitation.** — *Faire appel à ses souvenirs* : faire des efforts pour se rappeler qqch. ➤ **évocation, rappel.** ▪ **5** Incitation, invitation. *L'appel du plaisir, des sens.* ➤ **sollicitation.** *L'appel du large* : le désir de partir en mer. — *L'appel de la religion.* ➤ **aspiration, vocation.** *L'appel de la conscience.* ➤ **cri, voix.**

III RÉVISION D'UN JUGEMENT Recours à une juridiction supérieure en vue d'obtenir la réformation d'un jugement. *Faire appel d'un jugement de première instance, interjeter appel, se pourvoir en appel.* ➤ **pourvoi.** *Acte d'appel.* ➤ **intimation.** *Fol appel* : appel déclaré irrecevable ou mal fondé et qui vaut à l'appelant une amende *(amende de fol appel). Appel à maxima*, à minima* ; appel principal, incident. Cour* d'appel.* — *Juger* **SANS APPEL,** en premier et en dernier ressort. *Une décision sans appel,* sans possibilité de recours. FIG. *Sans appel* : irrémédiablement. *Le monde « est voué sans appel à la platitude, à la médiocrité »* RENAN. *Victoire, score sans appel,* très net (cf. Sans bavure*). ➤ **incontestable.**

IV MOUVEMENT ▪ **1** (1845) MAR. Direction d'un cordage tendu. *Le navire vient à l'appel de son ancre,* il tourne de manière à se placer dans la direction de la chaîne. ▪ **2** *Appel d'air* : tirage qui facilite la combustion dans un foyer. — FIG. Ce qui attire, ce qui favorise l'arrivée de (qqn, qqch.). *Les zones franches créent un appel d'air pour les entreprises.* ▪ **3** (1901) SPORT Départ du saut proprement dit, après la course d'élan, dans lequel le pied, frappant une dernière fois le sol, donne l'impulsion nécessaire au sauteur. *Pied, jambe d'appel.*

APPELANT, ANTE [ap(ə)lɑ̃, ɑ̃t] **n.** et **adj.** – 1390 ◇ de *appeler* ▪ **1 n. m.** Oiseau vivant ou simulé (en bois, en plastique) qui sert d'appeau. ➤ **appeau.** *Les « appelants, ces oiseaux captifs qui doivent attirer leurs congénères libres vers les chasseurs »* TOURNIER. ▪ **2 adj.** DR. Qui appelle d'un jugement. *La partie appelante.* — **n.** *L'appelant, l'appelante.* ▪ **CONTR.** Intimé.

APPELÉ, ÉE [ap(ə)le] **adj.** et **n. m.** – 1310 ◇ de *appeler* ▪ **1** Qui est appelé, prédestiné à. « *Car il y a beaucoup d'appelés, mais peu d'élus* » (ÉVANGILE). LOC. *Beaucoup d'appelés, mais peu d'élus* : peu obtiennent le succès dans la compétition. ▪ **2** *Appelé à* (faire qqch.), désigné pour, dans la nécessité de. *Les personnes appelées à partir.* ▪ **3 n.** Jeune incorporé(e) dans l'armée pour faire son service militaire. ➤ **conscrit.** *Les derniers appelés français ont été libérés en 2001.*

APPELER [ap(ə)le] **v. tr.** ⟨4⟩ – milieu XIe ◇ du latin *appellare*

I FAIRE VENIR ▪ **1** Inviter (qqn) à venir en prononçant son nom, par un mot, un cri, un bruit. ➤ **interpeler, apostropher.** *Appeler qqn de loin.* ➤ **héler.** *Tu pourrais répondre quand on t'appelle ! Appeler son chien.* ➤ **siffler.** *Appeler la bonne.* ➤ **sonner.** *Appeler qqn à son aide, à son secours, à la rescousse.* ABSOLT *Appeler à l'aide, au secours* : crier pour avoir de l'aide, du secours. ▪ **2** *Appeler qqn au téléphone.* ➤ **téléphoner.** ABSOLT *Je vous appellerai demain. Elle a appelé deux fois.* PRONOM. RÉCIPR. *À bientôt, on s'appelle !* — INFORM. Faire fonctionner (un programme). *Appeler un sous-programme* (➤ **appel**), *une procédure.* « *Je clique dans Bureau, j'ouvre Mix, j'appelle Rapport annuel* » M. DESPLECHIN. ▪ **3** (fin XIe) Inviter (qqn) à venir. ➤ **convier, convoquer, demander, inviter,** VX **mander.** *Appeler qqn près de soi. On a appelé le médecin, une ambulance.* — *Appeler l'ascenseur, un taxi,* le faire venir. — *Appeler qqn en justice ; l'appeler à comparaître devant le juge.* ➤ **assigner, citer.** — *Appeler un contingent, des soldats sous les drapeaux,* ou ABSOLT *appeler.* ➤ **convoquer, incorporer.** *Appeler les réserves.* ➤ **mobiliser.** ◆ *Appeler qqn à une charge, une fonction, un poste.* ➤ **choisir, désigner, élire, nommer.** PAR EXT. *Ses qualités l'appellent à ce poste.* ➤ **désigner** (pour). ▪ **4** Demander, essayer d'obtenir (qqch.). ➤ **aspirer** (à), **désirer, souhaiter.** *J'appelle votre attention là-dessus.* ➤ **attirer.** ▪ **5** (fin XVIe) (CHOSES) Demander, exiger, entraîner. « *La République nous appelle* » (« Chant du départ »). ➤ **solliciter.** *Le devoir m'appelle. Ce grave sujet appelle toute votre attention.* ➤ **réclamer.** *Le mensonge appelle le mensonge.* ➤ **entraîner.** « *une de ces suites d'injures qui appellent la réplique immédiate* » LOTI. ▪ **6 v. tr. ind.** (fin XIIe) DR. *Appeler d'un jugement* : en réclamer la réformation devant une juridiction supérieure. ➤ **recourir** (cf. Faire appel*). — **EN APPELER :** appeler d'un jugement devant une juridiction supérieure. — FIG. *En appeler à.* ➤ **se référer, remettre** (s'en), **soumettre** (le cas à). « *J'en appelle à votre cœur : interrogez-le* » DIDEROT.

II NOMMER ▪ **1** (fin XIIe) Donner un nom à (qqn ou qqch.). *Ils appelleront leur prochaine fille Hélène.* ➤ **nommer, baptiser, prénommer.** ▪ **2** Désigner (qqn, qqch.) par un nom. « *Tout petit je l'appelais Guite, je continue, jamais Marguerite* » D. BOULANGER. *Satan, qu'on appelle « le malin ».* ➤ **qualifier.** *On appelle un avocat « maître ». Appelez-moi Paul. C'est ce qu'on appelle une idiotie !* « *C'est cela que vous appelez un pistolet-mitrailleur propre ?* » PEREC — LOC. *Appeler les choses par leur nom, appeler un chat un chat* : ne pas affaiblir par des mots ce que certaines vérités peuvent avoir de dur ou de choquant, être franc, direct (cf. Ne pas avoir peur* des mots). « *J'appelle un chat un chat et Rolet un fripon* » BOILEAU. — FAM. *Se faire appeler Arthur* : se faire réprimander. ▪ **3** Faire un appel nominal. ➤ **appel.** *Il était absent quand on a appelé son nom.* — DR. *Appeler une cause* : annoncer le nom des parties dont la cause va être plaidée.

III S'APPELER v. pron. ▪ **1** Avoir pour nom. *Comment vous appelez-vous ?* FAM. *Comment tu t'appelles ? Je m'appelle Paul. Comment s'appelle cette fleur ?* — *Elle ne sait plus comment elle s'appelle,* elle est en pleine confusion. FAM. *Cela s'appelle parler, voilà ce qui s'appelle parler* : voilà un langage ferme et franc. *Je te prête mon stylo, mais il s'appelle reviens* : je te le prête à condition que tu me le rendes. ▪ **2** Avoir pour titre. *L'Empereur d'Éthiopie s'appelait le roi des rois.*

▪ **CONTR.** Chasser, congédier, expulser, renvoyer.

APPELLATIF, IVE [apelatif, iv ; apɛllatif] **adj.** – XIVe ◇ latin des grammairiens *appellativus,* de *appellare* « appeler » ▪ DIDACT. VX *Nom appellatif* : nom commun (opposé à *nom propre*). ◆ MOD. Tout mot permettant d'appeler qqn à qui l'on s'adresse (ex. Monsieur, maman, ma jolie).

APPELLATION [apelasjɔ̃ ; apɛllasjɔ̃] **n. f.** – 1172 ◇ latin *appellatio,* de *appellare* « appeler » ▪ Action, façon d'appeler une chose. ➤ **dénomination, désignation.** *Appellation d'une chose nouvelle.* « *l'absence de dictionnaire qui le force aux périphrases pour toutes les appellations* » GONCOURT. ◆ Nom qu'on donne à une chose. ➤ **mot, nom, vocable.** *Appellation courante, usuelle d'un objet.* ◆ *Appellation d'origine* : désignation d'un produit par le nom du lieu où il a été récolté ou fabriqué. *Vin d'appellation d'origine contrôlée (AOC). Appellation d'origine protégée (AOP),* protégée par l'Union européenne.

APPENDICE [apɛ̃dis] **n. m.** – 1233 *apendiches* «dépendances» ◇ latin *appendix, icis* «ce qui pend, addition» ■ **1** Partie qui prolonge une partie principale, semble ajoutée à elle. ➤ **extrémité, prolongement.** ◆ ANAT. Partie accessoire, prolongement d'une structure ou d'un organe. *Appendice xiphoïde* : petit prolongement cartilagineux, à l'extrémité inférieure du sternum. SPÉCIALT *Appendice vermiforme, vermiculaire* ou *iléo-cæcal* : prolongement en doigt de gant du cæcum. ABSOLT (COUR.) *Inflammation de l'appendice.* ➤ **appendicite.** *On lui a enlevé l'appendice.* ➤ **appendicectomie.** — ZOOL. *Appendice caudal* : segment terminal de certains animaux. ➤ 1 **queue.** — PAR PLAIS. Long nez. ➤ **nez.** *Apprenez «Que je m'enorgueillis d'un pareil appendice»* ROSTAND. ■ **2** Supplément placé à la fin d'un livre et qui contient des notes, des documents. ➤ **addition,** 2 **annexe.** *Liste en appendice.*

APPENDICECTOMIE [apɛ̃disɛktɔmi] **n. f.** – 1872 ◇ de *appendice* et *-ectomie* ■ CHIR. Ablation de l'appendice vermiforme. *Subir une appendicectomie.*

APPENDICITE [apɛ̃disit] **n. f.** – 1866 ◇ de *appendice* et *-ite* ■ MÉD. Inflammation de l'appendice vermiforme du cæcum. *Crise d'appendicite.* ABUSIVEMENT (COUR.) *Être opéré de l'appendicite* (➤ **appendicectomie**).

APPENDICULAIRE [apɛ̃dikylɛʀ] **adj.** et **n.** – 1834 ◇ de *appendice* ■ **1** Qui se rapporte ou ressemble à un appendice. ■ **2 n. m. pl.** (1846) ZOOL. Sous-classe de tuniciers nageurs à long appendice caudal.

APPENDRE [apɑ̃dʀ] **v. tr.** ⟨41⟩ – XIIIe ; «appartenir» 1080 ◇ latin *appendere* «suspendre» ■ VX Suspendre. ➤ **accrocher, attacher.** *Appendre des ex-voto.* — *«le givre appendu aux branches des pins»* CHATEAUBRIAND. ■ CONTR. 2 Dépendre.

APPENTIS [apɑ̃ti] **n. m.** – fin XIIIe ◇ de l'ancien français *apent,* p. p. de *appendre* ■ **1** Toit en auvent à une seule pente, adossé à un mur et soutenu par des poteaux ou des piliers. ■ **2** PAR EXT. Petit bâtiment adossé à un grand et servant de hangar, de remise.

APPENZELL [apɛnzɛl] **n. m.** – XXe ◇ n. pr. d'un canton suisse ■ Fromage suisse voisin du comté*, au goût très fruité. *Des appenzells.*

APPERT (IL) ➤ **APPAROIR**

APPERTISATION [apɛʀtizasjɔ̃] **n. f.** – 1928 ◇ de *Appert,* nom de l'inventeur du procédé ■ TECHN. Procédé de conservation des denrées alimentaires par stérilisation à la chaleur, dans des récipients hermétiquement clos.

APPERTISER [apɛʀtize] **v. tr.** ⟨1⟩ – v. 1950-1960 ◇ de *appertisation* ■ Traiter (des denrées périssables) par appertisation. — **p. p. adj.** *Lait appertisé. Conserves appertisées.*

APPESANTIR [apəzɑ̃tiʀ] **v. tr.** ⟨2⟩ – 1119 ◇ de 1*a-* et *pesant* ■ **1** RARE Rendre pesant, plus lourd à porter. ➤ **alourdir.** PAR EXT. *«Le doux sommeil n'avait pu appesantir ses paupières»* FÉNELON. ■ **2** Rendre moins agile. — *«ses pas appesantis par la tristesse ou la fatigue»* FRANCE. ■ **3** Appuyer avec force, rendre plus oppressif. *Appesantir sa domination. Appesantir sa main, son bras sur...* ➤ **accabler, frapper.** ■ **4 S'APPESANTIR v. pron.** RARE Devenir pesant. ➤ **s'alourdir.** *Ses paupières s'appesantissaient.* ◆ Devenir plus oppressif. *«La main du temps s'était appesantie sur cet homme autrefois si énergique»* STENDHAL. ◆ COUR. *S'appesantir sur un sujet, sur un détail,* s'y arrêter, en parler trop longuement. ➤ **insister.** ABSOLT *Inutile de s'appesantir davantage.* ■ CONTR. Alléger, glisser, passer (sur).

APPESANTISSEMENT [apəzɑ̃tismɑ̃] **n. m.** – 1570 ◇ de *appesantir* ■ **1** LITTÉR. Action d'appesantir, de s'appesantir. *«C'est un appesantissement de la main de Dieu»* PASCAL. ■ **2** État d'une personne rendue moins agile. ➤ **engourdissement, lourdeur.** ■ CONTR. Allègement, légèreté.

APPÉTENCE [apetɑ̃s] **n. f.** – 1554 ◇ latin *appetentia* ■ LITTÉR. Tendance qui porte l'être vers ce qui peut satisfaire ses besoins, ses instincts, ses penchants naturels. ➤ **appétit, besoin, désir, envie.** *«une fiévreuse appétence de nouveauté»* JALOUX. ■ CONTR. Inappétence.

APPÉTISSANT, ANTE [apetisɑ̃, ɑ̃t] **adj.** – 1398 ◇ de *appétit* ■ **1** Dont l'aspect, l'odeur met en appétit ; qu'on a envie de manger. *Un mets appétissant.* ➤ **alléchant, ragoûtant.** ■ **2** FIG. Qui met en goût, plaît. ➤ **affriolant, attirant, séduisant.** *«Ils ne doivent pas trouver les gens de notre âge très appétissants»* DUHAMEL. — FAM. *Femme appétissante,* qui a de la fraîcheur et un certain embonpoint. *Cunégonde était «fraîche, grasse, appétissante»* VOLTAIRE. ■ CONTR. Dégoûtant, déplaisant, rebutant, repoussant.

APPÉTIT [apeti] **n. m.** – *apetit* 1180 ◇ latin *appetitus* «désir» ■ **1** *Un, des appétits.* Mouvement qui porte à rechercher ce qui peut satisfaire un besoin organique, un instinct. ➤ **appétence, besoin, désir, inclination, instinct, tendance.** *Appétits naturels. Appétit sexuel.* ➤ **concupiscence, désir.** *«une tendresse avide de câlineries, sans aucun des appétits de brute»* COURTELINE. ■ **2** (XIIIe) *L'appétit.* Désir de nourriture, plaisir que l'on trouve à manger. *Avoir de l'appétit, beaucoup, peu d'appétit. Un bon, gros, robuste, solide appétit* (cf. Avoir un bon coup de fourchette*). *Un appétit d'ogre**. ➤ **gloutonnerie, voracité.** *Un appétit d'oiseau*. Un appétit maladif.* ➤ **boulimie, hyperphagie.** *Manger avec appétit, d'un bon appétit. Manger sans appétit, du bout des dents**. ➤ **chipoter.** *Donner de l'appétit.* ➤ **faim ; apéritif ; creuser** (cf. Ouvrir l'estomac*). *Mettre en appétit.* ➤ **affriander, affrioler, allécher** (cf. Faire venir l'eau à la bouche*). *Perdre l'appétit* (➤ **anorexie**). *L'émotion lui a coupé l'appétit.* — *Bon appétit,* souhait qu'on adresse à qqn qui mange ou va manger. ABRÉV. FAM. *Bon app* [bɔnap]. — PROV. *L'appétit vient en mangeant* ; FIG. plus on a, plus on veut avoir. ■ **3** PAR EXT. *Appétit de* : désir pressant de (qqch.). ➤ **aspiration, curiosité, désir, goût, passion, soif.** *«un appétit de pouvoir définit une ambition toute naïve»* ALAIN. *L'appétit de vivre.* ■ CONTR. Anorexie, dégoût, dysorexie, inappétence, répugnance, répulsion, satiété.

APPLAUDIMÈTRE [aplodimɛtʀ] **n. m.** – v. 1955 ◇ de *applaudi(ssements)* et *-mètre* ■ Instrument servant à mesurer l'intensité des applaudissements. *Candidat vainqueur à l'applaudimètre. «ovations et vivats divers, débordements d'enthousiasme, explosion de l'applaudimètre»* ECHENOZ.

APPLAUDIR [aplodiʀ] **v.** ⟨2⟩ – 1375 ◇ latin *applaudere*

I v. intr. Battre des mains en signe d'approbation, d'admiration, ou d'enthousiasme. *Applaudir des deux mains, à tout rompre,* très fort. *«Au concert, des amateurs fanatiques qui s'exténuaient à applaudir et à crier bis»* PROUST. *Des gens payés pour applaudir* (➤ 1 **claque**).

II v. tr. ind. (LITTÉR.) *Applaudir à qqch.* : témoigner une vive approbation, donner son complet assentiment à. *J'applaudis à votre initiative.* ➤ **approuver ;** se **réjouir.**

III v. tr. dir. ■ **1** Accueillir, saluer par des applaudissements. *Applaudir un acteur, un orateur.* ➤ **acclamer.** *La chanteuse a été très applaudie. Son discours a été chaleureusement applaudi.* ◆ LITTÉR. Approuver. *«Je vois que votre cœur m'applaudit en secret»* RACINE. *Applaudir le changement.* ➤ se **réjouir** de. ■ **2 S'APPLAUDIR v. pron.** Être content, heureux de qqch. ➤ **se féliciter, se réjouir.** *Elle s'est applaudie de sa décision.* ■ CONTR. Huer, siffler. Désapprouver.

APPLAUDISSEMENT [aplodismɑ̃] **n. m.** – 1539 ◇ de *applaudir* ■ **1** Battement des mains en signe d'approbation, d'admiration ou d'enthousiasme. ➤ **bravo.** *Des applaudissements éclatent, retentissent, couvrent sa voix. Discours qui soulève des applaudissements.* ➤ **ovation.** *Salve, tonnerre, tempête d'applaudissements. La salle croule sous les applaudissements. Applaudissements rythmés.* ➤ **ban.** *D'après les applaudissements, il a obtenu un grand succès* (➤ **applaudimètre**). ■ **2** FIG. et LITTÉR. Témoignage d'approbation ou de vive satisfaction. ➤ **approbation, compliment, éloge, encouragement, félicitation, louange.** *«avec curiosité et intérêt, et bientôt avec admiration et applaudissement»* SAINTE-BEUVE. ■ CONTR. Huée, sifflet ; désapprobation.

APPLICABILITÉ [aplikabilite] **n. f.** – 1819 ◇ de *applicable* ■ DIDACT. Possibilité d'être appliqué. *L'applicabilité d'une théorie.*

APPLICABLE [aplikabl] **adj.** – *appliquable* 1282 ◇ de *appliquer* ■ Qui est susceptible d'être appliqué. ■ **1** Qu'on peut appliquer (à qqch., qqn). *«il n'est méthode ni théorie qui soit applicable indifféremment à chacun»* GIDE. ABSOLT (DR.) Susceptible d'être mis en pratique. *Fonds applicables à une dépense.* ➤ **imputable.** *Cette loi n'est pas applicable aux étrangers.* ■ **2** GÉOM. Qu'on peut appliquer l'un sur l'autre. ➤ **superposable.** *Surfaces applicables.* ■ CONTR. Inapplicable.

APPLICAGE [aplikaʒ] **n. m.** – 1823 ◇ de *appliquer* ■ TECHN. Action d'appliquer un ornement sur un objet. *Applicage d'un motif sur une poterie.*

APPLICATEUR, TRICE [aplikatœʀ, tʀis] **n.** et **adj.** – 1834 ◇ de *appliquer* ■ **1** Personne qui applique, met en pratique (une loi, une théorie, une invention). *«rigides applicateurs des lois»* LECOMTE. ■ **2 adj.** Qui sert à appliquer un produit, à mettre en place un objet. *Tampon, pinceau applicateur.* — **n. m.** *Un applicateur.*

APPLICATION [aplikasjɔ̃] n. f. – 1361 ◊ de *appliquer*, d'après le latin *applicatio* ▪ **1** Action de mettre une chose sur une autre de manière qu'elle la recouvre et y adhère. *L'application d'un enduit sur un mur. Application de feuilles de bois ou de métal précieux.* ➤ **placage.** *Application de ventouses.* ➤ **pose.** *Pommade qui s'utilise en application locale. Renouveler l'application si nécessaire.* ◆ PAR MÉTON. COUT. Ornement appliqué (➤ **applique**). *Des applications de dentelles, de velours.* ▪ **2** Action de faire porter sur qqch. MATH. Relation établie sur deux ensembles, distincts ou non ; correspondance entre un ou plusieurs éléments de l'ensemble de départ et un élément de l'ensemble d'arrivée, et telle qu'à tout élément du premier soit associé un élément unique du second (➤ **image ; bijection, injection ; fonction**). *Application de l'ensemble A vers l'ensemble B. Application linéaire, multilinéaire* (➤ **homomorphisme**). En mécanique, *Point d'application d'une force* : origine du bipoint, du vecteur caractérisant la force. ◆ Utilisation. *Application d'un traitement à une maladie, des sciences à l'industrie. Application d'une somme à une dépense.* ➤ 1 **affectation, attribution, imputation.** *Application d'une loi à une catégorie de personnes.* ◆ Utilisation possible, cas d'utilisation (souvent plur.). ➤ **destination.** *Les applications d'un remède, d'un procédé,* les cas dans lesquels il est applicable. *Applications industrielles. Cette découverte aura un large champ d'application. Les applications d'un théorème, d'une découverte scientifique. « Qu'on cesse de faire semblant de croire que la recherche serait neutre, seules ses applications étant qualifiées de bonnes ou de mauvaises »* J. TESTART. — INFORM. Programme écrit en vue d'une utilisation précise (calcul, gestion, jeu, etc.). ➤ **logiciel, software.** *Applications d'un système d'exploitation.* ABRÉV. **APPLI, APP.** *Les applis d'un smartphone, d'une tablette numérique. Télécharger des apps.* ◆ Mise en pratique. *Mettre une idée, une théorie en application. Mise en application d'une loi.* ➤ **vigueur.** *Décret d'application d'une loi. Exercice, école d'application. Juge d'application des peines (JAP). Le décret entrera en application le mois prochain.* ▪ **3** (XVIe) Action d'appliquer son esprit, de s'appliquer ; qualité d'une personne appliquée. *Application à l'étude, au travail,* et ABSOLT *application.* ➤ **assiduité, attention,** 1 **contention, diligence, étude, soin,** 1 **travail, zèle.** *Travailler avec application. Manquer d'application.* ▪ CONTR. Distraction, inapplication, inattention, négligence, paresse.

APPLIQUE [aplik] n. f. – 1452 « action d'appliquer » ◊ de *appliquer* ▪ **1** (XVIIe) Tout ce qui est appliqué, fixé, plaqué sur un objet pour l'orner ou le rendre solide. *Pièces d'applique. Appliques de velours sur un manteau.* ▪ **2** (1842) Appareil d'éclairage fixé au mur. SPÉCIALT Plaque portant une ou plusieurs branches de candélabres, aujourd'hui d'appareils d'éclairage électrique. *Une paire d'appliques.*

APPLIQUÉ, ÉE [aplike] adj. – 1350 ◊ de *appliquer* ▪ **1** Placé (sur, contre qqch.). *Un emplâtre appliqué sur une tumeur.* Donné franchement. *Un coup, un baiser bien appliqué.* ▪ **2** Qui s'applique. *Un élève appliqué.* ➤ **assidu, diligent, sérieux, studieux, travailleur.** — *Une écriture appliquée,* qui témoigne d'application. ▪ **3** Mis en pratique. *Arts appliqués,* à vocation utilitaire. *Recherche appliquée* (opposé à *recherche fondamentale*). *Sciences appliquées* (opposé à *sciences pures*). ▪ CONTR. Distrait, inappliqué, inattentif, négligent.

APPLIQUER [aplike] v. tr. ‹1› – XIIIe ◊ latin *applicare*

I APPLIQUER QQCH. ▪ **1** Mettre (une chose) sur (une autre) de manière à faire toucher, recouvrir, faire adhérer ou laisser une empreinte. ➤ **mettre,** 1 **placer, poser.** *Appliquer une couche de peinture sur un mur, du vernis sur ses ongles.* ➤ 1 **étaler, étendre, passer.** GÉOM. *Appliquer une figure sur une autre.* ➤ **superposer.** *Appliquer une feuille d'acajou sur du bois blanc.* ➤ **plaquer.** — *Appliquer son oreille sur, contre une cloison.* ➤ **appuyer, coller.** PAR EXT. *Il lui appliqua un baiser sur la joue ; une bonne gifle.* ➤ FAM. 2 **flanquer.** ▪ **2** FIG. Faire servir (pour telle ou telle chose). ➤ **employer, utiliser.** *Appliquer un traitement à une maladie. « les mathématiciens de Sicile appliquaient leurs découvertes aux machines »* TAINE. *Appliquer une somme à une dépense.* ➤ 2 **affecter, consacrer, destiner, imputer.** ◆ Rapporter (à un objet) ce qui était dit d'un autre. *Appliquer un nom, un cas, un exemple à qqn.* ➤ **attribuer, donner, rapporter.** *« Aristote appliquait cet apologue aux hommes »* LA FONTAINE. ◆ LITTÉR. *Appliquer son esprit à l'étude* : s'appliquer. ➤ **concentrer, diriger** (vers), **occuper.** *Appliquer tous ses soins à faire qqch.* ◆ Mettre en pratique. *Appliquer une méthode, une recette. La peine sera appliquée sans délai.* ➤ **exécuter.** *Faire appliquer le règlement. « Les lois sont bonnes ou mauvaises [...] par la façon dont on les applique »* FRANCE.

II S'APPLIQUER v. pron. **A.** PASSIF ▪ **1** Se placer, être appliqué. *Une lame qui s'applique exactement sur une autre.* ➤ **s'adapter, recouvrir.** *« La pesante porte revint s'appliquer hermétiquement sur ses chambranles de pierre »* HUGO. *Peinture qui s'applique au rouleau.* ➤ **s'étaler.** ▪ **2** FIG. Être adapté, applicable à. ➤ **convenir, correspondre, se rapporter.** *Cette épigraphe s'applique bien au sujet de l'ouvrage. Cette remarque s'applique à tout le monde.* ➤ **concerner, intéresser,** 1 **viser.**

B. RÉFL. (1403) FIG. Apporter une attention soutenue à qqch., prendre soin de faire qqch. VIEILLI, avec *à* (et nom, et inf.) *S'appliquer avec ardeur, zèle, acharnement à une étude, un travail.* ➤ **s'acharner, s'adonner, s'attacher, s'atteler, se consacrer, se donner, s'employer, se livrer, se vouer.** *S'appliquer à cultiver son esprit. S'appliquer à apprendre, comprendre qqch.* ➤ **chercher, rechercher ; s'efforcer ; s'escrimer, s'évertuer, s'exercer ; peiner.** *Molière « s'est appliqué à peindre les défauts des hommes »* FAGUET. ◆ MOD., ABSOLT Travailler avec zèle, application. *Cet élève s'applique.*

▪ CONTR. 1 Écarter, enlever, ôter, séparer. — Distraire (se), dissiper (se).

APPOGGIATURE ou **APPOGIATURE** [apɔ(d)ʒjatyʀ] n. f. – 1811 ◊ de l'italien *appoggiatura,* famille du latin *appodiare* « appuyer ». Cette note est accentuée comme pour servir d'appui à la voix pour la note suivante ▪ MUS. Petite note d'agrément dissonante et étrangère à l'accord ou à la note qu'elle précède. ➤ **accord.**

APPOINT [apwɛ̃] n. m. – 1398 ◊ de 1 *appointer* ▪ **1** Complément d'une somme en petite monnaie. **FAIRE L'APPOINT** : ajouter le complément en petite monnaie, et PAR EXT. régler exactement la somme due, de sorte que le créancier n'ait aucune monnaie à rendre au débiteur. ▪ **2** FIG. Ce qu'on ajoute à une chose pour la compléter. ➤ **complément, supplément ; accessoire.** *« l'élevage, qui constitue l'appoint le plus rémunérateur en Normandie »* GIDE. *Ressources, salaire d'appoint. Chauffage d'appoint.* ◆ Aide qui s'ajoute. *Apporter son appoint.* ➤ 1 **aide, apport, concours, contribution.**

APPOINTAGE [apwɛ̃taʒ] n. m. – 1866 ◊ de 2 *appointer* ▪ TECHN. Action d'appointer, de tailler en pointe.

APPOINTEMENTS [apwɛ̃tmɑ̃] n. m. pl. – 1573 ◊ de 1 *appointer* ▪ Rétribution fixe, mensuelle ou annuelle, qui est attachée à une place, à un emploi régulier (surtout pour les employés). ➤ **paye, rétribution*, salaire, traitement.** *Donner, recevoir, toucher des appointements.*

1 **APPOINTER** [apwɛ̃te] v. tr. ‹1› – XVIe ◊ de 1 *a-* et *point* ▪ Donner des appointements à (qqn). ➤ **payer, rétribuer.** *Appointer un employé.*

2 **APPOINTER** [apwɛ̃te] v. tr. ‹1› – 1180 ◊ de 1 *a-* et *pointe* ▪ TECHN. Tailler en pointe. *Appointer un bâton.*

APPONDRE [apɔ̃dʀ] v. tr. ‹41› – 1165-70 ◊ latin *apponere* « ajouter » ▪ RÉGION. (Centre-Est ; Suisse) FAM. Joindre, fixer bout à bout ; attacher, unir. *Appondre des cordages. Appondre un wagon à la locomotive.*

APPONSE [apɔ̃s] n. f. – 1449 ◊ ancien participe de *appondre* ▪ RÉGION. (Centre-Est ; Suisse) FAM. ▪ **1** Endroit où deux choses se joignent, point de rencontre. *On voit l'apponse là où ils ont repeint.* ▪ **2** Rallonge (d'une ficelle ; d'une table).

APPONTAGE [apɔ̃taʒ] n. m. – 1948 ◊ de *apponter* ▪ Action d'apponter. ➤ **atterrissage.** *Manœuvres d'appontage. Officier d'appontage.* ➤ **apponteur.**

APPONTEMENT [apɔ̃tmɑ̃] n. m. – 1789 ◊ de 1 *a-* et *pont* ▪ Plateforme avec tablier et pont sur pilotis le long de laquelle un navire vient s'amarrer. ➤ **wharf.**

APPONTER [apɔ̃te] v. intr. ‹1› – 1948 ◊ de 1 *a-* et *pont* ▪ Se poser sur la plateforme d'un porte-avion (avions, hélicoptères). ➤ **atterrir.**

APPONTEUR [apɔ̃tœʀ] n. m. – 1960 ◊ de *apponter* ▪ MAR. Officier qui dirige l'appontage.

APPORT [apɔʀ] n. m. – 1140 « offrandes des fidèles à l'église » ◊ de *apporter* ▪ **1** VX ou SPÉCIALT Action d'apporter. *L'apport de pièces au greffe du tribunal* (➤ **apporteur**). ▪ **2** Ce qu'on apporte. ◆ (1740) DR. *Apports en communauté* : biens que chacun des époux apporte à la communauté. (1843) FIN. *Apport en société* : biens apportés par un associé. *Apport en numéraire, en nature, en industrie. Action d'apport,* attribuée à un actionnaire en raison de son apport en nature. — *Apports* : immeubles ou objets mobiliers autres que du numéraire. ▪ **3** Ce qui est apporté (au corps, à l'organisme) par la nutrition. *Apport calorique d'un aliment. Apports journaliers* *recommandés (AJR),* informations nutritionnelles indiquées sur les emballages des denrées alimentaires et donnant la quantité quotidienne recommandée pour un nutriment donné. *Apports nutritionnels conseillés (ANC),* indiquant pour chaque nutriment la quantité moyenne souhaitable pour couvrir les besoins nutritionnels d'une population et éviter les carences. ▪ **4** (XXe) FIG. Contribution positive de qqn ou de qqch. ➤ **appoint, concours, contribution, participation.** *« L'apport surréaliste »* BRETON. *Un apport décisif.* ▪ CONTR. Reprise, restitution, 2 retrait. Emprunt.

APPORTER [apɔʀte] **v. tr.** ‹1› – Xe ◊ latin *apportare,* de *ad* et *portare* « porter » **A.** CONCRET ▪ **1** *Apporter* (qqch.) *à* (qqn) : porter (qqch.) au lieu où est qqn. *Allez me chercher ce livre et apportez-le-moi.* ◆ *Apporter une chose* (quelque part), la porter avec soi en venant. *Elle a apporté le café dans le salon. Quand vous viendrez, apportez vos outils. Il nous apporte toujours un petit cadeau. Le facteur apporte le courrier.* ◆ (Sujet chose) *« Le flux les apporta ; le reflux les remporte »* CORNEILLE. *« Le vent m'apportait par lambeaux leurs chants barbares »* HUGO. ▪ **2** Fournir pour sa part. *Apporter son tribut, son écot.* LOC. *Apporter sa pierre à l'édifice**.

B. ABSTRAIT ▪ **1** Manifester, montrer (auprès de qqn, quelque part). *« Mme de Sévigné apporte la gaîté [...] et la verve [...] de ses saillies »* FAGUET. ◆ *Apporter du soin, de l'attention, de l'empressement, de la passion à qqch., à faire qqch.* ➤ **employer, mettre, prendre.** ▪ **2** Donner, fournir (un élément de connaissance) à. ➤ **donner.** *« Je viens vous apporter de fâcheuses nouvelles »* CORNEILLE. ➤ **apprendre.** *Apporter des informations supplémentaires à qqn. Son enseignement m'a beaucoup apporté. Elle lui a beaucoup apporté.* (Sans compl. en à) *Son livre n'apporte rien.* ▪ **3** Fournir (ce qu'on a produit, ce qu'on a fait naître) à. *« J'aurais fait je ne sais quoi pour apporter un soulagement à sa détresse »* GIDE. Saint-Saëns *« apporte à notre inquiétude artistique un peu de la lumière et de la douceur d'autrefois »* R. ROLLAND. ▪ **4** (CHOSES) Être la cause de (qqch.). *Les changements que l'automobile a apportés dans la vie quotidienne.* ➤ 1 **amener,** 1 **causer, entraîner, produire, provoquer.** ◆ *Apporter à qqn.* ➤ **donner.** *« la religion, disait-elle, lui apportait une tranquillité heureuse »* FRANCE. ▪ CONTR. Emporter, enlever, remporter, retirer.

APPORTEUR, EUSE [apɔʀtœʀ, øz] **n. et adj.** – début XIIe au XVIe, repris au XIXe ◊ de *apporter* ▪ Personne qui apporte (qqch.). *« les grands apporteurs de vérités »* HUGO. — *Apporteur d'affaire(s) :* personne ou entreprise qui met en relation une entreprise et un client. *Apporteur de capitaux.* — **adj.** *Un actionnaire apporteur,* qui apporte une part de capital dans une société. *Société apporteuse.*

APPOSER [apoze] **v. tr.** ‹1› – 1150 ◊ de *à* et *poser* ▪ **1** Poser sur qqch. ➤ **appliquer, mettre.** *Apposer une affiche, une plaque sur un mur.* ▪ **2** (1606) DR. *Apposer le scellé, les scellés :* appliquer l'empreinte d'un sceau public sur une porte, un meuble, un pli de telle sorte qu'on ne puisse l'ouvrir sans briser les scellés. ▪ **3** (1640) *Apposer sa signature, son paraphe :* signer. ▪ **4** DR. *Apposer une clause à un acte,* l'insérer.

APPOSITION [apozisjɔ̃] **n. f.** – 1213 ◊ latin *appositio* ▪ **1** Action d'apposer. *Apposition d'un sceau, des scellés.* ▪ **2** (1606) GRAMM. Procédé par lequel deux termes simples (noms, pronoms) ou complexes (propositions) sont juxtaposés sans lien ; le terme juxtaposé. *Substantif en apposition ; une apposition. Dans « chef mécanicien », « mécanicien » est une apposition. « L'apposition sert en réalité de qualification, comme un adjectif »* BRUNOT. ➤ **épithète.**

APPRÉCIABILITÉ [apʀesjabilite] **n. f.** – 1846 ◊ de *appréciable* ▪ DIDACT. Caractère de ce qui est appréciable.

APPRÉCIABLE [apʀesjabl] **adj.** – 1486 ◊ de *apprécier* ▪ **1** Qui peut être perçu, évalué. ➤ **évaluable.** *Après une si longue absence, je n'ai pas constaté de changements appréciables. La différence est à peine appréciable.* ➤ **sensible, visible.** *Quantité appréciable. Objet d'une valeur difficilement appréciable.* ➤ **estimable.** ▪ **2** PAR EXT. D'une certaine importance, assez considérable. ➤ **important, notable.** *Un avantage appréciable.* ▪ **3** Digne d'estime, de considération. *Des qualités appréciables.* ➤ **précieux.** ▪ CONTR. Inappréciable. Négligeable.

APPRÉCIATEUR, TRICE [apʀesjatœʀ, tʀis] **n. et adj.** – 1509 ◊ de *apprécier* ▪ Personne qui apprécie (qqch., qqn). ➤ 1 **arbitre, juge.** *« je devins un juste appréciateur de leur mérite »* LESAGE. *« L'Angleterre, très juste appréciatrice des talents »* J. DE MAISTRE. — **adj.** *Un regard appréciateur,* capable d'apprécier.

APPRÉCIATIF, IVE [apʀesjatif, iv] **adj.** – 1615 ◊ de *apprécier* ▪ Qui marque l'appréciation. *Dresser un état appréciatif des marchandises.* ➤ **estimatif.**

APPRÉCIATION [apʀesjasjɔ̃] **n. f.** – 1389 ◊ bas latin *appretiatio* → apprécier ▪ **1** Action d'apprécier, de déterminer le prix, la valeur de qqch. ➤ **estimation, évaluation.** *L'appréciation du tableau par l'expert.* — PAR EXT. *Une fausse appréciation de la distance.* ▪ **2** (1825) Le fait de juger. ➤ **jugement.** *Laisser, soumettre une décision à l'appréciation de qqn. Le pourboire est laissé à l'appréciation du client,* à sa discrétion. ◆ Opinion. *Appréciation sommaire.* ➤ **aperçu, impression, sentiment.** *Il a noté ses appréciations en marge du texte.* ➤ **note, observation.** *Appréciations du professeur sur une copie.* ▪ **3** (XXe) Fait d'augmenter la valeur, de donner du prix. *Appréciation d'une monnaie,* augmentation de sa valeur par rapport à une autre. ▪ CONTR. Dépréciation.

APPRÉCIER [apʀesje] **v. tr.** ‹7› – début XVe ◊ du latin ecclésiastique *appretiare* « évaluer », famille de *pretium* → prix ▪ **1** DIDACT. Déterminer le prix, la valeur de (qqch.). ➤ **estimer, évaluer.** *Le commissaire-priseur, l'expert a apprécié le mobilier à tel prix. Apprécier une chose au-dessus, au-dessous de sa valeur.* ➤ **surestimer, sous-estimer.** FIG. Déterminer approximativement l'importance de (qqch.). *Apprécier l'ampleur d'un travail. « Peu de gens sont assez modestes pour souffrir sans peine qu'on les apprécie »* VAUVENARGUES. ➤ 1 **juger.** ▪ **2** Déterminer approximativement, par les sens. *Apprécier une distance, une grandeur, la vitesse.* ➤ **estimer,** 1 **juger.** *Apprécier les dimensions avec exactitude* (cf. Avoir le compas* dans l'œil). *Il a mal apprécié la hauteur de l'obstacle.* — (ABSTRAIT) Sentir, percevoir. *Il faut avoir l'esprit subtil pour apprécier une telle nuance.* ➤ **discerner, saisir, sentir.** ▪ **3** (1712) Porter un jugement favorable sur ; aimer, goûter. *Apprécier la musique. Des qualités qu'il apprécie. Je n'apprécie pas beaucoup son procédé.* — **p. p. adj.** *La chair de cet animal est très appréciée dans ce pays.* — *Apprécier qqn.* ➤ **estimer,** 1 **priser.** *Il sait se faire apprécier.* — PRONOM. *S'apprécier mutuellement.* ▪ **4** (XXe « acquérir du prix ») **S'APPRÉCIER** (en parlant d'une monnaie par rapport à une autre) : augmenter de valeur. *L'euro s'est apprécié vis-à-vis du dollar.* ▪ CONTR. Décrier, déprécier, mépriser.

APPRÉHENDER [apʀeɑ̃de] **v. tr.** ‹1› – XIIIe ◊ latin *apprehendere* « saisir, concevoir », de *prehendere* « prendre »

I ▪ **1** DR. Saisir au corps. ➤ **arrêter.** *« On m'appréhende au corps, et l'on m'interroge sur un prétendu crime »* CHATEAUBRIAND. *Le coupable a été appréhendé par la police.* ▪ **2** PHILOS. Saisir par l'esprit. *Appréhender une notion, un phénomène* (➤ **aperception**).

II (XVIIe) COUR. Envisager (qqch.) avec crainte, s'en inquiéter par avance. ➤ **craindre, redouter ; appréhension.** *Il appréhende cet examen. « Elle appréhendait de lui faire du mal »* RACINE. *« La reine de Cythère appréhendait qu'il ne lui fallût renoncer »* LA FONTAINE.

▪ CONTR. Relâcher (un accusé). — Espérer.

APPRÉHENSION [apʀeɑ̃sjɔ̃] **n. f.** – 1265 ◊ latin *apprehensio* ▪ Action d'appréhender. ▪ **1** VX Fait de saisir par l'esprit. ➤ **compréhension.** *« L'appréhension, je l'ai lente et embrouillée »* MONTAIGNE. PHILOS. Opération par laquelle l'esprit atteint un objet de pensée simple. *Appréhension et compréhension. « tout état affectif constitue un mode d'appréhension »* P. FOULQUIÉ. ▪ **2** (XVIe) Action d'envisager qqch. avec crainte ; crainte vague, mal définie. ➤ **alarme, angoisse, anxiété, inquiétude, peur.** *Éprouver de l'appréhension. Il a de l'appréhension, un peu d'appréhension avant son examen. Avoir une appréhension, comme une appréhension.* ➤ **pressentiment.** *Avoir de l'appréhension à faire qqch.* — LITTÉR. (avec un compl.) *« La vague et confuse appréhension d'une menace suspendue sur son coupable bonheur »* BOURGET. *L'appréhension d'échouer. « une vive appréhension qu'on ne nous ôte ce qui nous appartient »* LA ROCHEFOUCAULD. ▪ CONTR. Confiance, espoir, sérénité, tranquillité.

APPRENANT, ANTE [apʀənɑ̃, ɑ̃t] **n.** – milieu XXe ◊ p. prés. de *apprendre* ▪ Personne qui apprend, suit un enseignement. *Dictionnaire pour apprenants* (d'apprentissage d'une langue).

APPRENDRE [apʀɑ̃dʀ] **v. tr.** ‹58› – fin Xe au sens d'« acquérir par l'étude » (I, 2°) ◊ du latin *apprendere* « prendre, saisir » et « comprendre », famille de *prendere* → prendre

I ACQUÉRIR LA CONNAISSANCE DE. (SENS SUBJECTIF) ▪ **1** (fin XIIe) Être avisé, informé de (qqch.). *Ils ont appris l'évènement par la radio, par un ami, par une lettre. J'ai appris cela par hasard.* ➤ **découvrir.** *Il l'a appris de son père.* ➤ **tenir.** LOC. *Apprendre qqch. de la bouche de qqn. J'ai appris que vous étiez* *rentré de voyage. «Apprenez que tout flatteur Vit aux dépens de celui qui l'écoute»* LA FONTAINE. *En apprendre de belles.* ➤ 1 **beau.** ▪ **2** (fin Xe) Acquérir (un ensemble de connaissances) par un travail intellectuel ou par l'expérience. *«Les gens de qualité savent tout sans avoir jamais rien appris»* MOLIÈRE. *«Tout ce que je sais, je l'ai appris à mes dépens»* LOTI. *Apprendre sa leçon en s'appliquant, longuement, à plusieurs reprises.* ➤ **repasser ; rabâcher, ressasser.** *Assimiler, retenir, oublier ce qu'on apprend. Apprendre un texte par cœur*. Il a encore beaucoup à apprendre.* ◆ ABSOLT S'instruire, acquérir des connaissances. *Il apprend facilement. Le désir, le goût d'apprendre. «Plus il apprenait, plus il voulait apprendre»* PEREC. ▪ **3** *Apprendre une langue* (➤ **apprenant**), *une technique, une science* : acquérir les connaissances et les procédés nécessaires pour les pratiquer. *Il commence à apprendre le métier* (cf. Il fait ses classes, il se fait la main). ➤ **s'initier, mettre** (s'y) **; apprentissage.** *Apprendre le piano.* ➤ **étudier.** ▪ **4** (fin XIe) **APPRENDRE À** (et l'inf.) : devenir capable de (par le travail de l'esprit, l'expérience). *Un bébé qui apprend à marcher. Apprendre à lire, à écrire, à conduire, à nager. Apprendre à supporter la douleur.* ➤ **s'accoutumer,** se **faire, s'habituer.** *«Apprendre à se connaître est le premier des soins»* LA FONTAINE. *Il faut qu'il apprenne à se taire.* ▪ **5 S'APPRENDRE** v. pron. pass. (CHOSES) Être appris. *Il y a des choses qui s'apprennent vite.* ➤ **acquérir.** *Ça ne s'apprend pas, c'est inné.*

II FAIRE CONNAÎTRE. (SENS OBJECTIF) ▪ **1** (fin XIIe) Porter à la connaissance de qqn. *Apprendre qqch. à qqn.* ➤ **avertir,** 2 **aviser, communiquer,** 1 **dire.** *Je viens vous apprendre son arrivée, qu'il est arrivé.* ➤ **informer.** *Tu ne m'apprends rien, j'étais déjà au courant. «Quand on veut plaire dans le monde, il faut se résoudre à se laisser apprendre beaucoup de choses que l'on sait par des gens qui les ignorent»* CHAMFORT. ▪ **2** (milieu XIIe) Donner la connaissance, le savoir de (qqch.). ➤ **enseigner, expliquer, inculquer, montrer.** *«Un livre n'est excusable qu'autant qu'il apprend quelque chose»* VOLTAIRE. *Le professeur apprend aux élèves les verbes irréguliers anglais. — Son échec ne lui a rien appris,* il n'en a tiré aucun enseignement. ▪ **3** *Apprendre à qqn une science, un art, un métier, la pratique d'un sport,* lui faire acquérir les connaissances et les moyens de pratiquer. ➤ **enseigner, exercer** (à). *Apprendre le latin à un enfant à force de leçons, de force.* ➤ **bourrer, gaver** (de) [cf. Enfoncer, fourrer dans la tête* ; faire avaler]. ▪ **4** *Apprendre à qqn à...* (et l'inf.). *Son père lui a appris à jouer au bridge.* ◆ LOC. FIG. *Cela lui apprendra à vivre* : cela lui servira de leçon. *Je vais vous apprendre la politesse, à vous moquer de moi* (menace). — Sans compl. *Ça t'apprendra* : c'est bien fait. *«tu as encore taché ma robe avec tes sales souliers ! file au coin, ça t'apprendra»* I. NÉMIROVSKY.
▪ CONTR. Désapprendre, oublier. Ignorer, taire.

APPRENTI, IE [apʀɑ̃ti] n. – *apprantez* 1175 ; variante *aprantiz* (XIIe), *aprentif* (XIIIe) ◇ latin populaire °*apprenditum,* de °*apprendere* ▪ **1** Personne (souvent jeune) qui apprend un métier, qui est en apprentissage. ➤ 2 **aide, élève, employé, garçon, stagiaire.** *Menuisier et son apprenti. L'apprentie d'une couturière, d'une modiste.* ➤ **arpète.** — *Centre de formation des apprentis (CFA).* ▪ **2** Personne qui apprend, qui s'instruit avec un maître ou qui n'est pas parvenue à la maîtrise. *«L'homme est un apprenti, la douleur est son maître»* MUSSET. *Pour les affaires, je ne suis qu'un apprenti.* ➤ **débutant, novice ; bleu.** ▪ **3** (Avec un subst. en appos.) *Un apprenti maçon.* ➤ 2 **aide** (maçon). *Une apprentie couturière.* ◆ LOC. (par allus. à une ballade de Goethe) *L'apprenti sorcier* : celui qui déchaîne des évènements dont il n'est pas capable de maîtriser le cours. ▪ CONTR. Maître, 1 patron. Instructeur, moniteur.

APPRENTISSAGE [apʀɑ̃tisaʒ] n. m. – 1395 ◇ ancien français *apprentis* → apprenti ▪ **1** Le fait d'apprendre un métier manuel ou technique ; l'ensemble des activités de l'apprenti. ➤ **formation, instruction.** *Mettre un garçon, une fille en apprentissage. Entrer, être en apprentissage. Suivre un apprentissage. Prendre qqn en apprentissage. Maître, centre d'apprentissage. Le C. A. P. sanctionne l'apprentissage. Taxe d'apprentissage,* collectée auprès des entreprises pour financer la formation initiale. — État d'apprenti ; temps que l'on passe dans l'état d'apprenti. ➤ **stage.** ▪ **2** (début XVIIe) LITTÉR. Les premières leçons, les premiers essais. ➤ **expérience, initiation.** *L'apprentissage des vertus.* VX *«L'apprentissage à bien mourir»* FLÉCHIER. *En être à son, faire son apprentissage.* ➤ **début** (cf. Faire ses premières armes*). ◆ *Faire l'apprentissage de qqch.,* en commencer la pratique, s'y initier. *Les jeunes nations qui font l'apprentissage de l'indépendance.* ▪ **3** PSYCHOL. Modifications durables du comportement d'un sujet (humain ou animal) grâce à des expériences répétées. — PAR EXT. Processus d'acquisition des automatismes sensorimoteurs et psychiques. *Apprentissage de la lecture. Apprentissages scolaires. Troubles des apprentissages* (➤ **dys**). ▪ **4** loc. adj. INFORM. *À apprentissage,* doté de l'aptitude à modifier ses réponses futures en fonction de son expérience passée. *Robot à apprentissage, programme à apprentissage* (cf. Système expert*). ◆ TECHN. *Courbes d'apprentissage,* retraçant la décroissance des temps unitaires au cours d'une fabrication en série. ▪ CONTR. Maîtrise. Expérience, métier.

APPRÊT [apʀɛ] n. m. – 1398 ◇ de *apprêter* ▪ **1** VIEILLI (PLUR.) Action d'apprêter. *Les apprêts d'une fête, d'un voyage.* ➤ **disposition, préparatif.** ▪ **2** VIEILLI Manière d'apprêter (les aliments). ➤ **préparation.** *L'apprêt des viandes.* ▪ **3** (XVIIe) TECHN. Opération que l'on fait subir aux matières premières (cuirs, textiles) avant de les travailler ou de les présenter. *Apprêts des tissus.* ➤ **apprêtage ; calandrage, collage, crêpage, cylindrage, empesage, encollage, feutrage, foulage, gaufrage, glaçage, gommage, lustrage, moirage, pressage, tirage, tondage, vaporisage.** *Apprêt des papiers.* ➤ **collage, glaçage.** *Apprêt des cuirs.* ➤ **corroyage.** ◆ Substance qui sert à apprêter (colle, empois, gomme). *Une toile sans apprêt,* blanchie sans chaux ni colle. *Ôter l'apprêt d'une étoffe,* la décatir. ◆ PEINT. Enduit que l'on étend sur une surface à peindre ; préparation subie par la toile. *Le peintre a terminé l'apprêt des plafonds.* ▪ **4** (1726) FIG. Manière affectée d'agir ou de s'exprimer. ➤ 2 **affectation.** loc. adv. *Sans apprêt* : naturellement. *«Parle droit ! Parle sans fard et sans apprêt !»* R. ROLLAND. ▪ HOM. Après.

APPRÊTAGE [apʀɛtaʒ] n. m. – 1750 ◇ de *apprêter* ▪ TECHN. Action d'enduire d'apprêt (les étoffes, le feutre, etc.).

APPRÊTÉ, ÉE [apʀete] adj. – 1760 ◇ de *apprêter* ▪ Qui est trop étudié, peu naturel. ➤ **affecté.** *Un compliment apprêté.* ▪ CONTR. Naturel, simple, spontané.

APPRÊTER [apʀete] v. tr. ‹1› – *aprester* 980 ◇ latin populaire °*apprestare,* racine *praesto* «à portée»
I ▪ **1** VX Rendre prêt, mettre en état en vue d'une utilisation prochaine. ➤ **arranger, préparer.** *Apprêter ses armes, ses bagages. «Voyons ce que le sort m'apprête»* RACINE. ◆ MOD. Préparer (la nourriture). *«l'art d'apprêter les mets»* BRILLAT-SAVARIN. ➤ **accommoder.** — Parer (qqn). *On apprête la mariée.* ▪ **2** (1694) TECHN. Soumettre à un apprêt. *Apprêter des étoffes, des cuirs, des peaux, du papier,* pour leur donner l'apparence, la consistance voulue. *Apprêter une surface à peindre, à vernir.*
II S'APPRÊTER v. pron. (XIVe ; *soi aprester à, de* XIIe) ▪ **1** (PASS.) Être préparé. *«Et là, derrière son dos, il sentait qu'une chose infâme s'apprêtait»* MAUPASSANT. ▪ **2** (RÉFL.) Se préparer (à). *Elle s'était apprêtée au départ.* ➤ se **disposer.** *S'apprêter à faire qqch.* : se mettre en état de. *Je m'apprêtais justement à vous rendre visite.* ▪ **3** (1538) Faire sa toilette. ➤ **s'habiller,** se **parer,** se **préparer.** *Les dames «montèrent dans leurs chambres s'apprêter pour le bal»* FLAUBERT.

APPRÊTEUR, EUSE [apʀɛtœʀ, øz] n. – *appresteur* 1552 ◇ de *apprêter* ▪ TECHN. ▪ **1** Personne qui apprête, donne l'apprêt. *Un encolleur, un gaufreur, sont des apprêteurs.* ◆ Dans plusieurs industries, Ouvrier, ouvrière qui prépare les matières premières. ▪ **2** n. f. (1866) Modiste qui pose des ornements sur les chapeaux. ◆ Ouvrière qui prépare les éléments des pièces de lingerie.

APPRIVOISABLE [apʀivwazabl] adj. – 1784 ◇ de *apprivoiser* ▪ Qui peut être apprivoisé. *Un animal difficilement apprivoisable.* ▪ CONTR. Inapprivoisable, indomptable.

APPRIVOISEMENT [apʀivwazmɑ̃] n. m. – 1558 ◇ de *apprivoiser* ▪ Action d'apprivoiser ; résultat de cette action. *La domestication est distincte de l'apprivoisement qui la précède.* ◆ FIG. *L'apprivoisement d'un enfant farouche.*

APPRIVOISER [apʀivwaze] v. tr. ‹1› – 1555 ; *apriveiser* fin XIIe ◇ latin populaire °*apprivitiare,* du latin classique *privatus* «personnel, privé» ▪ **1** Rendre moins craintif ou moins dangereux (un animal farouche, sauvage), rendre familier, domestique. *Apprivoiser un oiseau de proie.* ➤ **dresser.** *Dompter n'est pas apprivoiser, mais assujettir.* ➤ **dompter.** — p. p. adj. *Un animal est domestiqué quand ses petits naissent eux-mêmes apprivoisés.* ➤ **domestiquer.** *Panthère apprivoisée.* ▪ **2** FIG. et LITTÉR. Rendre plus docile, plus sociable. ➤ **adoucir, amadouer.** *Apprivoiser un enfant.* — p. p. adj. *"La Mégère apprivoisée," comédie de Shakespeare.* ◆ ABSTRAIT *«Je tiens bon, je tâche d'apprivoiser le vertige»* GIDE. ▪ **3 S'APPRIVOISER** v. pron. (pass.) Devenir moins sauvage (animaux). Devenir moins farouche, plus sociable, plus familier (personnes). *«Les trois garçons, qui se montraient très craintifs d'abord, s'apprivoisent»* GIDE. ◆ (RÉFL.) FIG. et LITTÉR. *S'apprivoiser avec* (VX), *à qqch.*, s'y accoutumer. ➤ se **familiariser.** *«je pris le temps de m'apprivoiser à cette idée»* ROUSSEAU. ■ CONTR. Effaroucher, effrayer, éloigner, rebuter. Aigrir, durcir.

APPROBATEUR, TRICE [apʀɔbatœʀ, tʀis] **n. et adj.** – 1534 ◇ latin *approbator* ■ **1** LITTÉR. Personne qui approuve (qqch.). *«Les femmes furent au XVIIIe siècle les ferventes approbatrices de toutes les nouveautés»* LANSON. ■ **2 adj.** COUR. *«Un vote approbateur»* ROBIDA. *Geste, murmure, sourire approbateur.* ➤ **approbatif, favorable.** *Un silence approbateur.* ➤ **consentant** (cf. Qui ne dit mot consent*). ■ CONTR. Dénigreur, détracteur, improbateur. 2 Critique, désapprobateur.

APPROBATIF, IVE [apʀɔbatif, iv] **adj.** – 1561 ◇ bas latin *approbativus*, de *approbare* «approuver» ■ Qui marque, exprime l'approbation. *Hochement de tête approbatif.* ➤ **approbateur.** *Mention approbative* (au-dessus d'une signature). ➤ **approuvé.** — **adv. APPROBATIVEMENT.** *Conclure approbativement.* ■ CONTR. Improbateur, réprobateur.

APPROBATION [apʀɔbasjɔ̃] **n. f.** – v. 1265 ◇ latin *approbatio* ■ **1** Le fait d'approuver ; accord que l'on donne. *Le préfet a donné son approbation à la délibération du conseil municipal. Soumettre un projet à l'approbation des supérieurs.* ➤ **acceptation, acquiescement, adhésion, adoption, agrément, assentiment, autorisation, confirmation, consentement, entérinement, homologation, permission, ratification, sanction.** *Approbation tacite. Approbation expresse.* ➤ **avis, déclaration, visa.** *L'approbation du signataire.* ➤ **approuvé.** ◆ ANCIENNT Autorisation donnée par la censure pour l'impression et la publication d'un livre. *Lettres patentes d'approbation des censeurs royaux.* ■ **2** (XVIIe) Jugement favorable ; témoignage d'estime ou de satisfaction. *Exprimer bruyamment son approbation.* ➤ **applaudissement, bravo, chorus, cri ;** VX **brouhaha.** *Cette idée reçut l'approbation de tous. «Il avait l'approbation de sa conscience, il se sentait justifié»* SARTRE. ■ CONTR. Blâme, condamnation, 2 critique, désapprobation, improbation, opposition, refus, réprobation.

APPROBATIVITÉ [apʀɔbativite] **n. f.** – 1952 ; «besoin d'approbation» 1842 ◇ de *approbatif* ■ PSYCHOL. Tendance pathologique à approuver toutes les opinions qu'on entend (➤ aussi **béni-oui-oui**). ■ CONTR. Contradiction (esprit de).

APPROCHABLE [apʀɔʃabl] **adj.** – 1508 ◇ de *approcher* ■ Dont on peut approcher. *Sa porte est bien gardée, il est difficilement approchable.* ➤ **abordable, accessible.** Généralt en construction négative *Il est de très mauvaise humeur, il n'est pas approchable.*

APPROCHANT, ANTE [apʀɔʃɑ̃, ɑ̃t] **adj.** – 1555 ◇ de *approcher* ■ **1** VX Qui approche, en parlant du temps. ➤ **proche.** *«La nuit, de plus, était fort approchante»* LA FONTAINE. ■ **2** Qui se rapproche de. ➤ **proche, voisin** (de). *Orthographe approchante.* Qui a du rapport, de la ressemblance avec. ➤ **semblable ; analogue, comparable,** 1 **équivalent, ressemblant.** *«Il y a peu de pensées synonymes, mais beaucoup d'approchantes»* VAUVENARGUES. — VX *Approchant de* : semblable à. *«Une ligne qui est moins approchante de la droite»* DESCARTES. — MOD. *Quelque chose d'approchant. Je cherche ce modèle ou quelque chose d'approchant.* ■ **3 prép.** VX Aux environs de. *Ils partirent approchant midi.* — **adv.** *Il est midi, ou approchant.* ➤ **approximativement, environ** (cf. À peu près*, B, 1°). ■ CONTR. Éloigné, lointain. Différent, opposé.

APPROCHE [apʀɔʃ] **n. f.** – XVe fortif. ◇ de *approcher*

I ■ **1** Le fait de s'approcher d'un objet, d'aller à la rencontre de qqn ; mouvement par lequel on s'avance vers qqch., qqn. ➤ **arrivée,** 1 **rencontre.** ◆ VX *«Qu'ils entrent. Cette approche excite mon courroux»* RACINE. — LITTÉR. *«La berge rocheuse empêche ici l'approche des navires d'un certain tonnage»* GIDE. ◆ MOD. **À L'APPROCHE DE.** *«Comme les chevaux qui sentent l'écurie, je hâte le pas à l'approche de mon logis»* FRANCE. *«La chatte ne fuyait pas à mon approche»* COLETTE. — **D'APPROCHE** (et adj.). *Une personne d'approche facile.* ➤ **abord.** FIG. *Une œuvre d'une approche difficile.* ➤ **accès.** ■ **2** SPÉCIALT Phase de vol d'un avion qui s'approche d'un terrain d'atterrissage. *Procédure d'approche.* ■ **3** Au golf, Coup destiné à atteindre le green. ■ **4** MILIT. ANCIENNT (PLUR.) *Les approches d'une place, d'une forteresse,* les mouvements de l'assiégeant pour y pénétrer, et SPÉCIALT les travaux pour en approcher à couvert. — LOC. (1898) **TRAVAUX D'APPROCHE :** cheminements, travaux de sape ; FIG. démarches intéressées, manœuvres pour arriver à un but. ■ **5** (milieu XXe ◇ anglais *approach*) Manière d'aborder un sujet de connaissance quant au point de vue adopté et à la méthode utilisée. *L'approche sociologique d'une étude littéraire. Ils n'ont pas la même approche de la question* (cf. aussi Démarche, point de vue).

II AU PLUR. Ce qui est près de. ➤ **abord, accès, parages.** *Les approches d'une ville, d'un port, d'une île.*

III ■ **1** (CHOSES) Le fait d'approcher, d'être sur le point de se produire. *L'approche de la nuit, de l'hiver.* ➤ **apparition, arrivée, proximité, venue.** *«elle guettait l'approche du frisson ; elle en épiait les signes»* MAURIAC. *«le souvenir d'une joie n'est pas une nouvelle approche du bonheur»* GIDE. — *À l'approche, aux approches de la trentaine.* ■ **2** (En loc.) Action de rapprocher une chose d'une autre. *Lunette* d'approche.* ◆ ARBOR. *Greffe en* (ou *par*) *approche* : greffe qui consiste à rapprocher deux branches voisines. ■ **3** TYPOGR. Position des caractères les uns par rapport aux autres. — Réunion ou séparation fautive de deux signes. — Signe indiquant que deux lettres séparées doivent être rapprochées.

■ CONTR. 1 Départ, écartement, éloignement, séparation.

APPROCHÉ, ÉE [apʀɔʃe] **adj.** – XVIIIe ◇ de *approcher* ■ Qui se rapproche de la réalité. ➤ **approximatif.** *Ce qui «donne une idée plus approchée de l'esprit bourgeois»* ALAIN. — MATH. *Valeur approchée par défaut, par excès,* calculée par approximation*.

APPROCHER [apʀɔʃe] **v.** ⟨1⟩ – *aprochier* XIIe ; *aproecier* 1080 ◇ bas latin *appropiare*, famille de *prope* «près» ; d'après *proche*

I v. tr. dir. ■ **1** Mettre près, plus près. *Approcher une chaise de la table, une échelle du mur. Approcher deux objets.* ➤ **rapprocher.** ABSOLT *Approche ta chaise, la lampe.* ➤ **avancer.** ◆ FIG. Tendre à rendre égal à. *«il y a quelque chose en l'homme qui l'approche de ces esprits immortels»* BOSSUET. ■ **2** Venir près, s'avancer auprès de (qqn). *«Arrête, a-t-elle dit, et ne m'approche pas»* RACINE. ◆ Aborder, réussir à voir (qqn). *Approcher une vedette.* — Avoir libre accès auprès de qqn, voir habituellement. ➤ **côtoyer, fréquenter.** *C'est un homme qu'on ne peut approcher,* dont l'accès, ou (FIG.) la fréquentation, est difficile. ➤ **approchable.** — PAR EXT. *Il est d'une humeur massacrante, on ne peut pas l'approcher.*

II v. tr. ind. et intr. ■ **1** Venir près, plus près (de qqn, qqch.). *«Il faut faire une enceinte de tours si terrible, que rien ne puisse approcher d'elle»* HUGO. LOC. *Approcher de la sainte table, de l'autel, des sacrements* : communier. — ABSOLT *«À la guerre, approcher est plus important, plus difficile que combattre»* MALRAUX. ◆ Venir près de la personne qui s'exprime. *«N'approche pas, ô mort ; ô mort, retire-toi»* LA FONTAINE. *N'approchez pas ou je tire.* ■ **2** Être près, sur le point d'atteindre. *Approcher du but, du résultat.* ➤ 1 **toucher** (à). *Approcher de la conclusion, du dénouement d'une affaire.* Arriver à (un moment). *Il approche de la cinquantaine.* ➤ **friser.** *Approcher de l'hiver, des vacances,* aller vers. ■ **3** (Sujet chose) Être imminent, proche (dans le temps). *L'heure du départ approche. Noël approche. La mort, la fin approche.* ➤ **arriver, venir.** ■ **4** FIG. Être proche de, presque identique à. *Approcher de la vérité, de la perfection.* ➤ **avoisiner,** se **rapprocher.**

III S'APPROCHER (de) v. pron. réfl. ■ **1** Venir près, aller se mettre auprès de (qqn, qqch.). *Le navire s'approche de la terre.* ➤ **serrer ; accoster.** *Le serveur s'approche du client.* ➤ 1 **aller, venir** (à). *Comme l'enfant «semble grelotter, je le fais s'approcher du feu»* GIDE. ABSOLT *«Viens çà, approche-toi que je t'embrasse»* MOLIÈRE. *Elle s'est approchée doucement, à pas de loup.* ■ **2** FIG. *Flaubert n'écrivit guère que «pour s'approcher le plus près possible de la perfection»* THIBAUDET. *C'est moins bien, mais ça s'en approche.*

■ CONTR. 1 Écarter, séparer. Éloigner, éviter, 1 repousser. — Reculer.

APPROFONDI, IE [apʀɔfɔ̃di] **adj.** – de *approfondir* (2°) ■ Qui est fait à fond, mené en profondeur. *Un examen approfondi, une enquête approfondie. Diplôme d'études approfondies (D. E. A.).* ■ CONTR. Approximatif, élémentaire, sommaire, superficiel.

APPROFONDIR [apʀɔfɔ̃diʀ] **v. tr.** ⟨2⟩ – fin XIIIe ◇ de 1 *a-* et *profond* ■ **1** Rendre plus profond, creuser plus profondément. *Approfondir un canal, un fossé, un puits, un trou.* ➤ **creuser.** *Les eaux ont approfondi le lit de la rivière.* ➤ **affouiller.** — PRONOM. *La plaie s'est approfondie.* FIG. *«Le silence profond s'approfondit encore»* MALRAUX. ■ **2** (1607) FIG. Pénétrer plus avant dans la connaissance de ; étudier à fond. *Approfondir une science, une question. Cette idée mérite d'être approfondie.* ➤ **creuser, examiner, explorer, fouiller, pénétrer, scruter, sonder.** *C'est un sujet délicat qu'il ne faut pas trop approfondir.* ➤ **s'appesantir, appuyer, insister** (sur). *«Ces années lui permettent d'étendre, d'approfondir, de corriger sa connaissance de la vie et des hommes»* ROMAINS. ◆ ABSOLT Pousser plus loin ses recherches. ■ CONTR. Combler. Effleurer.

APPROFONDISSEMENT [apʀɔfɔ̃dismɑ̃] **n. m.** – 1578 ◊ de *approfondir* ■ **1** (CONCRET) Action d'approfondir ; son résultat. *L'approfondissement d'un chenal, d'un puits.* ➤ **creusement.** ■ **2** (1669) (ABSTRAIT) Fait d'approfondir. *L'approfondissement d'une connaissance, d'un sujet, d'un problème.* ➤ **analyse ; étude, examen, méditation.** *Je procéderais « par approfondissements successifs, approfondissements d'analyse, approfondissements d'intuition »* PÉGUY. — Fait de s'approfondir. *L'approfondissement d'une pensée, d'un sentiment avec le temps.* ■ CONTR. Comblement. Effleurement. Légèreté ; appauvrissement.

APPROPRIATION [apʀɔpʀijasjɔ̃] **n. f.** – XIVe ◊ bas latin *appropriatio* ■ **1** DIDACT. Action d'approprier, de rendre propre à un usage, à une destination. ➤ **adaptation.** *« Ce qui fait un chef-d'œuvre, c'est une appropriation ou un appariement heureux entre le sujet et l'auteur »* GIDE. ■ **2** DR. Action de s'approprier une chose, d'en faire sa propriété. *Les choses sans maître sont susceptibles, par nature, d'appropriation. Appropriation par expropriation, par nationalisation* (➤ **acquisition**). *Appropriation par occupation.* ➤ **occupation, prise, saisie.** *Appropriation par violence ou par ruse.* ➤ **conquête, usurpation,** 2 **vol.** ■ CONTR. Inadaptation. Abandon, aliénation.

APPROPRIÉ, IÉE [apʀɔpʀije] **adj.** – de *approprier* ■ Qui convient, qui est propre. ➤ **adapté, adéquat, assorti, conforme, convenable,** PLAIS. **idoine, pertinent.** *Ce n'est pas le terme approprié. Chercher la solution appropriée à un problème.* ■ CONTR. Impropre, inadapté, inadéquat, inapproprié.

APPROPRIER [apʀɔpʀije] **v. tr.** ‹ 7 › – 1209 ◊ bas latin *appropriare* ■ **1** VX Attribuer en propre à qqn. ■ **2** DIDACT. Rendre propre, convenable à un usage, à une destination. *Approprier son style au sujet, un discours aux circonstances, un traitement à un malade.* ➤ **accorder, adapter, conformer.** *« Appropriez l'éducation de l'homme à l'homme »* ROUSSEAU. PRONOM. S'adapter, s'appliquer, convenir à. *« avec quelle autorité une suite de sons et d'accords peut s'approprier à l'état de notre âme »* DUHAMEL. ■ **3** (1548) COUR. **S'APPROPRIER :** faire sien ; s'attribuer la propriété de (une chose concrète ou abstraite). ➤ **s'attribuer.** *« La famille s'est approprié cette terre en y plaçant ses morts »* FUSTEL DE COULANGES. ➤ **occuper.** SPÉCIALT S'attribuer de manière illicite. *S'approprier le bien d'autrui. Ils se sont approprié le dépôt qui leur était confié.* ➤ **s'adjuger, s'arroger, s'emparer, empocher, prendre,** se **saisir, usurper ; souffler** (cf. Mettre la main* sur, faire main* basse sur). *« Il est un art de s'approprier les pensées d'autrui, de les rendre siennes par la manière dont on les exploite »* LA BRUYÈRE. *S'approprier une découverte, une invention,* s'en attribuer la paternité. *S'approprier tout le mérite d'une action.* ■ CONTR. Opposer. Abandonner, décliner, refuser, rendre.

APPROUVÉ [apʀuve] **p. p. inv.** – 1835 ◊ de *approuver* ■ S'emploie, par ellipse, au bas d'un acte, d'un compte, qu'on approuve. *Lu et approuvé. Approuvé l'écriture ci-dessus.* — SUBST. *Un approuvé. Des approuvés.*

APPROUVER [apʀuve] **v. tr.** ‹ 1 › – *approver* « prouver, démontrer » fin XIIe ; sens moderne au XIIIe ◊ latin *approbare,* de *ad* et *probare* « approuver » ■ **1** Donner son accord à (qqch.). ➤ **approbation.** *Elle a approuvé les actes que le mandataire a passés en son nom. Approuver une décision, l'ordre du jour, un projet, une réforme.* ➤ **accepter, acquiescer** (à), **admettre, adopter, agréer, autoriser, confirmer, entériner, homologuer, permettre, ratifier, sanctionner.** *J'approuve par avance tout ce qu'il fera* (cf. Donner carte* blanche). *Approuver à la majorité, à l'unanimité.* ➤ **plébisciter.** — DR. Autoriser par un acte, un témoignage authentique. *Ouvrage approuvé par l'autorité ecclésiastique.* ➤ **imprimatur.** *Médicament approuvé par les autorités médicales.* ◆ SPÉCIALT Reconnaître l'exactitude de faits relatés (dans un acte). *Approuver un procès-verbal de déposition.* Reconnaître la validité de (un engagement). *Approuver un contrat.* ➤ **souscrire.** ■ **2** Juger bon, trouver louable. *Il approuve sa conduite et l'engage à persévérer. Approuver une initiative.* ➤ **apprécier, encourager,** 1 **louer ; approbateur.** *Approuver hautement.* ➤ **applaudir.** *Il approuve tout ce qu'elle fait* (➤ **béni-oui-oui** [cf. Dire amen*]). — *Approuver que* (et subj.). *Je n'approuve pas qu'il ait cette attitude.* ◆ *Approuver qqn,* être de son opinion ; le louer. (Avec l'inf.) *Je vous approuve de mener ce combat.* ■ CONTR. Blâmer, condamner, critiquer, désapprouver, désavouer, interdire, refuser, rejeter, 1 repousser.

APPROVISIONNEMENT [apʀɔvizjɔnmɑ̃] **n. m.** – 1636 ◊ de *approvisionner* ■ **1** Action d'approvisionner. *L'approvisionnement d'une ville en choses nécessaires à la subsistance.* ➤ **alimentation, fourniture, ravitaillement.** *Approvisionnement d'une armée en munitions.* FIG. *« l'approvisionnement régulier en nouvelles rassurantes, est aussi essentiel pour le pays que le ravitaillement en vivres ou en munitions »* MARTIN DU GARD. ■ **2** Ensemble des provisions rassemblées. ➤ **fourniture, munition, provision, réserve, stock, subsistance,** 2 **vivre.** *Les greniers regorgeaient d'approvisionnements de toute sorte.* ◆ COMM. Matières premières, produits semi-finis, fournitures utilisés par une entreprise ; le fait de faire venir ces produits. *Politique d'approvisionnement visant à réduire les stocks.*

APPROVISIONNER [apʀɔvizjɔne] **v. tr.** ‹ 1 › – 1500 ; *approvisier* 1442 ◊ de 1a- et *provision* ■ **1** Fournir de provisions (SPÉCIALT de provisions de bouche). ➤ **alimenter, fournir, ravitailler.** *Approvisionner une ville, un marché, une armée. Approvisionner un village en eau. Approvisionner un magasin en produits frais.* ➤ **assortir, garnir, réassortir. p. p. adj.** *Un magasin bien, mal approvisionné.* ➤ **achalandé, fourni.** *Approvisionner une place de munitions.* ➤ **munir, pourvoir.** — *Approvisionner son compte bancaire,* y verser de l'argent, une provision. ➤ **provisionner.** *Son compte n'est pas approvisionné,* il est à découvert (cf. Chèque sans provision*). ◆ FIG. *« Chateaubriand approvisionna en thèmes lyriques toute sa génération »* BRUNETIÈRE. ■ **2 v. pron. S'APPROVISIONNER :** se munir de provisions. *S'approvisionner en carburant.* ABSOLT *S'approvisionner chez l'épicier du quartier.* ➤ **se fournir.** ■ CONTR. Désapprovisionner. Consommer. Dégarnir, vider.

APPROVISIONNEUR, EUSE [apʀɔvizjɔnœʀ, øz] **n. et adj.** – 1774 ◊ de *approvisionner* ■ Personne qui approvisionne. ➤ **fournisseur, pourvoyeur, ravitailleur.**

APPROXIMATIF, IVE [apʀɔksimatif, iv] **adj.** – 1789 ◊ de *approximation* ■ **1** Qui est fait par approximation. *Calcul, nombre approximatif.* ➤ **approchant, approché.** — COUR. Qui est déterminé grossièrement. *Indiquez-moi un prix approximatif, une fourchette* des prix.* ■ **2** Imprécis, vague. *Avoir une connaissance approximative de qqch.* ■ CONTR. Déterminé, exact, 1 précis, rigoureux.

APPROXIMATION [apʀɔksimasjɔ̃] **n. f.** – 1314 chir. ◊ latin médiéval *approximatio,* du bas latin *approximare* « approcher » ■ **1** (1740) MATH. Calcul par lequel on approche d'une grandeur réelle ; détermination approchée. *Méthodes par approximations dans le calcul d'une valeur, dans la résolution d'une équation.* ➤ **itération** (cf. Développement en série*). *Approximation par défaut, par excès.* — COUR. Estimation par à peu près. ➤ **évaluation.** ■ **2** (XVIIIe) Valeur approchée. *Ce n'est qu'une approximation.* ■ CONTR. Détermination, exactitude, précision.

APPROXIMATIVEMENT [apʀɔksimativmɑ̃] **adv.** – 1823 ◊ de *approximatif* ■ D'une manière approximative. *Évaluer approximativement. Cela fait approximativement 5 %.* ➤ **environ** (cf. À peu près*, à vue de nez*, au pifomètre, dans les...). ■ CONTR. Exactement, précisément.

APPUI [apɥi] **n. m.** – fin XIIe ◊ de *appuyer*

I ACTION DE SOUTENIR OU D'ÊTRE SOUTENU ■ **1** Action d'appuyer, de s'appuyer sur qqch. *L'appui du corps sur les jambes.* — *Prendre appui sur :* s'appuyer sur. *Prends appui sur moi. Il prit appui sur un rocher. Les mains en appui sur les genoux. « En appui sur sa pelle, Ange, le fossoyeur, attendait »* Y. QUEFFÉLEC. ◆ DR. *Servitude d'appui :* servitude qui donne le droit d'appuyer des constructions, des poutres et solives sur le mur du voisin. ◆ *Hauteur d'appui :* hauteur suffisante pour s'appuyer sur le coude. — *Barre* d'appui.* ◆ *Mur d'appui :* mur à hauteur d'appui. ➤ **muret, parapet.** — *Mur sous-appui :* pan de mur compris entre le sol et la partie inférieure d'une baie. ➤ **allège.** ◆ **POINT D'APPUI :** point fixe sur lequel une chose s'appuie. *Le point d'appui d'une poutre, d'un linteau. Point d'appui d'un levier,* autour duquel il effectue son mouvement. PAR MÉTAPH. *Chercher un point d'appui, avoir besoin d'un point d'appui,* d'un soutien, d'un moyen d'action. MILIT. Position sur laquelle s'appuie une armée, une flotte. ➤ **base.** SPÉCIALT Organisation défensive de l'effectif d'une compagnie. ■ **2** PHONÉT. *Consonne, voyelle d'appui :* unité phonique ajoutée dans un mot ou une expression pour en faciliter la prononciation. ➤ **épenthèse.** *Appui de la voix sur une syllabe.* ➤ **accent.** — MUS., THÉÂTRE *Appui de la voix* ou *appui :* technique vocale utilisant le diaphragme pour maîtriser le souffle et assurer la voix.

II CE QUI SERT À SOUTENIR ■ **1** (CONCRET) Soutien, support. *Appui pour le coude, pour la main, pour la tête.* ➤ **accotoir, accoudoir, appuie-bras, appuie-main, appuie-tête.** ◆ ARCHIT. Élément en général à hauteur du coude, sur lequel on peut s'appuyer. *Appui d'un balcon, d'une terrasse :* partie supérieure sur laquelle on peut s'accouder. ◆ *Les appuis d'une voûte, d'un mur.* ➤ **adossement, arcboutant, contrefort, éperon,**

2 étai. *Les appuis d'un pont.* ➤ **culée, butée, 1 palée, 1 pile, pylône.** ■ **2** (XIIe) ABSTRAIT Soutien moral ou aide matérielle. *Avoir besoin d'appui. Ce projet a reçu l'appui du ministère.* ➤ **1 aide, assistance, concours, protection, réconfort, secours, soutien.** *Chercher, demander, implorer l'appui de qqn. Compter sur l'appui de qqn. S'assurer, gagner, se ménager, trouver, avoir un appui, de puissants appuis.* ➤ **accointance, relation ;** FAM. **piston.** *Appui financier.* ➤ **commandite, mécénat, parrainage, sponsoring, subvention.** *Accorder, offrir, prêter son appui.* ➤ **bras, main.** « *je n'ai à mon secours ni les appuis de la raison, ni les intuitions qui tiennent lieu de pensée* » TARDIEU. — *Être l'appui* (de). *Servir d'appui* (à). ➤ **auxiliaire, champion, défenseur, protecteur, soutien, supporteur.** — MILIT. *Appui tactique, aérien* : aide apportée par une unité à une autre exécutant une action principale. ■ **3** loc. prép. **À L'APPUI DE :** pour appuyer, confirmer. *À l'appui de ses arguments, de sa demande, de ses dires.* ABSOLT **À L'APPUI.** *Affirmer, démontrer preuves à l'appui. Documents, pièces à l'appui.*
■ CONTR. Abandon, lâchage ; hostilité. Ennemi.

APPUIE-BRAS [apɥibʀa] n. m. inv. – 1928 ◇ de *appuyer* et *bras* ■ Support pour appuyer le bras (dans une voiture). ➤ **accoudoir, repose-bras.** *Des appuie-bras.*

APPUIE-MAIN [apɥimɛ̃] n. m. – 1676 ◇ de *appuyer* et *main* ■ PEINT. Baguette sur laquelle le peintre appuie la main qui tient le pinceau. *Des appuie-mains.*

APPUIE-TÊTE [apɥitɛt] n. m. – 1853 *appui-tête*, de *appui* ◇ de *appuyer* et *tête* ■ Dispositif destiné à soutenir la tête. *L'appuie-tête réglable d'un fauteuil de dentiste. Des appuie-têtes.* ➤ **repose-tête.** ◆ Dispositif réglable placé à la partie supérieure du siège d'un véhicule et destiné à protéger le passager en cas de choc arrière. ◆ Tissu orné qui protège l'étoffe d'un siège, à l'emplacement de la tête. ➤ **têtière.** *Les fauteuils « toujours revêtus d'un appui-tête au crochet »* PROUST. ◆ (1929) ARTS AFRICAINS Objet mobilier en bois, en ivoire, formant support pour un plateau sur lequel repose la tête du dormeur.

APPUYÉ, ÉE [apɥije] adj. – de *appuyer* ■ **1** *Regard appuyé,* insistant. ■ **2** (fin XVIIe) Qui est exprimé, émis en appuyant (II) ; qui insiste trop. *Une plaisanterie appuyée. Un compliment trop appuyé.* ■ CONTR. 1 Discret.

APPUYER [apɥije] v. ‹8› – fin XIe ◇ du latin *appodiare*, famille de *podium* « panneau d'appui » et « petite éminence » → podium ; appoggiature

I ~ v. tr. ■ **1** Soutenir ou faire soutenir, supporter. *Appuyer une chose par une autre.* ➤ **maintenir, soutenir, tenir.** *Appuyer un mur par des arcboutants, des contreforts.* ➤ **arcbouter, 2 buter, contrebuter, épauler, étayer.** ◆ *Appuyer* (une chose) *contre, à,* la placer contre une autre qui lui serve d'appui. ➤ **appliquer.** *Appuyer une échelle contre un mur.* ➤ **adosser.** ◆ *Appuyer (qqch.) sur...* ➤ **mettre, poser.** *Appuyer ses coudes sur la table.* ➤ **s'accouder.** *Appuyer sa tête sur un fauteuil.* ■ **2** (ABSTRAIT) Soutenir, rendre plus ferme, plus sûr. *Appuyer ses dires sur des raisons, des preuves valables.* ➤ **confirmer, corroborer, fortifier, renforcer.** *Il « lui donnait des instructions qu'il appuyait de divers exemples »* FÉNELON. ■ **3** (fin XVIIe) Fournir un moyen d'action, une protection, un soutien à (qqn, qqch.). *Appuyer qqn.* ➤ **aider, encourager, 1 patronner, protéger, recommander.** *Appuyer un candidat à une élection.* ➤ **soutenir.** — *Appuyer la demande, la proposition, la candidature de qqn.* ➤ FAM. **pistonner.** ◆ MILIT. *Appuyer une attaque par un tir d'artillerie, par l'aviation.* ➤ **soutenir.** ■ **4** Appliquer, presser (une chose sur, contre une autre). *Appuyer le pied sur la pédale. Terrasser son adversaire et lui appuyer le genou sur la poitrine.*

II ~ v. intr. ■ **1** (1690) Être soutenu ; être posé sur. *La voûte appuie sur les arcs-boutants.* ➤ **1 porter, 1 reposer, retomber.** ■ **2** Peser plus ou moins fortement sur. ➤ **presser.** *Appuyer sur un levier. Médecin qui appuie sur l'endroit sensible. Appuyer sur l'accélérateur, le champignon*. Appuyez sur le bouton.* ABSOLT *Appuyez fort. Appuyer sur la détente.* — ÉQUIT. *Ce cheval appuie sur le mors* (ABSOLT *il appuie*), il porte la tête basse et pèse sur le mors. — (CHOSES) « *Une fatigue inattendue appuyait sur ses épaules* » J. VAUTRIN. ■ **3** Émettre avec force, mettre l'accent sur (un élément par rapport à l'entourage). MUS. *Appuyer sur une note.* — *Appuyer sur un mot en parlant.* ➤ **accentuer.** ■ **4** FIG. Insister avec force. ➤ **s'appesantir, souligner.** *Il a appuyé sur l'aspect, le caractère primordial de cette question. Il vaut mieux ne pas appuyer là-dessus.* — ABSOLT « *Cet art sobre qui* [...] *n'appuie pas* » PROUST. ■ **5** Prendre une direction. *Appuyez sur la droite, à gauche.* ➤ **se diriger.**

III ~ v. pron. réfl. **S'APPUYER** (fin XIe) ■ **1** S'aider, se servir comme d'un appui, d'un soutien. *S'appuyer sur des béquilles, une canne. Appuyez-vous sur mon bras. S'appuyer au mur, à la rampe.* ➤ **se tenir.** *S'appuyer fortement à un mur pour exercer une poussée.* ➤ **s'arcbouter.** *S'appuyer contre un arbre.* ■ **2** Avoir confiance, trouver une aide en (qqn, qqch.). (PERSONNES) *Vous pouvez vous appuyer entièrement sur lui.* ➤ **compter, se reposer.** « *Il s'était appuyé sur elle, sur l'assurance qu'elle lui avait donnée...* » MAURIAC. *Il s'appuie sur sa propre expérience.* ➤ **se baser, se fonder, se référer.** (CHOSES) *Sur quoi s'appuient vos soupçons ?* ➤ **1 reposer.** ■ **3** FAM. *S'appuyer une corvée* : faire qqch. par obligation, contre son gré. ➤ **subir, supporter,** FAM. **se taper.** *Elle s'est appuyé tout le boulot. S'appuyer qqn,* devoir le supporter. ➤ **se faire, se farcir.** *Il va falloir se l'appuyer toute la soirée.*
■ CONTR. Enlever, ôter, retirer. — 1 Lâcher. — Opposer (s'), refuser, réfuter, rejeter. — Effleurer, glisser, négliger.

APRAGMATISME [apʀagmatism] n. m. – milieu XXe ◇ de *2 a-* et *pragmatisme* ■ PSYCHIATR. Incapacité psychique de réaliser des actes élémentaires dont le sujet possède les moyens instrumentaux de réalisation. ➤ **aboulie.**

APRAXIE [apʀaksi] n. f. – 1906 ◇ grec *apraxia* « inaction » ■ MÉD. Incapacité d'effectuer des mouvements volontaires adaptés à un but, alors que les fonctions motrices et sensorielles sont normales. *Apraxie de l'habillage, de la marche ; apraxie oculaire.* — adj. et n. **APRAXIQUE.**

ÂPRE [ɑpʀ] adj. – *aspre* milieu XIIe ; d'abord abstrait ◇ latin *asper* → aspérité

I (CHOSES) ■ **1** (XIIe) VX Qui présente des aspérités. ➤ **abrupt, accidenté, inégal.** « *On a pavé une route âpre et mal aplanie* » HUGO. ■ **2** MOD. Qui a une rudesse désagréable. *Froid, vent âpre.* ➤ **cuisant, rigoureux.** « *Il neigeait, l'âpre hiver fondait en avalanche* » HUGO. *Goût, saveur âpre. Sons âpres. Voix âpre.* ➤ **rauque, rocailleux, rude.** ◆ SPÉCIALT Qui a un goût âpre, qui racle la langue, la gorge. *Un fruit, un vin âpre.* ➤ **râpeux.** ■ **3** FIG. Dur, pénible. *Lutte âpre. Vie âpre.* ➤ **austère, cruel, dur, pénible, rude, sévère, violent.** « *Une âpre résolution recomposait tous ses traits* » DUHAMEL.

II (PERSONNES) VX Qui se porte avec trop d'ardeur (à qqch., à la poursuite de qqch.). ➤ **ardent, avide, cupide, violent.** « *les plus âpres à exiger leurs droits* » MASSILLON. — MOD. LOC. *Être âpre au gain,* avide.
■ CONTR. Égal, 1 lisse ; clément, doux. Facile ; agréable. — Désintéressé.

ÂPREMENT [ɑpʀəmɑ̃] adv. – 1119 ◇ de *âpre* ■ D'une manière âpre, rude. ■ **1** Avec une énergie dure, cruelle. *Combattre âprement.* ➤ **farouchement.** *Défendre âprement ses droits.* « *ce que l'on me reproche le plus âprement, c'est d'avoir travaillé à l'émancipation de l'esprit* » GIDE. ➤ **brutalement, durement, rudement, sévèrement.** ■ **2** VIEILLI Avec avidité. ➤ **avidement.** « *Courir âprement après les honneurs* » FLÉCHIER. ■ CONTR. Doucement, mollement.

APRÈS [apʀɛ] prép., adv. et n. m. – X^e, comme adverbe (II) ◇ du latin du IVe *ad pressum* « auprès », d'une forme du verbe *premere* « presser, serrer » → près

I ~ prép. ■ **1** (milieu XIIe) Postérieurement dans le temps. *Le printemps vient après l'hiver. Après la naissance de Jésus-Christ. Un an, cent ans après la mort de Napoléon. Après dix heures.* ➤ **2 passé.** *Après des années d'absence. Je viendrai après (le) déjeuner. Après bien des efforts, après plusieurs essais* (cf. À la suite* de). *Après mûre réflexion. Après vous,* formule de politesse pour inviter qqn à faire qqch. le premier. *Il est arrivé après tout le monde,* le dernier. — *Ils président l'un après l'autre,* alternativement, tour à tour. *Ces évènements sont arrivés les uns après les autres,* à la suite, en se succédant. *Jour après jour, minute après minute.* — LOC. PROV. *Après moi (lui, nous), le déluge* ! Jeter le manche après la cognée*. Après la pluie*, le beau temps.* — (fin XIIe) *Après cela, ce que... :* à la suite de, étant donné. *Après ce que j'ai fait pour lui, me traiter d'égoïste ! Après ça, après cela, après quoi :* ensuite, après ce dont il vient d'être question. « *Et quand je vous aurais payé au double tout ce que je vous dois, après cela, je ne serais pas encore quitte* » VOLTAIRE. ➤ **avec.** *Déjeunons, après quoi nous nous mettrons en route.* ◆ loc. conj. (début XIIIe) **APRÈS QUE** (et l'indicatif : passé simple, composé ou antérieur, futur antérieur). *Des années après qu'il l'eut quitté...* « *Il faut bonne mémoire après qu'on a menti* » CORNEILLE. — VX *Après que* (suivi du conditionnel). « *Comme si j'étais fille à supporter la vie Après qu'on m'aurait fait une telle infamie* » MOLIÈRE. — MOD. (emploi critiqué) *Après que* (suivi du subj. par analogie avec *avant que*). « *après que Vincent eût fermé sa porte* » GIDE. « *Trois semaines après que* *cette phrase ait été écrite»* MONTHERLANT. ♦ (fin XVIe) **APRÈS** (et l'infinitif passé). *Après avoir dîné, il est sorti.* — (fin XIIe) (Avec l'inf. présent) *Après boire, après manger* : après avoir bu, mangé. ♦ loc. adv. **APRÈS COUP** : après l'évènement ; trop tard. *Je n'ai compris qu'après coup. Il a ajouté quelques remarques après coup.* ➤ **a posteriori.** ▪ **2** Postérieurement dans un espace orienté. ♦ (Situation de lieu) *Tournez à droite après le cinéma. Il habite après la mairie* (cf. Au-delà* de, plus loin* que). *Être après qqn sur une liste alphabétique, dans une file d'attente.* ➤ 1**derrière.** ♦ (fin XIe) (Mouvement) Derrière (qqn qui se déplace). *Après vous, je vous en prie* : passez devant (formule de politesse). *Traîner qqch., qqn après soi. Le chien aboie après les passants.* ➤ **contre.** — SPÉCIALT Indique la poursuite, la recherche. *Courir après son argent. Ce n'est pas la peine de courir après.* ▪ **3** PAR EXT. Exprime un mouvement spatial ou affectif en direction de qqch. ou qqn. *Languir, soupirer après qqch., qqn.* ➤ **désirer.** FAM. *Pleurer* après qqch.* ♦ VIEILLI, RÉGION. ou POP. *Attendre après qqch., qqn,* avec impatience. *«J'ai oublié de vous recommander [...] de ne faire jamais attendre après vous»* RACINE. LOC. *Je n'attends pas après* : je peux m'en passer facilement. — *Chercher, demander après qqn* : chercher, demander qqn. — (1508) **ÊTRE APRÈS qqn,** le suivre partout, le harceler, l'importuner (cf. Être toujours sur le dos*, sur les talons* de qqn ; être pendu aux basques* de qqn). *Elle s'acharne après lui. Il est toujours en train de crier après son fils.* ➤ **contre.** *Il en a après tout le monde.* ▪ **4** (Subordination dans un ordre, une hiérarchie) *Après le lieutenant vient le sous-lieutenant.* ➤ **sous.** *Le capitaine du navire, seul maître après Dieu.* ▪ **5** loc. adv. (en incise ou en tête de phrase) **APRÈS TOUT** : après avoir tout considéré, envisagé (cf. En définitive*, au fond*, tout bien pesé*). *Après tout, cela ne me regarde pas.* ▪ **6** loc. prép. **D'APRÈS** : à l'imitation de. ➤ **selon,** 2**suivant.** *Un dessin d'après Raphaël. Peindre d'après nature. Reproduction d'après l'original.* — En se référant à. *Juger d'après l'expérience.* ➤ **conformément** (à), 1**sur.** *Juger d'après les apparences. D'après ce que disent les journaux. «En histoire comme en physique, ne prononçons que d'après les faits»* CHATEAUBRIAND. — Selon les propos, l'avis de (qqn). *D'après les témoins. Alors, d'après toi, il est sincère ?*

II ~ adv. ▪ **1** (Xe) (Temps) ➤ **postérieurement, ultérieurement.** *«Vingt ans après», roman d'A. Dumas* (cf. Plus tard). *Les évènements qui survinrent après.* ➤ **ensuite, subséquemment.** *Aussitôt, immédiatement après.* ➤ 1**sur** (ce). *Peu de temps, longtemps après.* — **D'APRÈS.** *Le jour, la semaine, le mois, l'année d'après. L'instant d'après, la nuit d'après.* ➤ 1**suivant.** — **APRÈS ?** expression interrogative pour engager qqn à poursuivre son récit. ➤ **ensuite.** *Eh bien ! après ?... Que se passe-t-il ? Et après ?* que ferez-vous après, quelles seront les conséquences ? *Vous renverserez le gouvernement ; et après ?* S'emploie aussi pour marquer le défi, rejeter une objection (cf. Et alors ?). *Oui, j'ai tort, et après ?* ▪ **2** (Espace ; ordre ou situation) ➤ 1**derrière, ensuite.** *Venir après* : suivre. *La réussite professionnelle passe après,* est d'une importance secondaire. *La page d'après.* ➤ 1**suivant.** *Cent mètres après.* ➤ **loin** (plus loin). — loc. adv. **CI-APRÈS** : plus loin (dans un texte). *Voyez ci-après.* ➤ 1**bas** (plus bas), **ci-dessous, infra.**

III ~ n. m. L'avenir, le futur. *L'avant et l'après* (un évènement, une période). *Un après* : un futur. *«Il n'y a plus d'après, À Saint-Germain-des-Prés»* G. BÉART.

▪ CONTR. 1Avant. 1Avant (en), 1devant. — Abord (d'), auparavant, priorité (en) ; 1dessus (ci-), supra. ▪ HOM. Apprêt.

APRÈS- ▪ Élément de formation qui, devant un nom propre ou un substantif faisant référence à une époque, marque la postériorité. *L'après-Mitterrand. L'après-mur* (de Berlin) : l'époque suivant la disparition du mur de Berlin, de la division de l'Allemagne.

APRÈS-DEMAIN [apʀɛd(ə)mɛ̃] adv. – 1531 ; v. 1215 en loc. ◊ de *après* et *demain* ▪ Le jour qui suivra demain, dans deux jours. *Revenez après-demain. Nous partirons après-demain matin. C'est prévu pour après-demain. L'affaire a été renvoyée à après-demain.* ➤ aussi **surlendemain.**

APRÈS-DÎNER [apʀɛdine] n. m. /APRÈS-DINER/ – *après-disner* 1362 ◊ de *après* et *dîner* ; variante ancienne *après-dîné* n. m. et *après-dînée* n. f. ▪ VX ou RÉGION. Partie de la journée qui suit le dîner* en tant que repas de midi. ➤ **après-midi.** *Des après-dîners.*

APRÈS-GUERRE [apʀɛgɛʀ] n. m. ou f. – 1903 ◊ de *après* et *guerre* ▪ Période qui suit une guerre. *«L'après-guerre était incertaine»* BARRÈS. *«l'immédiat après-guerre»* LEIRIS. *Des après-guerres.* ▪ CONTR. Avant-guerre.

APRÈS-MIDI [apʀɛmidi] n. m. ou f. – 1514 ◊ de *après* et 1*midi* ▪ Partie de la journée comprise entre le déjeuner et le dîner. *Passez dans l'après-midi, cet après-midi, cette après-midi.* ➤ **tantôt.** *En début, en fin d'après-midi. Deux heures de l'après-midi* (par oppos. à *du matin*) : quatorze heures. *Des après-midis* ou *des après-midi* (inv.). ABRÉV. FAM. (1906) **APRÈM.** *C't aprèm* [sta pʀɛm]. *«j'avais trouvé des prétextes pour sortir tous les aprems»* ERNAUX. — APPOS. *Demain après-midi. Mardi après-midi.*

APRÈS-RASAGE [apʀɛʀɑzaʒ] n. m. et adj. – milieu XXe ◊ de *après* et *rasage* ; traduction de l'anglais *after-shave* ▪ Lotion rafraîchissante que les hommes appliquent sur leur visage après s'être rasés. ➤ **after-shave.** *Des après-rasages.* — adj. *Des lotions après-rasages* ou *après-rasage* (inv.).

APRÈS-SHAMPOING [apʀɛʃɑ̃pwɛ̃] n. m. et adj. – milieu XXe ◊ de *après* et *shampoing* ▪ Produit destiné à démêler et embellir les cheveux, que l'on applique après le shampoing. *Des après-shampoings.* — adj. *Des crèmes après-shampoings.* — On écrit aussi *après-shampooing.*

APRÈS-SKI [apʀɛski] n. m. – 1936 ◊ de *après* et *ski* ▪ Bottillon chaud et imperméable, que l'on chausse aux sports d'hiver, lorsqu'on ne skie pas. *Mettre des après-skis* ou *des après-ski* (inv.).

APRÈS-VENTE [apʀɛvɑ̃t] adj. – v. 1960 ◊ de *après* et *vente* ▪ *Service après-vente* (**S. A. V.** [ɛsave]) : ensemble des services d'installation, d'entretien et de réparation assurés par un commerçant, une firme, après la vente d'un matériel. ➤ 2**maintenance.** *Des services après-ventes* ou *après-vente* (inv.).

ÂPRETÉ [ɑpʀəte] n. f. – *aspreteit* 1190 ◊ latin *asperitas* → aspérité ▪ Caractère de ce qui est âpre. ▪ **1** LITTÉR., VIEILLI Rudesse désagréable. *«l'âpreté Et la stérilité du paysage»* VERHAEREN. *«Il faut avoir connu l'âpreté de l'hiver dans ces montagnes»* BOURGET. ♦ *Âpreté au goût. L'âpreté d'un vin, d'un fruit. L'âpreté des sons, d'une voix.* ▪ **2** ABSTRAIT Caractère dur, pénible, rude ou violent. *L'âpreté du caractère.* ➤ **brutalité, dureté, rudesse, sévérité.** *Âpreté d'une lutte, d'une discussion.* ➤ **ardeur, violence.** *L'âpreté de ses critiques, de ses reproches. «elle aimait trop la jeunesse pour ne pas lui pardonner quelque âpreté»* FRANCE.
▪ CONTR. Douceur. Facilité. Modération.

A PRIORI [apʀijɔʀi] loc. adv., loc. adj. inv. et n. m. inv. /À PRIORI loc. adv. et adj. ; APRIORI n. m./ – 1626 ◊ loc. latine, «d'après ce qui est avant», de *prior* «le premier» ▪ **1** LOG., PHILOS. En partant de données antérieures à l'expérience. *Prouver, poser a priori.* ♦ loc. adj. inv. Qui ne se fonde pas sur l'expérience. *Argument, raisonnement a priori,* rationnel ; non fondé sur les faits. *«Chez Claude Bernard, une "idée a priori" est une hypothèse»* LALANDE. — n. m. inv. ➤ **préjugé.** *Des a priori.* ▪ **2** COUR. Au premier abord, avant toute expérience. *A priori, c'est une bonne idée. Il refuse a priori toute proposition* (cf. Par principe). ▪ CONTR. A posteriori.

APRIORIQUE [apʀijɔʀik] adj. – milieu XIXe ; *aprioristique* 1910 ◊ de *a priori* ▪ DIDACT. Fondé sur des données antérieures à l'expérience. ➤ **aprioriste.**

APRIORISTE [apʀijɔʀist] adj. – 1869 n. m. ◊ de *a priori* ▪ Qui est fondé sur des idées a priori. *Raisonnement, attitude aprioriste.* — n. m. **APRIORISME,** 1877.

À-PROPOS [apʀɔpo] n. m. – 1700 ◊ de *à* et *propos* ▪ **1** Ce qui vient à propos, est dit ou fait opportunément, en temps et lieu convenables. ➤ **convenance, opportunité, pertinence.** LOC. *Esprit d'à-propos* : présence d'esprit*. ➤ **repartie.** *«faire des digressions sans le moindre à-propos»* LOTI. *Manquer d'à-propos* (cf. Esprit de l'escalier*). ▪ **2** VIEILLI Pièce de théâtre ; poème de circonstance. ▪ HOM. Propos (à).

APSARA [apsaʀa] n. f. – 1823 ◊ mot hindi ▪ Déesse inférieure, dans la mythologie indienne ; sa représentation dans l'art. *Les apsaras du temple d'Angkor-Vat.*

APSIDE [apsid] n. f. – 1691 ◊ du latin *apsida,* emprunté à l'accusatif grec ionien de *hapsis* «voûte» → abside ▪ ASTRON. VIEILLI *Ligne des apsides* : grand axe de l'orbite elliptique d'une planète. *Apside inférieure* (➤ **périastre, périhélie**), *supérieure* (➤ **aphélie**).
▪ HOM. Abside.

APTE [apt] adj. – XIVe, repris XVIIIe ◊ latin *aptus* ▪ **1** DR., SC. Qui est naturellement ou juridiquement capable de qqch. *Apte à hériter, à tester. «Être apte et idoine à posséder des bénéfices»* D'ALEMBERT. ▪ **2** (milieu XIXe) COUR. Qui a des dispositions pour, qui peut (faire qqch.). *Il est apte à faire un bon soldat.* ➤ 1**bon, capable,** 1**fait** (pour), **propre** (à) ; **aptitude.** *Apte à recevoir qqch.* ➤ **susceptible** (de). *«Moins on sent une chose, plus on est apte à* *l'exprimer»* FLAUBERT. *Apte au travail. Le Français «plus apte au travail individuel qu'aux entreprises collectives»* SEIGNOBOS. ■ **3** n. SC. *Les plus aptes* : les individus qui résistent le mieux à la sélection naturelle. *Favoriser la reproduction des plus aptes* (➤ **eugénique**). ■ CONTR. Inapte, incapable.

APTÈRE [aptɛʀ] adj. – 1751 ◇ grec *apteros* ; cf. 2 *a-* et *-ptère* ■ **1** SC. NAT. Qui est dépourvu d'ailes. *Insecte aptère.* ■ **2** (1751) ART *La Victoire aptère* : statue de la Victoire privée d'ailes (pour qu'elle demeure à Athènes). — *Temple aptère,* sans colonnade latérale. ■ CONTR. Ailé.

APTÉRYX [apteʀiks] n. m. – 1822 ◇ de l'anglais *apteryx* (1813), formé sur le grec *pterux* «aile», de *pteron* (→ -ptère, ptér[o]-) avec *a-* privatif (→ 2 a-) ■ ZOOL. ➤ 1 **kiwi.**

APTITUDE [aptityd] n. f. – 1361 ◇ bas latin *aptitudo,* de *aptus* → apte ■ **1** DR. Capacité légale, juridique. *Aptitude à exercer ses droits.* ■ **2** (XVIe) COUR. Disposition naturelle. ➤ **disposition, 1 don, faculté, goût, penchant, prédisposition, propension, talent, tendance.** *Avoir une grande aptitude à (ou pour) faire qqch.* ➤ 2 **adresse, capacité, facilité, habileté.** *Avoir des aptitudes pour les mathématiques. Aptitudes requises pour exercer une activité. «Le génie n'est qu'une plus grande aptitude à la patience»* BUFFON. *«Toutes les âmes n'ont pas une égale aptitude au bonheur»* CHATEAUBRIAND. — ABSOLT *Aptitudes intellectuelles.* ◆ PSYCHOL. Substrat constitutionnel d'une capacité. *Test d'aptitude.* ■ **3** Capacité acquise et reconnue. *Exercer un métier en rapport avec ses aptitudes.* ➤ **qualification.** *Certificat d'aptitude professionnelle.* ➤ **C. A. P.** ; et aussi **C. A. P. A., C. A. P. E. S.** ■ CONTR. Inaptitude, incapacité.

APTONYME [aptɔnim] n. m. – 1999 ◇ de *apte* et *-onyme* ■ LING. Patronyme qui est en rapport sémantique avec la personne qui le porte (ex. l'abbé Lacroix).

APUREMENT [apyʀmɑ̃] n. m. – 1423 «purification» ; 1388 dr. ◇ de *apurer* ■ (1606) FIN. Vérification de la régularisation d'un compte après laquelle un comptable, un opérateur est reconnu quitte. *Apurement du passif* : acquittement d'une dette ou du solde débiteur d'un compte. *Apurement du passif du débiteur en état de règlement* judiciaire.*

APURER [apyʀe] v. tr. ⟨1⟩ – 1611 ◇ de 1 *a-* et *pur* ■ FIN. Reconnaître (un compte) exact après vérification des pièces justificatives. *Apurer un compte et en donner quitus* au comptable.*

APYRE [apiʀ] adj. – 1762 ◇ latin *apyros,* du grec *apuros,* de *pur* «feu» ■ DIDACT. Réfractaire au feu. ➤ **incombustible, infusible, ininflammable, réfractaire.** *L'amiante est une substance apyre.* ■ CONTR. Inflammable.

APYRÉTIQUE [apiʀetik] adj. – 1808 ◇ grec *apuretos,* de *puretos* «fièvre» ■ MÉD. Qui n'est pas accompagné de fièvre, n'a pas de fièvre.

APYREXIE [apiʀɛksi] n. f. – 1590 ◇ grec *apurexia* (→ apyrétique) ■ MÉD. Absence de fièvre (entre deux accès). ■ CONTR. Fièvre, pyrexie.

AQUA- ■ Élément, du latin *aqua* «eau».

AQUABIKE [akwabajk] n. m. – 2004 ; marque déposée ◇ mot anglais, de *aqua-* et *bike* «vélo» ■ ANGLIC. Sorte de vélo fixe que l'on immerge pour faire de l'exercice dans l'eau. *Des aquabikes.* ◆ Activité physique ainsi pratiquée. *Une séance d'aquabike.* — REM. Dans ce sens, on emploie aussi *aquabiking* [akwabajkiŋ] n. m. (2004). — Recomm. offic. *aquacycle.*

AQUACOLE [akwakɔl] adj. – 1877 ◇ de *aqua-* et *-cole* ■ **1** VX Qui vit dans l'eau. ➤ **aquatique.** ■ **2** Qui se rapporte à l'aquaculture. ➤ **hydroponique.** *Un élevage aquacole.* — On dit aussi **AQUICOLE** [akɥikɔl].

AQUACULTEUR, TRICE [akwakyltœʀ, tʀis] n. – 1866 ◇ de *aqua-* et *-culteur* ■ Personne qui pratique l'aquaculture. — On dit aussi **AQUICULTEUR, TRICE** [akɥikyltœʀ, tʀis].

AQUACULTURE [akwakyltyʀ] n. f. – 1864 ◇ de *aqua-* et *-culture* ■ **1** DIDACT. Élevage d'espèces aquatiques en vue de leur étude ou de leur commercialisation. ➤ **conchyliculture, mytiliculture, ostréiculture, pisciculture.** ■ **2** (XXe) Procédé de culture des plantes aquatiques dans lequel on substitue un milieu liquide au sol habituel. — On dit aussi **AQUICULTURE** [akɥikyltyʀ].

AQUAFORTISTE [akwafɔʀtist] n. – 1853 ◇ italien *acquafortista,* de *acquaforte* «eau-forte» ■ Graveur à l'eau-forte.

AQUAGYM [akwaʒim] n. f. – 1984 ◇ nom déposé ; de *aqua-* et *gym* ■ Gymnastique pratiquée en milieu aquatique (souvent artificiel).

AQUAMANILE [akwamanil] n. m. – 1885 ◇ latin *aquaemanile,* de *aqua* «eau» et *manus* «main» ■ Aiguière munie d'un bassin pour se laver les mains.

AQUANAUTE [akwanot] n. – 1967 ◇ de *aqua-* et *-naute* ■ Spécialiste des expéditions sous-marines. ➤ **océanaute.**

AQUAPLANE [akwaplan] n. m. – 1920 ◇ de *aqua-* et *planer* ■ Planche tirée par un canot et sur laquelle on se tient debout en s'aidant d'une corde. PAR EXT. Sport pratiqué avec cette planche. *L'aquaplane a précédé le ski nautique.*

AQUAPLANING [akwaplaniŋ] n. m. – 1968 ◇ mot anglais 1961, formé sur *aquaplane* ■ ANGLIC. TECHN. Perte d'adhérence d'un véhicule sur chaussée mouillée, due à la formation d'une pellicule d'eau. — Recomm. offic. **AQUAPLANAGE** n. m.

AQUARELLE [akwaʀɛl] n. f. – 1791 ◇ italien *acquarella,* de *acqua* «eau» ■ **1** Peinture légère sur papier avec des couleurs transparentes délayées dans de l'eau. *Faire de l'aquarelle.* ■ **2** Œuvre ainsi obtenue. *Une aquarelle de Dufy.*

AQUARELLISTE [akwaʀelist] n. – 1829 ◇ de *aquarelle* ■ Peintre à l'aquarelle.

AQUARIOPHILIE [akwaʀjɔfili] n. f. – 1949 ◇ de *aquarium* et *-philie* ■ Élevage en aquarium de poissons d'ornement. — n. **AQUARIOPHILE.**

AQUARIUM [akwaʀjɔm] n. m. – 1860 ◇ latin *aquarium* «réservoir» → évier ■ Réservoir à parois de verre dans lequel on entretient des plantes et des animaux aquatiques (poissons, etc.). *Des aquariums.* FIG. *«Le rêve est l'aquarium de la nuit»* HUGO. ◆ Collection d'animaux aquatiques, vivant dans des aquariums. *L'aquarium de Monaco.*

AQUATHLON [akwatlɔ̃] n. m. – 1997 ◇ de *aqua-,* d'après *pentathlon* ■ Épreuve sportive consistant à enchaîner un parcours de natation et une course à pied.

AQUATINTE [akwatɛ̃t] n. f. – *aqua-tinta* 1817 ◇ italien *acqua tinta* «eau teinte» ■ Gravure à l'eau-forte imitant le lavis. ➤ **gravure.** *Les aquatintes de Goya.* — n. **AQUATINTISTE.**

AQUATIQUE [akwatik] adj. – 1325 ; «qui est de la nature de l'eau» 1270 ◇ latin *aquaticus,* de *aqua* «eau» ■ **1** Qui croît, vit dans l'eau ou au bord de l'eau. *Les poissons sont des animaux aquatiques. Les batraciens sont tour à tour aquatiques et terrestres.* ➤ **amphibie.** *Plantes aquatiques.* ➤ **fluviatile, lacustre, 1 marin.** ■ **2** *Centre, parc aquatique,* qui propose des attractions, des jeux et des activités en relation avec l'eau. ➤ **nautique.** ■ CONTR. Aérien, terrestre.

AQUAVIT [akwavit] n. m. – 1923 ◇ suédois *akvavit* «eau-de-vie» ■ Eau-de-vie scandinave, parfumée d'épices (cumin, anis). *Un verre d'aquavit.* — On écrit aussi *akvavit.*

AQUAZOLE [akwazɔl] n. m. – 1995 ◇ n. déposé, de *aqua-* et *gazole* ■ Carburant composé d'une émulsion stabilisée d'eau et de gazole. *Bus qui roule à l'aquazole.*

AQUEDUC [ak(ə)dyk] n. m. – 1518 *aqueducte* ◇ du latin *aquaeductus,* de *aqua* «eau» et *ductus* «conduite» ■ **1** Canal souterrain ou aérien destiné à capter et à conduire l'eau d'un lieu à un autre. *Le pont du Gard est un aqueduc romain.* ■ **2** (1853) (Canada) Canalisation d'eau potable. — Adduction d'eau. *Réseau, service d'aqueduc.* — Eau courante. *Chalet sans aqueduc.* ■ **3** ANAT. Nom de certains conduits anatomiques. *Les aqueducs de l'oreille. L'aqueduc de Sylvius.*

AQUEUX, EUSE [akø, øz] adj. – v. 1480 ◇ latin *aquosus,* de *aqua* «eau» ■ **1** DIDACT. Qui est de la nature de l'eau ou qui contient de l'eau. *L'humeur aqueuse de l'œil. Un fruit aqueux.* ■ **2** CHIM. *Solution aqueuse,* dont le solvant est l'eau. ■ CONTR. Anhydre, sec.

AQUI- ■ Élément, du latin *aqua* «eau».

À QUIA ➤ **QUIA (À)**

AQUICOLE, AQUICULTEUR, AQUICULTURE ➤ **AQUACOLE, AQUACULTEUR, AQUACULTURE**

AQUIFÈRE [akɥifɛʀ] adj. – 1834 ◇ de *aqui-* et *-fère* ■ Qui contient de l'eau. *Le sondage atteignit la nappe aquifère. Les tissus aquifères des plantes grasses.* — n. m. Terrain perméable, poreux, permettant l'écoulement d'une nappe souterraine et le captage de l'eau.

AQUILIN [akilɛ̃] adj. m. – 1468 ◇ latin *aquilinus,* de *aquila* «aigle» ■ *Nez aquilin,* fin et recourbé en bec d'aigle.

AQUILON [akilɔ̃] **n. m.** – 1120 ◇ latin *aquilo*, vent du nord, rapide comme l'aigle, *aquila* ■ POÉT. Vent du nord, froid et violent. — PAR EXT. Vent violent. « *Vaisseau favorisé par un grand aquilon* » BAUDELAIRE. ◆ FIG. et POÉT. Le nord. « *Du Sud à l'aquilon, de l'aurore au couchant* » LAMARTINE.

AQUITANIEN [akitanjɛ̃] **n. m.** – 1869 ◇ de *Aquitaine*, province de France ■ GÉOL. Étage de l'ère tertiaire, le plus bas du miocène*.

AQUOIBONISME [akwabɔnism] **n. m.** – 1900 ◇ de *à quoi bon ?* ■ LITTÉR. Tendance au défaitisme et à l'abandon. « *Un poète est libre de ne pas suivre les rails de la science. De vaincre l'aquoibonisme* » COCTEAU. — **n.** et **adj.** (1923) **AQUOIBONISTE.** « *Un aquoiboniste Un drôl' de je m'enfoutiste Qui dit à tort à raison À quoi bon* » GAINSBOURG.

AQUOSITÉ [akozite] **n. f.** – 1314 ◇ bas latin *aquositas* → aqueux ■ DIDACT. État de ce qui est aqueux. ■ CONTR. Siccité.

ARA [aʀa] **n. m.** – 1558 ◇ tupi *ara, arara* ■ Grand perroquet d'Amérique du Sud *(psittaciformes)*, au plumage brillant. ■ HOM. Haras.

ARABE [aʀab] **adj.** et **n.** – fin XIe ◇ du latin *arabus* ou *arabs*, lui-même du grec *araps* ■ **1** Originaire de la péninsule arabique. *Tribus arabes. Cheval arabe* : race de chevaux de selle (➤ aussi **anglo-arabe**). *Les pétroles arabes.* ◆ Des peuples sémitiques d'Arabie et PAR EXT. Des populations arabophones du Proche-Orient et du nord de l'Afrique. *La conquête arabe des VIIe et XIIIe s. Le monde arabe. Les pays arabes. La République arabe d'Égypte. Les Émirats arabes unis. La Ligue arabe* : organisation basée sur la solidarité entre pays arabes. ➤ **panarabisme.** ◆ **n.** *Les Arabes.* ➤ **maure, 1 sarrasin.** *Arabe nomade.* ➤ **bédouin.** *Arabe musulman. Arabe chrétien.* ➤ **copte, maronite.** ◆ COUR. Personne originaire du Maghreb. ➤ **maghrébin,** FAM. **rebeu.** *Jeune Arabe de deuxième génération.* ➤ **beur.** ■ **2** Issu de la civilisation arabe (➤ **arabité**). *La poésie, la philosophie arabe médiévale. L'art arabe.* ➤ **arabo-islamique, hispano-mauresque, mozarabe, mudéjar.** « *Un haut-parleur diffusait de la musique arabe : modulations stridentes, cent fois ressassées, reprises en chœur, litanies d'une flûte au son aigre, bruits de crécelle des tambourins et des cithares* » PEREC. *Calligraphie arabe. Chiffres arabes* : les dix signes de la numération (opposé à *romain*). ■ **3** **n. m.** Langue sémitique du groupe méridional, divisée en nombreuses formes dialectales sur son aire d'expansion (➤ **arabophone**). « *Qui dit que l'arabe est une langue gutturale, voix sèche du désert, râle de sable et de ronces ? L'arabe est langue de colombe, aussi, promesse lointaine des fontaines* » PENNAC. *L'arabe s'écrit de droite à gauche à l'aide d'un alphabet particulier* (➤ aussi **coufique**). *Arabe classique, littéraire. Arabe littéral. Arabe moderne. Arabe maghrébin, algérien, mauritanien, syrien.*

ARABESQUE [aʀabɛsk] **n. f.** – 1611 ; « arabe » 1546 ◇ italien *arabesco* « arabe, qui est propre aux Arabes » ■ **1** ART Ornement (à la manière arabe) formé de lettres, de lignes, de feuillages entrelacés. ➤ **entrelacs, rinceau.** *Les « parchemins translucides couverts d'arabesques calligraphiques »* TOURNIER. ■ **2** Ligne sinueuse de forme élégante. *La fumée d'une cigarette, les nuages décrivent des arabesques.* ➤ **spirale, volute.** ◆ FIG. Enjolivement, fantaisie musicale ou littéraire. ➤ **broderie.** *"Deux Arabesques," de Cl. Debussy.* ◆ CHORÉGR. Pose de danse sur une jambe, l'autre levée en arrière.

ARABICA [aʀabika] **n. m.** – v. 1970 ◇ forme fém. du latin *arabicus* « arabe » ■ **1** BOT. Espèce de caféier originaire d'Arabie, la plus cultivée dans le monde. ■ **2** Café produit par l'arabica. *Mélange d'arabica et de robusta. Boire une tasse d'arabica.*

ARABIQUE [aʀabik] **adj.** – 1213 ◇ latin *arabicus* ■ D'Arabie. *Péninsule arabique.* — *Gomme arabique* : exsudat provenant de la sève de certains acacias d'Afrique, utilisé notamment dans l'industrie agroalimentaire et en peinture comme liant ou fixatif.

ARABISANT, ANTE [aʀabizɑ̃, ɑ̃t] **n.** – 1842 ◇ de *arabe* ■ Spécialiste de la langue, de la littérature arabes.

ARABISATION [aʀabizasjɔ̃] **n. f.** – 1903 ◇ de *arabiser* ■ Le fait d'arabiser, de donner le caractère national, culturel, linguistique arabe (notamment dans les pays anciennement colonisés). *L'arabisation de l'administration au Maghreb.*

ARABISER [aʀabize] **v. tr.** ⟨1⟩ – 1827 ; 1735 « donner une consonance arabe (à un mot) » ◇ de *arabe* ■ Rendre arabe, donner un caractère (social, culturel) arabe à. ➤ aussi **islamiser.** *Les Maures arabisèrent l'Espagne.*

ARABISME [aʀabism] **n. m.** – 1740 ◇ de *arabe* ■ **1** LING. Idiotisme, tournure propre à la langue arabe. ◆ Emprunt à la langue arabe. ■ **2** Idéologie nationaliste arabe.

ARABITÉ [aʀabite] **n. f.** – v. 1960 ◇ de *arabe* ■ **1** Trait propre à la civilisation arabe ; appartenance à la communauté arabe. *Le débat sur l'arabité du Liban.* ■ **2** Ensemble des valeurs culturelles du monde arabe. « *militants de la négritude ou de l'arabité* » SENGHOR.

ARABLE [aʀabl] **adj.** – 1155 ◇ latin *arabilem*, accusatif de *arabilis*, de *arare* « labourer » → araire ■ Qui peut être labouré. *Terres arables.* ➤ **cultivable, labourable.** ■ CONTR. Incultivable.

ARABO-ISLAMIQUE [aʀaboislamik] **adj.** – 1964 ◇ de *arabe* et *islamique* ■ Relatif au monde arabe et à l'islam. *Art et culture arabo-islamiques.*

ARABOPHONE [aʀabɔfɔn] **adj.** – 1903 ◇ de *arabe* et *-phone* ■ Qui parle, où l'on parle arabe. *Populations arabophones.* — **n.** *Arabophones et berbérophones.*

ARAC ➤ **ARAK**

ARACHIDE [aʀaʃid] **n. f.** – 1794 ◇ du latin scientifique *arachidna* (Plumier, 1703), du grec *arakhidna* « gesse » ■ **1** Plante tropicale *(légumineuses)*, cultivée pour ses fruits (graines) qui se développent sous terre (les pédoncules floraux enfoncent les fleurs dans le sol après fécondation). *Culture de l'arachide.* ■ **2** COUR. Graine de cette plante. *Huile d'arachide. Arachides torréfiées.* ➤ **cacahouète.**

ARACHNÉEN, ENNE [aʀakneɛ̃, ɛn] **adj.** – 1857 ◇ du grec *arakhnê* « araignée » ■ **1** DIDACT. Qui est propre à l'araignée. ■ **2** LITTÉR. Qui a la légèreté, la finesse de la toile d'araignée. *Broderie, dentelle arachnéenne.* « *Un déshabillé de Chantilly noir, arachnéen* » MAUROIS. ■ CONTR. Grossier.

ARACHNIDES [aʀaknid] **n. m. pl.** – 1806 ◇ du grec *arakhnê* « araignée » et *-ide* ■ ZOOL. Classe d'arthropodes terrestres porteurs de deux paires d'appendices céphaliques et quatre paires de pattes. *Les acariens, les araignées, les faucheux, les scorpions sont des arachnides.* — Au sing. *Un arachnide.*

ARACHNOÏDE [aʀaknɔid] **n. f.** – 1751 ◇ du grec *arakhnoeidês* « semblable à une toile d'araignée », de *arakhnê* « araignée » → arachnides ■ ANAT. Membrane située entre la dure-mère et la pie-mère, qui enveloppe le cerveau et la moelle épinière des mammifères. — **adj. ARACHNOÏDIEN, IENNE,** 1842.

ARACHNOPHOBIE [aʀaknɔfɔbi] **n. f.** – 1991 ◇ du grec *arakhnê* « araignée » et *-phobie.* REM. Le terme a été popularisé par le film américain *Arachnophobie* (1990) ■ DIDACT. Phobie des araignées. *L'arachnophobie est une zoophobie.* — **adj.** et **n. ARACHNOPHOBE.**

ARACK ➤ **ARAK**

ARAGONAISE [aʀagɔnɛz] **n. f.** – XXe ◇ de *Aragon* ■ Danse populaire de l'Aragon (Espagne). ➤ **jota.**

ARAGONITE [aʀagɔnit] **n. f.** – 1802 ◇ de *Aragon*, province d'Espagne où cette pierre fut découverte (1776) ■ MINÉR. Variété cristalline de carbonate de calcium qui peut former des stalactites.

ARAIGNÉE [aʀeɲe] **n. f.** – début XIIIe ◇ de l'ancien français *ara(i)gne, iregne* (début XIIe), du latin *aranea* « araignée » → musaraigne, érigne. Le latin avait aussi le sens de « toile d'araignée », continué en français du début du XIIe s. au milieu du XVIIIe s. ■ **1** Arachnide *(aranéides)* dont la taille peut varier d'une fraction de millimètre à vingt-cinq centimètres environ, muni de crochets à venin et de glandes séricigènes. ➤ **argyronète, épeire, lycose, mygale, tarentule, tégénaire.** *Araignée velue. Fils d'araignée. Toile d'araignée* : réseau de soie que l'animal tisse pour capturer ses proies (➤ **arachnéen**). *L'araignée file, ourdit, tisse sa toile.* « *des araignées qu'il regardait filer leur toile et piéger des proies volantes bernées par les contre-jours* » Y. QUEFFÉLEC. *Peur des araignées.* ➤ **arachnophobie.** ◆ LOC. FAM. *Avoir une araignée au plafond* : avoir l'esprit quelque peu dérangé. — (1812) LOC. PROV. *Araignée du matin, chagrin, araignée du soir, espoir,* formule de présage. ◆ FIG. **TOILE D'ARAIGNÉE.** ➤ **réseau.** ■ **2** (1694) TECHN. Crochet de fer, tendeur* à plusieurs branches. ◆ *Araignée (à friture)* : grande écumoire en fil de fer. ■ **3** (1890) Filet de pêche à mailles carrées. ■ **4** (1694) *Araignée de mer ; crabe araignée* : crustacé à longues pattes (➤ **maïa**). — *Araignée d'eau.* ➤ **hydromètre.** ■ **5** Morceau apprécié de viande de bœuf, sillonné de nervures. *Un bifteck dans l'araignée.*

ARAIRE [aʀɛʀ] **n. m.** – début XIIe s. au XVIe s., repris milieu XVIIIe ◇ du latin *aratrum,* famille de *arare* «labourer» → arable. REM. La forme ancienne était *arere* jusqu'au milieu du XVe s. ; la forme actuelle est due à l'ancien occitan. ■ Charrue simple sans avant-train.

ARAK [aʀak] **n. m.** – début XVIe ◇ de l'arabe *araq (at-tamr)* «vin (de palme)», littéralt «sueur (de palmier)» ■ Spiritueux obtenu à partir du riz fermenté ou du jus de canne à sucre. — On écrit aussi *arac, arack.*

ARAMÉEN, ENNE [aʀameɛ̃, ɛn] **adj.** et **n.** – 1765 ◇ de l'hébreu *Aram* «Syrie» ■ Des Sémites de Syrie et de haute Mésopotamie (dans l'Antiquité). ♦ **n.** *Les Araméens.* — **n. m.** *L'araméen :* ensemble de parlers sémitiques répandus en Syrie, Judée, Égypte (surtout du IXe s. av. J.-C. au VIIe s. apr. J.-C.).

ARAMIDE [aʀamid] **n. m.** et **adj.** – 1974 ◇ de *ar(omatique)* et *amide* ■ CHIM. Polyamide synthétique plus résistant que l'acier. ➤ **kevlar.** — **adj.** *Les fibres aramides servent de matrice à de nombreux matériaux composites.*

ARAMON [aʀamɔ̃] **n. m.** – 1873 ◇ de *Aramon,* ville du Gard ■ Cépage du Languedoc.

ARASEMENT [aʀɑzmɑ̃] **n. m.** – 1367 ◇ de *araser* ■ **1** Le fait de mettre à ras, de niveau. ■ **2** Dernière assise d'un mur (qui le met de niveau). ■ **3** GÉOL. Nivellement presque total d'un relief par l'érosion.

ARASER [aʀɑze] **v. tr.** ‹1› – XIIe ◇ de 1 *a-* et *raser* ■ **1** MAÇONN. Mettre de niveau (un mur), égaliser les assises. ■ **2** TECHN. Diminuer la partie de (une pièce qui doit s'emboîter). ■ **3** GÉOL. User (un relief) jusqu'à disparition.

ARATOIRE [aʀatwaʀ] **adj.** – 1514 ◇ latin juridique *aratorius,* de *arare* «labourer» ■ DIDACT. Qui a rapport au labourage, au travail de la terre. *Instruments, travaux aratoires.*

ARAUCARIA [aʀokaʀja] **n. m.** – 1859 ◇ mot du latin scientifique (Jussieu, 1789), adapté d'abord en français sous la forme *araucaire* (1806), de *Arauco,* province du sud du Chili ■ Arbre d'ornement d'origine andine *(araucariacées)* au tronc et aux branches couverts d'écailles, aux feuilles écailleuses, appelé aussi *désespoir des singes.*

ARBALÈTE [aʀbalɛt] **n. f.** – *arbaleste* 1080 ◇ bas latin *arcuballista,* latin classique *arcus* «arc» et *ballista* «baliste» ■ ANCIENNT Arme de trait, arc d'acier monté sur un fût et dont la corde se bandait avec un mécanisme. *Carreaux, traits d'arbalète. Tirer à l'arbalète.*

ARBALÉTRIER [aʀbaletʀije] **n. m.** – *arbalestier* XIIe ◇ de *arbalestre,* variante de *arbaleste,* en ancien français pour *arbalète*

I ■ **1** ANCIENNT Soldat armé d'une arbalète. ■ **2** Fabricant d'arbalètes. ■ **3** FIG. Martinet noir (oiseau).

II CHARPENT. Poutre oblique portant un des deux versants du toit. *L'arbalétrier s'assemble à la base dans l'entrait*, au sommet dans le poinçon*.*

ARBALÉTRIÈRE [aʀbaletʀijɛʀ] **n. f.** – fin XIIe *arbalesteres* ◇ de *arbaleste* → arbalète ■ ARCHIT. MILIT. Meurtrière verticale ou cruciforme pour tirer avec l'arbalète. ➤ **archère.**

ARBI [aʀbi] **n. m.** – 1863 ◇ de l'arabe *arabi* «arabe» → 2 bicot ■ VX, POP. et PÉJ. Indigène d'Afrique du Nord.

ARBITRABLE [aʀbitʀabl] **adj.** – 1853 ◇ de *arbitrer* ■ Qui peut être arbitré. *Conflit arbitrable.*

ARBITRAGE [aʀbitʀaʒ] **n. m.** – 1283 ◇ de *arbitrer* ■ **1** Règlement d'un différend ou sentence arbitrale rendue par une ou plusieurs personnes (➤ 1 **arbitre**), auxquelles les parties ont décidé, d'un commun accord, de s'en remettre. *Soumettre un différend à l'arbitrage. Traité d'arbitrage. Arbitrage et conciliation en matière de conflits collectifs du travail. Arbitrage international. Arbitrage de l'ONU.* ■ **2** (1771) FIN. Opération d'achat et de vente en vue de tirer bénéfice des différences de cours entre deux choses similaires sur la même place, ou entre deux places différentes sur la même chose (valeur ou marchandise). *Arbitrage de portefeuille,* sur des valeurs mobilières. ■ **3** SPORT Fonction d'arbitre ; exercice de ces fonctions. *Une erreur d'arbitrage.* ■ **4** COUR. Décision par laquelle on cherche le meilleur compromis entre des objectifs contradictoires. *Un arbitrage délicat entre intérêts divergents.*

ARBITRAGISTE [aʀbitʀaʒist] **adj.** – 1877 ◇ de *arbitrage* ■ FIN. Qui est relatif aux opérations d'arbitrage. — **n.** *Un, une arbitragiste :* personne qui fait des arbitrages.

ARBITRAIRE [aʀbitʀɛʀ] **adj.** et **n. m.** – 1397 dr. ◇ latin *arbitrarius*

I **adj.** ■ **1** (XVIe) Qui dépend de la seule volonté *(libre arbitre),* n'est pas lié par l'observation de règles. ➤ **gratuit, libre.** *Choix arbitraire.* — SC. Qui procède d'un libre choix de principes et de conventions. *Une valeur arbitraire.* ➤ **conventionnel.** — PÉJ. et COUR. Qui ne tient pas compte de la réalité, des exigences de la science. ➤ **artificiel, discutable.** *Frontière politique au tracé arbitraire. Classification, démarche, interprétation arbitraire.* ■ **2** COUR. Qui dépend du bon plaisir, du caprice de qqn. ➤ **absolu, despotique, discrétionnaire, tyrannique.** *Acte, décision, sentence arbitraire.* ➤ **injuste.** *Arrestation arbitraire.* ➤ **illégal.** «*Quand l'autorité devient arbitraire et oppressive*» MIRABEAU. ■ **3** LING. Dont le signifiant et le signifié sont liés de façon conventionnelle, non naturelle. «*Le signe linguistique est arbitraire*» SAUSSURE.

II **n. m.** ■ **1** Caractère de ce qui est arbitraire, soumis au libre arbitre, à la fantaisie de qqn. *L'œuvre d'art «livrée à l'accident, à l'imprévu, à l'arbitraire»* TAINE. ■ **2** Autorité qui s'exerce selon le bon vouloir d'une personne ou d'un groupe. ➤ **absolutisme, despotisme, dictature, injustice, tyrannie.** *Lutter contre l'arbitraire.* ■ **3** LING. *L'arbitraire du signe :* l'absence de lien de ressemblance entre le signe et la réalité qu'il désigne.

■ CONTR. Déterminé, imposé, naturel ; 1 objectif, scientifique. Juste, légal, légitime, raisonnable. Motivé. — Justice, légalité. Motivation.

ARBITRAIREMENT [aʀbitʀɛʀmɑ̃] **adv.** – 1397 ◇ de *arbitraire* ■ D'une manière arbitraire. *Des prix fixés arbitrairement.* «*comment l'historien juge-t-il qu'un fait est notable ou non ? Il en juge arbitrairement selon son goût et son caprice, à son idée*» FRANCE. «*Pacha jetait arbitrairement en prison les indigènes*» GIDE. ■ CONTR. Objectivement. Légalement.

ARBITRAL, ALE, AUX [aʀbitʀal, o] **adj.** – 1270 ◇ latin *arbitralis* ■ DR. Qui est prononcé par un ou plusieurs arbitres. *Jugements arbitraux. L'exequatur donne force exécutoire à la sentence arbitrale.* ♦ Qui est composé d'arbitres. *Tribunal arbitral.* ♦ Qui joue le rôle d'arbitre. *Un président arbitral.*

ARBITRALEMENT [aʀbitʀalmɑ̃] **adv.** – 1690 ◇ de *arbitral* ■ DR. Par arbitres. *Affaire jugée arbitralement.*

1 **ARBITRE** [aʀbitʀ] **n.** – 1213 ◇ latin *arbiter* ■ **1** DR. **(rare au fém.)** Personne désignée par les parties (particuliers ou États) pour trancher un différend, régler un litige (➤ **arbitrage**). *Le compromis autorise les arbitres à statuer comme «amiables compositeurs». L'expert examine, constate et l'arbitre juge, décide.* ♦ COUR. Personne prise pour juge dans un débat, une dispute. *Prendre pour arbitre.* «*Je vous fais notre arbitre, et vous nous jugerez*» RACINE. ♦ Personne qui est capable de juger, de décider de qqch. *Elle est l'arbitre des élégances.* ■ **2** Personne que son autorité désigne pour concilier des intérêts opposés. ➤ **conciliateur, médiateur.** «*exercer en Europe un rôle d'arbitre pacificateur*» MARTIN DU GARD. — (XVIIe) POÉT. *Arbitre du sort de qqn, de la vie et de la mort.* ➤ **maître, souverain.** «*Il vous fait de mon sort arbitre souveraine*» RACINE. ■ **3** (1896) Personne désignée pour veiller à la régularité d'une compétition, d'une épreuve sportive, de manœuvres militaires. *L'arbitre siffle la fin du match. Une arbitre indulgente. Juge*-arbitre d'un tournoi de tennis.* «*Il faut à l'arbitre [...] plus d'esprit sportif qu'aux joueurs eux-mêmes*» J. PRÉVOST.

2 **ARBITRE** [aʀbitʀ] **n. m.** – XIIIe *franc arbitre* ◇ latin *arbitrium* ■ VX Volonté. MOD. ➤ **libre arbitre.**

ARBITRER [aʀbitʀe] **v. tr.** ‹1› – 1274 ◇ latin *arbitrari* → 1 arbitre ■ **1** Agir, intervenir, juger en qualité d'arbitre. *Arbitrer un différend, un litige.* ➤ 1 **juger, trancher.** — *Arbitrer des personnes,* rendre sa sentence dans le différend qui les oppose. ♦ ABSOLT «*une Société universelle des Nations, qui arbitrerait de haut*» MARTIN DU GARD. ■ **2** (1922) FIN. *Arbitrer des valeurs, des marchandises :* faire un arbitrage (2°) sur ces valeurs, ces marchandises. ■ **3** (1901) SPORT Contrôler la régularité de (une compétition, une épreuve). *Arbitrer un match de boxe.*

ARBORÉ, ÉE [aʀbɔʀe] **adj.** – XVIe ◇ de *arbor* → arbre ■ **1** GÉOGR. Parsemé d'arbres isolés ou en bouquet. *Savane arborée.* ■ **2** Planté d'arbres. *Cour, terrasse arborée.*

ARBORER [aʀbɔʀe] **v. tr.** ‹1› – v. 1320 ◇ italien *arborare,* du latin *arbor* → arbre ■ **1** Dresser, élever (droit comme un arbre). *Arborer des bannières, des enseignes.* «*Nous arborons un drapeau blanc en face de la mission*» GIDE. ■ **2** PAR EXT. (XVIIe) Porter ostensiblement. *Arborer un insigne à sa boutonnière. Arborer un blouson neuf.* ♦ Montrer, faire étalage de. ➤ **afficher.** «*les éditions spéciales arboraient des manchettes menaçantes*» MARTIN DU GARD. FIG. *Arborer un air de supériorité. Arborer un* *sourire. — Arborer des opinions extrémistes.* ▪ CONTR. Baisser ; 2 amener. Cacher.

ARBORESCENCE [aʀbɔʀesɑ̃s] n. f. – 1834 ◊ de *arborescent* ▪ **1** BOT. État d'un végétal arborescent. — Partie arborescente d'une plante. ▪ **2** PAR ANAL. Forme arborescente. *Les arborescences du givre.* ➤ **arborisation.** « *cette arborescence progressive et successive* [les arbres de Saturne], *s'étend d'elle-même, se rencontre elle-même, s'oppose des rameaux, perd son fil, se méconnaît régulièrement, comme suivant une loi.* » VALÉRY. *Arborescence respiratoire.* ABSTRAIT *Les arborescences de la pensée, de l'évolution.* ▪ **3** DIDACT. Graphe en arbre qui possède une racine. *Les arborescences d'un programme.*

ARBORESCENT, ENTE [aʀbɔʀesɑ̃, ɑ̃t] adj. – 1553 ◊ latin *arborescens*, de *arbor* « arbre » ▪ **1** BOT. Qui prend la forme ramifiée, le port d'un arbre. *Fougères arborescentes. Le bananier est une herbe arborescente.* ▪ **2** PAR ANAL. Dont la forme rappelle celle d'un arbre. — MINÉR. *Figure arborescente.* ➤ **dendrite.** ♦ DIDACT. *Graphe arborescent.* ➤ **arbre.** *Classification arborescente*, en arbre. ➤ **dendrogramme.**

ARBORETUM ou **ARBORÉTUM** [aʀbɔʀetɔm] n. m. – 1862 ◊ latin *arboretum* « lieu planté d'arbres » ▪ BOT. Plantation d'arbres d'essences variées, forestière ou en pépinière, en vue de l'expérimentation ou de l'ornement. *Les arboretums, les arborétums du mont Aigoual.*

ARBOR(I)- ▪ Élément, du latin *arbor* « arbre ».

ARBORICOLE [aʀbɔʀikɔl] adj. – 1863 ◊ de *arbori-* et *-cole* ▪ **1** RARE Qui vit sur les arbres. *Oiseaux arboricoles. Vie arboricole.* ▪ **2** Qui a rapport à l'arboriculture. *La technique arboricole.*

ARBORICULTEUR, TRICE [aʀbɔʀikyltœʀ, tʀis] n. – 1853 ◊ de *arboriculture* ▪ Personne qui pratique l'arboriculture. ➤ **fruiticulteur, horticulteur, pépiniériste, planteur, sylviculteur.**

ARBORICULTURE [aʀbɔʀikyltyʀ] n. f. – 1836 ◊ de *arbori-* et *culture* ▪ Culture des arbres. *Arboriculture forestière.* ➤ **sylviculture.** *Arboriculture d'ornement.* ➤ **horticulture.** — SPÉCIALT *Arboriculture fruitière*, ou ABSOLT *arboriculture.* ➤ **agrumiculture, pomoculture.**

ARBORISATION [aʀbɔʀizasjɔ̃] n. f. – 1786 ◊ de *arborisé* ▪ Dessin naturel ressemblant à des végétations, à des ramifications. ➤ **arborescence.** *Les arborisations de l'onyx.* ➤ **dendrite.** *Les arborisations du givre sur les vitres. Arborisation terminale de l'axone.*

ARBORISÉ, ÉE [aʀbɔʀize] adj. – 1750 ◊ dérivé savant du latin *arbor, oris* ▪ Qui présente des arborisations. *Agate arborisée.* ➤ **arborescent, dendritique, herborisé.** *Les dendrites arborisées du neurone.*

ARBOUSE [aʀbuz] n. f. – 1577 ◊ ancien occitan *arbousso*, du latin *arbuteus* « de l'arbousier » ▪ Fruit rouge et aigrelet, à forme de fraise, de l'arbousier. ➤ **raisin** (d'ours).

ARBOUSIER [aʀbuzje] n. m. – 1539 *arbosier* ◊ de *arbouse* ▪ Arbre à feuilles persistantes *(éricacées)*, encore appelé *arbre aux fraises*, commun dans la région méditerranéenne, et dont les fruits écarlates (➤ **arbouse**) mûrissent à Noël. ➤ **busserole.**

ARBOVIROSE [aʀboviʀoz] n. f. – 1966 ◊ de *arbovir(us)* et 2 *-ose* ▪ MÉD. Infection à arbovirus. *La dengue, le chikungunya, la fièvre jaune sont des arboviroses.*

ARBOVIRUS [aʀboviʀys] n. m. – 1963 ◊ de l'anglais *arthropod-borne virus* « virus transporté *(to bear)* par les arthropodes » ▪ VIROL. Virus à ARN qui se transmet par piqûre d'arthropode. *La fièvre jaune est provoquée par un arbovirus.*

ARBRE [aʀbʀ] n. m. – fin XIe ◊ du latin *arbor*

I VÉGÉTAL ▪ **1** Végétal pouvant atteindre des dimensions et un âge considérables, dont la tige ligneuse se ramifie à partir d'une certaine hauteur au-dessus du sol. ♦ BOT. Végétal ligneux qui possède un tronc et qui, dans son plein développement, dépasse huit mètres de haut. *Étude des arbres.* ➤ **dendrologie.** *Petit arbre, jeune arbre.* ➤ **arbrisseau, arbuste.** *Les racines, la tige* (➤ **fût, tronc**), *les branches, les feuilles d'un arbre. Collet, pied de l'arbre. Un tronc d'arbre présente trois parties : le canal médullaire* (➤ **moelle**), *le bois* (➤ **cerne, cœur, duramen**), *l'écorce* (➤ **aubier, liber**). *Branche d'arbre.* ➤ **branchage, branche, fourche, rameau, ramille, ramure.** *Le feuillage de l'arbre.* ➤ **feuille, frondaison, verdure.** *À l'ombre d'un arbre.* ➤ 1 **couvert, ombrage.** *Le sommet de l'arbre.* ➤ **cime, faîte, houppier.** *L'aspect, la forme de l'arbre.* ➤ 2 **port** ; 1 **taille.** *Arbre en espalier. Arbre en fleur. Arbre qui bourgeonne* (➤ **bourgeon**), *reverdit* (➤ **feuillaison**), *perd ses feuilles* (➤ **défoliation**). « *Les arbres de l'automne sont à leur plus beau. L'or, le bronze et le feu en bouquets fous sur le ciel d'un bleu cru* » A. HÉBERT. *Arbre à feuilles persistantes* (➤ **sempervirent, vert**), *à feuilles caduques. Espèces d'arbres.* ➤ **essence.** *Arbre feuillu, gommeux, résineux* (➤ **conifère**). *Arbre nain.* ➤ **bonsaï.** *Arbre branchu, fourchu, moussu, noueux. Arbre centenaire. Arbre creux, foudroyé, mort. Arbre fossile* (➤ **paléobotanique**). *Culture des arbres.* ➤ **arboriculture, sylviculture ; arboretum, pépinière.** *Arbre fruitier* (➤ **verger**). *Arbre d'agrément, d'ornement. Arbre isolé. Lieu planté d'arbres.* ➤ **bocage, bois, boqueteau, bosquet, forêt, futaie, taillis.** *Arbre d'alignement. Rideau, allée d'arbres.* ➤ **avenue, charmille, haie,** 1 **mail.** *Traitement des arbres* (➤ **baguer, chauler, éborgner, ébourgeonner, ébrancher, écorcer, élaguer, émonder, greffer, scarifier, tailler**). *Arbre-étalon*.* ➤ 1 **étalon.** *Planter des arbres.* ➤ **boiser, reboiser.** *Abattre les arbres* (➤ **bois,** 2 **coupe, grume, souche ; déboiser**). *Repérer, marquer les arbres* (➤ **baliveau, lais, témoin**). *Arbre cornier, de lisière. — Monter dans un arbre, grimper aux arbres.* « *Maître Corbeau, sur un arbre perché* » LA FONTAINE. — *Arbre à palabres*, sous lequel on se réunit en Afrique. — *Arbre à caoutchouc.* ➤ **hévéa.** *Arbre à pain.* ➤ **artocarpe.** *Arbre du voyageur.* ➤ **ravenala.** *Arbre de Judée.* ➤ **gainier.** ♦ (1666) PROV. *Entre l'arbre et l'écorce il ne faut pas mettre le doigt* : il ne faut pas s'immiscer dans une affaire où il y a des intérêts contradictoires. *Il ne faut pas juger de l'arbre par l'écorce*. Couper l'arbre pour avoir le fruit* : supprimer une source de profit pour un avantage immédiat (cf. Tuer la poule* aux œufs d'or). *C'est au fruit qu'on connaît l'arbre* : c'est à l'œuvre, au résultat, qu'on peut juger l'auteur. *Les arbres cachent la forêt*.* ▪ **2** Avec une valeur symbolique ANCIENNT *Arbre de la liberté* : arbre planté sur une place publique comme symbole d'émancipation. — *Arbre de mai*.* ♦ (1845) *Arbre de Noël* : sapin ou branche de sapin auquel on suspend des jouets, des décorations, à Noël. « *c'était un arbre de Noël. Il brillait de toute sa blancheur givrée, de ses petites bougies, de ses guirlandes dorées, de ses boules de verre soufflé opalines, azurées, carminées* » TOURNIER. — PAR MÉTON. Évènement festif organisé peu avant Noël. *L'arbre de Noël d'une entreprise, d'une maison de retraite.* ♦ (XIIe) BIBLE *L'arbre de vie* : arbre du paradis terrestre dont le fruit eût conservé la vie à l'homme avec son innocence. *L'arbre de la science du bien et du mal* : l'arbre au fruit défendu.

II AXE DE ROTATION (milieu XIIe) Axe qui reçoit ou transmet un mouvement de rotation. *Arbre moteur, arbre manivelle.* ➤ **vilebrequin.** *Arbre à cames.* ➤ 1 **came.** *Réunir deux arbres par un embrayage, un accouplement.* MAR. *Arbre de couche*, qui transmet le mouvement des machines aux propulseurs. *Arbre d'hélice d'un navire.*

III CE QUI A L'APPARENCE D'UN ARBRE ▪ **1** (1805) ANAT. *Arbre de vie* : arborisation que présente la coupe longitudinale du cervelet. *Arbre bronchique*.* ▪ **2** (1721) ALCHIM., CHIM. ANC. Nom d'arborisations. *Arbre des philosophes* : le mercure. ▪ **3** (1671) *Arbre généalogique* : figure représentant un arbre dont les ramifications montrent la filiation des diverses branches d'une même famille (et FIG. une évolution). ▪ **4** DIDACT. Schéma représentant des chemins et des bifurcations. *Arbre phylogénétique* (➤ **dendrogramme**). — MATH. Graphe connexe*, non orienté et sans cycle, utilisé pour représenter les problèmes de filiation et de dénombrement. — LING. Représentation graphique de la structure d'une phrase en constituants* immédiats, selon des classes syntagmatiques (grammaire transformationnelle). *Classification en arbre*, présentation des sens d'un mot selon cette structure.

ARBRISSEAU [aʀbʀiso] n. m. – milieu XIIe ◊ du latin populaire °*arboriscellus*, famille de *arbor* → arbre ▪ Végétal ligneux de petite taille, ramifié dès la base. *Arbrisseau buissonnant.* ➤ **buisson.** *Petit arbrisseau.* ➤ **sous-arbrisseau.** ♦ BOT. Végétal ligneux ne dépassant pas sept mètres de haut.

ARBUSTE [aʀbyst] n. m. – 1495 ◊ latin *arbustum* ▪ Petit arbre dont le tronc est bien différencié. ➤ **arbrisseau.** *Le cornouiller est un arbuste.* ♦ BOT. Petit arbre ne dépassant pas sept mètres de haut.

ARBUSTIF, IVE [aʀbystif, iv] adj. – XVIe, repris 1842 ◊ de *arbuste* ▪ BOT. Qui se rapporte aux arbustes. *Végétation arbustive. Cultures arbustives*, d'arbustes.

1 **ARC** [aʀk] n. m. – 1080 ◊ latin *arcus* ▪ **1** Arme formée d'une tige souple (de bois, de métal) que l'on courbe au moyen d'une corde attachée aux deux extrémités pour lancer des flèches. *Arc et arbalète*. Bander, tendre l'arc. Tirer des flèches avec un arc. Tir à l'arc.* ➤ **archerie.** *Soldat armé d'un arc.*

➤ **archer.** MYTH. *L'arc de Cupidon.* — LOC. *Avoir plus d'une corde, plusieurs cordes à son arc* : avoir plus d'une ressource pour réussir, pour atteindre son but. *Être tendu* comme un arc.* ▪ **2** *Arc musical* : instrument de musique formé d'une corde tendue sur un arc, la caisse de résonance pouvant être la bouche de l'instrumentiste ou un résonateur (calebasse, noix de coco...). ▪ **3** MATH. Portion de courbe d'un seul tenant. *Arc de cercle, de parabole. Arc capable. Arc cosinus, arc sinus, arc tangente, arc cotangente. Arc saillant, rentrant. Arc nul, plein. Arc fermé, ouvert.* MÉTROL. *Minute d'arc.* ➤ **angle** (plan), **degré.** — *En arc de cercle* : courbe, arqué, cintré. ▪ **4** PAR ANAL. Ce qui a la forme d'un arc. ➤ **anse, arcade, arceau,** 2 **arche, arcure, demi-cercle, cintre, courbe.** *Arc des sourcils, des lèvres. «Les landes formaient à l'horizon un immense arc noir où le ciel métallique pesait»* MAURIAC. — ANAT. *Arc du côlon* : côlon transverse. *Arc neural ou vertébral. Arc branchial, costal.* ◆ PHYS. *Arc électrique* : émission de lumière intense provoquée par le passage d'un courant, dans le vide ou dans un gaz, entre deux électrodes de potentiel différent. *Lampe* à arc. Soudage, soudure à l'arc.* — PHYSIOL. *Arc réflexe*.* — GÉOGR. Courbure. *Arc montagneux,* d'une chaîne de montagnes. *Arc insulaire,* d'un archipel. *Arc volcanique. Arc morainique.* ▪ **5** ARCHIT. Courbe décrite par une voûte et qui est formée par un ou plusieurs arcs de cercle. *L'arc et les montants d'une voûte. Le cintre d'un arc,* sa courbure intérieure. *Arc en plein cintre* : demi-cercle régulier. *Arc en plein cintre prolongé.* ➤ **berceau.** *Arc en ogive.* ➤ **ogive.** *Arc aigu, brisé, en tiers-point. Arc outrepassé, en fer à cheval, lancéolé. Arc rampant. Arc surbaissé, surhaussé, en accolade. «J'ai identifié l'arc en plein cintre, les arcs surbaissés, surhaussés, brisés, outrepassés, polylobés»* BEAUVOIR. *Arc de décharge, de soutien.* ▪ **6** *Arc de triomphe, arc triomphal* : arcade monumentale sous laquelle passait le général romain triomphateur ; monument élevé sur ce modèle pour célébrer l'entrée d'un souverain dans une ville, la victoire d'une armée. *L'Arc de triomphe de l'Étoile, à Paris.*

2 **ARC** [aʀk] **n. m. inv.** – 1985 ◊ acronyme de l'anglais *Aids Related Complex* «syndromes associés au sida» ▪ MÉD. Infection de l'organisme par le virus de l'immunodéficience humaine (VIH ➤ **sida**), se manifestant par des signes cliniques mineurs (appelée aussi *pré-sida*).

ARCADE [aʀkad] **n. f.** – 1562 ◊ italien *arcata,* de *arco* «arc», ou de l'ancien occitan *arcada* «arche» ▪ **1** ARCHIT. Ouverture en arc ; ensemble formé d'un arc et de ses montants ou points d'appui (souvent au plur.). *Les arcades d'un aqueduc, d'un cloître, d'une galerie* (➤ **arcature**). *Les arcades de la rue de Rivoli, du Palais-Royal. Arcade aveugle, feinte, simulée. Arcade profonde.* ➤ 2 **arche.** *Arcades en plein cintre, en ogive.* ➤ 1 **arc, archivolte.** — PAR ANAL. *Arcades de verdure, de feuillage.* ▪ **2** PAR EXT. Ce qui a une forme arquée. *Arcade dentaire. Arcade fémorale. Arcade sourcilière* : proéminence au-dessus de chaque orbite, où poussent les sourcils. ▪ **3** (Suisse) Local commercial. ➤ **boutique.** *Arcade à remettre.* ▪ **4** (par l'anglais) *Jeu d'arcade* : jeu payant qui se joue sur des machines installées dans les lieux publics et dans des salles spécialisées appelées *salles d'arcade* ; SPÉCIALT jeu vidéo d'action typique des salles d'arcade. *«les jeux vidéos solitaires d'arcade, dans lesquels je glissais une pièce de deux francs pour tirer hystériquement sur tout ce qui bougeait»* BEIGBEDER.

ARCANE [aʀkan] **n. m.** – XIVe «secret» ◊ du latin *arcanum* «secret», famille de *arca* «coffre» → 1 arche ▪ **1** ALCHIM. Préparation mystérieuse, réservée aux adeptes. ◆ PAR EXT. (AU PLUR.) *Les arcanes de la science, de la politique.* ➤ **mystère,** 2 **secret.** *Les poètes «sont là pour manifester les arcanes du monde»* CAILLOIS. ▪ **2** Carte du jeu de tarots (destinée à être interprétée). ➤ **lame.** *Arcanes majeurs, mineurs.*

ARCANSON [aʀkɑ̃sɔ̃] **n. m.** – 1567 ◊ altération de *Arcachon,* n. de ville ▪ Résine provenant de la distillation de la térébenthine. ➤ **colophane.**

ARCASSE [aʀkas] **n. f.** – 1491 ◊ probablement d'un ancien occitan *arcassa,* famille du latin *arca* «coffre» → 1 arche ▪ MAR. Charpente de la poupe d'un navire comprenant l'étambot et les pièces qui s'y assemblent perpendiculairement.

ARCATURE [aʀkatyʀ] **n. f.** – 1845 ◊ de 1 *arc* ▪ ARCHIT. Série de petites arcades décoratives, réelles ou simulées (aveugles).

ARCBOUTANT ou **ARC-BOUTANT** [aʀkbutɑ̃] **n. m.** – 1387 ◊ de *arc* et *boutant,* de *bouter* ▪ **1** ARCHIT. Maçonnerie en forme d'arc qui s'appuie sur un contrefort (ou culée) pour soutenir de l'extérieur un mur subissant la poussée d'une voûte ou d'un arc. *Des arcboutants, des arcs-boutants. Les arcboutants d'une cathédrale gothique. «Notre vie ressemble à ces bâtisses fragiles, étayées dans le ciel par des arcs-boutants»* CHATEAUBRIAND. ▪ **2** MAR. Pièce servant à maintenir l'écartement des galhaubans. Bossoir servant à suspendre les embarcations. ➤ **bossoir, portemanteau** (4°).

ARCBOUTER ou **ARC-BOUTER** [aʀkbute] **v. tr.** ⟨1⟩ – 1604 ◊ de *arcboutant* ▪ **1** ARCHIT. Soutenir au moyen d'un arcboutant. ➤ **appuyer, contrebuter, épauler, étayer.** *Arcbouter un mur, une voûte.* ▪ **2 S'ARCBOUTER v. pron.** Prendre appui sur une partie du corps pour exercer une poussée, un effort de résistance. *«Gilliatt s'arc-bouta des pieds, des genoux et des poings à l'escarpement»* HUGO. *La pirogue «poussée par l'effort du pagayeur arc-bouté sur la perche»* GIDE. ◆ FIG. *S'arcbouter contre qqch., qqn* : s'y opposer vivement. ABSOLT *S'arcbouter* : refuser le dialogue, rester sur ses positions.

ARCDOUBLEAU ou **ARC-DOUBLEAU** [aʀkdublo] **n. m.** – 1399 ◊ de *arc* et *doubleau* ▪ ARCHIT. Arc en saillie sous l'intrados d'une voûte. *Des arcdoubleaux, des arcs-doubleaux.* ➤ **doubleau.**

ARCEAU [aʀso] **n. m.** – *arcel* 1175 ◊ latin populaire °*arcellus,* de *arcus* → 1 arc ▪ **1** ARCHIT. Partie cintrée d'une arcade, d'une voûte, d'une ouverture. ➤ 1 **arc.** — PAR ANAL. *La vigne «couvre de ses verts arceaux La maison par l'été jaunie»* LAMARTINE. ▪ **2** PAR EXT. Objet en forme d'arceau, de petite arche. *Arceaux du jeu de croquet,* sous lesquels passe la boule. *Arceaux d'une tonnelle, d'un berceau. Arceaux supportant la capote d'une voiture. L'arceau d'un cadenas.* ➤ **anneau.** — Châssis en arc que l'on place dans le lit d'un blessé pour soulever les couvertures, les empêcher de peser sur un membre fracturé. ➤ **archet.**

ARC-EN-CIEL [aʀkɑ̃sjɛl] **n. m.** – milieu XIIIe ◊ de *arc, en* et *ciel* ▪ **1** Phénomène météorologique lumineux en forme d'arc, offrant les couleurs du prisme (violet, indigo, bleu, vert, jaune, orangé, rouge), et qui est produit par la réfraction, la réflexion et la dispersion des rayons colorés composant la lumière blanche (du Soleil) par des gouttes d'eau (cf. POÉT. Écharpe d'Iris). *Des arcs-en-ciel* [aʀkɑ̃sjɛl]. *«Une foule bariolée, vêtue des couleurs les plus voyantes de l'arc-en-ciel»* LOTI. — LOC. *Passer par toutes les couleurs de l'arc-en-ciel* (sous l'effet d'émotions, etc.). ▪ **2** ADJT INV. Dont les couleurs rappellent l'arc-en-ciel. *Truite arc-en-ciel,* aux écailles irisées. — *Le drapeau arc-en-ciel de la communauté LGBT.* — FIG. *La nation arc-en-ciel* : l'Afrique du Sud.

ARCHAÏQUE [aʀkaik] **adj.** – 1776 ◊ grec *arkhaikos* ▪ **1** Qui est ancien ou présente un caractère d'ancienneté. *Mot, tournure archaïque* (➤ **archaïsme**). ◆ Désuet, périmé. *Des méthodes, des idées archaïques* (➤ **obsolète ;** FAM. **archéo**). ▪ **2** BX-ARTS Antérieur aux époques classiques, à l'épanouissement d'un style. *La période archaïque de l'art grec.* ➤ **primitif.** ▪ CONTR. Moderne. Décadent.

ARCHAÏSANT, ANTE [aʀkaizɑ̃, ɑ̃t] **adj.** et **n.** – 1905 ◊ de *archaïsme* ▪ Qui fait usage d'archaïsmes, qui affecte l'archaïsme. *Écrivain, style archaïsant.* ▪ CONTR. Moderniste.

ARCHAÏSME [aʀkaism] **n. m.** – 1659 ◊ grec *arkhaismos,* de *arkhaios* «ancien» ▪ **1** LITTÉR. et BX-ARTS Caractère d'ancienneté. Imitation de la manière des Anciens. ▪ **2** Mot, expression, tour ancien qu'on emploie alors qu'il n'est plus en usage. Partir *au sens de «partager» est un archaïsme. Écrivain qui aime les archaïsmes.* ➤ **archaïsant.** ▪ **3** Caractère de ce qui est périmé. *L'archaïsme de certaines méthodes de travail.* ▪ CONTR. Actualité, modernisme, nouveauté. Néologisme.

ARCHAL [aʀʃal] **n. m. sing.** – XIIe ◊ latin *aurichalcum,* altération, sous l'influence de *aurum* «or», du grec *oreikhalkos* «laiton» ▪ *Fil d'archal,* de laiton.

ARCHANGE [aʀkɑ̃ʒ] **n. m.** – milieu XIIe ◊ latin ecclésiastique *archangelus,* de *angelus* → ange ▪ Être qui est placé au-dessus de l'ange, dans la hiérarchie angélique. ➤ **ange.** *Les archanges Gabriel, Michel et Raphaël. Saint Michel archange.*

ARCHANGÉLIQUE [aʀkɑ̃ʒelik] **adj.** – 1442 ◊ latin ecclésiastique *archangelicus* ▪ Qui tient de l'archange. *Une âme archangélique.* ➤ 1 **angélique, pur.** ▪ CONTR. Diabolique.

1 **ARCHE** [aʀʃ] **n. f.** – 1131 ◊ latin *arca* «coffre, armoire» → arcane, arcasse ▪ **1** *Arche de Noé,* ou *arche* : vaisseau fermé qui, selon la Bible, permit à Noé d'échapper aux eaux du Déluge. ▪ **2** *L'Arche d'Alliance, l'Arche Sainte* : coffre où les Hébreux gardaient les Tables de la Loi. — MOD. Meuble où sont déposés les rouleaux de la Torah dans la synagogue.

2**ARCHE** [aʀʃ] **n. f.** – XIIe ◊ latin populaire °*arca*, classique *arcus* → 1arc ▪ Voûte en forme d'arc qui s'appuie sur les culées ou les piles d'un pont. *Les arches d'un pont, d'un aqueduc, d'un viaduc. Maîtresse arche.* ◆ Construction en forme d'arc, monument en forme de grand portail. *La Grande Arche de la Défense, près de Paris.*

ARCHÉE [aʀʃe] **n. f.** – 1578 ◊ latin des alchimistes *archeus*, du grec *arkhê* «principe» ▪ Feu central de la Terre et principe de vie, dans l'alchimie et l'ancienne physiologie. ▪ **HOM.** Archer.

ARCHÉEN, ENNE [aʀkeɛ̃, ɛn] **adj. et n. m.** – 1876 ◊ du grec *arkhaios* «ancien» ▪ GÉOL. Antérieur au cambrien. ➤ **précambrien.** *Roches archéennes.* — **n. m.** Ensemble des terrains archéens ; période la plus ancienne des temps géologiques. — On dit aussi **ARCHÉOZOÏQUE** [aʀkeɔzɔik].

ARCHÉES [aʀke] **n. f. pl.** – 2000 ◊ latin scientifique *archaea*, du grec *arkhaios* «ancien» → archéo- ▪ MICROBIOL. Groupe de micro-organismes procaryotes dont les caractères biochimiques sont très différents de ceux des bactéries. *Les archées étaient autrefois classées parmi les bactéries* (➤ **archéobactéries**). — Au sing. *Le méthanogène est une archée.* ▪ **HOM.** Arquer.

ARCHÉGONE [aʀkegɔn ; aʀkegon] **n. m.** – 1842 ◊ du latin scientifique *archegonium*, formé sur le grec *arkhê* «principe» et 2-*gone* ▪ BOT. Organe femelle en forme de bouteille qui, chez les cryptogames vasculaires, les mousses, les gymnospermes, renferme l'oosphère.

ARCHELLE [aʀʃɛl] **n. f.** – 1975 ◊ du picard *achèle*, famille du latin *axis* «planche» (→ ais, aisseau), avec influence de 2*arche* ▪ **(Belgique)** Étagère murale décorative, à laquelle on suspend des objets, parfois des vêtements.

ARCHÉO [aʀkeo] **adj. et n.** – 1985 ◊ de *archéo-* ▪ FAM. (JOURNAL.) Archaïque, en politique. *La droite archéo.*

ARCHÉO- ▪ Élément, du grec *arkhaios* «ancien».

ARCHÉOBACTÉRIES [aʀkeobakteʀi] **n. f. pl.** – 1984 ◊ de *archéo-* et *bactérie* ▪ HIST. SC. Archées*, qui étaient considérées comme faisant partie des bactéries. *Archéobactéries et eubactéries.*

ARCHÉOLOGIE [aʀkeɔlɔʒi] **n. f.** – 1599 ◊ grec *arkhaiologia* ▪ Science des choses anciennes, et SPÉCIALT des arts et monuments antiques. ➤ **iconographie, iconologie, inscription, paléographie, préhistoire, sigillographie ; archéométrie.** *Archéologie préhistorique, classique, médiévale. Archéologie égyptienne* (➤ **égyptologie**), *grecque, orientale.*

ARCHÉOLOGIQUE [aʀkeɔlɔʒik] **adj.** – 1595 ◊ grec *arkaiologikos* ▪ Qui a rapport à l'archéologie. *Recherches, fouilles archéologiques. Site archéologique.*

ARCHÉOLOGUE [aʀkeɔlɔg] **n.** – 1812 ◊ de *archéologie* ▪ Personne qui s'occupe d'archéologie. *«la pioche minutieuse des archéologues découvre, couche par couche, la trace émouvante des civilisations»* DANIEL-ROPS.

ARCHÉOMÉTRIE [aʀkeɔmetʀi] **n. f.** – 1952, rare avant 1971 ◊ de *archéo-* et *-métrie* ▪ DIDACT. Ensemble des techniques scientifiques appliquées aux recherches archéologiques (prospection, datation, analyse, conservation...). *Ingénieur en archéométrie* (*archéomètre*, **n.**).

ARCHÉOPTÉRYX [aʀkeɔpteʀiks] **n. m.** – 1864 ◊ de *archéo-* et du grec *pterux* «aile» ▪ PALÉONT. Oiseau fossile du jurassique, le premier connu, présentant encore certains caractères des reptiles (dents, longue queue) dont il est issu.

ARCHÉOZOÏQUE ➤ **ARCHÉEN**

ARCHER, ÈRE [aʀʃe, ɛʀ] **n.** – *archier* XIIe ; *arkiere* fém. 1209 ◊ d'un latin populaire dérivé de *arcus* «arc» ▪ **1** **n. m.** Soldat armé de l'arc. *Les archers anglais de la guerre de Cent Ans.* ▪ **2** **n. m.** PAR EXT. Agent de police, sous l'Ancien Régime. *«Conduisez-les au Petit-Châtelet, dit-il aux archers»* ABBÉ PRÉVOST. ▪ **3** (1906) Tireur à l'arc (rare au fém.). ▪ **HOM.** Archée.

ARCHÈRE [aʀʃɛʀ] ou **ARCHIÈRE** [aʀʃjɛʀ] **n. f.** – *archiere* 1225 ◊ de 1*arc* ▪ Ouverture pratiquée dans les fortifications pour le tir à l'arc, à l'arbalète. ➤ **arbalétrière, meurtrière.**

ARCHERIE [aʀʃəʀi] **n. f.** – 1547 «lieu où l'on tire à l'arc» ; début XIVe «art de tirer à l'arc» ◊ de *archer* ▪ **1** Art du tir à l'arc. *«La froide archerie de Diane, Quand* [...] *elle prend un large mûrier pour cible»* CLAUDEL. ▪ **2** VX Ensemble des archers. *L'archerie française.* ▪ **3** (1972) Matériel du tireur à l'arc.

ARCHET [aʀʃɛ] **n. m.** – XIVe ; autre sens XIIe ◊ de 1*arc* ▪ **1** Baguette droite (autrefois recourbée en forme d'arc), sur laquelle sont tendus des crins qui servent à faire vibrer les cordes de divers instruments de musique. *«un archet auquel tenaient une vingtaine de crins, avec un petit morceau de colophane»* ECHENOZ. *Archet de violon, de contrebasse, de violoncelle. Coup d'archet.* ▪ **2** PAR ANAL. Châssis courbé en arc (➤ **arceau**), arc d'acier dont on se sert dans différents métiers. ▪ **3** Appareil de stridulation des sauterelles.

ARCHETIER, IÈRE [aʀʃətje, jɛʀ] **n.** – 1932 ◊ de *archet* ▪ MUS. Fabricant(e) d'archets. *Luthiers et archetiers.*

ARCHÉTYPE [aʀketip] **n. m.** – *architipe* 1230 ◊ latin *archetypum*, grec *arkhetupon* ▪ Type primitif ou idéal ; original qui sert de modèle. ➤ 2**étalon, modèle,** 1**original, principe, prototype.** *L'archétype de la voiture de sport.* — BIOL. Modèle idéal invariant, commun à tous les organismes d'un groupe naturel. — PSYCHAN. Chez Jung, Symbole primitif, universel, appartenant à l'inconscient collectif. ◆ APPOS. *«Ce monde, suivant Platon, était composé d'idées archétypes qui demeuraient toujours au fond du cerveau»* VOLTAIRE. — **adj. ARCHÉTYPAL, ALE, AUX.** ▪ CONTR. Copie.

ARCHEVÊCHÉ [aʀʃəveʃe] **n. m.** – 1138 ◊ de *archevêque* ▪ **1** Territoire sous la juridiction d'un archevêque. *Cinq évêchés dépendent de l'archevêché de Paris.* ➤ **archidiocèse.** *De l'archevêché.* ➤ **archidiocésain.** ▪ **2** PAR EXT. Dignité d'archevêque. ➤ **archiépiscopat.** — Siège (➤ **métropole**), palais archiépiscopal. — Administration archiépiscopale.

ARCHEVÊQUE [aʀʃəvɛk] **n. m.** – 1080 ◊ latin d'origine grecque *archiepiscopus* ▪ Évêque placé à la tête d'une province ecclésiastique (➤ **archevêché**) et qui a plusieurs évêques pour suffragants. ➤ 1**métropolitain.** *Son Excellence l'Archevêque.* ➤ **monseigneur.** *Archevêque de l'Église russe.* ➤ **métropolite.** *De l'archevêque.* ➤ **archiépiscopal.**

ARCHI ➤ **ARCHITECTURE**

1**ARCH(I)-** ▪ Élément, du grec *arkhi-*, qui exprime la prééminence, le premier rang (surtout dans les titres).

2**ARCHI-** ▪ Élément, de 1*archi-*, qui exprime le degré extrême ou l'excès et qui s'emploie librement pour former des adjectifs. ➤ **extrêmement, très.** *L'autobus est archiplein. C'est archiconnu, archicélèbre. «Tout cela est archipassé»* CHATEAUBRIAND.

ARCHICONFRÉRIE [aʀʃikɔ̃fʀeʀi] **n. f.** – 1752 ◊ de 1*archi-* et *confrérie* ▪ Confrérie qui groupe des associations pieuses, charitables.

ARCHICUBE [aʀʃikyb] **n. m.** – 1883 ◊ de 1*archi-* et *cube* ▪ ARG. SCOL. Ancien élève de l'École normale supérieure.

ARCHIDIACRE [aʀʃidjakʀ] **n. m.** – fin XIIe ◊ latin ecclésiastique *archidiaconus*, famille de *diaconus* → diacre ▪ Dignitaire ecclésiastique investi par l'évêque d'une sorte de juridiction sur les curés du diocèse. ➤ **vicaire** (général). *Dignité d'archidiacre* (ou *archidiaconat* [aʀʃidjakɔna] **n. m.**). *Circonscription d'un archidiacre* (ou *archidiaconé* **n. m.**).

ARCHIDIOCÉSAIN, AINE [aʀʃidjɔsezɛ̃, ɛn] **adj.** – 1771 ◊ de 1*archi-* et *diocésain* ▪ D'un archevêché.

ARCHIDIOCÈSE [aʀʃidjɔsɛz] **n. m.** – 1869 ◊ de 1*archi-* et *diocèse* ▪ Diocèse d'un archevêque.

ARCHIDUC, ARCHIDUCHESSE [aʀʃidyk, aʀʃidyʃɛs] **n.** – 1486, -1504 ◊ de 1*archi-* et *duc, duchesse* ▪ Titre des princes et princesses de l'ancienne maison d'Autriche.

-ARCHIE ▪ Élément, du grec *-arkhia*, de *arkhein* «commander», qui sert à former des mots désignant des gouvernements : *anarchie, oligarchie.* ➤ **-arque.**

ARCHIÉPISCOPAL, ALE, AUX [aʀʃiepiskɔpal, o] **adj.** – 1389 ◊ latin ecclésiastique *archiepiscopalis*, du latin *archiepiscopus* → archevêque ▪ Qui appartient à l'archevêque. *Siège archiépiscopal. Dignité archiépiscopale.*

ARCHIÉPISCOPAT [aʀʃiepiskɔpa] **n. m.** – 1490 ◊ latin *archiepiscopatus* ▪ Dignité, fonction d'archevêque.

ARCHIÈRE ➤ **ARCHÈRE**

ARCHIMANDRITE [aʀʃimɑ̃dʀit] **n. m.** – 1560 ◊ latin d'origine grecque *archimandrita* ▪ Supérieur de certains monastères dans l'Église grecque. *Dignité d'archimandrite* (ou *archimandritat* **n. m.**).

ARCHIPEL [aʀʃipɛl] **n. m.** – 1808 ◊ de l'italien *arcipelago*, du grec *Aigaion pelagos* «la mer Égée» ▪ Groupe d'îles. *L'archipel des Açores, des Galapagos.* «*L'archipel de la Manche*» HUGO. — FIG. «*La Seine lentement traîne des archipels De glaçons*» HUGO.

ARCHIPHONÈME [aʀʃifɔnɛm] **n. m.** – 1929 ◊ de 1archi- et *phonème* ▪ LING. Ensemble des caractéristiques pertinentes communes à deux phonèmes dont l'opposition est neutralisée.

ARCHIPRÊTRE [aʀʃipʀɛtʀ] **n. m.** – *arcepretre* XIIe ◊ latin d'origine grecque *archipresbyter*, d'après *prêtre* ▪ **1** ANCIENNT Prêtre que l'évêque déléguait à la tête d'une circonscription de son diocèse ▪ **2** MOD. Titre honorifique conféré à un curé. — **adj. ARCHIPRESBYTÉRAL, ALE, AUX** [aʀʃipʀɛsbiteʀal, o], 1694.

ARCHIPTÈRE [aʀʃiptɛʀ] **n. m.** – 1874 ◊ de 1*archi-* et *-ptère* ▪ ZOOL. Insecte à ailes finement nervurées, dont les métamorphoses sont incomplètes.

ARCHITECTE [aʀʃitɛkt] **n.** – 1510 ◊ latin *architectus*, grec *arkhitektôn*, de *tektôn* «ouvrier» ▪ **1** Personne diplômée, capable de tracer le plan d'un édifice et d'en diriger l'exécution. *Plan, devis d'architecte. Un, une architecte. Une étude d'architecte. L'Ordre des architectes. — Les grands architectes des siècles passés.* ➤ **bâtisseur, constructeur.** ◆ *Architecte naval. Architecte paysagiste.* ➤ **paysagiste.** ◆ *Architecte d'intérieur*, qui conçoit et réalise l'agencement et la décoration d'espaces intérieurs. ➤ **décorateur.** ▪ **2** FIG. Personne ou entité qui élabore et construit qqch. ➤ **créateur, ingénieur, inventeur, ordonnateur.** RELIG. *L'Architecte du monde, de l'univers* : Dieu. — «*Cette réformation dont Luther était l'architecte*» BOSSUET. «*Notre conscience est l'architecte de notre songe*» HUGO. — SPÉCIALT *L'architecte d'un système d'information*, l'informaticien(ne) qui le conçoit. *Architecte de réseaux.* ▪ CONTR. Démolisseur.

ARCHITECTONIE [aʀʃitɛktɔni] **n. f.** – 1943 ◊ du grec *arkhitektonia* «architecture, construction» ▪ Disposition régulière, organisation architecturale d'un espace. «*L'architectonie des volumes et des couleurs de la matière dans laquelle je vis*» GIONO.

ARCHITECTONIQUE [aʀʃitɛktɔnik] **adj.** et **n. f.** – 1370 ◊ latin d'origine grecque *architectonicus* ▪ Qui a rapport à l'art de l'architecte ; qui est conforme à la technique de l'architecture (➤ **architectural**). *Règles architectoniques.* ◆ **n. f.** (1373) L'art, la technique de la construction. *Les procédés de l'architectonique.* — PAR EXT. Organisation, structure. *L'architectonique d'un roman, d'une œuvre musicale.*

ARCHITECTURAL, ALE, AUX [aʀʃitɛktyʀal, o] **adj.** – 1803 ◊ de *architecture* ▪ Qui a rapport à l'architecture, qui en a le caractère. *Ensemble architectural. Type, motif architectural. Formes architecturales. — L'équilibre architectural d'un roman.* — **adv. ARCHITECTURALEMENT,** 1845.

ARCHITECTURE [aʀʃitɛktyʀ] **n. f.** – 1504 ◊ latin *architectura* ▪ **1** L'art de construire les édifices. *L'architecture, art plastique. Règles, technique de l'architecture.* ➤ **architectonique.** *Projet d'architecture. Architecture militaire* (➤ **fortification**), *civile, urbaine* (➤ **urbanisme**). *Architecture industrielle, régionale. Ordres d'architecture. Style d'architecture. Ce château est une merveille d'architecture.* «*Les dolmens et les menhirs marquent les débuts de l'architecture*» S. REINACH. — ABRÉV. FAM. **ARCHI.** *École d'archi.* ▪ **2** Disposition d'un édifice. ➤ **ordonnance, proportion.** Caractère architectural. *La belle architecture d'une église.* «*Les temples* [de Thèbes] *sont de marbre et d'une architecture simple, mais majestueuse*» FÉNELON. ◆ Édifice. «*D'éblouissantes architectures*» PROUST. ▪ **3** FIG. ➤ **forme, structure ; charpente.** *L'architecture des lignes.* «*L'architecture du visage demeure intacte sous la peau flétrie*» MAURIAC. ▪ **4** Organisation des éléments composant un système informatique. *Architecture parallèle. — Architecture client-serveur*, qui met en relation des clients (6°) avec un serveur (4°).

ARCHITECTURER [aʀʃitɛktyʀe] **v. tr.** ‹1› – 1819 ◊ de *architecture* ▪ Construire avec rigueur, comme on construit un bâtiment. ➤ **structurer.** «*La manière dont il architecture ses sites et poudre de bleu ses ciels*» HUYSMANS. **p. p. adj.** *Roman bien architecturé.*

ARCHITRAVE [aʀʃitʀav] **n. f.** – 1531 ; adj. *arquitrave* 1528 ◊ italien *architrave* «maîtresse poutre», du latin *trabs, trabis* «poutre» ▪ **1** ARCHIT. Partie inférieure de l'entablement qui porte directement sur le chapiteau de colonnes. ➤ **épistyle, linteau.** *Corniche à architrave* (**adj. ARCHITRAVÉ, ÉE**). ▪ **2** MAR. Poutre soutenant certaines parties du navire.

ARCHIVAGE [aʀʃivaʒ] **n. m.** – 1951 ◊ de *archiver* ▪ Action d'archiver. *Archivage de documents. Archivage électronique.*

ARCHIVE [aʀʃiv] **n. f.** – fin XIIIe, comme n. m. ◊ du bas latin *archivum*, du grec *arkheion* «résidence, ensemble des magistrats». REM. Le féminin s'impose au XVIIe s.

I **n. f. pl.** ▪ **1** Ensemble de documents anciens, rassemblés et classés à des fins historiques. *Archives publiques, départementales. Archives notariales, familiales, personnelles. Les archives d'une entreprise, d'une institution. Document d'archives. Archives sur microfilms.* ➤ **filmothèque.** — DR. *Fonds d'archives* (d'une personne physique ou morale). ◆ **Au sing.** Document conservé aux archives. *Une archive sonore.* ▪ **2** PAR EXT. (1416) Lieu où les archives sont déposées, conservées. ➤ **bibliothèque, cabinet, dépôt.** *Il travaille aux archives.* ➤ **archiviste.** *Archives nationales*, centralisant les documents relatifs à l'histoire de France.

II **n. f.** INFORM. Fichier regroupant plusieurs fichiers ou dossiers, parfois compressés à des fins de stockage.

ARCHIVER [aʀʃive] **v. tr.** ‹1› – 1876 ; hapax 1559 ◊ de *archive* ▪ **1** Classer (un document) dans les archives. *Archiver des données, des images sur un support informatique. Les factures sont archivées dès qu'elles sont réglées.* ▪ **2** INFORM. Enregistrer (un fichier, des données) dans une archive (II).

ARCHIVISTE [aʀʃivist] **n.** – 1701 ◊ de *archive* ▪ Personne préposée à la garde, à la conservation des archives. — *Archiviste-paléographe* : archiviste diplômé de l'École nationale des chartes. *Des archivistes-paléographes.*

ARCHIVISTIQUE [aʀʃivistik] **adj.** et **n. f.** – 1952 ◊ de *archiviste* ▪ DIDACT. ▪ **1** Relatif à la science des archives (conservation, classement, histoire, etc.). — Des archives. *Pièce archivistique.* ▪ **2** **n. f.** (1958) Science des archives. *L'archivistique des manuscrits.*

ARCHIVOLTE [aʀʃivɔlt] **n. f.** – 1694 ◊ italien *archivolto* → voûte ▪ ARCHIT. Bande moulurée concentrique à l'intrados d'une arcade. *Une archivolte ornée de billettes.* — Ensemble des voussures d'une arcade, d'un portail.

ARCHONTE [aʀkɔ̃t] **n. m.** – 1681 ◊ du grec *arkhôn, arkhontos* ▪ Titre des magistrats qui gouvernaient les républiques grecques. *Les neuf archontes d'Athènes. L'archonte éponyme*, qui donnait son nom à l'année. *Dignité d'archonte* ou **ARCHONTAT** [aʀkɔ̃ta] **n. m.**

ARÇON [aʀsɔ̃] **n. m.** – 1080 ◊ latin populaire °*arcio*, accusatif *arcionem*, de *arcus* «arc» ▪ **1** L'une des deux pièces ou arcades qui forment le corps de la selle. ➤ **pommeau, 1troussequin.** *Pistolets d'arçon*, que l'on met dans les fontes de l'*arçon*. *Vider les arçons* : tomber de cheval (➤ **désarçonner**). — *Être ferme dans, sur ses arçons* : se tenir bien en selle ; FIG. (VIEILLI) être ferme dans ses opinions, ne pas se laisser démonter. ◆ **CHEVAL* D'ARÇONS.** ▪ **2** Instrument en forme d'archet pour battre la laine, la bourre. ▪ **3** VITIC. Sarment de vigne que l'on courbe pour le faire fructifier.

ARC-RAMPANT [aʀkʀɑ̃pɑ̃] **n. m.** – 1866 ◊ de *arc* et *rampant* ▪ **1** ARCHIT. Arc dont les naissances sont de hauteur inégale. *Des arcs-rampants.* ▪ **2** TECHN. Courbe métallique qui soutient une rampe.

ARCTIQUE [aʀktik] **adj.** – 1338 *artique* ◊ latin *arcticus*, grec *arktikos*, de *arktos* «ours» ▪ Qui concerne la Grande Ourse (constellation), les régions polaires du nord. ➤ **septentrional ; boréal.** *Pôle arctique. Cercle arctique. Steppe arctique.* ➤ **toundra.** — **n. m.** *Aller dans l'Arctique.* ▪ CONTR. Antarctique, austral, méridional.

ARCURE [aʀkyʀ] **n. f.** – 1304 ; *archeure* 1290 ◊ de *arquer* ▪ **1** Courbure en arc. ▪ **2** ARBOR. Opération qui consiste à courber un rameau, une branche, un sarment, afin de le faire mieux fructifier (➤ **arçon**).

-ARD ▪ Élément, d'origine germanique, de noms et d'adjectifs auxquels il donne une nuance péjorative ou vulgaire : *froussard, revanchard.*

ARDEMMENT [aʀdamɑ̃] **adv.** – XIIe ◊ de *ardent* ▪ Avec ardeur (2°). *Désirer, vouloir ardemment.* ▪ CONTR. Faiblement, mollement.

ARDENT, ENTE [aʀdɑ̃, ɑ̃t] **adj.** – fin Xe ◊ latin *ardens* ▪ **1** Qui est en feu, en combustion ; qui brûle. *Charbons, tisons ardents.* ➤ **embrasé, enflammé, incandescent ; 1braise, brasier, fournaise.** *Bûcher ardent.* «*L'ardent foyer jetait des clartés fantastiques*» HUGO. — *Buisson ardent* : buisson qui brûlait sans se consumer, forme sous laquelle Dieu apparut à Moïse. ◆ FIG. *Être sur des charbons* ardents. Marcher sur des charbons**

ardents. ◆ n. m. VX *Un ardent :* un feu follet. ■ **2** Qui est allumé. *Flambeau ardent.* ➤ **flamboyant, lumineux.** PAR EXT. Qui est éclairé. LOC. *Chapelle ardente,* où de nombreux cierges entourent un catafalque, brûlent autour d'un cercueil. ■ **3** Qui a la couleur ou l'éclat du feu. *Cheveux d'un blond ardent.* ➤ **roux, rutilant.** *Des yeux ardents de colère,* qui brillent de colère. ■ **4** Qui dégage une forte chaleur. *Soleil ardent.* ➤ **chaud ; brûlant, torride.** *« au pied des falaises ardentes qui réverbéraient le soleil »* GIDE. ■ **5** VX Qui communique le feu, enflamme, embrase. ➤ **incendiaire.** *Flèches ardentes. Miroir ardent.* — SPÉCIALT *Chambre ardente :* sous l'Ancien Régime, commission extraordinaire de justice qui pouvait appliquer au condamné la peine du feu. ■ **6** PAR EXT. Qui cause une sensation de chaleur, de brûlure. *Fièvre ardente. Soif ardente,* qui brûle le gosier. SUBST. *Le mal des ardents :* nom donné au Moyen Âge à l'ergotisme. ■ **7** Qui a de l'ardeur, prompt à s'enflammer. *Personne, nature, sensibilité ardente.* ➤ **actif, bouillant, bouillonnant, chaleureux, effervescent, emporté, enflammé, enthousiaste, exalté, fanatique, fervent, fougueux, frénétique, impatient, impétueux, passionné, véhément, vif, violent, volcanique.** SPÉCIALT *Tempérament ardent,* porté à l'amour. ➤ **amoureux, chaud, sensuel.** *« Un homme ardent et sensible, jeune et garçon, peut être continent et chaste »* ROUSSEAU. ■ **8** Qui est très vif. *Une imagination ardente. Une ardente conviction.* ➤ **profond.** *Désir, vœu ardent. Ardente piété.* ➤ **fervent.** — *Lutte ardente.* ➤ **violent ; acharné, animé.** *« Le soir tombait ; la lutte était ardente et noire »* HUGO. ■ CONTR. 2 Calme, endormi, engourdi, éteint, frigide, 1 froid, glacial, indolent, inerte, languissant, 1 morne, 1 mou, nonchalant, 1 terne, tiède.

ARDEUR [aʀdœʀ] n. f. – 1130 ◇ latin *ardor* ■ **1** Chaleur vive. *Ardeur du soleil.* LITTÉR. *Les ardeurs de l'été.* ■ **2** FIG. Énergie pleine de vivacité. ➤ **activité, force, vie, vigueur, vitalité.** *Ardeur juvénile.* ◆ (Dans l'action) *Ardeur au travail. Son ardeur à travailler. Combattre avec ardeur.* ➤ **cœur, courage, énergie, entrain, zèle.** *Quelle ardeur !* ➤ 1 **fougue, impétuosité.** ◆ (Dans les sentiments) ➤ 1 **élan, emballement, exaltation, ferveur,** 1 **feu, passion, véhémence.** *Soutenir une opinion avec ardeur. « brûlant de toutes les ardeurs, [...] celles de l'amour et celles de la haine »* MADELIN. *L'ardeur de sa passion, de son zèle.* FAM. *Modérez vos ardeurs !* ◆ SPÉCIALT *L'ardeur des sens :* le désir. ABSOLT VX *« Il sait mes ardeurs insensées. De l'austère pudeur les bornes sont passées »* RACINE. ■ CONTR. Indifférence, indolence, mollesse, nonchalance, relâchement. Tiédeur. Froideur. ■ HOM. Hardeur.

ARDILLON [aʀdijɔ̃] n. m. – *hardillon* XIIIe ◇ de *hard* « lien, corde » → hart ■ Pointe de métal qui fait partie d'une boucle et s'engage dans un trou de courroie, de ceinture.

ARDOISE [aʀdwaz] n. f. – 1175 ◇ mot du Nord, du latin médiéval *ard(u)ensis* « des Ardennes » ■ **1** Pierre tendre et feuilletée (➤ **schiste**), noire ou d'un gris bleuâtre, inaltérable à l'air, imperméable à l'humidité, qui sert principalement à la couverture des maisons. *Carrière d'ardoise.* ➤ **ardoisière.** *Banc, couche, gisement d'ardoise. Ardoise brute. Bloc, planche, plaque d'ardoise. Qualités d'ardoise* (poil noir, poil taché, poil roux). ➤ aussi **phyllade.** ◆ Plaque d'ardoise. *Toit d'ardoises. Terrasse pavée d'ardoises. « Plus que le marbre dur me plaît l'ardoise fine »* DU BELLAY. ■ **2** Plaque d'ardoise ou de carton enduit maintenue dans un cadre, sur laquelle on écrit avec un crayon spécial *(crayon d'ardoise)* ou une craie, et qu'on nettoie après usage. *Ardoise d'écolier, de commerçant.* ■ **3** FIG. Compte de marchandises, de consommations prises à crédit (noté autrefois sur une ardoise). *Il est très endetté, il a des ardoises partout.* ➤ **dette.** ■ **4** Couleur bleutée, cendrée de cette pierre. APPOS. INV. *Bleu, gris ardoise. Des uniformes bleu ardoise.*

ARDOISÉ, ÉE [aʀdwaze] adj. – 1571 ◇ de *ardoise* ■ Qui est de la couleur de l'ardoise. *« En automne, la colline est bleue sous un grand ciel ardoisé »* BARRÈS.

ARDOISIER, IÈRE [aʀdwazje, jɛʀ] adj. et n. m. – 1506 ◇ de *ardoise* ■ **1** Qui est de la nature de l'ardoise ou contient de l'ardoise. *Schiste ardoisier. Gîte ardoisier.* — Qui a rapport à l'ardoise. *Industrie ardoisière.* ■ **2** n. m. Personne qui exploite une carrière d'ardoise ou y travaille. *Les ardoisiers de Bretagne.* ◆ (Belgique) Couvreur.

ARDOISIÈRE [aʀdwazjɛʀ] n. f. – 1564 ◇ de *ardoise* ■ Carrière d'ardoise. *« J'ai remonté la vallée de la Meuse, j'ai vu ses eaux sombres, ses ardoisières »* BEAUVOIR.

ARDU, UE [aʀdy] adj. – 1365 ◇ latin *arduus* ■ **1** RARE Difficile à gravir. *Chemin ardu.* ➤ **escarpé.** ■ **2** (XVIIe) FIG. Qui présente de grandes difficultés. ➤ **difficile*, malaisé, pénible, rude.** *Travail ardu. Une entreprise ardue.* ■ CONTR. Abordable, accessible, aisé, facile.

ARE [aʀ] n. m. – 1793 ◇ du latin *area* « aire » ■ MÉTROL. Unité de mesure de superficie agraire (SYMB. a), valant cent mètres carrés. *Cent ares.* ➤ **hectare.** ■ HOM. Arrhes, ars, art, hart.

ARÉAGE [aʀeaʒ] n. m. – 1803 ◇ de *are* ■ Détermination de la surface (d'une terre) en ares.

AREC [aʀɛk] n. m. – 1610 ◇ du latin scientifique *areca,* mot portugais (*harequa,* 1510), du malayalam *adekka* ou *adakka* désignant le palmier à bétel. ■ **1** VX Fruit de l'aréquier. ■ **2** (1653) MOD. Aréquier. *Noix d'arec :* fruit de cet arbre, dont l'amande contient du cachou et entre dans la composition du bétel.

ARÉFLEXIE [aʀeflɛksi] n. f. – 1920 ◇ de 2*a-* et *réflexe* ■ MÉD. Absence, abolition des réflexes.

AREG ➤ 1 **ERG**

ARÉIQUE [aʀeik] adj. – 1926 ◇ de 2*a-* et du grec *rhein* « couler » ■ GÉOGR. Sans réseau hydrographique permanent. *Le Sahara est une région aréique.*

ARELIGIEUX, IEUSE [aʀ(ə)liʒjø, jøz] adj. – 1907 ◇ de 2*a-* et *religieux* ■ Qui n'a aucune religion (➤ **irréligieux**), repousse tout ce qui la concerne. ■ CONTR. Religieux.

ARÉNA [aʀena] n. m. ou f. – 1898 au Québec ◇ anglais américain *arena,* du latin → arène ■ Enceinte sportive couverte. *Des arénas.* — On écrit aussi *arena.*

ARÉNACÉ, ÉE [aʀenase] adj. – 1766 ◇ latin *arenaceus,* de *arena* « sable » ■ DIDACT. Qui est de la nature du sable. ➤ **sablonneux.** *Roche arénacée.*

ARÉNAVIRUS [aʀenaviʀys] n. m. – 1972 ◇ du latin *arena* « sable » et *virus* ■ VIROL. Virus à ARN, protégé par une capside hélicoïdale, enveloppé, véhiculé par certains rongeurs. *Certains arénavirus sont responsables de fièvres hémorragiques très graves chez l'être humain.*

ARÈNE [aʀɛn] n. f. – 1155 ◇ latin *arena* ■ **1** VX ou POÉT. Sable. — Étendue sableuse. *« L'énorme rue-place est une arène de sable fin »* GIDE. ■ **2** Aire sablée d'un amphithéâtre où les gladiateurs combattaient. ➤ 1 **lice.** — LOC. *Descendre dans l'arène :* accepter un défi, s'engager dans un combat, une lutte. *L'arène politique.* ◆ Aire sablée d'un cirque, d'un amphithéâtre où ont lieu des courses de taureaux. *Le taureau entre dans l'arène.* ■ **3** PAR EXT. (XVIe) AU PLUR. **ARÈNES :** ancien amphithéâtre romain. *Les arènes d'Arles, de Vérone.* ◆ (1767) Amphithéâtre où se déroulent des corridas. *Les arènes de Madrid, de Mexico.* ■ **4** (1846) TECHN. Sable argileux. — (XXe) GÉOL. Produit de consistance sableuse, issu de l'altération d'une roche cristalline. *Arène granitique.*

ARÉNICOLE [aʀenikɔl] adj. et n. f. – 1801 ◇ latin *arena* « sable » et *-cole* ■ **1** Qui vit dans le sable. ➤ **ammophile.** ■ **2** n. f. Ver segmenté *(polychètes),* qui vit dans le sable où il creuse un tube en U. *L'arénicole est utilisée comme appât par les pêcheurs.*

ARÉOLAIRE [aʀeɔlɛʀ] adj. – 1805 ◇ de *aréole* ■ **1** ANAT. Qui se rapporte à l'aréole (du sein). ◆ Se dit d'un tissu qui présente de nombreux interstices. ■ **2** GÉOL. *Érosion aréolaire,* latérale. ■ **3** (1887) MATH. *Vitesse aréolaire d'un point mobile décrivant une trajectoire plane,* aire balayée par unité de temps, par le rayon vecteur de ce point.

ARÉOLE [aʀeɔl] n. f. – 1611 ◇ latin *areola,* diminutif de *area* « aire » ■ **1** ANAT. Cercle pigmenté qui entoure le mamelon du sein. ■ **2** MÉD. Aire rougeâtre qui entoure un point enflammé.

ARÉOMÈTRE [aʀeɔmɛtʀ] n. m. – 1675 ◇ grec *araios* « peu dense » et *-mètre* ■ Instrument qui sert à mesurer le poids spécifique d'un liquide et qui est gradué de manière arbitraire, selon le liquide. ➤ **alcoomètre, densimètre, glucomètre, lactomètre, oléomètre, uromètre.** *Aréomètre (de) Baumé.* — n. f. **ARÉOMÉTRIE.**

ARÉOPAGE [aʀeɔpaʒ] n. m. – *ariopage* 1495 ◇ latin *areopagus,* grec *Areios pagos* « la colline d'Arès » ■ **1** Tribunal d'Athènes qui siégeait sur la colline d'Arès. — (Avec la majuscule) *Les membres de l'Aréopage* (*aréopagites* n. m.). ■ **2** (1719) FIG. Assemblée de juges, de savants, d'individus très compétents. *« l'auguste aréopage de la poésie et de l'éloquence »* FRANCE.

ARÉOSTYLE [aʀeɔstil] n. m. – 1547 ◇ latin *araeostylos,* du grec *araios* « rare » et *stulos* « colonne » ■ ANTIQ. Édifice dont les colonnes sont très espacées.

ARÉQUIER [aʀekje] n. m. – 1687 ◇ portugais *arequero* ■ Grand palmier d'Asie équatoriale dont le fruit est la noix d'arec* et dont le bourgeon terminal (cœur de palmier ou chou palmiste) est comestible.

ARÊTE [aʀɛt] n. f. – XIIe ◇ latin *arista*
I BOT. Barbe de l'épi de certaines graminées.
II ▪ **1** Tige du squelette des poissons osseux. *Grande arête :* colonne vertébrale du poisson. *Sardines sans arête.* — *Arêtes,* les côtes qui en partent. *S'étrangler avec une arête.* ▪ **2** MATH. Segment de droite constituant la frontière commune de deux faces d'un polyèdre. *Les arêtes d'un cube. Arête d'un graphe non orienté. Arête de rebroussement d'une surface réglée développable.* — PAR ANAL. Ligne d'intersection de deux plans. *L'arête d'un toit* (➤ **arêtier, arêtière**). *Arête du nez.* — *Une pierre, une poutre taillée à vive arête. Arête d'une voûte,* angle qu'elle forme avec un mur ou une autre voûte. *Voûte* d'arête.* — *Arête d'une chaîne de montagnes,* ligne d'intersection des deux versants. ➤ **crête.** « *L'arête vaporeuse du Djebel-Amour se découpait sur un ciel d'une extraordinaire transparence* » FROMENTIN.
▪ HOM. Arrête.

ARÊTIER [aʀetje] n. m. – 1309 ◇ de *arête* ▪ ARCHIT., CHARPENT. Pièce de charpente qui forme l'encoignure d'un comble, recouvre l'arête ou les arêtes d'un toit.

ARÊTIÈRE [aʀɛtjɛʀ] n. f. – 1691 ◇ de *arêtier* ▪ ARCHIT. Tuile qui recouvre l'arête ou les arêtes du toit. *Faîtières et arêtières.*

AREU [aʀø] interj. – 1966 ◇ onomat. ▪ Onomatopée (souvent répétée) censée transcrire l'un des premiers sons du langage que le bébé émet en signe de bien-être. *Bébé qui fait areu.*

ARGAN [aʀgɑ̃] n. m. – 1556 ◇ arabe *arqān* ▪ Fruit, amande de l'arganier. *Huile d'argan,* riche en vitamine E, à usage culinaire et cosmétique.

ARGANIER [aʀganje] n. m. – 1907 ◇ de *argan* ▪ Arbuste épineux à tronc court *(sapotacées),* dont le fruit contient une amande oléagineuse (➤ **argan**).

ARGAS [aʀgɑs] n. m. – 1796 ◇ latin des zoologistes, mot grec ▪ ZOOL. Acarien, parasite extérieur des volailles et des mammifères.

ARGENT [aʀʒɑ̃] n. m. – fin IXe ◇ du latin *argentum*
I MÉTAL ▪ **1** Métal blanc (Ag ; n° at. 47 ; m. at. 107,8682), très ductile et malléable, que l'on trouve en filons à l'état natif *(argent natif),* dans les minerais, galènes et pyrites à l'état de sulfure *(sulfure d'argent* ➤ **argentite, argyrose**), parfois uni à l'antimoine, au chlore. — *Polir, aviver, brunir, planer l'argent. Alliages d'argent, imitant l'argent.* ➤ **argentan, électrum, maillechort.** *Argent doré.* ➤ **vermeil.** *Vaisselle d'argent.* ➤ **argenterie.** LOC. *Être né avec une cuillère d'argent dans la bouche,* dans une famille riche. *Bijou en argent. Médaille* d'argent. Couvrir une glace d'une couche d'argent.* ➤ **argenter ; argenture.** *Fil, étoffe d'argent* (brocart). *Argent colloïdal,* utilisé en médecine. ➤ **collargol.** *Nitrate d'argent. Blanc d'argent.* ➤ **céruse.** ◆ *Vif-argent.* ➤ **mercure.** ▪ **2** loc. adj. *D'argent :* de la couleur, de la blancheur, de l'éclat de l'argent. ➤ **argenté.** « *La lune ouvre dans l'onde Son éventail d'argent* » HUGO.
II MONNAIE ▪ **1** (fin XIe) Monnaie de ce métal. *Argent monnayé. L'encaisse or et l'encaisse argent.* ▪ **2** Toute sorte de monnaie (métallique, scripturale, papier-monnaie). « *Nous appelons notre monnaie l'argent, même si elle est en papier* » R. DAUMAL. PAR EXT. Ce qui représente cette monnaie. ➤ 2 **capital, fonds, fortune, monnaie, numéraire, pécule, recette, ressource, richesse ;** FAM. OU POP. **blé,** 2 **braise, cash, flouze, fric, galette, grisbi, jonc,** 3 **maille, oseille, pépètes, pèze, picaillon, pognon, rond, sou, thune, trèfle** (cf. Le nerf* de la guerre). *Somme d'argent.* — *Payer en argent* (opposé à *en nature*) (cf. En espèces*). *Argent liquide*. Argent comptant*. Placer, faire travailler son argent. Argent qui dort,* improductif. *Déposer, verser son argent à la banque. Avance d'argent.* ➤ **acompte, arrhes, avance, débours,** 2 **prêt, provision.** *Avancer, prêter ; emprunter, devoir, rembourser de l'argent à qqn. Gagner de l'argent. Recevoir, toucher de l'argent. Rentrée d'argent. De l'argent facile* (à gagner). *Argent sale*. Pour de l'argent,* moyennant finance*. *Se vendre pour de l'argent :* être vénal. *Homme, femme d'argent.* ➤ **intéressé.** *Dépenser de l'argent* (➤ **dépensier, prodigue**). *Amasser, entasser de l'argent* (➤ **avare**). *Mettre de l'argent de côté, à gauche.* ➤ **économiser, épargner.** *Mettre son argent dans un portemonnaie, un coffre, un coffre-fort. Argent de poche*.* — *Avoir de l'argent.* ➤ **fortuné, riche ; argenté** (cf. Être plein aux as*, rouler sur l'or*, RÉGION. avoir le motton). *Sa famille avait beaucoup d'argent.* (1860) *Être à court d'argent, sans argent.* ➤ **désargenté, impécunieux, indigent, pauvre ; fauché, pendu** (cf. POP. Sans un*, sans le sou*, raide [comme un passe-lacet], à sec* ; n'avoir pas un radis*). — « *Oh ! argent que j'ai tant méprisé, tu as pourtant ton mérite : source de la liberté, tu arranges mille choses dans notre existence* » CHATEAUBRIAND. ▪ **3** LOC. (début XIXe, Balzac) *Jeter l'argent par les fenêtres :* dépenser en gaspillant. (1866) *L'argent lui fond dans les mains :* c'est une personne dépensière. *En vouloir pour son argent ;* (1811) *en avoir pour son argent,* en proportion de ce qu'on a donné (en argent ou autrement). — (1561) *Faire argent de tout :* employer tous les moyens pour s'en procurer. — *On ne peut pas avoir le beurre* et l'argent du beurre.* — *Prendre qqch. pour argent comptant :* croire naïvement ce qui est dit ou promis. — PROV. *L'argent n'a pas d'odeur,* ne garde pas la marque de sa provenance (malhonnête). *L'argent ne fait pas le bonheur. Plaie d'argent n'est pas mortelle :* une perte d'argent n'est pas un malheur irréparable. *Le temps c'est de l'argent* (angl. *Time is money*) : il ne faut pas perdre de temps.
III TERME DE BLASON (fin XIIe) Un des métaux employés dans les armoiries, représenté par de l'argent, du blanc. *Cette maison porte d'argent au lion de sable.*

ARGENTAGE ➤ **ARGENTURE**

ARGENTAN [aʀʒɑ̃tɑ̃] n. m. – 1866 ◇ de *argent* ▪ Alliage de cuivre, zinc et nickel imitant l'argent. ➤ **maillechort.** *Couverts en argentan.* — On dit aussi **ARGENTON,** 1837.

ARGENTATION ➤ **ARGENTURE**

ARGENTÉ, ÉE [aʀʒɑ̃te] adj. – 1458 ◇ de *argenter*
I ▪ **1** Qui est recouvert d'une couche d'argent (➤ **argenture**). *Métal argenté.* ▪ **2** Qui a la couleur, l'éclat de l'argent. *Cheveux argentés. Gris argenté.* ▪ **3** VX ➤ 1 **argentin** (2°). « *Cette voix argentée de la jeunesse* » ROUSSEAU.
II (1876 ◇ de *argent*) FAM. (surtout en emploi négatif) Qui a de l'argent, est en fonds. *Il n'est pas très argenté en ce moment.* ➤ **riche.**
▪ CONTR. Désargenté.

ARGENTER [aʀʒɑ̃te] v. tr. ‹1› – 1220 ◇ de *argent* ▪ **1** Recouvrir d'une feuille, d'une couche d'argent (➤ **argenture**). *Argenter des couverts. Argenter une glace.* ▪ **2** FIG. Donner la couleur, l'éclat de l'argent à. « *Comme un grand poisson mort, dont le ventre flottant Argente l'onde verte* » HUGO. PRONOM. « *Ses tempes qui s'argentaient déjà* » MARTIN DU GARD. ▪ CONTR. Désargenter.

ARGENTERIE [aʀʒɑ̃tʀi] n. f. – 1562 ; « fonds utilisés par le roi pour ses dépenses extraordinaires » 1286 ◇ de *argent* ▪ Vaisselle, couverts, ustensiles en argent ou en métal argenté. *Pièces d'argenterie. Argenterie à godrons*. Ranger l'argenterie dans un écrin.*

ARGENTEUR, EUSE [aʀʒɑ̃tœʀ, øz] n. – 1271 ◇ de *argenter* ▪ Ouvrier, ouvrière qui argente. *Argenteur sur cuivre. Argenteur sur verre,* qui fait les glaces.

ARGENTIER, IÈRE [aʀʒɑ̃tje, jɛʀ] n. – XVIe ; « banquier » 1272 ◇ latin *argentarium* ▪ **1** HIST. *Le grand argentier :* le surintendant des finances. ◆ AUJ., PAR PLAIS. Le ministre des Finances ; le directeur financier d'une entreprise. ▪ **2** n. m. et f. Meuble où l'on range l'argenterie.

ARGENTIFÈRE [aʀʒɑ̃tifɛʀ] adj. – 1596 ◇ du latin *argentum* « argent » et *-fère* ▪ Qui contient de l'argent. *Minerai argentifère.*

1 **ARGENTIN, INE** [aʀʒɑ̃tɛ̃, in] adj. – 1115 ◇ de *argent* ▪ **1** VX ➤ **argenté.** ▪ **2** Qui résonne clair comme l'argent. *Le son argentin d'une clochette.* « *Et sa voix argentine, Écho limpide et pur de son âme enfantine* » LAMARTINE.

2 **ARGENTIN, INE** [aʀʒɑ̃tɛ̃, in] adj. et n. – 1838 ◇ de *Argentine* ▪ D'Argentine. *Le tango argentin.* — n. *Les Argentins.*

ARGENTIQUE [aʀʒɑ̃tik] adj. – 1834 ◇ de *argent* ▪ CHIM., PHARM. Qui contient de l'argent (en parlant de préparations chimiques ou médicamenteuses). *Émulsion argentique (gélatinobromure d'argent) des pellicules photographiques.* — Par ext. *Photographie argentique* (opposé à *numérique*). « *La photographie se présente sous la forme d'un tirage noir et blanc argentique* » LIBERATI.

ARGENTITE [aʀʒɑ̃tit] n. f. – 1869 ◇ de *argent* ▪ MINÉR. Minerai d'argent (sulfure), gris noir. ➤ **argyrose.**

ARGENTON ➤ **ARGENTAN**

ARGENTURE [aʀʒɑ̃tyʀ] n. f. – 1642 ; « argent massif » XIVe ◇ de *argenter* ▪ **1** Action d'argenter (on dit aussi *argentage* n. m., *argentation* n. f.). — Art de l'argenteur. ▪ **2** Couche d'argent (amalgame, feuille, pâte) que l'on applique sur un corps (métal, verre) pour lui donner l'apparence, l'éclat du métal précieux. ➤ **plaqué.** *L'argenture de ces couverts est partie. L'argenture des glaces a remplacé l'étamage.*

ARGILE [aʀʒil] n. f. – 1190 ◊ latin *argilla* ■ **1** COUR. Roche terreuse (essentiellement composée de silicates hydratés d'aluminium et d'autres métaux associés à des fractions de détritus organiques) provenant surtout de la décomposition des feldspaths, avide d'eau, imperméable et plastique, dite *terre glaise* ou *terre à potier*. *Ces «pots d'argile poreuse qui font l'eau si fraîche»* GAUTIER. *Banc d'argile. Argile blanche.* ➤ **calamite, kaolin.** *Argile rouge, jaune, ocreuse.* ➤ **ocre, sil.** *Argile verte,* utilisée en cosmétique, en dermatologie. *Argiles bariolées,* rouges et vertes à gypse. *Argile abyssale :* argile rouge des grands fonds marins. *Argile plastique* (terre glaise). *Argile calcaire.* ➤ **marne.** *Argile sableuse,* contenant des grains de quartz. *Argile smectique,* absorbante et dégraissante (cf. Terre à foulon*). *Mortier d'argile.* ➤ **bauge, pisé ; et aussi brique.** — *Argile grasse, maigre,* plastique ou peu plastique selon son imbibition d'eau. *Argile réfractaire.* — *Argile à silex* (paléosol datant du miocène). — *Propriétés purifiantes de l'argile* (➤ **rassoul**). *Masque à l'argile.* ◆ (BIBL.) Limon dont Dieu pétrit l'homme. — *La statue aux pieds d'argile.* LOC. *Colosse aux pieds d'argile :* personne, puissance fragile, vulnérable malgré les apparences. ■ **2** MINÉR. Silicate hydraté d'aluminium et d'autres métaux, constituant principal de l'argile (1°).

ARGILEUX, EUSE [aʀʒilø, øz] adj. – 1170 ◊ latin *argillosus* ; cf. *argile* ■ Qui est de la nature de l'argile. *Terre argileuse.*

ARGININE [aʀʒinin] n. f. – 1898 ◊ allemand *Arginin* (1886), du radical du latin *argentum,* le *nitrate d'arginine* ayant un aspect argenté ■ BIOCHIM. Acide aminé naturel aux propriétés basiques.

ARGON [aʀgɔ̃] n. m. – 1895 ◊ mot anglais (1894), du grec *argos* «inactif», parce qu'il n'entre dans aucune combinaison chimique connue ■ CHIM. Corps simple (Ar ; n° at. 18 ; m. at. 39,948), gaz inerte, incolore et inodore, de la série des gaz* rares. *Laser à argon.*

ARGONAUTE [aʀgonot] n. m. – XVe-XVIe ◊ latin d'origine grecque *argonautae* «les Argonautes» ■ **1** *Les Argonautes :* héros grecs qui, sous la conduite de Jason, allèrent en Colchide conquérir la Toison d'or. ■ **2** (1808) Mollusque céphalopode *(octopodes).* ➤ **nautile.** ■ **3** Petit voilier monotype d'instruction et de course.

ARGOT [aʀgo] n. m. – 1628 «corporation des gueux» ◊ origine inconnue ■ **1** Langage cryptique des malfaiteurs, du milieu ; «langue verte». Blase *signifie* «nom» *et* «nez» *en argot. Dictionnaire d'argot. Les détenus «m'apprennent à parler argot, à rouscailler bigorne, comme ils disent»* HUGO. — COUR. Langue familière contenant des mots argotiques passés dans la langue commune. *Mots d'argot.* ■ **2** LING. Langage particulier à une profession, à un groupe de personnes, à un milieu fermé. ➤ 2 **javanais, verlan.** *Argot parisien. Argot militaire, scolaire, sportif. «En argot de prison, le* mouton *est un mouchard»* BALZAC. *Argot de métier.* ➤ 1 **jargon.** *L'argot des bouchers, des typographes.*

ARGOTIQUE [aʀgɔtik] adj. – 1845 ; «de la communauté des gueux» 1628 ◊ de *argot* ■ Qui a rapport à l'argot (1°). *Termes argotiques.*

ARGOTISME [aʀgɔtism] n. m. – 1839 ◊ de *argot* ■ LING. Mot, expression argotique.

ARGOTISTE [aʀgɔtist] n. – 1866 ◊ de *argot* ■ Linguiste spécialisé(e) dans l'étude de l'argot.

ARGOUSE [aʀguz] n. f. – 1852 ; «argousier» 1850 ◊ → argousier ■ Fruit de l'argousier qui pousse en grappes, baie orangée riche en vitamines.

ARGOUSIER [aʀguzje] n. m. – 1783 ◊ probablt mot préroman, du radical *arg-* «épine» ■ Arbrisseau vivace, épineux *(éléagnacées),* des terrains pauvres et des friches (encore appelé *faux nerprun, saule épineux, griset*), dont le fruit est l'argouse.

ARGOUSIN [aʀguzɛ̃] n. m. – 1538 ; *agosin* XVe ◊ portugais *algoz* «bourreau», de l'arabe *alghozz* avec influence de *alguazil* ■ ANCIENNT Bas officier des galères. — PÉJ. et VIEILLI Agent de police.

ARGUER [aʀgɥe] v. tr. ‹1 ; la conjug. de ce v. est régulière. Le *u* du radical se prononce dans tous les cas (comme dans *tuer*) ; ex. *il argue* [aʀgy]› /ARGÜER/ – 1080 «se presser» ◊ latin *arguere* ■ **1** LITTÉR. *Arguer qqch.* (de qqch.), en tirer argument. *Vous ne pouvez rien arguer de ce fait.* ➤ **argumenter, conclure, déduire, inférer.** ◆ DR. *Arguer une pièce de faux,* en affirmer la fausseté. ➤ **accuser, attaquer, contester.** ■ **2** v. tr. ind. *Arguer de qqch. :* mettre qqch. en avant, s'en servir comme argument ou prétexte. ➤ **alléguer, avancer, invoquer, prétexter, protester** (de). *Il arguera de circonstances atténuantes.* (Avec *que*) *Arguant qu'il n'était pas averti.*

ARGUMENT [aʀgymɑ̃] n. m. – 1160 ◊ latin *argumentum* → arguer ■ **1** Raisonnement destiné à prouver ou à réfuter une proposition, et PAR EXT. Preuve à l'appui ou à l'encontre d'une proposition. ➤ **raisonnement ; argumentation, démonstration ; preuve, raison.** *Démontrer par des arguments la justesse ou la fausseté d'une théorie.* ➤ **thèse ; antithèse.** *Apporter, fournir, invoquer des arguments à l'appui d'une thèse. Appuyer une affirmation sur de bons arguments. Opposer ses arguments à ceux de l'adversaire* (➤ **objecter, réfuter, répliquer, répondre, rétorquer**). *Arguments de vente* (➤ **argumentaire**). *Force, poids, portée, valeur d'un argument. Argument irréfutable, pertinent, convaincant, décisif. Des arguments massue. Être à court d'arguments. «Ils rabâchaient ainsi les mêmes arguments, chacun méprisant l'opinion de l'autre, sans le convaincre de la sienne»* FLAUBERT. ◆ PAR EXT. Tout moyen utilisé aux mêmes fins. *«Jamais le meurtre ne sera à mes yeux un objet d'admiration et un argument de liberté»* CHATEAUBRIAND. ◆ *Tirer argument de :* se servir comme d'une preuve, d'une raison. ➤ **arguer.** ■ **2** (1500) Exposé sommaire du sujet que l'on va développer (au théâtre, en littérature). *Argument d'une pièce de théâtre* (➤ **prologue**), *d'un livre, d'une narration* (➤ **exposé, sommaire**), *d'un film* (➤ **synopsis**). ■ **3** MATH. Angle du vecteur avec l'axe d'origine, dans la représentation d'un nombre complexe. ◆ Variable d'une fonction par rapport à laquelle une table de variation de cette fonction a été établie. ■ **4** INFORM. Variable dont la valeur détermine la valeur d'une fonction.

ARGUMENTAIRE [aʀgymɑ̃tɛʀ] adj. et n. m. – 1970 ◊ de *argument* ■ COMM. Qui concerne les arguments de vente. *Liste argumentaire.* — n. m. COUR. Document utilisé par le vendeur, contenant l'ensemble des arguments de vente. *Rédiger un argumentaire.*

ARGUMENTANT [aʀgymɑ̃tɑ̃] n. m. – 1690 ◊ p. prés. de *argumenter* ■ VX Celui qui argumentait dans la soutenance d'une thèse contre un adversaire appelé *répondant.* — MOD. DR. Celui qui argumente dans un acte public contre le répondant.

ARGUMENTATEUR, TRICE [aʀgymɑ̃tatœʀ, tʀis] n. – 1539 ◊ bas latin *argumentator,* de *argumentari* → argumenter ■ Personne qui se plaît à argumenter. ➤ **ergoteur, raisonneur, rhétoricien.** *«Un philosophe contemporain, argumentateur à outrance»* BERGSON.

ARGUMENTATIF, IVE [aʀgymɑ̃tatif, iv] adj. – 1521 ; hapax XIVe ◊ de *argumentation* ■ DIDACT. Relatif à l'argumentation. *Stratégie, technique argumentative.*

ARGUMENTATION [aʀgymɑ̃tasjɔ̃] n. f. – XIVe ◊ latin *argumentatio* ■ **1** Action, art d'argumenter. ➤ **dialectique.** ■ **2** Ensemble d'arguments tendant à une même conclusion. *Une argumentation serrée.*

ARGUMENTER [aʀgymɑ̃te] v. intr. ‹1› – XIIe ◊ latin *argumentari* ■ Présenter des arguments ; prouver par arguments. *Argumenter contre qqn. Argumenter de qqch.,* en tirer des arguments. *Argumenter de l'effet à la cause.* ➤ **conclure** (de). — p. p. adj. *Critique argumentée.*

ARGUS [aʀgys] n. m. – 1584 ◊ n. pr. latin, géant mythologique qui avait cent yeux ■ **1** LITTÉR. Surveillant, espion vigilant et difficile à tromper. *«Son vieil argus était venu nous rejoindre»* ABBÉ PRÉVOST. ■ **2** (Marque déposée) Publication qui fournit des renseignements spécialisés. *L'Argus de l'automobile,* qui fournit la cote des voitures de moins de huit ans. *Voiture qui n'est plus cotée à l'Argus. L'Argus de la presse.* ■ **3** Oiseau exotique *(phasianidés),* de la taille d'un faisan.

ARGUTIE [aʀgysi] n. f. – v. 1520 ◊ latin *argutia,* de *arguere* «prouver» ■ (En génér. au plur.) Raisonnement pointilleux, subtilité de langage. ➤ **chicane, finesse, subtilité.** *«Ils s'amusent et s'attardent dans la dialectique, les arguties et le paradoxe»* TAINE.

ARGYRIE ➤ **ARGYROSE**

ARGYRISME [aʀʒiʀism] n. m. – 1888 ◊ de *argyr(o)-* et *-isme* ■ MÉD. Intoxication par les sels d'argent, dont l'une des manifestations est l'argyrose*.

ARGYR(O)- ■ Élément, du grec *arguros* «argent».

ARGYRONÈTE [aʀʒiʀɔnɛt] n. f. – 1843 ◊ de *argyro-* et du grec *nêo* «je file» ■ Araignée aquatique qui tisse dans l'eau une sorte de cloche qu'elle remplit d'air.

ARGYROSE [aʀʒiʀoz] n. f. – 1833 ◊ de *argyr(o)-* et 2 *-ose* ■ DIDACT. ■ **1** Minerai d'argent (sulfure d'argent). ➤ **argentite.** ■ **2** (XXe) MÉD. Coloration grise ou brunâtre de la peau ou des muqueuses, due à une imprégnation par des sels d'argent (contact professionnel ou traitement médical prolongé). ➤ **argyrisme.** On dit aussi **ARGYRIE.**

1 **ARIA** [aʀja] **n. m.** – *haria caria* «tumulte» 1493 ◇ ancien français *harier* «tourmenter, harceler» ■ VX Embarras, ennui, souci, tracas. *Que d'arias !*

2 **ARIA** [aʀja] **n. f.** – 1703 ◇ mot italien «air» ■ MUS. Solo vocal accompagné ou pièce instrumentale à caractère mélodique. *Les arias et les récitatifs d'une cantate. Les premières arias pour luth sont de la fin du* XVI*e* *siècle. Une aria de Bach.*

ARIANISME [aʀjanism] **n. m.** – 1568 ◇ de *arien* ■ HIST. RELIG. Hérésie des ariens, qui niait la consubstantialité du Fils avec le Père et fut condamnée au concile de Nicée (325).

ARIDE [aʀid] **adj.** – 1360 ◇ latin *aridus*, de *arere* «être sec» ■ **1** RARE Dépourvu d'humidité. ➤ **sec ; desséché.** *Un pays «battu par des vents arides et brûlé jusqu'aux entrailles»* FROMENTIN. *Climat aride,* aux précipitations très faibles. ◆ PAR EXT. COUR. Qui ne porte aucun végétal, faute d'humidité. ➤ **inculte, pauvre, stérile ; 2 désert.** *«La morne tristesse du désert règne sur cette terre aride»* FRANCE. ■ **2** FIG. et LITTÉR. Qui ne produit rien, n'a ni sensibilité ni imagination. *Esprit aride.* ➤ **infécond, stérile.** ◆ COUR. Dépourvu d'intérêt, d'agrément, d'attrait. *Sujet, matière aride.* ➤ **ingrat, rébarbatif, sévère.** ■ CONTR. Humide. Fécond, fertile, riche. Agréable, attrayant.

ARIDITÉ [aʀidite] **n. f.** – 1120 ◇ latin *ariditas*, de *aridus* «sec» ■ **1** État de ce qui est aride. ➤ **sécheresse.** *«l'aridité du mistral»* MICHELET. — *Aridité du sol.* ➤ **stérilité.** ■ **2** FIG. LITTÉR. *L'aridité d'un esprit.* ➤ **stérilité ; pauvreté.** *Aridité du cœur.* ➤ **insensibilité, sécheresse ; froideur.** *«il y avait sur ce visage une aridité désolée qui était insoutenable»* SARTRE. COUR. *Aridité d'un sujet.* ➤ **sévérité.** ■ CONTR. Humidité. Fécondité, fertilité, richesse. Sensibilité. Agrément, attrait.

ARIEN, IENNE [aʀjɛ̃, jɛn] **adj.** et **n.** – 1231 ◇ latin ecclésiastique *arianus*, de *Arius*, célèbre hérésiarque ■ **1** D'Arius. *L'hérésie arienne.* ■ **2 n.** Partisan de l'arianisme. ■ HOM. Aryen.

ARIETTE [aʀjɛt] **n. f.** – 1710 ◇ italien *arietta*, diminutif de *aria* «air» ■ MUS. CLASS. Petite pièce vocale ou instrumentale de caractère mélodique. *Une ariette de Haydn.*

ARILLE [aʀij] **n. m.** – 1808 ◇ bas latin *arillus* «grain de raisin» ■ BOT. Expansion charnue ou membraneuse qui enveloppe certaines graines auxquelles elle n'adhère que par le hile.

ARIOSO [aʀjozo] **n. m.** – 1837 ◇ italien *arioso*, de *aria* «air» ■ MUS. CLASS. Pièce vocale de caractère dramatique qui tient de l'aria et du récitatif. *Des ariosos.*

ARISER ou **ARRISER** [aʀize] **v. tr.** ‹1› – 1643 ◇ de 1 *a-* et 2 *ris* ■ MAR. Diminuer la surface de (une voile) en prenant un ou plusieurs ris. ➤ 2 **ris.** — **p. p. adj.** *Grand-voile arisée.*

ARISTOCRATE [aʀistɔkʀat] **n.** – 1550, répandu 1778 ◇ de *aristocratie* ■ **1** Partisan de l'aristocratie (1°). *«Démocrate par nature, aristocrate par mœurs»* CHATEAUBRIAND. — SPÉCIALT (PÉJ.) À la Révolution, Partisan des privilèges, noble, contre-révolutionnaire. *«Les aristocrates à la lanterne !»* (chanson). ■ **2** Membre de l'aristocratie (2°). ➤ **noble.** *Avoir des manières d'aristocrate.* — ABRÉV. FAM. **ARISTO** [aʀisto]. *Les aristos.* ■ **3** Membre d'une aristocratie (4°), d'une élite. *Un privilège «d'artisan d'art, d'aristocrate du travail»* TOURNIER. ■ CONTR. Démocrate, prolétaire. Plébéien.

ARISTOCRATIE [aʀistɔkʀasi] **n. f.** – 1361 ◇ grec *aristokratia*, de *aristos* «le meilleur» et *kratos* «force, puissance» ■ **1** POLIT. Forme de gouvernement où le pouvoir souverain appartient à un petit nombre de personnes, et particulièrement à une classe héréditaire (➤ **noble ; grand, patricien**). *Aristocratie et oligarchie.* ■ **2** Classe qui détenait le pouvoir. ➤ **noblesse.** *«une aristocratie, reste des familles autrefois souveraines, dont le rôle consiste à limiter la royauté»* RENAN. ■ **3** Ensemble des nobles, des privilégiés. ■ **4** Petit nombre de personnes qui détiennent une prééminence en quelque domaine. ➤ **élite.** *Une aristocratie d'écrivains. L'aristocratie du talent.* ◆ PAR EXT. Prééminence, supériorité, distinction. *Aristocratie des sentiments, du goût.* ■ CONTR. Démocratie. Peuple. Vulgarité.

ARISTOCRATIQUE [aʀistɔkʀatik] **adj.** – 1361 ◇ grec *aristokratikos* ■ **1** POLIT. Qui appartient à l'aristocratie (1°). *Gouvernement aristocratique.* ■ **2** Qui appartient à l'aristocratie (3°), à la classe noble. ➤ **noble.** ■ **3** Qui est digne d'un aristocrate. ➤ **élégant, distingué, raffiné.** *Manières aristocratiques. «une beauté grêle et pour ainsi dire aristocratique»* BALZAC. *«l'amabilité aristocratique, amabilité heureuse de verser un baume sur le sentiment d'infériorité de ceux à l'égard desquels elle s'exerce»* PROUST. — **adv. ARISTOCRATIQUEMENT,** 1568. ■ CONTR. Démocratique. Bourgeois, prolétarien. Grossier, vulgaire.

ARISTOLOCHE [aʀistɔlɔʃ] **n. f.** – 1248 *aristologie* ◇ latin *aristolochia*, du grec *aristos* «excellent» et *lokhos* «accouchement», cette plante étant réputée pour le faciliter ■ Plante grimpante *(aristolochiacées)*, aux feuilles en cœur, aux fleurs jaunes, à corolle tubulaire et odeur nauséabonde.

ARISTOTÉLICIEN, IENNE [aʀistɔtelisjɛ̃, jɛn] **adj.** et **n.** – 1668 ◇ de *aristotélique*, latin *aristotelicus* ■ Qui est relatif à la doctrine d'Aristote et à la tradition philosophique qui s'en inspire. *Philosophie aristotélicienne. Les catégories**, *la définition aristotéliciennes.* On a dit *aristotélique.* — **n.** Partisan de la doctrine d'Aristote. ➤ **péripatéticien.**

ARISTOTÉLISME [aʀistɔtelism] **n. m.** – 1751 ◇ du latin *Aristoteles* «Aristote» ■ Doctrine, philosophie d'Aristote et des aristotéliciens.

ARITHMÉTICIEN, IENNE [aʀitmetisjɛ̃, jɛn] **n.** – 1404 *arismeticien* ◇ de *arithmétique* ■ Mathématicien(ne) spécialiste de l'arithmétique.

1 **ARITHMÉTIQUE** [aʀitmetik] **adj.** – 1370 *arismétique* ◇ latin *arithmeticus* → 2 arithmétique ■ **1** Relatif à l'arithmétique, fondé sur la science des nombres rationnels. *Calcul arithmétique. Appareil, instrument, machine arithmétique.* ➤ **arithmographe, arithmomètre.** *Opérations arithmétiques.* ➤ **addition, division, multiplication, soustraction.** *Nombres arithmétiques :* nombres entiers naturels (formant l'ensemble N*). *Moyenne arithmétique de n nombres :* somme de ces nombres divisée par n. — *Rapport arithmétique de deux quantités :* différence entre ces deux quantités. *Progression* ou *suite arithmétique* (opposé à *progression géométrique*) : série de termes dont l'un procède du précédent par addition d'un nombre constant (➤ **raison**). *1, 4, 7, 10, 13... est une progression arithmétique de raison 3.* ■ **2** FAM. et VIEILLI *C'est arithmétique :* c'est prouvé par les nombres ; PAR EXT. c'est logique. ➤ **mathématique.**

2 **ARITHMÉTIQUE** [aʀitmetik] **n. f.** – 1156 ◇ latin *arithmetica*, grec *arithmêtikê*, de *arithmos* «nombre» ■ **1** Partie de la mathématique qui étudie les propriétés et les relations élémentaires sur les ensembles des entiers (naturels et relatifs) et des nombres rationnels. ◆ Pratique des calculs relatifs à cette science (➤ **algorithme ; 1 calcul, opération**). *Arithmétique formelle* ou *théorie des nombres :* théorie logique destinée à formaliser l'arithmétique élémentaire en utilisant d'autres branches de la mathématique (théorie des ensembles*, théorie des groupes*, géométrie algébrique, analyse*). ➤ **nombre ; transfini.** ◆ Art de calculer. ➤ 1 **calcul.** *Être meilleur en arithmétique qu'en algèbre.* ■ **2** Livre qui en traite. *Acheter une arithmétique.* — **adv. ARITHMÉTIQUEMENT,** 1538.

ARITHMOGRAPHE [aʀitmɔgʀaf] **n. m.** – 1842 ◇ du grec *arithmos* «nombre» et *-graphe* ■ HIST. SC. Cadran à calcul de Gattey (1807).

ARITHMOLOGIE [aʀitmɔlɔʒi] **n. f.** – 1834 ◇ du grec *arithmos* «nombre» et *-logie* ■ HIST. SC. Science générale des nombres et de la mesure des grandeurs.

ARITHMOMÈTRE [aʀitmɔmɛtʀ] **n. m.** – 1823 ◇ du grec *arithmos* «nombre» et *-mètre* ■ HIST. SC. Machine à calculer (inventée en 1820).

ARLEQUIN, INE [aʀləkɛ̃, in] **n. m.** et **f.** – 1577 ◇ de l'ancien français *hellequin*, nom d'un diable, avec influence de l'italien *arlecchino* ■ **1 n. m.** Personnage bouffon de la commedia dell'arte, qui porte un costume fait de pièces triangulaires de toutes couleurs, un masque noir, et un sabre de bois. *Des arlequins.* ◆ LOC. *Un habit d'arlequin :* un tout formé de parties disparates. ◆ *Manteau d'arlequin :* encadrement de la scène d'un théâtre, figurant des rideaux relevés. ■ **2 n. f. ARLEQUINE :** femme déguisée en arlequin. ■ **3** ADJT INV. À losanges de couleur. *Des bas arlequin.*

ARLEQUINADE [aʀləkinad] **n. f.** – 1726 ◇ de *arlequin* ■ **1** Pièce bouffonne où Arlequin jouait le principal rôle. ■ **2** Bouffonnerie d'arlequin. PAR EXT. Action ridicule, inconséquence choquante.

ARLÉSIEN, IENNE [aʀlezjɛ̃, jɛn] **adj.** et **n.** – attesté 1866 ◇ de *Arles* ■ **1** D'Arles. — **n.** *«L'Arlésienne», opéra de Bizet.* ■ **2** LOC. *Jouer l'arlésienne, les arlésiennes :* ne pas se montrer (par allusion à l'opéra de Bizet, où le personnage de l'Arlésienne n'apparaît jamais sur scène).

ARMADA [armada] **n. f.** – 1828 ◊ mot espagnol «armée navale» ▪ *L'Invincible Armada* : flotte de Philippe II envoyée contre l'Angleterre et qui fut en partie détruite par la tempête. ♦ Grand nombre de choses ou de personnes ressenties comme agressives. *Une armada de bombardiers. L'armada des photographes.*

ARMAGNAC [armaɲak] **n. m.** – 1802 ◊ de *eau-de-vie d'Armagnac* (1752), du nom d'une région d'Aquitaine ▪ Eau-de-vie de raisin que l'on produit en Armagnac. *Des armagnacs hors d'âge.* — Verre de cette eau-de-vie. *Garçon ! Un armagnac !*

ARMAILLI [armaji] **n. m.** – 1804 ; *armallier* 1538 ◊ emprunté au parler de Fribourg (*armallie*, 1497), du latin *animal* ▪ **(Suisse)** Homme qui, dans les alpages, est chargé de soigner les troupeaux et de confectionner le fromage. *Le bredzon des armaillis.* — *Maître-armailli*, chef d'un alpage.

ARMATEUR, TRICE [armatœr, tris] **n.** – 1544 ◊ italien (Venise) *armatore*, du latin *armare* ▪ Personne qui se livre à l'exploitation commerciale d'un navire (➤ **armer**, I, B).

ARMATURE [armatyr] **n. f.** – 1282 ◊ latin *armatura* ▪ **1** Assemblage de pièces de bois ou de métal qui sert à maintenir les diverses parties d'un ouvrage de charpente, de maçonnerie, qui consolide une matière fragile. ➤ **charpente ; carcasse, échafaudage.** *Armature d'un vitrail.* ➤ 2 **treillis.** *Armature du béton* : barres et fils d'acier que l'on place dans les coffrages. — *Soutien-gorge à armature.* — PHYS. Plaques, lames métalliques d'un condensateur électrique, d'un électroaimant. ▪ **2** FIG. Ce qui sert à maintenir, à soutenir. *«Nous avions renié toute métaphysique, mais nous étions encore soutenus par la vieille armature morale»* DUHAMEL. ➤ **base, charpente, fondation, ossature, soutien, support.** ▪ **3** MUS. Ensemble des altérations* (dièses et bémols) placées à la clé pour indiquer la tonalité du morceau. ➤ **armure.**

ARME [arm] **n. f.** – fin XIe s. au pluriel, puis XIVe au singulier ◊ du latin *arma* «ustensiles» (→ armoire) et «armes»

I INSTRUMENT POUR TUER OU BLESSER ▪ **1** Instrument ou dispositif servant à tuer, blesser ou à mettre un ennemi dans l'impossibilité de se défendre. *Armes de guerre.* ➤ **armement.** *Armes de chasse. Fabrication, fabrique d'armes.* ➤ **armurerie.** *Dépôt d'armes.* ➤ **arsenal.** *Vente, trafic d'armes. Détention, port d'armes prohibées. Collection d'armes décoratives.* ➤ **panoplie, trophée.** DR. *Arme par nature, par destination**. *Armes offensives,* qui servent à l'attaque, à la riposte. *Armes blanches** ; *armes à feu. Armes contondantes ; tranchantes. Armes légères, portatives ; armes lourdes* (➤ **artillerie**). *Armes de main, d'estoc et de taille* (baïonnette, cimeterre, couteau, coutelas, dague, épée, glaive, poignard, sabre, stylet). *Armes de choc* (bâton, canne, casse-tête, coup-de-poing, maillet, marteau, masse, massue, matraque, tonfa). ANCIENNT *Armes d'hast,* emmanchées au bout d'une hampe (angon, épieu, faux, fléau, fourche, framée, francisque, hache, hallebarde, lance, pertuisane, pique). *Armes de jet* (angon, arbalète, arc, boomerang, fronde, javeline, javelot, sagaie). *Armes à feu* (arquebuse, canon, carabine, escopette, espingole, fusil, mitraillette, mitrailleuse, mousquet, pistolet, révolver, tromblon). ➤ FAM. OU ARG. **calibre,** 1 **feu, flingue, joujou, pétard,** 1 **rif, rigolo, seringue, soufflant, sulfateuse.** *Arme d'épaule* (fusil), *de hanche* (pistolet-mitrailleur), *de poing* (pistolet). *Arme à répétition. Arme à tir automatique. Sortir son arme.* ➤ **dégainer ;** FAM. **défourailler.** *Braquer, pointer, diriger une arme vers qqn.* — *L'arme du crime,* qui a servi au meurtre. *Projectiles d'armes à feu. Armes de siège.* ➤ **machine** (de guerre). *Armes antichars.* ➤ **bazooka,** 1 **canon.** *Armes antiaériennes.* ➤ 1 **canon, fusée ; engin,** 2 **roquette.** *Armes individuelles* (fusil, pistolet) *et collectives* (mitrailleuse, mortier, canon) *des armées modernes* (armes classiques). *Armes conventionnelles**. *Armes de destruction** *massive. Système d'armes* (d'un avion, etc.). ▪ **2** Collectif **L'ARME** Dispositif ou ensemble de moyens offensifs. *L'arme chimique* (gaz), *biochimique**, *bactériologique, biologique, atomique* ou *nucléaire.* ➤ **N. B. C.** *Arme neutronique* (bombe à neutrons). *Arme intégrale, absolue**. ▪ **3** SPÉCIALT L'arme individuelle du soldat (fusil, en général) dans les exercices. *Maniement d'armes. Portez, reposez l'arme* (ELLIPT Commandement militaire : *Portez arme ! Reposez arme !*). *Présenter** *les armes. L'arme au pied.* ▪ **4** (PLUR.) LOC. *Manier, porter les armes, être sous les armes* : être soldat. *Prendre les armes* : s'apprêter au combat. *Être en armes,* prêt à combattre. *Mourir les armes à la main,* au combat. *Déposer, rendre les armes* : se rendre, s'avouer vaincu. FIG. *«Il a fallu des années pour que je dépose de temps en temps les armes, pour que je me laisse aller à la douceur des choses»* F. GIROUD (cf. Baisser sa garde*). *Avec armes et bagages**. ▪ **5** LOC. (1586) *Passer par les armes* : fusiller. (1832) *Passer l'arme à gauche* : mourir. ▪ **6** *Homme d'armes* : soldat en armes (➤ ANCIENNT **gendarme**). *Héraut** *d'armes.* ▪ **7** VX Dispositif de défense (bouclier, cuirasse ➤ **armure**). ▪ **8** SPÉCIALT *Les armes* : l'épée, le fleuret ou le sabre. ➤ **escrime.** *Salle d'armes. Maître d'armes. Prévôt** *d'armes. «la science de tirer des armes est la plus belle»* MOLIÈRE.

II ARMÉE ▪ **1** LITTÉR. et VX Troupe, armée. *Le succès de nos armes. Place** *d'armes.* — *Commandant d'armes* : officier du grade le plus élevé dans une garnison. ▪ **2** (1730) Corps de l'armée. *L'arme de l'infanterie, de l'artillerie. «L'arme où l'on sert est le moule où l'on jette son caractère»* VIGNY. ▪ **3** (fin XIIe) LITTÉR. **LES ARMES** : le métier militaire. *La carrière, le métier des armes. Compagnons, frères d'armes. «Il sort d'une maison pauvre, mais antique, connue dans la poésie et dans les armes»* CHATEAUBRIAND. ▪ **4** (fin XIIe) Combat, guerre. *Régler un différend par les armes. «Aux armes, citoyens Formez vos bataillons»* («La Marseillaise»). — LOC. *Faire ses (premières) armes,* sa première campagne ; FIG. débuter dans une carrière. ➤ **apprentissage.** *Elle a fait ses armes dans une multinationale.* (fin XIIIe) *Fait d'armes.* ➤ **exploit.** *Suspension** *d'armes.*

III SENS FIGURÉS ▪ **1** Moyen d'attaque ou de défense. *Les armes naturelles de l'être humain,* ses dents, ses poings, ses pieds. *Les armes des animaux* : cornes, défenses, griffes, crocs, etc. ▪ **2** (1553) Ce qui peut attaquer, faire du mal, agir contre un adversaire. ➤ **argument,** 2 **moyen** (d'action), **ressource.** *«il usa de la seule arme qu'il eût à sa disposition : la patience, l'obstination»* C. SIMON. *Donner des armes contre soi-même.* — *Une arme à double tranchant**.

IV LES ARMES (fin XIIe) Signes héraldiques. ➤ **armoiries.** *Les armes d'une famille, d'une ville, d'un peuple. «la couverture rose et marquée aux armes de la ville de Paris : Fluctuat nec mergitur»* H. CALET. — *Armes parlantes**, *armes à enquerre**.

1 **ARMÉ** [arme] **n. m.** – 1890 ◊ p. p. subst. de *armer* ▪ **1** Position d'une arme prête à tirer. *Le cran de l'armé.* ▪ **2** SPORT Mouvement du bras d'un lanceur, immédiatement avant le lancer proprement dit. *Au javelot, l'armé intervient en fin d'élan.*

2 **ARMÉ, ÉE** [arme] **adj.** – Xe-XIe ◊ de *armer* ▪ **1** Muni d'armes. *Bandes, troupes armées. Armé jusqu'aux dents,* très bien armé. *«Nous sommes bottés, éperonnés, armés jusqu'aux dents»* FLAUBERT. *Forces armées. Vol à main armée.* ➤ **hold-up.** ♦ Qui se fait avec des armes. *Conflit armé.* ➤ **guerre.** *«Le système de la paix armée, c'est-à-dire la course aux armements»* BAINVILLE. ▪ **2** VX Revêtu d'une armure. *Armé de pied en cap**. ▪ **3 ARMÉ DE :** garni, pourvu de (ce qui est comparé à une arme). *Épi armé de piquants. «Un beau longicorne armé de mandibules-tenailles»* GIDE. — Pourvu de moyens de défense. *Il est bien armé dans la lutte pour la vie.* — PAR EXT. Muni de. *Armé d'un balai.* ▪ **4** Renforcé par une armature. *Béton, ciment armé,* renforcé de métal. *Kraft armé,* renforcé de fils de nylon.

ARMÉE [arme] **n. f.** – v. 1360 ◊ de *armer* ; a remplacé *ost*

I ▪ **1** Réunion importante de troupes assemblées pour combattre. ➤ **troupe.** *Former, lever, recruter une armée. Armée de combattants, de mercenaires, de volontaires, de francs-tireurs, de partisans. Armée d'invasion, d'occupation. Armée de libération. Commander une armée.* — *Campement, casernement, logement, ravitaillement d'une armée. Déploiement, disposition d'une armée. Les ailes, le centre, le front, le gros de l'armée. L'avant-garde, les arrières d'une armée. Armée en ligne, en corps de bataille.* — *Opérations d'une armée.* ➤ **combat, guerre ; stratégie, tactique.** *Armée qui avance, recule, capitule. «C'était un Espagnol de l'armée en déroute»* HUGO. ♦ SPÉCIALT Ensemble des troupes commandées par un chef *(l'armée de Napoléon, la Grande Armée)* ou affectées à un théâtre d'opération. ♦ *Les armées* : les troupes (d'un pays, etc.). *Les armées alliées. Théâtre** *aux Armées.* BIBL. *Le Dieu des armées,* qui règle le sort des guerres. ▪ **2** MILIT. Ensemble des forces militaires d'un État ; service public qui a pour objet d'assurer, par l'entretien ou l'emploi de forces organisées, la protection des intérêts d'un État. ➤ 1 **défense** (nationale), **guerre.** *L'armée française. Armée nationale, régulière. Armée de métier. Armée de terre. La marine** *et l'armée de l'air.* ➤ **aviation.** *Armée active ; de réserve. Organes de commandement* (états-majors), *corps de troupes, services, écoles formant une armée nationale. Être dans l'armée.* ➤ **militaire.** *Être à l'armée* : effectuer son service national. ➤ **soldat.** *Son fils est à l'armée.* — LOC. FIG. *Armée mexicaine* : équipe composée de nombreux chefs et de peu d'exécutants. ▪ **3** Grande unité réunissant plusieurs divisions formées de régiments et éventuellement réunies en *corps d'armée. La Ve armée. Général de corps d'armée.*

II FIG. ▪ **1** *Les Armées célestes* : les anges. ▪ **2** *L'Armée du Salut** (traduction de l'anglais *Salvation army*). ▪ **3** Grande quantité (avec une idée d'ordre ou de combat). ➤ **armada, foule, multitude, quantité, troupe.** *«sur des tablettes de chêne, une armée innombrable ou plutôt un grand concile de livres»* FRANCE. *Une armée de serveurs. Une armée de sauterelles dévastait l'oasis.*

ARMEMENT [aʀməmɑ̃] **n. m.** – XIIIe ◇ de *armer* **A.** ▪ **1** Action d'armer, de pourvoir d'armes. *L'armement d'un soldat, d'une place, d'un pays désarmé* (➤ **réarmement**). ▪ **2** Ensemble des moyens d'attaque ou de défense dont sont pourvus un soldat, une troupe. ➤ **arme, équipement, matériel.** *Armement conventionnel**. ◆ Puissance de feu d'un navire de guerre, d'un char de combat, d'un avion. ▪ **3** (PLUR.) Préparatifs de guerre, ensemble des moyens offensifs ou défensifs d'un pays (➤ 2 **effectif, matériel** [de guerre]). *Course aux armements* (➤ **surarmement**). *Limitation, réduction des armements.* ▪ **4** Technique des armes. *Il est ingénieur de l'armement dans un arsenal.*

B. (1355) ▪ **1** MAR. Action d'armer un navire, de le pourvoir de tous les moyens nécessaires à sa navigation. ➤ **avitaillement, équipage, gréement, matériel.** *«compléter l'armement d'une baleinière»* LOTI. ▪ **2** Profession d'armateur ; corps des armateurs. Société qui arme des navires.

C. Le fait d'armer (I, C). *Levier d'armement.* ▪ CONTR. Désarmement.

ARMÉNIEN, IENNE [aʀmenjɛ̃, jɛn] **adj. et n.** – 1575 ◇ de *Arménie* ▪ De l'Arménie. *La diaspora arménienne.* — **n.** *Un Arménien, une Arménienne.* ◆ **n. m.** *L'arménien* : groupe de parlers indoeuropéens du Caucase.

ARMER [aʀme] **v. tr.** ‹1› – 980 ◇ latin *armare*

I **v. tr. A.** ▪ **1** Pourvoir d'armes ou de matériel militaire (➤ 2 **armé**). *Armer les recrues. Il y a assez d'armes dans cet arsenal pour armer la population. Ce pays peut armer des millions d'individus.* ➤ 1 **lever.** *Armer un pays.* ◆ *Armer une place,* la garnir des armes nécessaires à sa défense. ➤ **fortifier.** ◆ **(Avec un attribut du compl.)** HIST. *Armer qqn chevalier,* le faire chevalier en lui remettant des armes. ➤ **adouber.** ▪ **2** FIG. *Armer* (qqn) *de,* lui donner comme arme, comme moyen d'attaque ou de défense. ◆ *Armer qqn contre qqn,* l'inciter à l'attaquer. ➤ **animer, exciter, soulever.** ▪ **3** VX Munir d'une défense (armure, bouclier). FIG. *«Il faut d'un noble orgueil armer votre courage»* RACINE. ➤ **fortifier ; défendre.** ▪ **4** **(Compl. chose)** Garnir d'une arme, d'un dispositif défensif. *Armer un bâton de pointes de fer.* ◆ Garnir d'une sorte d'armure ou d'armature. *Armer une poutre de bandes de fer.* ➤ **renforcer.** *Armer le béton, le ciment.*

B. MAR. *Armer un navire,* l'équiper, le pourvoir de tout ce qu'il faut pour prendre la mer. ➤ **armement ; avitailler, équiper, gréer.** ANCIENNT *Armer un navire en course.*

C. ▪ **1** Mettre (une arme à feu) dans la position de l'armé. *Armer un fusil, un pistolet.* ▪ **2** Tendre le ressort de (un mécanisme de déclenchement). *Armer un appareil photo* (l'obturateur).

II **S'ARMER** **v. pron.** ▪ **1** Se munir (d'armes). *S'armer d'une pierre, d'un fusil. Attention, il est armé d'un pistolet.* — VX Prendre les armes. *«Il fallait promptement s'armer, Et lever des troupes puissantes»* LA FONTAINE. ▪ **2** FIG. (1530) *S'armer de courage, de patience* : rassembler, mobiliser son courage, sa patience. *Les enfants savent «s'armer d'humble douceur»* COCTEAU. ➤ **se fortifier, se munir.** *S'armer contre un danger, un mal.* ➤ **se garantir, se prémunir, se protéger.** ▪ **3** Se munir. *S'armer d'un appareil de photo.*

▪ CONTR. Désarmer.

ARMET [aʀmɛ] **n. m.** – XVIe ◇ italien *elmetto,* de l'ancien français *helmet* (→ heaume), d'après *arme* ▪ ANCIENNT Petit casque fermé en usage du XIVe au XVIe s.

ARMEUSE [aʀmøz] **n. f.** – 1960 ◇ de *armer* ▪ TECHN. Machine qui dispose l'armure de protection des câbles électriques (fils, rubans métalliques).

ARMILLAIRE [aʀmilɛʀ] **adj.** – *armiller* 1557 ◇ latin *armillarius,* de *armilla* «bracelet» ▪ ASTRON. *Sphère armillaire* : globe formé d'anneaux ou de cercles représentant le ciel et les astres, d'après l'ancienne astronomie.

ARMILLES [aʀmij] **n. f. pl.** – 1160 ◇ latin *armilla* «bracelet» ▪ ARCHIT. Petites moulures qui entourent le chapiteau dorique.

ARMINIEN [aʀminjɛ̃] **n. m.** – 1688 ◇ de *Arminius,* pseudonyme d'un docteur protestant qui enseigna en Hollande ▪ DIDACT. (HIST.) Sectateur d'Arminius.

ARMISTICE [aʀmistis] **n. m.** – 1680 ; n. f. XVIIIe ◇ latin médiéval *armistitium,* de *arma* «armes» et *sistere* «arrêter», sur le modèle de *interstitium* «intervalle de temps» ▪ Convention conclue entre les belligérants afin de suspendre les hostilités. ➤ **trêve.** *Conclure, signer un armistice. Armistice qui suit un cessez-le-feu. Le plus souvent l'armistice précède la conclusion d'une paix définitive.* — (En France) *L'Armistice* : l'anniversaire de l'armistice de 1918, fêté le 11 novembre.

ARMOIRE [aʀmwaʀ] **n. f.** – *almaire* 1160, puis *armarie, armaire* ◇ latin *armarium,* de *arma* «ustensiles» ▪ **1** VX Placard pratiqué dans un mur. *«Dona Josépha ouvrant une armoire étroite dans le mur : Entrez ici»* HUGO. ▪ **2** MOD. Meuble haut et fermé par des battants, garni de tablettes servant à ranger le linge, les vêtements, les provisions, etc. *Armoire à linge. «son odorante armoire aux piles de linge à la verveine et aux familiales dentelles rassurantes, sa belle armoire en cerisier»* A. COHEN. *Armoire où l'on rangeait des coiffes, des bonnets.* ➤ **bonnetière.** *Armoire de coin.* ➤ **encoignure.** *Armoire vitrée. Armoire-penderie. Mettre, ranger qqch. dans une armoire.* — *Armoire normande. Armoire à glace,* dont les battants sont recouverts d'un miroir ; FIG. et FAM. personne de carrure impressionnante. *«Une armoire d'un mètre quatre-vingt-dix, un ventre énorme, trois mentons»* SAN-ANTONIO. ◆ LOC. FAM. *Tomber* de l'armoire.* ▪ **3** PAR EXT. *Armoire à pharmacie, armoire de toilette* : petit meuble fixé au mur. — *Armoire frigorifique* : grand réfrigérateur ; congélateur vertical à porte.

ARMOIRIES [aʀmwaʀi] **n. f. pl.** – XIVe ◇ de l'ancien verbe *armoyer* «porter des armoiries» (XIVe), de armes «signes héraldiques» ▪ Ensemble des emblèmes symboliques qui distinguent une famille ou une collectivité. ➤ **arme** (II), **blason,** 1 **écu, écusson, emblème.** *Le blason est la science des armoiries* (➤ **héraldique**). *Les armoiries d'une ville. La fleur de lys figurait dans les armoiries du roi de France.*

ARMOISE [aʀmwaz] **n. f.** – XIIe ◇ latin *artemisia,* mot grec, plante d'*Artémis* ▪ Plante herbacée aromatique *(composées),* encore appelée *artémise,* dont plusieurs espèces ont des usages médicaux. *Armoise commune* ou *herbe de la Saint-Jean,* réputée abortive chez les Anciens. *Armoise maritime,* vermifuge puissant. ➤ **semen-contra.** *La grande absinthe, l'estragon, la citronnelle, le génépi sont des armoises.*

ARMON [aʀmɔ̃] **n. m.** – 1322 ◇ latin *artemo, onis* ▪ ANCIENNT Pièce du train d'une voiture à cheval, à laquelle était fixé le timon.

ARMORIAL, IALE, IAUX [aʀmɔʀjal, jo] **adj.** – 1611 ◇ de *armoiries* ▪ Qui est relatif aux armoiries. *Écu armorial. Pièces armoriales.* — **n. m.** *Un armorial* : recueil d'armoiries. *L'armorial de France.* ➤ **nobiliaire.**

ARMORIER [aʀmɔʀje] **v. tr.** ‹7› – 1680 ; ancien français *armoyer* XIVe ◇ refait sur *armoirie,* d'après *historier* ▪ Orner d'armoiries, peindre des armoiries sur (qqch.). — **p. p. adj.** *Chevalière armoriée.*

ARMURE [aʀmyʀ] **n. f.** – XIIe *armeüre* ◇ latin *armatura,* de *armare* → armer

I ▪ **1** ANCIENNT Ensemble des défenses qui protégeaient le corps des soldats. ➤ **bouclier,** 1 **écu, cotte, cuirasse.** SPÉCIALT Harnais composé d'un assemblage de plaques (à la différence du harnais de mailles) que revêtait l'homme d'armes. *Armure de guerre, de joute. Armure de parade. Armure de tête.* ➤ **casque, heaume.** *Armure du cou et des épaules* (➤ **camail, hausse-col**). *Armure de corps* ou *corps d'armure* (➤ **cotte, haubert**). *Gant, brassard, jambière, cuissard, pied d'armure. Chevalier en armure.* ◆ *«une armure de cheval, avec le chanfrein à vue, la muserolle, la barde de crinière et la barde de poitrail, la tonnelle et le garde-queue»* FRANCE. ➤ aussi **caparaçon.** ▪ **2** FIG. Ce qui couvre, défend, protège comme une armure. ➤ 1 **défense, protection.** *«Cette femme assise droit dans l'armure de son tailleur»* PENNAC. LOC. *Fendre l'armure* : briser son image et révéler sa dimension humaine. — PAR COMPAR. *«le halo qui était comme l'armure de la lumière»* QUIGNARD.

II FIG. ▪ **1** (1668) PHYS. *Armure de l'aimant.* ➤ **armature.** ▪ **2** (1751) TECHN. Mode d'entrecroisement des fils de chaîne et de trame. ➤ **tissage, tissu.** *Principales armures (armures de base : satin, sergé, toile, et armures dérivées). Armure toile.* ▪ **3** MUS. *Armure (de clé).* ➤ **armature** (3°). ▪ **4** ÉLECTROTECHN. Enveloppe métallique destinée à protéger un câble électrique (➤ **armeuse**).

ARMURERIE [aʀmyʀʀi] **n. f.** – 1355 ◊ de *armurier* ■ **1** Profession d'armurier. ■ **2** Fabrication, fabrique, dépôt, commerce d'armes. *Acheter un fusil de chasse dans une armurerie.*

ARMURIER, IÈRE [aʀmyʀje, jɛʀ] **n.** – 1292 *armeurier* ◊ de *armure* ■ **1** Personne qui vend ou fabrique des armes. ■ **2** MILIT. Militaire chargé(e) de l'entretien des armes.

ARN ou **A. R. N.** [aɛʀɛn] **n. m.** – 1955 ◊ sigle de *acide ribonucléique* ■ BIOCHIM. Acide ribonucléique, polymère formé d'un enchaînement de nucléotides constitués de ribose et d'une base purique ou pyrimidique, indispensable à la synthèse des protéines. *ARN ribosomique. ARN de transfert**. *ARN messager**. *ARN nucléaire. ARN interférent,* contrant l'action d'un ARN messager et interférant dans le processus de fabrication des protéines. *Virus à ARN.* ➤ **rétrovirus.** — On emploie aussi l'anglic. **RNA** (anglais *R*ibo*N*ucleic *A*cid).

ARNAQUE [aʀnak] **n. f.** – 1833 *arnache* «tromperie» ◊ de *arnaquer* ■ FAM. Escroquerie, vol et PAR EXT. Artifice, tromperie. *C'est de l'arnaque ! Une arnaque aux assurances.* ➤ **fraude.**

ARNAQUER [aʀnake] **v. tr.** ‹1› – 1887 ◊ pour *harnaquer, harnacher* «escroquer» ■ FAM. ■ **1** Escroquer, voler*. *Commerçant malhonnête qui arnaque le client. Il s'est fait arnaquer !* ➤ **estamper, filouter, gruger ;** FAM. **bananer ;** RÉGION. **fourrer, organiser.** ■ **2** Arrêter, prendre. *Se faire arnaquer.* ➤ **alpaguer, épingler.**

ARNAQUEUR, EUSE [aʀnakœʀ, øz] **n.** – 1895 ◊ de *arnaquer* ■ FAM. Personne qui pratique l'arnaque, l'escroquerie.

ARNICA [aʀnika] **n. f.** – 1697 ◊ latin des botanistes, altération probable du grec *ptêrnikê,* de *ptarnos* «éternuement» ■ **1** BOT. Plante de montagne à fleurs jaunes *(composées)* appelée encore *plantain des Alpes, tabac des Vosges,* toxique violent du système nerveux. ■ **2** PHARM. Teinture extraite des feuilles et des fleurs, utilisée contre les ecchymoses, les foulures.

AROBASE [aʀɔbaz] **n. f.** – 1995 ◊ probablt de l'espagnol *arroba* (→ arrobe) dont le signe @ est relevé en 1909 ■ Caractère (@), appelé aussi *a commercial. L'arobase sert de séparateur dans le libellé des adresses électroniques.* — On écrit aussi *arrobase, arobas.*

AROBE ➤ **ARROBE**

AROLE [aʀɔl] **n. m.** ou **f.** – 1760 ◊ d'un préroman °*arua* ■ (Suisse) Pin montagnard croissant entre 1 200 m et 2 500 m d'altitude. *Forêt d'aroles.* — Bois de cet arbre. — On écrit aussi *arolle.*

AROMATE [aʀɔmat] **n. m.** – relevé une fois début XIIIe, à nouveau depuis 1531 ◊ plur. du latin médiéval *aromatum,* de *aroma, atis* (→ arôme), d'origine grecque. REM. La forme *aromat* s'est employée du XIIIe s. à la fin du XVIIIe s. ■ Substance végétale odoriférante ; ANCIENNT Parfum (encens, myrrhe), médicament ; MOD. Épice, condiment. *Principaux aromates :* armoise, basilic, cannelle, carvi, coriandre, cumin, estragon, fenouil, genièvre, gingembre, girofle, hysope, laurier, marjolaine, muscade, origan, piment, poivre, raifort, romarin, safran, thym. *«tout à coup je fus noyé dans un souffle chaud et parfumé d'aromates sauvages»* MAUPASSANT.

AROMATHÉRAPIE [aʀɔmateʀapi] **n. f.** – 1937, répandu 1960 ◊ de *aroma(tique)* et *-thérapie* ■ MÉD. Utilisation médicale des huiles aromatiques (huiles essentielles). — **n. AROMATHÉRAPEUTE.**

AROMATICIEN, IENNE [aʀɔmatisjɛ̃, jɛn] **n.** – 1973 ◊ de *aromatique* ■ Spécialiste qui assemble des substances aromatiques pour donner une saveur ou une odeur particulière à un produit (alimentaire, cosmétique, ménager...).

AROMATIQUE [aʀɔmatik] **adj.** – XIIIe ◊ bas latin *aromaticus* ■ **1** Qui est de la nature des aromates, en a l'odeur agréable et pénétrante. *Plante, herbe, substance, essence, huile aromatique. Saveur, odeur aromatique.* ■ **2** CHIM. *Hydrocarbure aromatique,* qui possède un cycle analogue à celui du benzène.

AROMATISANT [aʀɔmatizɑ̃] **n. m.** – 1964 ◊ de *aromatiser* ■ Produit de synthèse ajouté aux aliments, aux médicaments pour leur donner un arôme déterminé.

AROMATISATION [aʀɔmatizasjɔ̃] **n. f.** – XVIe «embaumement» ◊ de *aromatiser* ■ **1** PHARM. Action d'aromatiser. *Agent d'aromatisation.* ➤ **aromatisant.** ■ **2** CHIM. Transformation (d'un hydrocarbure) en carbure aromatique.

AROMATISER [aʀɔmatize] **v. tr.** ‹1› – milieu X^e^ «embaumer (un corps)» ◊ bas latin *aromatizare,* d'origine grecque ■ Parfumer avec une substance aromatique. *Aromatiser une marinade.* — **p. p. adj.** *Vinaigre aromatisé.*

ARÔME [aʀom] **n. m.** – 1225, repris 1787 ◊ latin *aroma* «aromate», du grec *arôma* ■ **1** Odeur agréable de certaines essences naturelles de végétaux, d'essences chimiques, ou d'acides volatils. ➤ **émanation, exhalaison, parfum.** *La boutique «exhalait un délicieux arôme de café»* FRANCE. — *L'arôme d'un vin.* ➤ 1 **bouquet.** ■ **2** Additif alimentaire destiné à donner un parfum, un arôme particulier à un aliment. ➤ **aromatisant.** *Arôme naturel, artificiel.*

ARONDE [aʀɔ̃d] **n. f.** – 1180 ◊ latin *hirundo* → hirondelle ■ **1** VX Hirondelle. ■ **2** LOC. TECHN. (1458) *À, en queue d'aronde,* se dit d'un assemblage de charpente ou de menuiserie dans lequel le tenon et la mortaise vont s'élargissant en forme de queue d'hirondelle.

ARPÈGE [aʀpɛʒ] **n. m.** – 1751 ◊ italien *arpeggio* «jeu de harpe» ■ MUS. Accord exécuté sur un instrument, en égrenant rapidement toutes les notes. *«les gammes et les arpèges ne lui servant qu'à se délier les doigts»* ECHENOZ.

ARPÉGER [aʀpeʒe] **v. tr.** ‹3 et 6› – 1751 ◊ de *arpège* ■ MUS. Exécuter (un passage) en arpèges. — **p. p. adj.** *Accord arpégé* (opposé à *plaqué*).

ARPENT [aʀpɑ̃] **n. m.** – 1080 ◊ latin *arepennis,* du gaulois ■ MÉTROL. ■ **1** Ancienne unité de mesure de superficie agraire divisée en cent perches, qui valait selon le lieu de 20 à 50 ares. *Dix arpents de vigne. «ces deux nations sont en guerre pour quelques arpents de neige vers le Canada»* VOLTAIRE. ■ **2** Au Québec, Unité de mesure de longueur, valant 58,47 m ou 191,8 pieds*. — Unité de mesure de superficie d'environ 34,20 ares, valant 36 802 pieds* carrés.

ARPENTAGE [aʀpɑ̃taʒ] **n. m.** – 1293 ◊ de *arpenter* ■ **1** Mesure de la superficie du terrain (autrefois en arpents, aujourd'hui en mètres carrés, en ares). *«Par l'arpentage, une terre cesse proprement d'être* immense, *c'est-à-dire sans mesure»* TOURNIER. *Bornage et arpentage effectués par un géomètre.* ■ **2** Ensemble des techniques de l'arpenteur. ➤ **bornage, cadastre, géodésie, levé, nivellement, topographie, triangulation.** *Instruments d'arpentage* (boussole, chaîne, décamètre, jalons).

ARPENTER [aʀpɑ̃te] **v. tr.** ‹1› – 1247 ◊ de *arpent* ■ **1** Mesurer (une terre) en unités de mesures agraires (autrefois en arpents). ➤ **arpentage.** ■ **2** Parcourir à grands pas, à grandes enjambées. *«fiévreusement il arpentait, en réfléchissant, les greniers abandonnés»* ALAIN-FOURNIER. *Arpenter sa chambre.*

ARPENTEUR, EUSE [aʀpɑ̃tœʀ, øz] **n.** – *arpenteux* 1453 ; *arpanteur* 1247 ◊ de *arpenter* ■ **1** Professionnel(le) des techniques de calcul et mesure des surfaces et des relèvements de terrains. ➤ **arpentage.** *Arpenteur-géomètre.* ➤ **géomètre.** *Chaîne, jalons, équerre d'arpenteur.* ■ **2 n. f.** (1835) Chenille de la phalène. ➤ **géomètre.** — EN APPOS. *Chenille arpenteuse.*

ARPÈTE [aʀpɛt] **n. f.** – 1858, à Genève ◊ mot genevois, de l'allemand *Arbeiter* «travailleur» ■ FAM. VIEILLI Jeune apprentie couturière. — On écrit parfois *arpette. Les «arpettes, midinettes et grooms jaillis des ateliers et magasins d'alentour»* LECOMTE.

ARPION [aʀpjɔ̃] **n. m.** – *harpions* 1827 ; *arpions* «mains» 1821 ◊ provençal *arpioun* «griffe» ■ POP. Pied. *Avoir mal aux arpions.*

-ARQUE ■ Élément, du grec *arkhein* «commander» : *énarque.* ➤ **-archie.**

ARQUÉ, ÉE [aʀke] **adj.** – *arché* 1530 ◊ de *arquer* ■ Courbé en arc. ➤ **courbe ; cambré, convexe.** *Sourcils bien arqués. Nez arqué.* ➤ **busqué.** *«les jambes tout arquées et torses»* TAINE. ■ CONTR. 1 Droit.

ARQUEBUSE [aʀkəbyz] **n. f.** – 1534 ◊ altération par *arc* de *haquebuse,* du néerlandais *hakebusse,* littéralt «canon *(busse)* à crochet *(hake)*» ■ Ancienne arme à feu qu'on faisait partir au moyen d'une mèche ou d'un rouet. *Coup d'arquebuse* (**ARQUEBUSADE n. f.,** 1475).

ARQUEBUSIER [aʀkəbyzje] **n. m.** – 1564 ◊ de *arquebuse* ■ ANCIENNT Soldat armé d'une arquebuse. ♦ Fabricant d'arquebuses.

ARQUER [aʀke] **v.** ‹1› – 1611 ◊ de 1 *arc*

I v. tr. ■ **1** Courber en arc. ➤ **cambrer, cintrer, incurver.** *Arquer une pièce de fer.* ■ **2 S'ARQUER v. pron.** Se courber en arc. *Ses sourcils s'étaient arqués. La pauvre barque «commençait à s'arquer»* HUGO.

II v. intr. ■ **1** TECHN. Devenir courbe, s'arquer. ➤ **fléchir.** *Cette poutre risque d'arquer.* ■ **2** (1854) FAM. Marcher. *Il (ne) peut plus arquer.*

■ CONTR. Redresser. ■ HOM. Archées.

ARRACHAGE [aʀaʃaʒ] **n. m.** – 1597, repris 1835 ◇ de *arracher* ▪ **1** Action d'arracher (une plante). *Arrachage des carottes, des pommes de terre.* ➤ **récolte.** *Arrachage des mauvaises herbes, des broussailles.* ➤ **débroussaillage, défrichement, essartage.** *Arrachage d'un arbre.* ➤ **arrachis.** — *Arrachage des poils.* ➤ **épilation.** ▪ **2** *L'arrachage d'une dent.* ➤ **avulsion, extraction.** ▪ CONTR. Plantation.

ARRACHE (À L') [alaʀaʃ] **loc. adv.** – 2006 ◇ de *(à l')arraché* ▪ FAM. ▪ **1** De justesse. *« les crédits, le loyer beaucoup trop cher, l'argent qui manquait, les fins de mois à l'arrache »* (O. ADAM). ▪ **2** Avec précipitation et sans soin. *Terminer un projet à l'arrache.*

ARRACHÉ [aʀaʃe] **n. m.** – 1894 ◇ p. p. subst. de *arracher* ▪ **1** SPORT Exercice d'haltères qui consiste à porter d'un seul effort le poids pris à terre à la verticale (à bras tendus au-dessus de la tête). *L'arraché d'un bras, de deux bras.* ▪ **2** (1925) **À L'ARRACHÉ : loc. adv.** par un effort violent, une action brutale. *Obtenir qqch., gagner à l'arraché.* ➤ **arrache (à l'). loc. adj.** *Vol à l'arraché,* en arrachant un objet (sac, portable, baladeur...) que porte la victime.

ARRACHE-CLOU [aʀaʃklu] **n. m.** – 1894 ◇ de *arracher* et *clou* ▪ Instrument servant à arracher les clous. *Des arrache-clous.*

ARRACHEMENT [aʀaʃmɑ̃] **n. m.** – 1542 ◇ de *arracher* ▪ Action d'arracher ; résultat de cette action. ▪ **1** CONCRET et RARE ➤ **arrachage, déchirement, extirpation.** *L'arrachement d'un arbre.* ➤ **déracinement.** *L'arrachement d'un fragment d'os.* ➤ **avulsion, extraction.** ▪ **2** FIG. et COUR. Vive douleur morale causée par une séparation, un sacrifice. ➤ **déchirement.** *L'arrachement des adieux. Ce départ fut un véritable arrachement. « À chaque louis qu'elle changeait, c'était un effort, un arrachement »* DAUDET. ▪ CONTR. Plantation ; implantation.

ARRACHE-MOYEU [aʀaʃmwajø] **n. m.** – 1969 ◇ de *arracher* et *moyeu* ▪ TECHN. Appareil servant à l'extraction, au décalage d'une roue. *Des arrache-moyeux.*

ARRACHE-PIED (D') [daʀaʃpje] **loc. adv.** /ARRACHEPIED (D')/ – 1515 ◇ de *arracher* et *pied* ▪ **1** VX Sans interruption. ▪ **2** MOD. Sans désemparer, en soutenant un effort pénible. *« nous luttons d'arrache-pied, nous luttons désespérément contre les progrès »* PÉGUY.

ARRACHER [aʀaʃe] **v. tr.** ⟨1⟩ – début XIIe ◇ de l'ancien verbe *esrachier* « arracher », avec changement de préfixe, du latin *eradicare* → éradiquer

I ~ **v. tr.** ▪ **1** Enlever de terre (une plante qui y tient par ses racines). ➤ **déraciner, déterrer, extirper.** *Défricher une terre en arrachant les broussailles, les mauvaises herbes.* ➤ **débroussailler, déchaumer, désherber, essarter, sarcler.** *Arracher un arbre. Arracher les pommes de terre.* ➤ **récolter.** ▪ **2** (fin XIIe) Détacher avec un effort plus ou moins grand (une chose qui tient ou adhère à une autre). ➤ 1 **détacher, enlever, extirper, extraire, ôter.** *Arracher un clou avec des tenailles. Il s'est fait arracher une dent. Un obus lui a arraché le bras.* ➤ **emporter.** *S'arracher des poils.* ➤ **épiler.** — **Loc. fig.** *S'arracher les cheveux :* être désespéré. *Arracher par lambeaux.* ➤ **déchirer, lacérer.** *« Arrachons, déchirons tous ces vains ornements »* RACINE. ◆ FIG. *Arracher le masque, le voile.* ➤ **démasquer, dévoiler.** *« il est souvent nécessaire d'arracher aux âmes ce masque de fausse humilité »* MAURIAC. ▪ **3** (1636, Corneille) VX ou LITTÉR. *Arracher* (qqch.) *de* (ou *à*) : extirper, retirer. *« Arrache-lui du cœur ce dessein de mourir »* CORNEILLE. — LITTÉR. *Arracher l'âme, la vie à qqn :* le tuer. — FIG. *Arracher l'âme, le cœur à qqn :* lui causer une vive affliction. ➤ **désespérer, désoler.** ▪ **4** Enlever de force à une personne ou à une bête, lui faire lâcher (ce qu'elle retient). ➤ **prendre, ravir.** *Arracher une arme des mains de qqn, un oiseau des griffes d'un chat.* — FIG. *Arracher qqn à la mort.* ➤ **sauver.** *Arracher qqn à la misère, à un danger.* ➤ **soustraire, tirer (de).** ▪ **5** (milieu XVIe) Obtenir (qqch.) de qqn avec peine, après quelque résistance. ➤ **obtenir ; extorquer.** *Arracher de l'argent à un avare.* ➤ **soutirer.** *Arracher des aveux, un secret, une promesse, un consentement. « J'avais obtenu, presque arraché l'estime de tout le monde »* ROUSSEAU. *On ne peut pas lui arracher un mot.* (CHOSES) *Arracher des plaintes, des larmes à qqn.* ➤ **tirer.** *« Chacun de ses appels m'arrachait un gémissement »* COLETTE. ▪ **6** (1668) *Arracher qqn à (qqn) :* l'en séparer violemment. *Un enfant que l'on a arraché à sa mère.* ▪ **7** (1665) *Arracher qqn de (un lieu)... :* faire quitter un lieu à qqn par force, violence, malgré lui. ➤ **tirer ; chasser.** *Arracher qqn de sa place. Arracher qqn du lit,* le forcer à se lever. — PAR EXT. ➤ **bannir, chasser, exiler, expulser.** *Arracher qqn de sa maison, de son sol natal. « À ces hommes qu'on arrache à leur terre, à leur famille, à leur culture, on ne demande que leur force de travail »* BEN JELLOUN. ▪ **8** *Arracher qqn à un état, une situation,* l'en faire sortir malgré les difficultés ou malgré sa résistance. *Arracher qqn au sommeil, à ses rêves. Arracher qqn à ses habitudes.* ➤ 1 **détacher, détourner (de).** ▪ **9** FIG. et FAM. ABSOLT. Avoir une très grande puissance. *Cette voiture, elle arrache. Ça arrache !* ◆ Causer une sensation de brûlure (en parlant d'un mets épicé). *Ton curry, il arrache.*

II ~ **v. pron. S'ARRACHER** ▪ **1** (RÉCIPR.) LOC. FIG. *S'arracher les yeux :* se disputer violemment. ▪ **2** *S'arracher qqch. :* se disputer qqch. pour se l'approprier. *On s'arrachait les dernières places.* ◆ *S'arracher qqn :* se disputer sa présence, sa société. *Tout le monde veut le voir, on se l'arrache.* ▪ **3** (1669) (RÉFL.) **S'ARRACHER DE ; S'ARRACHER À :** se détacher, se soustraire avec effort, difficulté, peine ou regret. *S'arracher des bras de qqn. S'arracher à un souvenir. S'arracher d'un lieu, d'une habitude.* ◆ ABSOLT, FAM. Partir, s'en aller. *Viens, on s'arrache. « n'attendant qu'une chose, que Revol s'arrache, allez casse-toi »* KERANGAL. — (1967) Accomplir un effort important.

▪ CONTR. Fixer, implanter, planter. Attacher.

ARRACHE-RACINE [aʀaʃʀasin] **n. m.** – 1898 ◇ de *arracher* et *racine* ▪ Instrument servant à arracher les racines, les tubercules. ➤ **houe.** *Des arrache-racines.*

ARRACHEUR, EUSE [aʀaʃœʀ, øz] **n.** – *aracheour* XIIIe ◇ de *arracher* ▪ **1** Personne qui arrache. *Des arracheurs de pommes de terre.* ◆ (1531) *Arracheur de dents :* celui qui arrachait les dents sur les places publiques. — (1532) LOC. *Mentir comme un arracheur de dents* (qui assure que ça ne fera pas mal) : mentir effrontément. ▪ **2 n. f.** (1866) AGRIC. Outil ou machine qui sert à arracher des tubercules, des racines, des graines. *Une arracheuse de pommes de terre.* (On a dit *arrachoir* **n. m.**)

ARRACHIS [aʀaʃi] **n. m.** – 1518 ◇ de *arracher* ▪ SYLV. ▪ **1** Arrachage des arbres. ▪ **2** Plant arraché.

ARRAISONNEMENT [aʀɛzɔnmɑ̃] **n. m.** – 1866 ; *aresunement* 1174 ◇ de *arraisonner* ▪ MAR. Action d'arraisonner un navire. *L'arraisonnement d'un cargo par la police maritime.* ➤ **examen, inspection, reconnaissance, visite.**

ARRAISONNER [aʀɛzɔne] **v. tr.** ⟨1⟩ – 1803 ◇ probablement de l'ancien verbe *raisonner* « donner la route (d'un navire) », de *raison* ▪ MAR. *Arraisonner un navire :* procéder à un interrogatoire ou à une visite. ➤ **aborder, reconnaître.**

ARRANGEABLE [aʀɑ̃ʒabl] **adj.** – 1838 ◇ de *arranger* ▪ Qui peut être arrangé, réparé. *Cette montre est arrangeable.* ➤ **réparable.** ◆ Qui peut être arrangé (I, 1°), organisé. *Une rencontre à Bruxelles, c'est arrangeable.*

ARRANGEANT, ANTE [aʀɑ̃ʒɑ̃, ɑ̃t] **adj.** – 1863 ◇ de *arranger* ▪ Qui est disposé à aplanir toute difficulté. ➤ **accommodant, complaisant, conciliant, facile.** *Elle s'est montrée très arrangeante.* ▪ CONTR. Difficile, exigeant.

ARRANGEMENT [aʀɑ̃ʒmɑ̃] **n. m.** – XIIIe ◇ de *arranger* ▪ Action d'arranger ; son résultat. ▪ **1** Action de disposer dans un certain ordre ; la disposition qui en résulte. ➤ **disposition ; assemblage, constitution, organisation.** *Arrangement d'une maison, d'un mobilier.* ➤ **agencement, aménagement, installation.** *L'arrangement de fiches dans un classeur.* ➤ **classement ; rangement.** *L'arrangement des mots dans la phrase.* ➤ **ordre.** *L'arrangement d'une coiffure, d'une toilette.* ◆ MUS. Adaptation d'une composition à d'autres instruments ; la composition ainsi adaptée. ➤ **transcription.** *Arrangement pour piano.* ◆ MATH. *Arrangement de* m *objets* p *à* p : les groupes que l'on peut former en prenant *p* éléments parmi les *m,* chaque groupe différant des autres (par la nature ou l'ordre des éléments). ➤ **combinatoire.** *Arrangement et combinaison*.* ◆ PHYLOG. Disposition des taxons* dans la classification. ➤ **coordination, subordination.** ▪ **2** Mesure qu'on prend pour arranger, préparer qqch. ➤ **disposition ; apprêt, préparatif.** *« Je le ramenai aux apprêts et aux arrangements du départ »* SAINTE-BEUVE. ◆ DR. Mesure prise pour arranger ses affaires. *Prendre des arrangements avec ses créanciers. Arrangement de famille :* convention en vue de régler des intérêts pécuniaires entre parents. ◆ Convention entre particuliers ou collectivités tendant à régler une situation juridique. ➤ **accord, règlement.** *Un arrangement a mis fin à leur différend.* ➤ **accommodement, compromis, conciliation,** FAM. **deal.** *« Un mauvais arrangement vaut mieux qu'un bon procès »* BALZAC. ◆ *Petits arrangements :* tractations douteuses, pratiques malhonnêtes. ➤ FAM. **magouille.** *« un de ces juges qui irritent les puissants de ce monde par leur* *probité extrême, leur dégoût du mensonge et des petits arrangements»* O. ADAM. — *Petits arrangements avec la vérité.* ■ CONTR. Dérangement, désordre. Brouille, dispute.

ARRANGER [aʀɑ̃ʒe] v. tr. ‹3› – 1160 ◊ de 1a- et *ranger*

I ~ v. tr. ■ **1** Mettre dans l'ordre que l'on juge convenable, disposer de la manière correcte ou préférée. ➤ **disposer, ordonner, 1placer, 1ranger.** *Arranger ses papiers, des livres.* ➤ **classer, trier.** *Arranger des fleurs dans un vase. Arranger sa coiffure, sa cravate. Arranger son appartement.* ➤ **décorer, installer.** *Arranger une chambre pour y recevoir un invité.* ➤ **agencer, aménager, apprêter, préparer.** *Arranger la table pour le dîner.* ➤ **dresser.** ◆ Au p. p. *Rhum arrangé* : rhum dans lequel on a fait macérer des fruits, des feuilles, des épices, etc. ◆ *Arranger un morceau pour l'orchestre.* ➤ **adapter, harmoniser, orchestrer ; arrangement.** ◆ Mettre sur pied, organiser. *Arranger qqch. d'avance.* ➤ **combiner, 1ménager, organiser, préparer, régler.** *Arranger un voyage, un rendez-vous. On va arranger ça. Elle a tout arrangé pour ce soir.* — Au p. p. *Match arrangé,* dont les parties se sont entendues sur l'issue. *Mariage* arrangé.* ■ **2** FAM. (surtout au p. p.) Donner mauvaise apparence à (qqn). ➤ **accoutrer.** *Le voilà bien arrangé !* — FIG. *Arranger qqn de la belle manière,* en dire du mal. ➤ **accommoder** (VIEILLI), **maltraiter, malmener.** — (1778) FAM. Maltraiter. ➤ **amocher.** *Tu t'es fait drôlement arranger !* LOC. *Se faire arranger le portrait* : se faire rosser (cf. Casser* la figure). ■ **3** Remettre en état. ➤ **réparer.** *Faire arranger sa montre. Je l'ai arrangé tant bien que mal.* ➤ FAM. **rafistoler, retaper.** *Il y a des fautes dans votre texte, il faut l'arranger.* ➤ **remanier, retoucher.** — *Se faire arranger le nez, les dents.* ■ **4** Régler une mésentente, une affaire mal engagée. *Ça n'arrange pas nos affaires. Pour ne rien arranger, elle est tombée malade. Arranger les parties.* ➤ **accommoder, concilier.** ■ **5** Être utile, pratique pour (qqn). ➤ **agréer, convenir.** *Cela m'arrange à bien des égards.* ➤ **contenter, satisfaire.** *Voilà qui arrangerait tout le monde. Si cela vous arrange. Cet horaire ne m'arrange pas. «Il fait beau croire aux prodiges lorsque les prodiges nous arrangent»* COCTEAU. ■ **6** Présenter selon sa convenance, en modifiant la réalité. *Elle a arrangé l'histoire à sa façon.*

II ~ v. pron. S'ARRANGER ■ **1** (PASS.) Se mettre dans l'ordre convenable. ➤ **se classer, s'ordonner.** *«Mes idées s'arrangent dans ma tête avec la plus incroyable difficulté»* ROUSSEAU. *Les choses ne s'arrangent pas toujours comme on veut.* ■ **2** (RÉFL.) Ajuster sa toilette. *Elle est allée s'arranger.* ■ **3** (PASS.) Être remis en état. ➤ **se réparer.** *Cet accroc pourra s'arranger.* ◆ Aller mieux. ➤ **s'améliorer.** *Le temps s'arrange. Ça ne s'arrange pas. Ça n'ira pas en s'arrangeant. Les choses se sont arrangées à la fin. «tout s'arrange, sauf la difficulté d'être qui ne s'arrange pas»* COCTEAU. ◆ FAM. *Il, elle ne s'est pas arrangé(e)* : il, elle a enlaidi ; ses défauts ont empiré. ■ **4** (RÉFL.) VX OU RÉGION. Se mettre dans une posture commode pour faire telle ou telle chose. ➤ **s'installer.** *«elle conseilla à Germain de s'arranger auprès du feu pour faire un somme»* SAND. ■ **5** (RÉFL.) Prendre ses dispositions, ses mesures en vue de. *Arrangez-vous comme vous voulez.* ➤ **1faire.** *S'arranger pour* : faire en sorte de. *Arrange-toi pour la convaincre.* ➤ **se débrouiller.** ■ **6** (RÉCIPR.) Se mettre d'accord. *Arrangez-vous avec vos collègues. S'arranger à l'amiable.* ➤ **s'accorder, s'entendre.** *Les adversaires se sont arrangés.* ■ **7** (RÉFL.) *S'arranger de qqch.* ➤ **s'accommoder, se contenter, se satisfaire.** *Ne vous inquiétez pas, on s'en arrangera* (cf. Faire avec*). *Je m'arrange de tout.*
■ CONTR. Déranger, dérégler, désorganiser, envenimer.

ARRANGEUR, EUSE [aʀɑ̃ʒœʀ, øz] n. – XVIIe ◊ de *arranger* ■ **1** VIEILLI Personne qui arrange, donne une forme définitive. ■ **2** (1840) MUS. Personne qui arrange une composition pour d'autres instruments. SPÉCIALT Personne qui écrit de la musique pour orchestre d'après un thème (jazz, variétés).

ARRENTER [aʀɑ̃te] v. tr. ‹1› – *arenter* 1213 ◊ de 1a- et *rente* ■ DR. (VX) Donner ou prendre moyennant une rente. *Arrenter un domaine, une terre.* ➤ **2louer ; affermer.**

ARRÉRAGER [aʀeʀaʒe] v. ‹3› – 1283 ◊ de *arrérages* ■ DR. ■ **1** v. intr. Être en retard de paiement, rester dû. ■ **2** v. pron. *Les termes s'arréragent,* restent dus.

ARRÉRAGES [aʀeʀaʒ] n. m. pl. – *arriérages* 1267 ◊ de *arrière* ■ **1** ANCIENNT Toute redevance périodique dont l'échéance est passée. ➤ **arriéré.** ■ **2** MOD. Montant échu d'une rente. ➤ **coupon.**

ARRESTATION [aʀɛstasjɔ̃] n. f. – 1370 ◊ ancien français *arestaison,* du latin médiéval *arrestatio* ■ Action d'arrêter une personne pour l'emprisonner (➤ **capture**) ; état d'une personne arrêtée. *Ordre d'arrestation* : mandat d'arrêt*. *«Carnot, décrété d'arrestation, fut averti à temps»* MADELIN. *Procéder à une arrestation. Se mettre en état d'arrestation* : se constituer prisonnier. *Être en état d'arrestation* : être arrêté. *Arrestation préventive, provisoire, arbitraire. Arrestations illégales et séquestrations. Protester contre une arrestation abusive.* ■ CONTR. Délivrance, liberté.

ARRÊT [aʀɛ] n. m. – *arest* 1175 ◊ de *arrêter*

A. SENS COURANTS ■ **1** Action d'arrêter ou de s'arrêter (dans sa marche, son mouvement) ; état de ce qui n'est plus en mouvement. *L'arrêt d'un train en gare ; des autobus aux stations. Cinq minutes d'arrêt. «Dix minutes d'arrêt, buffet ! Tout le monde descend !»* COCTEAU. *Arrêt accidentel.* ➤ **2panne.** *Ne pas descendre avant l'arrêt complet du véhicule. Nous ferons quelques arrêts au cours de notre voyage.* ➤ **étape ; escale, halte.** — FAM. *Arrêt(-)buffet, arrêt(-)pipi* : halte au cours d'un déplacement pour se restaurer, satisfaire un besoin naturel. ➤ **pause.** — *Voitures à l'arrêt.* ➤ **stationnement.** *Bande d'arrêt d'urgence, sur une autoroute. Chien à l'arrêt, qui tombe en arrêt ; chien* d'arrêt.* FIG. *Tomber en arrêt devant qqch.* : s'arrêter devant, l'attention en éveil. ■ **2** Fin ou interruption d'un fonctionnement. *Arrêt d'un moteur. Arrêt cardiaque, arrêt du cœur.* ◆ Fin ou interruption d'une activité, d'un processus. ➤ **interruption, pause.** *Arrêt des affaires.* ➤ **gel, stagnation.** *Arrêt des hostilités.* ➤ **suspension ; cessation, 1fin.** *Arrêt du travail. Arrêt de travail* : congé de maladie. — *Arrêt de jeu* : interruption du jeu par l'arbitre en raison d'un incident et dont la durée est reportée à la fin du temps réglementaire de la partie (jeux de ballon). *Jouer les arrêts de jeu.* — (1901) *Arrêt de volée* : au rugby, arrêt marqué du ballon donnant droit à la remise en jeu. — CIN., VIDÉO *Arrêt sur image* : interruption volontaire et provisoire d'une projection sur une image. *«la lecture est mouvement, et l'illustration est un arrêt sur image...»* GRACQ. ◆ **SANS ARRÊT** : sans interruption, sans discontinuer. ➤ **cesse, relâche, répit, repos.** *Ils se disputent sans arrêt.* — **TEMPS D'ARRÊT** : court intervalle ou repos dans des mouvements qui doivent s'exécuter avec précision. *Marquer un temps d'arrêt.* ➤ **interruption, pause.** ◆ **D'ARRÊT** : destiné à arrêter, à bloquer. *Tir d'arrêt,* pour briser l'attaque adverse. *Coup d'arrêt. Cran* d'arrêt.* ■ **3** PAR MÉTON. Endroit où doit s'arrêter un véhicule de transport en commun. ➤ **station.** *Des voyageurs attendent à l'arrêt d'autobus* (➤ **abribus, aubette**). *Descendre au prochain arrêt.* ◆ (1976) RÉGION. (Canada) Endroit où les véhicules doivent marquer un temps d'arrêt ; signal correspondant. ➤ **stop.** ■ **4** VX Action d'arrêter une personne ou des biens. ➤ **arrestation.** DR. *Saisie*-arrêt.* ◆ MOD. *Mandat d'arrêt* : ordre d'arrestation et de mise en détention provisoire délivré par un juge d'instruction contre une personne recherchée pour l'exercice de poursuites pénales. *Mandat d'arrêt international.* — *Maison d'arrêt* : prison. ◆ **ARRÊTS** : sanction disciplinaire infligée à un officier ou un sous-officier. *Mettre un militaire aux arrêts. Arrêts forcés* ou *de rigueur,* portant défense de sortir d'un local spécial. *Arrêts de forteresse,* condamnant à la prison militaire. ■ **5** Pièce, chose qui arrête. ➤ **arrêtoir, butée, cliquet, taquet.** *L'arrêt d'un fusil, d'une serrure.*

B. JUGEMENT ■ **1** Décision d'une cour souveraine ou d'une haute juridiction. ➤ **jugement ; 1arrêté** (2°). *Arrêt de la Cour de cassation, de la cour d'appel, de la cour d'assises, du Conseil d'État. Rendre un arrêt.* ■ **2** FIG. (VX OU LITTÉR.) *Les arrêts du destin, de la Providence.* ➤ **décret.** *«de par les arrêts du goût et de l'esthétique»* SAND. ➤ **jugement.** ■ CONTR. 2Marche, mouvement. Continuation. ■ HOM. Haret.

ARRÊTE [aʀɛt] adj. – 1921 ◊ de *arrêter* ■ RÉGION. (Centre-Est ; Jura suisse) FAM. Arrêté, immobilisé. *Il était arrête au passage à niveau.* ◆ Qui a cessé de fonctionner. *Ma montre est arrête.* ■ HOM. Arête.

1**ARRÊTÉ** [aʀete] n. m. – 1414 ◊ de *arrêter* ■ **1** Règlement définitif. *Arrêté de compte.* ◆ COMPTAB. Récapitulation périodique des opérations de comptabilité. *Arrêté mensuel des écritures comptables.* ■ **2** Décision écrite d'une autorité administrative, comprenant généralement un visa de textes (Vu la loi...) et un dispositif par articles. ➤ **décision, texte.** *Arrêté ministériel, préfectoral, municipal.*

2**ARRÊTÉ, ÉE** [aʀete] adj. – fin XIIe ◊ de *arrêter* ■ **1** Convenu, décidé. *C'est une chose arrêtée.* ■ **2** Définitif. *Comptes arrêtés.* ■ **3** Inébranlable, irrévocable (idées, projets). ➤ **absolu, 1ferme, immuable, irrévocable.** *La volonté bien arrêtée de refuser. Elle a des idées très arrêtées sur la question.* ■ CONTR. Indécis. Provisoire.

ARRÊTE-BŒUF, plur. **ARRÊTE-BŒUFS** [arɛtbœf, arɛtbø] **n. m.** – 1539 ; *restebos* XIIIe ◊ de *arrêter* et *bœuf*, les racines de la plante arrêtant la charrue ■ RÉGION. Bugrane*.

ARRÊTER [arete] **v.** ‹1› – fin XIe comme verbe intransitif (II) ◊ du latin *arrestare*, de *restare* « s'arrêter » → rester

I ~ v. tr. A. EMPÊCHER D'AVANCER ■ **1** (fin XIIe) Empêcher (qqn ou qqch.) d'avancer, d'aller plus loin ; suspendre le mouvement, faire rester sur place. ➤ **immobiliser, retenir.** *Des agents arrêtent la foule.* ➤ **contenir, maintenir.** *Au voleur ! Arrêtez-le ! Arrêter un passant pour lui parler.* ➤ **aborder, accoster.** « *je retins mon cheval lancé sur ses quatre pieds et je l'arrêtai court* » GAUTIER. *Arrêter sa voiture.* ➤ 1 **stopper.** *Arrêter le navire en jetant l'ancre.* ➤ **mouiller.** — Suspendre le fonctionnement de. *Arrêter une machine. Arrête la radio, on ne s'entend plus !* ➤ **éteindre.** ■ **2** (1583) Interrompre ou faire finir (une activité, un processus). *Arrêter une hémorragie.* ➤ **étancher, tarir.** *Arrêter le cours de qqch.* ➤ **intercepter, interrompre.** LOC. *On n'arrête pas le progrès.* « *Tu es là, Hémon. Étéocle et Polynice aussi sont vivants. Il faut arrêter cette folie, il est encore temps* » H. BAUCHAU. *Arrêter une action, un projet.* FAM. *Arrête ton cirque ! Arrête ton char* !* ◆ LITTÉR. Faire cesser (un sentiment, une tendance). ➤ **contenir, refréner, réprimer, retenir.** « *J'ai trop souvent permis à ma raison d'arrêter l'élan de mon cœur* » GIDE. ■ **3** (milieu XVIIe) Empêcher (qqn) d'agir ou de poursuivre une action. ➤ 1 **entraver, paralyser, retarder, retenir** (cf. Tenir en échec*). *Rien ne l'arrête quand il a entrepris quelque chose. Se trouver arrêté par une difficulté, un obstacle.* ◆ SPÉCIALT (1779) Empêcher de parler. ➤ **interrompre.** *Là, je vous arrête tout de suite.* ■ **4** (XIIe) Appréhender, retenir prisonnier. *Les gendarmes l'ont arrêté à l'aube.* ➤ **capturer, s'emparer (de)** (cf. Mettre la main au collet, le grappin sur qqn). *Il vient de se faire arrêter* (➤ **attraper ;** FAM. ou POP. **agrafer, alpaguer, choper, coffrer, cueillir, emballer, embarquer, épingler, gauler, harponner, pincer, piquer, poisser, serrer**). ■ **5** (1978) FAM. Interrompre l'activité professionnelle de (qqn) par un arrêt de travail. *Le médecin l'a arrêtée (pour) huit jours.*

B. RENDRE FIXE, STABLE ■ **1** (fin XIIe) Empêcher (qqch.) de bouger, de remuer, maintenir en place. ➤ **assujettir,** 1 **bloquer, fixer, maintenir, retenir.** *Arrêter une roue au moyen d'un sabot, d'un frein, d'une chaîne. Le cliquet arrête la roue.* ➤ 2 **enrayer.** *Arrêter un point* (en cousant) : faire un nœud pour que le fil ne s'échappe pas. *Arrêter les mailles d'un tricot.* ➤ **rabattre.** ■ **2** Tenir fixé. *Arrêter ses yeux, ses regards sur qqch.* FIG. *Arrêter son attention, sa pensée, son esprit.* ➤ **attacher, fixer.** « *Si l'on arrête les yeux sur le monde actuel* » CHATEAUBRIAND. ■ **3** *Arrêter son choix, sa décision, son parti sur qqch.* ➤ **fixer.** ◆ PAR EXT. Fixer par un choix. *Arrêter le lieu, le jour d'un rendez-vous.* ➤ **convenir (de), décider, déterminer, fixer, régler.** *Arrêter un marché.* ➤ **conclure.** — LITTÉR. *Arrêter de faire qqch.* ➤ **décider, résoudre.** — SPÉCIALT Prendre un arrêté. *Le ministre, le préfet, le maire arrête que...*

II ~ v. intr. ■ **1** (fin XIe) Cesser d'avancer, faire halte. *Dites au chauffeur d'arrêter.* ■ **2** (1531) Cesser de parler ou d'agir. *Arrêtez ! N'en dites pas plus. Il travaille sans cesse, il n'arrête pas.* ■ **3** *Arrêter de* (et l'inf.) : cesser de. *Arrête de gesticuler. Arrête, je t'en prie !*

III ~ v. pron. S'ARRÊTER ■ **1** (fin XIIe) Suspendre sa marche, ne pas aller plus loin. *S'arrêter en chemin. Passer sans s'arrêter. S'arrêter, descendre, mettre pied à terre pour se reposer* (cf. Faire halte*). *La voiture s'est arrêtée au feu rouge.* ➤ 1 **stopper.** *Ce train s'arrête à toutes les gares, c'est un omnibus. S'arrêter longtemps en un lieu.* ➤ **demeurer, se fixer, séjourner, stationner.** « *On s'arrête, on s'assied, on voit passer la foule* » LAMARTINE. *La route s'arrête ici.* ➤ **se terminer.** — FIG. *Ne vous arrêtez pas en si bon chemin !* ne renoncez pas à une entreprise qui avait si bien commencé. ◆ (Sujet chose) Ne plus fonctionner (mécanisme). *Ma montre s'est arrêtée.* ■ **2** (Processus, action) S'interrompre ou finir. *Le bruit s'est arrêté.* FAM. *C'est bon quand ça s'arrête !* — Cesser de couler. *L'hémorragie s'est arrêtée.* ◆ (PERSONNES) Cesser d'agir, d'exercer une action. ➤ **cesser.** *Il ne veut pas s'arrêter. Travailler sans s'arrêter.* ➤ **discontinuer ;** FAM. 1 **débander, décrocher, dételer.** *S'arrêter de fumer.* — SPÉCIALT (1538) Cesser de parler. *Il s'arrêta net.* ■ **3** (1680) Fixer son attention sur, prendre garde, faire attention à. *Il ne faut pas s'arrêter aux apparences, aux détails.* ◆ VX ou LITTÉR. S'appesantir, insister (sur). ➤ **s'attarder.** ■ **4** (milieu XIIe) Fixer son choix sur. *Il ne savait à quelle solution s'arrêter,* quel parti prendre.

■ CONTR. 1 Aller, marcher, mouvoir (se) ; accélérer, hâter. — Poursuivre, reprendre.

ARRÊTISTE [aretist] **n. m.** – 1762 ◊ de *arrêt* ■ DR. (VX) Juriste qui commentait les arrêts des cours souveraines.

ARRÊTOIR [arɛtwar] **n. m.** – 1838 ◊ de *arrêter* ■ TECHN. Saillie, butée, tenon qui limite le mouvement d'une pièce mobile. ➤ **arrêt.**

ARRHES [ar] **n. f. pl.** – *erres* 1165 ◊ latin *arra, arrha* « gages » ■ Somme d'argent versée au moment de la conclusion d'une commande, d'une promesse de vente, chacune des parties pouvant revenir sur son engagement. « *Sauf stipulation contraire du contrat, les sommes versées d'avance sont des arrhes* » (CODE DE LA CONSOMMATION). ➤ aussi **acompte.** *Verser des arrhes pour réserver une chambre d'hôtel. Perdre ses arrhes.* ➤ **dédit.** ■ HOM. Are, ars, art, hart.

ARRIÉRATION [arjerasjɔ̃] **n. f.** – 1909 ◊ de *arriéré* ■ **1** MÉD. VIEILLI *Arriération mentale* : état d'un sujet dont l'âge mental est inférieur à l'âge réel (moins de 12 ans pour un adulte). ➤ **déficience** (intellectuelle), **oligophrénie, retard.** *Arriération légère* (➤ **débilité**), *grave* (➤ **imbécillité**), *profonde* (➤ **idiotie**). *Arriération affective,* dans les névroses infantiles. *Syndrome d'arriération affective* : retard psychomoteur existant chez de tout jeunes enfants privés de soins et de l'affection maternelle. ■ **2** État de ce qui est arriéré. « *l'arriération économique du régime communiste* » BARTHES.

1 **ARRIÈRE** [arjɛr] **adv.** – fin Xe ◊ du latin populaire °*ad retro,* de *ad* et *retro* « arrière » → rétro-

I VX ou SPÉCIALT ■ **1** Loin derrière. ELLIPT Injonction faite à qqn de s'éloigner, de se retirer. *Arrière, Satan !* « *Arrière ces éloges lâches, menteurs* » CHATEAUBRIAND. ■ **2** MAR. Par-derrière. *Avoir vent arrière,* en poupe. ■ **3** *Faire machine, marche arrière,* en arrière (cf. ci-dessous, II). — COUT. *Point arrière* (opposé à *devant*).

II loc. adv. (1606) **EN ARRIÈRE.** ■ **1** Dans une direction opposée au sens de la marche normale ou du regard. *Aller en arrière,* à reculons. ➤ **reculer.** *Se balancer d'avant en arrière. Pencher, renverser la tête en arrière.* « *Le coup passa si près que le chapeau tomba Et que le cheval fit un écart en arrière* » HUGO. *Cheveux coiffés, tirés en arrière. Regarder en arrière* (FIG. vers le passé). ◆ VIEILLI *Faire machine, marche en arrière ;* ELLIPT et plus cour. *Faire machine, marche arrière :* faire aller en arrière ; FIG. revenir sur ses pas, sur ses dires ; arrêter une action engagée, renoncer à poursuivre une entreprise. ➤ **reculer, se rétracter.** *Il était trop tard pour faire machine arrière.* — *Retour en arrière :* recomm. offic. pour *flash-back.* ■ **2** À une certaine distance derrière. *Rester en arrière,* en retrait, à la traîne. FIG. « *Demeurer en reste, en arrière, à l'écart* » GIDE. ■ **3 loc. prép. EN ARRIÈRE DE :** loin derrière. *Se tenir en arrière de qqn ou de qqch. Un hôpital situé en arrière de la ligne de feu.* — FIG. En retard (sur). *Il est très en arrière de ses camarades.* ➤ **arriéré.**

■ CONTR. 1 Avant ; avance.

2 **ARRIÈRE** [arjɛr] **n. m. et adj. inv.** – XVIIe mar. ◊ de 1 *arrière*

I n. m. ■ **1** La partie postérieure d'une chose. ➤ 2 **derrière, dos.** *L'arrière d'un navire.* ➤ **poupe.** *Gaillard d'arrière. L'avant et l'arrière d'une voiture. Vous serez mieux à l'arrière. L'arrière du train.* ➤ 1 **queue.** ■ **2** Territoire ou population qui se trouve en dehors de la zone des opérations militaires. — PLUR. *Les arrières d'une armée :* les lignes de communication. *Protéger ses arrières.* — LOC. FIG. *Assurer ses arrières :* se ménager une position de repli en cas de difficulté. ■ **3** (1900) SPORT Joueur qui est placé derrière tous les autres (rugby, basketball) ou derrière la ligne des demis (football, hockey, waterpolo).

II adj. inv. Qui est à l'arrière. *Les feux arrière d'une auto. Les sièges, la banquette arrière.*

■ CONTR. 2 Avant, 2 devant.

ARRIÈRE- ■ Élément de noms composés, signifiant « qui est derrière ».

ARRIÉRÉ, ÉE [arjere] **adj. et n.** – 1740 « en retard dans ses paiements » ◊ de *arriérer*

I ■ **1** Qui reste dû. ➤ **impayé.** *Réclamer une dette arriérée. Les intérêts arriérés.* ■ **2** (1829) PÉJ. Qui appartient au temps passé. ➤ **démodé, obsolète, rétrograde, suranné, vieux.** *Un homme aux idées arriérées. Ils sont un peu arriérés dans ce village,* en retard. ■ **3** (PERSONNES) En retard dans son développement mental. ➤ **attardé, demeuré.** « *Il m'a semblé d'abord que l'enfant était un peu simple, et comme l'on dit, arriéré* » DUHAMEL. — **n.** Débile profond. *Une arriérée mentale. Une école pour arriérés.*

II n. m. ■ **1** (1788) Dette échue et qui reste due. *L'arriéré d'une pension.* ➤ **arrérages.** ■ **2** (1824) Ce qui est en retard. « *ils avaient tant d'autres choses à se dire, tout un arriéré de choses* » LOTI. — *Un arriéré de sommeil :* du sommeil en retard, à rattraper.

■ CONTR. Avancé, évolué, moderne. — Avance.

ARRIÈRE-BAN [aʀjɛʀbɑ̃] **n. m.** – *riere ban* 1155 ◊ altération populaire de l'ancien français *herban, arban,* du francique °*hariban* → ban ■ FÉOD. Convocation par le roi (ou un grand suzerain) de tous ses vassaux et arrière-vassaux pour le service armé. *Publier l'arrière-ban.* ♦ L'ensemble des troupes convoquées. « *Tous les arrière-bans du royaume* » SAINT-SIMON. *Le ban* et l'arrière-ban.*

ARRIÈRE-BEC [aʀjɛʀbɛk] **n. m.** – XVIIIe ◊ de *arrière-* et *bec* ■ ARCHIT. Angle, éperon d'une pile de pont du côté de l'aval (opposé à *avant-bec*). *Des arrière-becs.*

ARRIÈRE-BOUCHE [aʀjɛʀbuʃ] **n. f.** – 1805 ◊ de *arrière-* et *bouche* ■ Partie postérieure de la bouche. ➤ **pharynx.** *Des arrière-bouches.*

ARRIÈRE-BOUTIQUE [aʀjɛʀbutik] **n. f.** – 1508 ◊ de *arrière-* et *boutique* ■ Pièce de plain-pied située en arrière d'une boutique. *Des arrière-boutiques.*

ARRIÈRE-CERVEAU [aʀjɛʀsɛʀvo] **n. m.** – 1879 ◊ de *arrière-* et *cerveau* ■ EMBRYOL. Structure neurale embryonnaire située en arrière de l'encéphale, et qui se subdivise en deux vésicules au cours du développement. ♦ Le bulbe rachidien, la protubérance annulaire et les pédoncules qui proviennent de l'arrière-cerveau embryonnaire. ➤ **rhombencéphale.** *Des arrière-cerveaux.*

ARRIÈRE-CHŒUR [aʀjɛʀkœʀ] **n. m.** – 1708 ◊ de *arrière-* et *chœur* ■ DIDACT. (RELIG.) Chœur placé derrière le maître-autel (éventuellement affecté aux religieux cloîtrés, dans les églises monastiques). *Des arrière-chœurs.*

ARRIÈRE-CORPS [aʀjɛʀkɔʀ] **n. m. inv.** – 1546 ◊ de *arrière-* et *corps* ■ ARCHIT. Partie d'un bâtiment qui est en retrait sur l'alignement de la façade (opposé à *avant-corps*).

ARRIÈRE-COUR [aʀjɛʀkuʀ] **n. f.** – 1586 ◊ de *arrière-* et *cour* ■ Cour sur l'arrière d'un bâtiment. *Des arrière-cours.*

ARRIÈRE-CUISINE [aʀjɛʀkɥizin] **n. f.** – 1913 ◊ de *arrière-* et *cuisine* ■ Petite pièce qui donne dans la cuisine et qui est généralement réservée aux gros travaux. ➤ RÉGION. **souillarde.** *Des arrière-cuisines.*

ARRIÈRE-FAIX [aʀjɛʀfɛ] **n. m. inv.** – 1539 ◊ de *arrière-* et *faix* ■ VX Le placenta et les membranes, expulsés de l'utérus après le fœtus (➤ **délivre**).

ARRIÈRE-FLEUR [aʀjɛʀflœʀ] **n. f.** – 1752 ◊ de *arrière-* et *fleur* ■ RARE Fleur qui apparaît après la floraison normale ; seconde floraison. *Des arrière-fleurs.*

ARRIÈRE-FOND [aʀjɛʀfɔ̃] **n. m.** – 1842 ◊ de *arrière-* et *fond* ■ La partie la plus secrète, la plus intime. « *Un flot d'idées silencieusement amassées dans l'arrière-fond de son être intime* » BOURGET. *Les arrière-fonds.* ♦ Arrière-plan. *On aperçoit la mer en arrière-fond.*

ARRIÈRE-GARDE [aʀjɛʀgaʀd] **n. f.** – avant 1150 ◊ de *arrière-* et 1 *garde* ■ **1** Partie d'un corps d'armée qui ferme la marche. *Des arrière-gardes. De durs combats d'arrière-garde* (opposé à *avant-garde*). LOC. FIG. *C'est un combat d'arrière-garde,* une lutte que l'on continue quand on est sûr de l'échec. ■ **2** Ce qui est en arrière, en retard dans l'évolution. *Le « pédantisme d'avant-garde commet autant d'injustices que naguère celui d'arrière-garde »* LECOMTE.

ARRIÈRE-GORGE [aʀjɛʀgɔʀʒ] **n. f.** – 1831 ◊ de *arrière-* et *gorge* ■ Fond de la gorge. *Des arrière-gorges irritées.*

ARRIÈRE-GOÛT [aʀjɛʀgu] **n. m.** /ARRIÈRE-GOUT/ – 1764 ◊ de *arrière-* et *goût* ■ **1** Goût qui reste dans la bouche après l'absorption. *Un arrière-goût désagréable. Des arrière-goûts.* ■ **2** FIG. État affectif qui subsiste après le fait qui l'a provoqué (opposé à *avant-goût*). ➤ 2 **souvenir.** *Un arrière-goût de honte, de déception.*

ARRIÈRE-GRAND-MÈRE [aʀjɛʀgʀɑ̃mɛʀ] **n. f.** – 1787 ◊ de *arrière-* et *grand-mère* ■ La mère de la grand-mère ou du grand-père. ➤ **bisaïeul.** *Des arrière-grands-mères et leurs arrière-petits-enfants.*

ARRIÈRE-GRAND-ONCLE [aʀjɛʀgʀɑ̃tɔ̃kl] **n. m.** – 1866 ◊ de *arrière-* et *grand-oncle* ■ Frère de l'arrière-grand-père ou de l'arrière-grand-mère. *Des arrière-grands-oncles et leurs arrière-petits-neveux.*

ARRIÈRE-GRAND-PÈRE [aʀjɛʀgʀɑ̃pɛʀ] **n. m.** – 1787 ◊ de *arrière-* et *grand-père* ■ Père du grand-père ou de la grand-mère. *Des arrière-grands-pères et leurs arrière-petits-enfants.*

ARRIÈRE-GRANDS-PARENTS [aʀjɛʀgʀɑ̃paʀɑ̃] **n. m. pl.** – milieu XXe ◊ de *arrière-* et *grands-parents* ■ Arrière-grand(s)-père(s) et arrière-grand(s)-mère(s). ➤ **bisaïeul.** *Les arrière-grands-parents et leurs arrière-petits-enfants.*

ARRIÈRE-GRAND-TANTE [aʀjɛʀgʀɑ̃tɑ̃t] **n. f.** – 1900 ◊ de *arrière-* et *grand-tante* ■ Sœur de l'arrière-grand-père ou de l'arrière-grand-mère. *Des arrière-grands-tantes et leurs arrière-petits-neveux.*

ARRIÈRE-MAIN [aʀjɛʀmɛ̃] **n. f.** et **m.** – 1172 ◊ de *arrière-* et *main* ■ **1** **n. f.** VX Revers de la main. ■ **2** **n. m.** (1751) Partie postérieure du cheval, qui est en arrière de la main du cavalier (opposé à *avant-main*). *Des arrière-mains.*

ARRIÈRE-NEVEU [aʀjɛʀnəvø] **n. m.** – 1570 ; hapax XIVe ◊ de *arrière-* et *neveu* ■ Fils du neveu ou de la nièce, par rapport à l'oncle ou à la tante. ➤ **petit-neveu.** *Le grand-oncle, la grand-tante et leurs arrière-neveux.* ♦ PAR EXT. et LITTÉR. (PLUR.) Les descendants, la postérité reculée. « *nous paraîtrons nous-mêmes des barbares à nos arrière-neveux* » CHATEAUBRIAND.

ARRIÈRE-NIÈCE [aʀjɛʀnjɛs] **n. f.** – 1610 ◊ de *arrière-* et *nièce* ■ Fille du neveu ou de la nièce, par rapport à l'oncle ou à la tante. ➤ **petite-nièce.** *Arrière-neveux et arrière-nièces.*

ARRIÈRE-PAYS [aʀjɛʀpei] **n. m. inv.** – 1898 ◊ de *arrière-* et *pays* ■ Région située en arrière d'une région côtière. ➤ **hinterland.** *Résider dans l'arrière-pays.*

ARRIÈRE-PENSÉE [aʀjɛʀpɑ̃se] **n. f.** – 1587, repris 1798 ◊ de *arrière-* et *pensée* ■ (Souvent péj.) Pensée, intention que l'on dissimule. ➤ **réserve, réticence.** *Sans arrière-pensée.* « *Si franc qu'on le suppose, le rire cache une arrière-pensée d'entente,* [...] *de complicité* » BERGSON. *Des arrière-pensées.* ■ CONTR. Démonstration, manifestation.

ARRIÈRE-PETITE-FILLE [aʀjɛʀpətitfij] **n. f.** – 1636 ◊ de *arrière-* et *petite-fille* ■ Fille du petit-fils, de la petite-fille. *Une arrière-grand-mère et ses arrière-petites-filles.*

ARRIÈRE-PETITE-NIÈCE [aʀjɛʀpətitnjɛs] **n. f.** – 1866 ◊ de *arrière-* et *petite-nièce* ■ Fille d'une petite-nièce ou d'un petit-neveu. *L'arrière-grand-tante et ses deux arrière-petites-nièces.*

ARRIÈRE-PETIT-FILS [aʀjɛʀpətifis] **n. m.** – 1556 ◊ de *arrière-* et *petit-fils* ■ Fils du petit-fils ou de la petite-fille. *Les arrière-grands-parents et leurs arrière-petits-fils.*

ARRIÈRE-PETIT-NEVEU [aʀjɛʀpətin(ə)vø] **n. m.** – 1751 ◊ de *arrière-* et *petit-neveu* ■ Fils d'un petit-neveu ou d'une petite-nièce. *Un grand-oncle et ses arrière-petits-neveux.*

ARRIÈRE-PETITS-ENFANTS [aʀjɛʀpətizɑ̃fɑ̃] **n. m. pl.** – 1555 ◊ de *arrière-* et *petits-enfants* ■ Enfants du petit-fils, de la petite-fille. *Les arrière-grands-parents et leurs arrière-petits-enfants.* « *Je vois commencer la cinquième génération :* [...] *ces Arrière-petits-enfants me semblent des Étrangers* » RESTIF.

ARRIÈRE-PLAN [aʀjɛʀplɑ̃] **n. m.** – 1811 ◊ de *arrière-* et *plan* ■ **1** Plan en arrière d'un autre. PEINT., PHOTOGR., CIN. Le plan le plus éloigné de l'œil du spectateur (opposé à *premier plan*). ➤ **arrière-fond.** *Des arrière-plans.* ■ **2** FIG. *Être à l'arrière-plan :* dans une position secondaire. *Être relégué à l'arrière-plan. Ce projet est passé à l'arrière-plan.* ■ **3** Cadre, contexte (d'une action, d'un évènement). *L'arrière-plan politique de l'édit de Nantes.* — Recomm. offic. pour *background.* ■ **4** (anglais *background*) INFORM. Partie de la mémoire centrale d'un ordinateur contenant les programmes dont le niveau de priorité d'exécution est le moins élevé.

ARRIÈRE-PORT [aʀjɛʀpɔʀ] **n. m.** – 1866 ◊ de *arrière-* et *port* ■ MAR. Partie reculée d'un port (opposé à *avant-port*). *Des arrière-ports.*

ARRIÉRER [aʀjeʀe] **v. tr.** ⟨6⟩ – 1285 « laisser en arrière » ◊ de 1 *arrière* ■ **1** VX *Arriérer un paiement,* le différer. ■ **2** PRONOM. (1762) RARE et VX *S'arriérer :* laisser en retard des paiements échus. ➤ **arriéré.**

ARRIÈRE-SAISON [aʀjɛʀsɛzɔ̃] **n. f.** – v. 1500 ◊ de *arrière-* et *saison* ■ **1** Dernière saison de l'année, l'automne ; la fin de l'automne. « *cette senteur spéciale des arrière-saisons* » LOTI. *Vêtement d'arrière-saison.* ■ **2** La fin d'une saison de production, les mois qui précèdent la nouvelle récolte. *Ce vin ne se boit que dans l'arrière-saison.* ■ CONTR. Printemps.

ARRIÈRE-SALLE [aʀjɛʀsal] **n. f.** – 1853 ◊ de *arrière-* et *salle* ■ Salle située derrière une autre. *Ce café a deux arrière-salles.*

ARRIÈRE-TRAIN [aʀjɛʀtʀɛ̃] **n. m.** – 1827 ◊ de *arrière-* et *train* ■ Partie postérieure du corps d'un quadrupède. *Chien assis sur son arrière-train.* ♦ FAM. Fesses d'une personne. ➤ 2 **derrière, postérieur.** *De larges arrière-trains.*

ARRIÈRE-VASSAL, AUX [aRjɛRvasal, o] **n. m.** – 1599 ◇ de *arrière-* et *vassal* ▪ HIST. Vassal d'un suzerain qui était lui-même le vassal d'un autre seigneur. *Les arrière-vassaux formaient l'arrière-ban.*

ARRIÈRE-VOUSSURE [aRjɛRvusyR] **n. f.** – 1561 ◇ de *arrière-* et *voussure* ▪ ARCHIT. Voûte que l'on construit en arrière d'une baie pour couronner l'embrasure. *Des arrière-voussures.*

ARRIMAGE [aRimaʒ] **n. m.** – 1678 ; «mise en état» 1398 ◇ de *arrimer* ▪ Action d'arrimer. ➤ 1 **calage.** — Arrangement des marchandises arrimées. ➤ **chargement.**

ARRIMER [aRime] **v. tr.** ‹1› – 1671 *arrumer* ◇ moyen anglais *rimen* «faire place» ▪ MAR. Répartir, ranger (la cargaison) dans la cale d'un navire. — PAR EXT. Caler, fixer avec des cordes (un chargement, des colis). *Arrimer un colis sur son porte-bagage.* ➤ **attacher*.** — **p. p. adj.** *Chargement solidement arrimé.*

ARRIMEUR, EUSE [aRimœR, øz] **n.** – *arrumeur* 1398 ◇ de *arrimer* ▪ MAR. Personne qui arrime les marchandises à bord d'un navire. ➤ **docker.** *«il s'était fait arrimeur de navires»* LOTI.

ARRISER ➤ **ARISER**

ARRIVAGE [aRivaʒ] **n. m.** – 1260 «droit de débarquement» ◇ de *arriver* ▪ Arrivée de marchandises par mer ou par une autre voie. *Un grand arrivage de fruits aux halles.* ♦ PAR EXT. Les marchandises elles-mêmes. ♦ IRON. *Un arrivage de touristes, d'estivants.* ➤ **arrivée.**

ARRIVANT, ANTE [aRivɑ̃, ɑ̃t] **n.** – 1801 adj. ◇ de *arriver* ▪ Personne qui arrive quelque part. *Les premiers, les derniers arrivants.* ▪ CONTR. 1 Partant.

ARRIVÉ, ÉE [aRive] **adj.** – de *arriver* ▪ **1** *Premier, dernier arrivé* : celui qui est arrivé le premier, le dernier. *«il n'a pu faire autrement que de servir d'abord les premiers arrivés»* GIDE. ▪ **2** Qui a réussi (socialement, professionnellement). *Un homme arrivé* (➤ aussi **parvenu**).

ARRIVÉE [aRive] **n. f.** – 1527 ◇ de *arriver* ▪ **1** Action d'arriver ; moment où l'on arrive. *L'arrivée du bateau, du train. Heure d'arrivée du courrier. Gare d'arrivée.* — *L'arrivée de qqn. Il m'annonce son arrivée pour le mois prochain.* ➤ **venue.** *Je vous verrai à mon arrivée, dès mon arrivée. Arrivée inattendue, imprévue. Ligne d'arrivée ; juge d'arrivée* (d'une course). *Faire une belle arrivée.* ♦ (Choses, marchandises) *L'arrivée du poisson sur le marché.* ➤ **arrivage.** ♦ LOC. FIG. *À l'arrivée* : finalement, en définitive. *À l'arrivée, ce projet est une réussite* (cf. Au final [critiqué]). ▪ **2** Passage (d'un fluide) qui arrive quelque part. *Arrivée d'air, d'essence, des gaz. Tuyau d'arrivée.* ▪ **3** FIG. *L'arrivée du printemps, des premiers froids.* ➤ **apparition, commencement, début.** ▪ **4** Lieu où arrivent des voyageurs, des coureurs, etc. *Arrivées et départs* (dans une gare, un aéroport). *Franchir l'arrivée,* la ligne d'arrivée. ▪ CONTR. 1 Départ, sortie.

ARRIVER [aRive] **v. intr.** ‹1› – milieu XIe ◇ du latin du IXe s. *arripare*, de *ripa* → rive

I (PERSONNES) ▪ **1** VX Toucher la rive, le bord. ➤ **aborder.** — (Avec compl.) Parvenir près du port, au port. *«Mithridate lui-même arrive dans le port»* RACINE. — FIG. *Arriver à bon port*.* ▪ **2** (fin XIIe) MOD. Toucher au terme de son voyage ; parvenir au lieu où l'on voulait aller. *Le fait d'arriver* (➤ **arrivée**) ; *celui qui arrive* (➤ **arrivant**). *Nous arriverons à Genève à midi.* ➤ **parvenir** (cf. Être rendu*). *Arriver en* (et nom de pays). *Arriver en France. Arriver dans sa maison, chez soi. On y arrive par une rue étroite.* ♦ ABSOLT *Nous voilà arrivés. Il arrive de Londres.* ➤ **venir** (de). *Il vient d'arriver et repart demain. «Quand on ne veut qu'arriver on peut courir en chaise de poste ; quand on veut voyager, il faut aller à pied»* ROUSSEAU. *Arriver par le train, par la route, en avion* (➤ **atterrir**). *Je suis arrivée de bonne heure. Arriver le premier, le dernier. Arriver devant* (➤ **devancer, précéder**), *derrière qqn* (➤ **suivre**). *Arriver à propos, mal à propos.* ➤ 1 **tomber** (bien ou mal). *Arriver à l'improviste* (➤ **survenir,** 1 **tomber** ; FAM. **débarquer**). LOC. *Arriver comme un chien* dans un jeu de quilles, comme les carabiniers*.* — IMPERS. *Il est arrivé des visiteurs en votre absence.* ▪ **3** PAR EXT. (XVIIe) Approcher, venir vers qqn. *Le voici qui arrive.* ➤ FAM. **s'amener, radiner, rappliquer.** *Voilà, j'arrive ! Il arrive à grands pas, en courant.* ▪ **4** Parvenir à atteindre (qqn), après des difficultés. *Je n'ai pas pu arriver jusqu'à lui.* ▪ **5** PAR EXT. Atteindre à une certaine taille. *Son fils lui arrive déjà à l'épaule.* FIG. *Il ne lui arrive pas à la cheville*, à la ceinture*.* ▪ **6** (fin XIVe) **ARRIVER À** (et subst.) : atteindre, parvenir à (un état). *Arriver à un certain âge. Arriver au bout, à la fin, au terme de sa vie.* ➤ **atteindre, parvenir,** 1 **toucher.** *Arriver au but qu'on s'est proposé, à ses fins. On arrive à tout en se donnant du mal. «Ces deux jeunes cœurs étaient arrivés à cette confiance sans bornes»* STENDHAL. — **ARRIVER À** (et l'inf.) : réussir à ; finir par. ➤ **parvenir** (à). *Il n'arrive pas à dormir. Je n'y arriverai pas, c'est trop difficile.* — FAM. *Avoir du mal à y arriver,* à gagner sa vie. ▪ **7** (fin XVIIe) ABSOLT Réussir. *Il veut à tout prix arriver* (➤ **arriviste**). *«Comment veux-tu arriver ? Surtout maintenant dans le commerce ?»* CÉLINE. ▪ **8** SPÉCIALT **ARRIVER À** (un sujet, un point d'une discussion) : aborder (un sujet). *Il arriva à la conclusion de son discours. Quant à cette question, j'y arrive.* ▪ **9** (1866) **EN ARRIVER À** : en venir à (qqch.). *Arrivons-en au fait. J'en arrive à la conclusion.* — (1922) En venir à ; être sur le point de, après une évolution (et souvent malgré soi). *J'en arrive à me demander s'il est sincère. Il faudra bien en arriver là.* ➤ **aboutir.**

II (CHOSES) ▪ **1** (fin XIIe) Parvenir à destination, en un lieu. *Le bateau est arrivé au port. Un colis est arrivé pour vous. Une lettre est arrivée hier. Le beaujolais nouveau est arrivé. Ces marchandises arrivent par mer,* sont transportées par mer... IMPERS. *Il est arrivé une lettre d'Espagne.* — *Le tuyau par lequel arrive l'eau,* par lequel elle est conduite. ▪ **2** Arriver jusqu'à (qqn). *La lettre ne lui est pas encore arrivée. Le bruit est arrivé à, jusqu'à ses oreilles.* ▪ **3** Atteindre un certain niveau. ➤ **atteindre, s'élever, monter.** *L'eau lui arrive à la ceinture. Le lierre arrive jusqu'au toit.* ▪ **4** (milieu XVIe) Venir, être sur le point d'être. *Quand arrivent les vacances. Le jour, la nuit arrive,* se lève, tombe. *Son tour, son heure arrivera bientôt. Un jour arrivera où...* ➤ **venir.** *«Le jour de gloire est arrivé»* («La Marseillaise»). LOC. *Tout arrive* (ce qu'on attendait). — IMPERS. *Il arrive un moment où il faut choisir.* ▪ **5** (milieu XVIe) En parlant d'un fait, d'un évènement, d'un accident. ➤ **s'accomplir, advenir,** se **passer,** se **produire,** se **réaliser, survenir** (cf. Avoir lieu*). *Si cela arrive.* ➤ **échoir.** *Un malheur est si vite arrivé. «Ce qu'on dit d'un malheur, qu'il n'arrive jamais seul, on le peut dire des passions»* CHATEAUBRIAND. *Ce sont des choses qui arrivent. Cela arrive tous les jours. Tout peut arriver.* — **ARRIVER À qqn.** *Cela ne m'est jamais arrivé. Cela peut arriver à tout le monde* : tout le monde est exposé à pareil accident. *Cela ne m'arrivera plus, je vous le promets* : c'est une chose que je ne recommencerai plus. *Cela devait arriver,* se produire. *Cela n'arrive pas qu'aux autres*.* ♦ IMPERS. *«Je pèche souvent par orgueil comme il arrive aux gens de petite origine»* COLETTE. *Il est sûrement arrivé un accident. Quoi qu'il arrive* : en tout cas. *Il lui arrivera malheur. Si jamais il m'arrive qqch...* **euphém.** pour si je meurs. ♦ **IL ARRIVE QUE.** *Il arrive que nous sortions après dîner.* ♦ **IL ARRIVE À** (qqn) **DE** (et l'inf.). *Il lui arrive souvent de se mettre en colère.*
▪ CONTR. 1 Aller (s'en aller), éloigner (s'), 1 partir. Échouer, manquer, rater (son but).

ARRIVISME [aRivism] **n. m.** – 1903 ◇ de *arriviste* ▪ Caractère ou comportement de l'arriviste. *Faire preuve d'arrivisme.*

ARRIVISTE [aRivist] **n.** – 1893 ◇ de *arriver* ▪ Personne dénuée de scrupules qui veut arriver, réussir dans le monde par n'importe quel moyen. *«Qu'est-ce qu'un arriviste ? – Un futur arrivé»* RENARD. *C'est une arriviste.* ➤ **carriériste,** RÉGION. **grimpion** (cf. Avoir les dents* longues). — **adj.** *Ambitieux*, mais pas arriviste.*

ARROBASE ➤ **AROBASE**

ARROBE [aRɔb] **n. f.** – 1555 ◇ espagnol *arroba*, de l'arabe *ar-roub* «le quart» ▪ Mesure espagnole de poids valant ordinairement 12,780 kg. — On écrit aussi *arobe.*

ARROCHE [aRɔʃ] **n. f.** – XVe ◇ *arace* XIIe, forme dialectale par altérations successives du latin *atriplex* ▪ BOT. Plante à feuilles triangulaires *(chénopodiacées)*, dont une espèce résiste au climat marin et dont les autres espèces, herbacées, sauvages ou cultivées *(arroche commune, épinard sauvage)*, sont comestibles.

ARROGANCE [aRɔgɑ̃s] **n. f.** – 1160 ◇ latin *arrogantia* ▪ Insolence méprisante ou agressive. ➤ **fierté, hauteur, insolence, présomption, suffisance,** 1 **superbe.** *Air d'arrogance.* ➤ **mépris.** *Répondre avec arrogance.* ➤ 1 **morgue.** *L'orgueil «ne déplaît tant que parce qu'il se donne, s'attribue et s'arroge tout : d'où est venu le mot arrogance»* RIVAROL. ▪ CONTR. Aménité, déférence, humilité, modestie.

ARROGANT, ANTE [aRɔgɑ̃, ɑ̃t] **adj.** – XIIIe ◇ latin *arrogans* → arroger (s') ▪ Qui manifeste une insolence méprisante (➤ **arrogance**). *Une personne arrogante.* — Qui témoigne de l'arrogance. *Air, ton arrogant.* ➤ **dédaigneux, fier,** 1 **hautain, impertinent, impudent, insolent, méprisant, orgueilleux, présomptueux, suffisant,** 2 **superbe, supérieur ;** RÉGION. **baveux, fendant.** *Paroles arrogantes.* — **n.** *Un arrogant. «L'arrogante ! à l'ouïr* *elle est déjà ma reine»* CORNEILLE. — adv. **ARROGAMMENT** [aʀɔgamɑ̃]. ■ CONTR. Déférent, familier, humble, modeste.

ARROGER (S') [aʀɔʒe] v. pron. ‹3› – XVe, comme v. tr. ◇ latin *arrogare*, de *ad* et *rogare* «demander» ■ S'attribuer (un droit, une qualité) sans y avoir droit. ➤ **s'approprier, s'attribuer, usurper.** *Elle s'est arrogé des titres qui ne lui appartiennent pas. Les titres qu'elle s'est arrogés. S'arroger le droit de faire qqch. S'arroger des prérogatives. «L'orgueil s'arroge tout»* RIVAROL.

ARROI [aʀwa] n. m. – 1230 ◇ de l'ancien français *areer, arroyer* «arranger», du gotique *rêþs* «provision» → désarroi ■ VX (dès le XVIIe) Équipage accompagnant un personnage. ♦ LOC. LITTÉR. **EN GRAND ARROI.** *La reine de Saba arrivait «avec une suite brillante, en grand arroi»* DANIEL-ROPS.

ARRONDI, IE [aʀɔ̃di] adj. et n. m. – v. 1280 ◇ de *arrondir* ■ **1** De forme à peu près ronde. *Formes arrondies.* ➤ **rond ; bombé, courbe, mamelonné, rebondi.** *Un visage arrondi.* ➤ **gras, plein, potelé.** — PHONÉT. Se dit des voyelles prononcées avec les lèvres arrondies (ex. [y] dans *lu,* [u] dans *loup*) (opposé à *étiré*). ➤ **labial.** ■ **2** n. m. *L'arrondi* : le contour arrondi. ➤ **courbe.** *«le moelleux arrondi des épaules»* MARTIN DU GARD. *L'arrondi d'une jupe,* la ligne de l'ourlet. ♦ AÉRONAUT. Manœuvre finale d'un atterrissage permettant d'amener l'avion tangentiellement au sol. ♦ MATH. ➤ **approximation.** ■ CONTR. Aigu, pointu ; 1 droit.

ARRONDIR [aʀɔ̃diʀ] v. tr. ‹2› – v. 1265 ◇ de 1a- et *rond*

I v. tr. ■ **1** Rendre rond. *Le frottement arrondit les galets. L'embonpoint arrondit son visage. Arrondir une pièce au tour.* — (1835) Donner une forme courbe à. *Arrondir le bras, ses gestes. Arrondir une jupe,* en coudre l'ourlet de façon à ce que sa distance au sol soit égale en tout point (➤ **arrondisseur**). ♦ LOC. *Arrondir les angles* : atténuer les oppositions, les dissentiments. — *«C'est prendre une furieuse tâche que de vouloir arrondir un caractère qui n'est qu'un hérisson»* HUGO. ■ **2** (1678) FIG. Rendre plus important (un bien). *Arrondir son champ, sa fortune.* ➤ **agrandir ; accroître, augmenter, compléter, étendre.** *Arrondir ses revenus, ses fins de mois.* ♦ Ajuster le dernier chiffre significatif* conservé à droite d'un nombre. *Arrondir une somme en y ajoutant un supplément* (cf. Chiffre rond*). *Arrondir un montant en euros au centime inférieur ou supérieur. — Somme arrondie à la dizaine inférieure.* ■ **3** (1621) PEINT. Faire ressortir le volume de (un objet). *«la plaisance du modelé vient surtout* [...] *d'un besoin d'arrondir sans les dissimuler les contours»* GIDE. ■ **4** MAR. *Arrondir un cap, une pointe* : passer au large. ➤ **contourner.**

II S'ARRONDIR v. pron. ■ **1** Devenir rond. *Son ventre s'arrondit* (embonpoint ou grossesse). ➤ **grossir.** *La voile s'arrondit sous le vent.* ➤ **enfler, gonfler.** ■ **2** VIEILLI Agrandir ses domaines, sa fortune. *«il agrandit son parc de tous les jardins que l'entrepreneur avait acquis pour s'arrondir»* BALZAC.

■ CONTR. Allonger. Diminuer, réduire.

ARRONDISSAGE [aʀɔ̃disaʒ] n. m. – 1838 ◇ de *arrondir* ■ TECHN. Opération qui consiste à arrondir une chose.

ARRONDISSEMENT [aʀɔ̃dismɑ̃] n. m. – 1458 ◇ de *arrondir* ■ **1** VX Action d'arrondir, de s'arrondir. — FIG. *Arrondissement d'un domaine.* ➤ **agrandissement ; accroissement.** *Le «travail constant d'"arrondissement" mené en Allemagne par les neveux de Frédéric II»* MADELIN. ■ **2** PAR MÉTON. (1737) Division territoriale. — (1800) En France, Circonscription administrative intermédiaire entre le département* et les cantons*. *Chef-lieu d'arrondissement.* ➤ **sous-préfecture.** *Scrutin d'arrondissement.* — (À Paris, Lyon, Marseille) *Le Ve arrondissement.* ELLIPT *La mairie du Ve* (ou *5e*).

ARRONDISSEUR [aʀɔ̃disœʀ] n. m. – milieu XXe ; autre sens 1751 ◇ de *arrondir* ■ Petit appareil servant à tracer l'arrondi d'une jupe, à partir du sol.

ARROSABLE [aʀozabl] adj. – *arousable* XIIIe ◇ de *arroser* ■ Qui peut être arrosé.

ARROSAGE [aʀozaʒ] n. m. – *arrousage* 1611 ◇ de *arroser* ■ **1** Action d'arroser. ➤ **affusion, arrosement, aspersion, douche.** *L'arrosage des voies publiques.* ➤ **arroseur.** *Procéder à l'arrosage d'un jardin, d'un champ* (➤ **irrigation ; asperseur**). *Bassin, canal, canon, lance, pompe, rampe, tourniquet, tuyau d'arrosage. Arrosage par aspersion, infiltration, ruissellement, submersion. Arrosage automatique programmé. «La poussière d'eau des arrosages égrenée sur l'herbe fine»* MAUPASSANT. *Arrosage de feux de forêt par avion* (➤ **bombardier** [d'eau], **canadair**). ■ **2** AGRIC. Quantité d'eau fournie en un temps déterminé à une terre cultivée, complétant l'eau reçue naturellement. ■ **3** (1922) ARG. MILIT. Bombardement, mitraillage méthodique. *L'arrosage des lignes ennemies par l'artillerie.* ■ **4** (1892) Gratification pour service rendu, obtention d'un contrat, d'une faveur. ➤ **bakchich, dessous-de-table, pot-de-vin.** ■ **5** (milieu XXe) Diffusion couvrant un vaste secteur. *L'arrosage publicitaire par les médias.* ♦ Recomm. offic. pour remplacer l'anglic. *spam.* ■ CONTR. Assèchement, drainage.

ARROSÉ, ÉE [aʀoze] adj. – v. 1350 ◇ de *arroser* ■ **1** Mouillé par arrosage. *«L'Arroseur arrosé», film de L. Lumière,* et PAR ALLUS. personne qui subit ce qu'elle destinait à autrui. ■ **2** GÉOGR. Qui reçoit les précipitations. — À travers quoi coule un cours d'eau. *Région bien arrosée.* ■ **3** *Un repas bien arrosé,* au cours duquel on a bu beaucoup d'alcool. — *Un café arrosé,* dans lequel on a versé de l'alcool.

ARROSEMENT [aʀozmɑ̃] n. m. – 1190 ◇ de *arroser* ■ L'action d'arroser ou le fait d'être arrosé. — VX Arrosage ou irrigation. — MOD. GÉOGR. Le fait d'arroser une région (fleuve).

ARROSER [aʀoze] v. tr. ‹1› – 1155 ; latin populaire *arrosare* ◇ de *ad* et latin classique *rorare,* de *ros, roris* «rosée» ■ **1** Humecter ou plus souvent mouiller en versant un liquide, de l'eau sur. *Arroser une terre, des plantes, les fleurs.* ➤ **arrosage ; arrosoir.** *Arroser légèrement* (de gouttelettes, d'une pluie fine). ➤ **asperger, bassiner, pulvériser, vaporiser.** *La pluie «arrosait comme à plaisir cette foule bruyante»* LOTI. ➤ **inonder, mouiller.** — FAM. *Se faire arroser* : se faire mouiller par la pluie. ➤ **tremper ;** FAM. **doucher, saucer.** ♦ LITTÉR. (PAR EXAGÉR.) *Arroser de larmes.* ➤ **inonder, mouiller, tremper.** ■ **2** (1265) MOD. (sujet cours d'eau) Couler à travers. ➤ **traverser.** — SPÉCIALT Fertiliser. ➤ **irriguer.** *Le fleuve «traverse sans l'arroser cette vallée misérable»* FROMENTIN. ■ **3** Répandre un liquide sur (un mets) pour en améliorer le goût. *Arroser un baba. Arroser le poulet en cours de cuisson,* répandre le jus de cuisson sur lui. SPÉCIALT *Arroser son café,* y verser de l'alcool. ■ **4** Accompagner (un repas, un mets) de boisson alcoolisée. *Arroser son repas d'un bon vin.* ♦ FAM. Fêter (un évènement) en buvant et en offrant à boire du vin, de l'alcool. *Arroser un succès. On va arroser ça !* PRONOM. *Ça s'arrose !* ■ **5** (1838) FIG. et FAM. Pourvoir (qqn) d'argent, de cadeaux à des fins intéressées. *Industriel qui arrose des élus. «démontrer que ces experts ont été arrosés. Arrosés par qui ?»* M. DUGAIN. — ABSOLT *«Les fournisseurs sont obligés d'arroser s'ils veulent vendre»* (Le Nouvel Observateur, 1985). ■ **6** (1922) ARG. MILIT. Bombarder, mitrailler méthodiquement. *Arroser le terrain.* ■ **7** (milieu XXe) RADIO, TÉLÉV. Émettre sur (un vaste secteur). ➤ **arrosage** (5°). *Chaînes de télévision par satellite qui arrosent un secteur.* ■ CONTR. Sécher ; assécher, dessécher, drainer.

ARROSEUR, EUSE [aʀozœʀ, øz] n. – 1559, repris 1838 ◇ de *arroser* ■ **1** Personne qui arrose (en particulier les voies publiques). *L'arroseur arrosé*.* ■ **2** n. m. (1905) Appareil d'arrosage. ■ **3** n. f. (1905 n. m.) Véhicule muni d'un réservoir d'eau et destiné à l'arrosage des voies publiques. *«Vers quatre heures de l'après-midi une arroseuse passait. Derrière elle, le macadam fumait, et mille odeurs s'élevaient de la rue»* DURAS. *Une arroseuse municipale. Arroseuse-balayeuse.*

ARROSOIR [aʀozwaʀ] n. m. – *arousour* 1365 ◇ de *arroser* ■ Ustensile destiné à l'arrosage, récipient muni d'une anse et d'un long col (ou *queue*) terminé par une plaque percée de petits trous (➤ 1 **pomme**) ou par un ajutage (➤ **brise-jet**).

ARROW-ROOT [aʀoʀut] n. m. – 1831 ◇ mot anglais, de *arrow* «flèche» et *root* «racine» ■ ANGLIC. ■ **1** BOT. Plante d'Amérique tropicale (Antilles), monocotylédone *(marantacées). Des arrow-roots.* ■ **2** Fécule comestible fournie par les rhizomes de cette plante.

ARROYO [aʀɔjo] n. m. – 1855 ◇ mot espagnol «cours d'eau» ■ GÉOGR. Canal ou chenal reliant deux cours d'eau (en pays tropicaux). *Des arroyos.*

ARS [aʀ] n. m. – 1213 ◇ latin *armus* ■ TECHN. Jonction du poitrail et des membres antérieurs du cheval. *Saigner un cheval aux ars.* ■ HOM. Are, arrhes, art, hart.

ARSENAL, AUX [aʀsənal, o] n. m. – 1601 ; *arsenail* XVe ◇ italien *arsenale,* d'origine arabe ; désigne l'*arsenal de Venise* jusqu'au XVIe s. ■ **1** Établissement où se trouve réuni tout ce qui est nécessaire à la construction, la réparation et l'armement des navires de guerre. ➤ **atelier, chantier, magasin.** *Les arsenaux de la marine.* ■ **2** Dépôt d'armes et de munitions ; ANCIENNT Atelier, manufacture d'armes. — Grande quantité d'armes. *La police a saisi chez lui tout un arsenal.* ■ **3** FIG. Ce qui fournit des moyens pour attaquer ou se défendre (➤ **arme**). *«Des milliers d'articles de lois, arsenal qui fournit des armes à toute* *fin»* RENAN. *L'arsenal juridique. L'arsenal thérapeutique.* ▪ **4** FAM. Matériel compliqué. ➤ **attirail, collection.** *L'arsenal d'un photographe.*

ARSÉNIATE [arsenjat] **n. m.** – 1782 ◇ du radical de *arsenic* et suffixe chimique *-ate* ▪ CHIM. Sel ou ester de l'acide arsénique. *Arséniate de calcium.*

ARSENIC [arsənik] **n. m.** – 1314 ◇ bas latin d'origine grecque *arsenicum* ▪ **1** ALCHIM. (VX) et COUR. Composé toxique de l'arsenic (2°). *Arsenic blanc* (anhydride arsénieux : mort aux rats), *jaune, rouge* (sulfures). ▪ **2** (1704) CHIM. Élément (As ; n° at. 33 ; m. at. 74,92) du même groupe que l'azote, le phosphore et l'antimoine. *L'arsenic naturel est cassant. Sulfure d'arsenic.* ➤ **orpiment, réalgar.** *Sels d'arsenic :* arséniures.

ARSENICAL, ALE, AUX [arsənikal, o] **adj.** – 1578 ◇ de *arsenic* ▪ Qui contient de l'arsenic. *Sels arsenicaux :* arséniates. *Eaux arsenicales. Pyrites arsenicales* (mispickel).

ARSÉNIEUX [arsenjø] **adj. m.** – 1787 ◇ de *arsenic* ▪ CHIM. Se dit de certains composés de l'arsenic trivalent. *Anhydride arsénieux :* arsenic* blanc (As_2O_3) employé comme insecticide. *Sels de l'acide arsénieux.* ➤ **arsénite.**

ARSÉNIQUE [arsenik] **adj.** – XVIe ◇ de *arsenic* ▪ CHIM. VX Où il y a de l'arsenic. — MOD. *Acide arsénique :* acide (H_3AsO_4) dans lequel l'arsenic est pentavalent.

ARSÉNITE [arsenit] **n. m.** – 1803 ◇ de *arsenic* ▪ CHIM. Sel de l'acide arsénieux.

ARSÉNIURE [arsenjyr] **n. m.** – 1833 ◇ de *arsenic* ▪ CHIM. Tout composé de l'arsenic avec un autre corps simple, par exemple un métal. *Arséniure d'argent.*

ARSIN [arsɛ̃] **adj. m.** – 1755 ; «incendie» fin XIIe ◇ de *ars,* p. p. de l'ancien français *ardre* «brûler», du latin *ardere* → ardent ▪ EAUX ET FORÊTS *Bois arsin :* bois sur pied endommagé par le feu.

ARSINE [arsin] **n. f.** – 1846 ◇ de *arsenic* ▪ CHIM. Hydrogène contenant de l'arsenic, gaz incolore à odeur forte, très toxique (AsH_3).

ARSOUILLE [arsuj] **n.** – 1792, «souteneur de tripot» ◇ de *arsouiller,* origine inconnue ▪ **1** FAM. et VX Voyou. *Un arsouille. Une petite arsouille* (se dit aussi d'un jeune homme). — **adj.** MOD. *Il a un genre un peu arsouille, un air arsouille,* canaille. *«Voilà qui faisait arsouille ! Apache !»* CÉLINE. ▪ **2** adj. et n. (Belgique) Espiègle (d'un enfant).

ART [ar] **n. m.** – fin X^e ◇ du latin *ars.* REM. *Art* est souvent féminin jusqu'au XVIIe s.

I ENSEMBLE DE MOYENS, DE PROCÉDÉS CONSCIENTS QUI TENDENT À UNE FIN ▪ **1** (fin XIIe) VX Moyen d'obtenir un résultat (par l'effet d'aptitudes naturelles) ; ces aptitudes (adresse, habileté). — MOD. *L'art de faire qqch.* ➤ **façon, manière.** *«Je confesse mon faible, elle a l'art de me plaire»* MOLIÈRE. — PLAISANT *Il a l'art d'ennuyer tout le monde, de m'énerver.* — *Faire qqch. avec art.* ➤ 2 **adresse, habileté, savoir-faire.** LOC. MOD. *Faire qqch. pour l'amour de l'art,* par plaisir, et non par intérêt. *Avoir l'art et la manière. Ouvrage* d'art.* ◆ SPÉCIALT (appliqué à la littérature, à l'art [II]) L'habileté jointe à la connaissance des moyens. *«L'art ne fait que des vers, le cœur seul est poète»* A. CHÉNIER. *«L'art est de cacher l'art»* JOUBERT. *C'est du grand art.* — LOC. *C'est l'enfance* de l'art.* ▪ **2** VX ou LITTÉR. (opposé à *nature*) Ce que l'être humain ajoute à la nature, ce qui est artificiel (➤ aussi **artéfact**). *«La délicatesse est un don de la nature, et non pas une acquisition de l'art»* PASCAL. *«L'art gâte quelquefois la nature en cherchant à la perfectionner»* LA BRUYÈRE. ▪ **3** VX ou SPÉCIALT Ensemble de connaissances et de règles d'action dans un domaine particulier ; les connaissances, par opposition à une science envisagée abstraitement. ➤ **activité, discipline.** ▪ **4** SPÉCIALT (fin XIe) VX Métier exigeant une aptitude et des connaissances (apprentissage) de la part de la personne qui l'exerce (➤ **artiste**). *«La chirurgie et la pharmacie deviennent des arts presque nouveaux, dès l'instant où l'anatomie et la chimie viennent leur offrir des guides plus éclairés et plus sûrs»* CONDORCET. *Se perfectionner dans un art. «La critique est aisée et l'art est difficile»* DESTOUCHES. ◆ MOD. *L'art culinaire, militaire, l'art vétérinaire. L'homme de l'art :* le spécialiste compétent. SPÉCIALT *Consulter un homme de l'art,* un médecin. *Le noble art :* la boxe. *Les arts martiaux*.* ◆ VX (ou dans des usages spéciaux) Technique particulière ; ensemble de règles pour produire qqch. *Les règles d'un art.* MOD. LOC. *Les règles de l'art :* la manière correcte, réglée, de procéder. *Il a tout préparé dans les règles de l'art.* ◆ MOD. (avec *de* et l'inf.) *Art de vivre** (I, 3°). *«Il y a un art de marcher, un art de respirer : il y a même un art de se taire»* VALÉRY. ◆ *Art poétique*.* ▪ **5** (fin XIIe) PLUR. ANCIENNT *Arts libéraux,* ceux dans lesquels le travail intellectuel est dominant. *Les sept arts libéraux étaient enseignés dans les facultés des arts, au Moyen Âge.* ➤ **dialectique, grammaire, rhétorique** *(trivium) ;* 2 **arithmétique, astronomie, géométrie, musique** *(quadrivium).* VX *Arts mécaniques,* qui exigent surtout un travail manuel ou mécanique. ◆ (1786) MOD. *Conservatoire des arts et métiers* (arts mécaniques). (1948) *Les arts ménagers :* industries et techniques visant à améliorer le confort dans la vie quotidienne. *Le Salon des arts ménagers.* — (1658, La Fontaine) *Les beaux-arts,* consacrés à la production de la beauté. ➤ **beaux-arts** (et ci-dessous, II). — *Arts d'agrément :* musique, tapisserie, aquarelle. ◆ ABSOLT *Les arts :* la littérature, la poésie, les arts libéraux et les beaux-arts. *Un protecteur des arts.* ➤ **mécène.**

II REPRÉSENTATION DU BEAU ▪ **1** (1767, Diderot) Expression par les œuvres humaines, d'un idéal esthétique ; ensemble des activités humaines créatrices visant à cette expression. *«La mission de l'art n'est pas de copier la nature, mais de l'exprimer»* BALZAC. — *Les métiers d'art :* l'artisanat d'art. — (1804) LOC. *L'art pour l'art :* l'art qui n'a pas d'autre but que lui-même, qui ne vise pas l'utile, mais le beau. ◆ SPÉCIALT (excluant les disciplines du langage et souvent limité aux arts plastiques). La création d'œuvres en architecture, peinture, musique, etc. *Œuvre d'art. «Les plus grands objets d'art qui font notre admiration sont de simples œuvres d'artisans amoureux»* GIONO. *Critique d'art. Institut d'art et d'archéologie. Ville d'art,* riche en œuvres d'art. *Livre d'art,* contenant des reproductions d'œuvres d'art. *Histoire de l'art. Sociologie de l'art. Cinéma d'art et d'essai*. Usage thérapeutique de l'art.* ➤ **art-thérapie.** ▪ **2** Chacun des modes d'expression de la beauté. *L'art dramatique. L'art lyrique. Les arts plastiques* ou *arts de l'espace.* ➤ **architecture, gravure, peinture, sculpture ; photographie.** *Les arts du temps.* ➤ **musique ; danse ; cinéma.** *Arts utilitaires** (➤ **high-tech**). — (1921) LOC. *Le septième art :* le cinéma. *Le huitième art :* la télévision (parfois la photographie ou le théâtre). *Le neuvième art :* la bande dessinée. *Les arts décoratifs*. Arts appliqués*. Les arts du spectacle.* ▪ **3** (milieu XIXe) Création des œuvres d'art ; ensemble des œuvres (à une époque ; dans un lieu particulier). *L'art contemporain, postmoderne. Étudier l'art égyptien, l'art italien. L'art des steppes*. Musée national d'Art moderne.* — SPÉCIALT (1912) *Art nouveau,* se dit des styles d'art plastique développés en Europe entre 1885 et 1914. ➤ **modern style.** APPOS. *Des meubles art nouveau. Art déco* (➤ **décoratif**). — *L'art, les arts populaires* (➤ **folklore**). — (Selon les styles) *Art classique, baroque. Art abstrait, figuratif* (en peinture, sculpture). *Art naïf, pauvre, modeste, singulier. Art urbain.* ➤ **street art.**

▪ HOM. Are, arrhes, ars, hart.

ARTÉFACT [artefakt] **n. m.** – 1905 ◇ anglais *artefact,* du latin *artis factum* «fait de l'art» ▪ DIDACT. ANGLIC. Phénomène d'origine humaine, artificielle (dans l'étude de faits naturels). ◆ SPÉCIALT, MÉD. Toute altération produite artificiellement lors d'un examen de laboratoire (par ex. examen microscopique d'un tissu, électroencéphalographie, électrocardiographie, etc.). — On écrit aussi *artefact.*

ARTEL [artɛl] **n. m.** – 1800 ◇ mot russe «confrérie d'artisans» ▪ HIST. Coopérative, dans l'ancienne Russie. ◆ Société coopérative dans laquelle la propriété est collective. *Artel agricole.* ➤ **kolkhoze.**

ARTÈRE [artɛr] **n. f.** – début XIIIe ◇ du latin d'origine grecque *arteria* ▪ **1** Vaisseau à ramifications divergentes qui, partant des ventricules du cœur, distribue le sang à tout le corps. *Les artères communiquent avec les veines* par les capillaires. Artère pulmonaire,* partant du ventricule droit et conduisant le sang noir aux poumons (petite circulation). *Artère aorte* (➤ **aorte**). *Artère carotide.* ➤ **carotide.** *Battement des artères. Affection, inflammation, lésion des artères.* ➤ **anévrisme, artériosclérose, artérite, athérome.** *Oblitération d'une artère.* ➤ **embolie, infarctus, thrombose.** — *On a l'âge de ses artères* (axiome de Cazalis). *Pontage* de deux artères.* ▪ **2** (1831) FIG. Voie de communication. *Artère fluviale.* SPÉCIALT Rue importante d'une ville. *Les grandes artères. L'artère principale.*

ARTÉRIECTOMIE [artɛrjɛktɔmi] **n. f.** – 1931 ◇ de *artéri(o)-* et *-ectomie* ▪ CHIR. Ablation d'une artère.

ARTÉRIEL, IELLE [arterjɛl] **adj.** – 1503 ◇ de *artère* ▪ Qui a rapport aux artères. *Système artériel. Pression, tension* artérielle. Sang artériel :* sang rouge oxygéné, chassé par le ventricule gauche. *Enregistrement des pulsations artérielles.* ➤ **sphygmogramme.**

ARTÉRI(O)- ▪ Élément, du latin *arteria* « artère ».

ARTÉRIOGRAPHIE [aʀteʀjɔgʀafi] n. f. – 1907 ◊ de *artério-* et *-graphie* ▪ MÉD. Radiographie d'une ou de plusieurs artères après injection d'un produit opaque aux rayons X. ➤ **angiographie.**

ARTÉRIOLE [aʀteʀjɔl] n. f. – 1673 ◊ de *artère* ▪ ANAT. Petite artère.

ARTÉRIOSCLÉROSE [aʀteʀjoskleʀoz] n. f. – 1833 ◊ de *artério-* et du grec *sklêrôsis* « durcissement » ▪ État pathologique caractérisé par un épaississement de la tunique interne (➤ **athérosclérose**) ou moyenne, un durcissement progressif des artères. — adj. et n. **ARTÉRIOSCLÉREUX, EUSE.**

ARTÉRIOTOMIE [aʀteʀjɔtɔmi] n. f. – 1560 ◊ bas latin d'origine grecque *arteriotomia*, cf. *-tomie* ▪ CHIR. Incision pratiquée dans une artère.

ARTÉRITE [aʀteʀit] n. f. – 1821 ◊ de *artère* et *-ite* ▪ PATHOL. Affection artérielle d'origine inflammatoire. ➤ **coronarite.** — adj. et n. **ARTÉRITIQUE.**

ARTÉSIEN, IENNE [aʀtezjɛ̃, jɛn] adj. et n. – 1803 ; *arthisien* 1530 ◊ de *Artois* ▪ **1** De l'Artois. ▪ **2** (1818) **PUITS ARTÉSIEN :** trou foré jusqu'à une nappe d'eau souterraine jaillissante.

ARTHRALGIE [aʀtʀalʒi] n. f. – 1814 ◊ de *arthr(o)-* et *-algie* ▪ MÉD. Douleur articulaire.

ARTHRITE [aʀtʀit] n. f. – 1560 ◊ bas latin *arthritis*, mot grec « goutte » ▪ MÉD. Affection articulaire d'origine inflammatoire. *Arthrite déformante.* ➤ **rhumatisme.** *Arthrite de la hanche* (➤ **coxalgie**), *de la colonne vertébrale* (➤ **spondylarthrite**). *Arthrite portant sur plusieurs articulations.* ➤ **polyarthrite.**

ARTHRITIQUE [aʀtʀitik] adj. et n. – *artétique* 1167 ◊ latin *arthriticus* ▪ MÉD. Qui a rapport à l'arthritisme. *Tempérament arthritique.* ◆ COUR. Qui souffre d'arthrite ou d'arthritisme. — n. *Un, une arthritique.*

ARTHRITISME [aʀtʀitism] n. m. – 1865 ◊ de *arthrite* ▪ MÉD. (VIEILLI) Ensemble de maladies, de caractère souvent familial et pouvant coexister chez le même individu, avec tendance à diverses affections (goutte, rhumatisme chronique, lithiase biliaire, obésité). ➤ **diathèse.**

ARTHR(O)- ▪ Élément, du grec *arthron* « articulation ».

ARTHRODÈSE [aʀtʀɔdɛz] n. f. – 1890 ◊ de *arthro-* et du grec *desis* « action de lier » ▪ CHIR. Immobilisation définitive d'une articulation par différentes techniques chirurgicales. *Arthrodèse du genou, de la hanche.*

ARTHRODIE [aʀtʀɔdi] n. f. – XVIe, A. Paré ◊ grec *arthrôdia* « sorte d'articulation » ▪ ANAT. Type d'articulation à surfaces articulaires planes ou peu arrondies. *L'articulation de l'omoplate avec la clavicule est une arthrodie.*

ARTHROGRAPHIE [aʀtʀɔgʀafi] n. f. – 1958 ◊ de *arthro-* et *-graphie* ▪ MÉD. Examen radiologique d'une articulation après injection d'un produit de contraste dans la cavité articulaire.

ARTHROPATHIE [aʀtʀɔpati] n. f. – 1840 ◊ de *arthro-* et *-pathie* ▪ MÉD. Affection articulaire d'origine quelconque, et plus spécialement nerveuse.

ARTHROPODES [aʀtʀɔpɔd] n. m. pl. – 1845 ; *arthropodion* 1827 ◊ de *arthro-* et *-pode* ▪ ZOOL. Embranchement d'invertébrés comprenant des animaux au corps chitineux segmenté, aux membres formés de pièces articulées (ANCIENNT *articulés*). *Les crustacés, les myriapodes, les insectes, les arachnides sont des arthropodes.* — SING. *Un arthropode.*

ARTHROSCOPIE [aʀtʀɔskɔpi] n. f. – v. 1970 ◊ de *arthro-* et *scopie* ▪ MÉD. Examen endoscopique d'une cavité articulaire.

ARTHROSE [aʀtʀoz] n. f. – *artrose* 1611 ◊ de *arthr(o)-* et 2 *-ose* ▪ MÉD. Altération chronique de diverses articulations, sorte de vieillissement, souvent prématuré, des cartilages articulaires. *Arthrose cervicale, lombaire. Arthrose de la hanche* (➤ **coxarthrose**), *du genou* (➤ **gonarthrose**). *Qui souffre d'arthrose* (adj. et n. **ARTHROSIQUE,** 1980).

ARTICHAUT [aʀtiʃo] n. m. – *artichault* 1538 ◊ emprunt à l'italien du Nord *articiocco*, de l'arabe *harsufa* ▪ **1** Plante potagère vivace *(composées)*, dont on consomme la fleur ou capitule *(tête d'artichaut)*, dont le réceptacle charnu *(fond d'artichaut)* porte des bractées *(feuilles d'artichaut)* à base également charnue. *Un champ d'artichauts.* ➤ **artichautière.** ◆ Capitule de cette plante. *Artichauts de Bretagne. Artichaut violet* de Provence. Foin d'artichaut. Cœurs d'artichauts :* les feuilles du cœur de petits artichauts dont le haut est coupé. *Artichaut nouveau.* ➤ **poivrade.** *Artichauts à la barigoule*.* ◆ LOC. FAM. *Avoir un cœur d'artichaut :* être inconstant en amour. ▪ **2** PAR ANAL. *Artichaut sauvage.* ➤ **carline, joubarbe.** *Artichaut du Canada, d'hiver.* ➤ **topinambour.** *Artichaut d'Espagne, de Jérusalem.* ➤ **pâtisson.** ▪ **3** PAR ANAL. (1762) Pièce de fer hérissée de pointes et de crocs dont on garnit une clôture pour en empêcher l'escalade.

ARTICHAUTIÈRE [aʀtiʃotjɛʀ] n. f. – 1824 ◊ de *artichaut* ▪ **1** Terrain planté en artichauts. ▪ **2** (1843) Ustensile dans lequel on fait cuire les artichauts.

ARTICLE [aʀtikl] n. m. – 1130 ◊ latin *articulus* « articulation » qui a également donné *orteil*

I ARTICULATION ▪ **1** (1846) ZOOL. Pièce articulée des arthropodes. ➤ **articulé.** ▪ **2** BOT. Fragment d'organe capable de s'isoler spontanément, comme certains fruits. — Compartiment du mycélium secondaire d'un champignon supérieur (➤ **basidiomycètes**). *« Cette nouvelle levure constituée par des globules ou mieux par des articles très courts »* PASTEUR.

II SUBDIVISION D'UN TEXTE ▪ **1** (XIIIe) Partie (numérotée ou non) qui forme une division (d'un texte légal, juridique, diplomatique, religieux, littéraire). *L'article constitue la division élémentaire et fondamentale des lois françaises. Les alinéas d'un article. Les articles d'un traité, de la Déclaration des droits de l'homme. Article premier.* ◆ DR. Chacun des éléments d'un fait dont la preuve doit être établie devant la justice. *Interrogatoire sur faits et articles.* (1408) *Article de foi :* point formel de croyance dans une religion. ➤ **dogme.** — LOC. *Prendre qqch. pour article de foi,* y croire fermement. ◆ FIN., COMPTAB. Subdivision d'un chapitre budgétaire, d'un compte. — *Article de compte :* écriture représentant une créance *(article de crédit)* ou une dette *(article de débit)* portée en compte et à laquelle elle se substitue. ▪ **2** PAR EXT. Partie (d'un écrit) du point de vue du contenu. ➤ 1 **point.** *« Je passe à un autre article de votre lettre qui n'est pas le moins essentiel »* VOLTAIRE. ◆ *Pour cet article, sur cet article :* sur ce point, sur ce chapitre. ➤ **chapitre, matière, objet,** 3 **sujet.** ◆ LOC. (XVIIe) *À l'article de la mort :* au moment de mourir, à l'agonie. *« je suis au déclin de la maladie, à l'article de la mort »* M.-C. BLAIS. ▪ **3** (1711) Écrit formant par lui-même un tout distinct, mais faisant partie d'une publication. *Les articles d'un dictionnaire, d'un ouvrage de référence. Renvoi* d'un article à un autre. « Il ne se rappelle plus à quel article — pleuvoir, vouloir — Littré consigne cette expression »* R. JORIF. — *Article de presse, de revue, de journal.* ➤ 1 **chronique, courrier,** 1 **éditorial, entrefilet, papier ; tiré à part.** *Article de fond,* traitant synthétiquement un sujet. *Insérer, publier un article, une série d'articles, dans un journal. Amorce, titre, chapeau d'un article.* ▪ **4** INFORM. Élément d'un fichier constituant une unité complète d'information. ➤ **enregistrement** (logique).

III OBJET ▪ **1** (1517) Objet de commerce. *Nous n'avons pas cet article en magasin. Articles de consommation courante. Articles ménagers. Articles de toilette, de voyage, de bureau, de pêche. Articles pour fumeurs. Articles de luxe.* — (1833) *Articles de Paris :* petits articles de luxe de la toilette féminine. *« C'était une femme entre deux âges, nerveuse et efflanquée, qui fabriquait en chambre "l'article de Paris" »* DABIT. ◆ *Article d'exportation :* marchandise destinée à l'exportation. ▪ **2** LOC. (1826) *Faire l'article :* vanter sa marchandise pour la vendre ; FIG., PÉJ. faire valoir (qqch., qqn), (en) faire l'éloge pour un motif intéressé.

IV MOT (1350) Dans certaines langues, Mot qui, placé devant un nom (ou l'adj. antéposé au nom), sert à le déterminer plus ou moins précisément, et peut prendre la marque du genre et du nombre. ➤ **déterminant.** *Article défini* (➤ 1 **le** ; 1 **des**), *indéfini* (➤ **un** ; 3 **des**), *partitif* (➤ 2 **de, du** ; 2 **des**). *Article élidé* (l' ➤ 1 **le**). *Article contracté* (au, du).

ARTICULAIRE [aʀtikylɛʀ] adj. – 1505 ◊ latin *articularis* ▪ Qui a rapport aux articulations. *Capsule ou ligament articulaire.* — MÉD. *Affection articulaire.* ➤ **arthrite, arthrose.** *Rhumatisme articulaire chronique.*

ARTICULATION [aʀtikylasjɔ̃] n. f. – 1478 ◊ latin *articulatio,* de *articulus* → article

I ▪ **1** ANAT. Mode d'union des os entre eux ; ensemble des parties molles et dures par lesquelles s'unissent deux ou plusieurs os voisins. ➤ **arthr(o)- ; articulaire ; jointure, ligament ;** aussi **attache, charnière, emboîtement.** *Articulations mobiles.* ➤ **diarthrose, énarthrose.** *Articulation semi-mobile.* ➤ **amphiarthrose.** *Jeu, mouvement des articulations. Immobilisation d'une articulation.* ➤ **arthrodèse.** *Articulations immo-*

biles. ➤ **synarthrose.** *L'articulation du genou, du coude. «Après avoir fait craquer, une à une, toutes les articulations de ses doigts»* DUHAMEL. — *Affections, lésions, malformations des articulations* : ankylose, arthrite, arthrose, coxalgie, déboîtement, déviation, entorse, 2goutte, hydarthrose, luxation, rhumatisme, tophus. ◆ ZOOL. Région du tégument des arthropodes où la chitine s'amincit et le rend flexible, ce qui permet le mouvement. ■ **2** MÉCAN. Assemblage de plusieurs pièces mobiles les unes sur les autres. ➤ **cardan, charnière, rotule.** ■ **3** Répartition fonctionnelle dans l'espace. *L'articulation des masses architecturales.* ◆ Organisation en éléments distincts contribuant au fonctionnement d'un ensemble. — SPÉCIALT, LING. (concept introduit par André Martinet) *La double articulation du langage,* la première étant formée d'unités signifiantes (les morphèmes ou monèmes), elles-mêmes analysables en unités de deuxième articulation (les phonèmes). ■ **4** FIG. Imbrication (de deux processus). *L'articulation entre la vie familiale et la vie professionnelle.*

II Action de prononcer distinctement les différents sons d'une langue à l'aide des mouvements des lèvres et de la langue. ➤ **prononciation ; articulatoire.** *«La netteté de l'articulation française s'oppose au relâchement de l'articulation en anglais»* DAUZAT. ◆ PHONÉT. Ensemble des mouvements des organes phonateurs nécessaires à la formation des phonèmes. *Point d'articulation d'un phonème* : lieu du resserrement ou de l'occlusion du canal expiratoire pour l'émission d'un phonème (➤ **alvéolaire, dental, glottal, labial, palatal, pharyngal, uvulaire, vélaire).** *Mode d'articulation* : manière de réaliser l'articulation d'un phonème (➤ **affriquée, fricatif, nasal, occlusif, oral, sonore, sourd).**

III DR. Énonciation écrite de faits, article par article, à l'appui d'une demande en justice. *L'articulation des griefs dans la procédure du divorce.*

ARTICULATOIRE [artikylatwaʀ] **adj.** – XVIe ◇ du radical de *articulation* ■ DIDACT. Qui concerne l'articulation phonétique.

ARTICULÉ, ÉE [artikyle] **adj. et n. m.** – 1265 ◇ de *articuler* ■ **1** Formé de sons différents reconnaissables. ➤ **articuler** (II). *Langage articulé* (opposé à *inarticulé*). ■ **2** (XVIe) Qui s'articule (I). *Membres articulés.* ◆ **n. m. pl.** ZOOL. VX **LES ARTICULÉS** ➤ **arthropodes.** ◆ Construit de manière à s'articuler. *Poupée articulée,* dont on peut bouger la tête, plier les membres. *Lampe articulée.* ■ **3 n. m.** *Articulé dentaire* : engrènement des dents antagonistes lorsque les maxillaires sont en position d'occlusion.

ARTICULER [artikyle] **v. tr.** ⟨1⟩ – 1265 ◇ latin *articulare,* de *articulus* «articulation» → article

I ■ **1** ANAT. (surtout pronom.) Réunir (deux ou plusieurs os voisins) par une articulation. *La manière dont deux os s'articulent.* ➤ **amphiarthrose, diarthrose, synarthrose.** *Os qui s'articule à, avec un autre.* ■ **2** Assembler par des jointures qui permettent le mouvement. *Articuler deux tiges par une rotule.* — PRONOM. *L'organe de transmission s'articule sur l'arbre.* ■ **3** FIG. PRONOM. *S'articuler* : s'organiser en éléments distincts concourant au fonctionnement d'un ensemble. *Comment s'articulent la photo et le texte ?* ■ **4** PRONOM. Se réaliser par une articulation* (4°). *Le programme s'articule autour de trois axes.*

II ■ **1** (Sans compl.) Émettre, faire entendre les sons vocaux à l'aide de mouvements des lèvres et de la langue. ➤ **prononcer.** *Bien articuler* : détacher les syllabes, les mots. *Mal articuler.* ➤ **bafouiller, balbutier, bégayer, bléser, bredouiller, mâchonner.** *Articulez !* parlez distinctement. ■ **2** Produire (un élément de langage) en articulant. *Articuler un son, un mot, une phrase. «Le nouveau articula d'une voix bredouillante, un nom inintelligible»* FLAUBERT. ◆ PAR EXT. Dire, proférer. *«Il ne jugea pas nécessaire d'articuler un mot, de donner un conseil»* DUHAMEL.

III DR. Énoncer article par article. *Articuler des faits, des griefs.*

■ CONTR. Désarticuler, disloquer.

ARTIFICE [artifis] **n. m.** – *artefice* 1256 ◇ latin *artificium* «art, métier», par l'italien ■ **1** (1505) VX Art consommé, habileté. ➤ **art.** ◆ MOD. Moyen habile, ingénieux. *Résoudre un problème de mathématiques par un artifice de calcul.* ■ **2** (XVIIe) COUR. Moyen trompeur et habile pour déguiser la vérité, subtilité pour tromper. ➤ **combinaison, feinte, finesse, leurre, manège, mensonge, piège, ruse, subterfuge, 3tour, tromperie ; artificieux.** *Employer un artifice ingénieux. Artifices juridiques, politiques. L'humilité «c'est un artifice de l'orgueil qui s'abaisse pour s'élever»* LA ROCHEFOUCAULD. — VIEILLI ou LITTÉR. *User d'artifice(s).* ■ **3** (XVIe ◇ adaptation de l'italien) AU PLUR. Composition pyrotechnique destinée à brûler plus ou moins rapidement. *Artifices pour signaux de détresse.* ◆ (1594) COUR. **FEU D'ARTIFICE :** ensemble de pièces d'artifice qu'on fait brûler d'ordinaire pour un divertissement. ➤ **pyrotechnie ; artificier.** *Le feu d'artifice du 14 juillet. «d'éblouissants feux d'artifice allaient mêler aux étoiles leurs panaches de feu»* MAUPASSANT. — FIG. Ce qui éblouit par le nombre et la rapidité des images ou des traits brillants. *C'est un vrai feu d'artifice.* ■ CONTR. Droiture, naturel, vérité.

ARTIFICIALISER [artifisjalize] **v. tr.** ⟨1⟩ – 1881 ◇ de *artificiel* ■ DIDACT. Rendre artificiel ; SPÉCIALT transformer (un milieu naturel). — **Au p. p.** *Les espaces ruraux artificialisés.* ◆ AGRON. Modifier (un sol) pour en améliorer la productivité. — **n. f. ARTIFICIALISATION** (1910). *L'artificialisation des sols.*

ARTIFICIALITÉ [artifisjalite] **n. f.** – 1916 ◇ du latin *artificialis* ■ DIDACT. Caractère de ce qui est artificiel.

ARTIFICIEL, IELLE [artifisjɛl] **adj.** – 1370 ◇ latin *artificialis* ■ **1** Produit par la technique, par l'activité humaine finalisée, et non par la nature. ➤ **fabriqué, factice.** (Opposé à *naturel*) *Lac artificiel. Lumière artificielle. Fleurs, plantes artificielles. Satellite* artificiel.* — SPÉCIALT *Membres artificiels.* ➤ **clastique ; prothèse.** *Cheveux artificiels.* ➤ **postiche.** *Cœur, rein, poumon artificiel. Froid artificiel. Insémination, fécondation* artificielle. — Intelligence* artificielle. — Escalade* artificielle. Les paradis* artificiels.* ◆ Obtenu par des opérations diverses à partir de produits naturels. *Textiles artificiels et textiles synthétiques*. Soie artificielle. Colorant, arôme artificiel.* — CHIM. *Élément artificiel,* qui n'existe pas dans la nature, créé en laboratoire par bombardement ionique ou neutronique. ■ **2** Créé par la pensée humaine. *Langage naturel et langage artificiel. L'espéranto est une langue artificielle.* ■ **3** Créé par la vie sociale, la civilisation, et considéré comme non nécessaire. *Des plaisirs, des besoins artificiels.* ■ **4** Qui ne tient pas compte des caractères naturels, des faits réels, rationnels. *Classification artificielle.* ➤ **arbitraire.** ■ **5** Qui manque de naturel. ➤ **affecté, feint, forcé, frelaté.** *Sourire artificiel. «tout ce que la seule logique construit reste artificiel et contraint»* GIDE. ■ CONTR. Naturel, 2original, originel, réel, sincère, véritable, vrai.

ARTIFICIELLEMENT [artifisjɛlmɑ̃] **adv.** – 1690 ◇ de *artificiel* ■ D'une manière artificielle. *Des fruits de serre, artificiellement produits. «les mots inventés, les mots faits artificiellement»* HUGO. ➤ **arbitrairement.** ■ CONTR. Naturellement, spontanément.

ARTIFICIER, IÈRE [artifisje, jɛʀ] **n.** – 1594 ◇ de *artifice* (3°) ■ **1** Personne qui fabrique des pièces d'artifice, organise ou tire des feux d'artifice. ■ **2** Militaire employé(e) à la confection des artifices, aux travaux pyrotechniques. ■ **3** Spécialiste du désamorçage des bombes et machines infernales.

ARTIFICIEUX, IEUSE [artifisjø, jøz] **adj.** – XIIIe ◇ latin *artificiosus* ■ LITTÉR. Qui est plein d'artifices, de ruse. ➤ **retors, rusé, trompeur ; hypocrite.** *«Des hommes artificieux et intéressés»* FÉNELON. — *Paroles artificieuses.* ➤ **captieux. adv. ARTIFICIEUSEMENT.** ■ CONTR. Sincère.

ARTILLERIE [artijʀi] **n. f.** – 1260 «engins de guerre» ◇ de *artillier* (vx) «munir d'engins de guerre», de *attilier* «garnir», d'origine germanique, d'après *art* ■ **1** (XIVe) Matériel de guerre comprenant les canons, obusiers, etc. *Pièces d'artillerie* (➤ **batterie, 1canon, engin, machine, missile, mortier, obusier, 2roquette)** , *et le matériel nécessaire pour leur service* (➤ **affût, munition, projectile, train).** *Artillerie de campagne,* qui appuie l'infanterie. *Artillerie légère ; lourde. Grosse artillerie. Artillerie d'assaut. Artillerie atomique. Artillerie de marine. Artillerie antiaérienne* (➤ **D. C. A.**), *antichar. Tir d'artillerie.* ➤ **tir ; bombardement, canonnade, décharge, 1feu, mitraille, pilonnage, rafale, 1salve.** *L'artillerie ouvre le feu.* — LOC. FAM. *Faire donner l'artillerie* : attaquer avec force. *La grosse artillerie, l'artillerie lourde* : les grands moyens. ■ **2** Corps de l'armée qui est chargé du service de ce matériel. *Bataillon, groupe d'artillerie. Soldat d'artillerie.* ➤ **artilleur.**

ARTILLEUR [artijœʀ] **n. m.** – 1334 ◇ de *artillerie* ■ Militaire appartenant à l'artillerie. ➤ **canonnier, chef** (de pièce), **munitionnaire, 1pointeur, pourvoyeur, servant.** — VAR. ARG. **ARTIFLOT** [artiflo], 1840.

ARTIMON [artimɔ̃] **n. m.** – 1246 ◇ latin *artemo, onis* ■ MAR. Mât le plus arrière sur un navire à trois mâts et plus. Mât le plus petit et le plus arrière sur un navire à deux mâts. *Le mât d'artimon est le plus court sur les ketchs* (➤ **tapecul).** ◆ Voile gréée sur ce mât. ➤ **brigantine.** *Prendre un ris dans l'artimon.*

ARTIODACTYLES [artjɔdaktil] **n. m. pl.** – 1878 ◊ du grec *artios* «pair» et *-dactyle* ■ ZOOL. Ordre de mammifères ongulés dont le nombre de doigts est pair (porcins, ruminants, etc.). — Au sing. *Un artiodactyle.*

ARTIOZOAIRE [artjɔzɔɛr] **n. m.** – 1834 ◊ du grec *artios* «pair» et *-zoaire* ■ ZOOL. Animal à symétrie bilatérale. *Les arthropodes et les vertébrés sont des artiozoaires.*

ARTISAN, ANE [artizɑ̃, an] **n.** – XVIe ◊ italien *artigiano,* de *arte* «art» ■ **1** Personne qui exerce un métier manuel pour son propre compte, aidée souvent de sa famille, de compagnons, apprentis, etc. (rare au fém.). *Le serrurier, le cordonnier sont généralement des artisans. Artisan d'art,* qui fait des objets, des bibelots d'art. *Atelier, boutique d'artisan. Artisan à façon.* ➤ **façonnier.** — *Une artisane ; un artisan femme ; une femme artisan.* ■ **2** FIG. Auteur, cause d'une chose. *Elle a été l'artisan de son malheur.*

ARTISANAL, ALE, AUX [artizanal, o] **adj.** – 1923 ◊ de *artisan* ■ **1** Qui est relatif à l'artisan. *Métier artisanal. Produit artisanal mal commercialisé.* ■ **2** Qui n'est pas industrialisé. *Cette exploitation est restée artisanale, est trop artisanale.*

ARTISANALEMENT [artizanalmɑ̃] **adv.** – v. 1950 ◊ de *artisanal* ■ D'une manière artisanale, sans machine ni organisation complexe. *Fromage produit artisanalement.*

ARTISANAT [artizana] **n. m.** – 1923 ◊ de *artisan* ■ **1** Métier, condition d'artisan. *Les artisanats d'art.* «*tous les grades de l'artisanat : trois ans d'apprentissage ; puis des années de compagnonnage avant d'atteindre enfin à la maîtrise*» SIMENON. ■ **2** Ensemble des artisans en tant que groupe social ou professionnel. *L'aide à l'artisanat.*

ARTISTE [artist] **n. et adj.** – début XVe ◊ du latin médiéval *artista* (XIIIe), famille de *ars* → art

I **n.** ■ **1** VX Personne qui pratiquait un métier, une technique difficile. ➤ **art** (I, 4°). — MOD. et IRON. *Un artiste capillaire :* un grand coiffeur. *Un artiste culinaire :* un grand cuisinier. ■ **2** (1752 «écrivain») MOD. Personne qui se voue à l'expression du beau, pratique les beaux-arts, l'art (II). *L'inspiration, la sensibilité de l'artiste. Cette pianiste est une grande artiste.* «*des artistes, c'est-à-dire des hommes qui se sont voués à l'expression de l'art*» BAUDELAIRE. «*Les grands artistes n'ont pas de patrie*» MUSSET. ■ **3** Créateur d'une œuvre d'art ; SPÉCIALT d'une œuvre plastique. ➤ **peintre ; dessinateur, graveur ; sculpteur ; architecte.** *L'artiste et ses œuvres. Artiste peintre* (opposé à *peintre en bâtiment*). ■ **4** (1753) Personne qui interprète une œuvre musicale ou théâtrale (opposé à *auteur, compositeur, écrivain*). ➤ **acteur, comédien, interprète, musicien ; exécutant.** *Entrée des artistes. Un, une artiste célèbre.* ➤ **star, vedette.** — *La vie d'artiste.* ➤ **bohème.** ■ **5** FAM. Fantaisiste. *Salut, l'artiste !*

II **adj.** (1601 «artistique», repris 1807) ■ **1** Qui a le sentiment de la beauté, le goût des beaux-arts. *Elle est née artiste. Un peuple artiste.* ■ **2** LITTÉR. et PÉJ. *Le style artiste* (expression des Goncourt pour qualifier la prose symboliste).

ARTISTEMENT [artistəmɑ̃] **adv.** – 1547 ◊ de *artiste* ■ **1** VX Avec habileté (dans l'exercice d'une technique, d'un art [I, 4°]). ■ **2** MOD. Avec goût ; avec sens esthétique. «*C'est un des privilèges prodigieux de l'Art que l'horrible, artistement exprimé, devienne beauté*» BAUDELAIRE. ➤ **artistiquement.**

ARTISTIQUE [artistik] **adj.** – 1808 ◊ de *artiste* ■ **1** Qui a rapport à l'art, à l'artiste ou aux productions de l'art. *Le patrimoine artistique d'un pays. L'activité artistique. Sens artistique.* ➤ **artiste** (II). — *Flou* artistique.* ■ **2** Qui est fait, présenté avec art. *L'arrangement artistique d'une vitrine. Patinage artistique.*

ARTISTIQUEMENT [artistikmɑ̃] **adv.** – 1845 ◊ de *artistique* ■ **1** D'une manière artistique, avec art. ➤ **artistement.** ■ **2** Au point de vue de l'art, en ce qui concerne l'art. ➤ **esthétiquement.**

ARTOCARPE [artɔkarp] **n. m.** – 1822 ◊ du grec *artos* «pain» et *-carpe* ■ BOT. Arbre lactescent de l'Asie tropicale et de l'Océanie *(urticacées),* appelé aussi *arbre à pain,* dont le fruit comestible a une chair blanche, féculente.

ARTOTHÈQUE [artɔtɛk] **n. f.** – avant 1980 ◊ de *art,* par anal. avec *bibliothèque* ■ RARE Organisme pratiquant le prêt d'œuvres d'art ou de reproductions.

ART-THÉRAPIE [arterapi] **n. f.** – 1947 *art thérapie* ◊ calque de l'anglais *art therapy ;* de *art* et *thérapie* ■ Accompagnement psychothérapique par la création artistique. ➤ aussi **musicothérapie.**

ARTY [arti] **adj.** – 1986 ◊ mot anglais (1901), de *art* ■ ANGLIC. Qui s'apparente à l'avant-garde artistique. «*Un grand film d'aventure, mais un peu arty*» M. DARRIEUSSECQ. *Des galeries artys* ou *arty* (inv.).

ARUM [arɔm] **n. m.** – 1545 ◊ mot latin d'origine grecque ■ BOT. et COUR. Plante sauvage ou cultivée *(aracées),* à fleurs disposées sur un spadice entouré d'une large spathe en cornet de couleur blanche ou verdâtre. *Arum tacheté,* dont les baies rouges sont toxiques. ➤ **gouet, pied-de-veau.** — La spathe de cette plante (qui a l'aspect d'une fleur). *Les arums d'une gerbe de mariée.*

ARUSPICE [aryspis] **n. m.** – 1372 ◊ latin *haruspex, icis* ■ ANTIQ. ROM. Devin qui examinait les entrailles des victimes pour en tirer des présages. *Les aruspices et les augures.* — On a écrit aussi *haruspice.*

ARYEN, ENNE [arjɛ̃, ɛn] **n. et adj.** – 1562 ◊ latin *arianus* ou *arienus* ■ **1** *Les Aryens :* peuple de l'Antiquité qui envahit le nord de l'Inde. — **adj.** Relatif à ce peuple. ■ **2** (1853 *Arian*) (Voc. des doctrines racistes, sans fondement scientifique) Grand dolichocéphale blond issu de ce peuple, qui appartient à la «race supérieure». — **adj.** *La race aryenne.* ■ HOM. Arien.

ARYLE [aril] **n. m.** – XXe ◊ de *ar(omatique)* et *-yle* ■ CHIM. Radical ou groupement d'atomes dérivés des composés aromatiques.

ARYTÉNOÏDE [aritenɔid] **adj. et n. m.** – 1541 ◊ du grec *arutainoeidês* «en forme d'aiguière» ■ ANAT. *Cartilages aryténoïdes :* les deux cartilages latéraux du larynx sur lesquels s'insèrent les cordes vocales. — **n. m.** *Les aryténoïdes.*

ARYTHMIE [aritmi] **n. f.** – 1879 ◊ de 2*a-* et du grec *rhuthmos* «rythme» ■ PHYSIOL. Irrégularité d'un rythme, notamment du rythme cardiaque. ➤ **extrasystole.** — **adj. ARYTHMIQUE,** 1865.

AS [ɑs] **n. m.** – XIIe ◊ latin *as,* unité de monnaie, de poids, de mesure

I ANCIENNT Pièce de monnaie romaine en cuivre.

II ■ **1** Côté du dé à jouer (ou moitié de domino) marqué d'un seul point ou signe. *Amener deux as au trictrac.* ■ **2** Carte à jouer, marquée d'un seul point ou signe, qui est carte maîtresse dans de nombreux jeux. *As de carreau, de cœur, de pique, de trèfle* (➤ aussi 1 **manillon**). *Paire, brelan, carré d'as.* — Le numéro un, au tiercé, au quarté. *Il fallait jouer l'as, le huit et le quatre.* — La table numéro un (restaurant). ◆ LOC. FAM. *Être ficelé, fichu comme l'as de pique :* être mal habillé ou mal fait. «*Je suis sale, mal peigné, attifé comme l'as de pique, tout sur moi devient guenilles*» BODARD. — *Être aux as, plein aux as :* avoir beaucoup d'argent. — *Passer qqch. à l'as* (par allus. aux jeux où l'on *passe*) : l'escamoter ; *passer à l'as :* être escamoté, négligé. ■ **3** AVIRON Rameur d'élite, chef de nage placé près du barreur pour donner la cadence. ■ **4** (début XXe argot des militaires) FIG. Personne qui réussit excellemment dans une activité. *Un as de l'aviation, du volant.* ➤ **champion,** 1 **crack.** *L'as des as :* le plus remarquable dans son genre. — LOC. FAM. ABSOLT *C'est un as :* il (ou elle) est très fort(e). — IRON. (en parlant d'une personne imprévisible) *Quel as !* ➤ **numéro, phénomène.** ■ **5** (1987) Recommandation officielle pour *ace*.*

ASA [aza] **n. m. inv.** – milieu XXe ◊ mot anglais, acronyme de *American Standards Association* ■ PHOTOGR. Unité qui désigne les indices de sensibilité des émulsions photographiques. *Une pellicule 400 ASA.*

ASBESTE [asbɛst] **n. m.** – *abeste* 1125 ◊ latin *asbestos,* mot grec «incombustible» ■ DIDACT. ➤ **amiante.**

ASBESTOSE [asbɛstoz] **n. f.** – 1960 ◊ de *asbeste* ■ MÉD. Pneumoconiose due à l'inhalation de poussières d'asbeste.

ASCARIDE [askarid] ou **ASCARIS** [askaris] **n. m.** – 1372 ◊ latin *ascarida,* du grec *askaris* ■ ZOOL. Ver rond *(nématodes),* dont une espèce, l'*ascaride lombricoïde,* parasite de l'intestin de l'être humain et du cheval, peut atteindre dix à vingt-cinq centimètres.

ASCARIDIOSE [askaridjoz] ou **ASCARIDIASE** [askaridjɑz] **n. f.** – *ascaridiasis* 1865 ◊ de *ascaride* ■ MÉD. Ensemble des troubles causés par les ascarides.

ASCENDANCE [asɑ̃dɑ̃s] **n. f.** – fin XVIIIe ◊ de *ascendant* ■ **1** ASTRON. Mouvement ascendant d'un astre sur l'horizon. ■ **2** Ligne généalogique par laquelle on remonte de l'enfant aux parents, aux aïeux ; ensemble des générations qui précèdent qqn. ➤ **ancêtre,** 2 **ascendant, origine.** *Ascendance paternelle, maternelle. Être d'ascendance terrienne, illustre.*

▪ **3** *Ascendance thermique :* ascension d'air chaud dans l'atmosphère (utilisée dans le vol à voile). ▪ CONTR. Descendance.

1 **ASCENDANT, ANTE** [asɑ̃dɑ̃, ɑ̃t] **adj.** – milieu XIVe ◇ latin *ascendens,* de *ascendere* «monter» ▪ Qui va en montant, vers le haut. ➤ **montant.** *Mouvement ascendant.* — FIG. *Marche ascendante.* ➤ **progression ; gradation.** *«la marche ascendante de l'Église vers le plus haut point de sa domination»* CHATEAUBRIAND. ◆ ASTRON. Qui monte au-dessus de l'horizon. *Mouvement ascendant d'un astre.* — ASTROL. *Astre ascendant,* qui monte au-dessus de l'horizon au moment de la naissance de qqn. ➤ 2 **ascendant** (2°). — MATH. *Progression ascendante,* dont les termes vont en croissant. — DR., GÉNÉALOGIE *Ligne ascendante.* ➤ **ascendance.** ▪ CONTR. Descendant.

2 **ASCENDANT** [asɑ̃dɑ̃] **n. m.** – 1324 ◇ latin *ascendens,* de *ascendere* «monter» ▪ **1** ASTRON. Mouvement d'un astre qui s'élève au-dessus de l'horizon. ▪ **2** ASTROL. Degré du zodiaque qui monte sur l'horizon au moment de la naissance de qqn, et auquel correspond l'un des six grands cercles à l'aide desquels l'astrologue dresse le thème de nativité ; son influence. *Elle est Scorpion, ascendant Capricorne.* ▪ **3** Influence dominante. ➤ **autorité, empire, emprise, influence,** 2 **pouvoir.** *Avoir, exercer de l'ascendant sur qqn. Subir l'ascendant de qqn.* ➤ 2 **charme, fascination, séduction.** *«sûre de son ascendant, la maîtresse avait décidé de s'imposer comme épouse»* MADELIN. ▪ **4** (Souvent au plur.) DR. Parents dont on descend. ➤ **aïeul, ancêtre.** *Héritage qui revient aux ascendants.* ▪ CONTR. Descendant.

ASCENSEUR [asɑ̃sœʀ] **n. m.** – 1867 ◇ radical de *ascension,* latin *ascensum* ▪ **1** Appareil qui sert à monter verticalement des personnes aux différents étages d'un immeuble, et le plus souvent aussi à les descendre (on dit parfois pour préciser *ascenseur-descenseur*) ; SPÉCIALT La cabine où se tiennent les passagers. *Ascenseur et monte-charge*. Cage d'ascenseur. Appeler, prendre l'ascenseur. Ascenseur en panne. Garçon d'ascenseur.* ➤ **liftier.** — LOC. *Musique d'ascenseur,* diffusée en fond sonore dans les lieux publics. *«Si la musique est une toile de fond, ça devient de la musique d'ascenseur, [...] c'est du bruit»* B. CLAVEL. FAM. *Renvoyer l'ascenseur :* répondre à un acte (généralement obligeant) par un acte de même nature (cf. Rendre la pareille*, échange de bons procédés*). *«je ne suis pas ingrate, je renvoie l'ascenseur»* MALLET-JORIS. ◆ FIG. *Ascenseur social :* vecteur de mobilité sociale ascendante. *«il y avait les riches, il y avait les pauvres, avec quelques fragiles passerelles —* l'ascenseur social*»* HOUELLEBECQ. ◆ Au rugby, Action de soulever un coéquipier pour qu'il attrape le ballon, lors d'une touche. *Faire l'ascenseur.* ▪ **2** *Ascenseur à poissons :* dispositif permettant aux poissons (notamment aux saumons) de franchir un barrage en remontant un cours d'eau. ▪ **3** INFORM. Barre verticale ou horizontale située sur le bord d'une fenêtre, dotée d'un curseur qui sert à faire défiler le texte affiché.

ASCENSION [asɑ̃sjɔ̃] **n. f.** – fin XIIe ◇ du latin *ascensio,* de *ascendere* «monter» ▪ Action ou fait de monter, de s'élever. ➤ **montée.** ▪ **1** THÉOL. Élévation miraculeuse de Jésus-Christ dans le ciel, quarante jours après sa résurrection. — PAR EXT. (avec une majuscule) Fête célébrée par l'Église, jour anniversaire de ce miracle. *Le jeudi de l'Ascension.* ▪ **2** (v. 1260) ASTRON. *Ascension droite d'une étoile :* arc de l'équateur compté en sens inverse du mouvement diurne à partir du point vernal*. ▪ **3** (1787) Action de gravir une montagne. *La première ascension du mont Blanc eut lieu en 1786. Faire des ascensions.* ➤ **alpinisme ; escalade, varappe.** ▪ **4** (1796) Action de s'élever dans les airs. *Ascension d'un ballon, d'une fusée. — Faire une ascension en ballon.* ▪ **5** (1700) SC. Montée (d'un fluide) dans des tubes, tuyaux, canaux. *Ascension capillaire.* ▪ **6** FIG. (avant 1848) Montée vers un idéal ou une réussite sociale. ➤ **élévation, montée, progrès, progression.** *L'ascension de Bonaparte. Ascension sociale. «Ce n'est qu'un idéal bourgeois que, de nos jours, propose le bourgeois à l'ascension du prolétaire»* GIDE. ➤ **promotion.** ▪ CONTR. Descente ; chute, déclin.

ASCENSIONNEL, ELLE [asɑ̃sjɔnɛl] **adj.** – 1698 ◇ de *ascension* ▪ **1** Qui tend à monter. ➤ 1 **ascendant.** *Mouvement ascensionnel.* ▪ **2** Qui tend à faire monter dans les airs. *Parachute ascensionnel. Force ascensionnelle. Vitesse ascensionnelle d'un avion.*

ASCENSIONNER [asɑ̃sjɔne] **v. tr.** ⟨1⟩ – 1882 ◇ de *ascension* ▪ Faire l'ascension de (un sommet), gravir. *Le voisin «ascensionne des pics»* PROUST.

ASCENSIONNISTE [asɑ̃sjɔnist] **n.** – 1863 ◇ de *ascension* ▪ Personne qui fait une ascension, des ascensions en montagne. ➤ **alpiniste.** *Cordée d'ascensionnistes.*

ASCENSORISTE [asɑ̃sɔʀist] **n.** – 1987 ◇ de *ascenseur* ▪ Technicien(ne) chargé(e) de l'installation et de la maintenance des ascenseurs, des monte-charges, des escaliers mécaniques.

ASCÈSE [asɛz] **n. f.** – 1890 ◇ grec *askêsis* «exercice» ▪ Discipline qu'une personne s'impose pour tendre vers la perfection morale, l'affranchissement de l'esprit, dans le domaine religieux ou spirituel. ➤ **ascétisme.** *«Le Saint et l'artiste sont amenés, l'un comme l'autre, après les tentations et les luttes, à se faire une vie d'ascèse»* MAUROIS. — PAR EXT. Privation voulue et héroïque. ▪ CONTR. Hédonisme, jouissance, 1 plaisir.

ASCÈTE [asɛt] **n.** – fin XVIIe ◇ du latin du Ve *asceta,* du grec *askêtês* «celui qui s'exerce» ▪ **1** RELIG. Personne qui pratique l'ascétisme, s'impose, par piété, des exercices de pénitence, des privations, des mortifications. ➤ **anachorète, cénobite, ermite, fakir, flagellant, gymnosophiste, moine, pénitent, stylite, yogi.** ▪ **2** Plus cour. Personne qui mène une vie austère. *«Il menait une existence d'ascète»* MARTIN DU GARD. ▪ CONTR. Jouisseur, noceur, sybarite, viveur.

ASCÉTIQUE [asetik] **adj.** – 1673 ◇ grec *askêtikos* → ascète ▪ **1** RELIG. Qui appartient aux ascètes, à l'ascétisme. *Morale ascétique. Vie ascétique. — Visage, maigreur ascétique.* ▪ **2** Plus cour. Austère, rigoriste. ➤ **monacal.** *«une tradition ascétique qui avait été génératrice d'énergie et de force morale»* SIEGFRIED. ▪ CONTR. Hédoniste ; épicurien. ▪ HOM. Acétique.

ASCÉTISME [asetism] **n. m.** – 1818 ◇ de *ascète* ▪ **1** MOR., THÉOL. Genre de vie religieuse des ascètes, ensemble des pratiques ascétiques. ➤ **ascèse ; austérité, jeûne, macération, mortification, pénitence, privation.** *«Ils ont conservé l'ascétisme et l'enthousiasme des premiers monastères»* LAMARTINE. ◆ Doctrine de perfectionnement moral fondée sur la lutte contre les exigences du corps. ▪ **2** Vie austère, continente, frugale, rigoriste. *«L'habitude de l'ascétisme était telle qu'il me fallut d'abord m'efforcer vers la joie»* GIDE. ▪ CONTR. Hédonisme ; épicurisme, sybaritisme.

ASCIDIE [asidi] **n. f.** – fin XVIIIe ◇ grec *askidion* «petite outre» ▪ **1** ZOOL. Animal marin *(tuniciers),* en forme d'outre, qui se fixe habituellement par des prolongements aux objets environnants. *Le violet est une ascidie.* ▪ **2** BOT. Organe en forme d'urne des plantes carnivores.

ASCII [aski] **n. m.** – 1982 ◇ acronyme anglais de *American Standard Code for Information Interchange* ▪ INFORM. *Code ASCII :* code utilisé dans les échanges entre un périphérique et un ordinateur, ou pour le codage interne des données.

ASCITE [asit] **n. f.** – 1363 ◇ latin *ascites,* du grec *askitês* «hydropisie» ▪ MÉD. Épanchement de sérosité dans la cavité péritonéale.

ASCITIQUE [asitik] **adj. et n.** – 1701 ◇ de *ascite* ▪ MÉD. Qui a rapport à l'ascite. ◆ Atteint d'ascite. — **n.** *Un, une ascitique.*

1 **ASCLÉPIADE** [asklepjad] **n. f.** – 1803 ◇ latin d'origine grecque *asclepias, adis* «plante d'*Asklêpios* (Esculape)». Le nominatif est à la base de la forme française *asclépias* relevée depuis 1549. ▪ BOT. Plante *(asclépiadacées)* cultivée pour ses fleurs roses odorantes. *L'asclépiade est une gamopétale.*

2 **ASCLÉPIADE** [asklepjad] **n. m.** – 1701 ◇ latin des grammairiens *asclepiadeus,* de *Asclepiades,* nom d'un poète grec ▪ Vers lyrique grec ou latin composé d'un spondée, deux choriambes et un iambe.

ASCOMYCÈTES [askɔmisɛt] **n. m. pl.** – 1834 ◇ grec *askos* «outre» et *-mycète* ▪ BOT. Classe de champignons dont les spores se forment dans des asques (aspergille, morille, pézize, truffe). — Au sing. *Un ascomycète.*

ASCORBIQUE [askɔʀbik] **adj.** – 1932 ◇ de 2 *a-* et *scorb(ut)* ▪ BIOCHIM. *Acide ascorbique :* vitamine C, antiscorbutique.

ASCOSPORE [askɔspɔʀ] **n. f.** – 1846 ◇ du grec *askos* «outre» et *spore* ▪ BOT. Spore qui se forme à l'intérieur d'un asque chez les ascomycètes.

ASDIC [asdik] **n. m.** – 1945 ◇ acronyme anglais de *Allied Submarine Detection Investigation Committee* ▪ MAR. Appareil de détection sous-marine par ultrasons. ➤ **sonar.**

-ASE ▪ BIOCHIM. Élément, tiré de *diastase,* servant à désigner certains ferments (enzymes) : *oxydase.* — **n. f. pl.** *Les ases* [ɑz] : les enzymes.

ASELLE [azɛl] **n. m.** – 1764 ◇ latin *asellus* «petit âne» ▪ ZOOL. Petit cloporte *(isopodes)* d'eau douce.

ASÉMANTIQUE [asemɑ̃tik] adj. – 1970 ◇ de 2*a*- et *sémantique* ■ LING. Se dit d'une phrase qui n'a pas de sens, bien qu'elle puisse être grammaticale. Ex. « Le silence vertébral indispose la voile licite » (Tesnière). — n. f. **ASÉMANTICITÉ.**

ASEPSIE [asɛpsi] n. f. – 1888 ◇ de 2*a*- et du grec *sêptos* « qui engendre la putréfaction » ■ MÉD. ■ **1** Méthode préventive qui s'oppose aux infections en empêchant, par des moyens appropriés, l'introduction de microbes dans l'organisme. ➤ **antisepsie, désinfection, pasteurisation, prophylaxie, stérilisation.** ■ **2** Absence d'agents microbiens. ■ CONTR. Contamination.

ASEPTIQUE [asɛptik] adj. – 1871 ◇ de *asepsie*, d'après le grec *asêptos* « non corrompu » ■ MÉD. ■ **1** Qui a rapport à l'asepsie. ■ **2** Exempt de tout germe infectieux. *Pansement aseptique.* ■ CONTR. Septique.

ASEPTISATION [asɛptizasjɔ̃] n. f. – 1907 ◇ de *aseptiser* ■ MÉD. Action d'aseptiser. ➤ **désinfection, stérilisation.**

ASEPTISER [asɛptize] v. tr. ⟨1⟩ – 1897 ◇ de *aseptique* ■ **1** Rendre aseptique. *Aseptiser une plaie* (➤ **désinfecter**), *un pansement* (➤ **stériliser**). ■ **2** (1966) FIG. Priver de toute impureté, de tout contact ou élément considéré comme dangereux. — p. p. adj. *« des beaux quartiers aseptisés »* R. DEBRAY. *Vocabulaire aseptisé,* neutre, dépourvu d'originalité, de sensibilité.

ASEXUALITÉ [asɛksɥalite] n. f. – 1970 ◇ de 2*a*- et *sexualité* ■ BIOL. État des organismes normalement dépourvus de sexe ou de fonction sexuelle.

ASEXUÉ, ÉE [asɛksɥe] adj. – 1866 ; *asexe* XVIIIe ◇ de 2*a*- et *sexué* ■ **1** BIOL. Qui n'a pas de sexe. *Fleur asexuée.* — PAR EXT. *Multiplication asexuée,* qui se fait sans participation des gamètes* (➤ **scissiparité ; végétatif**). ■ **2** FIG. et COUR. Qui ne semble pas appartenir à un sexe déterminé, qui n'évoque aucune sexualité. *« la marchande, une dame sèche et asexuée, guettait la clientèle »* QUENEAU. ◆ (fin XIXe) PÉJ. Se dit d'une personne sans besoins sexuels, ou qui semble l'être. ■ CONTR. Sexué.

ASEXUEL, ELLE [asɛksɥɛl] adj. et n. – 1836 ◇ de 2*a*- et *sexuel* ■ **1** VX Asexué. ■ **2** MOD. (BIOL.) Qui n'a pas de rapport avec le sexe, qui ne provient pas de l'union des sexes. ■ **3** Qui n'éprouve aucun désir sexuel. — n. *Les asexuels.*

ASHKÉNAZE [aʃkenɑz] n. et adj. – XIXe ◇ n. pr. hébreu, cité dans la Bible et appliqué, au Moyen Âge, à la diaspora d'Allemagne ■ DIDACT. Juif issu d'une communauté originaire des pays d'Europe non méditerranéens (par oppos. à *séfarade*). *Des ashkénazes qui parlent le yiddish.* — adj. *Des juifs ashkénazes.*

ASHRAM [aʃʀam] n. m. – 1960 ◇ sanskrit *asrama* ■ DIDACT. En Inde, Monastère groupant des disciples autour d'un gourou. *Des ashrams.*

ASIALIE [asjali] n. f. – 1855 ◇ de 2*a*- et du grec *sialon* « salive » ■ MÉD. Absence de salive.

ASIATE [azjat] n. et adj. – 1879 ◇ de *asiatique* ■ RARE Personne originaire de l'Asie. ➤ **asiatique.** — REM. L'adj. a un sens souvent péj. ou iron.

ASIATIQUE [azjatik] adj. et n. – XVIe ◇ latin *asiaticus* ■ **1** Qui appartient à l'Asie ou qui en est originaire. *Grippe asiatique. Frelon* asiatique.* — n. *Un, une Asiatique* (➤ **asiate**). ■ **2** Qui rappelle la manière de vivre, la mentalité des Asiatiques.

ASIC [ɑzik] n. m. – XXe ◇ acronyme anglais de *Application Specific Integrated Circuit* ■ ÉLECTRON., INFORM. Circuit intégré qui regroupe, sur une même puce, l'ensemble des fonctions nécessaires à une application spécifique. *Les asics.*

ASILAIRE [azilɛʀ] adj. – 1955 ◇ de *asile* ■ ADMIN. Relatif à l'asile de vieillards ou à l'hôpital psychiatrique.

ASILE [azil] n. m. – 1355 ◇ latin *asylum*, du grec *asulon* ■ **1** HIST. ANC. Lieu inviolable (temple, etc.) où se réfugie une personne poursuivie. — COUR. Lieu où l'on se met à l'abri, en sûreté contre un danger. ➤ **abri, refuge.** *Chercher, trouver asile, un asile. Offrir un asile à qqn. Un asile sûr.* ◆ DR. **DROIT D'ASILE :** immunité en vertu de laquelle une autorité peut offrir l'accès d'un lieu *(donner asile)* à une personne poursuivie et l'interdire à ses poursuivants. *« Le droit d'asile des églises [...] était encore admis par l'ordonnance de 1539 »* ESMEIN. — DR. INTERNAT. *Droit d'asile diplomatique,* fondé sur l'exterritorialité des ambassades et légations, où peuvent se réfugier des personnes poursuivies pour motifs politiques. *Droit d'asile politique :* droit pour un État d'ouvrir ses frontières aux réfugiés politiques et de refuser leur extradition à l'État poursuivant. *Demander l'asile politique. Les demandeurs d'asile. Accorder le droit d'asile.* ◆ LITTÉR. Lieu où l'on trouve la paix, le calme, la sérénité. ➤ 1 **retraite.** *Un asile de paix.* ➤ **havre.** — POÉT. *L'asile des morts :* le cimetière. *Le dernier asile :* la tombe. — FIG. *« La vérité est mon seul asile, toute ma défense est dans ma conscience »* ROBESPIERRE. ■ **2** Établissement d'assistance publique ou privée. ◆ VX École maternelle, crèche. ◆ VIEILLI *Asile de vieillards* ou *asile.* ➤ **hospice.** ◆ *Asile de nuit,* qui recueille, pendant la nuit, les indigents sans abri. ◆ VIEILLI *Asile d'aliénés* ou *asile :* hôpital psychiatrique.

ASINIEN, IENNE [azinjɛ̃, jɛn] adj. – 1960 ◇ dérivé formé sur le latin *asinus* → âne ■ DIDACT. De l'âne.

ASOCIABILITÉ [asɔsjabilite] n. f. – 1963 ◇ de 2*a*- et *sociabilité* ■ Inaptitude à vivre en société. ■ CONTR. Sociabilité.

ASOCIAL, IALE, IAUX [asɔsjal, jo] adj. et n. – 1912 ◇ de 2*a*- et *social* ■ **1** Qui n'est pas adapté à la vie sociale, s'y oppose violemment. *Un enfant asocial.* — n. *Les clochards, les criminels sont considérés comme des asociaux.* ➤ **marginal, sociopathe.** ■ **2** (Sujet abstrait) Qui s'oppose à la vie en société. ➤ **antisocial.** *Comportement, acte asocial.* ■ CONTR. Sociable ; adapté.

ASOMATOGNOSIE [asɔmatognozi] n. f. – 1951 ◇ de 2*a*- et *somatognosie* « élaboration du schéma corporel », de *somato-* et *-gnosie* ■ PSYCHOPATHOL. Perte de la conscience d'une partie ou de la totalité du corps. *L'asomatognosie est due à une lésion du lobe pariétal du cerveau.*

ASPARAGINE [aspaʀaʒin] n. f. – 1817 ◇ du radical du latin *asparagus* « asperge » ■ BIOCHIM. Acide aminé naturel, amide de l'acide aspartique*.

ASPARAGUS [aspaʀagys] n. m. – 1797 ◇ mot latin « asperge » ■ Plante ornementale *(liliacées)* voisine de l'asperge, au feuillage très fin et décoratif. *Bouquet d'œillets et d'asparagus.*

ASPARTAME [aspaʀtam] n. m. – v. 1980 ◇ anglais *aspartame* (1972), acronyme de *aspartic acid phenylanine methyl ester* ■ PHARM. Peptide composé d'acide aspartique et de phénylalanine, à fort pouvoir édulcorant, utilisé comme succédané du sucre (➤ **sucrette**). — On écrit aussi *aspartam.*

ASPARTIQUE [aspaʀtik] adj. – 1827 ◇ de *asparagine* ■ BIOCHIM. *Acide aspartique :* acide aminé naturel aux propriétés acides. ➤ **aspartame.**

ASPE [asp] ou **ASPLE** [aspl] n. m. – 1751 ; *hasple* XIVe-XVe ◇ allemand *Haspel* « dévidoir » ■ TECHN. Dévidoir servant à tirer la soie des cocons.

ASPECT [aspɛ] n. m. – 1468 ◇ latin *aspectus*, de *aspicere* « regarder » ■ **1** VX OU LITTÉR. Le fait de s'offrir aux yeux, à la vue ; apparence présentée par qqch. ➤ **vue ; spectacle.** *« L'aspect du sang n'est doux qu'au regard des méchants »* HUGO. — MOD. LOC. *À l'aspect de :* à la vue de, en voyant. *Au premier aspect :* en voyant pour la première fois ; FIG. en envisageant pour la première fois. ➤ **abord, coup** (d'œil), **vue.** ■ **2** (1611) Manière dont qqn, qqch. se présente aux yeux. ➤ **apparence ;** 2 **air, allure, dehors,** 2 **extérieur, figure, forme,** 1 **tournure.** *Des fruits de bel aspect. Un homme d'aspect misérable. Aspect caractéristique.* ➤ **habitus.** *Avoir, offrir, présenter l'aspect de* (➤ **paraître**). *Donner, prendre l'aspect de.* ■ **3** FIG. Manière dont une chose ou un être se présente à l'esprit. ➤ **angle, côté, face, jour, perspective.** *Vous ne considérez qu'un seul aspect de la question, il faut l'envisager sous tous ses aspects. Examinée sous cet aspect, l'affaire paraît bonne* (cf. Sous ce rapport, de ce point de vue). *Victor Hugo « rapproche les aspects parfois antithétiques des choses »* BRUNOT. *« Maintenant elle lui apparaissait, au fond de ce lointain, sous un aspect nouveau »* LOTI. ■ **4** (1513) ASTROL. Situation respective des astres, par rapport à leur influence sur la destinée humaine. *Être né sous un heureux aspect* (cf. Sous une bonne étoile*). ■ **5** LING. Distinction formelle indiquant la manière dont l'action exprimée par le verbe est envisagée dans sa durée, son développement ou son achèvement. *Aspect perfectif, imperfectif, inchoatif. L'aspect dans les langues slaves.*

ASPERGE [aspɛʀʒ] n. f. – XIIe, *esparge* ◇ latin *asparagus* ■ **1** Plante monocotylédone *(liliacées)*, herbacée, vivace, dont la griffe produit chaque année des bourgeons qui s'allongent en tiges charnues (turions) que l'on consomme cuites *(pointes d'asperges). « sur leurs billons de sable, le feuillage délicat des asperges »* GRACQ (➤ **asparagus**). — Partie comestible de cette plante. *Botte d'asperges. Asperge blanche, asperge verte. Asperges à la vinaigrette, à la crème. Potage aux pointes d'asperges.* — LOC. FAM. *L'asperge du pauvre* : le poireau. ▪ **2** FIG. (av. 1833) FAM. PÉJ. Personne grande et maigre. *Quelle (grande) asperge ! «Elle a fait de cette asperge un homme de belle prestance»* C. CUSSET.

ASPERGER [aspɛʀʒe] v. tr. ‹3› – XIIe ◊ latin *aspergere*, de *spargere* «répandre» ▪ **1** *Asperger (qqch., qqn) de* : répandre (un liquide) sur (qqch., qqn) sous forme de gouttes, par la projection d'un jet. ➤ **arroser ; aspersion.** *Asperger d'eau lustrale un nouveau-né. Une voiture, en passant dans une flaque, nous a aspergés d'eau sale.* ➤ **mouiller, tremper ;** RÉGION. **gicler.** — *S'asperger le visage.* ▪ **2** v. pron. *S'asperger de parfum.*

ASPERGÈS [aspɛʀʒɛs] n. m. – 1352 ◊ latin *asperges* «tu aspergeras» ▪ LITURG. CATHOL. Goupillon qui sert à l'aspersion. ➤ **aspersoir.** ♦ (1535) Moment de l'office où le prêtre fait l'aspersion d'eau bénite.

ASPERGILLE [aspɛʀʒil] n. f. – 1803 ◊ latin *aspergillum* «goupillon» ▪ BOT. Moisissure *(ascomycètes)*, qui se développe sur les substances organiques en décomposition, les substances sucrées (confitures), et parfois dans l'organisme. ➤ **aspergillose.**

ASPERGILLOSE [aspɛʀʒiloz] n. f. – 1897 ◊ de *aspergille* ▪ MÉD. Affection causée par le développement de champignons parasites (➤ **aspergille**) dans les cavités naturelles de l'organisme.

ASPÉRITÉ [aspeʀite] n. f. – *asperiteit* fin XIIe ◊ latin *asperitas*, de *asper* ▪ **1** RARE État de ce qui est âpre (I, 1o), inégal et rude au toucher. ♦ FIG. et LITTÉR. Rudesse désagréable. *Aspérité de la voix, du caractère* (➤ **âpreté**). ▪ **2** COUR. (généralt au plur.) Parties saillantes d'une surface inégale. ➤ **rugosité, saillie.** *Les aspérités du sol. «Aux aspérités du roc pendaient de longues et fines végétations»* HUGO. ▪ CONTR. 2 Poli. Douceur.

ASPERMATISME [aspɛʀmatism] n. m. – 1808 ◊ de 2*a-* et *sperme* ▪ MÉD. Défaut ou difficulté d'éjaculation.

ASPERME [aspɛʀm] adj. – 1838 ◊ grec *aspermos* «sans semence» ▪ BOT. Qui ne produit pas de graines. *Fruit asperme.*

ASPERMIE [aspɛʀmi] n. f. – 1838 ◊ de 2*a-* et *sperme* ▪ MÉD. Absence de production du sperme dans l'organisme.

ASPERSEUR [aspɛʀsœʀ] n. m. – v. 1970 ◊ de *aspersion* ▪ Dispositif d'arrosage qui répartit l'eau en fines gouttelettes à la surface du sol. *Asperseur à bras oscillants* (➤ aussi 1 **canon**).

ASPERSION [aspɛʀsjɔ̃] n. f. – 1170 ◊ latin *aspersio* ▪ Action d'asperger. *De légères aspersions d'eau sur des plantes.* ♦ LITURG. Action d'asperger d'eau bénite (une personne, un cercueil...). *Baptême par aspersion* (opposé à *par immersion*).

ASPERSOIR [aspɛʀswaʀ] n. m. – 1353 ◊ latin ecclésiastique *aspersorium* ▪ **1** LITURG. Goupillon qui sert à jeter de l'eau bénite. ➤ **aspergès.** ▪ **2** HORTIC. Pomme d'arrosoir à très petits trous.

ASPHALTAGE [asfaltaʒ] n. m. – 1866 ◊ de *asphalter* ▪ **1** Action d'asphalter (une rue, un trottoir). ▪ **2** Revêtement d'asphalte. *Un asphaltage lisse.*

ASPHALTE [asfalt] n. m. – *asfalte* v. 1160 ◊ bas latin *asphaltus*, du grec *asphaltos* ▪ **1** MINÉR. Mélange noirâtre naturel de calcaire, de silice et de bitume se ramollissant entre 50 et 100 °C. *L'asphalte de la mer Morte.* ▪ **2** (1839) COUR. Préparation destinée au revêtement des chaussées, à base de brai de pétrole et de gravillons. ➤ **bitume, goudron.** ♦ Chaussée, trottoir asphalté. *Le cheval «semblait avec ses sabots jouer des castagnettes sur l'asphalte»* MARTIN DU GARD.

ASPHALTER [asfalte] v. tr. ‹1› – 1866 ◊ de *asphalte* ▪ Recouvrir d'asphalte. *Asphalter un trottoir.* ➤ **bitumer, goudronner.** p. p. adj. *Une route asphaltée.*

ASPHODÈLE [asfɔdɛl] n. m. – 1553 ◊ latin *asphodelus*, du grec *asphodelos* ▪ Plante *(liliacées)*, dont la hampe florale nue se termine par une grappe de grandes fleurs étoilées très ornementales. *Asphodèle blanc, jaune. «Un frais parfum sortait des touffes d'asphodèle»* HUGO.

ASPHYXIANT, IANTE [asfiksjɑ̃, jɑ̃t] adj. – 1846 ◊ de *asphyxier* ▪ **1** Qui cause l'asphyxie. *Fumée asphyxiante.* ➤ **délétère, suffocant.** *Gaz asphyxiant* : arme chimique (employé pour la première fois pendant la guerre de 1914-1918). ♦ PAR EXT. Qui gêne la respiration. *La fumée asphyxiante des cigarettes.* ➤ **irrespirable.** ▪ **2** FIG. Qui empêche tout épanouissement moral ou intellectuel. ➤ **étouffant.** *Atmosphère, ambiance asphyxiante. «s'émanciper des familles asphyxiantes»* V. OVALDÉ.

ASPHYXIE [asfiksi] n. f. – 1741 ◊ grec *asphuxia* «arrêt du pouls» ▪ **1** État pathologique déterminé par le ralentissement ou l'arrêt de la respiration pouvant entraîner la mort. *Asphyxie par submersion, strangulation, absorption de gaz irrespirables, rétrécissement du larynx,* etc. ➤ **suffocation.** *Asphyxie des nouveau-nés. Mourir par asphyxie.* ▪ **2** FIG. Étouffement de facultés intellectuelles ou morales (dû à la contrainte ou au milieu de vie). ➤ **étouffement, oppression.** *Asphyxie morale, intellectuelle, spirituelle.* ▪ **3** ÉCON. Paralysie plus ou moins grande (d'un secteur économique). *L'asphyxie d'une industrie.*

ASPHYXIÉ, IÉE [asfiksje] adj. et n. – 1791 ◊ p. p. de *asphyxier* ▪ **1** Qu'on a, qui s'est asphyxié. *Secouriste asphyxié lors d'un incendie.* — n. *Soins à donner aux asphyxiés* (procédés de réanimation). ▪ **2** FIG. Qui est étouffé par une contrainte ou le milieu de vie. *Le «monde asphyxié dix ans par la tyrannie»* LAMARTINE.

ASPHYXIER [asfiksje] v. tr. ‹7› – 1835 ◊ de *asphyxie* ▪ **1** Causer l'asphyxie de (qqn). ➤ **suffoquer.** *Asphyxier par les gaz asphyxiants* (➤ 2 **gazer**), *par submersion* (➤ 1 **noyer**), *par strangulation* (➤ **étrangler**). — ABSOLT *Le monoxyde de carbone asphyxie.* — PRONOM. *S'asphyxier* : causer sa propre asphyxie. SPÉCIALT Se donner la mort par asphyxie. *Il s'est asphyxié au gaz.* ▪ **2** (1826) FIG. Étouffer par une contrainte ou la suppression d'une chose vitale. *Un manque de crédit qui asphyxie l'industrie.* — PRONOM. *Une économie qui s'asphyxie lentement.*

ASPI ➤ **ASPIRANT**

1 **ASPIC** [aspik] n. m. – 1429 ; *aspis* 1121 ◊ latin *aspis* ▪ **1** Vipère des montagnes *(vipéridés)*, vivant en Europe. ♦ *Aspic d'Égypte, de Cléopâtre* : serpent venimeux d'Afrique et du Moyen-Orient *(élapidés)*. ➤ **naja.** ▪ **2** FIG., LITTÉR. *Une langue d'aspic* : une personne qui médit, calomnie volontiers. ➤ **vipère.** *«Faugerolle, qui est une langue d'aspic, le plus venimeux de tous vos futurs collègues»* DUHAMEL.

2 **ASPIC** [aspik] n. m. – 1560 ; *eau d'espic* 1492 ◊ provençal *espic* «épi» ▪ Lavande mâle *(labiées)*, croissant à basse altitude en Provence. ➤ **spic.** *Huile d'aspic*, utilisée en parfumerie pour son odeur camphrée.

3 **ASPIC** [aspik] n. m. – 1742 ◊ origine inconnue, p.-ê. de 1 *aspic* (moule en forme de serpent roulé) ▪ CUIS. Plat composé de viande, de poisson froid, etc., dressé sous de la gelée moulée. *Aspic de volaille, de foie gras. Moule à aspic.*

ASPIDISTRA [aspidistʀa] n. m. – 1845 ◊ du grec *aspis, idos* «bouclier» et d'après *(tup)istra*, nom d'une plante ▪ Plante verte d'appartement *(liliacées)*, à larges feuilles lancéolées, persistantes, d'un vert foncé luisant, ou panachées dans certaines variétés. *Des aspidistras.*

ASPIRANT, ANTE [aspiʀɑ̃, ɑ̃t] adj. et n. – 1496 ◊ de *aspirer*

I n. ▪ **1** VIEILLI Personne qui aspire à un titre, à une place. *«jadis on en faisait* [des filles] *des maîtresses de piano, maintenant ce sont des journalistes ou des aspirantes députées»* ROBIDA. ➤ **candidat.** ▪ **2** n. m. MOD. MILIT. Grade qu'un sous-officier supérieur obtient après avoir suivi avec succès l'enseignement d'une école militaire. — MAR. Élève de deuxième année de l'École navale. ABRÉV. FAM. (1916) **ASPI.** *Ils sont aspis.*

II adj. Qui aspire (un fluide). *Pompe aspirante*, qui aspire de l'eau, l'élève en faisant le vide. *Pompe aspirante et foulante.*

ASPIRATEUR, TRICE [aspiʀatœʀ, tʀis] adj. et n. m. – 1826 ◊ de *aspirer* ▪ **1** DIDACT. Qui produit l'aspiration. *La force aspiratrice des végétaux.* ▪ **2** n. m. (1906) Appareil électroménager servant à aspirer la poussière, les débris, etc., pour nettoyer. ➤ RÉGION. **balayeuse.** *Aspirateur balai, aspirateur traîneau. Accessoires d'aspirateur* (flexible, suceur...). *Passer l'aspirateur, un coup d'aspirateur sur la moquette, dans le salon.* — Appareil servant à aspirer. *Aspirateur chirurgical.* ▪ **3** INFORM. *Aspirateur de site* : utilitaire qui permet de télécharger le contenu d'un site web.

ASPIRATION [aspiʀasjɔ̃] n. f. – 1190 «action de souffler» ◊ latin *aspiratio* → aspirer

I (idée de «souffler») ▪ **1** Action de porter ses désirs vers (un idéal). *Aspiration vers Dieu, vers la gloire.* ➤ 1 **élan, mouvement.** *L'aspiration au bonheur, à être heureux.* ♦ ABSOLT ➤ **désir, rêve, souhait.** *Avoir de nobles aspirations. Les aspirations d'un peuple, de la jeunesse. Cela répond à mes aspirations.* ▪ **2** PHONÉT.

Bruit de frottement produit au passage de la glotte par l'air expiré. *L'aspiration du « h » en allemand.*

II Idée d'aspirer ■ **1** PHYSIOL. Résultat d'une inspiration d'air dans les poumons ; PAR EXT. L'inspiration elle-même. ➤ **inspiration** (plus cour.). *Aspiration et expiration.* ➤ **respiration.** ■ **2** Action d'aspirer des gaz, des liquides, des poussières, etc. *Tuyau d'aspiration d'un corps de pompe. Nettoyage par aspiration.* ➤ **aspirateur.** *Puissance d'aspiration.* ◆ CHIR. *Évacuation des cavités par aspiration. Aspiration bronchique. Interruption de grossesse par aspiration* (méthode Karman).
■ CONTR. Aversion, dégoût. Expiration, refoulement.

ASPIRATOIRE [aspiʀatwaʀ] adj. – 1825 ◊ de *aspirer* ■ DIDACT. Qui a rapport à l'aspiration (II).

ASPIRER [aspiʀe] v. tr. ‹1› – XIVe ; « souffler » 1160 ◊ latin *aspirare* « souffler vers »

I (Sens étymologique) ■ **1** v. tr. ind. **ASPIRER À :** porter ses désirs vers un objet. *Aspirer à un titre.* ➤ **ambitionner.** *Aspirer ardemment à la possession d'un bien.* ➤ **désirer, souhaiter ; prétendre.** *Le bonheur auquel j'aspire.* ➤ **soupirer** (après). *Ce à quoi j'aspire. « Je n'aspire plus qu'à rentrer dans ma solitude et à quitter la carrière politique »* CHATEAUBRIAND. ■ **2** v. tr. (repris au latin) PHONÉT. Émettre (un son), en soufflant. *Aspirer un* h *anglais.* — p. p. adj. ABUSIVEMENT *Le* h *aspiré, en français.* ➤ 1 **h.**

II v. tr. (1393 « attirer en inspirant ») ■ **1** Attirer (l'air) dans ses poumons. ➤ **inspirer.** ABSOLT *Aspirer et expirer.* ➤ **respirer.** ■ **2** Attirer (un fluide) dans le nez, la bouche. ➤ **absorber, avaler, humer, inhaler,** 2 **priser, renifler, sucer.** *Aspirer une boisson avec une paille. « il ouvrait les narines pour aspirer les bonnes odeurs de la campagne »* FLAUBERT. ◆ Attirer (un fluide) dans un appareil en créant un vide. *Les pompes aspirent, refoulent ou compriment les fluides.* ➤ **absorber, pomper.** ■ **3** INFORM. *Aspirer un site web,* en télécharger le contenu.
■ CONTR. Dédaigner, renoncer (à). — Expirer, refouler.

ASPIRINE [aspiʀin] n. f. – 1894 ◊ adaptation du mot allemand *Aspirin* (marque déposée, 1899), formé de *a-*, de *Acetyl* (→ acétyle), *Spir(säure)* « (acide) spirique », l'acide contenu à l'état naturel dans la spirée étant identique à l'acide salicylique, et suffixe chim. ■ Acide acétylsalicylique, remède analgésique et antipyrétique. *Comprimé,* (ABUSIVEMENT) *cachet d'aspirine. Tube d'aspirine. Aspirine vitaminée, effervescente.* ◆ PAR EXT. Ce comprimé. *Prendre une aspirine, deux aspirines.* ◆ LOC. FAM. *Blanc comme un cachet d'aspirine,* très blanc de peau (notamment, pas bronzé).

ASPLE ➤ **ASPE**

ASQUE [ask] n. m. – 1845 ◊ grec *askos* « outre » ■ BOT. Organe, en forme de sac allongé, à l'intérieur duquel se forment les ascospores* de certains champignons (ascomycètes).

ASSA FŒTIDA ou **ASSA-FŒTIDA** [asafetida] n. f. /ASSAFÉTIDA/ – XVe ◊ latin médiéval *asa* « résine de silphium (plante vivace composée) » et *foetida* « fétide » ■ Gomme-résine, d'une odeur désagréable, provenant de la racine d'une plante ombellifère (➤ **férule**), utilisée en médecine comme antispasmodique.

ASSAGIR [asaʒiʀ] v. tr. ‹2› – fin XIVe, aussi intr. « devenir sage » ; 1188 tr. « faire connaître (qqch.) à qqn » ◊ de 1 *a-* et *sage* ■ **1** Rendre sage (rare avec un sujet de personne). *Le malheur assagit les hommes. Rien ni personne ne l'assagira.* ◆ PAR EXT. Rendre plus calme, moins vif, moins exubérant. *Le temps assagit les passions.* ➤ **calmer, modérer, tempérer.** *Maurice Denis « assagit et tonifie ses harmonies »* GIDE. ■ **2 S'ASSAGIR** v. pron. Devenir sage. *Ils se sont assagis avec le temps.* ➤ **se ranger.** — (CHOSES) *Le style de ce peintre s'est assagi.* **p. p. adj.** *Des passions assagies.* — **n. m. ASSAGISSEMENT,** 1580. ■ CONTR. Déchaîner. Dévergonder (se).

ASSAI [asaj] adv. – 1834 ◊ mot italien « beaucoup » ■ MUS. (après un terme désignant un mouvement) Très. *Allégro assai* : très vif.
■ HOM. Açaï.

ASSAILLANT, ANTE [asajɑ̃, ɑ̃t] adj. et n. m. – 1167 ◊ de *assaillir* ■ **1** Qui assaille. *L'armée assaillante.* ■ **2** n. m. Personne qui assaille, attaque. ➤ **attaquant.** *Repousser les assaillants.* — COLLECTIVT *L'assaillant* : les soldats assaillants. ■ CONTR. Défenseur.

ASSAILLIR [asajiʀ] v. tr. ‹13› – *asalir* Xe ◊ latin populaire °*assalire*, classique *assilire* « sauter sur » ■ **1** Se jeter sur (qqn) pour l'attaquer ; attaquer* avec violence. ➤ **agresser, fondre** (sur), **sauter** (sur). *Assaillir une troupe,* PAR EXT. *une forteresse. Être assailli par l'ennemi* (➤ **assaillant**). ◆ LITTÉR. *L'orage, le mauvais temps les assaillit.* ◆ Se précipiter en masse vers (qqn). ➤ **se ruer.** *Des journalistes qui assaillent un ministre, une vedette.* ■ **2** *Assaillir qqn de, par.* ➤ **accabler, harceler.** *Je l'ai assailli de questions.* ■ **3** (ABSTRAIT) Agir avec force et de manière dangereuse sur (qqn). *Les désirs, les tentations qui l'assaillent.* ➤ **exciter, solliciter ; tourmenter.** *Assailli par le doute, les souvenirs.* ■ CONTR. Défendre.

ASSAINIR [aseniʀ] v. tr. ‹2› – 1774 ◊ de 1 *a-* et 1 *sain* ■ **1** Rendre sain ou plus sain. *Assainir une région marécageuse.* ➤ **assécher, drainer.** *Assainir un logement insalubre. Assainir l'eau.* ➤ **épurer.** VX *Assainir une plaie.* ➤ **désinfecter.** — FIG. Rendre plus pur. ➤ **purifier.** *« il va assainir, purifier l'âme d'un mourant »* BARRÈS. ■ **2** ÉCON. Contrôler l'application des règles d'une concurrence loyale, réglementer les pratiques professionnelles. *Assainir un marché, le secteur de la vente à tempérament.* ➤ **équilibrer, stabiliser.** *Assainir une monnaie* : prendre des mesures pour réajuster le taux de change, le stabiliser. ➤ **dévaluer, réévaluer.** ■ CONTR. Corrompre.

ASSAINISSEMENT [asenismɑ̃] n. m. – XVIIIe ◊ de *assainir* ■ **1** Action d'assainir, résultat de cette action. *Travaux d'assainissement.* ➤ **assèchement, dessèchement, drainage, évacuation** (des eaux souillées, etc.). *Assainissement d'un local.* ➤ **désinfection.** — FIG. et LITTÉR. ➤ **épuration.** *L'assainissement des mœurs.* ■ **2** (1932) ÉCON. Retour à l'équilibre, à la stabilité. *Assainissement du marché financier. Assainissement budgétaire* : fait de réduire le déficit du budget de l'État ; rétablissement de l'équilibre des finances publiques. *Assainissement monétaire.* ■ CONTR. Corruption, infection.

ASSAINISSEUR [asenisœʀ] n. m. – 1960 ◊ de *assainir* ■ Produit ou appareil pour supprimer les mauvaises odeurs.

ASSAISONNEMENT [asɛzɔnmɑ̃] n. m. – 1538 ◊ de *assaisonner* ■ **1** Action, manière d'assaisonner. *« Le grand cuisinier se reconnaît mieux à l'assaisonnement d'une salade qu'à la richesse de ses entremets »* MAUROIS. *Un assaisonnement discret, relevé.* ■ **2** Ingrédient utilisé en cuisine pour relever le goût des aliments, à l'exception du sucre (sel, poivre, vinaigre, huile, fines herbes*, moutarde, ail, oignon, piment, harissa, safran, laurier, thym, coriandre, basilic, estragon...) ; préparation qui sert à assaisonner. ➤ **aromate, condiment, épice.** *Assaisonnement de la salade.* ➤ **vinaigrette.** *Préparer un assaisonnement. Plat fade qui manque d'assaisonnement.* ■ **3** VX Ce qui ajoute de l'agrément, du piquant à une chose. ➤ **piment,** 1 **piquant, sel.**

ASSAISONNER [asɛzɔne] v. tr. ‹1› – 1539 ◊ de 1 *a-* et *saison* au sens ancien d'« époque propice à une activité », d'où *s'assaisonner* « se préparer pour une activité particulière » (début XIVe s. à la fin XVIe) puis *assaisonner* au sens général d'« apprêter, accommoder à la manière qui convient » ■ **1** Accommoder (un mets) avec des ingrédients (➤ **assaisonnement**) qui en relèvent le goût. ➤ **épicer, relever ; ailler, pimenter, poivrer, safraner, saler, vinaigrer.** *Assaisonner un ragoût d'herbes aromatiques ou avec des herbes aromatiques. Salade bien, mal assaisonnée.* ■ **2** LITTÉR. Ajouter de l'agrément, du piquant à (son discours, ses écrits, ses actes). ➤ **agrémenter, pimenter, rehausser, relever.** *« Un peu d'inconstance, assaisonnée quelquefois de perfidie »* REGNARD. ■ **3** (1807) FAM. et VIEILLI Rudoyer, réprimander (qqn). *« quand je suis sur les nerfs, je lui en veux, je l'assaisonne à grands coups de bottine »* AYMÉ. *Il s'est fait assaisonner par le chef.*

ASSASSIN, INE [asasɛ̃, in] n. m. et adj. – 1560 ◊ italien *assassino, assessino* (début XIVe) « tueur à gages », emprunté à l'arabe *assasin*, plur. de *assas* « gardien », plutôt qu'à un dérivé de *hasis* « haschich »

I n. m. Personne qui commet un meurtre avec préméditation ou guet-apens. ➤ **criminel, égorgeur,** 1 **homicide, meurtrier, tueur ;** 2 **escarpe ; -cide.** *Assassin professionnel.* ➤ **tueur.** *L'assassin était une femme. Elle est un assassin.* — *À l'assassin !* cri de détresse pour appeler au secours, quand on se voit menacé d'être assassiné. — *« Voici le temps des assassins »* RIMBAUD. *« Si l'on veut abolir la peine de mort, en ce cas, que messieurs les assassins commencent »* A. KARR. ◆ PAR EXT. Celui qui est l'artisan de la mort de qqn par ignorance ou négligence.

II adj. ■ **1** LITTÉR. ou PLAISANT Qui touche, blesse (l'amoureux). *Œillade assassine.* ➤ **provocant.** *Mouche assassine* : mouche noire que les dames se mettaient au-dessous de l'œil. ■ **2** LITTÉR. Qui tue. *Une main assassine.* ■ **3** Qui manifeste une profonde malveillance. *« quelques autres petites phrases assassines lui collent à l'âme ainsi qu'une croûte de pus »* S. GERMAIN.

ASSASSINAT [asasina] n. m. – 1547 ◊ de *assassiner* ■ **1** Meurtre commis avec préméditation, guet-apens. ➤ **attentat, crime,** 2 **homicide, meurtre ; -cide.** *L'assassinat du duc de Guise, de Jean Jaurès, du président Kennedy. Coupable d'assassinat.*

➤ **assassin.** *Tentative d'assassinat. Commettre un assassinat.* ♦ Exécution d'un innocent. *L'assassinat du duc d'Enghien.* — PAR EXT. Acte de violence injuste, odieuse. ➤ **crime, iniquité.** ■ **2** FIG. Acte qui anéantit, détruit. *L'assassinat de nos libertés.*

ASSASSINER [asasine] **v. tr.** ‹1› – 1556 ◇ italien *assassinare* → assassin ■ **1** Tuer par assassinat. ➤ **tuer*** ; FAM. **trucider.** *Il est mort assassiné. «Au meurtre ! on m'assassine !»* BOILEAU. — FIG. *Assassiner qqn du regard,* le regarder très méchamment (comme pour le tuer). ♦ PAR EXT. PÉJ. Tuer injustement. *Au front, on assassine vos enfants.* ➤ **massacrer.** *«Mes ordres n'ont encore assassiné personne»* CORNEILLE. ■ **2** Causer un grave préjudice, un profond chagrin à (qqn). ➤ **accabler.** *«C'est Mozart qu'on assassine»* (en empêchant les dons, le talent de s'exprimer). ♦ *Assassiner qqn de reproches, de gémissements,* l'importuner. FAM. Demander à (qqn) des sommes fabuleuses en paiement de qqch. *Je suis raisonnable, je ne veux pas vous assassiner.* ■ **3** FIG. Détruire, anéantir. *Assassiner les libertés, l'art.*

ASSAUT [aso] **n. m.** – v. 1265 ; *asalt* 1080 ◇ latin populaire °*assaltus,* de *assultus,* d'après *saltus* ■ **1** Action d'assaillir, d'attaquer de vive force. ➤ **attaque, offensive.** *L'assaut d'une forteresse, d'une position ennemie. Troupes, vagues d'assaut. Char* d'assaut.* — *Faire l'assaut d'un navire.* ➤ **abordage.** *Aller, monter à l'assaut. Donner l'assaut au retranchement. Prendre une tranchée d'assaut* (cf. De vive force*). *Résister aux violents assauts de l'ennemi.* — INTERJ. *À l'assaut !* ➤ **charge.** ■ **2** FIG., LITTÉR. Attaque brutale, impérieuse. *«La montagne reçoit à ses pieds les assauts de la mer»* BALZAC. *«Nous sommes à la merci du premier microbe qui donnera l'assaut à notre organisme»* MAUROIS. *Prendre d'assaut un lieu,* s'y précipiter en grand nombre. ➤ **assiéger.** *Tous les sièges furent pris d'assaut.* ■ **3** ESCR. Combat d'entraînement au fleuret, à l'épée, au sabre. *Faire un assaut d'armes.* PAR EXT. *Assaut de boxe, de lutte.* ➤ **combat.** ♦ LOC. FIG. *Faire assaut de :* lutter à qui l'emportera. *Elles font assaut d'élégance, d'esprit.* ➤ **rivaliser.** *Quel assaut de zèle !* ■ HOM. Asseau.

ASSEAU [aso] **n. m.** – 1766 ◇ de *aisse,* du latin *ascia.* Le latin *ascia,* le français *aisse* (depuis le XIe) et *aisseau* (depuis le début du XVe) ont désigné et désignent divers outils (doloire, hachette, herminette, marteau de couvreur, de tonnelier, etc.) ■ TECHN. Marteau de couvreur dont l'une des extrémités est une lame tranchante. — On trouve aussi **ASSETTE n. f.** ■ HOM. Assaut.

ASSÈCHEMENT [asɛʃmɑ̃] **n. m.** – 1549 ◇ de *assécher* ■ Action d'assécher, fait d'être asséché. *Assèchement d'un marais.* ➤ **assainissement, drainage.** *L'assèchement d'une rivière.* ➤ **tarissement.** ■ CONTR. Irrigation.

ASSÉCHER [aseʃe] **v.** ‹6› – début XIIe ◇ du latin *adsiccare* «sécher» ■ **1 v. tr.** Évacuer l'eau, l'humidité (du sol). *Assécher un terrain marécageux.* ➤ **assainir, drainer.** ♦ Mettre à sec (un réservoir). *Assécher une citerne.* ➤ **tarir, vider.** — PRONOM. *Un cours d'eau qui s'assèche.* ■ **2 v. intr.** MAR. *Port qui assèche,* dont les fonds sont découverts à marée basse. ■ CONTR. Arroser, inonder, irriguer ; remplir.

ASSEMBLAGE [asɑ̃blaʒ] **n. m.** – 1493 ◇ de *assembler* ■ **1** Action de mettre ensemble, d'assembler. SPÉCIALT Action de fixer ensemble (des éléments) pour former un tout, un objet. *Assemblage des feuillets d'un livre, des pièces d'une manche.* MÉCAN. *Assemblage des pièces d'une machine.* PAR EXT. *Assemblage d'une automobile.* ➤ **montage.** ♦ Moyen par lequel on assemble. *Assemblage par application et collage, par soudure. Assemblage par emboîtement.* ➤ **enfourchement** (cf. Queue d'aronde*). *Assemblage à tenon et mortaise.* — *Assemblage à onglet, à oreilles ; à clous, à chevilles, à vis.* COUT. *Assemblage au point de chausson.* ■ **2** Réunion de choses assemblées. ➤ **arrangement, combinaison.** *Assemblage de pièces pour soutenir qqch.* ➤ **armature,** 2 **bâti, charpente.** *Un cahier est un assemblage de feuilles. Assemblage de choses assorties* (➤ **assortiment**), *de choses hétéroclites* (➤ **amalgame, mélange**), *sans lien* (➤ 1 **mosaïque, patchwork**). *«Quel est ce moi dont je m'occupe : un assemblage informe de parties inconnues»* BEAUMARCHAIS. ■ **3** MATH. et LOG. Suite finie de symboles utilisée dans le calcul des prédicats*. ♦ INFORM. *Langage d'assemblage :* langage de programmation qui utilise des symboles représentant des éléments du langage machine. ➤ **assembleur.** — Traduction en langage machine d'un programme écrit en langage d'assemblage. *Assemblage et désassemblage d'un programme.* ■ CONTR. Disjonction, séparation.

ASSEMBLÉ [asɑ̃ble] **n. m.** – 1700 ◇ de *assembler* ■ CHORÉGR. Saut avec une jambe, l'autre étant en l'air, où l'on retombe sur les deux pieds réunis.

ASSEMBLÉE [asɑ̃ble] **n. f.** – 1155 ◇ de *assembler* ■ **1** VX Action de réunir plusieurs personnes en un même lieu pour un motif commun. ➤ **rassemblement, réunion.** ♦ MOD. Les personnes ainsi réunies. *En présence d'une nombreuse assemblée.* ➤ **assistance, auditoire, public.** *Une assemblée d'amis, une joyeuse assemblée. Une brillante assemblée de gens célèbres.* Ensemble des fidèles présents à la messe. *Les réponses de l'assemblée au prêtre.* ■ **2** RÉGION. (Ouest, Centre, Sud-Ouest) Fête annuelle du village. ■ **3** Réunion des membres d'un corps constitué ou d'un groupe de personnes, régulièrement convoqués pour délibérer en commun d'affaires déterminées, particulières ou publiques. — **ASSEMBLÉE GÉNÉRALE** (ABRÉV. FAM. A. G. [aʒe]), où tous les membres (d'une association, d'une société) sont convoqués (pour approuver la gestion, prendre des décisions importantes). *Assemblée générale ordinaire, extraordinaire. L'association a tenu son assemblée générale annuelle.* ♦ Les membres de ce corps. *Convoquer, dissoudre une assemblée. Délibérations, décisions d'une assemblée.* — *Assemblées ecclésiastiques.* ➤ **concile, conclave, consistoire, synode.** — *Assemblées judiciaires, juridictionnelles.* ➤ **cour ; conseil, jury, tribunal.** — *Assemblées administratives et politiques. Assemblée consultative ou délibérative.* — *Assemblée générale des Nations unies.* ♦ (1776 à propos des États-Unis) *Assemblée législative nationale.* POLIT. *Assemblée nationale, représentative, consultative, souveraine ; constituante, législative* (➤ **chambre**), *européenne* (➤ **parlement**). — ABSOLT (en France) **L'ASSEMBLÉE :** l'Assemblée nationale. *L'Assemblée et le Sénat constituent le Parlement. Dissoudre l'Assemblée. Les députés, le président de l'Assemblée. Divisions de l'Assemblée.* ➤ **centre, droite, gauche ; groupe,** 1 **parti ; majorité, minorité, opposition ; comité, commission.** *Travaux, vote de l'Assemblée. La tribune de l'Assemblée.* — PAR EXT. Le bâtiment où se réunit l'Assemblée (en France, la Chambre des députés). *Un bruit qui court dans les couloirs de l'Assemblée.*

ASSEMBLER [asɑ̃ble] **v. tr.** ‹1› – v. 1040 *asembler* ◇ latin populaire *assimulare* «mettre ensemble» ■ **1** Mettre (des choses) ensemble. ➤ **joindre.** *Assembler des sons. Assembler une couleur et une autre, avec une autre.* ➤ **unir.** *Assembler des mots* (➤ **aligner**), *des idées* (➤ **rassembler**). ♦ DANSE *Assembler les pieds,* ou ABSOLT *assembler,* les mettre l'un contre l'autre, le talon droit touchant d'équerre le milieu du pied gauche. ■ **2** Recueillir pour préparer un ensemble. ➤ **amasser, collectionner, rassembler.** *Assembler les pièces d'une collection. Assembler des papiers.* ➤ **réunir.** ■ **3** Faire tenir ensemble. ➤ **attacher*.** *Assembler des feuilles volantes* (➤ **agrafer**), *les feuilles d'un livre* (➤ **brocher, relier**), *le dos et le devant d'un pantalon* (➤ **bâtir, épingler**). ABSOLT *Machine à assembler.* ➤ **assembleuse.** *Manières d'assembler.* ➤ **assemblage ; attacher*, coller, coudre, fixer, lier, réunir.** *Assembler des pièces de bois, de métal.* ➤ **appliquer, boulonner, cheviller, clouer, emboîter, encastrer, enchâsser, enter, riveter, sceller, souder, visser.** *Assembler les pièces d'un meuble,* etc. ; et PAR EXT. *assembler un meuble, une maquette.* ➤ **monter ; kit.** *Assembler les pièces d'un puzzle.* ■ **4** VIEILLI Mettre des personnes ensemble. Faire se rencontrer. ➤ **réunir ; associer, unir.** *«Heureux couple d'amants que le destin assemble»* CORNEILLE. Unir par une chose commune. ➤ **lier.** *«Un même malheur aujourd'hui nous assemble»* MOLIÈRE. ♦ VX Réunir en assemblée. *Assembler les députés.* ➤ **convoquer, réunir.** ■ **5 S'ASSEMBLER v. pron.** VX S'unir. PROV. *Qui se ressemble* s'assemble.* ♦ MOD. Se réunir (en parlant d'un groupe). *La foule s'assemble sur la place pour voir le feu d'artifice.* ➤ **se masser.** ♦ Se réunir en assemblée (d'un corps). **p. p. adj.** *Devant les chambres assemblées.* ■ CONTR. Séparer ; désassembler, disjoindre, disloquer, éparpiller.

ASSEMBLEUR, EUSE [asɑ̃blœʀ, øz] **n.** – après 1650 ; *assembleor* 1281 ◇ de *assembler* ■ **1** Ouvrier, ouvrière qui assemble des pièces. ➤ **monteur.** *Assembleur de charpente en fer.* — **n. f.** Machine pour assembler les feuilles imprimées. ■ **2 n. m.** (v. 1965, de l'anglais *assembler language* «langage d'assemblage») INFORM. Programme écrit pour un ordinateur déterminé et destiné à traduire les instructions symboliques d'un langage d'assemblage* en langage machine. ➤ **aussi compilateur, interpréteur.**

ASSÉNER [asene] **v. tr.** ‹6› – milieu XIIe ◇ de l'ancien français *sen* «direction dans laquelle on marche ; raison, intelligence», du germanique *sinnō-* ■ On écrit aussi *assener* [asene] ‹5›. ■ **1** Donner (un coup violent, bien appliqué). ➤ **appliquer, frapper,** 1 **porter.** *Asséner une gifle, des coups à qqn.* ■ **2** Adresser avec hostilité et force. *Asséner des injures à qqn. Asséner une réplique.* ♦ Imposer (une assertion) sans possibilité de dialogue. *«La* *propagande assenée par les journaux et les ondes»* COLETTE. *Des savants, des philosophes qui nous assènent des vérités. «Éternelle histoire de l'intellectuel qui assène son rêve impossible sur la tête des pauvres types»* DRIEU LA ROCHELLE.

ASSENTIMENT [asɑ̃timɑ̃] **n. m.** – 1181 ◊ de l'ancien verbe *assentir*, latin *assentire* «donner son assentiment» ■ **1** Acte par lequel on acquiesce (expressément ou tacitement) à une opinion, une proposition. ➤ **acceptation, accord, acquiescement, adhésion, approbation, consentement.** *Donner, refuser son assentiment à qqch. Demander, obtenir l'assentiment de qqn. Avec son assentiment. Faire un signe d'assentiment. Il «marquait son assentiment par de légers mouvements de tête»* GIDE. ■ **2** Adhésion de l'esprit. *«Donner mon assentiment aux observations fines et justes d'un auteur»* ROUSSEAU. ■ CONTR. Désapprobation, désaveu, récusation.

ASSEOIR [aswaʀ] **v. tr.** ⟨26⟩ /ASSOIR/ – fin XIe ◊ latin populaire °*assedere*, classique *assidere* → assidu, 1 seoir

I **v. tr.** ■ **1** Mettre (qqn) dans la posture d'appui sur le derrière (sur un siège, etc.). *Asseoir un enfant sur une chaise.* ➤ **installer.** *Asseoir un malade dans son lit. Je l'ai assis sur mes genoux.* ➤ **prendre.** *Asseoir qqn sur le trône*.* ■ **2** LITTÉR. Poser sur sa base, établir solidement. *Asseoir une maison sur le roc.* ◆ (ABSTRAIT) Fonder sur une base solide ; rendre plus assuré, plus ferme, plus stable. ➤ **affermir.** *Asseoir le crédit public, son autorité, sa réputation. — Asseoir une théorie sur des faits.* ➤ **appuyer, fonder.** ■ **3** (v. 1250) Définir, déterminer une base de calcul. *Asseoir un impôt, un droit, une taxe,* en établir l'assiette*. *«asseoir les taxes sur le superflu des richesses»* ROUSSEAU.

II **S'ASSEOIR** **v. pron.** Prendre appui sur son derrière (sur un siège, etc.), le dos restant dans la position verticale (cf. Se mettre sur son séant*). ➤ FAM. **se poser.** *Il s'assoit, il s'assied. S'asseoir sur une chaise, dans un fauteuil, par terre, dans l'herbe, à une table. S'asseoir à sa place** (au spectacle, dans le train, l'avion, etc.). *Asseyez-vous* (REM. *Assoyez-vous* est populaire). *S'asseoir à califourchon, sur ses talons.* ➤ **s'accroupir.** *S'asseoir en tailleur. «Je viens seul m'asseoir sur cette pierre Où tu la vis s'asseoir»* LAMARTINE. ◆ LOC. FAM. *Je m'assois dessus :* je n'en tiens aucun compte (cf. S'en foutre*). *Ses conseils, je m'assois dessus !* ◆ **FAIRE ASSEOIR,** faire s'asseoir qqn, l'inviter à s'asseoir. *Il la fit asseoir sur le canapé.* ◆ **ÊTRE ASSIS,** dans la position assise. ➤ **assis.**

ASSERMENTATION [asɛʀmɑ̃tasjɔ̃] **n. f.** – 1847 ◊ de *assermenter* ■ (Luxembourg, Suisse, Canada) Action de faire prêter ou de prêter serment ; son résultat. *Assermentation des nouveaux avocats. Cérémonie d'assermentation.*

ASSERMENTÉ, ÉE [asɛʀmɑ̃te] **adj.** – 1356 ◊ du v. *assermenter* «prêter serment» (1188) ; de 1a- et *serment* ■ Qui a prêté serment devant le tribunal. *Expert, témoin assermenté. Fonctionnaire assermenté,* qui a prêté serment pour exercer une profession. ◆ HIST. *Prêtres assermentés* (opposé à *insermentés, réfractaires*), qui avaient prêté le serment de fidélité à la constitution civile du clergé (1790).

ASSERTIF, IVE [asɛʀtif, iv] **adj.** – 1521 ◊ de *assertion* ■ **1** LING. *Phrase assertive,* qui constitue une assertion (par oppos. à *phrase interrogative, impérative*). ■ **2** PSYCHOL. Se dit du comportement d'une personne capable de s'affirmer tout en respectant les autres. *Une attitude assertive.*

ASSERTION [asɛʀsjɔ̃] **n. f.** – 1294 ◊ latin *assertio* «affirmer» ■ Proposition (qui, dans sa forme, peut être affirmative ou négative) que l'on avance et que l'on soutient comme vraie. ➤ **affirmation, thèse.** *Assertion vraie ou fausse, gratuite, mensongère. Les faits ont corroboré, justifié, vérifié mes assertions.* ➤ 2 **dire.** *Des «assertions sans contrôle, et trop intéressées pour être accueillies de confiance»* JAURÈS. — LING. Toute phrase qui n'est ni une interrogation ni une exclamation.

ASSERTIVITÉ [asɛʀtivite] **n. f.** – 1971 ◊ de *assertif,* d'après l'anglais *assertiveness* ■ PSYCHOL. Qualité d'une personne au comportement assertif.

ASSERTORIQUE [asɛʀtɔʀik] **adj.** – 1838 ◊ du radical de *assertion,* d'après l'allemand *assertorisch* ■ PHILOS. (Kant) *Jugement assertorique,* qui énonce une vérité de fait (et non une vérité nécessaire). ➤ **apodictique.**

ASSERVIR [asɛʀviʀ] **v. tr.** ⟨2⟩ – 1196 ◊ de 1a- et *serf* ■ **1** Réduire à la servitude, à l'esclavage. ➤ **assujettir, dominer, enchaîner, soumettre, subjuguer.** *Asservir des hommes, un pays. «se servant de leurs anciens esclaves pour en soumettre de nouveaux, ils ne songèrent qu'à subjuguer et asservir leurs voisins»* ROUSSEAU. *Un peuple asservi.* ◆ PAR EXT. Tenir en son pouvoir. *La science asservie aux intérêts privés.* ■ **2** Maîtriser (VIEILLI). *Asservir les forces de la nature. — Asservir ses passions.* ➤ **dominer, dompter, juguler.** ■ **3** **S'ASSERVIR** **v. pron.** Se soumettre comme un esclave. *«pouvoir servir sans s'asservir»* C. ROY. *Asservie aux travaux ménagers.* ■ **4** (1875) SC. Relier par un dispositif d'asservissement. *Moteur électrique asservi.* **p. p. adj.** AUTOMAT. *Système asservi.* ➤ **asservissement, automatisme.** ■ CONTR. Affranchir, délivrer, libérer.

ASSERVISSANT, ANTE [asɛʀvisɑ̃, ɑ̃t] **adj.** – 1792 ◊ de *asservir* ■ Qui asservit. *Un joug asservissant. Emploi, travail asservissant.* ➤ **aliénant.** *Être soumis à des règles asservissantes.* ➤ **assujettissant.**

ASSERVISSEMENT [asɛʀvismɑ̃] **n. m.** – 1443 ◊ de *asservir* ■ **1** Action d'asservir ou état de ce qui est asservi. *Tenir des hommes dans l'asservissement,* sous la contrainte, le joug, la tyrannie de qqn. ➤ **assujettissement, captivité, esclavage, oppression, servitude, soumission.** *Les résistants refusent l'asservissement de leur patrie.* — PAR EXT. *Asservissement de la presse, des esprits* (➤ **aliénation**), *des consciences. Asservissement à la mode.* ■ **2** AUTOMAT. État d'une grandeur physique qui impose ses variations à une autre grandeur, sans être influencée par elle ; relation entre ces deux grandeurs ; dispositif à contre-réaction basé sur cette relation. *Asservissement linéaire,* dont la fonction de transfert* est celle d'un système linéaire*. *Asservissement non linéaire* (dit *tout-ou-rien*). *Asservissement en chaîne. Dispositifs d'asservissement.* ➤ **commande, régulation ; servo-.** ■ CONTR. Affranchissement, délivrance, émancipation, libération.

ASSERVISSEUR [asɛʀvisœʀ] **n. m.** – 1830 ◊ de *asservir* ■ **1** VX Celui qui asservit. ■ **2** MOD. SC. Dispositif d'asservissement. ■ CONTR. Libérateur.

ASSESSEUR [asesœʀ] **n.** – XIIIe ◊ latin *assessor* «celui qui aide, qui conseille qqn» ■ REM. On trouve aussi les féminins *assesseuse* (mal formé) et *assesseure* (sur le modèle du français du Canada). ■ **1** Personne qui siège auprès de qqn, l'assiste dans ses fonctions ou le supplée en son absence. ➤ **adjoint, assistant.** *Elle est assesseur du bureau de vote.* — DR. Juge siégeant aux côtés du président dans une juridiction collégiale et ayant voix délibérative. *Le président et ses deux assesseurs. Une assesseur.* APPOS. *Des juges assesseurs.* ■ **2** SPORT Juge de touche* qui assiste l'arbitre au cours d'un match. ■ **3** En Italie, Responsable d'une subdivision du pouvoir exécutif régional. *Assesseur au tourisme.*

ASSETTE ➤ **ASSEAU**

ASSEZ [ase] **adv.** – fin Xe *asez* ◊ latin populaire °*adsatis,* de *satis* «assez»

I En suffisance. ➤ **suffisamment.** *Juste assez. Pas assez :* trop peu. *Plus qu'assez :* trop. ■ **1** Avec un adj. qu'il précède *«Le ciel n'est-il pas assez vaste, cet amour n'est-il pas assez doux ?»* FLAUBERT. *«Dans ce monde, il faut être un peu trop bon pour l'être assez»* MARIVAUX. ■ **2** Avec un adv. *Assez longtemps. Elle va assez vite.* ■ **3** Avec un verbe *J'ai assez mangé, je n'ai plus faim. Cela a assez duré. Vous avez assez, bien assez travaillé. Tu ne dors pas assez.* ELLIPT *Assez discuté, il faut agir !* — **C'EST ASSEZ :** c'est suffisant, il suffit. *C'est assez de deux. «C'est assez d'avoir à répondre de soi seul»* LA BRUYÈRE. LITTÉR. *«C'est assez que vous soyez averti»* (ACADÉMIE). *C'en est assez :* n'en parlons plus, tenons-nous-en là. *En voilà assez !* ELLIPT et EXCLAM. *Assez !* ça suffit (cf. Basta !). ■ **4** **ASSEZ DE :** suffisamment. *Il est tombé assez de pluie ; il en est tombé assez.* ELLIPT *Assez de paroles, des actes !* — (Belgique) FAM. *Assez bien :* pas mal, un assez grand nombre. *Il y a eu assez bien de fruits cette année.* — VIEILLI Beaucoup de. *«Assez de gens méprisent le bien, mais peu savent le donner»* LA ROCHEFOUCAULD. **AVOIR ASSEZ DE (qqch.).** *Avez-vous assez d'argent ? J'en ai assez. Il n'en a jamais assez. J'aurai assez de deux couvertures :* cela me suffira, je m'en contenterai. *Il n'y en a pas assez pour tout le monde.* — **EN AVOIR ASSEZ de qqch., de qqn :** en être fatigué. *J'en ai assez de ces histoires, de ces enfants* (cf. FAM. En avoir sa claque*, sa dose*, marre*, par-dessus* la tête, ras le bol*, ras le pompon*). ■ **5** (Dans tous les emplois précédents) **ASSEZ... POUR** marque le degré suffisant pour entraîner telle conséquence. *Il est bien assez intelligent pour comprendre. C'est bien assez bon pour eux !* — (Suivi d'un inf., du subj.) *Avoir assez de place pour écrire. Il est assez bête pour se laisser prendre. Elle le connaît assez pour se le permettre. Il parle assez fort pour qu'on l'entende.* ABSOLT *J'ai assez pour vivre.*

II Marque une atténuation ou (emploi affectif) un renforcement. ■ **1** Moyennement. ➤ **passablement, plutôt.** *Elle est assez jolie.*

Il est assez grand, mais pas trop. Mention assez bien. Cela paraît assez vraisemblable. Il lui rend assez souvent visite. Cela me plaît assez. ▪ **2** VIEILLI Trop. *Me suis-je fait assez attraper ! Est-il assez bête !*
▪ CONTR. Guère, insuffisamment, peu.

ASSIBILATION [asibilasjɔ̃] **n. f.** – 1877 ◊ latin *adsibilare* «siffler en réponse» ▪ PHONÉT. Prononciation d'une sifflante au lieu d'une occlusive dans certains mots. ➤ **palatalisation.** *L'assibilation du* [t] *dans* patience [pasjɑ̃s].

ASSIDU, UE [asidy] **adj.** – XVIe ; *asidu* XIIIe ◊ latin *assiduus* «qui se tient continuellement quelque part», famille de *assidere* → asseoir ▪ **1** Qui est régulièrement présent là où il doit être. ➤ **ponctuel, régulier.** *Employé assidu à son bureau. Étudiant assidu aux cours.* ♦ Qui a une application soutenue. ➤ **appliqué.** *Assidu à sa tâche. Lecteurs assidus.* ▪ **2** Qui est continuellement, fréquemment auprès de qqn. *Un compagnon, un ami assidu. Un médecin assidu auprès d'un malade. Un amoureux assidu auprès de sa belle* (➤ **assiduité**). ▪ **3** (CHOSES) ➤ **constant, diligent, régulier, soutenu, zélé.** *Travail assidu. Soins assidus. Efforts assidus.* ▪ CONTR. Inexact, irrégulier, négligent ; interrompu, relâché.

ASSIDUITÉ [asidɥite] **n. f.** – *assidüité* XIIe ◊ latin *assiduitas* → assidu ▪ **1** Présence régulière en un lieu où l'on s'acquitte de ses obligations. *Son assiduité au bureau. Un élève qui assiste aux cours avec assiduité.* ➤ **ponctualité, régularité.** *Manque d'assiduité et absentéisme.* ♦ FIG. Application constante, zèle. *L'assiduité au travail, à travailler.* ▪ **2** Présence continuelle, fréquente auprès de qqn. *«Auprès des assemblées comme auprès des femmes, l'assiduité sera toujours le premier mérite»* MICHELET. *Fréquenter qqn, sa maison avec assiduité.* ♦ PLUR. VIEILLI Manifestation d'empressement auprès d'une femme (souvent péj.). *«Il est des assiduités qu'une honnête femme ne saurait tolérer»* DUMAS FILS. ▪ CONTR. Inexactitude, irrégularité, négligence. Interruption, relâchement.

ASSIDÛMENT ou **ASSIDUMENT** [asidymɑ̃] **adv.** – début XIIe ◊ de *assidu* ▪ D'une manière assidue, régulière. *Remplir assidûment sa tâche. Pratiquer assidûment un sport. Fréquenter assidûment une personne, un lieu.* ➤ **continuellement, exactement, ponctuellement, régulièrement.** — On écrit *assidument* sans accent circonflexe comme dans *absolument, éperdument, résolument...* ▪ CONTR. Irrégulièrement.

ASSIÉGÉ, ÉE [asjeʒe] **adj.** et **n.** – 1564 n. ◊ de *assiéger* ▪ Qui subit un siège. *Ville assiégée. Fièvre obsidionale* d'une population assiégée.* ♦ **n.** *«Les assiégés, la faim aux dents, allaient être obligés de leur demander grâce»* MICHELET. ▪ CONTR. Assiégeant.

ASSIÉGEANT, ANTE [asjeʒɑ̃, ɑ̃t] **adj.** et **n.** – XVe n. ◊ de *assiéger* ▪ Qui assiège. *L'armée assiégeante. Troupes assiégeantes.* ♦ **n.** *Repousser les assiégeants.* COLLECT. *L'assiégeant.* ▪ CONTR. Assiégé.

ASSIÉGER [asjeʒe] **v. tr.** ⟨3 et 6⟩ – 1536 ◊ de 1*a-* et *siège* ▪ **1** Mettre le siège devant. *Assiéger une ville, une forteresse.* ➤ **encercler, investir.** — PAR EXT. *Assiéger une armée, une population dans un endroit,* l'y tenir enfermée. *Paris fut assiégé en 1870 - 1871.* ▪ **2** (CHOSES) Entourer ; tenir enfermé dans. ➤ **assaillir, cerner, emprisonner, encercler.** *Les eaux, les flammes les assiégeaient de toutes parts.* ♦ PERSONNES Entourer ; essayer de pénétrer dans. ➤ se **presser.** *Les manifestants assiègent l'ambassade* (cf. Prendre d'assaut*). ▪ **3** FIG. et LITTÉR. Fatiguer (qqn) de ses assiduités, de ses sollicitations. ➤ **importuner, obséder, poursuivre.** (Généralt au pass.) *Être assiégé par des créanciers, des journalistes, des admirateurs.* ♦ (CHOSES) Solliciter ; presser, poursuivre. *«tous les plaisirs, toutes les séductions qui entourent et assiègent une actrice à la mode»* MUSSET. *Les fléaux, les maux qui nous assiègent.* ➤ **accabler, assaillir, tourmenter.** *«Ces pensées, qui assiégeaient Jésus à sa sortie de Jérusalem»* RENAN. ➤ **obséder.** ▪ CONTR. Abandonner, 1lever (le siège). Délivrer, libérer.

ASSIETTE [asjɛt] **n. f.** – *assiete* 1260 ◊ latin populaire °*assedita,* de °*assedere* → asseoir

I VX OU EMPLOIS SPÉCIAUX ▪ **1** (XVIe) VX Position, équilibre (de qqn). *«Si l'homme n'était posé que sur une jambe* [...] *son assiette serait beaucoup moins solide»* BERNARDIN DE SAINT-PIERRE. ♦ MOD. Équilibre, tenue du cavalier en selle. *Avoir une bonne assiette :* bien monter. ▪ **2** FIG. et VX État d'esprit, dispositions habituelles. *«ce dérèglement acheva de le faire sortir de son assiette»* SAND. (1798) MOD. LOC. *Ne pas être dans son assiette :* ne pas se sentir bien (physiquement ou moralement). ▪ **3** (1402) (CHOSES) VX Emplacement, situation. *«l'assiette de la ville, qui était en lieu haut et avantageux»* RABELAIS. ♦ Fermeté, équilibre (d'un objet posé sur un autre). *L'assiette d'une poutre.* FIG. et LITTÉR. ➤ **assise, base, stabilité.** *La scène «s'impose à l'œil et à l'esprit avec une force et une solidité d'assiette extraordinaire»* TAINE. ♦ (1694) MAR. Équilibre d'un navire, proportion des tirants d'eau d'avant et d'arrière. *L'assiette d'un sous-marin.* — AÉRONAUT. Position, par rapport à un repère fixe, du système d'axes associé à un engin aérien. ▪ **4** (1283) DR. Biens, matière sur lesquels porte un droit. — Base d'un calcul. *Assiette d'un impôt :* évaluation de la base d'imposition appliquée à la matière imposable. *Le cadastre détermine l'assiette de l'impôt foncier. L'assiette des cotisations sociales.*

II (1507 «service à table ; fait de placer les convives» XIVe) MOD. et COUR. ▪ **1** Pièce de vaisselle individuelle, souvent ronde, servant à contenir des aliments (➤ 1**couvert**). *Les assiettes, les plats et les soucoupes. Pile d'assiettes. Assiette de porcelaine. Assiette en carton. Assiette plate. Assiette creuse, à soupe,* (Belgique) *assiette profonde. Assiette à dessert, à poisson. Le bord d'une assiette.* ➤ **marli.** *«Là-dessus, il se fourra le nez dans son assiette et se mit à manger»* DAUDET. VX *Piqueur d'assiette.* ➤ **pique-assiette.** ▪ **2** PAR MÉTON. Contenu d'une assiette. ➤ **assiettée.** *Une assiette de potage. Finir son assiette.* ♦ *Assiette anglaise :* assortiment de viandes froides, de charcuterie. ▪ **3** LOC. *L'assiette au beurre*.*

ASSIETTÉE [asjete] **n. f.** – 1690 ◊ de *assiette* ▪ Ce que contient ou peut contenir une assiette. ➤ **assiette** (II, 2°). *«Prenez encore une assiettée de soupe»* BARRÈS.

ASSIGNABLE [asiɲabl] **adj.** – 1677 ◊ de *assigner* ▪ Qui peut être assigné (à qqn, qqch.). *«Il n'y a pas de limite assignable à la curiosité dans tout ce qui touche à l'histoire»* SAINTE-BEUVE.

ASSIGNAT [asiɲa] **n. m.** – 1789 ◊ de *assigner.* Le mot s'est d'abord employé au sens d'«action d'asseoir une rente sur un immeuble» (fin XIVe s. à fin XVIIIe s.) ▪ HIST. Papier-monnaie émis sous la Révolution qui était en principe assigné (gagé) sur les biens* nationaux. *La dépréciation des assignats.*

ASSIGNATION [asiɲasjɔ̃] **n. f.** – 1265 ◊ latin *assignatio,* de *assignare* → assigner ▪ **1** DR., FIN. Action d'assigner qqch. à qqn pour sa part. ➤ **attribution.** *Assignation de parts par le testateur.* ▪ **2** DR. Exploit d'huissier par lequel le demandeur cite son adversaire à comparaître devant le juge. *Assignation à jour fixe.* ♦ **ASSIGNATION À RÉSIDENCE :** obligation faite à qqn de résider en un lieu déterminé par le juge, dans le cadre d'une expulsion, d'une instruction. ▪ **3** Fait de déterminer, de fixer qqch. ♦ Fait d'attribuer (un sexe, un genre, une identité). *Assignation identitaire.*

ASSIGNER [asiɲe] **v. tr.** ⟨1⟩ – 1216 ; *asigner* 1160 ◊ latin *assignare*

I ▪ **1** Attribuer (un bien) à qqn pour sa part. ➤ 2**affecter, donner.** *Assigner un lot dans une répartition, une part dans un legs.* ♦ Destiner ou donner à qqn. *Assigner une résidence, un emploi à qqn. «Je pouvais être tenté du rôle qu'on m'assignait»* CHATEAUBRIAND. ▪ **2** DR. Affecter (une somme) à un emploi, à un paiement. *Assigner un fonds au paiement d'une rente.* ▪ **3** Déterminer, fixer. *Assigner un terme à une durée, des limites à une activité.* ➤ **délimiter.** ♦ Donner, conférer (un caractère, une propriété). *Assigner une valeur à. «À ces qualités mauvaises diverses, elle assignait une origine commune»* FRANCE. ♦ Attribuer (un sexe, un genre, une identité). *Son identité diffère de celle qu'on lui a assignée* (➤ **transgenre**).

II (*essigner* 1350) DR. Citer par acte d'huissier à comparaître en justice. *Assigner en référé.* ♦ *Assigner qqn à résidence* (➤ **assignation,** 2°).

ASSIMILABLE [asimilabl] **adj.** – 1803 sens 2° ◊ de *assimiler* ▪ Qui peut être assimilé. ▪ **1** Qu'on peut assimiler à qqch., traiter comme semblable. ➤ **comparable, semblable.** *L'aliéné est assimilable à un mineur. Assimilables l'un à l'autre.* ▪ **2** Qui est susceptible d'assimilation. *Nourriture assimilable.* ♦ (ABSTRAIT) *Ces connaissances ne sont pas assimilables par un enfant.* ▪ **3** (fin XIXe) Qui peut être intégré à une culture, à une civilisation. ▪ CONTR. Inassimilable.

ASSIMILATEUR, TRICE [asimilatœʀ, tʀis] **adj.** et **n.** – 1836 ◊ de *assimiler* ▪ **1** SC. Qui opère l'assimilation. *Fonctions assimilatrices.* ▪ **2** FIG. Capable d'intégrer des éléments culturels. *Le génie assimilateur d'une civilisation.* ♦ **n.** *«Shakespeare était un puissant assimilateur»* HUGO.

ASSIMILATION [asimilasjɔ̃] **n. f.** – 1503 ; *assimulation* 1374 ◊ latin *assimilatio,* de *assimilare* → assimiler ▪ **1** Acte de l'esprit qui considère (une chose) comme semblable (à une autre). ➤ **identification, rapprochement.** *L'assimilation d'une chose à une autre, avec une autre. «L'inquiétante assimilation de la vie humaine à un songe»* FAGUET. ➤ **comparaison.** ▪ **2** Action de rendre semblable (à qqch.) par intégration. ♦ (1495) PHYSIOL. Processus par lequel les êtres organisés transforment en leur propre substance les matières qu'ils absorbent ; synthèse de matière vivante grâce aux éléments pris au milieu et absorbés (➤ **nutrition ; digestion**). — BOT. *Assimilation chlorophyllienne.* ➤ **photosynthèse.** ◆ (1838) PHONÉT. Modification que subit un phonème sous l'influence d'un phonème proche, qui tend à réduire les différences entre les deux. *Par assimilation* [b] *devient* [p] *devant* [s] *dans «absolu». Assimilation à distance des voyelles.* ➤ **harmonisation.** ▪ **3** (début XIXe) ABSTRAIT Acte de l'esprit qui s'approprie les connaissances qu'il acquiert. ➤ **absorption, imprégnation.** *Pouvoir d'assimilation. L'assimilation des connaissances.* ▪ **4** (v. 1840) Action d'assimiler des individus, des peuples ; processus par lequel ces individus, ces peuples s'assimilent. *L'assimilation progressive des immigrants, des naturalisés.* ➤ **absorption, insertion, intégration** (cf. Américanisation, francisation, etc.). *«l'assimilation de ces immigrants, insérés dans l'organisme américain en doses massives.»* SIEGFRIED. *Assimilation culturelle.* ➤ **acculturation.** *Politique d'assimilation.* ➤ **assimilationnisme.** ▪ **5** PHILOS. Le fait d'aller du différent au semblable. ▪ CONTR. Distinction, séparation. Désassimilation. Dissimilation. Autonomie, indépendance, isolement.

ASSIMILATIONNISME [asimilasjɔnism] n. m. – 1902 ◇ de *assimilation* ▪ DIDACT. Politique d'assimilation des individus. — adj. et n. **ASSIMILATIONNISTE** (1899). *«Rêve assimilationniste du colonisateur, qui attirait dans son creuset notre pensée et notre manière d'être»* M. BÂ.

ASSIMILÉ, ÉE [asimile] adj. et n. m. – 1560 ◇ de *assimiler*

I adj. ▪ **1** Rendu semblable ; considéré comme semblable. *Des immigrants assimilés. Les farines et les produits assimilés.* ▪ **2** Intégré. *Substances assimilées.* (ABSTRAIT) *Connaissances assimilées.*

II n. m. ▪ **1** (XXe) Militaire d'un service ou membre d'un corps civil dont la situation est assimilée à celle des membres d'unités combattantes. ▪ **2** COUR. Personne qui a le statut attaché à une fonction sans en avoir le titre. *Fonctionnaires et assimilés.*

ASSIMILER [asimile] v. tr. ⟨1⟩ – 1495 ◇ latin *assimilare,* de *similis* «semblable»

I v. tr. **A.** (1611) **ASSIMILER À :** considérer, regarder, traiter comme semblable (à). *Assimiler une indemnité à un salaire.* ➤ **confondre ; identifier.** *«Cette folie d'assimiler la réalité à l'apparence, le corps à l'âme»* FRANCE.

B. ▪ **1** PHYSIOL. Transformer, convertir en sa propre substance (➤ **assimilation**). *Plante qui assimile des éléments minéraux, l'eau, le dioxyde de carbone.* — ABSOLT *Un enfant qui assimile mal.* ➤ **profiter.** ▪ **2** (ABSTRAIT) *Assimiler ce qu'on apprend :* faire sien, intégrer des éléments acquis (connaissances, influences) à sa vie intellectuelle. ➤ **absorber, acquérir.** — ABSOLT *Avoir des facilités pour assimiler,* pour comprendre et retenir. ▪ **3** Rendre semblable au reste de la communauté. *Assimiler des étrangers, des immigrants.* ➤ **incorporer, intégrer.** *«Pourquoi l'Empire n'avait-il pas su mieux assimiler les Barbares !»* LARBAUD.

II S'ASSIMILER v. pron. ▪ **1** Devenir semblable ; se considérer comme semblable. *S'assimiler à un grand homme.* ➤ **se comparer, s'identifier.** ▪ **2** PHYSIOL. Être assimilé. *Il est des aliments qui s'assimilent plus ou moins facilement.* ➤ **assimilable.** ▪ **3** (ABSTRAIT) S'approprier un élément étranger, le faire sien. ➤ **s'imprégner, s'incorporer.** *Elle s'est assimilé les théories nouvelles.* — (PASS.) *Des notions qui s'assimilent peu à peu.* ▪ **4** Devenir semblable aux citoyens d'un pays. ➤ **s'adapter, se fondre, s'insérer, s'intégrer.** *Aux États-Unis, de nombreux immigrants se sont assimilés.*

▪ CONTR. Différencier, distinguer, séparer ; isoler.

ASSIS, ISE [asi, iz] adj. – XIIe ◇ de *asseoir* ▪ **1** Appuyé sur son derrière (➤ **asseoir**). *Être assis. Restez assis. Travailler assis. «Mme de Richelieu est assise, et puis les dames, selon leurs dignités, les unes assises, les autres debout»* Mme DE SÉVIGNÉ. *«la position assise est pour les fonctionnaires»* MARTIN DU GARD. *Scier la branche* sur laquelle on est assis. Être assis entre deux chaises*.* ◆ *Assis !* ordre donné à un chien pour qu'il s'asseye ; à un spectateur debout qui empêche les autres de voir. ▪ **2** *Places assises :* où l'on peut s'asseoir. *Vingt places assises, trente places debout.* ▪ **3 MAGISTRATURE ASSISE** (ou *du siège*), par opposition à *magistrature debout* (ou *du parquet*) : corps des magistrats qui rendent la justice assis sur leur siège. ➤ **juge.** ▪ **4** FIG. Affermi, assuré, ferme, stable. *Une situation assise. «elle lui en voulait de ce calme si bien assis, de cette pesanteur sereine»* FLAUBERT. ▪ CONTR. Debout, levé.

ASSISE [asiz] n. f. – début XIIIe ; *asise* v. 1170 ◇ p. p. subst. de *asseoir* ▪ **1** Rangée de pierres qu'on pose horizontalement pour construire un mur. *Première, seconde assise. Égaliser les assises d'un mur.* ➤ **araser.** ▪ **2** Partie d'un siège sur laquelle on s'assoit. *L'assise et le dossier d'un fauteuil. «quatre fauteuils, noyer, siège et dossier cannés, coussin beige pour l'assise»* C. ACHACHE. ▪ **3** FIG. (1823) ➤ **base, fondement, soubassement.** *Les assises d'une doctrine. Servir d'assise à une science. La civilisation est exposée «à périr lorsqu'elle perd son assise matérielle»* BAINVILLE. ▪ **4** (1845) GÉOL. (PLUR.) Couches parallèles. ➤ **strate.** *Les assises de granit.* ◆ BIOL. Ensemble de cellules disposées sur une couche. — BOT. *Assises génératrices* (qui produisent les tissus secondaires : liège, liber, bois), *pilifères. L'assise subéreuse.*

ASSISES [asiz] n. f. pl. – XIIIe «séance tenue par les officiers et juges d'un comté» ◇ de *assise* ▪ **1 COUR D'ASSISES** ou **ASSISES** (1808) : juridiction criminelle française, composée de magistrats et de jurés, chargée de juger les personnes renvoyées devant elle par un arrêt de mise en accusation. *Être envoyé aux assises. Président de la cour d'assises, des assises.* ▪ **2** Réunion (d'un parti politique, d'un syndicat). ➤ **congrès.** *Les assises du parti.* ◆ *Tenir ses assises :* se réunir pour discuter, décider de qqch. ➤ **séance, session.** *Le vieux salon, où «M. Thibault avait tenu les assises familiales»* MARTIN DU GARD.

ASSISTANAT [asistana] n. m. – 1962 ◇ de *assistant*

I ▪ **1** Fonction d'assistant, dans l'enseignement supérieur ou secondaire. *Assistanat linguistique.* ▪ **2** Emploi, fonction d'assistant dans divers métiers (secrétariat, cabinets médicaux...). *Assistanat de direction. Métiers de l'assistanat.*

II (1983 ◇ de *assister,* 3°) PÉJ. Secours donnés aux personnes socialement nécessiteuses. ➤ **assistance.** *«le "rebut" vivant du chômage ou de l'assistanat»* (Le Monde, 1984). ◆ PAR EXT. Aide financière accordée sans contrepartie (aux entreprises, associations, etc.).

ASSISTANCE [asistɑ̃s] n. f. – 1422 ◇ de *assister*

I Personnes réunies. ➤ **assemblée, foule.** *L'assistance était clairsemée* (cf. FAM. Il y avait trois pelés* et un tondu). *Sa conférence a charmé l'assistance.* ➤ **auditoire, public.** *Il y eut des protestations dans l'assistance.*

II (1465) Action d'assister qqn. ▪ **1** Action de venir en aide à qqn ; appui, secours donné ou reçu. ➤ **secours, service.** *Donner, prêter son assistance. Demander assistance auprès de qqn. «Les époux se doivent mutuellement respect, fidélité, secours, assistance»* (CODE CIVIL). *Assistance, non-assistance à personne en danger.* — *Assistance en ligne :* recomm. offic. pour *hot-line.* ▪ **2** RARE Le fait de seconder qqn, en tant qu'assistant, ou par fonction. ➤ 1 **aide, concours.** ◆ DR. Intervention légale dans les actes juridiques d'un incapable. ▪ **3** Secours donnés aux personnes dans le besoin (➤ **assistanat**). *Porter assistance aux plus démunis. Assistance médicale gratuite (A. M. G.).* — Institution ou administration qui en est chargée. ➤ **bienfaisance ; caritatif.** ANCIENNT *Assistance judiciaire* (on dit maintenant *aide* judiciaire*). *L'Assistance publique* (on dit maintenant *aide* sociale*). COUR. *Un enfant de l'Assistance.* — *Administration générale de l'Assistance publique de Paris,* chargée de gérer les établissements hospitaliers de la région. ◆ *Assistance technique :* aide apportée aux pays en voie de développement. ➤ **coopération.** ▪ **4** Garantie par laquelle une société spécialisée s'engage à venir en aide à ses adhérents lorsqu'ils se trouvent en difficulté, dans les circonstances prévues au contrat. *Société, contrat d'assistance. Assistance automobile, juridique. Frais de remorquage remboursés par l'assistance.*

▪ CONTR. Abandon, préjudice.

ASSISTANT, ANTE [asistɑ̃, ɑ̃t] n. – 1400 ◇ de *assister*

I n. m. pl. *Les assistants :* les personnes qui assistent à qqch. ➤ **assistance, public ; auditeur, spectateur, témoin.** *Une femme parmi les assistants.*

II ▪ **1** Personne qui en assiste une autre pour la seconder. ➤ **adjoint,** 2 **aide, auxiliaire.** *«Assistant, du point de vue d'Edison, signifie homme à tout faire, homme de peine plutôt que de confiance»* ECHENOZ. *Elle est l'assistante du directeur. Voyez avec mon assistante,* ma secrétaire (euphém.). *Assistante de direction.* (Généralt dans les noms de métier) *Assistant commercial, technique, dentaire.* ◆ *Assistant(e) social(e),* chargé(e) de remplir un rôle social (aide matérielle, médicale et morale) auprès des personnes qui en ont besoin. *Assistant(e) d'éducation,* chargé(e) de la surveillance et de l'encadrement des élèves dans un établissement scolaire. *Assistante maternelle :* nourrice qui accueille des enfants à son domicile. *Assistant(e) sexuel(le),* qui fournit des services sexuels aux personnes en situation de handicap qui en font la demande. ♦ Dans l'enseignement supérieur, Enseignant(e) chargé(e) d'assurer les travaux pratiques et les travaux dirigés. *Assistant d'économie.* APPOS. *Des maîtres assistants. Elle est maître assistant(e).* ▪ **2** n. m. (anglais *personal digital assistant* [P D A]) *Assistant personnel, assistant numérique, assistant électronique* : appareil électronique de poche offrant des services bureautiques et multimédias (agenda, prise de notes, transfert de données avec un micro-ordinateur, accès à Internet...). ➤ **organiseur.** ▪ **3** n. m. INFORM. Logiciel qui guide pas à pas l'utilisateur dans l'exécution d'une tâche. *Assistant de connexion.*

ASSISTÉ, ÉE [asiste] adj. – XVe ◊ de *assister* ▪ **1** VIEILLI Qui reçoit une assistance (sociale, médicale, judiciaire). n. *Les assistés.* ♦ n. MOD., PÉJ. Personne qui bénéficie d'une aide. *Refuser le statut d'assisté.* ▪ **2** Pourvu d'un système permettant d'amplifier, de réguler ou de répartir l'effort exercé par l'utilisateur. *Freins assistés ; direction assistée* (d'une automobile). ▪ **3** Qui bénéficie des progrès d'une science, d'une technique. *Procréation* médicalement assistée.* — INFORM. **ASSISTÉ PAR ORDINATEUR :** qui utilise les ressources de l'informatique. *Enseignement assisté par ordinateur (E. A. O.).* ➤ **didacticiel.** *Traduction assistée par ordinateur (T. A. O.). Dessin assisté par ordinateur (D. A. O.). Publication assistée par ordinateur (P. A. O.). Conception assistée par ordinateur (C. A. O.)* : ensemble des techniques informatiques permettant la définition et la simulation d'un produit. *Ingénierie assistée par ordinateur (I. A. O.)* : ensemble des techniques informatiques permettant l'étude d'un projet industriel. *Maintenance assistée par ordinateur (M. A. O.).*

ASSISTER [asiste] v. ⟨1⟩ – 1372 ◊ latin *assistere,* de *ad* et *sistere* «se tenir auprès»

I v. intr. **ASSISTER (À) :** être présent, comme témoin ou spectateur. *Assister à une conférence.* ➤ **entendre.** *Assister à un match de tennis.* ➤ **voir.** *Assister à une dispute,* en être témoin. *Assister à une fête, à une réunion.* ➤ **participer.** *«Assistez à la vie en spectateur indifférent»* BERGSON. ♦ Constater, observer (un évènement nouveau, une évolution). *On assiste à une baisse des effectifs.*

II v. tr. (1465) **ASSISTER (qqn).** ▪ **1** Seconder (qqn) dans ses fonctions, dans sa tâche. ➤ **aider ; accompagner.** *Se faire assister par qqn. Assister qqn dans son travail.* — DR. Intervenir dans les actes de (un incapable). *Le curateur assiste le mineur émancipé.* ▪ **2** VIEILLI Donner aide, protection, secours, soins à. ➤ **aider, secourir.** *Assister son prochain, les malheureux. Assister un malade.* ➤ **soigner.** — VIEILLI, FAM. *Dieu vous assiste !* formule adressée à qqn qui éternue. ♦ MOD. Être aux côtés de (un mourant). *«Je n'ai pas pu l'assister dans ses derniers moments»* JALOUX.

▪ CONTR. Abandonner, délaisser.

ASSOCIATIF, IVE [asɔsjatif, iv] adj. – 1488, repris début XXe ◊ de *association* ▪ **1** Relatif à l'association des idées ; qui procède par association. *Mémoire associative.* ▪ **2** MATH. *Opération associative,* dans laquelle le groupement de facteurs consécutifs (et leur remplacement par le résultat de l'opération partielle effectuée sur eux) n'affecte pas le résultat. *Loi de composition associative* (T), qui, pour tout élément, vérifie la propriété $(a \mathrm{T} b) \mathrm{T} c = a \mathrm{T} (b \mathrm{T} c)$. *L'addition dans* ℝ *est associative, la soustraction ne l'est pas.* ▪ **3** Relatif à une association. *Mouvement associatif. La vie associative d'une commune.*

ASSOCIATION [asɔsjasjɔ̃] n. f. – 1751 ; *associacion* 1408 ◊ de *associer* ▪ Action d'associer, de s'associer ; résultat de cette action. ➤ **assemblage, groupement, réunion, 1union.** ▪ **1** Action d'associer qqn à qqch. ➤ **participation ; collaboration, coopération.** *L'association des travailleurs aux bénéfices de l'entreprise.* ➤ **intéressement.** ▪ **2** Action de se réunir d'une manière durable ; état des personnes qui sont réunies. *Association de personnes, vivant en société.* ➤ **communauté, compagnie ; colonie, groupe, peuple, société.** *L'association d'une personne et d'une autre, de deux personnes.* ➤ **alliance, amitié, liaison, partenariat, relation.** *«La plupart des amitiés ne sont guère que des associations de complaisance mutuelle»* R. ROLLAND. ♦ ÉCOL. Groupement de végétaux, d'animaux qui croissent dans des conditions écologiques spécifiques (➤ **commensalisme, parasitisme, symbiose**). ♦ (1897) PATHOL. *Associations microbiennes,* vivant en symbiose dans une infection. — MÉD. *Associations médicamenteuses.* ♦ CHIM. Union de deux ou plusieurs molécules donnant une molécule plus grosse. ▪ **3** Groupement de personnes qui s'unissent en vue d'un but déterminé. *Former une association. «Le but de toute association politique est la conservation des droits naturels et imprescriptibles de l'homme»* (DÉCLARATION DES DROITS DE L'HOMME, 1791). — *Association internationale.* ➤ **ligue, 1union ; coalition, communauté, confédération, organisation, société.** — *Association politique.* ➤ **1parti ; 1club.** — *Association économique, commerciale, financière, professionnelle ; association d'avocats, de médecins, de notaires.* ➤ **cartel, chambre, compagnie, consortium, corporation, fédération, guilde ; entente, entreprise, société, syndicat.** *Association d'entreprises.* ➤ **joint-venture.** *Association secrète d'intérêts.* ➤ **coterie, mafia.** *Association de malfaiteurs*.* ♦ DR. Mise en commun permanente des activités de plusieurs personnes dans un but non lucratif (loi du 1er juillet 1901) (opposé à *société*). *Association déclarée. Association reconnue d'utilité publique. Créer une association. Le bureau, le président, le trésorier et le secrétaire d'une association. Les statuts d'une association. Association de consommateurs. Association religieuse, culturelle, diocésaine.* ➤ **confrérie, congrégation, patronage.** *Association amicale* (➤ **amicale**), *mutualiste* (➤ **mutuelle**), *sportive* (➤ **1club**). ABRÉV. FAM. **ASSO, ASSOCE.** *L'annuaire des assos, des assoces. Les sans-papiers «attiraient toute la compassion des "assoces"»* P. BRUCKNER. — *Football* association* (FAM. et VX *l'assoce*). ▪ **4** (CHOSES) Action de réunir des éléments divers pour former un ensemble. ➤ **assemblage.** *Association de couleurs, de mots.* ♦ (ABSTRAIT) Fait psychologique par lequel les représentations et les concepts sont susceptibles de s'évoquer mutuellement. *Association d'idées.* ➤ **attraction, enchaînement, évocation, rapprochement, suggestion, synthèse ; analogie, rapport, similitude.** *«remonter la chaîne des associations d'idées»* MARTIN DU GARD. ♦ Ensemble d'idées, de représentations évoquées ensemble. *«Il était coutumier de ces étranges associations d'images»* LOTI. *La libre association,* en psychanalyse. *La règle de la libre association.* ▪ CONTR. Autonomie, isolement. Désunion, dissociation, dissolution, division, rupture, scission.

ASSOCIATIONNISME [asɔsjasjɔnism] n. m. – 1877 ◊ anglais *associationism,* de *association* «association» ▪ **1** PHILOS., PSYCHOL. Doctrine qui ramène toutes les opérations de la vie mentale à l'association automatique des idées et des représentations (Stuart Mill, Taine). ▪ **2** ÉCON. Doctrine des économistes (socialistes) qui cherchent la solution du problème social dans l'association volontaire de petits groupes de producteurs (Owen, Fourier, Louis Blanc). ➤ **fouriérisme.** — adj. **ASSOCIATIONNISTE,** 1874.

ASSOCIATIVITÉ [asɔsjativite] n. f. – 1888 ◊ de *associatif* ▪ MATH., LOG. Caractère de ce qui est associatif (loi de composition, opération associative*). *L'associativité de l'addition dans* ℝ.

ASSOCIÉ, IÉE [asɔsje] n. – 1510 ◊ de *associer* ▪ **1** RARE Personne qui partage avec une ou plusieurs autres ses occupations ou préoccupations. ➤ **adjoint, camarade, collaborateur, collègue, compagnon, complice, confrère, partenaire.** *«On m'associa pour cet examen M. de Châlons et M. Tronson. Avec de tels associés, j'espérais tout»* BOSSUET. ♦ APPOS. *Membre associé* : membre d'une académie qui jouit de quelques-uns des droits des membres titulaires. ▪ **2** Personne qui met en commun son activité ou ses biens dans une entreprise. *«D'abord intéressé dans le commerce des Lalouette, il devint plus tard leur associé»* DAUDET. ♦ DR. Personne qui fait partie d'une société, d'une association. ➤ **actionnaire, commanditaire ; adhérent, membre, sociétaire.** *Associé minoritaire.*

ASSOCIER [asɔsje] v. tr. ⟨7⟩ – 1262 ; *associcher* «arranger» 1238 ◊ latin *associare,* de *socius* «compagnon»

I v. tr. ▪ **1** VX Mettre ensemble (des choses). ♦ MOD. (ABSTRAIT) *Associer des mots, des noms.* ➤ **association ; lier, rapprocher.** *«deux êtres qui associent leurs destinées»* BOURGET. ▪ **2** Réunir (des personnes) par une communauté de travail, d'intérêt, de sentiment. ➤ **agréger, allier, joindre, lier, rapprocher, unir.** *Deux êtres que le malheur associe.* RARE *Associer des partenaires, des peuples.* ➤ **fédérer, liguer.** ▪ **3 ASSOCIER (qqn) À (qqch.),** le faire participer à (une activité commune, un bien commun). *Associer des travailleurs aux bénéfices d'une entreprise.* ➤ **intéresser.** *Associer qqn à ses affaires, à ses travaux,* le prendre pour associé, collaborateur. ➤ **s'adjoindre.** PAR EXT. *«À mes tourments, je veux l'associer»* RACINE. ▪ **4 ASSOCIER (une chose) À (une autre).** ➤ **allier, unir.** *«Il associait le courage à la prudence»* LITTRÉ. ♦ *Associer une chose avec une autre, à une autre,* les joindre intimement. *Associer un parfum au souvenir de qqn. «Quand on est jeune on associe la réalisation future de ses rêves aux existences qui vous entourent»* FLAUBERT. — p. p. adj. *Mots étrangement associés.* ➤ **alliance.** ▪ **5 S'ASSOCIER (qqn),** l'associer à soi, le prendre comme associé. ➤ **s'adjoindre.** *S'associer un collaborateur.*

II S'ASSOCIER v. pron. **A.** (PERSONNES) ■ **1** (1413) *S'associer à qqn, avec qqn pour une opération, une entreprise.* ➤ **s'allier, s'entendre,** se **joindre,** se **lier, s'unir.** — **p. p. adj.** *Frères associés.* ■ **2** Participer à ; faire sien. *S'associer à la joie de qqn. Je m'associe à votre chagrin. S'associer aux desseins, aux vues de qqn.* ➤ **adhérer.** ■ **3** ABSOLT Former société. ➤ **s'agréger,** se **réunir ;** se **grouper.** *États qui s'associent.* ➤ **s'allier,** se **fédérer.**
B. (CHOSES) S'allier à, avec. ➤ **s'accorder, s'allier, s'assortir,** se **combiner,** se **marier, s'unir.** *Le plaisir de la table « peut s'associer à tous les autres plaisirs »* BRILLAT-SAVARIN. ♦ ABSOLT *« Tout s'associe pour donner à ces œuvres une beauté littéraire »* DANIEL-ROPS.
■ CONTR. Dissocier, diviser, isoler, séparer.

ASSOIFFÉ, ÉE [aswafe] **adj.** et **n.** – 1607 ◊ de *assoiffer* ■ **1** Qui a soif. *Les enfants sont assoiffés. Bêtes assoiffées. — Cette plante est assoiffée,* manque d'eau. ♦ POÉT. *Assoiffé de sang.* ➤ **altéré.** ■ **2** FIG. *Être assoiffé d'argent, de plaisirs.* ➤ **affamé, altéré, avide.** *Politicien assoiffé de pouvoir.* ■ **3 n.** *Des assoiffés. « Elle but de nouveau comme une assoiffée »* DURAS. ♦ FIG. *Un assoiffé de lecture.*

ASSOIFFER [aswafe] **v. tr.** ‹ 1 › – 1864 fig. ◊ de 1 *a-* et *soif* ■ Donner soif à (qqn). *La marche nous avait assoiffés.* ➤ **altérer.**

ASSOLEMENT [asɔlmɑ̃] **n. m.** – 1800 ◊ de *assoler* « partager en soles », de 3 *sole* ■ AGRIC. Procédé de culture par succession et alternance sur un même terrain (pour conserver la fertilité du sol). ➤ **rotation** (des cultures). *Assolement triennal,* à alternance de trois cultures (ou autrefois de deux cultures et une année de jachère).

ASSOMBRIR [asɔ̃bʀiʀ] **v. tr.** ‹ 2 › – 1597, repris fin XVIIIe ◊ de 1 *a-* et *sombre* ■ **1** Rendre sombre. *Les nuages assombrissent le ciel.* ➤ **obscurcir.** PRONOM. *Le ciel s'assombrit. Un ciel assombri.* ■ **2** Rendre triste. ➤ **attrister.** *Les malheurs ont assombri son caractère.* **p. p. adj.** *Regard assombri.* — Rendre soucieux. *Cette nouvelle a assombri les assistants, les visages.* ➤ **rembrunir.** — Rendre inquiétant. *De graves menaces assombrissent l'avenir.* ➤ **peser** (sur). — PRONOM. *Son front, son regard, son visage s'assombrit.* ➤ se **rembrunir.** *Une voix qui s'assombrit,* qui devient grave. *L'horizon politique s'assombrit.* ■ CONTR. Éclaircir, éclairer. Égayer. Épanouir (s').

ASSOMBRISSEMENT [asɔ̃bʀismɑ̃] **n. m.** – 1801 ◊ de *assombrir* ■ Le fait d'assombrir ou de s'assombrir ; état de ce qui est assombri. *L'assombrissement du ciel.* ➤ **obscurcissement.** FIG. *L'assombrissement de l'humeur.* ➤ **tristesse ; mélancolie.** ■ CONTR. Éclaircissement, éclairement.

ASSOMMANT, ANTE [asɔmɑ̃, ɑ̃t] **adj.** – fin XVIe « qui assomme, tue » ◊ de *assommer* ■ **1** (fin XVIIe) VX Qui accable, est affligeant, consternant. *« Certaines vérités assommantes »* BOURDALOUE. ■ **2** (v. 1750) MOD. Qui ennuie, agace. ➤ **ennuyeux* ;** FAM. **casse-pied.** *« Les sermons des pères et les rabâcheries des oncles sont aussi assommants sur le théâtre que dans la réalité »* GAUTIER. *« Andrée m'exaspère. Elle est assommante »* PROUST. ➤ **fatigant.** *Il est assommant avec ses petites manies.* ■ CONTR. Agréable, plaisant.

ASSOMMER [asɔme] **v. tr.** ‹ 1 › – XVe « endormir, étourdir » ; v. 1175 *assomer, essomer* ◊ de 1 *a-* et 3 *somme* ■ **1** Tuer à l'aide d'un coup violent sur la tête. *Assommer un bœuf avec un merlin.* ➤ **abattre.** ■ **2** Battre, frapper (qqn), de manière à étourdir. ➤ FAM. **estourbir.** *« Je l'ai assommé pour qu'il ne se débatte pas »* GIRAUDOUX. ■ **3** FIG. et VX Accabler, confondre (par des arguments). *« Il croyait m'assommer avec saint Augustin et les autres Pères »* ROUSSEAU. ■ **4** (XIIe) VX (sujet chose) Plonger dans l'abattement, la stupeur. ➤ **abattre, accabler.** *« Je n'en puis revenir, et tout ceci m'assomme »* MOLIÈRE. ♦ Affliger profondément. *« La mort de M. du Mans m'a assommée »* Mme DE SÉVIGNÉ. ♦ VIEILLI Incommoder, abrutir (physiquement). *Cette radio m'assomme. Être assommé par la chaleur, de chaleur.* ➤ **accabler.** ■ **5** (1666) MOD. Accabler sous le poids de l'ennui. ➤ **ennuyer*, excéder, fatiguer ;** FAM. **barber, empoisonner** (cf. FAM. Casser* les pieds, pomper* l'air). *« Est-ce assez rasant, ce que je vous raconte là !... Mais si, je vous assomme »* DAUDET. *Il nous assomme avec ses discours.*

ASSOMMOIR [asɔmwaʀ] **n. m.** – 1700 ◊ de *assommer* ■ **1** VX Instrument qui sert à assommer. ➤ **casse-tête.** ♦ MOD. FIG. **COUP D'ASSOMMOIR :** évènement soudain qui assomme, accable ; prix exorbitant. ■ **2** (v. 1850) VX Cabaret où les consommateurs s'assomment d'alcool. *« L'Assommoir », roman de Zola.*

ASSOMPTION [asɔ̃psjɔ̃] **n. f.** – 1680 ; *asumption* fin XIIe ◊ latin *assumptio* « action de prendre, d'admettre » ■ **1** CATHOL. Enlèvement miraculeux de la Sainte Vierge au ciel par les anges. *La dormition et l'assomption de la Vierge.* ♦ *L'Assomption :* jour où l'Église célèbre cette fête (15 août). ■ **2** PHILOS. Action d'assumer*, de prendre en charge. *L'assomption d'un risque.* — ANGLIC. Action de prendre comme hypothèse. *L'assomption d'une proposition.* La proposition assumée. ➤ **hypothèse.** ♦ LOG. Seconde proposition d'un syllogisme. ➤ 1 **mineur.**

ASSONANCE [asɔnɑ̃s] **n. f.** – 1690 ◊ du latin *adsonare* « répondre par un son (écho) », de *sonus* « son » ■ Répétition du même son, SPÉCIALT de la voyelle accentuée à la fin de chaque vers (belle et rêve). *Assonance et rime** (➤ aussi **allitération**). *« des assonances et des allitérations qui constituent la substance sonore de la poésie »* VALÉRY.

ASSONANCÉ, ÉE [asɔnɑ̃se] **adj.** – 1899 ◊ de *assonance* ■ Qui présente une, des assonances. *Vers assonancés.*

ASSONANT, ANTE [asɔnɑ̃, ɑ̃t] **adj.** – 1721 ◊ latin *assonans,* p. prés. de *adsonare* → assonance ■ Qui produit une assonance. *Voyelle assonante. Rimes assonantes.*

ASSORTI, IE [asɔʀti] **adj.** – *assorte* XVIe ◊ de *assortir* ■ **1** Qui est en harmonie, qui va bien avec autre chose. *« Ève fut frappée d'un châtiment assorti à sa faute »* FRANCE. *Couple, ménage bien assorti,* dont les conjoints vont bien ensemble. *Pochette et cravate assorties. Rideaux assortis au papier peint.* ➤ **coordonné.** *Couleurs assorties.* ■ **2** *Magasin, rayon bien assorti,* bien pourvu de marchandises (cf. ABUSIVEMENT Bien achalandé). ■ **3** PLUR. Variés (aliments). *Fromages, bonbons assortis* ➤ **assortiment.**

ASSORTIMENT [asɔʀtimɑ̃] **n. m.** – 1532 ◊ de *assortir* ■ **1** Manière dont sont assemblées des choses de même sorte ou qui produisent un effet d'ensemble (par leur ressemblance, leur convenance). ➤ **arrangement, assemblage, association, disposition.** *Un heureux assortiment de couleurs.* ■ **2** VX Union de personnes. ➤ **mariage.** ■ **3** Assemblage complet de choses qui vont ordinairement ensemble. ➤ 2 **ensemble, série ; parure.** *Assortiment de vaisselle, de linge de table.* ➤ **service.** *Assortiment de caractères d'imprimerie.* ➤ 2 **police.** ♦ COMM. Collection, fonds de marchandises de même sorte. ➤ **lot, stock.** *Assortiment de dentelles, de soieries.* ♦ CUIS. Plat composé de divers aliments de même sorte. *Un assortiment de charcuterie. Assortiment de bonbons.*

ASSORTIR [asɔʀtiʀ] **v. tr.** ‹ 2 › – *assorter* XIVe ◊ de 1 *a-* et *sorte*
I v. tr. ■ **1** (1530) Mettre ensemble (des choses qui se conviennent). ➤ **arranger, associer, harmoniser.** *Assortir diverses nuances, des vêtements.* ♦ *Assortir une chose à une autre,* faire en sorte qu'elles s'harmonisent. *« on sentait la joie avec laquelle il choisissait la couleur de tel timbre, l'assortissait aux autres »* PROUST. *Assortir son style aux circonstances.* ➤ **accorder, adapter.** ■ **2** (1559) Mettre ensemble des personnes qui se conviennent mutuellement. ➤ **réunir, unir.** *Des « gens assez peu liés entre eux [...] que cette spirituelle personne assortissait avec un art infini »* SAINTE-BEUVE. ■ **3** (1549) RARE Fournir des choses nécessaires, convenables. ➤ **approvisionner.** *Assortir un magasin d'articles variés.* ■ **4** *Assortir qqch. de,* lui ajouter. ➤ **accompagner.** *Assortir un traité d'une clause. Commentaires « assortis quelquefois de détails tout à fait saugrenus »* ROBBE-GRILLET.
II S'ASSORTIR v. pron. (XVIe) ■ **1** Être assorti, en accord, en harmonie. *Ces couleurs s'assortissent bien. Nos caractères ne s'assortissent pas.* ➤ **s'accorder.** ■ **2** VIEILLI S'accompagner ; se compléter harmonieusement ; être orné, enrichi. *Le texte s'assortit de belles enluminures.* ■ **3** RARE Se fournir, se pourvoir. *S'assortir auprès d'un grossiste.* ➤ se **réassortir.**
■ CONTR. Désassortir. Jurer (avec).

ASSOUPI, IE [asupi] **adj.** – XVIe ◊ de *assoupir* ■ **1** À demi endormi. ➤ **somnolent.** *Un malade assoupi.* ■ **2** FIG. (CHOSES) Affaibli, apaisé. *« des passions plutôt assoupies qu'éteintes »* P.-L. COURIER. ■ CONTR. Éveillé. Exalté, excité.

ASSOUPIR [asupiʀ] **v. tr.** ‹ 2 › – XVIe ◊ bas latin *assopire,* d'après *sopire* « endormir »
I v. tr. ■ **1** Porter à un demi-sommeil. ➤ **endormir.** *Le bercement du train assoupit les voyageurs.* ■ **2** FIG. Affaiblir ou suspendre momentanément. ➤ **apaiser, atténuer, calmer, engourdir, éteindre, étouffer.** *Assoupir une douleur, un remords. « cette saoulerie continue ne faisait qu'assoupir son épouvante »* MAUPASSANT.
II S'ASSOUPIR v. pron. ■ **1** Se laisser aller doucement au sommeil, s'endormir à demi. ➤ **somnoler.** *« D'autres s'assou-*

pissaient sous l'effort de la digestion» DUHAMEL. MÉTAPH. *«sa pensée s'assoupit, devint incertaine, flottante»* MAUPASSANT. ▪ 2 FIG. ➤ **s'apaiser, s'atténuer, se calmer, s'estomper.** *Sa douleur s'est assoupie. Les haines peu à peu s'assoupissent.* ➤ **s'oublier.** ▪ CONTR. Éveiller, réveiller ; ranimer. Exalter, exciter.

ASSOUPISSANT, ANTE [asupisɑ̃, ɑ̃t] **adj.** – 1582 ◇ de *assoupir* ▪ LITTÉR. Qui assoupit. *Drogue assoupissante* (➤ **narcotique**), *chaleur assoupissante.* ♦ FIG. *«son amour avait pris comme une douceur funèbre, un charme assoupissant»* FLAUBERT. ➤ **soporifique.**

ASSOUPISSEMENT [asupismɑ̃] **n. m.** – 1531 ◇ de *assoupir* ▪ **1** Le fait de s'assoupir ; état voisin du sommeil. ➤ **somnolence ; engourdissement, torpeur.** *L'assoupissement qui précède le sommeil. Un assoupissement profond.* ➤ **coma, léthargie.** *«Il avait des assoupissements agités de songes, des somnolences épuisantes»* LOTI. ♦ PAR MÉTAPH. Le fait de s'endormir, de se calmer (mouvement, bruit). *«l'assoupissement de la mer sur la grève»* PROUST. ▪ **2** RARE FIG. *Assoupissement des sens, d'une douleur, d'un chagrin.* ➤ **apaisement, atténuation, 1calme.** ▪ **3** VIEILLI État moral comparable au sommeil, indifférence extrême. ➤ **indolence, langueur, torpeur.** *«éveiller le genre humain d'un si prodigieux assoupissement»* BOSSUET. ▪ CONTR. Éveil, 1réveil. Excitation ; exaltation.

ASSOUPLIR [asupliʀ] **v. tr.** ⟨2⟩ – XIIe-XIIIe «faiblir, s'adoucir» ◇ de 1*a-* et *souple* ▪ **1** (1564) Rendre souple, plus souple. *Assouplir une étoffe ; les cuirs* (façonner, corroyer). *Les exercices de gymnastique assouplissent le corps.* ▪ **2** (XVIIe) Rendre plus malléable, maniable. *Assouplir le caractère d'un enfant violent.* ➤ **adoucir, former, plier, soumettre.** *Assouplir des méthodes, des règles trop strictes. «La logique a certainement assoupli les esprits»* MAUROIS. ▪ **3 S'ASSOUPLIR v. pron.** Devenir plus souple. *Le cuir s'assouplit à l'eau. S'assouplir et s'échauffer avant un effort.* ♦ Devenir plus malléable. *«L'idée qu'il pouvait s'assouplir, plier, changer»* DUHAMEL. ▪ CONTR. Durcir, raidir, 1tendre.

ASSOUPLISSANT [asuplisɑ̃] **n. m.** – 1866 adj. «qui assouplit» ◇ de *assouplir* ▪ Produit ménager qui s'ajoute au rinçage pour garder au linge sa souplesse. ➤ **adoucissant, anticalcaire.** — On dit aussi **ASSOUPLISSEUR.**

ASSOUPLISSEMENT [asuplismɑ̃] **n. m.** – 1866 ◇ de *assouplir* ▪ **1** Action d'assouplir, fait de s'assouplir ; état de ce qui est assoupli. *Exercices d'assouplissement* (du corps). ➤ **gymnastique.** *Assouplissement du cuir par le corroyage.* ▪ **2** FIG. Fait de rendre plus malléable, moins rigide. *Assouplissement du caractère. Assouplissement d'un système trop rigide.* ▪ CONTR. Durcissement, tension.

ASSOURDIR [asuʀdiʀ] **v. tr.** ⟨2⟩ – 1120 ◇ de 1*a-* et *sourd* ▪ **1** Causer une surdité passagère chez (qqn) ; rendre comme sourd. ➤ **abasourdir, étourdir.** *Ne criez pas si fort, vous m'assourdissez !* (cf. Casser* les oreilles). ABSOLT *Le bruit du canon assourdit.* ▪ **2** FIG. Fatiguer par trop de bruit, de paroles. ➤ **assommer, excéder.** ▪ **3** (CHOSES) Rendre moins sonore. ➤ **amortir, étouffer.** *Les sons me parviennent assourdis. «la neige qui assourdissait comme un tapis le bruit de mes pas»* DAUDET. ▪ **4 S'ASSOURDIR v. pron.** Devenir plus sourd, moins sonore. *Sa voix s'assourdit.* — PHONÉT. Prendre les traits d'une consonne sourde. ➤ **assourdissement.** *Consonne assourdie.* ➤ **dévoisé.**

ASSOURDISSANT, ANTE [asuʀdisɑ̃, ɑ̃t] **adj.** – 1811 ◇ de *assourdir* ▪ Qui assourdit. *Bruit, vacarme assourdissant,* très intense. ➤ **étourdissant.** *«un charivari, un tam-tam assourdissant, des cris, des huées»* BARRÈS.

ASSOURDISSEMENT [asuʀdismɑ̃] **n. m.** – 1596 ◇ de *assourdir* ▪ **1** Action d'assourdir (qqn). *L'assourdissement du canon,* causé par le canon. ♦ État d'une personne assourdie. *Mon assourdissement dura plusieurs minutes.* ▪ **2** Amortissement des sons. *«l'assourdissement des bruits dans la chaleur de la matinée»* PROUST. — PHONÉT. Passage d'une consonne sonore à la sourde correspondante (opposé à *sonorisation*). *L'assourdissement du* [b] *dans «absent».*

ASSOUVIR [asuviʀ] **v. tr.** ⟨2⟩ – fin XIIe ◇ de l'ancien français *assevir* «achever», du latin *assequi* «atteindre», refait sur l'ancien français *sofire* «être satisfaisant», du latin *sufficere* → suffire ▪ **1** Calmer complètement (un violent appétit). ➤ **apaiser, contenter, rassasier, satisfaire.** *Étancher sa soif et assouvir sa faim.* ▪ **2** FIG. Satisfaire pleinement (un désir, une passion). *Assouvir ses convoitises, sa curiosité, sa rage. Assouvir une vengeance.* **p. p. adj.** *«la quiétude des passions journellement assouvies»* FLAUBERT. — PAR EXT. Combler (qqn). *«La célébrité la plus complète ne vous assouvit point»* FLAUBERT. ▪ **3 S'ASSOUVIR v. pron.** (sujet chose) *Faim, passion qui s'assouvit.* ▪ CONTR. Affamer ; exciter. Inassouvi, insatisfait.

ASSOUVISSEMENT [asuvismɑ̃] **n. m.** – 1340 ◇ de *assouvir* ▪ **1** Action d'assouvir, de s'assouvir. ➤ **satisfaction.** *L'assouvissement de la faim. L'assouvissement des désirs, des convoitises. L'assouvissement amène la satiété.* ▪ **2** État d'une personne assouvie, d'un désir assouvi. ➤ **apaisement, satiété, satisfaction.** *Un assouvissement passager.* ▪ CONTR. Insatisfaction.

ASSUÉTUDE [asɥetyd] **n. f.** – 1885 ◇ latin *assuetudo* «habitude», pour traduire l'anglais *addiction* ▪ DIDACT. Accoutumance de l'organisme aux modifications du milieu. *Assuétude climatologique.* — Accoutumance à une substance toxique. *Assuétude médicamenteuse.* ➤ **dépendance, toxicomanie.**

ASSUJETTI, IE [asyʒeti] **adj.** et **n.** – de *assujettir* ▪ **1** Soumis. *Des peuples assujettis* (opposé à *libre*). ▪ **2 n.** Personne soumise par la loi au paiement d'un impôt, d'une taxe (➤ **contribuable, imposable, redevable**), ou à l'affiliation à un groupement. *Une assujettie.* ▪ **3** Fixé, maintenu. *«Une fois le joug bien assujetti, on ne le secouera plus»* MARTIN DU GARD.

ASSUJETTIR [asyʒetiʀ] **v. tr.** ⟨2⟩ – v. 1440 ◇ de 1*a-* et *sujet*

I v. tr. ▪ **1** VX ou LITTÉR. Rendre sujet, mettre dans sa dépendance. *Les peuples que Rome avait assujettis.* ➤ **asservir, dominer, soumettre ; opprimer, subjuguer.** *«Il s'agit pour chaque cité d'assujettir ou d'abaisser les autres»* TAINE. ♦ Maintenir (qqn) dans l'obéissance. *«la mainmise de l'État sur le travail et la pensée de tous les êtres qu'il assujettit»* DUHAMEL. SPÉCIALT Dominer par un ascendant moral, tenir (qqn) sous son empire. ➤ **captiver, conquérir, dompter, subjuguer.** *«Enfin l'aimable Agnès a su m'assujettir»* MOLIÈRE. ▪ **2** MOD. **ASSUJETTIR À :** soumettre, astreindre à. *Assujettir qqn à des règles. Être assujetti à l'impôt.* ➤ **assujetti.** *«une doctrine qui prétend assujettir le langage d'aujourd'hui à des formes d'autrefois»* BRUNOT. ▪ **3** Rendre (qqch.) fixe, immobile, stable. ➤ **assurer, attacher, 2caler, clouer, coincer, fixer, lier, maintenir, river.** *Assujettir un chargement* (➤ **arrimer**), *un sac à dos.* — TECHN. *Assujettir une manœuvre, un cordage.* ➤ **amarrer, frapper.**

II S'ASSUJETTIR v. pron. LITTÉR. ▪ **1** Assujettir à soi. ➤ **conquérir, dompter.** *«une puissante individualité, que la foi s'était assujettie, mais que la règle ecclésiastique n'avait pas domptée»* RENAN. ▪ **2** Se soumettre. ➤ se **plier.** *S'assujettir à une règle.*

▪ CONTR. Affranchir, délivrer, dispenser, exempter, libérer.

ASSUJETTISSANT, ANTE [asyʒetisɑ̃, ɑ̃t] **adj.** – 1688 ◇ de *assujettir* ▪ Qui assujettit, exige beaucoup d'assiduité. *Devoirs, travaux assujettissants. Des fonctions assujettissantes.* ➤ **asservissant, astreignant, pénible, pesant.** ▪ CONTR. Agréable, léger, plaisant.

ASSUJETTISSEMENT [asyʒetismɑ̃] **n. m.** – 1531 ◇ de *assujettir* ▪ **1** VX ou LITTÉR. Action d'assujettir. *L'assujettissement de la Grèce par les Romains.* ➤ **conquête, domination.** ▪ **2** VX État de dépendance. ➤ **soumission, sujétion ; servitude.** *L'assujettissement d'un pays, d'un peuple à un autre, par un autre.* ♦ LITTÉR. *Assujettissement aux usages, aux modes.* ➤ **soumission.** — ABSOLT État de contrainte. ➤ **gêne, joug, sujétion.** *«les commodités dont il se munit sont autant d'assujettissements dans lesquels il s'embarrasse»* TAINE. ▪ **3** DR. Fait d'être assujetti. *L'assujettissement à un impôt.* ▪ CONTR. Affranchissement, délivrance, indépendance, liberté.

ASSUMER [asyme] **v. tr.** ⟨1⟩ – XVe ◇ latin *assumere,* de *sumere* «entreprendre» ▪ **1** Prendre à son compte ; se charger de. *Assumer une fonction, un emploi, un rôle, une tâche. Assumer une responsabilité.* ➤ **endosser, supporter.** Dostoïevski *«ne se détourne pas de ses douleurs, mais les assume dans leur plénitude»* GIDE. — (Sujet chose) *Charges assumées par la collectivité.* ▪ **2** (XXe) Accepter consciemment (une situation, un état psychique et leurs conséquences). *Assumer pleinement sa condition. J'assume d'avoir fait ce choix, que j'aie pu me tromper.* — ABSOLT *J'assume. «Une propension naturelle à assumer toujours»* GIDE. PRONOM. S'accepter, se prendre en charge. *«Nous ne sommes nous qu'aux yeux des autres, et c'est à partir du regard des autres que nous nous assumons comme nous»* SARTRE. ▪ CONTR. Décharger (se). Refuser, rejeter.

ASSURABLE [asyʀabl] **adj.** – 1864 ◇ de *assurer* ▪ Qui peut être assuré, garanti par un contrat d'assurance. *Dommage assurable.*

ASSURAGE [asyʀaʒ] **n. m.** – 1932 ◇ de *assurer* ▪ ALPIN., SPÉLÉOL. Ensemble des techniques permettant de prévenir ou d'enrayer les chutes. *Matériel d'assurage.* ➤ **assurance** (6°).

ASSURANCE [asyʀɑ̃s] n. f. – *asseurance* XIIe ◊ de *assurer* ■ **1** VX Sentiment de sécurité ; le fait de se rassurer. ➤ **quiétude.** *En assurance :* rassuré. ■ **2** MOD. Confiance en soi. ➤ **aisance, aplomb, audace, hardiesse.** *Assurance excessive.* ➤ FAM. **culot, toupet.** *Parler avec assurance. Donner, prendre, avoir de l'assurance. Manquer d'assurance. Perdre son assurance :* se démonter. ■ **3** VX *Assurance de :* sentiment de certitude ou d'intime conviction. *Vivre dans l'assurance de la réussite. Avoir l'assurance de réussir.* ■ **4** MOD. Promesse ou garantie qui rend certain de qqch. ➤ **affirmation, promesse.** *Il s'était appuyé « sur l'assurance qu'elle lui avait donnée de lui garder fidélité »* MAURIAC. *« Sur cette assurance, je retournai chez mon docteur »* PASCAL. — (Dans une formule de politesse) *Veuillez agréer l'assurance de ma considération distinguée.* ➤ **expression.** ◆ PLUR. Ce que l'on donne ou affirme (à qqn) pour procurer une garantie. ➤ **gage, garantie, sûreté.** *Donner des assurances.* ■ **5** (1563) Contrat par lequel un assureur garantit à l'assuré, moyennant une prime ou une cotisation, le paiement d'une somme convenue en cas de réalisation d'un risque déterminé. ➤ **garantie.** *Contrat, police d'assurance. Prime d'assurance. Assurance contre les accidents, les dégâts des eaux, les bris de glace, la grêle, l'incendie, le vol. Assurance sur la vie, assurance-vie. Assurance automobile. Assurance tierce* collision. Assurance tous risques,* ou *assurance tierce*.* ➤ RÉGION. **omnium.** *Assurance multirisques. Assurance au tiers* (dommages causés par un tiers). *Assurances maritimes. Compagnie d'assurances. Agent, courtier, inspecteur d'assurances.* ➤ **assureur.** *Société d'assurance mutuelle* (➤ **mutualité**). ◆ FAM. Compagnie d'assurances. *Il faut écrire aux assurances. L'assurance ne nous a pas encore indemnisés.* — Prime d'assurance. *J'ai oublié de payer l'assurance.* ◆ *Assurances sociales,* garantissant les travailleurs et les ayants droit contre la maladie, les accidents du travail, le chômage (cf. Sécurité* sociale). — *L'assurance invalidité-vieillesse. Assurance maladie, décès, maternité. Assurance complémentaire* santé.* ■ **6** (1931) ALPIN., SPÉLÉOL. Action d'assurer ; situation de celui qui est assuré. ➤ **assurage.** ■ CONTR. Crainte, défiance, doute, embarras, hésitation, incertitude, méfiance, timidité.

ASSURANTIEL, IELLE [asyʀɑ̃sjɛl] adj. – mil. XXe ◊ de *assurance* ■ Relatif à l'assurance (5°). ◆ Relatif aux assurances sociales. *Le système assurantiel français.*

ASSURÉ, ÉE [asyʀe] adj. et n. – 1155 ◊ de *assurer* ■ **1** VX Qui met en sûreté, à l'abri du danger. ➤ **sûr.** ■ **2** (XVIe) LITTÉR. (CHOSES) Qui est certain*. ➤ **évident, indubitable, infaillible, sûr.** *Tenez pour assuré qu'il viendra. — La mort, « terme assuré qui ne nous console ni ne nous apaise »* CONSTANT. — COUR. Dont on est assuré (➤ **assurer**). *Succès assuré.* ➤ **garanti.** ■ **3** (XVe) Qui manifeste l'assurance, la confiance en soi. *Un air assuré,* sûr de soi. *« il est de taille bien prise et de démarche très assurée »* GIDE. ■ **4** n. Personne garantie par un contrat d'assurance. *Une assurée. Les droits des assurés.* (Emploi critiqué) *Les assurés sociaux :* les assurés affiliés aux assurances sociales. *Carte d'assuré social.* ■ CONTR. Branlant, dangereux, douteux, hésitant, précaire, timide, vacillant.

ASSURÉMENT [asyʀemɑ̃] adv. – 1532 ; « avec assurance » v. 1160 ◊ de *assuré* ■ VIEILLI D'une manière certaine. ➤ **certainement, évidemment, sûrement, vraiment.** *Assurément, il viendra. Assurément qu'il viendra. « Assurément il radotait »* LA FONTAINE. *« Assurément que vous avez raison si vous le voulez »* MOLIÈRE (cf. Bien sûr*). *Viendrez-vous ? – Assurément :* oui, certainement.

ASSURER [asyʀe] v. tr. ⟨1⟩ – milieu XIIe ◊ du latin populaire *assecurare,* de *securus* → sûr

I DONNER POUR SÛR ■ **1** VX Mettre (qqn) dans un état de sécurité, de confiance. ➤ **rassurer.** *« Et tâchons d'assurer la Reine, qui te craint »* CORNEILLE. ■ **2** (milieu XIIe) **ASSURER (À qqn) QUE,** lui affirmer, lui garantir que. ➤ **certifier, promettre, soutenir.** *Il nous a assuré qu'il s'occupera (s'occuperait) de tout. Ce n'est pas facile, je t'assure !* ■ **3** (fin XIIe) **ASSURER (qqn) DE...,** le prier de n'en pas douter. ➤ **attester, certifier, répondre, témoigner.** *Vous pouvez l'assurer de notre soutien. On peut être assuré de sa bonne foi.* ■ **4** (Sujet chose) **ASSURER DE :** rendre certain ; permettre de croire à. *Sa conduite passée nous assure de l'avenir.* ➤ **garantir, répondre, témoigner.** *Cet accueil l'assurait des bonnes dispositions du public.* ➤ **attester, certifier.**

II RENDRE SÛR ■ **1** Mettre (une chose) en sûreté, à l'abri du danger. ➤ **défendre, garantir, préserver, protéger, sécuriser.** *Pays qui assure ses frontières contre les attaques, les incursions de l'ennemi.* LOC. *Assurer ses arrières*.* ◆ Rendre sûr ; mettre à l'abri des accidents, des risques. *La prévoyance assure l'avenir. Le régime cherche à assurer son pouvoir.* ➤ **affermir.** — **ASSURER (qqch.) À (qqn).** *L'État assure une allocation aux demandeurs d'emploi. Sa situation lui assure de confortables revenus, une certaine indépendance.* ■ **2** (fin XVe) Mettre (une chose) dans une position stable, empêcher de bouger. ➤ **affermir, assujettir,** 2 **caler, consolider, étayer, fixer, immobiliser.** *Assurer une poutre, un volet.* ■ **3** (1829) Faire qu'une chose fonctionne, ne s'arrête pas. *Une navette assure le transfert des passagers. Assurer la marche, le fonctionnement d'un service* (cf. Faire marcher). *Une permanence sera assurée pendant les vacances.* ■ **4** (début XVe) Garantir par un contrat d'assurance. *La compagnie qui assure l'immeuble contre l'incendie.* ◆ Faire garantir par un assureur. *Elle a assuré ses bijoux contre le vol. Être assuré tous risques.* ◆ PAR EXT. *Assurer qqn,* garantir ses biens, sa vie, etc. *La compagnie qui les assure.* ■ **5** (1913) ALPIN. Dans une cordée, Garantir la sécurité, empêcher la chute de (un alpiniste). *Alpiniste qui assure son camarade.* — Sans compl. *On assure mieux assis que debout.* ■ **6** (1971) FAM. Sans compl. Être très bon (dans un domaine). *Elle assure en informatique. « l'image de la brute virile qui* assure *au pieu revenait en force depuis quelques années »* HOUELLEBECQ. ◆ Savoir gérer une situation, être à la hauteur. *Ils ont un chef qui assure.*

III S'ASSURER v. pron. **A.** RÉFL. DIRECT ■ **1** (1672, Racine) Devenir sûr (de, que). ➤ **contrôler, vérifier, voir.** *Assurez-vous de l'exactitude de cette nouvelle. Je vais m'en assurer. Assurez-vous si la porte est bien fermée. Assurez-vous que vous n'oubliez rien à bord.* ■ **2** (XVIIe, Molière) **S'ASSURER CONTRE :** se mettre en sûreté, prendre ses dispositions. ➤ **se défendre,** se **garantir,** se **garder,** se **prémunir,** se **protéger.** *S'assurer contre les incursions de l'ennemi, contre un coup de force.* ◆ SPÉCIALT (1907) Contracter une assurance. *S'assurer contre les accidents, l'incendie.* — Sans compl. *Ils sont bien assurés.* ■ **3** Prendre une position ferme, solide, stable. ➤ **s'affermir.** *S'assurer sur sa selle, en selle.*

B. RÉFL. INDIRECT (1653) *S'assurer qqch.,* faire en sorte d'en avoir et d'en garder l'usage, la possession ou la maîtrise. *« Hitler avait dû s'assurer l'Afrique avant d'attaquer la Russie »* DRIEU LA ROCHELLE. *S'assurer la protection, la faveur de qqn.* ➤ **gagner.**

■ CONTR. Contester, démentir, nier ; compromettre, exposer, risquer ; ébranler. Perdre.

ASSUREUR, EUSE [asyʀœʀ, øz] n. – 1550 ◊ de *assurer* ■ **1** Personne qui assure, garantit qqch. par contrat d'assurance. ➤ 2 **agent, inspecteur ; courtier** (d'assurance). *Assureur-conseil.* ■ **2** (1934) ALPIN. Alpiniste qui en assure un autre dans une cordée. ■ CONTR. Assuré.

ASSYRIEN, IENNE [asiʀjɛ̃, jɛn] adj. et n. – 1284 ◊ de *Assyrie* « pays d'Assur » ■ De l'Assyrie, partie septentrionale de la Mésopotamie. *L'art assyrien. La civilisation, la langue assyrienne.* ◆ n. *Les Assyriens.* — n. m. *L'assyrien :* langue morte parlée autrefois par les Assyriens, appartenant au groupe sémitique oriental.

ASSYRIOLOGIE [asiʀjɔlɔʒi] n. f. – 1866 ◊ de *Assyrie* et *-logie* ■ DIDACT. Étude de l'Antiquité assyrienne, babylonienne (et parfois sumérienne, akkadienne). — n. **ASSYRIOLOGUE.**

ASSYRO-BABYLONIEN, IENNE [asiʀobabilɔnjɛ̃, jɛn] adj. et n. m. – 1882 ◊ de *assyrien* et *babylonien* ■ DIDACT. Relatif à la civilisation assyrienne de Babylone, de la Mésopotamie centrale (civilisation akkadienne). *Les mythes assyro-babyloniens.* — n. m. *L'assyro-babylonien :* langue sémitique (sémitique oriental) disparue. ➤ **akkadien.**

ASTABLE [astabl] adj. et n. m. – 1964 ◊ de 2*a-* et *stable* ■ ÉLECTRON. Qui comporte deux états instables, et bascule périodiquement de l'un à l'autre. *Circuit astable.* — n. m. *Un astable.*

ASTASIE [astazi] n. f. – 1888 ◊ grec *astasia* « instabilité », de *stasis* → statique ■ MÉD. Trouble du sujet qui ne peut se tenir debout.

ASTATE [astat] n. m. – 1808 ◊ grec *astatos* « instable » ■ CHIM. Élément artificiel (At ; n° at. 85 ; m. at. [de l'isotope de plus longue période] 210), instable, radioactif, le plus lourd des halogènes, obtenu par bombardement de bismuth par des particules alpha.

ASTATIQUE [astatik] adj. – 1820 ◊ du grec *astatos* « instable » ■ **1** PHYS. Qui est en équilibre dans toutes les positions. *Système astatique :* ensemble de deux aiguilles aimantées identiques disposées en sens inverse, sur lequel le champ magnétique est sans action. ■ **2** MÉD. Qui se rapporte à l'astasie.

ASTER [astɛʀ] **n. m.** – 1549 ◊ latin *aster* «étoile», mot grec ■ **1** Plante *(composées)* à petites fleurs décoratives en forme d'étoiles. *Aster d'automne.* ➤ **vendangeuse.** ♦ Fleur de cette plante. ■ **2** (1883 ◊ du grec) BIOL. CELL. Arrangement des microtubules en lignes rayonnantes pendant la mitose. ➤ **fuseau.** ■ HOM. Hastaire.

ASTÉRÉOGNOSIE [asteʀeognozi] **n. f.** – 1916 ◊ de 2*a*-, grec *stereos* (→ stéréo-) et *-gnosie* ■ MÉD. Incapacité de reconnaître les objets par le toucher. ➤ **agnosie.**

ASTÉRIE [asteʀi] **n. f.** – 1729 ◊ du latin *asteria,* nom d'une pierre précieuse ■ ZOOL. Échinoderme appelé couramment *étoile* de mer.*

ASTÉRISQUE [asteʀisk] **n. m.** – 1570 ◊ latin d'origine grecque *asteriscus* «petite étoile» ■ Signe en forme d'étoile (*) qui indique un renvoi ou auquel on attribue un sens convenu.

ASTÉRIXIS [asteʀiksis] **n. m.** – 1985 ◊ de 2*a*- et du grec *stêrixis* «action de se fixer» ■ PATHOL. Mouvements alternatifs de flexion ou d'extension des deux poignets, involontaires et irréguliers lorsque les deux bras sont tendus en avant, observés lors de certaines encéphalopathies. *L'astérixis est dû à de brèves interruptions du tonus musculaire.* — On écrit aussi *asterixis.*

ASTÉROÏDE [asteʀɔid] **n. m.** – 1802 ; autre sens XVIIIe ◊ grec *asteroeidês* ■ **1** ASTRON. Petit corps solide du système solaire, de quelques centaines de kilomètres de diamètre au maximum. ➤ **géocroiseur, météorite, planétoïde.** *La plupart des astéroïdes ont leur orbite située entre celles de Mars et de Jupiter.* ■ **2** Petit corps céleste. ➤ **météorite.**

ASTÉROSISMOLOGIE [asteʀosismɔlɔʒi] **n. f.** – 1999 ◊ de *astéro-,* du grec *astêr, asteros* «étoile», et *sismologie ;* cf. anglais *asteroseismology* (1983) ■ ASTRON. Étude de la structure interne des étoiles grâce aux ondes sismiques qui se produisent à leur surface. ➤ **héliosismologie.**

ASTHÉNIE [asteni] **n. f.** – 1790 ◊ grec *astheneia* «faiblesse», de *sthenos* «force» ■ MÉD. Manque de force, de vitalité physique et psychique ; état de dépression, de faiblesse. *Asthénie cardiovasculaire. Asthénie psychique.* ➤ **neurasthénie.** *«Une légère tendance à l'asthénie»* SARRAUTE.

ASTHÉNIQUE [astenik] **adj. et n.** – 1814 ◊ de *asthénie* ■ MÉD. Qui a rapport à l'asthénie. *Symptômes asthéniques.* ♦ Atteint d'asthénie. — **n.** *Un, une asthénique.*

ASTHÉNOSPHÈRE [astenɔsfɛʀ] **n. f.** – 1914 ◊ grec *astheneia* «faiblesse» et *sphère* ■ GÉOL. Couche du manteau terrestre (entre 100 et 300 km de profondeur), par endroits partiellement fondue et peu résistante. *L'asthénosphère est la source de la plupart des magmas et permet le déplacement des plaques tectoniques.*

ASTHMATIQUE [asmatik] **adj. et n.** – 1538 ; *asmatique* XIVe ◊ latin d'origine grecque *asthmaticus* ■ Qui se rapporte à l'asthme. *Toux asthmatique.* ♦ Qui a de l'asthme (bronchique). — **n.** *Un, une asthmatique.*

ASTHME [asm] **n. m.** – 1595 ; *asme* XIVe ; «angoisse» v. 1265 ◊ latin *asthma,* mot grec «respiration difficile», probablt de *anemos* «air» ■ Difficulté à respirer (notamment à expirer l'air), accompagnée d'un bruit sifflant particulier. *Asthme bronchique* (MÉD.) ou *asthme* (COUR.) : maladie pulmonaire survenant par accès, causée par des spasmes au niveau de petites bronches avec augmentation des sécrétions bronchiques. *Crise d'asthme.* — MÉD. *Asthme cardiaque :* gêne respiratoire en rapport avec une maladie cardiaque. ➤ **dyspnée.**

ASTI [asti] **n. m.** – 1894 ◊ ville d'Italie ■ Vin blanc mousseux récolté près d'Asti. *Des astis.*

ASTICOT [astiko] **n. m.** – 1828 ◊ p.-ê. de *asticoter* ■ FAM. ■ **1** Larve de la mouche à viande utilisée comme appât pour la pêche. ➤ **ver** (blanc). ■ **2** (v. 1845) FIG. Homme. *Qu'est-ce que c'est que cet asticot ! Quel drôle d'asticot.* ➤ **type, zèbre.**

ASTICOTER [astikɔte] **v. tr.** ‹1› – 1747 ◊ de *dasticoter* (1642) «jargonner, contredire, ennuyer» ; de l'allemand *dass dich Gott... !* «que Dieu te...» interprété *d'asticot !* (1616) ; avec influence de *estiquer* «piquer», du néerlandais *steeken* ■ FAM. Agacer, harceler (qqn) pour de petites choses. ➤ RÉGION. **picosser.** *«Nicole le taquine, l'asticote inutilement»* MARTIN DU GARD.

ASTIGMATE [astigmat] **adj.** – 1877 ◊ de *astigmatique* (1865), même sens ; → astigmatisme ■ DIDACT. Qui est atteint d'astigmatisme. ➤ **amétrope.** *Vue astigmate. Il est myope et astigmate.* — SUBST. *Un, une astigmate.*

ASTIGMATISME [astigmatism] **n. m.** – 1877 ◊ de 2*a*- et du grec *stigma* «point» ■ DIDACT. ■ **1** Défaut de courbure des milieux réfringents de l'œil tel qu'un point lumineux objet se transforme en une tache, régulière ou irrégulière, sur la rétine. ■ **2** Défaut d'un instrument d'optique qui ne donne pas une image ponctuelle d'un point.

ASTIQUAGE [astikaʒ] **n. m.** – 1866 ◊ de *astiquer* ■ Action d'astiquer. *L'astiquage des casseroles.*

ASTIQUER [astike] **v. tr.** ‹1› – 1833 ◊ de *astic* (1721) «objet servant à polir le cuir», de *astiker* (Hainaut), du francique °*stikkan* «piquer» ■ **1** Faire briller en frottant. *Astiquer les cuivres.* ➤ **briquer, frotter, nettoyer, polir.** *Astiquer des meubles, le parquet.* ➤ **cirer.** — **p. p. adj.** *«Des cuivreries de lampes astiquées allumaient tout au fond une série d'étoiles»* COURTELINE. ■ **2** PRONOM. VULG. *S'astiquer :* se masturber. *«il continuait à s'astiquer devant elle»* DJIAN. — (Avec un compl.) *S'astiquer la nouille.*

ASTRAGALE [astʀagal] **n. m.** – 1546 ◊ latin *astragalus,* du grec *astragalos*

I Os du pied formant avec le calcanéum la rangée postérieure du tarse. *«L'Astragale», roman d'A. Sarrazin.*

II (*astragalus* 1545) Moulure ronde qui sépare le fût d'une colonne de son chapiteau. ♦ Moulure, ornement. *«Ce ne sont que festons, ce ne sont qu'astragales»* BOILEAU.

III (1611) Plante *(papilionacées)* dont une espèce produit la gomme adragante, une autre *(astragale fausse réglisse)* étant purgative et diurétique.

ASTRAKAN [astʀakɑ̃] **n. m.** – 1775 ◊ de *Astrakhan,* nom d'une ville de Russie ■ Fourrure à poils bouclés d'agneau karakul tué très jeune. ➤ **breitschwanz.** *Manteau, col d'astrakan.* — Manteau d'astrakan. *Des astrakans noirs.*

ASTRAL, ALE, AUX [astʀal, o] **adj.** – 1533 ◊ bas latin *astralis* ■ ASTROL. Des astres. *Les influences astrales.* ➤ **céleste, sidéral, stellaire, zodiacal.** *Signe, thème astral.* ➤ **astrologique ; horoscope.** ♦ *Corps astral :* aura, ectoplasme qui est supposé entourer le corps humain.

ASTRE [astʀ] **n. m.** – XIIe ◊ latin *astrum,* du grec *astron* ■ **1** Corps céleste naturel visible (à l'œil nu ou dans un instrument). ➤ **astéroïde, comète, étoile, planète, planétoïde, satellite.** *Les astres du ciel* (➤ **cosmos, firmament**). *Le cours des astres,* leur mouvement apparent ou réel (propre). *Ascension droite, déclinaison, coordonnées d'un astre. Passage d'un astre devant un autre.* ➤ **éclipse, occultation, transit.** *Lumière, rayonnement des astres.* ➤ **albédo, magnitude.** *Les astres brillent, luisent, scintillent. «Les astres du ciel pâlirent, effacés par le jour qui montait»* DAUDET. *Étude des astres.* ➤ **astronomie, cosmographie.** ♦ POÉT. *L'astre du jour :* le Soleil. *L'astre de la nuit, l'astre au front d'argent :* la Lune. ♦ LOC. FIG. *Il est beau comme un astre,* resplendissant, superbe (souvent iron.). ■ **2** (Dans des loc.) Corps céleste considéré par rapport à son influence sur les individus (➤ **astrologie**). *Être né sous un astre favorable :* avoir un heureux destin. *Influence des astres. «J'ignore pour quel sort mon astre m'a fait naître»* MOLIÈRE. ➤ **étoile.** ■ **3** FIG. et VX Personne illustre. *«Il est l'astre naissant qu'adorent mes États»* CORNEILLE.

ASTREIGNANT, ANTE [astʀɛɲɑ̃, ɑ̃t] **adj.** – avant 1869 ◊ de *astreindre* ■ Qui astreint. *Une tâche astreignante.* ➤ **assujettissant.** *«une morale souple est infiniment plus sévère et plus astreignante qu'une morale raide»* PÉGUY.

ASTREINDRE [astʀɛ̃dʀ] **v. tr.** ‹52› – *astraindre* 1290 ◊ latin *astringere* «serrer ; obliger» → astringent ■ Obliger strictement (qqn) à (qqch.). ➤ **assujettir, condamner, contraindre, forcer, obliger, réduire.** *Il les astreint, il les astreignait à une discipline.* ➤ **imposer.** *«On ne put jamais l'astreindre à travailler»* RENAN. ♦ **S'ASTREINDRE v. pron.** *S'astreindre à se lever tôt. S'astreindre à une discipline, à un régime.* ■ CONTR. Dispenser, exempter.

ASTREINTE [astʀɛ̃t] **n. f.** – 1875 ◊ de *astreindre* ■ **1** DR. Condamnation au paiement d'une certaine somme d'argent pour chaque jour de retard dans l'exécution d'un acte ordonné par une juridiction civile. ➤ **amende, moratoire.** — PAR EXT. La somme elle-même. ■ **2** Obligation rigoureuse, contrainte. ■ **3** Période, en dehors du temps de travail réglementaire, au cours de laquelle un salarié est tenu d'être en mesure d'intervenir afin de répondre aux besoins de l'entreprise, du service. *Gardes et astreintes. Astreinte de nuit.* — *Être d'astreinte. Il «est d'astreinte, la réa peut l'appeler à n'importe quel moment durant ces vingt-quatre heures»* KERANGAL.

ASTRINGENT, ENTE [astʀɛ̃ʒɑ̃, ɑ̃t] adj. et n. m. – 1537 ◊ latin *astringens*, de *astringere* «serrer» ▪ **1** MÉD. Qui exerce sur les tissus vivants un resserrement. *Remède astringent, lotion astringente.* — n. m. *Les astringents* (alun, tanin, quinquina, jus de citron, préparations de plombs de zinc). *Astringent pour les soins de la peau.* ▪ **2** De goût ou d'odeur âpre. *Une saveur astringente.* — n. f. **ASTRINGENCE,** 1816.

ASTRO- ▪ Élément, du latin *astrum* «astre».

ASTROLABE [astʀɔlab] n. m. – *astrelabe* XIIe ◊ bas latin *astrolabium*, du grec *astrolabos* ▪ **1** ANCIENNT Instrument dont on se servait pour déterminer la hauteur des astres au-dessus de l'horizon. *Astrolabe de mer ; astrolabe armillaire**. ▪ **2** MOD. Instrument qui sert à déterminer la latitude et l'heure sidérale d'un lieu d'observation. *Astrolabe à prisme. Astrolabe impersonnel de Danjon.*

ASTROLOGIE [astʀɔlɔʒi] n. f. – v. 1260 «astronomie» ◊ latin d'origine grecque *astrologia* ▪ Art de déterminer le caractère et de prévoir la destinée humaine par l'étude des influences astrales, des aspects* des astres, des signes. ➤ **horoscope.** ♦ HIST. Connaissance des correspondances célestes et terrestres. ➤ **hermétisme.**

ASTROLOGIQUE [astʀɔlɔʒik] adj. – 1546 ◊ bas latin d'origine grecque *astrologicus* ▪ De l'astrologie. *Prédictions astrologiques. Thème astrologique* (ou *thème astral*) : carte du ciel de naissance établie suivant les règles de l'astrologie.

ASTROLOGUE [astʀɔlɔg] n. – XVe ◊ latin d'origine grecque *astrologus* ▪ Personne qui s'adonne à l'astrologie. ➤ 1 **augure, devin,** 1 **mage.** *Consulter une astrologue.*

ASTROMÉTRIE [astʀɔmetʀi] n. f. – 1846 ◊ de *astro-* et *-métrie* ▪ DIDACT. ▪ **1** Branche de l'astronomie (appelée autrefois astronomie de position) qui étudie la position et le mouvement des astres en déterminant leurs coordonnées sur la sphère céleste. ▪ **2** Mesures astronomiques. *Astrométrie photographique.* — adj. **ASTROMÉTRIQUE.** *Observations, mesures astrométriques. Satellite astrométrique.*

ASTRONAUTE [astʀonot] n. – 1928 ◊ de *astronautique* ▪ Personne qui se déplace dans un véhicule spatial, hors de l'atmosphère terrestre. ➤ **cosmonaute, spationaute, taïkonaute.** *Une astronaute.*

ASTRONAUTICIEN, IENNE [astʀonotisjɛ̃, jɛn] n. – 1960 ◊ de *astronautique* ▪ RARE Spécialiste de l'astronautique.

ASTRONAUTIQUE [astʀonotik] n. f. – 1910 ; «astronomie utilisée par les navigateurs en haute mer» 1842 ◊ de *astro-* et du grec *nautikê* «navigation» ▪ Science qui a pour objet l'étude de la navigation spatiale. ➤ **balistique.**

ASTRONEF [astʀɔnɛf] n. m. – avant 1956 ◊ de *astro-* et *nef* ▪ Vaisseau spatial.

ASTRONOME [astʀɔnɔm] n. – 1549 ; *astronomien* v. 1260 ◊ bas latin d'origine grecque *astronomus* ▪ Spécialiste d'astronomie. *Astronome amateur. Une astronome spécialiste du système solaire.* «*Toi donc qui veux savoir, sois astronome d'abord*» ALAIN.

ASTRONOMIE [astʀɔnɔmi] n. f. – v. 1150 «observation des astres ; divination» ◊ latin *astronomia*, mot grec ▪ Science étudiant les mouvements, la structure et l'évolution des corps célestes. ➤ aussi **cosmogonie, cosmographie, cosmologie, planétologie, radioastronomie.** *Astronomie fondamentale,* qui étudie les positions relatives des astres (astrométrie) et leurs mouvements (mécanique céleste). *Astronomie physique.* ➤ **astrophysique.** *Mesure des distances en astronomie.* ➤ **année-lumière, astronomique** (unité), **parsec.** «*Par l'astronomie, la science humaine sort de la terre, embrasse l'univers*» RENAN. *Appareils d'astronomie.* ➤ **astrolabe, lunette, radiotélescope, télescope.** ♦ Ensemble de connaissances concernant les astres, l'Univers. *L'astronomie copernicienne.*

ASTRONOMIQUE [astʀɔnɔmik] adj. – XIVe ◊ latin d'origine grecque *astronomicus* ▪ **1** De l'astronomie. *Observations astronomiques. Tables astronomiques.* ➤ **éphéméride.** — *Constantes astronomiques. Détermination astronomique de l'heure.* PAR EXT. *Année astronomique* (ou *sidérale*). *Jour astronomique.* — *Optique, lunette astronomique.* ▪ **2** MÉTROL. *Unité astronomique* : unité de mesure de longueur (SYMB. ua), égale au rayon moyen de l'orbite de la Terre autour du Soleil (près de 150 millions de kilomètres). *Une année-lumière vaut 63 241 unités astronomiques.* ▪ **3** FIG. *Chiffres, nombres astronomiques,* très longs, très grands. *Prix astronomique,* exagéré. ➤ **faramineux.**

ASTRONOMIQUEMENT [astʀɔnɔmikmɑ̃] adv. – 1557 ◊ de *astronomie* ▪ **1** Suivant les principes de l'astronomie. «*Et autant que tu peux, considère toutes choses astronomiquement*» ALAIN. ▪ **2** De manière astronomique (3°). *Les prix ont augmenté astronomiquement.*

ASTROPARTICULE [astʀopaʀtikyl] n. f. – 1995 ◊ de *astro-* et *particule*, d'après l'anglais *astroparticle* ▪ ASTRON., PHYS. ▪ **1** Branche de l'astrophysique qui étudie les particules présentes dans l'espace. ▪ **2** Particule de haute énergie constituant le rayonnement cosmique.

ASTROPHOTOGRAPHIE [astʀofɔtɔgʀafi] n. f. – fin XIXe ◊ de *astro-* et *photographie* ▪ DIDACT. Ensemble des techniques photographiques utilisées en astronomie.

ASTROPHYSICIEN, IENNE [astʀofizisjɛ̃, jɛn] n. – 1964 ◊ de *astrophysique* ▪ Spécialiste de l'astrophysique.

ASTROPHYSIQUE [astʀofizik] n. f. – 1903 ◊ de *astro-* et *physique* ▪ Branche de l'astronomie qui étudie la nature physique, la formation et l'évolution des corps célestes. *Astrophysique expérimentale,* qui étudie le rayonnement des astres par les méthodes spectroscopiques, photométriques, radioélectriques. *Astrophysique des particules.* ➤ **astroparticule.** — adj. *Théories astrophysiques.*

ASTUCE [astys] n. f. – 1260 ◊ latin *astutia* ▪ **1** VIEILLI Adresse à tromper son prochain en vue de lui nuire ou d'en tirer quelque avantage. ➤ **finesse, malice, rouerie, ruse.** «*L'astuce est une finesse pratique dans le mal, mais en petit*» MARMONTEL. ▪ **2** *Une astuce.* VX Moyen qu'on ourdit pour tromper. *Des astuces de guerre.* ♦ MOD. (sans idée défavorable) Petite invention qui suppose de l'ingéniosité. ➤ **artifice, ficelle, finesse, gimmick,** 1 **truc.** *Les astuces du métier.* «*Un couloir où diverses astuces combinées rendaient toute avance impossible*» QUENEAU. *Astuce informatique.* ➤ FAM. **bidouille.** ▪ **3** FAM. Plaisanterie. *Il fait des astuces.* ▪ **4** *L'astuce.* Qualité d'une personne ingénieuse et inventive. *Elle est pleine d'astuce. Il manque d'astuce.*

ASTUCIEUSEMENT [astysjøzmɑ̃] adv. – 1532 ◊ de *astucieux* ▪ D'une manière astucieuse. *C'est astucieusement conçu.*

ASTUCIEUX, IEUSE [astysjø, jøz] adj. – 1495 ◊ de *astuce* ▪ **1** VX Qui a de l'astuce, une ruse malfaisante. ➤ **perfide, rusé.** «*L'astucieux Mazarin*» MIRABEAU. ▪ **2** MOD. Qui a une habileté fine. ➤ **adroit, malin.** ▪ **3** Qui dénote de l'astuce, de la finesse. *Raisonnement astucieux. Réponse astucieuse. Son plan est astucieux.* ♦ Qui est bien conçu*, bien agencé, pratique. *C'est astucieux, ce sac de voyage. Par un système astucieux d'échanges.* ▪ CONTR. 1 Droit, loyal ; grossier, inintelligent.

ASYMBOLIE [asɛ̃bɔli] n. f. – 1900 ◊ mot créé en allemand (Finkelnburg, 1870) sur *Symbol*, de même origine que le français *symbole* ▪ MÉD. Perte de la compréhension des symboles, des signes. ➤ **agnosie.** *Asymbolie tactile.* ➤ **astéréognosie.**

ASYMÉTRIE [asimetʀi] n. f. – 1691 ◊ de 2 *a-* et *symétrie* ▪ **1** Absence de symétrie. *L'asymétrie d'une figure, d'un bâtiment.* ▪ **2** SC. (MATH.) Absence de tout élément de symétrie.

ASYMÉTRIQUE [asimetʀik] adj. – 1825 ◊ de *asymétrie* ▪ **1** Qui n'est pas symétrique. *Visage asymétrique. Décolleté asymétrique.* — *Barres** *asymétriques.* — FIG. *Guerre, conflit asymétrique,* opposant des forces inégales. ▪ **2** SC. Privé de tout élément de symétrie. *Figure asymétrique.* — CHIM. *Carbone asymétrique* : atome de carbone lié à quatre substituants différents.

ASYMPTOMATIQUE [asɛ̃ptɔmatik] adj. – milieu XXe ◊ de 2 *a-* et *symptôme* ▪ MÉD. *Porteur asymptomatique* : personne susceptible de transmettre une maladie qu'elle a sans en présenter les symptômes cliniques. — *Maladie asymptomatique.*

ASYMPTOTE [asɛ̃ptɔt] n. f. et adj. – 1638 ◊ grec *asumptôtos*, de *sumpiptein* «tomber sur» ▪ MATH. ▪ **1** Droite telle que la distance d'un point d'une courbe à cette droite tend vers zéro lorsque le point s'éloigne à l'infini sur la courbe. *L'asymptote s'approche de la courbe sans jamais la rencontrer.* FIG. (LITTÉR.) «*La science est l'asymptote de la vérité. Elle approche sans cesse et ne touche jamais*» HUGO. ▪ **2** adj. *Droite asymptote à une courbe, d'une courbe.* — *Courbes asymptotes* (l'une de l'autre). *Plan asymptote d'une surface.* — adj. **ASYMPTOTIQUE,** 1678. *Direction asymptotique.*

ASYNCHRONE [asɛ̃kʀon] adj. – 1895 ◇ de 2*a-* et *synchrone* ■ DIDACT. TECHN. Qui n'est pas synchrone. *Mouvement asynchrone.* ÉLECTR. *Moteur asynchrone,* dont la vitesse dépend de la charge (et non de la fréquence du courant). ■ CONTR. Synchrone, synchronisé.

ASYNDÈTE [asɛ̃dɛt] n. f. – 1863 ◇ latin des grammairiens *asyndeton,* mot grec ■ GRAMM. Absence de liaison (par une conjonction, etc.) entre deux termes ou groupes de termes en rapport étroit (ex. bon gré, mal gré).

ASYNERGIE [asinɛʀʒi] n. f. – 1843 ◇ de 2*a-* et *synergie* ■ MÉD. Manque de coordination des mouvements qui concourent à l'accomplissement d'un acte.

ASYSTOLIE [asistɔli] n. f. – 1855 ◇ de 2*a-* et *systole* ■ MÉD. (VIEILLI) Insuffisance cardiovasculaire, troubles (dyspnée, œdèmes) qui en résultent.

ATACA ➤ **ATOCA**

ATAMAN ➤ **HETMAN**

ATARAXIE [ataʀaksi] n. f. – 1580 ◇ grec *ataraxia* «absence de trouble» ■ DIDACT. Tranquillité de l'âme. Chez les stoïciens, État d'une âme que rien ne trouble, idéal du sage. ➤ **apathie,** 1 **calme, détachement, impassibilité, quiétude, sérénité.** — adj. **ATARAXIQUE,** 1866. ■ CONTR. Agitation, inquiétude, passion.

ATAVIQUE [atavik] adj. – 1876 ◇ de *atavisme* ■ BIOL. Qui se transmet par atavisme. *Caractères ataviques* (opposé à *acquis*). ➤ **héréditaire.** ◆ COUR. Qui est lié ou qui résulte de la transmission des caractères héréditaires. *«Cette inaptitude atavique à désespérer»* R. GARY. — *Une haine atavique,* due à des habitudes ancestrales.

ATAVISME [atavism] n. m. – 1838 ◇ du latin *atavi* «ancêtres», pl. de *atavus* «quatrième aïeul» ■ BIOL. VIEILLI Forme d'hérédité dans laquelle l'individu hérite de caractères ancestraux qui ne se manifestaient pas chez ses parents immédiats ; réapparition d'un caractère primitif non modifié après un nombre indéterminé de générations. ◆ COUR. Hérédité biologique des caractères psychologiques. *Ils aiment le jardinage par atavisme.* — PAR EXT. Hérédité des idées, des comportements. *«Son atavisme protestant la prédisposait assez bien, d'ailleurs, à cette idée»* MARTIN DU GARD.

ATAXIE [ataksi] n. f. – 1741 ◇ grec *ataxia* «désordre» ■ MÉD. Incoordination des mouvements volontaires causée par une affection des centres nerveux. *Ataxie cérébelleuse. Ataxie locomotrice progressive.* ➤ **tabès.** *Ataxie optique* : absence de coordination entre le geste et le regard.

ATAXIQUE [ataksik] adj. et n. – 1798 ◇ de *ataxie* ■ MÉD. Qui a rapport à l'ataxie. *Démarche ataxique.* ◆ Atteint d'ataxie. — n. *Un, une ataxique. «Un mulet qui, de côté, lance une jambe brisée, à la manière des ataxiques»* GIDE.

ATCHOUM [atʃum] interj. – 1816 *atschum* ◇ onomat. ■ Bruit produit par un éternuement*. — n. m. *Des atchoums sonores.*

ATÈLE [atɛl] n. m. – 1806 ◇ du grec *atelês* «incomplet», à cause de sa main sans pouce ■ ZOOL. Singe de l'Amérique du Sud, dit *singe-araignée* à cause de la longueur démesurée et de la gracilité de ses membres et de sa queue. ■ HOM. Attelle.

ATÉLECTASIE [atelɛktazi] n. f. – 1865 ◇ du grec *atelês* «inachevé» (→ atèle) et *ektasis* «dilatation» (→ ectasie) ■ MÉD. Rétraction d'une portion anatomiquement définie du poumon par suite de l'obstruction de la bronche qui en assure la ventilation. *Atélectasie segmentaire, lobaire, totale.*

ATELIER [atəlje] n. m. – *astelier* 1332 ◇ de *astelle* «éclat de bois», du latin *astula* à l'origine de *attelle* ■ **1** Lieu où des artisans, des ouvriers travaillent en commun. ➤ **boutique, chantier, laboratoire, ouvroir.** *L'atelier d'un ébéniste, d'un garagiste. Ouvrir un atelier de couture. Ateliers de la marine.* ➤ **arsenal.** HIST. *Ateliers nationaux* : chantiers créés en 1848 pour venir en aide aux chômeurs. ANCIENNT *Atelier protégé* : entreprise adaptée, destinée à faciliter l'accession des personnes en situation de handicap au milieu professionnel. ■ **2** Section d'une usine où des ouvriers travaillent à un même ouvrage. *Atelier de fabrication. Atelier de laminage, de montage, de réparations. Chef d'atelier. Atelier flexible,* à gestion informatisée, permettant la réalisation de divers produits. — *Atelier de génie logiciel.* ◆ (XXe) Groupe de travail. *Ateliers de théâtre. Atelier d'écriture. Les ateliers d'un congrès, d'un colloque. Ateliers-débats.* ◆ *Atelier de production radiophonique, télévisée.* ■ **3** Ensemble des ouvriers qui travaillent dans un atelier. ■ **4** Lieu où travaille un artiste (peintre, sculpteur), seul ou avec des aides. *L'atelier d'un peintre. «C'était la première fois [...] qu'il avait l'occasion de vendre un atelier d'artiste à un artiste»* HOUELLEBECQ. ■ **5** Ensemble des artistes qui travaillent en atelier sous la direction d'un maître. « "Œuvre d'atelier," *aujourd'hui encore, veut dire pour les experts : œuvre exécutée dans l'atelier du maître, sous sa direction et sous son contrôle, et parfois achevée par lui»* MALRAUX. ■ **6** Compagnie de francs-maçons groupés sous un même vocable. Local où ils se réunissent. ➤ **loge.**

ATELLANES [atelan] n. f. pl. – 1557 ◇ latin *atellana,* de *Atella,* ville ■ ANTIQ. ROM. Petites pièces de théâtre de caractère bouffon. ➤ 2 **farce.**

ATÉMI [atemi] n. m. – 1950 ◇ mot japonais ■ SPORT Coup porté avec une partie du corps sur un point sensible, dans les arts martiaux japonais. *Des atémis.* — On écrit aussi *atemi* (inv.).

ATEMPOREL, ELLE [atɑ̃pɔʀɛl] adj. – 1609 ◇ de 2*a-* et *temporel* ■ DIDACT. Qui n'est pas concerné par le temps. ➤ **intemporel.** — n. f. **ATEMPORALITÉ,** 1943. ◆ LING. Qui n'exprime pas un temps. *Présent atemporel.*

ATERMOIEMENT [atɛʀmwamɑ̃] n. m. – *attermoyemens* 1605 ◇ de *atermoyer* ■ **1** DR. Délai accordé à un débiteur pour l'exécution de ses engagements. ➤ **concordat, moratoire.** ■ **2** PAR EXT. COUR. Action de différer, de remettre à un autre temps. ➤ **ajournement, délai, faux-fuyant, hésitation, tergiversation.** *Les atermoiements du gouvernement.* ■ CONTR. Décision.

ATERMOYER [atɛʀmwaje] v. ⟨8⟩ – fin XIIe ◇ de 1*a-* et ancien français *termoier* «tarder, ajourner», de *terme* ■ **1** v. tr. VIEILLI DR. Renvoyer (un paiement) à un terme plus éloigné. ■ **2** v. intr. Chercher à gagner du temps par des faux-fuyants. *Il n'y a plus à atermoyer, il faut agir.* ➤ **attendre,** 2 **différer, reculer, remettre ; hésiter, tergiverser ; dilatoire.** *Dans Hamlet «tout flotte, hésite, atermoie, chancelle»* HUGO. ■ CONTR. Décider (se).

ATHANOR [atanɔʀ] n. m. – v. 1270 ◇ arabe *al tannūr* «le fourneau», de l'araméen ■ ALCHIM. Grand alambic à combustion lente. *«un feu terrible qui sortait d'un grand fourneau à réverbère, que j'ai su depuis s'appeler athanor»* FRANCE.

ATHÉE [ate] n. et adj. – 1547 ◇ grec *atheos,* de *theos* «dieu» ■ Personne qui ne croit pas en Dieu, nie l'existence de toute divinité. ➤ **areligieux, incroyant, irréligieux, matérialiste, non-croyant.** *Un, une athée. «je ne me sentirais pas assez fort pour trouver dans la nature de quoi convaincre des athées endurcis»* PASCAL. *«Entre un croyant et un athée, il y a un abîme tel qu'ils se combattraient toute une vie sans s'être compris»* MARTIN DU GARD. ◆ adj. *Il n'est pas athée, mais agnostique.* ■ CONTR. Croyant, déiste, religieux, théiste.

ATHÉISME [ateism] n. m. – 1555 ◇ de *athée* ■ Attitude ou doctrine de l'athée. ➤ **incroyance, irréligion, matérialisme.** *«la voie ouverte au déisme, c'est-à-dire à un athéisme déguisé»* BOSSUET. *«le monde de ceux qui ne croient à rien, pas même à l'athéisme»* PÉGUY. — SPÉCIALT Doctrine des personnes qui nient l'existence d'un Dieu personnel (➤ **panthéisme**). ■ CONTR. Croyance, religion, 1 théisme.

ATHÉMATIQUE [atematik] adj. – 1888 ◇ de 2*a-* et *thématique* ■ DIDACT. ■ **1** LING. Qui n'est pas thématique. *Les mots les plus fréquents* (mots grammaticaux de relation) *sont athématiques.* ■ **2** PHILOS. Qui ne trahit pas la nature profonde de l'individu.

ATHÉNÉE [atene] n. m. – 1740 antiq. ◇ latin *athenaeum,* mot grec «temple d'Athéna», où se disputaient des concours de poésie ■ En Belgique, Établissement d'enseignement secondaire dépendant d'un pouvoir public, naguère réservé aux garçons. ➤ **collège, lycée.**

ATHERMANE [atɛʀman] adj. – 1836 ◇ de 2*a-* et du grec *thermainein* «chauffer» ■ TECHN. Qui est parfaitement imperméable à la chaleur. *Paroi athermane.* ■ CONTR. Diathermane.

ATHERMIQUE [atɛʀmik] adj. – 1853 ◇ de 2*a-* et *thermique* ■ PHYS. Qui ne dégage ni n'absorbe de chaleur. *Réaction athermique.* ■ CONTR. Thermique.

ATHÉROMATEUX, EUSE [ateʀɔmatø, øz] adj. et n. – 1771 ◇ de *athérome* ■ MÉD. De l'athérome. *La pathologie athéromateuse.* ◆ Atteint d'athérome. — n. *Un athéromateux, une athéromateuse.*

ATHÉROME [ateʀɔm ; ateʀom] n. m. – XVIe «loupe enkystée» ◇ latin d'origine grecque *atheroma* ■ MÉD. Maladie des parois artérielles se traduisant par la présence de lésions circonscrites de la surface interne d'une artère, sous forme d'une plaque jaunâtre *(plaque d'athérome),* formée par le dépôt de petits nodules gras, et provoquant la dégénérescence des régions affectées. *Athérome artériel, cérébral. Athérome disséminé* (ou *athéromatose* n. f.).

ATHÉROSCLÉROSE [ateʀosklеʀoz] n. f. – 1904 ◊ de *athéro(me)* et *sclérose* ■ MÉD. Épaississement et perte d'élasticité des parois internes des artères, accompagnés de formation d'athéromes* (cf. Artériosclérose). *L'infarctus du myocarde, manifestation type de l'athérosclérose.*

ATHÉTOSE [atetoz] n. f. – 1865 ◊ grec *athetos* «non fixé» et 2-*ose* ■ NEUROL. Maladie nerveuse caractérisée par des mouvements involontaires lents et ondulants, surtout des extrémités, accentués par les émotions et disparaissant pendant le sommeil.

ATHLÈTE [atlɛt] n. – 1327, répandu XVIe ◊ latin *athleta*, du grec *athlêtes*, de *athlos* «combat» ■ **1** n. m. ANTIQ. Celui qui combattait dans les jeux publics, et PAR EXT. Celui qui s'adonnait aux services gymniques (lutte, course, saut, disque, javelot). *«L'athlète vainqueur dans la course à pied donnait son nom à l'olympiade»* TAINE. ■ **2** MOD. Personne qui pratique l'athlétisme. ➤ **coureur, lanceur, perchiste, sauteur ; marathonien.** *Un athlète complet. Les athlètes françaises. Un corps d'athlète.* ♦ PAR EXT. *C'est un athlète*, un homme fort, bien musclé. ■ **3** MÉD. **PIED D'ATHLÈTE :** dermatose mycosique des orteils et des pieds.

ATHLÉTIQUE [atletik] adj. – 1534 ◊ latin *athleticus*, d'origine grecque ■ **1** Qui a rapport aux athlètes. *Les jeux athlétiques de l'ancienne Grèce. Exercices athlétiques.* ➤ **gymnastique.** — adv. **ATHLÉTIQUEMENT,** 1599. ■ **2** Fort et musclé. *Un corps athlétique. Il est athlétique.*

ATHLÉTISME [atletism] n. m. – 1855 ◊ de *athlète* ■ Ensemble des exercices physiques individuels auxquels se livrent les athlètes : course, lancer (du disque, du poids, du javelot), saut. ➤ **aquathlon, décathlon, duathlon, heptathlon, pentathlon, triathlon ; marathon.** *Championnat d'athlétisme. Épreuve d'athlétisme. Faire de l'athlétisme.* — ABRÉV. FAM. **ATHLÉ.** *L'athlé féminin.*

ATHREPSIE [atʀɛpsi] n. f. – 1874 ◊ de 2*a*- et du grec *threpsis* «nutrition» ■ MÉD. Dénutrition et dépérissement des nouveau-nés à la suite de diverses affections, notamment de diarrhée chronique.

ATHYMIE [atimi] n. f. – 1790 ◊ grec *athumia* «découragement, inquiétude» ■ DIDACT. Absence ou perte de l'affectivité, fréquente dans la schizophrénie.

ATLANTE [atlɑ̃t] n. m. – 1547 ◊ italien *atlante*, du grec *Atlas* ■ ARCHIT. Figure d'homme soutenant un entablement, à la manière d'Atlas portant le ciel sur ses épaules. ➤ **cariatide, télamon.**

ATLANTIQUE [atlɑ̃tik] adj. et n. – 1546 ; «de l'Atlas» XIVe ◊ latin *atlanticus*, du grec *atlantikos* «d'Atlas» ■ **1** *L'océan Atlantique*, et n. m. (VX n. f.) *l'Atlantique* : l'océan qui sépare l'Europe et l'Afrique de l'Amérique. *Traverser l'Atlantique* (➤ **transatlantique**). ■ **2** PAR EXT. Qui a rapport à l'océan Atlantique, aux pays qui le bordent. *Le littoral atlantique. Le climat atlantique.* POLIT. *Le Pacte atlantique (O. T. A. N., Organisation du traité de l'Atlantique Nord). L'alliance atlantique.* ♦ (Au Canada) *Les Provinces atlantiques.*

ATLANTISME [atlɑ̃tism] n. m. – milieu XXe ◊ de *atlantique* ■ Politique conforme au Pacte atlantique. — n. et adj. **ATLANTISTE.**

ATLAS [atlas] n. m. – 1585 ◊ nom d'un personnage de la mythologie grecque et latine que l'on représentait portant la voûte céleste sur ses épaules ■ **1** Recueil de cartes géographiques (dont le frontispice représentait Atlas, à l'origine). *Atlas de la France. Atlas linguistique.* ♦ PAR EXT. Recueil de cartes, planches, plans, graphiques, joint à un ouvrage. ■ **2** (1612) ANAT. Première vertèbre cervicale, ainsi nommée parce qu'elle supporte la tête comme *Atlas* le ciel. *L'atlas et l'axis*.*

ATMOSPHÈRE [atmɔsfɛʀ] n. f. – 1665 ◊ du grec *atmos* «vapeur» et *sphaira* «sphère» ■ **1** Couche d'air qui entoure le globe terrestre. *Couches de l'atmosphère. Régions de l'atmosphère :* troposphère, stratosphère, mésosphère, thermosphère, exosphère ; homosphère, hétérosphère, ionosphère, magnétosphère ; ozonosphère. ♦ ASTRON. Enveloppe gazeuse des corps célestes. *L'atmosphère de Vénus, de Neptune. La Lune n'a pas d'atmosphère.* ♦ PAR ANAL. *Atmosphère stellaire :* couche superficielle d'une étoile qui émet son rayonnement. *Atmosphère solaire.* ➤ **chromosphère, photosphère.** ■ **2** SPÉCIALT Partie de l'atmosphère terrestre la plus proche du sol, qui est le siège des hydrométéores (nuages, pluie, neige). *Étude de l'atmosphère.* ➤ **météorologie.** *Limpidité, pureté, transparence de l'atmosphère. Humidité de l'atmosphère.* ■ **3** PAR EXT. Air d'un pays, air que l'on respire en un lieu. ➤ 1**air.** *«Une atmosphère étouffante, enflammée par le vent du sud»* LOUŸS. *«Une tornade pendant la nuit avait un peu rafraîchi l'atmosphère»* GIDE. *«la chambre était tiède, l'atmosphère douceâtre»* MARTIN DU GARD. *Une atmosphère viciée.* ■ **4** (XVIIIe) FIG. VIEILLI *L'atmosphère d'une personne, d'une chose,* ce qui l'environne (comme un gaz), ce qui émane d'elle. ➤ **aura.** *«Ignorez-vous donc que chaque être a une atmosphère personnelle, qu'il répand autour de lui»* JALOUX. *Vivre dans l'atmosphère de qqn,* auprès de lui. ■ **5** ABSOLT, MOD. Le milieu, au regard des impressions qu'il produit sur nous, de l'influence qu'il exerce. ➤ **ambiance, climat, environnement.** *Une atmosphère de travail, de vacances. Atmosphère lugubre, glauque.* FAM. *Changer d'atmosphère* (d'où la réplique d'Arletty dans *Hôtel du Nord* : *«Atmosphère, atmosphère !... Est-ce que j'ai une gueule d'atmosphère ?»*). ■ **6** (1701) PHYS. Couche de fluide libre qui environne un corps isolé. *Atmosphère d'un four.* ■ **7** (1793) MÉTROL. Unité de mesure de pression (SYMB. atm), servant à évaluer la pression exercée par les fluides. *L'atmosphère normale vaut 101 325 pascals ou 1,01325 bar* (➤ **hectopascal, millibar**). *Une pression de dix atmosphères.*

ATMOSPHÉRIQUE [atmɔsfeʀik] adj. – 1781 ◊ de *atmosphère* ■ Qui a rapport à l'atmosphère. *Pression atmosphérique,* exercée par l'atmosphère en un lieu donné et mesurée avec le baromètre. *Pollution atmosphérique. Phénomène atmosphérique.* ➤ **météore.** *Courant atmosphérique :* vent. *Conditions, perturbations atmosphériques.* ➤ **météorologie, temps.** ♦ *Moteur atmosphérique :* moteur à explosion dans lequel les gaz injectés dans les cylindres sont à la pression atmosphérique. *Moteur atmosphérique et moteur turbo.*

ATOCA [atɔka] n. m. – 1656 ◊ mot iroquois «airelle des marais» ■ (Canada) Baie rouge de saveur acidulée. ➤ **canneberge.** *Poulet, dinde à l'atoca. Elle réclame «du pimbina et de la gelée d'atoca ; toutes sortes de nourritures qu'on ne trouve pas au couvent»* A. HÉBERT. ♦ Plante des marais qui produit l'atoca (airelle des marais d'Amérique). — On dit aussi **ATACA.**

ATOCATIÈRE [atɔkatjɛʀ] n. f. – 1970 ◊ de *atoca* ■ Plantation d'atocas, au Canada.

ATOLL [atɔl] n. m. – *attôle* 1773 ; *atolon* 1611 ◊ mot des îles Maldives, par l'anglais ■ Récif corallien annulaire des mers chaudes, enfermant un lagon* communiquant avec la haute mer. *Des atolls.*

ATOME [atom] n. m. – *athome* v. 1350 ◊ latin *atomus*, du grec *atomos* «indivisible» ; cf. -*tomie* ■ **1** PHILOS. Selon les *atomistes* anciens (Leucippe, Démocrite, Épicure, Lucrèce), Élément constitutif de la matière, indivisible et homogène. *Atomes crochus*.* ♦ FIG. Chose d'une extrême petitesse. *«Nous avons beau enfler nos conceptions, nous n'enfantons que des atomes, au prix de la réalité des choses»* PASCAL. *Il n'a pas un atome de bon sens.* ➤ **brin, grain, gramme, parcelle.** ■ **2** (début XIXe) CHIM. Particule d'un élément chimique qui forme la plus petite quantité susceptible de se combiner. *La molécule d'eau* (H_2O) *contient deux atomes d'hydrogène et un d'oxygène.* ♦ (v. 1900) PHYS. NUCL. Cette particule en tant que système complexe (selon des modèles conceptuels successifs). *L'atome est formé d'un noyau** (➤ **proton ; neutron**) *et d'un nuage d'électrons*. Atomes d'un corps simple différant par leur nombre de neutrons* (➤ **isotope**). *Atome radioactif* ; marqué. Fission du noyau de l'atome* (➤ **atomique, nucléaire**). — COUR. *L'atome :* la filière électronucléaire. *Le lobby de l'atome. L'atome militaire, civil.*

ATOME-GRAMME [atomgʀam] n. m. – 1933 ◊ de *atome* et *gramme* ■ CHIM. VIEILLI Masse d'une mole* d'atomes d'un élément égale à sa masse atomique, exprimée en grammes. *Des atomes-grammes.*

ATOMICITÉ [atɔmisite] n. f. – 1865 ◊ de *atomique* ■ **1** CHIM. Nombre d'atomes constituant la molécule d'un corps. ■ **2** ÉCON. *Atomicité d'un marché :* caractère d'un marché composé d'un grand nombre de petits offreurs et de petits demandeurs.

ATOMIQUE [atɔmik] adj. – 1585 ◊ de *atome* ■ **1** PHILOS. et PHYS. ANC. Qui a rapport aux atomes (1°). ■ **2** (début XIXe) CHIM. Qui a rapport aux atomes (2°). *Masse atomique :* rapport de la masse de l'atome considéré au douzième de la masse du carbone 12. *Unité de masse atomique unifiée* (SYMB. u), égale à 1/12 de la masse de l'atome de ^{12}C. ➤ **dalton.** — *Nombre* ou *numéro atomique d'un élément :* nombre de protons contenus dans le noyau atomique de cet élément, correspondant à son rang dans la classification périodique des éléments. ▪ **3** (XXe) Qui concerne le noyau de l'atome et sa désintégration. ➤ **nucléaire.** *Énergie atomique,* libérée par la fission des noyaux. PAR EXT. (1945) *Bombe atomique,* dont la grande puissance destructive est produite par l'énergie atomique. *Armes, engins atomiques. Fusée atomique. Projectile atomique.* ◆ Qui utilise les engins atomiques. *La guerre atomique.* — FAM. *L'époque, l'ère atomique.* ◆ Qui produit ou utilise l'énergie nucléaire. *Pile atomique. Centrale atomique. Sous-marin à propulsion atomique. Sous-marin atomique.* ◆ ABUSIVEMENT Qui possède des armes atomiques. *Les puissances atomiques* (ou *nucléaires*). ◆ Qui protège des effets de l'arme atomique. ➤ **antiatomique.** « *L'air est raréfié comme celui des abris atomiques* » MALRAUX.

ATOMISATION [atɔmizasjɔ̃] **n. f.** – 1907 ◇ de *atomiser* ▪ Action d'atomiser* (I, FIG.), de disperser. *L'atomisation des forces politiques.* ➤ **dispersion, fractionnement.**

ATOMISER [atɔmize] **v. tr.** ⟨1⟩ – 1884 ◇ de *atome*
I Réduire (un corps) en particules très ténues, en fines gouttelettes. ➤ **pulvériser, vaporiser.** — PRONOM. (1946) FIG. *S'atomiser :* se diviser en parties très petites. ➤ **s'émietter, se parcelliser.**
II ▪ **1** (1948) Soumettre à un rayonnement atomique dans un but de destruction. — **p. p. adj.** *Ville atomisée.* SUBST. *Les atomisés d'Hiroshima qui survécurent à l'explosion de la bombe.* ▪ **2** PAR EXT. FAM. Détruire complètement. — PAR EXAGÉR. Battre haut la main (un adversaire). ➤ **écraser.** *L'équipe favorite a atomisé tous ses concurrents.*

ATOMISEUR [atɔmizœʀ] **n. m.** – 1928 ◇ de *atomiser* ▪ Petit flacon, petit bidon qui atomise le liquide qu'il contient lorsqu'on presse sur l'embout. ➤ **vaporisateur ; aérosol, brumisateur, nébuliseur.** *Atomiseur à parfum, à laque, à lotion. Eau de toilette en atomiseur. Grand atomiseur.* ➤ 1 **bombe ;** FAM. **pschitt.**

ATOMISME [atɔmism] **n. m.** – 1751 ◇ de *atome* ▪ PHILOS. Doctrine des Grecs (Démocrite, Épicure, Leucippe) et des Romains (Lucrèce), qui considère l'univers comme formé d'atomes (Iº) associés en combinaisons fortuites. *L'atomisme est un matérialisme mécaniste.*

ATOMISTE [atɔmist] **n.** et **adj.** – 1695 ◇ de *atome*
I PHILOS. Partisan de l'atomisme.
II (1934) Spécialiste de la physique atomique. — **adj.** *Des savants atomistes.*

ATOMISTIQUE [atɔmistik] **adj.** et **n. f.** – 1827 ◇ de *atomiste*
I ▪ **1** CHIM. *Théorie atomistique* ou *atomique,* prenant l'atome pour base. — **n. f.** *L'atomistique.* ▪ **2** (XXe) PHYS. Théorie physique de la structure des atomes, physique nucléaire.
II **adj.** Ponctuel et isolé ; divisé en nombreuses petites parties. *Des actions atomistiques.* « *Un ensemble atomistique* » PIAGET. ➤ **parcellisé.**

ATONAL, ALE, AUX ou **ALS** [atɔnal, o] **adj.** – 1914 ◇ de 2 *a-* et *tonal* ▪ MUS. Qui ne s'organise pas selon le système tonal, dans la composition musicale. *Musique atonale dodécaphonique,* utilisant le principe de la série*. ➤ **sériel.** *Des systèmes atonaux.* — **n. f. ATONALITÉ,** 1924. ▪ CONTR. Tonal.

ATONE [atɔn ; aton] **adj.** – 1813 ◇ grec *atonos* ▪ **1** MÉD. Qui manque de ton, de tonicité, en parlant des tissus vivants. *Un intestin atone.* ➤ **paresseux.** ▪ **2** (1824) Plus cour. Qui manque de vie, de vigueur, de vitalité, d'énergie. *Un être atone.* ➤ **amorphe, éteint, inerte, languissant,** 1 **mou.** Qui manque d'expression. « *Il avait des yeux mornes, atones, aux regards accablés* » GAUTIER. ➤ **immobile, inexpressif,** 1 **morne.** ◆ FIG. *Marché atone,* dont l'activité est ralentie. ▪ **3** (1877) PHONÉT. Qui n'est pas accentué. *Voyelle, syllabe atone.* ➤ **inaccentué.** ▪ CONTR. Actif, dynamique, vif. Accentué, 1 tonique.

ATONIE [atɔni] **n. f.** – 1361, rare avant 1752 ◇ grec *atonia* ▪ **1** MÉD. Diminution de la tonicité, de l'élasticité d'un organe contractile. *Atonie intestinale.* ➤ **paresse.** *Atonie musculaire.* ➤ **hypotonie.** ▪ **2** LITTÉR. Manque de vitalité, d'énergie. ➤ **affaiblissement, inertie, langueur, léthargie, mollesse, somnolence, torpeur.** *Atonie sexuelle. Atonie intellectuelle.* — **adj. ATONIQUE,** 1585. ▪ CONTR. Hypertonie. Vitalité ; énergie.

ATOPIE [atɔpi] **n. f.** – 1972 ◇ grec *atopia* « rareté » ; cf. anglais *atopy* (1923) ▪ PATHOL. État constitutionnel exposant à des manifestations allergiques telles que rhume des foins, asthme allergique, eczéma... ➤ **allergie, hypersensibilité.**

ATOPIQUE [atɔpik] **adj.** – 1963 ◇ formé sur le grec *atopia* → atopie ▪ Qui relève de l'atopie. *Terrain atopique. Eczéma, dermatite atopique.* ◆ Qui présente un terrain atopique. *Enfant atopique.* — **n.** *Les allergiques et les atopiques.*

ATOUR [atuʀ] **n. m.** – *atur* 1170 ◇ de *atourner* « 1 parer » ▪ **1** ANCIENNT Toilette, ornement. — *Dame d'atour,* dont la charge était de présider à la toilette d'une reine, d'une princesse. ▪ **2** AU PLUR. (VX ou PLAIS.) Toilette et parure féminine. *Parée de ses plus beaux atours.* ➤ **ornement, vêtement.**

ATOUT [atu] **n. m.** – 1440 ◇ de *à* et *tout* ▪ **1** Dans un jeu de cartes, Couleur qui l'emporte sur les autres ; carte de cette couleur. *Atout cœur. Avoir de l'atout. Valet d'atout. Jouer atout. Atout maître :* carte d'atout la plus forte de celles qui restent à jouer. ▪ **2** FIG. Moyen de réussir. ➤ **chance ; avantage.** *Mettre, avoir tous les atouts dans son jeu. Il a des atouts, un atout majeur.*

ATOXIQUE [atɔksik] **adj.** – 1838 ◇ de 2 *a-* et *toxique* ▪ MÉD. Qui n'est pas toxique.

ATP ou **A. T. P.** [atepe] **n. f.** – 1939 ◇ sigle ▪ BIOCHIM. Adénosine* triphosphate. *L'hydrolyse de l'ATP fournit l'énergie nécessaire à de nombreux processus cellulaires.*

ATRABILAIRE [atʀabilɛʀ] **adj.** – 1549 ◇ du terme de médecine ancienne *atrabile* « bile noire » (fin XVIe s. au début XVIIIe s.), du latin *atra bilis,* de *ater* « noir » (→ airelle) et *bilis* « bile ». Cf. *mélancolie,* du grec signifiant aussi « bile *(kholê)* noire *(melas)* » ▪ MÉD. ANC. Qui a rapport à l'humeur noire (ou *atrabile* **n. f.**). ➤ **bilieux, mélancolique.** ◆ FIG. et VX *Caractère, humeur, tempérament atrabilaire,* porté à la mauvaise humeur, à l'irritation, à la colère. ➤ **coléreux*, irritable.** SUBST. « *L'atrabilaire amoureux* », *sous-titre du* « *Misanthrope* ». « *un vieil atrabilaire que tout exaspère* » SARRAUTE.

ÂTRE [ɑtʀ] **n. m.** – XIIe ◇ latin populaire *astracum,* du grec *ostrakon* « coquille », puis « morceau de brique » ▪ Partie dallée de la cheminée où l'on fait le feu, et PAR EXT. La cheminée elle-même. ➤ **foyer.** « *elle enfouissait la bûche sous les cendres et s'endormait devant l'âtre* » FLAUBERT.

ATRÉSIE [atʀezi] **n. f.** – 1838 ◇ de 2 *a-* et du grec *trêsis* « trou » ▪ MÉD. Absence ou occlusion, congénitale ou acquise, d'un conduit ou d'un orifice naturel. *Atrésie de la valve pulmonaire, de l'intestin grêle, du vagin. Atrésie et sténose*.*

ATRIAU [atʀijo] **n. m.** – 1820 ◇ d'une forme régionale de type *hasteriau* (début XVe, Vallée d'Aoste), moyen français *hastereau,* de l'ancien français *haste* → 1 hâte ▪ RÉGION. (Suisse, Savoie, Franche-Comté) Crépinette composée d'un hachis de viande et de foie de porc épicé. *Les diots et les atriaux.* — On écrit aussi *attriau.*

ATRIUM [atʀijɔm] **n. m.** – 1547 ◇ mot latin ▪ **1** ANTIQ. Cour intérieure de la maison romaine, généralement entourée d'un portique couvert. *L'atrium avec son bassin central* (➤ **impluvium**). ▪ **2** ANAT. Cavité (d'un organe). *Les atriums du cœur.*

ATROCE [atʀɔs] **adj.** – *atrox* fin XIVe ◇ latin *atrox, atrocis* ▪ **1** Qui est horrible, d'une grande cruauté. ➤ **abominable, affreux, effroyable, épouvantable, horrible, monstrueux.** *Crime, vengeance atroce.* « *Il n'y eut jamais une scène plus atroce, un plus épouvantable carnaval de la mort* » MICHELET. *Atroces supplices.* ◆ Insupportable. *Souffrances atroces. Peur atroce.* ▪ **2** FAM. Très désagréable. *Un temps atroce.* ➤ **affreux, ignoble.** *Une couleur atroce.* ▪ CONTR. Doux ; agréable.

ATROCEMENT [atʀɔsmɑ̃] **adv.** – *atrossement* 1533 ◇ de *atroce* ▪ D'une manière atroce, cruelle. ➤ **cruellement.** *Il s'est vengé atrocement. Il souffre atrocement* (cf. Souffrir le martyre*).

ATROCITÉ [atʀɔsite] **n. f.** – *attrocité* 1355 ◇ latin *atrocitas* ▪ **1** Caractère de ce qui est atroce. *L'atrocité d'une action, d'un crime, d'un supplice.* ➤ **cruauté ; barbarie.** ▪ **2** *Une, des atrocités.* Action atroce, affreusement cruelle. ➤ **crime, mutilation, torture.** *Les atrocités nazies.* ◆ Imputation calomnieuse, déshonorante. ➤ **horreur.** « *les atrocités que mes ennemis répandent sur mon compte* » LOUIS XVI.

ATROPHIE [atʀɔfi] **n. f.** – 1538 ◇ latin *atrophia* « consomption », mot grec ▪ **1** Diminution du volume d'une structure vivante (organe, tissu, cellule), par défaut de nutrition, manque d'usage, processus physiologique de régression, maladie, etc. ➤ aussi **aplasie, cachexie, hypoplasie, hypotrophie.** *Atrophie cérébrale, osseuse. Atrophie du foie. Atrophie musculaire.* ➤ **myopathie.** *Atrophie musculaire spinale.* ▪ **2** FIG. Arrêt dans le développement ou déchéance d'une faculté, d'un sentiment. ➤ **étiolement, régression, stagnation ;** et aussi **affaiblisse-**

ment. *Atrophie intellectuelle. «Cette atrophie sentimentale»* FLAUBERT. — adj. **ATROPHIQUE,** 1863. ■ CONTR. Hypertrophie ; développement.

ATROPHIÉ, IÉE [atʀɔfje] adj. – 1560 ◊ de *atrophie* ■ **1** Dont le volume est anormalement petit, par suite d'une atrophie. *La jambe atrophiée d'un poliomyélitique.* ■ **2** FIG. Affaibli, dégradé. *«Mon intellect en est demeuré atrophié»* FLAUBERT. ■ CONTR. Hypertrophié.

ATROPHIER [atʀɔfje] v. tr. ‹7› – avant 1840 ◊ de *atrophié* ■ **1** Faire dépérir par atrophie. *«Les bourgeons terminaux se développent toujours aux dépens des autres, jusqu'à les atrophier complètement»* GIDE. PRONOM. Dépérir par atrophie. ➤ **diminuer.** *«Les organes s'atrophient ou deviennent plus forts ou plus subtils selon que le besoin qu'on a d'eux croît ou diminue»* PROUST. ■ **2** FIG. Arrêter le développement, causer la déchéance de. ➤ 1 **dégrader, détruire, éteindre, étioler.** *«Les sophismes d'une philosophie niaise ont atrophié en lui le sens moral»* PROUDHON. PRONOM. *«Je dégradais mon intelligence en laissant s'atrophier en moi les qualités délicates de la vie affective»* BARRÈS. ■ CONTR. Développer.

ATROPINE [atʀɔpin] n. f. – 1820 ◊ latin scientifique *atropa* «belladone», du grec *Atropos,* nom de la Parque qui tranche le fil de la vie ■ BIOCHIM. Alcaloïde extrait de la belladone, utilisé en médecine comme dilatateur de la pupille et antispasmodique. *L'intoxication par l'atropine* (*atropisme* n. m.) *est combattue par l'ésérine.*

ATTABLER [atable] v. tr. ‹1› – 1443 ◊ de 1 *a-* et *table* ■ **1** v. tr. VIEILLI Faire asseoir à table. *Attablez les enfants ensemble.* ■ **2** v. pron. MOD. S'asseoir à table pour manger, boire ou jouer. *Ils étaient attablés autour d'une bonne bouteille.* PAR EXT. *S'attabler à son travail,* s'y mettre.

ATTACHANT, ANTE [ataʃɑ̃, ɑ̃t] adj. – XVIIe ◊ de *attacher* ■ **1** VIEILLI Qui attache, retient fortement l'attention et l'intérêt. ➤ **intéressant ; captivant, passionnant.** *«Cette lecture est fort attachante»* Mme DE SÉVIGNÉ. ■ **2** MOD. Qui attache, retient en touchant la sensibilité. *Un roman attachant. Il a une personnalité attachante.* ➤ **séduisant.** *«Il n'était pas très attachant, non ! ni très ragoûtant, son pauvre "Sagouin !"»* MAURIAC. *Un chien attachant.* ■ CONTR. Ennuyeux, insignifiant. Rebutant, repoussant.

ATTACHE [ataʃ] n. f. – 1155 sens II ◊ de *attacher*

I (milieu XVIe) VX Action d'attacher, de retenir par un lien quelconque. MOD. (dans des expr.) *Système d'attache. Point d'attache d'un muscle, d'un ligament.* ➤ **insertion.** *Chien à l'attache,* attaché. *Une corde «le retient à la portée de sa mère, à l'attache»* GIDE. — PAR EXT. *Port d'attache :* port où un navire est immatriculé. ➤ 1 **port.**

II Ce qui attache, sert à attacher. ■ **1** Objet servant à attacher. ➤ **agrafe, boucle, bouton, câble, chaîne, collier, corde, cordon, courroie, crampon, crochet, épingle, fermeture, fermoir, ficelle, lacet, lien, ligature, nœud, pression, ruban, sangle, trombone, velcro.** *L'attache d'un bracelet. Réunir deux lettres par une attache. Attache parisienne,* servant à assembler des feuilles, des éléments de carton munis d'une perforation. *Attaches de sécurité* (sur des skis). ➤ **fixation.** — BOT. *Les attaches d'une plante grimpante.* ➤ **crampon, vrille.** ■ **2** Partie qui joint un membre au corps, un membre au pied ou à la main. *«On accentuait plus robustement les attaches des bras et des cuisses»* GAUTIER. ◆ PLUR. *Les attaches :* le poignet et la cheville. *Avoir des attaches fines.* ■ **3** FIG. (VX) Ce qui nous attache aux choses. ➤ **attachement.** *«Le peu d'attache et de goût qu'il avait pour les choses de la terre»* MASSILLON. ◆ AU PLUR. Rapports affectifs, relations d'habitude qui lient à qqn ou à qqch. *Conserver des attaches avec son pays natal, son pays d'origine.* ➤ **lien.** *Avoir des attaches dans un milieu, un groupe.* ➤ **accointance, relation.** *«Tu vis en l'air, tu as tranché tes attaches bourgeoises, tu n'as aucun lien avec le prolétariat»* SARTRE.

1 **ATTACHÉ, ÉE** [ataʃe] p. p. et adj. – XIIe ◊ de *attacher* ■ **1** Fixé, lié. *Prisonnier attaché.* ■ **2** Qui est fermé par une attache. *Porter une veste attachée ou ouverte.* ■ **3** *Attaché à* (qqch.), qui fait corps avec. *Sac attaché à la ceinture.* ◆ FIG. Qui est associé, joint à. ➤ **inhérent.** *Les avantages attachés à cette situation.* ■ **4** *Attaché à* (qqn ou qqch.), lié par un sentiment d'amitié, une habitude, un besoin, un goût. ➤ **tenir** (à). *Elle lui est très attachée.* ➤ **dévoué, fidèle ; attachement.** *«Plus attaché à sa vie qu'à son devoir»* ROUSSEAU. *«Le Français est très attaché aux habitudes de sa vie quotidienne»* SEIGNOBOS. ■ CONTR. Libre ; détaché. Ouvert. Indépendant. Détaché, indifférent.

2 **ATTACHÉ, ÉE** [ataʃe] n. – 1822 ; «domestique au service d'un grand» 1795 ◊ de *attacher* ■ Personne attachée à un service. *Attaché d'ambassade :* agent diplomatique le moins élevé en grade. *Attaché militaire :* auxiliaire militaire d'un chef de mission diplomatique. *Attaché d'administration :* fonctionnaire entre l'administrateur civil et le secrétaire d'administration. *Attaché de recherche au CNRS. Attaché commercial. Attaché de direction.* ◆ *Attaché(e) de presse :* dans une entreprise, un organisme, personne chargée des relations avec les médias, des communications.

ATTACHÉ-CASE [ataʃekɛz] n. m. – 1921 P. Morand, répandu v. 1960 ◊ mot anglais, proprt «mallette d'attaché diplomatique», de *case* «étui, boîte» et *attaché,* emprunté au français ■ ANGLIC. Mallette rectangulaire plate et rigide qui sert de porte-document. *Des attachés-cases.*

ATTACHEMENT [ataʃmɑ̃] n. m. – XIIIe ◊ de *attacher* ■ **1** Sentiment qui unit une personne aux personnes ou aux choses qu'elle affectionne. ➤ **affection, amitié, amour, estime, lien.** *Un attachement fidèle, profond à qqn, qqch.* ➤ **fidélité ; constance.** *Montrer, témoigner de l'attachement pour qqn. Attachement aux choses, au passé, à la famille, à une idée. «Honteux attachements de la chair et du monde»* CORNEILLE. *«L'attachement à des lieux, à des arbres, à des murs, peut prendre chez quelques-uns une extrême puissance»* LOTI. *«Son attachement immuable à la religion de ses ancêtres»* BOSSUET. — *L'attachement d'un chien pour son maître.* ■ **2** CONSTR. Relevé des travaux quotidiens exécutés par une entreprise de construction, de travaux publics. *Les attachements servent de pièces justificatives à l'entrepreneur pour le règlement de ses mémoires.* ■ CONTR. Détachement. Aversion, dégoût, indifférence.

ATTACHER [ataʃe] v. tr. ‹1› – fin XIe ◊ de l'ancien verbe *estachier* «attacher», avec changement de préfixe, famille du francique *stakka* «pieu» → taquet

I ~ v. tr. ■ **1** Faire tenir (à une chose) au moyen d'une attache, d'un lien. ➤ **amarrer, arrimer, fixer*, lier, maintenir, mettre.** *Les ravisseurs avaient attaché l'otage sur une chaise.* ➤ **ligoter.** *Attacher une chèvre à un arbre avec une chaîne.* ➤ **enchaîner.** *Attacher un grelot au cou d'un chat.* ◆ Joindre par une attache. *Attacher deux ou plusieurs choses ensemble.* ➤ **accoupler, assembler, joindre, réunir, unir.** *Attacher les mains d'un prisonnier. Elle a attaché ses cheveux avec un ruban. Attacher deux morceaux de tissu par des épingles* (➤ **épingler**). — INFORM. *Attacher un document à un message électronique,* l'y joindre. ◆ Fermer, ajuster par une attache. *Attacher un paquet avec une ficelle* (➤ **ficeler**). *Attacher son tablier, son collier. Attacher avec une agrafe* (➤ **agrafer**), *une boucle* (➤ **boucler**), *des boutons* (➤ **boutonner**), *des lacets* (➤ **lacer**), *un nœud* (➤ **nouer**), *du velcro. Attachez vos ceintures*.* ■ **2** INTRANS. (fin XIXe) FAM. Coller au fond du récipient de cuisson. *Le ragoût a attaché. Riz qui n'attache pas.* — Laisser attacher. *Cette poêle n'attache pas* (➤ **antiadhésif**). ■ **3** Faire tenir, joindre ou fermer, en parlant de l'attache. *La chaîne qui l'attache. La ficelle qui attache le paquet.* ■ **4** FIG. (XIIe) Unir par un lien moral (volonté, sentiment, obligation). ➤ **lier ; enchaîner.** *Les sentiments qui l'attachent à lui. De vieilles habitudes l'attachent à sa maison. «Émigrer, contre le vœu de la nature* [...] *qui l'attache à son pays»* MIRABEAU. ■ **5** *S'attacher qqn,* lui inspirer de l'attachement, s'en faire aimer. *Ce professeur a su s'attacher ses élèves.* ■ **6** (1694) Mettre (une personne) au service d'une autre. ➤ **adjoindre, engager, prendre.** *Il s'est attaché deux assistantes.* ➤ 2 **attaché.** ■ **7** (fin XVIe) *Attacher son regard, les yeux sur :* regarder avec insistance. ➤ **fixer.** ■ **8** (1662) Adjoindre par l'esprit, rapporter (à qqch.). *Attacher un sens à un mot.* ➤ **associer.** ◆ Attribuer (une qualité à qqch.). *Attacher du prix, de l'importance, de la valeur à qqch.* ➤ **accorder.** *Tu attaches trop d'importance aux détails.*

II ~ v. pron. **S'ATTACHER** ■ **1** (1553) Être attaché (à qqch.). (CHOSES) *Les muscles s'attachent aux points d'insertion.* (PERSONNES) *Attachez-vous :* mettez votre ceinture. — Se fixer, se coller (à qqch.). *La terre qui s'attache à ses chaussures.* — (RÉCIPR.) *Deux pièces qui s'attachent l'une à l'autre.* ■ **2** Se fermer, s'ajuster (d'une certaine manière). ➤ **se fermer.** *Cette robe s'attache dans le dos* ■ **3** FIG. Être uni à, accompagner. *Les avantages qui s'attachent à ce poste.* ■ **4** (1574) Prendre de l'attachement pour (qqn, qqch.). *On s'y attache, à ces petites bêtes ! Je me suis beaucoup attaché à ce pays* (➤ 1 **attaché ; attachant**). ABSOLT *«Tu t'attaches, tu te détaches, tu te consoles»* VAUVENARGUES. ■ **5** S'appliquer avec constance (à une chose). *«l'éducation des enfants est une chose à quoi il faut s'attacher fortement»* MOLIÈRE. ➤ **s'adonner, se consacrer, s'intéresser, se livrer, se préoccuper** (de). ◆ (Suivi de l'inf.) *«S'attachant à décou-*

vrir le faux et le ridicule» LA BRUYÈRE. ➤ **s'appliquer, chercher, s'efforcer (de).** *Les éditeurs se sont attachés à respecter le manuscrit.*
■ CONTR. 1 Détacher ; libérer, 1 écarter, séparer. — 1 Détacher (se), ouvrir (s').

ATTAGÈNE [ataʒɛn] **n. m.** – 1802 ; «sorte d'oiseau» 1676 ◊ latin des zoologistes *attagenus,* du grec *attagên* ■ ZOOL. Insecte coléoptère *(dermestidés)* dont la larve s'attaque aux fourrures, matelas, tapis.

ATTAQUABLE [atakabl] **adj.** – 1587 ◊ de *attaquer* ■ Qui peut être attaqué, qui est exposé aux attaques. ➤ **vulnérable.** *Cette procédure n'est pas attaquable. Testament attaquable.* ➤ **annulable, illégal.** ■ CONTR. Inattaquable.

ATTAQUANT, ANTE [atakɑ̃, ɑ̃t] **n.** – 1787 ◊ de *attaquer* ■ **1** Personne qui attaque, engage le combat. ➤ **agresseur, assaillant.** *Les attaquants furent repoussés.* ■ **2** Joueur qui fait partie de la ligne d'attaque dans les sports d'équipe. *Les attaquants et les défenseurs.* ■ **3** FIN. Initiateur d'une offre publique sur les titres d'une société (recomm. offic.). ➤ **raider** (ANGLIC.). ■ CONTR. Défenseur.

ATTAQUE [atak] **n. f.** – 1596 ◊ de *attaquer* ■ **1** Action d'attaquer, de commencer le combat. ➤ **offensive ; 1 action, assaut, charge, sortie.** *Donner le signal de l'attaque. Déclencher, lancer une attaque.* ➤ **opération.** *Passer à l'attaque. À l'attaque ! Repousser une attaque. Attaque d'une place forte* (➤ **siège**), *d'un navire* (➤ **abordage**). *Attaque d'artillerie. Attaque aérienne.* ➤ **bombardement, raid.** *Attaque en piqué. Attaque nucléaire.* ■ **2** ESCR. Action offensive qu'entreprend le tireur pour toucher son adversaire. *Fausse attaque.* ➤ **feinte.** — Initiative pour remporter un point, dépasser l'adversaire (dans un jeu, une compétition). ♦ PAR EXT. Les joueurs qui attaquent. *L'attaque et la défense. La ligne d'attaque.* ■ **3** Acte de violence contre une ou plusieurs personnes. *Attaque nocturne. L'attaque de la diligence* (dans les westerns), *d'une banque. Attaque à main armée.* ➤ **agression, attentat,** FAM. **braquage, guet-apens, hold-up.** — *Attaque informatique.* ➤ **cyberattaque.** ■ **4** FIN. Tentative, de la part d'une société, de prendre le contrôle d'une autre société (➤ **attaquant**). ■ **5** FIG. Paroles qui critiquent durement. ➤ **accusation, 2 critique, dénigrement, diatribe, imputation, incrimination, injure, insinuation, insulte, moquerie, 2 pique, provocation, sortie ;** FAM. **scud.** *Une attaque de l'opposition contre le gouvernement.* — Surtout au plur. *Être en butte à de constantes attaques. «Ce moqueur de génie a de quoi prévenir toutes les attaques»* MAURIAC. ■ **6** (1690) Accès subit, brutal de certaines maladies, brusque retour d'un état morbide. ➤ **accès, crise.** *Avoir une attaque d'apoplexie, d'épilepsie,* ou ABSOLT *une attaque. Il a succombé à une attaque. «Emma se mit à rire d'un rire strident, éclatant, continu : elle avait une attaque de nerfs»* FLAUBERT. ■ **7** MUS. Action d'attaquer (une note, un morceau). *«L'attaque vivement rythmée d'une valse coupa leur entretien»* M. PRÉVOST. ■ **8** loc. adj. (fin XIXe) **D'ATTAQUE.** FAM. *Être d'attaque,* prêt à affronter les fatigues, en pleine forme. *Je ne me sens pas d'attaque.* ■ CONTR. 1 Défense, défensive. Protection. Apologie.

ATTAQUER [atake] **v. tr.** ‹1› – 1540, comme verbe pronominal (IV) ◊ de l'italien *attaccare* «assaillir», de *tacca* «entaille», famille du gotique *taikns* «signe», ou du français *attacher*

I LANCER UNE ATTAQUE ■ **1** (1578) Porter les premiers coups à (l'adversaire), ABSOLT Commencer le combat (cf. Déclarer* la guerre ; engager* le combat ; ouvrir le feu*). *À l'aube, l'armée allemande attaqua la Pologne* (cf. Lancer l'attaque*, passer à l'attaque*, donner l'assaut*, prendre l'offensive*). *Attaquer l'ennemi par surprise.* ➤ **assaillir ; foncer, fondre, se jeter, se ruer, 1 tomber (sur) ; surprendre.** *Les assiégeants nous attaquaient de toutes parts.* ➤ **assiéger, cerner, encercler, entourer, envelopper, investir.** — ABSOLT *Nous attaquerons à l'aube.* ♦ (Sujet chose) *L'aviation ennemie nous attaque.* ■ **2** S'élancer, tomber sur (qqn) pour le battre, le violer, le voler ou le tuer. ➤ **agresser, assaillir ;** FAM. **sauter (sur).** *Attaquer qqn à coups de poing, de bâton, de couteau, de fusil. Ils ont été attaqués par deux loubards.* ♦ (Animaux) S'élancer sur (une proie). *Le lion attaque la gazelle.* — Détruire en consommant. *Les pucerons ont attaqué les rosiers.* ■ **3** SPORT (sans compl.) Faire une attaque. *«Premier tour calme. Personne n'attaquait. On se regardait, on s'espionnait»* FALLET. ■ **4** FIG. (1679) Chercher à remporter une victoire morale sur (qqn). (milieu XVIIIe) DR. Intenter une action judiciaire contre. *Attaquer qqn en justice.* — COUR. Faire des attaques contre (qqn, qqch.), émettre des jugements qui nuisent à (qqn). *«Mon admiration pour Bonaparte a toujours été grande et sincère alors même que j'attaquais Napoléon avec le plus de vivacité»* CHATEAUBRIAND. ➤ **accuser, combattre, critiquer*, dénigrer, vilipender.** *Une réforme très attaquée.* — PAR EXT. *Dans un article qui attaque le ministre.* ♦ Chercher à détruire par la critique. (1842) DR. *Attaquer un acte,* en contester la validité. — COUR. *Attaquer la réputation de qqn. Attaquer une politique, une opinion. «Qui ne peut attaquer le raisonnement attaque le raisonneur»* VALÉRY. ■ **5** S'adresser avec vivacité à (qqn) pour obtenir une réponse. *Attaquer qqn sur un point, sur un sujet. Elle a commencé à l'attaquer sur le féminisme.* ➤ **entreprendre.** ■ **6** Chercher à surmonter, à vaincre (un obstacle). *Attaquer de front une difficulté. Il faut attaquer le mal à sa racine.*

II DÉTRUIRE (1743) Détruire la substance de (une matière). ➤ **altérer, entamer, ronger.** *La rouille attaque la grille* (➤ **corrosif**).

III COMMENCER ■ **1** (1675) Aborder sans hésitation. *Attaquer un sujet, un chapitre, un discours.* ➤ **commencer ; aborder, entamer, entreprendre.** ♦ Commencer à faire qqch. (qui exige un effort). *Les coureurs ont attaqué la côte. Attaquer la journée de travail.* — Sans compl. *Allez, on attaque !* on commence (cf. S'y mettre*). ■ **2** FAM. Commencer à manger (qqch.). *Le chien avait déjà attaqué le rôti.* ➤ **entamer.** ■ **3** MUS. *Attaquer un morceau,* en commencer l'exécution ; *attaquer une note,* en commencer l'émission, l'entonner avec justesse.

IV S'ATTAQUER À v. pron. ■ **1** (1540) Diriger une attaque contre qqn (matériellement ou moralement). ➤ **combattre, critiquer.** *S'attaquer à plus fort que soi. «Il ne faut jamais s'attaquer à ceux qu'on n'est pas sûr d'achever»* BARRÈS. ♦ (Animaux) *L'éléphant ne s'attaque pas aux humains.* ■ **2** FIG. *S'attaquer à une politique, à un projet,* s'en prendre à, critiquer. ■ **3** Chercher à résoudre. *«Les plus grands penseurs, depuis Aristote, se sont attaqués à ce problème»* BERGSON.
■ CONTR. Défendre, protéger.

ATTARDÉ, ÉE [ataʀde] **adj.** – de *s'attarder* ■ **1** Qui est en retard. *Quelques passants attardés,* hors de chez eux, le soir, la nuit. — Resté en arrière d'un groupe qui avance. ➤ **retardataire.** *Un élève, un routard attardé.* SUBST. *Allons, les attardés !* ■ **2** LITTÉR. Qui est d'un autre âge, appartient au temps passé, a des goûts, des habitudes périmés, surannés. *Un régime attardé.* — *Des idées attardées.* ➤ **rétrograde,** FAM. **2 ringard.** ■ **3** Qui est en retard dans sa croissance, son développement, son évolution. *Un enfant attardé.* ➤ **arriéré.** — **n.** *«Un attardé, un demeuré, un installé à demeure dans l'enfance»* TOURNIER. ■ CONTR. Avance (en), avancé, précoce.

ATTARDER [ataʀde] **v. tr.** ‹1› – XIIe ◊ de 1 *a-* et *tard* ■ **1 S'ATTARDER v. pron.** Se mettre en retard. ➤ **se retarder.** *Il faut rentrer avant la nuit, ne nous attardons pas. S'attarder quelque part, chez qqn,* y rester plus que prévu. ➤ **demeurer, rester.** *S'attarder en chemin.* ➤ **flâner, lambiner, traîner.** *«On s'attardait à boire, à discuter, à fumer»* DAUDET. ■ **2** Rester en arrière. *Il s'est attardé derrière le groupe.* ♦ (ABSTRAIT) Ne pas avancer, ne pas progresser normalement. *S'attarder sur un sujet.* ➤ **s'appesantir, s'arrêter, s'étendre, insister.** *S'attarder à des détails insignifiants. «Une des grandes règles de l'art : ne pas s'attarder»* GIDE. *S'attarder sur une note* (cf. Note tenue*, point d'orgue*). ■ **3** (XIIIe) RARE Mettre (qqn) en retard. ➤ **retarder.** ■ CONTR. Avancer, dépêcher (se).

ATTEIGNABLE [atɛɲabl] **adj.** – *attaignable* XVe ◊ de *atteindre* ■ RARE Qu'on peut atteindre. *Objectif atteignable.* ➤ **accessible.** ■ CONTR. Inatteignable.

ATTEINDRE [atɛ̃dʀ] **v. tr.** ‹52› – 1080 *at(t)aindre* ◊ latin populaire °*attangere,* classique *attingere* «toucher (à)»

I (1080) Parvenir au niveau de. **A.** TR. DIR. ■ **1** Parvenir à rattraper (qqn). ➤ **joindre, rejoindre.** *Le plaisir «D'atteindre le fuyard et de le ressaisir»* HUGO. ♦ Parvenir à (un lieu). ➤ **arriver (à), gagner.** *Nous atteindrons Paris dans vingt minutes. Atteindre le sommet, le fond.* ■ **2** Parvenir à toucher, à prendre (qqch.). *Pouvez-vous atteindre ce livre sans vous déranger ?* ➤ **attraper*.** ■ **3** FIG. (du 1°) *Atteindre un but. Atteindre l'objectif qu'on s'était assigné. «L'idéal, nous le poursuivons sans jamais l'atteindre»* MAUPASSANT. *Atteindre 70 ans.* ■ **4** (CHOSES) Parvenir à (un degré). *Le sommet du pic atteint 5 000 mètres. La rivière a atteint la cote d'alerte.* ➤ **arriver, s'élever, monter (à).** *Atteindre un prix, une valeur. Le tableau a atteint deux millions aux enchères. Atteindre une limite, un maximum. La douleur a atteint son paroxysme.*

B. TR. IND. (1080) **ATTEINDRE À.** LITTÉR. Parvenir (avec effort). *Atteindre à la perfection. «Il y a bien des gens qui voient le vrai, et qui n'y peuvent atteindre»* PASCAL.

II Parvenir à frapper. ■ **1** (1160) Toucher au moyen d'une arme, d'un projectile. *Il a atteint la cible.* ➤ **1 toucher.** *Oiseau*

atteint en plein vol, blessé ou tué. ◆ (En parlant du projectile) *Le missile a atteint son objectif. Les éclats d'obus l'atteignirent à la jambe droite.* ■ **2** (XVe ◊ fig. du I°) Avoir un effet nuisible sur, faire du mal à (qqn). ➤ **attaquer, 1toucher.** *Le mal, le malheur qui l'a atteint.* ➤ **atteinte** (3°). *Robespierre «atteignait en même temps par ricochet la Gironde»* JAURÈS. ◆ Faire un effet psychologique (le plus souvent pénible) à. *Atteindre qqn dans son amour-propre.* ➤ **blesser, heurter.** *«Racine est né frémissant, tout l'atteint, tout le blesse»* MAURIAC. *Rien ne l'atteint :* il est indifférent. ➤ **ébranler, émouvoir, troubler.** *Ça ne m'atteint pas !* (réponse à une attaque, une critique).
■ CONTR. Manquer, rater.

ATTEINT, EINTE [atɛ̃, ɛ̃t] **adj.** – XVe-XVIe ◊ de *atteindre* ■ **1** Touché par un mal. *Il est atteint du sida. — Le poumon est atteint.* ■ **2** FAM. Troublé mentalement. *Il est bien atteint.* ➤ **malade ;** FAM. **grave.**

ATTEINTE [atɛ̃t] **n. f.** – 1265 ◊ de *atteindre* ■ Action d'atteindre. ■ **1** (Après *hors de*) Possibilité d'atteindre. *Les fuyards sont hors de votre atteinte.* ➤ **portée.** *Se mettre hors d'atteinte des balles* (cf. À l'abri). — FIG. *Sa réputation est hors d'atteinte.* ➤ **inattaquable.** ■ **2** VX Coup dont on est atteint. ➤ **coup ; blessure, 1trait.** *«Mais Dieu du coup mortel sut détourner l'atteinte»* RACINE. ■ **3** MOD. Dommage matériel ou moral. *C'est une atteinte à ma réputation, à mon honneur.* ➤ **injure, outrage.** *Les atteintes du temps. «La moindre attention lui paraissait une atteinte à son indépendance»* MARTIN DU GARD. ➤ **attaque, attentat** (contre). *Atteinte à la sûreté de l'État, à la liberté individuelle.* LOC. *Porter atteinte à.* ➤ **attaquer, atteindre** (II) **; lèse-.** *Pratique qui porte atteinte à la dignité.* ◆ SPÉCIALT Effet d'une maladie. ➤ **accès, attaque, crise.** *«Sentant déjà les premières atteintes de son mal»* DAUDET.

ATTELAGE [at(ə)laʒ] **n. m.** – 1545 ◊ de *atteler* ■ **1** Action ou manière d'atteler des bêtes à un véhicule ou à une machine aratoire. *Le joug sert à l'attelage des bœufs.* PAR ANAL. *L'attelage des wagons de chemin de fer.* ➤ **accrochage.** *L'attelage d'engins spatiaux.* ➤ **amarrage.** ■ **2** Ce qui sert à atteler. ➤ **harnachement, harnais, joug.** *«Les chaînes de l'attelage grelottaient au vent du matin»* HUGO. ◆ Système de crochets et de vis de serrage articulés qui servent à atteler des véhicules entre eux. *Attelage d'une remorque, d'un tracteur, d'une locomotive. Pièces d'attelage.* ■ **3** Les bêtes attelées ensemble. *«L'attelage suait, soufflait, était rendu»* LA FONTAINE. ■ CONTR. Dételage.

ATTELER [at(ə)le] **v. tr.** ‹4 /5/› – fin XIIe ◊ latin populaire °*attelare*, du bas latin *protelare* «conduire jusqu'au bout», avec changement de préfixe ■ **1** Attacher (une ou plusieurs bêtes) à une voiture, une charrue (➤ **attelage**). *Atteler des chevaux en file.* — *«deux chevaux attelés en paire»* COLETTE. ◆ *Atteler une voiture,* y atteler le cheval. ◆ ABSOLT *Dites au cocher d'atteler.* ■ **2** PAR ANAL. Attacher (un véhicule à un autre). *Atteler une locomotive aux wagons.* ■ **3** FIG. *Atteler qqn à un travail, à une tâche,* l'y mettre. — PRONOM. *S'atteler à un long travail.* ➤ **s'appliquer,** se **livrer.** *Je vais m'y atteler dès ce soir.* ■ CONTR. Dételer.

ATTELLE [atɛl] **n. f.** – *astele* «planchette» 1155 ◊ latin populaire °*astella*, classique *assula*, diminutif de *assis* → ais ■ **1** TECHN. Partie du collier des chevaux à laquelle les traits sont attachés. ■ **2** (*estelle* XIIe) Planchette, plaque plus ou moins rigide (bois, métal, plastique), destinée à maintenir immobile, en bonne position, un membre atteint de fracture ou endommagé. — Lame ou plaque métallique qui sert à maintenir en place les fragments d'un os fracturé. ➤ **éclisse.** ■ HOM. Atèle.

ATTENANT, ANTE [at(ə)nɑ̃, ɑ̃t] **adj.** – fin XIIIe ◊ p. prés. de l'ancien v. *attenir*, du latin populaire °*attenire*, pour *attinere* ■ Qui tient, touche (à un autre terrain, une autre construction, etc.). *La maison attenante à la ferme.* ➤ **adjacent, contigu.** *Le cimetière attenant à l'église.* ■ CONTR. Distant, éloigné.

ATTENDRE [atɑ̃dʀ] **v. tr.** ‹41› – milieu XIe dans la construction *attendre qqch de* (I, 5°) ◊ du latin *attendere* «prêter attention à», famille de *tendere* → 1tendre

I ~ **v. tr.** ■ **1** (fin XIe) *Attendre qqn, qqch. :* se tenir en un lieu où une personne doit venir, une chose arriver ou se produire et y rester jusqu'à cet évènement. *Je vous attendrai chez moi jusqu'à midi. Attendez-moi dans le hall. Attendre le facteur.* ➤ **guetter.** *Attendre qqn de pied ferme**. — FAM. *Je l'attends au tournant**. — *Attendre le bus, un taxi. Attendre sous un abri la fin de l'orage. Faire la queue** *en attendant son tour.* ■ **2** (fin XIIe) **ATTENDRE (qqch., qqn) POUR :** rester dans la même attitude, ne rien faire avant (que qqch. ou qqn arrive). *Attendre le moment, l'occasion favorable* (pour agir). *Qu'attends-tu pour donner ton accord ? — Attendre qqn pour faire qqch. On n'attend plus que vous pour partir. On ne t'a pas attendu pour commencer.* — (XVIIe, La Rochefoucauld) **ATTENDRE QUE** (et le subj.). *Nous attendons qu'il revienne pour nous en aller. J'attends que ce soit fini, que tu aies fini.* — **ATTENDRE DE** (et l'inf.). *«Pour juger de ce qu'il est, attendez de savoir ce qu'il a fait»* ROUSSEAU. *Attendez d'être guéri pour faire du sport.* ■ **3** (début XIIIe) Sans complément. Rester dans un lieu pour attendre (1°) qqn ou qqch. *Il risque d'attendre longtemps. Perdre son temps à attendre.* ➤ se **morfondre, patienter,** FAM. **poireauter** (cf. Croquer le marmot*, faire antichambre*, faire le pied de grue*, prendre racine*). *Je suis resté deux heures à attendre ; j'ai attendu (pendant) deux heures. Attendez jusqu'à demain. Je ne peux pas attendre plus longtemps.* ➤ **demeurer, rester.** FAM. *J'ai failli attendre* (attribué à LOUIS XIV). IRON. *Il est urgent** *d'attendre.* (1552) PROV. *Tout vient à point à qui sait attendre :* avec du temps et de la patience, on vient à bout de tout. — *Faire attendre qqn, se faire attendre :* tarder à venir, être en retard. *«Le meilleur moyen de faire attendre patiemment le public, c'est de lui affirmer qu'on va commencer tout de suite»* HUGO. ◆ Laisser passer du temps en restant dans la même attitude. *Il vaut mieux attendre avant de vous décider, avant d'agir.* ➤ **2différer, patienter, remettre, surseoir, temporiser** (cf. Voir* venir). *Répondez sans attendre* (cf. Tout de suite*). *Sans plus attendre,* d'ores et déjà. *Attendons, on verra bien.* ◆ INTERJ. (1538) *Attends ! Attendez ! Attendez un peu, je n'ai pas fini.* — (1530) *Attendez un peu, que je vous y reprenne* (menace). — *Attends, je vais t'expliquer* (pour interrompre son interlocuteur). ■ **4** (début XIXe, Balzac) (Sujet choses) Être prêt pour (qqn). *La voiture vous attend* (➤ **1prêt ; préparé**). *Le sort qui nous attend,* qui nous est destiné, promis, réservé. *Il ne se doute pas de ce qui l'attend ! Le repas se fait attendre.* ➤ **désirer.** ABSOLT *Le train n'attend pas, n'attendra pas* (pour partir). *Cela ne peut pas attendre. Ça attendra demain !* ■ **5** (fin XIIe) Compter sur (qqn ou qqch. dont on souhaite ou redoute la venue) ; prévoir (un évènement). ➤ **escompter, prévoir.** *On attend un invité d'honneur. «En attendant Godot»,* pièce de S. Beckett. *Vous êtes en retard : on ne vous attendait plus,* on ne comptait plus sur vous. *Attendre une visite. Attendre une lettre, un coup de fil. Il n'attend que ça,* il l'espère fortement. LOC. *Attendre qqn comme le Messie**. SPÉCIALT (1964) *Attendre un enfant ;* RÉGION. (Belgique, Afrique noire) *attendre famille* ou ABSOLT *attendre :* être enceinte. *«C'est ma femme. Elle attend un enfant. Et moi aussi, ajoute-t-il avec humour»* J. VAUTRIN. ◆ (fin XIe) **ATTENDRE qqch. DE.** ➤ **compter** (sur), **espérer.** *Qu'attendez-vous de moi ? Il n'y a rien à attendre de lui. «J'attends tout de la vie. Mais je n'en espère rien»* J. ATTALI. *Je n'attends rien de bon de ce changement.* ■ **6** TR. IND. (1538) RÉGION. *Attendre après qqn,* l'attendre avec impatience. — *Attendre après qqch.,* en avoir besoin. *Je n'attends pas après votre aide. Rien ne presse, je n'attends pas après.*

II ~ **loc. adv. EN ATTENDANT** (1668) Jusqu'à tel moment. ➤ **provisoirement.** *J'ai rendez-vous dans une heure ; en attendant, prenons un café. «Tous travaillaient comme s'ils travaillaient "en attendant." Ça aussi [...] nous rapprochait : ce sentiment indéfinissable d'attendre ensemble»* DABADIE. — (1960) Quoi qu'il en soit, toujours est-il. *C'est peut-être nécessaire, mais, en attendant, c'est très désagréable.* — (début XVe) **loc. conj.** *En attendant que* (et le subj.) : jusqu'à ce que. *L'enfant «enrichit continuellement sa mémoire, en attendant que son jugement puisse en profiter»* ROUSSEAU. — **loc. prép.** *En attendant de* (et l'inf.).

III ~ **v. pron. S'ATTENDRE À** (1666, Molière) **S'ATTENDRE À qqch. :** penser que cette chose arrivera. ➤ **escompter, imaginer, prévoir.** *De sa part, il faut s'attendre à tout. On s'attendait au pire. «Au moment où il s'y attend le moins (c'est toujours à ce moment précis que les malheurs arrivent)»* RENARD. *Si je m'attendais à cela !* — (fin XVIIe, La Bruyère) **S'ATTENDRE À** (et l'inf.). *«On s'attend à trouver un dieu ; on touche un homme»* GIDE. *Je m'attendais un peu à vous rencontrer, je m'y attendais.* — (1908) **S'ATTENDRE À CE QUE** (et le subj.). *On s'attend à ce qu'il soit élu.*
■ CONTR. 1Aller (s'en aller), 1partir. Agir, hâter, presser.

ATTENDRIR [atɑ̃dʀiʀ] **v. tr.** ‹2› – fin XIIIe ◊ de 1a- et 2tendre ■ **1** Rendre plus tendre, moins dur. *Attendrir une viande* (➤ **attendrisseur**). ■ **2** (XVIe) Rendre sensible aux autres, faire naître l'émotion chez. ➤ **émouvoir, 1toucher ; attendrissant, attendrissement.** *Elle m'attendrissait parfois. N'essayez pas de m'attendrir ! «Le pathétique seul est infaillible dans l'art. Celui qui sait attendrir sait tout»* LAMARTINE. *Se laisser attendrir :* être touché et céder. ➤ **fléchir.** — PRONOM. *S'attendrir sur qqn, sur soi-même. On ne va tout de même pas s'attendrir sur* *son sort !* ➤ **s'apitoyer.** ◆ **p. p. adj.** *D'un air attendri.* ➤ **ému.** ■ CONTR. Durcir, endurcir. Agacer, irriter.

ATTENDRISSANT, ANTE [atɑ̃dʀisɑ̃, ɑ̃t] **adj.** – 1718 ◇ de *attendrir* ■ **1** VX (sujet chose) Qui excite la compassion, l'émotion. ➤ **émouvant.** *« Les scènes attendrissantes qui font verser des larmes »* VOLTAIRE. ■ **2** MOD. Qui porte à une indulgence attendrie (plutôt péj.). ➤ **désarmant,** 2 **touchant.** *Une naïveté attendrissante. — Il est attendrissant de bonne volonté.* ■ CONTR. Sévère ; irritant.

ATTENDRISSEMENT [atɑ̃dʀismɑ̃] **n. m.** – 1593 ◇ de *attendrir* ■ **1** RARE Action de rendre moins dur. *L'attendrissement d'une viande.* ■ **2** Fait de s'attendrir ou d'être attendri ; état d'une personne attendrie. — VX ➤ **apitoiement, pitié.** *« ce visage où ne se lit aucune commisération, aucun attendrissement devant la souffrance humaine »* PROUST. ◆ MOD. Émotion tendre. *Elle eut un moment d'attendrissement et lui pardonna tout.* ■ CONTR. Dureté, endurcissement, froideur, insensibilité ; agacement, irritation.

ATTENDRISSEUR [atɑ̃dʀisœʀ] **n. m.** – v. 1960 ◇ de *attendrir* ■ Appareil de boucherie pour attendrir la viande.

ATTENDU, UE [atɑ̃dy] **adj., prép. et n. m.** – XVe ◇ de *attendre* ■ **1 adj.** Qu'on attend, qu'on a attendu. *« Après l'arrivée de l'être attendu »* PROUST. *Êtes-vous attendu ?* avez-vous un rendez-vous ? *Une déclaration très attendue du Premier ministre.* — Prévu ; auquel on s'attend. *« Je souhaite toujours tracer la ligne la plus droite, la plus subite et la moins attendue »* GIDE. ■ **2 prép.** (1482) Étant donné ; étant considéré. ➤ 2 **vu.** *« Attendu ses mœurs solitaires, il était à peine connu d'elles »* MUSSET. ◆ **loc. conj.** (VIEILLI) **ATTENDU QUE :** étant donné que. ➤ **comme, parce que, puisque.** *« J'eus un maître autrefois que je regrette fort Et que je ne sers plus, attendu qu'il est mort »* DESTOUCHES. — MOD. DR. Sert à introduire les motifs d'un jugement. ■ **3 n. m. pl.** *Les attendus d'un jugement.* ➤ **considérant, motif.** ■ CONTR. Inattendu, fortuit, imprévu. 1 Bien (que), malgré.

ATTENTAT [atɑ̃ta] **n. m.** – début XIVe ◇ du latin *attentatum,* de *attemptare* « attenter » ■ **1** COUR. Tentative criminelle contre une personnalité ou un groupe (souvent dans un contexte idéologique). ➤ **agression.** *Préparer un attentat contre un souverain* (➤ **complot**), *un homme politique. Commettre, perpétrer un attentat. Être victime d'un attentat. Les attentats des anarchistes. Attentat terroriste. Attentat à la bombe, à la voiture piégée.* — SPÉCIALT Acte de terrorisme*. *Les commanditaires de l'attentat. L'attentat n'a pas été revendiqué.* ■ **2** DR. ou LITTÉR. Tentative criminelle contre qqch. *La loi « est un attentat contre la liberté »* SIEYÈS. *Attentat à la sûreté de l'État.* ➤ **atteinte.** — DR. ANC. **ATTENTAT À LA PUDEUR :** acte exercé avec violence sur une personne majeure, ou même sans violence sur une personne mineure, et qui est de nature à porter atteinte à sa pudeur (cf. Agression, atteinte, exhibition sexuelle). *Attentat aux mœurs.* ➤ **outrage.** ■ **3** FIG. et LITTÉR. Acte qui heurte un principe, qui attaque qqch. *Le désespoir est « un attentat de l'homme contre lui-même »* SARTRE. ➤ **crime.**

ATTENTATOIRE [atɑ̃tatwaʀ] **adj.** – 1690 ◇ de *attentat* ■ Qui attente, porte atteinte à (qqch.). *Agissements attentatoires aux droits de l'homme, aux bonnes mœurs. « ces travaux "gravement attentatoires à la dignité humaine [...]" »* HOUELLEBECQ. *Une mesure attentatoire à la liberté, à la justice.* ➤ **contraire, opposé, préjudiciable.**

ATTENTE [atɑ̃t] **n. f.** – 1567 ; *atente* fin XIe ◇ d'un p. p. fém. latin °*attendita,* de *attendere* « attendre » ■ **1** Le fait d'attendre ; temps pendant lequel on attend. *L'attente n'a pas été longue. Une attente prolongée.* ➤ **faction, pause, station.** *Deux heures d'attente. L'attente de qqch. L'attente des résultats. « la proche attente de la mort »* GIDE. *« L'attente d'être heureux »* MUSSET. — **DANS L'ATTENTE DE (qqch.).** *« Nous vivons dans l'attente de ce que Demain [...] apportera »* FRANCE. *Dans l'attente de vous voir, je vous prie d'agréer...* ◆ *Salle, salon* **D'ATTENTE,** aménagé pour les personnes qui attendent. ➤ **antichambre.** *Le salon d'attente d'un médecin. Salles d'attente d'une gare. File* d'attente. Être sur une liste* d'attente.* ◆ **EN ATTENTE.** *Voyageurs, passagers en attente.* ➤ **stand-by.** *Mettre qqn en attente,* lui indiquer que l'on n'est pas prêt à transmettre ou à recevoir sa communication téléphonique. — *Dossiers en attente. Laisser un travail en attente.* ■ **2** État de conscience d'une personne qui attend. *Une attente pénible, cruelle, anxieuse, passionnée. « L'attente devint insupportable, l'espérance redoublait l'angoisse »* ZOLA. ■ **3** Le fait de compter sur qqch. ou sur qqn. ➤ **expectative, prévision ; désir ; espoir, souhait.** *Répondre à l'attente de qqn,* correspondre à ce qu'il escomptait. — *Contre toute attente :* contrairement à ce qu'on attendait, d'une manière absolument imprévisible.

ATTENTER [atɑ̃te] **v.** ‹ 1 › – 1290 ◇ latin *attemptare* « tenter audacieusement ; faire une tentative » ■ **1 v. intr.** VX *Attenter sur, contre qqn,* commettre un attentat. *« De quel droit sur vous-même osez-vous attenter ? »* RACINE. ■ **2 v. tr. ind.** MOD. **ATTENTER À :** faire une tentative criminelle contre (quel que soit le résultat de cette tentative). ➤ **attentat.** *Attenter à la vie de qqn,* tenter de lui donner la mort. *Attenter à ses jours, à sa vie :* tenter de se suicider. *Attenter à la sûreté de l'État. « Nous ne sommes pas l'État, n'attentons pas aux libertés »* PÉGUY. — SPÉCIALT *Attenter à la pudeur, aux mœurs.* — PAR EXT. Porter atteinte. ■ CONTR. Respecter.

ATTENTIF, IVE [atɑ̃tif, iv] **adj.** – XIIe ◇ latin *attentus,* de *attendere* → attendre ■ **1** Qui écoute, regarde, agit avec attention. *Auditeur, spectateur, conducteur attentif. « l'enfant n'est attentif qu'à ce qui affecte actuellement ses sens »* ROUSSEAU. *Prêter une oreille* attentive. Soyez attentif à votre travail, à ce que vous faites.* — Qui dénote l'attention. *Un air attentif.* ■ **2** VIEILLI ou LITTÉR. Qui se préoccupe avec soin (de), qui veille (à), soucieux (de), vigilant. *« Très attentif à ses intérêts »* JALOUX. *Un homme attentif à ses devoirs, à la règle,* respectueux de, scrupuleux. — COUR. (avec l'inf.) *« elle, attentive à me plaire, empressée jusqu'à l'humilité »* MAURIAC. ➤ **appliqué, empressé.** ■ **3** Qui marque de la prévenance, des attentions. *Soins attentifs.* ➤ **assidu, délicat, zélé.** ■ CONTR. Inattentif ; distrait ; étourdi, indifférent.

ATTENTION [atɑ̃sjɔ̃] **n. f.** – milieu XIVe, rare avant fin XVe ◇ latin *attentio,* de *attendere* → attendre

I CONCENTRATION ■ **1** Action de fixer son esprit sur qqch. ; concentration de l'activité mentale sur un objet déterminé (➤ **attentif**). *Attention spontanée, volontaire. Faire un effort d'attention. Grande attention, attention suivie, soutenue, persévérante.* ➤ **application, concentration.** *Attention fatigante, pénible.* ➤ 1 **contention, tension.** — *Regarder, examiner, observer qqn ou qqch. avec attention.* ➤ 2 **épier, fixer, guetter, surveiller ; vigilance.** *Écouter avec attention* (cf. Dresser l'oreille* ; prêter une oreille* attentive ; être tout yeux*, tout oreilles). *Attirer, éveiller l'attention de qqn. J'attire, j'appelle votre attention sur ce détail :* je vous signale* ce détail. ANGLIC. *Votre attention s'il vous plaît :* veuillez écouter. *Cette requête mérite toute votre attention. Détourner l'attention de qqn* (➤ **distraire**). *Relâcher son attention. Prêter attention à... Ne donner (prêter) aucune attention à,* s'en moquer, n'en tenir aucun compte. — MÉD., PSYCHOL. *Trouble déficitaire de l'attention (TDA) :* trouble du comportement de certains enfants qui ne parviennent pas à maintenir leur concentration. *Trouble déficitaire de l'attention avec hyperactivité (TDAH).* ◆ *À l'attention de,* mention utilisée en tête d'une lettre, pour préciser son destinataire. ◆ **FAIRE ATTENTION À (qqch., qqn),** l'observer, s'en occuper, et PAR EXT. en avoir conscience (➤ **s'apercevoir, s'aviser, noter, remarquer**). *Je viens seulement d'y faire attention. Il « ne fait pas plus attention à moi qu'à une muraille ou qu'à une borne »* DUHAMEL. FAM. *Fais bien attention à toi :* sois prudent. *Fais attention à ce que tu fais. Faire (très) attention :* se méfier, prendre garde. *Fais attention !* (cf. FAM. Fais gaffe*). *« il me confia sa haine pour toutes ces criminelles voitures qui obligent à faire attention »* J. RÉDA. — ABSOLT *Faire attention :* surveiller son poids, sa ligne ; surveiller ses dépenses. — **FAIRE ATTENTION QUE, À CE QUE** (et subj.) : prendre garde, veiller que, à ce que. *Faites attention que personne ne vous voie.* ◆ **interj. ATTENTION !** prenez garde ! ➤ 2 **gare.** *Attention à la voiture ! Eh ! attention, vous !* faites attention ! *Attention, les flics !* (cf. FAM. Vingt*-deux !). — FAM. *Attention les yeux ! Attention les vélos !* pour appeler l'attention sur un fait important. ■ **2** PSYCHAN. *Attention flottante :* technique d'écoute préconisée par Freud dans une psychanalyse, requérant de l'analyste la suspension des motivations qui orientent habituellement son attention.

II PRÉVENANCE ■ **1** Disposition à être attentif au bien-être de qqn. ➤ **amabilité, empressement, obligeance, prévenance, sollicitude, zèle.** *Être plein d'attention pour qqn.* ➤ **attentionné.** *Donner à qqn des témoignages, des marques d'attention. « j'étais d'une assiduité, d'une attention, d'un zèle, qui charmaient tout le monde »* ROUSSEAU. ■ **2** *Une, des attentions.* Attitude, comportement prévenant. ➤ **égard, gentillesse.** *Ce cadeau est une gentille attention. Entourer qqn d'attentions* (cf. Être aux petits soins). *Elle avait « pour les domestiques, pour les pauvres, des attentions délicates, un désir de faire plaisir »* PROUST.

■ CONTR. Inattention ; absence, dissipation, distraction, étourderie. — Brutalité, grossièreté.

ATTENTIONNÉ, ÉE [atɑ̃sjɔne] adj. – 1819 ◇ de *attention* ■ Qui est plein d'attentions, de prévenances pour qqn. ➤ **aimable, empressé, prévenant.** « *Le mieux qu'il peut être avec moi c'est attentionné. La politesse a depuis longtemps remplacé chez lui l'amitié* » GIDE.

ATTENTISME [atɑ̃tism] n. m. – v. 1918 ◇ de *attente* ■ Attitude politique consistant à attendre que les évènements s'annoncent pour prendre une décision. ➤ **immobilisme, opportunisme.** — PAR EXT. Attitude d'attente passive. ➤ **passivité.**

ATTENTISTE [atɑ̃tist] adj. et n. – v. 1918 ◇ de *attente* ■ Qui adopte une politique d'attente. ➤ **expectant, opportuniste, 1 passif.**

ATTENTIVEMENT [atɑ̃tivmɑ̃] adv. – 1531 ◇ de *attentif* ■ D'une manière attentive. *Regarder, écouter, lire attentivement.* ■ CONTR. Distraitement.

ATTÉNUANT, ANTE [atenɥɑ̃, ɑ̃t] adj. – *médicament atténuant* XVIe ◇ de *atténuer* ■ (début XIXe) DR. **CIRCONSTANCES ATTÉNUANTES :** faits qui atténuent la gravité d'une infraction. *Bénéficier des circonstances atténuantes.* — FIG. *Il a quelques circonstances atténuantes.* ➤ **excuse.** « *Saint Paul n'est saint qu'avec des circonstances atténuantes* » HUGO. ■ CONTR. Aggravant.

ATTÉNUATEUR [atenɥatœʀ] n. m. – 1948 ◇ de *atténuer* ■ TECHN. Dispositif servant à atténuer l'amplitude, la puissance d'un signal. ■ CONTR. Amplificateur.

ATTÉNUATION [atenɥasjɔ̃] n. f. – milieu XIVe ◇ latin *attenuatio* ■ **1** LITTÉR. ou DIDACT. Action d'atténuer (surtout un mal). ➤ **amoindrissement, diminution, réduction.** *L'atténuation d'une douleur.* ➤ **adoucissement.** « *La rigueur de la discipline antique s'était adoucie ou était moindre. Néanmoins, avec des atténuations, on allait au même but* » TAINE. ■ **2** PHYS. ➤ **affaiblissement.** — GÉNÉT. Mécanisme de régulation de la transcription* génétique, qui diminue l'expression d'un gène. ■ **3** (1898) DR. *Atténuation de peine,* par application d'excuses ou de circonstances atténuantes*. ■ CONTR. Aggravation, augmentation.

ATTÉNUER [atenɥe] v. tr. ‹1› – 1120, puis XVIe ◇ latin *attenuare,* de *tenuis* → ténu ■ **1** VX Rendre plus mince. ➤ **amaigrir, amincir.** « *des corps atténués* [...] *réduits à l'état de fantômes glorieux* » TAINE. ■ **2** MOD. (ABSTRAIT) Rendre moins grave, moins vif, moins violent. ➤ **amoindrir, diminuer, réduire.** *Les calmants atténuent la douleur.* ➤ **apaiser, assoupir, soulager, tempérer.** p. p. adj. *Symptômes atténués. Atténuer une sensation, une impression.* ➤ **amortir, émousser.** *La moquette atténue le bruit des pas.* ➤ **assourdir, étouffer.** *Atténuer une couleur.* ➤ **adoucir.** — *Cette lettre est trop brutale, il faut en atténuer les termes.* ➤ **adoucir, modérer ;** aussi **euphémiser.** « *Les excuses rappellent la faute plus certainement qu'elles ne l'atténuent* » LOUŸS. — PRONOM. *La douleur s'atténue.* ◆ TECHN. Diminuer la puissance de (un signal électrique, acoustique). ■ CONTR. Aggraver, augmenter, exacerber, exagérer ; amplifier.

ATTERRAGE [ateʀaʒ] n. m. – *aterrage* 1542 ◇ de *atterrer* « aborder » ■ MAR. ■ **1** Espace de la mer situé au voisinage de la terre. ➤ **parages.** ■ **2** (1702) Lieu où l'on peut prendre terre. « *ce littoral ne présentait aucun atterrage* » J. VERNE.

ATTERRANT, ANTE [ateʀɑ̃, ɑ̃t] adj. – fin XVIIe ◇ de *atterrer* ■ Qui atterre, qui jette dans la consternation. ➤ **accablant, affligeant, consternant.** *Une nouvelle atterrante.*

ATTERRER [ateʀe] v. tr. ‹1› – XVIIe ; « gagner la terre » 1424 (→ atterrir) ; « jeter à terre » XIIe ◇ de 1 *a-* et *terre* ■ VX Jeter dans l'abattement, la consternation. ➤ **abattre, accabler, consterner.** — MOD. (sujet chose) ➤ **catastropher, désoler, stupéfier.** *Ça m'atterre.* (PASS.) *Elle était atterrée par cette nouvelle.*

ATTERRIR [ateʀiʀ] v. intr. ‹2› – 1686 ; *atterrer* 1424 ; *atterir* « se remplir d'alluvions » 1344 ◇ de 1 *a-* et *terre* ■ **1** MAR. Toucher terre (➤ **atterrage**). SPÉCIALT Reconnaître la terre aperçue et préciser la position du bateau par rapport à elle. ■ **2** (fin XVIIIe aérostats) Se dit d'un engin volant qui prend contact avec le sol (opposé à *décoller, s'envoler*). ➤ **se poser ; atterrissage.** *L'avion vient d'atterrir. Atterrir en catastrophe.* — PAR EXT. *Atterrir sur la Lune* (➤ **alunir**), *sur une planète.* ■ **3** FIG. et FAM. Arriver finalement. « *Nous atterrîmes par hasard dans un hallucinant restaurant* » H. GUIBERT. *Le ballon est allé atterrir chez le voisin.* ■ **4** FIG. et FAM. Se défaire d'une illusion, prendre conscience de la réalité. *Tu n'as plus vingt ans, atterris !* « *Il avait parfois envie de la prendre par les deux épaules et de lui dire de se rendre compte de la réalité, "d'atterrir"* » CH. ANGOT.

ATTERRISSAGE [ateʀisaʒ] n. m. – 1835 ◇ de *atterrir* ■ **1** MAR. Action de prendre terre (opposé à *appareillage*). ➤ **atterrir** (1°). *Manœuvres d'atterrissage.* « *Nous avons jeté l'ancre* [...] *Nous avons mis pied à terre, mais sans nous écarter du point d'atterrissage* » GIDE. ■ **2** (1904) COUR. Action d'atterrir, de se poser à terre (en parlant d'un engin volant). *L'atterrissage d'un avion, l'amerrissage d'un hydravion. Atterrissage sur un porte-avion.* ➤ **appontage.** *Atterrissage forcé* (➤ **crash**). *Atterrissage sans visibilité.* ➤ **I. L. S.** *Atterrissage au radar. Atterrissage en pilotage automatique. Manœuvres d'atterrissage.* ➤ **approche, arrondi.** — *Aire, terrain d'atterrissage.* ➤ **aérodrome, piste.** *Train* d'atterrissage.* — PAR EXT. Fait de se poser (sur la surface d'une planète autre que la Terre). *L'atterrissage de la fusée sur la Lune.* ➤ **alunissage.** ■ CONTR. Décollage, envol.

ATTERRISSEMENT [ateʀismɑ̃] n. m. – *aterrissement* 1332 ◇ de *atterrir* « remplir de terre » ■ VX ou DR. Amas de terre, de sable, de limon, formé par les cours d'eau ou par la mer. ➤ **accrue, alluvion, delta, laisse, sédiment.** « *les Pays-Bas sont une plaine détrempée : trois grands fleuves l'ont formée de leurs atterrissements* » TAINE.

ATTERRISSEUR [ateʀisœʀ] n. m. – 1992 ; « train d'atterrissage » 1910 ◇ de *atterrir* ■ AÉRONAUT. Engin spatial destiné à atterrir sur un corps céleste.

ATTESTATION [atɛstasjɔ̃] n. f. – XIIIe ◇ bas latin *attestatio* ■ **1** Action d'attester ; acte par lequel une personne atteste l'existence, la réalité d'un fait. ➤ **affirmation, assurance, déclaration ; témoignage.** *L'attestation de qqch. par qqn.* — *L'attestation de qqn sur, à propos de qqch.* ◆ Écrit, pièce qui atteste qqch. ➤ **certificat, visa.** *Une attestation d'assurance automobile. Une attestation de paiement.* ➤ **quittance, 1 reçu.** *Délivrer une attestation en bonne et due forme. En foi de quoi, j'ai signé la présente attestation.* ■ **2** (1834) Marque, preuve. « *L'attestation de séries d'existences antérieures aux nôtres* » LOTI. ■ **3** LING. Fragment de texte qui atteste l'usage (d'une forme lexicale) (➤ **exemple**). ■ CONTR. Contestation, démenti, désaveu.

ATTESTÉ, ÉE [atɛste] adj. – XVIIe ◇ de *attester* ■ Dont il existe des exemples connus. *Mot, emploi attesté* (par un texte). *Forme non attestée,* hypothétique, reconstituée d'un mot.

ATTESTER [atɛste] v. tr. ‹1› – *atester* 1190 ◇ latin *attestari,* de *ad* et *testis* « témoin » ■ **1** Rendre témoignage de (qqch.). ➤ **affirmer, assurer, certifier, garantir, témoigner.** *J'atteste la vérité, la réalité de ce fait. J'atteste que cet homme est innocent. Le fait est attesté par tous les témoins.* ➤ **confirmer.** — p. p. adj. *C'est un fait attesté,* certain. ■ **2** (Sujet chose) Servir de témoignage. ➤ **démontrer, indiquer, marquer, montrer, prouver ; témoigner** (de). *Ce document atteste la véracité des faits.* « *La cruauté est un reste de servitude : car elle atteste que la barbarie du régime oppresseur est encore présente en nous* » JAURÈS. ■ **3 ATTESTER DE.** VX Prendre à témoin, invoquer le témoignage de qqn. « *J'en atteste les dieux, je le jure à sa mère* » RACINE. ◆ MOD. Donner, rappeler (qqch.) pour preuve. ➤ **se référer** (à). « *J'en atteste l'effroi des lecteurs* » ROUSSEAU. *J'atteste de sa bonne foi.* ■ CONTR. Contester, démentir, infirmer.

ATTICISME [atisism] n. m. – 1555 ◇ latin *atticismus,* du grec *attikismos* ■ **1** Forme particulière au dialecte attique. ■ **2** LITTÉR. Délicatesse de langage, finesse ; style pur, élégant (attribués aux écrivains athéniens). « *cette sorte d'atticisme qui n'a plus d'autre patrie que la France* » GIDE.

ATTIÉDIR [atjediʀ] v. tr. ‹2› – 1559 ; *atiedir* XIIIe ◇ de 1 *a-* et *tiède* ■ LITTÉR. ■ **1** Rendre tiède (en refroidissant ou en réchauffant). *La mer « adoucit la rigueur de nos côtes, en attiédissant leur atmosphère »* BERNARDIN DE SAINT-PIERRE. ■ **2** VX ou LITTÉR. Rendre moins ardent, moins vif. ➤ **affaiblir, refroidir.** « *L'amitié que la présence attiédit, que l'absence efface* » CHATEAUBRIAND. — n. m. **ATTIÉDISSEMENT,** 1690. ■ CONTR. Attiser, aviver, enflammer, exalter.

ATTIFEMENT [atifmɑ̃] n. m. – 1846 ; « ornement » XIIe ◇ de *attifer* ■ FAM. et PÉJ. Action d'attifer, de s'attifer ; manière d'être habillé. ➤ **accoutrement, habillement.**

ATTIFER [atife] v. tr. ‹1› – *atifer* v. 1250 « orner, parer » ; repris au XIXe ◇ de 1 *a-* et *tiffer* « parer », d'origine germanique ■ FAM. et PÉJ. Habiller, parer avec une recherche excessive ou d'une manière ridicule. ➤ **accoutrer.** *Il faut voir comment elle attife ses enfants !* — PRONOM. *Regarde un peu comment il s'attife !* (PASS.) *Attifée d'une robe à volants.*

ATTIGER [atiʒe] v. ‹3› – 1808 ◇ de *aquiger* (1596), apparenté à l'espagnol *aquejar* « tourmenter », avec influence de *tige* ■ **1** v. tr. VX ARG. Meurtrir, abîmer. LOC. *Attiger la cabane :* dépasser la mesure. ■ **2** v. intr. (1922) FAM. VIEILLI Exagérer. *Il attige un peu, le mec !* ➤ **charrier, pousser.**

ATTIQUE [atik] **adj. et n. m.** – v. 1400 ◊ du latin *atticus*, du grec *attikos* **I** Qui a rapport à l'Attique, à Athènes, aux Athéniens. *Le dialecte attique,* ou **n. m.** *l'attique. Goût, finesse attique.* ➤ **atticisme.** « *le goût "attique," c'est-à-dire le sentiment des nuances, la grâce légère, l'ironie imperceptible, la simplicité du style, l'aisance du discours, l'élégance de la preuve* » TAINE. — (1668) LITTÉR. *Le sel attique* : la plaisanterie fine.
II n. m. ▪ **1** (1669) ARCHIT. Étage placé au sommet d'une construction, et de proportions moindres que l'étage inférieur. ▪ **2** (1912) ANAT. Partie supérieure de la caisse du tympan.

ATTIRAIL [atiʀaj] **n. m.** – XVe ◊ de l'ancien français *atir(i)er* « accommoder, arranger » ▪ **1** VX Ensemble d'objets nécessaires pour un usage. ➤ **équipage, équipement.** *Des attirails. Attirail de guerre. Napoléon « se dégagea de l'immense attirail qu'il entraînait après lui »* SÉGUR. ▪ **2** (XVIIIe) MOD., FAM. Équipement compliqué, encombrant ou ridicule. *Fourrer tout son attirail dans une malle.* ➤ **bastringue, bataclan, bazar.** *L'attirail du campeur, du photographe.* ➤ **barda, fourbi, fourniment.** « *une palette, des pinceaux, des godets et des cartons, bref, tout un attirail d'aquarelliste* » R. GUÉRIN. ◆ FIG. *L'attirail du romantisme.*

ATTIRANCE [atiʀɑ̃s] **n. f.** – 1855 ◊ de *attirer* ▪ **1** RARE Effet d'une force qui attire. ➤ **attraction.** *L'azur « S'ouvre et s'enfonce avec l'attirance du gouffre »* BAUDELAIRE. ▪ **2** COUR. FIG. Force qui s'exerce sur les êtres et les attire vers (qqn ou qqch.). *Éprouver une certaine attirance pour, envers qqn, qqch. Attirance physique.* ➤ **désir.** *Son attirance pour les métiers à risques.* ➤ **goût.** ▪ CONTR. Éloignement ; dégoût, répugnance, répulsion.

ATTIRANT, ANTE [atiʀɑ̃, ɑ̃t] **adj.** – XVIe ◊ de *attirer* ▪ Qui attire, exerce un attrait, une séduction. (PERSONNES) ➤ **séduisant.** « *Il aurait pu être beau, spirituel, distingué, attirant* » FLAUBERT. (CHOSES) VIEILLI ➤ **attractif, attrayant.** « *Si l'on a soin de rendre ces jeux attirants pour le public* » ROUSSEAU. ▪ CONTR. Désagréable, rebutant, repoussant.

ATTIRER [atiʀe] **v. tr.** ⟨1⟩ – 1534 ◊ de 1*a-* et *tirer.* REM. *Attirer* a remplacé *attraire* → attrait, attrayant ▪ **1** Tirer, faire venir à soi par une action matérielle, ou en exerçant une force. *L'aimant attire le fer. Machine qui attire les fluides en faisant le vide.* ➤ **aspirer, pomper.** *Prendre qqn par le bras et l'attirer dans un coin.* ➤ 1**amener, entraîner.** *Il l'attira dans ses bras.* — PRONOM. *Les astres s'attirent selon les lois de la gravitation* (➤ **attraction**). *Souvent les contraires s'attirent.* ▪ **2** Inciter, inviter, déterminer (un être vivant) à venir, à aller (dans un lieu). *La lumière attire les papillons. Attirer un animal au moyen d'un appât.* ➤ **affriander, allécher, amorcer, appâter.** *Attirer le poisson dans ses filets, le gibier dans des pièges. Attirer qqn dans un guet-apens.* ➤ **entraîner.** *Ce spectacle attire tout Paris* (cf. Faire courir*). *Attirer des partisans, des recrues.* ➤ **racoler, recruter ; drainer.** *Sa réputation lui attira une importante clientèle. « Les littérateurs attirent les folles, comme un bout de viande faisandée attire les mouches »* MONTHERLANT. ▪ **3** Capter, solliciter (le regard ou l'attention). *Une couleur violente qui attire le regard. J'attire votre attention sur ce point. — L'argent attire l'argent.* ➤ **appeler.** ▪ **4** Inspirer à (qqn) un sentiment agréable qui l'incite à vouloir qqch., à se rapprocher de qqn. *Son charme attire tout le monde.* ➤ **captiver, charmer, enjôler, séduire ; attirant. p. p. adj.** *Elle est très attirée par lui,* séduite. *Ce pays ne m'attire pas. Ce projet l'attire davantage.* ➤ **intéresser, plaire (à), tenter ; attrayant.** *Attirer qqn par de belles promesses.* ➤ **allécher.** *Attirer par des artifices.* ➤ **abuser, leurrer, tromper.** « *Il paraît que ce qui attire les uns rebute les autres* » SAND. ▪ **5 ATTIRER (qqch.) À, SUR (qqn),** lui faire avoir qqch. d'heureux ou de fâcheux. *Sa modestie lui attira la bienveillance de l'auditoire.* ➤ **concilier, obtenir, procurer, valoir.** *Ses procédés lui attireront des ennuis.* ➤ 1**causer, entraîner, occasionner.** *Attirer sur soi la colère de qqn.* ➤ **éveiller, exciter.** *Attirer sur sa tête, sur soi la haine de tout un peuple.* ➤ **accumuler, appeler. — S'ATTIRER (qqch.),** l'attirer à soi, sur soi. *S'attirer une méchante affaire. Vous allez vous attirer des ennuis ! Elle s'est attiré beaucoup d'ennemis. S'attirer des compliments, des louanges. S'attirer des reproches, les foudres de qqn.* ➤ **encourir.** ▪ CONTR. Chasser, détourner, éloigner, rebuter, 1repousser.

ATTISER [atize] **v. tr.** ⟨1⟩ – 1209 ◊ latin populaire °*attitiare*, de *titio* « tison » ▪ **1** Aviver, ranimer (un feu). *Il « remit une bûche dans le feu, puis la souleva avec des pincettes pour attiser la flamme »* MAUROIS. ▪ **2** FIG. Rendre plus vif. *Attiser l'ardeur, les convoitises, les désirs de qqn.* ➤ **embraser, enflammer, exciter.** *Attiser les haines, la discorde, une querelle.* ➤ **aigrir, envenimer, irriter. — n. m. ATTISEMENT,** 1690. ▪ CONTR. Éteindre, étouffer. Assoupir, calmer.

ATTITRÉ, ÉE [atitʀe] **adj.** – *attiltré* 1584 ; *attitelé* XIIe ◊ de *attitrer* (vx) « nommer en titre » ▪ **1** Qui est en titre, chargé par un titre de telle ou telle fonction. *Représentant attitré. Fournisseur attitré de la cour d'Angleterre.* ▪ **2** (XIXe) Habituel. *Marchand attitré,* celui chez qui l'on a l'habitude de se servir.

ATTITUDE [atityd] **n. f.** – 1637 en peint. ◊ italien *attitudine*, du latin *aptitudo* → aptitude ▪ **1** (1670) Manière de tenir son corps. ➤ **contenance, maintien,** 2**port, pose, position, posture, station, tenue.** *Attitude naturelle, gracieuse, gauche. Attitudes et mouvements. Attitude d'une personne à genoux* (➤ **agenouillement**), *assise. « Qu'il apprenne à prendre dans toutes les attitudes une position aisée et solide »* ROUSSEAU. « *Ils prennent* [les chats] *en songeant les nobles attitudes Des grands sphinx allongés au fond des solitudes* » BAUDELAIRE. ▪ **2** (XVIIIe) Manière de se tenir (et PAR EXT. Comportement) qui correspond à une certaine disposition psychologique. ➤ 2**air, allure, aspect, expression, manière.** « *Son attitude* [de l'homme] *est celle du commandement* » BUFFON. *Attitude arrogante, ferme, insouciante, évasive. Prendre une attitude. Changer d'attitude. « L'innocent accusé d'espionnage se trouble. Toute son attitude l'accuse »* COCTEAU. ◆ PÉJ. Affectation de ce qu'on n'éprouve pas. *Se donner, se composer une attitude. Ce n'est qu'une attitude. Il prend des attitudes.* ▪ **3** Disposition, état d'esprit (à l'égard de qqn ou qqch.) ; ensemble de jugements et de tendances qui pousse à un comportement. ➤ **disposition, position, posture.** *Quelle est son attitude à l'égard de ce problème ? Adopter une attitude intransigeante dans une affaire.* ➤ **comportement, conduite.** *Il était hostile à ce projet, mais depuis il a modifié son attitude. « L'attitude de l'Allemagne nous dicte la nôtre »* MARTIN DU GARD.

ATTO- ▪ MÉTROL. Préfixe du système international (SYMB. a), du danois *atten* « dix-huit », qui divise par 10^{18} l'unité dont il précède le nom : *attoseconde.*

ATTORNEY [atɔʀnɛ] **n.** – 1768 ◊ mot anglais, de l'ancien français *atorné* (1217), de *ato(u)rner* « régler, assigner », de *tourner* ▪ En Grande-Bretagne, Procureur ou avoué. — Aux États-Unis, Homme, femme de loi, sorte d'avocat, avoué ou notaire. *Attorney général,* qui correspond au ministre de la Justice. *Les attorneys.*

ATTOUCHEMENT [atuʃmɑ̃] **n. m.** – *atochement* XIIe ◊ de *attoucher,* de 1*a-* et 1*toucher* ▪ (VX ou emplois spéciaux) Action de toucher avec la main. ➤ 2**toucher.** « *L'attouchement d'une main pure et bien vivante* [pouvait] *écarter le mal* » SAND. — Caresse légère, délicate. PAR EUPHÉM. Caresse de nature sexuelle ; masturbation. *Enfant victime d'attouchements.*

ATTRACTEUR, TRICE [atʀaktœʀ, tʀis] **adj.** – XVIe ◊ du latin *attractum* ▪ CHIM. *Effet attracteur d'un groupement,* sa propriété d'attirer des électrons ou d'autres groupements ou radicaux dans une combinaison chimique.

ATTRACTIF, IVE [atʀaktif, iv] **adj.** – fin XIIIe ◊ latin *attractivus* ▪ **1** Qui a la propriété d'attirer (➤ **attraction**). *Force attractive de l'aimant.* PAR MÉTAPH. « *Chez Wagner, la musique est le noyau du drame, le foyer rayonnant et le centre attractif* » R. ROLLAND. ▪ **2** LITTÉR. Qui attire. ➤ **attachant, captivant.** « *Une vertu attractive s'exhale de ces vestiges de grandeur* » CHATEAUBRIAND. ▪ **3** ANGLIC. (emploi critiqué) Attrayant. ➤ **attirant, séduisant.** *Des prix très attractifs.* ▪ CONTR. Répulsif.

ATTRACTION [atʀaksjɔ̃] **n. f.** – 1638 ; *atration* 1265 ◊ latin *attractio,* de *attrahere* « tirer à soi »
I Action d'attirer ; force qui attire. ▪ **1** (1688) SC. Force qui attire les corps matériels entre eux. ➤ **gravitation.** *Loi de l'attraction universelle* (loi de Newton), selon laquelle deux corps s'attirent proportionnellement à leurs masses et à l'inverse du carré de leur distance (➤ **gravitation**). *L'attraction d'un corps, du Soleil, de la Terre.* ◆ (1733) *Attraction magnétique,* entre deux masses magnétiques de signe opposé (➤ 1**aimant**). *Attraction électrostatique* (loi de Coulomb), de deux charges électriques de signe opposé. ◆ *Force d'attraction moléculaire,* qui assure la cohésion des gaz, liquides, cristaux (➤ aussi **attracteur**). ▪ **2** FIG. et VIEILLI Force qui tend à attirer les êtres vers qqn ou vers qqch. « *chacun exerce sur chacun des attractions et des répulsions* » MAUPASSANT. *La religion « transforme l'effroi du mystère en une attraction sublime »* MARTIN DU GARD. — MOD. *Zone d'attraction commerciale.* ➤ **chalandise.** ▪ **3** (1782 gramm. ◊ repris au latin) LING. Modification d'une lettre, d'une forme, d'un mode, par influence d'une lettre, d'une forme, d'un mode voisin. *Attraction des genres* (ex. *un* espèce d'idiot). *Attraction paronymique.*
II (1835 ◊ repris à l'anglais) ▪ **1** Ce qui attire le public ; centre d'intérêt. *Une attraction pour les touristes.* — FAM. Chose ou

personne qui est un objet de curiosité. *« On parle beaucoup de vous, vous savez. Z'êtes la grosse attraction »* C. SIMON. ■ **2** (Souvent au plur.) Spectacle de variétés, dans un autre spectacle (cinéma, etc.), au cours d'une soirée, d'un gala. *Les attractions d'une boîte de nuit. À quelle heure passent les attractions ?* — SPÉCIALT Dans une foire, Entreprise de distraction populaire. *Parc d'attractions.*
■ CONTR. Répulsion.

ATTRACTIVITÉ [atʀaktivite] **n. f.** – 1972 ◊ de *attractif* ■ Caractère attirant, attrayant de qqch. *L'attractivité d'une région, d'un métier.*

ATTRAIT [atʀɛ] **n. m.** – *atret* 1175 « action d'attirer ; entraînement (des passions, de la vocation) » ◊ de l'ancien français *attraire* « attirer », du latin *trahere* → traire ■ **1** Qualité de ce qui attire agréablement, charme, séduit. ➤ **agrément, 2 charme, fascination, séduction, tentation.** *L'attrait de l'aventure, de la nouveauté. « L'on remarquait sur son visage je ne sais quoi de vertueux et de passionné dont l'attrait était irrésistible »* CHATEAUBRIAND. *« L'attrait du danger est au fond de toutes les grandes passions »* FRANCE. *La solitude a pour elle beaucoup d'attrait.* ■ **2** AU PLUR. Aspect plaisant, qui attire. *La campagne a bien des attraits.* ■ **3** AU PLUR. ; VX OU LITTÉR. *Les attraits d'une femme* : les beautés qui en elle attirent. ➤ **agrément, appas, beauté, 2 charme, grâce ; sexe-appeal.** *Les femmes « reçoivent des hommes, sans broncher, des compliments sur les attraits précis de leur corps »* COLETTE. ■ **4** Fait d'être attiré, de se sentir attiré. ➤ **attirance, attraction, goût, inclination, penchant.** *« il éprouvait un attrait romantique pour le malheur »* LACRETELLE. ■ CONTR. Répulsion ; dégoût, éloignement.

ATTRAPADE [atʀapad] **n. f.** – 1926 ◊ de *attraper* ■ FAM. Réprimande. ➤ **engueulade, savon.**

ATTRAPE [atʀap] **n. f.** – 1751 ; *atrape* v. 1240 ◊ de *attraper* ■ **1** VX Piège pour prendre les animaux. ■ **2** (XVIe) VX Duperie, mystification. ■ **3** MOD. Objet destiné à tromper qqn par amusement. *Magasin de farces et attrapes.*

ATTRAPE-COUILLON [atʀapkujɔ̃] **n. m.** – XXe ◊ de *attraper* et *couillon*, d'après *attrape-nigaud* ■ TRÈS FAM. Attrape-nigaud. *Des attrape-couillons.*

ATTRAPE-MOUCHE [atʀapmuʃ] **n. m.** – 1700 ◊ de *attraper* et *mouche* ■ **1** Plante dont les feuilles ou les fleurs se referment sur les insectes qui viennent à s'y poser. ➤ **dionée, droséra.** *Des attrape-mouches.* ■ **2** Piège à mouche.

ATTRAPE-NIGAUD [atʀapnigo] **n. m.** – 1798 ◊ de *attraper* et *nigaud* ■ Ruse grossière qui ne peut attraper qu'un nigaud ; tromperie, mystification. ➤ TRÈS FAM. **attrape-couillon.** *Cette publicité n'est qu'un attrape-nigaud. Des attrape-nigauds.*

ATTRAPER [atʀape] **v. tr.** ‹1› – XIVe ; *atraper* 1165 ◊ de 1 *a-* et *trappe*
I *Attraper qqn, un animal.* ■ **1** Prendre (un animal) à un piège, prendre comme dans un piège (un ennemi, etc.). *Un vieux renard « Fut enfin au piège attrapé »* LA FONTAINE. *Attraper un poisson.* ■ **2** (v. 1200) Rejoindre (qqn, un animal) et s'en saisir. REM. Cet emploi est surtout du langage enfantin. *La police a fini par attraper le voleur.* ➤ **s'emparer** de. *L'escroc s'est fait attraper.* ➤ **arrêter*, prendre.** *Gare à toi si je t'attrape ! Il fut impossible d'attraper le chat.* ■ **3** (XIIIe) FIG. Tromper par une ruse, un artifice. ➤ **abuser, duper*.** *Il m'a bien attrapé* (cf. FAM. Il m'a eu). ➤ **attrape-nigaud.** *Elle s'y est laissé attraper.* ◆ *Être attrapé, bien attrapé* : avoir subi une déception, une surprise désagréable (qu'on ait été trompé ou non). ■ **4** (1564) FIG. *Attraper qqn à* (et l'inf.), le prendre sur le fait. ➤ **surprendre.** *Que je t'attrape encore à voler mes cerises !* ■ **5** (1866) FAM. Faire de vifs reproches, de vives critiques à. ➤ **gronder, réprimander*.** *Il s'est fait attraper par ses parents* (➤ **attrapade**).
II *Attraper qqch.* ■ **1** (XVIIe) Arriver à prendre, à saisir (une chose, un animal). ➤ **saisir.** *Attraper une balle, un ballon. Attraper des papillons. « Goinfre, elle* [la chienne] *attrape au vol tout ce qui tombe »* COLETTE. ➤ **happer.** *Je n'arrive pas à attraper les livres du haut.* ➤ **atteindre.** — FIG. *Attraper quelques bribes de conversation.* ➤ **saisir, surprendre.** ■ **2** (1618) VX Obtenir adroitement ou par chance. ■ **3** (1694) COUR. Recevoir, subir (une chose fâcheuse). *Attraper un coup, un mauvais coup.* ➤ **recevoir.** *Tiens, attrape ça !* (coup, gifle). — SPÉCIALT *Attraper un rhume, une maladie.* ➤ 1 **contracter, gagner ;** FAM. **choper.** *Attraper une insolation.* FAM. *On va attraper la crève*.* — PRONOM. *Cette maladie s'attrape facilement* (➤ **contagieux**). ■ **4** Réussir à atteindre (un véhicule qui part) ; arriver à temps pour prendre. *Attraper le train, l'autobus de justesse.* ➤ 1 **avoir.** ■ **5** (1666) Arriver à saisir par l'esprit, l'imitation. ➤ **imiter, rendre, reproduire.** *Attraper un style, une manière, un genre.* ■ **6** INTRANS. RÉGION. (Provence, Massif central, Sud-Ouest) Coller au fond d'un récipient lors de la cuisson (aliment). ➤ **attacher** (I, 2°).
■ CONTR. 1 Lâcher, relâcher ; manquer.

ATTRAPE-RÊVE [atʀapʀɛv] **n. m.** – 1993 ; autre sens 1987 ◊ calque de l'anglais *dreamcatcher* ; de *attraper* et *rêve* ■ Objet artisanal amérindien composé d'un filet tendu sur un cercle de bois garni de plumes qui préserverait des mauvais rêves et des mauvais esprits. *Les attrape-rêves sont aussi appelés* capteurs de rêves.

ATTRAYANT, ANTE [atʀɛjɑ̃, ɑ̃t] **adj.** – 1283 ◊ de l'ancien français *attraire* « attirer », du latin *attrahere* ■ Qui exerce de l'attrait, qui plaît (vue, situation). *C'est une idée attrayante.* ➤ **agréable, attirant, attractif, plaisant, séduisant.** *Ce paysage, cet endroit n'a rien d'attrayant. « L'illusion offre aux malheureux de si attrayants mirages »* BALZAC. *« Qui comprendra que le dénuement puisse être attrayant comme un luxe ? »* GIDE. ■ CONTR. Déplaisant, rebutant, repoussant.

ATTRIAU ➤ **ATRIAU**

ATTRIBUABLE [atʀibɥabl] **adj.** – 1508 ◊ de *attribuer* ■ Qui peut être attribué (à). *Cet échec est attribuable à sa maladie.* ➤ **dû.** *Cet accident ne lui est pas attribuable.* ➤ **imputable.**

ATTRIBUER [atʀibɥe] **v. tr.** ‹1› – 1313 ◊ latin *attribuere*, de *ad* et *tribuere*, d'abord « répartir entre les tribus » ■ **1** Allouer (qqch. à qqn) dans un partage, une répartition. *Attribuer une part à un héritier.* ➤ **adjuger, allouer, assigner, départir, lotir.** *Attribuer à chacun son dû.* ◆ Accorder (un avantage) à qqn, attacher (une prérogative) à un emploi, une fonction. *De nombreux avantages lui ont été attribués.* ➤ **octroyer.** *Attribuer une dignité à qqn.* ➤ **conférer, décerner.** *De grands privilèges sont attribués à cette fonction.* ➤ **adjoindre, attacher, joindre, rattacher.** *Attribuer un crédit à une dépense.* ➤ 2 **affecter, imputer.** ■ **2** Considérer comme propre (à qqn ou qqch.). ➤ **prêter, reconnaître, supposer.** *Vous m'attribuez des propos qui ne sont pas les miens. Attribuer à un mot un sens qu'il n'a pas.* ➤ **donner.** ■ **3** Rapporter (qqch.) à un auteur, à une cause ; mettre sur le compte de. *À quoi attribuez-vous cette fièvre persistante ? Attribuer une invention à qqn. Attribuer à qqn un accident, une faute, une responsabilité.* ➤ **accuser, imputer ; rejeter.** *« On souffre trop d'attribuer tout son échec à sa propre faute »* BARRÈS. — SPÉCIALT *Attribuer une œuvre à...*, la considérer comme provenant de (un écrivain, un artiste) et non comme un faux. *Dessin attribué à Picasso.* ■ **4 S'ATTRIBUER QQCH.** : attribuer à soi, se donner en partage (une chose matérielle ou morale). ➤ **s'adjuger,** se **donner, revendiquer.** *Il s'attribue la meilleure part. S'attribuer un titre auquel on n'a pas droit.* ➤ **s'approprier, s'arroger, usurper.** *S'attribuer tout le mérite de qqch. « cette manie qu'eurent les nationalistes de s'attribuer le monopole du patriotisme »* MARTIN DU GARD. ■ CONTR. Ôter, refuser, reprendre, retirer. Décliner, rejeter, renoncer.

ATTRIBUT [atʀiby] **n. m.** – XIVe ◊ latin *attributum* « chose attribuée » ■ **1** Ce qui est propre, appartient particulièrement à un être, à une chose. ➤ **caractère, caractéristique, manière** (d'être), 1 **marque, particularité, propriété, qualité, signe** (distinctif), 1 **trait.** *« Savoir, Vouloir, Pouvoir, les trois attributs de l'Esprit Angélique »* BALZAC. *« Le droit de grâce était un des attributs du droit divin »* FRANCE. *La raison est un attribut essentiel de l'être humain.* — SPÉCIALT Partie du corps propre à un être animé. *Attributs féminins, attributs virils.* ➤ **organe.** ◆ PHILOS. Propriété essentielle (d'une substance). *« La compréhension d'un terme embrasse tous les attributs des termes supérieurs »* GOBLOT. ■ **2** Emblème caractéristique qui accompagne une figure mythologique, un personnage, une chose personnifiée. *Le caducée est l'attribut de Mercure, le sceptre celui de la royauté.* ➤ **emblème, symbole.** *Il était revêtu de tous les attributs de sa fonction.* ➤ **signe.** ■ **3** LOG. Ce qui s'affirme ou se nie du sujet d'une proposition. ➤ **prédicat.** ■ **4** GRAMM. Terme décrivant la qualité, la nature ou l'état qu'on rapporte au sujet ou au complément d'objet par l'intermédiaire d'un verbe (être, sembler, paraître, devenir, rester, demeurer). *Attribut du sujet, du complément.* — APPOS. *Adjectif attribut. Noms attributs.*

ATTRIBUTAIRE [atʀibytɛʀ] **n. et adj.** – 1874 ◊ de *attribution* ■ DR. Personne qui a bénéficié d'une attribution. ➤ **bénéficiaire.** *L'attributaire d'une part. Attributaire de prestations familiales.* ➤ **allocataire.** — **adj.** *L'héritier attributaire.*

ATTRIBUTIF, IVE [atʀibytif, iv] **adj.** – 1516 ◊ du radical de *attribution* ■ **1** DR. *Acte attributif de droit*, qui attribue un droit (opposé à *acte déclaratif*). *Acte attributif de compétence*, qui confère la compétence à une juridiction. ▪ **2** LOG. *Proposition attributive,* qui affirme ou nie un attribut, une qualité d'un sujet. — (1866) LING. *« Être », « devenir », « sembler » sont des verbes attributifs,* qui relient l'attribut au sujet.

ATTRIBUTION [atʀibysjɔ̃] **n. f.** – fin XIVe ◊ latin *attributio* ▪ **1** Action d'attribuer. *Concours pour l'attribution d'un prix, d'un poste. L'attribution de véhicules neufs à un service.* ➤ **allocation, distribution, dotation, octroi, remise.** ◆ DR. Action d'attribuer (un bien, un droit) dans un partage. *L'attribution d'une part, d'un lot à un cohéritier.* ▪ **2** GRAMM. *Complément d'attribution :* désignation traditionnelle du complément d'objet second (ex. il donne un cadeau à son *ami* ; il *lui* évite des ennuis). ▪ **3** (1757) AU PLUR. Pouvoirs attribués (au titulaire d'une fonction, à un corps ou service). ➤ **compétence, 3 droit, fonction, 2 pouvoir, prérogative, privilège, rôle.** *Définir, déterminer, délimiter les attributions d'un fonctionnaire, d'un employé. Cela n'est pas, n'entre pas, ne rentre pas dans ses attributions.* ▪ CONTR. 2 Retrait ; reprise.

ATTRISTANT, ANTE [atʀistɑ̃, ɑ̃t] **adj.** – 1581 ◊ de *attrister* ▪ Qui attriste. ➤ **affligeant, chagrinant, désolant, navrant.** *Nouvelles attristantes. Spectacle attristant.* ➤ **pénible, triste.** *Une attristante médiocrité.* ➤ **déplorable.** ▪ CONTR. Consolant, divertissant, réconfortant, réjouissant.

ATTRISTER [atʀiste] **v. tr.** ⟨1⟩ – 1468 ◊ de *1a-* et *triste* ▪ Rendre (qqn) triste. ➤ **affliger, 1 chagriner, consterner, désoler, fâcher, navrer, peiner.** *Vous m'attristez, avec vos histoires. « La bêtise consterne et ne donne guère l'envie de rire. Plutôt elle attriste »* COCTEAU. — PRONOM. *S'attrister de qqch. « Maman s'attriste de voir qu'il vient si peu cette année »* MARTIN DU GARD. ▪ CONTR. Amuser, consoler, divertir, égayer, réconforter, réjouir.

ATTRITION [atʀisjɔ̃] **n. f.** – 1541 ◊ latin *attritio* « frottement »

I (XVIe) THÉOL. Regret d'avoir offensé Dieu, causé par la crainte des peines. ➤ **contrition, regret.** *« Cœur tant de fois forgé D'attritions »* PÉGUY.

II ▪ **1** TECHN. Usure destinée à éliminer les parties anguleuses (de particules). ▪ **2** MÉD. Érosion de la peau ou d'une autre surface (émail dentaire), par frottement. — Contusion importante. ◆ CHIR. Écrasement (d'une partie dure). ▪ **3** ÉCON. Diminution des effectifs d'une entreprise. ◆ *Taux d'attrition :* proportion dans laquelle les effets d'une sollicitation publicitaire et commerciale diminuent, lorsque cette sollicitation est répétée.

ATTROUPEMENT [atʀupmɑ̃] **n. m.** – fin XVIe ◊ de *attrouper* ▪ **1** VX Action de s'attrouper. *Empêcher l'attroupement des badauds.* ▪ **2** MOD. Réunion de personnes sur la voie publique, dans un lieu public (spécialt qui trouble l'ordre public). ➤ **manifestation, rassemblement.** *Former, faire un attroupement. Disperser un attroupement.* — DR. *Attroupement séditieux.* ▪ CONTR. Dispersion.

ATTROUPER [atʀupe] **v. tr.** ⟨1⟩ – v. 1205 ◊ de *1a-* et *troupe* ▪ Assembler en troupe, en groupe nombreux et souvent tumultueux (spécialt de manière à troubler l'ordre public). ➤ **assembler ; ameuter, grouper, rassembler.** *Ses cris attroupèrent les passants.* — **v. pron. S'ATTROUPER :** former un rassemblement. *Les manifestants commencèrent à s'attrouper.* ▪ CONTR. Disperser.

ATYPIE [atipi] **n. f.** – v. 1970 ◊ de *2a-* et *type* ▪ BIOL. Manque de conformité par rapport à un type donné de référence.

ATYPIQUE [atipik] **adj.** – 1808 ◊ de *2a-* et *type* ▪ **1** BIOL., MÉD. Qui n'a pas de type régulier ou ne représente pas le type commun. *Maladie atypique. Fièvre, tumeur atypique. Formes atypiques de certaines psychoses.* ▪ **2** Qui n'a pas de type déterminé (permettant une identification, un classement, etc.). — **n.** *Un atypique de la littérature.* ▪ CONTR. Typique.

AU ➤ **À** et 1 **LE**

AUBADE [obad] **n. f.** – 1432 ; *albade* début XVe ◊ provençal *aubada* → 1 aube ▪ Concert donné, à l'aube ou dans la matinée, sous les fenêtres de qqn. *Donner une aubade à sa belle.* — ABUSIVEMENT Sérénade.

AUBAINE [obɛn] **n. f.** – 1611 ; *aubene* 1237 ◊ de l'ancien français *aubain* « étranger », du francique °*aliban* « d'un autre ban » ▪ **1** ANCIENNT *Droit d'aubaine :* droit en vertu duquel le seigneur recueillait les biens que l'étranger non naturalisé laissait en mourant. ▪ **2** (1668) VIEILLI Avantage, profit inattendu, inespéré. *Profiter de l'aubaine. Quelle (bonne) aubaine !* ➤ **chance, occasion.** — MOD. LOC. *Effet d'aubaine :* conséquence avantageuse inattendue. ▪ **3** RÉGION. (Nord ; Canada) Vente à prix réduit ; article en promotion. ➤ **2 solde.** *Aubaines à saisir !* ▪ CONTR. Malchance.

1 **AUBE** [ob] **n. f.** – 1175 ; 1080 *albe* ◊ latin *alba,* fém. de *albus* « blanc » ▪ **1** Première lueur du soleil levant qui commence à blanchir l'horizon. PAR EXT. Moment de cette lueur. ➤ **1 point** (du jour) ; **matin.** *C'est à l'aube qu'on exécutait les condamnés. L'aube précède l'aurore*. Dès l'aube :* de très bonne heure (cf. Au chant* du coq, dès potron-minet). *« L'aube était encore indécise, le ciel gardait une couleur métallique »* MARTIN DU GARD. ▪ **2** FIG. et LITTÉR. ➤ **commencement, début ; matin** (FIG.). *L'aube de la vie. À l'aube de la Révolution.* ▪ CONTR. Crépuscule ; brune.

2 **AUBE** [ob] **n. f.** – fin XIe ◊ latin *alba* → 1 aube ▪ Vêtement ecclésiastique de lin blanc que les officiants portent pardessus la soutane pour célébrer la messe. *Le prêtre revêt la chasuble par-dessus l'aube et l'étole.* — Longue robe blanche des premiers communiants.

3 **AUBE** [ob] **n. f.** – 1283 « planchette reliant les arçons de la selle » ; *alve* 1080 ◊ probablt latin *alapa* « gifle » et p.-ê. « palette » ▪ Palette d'une roue hydraulique. *Les aubes d'une roue de moulin. Navire à aubes.* — Partie d'une turbine servant à canaliser les fluides.

AUBÉPINE [obepin] **n. f.** – *aubespine* avant 1170 ◊ latin *alba spina,* littéralt « épine blanche » ; aussi *aubépin* n. m. depuis XIIIe, du latin *albus spinus* ▪ Arbuste ou arbre épineux *(rosacées),* à fleurs odorantes blanches ou roses, à floraison précoce, à baies rouges (➤ **cenelle**), utilisé pour les haies vives. ➤ **azerolier, buisson** (ardent), RÉGION. **cenellier, épine.** — Branche fleurie de cet arbre. *Un bouquet d'aubépine.*

AUBÈRE [obɛʀ] **adj.** et **n. m.** – 1573 ◊ espagnol *hobero,* p.-ê. de l'arabe *hubârâ* « outarde », par référence au plumage de l'oiseau ▪ Se dit d'un cheval dont la robe est mélangée de poils blancs et de poils rouges. *Une jument aubère.* — **n. m.** Cette couleur de robe. ▪ HOM. Haubert.

AUBERGE [obɛʀʒ] **n. f.** – 1606 ◊ provençal *aubergo ;* ancien français *herberge* → héberger ▪ **1** ANCIENNT Maison, petit hôtel simple, généralement à la campagne, où l'on trouve à loger et manger en payant. ➤ **hôtel, hôtellerie, restaurant ; guinguette.** *Tenir auberge. L'enseigne d'une auberge. Garçon, fille, servante d'auberge.* — LOC. **AUBERGE ESPAGNOLE :** lieu, situation où l'on ne trouve que ce qu'on a soi-même apporté. *« Il en est de la lecture comme des auberges espagnoles : on n'y trouve que ce qu'on y apporte »* MAUROIS. *Prendre la maison de qqn pour une auberge :* s'y installer, aller y dîner souvent sans être invité ni désiré. FAM. *On n'est pas sorti de l'auberge :* les difficultés augmentent, vont nous retarder, nous retenir. ◆ MOD. Hôtel ou hôtel-restaurant, souvent d'une classe élevée, mais d'apparence rustique. ➤ **hostellerie.** ▪ **2** SPÉCIALT **AUBERGE DE (LA) JEUNESSE :** centre d'accueil hébergeant les jeunes pour une somme modique.

AUBERGINE [obɛʀʒin] **n. f.** et **adj. inv.** – 1750 ◊ du catalan *albergínia,* lui-même de l'arabe populaire d'origine persane *al-bedendjéna* ▪ **1** Plante potagère *(solanacées),* originaire de l'Inde, cultivée pour ses fruits. ◆ Fruit oblong et violacé de cette plante, consommé comme légume. *Aubergines farcies.* ➤ **moussaka.** *Caviar d'aubergine,* pulpe de ce légume cuit, assaisonnée à l'huile d'olive. ▪ **2** ADJT INV. De la couleur violet foncé de l'aubergine. *Des rideaux aubergine.* ▪ **3** FAM. Contractuelle parisienne qui était vêtue d'un uniforme aubergine. ➤ **pervenche.**

AUBERGISTE [obɛʀʒist] **n.** – 1667 ◊ de *auberge* ▪ ANCIENNT Personne qui tient une auberge. ➤ **hôte, hôtelier, 2 restaurateur.**

AUBETTE [obɛt] **n. f.** – fin XVIIIe « maisonnette » ; *aubette* ou *hobette* fin XVe ◊ de l'ancien français *hobe,* du moyen haut allemand *hûbe* « ce qui coiffe un édicule » ▪ RÉGION. (Ouest ; Belgique) Abri édifié sur la voie publique aux arrêts des transports en commun. ➤ **abribus.** — (Belgique) Kiosque à journaux. *L'aubette de la gare.*

AUBIER [obje] **n. m.** – milieu XIVe ◊ du latin *albaris* « blanc » ▪ BOT. Partie tendre et blanchâtre qui se forme chaque année entre le bois dur (➤ **cœur**) et l'écorce d'un arbre, et où circule la sève. *L'aubier, bois imparfait ou faux bois, durcit progressivement pour se transformer en bois* (➤ **duramen**).

AUBIN [obɛ̃] **n. m.** – 1688 ; *hobin* 1478 ◊ de l'ancien français *hober* « bouger, remuer », qui remonte au moyen néerlandais *hob(b)elen* « remuer » ▪ Allure défectueuse d'un cheval qui galope du train de devant et trotte du train de derrière (ou inversement). *Cheval qui va l'aubin.*

AUBURN [obœʀn] **adj. inv.** /**adj.**/ – 1835 ◇ mot anglais emprunté à l'ancien français *auborne* «blond» (XIIIe), du latin *alburnus* «blanchâtre». REM. On relève chez Stendhal *auburn hair* (1817) comme mot étranger. ■ VIEILLI Se dit d'une couleur de cheveux châtain roux aux reflets cuivrés. ➤ **acajou.** *Des cheveux auburn* /*auburns*/.

AUCUBA [okyba] **n. m.** – 1796 ◇ origine inconnue, le mot japonais *aoki* n'expliquant pas la forme française ■ BOT. Arbuste ornemental *(lauracées)*, à feuilles persistantes vertes tachées de jaune, originaire d'Asie.

AUCUN, UNE [okœ̃, yn] **adj. et pron.** – 1209 ; *alcun* 980 pron. ◇ latin populaire °*aliquunus*, de *aliquis* «quelqu'un» et *unus* «un»

I **adj.** ■ **1** LITTÉR. Avec une valeur positive. Quelque, quelque... que ce soit, qu'il soit. Dans les phrases comparatives, dubitatives ou hypothétiques. ➤ **quelque.** *«Comme si la raison pouvait mépriser aucun fait d'expérience»* BARRÈS. ■ **2** COUR. avec une valeur négative (accompagné de la particule *ne* ou précédé de *sans*) ➤ **nul,** 2**pas** (un). *Aucun physicien n'ignore que... Le mot n'est dans aucun dictionnaire. N'avoir aucun talent,* pas le moindre talent. *Il n'a aucun ami* [okœ̃nami]. *Il n'y a plus aucun remède. On ne peut comparer cette expérience à aucune autre. En aucune façon, en aucune manière, en aucun cas.* ➤ **aucunement.** *«Elle ne perdait aucune occasion de recruter des adeptes»* MARTIN DU GARD. *Je n'en ai aucune idée*. Sans aucun doute.* ELLIPT *Avez-vous des nouvelles ? – Aucune.* — LITTÉR. (apr. le nom) *«Le fût s'élance sans branche aucune et d'un seul jet»* GIDE. — REM. *Aucuns, aucunes* s'emploie lorsque le nom qu'il accompagne n'a pas de singulier : *aucuns frais ; aucunes funérailles.*

II **pron.** ■ **1** VX ou LITTÉR. Avec une valeur positive. *Aucun de :* quiconque parmi, l'un de. *Je doute qu'aucun d'eux réussisse. Il travaille plus qu'aucun de ses condisciples.* — VX ou LITTÉR. **D'AUCUNS :** certains, plusieurs. *D'aucuns pourront critiquer cette attitude. D'aucuns disent, prétendent...* ■ **2** COUR. Avec une valeur négative (accompagné de *ne* ou de *sans.*) *Je ne connais aucun de ses amis, aucun d'eux. Il n'en est venu aucun.* ➤ 2**pas** (un seul). *Il a parlé sans qu'aucun le contredît.* ➤ **nul,** 2**personne.** *Je n'ai confiance en aucun autre que lui. Je n'en ai aucune de terminée. «Il leur recommandait de se désaltérer à toutes les sources et de n'en préférer aucune»* CAILLOIS. — ELLIPT *Lequel préférez-vous ? – Aucun.*

■ CONTR. Beaucoup, maint, plusieurs, tout (tous).

AUCUNEMENT [okynmɑ̃] **adv.** – XIIIe ; *alcunement* XIIe ◇ de *aucun* ■ En aucune façon, en rien. — Accompagné de *ne* ou de *sans* ➤ **nullement,** 2**pas.** *«Je ne crains guère de choses et ne crains aucunement la mort»* LA ROCHEFOUCAULD. — ELLIPT avec une négation sous-entendue. *Est-ce votre avis ? – Aucunement :* pas du tout.

AUDACE [odas] **n. f.** – 1130 ◇ latin *audacia,* de *audax* «hardi» ■ **1** Disposition ou mouvement qui porte à des actions extraordinaires, au mépris des obstacles et des dangers. *La confiance en soi donne de l'audace.* ➤ **assurance, bravoure, courage, décision, hardiesse, intrépidité ;** FAM. **cran, culot.** *Une folle audace.* ➤ **témérité.** *«Pour les vaincre, Messieurs, il nous faut de l'audace, encore de l'audace, toujours de l'audace, et la France est sauvée !»* DANTON. *Avoir l'audace de s'attaquer à plus fort que soi.* — *Il a toutes les audaces.* ■ **2** (Surtout au plur.) Procédé, détail qui brave les habitudes, les goûts dominants. ➤ **innovation, originalité.** *«L'exemple de Debussy montre qu'un vrai musicien peut tout oser et faire de ses audaces des beautés nouvelles»* R. ROLLAND. *Les audaces de la mode. Écrivain qui se permet quelques audaces.* ■ **3** PÉJ. Hardiesse impudente. ➤ **aplomb, arrogance, effronterie, impertinence, impudence, inconvenance, insolence, outrecuidance, présomption, sans-gêne ;** FAM. **culot, toupet.** *Cet individu ne manque pas d'audace. Quelle audace !* ➤ FAM. **estomac.** ■ CONTR. Couardise, lâcheté, peur, poltronnerie, timidité. Humilité, réserve, respect, retenue.

AUDACIEUX, IEUSE [odasjø, jøz] **adj. et n.** – 1495 ◇ de *audace* ■ **1** VIEILLI Qui a de l'audace (1°). ➤ **brave, courageux, hardi, intrépide ;** FAM. **couillu, culotté, gonflé.** *Une personne audacieuse. Trop audacieux.* ➤ **aventureux, imprudent, téméraire.** — **n.** PROV. *La fortune sourit aux audacieux.* ■ **2** MOD. (CHOSES) Qui dénote de l'audace. *Une entreprise trop audacieuse.* ➤ **risqué.** ◆ Qui s'écarte des règles, des voies ordinaires. *Conceptions, théories audacieuses.* ➤ **hardi,** 2**neuf, nouveau, novateur.** *Architecture audacieuse.* ■ **3** VIEILLI D'une hardiesse impudente. ➤ **arrogant, effronté, impertinent, insolent.** *Un air audacieux.* — **n.** *«D'un jeune audacieux punissez l'insolence»* CORNEILLE. — **adv.** **AUDACIEUSEMENT,** XVe. ■ CONTR. Craintif, lâche, peureux, timide. Humble, respectueux.

AU-DEÇÀ DE, AU-DEVANT DE ➤ **DEÇÀ,** 2**DEVANT** (3°)

AU-DEDANS, AU-DEHORS, AU-DELÀ, AU-DESSOUS, AU-DESSUS ➤ **DEDANS** (II, 2°), **DEHORS** (III, 2°), **DELÀ** (II, 3°), 2**DESSOUS** (7°), 2**DESSUS** (5°)

AU-DELÀ [od(ə)la] **n. m.** – 1866 ◇ de *au* et *delà* ■ Le monde supraterrestre ; la vie, l'activité imaginée après la mort. *Dans l'au-delà. Un au-delà, des au-delàs.*

AUDIBILITÉ [odibilite] **n. f.** – v. 1897 ◇ de *audible* ■ Qualité de ce qui est audible. *Limite, seuil, maximum d'audibilité. Audibilité insuffisante.*

AUDIBLE [odibl] **adj.** – 1488 ◇ bas latin *audibilis,* de *audire* «entendre» ■ Qui est perceptible par l'oreille. *Sons audibles, à peine audibles.* — **n. m.** *L'audible :* l'ensemble des sons perceptibles (par l'oreille humaine). *«La voix se promène maintenant dans les plus hautes notes de la gamme et va, si ça continue, dépasser l'audible»* BAZIN. ■ CONTR. Inaudible.

AUDIENCE [odjɑ̃s] **n. f.** – 1160 «action d'écouter» ◇ latin *audientia,* de *audire* «entendre» ■ **1** VX ou LITTÉR. Action de bien vouloir écouter qqn. ➤ **attention.** *«Je vous demande un moment d'audience»* MOLIÈRE. — PAR EXT. Intérêt porté à qqch. par le public. *«C'est un des rares ouvrages qui aient eu à la fois l'audience du lecteur moyen et l'estime du lecteur délicat»* MAUROIS. *Ce projet a obtenu une très large audience.* ■ **2** COUR. Réception où l'on admet qqn pour l'écouter. ➤ **entretien, réception, rendez-vous.** *Demander, solliciter, obtenir une audience. Donner audience à qqn. L'ambassadeur a été reçu en audience particulière.* ■ **3** DR. Séance d'un tribunal. *Audience publique. Audience à huis clos. Tenir audience. Ouvrir, suspendre, reprendre, lever l'audience.* ■ **4** PAR EXT. VIEILLI Les personnes à qui on donne audience ou qui assistent à une audience. ➤ **assistance, auditoire.** ■ **5** (milieu XXe) Public touché par un média. *Audience instantanée :* nombre de personnes à l'écoute d'une station de radio ou de télévision pendant une tranche horaire donnée. — *Mesure de l'audience d'une chaîne de télévision,* de son taux d'écoute (➤ **audimat, médiamat ; audimétrie**). *Courbe d'audience. Record d'audience d'une émission de télévision.* — *Audience d'un site web,* mesurée par le nombre de visiteurs, de pages vues, la durée des visites... ➤ **trafic.**

AUDIMAT [odimat] **n. m.** – 1981 ◇ n. déposé, de *audi(mètre)* et *(auto)mat(ique)* ■ Audimètre* relié au réseau téléphonique, permettant de mesurer l'audience des diverses chaînes de télévision ; système d'évaluation de cette audience. ➤ **médiamat.** — PAR EXT. L'audience mesurée, elle-même. *Les champions de l'audimat. Des audimats* (aussi *des audimat* inv.).

AUDIMÈTRE [odimɛtʀ] **n. m.** – 1964 ; «audiomètre» 1836 ◇ de *audi(o)-* et *-mètre* ■ TECHN. Appareil placé sur un récepteur de radio ou de télévision, servant à mesurer la répartition des temps d'audience des diverses stations d'émissions. ➤ **audimat.**

AUDIMÉTRIE [odimetʀi] **n. f.** – v. 1970 ◇ de *audimètre* ■ Mesure du taux d'écoute des chaînes de radio et de télévision. — **adj.** **AUDIMÉTRIQUE.**

AUDIMUTITÉ [odimytite] **n. f.** – 1909 ◇ de *audi(o)-* et *mutité* ■ MÉD. Mutité congénitale non associée à une surdité.

AUDIO [odjo] **adj.** – 1982 ◇ anglais *audio,* du latin *audio* «j'entends» ■ Qui concerne l'enregistrement ou la transmission des sons. *Fichiers audios* ou *audio* (inv.). — *Livre audio.* ➤ **audiolivre.**

AUDI(O)- ■ Élément, du latin *audire* «entendre».

AUDIOCONFÉRENCE [odjokɔ̃feʀɑ̃s] **n. f.** – 1978 ◇ de *audio-* et *conférence* ■ Téléconférence organisée par l'intermédiaire du réseau de télécommunication, en utilisant le téléphone et la télécopie.

AUDIODESCRIPTION [odjodɛskʀipsjɔ̃] **n. f.** – 1996 ◇ de *audio-* et *description* ■ Procédé de description orale des éléments visuels d'un film, d'un spectacle, d'une exposition, à destination des aveugles et malvoyants. ➤ **audiovision.** *Programme de télévision en audiodescription.*

AUDIOFRÉQUENCE [odjofʀekɑ̃s] **n. f.** – 1942 ◇ de *audio-* et *fréquence* ■ TECHN. Fréquence appartenant à la partie de la bande des fréquences audibles, servant à la transmission ou à la reproduction de sons. ➤ **fréquence** (acoustique, musicale). — EN APPOS. *Amplificateur audiofréquence,* dont la bande passante est la bande des audiofréquences ; basse fréquence.

AUDIOGRAMME [odjogʀam] **n. m.** – 1951 ◇ de *audio-* et *-gramme* ■ TECHN. Représentation graphique (obtenue à partir d'un audiomètre*) traduisant le degré d'acuité auditive.

AUDIOGUIDE [odjogid] **n. m.** – 1991 ◇ marque déposée ; de *audio-* et *guide* ■ Appareil portatif qui fournit des commentaires explicatifs enregistrés permettant une visite guidée et autonome d'un musée, d'une exposition, d'un site.

AUDIOLIVRE [odjolivʀ] **n. m.** – 1989 ; à nouveau 1998 ◇ de *audio* et 1*livre* ■ Enregistrement audionumérique d'un livre. *Podcaster des audiolivres.*

AUDIOLOGIE [odjɔlɔʒi] **n. f.** – milieu XXe ◇ de *audio-* et *-logie* ■ MÉD. Étude de l'audition.

AUDIOMÈTRE [odjomɛtʀ] **n. m.** – 1865 ◇ de *audio-* et *-mètre* ■ Appareil permettant de mesurer l'acuité auditive (➤ **audiométrie**) ou d'évaluer le degré d'intensité d'un signal radioélectrique. ➤ **sonomètre.**

AUDIOMÉTRIE [odjometʀi] **n. f.** – milieu XXe ◇ de *audiomètre* ■ PHYSIOL. Ensemble des méthodes servant à évaluer l'acuité auditive.

AUDIONUMÉRIQUE [odjonymeʀik] **adj.** – 1983 ◇ de *audio-* et *numérique* ■ Dont le son est enregistré sous forme de signaux numériques. *Disque audionumérique.* ➤ **disque** (compact). *Fichiers audionumériques.* ➤ **MP3.**

AUDIOPHILE [odjofil] **n.** – v. 1980 ◇ de *audio-* et *-phile* ■ RARE Amateur d'électroacoustique et SPÉCIALT de haute-fidélité. *Les mélomanes et les audiophiles.*

AUDIOPHONE [odjofɔn] **n. m.** – 1898 ; *audiphone* 1880 ◇ de *audio-* et *-phone* ■ Petit appareil acoustique renforçant les sons, que les personnes qui entendent mal portent près de l'oreille. ➤ **sonotone.**

AUDIOPROTHÉSISTE [odjopʀɔtezist] **n.** – v. 1960 ◇ de *audio-* et *prothésiste* ■ Prothésiste spécialiste des déficiences de l'ouïe.

AUDIOVISION [odjovizjɔ̃] **n. f.** – 1973 ; «audiovisuel» 1949 ◇ de *audio-* et *vision* ■ Audiodescription. *Suivre un film en audiovision.*

AUDIOVISUEL, ELLE [odjovizɥɛl] **adj.** et **n. m.** – 1947 ◇ de *audio-* et *visuel* ■ **1** Se dit d'une méthode pédagogique qui joint le son à l'image (notamment dans l'apprentissage des langues). *Apprendre l'anglais par la méthode audiovisuelle.* ■ **2** COUR. Qui ajoute aux éléments du langage l'utilisation de l'image dans la communication. *Moyens de communication audiovisuels* (cinéma, télévision). *Matériel audiovisuel* (➤ **vidéo**). ■ **3 n. m.** *L'audiovisuel :* les moyens, les procédés de communication, d'apprentissage audiovisuels. *Les métiers de l'audiovisuel.* — SPÉCIALT L'ensemble des chaînes de télévision. *La crise de l'audiovisuel.*

AUDIT [odit] **n. m.** – Ire moitié du XXe, répandu v. 1970 ◇ mot anglais, du latin *auditus* «entendu» ■ **1** Procédure de contrôle de la comptabilité et de la gestion (d'une entreprise). *Audit externe, interne* (hors de ou dans l'entreprise). *Cabinet d'audit.* — PAR EXT. Mission d'examen et de vérification de la conformité (aux règles de droit, de gestion) d'une opération, d'une activité particulière ou de la situation générale d'une entreprise. ➤ **diagnostic.** *Audit informatique, juridique, fiscal.* ■ **2** Personne, entreprise chargée de cette mission. ➤ **auditeur, consultant.**

AUDITER [odite] **v. tr.** ⟨1⟩ – avant 1977 ◇ de *audit* ■ Pratiquer l'audit de (une entreprise, une activité), en contrôlant la comptabilité et la gestion.

AUDITEUR, TRICE [oditœʀ, tʀis] **n.** – 1230 ◇ latin *auditor* ■ **1** Personne qui écoute. *Les auditeurs d'un conférencier.* ➤ **auditoire, public, salle.** *Captiver l'attention de ses auditeurs.* ◆ LING. *Locuteur et auditeur.* ➤ **allocutaire,** 1**récepteur.** ◆ SPÉCIALT (XXe) Personne qui écoute la radio. *Les auditeurs d'une émission.* ➤ **audience.** *Auditeurs et téléspectateurs**. ■ **2** *Auditeur libre**. ■ **3** *Auditeur au Conseil d'État, auditeur à la Cour des comptes :* fonctionnaire recruté au concours et qui débute au Conseil d'État, à la Cour des comptes (➤ **auditorat**). ■ **4** (1950 ◇ par l'anglais) Personne chargée de l'audit* d'une société. ■ CONTR. Orateur ; locuteur.

AUDITIF, IVE [oditif, iv] **adj.** – 1361 ◇ du radical de *audition* ■ **1** Qui se rapporte à l'ouïe. *Appareil auditif.* ➤ **oreille.** *Sensations, impressions auditives.* ➤ **audition,** 2**son.** *Seuil auditif. Mémoire auditive,* des sons. *Troubles auditifs. Mesure de l'acuité auditive* (➤ **audiométrie**). *Prothèse auditive* (➤ **audioprothésiste**). ■ **2** ANAT. Relatif à l'oreille. *Nerf auditif. Conduit auditif externe et interne.*

AUDITION [odisjɔ̃] **n. f.** – début XIVe ◇ latin *auditio,* de *audire* «entendre» ■ **1** Fonction du sens de l'ouïe, perception des sons. *Mécanisme de l'audition.* ➤ **audiologie.** *Troubles de l'audition* (➤ **dysacousie, presbyacousie, surdité ; malentendant**). *Seuil d'audition.* ■ **2** Action d'entendre ou d'être entendu. *Juger d'une pièce de théâtre à la première audition.* — DR. Action d'entendre ou d'être entendu en justice. *Procéder à l'audition des témoins.* ➤ **auditionner.** ◆ Séance d'essai donnée par un artiste en vue de se faire engager. ➤ **essai.** *Demander une audition.* «*un jeune acteur qui se rend à une audition, la tête emplie de son texte, la mémoire en désordre*» J.-P. DUBOIS. *Passer une audition devant un metteur en scène.* ➤ **auditionner ; caster.** — Recomm. offic. pour remplacer l'anglic. *casting.* ◆ Séance de musique pendant laquelle on écoute une œuvre, un artiste. *La première audition mondiale d'une œuvre.*

AUDITIONNER [odisjɔne] **v.** ⟨1⟩ – 1793 «entendre des témoins» ◇ de *audition*

I v. intr. (1922) Donner une audition pour obtenir un engagement (en parlant d'un musicien, d'un comédien). *Comédienne qui auditionne pour obtenir le premier rôle.*

II v. tr. ■ **1** (1953) Écouter (un artiste qui donne une audition) dans l'intention de l'engager. *Metteur en scène qui auditionne un jeune comédien.* — ABUSIVEMENT Écouter pour juger. *Auditionner un disque.* ■ **2** DR. Procéder à l'audition de (qqn) pour recueillir sa déposition, sa déclaration. *Gendarme qui auditionne un prévenu. Auditionner un expert.*

AUDITOIRE [oditwaʀ] **n. m.** – milieu XIIe ◇ latin *auditorium* ■ **1** L'ensemble des personnes qui écoutent. ➤ **auditeur ; assemblée, assistance, audience, public.** *Émouvoir, captiver, lasser son auditoire.* ◆ PAR EXT. L'ensemble des lecteurs (d'un texte, d'un auteur) (➤ **lectorat**). «*Je fais des vœux pour que ce bon ouvrage rencontre l'auditoire qu'il mérite*» DUHAMEL. ■ **2** (Belgique, Luxembourg, Suisse) Amphithéâtre, salle de cours (d'une université).

AUDITORAT [oditɔʀa] **n. m.** – avant 1755 ◇ de *auditeur* ■ Fonction d'auditeur au Conseil d'État, à la Cour des comptes.

AUDITORIUM [oditɔʀjɔm] **n. m.** – 1906 ◇ mot latin ■ Salle spécialement aménagée pour les auditions musicales et théâtrales, et notamment pour les enregistrements et les émissions de radio et de télévision. *Des auditoriums.*

AUGE [oʒ] **n. f.** – *augie* XIIe ◇ latin *alveus* «cavité», de *alvus* «ventre» ■ **1** Bassin en pierre, en bois ou en métal qui sert à donner à boire (➤ **abreuvoir**) ou à manger (➤ **mangeoire**) aux animaux domestiques. — SPÉCIALT Mangeoire du porc. *Les auges d'une porcherie.* ■ **2** Récipient de bois dans lequel les maçons délaient le plâtre. ■ **3** Godet d'une roue hydraulique. *Roue à auges.* ➤ **auget.** ■ **4** PAR ANAL. Bassin circulaire dans lequel se meut une meule. *Auge d'un broyeur, d'un concasseur,* etc. ➤ **trémie.** ■ **5** GÉOL. *Auge glaciaire :* vallée modelée en forme de berceau ou de baquet par une langue glaciaire. ➤ **fjord.** ■ **6** ZOOL. Chez le cheval, Vide entre les deux branches du maxillaire.

AUGET [oʒɛ] **n. m.** – XIIe ◇ de *auge* ■ **1** RARE Petite auge pour oiseaux. ■ **2** TECHN. Petit seau ou godet fixé à la circonférence d'une roue hydraulique pour recevoir l'eau motrice. *Roue à augets.* ➤ **auge,** 1**godet.**

AUGMENT [ɔgmɑ̃] **n. m.** – 1690 ; «augmentation» fin XIIIe ◇ latin *augmentum,* de *augere* «augmenter» ■ GRAMM. Voyelle ajoutée devant le radical des verbes commençant par une consonne, en grec.

AUGMENTATIF, IVE [ɔgmɑ̃tatif, iv] **adj.** – 1680 ; «qui augmente qqch.» 1370 ◇ de *augmenter* ■ GRAMM. Se dit de morphèmes ou de mots qui renforcent le sens (d'un mot, d'un syntagme). *Suffixes augmentatifs* (ex. -on dans caisson). ■ CONTR. Diminutif.

AUGMENTATION [ɔgmɑ̃tasjɔ̃] **n. f.** – 1690 ; *augmentacion* avant 1304 ◇ bas latin *augmentatio* ■ **1** Action d'augmenter (I, II) ; son résultat. ➤ **accroissement, agrandissement ; addition.** *Augmentation graduelle, progressive.* ➤ **gradation.** *Augmentation de volume.* ➤ **amplification, développement, dilatation, élargissement, extension, gonflement, grossissement.** *Augmentation de longueur, de durée.* ➤ **allongement, étirement, extension, prolongation, prolongement.** *Augmentation de hauteur.* ➤ **élévation, hausse, montée.** *Augmentation de quantité.* ➤ **multiplication.** *Le nombre de… est en augmentation. Augmentation de prix, des prix, du coût de la vie.* ➤ **élévation, escalade, hausse, majoration, montée.** *Augmentation d'intensité.* ➤ **accentuation, intensification, redoublement, renforcement.** — *Augmentation de capital :* accroissement du capital social d'une société, soit par incorporation de bénéfices non distribués et de réserves figurant au bilan, soit par émission d'actions. ▪ **2** ABSOLT Accroissement d'appointements, de traitement, de salaire. *Demander une augmentation. Accorder, refuser une augmentation à un employé.* ▪ **3** Ce que l'on ajoute à l'édition nouvelle d'un ouvrage. ➤ **addition, ajout.** ▪ CONTR. Diminution ; baisse, réduction.

AUGMENTÉ, ÉE [ɔgmɑ̃te] adj. – 1999 ◊ de *augmenter* ▪ *Être humain augmenté,* dont les capacités seraient accrues par des interventions scientifiques ou techniques. « *Le fantasme d'un génome contrôlé et d'un humain augmenté resurgit* » (Libération, 2016). ♦ *Réalité* augmentée.*

AUGMENTER [ɔgmɑ̃te] v. ‹1› – 1360 ◊ latin impérial *augmentare,* de *augere*

I v. tr. ▪ **1** Rendre plus grand, plus considérable par addition d'une chose de même nature. ➤ **accroître, agrandir.** *Augmenter le volume.* ➤ **amplifier, développer, dilater, élargir, étendre, gonfler, grossir.** *Augmenter la longueur, la durée.* ➤ **allonger, étendre, prolonger, rallonger.** *Augmenter la hauteur.* ➤ **élever, exhausser, hausser, rehausser, surhausser.** *Augmenter le nombre, la quantité.* ➤ **multiplier.** *Augmenter les prix, les salaires, la valeur.* ➤ **décupler, élever, hausser, grossir, majorer, valoriser ; incrémenter.** *Augmenter la vitesse.* ➤ **accélérer.** *Augmenter la force, la puissance.* ➤ **intensifier, renforcer.** *Augmenter l'appétit.* ➤ **aiguiser, exciter, ouvrir, stimuler.** — p. p. adj. *Édition revue et augmentée.* ▪ **2** v. pron. **S'AUGMENTER :** devenir plus grand, plus considérable. *S'augmenter de qqch.* « *Tout homme sent son amour s'augmenter de son bonheur* » GAUTIER. ▪ **3** (1752) *Augmenter qqn,* augmenter son salaire, ses appointements, son traitement. ➤ **augmentation.** *J'ai été augmenté.*

II v. intr. Devenir plus grand, plus considérable. ➤ **croître, grandir, monter.** *La population augmente chaque année. Augmenter à vue d'œil.* « *madame de La Tour* [...] *sentait augmenter son inquiétude* » BERNARDIN DE SAINT-PIERRE. *L'épidémie va en augmentant.* ➤ **crescendo.** *Augmenter de volume.* ➤ **enfler, gonfler.** *Augmenter en nombre. Cette devise a augmenté de valeur.* ➤ **s'apprécier.** — Devenir plus élevé (prix), plus cher (marchandise). *Les prix ont augmenté.* ➤ **grimper.** *La vie, le coût de la vie augmente. Le café a augmenté.* ➤ **renchérir.**

▪ CONTR. Diminuer ; baisser, décroître, réduire.

1 **AUGURE** [ogyʀ] n. m. – 1355 ◊ latin *augur* ▪ **1** Dans l'Antiquité, Prêtre chargé d'observer certains signes (éclairs et tonnerre ; vol, nourriture et chant d'oiseaux, etc.), afin d'en tirer des présages. ➤ **aruspice, devin.** ▪ **2** MOD. Personne qui fait des conjectures, prétend prédire l'avenir. ➤ **devin, prophète.** — adj. (1531) **AUGURAL, ALE, AUX.**

2 **AUGURE** [ogyʀ] n. m. – 1160 ◊ latin *augurium,* de *augur* ▪ **1** ANTIQ. Observation et interprétation des signes par les augures. ➤ **auspices.** *Prendre les augures.* ▪ **2** Présage tiré de cette observation. « *Toute la nature Conspire à t'avertir par un sinistre augure* » VOLTAIRE. — LOC. COUR. *Être de bon, de mauvais augure :* être un présage favorable, défavorable. « *Le suintement rouge du ciel à l'horizon lui parut d'un si funèbre augure qu'il referma la croisée* » BARRÈS. *Oiseau de bon, de mauvais augure :* personne dont l'arrivée est d'un heureux ou d'un mauvais présage, ou qui annonce de bonnes, de mauvaises nouvelles. ▪ **3** LITTÉR. *Accepter l'augure de :* recevoir comme un signe ce qui va arriver. ➤ **prédiction, présage.** « *J'en accepte l'augure* » CORNEILLE.

AUGURER [ogyʀe] v. tr. ‹1› – 1355 ◊ latin *augurare,* de *augur* ▪ **1** ANTIQ. En parlant des augures, Observer les signes et en tirer des présages. ▪ **2** VIEILLI Inférer un évènement futur d'une observation, d'un signe annonciateur. ➤ **conjecturer, deviner, prédire, pressentir, présumer, prévoir.** *Augurer que* (et condit. ou fut.). ♦ MOD. *Augurer une chose d'une autre,* en tirer quelque conjecture ou présage. ➤ **présager.** « *Quelle est cette aventure ? et qu'en puis-je augurer ?* » MOLIÈRE. — ABSOLT « *Le temps présent est sombre, et je n'augure pas bien de l'avenir prochain* » RENAN. LOC. FAM. *Ça n'augure rien de bon :* c'est mauvais signe.

1 **AUGUSTE** [ogyst] adj. – XVe ; « consacré par les augures » XIIIe ◊ latin *augustus* → août ▪ LITTÉR. Qui inspire un grand respect, de la vénération ou qui en est digne. ➤ **grand, noble, respectable, 1 sacré, saint, solennel, vénérable.** *Cette auguste assemblée* (surtout iron.). *L'ombre* « *Semble élargir jusqu'aux étoiles Le geste auguste du semeur* » HUGO. ▪ CONTR. 1 Bas, méprisable.

2 **AUGUSTE** [ogyst] n. m. – 1898 ◊ adaptation d'une expression allemande, d'après 1 *auguste,* par antiphrase ▪ LANG. DU CIRQUE Type de clown au maquillage violent et caricatural. *L'auguste et le clown* blanc.*

AUGUSTINIEN, IENNE [ogystinjɛ̃, jɛn] adj. – 1666 ◊ de *saint Augustin* ▪ **1** Qui concerne saint Augustin, sa pensée. *Sémiotique augustinienne.* ▪ **2** Qui adopte la théorie de saint Augustin sur la grâce.

AUJOURD'HUI [oʒuʀdɥi] adv. et n. m. – XIIe ◊ de *au, jour, d'* et *hui ;* forme renforcée de *hui ;* latin *hodie* « en ce jour », de *hoc* et *die* ▪ **1** En ce jour même, au jour où est la personne qui parle ; PAR EXT. n. m. Ce jour même. *Il part aujourd'hui. Il y a aujourd'hui huit jours qu'il est arrivé. Aujourd'hui en huit :* dans huit jours. *Il doit partir dès aujourd'hui. La journée d'aujourd'hui est plus belle que celle d'hier. C'est tout pour aujourd'hui. Ce n'est pas d'aujourd'hui que je le connais :* je le connais depuis longtemps. *Jusqu'aujourd'hui, jusqu'à aujourd'hui. Ce n'est pas aujourd'hui que je vais commencer !* (pléonasme) *Au jour d'aujourd'hui.* « *Rien ne ressemble mieux à aujourd'hui que demain* » LA BRUYÈRE. LOC. FAM. *C'est pour aujourd'hui (ou pour demain) ?* exprime l'impatience. — n. m. LITTÉR. Le jour présent. « *Le vierge, le vivace et le bel aujourd'hui* » MALLARMÉ. « *tous les aujourd'huis* » PÉGUY. ▪ **2** PAR EXT. Au temps où nous sommes ; PAR EXT. n. m. Le temps où nous sommes. ➤ **actuellement, maintenant** (cf. À l'époque actuelle, à l'heure* qu'il est, à présent, de nos jours, en ce moment). *Les jeunes d'aujourd'hui. Les États-Unis d'aujourd'hui.* « *Les hommes ont été de tout temps ce qu'ils sont aujourd'hui, égoïstes, avares et sans pitié* » FRANCE. ♦ (Opposé à *demain* ou à *hier*) À un certain moment. « *Aujourd'hui dans un casque et demain dans un froc* » BOILEAU. ▪ CONTR. Demain, hier ; autrefois.

AULA [ola] n. f. – 1846 ◊ mot latin ▪ (Suisse) Amphithéâtre d'une université ; grande salle d'un établissement scolaire.

AULNAIE [o(l)nɛ] n. f. – XVe ; *aunaie* 1601 ; *aunoie* 1260 ◊ de *aulne* ▪ Lieu planté d'aulnes. — On écrit aussi *aunaie.*

AULNE [o(l)n] n. m. – 1314 ; *aune* 1268 ◊ latin *alnus* ▪ Arbre d'Europe *(bétulacées)* qui croît dans les lieux humides. *Aulne à feuilles en cœur* (Corse). *Aulne blanc, gris. Aulne noir.* ➤ **bourdaine.** *Aulne glutineux.* ➤ RÉGION. **vergne.** *Bois d'aulne.* « *L'aulne est l'arbre des eaux mortes et sombres. C'est la seule silhouette verticale qui peuple les plaines brumeuses du nord* » TOURNIER. « *Le Roi des Aulnes* », *titre français* (Nodier) *d'une ballade de Goethe ; titre d'un roman de M. Tournier.* — On écrit aussi *aune.* « *les buissons d'aunes* » HÉMON. ▪ HOM. Aune.

AULOFÉE ou **AULOFFÉE** [olɔfe] n. f. – *olofee* 1771 ◊ de *au lof* ▪ MAR. Mouvement du bateau qui lofe, qui vient au vent (opposé à *abattée*).

AULX ➤ **AIL**

AUMÔNE [omon] n. f. – début Xe ◊ du latin populaire *alemosina,* qui remonte au grec *eleêmosunê,* famille de *eleos* « pitié » → kyrie eleison ▪ **1** Don charitable fait aux pauvres. ➤ **bienfait, charité, 1 don, obole.** *Recueillir des aumônes* (➤ 1 **quête**). *La misère l'a réduit à vivre d'aumône* (cf. Faire la manche*). *Demander l'aumône.* ➤ **charité ; mendier, 1 tendre** (la main). *Faire l'aumône à un mendiant.* « *Donnez, riches ! L'aumône est sœur de la prière* » HUGO. « *l'aumône avilit également celui qui la reçoit et celui qui la fait* » FRANCE. *Je ne vous demande pas l'aumône :* c'est mon dû. ▪ **2** FIG. Faveur sollicitée humblement ou accordée par grâce. ➤ **grâce.** *Accordez-lui l'aumône d'un regard.*

AUMÔNERIE [omonʀi] n. f. – 1190 ◊ de *aumônier* ▪ **1** Charge d'aumônier. ▪ **2** Ensemble des aumôniers, administration qui s'occupe des aumôniers. *L'aumônerie militaire.* ▪ **3** Lieu où un aumônier exerce ses fonctions. *L'aumônerie du lycée.*

AUMÔNIER [omonje] n. m. – *aumosnier* 1174 ; *almosnier* « personne qui reçoit l'aumône » 1080 ◊ de *aumône* ▪ **1** ANCIENNT Ecclésiastique qui desservait la chapelle d'un grand, d'un prélat. ➤ **chapelain.** — *Grand aumônier de France,* titre du premier aumônier de la cour des rois de France. ▪ **2** MOD. Ecclésiastique chargé de l'instruction religieuse, de la direction spirituelle dans un établissement, un corps. *L'aumônier du lycée, du régiment.* ➤ **ministre** (du culte).

AUMÔNIÈRE [omonjɛʀ] n. f. – *aumosnière* XIIe ◊ de *aumône* ▪ **1** ANCIENNT Bourse à coulant qu'on portait autrefois à la ceinture. — MOD. Petit sac de dame en forme de bourse. *Aumônière de première communiante.* ▪ **2** Mode de présentation d'une préparation culinaire disposée au centre d'une crêpe, d'une feuille de brick, de chou..., dont les bords sont réunis et liés de manière à former une bourse. *Aumônière de fruits rouges. Truffe en aumônière.*

AUMUSSE [omys] **n. f.** – XIIe «coiffure» ◊ latin médiéval *almutia,* d'origine inconnue ■ ANCIENNT Fourrure que les chanoines et les chantres portaient sur le bras en allant à l'office ; cette fourrure, symbole du canonicat.

AUNAIE ➤ **AULNAIE**

1 **AUNE** [on] **n. f.** – *alne* 1080 ◊ francique °*alina* «avant-bras» ■ MÉTROL. Ancienne unité de mesure de longueur (1,18 mètre, puis 1,20 mètre) utilisée en particulier pour mesurer les étoffes. *«elle mesurait des aunes de cotonnades, derrière son comptoir»* MÉRIMÉE. *Longueur d'une aune* (**n. f. AUNÉE**). *Mesurer à l'aune* (**v. tr.** ‹1› **AUNER**). — LOC. *Long, large d'une aune :* très long, très large. *«Tirant une langue d'une aune»* FRANCE. LITTÉR. *Mesurer les autres à son aune :* juger des autres d'après soi-même. COUR. *À l'aune de :* d'après ; en prenant pour référence. *«la vie ne se mesure jamais à l'aune de ses douleurs»* P. CHAMOISEAU. ■ **HOM.** Aulne.

2 **AUNE** ➤ **AULNE**

AUNÉE [one] **n. f.** – 1547 ; *elnée* XIIIe ◊ latin populaire °*elena,* de *(h)elenium,* d'origine grecque ■ BOT. Plante *(composées)* des lieux humides, à fleurs jaunes. *Grande aunée* ou *aunée officinale :* variété dont la racine est tonique et aromatique. ➤ **inuline.**

AUPARAVANT [opaʀavɑ̃] **adv.** – XIVe ◊ de *au, par* et 1 *avant* ■ Avant tel évènement, telle action (priorité dans le temps). ➤ **abord** (d'), 1 **avant, préalable** (au). *Vous me raconterez cela, mais auparavant asseyez-vous. Un mois auparavant.* ➤ **tôt** (plus tôt). ■ **CONTR.** Après.

AUPRÈS [opʀɛ] **adv.** – 1424 ◊ de *au* et *près*

I loc. prép. AUPRÈS DE. ■ **1** Tout près, à côté de (surtout avec un nom de personne). ➤ **près.** *Approchez-vous, venez vous asseoir auprès de moi. L'infirmière est restée toute la nuit auprès du malade,* à son chevet. *«Enivré du charme de vivre auprès d'elle»* ROUSSEAU. — *Avoir accès auprès de qqn.* ■ **2** FIG. (Rapports que l'on a avec une personne, une collectivité). *L'ambassadeur de Sa Majesté britannique auprès de la République française. S'enquérir de qqch. auprès de qqn.* ■ **3** (Point de vue). *Il passe pour un avare auprès d'elle,* à ses yeux, dans son esprit, dans son opinion. *Être en faveur auprès de qqn.* ■ **4** En comparaison de. *Ce service n'est rien auprès de ce qu'il a fait pour moi* (cf. À côté* de). *«Que la réalité était triste et ennuyeuse auprès de mon songe»* FRANCE.

II adv. LITTÉR. Tout près, dans le voisinage. *Les lieux situés auprès. «Les autres, étendus tout auprès pour dormir»* GIDE. ■ **CONTR.** Loin.

AUQUEL ➤ **LEQUEL**

AURA [ɔʀa] **n. f.** – 1793 ◊ mot latin «souffle» ■ **1** HIST. DES SC. Émanation ou principe subtil d'un corps, d'une substance. — SC. OCCULTES Sorte de halo enveloppant le corps, visible aux seuls initiés. ◆ (1923) FIG. et LITTÉR. Atmosphère qui entoure ou semble entourer un être. *Il flottait autour d'elle une aura de mystère.* ➤ **ambiance, atmosphère, émanation.** *«L'être ne meurt pas tout de suite pour nous, il reste baigné d'une espèce d'aura de vie»* PROUST. ■ **2** (1846) MÉD. Sensation ou ensemble de symptômes qui marquent le début d'une attaque, d'une crise d'épilepsie, etc. *Migraine avec aura. Aura hystérique.*

AURÉLIE [ɔʀeli] **n. f.** – 1845 ◊ de l'italien *aurelio* «doré», du latin *aurum* «or» ■ ZOOL. Méduse *(cnidaires)* rose, blanche, mauve, fréquente dans les mers de la zone tempérée.

AURÉOLE [ɔʀeɔl] **n. f.** – *auriole* fin XIIIe ◊ latin ecclésiastique *(corona) aureola* «(couronne) d'or» ■ **1** Cercle doré ou coloré dont les peintres entourent la tête de Jésus-Christ, de la Vierge et des saints. ➤ **nimbe.** — PAR MÉTAPH. *Une auréole de cheveux blonds.* ■ **2** Cercle lumineux que l'œil voit autour d'un objet. *Auréole de la lune, du soleil.* ➤ **halo.** ■ **3** FIG. Degré de gloire qui distingue les saints dans le ciel. — PAR EXT. *L'auréole du martyre, de la vertu.* ➤ **couronne, éclat, gloire, prestige.** *Entourer, parer qqn d'une auréole* (cf. Porter au pinacle*). ◆ Éclat qui semble émaner de qqn. ➤ **émanation ; atmosphère, aura.** *«La richesse et le bonheur répandent une auréole autour de leurs favoris»* BALZAC. ■ **4** Trace circulaire laissée sur le papier, le tissu par une tache qui a été nettoyée. *Produit qui détache sans former d'auréoles.* ■ **5** Trace de transpiration des aisselles sur un vêtement. *«nous descendions de voiture avec nos auréoles sous les bras»* DJIAN.

AURÉOLER [ɔʀeɔle] **v. tr.** ‹1› – 1867 ◊ de *auréole* ■ **1** Entourer d'une auréole. ➤ **ceindre.** *«la tête auréolée par sa coiffe paysanne»* GENEVOIX. ■ **2** FIG. Donner de l'éclat, du prestige à (qqn, qqch.). ➤ **glorifier, magnifier.** *Mirabeau «a laissé un grand nom, que la légende auréole»* BARTHOU. *Il l'auréole de toutes les vertus.* ➤ 1 **parer.** — PRONOM. *«Il s'auréolait de prestige à mes yeux»* GIDE. — **p. p. adj.** (1856) *Auréolé de gloire.*

AURÉOMYCINE [ɔʀeomisin] **n. f.** – v. 1950 ◊ n. déposé, du latin *aureus* «d'or», *-myc(e)* et *-ine* ■ MÉD. Antibiotique *(Streptomyces aureofaciens)* utilisé sous la forme d'une poudre jaune d'or, dérivé chloré de la tétracycline*. *L'utilisation de l'auréomycine est restreinte par l'augmentation de la fréquence des résistances bactériennes.*

AURICULAIRE [ɔʀikylɛʀ] **adj.** et **n. m.** – 1532 ◊ bas latin *auricularius,* de *auricula* → oreille

I ■ **1** Qui a rapport à l'oreille. *Pavillon auriculaire.* — LITTÉR. *Témoin auriculaire,* qui a entendu de ses propres oreilles ce qu'il raconte ou dépose (par oppos. à *témoin oculaire*). ■ **2 n. m.** (1866 ◊ latin *auricularis*) MOD. *L'auriculaire :* le petit doigt de la main (sa petitesse permet de l'introduire dans l'oreille).

II ANAT. Qui a rapport aux oreillettes et auricules du cœur. *Appendice auriculaire.*

AURICULE [ɔʀikyl] **n. f.** – 1838 ; «petite oreille» 1377 ◊ latin *auricula* → oreille ■ ANAT. Diverticule prolongeant les oreillettes du cœur. *Auricule droite. Auricule gauche.*

AURICULOTHÉRAPIE [ɔʀikyloteʀapi] **n. f.** – v. 1970 ◊ du latin *auricula* «oreille» et *-thérapie* ■ MÉD. Méthode thérapeutique dérivée de l'acupuncture, consistant à traiter différentes affections en stimulant des points déterminés du pavillon de l'oreille.

AURIFÈRE [ɔʀifɛʀ] **adj.** – 1532 ◊ latin *aurifer,* de *aurum* «or» ■ Qui contient de l'or. *Sable, rivière, terrain aurifère.*

AURIFICATION [ɔʀifikasjɔ̃] **n. f.** – 1858 ◊ de *aurifier* ■ DIDACT. Action d'aurifier. *Aurification d'une dent.*

AURIFIER [ɔʀifje] **v. tr.** ‹7› – 1863 ◊ du latin *aurum* «or» ■ Obturer (une dent) avec de l'or. ■ **HOM.** Horrifier.

AURIGE [ɔʀiʒ] **n. m.** – 1823, popularisé à la fin du XIXe par les découvertes de Delphes ◊ latin *auriga* «cocher» ■ ANTIQ. Conducteur de char, dans les courses. *L'aurige de Delphes, célèbre bronze grec trouvé dans ce sanctuaire.*

AURIGNACIEN, IENNE [ɔʀiɲasjɛ̃, jɛn] **adj.** et **n. m.** – 1907 ◊ de *Aurignac* ■ GÉOL., PALÉONT. Se dit de l'industrie préhistorique d'Aurignac (début du paléolithique supérieur) qui présente les premières œuvres d'art. — **n. m.** Période de cette industrie. *L'aurignacien se situe entre le solutréen et le moustérien.*

1 **AURIQUE** [ɔʀik] **adj.** – 1788 ◊ néerlandais *oorig* ■ MAR. *Voile aurique,* qui a la forme d'un quadrilatère irrégulier et qui est fixée à un étai, une draille ou une corne (➤ **livarde**).

2 **AURIQUE** [ɔʀik] **adj.** – 1842 ◊ du latin *aurum* «or» ■ CHIM. Qui contient de l'or trivalent, ou s'y rapporte. *Chlorure aurique. Traitement aurique.*

AUROCHS [ɔʀɔk] **n. m.** – relevé une fois en 1611 *aurox ;* depuis 1752 ◊ de l'allemand *Auerochs,* de *Ochs* «bœuf» et du germanique *Auer* qui a donné le latin *urus* → urus ■ Grand bœuf d'Europe *(bovidés),* proche du zébu d'Asie, dont la race est éteinte. *Corne d'aurochs.*

AURORAL, ALE, AUX [ɔʀɔʀal, o] **adj.** – 1859 ◊ de *aurore* ■ De l'aurore. SPÉCIALT De l'aurore polaire. *Rayonnement auroral.*

AURORE [ɔʀɔʀ] **n. f.** – XIIIe ◊ latin *aurora*

I Lueur brillante et rosée qui suit l'aube et précède le lever du soleil ; moment où le soleil va se lever. ➤ 1 **aube.** *Lumière, lueurs de l'aurore. Se lever à l'aurore, dès l'aurore, avant l'aurore ;* FAM. *aux aurores. «Une longue jonque de nuages, amarrée au ras de l'horizon, retardait seule le premier feu de l'aurore»* COLETTE. POÉT. *«Quand l'Aurore avec ses doigts de rose entr'ouvrira les portes dorées de l'Orient»* FÉNELON. — FIG. et LITTÉR. Début, commencement. ➤ 1 **aube, matin, origine.** *«Ces actes ne sont qu'une ébauche et comme l'aurore de la réforme»* BOSSUET. ◆ EN APPOS. *Sauce aurore,* composée d'un fond de volaille ou de veau et de purée de tomate.

II (1646 *aurore boréale*) GÉOPHYS. *Aurore polaire :* phénomène lumineux atmosphérique (➤ **météore**), apparaissant aux latitudes élevées, provenant de la recombinaison dans l'ionosphère de protons émis par le Soleil. *Aurore boréale, australe.*

■ **CONTR.** Brune, crépuscule.

AUSCULTATION [ɔskyltasjɔ̃] **n. f.** – 1819 ; «action d'écouter, examen» 1570 ◊ latin *auscultatio* → ausculter ■ Action d'écouter les bruits qui se produisent à l'intérieur de l'organisme pour faire un diagnostic. ➤ **exploration, percussion.** *Auscultation immédiate,* par application de l'oreille sur la partie à explorer. *Auscultation médiate,* par interposition d'un instrument (➤ **stéthoscope**). — adj. **AUSCULTATOIRE,** avant 1869.

AUSCULTER [ɔskylte] v. tr. ⟨1⟩ – 1819 ; « examiner » XVIe ◇ latin *auscultare* → écouter ■ Explorer les bruits de l'organisme par l'auscultation. *Ausculter les bronches, le cœur. Ausculter un malade.* — FIG. Examiner attentivement. ➤ **étudier, sonder.** *Ausculter le marché financier.*

AUSPICES [ɔspis] n. m. pl. – *euspices* XIVe ◇ latin *auspicium,* de *avis* « oiseau » et *spicere* « examiner » ■ **1** Dans l'Antiquité romaine, Observation des oiseaux, présage tiré du vol, des mouvements, de l'appétit, du chant des oiseaux, etc. ➤ 2 **augure, présage, signe.** *Prendre les auspices.* ■ **2** MOD. *Sous de favorables, d'heureux, de riants auspices. Sous de fâcheux, funestes, tristes auspices.* ➤ **condition, influence, présage.** *« Deux jeunes époux, unis sous d'heureux auspices »* ROUSSEAU. — *Sous les auspices de qqn,* avec son appui, en invoquant sa recommandation. *Publier une revue sous les auspices de l'Académie des sciences.* ➤ **appui, direction, égide, patronage, protection.** ■ HOM. Hospice.

AUSSI [osi] adv. et conj. – *alsi* début XIIe ◇ latin populaire °*alidsic,* de *aliud* « autre » et *sic* « ainsi »

I ~ adv. ■ **1** Terme de comparaison accompagnant un adjectif ou un adverbe, exprimant un rapport d'égalité ou de similitude. ➤ **autant, également.** *Il est aussi grand que vous, mais il n'est pas aussi fort. Il n'est pas aussi intimidant qu'on le dit. Il s'est conduit tout aussi mal que la dernière fois. Il jouera aussi longtemps qu'il aura de l'argent.* ➤ **tant.** *Viens aussi vite que possible, aussi vite que tu pourras. D'aussi loin* qu'il me vit.* **AUSSI BIEN... QUE :** de même que. ➤ **autant** (que), **comme.** *Ça peut aussi bien vouloir dire oui que non. « Un génie aussi bien qu'une montagne, [...] vus de trop près, épouvantent »* HUGO. *« L'absence est aussi bien un remède à la haine Qu'un appareil contre l'amour »* LA FONTAINE. *Aristote, aussi bien que Platon, affirme* (ou *affirment*)... ■ **2** À ce point. *Je n'ai jamais rien vu d'aussi joli.* ➤ 2 **si.** *Je n'imaginais pas qu'il était aussi riche.* ➤ **tant, tellement.** *Un cas aussi grave. Une aussi bonne occasion.* PROV. *On n'est jamais aussi bien servi que par soi-même. Elle est partie aussi sec*.* ◆ Avant le verbe ➤ **pour, quelque,** 2 **si.** *« Ce corps contre son corps, aussi léger qu'il fût, l'empêchait de respirer »* MAURIAC. *Aussi idiot, aussi invraisemblable que cela paraisse. Aussi intelligente qu'elle soit.* — (Sans *que,* avec inversion) *Aussi intelligente soit-elle.* ■ **3** De la même façon. (En phrase affirmative) *Lorsque le physique est atteint, le moral l'est aussi.* ➤ **pareillement.** *« Celui qui met un frein à la fureur des flots Sait aussi des méchants arrêter les complots »* RACINE. *C'est aussi mon avis.* ➤ **également.** *« le regret aussi est un amplificateur du désir »* PROUST. *Je pars moi aussi.* ➤ FAM. et RÉGION. **itou.** *Toi aussi ? Dormez bien. – Vous aussi.* ➤ **même** (de même). *Tu pourrais aussi bien dire non.* — (En phrase négative, lorsque la négation est sentie comme un fait positif) VX ou FAM. Non plus. *« Et vous aussi, [...] vous n'êtes pas heureux ? »* FROMENTIN. ◆ Pareillement et de plus. ➤ **encore** (cf. En outre, en plus). *Il parle l'anglais et aussi l'allemand. Il ne suffit pas d'être doué, il faut aussi s'entraîner. Non seulement son frère, mais aussi ses parents sont venus le chercher.*

II ~ adv. de phrase ■ **1** LITTÉR. **AUSSI BIEN :** en tout état de cause. *« ces rêveries des Platoniciens qui, aussi bien, tombent d'elles-mêmes »* BOSSUET. ■ **2 MAIS AUSSI** (cf. D'ailleurs ; au surplus). *Mais aussi, pourquoi a-t-il accepté ?*

III ~ conj. Marque un rapport de conséquence avec la proposition qui précède (cf. En conséquence, c'est pourquoi). — (Avec inversion du sujet) *« Il suivait les laboureurs et chassait [...] les corbeaux [...] Aussi poussa-t-il comme un chêne »* FLAUBERT. — LITTÉR. **AUSSI BIEN.** *Aussi bien a-t-il accepté. Aussi bien n'ai-je accepté que pour lui faire plaisir.*

AUSSIÈRE ➤ **HAUSSIÈRE**

AUSSITÔT [osito] adv. – XIIIe ◇ de *aussi* et *tôt* ■ **1** Dans le moment même, au même instant. *J'ai compris aussitôt ce qu'il voulait* (cf. Dès l'abord). *Il s'enfuit aussitôt,* (LITTÉR.) *tout aussitôt.* ➤ **immédiatement ;** 2 **incontinent, instantanément ;** FAM. **illico** (cf. À l'instant, sur-le-champ, tout de suite). *Aussitôt après son départ. Aussitôt après. Pierre aussitôt répondit : « Non ».* ■ **2** loc. conj. **AUSSITÔT QUE :** dès que. *Il le reconnut aussitôt qu'il le vit. Aussitôt qu'il fut parti, l'autre arriva.* ➤ **sitôt.** — ELLIPT LITTÉR. *Aussitôt qu'arrivés :* aussitôt qu'ils furent arrivés. — COUR. *Aussitôt arrivé, il se coucha. Aussitôt la lettre reçue, vous partirez.* — LOC. *Aussitôt dit, aussitôt fait :* il dit la chose et la fait aussitôt. ■ HOM. Aussi tôt.

AUSTÉNITE [ɔstenit] n. f. – 1903 ◇ de *Austen,* métallurgiste anglais ■ MÉTALL. Constituant micrographique des aciers (à face cubique centrée) contenant une solution d'environ 2 % de carbone. ➤ **ferrite.**

AUSTÈRE [ostɛʀ] adj. – 1120 « âpre » ◇ latin *austerus,* du grec ■ **1** Qui se montre sévère pour soi, ne s'accorde aucun luxe ou plaisir. *Un homme austère.* ➤ **puritain, rigoriste, sévère, sobre, spartiate, stoïcien.** — PAR EXT. ➤ **dur, rigoureux.** *La vie austère d'un ascète.* ➤ **ascétique.** *« Ses disciples menaient une vie fort austère, jeûnaient fréquemment et affectaient un air triste et soucieux »* RENAN. *Morale, règle, discipline austère.* ■ **2** (CHOSES) (sans contenu moral) Triste et froid ; sans ornement. ➤ **sévère.** *Cette robe est un peu austère. Un monument austère.* ➤ **dépouillé,** 1 **froid,** 1 **nu.** *« Il n'y a qu'à voir ce dessin, tout à fait le style de Meidias en plus austère, en moins orné »* SARRAUTE. ■ CONTR. Dissolu, voluptueux. Aimable, gai.

AUSTÈREMENT [ostɛʀmɑ̃] adv. – 1212 ◇ de *austère* ■ LITTÉR. D'une manière austère. *Chambre austèrement meublée.*

AUSTÉRITÉ [osteʀite] n. f. – XIIIe ◇ latin *austeritas* ■ **1** Caractère de ce qui est austère (1°). *L'austérité de l'ascète, du puritain.* ➤ **ascétisme, puritanisme, rigorisme, sobriété, stoïcisme.** *L'austérité d'une vie, des mœurs, d'une morale.* ➤ **sévérité ; dureté, rigidité, rigueur.** *« Élevé dans un milieu d'austérité protestante »* LOTI. ◆ Caractère de ce qui est austère (2°). *L'austérité d'une façade.* ➤ **dépouillement.** ■ **2** PLUR. LITTÉR. Exercices, pratiques austères. ➤ **abstinence, ascèse, mortification, pénitence.** *« Elle aimait tout dans la vie religieuse, jusqu'à ses austérités et à ses humiliations »* BOSSUET. ■ **3** Gestion stricte de l'économie, comportant des mesures de freinage de la demande, le plus souvent par un recours à l'augmentation de la pression fiscale et, éventuellement, un blocage des revenus. ➤ **rigueur.** *Pratiquer une politique d'austérité en temps de crise. Une période d'austérité,* de restrictions. ■ CONTR. Facilité, 1 plaisir.

AUSTRAL, ALE [ɔstʀal] adj. – 1372 ◇ latin *australis,* de *auster* « vent du midi » ■ Qui est au sud du globe terrestre. *Pôle austral.* ➤ **antarctique, sud.** *Hémisphère austral. Les pays australs. Afrique australe.* — *Terres australes,* avoisinant le pôle Sud. ■ CONTR. Boréal.

AUSTRALOPITHÈQUE [ɔstʀalɔpitɛk] n. m. – avant 1955 ◇ latin savant *Australopithecus africanus,* de *australis* « austral » et du grec *pithêkos* « singe » ■ Homininé fossile de petite taille, disposant déjà de l'outil, découvert en Afrique méridionale et orientale. *« Lucie », australopithèque femelle découvert en Éthiopie.*

AUSTRO-HONGROIS, OISE [ostʀoɔ̃gʀwa, waz] adj. et n. – v. 1867 ; autre sens 1734 ◇ de *austro-* « autrichien », du latin *Austria* « Autriche », et *hongrois* ■ HIST. De l'État d'Europe centrale formé de l'empire d'Autriche et du royaume de Hongrie. *Le compromis austro-hongrois* (1867). — n. *Les Austro-Hongrois.*

AUTAN [otɑ̃] n. m. – *aultan* 1545 ◇ mot de l'ancien languedocien, du latin *altanus* « vent de la haute mer » ■ Nom que l'on donne dans le midi de la France au vent orageux qui souffle du sud ou du sud-est. — POÉT. *Les autans :* les vents impétueux. ■ HOM. Autant.

AUTANT [otɑ̃] adv. – *altant* 1190 ◇ du latin *alterum* « autre » et *tantum* « tant » ■ **1 AUTANT QUE.** Marque une relation d'égalité entre deux termes de comparaison (verbes). *« Je lis la Bible autant que l'Alcoran »* BOILEAU. ➤ **aussi** (bien). En même quantité, au même degré, au même titre, dans la même mesure. *J'en souffre autant que vous.* ➤ **comme.** *Il travaille autant qu'il peut. « Je te hais autant que je t'aime »* BAUDELAIRE. *Vous tous, autant que vous êtes :* tous sans exception. *Rien ne plaît autant que la nouveauté.* — ELLIPT *Autant partir tout de suite, dire la vérité,* il est aussi avantageux de. *Je ne l'ai jamais vu manger autant.* LOC. FAM. (incorrect, par confus. avec *au temps** [I, A 3°] *pour moi*) *Autant pour moi :* je reconnais que je me suis trompé. ◆ Dans la mesure où. *On n'est respecté qu'autant qu'on est juste. Autant que j'en puisse juger. « La plupart des hommes ne pensent qu'autant qu'ils parlent »* R. ROLLAND. — LOC. *Autant que possible :* dans la mesure du possible. *Autant que je sache :* dans la mesure où je suis au courant. — *Pour autant que.* ➤ **pour** (V, 1°). ■ **2 AUTANT DE** (avec un subst.) **QUE :** la même quantité, le même nombre de. *Il est né autant de garçons que de filles. J'ai autant d'estime pour son livre que pour le vôtre.* — (Avec *en*) La même chose. *Tâchez d'en faire autant. Je ne peux en dire autant.* — ABSOLT **POUR AUTANT :** pour cela. *Il a fait un effort mais il n'a pas progressé pour autant.* — (Sans compar.) Une telle quantité, un tel nombre de. *Je ne pensais pas qu'il aurait autant de patience.* ➤ **tant, tellement.** — *Autant en emporte le vent*.* ■ **3 AUTANT... AUTANT...** introduisant les éléments d'une comparaison. *Autant il est charmant avec elle, autant il est désagréable avec nous.* PROV. *Autant d'hommes, autant d'avis.* ▪ **4** loc. adv. **D'AUTANT** : à proportion. *Cela augmente d'autant son profit. «le monde s'en trouve modifié d'autant»* CAILLOIS. — loc. conj. **D'AUTANT QUE** : vu, attendu que. *«il faut procéder avec circonspection ; d'autant que les fautes qu'on y peut faire sont d'une dangereuse conséquence»* MOLIÈRE. — loc. conj. **D'AUTANT PLUS QUE** : encore plus à mesure que, pour la raison que. *«La chaleur était suffocante, d'autant plus qu'on ne sentait pas [...] l'espace et le vent de la mer»* DAUDET. — loc. adv. **D'AUTANT PLUS.** *«si on lui objecte que ce préfet est protestant, il répond qu'il devait y aller d'autant plus»* MADELIN. *D'autant plus !* à plus forte raison. — **D'AUTANT MIEUX (QUE)** : encore mieux pour la raison que. *La chaleur se conserve d'autant mieux que vous fermez plus vite la porte. Il a participé à ce travail et en connaît d'autant mieux les difficultés.* — **D'AUTANT MOINS (QUE)** : encore moins pour la raison que. *J'ai d'autant moins envie de le faire que je l'ai déjà fait une fois. J'en ai d'autant moins le courage.* ▪ **5** Nominal (Belgique) Tant (exprimant une quantité non précisée). *Imaginons que tu paies autant pour ton loyer.* ▪ CONTR. Moins, plus. ▪ HOM. Autan.

AUTARCIE [otaʀsi] n. f. – 1931 ; «sobriété, frugalité» 1793 ◊ grec *autarkeia*, de *autos* «soi-même» et *arkein* «suffire» ▪ DIDACT. État d'une collectivité humaine qui se suffit à elle-même, a très peu d'échanges commerciaux avec l'extérieur. *Vivre en autarcie. Politique, régime d'autarcie.* ➤ **autoconsommation.** *Autarcie forcée en cas de blocus.* — PAR EXT. État de ce qui se suffit à soi-même, n'entretient pas d'échange avec l'extérieur. *Autarcie intellectuelle.*

AUTARCIQUE [otaʀsik] adj. – 1938 ◊ de *autarcie* ▪ DIDACT. Fondé sur l'autarcie. *Politique autarcique.*

AUTEL [otɛl] n. m. – *alter* fin XIe ◊ latin *altare*, apparenté à *adolere* «faire brûler pour honorer un dieu», d'origine inconnue ▪ **1** Dans l'Antiquité, Tertre de gazon, table de pierre à l'usage des sacrifices offerts aux dieux. *Dresser, élever un autel. Autel domestique.* ➤ **laraire.** *«On dresse deux autels de gazon. L'encens fume, le sang des victimes coule»* FÉNELON. — LOC. LITTÉR. *Dresser, élever des autels à qqn,* l'égaler à une divinité. *Placer qqn sur un autel* (cf. Mettre sur un piédestal*). *«La chute de l'objet aimé est d'autant plus profonde qu'ils l'avaient érigé sur un plus sublime autel»* MAURIAC. *Immoler, sacrifier (qqn, qqch.) sur l'autel de... Un amour sacrifié sur l'autel de l'ambition.* ▪ **2** LITURG. Table où l'on célèbre la messe. *L'autel d'une église. Les autels d'une cathédrale. L'autel principal se dresse dans le sanctuaire. Maître-autel.* ➤ **maître** (IV, B, 1°). — *Table d'autel. Peinture d'autel* : retable. *Pierre d'autel* : partie de l'autel, consacrée par l'évêque, contenant les reliques. *Autel portatif* : pierre consacrée qui peut être transportée hors de l'église pour célébrer la messe. — LOC. *S'approcher de l'autel* : communier. — FIG. VIEILLI *Aller à l'autel* : se marier. *Conduire, suivre une personne à l'autel,* l'épouser. ▪ **3 L'AUTEL** : la religion, l'Église. *Le trône et l'autel.* ▪ HOM. Hôtel.

AUTEUR [otœʀ] n. m., rare **AUTRICE** [otʀis] n. f. – 1174 *autor* «celui qui est à l'origine (de qqch.)» ; v. 1160 *auctur* «écrivain» ◊ latin *auctor* «celui qui accroît *(augere)*, qui fonde» ▪ REM. La forme féminine est *autrice* (latin *auctrix*), on la rencontre parfois aux sens 2°, 3° et 4° ; on trouve aussi *une auteure* sur le modèle du français du Canada. *«Nous avons fait actrice, cantatrice, bienfaitrice, et nous reculons devant autrice [...] Autant avouer que nous ne savons plus nous servir de notre langue»* R. DE GOURMONT. ▪ **1** Personne qui est la première cause (d'une chose), qui est à l'origine (d'une chose). ➤ **cause, créateur, principe.** *L'auteur de l'univers :* Dieu. *Être l'auteur de son destin, de ses propres maux.* ➤ **artisan.** *L'auteur d'un système, d'une découverte.* ➤ **fondateur, inventeur.** *Il nie être l'auteur du crime. Ils sont les principaux auteurs de la sédition.* ➤ **initiateur, promoteur, responsable.** *«J'en suis le seul auteur, elle n'est que complice»* CORNEILLE. — LITTÉR., VX OU PAR PLAIS. *Les auteurs de mes jours* : mes parents. ♦ DR. (opposé à *ayant cause*) Personne de qui on tient un droit, une obligation. ▪ **2** *Auteur de* (un livre, une œuvre d'art) : personne qui a écrit (un livre), réalisé (une œuvre d'art). *L'auteur d'un manuel d'algèbre. L'auteur d'un film* (➤ **réalisateur**), *d'une bande dessinée, d'un tableau* (➤ **peintre**), *d'un roman* (➤ **écrivain, romancier**). *Cinéma d'auteur. L'auteur de ces lignes* (➤ **rédacteur**). ▪ **3** ABSOLT Personne qui a fait un ou plusieurs ouvrages littéraires. ➤ **écrivain** (cf. Homme, femme de lettres*). *Étudier les œuvres des grands auteurs. Auteurs anciens (auteurs classiques, romantiques, symbolistes, réalistes), modernes, contemporains. Auteur d'un best-seller.* — *«Des femmes auteurs»* ROUSSEAU. *Un auteur, une autrice* (voir remarque en début d'article). — *Auteur qui publie chez tel éditeur.* — *Auteur qui travaille en collaboration avec un autre.* ➤ **coauteur.** *Auteur d'ouvrages signés par un autre.* ➤ **nègre, prête-plume** (cf. Écrivain fantôme*). — DR. **DROIT D'AUTEUR** : droit de propriété incorporelle exclusif et opposable à tous, conféré à la personne sous le nom de qui une œuvre de l'esprit est divulguée. ➤ **copyright.** COUR. *Droits d'auteur* : argent que perçoit un auteur proportionnellement au nombre d'exemplaires vendus, de représentations, de reproductions, etc. — *Publication à compte d'auteur,* dans laquelle l'auteur d'un livre paie lui-même les frais d'impression. ♦ PAR MÉTON. Œuvre, texte d'un auteur. *Étudier un auteur. Citer un auteur.* ▪ **4** PAR EXT. Personne qui écrit des textes de chansons. ➤ **parolier.** *Auteur-compositeur,* qui écrit les paroles et compose la musique. *Des auteurs-compositeurs-interprètes.* ▪ HOM. Hauteur.

AUTHENTICITÉ [otɑ̃tisite] n. f. – 1684 ; *authentiquité* 1557 ◊ de *authentique* ▪ Caractère de ce qui est authentique. ▪ **1** DR. *Authenticité d'un acte public, notarié* : qualité d'un acte reçu avec les solennités requises par un officier public compétent et capable d'instrumenter. *Contester, nier l'authenticité d'un acte.* ▪ **2** Qualité d'un écrit, d'un discours, d'une œuvre émanant réellement de l'auteur auquel on l'attribue*. *Vérifier l'authenticité d'un tableau. L'authenticité d'une signature.* ▪ **3** PAR EXT. Qualité de ce qui mérite d'être cru, qui est conforme à la vérité. *L'authenticité d'un évènement historique* (➤ **historicité**), *d'un témoignage* (➤ **véracité**). ▪ **4** PAR EXT. (XXe) Qualité d'une personne, d'un sentiment authentique (5°). ➤ **sincérité ; naturel, vérité.** *L'authenticité de sa joie. Une confession pleine d'authenticité. «Ce qui me plaît en Montherlant c'est un accent d'indéniable authenticité»* GIDE. ▪ CONTR. Fausseté, imitation.

AUTHENTIFICATION [otɑ̃tifikasjɔ̃] n. f. – 1933 ◊ de *authentifier* ▪ Action d'authentifier. *L'authentification d'un tableau. Expertise d'authentification.* — SPÉCIALT, INFORM. Procédure de vérification de l'identité de l'utilisateur ou de la machine, lors d'une connexion à un réseau télématique.

AUTHENTIFIER [otɑ̃tifje] v. tr. ⟨7⟩ – 1863 ◊ de *authentiquer*, d'après *certifier* ▪ **1** Rendre authentique. ➤ **authentiquer.** *L'intervention de l'état civil authentifie les naissances, les mariages et les décès.* ➤ **certifier, constater, légaliser.** ▪ **2** Reconnaître comme authentique. *Faire authentifier un tableau.*

AUTHENTIQUE [otɑ̃tik] adj. – *autentike* XIIe ◊ latin juridique *authenticus*, du grec ▪ **1** DR. *Acte authentique* (opposé à *acte sous seing privé*) : acte reçu par officiers publics ayant le droit d'instrumenter dans le lieu où l'acte a été rédigé, et avec les solennités requises. ➤ **notarié, public, solennel.** *Testament authentique.* — PAR EXT. Qui est attesté, certifié conforme à l'original. *Copie authentique.* ▪ **2** Qui est véritablement de l'auteur auquel on l'attribue. *Livre authentique. Évangiles authentiques* (opposé à *apocryphe*). ➤ **canonique.** *Un Rembrandt authentique.* ➤ **vrai.** ▪ **3** PAR EXT. Dont l'autorité, la réalité, la vérité ne peut être contestée. ➤ **assuré, avéré, certain, 2 établi, exact, incontestable, indéniable, indiscutable, indubitable, réel, sûr, véridique, véritable, vrai.** *Fait, histoire authentique. C'est vrai ? – Authentique !* ▪ **4** Conforme à son apparence. ➤ **vrai.** *Un diamant authentique. C'est un authentique crétin.* ➤ **1 complet, parfait.** ▪ **5** (1923) Qui exprime une vérité profonde de l'individu et non des habitudes superficielles, des conventions. ➤ **sincère ; juste, naturel, vrai.** *«Je crois que les sentiments authentiques sont extrêmement rares et que l'immense majorité des êtres humains se contentent de sentiments de convention qu'ils s'imaginent réellement éprouver»* GIDE. — (PERSONNES) *Il n'est pas très authentique.* ➤ **sincère, vrai.** ▪ **6** MUS. Se dit de l'un des modes du plain-chant (opposé à *plagal*). — adv. **AUTHENTIQUEMENT,** XIVe. ▪ CONTR. Privé. Apocryphe, falsifié, 1 faux, inauthentique. Douteux, 1 incertain, irréel. Affecté, conventionnel.

AUTHENTIQUER [otɑ̃tike] v. tr. ⟨1⟩ – *autenticier* v. 1260 ◊ de *authentique* ▪ VIEILLI Rendre (un acte) authentique. ➤ **authentifier, certifier, légaliser.** *«S'il fallait authentiquer la pièce, le scribe y apposait son sceau»* DANIEL-ROPS.

AUTISME [otism] n. m. – 1913 ◊ allemand *Autismus* (Bleuler, 1911) du grec *autos* «soi-même» ▪ **1** Trouble du développement qui se manifeste par une altération de la communication et des interactions sociales, par des intérêts restreints et des comportements répétitifs. *Autisme infantile. Troubles du spectre de l'autisme.* ▪ **2** FIG. Forte tendance à l'introversion et à l'égocentrisme. ♦ PAR EXAGÉR. Refus de communiquer. *«J'ai tout mon temps. Je veux que mon immobilité, mon autisme les chassent»* J.-P. DUBOIS.

AUTISTE [otist] **adj.** et **n.** – 1913 ◊ de *autisme* ■ DIDACT. ■ **1** Atteint d'autisme. *Un enfant autiste.* — **n.** *Un, une autiste.* ■ **2** Relatif à l'autisme. ➤ **autistique.** « *Une indifférence terriblement autiste* » LÉVI-STRAUSS. ■ **3** PAR EXAGÉR. Qui refuse le dialogue, la communication. *Un gouvernement autiste et irresponsable.*

AUTISTIQUE [otistik] **adj.** – 1913 ◊ de *autisme*, p.-ê. par l'allemand *autistisch* ■ DIDACT. Relatif à l'autisme. *Troubles du spectre autistique (TSA). Triade autistique.*

AUTO [oto] **n. f.** – 1896 ◊ abrév. de *automobile*, souvent masc. jusqu'en 1915-1920 ■ Automobile. ➤ **voiture** (PLUS COUR.). — *L'auto.* ➤ **automobile, automobilisme.** *Le Salon de l'auto. Faire le voyage en auto.* ♦ SPÉCIALT, COUR. *Autos électriques des foires. Autos tamponneuses*.* — Voiture miniature. *Une auto à pédales. Il joue avec ses petites autos.*

AUTO- ■ Élément, du grec *autos* « soi-même, lui-même » : *autoanalyse, autodérision.* ■ CONTR. Hétér(o)- ; allo-.

AUTOACCUSATION [otoakyzasjɔ̃] **n. f.** – 1900 ◊ de *auto-* et *accusation* ■ DIDACT. Fait de s'accuser soi-même. ➤ **aveu.**

AUTOADHÉSIF, IVE [otoadezif, iv] **adj.** et **n. m.** – 1972 ◊ de *auto-* et *adhésif* ■ TECHN. Fait pour adhérer sans être humecté ou encollé. *Crochet autoadhésif.* ➤ **autocollant.** — **n. m.** *Des autoadhésifs.*

AUTOALLUMAGE [otoalymaʒ] **n. m.** – 1904 ◊ de *auto-* et *allumage* ■ TECHN. Allumage spontané anormal du mélange carburant dans un cylindre de moteur à explosion.

AUTOAMORÇAGE [otoamɔʀsaʒ] **n. m.** – 1956 ◊ de *auto-* et *amorçage* ■ TECHN. Amorçage spontané (d'une réaction, d'un processus, d'une machine).

AUTOBERGE [otobɛʀʒ] **n. f.** – v. 1960 ◊ de *auto(mobile)* et *berge* ■ Voie sur berge pour les automobiles.

AUTOBIOGRAPHIE [otobjɔgʀafi] **n. f.** – 1836 ◊ de *auto-* et *biographie* ■ Biographie de l'auteur faite par lui-même. *Écrire son autobiographie.* ➤ **biographie, confession,** 2 **mémoires, vie.** — Genre littéraire qui y correspond. ➤ aussi **autofiction.** « *L'autobiographie qui paraît au premier abord le plus sincère de tous les genres, en est peut-être le plus faux* » THIBAUDET.

AUTOBIOGRAPHIQUE [otobjɔgʀafik] **adj.** – 1832 ◊ de *autobiographie* ■ Qui concerne la vie de l'auteur, ses souvenirs sur lui-même. *Détails, écrits autobiographiques.*

AUTOBLOQUANT, ANTE [otoblɔkɑ̃, ɑ̃t] **adj.** – 1994 ◊ de *auto-* et 1 *bloquer* ■ Qui peut se bloquer, se maintenir dans la même position. *Porte autobloquante. Crochets autobloquants.*

AUTOBRONZANT, ANTE [otobʀɔ̃zɑ̃, ɑ̃t] **adj.** – 1981 ◊ de *auto-* et *bronzer* ■ Se dit d'un produit cosmétique permettant de bronzer sans soleil. *Émulsion autobronzante.* — **n. m.** *Les autobronzants.*

AUTOBUS [ɔtɔbys ; otobys] **n. m.** – 1906 ◊ de *auto(mobile)* et *(omni)bus* ■ Véhicule automobile de transport en commun, dans les villes. ➤ 1 **bus, trolleybus.** *La plateforme, la rotonde d'un autobus. Des autobus. Prendre l'autobus. Arrêt* (➤ **abribus, aubette**), *ligne d'autobus. Autobus à deux étages, à impériale. L'autobus et le métro.* — (1975) **(Canada)** *Autobus scolaire* : autobus qui sert au transport des élèves entre leur domicile et leur établissement.

AUTOCAR [ɔtɔkaʀ ; otokaʀ] **n. m.** – 1895 ◊ mot anglais « voiture *(car)* qui se meut par elle-même *(auto-)* » ■ Grand véhicule automobile équipé pour le transport de plusieurs dizaines de personnes. *Autocar de ligne régulière, de tourisme. Excursion, voyage en autocar.* ➤ 2 **car.** *Service d'autocar.* ➤ 1 **navette.** « *Sur le bord de la route, les enfants en haillons attendent l'arrivée de l'autocar bleu* » LE CLÉZIO.

AUTOCARAVANE [otokaʀavan] **n. f.** – 1980 ◊ de *auto(mobile)* et *caravane* ■ Recomm. offic. pour *camping-car* et *motor-home.*

AUTOCARISTE [ɔtɔkaʀist ; otokaʀist] **n.** – 1962 ◊ de *autocar* ■ TECHN. Propriétaire, exploitant, gérant d'une compagnie d'autocars.

AUTOCASSABLE [otokɑsabl] **adj.** – v. 1970 ◊ de *auto-* et *cassable* ■ *Ampoule autocassable,* dont le verre a été traité pour pouvoir être cassé sans lime aux extrémités.

AUTOCASTRATION [otokastʀasjɔ̃] **n. f.** – 1926 ◊ de *auto-* et *castration* ■ DIDACT. Castration qu'on s'inflige à soi-même, mutilation des organes génitaux.

AUTOCATALYSE [otokataliz] **n. f.** – 1904 ◊ de *auto-* et *catalyse* ■ CHIM. Catalyse d'une réaction par un des produits formés au cours de cette réaction. — **adj.** AUTOCATALYTIQUE [otokatalitik]. *La formation de polymères est autocatalytique.*

AUTOCENSURE [otosɑ̃syʀ] **n. f.** – v. 1960 ◊ de *auto-* et *censure* ■ DIDACT. ou ADMIN. Censure exercée sur soi-même. — PSYCHAN. « *Privée de ma liberté par un jeu de barrages et d'autocensures, je n'ai su ni créer un personnage ni tracer un portrait* » BEAUVOIR. — **v. pron.** ⟨1⟩ **S'AUTOCENSURER.**

AUTOCENTRÉ, ÉE [otosɑ̃tʀe] **adj.** – milieu XXe ◊ de *auto-* et *centrer* ■ DIDACT. Centré sur soi-même. *Développement autocentré,* basé sur les propres ressources du pays.

AUTOCHENILLE [otoʃ(ə)nij] **n. f.** – 1922 ◊ de *auto(mobile)* et *chenille* ■ Véhicule militaire ou d'exploration (automobile) monté sur chenilles. « *autochenilles porteuses de missiles gracieux dressés en direction de l'azur* » GRAINVILLE.

AUTOCHROME [otokʀom] **adj.** et **n. f.** – 1906 ◊ de *auto-* et *-chrome* ■ Qui enregistre les couleurs. *Plaque photographique autochrome,* ou **n. f.** *une autochrome. Procédé autochrome* (ou *autochromie* **n. f.**, 1907).

AUTOCHTONE [ɔtɔktɔn ; otokton] **adj.** et **n.** – 1560 ◊ grec *autokhthôn*, de *autos* « soi-même » et *khthôn* « terre » ■ **1** Qui est issu du sol même où il habite, qui n'est pas venu par immigration ou n'est pas de passage. ➤ **aborigène, indigène, naturel, originaire.** *Peuple, espèce autochtone. Premières Nations, Métis et Inuits, peuples autochtones du Canada.* — *Coutumes autochtones,* relatives aux habitants du pays. ♦ **n.** *Les touristes et les autochtones.* ■ **2** GÉOL. Qui n'a pas subi de transport. *Terrains autochtones.* ■ CONTR. Allochtone, étranger.

AUTOCINÉTIQUE [otosinetik] **adj.** – milieu XXe ◊ de *auto-* et *cinétique* ■ DIDACT. Capable de se mouvoir sans recevoir d'impulsion extérieure. *Organisme autocinétique.*

AUTOCLAVE [otoklav] **adj.** et **n. m.** – 1820 ◊ de *auto-* et du latin *clavis* « clé » ■ **1** Qui se ferme de soi-même. *Appareil, marmite autoclave.* ♦ **n. m.** Récipient métallique à fermeture extérieure hermétique, résistant à des pressions élevées. ➤ **étuve.** *Stérilisation de conserves à l'autoclave.* ■ **2** *Bois autoclave,* traité en autoclave sous vide d'air pour résister aux agressions biologiques (insectes, champignons). *Terrasse en pin autoclave.*

AUTOCOLLANT, ANTE [otokɔlɑ̃, ɑ̃t] **adj.** et **n. m.** – 1971 ◊ de *auto-* et *collant* ■ Qui adhère sans être humecté. ➤ **autoadhésif.** *Étiquettes, enveloppes autocollantes.* — **n. m.** Petit morceau de papier, de plastique autocollant portant une inscription, un dessin, une photo. ➤ **sticker.** *Mettre des autocollants sur sa voiture.*

AUTOCOMMUTATEUR [otokɔmytatœʀ] **n. m.** – 1911 *autocommutateur téléphonique* ◊ de *auto-* et *commutateur* ■ TÉLÉCOMM. Dispositif électromécanique ou électronique destiné à établir automatiquement une liaison téléphonique à partir d'un signal constitué d'un numéro d'appel.

AUTOCOMPLÉTION [otokɔ̃plesjɔ̃] **n. f.** – 1994 ; autre sens 1957 ◊ de *auto-* et *complétion*, d'après l'anglais ■ INFORM. Fonctionnalité qui propose des mots à l'utilisateur à partir des premiers caractères qu'il a saisis. *L'autocomplétion d'une messagerie, d'un moteur de recherche.*

AUTOCONCURRENCE [otokɔ̃kyʀɑ̃s] **n. f.** – 1904 ◊ de *auto-* et *concurrence* ■ Concurrence qu'une entreprise se fait à elle-même, soit directement, soit à travers une concession de licence.

AUTOCONDUCTION [otokɔ̃dyksjɔ̃] **n. f.** – 1894 ◊ de *auto-* et *conduction* ■ ÉLECTR. Production de courants dans un corps non relié à un circuit, mais placé à l'intérieur d'un solénoïde.

AUTOCONSOMMATION [otokɔ̃sɔmasjɔ̃] **n. f.** – 1952 ◊ de *auto-* et *consommation* ■ ÉCON. Consommation de produits par leur producteur. *Économie d'autoconsommation.* ➤ **autarcie.**

AUTOCOPIANT [otokɔpjɑ̃] **adj. m.** – début XXe ◊ de *auto-* et *copier* ■ TECHN. Se dit d'un papier qui, par pression, reproduit un tracé.

AUTOCOPIE [otokɔpi] **n. f.** – 1917 ◊ de *auto-* et *copie* ■ TECHN. Procédé par lequel on reproduit un écrit, un dessin à un certain nombre d'exemplaires, par pression localisée sans papier carbone intercalaire.

AUTOCOUCHETTE [otokuʃɛt] **adj. et n. m.** – 1962 *auto-couchettes* ◇ de *auto(mobile)* et *couchette* ■ *Train autocouchette* : train de nuit transportant à la fois les voyageurs et leur voiture. — **n. m.** *Voyager en autocouchette. Des autocouchettes.* — On écrit aussi *train autos-couchettes.*

AUTOCRATE [otokʀat ; ɔtɔkʀat] **n. m.** – 1768 ◇ grec *autokratês* «qui gouverne par lui-même», de *kratein* «gouverner» ■ Souverain dont la puissance n'est soumise à aucun contrôle. ➤ **despote, dictateur, tyran.**

AUTOCRATIE [otokʀasi ; ɔtɔkʀasi] **n. f.** – 1794 ◇ grec *autokrateia* → autocrate ■ Forme de gouvernement où le souverain exerce lui-même une autorité sans limite. ➤ **absolutisme, arbitraire, despotisme, dictature, tyrannie.** *«Le despotisme des assemblées est cent fois pire que l'autocratie d'un seul»* PROUDHON. ■ CONTR. Démocratie.

AUTOCRATIQUE [otokʀatik ; ɔtɔkʀatik] **adj.** – 1768 ◇ de *autocratie* ■ Qui appartient à un autocrate, à l'autocratie. *Gouvernement, régime autocratique.* ➤ **absolu, arbitraire, despotique, dictatorial, tyrannique.** *«Tout pouvoir sans contrepoids, sans entraves, autocratique, mène à l'abus, à la folie»* BALZAC. ■ CONTR. Constitutionnel, démocratique.

AUTOCRITIQUE [otokʀitik] **n. f.** – 1930 vocabulaire marxiste ; 1866 *auto-critique* ◇ de *auto-* et *critique* ■ Critique de son propre comportement. — LOC. *Faire son autocritique* : reconnaître ses erreurs par rapport à la ligne politique en vigueur ; FAM. reconnaître ses torts. ➤ aussi **s'autoflageller.**

AUTOCUISEUR [otokɥizœʀ] **n. m.** – 1917 ◇ de *auto-* et *cuiseur* ■ Appareil pour cuire les aliments sous pression, plus rapidement. ➤ 2 **cocotte.** *«La pression de la pensée cessera d'être à l'intérieur des espèces d'autocuiseurs, et se répandra au-dehors»* LE CLÉZIO.

AUTODAFÉ [otodafe] **n. m.** – 1687 ◇ portugais *auto da fe* «acte *(auto)* de foi *(fé)*» ■ **1** Cérémonie au cours de laquelle les hérétiques condamnés au supplice du feu par l'Inquisition étaient conviés à faire *acte de foi* pour mériter leur rachat dans l'autre monde. *Des autodafés.* — Supplice du feu. ■ **2** (1826) Action de détruire par le feu. *Autodafé de livres.*

AUTODÉFENSE [otodefɑ̃s] **n. f.** – 1936 ◇ de *auto-* et *défense* ■ Défense de soi-même par soi-même contre un agresseur, sans faire appel aux services de sécurité, à la police.

AUTODÉRISION [otodeʀizjɔ̃] **n. f.** – 1975 ◇ de *auto-* et *dérision* ■ Fait de se moquer de soi-même avec sarcasme.

AUTODESTRUCTEUR, TRICE [otodɛstʀyktœʀ, tʀis] **adj.** – 1946 ◇ de *auto-* et *destructeur* ■ Qui vise à se détruire soi-même. *Tendances autodestructrices.*

AUTODESTRUCTION [otodɛstʀyksjɔ̃] **n. f.** – 1895 ◇ de *auto-* et *destruction* ■ Destruction de soi (matérielle ou morale) par soi-même. *«Tout effort pour dominer leur condition tourne à une tentative d'auto-destruction»* C. SIMON.

AUTODÉTERMINATION [otodetɛʀminasjɔ̃] **n. f.** – 1907 ◇ de *auto-* et *détermination* ■ **1** BIOL. CELL. Capacité d'une cellule à s'engager dans un devenir particulier de façon autonome, sans intervention de facteurs extérieurs. ■ **2** (1955) POLIT. Détermination du statut politique d'un pays par ses habitants. *«la thèse du général de Gaulle n'a jamais été l'intégration, mais l'autodétermination»* LARTÉGUY.

AUTODÉTRUIRE (S') [otodetʀɥiʀ] **v. pron.** ‹38› – milieu XXe ◇ de *auto-* et *détruire*, d'après *autodestruction* ■ **(Sujet chose)** Se détruire soi-même. *Une société qui s'autodétruit.*

AUTODICTÉE [otodikte] **n. f.** – avant 1978 ◇ de *auto-* et *dictée* ■ Exercice scolaire pour l'apprentissage de l'orthographe, consistant à reproduire de mémoire un texte appris par cœur.

AUTODIDACTE [otodidakt] **adj. et n.** – 1580 ◇ grec *autodidaktos*, de *auto-* et *didaskein* «s'instruire» ■ Qui s'est instruit lui-même, sans maître. *Un écrivain autodidacte, fils de ses œuvres.* — **n.** *Un, une autodidacte.* — **n. m. AUTODIDACTISME** ou **n. f. AUTODIDAXIE.**

AUTODIRECTEUR [otodiʀɛktœʀ] **n. m.** – 1976 ◇ de *auto-* et *directeur* ■ MILIT. Dispositif permettant de guider automatiquement un missile à partir d'un signal provenant de la cible même. — **adj. m.** *Dispositif autodirecteur.*

AUTODISCIPLINE [otodisiplin] **n. f.** – 1919 ◇ de *auto-* et *discipline* ■ Discipline que s'impose un individu ou un groupe, sans intervention coercitive extérieure.

AUTODROME [otodʀom] **n. m.** – 1900 ◇ de *auto(mobile)* et *-drome* ■ Piste fermée pour courses ou essais d'automobiles. ➤ **circuit.** *L'autodrome de Montlhéry.*

AUTOÉCOLE ou **AUTO-ÉCOLE** [otoekɔl] **n. f.** – v. 1906 ◇ de *auto(mobile)* et *école* ■ École de conduite des automobiles, qui prépare les candidats au permis de conduire. *Des autoécoles, des autos-écoles. Moniteur d'autoécole.*

AUTOÉDITION [otoedisjɔ̃] **n. f.** – 1980 ◇ de *auto-* et *édition* ■ Édition d'un ouvrage directement par son auteur, sans passer par un éditeur. *L'impression numérique permet l'autoédition.*

AUTOENTREPRENEUR, EUSE [otoɑ̃tʀəpʀənœʀ, øz] **n.** – 2008 ◇ de *auto-* et *entrepreneur* ■ DR. En France, Personne qui crée une entreprise individuelle relevant du régime fiscal de la microentreprise, pour exercer une activité commerciale, artisanale ou libérale. *Des «aménagements fiscaux très favorables à l'artisanat et au statut d'auto-entrepreneur»* HOUELLEBECQ. — **n. m. AUTOENTREPRENEURIAT,** 2009.

AUTOENTREPRISE [otoɑ̃tʀəpʀiz] **n. f.** – 2009 ◇ de *auto-* et *entreprise*, d'après *autoentrepreneur* ■ DR. En France, Entreprise individuelle créée par un autoentrepreneur. ➤ **microentreprise.**

AUTOÉROTIQUE [otoeʀɔtik] **adj.** – 1912 *auto-érotique* ◇ de *auto-érotisme* ■ PSYCHOL., PSYCHAN. Qui a le caractère de l'autoérotisme. *Activité autoérotique d'un enfant.* — PAR EXT. *Activités autoérotiques.* ➤ **masturbation, onanisme.**

AUTOÉROTISME [otoeʀɔtism] **n. m.** – 1913 ; en anglais 1898 ◇ de *auto-* et *érotisme* ■ DIDACT. Érotisme qui prend sa source dans le sujet même, et non dans une relation d'objet. *L'autoérotisme est une manifestation normale de la sexualité infantile.*

AUTOEXCITATEUR, TRICE [otoɛksitatœʀ, tʀis] **adj.** – 1881 fém. ◇ de *auto-* et *excitateur* ■ ÉLECTR. Dont le courant est fourni par l'induit même. *Machine autoexcitatrice.*

AUTOFÉCONDATION [otofekɔ̃dasjɔ̃] **n. f.** – 1888 ◇ de *auto-* et *fécondation* ■ BOT. Fécondation (d'une plante) par les gamètes mâle et femelle provenant du même individu. ➤ **autogamie.** *L'autofécondation est fréquente chez les angiospermes.* — ZOOL. *Autofécondation des animaux hermaphrodites.* ➤ **hermaphrodisme.**

AUTOFICTION [otofiksjɔ̃] **n. f.** – 1977 ◇ de *auto(biographie)* et *fiction* ■ DIDACT. Récit mêlant la fiction et la réalité autobiographique. *«l'impudeur et la délivrance de l'autofiction»* (Le Monde, 1999).

AUTOFINANCEMENT [otofinɑ̃smɑ̃] **n. m.** – v. 1943 ◇ de *auto-* et *financement* ■ Financement d'un projet, d'une activité, par les propres ressources d'une entreprise, d'une personne. *Autofinancement d'un investissement. Autofinancement d'une œuvre.* ➤ **autoproduction.** *Marge* brute d'autofinancement.* ➤ **cash-flow.**

AUTOFINANCER [otofinɑ̃se] **v. tr.** ‹3› – 1952 au p. p. ◇ de *auto-* et *financer*, d'après *autofinancement* ■ Financer (un projet, un investissement) en utilisant ses ressources propres, sans recourir à l'emprunt. *Entreprise qui autofinance son développement.* — PRONOM. *Entreprise qui s'autofinance.*

AUTOFLAGELLATION [otoflaʒelasjɔ̃] **n. f.** – 1978 ◇ de *auto-* et *flagellation* ■ Tendance excessive à l'autocritique. *Se complaire dans l'autoflagellation.*

AUTOFLAGELLER (S') [otoflaʒele] **v. pron.** ‹1› – 1987 ◇ de *auto-* et *flageller* ■ Pratiquer l'autocritique de manière excessive.

AUTOFOCUS [otofɔkys] **adj.** – v. 1980 ◇ mot anglais, de *to focus* «mettre au point» ■ ANGLIC. Se dit d'un appareil photo, d'une caméra, d'un projecteur équipé d'un système de mise au point automatique. — **n. m.** Appareil ainsi équipé.

AUTOFORMATION [otofɔʀmasjɔ̃] **n. f.** – 1971 ◇ de *auto-* et *formation* ■ Formation individuelle par téléenseignement utilisant des outils pédagogiques multimédias. *Didacticiels d'autoformation.*

AUTOGAMIE [otogami] **n. f.** – 1904 ◇ de *auto-* et *-gamie* ■ BIOL. Mode de reproduction par union de gamètes provenant du même individu, observé chez quelques protozoaires et surtout chez des végétaux (algues, champignons, certaines plantes supérieures), plus rare dans le règne animal (invertébrés hermaphrodites : ver de terre, escargot). ➤ **autofécondation.** — **adj. AUTOGAME.** ■ CONTR. Allogamie.

AUTOGÈNE [otoʒɛn] **adj.** – 1824 ◇ de *auto-* et *-gène* ■ **1** PHILOS. VX Qui a été fait par soi-même, existe par soi-même. *Dieu est autogène.* ■ **2** (1855) PHYSIOL. Qui se développe à l'aide de ses éléments propres, sans secours extérieur. *Training* autogène.* ■ **3** (1885) COUR. *Soudure* autogène.*

AUTOGÉRÉ, ÉE [otoʒeʀe] **adj.** – 1964 ◇ de *auto-* et *gérer* ■ Se dit d'une entreprise, d'une collectivité qui est gérée, dirigée par les personnes qui y travaillent, y ont une activité. *Entreprise, usine autogérée,* gérée par le personnel (dont émanent la direction et le conseil de gestion). ➤ **autogestion ; coopérative** (de production). *Centre de vacances autogéré.*

AUTOGESTION [otoʒɛstjɔ̃] **n. f.** – 1960 ◇ de *auto-* et *gestion* ■ Gestion (d'une entreprise, d'une collectivité) par les personnes qui y travaillent. *Autogestion d'un hôpital, d'une usine.*

AUTOGESTIONNAIRE [otoʒɛstjɔnɛʀ] **adj.** – 1970 ◇ de *autogestion* ■ Relatif à l'autogestion. *Socialisme autogestionnaire.*

AUTOGIRE [otoʒiʀ] **n. m.** – 1923 ◇ espagnol *autogiro,* de *auto-* et du grec *guros* «cercle» ; pour *autogyre* ■ Appareil volant à rotor où ce dernier assure la sustentation (et non la propulsion, à la différence de l'hélicoptère). ➤ **giravion, girodyne.**

AUTOGOAL [otogol] **n. m.** – 1963 ◇ calque de l'allemand *Eigentor* ou emprunt à l'italien *autogoal* → auto- et goal ■ **(Belgique, Suisse)** Au football, But marqué par un joueur contre son camp. *Marquer un autogoal. Des autogoals.* ◆ FIG. Action dommageable à son (ses) auteur(s).

AUTOGRAPHE [ɔtɔgʀaf ; otogʀaf] **adj.** et **n. m.** – 1580 ◇ grec *autographos,* de *auto-* et *graphein* «écrire» ■ Qui est écrit de la propre main de qqn. *Lettre, manuscrit autographe.* ◆ **n. m.** plus cour. Texte écrit à la main par une personne célèbre. *Une collection d'autographes. Chanteur qui signe des autographes à la sortie d'un concert.*

AUTOGRAPHIE [ɔtɔgʀafi ; otogʀafi] **n. f.** – 1800 ◇ de *auto-* et *-graphie* ■ TECHN. Procédé qui permet de reproduire par impression un écrit, un dessin tracés avec une encre spéciale. — **adj. AUTOGRAPHIQUE,** 1829.

AUTOGRAPHIER [ɔtɔgʀafje ; otogʀafje] **v. tr.** ⟨7⟩ – 1829 ◇ de *autographie* ■ LITTÉR. ou DIDACT. Reproduire par l'autographie.

AUTOGREFFE [otogʀɛf] **n. f.** – 1920 ◇ de *auto-* et *greffe* ■ Greffe dans laquelle le greffon (*autogreffon* **n. m.**) provient du sujet lui-même. ➤ **autoplastie ;** aussi **homogreffe.** ■ CONTR. Allogreffe, hétérogreffe.

AUTOGUIDAGE [otogidaʒ] **n. m.** – 1951 ◇ de *auto-* et *guidage* ■ Procédé par lequel un mobile dirige lui-même son mouvement.

AUTOGUIDÉ, ÉE [otogide] **adj.** – 1949 ◇ de *auto-* et *guidé* ■ Qui se dirige lui-même par autoguidage. *Engin, projectile autoguidé* (➤ **autodirecteur**).

AUTO-IMMUN, UNE [otoi(m)mœ̃, yn] **adj.** – 1973 ◇ de *auto-* et *immun* ■ MÉD., IMMUNOL. *Maladie auto-immune,* atteignant des individus qui produisent des anticorps dirigés contre leurs propres constituants. *«Elle a déclenché une maladie auto-immune. [...] Le corps ne reconnaît plus ses propres cellules, il les considère comme des envahisseurs à éliminer au plus vite»* O. ROSENTHAL. *Diabète auto-immun. La myasthénie grave, la sclérose en plaques sont des maladies auto-immunes.*

AUTO-IMMUNISATION [otoi(m)mynizasjɔ̃] **n. f.** – 1969 ◇ de *auto-* et *immunisation* ■ MÉD., IMMUNOL. État pathologique d'un organisme produisant des anticorps contre ses propres constituants.

AUTO-INDUCTION [otoɛ̃dyksjɔ̃] **n. f.** – 1890 ◇ de *auto-* et *induction* ■ ÉLECTR. Induction produite dans un réseau électrique par les variations du courant qui le parcourt. ➤ **self-induction.** *Coefficient d'auto-induction.*

AUTO-INFECTION [otoɛ̃fɛksjɔ̃] **n. f.** – 1883 ◇ de *auto-* et *infection* ■ MÉD. Infection par des éléments déjà présents dans l'organisme (et affaiblissement des défenses). *Des auto-infections.*

AUTO-INTOXICATION [otoɛ̃tɔksikasjɔ̃] **n. f.** – 1887 ◇ de *auto-* et *intoxication* ■ Troubles produits par la mauvaise élimination des toxines. *Auto-intoxication urémique. Des auto-intoxications.* — FIG. Le fait de s'intoxiquer soi-même.

AUTOLUBRIFIANT, IANTE [otolybʀifjɑ̃, jɑ̃t] **adj.** – début xxe ◇ de *auto-* et *lubrifiant* ■ MÉCAN. Se dit d'une pièce mécanique constituée d'un matériau dont la composition assure la lubrification.

AUTOLYSE [otoliz] **n. f.** – 1903 ◇ de *auto-* et *-lyse* ■ **1** BIOCHIM. Destruction des tissus par leurs propres enzymes. ■ **2** MÉD. Suicide.

AUTOMATE [ɔtɔmat] **n. m.** – 1532 adj. ◇ grec *automatos* «qui se meut de soi-même» ■ **1** VX Toute machine animée par un mécanisme intérieur. *«une montre ou autre automate (c'est-à-dire machine qui se meut de soi-même)»* DESCARTES. ■ **2** (de l'anglais) INFORM. Structure mathématique constituée d'un ensemble de règles (➤ **grammaire**) définissant les états* et les transitions d'un processus abstrait ou concret. ◆ AUTOMAT. *Automate programmable :* dispositif programmable, à base de microprocesseurs, destiné au contrôle d'automatismes industriels. — Machine réalisant des opérations automatiquement enchaînées, distributeur de produits alimentaires, de services. *Automates de vente. Automate bancaire. Vente d'essence par automate.* ■ **3** COUR. Appareil mû par un mécanisme intérieur et imitant les mouvements d'un être vivant. ➤ **robot.** *Les automates de Vaucanson.* — *«Gestes d'automate : te lever, te laver, te raser, te vêtir»* PEREC. ■ **4** FIG. Personne qui agit comme une machine, sans liberté. ➤ **machine ; fantoche, jouet, marionnette, pantin, robot.** *«Le sot est automate, il est machine, il est ressort»* LA BRUYÈRE.

AUTOMATICIEN, IENNE [ɔtɔmatisjɛ̃, jɛn] **n.** – v. 1960 ◇ de *automatique* ■ TECHN. Spécialiste de l'automatique et de l'automatisation.

AUTOMATICITÉ [ɔtɔmatisite] **n. f.** – 1906 ◇ de *automatique* ■ Caractère de ce qui est automatique. ➤ **automatisme.**

AUTOMATION [ɔtɔmasjɔ̃] **n. f.** – 1955 ◇ mot anglais ■ **1** Automatisation. ■ **2** Ensemble des connaissances et techniques concernant les systèmes automatiques et leur mise en œuvre. *Théorie de l'automation. Recherches en automation.*

AUTOMATIQUE [ɔtɔmatik] **adj.** et **n.** – 1751 ◇ de *automate*

I **adj.** ■ **1** PHYSIOL. Qui s'accomplit sans la participation de la volonté. *Mouvement, réflexe automatique.* ➤ **inconscient, involontaire, machinal, mécanique, spontané.** *Les gestes automatiques du somnambule.* — *L'écriture* automatique des surréalistes.* ■ **2** (1839) COUR. Qui, une fois mis en mouvement, fonctionne de lui-même ; qui opère par des moyens mécaniques. *Appareil automatique. Attention à la fermeture automatique des portes. Boîte de vitesses automatique* (opposé à *mécanique*), et PAR EXT. *voiture automatique* ou **n. f.** *une automatique. Distributeur* automatique. Consigne automatique. Pilote* automatique. Signaux automatiques. Transport (à conduite) automatique. Arme automatique,* dans laquelle la pression des gaz de combustion est utilisée pour réarmer. — *Traduction* automatique.* ■ **3** FIG. (1878) Qui s'accomplit avec une régularité déterminée. ➤ **systématique.** *«Nous avons un système de relèvement automatique des salaires quand le coefficient du prix de la vie augmente»* MAUROIS. *Prélèvements automatiques sur un compte bancaire.* ◆ FAM. Qui doit forcément se produire. ➤ **forcé, sûr.** *Chaque année, à l'automne, il tombe malade, c'est automatique.*

II **n. m.** ■ **1** Pistolet automatique. ➤ **browning.** ■ **2** VX Téléphone automatique, sans intervention de standardiste. *«Une dame des P. T. T. qui tardait à lui expliquer le fonctionnement de l'automatique dans le Var»* SAGAN.

III **n. f.** SC. Ensemble des disciplines scientifiques et des techniques utilisées pour l'automatisation de processus, la conception et l'emploi des systèmes automatiques. ➤ **cybernétique, informatique, robotique ; asservissement.**

■ CONTR. Conscient, délibéré, intentionnel, médité, prémédité, réfléchi, volontaire.

AUTOMATIQUEMENT [ɔtɔmatikmɑ̃] **adv.** – 1801 ◇ de *automatique* ■ **1** D'une manière automatique. *Le réflexe succède automatiquement à l'excitation du nerf sensitif. La distribution se fait automatiquement.* ➤ **mécaniquement.** ■ **2** D'une manière déterminée d'avance. *Il changera automatiquement d'échelon au bout de trois ans d'ancienneté.* ◆ **(adv. de phrase)** FAM. et COUR. Forcément, d'une manière quasi automatique. *Si vous l'en empêchez, automatiquement il voudra le faire.* ➤ **obligatoirement.** ■ CONTR. Consciemment, délibérément, intentionnellement, volontairement.

AUTOMATISATION [ɔtɔmatizasjɔ̃] **n. f.** – 1875 ◇ de *automatiser* ■ **1** Utilisation de machines pour la réalisation d'un programme de travail, l'intervention humaine étant réduite à l'établissement du programme. ➤ **automation.** ■ **2** Transformation d'un procédé ou d'une installation en vue de les rendre automatiques*. *Automatisation d'une imprimerie.*

AUTOMATISER [ɔtɔmatize] **v. tr.** ‹1› – avant 1784 ◊ de *automatique* ■ Rendre automatique. *Automatiser une production.* — **p. p. adj.** *Manœuvre automatisée.*

AUTOMATISME [ɔtɔmatism] **n. m.** – v. 1740 ◊ de *automate* ■ **1** PHYSIOL. Accomplissement de mouvements, d'actes sans participation de la volonté ; activité d'un organe sans intervention du système nerveux central. *Automatisme du centre respiratoire. Automatisme cardiaque. Automatismes psychologiques.* ◆ COUR. Activité rendue automatique par habitude. *« L'automatisme facile des habitudes contractées »* BERGSON. ■ **2** TECHN. Dispositif numérique (cf. Automate*) programmable) ou analogique (➤ **asservissement**) destiné au contrôle et à la régulation de processus. *Un automatisme séquentiel* (➤ **séquenceur**). ■ **3** FIG. Régularité dans l'accomplissement de certains actes, le déroulement d'évènements. *« Le souci constant de la forme, l'application machinale des règles, créent ici une espèce d'automatisme professionnel »* BERGSON. *« Automatisme, c'est, pour moi, un développement entièrement déterminé par un évènement initial quelconque »* VALÉRY. — *Un, des automatismes* : processus ou procédé automatique, réglé d'avance. *« On peut parler sans penser. Il y a pour cela à notre disposition les clichés, c'est-à-dire les automatismes »* IONESCO. ■ CONTR. Conscience, liberté ; hasard.

AUTOMÉDICATION [otomedikasjɔ̃] **n. f.** – 1966 ◊ de *auto-* et *médication* ■ DIDACT. Emploi de médicaments sans prescription médicale.

AUTOMITRAILLEUSE [otomitʀajøz] **n. f.** – 1906 ◊ de *auto(mobile)* et *mitrailleuse* ■ Automobile blindée armée de mitrailleuses.

AUTOMNAL, ALE, AUX [ɔtɔnal ; otɔnal, o] **adj.** – 1119 ◊ latin *autumnalis* ■ D'automne. *Fleurs, brumes automnales.*

AUTOMNE [ɔtɔn ; otɔn] **n. m.** – *autonne* XIIIe ◊ latin *autumnus* ■ **1** Saison qui succède à l'été et précède l'hiver, caractérisée par le déclin des jours, la chute des feuilles (dans le climat de la zone tempérée nord : 22/23 septembre-21 décembre). *Un bel automne. Équinoxe d'automne. Les jours déclinent en automne. Brumes d'automne. Feuilles d'automne. La fin de l'automne et le commencement de l'hiver.* ➤ **arrière-saison.** *L'automne, saison des labours, des semailles, des vendanges. « Une rose d'automne est plus qu'une autre exquise »* AUBIGNÉ. *« Pas même un saule vert qui s'effeuille à l'automne »* HUGO. *« C'est l'automne, la saison où, sous un soleil refroidi, chacun recueille ce qu'il a semé »* BARRÈS. ■ **2** (début XIXe) VIEILLI Le temps de la maturité ou du déclin. *L'automne de la vie.* ■ CONTR. Printemps ; jeunesse.

AUTOMOBILE [ɔtɔmɔbil ; otomɔbil] **adj. et n. f.** – 1861 ◊ de *auto-* et *-mobile*, d'après *locomobile* ■ **1** Qui se meut de soi-même ; qui est mû par un moteur à explosion, à réaction, un moteur électrique, un gazogène, etc. *Véhicule, voiture automobile.* ➤ **auto, autobus, autocar, autochenille, automitrailleuse, automoteur, autoneige, autorail, 1 camion, camionnette, 1 char, chasse-neige, moto, motocycle, scooter, 1 taxi, 1 tracteur, vélomoteur ;** aussi **autotracté.** *Canot automobile.* ■ **2** **n. f.** (v. 1890 ; aussi masc. jusque v. 1920) TECHN. ou ADMIN. (On dit couramment *voiture, auto*) Véhicule routier à quatre roues (ou plus), progressant de lui-même à l'aide d'un moteur, à l'exclusion des grands véhicules utilitaires (camions) et de transport collectif (autobus, autocar). ➤ **voiture* ; machine, véhicule.** *« l'une des premières automobiles que l'on avait vues en ville, haute sur pattes, peinte en jaune, ornée de cuivres étincelants, semblable, avec ses phares, à quelque énorme insecte »* C. SIMON. *Modèle, type d'automobiles* : berline, break, cabriolet, conduite intérieure, coupé, crossover, limousine, monospace, SUV, torpédo. *Carrosseries* d'automobiles. Automobile de grosse, de petite cylindrée*. Moteur* d'automobile* (➤ **atmosphérique, 2 turbo, diesel**). *Automobile à moteur électrique, à explosion, à combustion interne, à turbine. Organes de transmission d'une automobile.* ➤ **changement** (de vitesses), **2 différentiel, embrayage, transmission.** *Automobile à boîte mécanique, automatique ; à traction avant, à propulsion arrière, à quatre roues motrices* (➤ **quatre-quatre, jeep**). *Direction*, suspension*, freinage* d'une automobile.* ➤ aussi **amortisseur, pneumatique.** *Éclairage d'une automobile.* ➤ **phare ; cataphote, code, 1 feu, lanterne, stop ; clignotant.** *Ceintures de sécurité d'une automobile. Propriété, police des automobiles* (carte grise ; immatriculation, plaque minéralogique). *Conduire une automobile.* ➤ **automobiliste, chauffeur, conducteur** (cf. Être au volant, tenir le volant*). *Garer une automobile sur un parking. Automobile mal garée* (➤ **fourrière, sabot**). *Louer une automobile. Cette automobile tient bien la route. Accident d'automobile* (cf. De la route*). ◆ *L'automobile* : la conduite des automobiles, le sport ; les activités économiques liées à la construction, à la vente des automobiles. *Salon de l'automobile (de l'auto).* ■ **3** **adj.** (1895) Relatif aux automobiles, aux voitures. *Construction, industrie, parc automobile. Compétition, course automobile.* ➤ **formule ; rallye.** *« Mais c'était surtout le trafic automobile qui le grisait, et il demeura un long moment à observer la gesticulation d'un agent qui réglait la circulation »* TOURNIER. *Circulation* automobile. Assurances automobiles.*

AUTOMOBILISME [ɔtɔmɔbilism ; otomɔbilism] **n. m.** – 1895 ◊ de *automobile* ■ Tout ce qui concerne l'automobile ; le sport automobile.

AUTOMOBILISTE [ɔtɔmɔbilist ; otomɔbilist] **n.** – 1897 ◊ de *automobile* ■ Personne qui conduit une automobile de tourisme. *Un, une automobiliste.* ➤ **conducteur.** *Automobiliste en infraction qui subit l'alcootest.*

AUTOMORPHISME [otomɔʀfism] **n. m.** – v. 1949 ◊ de *auto-* et *-morphisme* ■ MATH. Pour une même structure*, Isomorphisme* d'un ensemble sur lui-même. *Automorphisme de groupe, d'anneau.*

AUTOMOTEUR, TRICE [otomɔtœʀ, tʀis] **adj. et n.** – 1834 ◊ de *auto-* et *moteur* ■ **1** VX Qui se meut de soi-même. ➤ **automobile.** ■ **2** MOD. Qui se meut à l'aide d'un moteur (se dit d'un objet habituellement sans moteur). ➤ **autotracté.** *Affût automoteur. Wagonnet automoteur.* ➤ **draisine.** ■ **3** **n. m.** Péniche à moteur. ■ **4** **n. f.** (1896) Voiture sur rail électrique ou à moteur diesel pour les courtes distances (➤ **autorail**).

AUTOMUTILATION [otomytilasjɔ̃] **n. f.** – 1902 ◊ de *auto-* et *mutilation* ■ DIDACT. Mutilation, blessure (scarification, coupure, brûlure...) qu'on s'inflige à soi-même. *Automutilation chez les adolescents. « il y eut énormément d'automutilations, les Américains se tiraient une balle dans la main ou le bras pour être évacués »* BEIGBEDER. — **v. pron.** ‹1› **S'AUTOMUTILER.**

AUTONEIGE [otonɛʒ] **n. f.** – 1934 ◊ mot canadien, de *auto(mobile)* et *neige* ■ Véhicule automobile à plusieurs places, monté sur chenilles pour circuler sur la neige.

AUTONETTOYANT, ANTE [otonetwajɑ̃, ɑ̃t] **adj.** – 1970 ◊ de *auto-* et *nettoyer* ■ *Four autonettoyant,* qui brûle après usage les dépôts graisseux par pyrolyse ou catalyse, et ne nécessite pas de nettoyage. — *Cassette autonettoyante,* pour nettoyer la tête de lecture d'un magnétophone, d'un magnétoscope.

AUTONOME [ɔtɔnɔm ; otonom] **adj.** – 1751 ◊ grec *autonomos* « qui se régit par ses propres lois », de *auto-* et *nomos* « loi » ■ **1** Qui s'administre lui-même. *Gouvernement autonome.* ➤ **indépendant, libre, souverain ; autonomie.** — Qui est administré par une collectivité autonome. *Budget, caisse, port autonome. Syndicat autonome,* qui n'est relié à aucune des grandes centrales syndicales. ■ **2** (1815) PHILOS. Qui se détermine selon des règles librement choisies. *Individu, volonté autonome.* ➤ **libre.** — COUR. Qui ne dépend de personne. *Maintenant qu'il travaille, il est autonome. Mener une vie autonome.* ■ **3** *Gestion autonome,* dans une entreprise où chaque unité de production est considérée comme autonome. ■ **4** MÉD. *Système nerveux autonome* : partie du système nerveux qui fonctionne indépendamment de la volonté. ■ **5** INFORM. Qui n'est pas connecté à un calculateur central ; qui est indépendant des autres éléments d'un système. *Unité autonome.* ■ **6** VIEILLI ➤ **autonomiste.** ■ **7** LING. *Syntagme autonome* : mot formé de plusieurs mots graphiques (ex. compte rendu). ■ **8** (CHOSES) Qui fonctionne sans l'intervention humaine. *Véhicule, voiture autonome,* pouvant circuler sans conducteur. ■ CONTR. Dépendant ; assujetti, soumis, subordonné, 2 sujet, vassal.

AUTONOMIE [ɔtɔnɔmi ; otonomi] **n. f.** – 1596, repris 1751 ◊ grec *autonomia*, de *autonomos* → autonome ■ **1** Droit de se gouverner par ses propres lois. ➤ **indépendance, liberté, self-government.** *Autonomie politique complète.* ➤ **souveraineté.** *Réclamer l'autonomie* (➤ **autonomisme ; autonomiste**). *Autonomie administrative, communale.* ➤ **décentralisation, personnalité.** — *Autonomie financière* : gestion financière indépendante. ■ **2** (avant 1815) PHILOS. Droit pour l'individu de déterminer librement les règles auxquelles il se soumet. ➤ **liberté.** *L'autonomie de la volonté* (Kant). — DR. *Principe de l'autonomie de la volonté,* en vertu duquel les volontés individuelles déterminent librement les formes, les conditions et les effets des actes juridiques. ■ **3** COUR. Liberté, indépendance matérielle ou intellectuelle. *Elle tient à son autonomie.* — Aptitude à vivre sans l'aide d'autrui. *Personne âgée qui perd son autonomie,* qui devient dépendante. *Allocation per-*

sonnalisée d'autonomie (APA). ▪ **4** (XXe) Distance que peut franchir un véhicule, un avion, un navire sans être ravitaillé en carburant. *Une autonomie de vol de six mille kilomètres.* — Durée de fonctionnement indépendant. *L'autonomie d'un appareil électrique sans fil, d'un téléphone portable. « Grâce aux batteries partiellement chargées en usine, je disposais d'après le vendeur d'un quart d'heure d'autonomie »* R. JAUFFRET. ▪ CONTR. Dépendance, soumission, subordination, tutelle.

AUTONOMISATION [ɔtɔnɔmizasjɔ̃ ; otonomizasjɔ̃] **n. f.** – 1980 ◊ de *autonome* ▪ **1** LING. Fait de lexicaliser (un morphème ou une forme lexicale qui n'existait auparavant qu'à l'état lié). *« Ose » provient de l'autonomisation de « -ose » dans « glucose, maltose ».* ▪ **2** Fait de devenir autonome. *L'autonomisation des adolescents.*

AUTONOMISME [ɔtɔnɔmism ; otonomism] **n. m.** – 1881 ◊ de *autonomie, autonomiste* ▪ Revendication d'autonomie. ➤ **indépendantisme, nationalisme, séparatisme.**

AUTONOMISTE [ɔtɔnɔmist ; otonomist] **n.** – 1868 ◊ de *autonomie* ▪ Partisan de l'autonomie (en matière politique). ➤ **indépendantiste, nationaliste, sécessionniste, séparatiste.** *Autonomistes basques, corses.* — **adj.** *Mouvement autonomiste.*

AUTONYME [otonim] **adj.** – 1957 ◊ de *auto-* et du grec *onoma* « nom », d'après *homonyme,* etc. ▪ LOG., LING. Qui se désigne lui-même comme signe dans le discours, en parlant d'un mot ou d'un énoncé. *Dans «* très *est un adverbe »,* très *est autonyme.* — **n. m.** Mot autonyme. *Les autonymes sont tous nominaux.*

AUTONYMIE [otonimi] **n. f.** – 1970 ◊ de *autonyme* ▪ LOG., LING. Caractère d'un mot, d'un énoncé autonyme. — **adj. AUTONYMIQUE.** *Connotation* autonymique.*

AUTOPALPATION [otopalpasjɔ̃] **n. f.** – 1978 ◊ de *auto-* et *palpation* ▪ MÉD. Palpation par soi-même. *Autopalpation des seins* (pour déceler une tumeur).

AUTOPARTAGE [otopaʀtaʒ] **n. m.** – 1993 ◊ de *auto* et *partage,* d'après l'anglais *car-sharing* ▪ Utilisation partagée d'une flotte de véhicules par différents usagers, pour une courte durée et par abonnement. *Société d'autopartage. Voiture en autopartage.*

AUTOPHAGIE [otofaʒi ; ɔtɔfaʒi] **n. f.** – 1965 ; autre sens 1838 ◊ de *auto-* et *-phagie* ▪ PHYSIOL. Mécanisme physiologique de destruction de la cellule par ses propres lysosomes. ➤ **autolyse, histolyse.** *L'autophagie participe au renouvellement cellulaire.*

AUTOPLASTIE [otoplasti] **n. f.** – 1836 ◊ de *auto-* et du grec *plassein* « façonner » ▪ CHIR. Implantation chirurgicale de greffon provenant de l'individu même. ➤ **autogreffe ; homogreffe.**

AUTOPOMPE [otopɔ̃p] **n. f.** – 1928 ◊ de *auto(mobile)* et *pompe* ▪ Camion automobile équipé d'une pompe à incendie actionnée par le moteur (➤ **motopompe**).

AUTOPONT [otopɔ̃] **n. m.** – 1971 ◊ de *auto* et *pont* ▪ Toboggan routier qui enjambe un carrefour urbain, une voie à grande circulation.

AUTOPORTEUR, EUSE [otopɔʀtœʀ, øz] **adj.** – 1957 ◊ de *auto-* et *porteur* ▪ ARCHIT. Dont la stabilité est assurée par la forme (sans support). *Voûte autoporteuse.* — TECHN. *Carrosserie autoporteuse.* — On dit aussi **AUTOPORTANT, ANTE.**

AUTOPORTRAIT [otopɔʀtʀɛ] **n. m.** – 1928 ◊ de *auto-* et *portrait* ▪ Portrait d'un dessinateur, d'un peintre, d'un photographe exécuté par lui-même. *Autoportraits de Rembrandt, de Van Gogh. Autoportrait numérique.* ➤ ANGLIC. **selfie.**

AUTOPROCLAMER (S') [otopʀɔklame] **v. pron.** ⟨1⟩ – 1971 au p. p. ◊ de *auto-* et *proclamer* ▪ Décerner à soi-même tel titre, telle fonction, tel statut. — *Une élite autoproclamée.*

AUTOPRODUCTION [otopʀɔdyksjɔ̃] **n. f.** – 1894 ◊ de *auto-* et *production* ▪ **1** Production de biens ou de services pour soi-même. *Autoproduction alimentaire.* ▪ **2** Production d'une émission, d'une œuvre artistique (SPÉCIALT d'un enregistrement musical) par ses propres moyens. ♦ L'émission, l'œuvre ainsi produite. *Son premier album est une autoproduction.*

AUTOPROPULSÉ, ÉE [otopʀɔpylse] **adj.** – v. 1950 ◊ de *auto-* et *propulsé* ▪ Qui est propulsé par ses propres moyens. ➤ **autoguidé.** *Engin autopropulsé* (muni d'un *autopropulseur* **n. m.**).

AUTOPROPULSION [otopʀɔpylsjɔ̃] **n. f.** – 1932 ◊ de *auto-* et *propulsion* ▪ Propulsion d'engins par un dispositif automatique, sans intervention humaine à bord.

AUTOPROTOLYSE [otopʀɔtɔliz] **n. f.** – 1956 ◊ de *auto-* et *protolyse* ▪ CHIM. Réaction acidobasique dans laquelle le donneur et l'accepteur de proton ont la même formule chimique. *Autoprotolyse de l'eau :* dissociation spontanée de l'eau en ions H^+ et OH^-.

AUTOPSIE [ɔtɔpsi ; otɔpsi] **n. f.** – 1573 ◊ du grec *autopsia* « action de voir de ses propres yeux » ▪ **1** MÉD. Examen et dissection d'un cadavre (notamment pour déterminer les causes de la mort). *Autopsie hospitalière, autopsie médico-légale. Ordonner l'autopsie. « Ce n'est pas un meurtre. [...] Faites-le transporter à l'hospice, je vais faire l'autopsie »* MAUROIS. *Pratiquer une autopsie. On a découvert à l'autopsie qu'il était mort empoisonné. Les résultats de l'autopsie. Rapport d'autopsie.* ▪ **2** (1827) FIG. et LITTÉR. Examen attentif, approfondi. ➤ **analyse, dissection.**

AUTOPSIER [ɔtɔpsje ; otɔpsje] **v. tr.** ⟨7⟩ – 1866 ◊ de *autopsie* ▪ Faire l'autopsie de. *Le médecin légiste va l'autopsier.*

AUTOPUNITION [otopynisjɔ̃] **n. f.** – 1926 ◊ de *auto-* et *punition* ▪ PSYCHOL. Conduite par laquelle le sujet prévient ou atténue un sentiment de culpabilité en s'infligeant une punition. — **adj. AUTOPUNITIF, IVE.**

AUTORADIO [otoʀadjo] **adj.** et **n. m.** – 1956 ◊ de *auto(mobile)* et *2 radio* ▪ *Poste autoradio :* poste de radio conçu pour être fixé sur le tableau de bord d'une automobile. *Des postes autoradios.* — **n. m.** *Des autoradios extractibles.*

AUTORADIOGRAPHIE [otoʀadjɔgʀafi] **n. f.** – 1906 ◊ de *auto-* et *radiographie* ▪ SC. Empreinte laissée sur un film radiographique par des molécules marquées radioactives.

AUTORAIL [otoʀaj] **n. m.** – 1928 ◊ de *auto(mobile)* et *rail* ▪ Véhicule automoteur (généralement muni d'un ou de plusieurs moteurs diesels) pour le transport sur rail. ➤ **automotrice.** *Autorails sur pneus.*

AUTORÉGLAGE [otoʀeglaʒ] **n. m.** – 1960 ; *auto-réglage* 1932 ◊ de *auto-* et *réglage* ▪ TECHN. Propriété d'un appareil, d'une installation qui retrouve son régime fonctionnel après une perturbation, sans recours à une régulation extérieure. ➤ **autorégulation.**

AUTORÉGULATEUR, TRICE [otoʀegylatœʀ, tʀis] **adj.** – 1866 ◊ de *auto-* et *régulateur* ▪ DIDACT. Qui produit une autorégulation. *Mécanismes biologiques autorégulateurs.*

AUTORÉGULATION [otoʀegylasjɔ̃] **n. f.** – 1878 ◊ de *auto-* et *régulation* ▪ Régulation (d'une fonction, d'un processus) par l'organisme, par l'ensemble fonctionnel lui-même, sans intervention extérieure (➤ **autoréglage ; aussi feed-back, rétroaction**). *Autorégulation de la pression artérielle, de la glycémie.*

AUTORÉPLIQUER (S') [otoʀeplike] **v. pron.** ⟨1⟩ – 1994 ◊ de *auto-* et *se répliquer* ▪ BIOL. Se reproduire à l'identique. ➤ **se répliquer.**

AUTOREVERSE [otoʀəvɛʀs ; otoʀivœʀs] **adj.** – v. 1980 ◊ mot anglais, de *auto-* et *to reverse* « retourner » ▪ ANGLIC. Se dit d'un magnétophone à cassettes permettant la lecture continue des deux faces d'une bande par inversion automatique du sens de rotation du moteur d'entraînement. *Des magnétophones autoreverses* ou *autoreverse* (inv.).

AUTORISATION [ɔtɔʀizasjɔ̃] **n. f.** – *authorisation* 1593 ; *auctorizacion* 1419 ◊ de *autoriser* ▪ **1** Action d'autoriser. *L'autorisation de qqn,* donnée par qqn. *L'autorisation des parents au mariage de leurs enfants mineurs.* ➤ **accord, approbation, consentement, permission.** ♦ Droit accordé par la personne qui autorise. *Autorisation d'exploiter une chute d'eau.* ➤ **concession.** *Autorisation de bâtir.* ➤ **permis.** *J'ai l'autorisation de sortir.* ➤ **permission.** *Autorisation de ne pas faire.* ➤ **dispense, exemption, faculté.** *Demander, obtenir une autorisation. Accorder, donner, refuser une autorisation. Il est sorti sans autorisation. Il s'est passé de mon autorisation :* il a agi de sa propre autorité. ▪ **2** Acte, écrit par lequel on autorise. ➤ **permis ; 2 bon, congé, dispense, laissez-passer, licence, 2 pouvoir.** *Montrer, exhiber une autorisation. Autorisation parentale de sortie du territoire,* pour les mineurs non accompagnés de leurs parents. ▪ CONTR. 1 Défense, empêchement, interdiction, refus.

AUTORISÉ, ÉE [ɔtɔʀize] **adj.** – 1316 ◊ de *autoriser* ▪ **1** VX Qui jouit d'une grande autorité. ▪ **2** Qui fait autorité, est digne de créance. *Personne autorisée.* ➤ **compétent.** *Un critique autorisé.* ➤ **qualifié.** *Les milieux autorisés démentent la nouvelle.* ➤ **officiel ; influent.** *Avis autorisé. Les « voix, je ne dis pas les plus autorisées, mais les plus écoutées »* CAILLOIS. ▪ **3** Qui a reçu autorité ou autorisation. *Association autorisée. Étalon autorisé.* ➤ **approuvé.** *Je me crois autorisé à dire que...* ➤ **fondé** (cf. En droit* de). ▪ **4** Qui est permis. ➤ **admis, toléré.** *Stationnement autorisé.* ▪ CONTR. Illicite, 1 interdit.

AUTORISER [ɔtɔʀize] **v. tr.** ‹1› – *autorizer* XIIIe ; *actorizer* fin XIIe ◊ latin médiéval *auctorizare,* de *auctor* «garant, auteur» ▪ **1** VX Revêtir (qqn) d'une autorité. ➤ **accréditer.** *Le chef de l'État autorise les ambassadeurs.* ▪ **2** LITTÉR. Donner de l'autorité, du crédit à. ➤ **accréditer, confirmer, justifier.** «*Ils ne se servent de la pensée que pour autoriser leurs injustices*» VOLTAIRE. ▪ **3** COUR. **AUTORISER (qqn) À,** lui accorder un droit, une permission. *On l'a autorisé à exploiter cette mine. Je vous autorise à ne pas y aller.* ➤ **dispenser, exempter.** *Si vous m'y autorisez.* DR. *Autoriser un incapable à contracter.* ➤ **habiliter.** ♦ Sujet chose Donner le droit, la faculté, la possibilité à. ➤ **permettre.** *Notre amitié m'autorise à vous dire ceci. Rien ne vous autorise à croire cela.* ▪ **4** Rendre licite (qqch.). ➤ aussi **dépénaliser.** *Autoriser les sorties.* ➤ **accepter, permettre, tolérer.** *Elle s'est autorisé un peu de repos,* elle se l'est accordé. ♦ Permettre, rendre possible. *Cette découverte autorise un nouvel espoir.* «*Je suis passionné pour la vérité et pour les mensonges qu'elle autorise*» RENARD. ▪ **5 v. pron. S'AUTORISER DE :** s'appuyer sur une autorité, prendre prétexte (de qqch.) pour... ➤ **s'appuyer, prétexter.** «*Ses ennemis, trop heureux de son exemple et s'en autorisant pour nier sa doctrine*» R. ROLLAND. *Je m'autorise de votre bienveillance pour...* ▪ CONTR. Défendre, empêcher, interdire, prohiber, proscrire.

AUTORITAIRE [ɔtɔʀitɛʀ] **adj.** – 1863 ◊ de *autorité* ▪ **1** Qui aime l'autorité ; qui en use ou abuse volontiers. *Une politique autoritaire. L'Empire autoritaire* (opposé à *l'Empire libéral* que Napoléon III inaugura en 1860). *Régime autoritaire,* à exécutif non contrôlé. ➤ **absolu, absolutiste, dictatorial, 1 ferme, 1 fort.** ▪ **2** Qui aime à être obéi. *Homme, caractère autoritaire.* ➤ **cassant, despotique, dur, impérieux, intransigeant, tyrannique.** *Elle est trop autoritaire avec ses enfants. Air, ton autoritaire,* qui exprime le commandement, n'admet pas la contradiction. ➤ **impératif, impérieux.** *D'une manière autoritaire.* — **adv.** (1875) **AUTORITAIREMENT.** ▪ CONTR. Doux, conciliant, faible ; libéral.

AUTORITARISME [ɔtɔʀitaʀism] **n. m.** – 1870 ◊ de *autoritaire* ▪ Caractère d'un régime politique, d'un gouvernement autoritaire. ♦ Caractère, comportement d'une personne autoritaire. ➤ **autorité.** ▪ CONTR. Libéralisme.

AUTORITÉ [ɔtɔʀite] **n. f.** – *auctorité* 1119 ◊ latin *auctoritas,* de *auctor* «auteur» ▪ **1** Droit de commander, pouvoir (reconnu ou non) d'imposer l'obéissance. ➤ **commandement, domination, force, puissance, souveraineté.** *L'autorité suprême. L'autorité du souverain, du chef de l'État. L'autorité du supérieur sur ses subordonnés, du chef sur ses soldats* (➤ **hiérarchie**). *Autorité paternelle, parentale. Autorité du tuteur sur le mineur.* ➤ **tutelle.** *Autorité légitime, établie ; illégale, usurpée. Autorité absolue, despotique, dictatoriale, sans limite, sans contrôle. Régime d'autorité.* ➤ **absolutisme, arbitraire, autocratie, autoritarisme, césarisme, despotisme, dictature, domination, oppression, totalitarisme, tyrannie.** *Soumettre les peuples à son autorité.* ➤ **hégémonie.** *Imposer son autorité. Être jaloux de son autorité. Avoir autorité sur qqn. Être sous l'autorité de qqn,* recevoir ses ordres. *Abus d'autorité. Avoir autorité pour faire qqch.* «*La répugnance que j'ai de faire prévaloir mon désir, de faire acte d'autorité, de commander*» GIDE. *Déléguer son autorité.* — *Autorité de justice :* pouvoir permettant aux juges d'ordonner des mesures relatives aux personnes ou aux biens. *Décision par autorité de justice.* ♦ **DE L'AUTORITÉ DE...** *Agir de sa propre autorité,* avec l'autorité, le pouvoir de décision qu'on s'attribue, sans autorisation (cf. Prendre sous son bonnet*). — **D'AUTORITÉ :** d'une manière absolue, sans tolérer de discussion ; sans consulter personne. «*ces imbéciles l'avaient classée, d'autorité, dans la catégorie des maniaques*» MAURIAC. ABRÉV. FAM. (1830) **D'AUTOR** [dɔtɔʀ]. ▪ **2** Les organes du pouvoir. *Les actes, les décisions, les agents, les représentants de l'autorité.* ➤ **gouvernement ; administration.** *L'autorité législative, administrative, militaire.* — Organisme public qui exerce une certaine autorité à l'échelon national ou international. *La Haute Autorité de santé (HAS).* ♦ PLUR. *Les autorités :* les personnes qui exercent l'autorité. *Les autorités civiles, militaires, religieuses.* ➤ **dignitaire, officiel.** «*l'appareil des puissances temporelles, les puissances politiques, les autorités de tout ordre, intellectuelles, mentales même*» MARTIN DU GARD. ▪ **3** Force obligatoire, exécutoire d'un acte de l'autorité publique. *Autorité de la loi.* ➤ **souveraineté.** *Autorité de la chose jugée :* présomption de vérité qui s'attache à ce qui a été définitivement jugé. ▪ **4** Attitude autoritaire ou très assurée. *Il* «*luttait contre la timidité par des effets d'autorité tranchante*» MAUROIS. ➤ **assurance.** ▪ **5** Pouvoir de se faire obéir. *Avoir de l'autorité, beaucoup d'autorité. Ce professeur n'a aucune autorité sur ses élèves. Manquer d'autorité.* ▪ **6** Supériorité de mérite ou de séduction qui impose l'obéissance, le respect, la confiance. ➤ **considération, crédit, empire, influence, magnétisme, poids, prestige, réputation, séduction.** *Cet homme a une grande autorité. L'autorité dont il jouit. Avoir, acquérir, prendre de l'autorité sur qqn.* ➤ **2 ascendant.** — (CHOSES) Le fait de s'imposer, de servir de référence, de règle, par le mérite reconnu. «*Invoquerai-je contre vous l'autorité des deux Testaments ?*» FRANCE. ♦ **FAIRE AUTORITÉ :** s'imposer auprès de tous comme incontestable, servir de règle dans un domaine (➤ **autorisé**). *Un historien, un savant, un ouvrage qui fait autorité.* ▪ **7** Personne qui fait autorité. *Ce chercheur est une autorité dans ce domaine. Alléguer, invoquer une autorité à l'appui de sa thèse. S'appuyer sur une autorité.* ▪ CONTR. Déchéance, discrédit ; infériorité, soumission ; subordination, sujétion. Anarchie.

AUTOROUTE [otoʀut] **n. f.** – 1927, a remplacé *autostrade* ◊ de *auto(mobile)* et *route* ▪ **1** Large route protégée, réservée aux véhicules automobiles, comportant deux chaussées séparées destinée chacune à un sens de circulation, sans croisements ni passages à niveau. *Une autoroute à quatre voies. L'autoroute de l'Ouest, du Nord, du Sud* (de Paris). *Bretelle d'autoroute. Les échangeurs* d'une autoroute. Une autoroute à péage*. Bande* d'arrêt d'urgence, aires de repos d'une autoroute. Restaurant d'autoroute.* ➤ **restoroute.** ▪ **2** FIG. (1995) *Autoroute de l'information, autoroute électronique :* réseau informatique capable de transporter un très grand nombre d'informations, de données numérisées.

AUTOROUTIER, IÈRE [otoʀutje, jɛʀ] **adj.** – 1957 ◊ de *autoroute* ▪ Qui concerne les autoroutes ; d'une ou des autoroutes. *Réseau autoroutier. Système autoroutier.*

AUTOSATISFACTION [otosatisfaksjɔ̃] **n. f.** – 1963 ◊ de *auto-* et *satisfaction* ▪ **1** Contentement de soi. *Afficher dans ses propos une autosatisfaction déplaisante.* ➤ **suffisance, triomphalisme.** ▪ **2** PSYCHOL. Satisfaction égoïste de ses désirs, de ses besoins propres. *Sujet névrotique replié sur son autosatisfaction.*

AUTO-SCOOTER [otoskutœʀ ; -skutɛʀ] **n. m. ou f.** /AUTOSCOOTEUR/ – 1934 *auto-skooter* ◊ de *Auto Skooter,* n. d'un modèle produit par une firme américaine ▪ VIEILLI OU RÉGION. (Belgique, Luxembourg) Auto tamponneuse*. «*Bruxelles à la fin des années cinquante, cette merveille a disparu. Où sont les cirques et les autos-scooters de la place Sainte-Croix ?*» F. WEYERGANS.

AUTOSCOPIE [ɔtɔskɔpi ; otoskɔpi] **n. f.** – 1902 ◊ de *auto-* et *-scopie* ▪ **1** PSYCHOL. Hallucination par laquelle on croit se voir soi-même. ▪ **2** Technique pédagogique consistant à filmer et enregistrer un sujet qui peut ainsi observer son comportement de l'extérieur.

AUTOS-COUCHETTES ➤ **AUTOCOUCHETTE**

AUTOSOME [otozom] **n. m.** – 1936 ◊ de *auto-* et *(chromo)some* ▪ BIOL. Tout chromosome non sexuel. *Autosomes et hétérochromosomes.* — **adj. AUTOSOMIQUE** [otozomik]. *Maladie autosomique.*

AUTOSTOP ou **AUTO-STOP** [otostɔp] **n. m.** – 1938 ◊ de *auto(mobile)* et de l'anglais *stop* ▪ Le fait d'arrêter une voiture pour se faire transporter gratuitement. ➤ FAM. **stop ;** RÉGION. **pouce.** *Faire de l'autostop.* ➤ RÉGION. **poucer.** *Voyager en autostop.* «*J'eus quelques démêlés avec des camionneurs : je n'en continuai pas moins à pratiquer l'auto-stop*» BEAUVOIR. *Des autostops, des autos-stops.*

AUTOSTOPPEUR, EUSE ou **AUTO-STOPPEUR, EUSE** [otostɔpœʀ, øz] **n.** – 1953 ◊ de *autostop* ▪ Personne qui fait de l'autostop. ➤ FAM. **3 stoppeur.** *Des autostoppeurs, des autos-stoppeurs.*

AUTOSUFFISANCE [otosyfizɑ̃s] **n. f.** – 1964 ; philos. 1927 ◊ de *auto-* et *suffisance* ▪ ÉCON. Capacité de subvenir à ses propres besoins (➤ aussi **autarcie**). *Autosuffisance alimentaire, énergétique d'un pays.*

AUTOSUFFISANT, ANTE [otosyfizɑ̃, ɑ̃t] **adj.** – v. 1970 ◊ de *auto-* et *suffisant* ▪ ÉCON. Dans une situation d'autosuffisance. *Pays autosuffisant en céréales.*

AUTOSUGGESTION [otosygʒɛstjɔ̃] **n. f.** – *auto-suggestion* 1887 ◊ de *auto-* et *suggestion* ▪ Suggestion exercée sur soi-même, volontairement ou non. ➤ **suggestion.** «*Aucune sensation de bonheur. Pas la moindre vie. C'était une illusion. C'était de l'autosuggestion*» SARRAUTE.

AUTOTEST [ototɛst] **n. m.** – XXe ◇ de *auto-* et 2*test* ■ Test (2) que l'on effectue soi-même. *Autotest de dépistage du VIH.*

AUTOTOMIE [ototɔmi] **n. f.** – 1882 ◇ de *auto-* et *-tomie* ■ ZOOL. Mutilation réflexe d'une partie du corps chez certains animaux (crustacés, lézards) pour échapper à un danger, ou au cours d'un phénomène de régénération (amphibiens).

AUTOTOUR [ototuʀ] **n. m.** – 1988 ◇ de *auto(mobile)* et 3*tour* ■ Forfait proposé par un voyagiste, comprenant la location d'un véhicule et l'hébergement, sur un circuit touristique déterminé.

AUTOTRACTÉ, ÉE [ototʀakte] **adj.** – 1968 ◇ de *auto-* et *tracté* ■ TECHN. Conçu pour être tracté par un dispositif intégré. *Tondeuse à gazon autotractée.*

AUTOTRANSFUSION [ototʀɑ̃sfyzjɔ̃] **n. f.** – 1932 ◇ de *auto-* et *transfusion* ■ MÉD. Transfusion à un sujet de son propre sang préalablement prélevé et conservé.

AUTOTROPHE [ototʀɔf] **adj.** – 1905 ◇ de *auto-* et du grec *trophê* «nourriture» ■ BIOL. Qui est capable d'élaborer ses propres substances organiques à partir d'éléments minéraux. *Les végétaux et de nombreuses bactéries sont autotrophes.* — **n. f. AUTOTROPHIE** [ototʀɔfi]. ■ CONTR. Hétérotrophe.

1**AUTOUR** [otuʀ] **adv.** – XVe, remplace *entour* ◇ de *au* et 3*tour* ■ **1 loc. prép. AUTOUR DE :** dans l'espace qui environne qqn, qqch. ➤ **alentour, entour ; amph(i)-, circum-, péri-**. *Faire cercle autour de qqn, de qqch.* (➤ **entourer, environner**). *Mettre une chose autour d'une autre* (➤ **ceindre, envelopper**). *Jeter ses bras autour du cou de qqn. Les planètes gravitent autour du Soleil. Regarder autour de soi avec circonspection. Ils se sont assis autour de la table. L'espace qui est autour d'un lieu* (➤ **abord, alentour, bordure, ceinture,** 1**enceinte, entour, environ, voisinage**). *Mouvement de rotation autour d'un axe. Tourner* autour de qqn ; autour du pot*. Tout autour de :* complètement autour. *Regarder tout autour de soi.* ◆ FIG. Dans l'entourage, le voisinage. ➤ **auprès, près** (cf. Aux côtés* de). *«Je réunis autour de moi une société d'écrivains»* CHATEAUBRIAND. *Faire le vide autour de soi.* ◆ *Il a autour de cinquante ans.* ➤ **approximativement, environ** (cf. À peu près). ■ **2 adv. AUTOUR :** dans l'espace qui environne. ➤ **alentour.** *La maison est isolée, il y a une épaisse forêt autour, tout autour. — Il faut mettre de la ficelle autour.*

2**AUTOUR** [otuʀ] **n. m.** – XIVe ; *hostur, ostur* 1080 ◇ bas latin *auceptor*, classique *accipiter* «épervier» ■ Oiseau rapace *(falconiformes)*, proche de l'épervier.

AUTOVACCIN [otovaksɛ̃] **n. m.** – 1926 ◇ de *auto-* et *vaccin* ■ MÉD. Vaccin préparé par culture des germes du malade lui-même. — **n. f. AUTOVACCINATION.**

AUTRE [otʀ] **adj., pron.** et **n. m.** – fin IXe, comme pronom (II, 1o) ◇ du latin *alter.* → altérer. En ancien français, *autre* avait comme forme, au cas régime, *autrui*

I ~ adj. A. ÉPITHÈTE ■ **1** (milieu XIe) Qui n'est pas le même, qui est distinct (cf. Allo-, hétér[o]-). *Sortez par l'autre porte. Par l'autre bout. «Nous approuvons, pour une idée, un système, un intérêt, un homme, ce que nous blâmons pour une autre idée, un autre système, un autre intérêt, un autre homme»* CHATEAUBRIAND. *Tous les autres invités sont arrivés* (cf. Le reste de). *Bien d'autres, beaucoup d'autres choses encore. En un autre lieu.* ➤ **ailleurs.** *L'autre monde*. D'un autre côté*. C'est une autre question, une autre affaire*, une autre histoire, une autre paire de manches*. Il n'y a pas d'autre solution. Il faut écarter toute autre considération.* ➤ **étranger.** *Avez-vous trouvé quelque autre solution ?* — **AUTRE** (et subst.) **QUE.** *Il n'a pas réalisé d'autre film que celui-là. Il n'a pas d'autre choix que celui-là.* — **SANS AUTRE** (et nom de chose) : sans plus de..., sans (chose) supplémentaire. *Il m'a dit cela sans autre précision. «Sans autre forme de procès»* LA FONTAINE. **loc. adv.** (Suisse) *Sans autre :* bien entendu, cela va de soi. *Vous pouvez sans autre payer demain. — Une autre fois, un autre jour :* à un autre moment ; un peu plus tard. *Une autre fois, tu préviendras. Je repasserai une autre fois. D'autres fois :* à d'autres moments. — *L'autre fois, l'autre jour :* dans le passé plus ou moins récent (➤ **dernier**). — (Dans une énumération) *Tomates, carottes, artichauts et autres légumes.* ■ **2** Qui n'est pas le même tout en étant très semblable. *C'est un autre Versailles. C'est un autre moi-même.* ➤ **alter ego.** ◆ Supplémentaire, nouveau. *Donnez-moi un autre café.* ➤ **second** (cf. De plus*). *Voulez-vous d'autres pâtes ?* davantage de pâtes. *Elle veut un autre enfant.* ■ **3** Différent par quelque supériorité. *«Ce sera un autre gaillard que son père»* FRANCE. *C'est un tout autre écrivain.* ■ **4** (Sans art.) **AUTRE CHOSE :** quelque chose de différent. *C'est autre chose, c'est tout autre chose :* c'est différent. *Parlons d'autre chose. C'est cela, et pas autre chose. «Ça n'est pas autre chose qu'une "affaire," une "combine"»* MARTIN DU GARD. — FAM. *Voilà autre chose !*, encore qqch. de désagréable. ◆ LITTÉR. **AUTRE CHOSE..., AUTRE CHOSE...** opposant deux propositions. *«Autre chose d'agir avec un père, autre chose de répondre devant un juge»* BOSSUET. ■ **5 loc. adv. AUTRE PART* :** ailleurs. — **D'AUTRE PART* :** par ailleurs.

B. EN ATTRIBUT ■ **1** Qui est devenu différent de ce qu'il était. *«Je suis toujours moi-même et mon cœur n'est point autre»* CORNEILLE. *Devenir autre, tout autre. «Il était jeune, et elle aussi ; elle est tout autre»* PASCAL. ■ **2** *N'être autre que :* être justement. *La victime n'est autre que la fille du policier,* c'est la fille du policier.

C. APRÈS *NOUS, VOUS, EUX* FAM. ou RÉGION. Pour opposer le groupe désigné au reste. *Nous autres, nous partons. «C'est comme si ça l'intéressait plus d'être avec eux autres»* V.-L. BEAULIEU.

II ~ pron. (NOMINAL OU REPRÉSENTANT UN NOM) ■ **1** (fin IXe) Quelqu'un, quelque chose de différent. *Prendre qqn pour un autre* (une autre personne), *une chose pour une autre.* LOC. FIG. *Il se prend pour un autre :* il se surestime. *Moi et les autres. «Pourquoi celle-là plutôt qu'une autre ?»* MUSSET. — *D'un bout* à l'autre. D'un jour* à l'autre.* — (Sans art.) *De temps* à autre. — Un autre :* un autre homme. *Une autre :* une autre femme. *Faire qqch. aussi bien qu'un autre. Il en aime une autre. Les autres :* les autres hommes, les autres femmes. ➤ **autrui.** *«l'enfer, c'est les Autres»* SARTRE. *«Nous ne sommes donc rien sans les autres, et pourtant les autres sont les ennemis»* H. LABORIT. LOC. *Cela n'arrive qu'aux autres :* on ne se croit pas (à tort) concerné. ◆ FAM. *L'autre, cet autre,* désigne avec mépris une personne. *Oh ! l'autre, il exagère !* — LOC. *Comme dirait l'autre, comme dit l'autre :* comme on* dit. — (1579) *À d'autres !* allez raconter ça à des gens plus crédules. ◆ *Un autre que... D'autres que... Je le donnerai à un autre que vous, à un autre qu'à vous.* ◆ *Qui d'autre proposez-vous ? Quoi d'autre ? Quelqu'un d'autre. Tout autre. Aucun autre. Nul autre. Personne d'autre.* — **ENTRE AUTRES :** parmi plusieurs (personnes, choses). *J'ai visité les cathédrales d'Espagne, entre autres celle de Tolède.* ◆ **D'AUTRES :** d'autres choses. LOC. *Il n'en fait jamais d'autres :* il fait toujours les mêmes sottises. (1547) *J'en ai vu d'autres* (choses étonnantes). *Parler de choses et d'autres.* ◆ (Avec un nom générique) *Un autre :* un de plus, encore* un. *Donnez-m'en un autre. Il n'y a pas assez de verres, apportez-en d'autres, deux autres, plusieurs autres.* ◆ **RIEN D'AUTRE :** rien de différent. *Le malade ne veut que des fruits et rien d'autre. C'est tout ? Vous ne voulez rien d'autre ?* rien de plus ? ■ **2** (Opposé à *un*) **L'UN... L'AUTRE ; LES UNS... LES AUTRES.** *«l'un commandait le respect, l'autre cherchait à l'obtenir»* BALZAC. — **L'UN ET L'AUTRE :** les deux ou l'un aussi bien que l'autre. *L'un et l'autre sont venus. «Une singularité que j'ai observée chez l'un et chez l'autre»* VALÉRY. *L'un comme l'autre. Les uns et les autres sont partis.* SPÉCIALT *Les uns et les autres :* tout le monde sans distinction. — **L'UN OU L'AUTRE.** *L'un ou l'autre, ça m'est égal. Être toujours chez l'un ou chez l'autre :* être souvent en visite. *«La nature et l'art sont deux choses, sans quoi l'une ou l'autre n'existerait pas»* HUGO. — LOC. *C'est l'un ou c'est l'autre :* il faut choisir, on ne peut avoir les deux. *C'est tout l'un ou tout l'autre :* il n'y a pas de milieu, il faut prendre tel parti ou tel autre. — **NI L'UN NI L'AUTRE.** *Ils ne sont venus ni l'un ni l'autre. Il rejette les deux propositions, il n'accepte ni l'une ni l'autre.* ◆ *Un* représente le sujet, *autre* le compl. d'objet (avec un v. pron.). *L'un l'autre, l'une l'autre, les uns les autres, les unes les autres,* marquent la réciprocité. *Aimez-vous les uns les autres.* ◆ **L'UN... L'AUTRE** (séparés par une prép.). *Il nous a présentés l'un à l'autre. Marcher l'un après l'autre, l'un à côté de l'autre* (ou *à côté l'un de l'autre*), *l'un derrière l'autre. Dépendre l'un de l'autre. Vivre l'un pour l'autre. Jamais l'un sans l'autre.* — LOC. FIG. *L'un dans l'autre :* en faisant la moyenne, tout compte fait.

III ~ n. m. L'AUTRE PHILOS. Ce qui n'est pas le sujet, ce qui n'est pas moi, nous. *«L'autre est indispensable à mon existence»* SARTRE. ➤ **autrui ; altérité.**

■ CONTR. Même ; identique, pareil, semblable.

AUTREFOIS [otʀəfwa] **adv.** – *autrefeiz* 1160 ◇ de *autre* et *fois* ■ Dans un temps passé. ➤ **anciennement, jadis.** *Les mœurs d'autrefois.* ➤ **antan** (d'). *Cela s'est passé autrefois.* ■ CONTR. Actuellement, aujourd'hui, encore, maintenant.

AUTREMENT [otʀəmɑ̃] **adv.** – *altrement* 1080 ◇ de *autre* ■ **1** D'une façon autre, d'une manière différente. ➤ **différemment.** *Il faut procéder autrement, tout autrement. Il ne saurait en être autrement. Tu pourrais me parler autrement !* plus gentiment. *Je* *n'ai pas pu faire autrement que d'y aller. «Il agit autrement qu'il parle ou qu'il ne parle»* (ACADÉMIE). — (après un verbe, un nom) D'une manière nouvelle, différente des usages traditionnels. *Voyager autrement. La voiture autrement.* — **AUTREMENT DIT,** *autrement appelé, autrement.* ➤ 1 **alias.** *«George Sand, autrement Madame Dudevant»* CHATEAUBRIAND. PAR EXT. (introduit une propos.) En d'autres termes. ➤ **c'est-à-dire.** *Elle ne rentre pas dîner, autrement dit nous dînerons seuls.* ■ **2** Dans un autre cas, dans le cas contraire. ➤ **sinon** (cf. Sans quoi*). *Faites attention, autrement vous aurez affaire à moi.* ■ **3 PAS AUTREMENT :** pas beaucoup. ➤ **guère, peu.** *Cela n'est pas autrement utile. Je ne m'en étonne pas autrement.* ■ **4 AUTREMENT,** compar. de supériorité portant sur un adj. ou un adv. Bien plus. ➤ **plus ; beaucoup.** *Elle est autrement jolie. Celui-ci est autrement intéressant.* — Renforçant un compar. (emploi critiqué mais plus cour.) ➤ 1 **bien.** *C'est autrement plus utile. Elle est autrement moins raisonnable que sa sœur.*

AUTRICE ➤ **AUTEUR**

AUTRICHIEN, IENNE [otʀiʃjɛ̃, jɛn] adj. et n. – avant 1590 *austrichien* ◊ de *Autriche* ■ D'Autriche. *Le schilling autrichien* (avant l'euro). — n. (1740) *Les Autrichiens.* HIST. *L'Autrichienne* : Marie-Antoinette.

AUTRUCHE [otʀyʃ] n. f. – 1515 ◊ de l'ancien français *ostruce* (début XIIe), influencé par l'italien *struzzo* «autruche», tous deux du latin *avis* («oiseau») *struthio* («autruche»), emprunté au grec *strouthiôn* ■ **1** Oiseau coureur d'Afrique *(struthioniformes)*, le plus grand des oiseaux actuels. *Le nandou* est proche de l'autruche. Le petit de l'autruche* (n. m. **AUTRUCHON**). *Plume d'autruche. «L'autruche [...] avale en outre des corps durs, des pierres, des objets en métal, etc., sans doute pour aider à la trituration des aliments dans le gésier»* P. POIRÉ. ◆ LOC. *Avoir un estomac d'autruche* : digérer n'importe quoi. *«Son estomac d'autruche digérerait des pierres»* RENARD. *La politique de l'autruche,* qui refuse de voir le danger (comme l'autruche qui, selon la légende, se cache la tête pour échapper au péril). *«c'est la politique de l'autruche. Une méthode de lâche pour éviter de regarder la réalité en face»* A. DESARTHE. *Faire l'autruche* (cf. Se mettre la tête dans le sable*). *«j'avais joué l'autruche et n'avais pas donné signe de vie»* D. DE VIGAN. ■ **2** Peau tannée de cet oiseau. *Sac en autruche.* ■ **3** Viande de cet oiseau (d'élevage). *Un steak d'autruche.*

AUTRUI [otʀɥi] pron. – *altrui* 1080 ◊ cas régime de *autre* ■ Un autre, les autres individus. ➤ **prochain.** ■ **1** COUR. (compl.) *Agir pour le compte d'autrui, au nom d'autrui. Voler le bien d'autrui. L'amour d'autrui.* ➤ **altruisme.** *«L'on ne prête à autrui que les sentiments dont l'on est soi-même capable»* GIDE. PROV. *Ne fais pas à autrui ce que tu ne voudrais pas qu'on te fît.* ■ **2** LITTÉR. OU DIDACT. (sujet) *«Autrui n'a même pas toujours besoin de formuler un conseil»* ROMAINS.

AUTUNITE [otynit] n. f. – 1866 ◊ de *Autun*, ville française ■ MINÉR. Phosphate naturel d'uranium et de calcium. ➤ **uranite.**

AUVENT [ovɑ̃] n. m. – *anvant* 1180 ◊ gaulois °*ande-banno*, de *ande-* «en avant» et *banno-* «pignon» ■ Petit toit en saillie pour garantir de la pluie. ➤ **abri, avant-toit.** *Toit en auvent* (appentis). *Auvent vitré.* ➤ **marquise.** *Auvents d'espaliers.*

AUVERGNAT, ATE [ovɛʀɲa, at] adj. et n. – 1213 ◊ de *Auvergne* ■ D'Auvergne. *Bourrée auvergnate.* — n. *Les Auvergnats.* — n. m. *L'auvergnat* : les parlers dialectaux d'Auvergne.

AUX ➤ **À** et 1 **LE**

AUXILIAIRE [ɔksiljɛʀ] adj. et n. – 1512 ◊ latin *auxiliaris*, de *auxilium* «secours» ■ **1** Qui agit, est utilisé en second lieu, à titre de secours. *Secours, moyen, organe auxiliaire.* ➤ **accessoire, adjoint,** 1 **annexe, complémentaire, second.** *Force auxiliaire,* qui s'ajoute à une autre pour la fortifier. — TECHN. *Alimentation auxiliaire d'un circuit électrique. Moteur auxiliaire* (d'un voilier). *Fusée auxiliaire* (➤ 1 **booster**). — SPÉCIALT *Personnel auxiliaire. Troupes, services auxiliaires. Le service auxiliaire de l'Armée,* ELLIPT *l'auxiliaire* (opposé à *service armé*). — *Maître, maîtresse auxiliaire.* ■ **2** n. Personne qui aide en apportant son concours. ➤ 2 **aide ; adjoint, assistant, collaborateur.** *Une précieuse auxiliaire.* ◆ MILIT. *Auxiliaires d'une armée* : combattants qui ne font pas partie d'une armée régulière. ◆ Employé(e) recruté(e) à titre provisoire par l'Administration (non fonctionnaire). *Auxiliaires de l'enseignement.* ➤ **vacataire.** ◆ *Auxiliaire de justice* (avocat, huissier...). ◆ Technicien(ne) qui en seconde un(e) autre plus qualifié(e). *Auxiliaires médicaux, hospitaliers. Auxiliaire de puériculture.* ◆ *Auxiliaire de vie* : personne dont la profession est d'intervenir au domicile des personnes âgées, handicapées pour les aider dans l'accomplissement des gestes de la vie quotidienne. ➤ **aidant,** 2 **aide.** — *Auxiliaire de vie scolaire (AVS)* : personne qui accompagne un élève en situation de handicap dans sa scolarité. ➤ **accompagnant.** ■ **3** GRAMM. *Verbes auxiliaires,* ELLIPT n. m. *les auxiliaires* : formes verbales réduites à la fonction grammaticale de formation des temps composés des verbes. *Avoir et être sont les auxiliaires purs. Semi-auxiliaires* : verbes qui servent à construire des formes composées mais gardent un sens (venir, aller, devoir, faire, laisser). ■ **4** n. m. pl. MAR. Machines non motrices. ■ CONTR. Adverse, contraire. Principal, titulaire.

AUXILIAIREMENT [ɔksiljɛʀmɑ̃] adv. – 1866 ◊ de *auxiliaire* ■ RARE D'une manière auxiliaire, accessoire. ➤ **accessoirement.**

AUXINE [ɔksin] n. f. – v. 1931 ◊ du grec *auxein* «accroître» et *-ine* ■ BIOCHIM. Hormone végétale régulant la croissance longitudinale d'une plante, celle des bourgeons et la formation des racines.

AUXOTROPHE [ɔksɔtʀɔf] n. m. – 1956 ◊ du grec *auxein* «accroître» et *trophê* «nourriture» ■ MICROBIOL. Mutant incapable de synthétiser une ou plusieurs substances (facteur de croissance, vitamine) et ne pouvant se développer dans un milieu ne présentant pas cette substance, à l'inverse du type sauvage dont il dérive. — adj. *Micro-organismes auxotrophes.*

AUXQUELS, AUXQUELLES ➤ **LEQUEL**

AVACHI, IE [avaʃi] adj. – 1542 ◊ de *avachir* ■ **1** Devenu informe pour avoir été trop porté (vêtements, tissus...). ➤ **déformé,** 1 **flasque.** *Chaussures avachies.* ■ **2** (PERSONNES) Sans aucune énergie, sans fermeté. *Un être avachi.* ➤ 1 **mou ; amorphe, indolent, veule.**

AVACHIR [avaʃiʀ] v. tr. ⟨2⟩ – 1395 ◊ de *vache* ou p.-ê. du francique °*vaikjan* «amollir» ■ **1** RARE Rendre mou, flasque. ➤ **amollir, déformer, ramollir.** — (Compl. personne) Rendre mou, veule ; priver de son énergie. ABSOLT *L'inaction avachit.* ■ **2** COUR. **S'AVACHIR** v. pron. Devenir mou, flasque. ➤ **s'affaisser, s'aplatir,** se **déformer.** *Ces souliers commencent à s'avachir.* ◆ (PERSONNES) FAM. Se laisser aller physiquement et moralement. *«Il faut être jeune et vert. Il ne faut pas se laisser avachir»* DUHAMEL. — S'affaler. ➤ RÉGION. **s'évacher.** ■ CONTR. Affermir, durcir, raffermir, raidir.

AVACHISSEMENT [avaʃismɑ̃] n. m. – 1851 ◊ de *avachir* ■ Action de s'avachir. État de ce qui est avachi. ➤ **ramollissement, relâchement.**

1 **AVAL** [aval] n. m. – 1080 ◊ de *à* et *val* ■ **1** Le côté vers lequel descend un cours d'eau ; la partie inférieure d'un cours d'eau, d'une vallée. *Pays d'aval. Des avals.* ◆ SKI Côté de la vallée. — APPOS. INV. *Ski aval* (opposé à *ski amont*). ■ **2** loc. prép. **EN AVAL DE.** *En aval du pont, de la ville* : au-delà, dans la direction de la pente. *«Visite aux villages du bord du fleuve, en aval de Bangui»* GIDE. ■ **3** FIG. Ce qui vient après le point considéré, dans un processus (➤ **filière**). *Les industries, les produits d'aval.* — *Si la production se ralentit, cela créera des problèmes en aval.* ■ CONTR. Amont.

2 **AVAL** [aval] n. m. – 1673 ◊ italien *avallo*, de l'arabe *hawâla* «mandat» ■ Engagement par lequel une personne s'oblige à payer un effet de commerce en cas de défaillance du débiteur principal. ➤ **caution, garantie.** *Des avals. Donneur d'aval.* ➤ **avaliseur.** *Donner son aval à une traite.* ➤ **avaliser.** *Bon pour aval.* ◆ FIG. Soutien, caution. *Donner son aval à une politique.*

AVALANCHE [avalɑ̃ʃ] n. f. – 1611 ; *lavanche* XVIe ◊ mot savoyard *lavantse* ; bas latin *labina* «glissement de terrain», de *labi* (cf. *labile*) ; altération d'après 1 *aval* ■ **1** Masse de neige qui se détache d'une montagne, qui dévale en entraînant des pierres, des boues. *Le hameau fut enseveli sous une avalanche. Chien d'avalanche,* dressé pour retrouver les personnes enfouies sous une avalanche. *Avalanche poudreuse* (de neige fraîche), *de fond* (de neige compacte et humide). — Chute de cette masse de neige. *Risque d'avalanche. Couloir d'avalanche. Cône d'avalanche* : masse de débris transportés par l'avalanche. *Construction protégeant des avalanches.* ➤ **paravalanche.** ◆ PAR MÉTAPH. Tas croulant. *«Des avalanches de légumes»* FLAUBERT. ■ **2** FIG. Grande quantité (de choses désagréables qui arrivent). *Une avalanche de factures. Une avalanche d'injures, de coups.* ➤ **déluge,** 1 **grêle, pluie.** ■ **3** PHYS. Multiplication d'ions dans un gaz par collision du premier ion avec des atomes ou molécules neutres. — ÉLECTRON. Augmentation brutale, à partir d'un certain seuil de tension, du courant dans une jonction semi-conductrice.

AVALANCHEUX, EUSE [avalɑ̃ʃø, øz] adj. – 1927 ◊ de *avalanche* ▪ RÉGION. ou DIDACT. ▪ **1** Susceptible de provoquer une avalanche. *Amas avalancheux.* ▪ **2** Se dit d'un lieu où il se produit des avalanches. *Couloir avalancheux.*

AVALANT, ANTE [avalɑ̃, ɑ̃t] adj. – 1827 ; *avalens* «qui descend le cours de l'eau» 1415 ◊ de *avaler* (XIIe) «descendre» ▪ MAR. En parlant d'un bateau, Qui descend le cours d'une rivière. *Les péniches avalantes.* — SUBST. *Les avalants doivent prendre le canal de droite.* ▪ CONTR. Montant.

AVALÉ, ÉE [avale] adj. – 1339 «déprécié» ◊ de *avaler* ▪ **1** VX Qui tombe. ➤ 1 **pendant, tombant.** *Un chien à oreilles avalées.* ▪ **2** *Lèvres avalées,* pincées. *«La bouche pincée, avalée»* AYMÉ.

AVALER [avale] v. tr. ‹1› – 1080 «descendre rapidement» (→ avalé) ◊ de 1 *aval* ▪ **1** Faire descendre par le gosier. ➤ **absorber,** 1 **boire, ingérer, ingurgiter,** 1 **manger.** *Avaler une gorgée d'eau. Avaler d'un trait, d'un seul coup. Je n'ai plus faim, je ne peux plus rien avaler.* ➤ 1 **manger.** *Avaler les morceaux avidement, sans mâcher.* ➤ **engloutir.** *Avaler tout rond*. Avaler un œuf cru.* ➤ **gober.** *«Il faisait, en avalant sa soupe, un gloussement à chaque gorgée»* FLAUBERT. *«Les bouches s'ouvraient, se fermaient sans cesse, avalaient, mastiquaient, engloutissaient férocement»* MAUPASSANT. *Elle fume, mais sans avaler la fumée.* — (1856) *Avaler de travers,* l'épiglotte ayant laissé passer des particules alimentaires dans la trachée. — PAR EXT. *Avaler ses mots en parlant :* ne pas prononcer toutes les syllabes. ◆ LOC. FIG. *Il avalerait la mer et les poissons :* il est affamé, assoiffé, insatiable. — FAM. *Avoir avalé sa langue :* rester obstinément silencieux. — *Avaler sa salive*.* — *Il a l'air d'avoir avalé sa canne, son parapluie :* il est très guindé. — *Avaler la pilule :* supporter sans protester une chose désagréable. — *Avaler des couleuvres*.* — *On dirait qu'il va l'avaler, l'avaler tout cru :* il le (la) regarde avec un air furieux. — FAM. *Avaler son acte (son bulletin) de naissance, avaler sa chique :* mourir. — FIG. *Le distributeur a avalé ma carte de crédit.* ▪ **2** FIG. et VIEILLI ➤ **ravaler, rentrer.** *«Elle s'était tue, avalant sa rage dans un stoïcisme muet»* FLAUBERT. ▪ **3** FIG. Absorber, s'approprier. ➤ **dévorer.** *Il veut tout avaler,* se dit d'un homme avide, arriviste, présomptueux. ➤ FAM. **bouffer** (cf. Avoir les dents* longues, en vouloir*). *Avaler un livre, un roman,* le lire avec avidité. *«Pour digérer le savoir il faut l'avoir avalé avec appétit»* FRANCE. SPORT *Avaler l'obstacle,* le franchir sans peine, à vive allure. *Voiture qui avale la route, les kilomètres,* qui roule très vite. ▪ **4** FIG. FAM. Accepter sans critique. ➤ **croire ;** FAM. **gober.** *On peut lui faire avaler n'importe quoi. «C'est à vous de l'y résoudre et de lui faire avaler la chose du mieux que vous pourrez»* MOLIÈRE. — ➤ **supporter.** *C'est un peu dur à avaler* (cf. ci-dessus Avaler la pilule ; aussi l'avoir en travers*). ➤ FAM. **digérer.**

AVALEUR, EUSE [avalœʀ, øz] n. – v. 1510 «glouton» ◊ de *avaler* ▪ VX Personne qui avale. ➤ **glouton.** — MOD. LOC. *Avaleur de sabres :* saltimbanque qui introduit (ou fait mine d'introduire) une lame par la bouche dans son tube digestif.

AVALISER [avalize] v. tr. ‹1› – 1875 ◊ de 2 *aval* ▪ Donner son aval, cautionner par un aval. *Avaliser un effet de commerce.* ◆ (v. 1950) FIG. Appuyer, donner caution à. *Avaliser une décision.*

AVALISEUR, EUSE [avalizœʀ, øz] adj. et n. – 1934 ◊ de 2 *aval* ▪ DR. Qui donne son aval. — On dit aussi **AVALISTE,** 1845.

À-VALOIR [avalwaʀ] n. m. inv. – 1718 ◊ de *à* et *valoir* ▪ Paiement partiel. ➤ **acompte, arrhes.** *C'est un à-valoir sur votre créance.*

AVANCE [avɑ̃s] n. f. – 1473 ; fin XIVe «fait d'avancer ; avantage, profit» ◊ de *avancer*

I LE FAIT D'AVANCER ▪ **1 UNE AVANCE** VX Saillie, avancée (1°). ▪ **2** (fin XVIe) MOD. **L'AVANCE** Action d'avancer. *L'avance d'une armée.* ➤ **avancée.** *Accroître, ralentir son avance.* ➤ 2 **marche, progression.** *«le centre [ville] ravagé par un incendie lors de l'avance allemande en 40»* A. ERNAUX. — *La touche «avance rapide» d'un magnétoscope. «Nadine appuie sur "Avance rapide" pour passer le générique»* V. DESPENTES. ◆ TECHN. Déplacement de l'outil d'une machine-outil vers la partie à travailler. ▪ **3** (1694) Espace qu'on a parcouru avant qqn, distance qui en sépare. *Accentuer, perdre, garder son avance. Prendre de l'avance. Le premier coureur a cent mètres d'avance sur le second.* LOC. *Avoir une, (des) longueur(s)* d'avance.* ◆ (Dans le temps) Anticipation sur un moment prévu. *Une avance d'un quart d'heure sur l'horaire. Avoir une heure d'avance. Prendre de l'avance dans son travail.* — TECHNOL. *Avance à l'allumage :* anticipation du déclenchement de l'allumage dans un moteur à explosion. ◆ RÉGION. (Belgique) FAM. *Il n'y a pas d'avance de, à* (faire qqch.) : cela n'avance à rien de. ◆ IRON. et VIEILLI *La belle avance !* vous êtes bien avancé, à quoi cela sert-il ? ➤ **avantage.** ▪ **4** loc. adv. **À L'AVANCE :** avant le moment fixé pour l'exécution (d'une opération, d'une combinaison). *Tout a été préparé à l'avance* (cf. Au préalable). *Repli sur des positions préparées à l'avance. Il faut s'y prendre plusieurs jours à l'avance.* ➤ 1 **avant.** ◆ **D'AVANCE :** avant le temps, avant un moment quelconque. *Payer d'avance. Merci d'avance. «On sait d'avance ce qu'on va se dire»* MUSSET. ◆ **EN AVANCE :** avant le temps fixé, l'horaire prévu (en attribut). *Il est en avance, en avance d'une heure* (opposé à *en retard*). *Être, arriver, partir en avance, en avance sur l'horaire.* — Avancé dans son développement. *Certains pays sont en avance sur les autres. Enfant en avance pour son âge.* ➤ **précoce.** *Il a des idées très en avance pour son époque.* ➤ **avancé, évolué.** *«Renoir nous prouve continuellement que le seul moyen de ne pas être en retard, c'est d'être toujours en avance»* GODARD. ◆ LITTÉR. **PAR AVANCE :** à l'avance ; d'avance. *«Prédestiné signifie destiné par avance au bonheur ou au malheur»* BALZAC.

II UNE AVANCE ▪ **1** (1478) Somme versée par anticipation. *Faire une avance à un employé. Demander une avance. Faire à qqn une avance de trois cents euros. Faire une avance sur salaire. «Le colonel a télégraphié à Londres pour avoir une avance sur sa pension»* SIMENON. *Avance sur commande.* ➤ **acompte, arrhes, provision.** ▪ **2** Crédit, prêt à court terme. *Avance bancaire.* ➤ **crédit,** 2 **découvert, escompte, facilité** (de caisse), 2 **prêt.** *Avance sur créance :* prêt garanti par le gage d'une créance. *Avance sur marchandises :* prêt garanti par un stock de marchandises. ➤ **gage, warrant.** *Avance sur recette pour la réalisation d'un film.* ➤ **nantissement.** ▪ **3** AU PLUR. Fonds investis dans une entreprise. *Récupérer ses avances.* ➤ **fonds, investissement, mise.**

III DES AVANCES (1662) Premières démarches auprès d'une personne pour nouer ou renouer des relations avec elle. ➤ **approche, démarche, ouverture, rapprochement.** — SPÉCIALT (dans le domaine amoureux) *C'est elle qui lui a fait des avances* (➤ FAM. **brancher, draguer**). *«Je n'y puis rien si les femmes me font des avances»* COSSERY. *Répondre aux avances de qqn. «Nos communes avances raccourcirent de moitié la route que l'orgueil de chacun de nous avait à faire»* RADIGUET.

▪ CONTR. Creux, renfoncement. Recul, repli, 1 retraite. Arrêt. Retard.

AVANCÉ, ÉE [avɑ̃se] adj. – 1507 «avantagé» ◊ de *avancer* ▪ **1** Qui est en avant. — MILIT. *Poste avancé. Ouvrage avancé.* ▪ **2** (Temps) Dont une grande partie est écoulée. *La saison, la nuit est déjà bien avancée. À une heure avancée de la nuit.* ➤ **tardif.** *Il est d'un âge très avancé.* ➤ **vieux.** — *Il, elle est très avancé(e) en âge.* ▪ **3** (XVIe) Qui est en avance (sur les autres), qui a fait des progrès. *Une végétation avancée pour la saison.* — Précoce. *«Je puis dire que j'étais bien avancé pour mon âge»* LESAGE. ◆ ➤ **évolué, perfectionné** (cf. De pointe). *Technique, civilisation avancée.* ◆ (1839) D'avant-garde. *Opinions, idées avancées. «Le libéralisme fait désormais figure, auprès des gens avancés ou qualifiés tels, de doctrine démodée»* SIEGFRIED. *Société libérale avancée.* ▪ **4** Qui se rapproche du terme, touche à sa fin. *Son ouvrage est déjà très avancé. La construction est bien avancée. Maladie à un stade très avancé.* — (PERSONNES) *«même si j'en avais eu* [des amis] *je n'en serais pas plus avancé»* CAMUS. IRON. *Vous voilà bien avancé !* ce que vous avez fait ne vous a servi à rien. ➤ **satisfait** (cf. La belle avance* !). ▪ **5** Qui commence à se gâter. *Ce poisson est un peu avancé ! Viande avancée.* ▪ CONTR. Arriéré, retard (en), retardataire. 1 Frais.

AVANCÉE [avɑ̃se] n. f. – 1771 fortif. ◊ de *avancer* ▪ **1** Ce qui avance, forme saillie. *L'avancée d'un toit.* ➤ **avant-toit.** ▪ **2** La partie la plus avancée, l'extrémité d'une galerie de mine qu'on creuse. ▪ **3** Partie de la ligne qui est près de l'hameçon. ▪ **4** Fait d'avancer. ➤ 2 **marche, progression.** *L'avancée de l'ennemi.* ➤ **avance.** ◆ FIG. Proposition positive dans un dialogue avec le pouvoir. *Il y a eu des avancées mais le conflit n'est pas résolu.*

AVANCEMENT [avɑ̃smɑ̃] n. m. – XIIe «progrès, marche en avant» ◊ de *avancer* ▪ **1** RARE Mouvement en avant, position qui en résulte. *«les avancements de lèvres»* ZOLA. — DANSE *Position d'avancement.* ▪ **2** État de ce qui avance, progresse (dans le temps). ➤ **progrès.** *L'avancement des travaux.* ▪ **3** VX ou LITTÉR. Progrès dans le domaine moral ou intellectuel. ➤ **amélioration, développement, perfectionnement, progrès.** *«votre avancement spirituel»* BOSSUET. *«il ne paraît pas que l'avancement des connaissances et la multiplicité des inventions aient beaucoup amélioré les mœurs»* FRANCE. ▪ **4** (1762 ; «enrichissement» 1690)

COUR. Le fait de s'élever dans la voie hiérarchique ou dans celle des honneurs. ➤ **promotion.** *Avancement à l'ancienneté. Tableau d'avancement. Avoir, obtenir, demander, recevoir de l'avancement. Donner de l'avancement à qqn.* ▪ **5** DR. *Avancement d'hoirie* : libéralité (donation) faite à un héritier présomptif, par anticipation. ▪ CONTR. Creux, renfoncement. Recul. Décadence, déchéance. Arrêt, stagnation.

AVANCER [avɑ̃se] **v.** (3) – XIIe ◇ latin populaire °*abantiare,* de *abante* → 1 avant

I ~ **v. tr.** ▪ **1** (1278) Pousser, porter en avant. *Avancer une chaise à qqn. Avancer un pion sur l'échiquier. « Il tendit la main, elle avança la sienne »* MARTIN DU GARD. ➤ 1 **tendre.** *La voiture de Madame est avancée.* ▪ **2** FIG. (fin XIIIe) Mettre en avant, proposer comme vrai. *Avancer une hypothèse, une thèse.* ➤ **énoncer, formuler, soutenir.** *C'est à celui qui avance un fait de le prouver.* ➤ **affirmer, alléguer, prétendre.** *« Lorsqu'on avance que la légitimité arrivera forcément, on avance une erreur »* CHATEAUBRIAND. ▪ **3** (XVIe) Faire arriver avant le temps prévu ou normal. *Avancer l'heure du dîner, le dîner.* ➤ **hâter ; accélérer, précipiter.** *Il a avancé la date de son retour.* ➤ **anticiper.** *« Je sais que j'ai moi seule avancé leur ruine »* RACINE. — *Avancer une montre, une pendule,* lui faire marquer une heure plus tardive. ▪ **4** Faire progresser qqch. *Avancer son travail, son ouvrage. — Ce contretemps n'avance pas nos affaires.* ➤ **arranger.** ◆ *À quoi cela vous avance-t-il de crier ?* quel avantage en tirez-vous ? ➤ **avancé.** ▪ **5** *Avancer de l'argent* : VX payer par avance ; MOD. prêter. *Pourrais-tu m'avancer mille euros ?*

II ~ **v. intr.** (XIIIe, pr. et fig.) **A.** DANS L'ESPACE ▪ **1** Aller, se porter en avant. *Avancer lentement, rapidement.* ➤ 1 **aller, marcher.** *Avancer d'un pas, d'un mètre. Avancez vers moi, avancez !* ➤ **approcher, venir.** *L'ennemi avance.* ➤ **progresser.** *« Les horizons aux horizons succèdent : On avance toujours, on n'arrive jamais »* HUGO. *Il y a un bouchon de 2 km, on n'avance pas. Faire avancer un tonneau en le roulant, en le poussant.* ▪ **2** Être placé en avant, faire saillie (➤ **avancée**). *Ce cap avance dans la mer. Le balcon avance d'un mètre sur la rue.* ➤ **saillir ; déborder, dépasser.** *Mâchoire qui avance.*

B. DANS LE TEMPS ▪ **1** Avoir déjà fait beaucoup. ➤ **progresser.** *Avancer dans une enquête. Il se tue de travail et n'avance pas.* — (CHOSES) Aller vers son achèvement. *Les travaux n'avancent pas. L'enquête avance bien.* ▪ **2** S'écouler, être en train de passer (temps) ; approcher de sa fin (durée). *La nuit avance, il est déjà bien tard. Avancer en âge.* ➤ **vieillir.** ▪ **3** Être en avance. *Ma montre avance* (opposé à *retarder*). *La pendule avance d'une heure.* PAR EXT. *J'avance de trois minutes.*

C. EN QUALITÉ ▪ **1** Progresser. *Les connaissances ont beaucoup avancé en vingt ans. Faire avancer la recherche, la science.* ▪ **2** Obtenir de l'avancement. *Avancer en grade.*

III ~ **v. pron. S'AVANCER** (XIIIe) ▪ **1** Aller, se porter en avant. *Le voici qui s'avance vers nous. Il s'avance pour nous saluer.* ➤ **approcher, venir.** MÉTAPH. *« S'avancer dans le chemin de la vie »* VALLÈS. ▪ **2** Faire saillie. *Une plante « avec des feuilles en forme de main qui s'avancent au-dessus de lui »* ROBBE-GRILLET. ▪ **3** Prendre de l'avance. *S'avancer dans son travail. Profitez des vacances pour vous avancer.* ▪ **4** FIG. Émettre des idées peu sûres, peu fondées ou compromettantes. *Tu ne t'avances pas beaucoup !* ➤ **s'engager.** *Tu t'avances, en affirmant qu'il sera élu.* ➤ **se hasarder, se risquer.** *S'avancer trop* : aller trop loin au risque de se compromettre, de s'engager à l'excès. *S'avancer à dire, jusqu'à dire.* ➤ **s'aventurer.** ▪ **5** S'écouler (temps). *La nuit s'avance.*

▪ CONTR. Reculer, retarder. — Rentrer. — Éloigner (s'), replier (se), retirer (se). Arrêter (s'), piétiner.

AVANIE [avani] **n. f.** – 1713 ; *avanye* 1557 « imposition infligée par les Turcs aux chrétiens, rançon » ◇ italien *avania* ▪ VIEILLI Traitement humiliant, affront public. ➤ **affront, brimade, humiliation, insulte, offense, outrage, vexation.** *Faire, infliger une avanie à qqn. Subir une avanie.* — Plus cour. au plur. *Supporter les avanies de qqn.*

1 **AVANT** [avɑ̃] **prép., adv. et n. m.** – fin IXe comme préposition, au sens spatial (I, 2°) ◇ du latin *abante,* de *ante* « avant » → anté-, 2 anti-

I ~ **prép.** (opposé à *après,* I) ▪ **1** (fin XIIIe) Priorité de temps, antériorité (cf. Anté-, anti-, pré-). *Avant le jour, avant le lever du soleil. Avant Jésus-Christ* (ABRÉV. *av. J.-C.*). *Dès avant la fin de l'année. Il est arrivé avant moi,* plus tôt que moi (➤ **devancer, précéder**). *Il était là avant l'heure* (prévue), en avance. *Il est arrivé avant le déjeuner. C'était bien avant midi, un peu avant midi. Naître avant terme*. Soldes avant travaux. — Il me le faut avant demain. Avant peu** (de temps). *Ce doit être terminé avant un mois. On ne le reverra pas avant longtemps. — Avant la lettre*.* ◆ **loc. prép. AVANT DE** (et l'inf.). *Réfléchissez bien avant de vous décider. Ne faites rien avant d'avoir l'accord. Agiter avant de s'en servir.* ◆ VX *Avant* suivi de l'inf. DR. *Jugement avant dire droit.* MOD. (POP.) *Prendre un médicament avant manger.* ◆ LITTÉR. *Avant que de... « Ils étaient vieux avant que d'être »* BREL. ◆ **loc. conj.** (milieu XIIIe) **AVANT QUE** (et le subj.). *Ne parlez pas avant qu'il ait fini, qu'il n'ait fini. Va-t'en avant que je change d'avis !* ▪ **2** (fin IXe) Antériorité dans l'espace ; priorité de situation ou d'ordre. *C'est la maison juste avant la poste. J'étais avant vous* (dans une file, une queue). LOC. PROV. *Mettre la charrue avant* (devant) *les bœufs,* la fin avant le commencement. — *Faire passer qqn avant les autres* (cf. Le premier, en tête). *Avant toute chose* : d'abord, sans attendre ; d'une manière essentielle, primordiale. ▪ **3** Priorité dans une hiérarchie. *Il fait passer sa vie privée avant sa vie professionnelle.* ▪ **4** **loc. adv. AVANT TOUT.** *Cela doit passer avant tout, avant toute chose* (cf. D'abord, en priorité). *Avant tout, il faut éviter la guerre.* ➤ **essentiellement, principalement,** 1 **surtout.**

II ~ **adv.** ▪ **1** (fin IXe) Temps (opposé à *après,* II) *Quelques jours avant.* ➤ **tôt** (plus tôt) ; **antérieurement, auparavant.** *La nuit d'avant* : la nuit précédente. *Le train d'avant était complet. Réfléchissez avant, vous parlerez après. Il fallait le dire avant !* ➤ **abord** (d'abord), **préalablement.** — FAM. Autrefois. *Avant, ça ne se passait pas comme ça.* ▪ **2** (fin IXe) Espace ; ordre ou situation. *Voyez avant.* ➤ **ci-dessus, haut** (plus haut), **supra.** *Lequel des deux doit-on mettre avant ?* (cf. En tête). ▪ **3** LITTÉR. **AVANT** (précédé de *assez, bien, plus, si, trop*), marque un éloignement du point de départ. *Ils s'enfoncèrent plus avant dans la forêt.* ➤ **loin, profondément.** *Bien avant, fort avant dans la nuit.* ➤ **tard.** — FIG. *Pousser ses recherches plus avant. « Je me suis engagé trop avant »* RACINE.

III LOC. **EN AVANT** [ɑ̃navɑ̃] (opposé à *en arrière* [1, II]) ▪ **1** **loc. adv.** (fin XIe) **EN AVANT** : vers le lieu, le côté qui est devant, devant soi. *En avant, marche ! En avant toute ! Se pencher en avant. Marcher en avant* (cf. En tête). — (ABSTRAIT) *Le bond* en avant. La fuite* en avant.* — FIG. *Regarder en avant,* vers l'avenir. ◆ (fin XVe) **METTRE qqch. EN AVANT,** l'utiliser comme argument. ➤ **alléguer, avancer.** — *Mettre qqn en avant,* s'abriter derrière son autorité. *Se mettre en avant* : attirer l'attention sur soi, se faire valoir par son comportement ou ses propos. ◆ ELLIPT *Marche avant,* engrenage de la boîte de vitesse d'un véhicule qui commande le déplacement en avant. ▪ **2** **loc. prép. EN AVANT DE,** marque la position par rapport à qqn ou à qqch. *L'éclaireur marche en avant de la troupe.* ➤ 1 **devant.**

IV ~ **n. m.** Période passée. *Un nom « coupé en deux comme l'a été cette toute petite vie, avec un avant et un après »* MALLET-JORIS.

▪ CONTR. Après, depuis, ensuite. 1 Arrière, 1 derrière. ▪ HOM. Avent.

2 **AVANT** [avɑ̃] **n. m. et adj. inv.** – 1678 ; « avance » 1422 ◇ de 1 *avant* ▪ **1** Partie antérieure. *L'avant d'un navire* : partie qui s'étend du centre de gravité à l'étrave. ➤ **proue.** *Gaillard d'avant. L'avant d'une voiture, d'un avion. Vous serez mieux à l'avant. Le wagon-restaurant est vers l'avant du train.* ◆ LOC. **ALLER DE L'AVANT** : faire du chemin en avançant ; FIG. S'engager résolument dans une affaire. *« Le chemin qu'on a pris est toujours le meilleur, pourvu qu'il permette d'aller de l'avant ! »* MARTIN DU GARD. ▪ **2** La région des combats. ➤ **front.** ▪ **3** (v. 1905) SPORT Joueur placé devant les autres (devant les demis, au football). *La ligne des avants* (➤ **avant-centre,** 2 **inter, ailier** ; aussi **pack**). ▪ **4** **adj. inv.** Qui est à l'avant. *Les roues, les sièges, les places avant d'une voiture. — Traction* avant.* ▪ CONTR. 2 Arrière.

AVANTAGE [avɑ̃taʒ] **n. m.** – 1196 « profit » ; 1190 « ce qui est placé en avant ; saillie » ◇ de 1 *avant*

I CE QUI REND SUPÉRIEUR ▪ **1** (XIIIe) Ce par quoi on est supérieur (qualité ou biens) ; supériorité. ➤ **atout, avance, prérogative.** *Avantage naturel. Avantage acquis. Bénéficier, jouir d'un avantage. Elle a sur sa sœur l'avantage de l'intelligence. L'avantage de la fortune, de l'expérience. Les défenseurs avaient l'avantage du nombre,* ils étaient plus nombreux. *Les circonstances lui donnent l'avantage. — C'est un avantage de* (et l'inf.). *« C'est un terrible avantage de n'avoir rien fait, mais il ne faut pas en abuser »* RIVAROL. — FAM. et VIEILLI (PLUR.) *Les avantages d'une femme,* ses rondeurs, ses appas. ◆ **TIRER AVANTAGE DE (qqch.),** en tirer une occasion d'affirmer une supériorité quelconque, en tirer un bénéfice. *Société qui tire avantage de son expérience.* ➤ **se prévaloir** ◆ **À L'AVANTAGE DE (qqn)** : de manière à lui donner le dessus, une supériorité. *« tourner ses défauts mêmes à son avantage »* GIDE. *La mésaventure tourna à son avantage.* ➤ **faveur.** — (En attribut) *Être, se montrer, paraître à son avantage* : être momentanément supérieur à ce qu'on est d'habitude. *Elle est plutôt à son avantage, avec cette robe :* cette robe la fait paraître plus jolie. ▪ **2** *Prendre, perdre, ressaisir l'avantage* (dans un combat, une lutte). ➤ 2 **dessus.** VX *Remporter un (grand) avantage.* ➤ **gain, succès, victoire.** ◆ (1855) SPORT *Avoir l'avantage sur son adversaire.* ➤ **mener** (cf. Tenir la corde*). *Donner l'avantage à l'adversaire au début d'une épreuve sportive.* ➤ **handicap** (cf. Rendre des points*). ◆ (1898) TENNIS Point marqué par un joueur ou un camp, lorsque la marque est à 40 partout. *Avantage (au) service, avantage dehors.* ▪ **3** DR. Ce qui rompt l'égalité au profit de qqn (libéralité, don). *Avantage au profit d'un associé, d'un créancier ; avantage matrimonial.*

II INTÉRÊT, PROFIT ▪ **1** (1196) Ce qui est utile, profitable (opposé à *inconvénient*). ➤ 2 **bien ; bénéfice, intérêt, profit.** *Cette solution offre, présente de grands, de précieux avantages. Retirer un avantage appréciable de qqch. Ces projets sont également intéressants, chacun a ses avantages. Accorder, offrir, procurer des avantages appréciables à qqn. Avantage pécuniaire.* ➤ **gain, rémunération, rétribution.** *Avantages en nature*. Avantages sociaux. Abandonner un avantage réel pour un profit illusoire* (cf. Lâcher la proie pour l'ombre*). ➤ **intérêt.** *Avantage fiscal :* réduction d'impôts par déduction d'une charge. ◆ **AVOIR AVANTAGE À (faire qqch.).** «*nous ne pouvons pas être absolument naturels, et nous n'avons pas grand avantage à l'être*» LARBAUD. *Vous auriez avantage à vous taire :* vous feriez* mieux de vous taire. ▪ **2** (Politesse) Plaisir, honneur. *À quoi «dois-je l'avantage de votre visite ?»* COURTELINE. *J'ai l'honneur et l'avantage de vous accueillir.*
▪ CONTR. Désavantage, détriment, dommage, handicap, inconvénient, préjudice.

AVANTAGER [avɑ̃taʒe] v. tr. ⟨3⟩ – 1135 ◇ de *avantage* ▪ Accorder l'avantage (I) à qqn ; rendre supérieur par une qualité, un bien, un don (avantage, II). ➤ **doter, douer, favoriser, gratifier.** *La nature l'a avantagé,* lui a donné en partage des qualités peu communes. *Je ne veux pas l'avantager au détriment des autres. Il est très avantagé par rapport à vous.* ◆ Faire valoir les avantages naturels. *Cette coiffure, cette robe l'avantage :* elle est à son avantage* en la portant. ➤ **embellir, flatter.** ◆ DR. Faire un avantage à (qqn). *Avantager un héritier.* ▪ CONTR. Désavantager, 2 desservir, frustrer, léser, préjudicier.

AVANTAGEUSEMENT [avɑ̃taʒøzmɑ̃] adv. – XVe ◇ de *avantageux* ▪ D'une manière avantageuse, favorable, flatteuse. ➤ 1 **bien, favorablement.** *Défi avantageusement relevé. Il est connu avantageusement.* ➤ **honorablement.** — *Personne, chose qui remplace avantageusement qqn, qqch.,* qui le remplace en mieux.

AVANTAGEUX, EUSE [avɑ̃taʒø, øz] adj. – 1418 ◇ de *avantage* ▪ **1** Qui offre, procure un avantage. ➤ 1 **bon ;** 1 **beau, bienfaisant, favorable, heureux, intéressant, précieux, profitable, salutaire, utile.** *Marché, traité avantageux. Offre avantageuse. Prix avantageux.* — *Le grand paquet est plus avantageux.* ➤ **économique.** ▪ **2** (XVe) Qui est à l'avantage de qqn, propre à le flatter, à lui faire honneur. ➤ **favorable, flatteur.** VX «*Il en avait fait un portrait fort avantageux*» HAMILTON. MOD. *Il a une idée assez avantageuse de lui-même. Présenter qqn sous un jour avantageux. Prendre des poses avantageuses,* qui mettent le corps en valeur. ▪ **3** (XVIe) Qui tire vanité des avantages qu'il possède ou qu'il s'attribue. ➤ **fat, orgueilleux, présomptueux, suffisant, vaniteux.** «*un pédant avantageux*» DUHAMEL. — *Un air, un ton avantageux.* ▪ CONTR. Désavantageux ; contraire, défavorable, fâcheux, nuisible, préjudiciable.

AVANT-BASSIN [avɑ̃basɛ̃] n. m. – 1888 ◇ de 1 *avant* et *bassin* ▪ TECHN. Partie d'un port qui précède les bassins de chargement et de déchargement. *Des avant-bassins.*

AVANT-BEC [avɑ̃bɛk] n. m. – 1488 ◇ de 1 *avant* et *bec* ▪ ARCHIT. Éperon en angle aigu qui, dans une pile de pont, fend l'eau du côté d'amont (opposé à *arrière-bec*). *Des avant-becs.*

AVANT-BRAS [avɑ̃brɑ] n. m. inv. – 1553 ; «partie de l'armure» 1291 ◇ de 1 *avant* et *bras* ▪ Partie du bras qui va du coude au poignet. *Os de l'avant-bras.* ➤ **cubitus, radius.** ANAT. *Le bras et l'avant-bras.*

AVANT-CENTRE [avɑ̃sɑ̃tʀ] n. – 1900 ◇ de 2 *avant* et *centre* ▪ Joueur, joueuse qui, dans un sport d'équipe (football, handball, etc.), se trouve le plus près du centre du terrain. ➤ RÉGION. **centre** (centre-avant). *Des avants-centres.* «*Il jouait avant-centre droit, avec ceux qui conduisent l'attaque*» LE CLÉZIO.

AVANT-CORPS [avɑ̃kɔʀ] n. m. inv. – 1658 ◇ de 1 *avant* et *corps* ▪ ARCHIT. Partie d'un bâtiment qui est en saillie sur l'alignement de la façade (opposé à *arrière-corps*).

AVANT-COUREUR [avɑ̃kuʀœʀ] n. m. et adj. m. – XIVe-XVe «éclaireur, avant-courrier» ◇ de 1 *avant* et *coureur* ▪ **1** VX ou LITTÉR. Ce qui précède, annonce. ➤ **prélude, présage, prodrome.** «*Un malheur nous est toujours l'avant-coureur d'un autre*» MOLIÈRE. ▪ **2** adj. m. (1637) MOD. Qui annonce, qui laisse prévoir. ➤ **annonciateur, précurseur, prémonitoire.** *Symptômes avant-coureurs d'une maladie. Le «bruit avant-coureur de la chute du trône»* CHATEAUBRIAND. «*les signes avant-coureurs du changement qui se prépare*» TAINE. ▪ CONTR. Successeur ; postérieur.

AVANT-COURRIER, IÈRE [avɑ̃kuʀje, jɛʀ] n. – XVIe ◇ de 1 *avant* et *courrier* ▪ **1** n. m. ANCIENNT Cavalier qui courait devant une voiture de poste pour faire préparer les relais. *Des avant-courriers.* ▪ **2** LITTÉR. Avant-coureur (1°). ➤ **annonciateur, prélude.** «*l'édition plus ample que je prépare et dont celle-ci est l'avant-courrière*» BÉDIER.

AVANT-DERNIER, IÈRE [avɑ̃dɛʀnje, jɛʀ] adj. – 1740 ◇ de 1 *avant* et *dernier* ▪ Qui est avant le dernier. *L'avant-dernière syllabe d'un mot* (➤ **pénultième**). — SUBST. *Il est l'avant-dernier de sa classe. Les avant-derniers de chaque rangée.*

AVANT-GARDE [avɑ̃gaʀd] n. f. – *avantgarde* XIIe ◇ de 1 *avant* et 1 *garde* ▪ **1** Partie d'une armée qui marche en avant du gros des troupes. *Combats d'avant-garde. Des avant-gardes.* — PAR MÉTAPH. **À L'AVANT-GARDE DE :** à la pointe de, en tête de. *Avignon «se mettait à l'avant-garde du monde dans la guerre de la liberté»* MICHELET. *Être à l'avant-garde du progrès. À l'avant-garde de la mode.* ➤ **hype** (ANGLIC.). ▪ **2** Ensemble des groupes, des mouvements qui jouent ou prétendent jouer un rôle de précurseur, par leurs audaces. *L'avant-garde littéraire.* «*L'avant-garde au musée n'est plus une avant-garde ! La provocation n'est plus une provocation si elle est à la mode !*» GAROUSTE. loc. adj. **D'AVANT-GARDE :** qui se réclame de l'avant-garde. ➤ **novateur.** *Cinéma, théâtre, littérature d'avant-garde. Musique d'avant-garde.* ➤ **expérimental.** ▪ CONTR. Arrière-garde.

AVANT-GARDISME [avɑ̃gaʀdism] n. m. – 1918 ◇ de *avant-garde* ▪ Le fait d'être de l'avant-garde. *Les avant-gardismes.*

AVANT-GARDISTE [avɑ̃gaʀdist] adj. et n. – 1918 ◇ de *avant-garde* ▪ Qui appartient à l'avant-garde littéraire, artistique. *Des mouvements avant-gardistes.* — n. *Un, une avant-gardiste.*

AVANT-GOÛT [avɑ̃gu] n. m. /AVANT-GOUT/ – 1610 concret ◇ de 1 *avant* et *goût* ▪ Sensation que procure l'idée d'un bien, d'un mal futur (opposé à *arrière-goût*). ➤ **anticipation, préfiguration, pressentiment.** *Ce soleil m'a donné un avant-goût de vacances.* «*Ce dont je venais d'avoir l'avant-goût et d'apprendre le présage*» PROUST. «*Qu'aimes-tu tant dans les départs, Ménalque ? Il répondit : – L'avant-goût de la mort*» GIDE. *Des avant-goûts.*

AVANT-GUERRE [avɑ̃gɛʀ] n. m. ou f. – 1913 ◇ de 1 *avant* et *guerre* ▪ Période qui a précédé une guerre, et notamment l'une des deux guerres mondiales. *Le cinéma d'avant-guerre. Les avant-guerres.* — loc. adv. *Avant-guerre :* dans les années qui ont précédé la guerre. ▪ CONTR. Après-guerre.

AVANT-HIER [avɑ̃tjɛʀ] adv. – 1220 ; *avant ier* v. 1170 ◇ de 1 *avant* et *hier* ▪ Dans le jour qui a précédé hier. *Il est parti avant-hier.* ➤ aussi **avant-veille.**

AVANT-MAIN [avɑ̃mɛ̃] n. f. et m. – 1575 ◇ de 1 *avant* et *main* ▪ **1** n. f. VX Partie antérieure de la main. *Des avant-mains.* ▪ **2** n. m. (1721) Partie antérieure du cheval, en avant de la main du cavalier (opposé à *arrière-main*).

AVANT-MIDI [avɑ̃midi] n. m. ou f. – 1639 au Canada ◇ de 1 *avant* et 1 *midi* ▪ (Belgique, Canada) Matin, matinée. «*Elle décide de passer l'avant-midi à faire plus ample connaissance avec ses nouveaux élèves*» TREMBLAY. *Les avant-midis* ou *les avant-midi* (inv.).

AVANT-MONT [avɑ̃mɔ̃] n. m. – 1899 ◇ de 1 *avant* et *mont* ▪ GÉOGR. Petite chaîne montagneuse en avant de la chaîne principale. *Des avant-monts.*

AVANT-PLAN [avɑ̃plɑ̃] n. m. – 1866, en peinture ◇ de 1 *avant* et 2 *plan* ▪ (Canada, Belgique, Luxembourg) Premier plan. *À l'avant-plan. Les avant-plans.* ▪ CONTR. Arrière-plan.

AVANT-PORT [avɑ̃pɔʀ] n. m. – 1792 ◇ de 1 *avant* et 1 *port* ▪ Entrée d'un port qui se trouve en avant des divers bassins (opposé à *arrière-port*). ➤ **avant-bassin.** *Des avant-ports.*

AVANT-POSTE [avɑ̃pɔst] n. m. – 1799 ◇ de 1 *avant* et 3 *poste* ▪ MILIT. Poste avancé. *Être aux avant-postes.*

AVANT-PREMIÈRE [avɑ̃pʀəmjɛʀ] **n. f.** – 1892 ◇ de 1*avant* et *première (représentation)* ▪ **1** Réunion d'information pour présenter une pièce (cf. Répétition générale*), un film, une exposition avant la présentation au public, l'ouverture. *Des avant-premières.* — Article publié par un journaliste convié à cette réunion. ▪ **2** *En avant-première :* avant la présentation officielle, publique. *Projeter un film en avant-première,* devant un public restreint, avant la sortie en salle.

AVANT-PROJET [avɑ̃pʀɔʒɛ] **n. m.** – 1845 ◇ de 1*avant* et *projet* ▪ Rédaction provisoire d'un projet de loi, de contrat. — Plan sommaire, maquette ou esquisse d'une construction, d'une œuvre d'art. *Des avant-projets.*

AVANT-PROPOS [avɑ̃pʀɔpo] **n. m. inv.** – 1566 ◇ de 1*avant* et *propos* ▪ Courte introduction (présentation, avis au lecteur, etc.). ➤ **avertissement, introduction, préface.** ▪ CONTR. Conclusion, postface.

AVANT-SCÈNE [avɑ̃sɛn] **n. f.** – 1529 ◇ de 1*avant* et *scène* ▪ **1** ANTIQ. Partie du théâtre où jouaient les acteurs. ➤ **proscenium.** ▪ **2** (1790) MOD. Loge placée de part et d'autre de la scène, aux balcons et aux galeries. *Louer des avant-scènes.* — *L'avant-scène :* la partie de la scène située entre le rideau et la rampe.

AVANT-SOIRÉE [avɑ̃swaʀe] **n. f.** – 1988 ◇ de 1*avant* et *soirée* ▪ AUDIOVIS. Tranche horaire qui précède les heures de grande écoute. *Des avant-soirées.* — Recomm. offic. pour remplacer l'anglic. *prime time.*

AVANT-TOIT [avɑ̃twa] **n. m.** – *avant-toict* 1397 ◇ de 1*avant* et *toit* ▪ Avancée, saillie d'un toit. ➤ **auvent.** « *ces piles de bûches, dont on fait provision pour l'hiver sous les avant-toits* » RAMUZ. *Le palier* « *Qu'un avant-toit défend du vent et de la neige* » LAMARTINE.

AVANT-TRAIN [avɑ̃tʀɛ̃] **n. m.** – 1704 ; *avantrein* 1628 ◇ de 1*avant* et *train* ▪ **1** Avant d'une voiture à cheval (roues de devant et timon). ▪ **2** (1835) Partie antérieure du corps d'un quadrupède (opposé à *arrière-train*). *Des chapiteaux* « *formés de deux avant-trains de taureaux soudés* » DANIEL-ROPS. *Exportation d'avant-trains de bœufs.*

AVANT-VEILLE [avɑ̃vɛj] **n. f.** – XIIIe ◇ de 1*avant* et *veille* ▪ Jour qui précède la veille (➤ **avant-hier**). *L'avant-veille de son départ. Des avant-veilles.*

AVARE [avaʀ] **adj.** et **n.** – 1527 ◇ latin *avarus* ; cf. ancien français *aver* (XIIe), de *avere* « désirer vivement » ▪ **1** VX Qui a la passion des richesses et se complaît à les amasser sans cesse. ➤ **avide, cupide, intéressé.** ♦ MOD. Qui a de l'argent et refuse de le dépenser même quand c'est utile. ➤ **avaricieux, mesquin, pingre, regardant ;** FAM. **radin, rapia, rat,** VX **regrattier.** « *Parcimonieuse et même avare, elle se montrait pour lui follement prodigue* » FRANCE. « *Il n'était certes pas avare, mais strict dans ses dépenses* » DUHAMEL. ➤ aussi **économe.** *Être avare comme un rat** (cf. Les lâcher avec un élastique*). — PROV. *À père avare, fils prodigue.* ▪ **2 n.** VIEILLI Personne qui amasse et garde tout ce qu'elle a, et notamment tout son argent. ➤ **grigou, grippe-sou, harpagon ;** VX **fesse-mathieu, ladre ;** RÉGION. 2**séraphin.** *Un vieil avare. Son avare de père ne lui donne pas un sou. Quel avare !* « *L'Avare* », *de Molière.* ▪ **3 AVARE DE (qqch.).** Qui ne prodigue pas. ➤ **économe,** 2**ménager, parcimonieux.** *Il est assez avare de compliments.* « *un de ces gestes gracieux dont elle n'était pas avare* » DUHAMEL. *Être avare de son temps.* ▪ **4** (Sujet chose) Qui accorde parcimonieusement. ➤ **parcimonieux.** *Une terre avare.* ➤ **aride.** *Une lumière avare.* ➤ 1**chiche, rare.** « *ses romans mondains qu'il produisait d'une veine avare* » ROMAINS. ▪ CONTR. Dépensier, dissipateur, gaspilleur, généreux, large, prodigue. Fertile ; fécond.

AVARICE [avaʀis] **n. f.** – 1265 ; *averice* 1121 ◇ latin *avaritia* → avare ▪ VX Attachement excessif à l'argent, passion d'accumuler, de retenir les richesses. ➤ **avidité, cupidité, ladrerie, lésine.** ♦ MOD. *Une avarice sordide.* ➤ **pingrerie, radinerie.** « *L'avarice commence où la pauvreté cesse* » BALZAC. ▪ CONTR. Désintéressement, dissipation, gaspillage, générosité, largesse, prodigalité.

AVARICIEUX, IEUSE [avaʀisjø, jøz] **adj.** – 1283 ◇ de *avarice* ▪ VX ou PLAISANT Qui se montre d'une avarice mesquine. ➤ **avare.** — SUBST. « *la peste soit de l'avarice et des avaricieux !* » MOLIÈRE.

AVARIE [avaʀi] **n. f.** – 1599 ; « frais causés par une avarie » v. 1200 ◇ italien *avaria,* d'origine arabe ▪ Dommage survenu à un navire ou aux marchandises qu'il transporte. *La cargaison a subi des avaries. Réparer les avaries.* « *La panse* [du navire] *n'avait point d'avarie visible* » HUGO. — Dommage survenu au cours d'un transport terrestre ou aérien.

AVARIÉ, IÉE [avaʀje] **adj.** – 1771 ◇ de *avarie* ▪ **1** Qui a subi une avarie. *Navire avarié.* « *Quand l'avion avarié plongera dans la mer* » SAINT-EXUPÉRY. ▪ **2** Détérioré (marchandise périssable). ➤ 1**gâté, pourri.** *De la viande avariée.* ▪ **3** FAM. et VX Atteint de maladie vénérienne.

AVARIER [avaʀje] **v. tr.** ‹7› – 1723 ◇ de *avarie* ▪ Causer une avarie à. ➤ **endommager.** PRONOM. *Ces denrées se sont avariées à l'entrepôt.*

AVATAR [avataʀ] **n. m.** – 1800 ◇ sanskrit *avatâra* « descente » ▪ **1** Dans la religion hindoue, Chacune des incarnations du dieu Vishnou. ▪ **2** FIG. (1822) Métamorphose, transformation. *Après de nombreux avatars.* « *cette Cisalpine s'appellera République italienne, puis, par un nouvel avatar, Royaume d'Italie* » MADELIN. ▪ **3** (1916) Par contresens (généralt au plur.) Mésaventure, malheur. *On a eu toutes sortes d'avatars au cours de ce voyage.* ▪ **4** (du sens 1°, par l'anglais) Représentation virtuelle créée par un internaute pour évoluer dans l'univers des jeux en ligne. *Choisir un avatar et un pseudonyme.*

À VAU-L'EAU ➤ **VAU-L'EAU (À)**

AVE ➤ **AVE MARIA**

AVEC [avɛk] **prép.** et **adv.** – fin XIe ◇ du latin populaire *ap(ud h)oque,* de *apud* « auprès » puis « avec » et *hoc* « cela »

I (MARQUE DES RELATIONS) ▪ **1** (fin Xe) (Marque le rapport : présence physique simultanée ; accord moral, entre une personne et qqn ou qqch.) En compagnie de (qqn, un animal). ➤ **co-.** *Dîner avec un ami. Vivre avec qqn. Venez avec moi. Il a toujours son chien avec lui.* — *Être avec qqn,* en sa compagnie. *Ils sont toujours l'un avec l'autre.* ➤ **auprès** (de). — LOC. *Être avec qqn,* vivre avec lui. *Elle n'est plus avec lui.* ABSTRAIT « *On ne pouvait gouverner ni avec moi ni sans moi* » CHATEAUBRIAND. *Qui n'est pas avec moi est contre moi.* ♦ En tenant, en portant, en ayant (qqch.). *Il est sorti avec son parapluie et son chapeau. Voyager avec un billet de première.* ♦ (Avec des verbes ou loc. marquant l'accord, l'association) *Être d'accord avec qqn. Travailler avec qqn. Je suis de tout cœur avec vous. Il s'est marié avec Mlle...* ➤ **à.** *En accord, de concert avec.* (Idée de mélange) *Mélangez la farine avec les œufs.* ➤ **et.** — **D'AVEC,** sert à marquer la séparation. ➤ 1**de.** *Séparer l'ivraie d'avec le bon grain. Il a divorcé d'avec elle.* ♦ (Conformité) *Je pense avec cet auteur que.* ➤ **comme.** ▪ **2** (Marque des relations quelconques entre personnes) *Faire connaissance avec qqn. Comment se comporte-t-il avec vous ?* ➤ 1**envers, vis-à-vis** (de) (cf. À l'égard, à l'endroit de). — *Être bien, mal avec qqn,* en bonnes ou mauvaises relations avec lui. ▪ **3** (Opposition) *La guerre avec l'Allemagne.* ➤ **contre.** *Le conflit de la Russie avec le Japon.* ➤ **entre.** *Il s'est battu avec son frère.* ▪ **4** (En tête de phrase) Selon. *Avec vous il n'y a que l'argent qui compte,* à vous entendre. ♦ En ce qui concerne (qqn). *Avec lui, on ne sait jamais à quoi s'en tenir.* ▪ **5** Qui comporte. *Une robe avec un col rond.* ➤ **à.** *Une maison avec piscine. Une chambre avec vue sur la mer,* qui a la vue sur la mer. *Billet avec réduction. Condamnation avec sursis. Un mot qui s'écrit avec un S.* « *Ici, Dupont... Non, avec T, comme Théodule...* » HERGÉ.

II (MARQUE LA SIMULTANÉITÉ) ▪ **1** (fin XIIe) En même temps que. *Se lever avec le jour, se coucher avec les poules.* — (Concomitance) *Ces symptômes apparaissent avec telle maladie.* ➤ **syn-.** *Cet adjectif s'emploie avec tel substantif.* ▪ **2** (Addition, adjonction) Et en plus. ➤ **ainsi** (que), **et.** *Il a visité la Suède, le Danemark et l'Angleterre avec l'Écosse et l'Irlande.* — FAM. *Avec cela :* en plus, en outre. ➤ **encore.** *Et avec ça, et avec cela ?* phrases des commerçants qui viennent de servir un client. — (1809) FAM. *Avec cela (ça) que :* ajoutez que, sans compter que. « *Avec cela qu'il est facile de travailler en face de quelqu'un qui pleure tout le temps* » DAUDET. ▪ **3** (Présence simultanée d'éléments qui contrastent). ➤ **malgré.** *Avec la meilleure volonté du monde, on n'y arrivera pas.* ▪ **4** (En tête de phrase) Étant donné la présence, l'action de. *Avec tous ces touristes, tous les hôtels de la région sont pleins* (cf. À cause de). — FAM. *Avec lui tout est compliqué. Avec toi, on ne sera jamais riche !*

III (MARQUE LE MOYEN, LA MANIÈRE) ▪ **1** (fin XIIe) À l'aide de, grâce à, au moyen de. *Combattre avec un fusil.* ➤ **à.** *Il se ruine avec ces travaux.* ➤ 1**en.** *Il croit m'éblouir avec ses grands airs.* ➤ 1**par.** *Avec telle somme, vous pouvez l'obtenir.* ➤ **moyennant.** *Avec de la patience, on arrive à tout. Manger avec les doigts. Tout s'arrange avec le temps, grâce à lui.* « *Avec le temps, va, tout s'en va* » FERRÉ. — *Il faudra faire avec ce qu'on a,* se contenter de ce qu'on a. *Ne t'en fais pas avec ça !* ▪ **2** (début XIIe) (Manière) *Il la regardait avec des yeux exorbités. Agir avec prudence. Partir avec l'idée de ne pas revenir.*

IV ~ **adv.** FAM. (CHOSES) *Il a pris son manteau et il est parti avec.* LOC. *Il faudra bien faire avec !* se débrouiller comme cela. « *Tâchez de faire avec, avec ce mauvais mariage* » ORSENNA. — (PERSONNES) RÉGION. (Nord, Alsace, Belgique, Luxembourg) *Tu viens avec ?* avec moi.
■ CONTR. Sans.

AVELINE [av(ə)lin] **n. f.** – 1393 ; *avelaine* 1256 ◇ latin *(nux) abellana* « (noisette) d'Abella (ville de Campanie) » ■ Noisette allongée de l'avelinier*.

AVELINIER [av(ə)linje] **n. m.** – 1751 ; *avelanier* XIIIe ◇ de *aveline* ■ Noisetier* d'une variété améliorée à gros fruits allongés (avelines).

AVE MARIA [avemaʀja] **n. m. inv.** – 1310 ◇ latin *ave* « salut », début de la prière ■ Salutation angélique, prière que l'on adresse à la Sainte Vierge. *Des nonnes « répétaient à voix basse leurs* Ave Maria » ARTAUD. — ABRÉV. **AVE.** *Dire trois Pater et deux Ave.*

AVEN [avɛn] **n. m.** – 1889, comme terme de géologie ◇ mot rouergat d'origine celtique ■ Orifice naturel creusé à la surface d'un plateau calcaire par les eaux d'infiltration. ➤ **gouffre ;** RÉGION. **chantoir, igue.** *L'Aven Orgnac.* « *C'est un aven, ici. Un trou dans le sol, en fait. Qui résulte d'un effondrement* » C. OSTER.

1 **AVENANT, ANTE** [av(ə)nɑ̃, ɑ̃t] **adj.** – 1080 ◇ p. prés. de l'ancien verbe *avenir* → advenir ■ Qui plaît par son bon air, sa bonne grâce. ➤ **affable, agréable, aimable, gracieux.** *Une femme avenante.* « *Dommage que ces maisons très avenantes soient dans un paysage si ingrat* » GIDE. ■ CONTR. Désagréable, rebutant.

2 **AVENANT (À L')** [alav(ə)nɑ̃] **loc. adv.** – 1283 ◇ de l'ancien verbe *avenir* → advenir ■ En accord, en conformité, en rapport. ➤ **même** (de même), **pareillement.** « *Nous allons bien tous les deux et l'humeur est à l'avenant* » FLAUBERT. *Il est très distrait ces jours-ci, il oublie son parapluie, son rendez-vous et tout à l'avenant.* ■ CONTR. Inverse (à l'), opposé (à l').

3 **AVENANT** [av(ə)nɑ̃] **n. m.** – 1759 ; « ce qui revient *(avient)* à qqn » XIIIe ◇ de l'ancien verbe *avenir* → advenir ■ DR. Clause additionnelle, modification apportée à un contrat. *Avenant à une police d'assurance.*

AVÈNEMENT [avɛnmɑ̃] **n. m.** – XIIIe ; « arrivée » 1190 ◇ de l'ancien verbe *avenir* → advenir, 1 avenant ■ **1** RELIG. *L'avènement du Messie.* ➤ **arrivée, venue.** ■ **2** (1360) Accession au trône, élévation au pouvoir souverain. *Louis XIV prit effectivement le pouvoir en 1661, dix-huit ans après son avènement.* ■ **3** FIG. Début du règne de (qqch.). *L'avènement d'un nouvel ordre social.* « *La paix sera l'avènement d'un état d'âme* » BENDA. ■ CONTR. Abdication, déchéance, 1 fin, 1 mort.

1 **AVENIR** [av(ə)niʀ] **n. m.** – 1491 *advenir* ◇ de *les choses advenir* « à venir » → advenir ■ **1** Le temps à venir. ➤ **demain, futur, lendemain.** *Le passé, le présent et l'avenir. Dans un proche avenir, un avenir prochain.* ➤ **bientôt, prochainement** (cf. À bref délai*, avant longtemps*, sous peu*). *Dans un avenir indéterminé :* plus tard. ➤ **ultérieurement** (cf. Un jour). *Dans un avenir lointain. Penser, songer à l'avenir. Préparer l'avenir. — Calculs, projets d'avenir. Perspectives d'avenir* (➤ **futurologie, prospective**). *Espérer en l'avenir,* en des jours meilleurs. — *Connaissance, prescience de l'avenir* (divination, prédiction, prophétie ; ➤ **-mancie**). *Prédire, prévoir l'avenir.* ➤ **prophétiser, vaticiner ; horoscope, numérologie.** *Lire l'avenir dans les cartes, les lignes de la main. Personne qui prédit l'avenir.* ➤ **devin ; aruspice,** 1 **augure, chiromancien, diseur** (de bonne aventure), **sibylle, vaticinateur, voyant.** LOC. *L'avenir le dira, nous le dira :* nous ne saurons que plus tard. « *Le présent est gros de l'avenir* » LEIBNIZ. « *Non, l'avenir n'est à personne ! Sire ! l'avenir est à Dieu* » HUGO. — PROV. *L'avenir appartient à ceux qui se lèvent tôt.* — **loc. adv. À L'AVENIR :** à compter de ce jour, à partir d'à présent. ➤ **désormais, dorénavant.** *À l'avenir soyez plus prudent.* ■ **2** *L'avenir de qqn, son avenir :* l'état, la situation de qqn dans le temps à venir. ➤ 2 **carrière, destin, destinée.** *Assurer son avenir et celui de ses enfants. Il est promis au plus brillant avenir.* « *Les actions les plus décisives de notre vie, je veux dire : celles qui risquent le plus de décider de tout notre avenir* » GIDE. ◆ SPÉCIALT Situation, réussite future. *Il n'a aucun avenir. Il y va de votre avenir.* — LOC. FAM. *Son avenir est derrière lui :* il a déjà réalisé, obtenu, tout ce qu'il pouvait faire, avoir. ◆ **D'AVENIR :** qui a de l'avenir, qui réussira. *Un jeune médecin d'avenir. Une technique d'avenir.* ◆ (Des collectivités ; des choses) Existence future. *L'avenir d'un peuple, de l'Europe, de l'humanité.* « *Le vrai artiste ne s'occupe pas de l'avenir de son œuvre* » R. ROLLAND. ➤ **destinée.** *Ce projet n'a aucun avenir.* ■ **3** Les générations futures. ➤ **postérité.** *Travailler pour l'avenir.* ■ CONTR. 1 Passé, 1 présent.

2 **AVENIR** [av(ə)niʀ] **n. m.** – *à venir* 1680 ◇ de *à* et *venir* ■ DR. ANCIENNT Acte par lequel un avoué sommait l'avoué de l'adversaire de comparaître à l'audience.

AVENT [avɑ̃] **n. m.** – 1217 ; *advent* XIIe ◇ latin *adventus* « arrivée, venue (de Jésus-Christ) » ■ Temps pendant lequel l'Église catholique se prépare à la fête de Noël. *Les quatre dimanches de l'avent. Sermons de l'avent. — Calendrier* de l'avent.* ■ HOM. Avant.

AVENTURE [avɑ̃tyʀ] **n. f.** – *adventure* XIe ◇ latin populaire °*adventura*, du participe futur *adventurum*, de *advenire* → advenir ■ **1** VX Ce qui doit arriver à qqn. ➤ 1 **avenir, destin, destinée, sort.** ◆ MOD. **BONNE AVENTURE.** *Dire la bonne aventure à qqn :* lui prédire son avenir par la divination. *Diseur, diseuse de bonne aventure.* ■ **2 UNE, DES AVENTURES.** Ce qui arrive d'imprévu, de surprenant ; ensemble d'évènements qui concernent qqn. *Une fâcheuse aventure.* ➤ **accident, affaire, histoire, mésaventure.** *Les péripéties d'une aventure. Il lui est arrivé toutes sortes d'aventures. En route pour de nouvelles aventures ! Le plus beau de l'aventure, c'est que... — Conter, raconter une aventure, les aventures d'un héros. Roman, film d'aventures,* où sont racontées des péripéties mouvementées. — PAR EXT. « *Une des rares aventures qui soient dignes d'être vécues : un grand amour* » MAUROIS. ◆ SPÉCIALT Relation amoureuse passagère. ➤ **intrigue, passade ; liaison.** *Il a eu de nombreuses aventures.* « *de médiocres aventures où la chair seule est intéressée* » MAURIAC. ◆ Entreprise dont l'issue est incertaine (➤ **aventurisme**). *Il faut tenter l'aventure* (➤ **aventurer**). ■ **3 L'AVENTURE :** ensemble d'activités, d'expériences qui comportent du risque, de la nouveauté, et auxquelles on accorde une valeur humaine. ➤ **hasard, péril.** *L'attrait de l'aventure. Aimer l'aventure. L'esprit d'aventure* (➤ **aventureux, aventurier**). ■ **4 loc. adv. À L'AVENTURE :** au hasard, sans dessein arrêté. *Flâner à l'aventure.* ◆ LITTÉR. **D'AVENTURE ; PAR AVENTURE :** par hasard. *Si d'aventure vous la rencontrez.*

AVENTURÉ, ÉE [avɑ̃tyʀe] **adj.** – XIIe ◇ de *aventurer* ■ LITTÉR. (CHOSES) Exposé au risque. « *Des hypothèses fantaisistes, des affirmations aventurées* » DUHAMEL. ➤ **hasardé, hasardeux, risqué.** ■ CONTR. Sûr.

AVENTURER [avɑ̃tyʀe] **v. tr.** ⟨1⟩ – fin XIIIe ◇ de *aventure* ■ **1** Exposer avec un certain risque. ➤ **hasarder, risquer.** *Aventurer sa réputation.* ➤ **commettre, compromettre.** *Aventurer une grosse somme dans une affaire.* — Dire (qqch.) en prenant des risques. « *Je regardais M. Capoulié pendant qu'il aventurait ses observations* » DUHAMEL. ■ **2 v. pron. S'AVENTURER :** se risquer, aller avec un certain risque. *S'aventurer la nuit sur une route peu sûre. S'aventurer trop loin.* « *Le vieillard et son petit-fils ne s'aventuraient plus en pleine mer* » LAMARTINE. *Il s'est aventuré dans une affaire dangereuse.* ➤ **s'embarquer.** — (En parlant) *Je ne pense pas m'aventurer beaucoup en affirmant que...,* risquer de commettre une erreur. — FIG. *S'aventurer sur un terrain glissant*.* ◆ **S'AVENTURER À** (et l'inf.) : se risquer à. *Ne vous aventurez pas à répondre. À votre place, je ne m'y aventurerais pas.*

AVENTUREUX, EUSE [avɑ̃tyʀø, øz] **adj.** – 1123 ; *aventuros* « qui arrive bien ou mal » 1160 ◇ de *aventure* ■ **1** Qui aime l'aventure, se lance volontiers dans les aventures. ➤ **audacieux, hardi, téméraire.** *Homme, esprit aventureux.* ■ **2** Qui est plein d'aventures. *Vie, existence aventureuse.* ■ **3** Plein d'aléas, de risques. ➤ **aléatoire, dangereux, hasardeux, risqué.** *Un projet aventureux. Une politique trop aventureuse* (➤ **aventurisme**). — **adv. AVENTUREUSEMENT,** 1360. ■ CONTR. Circonspect, prudent, sage. Sûr.

AVENTURIER, IÈRE [avɑ̃tyʀje, jɛʀ] **n.** – *adventurier* XVe ◇ de *aventure* ■ **1** ANCIENNT Soldat volontaire, mercenaire, corsaire, pirate. ■ **2** MOD. Personne qui cherche l'aventure, par curiosité et goût du risque. ➤ FAM. **baroudeur.** *L'explorateur, le mercenaire, l'espion sont des aventuriers. Les aventuriers de l'espace.* ■ **3** Personne qui vit d'intrigues, d'expédients, de malhonnêtetés. ➤ **escroc, intrigant.** *L'affaire a été reprise par un aventurier* (cf. Chevalier* d'industrie). « *Aventurier errant, joueur, tricheur, incorrigiblement infidèle* » TOURNIER. *Une dangereuse aventurière.* ■ **4 adj.** (VX) Aventureux. « *Des esprits aventuriers* » JOUBERT.

AVENTURINE [avɑ̃tyʀin] **n. f.** – avant 1680 ◇ de *aventure*, un ouvrier ayant laissé tomber *par aventure* de la limaille dans une matière vitreuse en fusion ■ MINÉR. Variété de quartz translucide à inclusions de mica. « *cet œil gauche, pareil à une bille d'aventurine* » COLETTE.

AVENTURISME [avɑ̃tyʀism] **n. m.** – 1906 ◇ de *aventure* ■ Tendance à prendre des décisions politiques hâtives et dangereuses. *Aventurisme militaire.*

AVENTURISTE [avɑ̃tyʀist] **adj.** et **n.** – 1918 ◊ de *aventure* ■ Partisan de l'aventurisme politique. *Mots d'ordre aventuristes.* — **n.** *Un, une aventuriste.*

AVENU, UE [av(ə)ny] **adj.** – 1765 ; *biens avenus par succession* 1265 ◊ p. p. de l'ancien verbe *avenir* → advenir ■ VX OU LITTÉR. *Choses avenues, non avenues,* qui sont, ne sont pas arrivées. *Une qualité particulière du silence suffit « à rendre non avenus tant de pensées, d'évènements et de peines qui me séparent de cette enfance »* YOURCENAR. — MOD. **NUL ET NON AVENU** [nylenɔnav(ə)ny] : inexistant. *Je considère cette déclaration comme nulle et non avenue.*

AVENUE [av(ə)ny] **n. f.** – 1549 ◊ p. p. subst. de l'ancien verbe *avenir* « arriver » ■ **1** Voie plantée d'arbres qui conduit à une habitation. ➤ **allée,** RÉGION. **drève.** *« la large avenue, à double bas-côté, que bornait la perspective solennelle du château »* MARTIN DU GARD. — (PLUS COUR.) Large voie urbaine (➤ **boulevard, cours**). *Avenue de l'Opéra.* LOC. *La plus belle avenue du monde* : l'avenue des Champs-Élysées, à Paris. ■ **2** FIG. et LITTÉR. Voie d'accès. *Les avenues du pouvoir.* ➤ **allée.** *Ses visites « m'ouvrirent les avenues discrètes de son amitié »* FROMENTIN.

AVÉRÉ, ÉE [aveʀe] **adj.** – 1549 ◊ de *avérer* ■ Reconnu vrai. ➤ **certain, sûr.** *C'est un fait avéré. Il est avéré que...* ■ CONTR. Contestable, douteux ; 1 faux.

AVÉRER [aveʀe] **v. tr.** ‹6› – XIIe ◊ de 1 *a-* et de l'ancien français *voir* « vrai » ■ **1** VX OU DIDACT. Donner comme certain. *Avérer un fait.* ■ **2** v. pron. **S'AVÉRER.** VX OU LITTÉR. Être avéré, confirmé. *« Un subterfuge où s'avéra sa fertile ingéniosité »* GIDE. ◆ COUR. *S'avérer,* suivi d'un adj. attribut. ➤ **apparaître,** se **montrer, paraître,** se **révéler.** *Méthode qui s'avère efficace. Ce raisonnement s'est avéré juste.* — (Abusif et critiqué) *S'avérer faux, inexact.* ◆ IMPERS. *Il s'est avéré que vous aviez raison, que ce tableau était une copie.* ■ CONTR. Démentir, infirmer.

AVERS [avɛʀ] **n. m.** – 1866 ; « revers » 1845 ◊ latin *adversus* « qui est en face » ■ DIDACT. Face principale (d'une médaille, d'une monnaie) qui est opposée au revers. *L'avers d'une pièce.* ➤ **face.** *Cette médaille porte une effigie sur l'avers.* ■ CONTR. 2 Envers.

AVERSE [avɛʀs] **n. f.** – 1688 *averse d'eau* ◊ de *pleuvoir à la verse* (1642) → verse ■ Pluie soudaine et abondante. ➤ **grain, ondée ;** FAM. **douche, sauce, saucée ;** RÉGION. **drache.** *Essuyer, recevoir une averse. Averse orageuse. Averse de printemps.* ➤ **giboulée.** *« Mars qui rit, malgré les averses, Prépare en secret le printemps »* GAUTIER. — LOC. FAM. *De la dernière averse* : tout récent, tout récemment (cf. De la dernière pluie*). ◆ PAR ANAL. *Une averse de coups.*

AVERSION [avɛʀsjɔ̃] **n. f.** – 1636 ; « révulsion » méd. 1537 ; « égarement » XIIIe ◊ latin *aversio,* de *avertere* « détourner » ■ Grande répugnance, violente répulsion. ➤ **antipathie, dégoût, exécration, haine, horreur, répulsion, répugnance ; -phobie.** *Avoir de l'aversion contre* (VX), *pour qqn.* ➤ **abominer, abhorrer, détester, haïr.** *Son aversion pour le mensonge. Causer, inspirer de l'aversion à qqn* : dégoûter (cf. Soulever le cœur*). *« J'ai, pour les querelles de familles, une très profonde aversion »* DUHAMEL. — LOC. LITTÉR. **EN AVERSION.** *Avoir qqn, qqch. en aversion* : le détester, l'abhorrer. ■ CONTR. Amour, goût, sympathie.

AVERTI, IE [avɛʀti] **adj.** – XVIe ◊ de *avertir* ■ Qui connaît bien, qui est au courant. ➤ **avisé, expérimenté, instruit.** PROV. *Un homme averti en vaut deux. Un critique averti. Ce film est pour un public averti* : il ne doit pas être vu par tous. ◆ *Averti de qqch.* : au courant, au fait. *Il est assez averti de ces problèmes.* — *Se tenir pour averti* : tenir compte d'un avertissement (menace ou appel à l'attention). *Tenez-vous pour averti* (cf. Tenez-vous le pour dit*). ■ CONTR. Ignorant.

AVERTIR [avɛʀtiʀ] **v. tr.** ‹2› – 1250 ; « tourner, revenir à soi » XIIe ◊ latin populaire °*advertire,* classique *advertere* « tourner vers » ■ Informer (qqn) de qqch., afin qu'il y prenne garde, que son attention soit appelée sur elle. ➤ 2 **aviser, instruire, prévenir, renseigner.** *Avertir qqn d'une arrivée, d'un danger* (➤ **alerter**). *Avertir ses amis d'un changement d'adresse. Avertir par un signal, un coup de sonnette.* ➤ **signaler, sonner ; avertisseur.** *Il m'a poussé du coude pour m'avertir. « Son instinct l'avertissait de ne pas se fier à Mamie »* MAURIAC. *Avertir qqn de ses projets, de ses intentions.* — *Il m'a averti que l'horaire avait changé.* ➤ **apprendre.** — ABSOLT *Il est arrivé sans avertir.* ◆ (Par menace ou réprimande ➤ **avertissement**). *Je vous avertis, je vous en avertis : tenez-vous tranquille. Je vous avertis qu'il faudra changer de conduite.*

AVERTISSEMENT [avɛʀtismɑ̃] **n. m.** – XIVe « préface » ◊ de *avertir* ■ **1** Action d'avertir ; appel à l'attention, à la prudence. *Donner à qqn un avertissement charitable. Écouter, suivre, négliger un avertissement.* ➤ **avis, conseil, information, instruction, recommandation.** *« Je négligeais ces sages avertissements, et j'eus lieu de m'en repentir »* FRANCE. — *Un mystérieux avertissement.* ➤ **prémonition, présage, pressentiment, signe.** *Les avertissements de la sagesse.* ➤ **voix.** *« ce qu'on nomme "les avertissements de l'âge" »* DUHAMEL. ■ **2** Petite préface pour attirer l'attention du lecteur sur quelques points particuliers. ➤ **avis, introduction.** ■ **3** DR. Déclaration par laquelle un particulier ou une autorité publique attire l'attention de qqn sur un droit, une obligation. ➤ **avis, préavis.** ◆ Avis adressé au contribuable, lui faisant connaître le montant de ses impôts. *Premier avertissement sans frais.* ■ **4** Réprimande. ➤ **admonestation, observation, remontrance** (cf. Carton* jaune). — SPÉCIALT Mesure disciplinaire. *Recevoir un avertissement. Au bout de trois avertissements, il a été exclu du lycée.*

AVERTISSEUR, EUSE [avɛʀtisœʀ, øz] **n. m.** et **adj.** – 1281 « personne qui avertit » ◊ de *avertir* ■ **1** (1852) Appareil destiné à avertir, à donner un signal. ➤ **alarme, signal, sonnerie, sonnette.** *Avertisseur d'incendie. Avertisseur d'automobile, avertisseur sonore.* ➤ **corne, klaxon, sirène, trompe.** — ÉCON. Indice relatif à l'évolution d'une grandeur économique, utilisé pour l'orientation de la politique économique. ➤ **clignotant, indicateur.** ■ **2** adj. Qui avertit. *« une petite toux avertisseuse »* MIRBEAU. *Panneau avertisseur.*

AVEU [avø] **n. m.** – 1283 ◊ des anciennes formes de *avouer : j'aveue*

I ■ **1** HIST. Déclaration écrite constatant l'engagement du vassal envers son seigneur, à raison du fief qu'il en a reçu. ➤ **hommage.** — *Homme sans aveu* : homme qui n'était lié à aucun seigneur, ne pouvait invoquer aucune protection. PAR EXT. Homme sans feu ni lieu, sans répondant. ➤ **vagabond.** MOD. Personne sans scrupule. ➤ **aventurier.** *« Des gens sans aveu, [...] des écumeurs d'aventures »* HUGO. ■ **2** VX OU LITTÉR. Action de déclarer qu'on agrée, qu'on autorise. ➤ **consentement.** *Je ne veux rien faire sans votre aveu. « on nous marie sans notre aveu »* LOTI.

II MOD. ■ **1** (avant 1626) Action d'avouer, de reconnaître certains faits plus ou moins pénibles à révéler ; ce que l'on avoue. ➤ **confession, déclaration, reconnaissance, révélation.** *Faire un aveu.* ➤ **avouer.** *Faire l'aveu d'un secret, d'une faute. Arracher un aveu à qqn* (➤ **question, torture**). *« Par un aveu, combien de fautes tu pourrais racheter »* PROUST. — *L'aveu d'un amour.* ➤ **déclaration.** — PAR EXAGÉR. *Il faut que je vous fasse un aveu : je n'aime pas Paris.* — SPÉCIALT, PLUR. Reconnaissance de sa culpabilité ; reconnaissance de l'imputabilité des faits faisant l'objet de la poursuite. *Il a fini par passer aux aveux. Revenir sur ses aveux. Aveux complets.* ◆ DR. Reconnaissance par une partie du fait qui est allégué contre elle. *Aveu judiciaire, extrajudiciaire.* ■ **2** LOC. **DE L'AVEU DE :** au témoignage de. *De l'aveu des témoins.*

■ CONTR. Désaveu ; dénégation. Silence ; 2 secret.

AVEUGLANT, ANTE [avœglɑ̃, ɑ̃t] **adj.** – milieu XVIe ◊ de *aveugler* ■ Qui éblouit. *Un soleil aveuglant.* ➤ **éblouissant.** *« L'aveuglante réverbération du soleil sur la roche nue »* GIDE. — FIG. Qui éclate avec force. ➤ **évident, flagrant.** *Une vérité, une évidence aveuglante.*

AVEUGLE [avœgl] **adj.** et **n.** – *avogle* fin XIe ◊ bas latin *ab oculis,* de *oculus* « œil », calque du grec

I **adj.** ■ **1** Qui est privé du sens de la vue (➤ **amaurose, cécité**). *Une personne, un chien aveugle. Devenir aveugle. Être aveugle de naissance* (cf. Aveugle-né, infra II). *« Je deviens à peu près aveugle »* VOLTAIRE. — LOC. *Changer, troquer son cheval borgne pour un cheval aveugle* : faire une mauvaise affaire, perdre dans un troc. ■ **2** FIG. Dont la raison, le jugement, est incapable de rien discerner. *Être aveugle* (cf. Avoir un bandeau, des écailles sur les yeux, des œillères, un voile devant les yeux). *La passion le rend aveugle. Je ne suis pas aveugle* : je sais ce qui se passe. *« Proust n'est nullement aveugle aux déficiences des Guermantes »* MAUROIS. — (Sentiments, passions) Qui trouble le jugement, ne permet ni réflexion ni jugement. *« un orgueil démesuré, aveugle, insolemment agressif »* MARTIN DU GARD. *Une obéissance, une confiance, une foi, une haine aveugle.* ➤ **absolu, total ; aveuglement.** — (PERSONNES) Qui agit sans discernement. *Il était l'aveugle instrument du destin.* FIG. *L'amour est aveugle.* ◆ *Attentat aveugle,* qui frappe des civils au hasard. ■ **3** Qui ne laisse pas passer le jour. *Mur aveugle,* sans fenêtres. *Pièce, couloir aveugle. Arcade, fenêtre aveugle,* feinte, simulée ou bouchée.

II **n.** ■ **1** Personne privée de la vue. ➤ **non-voyant ;** et aussi amblyope, malvoyant. *Un aveugle, une jeune aveugle, un aveugle de naissance, un aveugle-né. La canne blanche des aveugles. Chien d'aveugle. L'alphabet, l'écriture des aveugles.* ➤ **braille ; anaglyptique.** *« ce noir absolu qui doit exister seulement dans l'œil éteint des aveugles »* FROMENTIN. — LOC. PROV. *Juger d'une chose comme un aveugle des couleurs,* en juger sans la connaître. — PROV. *Au royaume des aveugles, les borgnes sont rois :* les médiocres brillent lorsqu'ils se trouvent parmi les sots. ▪ **2 loc. adv. EN AVEUGLE :** sans discernement, sans réflexion. ➤ **aveuglément, aveuglette** (à l'). *Juger en aveugle. Elle « se livre en aveugle au bonheur d'aimer »* STENDHAL. — MÉD. et PAR EXT. MÉTROL., STATIST. *Faire un test en aveugle,* sans connaître les hypothèses de départ. **EN DOUBLE AVEUGLE.** *Expérimentation en double aveugle,* au cours de laquelle ni les sujets testés ni les chercheurs ne savent qui reçoit ou non le produit à l'étude.

▪ CONTR. Voyant. Clairvoyant, éclairé, lucide.

AVEUGLEMENT [avœgləmɑ̃] n. m. – *avoglement* 1130 ◊ de *aveugle* ▪ **1** VIEILLI Privation du sens de la vue. ➤ **cécité.** ▪ **2** (XIIIe) FIG. État d'une personne dont la raison est obscurcie, le discernement troublé. ➤ **égarement,** 2 **trouble ; erreur, folie, illusion.** *L'aveuglement des parents, des classes dirigeantes. Aveuglement à l'égard de, sur qqch. Dans l'aveuglement de la colère, de la passion. « L'aveuglement, l'imbécillité, qui présida aux massacres »* MICHELET. ▪ CONTR. Clairvoyance, discernement, lucidité, perspicacité, sagacité ; vision.

AVEUGLÉMENT [avœglemɑ̃] adv. – fin XVe ◊ de *aveugle* ▪ Sans réflexion, en aveugle. *Obéir aveuglément. Se lancer aveuglément dans une entreprise.* ➤ **aveuglette** (à l'), **étourdiment** (cf. En aveugle). *Elle le croit aveuglément.* ▪ CONTR. Lucidement, prudemment.

AVEUGLER [avœgle] v. tr. ⟨1⟩ – v. 1210 ; *avogler* fin XIe ◊ de *aveugle* ▪ **1** Rendre aveugle. *On l'aveugla en lui crevant les yeux.* ▪ **2** PAR EXT. Gêner la vue, empêcher de voir par un trop vif éclat. ➤ **éblouir.** *Le soleil m'aveugle. Les phares du camion aveuglaient les automobilistes dans la nuit. « je n'apercevais rien au delà du confus éblouissement qui m'aveuglait »* FROMENTIN. ▪ **3** FIG. Priver de l'usage de la raison, du jugement. *La passion vous aveugle.* ➤ **affoler, égarer, troubler. p. p. adj.** *Il est complètement aveuglé par ses préjugés.* — (Compl. chose) Empêcher de fonctionner normalement (une faculté). *« Sa vanité de diplomate aveuglait complètement sa prudence politique »* MICHELET. ♦ **v. pron. S'AVEUGLER :** se cacher la vérité, refuser de la voir. *S'aveugler sur la réalité.* ▪ **4** (Compl. chose) Rendre aveugle (I, 3o), boucher. *Aveugler une voie d'eau.* ➤ 1 **boucher, calfater.** *Aveugler une fenêtre,* la boucher. ▪ CONTR. Dessiller, ouvrir (les yeux). Éclairer, guider.

AVEUGLETTE (À L') [alavœglɛt] loc. adv. – 1762 ; *aveuglectes* adv. XVe ◊ de *aveugle* ▪ **1** Sans y voir clair (cf. En aveugle). *Chercher qqch. à l'aveuglette.* ➤ **tâtons** (à). ▪ **2** FIG. Au hasard, sans prendre de précautions. ➤ **aveuglément.** *Se lancer à l'aveuglette dans une aventure. Ils votent « à l'aveuglette, sous la pression de racontars de bistros ! »* MARTIN DU GARD.

AVEULIR [avøliʀ] v. tr. ⟨2⟩ – 1876 ; « anéantir » XIVe ◊ de 1 *a-* et *veule* ▪ LITTÉR. Rendre veule. ➤ **affaiblir, amollir.** — PRONOM. *Cette « génération, naguère pleine d'énergie, semblait maintenant s'aveulir »* MADELIN. ▪ CONTR. Endurcir.

AVEULISSEMENT [avølismɑ̃] n. m. – 1884 ◊ de *aveulir* ▪ LITTÉR. Action d'aveulir, de s'aveulir ; état d'une personne aveulie. ➤ **affaiblissement, amollissement.**

AVIAIRE [avjɛʀ] adj. – 1897 ◊ du latin *avis* « oiseau » ▪ DIDACT. Qui concerne les oiseaux. *Virus aviaire. Grippe*, peste* aviaire.* — *Péril aviaire :* danger que représentent les impacts d'oiseaux sur les aérodromes.

AVIATEUR, TRICE [avjatœʀ, tʀis] n. – 1892 ◊ formé sur le latin *avis* « oiseau » ▪ Personne qui pilote un avion, appartient au personnel navigant de l'aviation. ➤ **pilote ; navigateur, mécanicien, météorologiste, observateur,** 1 **radio.** *Brevet de pilote aviateur. Blouson d'aviateur.* ➤ **bombardier,** 2 **bomber** (ANGLIC.).

AVIATION [avjasjɔ̃] n. f. – 1863 ◊ latin *avis* « oiseau » ▪ **1** Activité, pratique de la locomotion aérienne, et particult emploi des avions ; ensemble des techniques et des activités relatives à la circulation aérienne, au transport aérien. ➤ **aéronautique,** 1 **air.** *Aviation militaire, civile, privée, commerciale, postale* (➤ **aéropostal**). *Aviation sanitaire. Aviation de tourisme. Compagnie d'aviation. Lignes d'aviation.* ➤ **aérien.** *Atelier, usine d'aviation. Terrain d'aviation.* ➤ **aérodrome, aéroport ; aérogare.** *Base, camp d'aviation. Personnel de l'aviation.* ➤ **aviateur, pilote ; aiguilleur** (du ciel), **commandant, équipage, hôtesse** (de l'air), **steward.** *Meeting, coupe, rallye, records d'aviation. Salon de l'aviation.* ▪ **2** MILIT. Arme aérienne ; armée de l'air. *Aviation de chasse, de bombardement, de reconnaissance. Aviation navale* (aéronavale). — *Le village a été bombardé par l'aviation,* l'ensemble des avions militaires. ▪ **3** Industrie et technique de la fabrication des engins aériens. ➤ **aéronautique, avionique, avionnerie ; avionneur.** *Travailler dans l'aviation.*

AVICOLE [avikɔl] adj. – 1952 ; « parasite des oiseaux » 1878 ◊ du latin *avis* « oiseau » et *-cole* ▪ De l'aviculture. *Élevage, ferme avicole.*

AVICULTEUR, TRICE [avikyltœʀ, tʀis] n. – 1881 ◊ du latin *avis* « oiseau » et *-culteur* ▪ Éleveur, éleveuse d'oiseaux, de volailles (➤ **volailleur**).

AVICULTURE [avikyltyʀ] n. f. – 1890 ◊ du latin *avis* « oiseau » et *-culture* ▪ Élevage des oiseaux, des volailles. ➤ **aviculteur.**

AVIDE [avid] adj. – 1470 ◊ latin *avidus,* de *avere* « désirer vivement » → avare ▪ **1** Qui a un désir ardent, immodéré de nourriture. ➤ **glouton, goulu, vorace.** *Un nourrisson avide. « Les estomacs dévots furent toujours avides »* BOILEAU. ♦ FIG. et POÉT. *Être avide de sang, de carnage :* se plaire à répandre le sang. ➤ **altéré, assoiffé.** *Avide de vengeance.* ▪ **2** FIG. Qui désire immodérément les biens, l'argent. ➤ **cupide, intéressé, rapace.** *« Un homme vil, avide, bas, intrigant »* MIRABEAU. *Un héritier avide. Ambitieux et avide* (cf. Âpre* au gain). ♦ **AVIDE DE :** qui désire avec passion. *Être avide de réussite, d'honneurs. « Égoïste, avide de soins et d'amour, je voulais que l'univers entier s'occupât de moi »* FRANCE. *« une tendresse avide de câlineries »* COURTELINE. (Avec l'inf.) *Être avide d'apprendre, de connaître.* ➤ **curieux ; anxieux, désireux, empressé, impatient.** ▪ **3** (CHOSES) Qui exprime l'avidité. *Regards, yeux avides.* ➤ **concupiscent, passionné.** LITTÉR. *« Il se jeta sur elle, ardent, les bras avides »* FRANCE. ▪ CONTR. Assouvi, rassasié. Désintéressé, détaché, inattentif, indifférent.

AVIDEMENT [avidmɑ̃] adv. – 1555 ◊ de *avide* ▪ D'une manière avide. ➤ **voracement.** *Manger avidement.* — FIG. *Prendre, saisir avidement. Regarder, contempler, écouter avidement. « Je lus la Bible avidement, gloutonnement, mais avec méthode »* GIDE.

AVIDITÉ [avidite] n. f. – 1382 ◊ latin *aviditas,* de *avidus* → avide ▪ **1** Désir ardent, immodéré de qqch. ; vivacité avec laquelle on le satisfait. *Manger avec avidité.* ➤ **appétit, faim, gloutonnerie, voracité.** — *Désirer qqch. avec avidité.* ➤ **concupiscence, convoitise.** *« Ils l'écoutaient avec avidité »* LESAGE. *« Nous regardons avec curiosité, avec avidité vers l'avenir inconnaissable »* DUHAMEL. *L'avidité de tout connaître.* ➤ **soif.** *« Son avidité insatiable d'accroître sa fortune »* CHATEAUBRIAND. ▪ **2** Recherche immodérée du profit. *L'avidité d'un créancier.* ➤ **cupidité, rapacité.** ▪ CONTR. Détachement, inattention, indifférence.

AVIFAUNE [avifon] n. f. – 1966 ◊ du latin *avis* « oiseau » et de 2 *faune* ▪ ÉCOL. Ensemble des oiseaux d'un lieu, d'une région ou d'une période déterminés. *L'avifaune d'un marais.*

AVILI, IE [avili] adj. – fin XIIIe « déprécié » (denrée) ◊ de *avilir* ▪ Rendu vil, méprisable. *« Cette créature avilie, dégradée, et qui connaissait sa dégradation... »* BALZAC.

AVILIR [aviliʀ] v. tr. ⟨2⟩ – 1350 ◊ de 1 *a-* et *vil*

I v. tr. ▪ **1** Rendre vil, indigne de respect, méprisable. ➤ **abaisser, corrompre, déconsidérer,** 1 **dégrader, déshonorer, diminuer, discréditer,** 1 **flétrir, prostituer, rabaisser, ravaler, souiller.** *Ils « commencèrent par travailler à m'avilir, pour parvenir dans la suite à me diffamer »* ROUSSEAU. — (Sujet chose) *Violences, tortures qui avilissent l'être humain. « Le désordre et le péché qui partout ternissent, avilissent, tachent et déchirent ce monde »* GIDE. *Son comportement l'avilit.* ▪ **2** SPÉCIALT ou LITTÉR. Abaisser la valeur, rendre de vil prix. ➤ **déprécier.** *L'inflation avilit la monnaie.*

II S'AVILIR v. pron. ▪ **1** Devenir vil, abject. ➤ **déchoir,** 1 **se dégrader.** *S'avilir par des lâchetés. « Il s'avilissait, se ravalait peu à peu au niveau de ce peuple d'ivrognes »* LOTI. ▪ **2** Perdre de sa valeur, de son prix. ➤ se **déprécier,** se **dévaluer.** *Ces marchandises se sont avilies. Les cours se sont avilis,* effondrés.

▪ CONTR. Élever, exalter, glorifier, honorer. Enchérir, hausser. Améliorer, revaloriser.

AVILISSANT, ANTE [avilisɑ̃, ɑ̃t] adj. – 1771 ◊ de *avilir* ▪ LITTÉR. Qui avilit. *Une dépendance avilissante.* ➤ **abaissant, dégradant, déshonorant, humiliant.** *Une conduite avilissante.* ➤ **abject, honteux, indigne, infamant, infâme, méprisable.** *« Je vous épargne le récit des précautions que je pris contre moi-même ; elles me semblent plus avilissantes que des fautes »* YOURCENAR. ▪ CONTR. Digne, honorable, noble.

AVILISSEMENT [avilismɑ̃] **n. m.** – 1587 ◊ de *avilir* ■ **1** LITTÉR. Action d'avilir, de s'avilir ; état d'une personne avilie. ➤ **abaissement, abjection, corruption, déshonneur, discrédit,** 2**flétrissure, humiliation, opprobre, rabaissement, ravalement, souillure.** « *L'avilissement inévitable des volontés par la misère* » R. ROLLAND. *Tomber dans l'avilissement.* ■ **2** Le fait de se déprécier (valeurs, prix). ➤ **baisse, dépréciation, dévaluation.** « *L'avilissement de l'argent, la cherté de la vie* » BAINVILLE. ■ CONTR. Élévation, exaltation, glorification. Dignité, gloire, honneur. Enchérissement, hausse.

AVINÉ, ÉE [avine] **adj.** – XIIIe ◊ de *aviner* (1180) « fournir de vin » ■ Qui a trop bu de vin. ➤ **ivre.** — PAR EXT. *Une haleine avinée,* qui sent le vin. *Face avinée.*

AVION [avjɔ̃] **n. m.** – 1875, n. pr., nom de l'appareil inventé par Ader ; « aéroplane militaire » 1913 ◊ formé sur le latin *avis* « oiseau ». *Avion* a remplacé *aéroplane,* employé aujourd'hui par plaisanterie. ■ **1** Appareil de locomotion aérienne plus lourd que l'air, muni d'ailes et d'un organe propulseur. ➤ **aéronef, aéroplane, appareil, hydravion ;** FAM. **coucou, zinc.** *Avions, hélicoptères et planeurs. Avion monomoteur, bimoteur, quadrimoteur. Avion monoplan, biplan. Avion à flèche variable,* ou ABUSIVEMENT *à géométrie variable,* dont le plan de sustentation peut changer de forme selon la vitesse du vol. *Avion à décollage et atterrissage courts (A. D. A. C.), verticaux (A. D. A. V.). Avions à moteurs, à hélices* (➤ **turbopropulseur**). *Avion à réaction* (➤ 2**jet ;** et aussi **réacteur**), *supersonique. Avion solaire**. *Avion monoplace, biplace. Petit avion.* ➤ **piper-cub.** *Avion léger.* ➤ **U. L. M.** *Avion commercial, postal. Avion de ligne* (recomm. offic. pour *liner*). *Avion de transport.* ➤ **gros-porteur ; long-courrier, moyen-courrier.** *Avion militaire. Avion sanitaire. Avion de lutte contre les incendies.* ➤ **bombardier** (d'eau), **canadair.** *Avion-cargo,* pour le transport du fret aérien. *Des avions-cargos. Avion-citerne,* pour le ravitaillement en vol d'autres avions (➤ **ravitailleur**) ; (1976) (Canada) : avion de lutte contre les incendies (➤ **canadair**). *Des avions-citernes. Avion-école. Avion-taxi.* ➤ 1**taxi.** *Avion affrété, nolisé.* ➤ **charter.** *Avion transbordeur.* ➤ 1**bac** (aérien). — *Avions de chasse**, *de bombardement.* ➤ **bombardier, chasseur.** *Avion de reconnaissance.* ➤ **drone.** *Avion-suicide.* ➤ **kamikaze.** *Groupe d'avions.* ➤ **escadrille,** 1**flotte, flottille, formation.** *Abattre un avion ennemi. Défense, batteries contre avions.* ➤ **D. C. A.** *Détection des avions au radar. Avion sans pilote, télécommandé. Avion-cible* (pour tirs de D. C. A., fusées). — *Parties d'un avion :* aérofrein, ailes, cockpit, carlingue, cellule, coque, fuselage, empennage, queue, train d'atterrissage. *Instruments de bord d'un avion :* altimètre, anémomètre, compas, radiogoniomètre, etc. *Conduite, manœuvre, pilotage, vol d'un avion* (➤ 1**air, aviation,** 2**pilotage ;** 1**vol ; acrobatie**). *L'avion décolle, monte, prend de l'altitude, descend, pique, se pose, atterrit. Accident d'avion.* ➤ **crash,** ANGLIC. *Détournement d'avion* (➤ **pirate**). *Monter, voyager en avion.* « *Si j'étais jeune, je ferais le tour du monde en avion.* [...] *Songez qu'en quelques heures on peut être en Inde, en Chine, en Afrique du Sud. C'est miraculeux !* » MATISSE. *Survoler un pays en avion. Photo prise d'avion.* « *comme les villes mortes qui ne sont visibles que d'avion dans les sables du désert* » GIONO. — *Tu prends l'avion, ou le train ?* — *Téléphone en mode** *avion.* — **PAR AVION.** *Lettre par avion.* ■ **2 L'AVION :** l'aviation, le vol. *Aimer l'avion.*

AVIONIQUE [avjɔnik] **n. f.** – v. 1960 ◊ de *avion* et *(électro)nique* ■ INGÉN. Ensemble des techniques (électronique, informatique, automatique) appliquées à l'aviation. — Ensemble des équipements techniques à bord d'un avion.

AVIONNERIE [avjɔnʀi] **n. f.** – 1890 ◊ mot canadien, de *avion,* d'après *aciérie, armurerie,* etc. ■ (CANADA) Usine de constructions aéronautiques.

AVIONNETTE [avjɔnɛt] **n. f.** – 1920 ◊ diminutif de *avion,* ou de l'espagnol *avionete* ■ Petit avion qui transporte quelques passagers (en Amérique du Sud, au Mexique).

AVIONNEUR, EUSE [avjɔnœʀ, øz] **n.** – 1890 ◊ de *avion* ■ TECHN. Personne qui construit des avions, et SPÉCIALT des cellules d'avions.

AVIRON [aviʀɔ̃] **n. m.** – 1160 ◊ de l'ancien français *viron* « tour, cercle » → virer ■ **1** MAR. Rame (mot qui n'est pas employé en marine). *Les avirons d'une barque, d'un canot, d'une chaloupe. Une paire, un jeu d'avirons. Aviron de l'arrière.* ➤ **godille.** *La poignée, le manche, la pelle* (pale ou plat) *d'un aviron. Estrope** *d'un aviron. Les tolets retiennent les avirons à l'embarcation. Aller à l'aviron.* ➤ **nager,** 1**ramer ;** RÉGION. **avironner.** ◆ COUR. Rame légère, à long manche, des embarcations sportives. — (1636) (Canada) ➤ **pagaie.** ■ **2** Sport nautique pratiqué sur des embarcations (yoles, outriggers) propulsées à l'aide d'avirons. *Faire de l'aviron. Courses d'aviron.*

AVIRONNER [aviʀɔne] **v. intr.** ⟨1⟩ – 1914 ◊ de *aviron* ■ (Canada) Manœuvrer les avirons. ➤ 1**ramer.**

AVIS [avi] **n. m.** – 1175 ◊ de *ce m'est à vis,* du latin *(mihi est) visum* « il m'a semblé bon » ■ **1** Ce que l'on pense, ce que l'on exprime sur un sujet. ➤ **jugement ; estimation, opinion,** 1**pensée, point de vue, sentiment.** *Dire, donner, exprimer, faire connaître son avis. Donner un avis, son avis sur qqch. Émettre un avis. Être du même avis que qqn* (cf. Abonder* dans le sens de, être d'accord* avec). *Se ranger, se conformer, se rendre à l'avis de qqn. Je suis de votre avis, je partage votre avis. Les avis sont partagés :* tout le monde n'a pas la même opinion. *Changer d'avis.* ➤ **se raviser.** LOC. *Changer d'avis comme de chemise,* très souvent (➤ **versatile**). *Faire changer d'avis à qqn.* ◆ *Être d'avis de faire, qu'on fasse qqch.* ◆ *À mon avis, à mon humble avis :* selon moi. « *Le plus sot animal, à mon avis, c'est l'homme* » BOILEAU. *À votre avis. De l'avis de tous.* ◆ VX ou RÉGION. *M'est avis que :* il me semble que. « *M'est avis, donc, que le bonheur intime et propre n'est point contraire à la vertu* » ALAIN. ◆ Opinion formulée sur Internet par un client à propos d'un produit, d'un service. *Poster un avis négatif sur un hôtel. Consulter les avis.* ■ **2** Opinion exprimée dans une délibération. ➤ **suffrage, voix, vote.** *Tous les membres ont émis un avis, leur avis.* ◆ Opinion d'un corps consulté sur telle ou telle question. *L'avis a été pris à la majorité des voix. Avis consultatif. Avis du Conseil d'État. Avis favorable.* — DR. *Avis conforme :* procédure selon laquelle le Conseil de l'Union européenne doit obtenir l'assentiment du Parlement européen avant de prendre certaines décisions. *Avis simple :* procédure de consultation à laquelle le conseil est tenu de procéder sans être lié par la position du Parlement. — *Avis d'expert.* ■ **3** VX ou LITTÉR. Opinion que l'on donne à qqn touchant la conduite qu'il doit avoir. ➤ **conseil, exhortation, recommandation.** *Prendre l'avis de qqn. Donner, recevoir un avis amical, charitable, salutaire. Écouter, suivre les avis des experts.* — PROV. *Deux avis valent mieux qu'un.* ■ **4** Ce que l'on porte à la connaissance de qqn. ➤ **annonce, communication, information, message, note, notification, nouvelle, renseignement.** *Avis préalable.* ➤ **préavis.** *Avis au public. Avis important. Partir au premier avis. J'ai agi sur avis.* ➤ **indication, ordre.** *Jusqu'à nouvel avis. Sauf avis contraire.* — ELLIPT *Avis à la population ! Avis aux amateurs**. VX *Donner avis de, que :* annoncer, aviser. ◆ INGÉN. Recommandation des comités de normalisation. ◆ PAR EXT. Papier qui avertit. *Avis de réception* (d'une lettre recommandée). *Avis de décès. Avis d'imposition, de prélèvement. Avis de débit, de crédit. Avis affiché, placardé. Avis au lecteur :* explication mise au début d'un livre. ➤ **avertissement, introduction, préface.** ■ **5** LITTÉR. Avertissement. « *Quel coup de foudre, ô ciel ! et quel funeste avis !* » RACINE.

AVISÉ, ÉE [avize] **adj.** – 1191 ◊ p. p. de *aviser* ■ Qui agit avec à-propos et intelligence après avoir mûrement réfléchi. ➤ **averti,** 2**fin, habile, prudent, réfléchi.** *Un homme avisé. Une conduite avisée. Être bien, mal avisé de...* (et l'inf.) : agir avec, sans à-propos. *J'ai été bien avisé d'attendre* (cf. J'ai bien fait* de). « *Les Nouvelles littéraires ne sont peut-être pas bien avisées en ouvrant* [cette] *enquête* » GIDE. ■ CONTR. Imprudent, irréfléchi, malavisé.

1**AVISER** [avize] **v. tr.** ⟨1⟩ – 1050 ◊ de 1*a-* et *viser*

I v. tr. ■ **1** VX ou LITTÉR. Apercevoir, commencer à regarder. ➤ **apercevoir, distinguer, remarquer,** POP. 1**viser, voir.** « *J'aperçois une boutique d'antiquaire ; j'entre, je regarde, j'avise une statuette ravissante* » HENRIOT. MOD. Apercevoir inopinément qqch. (pour le prendre, s'en servir). *Il avise un portefeuille oublié sur un banc, il le ramasse.* ■ **2** TR. IND. **AVISER À.** Réfléchir, songer à (qqch.). « *J'aviserai à ce que je dois faire* » SAND. « *il faut aviser au plus pressé* » PROUST. ➤ 2**parer.** — ABSOLT *On avisera le moment venu.*

II S'AVISER v. pron. (XIIIe) ■ **1** Faire attention à qqch. que l'on n'avait pas remarqué tout d'abord ; trouver une idée à laquelle on n'avait pas encore songé. *Je me suis brusquement avisé de cela.* ➤ **s'apercevoir.** *Je ne m'en étais jamais avisé.* « *Nul ne s'aviserait de critiquer ce changement* » DUHAMEL. ➤ 1**penser, songer** (à). « *Haverkamp s'avisa qu'il ne serait pas maladroit de s'éclipser* » ROMAINS. ➤ **découvrir, trouver.** ■ **2** *S'aviser de* (et l'inf.) : être assez audacieux, assez téméraire pour. *S'il s'avise de bavarder, cet élève sera puni.* ➤ **essayer, oser,** se **permettre, tenter.** « *Prends ! et ne t'avise pas de refuser* » COLETTE.

2**AVISER** [avize] v. tr. ⟨1⟩ – 1275 ◊ de *avis* ■ LITTÉR. ou ADMIN. Avertir (qqn de qqch.) par un avis. ➤ **apprendre, avertir, 1conseiller, informer, prévenir.** *Le transporteur m'a avisé que les marchandises étaient arrivées. Il faut l'aviser de la date de notre arrivée.* — Plus cour. (au passif) *Vous serez avisé de la livraison.*

AVISO [avizo] n. m. – 1757 ◊ espagnol *barca de aviso* «barque d'avis» ; cf. *patache d'avis* (1601) ■ MAR. Petit bâtiment de guerre rapide, employé d'abord pour porter des messages, puis comme escorteur. *Des avisos.*

AVITAILLEMENT [avitajmɑ̃] n. m. – 1467 ◊ de *avitailler* ■ **1** TECHN. Action d'avitailler (un navire, un avion). ■ **2** Ensemble des provisions (d'un navire). *Embarquer l'avitaillement à quai.*

AVITAILLER [avitaje] v. tr. ⟨1⟩ – 1386 ; «approvisionner» XIIIe ◊ de l'ancien français *vitaille* «vivres»

I ■ **1** (1386) VX Approvisionner (un navire). ■ **2** MOD. Ravitailler en carburant (un avion).

II **S'AVITAILLER** v. pron. *Les bateaux de pêche peuvent s'avitailler dans ce port. S'avitailler en eau, en combustible.*

AVITAILLEUR, EUSE [avitajœʀ, øz] n. – v. 1570 ; «celui qui fournit des vivres» fin XIVe ◊ de *avitailler* ■ **1** Personne qui approvisionne (un navire, un avion). ■ **2** n. m. MOD., AVIAT. Dispositif servant à approvisionner un avion en carburant.

AVITAMINOSE [avitaminoz] n. f. – 1919 ◊ de 2*a-* et *vitamine* ■ MÉD. Maladie de carence déterminée par la privation de vitamines. *Avitaminose A* (carence en vitamine A), *B* (➤ **béribéri**), *C* (➤ **scorbut**), *D* (➤ **rachitisme**). *Avitaminoses associées.*

AVIVAGE [avivaʒ] n. m. – 1723 ◊ de *aviver* ■ TECHN. Action d'aviver, de donner de l'éclat par polissage. *L'avivage d'un métal.*

AVIVEMENT [avivmɑ̃] n. m. – v. 1175 «animation» ; techn. 1638 ◊ de *aviver* ■ (1833) MÉD. Action de mettre une plaie à vif, afin de favoriser la cicatrisation.

AVIVER [avive] v. tr. ⟨1⟩ – v. 1160 ; «s'animer» v. 1121 ◊ de 1*a-* et *vif* ■ **1** Rendre plus vif, plus ardent ou plus éclatant. ➤ **animer.** *Aviver le feu.* ➤ **activer, attiser.** *Aviver le teint. Aviver l'éclat,* le faire ressortir. ➤ **rehausser.** *«L'amour avive l'éclat de ses couleurs* [du paon]*»* RENARD. — p. p. adj. *Feu avivé,* rendu plus vif. ■ **2** (ABSTRAIT) Rendre plus vif, plus fort. ➤ **exciter ; échauffer, exalter.** *Aviver une blessure, une douleur, des regrets.* ➤ **augmenter, irriter.** *Aviver une querelle.* ➤ **attiser, envenimer, ranimer, réveiller.** *«Tout avivait, irritait sa tendresse»* FRANCE. *«Mon désir de connaissance n'en était pas apaisé, mais avivé»* DUHAMEL. *Aviver un souvenir.* ■ **3** (1838) MÉD. *Aviver une plaie* (➤ **avivement**). — p. p. adj. *Blessure avivée,* mise à vif. ■ **4** TECHN. *Aviver une taille,* lui donner plus de brillant (en gravure). *Aviver une poutre,* la tailler à vive arête. ■ CONTR. Amortir ; adoucir, apaiser, calmer, éteindre, ternir.

AVOCAILLON [avɔkajɔ̃] n. m. – 1892 ◊ de *avocat* ■ FAM. et PÉJ. Petit avocat sans importance, piètre avocat.

AVOCASSERIE [avɔkasʀi] n. f. – XVIIe ; «profession d'avocat» 1355 ◊ de *avocasser* «chicaner» ■ PÉJ. Mauvaise chicane d'avocat.

AVOCASSIER, IÈRE [avɔkasje, jɛʀ] adj. – 1823 ◊ de 1*avocat* ■ FAM. et PÉJ. Qui concerne les avocats. *La gent avocassière.*

1**AVOCAT, ATE** [avɔka, at] n. – *advocat* 1160 ◊ latin *advocatus* (→ avoué) ; XIVe au fig. (fém.), 1750 au propre ■ **1** Personne qui, régulièrement inscrite à un barreau, conseille en matière juridique ou contentieuse, assiste et représente ses clients en justice. (REM. Si le féminin *avocate* est désormais courant, on dit aussi *avocat* en parlant d'une femme.) *Maître X, avocat. Consulter un avocat, un avocat-conseil. Prendre un avocat. Avocat plaidant, avocat à la Cour.* ➤ 1**défense, défenseur ; défendre, plaider.** *«J'étais devenu un avocat d'affaires surmené et salué déjà comme un jeune maître dans ce barreau»* MAURIAC. *Commettre un avocat d'office.* ➤ **assistance** (judiciaire), **office.** *Avocat commis d'office. Un avocat sans cause. La profession d'avocat.* ➤ **barreau ;** 1**palais ;** et aussi **C. A. P. A.** *Le costume de l'avocat.* ➤ **robe, toge ; épitoge, toque.** *L'ordre des avocats.* ➤ **barreau, bâtonnier, conseil** (de l'ordre). *Le cabinet de l'avocat.* — *L'avocat de qqn, son avocat.* ➤ ARG. **bavard.** *Je ne parlerai qu'en présence de mon avocat.* ♦ *Avocat général :* magistrat du ministère public qui assiste et supplée le procureur général. ♦ *Avocat au Conseil d'État et à la Cour de cassation :* officier ministériel jouissant du monopole de représenter les parties et de plaider devant le Conseil d'État, la Cour de cassation... ■ **2** FIG. *Avocat, avocate de :* personne qui défend (une cause, une personne). ➤ **défenseur ; apôtre, champion, intercesseur, serviteur.** *Se faire l'avocat d'une bonne, d'une mauvaise cause. Elle s'est faite l'avocate de sa sœur. «Devenir aussi l'avocat de la science, son apôtre, son prophète»* DUHAMEL. ♦ RELIG. **AVOCAT DU DIABLE :** celui qui est chargé, dans la chancellerie romaine, de contester les mérites d'une personne dont la canonisation est proposée. — FIG. (1800) COUR. Personne qui se fait l'avocat d'une cause généralement considérée comme mauvaise pour mieux expliquer les arguments de la partie adverse ; personne qui prend le contrepied d'une accusation, d'une critique habituelle. *Se faire l'avocat du diable.*

2**AVOCAT** [avɔka] n. m. – 1716 ◊ p.-ê. adaptation, par l'espagnol, du nahuatl *ahuacatl* «avocat» et «testicule», de *ahuatl* «chêne» ou de *ahuacacuahuitl,* mot à mot «arbre *(cuahuitl)* aux testicules», l'avocat étant utilisé comme aphrodisiaque → guacamole. REM. On relève en 1640 la forme *aguacate* empruntée à l'espagnol *aguacate,* nom actuel de l'avocat, dans cette langue. ■ Fruit de l'avocatier, de la grosseur d'une poire, à peau verte ou violette, dont la chair a la consistance du beurre et un goût rappelant celui de l'artichaut. *Avocats à la vinaigrette. Purée d'avocats.* ➤ **guacamole.** — *Huile d'avocat* (fabrication de cosmétiques).

AVOCATIER [avɔkatje] n. m. – 1770 ◊ de 2*avocat* ■ Arbuste originaire d'Amérique centrale *(lauracées),* cultivé pour ses fruits (➤ 2**avocat**). *L'avocatier est cultivé en Californie, en Floride, en Israël, en Afrique.*

AVOCETTE [avɔsɛt] n. f. – 1760 ◊ italien *avocetta,* p.-ê. rattaché au latin *advocare* «appeler» ■ ZOOL. Oiseau *(récurvirostridés),* échassier limicole aux longues pattes, au bec recourbé vers le haut. *Avocette à manteau noir. «Grosse comme un faisan court l'avocette étrange Avec son bec orange»* ARAGON.

AVOINE [avwan] n. f. – *aveine* XIIe ◊ latin *avena* ■ Céréale originaire du Moyen-Orient *(graminées),* à épillets en panicules. *Avoine commune. Donner de l'avoine aux chevaux. Picotin d'avoine. Balle, paille d'avoine. Avoine élevée.* ➤ **fromental.** — *Avoine stérile,* ou COUR. *folle avoine.* — *Flocons** *d'avoine. Bouillie d'avoine. Semoule d'avoine.* ➤ **gruau.** *Farine d'avoine.*

1**AVOIR** [avwaʀ] v. tr. ⟨34⟩ – fin IXe ◊ du latin *habere* «avoir» et «se tenir quelque part»

I (POSSESSION) ■ **1** Être en possession, en jouissance de. ➤ **posséder.** *Avoir une maison. Elle a au moins vingt paires de chaussures. Garder, donner ce qu'on a. Quelle voiture avez-vous ?* FAM. *Qu'est-ce que vous avez comme voiture ? Avoir de l'argent, avoir de quoi vivre, assez pour vivre. J'ai encore de l'argent, je n'en ai plus.* LOC. *N'avoir pas le sou. Les réfugiés n'ont plus rien, ils ont tout perdu. Elle «avait tout pour elle : la fortune, la beauté, l'intelligence»* J. STERNBERG. LOC. PROV. *Un tiens vaut mieux que deux tu l'auras :* un bien donné vaut mieux que deux biens promis. — Porter sur soi. *Avoir de l'argent, des papiers sur soi. Avez-vous un briquet, des allumettes, du feu ? Auriez-vous une cigarette, un stylo ?* (pour me l'offrir, me le prêter). *Je n'ai pas ma montre. Avez-vous l'heure ?* — Avoir le droit de. ➤ **bénéficier, jouir** (de). *Avoir le temps, la place, les moyens de.* ➤ **disposer** (de). *Je n'ai plus le temps d'attendre. Avoir la vie devant soi. Avoir de la chance ; des diplômes ; un métier, une occupation.* — (Dans un magasin, un restaurant) *Est-ce que vous avez des bières belges ? Qu'est-ce que vous avez comme bordeaux ?* — *Nous avons eu du beau temps, de la pluie, du soleil* (en un temps et un lieu donné). ♦ **EN AVOIR POUR :** avoir d'une chose moyennant (une somme). *Il en a eu pour quinze euros :* il a payé quinze euros. LOC. *En avoir pour son argent :* faire un marché normal ou avantageux. — Mettre (un certain temps) à une action. *J'en ai pour cinq minutes. Le malade en a pour huit jours* (à vivre). ♦ **AVOIR (qqn) :** se dit des relations de parenté, de hiérarchie, d'affection, etc. *Avoir des enfants, des amis ; des employés, un patron. Elle a une sœur. Avoir un bon médecin. Heureusement que je vous ai ; je n'ai que vous* (comme ami, comme appui). *«Si tu ne m'avais pas eue tu te serais fait rouler par tout le monde»* QUENEAU. *Il a encore son père :* son père est vivant. *Avoir qqn comme secrétaire.* — *Avoir qqn* (chez soi), le recevoir. *J'ai mon frère ce soir. J'ai du monde à dîner.* — *Avoir qqn* (chez soi, pour travailler). *Nous avons les peintres jusqu'à demain.* ■ **2** (milieu XIe) Entrer en possession de. ➤ **obtenir, se procurer.** *Il est devenu difficile d'avoir un logement. J'ai eu ce livre pour presque rien.* ➤ **acheter, acquérir.** *Il a eu son bac,* il a été reçu. *Qu'est-ce qu'il a eu pour son anniversaire ? Avoir un prix.* ➤ **recevoir, remporter.** — *Il risque d'avoir des ennuis.* ♦ **AVOIR qqn,** l'obtenir pour soi, garder avec soi (par le sentiment, etc.). *Je la veux, je l'aurai.* — (XVIIe) FAM. *Avoir qqn,* le duper*, le tromper, le vaincre. *On les aura.* ➤ **battre, vaincre.** *Il nous a bien eus.* ➤ **posséder ;** FAM. 1**baiser, couillonner,**

entuber. *Se laisser avoir. Se faire avoir* (cf. RÉGION. Se faire fourrer, organiser, passer un sapin). «*Trois jeunes Français, soucieux de ne pas se faire avoir, discutaient le prix du passage*» BEAUVOIR. *Je l'aurai au tournant**. ◆ Attraper (qqch. ou qqn). *Avoir son train de justesse. Le chasseur a eu le lapin.* ➤ 1 **toucher.**

II (MANIÈRE D'ÊTRE) ■ **1** Présenter en soi (une partie, un aspect de soi-même). *Il, elle a de grandes jambes, des cheveux blancs. Les arbres commencent à avoir des feuilles. Boîte qui a un couvercle.* ➤ **muni** (de). *Elle avait des bottes.* ➤ 1 **porter.** *Cela n'a rien d'extraordinaire. Ce mur a deux mètres de haut.* ➤ **mesurer.** — *Avoir vingt ans. Quel âge avez-vous ?* — *Avoir l'air*. Avoir du charme, de l'esprit. Avoir du caractère, du tempérament. Avoir des qualités, des défauts. Avoir du culot. Avoir du courage.* VULG. *Avoir des couilles* au cul.* ELLIPT *Il en a* : il est courageux. *Il n'en a pas, ce type-là.* ■ **2** Éprouver dans son corps, sa conscience. ➤ **éprouver, ressentir, sentir.** *Avoir mal à la tête. Avoir faim, soif ; besoin, envie de.* — *Avoir la fièvre. Il a eu la grippe. Avoir de la peine, des soucis, le cafard. Avoir de l'amitié pour qqn.* — FAM. *L'avoir mauvaise*.* ◆ *Avoir quelque chose* : manifester quelque gêne, douleur, mécontentement inconnu d'autrui. *Qu'est-ce qu'il a ? Il a sûrement quelque chose. Je ne sais pas ce qu'il a à pleurer ainsi.* ➤ **pourquoi.** FAM. *C'est bon pour ce que t'as.* — (Emploi négatif) *Il, elle n'a rien*, n'est pas blessé(e), n'a pas de maladie. — Se dit aussi des choses qui ne fonctionnent pas. *Qu'est-ce qu'elle a, cette télé ?* ◆ **EN AVOIR À, CONTRE, APRÈS** (FAM.) qqn, employé surtout en phrase interrog. ou dubitative. *Avoir des griefs contre qqn* (cf. S'en prendre à, en vouloir à). *Je ne sais contre qui, après qui il en a.* — *En avoir assez**, FAM. *marre*, ras* le bol.* ■ **3** (Sens faible) Présentant l'attribut, le compl. ou l'adv. qui détermine un subst. *Avoir la parole facile. Il a les mains dans les poches. Avoir la tête qui tourne. Cette voiture a le moteur à l'avant. Vous avez l'esprit ailleurs. J'ai cette chose en horreur.* ■ **4** (Belgique) FAM. Reliant l'attribut au sujet *Avoir difficile, dur à, de* (et inf.) : éprouver des difficultés à. *Elle a dur à se lever tôt. Avoir facile à, de* (et inf.) : avoir des facilités pour. *Avoir bon* : éprouver du plaisir. *J'ai bon de le voir rire.*

III ~ **v. auxiliaire** ■ **1** (milieu XIe) **AVOIR À** (et l'inf.) : être dans l'obligation de. ➤ 1 **devoir.** *Je n'ai rien à faire. Avoir des lettres à écrire.* ELLIPT *J'ai à faire. Il a sa famille à nourrir. Sans avoir à s'en occuper. Vous n'avez qu'un instant à attendre. J'ai à lui parler. Il n'a pas à se plaindre.* **N'AVOIR QU'À :** avoir seulement à. *Vous n'avez qu'à tourner le bouton.* — (Avec une valeur d'impér.) FAM. *Tu n'as qu'à, t'as qu'à t'en aller, si ça te plaît pas !* va-t'en donc. *Il n'a qu'à bien se tenir !* (cf. aussi ci-dessous Il n'y a qu'à). *Vous n'aviez qu'à faire attention*, vous auriez dû. *N'avoir plus qu'à* : ne plus avoir d'autre solution que. ■ **2** Auxiliaire servant à former, avec le participe passé, tous les temps composés des verbes transitifs, de la plupart des intransitifs, de ceux de *être* et de *avoir*. *J'ai écrit. Quand il eut terminé. Vous l'aurez voulu. Sans l'avoir voulu. Il a eu faim. Quand il a eu fini. Qu'eussé-je /eussè-je/ fait à sa place ?*

IV **IL Y A** [ilja] FAM. [ja]. (milieu XIe) Expression impersonnelle servant à présenter une chose comme existant. *Il y a de l'argent dans son portefeuille. Hier il y avait du brouillard, aujourd'hui il n'y en a pas. Derrière la poste, il y a un café. Il y avait de quoi manger. Il pourrait y en avoir beaucoup.* PROV. *Quand il y en a pour un, il y en a pour deux. Combien de personnes y aura-t-il ? Il n'y a pas que lui* : il n'est pas le seul. *Il y a des gens qui pensent que...* : certains pensent que... ➤ **exister.** *Il y en a* (des gens) *qui exagèrent. Il y a un train qui part à 8 heures. Il n'y a pas plus gourmand que lui. Il y a gros à parier que...* — *Il y a cinq kilomètres d'ici au village. Il y a deux ans qu'il est parti.* ➤ **voilà.** *Il y a longtemps que je ne l'ai pas vu.* — *Il y a... et...* s'emploie pour exprimer des différences de qualité. *Il y a champagne et champagne*, il en est de bons et de mauvais. — *Il n'y a pas de quoi** (remercier), formule de politesse, réponse à un remerciement (cf. Je vous en prie*). — *Qu'est-ce qu'il y a ?* [keski(l)ja] : que se passe-t-il ? ➤ **passer.** *Il y a que tout le monde proteste.* — LOC. FAM. (souvent iron.) **TOUT CE QU'IL Y A DE** (et adj.) : tout à fait. *Une femme bien habillée, tout ce qu'il y a de chic.* — *Il n'y a pas de* (suivi d'un mot ou d'un énoncé rapporté) : il est inutile de dire. *Il n'y a pas de «mais» ; obéis !* ◆ **IL N'Y A QU'À** [ilnjaka] FAM. *y a qu'à* [jaka] (et l'inf.) : il faut seulement, ou simplement (cf. ci-dessus Avoir à). *Il n'y avait qu'à les ramasser. Il n'y a plus qu'à tout recommencer.* — (Valeur d'impér.) *Il n'y a qu'à attendre* : attendons. ◆ **IL N'Y EN A QUE POUR** (qqn) : il prend beaucoup de place, on ne s'occupe, on ne parle que de lui. «*Personne n'a jamais le droit de dire un mot. Il n'y en a que pour lui*» SARRAUTE.

■ CONTR. Manquer (de). Rater. ■ HOM. *Ai* : es, est (1 être).

2 **AVOIR** [avwaʀ] **n. m.** – XIe ◊ de 1 *avoir* ■ **1** Ce que l'on possède. ➤ **argent,** 2 **bien, fortune, possession, richesse.** *Il dilapide son avoir. Un modeste avoir.* ■ **2** (1080) COMPTAB. La partie d'un compte où l'on porte les sommes dues. *Le doit et l'avoir.* ➤ **actif, crédit.** — Papier attestant qu'un commerçant doit de l'argent à un client. *Se faire faire un avoir.* ◆ **AVOIR FISCAL :** crédit d'impôt dont bénéficient les contribuables ayant perçu des dividendes d'une société française au cours de l'année. ■ CONTR. 2 Débit, doit, 2 passif.

AVOIRDUPOIDS [avwaʀdypwɑ] **n. m.** – *avoir-du-pois* 1824 ◊ mot anglais (XVe), emprunté au français ■ Système de mesure de masse des pays anglo-saxons, dans lequel la livre vaut 453,59 g, et qui s'applique à toutes les marchandises autres que les métaux précieux et les médicaments.

AVOISINANT, ANTE [avwazinɑ̃, ɑ̃t] **adj.** – 1793 ◊ de *avoisiner* ■ Qui est voisin, dans le voisinage. ➤ **adjacent, attenant, circonvoisin, contigu, proche, voisin.** *Les pays avoisinants. Les rues avoisinantes.* ■ CONTR. Éloigné, lointain.

AVOISINER [avwazine] **v. tr.** ‹1› – 1555 ; *s'avoisiner de* 1375 ◊ de 1 *a-* et *voisin* ■ **1** Être dans le voisinage, à proximité de (un lieu). *Les villages qui avoisinent la forêt.* ➤ **avoisinant.** ■ **2** FIG. Être proche de, ressembler à. ➤ **approcher.** «*la prétention avoisine la bêtise*» PROUST. *Un prix qui avoisine le million.* — PRONOM. *S'avoisiner à* : être assez semblable à. *Le guépard s'avoisine à la panthère.*

AVONCULAIRE ➤ **AVUNCULAIRE**

AVORTEMENT [avɔʀtəmɑ̃] **n. m.** – 1190 ◊ de *avorter* ■ Action d'avorter. ■ **1** MÉD. Expulsion d'un fœtus avant terme, naturelle (➤ **fausse couche**) ou provoquée. *Avortement thérapeutique*, effectué sur décision médicale dans les cas où la santé de la mère ou de l'enfant est menacée. *Pratiquer un avortement. Avortement par curetage, par aspiration.* ◆ COUR. Interruption volontaire de grossesse, légalisée en 1975. ➤ **I. V. G.** *Mouvement pour la Liberté de l'Avortement et de la Contraception (M. L. A. C.). Mouvement contre l'avortement* (➤ **antiavortement**). «*Un avortement n'est pas un infanticide, c'est un meurtre métaphysique*» SARTRE. ■ **2** AGRIC. Arrêt du développement d'un organe formé. *L'avortement du seigle, des fruits.* ➤ **coulure.** ■ **3** FIG. Échec d'une entreprise, d'un projet. ➤ **échec, faillite, insuccès.** «*L'enthousiasme déçu par l'avortement des grandes espérances de 1848*» SEIGNOBOS. ■ CONTR. Aboutissement, réussite, succès.

AVORTER [avɔʀte] **v.** ‹1› – XIIe ◊ latin *abortare*, de *oriri* «naître»

I **v. intr.** ■ **1** Accoucher avant terme (naturellement ou par intervention) d'un fœtus ou d'un enfant mort. ➤ **avortement.** (REM. Pour l'avortement naturel, on dit plutôt *faire une fausse couche*.) «*même si on les empêchait d'avorter, elles trouveraient bien un moyen*» A. ERNAUX. *Un remède qui fait avorter.* ➤ **abortif.** ■ **2** PAR EXT. Ne pas arriver à son plein développement, en parlant des fruits, des fleurs. ■ **3** FIG. Être arrêté dans son développement, ne pas réussir (projet, entreprise). ➤ **échouer.** *Expérience qui avorte* (cf. Tourner court).

II **v. tr.** Faire subir un avortement (à une femme), et SPÉCIALT un avortement volontaire. *Le médecin qui l'a avortée.* — Plus cour. *Elle s'est fait avorter. La précaution «est de ne pas faire d'enfants ou de se faire avorter»* SADE.

■ CONTR. Aboutir, développer (se), réussir.

AVORTEUR, EUSE [avɔʀtœʀ, øz] **n.** – 1894 ◊ de *avorter* ■ PÉJ. Personne qui pratique l'avortement clandestin. *Une avorteuse* (cf. Faiseuse d'anges*).

AVORTON [avɔʀtɔ̃] **n. m.** – début XIIIe ◊ de *avorter* ■ **1** VX Fœtus sorti avant terme. Enfant prématuré et insuffisamment développé. ■ **2** RARE Animal ou végétal qui s'est trouvé arrêté dans son évolution ou qui n'a pas atteint le développement normal dans son espèce. «*J'ai vu en Russie des sapins auprès desquels ceux de nos climats ne sont que des avortons*» BERNARDIN DE SAINT-PIERRE. ■ **3** PÉJ. Être petit, chétif, mal conformé. ➤ **nain ;** PÉJ. **demi-portion, gringalet, nabot.**

AVOUABLE [avwabl] **adj.** – 1302, repris 1849 ◊ de *avouer* ■ Qui peut être avoué sans honte. *Un but avouable. Des motifs honorables et avouables.* ➤ **honnête.** *C'est à peine avouable.* ■ CONTR. Inavouable.

AVOUÉ [avwe] **n. m.** – après 1207 ; «défenseur» 1080 ◊ latin *advocatus* → 1 avocat ■ ANC. DR. ■ **1** Représentant en justice. «*un avoué de la partie publique*» MONTESQUIEU. ■ **2** (1790) Officier ministériel qui était chargé de représenter les parties devant les cours d'appel, d'y faire les actes de procédure (naguère, devant tous les tribunaux). *Avoué d'office*, commis d'office. *Charge,* *cabinet, étude d'avoué. Fusion des fonctions d'avocat et d'avoué auprès de grande instance.*

AVOUER [avwe] v. tr. ‹1› – *avoer* 1155 ◇ latin *advocare* «appeler auprès de soi»

I ■ **1** ANCIENNT Reconnaître pour seigneur celui dont on tenait un fief. ➤ **aveu.** ■ **2** LITTÉR. Reconnaître pour sien. *Avouer pour fils, pour sœur. «Tout honnête homme doit avouer les livres qu'il publie»* ROUSSEAU. ■ **3** LITTÉR. *Avouer qqch.* : reconnaître comme valable. ➤ **approuver, ratifier.** *Ce sont des principes que la morale peut avouer.*

II ■ **1** COUR. Reconnaître qu'une chose est ou n'est pas ; reconnaître pour vrai (en général avec une certaine difficulté : honte, pudeur). ➤ **accorder, admettre, concéder, convenir, déclarer, 1dire, reconnaître.** *J'avoue qu'il a raison. Il faut avouer que c'est bien difficile. «Je suis âne, il est vrai, j'en conviens, je l'avoue»* LA FONTAINE. *Il faut bien l'avouer. Je vous avoue mon ignorance, que je l'ignore. Il avoua s'être grossièrement trompé, l'avoir mal jugé.* ◆ Reconnaître (une chose considérée comme blâmable) après avoir tenté de dissimuler. *Avouer une faute, un tort, une faiblesse, un péché, un crime.* ➤ **confesser.** *«Les hommes avouent volontiers la cruauté, la colère, l'avarice même, mais jamais la lâcheté»* FRANCE. — **p. p. adj.** LOC. PROV. *Faute avouée est à moitié pardonnée.* ■ **2** ABSOLT Faire des aveux. *L'assassin a avoué. Le voleur a fini par avouer* (cf. Manger le morceau*, vider son sac*, se mettre à table*). *N'avouez jamais.* ■ **3** PRONOM. **S'AVOUER** (et adj.) : reconnaître qu'on est. *S'avouer coupable.* ➤ **s'accuser.** *S'avouer vaincu.*

■ CONTR. Cacher, désavouer, dissimuler, nier, taire.

AVOYER [avwaje] v. tr. ‹8› – XXe ; ancien français *aveier, avoier* «mettre sur la voie» ◇ de *1a-* et *voie* ■ TECHN. Donner de la voie* à (une scie). *Affûter et avoyer la lame d'une égoïne.*

AVRIL [avʀil] n. m. – 1119 ; *avrill* 1080 ◇ latin *aprilis* ■ Le quatrième mois de l'année (correspondait à *germinal*, floréal**). *Le mois d'avril a 30 jours. En avril, au mois d'avril. Début, fin avril. La lunaison d'avril* ou *lune rousse. «Avril jonche la terre en fleur d'un frais tapis»* HEREDIA. RARE *«La splendeur de l'avril battait son plein»* COURTELINE. *Des avrils pluvieux.* — LOC. PROV. *En avril ne te découvre pas d'un fil ; en mai, fais ce qu'il te plaît.* — **POISSON D'AVRIL** : plaisanterie, mystification traditionnelle du 1er avril. *Poisson d'avril ! Faire un poisson d'avril à qqn.*

AVULSION [avylsjɔ̃] n. f. – fin XIVe ◇ latin *avulsio,* de *avellere* «arracher» ■ DIDACT. Action d'arracher. ➤ **arrachement.** *L'avulsion d'une dent.* ➤ **extraction.**

AVUNCULAIRE [avɔ̃kylɛʀ] adj. /AVONCULAIRE/ – fin XVIIIe ◇ du latin *avunculus* «oncle» ■ DIDACT. Qui a rapport à un oncle ou une tante.

AWALÉ ➤ **WALÉ**

AXE [aks] n. m. – 1372 ◇ latin *axis* «essieu» ■ **1** Ligne idéale autour de laquelle s'effectue une rotation. — ASTRON. *Axe du monde* (cf. Coordonnées célestes). ◆ GÉOM. Droite autour de laquelle tourne une figure plane pour engendrer un solide de révolution. *L'axe d'un cylindre, d'un cône, d'une sphère. Axe de rotation.* ■ **2** SC. Droite munie d'un vecteur unitaire et d'une origine. — MATH. *Axe des abscisses*, des ordonnées. Système d'axes d'un repère cartésien*. Axe polaire*. Axe de révolution*. — Axe d'un espace affine réel* : triplet $(O, D, \vec{v})$, où D est une droite affine, O un de ses points, $\vec{v}$ un de ses vecteurs directeurs. — *Petit, grand axe d'une ellipse*.* — PHYS. *Axe de symétrie. Axe optique d'un cristal* (➤ **biaxe**). *Axe principal d'inertie* d'un solide.* ➤ **moment** (d'inertie). — *Axe d'oscillation d'un pendule.* ■ **3** (XVIIe ◇ fig. du 1°) CONCRET Pièce allongée qui sert à faire tourner un objet sur lui-même ou à assembler d'autres pièces en les articulant. ➤ **arbre, charnière, essieu, pivot.** *L'axe d'une roue. Il «reçoit trente-deux roues de brouettes, mais ne peut obtenir les axes et les boulons pour les monter»* GIDE. ■ **4** COUR. Ligne qui passe par le centre, dans la plus grande dimension. *L'axe du corps. L'axe d'une rue. Tu n'es pas dans l'axe.* — Voie routière ou fluviale importante. *Les grands axes de la circulation.* ◆ BOT. Partie d'un végétal qui porte des appendices latéraux. ◆ ANAT. *Axe cérébrospinal* ou *névraxe. L'axe du bassin.* ■ **5** Direction générale. ➤ **ligne.** *Exposer les grands axes d'une politique.* ◆ *Les puissances de l'Axe,* l'Allemagne nazie et l'Italie fasciste qui conclurent en 1936 un protocole d'amitié, *l'axe Rome-Berlin.*

AXEL [aksɛl] n. m. – 1961 ◇ de *Axel Paulsen,* n. d'un patineur norvégien ■ SPORT Figure de patinage artistique, saut au cours duquel le patineur tourne une fois et demie sur lui-même. *Axel double. Triple axel. Des axels.*

AXÉNIQUE [aksenik] adj. – milieu XXe ◇ de *2a-* et du grec *xenos* «étranger» ■ MÉD., BACTÉRIOL. Qui se développe ou est élevé dans un milieu stérile ; qui est totalement dépourvu de germes saprophytes ou pathogènes. *Animaux axéniques nés par césarienne.* — On dit aussi **AXÈNE** [aksɛn]. *Naissance axène.*

AXÉNISATION [aksenizasjɔ̃] n. f. – 1972 ◇ de *2a-* et du grec *xenos* «étranger» ■ MÉD., BACTÉRIOL. Purification par élimination d'éléments étrangers. ➤ **stérilisation.**

AXER [akse] v. tr. ‹1› – 1892 ; «fixer sur un axe» 1562 ◇ de *axe* ■ **1** Diriger, orienter suivant un axe. *Axer une construction sur une ligne nord-sud.* ■ **2** FIG. Orienter. *Axer sa vie sur qqch.* — *Il est axé sur* : son esprit est dirigé vers. *Politique commerciale axée sur le profit.* ■ CONTR. Désaxer.

AXÉROPHTOL [akseʀɔftɔl] n. m. – 1939 ◇ de *2a-, xérophte(almie)* et *-ol* ■ Vitamine A nécessaire à la croissance et dont la carence peut provoquer la xérophtalmie*.

AXIAL, IALE, IAUX [aksjal, jo] adj. – 1853 ◇ de *axe* ■ Qui a rapport à l'axe, qui est dans l'axe. *Direction axiale.* — GÉOGR. *Plan axial,* d'un plissement, d'un pli montagneux. *Éclairage axial d'une voie publique,* au moyen d'appareils placés dans l'axe de cette voie. — GÉOM., PHYS. *Vecteur axial* (opposé à *polaire*). *Symétrie axiale* : symétrie orthogonale (par rapport à un axe). ■ CONTR. Périphérique.

AXILE [aksil] adj. – 1697 ◇ du latin *axis* «axe», d'après *ductile, tactile* ■ SC. Qui forme un axe. *Filaments axiles.* — BOT. *Placentation axile. Organes axiles.*

AXILLAIRE [aksilɛʀ] adj. – 1363 ◇ latin *axilla* → aisselle ■ **1** ANAT. Qui a rapport à l'aisselle. *Veine axillaire. Ganglions axillaires.* ■ **2** (1808) BOT. Qui est situé à l'aisselle d'un organe. *Bourgeon, inflorescence axillaire.*

AXIOLOGIE [aksjɔlɔʒi] n. f. – 1902 ◇ du grec *axios* «qui vaut» et *-logie* ■ Science et théorie des valeurs morales. *«L'axiologie est une sorte de métaphysique de la sensibilité et du vouloir»* LAVELLE.

AXIOLOGIQUE [aksjɔlɔʒik] adj. – 1927 ◇ de *axiologie* ■ De l'axiologie. Relatif aux valeurs (opposé à *ontologique*).

AXIOMATIQUE [aksjɔmatik] adj. et n. f. – 1547 ◇ grec *axiomatikos,* de *axiôma* → axiome ■ **1** Des axiomes ; qui a le caractère des axiomes. ➤ **évident, indémontrable.** ■ **2** Qui peut servir de base à un système de déduction ; qui procède par déduction. *Base axiomatique ; méthode axiomatique.* ■ **3** (XXe) Qui a pour objet des symboles (et non leur contenu). ➤ **formalisé.** *Méthode axiomatique. Sémantique axiomatique.* ■ **4** n. f. (1921, traduction d'Einstein) Mode d'exposition d'une théorie par déduction logique ou mathématique, à partir d'axiomes* (3°) énoncés, exempts de contradictions et indépendants les uns des autres. *Axiomatique formalisée.*

AXIOMATISATION [aksjɔmatizasjɔ̃] n. f. – 1936 ◇ de *axiomatiser* ■ DIDACT. Action d'axiomatiser ; état de ce qui a été axiomatisé. ➤ **formalisation.** *L'axiomatisation d'une science. «L'axiomatisation* [est] *l'acte mental qui aboutit à la création du schéma abstrait»* GONSETH.

AXIOMATISER [aksjɔmatize] v. tr. ‹1› – v. 1935 ◇ de *axiomatique* ■ Organiser sous forme axiomatique par un système déductif ou par la formalisation. — **p. p. adj.** *Théorie partiellement axiomatisée.*

AXIOME [aksjom] n. m. – 1547 ◇ latin *axioma,* du grec *axiôma,* de *axioun* «juger digne, valable» ■ **1** PHILOS. Vérité indémontrable mais évidente pour quiconque en comprend le sens (principe premier), et considérée comme universelle. *Postulat et axiome.* ➤ **évidence, prémisse.** *Un axiome mathématique, un axiome de géométrie. Un axiome philosophique.* ■ **2** COUR. Proposition admise par tout le monde sans discussion (incluant le postulat). — PAR EXT. ➤ **1adage, aphorisme, apophtegme, maxime, sentence.** *Il ne parle que par axiomes. «L'axiome d'après lequel il faut écarter tout parent d'une opération»* GIRAUDOUX. ■ **3** (1902) DIDACT. Proposition admise à la base d'une théorie (mathématique, logique), relation entre les notions premières de la théorie, choisie arbitrairement. ➤ **postulat ;** et aussi **axiomatique,** n. f. *Axiomes de la géométrie. Axiomes des voisinages.*

1AXIS [aksis] n. m. – XIXe ; hapax 1696 ◇ mot latin «axe» ■ ANAT. Deuxième vertèbre du cou qui sert d'axe pour les mouvements de rotation de la tête. ➤ **aussi atlas.**

2AXIS [aksis] n. m. – XVIIIe ; hapax v. 1562 ◇ mot latin «bœuf sauvage de l'Inde» ■ ZOOL. Petit cerf d'Asie à bois courts, au pelage roux tacheté de blanc.

B

1 **B** [be] **n. m. inv.** ■ **1** Deuxième lettre et première consonne de l'alphabet : *b majuscule* (B), *b minuscule* (b). — PRONONC. Lettre qui, lorsqu'elle est prononcée, note l'occlusive labiale sonore [b] *(bain, bob)* ou la sourde correspondante [p] quand elle est suivie d'une consonne sourde *(absent, obscur)* (➤ **assimilation**). ■ **2** LOC. *Ne savoir ni a* ni b. Prouver par a* + b.* — *Film de série* B. Plan* B.* ■ **HOM.** Bée.

2 **B** **abrév. et symboles** ■ **1** **B** [be] **n. m. inv.** La note *si* (dans la notation anglo-saxonne ; correspond à *si bémol* dans la notation allemande). ■ **2** **B** [be] **n. m. inv.** Note indiquant un niveau satisfaisant (dans un système de notation alphabétique). *Avoir un B en mathématiques.* ■ **3** **B** [bɛl] **n. m. inv.** Bel. — **b** [baʀn] Barn. — **B** [gʀɑ̃be] Induction magnétique. ■ **4** *Groupe B,* l'un des quatre groupes sanguins.

B. A. [bea] **n. f.** – 1920 ◊ de *bonne action* ■ Bonne action, dans le langage des scouts. *Faire une, sa B. A.* ■ **HOM.** poss. Béat.

1 **BABA** [baba] **adj.** – 1790 ◊ p.-ê. onomat., de *ébahi* ou du radical de *babines* ■ FAM. Frappé d'étonnement. ➤ **ébahi, étonné, stupéfait, surpris.** *Elles en sont restées babas.*

2 **BABA** [baba] **n. m.** – 1767 ◊ mot polonais ■ Gâteau à pâte légère imbibée d'un sirop alcoolisé. *Des babas au rhum.*

3 **BABA** [baba] **n. m.** – 1905 «sexe de la femme» ◊ p.-ê. du radical de *babines* par le sémantisme assimilant le postérieur à un visage joufflu ■ ARG. (PLAISANT) Postérieur. ➤ FAM. **cul*.** — LOC. FAM. *L'avoir dans le baba :* être refait.

4 **BABA** [baba] **n.** – v. 1975 ◊ mot hindi *bābā* «papa», par l'anglais ■ FAM. Jeune personne marginale, non violente, inactive, plus ou moins nomade, écologiste, souvent mystique, vivant parfois en communauté. ➤ **hippie.** *«la fin des années soixante-dix, dont les vieux babas parlent aujourd'hui comme d'une époque bénie»* E. CARRÈRE. — Souvent dans l'expression (anglic.) *baba cool* [babakul]. ➤ **cool.** *Des babas cools.*

B. A.-BA [beaba] **n. m. sing.** – 1870 ◊ de l'épellation *b a* qui fait *ba,* premier rudiment de lecture ■ Première connaissance élémentaire. *Le b. a.-ba des mathématiques.* ➤ **a b c** *«un "Merci" ou un "Au revoir, bonne journée", ce b. a.-ba des échanges entre commerçants et clients»* S. GERMAIN.

BABACHE [babaʃ] **n.** – attesté XXe ◊ mot dialectal, «personne joufflue» et «baiser» v. 1850, probablement de la racine *bab-* → babiller ■ RÉGION. (Nord) FAM. Imbécile. *«tu sais comment ils sont les gens ici, [...] c'est des campagnards, c'est des babaches»* É. LOUIS. — **adj.** *Elle est un peu babache.*

BABÉLISME [babelism] **n. m.** – 1866 ◊ de *Babel* ■ DIDACT. Caractère d'un discours formé de mots appartenant à des langues diverses. — Jargon incompréhensible.

BABELUTTE ou **BABELUTE** [bablyt] **n. f.** – 1944 ◊ néerlandais de Belgique *babelutte* «caramel» ■ RÉGION. (Picardie ; Belgique) Sucre d'orge entortillé dans du papier. *Les babeluttes de Furnes.*

BABEURRE [babœʀ] **n. m.** – 1530 ◊ de *bas* et *beurre* ■ Liquide blanc, appelé parfois *lait de beurre,* qui reste après le barattage de la crème dans la préparation du beurre. *On donne du babeurre au jeune bétail.*

BABICHE [babiʃ] **n. f.** – 1669 ◊ d'un mot algonquin ■ (Canada) Fine lanière de peau, de cuir. *«des raquettes à fond de babiche»* GODBOUT.

BABIL [babil] **n. m.** – 1460 ◊ de *babiller* ■ **1** VX OU LITTÉR. Abondance de paroles futiles. ➤ **babillage, bavardage, caquet.** ◆ **Plus cour.** Bavardage agréable et vif (d'enfants, de jeunes filles). *Le babil enfantin. «Les jeunes filles acquièrent vite un petit babil agréable»* ROUSSEAU. ■ **2** PAR ANAL. Bruit imitant une voix qui babille. *Le babil des oiseaux, d'une source.* ➤ **gazouillement, murmure.**

BABILLAGE [babijaʒ] **n. m.** – 1583, repris 1832 ◊ de *babiller* ■ Action de babiller. ➤ **babil, bavardage.** — PSYCHOL. Chez l'enfant, Lallation*.

BABILLARD, ARDE [babijaʀ, aʀd] **adj. et n.** – fin XVe ◊ de *babiller*
I ■ **1** VX OU LITTÉR. Qui aime à babiller. ➤ **bavard*.** — PAR ANAL. *Oiseau babillard.* ➤ **jaseur.** ■ **2** **n.** ➤ **bavard.** *Une incorrigible babillarde.* ➤ **péronnelle,** 1 **pie.**
II **n. f.** (1725) FAM. *Une babillarde :* une lettre. ➤ **bafouille.**
III **n. m.** (1962) (Canada) Tableau d'affichage. *«un comptoir dont le babillard était couvert de factures, de feuilles administratives»* G. SOUCY. — (1989) *Babillard électronique :* système informatisé de communication, d'échange d'informations.

BABILLER [babije] **v. intr.** ⟨1⟩ – XIIIe ; «bégayer» XIIe ◊ racine onomatopéique *bab-* exprimant le mouvement des lèvres ■ **1** Parler beaucoup d'une manière futile, enfantine. ➤ **bavarder.** *Les jeunes enfants babillent.* ➤ **gazouiller.** ■ **2** Pousser son cri, en parlant de certains oiseaux tels que la pie, le merle. ➤ **caqueter, jaser.**

BABINES [babin] **n. f. pl.** – v. 1460 ◊ racine *bab-* → babiller ■ **1** Lèvres pendantes de certains animaux. *Chien qui retrousse les babines.* ■ **2** FAM. Les lèvres (d'une personne). ➤ **badigoinces.** *Se lécher, se pourlécher les babines :* se lécher les lèvres en signe de satisfaction après un bon repas. — LOC. FIG. *S'en lécher les babines :* se réjouir à la pensée d'une chose délectable.

BABIOLE [babjɔl] **n. f.** – fin XVIe ◊ italien *babbola* «bêtise, enfantillage» ■ **1** Petit objet de peu de valeur. ➤ **bibelot, brimborion, colifichet.** *Babioles rapportées de voyage.* ■ **2** FIG. Chose sans importance. ➤ **bagatelle, rien.** *Il s'est fâché pour une babiole.*

BABIROUSSA [babiʀusa] **n. m.** – 1764 ◊ malais *babi rusa* «cochon-cerf» ■ Sanglier de Malaisie et de Sulawesi (Célèbes) *(artiodactyles),* aux défenses recourbées, à la peau brune, dure et épaisse.

BÂBORD [babɔʀ] **n. m.** – 1484 ◊ néerlandais *bakboord* «côté du dos», parce que le pilote manœuvrait en tournant le dos au côté gauche ■ MAR. Le côté gauche d'un navire, en tournant le dos à la poupe. *Une île à bâbord.* ➤ **gauche.** *Homme d'équipage de la* *bordée de bâbord* (ou **BÂBORDAIS n. m.**). — La graphie *babord* sans accent circonflexe est admise. ▪ **CONTR.** Tribord.

BABOUCHE [babuʃ] **n. f.** – 1727 ; *papouch* 1546 ◇ arabe *bâboûch*, du persan ▪ Pantoufle de cuir sans quartier ni talon, servant de chaussure dans les pays d'islam. « *Le Turc partit en traînant majestueusement ses babouches* » CHATEAUBRIAND. — Cette pantoufle avec ou sans talon, utilisée comme chaussure ou chausson. ➤ 2 **mule.**

BABOUCHIER [babuʃje] **n. m.** – 1843 ◇ de *babouche* ▪ **(Maghreb)** Fabricant, marchand de babouches.

BABOUIN [babwɛ̃] **n. m.** – fin XIIIe ◇ racine *bab-* → babiller ▪ Singe cynocéphale d'Afrique *(primates)*, à museau très allongé, vivant à terre, en société organisée. ➤ **papion.** *Babouin de Guinée.*

BABOUNE [babun] **n. f.** – 1930 ◇ mot dialectal du Centre, d'une racine *bab-* → babiller, babines ▪ **(Canada) FAM.** Lèvre inférieure. ➤ **lippe.** — **LOC.** (1950) *Avoir, faire la baboune* : être de mauvaise humeur, bouder. « *Et puis, la fatigue, c'est pas une raison pour faire la baboune tombante* » V.-L. BEAULIEU.

BABOUVISME [babuvism] **n. m.** – 1840 ◇ de *Babeuf*, révolutionnaire français ▪ Doctrine de Babeuf, tendant à un communisme égalitaire. — **adj.** et **n.** (1824) **BABOUVISTE.**

BABY [babi ; bebi] **n. m.** et **adj. inv.** – 1841 ◇ mot anglais ▪ **1** VX Bébé. *Des babies.* ▪ **2 adj. inv.** (v. 1950) **MOD.** Pour les bébés ; d'une taille inférieure à la moyenne. *Taille baby.* — *Un baby scotch* ou plus **cour.** *un baby* : demi-scotch servi dans un café, un bar. ➤ 1 **scotch.** *Des babys,* parfois *des babies* (**plur. angl.**). ▪ **3** (v. 1920) Chaussure basse à bride. *Des babies vernis.*

BABYBLUES n. m. ou **BABY-BLUES** [babibluz ; bebi-] **n. m. inv.** – 1988 ◇ mot anglais, de *baby* « bébé » et *blues* « mélancolie » ▪ Épisode mélancolique du post-partum, dépression postnatale.

BABYBOOM ou **BABY-BOOM** [babibum ; bebi-] **n. m.** /BABYBOUM/ – 1954, -1958 ◇ mot anglais, de *baby* « bébé » et *boom* « hausse » ▪ **ANGLIC.** Forte augmentation de la natalité. *Des babybooms, des baby-booms.*

BABYBOOMER [babibumœʀ ; bebi-] **n. m.** ou **BABYBOUMEUR, EUSE** [babibumœʀ, øz ; bebi-] **n.** – 1985 ◇ mot anglais américain (1974), de *babyboom* ▪ **ANGLIC.** Personne de la génération du babyboom. *Le départ en retraite des babyboomers, des babyboumeurs.* — On écrit aussi *baby-boomer, des baby-boomers.*

BABYFOOT ou **BABY-FOOT** [babifut] **n. m.** – 1951 ◇ faux anglicisme, de *baby* « de petite taille » et *foot*, abrév. de *football* ▪ Football* de table. ➤ **RÉGION. kicker.** *Jouer au babyfoot.* — La table de jeu. *Des babyfoots, des baby-foots.*

BABYSITTER ou **BABYSITTEUR, EUSE** [babisitœʀ ; bebi-] **n.** – 1953 ◇ mot anglais, de *baby* « bébé » et *sitter* « poule couveuse », de *to sit* « couver » ▪ Personne qui, moyennant rétribution, garde à la demande, de jeunes enfants, en l'absence de leurs parents. ➤ **RÉGION. gardien.** *Des babysitters, des babysitteurs.* — On écrit aussi *baby-sitter, des baby-sitters.*

BABYSITTING ou **BABY-SITTING** [babisitiŋ ; bebi-] **n. m.** – v. 1960 ◇ mot anglais, de *baby* « bébé » et *sitting* « couvaison » ▪ Garde de jeunes enfants par un, une babysitter. *Faire du babysitting. Des babysittings, des baby-sittings.*

1 **BAC** [bak] **n. m.** – 1160 ◇ latin populaire °*baccus* « récipient »

I Bateau à fond plat servant à passer un cours d'eau, un lac, un bras de mer. ➤ 1 **bachot, traille, RÉGION. traversier.** *Le passeur du bac.* « *Un bac, un de ces immenses radeaux où l'on embarque les voitures* » DAUDET. ➤ **ferry-boat.** ◆ *Bac aérien* : avion qui transporte des voitures automobiles avec leurs passagers pour une courte traversée.

II ▪ **1** (XVIIe) Récipient servant à divers usages. *Bac à eau, bac à laver.* ➤ **auge, baquet, bassin, cuve.** *Bac à sable* ; **FIG.** lieu d'expérimentation. *Le bac à sable d'un wiki.* **loc. adj.** *De bac à sable* : inexpérimenté ; médiocre, sans envergure. *Un caïd de bac à sable. Bac à litière pour chat.* ➤ **caisse.** — Récipient mobile dans un appareil. *Bac à légumes d'un réfrigérateur. Bac à glace,* placé dans le congélateur, où se forment les cubes de glace. *Bac d'alimentation d'une imprimante.* ▪ **2** Tiroir ou petit meuble métallique servant au classement de documents. *Un bac à fiches.* — Présentoir en forme de casier. « *fouillant dans un bac de disques en promotion* » P. BAILLY. *Dans les bacs en septembre,* disponible à la vente (en librairie, dans les magasins de disques...). — **(Belgique, Luxembourg)** *Bac de bière, d'eau minérale* : casier de bouteilles. *Acheter un bac de bière.* ▪ **3** Récipient assez grand où l'on fait pousser des plantes, des arbres. ➤ **jardinière.** *Bac en ciment, en plastique. Bacs à réservoir d'eau d'une terrasse.*

2 **BAC** [bak] **n. m.** – 1880 ◇ abrév. de *baccalauréat* ▪ Baccalauréat. *Passer le bac. Bac L* (lettres), *S* (sciences), *ES* (économique et social) ; *bac pro. Elle a eu son bac avec mention bien.* — **ELLIPT** *Ingénieur bac +5,* titulaire du baccalauréat et de cinq années d'études supérieures.

BACANTE ➤ 2 **BACCHANTE**

BACCALAURÉAT [bakalɔʀea] **n. m.** – 1690 ; *bacalaureat* 1624 ◇ latin médiéval *baccalaureatus,* de *baccalaureus,* altération de *baccalarius* « bachelier », rapproché de *bacca laurea* « baie de laurier » ▪ **1** Grade universitaire conféré à la suite d'examens qui terminent les études secondaires ; ces examens. ➤ 2 **bac,** 2 **bachot ; RÉGION. maturité. ANCIENNT** *La première, la seconde partie du baccalauréat.* « *Sur mes seize ans je passai un affreux petit examen nommé baccalauréat* » FRANCE. *Préparer, passer le baccalauréat* (➤ **bachoter**). *Baccalauréat général, technologique, professionnel. Titulaire du baccalauréat.* ➤ **bachelier.** ▪ **2 ANCIENNT** *Baccalauréat en droit* : grade conféré aux étudiants en droit qui avaient subi avec succès les deux premiers examens en vue de la licence. ▪ **3 (Canada)** Études universitaires de premier cycle ; diplôme qui les sanctionne. *Baccalauréat ès arts* (*B. A.* [bea]), *ès sciences* (*B. Sc.* [besse]).

BACCARA [bakaʀa] **n. m.** – 1851 ◇ peut-être emprunté au provençal *bacarra* « jeu de cartes », d'origine inconnue ▪ Jeu de cartes où le dix, appelé *baccara,* équivaut à zéro. *Le baccara se joue entre un banquier et des joueurs appelés pontes. Variété de baccara.* ➤ **chemin de fer.** ▪ **HOM.** Baccarat.

BACCARAT [bakaʀa] **n. m.** – 1898 ◇ de *Baccarat,* nom de ville ▪ Cristal de la manufacture de Baccarat. *Des verres en baccarat.* ▪ **HOM.** Baccara.

BACCHANALE [bakanal] **n. f.** – 1355 ◇ latin *Bacchanalia* « fêtes de Bacchus » ▪ **1 PLUR.** Fêtes que les anciens Romains célébraient en l'honneur de Bacchus, avec danses, jeux et mystères d'initiés. ➤ **orgie ;** 1 **bacchante ; bachique.** ▪ **2** Tableau, bas-relief représentant ces fêtes. ▪ **3 FIG.** et **VIEILLI** Danse tumultueuse et lascive. — (1631) Débauche bruyante. ➤ **orgie.**

1 **BACCHANTE** [bakɑ̃t] **n. f.** – 1559 n. m. ◇ latin *bacchans, bacchantes* « qui célèbre les mystères de Bacchus » ▪ **ANTIQ.** Prêtresse de Bacchus, femme qui célébrait les Bacchanales. ➤ **ménade, thyade.** *Danse des bacchantes.*

2 **BACCHANTE** ou **BACANTE** [bakɑ̃t] **n. f.** – 1878 « favoris » ◇ allemand *Backe* « joue », avec influence de 1 *bacchante* ▪ **FAM.** (**le plus souvent au plur.**) Moustache. *De belles bacchantes.*

BACCHIQUE ➤ **BACHIQUE**

BACCIFÈRE [baksifɛʀ] **adj.** – 1562 ◇ latin *bacca* « baie » et *-fère* ▪ **BOT.** Qui porte des baies. *Une plante baccifère.*

BACCIFORME [baksifɔʀm] **adj.** – 1819 ◇ latin *bacca* « baie » et *-forme* ▪ **BOT.** Qui a la forme d'une baie, ressemble à une baie.

BÂCHAGE [baʃaʒ] **n. m.** – XIXe ◇ de *bâcher* ▪ Action de couvrir d'une bâche. *Le bâchage du chargement d'un camion.*

BÂCHE [bɑʃ] **n. f.** – 1572 « filet à poisson en forme de poche » ◇ origine incertaine, plutôt du latin *baccia, bachia* « vase à vin » puis « pot à eau » que de l'ancien français *baschoe* « hotte d'osier, baquet de bois », du latin *bascauda* ▪ **1 TECHN.** et **MAR.** Réservoir destiné à contenir l'eau d'alimentation d'une machine à vapeur, d'une chaudière, ou l'eau refoulée par une pompe. ▪ **2 HORTIC.** Coffre recouvert d'un châssis et servant de petite serre pour la culture forcée. ▪ **3** Carter d'une turbine hydraulique. ▪ **4** (1741) **COUR.** Pièce de forte toile imperméabilisée qui sert à préserver les marchandises des intempéries. ➤ **banne, prélart.** *Recouvrir un étalage d'une bâche.* ➤ **bâcher.** ▪ **5 PAR ANAL.** (1881) **POP.** Drap de lit. ➤ **toile.** *Se mettre dans les bâches.* ◆ (1878) **FAM.** Casquette. « *il a des lunettes et une belle bâche à inscription* » CÉLINE.

BACHELIER, IÈRE [baʃəlje, jɛʀ] **n.** – XIVe ; *bachelor* 1080 ◇ latin populaire °*baccalaris,* d'origine gauloise ▪ **1 n. m.** Sous la féodalité, Jeune gentilhomme qui aspirait à devenir chevalier. — **PAR EXT. VX** Jeune homme. ▪ **2 n. m. VX** Celui qui, dans la faculté de droit canon, soutenait une thèse, après trois années d'études. ▪ **3 MOD. COUR.** Titulaire du baccalauréat.

BACHELOR [baʃ(ə)lɔʀ] **n. m.** – 1996 ◇ mot anglais, abrév. de *bachelor's degree* « licence » ▪ Diplôme international d'études supérieures qui se prépare en trois ou quatre ans et qui équivaut à la licence. *Passer un bachelor en communication.*

BÂCHER [bɑʃe] **v. tr.** ⟨1⟩ – 1752 ; *baché* « vêtu » hapax XVIe ◇ de *bâche* ▪ Couvrir, recouvrir d'une bâche. *Bâcher une voiture.* **p. p. adj.** *Un camion bâché.* ▪ **CONTR.** Découvrir.

BACHIBOUZOUK [baʃibuzuk] n. m. – 1854 ◇ mot turc, proprt «mauvaise tête» ■ HIST. Cavalier de l'ancienne armée turque, enrôlé en temps de guerre. *Des bachibouzouks.* — On écrit aussi *bachi-bouzouk, des bachi-bouzouks.*

BACHIQUE [baʃik] adj. – 1490 ◇ latin *bacchicus*, de *Bacchus* ■ Qui a rapport à Bacchus. *Fêtes bachiques.* ➤ **bacchanale.** – *Chanson bachique :* chanson à boire. — On écrit parfois *bacchique* [baʃik].

1 **BACHOT** [baʃo] n. m. – 1539 ◇ de 1 *bac* ■ Petit bac, petite barque à fond plat.

2 **BACHOT** [baʃo] n. m. – 1856 ◇ de *bachelier* ■ FAM. VIEILLI Baccalauréat. ➤ 2 **bac.** *Passer le bachot. Avoir ses deux bachots* (les deux parties de l'ancien baccalauréat). — MOD. et PÉJ. *Boîte à bachot :* école privée qui prépare au baccalauréat de manière intensive.

BACHOTER [baʃɔte] v. intr. ‹1› – 1892 ◇ de 2 *bachot* ■ Préparer hâtivement le baccalauréat, un examen, en vue du seul succès pratique. — n. m. **BACHOTAGE,** 1892.

BACILLAIRE [basilɛʀ] adj. et n. – 1884 ◇ de *bacille* ■ MÉD. ■ **1** Dû à un bacille. *Dysenterie bacillaire.* ■ **2** n. Malade qui élimine des bacilles tuberculeux et qui est contagieux. ➤ **bacillifère.** *Un, une bacillaire.* — adj. *Il n'est plus bacillaire.*

BACILLE [basil] n. m. – 1842 ◇ latin *bacillum* «baguette» ■ **1** (latin scientifique 1872) BACTÉRIOL. Bactérie en forme de bâtonnet qui se présente en chaîne, forme des spores. *Bacille aérobie, anaérobie.* — PAR EXT. Toute bactérie pathogène (➤ **bacillose**). *Les agents de la typhoïde et de la tuberculose sont improprement appelés bacille d'Eberth et bacille de Koch* (➤ **BK**). *Bacille intestinal.* ➤ **colibacille.** ■ **2** (1842) Insecte herbivore ressemblant à une brindille, phasme d'Europe.

BACILLIFÈRE [basilifɛʀ] n. et adj. – 1884 ◇ de *bacille* et *-fère* ■ MÉD. Malade qui expectore des bacilles tuberculeux. ➤ **bacillaire.**

BACILLIFORME [basilifɔʀm] adj. – 1846 ◇ de *bacille* et *-forme* ■ DIDACT. Qui a la forme d'un bacille.

BACILLOSE [basiloz] n. f. – 1896 ◇ de *bacille* et 2 *-ose* ■ **1** RARE Toute maladie due à un bacille. ■ **2** PLUS COUR. Tuberculose. *Bacillose pulmonaire, rénale.*

BACILLURIE [basilyʀi] n. f. – 1909 ◇ de *bacille* et *-urie* ■ MÉD. Présence de bacilles de Koch dans les urines.

BÄCKEOFE ➤ **BAECKEOFE**

BACKGAMMON [bakgamɔn] n. m. – 1824 ◇ du moyen anglais *gamen* (*game* «jeu») et *back* «en arrière» ■ ANGLIC. Jeu de dés très proche du jacquet et du trictrac.

BACKGROUND [bakgʀaund] n. m. – 1953 ◇ mot anglais, de *back* «qui est derrière» et *ground* «sol» ■ ANGLIC. Arrière-plan, cadre, contexte (d'une action, d'un évènement). — Recomm. offic. *arrière-plan.*

BÂCLAGE [bɑklaʒ] n. m. – 1751 ◇ de *bâcler* ■ FAM. Exécution à la hâte (d'un travail). *Le bâclage d'un travail.*

BÂCLE [bɑkl] n. f. – 1866 ◇ de *bâcler* (1°) ■ Barre de bois ou de fer avec laquelle on ferme de l'intérieur une porte, une fenêtre.

BÂCLER [bɑkle] v. tr. ‹1› – 1292 ◇ latin populaire °*bacculare*, de *baculum* «bâton» ■ **1** VX Fermer une porte ou une fenêtre au moyen d'une barre (➤ **bâcle**). ■ **2** Faire (un travail) à la hâte et sans soin. ➤ **expédier ;** FAM. **cochonner, saloper, torcher.** «*Les paresseux qui bâclent leur thème*» LARBAUD. p. p. adj. *C'est du travail bâclé* (cf. Ni fait ni à faire*). — ABSOLT «*Balzac a trop de confiance en son génie ; souvent, pressé par le besoin sans doute, il bâcle*» GIDE. ■ CONTR. Fignoler, soigner.

BACLOFÈNE [baklɔfɛn] n. m. – 1982 ◇ anglais *baclofen* (1971), peut-être de *b(et)a* (→ 1 bêta), *c(h)lo(ro)-* et *-fen*, altération de *phenyl* (→ phényl-) ■ BIOCHIM., PHARM. Dérivé halogéné du GABA, aux effets antispastiques. *Traitement de l'alcoolodépendance par le baclofène.*

BACON [bekɔn] n. m. – 1884 ; XIIIe au XVIIIe prononcé [bakɔ̃] «jambon» ◇ repris à l'anglais XIXe, du francique *bakko* «jambon» ■ **1** Lard fumé, assez maigre, consommé en tranches fines généralement frites. *Œufs au bacon.* ■ **2** Plus cour. En France, Filet de porc fumé et maigre.

BACTÉRICIDE [bakteʀisid] adj. et n. m. – 1893 ◇ de *bactérie* et *-cide* ■ DIDACT. Qui détruit les bactéries. *Savon bactéricide.* ➤ **antibactérien.** — n. m. *Des bactéricides.*

BACTÉRIE [bakteʀi] n. f. – 1842 ; *bacterium* 1838 ◇ grec *baktêrion* «petit bâton» ■ Micro-organisme unicellulaire formant un règne autonome ni animal ni végétal (*schizomycètes ou protistes procaryotes*), de formes très variées, pouvant vivre sous forme libre (sol, eau, organismes vivants) ou comme parasites des humains, des animaux et des plantes (➤ **microbe ;** et aussi **cyanobactérie, mycobactérie, mycoplasme, nitrobactérie**). *Bactérie de forme arrondie* (➤ **coccus ; -coque**), *en forme de bâtonnet* (➤ **bacille**), *spiralée* (➤ **spirille, spirochète, vibrion**). *Les bactéries et les archées.* «*Une bactérie renferme environ deux mille gènes et deux mille enzymes*» LWOFF. ➤ aussi **plasmide.**

BACTÉRIÉMIE [bakteʀjemi] n. f. – 1874 ◇ de *bactérie* et *-émie* ■ MÉD. Présence dans le sang de bactéries pathogènes. — adj. **BACTÉRIÉMIQUE.**

BACTÉRIEN, IENNE [bakteʀjɛ̃, jɛn] adj. – 1887 ◇ de *bactérie* ■ Qui se rapporte aux bactéries. *Anévrisme bactérien.* ➤ **infectieux.** *Contamination bactérienne. Feu* bactérien.*

BACTÉRI(O)- ■ Élément, du grec *baktêria* «bâton», employé au sens de «bactérie».

BACTÉRIOCHLOROPHYLLE [bakteʀjoklɔʀɔfil] n. f. – *Bacteriochlorophyll* en allemand (1934) ◇ de *bactério-* et *chlorophylle* ■ BIOCHIM. Forme de chlorophylle présente chez les bactéries photosynthétiques vertes et pourpres.

BACTÉRIOCINE [bakteʀjɔsin] n. f. – 1953 ◇ de *bactério-* et *(coli)cine* ■ VIROL., BACTÉRIOL. Toxine protéique synthétisée par de nombreuses espèces bactériennes et active seulement sur d'autres souches proches de l'espèce productrice.

BACTÉRIOLOGIE [bakteʀjɔlɔʒi] n. f. – 1888 ◇ de *bactérie* et *-logie* ■ Partie de la microbiologie qui s'occupe des bactéries. — ABRÉV. FAM. **BACTÉRIO.**

BACTÉRIOLOGIQUE [bakteʀjɔlɔʒik] adj. – 1888 ◇ de *bactériologie* ■ Qui se rapporte à la bactériologie. *Analyse bactériologique.* — PAR EXT. *Guerre bactériologique,* où le pouvoir pathogène des bactéries est utilisé comme arme. *Arme bactériologique.*

BACTÉRIOLOGISTE [bakteʀjɔlɔʒist] n. – 1891 ◇ de *bactériologie* ■ Biologiste, médecin qui s'occupe de bactériologie.

BACTÉRIOPHAGE [bakteʀjɔfaʒ] n. m. – 1918 ◇ de *bactério-* et *-phage* ■ VIROL., BACTÉRIOL. Virus à ARN ou ADN qui infecte des bactéries et provoque leur lyse. ➤ **phage.** *Bactériophage lytique, tempéré.* — adj. *Des virus bactériophages.*

BACTÉRIOSTATIQUE [bakteʀjostatik] adj. – 1945 ◇ de *bactério-* et *-statique,* d'après *hémostatique* ■ BACTÉRIOL. Qui arrête la prolifération des bactéries. ➤ **antibiotique.** *Action bactériostatique des sulfamides, de certaines bactériocines.*

BADABOUM [badabum] interj. – 1873 n. m. ◇ de *boum,* p.-ê. d'après *patatras* ■ Onomatopée évoquant le bruit d'une chute suivie de roulement. ➤ 1 **boum, patatras.**

BADAUD, AUDE [bado, od] n. et adj. – 1532 «stupide» ◇ ancien occitan *badau,* de *badar* «regarder bouche bée» ■ (Rare au fém.) Personne qui s'attarde à regarder le spectacle de la rue. ➤ **curieux, flâneur, gobe-mouche.** *Incident qui attroupe les badauds. Faire le badaud.* ➤ RÉGION. **bader.** — adj. *Le Parisien est badaud.* — n. f. **BADAUDERIE** [badodʀi].

BADER [bade] v. ‹1› – 1558 ◇ de l'ancien occitan *badar* «ouvrir la bouche», du latin *batare* → béer ■ RÉGION. (sud de la France) ■ **1** v. intr. Flâner, faire le badaud. «*je badais, longuement, aux vitrines, devant les énormes fruits confits*» AUDIBERTI. ■ **2** v. tr. Regarder de manière insistante, admirative. *Vois comme elle le bade* (cf. Manger* des yeux). «*aller bader les noces des riches "en long et avec des demoiselles d'honneur", à la mairie*» M. ROUANET.

BADERNE [badɛʀn] n. f. – 1691, à Toulon ◇ p.-ê. provençal *baderno* «tresse de vieilles cordes» ■ FAM. *Baderne,* ou plus cour. *vieille baderne :* homme (souvent militaire) âgé et borné. «*Une baderne qui ne connaissait que sa consigne*» LEMAITRE.

BADGE [badʒ] n. m. – XIVe ◇ mot anglais ■ ANGLIC. ■ **1** FÉOD. Insigne rond porté par un chevalier et sa suite. ■ **2** (Parfois n. f.) Insigne métallique rond porté par les scouts, qui correspond à un brevet de spécialité. «*J'ai déjà mes badges de bricoleur, de conducteur de locomotive, de terrassier, de nœuds, de code morse*» VIAN. ■ **3** Insigne, porté à la façon d'une broche, signalant l'identité de la personne qui l'arbore, dans une réunion, un service public. ➤ RÉGION. **nominette.** ◆ (1966) Insigne muni d'un dessin, d'une inscription humoristique ou revendicative, porté sur un vêtement. ◆ INFORM. Document d'identité codé, lisible par des appareils, permettant l'accès à certains locaux et éventuellement le pointage. *Lecteur de badges.* ➤ **badgeuse.** «*Il faut pénétrer dans la zone sous douane en montrant un badge avec une photo, fourni par la société*» F. AUBENAS.

BADGER [badʒe] **v. intr.** ‹3› – 1990 ◊ de *badge* ■ Utiliser un badge électronique ou magnétique pour pointer, se déplacer dans des zones à accès contrôlé. *Machine à badger.* ➤ **badgeuse.**

BADGEUSE [badʒøz] **n. f.** – 1993 ◊ de *badger* ■ Machine à badger ; pointeuse électronique.

BADIANE [badjan] **n. f.** – 1681 ◊ persan *badian* «anis» ■ Arbuste du sud de la Chine et du Tonkin *(magnoliacées),* dont les fruits (anis étoilé) sont aromatiques et ont des propriétés pharmacologiques. ➤ **anis.**

BADIGEON [badiʒɔ̃] **n. m.** – 1676 ◊ origine inconnue ■ Couleur en détrempe à base de lait de chaux, avec laquelle on peint les murailles, l'intérieur des églises, etc. *«La vieille façade n'attendait plus, pour rajeunir, qu'un coup de badigeon»* MARTIN DU GARD.

BADIGEONNAGE [badiʒɔnaʒ] **n. m.** – 1820 ◊ de *badigeonner* ■ **1** Action de badigeonner ; son résultat. *Le badigeonnage d'un mur.* ■ **2** PAR EXT. MÉD. Application d'une solution antiseptique sur la peau ou une muqueuse. *«des badigeonnages au fond de la gorge pour dégager la luette»* QUIGNARD.

BADIGEONNER [badiʒɔne] **v. tr.** ‹1› – 1701 ◊ de *badigeon* ■ **1** Enduire d'un badigeon. *Peintre qui badigeonne un mur* (ou *badigeonneur, euse,* **n.**). ■ **2** PAR EXT. Enduire (une partie du corps) d'une préparation pharmaceutique. *Se badigeonner la gorge au bleu de méthylène. — Clown qui se badigeonne le visage en blanc.*

BADIGOINCES [badigwɛ̃s] **n. f. pl.** – 1532 ◊ p.-ê. d'un v. *bader* «bavarder», rattaché au radical *bad-* de *badaud,* et de *goincer* «crier comme un porc» ■ FAM. et PLAIS. Lèvres. *Se lécher les badigoinces.* ➤ **babines.**

1 **BADIN, INE** [badɛ̃, in] **adj.** – XVIIe ; «niais» 1478 ◊ mot provençal, probablt de *badar* → badaud ■ LITTÉR. Qui aime à rire, à plaisanter. ➤ **enjoué, espiègle, folâtre, gai, mutin.** — MOD. *Humeur badine.* ➤ **enjoué, léger.** *«Le ton de la conversation y est galant sans fadeur, badin sans équivoque»* ROUSSEAU. ■ CONTR. Grave, sérieux.

2 **BADIN** [badɛ̃] **n. m.** – 1949 ◊ du nom de l'inventeur ■ TECHN. Anémomètre* qui sert à indiquer la vitesse relative d'un avion.

BADINAGE [badinaʒ] **n. m.** – 1659 ; «sottise» 1541 ◊ de 1 *badin* ■ Action de badiner. ➤ **amusement, badinerie, jeu, plaisanterie.** *«Sur un ton de badinage et de raillerie»* LECOMTE. ■ CONTR. Gravité, sérieux.

BADINE [badin] **n. f.** – 1781 ◊ p.-ê. de *badiner* par l'idée de «chose avec laquelle on ne fait rien d'utile» ■ Baguette mince et souple qu'on tient à la main. ➤ **jonc,** 1 **stick.**

BADINER [badine] **v. intr.** ‹1› – 1549 ◊ de 1 *badin* ■ Plaisanter avec enjouement et légèreté. ➤ **s'amuser, jouer, plaisanter.** *Je le dis pour badiner. C'est un homme qui ne badine pas,* sévère. *Ne pas badiner avec* (une chose abstraite) : prendre très au sérieux, n'admettre aucune négligence vis-à-vis de (qqch.). ➤ **blaguer.** *Il ne badine pas avec la discipline. «On ne badine pas avec l'amour»,* comédie de Musset.

BADINERIE [badinʀi] **n. f.** – 1537 ◊ de *badiner* ■ LITTÉR. Ce qu'on fait, ce qu'on dit en badinant. ➤ **plaisanterie ; enfantillage.**

BADLANDS [badlɑ̃ds] **n. f. pl.** – 1960 ◊ mot anglais américain, calque du français «mauvaises terres» ■ ANGLIC. GÉOGR. Terrains argileux ravinés par l'érosion torrentielle.

BADMINTON [badmintɔn] **n. m.** – 1882 ◊ mot anglais, nom d'un château ■ ANGLIC. Jeu de volant apparenté au tennis.

BAECKEOFE [bɛkəɔf(ə)] **n. m.** – 1899 ◊ mot alsacien «four de boulanger» ■ Plat alsacien à base de viandes (porc, mouton, bœuf), de pommes de terre et d'oignons, cuit lentement à l'étouffée dans du vin blanc. — On écrit aussi *bäckeofe.*

BAFA [bafa] **n. m. inv.** – 1991 ◊ sigle ■ Brevet* d'aptitude aux fonctions d'animateur. *Passer le BAFA.*

BAFFE [baf] **n. f.** – 1750 ; «coup de poing» 1283 ◊ d'un radical onomat. *baf-* exprimant la notion de «gonflé, boursouflé», d'où la notion de «coup» → bâfrer ■ FAM. Gifle*. *Une paire de baffes. Donner une baffe.* ➤ **baffer.**

BAFFER [bafe] **v. tr.** ‹1› – 1931 ◊ de *baffe,* sur le modèle de *gifle/gifler* ■ FAM. Gifler, donner une baffe. *Je le bafferais bien ! «Il me baffait, il me donnait un coup de pied pour me faire avancer plus vite»* R. JAUFFRET. ■ HOM. poss. *Bafferais :* bâfrais (bâfrer).

BAFFLE [bafl] **n. m.** – 1948 ◊ mot anglais «écran» ■ **1** Panneau sur lequel est monté le diffuseur d'un haut-parleur et qui permet de séparer le rayonnement de la face avant du haut-parleur de celui de la face arrière afin d'améliorer la sonorité. Recomm. offic. *écran acoustique.* ■ **2** COUR. Enceinte* acoustique (recomm. offic.). *Les baffles d'une chaîne haute-fidélité.*

BAFOUER [bafwe] **v. tr.** ‹1› – 1532 ◊ provençal *bafar* «se moquer» ; origine onomat. → baffe ■ Traiter avec un mépris outrageant, tourner en dérision, en ridicule. ➤ **se moquer, outrager, persifler, railler, ridiculiser.** *On le bafoua devant tout le monde.* ➤ **conspuer, vilipender.** *Se laisser bafouer.* — (CHOSES) *«Un spirituel persiflage qui bafoue les conventions du monde»* R. ROLLAND. ■ CONTR. Exalter, 1 louer.

BAFOUILLAGE [bafujaʒ] **n. m.** – 1878 ◊ de *bafouiller* ■ FAM. Action de bafouiller. — PAR EXT. Propos incohérents. *«Le bafouillage hégélien»* PÉGUY.

BAFOUILLE [bafuj] **n. f.** – 1876 ◊ de *bafouiller* ■ FAM. Lettre. ➤ **babillarde, poulet.** *«Je torchais des bafouilles au Chef»* SARRAZIN.

BAFOUILLER [bafuje] **v. intr.** ‹1› – 1867 ◊ p.-ê. de *fouiller* et onomat. *baf-* (→ bâfrer), au sens de «parler la bouche pleine» ■ Parler d'une façon embarrassée, incohérente. ➤ **bredouiller,** RÉGION. **raboudiner.** *L'émotion le faisait bafouiller.* — TRANS. *Il bafouilla des excuses.*

BAFOUILLEUR, EUSE [bafujœʀ, øz] **n. et adj.** – 1878 ◊ de *bafouiller* ■ Personne qui bafouille.

BÂFRER [bɑfʀe] **v. tr.** ‹1› – 1740 ; *baufrer* 1507 ◊ du radical onomat. *baf-* → bafouer ; baffe ■ FAM. Manger gloutonnement et avec excès. ➤ **bouffer.** *«Ils engloutirent le saucisson, bâfrèrent le canard»* FALLET. *Qu'est-ce qu'il bâfre !* ➤ FAM. **descendre.** — ABSOLT. *«Voir les autres bâfrer ne lui remplissait pas précisément le ventre»* ZOLA. ➤ FAM. **s'empiffrer.** — **v. pron.** *Se bâfrer sans retenue. Se bâfrer de sucreries.* ■ HOM. poss. *Bâfrais :* bafferais (baffer).

BÂFREUR, EUSE [bɑfʀœʀ, øz] **n.** – 1740 ; *bauffreur* 1571 ◊ de *bâfrer* ■ FAM. Personne qui bâfre. ➤ **glouton, goinfre, goulu.**

BAGAD, plur. **BAGADOU** [bagad, bagadu] **n. m.** – date inconnue ◊ mot breton «ensemble» ■ RÉGION. Formation musicale à base d'instruments traditionnels de Bretagne (bombardes, binious). *La parade des bagadou /bagads/ au Festival de Lorient.*

BAGAGE [bagaʒ] **n. m.** – milieu XIIIe ◊ de l'ancien français *bagues,* d'origine incertaine ■ **1** VX Matériel d'une armée. — MOD. LOC. FIG. *Se rendre, capituler avec armes et bagages :* accepter une entière défaite. FAM. *Avec armes et bagages :* avec tout son matériel, tout ce dont on a besoin. *«Nous étions donc allés vivre à la ferme, avec armes et bagages, pour moi c'était le bonheur»* M. CARDINAL. ■ **2** (1765) VIEILLI Effets, objets que l'on emporte avec soi en déplacement, en voyage, en expédition. ➤ **équipement ;** FAM. **attirail, barda, fourbi.** *Elle avait pour tout bagage un sac et un parapluie. «L'unique valise qui contenait tout un bagage»* MAC ORLAN. *Le bagage du soldat.* ➤ **paquetage.** LOC. *Plier bagage :* s'en aller, partir. *Les touristes plient bagage.* ◆ MOD., AU PLUR. *Les bagages :* l'ensemble des valises, sacs, coffres, etc. qu'emporte un voyageur. ➤ **ballot, caisse, cantine, coffre, malle, paquet,** 1 **sac, valise, vanity-case.** *Faire ses bagages,* les remplir. *Faire enregistrer ses bagages. Excédent de bagages. Bagages à main,* qu'on garde avec soi. *Bagages accompagnés. Chariot à bagages.* ➤ 2 **caddie.** *Livraison des bagages.* ➤ **tapis.** *Garde des bagages.* ➤ **consigne.** *Défaire ses bagages.* — Au sing. *Un seul bagage !* ■ **3** FIG. Ensemble des connaissances acquises. *Son bagage scientifique est quasi nul.* ■ HOM. Baguage.

BAGAGISTE [bagaʒist] **n.** – 1922 ◊ de *bagage* ■ **1** Personne préposée à la manutention des bagages dans un hôtel, une gare ou un aéroport. *Donner un pourboire au bagagiste.* ■ **2** (1987) Fabricant(e) de bagages, d'articles de voyage.

BAGARRE [bagaʀ] **n. f.** – 1628 ◊ du basque, par le provençal *bagarro* ■ **1** Mêlée de gens qui se battent. ➤ **échauffourée, mêlée, rixe ;** RÉGION. **brasse-camarade, margaille.** *Des bagarres ont éclaté entre la police et les manifestants. Je me suis trouvé pris dans la bagarre.* ■ **2** (1843) FAM. Échange de coups. ➤ **bataille ;** ARG. **baston, castagne,** 1 **rif, rififi.** *Aimer, chercher la bagarre.* — PAR EXT. Toute lutte violente contre qqn, sans échange de coups. ➤ **corrida.** *La bagarre pour le pouvoir. Il va y avoir de la bagarre* (cf. Ça va barder*). ➤ **dispute, grabuge.**

BAGARRER [bagaʀe] **v.** ‹1› – 1905 ◊ de *bagarre*

I **v. pron. SE BAGARRER.** FAM. ■ **1** Se battre. *Voyous qui se bagarrent.* ➤ **se bastonner, se castagner.** *Il s'est bagarré avec son frère.* — PAR EXT. Se quereller. *Ils se sont bagarrés à propos des élections.* ■ **2** Lutter, se démener (surtout avec *il faut*). *Il va falloir se bagarrer pour obtenir une subvention, pour prendre ce marché* (cf. Monter au créneau*). *Se bagarrer contre la*

concurrence.
II v. intr. FAM. Lutter (pour). *Il va falloir bagarrer pour l'obtenir.*

BAGARREUR, EUSE [bagaʀœʀ, øz] adj. et n. – 1927 ◊ de *bagarrer* ■ FAM. Qui aime la bagarre, qui se bat, fait le coup de poing. ➤ **agressif*, batailleur, combatif.** « *Tu n'es pas assez bagarreur. Réponds, si on te cogne !* » R. GUÉRIN. — n. *Ce garçon est un bagarreur.*

BAGASSE [bagas] n. f. – 1719 ◊ espagnol *bagazo* « marc » ■ TECHN. Résidu des tiges de canne à sucre dont on a extrait le jus, qui sert de combustible, d'engrais, etc. « *le groupe d'hommes qui enfourne la bagasse des cannes broyées dans la fournaise* » LE CLÉZIO.

BAGATELLE [bagatɛl] n. f. – 1547 ◊ italien *bagatella* « tour de bateleur », du latin *baca* « baie » ■ **1** VX Objet de peu de valeur et de peu d'utilité. ➤ **bibelot.** ♦ MOD. Somme d'argent peu importante. *Acheter qqch. pour une bagatelle* (cf. Une bouchée* de pain). — PAR ANTIPHR. Somme considérable. *Il a dépensé en une soirée la bagatelle de 2 000 euros.* ■ **2** FIG. Chose frivole, futile, sans importance. ➤ **broutille.** *S'amuser à des bagatelles.* ➤ **bêtise*, fadaise, futilité, rien.** *Perdre son temps à des bagatelles. Ils se sont brouillés pour une bagatelle.* ➤ **vétille.** — VX En exclamation exprimant le peu de cas que l'on fait de qqch. « *– Je vous dis que cela sera. – Bagatelles* » MOLIÈRE. ➤ FAM. **foutaise.** ■ **3** MOD. FAM. *La bagatelle* : l'amour physique, le sexe. *Il est très porté sur la bagatelle* (cf. Être porté* sur la chose).

BAGEL [begœl ; bagɛl] n. m. – 1983 au Québec ◊ du yiddish *beig(e)l*, de l'allemand dialectal *Beugel* « objet en forme d'anneau » ■ Petit pain en forme d'anneau, à la mie très dense. *Des bagels au saumon.* ■ HOM. Bégueule.

BAGGY [bagi] n. m. – 1993 ; *baggy jeans* 1988 ◊ de l'anglais *baggy (trousers)*, (États-Unis) *baggy (jeans)* « (pantalon, jeans) large, ample », de *bag* « sac » ■ ANGLIC. Pantalon de toile à taille basse et coupe large, à la mode chez les jeunes. *Adolescents en baggy.* « *les fesses ceintes d'un baggy qui lui pendait jusqu'à mi-cuisses* » TH. JONQUET. *Des baggys.* On emploie aussi le pluriel anglais *des baggies.* — adj. *Des jeans, des bermudas baggys.*

BAGNARD, ARDE [baɲaʀ, aʀd] n. – 1831 ◊ de *bagne* ■ Forçat interné dans un bagne (rare au fém.). ➤ **forçat.**

BAGNE [baɲ] n. m. – 1637 ◊ italien *bagno* « bain », par allus. à un bagne situé dans d'anciens bains ■ **1** Établissement pénitentiaire où furent internés les forçats après la suppression des galères, d'abord en France, puis outre-mer. *Les anciens bagnes de Cayenne, de Toulon.* ■ **2** PAR EXT. Lieu de transportation où se purge la peine des travaux forcés. ➤ 2 **pénitencier.** *Bagnes coloniaux.* — La peine des travaux forcés. *Trente ans de bagne.* ■ **3** Séjour où l'on est astreint à un travail pénible. ➤ **enfer, galère.** *Quel bagne !*

BAGNOLE [baɲɔl] n. f. – 1840 ◊ de *banne* « tombereau », d'après *carriole* ■ FAM. ■ **1** Mauvaise voiture. — (1907) Vieille automobile. ➤ **tacot.** ■ **2** Automobile. ➤ **voiture ;** FAM. **caisse,** 2 **tire.** *Une belle bagnole. On ira en bagnole. Ça, c'est de la bagnole !*

BAGOU [bagu] n. m. – fin XVIIIe ; *bagos* XVIe ◊ de *bagouler* « parler inconsidérément » (1447) ; de 2 *goule* ■ Loquacité tendant à convaincre, à faire illusion ou à duper. ➤ **faconde, loquacité,** FAM. **tchatche, volubilité.** *Avoir du bagou, un bon bagou* (➤ **baratineur**). — On écrit aussi *bagout.* « *Elle ne le cédait à aucune marchande du carreau pour le bagout* » NERVAL.

BAGUAGE [bagaʒ] n. m. – 1842 ◊ de *baguer* ■ **1** ARBOR. Incision annulaire (d'un arbre) pour arrêter la descente de la sève. ■ **2** Action de baguer (un oiseau) pour le distinguer des autres. *Le baguage des pigeons voyageurs.* ■ HOM. Bagage.

BAGUE [bag] n. f. – *wage* 1360 ◊ p.-ê. du moyen néerlandais *bagge* « anneau » ■ **1** Anneau que l'on met au doigt (➤ **alliance, anneau, jonc**), SPÉCIALT lorsqu'il est orné. VAR. ARG. **BAGOUSE** [baguz]. *Porter une bague au doigt. Bague de fiançailles. Tête d'une bague.* ➤ 1 **chaton.** *Diamant en bague,* serti sur une bague. ➤ **solitaire.** *Bague à large chaton* (➤ **chevalière**), *à chaton allongé* (➤ **marquise**). — LOC. *La bague au doigt* : avec promesse de mariage. ■ **2** PAR ANAL. Anneau que l'on fixe à la patte d'un oiseau pour l'identifier (➤ **baguer**). ■ **3** Objet de forme annulaire. ♦ Anneau de papier, souvent doré, qui entoure un cigare et porte le nom de la marque. ♦ ARCHIT. Moulure circulaire qui divise horizontalement une colonne. ♦ MAR. Anneau de métal, de bois ou de cordage. ♦ TECHN. Anneau, cercle métallique servant à accoupler, joindre, maintenir deux pièces, deux organes d'une machine. ➤ **collier, manchon.** *Bague de roulement. Bague de serrage.* — Anneau servant à contrôler le diamètre extérieur d'un cylindre. ♦ AU PLUR. Appareil d'orthodontie composé d'un ensemble de fils métalliques qui enserrent les dents. « *J'ai porté* [...] *des bagues en métal rivées entre elles par du fil de fer qui me cisaillait les gencives* » BEIGBEDER.

BAGUENAUDE [bagnod] n. f. – XVe ◊ du languedocien *baganaudo*, famille du latin *baca* « baie » ■ **1** Fruit du baguenaudier, petite gousse remplie d'air, qui éclate avec bruit lorsqu'on la presse. ■ **2** VX Niaiserie à laquelle on perd son temps. ■ **3** (1919 ◊ de *baguenauder*) FAM. Promenade où l'on flâne. *Être en baguenaude.* ➤ **balade.**

BAGUENAUDER [bagnode] v. intr. ‹1› – XVe ◊ de *baguenaude* ■ **1** VX S'amuser à des choses vaines et frivoles (comme les enfants qui font éclater des baguenaudes). ➤ 1 **muser.** ■ **2** (XVIIIe) MOD. **BAGUENAUDER, ou SE BAGUENAUDER** (PRONOM.) : se promener en flânant. ➤ **se balader, flâner, musarder,** se **promener.** « *Des gens se baguenaudaient par les allées* » QUENEAU.

BAGUENAUDIER [bagnodje] n. m. – 1539 ◊ de *baguenaude* ■ Arbrisseau méditerranéen *(papilionées)*, à fleurs jaunes en grappes que l'on nomme parfois *séné d'Europe* ou *faux séné* (➤ **baguenaude**).

BAGUER [bage] v. tr. ‹1› – 1902 au p. p. ; *baguer une femme* « doter de robes, bijoux, trousseaux » XVe ◊ de *bague* ■ **1** Garnir de bagues ou d'anneaux. — p. p. adj. (plus cour.) *Mains baguées.* ♦ *Cigare bagué d'or,* entouré d'un anneau de papier doré. ■ **2** ARBOR. Enlever un anneau d'écorce à (un arbre). ➤ **baguage, incision.** ■ **3** Fixer un anneau à la patte de (un oiseau migrateur, une volaille). *Baguer un pigeon voyageur.* — Soutenir (une fleur) par un anneau de métal. *Baguer des œillets.*

BAGUETTE [bagɛt] n. f. – 1510 ◊ italien *bacchetta*, de *bacchio* « bâton », latin *baculum* ■ **1** Petit bâton mince et flexible. ➤ **badine, canne, jonc,** 1 **stick, verge.** *Baguette d'officier.* LOC. *Commander, mener les gens à la baguette,* avec autorité et rigueur. ♦ **BAGUETTE MAGIQUE,** servant aux fées, enchanteurs et magiciens pour accomplir leurs prodiges. LOC. *D'un coup de baguette magique, d'un coup de baguette* : comme par enchantement. *La situation ne va pas s'améliorer d'un coup de baguette magique.* — *Baguette des sourciers.* ♦ *Baguette de chef d'orchestre* : bâton mince avec lequel il dirige. « *La baguette du chef d'orchestre fait taire la cacophonie des instruments* » QUIGNARD. LOC. *Être à la baguette* : diriger. ♦ **BAGUETTES DE TAMBOUR :** les deux petits bâtons avec lesquels on bat la caisse. — PAR ANAL., FAM. *Des cheveux raides comme des baguettes (de tambour),* très raides. ■ **2** Petite moulure arrondie ou plate. ➤ **moulure.** *Baguette d'angle. Baguettes décoratives, baguettes sculptées.* ➤ 2 **frette, listel, membron.** — *Baguette dissimulant les fils électriques.* ■ **3** Ornement linéaire vertical sur les côtés d'un bas, d'une chaussette. ■ **4** (En France) Pain long et mince. ➤ **ficelle,** 1 **flûte.** *Une demi-baguette. Baguette tradition*.* ■ **5** Chacun des deux instruments en forme de baguette avec lesquels on mange en Extrême-Orient. *Manger du riz avec des baguettes.* ■ **6** *Baguette d'encens*.*

BAGUIER [bagje] n. m. – 1562 ◊ de *bague* ■ Coffret où l'on renferme des bagues, des bijoux ; coupe où on les dépose. « *C'est un précieux baguier d'où le joyau a disparu* » BARRÈS.

BAH [ba] interj. – *bah* marquant l'indifférence 1794 ◊ *ba* marquant le doute 1170 ■ Interjection exprimant l'insouciance, l'indifférence. *Bah ! j'en ai vu bien d'autres.* ➤ **bof.** ■ HOM. Bas, bât.

BAHUT [bay] n. m. – XIIIe *baiul, bahus* ◊ origine inconnue ■ **1** Autrefois, Coffre de voyage souvent garni de cuir clouté, et dont le couvercle était bombé. ■ **2** MOD. Buffet large et bas. ➤ **armoire, buffet.** *Bahut breton. Bahut rustique en noyer. Bahut en acajou.* ■ **3** ARCHIT. Chaperon bombé d'un mur d'appui, d'un parapet. ➤ **appui, assise.** ■ **4** (1832 argot des grandes écoles) FAM. Lycée, collège. ➤ **boîte.** *Les profs du bahut.* ■ **5** FAM. Taxi ; camion.

BAI, BAIE [bɛ] adj. – XIe « fruit du laurier » ◊ latin *baca* ■ D'un brun rouge, en parlant de la robe d'un cheval. *Une jument baie.* — *Bolet bai,* de cette couleur, comestible. ■ HOM. Baie, bè, bey.

1 **BAIE** [bɛ] n. f. – fin XVe ; fin XIIIe, comme n. propre ◊ du n. de *la Baie* (de Bourgneuf), de *baie* « embouchure d'un fleuve », p. p. de *béer.* ■ Échancrure d'une côte plus ou moins ouverte sur le large (en général plus petite qu'un golfe). ➤ **golfe.** *La baie de Douarnenez. La baie d'Hudson. Une petite baie.* ➤ **anse, calanque,** 1 **crique ;** 1 **rade.** ■ HOM. Bai, bè, bey.

2 **BAIE** [bɛ] n. f. – *baee* 1119 ◊ de l'ancien verbe *baer* → bayer, béer ■ **1** Ouverture pratiquée dans un mur ou dans un assemblage de charpente pour faire une porte, une fenêtre. ➤ **jour.** *Baie de porte, de fenêtre. Une large baie. Baie vitrée. Baie à meneaux.* ■ **2** TECHN. Armoire destinée à contenir des équipements électriques ou électroniques (➤ **rack**).

3 **BAIE** [bɛ] n. f. – XIe «fruit du laurier» ◊ latin *baca* ■ BOT. Fruit charnu, indéhiscent, contenant des graines ou pépins dispersés dans la pulpe (opposé à *drupe*). *Le raisin, la tomate, la myrtille sont des baies. Baies infères, supères.* — COUR. Petit fruit sauvage en forme de boule. *Ces oiseaux se nourrissent de baies. «Ces baies d'églantiers qui brillent au milieu des neiges»* CHATEAUBRIAND.

BAIGNADE [bɛɲad] n. f. – 1796 ◊ de *baigner* ■ **1** Action de se baigner (en mer, dans un lac, une rivière). ➤ **bain.** *Baignade interdite.* ■ **2** Endroit (d'un cours d'eau, d'un lac) où l'on peut se baigner. *La municipalité a aménagé une baignade au bord de la rivière.*

BAIGNER [beɲe] v. ‹1› – XIIe ◊ bas latin *balneare*, du classique *balneum* → bain

I v. tr. ■ **1** Mettre et maintenir (un corps, un objet) dans l'eau ou un autre liquide pour laver, nettoyer, rafraîchir, imbiber. ➤ **immerger, plonger, tremper (et faire tremper).** *Baigner ses pieds dans l'eau. Baigner un membre malade.* ◆ SPÉCIALT Faire prendre un bain à (qqn) pour le laver. *Baigner un enfant.* ■ **2** Entourer, toucher, en parlant de la mer. *La mer qui baigne cette côte.* — FIG. LITTÉR. Envelopper complètement. ➤ **inonder.** *«Lorsque la lumière baignait à plein la chair du visage et incendiait la chevelure»* MARTIN DU GARD. ■ **3** PAR EXT. Mouiller. ➤ **arroser, inonder.** *Se baigner le front avec du vinaigre. Il avait «des somnolences épuisantes qui le baignaient de sueur»* LOTI. *Visage baigné de larmes.*

II v. intr. Être plongé entièrement dans un liquide. *Des cornichons baignant dans du vinaigre.* ➤ **tremper.** *La viande baignait dans la sauce.* ➤ **nager.** LOC. FAM. *Ça (ou tout) baigne dans l'huile*, ou (sans compl.) *ça (ou tout) baigne* : ça ne pose aucun problème, ça va très bien (cf. Y a pas de lézard*). — PAR EXAGÉR. *Baigner dans son sang* : perdre beaucoup de sang, en être couvert. ◆ FIG. Être imprégné de ; être plongé dans. *«Cette atmosphère apaisée où baignait maintenant son chagrin»* MARTIN DU GARD.

III SE BAIGNER v. pron. Se plonger entièrement dans un liquide. ■ **1** SPÉCIALT Prendre un bain dans une baignoire. ➤ **se laver.** ■ **2** Prendre un bain pour le plaisir, pour nager. ➤ RÉGION. **se saucer** (cf. Faire trempette*). *Se baigner dans une piscine. Tu viens te baigner ? «Il aurait voulu qu'elle sache bien nager pour se baigner avec lui dans la mer»* DURAS.

BAIGNEUR, EUSE [bɛɲœʀ, øz] n. – 1310 ◊ latin *balneator* ■ **1** VX Personne qui fait le service dans un établissement de bains. ➤ **garçon** (de bain). — Dans une piscine, sur une plage, Personne qui surveille les gens qui se baignent (cf. Maître nageur*). ■ **2** Personne qui se baigne (III, 2°). *Baigneur imprudent. — «Les Grandes Baigneuses», tableau de Cézanne.* ■ **3** n. m. Poupée de celluloïd figurant un bébé. — PAR ANAL. Petite poupée de porcelaine qui remplace parfois la fève de la galette des Rois.

BAIGNOIRE [bɛɲwaʀ] n. f. – XVIIIe ; «tout bassin où l'on se baigne» 1336 ◊ de *baigner* ■ **1** Cuve plus ou moins allongée où une personne peut se baigner (III, 1°). ➤ **salle** (de bains). *Une baignoire en marbre, en tôle émaillée, en acrylique. Baignoire sabot*. Baignoire encastrée*. Baignoire à jets.* ➤ **jacuzzi.** *Baignoire d'angle. — Supplice de la baignoire,* consistant à plonger la tête de qqn dans l'eau d'une baignoire pour l'amener à parler. ■ **2** (1770) Par anal. de forme Loge de rez-de-chaussée, dans une salle de spectacle. *«Elle avait à toutes les premières une grande baignoire»* PROUST. ■ **3** MAR. *Baignoire d'un yacht.* ➤ **cockpit.** ◆ (1940) *Baignoire d'un sous-marin* : la partie supérieure du kiosque qui sert de passerelle. *«Tant que le bateau est en surface, les ordres viennent de la baignoire là-haut, où le commandant et son second sont à l'air libre»* M. DUGAIN. ■ **4** (1946) ALPIN. Marche taillée dans la glace. — SKI Grand trou que l'on fait dans la neige en tombant.

BAIL, BAUX [baj, bo] n. m. – 1264 «contrat par lequel on cède la jouissance d'une chose pour un prix et pour un temps» ◊ de *bailler* ■ Contrat par lequel l'une des parties (➤ **bailleur**) s'oblige à faire jouir l'autre (➤ **preneur ; locataire ; fermier**) d'une chose pendant un certain temps moyennant un certain prix (➤ **loyer ; fermage**) que celle-ci s'oblige de lui payer. *Bail à ferme.* ➤ 2 **ferme.** *Baux à loyer. Bail d'une maison, d'un fonds de commerce. Bail commercial. Bail à construction. Baux ruraux. Terme, expiration d'un bail. Bail de trois, six, neuf années. Bail à long terme. Bail emphytéotique. Reconduire, renouveler un bail. Résilier un bail. Donner, prendre à bail.* ➤ **affermer,** 2 **louer.** *Bail verbal, écrit. Signer un bail.* ◆ Document représentatif du contrat. *Présenter le bail.* ◆ FIG. et FAM. *Trente ans qu'ils sont mariés, c'est un bail !* c'est bien long ! *Il y a, cela fait un bail* : voilà bien longtemps. *«Eh bien, ça alors ! Quelle bonne surprise ! Ça fait un bail»* N. HUSTON. ■ HOM. Bau, baud, beau, bot ; poss. baille.

BAILLE [baj] n. f. – 1325 ◊ bas latin *bajula* «chose qui porte ; récipient renfermant une substance» ■ **1** MAR. Baquet. — Bateau qui n'avance pas vite. ■ **2** (1767) ARG. MAR. Eau. — PAR EXT. ARG. COUR. L'eau, la mer. *La grande baille. Jeter qqn à la baille.* ■ **3** (v. 1865 «navire-école») Surnom de l'École navale. ■ HOM. poss. Bail.

BÂILLEMENT [bɑjmɑ̃] n. m. – v. 1120 ◊ de *bâiller* ■ **1** Action de bâiller (1°). *Étouffer un bâillement d'ennui.* ■ **2** Action de bâiller (2°), état de ce qui bâille. — PAR EXT. Petite ouverture. *«par le bâillement postérieur de son faux-col, on distingue sa nuque»* COURTELINE. ■ CONTR. Fermeture, jointure.

BAILLER [baje] v. tr. ‹1› – fin XIe ◊ latin *bajulare* «porter» ■ VX Donner. ◆ (1594) MOD. LOC. *Vous me la baillez belle, vous me la baillez bonne* : vous cherchez à m'en faire accroire (expr. du jeu de paume). ■ HOM. Bayer ; poss. bâiller.

BÂILLER [bɑje] v. intr. ‹1› – fin XIe ◊ bas latin *bataculare*, de *batare* «tenir la bouche ouverte» ■ **1** Ouvrir involontairement la bouche par un mouvement de large inspiration, accompagné d'une contraction spasmodique des muscles du gosier. *Bâiller de sommeil, de fatigue, de faim, d'ennui.* LOC. *Bâiller à se (s'en) décrocher la mâchoire. Lecture, spectacle qui fait bâiller*, qui ennuie, endort. ■ **2** PAR ANAL. Être entrouvert, mal fermé ou ajusté. *Une porte qui bâille. Bâiller comme une huître. Col qui bâille, mal ajusté, trop grand.* ■ **3** PAR CONFUS. ➤ **bayer.** *«Pauvre petite femme ! ça bâille après l'amour, comme une carpe après l'eau sur une table de cuisine»* FLAUBERT. ■ HOM. poss. Bailler, bayer.

BAILLEUR, BAILLERESSE [bajœʀ, bajʀɛs] n. – 1270 ◊ de *bailler* ■ **1** DR. Personne qui donne une chose à bail*. *Le bailleur et le preneur. — Bailleur social,* qui gère des logements sociaux. ■ **2** *Bailleur de fonds* : personne qui fournit des fonds pour une entreprise déterminée. ➤ **commanditaire, commandite.**

BAILLI [baji] n. m. – *baillif* XIIe ◊ ancien français *bail* «gouverneur», latin *bajulus* «porteur» ■ HIST. Officier d'épée ou de robe qui rendait la justice au nom du roi ou d'un seigneur. *Les baillis et les sénéchaux. Circonscription du bailli* (**BAILLIAGE** n. m., 1312).

BÂILLON [bɑjɔ̃] n. m. – v. 1275 ◊ de *bâiller* ■ **1** Morceau d'étoffe, qu'on met entre les mâchoires ou contre la bouche de qqn pour l'empêcher de parler, de crier. *Mettre un bâillon à qqn.* ■ **2** FIG. Empêchement à la liberté d'expression. *«L'art n'a que faire des lisières, des menottes, des bâillons»* HUGO. — APPOS. *Procédure bâillon* : procédure judiciaire visant à faire taire qqn.

BÂILLONNEMENT [bɑjɔnmɑ̃] n. m. – 1842 ◊ de *bâillonner* ■ Action de bâillonner, de mettre un bâillon*. ◆ FIG. Suppression de la liberté d'expression. *Le bâillonnement de la presse, de l'opposition, par les pouvoirs publics.*

BÂILLONNER [bɑjɔne] v. tr. ‹1› – 1530 ◊ de *bâillon* ■ **1** Mettre un bâillon à (une personne). *Les voleurs ont attaché et bâillonné leur victime.* ■ **2** (1796) FIG. Empêcher la liberté d'expression, réduire au silence. *Bâillonner l'opposition, la presse.* ➤ **museler.** *«un gouvernement qui veut exciser et bâillonner les femmes»* V. OVALDÉ.

BAIN [bɛ̃] n. m. – XIIe ; 1080 «établissement où l'on se baigne» ◊ latin *balneum*

A. ACTION DE PLONGER SON CORPS DANS L'EAU ■ **1** Action de plonger le corps ou une partie du corps dans l'eau ou quelque autre liquide (pour se laver, se soigner). *Bain de siège,* où seul le postérieur est immergé. *«ayant les fesses passablement à vif et irritées, j'ai pris, dans la cuvette un bain de siège émollient, détergent, adoucissant, lénifiant du plus splendide effet»* TH. MONOD. *Bain de pieds. Bain de bouche,* par lequel on fait circuler dans la bouche une solution antiseptique liquide. *Bain thérapeutique, médical.* ➤ **balnéation, balnéothérapie.** *Bain de boue. Bain de vapeur.* ➤ **sauna.** *Bain turc.* ➤ **étuve, hammam.** ◆ COUR. Le fait de plonger le corps dans l'eau contenue dans un récipient approprié pour se laver, se délasser. *Prendre un bain.* ➤ **se baigner ; baignoire.** *Préférer le bain à la douche. Salle* de bains. Peignoir, serviette, drap de bain.* — L'eau, le liquide dans lequel on se baigne. *Faire couler un bain. Bain trop chaud* (➤ **chauffe-bain**). *Entrer dans son bain. Sortir du bain.* ➤ **eau.** *Bain à remous, bain bouillonnant.* ➤ **jacuzzi.** *Bain moussant ;* PAR MÉTON. substance utilisée pour faire mousser l'eau du bain. — LOC. FAM. VIEILLI *Envoyer qqn au bain*, le renvoyer comme on fait d'un importun. ➤ **envoyer** (promener, etc.) ; **éconduire.** — **ÊTRE DANS LE BAIN :** participer à une affaire, y être compromis ; être pleinement engagé dans quelque entreprise et bien au courant (cf. Être dans le coup*). «*un scandale sans nom où tout le monde était mis dans le bain*» CENDRARS. ➤ **tremper.** *Se mettre dans le bain* : s'accoutumer à un nouveau travail, se mettre au courant. — *Être dans le même bain,* dans la même situation (difficile, dangereuse). — *Mettre dans le même bain,* mal juger de la même manière. ▪ **2** Action d'entrer, d'être dans l'eau pour le plaisir, pour nager. *Bain de mer, de rivière.* ➤ **baignade.** *Bain en piscine. Un bain très court, un petit bain.* ➤ **trempette.** *Costume, maillot*, caleçon, slip de bain.* ➤ **bikini, burkini, deux-pièces, maillot.** *Bonnet de bain. Sortie* (III) de bain. Cabine de bain.* ♦ Bassin (d'une piscine). *Le grand bain, le petit bain.*

B. PAR ANALOGIE **UN BAIN DE...** ▪ **1** (1860) **BAIN DE SOLEIL :** exposition volontaire au soleil, pour bronzer* (➤ FAM. **bronzette**), pour se soigner (➤ **héliothérapie**). «*Ce matin, après le bain d'eau, j'ai pris un long bain de soleil au jardin*» A. COHEN. — APPOS. *Robe bain de soleil,* sans manches avec le dos nu. ♦ Chaise longue. «*je laissais ma peau brunir, étendu sur un des bains de soleil du jardin*» PH. BESSON. ▪ **2** FIG. Action de se plonger dans, de s'imprégner de. *Un bain d'innocence, de pureté.* — LOC. **BAIN DE FOULE :** le fait de se mêler à la foule (SPÉCIALT, d'un personnage éminent). *Le président a pris un bain de foule.* «*Folkloriques, les bains de foule et les poignées de main en séries, ponctuées par des allusions précises à la coqueluche, au certificat d'études ou aux fiançailles des rejetons d'électeurs !*» G. ELGOZY. — **BAIN DE LANGUE** ou **BAIN LINGUISTIQUE :** le fait de vivre un certain temps dans un pays de langue étrangère pour en apprendre la langue. — *Bain de jouvence*.*

C. AU PLURIEL ▪ **1** VX Appartement réservé aux bains. ELLIPT Salle de bains. ♦ MOD. Établissement public où l'on prend des bains (I°). *Bains publics.* ➤ **hammam, thermes.** *Bains-douches.* ▪ **2** VX Lieu où l'on va prendre des bains de mer ou des eaux thermales (cf. Station balnéaire*, thermale*). *Évian-les-Bains.*

D. SUBSTANCE, SOLUTION ▪ **1** Substance par l'intermédiaire de laquelle on chauffe un vase (➤ **bain-marie**) pour distiller ce qu'il contient. *Une éprouvette mise au bain de vapeur, au bain de sable.* ▪ **2** Préparation liquide dans laquelle on plonge un corps. *Un bain de mercure, d'or.* ▪ **3** Solution de colorants dans laquelle on plonge les objets à teindre. *Ces deux pelotes ne sont pas du même bain.* ▪ **4** PHOTOGR. Dissolution dans laquelle on plonge les préparations sensibles. ▪ HOM. Ben.

BAÏNE [bain] n. f. – 1885 ◇ origine inconnue ▪ RÉGION. (côte sud-ouest) Dépression creusée par la mer dans le sable des plages.

BAIN-MARIE [bɛ̃maʀi] n. m. – 1516 ◇ de *bain* et de *Marie,* sœur de Moïse, connue comme alchimiste ▪ Liquide chaud (eau, le plus souvent) dans lequel on met un récipient contenant ce qu'on veut faire chauffer. *Faire prendre une crème au bain-marie. Des bains-marie.* — PAR EXT. L'appareil, le récipient qui contient ce liquide chaud.

BAÏONNETTE [bajɔnɛt] n. f. – 1575 ◇ de *Bayonne,* où cette arme fut d'abord fabriquée ▪ **1** Arme pointue qui s'ajuste au canon du fusil et que l'on peut retirer à volonté. *Fixer la baïonnette au canon du fusil. Charge à la baïonnette. Sabre*-baïonnette.* ▪ **2** PAR ANAL. *À baïonnette* : dont le mode de fixation rappelle celui de la baïonnette. *Douille à baïonnette. Ampoule électrique à baïonnette ou à vis.*

BAISABLE [bɛzabl] adj. – XIXe ◇ de 1*baiser* ▪ FAM. Qui peut être baisé (2°). ➤ **désirable ;** FAM. **consommable.** «*coucher avec tous les mecs baisables et disponibles*» V. DESPENTES. *Il la trouve baisable.*

BAISE [bɛz] n. f. – 1973 ◇ de *baiser* ▪ **1** FAM. Action de baiser (2°). «*La bouffe, la baise, la dorme*» SAN-ANTONIO. — *Une, des baises* : acte sexuel. ▪ **2** RÉGION. (Nord, Belgique) Petit baiser affectueux. ➤ 2**bise, bisou.**

BAISE-EN-VILLE [bɛzɑ̃vil] n. m. inv. – 1934 ◇ de 1*baiser, en* et *ville* ▪ FAM. Petite valise, sac de voyage qui peut contenir ce qu'il faut pour passer la nuit hors de chez soi.

BAISEMAIN [bɛzmɛ̃] n. m. – 1306 ◇ de 1*baiser* et *main* ▪ **1** Hommage que le vassal rendait au seigneur en lui baisant la main. ▪ **2** Geste de politesse qui consiste pour un homme à baiser la main d'une dame. *Faire le baisemain à son hôtesse.*

BAISEMENT [bɛzmɑ̃] n. m. – fin XIIe ◇ de 1*baiser* ▪ VX ou RELIG. Action de baiser ce qui est sacré. *Le baisement des pieds, de la mule du pape. Le baisement de la croix.*

1**BAISER** [beze] v. tr. ⟨1⟩ – XIIe dans les relations amoureuses ; Xe en signe d'affection ou de respect ◇ latin *basiare* ▪ **1** Appliquer, poser ses lèvres sur (une personne, une chose) par affection, respect. ➤ **embrasser.** *Baiser qqn au front. Baiser la main d'une dame. Baiser un crucifix.* ▪ **2** (XVIe) FAM. Posséder (sexuellement). ➤ **défoncer, enfiler, miser, niquer, tringler ; enculer.** «*Les femmes, c'est juste bon à se faire baiser*» BEAUVOIR. *Il a baisé sa secrétaire* (cf. Il se l'est faite). «*Bien baisée elle t'aime, elle file en douceur. Une sainte. Mal baisée ? une salope, une folle*» Y. QUEFFÉLEC. **p. p. subst.** (v. 1970) *Un mal-baisé, une mal-baisée* : personne frustrée dans sa vie sexuelle. — ABSOLT Faire l'amour. *Ils sont en train de baiser. Il, elle baise bien.* ▪ **3** FAM. Posséder, tromper. *Il s'est fait baiser.* ➤ 1**avoir, berner, duper*, rouler.** ▪ **4** FAM. (arg. des écoles) Comprendre*. *On n'y baise rien.*

2**BAISER** [beze] n. m. – XIe ◇ de 1*baiser* ▪ Action de poser ses lèvres (sur le visage, la main ou une autre partie du corps d'une personne) ; résultat de cette action. *Un doux baiser maternel sur le front. Un baiser sur la joue* (➤ 2**bise, bisou ;** RÉGION. **baise, bec, poutou**), *sur la bouche.* ➤ **bécot.** *Petit, gros baiser. Chaste baiser. Baiser d'oiseau,* très léger. *Baiser brûlant, voluptueux. Baiser langue en bouche.* ➤ FAM. 2**galoche, palot, patin, pelle.** *Premier baiser. Baiser d'adieu. Donner, poser, planter un baiser* (➤ **embrasser**). *Déposer un baiser sur le front. Prendre, cueillir, dérober, ravir, voler un baiser. Recevoir, rendre un baiser.* ➤ **se bécoter.** *Couvrir, manger, dévorer qqn de baisers.* «*Ah ! dans ces premiers temps où l'on aime, les baisers naissent si naturellement !*» PROUST. — *Maladie du baiser* : la mononucléose (qui se transmet par la salive). ♦ LOC. RELIG. *Baiser de paix,* de réconciliation ; cérémonie qui a lieu pendant la messe. — *Baiser de Judas* ou *baiser de la mort* : témoignage d'affection trompeur et perfide.

BAISEUR, EUSE [bɛzœʀ, øz] n. – 1920 ; «celui qui embrasse» début XIVe ◇ de 1*baiser* ▪ FAM. Personne qui aime, recherche les rapports sexuels, fait bien l'amour. *Il a une gueule «de baiseur et les femmes doivent lui manquer»* DURAS. «*des baiseuses comme ma femme, t'en as pas connu beaucoup*» R. MERLE.

BAISODROME [bɛzodʀom] n. m. – 1946 ◇ de 1*baiser* et *-drome,* d'après *hippodrome,* etc. ▪ FAM., PLAISANT Lieu réservé aux ébats érotiques.

BAISSE [bɛs] n. f. – 1577 ◇ de *baisser* ▪ **1** Le fait de baisser de niveau, de descendre à un niveau plus bas. ➤ **diminution ; abaissement, affaissement, descente.** *Baisse de niveau. La baisse des eaux, de la marée.* ➤ **décrue, reflux.** *Baisse de température. Baisse de pression.* ➤ **chute.** *Baisse du pouvoir d'achat.* — FIG. *Baisse d'autorité, d'influence.* ➤ **affaiblissement, perte.** ▪ **2** (1740) Diminution de prix, de valeur. *La baisse du blé, du dollar, des actions* (➤ **glissade, recul, repli**). *Baisse des ventes. Une forte baisse des prix.* ➤ **affaissement, chute, décrochage, dévissage, effondrement, plongeon.** — LOC. (BOURSE) *Être à la baisse. L'or est à la baisse. Indice à la baisse.* ➤ aussi **effritement, tassement.** — *Jouer à la baisse* : spéculer sur la baisse des marchandises ou des valeurs (➤ **baissier**). — LOC. FIG. *Réviser, revoir, corriger à la baisse,* en diminuant ses objectifs. — **EN BAISSE :** en train de baisser. *Les cours sont en baisse.* FIG. et FAM. *Ses actions* sont en baisse. Consommation en baisse* (cf. En berne). *Popularité en baisse.* ▪ CONTR. Hausse, montée ; augmentation.

BAISSER [bese] v. ⟨1⟩ – *baissier* 1080 ◇ latin populaire °*bassiare,* de *bassus* → 1bas

I ~ v. tr. METTRE À UN NIVEAU PLUS BAS ▪ **1** Mettre plus bas, faire descendre. ➤ **abaisser, descendre.** *Baisser le col de sa chemise.* ➤ **rabattre.** *Baisser son pantalon*. Baisser un store. Baisser le rideau*. Baisser la vitre d'une voiture.* **p. p. adj.** *Vitres baissées,* ouvertes. — VX MAR. *Baisser pavillon* (d'un navire), pour montrer que l'on se rend à l'ennemi. ➤ 2**amener.** LOC. FIG. *Baisser pavillon devant qqn* : s'avouer battu. ▪ **2** Incliner vers la terre (une partie du corps). *Baisser la tête, le front.* ➤ **courber, incliner, pencher.** *Baisser les yeux* : diriger son regard vers le bas. *Baisser les yeux par timidité, pudeur, humilité, confusion, honte. Faire baisser les yeux à qqn.* — LOC. FIG. *Se jeter tête baissée* (dans qqch.), sans tenir compte du danger. *Baisser le nez* : être confus, honteux. *Baisser les bras, baisser sa, la garde** (métaph. de la boxe) : abandonner la lutte, renoncer à agir. ➤ **abandonner.** «*nous nous sentions coupables, parfois, d'avoir envie nous aussi de baisser les bras, de partir et d'aller vivre notre vie ailleurs*» M. WINCKLER. ▪ **3** Diminuer la hauteur de. *Baisser un mur.* ▪ **4** Diminuer la force, l'intensité de. ➤ **adoucir, atténuer, réduire.** *Baisser la lumière. Baisser le chauffage. Baisser la voix, le ton.* ELLIPT et FAM. *Baisser la radio, la télé,* diminuer l'intensité de ses sons. — FIG. *Baisser le ton* : perdre de son insolence, être moins arrogant. ▪ **5** Diminuer (un prix).

II ~ v. intr. VENIR À UN NIVEAU PLUS BAS ▪ **1** Diminuer de hauteur. ➤ **diminuer, décroître, descendre.** *Le niveau de l'eau a baissé. La rivière a baissé d'un mètre. La mer baisse.* ➤ **refluer.**

PAR EXT. *Le thermomètre a baissé. Nos provisions baissent.* ▪ **2** Diminuer d'intensité. — (Lumière) *Le jour baisse,* sa clarté diminue. ➤ **décliner.** — (Son) *Le ton de la conversation baisse. — Baisser d'un ton ;* FIG. (cf. supra, I, 4°). — (Force physique, acuité des sens) ➤ **s'affaiblir, décliner, diminuer*, faiblir.** *Ses forces baissent. Sa vue baisse.* — PAR EXT. Se dit d'une personne qui, par l'effet de l'âge, perd sa vigueur et ses moyens intellectuels. *Il a beaucoup baissé depuis cinq ans. «Le père baisse, tu vois, il ne s'intéresse plus à ce qu'on dit, à ce qu'on fait»* CLANCIER. ▪ **3** Diminuer de valeur. *Ses notes ont baissé.* SPÉCIALT *Le pétrole a baissé,* son prix a baissé. *Les cours, les prix ont considérablement baissé.* ➤ **chuter, déprimer, s'effondrer** (cf. Piquer du nez*). *«Les imbéciles vendent quand tout baisse»* MAUROIS. — FIG. *Ses actions* baissent.* ▪ **4** FIG. Quitter une position plus avantageuse. *Il a baissé dans mon estime,* je le juge moins bien. *Le ministre baisse dans les sondages.* ▪ **5** MUS. Ne pas tenir la tonalité initiale en descendant dans l'échelle des sons. ➤ **détonner.** *Une corde neuve baisse souvent.*

III ~ **v. pron. SE BAISSER** Incliner le corps. ➤ **s'abaisser,** se **courber,** s'**incliner,** se **pencher.** *Il faut se baisser pour passer sous cette voûte. Se baisser pour s'accroupir.* — LOC. *Il n'y a qu'à se baisser (pour les ramasser) :* il y en a en grande quantité ; c'est extrêmement facile (à obtenir).
▪ CONTR. Élever, hausser, 1 lever, monter. Augmenter.

BAISSIER, IÈRE [besje, jɛʀ] **n. m. et adj.** – 1823 ◊ de *baisser* ▪ BOURSE ▪ **1** Spéculateur qui joue à la baisse sur les valeurs mobilières, les marchandises. ▪ **2 adj.** Qui concerne la baisse. *Signes baissiers.* ▪ CONTR. Haussier.

BAISSIÈRE [bɛsjɛʀ] **n. f.** – v. 1170 «dépression de terrain» ◊ de *baisser* ▪ TECHN. Enfoncement d'une terre labourée, d'un champ, retenant l'eau de pluie.

BAJOUE [baʒu] **n. f.** – 1390 ◊ de 1 *bas* et *joue* ▪ **1** Partie latérale inférieure de la tête de certains animaux, de l'œil à la mâchoire. ➤ **abajoue.** *Bajoues de porc, de veau.* ▪ **2** Joue grosse et pendante (d'une personne).

BAJOYER [baʒwaje] **n. m.** – 1751 ◊ de *bajoue* ▪ TECHN. Paroi latérale d'une chambre d'écluse. — Mur qui consolide les berges d'une rivière.

BAKCHICH [bakʃiʃ] **n. m.** – 1828, répandu milieu XXe ◊ mot turc ▪ Pourboire, pot-de-vin. ➤ **enveloppe,** RÉGION. **matabiche.** *Verser, payer, toucher un bakchich. Des bakchichs.*

BAKÉLITE [bakelit] **n. f.** – 1907 ◊ marque déposée, de *Baekeland,* nom de l'inventeur ▪ Résine synthétique, matière plastique qui imite l'ambre, obtenue en traitant le formol par le phénol. *Manche de casserole en bakélite.*

BAKLAVA [baklava] **n. m.** – 1830, répandu XXe ◊ mot turc ▪ Gâteau oriental à pâte feuilletée, avec du miel et des amandes. *Des baklavas.*

BAL [bal] **n. m.** – XIIe «danse» ◊ ancien français *baller* «danser» ▪ **1** Réunion où l'on danse (soit de grand apparat, soit populaire). ➤ **danser.** *Aller au bal. Donner un grand bal pour ses dix-huit ans.* ➤ **soirée.** *Ouvrir le bal,* y danser le premier. *Bal public. Les bals du 14 Juillet. Bal champêtre. Bal populaire, bal musette*. Bal costumé, masqué, travesti. Bal de têtes,* où seules les têtes sont travesties. *Robe de bal. Salle de bal. Carnet de bal,* où les dames inscrivaient le nom de leurs danseurs. — LOC. FIG. *Conduire, mener le bal :* être le responsable (d'une action collective). ▪ **2** Lieu où se donnent des bals. *Le bal Bullier. Un petit bal musette de Montmartre.* ➤ **dancing, guinguette ;** POP. **bastringue.** ▪ HOM. Balle.

BALADE [balad] **n. f.** – 1855 ◊ de *se balader* ▪ FAM. Action de se balader. *Faire une balade. Être en balade.* ➤ **promenade ;** FAM. **baguenaude, goguette,** 2 **vadrouille.** *Grande balade en montagne.* ➤ **randonnée.** — PAR EXT. Sortie d'agrément ou touristique, vers des lieux assez proches. *Une belle balade.* ➤ **excursion, sortie, voyage.** ▪ HOM. Ballade.

BALADER [balade] **v. tr.** ‹1› – 1837 argot «flâner» ◊ de *ballade* ▪ FAM. ▪ **1** Promener sans but précis. *«des bonnes femmes qui baladaient leurs mômes»* QUENEAU. — PAR EXT. Promener, traîner avec soi. *«Pauvre petit Bonty qui balade partout sa bouteille de lait cacheté !»* COLETTE. — FIG. *Balader qqn,* le bercer de paroles trompeuses. *«Ils vont te balader, Vic. Ils vont te balader comme un bon chien»* F. THILLIEZ. ▪ **2 SE BALADER v. pron.** Se promener sans but. ➤ **baguenauder, errer, flâner,** se **promener.** *Se balader en forêt.* — Faire des excursions touristiques. — (Avec ellipse du pronom) LOC. *Envoyer balader* (qqn, qqch.) : se débarrasser de (qqn, qqch.) sans ménagement ; repousser (cf. Envoyer* promener ; FAM. envoyer bouler, dinguer, paître, valser).

BALADEUR, EUSE [baladœʀ, øz] **adj. et n.** – XIXe ; «escroc» 1455 ◊ de *balader* ▪ **1** *Avoir l'humeur baladeuse :* aimer se promener, se déplacer. — FAM. *Main baladeuse,* qui s'égare en attouchements déplacés. *«France, mère [...] de la main baladeuse sur les cuisses des soubrettes»* ROUART. — *Train baladeur :* train d'engrenages d'un changement de vitesse. — *Micro baladeur :* microphone muni d'un long fil ou d'un émetteur haute fréquence incorporé et que l'on peut ainsi déplacer. ▪ **2 n. f.** (1856) **BALADEUSE :** petite voiture de marchand ambulant. ♦ Voiture accrochée à la motrice d'un tramway. ➤ **remorque.** ♦ Lampe électrique entourée d'un grillage et munie d'un long fil qui permet de la déplacer. ▪ **3 n. m.** (1985) Appareil portatif de reproduction sonore, muni d'écouteurs, conçu pour un usage individuel et nomade. Recomm. offic. pour *walkman*.* *Baladeur numérique,* utilisant une mémoire comme support de stockage de la musique sous forme de fichiers. ➤ **jukebox.** *Diffusion pour baladeur :* recomm. offic. pour *podcasting.* ➤ **baladodiffusion.**

BALADIN, INE [baladɛ̃, in] **n.** – *balladin* av. 1540 ◊ p.-ê. mot provençal, de *balar* «danser» → baller ▪ VX ▪ **1** Danseur de ballets, ballerine. ▪ **2** Bouffon de comédie, comédien ambulant. ➤ **histrion,** 2 **paillasse, saltimbanque.**

BALADODIFFUSION [balododifyzjɔ̃] **n. f.** – 2005 ; 2004, au Canada ◊ mot-valise, de *baladeur* et *diffusion* ▪ RARE (courant au Canada) Diffusion de fichiers audios et vidéos téléchargés sur un baladeur numérique à partir d'Internet. ➤ **podcast.**

BALAFON [balafɔ̃] **n. m.** – 1698 ◊ du malinké (Guinée) *balafo* «jouer du *bala*», nom de cet instrument ▪ Instrument à percussion de l'Afrique noire formé de lames, comme le xylophone, et de calebasses servant de résonateurs.

BALAFRE [balɑfʀ] **n. f.** – 1659 ◊ croisement de l'ancien français *leffre* «(grosse) lèvre» avec influence de *balèvre ;* l'élément *ba-* étant assimilable à un latin populaire °*bata* «ouverture» ; cf. *bée* ▪ Longue entaille faite par une arme tranchante, particulièrement au visage. ➤ **blessure, coupure, estafilade, taillade.** — Plus cour. Cicatrice de cette blessure. *Une profonde balafre sur la joue.*

BALAFRER [balɑfʀe] **v. tr.** ‹1› – 1546 ◊ de *balafre* ▪ Blesser par une balafre. ➤ **couper, taillader.** *«Le prince lui balafra le visage»* SAINT-SIMON. *Un visage balafré.* — SUBST. *Henri de Guise, le Balafré.*

BALAI [balɛ] **n. m.** – *balain* fin XIIe ◊ p.-ê. mot breton *balazn* «genêt», ou du gaulois °*banalto,* °*balatno* ▪ **1** Ustensile composé d'un long manche auquel est fixé un faisceau de brindilles, de crins ou une brosse à longs poils (➤ **balai-brosse**) et qui sert à enlever la poussière, à pousser des détritus, des ordures. ➤ RÉGION. **brosse.** *Petit balai.* ➤ **balayette, écouvillon.** *Balai de bruyère, de crin, de soies, de nylon. Balai de plafond.* ➤ **tête-de-loup.** FAM. *Balai de chiottes :* balayette employée pour nettoyer la cuvette des W.-C. *Balai de marine.* ➤ **faubert, goret,** 1 **vadrouille.** *Placard à balais. Passer le balai* (➤ **balayer**). *Donner un coup de balai à une pièce.* — LOC. FIG. **COUP DE BALAI :** licenciement du personnel (d'une entreprise, d'une administration). ➤ **nettoyage.** *«Dans la crainte des coups de balai, ils étaient toujours du côté du manche»* ZOLA. — FAM. *Du balai !* allez-vous-en ! dehors ! *Avoir un balai dans le cul*.* ♦ **MANCHE À BALAI :** le bâton par lequel on tient le balai ; FIG. personne maigre. *C'est un vrai manche à balai.* — (Par anal. de forme) AVIAT. Commande du gouvernail de profondeur et de direction. INFORM. Recomm. offic. pour *joystick.* — *Le manche à balai des sorcières,* leur servant de monture pour se rendre au sabbat. ▪ **2 BALAI MÉCANIQUE :** appareil à brosses roulantes, monté sur un petit chariot. ▪ **3** PAR ANAL. FAUCONN. Queue des oiseaux. — CHASSE Extrémité de la queue des chiens. ▪ **4** (1884) ÉLECTROTECHN. Conducteur métallique ou à base de carbone (➤ **charbon**) permettant d'assurer un contact électrique glissant avec une pièce en rotation ou en translation. *Balais de dynamo, de moteur électrique.* ▪ **5** *Balai d'essuie-glace :* dans une automobile, lame de caoutchouc fixée à la tige de l'essuie-glace, et qui nettoie le parebrise. ▪ **6** Accessoire de musique formé d'un manche court et d'un faisceau métallique, servant à produire un bruit rythmé par contact et frottement sur certaines caisses. *Balais de percussionniste. Il «caressait sa caisse claire. Excellent jeu de balais, pensa Simon»* CH. GAILLY. ▪ **7** FAM. Dernier métro ou autobus de la journée. — *Voiture*-balai.* ▪ **8** FAM. Année d'âge. *Il vient d'avoir cinquante balais.* ➤ 2 **berge,** 3 **pige.** ▪ HOM. Balais, ballet.

BALAI-BROSSE [balɛbʀɔs] **n. m.** – milieu XXe ◊ de *balai* et *brosse* ▪ Brosse de chiendent montée sur un manche à balai, pour frotter le sol. *Des balais-brosses.*

BALAIS [balɛ] **adj. m.** – XIIIe ◊ latin médiéval *balascius,* de l'arabe *balahs* «sorte de rubis», du n. de la province perse *Balahsan* (actuellement *Badakshan*) ■ *Rubis balais :* rubis de couleur rouge violacé ou rose. ■ **HOM.** Balai, ballet.

BALAISE ➤ **BALÈZE**

BALALAÏKA [balalaika] **n. f.** – 1768 ◊ mot russe ■ Instrument de musique russe à cordes pincées, comprenant un manche et une caisse triangulaire. *Des balalaïkas.*

BALAN [balɑ̃] **n. m.** – 1820 ◊ de *balancer* ■ **(Suisse)** LOC. *Être sur le balan :* hésiter entre diverses solutions ; être incertain d'un résultat.

1 **BALANCE** [balɑ̃s] **n. f.** – XIIe ◊ latin populaire °*bilancia,* de *bis* «deux fois» et *lanx* «plateau (de balance)»

I OBJET, INSTRUMENT ■ **1** Instrument qui sert à peser, formé d'un fléau mobile et de plateaux dont l'un porte la chose à peser, l'autre les poids marqués, et PAR EXT. Tout appareil servant à peser. *Parties d'une balance.* ➤ **aiguille, couteau, fléau, joug, languette, plateau.** *Une balance juste, sensible. Le contrôle, le poinçonnage des balances. Équilibrer les deux plateaux d'une balance.* ➤ **tare.** *Faire pencher la balance. Balance rudimentaire.* ➤ **peson.** *Balance de précision, d'essai.* ➤ **microbalance, pesette, trébuchet.** *Balance diététique. Balance de cuisine, de laboratoire. Balance automatique à un plateau,* dont l'aiguille indique le poids et le prix sur un cadran. *Balance électronique,* indiquant automatiquement le poids et le prix sur un ticket. *Balance à bascule,* à bras inégaux pour le pesage des lourdes charges. ➤ **bascule.** *Balance romaine,* à poids constant et mobile par rapport au point de suspension (cf. aussi compos. en pèse-). — *Se peser sur une balance.* ➤ **pèse-personne.** «*Montant sur la balance électronique ultrasensible, juste, précise et fidèle, elle se tint très droite pour ne pas fausser la mesure*» **J. ROUBAUD.** *La balance, symbole de la justice.* ◆ TECHNOL. Potentiomètre permettant le réglage des puissances sonores diffusées par les deux voies d'un ensemble stéréophonique ; ce réglage lui-même. ■ **2** Petit filet en forme de poche pour la pêche aux écrevisses. ➤ **caudrette, truble.** «*filets de pêche suspendus au mur, nasses, balances à écrevisses*» **CLANCIER.** ■ **3** ASTRON. Constellation de l'hémisphère austral. ◆ ASTROL. Septième signe du zodiaque (23 septembre-22 octobre). — ELLIPT *Ils sont tous les deux Balance,* nés sous le signe de la Balance.

II SENS ABSTRAITS ■ **1** PAR MÉTAPH. Moyen ou manière d'apprécier, de juger les personnes et les choses. LITTÉR. *La balance de la raison, du jugement.* ➤ **appréciation, jugement.** — LOC. COUR. *Mettre dans la balance :* mettre en parallèle, examiner en comparant. ➤ **comparer.** *Mettre en balance* (deux choses) : opposer le pour et le contre. ➤ **opposer, peser.** — *Mettre, jeter dans la balance :* faire intervenir (un argument décisif) dans l'examen, le jugement d'une question. — *Peser dans la balance :* être d'une grande importance, d'un grand poids. «*"J'ai été heureuse quand même", se disait-elle. Mais c'était peu dans la balance*» **SAGAN.** — *Tenir la balance égale entre deux personnes, deux opinions,* ne pas favoriser l'une aux dépens de l'autre. «*Bonaparte continuait à vouloir simplement tenir, entre les anciens partis, la balance égale*» **MADELIN.** — *Faire pencher la balance en faveur de, du côté de* (qqn, qqch.) : favoriser qqn, un parti. ➤ **avantager.** «*Mais il n'était pas possible d'être si impartial que la balance ne penchât de quelque côté*» **BAINVILLE.** ■ **2** FIG. État d'équilibre. — POLIT. *La balance des pouvoirs. La balance des forces.* ➤ **équilibre, pondération.** ■ **3** Compte récapitulatif faisant apparaître l'équilibre entre les débits et les crédits. — COMPTAB. *La balance de l'actif et du passif. Balance des paiements :* document comptable dans lequel sont recensées toutes les opérations (commerciales, financières) d'un pays avec le reste du monde pendant une période donnée. ➤ **bilan.** — ÉCON. *Balance commerciale :* comparaison entre les importations et les exportations d'un pays donné. *La balance est favorable, excédentaire. Le déficit de la balance s'aggrave, se creuse, se réduit. Balance des invisibles,* recensant les échanges de services et de revenus (entre un pays et l'extérieur). *Balance des capitaux. Balance des comptes :* solde partiel qui indique la position débitrice ou créancière d'un pays à l'égard de l'extérieur. — FIN. *Balances financières :* avoirs* liquides en devises obtenus par des non-résidents. *Balances dollars.*

2 **BALANCE** [balɑ̃s] **n. f.** – v. 1930 ◊ déverbal de *balancer* ■ ARG. Dénonciateur, dénonciatrice.

BALANCÉ, ÉE [balɑ̃se] **adj.** – XXe ◊ de *balancer* ■ Équilibré, harmonieux. «*Les phrases balancées de Chateaubriand*» **SARTRE.** — FAM. (PERSONNES) **BIEN BALANCÉ :** bien bâti. *Une femme bien balancée* (cf. Bien foutue, bien roulée). «*ce sont trois hommes, ni plus ni moins, mal fichus ou bien balancés*» **TOURNIER.**

1 **BALANCELLE** [balɑ̃sɛl] **n. f.** – 1823 ◊ du génois *barancella* (de *paransella* «navire de pêche» et *bänsa* «balance») avec influence de 1 *balance* ■ Embarcation à avant pointu et relevé. «*Si les vents ont cru bon De me couper les ponts, J'prendrai la balancelle Pour rejoindre ma belle*» **BRASSENS.**

2 **BALANCELLE** [balɑ̃sɛl] **n. f.** – 1927 ◊ de 1 *balance* ■ Fauteuil balançoire à plusieurs places, avec un toit en tissu, qu'on met dans les jardins.

BALANCEMENT [balɑ̃smɑ̃] **n. m.** – 1487 ◊ de *balancer* ■ **1** Mouvement alternatif et lent d'un corps, de part et d'autre de son centre d'équilibre. ➤ **bercement, branle, oscillation, vacillement, va-et-vient.** *Le balancement du corps dans la marche. Le balancement des bras. Un balancement continuel de la tête.* ➤ **dodelinement, nutation.** *Le balancement d'un navire.* ➤ **roulis, tangage.** ■ **2** FIG. État d'équilibre. ➤ 1 **balance, équilibre, pondération.** — Disposition symétrique. ➤ **symétrie.** *Balancement des masses dans un tableau. Le balancement des phrases dans le discours. Le balancement d'une période,* l'équilibre de ses parties. ■ **3** FIG. Hésitation. ➤ **flottement.** *Ces perpétuels balancements entre la gauche et la droite.*

BALANCER [balɑ̃se] **v.** ⟨3⟩ – XIIe ◊ de 1 *balance*

I v. tr. ■ **1** Mouvoir lentement tantôt d'un côté, tantôt d'un autre. *Balancer les bras, les hanches* (➤ **onduler**) *en marchant. Balancer un enfant pour l'endormir.* ➤ **bercer.** *Les vagues balancent les navires à l'ancre.* ➤ **ballotter.** *Balancer l'encensoir.* «*Les hélices des ventilateurs bourdonnaient sans répit, balançant les pendeloques des lustres, les palmes des plantes vertes*» **MARTIN DU GARD.** ■ **2** (XIIe, repris XIXe populaire) FAM. Jeter (avec un mouvement de balancement, de bascule). ➤ **jeter.** *Balancer un objet par la fenêtre.* ➤ **envoyer.** — *Balancer une gifle à qqn.* ◆ PAR ANAL. Faire passer, communiquer (une information). *Ils ont balancé la nouvelle au journal de vingt heures.* — FAM. Dire abruptement à qqn. *Il m'a balancé les pires injures.* ■ **3** FIG. et FAM. Se débarrasser de qqch. ou de qqn. ➤ **jeter, rejeter.** *Il a balancé ses vieux vêtements. Il veut balancer son employé.* ➤ **congédier, renvoyer ;** FAM. **lourder, virer.** ■ **4** FAM. Dénoncer*. ➤ **donner ;** 2 **balance.** *Ils l'ont balancé aux flics.* ■ **5** Mettre en équilibre. ➤ **équilibrer.** MAR. *Balancer une cargaison.* — PEINT. *Balancer une composition.* — STYLE *Balancer ses phrases.* — COMPTAB. *Balancer un compte :* rendre égales les sommes du crédit et du débit en ajoutant un solde à la moins élevée. ■ **6** FIG. et VIEILLI Mettre en balance. ➤ **comparer, examiner, opposer, peser.** *Balancer le pour et le contre.* «*Tout bien balancé*» **BOILEAU.** ■ **7** FIG. et VX Faire équilibre à. ➤ **équilibrer ; compenser, contrebalancer.** «*Il n'existe pas dans la création une loi qui ne soit balancée par une loi contraire*» **BALZAC.**

II v. intr. FIG. et LITTÉR. ■ **1** Être incertain, pencher d'un côté puis de l'autre. ➤ **hésiter, tergiverser ;** SUISSE **balan.** *Il balançait encore et ne pouvait se décider.* «*J'aurais fait sans balancer le sacrifice de mes jours à ces nobles sentiments*» **CHATEAUBRIAND.** ■ **2** FAM. *Ça balance !* il y a du rythme (d'une musique). ■ **3** FAM. Médire, dénigrer (qqn).

III SE BALANCER v. pron. ■ **1** Se mouvoir alternativement d'un côté et de l'autre. ➤ **osciller.** *Ne te balance pas sur ta chaise. Un navire qui se balance.* ➤ **rouler, tanguer.** — Être sur une balançoire en marche. *Pousser un enfant qui se balance.* ■ **2** (1914) FAM. **S'EN BALANCER :** s'en moquer. *Si tu savais comme je m'en balance !* ➤ 1 **foutre** (s'en foutre). ■ **3** FAM. Se jeter, sauter dans le vide. «*Elle s'est balancée, a répété mon pote, elle s'est jetée du sixième*» **V. RAVALEC.**

■ **CONTR.** Décider, trancher.

BALANCIER [balɑ̃sje] **n. m.** – 1590 ; «fabricant de balances» XIIIe ◊ de *balancer* ■ **1** Pièce dont les oscillations régularisent le mouvement d'une machine. *Le balancier d'une horloge. Une montre à balancier compensateur.* ➤ **chronomètre.** ■ **2** PAR ANAL. Long bâton dont se servent les danseurs de corde pour maintenir leur équilibre. ➤ **contrepoids.** ◆ Flotteur de bois fixé à une embarcation pour la stabiliser. *Voilier, pirogue à balancier* (➤ **prao**). ■ **3** TECHN. Presse servant à frapper des monnaies. ■ **4** ZOOL. Organe stabilisateur des diptères.

BALANCINE [balɑ̃sin] **n. f.** – 1516 ◊ de *balancer* ■ MAR. Cordage servant à soulager un espar (vergue, bôme) ou à régler son inclinaison (tangon). ◆ AVIAT. Chacune des roulettes au bout des ailes, servant de stabilisateur au sol.

BALANÇOIRE [balɑ̃swaʀ] **n. f.** – 1530 ◊ de *balancer* ■ **1** Pièce de bois mise en équilibre sur un point d'appui et sur laquelle se balancent deux personnes placées chacune à un bout. ➤ **bascule.** ■ **2** Planchette, nacelle, etc., suspendue entre deux cordes et sur laquelle on se balance. ➤ **escarpolette.**

BALANE [balan] **n. f.** – 1551 ◊ latin *balanus,* grec *balanos* «gland» ▪ ZOOL. Animal crustacé *(cirripèdes),* qui vit enfermé dans une loge cylindrique calcaire et accroché aux rochers sous-marins, aux mollusques, aux coques des navires.

BALANITE [balanit] **n. f.** – 1843 ◊ du grec *balanos* «gland» et *-ite* ▪ MÉD. Inflammation de la muqueuse du gland de la verge.

BALATA [balata] **n. f.** – 1722 ◊ probablt d'origine tupie ▪ Gomme d'un arbre tropical, apparentée à la gutta-percha, utilisée dans la fabrication d'objets durs et non cassants. *Balle de golf en balata.*

BALAYAGE [balɛjaʒ] **n. m.** – 1776 ◊ de *balayer* ▪ **1** Action de balayer. ➤ **nettoyage.** *Le balayage d'une chambre. Le balayage des chaussées, des voies publiques.* ➤ **balayeuse ; nettoiement.** ▪ **2** Éclaircissement de la chevelure par la décoloration légère de fines mèches. *Se faire faire un balayage.* ▪ **3** TECHN. Action de parcourir une étendue donnée avec un faisceau d'ondes ou de particules (➤ 1 **scanner**). — ÉLECTRON. *Balayage électronique :* exploration d'une surface à l'aide d'un faisceau d'électrons. *Microscope à balayage électronique.* ◆ TÉLÉV. Déplacement commandé d'un spot sur l'écran d'un tube cathodique. *Balayage ligne* ou *balayage horizontal. Balayage trame* ou *balayage vertical.*

BALAYER [baleje] **v. tr.** ‹8› – *baloier* 1280 ◊ de *balai*

I ÔTER ▪ **1** Pousser, enlever avec un balai. *Balayer des ordures, des débris, la poussière, la neige.* ➤ **enlever.** — ABSOLT Enlever la poussière, les ordures avec un balai. *Il faut balayer avant de cirer. Balayer sous les meubles.* LOC. FIG. *Balayer devant sa porte :* mettre de l'ordre dans ses affaires avant de se mêler de celles des autres. ▪ **2** PAR ANAL. Entraîner avec soi (comme le fait un balai). *Le vent balaye les nuages.* ➤ **chasser.** *Une masse d'eau s'abattit sur le pont, balayant tout sur son passage.* ➤ **emporter.** ▪ **3** FIG. Pousser dehors, faire disparaître. ➤ **chasser,** se **débarrasser, rejeter,** 1 **repousser, supprimer.** «*On supposa que* [...] *tous avaient été balayés du pont*» MICHELET. *Balayer les ennemis. Balayer les résistances, les obstacles. Balayer les préjugés, les soucis.*

II NETTOYER ▪ **1** Nettoyer avec un balai. ➤ **déblayer.** *Balayer sa chambre.* ▪ **2** PAR ANAL. (1788) Passer sur (comme le fait un balai). *Son long manteau balaie le sol.* ➤ **traîner.** «*Les grands vents balayent la Lorraine*» BARRÈS. *Un faisceau électronique balaie l'écran d'un tube cathodique.* ➤ 2 **scanner ; balayage.**

BALAYETTE [balɛjɛt] **n. f.** – 1810 ; *baliete* hapax XIIIe ◊ de *balai* ▪ Petit balai à manche court. — SPÉCIALT Ce balai, utilisé pour nettoyer la cuvette des W.-C.

BALAYEUR, EUSE [balɛjœʀ, øz] **n.** – *balaieor* XIIIe ◊ de *balayer* ▪ **1** Employé(e) de la voirie qui balaie les rues. ▪ **2 n. f.** (1835) Véhicule muni d'une brosse rotative et destiné au balayage des voies publiques. *Une arroseuse-balayeuse.* ▪ **3 n. f. (Canada)** Aspirateur. *Passer la balayeuse.*

BALAYURES [balejyʀ] **n. f. pl.** – *baliure* 1387 ◊ de *balayer* ▪ Ce que l'on amasse, enlève avec un balai. ➤ **ordure ; débris, détritus, immondice.**

BALBUTIANT, IANTE [balbysjɑ̃, jɑ̃t] **adj.** – 1846 ◊ de *balbutier* ▪ **1** Qui balbutie. *Elle répondit, toute balbutiante.* ▪ **2** FIG. Qui en est encore à ses débuts (recherche). *Une science encore balbutiante.*

BALBUTIEMENT [balbysimɑ̃] **n. m.** – 1750 ◊ de *balbutier* ▪ **1** Action de balbutier, manière de parler d'une personne qui balbutie. *Le balbutiement d'un enfant.* ➤ **ânonnement, babil.** *Le balbutiement du bègue.* ➤ **bégaiement.** *Le balbutiement d'un ivrogne, d'une personne émue.* ➤ **bredouillement.** ▪ **2** FIG. **(surtout au plur.)** Première tentative maladroite (dans un art ou un autre domaine). ➤ **commencement, début.** *Les balbutiements de l'aviation.*

BALBUTIER [balbysje] **v.** ‹7› – 1390 ◊ latin *balbutire,* de *balbus* «bègue» ▪ **1 v. intr.** Articuler d'une manière hésitante et imparfaite les mots que l'on veut prononcer. «*J'hésite à chaque mot, je me trouble, je balbutie, ma tête se perd*» ROUSSEAU. ➤ **bafouiller, bégayer, bredouiller.** ◆ FIG. S'exprimer confusément ou maladroitement. «*Ces sciences commençantes, ces sciences où l'hypothèse balbutie*» ZOLA. ▪ **2 v. tr.** Dire en balbutiant. *Balbutier des excuses.* ➤ **bégayer, bredouiller.** *Balbutier une prière.* ➤ **marmotter.**

BALBUZARD [balbyzaʀ] **n. m.** – 1770 ; hapax 1676 ◊ anglais *bald buzzard* «busard chauve» ▪ Oiseau rapace diurne *(falconiformes),* piscivore, qui vit au bord de l'eau, appelé aussi *aigle* pêcheur.*

BALCON [balkɔ̃] **n. m.** – 1565 ◊ italien *balcone,* d'origine germanique ▪ **1** Plateforme en saillie (à la différence de la terrasse et de la loggia) sur la façade d'un bâtiment et qui communique avec les appartements par une ou plusieurs ouvertures, baies ou fenêtres. *Balcon en encorbellement. Balcon filant*. La balustrade d'un balcon. Balcon fermé de jalousies.* ➤ **moucharabieh.** *Se mettre au balcon. Balcon fleuri.* — LOC. FAM. *Il y a du monde au balcon :* elle a une poitrine opulente. ▪ **2** PAR EXT. Balustrade (2°) d'un balcon. *Balcon en fer forgé. S'accouder au balcon.* ▪ **3** Galerie d'une salle de spectacle s'étendant d'une avant-scène à l'autre. *Fauteuils, loges de balcon.* ▪ **4** MAR. Rambarde avant et arrière d'un bateau de plaisance.

BALCONNET [balkɔnɛ] **n. m.** – 1926 ◊ diminutif de *balcon* ▪ **1** Soutien-gorge découvrant largement le haut de la poitrine. ▪ **2** Étagère, amovible ou non, dans la porte d'un réfrigérateur.

BALDAQUIN [baldakɛ̃] **n. m.** – 1352 ◊ italien *baldacchino* «étoffe de soie de Bagdad» ▪ **1** Ouvrage de tapisserie en forme de dais et garni de rideaux, que l'on place au-dessus d'un lit (➤ **ciel**), d'un catafalque, d'un trône. *Lit à baldaquin.* ▪ **2** ARCHIT. Ouvrage soutenu par des colonnes et couronnant un trône, un autel. ➤ **dais.** *Le baldaquin des anciennes basiliques chrétiennes.*

BALE ➤ 3 **BALLE**

BALEINE [balɛn] **n. f.** – 1080 ◊ latin *ballæna,* du grec *phallaina* ▪ **1** Mammifère marin *(mysticètes),* cétacé de très grande taille (jusqu'à 20 m de long) dont la bouche est garnie de lames cornées (fanons). *Baleine grise de Californie. Baleine bleue.* ➤ **baleinoptère, rorqual.** *Baleine blanche.* ➤ **bélouga.** *Les baleines se nourrissent essentiellement de plancton et de krill. Les baleines soufflent de la vapeur d'eau par leurs évents*. Pêche à la baleine.* ➤ 1 **baleinier, baleinière.** «*L'acharnement barbare et inconsidéré des pêcheurs fera un jour disparaître la dernière baleine de l'océan*» J. VERNE. *Jonas, Pinocchio, dans le ventre de la baleine. — Blanc de baleine :* matière grasse extraite de l'huile de baleine et surtout des cavités crâniennes du cachalot, dont on se sert pour la fabrication de certains produits de beauté. ➤ **spermacéti.** — LOC. FAM. *Rire, se tordre comme une baleine,* en ouvrant la bouche toute grande. ▪ **2** Fanon de baleine, corne forte et flexible, dont on se servait pour la garniture des corsets. ➤ **busc.** — PAR EXT. Tige ou lame flexible (de métal, de matière plastique, etc.) servant à renforcer, à tendre un tissu. *Baleine de parapluie.* ▪ **3** FIG. PÉJ. Personne très grosse. ➤ **éléphant, hippopotame.** «*Martha est une femme lourde, une espèce de baleine quinquagénaire*» J.-P. DUBOIS.

BALEINÉ, ÉE [balene] **adj.** – 1364 ◊ de *baleine* ▪ Maintenu par des baleines (2°). *Soutien-gorge, col baleiné.*

BALEINEAU [balɛno] **n. m.** – 1694 ; *balenon* 1575 ◊ de *baleine* ▪ Petit de la baleine. *Les baleineaux peuvent mesurer jusqu'à six mètres à la naissance.*

1 **BALEINIER** [balenje] **n. m.** – XIXe ; hapax 1385 ◊ de *baleine* ▪ ANCIENNT Navire équipé pour traiter les baleines tuées à partir des baleinières. ◆ Navire-usine équipé pour le traitement industriel des baleines capturées par de plus petits bateaux (➤ **chasseur**).

2 **BALEINIER, IÈRE** [balenje, jɛʀ] **adj.** – 1821 ◊ de *baleine* ▪ Relatif à la pêche à la baleine. *Port baleinier. L'industrie baleinière.*

BALEINIÈRE [balɛnjɛʀ] **n. f.** – 1831 ◊ de *baleine* ▪ Embarcation longue et légère employée autrefois pour la pêche à la baleine. ◆ Canot de forme identique dont sont équipés les bateaux de gros tonnage.

BALEINOPTÈRE [balɛnɔptɛʀ] **n. m.** – 1803 ◊ du latin *ballæna* «baleine» et *-ptère* ▪ ZOOL. Nom scientifique du rorqual*.

BALÈSE ➤ **BALÈZE**

BALÈVRE [balɛvʀ] **n. f.** – XIIe «les deux lèvres» ◊ de *ba-,* de l'ancien bas francique °*balu* «mauvais», ou altération du préfixe *bes* (latin *bis* «deux») et *lèvre* ▪ ARCHIT. Saillie d'une pierre sur les autres dans un mur. *Abattre les balèvres.* — TECHN. Bavure à la surface d'une pièce fondue ou coulée faisant saillie sur cette surface.

BALÈZE [balɛz] **adj. et n.** – *balèz* 1927 ; argot des militaires 1916 ◊ provençal moderne *balès* «grotesque ; gros» ▪ FAM. OU POP. ▪ **1** Grand et fort. *Elle est balèze.* **n.** *Un gros balèze.* ▪ **2** Savant, instruit. *Il est balèze en maths.* ➤ **calé,** 1 **fort, trapu.** — On écrit parfois *balèse, balaise.*

BALISAGE [balizaʒ] n. m. – 1467 ◊ de *baliser* ■ **1** Action de poser des balises et autres signaux pour indiquer au navigateur les dangers à éviter ou la route à suivre ; ensemble de ces signaux. *Le balisage d'un port, d'un chenal, d'un aérodrome.* ➤ **signal ; 2 amer, 1 balise, bouée, 1 feu, réflecteur.** ■ **2** Ensemble de signaux placés dans l'axe du tracé d'une route, d'une voie de chemin de fer, etc. *Le balisage d'une piste de ski.* ■ **3** INFORM. Pose de balises (1, 3°) pour identifier les éléments (d'un texte). ➤ **codification ; HTML, XML.**

1 **BALISE** [baliz] n. f. – fin XVe ◊ du portugais *baliza*, dérivé mozarabe du latin *palitium*, de *palus* « pieu » ■ **1** MAR., AVIAT. Objet (bouée, poteau), dispositif lumineux, sonore ou radioélectrique destiné à guider le navigateur, le pilote en lui signalant les endroits dangereux, la route à suivre (➤ **balisage**). *Les balises d'une piste d'atterrissage, d'un chenal. Service des phares et balises.* — SPÉCIALT Perche élevée au-dessus de l'eau et surmontée d'un voyant. ■ **2** PAR EXT. Émetteur radioélectrique permettant au pilote d'un navire ou d'un avion de se diriger. — SPÉCIALT *Balise de télédétection* : balise émettrice placée sur un mobile et permettant de suivre ses déplacements (➤ **radiolocalisation**). *Balise de détresse* (➤ **GPS**). *Balise Argos*, émettant des signaux reçus par des satellites. *Balise radioélectrique.* ➤ **radiobalise.** ■ **3** INFORM. Dans un texte à composer, Code, marque servant à identifier, à décrire ou à mettre en forme un élément. Recomm. offic. pour *tag.*

2 **BALISE** [baliz] n. f. – 1832 ◊ de *balisier* ■ Fruit du balisier.

BALISER [balize] v. ⟨1⟩ – 1475 ◊ de 1 *balise*

I v. tr. ■ **1** Garnir, jalonner de balises. ➤ **balisage.** *Baliser un port, un chenal, un tracé de route* (➤ **flécher**), *un aérodrome.* — p. p. adj. *Chemin balisé*, où le parcours à suivre est indiqué d'un trait de peinture sur un arbre, une pierre (cf. Chemin de grande randonnée*). ■ **2** INFORM. Munir (un texte, une information) de balises.

II v. intr. (v. 1982) FAM. Avoir peur.

BALISEUR [balizœʀ] n. m. – 1516 ◊ de *baliser* ■ Personne qui pose des balises. ♦ MAR. *Bateau baliseur* ou *baliseur* : bâtiment spécialement équipé pour la pose des balises, bouées, etc.

BALISIER [balizje] n. m. – 1651 ; *balliri* 1645 ◊ emprunté à *baliri*, mot des Caraïbes, avec altération de la finale, p.-ê. sous l'influence de 1 *balise* ■ ➤ **canna.**

BALISTE [balist] n. f. et m. – 1546 ◊ latin *ballista*, du grec *ballein* « lancer » → arbalète ■ **1** n. f. Machine de guerre de l'Antiquité qui servait à lancer des traits, des projectiles. ➤ **catapulte, 1 onagre.** ■ **2** n. m. Poisson *(sclérodermes)*, à la bouche munie de dents assez fortes pour briser les coquilles de mollusques, et qui est réputé venimeux.

BALISTICIEN, IENNE [balistisjɛ̃, jɛn] n. – 1907 ◊ de *balistique* ■ DIDACT. Spécialiste de la balistique (2°).

BALISTIQUE [balistik] adj. et n. f. – 1647 ◊ de *baliste* ■ **1** Relatif aux projectiles. *Machines balistiques. Galvanomètre balistique* : galvanomètre sans ressort de rappel, pour mesurer des quantités d'électricité. *Engin balistique* : fusée. ■ **2** n. f. (1900) Science du mouvement des projectiles et des engins uniquement soumis aux forces de gravitation. ➤ **cinématique, cinétique, dynamique, mécanique ; astronautique.**

BALIVAGE [balivaʒ] n. m. – 1669 ◊ de *baliveau* ■ TECHN. Choix et marque (➤ **martelage**) des baliveaux qui doivent être conservés dans les coupes de forêts.

BALIVEAU [balivo] n. m. – 1549 ; *boiviaus* XIIIe ◊ p.-ê. de l'ancien français *baïf* « étonné », de *bayer* ■ **1** Jeune arbre non ébranché. — Arbre réservé dans la coupe des taillis pour qu'il puisse croître en futaie. ➤ **lais.** ■ **2** Support vertical utilisé dans les échafaudages.

BALIVERNE [balivɛʀn] n. f. – v. 1485 ◊ p.-ê. déverbal de *baliverner*, composé tautologique de *baller* et *verner* « tourner » ■ (Généralt au plur.) Propos futile et creux. *Débiter, dire des balivernes.* ➤ **billevesée, calembredaine, chanson, fadaise, faribole, histoire, sornette ;** RÉGION. **carabistouille.** « *Les balivernes, que plusieurs coteries veulent faire passer pour des vérités* » STENDHAL. — *Trêve de balivernes !* revenons à des choses plus sérieuses.

BALKANIQUE [balkanik] adj. – 1880 ◊ de *Balkans*, nom géographique ■ Relatif aux Balkans. *La péninsule balkanique. Les guerres balkaniques.*

BALKANISATION [balkanizasjɔ̃] n. f. – 1941, repris 1966 à propos d'autres pays ◊ de *balkanique* ■ POLIT. Morcellement politique d'un pays, d'un empire. *La balkanisation de l'Afrique.* — FIG. Émiettement, éclatement. ➤ **atomisation.** — v. tr. ⟨1⟩ **BALKANISER.** PRONOM. *Pays qui se balkanise.*

BALLADE [balad] n. f. – av. 1235 sens 2° ◊ ancien occitan *ballada*, de *ballar* « danser » ■ **1** (1563) ANCIENNT Chanson à danser et danse qu'elle accompagnait. ■ **2** Petit poème de forme régulière, composé de trois couplets ou plus, avec un refrain et un envoi. « *La Ballade des pendus* », *de François Villon.* ■ **3** Poème de forme libre, d'un genre familier ou légendaire. *Les ballades de Schiller.* « *Odes et Ballades* », *de Victor Hugo.* ■ **4** MUS. Morceau de forme quelconque qui illustre le texte d'une ballade. « *une de ces ballades de Chopin qui creusent les plaies et rongent les blessures de l'âme* » JALOUX. ■ HOM. Balade.

BALLANT, ANTE [balɑ̃, ɑ̃t] adj. et n. m. – 1687 ◊ de *baller.*

I adj. Qui remue, se balance (faute d'être appuyé, fixé). « *Henri perché sur un haut fauteuil remuait ses jambes ballantes* » CHATEAUBRIAND. *Rester les bras ballants.*

II n. m. ■ **1** (1687 ; déverbal de *balancer*) MAR. La partie d'une manœuvre amarrée qui ne travaille pas. *Tourner une drisse au taquet et lover son ballant.* ♦ Mouvement d'oscillation. *Une voiture chargée en hauteur a du ballant.* ■ **2** (Canada) Équilibre. *Perdre son ballant.*

BALLAST [balast] n. m. – 1375 « lest » ◊ mot scandinave, par le moyen bas allemand ■ **1** (1840 ◊ emprunté à l'anglais) Pierres concassées que l'on tasse sous les traverses d'une voie ferrée. *Carrière à ballast* (ou **BALLASTIÈRE** n. f.). ■ **2** (1943) MAR. Réservoir de plongée d'un sous-marin. ➤ **water-ballast.** — (1945) Compartiment étanche d'un navire, destiné à l'eau de mer servant de lest, au transport de l'eau, de carburants liquides. ■ **3** ÉLECTR. Résistance qui stabilise le courant dans un circuit.

BALLASTER [balaste] v. tr. ⟨1⟩ – 1855 ; « lester un navire » 1618 ◊ de *ballast* ■ **1** TECHN. Répartir du ballast sur (une voie de chemin de fer). ■ **2** (1960) MAR. Équilibrer (un navire) en en remplissant ou vidant les ballasts (➤ **déballastage**). *Ballaster un pétrolier.* — n. m. **BALLASTAGE** (TECHN. et MAR.).

1 **BALLE** [bal] n. f. – 1534 ◊ italien *palla* ■ **1** Petite sphère élastique dont on se sert pour divers jeux. ➤ **1 ballon, pelote.** *Jouer à la balle. Lancer, envoyer, recevoir, relancer, renvoyer la balle.* « *Tous les grands jeux de l'homme sont les jeux avec une balle, que ce soit le tennis, la chistera ou le billard. La balle est dans la vie ce qui échappe le plus aux lois de la vie* » GIRAUDOUX. *Balle de ping-pong, de tennis.* ANCIENNT *Balle de paume.* ➤ **éteuf.** *Crosser la balle* (au hockey). *La balle rebondit.* ➤ **bond, rebond.** *Prendre la balle au bond, de volée. Couper* la balle.* — Coup, échange de balles, dans un jeu. *Faire des balles, faire quelques balles*, pour se mettre en train au tennis. *Balle de set, de match* : le coup qui décide du jeu, du set, du match. *Une belle balle* : un beau coup. *Une balle bien placée.* — (1933 ◊ de l'anglais américain *softball*) (Canada) *Balle molle* : sport d'équipe analogue au baseball, qui se joue avec une balle plus grosse et moins dure. ➤ **softball.** ■ **2** LOC. FIG. *Prendre, saisir la balle au bond* : saisir avec à-propos une occasion favorable. — *La balle est dans votre (son) camp* : c'est à vous (à lui) d'agir. — *Renvoyer la balle, se renvoyer la balle* : répliquer avec vivacité, discuter avec animation ; se décharger sur qqn d'une obligation ennuyeuse. ♦ *Enfant de la balle* : à l'origine, fils d'un maître de jeu de paume, élevé dans la profession de son père. PAR EXT. Comédien, acteur, etc. dont les ascendants faisaient le même métier. « *Un homme qui n'était pas enfant de la balle, et qui avait appris la musique tout seul* » ROUSSEAU. ♦ loc. adv. FAM. *Raide comme balle* : avec rudesse. ■ **3** (Canada) Petite boule. *Balle de neige. Balle de laine* : pelote. ■ **4** (XVIe) Petit projectile métallique dont on charge les armes portatives ou automatiques et certaines pièces d'artillerie. *Balle de révolver, de fusil, de mitrailleuse.* ➤ **plomb ;** FAM. OU ARG. **bastos, dragée, praline, pruneau.** *Petite balle.* ➤ **chevrotine.** *Obus à balles.* ➤ **shrapnel.** *Le calibre d'une balle. La douille et l'amorce d'une balle.* ➤ **2 cartouche.** *Balle explosive. Balle dum-dum. Balle traçante. Arme de défense à balles souples* : recomm. offic. pour *flash-ball. Tirer à balles. Balle perdue*, qui n'atteint pas sa cible. *Être blessé, tué par balle.* « *debout au milieu d'un champ, [il] s'affaissait, troué comme une écumoire par les balles qu'il sentait entrer dans sa chair* » MAUPASSANT. *Corps criblé de balles. Se tirer une balle dans la tête.* FAM. *Se tirer une balle* : se suicider. *Se tirer une balle dans le pied ;* FIG. agir de manière contraire à ses intérêts, être l'artisan de son échec. « *lancer des accusations de prévarication revenait à s'avouer corrupteur, autant dire se tirer une balle dans le pied* » P. LEMAITRE. FAM. *Recevoir douze balles dans la peau* : être exécuté (par le peloton). — LOC. FAM. *Trou* de balle. C'est de la balle* : c'est formidable, sensationnel (cf. C'est mortel*, c'est une tuerie*). ■ **5** POP. VX Testicule. — LOC. FAM. *Peau de balle* : absolument rien. *Peau de balle et balai de crin.* ■ HOM. Bal.

2 **BALLE** [bal] n. f. – 1268 ◊ francique °*balla* → déballer, emballer ▪ **1** Gros paquet de marchandises généralement enveloppé de toile et lié de cordes. ➤ 1 **sac ; ballot.** *Faire, défaire une balle de coton. Une balle de café.* ➤ 1 **farde.** ◆ AGRIC. *Balle parallélépipédique, cylindrique :* paquets de foin (qui ont remplacé les meules). ➤ 2 **barge.** ▪ **2** (1833) FAM. et VIEILLI Figure. ➤ 1 **bille,** 2 **bouille.**

3 **BALLE** ou **BALE** [bal] n. f. – 1549 ◊ gaulois °*balu* ▪ AGRIC. Enveloppe des graines de céréales. ➤ **glume, glumelle.** *Balle d'avoine.*

4 **BALLE** [bal] n. f. – 1655 «livre» puis «franc» ◊ origine inconnue, p.-ê. de 1 *balle* par l'idée de rondeur ▪ (Toujours au plur. et avec un numér.) FAM. Franc, puis Euro. ➤ 1 **boule** (6°). *Une pièce de dix balles. J'en avais eu pour deux cents balles.* — FIG. *Un argument à deux balles,* sans valeur.

BALLER [bale] v. intr. ‹1› – fin XIIe «danser» ◊ latin impérial *ballare,* grec *ballein* «jeter» ▪ **1** VX Danser. *«Car il* [le singe] *parle, on l'entend : il sait danser, baller»* LA FONTAINE. ▪ **2** (début XXe ◊ de *ballant*) LITTÉR. Balancer, osciller, pendre, être ballant. ➤ **ballotter.**

BALLERINE [bal(ə)ʀin] n. f. – 1592, rare avant XIXe ◊ adaptation de l'italien *ballerina,* de *ballare* «danser» ▪ **1** Danseuse de ballet. *Les ballerines de l'Opéra.* ▪ **2** (1952) Chaussure de femme, plate et très décolletée, rappelant un chausson de danse.

BALLET [balɛ] n. m. – 1598 ◊ italien *balleto,* diminutif de *ballo* «bal» ▪ **1** Danse, chorégraphie orchestrée, exécutée sur scène par une ou plusieurs personnes. *Danser un ballet. L'art du ballet.* ➤ **chorégraphie.** *Auteur, compositeur de ballets.* ➤ **chorégraphe.** *Ballets de cour. Ballet classique, contemporain. Le corps de ballet de l'Opéra,* l'ensemble des danseurs qui y exécutent les ballets. *Maître de ballet :* technicien qui dirige les répétitions des danseurs. ◆ Ce spectacle de danse. *Assister à des ballets.* ◆ La musique de cette danse. ◆ Troupe de danseurs. *Arrivée d'un ballet américain à Paris. Les Ballets russes.* ▪ **2** FIG. Activité intense accompagnée de changements, d'échanges. *Ballet diplomatique. Ballet des ministres.* ➤ **valse.**
▪ HOM. Balai, balais.

BALLETTOMANE [balɛtɔman] n. – 1921 ; *balletomane* fin XIXe ◊ de *ballet* et *-mane* ▪ Amateur de ballets.

1 **BALLON** [balɔ̃] n. m. – 1557 ; «bombe pour feu d'artifice» 1549 ◊ italien *pallone,* dialectal *ballone,* de *palla* «balle» ▪ **1** Vessie de caoutchouc gonflée d'air et recouverte de cuir, de peau ou de caoutchouc épais, dont on se sert pour jouer ou pratiquer certains sports. ➤ 1 **balle.** *Jouer au ballon. Le ballon rond du football, ovale du rugby. Ballon de basketball, de handball, de waterpolo. Le ballon d'entraînement des boxeurs.* ➤ **punching-ball.** ◆ (1976) (Canada) *Ballon-balai :* sport d'équipe analogue au hockey sur glace, qui se pratique sans patins et avec de petits balais. ▪ **2** Grosse balle en caoutchouc, gonflée d'air. ▪ **3** Sphère plus légère que l'air, formée d'une pellicule très mince gonflée de gaz et qui sert de jouet aux enfants. *Ballon de baudruche. Marchand de ballons. Ballon qui s'envole. Un lâcher de ballons.* ▪ **4** PAR ANAL. APPOS. INV. *Pneu* ballon.* — COUT. *Manche ballon :* manche courte et gonflante. ▪ **5** (1782) Aérostat gonflé d'un gaz plus léger que l'air (hydrogène, hélium) et qui peut s'élever dans l'atmosphère sans organe de propulsion. *Les premières ascensions en ballon.* ➤ **montgolfière.** *La nacelle d'un ballon. Monter en ballon. Ballon dirigeable.* ➤ **dirigeable, zeppelin.** ◆ **BALLON D'ESSAI :** petit ballon qu'on lance pour connaître la direction du vent. — FIG. Expérience que l'on tente pour sonder les dispositions des gens, tâter l'opinion. ➤ 2 **test.** *Lancer un ballon d'essai.* ◆ *Ballon captif :* ballon retenu à terre par des cordes ou câbles qui l'empêchent de s'élever au-dessus d'une certaine hauteur. *«Une quinzaine de ces ballons captifs que les troupiers appellent des saucisses»* DUHAMEL. ▪ **6** *Ballon d'eau chaude :* appareil de production d'eau chaude à réservoir. ➤ **chauffe-eau, cumulus ;** RÉGION. **boiler.** ▪ **7** CHIM. Vase de verre de forme sphérique utilisé dans les laboratoires. *Ballon à fond plat, rond.* ◆ COUR. Verre à boire de forme sphérique muni d'un pied. APPOS. INV. *Des verres ballon.* — Contenu d'un tel verre. *Un ballon de rouge.* — (Suisse) Dans un restaurant, Verre d'une contenance d'un décilitre ; mesure d'un décilitre (de vin). ▪ **8** MÉD. *Ballon d'oxygène :* vessie ou bouteille remplie d'oxygène munie d'un tube d'aspiration, pour faire respirer et ranimer qqn. — FIG. Ce qui ranime, empêche l'asphyxie. *«Il faut que chacun de mes articles soit un ballon d'oxygène qui donne à respirer aux lecteurs une confiance justifiée»* BARRÈS. — (v. 1960) *Ballon d'alcootest,* destiné au contrôle du taux d'alcoolémie. ABSOLT *Souffler dans le ballon.* ▪ **9** FAM. VIEILLI Ventre. ◆ LOC. MOD. VULG. *Avoir le ballon :* être enceinte. ▪ **10** (milieu XXe ◊ de l'anglais américain *balloon* «bulle») Espace délimité par une courbe fermée, à proximité de la bouche d'un personnage de bande dessinée, qui contient ses paroles ou ses pensées. ➤ 2 **bulle.** ▪ **11** (Suisse) Petit pain rond.

2 **BALLON** [balɔ̃] n. m. – 1561 ◊ calque de l'allemand *Belchen,* confondu avec *Bällchen,* diminutif de *Ball* «balle» par étymologie populaire ▪ Montagne des Vosges. *Le ballon d'Alsace.*

BALLONNÉ [balɔne] n. m. – 1857 ◊ de *ballonner* ▪ CHORÉGR. Léger saut sur une seule jambe, l'autre effectuant un battement replié.

BALLONNEMENT [balɔnmɑ̃] n. m. – 1814 ◊ de *ballonner* ▪ Gonflement de l'abdomen, dû à l'accumulation des gaz intestinaux. ➤ **flatulence, météorisme.** *Avoir des ballonnements.*

BALLONNER [balɔne] v. tr. ‹1› – 1584 ◊ de 1 *ballon* ▪ **1** Gonfler comme un ballon. — p. p. adj. *Jupe ballonnée. «Les grosses outres molles des nuages ballonnés»* COLETTE. ▪ **2** Faire enfler l'abdomen de. *Les fourrages verts ballonnent les bestiaux.* — p. p. adj. MÉD. *Ventre ballonné,* distendu par la présence anormale d'air ou de liquide à l'intérieur de la cavité abdominale. *Se sentir ballonné,* le ventre ballonné. ➤ RÉGION. **coufle,** 2 **gonfle.**

BALLONNET [balɔnɛ] n. m. – 1874 ◊ de 1 *ballon* ▪ Petit ballon (3°, 5° ou 8°).

BALLON-SONDE [balɔ̃sɔ̃d] n. m. – 1875 ◊ de 1 *ballon* et *sonde* ▪ Ballon non habité muni d'appareils enregistreurs pour l'étude météorologique de la haute atmosphère. *Des ballons-sondes.*

BALLOT [balo] n. m. – 1406 ◊ de 2 *balle* ▪ **1** Petite balle de marchandises. — SPÉCIALT Paquet individuel (de vêtements, d'affaires personnelles). ➤ **balluchon.** *Un ballot de vieux vêtements. L'oreille d'un ballot :* le coin de toile en forme d'oreille qui sert à porter le ballot. ▪ **2** (1884) FAM. et VIEILLI Imbécile, idiot. *Quel ballot !* — adj. m. *Tu es un peu ballot. Ça, c'est ballot,* c'est bête.

BALLOTE [balɔt] n. f. – 1545 ◊ grec *ballôtê,* par le latin ▪ Plante herbacée *(labiacées),* dont une variété à fleurs mauves et à odeur fétide est commune le long des chemins, dans les décombres. ➤ **marrube** (noir).

BALLOTIN [balɔtɛ̃] n. m. – 1972, en Belgique ; «petit ballot» 1743 ◊ de *ballot* ▪ Emballage en carton pour confiseries, fermé par quatre rabats. *Un ballotin de chocolats.*

BALLOTTAGE [balɔtaʒ] n. m. – 1835 ; «vote» 1520 ◊ de *ballotte* n. f. «boule pour voter», de l'italien ▪ Dans une élection au scrutin majoritaire à deux tours, Résultat négatif d'un premier tour, aucun des candidats n'ayant réuni la majorité absolue des suffrages exprimés. *Plusieurs candidats sont en ballottage* (entre le premier et le second tour). *Scrutin de ballottage :* nouveau tour de scrutin.

BALLOTTEMENT [balɔtmɑ̃] n. m. – 1829 ◊ de *ballotter* ▪ Mouvement d'un corps qui ballotte. *Le ballottement d'un sac à dos.*

BALLOTTER [balɔte] v. ‹1› – 1611 ◊ de *ballotte* → ballottage ▪ **1** v. tr. Faire aller alternativement dans un sens et dans l'autre. ➤ **agiter, balancer, bringuebaler, remuer, secouer.** p. p. adj. *Nous avons été bien ballottés dans cette vieille voiture.* ➤ **cahoter.** *«Le chalutier repartit encore, courant sur le dos des flots, ballotté, secoué, ruisselant»* MAUPASSANT. ◆ FIG. (surtout au pass. et au p. p.) *Constamment ballotté entre son père et sa mère.* ➤ **tiraillé.** *Être ballotté entre des sentiments contraires.* ➤ **indécis.** ▪ **2** v. intr. Être agité, secoué en tous sens. ➤ **baller, remuer.** *Poitrine qui ballotte. «la bière tiède ballottant dans son estomac comme une sorte de corps étranger»* C. SIMON.

BALLOTTINE [balɔtin] n. f. – 1739 ◊ de *ballotte* → ballottage ▪ **1** Pièce de viande désossée, roulée et ficelée. *Ballottine de volaille.* ▪ **2** ABUSIF ➤ **galantine.**

BALLTRAP ou **BALL-TRAP** [baltʀap] n. m. – 1880 ◊ de l'anglais *ball* «balle» et *trap* «ressort» ▪ ANGLIC. Appareil à ressort qui lance une cible simulant un oiseau en plein vol, et que le chasseur doit toucher (cf. Tir* au pigeon). *S'exercer au balltrap. Des balltraps, des ball-traps.*

BALLUCHON ou **BALUCHON** [balyʃɔ̃] n. m. – 1821 ◊ de 2 *balle* ▪ Petit paquet d'effets maintenus dans un carré d'étoffe nouée aux quatre coins. ➤ **ballot.** — LOC. *Faire son balluchon :* partir.

BALNÉAIRE [balneɛʀ] adj. – 1865 ◊ latin *balnearius,* de *balneum* «bain» ▪ Relatif aux bains de mer. *Station balnéaire.*

BALNÉATION [balneasjɔ̃] **n. f.** – 1866 ◇ latin *balneatio* ■ **MÉD.** Action de prendre ou de donner des bains à des fins thérapeutiques (➤ **balnéothérapie**).

BALNÉOTHÉRAPIE [balneoterapi] **n. f.** – 1865 ◇ du latin *balneum* «bain» et *-thérapie* ■ Traitement médical par les bains. ➤ **hydrothérapie, thalassothérapie.**

BALOURD, OURDE [baluʀ, uʀd] **n. et adj.** – 1482 ; adj. 1597 ◇ réfection du moyen français *bellourd,* formé de *bes-* préfixe péj. et *lourd,* d'après l'italien *balordo* ■ **1** Personne maladroite et sans délicatesse. ➤ **rustaud, rustre.** — **adj.** Plus cour. *Elle est un peu balourde.* ➤ **lourd, lourdaud, maladroit.** ■ **2 n. m. PHYS.** *Balourd statique :* déséquilibre dans une pièce tournante dont le centre de gravité n'est pas sur l'axe de rotation. ■ **CONTR.** Adroit, délicat, 2 fin, spirituel, subtil.

BALOURDISE [baluʀdiz] **n. f.** – 1640 ◇ de *balourd* ■ **1** Propos ou action du balourd. ➤ 2 **gaffe, maladresse, stupidité.** *Faire des balourdises.* ■ **2** Caractère balourd. *Il est d'une balourdise étonnante.* ➤ **gaucherie, lourdeur, maladresse.** ■ **CONTR.** Délicatesse, finesse, subtilité.

BALSA [balza] **n. m.** – 1752 ◇ mot espagnol ■ Bois très léger utilisé pour les maquettes.

BALSAMIER [balzamje] **n. m.** – 1165 ◇ du latin *balsamum* «baume» ■ Arbre ou arbuste des régions chaudes *(burséracées)* qui produit une résine aromatique, la myrrhe. ➤ **baumier.**

BALSAMINE [balzamin] **n. f.** – 1545 ◇ du latin *balsamum* «baume» ■ Plante annuelle sauvage ou cultivée *(balsaminacées),* dont les capsules à maturité éclatent au moindre contact en libérant des graines. ➤ **impatiens.** *Balsamine des bois.* ➤ **noli me tangere.**

BALSAMIQUE [balzamik] **adj.** – 1516 ◇ latin *balsamum* «baume» ■ Qui a des propriétés comparables à celles du baume. *Drogue, bonbon balsamique,* qui contient un baume. — **n. m.** *Un balsamique.* ◆ Qui rappelle l'odeur du baume (2°). *L'odeur balsamique du cèdre. Vin aux notes balsamiques.* — *Vinaigre balsamique,* élaboré à partir de moût de raisin concentré par cuisson et mis à vieillir dans des tonneaux de bois différents qui lui confèrent une saveur douce et aromatique. *Salade de fruits rouges au vinaigre balsamique.* ■ **CONTR.** Irritant.

BALTE [balt] **adj. et n.** – 1928 ◇ de *Baltique* ■ Se dit des pays bordiers de la mer Baltique. *Les pays baltes :* Lituanie, Lettonie, Estonie. — Originaire de ces pays. *Les populations baltes.* **LING.** *Langues baltes :* le lituanien, le letton, etc. — **n.** *Les Baltes.*

BALTHAZAR [baltazaʀ] **n. m.** – 1851 ; «festin» XVIe ◇ de *Balthazar,* roi de Jérusalem ■ Grosse bouteille de champagne équivalant à 16 bouteilles normales.

BALTRINGUE [baltʀɛ̃g] **n.** – 1969 ◇ origine obscure ■ **FAM.** Personne incapable. ➤ **bouffon,** 2 **ringard, tocard.** *«il ne confierait pas les clés de son resto et de son camping à des baltringues dans leur genre»* **O. ADAM.** — Personne peureuse ; lâche. **REM.** Parfois employé au féminin pour désigner un homme : *Ce type, c'est une vraie baltringue !*

BALUCHON ➤ **BALLUCHON**

BALUSTRADE [balystʀad] **n. f.** – milieu XVIe ◇ italien *balaustrata,* de *balaustro* → balustre ■ **1** Rangée de balustres* portant une tablette d'appui. *Balustrade d'une terrasse.* ■ **2 PAR EXT.** Barrière à hauteur d'appui et à jour. ➤ **garde-corps.** *La balustrade d'un balcon, d'une passerelle* (➤ **rambarde**), *d'un escalier* (➤ **rampe**), *d'un pont* (➤ **garde-fou, parapet**). *Être accoudé à la balustrade.*

BALUSTRE [balystʀ] **n. m.** – 1529 ◇ italien *balaustro* ■ **1 ARCHIT.** Courte colonnette renflée, supportant un appui. *Parties d'un balustre.* ➤ **chapiteau, piédouche, tige,** 1 **vase.** *Ensemble de balustres.* ➤ **balustrade.** *«Des petits ponts courbes aux balustres de granit rongés par le lichen»* **LOTI.** ■ **2** (1680) Colonnette ornant le dos d'un siège. *Chaises à balustres.* ■ **3** (1867) *Compas à balustre* ou *balustre :* compas dont l'ouverture peut être réglée avec précision au moyen d'une tête à ressort et d'une vis antagoniste.

BAMBIN, INE [bɑ̃bɛ̃, in] **n.** – 1575, rare avant XVIIIe ◇ italien *bambino,* d'abord t. de peint. désignant l'enfant Jésus, d'un radical onomat. *bamb-* «sot, niais, puéril» ■ Jeune enfant, âgé(e) environ de deux à quatre ans. ➤ **enfant, gamin.** *De charmants bambins.*

BAMBOCHE [bɑ̃bɔʃ] **n. f.** – 1680 ◇ italien *bamboccio* «pantin», d'origine onomat. → bambin ■ **1 ANCIENNT** Marionnette de grande taille. ■ **2** (XVIIIe ◇ d'après *bambochade* [VX] «peinture burlesque») **FAM.** et **VIEILLI** Petite débauche. *Faire bamboche.* ➤ **bamboula,** 2 **bringue, fête*.**

BAMBOCHER [bɑ̃bɔʃe] **v. intr.** ⟨1⟩ – 1801 ◇ de *bamboche* ■ **FAM.** et **VIEILLI** Faire bamboche. — **n. BAMBOCHEUR, EUSE,** 1798.

BAMBOU [bɑ̃bu] **n. m.** – *bambu* 1598 ◇ mot portugais, du malais *bambu* ■ **1** Plante *(graminées)* tropicale ou semi-tropicale, à tige cylindrique souvent creuse, ligneuse, cloisonnée au niveau des nœuds, qui peut atteindre quarante mètres de hauteur (➤ **bambouseraie**). *Les tiges de bambou sont utilisées pour l'ameublement et la construction légère.* — *Pousses de bambou,* les bourgeons comestibles, utilisés dans la cuisine chinoise. — *Fibre de bambou* ou *bambou :* fibre textile fabriquée à partir de la cellulose de la pulpe de bambou. ■ **2** (1919) **FAM.** *Attraper un coup de bambou,* dans les pays chauds, une insolation. — **VIEILLI** *Avoir le coup de bambou :* avoir un accès de folie, un comportement bizarre. **MOD.** *C'est le coup de bambou :* c'est très cher* (cf. Coup de barre*, de masse*).

BAMBOULA [bɑ̃bula] **n. m. et f.** – 1790 ; *bombalon* 1688 ◇ mot bantou

I n. m. ■ **1 VX** Tam-tam. ■ **2 ARG.** (injure raciste) Noir d'Afrique. ➤ **nègre.** *«le plus souvent nous entendions "les macaques, les négros, les bamboulas, les banania...", la liste des insultes était longue»* **J.-P. NOZIÈRE.**

II n. f. ■ **1 VX** Série de danses africaines exécutées au son du bamboula, durant tout un après-midi et la nuit qui suit. *«C'est aux griots que revient le soin de battre le tam-tam pour les bamboulas»* **LOTI.** ■ **2** (1913 argot des militaires) **FAM. VIEILLI** *Faire la bamboula :* faire la fête. ➤ **bamboche, fête*, nouba.**

BAMBOUSERAIE [bɑ̃buzʀɛ] ou **BAMBOUSAIE** [bɑ̃buzɛ] **n. f.** – milieu XXe ◇ de *bambou* ■ Plantation de bambous.

BAN [bɑ̃] **n. m.** – v. 1130 «convocation faite par le suzerain à ses vassaux pour le servir à la guerre» ◇ francique °*ban* ■ **1 ANCIENNT** Proclamation officielle, publique de qqch., en particulier d'un ordre, d'une défense. — **MOD.** Proclamation solennelle d'un futur mariage. *Les bans sont affichés à la porte de la mairie où sera célébré le mariage. On a publié les bans.* ➤ **publication** (de mariage). ■ **2 PAR EXT.** Roulement de tambour précédant la proclamation d'un ordre, la remise d'une décoration. *Ouvrir, fermer le ban.* — Arrêté municipal (issu d'un ancien droit féodal) fixant la date d'ouverture de certains travaux agricoles. *Ban de vendange, de moisson.* — **PAR EXT.** Applaudissements rythmés. ➤ **ovation.** *Un ban pour le vainqueur !* ■ **3 FÉOD.** Convocation des vassaux par le suzerain, et **PAR EXT.** Le corps de la noblesse ainsi convoqué. — **LOC. FIG.** *Le ban et l'arrière-ban :* tout le monde. *Il avait convoqué à cette réception le ban et l'arrière-ban de ses amis et connaissances.* ■ **4** Exil qui était imposé par proclamation. ➤ **bannissement.** *Mettre qqn au ban.* ➤ **bannir.** *Être en rupture de ban :* enfreindre le jugement de bannissement, en parlant d'un interdit de séjour. — **LOC. FIG.** *En rupture de ban,* affranchi des contraintes de son état. *Des lycéens en rupture de ban.* ■ **5** *Mettre un prince au ban de l'empire* (dans l'ancienne constitution germanique), le déclarer déchu de ses droits et privilèges. — **FIG.** *Mettre qqn au ban de la société, un pays au ban des nations,* le déclarer indigne, le dénoncer au mépris public. ■ **6** (du sens 2°) (Suisse) **LOC.** *Mettre à ban :* interdire, par décision judiciaire, l'accès de. ■ **HOM.** Banc.

BANAL, ALE [banal] **adj.** – 1247 ; *bannel* 1269 ◇ de *ban*

I *Banal, ale, aux.* **HIST.** Qui appartient au ban, circonscription du suzerain. *Fours, moulins banaux,* dont les gens d'une seigneurie étaient tenus de se servir en payant une redevance au seigneur. — **PAR EXT.** ➤ **communal.** *«Quelques prairies banales où les plus gênés menaient pacager leurs vaches»* **FROMENTIN.**

II *Banal, ale, als* (1778) **FIG.** ■ **1** Qui est extrêmement commun, sans originalité. ➤ 1 **courant, ordinaire.** *Un cas assez banal. Quoi de plus banal ? Ça, ce n'est pas banal ! Propos banals.* ➤ **banalité, cliché.** *Sujet banal.* ➤ **bateau, rebattu.** *Plaisanterie banale.* ➤ 1 **plat, usé.** — **n. m.** *Le banal.* ➤ **banalité.** ■ **2 INFORM.** *Mémoire banale,* qui peut enregistrer des nombres, des adresses ou des instructions. — **MATH.** *Solution banale d'une expression,* solution qui est nulle. ➤ **trivial.** ■ **CONTR.** Curieux, extraordinaire, nouveau, 2 original, recherché, remarquable.

BANALEMENT [banalmɑ̃] **adv.** – avant 1845 ◇ de *banal* ■ D'une manière banale. *Disparus ? Ils sont en vacances, tout banalement.*

BANALISATION [banalizasjɔ̃] **n. f.** – 1882 ◇ de *banaliser* ■ **1** Action de rendre ou de devenir banal, ordinaire, d'entrer dans les mœurs. *La banalisation du tourisme. Il faut éviter la banalisation de la drogue.* ■ **2** Suppression de toutes marques distinctives (sur un véhicule, etc.). ➤ **banalisé.** *La banalisation des voitures de police.* ■ **3** Action de banaliser* (2°). *La banalisation d'un campus universitaire.* ■ **4 CH. DE FER** Action de banaliser* (3°). — Équipement et mise en circulation d'une voie de chemin de fer afin que les convois puissent l'emprunter dans les deux sens.

BANALISÉ, ÉE [banalize] **adj.** – v. 1960 ◊ de *banaliser* ■ Dépourvu de ses signes distinctifs. *Une voiture de police banalisée. Canal banalisé, bande de fréquences banalisée :* recomm. offic. pour 1 *CB.*

BANALISER [banalize] **v. tr.** ‹1› – 1842 ◊ de *banal* ■ **1** Rendre banal, ordinaire. *Cette coiffure le banalise.* ➤ **dépersonnaliser.** *Banaliser un thème.* **p. p. adj.** *Idées banalisées.* — PRONOM. «*Comme toute comparaison originale doit forcément, à la longue, se banaliser, n'en jamais faire*» RENARD. ♦ Rendre commun, faire entrer dans les habitudes sociales. *On a banalisé le dépistage de cette maladie.* ■ **2** Mettre (un bâtiment administratif) sous le régime du droit commun. *Banaliser un campus universitaire.* **p. p. adj.** *Bâtiment banalisé.* ■ **3** CH. DE FER *Banaliser une locomotive,* la faire conduire par plusieurs équipes de machinistes. — *Banaliser une voie de chemin de fer,* la mettre en circulation tantôt dans un sens tantôt dans l'autre ; l'équiper d'une double signalisation. — **p. p. adj.** *Voie banalisée.*

BANALITÉ [banalite] **n. f.** – milieu XVIe ◊ de *banal* ■ **1** FÉOD. Obligation pour les gens d'une seigneurie de se servir du four, du moulin banal, moyennant redevance. ■ **2** (XIXe) MOD. Caractère de ce qui est banal. *Ses propos sont d'une affligeante banalité.* «*La banalité de la vie est à faire vomir de tristesse*» FLAUBERT. ■ **3** Idée, propos, écrit banal. *Ce livre est un tissu de banalités.* ➤ **cliché, évidence, 1 lieu** (commun), **platitude, poncif, stéréotype, truisme.** *Le voyage* «*permet de débiter des banalités artistiques qui semblent toujours profondes*» MAUPASSANT. ■ CONTR. Nouveauté, originalité.

BANANA SPLIT [bananasplit] **n. m.** – v. 1960 ◊ mot anglais américain, de *banana* «banane» et *split* «tranche» ■ Banane coupée en deux dans la longueur, accompagnée de glace à la vanille et de crème chantilly garnie d'amandes pilées. *Des bananas splits* ou *des banana splits.*

BANANE [banan] **n. f.** – 1602 ◊ du portugais, emprunté à une langue bantoue de Guinée. REM. La première forme *bannana* (1598) est du latin scientifique. ■ **1** Fruit oblong (baie), à pulpe farineuse, à épaisse peau jaune, que produit la grappe de fleurs du bananier. *Un régime de bananes. Peler une banane. Peau, pelure de banane. Mûrisserie* de bananes. Bananes flambées. Banane plantain,* consommée cuite (aux Antilles, en Afrique), comme légume. *Des bananes plantains.* — LOC. FIG. **PEAU DE BANANE :** procédé déloyal destiné à «faire tomber» qqn. *Glisser une peau de banane à qqn* (cf. Savonner* la planche à qqn). — FAM. *(Se) prendre une banane :* obtenir une mauvaise note, un mauvais résultat. ➤ FAM. **se bananer.** *Avoir la banane :* être en forme, de bonne humeur ; arborer un large sourire. «*il avait une banane terrible. Il souriait encore après la froide exécution de Piotr*» PH. CARRESE. ...*et des bananes :* et un peu plus, et quelques. «*Jusqu'à trente ans et des bananes, je courais la gueuse*» Y. QUEFFÉLEC. ■ **2** PAR ANAL. FAM. Décoration militaire. ♦ Butoir de parechoc. ♦ Grand hélicoptère à deux rotors. ♦ ÉLECTR. *Fiche-banane* ou *banane :* fiche mâle à broche unique, d'usage courant en électronique. ♦ (v. 1955) Coiffure masculine consistant en une épaisse mèche gominée enroulée au-dessus du front. «*des jeunes dans les vingt ans coiffés en banane*» R. FORLANI. — *Chignon banane,* où les cheveux sont ramassés derrière la tête de manière à former un rouleau vertical. ♦ (1974) Sac-ceinture qui se porte sur le ventre.

BANANER [banane] **v. tr.** ‹1› – 1978 ◊ de *banane,* par allus. à la peau de banane ■ FAM. ■ **1** *Se faire bananer :* se faire avoir, se faire arnaquer. — Se faire battre, subir un échec. *Il s'est fait bananer aux élections.* ■ **2 v. pron.** Tomber ; FIG. échouer. ➤ **se planter, se ramasser.** *Il s'est banané à l'exam.*

BANANERAIE [bananʀɛ] **n. f.** – 1928 ◊ de *banane* ■ Plantation de bananiers.

1 **BANANIER** [bananje] **n. m.** – 1604 ◊ de *banane* ■ **1** Plante herbacée géante des zones tropicales humides *(musacées),* dont le fruit est la banane. «*des bananiers, qui donnent toute l'année de longs régimes de fruits*» BERNARDIN DE SAINT-PIERRE. *Les feuilles de bananiers peuvent atteindre 4 mètres ; leurs pédicules emboîtés simulent un tronc* (➤ **stipe**). *Bananier textile,* qui donne le chanvre de Manille. ➤ **abaca.** *Plantation de bananiers.* ➤ **bananeraie.** ■ **2** Cargo spécialement équipé pour le transport des bananes.

2 **BANANIER, IÈRE** [bananje, jɛʀ] **adj.** – 1985 ◊ de *banane* ■ **1** Qui concerne la culture des bananes. «*Plantations bananières*» (Le Monde, 1986). ■ **2** POLIT. *République bananière,* apparemment démocratique, mais régie par les intérêts privés de la prévarication (comme les régimes d'Amérique centrale dominés par de grandes sociétés agricoles).

BANC [bɑ̃] **n. m.** – 1050 ◊ germanique *°bank-*

I ■ **1** Long siège, avec ou sans dossier, sur lequel plusieurs personnes peuvent s'asseoir à la fois. *Banc de pierre, de bois, de fer. Banc de jardin. Banc rembourré.* ➤ **banquette.** *Bancs d'un amphithéâtre.* ➤ **gradin.** — LOC. *Sur les bancs de l'école :* pendant le temps de la scolarité. *Nous nous sommes connus sur les bancs de l'école.* — *Bancs de nage*.* — *Char* à bancs.* ♦ Ce siège, réservé, dans une assemblée. *Le banc des ministres,* à l'Assemblée nationale. *Banc des avocats. Banc des accusés,* au tribunal. LOC. *(Être) au banc des accusés,* dans une situation d'accusation. ANCIENNT *Banc d'œuvre,* réservé aux marguilliers. ■ **2** (1947) (Canada) *Petit banc :* tabouret. *Un petit banc de piano.*

II PAR EXT. TECHN. Bâti, assemblage de montants et de traverses. *Un banc de tourneur, de menuisier.* ➤ 1 **établi, table.** *Banc à broches,* dans la filature du coton. ♦ TECHNOL. *Banc de mesure :* ensemble d'instruments de mesure destinés au contrôle et à la maintenance d'appareils. *Banc automatique, de test.* ♦ **BANC D'ESSAI :** bâti sur lequel on monte des moteurs ou des machines pour les éprouver. — (1927 «épreuve cycliste») FIG. Épreuve à laquelle est soumise une personne, une chose ; concours organisé pour des débutants, où ils s'essayent. *Mettre au banc d'essai.* ♦ AUDIOVIS. **BANC-TITRE :** dispositif sur lequel sont fixés une caméra fonctionnant image par image et les documents à filmer (générique, titre), pour l'intégration du texte à l'image. *Des bancs-titres.*

III Amas de diverses matières formant une couche plus ou moins horizontale. ■ **1** *Banc de sable, de vase, de roches.* ➤ **écueil, haut-fond.** *Banc de glace.* ➤ **banquise.** *Banc de coraux.* ➤ **récif.** — (1722) (Canada) *Banc de neige :* amas de neige entassée naturellement (➤ **congère**), ou mécaniquement lors d'un déneigement. *Un chemin* «*bordé de chaque côté par d'énormes bancs de neige*» Y. BEAUCHEMIN. ■ **2 BANC DE POISSONS :** grande quantité de poissons assemblés par espèce. *Un banc de harengs. Banc d'huîtres.* ➤ **huîtrière.** ■ **3** GÉOL. Se dit des couches géologiques qui composent un terrain. *Banc de marne. Banc de pierre :* chaque lit de pierre dans une carrière, une mine. ➤ **assise, couche.**

■ HOM. Ban.

BANCABLE [bɑ̃kabl] **adj.** – 1877 ◊ de *banque* ■ FIN. Se dit de titres remplissant les conditions requises pour être réescomptés auprès de la Banque de France. *Effet, papier bancable.* — (anglais *bankable*) *Projet bancable,* susceptible d'être financé par une banque, un investisseur.

BANCAIRE [bɑ̃kɛʀ] **adj.** – 1912 ◊ de *banque* ■ COUR. Relatif aux banques, aux opérations de banque. *Compte bancaire. Chèque bancaire. Relevé* d'identité bancaire. Crédit, prêt bancaire. Interdit* bancaire.*

BANCAL, ALE [bɑ̃kal] **adj.** – 1747 ◊ de *banc,* les pieds d'un banc étant souvent divergents ■ **1** (PERSONNES) Qui a une jambe ou les jambes torses, et dont la marche est inégale. ➤ **bancroche, boiteux, claudicant.** *Des enfants bancals.* ■ **2** Se dit d'un meuble dont les pieds sont inégaux et qui n'est pas d'aplomb. *Une table bancale.* ■ **3** (ABSTRAIT) Qui manque de rigueur, d'équilibre, de fondement. *Un raisonnement complètement bancal.* ➤ **boiteux.**

BANCARISATION [bɑ̃kaʀizasjɔ̃] **n. f.** – 1973 ◊ de *bancarisé* ■ FIN. Importance de la population titulaire d'un compte en banque. *Indice, taux de bancarisation. La bancarisation croissante.*

BANCARISÉ, ÉE [bɑ̃kaʀize] **adj.** – 1984 ◊ du radical de *bancaire* ■ FIN. Dont la plupart des habitants ont un compte en banque. *Pays bancarisé.*

BANCASSURANCE [bɑ̃kasyʀɑ̃s] **n. f.** – 1988 ◊ du radical de *bancaire* et *assurance* ■ Distribution de produits d'assurance par les réseaux bancaires.

BANCHE [bɑ̃ʃ] **n. f.** – 1785 ◊ fém. région. de *banc* ■ Côté d'un moule à pisé, à béton. Le moule lui-même.

BANCHER [bɑ̃ʃe] **v. tr.** ‹1› – 1953 ◊ de *banche* ■ Couler (du béton, du pisé) dans des banches. — *Béton banché.*

1 **BANCO** [bɑ̃ko] **adj.** et **n. m.** – 1679 ◊ mot italien «banc, comptoir de banque» ■ **1** VX S'est dit des valeurs en banque indépendantes des variations du change. *Florin banco.* ■ **2 n. m.** *Faire banco :* tenir seul l'enjeu contre la banque, au baccara et à d'autres jeux. *Un banco de 5 000 euros. Des bancos. Banco !* interjection utilisée pour annoncer qu'on tient le banco ; FIG. et FAM. formule par laquelle on relève un défi.

2 **BANCO** [bɑ̃ko] **n. m.** – 1974 ◊ d'une langue du Niger ■ Matériau de construction traditionnel en Afrique noire, fait de terre argileuse et de paille hachée. *« Il faut que je mette de l'enduit sur le banco »* SEMBENE.

BANCOULIER [bɑ̃kulje] **n. m.** – 1808 ◊ de *bancoul,* de *Bancoulen,* nom d'une ville de Sumatra ■ Grand arbre des îles de la Sonde.

BANCROCHE [bɑ̃kʀɔʃ] **adj.** – 1730 ◊ de *banc* et de 1 *croche* ■ FAM. et VIEILLI Qui a les jambes torses et la marche irrégulière. ➤ **bancal, boiteux.**

BANDAGE [bɑ̃daʒ] **n. m.** – 1508 ◊ de *bander*
I ■ **1** RARE Action de bander, de fixer un pansement. ■ **2** COUR. Bandes de tissu ainsi appliquées. *Bandage simple.* ➤ 1 **bande, écharpe, pansement.** *Bandage en T, croisé* (➤ **spica**). *Bandage ouaté. Bandage herniaire. Faire refaire son bandage à l'hôpital.* ■ **3** TECHN. Bande de métal ou de caoutchouc qui entoure la jante d'une roue. *Bandages métalliques des charrettes, des brouettes.* — Partie extérieure du pneumatique qui enveloppe la chambre à air.
II Action de tendre, de bander. *Le bandage d'un arc.*

BANDAGISTE [bɑ̃daʒist] **n.** – 1701 ◊ de *bandage* ■ Personne qui fabrique, qui vend des bandages chirurgicaux. ➤ **orthopédiste.**

BANDANA [bɑ̃dana] **n. m.** – 1984 ◊ de l'hindi *bandhnu,* par l'anglais américain ■ Petit foulard carré de coton imprimé. *Des bandanas. « Le voile islamique prohibé deviendra foulard ou bandana autorisé »* (Le Monde, 2004).

BANDANT, ANTE [bɑ̃dɑ̃, ɑ̃t] **adj.** – 1920 argot ; répandu v. 1975 ◊ de *bander* ■ FAM. ■ **1** Qui provoque l'excitation sexuelle, qui fait bander (II). ➤ **excitant, désirable.** *« C'est que tu es vachement bandante, disait-il. Tu me rends fou tu sais »* CH. ROCHEFORT. ■ **2** (Surtout négatif) Qui donne du plaisir, intéresse. ➤ **passionnant.** *Le programme n'est pas très bandant. « Idée extrêmement bandante »* C. CUSSET.

1 **BANDE** [bɑ̃d] **n. f.** – début XIIe ◊ francique °*binda* « lien » ■ **1** Morceau d'étoffe, de cuir, de papier, de métal, etc., plus long que large, qui sert à lier, maintenir, recouvrir, border ou orner qqch. ➤ **lien, ligature ; courroie, lanière, ruban.** *L'enfant découpait des bandes de papier. Bande enroulée.* ➤ **rouleau.** — *Bande Velpeau :* bande élastique de crêpe, de coton ou de laine servant à maintenir un pansement, une partie du corps. — *Bande molletière,* que les soldats enroulaient autour de leurs mollets. — Partie ajoutée au bas d'un vêtement. *Manteau rallongé d'une bande de fourrure.* — *Bande de roulement :* partie de l'enveloppe d'un pneumatique en contact avec le sol. — *Bande de journal,* dont on entoure un journal plié, pour l'expédier. *Bande de mitrailleuse,* sur laquelle sont fixées les cartouches. ◆ Film cinématographique, qui a cette forme. ➤ **pellicule.** *La bande a sauté à la projection. Bande sonore* ou *bande-son :* support matériel de l'enregistrement sonore (d'un film) ; l'enregistrement lui-même. *Des bandes-sons. La bande originale d'un film* (ABRÉV. FAM. *B. O.*) : l'enregistrement sonore original ; SPÉCIALT l'enregistrement original de la musique d'un film. *Bande-annonce :* montage d'extraits d'un film servant à présenter ce film au public avant sa sortie. ➤ aussi ANGLIC. **teaser.** *Des bandes-annonces. Bande-amorce*.* — *Bande magnétique d'un magnétophone, d'un ordinateur.* ➤ **cassette.** *Magnétophone à bande* (par oppos. à *magnétophone à cassette*). *Les pistes d'une bande magnétique. Bande vidéo :* bande magnétique pour l'enregistrement des images, et éventuellement des sons. ➤ **magnétoscope ; vidéo.** *Bande mère :* recomm. offic. pour 1 *master.* — *Bande perforée :* bande de papier ou de plastique perforé selon un code qui permet de transmettre l'information. ■ **2** Partie étroite et allongée de qqch. *Bande de terrain. La bande de Gaza. Bandes d'une chaussée,* limitées par une ligne. ➤ **file.** *Chaussée à trois bandes.* ➤ **voie.** *Bande d'arrêt d'urgence :* sur une autoroute, voie aménagée le long de chacune des chaussées, sur laquelle on peut stationner en cas de panne ou d'accident. — Large rayure. ➤ 1 **raie.** *Tissu à bandes bleues. Bandes d'un drapeau.* — BLAS. Pièce honorable allant de l'angle dextre du chef de l'écu à l'angle sénestre de la pointe. ◆ (1929, répandu v. 1955) **BANDE DESSINÉE :** suite de dessins (➤ **cartoon**) qui racontent une histoire. ➤ FAM. **B. D., bédé** (cf. aussi Roman graphique*). *Ballons, bulles* des bandes dessinées. Album de bandes dessinées. Bande dessinée américaine* (➤ ANGLIC. **comics**), *japonaise* (➤ **manga**). *Collection de bandes dessinées.* ➤ **bédéthèque.** ■ **3** Rebord élastique qui entoure le tapis d'un billard. *Toucher la bande. Jouer par la bande.* — LOC. FIG. *Prendre qqn, faire qqch. par la bande,* de biais, par des moyens indirects. *Je l'ai su par la bande.* ■ **4** PHYS. *Bande de fréquences :* domaine de fréquences compris entre deux valeurs limites. *Bande de fréquences banalisée* (ou *publique*) : recomm. offic. pour 1 *CB. Bande d'émission, d'absorption. Spectre de bande :* spectre optique où les radiations absorbées forment une bande (et non une ligne). *Largeur de bande. Bande passante :* intervalle de fréquences transmises sans distorsions sur un support ; quantité de données ainsi transmises. *Bande passante d'un ampli. La bande passante définit la qualité du débit sur Internet. Émetteur-récepteur sur deux bandes.* ➤ **bibande.** — *Bande d'énergie :* ensemble de niveaux d'énergie (pour les électrons).

2 **BANDE** [bɑ̃d] **n. f.** – 1360 ◊ italien *banda* « bande », du germanique *bandwa* « étendard » ■ **1** Groupe d'hommes qui combattent ensemble sous une même bannière, derrière un même chef. ➤ **troupe.** *Bandes armées, bandes rebelles.* ■ **2** Groupe organisé et stable de personnes associées pour quelque dessein. ➤ **équipe, groupe, troupe.** *Bande de malfaiteurs, de voleurs* (➤ **gang**). *La bande à Bonnot. Une dangereuse bande. Une bande d'adolescents. « Nous, on déconne comme ça mais on n'est pas méchants, on est une bande de jeunes »* COLUCHE. PAR DÉNIGR. *Lui et toute sa bande. Quelle bande !* ➤ **clan, clique, coterie, mafia.** — DR. *Bande organisée :* « tout groupement formé ou entente établie en vue de la préparation, caractérisée par un ou plusieurs faits matériels, d'une ou de plusieurs infractions » (CODE PÉNAL). *Proxénétisme aggravé en bande organisée.* ◆ Regroupement occasionnel de personnes ayant des points communs. *Aller, sortir en bande. Une joyeuse bande. Une bande de fêtards, de copains.* — T. d'insulte collect. *Bande de lâches, de cons !* ➤ **tas.** — LOC. (milieu XVIe) **FAIRE BANDE À PART :** se mettre à l'écart d'un groupe (en parlant de plusieurs personnes). *« Les dames et Albertine faisant bande à part pour ne pas gêner la conversation »* PROUST. ■ **3** (1876) (Canada) Communauté amérindienne légalement reconnue et généralement établie dans une réserve. *Conseil de bande.* ■ **4** Groupe d'animaux. ➤ **banc, horde, meute.** *« Les perdreaux vont par bandes »* DAUDET. ➤ **compagnie.**

3 **BANDE** [bɑ̃d] **n. f.** – 1616 ◊ provençal *banda* « côté », du germanique *bandwa* ■ MAR. ■ **1** VX Côté. ■ **2** MOD. Inclinaison que prend un navire sur un bord. ➤ **gîte.** *Bateau qui donne de la bande,* qui penche d'un côté.

BANDÉ, ÉE [bɑ̃de] **adj.** – 1690 ◊ de 1 *bande* ■ BLAS. Qui porte plusieurs bandes. *Écu bandé d'or et de sable.*

BANDEAU [bɑ̃do] **n. m.** – *bandel* XIIe ◊ de 1 *bande* ■ **1** Bande qui sert à ceindre le front, la tête. ➤ **serre-tête, turban.** *Les cheveux retenus par un bandeau. Bandeau du skieur qui protège les oreilles du froid. Bandeau royal,* dont les rois ceignaient leur front. ➤ **diadème ; couronne.** — Partie d'une coiffure qui ceint le front. *Bandeau de képi. Bandeau de religieuse, d'infirmière.* ➤ **coiffe, fronteau.** ■ **2** PAR ANAL. Cheveux qui serrent le front, les tempes, dans une coiffure féminine à cheveux longs. *« Ses cheveux dont les deux bandeaux noirs semblaient chacun d'un seul morceau tant ils étaient lisses »* FLAUBERT. ■ **3** Bande de tissu qui couvre la poitrine ; soutien-gorge sans bretelles. *« un maillot deux pièces : une fine culotte et un bandeau, rose, qui cache à peine ses seins »* L. SLIMANI. ■ **4** Morceau d'étoffe qu'on met sur les yeux de qqn pour l'empêcher de voir. *Mettre un bandeau pour jouer à colin-maillard.* — LOC. FIG. *Avoir un bandeau sur les yeux :* s'aveugler, refuser d'admettre la vérité. *Arracher le bandeau des yeux de qqn* (cf. Ouvrir les yeux* à qqn). ■ **5** ARCHIT. Moulure plate unie, autour d'une baie. ➤ **frise, moulure, platebande.** ■ **6** JOURNAL. Titre placé en haut de la page et sur toute la largeur du journal. ■ **7** Bande de papier qui entoure un livre et porte un texte publicitaire. ◆ Zone d'une page web sur laquelle s'affiche un court message publicitaire. ➤ **bannière.** *Bandeau commercial, publicitaire. Bandeau animé.*

BANDELETTE [bɑ̃dlɛt] **n. f.** – 1377 ◊ diminutif de 1 *bande, bandeau* ■ **1** Petite bande de tissu. *Bandelettes des momies égyptiennes. « Une mince bandelette enroulant ses spirales infinies autour des membres »* GAUTIER. ◆ Petites bandes dont les prêtres païens se ceignaient le front, dont on parait les victimes. ➤ **infule.** *Les bandelettes sacrées.* ■ **2** ARCHIT. Petite moulure plate. ■ **3** MÉD. Petit rectangle de papier imprégné d'un réactif, qui permet de détecter une substance dans le sang ou les urines.

BANDER [bɑ̃de] **v.** ⟨1⟩ – fin XIIe ◊ de 1 *bande*
I **v. tr.** ■ **1** Entourer d'une bande que l'on serre. *Bander le front d'un blessé* (➤ **bandage**). — **p. p. adj.** *Main bandée.* ■ **2** Couvrir (les yeux) d'un bandeau. *Bander les yeux d'un condamné avant de le fusiller.* — **p. p. adj.** *Les yeux bandés.* ■ **3** Tendre avec effort. *Bander la corde d'un arc ;* PAR EXT. *bander un arc. « Chaque fois que le ressort commençait à être bien bandé,*

crac, il échappait au cran d'arrêt» MARTIN DU GARD. ◆ FIG., VX ou LITTÉR. ➤ 1 **tendre.** *Bander ses muscles. Bander son esprit.* — PRONOM. ➤ se **raidir,** se **tendre.** *«Un de ces êtres dont les facultés sursautent et se bandent aussitôt devant l'imprévu»* GIDE.

II v. intr. Être tendu. ◆ (1655) FAM. Être en érection. *«Quand je pense à Fernande, Je bande, je bande»* BRASSENS (➤ **bandant**). *Faire bander qqn ;* FIG. provoquer son intérêt. *«y a rien pour moi là-dedans, y a rien qui m'intéresse, rien qui me fasse bander»* KERANGAL.

■ CONTR. Détendre, relâcher. — 1 Débander.

BANDERILLE [bɑ̃dʀij] n. f. – 1782 ; *banderilla* 1840 ◇ espagnol *banderilla*, dimin. de *bandera* «bannière» ■ Chacun des deux dards ornés de bandes multicolores que les toréros plantent dans le garrot du taureau pendant la corrida. *Pose des banderilles. «Le taureau mal habitué encore au déchirement lacérant des banderilles qui battaient son épaule»* PEYRÉ.

BANDÉRILLÉRO [bɑ̃deʀijeʀo] n. m. – 1782 ; *vanderillero* 1776 ◇ espagnol *banderillero*, de *banderilla* «banderille» ■ Le toréro qui pose les banderilles. *Les bandérilléros et les picadors.* — On écrit aussi *banderillero. «Les banderilleros ont pour spécialité de planter dans les épaules du taureau des espèces de flèches»* GAUTIER.

BANDEROLE [bɑ̃dʀɔl] n. f. – 1578 ; *bannerolle* 1446 ◇ italien *banderuola*, de *bandiera* «bannière» ■ **1** Petite bannière en forme de flamme. ■ **2** Grande bande de tissu qui porte une inscription. *Les manifestants brandissaient des banderoles.*

BANDIT [bɑ̃di] n. m. – 1663 ; *bandi* 1589 ◇ italien *bandito* «banni, hors-la-loi», de *bandire* «bannir» ■ **1** Malfaiteur vivant hors la loi. *Un bandit de grand(s) chemin(s)*, qui s'attaquait aux voyageurs. ➤ **brigand.** *Bandit d'honneur*, en révolte contre la société. ◆ PAR EXT. Malfaiteur se livrant à des attaques à main armée. ➤ **brigand, gangster, malfaiteur, truand, voleur ;** FAM. **braqueur, malfrat.** *Les bandits ont emmené des otages.* ■ **2** PAR EXT. VIEILLI Homme avide et sans scrupules. *Ce commerçant est un bandit.* ➤ **filou, forban, gredin, pirate, requin.** — PAR EXAGÉR. FAM. ➤ **chenapan, vaurien.** *Son bandit de fils. Petit bandit !* ■ **3** (calque de l'anglais américain *one-armed bandit*) FAM. *Bandit manchot :* machine à sous, jackpot.

BANDITISME [bɑ̃ditism] n. m. – 1853 ◇ de *bandit* ■ **1** Comportement du bandit (1°). ➤ **brigandage, gangstérisme.** *C'est du banditisme !* ■ **2** Ensemble d'actes criminels (assassinats, vols). ➤ **criminalité.** *Lutte contre le banditisme* (➤ **antigang**). *Brigade de répression du banditisme (BRB). Le grand banditisme.*

BANDONÉON [bɑ̃dɔneɔ̃] n. m. – 1905 ◇ allemand *Bandoneon*, de *H. Band*, nom de l'inventeur ■ Petit accordéon à soufflet de section carrée, en usage dans les orchestres de tango.

BANDOULIÈRE [bɑ̃duljɛʀ] n. f. – 1586 ◇ catalan *bandolera*, de *bandoler* «hors-la-loi, bandit» ■ Bande de cuir ou d'étoffe que l'on passe d'une épaule au côté opposé du corps et qui supporte une arme ou tout autre objet. — COUR. **EN BANDOULIÈRE :** porté avec une bandoulière passant sur une épaule, en diagonale. *Fusil en bandoulière*, suspendu derrière le dos au moyen de la bretelle. *Porter un appareil photographique, un sac en bandoulière.*

BANG [bɑ̃g] interj. et n. m. – 1918 ◇ emprunté à l'anglais ■ **1** Onomatopée exprimant le bruit d'une explosion violente. ➤ 1 **boum*.** ■ **2** n. m. (1953) Déflagration accompagnant le franchissement du mur du son. *Les bangs des avions supersoniques. — Le grand bang :* l'explosion à l'origine de notre univers. ➤ **big bang.**

BANIAN [banjɑ̃] n. m. – 1842 ; *arbre Bannian* 1663 ◇ anglais *banian tree* (1634), du portugais ■ Figuier de l'Inde *(moracées)* à racines adventives aériennes. — APPOS. *Des figuiers banians.*

BANJO [bɑ̃(d)ʒo] n. m. – 1857 ◇ mot anglais américain, de l'espagnol *bandurria* «mandore» ■ Instrument à cordes, sorte de guitare ronde dont la caisse de résonance est formée d'une membrane tendue sur un cercle de bois. *Des banjos. Le banjo à cordes métalliques de la musique folk américaine. Joueur de banjo* (**BANJOÏSTE** [bɑ̃(d)ʒoist] n., 1924).

BANLIEUE [bɑ̃ljø] n. f. – XVIIe ; «territoire d'environ une *lieue* autour d'une ville sur lequel s'étendait le *ban*» 1185 ◇ latin médiéval *banleuca* ■ Ensemble des agglomérations qui entourent une grande ville et qui dépendent d'elle pour une ou plusieurs de ses fonctions. ➤ **faubourg, périphérie ; suburbain.** *La banlieue de Paris, de Londres. La grande banlieue :* la banlieue la plus éloignée. *La proche banlieue. Banlieue ouvrière, résidentielle. Pavillon de banlieue.* ◆ ABSOLT La banlieue de Paris. ➤ **couronne.** *Il habite en banlieue* (➤ **banlieusard**). *Train de banlieue. — Une banlieue :* une localité de la banlieue d'une grande ville. *Une banlieue surpeuplée, mal desservie.* — SPÉCIALT *Les banlieues :* communes suburbaines récentes, posant souvent des problèmes sociaux. *Les grands ensembles, les cités des banlieues. «Les banlieues occupaient l'imaginaire sous la forme confuse de blocs en béton et de terrains boueux au bout des lignes de bus et de RER vers le nord»* ERNAUX. *Zonards des banlieues.*

BANLIEUSARD, ARDE [bɑ̃ljøzaʀ, aʀd] n. – v. 1889 ◇ de *banlieue* ■ Personne qui habite la banlieue de Paris. — adj. *Habitudes banlieusardes.*

BANNE [ban] n. f. – fin XIIIe ◇ latin impérial *benna*, d'origine gauloise «véhicule léger en osier» ■ **1** Véhicule servant au transport du charbon, du fumier, etc. ➤ **tombereau.** ◆ Grand panier d'osier. ➤ 2 **manne.** ■ **2** Toile tendue au-dessus d'une devanture, servant à protéger les marchandises.

BANNETON [bantɔ̃] n. m. – 1284 ◇ de *banne* ■ **1** Panier d'osier sans anses utilisé par les boulangers. ■ **2** Caisse percée de trous qui sert à conserver le poisson vivant dans l'eau. ➤ **boutique, vivier.**

BANNETTE [banɛt] n. f. – fin XIIIe ◇ de *banne* ■ **1** TECHN. ou RÉGION. Petite banne en osier. ■ **2** MAR. Couchette faite d'une forte toile tendue sur une armature légère. — PAR EXT. Couchette. *«les bannettes superposées jusqu'au plafond auxquelles on accède par des échelles métalliques»* M. DUGAIN.

BANNI, IE [bani] adj. – XIIIe ◇ de *bannir* ■ Qui est banni de son pays. — n. *Rappeler les bannis.* ➤ **exilé, proscrit** (cf. Interdit de séjour*).

BANNIÈRE [banjɛʀ] n. f. – XIIe ◇ p.-ê. de *ban* et suffixe *-ière*, d'abord «lieu où était plantée l'enseigne, symbole du droit de *ban*» ■ **1** FÉOD. Enseigne du seigneur à la guerre (➤ **drapeau**). — LOC. FIG. *Combattre, marcher, se ranger sous la bannière de qqn*, avec lui, dans son parti. ■ **2** Étendard que l'on porte aux processions et qui sert à distinguer une paroisse ou une confrérie. ➤ **oriflamme.** — LOC. FIG. *C'est la croix et la bannière :* c'est difficile, c'est toute une affaire (pour faire, obtenir qqch.). ■ **3** MAR. *Voile en bannière :* voile dont les coins inférieurs ne sont pas fixés par les écoutes et qui flotte au vent comme une bannière. ■ **4** (1828) FAM. Pan de chemise ; chemise. *Se balader en bannière.* ■ **5** (anglais *banner*) *Bannière publicitaire.* ➤ **bandeau.** — Espace publicitaire sur une page Web renvoyant vers le site de l'annonceur.

BANNIR [baniʀ] v. tr. ⟨2⟩ – 1213 ◇ francique °*bannjan* «proclamer ; convoquer des troupes» ■ **1** Condamner (qqn) à quitter un pays, avec interdiction d'y rentrer. ➤ **déporter, exiler, expulser, proscrire, refouler** (cf. Mettre au ban*). ◆ PAR EXT. VIEILLI Éloigner. *Je l'ai banni de ma maison.* ➤ **éloigner ; chasser** (cf. Fermer la porte à). ■ **2** FIG. (compl. chose) Écarter, supprimer. *Bannir un usage, une coutume. Bannir un sujet de la conversation* (➤ **tabou**). *C'est une idée qu'il faut bannir de votre esprit.* ➤ **arracher, chasser, exclure, ôter, rejeter,** 1 **repousser.** *Elle a banni complètement l'alcool.* ➤ **s'abstenir, éviter, supprimer.** *«Que cette amitié commence par bannir les cérémonies»* VOLTAIRE.

■ CONTR. Rappeler. Accueillir, adopter.

BANNISSEMENT [banismɑ̃] n. m. – 1283 ◇ de *bannir* ■ Action de bannir ; résultat de cette action. DR. Peine criminelle infamante temporaire, réservée aux crimes politiques et qui consiste à interdire à qqn le séjour dans son pays (supprimée en France en 1994). *Enfreindre la sentence de bannissement* (cf. Rupture de ban*).

BANON [banɔ̃] n. m. – attesté 1960 ◇ de *Banon*, localité des Alpes-de-Haute-Provence ■ Fromage de lait de vache, chèvre ou brebis, à pâte molle et croûte naturelle, présenté dans une feuille de châtaignier. *Des banons.*

BANQUE [bɑ̃k] n. f. – 1458 ◇ italien *banca* «banc», puis «table, comptoir des changeurs» ■ **1** Commerce de l'argent et des titres fiduciaires de toute nature, effets de commerce et valeurs de Bourse. *Les opérations de banque.* ➤ 2 **bourse, change, crédit, dépôt, intermédiation,** 1 **recouvrement.** *Virements en banque. Bénéfice sur les opérations de banque.* ➤ **agio, intérêt.** *Être dans la banque.* ■ **2** Établissement habilité à gérer des fonds reçus du public, employés en opérations de crédit ou en opérations financières. *Avoir un compte en banque. Déposer de l'argent à la banque. Les caisses, les guichets de la banque. Les succursales d'une banque. Le directeur d'une banque.* ➤ **banquier.** *Employé de banque. Banque nationalisée, privée. Banque de dépôts, banque d'affaires. Banque mutualiste. Banques populaires. Banque hypothécaire. Banque centrale*, qui émet la monnaie fiduciaire et assure l'exécution de la politique monétaire nationale (cf. Institut d'émission*). *La Banque de France. Billet* de banque. Chèque* de banque.* ▪ **3** (1680) JEU Somme que l'un des joueurs tient devant lui pour payer les gagnants. *Tenir la banque.* LOC. *Faire sauter la banque* : gagner tout l'argent que le banquier a mis en jeu. ▪ **4** (de l'anglais) FIG. *Banque d'organes* : service médical qui recueille, conserve et distribue des organes destinés aux greffes. *Banque des yeux. Banque du sang,* pour les transfusions. *Banque du sperme,* pour les inséminations artificielles. *Banque génomique, banque de gènes, banque d'ADNc.* ➤ **génothèque, bibliothèque** (génomique). ◆ (anglais *data bank*) *Banque de données* : ensemble d'informations (exploitables par les réseaux télématiques), généralement organisé en base* de données et recouvrant un domaine particulier des connaissances. ◆ *Banque alimentaire* : organisme qui collecte des vivres provenant des surplus de production et de dons et les redistribue aux associations caritatives.

BANQUER [bɑ̃ke] v. intr. ‹1› – 1899 trans. ◇ de *banque* ▪ FAM. Payer. ➤ **casquer, raquer.**

BANQUEROUTE [bɑ̃kʀut] n. f. – 1466 ◇ italien *banca rotta* «banc rompu», on brisait le comptoir du banquier à la suite de la banqueroute ▪ **1** Faillite accompagnée d'actes délictueux. ➤ **faillite ; déconfiture, dépôt** (de bilan), **krach.** *Faire banqueroute.* — PAR EXT. *Banqueroute d'État* : défaillance d'un État qui n'exécute pas les contrats d'emprunt qu'il a conclus, viole ses engagements à l'égard des créanciers de la dette publique. — n. **BANQUEROUTIER, IÈRE,** 1536. ▪ **2** Échec total. ➤ **faillite, ruine.** «*Comme si nos sociétés vivaient dans la terreur du fiasco et se souciaient avant tout de prévenir la banqueroute du désir*» P. BRUCKNER.

BANQUET [bɑ̃kɛ] n. m. – début XIVe ◇ italien *banchetto* «petit banc» sur lequel on s'asseyait dans un banquet ▪ Repas d'apparat où sont conviées de nombreuses personnes. *Donner un banquet en l'honneur de qqn. Banquet annuel d'une association. Salle pour noces et banquets.*

BANQUETER [bɑ̃k(ə)te] v. intr. ‹4 /5/› – fin XIVe ◇ de *banquet* ▪ **1** Prendre part à un banquet. ▪ **2** PAR EXT. Faire bonne chère. ➤ **festoyer.** — n. **BANQUETEUR, EUSE.**

BANQUETTE [bɑ̃kɛt] n. f. – 1681 ; «selle» 1417 ◇ de l'ancien provençal *banqueta,* diminutif de *banc*

I Siège à plusieurs places, relativement dur, avec ou sans dossier. *Une banquette de piano. Banquettes de restaurant, de métro, de train. La banquette arrière d'une voiture.*

II Par anal. de forme ▪ **1** Plateforme située derrière le parapet d'un rempart ou le revers d'une tranchée, et de laquelle on peut tirer à couvert. *Banquette de tir.* ▪ **2** *Banquette irlandaise* : talus gazonné qui sert d'obstacle dans les courses de chevaux. ▪ **3** *Banquette de sûreté* : parapet de terre établi le long d'une route. ▪ **4** Petit chemin pour les piétons le long d'une voie, d'un canal. ➤ **trottoir.** ▪ **5** ARCHIT. Banc en pierre pratiqué dans l'embrasure d'une fenêtre. — Tablette d'un mur d'appui.

BANQUIER, IÈRE [bɑ̃kje, jɛʀ] n. – *banchiere* 1243 ◇ de *banca* → banque ▪ **1** Personne qui fait le commerce de la banque, dirige une banque. ➤ **financier.** *Banquier cambiste. Une femme banquier,* ou (fin XIXe) *une banquière.* — PAR EXT. FAM. Personne qui prête de l'argent à une autre à titre privé, et sans intention commerciale (cf. Bailleur* de fonds). «*Pensiez-vous que j'allais être votre fournisseur et banquier pour l'amour de Dieu ?*» FLAUBERT. ▪ **2** (1680) JEU (baccara, etc.) Personne qui tient la banque. *Le banquier et les pontes.*

BANQUISE [bɑ̃kiz] n. f. – 1773 ◇ emprunté à une langue scandinave, de l'ancien nordique *pakki* «paquet» et *iss* «glace», avec influence de *banc* et assimilation de *iss* au suffixe *-ise* ▪ Amas de glaces flottantes formées par congélation de l'eau de mer, constituant un immense banc. *La dérive de la banquise.*

BANQUISTE [bɑ̃kist] n. m. – 1789 ◇ du provençal *banquisto* «saltimbanque», de *banc* «tréteau» ▪ Dans les cirques et les spectacles forains, Celui qui présente et vante le spectacle. ➤ **bonimenteur.** ◆ PAR EXT. Forain, saltimbanque.

BANTOU, E [bɑ̃tu] n. et adj. – 1885 ◇ bantou *ba-ntu* «hommes» ▪ **1** Africain appartenant à un groupe d'ethnies qui s'étendent du Cameroun à l'Afrique du Sud. *Les Bantous.* — adj. *Les civilisations bantoues.* ▪ **2** n. m. Famille de langues parlées par ces ethnies. — adj. *Langues bantoues.*

BANTOUSTAN [bɑ̃tustɑ̃] n. m. – v. 1960 ◇ afrikaans *bantustan* «territoire bantou» ▪ HIST. Territoire attribué à une population noire, du temps de l'apartheid, en Afrique du Sud. *Le Bantoustan du Ciskei.* — On dit aussi *homeland* (ANGLIC.).

BANYULS [banjyls ; banjuls] n. m. – 1891 ◇ de *Banyuls-sur-Mer* ▪ Vin doux naturel du Roussillon.

BAOBAB [baɔbab] n. m. – 1751 ◇ mot arabe ▪ Arbre d'Afrique tropicale, à tronc énorme *(bombacacées)* et fruit charnu comestible ➤ **pain** (de singe).

BAPTÊME [batɛm] n. m. – *batesma* XIe ◇ latin chrétien *baptisma* ; grec *baptizein* «immerger» ▪ **1** Dans la religion chrétienne, Sacrement destiné à laver du péché originel et à faire chrétienne la personne qui le reçoit (à l'origine, immersion dans l'eau). ➤ **baptiser ; parrain, marraine.** *Donner, administrer, conférer, recevoir le baptême. L'eau du baptême. Ondoiement* suivi du baptême. L'onction du baptême.* ➤ **chrême.** *Les fonts du baptême.* ➤ **baptistère ; baptismal.** *Baptême par immersion, par aspersion. Registre de baptême.* ➤ **baptistaire.** *Extrait de baptême. Robe de baptême* (d'un nouveau-né). *Nom de baptême* : le prénom que l'on donne à la personne qui est baptisée. — Cérémonie qui accompagne le baptême. *Aller à un baptême.* — *Baptême civil* ou *républicain* : cérémonie laïque célébrée en mairie. ▪ **2** PAR EXT. *Le baptême d'une cloche, d'un navire,* etc. ➤ **bénédiction.** — *Baptême de la ligne, du tropique* : cérémonie burlesque à bord d'un navire lors du passage de l'équateur, d'un tropique. *Baptême du feu* : premier combat ; FIG. première expérience décisive. *Baptême de l'air* : premier vol en avion, en deltaplane, en montgolfière, etc. *Baptême de plongée. Le baptême du sang* : le martyre.

BAPTISER [batize] v. tr. ‹1› – fin XIe ◇ latin chrétien *baptizare,* grec *baptizein* «immerger» ▪ **1** Administrer le baptême à. *Faire baptiser un nouveau-né.* «*Je te baptise au nom du Père, du Fils et du Saint-Esprit*». — p. p. subst. *Les baptisés et les non-baptisés.* ▪ **2** PAR EXT. *Baptiser une cloche, un navire,* les bénir en leur donnant un nom. ▪ **3** FIG. et FAM. *Baptiser du vin, du lait,* y mettre de l'eau. ◆ *Baptiser (qqch.),* faire une tache dessus. *Il a baptisé sa cravate.* ▪ **4** Donner un nom de baptême à. — PAR EXT. Donner une appellation, un sobriquet à. ➤ **appeler, surnommer.** «*La pièce voisine servait au besoin pour de petites opérations. Léon l'avait baptisée "le laboratoire"*» MARTIN DU GARD. — *Un virus baptisé TIV.* ▪ CONTR. Débaptiser.

BAPTISMAL, ALE, AUX [batismal, o] adj. – XIIe ◇ latin *baptisma* ▪ Qui a rapport au baptême. *L'eau baptismale.* — *Les fonts* baptismaux.*

BAPTISME [batism] n. m. – 1863 ◇ latin *baptisma* ; repris à l'anglais *baptism* ▪ Dans la religion chrétienne, Doctrine d'après laquelle le baptême doit être administré à des personnes en âge de raison, et par immersion complète.

BAPTISTAIRE [batistɛʀ] adj. – 1564 ◇ du latin *baptizare* «baptiser» ▪ RELIG. Qui constate un baptême. *Registre, extrait baptistaire.* — n. m. *Le baptistaire* : l'extrait de baptême. ▪ HOM. Baptistère.

BAPTISTE [batist] adj. et n. – 1751 ◇ latin *baptista* ; repris au XIXe à l'anglais *baptist* ▪ Qui a rapport au baptisme. *La doctrine baptiste.* ◆ Partisan du baptisme. ➤ aussi **anabaptiste.** — n. *Les baptistes.* ▪ HOM. Batiste.

BAPTISTÈRE [batistɛʀ] n. m. – 1080 ◇ latin chrétien *baptisterium* ▪ **1** Édifice annexé à une cathédrale pour y administrer le baptême. *Les baptistères étaient en général ronds ou polygonaux. Le baptistère de Florence.* ▪ **2** PAR EXT. La chapelle des fonts baptismaux. ▪ HOM. Baptistaire.

BAQUET [bakɛ] n. m. – 1299 ◇ diminutif de 1*bac* ▪ **1** Récipient de bois, à bords bas, servant à divers usages domestiques. ➤ **baille, cuve, cuvier, jale, seillon, souillarde.** *Remplir d'eau un baquet.* ▪ **2** (1905) *Siège-baquet* ou ELLIPT *baquet* : siège bas et très emboîtant des voitures de sport et de course. *Des sièges-baquets.* «*le cul vissé dans le baquet brûlant d'une Ferrari*» J.-P. DUBOIS.

BAQUETURES [bak(ə)tyʀ] n. f. pl. – 1719 ◇ de *baquet* ▪ TECHN. Vin qui tombe dans le baquet (➤ **seillon**) placé au-dessous du tonneau en perce, pendant le soutirage ou la mise en bouteilles.

1**BAR** [baʀ] n. m. – 1857 ; *bar-room* 1833 ◇ mot anglais «barre de comptoir», puis «comptoir» ▪ **1** Débit de boissons où l'on peut consommer au comptoir ou en salle. REM. *Bar* a une connotation de mode et de modernité que n'ont pas *café* et *bistrot. Prendre un verre dans un bar.* «*Il n'a pas passé une soirée dans un bar depuis des mois. Il avait oublié le plaisir que c'est, lever le coude au comptoir*» V. DESPENTES. *Faire la tournée des bars.* FAM. *Pilier* de bar.* — *Bar d'un hôtel, d'un théâtre.* ➤ aussi **piano-bar.** — *Bar américain* : bar ouvert le soir et la nuit, où l'on sert habituellement des cocktails et dans lequel des hôtesses poussent le client à la consommation. — *Bar d'ambiance.* ➤ **lounge** (ANGLIC.). ◆ *Bar à vin(s),* où l'on déguste des vins. *Bar à* *bière(s), à cocktail(s), à eau(x). — Bar à tapas, à soupes, à salades. — Bar à ongles, à sourcils...*, où l'on pratique des soins esthétiques. ◆ *Bar-tabac :* café où se trouve un bureau de tabac. ➤ 1 **tabac** (3°). *Des bars-tabacs.* ◆ (calque de l'anglais *dairy bar*) (Canada) *Bar laitier :* établissement où l'on vend essentiellement des produits laitiers glacés. ■ **2** Le comptoir d'un bar. *Tarif au bar et en salle. Tabouret de bar.* — PAR EXT. *Installer un bar dans son salon.* — Comptoir (2°). « *La bouilloire branchée sur le bar de la cuisine américaine* » C. LAURENS. ■ HOM. Bard, barre.

2 **BAR** [baʀ] n. m. – fin XIIe ◇ néerlandais *baers* ■ Poisson marin (*perciformes*), très vorace, à chair très estimée. ➤ **loup.**

3 **BAR** [baʀ] n. m. – 1914 ; grec *barus* « lourd » ■ MÉTROL. Unité de mesure de pression des fluides (SYMB. bar), utilisée notamment en météorologie et valant 10^5 pascals (➤ aussi **millibar**). *Une pression de 100 bars. Le bar est proche de l'atmosphère.*

BARAGOUIN [baʀagwɛ̃] n. m. – 1532 ; « celui qui parle une langue incompréhensible » XIVe ◇ p.-ê. du breton *bara* « pain » et *gwin* « vin », mots avec lesquels les pèlerins bretons demandaient l'hospitalité dans les auberges ■ FAM. Langage incorrect et inintelligible, et PAR EXT. Langue que l'on ne comprend pas et qui paraît barbare. ➤ **charabia, galimatias,** 1 **jargon.**

BARAGOUINER [baʀagwine] v. ‹ 1 › – 1580 ◇ de *baragouin* ■ **1** v. tr. FAM. Parler (une langue) en l'estropiant. « *J'entends très bien l'italien ; pour ce qui est de le parler, je baragouine quelques mots* » FLAUBERT. ■ **2** v. intr. FAM. et PÉJ. Parler une langue qui paraît barbare à ceux qui ne la comprennent pas. — n. m. **BARAGOUINAGE,** 1580.

BARAGOUINEUR, EUSE [baʀagwinœʀ, øz] n. – 1669 ◇ de *baragouiner* ■ FAM. Personne qui baragouine.

BARAKA [baʀaka] n. f. – 1903 ◇ mot arabe « bénédiction » ■ **1** (Maghreb) Bénédiction, protection divine. « *Pour achever d'attirer sur nous la baraka, il donne à chacun des deux marabouts vingt-cinq francs* » M. FERAOUN. ■ **2** FAM. Chance. *Avoir la baraka :* être chanceux.

BARAQUE [baʀak] n. f. – fin XIVe ◇ catalan *barraca* « hutte » (XIIIe) ■ **1** Construction provisoire en planches, construction sommaire. ➤ **abri, cabane, hutte, loge.** *Ensemble de baraques.* ➤ **baraquement.** *Des baraques de forains. Une petite baraque servant de boutique.* ➤ 1 **échoppe.** — RÉGION. (Nord, Belgique) *Baraque à frites :* friterie. LOC. FAM. *Chaud* comme une baraque à frites.* ■ **2** FAM. Maison mal bâtie, de peu d'apparence. ➤ **bicoque, masure.** *Cette vieille baraque commence à s'écrouler.* ◆ FIG. et PÉJ. Maison où l'on ne se trouve pas bien. *On gèle dans cette baraque.* — FAM. et PÉJ. Entreprise. ➤ **boîte, boutique, crémerie.** ◆ LOC. FAM. *Casser la baraque :* remporter un succès fracassant (arg. du spectacle) ; démolir, faire échouer brutalement une entreprise. « *un groupe de rock amateur dont ils savent très bien qu'il ne cassera jamais la baraque* » E. CARRÈRE. ■ **3** FAM. VIEILLI Personne grande et forte. ➤ **armoire** (à glace) ; **baraqué.** « *C'était une baraque impressionnante, au crâne rasé, il devait mesurer plus d'un mètre quatre-vingt-dix et peser dans les cent kilos* » HOUELLEBECQ.

BARAQUÉ, ÉE [baʀake] adj. – 1954 ◇ de *baraque* « bâtiment » ■ FAM. Fait, bâti (d'une personne). *Il est (bien) baraqué*, grand et fort. ➤ **balèze ; baraque** (3°).

BARAQUEMENT [baʀakmɑ̃] n. m. – 1836 ◇ de *baraquer* « loger dans des *baraques* » ■ Ensemble de baraques. *Construire des baraquements. Baraquements militaires.*

BARAQUER [baʀake] v. intr. ‹ 1 › – 1923 ◇ de l'arabe *baraka* « s'agenouiller » ■ RARE *Le chameau, le dromadaire baraquent*, s'accroupissent.

BARATERIE [baʀatʀi] n. f. – 1647 ; « tromperie » fin XIIIe ◇ de l'ancien français *barater* « tromper », d'origine inconnue ■ DR. MAR. Faute commise dans l'exercice de ses fonctions par le capitaine, maître ou patron du navire.

BARATIN [baʀatɛ̃] n. m. – 1926 ; « portefeuille vide substitué par un complice » 1911 ◇ de *barat*, déverbal de *barater* (→ baraterie) ■ FAM. Discours abondant, particulièrement celui qui tend à en faire accroire, à circonvenir. ➤ **boniment.** *Le baratin d'un camelot.* — Discours flatteur, assez grossier, pour séduire qqn. *Il lui fait du baratin. Arrête ton baratin.*

BARATINER [baʀatine] v. ‹ 1 › – 1926 ◇ de *baratin* ■ FAM. ■ **1** v. intr. Faire du baratin. ■ **2** v. tr. Essayer d'abuser (qqn) par un baratin. ➤ **embobiner.** *Baratiner un client.* — Essayer de séduire par la parole. *Je « commence à la baratiner sur la pluie et le beau temps. Elle avait l'air de mordre à l'hameçon* » FALLET.

BARATINEUR, EUSE [baʀatinœʀ, øz] n. et adj. – 1935 ◇ de *baratiner* ■ FAM. Personne qui baratine, a du bagou, dit tout ce qu'il faut pour séduire (même des mensonges). — adj. *Il est très baratineur.*

BARATTAGE [baʀataʒ] n. m. – 1845 ◇ de *baratter* ■ Action de baratter (la crème) pour obtenir le beurre.

BARATTE [baʀat] n. f. – 1549 ◇ de *baratter* ■ Instrument ou machine à battre la crème pour en extraire le beurre.

BARATTER [baʀate] v. tr. ‹ 1 › – 1583 ; « s'agiter » XIIe ◇ p.-ê. du scandinave *barâtta* « combat », ou du préfixe *bar-* exprimant l'opposition, et latin *actiare* de *agere* « agir » ■ Battre (la crème) dans une baratte.

BARBACANE [baʀbakan] n. f. – milieu XIIe ◇ mot d'origine incertaine, probablement de l'arabe populaire *b-al-baqāra* « porte pour les vaches » devenu *barbacana* sous l'influence de *barrâna* « extérieur ». La barbacane, en avant des murailles, protégeait un espace dans lequel on aurait parqué les bêtes servant à la nourriture des soldats. ■ **1** FORTIF. Au Moyen Âge, Ouvrage avancé, percé de meurtrières. — Meurtrière pratiquée dans le mur d'une forteresse pour tirer à couvert. ■ **2** ARCHIT. Ouverture verticale et étroite dans le mur d'une terrasse pour l'écoulement des eaux.

BARBANT, ANTE [baʀbɑ̃, ɑ̃t] adj. – 1907 ◇ de *barber* ■ FAM. Qui barbe, ennuie. ➤ **assommant, barbifiant, rasant, rasoir.** *Un professeur, un cours barbant.*

BARBAQUE [baʀbak] n. f. – 1873 ◇ p.-ê. du roumain *berbec* « mouton », ou de l'espagnol *barbacoa* « gril servant à fumer la viande » (→ barbecue), ou d'après *barbis*, prononciation populaire de *brebis* ■ FAM. Mauvaise viande (dure, grasse, etc.). — PAR EXT. Viande. ➤ **bidoche.**

BARBARE [baʀbaʀ] adj. et n. – 1308 ◇ latin *barbarus* ■ **1** Étranger, pour les Grecs et les Romains et, plus tard, pour la chrétienté. *Les invasions barbares. Une esclave barbare.* — n. « *Rome, devenue la proie des barbares* » BOSSUET. ■ **2** VIEILLI Qui n'est pas civilisé. ➤ **arriéré, primitif, sauvage.** — n. « *Dans la progression des lumières croissantes, nous paraîtrons nous-mêmes des barbares à nos arrière-neveux* » CHATEAUBRIAND. — FIG. *C'est un barbare*, un inculte, incapable d'apprécier les beautés de l'art. ➤ **béotien, brute, ignorant.** ■ **3** Qui choque, qui est contraire aux règles, au goût, à l'usage. ➤ **grossier, rude.** *Manières, style, terme, musique barbares. Une façon de parler barbare.* ➤ **incorrect ; barbarisme.** — PAR EXT. D'une force puissante et non policée. « *Ce livre barbare, mal équarri, sans art, sans grâce* » GIDE. ■ **4** VX Qui a la cruauté du barbare. ➤ **cruel, dur, féroce, impitoyable, inhumain, sauvage.** « *La populace toujours barbare quand on lui lâche la bride* » VOLTAIRE. — MOD. (CHOSES) *Un crime barbare. C'est barbare de le séparer de son enfant.* ■ CONTR. Civilisé, policé, raffiné. 1 Bon, humain.

BARBARESQUE [baʀbaʀɛsk] adj. et n. – 1534 ◇ italien *barbaresco* « barbare » ■ VX ou HIST. Qui a rapport aux pays autrefois désignés sous le nom de *Barbarie* (Afrique du Nord). ➤ aussi **berbère.** *Les États barbaresques. Les pirates barbaresques.*

BARBARIE [baʀbaʀi] n. f. – 1495 ◇ latin *barbaria* ■ **1** Manque de civilisation, état d'un peuple non civilisé. *Tirer un peuple de la barbarie.* ■ **2** Absence de goût, grossièreté de barbare. ➤ **grossièreté, ignorance, rudesse.** « *Il y a une espèce de barbarie à latiniser des noms français* » VOLTAIRE. ■ **3** Cruauté de barbare. ➤ **cruauté ; brutalité, dureté, férocité, inhumanité, sauvagerie.** *Commettre des actes de barbarie. C'est de la barbarie !* ■ CONTR. Civilisation. Raffinement. Bonté, humanité.

BARBARISME [baʀbaʀism] n. m. – 1265 ◇ latin *barbarismus* ■ Faute grossière de langage, emploi de mots forgés ou déformés, utilisation d'un mot dans un sens qu'il n'a pas. ➤ **impropriété, incorrection, solécisme.** *Faire un barbarisme.* — Mot ainsi employé (ex. aréoport pour aéroport, ils croivent pour ils croient).

1 **BARBE** [baʀb] n. f. – 1050 ◇ latin *barba* ■ **1** Poils du menton, des joues et de la lèvre supérieure. *Poils de barbe, les poils de la barbe.* ➤ **favoris, mouche, moustache** (cf. ci-dessous, 2°). *Avoir la barbe dure. Visage sans barbe.* ➤ **glabre, imberbe.** *Première barbe.* ➤ **duvet.** *Se faire raser, se faire faire la barbe.* ➤ **raser ; barbier.** *Plat, savon à barbe. Une barbe de huit jours*, pas rasée depuis huit jours. « *Une barbe de plusieurs jours dévorait les joues jusqu'aux pommettes* » MAURIAC. *Avoir de la barbe au menton.* ➤ **poil.** *Porter un collier* de barbe. Femme à barbe* (➤ **virilisme**). ◆ LOC. *Rire dans sa barbe*, en se cachant, à part soi. *Parler dans sa barbe*, de manière inaudible. — *À la barbe de qqn, au nez* et à la barbe de qqn*, devant lui, en dépit de sa présence. « *Passant sur le pont de la Nivelle, à la barbe des carabiniers d'Espagne* » LOTI. — PAR EXT. *Une vieille barbe :* un

vieil homme sérieux et ennuyeux. ➤ **birbe.** ♦ (1934) **BARBE À PAPA :** friandise en filaments légers de sucre étiré à chaud. *«la mousse des barbes à papa qui se prenait à la fourrure de nos manteaux» J. ALMIRA.* ▪ **2** SPÉCIALT Poils qu'on laisse pousser sur le menton et le bas des joues (à l'exclusion de la moustache et des favoris). ➤ **barbiche, bouc, collier, impériale ;** FAM. **barbouze.** *Porter la barbe et la moustache. Barbe en éventail, en pointe. Fausse barbe.* ▪ **3** interj. FAM. *La barbe !* assez, cela suffit. *«Mais que cela peut être ennuyeux ! Ah ! Beethoven, la barbe !» PROUST. Quelle barbe !* quel ennui ! (➤ **barbant ; barber**). ▪ **4** Longs poils que certains animaux ont à la mâchoire, au museau. *Barbe de chèvre.* — Cartilages servant de nageoire aux poissons plats (ex. limande ; barbue) (➤ **ébarber**). ▪ **5** PAR ANAL. Filet délié. ♦ BOT. Chacune des pointes effilées des glumes de certains épis des graminées. ➤ **barbu.** — *Barbe-de-capucin :* chicorée* sauvage. *Des barbes-de-capucin.* ♦ ZOOL. Chacun des filaments serrés formant la plume (de chaque côté du tuyau). ➤ **barbule.** ▪ **6** PLUR. TECHN. Petites irrégularités au bord d'une pièce de métal qui vient d'être découpée. ➤ **barbille.** ♦ Irrégularités au bord d'une page coupée. *«les barbes respectées du bibliophile» GREEN.*

2 **BARBE** [baʀb] n. m. – 1534 ◇ italien *barbero* ▪ Cheval de selle d'Afrique du Nord. APPOS. *Des chevaux barbes.*

1 **BARBEAU** [baʀbo] n. m. – 1175 ◇ latin populaire *barbellus,* de *barba,* à cause des barbillons ▪ **1** Poisson d'eau douce, à barbillons *(cypriniformes),* à chair estimée. *Petit barbeau* (ou *barbillon* n. m.). ▪ **2** (1865) FAM. et VIEILLI Souteneur. ➤ 2 **maquereau.** *«Le* barbeau *reste fidèle à la casquette» COLETTE.*

2 **BARBEAU** [baʀbo] n. m. – 1642 ◇ de 1 *barbe* ▪ Plante vivace *(astéracées)* à fleur bleue, encore appelée *bleuet des moissons.* ➤ **bleuet, centaurée.** — adj. *Bleu barbeau :* bleu vif.

BARBECUE [baʀbəkju] n. m. – 1913 *barbacue* ◇ mot anglais (1697) emprunté à l'espagnol *barbacoa,* lui-même du taïno (Haïti) (→ barbaque) ▪ **1** Appareil de cuisson pour faire des grillades en plein air. *Griller un poisson au barbecue. Barbecue au charbon de bois* (➤ **braséro**), *à gaz. Barbecue électrique.* — *Sauce barbecue :* sauce tomate épicée servie avec les grillades, les boulettes... ▪ **2** Repas en plein air où l'on se sert d'un barbecue. *Être invité à un barbecue. «il avait une pelouse et pouvait organiser des barbecues» HOUELLEBECQ.* — ABRÉV. FAM. **BARBEUC** ou **BARBEC** [baʀbœk].

BARBELÉ, ÉE [baʀbəle] adj. et n. m. – 1120 ◇ ancien français *barbel,* diminutif de *barbe* «pointe» ▪ **1** Qui est garni de pointes disposées comme les barbes d'un épi. *Flèches barbelées.* COUR. *Fil de fer barbelé :* fil de fer muni de pointes utilisé pour les clôtures ou comme matériel de défense militaire. ➤ **ronce.** *Des fils de fer barbelés.* ▪ **2** n. m. Fil de fer barbelé. *Un rouleau de barbelé.* — AU PLUR. Clôture de fil de fer barbelé. *Entourer un terrain de barbelés. «Elle n'oublia jamais les barbelés en surplomb de la route qui limitaient le camp et mêlaient leurs étoiles de fer à celles du ciel» D. BOULANGER.* MILIT. *Barbelés, réseaux de barbelés :* ensemble d'ouvrages en fil de fer barbelé (cf. Chevaux de frise*). — LOC. *Derrière les barbelés :* dans un camp de prisonniers.

BARBELURE [baʀbəlyʀ] n. f. – 1907 ; terme de chir. XIVe ◇ de l'ancien français *barbel* ▪ Réseau de pointes disposées en barbes d'épi. *Les barbelures des grilles d'un parc.*

BARBER [baʀbe] v. tr. ‹1› – 1882 ; «raser (la barbe)» 1397 ◇ de 1 *barbe* (3°) ▪ FAM. ▪ **1** Ennuyer*. ➤ **assommer, raser.** *Cela me barbe d'y aller. Vous le barbez avec vos histoires.* ♦ PRONOM. **SE BARBER :** s'ennuyer. *On s'est barbé toute la journée.* ➤ **se barbifier.** ▪ **2** (Canada) Provoquer. ➤ **baver.** *Arrête de le barber !*

BARBET [baʀbɛ] n. m. – fin XIIIe ◇ de 1 *barbe* ▪ **1** Espèce d'épagneul à poil long et frisé. — adj. *Chien barbet.* ➤ **caniche.** ▪ **2** Rouget. APPOS. *Rouget* barbet.*

BARBICHE [baʀbiʃ] n. f. – 1842 ; «petit barbet» 1694 ◇ de 1 *barbe* ▪ Petite barbe qu'on laisse pousser au menton. *La barbiche de Napoléon III.* ➤ **impériale.**

BARBICHETTE [baʀbiʃɛt] n. f. – 1913 ◇ de *barbiche* ▪ FAM. Petite barbiche. *«Je te tiens, tu me tiens par la barbichette»* (chans. enfantine). — LOC. FIG. *Se tenir par la barbichette :* être dans une dépendance réciproque.

BARBICHU, UE [baʀbiʃy] adj. – 1927 ◇ de *barbiche,* d'après *barbu* ▪ Qui porte une barbiche.

BARBIER, IÈRE [baʀbje, jɛʀ] n. – v. 1230 ◇ de 1 *barbe* ▪ ANCIENNT n. m. Celui dont le métier était de faire la barbe au rasoir à main. *Les barbiers du XVIIIe siècle étaient aussi chirurgiens* (plaies, fractures, etc.). *«Le Barbier de Séville», de Beaumarchais.* — Personne dont le métier consiste à raser ou à tailler les barbes (1). — n. m. (Canada) VIEILLI Coiffeur pour hommes.

BARBIFIANT, IANTE [baʀbifjɑ̃, jɑ̃t] adj. – 1918 ◇ de *barbifier* ▪ FAM. et VIEILLI Ennuyeux*. ➤ **assommant, barbant, rasant.** *«Je le trouve le plus barbifiant des raseurs» PROUST.*

BARBIFIER [baʀbifje] v. tr. ‹7› – 1752 ◇ de 1 *barbe* ▪ FAM. ▪ **1** Raser, faire la barbe à. ▪ **2** (1899) VIEILLI Ennuyer. ➤ **barber, raser.** — PRONOM. **SE BARBIFIER :** s'ennuyer.

BARBILLE [baʀbij] n. f. – 1751 ◇ diminutif de 1 *barbe* ▪ TECHN. Filament qui reste parfois au flan des monnaies.

BARBILLON [baʀbijɔ̃] n. m. – 1398 ◇ de *barbille* ▪ **1** Filament charnu aux bords de la bouche de certains poissons (comme le barbeau). ➤ **palpe.** — *Barbillons du cheval, du bœuf :* replis de la muqueuse de la bouche, sous la langue. ▪ **2** Petite pointe (d'un hameçon, d'une flèche) qui empêche la prise de s'échapper.

BARBITAL [baʀbital] n. m. – 1959 ◇ de *barbit(urique)* et suffixe *-al* ▪ PHARMACOL. Barbiturique hypnotique et sédatif à action lente. ➤ **véronal,** et aussi **phénobarbital.** *Des barbitals.*

BARBITURIQUE [baʀbityʀik] adj. et n. m. – 1865 ◇ allemand *Barbitursäure,* créé par Baeyer, et *urique* ▪ CHIM. *Acide barbiturique :* composé organique dont les dérivés sont utilisés comme sédatifs, somnifères. ➤ **barbital, gardénal, véronal.** — n. m. Médicament dérivé de cet acide. *Intoxication aux barbituriques.*

BARBITURISME [baʀbityʀism] n. m. – 1953 ◇ de *barbiturique* ▪ MÉD. Intoxication par les barbituriques.

BARBON [baʀbɔ̃] n. m. – XVIe ◇ italien *barbone* «grande barbe» ▪ VX ou PLAISANT Homme d'âge plus que mûr. ➤ **birbe.** *Un vieux barbon.*

BARBOTAGE [baʀbɔtaʒ] n. m. – avant 1867 ; «breuvage» fin XVIe ◇ de *barboter* ▪ **1** Action de barboter dans l'eau. *Le barbotage des canards.* ▪ **2** CHIM., TECHN. Passage d'un gaz dans un liquide.

BARBOTE [baʀbɔt] n. f. – XIIIe ◇ de *barboter* ▪ RÉGION. ▪ **1** Lotte. ▪ **2** Loche (poisson). ▪ **3** (1862) (Canada) Poisson d'eau douce *(ictaluridés),* muni de barbillons.

BARBOTER [baʀbɔte] v. ‹1› – fin XIIe «marmotter» ◇ p.-ê. de *bourbe*
I v. intr. ▪ **1** S'agiter, remuer dans l'eau, la boue. *Les canards barbotent dans la mare. Barboter dans son bain.* — Marcher dans une eau bourbeuse. ➤ **patauger.** ▪ **2** (1910) CHIM. Traverser un liquide (gaz). *Faire barboter un gaz dans un appareil* (➤ **barboteur**).
II v. tr. (1843) FAM. Voler*. *On lui a barboté son portefeuille.* ➤ **chiper, faucher, piquer.**

BARBOTEUR, EUSE [baʀbɔtœʀ, øz] n. – 1560 ◇ de *barboter* ▪ **1** Personne qui barbote. ▪ **2** n. m. CHIM. Appareil où barbote un gaz. — TECHN. Récipient pour le lavage de certains minerais.

BARBOTEUSE [baʀbɔtøz] n. f. – 1920 ◇ de *barboter* ▪ **1** Vêtement de jeune enfant, d'une seule pièce, à culotte bouffante et qui laisse les jambes et les bras nus. ▪ **2** (1970) (Canada) Piscine peu profonde pour les enfants. ➤ **pataugeoire.**

BARBOTIN [baʀbɔtɛ̃] n. m. – 1863 ◇ nom de l'inventeur ▪ **1** MAR. Couronne de métal sur laquelle viennent s'engrener les maillons d'une chaîne. ▪ **2** TECHN. Roue dentée entraînant la chenille d'un véhicule.

BARBOTINE [baʀbɔtin] n. f. – 1532 ◇ de *barboter* ▪ **1** CÉRAM. Pâte délayée que l'on emploie pour fixer les ornements rapportés sur les pièces de céramique ainsi que dans la technique du coulage*. ▪ **2** BÂT. Mélange très fluide de ciment et d'eau.

BARBOUILLAGE [baʀbujaʒ] n. m. – 1588 ◇ de *barbouiller* ▪ Action de barbouiller ; son résultat. ➤ **gribouillage, gribouillis, griffonnage, tag.** *Une feuille de papier couverte de barbouillages.* — SPÉCIALT Mauvaise peinture.

BARBOUILLE [baʀbuj] n. f. – 1927 ◇ de *barbouiller* ▪ FAM. et PÉJ. Activité de l'artiste peintre ou du peintre en bâtiment.

BARBOUILLER [baʀbuje] v. tr. ‹1› – XVe sens 4° ◇ p.-ê. de *barboter* avec substitution de finale d'après des v. comme *brouiller, souiller* ▪ **1** Couvrir d'une substance salissante. ➤ **salir ; couvrir, maculer, souiller, tacher ;** FAM. **saloper.** *Barbouiller un mur de graffitis, à la bombe.* ➤ **taguer.** — *Le visage barbouillé de confiture.* ▪ **2** Étendre grossièrement une couleur sur (qqch.) ➤ **enduire.** *Barbouiller un mur.* — PAR EXT. Peindre grossièrement. *«Un amateur qui barbouille des toiles le dimanche» SARTRE.* ➤ **peinturlurer.** ▪ **3** Charger de gribouillages, de griffonnages. *Barbouiller du papier.* ➤ **gribouiller, griffonner.** FI

Écrire des choses de peu de valeur. ■ **4** FIG. et FAM. *Barbouiller l'estomac, le cœur :* donner la nausée. — **p. p. adj.** *Avoir l'estomac tout barbouillé.* ➤ **embarrassé.** ■ CONTR. Débarbouiller, laver, nettoyer.

BARBOUILLEUR, EUSE [barbujœr, øz] **n.** – 1480 ◇ de *barbouiller* ■ Personne qui barbouille. *Barbouilleur de murs.* ➤ **tagueur.** FAM. *Barbouilleur de papier :* mauvais écrivain. ◆ SPÉCIALT Mauvais(e) peintre. « *Ces peintures, faites par des barbouilleurs de province* » GAUTIER.

BARBOUZE [barbuz] **n. f.** et **m.** – 1926 ◇ de 1*barbe* ■ FAM. ■ **1** Barbe. ■ **2** **n. f.** ou **m.** (1961 ◇ à cause de la fausse barbe qu'il porte parfois) Agent secret (police, espionnage). « *Sa liquidation en octobre 61 peut être l'œuvre de barbouzes chargées de nettoyer le paysage politique...* » DAENINCKX.

BARBU, UE [barby] **adj.** et **n. m.** – 1213 ◇ latin populaire *barbutus,* de *barba* « barbe » ■ **1** Qui a de la barbe, porte la barbe (1, 2°). — **n. m.** *Un barbu :* un homme barbu. SPÉCIALT Intégriste musulman. ➤ RÉGION. 1**poilu.** ■ **2** Qui est garni de filaments, de barbes (1, 5°). *Blé barbu.* ■ **3** **n. m.** Oiseau des forêts tropicales continentales *(piciformes),* très coloré, aux ailes courtes. ■ CONTR. Glabre. ■ HOM. Barbue.

BARBUE [barby] **n. f.** – XIIIe ◇ de *barbu,* d'après 1*barbe* (4°) ■ Poisson de mer plat *(pleuronectiformes),* à chair délicate, apparenté au turbot. *Filets de barbue à l'oseille.* ■ HOM. Barbu.

BARBULE [barbyl] **n. f.** – 1838 ◇ diminutif de 1*barbe* ■ ZOOL. Chacun des petits crochets qui relient une barbe de plume d'oiseau à la barbe contiguë.

BARCAROLE ou **BARCAROLLE** [barkarɔl] **n. f.** – 1764 ◇ italien *barcar(u)ola,* de *barcarolo* « gondolier », de *barca* « barque » ■ Chanson des gondoliers vénitiens. — PAR EXT. Pièce de musique vocale ou instrumentale sur un rythme berceur à trois temps.

BARCASSE [barkas] **n. f.** – 1820 ◇ de *barque* ■ MAR. Grosse barque. *Barcasse de débarquement.*

BARD [bar] **n. m.** – 1694 ; *béart* 1239 ◇ de l'ancien français *baer,* anc. forme de *béer* ■ Grande civière à claire-voie pour le transport à bras des fardeaux. « *Des femmes passèrent dans la cour avec un bard d'où dégouttelait du linge* » FLAUBERT. ■ HOM. Bar, barre.

BARDA [barda] **n. m.** – 1848 ◇ arabe *barda'a* « bât » ■ **1** ARG. MILIT. (puis FAM.) L'équipement du soldat. ■ **2** FAM. Chargement encombrant, bagage. ➤ **attirail*** ; FAM. **bazar, fourbi.** *Prenez tout votre barda.*

BARDAF [bardaf] **interj.** – 1947 ◇ du wallon, d'orig. onomat. ■ (Belgique) Onomatopée évoquant le bruit d'une chute (➤ **badaboum, patatras**) ou d'un coup violent.

BARDAGE [bardaʒ] **n. m.** – 1837 ◇ de *bard* ■ **1** VIEILLI Transport sur des bards. — Transport des matériaux lourds, sur un chantier. ■ **2** Protection en planches autour d'un ouvrage d'art.

BARDANE [bardan] **n. f.** – XVe ◇ latin médiéval *bardana,* ou du radical du latin populaire *baritare* « s'opposer à, diverger » ■ Plante commune dans les décombres *(composées),* dont les fruits, munis de bractées à crochets, s'accrochent aux vêtements, aux toisons. ➤ **glouteron.** « *la bardane qui fit nos délices parce que nous jetions ses fruits griffus dans les cheveux des copines* » M. ROUANET. *Petite bardane.* ➤ **lampourde.**

BARDASSER [bardase] **v.** ‹1› – *bredasser* 1744 ◇ mot dialectal de France, p.-ê. du latin *brittus,* classique *brit(t)o* « breton » → bredouiller ■ (Canada) FAM.

I **v. intr.** ■ **1** Faire du bruit. *Je les entends bardasser dans la cuisine.* ■ **2** S'occuper à des rangements, faire de menus travaux. *Elle bardasse dans le cabanon.*

II **v. tr.** ■ **1** Secouer, remuer. *On s'est fait bardasser sur le traversier.* ■ **2** Malmener, traiter sans ménagement. ➤ **bourrasser.** « *elle bardasse même une jeune fille qui s'y prenait mal pour emballer le sucre* » M. LABERGE.

1 **BARDE** [bard] **n. m.** – 1512 ◇ latin *bardus,* mot gaulois ■ Poète celtique qui célébrait les héros et leurs exploits.

2 **BARDE** [bard] **n. f.** – fin XIIIe « bât » ◇ arabe *barda'a* → barda ■ **1** Armure de lames de fer qui protégeait le poitrail et la croupe du cheval. ■ **2** (1680) CUIS. Mince tranche de lard gras dont on entoure les viandes à rôtir (rôtis ou volailles).

1 **BARDEAU** [bardo] **n. m.** – 1359 ◇ p.-ê. de 2*barde* → bardot ■ Petite planche clouée sur volige employée dans la construction, surtout pour remplacer tuiles et ardoises dans la couverture des maisons. *Des chalets* « *aux toits soigneusement couverts de bardeaux polis par la pluie, qui brillent comme de l'argent* » RAMUZ. ➤ **aisseau,** RÉGION. **tavillon.** ■ HOM. Bardot.

2 **BARDEAU** ➤ **BARDOT**

1 **BARDER** [barde] **v. tr.** ‹1› – 1427 ◇ de 2*barde* ■ **1** Couvrir (un cheval) d'une barde. — PAR EXT. (plus cour. au p. p.) *Un chevalier bardé de fer,* recouvert d'une armure. ➤ **caparaçonné, cuirassé.** — FIG. *Être bardé de décorations, de diplômes.* ■ **2** CUIS. Entourer de bardes. *Barder un rôti. Cailles bardées.*

2 **BARDER** [barde] **v. intr. impers.** ‹1› – 1894 ; argot des militaires « travailler dur, trimer » 1889 ◇ probablt de *bard* ■ FAM. Devenir dangereux, prendre une tournure violente. *S'il se met en colère, cela va barder !* ➤ **se gâter ;** FAM. **chauffer.**

BARDIS [bardi] **n. m.** – début XVIe ◇ de 2*barde* ■ MAR. Cloison de planches que l'on dispose dans la cale ou l'entrepont d'un navire pour caser une marchandise en vrac.

BARDOT [bardo] **n. m.** – 1367 ◇ arabe *barda'a* « selle » et « bât » ; italien *bardotto* « bête qui porte le bât » → barda, 2barde ■ Petit mulet, produit de l'accouplement du cheval et de l'ânesse. — On écrit parfois *bardeau.* ■ HOM. Bardeau.

-BARE ■ Élément, du grec *barus* « lourd », servant à désigner la pression atmosphérique. ➤ **baro-.**

BAREFOOT [bɛrfut] **n. m.** – 1988 ◇ mot anglais « pieds nus » ■ ANGLIC. Sport de glisse s'apparentant au ski nautique, où les pieds font office de skis. *Barefoot sur l'eau, sur le sable. Des barefoots.*

BARÈME [barɛm] **n. m.** – 1803 ◇ de *François Barrême* ■ Recueil de tableaux numériques donnant le résultat de certains calculs. *Barème des intérêts. Barème des salaires.* — Table, répertoire de tarifs, de notes. *Appliquer le barème, pour la correction d'une copie d'examen.*

BARÉMIQUE [baremik] **adj.** – 1983 ◇ de *barème* ■ (Belgique) Qui concerne les barèmes. *Ancienneté barémique.*

BARESTHÉSIE [barɛstezi] **n. f.** – début XXe ◇ de 3*bar* et *esthésie* ■ MÉD. Sensibilité profonde à la pesanteur ou à la pression.

1 **BARGE** [barʒ] **n. f.** – 1553 ◇ p.-ê. du latin populaire *bardea* « alouette huppée » ■ Oiseau échassier *(charadriiformes),* apparenté à la bécasse, au bec très long légèrement relevé en avant, habitant les marais. *La barge à queue noire.*

2 **BARGE** [barʒ] **n. f.** – 1080 ◇ même étym. que *barque* ■ **1** Embarcation à fond plat et à voile. — Grande péniche plate. ■ **2** AGRIC. Meule de foin rectangulaire.

3 **BARGE** ➤ **BARJO**

BARGUIGNER [bargiɲe] **v. intr.** ‹1› – fin XIIe ◇ francique °*borganjan,* allemand *borgen* « emprunter » ■ VIEILLI ■ **1** Marchander. ■ **2** Hésiter, avoir de la peine à se déterminer. LOC. *Sans barguigner :* sans hésiter. ■ CONTR. Décider (se).

BARIATRIQUE [barjatrik] **adj.** – 2000 ◇ anglais *bariatric* (1977), du grec → 3bar et *-iatrie* ■ DIDACT. *Chirurgie bariatrique,* consistant à modifier l'anatomie du système digestif (gastrectomie, by-pass, anneau gastrique) des personnes obèses.

BARIGOULE [barigul] **n. f.** – 1735 ◇ provençal *barigoulo* « agaric » ■ CUIS. *Artichauts à la barigoule,* évidés, farcis et cuits dans l'huile d'olive.

BARIL [bari(l)] **n. m.** – XIIe ◇ latin populaire °*barriculus,* diminutif du latin °*barrica* « barrique » ■ **1** Petit tonneau, petite barrique. ➤ **futaille, tonnelet.** *Baril de harengs.* ➤ **caque.** *Baril de poudre.* — Conditionnement en forme de tonnelet. *Un baril de lessive.* ◆ PAR MÉTON. Le contenu du baril. ■ **2** MÉTROL. VX Mesure de capacité. — (1931 ◇ d'après l'anglais *barrel*) Unité anglosaxonne de mesure de volume réservée au commerce du pétrole (158,987 l). *Fluctuations du prix du baril.* ■ HOM. Barye.

BARILLET [barijɛ ; barilɛ] **n. m.** – fin XIIIe ◇ de *baril* ■ **1** Petit baril. ■ **2** (1680) Dispositif de forme cylindrique. COUR. *Barillet d'un revolver :* cylindre où sont logées les cartouches. TECHN. *Barillet d'une montre, d'une pendule,* boîte qui renferme le ressort moteur. *Barillet de serrure,* partie cylindrique du bloc de sûreté. — TECHN. Dans un réacteur nucléaire, Dispositif rotatif, destiné à échanger le combustible neuf avec le combustible usé.

BARIOLÉ, ÉE [barjɔle] **adj.** – 1617 ; *barrolé* 1546 ◇ de deux mots d'ancien français de même sens, *barré* et *riolé* « rayé, bigarré » ■ Coloré de tons vifs, variés et souvent s'harmonisant mal entre eux. ➤ **bigarré, multicolore.** *Une étoffe bariolée.* — « *Une foule bariolée, vêtue des couleurs les plus voyantes de l'arc-en-ciel* » LOTI. *Aspect de ce qui est bariolé* (**BARIOLAGE** **n. m.**). ■ CONTR. Neutre, uni.

BARIOLER [barjɔle] **v. tr.** ‹1› – fin XVIIIe ◇ de *bariolé* ■ Peindre de diverses couleurs produisant un effet peu harmonieux. ➤ **bigarrer, peinturlurer.**

BARISTA [barista] **n.** – 1993 au Canada ◊ mot anglais (1982), de l'italien *barista* «barman», de *bar* → 1bar ■ Spécialiste de la préparation du café. *«les caissiers prenaient les commandes et le barista les exécutait»* G. TAVARD. *Des baristas.*

BARJAQUE [barʒak] **n. f.** – 1820 ◊ déverbal de *barjaquer* ■ RÉGION. (Sud-Est ; Suisse) FAM. ■ **1** Personne bavarde, qui parle beaucoup et sans discernement. ■ **2** Faconde, élocution rapide et abondante.

BARJAQUER [barʒake] **v. intr.** ‹1› – 1894 ; 1820 en Suisse ◊ du germanique *brekan* «briser» (→ broyer) et de *jacasser* ■ RÉGION. (Est, Sud-Est, Provence ; Suisse) FAM. Bavarder de manière excessive, parler à tort et à travers.

BARJO [barʒo] **adj.** – début XXe ◊ interversion (verlan) de *jobard* ■ FAM. Fou, farfelu. ➤ **fou* ;** FAM. **chtarbé, dingue, fêlé, fondu, siphonné.** *Elles sont barjos.* ABRÉV. **BARGE.** — **n.** *Bande de barjos !*

BARLONG, ONGUE [barlɔ̃, ɔ̃g] **adj.** – *beslong* «très long, oblong» fin XIIe ◊ p.-ê. du latin °*bislongus* «deux fois plus long que large, très long» ■ ARCHIT. Dont le côté le plus long se présente de face.

BARLOTIÈRE [barlɔtjɛr] **n. f.** – 1791 ◊ de *barrelot*, forme dialectale dérivée de *barre* ■ TECHN. Traverse de fer d'un châssis de vitrail.

BARMAID [barmɛd] **n. f.** – 1861 ◊ mot anglais, de *bar* et *maid* «serveuse» ■ ANGLIC. Serveuse d'un bar. *Des barmaids.*

BARMAN [barman] **n. m.** – 1873 ◊ mot anglais, de *bar* et *man* «serveur» ■ Serveur d'un bar qui sert au comptoir les boissons qu'il prépare. *Le barman et les garçons* de café. Des barmans.* On dit aussi *des barmen* [barmɛn] (plur. angl.).

BAR-MITSVAH [barmitsva] **n. f. inv.** – 1927 ◊ mot hébreu «fils du commandement» ■ RELIG. JUD. Accès du jeune garçon au statut d'adulte responsable du point de vue religieux. *Fêter sa bar-mitsvah.* — Cérémonie marquant cet évènement. — On écrit aussi *barmitsva, des barmitsvas.*

BARN [barn] **n. m.** – 1950 ◊ mot anglais ■ MÉTROL. Unité de mesure de superficie (SYMB. b) utilisée en physique nucléaire, valant 10^{-28} m^2.

BARNABITE [barnabit] **n. m.** – 1622 ◊ de *Barnabé* ■ HIST. RELIG. Religieux de l'ordre des clercs de Saint-Paul, dont les fondateurs s'assemblèrent dans l'église de Saint-Barnabé de Milan, au XVe s.

BARNACHE, BARNACLE ➤ **BERNACHE**

BARNUM [barnɔm] **n. m.** – 1939 «tente de forain» ◊ du nom de l'Américain *Ph. T. Barnum*, célèbre directeur de cirque ■ Chapiteau, tente abritant des manifestations (réceptions, expositions, foires...). *Louer un barnum. Des barnums.*

BARO- ■ Élément, du grec *baros* «pesanteur». ➤ **-bare.**

BAROGRAPHE [barɔgraf] **n. m.** – 1877 ◊ de *baro-* et *-graphe* ■ TECHN. Baromètre enregistreur traçant la courbe des altitudes d'un avion. ➤ **altimètre.**

BAROMÈTRE [barɔmɛtr] **n. m.** – 1666 ◊ formé en anglais, du grec *baros* «pesanteur» et *metron* «mesure» ■ Instrument qui sert à mesurer la pression atmosphérique. *Baromètre à mercure,* dans lequel la pression atmosphérique est équilibrée par le poids d'une colonne de mercure. *Baromètre anéroïde*. Baromètre enregistreur,* qui collectionne les valeurs de la pression atmosphérique pendant un temps donné. *Le baromètre est au beau fixe, à la pluie.* ♦ FIG. Ce qui est sensible à des variations et permet de les apprécier, d'évaluer une situation. *La Bourse des valeurs, baromètre de la confiance publique.*

BAROMÉTRIQUE [barɔmetrik] **adj.** – 1752 ◊ de *baromètre* ■ Qui a rapport au baromètre. *Échelle barométrique* : graduations du baromètre dans un système d'unités donné. *Hauteur barométrique* : hauteur de la colonne de mercure. *Manomètre* barométrique.*

1**BARON, ONNE** [barɔ̃, ɔn] **n.** – Xe ◊ francique °*baro* «homme libre» ■ **1** FÉOD. Grand seigneur du royaume. ■ **2** Possesseur du titre de noblesse entre celui de chevalier et celui de vicomte. *Madame la baronne.* ■ **3** (1901) ARG. puis FAM. Protecteur ; complice. ♦ (mot anglais américain «magnat») Personnage important. *Les barons de la presse, de la finance.* ➤ **magnat.** *Les barons du gaullisme,* les grands anciens du mouvement.

2**BARON** [barɔ̃] **n. m.** – 1839 ◊ p.-ê. de 1*baron*, parfois interprété en *bas rond* ■ CUIS. **BARON D'AGNEAU :** pièce de viande comprenant les deux gigots et toute la région lombaire. *Baron de lapin, de lièvre :* râble et cuisses.

BARONNAGE [barɔnaʒ] **n. m.** – XIIe ◊ de 1*baron* ■ FÉOD. Qualité de baron. Ensemble des barons.

BARONNET [barɔnɛ] **n. m.** – 1660 ; anglais *baronet* ◊ de 1*baron* ■ ANGLIC. En Angleterre, Titre héréditaire d'un ordre de chevalerie.

BARONNIE [barɔni] **n. f.** – fin XIIe ◊ de 1*baron* ■ **1** FÉOD. Seigneurie et terre d'un baron. ■ **2** FIG. Autorité locale qui s'affranchit du pouvoir central.

BAROQUE [barɔk] **adj.** et **n. m.** – *perle baroque* 1531 ◊ portugais *barroco* «perle irrégulière» ; p.-ê. à rattacher à °*barus* «divergent» → bardane ■ **1** *Perle baroque,* de forme irrégulière. ■ **2** PAR EXT. (1701) COUR. Qui est d'une irrégularité bizarre, inattendue. ➤ **bizarre* ; biscornu, choquant, étrange, excentrique, irrégulier.** *Idées baroques. Notre-Dame-des-Victoires «est laide à faire pleurer, elle est prétentieuse, elle est baroque»* HUYSMANS. ■ **3** (1912, repris à l'allemand *barock* ; 1788 «nuance du bizarre» en archit.) ARCHIT. Se dit d'un style qui s'est développé aux XVIe, XVIIe et XVIIIe s. d'abord en Italie, puis dans de nombreux pays catholiques, caractérisé par la liberté des formes et la profusion des ornements. *Les églises baroques de Bavière, du Mexique.* — PAR EXT. *Sculpture, peinture, art baroque.* SUBST. *Le baroque,* ce style. *Le maniérisme, le baroque et le rococo*. Le baroque jésuite*.* — *Un baroque* : un artiste qui a ce style. ♦ (v. 1925) ARTS Qui est à l'opposé du classicisme, laisse libre cours à la sensibilité, la fantaisie. *Style baroque en peinture.* ♦ LITTÉR. Se dit de la littérature française sous Henri IV et Louis XIII, caractérisée par une grande liberté d'expression. — PAR EXT. Se dit de la période et des œuvres caractérisées par l'art baroque (fin XVIe-déb. XVIIIe) sous tous les aspects esthétiques. *Siècle baroque. Musique baroque.* **n. m.** *Les maîtres du baroque* (en musique). — PAR EXT. *Musicien baroque* (FAM. un *baroqueux*). ■ CONTR. Normal, régulier. Classique.

BAROQUISME [barɔkism] **n. m.** – 1959 ◊ de *baroque* ■ Caractère baroque d'une œuvre d'art. ■ CONTR. Classicisme.

BAROSCOPE [barɔskɔp] **n. m.** – 1850 ◊ de *baro-* et *-scope* ■ PHYS. Manomètre constitué d'un tube en U dont une des branches est ouverte dans l'atmosphère, permettant de mesurer une pression par sa différence avec la pression atmosphérique.

BAROTRAUMATISME [barotromatism] **n. m.** – 1948 ◊ de *baro-* et *traumatisme* ■ MÉD. Traumatisme provoqué par une rapide élévation de pression dans les cavités de l'organisme communiquant avec l'air ambiant. *La plongée sous-marine, les incidents de vol aérien, la ventilation artificielle et l'exposition à des explosions sont les principaux responsables de barotraumatismes.*

BAROUD [barud] **n. m.** – 1924 ◊ mot arabe «poudre» ■ **1** (Maghreb) Poudre à canon, à fusil. ■ **2** (Maghreb) Salve de coups de fusil tirée par des cavaliers lors de festivités. — Manifestation folklorique de cavaliers armés de fusils. ➤ **fantasia.** ■ **3** ARG. MILIT. Combat. *Aimer le baroud.* — LOC. **BAROUD D'HONNEUR :** dernier combat d'une guerre perdue, mené pour sauver l'honneur. (1936) FIG. Combat, lutte sans illusion. *«Baroud d'honneur contre la maladie»* BAZIN.

BAROUDEUR, EUSE [barudœr, øz] **n.** – 1923 ◊ de *baroud* ■ **1 n. m.** ARG. MILIT. Celui qui aime le baroud. *C'est un vieux baroudeur.* ♦ PAR EXT. FAM. Aventurier. ■ **2** FAM. Grand reporteur.

BAROUF [baruf] **n. m.** – 1861 ◊ italien *baruffa* «bagarre» ■ FAM. Grand bruit. ➤ 2**boucan, tapage, vacarme*.**

BARQUE [bark] **n. f.** – début XIVe ◊ ancien occitan *barca*, latin impérial ■ Petit bateau ponté ou non. ➤ **embarcation, esquif.** *Barque à rames, à voiles* (➤ **voilier**). *Barque à moteur. Barque de pêcheur. Promenade en barque. Mauvaise barque.* ➤ **coquille** (de noix), **rafiot.** *Sortes de barques.* ➤ **barcasse,** 2**barge, cange, canot, gondole, patache, pinasse, pirogue ;** RÉGION. **chaloupe.** — LOC. FIG. *Mener la barque :* diriger, être le maître. *Il mène bien sa barque* : il s'occupe bien de ses affaires. *Charger la barque :* être trop ambitieux, surestimer ses possibilités dans un projet.

BARQUETTE [barkɛt] **n. f.** – 1238 «petite barque» ◊ de *barque* ■ **1** (1740) Pâtisserie, tartelette de forme allongée. *Barquette aux fraises.* ■ **2** Petit récipient rigide et léger (plastique moulé, aluminium) pour les denrées alimentaires. ➤ RÉGION. 3**casseau, ravier.**

BARRACUDA [barakyda ; barakuda] **n. m.** – 1848 ◊ anglais *barracuda, barracoota* ■ Gros poisson *(perciformes)* des mers chaudes, carnivore du genre sphyrène*.

BARRAGE [baraʒ] **n. m.** – XIIe ◊ de *barrer* → barre ■ **1** Action de barrer (un passage). *Le barrage d'une rue. Tir* de barrage.* — LOC. *Faire barrage à* (qqn, qqch.) : empêcher de passer, et FIG. d'agir (cf. Barrer* la route, faire obstacle*). ■ **2** Ce qui barre, sert à empêcher le passage. ➤ **barrière.** *Établir un barrage à l'entrée d'une rue* (➤ aussi **barricade**). *Barrage filtrant*. Un barrage de police, d'agents* (➤ **cordon**). *Forcer, franchir un barrage. Barrage de radeaux, de chaînes,* pour fermer un port. ➤ **estacade.** ▪ **3** Obstacle, difficulté. *Je n'ai pas rencontré de barrage.* — Opposition. *Il y a eu un barrage de la direction.* ➤ **veto.** ◆ PSYCHIATR. Arrêt brusque d'une activité de la parole, traduisant une réaction de défense, observé chez certains malades mentaux. — PSYCHAN. Rejet involontaire d'une réalité psychique perturbante. ➤ **blocage,** 1 **défense, résistance.** ▪ **4** SPORT *Match de barrage,* destiné à départager plusieurs concurrents qui se disputent l'accès à une catégorie, à une compétition supérieure. ▪ **5** Ouvrage hydraulique qui a pour objet de relever le plan d'eau, d'accumuler ou de dériver l'eau d'une rivière. *Barrage-poids, barrage-voûte, barrage à contreforts. Barrage d'accumulation, barrage-réservoir. Barrage de retenue pour la dérivation des eaux.* ➤ **digue.** *Barrage de régulation. Lac de retenue d'un barrage. Barrage mobile.* ➤ 1 **fermette, hausse, pertuis,** 1 **vanne.** — *Barrage d'une usine hydroélectrique.* ◆ *Barrage de prise :* robinet à la sortie de la conduite de ville. ▪ CONTR. Ouverture.

BARRE [baʀ] **n. f.** – début XIIe ◇ du latin populaire *barra.* → embarrasser, embargo

I OBJET ALLONGÉ QUE L'ON PEUT PRENDRE EN MAIN ▪ **1** Pièce longue et rigide. *Barre de bois* (➤ **bâton ; baguette**), *de fer* (➤ **tringle**). *Barres transversales d'une grille, d'une croisée.* ➤ **barreau, croisillon, traverse.** *Assommer à coups de barre. Barre à mine :* barre métallique pouvant servir de levier. — LOC. FIG. et FAM. **COUP DE BARRE :** coup qui étourdit. *C'est le coup de barre :* c'est très cher (cf. Coup de bambou*, de fusil*, de massue*). (1868) *Avoir un* (ou *le*) *coup de barre :* se sentir soudain très fatigué. ◆ *Une barre d'or.* ➤ **lingot.** — (1690) **EN BARRE(S).** *De l'or en barre.* LOC. FAM. *C'est de l'or en barre,* des revenus assurés. ◆ (par anal. de forme) *Barre de chocolat* (➤ 2 **bille**), *de nougat. Barre aux céréales.* ▪ **2** SPÉCIALT **BARRE D'APPUI :** élément allongé qui sert d'appui à une fenêtre. — *La barre :* la barre scellée au mur et qui sert d'appui aux danseurs pour leurs exercices. *Exercices à la barre. La barre :* les exercices faits à la barre. — GYMN. **BARRE FIXE :** traverse horizontale sur deux montants. — **BARRES PARALLÈLES,** horizontales, de même hauteur sur des montants. **BARRES ASYMÉTRIQUES,** horizontales, fixées à des hauteurs différentes. — *Barre d'un trapèze.* — *Barre de saut* (hauteur, perche). *La barre est à 1,80 m. Monter la barre.* LOC. *Mettre, placer la barre trop haut, trop bas :* augmenter, diminuer les difficultés, les exigences. *« En vieillissant, on n'est pas plus heureux, non, mais on place la barre moins haut »* BEIGBEDER. — FIG. Seuil, niveau. *Le dollar a passé la barre des 107 yens.* — AUTOM. *Barre d'accouplement,* qui relie les roues directrices et assure leur parallélisme. ➤ **direction.** *Barre de torsion :* barre élastique de la suspension d'un véhicule. — NUCL. *Barre de commande, de contrôle, de sécurité :* tige d'un matériau absorbant les neutrons, pouvant être plongée plus ou moins profondément dans le cœur d'un réacteur nucléaire pour contrôler la fission. ▪ **3** (1678) Dispositif (d'abord barre de bois) au moyen duquel on actionne le gouvernail d'un navire. *Barre franche* (➤ 2 **franc**). *Barre à roue*. Être à la barre.* ➤ **barrer, gouverner.** *L'homme de barre.* ➤ **barreur, skippeur, timonier.** LOC. FIG. *Prendre la barre, tenir la barre, être à la barre :* prendre, avoir la direction. ➤ **diriger, gouverner.** *Redresser la barre :* rétablir une situation compromise. — *Barres de flèche :* pièces de bois ou de métal qui écartent les haubans du mât. *Barre d'écoute :* ferrure permettant de régler l'écoute de grand-voile. ▪ **4** (1542 ◇ de la *barre* du tribunal, barrière qui séparait les juges du public) Lieu où comparaissent les témoins, où plaident les avocats à l'audience. *Le témoin s'avança à la barre.*

II CE QUI ÉVOQUE UNE BARRE ▪ **1** (1678) Amas de sable qui ferme l'entrée d'un port ou l'embouchure d'un fleuve. — Déferlement violent de la houle sur les hauts-fonds. ➤ **mascaret.** — Déferlement parallèle à la côte. *« L'Ishkander Shaw a frappé la vague, et toute l'ossature du navire a craqué et gémi tandis qu'il passait la barre »* LE CLÉZIO. ▪ **2** (1678) Espace vide de la mâchoire (du cheval) entre les crochets et les molaires. *Le mors appuie sur les barres.* ▪ **3** (1690) Trait droit. *Barre de soustraction. Barre oblique. « Il avait une écriture curieuse où les barres des t avaient l'air de souligner les mots de la ligne supérieure »* PEREC. ◆ FIG. ➤ 1 **bande, ligne,** 1 **trait.** *« Cependant une barre d'or se forma dans l'Orient »* CHATEAUBRIAND. — (milieu XVe) BLAS. Trait qui sépare obliquement l'écu de gauche à droite, de l'angle sénestre du chef à l'angle dextre de la pointe. *La barre et la bande.* ◆ (1771) MUS. *Barre de mesure :* trait vertical qui sépare les mesures. *Double barre,* indiquant la fin d'un morceau. ◆ *Code-barre, code-barres.* ➤ **code.** ▪ **4** (1606) AU PLUR. ANCIENNT **BARRES :** jeu de course entre deux camps limités chacun par une barre tracée sur le sol. (1606) LOC. **AVOIR BARRE SUR qqn,** se dit d'un joueur qui prend l'avantage sur son adversaire ; FIG. être en situation d'imposer sa volonté. ➤ **dominer.** *« Bien vite son caractère soupçonneux avait repris barre sur sa vie »* GUILLOUX. ▪ **5** Douleur interne aiguë, ressentie comme horizontale. *Avoir une barre sur l'estomac.* — LOC. FAM. *Se taper des barres (de rire) :* avoir un fou rire. ➤ se **marrer** (cf. Être plié, tordu de rire). ▪ **6** Immeuble parallélépipédique construit en longueur (opposé à *1 tour*). ▪ **7** INFORM. Espace horizontal ou vertical situé en bordure de la zone d'affichage, de la fenêtre, qui offre à l'utilisateur un choix de commandes permettant d'accéder rapidement aux fonctions. *Barre d'outils, de menus.*

▪ HOM. Bar, bard.

BARRÉ, ÉE [baʀe] **adj. et n. m.** – XIIe ◇ de *barrer* ▪ **1** Fermé d'une barre qui empêche le passage. *Rue barrée.* ◆ *Dent barrée,* dont les racines recourbées rendent l'extraction difficile. ◆ MÉD. *Femme barrée,* dont la symphyse du pubis est anormalement développée dans le sens transversal, ce qui empêche les rapports sexuels. ▪ **2** Traversé, rayé d'une ou plusieurs barres. *Chèque* barré.* ◆ BLAS. Se dit du champ divisé en parties égales. *Écu barré de huit pièces.* ▪ **3** SPORT (AVIRON) Se dit d'un équipage de course ou de son bateau quand il est dirigé par un barreur*. ▪ **4** **n. m.** MUS. Action d'appuyer simultanément sur plusieurs cordes avec l'index le long du manche de certains instruments à cordes pincées. *Exécuter un barré à la guitare.* ▪ **5** FAM. Fou. *Ce mec est complètement barré.* — (CHOSES) *Un film un peu barré.*

BARREAU [baʀo] **n. m.** – 1285 ◇ de *barre* ▪ **1** Petite barre de bois, de métal servant de clôture ou de support. *Les barreaux d'une fenêtre, d'une prison, d'une cage.* LOC. *Être derrière les barreaux,* en prison. — *Les barreaux d'une échelle* (➤ **échelon**), *d'une ridelle.* — *Les barreaux d'une chaise,* les bâtons qui servent à maintenir les montants. LOC. FAM. *Un barreau de chaise :* un très gros cigare. ▪ **2** Petite barre. *Barreau aimanté.* ➤ 1 **aimant.** ▪ **3** (XVIe) Espace, autrefois fermé par une barrière, qui est réservé au banc des avocats dans les salles d'audience. ➤ **barre.** ◆ PAR EXT. Profession d'avocat. *L'éloquence du barreau.* — Ordre des avocats exerçant auprès d'un même tribunal de grande instance. *Être inscrit au barreau.*

▪ HOM. Barrot.

BARREMENT [baʀmɑ̃] **n. m.** – 1890 ◇ de *barrer* ▪ Action de barrer un chèque.

BARRER [baʀe] **v. tr.** ⟨1⟩ – 1144 ◇ de *barre*

I v. tr. ▪ **1** VX ou RÉGION. Fermer avec une barre. *Barrer la porte.* — RÉGION. (Nord, Ouest ; Canada) Fermer à clé. *N'oublie pas de barrer l'auto. « Entre, c'est pas barré »* V.-L. BEAULIEU. ◆ MOD. Fermer (un chemin, un passage, etc.). ➤ 1 **bloquer,** 1 **boucher, couper, obstruer.** *Des rochers détachés de la montagne nous barraient la route.* — LOC. *Barrer le passage, la route à qqn,* l'empêcher de passer, d'avancer ; FIG. lui faire obstacle. ➤ **barrage, barrière.** ◆ PAR EXT. (XVIIIe) *Barrer qqn,* mettre obstacle à ses projets. *Il est barré par son chef de service.* ▪ **2** MAR. Tenir la barre de (une embarcation). *« c'est le capitaine lui-même qui barre la pirogue »* LE CLÉZIO. ABSOLT *Il barre bien, mal.* ▪ **3** Marquer d'une ou plusieurs barres, d'un trait droit. *Barrer un t. Barrer un chèque*.* ◆ FIG. Être placé en travers de. *Une mèche de cheveux lui barre le front. « Les ombres bleues des peupliers barrent la route »* JAMMES. ▪ **4** Annuler au moyen d'une barre. ➤ **biffer, raturer, rayer.** *Barrer une phrase.*

II SE BARRER v. pron. (1866) FAM. Partir, s'enfuir*. ➤ se **casser,** se **tailler,** se **tirer.** *Barre-toi ! Sa chienne s'est barrée.* — LOC. FAM. *Être mal barré :* être mal parti, s'annoncer mal. *C'est mal barré. Il est mal barré, le pauvre.*

▪ CONTR. Ouvrir ; débarrer.

1 **BARRETTE** [baʀɛt] **n. f.** – 1366 ◇ italien *barretta, berretta* → béret ▪ Toque carrée à trois ou quatre cornes, des ecclésiastiques. — Calotte de cardinal. FIG. *Recevoir la barrette :* être nommé cardinal.

2 **BARRETTE** [baʀɛt] **n. f.** – 1751 ◇ de *barre* ▪ **1** Petite barre portée comme ornement vestimentaire. *Une barrette de diamants.* ➤ **broche.** *La barrette de la Légion d'honneur.* ➤ **décoration.** ▪ **2** Pince à cheveux, souvent munie d'un système de fermeture. *« cette barrette que tu gardes dans tes cheveux comme un gage d'enfance, en ce jour de tes vingt ans »* BEN JELLOUN. ▪ **3** BRODERIE Bride décorative. ▪ **4** Petite portion allongée de haschich. *« on condamnait gaillardement un petit revendeur de barrettes »* TH. JONQUET. ▪ **5** INFORM. *Barrette (de mémoire) :* composant électronique qui permet d'augmenter la mémoire vive d'un ordinateur.

BARREUR, EUSE [baʀœʀ, øz] **n.** – 1855 ; fém. 1881 ◇ de *barre* (3°) ▪ Personne qui tient la barre du gouvernail dans une embarcation. ➤ **skippeur.** *Une barreuse infatigable.* — AVIRON *Un quatre sans barreur, avec barreur* (➤ **barré**).

BARRICADE [baʀikad] **n. f.** – 1570 ◇ de l'ancien français *barriquer,* les barricades étant souvent faites de *barriques* ▪ Obstacle fait de l'amoncellement d'objets divers pour se mettre à couvert dans un combat de rues. *Barricade de pavés, de vieux meubles. Dresser, élever des barricades.* — PAR EXT. *Les barricades :* la guerre civile, la révolution. *« La monarchie de Juillet était née sur les barricades »* BAINVILLE. *Les barricades de mai 68.* — LOC. FIG. *Être de l'autre côté de la barricade,* dans le camp opposé (cf. De l'autre côté de la barrière). (Belgique, Luxembourg) *Monter aux barricades :* s'engager personnellement dans une lutte (cf. Monter au créneau*).

BARRICADER [baʀikade] **v. tr.** ‹ 1 › – 1558 ◇ de *barricade*

I **v. tr.** ▪ **1** Fermer par une barricade, des barricades. *Les émeutiers avaient barricadé la rue.* ▪ **2** (1596) Fermer solidement. *Barricader une porte avec une barre de fer.* ➤ VX **bâcler.** *Barricader une fenêtre avec des planches.*

II **SE BARRICADER** **v. pron.** ▪ **1** Se retrancher derrière une barricade. ▪ **2** PAR EXT. S'enfermer soigneusement (quelque part). ➤ RÉGION. **s'embarrer.** *Elle se barricade chez elle, par peur des voleurs.* — S'enfermer pour ne voir personne. *Il s'est barricadé dans sa chambre.* FIG. *Se barricader dans le mutisme.*

BARRICOT [baʀiko] **n. m.** – 1515, à Bordeaux ◇ de l'ancien gascon *barriquot,* diminutif de *barrique* ▪ RÉGION. (Ouest, Sud-Ouest) Petit fût, tonnelet.

BARRIÈRE [baʀjɛʀ] **n. f.** – XIVe ◇ de *barre* ▪ **1** Assemblage de pièces de bois, de métal qui ferme un passage, sert de clôture. ➤ **clôture, ganivelle, haie, palissade.** *Barrière d'un champ. Les barrières d'un passage à niveau.* ➤ **garde-barrière.** *Ouvrir, fermer une barrière. Franchir, enjamber, sauter une barrière. Barrière métallique, barrière mobile, barrière de police, barrière Vauban,* (Belgique) *barrière Nadar,* mobilier urbain mobile destiné à contenir la foule. ◆ TRAV. PUBL. **BARRIÈRE DE DÉGEL :** signal routier réglementant l'accès des poids lourds à une route en cours de dégel. ▪ **2** ANCIENNT Porte qui fermait l'entrée d'une ville, d'un château. MOD. Double porte en lattes de bois d'un jardin, d'un parc. ▪ **3** Obstacle naturel qui s'oppose au passage, à l'accès. *Barrières naturelles. Barrière de corail.* ➤ **récif.** *La Grande Barrière d'Australie.* ▪ **4** FIG. Ce qui sépare, fait obstacle. ➤ **obstacle ; difficulté, empêchement ; borne, garde-fou.** *« Retourner à Genève était mettre entre elle et moi une barrière presque insurmontable »* ROUSSEAU. — *Les barrières sociales, culturelles, linguistiques.* — LOC. FIG. *Être de l'autre côté de la barrière.* ➤ **barricade.** *« à cette minute, il aurait voulu être de l'autre côté de la barrière ; être ce gendarme borné et stupide »* COSSERY. ◆ *Barrières douanières :* mesures destinées à freiner les importations dans un pays. *Barrière fiscale.* ◆ BIOL. *Barrière placentaire.* — *Barrière des espèces :* mécanisme faisant obstacle à la transmission d'agents infectieux, au transfert de gènes entre espèces différentes. ▪ **5** PHYS. Limite à ne pas franchir. *Barrière thermique :* vitesse limite d'un engin spatial, au-delà de laquelle les effets thermiques sont destructeurs. *Barrière de potentiel*.* — NUCL. *Barrière de diffusion :* filtre utilisé pour la séparation des isotopes 235 et 238 de l'uranium. — INFORM. *Barrière de sécurité.* ➤ **pare-feu.** ▪ CONTR. Accès, ouverture, trait d'union.

BARRIQUE [baʀik] **n. f.** – 1455 ◇ gascon *barrica* → baril ▪ Tonneau d'environ 200 litres. ➤ **fût, futaille, muid.** *Mettre du vin en barrique. Demi-barrique.* ➤ **feuillette.** *Petite barrique.* ➤ RÉGION. **barricot.** *Double barrique bourguignonne.* ➤ 2 **queue.** — Contenu de ce tonneau. *Produire tant de barriques de vin par an.* — LOC. FAM. *Être gros comme une barrique,* très gros. *Être plein comme une barrique,* pour avoir trop mangé, trop bu.

BARRIR [baʀiʀ] **v. intr.** ‹ 2 › – 1546 ◇ latin *barrire,* de *barrus* « éléphant » ▪ En parlant de l'éléphant, Pousser un barrissement. *Les éléphants barrissent.*

BARRISSEMENT [baʀismɑ̃] **n. m.** – 1863 ◇ de *barrir* ▪ Cri de l'éléphant. — On disait autrefois *barrit* [baʀi], 1580.

1 **BARROT** [baʀo] **n. m.** – 1384 ◇ de *barre* ▪ MAR. Poutrelle transversale qui se fixe sur les membrures et soutient le bordé de pont. ➤ **bau.** *Hauteur sous barrots.* ▪ HOM. Barreau.

2 **BARROT** [baʀo] **n. m.** – 1323 ◇ de *baril* ▪ Baril à anchois.

BARTAVELLE [baʀtavɛl] **n. f.** – 1740 ◇ du languedocien *bartavelo* « loquet », « babillard, axe agitant l'auget d'un moulin » et « perdrix », à cause du cri évoquant le bruit d'un loquet. Le languedocien vient du latin populaire *bertabella,* de *vertibula* « verrou ». ▪ Espèce de perdrix rouge des montagnes du midi de la France.

BARTHOLINITE [baʀtɔlinit] **n. f.** – 1861 ◇ du nom de *Caspar Bartholin,* médecin danois (1655-1738) qui décrivit ces glandes, et *-ite* ▪ MÉD. Inflammation des glandes situées de part et d'autre de la vulve (glandes de Bartholin) dont elles assurent la lubrification. *La bartholinite est généralement d'origine gonococcique.*

BARTONELLE [baʀtɔnɛl] **n. f.** – 1998 ◇ du latin scientifique *bartonella,* du n. du physicien péruvien *Barton* ▪ MÉD. Bactérie, agent de bartonelloses, transmise à l'animal et à l'être humain par des insectes (puces, poux du corps, tiques...). *Infections à bartonelles.*

BARTONELLOSE [baʀtɔneloz] **n. f.** – 1929 ◇ de *bartonelle* et 2 *-ose* ▪ MÉD. Maladie infectieuse causée par des bartonelles. *La fièvre des tranchées, la maladie des griffes du chat sont des bartonelloses.*

BARY- ▪ Élément, du grec *barus* « lourd ».

BARYCENTRE [baʀisɑ̃tʀ] **n. m.** – 1877 ◇ de *bary-* et *centre* ▪ MATH. Point unique d'un espace affine associé à une collection de points de cet espace affectés chacun d'un scalaire, et défini par extension de la notion de centre de gravité*.

BARYE [baʀi] **n. f.** – 1900 ◇ du grec *barus* « lourd » ▪ MÉTROL. Unité C. G. S. de mesure de pression (SYMB. ba), valant 0,1 pascal. ▪ HOM. Baril, barrit (barrissement).

BARYMÉTRIE [baʀimetʀi] **n. f.** – 1898 ◇ de *bary-* et *-métrie* ▪ Détermination approximative des poids par des mensurations.

BARYON [baʀjɔ̃] **n. m.** – v. 1959 ◇ de *bary-* et *(électr)on* ▪ PHYS. Hadron lourd, particule élémentaire formée de trois quarks. *Les baryons comprennent les nucléons et les hypérons.*

BARYSPHÈRE [baʀisfɛʀ] **n. f.** – 1910 ◇ de *bary-* et *sphère* ▪ GÉOPHYS. Noyau central hypothétique de la Terre, très dense.

BARYTE [baʀit] **n. f.** – 1787 ◇ du grec *barus* « lourd » ▪ CHIM. Protoxyde de baryum (BaO) ou hydroxyde de baryum, $Ba(OH)_2$.

BARYTINE [baʀitin] **n. f.** – 1787 ◇ de *baryte* ▪ MINÉR. VIEILLI Sulfate de baryum ($BaSO_4$).

BARYTON [baʀitɔ̃] **n. m.** – 1589 ◇ grec *barutonos,* de *barus* « grave » et *tonos* « ton » ▪ **1** GRAMM. GR. (RARE) Mot qui n'a pas l'accent sur la dernière syllabe ou dont la finale est dépourvue de ton (opposé à *oxyton*). ▪ **2** (1768) Voix d'homme qui tient le milieu entre le ténor et la basse. *Une voix de baryton.* — PAR EXT. Chanteur qui a cette voix. *Un baryton de l'Opéra. Baryton Martin :* baryton d'opéra à registre élevé. — PAR ANAL. Se dit des instruments à vent dont l'échelle sonore correspond à celle du baryton. *Saxophone, trombone baryton.*

BARYUM [baʀjɔm] **n. m.** – 1813 *barium* ◇ mot créé en anglais (H. Davy, 1808), d'après *baryta,* emprunté au français *baryte* ▪ CHIM. Élément atomique (Ba ; n° at. 56 ; m. at. 137,34), métal alcalinoterreux d'un blanc argenté, qui décompose l'eau à la température ordinaire. *On trouve le baryum à l'état de sulfate* (➤ **barytine**) *et de carbonate* (whithérite). *Lavement au sulfate de baryum* (lavement baryté). *Hydroxyde de baryum.* ➤ **baryte.**

BARZOÏ [baʀzɔj] **n. m.** – v. 1932 ◇ du russe *borzoï* « vif, rapide » ▪ Lévrier russe à poil long. *Des barzoïs.*

1 **BAS, BASSE** [bɑ, bɑs] **adj., n. m. et adv.** – début XIIe ◇ du latin du VIIIe *bassus* → 2 bas

I ~ **adj. A. DANS L'ESPACE** ▪ **1** Qui a peu de hauteur. *Maison basse. Mur bas. Salle basse. Un appartement bas de plafond. Voiture très basse.* ➤ **surbaissé.** LOC. *Être bas sur pattes,* FAM. *bas du cul :* avoir les pattes, les jambes courtes. *Avoir le front bas.* ▪ **2** Qui se trouve à une faible hauteur. *Plafond bas. Les branches basses d'un arbre. Pantalon taille basse.* — *Des nuages bas ;* PAR EXT. *Ciel bas. Soleil bas,* proche de l'horizon. — **CE BAS MONDE :** la terre (opposé à *ciel*). *En ce bas monde,* sur terre. *Ici-bas.* ➤ **ici.** — *Bas-ventre* (voir ce mot). *Coup* bas.* ▪ **3** (1548) Dont le niveau, l'altitude est faible. *Les basses eaux.* ➤ **étiage.** *Marée basse.* — *Côte basse. Les Pays-Bas. Les basses Alpes. Le bas Rhin :* la région où le Rhin coule à faible altitude. ➤ **inférieur.** *La partie basse d'une ville, la basse ville, les bas quartiers.* ▪ **4** (fin XIIe) (Dans des loc.) Baissé (opposé à *levé*). *Marcher la tête* basse.* — FIG. *S'en aller l'oreille basse.* ➤ **confus, honteux, humilié, mortifié** (cf. La queue* entre les jambes). — *Faire main basse sur qqch.,* s'en emparer. — *Avoir la vue basse,* une vue courte qui force à se baisser pour distinguer un objet. FIG. Manquer de perspicacité. *« Tous les utopistes ont eu la vue trop basse et ont manqué d'esprit de prévision »*

VIGNY. ▪ **5** (fin XIIe) Dont le degré d'intensité est faible. *Zones de basse pression. La température est basse. À basse altitude.* — SPÉCIALT (dans l'échelle des notes) ➤ **grave.** *Les notes basses. Une voix basse.* ➤ 1 **basse** (2°). — PAR EXT. Dont le registre est grave. ➤ 1 **basse** (1°). *Clarinette basse.* ➤ 2 **basset.** ♦ (Dans l'échelle des sons) *À voix basse* : en parlant très doucement. — *Messe basse* (opposé à *grand-messe*) : messe non chantée, où le prêtre ne fait que réciter les prières. LOC. FAM. *Faire des messes basses* : dire qqch. à qqn en faisant en sorte que les autres n'entendent pas. ➤ **aparté.** ▪ **6** FIG. (1539) Peu élevé dans un compte, dans l'échelle des valeurs. *Acheter une marchandise à bas prix.* ➤ **modéré, modique.** *Céder qqch. à très bas prix* (cf. À vil prix). *Les bas salaires,* les plus faibles. *Les cours (de l'or, de la Bourse) sont plus bas qu'hier.* — **AU BAS MOT :** en faisant l'évaluation la plus basse, la plus faible. *Cela vaut un million, au bas mot.* — *Basses cartes* : les cartes de moindre valeur. *Bas morceaux* : en boucherie, les morceaux de qualité inférieure. ♦ (Dans le rang, la hiérarchie) ➤ **inférieur, subalterne.** *Le bas peuple*. Le bas clergé. Basse origine, naissance, extraction, condition. De bas étage*.* — *Chambre basse* : la Chambre des communes en Angleterre, opposée à la *Chambre haute,* la Chambre des lords. ♦ (début XIIIe) Au moral Dicté par l'instinct égoïste, l'intérêt, l'absence de sens moral. ➤ **abject, avilissant, dégradant, grossier, honteux, ignoble, indigne, infâme, lâche, méprisable, mesquin, odieux, servile, vil.** *« L'intérêt est quelque chose de si bas »* MOLIÈRE. *Sentiments bas. De bas instincts. Basse complaisance, envie, jalousie.* COUR. *Basses besognes. Une basse vengeance.* — VX *Terme bas.* ➤ **vulgaire.**

B. DANS LE TEMPS (1548) Qui est au début. *Enfant en bas âge,* très jeune. — Se dit de la partie d'une période historique qui est la plus proche de nous. *Le Bas-Empire* : l'Empire romain après Constantin. — PAR EXT. *Bas latin* : le latin qui succède au latin impérial et se pratique pendant tout le Moyen Âge.

II ~ **n. m. LE BAS** ▪ **1** (milieu XIIe) La partie inférieure. *Le bas d'une montagne.* ➤ **base, pied.** *Le bas de l'escalier. Notes en bas de page. Jupe qui s'évase vers le bas, brodée dans le bas. Le bas de caisse d'une voiture,* le plancher. — TYPOGR. *Bas de casse*.* ➤ 3 **casse.** — FIG. *Le bas de la hiérarchie. Le bas d'une gamme* de produits.* ELLIPT *Un produit bas de gamme.* — LOC. *Tirer qqch. vers le bas,* en baisser le niveau. *Tirer qqn vers le bas,* l'entraîner dans une situation défavorable. — **DU HAUT, DE HAUT EN BAS.** ➤ **haut.** *Aller de bas en haut. Du bas jusqu'en haut. Regarder qqn de bas en haut,* des pieds à la tête. ➤ **toiser.** — loc. prép. **AU BAS DE...** *Apposer sa signature au bas d'une page. Être au bas de l'échelle sociale.* ▪ **2** FIG. *Des hauts et des bas* : des alternances de bon et de mauvais état (santé, humeur, affaires). *Le malade a des hauts et des bas.*

III ~ **adv.** ▪ **1** (milieu XIIe) À faible hauteur, à un niveau inférieur. *Les hirondelles volent bas. S'incliner très bas en saluant. Mettre une chose plus bas qu'elle n'était.* ➤ **abaisser, baisser, descendre.** *Descendre plus bas dans un puits.* ➤ **profond.** *Il habite deux étages plus bas.* ➤ **au-dessous.** — LOC. FIG. *Ça vole bas* : c'est d'un faible niveau intellectuel (en parlant d'une discussion, d'une plaisanterie, etc.) (cf. Ça ne vole pas haut). — FIG. et FAM. *Mettre qqn plus bas que terre,* le rabaisser en en disant beaucoup de mal, le maltraiter. ♦ FIG. **TOMBER BAS.** *Le thermomètre est tombé très bas,* au-dessous de zéro. *Les cours (de l'or, de la Bourse) sont tombés très bas.* — FIG. *Est-il possible de tomber si bas !* à un tel degré d'abaissement, d'abjection. ♦ **ÊTRE BAS,** en mauvais état physique ou moral. *Le malade est au plus bas.* ♦ VIEILLI **METTRE (qqn, qqch.) BAS :** mettre à terre (ce qu'on portait). ➤ **abandonner,** 1 **déposer, ôter.** *« Il met bas son fagot »* LA FONTAINE. — *Mettre bas les armes,* les déposer, et FIG. se rendre, s'avouer vaincu. — ABSOLT *Mettre bas* : accoucher (animaux supérieurs). ➤ **cochonner, pouliner, vêler.** *La chatte est prête à mettre bas. La mise bas. — Chapeau* bas ! Bas les masques !* — FAM. *Bas les pattes !* n'y touchez pas ! ▪ **2** PAR EXT. **PLUS BAS :** plus loin, dans un écrit. ➤ **après** (ci-après), **ci-dessous, infra, loin** (plus loin). *Voyez plus bas.* ▪ **3** (1694) (Dans l'échelle des notes) Sur un ton grave. *Ma voix ne descend pas si bas.* ♦ (milieu XIIe) COUR. À voix basse. *Parler bas, tout bas.* ➤ **chuchoter, murmurer.** — **TOUT BAS :** intérieurement, en secret, à part soi. *Dire tout haut ce que chacun pense tout bas.* ▪ **4** loc. adv. **À BAS.** (1556) *Mettre, jeter qqch. à bas.* ➤ **abattre, démolir, détruire, renverser.** — Cri d'improbation (s'oppose à *vive !*). *À bas le fascisme ! « Il y avait eu des cris : À bas Poincaré ! »* ARAGON. ▪ **5 EN BAS :** vers le bas, vers la terre. *La tête en bas.* — Au-dessous, en dessous. *Il habite en bas, au rez-de-chaussée. Tirer par en bas.* — **D'EN BAS :** de la partie basse, de la région inférieure. *Le bruit vient d'en bas.* — FIG. *Le monde d'en bas* : le monde des morts. — Du peuple. *« des sorties enragées sur le pavé de Paris, dans ce vice d'en bas qui rôde le long des ruelles »* ZOLA. *La France d'en bas* : les personnes de condition modeste, les classes populaires. — loc. prép. **EN BAS DE.** *En bas de la côte. Attendez-moi en bas de l'immeuble,* (FAM.) *en bas de chez moi.* FIG. *Il a commencé en bas de l'échelle.*

▪ CONTR. Haut ; élevé. Levé, 1 relevé. Aigu, 1 fort. Considérable, élevé. Noble, sublime. ▪ HOM. Bah, bât.

2 **BAS** [bɑ] **n. m.** – 1500 ◊ ellipse de *bas-de-chausses* ▪ **1** Vêtement souple qui sert à couvrir le pied et la jambe. *Bas de laine, de fil, de coton, de soie. Tricoter des bas. Une paire de bas. Pied, semelle, bout, talonnette, tige d'un bas. Bas court.* ➤ **chaussette, mi-bas.** *Bas à varices. Bas de contention*.* ♦ SPÉCIALT, MOD. Vêtement féminin qui couvre le pied et la jambe jusqu'au haut des cuisses. *Bas (de) nylon. Attacher ses bas à un porte-jarretelle* (➤ aussi **collant**). ♦ (Canada) Chaussette d'homme ou de femme. *« un sous-vêtement propre, des bas de laine du pays au cas où il ferait froid »* TREMBLAY. ▪ **2** FIG. **BAS DE LAINE :** cachette où l'on met l'argent économisé (d'après la coutume attribuée au paysan français de garder ses économies dans un bas de laine). PAR EXT. L'argent économisé.

BASAL, ALE, AUX [bazal, o] **adj.** – 1838 ◊ de *base* ▪ **1** Qui concerne ou constitue la base d'un organe. *Os basal. Membrane* basale.* ▪ **2** Fondamental, essentiel. ➤ 2 **basique.** — *Métabolisme* basal.*

BASALTE [bazalt] **n. m.** – 1752 ; *basalten* 1553 ◊ latin *basaltes* ▪ Roche volcanique commune de couleur sombre, pauvre en silice (40 à 52 %). *Le basalte montre souvent des cristaux d'olivine, de pyroxène, de plagioclase, dispersés dans une pâte microlithique. Coulée de basalte.* ➤ **lave.**

BASALTIQUE [bazaltik] **adj.** – fin XVIIIe ◊ de *basalte* ▪ Qui est formé de basalte. *Roches, orgues* basaltiques.*

BASANE [bazan] **n. f.** – milieu XIIIe ◊ de l'ancien occitan *bazana,* emprunté à l'espagnol *badana,* lui-même de l'arabe *baṭāna* « doublure » ▪ Peau de mouton tannée qu'on emploie en bourrellerie, sellerie, maroquinerie, reliure, etc. *Livre relié en basane. Donner une couleur de basane* (ou *basaner* **v. tr.** ‹ 1 ›). — SPÉCIALT Peau très souple garnissant un pantalon de cavalier.

BASANÉ, ÉE [bazane] **adj.** et **n.** – v. 1561 ◊ de *basane* ▪ **1** Se dit d'une peau brune, naturellement (➤ **bistré**) ou par exposition au soleil (➤ **bronzé, hâlé, tanné**). *Peau basanée. Teint, visage basané.* ▪ **2** **n.** PÉJ. (t. raciste) Personne au teint foncé. ➤ **bronzé.** *Ils « reçurent la permission de tabasser quelques basanés »* P. BRUCKNER.

BAS-BLEU [bablø] **n. m.** – 1821 ; dans un contexte anglais avant 1786 ◊ traduction de l'anglais *blue stocking* ▪ PÉJ. VIEILLI Femme à prétentions littéraires ; intellectuelle pédante. *Des bas-bleus. « Vous me faites pérorer comme un bas-bleu »* LOTI. — **adj. inv.** *Elle est intelligente, mais un peu trop bas-bleu.* ➤ **pédant.**

BAS-CÔTÉ [bakote] **n. m.** – 1676 ◊ de 1 *bas* et *côté* ▪ **1** ARCHIT. Nef latérale d'une église, dont la voûte est moins élevée que la nef principale. ➤ **collatéral.** ▪ **2** (1816) Côté non aménagé d'une voie, où les piétons peuvent marcher. *Les bas-côtés de la voie ferrée. Le bas-côté d'une route.* ➤ **accotement.** *« La large avenue, à double bas-côté »* MARTIN DU GARD. ➤ **contre-allée.**

BASCULANT, ANTE [baskylɑ̃, ɑ̃t] **adj.** – 1922 ◊ de *basculer* ▪ Qui peut basculer (dans quelques syntagmes). *Pont basculant. Benne basculante.*

BASCULE [baskyl] **n. f.** – 1549 ◊ altération, d'après le fém. *basse,* de *bacule* (1466), déverbal de *baculer* « frapper le derrière », de *battre* et *cul* ▪ **1** Pièce ou machine mobile sur un pivot et dont on fait lever une extrémité en abaissant l'autre. *Bascule d'un pont-levis.* — COUR. **À BASCULE :** muni d'un dispositif qui permet de basculer, de se renverser. *Fauteuil à bascule.* ➤ **rocking-chair ;** RÉGION. **berceuse** (cf. Chaise berçante*). *Cheval à bascule.* ♦ *Jeu de bascule* : jeu où deux personnes, assises chacune sur le bout d'une pièce de bois en équilibre sur un pivot, s'amusent à se balancer. ➤ **tapecul.** ▪ **2** FIG. Alternance de mouvements en sens contraire. *Politique de bascule* : système qui consiste à s'appuyer alternativement sur des partis opposés. ▪ **3** Instrument ou appareil à plateforme qui sert à peser les objets lourds. ➤ 1 **balance.** *La bascule du pharmacien. Bascule automatique.* — APPOS. *Pont-bascule* : plateforme qui pèse les véhicules. *Des ponts-bascules.* ▪ **4** ÉLECTRON. Dispositif électronique prenant l'un des deux états possibles (0 ou 1).

BASCULEMENT [baskylmɑ̃] **n. m.** – 1893 ◊ de *basculer* ▪ Action de basculer (1° ou 2°). *Le basculement de l'électorat dans l'opposition.*

BASCULER [baskyle] v. ‹1› – 1611 ◊ altération, d'après *bascule*, de *baculer* XIVe → bascule ■ **1** v. intr. Faire un mouvement de bascule. *Faire basculer un wagonnet à benne mobile sur un culbuteur.* — (PERSONNES) Se renverser en culbutant, tomber la tête la première. ➤ **culbuter ; chavirer,** se **renverser.** *Il bascula dans le vide.* ■ **2** (milieu XXe) FIG. Passer brusquement d'un état à un autre de façon irréversible. *Basculer dans l'opposition. Pays qui bascule dans le chaos.* ■ **3** v. tr. Faire basculer (qqch.). *Basculer une brouette pour la vider.* — *Basculer qqn en arrière.*

BASCULEUR [baskylœR] n. m. – 1873 ◊ de *basculer* ■ TECHN. ■ **1** Appareil qui sert à faire basculer. *Basculeur de wagon.* ➤ **culbuteur.** ■ **2** ÉLECTR. Relais électrique à deux positions.

BAS-CULOTTE [bakylɔt] n. m. – 1970 ◊ de 2*bas* et *culotte* ■ (Canada) Sous-vêtement féminin composé d'une culotte et de bas, en une seule pièce. ➤ **collant** (II). «*Des bas-culottes pendaient au dossier d'une chaise*» Y. BEAUCHEMIN.

BASE [baz] n. f. – début XIIe ◊ du latin *basis*, du grec *basis* «action de marcher» (→ abasie, dysbasie) et «ce sur quoi on marche ; support» (→ bât)

I **CE SUR QUOI UNE CHOSE REPOSE A. CONCRET** ■ **1** Partie inférieure d'un corps sur laquelle il porte, il repose. ➤ **appui** (point d'appui), **assiette, assise,** 1**dessous, fond, fondement, pied.** *La base de l'édifice repose sur une plateforme de maçonnerie.* ➤ **fondation.** *Base en saillie d'un bâtiment, d'un mur.* ➤ **embase, embasement, empattement, soubassement.** *De la base au sommet. La base et le fût d'une colonne.* ➤ **stylobate.** ♦ *Base d'un téléphone sans fil* : partie fixe, socle relié au réseau téléphonique par l'intermédiaire duquel la liaison s'établit avec le combiné mobile. ♦ Partie inférieure (sans idée d'appui). *La base d'une montagne, d'un rocher.* ➤ 1**bas, pied.** *À la base des cornes, des poils.* ➤ **racine.** «*Mon annulaire porte, à sa base, nos serments et nos chaînes*» JABÈS. — ANAT. La plus grande face d'un organe *(base du cœur)*, la partie inférieure d'un organe *(base du poumon)* ou d'une structure *(base du crâne, du cerveau)*. ♦ Produit appliqué sous un autre. *Base que l'on applique sous le vernis à ongles.* ■ **2** (1549) MATH. *Base d'une figure géométrique* : droite ou plan à partir duquel on mesure perpendiculairement la hauteur d'un corps ou d'une figure plane. *La base d'une pyramide, d'un cône. Base d'un triangle* : le côté opposé à l'angle pris pour sommet. *Bases d'un trapèze*, ses côtés parallèles. — GÉOD. Ligne aisément mesurable, choisie sur le terrain pour point de départ d'une triangulation. ■ **3** (1834) Ligne sur laquelle s'appuie une armée en campagne, point d'appui de ravitaillement. *Base d'opérations, de ravitaillement. Base arrière*, où s'organisent les opérations ; COUR. lieu de préparation. *Une base arrière de la mafia.* AU PLUR. *Se replier sur ses bases.* ♦ (1918) SPÉCIALT Lieu aménagé et équipé pour le stationnement et l'entretien du matériel et du personnel. *Base navale, aérienne. Rejoindre sa base. Base de lancement* (des engins spatiaux). — *Camp* de base.* ♦ *Base de loisirs, de plein air* : lieu aménagé pour la pratique d'activités de détente.

B. PAR MÉTAPHORE ■ **1** MATH. Nombre qui sert à définir un système de numération, de référence, de logarithmes, etc. ➤ **numération.** *La base dix du système décimal. Compter en base deux* (➤ **binaire**), *en base seize* (➤ **hexadécimal**). — *Base d'un espace vectoriel* : famille de vecteurs telle que tout vecteur de l'espace peut s'écrire de façon unique comme combinaison linéaire de ces vecteurs. ➤ **repère.** ■ **2** (1808) CHIM. Substance capable de réagir avec les acides pour former un sel (et, éventuellement, de l'eau). ➤ **hydroxyde ;** 1**basique.** Molécule ou ion qui se comporte en accepteur de proton (théorie de Brönsted). Molécule ou ion qui se comporte en donneur de doublet électronique (théorie de Lewis). *Base faible, forte. Réaction entre un acide et une base.* ➤ **acido-basique.** ■ **3** BIOCHIM. Purine ou pyrimidine constituant des acides nucléiques (➤ **purique, pyrimidique**). ■ **4** (1672) Ce qui entre comme principal ingrédient dans un mélange. *Base d'un parfum. Morphine-base* (➤ **morphine**), *cocaïne-base* (➤ **cocaïne**). **À BASE DE.** *Un cocktail à base de gin. Un poison à base d'arsenic.* ■ **5** LING. Radical qui est un mot de la même langue que le dérivé (ex. grand dans grandir). ■ **6** ÉLECTRON. Électrode d'un transistor bipolaire, intermédiaire entre le collecteur* et l'émetteur*. *Le courant base.* ■ **7** ÉLECTRON. *Base de temps* : circuit électronique générateur de synchronisation. *La base de temps déclenche le balayage d'un oscilloscope.* ■ **8** INFORM. (anglais *data base*) **BASE DE DONNÉES :** ensemble de données logiquement reliées entre elles et accessibles au moyen d'un logiciel spécialisé. *Base de données hiérarchisées, en réseau, relationnelle.* ■ **9** CRISTALLOGR. Ensemble des atomes contenus dans une maille d'un réseau cristallin. ■ **10** GÉOGR. *Niveau de base* : niveau (horizontal) du point d'aboutissement d'un cours d'eau. *La mer, niveau de base des fleuves.*

II (1598) **PRINCIPE FONDAMENTAL SUR LEQUEL REPOSE UN RAISONNEMENT, UNE PROPOSITION, UN SYSTÈME, UNE INSTITUTION** ➤ **appui, assiette, assise, centre, fond, fondement, origine, pivot, principe, siège, socle, source, soutien, support** (cf. Clef* de voûte, point de départ*). «*Cette fermeté d'âme qui fait la base des grandes vertus*» VOLTAIRE. *Établir, poser, jeter les bases d'une science. Arrêter les bases d'un traité. Donnée qui sert de base à un calcul. Base d'imposition.* ➤ aussi **assiette** (cf. Matière imposable*). — **PAR LA BASE.** *Ce raisonnement pèche par la base.* — **À LA BASE DE.** *Être à la base de qqch.*, à l'origine, à la source. — FAM. **À LA BASE :** au départ, à l'origine ; en principe. «*elle a fait preuve d'une combativité éblouissante, à sa propre surprise car elle ne sait pas bien jouer à la base*» L. BINET. *C'est la base* : c'est essentiel, primordial. *Le respect de l'autre, c'est la base.* — **DE BASE.** ➤ **basal,** 1**basique.** *Vocabulaire de base*, fondamental. ➤ 2**basique.** *Année de base* : référence pour des comparaisons temporelles. *Salaire de base*, le plus bas, qui sert de référence. ➤ aussi **S. M. I. C.** *Employé de base*, qui est situé au plus bas niveau hiérarchique. — **SUR LA BASE DE :** en prenant comme point de départ. *Être payé sur la base de tant la page.* ♦ AU PLUR. *Établir une théorie sur des bases solides. Saper, renverser les bases d'une croyance.* — SPÉCIALT Fondement des connaissances de qqn (dans un domaine). *Elle a de bonnes bases en mathématiques.*

III **GROUPE HUMAIN** ■ **1** (1933) Ensemble des militants d'un parti politique ou d'un syndicat, par rapport aux dirigeants. *Militant* de base. Consulter la base.* ♦ Dans l'Église catholique, Ensemble des fidèles et du bas clergé, par rapport à la hiérarchie (pape, évêques). ■ **2** (1968) Masse des travailleurs (syndiqués ou non) considérée en tant que force sociopolitique. *Mouvement de grève déclenché par la base.*

BASEBALL [bɛzbol] n. m. – 1889 *base-ball* ◊ anglais américain *baseball*, de *base* «ligne ou piquet de jeu» et *ball* «balle» ■ Jeu de balle dérivé du cricket, très populaire aux États-Unis et au Canada. ➤ aussi **softball ;** RÉGION. 1**balle** (molle). *Un joueur de baseball. Batte* de baseball. Des baseballs.* — On écrit aussi *base-ball, des base-balls.*

BASELLE [bazɛl] n. f. – 1750 ◊ d'une langue de l'Inde ■ Plante *(chénopodiacées)* grimpante cultivée comme légume dans les régions tropicales. *Les feuilles de la baselle sont comestibles et proches de celles de l'épinard.*

BASER [baze] v. tr. ‹1› – 1787 ; «avoir pour fondations» 1401 ◊ de *base*

I Faire reposer sur (telle ou telle base). *Baser un système sur des faits.* ➤ **appuyer, fonder.** *Cette prétention n'est basée sur rien.* ➤ 1**reposer.** *Relation basée sur le respect.* — **SE BASER** v. pron. S'appuyer, se fonder. *Ce raisonnement se base sur... Sur quoi te bases-tu pour dire cela ?*

II (de *base militaire*) MILIT. *Être basé quelque part*, avoir pour base. *Avions basés sur un porte-avion. Un sous-marin basé à Toulon.*

BAS-FOND [bafɔ̃] n. m. /BASFOND/ – 1690 ◊ de 1*bas* et *fond* ■ **1** Partie du fond de la mer, d'un fleuve, où l'eau est peu profonde par rapport aux points voisins mais où la navigation est praticable (à la différence du haut-fond). *Repérer les bas-fonds à l'aide d'une sonde.* ■ **2** Terrain bas et enfoncé. ➤ **creux, dépression, fond, ravin.** *Un bas-fond marécageux.* ■ **3** (1840) FIG., AU PLUR. Couches misérables de la société où l'individu se dégrade moralement. *Les bas-fonds de New York.* «*Les Bas-Fonds*», *drame de Gorki ; film de Jean Renoir.* — Quartiers louches, endroits malfamés. «*il connaissait tous les bas-fonds de Paris. Bordels clandestins, backrooms sadomaso, clubs glauques*» F. THILLIEZ. ■ CONTR. Hauteur, sommet.

BASIC [bazik] n. m. – 1965 ◊ sigle anglais, de *Beginner's All-Purpose Symbolic Instruction Code* «code symbolique universel à l'usage des débutants», avec influence de *basic* «fondamental» ■ INFORM. Langage évolué, interprété*, parfois compilé*, bien adapté au mode conversationnel sur micro-ordinateur. ■ HOM. poss. Basique.

BASICITÉ [bazisite] n. f. – 1838 ◊ de *basique* ■ CHIM. Qualité de base (I, B, 2°). *La basicité se traduit par un pH* supérieur à 7.*

BASIDE [bazid] n. f. – 1837 ◊ grec *basis* «base» ■ BOT. Cellule reproductrice, en forme de massue, localisée dans l'hyménium des basidiomycètes et à l'extrémité de laquelle se développent les spores (*basidiospores* n. f.).

BASIDIOMYCÈTES [bazidjomisɛt] n. m. pl. – 1876 ◊ de *baside* et *-mycète* ■ BOT. Classe de champignons supérieurs chez lesquels la méiose, accomplie dans les basides, donne naissance à quatre spores. *Les amanites, les clavaires, les clitocybes, les cortinaires, les russules sont des basidiomycètes.* — Au sing. *Le cèpe est un basidiomycète.*

BASILAIRE [bazilɛʀ] adj. – 1314 ◊ de *base* ■ ANAT. Qui sert de base, appartient à une base. *Os basilaire,* placé à la base du crâne, chez les mammifères. *Membrane basilaire :* membrane de l'oreille interne séparant deux régions de la cochlée*.

1 **BASILIC** [bazilik] n. m. – 1120 ◊ latin *basiliscus,* grec *basiliskos* «petit roi» ■ 1 MYTH. Reptile auquel les Anciens attribuaient le pouvoir de tuer par son seul regard. ■ 2 Reptile saurien d'Amérique *(lacertiliens),* grand lézard à crête dorsale, voisin de l'iguane. ■ HOM. Basilique.

2 **BASILIC** [bazilik] n. m. – 1425 ◊ bas latin *basilicum,* grec *basilikon* «royal» ■ Plante à feuilles aromatiques *(labiées),* employée en cuisine comme condiment. *Sauce au basilic.* ➤ **pesto.** *Soupe au basilic.* ➤ **pistou.**

BASILICAL, ALE, AUX [bazilikal, o] adj. – 1798 ◊ de 1 *basilique* ■ ARCHIT. Qui appartient à la basilique. *Plan basilical d'une église* (opposé à *plan centré*).

1 **BASILIQUE** [bazilik] n. f. – 1495 ◊ latin *basilica,* grec *basilikê* «royal» (portique royal) ■ 1 Dans l'Antiquité, Édifice civil rectangulaire, divisé en plusieurs nefs parallèles, qui servait de tribunal, de lieu de rendez-vous pour les gens d'affaires. ■ 2 ARCHIT. Église chrétienne (SPÉCIALT église du haut Moyen Âge) bâtie sur le plan des basiliques romaines (➤ **basilical**). *Le vestibule, la nef centrale, les bas-côtés et l'abside d'une basilique.* ■ 3 Plus cour. Église privilégiée. *La basilique Saint-Pierre de Rome.* — Titre conféré par le pape à certains sanctuaires. *La basilique de Lourdes.* ■ HOM. Basilic.

2 **BASILIQUE** [bazilik] adj. et n. f. – 1398 ◊ grec *basilikos* «royal» ■ *Veine basilique,* ou ELLIPT *la basilique :* la plus volumineuse des veines superficielles du bras, située à sa face interne.

BASIN [bazɛ̃] n. m. – 1642 ; *bombasin* 1299, compris plus tard comme *bon basin* ◊ italien *bambagine,* de *bambagia* «coton» ■ 1 Étoffe croisée dont la chaîne est de fil et la trame de coton. ■ 2 Tissu damassé présentant des effets de bandes longitudinales.

1 **BASIQUE** [bazik] adj. – 1842 ; math. 1540 ◊ de *base* ■ 1 CHIM. Qui se rapporte à une base, qui en a les propriétés. *Colorant basique :* base colorée (fuchsine, bleu de méthylène). *Sel basique,* capable de se combiner avec un acide pour former un sel neutre. *Réaction basique :* réaction d'un indicateur à un pH supérieur à 7. — MINÉR. *Roche basique,* qui contient une proportion élevée de métaux alcalins et alcalinoterreux et peu de silice (40 à 55 %) par rapport aux roches acides (65 à 78 %). ➤ **alcalin.** ■ 2 (v. 1972) De base. *Produits basiques. Vêtements basiques.* SUBST. *Les basiques.* ■ HOM. poss. Basic.

2 **BASIQUE** [bazik] adj. – 1949 ◊ anglais américain *basic,* sigle de *British American Scientific International Commercial* ■ (Anglic. critiqué) *L'anglais, le français basique,* de base, fondamental.

BAS-JOINTÉ, ÉE [baʒwɛ̃te] adj. – 1660 ◊ de 1 *bas* et *jointé* ■ Se dit d'un cheval aux paturons se rapprochant de l'horizontale. *Des chevaux bas-jointés.*

BASKET [baskɛt] n. f. – 1953 ◊ de *basket,* abrév. de *basketball* ■ Chaussure de sport lacée, en toile, à tige haute, à semelle de caoutchouc. ➤ **running, tennis.** *Porter des baskets.* — LOC. FAM. *Être à l'aise dans ses baskets :* être à l'aise, décontracté (➤ 2 **pompe**). *Lâche-moi les baskets :* laisse-moi tranquille, fiche-moi la paix. *Faire basket :* filer à l'anglaise, s'échapper. ➤ FAM. se **tailler,** se **tirer.**

BASKETBALL [baskɛtbol] n. m. – 1898 *basket-ball* ◊ anglais américain *basketball,* de *basket* «panier» et *ball* «balle, ballon» ■ Jeu entre deux équipes de cinq joueurs qui doivent lancer un ballon dans le panier du camp adverse. *Des basketballs.* — On écrit aussi *basket-ball, des basket-balls.* — ABRÉV. COUR. (1903) **BASKET.** *Jouer au basket.*

BASKETTEUR, EUSE [basketœʀ, øz] n. – 1930 ◊ de *basket,* abrév. de *basketball* ■ Joueur, joueuse de basketball.

BAS-MÂT [bamɑ] n. m. – 1831 ◊ de 1 *bas* et *mât* ■ Partie inférieure d'un mât composé. *Des bas-mâts.*

BASMATI [basmati] n. m. – 1985 ◊ hindi *bāsmatī,* de *bās* «parfum» et suffixe *matī* exprimant la possession ■ Riz indien naturellement parfumé, aux grains très fins. — APPOS. *Riz basmati.*

BASOCHE [bazɔʃ] n. f. – XVe ◊ p.-ê. d'une forme populaire du latin *basilica* «église», ou d'un gallo-roman °*basocca,* de *basis* «base» au sens fig. de «siège» ■ 1 ANCIENNT Communauté des clercs dépendant des cours de justice. ■ 2 MOD., FAM., PÉJ. Les gens de justice. *Appartenir à la basoche.*

BASOPHILE [bazɔfil] adj. – 1905 ◊ de *bas(ique)* et *-phile* ■ 1 BIOL. Qui fixe les colorants basiques, comme la thionine (opposé à *acidophile*). IMMUNOL. *Leucocytes basophiles,* à noyau unique volumineux, en petit nombre dans le sang. ■ 2 BOT. *Plante basophile,* ou *basiphile,* qui prospère dans un sol alcalin (basique). *Le mouron rouge est basophile.*

BASQUAISE [baskɛz] adj. f. et n. f. – 1867 ◊ de 2 *basque* ■ Du Pays basque. *La race bovine basquaise.* — n. f. *Une Basquaise :* une femme originaire du Pays basque. ➤ 2 **basque.** ♦ CUIS. *À la basquaise :* avec des tomates, des poivrons et du jambon cru. — ELLIPT *Poulet basquaise,* cuit avec des tomates et des poivrons, souvent accompagné de riz.

1 **BASQUE** [bask] n. f. – 1532 ; *baste* fin XIVe ◊ italien *bastire,* du français *bâtir* (3°) ■ Partie rapportée d'une veste qui part de la taille et descend plus ou moins bas sur les hanches. *Basques d'une jaquette.* ➤ 1 **queue.** *«Sa jaquette d'alpaga dont les basques flottaient derrière lui»* MARTIN DU GARD. — LOC. FAM. *S'accrocher (être pendu, suspendu) aux basques de qqn,* ne pas le quitter d'un pas. *Il est toujours à mes basques.*

2 **BASQUE** [bask] adj. et n. – XVIe ◊ du latin *Vasco* ■ 1 Se dit du pays qui s'étend sur les deux versants (espagnol et français) des Pyrénées occidentales et de ce qui s'y rapporte. ➤ **euskarien.** *Les Provinces basques* (communauté autonome d'Espagne). *Le Pays basque. Béret basque. Pelote* basque.* — n. *Un, une Basque.* ➤ **basquaise.** — LOC. *Parler le français comme un Basque espagnol,* le parler très mal (cf. Comme une vache* espagnole). ■ 2 n. m. *Le basque :* langue non indo-européenne parlée au Pays basque. ■ 3 (calque du latin *tympanium Vasconium*) *Tambour de basque :* petit tambour à grelots. *Des tambours de basque.* ♦ CHORÉGR. *Pas de basque :* pas de danse classique.

BASQUINE [baskin] n. f. – *vasquine* 1532 ◊ espagnol *basquina* ■ Jupe régionale des femmes basques.

BAS-RELIEF [baʀəljɛf] n. m. – 1547 ◊ de *bas* «petit» et *relief ;* calque de l'italien *basso-rilievo* ■ Ouvrage de sculpture en faible saillie sur un fond uni. *«L'on voit en bas-reliefs les aventures de la déesse»* FÉNELON. ■ CONTR. Haut-relief, ronde-bosse.

1 **BASSE** [bas] n. f. – 1660 ◊ italien *basso* «bas» ■ 1 Celle des parties qui fait entendre les sons les plus graves des accords dont se compose l'harmonie. *Jouer la basse d'un quatuor. Basse fondamentale :* basse non écrite qui formait le fondement rationnel de l'harmonie dans la théorie de Rameau. *Basse chiffrée,* procédé de notation consistant en chiffres et signes qui symbolisent des intervalles et que l'on place au-dessus des notes de la partie de basse pour indiquer les accords. *Basse continue,* qui ne s'interrompt pas pendant la durée du morceau. ➤ **continuo.** ■ 2 *Voix de basse* ou *une basse :* voix d'homme la plus grave. *«Une belle voix de basse, étoffée et mordante»* ROUSSEAU. *Basse profonde,* au registre le plus grave (ANCIENNT *basse-contre*). *Basse chantante,* au registre plus élevé (ANCIENNT *basse-taille*). *Basse bouffe,* convenant à un genre plus léger. — LOC. FAM. *Doucement les basses !* n'exagérez pas, modérez-vous ! ♦ Chanteur qui a cette voix. *Le pupitre* des basses. Une basse de l'Opéra.* ■ 3 Se dit d'instruments dont l'échelle sonore correspond à la voix de basse. *Basse de viole* (cf. Viole de gambe*). En jazz, Contrebasse*. Guitare basse. *Jouer de la basse.* ➤ **bassiste.** *La basse électrique.* ■ 4 PLUR. Grosses cordes de certains instruments ; sons qu'elles rendent. *Ce piano a de belles basses.* ■ CONTR. Ténor. 2 Dessus.

2 **BASSE** [bas] n. f. – 1484 ◊ de 1 *bas* ■ MAR. Banc de roches ou de corail, situé à faible profondeur, mais que l'eau ne découvre pas à marée basse.

BASSECOUR ou **BASSE-COUR** [baskuʀ] n. f. – XVIIe ; «cour intérieure» XIIIe ◊ de 1 *bas* et *cour* ■ 1 Cour de ferme réservée à l'élevage de la volaille et des petits animaux domestiques. *Des bassecours, des basses-cours. Animaux de bassecour. Poulailler, clapiers d'une bassecour.* ■ 2 PAR EXT. L'ensemble des animaux de la bassecour. *«Comme une poule blessée que toute la basse-cour vient picoter»* MONTHERLANT.

BASSE-FOSSE ➤ **CUL-DE-BASSE-FOSSE**

BASSEMENT [basmɑ̃] adv. – 1174 ◊ de 1 *bas* ■ D'une manière basse, indigne, vile. *Se venger bassement. Être bassement intéressé. «J'appelle bourgeois quiconque pense bassement»* FLAUBERT. ■ CONTR. Noblement.

BASSESSE [basɛs] n. f. – 1120 ◊ de 1*bas* ▪ **1** Manque d'élévation dans les sentiments, les pensées. SPÉCIALT Absence de dignité, de fierté. ➤ **mesquinerie, servilité.** *Il les flatte avec bassesse. Il est d'une bassesse répugnante.* «*La bassesse qui le faisait être plat devant la dureté et répondre par l'insolence à la douceur*» PROUST. ♦ Caractère de ce qui est contraire à l'honneur, de ce qui fait honte. «*La bassesse de certains désirs que nous avons eus et dont le souvenir nous écœure*» RENARD. ▪ **2** Action basse, qui fait honte. ➤ **indignité, lâcheté.** *Rougir d'une bassesse.* — SPÉCIALT Action servile. ➤ **compromission, courbette, flatterie, platitude.** *Faire des bassesses à qqn.* ▪ CONTR. Fierté, générosité, grandeur, noblesse.

1 **BASSET** [basɛ] n. m. – 1606 ; adj. XIIe ◊ de 1*bas* ▪ Chien courant très bas sur pattes (➤ **beagle, teckel**).

2 **BASSET** [basɛ] n. m. – 1866 ◊ italien *bassetto* ▪ MUS. *Cor de basset* : clarinette basse.

BASSE-TAILLE [bastaj] n. f. /BASSETAILLE/ – XVIe ◊ de 1*basse* et 1*taille* ▪ MUS. VX Voix de basse au registre élevé (cf. Basse* [2°] chantante). *Des basses-tailles.*

BASSIN [basɛ̃] n. m. – *bacin* 1175 ◊ latin populaire °*baccinus*, de *baccus* → 1 bac ▪ **1** Récipient portatif creux, de forme généralement ronde ou ovale. ➤ 1 **bac, bassine, cuvette,** 1 **vase.** *Bassin de métal, de faïence, de porcelaine, de plastique. Bassin à laver les mains, les pieds* (➤ **tub**). ♦ *Bassin hygiénique,* ou ABSOLT *bassin* : récipient de forme spéciale (en tôle émaillée, en matière plastique) dans lequel les malades alités font leurs besoins. ➤ aussi 2 **haricot, urinal.** «*elles adorent ça, soigner, panser, torcher, les draps chauds, les bassins...*» DAUDET. ♦ *Les bassins d'une balance* : les deux plateaux. ▪ **2** Construction, ordinairement en pierre, destinée à recevoir de l'eau. *Le grand bassin des Tuileries.* ➤ **pièce** (d'eau). «*La belle ordonnance des frondaisons, des bassins et des pelouses*» ROBBE-GRILLET. *Bassin pour la natation.* ➤ **piscine.** *Le grand bassin, le petit bassin d'une piscine.* ➤ **bain.** *Bassin d'arrosage.* ➤ **citerne, réservoir.** *Le bassin d'une fontaine.* ➤ **vasque.** — *Bassin de pisciculture.* ➤ **parc ; bouchot.** — *Bassin de décantation* : réservoir où sont traitées les eaux usées (➤ **épuration**). ▪ **3** PAR ANAL. Enceinte, partie d'un port, fluvial ou maritime, délimitée par des ouvrages (jetées, etc.) et dans laquelle les navires sont à flot. *Bassin à flot,* fermé par une écluse qui maintient constante la hauteur de l'eau. *Bassin de marée,* où la hauteur d'eau est soumise au flot et au jusant. *Bassin naturel, ouvert.* ➤ 1 **rade.** *Bassin artificiel.* ➤ **darse, dock.** *Bassin de calfatage, d'échouage, de radoub, de carénage,* que l'on assèche pour réparer ou construire des navires. ➤ 1 **cale** (sèche). ▪ **4** *Le bassin d'un fleuve* : le territoire arrosé par ce fleuve et ses affluents. *Le bassin de la Seine.* — GÉOL. Vaste dépression naturelle. ➤ **cuvette.** *Le Bassin parisien.* — Groupement de gisements houillers ou de minerais. *Bassin houiller. Bassin minier. Le bassin de Briey.* ♦ (1989) *Bassin d'emplois* : zone géographique qui draine des emplois. ▪ **5** Enceinte osseuse qui forme la base du tronc et sert de point d'attache aux membres inférieurs (➤ **hanche**), constituée par les deux os iliaques réunis en avant par la symphyse pubienne et en arrière par le sacrum* et le coccyx*. ➤ **pelvis.** *Le bassin est plus large chez la femme que chez l'homme. Du bassin.* ➤ **pelvien.** *Mesure des diamètres du bassin.* ➤ **pelvimétrie.**

BASSINANT, ANTE [basinɑ̃, ɑ̃t] adj. – 1866 ◊ de *bassiner* ▪ FAM. VIEILLI Qui bassine, ennuie. ➤ **barbant, rasant.**

BASSINE [basin] n. f. – v. 1500 ◊ de *bassin* ▪ **1** Bassin large et profond servant à divers usages domestiques ou industriels. *Une bassine de cuivre.* — SPÉCIALT Récipient de cuisine assez grand, souvent de forme circulaire, destiné à contenir un liquide. *Bassine à frites.* ➤ **friteuse.** *Une bassine à confitures.* ▪ **2** Contenu d'une bassine. *Une bassine de confiture.*

BASSINER [basine] v. tr. ⟨1⟩ – v. 1300 ◊ de *bassin* ▪ **1** Humecter doucement. «*Ma mère me bassinait le visage*» ROUSSEAU. — HORTIC. Arroser en pluie fine. ▪ **2** ANCIENNT Chauffer avec une bassinoire. *Bassiner un lit.* ▪ **3** (1858) FAM. Ennuyer*, fatiguer, importuner. ➤ **barber, raser ; bassinant.** «*Tu me bassines avec ton amour*» DAUDET.

BASSINET [basinɛ] n. m. – 1190 ◊ de *bassin* ▪ **1** FÉOD. Calotte de fer que les hommes d'armes portaient sous le casque. — Casque du XIVe s. ▪ **2** Partie de la platine d'une arme à feu à silex, dans laquelle on mettait l'amorce. ▪ **3** ANAT. Partie élargie des voies excrétrices du rein, à la confluence des grands calices, et qui se continue en bas par l'uretère. *Inflammation de la muqueuse du bassinet.* ➤ **pyélite.** ▪ **4** Nom vulgaire de quelques renoncules*. ▪ **5** VX Petit bassin où l'on met de l'argent. — LOC. FAM. *Cracher au bassinet* : donner de l'argent à la requête de qqn (souvent à contrecœur). ➤ **casquer, raquer.**

BASSINOIRE [basinwaʀ] n. f. – 1454 ◊ de *bassiner* ▪ ANCIENNT Bassin à couvercle percé dans lequel on met de la braise et qu'un manche permet de promener dans un lit pour le chauffer.

BASSISTE [basist] n. – 1838 ◊ de 1*basse* (3°) ▪ **1** Contrebassiste. ▪ **2** Joueur, joueuse de guitare basse (électrique).

BASSON [basɔ̃] n. m. – 1613 ◊ italien *bassone* «grosse basse» ▪ **1** Instrument à vent en bois, à anche double, formant dans l'orchestre la basse de la série des bois. ▪ **2** Musicien qui joue du basson. (On dit aussi **BASSONISTE** n., (1821))

BASTA [basta] interj. – 1807 ◊ mot italien «assez» ▪ FAM. Ça suffit ! Assez ! Et voilà ! «*Les garçons deviennent dealers, les filles caissières au supermarché et basta*» O. ADAM.

BASTAING ➤ **BASTING**

BASTAQUE [bastak] n. f. – 1898 ; n. m. 1838 ◊ du néerlandais *bakstag* ▪ MAR. Hauban mobile qui retient le mât sur l'arrière. — On dit aussi **BASTAGUE,** 1898.

BASTE [bast] interj. – 1534 ◊ italien *basta* «il suffit» ▪ VX Interjection marquant l'indifférence, le dédain. ➤ **bah.**

BASTER [baste] v. intr. ⟨1⟩ – 1608 ; «suffire, satisfaire» XIIe ◊ italien *bastare* «suffire» ▪ RÉGION. (Suisse) Céder, s'incliner. *Baster devant qqn.*

BASTIDE [bastid] n. f. – 1355 ◊ ancien occitan *bastida* «bâtie» ▪ **1** Au Moyen Âge, Ouvrage de fortification (➤ **bastille**). — MOD. Dans le Sud-Ouest, Village fortifié. ▪ **2** (XVIe) MOD. En Provence, Ferme ou maison de campagne pouvant avoir la taille d'un petit château. *Une bastide à quatre tourelles.*

BASTIDON [bastidɔ̃] n. m. – 1866 ◊ diminutif de *bastide* ▪ RÉGION. Petite bastide (2°).

BASTILLE [bastij] n. f. – 1370 ◊ altération de *bastide* ▪ Au Moyen Âge, Ouvrage de fortification, château fort. — SPÉCIALT *La Bastille* : le château fort commencé à Paris sous Charles V et qui servit de prison d'État (➤ **embastiller**) avant d'être pris par les insurgés et démoli en 1789. *La prise de la Bastille* (14 juillet 1789).

BASTILLÉ, ÉE [bastije] adj. – 1671 ; *bateillé* «fortifié» XIIe ◊ ancien français *bastiller* «fortifier» (XIIe) ; → bastille ▪ BLAS. Garni de créneaux renversés vers la pointe de l'écu (opposé à *crénelé*).

BASTING ou **BASTAING** [bastɛ̃] n. m. – 1877, -1928 ◊ de l'ancien français *bastir* «apprêter» par le provençal ▪ TECHN. Madrier de sapin.

BASTINGAGE [bastɛ̃gaʒ] n. m. – 1747 ◊ de *bastinguer* «mettre des bastingues», provençal *bastengo* «toile matelassée», de *bastir* «apprêter» ▪ **1** ANCIENNT Coffres ou caissons à hamacs disposés autour du pont d'un vaisseau et qui servaient de défense contre le feu de l'ennemi. ▪ **2** MOD. Dispositif destiné à hausser le franc-bord d'un bateau (➤ 4 **lisse, pavois**) ; COUR. Parapet bordant le pont d'un navire. ➤ **filière, garde-corps, garde-fou.** *S'appuyer au bastingage.*

BASTION [bastjɔ̃] n. m. – XVe ◊ italien *bastione* ▪ **1** Ouvrage de fortification faisant saillie sur l'enceinte d'une place forte. ➤ **fortification.** *Les bastions d'un château fort, d'une ligne fortifiée.* ▪ **2** FIG. Ce qui défend efficacement, forme le plus ferme soutien. *Ce pays est le bastion du catholicisme.* ➤ **citadelle, rempart, soutien.** *Dernier bastion.*

BASTON [bastɔ̃] n. m. ou f. – 1950 ; «coup» 1926 ◊ de *bastonner* ▪ FAM. Bagarre. ➤ **bourre-pif, castagne.** *Il y a eu du baston à la sortie du bal.* «*Une baston d'enfer. Coups, strangulation, hémorragie*» IZZO.

BASTONNADE [bastɔnad] n. f. – 1482 ◊ italien *bastonata*, de *bastone* «bâton» ▪ Volée de coups de bâton. *Donner, recevoir la bastonnade.* — *La peine de la bastonnade.* ➤ **fustigation.**

BASTONNER [bastɔne] v. tr. ⟨1⟩ – 1926 ◊ mot lyonnais, de *baston*, forme région. de *bâton* ▪ FAM. Frapper, cogner. *Il l'a bastonné. Se faire bastonner.* ➤ **tabasser.** — PRONOM. Se battre. *Ils se sont bastonnés à la sortie du stade.* ➤ se **bagarrer,** se **castagner ; baston.**

BASTOS [bastos] n. f. – 1916 «cartouche» ◊ de *Bastos*, n. d'une marque de cigarettes ▪ FAM. Balle de fusil, de revolver.

BASTRINGUE [bastʀɛ̃g] n. m. – 1800 ; 1799 «machine à imprimer les toiles» ; 1794 «air de contredanse» ◊ mot d'origine inconnue ▪ **1** POP. VIEILLI Bal de guinguette, dancing populaire. *L'orchestre* «*jetait au loin sa musique de bastringue, maigre et sautillante*» MAUPASSANT. ▪ **2** PAR EXT. FAM. Orchestre tapageur. — *Piano bas-*

tringue : piano volontairement désaccordé (dans un bar, etc.). ♦ Bruit violent et confus. ➤ **tapage, vacarme***. *Arrêtez ce bastringue !* ■ **3** FAM. Choses, affaires (qu'on peut emporter avec soi). ➤ **attirail*, bazar, fourbi.** *Emporter tout son bastringue.*

BAS-VENTRE [bavɑ̃tʀ] **n. m.** – 1636 ◊ de 1 *bas* et *ventre* ■ Partie inférieure du ventre, au-dessous du nombril. ➤ **hypogastre.** *Douleurs dans le bas-ventre. Les bas-ventres.* — EUPHÉM. Le sexe, au bas du ventre. « *À sa grande honte, il sentit son bas-ventre durcir et dut s'arracher à son étreinte* » P. BRUCKNER.

BÂT [bɑ] **n. m.** – 1268 ◊ bas latin °*bastum*, de °*bastare* « porter » ou du latin populaire °*basitare*, de *basis* « base, support » ■ Dispositif que l'on place sur le dos des bêtes de somme pour le transport de leur charge. ➤ **harnais, selle ; bâter.** *Mulets de bât. Bât pour le transport des blessés.* ➤ **cacolet.** — LOC. FIG. *C'est là que le bât blesse* : c'est là le point sensible, le point faible (de qqch., de qqn). ■ HOM. Bah, bas.

BATACLAN [bataklɑ̃] **n. m.** – 1761 ◊ onomat. ■ FAM. Attirail, équipage embarrassant. ➤ **attirail*, bazar.** *Et tout le bataclan* : et tout le reste.

BATAILLE [bataj] **n. f.** – 1080 ◊ bas latin *battalia* « escrime », de *battuere* « battre » ■ **1** Action de deux armées qui se livrent combat. ➤ **combat, guerre ; 1 action, opération.** *Bataille terrestre, navale, aérienne. La bataille de Stalingrad. — Livrer bataille. Gagner, perdre une bataille.* « *La France a perdu une bataille, Mais la France n'a pas perdu la guerre* » DE GAULLE. — LOC. FIG. *Arriver après la bataille* : ne pas prendre part à une action en arrivant trop tard, quant tout est terminé (cf. Arriver comme les carabiniers). ♦ **BATAILLE RANGÉE,** qui oppose des troupes manœuvrant en rangs. — FIG., COUR. Mêlée générale. ♦ **CHAMP DE BATAILLE :** terrain où se livre la bataille. ➤ 1 **champ** (d'honneur). — PAR MÉTAPH. Lieu en désordre. ➤ FAM. **bazar, chantier.** ♦ **CHEVAL DE BATAILLE :** ANCIENNT cheval propre à être monté un jour de bataille. ➤ 1 **coursier, destrier.** — LOC. FIG. Sujet favori, argument sur lequel on revient sans cesse (➤ **dada, marotte**) ; sujet, terrain propice dans une discussion, une lutte politique. ♦ **PLAN DE BATAILLE :** plan dressé en vue de la bataille. — FIG. Ensemble de dispositions prévues pour le succès d'une entreprise. *Dresser un plan de bataille.* ➤ 3 **plan.** ♦ **ORDRE DE BATAILLE :** disposition des troupes pour la bataille. *Se mettre en ordre pour la bataille* ; FIG. se préparer à l'affrontement. ■ **2** PAR EXT. Échange de coups, lutte entre deux ou plusieurs antagonistes. ➤ **combat, lutte, mêlée, rixe ;** FAM. **bagarre, baston.** *Bataille de rue. Se jeter dans la bataille.* ■ **3** FIG. Lutte de qqn qui est aux prises avec ses semblables ou les évènements. *Une bataille d'idées. Bataille électorale.* « *La vie* [est] *une bataille sans trêve et sans merci* » R. ROLLAND. ■ **4 EN BATAILLE.** — MAR. *Mettre la vergue en bataille,* dans le plan longitudinal du navire. — *Stationnement en bataille,* dans lequel la voiture est en position oblique par rapport au trottoir (cf. En épi). — *Chapeau en bataille,* mis de travers, n'importe comment. *Avoir les cheveux, la barbe en bataille,* en désordre. ■ **5** Jeu de cartes très simple. *Jouer à la bataille.* — *Bataille navale* : jeu de société où chacun des deux joueurs dispose des pièces figurant des navires de guerre sur du papier réglé et tente de couler la flotte adverse.

BATAILLER [bataje] **v. intr.** ⟨1⟩ – 1160 « livrer bataille » ◊ de *bataille* ■ Contester, disputer avec ardeur pour persuader. *Batailler pour faire entendre raison.* — *Batailler pour* (et l'inf.) : s'évertuer à surmonter une difficulté, un obstacle. ➤ **se battre, s'escrimer, lutter ;** FAM. **se bagarrer.** *Il m'a fallu batailler pour gagner ma vie.*

BATAILLEUR, EUSE [batajœʀ, øz] **adj.** – 1213 ◊ de *batailler* ■ Qui aime à batailler, à se battre ; FIG. Qui recherche les querelles, les discussions. ➤ **agressif*, belliqueux, combatif.** *Coq batailleur.* — **n.** *Un batailleur, une batailleuse.* ➤ **bagarreur.** ■ CONTR. Conciliant, pacifique.

BATAILLON [batajɔ̃] **n. m.** – 1543 ◊ italien *battaglione*, augmentatif de *battaglia* → bataille ■ **1** VX ou LITTÉR. Troupe de combattants. ➤ **armée, troupe.** — MOD. Unité militaire de l'infanterie groupant plusieurs compagnies. *Bataillon d'infanterie, du génie, de parachutistes. Chef de bataillon.* ➤ **commandant.** *Bataillon d'Afrique* (ARG. *Bat' d'Af'*) : bataillon disciplinaire. ♦ LOC. FAM. *Inconnu au bataillon* : totalement inconnu. ■ **2** PAR EXT. *Un bataillon de* : un grand nombre. ➤ **légion, régiment, troupe.** *Un bataillon de touristes. Ils sont tout un bataillon.*

BÂTARD, ARDE [bɑtaʀ, aʀd] **adj. et n.** – 1190 ◊ p.-ê. de *bât* « engendré sur le bât », ou du germanique °*bansti* « grange » ■ **1** Qui est né hors mariage. *Enfant bâtard.* ➤ **adultérin, naturel ; illégitime.** — **n.** *Les bâtards de Louis XIV. Légitimer un bâtard.* ■ **2** FAM. Terme injurieux à l'égard de qqn que l'on méprise. ➤ **blaireau** (3°), **boloss, bouffon.** « *J'm'en fous moi, il dit c'qui veut ce bâtard* » BÉGAUDEAU. ■ **3** (Animaux) Qui n'est pas de race pure. ➤ **croisé, hybride.** *Chienne bâtarde.* ➤ **mâtiné.** — **n. m.** *Un bâtard.* ➤ **corniaud,** RÉGION. **zinneke.** « *Son chien Dick, affreux bâtard de caniche et de barbet* » MAUROIS. ■ **4** FIG. Qui tient de deux genres différents, n'exprime pas une option précise. *Une solution bâtarde.* ♦ *Écriture bâtarde,* ou **n. f.** *la bâtarde* : intermédiaire entre la ronde et l'anglaise. ■ **5** *Pain bâtard,* ou **n. m.** *un bâtard* : pain de fantaisie d'une demi-livre. ■ **6** TECHN. *Lime bâtarde,* ou **n. f.** *une bâtarde* (écartement entre les entailles de 1 mm). ■ CONTR. Légitime ; race (de race).

BATARDEAU [bataʀdo] **n. m.** – 1409 ◊ p.-ê. de l'ancien français *bastart* « digue », ou de *bast,* de *basis* « base, support » → bât ■ Digue, barrage provisoire que l'on établit sur un cours d'eau pour assécher en aval le terrain où l'on a des travaux à faire. ♦ MAR. Caisson étanche que l'on applique à la coque d'un navire pour en réparer une partie ainsi mise à sec.

BÂTARDISE [bɑtaʀdiz] **n. f.** – 1550 ◊ de *bâtard* ■ État de bâtard.

BATAVE [batav] **adj.** et **n.** – 1740 ◊ latin *Batavi* ■ VX ou PLAIS. Des Pays-Bas. ➤ **hollandais.**

BATAVIA [batavja] **n. f.** – 1771 ◊ latin *Batavia,* nom du pays des Bataves (les Pays-Bas) ■ Laitue d'une variété à feuilles ondulées et croquantes.

BATAVIQUE [batavik] **adj.** – 1765 ◊ de *batave* ■ PHYS. ANC. **LARMES BATAVIQUES :** gouttes de verre effilées, produites par le contact du verre fondu et de l'eau froide (d'abord observées à Leyde, Hollande).

BATAYOLE [batajɔl] **n. f.** – 1740 ; *bataillole* XVIe ◊ italien *battagliola,* de *battaglia* → bataille ■ MAR. Montant vertical d'une rambarde. ➤ **chandelier.**

-BATE ■ Élément, du grec *batein* « marcher, s'appuyer » : *acrobate.*

BATEAU [bato] **n. m.** – *batel* 1138 ◊ ancien anglais *bât* (anglais moderne *boat*) ou radical *bat-* « objet vieux », cf. latin *batillum,* bas latin *batalarius* ■ **1** Construction flottante destinée à la navigation. ➤ **navire* ; barque, bâtiment, embarcation, vaisseau.** REM. Dans la langue spécialisée, *bateau,* par ailleurs t. générique, s'emploie surtout en parlant des embarcations et navires de très faible tonnage. — *Voyage en bateau. Monter sur un bateau, prendre le bateau.* ➤ **s'embarquer.** *Être à bord* d'un bateau. Il s'enfonça « dans les dédales intérieurs du bateau. Les coursives, les escaliers, les galeries marchandes, les bars, c'était une petite ville flottante que les machines ne cessaient d'habiter de leur frémissement »* TOURNIER. *Le capitaine d'un bateau. Mauvais bateau.* ➤ **rafiot.** *Fournitures pour bateaux* (➤ **shipchandler**). *Bateau qui prend la mer, fait escale, rentre au port. Le bateau bougeait beaucoup* (➤ **tangage ; roulis**). *Bateau à la dérive, qui s'échoue, prend de la bande, coule, sombre, est perdu corps et biens. « Il apercevait un bateau sur la plage, juste à ses pieds, une espèce de cargo noirâtre échoué, battu par les rouleaux, la proue face à la côte et l'arrière au large »* Y. QUEFFÉLEC. *Bateau naufragé.* ➤ **épave.** — *Bateaux à rames, dans l'Antiquité.* ➤ **galère, quadrirème, trirème.** *Bateau à voiles.* ➤ **voilier.** *Bateau à vapeur.* ➤ **steamer,** 2 **vapeur.** *Bateau à moteur. Bateau à ailes portantes.* ➤ **hydrofoil, hydroptère.** *Bateau de commerce, de transport des marchandises ou des passagers.* ➤ **cargo, paquebot.** *Bateau de transport à fond plat.* ➤ 1 **bac,** 2 **barge,** 1 **chaland, péniche.** *Bateau de pêche.* ➤ 1 **baleinier, chalutier, crevettier, fileyeur, harenguier, langoustier, morutier, sardinier, thonier.** *Bateau-remorqueur.* ➤ **remorqueur.** *Bateau de sauvetage.* ➤ **canot, chaloupe ; radeau.** *Bateau de plaisance.* ➤ **yacht.** *Bateau qui transporte les véhicules.* ➤ 1 **bac, ferry-boat,** RÉGION. **traversier.** — **BATEAU-CITERNE,** aménagé pour le transport des liquides (eau, vin, pétrole, etc.). ➤ **butanier, chimiquier, gazier, méthanier, pétrolier, pinardier, propanier, tanker.** *Des bateaux-citernes.* — (1833) **BATEAU-PILOTE,** qui transporte les pilotes à bord des gros navires qui les demandent. *Des bateaux-pilotes.* — (1887) **BATEAU-FEU** (ou *bateau-phare*), muni d'un phare fixe, et mouillé à la manière d'une bouée, à proximité d'un endroit dangereux. *Des bateaux-feux, des bateaux-phares.* — (1870 ◊ *bateaux mouches* marque déposée) **BATEAU-MOUCHE :** bateau à moteur en service à Paris, permettant aux passagers, aux touristes de voir de la Seine les monuments de la capitale. *Les bateaux-mouches.* — PAR ANAL. **BATEAU-LAVOIR.** ➤ **lavoir.** ■ **2** *Le bateau* : la navigation de plaisance. ➤ 2 **voile, yachting.** *Il aime le bateau. Il fait du bateau tous les week-ends.* ■ **3** APPOS. INV. En forme de bateau. *Lit bateau,* dont les deux extrémités se relèvent en formant une courbe. — *Encolure, décolleté bateau* : décolleté droit dégageant les épaules. — (1877) *Ventre en bateau* (MÉD.). — *Chaussures, mocassins bateau.* — CHIM. Une des conformations de la molécule de cyclohexane, le squelette carboné évoquant la forme d'un bateau. ▪ **4** Dépression du trottoir, devant une porte cochère, une porte de garage. ▪ **5** LOC. FIG. et FAM. *Monter un bateau à qqn, mener qqn en bateau* : inventer une plaisanterie, une histoire pour le tromper, le mystifier (cf. Faire marcher* qqn). ▪ **6** **adj. inv.** FAM. Banal, rebattu. *Des sujets bateau.*

BATÉE [bate] **n. f.** – 1863 ◊ var. de *battée* «plat en terre battue», de *battre* ▪ TECHN. Récipient conique dans lequel on lave les terres et les sables aurifères. ▪ HOM. Battée ; poss. bâter.

BATELAGE [batlaʒ] **n. m.** – 1443 ◊ de *bateau* ▪ **1** DR. ANC. Droit ou salaire payé au batelier. ▪ **2** Service de bateaux assurant la communication des navires avec le rivage ou entre eux.

BATELER [batle] **v. intr.** ‹4 /5/› – XVIe ◊ p.-ê. de l'ancien français *baastel* «instrument d'escamoteur» ▪ VX Faire des tours d'adresse, de passe-passe. ➤ **bateleur.**

BATELEUR, EUSE [batlœʀ, øz] **n.** – XIIIe ◊ p.-ê. de l'ancien français *baastel* «instrument et tour d'escamoteur» ▪ VIEILLI Personne qui fait des tours d'acrobatie, d'adresse, d'escamotage, de force sur les places publiques, dans les foires. ➤ **acrobate, équilibriste, forain, funambule, hercule, histrion, jongleur, lutteur, prestidigitateur, saltimbanque.**

BATELIER, IÈRE [batəlje, jɛʀ] **n. et adj.** – XIIIe ◊ de l'ancien français *batel* ▪ **1** Personne dont le métier est de conduire un bateau sur les rivières et canaux. ➤ **marinier.** *Les bateliers de la Volga.* — SPÉCIALT Personne qui transporte des passagers d'une rive à l'autre. ➤ **passeur.** ▪ **2** **adj.** Relatif aux bateaux qui naviguent sur les rivières. *Compagnie batelière.*

BATELLERIE [batɛlʀi] **n. f.** – 1390 ◊ de *bateau* ▪ **1** Industrie du transport fluvial. ▪ **2** Ensemble des bateaux de rivière.

BÂTER [bɑte] **v. tr.** ‹1› – 1549 ◊ de *bât* ▪ Mettre un bât à (une bête de somme). — LOC. FIG. VIEILLI **ÂNE BÂTÉ :** ignorant, lourdaud. ▪ CONTR. Débâter. ▪ HOM. poss. Batée, battée ; *bâtez* : battez (battre).

BAT-FLANC [baflɑ̃] **n. m.** – *bas-flanc* 1881 ◊ de *battre* et *flanc* ▪ Pièce de bois qui, dans les écuries, sépare deux chevaux. *Des bat-flancs.* — PAR EXT. Cloison dans un dortoir. *«ces cellules sans fenêtre, sans lumière, sans bat-flanc»* F. GIROUD.

BATH [bat] **adj.** – 1846 ; interj. 1804 ◊ p.-ê. de *battant (neuf)* → battre (II) ▪ FAM. VIEILLI Chic, serviable. *«T'es bath, Fernande. Tu m'as passé le filon»* CARCO. *Des copains rudement baths.* — Agréable, beau, bon, intéressant. *C'est bath !* ➤ 2 **chouette, épatant.** ▪ HOM. Batte.

BATHY- ▪ Élément, du grec *bathus* «profond».

BATHYAL, YALE, YAUX [batjal, jo] **adj.** – v. 1953 ◊ du grec *bathus* «profond» ▪ DIDACT. Qui concerne la zone sous-marine comprise entre 200 et 2 000 m (correspondant au plateau continental*).

BATHYMÉTRIE [batimetʀi] **n. f.** – 1863 ◊ de *bathy-* et *-métrie* ▪ DIDACT. Mesure des profondeurs marines. ➤ **sondage.** — **adj.** **BATHYMÉTRIQUE,** 1869. *Carte bathymétrique.*

BATHYSCAPHE [batiskaf] **n. m.** – 1946 ◊ de *bathy-* et *-scaphe* ▪ Appareil habitable destiné à conduire des observateurs dans les grandes profondeurs sous-marines.

BATHYSPHÈRE [batisfɛʀ] **n. f.** – 1928 ◊ de *bathy-* et *sphère* ▪ Sphère très résistante reliée à la surface par un câble pour explorer les grandes profondeurs sous-marines.

1 **BÂTI, IE** [bɑti] **adj.** – de *bâtir* ▪ **1** Sur lequel est construit un bâtiment. *Propriété bâtie, non bâtie.* ▪ **2** LOC. FIG. (PERSONNES) LITTÉR. *Être bâti en force, à chaux et à sable* : être solidement constitué. — COUR. *Bien, mal bâti.* ➤ **balancé, charpenté,** 1 **fait ;** FAM. 2 **fichu, foutu, gaulé,** et aussi **baraqué.**

2 **BÂTI** [bɑti] **n. m.** – 1699 ◊ de *bâtir* ▪ **1** Assemblage de montants et de traverses. ➤ **cadre.** *Panneaux montés sur un bâti.* — PAR EXT. Charpente qui supporte les diverses pièces d'une machine, qui sert à leur assemblage. *Le bâti d'une charrue.* ➤ **armature, carcasse, charpente, châssis.** ▪ **2** COUT. Couture provisoire à grands points. *Faire un bâti.* ➤ **faufiler.**

BATIFOLAGE [batifɔlaʒ] **n. m.** – 1532 ◊ de *batifoler* ▪ FAM. Action de batifoler. ➤ **badinage.**

BATIFOLER [batifɔle] **v. intr.** ‹1› – v. 1540 ◊ p.-ê. italien *battifolle* «moulin», ancien provençal *batifol* «moulin à battre» ; de *batre* «battre» et *folar* «fouler», avec influence de *fol* ▪ FAM. S'amuser à des jeux folâtres. ➤ **s'amuser, folâtrer.** *«Faner, c'est retourner du foin en batifolant»* Mme DE SÉVIGNÉ. — **n.** (1835) **BATIFOLEUR, EUSE.**

BATIK [batik] **n. m.** – 1845 ◊ mot javanais ▪ Technique artisanale de décoration des tissus, d'origine javanaise, fondée sur l'application de réserves à la cire avant teinture. *Faire du batik.* — PAR EXT. Tissu ainsi décoré.

BÂTIMENT [bɑtimɑ̃] **n. m.** – 1160 ◊ de *bâtir* ▪ **1** VX Action de bâtir (PR. et FIG.). ➤ **construction, création.** ♦ PAR EXT. MOD. L'ensemble des industries et métiers qui concourent à la construction des édifices. ➤ **construction ; architecture, charpenterie, couverture, maçonnerie, marbrerie, menuiserie, peinture, plâtrerie, plomberie, serrurerie, vitrerie.** *L'industrie du bâtiment. Entreprise, entrepreneur de (en) bâtiment. «tous les ouvriers du bâtiment, terrassiers, plâtriers, maçons, charpentiers, de quoi refaire Paris»* DABIT. *Peintre en bâtiment.* — PROV. *Quand le bâtiment va, tout va* (dans les affaires). — LOC. FAM. *Être du bâtiment* : être du métier, de la partie ; s'y connaître. ▪ **2** (XVIIe) Construction, généralement de grande dimension, en maçonnerie, servant à loger des humains, des animaux ou des choses. ➤ **bâtisse, construction, édifice, immeuble, maison.** *Le corps d'un bâtiment,* sa partie principale. *Les ailes* d'un bâtiment. Les bâtiments d'une ferme. Bâtiments officiels* (palais de Justice, préfectures, mairies, écoles...). ▪ **3** PAR ANAL. TECHN. Bateau de fort ou de moyen tonnage. ➤ **navire ; vaisseau.** *Un bâtiment de guerre.*

BÂTIR [bɑtiʀ] **v. tr.** ‹2› – v. 1265 *bastir* ; milieu XIIe «édifier (fig.)» ; v. 1105 *bastir* (couture) ◊ probablt du francique °*bastjan* ▪ **1** Élever sur le sol, à l'aide de matériaux assemblés. ➤ **construire*, édifier, élever, ériger.** *Bâtir une maison. Se faire bâtir une villa.* FIG. *Bâtir des châteaux* en Espagne. Bâtir une ville.* ➤ **fonder.** — ABSOLT *Pierre à bâtir. Terrain à bâtir* : destiné à la construction. PRONOM. *Brasilia s'est bâtie très rapidement.* — LOC. FIG. *Bâtir sur le sable* : former une entreprise qui ne repose sur rien de solide, qui ne peut durer. ♦ Faire (son nid), en parlant des oiseaux. ▪ **2** FIG. ➤ **construire, édifier, élever, établir, fonder.** *Bâtir sa fortune, sa renommée, sa réputation. Il a bâti rapidement son plan. Bâtir des théories.* ➤ **échafauder.** ▪ **3** COUT. Assembler provisoirement et à grands points les parties de (un vêtement). *Bâtir une jupe pour l'essayage.* ➤ **faufiler.** ▪ CONTR. Démolir, détruire, raser, renverser, ruiner. Débâtir. ▪ HOM. poss. *Bâtirent* : battirent (battre) ; *bâtis* : battis (battre).

BÂTISSE [bɑtis] **n. f.** – 1636 «action de bâtir» ◊ de *bâtir* ▪ **1** (1762) La partie en maçonnerie, le gros œuvre d'un bâtiment. ▪ **2** Bâtiment de grandes dimensions (parfois avec l'idée de laideur). *«Une laide bâtisse prétentieuse»* LOTI.

BÂTISSEUR, EUSE [bɑtisœʀ, øz] **n.** – 1539 ◊ de *bâtir* ▪ Personne qui bâtit, fait beaucoup bâtir. ➤ **architecte, constructeur.** *Un bâtisseur de villes.* ➤ **fondateur.** *Les évêques du XIIIe siècle furent des bâtisseurs de cathédrales.* — FIG. et PÉJ. *Il faut «se méfier des bâtisseurs d'avenir»* GIONO. ▪ CONTR. Démolisseur.

BATISTE [batist] **n. f.** – 1590 ; *batiche* 1401 ◊ du radical de *battre* ▪ Toile de lin très fine. ➤ **toile ; linon.** *Un mouchoir de batiste.* ▪ HOM. Baptiste.

BÂTON [bɑtɔ̃] **n. m.** – 1740 ; fin XIe ◊ latin populaire *basto, bastonis* ▪ Long morceau de bois rond que l'on peut tenir à la main et faire servir à divers usages. ➤ **baguette,** VX **verge.** *Bâton de berger.* ➤ **houlette.** ▪ **1** (Servant d'appui). *Se servir d'un bâton comme canne. S'appuyer sur un bâton. Bâton d'alpiniste, bâton ferré.* ➤ **alpenstock, piolet. BÂTON DE SKI,** ou ABSOLT **BÂTON :** tige d'acier munie d'une poignée et d'une rondelle près de l'extrémité inférieure, sur laquelle le skieur s'appuie. *Une paire de bâtons. Courroie, dragonne à la poignée d'un bâton.* — (Canada) *Bâton de hockey* (➤ **crosse**), *de golf* (➤ 2 **club, fer**). *«un bâton de base-ball à la main, défiant tout le monde»* V.-L. BEAULIEU. ➤ **batte.** LOC. *Avoir, tenir le gros bout du bâton* : avoir l'avantage, être en position de force. — **BÂTON DE VIEILLESSE,** sur lequel s'appuie le vieillard ; FIG. soutien d'un vieillard. *Cet enfant sera un jour votre bâton de vieillesse.* ▪ **2** (Servant à frapper) ➤ **épieu, férule, gourdin, massue, matraque,** 1 **pieu, trique.** *Donner, recevoir des coups de bâton, une volée de coups de bâton.* ➤ **bastonnade.** — LOC. *Donner le bâton pour se faire battre* : fournir à son adversaire des armes contre soi-même (cf. Donner des verges* pour se faire battre). ♦ ANCIENNT *Le bâton,* utilisé comme arme en escrime. *Escrime au bâton.* — LOC. FIG. **RETOUR DE BÂTON :** réaction imprévue en sens opposé (cf. Choc* en retour, retour* de flamme, retour* de manivelle, effet boomerang*). ▪ **3** (Symbole de l'autorité, du commandement). ➤ **sceptre ; houlette.** *Bâton de commandement. Bâton pastoral.* ➤ **crosse** (de l'évêque). — **BÂTON DE MARÉCHAL.** *Le bâton de maréchal de France* : cylindre orné d'étoiles, insigne de la dignité de maréchal. FIG. et FAM. *C'est son bâton de maréchal,* la plus haute dignité à laquelle il puisse parvenir. ▪ **4** **BÂTON DE CHAISE :** morceau de bois qui sert à relier les montants d'une chaise. — ANCIENNT Montant qui servait à porter les chaises à porteur. — LOC. FAM. *Mener une vie de bâton de chaise,* une vie agitée, déréglée (cf. Une vie de patachon*). ▪ **5** Instrument, outil, objet de forme allongée et plus ou moins cylindrique. ANCIENNT *Bâton blanc d'agent de police* (pour régler la circulation). *Bâtons servant d'entrave aux animaux.* ➤ **billot, tribart.** LOC. FIG. **METTRE DES BÂTONS DANS LES ROUES :** susciter des difficultés, des obstacles. ➤ 1 **entraver.** ◆ SPÉCIALT, VX Baguette de tambour. *Batterie à bâtons rompus,* en frappant de manière intermittente. — MOD. LOC. **À BÂTONS ROMPUS.** *Parler à bâtons rompus,* de manière peu suivie, en changeant de sujet. « *des causeries à bâtons rompus dont le sens souvent échappe* » LOTI. — Baguette d'escamoteur. LOC. FIG. **TOUR DE BÂTON :** profit secret, ristourne illicite. ▪ **6** MUS. **BÂTON DE PLUIE :** instrument de musique composé d'un long bâton creux en bois ou en bambou, rempli de petites billes, de graines qui rappellent le bruit de la pluie quand on le renverse. ▪ **7** Morceau (d'une substance) en forme de bâton. ➤ 1 **stick.** *Bâton de craie, de réglisse. Bâton de rouge* à lèvres.* — (Belgique, Luxembourg) *Bâton de chocolat.* ➤ **barre.** ▪ **8** Trait vertical que les enfants tracent pour apprendre à écrire. ➤ **barre.** *Faire une ligne de bâtons.* ▪ **9** MATH. *Diagramme en bâtons :* diagramme associant à chaque valeur d'une variable aléatoire un segment vertical dont la hauteur est proportionnelle à la probabilité de la variable. ➤ **histogramme.** ▪ **10** FAM. Somme de un million de centimes de francs (ou, avant la réforme monétaire, de un million de francs). ➤ **brique.** « *draguer sur la Canebière au volant d'une caisse à cent bâtons* » Y. QUEFFÉLEC.

BÂTONNAT [batɔna] n. m. – 1832 ◇ de *bâtonnier* ▪ DR. Fonctions de bâtonnier de l'Ordre des avocats ; durée de ces fonctions.

BÂTONNER [batɔne] v. tr. ‹1› – fin XIIe ◇ de *bâton* ▪ Frapper de coups de bâton (➤ **bastonnade ;** FAM. **baston**).

BÂTONNET [batɔnɛ] n. m. – 1260 ◇ de *bâton* ▪ **1** Objet en forme de petit bâton. *Un bâtonnet de colle.* ➤ 1 **stick.** *Bâtonnet d'encens. — Bâtonnets de poisson pané. Bâtonnet glacé.* ➤ **esquimau.** ▪ **2** Cellule nerveuse de la rétine fonctionnant en lumière faible, responsable de la vision en noir et blanc, et contenant de la rhodopsine. *Cônes et bâtonnets.*

BÂTONNIER, IÈRE [batɔnje, jɛʀ] n. – 1680 ; *bastonnier* « porteur du bâton » (d'une confrérie) 1332 ◇ de *baston* → bâton ▪ **1** n. m. ANCIENNT Chef de la confrérie des avocats. ▪ **2** MOD. Avocat(e) élu(e) par ses confrères pour représenter l'Ordre et faire observer la discipline professionnelle. *Fonctions de bâtonnier.* ➤ **bâtonnat.** *La nouvelle bâtonnière.*

BATOUDE [batud] n. f. – 1879 ◇ de l'italien *battuta,* de *battere* « battre », d'abord « coup d'envoi » ▪ TECHN. Tremplin très flexible, en usage dans les cirques.

BATRACIEN [batʀasjɛ̃] n. m. – fin XVIIIe ◇ grec *batrakhos* « grenouille » ▪ **1** ZOOL. AU PLUR. *Les batraciens :* ancien nom de la classe des amphibiens. ➤ **amphibiens.** ▪ **2** COUR. Animal de la classe des amphibiens, notamment crapaud, grenouille.

BATTAGE [bataʒ] n. m. – 1329 ◇ de *battre* ▪ **1** Action de battre. *Le battage des tapis à la fenêtre.* ◆ Opération agricole qui consiste à séparer de l'épi ou de la tige les graines de certaines plantes. *Le battage du blé, du colza. Aire de battage. Battage au fléau, à la batteuse.* ◆ *Battage de l'or,* pour le réduire en feuilles très minces servant à la dorure. ▪ **2** (1866 ◇ d'après *battre la grosse caisse*) FIG. Publicité tapageuse, exagérée autour d'une personne ou d'une chose. ➤ **bruit, publicité,** 2 **réclame,** et aussi **matraquage.** *On a fait beaucoup de battage autour de ce livre.*

1 **BATTANT** [batɑ̃] n. m. – XIIIe ◇ de *battre* ▪ **1** Pièce métallique en massue suspendue à l'intérieur d'une cloche contre les parois de laquelle elle vient frapper. ▪ **2** Partie d'une porte, d'une fenêtre, d'un meuble, mobile sur ses gonds. ➤ **vantail.** *Porte à double battant. Ouvrir une porte à deux battants.* ▪ **3** Pièce mobile, qui vient battre sur une autre. *Battant de moulin, de métier à tisser, de trémie.* ➤ **traquet.** *Battant d'un loquet.* ➤ **clenche.** ▪ **4** MAR. *Battant d'un pavillon,* sa dimension horizontale (qui bat au gré du vent). ▪ CONTR. Guindant.

2 **BATTANT, ANTE** [batɑ̃, ɑ̃t] adj. – 1762 ◇ de *battre* ▪ Qui bat. *Pluie battante,* très violente. *Porte battante :* porte qui se referme d'elle-même. — *Le cœur battant :* avec une grande émotion. ◆ loc. adv. *Tambour battant :* au son du tambour. FIG. Rapidement, rondement. *Mener une affaire tambour battant.*

3 **BATTANT, ANTE** [batɑ̃, ɑ̃t] n. – 1907 ◇ de *battre* trans., p.-ê. d'après l'anglais *battling* « combatif » ▪ SPORT Sportif qui se signale par sa combativité. — PAR EXT. (1967) Personnalité très combative (généralt dans le monde des affaires). *C'est un battant, une battante.*

BATTE [bat] n. f. – 1393 ◇ de *battre* ▪ **1** Instrument qui sert à battre, fouler, tasser. ➤ **bâton, battoir, maillet, massue, palette, tapette.** *Batte de maçon.* — PAR EXT. *Batte de blanchisseuse :* petit banc sur lequel on bat le linge. ◆ SPORT *Batte de jeu de paume. Batte de cricket, de baseball :* battoir qui sert à renvoyer la balle. ▪ **2** Action de battre (un métal) pour le réduire en feuilles. *La batte de l'or.* ▪ HOM. Bath.

BATTÉE [bate] n. f. – 1838 ◇ de *battre* ▪ TECHN. Partie du dormant contre laquelle vient battre une porte quand on la ferme. ▪ HOM. Batée ; poss. bâter.

BATTELLEMENT [batɛlmɑ̃] n. m. – 1690 ◇ de l'ancien français *bateiller* « créneler » ▪ ARCHIT. Double rang de tuiles terminant le bas du toit.

BATTEMENT [batmɑ̃] n. m. – XIIe ◇ de *battre*

I ▪ **1** Choc ou mouvement de ce qui bat (II, 5° à 7°) ; bruit qui en résulte. ➤ **coup, heurt ; frappement.** *Le battement du fer sur l'enclume.* ➤ **martèlement.** *Le battement alternatif des rames. Le battement d'une porte mal fermée. Le battement de la pluie contre les vitres. — Battement de mains.* ➤ **applaudissement.** — *Battements d'ailes.* ➤ **bruissement, frémissement.** *Un grand oiseau « fouettant l'air du battement de ses ailes »* PROUST. — *Battement des cils, des paupières.* ➤ **cillement, clignement.** *Un battement de cils.* ▪ **2** CHORÉGR. Mouvement de la jambe élevée en l'air et ramenée à son point de départ. ▪ **3** *Le battement, les battements du cœur :* mouvement alternatif de contraction et de dilatation du cœur. *Battement du pouls, des artères.* ➤ **pulsation, rythme.** *Avoir des battements de cœur :* sentir son cœur battre plus fort. ➤ **palpitation.** ▪ **4** SC. Variation périodique de l'amplitude d'une oscillation résultant de la composition de deux ondes légèrement différentes. *Utilisation des battements pour l'accord des instruments de musique.* ▪ **5** Intervalle de temps. ➤ RÉGION. **fourche.** *Nous avons un battement de vingt minutes, vingt minutes de battement pour changer de train. Il y a du battement.*

II TECHN. *Battement d'une porte, d'une fenêtre :* couvre-joint fixé sur l'un des battants ; montant fixe sur lequel viennent s'appuyer les deux battants. — *Battement d'une persienne, d'un volet :* pièce métallique scellée en dehors de la fenêtre pour l'empêcher de battre.

BATTERIE [batʀi] n. f. – fin XIIe ◇ de *battre*

I VX Querelle violente ; échange de coups. ➤ **bagarre, bataille.**

II ▪ **1** (XVe-XVIe ◇ de « action de battre l'ennemi, de tirer sur lui ») Réunion de pièces d'artillerie et du matériel nécessaire à leur service ; emplacement, ouvrage de fortification destiné à recevoir ces pièces. *Batterie mobile de missiles. Batterie antichar. Batterie de D. C. A. Mettre en batterie,* en position de tir. — Unité d'un régiment d'artillerie. *Le capitaine commandant la troisième batterie.* ◆ FIG. VIEILLI, AU PLUR. Moyen qu'on emploie pour atteindre un objectif ou faire échouer une tentative. ➤ **combinaison, machination, mesure,** 3 **plan.** MOD. LOC. *Dresser* ses batteries ; changer de batteries. Démasquer*, dévoiler ses batteries.* ▪ **2** (1294) *Batterie de cuisine :* ensemble des ustensiles de cuisine qui servent à la cuisson des aliments. FIG. et FAM. Ensemble des décorations portées par un militaire. ➤ **quincaillerie.** ◆ TECHN. Réunion d'éléments générateurs de courant électrique. *Batterie d'accumulateurs, de piles. Batterie de cellules solaires. Il « ralluma son portable sur le parking. Plus de batterie »* F. VARGAS. *La batterie est à plat. Recharger la batterie d'une automobile.* — (Luxembourg) Pile sèche. — LOC. FAM. *Recharger ses batteries :* reprendre des forces. « *Le trajet en voiture et la promenade dans la neige lui ont rechargé les batteries* » P. BAILLY. ◆ Ensemble d'éléments, série. *Batterie de chaudières, de laminoirs* (➤ **train**). — *Élevage en batterie,* en logeant les animaux dans des box ou des cages en grand nombre. *Poulets élevés en batterie. Veaux de batterie.* ◆ (ABSTRAIT) *Batterie de tests, de mesures fiscales.* « *L'hôpital de Lisieux m'a fait passer une batterie d'examens* » F. VARGAS. ▪ **3** Manière de battre le tambour ; roulement particulier. ➤ **breloque, chamade, diane, générale, rappel,** 1 **réveil.** ◆ MUS. Suite de notes égrenées ou détachées en arpèges, répétée pendant plusieurs mesures. — Manière de jouer de la guitare en battant les cordes au lieu de les pincer. — *Batterie d'anches :* ensemble des jeux d'orgue les plus éclatants, du type trompette. ▪ **4** Instrument réunissant plusieurs instruments à percussion (caisse, cymbales, timbale...), tenu par un seul musicien (➤ **batteur**). *Être à la batterie, tenir la batterie. Batterie de jazz.* ➤ **drums.** *Un solo de batterie.* ▪ **5** *Batterie-fanfare* ou *batterie fanfare* : orchestre de cuivres et de percussions. ▪ **6** CHORÉGR. Série de mouvements où les jambes battent.

BATTEUR, EUSE [batœʀ, øz] **n.** – fin XIIe ◇ de *battre* ▪ **1 n. m.** VX Celui qui aime à battre, à donner des coups. ▪ **2** (PROFESSIONS) *Batteur d'or, d'étain* : ouvrier qui réduit l'or, l'étain en feuilles très minces. — VX *Batteur de fer.* ➤ 2 **ferrailleur.** ▪ **3** MUS. Personne qui joue de la batterie dans un orchestre. ➤ **drummeur, percussionniste.** *La batteuse d'un groupe de rock.* ▪ **4 n. m.** (APPAREILS) Ustensile ménager servant à battre, mêler. ➤ **fouet, mixeur.** *Batteur à œufs.* — Organe principal d'une batteuse agricole. Machine à éplucher le coton. *Batteur-éplucheur, batteur-étaleur.* ▪ **5** SPORT (cricket, hockey, baseball) Joueur, joueuse qui frappe avec une batte la balle reçue du lanceur.

BATTEUSE [batøz] **n. f.** – 1860 ◇ de *batteur* ▪ **1** Machine qui sert à l'égrenage des céréales, des plantes fourragères. ➤ **moissonneuse-batteuse ; battage.** ▪ **2** TECHN. Appareil qui bat le métal, le réduit en feuilles par pression.

BATTITURES [batityʀ] **n. f. pl.** – 1564 ◇ de l'italien *battere* «battre» ▪ Parcelles de métal qui jaillissent sous le marteau du forgeron.

BATTLE-DRESS [batœldʀɛs] **n. m. inv.** – 1943 ◇ mot anglais «tenue *(dress)* de combat *(battle)*» ▪ Blouson militaire en toile. *Des battle-dress.*

BATTOIR [batwaʀ] **n. m.** – 1307 ◇ de *battre* ▪ **1** Instrument qui sert à battre. — SPÉCIALT Palette de bois avec laquelle on battait le linge. ▪ **2** FIG. (1775) FAM. Main large et forte. ➤ POP. **paluche.**

BATTRE [batʀ] **v.** ‹41› – milieu XIe au sens de «frapper (son corps)» (B, 8e) ◇ du latin *battuere*

I ~ **v. tr. A.** FRAPPER SUR (UN ÊTRE VIVANT) ▪ **1** (fin XIIe) Donner des coups répétés, frapper à plusieurs reprises (un être vivant qui ne peut pas se défendre). ➤ **coup ; frapper, maltraiter, molester, rosser, rouer** (de coups) ; FAM. ou ARG. **arranger, bastonner, cogner, corriger, décalquer, défoncer, dérouiller, écharper, estourbir, exploser, sonner, tabasser,** 2 **taper,** RÉGION. **tapocher** (cf. FAM. Casser* la gueule, flanquer une volée*, mettre la tête au carré*, passer à tabac* ; rentrer* dedans, dans le mou, dans le chou ; tomber sur le paletot, le poil ; voler* dans les plumes). *Battre qqn comme plâtre**, très fort. *Battre qqn avec un bâton, un fouet,* etc. ➤ **bâtonner, cravacher, flageller, fouetter.** *Battre à coups de pied, de poing.* ➤ **bourrer** (de coups), 1 **boxer, brutaliser,** FAM. **castagner.** *Homme violent qui bat sa femme. Battre un enfant pour le punir.* ➤ **châtier, corriger, fesser, gifler,** 2 **taper.** *Il a voulu le battre* (cf. Lever*, porter* la main sur). *La victime a été battue à mort.* ➤ **lyncher.** — PROV. *Il ne faut jamais battre une femme, même avec une fleur.* — *Battre son chien.* ▪ **2** FIG. (1606) Avoir le dessus sur (un adversaire). *Battre l'ennemi.* ➤ **vaincre ; défaire, écraser, tailler** (en pièces). *Battre qqn à plate(s) couture(s)**. ➤ FAM. **atomiser.** *Candidat qui bat ses concurrents aux élections* (cf. L'emporter sur). *Battre son adversaire aux échecs, au tennis.* ➤ **damer** (le pion), **gagner,** 1 **piler.** *L'équipe adverse a été battue par trois à zéro. Nous les battrons,* nous les aurons. ➤ 1 **avoir.** *Se faire battre* : être battu. ➤ **perdre, succomber.** *Il s'est fait battre aux élections.* ➤ **enfoncer.** PAR EXT. *Battre un record.* ➤ FAM. **pulvériser.**

B. FRAPPER SUR (UNE CHOSE) ▪ **1** (XIIIe, Rutebeuf) Frapper (un corps solide) avec un instrument. *Battre un tapis.* ➤ **épousseter.** *Lavandière qui bat le linge* (➤ **batte, battoir**). *Battre le plâtre.* ➤ **briser, broyer, pulvériser.** *Battre avec un marteau.* ➤ **marteler.** *Battre l'or, l'argent, le cuivre,* le réduire en feuilles très minces en le battant. — *Le forgeron bat le fer sur l'enclume.* LOC. FIG. *Battre le fer pendant qu'il est chaud* : profiter sans tarder d'une situation propice. — *Battre le fer à froid.* FIG. **BATTRE FROID À qqn,** le traiter avec froideur. *Elle me bat froid.* «*elle battait froid à la maison, elle refusait de donner affection et soins à la maison de son mari*» M. NDIAYE. — *Battre le briquet**. ▪ **2** *Battre monnaie* : fabriquer de la monnaie (qui, autrefois, se frappait au marteau). ➤ **frapper.** ▪ **3** Frapper sur ou dans (qqch.) pour remuer, agiter. *Battre le beurre.* ➤ **baratter.** *Battre le blé* (➤ **battage, batteuse**). *Battre des œufs en omelette. Battre des blancs (d'œufs) en neige.* ➤ **fouetter** (cf. Monter en neige). — PAR EXT. *Battre les cartes,* avant de les distribuer. ➤ FAM. 1 **brasser.** ABSOLT *C'est à vous de battre.* ▪ **4** SPÉCIALT *Battre les buissons,* avec un bâton pour faire lever le gibier. — PAR EXT. *Le chien bat les taillis.* ▪ **5** (de *battre la terre* «fouler» et *battre les buissons*) Parcourir pour rechercher, explorer. *Battre la campagne, le pays, les chemins.* ➤ **fouiller, reconnaître.** «*On avait beau battre les forêts, fouiller les buissons*» MAUPASSANT [➤ **battue**]. ◆ LOC. *Esprit qui bat la campagne.* ➤ **divaguer, extravaguer.** — *Battre le pavé* : errer par les rues, marcher sans but. ➤ **flâner.** — *Battre la semelle* : frapper le sol avec ses pieds pour les réchauffer. ▪ **6** *Battre le tambour,* le frapper avec des baguettes pour en tirer des sons. ➤ **tambouriner.** PAR EXT. *Battre la breloque*, la chamade*, la générale*, le rappel*, la retraite* (➤ **batterie**). FIG. *Battre le tambour,* pour attirer l'attention, publier une nouvelle (➤ **battage**). ▪ **7** MUS. *Battre la mesure* : marquer la mesure, indiquer le rythme. *Chef d'orchestre qui bat la mesure avec sa baguette.* — DANSE *Battre un entrechat, des entrechats* : battre les pieds l'un contre l'autre au cours d'un saut. ▪ **8** (milieu XIe) Heurter, frapper (son corps). — ELLIPT *Battre sa coulpe**. — LOC. FIG. *Se battre les flancs* : faire des efforts inutiles. FAM. *Je m'en bats l'œil,* VULG. *les couilles* : je m'en moque (cf. S'en taper*). — FAM. *N'en avoir rien à battre,* s'en moquer. ▪ **9** (fin XIIe) Heurter. *Les vagues battent la falaise, le navire,* se brisent contre eux. «*comme un mât battu par la tempête*» LAMARTINE. *La pluie battait la vitre.* — Heurter en se balançant. «*La martingale de Fouillard lui bat minablement les fesses*» DORGELÈS. ▪ **10** MILIT. Frapper de projectiles. ➤ **canonner ; batterie.** *L'artillerie commença à battre les positions ennemies. Battre et démolir les murs d'une forteresse.* — *Battre en brèche**. ▪ **11** *Battre pavillon* (et adj.) : naviguer sous un pavillon. *Un cargo battant pavillon grec.* ▪ **12** LOC. *Battre son plein**.

II ~ **v. tr. ind.** et **intr.** ▪ **1 BATTRE EN RETRAITE*.** ▪ **2** Produire des mouvements répétés. *Battre des mains* (➤ **applaudir, claquer**). *Battre des paupières, des cils.* ➤ **ciller, cligner.** — *Battre des ailes, de l'aile**. — *Voile qui bat au vent.* ➤ **faseyer.** ▪ **3** Tirer ou produire des sons (d'un instrument à percussion). *Battre du tambour.* ABSOLT *Battre avec des baguettes. Le tambour bat. Tambour battant**. ▪ **4** VX **BATTANT NEUF :** qui vient d'être battu par le chaudronnier (en parlant du cuivre). *Un chaudron tout battant neuf.* ▪ **5** (fin XIIe) Être animé de battements. *Son cœur bat encore* (➤ 2 **battant**). *Son pouls bat vite.* «*La pensée bat, comme la cervelle et le cœur*» CLAUDEL. — PAR EXT. *Avoir le cœur qui bat,* l'émotion le fait battre plus vite. — TRANS. *Son cœur bat des coups réguliers. Un balancier qui bat les secondes.* ➤ **marquer.** ▪ **6 BATTRE CONTRE.** ➤ **frapper, heurter.** *Les vagues battent contre le quai. La pluie bat contre la vitre.* ▪ **7** Heurter périodiquement par un balancement. *La porte bat. Le vent fait battre les volets.*

III ~ **v. pron. SE BATTRE** ▪ **1** (RÉCIPR.) (1606) Lutter. *Commencer à se battre* (cf. En venir aux mains*). *Se battre comme des chiffonniers, des furies.* ➤ se **bagarrer,** se **colleter, s'empoigner, s'étriper, s'expliquer ;** FAM. se **bastonner,** se **bigorner,** se **tabasser** (cf. Se crêper le chignon*, se jeter l'un sur l'autre, se taper dessus). *Enfants qui se battent.* «*On se bat beaucoup chez les pauvres. Il faut bien passer sur quelqu'un sa fureur, sa rage d'être au monde et d'y rester*» CALAFERTE. *Se battre en duel, à l'épée.* ➤ **dégainer, ferrailler** (cf. En découdre). *Se battre au couteau, au pistolet. Les troupes se sont battues pendant trois jours.* ➤ **combattre.** *Coqs qui se battent. Il ferait (se) battre des montagnes**. — PAR EXAGÉR. ➤ se **chamailler,** se **disputer,** se **quereller.** *Ne vous battez pas, il y en aura pour tout le monde.* ▪ **2** Combattre contre un adversaire. *Se battre avec, contre qqn. Il s'est battu comme un lion. Personne qui aime se battre.* ➤ **bagarreur, batailleur, combatif.** «*Vos hommes savent se battre, mais ils ne savent pas combattre*» MALRAUX. ▪ **3** PAR EXT. *Se battre avec quelque chose,* avoir des difficultés, être aux prises avec quelque chose. *Voilà une heure qu'il se bat avec cette serrure.* ➤ **s'acharner,** se **débattre, s'escrimer.** ▪ **4** FIG. Lutter, faire de grands efforts. ➤ **batailler, lutter.** *Se battre pour un idéal, pour obtenir un avantage, pour qu'on vous rende justice. Il va falloir se battre.* ➤ se **bagarrer,** se **démener** (cf. Monter au créneau*, jouer serré*). «*Il me reprocha de ne pas m'être suffisamment battu pour sauver mon laboratoire*» CH. GAILLY. *Se battre contre la concurrence* (➤ 3 **battant**), *contre le chômage. Il faut vous battre, ne vous laissez pas faire.*

▪ **HOM.** poss. *Battis* : bâtis (bâtir) ; *battirent* : bâtirent (bâtir) ; *battez* : bâtez (bâter).

BATTU, UE [baty] **adj.** – de *battre* ▪ **1** Qui a reçu des coups. *Avoir l'air d'un chien battu. Les enfants battus.* ➤ **martyr ; maltraitance.** ▪ **2** Vaincu. *Une armée battue. Un général battu.* — *Battu aux échecs, au jeu.* ➤ **perdant.** — *Ne pas se tenir pour battu* : ne pas avouer sa défaite, ne pas s'y résigner (cf. Ne pas s'avouer vaincu*). SUBST. *Les vainqueurs et les battus des élections.* ▪ **3** FIG. *Avoir les yeux battus,* le tour des yeux bleuâtre, comme si l'on avait reçu un coup. ➤ **cerné.** ▪ **4** (CHOSES) *Fer battu. Feuilles d'or battu. Œufs battus en neige. Crème battue.* ➤ **fouetté.** *Fromage blanc battu,* pour lui donner une consistance lisse. *Lait battu.* ➤ **milkshake.** — *Tennis en terre battue. Chemin, sentier battu,* foulé par les pieds des passants, chemin fréquenté. FIG. *Suivre les sentiers battus*, les procédés ordinaires, les moyens connus, les usages établis. *Sortir des sentiers battus* : avoir une attitude originale. ▪ **5** CHORÉGR. *Pas battu*, accompagné de croisements très rapides des jambes. *Jeté battu.*

BATTUE [baty] **n. f.** – fin XVe ◇ de *battre* ▪ **1** CHASSE Action de battre les taillis, les bois pour en faire sortir le gibier. *Organiser une battue avec des rabatteurs. Battue au renard.* ♦ PAR EXT. *Policiers qui font une battue pour débusquer un fugitif, rechercher un disparu.* ➤ **chasse** (à l'homme). ▪ **2** MUS. Action de battre la mesure. *La battue du chef d'orchestre.*

BATTURE [batyʀ] **n. f.** – 1528 ◇ ancien français *batteure* «action de battre qqn ou qqch.», de *battre* ▪ **(Canada)** Partie du rivage que la marée descendante laisse à découvert. ➤ **estran.** «*Il y a du sang sur la neige, tout le long du chemin de la batture*» A. HÉBERT.

BATUCADA [batukada] **n. f.** – XXe ◇ mot portugais du Brésil, de *batuque*, nom de danse, de *batucar* «battre les tambours» ▪ Ensemble de percussionnistes qui joue les rythmes de la samba.

BAU [bo] **n. m.** – v. 1200 ◇ ancien français *balc*, du francique °*balk* «poutre», puis *bauch* ▪ MAR. Traverse qui maintient l'écartement des murailles et soutient les bordages. ➤ **poutre ; 1 barrot.** *Le grand bau* ou *maître bau. Des baux.* ▪ **HOM.** Baud, baux (bail), beau, bot.

BAUD [bo] **n. m.** – 1929 ◇ de *Baudot*, n. d'un ingénieur des télégraphes ▪ MÉTROL. Unité de mesure de la vitesse de modulation d'un signal (SYMB. Bd), utilisée dans le domaine des télécommunications et en informatique. ▪ **HOM.** Bau, baux (bail), beau, bot.

BAUDET [bodɛ] **n. m.** – 1534 ◇ ancien français *bald* «lascif» ▪ FAM. Âne. LOC. *Être chargé comme un baudet*, très chargé. *Crier haro* sur le baudet.* — SPÉCIALT Âne mâle, étalon de l'ânesse ou de la jument.

BAUDRIER [bodʀije] **n. m.** – 1387 ; *baldrei* XIIe ◇ p.-ê. germanique °*balt*, latin *balteus* «bande» ▪ **1** Bande de cuir ou d'étoffe qui se porte en écharpe (➤ **bandoulière**) et soutient un sabre, une épée. *Ceindre un baudrier. Le baudrier des mousquetaires.* ▪ **2** Harnais de sécurité participant à l'assurage des personnes pratiquant des travaux, des sports comportant un risque de chute dans le vide. ➤ **cuissard.**

BAUDROIE [bodʀwa] **n. f.** – 1751 ; *bauldroy* 1553 ◇ mot marseillais ▪ Grand poisson de mer *(lophiiformes)* à grosse tête surmontée de tentacules, appelé aussi *lotte de mer.*

BAUDRUCHE [bodʀyʃ] **n. f.** – *bodruche* 1690 ◇ origine inconnue ▪ **1** Pellicule provenant du cæcum de bœuf ou de mouton et qui sert à recouvrir ou à fabriquer divers objets. ▪ **2** PAR EXT. Mince pellicule de caoutchouc. *Ballon de baudruche.* — PAR MÉTON. *Une baudruche* : un ballon de baudruche. PAR COMPAR. *L'affaire s'est dégonflée comme une baudruche.* ♦ FIG. Homme sans consistance. *C'est une baudruche.*

BAUGE [boʒ] **n. f.** – 1480 ◇ var. de *bauche*, p.-ê. du gaulois °*balc* «fort» et «terre inculte» ▪ **1** Gîte fangeux (de mammifères, notamment porcins). *La bauge du sanglier* (➤ **souille**), *du cochon* (➤ **loge**). «*âcres senteurs de la bauge aux pourceaux*» GIDE. — PAR ANAL. Lieu très sale. ➤ **taudis.** ♦ FIG. ➤ **boue.** «*Allons ! retourne à ta bauge. Fille et faussaire ça va ensemble*» DAUDET. ▪ **2** Mortier fait de terre et de paille. ➤ **pisé.**

BAUHINIE [boini] **n. f.** – 1751 ◇ de *Bauhin*, n. d'un botaniste ▪ BOT. Arbrisseau de l'Inde *(papilionacées)*, à grandes fleurs blanches ou purpurines.

BAUME [bom] **n. m.** – 1190 souvent *basme* ◇ latin *balsamum*, grec *balsamon* ▪ **1** BOT. Plante odoriférante, souvent de la famille des menthes. «*Des roches tapissées de sauge et de baumes sauvages*» CHATEAUBRIAND. ▪ **2** Résine odoriférante, sécrétée par certaines plantes (sapin, aliboufier, benjoin, liquidambar...). *Baume de Tolu. Baume du Pérou. Baume styrax*. Du baume.* ➤ **balsamique.** ▪ **3** Préparation contenant des principes balsamiques et employée comme calmant. ➤ **liniment.** *Baume du tigre. Baume après-rasage. Baume à lèvres.* ♦ PAR MÉTAPH. Ce qui adoucit les peines, calme la douleur, l'inquiétude. ➤ **adoucissement, apaisement, consolation, dictame, remède.** *Mettre du baume au cœur.* «*Enfin les lettres des vrais et vieux amis versaient un baume sur les égratignures et les plaies*» DUHAMEL. ▪ **HOM.** Bôme.

BAUMIER [bomje] **n. m.** – 1200 ◇ de *baume* ▪ ➤ **balsamier.**

BAUQUIÈRE [bokjɛʀ] **n. f.** – 1579 ◇ de *bau* ▪ MAR. Ceinture intérieure d'un navire, formée de pièces de bois qui, par leur épaisseur, servent à lier les couples entre eux, et à soutenir les baux.

BAUXITE [boksit] **n. f.** – 1837 ◇ des *Baux-de-Provence* ▪ Roche siliceuse alumineuse formée surtout d'alumine, plus ou moins riche en oxydes de fer *(bauxite rouge)*, en titane et en vanadium. *La bauxite, principal minerai d'aluminium.*

BAVARD, ARDE [bavaʀ, aʀd] **adj. et n.** – 1531 ◇ de *bave* «bavardage» ▪ **1** Qui aime à parler, parle avec abondance, intempérance. ➤ **babillard,** VX **jaseur, loquace, prolixe, verbeux, volubile ;** RÉGION. **jasant, placoteux.** *Bavard comme une pie. Tu n'es pas bavarde aujourd'hui*, tu ne dis rien. ➤ FAM. **causant.** — **n.** *Les anecdotes d'un intarissable bavard. Quel bavard !* ➤ **discoureur, phraseur ;** FAM. **baratineur, moulin** (à paroles), **robinet** (d'eau tiède) ; RÉGION. **barjaque.** ♦ PAR EXT. *Une rhétorique bavarde.* ➤ **diffus, redondant.** ▪ **2** Qui raconte avec indiscrétion, parle quand il convient de se taire. ➤ **cancanier, indiscret.** *Une femme bavarde.* ➤ **commère** (cf. Une vraie concierge*). — **n.** *Ce bavard n'a pas su tenir sa langue.* ▪ **3** **n. m.** ARG. Avocat. ▪ **CONTR.** Muet, silencieux. 1 Discret.

BAVARDAGE [bavaʀdaʒ] **n. m.** – 1746 ◇ de *bavard* ▪ **1** Action de bavarder. ➤ **babillage, caquet, caquetage, papotage, parlote.** *Élève puni pour bavardage.* — PAR EXT. Le fait d'être prolixe et diffus (par écrit). ➤ **verbiage.** ▪ **2** Discours, propos de bavard. *Assez de bavardages !* ➤ **jacasserie.** ♦ SPÉCIALT Propos de bavard (2°). «*des bavardages, des histoires qui couraient*» ZOLA. ➤ **bruit, commérage*.** ▪ **CONTR.** Mutisme, silence.

BAVARDER [bavaʀde] **v. intr.** ⟨1⟩ – 1539 ◇ de *bavard* ▪ **1** Parler beaucoup, de choses et d'autres. ➤ **1 parler ; babiller, 2 causer, discuter ;** FAM. **bavasser, tchatcher** (cf. FAM. Tailler une bavette*, taper la discute*, discuter* le bout de gras). *Nous avons bavardé ensemble. Nous bavardions agréablement. Perdre son temps à bavarder.* ➤ **caqueter, discourir, jaboter, jacasser, papoter ;** RÉGION. **barjaquer, placoter.** ▪ **2** Divulguer des choses qu'on devrait taire, commettre des indiscrétions. *Quelqu'un aura bavardé.* ➤ **cancaner, jaser.** ▪ **CONTR.** Taire (se).

BAVAROIS [bavaʀwa] **n. m.** – 1815 ; *bavaroise* 1827 ; «boisson» 1743 ◇ de *Bavaria*, forme ancienne de *Bavière* ▪ Entremets froid en gelée, diversement parfumé. *Bavarois au cassis.*

BAVASSER [bavase] **v. intr.** ⟨1⟩ – 1584 ◇ de *baver* «bavarder» ▪ FAM. et PÉJ. Bavarder. — Dire des médisances.

BAVE [bav] **n. f.** – *beve* 1450 ◇ latin populaire *baba*, onomat. exprimant le babil des enfants ▪ **1** Salive visqueuse qui s'écoule de la bouche de l'être humain et de la gueule de certains animaux. *Essuyer la bave d'un bébé. La bave du crapaud*.* ♦ Liquide écumeux, spumeux qui sort de la bouche de l'être humain dans certaines maladies (épilepsie, rage, etc.), ou de la gueule de certains animaux. ➤ **écume.** — FIG. Propos méchant, venimeux. ➤ **venin.** *La bave des calomniateurs.* ▪ **2** Liquide gluant que sécrètent certains mollusques. *La bave de l'escargot.*

BAVER [bave] **v.** ⟨1⟩ – XIVe ◇ de *bave*

I **v. intr.** ▪ **1** Laisser couler de la bave. *Un enfant «qui crie et bave pour toute réponse»* ROUSSEAU. ▪ **2** FIG. et FAM. *Baver de* : être ahuri, béant (d'admiration, d'étonnement, de surprise). *Baver d'admiration.* «*il en bavait, tant la chose lui paraissait exorbitante*» COURTELINE. ▪ **3** FAM. **EN BAVER :** peiner, souffrir. *Il va vous en faire baver. En baver des ronds* de chapeau.* ▪ **4** *Baver sur* : souiller par des médisances. ➤ **calomnier, médire, salir, souiller.** *Baver sur la réputation de qqn.* ▪ **5** Se répandre, s'étaler en produisant des bavures. *L'encre a bavé.*

II **v. tr.** **(Canada)** FAM. *Baver qqn*, le provoquer, le défier. ➤ **barber.**

BAVETTE [bavɛt] **n. f.** – XIIIe ◇ de *bave*

I ▪ **1** Grand bavoir ou petite serviette de bébé. — Pièce de tissu portée par les chirurgiens devant leur bouche. ▪ **2** Haut d'un tablier, d'une salopette, qui couvre la poitrine. — Rabat de la robe d'avocat. ▪ **3** Partie inférieure de l'aloyau. *Bifteck dans la bavette.*

II LOC. FAM. (1690) *Tailler une bavette* : bavarder (cf. Discuter* le bout de gras).

BAVEUX, EUSE [bavø, øz] **adj.** – XIIe ◇ de *bave* ▪ **1** Qui bave (1°). *Bouche baveuse. Un enfant baveux.* — PAR ANAL. *Omelette baveuse*, dont l'intérieur, peu cuit, reste moelleux. ▪ **2** TYPOGR. *Lettres baveuses*, dont l'encre, étalée en bavures, macule les contours. ▪ **3** (1931) **(Canada)** FAM. Arrogant. *Des élèves baveux.* ▪ **CONTR.** 2 Net.

BAVOIR [bavwaʀ] **n. m.** – 1717 ◇ de *baver* ▪ Pièce de lingerie qui protège la poitrine des bébés. ➤ **bavette.**

BAVOLET [bavɔlɛ] **n. m.** – 1556 «drapeau» ◇ de *bas* et *volet* «sorte de voile» ▪ Autrefois, Coiffure de paysanne couvrant les côtés et le derrière de la tête. — Morceau d'étoffe ornant une coiffure de femme par-derrière. ♦ MOD. Rabat flottant d'un manteau qui protège les épaules jusqu'au milieu du dos. *Trench-coat à bavolet.*

BAVURE [bavyʀ] **n. f.** – XIVe ◇ de *baver* ▪ **1** TECHN. Trace, saillie que les joints d'un moule laissent sur l'objet moulé. ➤ 1 **barbe, barbille, ébarbure, masselotte.** *Ébarber les bavures d'une planche gravée.* ▪ **2** COUR. Trace d'encre empâtant une écriture, un dessin, une épreuve d'imprimerie. ➤ **tache*** ; 1 **macule.** LOC. FAM. **SANS BAVURE(S)** : parfaitement exécuté ; impeccable (ou impeccablement). *Un travail net et sans bavure. Victoire, score sans bavure,* très net (cf. Sans appel*). ▪ **3** Erreur pratique, abus ayant des conséquences fâcheuses. *Bavure policière. Il y a eu quelques bavures dans cette affaire.*

BAYADÈRE [bajadɛʀ] **n. f.** – 1780 ; *bayader* 1769 ◇ portugais *bailadeira,* de *bailar* «danser» ▪ **1** Danseuse sacrée de l'Inde. ▪ **2** PAR APPOS. *Tissu bayadère,* à larges rayures multicolores dans le sens de la chaîne. *Des robes bayadères.*

BAYER [baje] **v. intr.** ⟨1⟩ – v. 1190 *baier* ◇ var. de *béer* ▪ VX Rester la bouche ouverte. — MOD. LOC. *Bayer aux corneilles* : perdre son temps en regardant en l'air niaisement. ➤ **rêvasser.** ▪ HOM. Bailler ; poss. bâiller.

BAYOU [baju] **n. m.** – 1699 *bayouk* ◇ mot du français de Louisiane, de l'amérindien (choctaw) *bajuk* «petite rivière» ▪ En Louisiane et dans le bas Mississippi, Eaux peu profondes à faible courant, ou stagnantes (bras secondaire de rivière, méandre abandonné). ➤ **marigot.** *Traverser des bayous.*

BAY-WINDOW [bɛwindo] **n. f.** – 1664 ◇ mot anglais, de *bay* «baie» et *window* «fenêtre» ▪ ANGLIC. Bow-window. *Des bay-windows.*

BAZAR [bazaʀ] **n. m.** – 1546 ; *bathzar* 1432 ◇ persan *bâzâr* «souk» ▪ **1** Marché public en Orient. ➤ **souk.** ▪ **2** PAR EXT. (1816) Lieu, magasin, boutique où l'on vend toutes sortes d'objets, d'ustensiles. ➤ **droguerie.** *Articles de bazar.* — FIG. et VIEILLI *De bazar* : de mauvaise qualité, de faible valeur. *Psychologie, psychanalyse de bazar.* ▪ **3** (Canada) Vente organisée par un organisme, une association pour financer un projet, ses activités. *Trouver des aubaines au bazar de livres.* — Vente de charité. *Bazar annuel.* ▪ **4** FIG. (1866) FAM. Lieu en désordre*, où tout est pêle-mêle. *Quel bazar !* ➤ FAM. **chantier, foutoir, souk.** — PAR EXT. Objets en désordre. *Range ton bazar.* ➤ RÉGION. **brol.** — (1842 «mobilier») ➤ **attirail*, barda,** RÉGION. **cheni.** *Emporter tout son bazar.*

BAZARDER [bazaʀde] **v. tr.** ⟨1⟩ – 1846 ◇ de *bazar* ▪ FAM. Se débarrasser, se défaire rapidement de (qqch.). ➤ **abandonner, liquider, vendre ;** FAM. **balancer, virer.** *Il a tout bazardé. «Il rompit avec la vie mondaine, bazarda même son frac»* MONTHERLANT.

BAZOOKA [bazuka] **n. m.** – 1942 ◇ mot anglais américain ▪ Lance-roquette antichar. *Des bazookas.*

BAZOU [bazu] **n. m.** – 1929 ◇ origine incertaine, p.-ê. de l'anglais, cf. *bazoo wagon* «wagon de queue» ou *old bazooker* «vieille voiture» ▪ (Canada) Vieille voiture délabrée. ➤ **tacot.** *Retirer les bazous de la circulation. Opération «Adieu bazou»,* programme de recyclage des véhicules (équivalent de la prime à la casse*).

B. C. B. G. [besebeʒe] **adj.** – v. 1980 ◇ sigle ▪ Bon chic bon genre*. ➤ **NAP.** *Des femmes B. C. B. G.*

B. C. G. [beseʒe] **n. m.** – 1933 ◇ nom déposé, sigle de bacille *Bilié de Calmette et Guérin* ▪ Vaccin antituberculeux.

bd ➤ **BOULEVARD**

B. D. [bede] **n. f.** – 1966 ◇ sigle ▪ FAM. Bande* dessinée. ➤ **bédé.** *Lire des B. D.*

BÈ ou **BÊ** [bɛ] **interj.** – *beh* fin XIIIe ◇ onomat. ▪ Onomatopée (souvent répétée) qui imite le bêlement. ▪ HOM. Bai, baie, bey.

BEACH-VOLLEY [bitʃvɔlɛ] **n. m.** – 1992 ◇ anglais *beach volley,* de *beach* «plage» et *volley* ▪ ANGLIC. Volleyball qui oppose deux équipes de deux joueurs sur une plage de sable ou une surface souple. *Des beach-volleys.* — Recomm. offic. *volley sur sable.*

BEAGLE [bigl] **n. m.** – 1858 ◇ mot anglais ▪ Chien courant, basset à jambes droites. ▪ HOM. Bigle.

BÉANCE [beɑ̃s] **n. f.** – v. 1200 «désir, intention» ; repris XIXe ◇ de *béer* ▪ **1** RARE ou LITTÉR. État de ce qui est béant, grand ouvert. ▪ **2** (1865) MÉD. État (d'un organe) qui présente une ouverture. *Béance du larynx, d'une artère dilatée. Béance du col de l'utérus, béance cervicale.* ➤ **dilatation.**

BÉANT, ANTE [beɑ̃, ɑ̃t] **adj.** – 1544 ◇ p. prés. de *béer* ▪ **1** Grand ouvert. *Gouffre béant. «une blessure béante qui lui labourait le crâne»* FROMENTIN. *Bouche béante.* ▪ **2** (PERSONNES) Qui ouvre grand la bouche, les yeux. *Béant d'étonnement, de surprise, d'admiration.* — ABSOLT *«les commères accouraient béantes»* HUGO.

BÉARNAIS, AISE [beaʀnɛ, ɛz] **adj.** et **n.** – *Béarnois* 1569 ◇ de *Béarn* ▪ **1** Du Béarn, province française. *Béret béarnais.* — **n.** *Une Béarnaise.* HIST. *Le Béarnais* : Henri IV. — **n. m.** Le dialecte béarnais. ▪ **2** (1864) *Sauce béarnaise,* ou ELLIPT *une béarnaise* : sauce épaisse au beurre, aux œufs et à l'échalote, servie chaude. *Tournedos béarnaise.*

BEAT [bit] **adj. inv.** – v. 1966 ◇ de *beatnik* ▪ ANGLIC. Qui concerne les beatniks* ou la *«beat generation». Jack Kerouac et Allan Ginsberg, écrivains beat.* ▪ HOM. Bit, bite, bitte.

BÉAT, ATE [bea, at] **adj.** – 1265 ◇ latin *beatus* «heureux» ▪ **1** RELIG. Qui est heureux en Dieu. SUBST. *«Mlle Rose, célèbre béate à extases»* SAINT-SIMON. ▪ **2** Exagérément satisfait et tranquille ; qui exprime la béatitude. *Un air, un sourire béat. Un optimisme béat.* ➤ **niais.** *Elle était béate.* — **adv. BÉATEMENT** [beatmɑ̃], 1860. ▪ CONTR. Inquiet, tourmenté. ▪ HOM. poss. B. A.

BÉATIFICATION [beatifikasjɔ̃] **n. f.** – 1372 ◇ de *béatifier* ▪ Acte de l'autorité pontificale par lequel une personne défunte est mise au rang des bienheureux. *La béatification est un préliminaire à la canonisation.*

BÉATIFIER [beatifje] **v. tr.** ⟨7⟩ – 1361 ◇ latin chrétien *beatificare,* de *beatus* «heureux» ▪ Mettre au nombre des bienheureux (➤ **béatification**). *Être béatifié.*

BÉATIFIQUE [beatifik] **adj.** – 1450 ◇ latin chrétien *beatificus* ▪ RELIG. Qui procure la béatitude. *Vision béatifique* : extase que la contemplation de Dieu procure aux élus.

BÉATITUDE [beatityd] **n. f.** – 1265 ◇ latin ecclésiastique *beatitudo,* de *beatus* «heureux» ▪ **1** THÉOL. Félicité parfaite dont jouissent les élus. ▪ **2** (1546) Bonheur parfait. ➤ **bien-être, contentement, euphorie, extase, quiétude, satisfaction.** *Plongé dans une douce béatitude. «Un air de béatitude faisait volontiers prendre sa physionomie pour niaise»* SAINT-SIMON. ▪ **3** *Les huit béatitudes, les Béatitudes* : les huit vertus que Jésus-Christ a exaltées dans le Sermon sur la montagne. ▪ CONTR. Inquiétude, peine.

BEATNIK [bitnik] **n.** – 1959 ◇ mot anglais américain (1958), de *beat (generation)* «(génération) foutue» (Kerouac, 1952) et de *-nik,* suffixe yiddish d'origine slave que l'on retrouve dans *spoutnik* ▪ ANGLIC. Personne en révolte contre le conformisme bourgeois et la société de consommation, qui vit d'expédients, sans domicile fixe. *Les beatniks des années 60.* ➤ **hippie.**

1 **BEAU** [bo] (ou **BEL** devant un nom commençant par une voyelle ou un *h* muet, et dans quelques loc.), **BELLE** [bɛl] **adj.** – début Xe ◇ du latin *bellus* «joli, charmant»

I QUI FAIT ÉPROUVER UNE ÉMOTION ESTHÉTIQUE ▪ **1** Qui plaît à l'œil (opposé à *laid*). ➤ **admirable, charmant, délicieux, éblouissant, éclatant, enchanteur, exquis, gracieux, harmonieux, joli, magnifique, majestueux, merveilleux, mignon, ravissant, splendide,** 2 **superbe.** *Beau paysage.* ➤ **pittoresque.** *Une belle vue. Belle fleur. Belle maison. Belle musique, beau poème. Une belle décoration.* ➤ **artistique, esthétique.** *«Il n'y a de vraiment beau que ce qui ne peut servir à rien ; tout ce qui est utile est laid»* GAUTIER. *Chose belle à voir, à entendre.* ▪ **2** Dont le physique, et SPÉCIALT le visage, répond à certains canons de beauté. *Un bel homme.* ➤ **adonis, apollon, éphèbe.** *Une belle femme.* ➤ **vénus ; beauté ;** FAM. 1 **canon.** *Elle est encore belle.* ➤ 1 **bien.** *Un beau brin de fille. Beau comme un dieu ; beau, belle comme un astre, comme le jour, comme un ange.* PLAISANT *Beau comme un camion* : très beau. *Devenir beau.* ➤ **embellir.** LOC. PROV. *Sois belle et tais-toi. Il faut souffrir pour être belle.* — *Une belle tête.* LOC. *Pour les beaux yeux* de qqn. À belles dents*. Cela me fait une belle jambe*. Le beau sexe*.* — **adv.** *Porter beau* : avoir belle allure. ♦ Bien habillé, apprêté. *Se faire beau, belle.* — *Le beau monde* : la société élégante, brillante. FAM. *Il y a du beau linge*.*

II QUI FAIT NAÎTRE UN SENTIMENT D'ADMIRATION OU DE SATISFACTION (opposé à *mauvais, médiocre*). ▪ **1** (fin XIe) (Choses intellectuelles ou morales) Admirable. *Un beau talent, un beau génie. Les beaux esprits*.* ➤ **cultivé, distingué, supérieur.** *Une belle page.* ➤ 1 **fort, magistral.** — *Une belle âme, un beau geste, une belle action.* ➤ **admirable,** 1 **bon, élevé, généreux, grand, noble, sublime.** FAM. (LANG. ENFANTIN) *Ce n'est pas beau de mentir.* ➤ 1 **bien.** ▪ **2** Qui est très satisfaisant, très réussi dans son genre (des choses qu'on peut voir ou constater). *Un beau gâteau. Une belle prise. Avoir un beau jeu. Un beau match. Un beau voyage.* ➤ **agréable, intéressant.** *C'est la belle vie ! Avoir le beau rôle*. Le bel âge* : la jeunesse. *De beaux résultats.* ➤ 1 **brillant, remarquable.** *Une belle situation. Un beau coup,* bien exécuté. *Une belle balle,* bien envoyée. — *C'est trop beau pour être* *vrai. Ce serait trop beau* (cette chose qu'on souhaite). PROV. *Tout nouveau* tout beau.* ▪ **3** (fin XIe) Clair, dégagé (temps). ➤ **ensoleillé, radieux, splendide.** *Avoir beau temps,* RÉGION. *avoir beau. On a eu beau dimanche. Il fait beau.* SUBST. *Le baromètre est au beau, au beau fixe*.* FIG. *Avoir le moral au beau fixe*.* — PAR EXT. *Un beau jour :* un certain jour (passé ou à venir). *Un beau jour tu le regretteras. À la belle étoile*.* ♦ Calme (mer). *On sortait le canot quand la mer était belle.* ♦ (PERSONNES) *Beau joueur*, beau parleur*.* ▪ **4** Qui est grand, nombreux, important. *Un beau poulet.* ➤ **gros.** *Une belle tranche de cake. Il en reste un beau morceau.* ➤ 1**bon.** *Elle est belle femme,* bien en chair. — *Une belle salle.* ➤ **vaste.** *Une belle somme.* ➤ **coquet, rondelet ; considérable.** *Un beau vacarme.* ➤ **grand.** VIEILLI *Il y a beau temps de cela :* il y a longtemps. LOC. *Au beau milieu :* en plein milieu. ▪ **5** PAR ANTIPHRASE Mauvais, vilain. ➤ 1**sacré.** *Une belle coupure. Une belle bronchite.* ➤ 1**bon, joli.** *C'est du beau travail ! Être dans de beaux draps*. C'est un beau gâchis. La belle affaire !* ce n'est pas si important. — SUBST. *En faire, en dire de belles* (des sottises). *J'en apprends de belles* (des choses scandaleuses). — FAM. *C'est du beau !* se dit à un enfant qui se conduit mal. ♦ *Un beau salaud. Une belle menteuse. S'agiter comme un beau diable*.* ▪ **6** (1513) **loc. verb. AVOIR BEAU** (et l'inf.) : s'efforcer en vain de. *J'ai beau crier, il ne m'entend pas. On a beau dire, ce n'est pas si mal que cela.* — LITTÉR. **IL FAIT BEAU** (et l'inf.) : il est commode de. *« Il fait beau croire aux prodiges lorsque les prodiges nous arrangent »* COCTEAU. *Il ferait beau voir que :* il serait incroyable ; **plus cour.** ce serait trop commode (menace). *Il ferait beau voir qu'ils agissent sans notre accord.* ▪ **7** **loc. adv. BEL ET BIEN :** réellement, véritablement. *Il est bel et bien parti.* — **DE PLUS BELLE :** de nouveau et encore plus fort. *Il pleut de plus belle.*

▪ **CONTR.** Affreux, hideux, laid, vilain. Mauvais, médiocre. ▪ **HOM.** Bau, baud, baux (bail), bot ; 2bel.

2**BEAU, BELLE** [bo, bɛl] **n.** – de 1*beau*

I **n. m.** ▪ **1** Ce qui fait éprouver une émotion esthétique (sentiment d'admiration ; plaisir désintéressé, spécialt du sens de la vue). ➤ **beauté.** *Étude du beau.* ➤ **esthétique.** *Le culte du beau. « Les règles du beau sont éternelles, immuables et les formes en sont variables »* DELACROIX. ▪ **2** Choses de belle qualité. *N'acheter que du beau. Elle n'aime que le beau.*

II **n. m. et f.** ▪ **1** **n. m.** *Un beau :* VX un homme élégant. — MOD. *Un vieux beau :* un vieil homme trop coquet, qui cherche encore à plaire. — *Faire le beau :* se tenir debout sur ses pattes postérieures, en parlant d'un chien ; FIG. (PERSONNES) chercher à se faire admirer. ➤ FAM. **frimer.** ▪ **2** **n. f.** *Une belle :* belle femme, fille. *La Belle et la Bête. « La Belle au bois dormant », conte de Perrault.* — PLAISANT Jeune fille, jeune femme. *Courtiser les belles. Il est avec sa belle,* sa fiancée, sa maîtresse. ➤ 2**mie.** *Ma belle,* terme d'affection ; terme familier et ironique. *Pas d'histoire, ma belle.*

III **n. f.** ▪ **1** ARG. FAM. *La belle :* occasion favorable, et PAR EXT. (1860) liberté recouvrée par évasion. *Se faire la belle :* s'évader. *« je vais risquer la belle »* SARRAZIN. ▪ **2** Dans un jeu, Partie qui doit départager deux adversaires (ou deux camps adverses). *Faire, jouer la belle après la revanche. La belle et la consolante.*

▪ **CONTR.** Laid, laideur. Laideron.

BEAUCOUP [boku] **adv.** – 1379 ; *biau cop* 1272 ◇ de *beau* et *coup ;* a éliminé *moult* ▪ Marque d'une façon indéterminée un grand nombre, une grande quantité, une grandeur, une valeur assez élevée, une certaine intensité, un haut degré. ▪ **1** **(Devant un nom) BEAUCOUP DE.** *On a coupé beaucoup d'arbres.* ➤ 1**bien** (des), **maint, nombre** (de), **nombreux, plusieurs.** *Avec beaucoup de détails.* ➤ **force.** *Beaucoup de gens.* ➤ **foule, multitude.** — *Avoir beaucoup d'argent.* ➤ **plein.** *En avoir beaucoup.* ➤ **amplement, énormément, largement** (cf. À foison, FAM. à gogo, à profusion, en quantité). *Il n'en a pas beaucoup* (cf. FAM. Pas des masses, pas bézef, pas lerche). *Il n'y a pas beaucoup de monde.* ➤ **grand.** *Beaucoup de patience ; de chance.* ▪ **2** (NOMINAL) De nombreuses choses, personnes. *Beaucoup sont de notre avis. Parmi ces objets, beaucoup me tentent. Il a beaucoup à faire, à apprendre. Il en sait beaucoup à ce sujet. Cela compte pour beaucoup. C'est déjà beaucoup. C'est beaucoup dire*. À beaucoup près*.* ♦ **DE BEAUCOUP :** avec une grande différence. *Il s'en faut de beaucoup.* ➤ **loin** (s'en faut). *Se tromper de beaucoup. Il est le plus vieux de beaucoup. Il est de beaucoup le plus vieux.* ▪ **3** **(Avec un verbe)** *Boire, manger, beaucoup.* ➤ **copieusement** (cf. Comme quatre). *Il a beaucoup travaillé.* ➤ **considérablement, énormément.** *Plaire beaucoup.* ➤ 1**bien, infiniment.** *S'intéresser beaucoup à qqch.* ➤ **vivement.** *Il a beaucoup changé.* ➤ **diablement, joliment, terriblement ;** FAM. **bougrement, drôlement, rudement, sacrément, vachement ;** RÉGION. **en titi.** *Ils se sont beaucoup ennuyés.* ➤ 1**ferme ;** FAM. **grave, sérieux** (FAM. Sa race). *« Elle avait fait beaucoup parler d'elle »* MAURIAC. *Je vous remercie beaucoup. Merci beaucoup.* ▪ **4** **(Devant un adj.)** VX *« Leur savoir à la France est beaucoup nécessaire »* MOLIÈRE. ➤ **très.** — MOD. *Aimable, il l'est beaucoup.* ▪ **5** **Avec un compar. (v., adv.)** ➤ 1**bien.** *C'est beaucoup plus rapide. Beaucoup mieux. Beaucoup trop. « Pauline prenait son parti beaucoup moins facilement qu'elle ne le disait »* GIDE. ▪ **CONTR.** Peu. Rien. Aucun, nul, 2personne.

BEAUF [bof] **n.** – p.-ê. v. 1930 ◇ abrév. de *beau-frère* ▪ FAM. ▪ **1** **n. m.** Beau-frère. ▪ **2** (d'après une B. D. de Cabu) Français moyen aux idées étroites, conservateur, grossier et phallocrate. *Une bande de beaufs. Une beauf.* — **adj.** *Il est beauf et fier de l'être.*

BEAU-FILS [bofis] **n. m.** – 1468 ◇ de *beau,* t. d'affection, et *fils* ▪ **1** Pour un conjoint, Fils que l'autre conjoint a eu précédemment. *Il a épousé une veuve, et il a deux beaux-fils.* ▪ **2** ➤ **gendre.**

BEAUFORT [bofɔʀ] **n. m.** – date inconnue ◇ de *Beaufort,* n. d'une ville de Savoie ▪ Fromage de lait de vache (Savoie) à pâte pressée et cuite, un peu moins fort que le comté. *Des beauforts.*

BEAU-FRÈRE [bofʀɛʀ] **n. m.** – 1386 ◇ de *beau,* t. d'affection, et *frère* ▪ **1** Frère du conjoint, pour l'autre conjoint. ➤ FAM. **beauf.** ▪ **2** Pour une personne, Mari de sa sœur, de son frère ou de sa belle-sœur (1°), de son beau-frère (1°). *Des beaux-frères.*

BEAUJOLAIS [boʒɔlɛ] **n. m.** – 1881 ◇ du n. d'une région de France ▪ Vin du Beaujolais. ➤ **brouilly, moulin-à-vent.** *Boire un petit beaujolais. Le beaujolais nouveau est arrivé.* ABRÉV. FAM. (1981) **BEAUJO.** VAR. POP. **BEAUJOLPIF** [boʒɔlpif].

BEAU-PARENT [bopaʀɑ̃] **n. m.** – 1793, rare jusqu'en 1850 ◇ de *beau,* t. d'affection, et *parent* ▪ **1** AU PLUR. *Les beaux-parents :* les parents (A) du conjoint, pour l'autre conjoint. ➤ **beau-père, belle-mère.** ▪ **2** Celui ou celle qui vit avec leur mère ou leur père, pour les enfants d'une précédente union ; celui ou celle qui assume la coparentalité des beaux-enfants. ➤ **coparent.** *« chacun gardant son autonomie afin que le beau-parent soit accepté en douceur par les enfants »* (Le Monde, 2000).

BEAU-PÈRE [bopɛʀ] **n. m.** – XIIIe ◇ de *beau,* t. d'affection, et *père* ▪ **1** Père du conjoint, pour l'autre conjoint. *Gendre et beau-père.* ▪ **2** Mari d'une personne ayant des enfants d'une union précédente, pour ces enfants. ➤ VX **parâtre.** *Des beaux-pères.*

BEAUPRÉ [bopʀe] **n. m.** – 1516 ; *bosprete* en anglo-normand 1350 ◇ de l'anglais *bouspret* ▪ *Beaupré* ou *mât de beaupré :* mât placé à l'avant du navire, plus ou moins obliquement. *Voile du beaupré.* ➤ **foc.**

BEAUTÉ [bote] **n. f.** – *beltet* 1080 ◇ de *beau*

I ▪ **1** Caractère de ce qui est beau (I) ; manifestation du beau. ➤ **harmonie, joliesse, majesté, splendeur.** *L'étude de la beauté.* ➤ **esthétique.** *Le sentiment de la beauté.* ➤ **goût.** *La beauté d'un paysage, d'un tableau, d'un poème, d'une symphonie. « La mode même et les pays règlent ce que l'on appelle beauté »* PASCAL. *« La beauté rayonnante, on ne peut la capturer, elle pétrifie le témoin »* DOISNEAU. ♦ *De toute beauté :* très beau. ➤ **splendide,** 2**superbe.** *Un diamant de toute beauté.* — *En beauté :* magnifiquement. *Terminer une épreuve, une course en beauté.* ▪ **2** SPÉCIALT Qualité d'une personne belle. ➤ 2**charme, grâce, vénusté.** *Beauté d'une femme. Beauté classique, régulière ; naturelle, sophistiquée. Être dans tout l'éclat de sa beauté. Être d'une grande beauté, d'une beauté à couper le souffle. « À la beauté, on pardonne tout, même la vulgarité »* M. BARBERY. *Institut, salon de beauté. Produits, crème de beauté.* ➤ **cosmétique.** — *La beauté du diable :* la beauté que confère la jeunesse à qui n'a pas d'autres agréments. — *Être en beauté :* paraître plus beau, plus belle que d'habitude. — FAM. *Se faire, se refaire une beauté :* se coiffer, se farder. — *Grain* de beauté.* ▪ **3** *Une beauté :* une femme très belle. ➤ **vénus.** *Une beauté célèbre. Ce n'est pas une beauté.* ▪ **4** AU PLUR. **LES BEAUTÉS :** les belles choses, les beaux détails d'un lieu, d'un objet, d'une personne, d'une œuvre. *Les beautés artistiques de l'Italie. Les beautés du style de Racine.*

II Caractère de ce qui est moralement admirable. *La beauté d'un sacrifice. Pour la beauté du geste :* dans un esprit désintéressé (cf. Pour le sport*).

▪ **CONTR.** Laideur. ▪ **HOM.** poss. Botter.

BEAUX-ARTS [bozaʀ] **n. m. pl.** – 1661 ◇ de *beau* et *art* ▪ Arts qui ont pour objet la représentation du beau (➤ **art**) ; SPÉCIALT du beau plastique (➤ **architecture, gravure, peinture, sculpture**). *L'École des beaux-arts,* où l'on enseigne la pratique des arts plastiques. ELLIPT *Faire les Beaux-Arts.*

BEAUX-ENFANTS [bozɑ̃fɑ̃] **n. m. pl.** – date inconnue ◇ de *beau*, t. d'affection, et *enfant* ■ Enfants que l'autre conjoint a eus précédemment, pour un conjoint. ➤ **beau-fils, belle-fille.**

BÉBÉ [bebe] **n. m.** – 1793, repris 1858 ◇ de l'anglais *baby* ■ **1** Jeune enfant (VX) ; enfant en bas âge. ➤ **nourrisson, nouveau-né, poupon, tout-petit.** *Un bébé dans son berceau, à la crèche. Bébé-éprouvette,* conçu par fécondation in vitro. *Des bébés-éprouvette. Bébé-bulle*.* — *Attendre un bébé :* être enceinte. *Voir le bébé à l'échographie.* ➤ **fœtus.** — *Un bébé Cadum* (du n. d'une marque de savonnettes) : un enfant rose et rond. — *Faire le bébé :* se conduire d'une façon puérile. *C'est un vrai bébé.* ADJT. *Elle est restée très bébé. Ça fait bébé.* ➤ **enfantin.** — LOC. *Jeter le bébé avec l'eau du bain :* rejeter en bloc qqch., sans tenir compte d'éventuels aspects positifs. *Dormir* comme un bébé.* ◆ FAM. (en loc.) Affaire, problème difficile à résoudre. *Refiler le bébé à qqn. Il a hérité du bébé.* ◆ FIG. Création, invention, production. *«notre "bébé" enfin imprimé, relié, jeté en pâture à des millions d'inconnus»* VAN CAUWELAERT. ■ **2** PAR ANAL. (1866) *Un bébé en celluloïd.* ➤ **baigneur.** ■ **3** (Avec un nom en appos.) Très jeune animal. *Bébés phoques. «on avait trouvé le bébé lièvre, dans les dunes»* LE CLÉZIO.

BÉBELLE [bebɛl] ou **BEBELLE** [bəbɛl] **n. f.** – 1894 ◇ d'une racine *beb-* qui regroupe des mots dialectaux signifiant «jouet» ■ (Canada, Louisiane) FAM. ■ **1** (surtout plur.) Jouet. *Range tes bébelles.* ■ **2** (surtout plur.) Chose insignifiante. ➤ **babiole, bricole, cossin.** *«Tu dépenses mon argent à des bébelles»* TREMBLAY. ■ **3** Gadget.

BÉBÊTE [bebɛt] **adj. et n. f.** – 1834 ◇ de *bête* ■ FAM. ■ **1** Un peu bête, niais. *Il est bébête.* ➤ FAM. **couillon, nunuche.** ■ **2 n. f.** LANG. ENFANTIN Petite bête. ➤ RÉGION. **bébite.** *La bébête qui monte, qui monte, qui monte !*

BÉBITE [bebit] ou **BEBITE** [bəbit] ou **BIBIT(T)E** [bibit] **n. f.** – 1897 ◇ réduplication de *bête* ■ (Canada, Vanuatu, Seychelles) FAM. ■ **1** Insecte. *Se faire piquer par des bébites.* ■ **2** Petite bête. ➤ **bébête, bestiole.**

BE-BOP [bibɔp] **n. m.** /BEBOP/ – v. 1945 ◇ onomat. anglais américain ■ **1** MUS. Style de jazz développé dans les années 1940, au tempo rapide, aux accords harmoniques complexes. ■ **2** Danse rapide comprenant des figures acrobatiques, sur une musique de jazz. *Des be-bops.* — ABRÉV. COUR. **BOP.**

BEC [bɛk] **n. m.** – 1125 ◇ latin *beccus*

I ■ **1** Bouche cornée et saillante des oiseaux, formée de deux mandibules qui recouvrent respectivement les maxillaires supérieur et inférieur, démunis de dents. ➤ **-rostre.** *Le bec crochu de l'aigle. Le héron au long bec. Oisillon qui ouvre son bec pour recevoir la becquée.* ➤ **happer.** *Mordiller avec le bec.* ➤ 1 **becqueter.** *Coup de bec.* — PAR ANAL. DE FORME Bouche de certains animaux (tortues, céphalopodes, charançons). ◆ LOC. *Se défendre bec et ongles,* de toutes ses forces. *«notre mère, métamorphosée en combattante, décidée à défendre bec et ongles les intérêts de ses petits»* BEN JELLOUN. *Avoir le bec dans l'eau :* attendre le poisson, en parlant d'un oiseau (héron). FIG. *Se retrouver le bec dans l'eau :* se retrouver sans rien, sans avoir bénéficié de la situation. ■ **2** FIG. et FAM. La bouche de l'être humain, dans certains emplois. *Puer du bec. La cigarette au bec.* — (Pour se nourrir). *Claquer* du bec. Un bec fin :* un gourmet. *Avoir le bec sucré :* aimer les sucreries. *«ta gourmandise, ton bec sucré»* FOTTORINO. LOC. FAM. (Canada) *Se sucrer le bec :* manger des sucreries. — (Pour parler). *Ouvrir le bec.* LOC. *Avoir bon bec :* être bavard, volontiers médisant. *«Il n'est bon bec que de Paris»* VILLON. *Donner un coup de bec :* lancer un trait agressif. *Une prise de bec :* une altercation. ➤ **dispute.** *«les discussions, les prises de bec, les engueulades»* CENDRARS. *Clore, clouer le bec à qqn,* le faire taire par intimidation, argumentation (cf. Couper le sifflet*, river son clou*, rabattre le caquet*). (Sujet chose) *Ma réponse lui a cloué le bec.* ■ **3** Extrémité de certains objets terminés en pointe. ➤ **bec-de-cane, bec-de-corbin, bédane.** — *Bec d'une plume,* sa partie effilée. — Petite avancée en pointe d'un récipient, pour verser le liquide. *Bec de cruche. Casserole à bec verseur.* ◆ GÉOGR. Pointe de terre qui s'avance dans l'eau. ➤ **cap, promontoire.** *Bec d'Ambès.* ◆ MUS. Embouchure de certains instruments à vent. *Flûte* à bec.* ■ **4** PAR EXT. (1821) **BEC DE GAZ.** ➤ **réverbère.** *Des becs de gaz.* LOC. FAM. *Tomber sur un bec* (de gaz) : rencontrer un obstacle imprévu, insurmontable (cf. Tomber sur un os*).

II RÉGION. (Nord ; Canada, Suisse) FAM. Baiser. *Gros becs à tous. Donner un bec :* faire la bise. ➤ **bécot.** *«Donne-moi un bec. Hmmmm ! Que c'est bon !»* R. DUCHARME.

BÉCANE [bekan] **n. f.** – 1870 ◇ du sens de «vieille locomotive» (1841) mais le mot est d'origine obscure. On a supposé *bécant* «oiseau ; poulet», de *bec,* à cause des cris de l'oiseau assimilés aux grincements de la machine. ■ **1** FAM. Bicyclette. ➤ **vélo.** — PAR EXT. Moto, mobylette. ■ **2** ARG. DE MÉTIER Machine, ordinateur. *Travailler sur une bonne bécane. «Elle s'installe devant une bécane dont le clavier a été tellement utilisé que certaines touches sont effacées»* V. DESPENTES.

BÉCARD [bekaʀ] **n. m.** – 1564 ◇ de *bec* ■ PÊCHE Saumon au museau allongé, à l'approche du frai. ■ HOM. Bécarre.

BÉCARRE [bekaʀ] **n. m.** – 1425 ◇ italien *b quadro* «b carré» ■ Signe (noté ♮) placé devant une note de musique, annulant l'effet d'un dièse ou d'un bémol et ramenant la note à sa valeur naturelle. *Des bécarres.* — APPOS. INV. *Des mi bécarre.* ■ HOM. Bécard.

BÉCASSE [bekas] **n. f.** – XIIᵉ ◇ de *bec* ■ **1** Oiseau échassier migrateur au long bec *(charadriiformes),* à chair très estimée. ■ **2** FIG. et FAM. Sotte, nigaude. *Quelle bécasse !* — **adj.** *Elle est un peu bécasse.*

BÉCASSEAU [bekaso] **n. m.** – 1537 ◇ de *bécasse* ■ **1** Petit de la bécasse, appelé aussi *béchot. Des bécasseaux.* ■ **2** Variété de bécassine.

BÉCASSINE [bekasin] **n. f.** – *becquassyne* 1553 ◇ de *bécasse* ■ **1** Petit échassier *(charadriiformes),* au bec fin, droit ou incurvé. ■ **2** FIG. (1943 ; du n. de l'héroïne de bandes dessinées) PÉJ. VIEILLI Jeune fille niaise.

BECAUSE ou **BICAUSE** [bikoz] **conj. et prép.** – 1928 ◇ anglais *because* «parce que» ■ FAM. ■ **1 conj.** Parce que, en raison de. ■ **2 prép.** À cause de. *Il «finit par l'abandonner bicause l'arrivée de nouveaux invités»* QUENEAU.

BEC-CROISÉ [bɛkkʀwaze] **n. m.** – 1751 ◇ de *bec* et *croiser* ■ Passereau *(passériformes)* à bec croisé, à la façon de lames de ciseaux. *Des becs-croisés.*

BEC-D'ÂNE ➤ **BÉDANE**

BEC-DE-CANE [bɛkdəkan] **n. m.** – 1560 ◇ de *bec* et *cane,* à cause de la forme ■ Serrure sans clé avec bouton ou béquille. ◆ La béquille qui ouvre la porte. *Des becs-de-cane.*

BEC-DE-CORBEAU [bɛkdəkɔʀbo] **n. m.** – 1835 ◇ de *bec* et *corbeau* ■ Pince coupante. Outil tranchant recourbé à une extrémité. *Des becs-de-corbeau.*

BEC-DE-CORBIN [bɛkdəkɔʀbɛ̃] **n. m.** – 1453 ◇ de *bec* et *corbin* «corbeau» ■ TECHN. ■ **1** Arme en forme de marteau, à bout pointu et recourbé. ■ **2** Ciseau à fer pointu et recourbé. *Des becs-de-corbin.*

BEC-DE-LIÈVRE [bɛkdəljɛvʀ] **n. m.** – 1560 ◇ de *bec* et *lièvre,* par anal. avec la lèvre supérieure du lièvre ■ Malformation congénitale de la face, qui se présente ordinairement sous la forme d'une fissure de la lèvre supérieure, parfois associée à une fente osseuse (du rebord alvéolaire, de la voûte du palais). *Des becs-de-lièvre.*

BECFIGUE [bɛkfig] **n. m.** – 1539 ◇ italien *beccafico,* de *beccare* «becqueter» et *fico* «figue» ■ Passereau appelé aussi *bec-fin ;* SPÉCIALT Fauvette. *En automne, les becfigues se nourrissent de raisins et de figues.*

BEC-FIN [bɛkfɛ̃] **n. m.** /BECFIN/ – 1843 ◇ de *bec* et *fin* ■ Passereau à petit bec droit, mince et effilé. ➤ **becfigue.** *Des becs-fins.*

BÊCHAGE [bɛʃaʒ] **n. m.** – 1611, repris 1878 ◇ de *bêcher* ■ Action de bêcher (1). *Bêchage d'un massif.*

BÉCHAMEL [beʃamɛl] **n. f.** – 1742 ; *béchamelle* 1735 ◇ n. pr. ■ Sauce blanche à base de lait. *Endives à la béchamel. Des béchamels.* PAR APPOS. *Sauce béchamel.*

BÊCHE [bɛʃ] **n. f.** – *besche* XIᵉ ◇ de 1 *bêcher* ■ **1** Outil de jardinage composé d'un fer large et tranchant, adapté à un manche plus ou moins long. ➤ **pelle ; louchet, palot.** *Labour à la bêche.* ➤ **bêchage.** ■ **2** ARTILL. *Bêche de crosse :* soc à l'extrémité d'un affût de canon, qui, en s'enfonçant dans le sol, limite le recul de la pièce.

BÊCHE-DE-MER ➤ **BICHLAMAR**

BÉCHER [beʃɛʀ] **n. m.** – 1896 ; 1838, métrol. ◇ de l'allemand *Becher* «gobelet», d'origine latine ■ CHIM. Petit récipient cylindrique en verre, muni d'un bec verseur, servant aux expériences en laboratoire. *Des béchers gradués.*

1 **BÊCHER** [beʃe] **v. tr.** ‹ 1 › – XIIᵉ ◇ p.-ê. latin populaire °*bessicare,* de *bessus* «bêche» ■ Fendre, retourner (la terre) avec une bêche. ➤ **labourer.** *Bêcher la terre, une planche de son jardin.*

2 **BÊCHER** [beʃe] **v. tr.** ‹ 1 › – 1837 ◇ p.-ê. de 1 *bêcher* ■ FAM. ■ **1** VX Critiquer* vivement (qqn). ➤ **débiner.** ■ **2** Être prétentieux et snob à l'égard de (qqn). ➤ **snober.** *Il nous bêche !*

BÊCHEUR, EUSE [bɛʃœʀ, øz] **n.** – 1849 ; «insulteur» 1833 ◊ de 2 *bêcher* ■ **1** VX Personne qui bêche (qqn), dit du mal des autres. ■ **2** FAM. Personne prétentieuse et snob. ➤ **crâneur, ramenard.** *Une petite bêcheuse.*

BÊCHEVETER [bɛʃ(ə)vəte] **v. tr.** ‹4 /5/› – 1778 ◊ de *béchevet* «double chevet» ■ VX Placer tête-bêche. *Bêcheveter des bouteilles, des livres.*

BÉCHIQUE [beʃik] **adj.** – 1560 ◊ du grec *bêks, bekhos* «toux» ■ VX Qui agit contre la toux. *Un sirop béchique.*

BEC-JAUNE ➤ **BÉJAUNE**

BÉCOT [beko] **n. m.** – 1787 ◊ de *bec* ■ FAM. et VIEILLI Petit baiser. «*il les embrassa* [...] *d'un gros bécot de paysan*» MAUPASSANT. ➤ 2 **bise, bisou.**

BÉCOTER [bekɔte] **v. tr.** ‹1› – *bécotter* 1830 ◊ de *bécot* ■ FAM. Donner des bécots à. ➤ **embrasser.** — PRONOM. **SE BÉCOTER :** s'embrasser. *Amoureux qui se bécotent en public.*

BECQUÉE ou **BÉQUÉE** [beke] **n. f.** – 1543, –1798 ◊ de *bec* ■ Ce qu'un oiseau prend dans son bec pour se nourrir ou nourrir ses petits. *Donner la becquée.* — PAR EXT. *Donner la becquée à un nourrisson, à un malade,* le nourrir bouchée par bouchée. ■ HOM. Béké.

BECQUEREL [bɛkʀɛl] **n. m.** – 1975 ◊ du nom du physicien *Henri Becquerel* ■ MÉTROL. Unité SI de mesure d'activité d'un radionucléide (SYMB. Bq), correspondant à une désintégration de noyau par seconde. *Le becquerel est une très petite unité* (➤ aussi 2 **curie**).

BECQUET ➤ **BÉQUET**

1 **BECQUETER** ou **BÉQUETER** [bɛkte] **v. tr.** ‹4 /5/› – 1451 ; «critiquer» 1223 ◊ de *bec* ■ Piquer (qqch.) avec son bec pour se nourrir. ➤ **picorer,** RÉGION. **picosser.** «*Un pivert becquetait un tronc*» POURRAT.

2 **BECQUETER** ➤ **BECTER**

BECTANCE ou **BECQUETANCE** [bɛktɑ̃s] **n. f.** – 1916, –1907 ◊ de *becter, becqueter* ■ TRÈS FAM. Nourriture. ➤ 2 **bouffe, bouffetance.** «*Il apportait son panier. Dedans, y avait toute sa bectance*» CÉLINE.

BECTER [bɛkte] ‹1› ou **BECQUETER** [bekte] ‹4 /5/› **v. tr.** – 1918, –1707 ◊ de *bec* ■ FAM. Manger* (REM. v. défectif employé surtout à l'inf. et au p. p.). ➤ **bouffer.** *Il n'y a rien à becter ici ! Ils ont tout becté.*

BEDAINE [bədɛn] **n. f.** – 1400 ◊ var. de l'ancien français *boudine* «nombril, ventre» ■ FAM. Ventre rebondi. ➤ **bedon, bide, bidon.** *Il a une grosse bedaine, de la bedaine.*

BED AND BREAKFAST [bɛdɛndbʀɛkfœst] **n. m. inv.** – 1966 ◊ mot anglais, de *bed* «lit» et *breakfast* «petit-déjeuner» ■ ANGLIC. Logement chez l'habitant, formule traditionnelle d'hébergement au Royaume-Uni, comprenant chambre et petit-déjeuner.

BÉDANE [bedan] **n. m.** – 1596 ; *bec d'asne* 1371 ◊ de *bec* et de l'ancien français *ane* «canard», pris pour *âne* ■ TECHN. Burin étroit dont le tranchant est dans le sens de l'épaisseur de la barre d'acier qui le constitue. — On dit aussi **BEC-D'ÂNE** [bɛkdɑn]. *Des becs-d'âne.*

BÉDÉ [bede] **n. f.** – 1974 ◊ de *B. D.* ■ FAM. Bande* dessinée. *Lire des bédés. Collection de bédés.* ➤ **bédéthèque.** *Auteur de bédés* (**BÉDÉASTE n.,** [1978] ou **BÉDÉISTE n.,** [1984]). *Amateur de bédés* (**BÉDÉPHILE n.** et **adj.,** [1978]).

BEDEAU [bədo] **n. m.** – 1596 ; autre sens XIIᵉ ◊ francique °*bidil* «messager de justice» ■ Employé laïque préposé au service matériel et à l'ordre dans un lieu de culte. ➤ **marguillier, suisse.**

BÉDÉTHÈQUE [bedetɛk] **n. f.** – v. 1975 ◊ de *bédé* et *-thèque* ■ Collection de bandes dessinées. — Lieu où elles sont conservées.

BEDON [bədɔ̃] **n. m.** – 1462 ; autre sens XIVᵉ ◊ ancien français *boudine* «nombril, ventre» ■ FAM. Ventre rebondi. ➤ **bedaine, bide, bidon.** *Un petit bedon.*

BEDONNANT, ANTE [bədɔnɑ̃, ɑ̃t] **adj.** – 1868 ◊ de *bedonner* ■ Qui bedonne, a un gros ventre. ➤ **ventripotent.** *Un vieux monsieur bedonnant.*

BEDONNER [bədɔne] **v. intr.** ‹1› – 1865 ◊ de *bedon* ■ Prendre du ventre, de l'embonpoint. *Il commence à bedonner.*

BÉDOUIN, INE [bedwɛ̃, in] **n.** et **adj.** – fin XIIᵉ ◊ arabe *badawi* «habitant du désert» ■ Arabe nomade du désert. *Caravane de Bédouins.* — **adj.** *Tentes bédouines.*

BÉE [be] **adj. f.** et **n. f.** – XIIᵉ ◊ de *béer* ■ **1 adj. f. BOUCHE BÉE :** la bouche ouverte d'admiration, d'étonnement, de stupeur. ➤ **béant.** *J'en suis bouche bée.* ➤ 1 **baba.** «*Je restais là, bras ballants et bouche bée*» FRANCE. — LOC. *Être bouche bée devant qqn,* l'admirer sans réserve. ■ **2 n. f.** ➤ **abée.** ■ HOM. 1 B.

BÉER [bee] **v. intr.** ‹1› – 1121 *baer* «ouvrir tout grand» ◊ latin populaire °*batare* ■ **1** RARE Être grand ouvert. *Qui bée.* ➤ **béant.** «*À ses pieds béait la valise bigarrée d'étiquettes multicolores*» MARTIN DU GARD. ■ **2** LITTÉR. Avoir la bouche ouverte en regardant qqch. (➤ **bayer**). *Béer d'étonnement, d'admiration.* PAR EXT. ➤ **rêver ; rêvasser.**

BEFFROI [befʀwa] **n. m.** – *berfroi* 1155 ◊ moyen haut allemand *bergfrid* «qui garde la paix» ■ **1** Tour de bois mobile employée au Moyen Âge dans le siège des villes. ■ **2** Tour municipale d'où l'on faisait le guet. — MOD. Tour d'une ville, et PAR EXT. d'une église (surtout nord de la France et Belgique). ➤ 1 **clocher ; campanile.** «*les Nordistes ont construit des beffrois, de hautes tours dont le sommet est habité souvent de jaquemarts*» J. ANGLADE. ♦ PAR EXT. La cloche elle-même. *On entend sonner le beffroi.* — TECHN. Bâti qui porte les cloches.

BÉGAIEMENT [begɛmɑ̃] **n. m.** – *beguayement* 1539 ◊ de *bégayer* ■ **1** Trouble de la parole qui se manifeste par la répétition saccadée d'une syllabe ou d'un mot *(bégaiement clonique)* ou par un blocage empêchant l'émission d'un mot *(bégaiement tonique).* ■ **2** PAR ANAL. Langage mal articulé de l'enfant qui commence à parler. ➤ **balbutiement.** ■ **3** FIG. Premiers essais ; tentative hésitante, maladroite. ➤ **commencement, tâtonnement.** *Les premiers bégaiements d'une technique nouvelle.*

BÉGAYANT, ANTE [begɛjɑ̃, ɑ̃t] **adj.** – XVᵉ ◊ de *bégayer* ■ **1** Qui bégaie. *Orateur bégayant.* ➤ **bredouillant.** ■ **2** FIG. Qui s'exprime avec hésitation. ➤ **balbutiant.** «*Une volonté vacillante et bégayante*» SAINTE-BEUVE.

BÉGAYER [begeje] **v. intr.** ‹8› – *besgoyer* 1416 ◊ de *bègue* ■ **1** Souffrir de bégaiement (➤ **bègue**). *Il bégayait sous le coup de l'émotion.* ■ **2** FIG. S'exprimer d'une manière maladroite, hésitante, confuse. ➤ **bafouiller, balbutier, bredouiller.** — TRANS. *Bégayer une excuse.* ■ **3** FIG. (CHOSES) Se répéter. *L'histoire bégaye.*

BÉGONIA [begɔnja] **n. m.** – 1706 ◊ de *Bégon,* nom d'un intendant de Saint-Domingue ■ Plante d'Amérique tropicale *(bégoniacées),* ornementale, cultivée pour ses fleurs. *Bégonia tubéreux. Bégonia rose. Bégonia double,* à fleurs doubles. ♦ LOC. FAM. *Charrier dans les bégonias :* exagérer.

BÈGUE [bɛg] **adj.** et **n.** – *beggue* 1235 ◊ ancien français *béguer* «bégayer» ; moyen néerlandais °*beggen* «bavarder» ■ Qui bégaie de manière habituelle ou de manière occasionnelle. *Un enfant bègue.* — **n.** *Un, une bègue.*

BÉGUÈTEMENT [begɛtmɑ̃] **n. m.** – 1866 ◊ de *bégueter* ■ RARE Cri de la chèvre. ➤ **bêlement.**

BÉGUETER [bɛgte ; beg(ə)te] **v. intr.** ‹5› – XVIᵉ ◊ ancien français *béguer* «bégayer» ■ RARE Pousser son cri, en parlant de la chèvre. ➤ **bêler, chevroter.**

BÉGUEULE [begœl] **n. f.** – 1746 ◊ *bée gueule* «bouche bée» 1470 ■ Femme qui manifeste une pudibonderie exagérée, souvent affectée. ➤ **prude.** — **adj. (aussi au masc.)** «*Ah ! ces anciennes maîtresses, une fois mariées, il n'y a pas plus bégueules qu'elles*» DAUDET. *Il est un peu bégueule.* — **n. f.** (1751) VX **BÉGUEULERIE.** ■ CONTR. Large, libertin, libre. ■ HOM. Bagel.

BÉGUIN [begɛ̃] **n. m.** – 1387 ◊ de *béguine* ■ **1** ANCIENNT Coiffe que portaient les béguines. PAR EXT. Coiffe qui s'attache sous le menton par une bride. — SPÉCIALT Bonnet que l'on mettait aux bébés. ■ **2** (XVIIIᵉ) FIG. et FAM. VIEILLI Passion passagère. *Avoir le béguin pour qqn.* «*Décidément, c'était le grand béguin,* [...] *la vraie amour*» QUENEAU. — Personne qui en est l'objet. ➤ **amoureux, chéri.** *C'est son béguin.*

BÉGUINAGE [beginaʒ] **n. m.** – *beghinaghe* 1277 ◊ de *béguine* ■ Maison, communauté de béguines. *Le béguinage de Bruges.*

BÉGUINE [begin] **n. f.** – 1227 ◊ néerlandais *beggaert* «moine mendiant» ■ Religieuse de Belgique et des Pays-Bas soumise à la vie conventuelle (➤ **béguinage**) sans avoir prononcé de vœux. «*Les béguines sont ainsi à plusieurs dans chacune des demeures qui composent la Communauté*» RODENBACH.

BÉGUM [begɔm] **n. f.** – *begun* 1653 ◊ hindi *begam* ■ Titre de l'Hindoustan, équivalant à celui de princesse ; épouse du souverain. «*Les Cinq Cents Millions de la Bégum*», roman de Jules Verne.

BÉHAVIORISME [beavjɔʀism] n. m. – 1922 ◊ anglais américain *behaviourism*, de l'anglais *behaviour* «comportement» ■ ANGLIC. DIDACT. Théorie qui fait consister la psychologie dans l'étude scientifique et expérimentale du comportement (psychologie du comportement), sans recours à l'introspection, ni aux explications d'ordre physiologique, ni à la psychologie profonde. — On trouve aussi **BEHAVIOURISME** [beavjuʀism].

BÉHAVIORISTE [beavjɔʀist] n. – 1922 ◊ de *béhaviorisme* ■ DIDACT. Personne qui professe le béhaviorisme. ➤ **comportementaliste.** — adj. Qui concerne le béhaviorisme. *Une attitude béhavioriste.* — On trouve aussi **BEHAVIOURISTE** [beavjuʀist].

BEIGE [bɛʒ] adj. – 1220 ◊ origine inconnue, p.-ê. de l'italien *bombagia* «coton» ■ De la couleur d'un brun très clair. ➤ 1 **bis,** 1 **sable.** *Des gabardines beiges. Fards beige rosé. Un gris beige.* ➤ **grège.** — n. m. *Un beau beige.*

BEIGEASSE [bɛʒas] adj. – milieu XXe ◊ de *beige* et *-asse* ■ PÉJ. D'un vilain beige. *Un imperméable beigeasse.* — On dit parfois *beigeâtre* [bɛʒɑtʀ].

BEIGNE [bɛɲ] n. f. et m. – 1606 ; *buyne* «bosse» 1378 ◊ du latin *bunia* «souche d'arbre», d'origine celtique

I n. f. FAM. Gifle*. ➤ **baffe.** *Donner, recevoir une beigne.*

II n. m. (1744) (Canada) Pâtisserie faite de pâte frite glacée ou saupoudrée de sucre glace. ➤ **beignet.** *Un beigne au chocolat, au miel.*

BEIGNERIE [bɛɲʀi] n. f. – 1975 ◊ de *beigne* ■ (Canada) Établissement où l'on vend notamment des beignes, des beignets. *«la vitrine graisseuse d'une beignerie»* Y. BEAUCHEMIN.

BEIGNET [bɛɲɛ] n. m. – 1605 ; *buignet* XIIIe ◊ de *buyne* «bosse» → beigne ■ Mets composé d'un aliment enrobé de pâte et frit. *Pâte à beignets. Beignet tunisien* (➤ 2 **brick**), *japonais* (➤ **tempura**). *Beignets aux pommes. Crevettes en beignets.* ➤ **scampi.** — Mets sucré fait de pâte frite. ➤ **churro, donut, merveille, pet-de-nonne, roussette ;** RÉGION. **beigne, bottereau, bugne,** 2 **chichi.**

BÉJAUNE [beʒon] n. m. – *bec jaune* 1265 ◊ de *bec* et *jaune* ■ **1** FAUCONN. Jeune oiseau non dressé qui a encore sur le bec une membrane jaune. ■ **2** FIG. et VX Jeune homme sot, inexpérimenté. ➤ **blanc-bec, niais.** — On a dit aussi *bec-jaune* [bɛʒon ; bɛkʒon]. *Des becs-jaunes.*

BÉKÉ [beke] n. – 1879 *béquet* ◊ mot du créole antillais (*béquié*, v. 1730) ■ Créole né aux Antilles françaises, descendant des premiers colons. *«le béké qui, de blanc vêtu, inspectait le travail du haut de son cheval»* P. CHAMOISEAU. — adj. *Planteurs békés.* ■ HOM. Becquée.

1 **BEL** ➤ 1 **BEAU**

2 **BEL** [bɛl] n. m. – 1928 ◊ de *Graham Bell* ■ MÉTROL. Unité sans dimension (SYMB. B), utilisée pour exprimer le rapport de deux puissances par l'intermédiaire du logarithme décimal de ce rapport. *Dixième du bel.* ➤ **décibel.** ■ HOM. Belle (beau).

BÊLANT, ANTE [bɛlɑ̃, ɑ̃t] adj. – de *bêler* ■ **1** Qui bêle. *Un troupeau bêlant.* ■ **2** FIG. et FAM. Plaintif et niais. *Un orateur, un discours bêlant.*

BEL CANTO [bɛlkɑ̃to] n. m. inv. /BELCANTO n. m./ – 1895 ◊ mots italiens, «beau chant» ■ L'art du chant selon la tradition de l'opéra italien des XVIIe et XVIIIe s. *Être amateur de bel canto. Chanteur, chanteuse de bel canto* (**BEL CANTISTE** n. /belcantiste/).

BÊLEMENT [bɛlmɑ̃] n. m. – v. 1330 *beelement* ◊ de *bêler* ■ **1** Cri des moutons, et PAR EXT. de la chèvre. ➤ **béguètement.** PAR EXT. PÉJ. *Les bêlements d'une chanteuse.* ■ **2** FIG. Plainte niaise. ➤ **jérémiade.** *«Jamais on ne fut tant aux larmes et aux bêlements de la paix»* PÉGUY. ■ HOM. Bellement.

BÉLEMNITE [belɛmnit] n. f. – 1751 ◊ grec *belemnitês* «pierre en forme de flèche» ■ PALÉONT. Céphalopode marin fossile, proche de la seiche, dont on trouve la coquille, de forme allongée, dans les terrains de l'ère secondaire.

BÊLER [bele] v. intr. ‹1› – fin XIIe ◊ latin *balare, belare*, onomat. ■ **1** Pousser un bêlement. *La chèvre bêle.* ➤ **bégueter, chevroter ; bè.** ■ **2** FIG. et FAM. Se plaindre sur un ton niais. *«Elle était désespérée, la pauvre dame ; elle bêlait dans l'appareil»* MARTIN DU GARD.

BELETTE [bəlɛt] n. f. – 1267 ◊ diminutif de *belle* «jolie bête» ■ **1** Petit mammifère carnivore *(mustélidés)*, bas sur pattes, de forme effilée, de couleur fauve, plus claire sous le ventre. *«Dame belette au long corsage»* LA FONTAINE. ■ **2** FAM. Fille considérée comme facile.

BELGE [bɛlʒ] adj. et n. – 1528 ◊ latin *Belgæ* ■ De Belgique. *Bière belge. Le franc belge* (avant l'euro). *Les trois langues officielles belges, le néerlandais* (➤ **flamand**), *le français* (➤ **aussi wallon**) *et l'allemand.* — n. *Un, une Belge. Les Belges de Flandre et de Wallonie.* — LOC. *Histoire* belge.* RÉGION. *Un compromis à la belge*, savamment équilibré.

BELGICISME [bɛlʒisism] n. m. – 1811 ◊ de *belge* ■ LING. Mot, tournure, particularité du français en usage en Belgique (➤ **flandricisme, wallonisme**).

BELGITUDE [bɛlʒityd] n. f. – v. 1976 ◊ de *belge*, d'après *négritude* ■ Ensemble des traits culturels propres à la Belgique ; sentiment d'appartenance à la Belgique en tant qu'entité culturelle spécifique. *«on s'était foutu de ma gueule toute la journée rapport à ma belgitude»* B. BLIER.

BÉLIER [belje] n. m. – 1412 ◊ p.-ê. ancien français *belin*, du néerlandais *belhamel* «mouton à clochette» ■ **1** Mâle non châtré de la brebis (➤ **mouton**). *Cri du bélier.* ➤ **bêler.** ■ **2** Constellation zodiacale de l'hémisphère boréal figurant un bélier. ♦ Premier signe du zodiaque (21 mars-20 avril). — ELLIPT *Elle est Bélier*, née sous le signe du Bélier. ■ **3** (1531) ANCIENNT Machine de guerre composée d'une poutre terminée souvent par une tête de bélier, qui servait à enfoncer les portes, à ouvrir une brèche dans les murailles. *Donner un coup de bélier.* — LOC. **COUP DE BÉLIER :** choc violent. *«le retentissement des sombres coups de bélier du destin contre une conscience»* HUGO. ♦ *Voiture*-bélier.* ■ **4** TECHN. *Bélier (hydraulique) :* machine qui utilise la surpression causée par l'arrêt brutal d'une colonne d'eau pour élever une partie de l'eau à une hauteur très supérieure à la hauteur de chute. *Coup de bélier :* choc dû aux variations de pression dans une canalisation d'eau. ■ **5** Machine à enfoncer les pieux. ➤ **mouton, sonnette.**

BÉLIÈRE [beljɛʀ] n. f. – début XVe ◊ mot d'origine obscure, formé en latin médiéval (*belleria*, 1282), p.-ê. dérivé du moyen néerlandais *belle* «cloche» ■ **1** Anneau auquel est suspendu le battant d'une cloche, une médaille. — Bracelet de cuir ou de métal qui servait à suspendre au ceinturon le fourreau d'une arme. ■ **2** Clochette du bélier qui conduit un troupeau.

BÉLINOGRAMME [belinɔgʀam] n. m. – 1907 ◊ de *Belin*, nom de l'inventeur, et *-gramme* ■ TÉLÉCOMM. Document (notamment photographie) transmis par bélinographe*. — ABRÉV. FAM (1965) **BÉLINO** [belino]. *Des bélinos.*

BÉLINOGRAPHE [belinɔgʀaf] n. m. – 1907 ◊ de *Belin*, nom de l'inventeur ■ TÉLÉCOMM. Ancien appareil destiné à la transmission d'images fixes (➤ **bélinogramme**) par le réseau téléphonique.

BÉLÎTRE [belitʀ] n. m. /BÉLITRE/ – *belistre* 1460 ◊ p.-ê. du néerlandais *bedelare* «mendiant» ■ VX Terme injurieux désignant un homme de rien. *«Pendard ! gueux ! bélître !»* MOLIÈRE.

BELLADONE [beladɔn ; bɛlladɔn] n. f. – 1602 ◊ latin des botanistes *belladona*, de l'italien *bella donna* «belle dame» ■ Plante toxique *(solanacées)* à baies noires, contenant un alcaloïde, l'atropine*, utilisé en médecine.

BELLÂTRE [bɛlɑtʀ] n. m. – 1546 ◊ de *beau* et *-âtre* ■ Bel homme fat et niais.

BELLE ➤ 1 **BEAU**

BELLE-DAME [bɛldam] n. f. – XVIIe ◊ de *belle* et *dame* ■ **1** Arroche. ■ **2** Papillon du genre vanesse*. *Des belles-dames.*

BELLE DE FONTENAY [bɛldəfɔ̃t(ə)nɛ] n. f. – 1935 ◊ de *beau, belle* et *Fontenay*, nom d'une ville française (peut-être Fontenay-sous-Bois ou Fontenay-le-Comte, en Vendée) ■ Pomme de terre de forme oblongue et régulière, à peau jaune pâle, à chair jaune et ferme, à la saveur délicate. *Des belles de Fontenay.*

BELLE-DE-JOUR [bɛldəʒuʀ] n. f. – 1762 ◊ de *belle, de* et *jour* ■ **1** Liseron dont la fleur s'épanouit dans la journée et se ferme à la tombée du jour. *Des belles-de-jour.* ■ **2** Prostituée dont l'activité est diurne.

BELLE-DE-NUIT [bɛldənɥi] n. f. – 1676 ◊ de *belle, de* et *nuit* ■ **1** COUR. Mirabilis. *Des belles-de-nuit.* ■ **2** (1776) Prostituée dont l'activité est nocturne.

BELLE-DOCHE [bɛldɔʃ] n. f. – 1935 ◊ de *belle* et *doche* «mère» ■ FAM. et PÉJ. Belle-mère (2°). *Des belles-doches.*

BELLE-FAMILLE [bɛlfamij] n. f. – 1896 ◊ de *belle*, fém. de *beau*, t. d'affection, et *famille* ■ Famille du conjoint. *Aller dans sa belle-famille. Des belles-familles.*

BELLE-FILLE [bɛlfij] **n. f.** – 1468 ◊ de *belle*, fém. de *beau*, t. d'affection, et *fille* ■ **1** La femme d'une personne, par rapport aux parents (A, I) de celle-ci. ➤ **bru.** *Mon fils et ma belle-fille. Des belles-filles.* ■ **2** Pour un conjoint, Fille que l'autre conjoint a eue précédemment.

BELLEMENT [bɛlmɑ̃] **adv.** – 1080 ◊ de *beau* ■ VX D'une façon belle, jolie. — VX Doucement, tout doux. ■ **HOM.** Bêlement.

BELLE-MÈRE [bɛlmɛʀ] **n. f.** – 1400 ◊ de *belle*, fém. de *beau*, t. d'affection, et *mère* ■ **1** Femme d'une personne ayant des enfants d'une précédente union, pour ces enfants. ➤ VX **marâtre.** ■ **2** (1538) Mère du conjoint, pour l'autre conjoint. ➤ FAM. **belle-doche.** *Des belles-mères.* ■ **3** **(Canada, Belgique)** FIG., PÉJ. Homme, femme politique qui donne son avis sur les affaires qui ne sont plus sous sa responsabilité, qui commente le travail de son successeur.

BELLE-SŒUR [bɛlsœʀ] **n. f.** – 1423 ◊ de *belle*, fém. de *beau*, t. d'affection, et *sœur* ■ **1** Sœur du conjoint, pour l'autre conjoint. *Mes belles-sœurs.* ■ **2** Pour une personne, Femme de son frère, de sa sœur ou de son beau-frère (I°), de sa belle-sœur (I°).

BELLICISME [belisism ; bɛllisism] **n. m.** – 1871 ◊ latin *bellicus* «belliqueux» ■ Amour de la guerre ; tendance des bellicistes. ■ **CONTR.** Pacifisme ; neutralisme.

BELLICISTE [belisist ; bɛllisist] **adj.** – 1871 ◊ latin *bellicus* «belliqueux» ■ Qui est partisan de la force dans le règlement des conflits internationaux, qui pousse à la guerre. — *Les «menées bellicistes de l'entourage du tsar»* TOURNIER. *Parti nationaliste et belliciste.* — **n.** *C'est une belliciste acharnée.* ➤ **faucon, va-t-en-guerre.** ■ **CONTR.** Antiguerre, colombe, pacifiste ; neutraliste.

BELLIGÉRANCE [beliʒeʀɑ̃s ; bɛlliʒeʀɑ̃s] **n. f.** – 1874 ◊ de *belligérant* ■ État de belligérant. *Une reconnaissance de belligérance.* ➤ **guerre.** ■ **CONTR.** Neutralité, non-belligérance.

BELLIGÉRANT, ANTE [beliʒeʀɑ̃ ; bɛlliʒeʀɑ̃, ɑ̃t] **adj. et n.** – 1744 ◊ latin *belligerans*, p. prés. de *belligerare* «faire la guerre *(bellum)*» ■ **1** Qui prend part à une guerre, en parlant d'un État. *Puissances belligérantes.* ■ **2** **n.** DR. Personne qui prend part aux opérations de guerre dans l'armée régulière. ➤ **combattant.** *Belligérants et non-belligérants.* ■ **CONTR.** Neutre.

BELLIQUEUX, EUSE [belikø ; bɛllikø, øz] **adj.** – v. 1468 ◊ latin *bellicosus* «guerrier», de *bellum* «guerre» ■ **1** Qui aime la guerre. ➤ **guerrier.** *Peuple belliqueux.* — Qui excite à la guerre. *Propos belliqueux. Proclamation belliqueuse.* ■ **2** FIG. Qui aime, cherche le combat, la dispute. ➤ **agressif*, batailleur, querelleur.** *Humeur belliqueuse.* ■ **CONTR.** Pacifique, pacifiste. Paisible.

BELLUAIRE [belɥɛʀ] **n. m.** – 1852 ◊ latin *bellua* «bête fauve» ■ DIDACT. ■ **1** ANTIQ. ROM. Gladiateur qui combattait les bêtes féroces dans les amphithéâtres. ➤ 1 **bestiaire.** *Les belluaires et les rétiaires.* ■ **2** RARE Dompteur de bêtes féroces.

BELON [bəlɔ̃] **n. f. parfois m.** – milieu XXe ◊ de *Belon*, n. d'une rivière bretonne ■ Huître plate et arrondie, à chair brune, très savoureuse. *Une douzaine de belons.*

BELOTE [bəlɔt] **n. f.** – début XXe ◊ de *Belot*, n. de la personne qui aurait mis au point ce jeu ■ Jeu de cartes très populaire. *Belote bridgée.* ➤ RÉGION. **coinche.** — Partie à ce jeu. *Faire une belote.* ♦ *Belote et rebelote*.*

BÉLOUGA ou **BÉLUGA** [beluga] **n. m.** – 1575 *beluga* ◊ du russe *bieluga*, de *biely* «blanc» ■ **1** Mammifère cétacé *(monodontidés)*, apparenté au narval, aussi appelé *baleine blanche, dauphin blanc*, qui vit dans les eaux arctiques. — RÉGION. **(Bretagne)** Dauphin ou gros poisson. ■ **2** (1824 *belluga* «grand esturgeon») Poisson des mers Noire et Caspienne, espèce d'esturgeon. *Caviar de bélouga.* — Ce caviar, le plus rare et le plus apprécié. ■ **3** (1943) Petit yacht de croisière.

BELVÉDÈRE [bɛlvedɛʀ] **n. m.** – 1512 ◊ italien *belvedere*, de *bel* «beau» et *vedere* «voir» ■ ARCHIT. Construction établie en un lieu élevé, et d'où la vue s'étend au loin. ➤ **kiosque, mirador, pavillon.** — PAR EXT. Lieu, terrasse, plateforme d'où la vue est étendue. *Table* d'orientation d'un belvédère.*

BÉMOL [bemɔl] **n. m.** – 1466 ; *bemoulz* XIVe ◊ italien *b molle* «b à panse ronde» ■ **1** Signe d'altération (♭) qui abaisse d'un demi-ton chromatique la note de musique devant laquelle, sur la ligne ou sur l'interligne de laquelle il est placé. *Les dièses et les bémols. Double bémol :* signe (𝄫) qui abaisse de deux demi-tons chromatiques la note devant laquelle il est placé. — APPOS. INV. *Des mi bémol.* ■ **2** LOC. FAM. *Mettre un bémol :* parler moins fort ; radoucir son ton, ses manières ; être moins arrogant, moins exigeant. ➤ **bémoliser** (cf. Mettre la pédale* douce).

BÉMOLISER [bemɔlize] **v. tr.** ⟨1⟩ – 1752 ◊ de *bémol* ■ **1** MUS. Mettre un ou plusieurs bémols à. ■ **2** FIG. FAM. Adoucir (le ton), atténuer (les propos).

BEN [bɛ̃] **adv.** – date inconnue ◊ var. de *bien* ■ **1** RURAL Bien. *Pt'êt' ben qu'oui* [ptɛtbɛ̃kwi] : peut-être bien que oui. ■ **2** FAM. *Eh ben !* eh bien ! *Ben ça alors, quelle surprise ! Ben quoi ? Ben non.* ADMIRATIF *Ben, mon vieux !* IRON. *Ben voyons !* ça va de soi. ■ **HOM.** Bain.

BÉNARD [benaʀ] **n. m.** – 1881 ◊ de *pantalon à la Bénard*, du nom d'un tailleur ■ ARG. FAM. Pantalon*. *Un bénard en accordéon.* ABRÉV. **BEN** [bɛn].

BÉNARDE [benaʀd] **n. f.** – 1694 ; *serrure bernarde* 1442 ◊ de *Bernard* «pauvre sire» ■ TECHN. Serrure dont la clé n'est pas forée et qui s'ouvre aussi bien de l'intérieur que de l'extérieur. — **adj.** *Clé bénarde,* dont la tige n'est pas forée.

BENCHMARK [bɛnʃmaʀk] **n. m.** – 1993 ◊ mot anglais «point de référence, repère» ■ ANGLIC., COMM. Technique de marketing basée sur l'étude comparative de la concurrence. *Des benchmarks.* — **Recomm. offic.** *référenciation.*

BENDIR [bɛndiʀ] **n. m.** – 1865 ◊ de l'arabe ■ **(Maghreb)** Tambourin rond en peau de chevreau ou de mouton. *«Devant le feu, le grand tambourin à la main, une demi-douzaine d'hommes, les joueurs de bendir. C'est du bendir que vient la danse»* BOSCO.

BÉNÉDICITÉ [benedisite] **n. m.** – fin XIIe ◊ latin *benedicite* «bénissez» ■ Prière que les catholiques très pieux disent avant le repas et qui commence par le mot *Benedicite. Dire le bénédicité. Des bénédicités.*

BÉNÉDICTIN, INE [benediktɛ̃, in] **n.** – XIIIe ◊ latin ecclésiastique *benedictinus*, de *Benedictus*, nom latin de *saint Benoît* ■ **1** Religieux, religieuse de l'ordre de Saint-Benoît. *Monastère de bénédictins.* — **adj.** *Abbaye bénédictine.* ♦ FIG. **(par anal. avec les grands travaux exécutés par les bénédictins)** Érudit qui se consacre au travail. *Un travail de bénédictin,* qui exige beaucoup de patience et de soins. ■ **2** **n. f.** (1868 ◊ marque déposée) Liqueur fabriquée à l'origine dans un couvent de bénédictins. *Un verre de bénédictine.*

BÉNÉDICTION [benediksjɔ̃] **n. f.** – *benedicion* XIIIe ◊ latin ecclésiastique *benedictio* ■ **1** RELIG. Grâce et faveur accordées par Dieu. *«Elle avait accueilli mon retour imprévu comme une bénédiction du ciel»* LOTI. ♦ FAM. *C'est une bénédiction.* ➤ **bonheur, chance.** ■ **2** Action du prêtre qui bénit les fidèles. *Donner, recevoir la bénédiction. Bénédiction urbi et orbi. Bénédiction nuptiale :* cérémonie du mariage religieux. — PAR EXT. Action du prêtre qui consacre des objets au culte. ➤ **consécration.** *La bénédiction d'une église.* — PAR ANAL. Action d'un prêtre qui asperge d'eau bénite des objets profanes. *Bénédiction d'un bateau.* ➤ **baptême.** ■ **3** Formule exprimant l'adhésion du cœur, souhaitant le bonheur, la prospérité, la protection divine. ➤ **vœu.** *Donner sa bénédiction. Ils sont partis avec ma bénédiction,* avec mon assentiment. ➤ **approbation.** *Vous avez ma bénédiction.* — Sentiment et expression de satisfaction ou de gratitude. ➤ **reconnaissance, remerciement.** *«Elle recueille les bénédictions du pauvre»* GENLIS. ■ **CONTR.** Malédiction ; exécration.

BÉNEF [benɛf] **n. m.** – 1842 ◊ abrév. de *bénéfice* ■ FAM. Bénéfice. *Faire de gros bénefs. C'est tout bénef.*

BÉNÉFICE [benefis] **n. m.** – 1198 ◊ latin *beneficium* «bienfait», de *bene* «bien» et *facere* «faire»

I ■ **1** Avantage. *Le bénéfice de l'âge*.* ➤ **privilège.** *Laissons-lui le bénéfice du doute. Quel bénéfice avez-vous à mentir ?* **AU BÉNÉFICE DE :** au profit de. *Gala donné au bénéfice d'une œuvre.* ■ **2** DR. Droit, faveur, privilège que la loi accorde à qqn. *Le bénéfice des circonstances atténuantes.* — *Bénéfice d'inventaire :* dans une succession, droit de l'héritier de ne payer les dettes que jusqu'à concurrence des biens qu'il a recueillis. *Accepter une succession sous bénéfice d'inventaire.* — LOC. FIG. *Sous bénéfice d'inventaire :* sous réserve de vérification. ■ **3** Au Moyen Âge, Concession de terres faite à ses fidèles par le roi ou le seigneur féodal. ■ **4** *Bénéfice ecclésiastique :* patrimoine attaché à une fonction, une dignité ecclésiastique. *Bénéfices majeurs ou consistoriaux.* ➤ **abbaye, évêché.** *Bénéfices mineurs.* ➤ **canonicat, chapellenie,** 2 **cure, prébende, prieuré.** *Jouissance, revenu d'un bénéfice.* ➤ **récréance.** *Registre des bénéfices.* ➤ **pouillé.** — PAR EXT. Lieu de résidence du titulaire (*bénéficier* **n. m.**) d'un bénéfice.

II PAR EXT. (XVIIe) Gain financier réalisé dans une opération ou une entreprise. ➤ **boni, excédent, gain*, profit, rapport, revenu, superbénéfice ;** FAM. **bénef.** *Bénéfice net,* tous frais déduits. *Faire, réaliser, dégager des bénéfices* (cf. FAM. Faire du cash). — Différence entre le prix de vente et le prix de revient. *Faire un bénéfice de cent euros, cent euros de bénéfice.* — COMPTAB. Résultat final de l'exercice. *Chiffre* d'affaires et bénéfice. Impôt sur les bénéfices. Participation aux bénéfices.* ■ CONTR. Désavantage, inconvénient, préjudice. Déficit, perte.

BÉNÉFICIAIRE [benefisjɛʀ] **n. et adj.** – 1609 ◇ latin *beneficiarius* ■ **1** Personne qui bénéficie d'un avantage, d'un droit, d'un privilège. *J'en suis le bénéficiaire.* — DR. *La bénéficiaire d'une créance.* ➤ **cessionnaire.** *Le bénéficiaire d'un chèque.* ■ **2 adj.** Qui a rapport au bénéfice commercial. *La marge bénéficiaire du commerçant. Entreprise bénéficiaire,* qui fait des bénéfices. ■ CONTR. Déficitaire.

BÉNÉFICIER [benefisje] **v. tr. ind.** ‹7› – 1751 ; tr. «pourvoir d'un bénéfice» XIIIe ◇ latin médiéval *beneficiare* ■ **1 BÉNÉFICIER DE :** profiter de (un avantage). *Bénéficier d'une remise. Bénéficier des allocations familiales. Bénéficier d'un traitement de faveur.* — DR. *Bénéficier de circonstances atténuantes, d'un non-lieu.* ■ **2 BÉNÉFICIER À :** apporter un profit à. *La croissance économique n'a pas bénéficié aux classes moyennes.* ➤ **profiter.** ■ CONTR. Pâtir, souffrir (de).

BÉNÉFIQUE [benefik] **adj.** – 1532 ◇ latin *beneficus* ■ **1** ASTROL. ➤ **favorable.** *Une planète bénéfique.* ■ **2** (XXe) COUR. Qui fait du bien. ➤ **salutaire.** *Ce séjour lui a été bénéfique. Avoir une influence bénéfique sur qqn.* ➤ **bienfaisant,** 1 **bon.** ■ CONTR. Maléfique.

BENÊT [bənɛ] **n. m. et adj. m.** – 1530 ◇ de *benoît* «béni» ■ Niais. ➤ **sot* ; godiche, nigaud.** *C'est un grand benêt. Faire le benêt.* — *Un air benêt.* ➤ FAM. **bébête, nunuche.** ■ CONTR. Futé, malin.

BÉNÉVOLAT [benevɔla] **n. m.** – 1954 ◇ de *bénévole* ■ Situation d'une personne qui accomplit un travail gratuitement et sans y être obligée.

BÉNÉVOLE [benevɔl] **adj.** – 1282, rare avant XVIIIe ◇ latin *benevolus* «bienveillant», de *bene* «bien» et *volo* «je veux» ■ **1** LITTÉR. Qui fait qqch. de bonne grâce. ➤ **bienveillant.** «*La plus bénévole du monde et la plus accommodante*» CAILLOIS. ■ **2** Qui fait qqch. sans obligation et gratuitement. *Une personne, une infirmière bénévole.* ➤ **volontaire.** — **n.** *Faire appel à des bénévoles.* ◆ Qui est fait gratuitement et sans obligation. *Aide, service, collaboration bénévole.* ➤ **désintéressé, gracieux, gratuit.** ■ CONTR. Onéreux, payé, rétribué.

BÉNÉVOLEMENT [benevɔlmɑ̃] **adv.** – 1557 ◇ de *bénévole* ■ **1** LITTÉR. D'une manière bénévole (1°), de bonne grâce. «*Anatole France qui était bénévolement venu s'exposer à ses coups*» LECOMTE. ■ **2** Volontairement et gratuitement. *Il travaille bénévolement.*

BENGALI, IE [bɛ̃gali] **n. et adj.** – 1760 ◇ mot hindi ■ **1 n. m.** Petit oiseau *(passériformes)* au plumage bleu et brun, originaire des Indes, élevé en volière. ■ **2 n. m.** (1771) LING. *Le bengali* : langue parlée au Bengale. ■ **3** Habitant(e) du Bengale. *Une Bengalie. Les Bengalis indiens.* — **adj.** *Dialectes bengalis.*

BÉNICHON [beniʃɔ̃] **n. f.** – 1414 *benission* ◇ forme populaire de *bénédiction* ■ (Suisse) Fête traditionnelle marquant la désalpe et la fin des récoltes, dans le canton de Fribourg. *Le repas, les danses de la bénichon.*

BÉNIGNITÉ [beniɲite] **n. f.** – XIIe ◇ latin *benignitas* «bonté» ■ **1** VX ou LITTÉR. Qualité d'une personne bienveillante et douce. ➤ **bonté, douceur, mansuétude.** ■ **2** Caractère de ce qui est bénin, sans gravité. *La bénignité d'une maladie.* ■ CONTR. Malignité, méchanceté. Gravité.

BÉNIN, IGNE [benɛ̃, iɲ] **adj.** – *benigne* 1160 ; masc. refait au XVe ◇ latin *benignus* «bienveillant» ■ **1** VX ou LITTÉR. Bienveillant, indulgent. ➤ **doux.** *Humeur bénigne. Un critique bénin.* — PÉJ. «*il est trop mou et trop bénin de caractère*» SAINTE-BEUVE. ➤ **bonasse.** ■ **2** MÉD. VIEILLI *Un remède bénin,* qui agit avec douceur. ➤ **anodin.** ■ **3** COUR. Sans conséquence grave. ➤ **inoffensif.** *Tumeur bénigne* (opposé à *tumeur maligne*). *Accident bénin.* ■ CONTR. Cruel, méchant. Dangereux, grave, sérieux.

BÉNI-OUI-OUI [beniwiwi] **n. m. inv.** – 1880 ◇ arabe *beni* «fils de» et *oui* redoublé ■ FAM. et VIEILLI Personne toujours empressée à approuver les initiatives d'une autorité établie. *Une assemblée de béni-oui-oui.* ➤ **inconditionnel.**

BÉNIR [beniʀ] **v. tr.** ‹2 ; p. p. *béni* → bénit› – 1080 ◇ latin *benedicere* «louer», puis «bénir», de *bene* «bien» et *dicere* «dire»

I ■ **1** En parlant de Dieu, Répandre sa bénédiction sur. ➤ **protéger.** — FAM. *Dieu vous bénisse,* souhait adressé à qui éternue (cf. À vos souhaits*). ■ **2** En parlant du prêtre, du pasteur, Appeler la bénédiction de Dieu sur (les hommes). ➤ **consacrer, oindre, sacrer.** *Bénir les fidèles. Je te bénis au nom du Père, du Fils et du Saint-Esprit. Le prêtre qui a béni leur mariage.* — FIG. *Les temps bénis* : l'époque heureuse. LOC. *Être béni des dieux* : être favorisé par le sort, avoir beaucoup de chance. ◆ SPÉCIALT Consacrer par une bénédiction, par des cérémonies rituelles (➤ **bénit**). *Bénir le buis des Rameaux.* — *Bénir un bateau.* ➤ **baptiser.** ■ **3** PAR ANAL. Souhaiter solennellement bonheur et prospérité (en invoquant, le plus souvent, l'intervention de Dieu). *Bénir ses enfants en mourant.*

II ■ **1** Louer et glorifier (Dieu) pour le remercier par des actions de grâce. *Béni soit le Seigneur !* ■ **2** PAR ANAL. Exalter (qqn ou qqch.) pour manifester sa satisfaction et sa reconnaissance. ➤ **applaudir, exalter, glorifier, remercier.** *Soyez béni ! Je bénis le médecin qui m'a sauvé. Je bénis le jour où je l'ai rencontré.*

■ CONTR. Maudire ; exécrer.

BÉNISSEUR, EUSE [benisœʀ, øz] **adj.** – 1863 ◇ de *bénir* ■ **1** RARE Qui bénit. *Geste bénisseur.* — On dit aussi *bénissant, ante.* ■ **2** PLAISANT Qui accorde sa bénédiction à qqn au sujet d'un projet, d'une entreprise. «*une approbation bénisseuse*» IKOR.

BÉNIT, ITE [beni, it] **adj.** – 1493 ◇ de l'ancien français *benoît,* p. p. du v. *bénir* ; distingué de *béni,* p. p., au XIXe ■ (CHOSES) Qui a reçu la bénédiction du prêtre avec les cérémonies prescrites. *Eau bénite. Buis bénit.* — LOC. *C'est pain bénit* : c'est une aubaine.

BÉNITIER [benitje] **n. m.** – 1680 ; *eaubenoitier* 1281 ◇ de l'ancienne forme *beneeit,* aujourd'hui *benoît* ■ **1** Vasque destinée à contenir l'eau bénite. *Le bénitier d'une église.* — LOC. FAM. *Se démener, s'agiter comme un diable dans un bénitier* : être mal à l'aise, s'efforcer de sortir d'une situation embarrassante. *Grenouille de bénitier* : bigote (cf. Punaise de sacristie*). ■ **2** PAR ANAL. (1808) Mollusque dont la large coquille peut être utilisée comme bénitier. ➤ **tridacne.**

BENJAMIN, INE [bɛ̃ʒamɛ̃, in] **n.** – fin XVIIe «enfant préféré» ◇ nom du plus jeune fils de Jacob, littéralt «fils du bonheur» ■ **1** Le, la plus jeune d'une famille, d'un groupe. ➤ **cadet, dernier-né.** *La benjamine de la famille, de la classe.* ■ **2** Jeune sportif appartenant à la catégorie d'âge comprise entre les poussins et les minimes (ex. en athlétisme, de 12 à 13 ans). ■ CONTR. Aîné.

BENJI [bɛnʒi] **n. m.** – 1986 ◇ p.-ê. de l'anglais américain *bungie* «gomme-caoutchouc» ■ Exercice sportif consistant à s'élancer dans le vide d'une grande hauteur en étant retenu par un élastique (cf. Saut à l'élastique*).

BENJOIN [bɛ̃ʒwɛ̃] **n. m.** – 1538 ; *benjuyn* 1479 ◇ catalan *benjui* ; arabe *luban djawi* «encens de Java» ■ Substance aromatique et résineuse riche en acide benzoïque, sécrétée par le tronc du styrax*. *La teinture de benjoin est antiseptique et cicatrisante.*

BENNE [bɛn] **n. f.** – 1579 «tombereau» ◇ variante de *banne* dans le nord de la France ■ **1** Sorte de caisse servant au transport de matériaux dans les mines, les chantiers. *Benne roulante, basculante. Bennes de charbon.* ➤ **berline, chariot, wagonnet.** *Benne suspendue* (➤ **téléférage**). ■ **2** Partie basculante d'un engin, d'un camion, pour décharger des matériaux. *Engin* (➤ **chouleur, dumper**), *camion à benne.* — PAR EXT. Le camion lui-même. *Benne à ordures.* LOC. FAM. *Mettre à la benne* : jeter, se débarrasser de. ■ **3** Caisse de chargement d'une grue. ■ **4** Cabine de téléférique (➤ **télébenne**). ■ HOM. Ben (bénard).

BENOÎT, OÎTE [bənwa, wat] **adj.** /BENOIT, OITE/ – *beneeit* Xe ◇ p. p. de l'ancien français *beneïr* «bénir», du latin *benedictus* → benêt, bénit ■ **1** VX Bon et doux. ■ **2** IRON. Qui prend un air doucereux. — **adv.** (1823) **BENOÎTEMENT** /benoitement/.

BENOÎTE [bənwat] **n. f.** /BENOITE/ – *benoiste* 1545 ◇ de *benoît* ■ Plante des bois *(rosacées)* à fleurs jaunes, appelée aussi *herbe de Saint-Benoît,* dont la racine est astringente et tonique.

BENTHIQUE [bɛ̃tik] **adj.** – 1905 ◇ de *benthos* ■ DIDACT. Relatif au benthos. *La faune et la flore benthiques.*

BENTHOS [bɛ̃tos] **n. m.** – 1897 ◇ mot grec «profondeur» ■ DIDACT. Ensemble des organismes qui vivent sur les fonds des mers et s'y déplacent peu. *Benthos, plancton et necton.*

BENTO [bɛnto] **n. m.** – 1993, en référence au Japon ; répandu vers 2000 ◇ japonais *bentō* ■ Repas à emporter, conservé dans un récipient compartimenté et hermétique, pour être consommé lors de la pause déjeuner (mode de vie japonais) ; ce récipient, pour transporter son repas. *Des bentos.*

BENTONITE [bɛ̃tɔnit] **n. f.** – 1928 ◇ de *Fort-Benton,* n. d'une ville des États-Unis ■ GÉOL. Minéral argileux gonflant au contact de l'eau.

BENZÉDRINE [bɛ̃zedʀin] **n. f.** – 1942 ◇ nom déposé, de *benz(o)-* et *(éph)édrine* ■ CHIM. Amphétamine agissant comme stimulant du système nerveux central et sympathique.

BENZÈNE [bɛ̃zɛn] n. m. – 1835 ◊ de *benz(oïque)* ▪ CHIM. Hydrocarbure cyclique (C_6H_6), liquide incolore, insoluble dans l'eau, inflammable et toxique, dissolvant les corps gras, extrait des goudrons de houille (type de la série *benzénique*), premier représentant de la série aromatique.

BENZÉNIQUE [bɛ̃zenik] adj. – 1878 ◊ de *benzène* ▪ CHIM. Qui a rapport au benzène, qui contient le même cycle que le benzène. *Noyau benzénique. Série benzénique.* ➤ **aromatique.**

BENZINE [bɛ̃zin] n. f. – 1833 «benzène» ◊ allemand *Benzin*, d'après *benz(oïque)* ▪ **1** Mélange d'hydrocarbures (benzol rectifié) vendu dans le commerce, employé notamment comme détachant. ▪ **2** (Suisse) Essence ordinaire.

BENZ(O)– ▪ Élément marquant la parenté chimique avec le benzène ou l'acide benzoïque.

BENZOATE [bɛ̃zɔat] n. m. – 1787 ◊ latin *benzoe* «benjoin» ▪ CHIM. Sel ou ester de l'acide benzoïque.

BENZODIAZÉPINE [bɛ̃zodjazepin] n. f. – milieu XXe ◊ de *benz(o)-* et *diazépine*, nom d'un agent pharmacologique ▪ PHARM. Composé chimique ($C_9H_8N_2$) utilisé comme anxiolytique et hypnotique. — ABRÉV. **B. Z. D.**

BENZOÏQUE [bɛ̃zɔik] adj. – 1787 ◊ latin des botanistes *benzoe*, radical de *benzoinum*, latinisation de *benjoin* ▪ CHIM. *Acide benzoïque* : acide organique (C_6H_5COOH) extrait du benjoin ou produit à partir du toluène, utilisé comme antiseptique et comme agent de préservation.

BENZOL [bɛ̃zɔl] n. m. – 1840 ◊ de *benz(o)-* ▪ CHIM. Mélange de carbures de la série aromatique, composé de benzène, de toluène et de xylène.

BENZOLISME [bɛ̃zɔlism] n. m. – 1938 ◊ de *benzol* ▪ MÉD. Intoxication professionnelle par les benzols, pouvant être aiguë ou chronique.

BÉOTIEN, IENNE [beɔsjɛ̃, jɛn] n. et adj. – 1715 ◊ grec *boiôtios* «habitant de la *Béotie*», réputé pour sa lourdeur ▪ **1** Personnage lourd, peu ouvert aux lettres et aux arts, de goûts grossiers. *C'est un béotien.* — adj. *Avoir des goûts béotiens.* ▪ **2** Personne profane (dans un domaine). *C'est un béotien en musique.* — adj. *Je suis béotien en la matière.* ▪ CONTR. 2 Fin.

BÉOTISME [beɔtism] n. m. – 1835 ◊ de *béotien* ▪ Lourdeur, grossièreté du béotien. ▪ CONTR. Atticisme.

B. E. P., B. E. P. C. ➤ **BREVET**

BÉQUÉE ; BÉQUETER ➤ **BECQUÉE ; 1 BECQUETER**

BÉQUET [bekɛ] n. m. – 1587 *bequet* ; *bechez* 1170 ◊ de *bec* ▪ On écrit aussi *becquet*. ▪ **1** IMPRIM. Languette, petit morceau de papier qu'on ajoute à une épreuve pour signaler une correction, un ajout. — (1824) TYPOGR. Morceau de papier fin employé pour la mise en train. — THÉÂTRE Fragment de scène ajouté par l'auteur au cours des répétitions. ▪ **2** AUTOM. Pièce de carrosserie ajoutée à l'avant et à l'arrière d'une automobile pour la rendre aérodynamique.

BÉQUILLARD, ARDE [bekijaʀ, aʀd] adj. – 1656 ◊ de *béquille* ▪ FAM. Qui se déplace avec des béquilles. — n. *Une béquillarde.*

BÉQUILLE [bekij] n. f. – 1611 ◊ de *béquillon* XVIe «petit bec, traverse ayant la forme d'un bec» ▪ **1** Bâton surmonté d'une traverse sur laquelle on appuie l'aisselle ou la main pour se soutenir lors de la marche. ➤ **canne.** *Marcher avec des béquilles.* «*il marche à l'aide d'une béquille de bois placée sous l'aisselle*» ROBBE-GRILLET. — FIG. Soutien. «*Les béquilles du raisonnement*» PROUDHON. ▪ **2** Bec-de-cane. ▪ **3** TECHN. Instrument ou dispositif de soutien, de support pour maintenir debout, dans une position particulière. ➤ 2 **cale,** 2 **étai, étançon, tin.** *Béquille de motocyclette, de queue d'avion. Béquille de fusil mitrailleur. Béquilles d'un bateau.*

BÉQUILLER [bekije] v. ‹ 1 › – 1656 ◊ de *béquille* ▪ **1** v. intr. Marcher avec des béquilles. ▪ **2** v. tr. Étayer (un navire) avec des béquilles. ◆ Mettre (une moto) sur sa béquille.

BER [bɛʀ] n. m. – 1611 ; *berz* «berceau» 1150 ◊ latin °*bertium*, d'origine gauloise ▪ **1** MAR. Charpente qui supporte un navire en construction et qui glisse à la mer avec lui pendant le lancement ; charpente qui supporte un bateau à terre. (REM. On dit aussi *berceau*.) ▪ **2** Ridelle d'une charrette.

BERBÈRE [bɛʀbɛʀ] adj. et n. – 1688 ◊ p.-ê. de l'arabe *barbar, berber* ▪ Relatif au peuple autochtone d'Afrique du Nord. *Tribus berbères.* — n. *Les Kabyles, les Touareg sont des Berbères. Les Arabes et les Berbères.* — n. m. *Le berbère* : langue du groupe sémitique, d'une grande diversité dialectale, parlée par les Berbères. ➤ RÉGION. **amazigh, tamazight.**

BERBÉRIS [bɛʀbeʀis] n. m. – XVIe ◊ grec *berberi* «coquillage» ▪ BOT. ➤ **épine-vinette.**

BERBÉROPHONE [bɛʀbeʀɔfɔn] adj. et n. – 1903 ◊ de *berbère* et *-phone* ▪ Où l'on parle berbère. *Contrées berbérophones.* ◆ Qui parle la langue berbère. — n. *Un, une berbérophone.*

BERCAIL [bɛʀkaj] n. m. – *bercal* «bétail» 1379 ◊ latin populaire °*verbicale* «bergerie», de *verbex* «brebis» ▪ **1** RELIG. Le sein de l'Église. *Ramener au bercail une brebis égarée.* ▪ **2** COUR. et PLAISANT Famille, maison ; pays natal. *Rentrer au bercail.* — RARE *Des bercails.*

BERÇANT, ANTE [bɛʀsɑ̃, ɑ̃t] adj. – 1824 *chaise berçante* ◊ de *bercer* ▪ (calque de l'anglais américain *rocking chair*). (Canada) *Chaise berçante*, ou n. f. *berçante* : chaise, fauteuil à bascule. ➤ **berceuse** (2°), **rocking-chair.** «*Philomène est assise sur une chaise berçante qui craque et grince*» A. HÉBERT.

BERCE [bɛʀs] n. f. – 1694 ◊ mot d'origine controversée. Peut-être de l'allemand *Bartsch*, du polonais *barszcz* désignant une boisson aigre, mot apparenté au russe *borchtch* (→ bortch) ▪ Grande ombellifère à fleurs blanches qui croît dans les lieux humides.

BERCEAU [bɛʀso] n. m. – 1472 ◊ ancien français *berz* → ber ▪ **1** Petit lit de bébé, parfois muni de rideaux, et qui, le plus souvent, peut être balancé. ➤ **bercelonnette ; bercer.** *Berceau d'osier. Corbeille servant de berceau.* ➤ **couffin, moïse.** ◆ FIG. Symbole du très jeune âge où les enfants couchent dans un berceau. *Un enfant au berceau. Du berceau à la tombe.* PAR EXAGÉR. *Il aime les femmes très jeunes ; il les prend au berceau.* ◆ *Se pencher sur le berceau de* : favoriser la réussite de (qqch., qqn). *Les fées se sont penchées sur son berceau* : il, elle a des dons, une chance exceptionnels. ◆ Place (en crèche). *Une crèche de trente berceaux.* ▪ **2** FIG. Lieu de naissance. «*La Corse, ce berceau de Bonaparte*» DUMAS. *Le berceau familial, le berceau de la famille.* — Le lieu où une chose a commencé. «*on se demande si l'Afrique n'a pas été le berceau de l'humanité*» TH. MONOD. ▪ **3** (par anal. avec l'arceau du lit d'enfant) ARCHIT. Voûte en forme de demi-cercle ou d'ellipse. *Voûte en berceau.* «*cette nef, voûtée de pesants berceaux*» HUYSMANS. *Berceau cintré, brisé.* — HORTIC. Treillage en voûte garni de verdure ; voûte de feuillage. ➤ **charmille, tonnelle.** *Berceau de vigne.* — ARTILL. Organe intermédiaire courbé, entre le frein et l'affût d'une pièce. *Le berceau de pointage d'un canon.* — *Berceau de moteur* : partie où s'appuie un moteur. — MAR. ➤ **ber.**

BERCELONNETTE [bɛʀsəlɔnɛt] n. f. – 1834 ; *barcelonnette* 1787 ◊ de *Barcelone* en Espagne, avec influence de *berceau* ▪ Berceau léger, monté sur deux pieds en forme de croissants.

BERCEMENT [bɛʀsəmɑ̃] n. m. – 1584, repris XIXe ◊ de *bercer* ▪ Action de bercer ; mouvement de va-et-vient analogue à celui du berceau. ➤ **balancement.** *Le bercement des vagues.*

BERCER [bɛʀse] v. tr. ‹ 3 › – *bercier* 1220 ◊ de *berz* → ber ▪ **1** Balancer dans un berceau. ◆ PAR ANAL. Balancer, agiter doucement, comme dans un berceau. *Bercer un enfant dans ses bras. Un canot bercé par les vagues.* ▪ **2** FIG. *Être bercé par*, accompagné de façon continue par (qqch. d'agréable). ➤ **imprégner, nourrir.** «*ce ronflement de la mer dont l'enfance de Dominique avait été bercée*» FROMENTIN. ▪ **3** FIG. et LITTÉR. *Bercer une peine, une douleur.* ➤ **apaiser.** ▪ **4** Leurrer. *On l'a bercé de vaines promesses.* ➤ **tromper.** — PRONOM. *Se bercer d'illusions.* ➤ **s'illusionner.** «*Il se berçait de ces flatteuses idées*» VOLTAIRE.

BERCEUR, EUSE [bɛʀsœʀ, øz] adj. – 1859 ◊ de *bercer* ▪ Qui berce. *Rythme berceur.*

BERCEUSE [bɛʀsøz] n. f. – 1835 «nourrice» ◊ de *bercer* ▪ **1** (1838) Chanson pour endormir un enfant. PAR EXT. Morceau de musique dont le rythme rappelle celui de ces chansons. *Une berceuse de Schumann.* ▪ **2** (1867) Siège à pieds courbes sur lequel on peut se balancer. ➤ **rocking-chair.**

BÉRET [beʀɛ] n. m. – 1819 ◊ du béarnais *berret* (v. 1330), anc. rouergat *beretz* plur. «couvre-chefs des évêques» ; latin tardif *birretum* (→ 1 barrette), latin *birrum* «capote à capuchon» ▪ Coiffure de laine souple, ronde et plate, sans bord. *Béret basque. La baguette et le béret du Français moyen* (dans les caricatures). — PAR ANAL. Toute coiffure de même forme. *Béret de chasseur alpin, de marin.* PAR MÉTON. *Les bérets verts* : les légionnaires. *Les bérets rouges* : les parachutistes. — ANCIENNT *Béret d'étudiant.* ➤ **faluche.**

BÉRÉZINA [beʀezina] n. f. – v. 1980 ◊ de la déroute de la *Bérézina*, pendant la campagne de Russie ▪ FAM. *(C'est) la bérézina*, la catastrophe, l'échec total. «*si on ne se serre pas les coudes entre hommes, c'est la bérézina*» PH. JAENADA.

BERGAMASQUE [bɛʀgamask] **n. f.** – 1549 ◊ italien *bergamasco*, de *Bergame*, ville d'où la danse est originaire ■ Danse et air de danse à la mode au XVIIIe s. *« masques et bergamasques »* VERLAINE.

BERGAMOTE [bɛʀgamɔt] **n. f.** – *berguamotte* 1536 ◊ italien *bergamotta*, du turc *beg-armâdé* « poire du Seigneur », ou de *Bergama*, forme de *Pergamo*, ville d'Asie Mineure ■ **1** Poire d'une variété fondante. ■ **2** (1694 ◊ par anal. de forme) Agrume acide, fruit du bergamotier. *Essence de bergamote* : huile essentielle utilisée en parfumerie et en confiserie. *Thé à la bergamote.* ◆ PAR EXT. Bonbon à la bergamote. *Les bergamotes de Nancy. « les bergamotes [...] ces petits bouts de verroteries jaunes et translucides et cassantes »* QUIGNARD.

BERGAMOTIER [bɛʀgamɔtje] **n. m.** – 1810 ◊ de *bergamote* (2°) ■ Arbre du sud de l'Italie *(rutacées)* dont le fruit, la bergamote, est aromatique.

1 **BERGE** [bɛʀʒ] **n. f.** – 1403 ; *berche* 1380 ◊ latin populaire °*barica*, d'origine gauloise ■ **1** Bord exhaussé d'un cours d'eau. *La berge d'un grand fleuve.* ➤ **rivage, rive.** *Berges d'un canal. Voie sur berge,* le long d'un fleuve, spécialt le long de la Seine, à Paris. ➤ **autoberge.** ■ **2** PAR ANAL. Bord relevé d'un chemin, d'un fossé. ➤ 1 **talus.**

2 **BERGE** [bɛʀʒ] **n. f.** – 1836 ◊ de *berj*, mot tsigane ■ FAM. Année d'âge. ➤ **balai,** 3 **pige.**

BERGER, ÈRE [bɛʀʒe, ɛʀ] **n.** – *bergier* XIIe ◊ latin populaire °*verbecarius*, de *verbex* « brebis » ■ **1** Personne qui garde les moutons. ➤ **gardien.** *Bâton de berger.* ➤ **houlette.** *Hutte, cabane de berger.* ➤ **buron.** *Chien de berger,* dressé à la garde des troupeaux. *La vie pastorale* du berger.* LOC. *La bergère de Domrémy* : Jeanne d'Arc. *Au temps où les rois épousaient les bergères* : autrefois, dans l'âge d'or. *La réponse du berger à la bergère* : le mot de la fin, qui clôt la discussion. — *L'étoile du berger* : la planète Vénus. ■ **2** FIG. Pasteur des âmes, prêtre. *Le bon berger.* ■ **3** **n. m.** Chien de berger. *Berger allemand, berger des Pyrénées. Berger belge* (➤ **malinois**), *berger de Brie* (➤ **briard**), *berger écossais* (➤ **bobtail**).

BERGÈRE [bɛʀʒɛʀ] **n. f.** – 1746 ◊ de *berger* ■ Fauteuil large et profond à joues pleines, et dont le siège est garni d'un coussin. *Des bergères Louis XV.*

BERGERIE [bɛʀʒəʀi] **n. f.** – v. 1220 ◊ de *berger* ■ **1** Lieu, bâtiment où l'on abrite les ovins. ➤ **parc.** *Les moutons sont dans la bergerie. Les cases, les crèches d'une bergerie.* — LOC. FIG. *Enfermer, laisser entrer le loup dans la bergerie* : laisser, introduire qqn dans un lieu où il peut être dangereux. ■ **2** Dans un grand magasin, Enceinte de comptoirs à l'intérieur de laquelle se tient la vendeuse. ■ **3** Poème, récit, pièce de théâtre mettant en scène les amours des bergers. ➤ **églogue ; bucolique, pastorale.**

BERGERONNETTE [bɛʀʒəʀɔnɛt] **n. f.** – XIIIe ◊ de *bergère* ■ Petit oiseau *(passériformes)* vivant au bord de l'eau. ➤ **hochequeue, lavandière.** *La bergeronnette des ruisseaux.*

BÉRIBÉRI [beʀibeʀi] **n. m.** – 1686 ; *berisberi* 1665, mot malais ◊ mot cinghalais *berber*, employé en français comme mot étranger en 1617 ■ MÉD. Avitaminose B_1 (➤ **thiamine**), causée par la consommation exclusive de riz décortiqué, et qui se manifeste essentiellement par des troubles nerveux (➤ **polynévrite**).

BÉRIMBAU ou **BERIMBAU** [beʀimbo] **n. m.** – 1989 ◊ mot portugais (XVIe), peut-être d'origine africaine, du mandingue *balimbano* désignant un instrument semblable ■ Instrument de musique brésilien, arc musical muni d'une calebasse que l'on fait résonner en frappant la corde métallique avec une baguette. *Le bérimbau accompagne la capoeira. Des bérimbaus, des berimbaus.*

BERK [bɛʀk] ou **BEURK** [bœʀk] **interj.** – 1929 *beurque* ◊ onomatopée ■ Interjection exprimant le dégoût. ➤ **pouah ;** RÉGION. **ouache.** *C'est dégoûtant. Berk !*

BERKÉLIUM [bɛʀkeljɔm] **n. m.** – 1950 ; anglais *berkelium* (1949) ◊ de *Berkeley*, nom d'une université des États-Unis ■ CHIM. Élément radioactif artificiel (Bk ; n° at. 97), de la famille des actinides.

BERLINE [bɛʀlin] **n. f.** – 1718 ; *breline* début XVIIIe ◊ de *Berlin*, ville où cette voiture était à la mode ■ **1** ANCIENNT Voiture hippomobile suspendue, à quatre roues et à deux fonds, garnie de glaces et d'une capote. ■ **2** MOD. Automobile à quatre portes et quatre places. *Les berlines et les coupés.* ■ **3** Benne roulante, chariot pour le transport de la houille, dans les mines.

BERLINGOT [bɛʀlɛ̃go] **n. m.** – *berlinguaux* 1618 ◊ italien *berlingozzo*, sorte de gâteau ■ **1** Bonbon aux fruits, à la menthe, de forme tétraédrique. ■ **2** Emballage pour les liquides, de la forme du bonbon. *Un berlingot de lait.* — Conditionnement de plastique souple, pour les petites doses de liquide. *Berlingot d'eau de Javel.* ■ **3** *Berlingot de mer* : crépidule.

BERLUE [bɛʀly] **n. f.** – 1536 ; *bellue* XIIIe ◊ de *belluer* « éblouir » ■ FAM. *Avoir la berlue* : avoir des visions. *Je n'ai pas la berlue, c'est bien lui.* — FIG. Se faire des illusions.

BERME [bɛʀm] **n. f.** – *barme* 1611 ◊ néerlandais *berm* « talus » ■ **1** FORTIF. Chemin étroit entre le pied d'un rempart et un fossé. ■ **2** Chemin laissé entre une levée et le bord d'un canal ou d'un fossé. ➤ 1 **berge.** ■ **3** (Belgique, Suisse) Terre-plein ou séparateur axial au centre (d'une autoroute, d'une artère importante). *Berme centrale.* — (Ouest) Accotement (d'une route).

BERMUDA [bɛʀmyda] **n. m.** – 1958 ◊ mot anglais américain, nom des îles *Bermudes* ■ Short à jambes étroites s'arrêtant au genou. *Un bermuda à fleurs. Porter un bermuda, des bermudas.*

BERNACHE [bɛʀnaʃ] ou **BERNACLE** [bɛʀnakl] **n. f.** – 1600, -1671 ◊ p.-ê. irlandais *bairnech* ■ **1** Oiseau d'eau grégaire *(ansériformes)*, oie sauvage du nord de l'Amérique, migrant au sud des États-Unis. ➤ **outarde.** ■ **2** (1768, -1751) ➤ **anatife.** — On dit aussi **BARNACHE** (1762), **BARNACLE** (1532).

BERNARDIN, INE [bɛʀnaʀdɛ̃, in] **n.** – 1512 ◊ de *saint Bernard* ■ Religieux, religieuse de l'ordre de Saint-Benoît, réformé au XIIe s. par saint Bernard. ➤ **cistercien.**

BERNARD-L'ERMITE [bɛʀnaʀlɛʀmit] **n. m. inv.** – 1554 ◊ languedocien *bernat l'ermito*, de *Bernard*, sobriquet de nombreux animaux, et *ermite* ■ COUR. Crustacé qui se loge dans des coquilles abandonnées. ➤ **pagure.** *Des bernard-l'ermite.* — On trouve aussi la graphie *bernard-l'hermite.*

1 **BERNE** [bɛʀn] **n. f.** – 1680 ; « couverture » 1625 ; « manteau de femme » 1534 ◊ de *berner* ■ VX Mauvais tour ou brimade consistant à faire sauter qqn en l'air sur une couverture tenue par plusieurs personnes. ➤ **berner.**

2 **BERNE** [bɛʀn] **n. f.** – 1676 ◊ p.-ê. de *berme* ■ MAR. *Pavillon en berne,* hissé à mi-drisse en signe de deuil ou de détresse. — PAR EXT. *Drapeau en berne,* non déployé, roulé. *Mettre les drapeaux en berne.* ◆ FIG. *En berne* : qui atteint un très bas niveau. *Avoir le moral en berne. Croissance en berne,* en baisse. *Secteur en berne,* dont la croissance est en baisse.

BERNER [bɛʀne] **v. tr.** ⟨1⟩ – 1486 « moquer » ◊ p.-ê. de l'ancien français « vanner le blé », de *bren* « 3 son » ■ **1** VX Faire subir la berne à. ➤ **brimer.** ■ **2** FIG. Tromper en ridiculisant. ➤ **duper*, jouer ;** RÉGION. **fourrer.** *« il se vit bafoué, berné »* LA FONTAINE. ■ CONTR. Démystifier, détromper.

1 **BERNIQUE** [bɛʀnik] ou **BERNICLE** [bɛʀnikl] **n. f.** – 1742 ◊ breton *bernic* ■ Patelle*. *« Nous prenions les berniques au bout de nos couteaux, et nous les mangions toutes vivantes »* LOTI.

2 **BERNIQUE** [bɛʀnik] **interj.** – 1756 ◊ p.-ê. de *bren* « son » ■ FAM. et VIEILLI Exprime que l'espoir qu'on a est mal fondé et sera déçu. ➤ **rien** (à faire). *« Il faut de l'argent pour être heureux ; sans argent, bernique ! »* BALZAC. ➤ **macache.**

BERSAGLIER [bɛʀsaglije ; bɛʀsaljɛʀ] **n. m.** – 1866 ◊ italien *bersagliere* ■ Soldat italien de l'infanterie légère, qui porte un feutre à plume. *Des bersagliers,* ou plur. it. *des bersaglieri.*

BERTHE [bɛʀt] **n. f.** – 1847 ◊ de *Berthe*, nom de la mère de Charlemagne ■ **1** VX Large col arrondi ou petite pèlerine de femme. ■ **2** ANCIENNT Vase de métal pour transporter le lait.

BERTILLONNAGE [bɛʀtijɔnaʒ] **n. m.** – 1897 ◊ de *Bertillon*, nom de l'inventeur ■ Système d'identification des criminels fondé principalement sur l'anthropométrie.

BÉRYL [beʀil] **n. m.** – *beril* « pierre précieuse » 1125 ◊ latin *beryllus*, grec *bêrullos* ■ MINÉR. Silicate naturel d'aluminium et de béryllium cristallisé, classé en plusieurs variétés selon la couleur et la composition chimique. *Béryl ordinaire. Béryl vert* (➤ **émeraude**), *bleu clair* (➤ **aigue-marine**).

BÉRYLLIOSE [beʀiljoz] **n. f.** – 1970 ◊ de *béryllium* et 2 *-ose* ■ PATHOL. Maladie professionnelle due aux poussières de béryllium. *La bérylliose est responsable de pneumopathies aiguës, de granulomes pulmonaires et cutanés dans ses formes chroniques.*

BÉRYLLIUM [beʀiljɔm] **n. m.** – 1838 ◊ de *béryl* ■ CHIM. Élément alcalinoterreux (Be ; n° at. 4 ; m. at. 9,0122), métal dur et léger utilisé sous forme d'alliages. ➤ VX **glucinium.** *Bronze au béryllium.*

BÉRYX [beʀiks] **n. m.** – 1829, Cuvier ◊ d'un mot grec d'origine inconnue ■ ZOOL. Poisson osseux des grands fonds *(béryciformes)*, à la chair blanche et ferme très appréciée. *Béryx commun.* ➤ **empereur** (II). — On écrit aussi *beryx* [beʀiks].

BERZINGUE (À TOUT, À TOUTE) [atu(t)bɛʀzɛ̃g] **loc. adv.** – 1935 ◊ de *à, tout* et var. de *brindezingue* ■ FAM. ■ **1** À toute vitesse. *Filer à toute berzingue* (cf. À toute blinde, plein pot*). ■ **2** Au maximum. *Mettre la radio à tout berzingue,* à fond* (cf. À pleins tubes*).

BESACE [bəzas] **n. f.** – v. 1200 ◊ bas latin *bisaccium,* plur. *bisaccia* «double sac» → bissac ■ **1** Sac long, ouvert par le milieu et dont les extrémités forment deux poches. *La besace du pèlerin, du berger.* ■ **2** ARCHIT. *Appareil en besace,* dont les pierres sont posées alternativement en longueur et en largeur. *Un mur en besace.*

BESAIGUË [bəzegy] **n. f.** /BESAIGÜE/ – XIIe ◊ latin populaire *bisacuta* «deux fois aiguë» ■ **1** Outil de charpentier dont les deux bouts acérés sont taillés l'un en ciseau, l'autre en bédane. ■ **2** Marteau de vitrier.

BESANT [bəzɑ̃] **n. m.** – 1080 ◊ latin *byzantium* ■ DIDACT. ■ **1** Monnaie byzantine d'or et d'argent répandue au temps des croisades. ■ **2** ARCHIT. Disque saillant sculpté sur un bandeau, une archivolte. *Le besant est un ornement de style roman.* ■ **3** BLAS. Figure circulaire d'or et d'argent.

BÉSEF ➤ **BÉZEF**

BÉSICLES [bezikl] **n. f. pl.** – 1555 ; *bericle* 1328 ◊ de *beril* (→ béryl), qui a servi à faire des loupes ■ VX ou PLAISANT Lunettes. *Chausser ses bésicles.* ➤ **binocle.** *«Il ôta ses bésicles pour consulter le journal»* P. RAMBAUD. — On a écrit *besicles* [bezikl ; bəzikl].

BÉSIGUE [bezig] **n. m.** – v. 1820 ◊ origine inconnue ■ Ancien jeu de cartes se jouant avec plusieurs jeux de 32 cartes.

BESOGNE [bəzɔɲ] **n. f.** – *besoigne* 1165 ◊ francique °*bisunnia* «soin, souci», de °*sunnja* ■ **1** VX Besoin, ce qui est nécessaire (➤ **besogneux**). — Acte sexuel (➤ **besogner**). ■ **2** MOD. Travail imposé par la profession ou par toute autre cause. ➤ **occupation, ouvrage, tâche,** 1 **travail.** *Abattre de la besogne. Une lourde, une rude besogne. Cela n'a pas été une mince besogne* : cela n'a pas été facile. — LOC. *Aller vite en besogne* : travailler rapidement, être expéditif ; brûler les étapes, précipiter les choses. ♦ PAR EXT. L'ouvrage effectué ou à faire. *Avoir fait de la belle, de la bonne besogne.* IRON. *Vous avez fait là de la belle besogne !*

BESOGNER [bəzɔɲe] **v.** ⟨1⟩ – *busuigner* «être dans le besoin» 1120 ◊ du francique °*bisunnjon* «se soucier de» ■ **1 v. intr.** Faire un travail fatigant, inintéressant. ➤ **peiner,** FAM. **trimer.** *«Plus aucun goût pour écrire dans ce carnet. Plutôt besogné que travaillé vraiment»* GIDE. ■ **2 v. tr.** VX ou PLAIS. Accomplir un acte sexuel avec (un[e] partenaire érotique). *«elle n'est pas fille facile. Conséquemment, elle se fait très rarement besogner, elle en aurait pourtant grand besoin»* V. DESPENTES. ➤ 1 **baiser.** *«l'apprentie suceuse qui le besognait»* DJIAN. ■ CONTR. 1 Reposer (se).

BESOGNEUX, EUSE [bəzɔɲø, øz] **adj.** – *besoigneux* XVe ◊ de *besogne* «besoin» ■ **1** VX Qui est dans le besoin. ➤ **miséreux, nécessiteux.** *Des parents besogneux.* ■ **2** (1852 ◊ rattaché abusivt à *besogne,* 2°) MOD. Qui fait une médiocre besogne mal rétribuée. *Un gratte-papier besogneux.* SUBST. *Un besogneux.* ■ **3** Qui doit beaucoup travailler pour réussir, obtenir un médiocre résultat. *Un écrivain, un élève besogneux.* ■ CONTR. Riche.

BESOIN [bəzwɛ̃] **n. m.** – *être bozoins* XIe ◊ du francique °*bisunni* «soin»

I EXIGENCE, NÉCESSITÉ ■ **1** Exigence née de la nature ou de la vie sociale. ➤ **appétence, appétit, désir, envie, exigence, faim, goût, nécessité, soif.** *Les désirs naissent des besoins. Besoin de nourriture. Besoin d'affection. Besoin de nouveauté, de changement. Sentir, ressentir, éprouver le besoin de* (qqch., faire qqch.). *«Allez mesurer chez un homme le besoin d'être accepté, aimé, reconnu»* BEN JELLOUN. *Un besoin pressant, urgent, impérieux, irrésistible. «J'étouffais, j'avais un besoin vital des grands courants d'air du reportage»* CHABROL. *Satisfaction, assouvissement des besoins. «L'esprit a ses besoins, ainsi que le corps»* ROUSSEAU. ♦ AU PLUR. *Les besoins de qqn* : les choses considérées comme nécessaires à l'existence, obtenues par de l'argent. *Subvenir, pourvoir aux besoins de ses parents* (➤ **entretenir**). *Avoir de petits besoins, de grands besoins. N'avoir aucun besoin. Se créer des besoins.* — *Les besoins en énergie augmentent.* ♦ FAM. *Un besoin naturel, les besoins naturels, les (ses) besoins* : la nécessité d'uriner, d'aller à la selle. *«Au milieu du terrain il y avait un palmier nain, desséché et sans fruits, contre le tronc duquel les gens venaient faire leurs besoins»* COSSERY. ♦ *Le(s) besoin(s) de la cause* : ce qu'il est nécessaire de dire à l'appui de la cause que l'on défend. *J'ai été obligé de mentir pour les besoins de la cause.* ♦ MÉD. *État de besoin,* créé par l'accoutumance. ➤ 2 **manque ; addiction, dépendance.** — L'objet du besoin. *Le tabac est devenu un besoin impérieux pour lui.* ■ **2 loc. verb. AVOIR BESOIN DE...** (qqn ou qqch.). ♦ (Subjectif) Ressentir la nécessité de, vouloir comme nécessaire, utile. ➤ **désirer, exiger, réclamer,** 1 **vouloir** (cf. Avoir envie de...). *Avoir besoin d'argent ; d'affection. Je n'en ai plus besoin. «Écrivez-nous de quoi vous avez besoin, on vous expliquera comment vous en passer»* COLUCHE. ♦ (Objectif) *Il a besoin de qqch., de qqn,* cette chose, cette personne lui est nécessaire, utile. ➤ **falloir.** *Elle a besoin de calme, de repos. «Ayant besoin de joie comme les plantes de soleil»* FRANCE. *Ce malade a besoin d'air.* ➤ **manquer.** *Le bébé a besoin de ses parents. Gagner sa vie sans avoir besoin de personne.* — PAR ANTIPHR. *Avec tous les ennuis qu'il a déjà, il n'avait pas besoin de ça !* — FAM. (CHOSES) *Ce tapis a besoin d'un coup de brosse.* — **AVOIR BESOIN DE** (et l'inf.) : éprouver, voir la nécessité, l'utilité de. *«il avait besoin d'y voir clair dans son âme»* STENDHAL. *Je n'ai pas besoin de dire, d'ajouter que* : inutile de dire, d'ajouter que. — IRON. et FAM. *Vous aviez bien besoin de lui en parler !* — **AVOIR BESOIN QUE** (et subj.) : il faut que ; il est nécessaire que. *Il a besoin qu'on le soutienne.* ■ **3 ÊTRE BESOIN** IMPERS. (LITTÉR.). *Qu'est-il besoin de* (suivi d'un subst. ou de l'inf.). *«Qu'est-il besoin d'aller chercher l'enfer dans l'autre vie ?»* ROUSSEAU. *Il n'est pas besoin de le lui dire,* cela n'est pas nécessaire. *Point n'est besoin de.* — *Cette distance «dont il est besoin pour créer toute œuvre d'art»* CAILLOIS. *S'il en est besoin, si besoin est* : si cela est nécessaire. ■ **4 loc. adv. AU BESOIN** : en cas de nécessité, s'il le faut. *Au besoin, téléphonez-moi.*

II PRIVATION État de privation. ➤ **dénuement, gêne, indigence, misère, pauvreté.** *Être dans le besoin* : manquer d'argent. *«Ils continuaient de vivre de la nécessité, bien qu'ils ne fussent plus dans le besoin»* CAMUS. *Être à l'abri* du besoin.*

■ CONTR. Dégoût, satiété. Abondance, aisance, bien-être, fortune, opulence, prospérité, richesse.

BESSEMER [bɛsmɛʀ] **n. m.** – 1886 ; *acier bessemer* 1862 ◊ nom de l'inventeur ■ TECHN. Convertisseur pour transformer la fonte en acier.

BESSON, ONNE [besɔ̃, ɔn] **n.** – *beçon* 1260 ◊ latin populaire °*bissus,* de *bis* «deux fois» ■ VX ou RÉGION. Jumeau, jumelle. *«On reconnut bien vite que c'était deux bessons»* SAND. — **adj.** *Des frères bessons.*

1 **BESTIAIRE** [bɛstjɛʀ] **n. m.** – 1495 ◊ latin *bestiarius,* de *bestia* «bête» ■ ANTIQ. ROM. Celui qui devait combattre contre les bêtes féroces, ou leur était livré au cours des jeux du cirque. ➤ **belluaire, gladiateur.**

2 **BESTIAIRE** [bɛstjɛʀ] **n. m.** – 1119 ◊ latin médiéval *bestiarium* ■ Recueil de fables, de moralités sur les bêtes.

BESTIAL, IALE, IAUX [bɛstjal, jo] **adj.** – 1190 ◊ latin *bestialis,* de *bestia* ■ Qui tient de la bête, qui assimile l'être humain à la bête. ➤ 2 **animal, brutal, sauvage.** *Air, instinct bestial. Amour bestial.* — **adv. BESTIALEMENT.** ■ CONTR. Délicat, raffiné.

BESTIALITÉ [bɛstjalite] **n. f.** – *bestiauté* XIIIe ◊ latin médiéval *bestialitas* ■ **1** Caractère bestial. ➤ **animalité, brutalité, grossièreté.** ■ **2** VIEILLI Comportement sexuel déviant qui consiste à avoir des relations avec des animaux. ➤ **zoophilie.**

BESTIAUX [bɛstjo] **n. m. pl.** – 1418 ◊ latin *bestia* «bête» ■ **1** Ensemble des animaux qu'on élève dans une exploitation agricole (à l'exclusion des animaux de bassecour). ➤ **bétail.** *Les bestiaux de la ferme. Marché aux bestiaux. Wagon à bestiaux. Entassés, parqués comme des bestiaux.* ■ **2** AU SING. (RURAL ou PLAISANT) Animal, bête. *Qu'est-ce que c'est que ce bestiau ?*

BESTIOLE [bɛstjɔl] **n. f.** – fin XIIe ◊ latin *bestiola,* diminutif de *bestia* ■ Petite bête. ➤ **bébête,** RÉGION. **bébite.** *«Les rats, les souris et autres bestioles»* QUENEAU. — SPÉCIALT Insecte.

BEST OF [bɛstɔf] **n. m. inv.** – 1987 ◊ mots anglais «le meilleur de» ■ ANGLIC. (critiqué) Sélection de succès musicaux (➤ **compilation**), des meilleurs moments d'une émission de télévision. ➤ **florilège.**

BEST-SELLER [bɛstsɛlœʀ] **n. m.** /BESTSELLER/ – 1947, répandu v. 1960 ◊ mot anglais américain «le mieux vendu» ■ ANGLIC. ■ **1** Livre qui a obtenu un grand succès de librairie. *Des best-sellers. «Les best-sellers ? Je me méfie de cette littérature de masse»* J. CAU. ■ **2** Gros succès commercial (dans un domaine quelconque).

1 **BÊTA** [bɛta] **n. m. inv.** – 1655 ◊ mot grec

I ■ **1** Deuxième lettre de l'alphabet grec (Β, β). ■ **2** CHIM. Décalage de deux atomes de carbone par rapport à un atome de référence dans une molécule (➤ **aussi alpha**).

Attaque en bêta.

II APPOS. INV. ▪ **1** PHYS. *Rayons, rayonnement bêta* (β) : flux d'électrons ($β^-$) ou, plus rarement, de positrons ($β^+$), émis spontanément par certains éléments radioactifs. *La radioactivité* β. — PHYSIOL. *Récepteur adrénergique* β. ▪ **2** *Version bêta* : deuxième version d'un logiciel, avant sa commercialisation. *Tester la version bêta.*

2 **BÊTA, ASSE** [bɛta, as] n. et adj. – 1584 ◊ de *bête* ▪ FAM. Personne bête, niaise, stupide. ➤ **benêt, niais, sot*.** *C'est un grand bêta, un gros bêta.* (Terme affectueux) *Gros bêta !* — **adj.** « *la lourde, massive, bêtasse syntaxe des corrects grammairiens* » GONCOURT.

BÊTABLOQUANT, ANTE [bɛtablɔkɑ̃, ɑ̃t] n. m. et adj. – avant 1972 ◊ de 1 *bêta* et 1 *bloquer* ▪ MÉD. Substance qui empêche la fixation d'adrénaline sur les récepteurs adrénergiques* β du système sympathique. *Les bêtabloquants sont utilisés dans le traitement de l'hypertension et de l'insuffisance cardiaque.* — **adj.** *Action bêtabloquante d'un médicament.*

BÊTACAROTÈNE [bɛtakaʀɔtɛn] n. m. – 1975 β *carotène* ◊ de 1 *bêta* et *carotène* ▪ BIOCHIM. Pigment caroténoïde, précurseur de la vitamine A.

BÉTAIL [betaj] n. m. – 1205 *bestaille* ◊ de *bête* ▪ Ensemble des animaux entretenus pour la production agricole. ➤ **bestiaux ; 1 animal, bête, cheptel, troupeau.** *Tête de bétail. Le gros bétail* (bovins, chevaux). *Le petit bétail* (ovins, porcins). *Achat du bétail sur pied, vivant. Pièce de bétail destinée à la boucherie.* INUS. *Des bétails.* ◆ PAR COMPAR. *Traiter des personnes comme du bétail,* brutalement et sans respect pour la personne. — FIG. et PÉJ. *Le bétail humain.*

BÉTAILLÈRE [betajɛʀ] n. f. – 1953 ◊ de *bétail* ▪ Fourgon automobile à claire-voie, réservé au transport des chevaux et des animaux de boucherie.

BÊTALACTAMINE [bɛtalaktamin] n. f. – 1972 ◊ de 1 *bêta, lact(o)-* et *amine* ▪ MÉD. Membre d'une classe d'antibiotiques produits par des moisissures ou par synthèse, dérivé de la pénicilline. *Les bêtalactamines entravent la synthèse de la membrane bactérienne.*

BÊTATHÉRAPIE [bɛtateʀapi] n. f. – *bêta-thérapie* 1923 ◊ de 1 *bêta* et *-thérapie* ▪ MÉD. Traitement par les rayonnements bêta* émis par les corps radioactifs.

BÊTATRON [bɛtatʀɔ̃] n. m. – v. 1936 ◊ de 1 *bêta* et *(cyclo)tron* ▪ SC. Cyclotron à électrons. ➤ **accélérateur** (II, 4°).

BÊTE [bɛt] n. f. et adj. – fin XIe ◊ du latin *bestia,* qui a également donné *biche*

I ~ n. f. **UNE BÊTE A.** ANIMAL ▪ **1** Tout animal, l'être humain excepté. *Bêtes et gens.* « *L'homme n'est ni ange ni bête, et le malheur veut que qui veut faire l'ange fait la bête* » PASCAL. — *Une petite bête.* ➤ **bestiole ; bébête.** *Des peaux de bêtes. Un ami des bêtes. Nos amies les bêtes. Le pedigree d'une bête de race.* — *Bêtes fauves*, noires*, puantes** (CHASSE). *Bête féroce. Bêtes nuisibles.* — *Les bêtes à cornes. Une bête de somme*.* — LOC. FAM. *On n'est pas des bêtes :* il faut se comporter avec civilité. « *moi j'ai besoin de parler, d'échanger ; on n'est pas des bêtes quand même* » G. DELACOURT. ▪ **2** SPÉCIALT **LES BÊTES.** ➤ **bestiaux, bétail.** *Mener, rentrer les bêtes.* — Les animaux féroces de l'arène. *Martyr livré aux bêtes.* — Les insectes, la vermine. *Un lit infesté de bêtes. Il y a des bêtes.* ◆ *Bête à bon Dieu :* coccinelle. ▪ **3** LOC. FIG. *Chercher la petite bête :* créer des difficultés en cherchant la moindre erreur, en critiquant (➤ **pinailler**). *C'est sa bête noire :* il a cette personne, cette chose en horreur. *Reprendre du poil* de la bête. Regarder qqn comme une bête curieuse,* avec une insistance déplacée. *Morte la bête, mort le venin*. Se payer, se servir sur la bête :* tirer profit d'un débiteur, d'une victime ; SPÉCIALT obtenir des faveurs sexuelles d'une solliciteuse, d'une collaboratrice. « *le caractère quasi systématique de l'"impôt sur la bête" d'autrefois, celui du régisseur sur la figurante* » F. GIROUD.

B. PERSONNE ▪ **1** (Idée de force, de violence) *Être malade, souffrir comme une bête* (cf. Comme un chien*). *Travailler comme une bête* (cf. Comme un bœuf*, une brute*). *S'éclater* comme une bête,* sans retenue. ◆ PAR EXT. (1874) *Une bête à concours :* personne qui travaille beaucoup et réussit aux concours. ➤ **bûcheur.** *Une bête de scène :* artiste remarquable qui se donne à fond. ABSOLT (ADMIRATIF) *C'est une bête !* une personne robuste, efficace, que rien n'arrête. ➤ **as, champion, chef.** *Aux échecs, c'est une vraie bête,* il est très fort. ▪ **2** (Idée de bas instinct, de danger) « *La Bête humaine* », *roman de Zola* (➤ **bestial**). *Une sale bête :* une personne méchante. *Une bonne bête :* une personne qui n'est pas dangereuse. ▪ **3** (fin XIIe) (Manque d'intelligence) *Faire la bête :* faire semblant de ne pas comprendre. — FAM. et AFFECTUEUX *Grande bête, grosse bête !* ➤ 2 **bêta, nigaud.**

II ~ **adj.** ▪ **1** (en ancien français, puis à partir de 1763) (PERSONNES) Qui manque d'intelligence, de jugement. *Il, elle est bête comme une oie ; bête à manger du foin.* ➤ **borné, crétin, demeuré, idiot, imbécile, inintelligent, obtus, sot, stupide ;** FAM. **con, débile, nul,** 1 **taré ;** RÉGION. **niaiseux.** *Il est bête et méchant. Plus bête que méchant. Bête et discipliné*. Il n'est pas bête, il est loin d'être bête ;* FAM. *il a oublié d'être bête.* — (1796) *Pas si bête :* pas assez sot pour se laisser berner. — LOC. *Bête comme ses pieds :* très bête ; (Canada) impoli, grossier. ◆ (CHOSES) *Une idée, une histoire bête.* ➤ **idiot, inepte.** FAM. *Ça, c'est pas bête !* c'est bien trouvé (cf. C'est pas con*). **n. m.** *Ce film est d'un bête !* — LOC. *C'est bête à pleurer. C'est tout bête, c'est bête comme chou,* facile à faire, à deviner. ➤ **enfantin, simple.** ▪ **2** (PERSONNES) Qui manque d'attention, d'à-propos. *Suis-je bête de l'avoir oublié !* ➤ **étourdi, inattentif.** — Qui dit des bêtises. *Que tu es bête, c'est impossible !* ▪ **3** (CHOSES) Absurde et regrettable. ➤ **stupide.** *Un accident bête. C'est bête, je ne m'en souviens pas.* ➤ **idiot ;** RÉGION. **bœuf.** ▪ **4** (Canada) FAM. Désagréable, méchant. « *Je trouve toujours que les passagers du métro ont l'air bête* » TREMBLAY.

▪ CONTR. 2 Fin, futé, ingénieux, intelligent, spirituel, subtil. ▪ HOM. Bette.

BÉTEL [betɛl] n. m. – 1572 ; *beteille* 1515 ◊ portugais *betel,* du malayalam *vettila* ▪ **1** Poivrier grimpant d'une variété originaire de Malaisie, dont les feuilles desséchées contiennent des principes stimulants et astringents. ▪ **2** Masticatoire tonique et astringent, composé de feuilles de bétel et de tabac, de chaux vive et de noix d'arec, utilisé dans les régions tropicales. *Mâcher du bétel.*

BÊTEMENT [bɛtmɑ̃] adv. – XIVe ◊ de *bête* ▪ D'une manière bête, stupide. ➤ **sottement, stupidement ;** FAM. **connement.** *Agir bêtement. Il s'est fait tuer bêtement,* d'une manière absurde. « *Je me suis laissé distraire par toutes sortes de préoccupations idiotes, j'ai gaspillé mon temps bêtement* » SARRAUTE. ◆ *Tout bêtement :* tout simplement. ➤ **bonnement, naïvement.** *Ça s'est fait tout bêtement.*

BÊTIFIANT, IANTE [betifjɑ̃, jɑ̃t] adj. – XIXe ◊ de *bêtifier* ▪ **1** VX Abêtissant. ▪ **2** MOD. Qui bêtifie (2°), n'exprime que des bêtises. — (CHOSES) *Journal, film bêtifiant.*

BÊTIFIER [betifje] v. ⟨7⟩ – 1777 ◊ de *bête* ▪ **1** v. tr. Rendre bête. ➤ **abêtir, abrutir.** — PRONOM. « *Vous ne trouvez pas qu'on se bêtifie à rester tout le temps sur la plage ?* » PROUST. ▪ **2** v. intr. Se rendre bête par des niaiseries. *Il bêtifie avec son fils.*

BÊTISE [betiz] n. f. – XVe ◊ de *bête* ▪ **1** Défaut d'intelligence et de jugement. ➤ **crétinerie, idiotie, imbécillité, naïveté, niaiserie, sottise, stupidité.** *Faire preuve de bêtise. Il est d'une rare bêtise. Une bêtise crasse. Il a eu la bêtise de les croire.* ▪ **2** Action ou parole sotte ou maladroite. ➤ **bévue*, sottise** (cf. N'importe* quoi). *Faire des bêtises.* ➤ **bourde,** 2 **gaffe.** *Élève qui répond une bêtise.* ➤ **ânerie.** *Dire des bêtises.* ➤ **absurdité, balourdise,** FAM. **connerie, ineptie, insanité, maladresse.** ◆ Action, parole, chose sans valeur ou sans importance. ➤ **babiole, bagatelle, baliverne, enfantillage, niaiserie, plaisanterie.** *S'amuser, passer son temps à des bêtises.* ➤ **broutille, futilité.** *Se brouiller pour une bêtise,* pour un motif futile. ▪ **3** (1912) (Canada) Au plur. Insultes, injures. « *Elle m'a lancé encore deux ou trois bordées de bêtises* » Y. BEAUCHEMIN. ▪ **4** Action déraisonnable, imprudente. ➤ **folie.** *Il faut l'empêcher de faire des bêtises.* — (En parlant d'un enfant) Acte inconsidéré, désagréable pour les adultes de l'entourage. *Quelle bêtise as-tu encore faite ?* ◆ PAR EUPHÉM. Acte d'une grande gravité, SPÉCIALT suicide ou meurtre. « *Il répétait qu'il allait faire une bêtise, flinguer tout le monde dans le quartier* » (La Dépêche du Midi, 2014). ▪ **5 BÊTISES (DE CAMBRAI) :** berlingots à la menthe. ▪ CONTR. Intelligence ; esprit, finesse, ingéniosité, subtilité.

BÊTISIER [betizje] n. m. – 1821 ◊ de *bêtise* ▪ **1** Recueil plaisant de bêtises. ➤ **sottisier.** ▪ **2** Montage de séquences audiovisuelles qui comportent des journalistes, des personnalités dans des situations embarrassantes ou cocasses.

BÉTOINE [betwan] n. f. – *bethoine* XIIe ◊ latin *bettonica* ▪ Plante vivace des bois *(labiées),* parfois cultivée en bordure pour ses grappes terminales de fleurs pourpres. *Bétoine officinale,* dont on utilise la racine et les feuilles.

BÉTOIRE [betwaʀ] n. f. – *beturre* 1611 ◊ latin populaire °*bibitoria* « abreuvoir » ▪ **1** GÉOL. Gouffre des terrains calcaires où se perdent certaines rivières. ➤ **aven,** RÉGION. **chantoir.** ▪ **2** Puisard pour récolter les eaux pluviales.

1 **BÉTON** [betɔ̃] **n. m.** – *betun* «mortier» v. 1165 ◊ latin *bitumen* «bitume» ■ Matériau de construction formé d'un mortier et de pierres concassées (gravier). «*mêler du gravier, de l'eau, du sable et du ciment pour créer le béton qui est beaucoup moins coûteux que tout le reste, qui est dur comme la pierre*» ECHENOZ. *Le béton a la propriété de durcir dans l'eau. Un pont, un immeuble en béton. Béton précontraint*. Béton cellulaire*. Béton coloré.* ➤ **granito.** *Béton ciré.* **BÉTON ARMÉ,** coulé autour d'une armature métallique (➤ **coffrage, coulage**). «*Des casemates dressent leurs tiges de fer attendant le béton*» ARAGON. — *Le béton* : les constructions massives qui envahissent les zones urbanisées (➤ **bétonnage, bétonnisation**). — PAR MÉTAPH. *Un alibi en béton,* solide. APPOS. INV. FAM. *Des prétextes béton.* — FIG. SPORT *Faire, jouer le béton* : bétonner.

2 **BÉTON** ➤ 1 **TOMBER**

BÉTONNAGE [betɔnaʒ] **n. m.** – 1838 ◊ de *bétonner* ■ **1** Action de bétonner. ■ **2** Urbanisation massive. ➤ **bétonnisation.** *Halte au bétonnage !* ■ **3** Maçonnerie en béton.

BÉTONNER [betɔne] **v.** ⟨1⟩ – début XIXe ; *bétonné* adj. 1665 ◊ de 1 *béton* ■ **1 v. tr.** Construire avec du béton. ◆ FIG. Rendre solide, inattaquable. *Bétonner un dossier, une argumentation.* ■ **2 v. tr.** Couvrir de constructions. ➤ **urbaniser.** *Bétonner le littoral.* ■ **3 v. intr.** (1949) Au football, Jouer la défense à outrance.

BÉTONNIÈRE [betɔnjɛʀ] **n. f.** – 1873 ◊ de 1 *béton* ■ Machine comprenant une grande cuve tournante, pour fabriquer le béton. — On dit aussi **BÉTONNEUSE,** 1941.

BÉTONNISATION ou **BÉTONISATION** [betɔnizasjɔ̃] **n. f.** – 1974 ◊ de *béton* ■ PÉJ. Construction massive de bâtiments. *La bétonnisation du littoral.* ➤ **bétonnage.** «*la bétonnisation anarchique du front de mer*» M. TABACHNIK.

BETTE [bɛt] ou **BLETTE** [blɛt] **n. f.** – *bete* v. 1119, latin *beta* ◊ *blette* XIVe, latin médiéval *bleta,* croisement de *beta* et de *blitum* ■ Plante potagère de même espèce que la betterave (*chénopodiacées*) mais de variété différente, dont on consomme en légume les côtes et parfois les feuilles. ➤ **carde, poirée.** ■ HOM. Bête ; blette (blet).

BETTERAVE [bɛtʀav] **n. f.** – 1600 ◊ de *bette* et *rave* ■ Plante potagère (*chénopodiacées*) dont on consomme la racine charnue. *Betterave potagère* ou *betterave rouge,* à petite racine rouge et sucrée, en général de forme ronde (cf. RÉGION. Carotte* rouge). *Salade de betterave(s).* — *Betterave fourragère,* à grosse racine rouge ou jaune, cultivée pour l'alimentation du bétail. — *Betterave sucrière, betterave à sucre,* dont on extrait industriellement le sucre (saccharose) et les produits secondaires (mélasse). *Sucre de betterave.*

BETTERAVIER, IÈRE [bɛtʀavje, jɛʀ] **adj. et n. m.** – 1839 ◊ de *betterave* ■ **1** Relatif à la betterave. *Culture betteravière.* ■ **2 n. m.** Producteur de betteraves sucrières.

BÉTYLE [betil] **n. m.** – 1586 ◊ latin *bætulus* ; grec *baitulos* «pierre sacrée» ■ DIDACT. Pierre sacrée de l'Arabie préislamique, adorée par les Anciens comme une idole.

BEUGLANT [bøglɑ̃] **n. m.** – 1864 ◊ de *beugler* ■ FAM. et VX Café-concert populaire, à la fin du XIXe s.

BEUGLANTE [bøglɑ̃t] **n. f.** – 1889 ◊ de *beugler* ■ FAM. Chanson criée à tue-tête ; protestation bruyante. *Pousser une beuglante.* ➤ **gueulante.**

BEUGLEMENT [bøgləmɑ̃] **n. m.** – *buglement* 1539 ◊ de *beugler* ■ Cri des bovins. ➤ **meuglement, mugissement.** — PAR ANAL. FAM. Son puissant et prolongé. *Le beuglement d'un chanteur, d'une radio.*

BEUGLER [bøgle] **v. intr.** ⟨1⟩ – 1581 ; *bugler* 1530 ◊ de l'ancien français *bugle* «jeune bœuf», latin *buculus* ■ **1** Pousser des beuglements. ➤ **meugler, mugir.** ■ **2** Produire un son intense, prolongé, désagréable. *Un poste de radio qui beugle.* — PAR EXT. FAM. (PERSONNES) Pousser des hurlements, crier très fort. ➤ **brailler,** FAM. **gueuler, hurler.** *Le chanteur se mit à beugler.* ◆ TRANS. (XVIIe) *Beugler une chanson* (➤ **beuglante**).

BEUH [bø] **n. f.** – 1986 ◊ apocope de *beuhère,* verlan de *herbe* ■ FAM. Marijuana. *Fumer de la beuh.* — On écrit aussi *beu.* «*nous mêlons l'alcool à la beu, la beu à la coke, la coke aux ecstas*» L. PILLE. ■ HOM. Bœufs (bœuf).

BEUR [bœʀ] **n. et adj.** – v. 1980 ◊ verlan, avec apocope, de *Arabe* ■ FAM. Jeune né en France de parents maghrébins immigrés. ➤ aussi **rebeu.** *Les beurs et les blacks. Radio-beur.* — **adj.** *La beauté beur.* — FÉM. **BEUR** ou **BEURE ; BEURETTE.** «*Je ne serai jamais la petite Beur qui passe à la télé pour dire combien elle est assimilée, intégrée, rangée*» BEN JELLOUN. ■ HOM. Beurre.

BEURK ➤ **BERK**

BEURRE [bœʀ] **n. m.** – XVe ; *burre* XIIe ◊ latin *butyrum,* grec *bouturon,* de *bous* «bœuf, vache» et *turos* «fromage» → butyrique ■ **1** Corps gras alimentaire, onctueux, blanc ivoire à jaune d'or, que l'on obtient en battant la crème du lait de vache (➤ **barattage**). *Lait de beurre.* ➤ **babeurre.** *Beurre doux, beurre demi-sel, beurre salé. Beurre frais, rance. Beurre pasteurisé* ou *beurre laitier. Beurre fermier,* non pasteurisé ; *beurre cru. Beurre allégé, concentré. Beurre fin, extra-fin. Beurre fondu, clarifié*, en pommade*. Beurre manié*. Motte de beurre.* «*Elle vendait aussi des berlingots de lait, du beurre au quart ou à la motte*» P. LAINÉ. *Morceau, coquille, noisette, noix de beurre. Pot à beurre.* ➤ **beurrier.** — *Tartine de beurre* (➤ RÉGION. **beurrée**). ELLIPT *Un jambon-beurre* : un sandwich au jambon avec du beurre. — *Cuisine au beurre. Légume fondu au beurre.* ➤ **embeurrée.** *Crème au beurre. Croissant au beurre. Biscuit au beurre.* ➤ **petit-beurre.** — *Beurre, œufs, fromages.* ➤ **B. O. F.** ◆ **BEURRE NOIR :** beurre fondu qu'on a laissé noircir. *Raie au beurre noir.* — FIG. et FAM. *Œil au beurre noir,* marqué de noir du fait d'une contusion. ➤ **coquard** (cf. Œil poché*). ◆ **BEURRE BLANC :** sauce émulsionnée à base de beurre. PAR APPOS. *Un brochet beurre blanc.* ◆ LOC. FIG. et FAM. *Ça rentre comme dans du beurre,* facilement. *Mettre du beurre dans les épinards* : améliorer sa situation. — (1625 *faire du beurre net*) *Faire son beurre de* (qqch.) : faire son profit de, utiliser avec profit. ABSOLT Amasser des profits. *Des fonctionnaires qui «ont fait leur beurre et vont se mettre bien au chaud dans le giron de la Métropole»* M. FERAOUN. *Assiette au beurre* : source de profits. — *Compter pour du beurre* : être une quantité négligeable. *Il n'y a pas plus de* (telle chose, telle personne) *que de beurre en broche, en branche, aux fesses, au cul* : il n'y a rien du tout, personne. — *On ne peut pas avoir (réclamer) le beurre et l'argent du beurre* : on ne peut jouir d'un bien et du fruit de sa vente, il faut choisir. — *Ne pas avoir inventé* le fil à couper le beurre.* — (Canada) LOC. FAM. *Passer, frapper dans le beurre,* à côté de la cible, manquer son coup. ◆ **BEURRE-FRAIS :** de la couleur du beurre. *Des gants beurre-frais.* — *Haricot beurre* : mange-tout de couleur jaune. *Des haricots beurre.* ■ **2** PAR EXT. (1807) Pâte formée d'une substance écrasée dans du beurre. *Beurre d'anchois, d'écrevisses. Beurre d'ail.* ■ **3** PAR EXT. Réserve lipidique de la graine ou de l'amande de divers végétaux. *Beurre de cacao, beurre de coco, de karité.* ■ HOM. Beur.

1 **BEURRÉ, ÉE** [bœʀe] **adj.** – début XXe ◊ var. de *bourré* ■ FAM. Ivre, soûl. ➤ **bourré, rond.** — LOC. *Beurré comme un petit Lu* (un petit-beurre de cette marque) : complètement soûl.

2 **BEURRÉ** [bœʀe] **n. m.** – 1536 ◊ de *beurrer* ■ Sorte de poire fondante. *Beurré gris, blanc. Beurré Hardy.*

BEURRÉE [bœʀe] **n. f.** – 1585 ◊ de *beurre* ■ VX ou RÉGION. Tartine de beurre. — (1810) (Canada) Tartine (en général). *Une beurrée de mélasse.*

BEURRER [bœʀe] **v. tr.** ⟨1⟩ – 1680 ; *burrer* XIIIe ◊ de *beurre* ■ **1** Recouvrir de beurre. *Beurrer du pain.* — Enduire de beurre. *Beurrer un moule.* ■ **2** FAM. *Se beurrer la gueule* : se soûler. ➤ **se bourrer,** se **noircir.**

BEURRERIE [bœʀʀi] **n. f.** – 1836 ◊ de *beurre* ■ **1** Lieu où l'on fait, où l'on conserve le beurre. ➤ **laiterie.** ■ **2** Industrie du beurre.

BEURRIER, IÈRE [bœʀje, jɛʀ] **n. et adj.** – *burier* 1270 ◊ de *beurre* ■ **1** VX Personne qui vend du beurre. ➤ **crémier.** ■ **2 adj.** Qui a rapport au beurre. *Industrie beurrière, vache beurrière.* ■ **3 n. m.** Récipient, plat dans lequel on sert le beurre à table.

BEUVERIE [bøvʀi] **n. f.** – *beverie* XIIe, jusqu'au XVIIe ; repris 1877 ◊ de 1 *boire* ■ Partie de plaisir où l'on boit beaucoup. ➤ **orgie, soûlerie ;** RÉGION. **guindaille.** *Le repas dégénéra en beuverie.*

BÉVATRON [bevatʀɔ̃] **n. m.** – 1953 ◊ de *BeV,* unité de un milliard d'électronvolts, d'après *cyclotron* ■ PHYS. Synchrotron à protons de très grande énergie.

BÉVUE [bevy] **n. f.** – 1642 ◊ préfixe péj. *bé-* et *vue* ■ Méprise grossière due à l'ignorance ou à l'inadvertance. ➤ **bêtise, blague, bourde, erreur, étourderie, faute, impair, maladresse, méprise, sottise ;** FAM. **boulette, connerie,** 2 **gaffe.** *Commettre une bévue.* «*L'expérience implique une certaine somme de bévues*» BAUDELAIRE.

BEY [bɛ] **n. m.** – 1532 ; *Bay,* dans un n. pr., 1423 ◊ turc *beg* «seigneur» ■ HIST. Titre porté par les souverains vassaux du sultan ou par certains hauts fonctionnaires turcs ; ce souverain. *Les beys de Tunis.* ■ HOM. Bai, baie, bè.

BEYLICAL, ALE, AUX [belikal, o] **adj.** – 1887 ◊ de *beylik* «juridiction d'un bey» ■ HIST. Qui a rapport au bey. *Le gouvernement beylical.*

BEYLICAT [belika] **n. m.** – 1922 ◊ de *beylik* «juridiction d'un bey» ■ HIST. Souveraineté du bey.

BEYLISME [belism] **n. m.** – 1811, répandu fin XIXe ◊ de *Henri Beyle*, dit Stendhal ■ DIDACT. Attitude des héros de Stendhal (énergie, individualisme).

BÉZEF ou **BÉSEF** [bezɛf] **adv.** – 1861 ◊ mot du sabir, arabe *bezzaf* ■ FAM. Beaucoup (surtout en emploi négatif). *Il n'en a pas bézef.* ➤ **lerche, lourd.**

BÉZOARD [bezɔaʀ] **n. m.** – 1605 ; *bezaar* 1314 ◊ arabe *bāzahr*, du persan *pādzahr* «chasse-poison» ■ DIDACT. Concrétion formée de poils ou de divers débris végétaux se formant dans le corps de certains animaux (ruminants) et parfois des humains (psychopathes avalant des matières non digestibles). *Le bézoard était autrefois considéré en Orient comme un puissant antidote aux poisons et aux maladies infectieuses.*

BI ➤ **BISEXUEL**

BI- ■ Élément, du latin *bis*, indiquant le redoublement par répétition ou duplication. ➤ **deux ; bis-, di-.**

BIAIS, BIAISE [bjɛ, bjɛz] **adj.** et **n. m.** – XIIIe ◊ ancien occitan, p.-ê. du grec *epikarsios* «oblique»

I adj. ARCHIT. Oblique par rapport à une direction principale.

II n. m. ■ **1** Ligne, direction oblique. ➤ **oblique, obliquité.** *Le biais d'un mur, d'une voûte.* ♦ COUT. Dans un tissu, Sens de la diagonale par rapport au droit fil. *Tailler dans le biais.* — SPÉCIALT Bande d'étoffe coupée en diagonale. *Border une encolure d'un biais.* ■ **2** L'un des différents côtés (d'un caractère), des différents aspects (d'une chose). ➤ **aspect, côté.** *Par quel biais le prendre ? C'est par ce biais qu'il faut aborder le problème.* — Moyen détourné, artificieux d'atteindre un but. ➤ **détour.** *«Mon esprit répugne au plus simple et prend irrésistiblement le biais»* GIDE. *Par le biais d'accointances politiques.* ■ **3** RÉGION. (Languedoc, Dauphiné, Provence) Moyen pour accomplir (qqch.). *Trouver le biais.* LOC. *Avoir bon, mauvais biais* : avoir une bonne, une mauvaise façon de s'y prendre. *Avoir du biais* : être adroit, savoir s'y prendre. *«il y a ceux qui ont du biais et ceux qui n'en ont pas»* J.-C. CARRIÈRE. ■ **4** STATIST. Fait susceptible de rendre un fait non représentatif. *Estimateur avec biais.* ■ **5 loc. adv. DE BIAIS ; EN BIAIS.** ➤ **obliquement** (cf. De travers). *Regarder de biais ; jeter un coup d'œil en biais* (cf. FAM. En coulisse). — FIG. *Prendre qqn, qqch. de biais,* d'une manière indirecte (cf. Par la bande*).

■ CONTR. Fil (droit fil).

BIAISER [bjeze] **v.** ‹1› – 1402 ◊ de *biais* ■ **1 v. intr.** VIEILLI ou LITTÉR. Aller ou être en biais, de travers. ➤ **obliquer.** *«Ayant aperçu le matelot étendu à terre, elle biaisa vers le navire»* LOTI. ■ **2** FIG. Employer des moyens détournés, artificieux. ➤ **louvoyer, tergiverser.** *Avec lui, inutile de biaiser. «Ils biaisent sur beaucoup d'articles, ils mentent sur d'autres»* BOSSUET. *«Je ne parviens à rien qu'en biaisant et rusant avec moi-même»* GIDE. ■ **3 v. tr.** STATIST. Introduire un biais dans (un échantillon). — **p. p. adj.** *Estimateur biaisé,* avec biais*.

BIATHLON [biatlɔ̃] **n. m.** – 1958 ◊ de *bi-*, et d'après *pentathlon, triathlon* ■ Épreuve olympique consistant en une course de ski de fond associée au tir à la carabine. — **n. BIATHLÈTE.**

BIAURAL, ALE, AUX [biɔʀal, o] **adj.** – XXe ◊ de *bi-* et latin *auris* «oreille» ■ PHYSIOL. Des deux oreilles, en ce qui concerne leur fonction. ➤ **biauriculaire.** — On dit aussi **BINAURAL, ALE, AUX.**

■ HOM. Bihoreau.

BIAURICULAIRE [biɔʀikylɛʀ] **adj.** – 1868 ◊ de *bi-* et *auriculaire* ■ Qui concerne les deux oreilles. ➤ **biaural.** *Stéthoscope biauriculaire.* — On dit aussi **BINAURICULAIRE.**

BIAXE [biaks] **adj.** – 1858 ◊ de *bi-* et *axe* ■ CRISTALLOGR. *Cristal biaxe,* qui possède deux axes optiques dans la direction desquels le cristal n'est pas biréfringent*.

BIBANDE [bibɑ̃d] **adj.** – 1997 ◊ de *bi-* et 1*bande* ■ Se dit d'un téléphone mobile capable de fonctionner sur deux bandes de fréquences, de manière à capter le meilleur signal.

BIBELOT [biblo] **n. m.** – *biblot* 1427 ; *beubelet* XIIe ◊ mot onomat., p.-ê. de *beau*, var. *bimbelot* ■ Petit objet curieux, décoratif. ➤ **babiole, bricole,** 2**souvenir.** *Une étagère encombrée de bibelots.* ➤ **bimbeloterie.** *Il «s'extasia sur les bibelots qui ornaient en grand nombre les étagères, mille babioles de porcelaine figurant surtout des animaux, des chérubins ou des bergères»* M. NDIAYE.

BIBENDUM [bibɛ̃dɔm] **n. m.** – 1910 ◊ n. du bonhomme Michelin fait de pneus superposés, du latin *bibere* «boire» ■ **1** Homme corpulent et poussif. *«morphologiquement, c'était un* bibendum. *Le corps était difforme»* P. MERTENS. ■ **2** FAM. Employé de l'entreprise Michelin. *Les bibendums.*

BIBERON [bibʀɔ̃] **n. m.** – 1777 ; «vase à goulot» XVIe ; «goulot» 1301 ◊ du latin *bibere* «boire» ■ Petite bouteille graduée et munie d'une tétine, servant à donner à boire à un enfant ; contenu de ce récipient. *Stériliser les biberons. Donner un biberon. Enfant nourri au biberon,* au lait artificiel (opposé à *au sein*). *Il a bu tout son biberon.* — LOC. FAM. *Prendre qqn au biberon,* à un âge excessivement jeune (cf. Au berceau). *«une idéologie du travail et de la réussite dispensée au biberon»* F. HUMBERT.

BIBERONNER [bibʀɔne] **v.** ‹1› – 1852 ◊ de *biberon* ■ **1 v. tr.** Nourrir au biberon. *Biberonner des chatons.* — FIG. *«ses confrères tous biberonnés au lait de l'élitisme»* K. TUIL. ➤ **éduquer, élever, former.** ■ **2 v. intr.** (1890) FAM. Boire souvent et avec excès (du vin, des boissons alcoolisées). ➤ **pinter.**

1**BIBI** [bibi] **n. m.** – 1832 ; *chapeau à la bibi* 1812 ◊ onomat. ■ FAM. Petit chapeau de femme. *Un bibi à plumes.*

2**BIBI** [bibi] **pron.** – 1832 ◊ langage enfantin ■ POP. ou FAM. Moi. *C'est pour bibi.*

BIBINE [bibin] **n. f.** – 1890 ◊ p.-ê. du radical *bib-* de *biberon* ■ FAM. Mauvaise boisson (cf. Pipi* de chat). SPÉCIALT Bière de qualité inférieure.

BIBIT(T)E ➤ **BÉBITE**

BIBLE [bibl] **n. f.** – XIIe ◊ latin *biblia*, mot grec «livres saints» ■ **1 LA BIBLE** (avec un B majuscule) : recueil de textes tenus pour sacrés par les religions juive et chrétienne. *Interprétation de la Bible.* ➤ **exégèse.** *La Bible hébraïque.* ➤ **torah.** *La sainte Bible comprend l'Ancien et le Nouveau Testament.* ➤ **évangile ; vulgate.** *Méditer un passage de la Bible.* ➤ **écriture** (sainte). *De la Bible.* ➤ **biblique.** *La Bible de Sacy,* traduite par Lemaistre de Sacy. ■ **2** Le livre lui-même. *Une bible de poche.* ■ **3** PAR APPOS. *Papier bible* : papier d'imprimerie opaque très mince. ■ **4** PAR ANAL. (XVIe) Ouvrage faisant autorité pour un individu, un groupe, une époque.

BIBLIO- ■ Élément, du grec *biblion* «livre».

BIBLIOBUS [biblijobys] **n. m.** – 1930 ◊ de *biblio(thèque)* et *(auto)bus* ■ Véhicule aménagé en bibliothèque de prêt, desservant certains quartiers ou villages.

BIBLIOGRAPHE [biblijɔgʀaf] **n.** – 1752 ; «celui qui fait des catalogues» 1665 ◊ de *bibliographie* ■ Personne versée dans la science du livre, de l'édition ou qui écrit sur ce thème. *Une bibliographe érudite.* — SPÉCIALT Auteur de bibliographies.

BIBLIOGRAPHIE [biblijɔgʀafi] **n. f.** – 1633 ◊ du grec *biblion* «livre» et *graphein* «écrire» ■ **1** DIDACT. Science des documents écrits (analyse, description, classification, publication), et SPÉCIALT des livres. ■ **2** Répertoire des écrits relatifs à un sujet donné. *Une abondante bibliographie.* ➤ **littérature** (I, 2°). *Consulter la bibliographie d'une thèse,* la liste des ouvrages cités, des sources. *Bibliographie indicative. Bibliographie d'un auteur.* ➤ **biobibliographie.** ABRÉV. FAM. (1943) **BIBLIO.** ■ **3** Liste périodique d'ouvrages récemment parus. *«La Bibliographie de la France».*

BIBLIOGRAPHIQUE [biblijɔgʀafik] **adj.** – 1778 ◊ de *bibliographie* ■ Relatif à la bibliographie. *Notice bibliographique.*

BIBLIOPHILE [biblijɔfil] **n.** – 1740 ◊ de *biblio-* et *-phile* ■ Personne qui aime, recherche et conserve avec soin les éditions originales, les livres rares, précieux, anciens. *L'ex-libris d'un bibliophile.* — **n. f. BIBLIOPHILIE,** 1845.

BIBLIOTHÉCAIRE [biblijɔtekɛʀ] **n.** – 1546 ◊ latin *bibliothecarius* ■ Personne responsable d'une bibliothèque. ➤ **archiviste, chartiste, conservateur.** *Le bibliothécaire de l'Institut. Une bibliothécaire documentaliste.*

BIBLIOTHÉCONOMIE [biblijɔtekɔnɔmi] **n. f.** – 1839 ◊ de *biblioth(èque)* et *économie* ■ DIDACT. Science qui définit les règles d'organisation et de gestion des bibliothèques.

BIBLIOTHÈQUE [biblijɔtɛk] **n. f.** – 1493 ◊ latin *bibliotheca*, grec *bibliothêkê*, de *biblion* «livre» et *thêkê* «coffre, lieu de dépôt» ■ **1** Meuble ou assemblage de tablettes permettant de ranger et de classer des livres. ➤ **armoire, casier,** 2**rayon,** 2**rayonnage.** *Une bibliothèque vitrée, en acajou.* ■ **2** Salle, édifice où sont classés des livres pouvant être consultés ; PAR EXT. Organisation comprenant divers services dont une salle de lecture ou de consultation. ➤ aussi **médiathèque.** *Bibliothèque municipale, universitaire (BU). Bibliothèque itinérante.* ➤ **bibliobus.** *Bibliothèque de bandes dessinées.* ➤ **bédéthèque.** *Bibliothèque de prêt. La Bibliothèque nationale, à Paris* (FAM. la Nationale, la *B. N.* [beɛn]). *Travailler en bibliothèque. Emprunter un livre à la bibliothèque.* ABRÉV. FAM. (1878) **BIBLI.** — *Un rat de bibliothèque,* se dit de qqn qui passe tout son temps à compulser des livres, à fouiller dans les bibliothèques. ➤ **chercheur, érudit.** ◆ Pièce d'une habitation où l'on range des livres. *Travailler dans sa bibliothèque.* ➤ **bureau, cabinet** (de lecture), VX **librairie.** ▪ **3** *Bibliothèque de gare* : librairie, kiosque (à journaux). ▪ **4** Collection de livres. *Constituer une bibliothèque.* « *Une maison sans bibliothèque est une demeure sans âme, sans esprit, sans amitié* » BEN JELLOUN. — FIG. *Une bibliothèque vivante* : une personne très érudite. ➤ **dictionnaire, encyclopédie.** ◆ SPÉCIALT Ensemble de livres publiés chez un même éditeur et présentant un caractère commun. ➤ **collection.** *La bibliothèque rose* (livres d'enfants). ▪ **5** INFORM. Collection de supports d'informations (cf. Banque* de données). *Bibliothèque de programmes.* ▪ **6** GÉNÉT. *Bibliothèque génomique* : groupe de fragments d'ADN ou d'ADNc. clonés représentant toute la complexité du génome dont ils proviennent. ➤ **banque.**

BIBLIQUE [biblik] **adj.** – 1623 ◇ latin médiéval *biblicus*, de *biblia*, cf. *bible* ▪ Qui appartient, qui est propre à la Bible. *Récits bibliques.* ◆ Qui évoque volontairement ou involontairement le texte de la Bible. *Scène biblique. D'une simplicité* biblique.* — **adv. BIBLIQUEMENT,** 1923.

1 **BIC** [bik] **n. m.** – 1960 ◇ marque déposée en 1955 ; de *Bich*, n. du fondateur ▪ FAM. Stylo à bille de cette marque, et ABUSIVEMENT Stylo à bille. *Écrire avec un Bic.* ▪ HOM. Bique.

2 **BIC** ➤ 2 **BICOT**

BICAMÉRALISME [bikameʀalism] **n. m.** – 1928 ◇ de *bi-* et du latin *camera* « chambre » ▪ Système politique à deux assemblées représentatives. *Le bicaméralisme britannique.* — On trouve aussi **BICAMÉRISME,** 1843.

BICARBONATE [bikaʀbɔnat] **n. m.** – 1825 ◇ de *bi-* et *carbonate* ▪ CHIM. VIEILLI Carbonate acide. ➤ **hydrogénocarbonate.** — COUR. *Bicarbonate de soude* (de sodium), employé contre les maux d'estomac. — **adj. BICARBONATÉ, ÉE,** 1861.

BICARBURATION [bikaʀbyʀasjɔ̃] **n. f.** – 1985 ◇ de *bi-* et *carburation* ▪ TECHN. Système permettant à un véhicule d'utiliser deux types de carburants (ex. essence et G. P. L.).

BICARRÉ, ÉE [bikaʀe] **adj.** – 1866 ◇ de *bi-* et *carré* ▪ MATH. *Équation bicarrée* : équation ne comportant que des puissances paires (4, 2 et 0) de l'inconnue.

BICAUSE ➤ **BECAUSE**

BICENTENAIRE [bisɑ̃t(ə)nɛʀ] **adj.** et **n. m.** – 1865 ◇ de *bi-* et *centenaire* ▪ **1** Qui a deux cents ans. *Un monument bicentenaire.* ▪ **2** **n. m.** Deux centième anniversaire d'un évènement important. *Le bicentenaire de la Révolution française. Le bicentenaire de Racine,* de sa naissance.

BICÉPHALE [bisefal] **adj.** – 1829 ◇ de *bi-* et du grec *kephalê* « tête » ▪ À deux têtes. *L'aigle bicéphale.* — FIG. *Pouvoir bicéphale,* à deux chefs.

BICEPS [bisɛps] **n. m.** – 1704 ; adj. fin XVIe ◇ mot latin « qui a deux têtes », de *bis* et *caput* → triceps ▪ **1** ANAT. Muscle composé de deux portions (ou têtes) distinctes. *Le biceps brachial* : le biceps (2e). *Biceps crural.* ▪ **2** COUR. Muscle du bras qui gonfle quand on fléchit l'avant-bras (➤ **bicipital**). *De gros biceps.* — FAM. *Avoir des biceps* : être musclé, fort. ➤ FAM. **biscoteau.**

BICHE [biʃ] **n. f.** – 1160 ; *bisse* v. 1135 ◇ latin populaire °*bistia*, pour *bestia* « bête » ▪ **1** Femelle du cerf. ➤ **cerf.** *La biche brame. Le petit de la biche.* ➤ **faon.** *La biche n'a pas de bois. Une troupe de biches.* ➤ **harpail.** — T. d'affection *Ma biche.* — *Meuble à pieds de biche,* à pieds légèrement recourbés en dehors (➤ aussi **pied-de-biche**). ◆ *Ventre de biche,* se dit d'une couleur blanc roussâtre comme le ventre de la biche. ▪ **2** Viande de cet animal. *Rôti de biche.*

BICHER [biʃe] **v. intr.** ⟨1⟩ – 1845 ◇ de *bécher* « piquer du *bec* » ▪ FAM. VIEILLI ▪ **1** Aller bien. *Ça biche.* ➤ **boumer.** ▪ **2** Se réjouir. *Il biche !*

BICHETTE [biʃɛt] **n. f.** – *bissette* 1176 ◇ de *biche* ▪ RARE Petite biche. — T. d'affection *Ma bichette.* ➤ **biche.**

BICHLAMAR [biʃlamaʀ] **n. m.** – 1867 *biche-la-mar* ◇ d'abord nom du tripang dont le commerce est important dans le Pacifique, probablt de l'anglais ▪ LING. Pidgin utilisé comme langue commerciale véhiculaire dans les îles du Pacifique où l'on parle anglais. — On dit aussi **BÊCHE-DE-MER** [bɛʃdəmɛʀ], 1948.

BICHLORURE [biklɔʀyʀ] **n. m.** – 1845 ◇ de *bi-* et *chlorure* ▪ CHIM. VIEILLI Dichlorure.

BICHON, ONNE [biʃɔ̃, ɔn] **n.** – 1588 ◇ abrév. de *barbichon*, radical *barbe* ▪ Petit chien d'appartement, métis de l'épagneul et du barbet, au nez court, au poil long et soyeux. *Bichon maltais*.*

BICHONNER [biʃɔne] **v. tr.** ⟨1⟩ – 1690 ◇ de *bichon* ▪ **1** VX Friser comme on fait d'un bichon. ➤ **boucler.** ▪ **2** PAR EXT. MOD. Arranger avec soin et coquetterie. ➤ 1 **parer, pomponner.** PRONOM. *Elle passe des heures devant la glace à se bichonner.* ◆ FIG. (1791) Être aux petits soins pour. ➤ **soigner.** *Bichonner sa voiture, son jardin. Bichonner ses clients.*

BICHROMATE [bikʀɔmat] **n. m.** – 1807 ◇ de *bi-* et *chromate* ▪ CHIM. VIEILLI Dichromate.

BICIPITAL, ALE, AUX [bisipital, o] **adj.** – 1829 ◇ du radical du latin *biceps, cipitis* ▪ ANAT. Du biceps. *Les tendons bicipitaux.*

BICLOU [biklu] **n. m.** – 1951 ; *biclo* 1907 ◇ abrév. de *bicyclette* et suffixe populaire ▪ FAM. Bicyclette. *De vieux biclous.*

BICOLORE [bikɔlɔʀ] **adj.** – 1838 ◇ de *bi-* et du latin *color* « couleur » ▪ Qui présente deux couleurs. *Un rouleau encreur bicolore. Une couverture double face bicolore.*

BICONCAVE [bikɔ̃kav] **adj.** – 1803 ◇ de *bi-* et *concave* ▪ DIDACT. Qui a deux surfaces concaves opposées. *Lentille biconcave.*

BICONVEXE [bikɔ̃vɛks] **adj.** – 1766 *bi-convexe* ◇ de *bi-* et *convexe* ▪ DIDACT. Qui a deux surfaces convexes opposées. *La lentille biconvexe d'une loupe.*

BICOQUE [bikɔk] **n. f.** – 1576 ◇ italien *bicocca* « petit château » ▪ **1** VX Petite place peu ou mal fortifiée. ▪ **2** (1798) Petite maison de médiocre apparence. Habitation mal construite ou mal tenue. ➤ **cagna.** *Bicoque délabrée, branlante.* — PAR EXT., FAM. Maison (souvent péj.). ➤ **baraque.** *Il la vend trop cher sa bicoque ! Une petite bicoque sympa.*

BICORNE [bikɔʀn] **adj.** et **n. m.** – 1302 ◇ latin *bicornis* ▪ **1** RARE Qui a deux cornes. *Rhinocéros bicorne.* ANAT. *Utérus bicorne* (malformation). ▪ **2** **n. m.** Chapeau à deux pointes. *Un bicorne d'académicien.*

1 **BICOT** [biko] **n. m.** – 1892 ◇ diminutif de *bique* ▪ VIEILLI, FAM. Petit chevreau. ➤ **biquet.**

2 **BICOT** [biko] **n. m.** – 1892 ; *arbico* 1861 ◇ de l'arabe *arbi* « arabe », p.-ê. avec influence de *bique*, ou de l'italien *arabico* ▪ VIEILLI FAM. et PÉJ. (injure raciste) Maghrébin (on dit aussi *bic*). ➤ **bougnoule.** REM. Ne se dit pas pour une femme.

BICOUCHE [bikuʃ] **n. f.** – attesté 1977 ◇ de *bi-* et *couche* ▪ BIOCHIM. Double couche de molécules lipidiques dont les extrémités hydrophiles sont dirigées vers l'extérieur et les extrémités hydrophobes vers l'intérieur. *Bicouche d'une membrane cellulaire.*

BICROSS [bikʀɔs] **n. m.** – 1984 ◇ nom déposé, de *bi(cyclette)* et *cross* ▪ Vélo tout-terrain, sans suspension ni garde-boues ; sport pratiqué avec ce vélo. ➤ **BMX, cyclocross.** *Des bicross.*

BICULTURALISME [bikyltyʀalism] **n. m.** – 1962 ◇ de *biculturel* ▪ DIDACT. Coexistence de deux cultures nationales dans un même pays. *Le biculturalisme du Canada.*

BICULTUREL, ELLE [bikyltyʀɛl] **adj.** – 1959 ◇ de *bi-* et *culturel* ▪ Qui possède deux cultures.

BICUSPIDE [bikyspid] **adj.** – 1805 ◇ de *bi-* et *cuspide* ▪ DIDACT. Pourvu de deux pointes. *Dent bicuspide. Valvule bicuspide.*

BICYCLE [bisikl] **n. m.** – 1869 ◇ mot anglais, de *bi-* et grec *kuklos* → 2 cycle ▪ ANCIENNT Vélocipède à deux roues de taille inégale. ◆ (Canada) FAM. Bicyclette. « *On est revenus en marchant à côté de nos bicycles* » R. DUCHARME.

BICYCLETTE [bisiklɛt] **n. f.** – 1880 ◇ de *bicycle* ▪ Appareil de locomotion formé d'un cadre portant à l'avant une roue directrice commandée par un guidon et, à l'arrière, une roue motrice entraînée par un système de pédalier. ➤ 2 **cycle, vélo ;** FAM. **bécane, biclou,** RÉGION. **bicycle.** *Ancêtres de la bicyclette.* ➤ **célérifère, draisienne, vélocipède.** *Bicyclette à moteur.* ➤ **cyclomoteur, motocyclette, vélomoteur.** *Bicyclette double.* ➤ **tandem.** *Bicyclette à plusieurs vitesses. Bicyclette à pignon fixe.* ➤ **fixie** (ANGLIC.). « *une sacrément belle bicyclette anglaise à sept vitesses, aux catadioptres rubis, aux rayons scintillants : chaîne veloutée, guidon taurin, cadre olympique, freins à tambour et papillons* » ECHENOZ. — *Bicyclette de dame, d'homme. Course de bicyclettes* (➤ **cyclisme ; vélodrome**). *Monter à bicyclette, sur une bicyclette. Aller à bicyclette,* (critiqué) *en bicyclette.* « *une bicyclette d'appartement destinée à la musculation des abdominaux. Tu as une manette sur le guidon pour doser l'effort* » Y. QUEFFÉLEC.

BIDASSE [bidas] **n. m.** – 1900, répandu v. 1914 ◇ n. pr., dans une chanson ▪ FAM. Simple soldat du contingent, homme de troupe. ➤ **troufion.** *Les bidasses et les sous-offs.*

BIDE [bid] n. m. – 1882 ◊ de *bidon* ■ FAM. ■ **1** Ventre. *« Qu'est-ce qu'il tient comme bide ! »* COLETTE. ■ **2** (1958) Échec complet (d'abord au théâtre puis, PAR EXT., dans un domaine quelconque). ➤ **fiasco, flop, four.** *La pièce a fait un bide. « Cinq pour cent des voix, c'est ce qu'on appelle un bide »* F. GIROUD. ■ **3** Bidon (3°). *C'est du bide.*

BIDENT [bidɑ̃] n. m. – 1838 ◊ latin *bidens* ■ Fourche à deux dents.

BIDET [bidɛ] n. m. – 1534 « âne » ◊ ancien français *bider* « trotter » ; origine inconnue ■ **1** Petit cheval de selle. PAR EXT. et souvent PAR PLAIS. Cheval. *Enfourcher son bidet. « À dada sur mon bidet »* (comptine). ■ **2** (1739) Cuvette oblongue et basse, sur pied, servant à la toilette intime.

BIDIMENSIONNEL, ELLE [bidimɑ̃sjɔnɛl] adj. – début XXe ◊ de *bi-* et *dimensionnel* ■ DIDACT. À deux dimensions. *Projection bidimensionnelle d'un volume.*

BIDOCHE [bidɔʃ] n. f. – 1829 ◊ de *bidet* (1°) ■ FAM. Viande. ➤ **barbaque.** *« Les quartiers de bidoche ballent dans la vapeur »* DUHAMEL.

BIDON [bidɔ̃] n. m. – 1523 ◊ scandinave *bida* « vase » ■ **1** Récipient portatif pour les liquides, généralement de métal, et que l'on peut fermer avec un bouchon ou un couvercle. ➤ **bouteille** (2°). *Bidon de lait. Bidon d'essence.* ➤ **nourrice ; jerricane.** *Bidon de soldat, de campeur,* pour la boisson. ➤ **gourde.** ■ **2** (1882 ◊ par anal. de forme et attraction de *bedon*) FAM. Ventre. ➤ **bedaine, bedon, bide.** ■ **3** (1900 ; « drap plié de manière à faire illusion, en gonflant » 1887) FAM. *Du bidon :* des mensonges, du bluff. *C'est pas du bidon :* c'est vrai. ♦ APPOS. INV. FAM. Simulé, truqué (➤ **bidonner**). *Des élections bidon. — Il est bidon :* il n'est pas ce qu'il prétend être (compétences, pouvoir). *« J'suis bidon J'suis qu'un mec à frime »* SOUCHON. ■ **4** (Belgique) LOC. FAM. *Arranger les bidons :* régler une affaire mal engagée, un différend.

BIDONNAGE [bidɔnaʒ] n. m. – 1985 ◊ de *bidonner,* 2° ■ FAM. Action de bidonner (un reportage, des photos...). ➤ **bluff, mensonge, trucage.** *« Son éthique professionnelle réprouvait la fiction mais tolérait ce que le jargon de la presse appelle le bidonnage »* E. CARRÈRE.

BIDONNANT, ANTE [bidɔnɑ̃, ɑ̃t] adj. – 1946 ◊ de *se bidonner* ■ FAM. Très drôle*. ➤ **crevant, poilant, tordant.** *Un imitateur, un sketch bidonnant.*

BIDONNER [bidɔne] v. tr. ⟨1⟩ – 1842 « boire avec excès » ◊ de *bidon* ■ FAM. ■ **1** v. pron. (1888) *Se bidonner :* rire beaucoup. ➤ **se marrer, se poiler, rigoler.** *Il y a de quoi se bidonner.* ■ **2** (1983 ◊ de *bidon,* 3°) JOURNAL. Truquer (un reportage, une émission...) en inventant des informations ou en les falsifiant. ➤ **bidouiller.** — p. p. adj. *Une émission bidonnée. Un jeu télévisé, un reportage bidonné.* — ABSOLT *Un journaliste qui bidonne.* ➤ **bluffer.**

BIDONVILLE [bidɔ̃vil] n. m. – avant 1950 ◊ de *bidon* (1°) et *ville* ■ Agglomération d'abris de fortune, de baraques sans hygiène où vit la population la plus misérable (souvent à la périphérie des grandes villes). ➤ RÉGION. **gourbiville.** *« les bidonvilles contaminent le cœur de la ville, tumeurs cancéreuses »* N. BOURAOUI. *Les bidonvilles de Rio.* ➤ **favéla.**

BIDONVILLISATION [bidɔ̃vilizasjɔ̃] n. f. – 1962 ◊ de *bidonville* ■ DIDACT. Développement de l'habitat précaire en milieu urbain.

BIDOUILLAGE [bidujaʒ] n. m. – 1976 ◊ de *bidouiller* ■ FAM. Action de bidouiller ; son résultat. *Bidouillage électoral.*

BIDOUILLE [biduj] n. f. – 1901, comme surnom ◊ mot d'origine inconnue, formé probablement sur le modèle de *débrouille* ■ FAM. Astuce technique permettant de faire fonctionner, de réparer qqch. de manière improvisée et avec peu de moyens. *Une bidouille électronique.*

BIDOUILLER [biduje] v. tr. ⟨1⟩ – 1975 v. intr. ◊ altération de *biduler* avec suffixe dialectal, ou de *bidouille* ■ FAM. Faire fonctionner, arranger en bricolant. *Bidouiller un logiciel.* — FIG. Truquer. ➤ **trafiquer.** *Un scrutin bidouillé.*

BIDOUILLEUR, EUSE [bidujœʀ, øz] n. – 1975 ◊ de *bidouiller* ■ FAM. Personne qui bidouille. ➤ **bricoleur.**

BIDULE [bidyl] n. m. – v. 1940 « désordre » ◊ origine inconnue, p.-ê. mot du Nord, *bidoule* « boue » ■ (v. 1950) FAM. Objet complexe. ➤ **business** (2°). Objet, personne quelconque, dont on ignore ou dont on a oublié le nom. ➤ **machin, 1truc.** *« J'ai lu des choses, des machins, des trucs, des bidules, des livres, quoi ! »* PRÉVERT. *Tu n'as pas vu bidule ?*

-BIE ■ Suffixe signifiant « qui vit », du grec *bioun* « vivre » : *aérobie.* ➤ **bio-.**

BIEF [bjɛf] n. m. – 1635 ; *bied* « lit d'une rivière » 1135 ◊ du gaulois °*bedum* « canal, fossé » ■ **1** Portion d'un cours d'eau entre deux chutes, d'un canal de navigation entre deux écluses. *Le bief d'amont, d'aval.* ■ **2** Canal de dérivation qui conduit les eaux d'un cours d'eau vers une machine hydraulique. *Le bief d'un moulin.*

BIELLE [bjɛl] n. f. – 1684 ; « manivelle » 1527 ◊ origine inconnue ■ **1** MÉCAN. Tige rigide, articulée à ses deux extrémités, et destinée à la transmission d'un mouvement entre deux pièces mobiles. — *Système bielle-manivelle :* ensemble servant à transformer un mouvement alternatif rectiligne en un mouvement circulaire continu (ou inversement). — *Bielle d'un moteur,* transmettant le mouvement des pistons au vilebrequin*. ➤ **embiellage.** *Couler* une bielle.* — *Bielle d'accouplement d'une locomotive,* répartissant l'effort de traction entre les essieux moteurs. ■ **2** TECHNOL. Pièce rigide destinée à la transmission d'une force, d'une poussée.

BIELLETTE [bjelɛt] n. f. – 1921 ◊ de *bielle* ■ TECHN. Petite bielle. Levier en forme de bielle. *Les biellettes d'une arme automatique.*

BIÉLORUSSE [bjeloʀys] adj. et n. – 1829 n. ◊ de *biélo-,* du russe *biely* « blanc », et *russe,* ou adaptation du russe *belorousskiï* ■ **1** De Biélorussie, relatif à la Biélorussie. — n. *Les Biélorusses.* ■ **2** n. m. *Le biélorusse :* langue slave du groupe oriental.

1**BIEN** [bjɛ̃] adv. et adj. inv. – début XIe ◊ du latin *bene*
Comparatif de *bien.* ➤ **mieux.**

I ~ **adv.** ■ **1** (opposé à *2mal*) D'une manière satisfaisante, conforme à ce que l'on peut attendre. ➤ **convenablement.** *Très bien.* ➤ **admirablement, parfaitement.** *Elle danse bien. Une femme bien faite. Il raisonne bien. Bien vu, bien joué.* ➤ **astucieusement, habilement.** *« Travaillons donc à bien penser : Voilà le principe de la morale »* PASCAL. *Aller* bien. Cela tombe bien* (cf. À pic*). *Tiens-toi bien.* ➤ **correctement.** *On l'a bien conseillé.* ➤ **judicieusement, sagement.** *Il a bien pris ma remarque* (cf. En bonne part*). *Ni bien ni mal.* ➤ **médiocrement, moyennement.** *Tant* bien que mal.* — LOC. LITTÉR. *Bien lui en prit** (➤ I, B, 10°). — PROV. *Qui aime bien châtie* bien.* ■ **2** D'une manière conforme à la raison, à la morale. *Agir, se conduire bien.* ➤ **honnêtement, honorablement.** ♦ **BIEN FAIRE.** (PERSONNES) Faire ce qu'il faut. *J'ai cru bien faire. Vous avez bien fait.* PROV. *Bien faire et laisser dire :* agir selon sa conscience, sans tenir compte des dires des autres. — **FAIRE BIEN DE...** (avec un inf.). *Vous feriez bien de partir.* ➤ **1devoir.** — *C'est bien fait !* c'est une punition méritée. *Bien fait pour lui !* (cf. Il ne l'a pas volé). ♦ PAR ANTIPHRASE *Cela commence bien !* ■ **3** (milieu XIe) (Indiquant le degré, l'intensité, la quantité) Avec un adjectif ou un p. p. positif ; avec un adverbe ➤ **tout** (à fait), **très.** *Vous vous y prenez bien mal. Du linge bien blanc. Servez bien chaud. Nous sommes bien contents. Ce serait bien étonnant. Bien sûr*, bien entendu*. Il y en a bien assez. Bien souvent. Bien avant l'heure. Bien au contraire.* ➤ **tout** (au). — (Devant un comparatif) Plus. *Bien mieux, bien pire.* — SPÉCIALT *Il est bien jeune pour ce poste.* ➤ **trop.** — ABSOLT *Je le trouve bien jeune. Vous êtes bien sûr de vous !* ♦ (Avec un nom sans article) ➤ **2fort, très.** *J'ai eu bien peur. C'est bien dommage. — Merci bien.* ♦ (début XIe) (Avec un verbe) ➤ **beaucoup.** *Nous avons bien ri. J'espère bien vous revoir. Je t'aime bien* (moins fort que *je t'aime*). ♦ **BIEN DE, BIEN DES :** beaucoup de. *Il nous donne bien du souci. Vous avez bien de la chance. J'ai pris cette route bien des fois.* ➤ **nombreux.** *Il en a vu bien d'autres. Il a bien d'autres occupations.* FAM. *Bien des choses à votre mari.* ♦ *Bien à vous, bien à toi* (formule de politesse, à la fin d'un message). ■ **4** PAR EXT. (avec un numéral, une quantité) Au moins. ➤ **largement.** *Il y a bien une heure qu'il est sorti. J'ai bien appelé vingt fois. Cela vaut bien le double.* ■ **5** (début XIe) (Renforçant l'affirmation) ➤ **réellement, véritablement, vraiment, tout** (à fait). *Il part bien demain ? Il faut bien l'avouer. Voulez-vous bien vous taire. Nous le savons bien, je le vois bien. C'est bien fini. Il peut très bien le faire tout seul. C'est bien lui, c'est bien la même. C'est bien de lui :* son comportement est tout à fait conforme à son caractère, c'est ce qu'on attendait de lui. *Ce n'est pas un oubli, mais bien une erreur.* ➤ **plutôt.** *Ou bien.* ➤ **ou.** *Bel et bien.* ➤ **1beau.** *Il a bien un vélo, mais il ne s'en sert pas.* ➤ **peut-être.** ♦ PAR ANTIPHRASE *Il s'agit bien de cela ! C'était bien la peine !* ■ **6** En fait et en dépit des difficultés (quoi qu'on dise, pense, fasse ; quoi qu'il arrive). *Vouloir* bien :* accepter, daigner. *Aussi* bien. Attendons, nous verrons bien. Il faut bien le supporter. Il le fait bien, pourquoi pas moi ?* puisqu'il le fait. — (Avec un conditionnel) *Je lui écrirais bien, mais me répondra-t-il ?* je pourrais lui écrire. — (Souhait) *J'irais bien avec vous.* ■ **7 EH BIEN !** Interjection marquant l'interrogation, une hésitation dans la réponse. ➤ FAM. **ben.** *Eh bien ! qu'en dites-vous ?* (➤ **alors**) ; le reproche : *Eh bien ! ne vous gênez pas. Eh bien ! soit, j'accepte.*

II ~ adj. inv. ▪ **1** (fin XIIIe) (Attribut) Satisfaisant, qui convient. PROV. *Tout est bien qui finit* bien. Ce sera très bien comme cela.* ELLIPT *Bien !* ➤ 1**bon, bravo, parfait.** ◆ En bonne santé, en bonne forme. *Je me sens bien. Le malade est moins bien. Se porter bien.* — FAM. *Il n'est pas bien, lui :* il est fou. ◆ Juste, moralement convenable. *Ce n'est pas bien d'agir ainsi, je ne trouve pas cela bien.* ◆ Capable de faire ce qu'il faut. *Elle est bien, dans ce rôle. Il a été très bien.* ➤ **parfait.** ◆ Beau. *Je le trouve bien, ce vase. Elle est encore très bien pour son âge.* ◆ COMM. Bon. *Elle est bien votre entrecôte ?* ◆ À l'aise. *Nous sommes bien ici, chez nous* (➤ **bien-être**). *Êtes-vous bien dans ces chaussures ? Se trouver* bien de...* — PAR ANTIPHRASE *Nous voilà bien,* dans une situation désagréable (cf. FAM. Dans de beaux draps*). ◆ **ÊTRE BIEN AVEC (qqn),** être en bons termes avec lui. *Ils sont bien avec leurs voisins.* ◆ **FAIRE BIEN :** produire un bel effet. *Ce tapis fait bien dans le salon.* PAR EXT., FAM. Avoir bon effet, paraître élégant. *Une référence qui fait bien sur une carte de visite. Il trouve que ça fait bien d'utiliser des mots anglais* (cf. C'est bien porté). ◆ ELLIPT *Bien, fort bien, très bien,* marquant l'accord, la soumission, l'assentiment. ➤ **parfait.** « *encore des ordres, il fallait courber la tête, dire "Oui, monsieur, bien monsieur"* » TH. JONQUET. ▪ **2** (Épithète, après le nom) Convenable dans son aspect, comme il faut, distingué, en parlant de qqn. *Un monsieur très bien. Des gens bien.* ➤ **chic.** ◆ Qui a des qualités morales, de la valeur. *Une fille bien, un type bien. Bien sous tous rapports* (annonce matrimoniale). ◆ PAR EXT., FAM. (CHOSES) Qui a de l'intérêt, de la valeur. ➤ **intéressant.** *Il fait des choses bien.* ◆ *Mention bien, assez bien, très bien* (à un examen).

III ~ loc. conj. BIEN QUE (milieu XIVe) Marque la concession. ➤ **encore** (que), **malgré** (que), **quoique.** — (Suivi du subjonctif) *J'accepte, bien que rien ne m'y contraigne.* — (Suivi du participe présent) *Bien qu'ayant son permis, elle ne conduit pas.* — (Avec ellipse du verbe et du sujet) (opposé à *parce que*) « *Bien que philosophe, M. Homais respectait les morts* » FLAUBERT.

▪ CONTR. 2 Mal.

2**BIEN** [bjɛ̃] n. m. – Xe ◇ de *bien,* adverbe

I DU BIEN, UN BIEN, DES BIENS ▪ **1** Ce qui est avantageux, agréable, favorable, profitable ; ce qui est utile à une fin donnée. ➤ **avantage, bénéfice, bienfait, intérêt, profit, satisfaction, service, utilité.** *Ce remède lui a fait du bien, beaucoup de bien, le plus grand bien.* « *Elle ouvrait la bouche et les mots sortaient uniformes comme des balles. Ça lui faisait d'ailleurs un bien considérable* » DURAS. *Cela lui ferait du bien de sortir un peu. Cela lui fait plus de mal que de bien. Il n'y a pas de mal* à se faire du bien. Le bien commun, général, public.* « *Le bien public est fait du bonheur de chacun* » CAMUS. ➤ **intérêt.** *Vouloir le bien de qqn. C'est pour ton bien. Un ami qui vous veut du bien* (signature de lettre anonyme). *Grand bien vous fasse !* faites comme vous le voulez, je doute que cela vous fasse du bien, peu m'importe. — *Dire du bien de qqn, de qqch. :* en parler avantageusement, favorablement (cf. Faire l'éloge* de). « *Voulez-vous qu'on croie du bien de vous ? N'en dites pas* » PASCAL. — **UN BIEN, DES BIENS.** *Les biens de ce monde.* ➤ **richesse.** *La santé est le plus précieux des biens. La liberté est le bien le plus cher. C'est une épreuve difficile, mais ce sera un bien pour vous,* une bonne chose. — **EN BIEN, À BIEN.** *Parler en bien de qqn, de qqch. Changer qqch. en bien.* ➤ **améliorer.** — *Mener une affaire, une entreprise à bien :* faire en sorte qu'elle réussisse. PROV. *Le mieux est l'ennemi du bien.* ▪ **2** Chose matérielle susceptible d'appropriation, et tout droit faisant partie du patrimoine. ➤ **acquêt,** 2**capital, cheptel, domaine, fortune, héritage, patrimoine, possession, produit, propriété, récolte, richesse.** *Avoir du bien* (VIEILLI), *des biens. Disposer de ses biens. Biens productifs. Laisser son bien à ses héritiers. Léguer ses biens à une association. Manger tout son bien.* — PROV. *Bien mal acquis ne profite* jamais. Abondance* de biens ne nuit pas.* — *Le navire a péri corps** (II, 1o) *et biens.* ◆ DR. *Biens meubles* et immeubles*. Biens publics, collectifs. Abus* de biens sociaux. Biens privés. Biens communs et biens propres,* qui appartiennent aux deux ou à un seul des époux. ➤ **communauté ; acquêt.** *Biens dotaux.* ➤ **dot.** *Biens successoraux.* ➤ **succession.** *Administrateur de biens.* ➤ **gérant, syndic.** *Marchand* de biens.* — ÉCON. Choses matérielles qui procurent une jouissance. *Les biens et les services. Biens de consommation*, de production*. Biens fongibles, non fongibles. Biens vacants ou sans maître,* qui n'appartiennent à personne, et sont susceptibles d'appropriation. *Biens nationaux :* biens confisqués au clergé, aux émigrés et à la royauté lors de la Révolution française.

II LE BIEN Ce qui possède une valeur morale, ce qui est juste, honnête, louable. ➤ 2**devoir,** 2**idéal, perfection.** *Discerner le bien du mal.* « *Il faut que chaque homme élabore dans sa propre chair le bien et le mal* » AUDIBERTI. *Faire le bien.* ➤ **charité.** *L'arbre* de la science du bien et du mal.* — *Le souverain bien, le vrai bien, le bien suprême :* le bien par excellence. — VIEILLI *Un homme de bien,* qui pratique le bien, la charité, et aussi honnête, intègre (cf. Un homme de devoir*). — LOC. FAM. *En tout bien tout honneur :* d'une manière honnête, sans désir ni projet de relation sexuelle. *Elle* « *me dit que j'étais cool et qu'on pouvait dormir ensemble, en tout bien tout honneur* » VAN CAUWELAERT.

▪ CONTR. 3 Mal. Dommage, préjudice. Injustice.

BIEN-AIMÉ, ÉE [bjɛ̃neme] adj. et n. – 1417 ◇ de 1*bien* et *aimer* ▪ **1** Qui est aimé d'une affection particulière, par prédilection. *Ma fille bien-aimée.* « *Celui-ci est mon Fils bien-aimé* » (BIBLE). — REM. Rare en fonction d'attribut. L'épithète se place le plus souvent après le nom. — SUBST. *Louis XV, dit le Bien-Aimé.* ▪ **2** SUBST. Personne aimée d'amour. ➤ **amant, amoureux, fiancé ; belle, dulcinée, maîtresse.** *Des bien-aimés.* « *C'était un de ces moments d'ivresse où tout ce qu'on voit* [...] *vous parle de la bien-aimée* » MUSSET. ▪ CONTR. Mal-aimé.

BIEN-DIRE [bjɛ̃diʀ] n. m. inv. – 1593 ◇ de 1*bien* et 1*dire* ▪ LITTÉR. Art de bien parler, de s'exprimer avec facilité dans un langage agréable. ➤ **éloquence, rhétorique.**

BIEN-ÊTRE [bjɛ̃nɛtʀ] n. m. inv. – 1555 ◇ de 1*bien* et 1*être* ▪ **1** Sensation agréable procurée par la satisfaction de besoins physiques (➤ **euphorie**), l'absence de tensions psychologiques. ➤ 1**aise, béatitude, bonheur, contentement, félicité, jouissance,** 1**plaisir, quiétude, satisfaction, sérénité.** *Éprouver, ressentir du bien-être.* ▪ **2** (1740) Situation matérielle qui permet de satisfaire les besoins de l'existence. ➤ **aisance,** 2**confort, mieux-être.** *Jouir d'un certain bien-être.* « *À en croire les bien-pensants, l'ouvrier français, comblé, crèverait de bien-être* » BERNANOS. ▪ CONTR. Angoisse, gêne, inquiétude, malaise. Besoin, misère, pauvreté.

BIENFACTURE [bjɛ̃faktyʀ] n. f. – 1877 ◇ de *bien* et 1*facture,* sur le modèle de *bien fait* ▪ RÉGION. (Suisse) Caractère soigné et bien fait (d'un ouvrage) ; exécution soignée, de bonne qualité. *La bienfacture d'une horloge. Contrôle de la bienfacture.*

BIENFAISANCE [bjɛ̃fəzɑ̃s] n. f. – fin XIVe, rare avant XVIIIe ◇ de *bienfaisant* ▪ **1** LITTÉR. Habitude de faire du bien à autrui. ➤ **bonté, charité, générosité.** ▪ **2** Action de faire du bien dans un intérêt social ; ce bien lui-même. ➤ **assistance.** — COUR. **DE BIENFAISANCE.** ➤ **caritatif.** *Association, œuvre de bienfaisance.* ➤ **ouvroir, patronage.** « *Nous avons dans notre société beaucoup d'établissements de bienfaisance, monts-de-piété, sociétés de prévoyance, d'assurance mutuelle* » FRANCE. — ANCIENNT *Bureau de bienfaisance :* service public, en général communal, qui distribue des secours aux indigents (cf. MOD. Bureau* d'aide sociale). ▪ CONTR. Malfaisance.

BIENFAISANT, ANTE [bjɛ̃fəzɑ̃, ɑ̃t] adj. – XIIe ◇ de 1*bien* et p. prés. de 1*faire* ▪ **1** VX Qui cherche à faire du bien à autrui. ➤ 1**bon, charitable, généreux, humain.** ▪ **2** (CHOSES) Qui fait du bien, apporte un mieux, un soulagement. ➤ **bénéfique, salutaire.** *L'action bienfaisante d'un climat, d'une cure.* « *le mensonge est nécessaire et bienfaisant aux hommes* » FRANCE. ▪ CONTR. Malfaisant, néfaste, nocif, nuisible, pernicieux.

BIENFAIT [bjɛ̃fɛ] n. m. – milieu XIIe ◇ du p. p. de l'ancien verbe *bienfaire,* avec influence du latin *benefactum* ▪ **1** VX ou LITTÉR. Acte de générosité, bien que l'on fait à qqn. ➤ **aumône, cadeau, charité,** 1**don, faveur, générosité, grâce, largesse, libéralité, obole,** 2**présent, service** (cf. Bons offices*). *Accabler, combler de bienfaits.* PROV. *Un bienfait n'est jamais perdu :* on est toujours récompensé du bien fait à qqn. « *Ô ma fille, est-ce là le prix de mes bienfaits ?* » CORNEILLE. ▪ **2** MOD. (CHOSES) Action bienfaisante (2o), effet salutaire. ➤ **bénéfice, profit, service.** « *L'existence qui m'a été donnée sans que je l'eusse demandée a été pour moi un bienfait* » RENAN. — Le plus souvent au plur. *Les bienfaits de la civilisation, de la science.* ➤ **avantage.** ▪ CONTR. Méfait, préjudice.

BIENFAITEUR, TRICE [bjɛ̃fɛtœʀ, tʀis] n. – XIIe ◇ du latin *benefactum* «bienfait» ; cf. *malfaiteur* ▪ VIEILLI Personne qui a fait du bien, qui a répandu des bienfaits. ➤ **donateur, mécène, protecteur, sauveur.** *La bienfaitrice d'un orphelin* (cf. Sa bonne fée*). *Être l'obligé d'un généreux bienfaiteur.* adj. MOD. *Les adhérents et les membres bienfaiteurs d'une association.* — PAR EXT. *Bienfaiteur du peuple, de la patrie.* ➤ **sauveur.** *Les bienfaiteurs du genre humain, de l'humanité :* les grands inventeurs. ▪ CONTR. Ennemi.

BIEN-FONDÉ [bjɛ̃fɔ̃de] **n. m.** – 1866 ◇ de 1*bien* et *fondé*, p. p. de *fonder* ■ DR. Conformité au droit (en parlant d'une prétention). ➤ **recevabilité.** *Examiner, discuter, établir, déclarer le bien-fondé d'une réclamation. Des bien-fondés.* — PAR EXT. Conformité à la raison, à une autorité quelconque. *Reconnaître le bien-fondé d'une opinion.* ➤ **légitimité, pertinence.**

BIEN-FONDS [bjɛ̃fɔ̃] **n. m.** – 1759-94 ◇ de 2*bien* et *fonds* ■ Bien immeuble tel que fonds de terre, bâtiment. ➤ **immeuble.** *Des biens-fonds.*

BIENHEUREUX, EUSE [bjɛ̃nœʀø, øz] **adj.** et **n.** – 1190 ◇ de 1*bien* et *heureux* ■ **1** LITTÉR. Qui jouit d'un grand bonheur, de la félicité. ➤ **heureux, ravi.** *Bienheureux celui qui vit en paix.* — PAR EXT. Qui rend très heureux. *Une bienheureuse nouvelle.* ➤ **agréable.** ■ **2** RELIG. Qui jouit de la béatitude, du bonheur parfait. *Bienheureux les pauvres en esprit** (IV, 1°). — FIG. et FAM. *Dormir comme un bienheureux,* d'un sommeil paisible. ◆ **n.** SPÉCIALT Personne dont l'Église catholique reconnaît, par la béatification, la perfection chrétienne en autorisant qu'on lui rende un culte local. *Les saints, les bienheureux et les vénérables.* ■ CONTR. Malheureux. Damné, maudit.

BIEN-JUGÉ [bjɛ̃ʒyʒe] **n. m.** – 1752 ◇ de 1*bien* et *jugé*, p. p. de *juger* ■ DR. Conformité au droit (en parlant d'une décision judiciaire). *Des bien-jugés.* ■ CONTR. Mal-jugé.

BIENNAL, ALE, AUX [bjenal, o] **adj.** et **n. f.** – 1550 ◇ bas latin *biennalis*, de *bi-* et *annus* «an» ■ **1** Qui dure deux ans. *Office, emploi biennal.* ◆ Qui a lieu tous les deux ans. ➤ **bisannuel.** *Rapport biennal. Exposition biennale.* ■ **2** **n. f.** (1936) Manifestation, exposition, festival qui a lieu tous les deux ans. *La biennale de Venise* (cinéma ; beaux-arts).

BIEN-PENSANCE [bjɛ̃pɑ̃sɑ̃s] **n. f.** – 1964 ◇ de *bien-pensant* ■ LITTÉR. Caractère des personnes bien-pensantes. *«la soi-disant bien-pensance de gauche»* O. ADAM. — Ensemble de ces personnes. *Choquer la bien-pensance.*

BIEN-PENSANT, ANTE [bjɛ̃pɑ̃sɑ̃, ɑ̃t] **adj.** et **n.** – 1798 ◇ de 1*bien* et *pensant* ■ Dont les idées sont conformistes, conventionnelles. *Des gens bien-pensants. — Une revue bien-pensante.* — **n.** *Les bien-pensants.*

BIENSÉANCE [bjɛ̃seɑ̃s] **n. f.** – 1534 ◇ de *bienséant* ■ **1** VX Caractère de ce qui convient, va bien. ➤ **convenance.** ■ **2** PAR EXT. (MOD.) Conduite sociale en accord avec les usages, respect de certaines formes. ➤ **correction, décence, politesse, savoir-vivre.** *Observer, respecter les règles de la bienséance. Contre toute bienséance. «La bienséance n'est que le masque du vice»* ROUSSEAU. ◆ AU PLUR. *Les bienséances :* les usages à respecter. ➤ **convenances, étiquette, protocole, usage** (cf. Bonnes manières*). *Respecter, heurter les bienséances.* ■ CONTR. Impolitesse, incongruité, inconvenance, indécence, sans-gêne.

BIENSÉANT, ANTE [bjɛ̃seɑ̃, ɑ̃t] **adj.** – fin XIIIe ◇ de 1*bien* et 2*séant* ■ VIEILLI Qu'il convient de faire, de dire. ➤ **convenable, correct, décent, délicat, honnête,** 1**poli,** 2**séant.** *Une attitude bienséante à une jeune fille. Il est bienséant de* (et inf.), *que* (et subj.). ■ CONTR. Malséant ; choquant, inconvenant, indécent.

BIENTÔT [bjɛ̃to] **adv.** – XIVe ◇ de 1*bien* et *tôt* ■ **1** Dans peu de temps, dans un proche futur. ➤ **incessamment, prochainement,** VX **tantôt.** *Nous reviendrons bientôt,* (FAM.) *très bientôt. Bientôt tu auras d'autres nouvelles. J'ai bientôt fini,* d'un moment* à l'autre, sous peu*. *C'est bientôt la fin. Il est bientôt minuit.* ➤ **presque.** FAM. *Alors, c'est pour bientôt ?* (manifestant l'impatience). — **loc. adv.** **À BIENTÔT,** se dit en prenant congé d'une personne que l'on désire ou pense revoir bientôt. FAM. *À très bientôt.* ■ **2** VIEILLI ou LITTÉR. En un court espace de temps. ➤ **rapidement, tôt, vite.** *Un travail bientôt fait. Il eut bientôt résolu le mystère.* — LOC. *Cela est bientôt dit :* cela est plus facile à dire qu'à faire. ■ CONTR. Longtemps (dans), tardivement. Lentement.

BIENTRAITANCE [bjɛ̃tʀɛtɑ̃s] **n. f.** – 1998 ◇ de 1*bien* et *traiter*, d'après *maltraitance* ■ Fait de traiter qqn avec respect et humanité. *Mesures en faveur de la bientraitance des enfants, des personnes âgées.* — PAR EXT. *La bientraitance animale.* ■ CONTR. Maltraitance.

BIENVEILLAMMENT [bjɛ̃vɛjamɑ̃] **adv.** – 1866 ◇ de *bienveillant* ■ LITTÉR. Avec bienveillance. *«un groupe de domestiques avec qui elle causa bienveillamment»* PROUST.

BIENVEILLANCE [bjɛ̃vɛjɑ̃s] **n. f.** – XIIe ◇ de *bienveillant* ■ **1** Sentiment par lequel on veut du bien à qqn. ➤ **altruisme.** *«Amour de bienveillance et amour de concupiscence»* DESCARTES. ■ **2** Disposition favorable envers autrui. ➤ **bonté, indulgence, sollicitude.** *Montrer de la bienveillance à qqn. Accueillir qqn avec bienveillance. Marques de bienveillance. «en me souriant, ses yeux respiraient la bienveillance, un genre de tendresse usée à force de se donner sans compter»* O. ADAM. *La bienveillance au travail. — Je sollicite de votre haute bienveillance...,* formule de politesse que l'on adresse à une personne influente lors d'une requête. ➤ **faveur, grâce.** ◆ Mise en valeur des qualités. *Parler avec bienveillance d'une œuvre, de son auteur.* ■ CONTR. Hostilité, méchanceté. Malveillance, sévérité.

BIENVEILLANT, ANTE [bjɛ̃vɛjɑ̃, ɑ̃t] **adj.** – XIIe ◇ de 1*bien* et *veuillant*, ancien p. prés. de *vouloir* ■ **1** VX ou LITTÉR. Qui a de la bienveillance (1°). *«Les Forces mystérieuses et bienveillantes qu'il croyait éparses dans l'univers»* MAUROIS. ■ **2** Qui a de la bienveillance (2°). ➤ **débonnaire, favorable, généreux, indulgent.** *Se montrer bienveillant à l'égard de qqn. «Bienveillant pour l'humanité en général, et terrible pour chaque individu»* RENARD. PAR EXT. *Critique bienveillante. Un air, un sourire bienveillant.* ➤ **aimable, cordial.** *«le regard doux, paisible, inaltérablement bienveillant de sa mère»* M. NDIAYE. ■ CONTR. Désobligeant, hostile, malveillant, méchant.

BIENVENIR [bjɛ̃v(ə)niʀ] **v. intr.** ‹seult inf.› – XVIe ◇ de 1*bien* et *venir* ■ LOC. (1863) LITTÉR. *Se faire bienvenir de qqn :* se faire accueillir favorablement.

BIENVENU, UE [bjɛ̃v(ə)ny] **adj.** et **n.** – XIIIe ◇ de 1*bien* et *venu*, p. p. de *venir* ■ **1** Qui arrive à propos. ➤ **opportun ; juste.** *Remarque bienvenue.* ■ **2** **n.** *Le bienvenu, la bienvenue :* personne, chose accueillie avec plaisir. *Vous serez toujours le bienvenu. Soyez la bienvenue. Votre offre est la bienvenue.*

BIENVENUE [bjɛ̃v(ə)ny] **n. f.** – fin XIIIe ◇ de *bienvenu*, p. p. ■ (Dans un souhait) Heureuse arrivée de qqn. *Souhaiter la bienvenue à qqn* (cf. Faire bon accueil*). *Cadeau, discours de bienvenue. Bienvenue à nos hôtes. Bienvenue au club* !* ◆ (d'après l'anglais *welcome* ; critiqué) (Canada) Terme de politesse en réponse à *Merci !,* correspondant à *De rien !* ou *Je vous en prie ! «– Merci, nous a-t-il dit. – Bienvenue, lui ai-je répondu à voix pâle»* R. DUCHARME.

1**BIÈRE** [bjɛʀ] **n. f.** – 1429 «boisson» ◇ néerlandais *bier* ■ Boisson alcoolique fermentée, faite avec de l'orge germée et aromatisée avec des fleurs de houblon. ➤ FAM. **binouze.** *Fabrication de la bière* (➤ **brasserie,** 1**brasseur, brassicole ; biérologie, zythologie).** *Levure* de bière. — Bière brune, blonde, blanche. Bière forte, double bière. Petite bière. Bière de garde.* ➤ **lager.** *Bière anglaise* (➤ **ale, pale-ale,** 2**porter, stout ;** 1**pub**), *belge* (➤ **faro, gueuze, lambic, pils, trappiste**), *allemande. Bière d'Alsace, de Lorraine. Bière aromatisée.* ➤ **kriek.** *Mauvaise bière.* ➤ **bibine.** *Verres à bière.* ➤ **bock, chope, demi, galopin.** *Bière sans alcool. Bière sans houblon.* ➤ **cervoise.** *Bière (à la) pression, en canettes.* — Verre de cette boisson. ➤ FAM. 1**mousse.** *«on s'est envoyé une bière en trinquant»* DJIAN. — FIG. et FAM. *C'est (ce n'est pas) de la petite bière :* c'est (ce n'est pas) une bagatelle sans importance.

2**BIÈRE** [bjɛʀ] **n. f.** – 1080 ◇ francique °*bera* «civière» ■ Caisse oblongue où l'on enferme un mort. ➤ **cercueil.** *Mise en bière.*

BIERGOL ➤ **DIERGOL**

BIÉROLOGIE [bjeʀɔlɔʒi] **n. f.** – 1997 *bièrologie* ◇ de 1*bière* et *-logie* ■ Étude de la bière. ➤ **zythologie.** — **n.** **BIÉROLOGUE.**

BIÈVRE [bjɛvʀ] **n. m.** – XIIe ◇ bas latin *beber ;* d'origine gauloise ■ VX Castor.

BIFACE [bifas] **n. m.** – 1953 ◇ de *bi-* et *face* ■ PALÉONT. Outil de silex taillé sur ses deux faces, en triangle ou en amande, caractéristique des industries du paléolithique acheuléen et abbevillien. ➤ **coup-de-poing** (2°).

BIFFE [bif] **n. f.** – 1898 ; «les chiffonniers» 1878 ◇ de *biffin* ■ ARG. MILIT. VIEILLI Infanterie. *Les «manches bleu clair de la biffe»* VIALATTE. ■ HOM. Bif (bifteck).

BIFFER [bife] **v. tr.** ‹1› – 1576 ◇ de l'ancien français *biffe* «étoffe rayée» ■ Rayer d'autorité (ce qui est écrit) pour supprimer. ➤ **barrer, raturer, rayer ; biffure.** *Biffer un nom d'une liste.* — **n. m.** **BIFFAGE,** 1808.

BIFFETON [biftɔ̃] **n. m.** – 1860 ◇ probablt de l'ancien français *biffe* «étoffe rayée» ■ **1** ARG. des détenus Courte lettre. ➤ **billet.** ■ **2** FAM. Billet de banque.

BIFFIN [bifɛ̃] **n. m.** – 1836 ◇ de l'ancien français *biffe* «étoffe rayée», puis «chiffon sans valeur» ■ VIEILLI ■ **1** ARG. Chiffonnier. *«une armée de biffins qu'il lâcha sur les poubelles»* PENNAC. ■ **2** PAR ANAL. (1878) ARG. MILIT. Fantassin.

BIFFURE [bifyʀ] **n. f.** – début XIXe ◇ de *biffer* ■ Action de biffer. ◆ Trait par lequel on biffe. ➤ **rature.**

BIFIDE [bifid] **adj.** – 1772 ◇ latin *bifidus* «fendu en deux» ■ SC. NAT. Fendu en deux. *Pétale bifide. Sabot, langue bifide.*

BIFIDUS [bifidys] **n. m.** – 1900 ◊ mot latin «fendu en deux» ■ BACTÉRIOL. Bactérie anaérobie *(Bifidobacterium bifidus)*, composant de la flore intestinale des nourrissons, dégradant le lactose et utilisée industriellement comme ferment lactique. *Lait fermenté au bifidus.*

BIFILAIRE [bifilɛʀ] **adj.** – 1854 ◊ de *bi-* et *fil* ■ PHYS. Qui est constitué par deux fils. *Suspension bifilaire* : suspension d'une pièce mobile par deux fils parallèles. ♦ ÉLECTR. *Liaison, enroulement bifilaire*, par deux fils à courants de sens opposés.

BIFOCAL, ALE, AUX [bifɔkal, o] **adj.** – v. 1930 ◊ de *bi-* et *focal* ■ OPT. Qui a deux foyers. *Lunettes bifocales*, dont le verre est divisé en deux parties, l'une pour la vision à distance, l'autre pour la vision rapprochée (cf. À double foyer*).

BIFTECK [biftɛk] **n. m.** – 1806 ; *beef steks* 1735 ◊ anglais *beefsteak* «tranche de bœuf» ■ Tranche de bœuf grillée ou destinée à l'être. ➤ **steak.** *Un bifteck dans le filet, dans la bavette. Des biftecks hachés.* PAR EXT. *Bifteck de cheval.* — LOC. FAM. *Gagner son bifteck* : gagner sa vie. *Défendre son bifteck*, ses intérêts. — Parfois francisé en **BIFTÈQUE.** *Elle «cuisait les biftèques»* AYMÉ. — ABRÉV. FAM. (1920) **BIF** [bif]. *Des bifs.*

BIFURCATION [bifyʀkasjɔ̃] **n. f.** – 1560 anat. ◊ de *bifurquer* ■ **1** DIDACT. Division en deux branches. *Bifurcation d'une tige de plante.* ➤ **dichotomie, enfourchure, fourche.** ■ **2** COUR. Endroit où une voie de communication se dédouble. *Bifurcation d'une route* (➤ **carrefour, croisement, embranchement, fourche**), *d'une voie de chemin de fer* (➤ **aiguillage, embranchement**), *d'un conducteur électrique.* ■ **3** FIG. Possibilité d'option entre plusieurs voies. ➤ 1 **alternative.** *Bifurcation des études.* ■ CONTR. Jonction, raccordement, réunion.

BIFURQUER [bifyʀke] **v. intr.** ⟨1⟩ – 1560 anat. ◊ latin *bifurcus* «fourchu» ■ **1** Se diviser en deux, en forme de fourche. ➤ **se dédoubler, diverger.** *La route bifurque à cet endroit.* ■ **2** PAR EXT. Abandonner une voie pour en suivre une autre. *Le train a bifurqué sur une voie de garage.* ■ **3** FIG. Prendre une autre direction. *Bifurquer vers les sciences. «Je laissai ainsi bifurquer mon premier amour»* RENAN. ■ CONTR. Raccorder (se), rejoindre (se), réunir (se).

BIGAME [bigam] **adj.** et **n.** – 1270 ◊ latin chrétien *bigamus*, calque du grec *digamos* ; cf. *-game* ■ Qui est marié à deux personnes en même temps. *Il est bigame. Une bigame.* ➤ **polygame ; polyandre.** ■ CONTR. Monogame.

BIGAMIE [bigami] **n. f.** – 1495 ◊ de *bigame* ■ Dans les sociétés occidentales, Situation d'une personne ayant contracté un second mariage sans qu'il y ait dissolution du premier. ➤ **polygamie ; polyandrie.** ■ CONTR. Monogamie.

BIGARADE [bigaʀad] **n. f.** – 1651 ; *bigarrat* 1600 ◊ provençal *bigarrado* «bigarré» ■ Orange amère. **adj.** *Des oranges bigarades.*

BIGARADIER [bigaʀadje] **n. m.** – *bigarradier* 1751 ◊ de *bigarade* ■ BOT. Oranger dont les fleurs fournissent une essence parfumée (➤ **néroli**) et dont le fruit est la bigarade.

BIGARRÉ, ÉE [bigaʀe] **adj.** – XVe ◊ de l'ancien français *garre* ; origine inconnue ■ **1** Qui a des couleurs variées. ➤ **bariolé, chamarré.** *Un bermuda bigarré.* ■ **2** PAR EXT. Formé d'éléments disparates à la vue. ➤ **hétéroclite, hétérogène, mêlé, varié.** *Foule bigarrée.* ■ CONTR. Uni. Homogène, uniforme.

BIGARREAU [bigaʀo] **n. m.** – 1583 ◊ de *bigarrer* ■ Cerise rouge et blanche, à chair ferme. ➤ **burlat.** *Bigarreau Napoléon.*

BIGARRER [bigaʀe] **v. tr.** ⟨1⟩ – 1530 ◊ de *bigarré* ■ Marquer de couleurs qui tranchent l'une sur l'autre. ➤ **chamarrer.** *«les pampres, tamisant le soleil, bigarraient d'ombre et de clair sa charmante figure»* GAUTIER. ■ CONTR. Harmoniser.

BIGARRURE [bigaʀyʀ] **n. f.** – *biguarrure* 1530 ◊ de *bigarrer* ■ Aspect bigarré. *La bigarrure d'une étoffe.* — FIG. *Bigarrure ethnique, religieuse d'un pays.* ♦ Marque de ce qui est bigarré. *Les bigarrures du papillon.* ■ CONTR. Uniformité.

BIG BAND [bigbɑ̃d] **n. m.** – Ire moitié du XXe ◊ expression anglaise (1926), mot à mot «grand orchestre» ■ Grand orchestre de jazz, caractérisé par la prééminence des cuivres et la présence d'un chef d'orchestre. *Les big bands de Count Basie et Glenn Miller.*

BIG BANG [bigbɑ̃g] **n. m.** /BIGBANG/ – 1956 ◊ anglais américain *big bang* «grand boum», expression appliquée ironiquement par Fred Hoyle aux théories de Georges Lemaître sur l'«atome primitif» ■ DIDACT. Théorie cosmologique selon laquelle l'Univers a son origine dans un état primitif hypercondensé à partir duquel il est toujours en expansion. *Des big bangs.* — PAR MÉTAPH. *«ce big-bang politique auquel j'aspire»* M. ROCARD. — On écrit aussi *big-bang* et parfois *Big Bang* (contexte scientifique).

BIG DATA [bigdata] **n. m. inv.** – 2011 ◊ mots anglais «données massives» → data ■ ANGLIC. *Le big data* : l'ensemble des données générées par les nouvelles technologies, caractérisées par leur volume colossal. *La gestion, l'analyse du big data.* — Recomm. offic. ***mégadonnées.***

BIGLE [bigl] **adj.** et **n.** – 1471 ◊ de *biscler* → bigler ■ VIEILLI Qui louche. ➤ PÉJ. **bigleux,** VX 1 **louche.** *«Il était bigle, c'est-à-dire qu'un de ses yeux ne suivait pas les mouvements de l'autre»* BALZAC. *Un regard bigle.* ■ HOM. Beagle.

BIGLER [bigle] **v.** ⟨1⟩ – 1555 ◊ p.-ê. du latin populaire °*bisoculare*, de *bis* «deux fois» et *oculus* «œil» ■ FAM. ■ **1 v. intr.** PÉJ. Loucher. ■ **2 v. tr.** (1848) VIEILLI Regarder du coin de l'œil. ➤ **regarder*,** FAM. **zieuter.** *«elle biglait le colosse avec une certaine langueur»* QUENEAU.

BIGLEUX, EUSE [biglø, øz] **adj.** et **n.** – 1936 ◊ de *bigle* ■ FAM. PÉJ. ■ **1** Qui louche. ➤ **bigle.** ■ **2** (1940) Qui voit mal. ➤ **miro.** *Là, sous tes yeux ! tu es bigleuse !*

BIGNOLE [biɲɔl] **n. f.** – 1934 ; «agent de la sûreté» 1927 ◊ de *bigner* «regarder» XVe ■ POP. Concierge (femme). — On écrit aussi *bignolle.*

BIGNONIA [biɲɔnja] **n. m.** – 1694 ◊ de *Bignon*, bibliothécaire de Louis XV ■ Arbre ou arbrisseau sarmenteux grimpant *(bignoniacées)*, à fleurs éclatantes, en trompette, cultivé comme plante d'ornement. *Des bignonias. «un énorme bignonia qui avait eu l'audace de faire grimper le fol entremêlement de ses fleurs orangées sur le crépi gris»* M. NDIAYE. — On dit aussi **BIGNONE** [biɲɔn] **n. f.**

BIGOPHONE [bigɔfɔn] **n. m.** – 1890 ◊ de *Bigot*, l'inventeur, et *-phone* ■ **1** MUS. Sorte de mirliton en zinc dans lequel on chante un air. ■ **2** FAM. Téléphone. *Je te passerai un coup de bigophone* (ABRÉV. **BIGO**). — **v. intr.** ⟨1⟩ **BIGOPHONER,** 1965.

BIGORNE [bigɔʀn] **n. f.** – *bigorgne* 1389 ◊ provençal °*bigorn* ; latin *bicornis* → bicorne ■ **1** Petite enclume à deux cornes. *Bigorne d'orfèvre.* ■ **2** MAR. Ciseau de calfat employé pour briser les clous gênant le calfatage. ■ **3** Masse en bois pour fouler les peaux.

BIGORNEAU [bigɔʀno] **n. m.** – 1611 ; «petite enclume» 1423 ◊ de *bigorne* ■ Petit coquillage à coquille gris foncé spiralée et à opercule fermé, qui se mange cuit. ➤ **littorine,** 1 **vigneau.**

BIGORNER [bigɔʀne] **v. tr.** ⟨1⟩ – 1680 ◊ de *bigorne* ■ **1** Forger sur la bigorne. ■ **2** (1917) POP. Abîmer*, tordre. *Bigorner sa bagnole contre un arbre.* ➤ **amocher, esquinter.** — PRONOM. (RÉCIPR.) **SE BIGORNER :** se battre.

BIGOT, OTE [bigo, ɔt] **adj.** et **n.** – XVe ; surnom des Normands 1155 ◊ ancien anglais *bî god (by god)* «par Dieu» ■ **1** Qui manifeste une dévotion outrée et étroite. ➤ **bondieusard, calotin, cul-bénit, dévot.** *Un homme hypocrite et bigot.* ➤ VIEILLI **cafard, cagot, tartufe.** — PAR EXT. *Une éducation bigote.* ■ **2 n.** Personne bigote. *Une vieille bigote* (cf. FAM. Punaise de sacristie*, grenouille de bénitier*).

BIGOTERIE [bigɔtʀi] **n. f.** – v. 1450 ◊ de *bigot* ■ Dévotion* étroite du bigot. *La bigoterie d'une dame patronnesse.* — On dit aussi *bigotisme* **n. m.,** 1646.

BIGOUDEN, ÈNE [bigudɛ̃, ɛn] **n.** et **adj.** – 1844 ◊ mot breton ■ **1 n. f. BIGOUDÈNE :** haute coiffe cylindrique portée dans la région de Pont-l'Abbé (parfois écrit **BIGOUDEN** [bigudɛn]). ■ **2 adj.** De la région de Pont-l'Abbé. *Le pays bigouden. La coiffe bigoudène.* — **n.** Personne qui habite la région de Pont-l'Abbé ou en est originaire. *Un Bigouden, une Bigoudène.*

BIGOUDI [bigudi] **n. m.** – 1852 ◊ origine inconnue ■ Petit objet (tige, rouleau, etc.) autour duquel on enroule chaque mèche de cheveux pour les mettre en plis le temps du séchage. *Mettre des bigoudis. Une femme en bigoudis.*

BIGRE [bigʀ] **interj.** et **n. m.** – 1743 ◊ euphém. pour *bougre* ■ VIEILLI (Exprime l'étonnement, la déception, l'admiration, la crainte). *Bigre oui ! Bigre ! quelle aventure.* — **n. m.** (1830) *Ce bigre de farceur.* ➤ **bougre** (de), **espèce** (de), 1 **sacré.**

BIGREMENT [bigʀəmɑ̃] **adv.** – 1833 ◊ de *bigre* ■ FAM. Très. ➤ **bougrement, foutrement.** *Il fait bigrement chaud !*

BIGUE [big] **n. f.** – 1694 ◊ du provençal *biga* «poutre» ■ TECHN. Grue très puissante, formée de deux ou trois montants réunis au sommet et soutenant un palan, utilisée pour soulever de lourdes charges. ➤ **chèvre.** *Bigue de redresse, de secours. Les bigues d'un port.*

BIGUINE [bigin] **n. f.** – 1935 ◊ mot des Antilles ■ Danse à quatre temps originaire des Antilles. *Un air de biguine.*

BIHEBDOMADAIRE [biɛbdɔmadɛʀ] **adj.** – 1866 ◊ de *bi-* et *hebdomadaire* ■ Qui a lieu, qui paraît deux fois par semaine. *Revue bihebdomadaire.*

BIHOREAU [biɔʀo] **n. m.** – 1543 ; *buhoreau* 1314 ◇ origine inconnue ■ Oiseau échassier des marais *(ciconiiformes)*, sorte de petit héron. ■ **HOM.** Biauraux (biaural).

BIJECTIF, IVE [biʒɛktif, iv] **adj.** – milieu XXe ◇ de *bijection* ■ MATH. Qui possède les caractères de la bijection. *Application bijective.*

BIJECTION [biʒɛksjɔ̃] **n. f.** – milieu XXe ◇ de *bi-* et *(in)jection* ■ MATH. Application qui, à tout élément de l'ensemble de départ, associe un et un seul élément de l'ensemble d'arrivée. *Bijection d'un ensemble sur un autre* (➤ **équipotent**).

BIJOU [biʒu] **n. m.** – 1460 ◇ breton *bizou* «anneau», de *biz* «doigt» ■ **1** Petit objet ouvragé, précieux par la matière ou par le travail et servant à la parure. ➤ **joyau.** *Commerce, fabrication des bijoux.* ➤ **bijouterie, joaillerie, orfèvrerie.** *Bijou en or. Bijou fantaisie. Faux bijou.* ➤ 2 **toc, pacotille.** *Principaux bijoux :* bague, boucle d'oreille, bracelet, breloque, broche, chaîne, clip, collier, couronne, croix, diadème, épingle, gourmette, médaillon, parure, pendant, pendeloque, pendentif. *Coffret, boîte à bijoux.* ➤ **baguier, écrin.** *Une femme couverte de bijoux. Offrir un bijou. Mettre, porter des bijoux. Bijoux de famille,* qui se transmettent d'une génération à l'autre ; (LOC. FAM.) le pénis et les testicules. ■ **2** FIG. Objet, ouvrage (d'une relative petitesse) où se révèle de l'art, de l'habileté. ➤ **chef-d'œuvre, merveille.** *Un bijou d'architecture, de mécanique.*

BIJOUTERIE [biʒutʀi] **n. f.** – 1701 ◇ de *bijou* ■ **1** Fabrication, industrie des bijoux. *La bijouterie d'art.* — Vente, commerce des bijoux. ■ **2** Lieu où l'on vend, où l'on expose des bijoux. *Les bijouteries de la rue de la Paix. Une horlogerie-bijouterie.* ■ **3** Ensemble des objets de ce commerce, de cette industrie. ➤ **bijou.**

BIJOUTIER, IÈRE [biʒutje, jɛʀ] **n.** – 1701 ; «qui aime les bijoux» avant 1679 ◇ de *bijou* ■ Personne qui fabrique, qui vend des bijoux. ➤ **joaillier, orfèvre.** *Un horloger-bijoutier. Ouvrier bijoutier.* ➤ **argenteur, ciseleur, doreur, estampeur, graveur, metteur** (en œuvre), **plaqueur, sertisseur.** *Les grands bijoutiers de Paris.*

BIKER [bajkœʀ] **n. m.** ou **BIKEUR, EUSE** [bajkœʀ, øz] **n.** – 1987 ◇ anglais américain *biker,* de *bike* «moto, bécane» ■ ANGLIC. Motard amateur de grosses cylindrées, au style de vie en accord avec sa passion. *Rassemblement de bikers.*

BIKINI [bikini] **n. m.** – 1946 ; marque déposée ◇ nom d'un atoll du Pacifique ■ VIEILLI Maillot de bain formé d'un slip et d'un soutien-gorge. ➤ **deux-pièces.**

BILABIAL, IALE, IAUX [bilabjal, jo] **adj.** et **n. f.** – 1905 ◇ de *bi-* et *labial* ■ PHONÉT. *Consonne bilabiale,* ou **n. f.** *une bilabiale :* consonne qui s'articule avec les deux lèvres (ex. b, p, m).

BILABIÉ, IÉE [bilabje] **adj.** – 1842 ◇ de *bi-* et du latin *labium* «lèvre» ■ BOT. Partagé en deux lèvres, en parlant des calices et corolles. *Les corolles bilabiées de la sauge, du romarin.*

BILAME [bilam] **n. m.** – 1886 ◇ de *bi-* et *lame* ■ TECHNOL. Bande métallique formée de deux lames de métaux inégalement dilatables, dans certains dispositifs thermostatiques.

BILAN [bilɑ̃] **n. m.** – 1578 *bilans* ◇ italien *bilancio* «balance» ■ **1** Inventaire périodique de tout ce qu'une entreprise possède et de tout ce qu'elle doit. ➤ 1 **balance, état.** *Le bilan d'une entreprise donne sa situation active et passive à une certaine date.* ➤ **actif,** 2 **passif ; crédit,** 2 **débit,** 2 **solde.** *Bilan comptable. Bilan consolidé*. Dresser, arrêter un bilan. Bilan positif. Analyse de bilan* (➤ **audit**). — SPÉCIALT *Dépôt de bilan :* acte par lequel un commerçant qui se déclare en état de cessation de paiement fait connaître au Tribunal de commerce sa situation active et passive. ➤ **faillite, liquidation.** *Déposer son bilan.* ■ **2** Compte des pertes humaines ou matérielles au cours d'un évènement public malheureux. *Le bilan d'un accident, des incendies de forêt. Le bilan est très lourd.* ■ **3** FIG. État, résultat global. *Faire le bilan de la situation. Le bilan des recherches est positif. Le bilan d'une vie, d'un règne. Faire son bilan.* «*le bilan n'était pas fameux : j'avais quarante-neuf ans, je vivais reclus dans un studio de vingt mètres carrés*» Y. HAENEL. ◆ *Bilan de santé :* ensemble d'examens médicaux permettant d'apprécier l'état et le fonctionnement des organes. ➤ **check-up.** ◆ *Bilan carbone*.*

BILANGUE [bilɑ̃g] **adj.** – v. 2000 ; autre sens XVIIIe ◇ de *bi-* et *langue* ■ *Classe bilangue :* classe de collège où sont enseignées deux langues vivantes dès la sixième.

BILATÉRAL, ALE, AUX [bilateʀal, o] **adj.** – 1764, en dr. ◇ de *bi-* et *latéral* ■ **1** (1842) Qui a deux côtés, qui se rapporte à deux côtés. *Stationnement bilatéral,* des deux côtés d'une voie. ■ **2** Qui a deux côtés symétriques. — ZOOL. *Animaux à symétrie bilatérale.* ➤ **artiozoaire, bilatérien.** ◆ (1896) MÉD. Qui affecte les deux côtés du corps, deux organes ou structures symétriques. *Strabisme bilatéral. Paralysie bilatérale* (➤ **paraplégie**). ■ **3** DR. Qui engage les parties contractantes les unes envers les autres. ➤ **réciproque.** *Contrat bilatéral* (opposé à *contrat unilatéral*). ➤ **synallagmatique.** — *Accord bilatéral,* entre deux États pour équilibrer leurs échanges. ■ **CONTR.** Unilatéral.

BILATÉRIEN, IENNE [bilateʀjɛ̃, jɛn] **n. m.** et **adj.** – 2000 ◇ du latin scientifique *bilateria,* de *bi-* et latin *latus, eris* «côté», p.-ê. par l'allemand *Bilaterien* (1871) ■ ZOOL. *Les bilatériens :* métazoaires à symétrie bilatérale, organisés selon un axe antéro-postérieur et présentant trois feuillets (ectoderme, mésoderme, endoderme) au cours du développement embryonnaire. *La mouche, le crabe, le ver de terre sont des bilatériens.*

BILBOQUET [bilbɔkɛ] **n. m.** – *bille boucquet* 1534 ◇ de 2 *bille* et *bouquet,* diminutif de *bouque* «boule» ■ **1** Jouet formé d'un petit bâton pointu à une extrémité, évasé en forme de coupe à l'autre, sur lequel on doit enfiler, après l'avoir jetée en l'air, une boule percée qui lui est reliée par une cordelette. ■ **2** VX Figurine lestée de plomb, qui ne peut se tenir que debout. ➤ **poussah.** ■ **3** TYPOGR. Petit ouvrage tel qu'affiche, lettre de faire-part, carte de visite.

BILE [bil] **n. f.** – 1539 ◇ latin *bilis* ■ **1** Liquide visqueux et amer sécrété par le foie, qui s'accumule dans la vésicule biliaire d'où il est déversé dans le duodénum au moment de la digestion. ➤ **chol(é)-.** *La bile permet l'émulsion des graisses. Composants de la bile.* ➤ **bilirubine, sel** (sels biliaires). *Bile des animaux.* ➤ **fiel ;** VX 1 **amer.** *Rétention de bile.* ➤ **cholestase.** *Remède pour évacuer la bile.* ➤ **cholagogue.** ■ **2** FIG. VX *Échauffer la bile :* exciter la colère, cette sécrétion étant considérée comme liée aux manifestations de colère (cf. Échauffer les oreilles*). «*Oui, ma bile s'échauffe à toutes ces fadaises*» MOLIÈRE. ■ **3** VX *Bile noire :* humeur de la rate, supposée noire, à laquelle on attribuait les accès de tristesse (➤ **hypocondrie, mélancolie, spleen ; atrabilaire**). ◆ FIG. et MOD. *Se faire de la bile :* s'inquiéter, se tourmenter. ➤ **se biler,** 1 **faire** (s'en faire) ; **bileux, bilieux.** *Ne te fais pas de bile, tout se passera bien.* ■ **HOM.** Bill.

BILER (SE) [bile] **v. pron.** ‹1› – 1894 ◇ de *bile* ■ FAM. S'inquiéter, se faire de la bile. ➤ 1 **faire** (s'en faire). *Pourquoi se biler ? Il passe bientôt ses examens, mais il ne se bile pas beaucoup.*

BILEUX, EUSE [bilø, øz] **adj.** – XIXe ◇ de *bile* ■ FAM. Qui se fait de la bile. *Il n'est pas bileux.* ➤ **anxieux, bilieux, tourmenté.** ■ **CONTR.** Insouciant.

BILHARZIE [bilaʀzi] **n. f.** – 1881 ◇ de *Bilharz,* n. pr. ■ MÉD. Ver trématode *(schistosoma)* hébergé par des mollusques d'eau, dont la larve parasite l'être humain et certains animaux, et provoque des maladies graves (bilharziose, hématurie). ➤ **schistosome.**

BILHARZIOSE [bilaʀzjoz] **n. f.** – fin XIXe ◇ de *bilharzie* et 2 *-ose* ■ MÉD. Maladie parasitaire, surtout tropicale, causée par les larves de la bilharzie, qui affecte le foie, la vessie, l'intestin, les poumons et les vaisseaux sanguins de l'être humain. *La bilharziose intestinale, vésicale.*

BILIAIRE [biljɛʀ] **adj.** – 1687 ◇ de *bile* ■ Qui a rapport à la bile. *Sécrétion biliaire. Vésicule* biliaire. Pigment biliaire.* ➤ **bilirubine, biliverdine, urobiline.** *Sels* biliaires. Calculs* biliaires.*

BILIEUX, IEUSE [biljø, jøz] **adj.** – 1537 ◇ latin *biliosus,* de *bilis* «bile» ■ **1** Qui abonde en bile ; qui résulte de l'abondance de bile. *Teint bilieux des hépatiques.* ■ **2** FIG. et LITTÉR. Qui, par son humeur mélancolique, inquiète, est enclin à la colère. «*l'humeur bilieuse que l'aspect des désordres publics m'avait donnée*» ROUSSEAU. «*Ce tempérament bilieux, fait pour sentir profondément les injures et la haine*» STENDHAL. ■ **CONTR.** Enjoué, jovial.

BILINÉAIRE [bilineɛʀ] **adj.** – 1903 ◇ de *bi-* et *linéaire* ■ MATH. *Application, forme bilinéaire pour un couple de variables,* linéaire par rapport aux deux variables.

BILINGUE [bilɛ̃g] **adj.** – 1618 ; «menteur» XIIIe ◇ latin *bilinguis* ■ **1** Qui est en deux langues. *Édition bilingue. Dictionnaire bilingue français-anglais. Enseignement bilingue.* ■ **2** Qui parle, possède parfaitement deux langues. *Un Suisse bilingue. Une secrétaire bilingue.* SUBST. *Les bilingues.* ◆ *Sourd bilingue,* qui parle et signe une langue. ■ **3** Où l'on parle deux langues. *Une région bilingue.*

BILINGUISME [bilɛ̃gɥism] **n. m.** – 1911 ◇ de *bilingue* ■ Qualité d'une personne, d'une région bilingue. *Bilinguisme et diglossie.* ◆ Situation d'un pays qui a deux langues officielles. *Le bilinguisme canadien.*

BILIRUBINE [biliʀybin] **n. f.** – 1865 ◊ de *bile* et du latin *rubens* «rouge» ■ BIOCHIM. Pigment jaune rougeâtre de la bile, dérivé de la biliverdine par réduction enzymatique, et produit final de la dégradation de l'hémine.

BILIVERDINE [biliveʀdin] **n. f.** – 1856 ◊ de *bile* et *vert* ■ BIOCHIM. Pigment vert foncé présent dans la bile, formé par dégradation de l'hémine.

BILL [bil] **n. m.** – 1669 ◊ mot anglais ■ Projet de loi du Parlement anglais. *Rejeter un bill. Des bills.* — PAR EXT. La loi votée. ■ **HOM.** Bile.

BILLARD [bijaʀ] **n. m.** – 1399 «bâton, crosse pour pousser les boules» ◊ de 2*bille* «madrier» ■ **1** (XVIe ◊ d'après 1*bille*) Jeu pratiqué sur une table spéciale où les joueurs font rouler des billes, en poussant l'une avec une queue. *Table, queue de billard. Bille,* (COUR.) *boule de billard. Coups au billard.* ➤ 1 **blouser, caramboler,** 3 **masser, queuter ; contre, coulé, effet,** 1 **rétro, série.** — *Académie de billard :* établissement où l'on joue au billard. — Partie de billard. *Faire un petit billard.* ◆ Salle de billard. *Nous pouvons passer au billard.* ■ **2** *Billard japonais, russe, américain :* jeux où l'on pousse une bille qui doit éviter des quilles, passer sous des arceaux, se loger dans des trous (➤ 1 **blouse**). — *Billard électrique :* jeu qui consiste à faire toucher par une bille des mécanismes électriques situés sur un plateau incliné. ➤ 1 **flipper.** ■ **3** Table rectangulaire, munie de rebords élastiques (➤ 1 **bande**) et recouverte d'un tapis vert collé, sur laquelle on joue au billard. *Tapis de billard.* ◆ FIG. et FAM. Table d'opération. *Monter, passer sur le billard :* subir une opération. ■ **4** (1914) FIG. et FAM. *C'est du billard :* c'est une chose facile à accomplir (cf. Aller comme sur des roulettes). ◆ (1927) *Cette route est un vrai billard,* lisse, facile à parcourir. ◆ *Dévisser son billard :* mourir.

1 **BILLE** [bij] **n. f.** – 1164 ◊ p.-ê. francique °*bikkil* «dé» ■ Petite boule. ■ **1** Boule d'ivoire ou de matière synthétique, avec laquelle on joue au billard. *Billes blanches. Bille rouge. Coller la bille. Attaquer, prendre la bille en plein, en dessous, sur le côté. Prendre la bille fin,* l'effleurer à peine. *Frapper, prendre la bille en tête,* au milieu vers le haut. ◆ LOC. FIG. **BILLE EN TÊTE :** avec audace, détermination. *Il arrive bille en tête.* — FAM. *Toucher sa bille :* être compétent. *Il touche sa bille en mécanique.* ■ **2** Petite boule de pierre, d'argile, de verre, servant à des jeux d'enfant. *Une bille d'agate. Grosse bille.* ➤ 2 **calot.** *Un sac de billes.* ◆ *Les billes :* ce jeu. *Jouer aux billes. Une partie de billes.* — LOC. FIG. *Reprendre ses billes :* cesser de participer à une action, une affaire collective, en reprenant éventuellement ce qu'on a donné, concédé. *Placer ses billes :* savoir se placer, se mettre en bonne position pour obtenir qqch. ◆ PAR ANAL. FAM. *Les billes :* les yeux. *Rouler des billes :* regarder avec étonnement. ■ **3** (1892) TECHN. *Roulement à billes,* où des billes d'acier suppriment le contact direct entre des pièces en rotation. — *Bombe à billes,* qui explose en projetant une multitude de petites balles. — Petite sphère métallique imbibée d'encre grasse, qui remplace la plume ordinaire. *Un crayon, un stylo à bille* ou *stylo-bille. Des stylos-billes.* PAR ANAL. *Déodorant à bille.* ■ **4** (1883) FAM. Figure, face. ➤ **tête*** ; FAM. 2 **balle,** 2 **bouille.** *Bille de clown :* figure comique, ridicule. *Bille de billard :* crâne chauve. — VIEILLI Niais, imbécile. *Quelle bille, ce type ! «nous nous y prenions comme des billes»* FOTTORINO. **adj.** *«On rigolait parce qu'il était bille, et qu'on lui posait des colles»* VERCEL.

2 **BILLE** [bij] **n. f.** – XIVe ◊ latin populaire °*bilia* «tronc d'arbre» ■ **1** Pièce de bois découpée dans une grume. ➤ **billon ;** RÉGION. **billot, pitoune.** *Bille de pied,* provenant du fût. *Une bille de chêne, d'acajou. «un char lourdement chargé de billes de sapin qui s'entrechoquent»* RAMUZ. ■ **2** (Belgique) Traverse (de chemin de fer). *Les billes et les rails.* ■ **3** RÉGION. *Bille de chocolat* (➤ **barre**).

BILLET [bijɛ] **n. m.** – 1459 ◊ ancien français *billette* (1389), altération de *bullette,* diminutif de *bulle,* d'après 2*bille*

I LETTRE Courte lettre. ➤ **missive.** *Écrire, envoyer, faire parvenir un billet.* ➤ **mot.** *Billet doux :* lettre d'amour. ➤ FAM. **poulet.** *«c'est une belle inconnue qui doit faire ce soir une visite à M. le chevalier ; ce matin elle l'a prévenu par un billet doux»* LOUVET DE COUVRAY. ◆ Petit article de journal sur un sujet d'actualité (➤ **billettiste**). *Le billet du jour. Billet d'humeur.* — L'un des articles composant un blog. *Poster un billet.*

II ENGAGEMENT ÉCRIT DE PAYER ■ **1** COMM. Promesse écrite, engagement de payer une certaine somme. ➤ **promesse, reconnaissance.** *Rembourser un billet. Billets de commerce.* ➤ **effet** (II), **traite, valeur.** *Souscrire, négocier un billet. Escompter un billet. Billet au porteur,* payable au détenteur à l'échéance. *Protester* un billet.* — *Billet à ordre,* par lequel une personne (➤ 1 **débiteur, souscripteur, tireur**) s'engage à payer, à une échéance déterminée, une certaine somme à une autre personne (➤ **bénéficiaire**) ou à son ordre. ➤ **lettre** (de change). *Billet de trésorerie :* billet au porteur négociable émis par une personne morale. ■ **2** COUR. **BILLET DE BANQUE,** et ABSOLT **BILLET.** ANCIENNT Billet émis par certaines banques qui, à l'origine, étaient engagées à payer en espèces, à vue et au porteur, la somme inscrite sur le billet. ➤ **assignat.** ◆ MOD. Papier*-monnaie émis par les banques centrales. ➤ **coupure ;** FAM. **biffeton.** *Les billets de banque sont une monnaie fiduciaire. La circulation des billets a augmenté, a diminué* (➤ **inflation ;** 2 **déflation**). *Billet de dix euros, de vingt dollars. Distributeur de billets.* ➤ **billetterie,** 2 **DAB,** FAM. **tirette.** *Ranger ses billets dans un portefeuille, un porte-billet. Faux billets* (➤ **contrefaçon, falsification**). LOC. *Le billet vert :* le dollar américain. ◆ FAM. ANCIENNT Somme de mille anciens francs, de dix francs. ➤ 1 **sac, ticket.** *Une bague de cinq cents billets.*

III CARTE, TICKET, ATTESTATION ■ **1** Petit écrit, petit imprimé donnant entrée, accès quelque part. *Entrer avec un billet, sans billet.* ➤ **carte, ticket.** *Acheter, prendre un billet. Retirer son billet au guichet. Le contrôle, le poinçonnage des billets. Billet de théâtre, de concert. Billet de faveur, à demi-tarif. Billet de train, de bateau, d'avion.* ➤ **titre** (de transport) ; **billettiste.** *Billet aller, aller et retour, billet circulaire. Billet open*. Composter son billet. C'est «un billet grandes lignes et non un ticket de banlieue. C'est un billet simple, pour T. G. V.,* [...] *pour le trajet Bordeaux-Paris. On l'a composté»* BOURGEADE. — *Billet de loterie, de tombola. Billet gagnant.* ➤ **numéro.** ◆ ANCIENNT *Billet de logement,* donnant à un militaire le droit à un logement réquisitionné. ■ **2** Papier reconnaissant ou attestant une chose. ➤ **attestation, certificat.** *Billet de confession,* par lequel un prêtre certifiait avoir entendu le porteur en confession. — *Billet d'absence. Billet de retard*.* — LOC. FAM. VIEILLI *Je vous donne, je vous fiche mon billet que.* ➤ **certifier, garantir, parier.**

BILLETÉ, ÉE [bij(ə)te] **adj.** – 1234 ◊ de *billette* ■ BLAS. Semé de billettes.

BILLETTE [bijɛt] **n. f.** – 1304 ◊ de 2*bille* ■ **1** Bois de chauffage fendu. *Fagot de billettes.* TECHN. Pièce de bois soutenant la voûte d'une galerie de mine. — Lingot d'acier de section carrée. ■ **2** BLAS. Pièce d'armoiries en forme de rectangle (➤ **billeté**). ■ **3** ARCHIT. Ornement composé de petits tronçons de tore espacés. *Les billettes sont très employées dans le style roman.*

BILLETTERIE [bijɛtʀi] **n. f.** – 1973 ◊ de *billet* ■ **1** Ensemble des opérations relatives à l'émission et à la délivrance de billets (voyages, spectacles...). — Lieu où ces billets sont délivrés. ■ **2** Distributeur automatique de billets de banque, de billets de train fonctionnant avec de l'argent ou une carte de crédit bancaire. ➤ 2 **DAB,** FAM. **tirette.**

BILLETTISTE [bijetist] **n.** – milieu XXe ◊ de *billet* ■ **1** Auteur d'un billet (I°) dans un journal. *Un billettiste du Monde.* ■ **2** Personne qui délivre des titres de transport dans une agence de voyages.

BILLEVESÉE [bilvəze] **n. f.** – XVe ◊ mot de l'Ouest, p.-ê. de *beille* «boyau» et *vezé* «gonflé» ■ VIEILLI (surtout plur.) Parole vide de sens, idée creuse. ➤ **baliverne, sornette, sottise.** *«Ne nous arrêtons pas à écouter* [...] *leurs billevesées»* GAUTIER.

BILLIG [bilik] **n. m. ou f.** – 1982 ◊ mot breton ■ Crêpière formée d'une plaque en fonte. *Des billigs.*

BILLION [biljɔ̃] **n. m.** – 1520 ◊ de *bi-* et *(mi)llion* ■ REM. Les termes *billion, trillion, quatrillion, quintillion* et *sextillion* sont à éviter en raison des risques de confusion entre les nouvelles et les anciennes acceptions, encore en usage dans certains pays. ■ **1** VX Mille millions, soit 10^9. ➤ **milliard.** ■ **2** (1948) MOD. Million de millions, soit 10^{12} (➤ **téra-**).

BILLON [bijɔ̃] **n. m.** – 1270 «lingot» ◊ de 2*bille*

I ANCIENNT Monnaie de cuivre mêlé ou non d'argent. — Monnaie divisionnaire métallique de faible valeur intrinsèque. ➤ **pièce.** *Du billon* (ou monnaie de billon).

II Bille de bois courte.

III (1771) AGRIC. Ados formé dans un terrain avec la charrue (entre deux sillons). *Labour en billons.* ➤ **billonnage.**

BILLONNAGE [bijɔnaʒ] **n. m.** – fin XVIe «altération des monnaies» ◊ du v. *billonner,* de *billon* (III) ■ (1835) AGRIC. Labourage en billons. — SYLV. Tronçonnage des arbres abattus.

BILLOT [bijo] **n. m.** – 1577 ◊ de 2*bille* ■ **1** Tronçon de bois gros et court dont la partie supérieure est aplanie. ➤ RÉGION. **plot.** *Fendre du bois sur un billot.* ◆ SPÉCIALT Bloc de bois sur lequel on appuyait la tête d'un condamné à la décapitation. *Périr sur le billot.* — LOC. FIG. *J'en mettrais ma tête sur le billot :* j'en suis absolument certain, j'en jurerais (cf. En donner sa tête à couper*, en mettre sa main au feu*). ▪ **2** PAR ANAL. Bloc de bois ou de métal à hauteur d'appui, sur lequel on fait un ouvrage. *Billot sur lequel le boucher découpe la viande. Billot supportant une enclume. Billot de tonnelier.* ➤ **tronchet.** — MAR. Pièce de bois soutenant la quille d'un navire en construction. ➤ **tin.** ▪ **3** (Canada) Bille de bois. ▪ **4** (1561 vén.) Bâton suspendu au cou d'un animal pour l'empêcher de courir. ➤ **entrave.** *Le billot d'une vache mise au pâturage.*

BILOBÉ, ÉE [bilɔbe] adj. – fin XVIIIe ◇ de *bi-* et *lobe* ▪ Qui a deux lobes. *La feuille du ginkgo est bilobée.* — ARCHIT. *Arc bilobé.*

BIM [bim] interj. – date inconnue ◇ onomatopée ▪ **1** Onomatopée évoquant un bruit de coup. ➤ **bing, 1 boum.** « *Le cœur* [...] *vous tape le long des tempes. Bim ! Bim !* » CÉLINE. ▪ **2** Onomatopée évoquant un évènement soudain. « *les ambiances gênantes genre toute la clique devant la télévision, et bim ! y a une scène un peu hot* » F. GUÈNE.

BIMANE [biman] adj. et n. – 1627 ◇ de *bi-* et *1-mane* ▪ Qui a deux mains à pouces opposables. *L'humain est un animal bimane, un bimane.*

BIMBELOTERIE [bɛ̃blɔtʀi] n. f. – 1751 ◇ de *bimbelot*, variante ancienne de *bibelot* ▪ **1** Fabrication ou commerce des bibelots. ▪ **2** Ensemble de bibelots. *Boutique de bimbeloterie.* ➤ **bazar.**

BIMBELOTIER, IÈRE [bɛ̃blɔtje, jɛʀ] n. – XVe ◇ de *bimbelot*, variante ancienne de *bibelot* ▪ Personne qui fabrique ou vend des bibelots. *Les bimbelotiers du marché aux puces.*

BIMBO [bimbo] n. f. – 1988 ◇ mot anglais américain, de l'italien, var. de *bambino* «enfant» ▪ ANGLIC. Jeune femme à la féminité provocante et stéréotypée (blondeur, maquillage, poitrine opulente, futilité). *Un physique de bimbo.* « *une série peuplée de bimbos millionnaires* » I. JABLONKA. — APPOS. *La mode bimbo.*

BIMÉDIA [bimedja] adj. – 1997 ◇ de *bi-* et *média* ▪ Qui utilise conjointement deux médias ou deux supports, en particulier le papier et le numérique (➤ **multimédia, multisupport**). *Campagne publicitaire bimédia. Journal bimédia.* — *Journalistes bimédias.* — n. m. *Le développement du bimédia.*

BIMENSUEL, ELLE [bimɑ̃sɥɛl] adj. et n. m. – 1847 ◇ de *bi-* et *mensuel* ▪ Qui a lieu, qui paraît deux fois par mois. *Revue bimensuelle.* — n. m. *Un bimensuel.* ➤ **quinzomadaire.**

BIMESTRE [bimɛstʀ] n. m. – 1831 ◇ latin *bimestris* ▪ DIDACT. ou ADMIN. Durée de deux mois.

BIMESTRIEL, IELLE [bimɛstʀijɛl] adj. et n. m. – 1899 ◇ de *bimestre* ▪ Qui a lieu, qui paraît tous les deux mois. *Publication bimestrielle.* — n. m. *Un bimestriel.*

BIMÉTALLIQUE [bimetalik] adj. – 1876 ◇ de *bimétallisme* ▪ **1** ÉCON. Relatif au bimétallisme. *Système bimétallique.* ▪ **2** TECHN. Composé de deux métaux.

BIMÉTALLISME [bimetalism] n. m. – 1890 ◇ de *bi-* et *métal* ▪ HIST. ÉCON. Système monétaire dans lequel deux métaux servent d'étalon (opposé à *monométallisme*). *Le bimétallisme or-argent.*

BIMÉTALLISTE [bimetalist] adj. et n. – 1890 ◇ de *bimétallisme* ▪ ÉCON. Relatif au bimétallisme, où le bimétallisme est en vigueur. *État bimétalliste.* ◆ Partisan du bimétallisme.

BIMILLÉNAIRE [bimi(l)lenɛʀ] adj. et n. m. – 1844 ◇ de *bi-* et *millénaire* ▪ Qui est deux fois millénaire ; qui a deux mille ans, ou plus. *Une civilisation bimillénaire.* ◆ n. m. Deux millième anniversaire (d'un évènement).

BIMOTEUR [bimɔtœʀ] adj. – 1921 ◇ de *bi-* et *moteur* ▪ Muni de deux moteurs. *Avion bimoteur.* ➤ aussi **biréacteur.** n. m. *Un bimoteur.*

BINAGE [binaʒ] n. m. – 1311 ◇ de *biner* ▪ AGRIC. Action de biner. *Un bon binage vaut deux arrosages* (dicton). — PAR EXT. et COUR. Désherbage. ➤ **sarclage.**

BINAIRE [binɛʀ] adj. – 1554 ◇ bas latin *binarius*, de *bini* «deux éléments formant couple» ▪ **1** MATH. *Nombre binaire* (en base décimale) : nombre à deux chiffres. — *Système de numération binaire* ou *à base* binaire.* — *Relation binaire dans un ensemble E :* relation de E vers E. ◆ INFORM. Qui ne comporte que deux états. ➤ **un, zéro ; complément.** *Code, langage binaire d'un ordinateur* (cf. Langage* machine). *Chiffre binaire :* chacun des deux chiffres, 0 et 1, en numération binaire (recomm. offic. pour *bit*). *Élément binaire.* ➤ **booléen ; bit.** — LOG. *Relation binaire :* relation établie dans un ensemble entre deux éléments. ▪ **2** SC. Composé de deux éléments. *Mélange, alliage, composé binaire.* — ASTRON. *Système binaire :* étoile double. ▪ **3** MUS. *Mesure binaire,* dont les temps sont divisibles par deux. *Rythme binaire,* à deux temps. ▪ **4** Qui procède de façon simpliste, manichéenne. *Une conception binaire de la vie. Un esprit binaire.*

BINARITÉ [binaʀite] n. f. – 1844 ◇ de *binaire* ▪ DIDACT. Caractère de ce qui est binaire.

BINATIONAL, ALE, AUX [binasjɔnal, o] adj. et n. – 1944 *bi-national* ◇ de *bi-* et *national* ▪ Qui possède une double nationalité, qui relève de deux pays. — n. *Les binationaux.*

BINAURAL ; BINAURICULAIRE ➤ **BIAURAL ; BIAURICULAIRE**

BINER [bine] v. (1) – 1269 ◇ du provençal *binar*, du latin populaire °*binare* «refaire deux fois», de *bini* → binaire ▪ **1** v. tr. AGRIC. Ameublir et aérer la couche superficielle de (la terre) pour réduire l'évaporation de l'eau contenue dans le sol. *Pioche à biner.* ➤ **1 binette, houe.** *Charrue à biner.* ➤ **bineuse.** ◆ PAR EXT. et COUR. Désherber. ➤ **sarcler.** — ABSOLT *Il faut biner tant qu'il ne pleut pas.* ▪ **2** v. intr. LITURG. Célébrer deux ou plusieurs messes le même jour, généralement à deux endroits différents.

1 **BINETTE** [binɛt] n. f. – 1651 ◇ de *biner* ▪ Instrument servant au binage de la terre. *Donner un coup de binette.*

2 **BINETTE** [binɛt] n. f. – 1844 ◇ probablt de *bobinette, trombinette* → bobine, trombine ▪ **1** FAM. Visage. ➤ **tête* ;** FAM. **1 bille, 2 bouille, tronche.** *Une drôle de binette.* ▪ **2** Ensemble de caractères formant un dessin qui évoque une expression du visage, une émotion, utilisé dans le courrier électronique. ➤ **émoticone.**

BINEUSE [binøz] n. f. – 1855 ◇ de *biner* ▪ AGRIC. Machine destinée au binage.

BING [biŋ] interj. – 1865 ◇ onomat. ▪ Onomatopée évoquant un bruit sec (souvent métallique) résultant d'un choc ou d'un heurt. ➤ **bim, 1 boum.** *Et bing ! il se cogne contre la porte.* — n. m. « *Le nom de chaque invité, qu'un suisse étincelant saluait chaque fois du bing de sa hallebarde sur les dalles* » DAUDET.

BINGO [biŋgo] n. m. – 1944 ◇ mot anglais américain, p.-ê. de *bing* ▪ Jeu de loto public très répandu au Canada. *Des bingos.* — interj. *Bingo !* formule par laquelle on relève un défi. « *Bingo ! Voilà la solution !* » PENNAC.

BINIOU [binju] n. m. – *beniou* 1799 ◇ mot breton ▪ **1** Cornemuse bretonne. *Un sonneur de biniou. Des binious.* ▪ **2** (1888) ARG. des musiciens Instrument à vent ; cuivre.

BINOCLARD, ARDE [binɔklaʀ, aʀd] adj. et n. – 1885 ◇ de *binocle* ▪ FAM. Qui porte des lunettes. *Un prof binoclard.* — n. *Des binoclards.*

BINOCLE [binɔkl] n. m. – 1677 ◇ latin scientifique *binoculus* (1645), de *bini* (→ binaire) et *oculus* «œil» ▪ **1** VX Télescope double. ▪ **2** (1798) ANCIENNT Lunettes sans branches se fixant sur le nez. ➤ **bésicles, face-à-main, lorgnon, pince-nez.** *Le binocle au bout du nez.* ◆ AU PLUR. (abusivement au fém.) FAM. Lunettes. *Où sont passés mes binocles ?*

BINOCULAIRE [binɔkylɛʀ] adj. et n. f. – fin XVIIe ◇ → binocle ▪ **1** PHYSIOL. Relatif aux deux yeux. *Vision binoculaire :* formation simultanée de deux images d'un même objet sur la rétine des deux yeux. *La vision binoculaire donne la sensation du relief.* ▪ **2** PHYS., OPT. Qui comporte deux oculaires. *Loupe, télescope binoculaire.* ▪ **3** n. f. Jumelle à prisme employée pour l'observation dans l'armée.

BINÔME [binom] n. m. – 1554 ◇ latin scientifique *binomium* (XIIe), de *bis* et *nomen* «nom, terme» ▪ **1** MATH. Somme de deux monômes. *Binôme de Newton :* formule donnant le développement de l'expression $(a + b)^n$ en un polynôme de $(n + 1)$ monômes. *Série, équation du binôme.* ▪ **2** ARG. des écoles Condisciple avec qui l'on effectue des travaux pratiques, un devoir. ◆ Chacun des deux candidats (homme et femme) qui se présentent sur la même liste aux élections départementales. ◆ Équipe de deux personnes. *Policiers qui patrouillent en binôme.* — Chaque membre. « *En plongée, on est toujours deux. Tu dois toujours veiller sur ton binôme* » C. ONO-DIT-BIOT.

BINOMIAL, IALE, IAUX [binɔmjal, jo] adj. – milieu XVe ◇ de *binôme* ▪ MATH. Relatif au binôme. *Coefficient binomial :* coefficient de la formule du binôme* de Newton. *Loi binomiale :* loi de statistique d'un phénomène à deux évènements complémentaires dont la probabilité a la forme d'un terme du développement du binôme* de Newton. *Le jeu de pile ou face est régi par une loi binomiale.*

BINOUZE [binuz] n. f. – 1994 ◇ probablt de *(bi)bine* et suffixe argotique ▪ FAM. Bière (1). — On écrit aussi *binouse.* « *il veillait à la binouse, il en distribuait sans compter* » A. JENNI.

BINTJE [bintʃ] **n. f.** – 1947 ◊ mot néerlandais ▪ Pomme de terre d'une variété à chair jaune farineuse. *Des bintjes.*

BINZ [bins] **n. m.** – v. 1950 ◊ de *cabin's*, apocope de *cabinets* ▪ FAM. Chose, affaire, situation confuse, ennuyeuse. *C'est tout un binz pour aller chez lui.* ◆ Désordre*. *Quel binz dans sa chambre !* ➤ FAM. **bazar, pagaille, bordel.** — On écrit parfois *bin's.*

BIO- ▪ Élément, du grec *bios* « vie ». Les composés récents sont didactiques et servent généralement à désigner le rapport entre une science, une technique et la biologie.

BIO [bjo] **n. f. et adj.** – 1970 ◊ abréviation ▪ **1** FAM. Biographie. *Des bios.* ▪ **2 adj.** (1971 ; abréviation de *biologique*) Issu de l'agriculture biologique*. *Fruits, légumes bios.* « *elle doit manger des trucs bios et se passionner pour le réchauffement climatique* » V. DESPENTES. — « *fermiers de luxe avec potager bio, chauffage solaire, éoliennes dans le jardin* » P. BRUCKNER. — ADVT *Manger bio.* ◆ Élaboré dans le respect de l'environnement et avec des composants végétaux issus de l'agriculture biologique. *Cosmétiques, produits d'entretien bios.* ◆ PAR EXT. *Magasin bio.* — SUBST. *Le marché du bio.*

BIOBIBLIOGRAPHIE [bjobiblijɔgʀafi] **n. f.** – 1842 ◊ de *bio-*, *biblio-* et *-graphie* ▪ DIDACT. Étude de la vie et des œuvres d'un auteur. — adj. **BIOBIBLIOGRAPHIQUE.**

BIOCAPACITÉ [bjokapasite] **n. f.** – 2002 ◊ de *bio-* et *capacité* ▪ ÉCOL. Indicateur chiffré qui évalue la capacité d'un écosystème à reconstituer ses réserves et à absorber les déchets issus de leur consommation. *La biocapacité est calculée en hectares. La biocapacité d'une région, de la planète. Biocapacité et empreinte* écologique.*

BIOCARBURANT [bjokaʀbyʀɑ̃] **n. m.** – 1977 ◊ de *bio-* et *carburant* ▪ Carburant d'origine végétale (éthanol, ester de colza, de tournesol... ➤ **agrocarburant**) ou animale. ➤ **biodiesel, bioéthanol, diester.**

BIOCATALYSEUR [bjokatalizœʀ] **n. m.** – milieu XXe ◊ de *bio-* et *catalyseur* ▪ BIOCHIM. Substance qui active ou accélère une réaction biochimique (ex. enzyme, hormone).

BIOCÉNOSE [bjosenoz] **n. f.** – 1908 ◊ du grec *bios* « vie » et *koinos* « commun », par l'allemand ▪ BIOL. Ensemble des êtres vivants d'un biotope ou d'une station donnés. *La biocénose et le biotope constituent un écosystème*.* — On écrit aussi *biocœnose.*

BIOCHIMIE [bjoʃimi] **n. f.** – 1842 ◊ de *bio-* et *chimie* ▪ Discipline scientifique qui traite de la chimie des êtres vivants. *Biochimie structurale, métabolique et enzymologie.* — adj. **BIOCHIMIQUE.**

BIOCHIMISTE [bjoʃimist] **n.** – 1920 ◊ de *biochimie* ▪ Spécialiste de la biochimie.

BIOCIDE [bjɔsid] **n. m.** – 1969 ◊ de *bio-* et *-cide* ▪ CHIM. Produit qui détruit les êtres vivants, généralement utilisé contre les micro-organismes. ➤ **fongicide, herbicide, insecticide, pesticide.**

BIOCLIMATIQUE [bjoklimatik] **adj.** – 1966 ◊ de *bio-* et *climatique* ▪ DIDACT. Qui concerne l'influence du climat sur les organismes vivants. *Maison bioclimatique,* qui tire parti du climat et de l'environnement pour le chauffage, la climatisation... — Relatif à la bioclimatologie. *Centre de recherches bioclimatiques.*

BIOCLIMATOLOGIE [bjoklimatɔlɔʒi] **n. f.** – 1960 ◊ de *bio-* et *climatologie* ▪ DIDACT. Science qui étudie l'influence des facteurs climatiques sur le développement des êtres vivants (➤ **biogéographie, écologie**).

BIOCŒNOSE ➤ **BIOCÉNOSE**

BIOCOMPATIBLE [bjokɔ̃patibl] **adj.** – v. 1970 ◊ de *bio-* et *compatible* ▪ MÉD. Qui est toléré par l'organisme. *Matériau biocompatible* (➤ **biomatériau**). — **n. f. BIOCOMPATIBILITÉ.**

BIODÉCHET [bjodeʃɛ] **n. m.** – 1980 ; répandu v. 2000 ◊ de *bio-* et *déchet* ▪ DIDACT. Déchet composé de matière organique. « *La généralisation du tri à la source des biodéchets, en orientant ces déchets vers des filières de valorisation* » (CODE DE L'ENVIRONNEMENT).

BIODÉGRADABILITÉ [bjodegʀadabilite] **n. f.** – v. 1970 ◊ de *biodégradable* ▪ Aptitude d'une matière, d'un produit à être décomposé par des organismes vivants. *Biodégradabilité* (d'une lessive) *supérieure à 90 %.*

BIODÉGRADABLE [bjodegʀadabl] **adj.** – 1966 ◊ anglais *biodegradable* (1961) ▪ Susceptible d'être dégradé par des micro-organismes. ➤ VX **corruptible, putrescible.** *Lessive biodégradable. Déchets biodégradables.* ➤ **biodéchet.** « *une brassée de revues froissées, de périodiques déchiquetés, rappelait que le monde est biodégradable* » ECHENOZ.

BIODÉGRADATION [bjodegʀadasjɔ̃] **n. f.** – 1966 ◊ anglais *biodegradation* (1961) ▪ Dégradation de certaines substances par des organismes vivants. ➤ **putréfaction.**

BIODESIGN [bjodizajn ; bjodezajn] **n. m.** – 1987 ◊ de *bio-* et *design* ▪ ANGLIC. Design qui s'inspire du corps humain, de son galbe et produit des formes arrondies, sans angles vifs. « *Le biodesign, c'est le nouveau style de carrosserie vers lequel tendent toutes les voitures* » (France Inter, 1990).

BIODIESEL ou **BIODIÉSEL** [bjodjezɛl] **n. m.** – 1992 ◊ mot anglais (1986), cf. *bio-* et *diesel* ▪ Biocarburant tiré de matières organiques (huiles végétales, éthanol, graisses animales). ➤ **diester.** — **Recomm. offic.** *biogazole.*

BIODISPONIBILITÉ [bjodispɔnibilite] **n. f.** – 1974 ◊ de *bio-* et *disponibilité* ▪ PHARM., MÉD. Paramètre pharmacocinétique qui détermine la fraction de la dose (d'une substance active) administrée qui atteint la circulation sanguine générale. *La biodisponibilité d'un médicament administré par voie intraveineuse est maximale.*

BIODIVERSITÉ [bjodivɛʀsite] **n. f.** – 1990 ◊ anglais *biodiversity* (1985), de *biological diversity* ▪ ÉCOL. Diversité biologique qui s'apprécie par la richesse en espèces (micro-organismes, végétaux, animaux) d'un milieu, leur diversité génétique et les interactions de l'écosystème considéré avec ceux qui l'entourent. *Maintien, conservation de la biodiversité.*

BIODYNAMIE [bjodinami] **n. f.** – 1976 ◊ probablt calque de l'allemand *Biodynamik* (→ bio- et -dynamie) ▪ Méthode d'agriculture proposant une approche globale et naturelle fondée sur le refus des produits phytosanitaires, le respect des sols, de l'environnement et des rythmes de la nature. *Application de la biodynamie en viticulture.*

BIODYNAMIQUE [bjodinamik] **adj.** – 1972 ; 1842, n. f., autre sens ◊ probablt de l'allemand *biodynamisch* (→ bio- et dynamique) ▪ Relatif à la biodynamie. *Agriculture biodynamique.*

BIOÉNERGÉTIQUE [bjoenɛʀʒetik] **adj.** – 1911 ◊ de *bio-* et *énergétique* ▪ DIDACT. Qui concerne la consommation et les transformations de l'énergie dans les tissus vivants. — **n. f.** *La bioénergétique.*

BIOÉNERGIE [bjoenɛʀʒi] **n. f.** – v. 1975 ◊ de *bio-* et *énergie*, d'après l'anglais ▪ **1** PSYCHOL. Thérapie visant à rendre à l'individu son équilibre en l'aidant à libérer son énergie vitale. ▪ **2** Source d'énergie renouvelable provenant de la valorisation de la biomasse.

BIOÉTHANOL [bjoetanɔl] **n. m.** – 1987 ◊ de *bio-* et *éthanol* ▪ Alcool éthylique d'origine végétale qui, pur ou ajouté à l'essence, est utilisé comme biocarburant.

BIOÉTHIQUE [bjoetik] **n. f.** – 1982 ◊ de *bio-* et *éthique* ▪ DIDACT. Discipline étudiant les problèmes moraux soulevés par la recherche biologique, médicale ou génétique. *Le clonage pose un problème de bioéthique.* ➤ **éthique ; éthicien.**

BIOGAZ [bjogɑz] **n. m.** – 1975 ◊ de *bio-* et *gaz* ▪ Gaz produit par fermentation anaérobie de matières organiques (➤ **méthanisation**).

BIOGÈNE [bjɔʒɛn] **adj.** – 1842 ◊ de *bio-* et *-gène* ▪ GÉOL. Qui est d'origine animale ou végétale. *La silice biogène.*

BIOGENÈSE [bjɔʒənɛz] **n. f.** – 1899 ◊ de *bio-* et *genèse* ▪ **1** VIEILLI Théorie biologique, opposée à celle de la génération spontanée, selon laquelle un être vivant ne peut provenir que d'un autre être vivant. ➤ **évolutionnisme, transformisme.** ▪ **2** BIOL., GÉOL. Production de substance ou de matériau par un être vivant. *Les coraux sont construits par biogenèse.* ▪ **3** BIOL. CELL. Élaboration d'une nouvelle structure à l'échelle cellulaire. *Biogenèse des ribosomes.*

BIOGÉNÉTIQUE [bjɔʒenetik] **adj. et n. f.** – 1899 ◊ de *biogenèse*, peut-être d'après l'allemand *biogenetisch* dans *biogenetisches Gesetz* (Haeckel, 1866) ▪ **1** Qui concerne la vie dans son développement (individuel ou phylétique). *La loi fondamentale biogénétique de Haeckel.* ▪ **2** Qui relève de la biogenèse (2° et 3°). ▪ **3 n. f.** (1959) Génétique dont l'approche prend en compte les données du monde du vivant (facteurs environnementaux par ex.). ▪ **4** *Insuline biogénétique,* obtenue par génie génétique (recombinaison d'ADN).

BIOGÉOGRAPHIE [bjɔʒeɔgʀafi] **n. f.** – 1907 ◊ de *bio-* et *géographie* ▪ ÉCOL., GÉOGR. Science qui étudie la répartition de la flore, de la faune et des milieux biologiques. ➤ **phytogéographie, zoogéographie.** — adj. **BIOGÉOGRAPHIQUE,** 1907.

BIOGRAPHE [bjɔgʀaf] **n.** – 1693 ◊ de *bio-* et *-graphe* ▪ Auteur de biographies. *S. Vierne, la biographe de Jules Verne.*

BIOGRAPHIE [bjɔgʀafi] **n. f.** – 1721 ◇ de *bio-* et *-graphie* ■ Écrit qui a pour objet l'histoire d'une vie particulière. ➤ **vie.** *Écrire sa propre biographie.* ➤ **autobiographie, 2 mémoires.** *Biographie des saints.* ➤ **hagiographie.** ABRÉV. FAM. (1970) **BIO** [bjo]. *Des bios.*

BIOGRAPHIQUE [bjɔgʀafik] **adj.** – 1762 ◇ de *biographie* ■ Relatif à la biographie. *Notice biographique.*

BIO-INDUSTRIE [bjoɛ̃dystʀi] **n. f.** – 1969 ◇ de *bio-* et *industrie* ■ Industrie fondée sur les biotechnologies. *Les bio-industries.*

BIO-INFORMATIQUE [bjoɛ̃fɔʀmatik] **n. f. et adj.** – 1995 ◇ de *bio-* et *informatique* ■ Discipline scientifique qui applique des méthodes informatiques pour traiter des données issues de la recherche en biologie.

BIOLOGIE [bjɔlɔʒi] **n. f.** – 1802, Lamarck ◇ de *bio-* et *-logie* ■ Science qui a pour objet les êtres vivants et l'étude des phénomènes qui les caractérisent (reproduction ➤ **embryologie, génétique ;** habitat, environnement ➤ **écologie ;** comportement ➤ **éthologie**). *Biologie animale* (➤ **zoologie**), *végétale* (➤ **botanique, phytobiologie**), *cellulaire* (➤ **cytologie, histologie**), *moléculaire* (➤ **biochimie, génétique**). *Biologie des micro-organismes.* ➤ **bactériologie, virologie ; microbiologie.** *Biologie du développement**. *Biologie des populations. Biologie mathématique.* ➤ **biométrie.**

BIOLOGIQUE [bjɔlɔʒik] **adj.** – 1832 ◇ de *biologie* ■ **1** Relatif à la biologie. *Études biologiques. Loi biologique. Médicament biologique,* produit à partir d'une source biologique (protéines, cellules...) par un procédé biotechnologique (et non par synthèse chimique) (ex. insuline). ◆ PAR EXT. Qui a rapport à la vie, aux organismes vivants. *L'être biologique. Rythme biologique.* ➤ **biorythme.** *Horloge** *biologique. Père biologique,* dont le sperme a servi à la fécondation in vivo ou in vitro. *Mère biologique,* qui a fourni l'ovule ; non adoptive. — *Arme biologique,* utilisant des organismes vivants (virus, bactéries) pour répandre des maladies, tuer (➤ **bioterrorisme**). *Guerre biologique,* employant de telles armes. ■ **2** COUR. De la vie spontanée, naturelle. ➤ **écologique.** *Agriculture biologique,* sans pesticides ni engrais de synthèse. *Produits biologiques.* ➤ **bio.** — **adv. BIOLOGIQUEMENT,** 1826.

BIOLOGISER [bjɔlɔʒize] **v. tr.** ⟨1⟩ – 1982 ◇ de *biologie* ■ Donner à (un phénomène psychologique ou social) une explication biologique (➤ **biologisme**). *Biologiser le racisme.*

BIOLOGISME [bjɔlɔʒism] **n. m.** – 1936 ◇ de *biologie* ■ PHILOS. Doctrine selon laquelle les phénomènes psychologiques et sociaux auraient une source biologique.

BIOLOGISTE [bjɔlɔʒist] **n.** – 1832 ◇ de *biologie* ■ Spécialiste de biologie. ➤ **botaniste, naturaliste, zoologiste ; bactériologiste, cytologiste, généticien.** — **adj.** *Médecin biologiste.*

BIOLUMINESCENCE [bjolyminesɑ̃s] **n. f.** – 1905 ◇ de *bio-* et *luminescence* ■ SC. Production de lumière par un être vivant, due à une réaction biochimique. *La bioluminescence des lucioles, des lampyres, du krill, de certaines méduses.* ➤ **fluorescence, phosphorescence.** — **adj. BIOLUMINESCENT, ENTE.**

BIOMAGNÉTISME [bjomaɲetism] **n. m.** – 1858 ◇ de *bio-* et *magnétisme* ■ SC. Sensibilité des êtres vivants aux champs magnétiques, naturels ou créés artificiellement.

BIOMARQUEUR [bjomaʀkœʀ] **n. m.** – 1987 ◇ de *bio-* et *marqueur* ■ MÉD., ÉCOL. Marqueur* biologique. *Test sanguin permettant de détecter un biomarqueur du cancer de la prostate.*

BIOMASSE [bjomas] **n. f.** – 1966 ◇ de *bio-* et *masse* (II) ■ ÉCOL., GÉOGR. Quantité de matière vivante présente sur une surface ou dans un volume donnés. ➤ **biocénose.** ◆ Ensemble des matières organiques d'origine végétale. *La biomasse, source d'énergie.*

BIOMATÉRIAU [bjomateʀjo] **n. m.** – 1969 ◇ de *bio-* et *matériau* ■ MÉD. Matériau biocompatible, utilisé pour les prothèses, etc.

BIOME [bjom] **n. m.** – v. 1970 ◇ anglais *biome* (Clements, 1916), du grec *bios* « vie » (→ bio-) et suffixe *-ome,* désignant un ensemble, un système ■ ÉCOL. Écosystème caractéristique d'un vaste ensemble biogéographique, défini par le climat, la faune et la flore qui y prédominent. ➤ **biosphère.** *La savane constitue un biome qui s'étend sur une partie de l'Afrique, de l'Amérique du Sud et de l'Australie.*

BIOMÉCANIQUE [bjomekanik] **n. f.** – 1898 ; adj. 1897 ◇ de *bio-* et *mécanique* (II) ■ HIST. DES SC. Partie de l'histoire naturelle qui comprenait ce qu'on appelle aujourd'hui la biochimie* et la biophysique*. MOD. Discipline qui étudie les structures et les fonctions physiologiques des organismes en relation avec les lois de la mécanique.

BIOMÉDICAL, ALE, AUX [bjomedikal, o] **adj.** – 1965 ◇ de *bio-* et *médical* ■ DIDACT. Qui concerne à la fois la biologie et la médecine. *La recherche biomédicale.*

BIOMÉTRIE [bjɔmetʀi] **n. f.** – 1833 ◇ de *bio-* et *-métrie* ■ **1** Science qui étudie à l'aide des mathématiques les variations biologiques à l'intérieur d'un groupe déterminé. *Biométrie et anthropologie, et évolution.* ■ **2** Analyse des caractéristiques physiques d'une personne (voix, traits du visage, iris, empreintes digitales...), uniques et infalsifiables. *La biométrie permet d'identifier un individu.*

BIOMÉTRIQUE [bjɔmetʀik] **adj.** – 1833 autre sens ◇ de *biométrie* ■ Relatif à la biométrie. *Il « pressa son index contre une petite plaque d'aluminium, qui devait être un dispositif d'identification biométrique »* HOUELLEBECQ. *Carte d'identité biométrique.*

BIOMIMÉTISME [bjomimetism] **n. m.** – 1975 ◇ de *bio-* et *mimétisme* ■ DIDACT. Imitation technique des processus mis en œuvre par la nature.

BIOMOLÉCULAIRE [bjomɔlekylɛʀ] **adj.** – 1900 ◇ de *biomolécule* ■ Relatif à la biologie moléculaire. *Génie biomoléculaire.*

BIOMOLÉCULE [bjomɔlekyl] **n. f.** – 1899 ◇ de *bio-* et *molécule* ■ BIOL. Composé chimique présent dans les organismes vivants et participant à leur métabolisme. *Les protéines, les lipides, les glucides, les acides aminés sont des biomolécules.*

BIONIQUE [bjɔnik] **n. f.** – 1958 ◇ de *bio-* et *(électro)nique* ■ Science interdisciplinaire qui s'inspire des modèles fournis par les êtres vivants pour l'élaboration de systèmes non biologiques (matériaux, robots, électronique, etc.). ➤ **cybernétique ; biochimie, biomécanique, biophysique.** — **adj.** *Implants bioniques. « ces créatures bioniques auxquelles tu t'identifiais dans les séries télé des années soixante-dix »* VAN CAUWELAERT.

BIOPHYSIQUE [bjofizik] **n. f. et adj.** – v. 1920 ◇ de *bio-* et 2 *physique* ■ Discipline scientifique qui applique des modèles et des méthodes de la physique à des objets d'étude du domaine de la biologie. **adj.** *L'exploration biophysique des tissus mous par RMN**. ➤ **biochimie,** VX **biomécanique.** — **n. BIOPHYSICIEN, IENNE.**

BIOPIC [bjɔpik] **n. m.** – 1992 ◇ mot-valise anglais (1951), de *bio(graphical) pic(ture)* « film biographique » ■ ANGLIC. Film biographique retraçant la vie d'un personnage célèbre. *Les biopics hollywoodiens.* — **Recomm. offic.** ***film biographique.***

BIOPLASTIQUE [bjoplastik] **n. m.** – 1979 ◇ de *bio-* et *plastique* ■ Plastique biosourcé et/ou biodégradable. *Bouteilles en bioplastique.*

BIOPSIE [bjɔpsi] **n. f.** – 1879 ◇ de *bio-* et grec *opsis* « vue » ■ Prélèvement sur un être vivant d'un fragment de tissu en vue d'un examen microscopique. *Biopsie du foie.*

BIOPUCE [bjopys] **n. f.** – 1983 n. m. autre sens ◇ calque de l'anglais *biochip* (1981) ■ BIOCHIM. Puce à ADN, constituée d'un support (en verre, en silicium...) sur lequel sont déposés des fragments d'ADN (simple brin) qui, par hybridation*, permettent de caractériser un mélange d'acides nucléiques. *Analyse, diagnostic par biopuce.*

BIORÉACTEUR [bjoʀeaktœʀ] **n. m.** – 1982 ◇ de *bio-* et *réacteur* ■ TECHN. Dispositif dans lequel est réalisée une réaction biochimique. ➤ **fermenteur.** *Bioréacteurs utilisés dans l'industrie agroalimentaire, pharmaceutique, le traitement de l'eau.*

BIORYTHME [bjoʀitm] **n. m.** – 1972 ◇ anglais américain *biorhythm* ■ Rythme* biologique (➤ **chronobiologie**). *Les biorythmes d'un individu renseignent sur son état physiologique.*

BIOSCIENCES [bjosjɑ̃s] **n. f. pl.** – 1982 ◇ de *bio-* et *science* ■ Ensemble des sciences de la vie. ➤ **agronomie, biochimie, bio-informatique, biologie, biomécanique, biophysique, biotechnologie, botanique, écologie, épidémiologie, éthologie, génétique, immunologie, médecine, microbiologie, neurosciences, physiologie, taxonomie, toxicologie.** *Biosciences de l'aliment, de l'environnement.*

BIOSÉCURITÉ [bjosekyʀite] **n. f.** – 1990 ◇ de *bio-* et *sécurité* ■ Prévention des risques biologiques, notamment ceux liés au développement des biotechnologies (génie génétique, cultures transgéniques, OGM...).

BIOSIMILAIRE [bjosimilɛʀ] **adj. et n. m.** – 2003 ◇ de *bio(logique)* et *similaire* ■ DIDACT. *Médicament biosimilaire :* médicament semblable à un médicament biologique* de référence en termes de qualité, de sécurité et d'efficacité (mais de composition différente). — **n. m.** *Génériques et biosimilaires.*

BIOSOURCER [bjosuʀse] **v. tr.** ‹3› – 2008 au p. p. ◇ de *bio-* et *sourcer* ■ DIDACT. Fabriquer à partir de matières d'origine biologique (non fossile). *Biosourcer les matériaux de construction.* — Au p. p. *Plastique biosourcé.*

BIOSPHÈRE [bjɔsfɛʀ] **n. f.** – 1842 ◇ de *bio-* et *sphère* ■ **1** ÉCOL., GÉOGR. Ensemble des êtres vivants qui se développent sur la Terre ; espace qu'ils occupent. ➤ **biome.** *Pollution de la biosphère. Réserve de biosphère.* ■ **2** (1900) GÉOL. Zone occupée par l'ensemble des êtres vivants au contact de la terre (➤ **lithosphère**), de l'air (➤ **atmosphère**) et dans les eaux (➤ **hydrosphère**).

BIOSYNTHÈSE [bjosɛ̃tɛz] **n. f.** – 1950 ◇ de *bio-* et *synthèse* ■ Synthèse* (B, 1°) d'une substance organique (protéine, hormone,...) par un être vivant. ➤ **anabolisme ; photosynthèse.** — adj. **BIOSYNTHÉTIQUE.** *Insuline biosynthétique.*

BIOTE [bjɔt] **n. m.** – 1955 ◇ du grec *bios* «vie» ■ DIDACT. ■ **1** La flore et la faune. ■ **2** Vie animale et végétale d'un biotope.

BIOTECHNIQUE [bjotɛknik] **n. f.** – milieu XXᵉ ◇ de *bio-* et *technique* ■ ➤ **biotechnologie.**

BIOTECHNOLOGIE [bjotɛknɔlɔʒi] **n. f.** – 1969 ◇ de *bio-* et *technologie* ■ Ensemble des méthodes et des techniques qui utilisent des micro-organismes ou leurs éléments (protéines, enzymes, gènes) pour réaliser des transformations utiles à la recherche scientifique, aux industries pharmaceutique, agroalimentaire, à l'agronomie. ➤ **biotechnique.** — ABRÉV. FAM. **BIOTECH.** — adj. **BIOTECHNOLOGIQUE.**

BIOTERRORISME [bjoteʀɔʀism] **n. m.** – 1998 ◇ de *bio(logie)* et *terrorisme* ■ Utilisation d'armes biologiques* à des fins terroristes. — adj. et n. (1998) **BIOTERRORISTE.** *Attaque bioterroriste.*

BIOTHÈQUE [bjɔtɛk] **n. f.** – 1989 ; autre sens 1916 ◇ de *bio-* et *-thèque* ■ Établissement destiné à la conservation du matériel biologique. *Biothèque de prélèvements sanguins, de cellules souches.*

BIOTHÉRAPIE [bjoteʀapi] **n. f.** – 1909 ◇ de *bio-* et *-thérapie* ■ MÉD., BIOL. Traitement qui modifie, renforce ou détourne des éléments (hormone, système immunitaire ➤ **immunothérapie**, gènes ➤ **génothérapie**) de l'organisme afin d'en rétablir le fonctionnement normal. *Traitement du cancer par biothérapie.*

BIOTINE [bjɔtin] **n. f.** – milieu XXᵉ ◇ du grec *bios* «vie» et *(vitam)ine* ■ BIOCHIM. Vitamine hydrosoluble du groupe B, existant en très petite quantité dans toutes les cellules. *La biotine est aussi appelée* vitamine H.

BIOTIQUE [bjɔtik] **adj.** – 1969 ◇ de *biote* ■ ÉCOL. Relatif au monde vivant. *Milieu biotique.* ■ CONTR. Abiotique.

BIOTITE [bjɔtit] **n. f.** – 1848 ◇ de *J.-B. Biot*, n. pr. ■ MINÉRAL. Silicate de magnésium, de fer, d'aluminium et de potassium, appelé aussi *mica noir. La biotite, débitée en feuillets, est utilisée comme matériau d'isolation.*

BIOTOPE [bjɔtɔp] **n. m.** – 1947 ◇ de *bio-* et *-tope* ■ ÉCOL. Milieu biologique offrant à une biocénose des conditions de vie relativement stables. *Biotope terrestre, marin.*

BIOTYPE [bjɔtip] **n. m.** – 1946 ◇ de *bio-* et *type* ■ SC. Type d'une biotypologie. ♦ Génotype.

BIOTYPOLOGIE [bjotipɔlɔʒi] **n. f.** – 1925 ◇ de *bio-* et *typologie* ■ BIOL., PSYCHOL. Science qui tente d'établir une typologie humaine par une approche pluridisciplinaire.

BIOVIGILANCE [bjoviʒilɑ̃s] **n. f.** – 1989 ◇ de *bio-* et *vigilance* ■ DIDACT. ■ **1** Dispositif de surveillance destiné à assurer la sécurité sanitaire des organes, tissus, cellules d'origine humaine ou animale utilisés à des fins thérapeutiques. ■ **2** Suivi environnemental des cultures de végétaux génétiquement modifiés.

BIOXYDE [bijɔksid] **n. m.** – 1842 ◇ de *bi-* et *oxyde* ■ CHIM. Oxyde contenant deux atomes d'oxygène par molécule. ➤ **dioxyde.** *Bioxyde de chlore, de manganèse.*

BIP [bip] **n. m.** – v. 1950 ◇ onomat. ■ **1** Signal sonore de faible intensité émis à intervalles réguliers et rapprochés, par certains appareils. «*les émetteurs des véhicules* [de police] *n'arrêtaient pas de lancer leurs bips*» Y. QUEFFÉLEC. *Laissez votre message* (sur un répondeur téléphonique) *après le bip sonore.* ■ **2** FAM. Dispositif d'alerte, d'alarme, émettant ce type de signal. ➤ **bipeur, eurosignal.** «*un interne en blouse blanche survint, un bip accroché à la poche supérieure*» SAN-ANTONIO. *Vêtements munis de bips antivol dans un magasin.* (On dit parfois *bip-bip. Des bips-bips*)

BIPALE [bipal] **adj.** – 1960 ◇ de *bi-* et *pale* ■ TECHN. À deux pales. *Hélice bipale.*

BIPARTI, IE [bipaʀti] ou **BIPARTITE** [bipaʀtit] **adj.** – 1361, –1768 ◇ bas latin *bipartitus*, p. p. de *bipartire*, de *bi- (bis)* et *partire* «partager» ■ Qui est divisé en deux parties. «*ces portillons bipartis, dont le haut ne se ferme que le soir*» BAZIN. ♦ Qui est composé de deux éléments, de deux groupes. *Un gouvernement bipartite*, composé par l'association de deux partis. *Un accord bipartite*, entre deux partis. REM. Dans ce sens, *bipartite* est plus fréquent que *biparti.*

BIPARTISME [bipaʀtism] **n. m.** – 1948 ◇ de *biparti* ■ Système politique qui s'appuie sur la coexistence de deux partis. *Bipartisme aux États-Unis.*

BIPARTITION [bipaʀtisjɔ̃] **n. f.** – 1751 ◇ latin *bipartitio* ■ DIDACT. Division en deux parties. *Bipartition cellulaire.*

BIPASSE ➤ **BY-PASS**

BIP-BIP ➤ **BIP**

BIPÈDE [bipɛd] **adj. et n. m.** – 1598 ◇ latin *bipes, bipedis*

I Qui marche sur deux pieds. *Les oiseaux sont bipèdes.* «*L'homme est le seul qui soit bimane et bipède*» BUFFON. SUBST. *L'homme est un bipède.* ♦ PLAISANT *Bipède sans plumes* : être humain. «*deux ou trois bipèdes sans plumes qui se jouent de l'espèce humaine*» P.-L. COURIER.

II **n. m.** ÉQUIT. Ensemble constitué par deux des jambes du cheval. *Le bipède antérieur. Bipède diagonal.*

BIPÉDIE [bipedi] **n. f.** – 1943 ◇ de *bipède* ■ Fait d'être bipède, aptitude à marcher sur deux pieds. *La bipédie des hominidés.*

BIPENNE [bipɛn] **n. f.** – 1703 ◇ latin *bipennis* ■ ANTIQ. Hache romaine à deux tranchants.

BIPENNÉ, ÉE [bipene] **adj.** – 1803 *bipinné* ◇ de *bi-* et *penné* ■ BOT. *Feuille bipennée à ramification*, deux fois pennée, dont les folioles sont disposées symétriquement en arête de poisson.

BIPER [bipe] **v.** ‹1› – 1989 ◇ de *bip*

I **v. tr.** ■ **1** Joindre (qqn) à l'aide d'un bipeur. «*l'infirmière, en entrant dans la chambre, a aussitôt bipé le docteur*» C. CUSSET. ■ **2** Lire (un code-barre) à l'aide d'une douchette. ➤ **flasher.** *La caissière bipe les articles.*

II **v. intr.** Produire un signal sonore. *Ses clés ont fait biper le portique de détection.*

BIPEUR [bipœʀ] **n. m.** – 1989 ◇ de *bip* ■ Petit appareil émettant un signal sonore. ➤ **pageur**, RÉGION. **téléavertisseur.** — On écrit parfois *biper.*

BIPHASÉ, ÉE [bifɑze] **adj.** – début XXᵉ ◇ de *bi-* et *phase* ■ ÉLECTR. Se dit d'un système formé de deux courants monophasés de même valeur efficace et de signe contraire. — SUBST. *Du biphasé.*

BIPIED [bipje] **n. m.** – XXᵉ ◇ de *bi-* et *pied* ■ Support d'un fusil mitrailleur formé de deux pieds en V renversé.

BIPLACE [biplas] **adj.** – 1917 ◇ de *bi-* et *place* ■ Qui comporte deux places. *Le siège biplace d'une moto. Un avion biplace,* ou **n. m.** *un biplace.*

BIPLAN [biplɑ̃] **n. m.** – 1875 ◇ de *bi-* et *plan* ■ Avion à deux plans de sustentation.

BIPOINT [bipwɛ̃] **n. m.** – milieu XXᵉ ◇ de *bi-* et 1. *point* (I) ■ MATH. Couple de points d'un espace affine dont l'un est l'origine et l'autre l'extrémité (➤ **vecteur**). *Des bipoints équipollents.*

BIPOLAIRE [bipɔlɛʀ] **adj.** – 1842 ◇ de *bi-* et *polaire* ■ **1** PHYS. Qui a deux pôles. *Aimant bipolaire.* ÉLECTRON. *Transistor bipolaire* : transistor à jonction (par oppos. à *transistor à effet de champ*). — MATH. *Coordonnées bipolaires d'un point du plan* : couple (r, r') constitué par des distances du point à deux pôles. *Équation bipolaire d'une courbe plane* : équation vérifiée par les coordonnées bipolaires de tous ses points. *L'équation bipolaire de l'ellipse.* ■ **2** FIG. Qui a deux pôles* (3°). *Un monde bipolaire.* ♦ PSYCHIATR. *Trouble(s) bipolaire(s), maladie bipolaire* : trouble de l'humeur, caractérisé par des phases d'excitation (manie), alternant avec des épisodes dépressifs. — **n.** *Un, une bipolaire* : personne atteinte de cette affection. ➤ **maniacodépressif.** «*La plupart sont en dépression nerveuse, lui disait-elle. Il y a aussi des bipolaires*» É. REINHARDT.

BIPOLARISATION [bipɔlaʀizasjɔ̃] **n. f.** – v. 1966 ; psychol. 1926 ◇ du radical de *bipolaire*, d'après *polarisation* ■ POLIT. Tendance au regroupement des forces politiques d'une nation en deux blocs. *Multipartisme et bipolarisation.*

BIPOLARITÉ [bipɔlaʀite] **n. f.** – 1842 ◇ du radical de *bipolaire*, d'après *polarité* ■ **1** PHYS. État, propriété de ce qui est bipolaire. *Bipolarité d'un aimant.* — FIG. *Bipolarité de la vie politique.* ■ **2** PSYCHIATR. Trouble bipolaire. ➤ **cyclothymie.** *Diagnostic de bipolarité.*

BIPOUTRE [biputʀ] adj. – 1927 ◊ de *bi-* et *poutre* ■ TECHN. Qui comporte deux poutres parallèles maintenues à un même massif. *Un pont roulant bipoutre.*

BIQUADRATIQUE [bikwadʀatik] adj. – 1771 ◊ de *bi-* et *quadratique* ■ MATH. Qui est du quatrième degré. *Une équation biquadratique.* — n. f. Courbe gauche obtenue par l'intersection de deux courbes du second degré.

BIQUE [bik] n. f. – 1509 ◊ p.-ê. altération de *biche* par *bouc* ■ FAM. ■ 1 Chèvre. *Une peau de bique. Crotte* de bique.* ■ 2 PÉJ. *Vieille bique* : vieille femme méchante. *Grande bique* : grande fille maigre. LOC. VIEILLI *Être bique et bouc,* bisexuel. ■ HOM. Bic.

BIQUET, ETTE [bikɛ, ɛt] n. – 1339 ; fém. 1570 ◊ de *bique* ■ FAM. Petit de la bique. ➤ 1 bicot, cabri, chevreau, chevrette. — T. d'affection *Ne pleure plus ma biquette, mon biquet.*

BIQUOTIDIEN, IENNE [bikɔtidjɛ̃, jɛn] adj. – 1899 ◊ de *bi-* et *quotidien* ■ Qui se fait deux fois par jour.

BIRAPPORT [biʀapɔʀ] n. m. – XXe ◊ de *bi-* et *rapport* ■ MATH. *Birapport de quatre nombres réels ou complexes a, b, c, d :* expression [(c – a)/(c – b)] × [(d – b)/(d – a)] notée [a, b, c, d]. ➤ anharmonique. *Birapport de quatre points d'une droite D :* birapport de leurs abscisses par rapport à un axe attaché à D. ➤ division (harmonique).

BIRBE [biʀb] n. m. – 1836 ◊ italien *birbo* « coquin », avec influence de *barbe* ■ 1 VX et PÉJ. Vieillard. *« un birbe accablé de caducité »* BANVILLE. ■ 2 MOD. LOC. FAM. *Vieux birbe :* vieillard ou homme d'âge mûr, ennuyeux et ratiocinant.

BIRDIE [bœʀdi] n. m. – 1935 ◊ mot anglais (1921), de *bird* « oiseau » puis, en argot américain « (chose, personne) de premier plan, excellent » (1840). À partir de ce double sens, on a appelé les coups difficiles du nom de certains oiseaux → albatros, eagle (« aigle ») ■ Au golf, Trou réalisé en un coup de moins que le par. ➤ aussi albatros, eagle. *Des birdies.* — On écrit aussi *un birdy, des birdys.*

BIRÉACTEUR [biʀeaktœʀ] n. m. – v. 1945 ◊ de *bi-* et *réacteur* ■ Avion à deux réacteurs.

BIRÉFRINGENCE [biʀefʀɛ̃ʒɑ̃s] n. f. – 1878 ◊ de *biréfringent* ■ PHYS. Propriété qu'ont certains corps transparents de diviser en deux le rayon lumineux qui les pénètre. *La biréfringence du spath d'Islande. Biréfringence d'écoulement.*

BIRÉFRINGENT, ENTE [biʀefʀɛ̃ʒɑ̃, ɑ̃t] adj. – 1830 ◊ de *bi-* et *réfringent* ■ Qui produit une biréfringence.

BIRÈME [biʀɛm] n. f. – 1541 ◊ latin *biremis,* de *remus* « rame » ■ Galère de l'Antiquité à deux rangs de rames de chaque côté.

BIRIANI ➤ BIRYANI

BIROTOR [biʀɔtɔʀ] adj. et n. m. – v. 1960 ◊ de *bi-* et *rotor* ■ TECHN. Qui possède ou qui fonctionne avec deux rotors, généralement en rotation sur le même axe, mais en sens inverse l'un de l'autre. *Des hélicoptères birotors.* — n. m. *Des birotors.*

BIROUTE [biʀut] n. f. – attesté 1914 ◊ origine inconnue ■ 1 ARG. Pénis. ■ 2 (1916) ARG. MILIT. Manche à air.

BIRYANI [biʀjani] n. m. – 1937 ◊ de l'hindi ou de l'ourdou *biryn,* du persan *bery* « rôti, grillé » ■ Plat indien de riz cuisiné avec des épices et accompagné de viande, de poisson, de légumes, etc. *Des biryanis d'agneau, de crevettes.* — APPOS. *Poulet biryani.* — On écrit aussi *biriani.*

1 **BIS, BISE** [bi, biz] adj. – 1080 ◊ origine inconnue, p.-ê. du bas latin °*bombyceus* « de coton » ■ D'un gris tirant sur le brun. *Du pain bis,* gris à cause du son qu'il renferme. *Un sac de toile bise.* ♦ *Un teint bis,* brun. ➤ bistre. ■ HOM. Bise.

2 **BIS** [bis] interj. et adv. – 1690 ◊ latin *bis* « deux fois » ■ 1 interj. Une seconde fois ; cri par lequel on demande la répétition de ce que l'on vient de voir ou d'entendre (➤ bisser). — n. m. *Un, des bis.* ➤ rappel. ■ 2 adv. MUS. Indication d'avoir à répéter une phrase, un refrain. SUBST. *Un bis.* ■ 3 adv. Indique la répétition du numéro (sur une maison, devant un paragraphe...). *12 bis et 12 ter, rue de...* ■ HOM. Bisse.

BIS- ■ Élément indiquant le redoublement (*biscuit ;* ➤ bi-, di-) ou ajoutant une nuance péjorative (*bistourné*).

BISAÏEUL, EULE [bizajœl] n. – *bisaiol* 1283 ◊ de *bis-* et *aïeul* ■ LITTÉR. Père, mère des aïeuls. ➤ arrière-grand-père, arrière-grand-mère. *Des bisaïeuls.* ➤ arrière-grands-parents.

BISANNUEL, ELLE [bizanɥɛl] adj. – 1762 ◊ de *bis-* et *annuel* ■ 1 Qui revient tous les deux ans. ➤ biennal. *Une cérémonie bisannuelle.* ■ 2 Dont le cycle de développement est de deux ans (en parlant d'une plante). — n. f. *Les bisannuelles et les vivaces.*

BISBILLE [bizbij] n. f. – 1670 ◊ italien *bisbiglio* « murmure » ■ FAM. Petite querelle pour un motif futile. ➤ chamaillerie, dispute. *Être en bisbille avec qqn. Les bisbilles de la campagne électorale.*

BISCÔME [biskom] n. m. – 1709 ; *biscobe,* 1570 ◊ altération de *leibescuobe* (1471), probablement du suisse alémanique °*lebeskuche,* de l'allemand *Lebkuchen* « pain d'épice » ■ (Suisse) Pain d'épice, souvent décoré d'une figure en sucre. *« les biscômes bernois au miel ou à l'anis avec dessus un ours en sucre qui tire une langue rose comme une fraise »* CHESSEX.

BISCORNU, UE [biskɔʀny] adj. – fin XIVe ◊ de *bis-* et *cornu* ■ 1 Qui a une forme irrégulière, présentant des saillies. ➤ difforme. *Une architecture biscornue.* ■ 2 FIG. et FAM. Compliqué et bizarre*. *Idée biscornue.* ➤ baroque, saugrenu. *Esprit biscornu.* ➤ extravagant, tordu.

BISCOTEAU [biskɔto] n. m. – 1930 ◊ de *biceps,* avec influence de *costaud* ■ FAM. Biceps. *Il a des gros biscoteaux :* il est fort, musclé. — On écrit aussi *biscoto.* *« des biscotos qui saillaient dans leurs manches comme des ballons de rugby »* SAN-ANTONIO.

BISCOTTE [biskɔt] n. f. – 1807 ◊ italien *biscotto* « biscuit », proprt « cuit deux fois » ■ Tranche de pain de mie séchée et dorée au four industriellement. *Un paquet de biscottes.* ➤ pain (braisé). *Biscotte beurrée. Biscottes sans sel.*

BISCOTTERIE [biskɔtʀi] n. f. – milieu XXe ◊ de *biscotte* ■ Fabrication, industrie des biscottes. — Entreprise où l'on fabrique des biscottes.

BISCUIT [biskɥi] n. m. – *bescuit* 1175 ◊ de *bis-* et *cuit*

I ■ 1 Au sing. Galette de farine de blé déshydratée, constituant autrefois un aliment de réserve pour l'armée. *Ration, sac de biscuit.* — LOC. FAM. *S'embarquer sans biscuit :* s'engager sans précaution dans une affaire, un voyage. ■ 2 Petit gâteau sec. ➤ barquette, boudoir, cigarette, cookie, galette, gaufrette, macaron, palet, petit-beurre, sablé, tuile ; bredele. *Paquet de biscuits. Biscuit à la noix de coco, au gingembre. Biscuits salés, au fromage,* pour l'apéritif. ➤ allumette, bretzel, cracker. *Biscuit à la cuiller,* très léger et absorbant. *Biscuit fourré,* formé de deux gâteaux secs plats entre lesquels se trouve une couche de crème parfumée. — Galette destinée à la nourriture d'animaux. *Biscuit de chien.* ■ 3 Gâteau à base de farine, de sucre et d'œufs. ➤ génoise. *Biscuit de Savoie. Biscuit roulé, meringué, glacé.* ■ 4 Par anal. de forme *Biscuit de mer :* os de seiche.

II Porcelaine blanche non émaillée, cuite au four, qui imite le grain du marbre. *Une statuette en biscuit.* PAR EXT. Objet fait en cette matière. *Un biscuit de Saxe.* ♦ Pâte destinée à recevoir un émaillage décoratif et à subir une seconde cuisson. *Biscuit de faïence.*

BISCUITER [biskɥite] v. tr. ⟨1⟩ – 1845 ◊ de *biscuit* (II) ■ TECHN. Cuire au four (une pièce de poterie) pour faire un biscuit.

BISCUITERIE [biskɥitʀi] n. f. – avant 1877 ◊ de *biscuit* (I) ■ Fabrication, industrie de gâteaux secs. — Entreprise où l'on fabrique des gâteaux secs.

1 **BISE** [biz] n. f. – XIIe ◊ p.-ê. du francique °*bisa,* ou d'un germanique °*bisjo* « vent du nord-est » ■ Vent sec et froid soufflant du nord ou du nord-est. *Une bise mordante. « Une bise aigre sifflait »* GAUTIER. ♦ POÉT. L'hiver ; le froid. *« Quand la bise fut venue »* LA FONTAINE. ■ HOM. Bise (1 bis).

2 **BISE** [biz] n. f. – 1911 ◊ de 2 *biser* ■ FAM. Baiser sur la joue. ➤ bisou ; RÉGION. baise, bec, poutou. *Une grosse bise. Faire la bise à qqn,* l'embrasser sur les deux joues en signe de salut. *Ils se font la bise. Au revoir et bises aux enfants.* — PLUS FAM. *Claquer la bise à qqn,* lui faire la bise.

BISEAU [bizo] n. m. – XVIe ◊ du sens « endroit où se touchent deux pains » puis « coupe pour enlever cette partie » ; latin *basiolum* « petit baiser » ■ 1 Bord taillé obliquement. ➤ biais, 2 chanfrein. *Le biseau d'une vitre.* ♦ EN BISEAU. *Une vitre, une glace en biseau. Lame, sifflet en biseau. Tailler en biseau.* ➤ biseauter, ébiseler. ■ 2 PAR EXT. Outil acéré dont le tranchant est en biseau. *Biseau de menuisier.* ■ 3 MUS. Extrémité d'un tuyau d'orgue. Bec de certains instruments à vent. *Le biseau d'une clarinette.*

BISEAUTER [bizote] v. tr. ⟨1⟩ – 1743 ◊ de *biseau* ■ 1 Tailler en biseau. *Biseauter une moulure, un brillant.* — *Une glace biseautée.* ■ 2 Marquer des cartes à jouer d'un signe quelconque sur la tranche, pour les reconnaître et tricher. — n. m. BISEAUTAGE.

1 **BISER** [bize] v. intr. ⟨1⟩ – 1690 ◊ de 1 *bis* ■ AGRIC. Devenir gris noir, en parlant des graines qui se détériorent.

2 **BISER** [bize] v. tr. ⟨1⟩ – 1866 ◊ forme dialectale de *baiser* ■ FAM. Donner une bise à (qqn). ➤ embrasser.

BISET [bizɛ] **n. m.** – 1555 ◇ de 1*bis* ■ Pigeon sauvage de couleur bise. ADJT *Des pigeons bisets.*

BISEXUALITÉ [bisɛksɥalite] **n. f.** – 1894 ◇ de *bisexuel* ■ **1** BOT., ZOOL. Caractère des plantes et des animaux à reproduction bisexuée. ■ **2** PSYCHAN. *Bisexualité psychique :* disposition sexuelle du psychisme, à la fois masculine et féminine, inhérente à tout individu. ■ **3** Conduite des bisexuels (3°).

BISEXUÉ, ÉE [bisɛksɥe] **adj.** – 1845 ◇ de *bi-* et du latin *sexus* «sexe» ■ BIOL. Qui porte des organes des deux sexes. ➤ **hermaphrodite, monoïque.** *Animal bisexué. Reproduction bisexuée.* ➤ **autogamie.** ■ CONTR. Unisexué.

BISEXUEL, ELLE [bisɛksɥɛl] **adj.** – 1826 ◇ de *bi-* et du latin *sexus* «sexe» ■ **1** BIOL. VX Bisexué. ■ **2** PSYCHAN. Qui concerne la bisexualité psychique. ■ **3** Qui a des relations sexuelles aussi bien avec des hommes que des femmes ; qui est à la fois hétérosexuel et homosexuel (cf. FAM. Être à voile* et à vapeur, bique* et bouc, à poil* et à plume). — **n.** *Un bisexuel, une bisexuelle.* ABRÉV. FAM. *Un, une bi. Des bis.* ◆ Relatif à la bisexualité, aux bisexuels. *La communauté lesbienne, gay, bisexuelle et transgenre.* ➤ **LGBT.**

BISMUTH [bismyt] **n. m.** – 1690 ◇ latin des alchimistes *bisemutum*, de l'allemand *Wismut* ■ CHIM. Élément atomique (Bi ; n° at. 83 ; m. at. 208,98) du même groupe que le phosphore, l'arsenic et l'antimoine. *Le bismuth rougeâtre et cassant entre dans la composition des métaux fusibles.* ◆ Sel ou composé du bismuth (citrate, carbonate) utilisé comme médicament. *Prendre du bismuth pour soigner des brûlures d'estomac.* — **adj. BISMUTHÉ, ÉE.**

BISON [bizɔ̃] **n. m.** – 1307 ◇ mot latin, origine germanique ■ **1** Bovidé sauvage grand et massif, armé de cornes courtes et possédant une bosse entre les épaules. *Bison d'Amérique. Bison d'Europe.* ➤ **urus.** *Le massacre des bisons. Herbe de bison :* avoine odorante utilisée en Pologne pour parfumer certaines vodkas. *Femelle du bison* ou RARE **BISONNE** [bizɔn]. ■ **2** Viande de cet animal (d'élevage). *Un steak de bison.*

BISOU [bizu] **n. m.** – avant 1901 ◇ de 2*bise* ■ FAM. Baiser, bise (lang. enfantin). ➤ RÉGION. **poutou.** *Fais-moi des bisous.*

BISOUNOURS [bizunuʀs] **n. et adj.** – v. 2000 ◇ *Les Bisounours*, marque déposée ; nom français (1984) des personnages d'une série animée ; mot-valise, de *bisou* et *(nou)nours* ■ FAM. Personne d'une gentillesse naïve. *Une politique de bisounours. — Le monde, le pays des bisounours,* un monde merveilleux, idéal. ◆ **adj.** *Un film bisounours.* ➤ **mièvre.**

BISPHÉNOL [bisfenɔl] **n. m.** – 1975 ◇ de *bis-* et *phénol* ■ CHIM. *Bisphénol A (BPA) :* diphénol synthétique utilisé dans la production des polycarbonates, des résines époxy et du P. V. C. *Le bisphénol A, suspecté de toxicité, est interdit dans la fabrication des biberons.*

BISQUE [bisk] **n. f.** – 1576 ◇ p.-ê. de *Biscaye*, nom d'une province basque d'Espagne ■ Potage onctueux de crustacés fait de leur chair et de leur carcasse réduites en purée et liées au vin blanc. *Bisque d'écrevisses, de homard.*

BISQUER [biske] **v. intr.** ⟨1⟩ – avant 1706 ◇ p.-ê. provençal *bisco* «mauvaise humeur», de *bico* «bique» ■ FAM. Éprouver du dépit, de la mauvaise humeur. ➤ **rager, râler.** *Faire bisquer qqn.* ➤ **enrager** (cf. FAM. Faire devenir chèvre*). *Bisque, bisque, rage !* formule employée notamment par les enfants lorsqu'ils font la nique à qqn.

BISSAC [bisak] **n. m.** – 1440 ◇ de *bis-* et *sac* ■ VX Besace. *«un jeune gars breton qui portait un bissac sur l'épaule»* LOTI.

BISSE [bis] **n. m.** – 1569 ◇ var. de *bief* ■ (Suisse) Long canal d'irrigation conduisant l'eau des montagnes aux terrains cultivés. *«Un homme qui est en train de réparer le bisse»* RAMUZ. ■ HOM. 2 Bis.

BISSECTEUR, TRICE [bisɛktœʀ, tʀis] **adj. et n. f.** – 1857 ◇ de *bis-* et *secteur* ■ GÉOM. Qui divise en deux secteurs égaux. *Plans bissecteurs de deux plans P et P' :* les deux plans (perpendiculaires entre eux) dont tous les points sont équidistants de P et de P'. — **n. f.** *La bissectrice d'un secteur angulaire* (ou ABUSIVEMENT la bissectrice d'un angle) : demi-droite contenue dans le secteur angulaire et qui le partage en deux secteurs angulaires égaux (ou en deux angles égaux).

BISSECTION [bisɛksjɔ̃] **n. f.** – 1751 ◇ de *bis-* et *section* ■ GÉOM. Division en deux parties égales.

BISSER [bise] **v. tr.** ⟨1⟩ – 1820 ; au p. p. 1801 ◇ de 2*bis* ■ **1** Faire répéter en criant *bis* et en applaudissant. *Public qui bisse une chanson.* — PAR EXT. *Bisser un acteur, un musicien.* ■ **2** Répéter à la demande du public. *Chanteur qui bisse un refrain.* ■ **3** (Belgique, R. D. du Congo, Rwanda) Redoubler (une année d'études), SPÉCIALT dans l'enseignement supérieur. *Bisser sa deuxième année.* — ABSOLT *Les étudiants qui n'ont jamais bissé.*

BISSEUR, EUSE [bisœʀ, øz] **n. et adj.** – 1978 ; autre sens 1826 ◇ de *bisser* ■ (Belgique, R. D. du Congo, Rwanda) Redoublant, SPÉCIALT dans l'enseignement supérieur. — **adj.** *Les étudiants bisseurs.*

BISSEXTE [bisɛkst] **n. m.** – XIIe ◇ latin *bisextus*, de *bis-* et *sextus* «sixième», parce que, dans le calendrier julien, le sixième jour avant les calendes de Mars était doublé tous les 4 ans ■ VIEILLI Vingt-neuvième jour ajouté au mois de février des années bissextiles.

BISSEXTIL, ILE [bisɛkstil] **adj.** – 1549 ◇ latin *bissextilis* → bissexte ■ Relatif au bissexte, qui contient le bissexte. *Jour bissextil,* le 29 février dans le calendrier grégorien. *An bissextil. Année bissextile :* année de 366 jours, le 366e jour étant le 29 février, qui revient généralement tous les quatre ans.

BISTABLE [bistabl] **adj.** – v. 1950 ◇ de *bi-* et *stable* ■ ÉLECTRON. Qui comporte deux états stables (en parlant d'un circuit électronique).

BISTORTE [bistɔʀt] **n. f.** – XIIIe ◇ du latin *bistorta*, de *bis-* et *torta* «tordue» ■ BOT. Plante vivace *(polygonacées)*, aux longs épis de fleurs roses, dont le rhizome, deux fois tordu, était utilisé pour ses propriétés médicinales. ➤ **serpentaire.**

BISTOUILLE [bistuj] **n. f.** – fin XIXe ◇ p.-ê. de *bis-* et *touiller* ■ FAM. Mauvais alcool. ◆ RÉGION. (Nord) Café mêlé d'alcool ; rasade d'eau-de-vie versée dans le café.

BISTOUQUETTE [bistukɛt] **n. f.** – 1864, *bistoquette* ◇ peut-être de l'ancien verbe *bistoquer* «faire l'amour à une femme», du flamand *besteken* «épingler» ■ FAM. Pénis. *«il se trémoussait parce qu'on lui avait encore passé la bistouquette au savon noir»* GAVALDA.

BISTOURI [bistuʀi] **n. m.** – 1564 ; *bistorit* «poignard» 1464 ◇ p.-ê. de l'italien du Nord *bistorino*, altération de *pistorino*, du latin *pistorium* «de Pistoia (ville)» ■ Instrument de chirurgie en forme de couteau, à lame courte, servant à faire des incisions dans les chairs. ➤ **scalpel.** *Donner un coup de bistouri. — Bistouri électrique* (ou *à haute fréquence*). *— Bistouri au laser.*

BISTOURNER [bistuʀne] **v. tr.** ⟨1⟩ – XIIe *bestourner* «mal tourner» ◇ de *bis-* et *tourner* ■ **1** (1718) VIEILLI Tourner, courber (un objet) de manière à déformer. ■ **2** (1680) ZOOTECHN. Châtrer (un animal) en tordant les vaisseaux testiculaires. — **n. m.** (1836) **BISTOURNAGE.**

BISTRE [bistʀ] **n. m. et adj. inv.** – 1503 ◇ origine inconnue ■ **1 n. m.** Matière d'un brun noirâtre, faite de suie détrempée et mêlée d'un peu de gomme, servant de couleur. *Un dessin au bistre* (➤ **lavis**). — Cette teinte. *«un léger cercle de bistre cernait ses yeux, comme s'il eût été convalescent»* BALZAC. ■ **2 adj. inv.** *Couleur bistre. Une peau, un teint bistre.* ➤ **basané, 1 bis, hâlé, tanné.** *Des paupières bistre.*

BISTRÉ, ÉE [bistʀe] **adj.** – 1809 ◇ de *bistre* ■ Qui a la couleur du bistre. *Des paupières bistrées.*

BISTRER [bistʀe] **v. tr.** ⟨1⟩ – 1834 ◇ de *bistre* ■ Donner la couleur du bistre à (qqch.).

BISTRONOMIE [bistʀɔnɔmi] **n. f.** – 2005 ◇ marque déposée ; mot-valise, de *bistrot* et *gastronomie* ■ Cuisine inventive s'inspirant des classiques du bistrot, proposée dans un petit établissement à l'ambiance conviviale. — **adj.** (2004) **BISTRONOMIQUE.** *Restaurant bistronomique.*

BISTROT ou **BISTRO** [bistʀo] **n. m.** – 1885, *bistro* ; 1882, *chez l'bistrô* ◇ de l'argot *bistingo* «petit restaurant» (1856), variante en *bis-* de *bastringue*, sur le modèle de *mastro(quet)* «débit de boissons» (1859). REM. Ces dates écartent l'hypothèse d'une adaptation du russe *bystro* «vite», qui n'aurait pu se faire qu'en 1814-1815 ■ FAM. ■ **1** VIEILLI Marchand de vin tenant café. *«les prolétaires qui s'empoisonnent chez le bistrot»* BERNANOS. ◆ **n. f.** (1914) **BISTROTE.** Femme qui tient un café. ■ **2** COUR. Café (3°) ; restaurant modeste. ➤ **troquet ;** RÉGION. **estaminet.** *«Petits bistrots de chez nous, où trois bougres rigolent en sifflant du piccolo»* DUHAMEL. *Aller au bistrot. Pilier* de bistrot. Cuisine, plats de bistrot. Bistrot lyonnais.* ➤ **bouchon.** APPOS. *Style* (décoratif) *bistrot. Chaises bistrot.* — On dit parfois *bistroquet* [bistʀɔkɛ]. ■ **3** Annexe d'un grand restaurant, à l'ambiance conviviale. ➤ aussi **bistronomie.**

BISTROTIER, IÈRE [bistʀɔtje, jɛʀ] **n.** – 1975 ◇ de *bistrot* ■ FAM. ■ **1** Personne qui tient un café. ➤ **cafetier.** ■ **2 adj.** Relatif aux bistrots. *Plats bistrotiers.*

BISULFATE [bisylfat] **n. m.** – 1846 ◇ de *bi-* et *sulfate* ■ CHIM. VIEILLI ➤ **hydrogénosulfate.**

BISULFITE [bisylfit] **n. m.** – 1820 ◇ de *bi-* et *sulfite* ■ CHIM. VIEILLI ➤ **hydrogénosulfite.** *Procédé au bisulfite (de calcium, de sodium)* (fabrication de la pâte à papier).

BISULFURE [bisylfyʀ] **n. m.** – 1818 *bisulfure de fer* «disulfure» ◇ de *bi-* et *sulfure* ■ CHIM. VIEILLI ➤ **hydrogénosulfure.**

BIT [bit] **n. m.** – 1959 ◇ mot anglais, acronyme de *binary digit* «élément discret binaire» ■ ANGLIC. TECHN. ■ **1** Élément d'une chaîne binaire. *Bit de contrôle, de parité. Un mot de huit bits.* ➤ **octet ; multiplet.** ■ **2** Unité de mesure de l'information, égale au logarithme de base deux du nombre de possibilités d'un évènement. ♦ Unité de mesure d'une quantité d'informations binaires. *Le débit d'un réseau informatique ou télématique s'exprime en bits par seconde (bps).* ♦ *Bit quantique.* ➤ **qubit.** ■ HOM. Beat, bite, bitte.

BITCOIN [bitkɔjn] **n. m.** – 2010 ◇ marque déposée ; mot anglais, de *bit* → bit et *coin* «pièce de monnaie» ■ ANGLIC. Unité monétaire en usage sur Internet (➤ **cryptomonnaie**). *Payer sur le darknet en bitcoins.*

BITE [bit] **n. f.** – 1584 ◇ du normand *bitter* «boucher», de l'ancien scandinave *bita* «mordre» ■ VULG. Pénis. — LOC. FIG. *Avec sa bite et son couteau* : avec très peu de moyens. *«il devait se débrouiller sans rien, parachuté seul dans la jungle avec sa bite et son couteau»* E. CARRÈRE. ■ HOM. Beat, bit, bitte.

BITER [bite] **v. tr.** ‹1› – 1905 «punir» argot de Polytechnique ◇ de *bite* ■ FAM. Comprendre*. *«ma mère hurlait, moi je bitais rien à ce qui se passait»* B. BLIER. *Je n'y bite rien* (➤ **imbitable**). — On écrit aussi *bitter.*

BITONAL, ALE, AUX ou **ALS** [bitɔnal, o] **adj.** – 1920 ◇ de *bi-* et *tonal* ■ DIDACT. Qui comporte deux tons (ou sons). *Voix bitonale. Des klaxons bitonaux.* — MUS. ➤ **polytonal.**

BITONIAU [bitɔnjo] **n. m.** – 1976 *bitoniot* ◇ probablt de *bitte* ou du dérivé dialectal *bitton*, d'après *bouton* ■ FAM. Petit bouton permettant d'actionner un mécanisme, petite protubérance (d'un objet). *Appuyer sur le bitoniau. Des bitoniaux.*

BITORD [bitɔʀ] **n. m.** – 1690 ◇ de *bi-* et *tordre* ■ MAR. Cordage mince, formé de fils de caret tordus ensemble.

BITOS [bitos] **n. m.** – 1926 *bitosse* ◇ p.-ê. de *bitte* ■ ARG. Chapeau.

BITTE [bit] **n. f.** – 1382 ◇ ancien scandinave *biti* «poutre transversale sur un navire» ■ MAR. Pièce verticale sur le pont d'un navire ou sur un quai, à laquelle on amarre les haussières. *Bitte d'amarrage d'un quai.* ➤ **bollard.** ■ HOM. Beat, bit, bite.

1**BITTER** [bitɛʀ] **n. m.** – 1834 ; *pitre* 1721 ◇ mot néerlandais «amer» ■ Boisson apéritive amère, alcoolisée ou non. ➤ 1**amer, vermouth.** *Des bitters.*

2**BITTER** ➤ **BITER**

BITTURE ➤ **BITURE** (1°)

BITUMAGE [bitymaʒ] **n. m.** – 1866 ◇ de *bitumer* ■ Action de bitumer. *Le bitumage d'une route.* ➤ **asphaltage.** — Résultat de cette action.

BITUME [bitym] **n. m.** – 1549 ; *betumoi* 1160 ◇ latin *bitumen* ■ **1** Mélange d'hydrocarbures qui se présente à l'état solide ou liquide, et dont la couleur varie du brun au noir. *Bitumes naturels.* ➤ **asphalte, naphte.** *Les bitumes artificiels sont des résidus de la distillation du pétrole.* ■ **2** Cette substance, utilisée comme revêtement imperméable des chaussées et des trottoirs. ➤ **goudron, macadam.** — PAR EXT. FAM. Le sol lui-même. *Arpenter le bitume.*

BITUMER [bityme] **v. tr.** ‹1› – 1575 p. p. ◇ de *bitume* ■ Enduire de bitume. — *Trottoir bitumé.*

BITUMEUX, EUSE [bitymø, øz] **adj.** – fin XIIIᵉ ◇ de *bitume* ■ Fait avec du bitume. *Revêtement bitumeux.*

BITUMINEUX, EUSE [bityminø, øz] **adj.** – 1330 ◇ latin *bituminosus* ■ Qui contient du bitume, qui en a les qualités. *Schistes* bitumineux. Sables bitumineux de l'Alberta. Enrobé bitumineux* : mélange de matières minérales et de bitumes (revêtement de chaussée).

BITURBINE [bityʀbin] **adj.** – v. 1960 ◇ de *bi-* et *turbine* ■ TECHN. Mû par deux turbines. ➤ **birotor.** *Un hélicoptère biturbine.*

BITURE [bityʀ] **n. f.** – 1515 ◇ de *bitte* ■ **1** MAR. Longueur de câble ou de chaîne, élongée sur le pont d'un navire avant de mouiller l'ancre. *Prendre une bonne biture*, une longueur suffisante. — On écrit aussi *bitture* (cf. étym.). ■ **2** LOC. FIG. et FAM. (1842) *Prendre une biture* : manger (VX), boire tout son soûl ; s'enivrer. ➤ **cuite ;** RÉGION. **brosse, caisse.** ■ **3 loc. adv.** FAM. VIEILLI *À toute biture* : à toute vitesse.

BITURER (SE) [bityʀe] **v. pron.** ‹1› – 1834 ◇ de *biture* ■ FAM. S'enivrer. ➤ **se soûler.**

BIUNIVOQUE [biynivɔk] **adj.** – avant 1937 ◇ de *bi-* et *univoque* ■ MATH., LOG. *Application, correspondance biunivoque entre deux ensembles*, telle qu'un élément du premier ensemble correspond à un seul élément du second, et réciproquement. ➤ **bijectif.**

BIVALENCE [bivalɑ̃s] **n. f.** – milieu XXᵉ ◇ de *bivalent* ■ CHIM. Caractère de ce qui est bivalent. *La bivalence d'une molécule.* ♦ Caractère de ce qui a deux fonctions. ➤ **polyvalence.** *La bivalence de certains enseignants.*

BIVALENT, ENTE [bivalɑ̃, ɑ̃t] **adj.** – 1866 ◇ de *bi-* et *-valent* ■ **1** CHIM. Qui a la valence 2. *Molécule bivalente* (**on dit aussi** *divalent, ente*). ■ **2** LOG. *Logique bivalente*, qui ne considère que deux valeurs de vérité, le vrai et le faux. ■ **3** Qui a deux fonctions, deux usages. ➤ **polyvalent.** *Professeur bivalent.*

BIVALVE [bivalv] **adj.** – 1718 n. ◇ de *bi-* et *valve* ■ **1** ZOOL. Dont la coquille est composée de deux valves jointes par un muscle charnière. *Mollusque bivalve, coquillage bivalve* (**ex.** la moule). — SUBST. M. *Les bivalves* : les lamellibranches. ■ **2** BOT. Qui s'ouvre en deux valves. *Les coques de noix sont bivalves.*

BIVEAU [bivo] **n. m.** – 1568 *buveau* ◇ ancien français °*baïvel*, de *baïf* «béant» ■ TECHN. Équerre à branches mobiles dont se sert le tailleur de pierre pour mesurer l'angle compris entre deux surfaces contiguës. — Équerre utilisée par les fondeurs de caractères.

BIVITELLIN, INE [bivitelɛ̃, in] **adj.** – milieu XXᵉ ◇ de *bi-* et latin *vitellus* «jaune de l'œuf» ■ EMBRYOL. *Jumeaux bivitellins*, provenant de deux œufs différents (**SYN.** COUR. **faux jumeaux**) (➤ **dizygote**).

BIVOUAC [bivwak] **n. m.** – *bivoie* 1650 ◇ du suisse allemand *Biwacht* «garde supplémentaire de nuit» ■ **1** VX Garde de nuit. ■ **2** Installation provisoire en plein air de troupes en campagne. ➤ **campement, cantonnement.** *Coucher au bivouac. Feux de bivouac.* — Le lieu où la troupe est installée. ♦ PAR EXT. (1865) Campement installé pour passer la nuit (en montagne, dans la brousse, etc.).

BIVOUAQUER [bivwake] **v. intr.** ‹1› – 1792 ◇ de *bivouac* ■ S'installer en bivouac. ➤ **camper.** *Bivouaquer dans le désert.*

BIWA [biwa] **n. m.** – avant 1895 ◇ mot japonais ■ DIDACT. Luth japonais utilisé dans la musique traditionnelle. *Des biwas.*

BIZARRE [bizaʀ] **adj.** – *bigearre* XVIᵉ ◇ italien *bizzarro* «capricieux», de l'espagnol *bizarro* «brave» ■ **1** Qui s'écarte de l'ordre commun, qui est inhabituel, qu'on explique mal. ➤ **curieux, drôle, étonnant, étrange, inattendu, insolite, saugrenu, singulier ;** FAM. **chelou, marrant, zarbi.** *Un homme bizarre. Une bizarre manie, une manie assez bizarre. Idée bizarre.* ➤ **baroque, biscornu, extravagant.** *Des institutions «obscures, bizarres, inexplicables»* FUSTEL DE COULANGES. *Bizarre et qui fait rire.* ➤ **cocasse, grotesque.** *Il n'écrit pas, c'est bizarre.* ➤ **anormal, surprenant.** *Bizarre autant qu'étrange. «Vous avez dit bizarre ? Comme c'est bizarre !»* (CARNÉ et PRÉVERT, «Drôle de drame», film). ♦ SUBST. M. Ce qui est bizarre. *Son goût pour le bizarre.* ■ **2** (PERSONNES) Qui est dans un état inhabituel et incompréhensible. *Je l'ai trouvé bizarre aujourd'hui. Je me sens tout bizarre* (cf. Tout chose*). ■ CONTR. Banal, normal, ordinaire, simple.

BIZARREMENT [bizaʀmɑ̃] **adv.** – 1594 ◇ de *bizarre* ■ D'une manière bizarre. ➤ **curieusement, étrangement.** *Bizarrement accoutré.*

BIZARRERIE [bizaʀʀi] **n. f.** – 1555 ◇ de *bizarre* ■ **1** Caractère de ce qui est bizarre. ➤ **étrangeté, excentricité, singularité.** *La bizarrerie d'une idée, d'une situation.* ■ **2** Caractère d'une personne bizarre. *«Sa bizarrerie avait l'avantage de n'être pas affectée»* GAUTIER. ■ **3** Chose, élément, action bizarre. *Les bizarreries de la langue française.* ➤ **anomalie.** ■ CONTR. Banalité.

BIZARROÏDE [bizaʀɔid] **adj.** – 1893 *bizarroïd* ◇ formation cocasse, de *bizarre* et *-oïde* ■ FAM. Étrange, bizarre. *Des formes bizarroïdes.*

BIZNESS ➤ **BUSINESS**

BIZUT, BIZUTE [bizy(t), bizyt] **n.** – 1843 *bizut* ◇ origine inconnue ; cf. *bisogne* (XVIᵉ) «jeune recrue», de l'espagnol ■ Élève de première année dans une grande école, une faculté. ➤ **bleu, nouveau.** — PAR EXT. (1961) Débutant, novice. *Les bizuts de l'équipe.* — On trouve aussi *bizuth.* ■ CONTR. Ancien.

BIZUTAGE [bizytaʒ] **n. m.** – 1949 ◇ de *bizuter* ■ Cérémonie estudiantine d'initiation des bizuts, comportant diverses brimades. *«il y a encore le "bizutage", humiliation programmée des nouveaux venus, parodie d'initiation idiote»* SOLLERS.

BIZUTER [bizyte] **v. tr.** ‹1› – 1949 ◇ de *bizut* ■ Faire subir le bizutage à (qqn).

BK [beka] n. m. – 1947 ◊ sigle de *Bacille de Koch* ■ Bacille de Koch, mycobactérie agent de la tuberculose. *Les crachats des tuberculeux fourmillent de BK.*

BLABLA [blabla] n. m. – 1947 ◊ onomat. ; cf. dialectal *blabla* « bavard » ■ FAM. Propos verbeux destinés à endormir la méfiance. *Tout ça, c'est du blabla.* ➤ **baratin, boniment.** « *une preuve tangible, et pas du blabla* [...] *Des actes* » DJIAN. *Des blablas.*

BLABLABLA [blablabla] interj. – 1929 *Blah ! Blah ! Blah !* ◊ onomat. ■ Onomatopée qui évoque le verbiage. *Il « se félicite de la retrouver, lui redit combien elle nous a manqué, bla bla bla »* DJIAN.

BLABLATER [blablate] v. intr. ‹1› – 1952 ◊ de *blabla* ■ FAM. et PÉJ. Tenir des propos sans intérêt, se lancer dans un verbiage creux. « *des relations* [...] *où on n'arrête pas de blablater et de se confier,* [...] *de s'inventer toutes sortes de problèmes* » M. NDIAYE.

BLACK [blak] n. et adj. – 1790 ◊ mot anglais « noir » ■ ANGLIC. FAM. ■ **1** Personne noire. *Les blacks.* ♦ adj. *Musiciens blacks.* — *Mode, musique black.* ■ **2** loc. adv. *Au black* : au noir, sans être déclaré. *Il travaille au black.*

BLACK-BASS [blakbas] n. m. inv. /BLACKBASS/ – 1906 ◊ mot anglais « perche noire » ■ Poisson d'eau douce voisin de la perche, originaire d'Amérique. ➤ **achigan** (Canada).

BLACKBOULER [blakbule] v. tr. ‹1› – 1837 ◊ adaptation de l'anglais *to blackball*, de *black* « noir » et *ball* « boule » ■ **1** VX Rejeter par un vote en mettant dans l'urne une boule noire. PAR EXT. MOD. Mettre en minorité dans un vote. *Il s'est fait blackbouler aux élections.* ■ **2** FAM. Refuser (un candidat) à un examen. ➤ **coller.** ■ **3** PAR EXT. ➤ **évincer,** 1 **repousser.** — n. m. **BLACKBOULAGE,** 1866.

BLACK-JACK [blak(d)ʒak] n. m. /BLACKJACK/ – v. 1980 ◊ mot anglais ■ ANGLIC. Jeu de cartes américain. *Les tables de black-jack d'un casino. Des black-jacks.*

BLACK-OUT [blakaut] n. m. inv. /BLACKOUT n. m./ – 1941 ◊ anglais *black* « noir » et *out* « complètement » ■ ANGLIC. ■ **1** Obscurité totale commandée par la défense passive. ➤ **couvre-feu.** « *ayant soin aussitôt de fermer volets et rideaux pour le "black-out"* » GIDE. ♦ AÉRONAUT. Interruption des émissions électromagnétiques pour ne pas signaler sa position. Recomm. offic. *silence radio.* ■ **2** (1967) FIG. Silence gardé (sur une nouvelle, une décision officielle). *Faire le black-out. Black-out médiatique.*

BLACK-ROT [blakʀɔt] n. m. – 1878 ◊ mot anglais « pourriture noire » ■ Maladie de la vigne due à un champignon ascomycète. *Des black-rots.*

BLAFARD, ARDE [blafaʀ, aʀd] adj. – 1549 ; « affaibli » 1342 ◊ moyen allemand *bleichvar* « de couleur pâle » ■ D'une teinte pâle et sans éclat. ➤ 1 **blanc, blême, décoloré, pâle.** *Couleur blafarde.* ➤ **délavé.** *Teint blafard.* ➤ **exsangue, livide, terreux.** *Une aube, une lumière blafarde.* « *Quelque chose de terne, de blafard, un jour d'hiver se levant sur du granit* » LOTI. ■ CONTR. Coloré, vif ; vermeil.

BLAFF [blaf] n. m. – 1967 ; *bloff* 1931 ◊ probablt anglais dominicain *broth* « bouillon » ■ Plat de poisson cuit au court-bouillon et aromatisé (cuisine antillaise).

BLAGUE [blag] n. f. – 1721 ◊ du néerlandais *balg* « enveloppe » ■ **1** Petit sac de poche dans lequel les fumeurs mettent leur tabac. ➤ **tabatière.** *Blague à tabac.* ■ **2** (1809) Histoire imaginée à laquelle on essaie de faire croire. ➤ **mensonge, plaisanterie ;** FAM. **bobard, craque ;** RÉGION. **galéjade.** *Raconter des blagues.* — *La blague* : la plaisanterie. *Prendre tout à la blague.* ➤ **rigolade.** LOC. *Blague à part, blague dans le coin* : pour parler sérieusement. *Sans blague !* interjection qui marque le doute, l'étonnement, l'ironie. *Pas de blague !* exhortation à la prudence, au sérieux. ■ **3** PAR EXT. Plaisanterie. ➤ 2 **farce.** *Faire une bonne blague, une sale blague à qqn.* ■ **4** Erreur, maladresse. *Faire une blague.* ➤ **bévue*, boulette, bourde, sottise ;** FAM. **connerie,** 2 **gaffe.**

BLAGUER [blage] v. intr. ‹1› – 1808 ◊ de *blague* ■ FAM. Dire des blagues (2°). ➤ **mentir, plaisanter.** *Tu blagues, tu veux rire ?* — FIG. *Il ne faut pas blaguer avec la santé.* ➤ **badiner ;** FAM. **déconner, rigoler.**

BLAGUEUR, EUSE [blagœʀ, øz] n. et adj. – 1808 ◊ de *blague* ■ FAM. Qui a l'habitude de dire des blagues. ➤ **farceur, menteur, plaisantin.** *Il est très blagueur.* ■ CONTR. Sérieux.

BLAIR [blɛʀ] n. m. – 1872 ◊ abrév. de *blaireau*, par allus. à son museau allongé ■ ARG. FAM. Nez. ➤ **blase,** 2 **tarin.**

BLAIREAU [blɛʀo] n. m. – *blarel* 1312 ◊ ancien français *bler* « tacheté », francique °*blari* ■ **1** Mammifère carnivore *(mustélidés)*, bas sur pattes, plantigrade, de pelage clair sur le dos, foncé sous le ventre, qui se creuse un terrier. *Blaireau d'Amérique.* ➤ **carcajou.** *Blaireau d'Europe.* ■ **2** Pinceau fait de poils de blaireau dont se servent les peintres, les doreurs. — Brosse pour la barbe (généralement en poil de blaireau) que l'on utilise pour faire mousser le savon. ■ **3** (1841, argot des militaires « conscrit, bleu ») FAM. Personnage naïf, insignifiant ou ridicule. ➤ **boloss, bouffon.**

BLAIRER [bleʀe] v. tr. ‹1› – 1914 ◊ de *blair* ■ FAM. (avec la négation) Aimer, apprécier (qqn). *Je ne peux pas le blairer.* ➤ **pifer, sentir.**

BLÂMABLE [blɑmabl] adj. – 1260 ◊ de *blâmer* ■ Qui mérite le blâme, la désapprobation. ➤ **condamnable, critiquable, répréhensible.** *Une action blâmable.* « *La plus grande des sottises c'est de trouver ridicules ou blâmables les sentiments qu'on n'éprouve pas* » PROUST. ■ CONTR. 1 Louable.

BLÂME [blɑm] n. m. – 1080 *blasme* ◊ de *blâmer* ■ **1** Opinion défavorable, jugement de désapprobation sur qqn ou qqch. ➤ **animadversion, censure, condamnation,** 2 **critique, désapprobation, grief, improbation, remontrance, répréhension, réprimande, réprobation, reproche.** *S'attirer, encourir le blâme de qqn. Jeter un blâme sur qqn.* ➤ **anathème.** *Blâme public. Blâme sévère, infamant.* ■ **2** Sanction disciplinaire consistant à réprouver officiellement les agissements ou l'attitude d'un fonctionnaire. *Donner, recevoir un blâme.* ■ CONTR. Approbation, éloge, louange.

BLÂMER [blɑme] v. tr. ‹1› – 1080 ◊ latin populaire °*blastemare* « faire des reproches », latin ecclésiastique *blasphemare* ■ **1** Porter, exprimer un jugement moral défavorable sur (qqn, son comportement). ➤ **accuser, anathématiser, attaquer, censurer, condamner, critiquer*, désapprouver, désavouer, incriminer, reprendre, réprimander, reprocher, réprouver** (cf. Faire grief*, jeter la pierre*, trouver à redire*). *Blâmer violemment qqn, son attitude.* ➤ 2 **flétrir, fustiger, stigmatiser, vitupérer.** *Blâmer qqn de (ou pour) son attitude.* (Avec l'inf.) *Qui pourrait le blâmer d'avoir accepté ?* ABSOLT *Il est plus à plaindre qu'à blâmer.* « *Sans la liberté de blâmer, il n'est point d'éloge flatteur* » BEAUMARCHAIS. — PRONOM. *Je me blâme d'avoir cédé.* « *On ne se blâme que pour être loué* » LA ROCHEFOUCAULD. ■ **2** DR. Punir d'un blâme, réprimander officiellement. *Être blâmé par le conseil de discipline.* ■ CONTR. Approuver, défendre, encourager, féliciter, 1 louer, préconiser.

1 **BLANC, BLANCHE** [blɑ̃, blɑ̃ʃ] adj. et n. – v. 950 ◊ francique °*blank* « brillant »

I ~ adj. ■ **1** Qui est d'une couleur combinant toutes les fréquences du spectre, et produisant une impression visuelle de clarté neutre. *Blanc comme la neige, le lait* (➤ **lactescent ; lacté, laiteux**), *l'albâtre, la craie* (➤ **crayeux**), *le lis. La synthèse des sept couleurs du spectre donne la lumière blanche. Blanche hermine. Col* blanc. C'est blanc bonnet* et bonnet blanc. Fromage* blanc. Roux* blanc. Sauce blanche*, à base de beurre, de farine et d'eau. ➤ aussi **béchamel.** *La gelée* blanche. Drapeau* blanc. La canne blanche des aveugles.* — *C'est cousu de fil* blanc. C'est un jour à marquer d'une pierre* blanche.* ■ **2** D'une couleur pâle voisine du blanc. *Peau blanche.* ➤ **clair.** *Faire qqch. de sa blanche main. Teint blanc.* ➤ **blafard, blanchâtre, blême.** *Être blanc* : avoir mauvaise mine ; n'être pas bronzé ; pâlir sous le coup d'une émotion. *Blanc comme un lavabo, comme un cachet d'aspirine*. Blanc comme un linge, blanc de peur.* — *Cheveux blancs.* ➤ **argenté ;** et aussi **canitie.** *Barbe blanche.* ➤ **chenu.** PAR EXT. *Il était blanc à cinquante ans* : ses cheveux étaient blancs. ♦ SPÉCIALT Se dit de choses claires, par opposition à celles de même espèce qui sont d'une autre couleur. *Raisin, vin blanc. Pain blanc. Viande* blanche. Boudin blanc. Du verre blanc.* ➤ **incolore.** *Fer blanc.* ➤ **fer-blanc. ARME BLANCHE,** non bronzée (à la différence des armes à feu) : objet piquant et/ou tranchant (épée, rasoir, cutter, hache, couteau, ciseaux...). *Bois* blanc. Globule* blanc. Eau* blanche. Houille* blanche.* TECHN., COMM. *Produits blancs* : gros électroménager (opposé à *produits bruns**). — *Connu comme le loup* blanc. Merle* blanc.* ■ **3** Qui appartient à un groupe humain caractérisé par une peau naturellement peu pigmentée. *Race blanche.* — PAR EXT. Relatif à ces personnes. *La population blanche d'Afrique du Sud.* ■ **4** Qui ne porte aucune marque, n'est pas écrit. *Page, feuille blanche.* ➤ **vierge.** *Rendre copie blanche. Donner carte* blanche à qqn. Bulletin* (de vote) *blanc.* ADVT *Voter blanc.* ■ **5** De cette couleur et propre. *Des draps blancs* (➤ 2 **blanc**). — ADVT (PUBLICITÉ) *Cette lessive lave plus blanc.* — Dont la couleur claire évoque l'innocence. *La blanche colombe. Blancs moutons.* FIG. Qui n'est pas souillé, coupable. *Il est sorti de* *cette affaire avec les mains blanches. «Selon que vous serez puissant ou misérable, Les jugements de cour vous rendront blanc ou noir»* LA FONTAINE. ➤ **immaculé, innocent, pur ; blanchir.** *Il est sorti blanc de l'instruction. Blanc comme neige.* — *Marche blanche* : manifestation pacifique de soutien à des victimes de violences (dans laquelle les participants portent du blanc). *Marche blanche pour les enfants victimes de pédophiles.* ■ **6** Qui n'a pas tous les effets habituels. *Examen* blanc. Mariage blanc,* non consommé. *Nuit* blanche. Voix blanche,* sans timbre. *Vers blancs,* sans rime. *Opération blanche,* sans profit ni perte. *Faire chou* blanc. Jeu blanc* (au tennis), gagné sans que l'adversaire ait marqué un point. *Année blanche,* sans les évènements habituels (profit, prêt, taxe, diplôme, etc.). ◆ *Zone blanche* : zone géographique qui n'est couverte par aucun opérateur mobile. ■ **7** PHYS. *Corps blanc,* qui réfléchit ou diffuse toute la lumière visible. *Lumière blanche,* où la répartition d'énergie est constante pour toutes les fréquences du spectre visible, donnant à l'œil humain la sensation de lumière du jour. — *Bruit blanc* : en acoustique, bruit dont la puissance est constante sur tout le spectre. ➤ **souffle.** PAR EXT. En électronique, Fluctuation parasite dont la fréquence et l'amplitude varient aléatoirement. ■ **8** TECHN. *Salle blanche,* conçue pour maintenir les taux de particules, la température, la pression et l'hygrométrie à des niveaux contrôlés. *Salle blanche pour la fabrication de semi-conducteurs.*

II ~ **n. UN BLANC, UNE BLANCHE** Homme, femme appartenant à un groupe ethnique caractérisé par une faible pigmentation de la peau. *Les Blancs d'Amérique, d'Australie. Les pauvres Blancs, les petits Blancs du sud des États-Unis. La traite des Blanches. «Moins le blanc est intelligent, plus le noir lui paraît bête»* GIDE. ➤ RÉGION. **popaa, toubab.**

■ CONTR. Noir.

2 **BLANC** [blɑ̃] **n. m.** – 1080 ◇ → 1 blanc

I COULEUR OU MATIÈRE BLANCHE ■ **1** Couleur blanche. *Un blanc immaculé, éclatant, mat, laiteux.* ➤ **blancheur.** *Un blanc écru* (comme celui de la laine naturelle), *ivoire.* ➤ **crème.** *Linge d'un blanc douteux. Blanc cassé*. Le blanc réfléchit la lumière. Le blanc, couleur du deuil dans certaines cultures.* ◆ ABSOLT Vêtements blancs. *Porter du blanc, être vêtu de blanc. Se marier en blanc.* — LOC. *Les hommes en blanc* : les chirurgiens, les médecins. ■ **2** Matière colorante. ◆ Peinture blanche, badigeon blanc. *Blanc de zinc* : oxyde de zinc. *Blanc d'argent, de plomb.* ➤ **céruse.** *Blanc de chaux. Blanc d'Espagne* (ou *de Meudon*) : carbonate de calcium naturel. *« Une femme achevait de peindre au blanc d'Espagne un slogan publicitaire sur les carreaux de sa taverne»* D. DECOIN. ◆ VX Poudre blanche pour se farder. ■ **3 EN BLANC :** avec la couleur blanche. *Portail peint en blanc. Photo en noir et blanc.* — Sans écriture. *Chèque en blanc. Laissez le nom en blanc. «il signa en blanc une dizaine de réquisitions, convocations et papiers divers»* HAMPATÉ BÂ. ■ **4 loc. adv.** (XVIe *armé à blanc*) **À BLANC :** de manière à devenir blanc. *Chauffer un métal à blanc.* FIG. *Un public chauffé à blanc,* fervent, excité. — *Saigner à blanc,* en vidant de son sang. FIG. Épuiser. *Les impôts saignent à blanc le contribuable.* — *Tirer à blanc* : avec des balles inoffensives, ou sans balle. FIG. *À blanc* : sans effet réel, pour essayer. *Test à blanc.*

II LE BLANC DE... La partie blanche (de qqch., dans des expr.). *Blanc de poireau.* ◆ *Blanc de poulet, de perdrix* : la chair blanche de la poitrine (➤ 2 **filet**). *Préférer le blanc à la cuisse.* — *Blanc d'œuf* : partie incolore et visqueuse formée d'albumine. *Battre des blancs en neige.* — *Blanc de baleine*.* — *Le blanc de l'œil.* ➤ **sclérotique.** FIG. *Regarder qqn dans le blanc des yeux,* bien en face. — *Blanc des champignons* : mycélium des champignons cultivés.

III UN BLANC, DES BLANCS ■ **1** (1351) Intervalle, espace libre qu'on laisse dans un écrit. ➤ **interligne.** *Laisser des blancs. Acte rédigé sans blanc ni rature.* ■ **2** Bref silence dans une conversation, un programme sonore. — (Suisse, Canada) Trou de mémoire. *«La liste des sujets de conversation sur papier facile à consulter en cas de blanc de mémoire»* A. COHEN. ■ **3** PAR MÉTAPH. INFORM. Espace vide entre deux caractères et servant de délimiteur. ■ **4** (XVIe) La partie centrale d'une cible. FIG. *De but* en blanc.*

IV CHOSES DE COULEUR BLANCHE ■ **1** Maladie des plantes provoquée par un cryptogame. *Le blanc des céréales, de la vigne.* ➤ **oïdium.** ■ **2** Linge de maison blanc, ou qui supporte le même genre de lavage. *Magasin de blanc. La quinzaine du blanc. Le blanc et la couleur.* ◆ COMM. Gros électroménager, produits blancs. ➤ 1 **blanc.** ■ **3** (1553) Vin blanc. *Préférer le blanc sec.* — *Un verre de blanc. Blanc de blanc* : vin blanc fait de raisins blancs. PAR EXT. Verre de vin blanc. *Boire un petit blanc. Un blanc-cassis.* ➤ **kir.** ■ **4** CUIS. Mélange d'eau, de farine et de jus de citron utilisé pour cuire des légumes, des abats.

BLANC-BEC [blɑ̃bɛk] **n. m.** – 1752 ◇ de 1 *blanc* et *bec* ■ VIEILLI Jeune homme sans expérience et sûr de soi. *«Il est bien honteux qu'une trentaine de blancs-becs aient l'impertinence de vous aller faire la guerre»* VOLTAIRE.

BLANC-BLEU [blɑ̃blø] **adj. inv.** – 1962 ; 1957 n. m. «homme de confiance» ◇ de *blanc* et *bleu* ■ FAM. (surtout à la forme négative) Irréprochable dans son comportement. ➤ 2 **net, réglo.** *Personne n'est blanc-bleu dans cette histoire.* — *Le journal «n'était pas blanc-bleu idéologiquement mais rassemblait des gens libres et brillants»* E. CARRÈRE.

BLANC-ÉTOC [blɑ̃ketɔk] ou **BLANC-ESTOC** [blɑ̃kɛstɔk] **n. m.** – 1751, -1730 ◇ de 1 *blanc* et *estoc* ■ SYLVIC. Coupe complète d'une forêt. *Des blancs-étocs* [blɑ̃ketɔk].

BLANCHAILLE [blɑ̃ʃɑj] **n. f.** – 1694 ◇ de 1 *blanc* ■ PÊCHE Menu poisson blanc, servant souvent d'appât. ➤ **fretin.** *«La blanchaille commençait à sauter au nez des perches et des brochets»* BAZIN.

BLANCHÂTRE [blɑ̃ʃɑtʀ] **adj.** – 1372 ◇ de 1 *blanc* ■ D'une teinte tirant sur le blanc.

BLANCHE [blɑ̃ʃ] **n. f.** – 1621 ◇ fém. de 1 *blanc*

I ■ **1** Note de musique qui vaut deux noires. *La blanche est représentée par un ovale blanc muni d'une queue* (𝅗𝅥 ou 𝅗𝅥). *Blanche pointée,* valant trois noires. ■ **2** BILLARD Bille blanche.

II *Une Blanche* : femme blanche. ➤ 1 **blanc.**

III FAM. Héroïne* (2°). *«ils ont saisi assez de blanche là-dedans pour une inculpation de deal»* F. VARGAS.

BLANCHET [blɑ̃ʃɛ] **n. m.** – 1265 ◇ de *blanc* ■ **1** Étamine de laine claire, grisâtre. — (1595) PHARM. Molleton servant à filtrer certains liquides épais. — TECHN. Feutre absorbant l'humidité de la pâte à papier qui sort de la forme. — IMPRIM. Drap fin garnissant le tympan d'une presse, qui amortit la pression et en égalise le foulage. ■ **2** MÉD. VIEILLI Candidose de la bouche. ➤ **muguet.**

BLANCHEUR [blɑ̃ʃœʀ] **n. f.** – XIIe ◇ de *blanc* ■ Couleur blanche ; qualité de ce qui est blanc. *Linge d'une blancheur éclatante, immaculée. La blancheur du teint.* ■ CONTR. Noirceur.

BLANCHIMENT [blɑ̃ʃimɑ̃] **n. m.** – 1600 ◇ de *blanchir* ■ **1** Action de recouvrir de blanc. *Blanchiment des murs au lait de chaux.* ➤ **chaulage.** ■ **2** Action de décolorer pour rendre blanc. ➤ **décoloration.** *Blanchiment de la cire. Blanchiment des tissus écrus.* ➤ **azurage.** *Blanchiment au chlore.* — HORTIC. Opération qui décolore certains organes des plantes alimentaires. — CUIS. Action de blanchir (des légumes). ■ **3** FIG. Action de blanchir (de l'argent). *Blanchiment de fonds d'origine frauduleuse, des narcodollars.*

BLANCHIR [blɑ̃ʃiʀ] **v.** ⟨2⟩ – XIIe ◇ de *blanc*

I v. tr. ■ **1** Rendre blanc. ➤ **décolorer, éclaircir.** *L'eau de Javel blanchit le linge. Produit pour blanchir les dents. L'aube blanchit le ciel.* — HORTIC. Provoquer l'étiolement de (un légume) pour en améliorer l'aspect (➤ **blanchiment**). — CUIS. Plonger dans l'eau bouillante pendant quelques minutes. *Blanchir des choux.* ◆ PAR EXT. TYPOGR. *Blanchir une page,* en augmenter les blancs, les interlignes, les marges. ➤ **éclaircir.** ■ **2** Couvrir d'une couche blanche ; enduire de blanc. *La neige blanchit les sommets. Blanchir un mur à la chaux.* ➤ **chauler.** ■ **3** Nettoyer (le linge blanc). ➤ **blanchissage.** *Blanchir des draps. Donner son linge à blanchir.* ◆ **p. p. adj.** *Linge blanchi.* PAR EXT. Employé nourri, logé, blanchi, dont on blanchit le linge. ■ **4** Disculper, laver de tout soupçon. *«Il est selon mon cœur de hasarder une opinion qui tende à blanchir un personnage illustre»* DIDEROT. *Blanchir qqn d'un scandale.* — PRONOM. *Chercher à se blanchir.* ◆ Donner une existence légale à (des fonds dont l'origine est frauduleuse ou illicite). *Salle de jeux permettant de blanchir des capitaux* (➤ FAM. **lessiveuse**). *Blanchir l'argent de la drogue.* ■ **5** RÉGION. (Canada) SPORT Battre (un adversaire) sans qu'il ait marqué un seul point (cf. Jeu blanc*). *Le Canada a blanchi la Finlande.*

II v. intr. Devenir blanc. *Blanchir de rage ; de peur.* ➤ **blêmir, pâlir.** — *Ses cheveux blanchissent.* ➤ **s'argenter.** PAR EXT. *Il a blanchi. Blanchi sous le harnais*.*

■ CONTR. Colorer, noircir. Accuser.

BLANCHISSAGE [blɑ̃ʃisaʒ] **n. m.** – 1539 ◇ de *blanchir* ■ **1** Action de nettoyer, de blanchir le linge. ➤ **lessive.** — REM. Rare dans un contexte domestique. *Envoyer du linge au blanchissage. Blanchissage au poids, à la pièce. Payer la note de blanchissage. Blanchissage industriel.* ➤ **blanchisserie.** *Produits utilisés dans le* *blanchissage* : bleu, cendre, eau de Javel, potasse, soude. ▪ **2** TECHN. Opération de raffinage qui convertit le sucre brut en sucre blanc.

BLANCHISSANT, ANTE [blɑ̃ʃisɑ̃, ɑ̃t] **adj.** – XVIe ◊ de *blanchir* ▪ Qui devient blanc. *L'aube blanchissante.* ♦ Qui rend blanc. *Produits blanchissants.*

BLANCHISSEMENT [blɑ̃ʃismɑ̃] **n. m.** – 1356 ◊ de *blanchir* ▪ Le fait de blanchir (II). *Le blanchissement des cheveux.*

BLANCHISSERIE [blɑ̃ʃisʀi] **n. f.** – 1671 ◊ de *blanchir* ▪ **1** Lieu où s'effectue le blanchiment de la toile, de la cire. ▪ **2** Établissement où l'on fait le blanchissage (1°). ➤ **laverie, pressing, teinturerie ;** RÉGION. **buanderie.**

BLANCHISSEUR, EUSE [blɑ̃ʃisœʀ, øz] **n.** – 1530 ◊ de *blanchir* ▪ Personne dont le métier est de blanchir le linge et de le repasser. ➤ **teinturier ;** RÉGION. **buandier.** *Porter du linge chez la blanchisseuse.* — **n. f.** Ouvrière qui fait le blanchissage.

BLANCHON [blɑ̃ʃɔ̃] **n. m.** – 1972 ◊ de *blanc,* couleur du pelage à la naissance ▪ RÉGION. **(Canada)** Petit du phoque.

BLANC-MANGER [blɑ̃mɑ̃ʒe] **n. m.** – XIIIe ◊ de 1*blanc* et 2*manger* ▪ CUIS. Entremets composé de gelée faite avec du lait, des amandes, du sucre. *Des blancs-mangers.*

BLANC-SEING [blɑ̃sɛ̃] **n. m.** – 1573 ; *blanc-signé* 1454 ◊ de 1*blanc* et *seing* «signe» ▪ DR. Signature apposée à l'avance sur un document dont la rédaction sera ultérieurement complétée par la personne à laquelle le titre est remis. *Des blancs-seings.* — FIG. *Donner son blanc-seing* (cf. Donner carte* blanche). *Abuser d'un blanc-seing.*

BLANDICE [blɑ̃dis] **n. f.** – 1395 ◊ latin *blanditia* «flatterie» ▪ LITTÉR. **(surtout plur.)** Ce qui flatte, séduit. ➤ 2**charme, délice, séduction.** «*Toutes les blandices des sens et toutes les jouissances de l'âme*» CHATEAUBRIAND.

1**BLANQUETTE** [blɑ̃kɛt] **n. f.** – 1600 ◊ du provençal moderne *blanqueto,* diminutif de *blanc* ▪ Vin blanc mousseux du Languedoc. ➤ **clairette.** *La blanquette de Limoux.*

2**BLANQUETTE** [blɑ̃kɛt] **n. f.** – 1735 ◊ diminutif de *blanc* ▪ Ragoût de viande blanche. *Une blanquette de veau, d'agneau.*

BLAPS [blaps] **n. m.** – 1775 ◊ du grec *blaptein* «nuire» ▪ ZOOL. Insecte coléoptère *(ténébrionidés)* de grande taille, de couleur noire, actif la nuit.

BLASE ou **BLAZE** [blɑz] **n. m.** – 1885, -1889 ◊ p.-ê. de *blason* ▪ ARG. FAM. ▪ **1** Nom de personne. *Un faux blase.* ▪ **2** (1915) Nez. ➤ **blair,** 2**tarin.** *Un vilain blase.*

BLASÉ, ÉE [blɑze] **adj.** – XVIIIe ◊ de *blaser* ▪ **(PERSONNES)** Dont les sensations, les émotions ont perdu leur vigueur et leur fraîcheur, qui n'éprouve plus de plaisir à rien. ➤ **indifférent, insensible, dégoûté, fatigué, usé ;** RÉGION. **fiu.** *Être blasé par l'excès, l'habitude ; blasé sur tout* (cf. Revenu de tout). *Esprit blasé. Blasé de qqch.* «*Les gens qui se disent blasés n'ont jamais rien éprouvé : la sensibilité ne s'use pas*» RENARD. — SUBST. *Une blasée. Faire le blasé.* ➤ **dégoûté, sceptique.** ▪ CONTR. Enthousiaste, inassouvi.

BLASEMENT [blɑzmɑ̃] **n. m.** – 1835 ◊ de *blaser* ▪ LITTÉR. État d'une personne blasée. ➤ **dégoût, satiété.** — PAR EXT. «*Le blasement des volontés satisfaites aussitôt qu'exprimées*» GAUTIER.

BLASER [blɑze] **v. tr.** ‹1› – 1743 ; «user par l'alcool» fin XVIe ◊ néerlandais *blasen* «gonfler» ▪ LITTÉR. Atténuer (une sensation, une émotion) par l'abus. ➤ **dégoûter, désabuser, lasser, rassasier, soûler.** «*L'exercice de la Terreur a blasé le crime, comme les liqueurs fortes blasent le palais*» SAINT-JUST. — *Blaser qqn. Cette vie luxueuse l'a blasé.* — PRONOM. «*L'amour vrai ne se blase point*» HUGO. *Finir par se blaser.*

BLASON [blɑzɔ̃] **n. m.** – XIIe aussi «bouclier» ◊ origine inconnue, probablt germanique

I ▪ **1** Ensemble des signes distinctifs et emblèmes d'une famille noble, d'une collectivité. ➤ **armes, armoiries,** 1**écu.** *Blason peint, brodé, sculpté. Blasons de France.* ➤ **armorial.** *Figures, couleurs* de blason. Peindre un blason.* ➤ **armorier.** — PAR EXT. *Être fier de son blason.* ➤ **titre ; nom.** — LOC. FIG. *Redorer son blason* : se dit d'un noble pauvre qui épouse une roturière riche. PAR EXT. Rétablir son prestige par une réussite. *Cette émission redore le blason de la chaîne.* ▪ **2** Connaissance, art relatif aux armoiries. ➤ **héraldique.** *Termes de blason.* «*Le blason est une langue. Ce sont les hiéroglyphes de la féodalité*» HUGO. ▪ **3** ÉBÉNIST. Traverse sculptée reliant les pieds de devant d'un siège.

II LITTÉR. Poésie décrivant de manière détaillée, sur le mode de l'éloge ou de la satire, les caractères et qualités d'un être, d'une partie du corps ou d'un objet. «*Le Blason du sourcil*», *de Maurice Scève.*

BLASONNER [blɑzɔne] **v. tr.** ‹1› – 1389 ◊ de *blason*

I DIDACT. ▪ **1** Peindre (les armoiries). — Orner d'armoiries. «*L'argenterie du gouvernement blasonnée d'une tête de taureau*» FAUCONNIER. ▪ **2** Décrire, expliquer (les armoiries) selon les règles du blason.

II (de *blason,* II) LITTÉR. Se moquer de, railler.

BLASPHÉMATEUR, TRICE [blasfematœʀ, tʀis] **n.** et **adj.** – 1390 ◊ de *blasphème* ▪ Personne qui blasphème. — **adj.** *Une sceptique blasphématrice.*

BLASPHÉMATOIRE [blasfematwaʀ] **adj.** – 1532 ◊ de *blasphème* ▪ Qui contient ou constitue un blasphème. *Écrit, propos blasphématoire.* ➤ **impie,** 2**sacrilège.** ▪ CONTR. Pieux.

BLASPHÈME [blasfɛm] **n. m.** – 1190 ◊ latin ecclésiastique *blasphemia,* du grec *blasphêmia* → blâme ▪ Parole qui outrage la Divinité, la religion. ➤ **jurement,** 1**sacrilège.** *Dire des blasphèmes.* «*Le blasphème des grands esprits est plus agréable à Dieu que la prière intéressée de l'homme vulgaire*» RENAN. — PAR EXT. Propos déplacés et outrageants pour une personne ou une chose considérée comme quasi sacrée. ➤ **imprécation, injure, insulte.**

BLASPHÉMER [blasfeme] **v.** ‹6› – fin XIIe ◊ latin ecclésiastique *blasphemare,* du grec *blasphêmein* ▪ **1** **v. intr.** Proférer des blasphèmes. *Blasphémer contre le Ciel. Taisez-vous, vous blasphémez.* — PAR EXT. Proférer des imprécations. ▪ **2** **v. tr.** LITTÉR. Outrager en prononçant des blasphèmes. ➤ **injurier, insulter.** «*Celui qui blasphémera le nom de l'Éternel sera puni de mort*» (LÉVITIQUE). — PAR EXT. *Blasphémer la science, la morale.* ▪ CONTR. Vénérer.

BLAST [blast] **n. m.** – 1989 ◊ mot anglais ▪ ANGLIC. ▪ **1** Onde de choc provoquée par une violente explosion. *Blasts aérien, liquidien* (selon le milieu de propagation). ▪ **2** MÉD. Ensemble des lésions liées à la transmission dans l'organisme des ondes de surpression créées par une explosion. *Blast tympanique, pulmonaire.*

BLAST(O)-, -BLASTE ▪ Éléments, du grec *blastos* «germe».

BLASTOCYSTE [blastɔsist] **n. m.** – 1833 ◊ de *blasto-* et *-cyste* ▪ EMBRYOL. Stade du développement embryonnaire des mammifères, au cours duquel l'embryon s'implante dans la paroi utérine. ➤ **blastula.**

BLASTODERME [blastɔdɛʀm] **n. m.** – 1824 ◊ de *blasto-* et du grec *derma* «peau» ▪ EMBRYOL. Membrane de l'œuf des mammifères, formée de trois feuillets, qui donnera naissance à l'embryon et à ses membranes.

BLASTOGENÈSE [blastoʒənɛz] **n. f.** – 1894 ◊ de *blasto-* et *-genèse* ▪ EMBRYOL. ▪ **1** Premier stade du développement de l'embryon et formation du blastoderme. ▪ **2** Mode de reproduction asexuée, par bourgeonnement.

BLASTOMÈRE [blastɔmɛʀ] **n. m.** – 1877 ◊ de *blasto-* et du grec *meros* «partie» ▪ BIOL. Cellule du blastoderme provenant des premières divisions de l'œuf fécondé (➤ **blastula, morula**).

BLASTOMYCOSE [blastomikoz] **n. f.** – 1909 ◊ de *blasto-* et *mycose* ▪ MÉD. Affection causée par le développement d'un champignon microscopique *(blastomyces)* sur la peau, dans un organe.

BLASTOPORE [blastɔpɔʀ] **n. m.** – 1865 ◊ de *blasto-* et *pore* ▪ EMBRYOL. Invagination dans la cavité de la gastrula, orifice de l'intestin embryonnaire primitif.

BLASTULA [blastyla] **n. f.** – 1896 ◊ du grec *blastos* «germe» ▪ EMBRYOL. Stade du développement embryonnaire caractérisé par la formation d'une cavité au sein des blastomères*. ➤ **blastocyste.**

BLATÉRER [blateʀe] **v. intr.** ‹6› – 1834 ◊ latin *blaterare* ▪ DIDACT. Pousser son cri, en parlant du chameau.

BLATTE [blat] **n. f.** – 1534 ◊ latin *blatta* ▪ Insecte aux ailes épaisses et aux longues antennes *(dictyoptères),* dont plusieurs espèces fréquentent les endroits habités. ➤ **cafard, cancrelat,** RÉGION. 2**coquerelle.**

BLAZE ➤ **BLASE**

BLAZER [blazɛʀ ; blazœʀ] **n. m.** – v. 1920 ◊ mot anglais, de *to blaze* «flamboyer» ▪ **1** Veste en flanelle de couleur vive ou à rayures, souvent ornée d'un écusson et portée dans les collèges anglais. ▪ **2** Veste croisée en flanelle pour homme ou femme, à coupe cintrée et boutons dorés ornés d'écussons. *Un blazer bleu marine, croisé, droit.*

BLÉ [ble] **n. m.** – 1231 *blef ;* 1160 *blé* «champ de céréales» ; 1080 *blet* «céréale alimentaire» ◇ francique °*blad* ■ **1** Plante herbacée de la famille des graminées ; céréale dont le grain sert à l'alimentation (farine, pain). ➤ **froment.** *Blé commun* ou *blé tendre* (à épis barbus ; sans barbes). *Blé dur. Blé épeautre**. *Blé d'hiver, de printemps. — Racine, tige de blé.* ➤ **chaume, éteule, paille, tuyau.** *Épi et fleurs de blé.* ➤ **épi ;** 3 **balle, glume, glumelle.** *Semer du blé* (➤ **emblaver**). *Blé en herbe, blé vert. La nielle* du blé.* — PLUR. L'ensemble des épis. *Les blés d'or. «Les blés mûrs et houleux»* DURAS. ◆ LOC. *Blond comme les blés. Manger son blé en herbe :* utiliser, dépenser un bien productif avant qu'il n'ait rapporté. ➤ **dilapider.** ■ **2** Grain de cette plante. *Un quintal de blé. Grenier à blé. Moudre le blé. Farine, semoule de blé. Blé dur concassé.* ➤ **boulgour.** ■ **3** PAR EXT. (qualifié) Se dit de graminées distinctes du froment. *Blé noir.* ➤ 2 **sarrasin.** *Blé cornu.* ➤ **seigle** (ergoté). *Blé méteil. Blé indien* (VX), *blé d'Inde* (VX ou RÉGION. [Canada]). ➤ **maïs.** *Épluchette de blé d'Inde. «faire craquer les pelures de blé d'Inde séchées dans la paillasse»* J.-P. FILION. ■ **4** (1866) FAM. Argent*. ➤ **fric.** *Se faire du blé.*

BLÈCHE [blɛʃ] **adj.** – v. 1880 ; «dolent» 1596 ◇ mot normand, variante de *blece* «blet» ■ ARG. Mauvais. — Laid, moche. *Deux «qu'étaient bien blèches, des hideurs de filles»* CÉLINE.

BLED [blɛd] **n. m.** – fin XIXe argot des militaires ◇ mot arabe maghrébin «terrain, pays» ■ **1** En Afrique du Nord, L'intérieur des terres, la campagne. *«Idris regardait par la vitre* [...] *défiler un bled toujours désertique»* TOURNIER. ■ **2** (1951) FAM. Lieu, village éloigné, isolé, offrant peu de ressources. ➤ **trou.** *On s'ennuie dans ce bled. Un petit bled sympa.* ➤ FAM. 2 **patelin.**

BLÉDARD, ARDE [bledaʀ, aʀd] **n. et adj.** – 1926 ◇ de *bled* ■ **1** HIST. Soldat français qui servait dans le bled, en Afrique du Nord. ■ **2** adj. (1950) (Maghreb) Relatif au bled. ◆ Originaire du bled, qui habite le bled. **n.** *Les blédards.* — FAM. et PÉJ. Rustre, grossier.

BLÈME [blɛm] **n. m.** – v. 1990 ◇ aphérèse de *problème* ■ ARG. FAM. Problème, difficulté. *Y a un blème.* ■ HOM. Blême.

BLÊME [blɛm] **adj.** – v. 1460 ◇ de *blêmir* ■ D'une blancheur maladive, en parlant du visage. ➤ **blafard,** 1 **blanc, cadavérique, livide, pâle.** *Un visage, un teint blême. Blême de colère.* ◆ D'une couleur pâle et déplaisante. *Un matin blême. Lueur blême.* ➤ **blafard.** ■ CONTR. Animé, coloré, 1 frais, hâlé, vermeil. ■ HOM. Blème.

BLÊMIR [blemiʀ] **v. intr.** ⟨2⟩ – 1080 ◇ francique °*blesmjan ;* cf. allemand *blass* «pâle» ■ Devenir blême. *Blêmir de peur, de rage.* ➤ **blanchir, pâlir, verdir** (FIG.). ◆ *Jour qui blêmit.* ■ CONTR. Colorer (se).

BLÊMISSANT, ANTE [blemisɑ̃, ɑ̃t] **adj.** – 1858 ◇ de *blêmir* ■ LITTÉR. Qui blêmit. *«Alors les étoiles s'allument au-dessus de la campagne blêmissante»* FROMENTIN.

BLÊMISSEMENT [blemismɑ̃] **n. m.** – 1564 ◇ de *blêmir* ■ LITTÉR. Le fait de blêmir.

BLENDE [blɛ̃d] **n. f.** – 1751 ◇ allemand *Blende* ■ Minerai de sulfure de zinc. *Cristaux de blende.* ■ HOM. Blinde.

BLENDER [blɛndɛʀ ; blɛndœʀ] **n. m.** – v. 2005 ; 1964, au Canada ◇ mot anglais, de *to blend* «mélanger» ■ ANGLIC. Mixeur composé d'une base sur laquelle s'emboîte un bol à bord haut. *Concasser de la glace, préparer un smoothie avec un blender.*

BLENNIE [bleni] **n. f.** – *belenne* 1558 ◇ latin *blennius* ■ Poisson de petite taille, à peau gluante, à grosse tête, qui vit en eau douce ou dans les eaux du littoral et peut survivre hors de l'eau à marée basse. *Blennie rayée comestible.*

BLENNO- ■ Élément, du grec *blennos* «humeur visqueuse».

BLENNORRAGIE [blenɔʀaʒi] **n. f.** – 1785 ◇ de *blenno-* et grec *rhagê* «éruption» ■ MÉD. Maladie sexuellement transmissible causée par le gonocoque*, et caractérisée par une inflammation des voies génito-urinaires avec écoulement purulent (par la verge ou le vagin). ➤ **urétrite, vaginite ;** FAM. et ARG. **chaude-pisse, chtouille.** ABRÉV. FAM **BLENNO.** *Des blennos.* — **adj. BLENNORRAGIQUE,** 1824.

BLENNORRHÉE [blenɔʀe] **n. f.** – fin XVIIIe ◇ de *blenno-* et *-rrhée* ■ MÉD. Écoulement de mucosités et de pus par un conduit naturel. *Blennorrhée oculaire.* — Blennorragie chronique.

BLÉPHARITE [blefaʀit] **n. f.** – 1790 ◇ du grec *blepharon* «paupière» et *-ite* ■ MÉD. Inflammation de la paupière, et SPÉCIALT de son bord libre.

BLÉPHAROSPASME [blefaʀospasm] **n. m.** – 1834 ◇ mot formé sur le grec *blepharon* «paupière» et le français *spasme* ■ MÉD. Occlusion spasmodique et involontaire de l'œil par contraction du muscle orbiculaire de la paupière.

BLÈSEMENT [blɛzmɑ̃] **n. m.** – 1838 ◇ de *bléser* ■ Action de bléser. ➤ **zézaiement.** *Le blèsement d'un enfant.*

BLÉSER [bleze] **v. intr.** ⟨6⟩ – 1219 ◇ de l'ancien français *blois* «bègue» ; latin *blæsus* ■ Parler avec un défaut de prononciation qui consiste à substituer ch [ʃ] à s [s], g ou j [ʒ] à z [z]. ➤ **zézayer.**

BLÉSITÉ [blezite] **n. f.** – 1803 ◇ de *blèse* «qui zézaie» → bléser ■ RARE Défaut de prononciation d'une personne qui blèse. ➤ **zézaiement.**

BLESSANT, ANTE [blesɑ̃, ɑ̃t] **adj.** – 1145 ◇ p. prés. de *blesser* ■ Qui fait souffrir dans l'amour-propre. ➤ **désobligeant, injurieux, mortifiant, offensant.** *Procédés blessants. Paroles blessantes* (➤ **insulte,** 2 **pique, pointe**). — PAR EXT. *Il a été blessant :* il a dit des paroles blessantes.

BLESSÉ, ÉE [blese] **adj. et n.** – 1155 ◇ de *blesser* ■ **1** Qui a reçu une blessure. *Soigner un soldat blessé. Il est blessé au bras. — Membre, genou blessé.* ◆ FIG. *Blessé dans son amour-propre.* ➤ **froissé, mortifié, offensé, outragé.** *«Ce n'est pas ma faute, répondit-elle, un peu blessée de ce qu'il ne la tutoyait plus»* SAND. *— Vanité, fierté blessée.* ■ **2** **n.** (XVIe) Personne qui a reçu des blessures. *Cet accident de la route a fait un mort et trois blessés.* ➤ **accidenté.** *Des blessés de guerre.* ➤ **estropié, invalide, mutilé.** *Blessés de la face* (cf. Gueules* cassées). *Transport des blessés* (par ambulance, brancard, civière). *Blessé admis en traumatologie* à l'hôpital.* — (Au masc., avec un adj. qui qualifie normalement la blessure ; emploi critiqué) *Un blessé grave. Un blessé léger. Les grands blessés.* ■ CONTR. Intact, sauf, valide.

BLESSER [blese] **v. tr.** ⟨1⟩ – *blecier* XIe ◇ francique °*blettjan* «meurtrir» ■ **1** Causer une lésion aux tissus vivants, par un coup, un contact. ➤ **abîmer, contusionner, écorcher, estropier, meurtrir, mutiler ;** FAM. **amocher, arranger, esquinter ;** RÉGION. **escagasser.** *Blesser grièvement qqn. On l'a blessé, il a été blessé avec une arme blanche* (➤ **balafrer, entailler, érafler, percer, poignarder**). *Blessé par balles. Blesser mortellement, à mort. Soldat qui a été blessé au ventre.* — PRONOM. *Il s'est blessé en tombant, avec son couteau.* ➤ **couper.** ◆ Occasionner une blessure à. *Il est tombé sur un tesson qui l'a blessé au genou.* ◆ (Sujet chose) Causer une douleur, faire mal à (qqn, une partie du corps). *Le bât* le blesse. Ces souliers neufs me blessent.* ■ **2** Causer une impression désagréable, pénible à (un organe des sens). ➤ 3 **affecter.** *Des sons discordants qui blessent l'oreille.* ➤ **déchirer, écorcher.** *Lumière qui blesse la vue.* ■ **3** FIG. Porter un coup pénible à, toucher ou impressionner désagréablement. ➤ **choquer, contrarier, déplaire** (à), **heurter, irriter, offenser, outrager, ulcérer.** *Blesser qqn dans ses sentiments. Blesser l'amour-propre, l'orgueil par des railleries.* ➤ **froisser, humilier, mortifier, piquer, vexer.** *Un rien le blesse* (➤ **susceptible, vulnérable**). *Des paroles qui blessent. Il n'y a que la vérité* qui blesse.* ■ **4** VX ou LITTÉR. Enfreindre, aller à l'encontre de. ➤ **enfreindre, heurter, violer** (cf. Porter atteinte à). *Blesser les convenances, la pudeur.* ➤ **attenter** (à). *«Une sorte d'américanisme qui blesse nos idées raffinées»* RENAN. ■ CONTR. Flatter, 1 louer.

BLESSURE [blesyʀ] **n. f.** – 1138 ◇ de *blesser* ■ **1** Lésion faite aux tissus vivants par une cause extérieure (pression, instrument tranchant ou contondant, arme à feu ; chaleur), involontairement ou pour nuire. *Types de blessures :* lésion, plaie, trauma ; balafre, coupure, écorchure, égratignure, entaille, éraflure, estafilade, estocade, morsure, mutilation, piqûre ; bleu, bosse, brûlure, commotion, contusion, distension, ecchymose, élongation, entorse, fêlure, foulure, fracture, froissement, hématome, luxation, meurtrissure. *Blessure grave, mortelle. Infliger une blessure à qqn. Être couvert de blessures. Soigner, panser une blessure. Marque, trace d'une blessure.* ➤ **cicatrice.** *Blessure en séton*. Condamné pour coups et blessures. Blessures involontaires.* ■ **2** Atteinte morale. ➤ **coup, douleur, froissement, offense.** *Blessure d'amour-propre.* ➤ **humiliation.** *Rouvrir, raviver une blessure.*

BLET, BLETTE [blɛ, blɛt] **adj.** – fin XIIIe ◇ même origine que *blesser* ■ Dont la chair, trop mûre, s'est ramollie. *Poire blette. Les nèfles se mangent blettes.* ■ CONTR. Vert.

BLETTE ➤ **BETTE**

BLETTIR [bletiʀ] **v. intr.** ⟨2⟩ – XVe ◇ de *blet* ■ Devenir blet.

BLETTISSEMENT [bletismɑ̃] **n. m.** – 1826 ◇ de *blettir* ■ Excès de maturité qui rend un fruit blet. — On dit aussi **BLETTISSURE** [bletisyʀ] **n. f.**, 1836.

BLEU, BLEUE [blø] **adj. et n. m.** – *bloi, blo, blef* XIe ◇ francique °*blao ;* cf. allemand *blau*

I ~ adj. ▪ **1** Qui est d'une couleur, entre l'indigo et le vert, dont la nature offre de nombreux exemples, comme un ciel dégagé au milieu du jour (➤ **azur**), certaines fleurs (le bleuet), le saphir. *Des yeux bleus, gris-bleu. «Dieu n'a pas fait d'aliments bleus. Il a voulu réserver l'azur pour le firmament et les yeux de certaines femmes»* ALLAIS. *Requin bleu. Les flots bleus.* **n. m.** *Le grand bleu* : l'océan, la mer. **n. f.** *La grande bleue* : la Méditerranée. *Les Casques* bleus.* — LOC. *L'heure bleue,* juste avant le lever du soleil. *Le métal bleu* : le cobalt. — FIG. *La houille bleue* : l'énergie des vagues, des marées. *L'or* bleu. La planète* bleue.* — FIG. *Fleur* bleue.* ◆ PAR EXT. et FIG. *Menton bleu,* qui porte la trace d'une barbe très sombre. — FIG. *Sang bleu,* noble. — *Cordon bleu.* ➤ **cordon-bleu.** — VIEILLI *Conte bleu* : récit fabuleux, discours en l'air. ◆ *Bifteck bleu,* très saignant, à peine grillé. *«Le gros mangeur qui désire un steak saignant le commande bleu, peut-être pour oublier sa vraie couleur de sang»* PRÉVERT. ◆ ANCIENNT *Zone bleue,* à stationnement limité, dans une ville. — *Nuit* bleue.* ▪ **2** D'une couleur livide*, après une contusion, un épanchement de sang (cf. ci-dessous II, B, 3°). *Œdème bleu.* (1837) *Maladie bleue* : état morbide provoqué par une malformation congénitale du cœur et des gros vaisseaux avec coloration bleue des téguments. PAR EXT. *Enfant bleu* : enfant ayant la maladie bleue. ▪ **3** ➤ **livide.** *Être bleu de froid, de colère. Colère, peur bleue.* FIG. *En devenir, en être, en rester bleu* : être figé par l'étonnement. ➤ 1 **interdit, stupéfait.** ▪ **4** (Belgique) FAM. *Être bleu de qqn,* en être très amoureux. *Être bleu de qqch.,* en être passionné. *Elle est bleue d'astronomie.*

II ~ n. m. A. LE BLEU ▪ **1** Couleur bleue. *Le bleu est l'une des sept couleurs fondamentales du spectre, entre le vert et l'indigo. Le bleu, le rouge et le jaune, couleurs primaires. Le bleu du ciel est dû à la diffusion de la lumière solaire par les molécules d'air* (plus intense pour le rayonnement bleu). — (Qualifié ; aussi en appos.) *Des rubans bleu clair, bleu ciel. Bleu pâle, bleu pastel. Bleu horizon ; bleu lavande ; bleu pervenche* (➤ **mauve**) ; *bleu roi ; bleu Nattier ; bleu marine ; bleu nuit ; bleu ardoise ; bleu acier. Bleu-vert, bleu pétrole, bleu turquoise. Bleu électrique. Bleu canard. Bleu des mers du Sud.* — LOC. FIG *Être dans le bleu, n'y voir que du bleu* : n'y rien voir, n'y rien comprendre (cf. N'y voir que du feu*). ◆ Matière colorante bleue. *Bleus végétaux.* ➤ **indigo,** 1 **pastel, tournesol.** *Bleu de Prusse* : ferrocyanure de fer et de potassium ; *bleu de smalt*. Bleu de cobalt*. Bleu d'outremer* : silicate double d'aluminium, de sodium, etc. ◆ Teinture bleue. *Bleu de teinturier.* ➤ **guède.** *Bleu de lessive.* ➤ **azurant.** *Passer le linge au bleu,* pour le blanchir. ➤ **azurer.** — FIG. *Passer au bleu* : éviter ou oublier de faire. ▪ **2** *Gros bleu* : vin rouge de mauvaise qualité (cf. Gros rouge). ▪ **3** (1651) **AU BLEU** : façon de préparer certains poissons (truite, carpe) en les jetant vivants dans un court-bouillon vinaigré et aromatisé. *Truite au bleu.* ▪ **4** Fromage de lait de vache, dont la pâte comporte des moisissures internes bleuâtres. ➤ **fourme, gorgonzola.** *Bleu d'Auvergne, bleu de Bresse. Bleu de Gex* : septmoncel. *Bleu des Causses. Bleu de Corse* (brebis). ▪ **5** *Bleu de méthylène,* employé comme antiseptique en pharmacie et comme colorant en biologie.

B. UN BLEU ▪ **1** (1840) Jeune recrue (les soldats d'autrefois arrivant souvent à la caserne en blouse bleue). ➤ **conscrit, nouveau, novice ;** ARG. **bleusaille.** ◆ (1898) Nouvel élève. *Brimer les bleus.* ➤ **bizut.** — LOC. *Tu me prends pour un bleu !* pour un naïf, un débutant. ▪ **2** ARG. DES BANLIEUES Policier en tenue. *«Il fait la connaissance des "bleus", ces policiers de la préfecture de Paris chargés de ramasser les "sans-abri"»* DAENINCKX. ▪ **3** Marque livide sur la peau résultant d'un coup. ➤ **contusion, ecchymose, meurtrissure.** *Se faire un bleu. Il est couvert de bleus.* — FIG. *Des bleus à l'âme.* ▪ **4** VIEILLI **PETIT BLEU** : télégramme, dépêche (sur papier bleu). ▪ **5** (1945) Combinaison d'ouvrier, généralement en toile bleue. *Un bleu de mécanicien. Des bleus de travail. Bleu de chauffe*.* ▪ **6 LES BLEUS** : sportifs de l'équipe de France, surtout dans les sports de ballon. *Allez les bleus !*

BLEUÂTRE [bløɑtʀ] **adj.** – fin XVe ◇ de *bleu* ▪ Qui tire sur le bleu, n'est pas franchement bleu. ➤ **céruléen.** *Fumée bleuâtre d'une cigarette. «L'affleurement bleuâtre des veines microscopiques qui serpentent sous l'épiderme»* TAINE.

BLEUET [bløɛ] **n. m.** – 1380 ◇ de *bleu*

I Centaurée à fleur bleue, commune dans les blés. *Bleuet des moissons.* ➤ 2 **barbeau.** — On dit aussi **BLUET** [blyɛ].

II (1615 ; *bleue* adj. 1609) **(Canada)** Baie bleue de l'airelle des bois, ou myrtille d'Amérique. *Tarte aux bleuets.*

BLEUETIÈRE [bløetjɛʀ] **n. f.** – 1937 ◇ mot canadien, de *bleuet* (II) ▪ (Canada) Terrain à bleuets* ou myrtilles. *Les bleuetières du Saguenay.* — On dit aussi *bleuetterie* [bløɛtʀi].

BLEUIR [bløiʀ] **v.** ‹2› – 1690 ; *blavir* v. 1290 ◇ de *bleu* ▪ **1 v. tr.** Rendre bleu. *Le froid lui bleuit le visage.* ▪ **2 v. intr.** Devenir bleu. *Le tournesol bleuit sous l'action d'une base. Bleuir de froid.* — PAR EXT. Apparaître avec une teinte bleuâtre. *La côte bleuissait au loin.*

BLEUISSANT, ANTE [bløisɑ̃, ɑ̃t] **adj.** – 1834 ◇ de *bleuir* ▪ Qui devient bleu. *Cèpe à chair bleuissante* (à la pression).

BLEUISSEMENT [bløismɑ̃] **n. m.** – 1838 ◇ de *bleuir* ▪ **1** Le fait de bleuir (2°) ; passage d'une couleur au bleu. *Le bleuissement des lèvres sous l'effet du froid. «à un bleuissement du ciel, on devinait que l'aube, quoiqu'elle fût encore loin, s'approchait»* MANCHETTE. ▪ **2** Action de bleuir (1°). *Bleuissement des paupières avec un fard.*

BLEUSAILLE [bløzɑj] **n. f.** – 1900 ; *bleuzaille* 1865 ◇ de *bleu* (II, 2°) ▪ ARG. MILIT. Conscrit. ➤ **bleu.** COLLECT. *La bleusaille* : les conscrits.

BLEUTÉ, ÉE [bløte] **adj.** – 1845 ◇ de *bleu* ▪ Qui a une nuance bleue ; légèrement bleu. *Blanc bleuté. Reflet bleuté. Ailes bleutées.*

BLIAUD ou **BLIAUT** [blijo] **n. m.** – *blialt* 1080 ◇ origine inconnue ▪ HIST. Longue tunique portée par les hommes et par les femmes au Moyen Âge. *Sentir «sur ma peau la laine cuisante du bliaut»* C. MARTINEZ.

BLINDAGE [blɛ̃daʒ] **n. m.** – 1740 ◇ de *blinder* ▪ **1** Action de blinder (1°). L'ensemble des matériaux servant à blinder. ➤ 1 **blinde.** — Construction servant à consolider les parois d'une tranchée, d'un tunnel. *Blindage d'une galerie de mine.* ➤ **boisage.** ▪ **2** Protection (d'un navire, d'un abri, d'un véhicule, d'une porte) par des plaques de métal. ➤ **cuirassement.** *Blindage d'un char.* — Les plaques de métal. ➤ **cuirasse.** *Un blindage léger.* ◆ TECHN. Plaque, carter destiné à isoler un dispositif d'un rayonnement ; d'un champ. *Blindage électrique, magnétique, électromagnétique* (➤ **écran**), *nucléaire* (➤ **bouclier**).

1 **BLINDE** [blɛ̃d] **n. f.** – 1628 ◇ de l'allemand *blenden* «aveugler» ▪ ANCIENNT Pièce de bois soutenant les fascines d'un abri, d'une tranchée, pour en mettre les occupants à couvert. ▪ HOM. Blende.

2 **BLINDE** [blɛ̃d] **n. f.** – 1931 ◇ origine inconnue ▪ **loc. adv.** FAM. *À toute blinde* : à toute vitesse. *Partir à toute blinde* (cf. À toute berzingue).

3 **BLINDE** [blɛ̃d] **n. f.** – 2009 ◇ argot *blind* ou *blinde,* n. m. ou f., «mise initiale au poker» (1959), puis «part de butin» (1975), de l'anglais *blind* «mise risquée», de *blind* «aveugle» ▪ FAM. *Coûter une blinde,* très cher. *«Il râle un coup sur ce nouveau défenseur* [au football] *qui a coûté une blinde et qui ne sert à rien»* O. ADAM.

BLINDÉ, ÉE [blɛ̃de] **adj.** – 1834 ◇ de *blinder* ▪ **1** Qui est blindé (2°). *Voiture blindée. Porte blindée. Abri blindé. «Le train blindé sortit de son tunnel, menaçant et aveugle»* MALRAUX. *Division, régiment blindés,* composés de véhicules blindés. — **n. m.** Véhicule blindé. ➤ 1 **char, half-track, tank.** *Régiment de blindés.* ◆ TECHN. *Appareil électrique, réacteur blindé. Câble, fil blindé.* ▪ **2** FIG. et FAM. Endurci. ➤ **immunisé, protégé.** *Il en a vu d'autres, il est blindé maintenant.* ▪ **3** (1881) FAM. Ivre. ▪ **4** FAM. *Être blindé (de thunes)* : être très riche (cf. Plein aux as*). *«pour avoir une voiture pareille, vous devez aussi avoir des parents sacrément blindés»* M. DUGAIN. ▪ **5** FAM. (lieu) Plein, complet. *L'amphi était blindé.* ▪ CONTR. Délicat, désarmé, vulnérable.

BLINDER [blɛ̃de] **v.** ‹1› – 1678 ◇ de 1 *blinde*

I v. tr. ▪ **1** ANCIENNT Garnir de blindes (un ouvrage de fortification). *Blinder une casemate.* ▪ **2** MOD. Entourer (un navire, un véhicule) d'une cuirasse, d'une armure de plaques de métal. ➤ **cuirasser.** *Blinder un wagon.* — Isoler (un appareil électrique, un réacteur ou un engin nucléaire) par une protection. ▪ **3** FIG. et FAM. Endurcir, armer. *L'adversité l'a blindé.* PRONOM. *Se blinder contre la critique. «On a beau se blinder, on finit par s'attacher à certains patients»* PENNAC.

II v. intr. (cf. anglais *blind* «aveugle») JEUX Miser avant d'avoir vu son jeu, au poker.

BLING-BLING [bliŋbliŋ] **adj. inv.** et **n. m. inv.** – 2001 ◇ mot anglais américain «bijoux voyants», de *bling,* onomatopée évoquant un bruit métallique ▪ FAM. Qui affiche un luxe ostentatoire et clinquant. *Des accessoires bling-bling.* — **n. m.** *Le bling-bling.* — ABRÉV. **BLING.**

BLINI [blini] **n. m.** – 1883 ◇ du russe *bliny,* plur. de *blin* «crêpe, galette», d'un verbe signifiant «moudre» ▪ Petite crêpe très épaisse, d'origine russe, servie chaude avec le caviar, le poisson fumé. *Poêle à blini. Des blinis* [blini(s)].

BLINQUER [blɛ̃ke] v. intr. ‹1› – 1946 ◊ du néerlandais *blinken* «briller» ■ (Belgique) FAM. Reluire, étinceler (à force d'avoir été astiqué). *Faire blinquer les cuivres.*

BLISTER [blistɛʀ] n. m. – 1967 ◊ mot anglais «bulle, soufflure» ■ Emballage de plastique transparent sous lequel sont vendues certaines marchandises. *Piles, saumon sous blister. Des blisters. Mettre sous blister* (*blistériser* v. tr. ‹1›).

BLITZ [blits] n. m. – 1940 ◊ de *blitzkrieg* ■ **1** Guerre, combat de courte durée. ■ **2** Partie d'échecs où le temps de réflexion des joueurs est très limité. *Faire un blitz.*

BLITZKRIEG [blitskʀig] n. m. – v. 1980 ◊ allemand *Blitzkrieg*, de *Blitz* «éclair» et *Krieg* «guerre» ■ **1** Guerre éclair. ■ **2** Attaque politique visant à amener une victoire très rapide.

BLIZZARD [blizaʀ] n. m. – 1888 ◊ mot anglais américain ■ Vent glacial accompagné de tourmentes de neige, dans le Grand Nord. ➤ RÉGION. 1 **poudrerie.**

BLOC [blɔk] n. m. – XIIIe ◊ moyen néerlandais *bloc* «tronc abattu»

I MASSE COMPACTE ■ **1** Masse solide et pesante constituée d'un seul morceau. *Un bloc de marbre, de granit, de pierre. Bloc de bois.* ➤ 2 **bille, grume.** *Taillé dans un seul bloc.* ➤ **monolithe, monolithique** (cf. D'une pièce). *Bloc de foie gras.* ♦ GÉOL. Compartiment de l'écorce terrestre limité par des failles*. *Bloc faillé, basculé.* ➤ **horst.** *Bloc erratique* : rocher apporté par un ancien courant de glace. ■ **2** PAR ANAL. *Bloc de papier à lettres* : ensemble de feuillets de même dimension, collés ensemble sur un seul côté et facilement détachables. ➤ **bloc-note.** *«Le bloc à en-tête, sur lequel Antoine écrivait ses ordonnances»* MARTIN DU GARD. ♦ *Bloc d'habitations* : pâté* de maisons entre des rues perpendiculaires. *«et même les blocs de notre Cité auprès de ceux-là ressemblaient à des cubes à jouer»* CH. ROCHEFORT. — (calque de l'anglais *block*) Pâté de maisons, dans un pays anglo-saxon. *«un autre hôtel du quartier, à quelques blocs de distance»* E. CARRÈRE. — (Suisse, Canada) Grand immeuble moderne, à usage résidentiel. (Suisse) *Bloc locatif.* (Canada) *Bloc-appartements.* ■ **3** PAR EXT. Éléments groupés en une masse compacte, homogène. *«La famille oppose à l'étranger un bloc sans fissure»* MAURIAC. ♦ (1889, Clemenceau) Groupement politique. *«l'implacable affrontement entre les sociétés figées et mortifères des blocs»* F. MASPERO. Au Canada, *le Bloc québécois* : parti politique souverainiste fondé en 1991 (➤ **bloquiste**). HIST. *Le bloc des gauches* : les gauches alliées. ➤ **cartel, coalition,** 1 **union.** *Le bloc de l'Est. «le régime tchécoslovaque, passé après la guerre puis le coup de Prague dans le bloc socialiste»* ECHENOZ. — ÉCON. *Bloc monétaire, bloc or.* ➤ **zone** (3°). FIN. *Bloc de contrôle* : nombre de titres assurant le contrôle d'une société. — loc. verb. **FAIRE BLOC** : former un ensemble solide. *Faire bloc contre l'agresseur.* ➤ **s'unir.** — LOC. *Tout d'un bloc* : tout d'une pièce. *«elle tourna sur ses talons, tout d'un bloc, comme une statue sur un pivot»* FLAUBERT. ■ **4** Ensemble d'éléments normalisés, groupés dans un espace restreint. *Bloc-cuisine, bloc-évier, bloc-porte* (➤ aussi **bloc-cylindres, bloc-moteur**). *«Et les boutanches vides s'alignent sous le bloc évier»* SAN-ANTONIO. — CHIR. *Bloc opératoire**. — AVIAT. *Bloc technique d'un aéroport.* — (anglais *block*) INFORM. Ensemble de données enregistré ou transmis globalement. *Chaîne de blocs* : recomm. offic. pour l'anglic. *blockchain**. ■ **5** PHYSIOL. Élément constituant un obstacle à la transmission d'une impulsion nerveuse (surtout au niveau du cœur). ■ **6** loc. adv. **EN BLOC** : tout ensemble, en totalité. ➤ **globalement** (cf. En gros, en masse). *Rejeter une théorie en bloc. L'accusé nie en bloc. «quand je fais, c'est en bloc que je reçois la nécessité !»* MATISSE. loc. adj. *Démission en bloc.* ➤ **collectif.**

II À BLOC loc. adv. (de 1 *bloquer*) ■ **1** MAR. *Hisser une voile, un pavillon à bloc,* jusqu'à toucher la poulie de la drisse. — PAR EXT. Complètement, à fond. *Fermé, vissé à bloc. Serrer les freins à bloc.* ➤ 1 **bloquer.** ■ **2** FIG. et FAM. *Être gonflé* à bloc.*

III PRISON (1846 ◊ du *bloc de bois* aux pieds des esclaves) FAM. Prison. — (1861) Salle de police. *Passer la nuit au bloc.*

BLOCAGE [blɔkaʒ] n. m. – 1547 ◊ de 1 *bloquer*

I (de *bloquer*, I, 2°) ARCHIT. Massif de matériaux (moellons, briques, pierrailles, mortier) qui remplit les vides entre les deux parements d'un mur. ➤ **blocaille, remplage.**

II (de *bloquer*, II, 2°) ■ **1** Action de bloquer. *Blocage d'une bille de billard. Blocage du ballon,* au football. *Blocage des freins. Vis de blocage. Dans un circuit numérique, le transistor passe du blocage à la saturation.* FIG. *Blocage des prix* : mesure économique limitant autoritairement la hausse des prix. ➤ **gel.** *Blocage du crédit.* ➤ **encadrement.** — DR. *Minorité de blocage* : participation minoritaire dans le capital d'une société par actions, qui permet à ses détenteurs de s'opposer à certaines décisions nécessitant la majorité* qualifiée. ♦ Fait d'empêcher le fonctionnement habituel de. *Blocage d'un lycée, d'une raffinerie.* ■ **2** Comportement réactionnel d'une personne incapable de faire face à une situation. *Faire un blocage en maths. Blocage sexuel.* — PSYCHAN. ➤ **barrage.** ■ **3** Fait d'être bloqué, de ne plus fonctionner. *Blocage d'une articulation. Blocage intestinal.*

BLOCAILLE [blɔkaj] n. f. – 1549 ◊ de *bloc* ■ ➤ **blocage** (I).

BLOC-CYLINDRES ou **BLOC-CYLINDRE** [blɔksilɛ̃dʀ] n. m. – 1960 ◊ de *bloc* (I) et *cylindre* ■ Bloc métallique contenant les cylindres d'un moteur. *Des blocs-cylindres.*

BLOC-DIAGRAMME [blɔkdjagʀam] n. m. – 1959 ◊ de *bloc* et *diagramme* ■ **1** GÉOGR. Représentation d'une zone géographique délimitée en perspective et en coupe, destinée à montrer les rapports entre la structure du sous-sol et la topographie. *Des blocs-diagrammes.* ■ **2** AUTOMAT. Schéma fonctionnel.

BLOCKBUSTER [blɔkbœstœʀ] n. m. – 1995 ◊ mot anglais américain (1957, dans le milieu du théâtre), du sens de «bombe de forte puissance» (1942) ■ ANGLIC. ■ **1** Film à gros budget, bénéficiant d'une importante couverture médiatique. ➤ **superproduction.** *Les blockbusters hollywoodiens. «Deux blockbusters à la suite dans les six derniers mois. Des couvertures de magazines à n'en plus finir»* PH. BESSON. — Recomm. offic. *grosse machine.* ■ **2** COMM. Produit vedette, SPÉCIALT médicament, très lucratif.

BLOCKCHAIN [blɔkʃɛn] n. f. – 2014 ◊ mot anglais, de *block* «bloc» et *chain* «chaîne» ■ ANGLIC. INFORM. Mode de stockage et de transmission de données produites en continu sous forme de blocs liés les uns aux autres dans l'ordre chronologique de leur validation, les blocs et leur séquence étant protégés contre toute modification. — Recomm. offic. *chaîne de blocs.* ♦ PAR EXT. Base de données contenant l'historique des échanges par blockchain. *Les transactions effectuées avec des cryptomonnaies sont répertoriées dans des blockchains.*

BLOCKHAUS [blɔkos] n. m. – fin XVIIIe ◊ allemand *Blockhaus*, de *Block* «poutre» et *Haus* «maison» ; → blocus ■ Petit ouvrage militaire défensif, étayé de poutres, de rondins, ou fortifié de béton. ➤ 1 **bunker, casemate, fortin.** *Des blockhaus blindés.*

BLOC-MOTEUR [blɔkmɔtœʀ] n. m. – 1904 ◊ de *bloc* (I) et *moteur* ■ AUTOM. Ensemble constitué par le moteur, l'embrayage et la boîte de vitesses. *Des blocs-moteurs.*

BLOC-NOTE [blɔknɔt] n. m. – 1890 ; *block-notes* 1882 ◊ de *note* et anglais *block* «bloc» ■ Bloc de papier pour prendre des notes. *Des blocs-notes.*

BLOC-SYSTÈME [blɔksistɛm] n. m. – 1874 ◊ anglais *block-system* ■ CH. DE FER Dispositif de signalisation automatique sur des sections de voie pour éviter les collisions. *Des blocs-systèmes.*

1 **BLOCUS** [blɔkys] n. m. – 1376 «maison à poutres» ◊ du néerlandais *blokhuis* ; → blockhaus ■ **1** (XVIe) VX Fortin, blockhaus. ■ **2** (XVIIe) Investissement d'une ville ou d'un port (➤ **siège**), d'un littoral, d'un pays entier, pour l'isoler, couper ses communications avec l'extérieur. *Le blocus continental instauré par Napoléon Ier visait à prévenir l'accès de l'Europe à l'Angleterre. Le blocus de Berlin. Forcer, lever le blocus.* — *Blocus économique.* ➤ **boycott, embargo.**

2 **BLOCUS** ➤ **BLOQUE**

BLOG [blɔg] n. m. – 2002 ◊ anglais *blog* (1999), de *weblog* «carnet de bord *(log)* sur Internet» ■ ANGLIC. Site Internet animé par un individu ou une communauté qui s'exprime régulièrement dans un journal, des billets. ➤ aussi **microblog.** *«la multiplicité des points de vue jetés sur les blogs dans une langue neuve et brutale»* A. ERNAUX. *Ensemble des blogs.* ➤ **blogosphère.** *Contribuer à un blog.* — On écrit aussi *blogue* (recomm. offic.), forme courante au Canada.

BLOGOSPHÈRE [blɔgɔsfɛʀ] n. f. – 2003 ◊ de *blog* et *sphère* ■ Ensemble du réseau Internet comprenant les blogs et la communauté de leurs rédacteurs. *La blogosphère francophone.*

BLOGUER [blɔge] v. intr. ‹1› – 2002 au Canada ◊ de *blog* ■ Tenir un journal personnel (➤ **blog**) en ligne. — n. **BLOGUEUR, EUSE.**

BLOND, BLONDE [blɔ̃, blɔ̃d] adj. et n. – 1080 ◊ p.-ê. germanique °*blund*

I ■ **1** Se dit du poil, des cheveux de l'être humain, de la couleur naturelle la plus claire, proche du jaune. ➤ **doré.** *Les cheveux blonds des Nordiques. Cheveux blonds décolorés, oxygénés*. Cheveux blond cendré. Barbe blonde.* — (PERSONNES) Qui a les cheveux blonds. *Il est blond comme les blés.* LOC. FAM. *Nos, ces chères têtes blondes* : les enfants. ■ **2** n. **UN BLOND,**

UNE BLONDE : une personne blonde. *Un petit blond.* ➤ 1**blondin, blondinet.** *Une belle blonde. Une vraie, une fausse blonde. Une blonde platinée. Une blonde décolorée, oxygénée, peroxydée. Histoire* de blonde. Les brunes et les blondes.* ◆ **(Canada)** *La blonde (de qqn), sa blonde,* sa femme, sa maîtresse, sa fiancée. *« Est-ce qu'elle couche ici ? Est-ce que c'est comme ta blonde »* R. DUCHARME. — *Auprès de ma blonde,* chans. pop. ▪ **3 n. m.** La couleur blonde. *Blond cendré, doré, vénitien, platiné. Blond fade, blond filasse* (➤ **blondasse**). *Blond foncé ou châtain clair.*

II PAR EXT. D'un jaune très doux. *Sauce blonde. Beurre blond. Bière blonde.* SUBST. *Un demi de blonde.* — *Soie blonde.* ➤ **blonde ; écru.** — *Tabac blond. Cigarette blonde,* ELLIPT *une blonde.* — POÉT. *Les blonds épis. Sable blond.*

▪ **CONTR.** Brun, noir.

BLONDASSE [blɔ̃das] **adj.** – fin XVIIe ◊ de *blond* et suffixe péj. *-asse* ▪ PÉJ. D'un vilain blond. *Des cheveux blondasses.*

BLONDE [blɔ̃d] **n. f.** – 1740 ◊ de *blond* ▪ TECHN. Dentelle légère au fuseau, faite à l'origine de soie écrue.

BLONDEUR [blɔ̃dœʀ] **n. f.** – fin XIIIe, rare entre XVIe et XXe ◊ de *blond* ▪ Caractère de ce qui est blond. *La blondeur des cheveux. « Le noir faisait valoir sa blondeur et sa carnation »* AYMÉ.

1**BLONDIN, INE** [blɔ̃dɛ̃, in] **n.** – 1650 ◊ de *blond* ▪ Enfant, jeune homme, jeune fille à cheveux blonds. ➤ **blondinet.** — VX Jeune galant.

2**BLONDIN** [blɔ̃dɛ̃] **n. m.** – 1923 ◊ de *Blondin,* n. pr. ▪ TECHN. Benne à fond mobile pour le transport du béton entre deux pylônes.

BLONDINET, ETTE [blɔ̃dinɛ, ɛt] **n.** – 1842 ◊ diminutif de 1*blondin* ▪ Enfant blond. *Une petite blondinette.*

BLONDIR [blɔ̃diʀ] **v.** ‹2› – XIIe ◊ de *blond* ▪ **1 v. intr.** Devenir blond. *Elle a blondi. « les foins blondissaient, prêts à mûrir »* FROMENTIN. — CUIS. *Faire blondir des oignons,* les faire revenir jusqu'au moment où ils prennent couleur. *« Laissez blondir dans le beurre avant d'ajouter le bouillon »* PH. CLAUDEL. ▪ **2 v. tr.** Rendre blond. *Le soleil blondit les cheveux.* ▪ **CONTR.** Brunir, foncer.

BLOODY MARY [blɔdimaʀi] **n. m. inv.** – milieu XXe ◊ mots anglais « Marie la Sanglante » ▪ ANGLIC. Cocktail composé de vodka et de jus de tomate.

BLOOMER [blumœʀ] **n. m.** – 1929 ◊ mot anglais américain, n. pr. ▪ ANGLIC. Culotte d'enfant, bouffante et serrée en haut des cuisses par un élastique. *Des bloomers.*

BLOQUE [blɔk] **n. f.** – 1987 ◊ de 2*bloquer* ▪ **(Belgique)** FAM. Période de révisions intenses avant des examens. *Être en bloque.* — Ces révisions. — On dit aussi *blocus* [blɔkys] **n. m.** ▪ **HOM.** Bloc.

1**BLOQUER** [blɔke] **v. tr.** ‹1› – XVe ◊ de *bloc*

I ▪ **1** Réunir, mettre en bloc. ➤ **grouper,** 1**masser, réunir.** *Bloquer deux paragraphes. Bloquer les jours de congé. Vote bloqué :* procédure parlementaire par laquelle l'assemblée est contrainte d'accepter ou de refuser en bloc les articles d'un projet de loi proposé par le gouvernement. ▪ **2** ARCHIT. Garnir de blocage.

II ▪ **1** Investir, fermer par un blocus. ➤ **cerner, investir.** *Bloquer une ville.* ➤ **assiéger.** ▪ **2** PAR EXT. Empêcher de se mouvoir. ➤ **coincer, immobiliser.** *Bloquer une porte ; bloquer des roues.* ➤ 2**caler.** *Freins qui se bloquent. Navire bloqué par les glaces.* ➤ **paralyser.** — *Bloquer le ballon* (football ➤ 1**stopper**), *la bille* (billard). (PERSONNES) *Nous avons été bloqués dans un embouteillage.* ◆ ÉLECTRON. Arrêter le passage du courant dans (un circuit). *Bloquer une diode, un transistor.* ◆ FIG. *Bloquer un compte en banque* (➤ **saisie**[-arrêt]). *Compte bloqué :* somme d'argent déposée en banque, sans possibilité de retrait, pour un temps déterminé, et pour laquelle sont versés des intérêts. — *Bloquer les prix, les salaires,* en interdire l'augmentation. ➤ **geler.** ◆ INFORM. *Bloquer la publicité sur Internet,* l'empêcher d'apparaître grâce à un logiciel adapté (➤ **bloqueur**). ◆ Empêcher le fonctionnement habituel de. *Bloquer un dépôt pétrolier.* ▪ **3** PAR EXT. Boucher, obstruer. *Bloquer le passage. La route est bloquée par un éboulement.* ◆ Perturber en inhibant. *Son échec l'a complètement bloqué.* — *Être bloqué* (dans ses réactions) : être arrêté, perturbé par une cause inconsciente. ➤ **blocage** (II, 2°). ◆ PASS. et P. P. (Être) incapable de fonctionner, momentanément. *Articulation bloquée.* ➤ **blocage** (II, 3°). ▪ **4 (Canada)** FAM. *Bloquer (un examen),* être collé, échouer.

▪ **CONTR.** 1Répartir, séparer. Débloquer, dégager.

2**BLOQUER** [blɔke] **v. tr.** ‹1› – 1847 ◊ néerlandais *blokken* « travailler durement » ▪ **(Belgique)** FAM. Étudier assidûment en vue des examens. ➤ 2**bûcher, potasser.** *Elle bloque sa physique.* — ABSOLT *Ils bloquent ensemble.*

BLOQUEUR, EUSE [blɔkœʀ, øz] **n.** – XVIIIe ◊ de 1*bloquer* ▪ **1 n. m.** Chose, dispositif qui bloque. — (2005) *Bloqueur de publicité :* application qui empêche l'affichage des publicités sur Internet. ▪ **2** Personne qui empêche le fonctionnement habituel de (un lieu). *Les bloqueurs ont été évacués par les forces de l'ordre.*

BLOQUISTE [blɔkist] **adj.** et **n.** – 1992 ◊ de *Bloc (québécois)* ▪ Partisan du Bloc* québécois. *Un député bloquiste.* — **n.** *Les bloquistes, les conservateurs et les libéraux.*

BLOTTIR (SE) [blɔtiʀ] **v. pron.** ‹2› – 1552 ◊ p.-ê. bas allemand *blotten* « écraser » ▪ **1** Se ramasser sur soi-même, de manière à occuper le moins de place possible. ➤ se **pelotonner,** se **recroqueviller,** se **tapir** (cf. Se mettre en boule*). *Se blottir dans un coin, dans son lit, sous ses couvertures.* ▪ **2** PAR EXT. Se mettre à l'abri, en sûreté. ➤ se **cacher,** se **réfugier.** *Se blottir contre qqn.* ➤ se **presser,** se **serrer.** *Elle « vint se blottir entre ses bras »* MAUROIS.

BLOUSANT, ANTE [bluzɑ̃, ɑ̃t] **adj.** – 1862 ◊ de 2*blouser* ▪ COUT. Qui blouse. *Robe à dos blousant.* ▪ **CONTR.** Ajusté.

1**BLOUSE** [bluz] **n. f.** – 1680 ; au jeu de paume 1600 ◊ origine inconnue, probablt germanique ▪ Trou d'une table de billard américain (et des anciens billards). ▪ **HOM.** Blues.

2**BLOUSE** [bluz] **n. f.** – 1788 ◊ origine inconnue ▪ **1** Ample chemise de toile grossière qui était portée par les paysans, les gens du peuple. ▪ **2** Vêtement de travail que l'on met pardessus les autres pour les protéger. ➤ **bourgeron, sarrau, tablier ;** RÉGION. **cache-poussière ;** VX **souquenille.** *Blouse de peintre. « Il portait la longue blouse grise du petit négoce »* BERGOUNIOUX. *Blouse blanche des infirmières.* — PAR MÉTON. *Les blouses blanches :* le personnel médical ; les scientifiques. ▪ **3** Chemisier de femme, large du bas, souvent boutonné dans le dos, porté vague ou serré dans une ceinture. ➤ **corsage.** *Blouse de soie.*

1**BLOUSER** [bluze] **v. tr.** ‹1› – 1654 ◊ de 1*blouse* ▪ **1** VX Mettre dans la blouse, le trou, au billard. *Blouser une bille.* ▪ **2** (1814) FIG. et FAM. Tromper. *Chercher à blouser qqn. Elle s'est fait blouser.* — PRONOM. VIEILLI *« Un spécialiste peut se blouser comme un autre homme »* GIDE. ➤ se **méprendre,** se **tromper.**

2**BLOUSER** [bluze] **v. intr.** ‹1› – 1898 ◊ de 2*blouse* ▪ Bouffer à la taille, au-dessus de la taille, comme fait une blouse, un chemisier de femme.

BLOUSON [bluzɔ̃] **n. m.** – 1897 ◊ de 2*blouse* ▪ Veste courte et ample, resserrée aux hanches. *Blouson de cuir, en jean. Blouson à fermeture éclair. Blouson de motard* (➤ **perfecto**), *d'aviateur* (➤ **bombardier,** ANGLIC. 2**bomber**). — PAR EXT. (v. 1960) **BLOUSON NOIR :** jeune voyou vêtu d'un blouson de cuir noir. *Une bande de blousons noirs* (cf. Mauvais* garçon). *Blousons dorés*.*

BLUE-JEAN ou **BLUEJEAN** [bludʒin] **n. m.** – 1954 ; *blue-jeans* 1923 ◊ mot anglais américain, de *blue* « bleu » et *jean* → jean ▪ VIEILLI Jean bleu. *Un blue-jean délavé.* On trouve aussi *un blue-jeans* [bludʒin ; bludʒins]. *Des blue-jeans, des bluejeans. « On voit des princes en salopette, des monarques à vélo, des reines en blue-jeans »* DANINOS.

BLUES [bluz] **n. m.** – 1919 ◊ mot anglais américain « cafard » ▪ **1** Forme musicale élaborée par les Noirs américains, caractérisée par une formule harmonique constante, un rythme lent à quatre temps. *Blues lent, rapide* (ex. boogie-woogie). *Le blues est une des sources du jazz.* ➤ aussi **rhythm and blues, R'n'B.** — Air de cette musique. *Chanter un blues. « Blues. Chant des Noirs. Chant des nuits d'Amérique.* [...] *Voix magiques, magistrales, bouches orantes de l'ombre »* LACARRIÈRE. ▪ **2** Musique de jazz lente. ➤ **slow.** ▪ **3** FAM. Cafard, mélancolie. ➤ **spleen.** *Avoir le blues. Un coup de blues.* ▪ **HOM.** Blouse.

BLUET ➤ **BLEUET**

BLUETOOTH [blutus] **n. m.** – 1998 ◊ marque déposée ; mot anglais, littéralement « à la dent *(tooth)* bleue *(blue)* », surnom du roi danois Harald, dit *Blåtand,* qui unifia les États nordiques au Xe s. ▪ ANGLIC. Technologie de transmission de données à courte distance (moins de 10 mètres) sans fil, entre appareils électroniques. ➤ aussi **wifi.** — EN APPOS. *Téléphone Bluetooth.*

BLUETTE [blyɛt] **n. f.** – début XVIe ◊ ancien français °*belue* « étincelle » → berlue ▪ **1** VX Petite étincelle. *« Des bijoux lançaient de folles bluettes et de brusques scintillements d'or »* GAUTIER. ▪ **2** FIG.

(1797) VX Petit ouvrage littéraire léger et spirituel, sans prétention. ◆ MOD. Œuvre (livre, film, chanson) légère et sans prétention, empreinte de sentimentalisme.

BLUFF [blœf] n. m. – 1840 ◇ mot anglais américain ▪ **1** Aux cartes, Attitude destinée à impressionner l'adversaire en lui faisant illusion. ▪ **2** (1895) Attitude destinée à en faire accroire, à intimider l'adversaire sans en avoir les moyens. ➤ **mensonge, tromperie, vantardise** ; FAM. **bidon, chiqué, épate, esbroufe, frime.** *Il nous a eus au bluff. Un coup de bluff.* ▪ CONTR. Sincérité.

BLUFFANT, ANTE [blœfɑ̃, ɑ̃t] adj. – 1978 ◇ de *bluffer* ▪ FAM. Qui impressionne, surprend. *Dans le rôle du méchant, il est bluffant. Une interprétation bluffante.*

BLUFFER [blœfe] v. ‹1› – 1884 ◇ de *bluff* ▪ **1** v. intr. Pratiquer le bluff ; tenter de donner le change, de faire illusion. ➤ **se vanter ; FAM. frimer.** « *Comme au poker : ceux qui* blufferont *le mieux, le plus longtemps, gagneront* » MARTIN DU GARD. ▪ **2** v. tr. *Bluffer qqn,* l'abuser. ➤ **leurrer, tromper ; FAM. esbroufer.** *Il nous a bien bluffés.* ◆ Étonner. ➤ **impressionner ; FAM. épater.** *Sa performance nous a littéralement bluffés.* « *Ça me bluffait ces étranges façons...* » CÉLINE.

BLUFFEUR, EUSE [blœfœʀ, øz] n. et adj. – 1895 ◇ de *bluffer* ▪ Personne qui bluffe. ➤ **hâbleur, menteur, vantard ; FAM. frimeur.** *C'est une bluffeuse.* — adj. *Il est un peu bluffeur.*

BLU-RAY [bluʀɛ] n. m. inv. – 2002 ◇ marque déposée ; de l'anglais *blu-ray disc,* de *blue* « bleu » et *ray* « rayon » ▪ ANGLIC. Format de disque numérique permettant de stocker et de lire des fichiers vidéos en haute définition. — APPOS. inv. *Lecteur Blu-ray. Disques Blu-ray.*

BLUSH [blœʃ] n. m. – 1969 ◇ mot anglais « afflux de sang au visage » ▪ ANGLIC. Fard à joues sec. *Touche de blush. Des blushs.*

BLUTAGE [blytaʒ] n. m. – 1556 ◇ de *bluter* ▪ Séparation du son et de la farine. ➤ **tamisage.** *Taux de blutage.*

BLUTER [blyte] v. tr. ‹1› – 1362 ; *beluter* 1220 ◇ moyen haut allemand *biuteln* ▪ Tamiser (la farine) pour la séparer du son. *Tamis à bluter.* ➤ **blutoir.** — p. p. adj. *Farine blutée.*

BLUTOIR [blytwaʀ] n. m. – 1325 ◇ de *bluter* ▪ Appareil servant à bluter. *Blutoir à main* (➤ **sas, tamis**), *mécanique.*

BMX [beɛmiks] n. m. – 1995 ◇ mot anglais (1978), sigle et mot-rébus pour *b icycle m oto X,* pour *(moto)cross, X* symbolisant la croix *(cross)* ▪ Vélo tout-terrain à cadre court et muni d'un seul frein arrière. ➤ **bicross.** — Sport pratiqué avec ce vélo. *Le BMX est une discipline olympique depuis 2008.*

BOA [bɔa] n. m. – 1372 ◇ mot latin « serpent d'eau » ▪ **1** Gros serpent carnassier des zones tropicales *(boïdés),* non venimeux, qui avant d'avaler sa proie l'étouffe dans ses anneaux. ➤ **anaconda, eunecte.** *Boa constricteur*. Boa de l'Ancien Monde.* ➤ **python.** ▪ **2** PAR ANAL. DE FORME. Tour de cou en plumes. « *les femmes enroulaient autour de leur cou ces boas de plumes qui étaient alors à la mode* » ALAIN-FOURNIER.

BOAT PEOPLE [botpipœl] n. m. inv. – 1979 ◇ mots anglais « gens des bateaux » ▪ ANGLIC. (surtout plur.) Réfugiés politiques fuyant leur pays sur des bateaux. *Les boat people.*

1 **BOB** ➤ **BOBSLEIGH**

2 **BOB** [bɔb] n. m. – 1950 ◇ mot anglais, diminutif de *Robert,* désignant les marins américains et aussi leur bonnet ▪ ANGLIC. Chapeau en toile à bords rabattus sur la calotte.

BOBARD [bɔbaʀ] n. m. – fin XIXe ◇ onomat. *bob,* exprimant la moue, la bêtise ; cf. ancien français *bobeau* « mensonge », *boban* « vaniteux », *bobert* « sot » ▪ FAM. Propos fantaisiste et mensonger qu'on imagine par plaisanterie pour tromper ou se faire valoir ; fausse nouvelle. ➤ **blague, mensonge ; FAM. boniment, craque** (cf. Faux bruit*). *Raconter des bobards* (cf. Mener en bateau*). *Les bobards de la presse.* ➤ **canard.** ▪ CONTR. Vérité.

BOBÈCHE [bɔbɛʃ] n. f. – 1335 ◇ p.-ê. onomat. *bob,* idée de « gonflé » → bobine ▪ **1** Disque légèrement concave adapté aux chandeliers et destiné à recueillir la cire coulant des bougies. *Bobèche en cuivre.* — PAR EXT. Partie supérieure d'un chandelier évasé. ◆ Petit socle muni d'une pointe, permettant de planter une bougie dans un gâteau. ▪ **2** FAM. et VX Tête. *Se monter la bobèche.* ➤ **bourrichon.**

BOBETTES [bɔbɛt] n. f. pl. – 1930 ◇ origine inconnue ▪ (Canada) FAM. Sous-vêtement masculin ou féminin qui couvre le bassin. ➤ **caleçon, culotte,** 2 **slip.** « *Pudique et timide, Babine en bobettes ne sut se retenir de rougir* » F. PELLERIN.

BOBEUR, EUSE [bɔbœʀ, øz] n. – 1951 ◇ de 1 *bob* ▪ SPORT Équipier, équipière d'un bobsleigh.

BOBINAGE [bɔbinaʒ] n. m. – 1809 ◇ de *bobiner* ▪ **1** Action d'enrouler un fil sur une bobine. SPÉCIALT Opération de tissage qui consiste à enrouler le fil sur les bobines du métier en vue de l'ourdissage. *Le bobinage du coton.* ▪ **2** ÉLECTR. Enroulement de fils conducteurs autour d'un noyau. *Bobinage d'un électroaimant.*

BOBINE [bɔbin] n. f. – 1410 ◇ radical *bob* → bobèche ▪ **1** Petit cylindre à rebords pour enrouler du fil, du ruban. ➤ **fusette.** *Bobine de fil. Bobine de soie.* ➤ 2 **rochet, roquetin.** *Bobines d'un métier à tisser.* ➤ **broche,** 1 **navette.** ◆ *Bobine de film ; bobine de pellicule photographique.* ➤ **rouleau.** ◆ ÉLECTR. Cylindre de bois, de cuivre ou de carton sur lequel s'enroule un fil conducteur isolé qu'un courant électrique peut parcourir. *Bobine de dérivation, de self-induction. Bobine solénoïde*. Bobine d'allumage* ou *bobine,* formant transformateur pour l'alimentation des bougies d'un moteur à explosion. ▪ **2** (1870) FAM. et PÉJ. Figure, tête. ➤ **tronche.** *Faire une drôle de bobine.*

BOBINER [bɔbine] v. tr. ‹1› – 1680 ◇ de *bobine* ▪ Dévider et enrouler (une matière souple) sur une bobine. ➤ **embobiner.** *Bobiner une bande magnétique.* ➤ **rembobiner.** ▪ CONTR. Débobiner.

BOBINETTE [bɔbinɛt] n. f. – 1696 ◇ de *bobine* ▪ VX Loquet mobile en bois qui servait autrefois à fermer les portes. « *Tire la chevillette, la bobinette cherra* » PERRAULT.

BOBINEUR, EUSE [bɔbinœʀ, øz] n. – 1751 fém. ◇ de *bobine* ▪ **1** Personne chargée du bobinage. ▪ **2** n. f. (1838) Machine à dévider le fil sur des bobines. ➤ **bobinoir.** ▪ **3** n. m. Appareil pour enrouler un fil conducteur sur un support (bobine).

BOBINIER, IÈRE [bɔbinje, jɛʀ] n. – 1941 ; « machine à étirer la laine » 1751 ◇ de *bobine* ▪ Ouvrier, ouvrière qui effectue les bobinages électriques.

BOBINOIR [bɔbinwaʀ] n. m. – début XIXe ◇ de *bobiner* ▪ TECHN. Bobineuse mécanique.

1 **BOBO** [bobo] n. m. – 1440 ◇ onomat. ▪ **1** LANG. ENFANTIN Douleur physique. ➤ 3 **mal.** *Avoir bobo. On lui a fait bobo, du bobo.* ▪ **2** Petite plaie insignifiante. *Soigner un bobo.*

2 **BOBO** [bobo] n. et adj. – 2000 ◇ mot anglais américain (1999), acronyme de *bourgeois bohemian* « bourgeois bohème » ▪ ANGLIC. Personne d'un milieu aisé et cultivé, se voulant attachée à des valeurs d'authenticité et de créativité. « *Il fallait voir la tête des bobos découvrant en bas de chez eux un être étalé sur son tas de déchets* » P. BRUCKNER. — adj. *Un quartier bobo.*

BOBOÏSER [boboize] v. tr. ‹1› – 2001 ◇ de 2 *bobo* ▪ Rendre bobo (2). *Le plan d'aménagement a boboïsé le quartier.* ➤ **embourgeoiser, gentrifier.** — PRONOM. Devenir bobo. *Un festival qui se boboïse.* — n. f. **BOBOÏSATION** (2001).

BOBONNE [bɔbɔn] n. f. – 1828 ◇ redoublement de *bonne* ▪ PLAIS. Terme d'affection donné à l'épouse. Appellatif « *"Allons, bobonne, dépêche-toi," s'écria M. Bonnichon* » BALZAC. ◆ FAM. PÉJ. (sans déterm.) Épouse. *Il est venu avec bobonne.* « *Alors bobonne évidemment, elle doit se sentir négligée* » TOURNIER. — (Avec déterm.) Femme d'âge moyen, établie dans une vie petite-bourgeoise. *Elle s'habille comme une bobonne.*

BOBSLEIGH [bɔbslɛg] n. m. – 1899 ◇ mot anglais, de *to bob* « se balancer » et *sleigh* « traîneau » ▪ Traîneau articulé à plusieurs places muni d'un volant de direction, pour glisser à grande vitesse sur des pistes de neige aménagées. *Course de bobsleighs. Équipier d'un bobsleigh.* ➤ **bobeur.** — ABRÉV. FAM. **BOB.** *Être éjecté de son bob. Des bobs.* ◆ Sport pratiqué avec cet engin. *Piste de bobsleigh.*

BOBTAIL [bɔbtɛl] n. m. – 1922 ◇ mot anglais « queue (d'un cheval) coupée, tronquée » ▪ Chien de berger écossais ou anglais, de taille moyenne, au poil long et rêche, à queue coupée. *Des bobtails.*

BO BUN ou **BOBUN** [bɔbun] n. m. – 1996 ; 1995, comme mot étranger ◇ mot vietnamien, de *bò* « bœuf » et *bùn* « vermicelle de riz » ▪ Salade vietnamienne à base de vermicelles de riz et de bœuf sauté, accompagnée de crudités et servie dans un bol.

BOCAGE [bɔkaʒ] n. m. – *boscage* 1138 ◇ dérivé normand de *bosc,* ancienne forme de *bois* ▪ **1** VX ou POÉT. Petit bois ; verdure qui donne de l'ombre. « *au mois de juin, sous des bocages frais* » ROUSSEAU. ▪ **2** Paysage caractéristique de l'ouest de la France, formé de prés enclos par des haies vives, des arbres. *Le bocage vendéen. Le bocage normand.*

BOCAGER, ÈRE [bɔkaʒe, ɛʀ] adj. – XVIe ◇ de *bocage* ▪ VX et POÉT. Des bocages (1°). « *Forêt, haute maison des oiseaux bocagers* » RONSARD. — Boisé. *Rives bocagères.*

BOCAL, AUX [bɔkal, o] n. m. – 1532, Rabelais ◊ de l'italien *boccale*, du latin d'origine grecque *baucalis* «vase en terre à rafraîchir» ■ Récipient à col très court et, ordinairement, à large ouverture. *Fruits conservés en bocaux. Un bocal de cornichons. Bocaux de pharmacien. Bocal à poissons rouges.* ♦ LOC. FAM. *Être agité du bocal,* nerveux, excité. *«tous les ésotéristes agités du bocal»* E. CARRÈRE.

BOCARD [bɔkaʀ] n. m. – 1741 ◊ altération de *bocambre*, de l'allemand *Pochhammer* «marteau à écraser» ■ TECHN. Machine à broyer les minerais, à réduire en poudre certaines substances. ➤ **broyeur.** *Le bocard d'une mine, d'une forge.* — v. tr. ⟨1⟩ **BOCARDER ;** n. m. **BOCARDAGE.**

BOCCIA [bɔtʃja] n. f. – 1990 ◊ mot italien «boule» ■ Handisport proche de la pétanque, qui se joue avec des balles en cuir. *Jouer à la boccia. La boccia est une discipline paralympique.*

BOCHE [bɔʃ] n. et adj. – 1879 ◊ aphérèse de *Alboche*, altération de l'argot *Allemoche* «allemand», d'après *tête de boche* «tête de bois» ■ VIEILLI, FAM. et INJURIEUX Allemand. *Les Boches.* — adj. *«Des avions boches ont bombardé la gare»* MARTIN DU GARD.

BOCK [bɔk] n. m. – 1855 ◊ de l'allemand *Bockbier*, altération de *Einbeckbier* «bière d'Einbeck»
I ■ 1 VX Pot à bière d'environ un quart de litre ; son contenu. *«Devant les cafés, s'accoudent aux petites tables, les buveurs de bocks»* GAUTIER. ■ 2 Verre à bière à pied, d'un huitième de litre. *Bocks et demis*.*
II Récipient muni d'un tuyau terminé par une canule qu'on utilise pour les injections.

BODÉGA ou **BODEGA** [bɔdega] n. f. – 1884, nom d'un bar à vins ; repris vers 1980 ◊ mot espagnol «bar à vin», du latin *apotheca* (→ apothicaire), qui a donné le français *boutique* ■ Petit bistrot en Espagne ou dans le midi de la France. *Manger des tapas dans une bodéga. Des bodégas, des bodegas.*

BODHISATTVA [bɔdisatva] n. m. – 1859 ◊ mot indien, de *bodhi* «sage» et *sattva* «qualité, état» ■ DIDACT. Dans le bouddhisme, Sage ayant franchi tous les degrés de la perfection sauf le dernier qui fera de lui un bouddha. — Statue qui le représente, souvent paré et coiffé d'un haut chignon. *Le bodhisattva de Chahbaz-Garhi. Les bodhisattvas.*

BODY [bɔdi] n. m. – v. 1975 ; *body-shirt* 1971 ◊ mot anglais «corps» ■ ANGLIC. ■ 1 Vêtement, sous-vêtement féminin très collant, d'une seule pièce, couvrant le tronc, qui se ferme généralement par des pressions à l'entrejambe. ➤ **justaucorps.** *Des bodys de dentelle.* On emploie aussi le pluriel anglais *des bodies.* ■ 2 Sous-vêtement similaire pour bébé.

BODY ART [bɔdiaʀt] n. m. – 1975 ◊ mot anglais (1971), de *body* «corps» et *art* «art» ■ ANGLIC. ■ 1 Art plastique né dans les années 1970, consistant en interventions sur le corps humain ou utilisant le corps humain. *Le body art (ou art corporel) est le précurseur de la performance*.* ■ 2 Modification corporelle (tatouage, scarification, piercing, implant...) effectuée dans un but esthétique.

BODYBOARD [bɔdibɔʀd] n. m. – 1994 ◊ de l'anglais *bodyboarding*, de *body* «corps» et *board* «planche» ■ ANGLIC. Courte planche sur laquelle le surfeur se tient allongé ou à genoux. *Des bodyboards.* — Sport de glisse ainsi pratiqué. — Recomm. offic. *planche ventrale.*

BODYBUILDING [bɔdibildiŋ] n. m. – v. 1980 ◊ mot anglais, de *body* «corps» et *to build* «construire» ■ ANGLIC. Musculation* destinée à remodeler le corps. *Faire du bodybuilding.* ➤ **culturisme,** FAM. **gonflette.** — adj. *Bodybuildé, ée,* 1983.

BOËSSE [bwɛs] n. f. – 1728 ; *gratte-bœsse* XVIe ◊ provençal *gratta-boyssa* «gratte, balaye» ■ TECHN. Outil à ébarber les sculptures. — Outil de doreur.

BOETTE [bwɛt] n. f. – 1672 ◊ du breton *boued* «nourriture» ■ PÊCHE Appât pour attirer le poisson. — On trouve aussi les graphies *bouette, boitte.*

BŒUF, plur. **BŒUFS** [bœf, bø] n. m. – 1534 ; v. 1450 *beuf* ; début XIIe *buef* ◊ latin *bos, bovis* ■ 1 ZOOL. Mammifère artiodactyle ruminant domestique (incluant *taureau, vache, veau*). *Les bœufs, avec les moutons et les antilopes, constituent la famille des bovidés. L'espèce bœuf.* ➤ **bouvillon, génisse, taureau, vache, veau.** *Le bœuf beugle, meugle, mugit. Crâne de bœuf.* ➤ **bucrane.** *Le bœuf Apis, taureau sacré de l'Égypte ancienne.* ■ 2 ZOOL. (dans des loc.) *Bœuf d'Afrique et d'Asie.* ➤ **buffle, gaur, gayal, yak, zébu.** *Bœuf sauvage.* ➤ **aurochs, bison.** *Bœuf musqué,* espèce du Canada et du Groenland, proche du mouton. ➤ **ovibos.** ■ 3 COUR. Le bœuf (1°) mâle (opposé à *vache, génisse*), castré (opposé à *taureau*), adulte (opposé à *veau*). *Bœuf de trait, de labour. Joug de bœuf. Gardeur de bœufs.* ➤ **bouvier.** *Bœuf de boucherie,* élevé pour l'alimentation. *Bœuf charolais, nivernais. Bœuf d'Écosse.* ➤ **angus.** *Marchand de bœufs.* ➤ **chevillard.** — **BŒUF GRAS** [bøgʀɑ] : bœuf promené en grande pompe dans certaines villes, pendant le carnaval. ♦ LOC. *Fort comme un bœuf,* très fort. *«blanc comme un linge et soufflant comme un bœuf»* E. SUE. — *Travailler comme un bœuf,* beaucoup et sans manifester de fatigue. ➤ **bête.** — *Mettre la charrue* avant les bœufs. Un vent à décorner* les bœufs. Avoir un bœuf sur la langue*.* PROV. *Qui vole un œuf, vole un bœuf.* ■ 4 Viande de bœuf ou de vache, de génisse. *Morceaux de bœuf :* aloyau, araignée, bavette, contre-filet, culotte, entrecôte, faux-filet, filet, flanchet, gîte, hampe, jarret, macreuse, merlan, paleron, plat de côtes, queue, romsteck, tende, tranche. CUIS. *Bœuf grillé, rôti* (faisant partie des viandes rouges). ➤ **bifteck, chateaubriand, onglet, rosbif, steak, tournedos.** *J'aime le bœuf saignant. Côte de bœuf. Bœuf bouilli.* ➤ **bouilli, pot-au-feu.** *Bœuf à la ficelle. Bœuf gros sel. Bœuf miroton. Bœuf à la mode* ou *bœuf-mode :* pièce de bœuf cuite à l'étouffée avec des carottes, etc. *Bœuf bourguignon. Bœuf braisé. Museau de bœuf vinaigrette. Conserves de bœuf.* ➤ **corned-beef,** FAM. **singe.** *Bœuf séché.* ➤ **bresaola, viande** (des Grisons). ■ 5 ADJT INV. FAM. *Un effet bœuf,* très grand et étonnant. ➤ **énorme, monstre.** *Des succès bœuf.* — (Suisse) *C'est bœuf :* c'est bête. ■ 6 ARG. des musiciens Improvisation collective de jazz. ➤ **jam-session.** *«La boîte était pleine comme un œuf Deux ou trois jazzmen faisaient le bœuf»* NOUGARO. ■ HOM. (du plur.) Beuh.

BOF [bɔf] interj. – 1968 ◊ onomat. ■ Interjection exprimant le mépris, la lassitude, l'indifférence. *«Bof, pensa-t-il, un homme sans consistance»* TOURNIER. ♦ adj. inv. (1983) *La bof génération, la génération bof.*

B. O. F. [beoɛf] n. et adj. – 1944 ◊ sigle de *beurre, œufs, fromages* ■ 1 Crémier. ■ 2 PÉJ. Commerçant enrichi par le marché noir. — PAR EXT. Nouveau riche.

BOGHEAD [bɔgɛd] n. m. – 1858 ◊ nom d'un village d'Écosse ■ ANGLIC. TECHN. Houille riche en matières volatiles, intermédiaire entre les charbons et les schistes bitumineux.

BOGHEI ou **BOGUET** [bɔgɛ] n. m. – 1820 ; *boky* 1815 ◊ anglais *buggy* ■ ANCIENNT Petit cabriolet découvert. ➤ **buggy.**

BOGIE [bɔʒi] ou **BOGGIE** [bɔgi] n. m. – 1843, -1888 ◊ mot anglais ■ CH. DE FER Chariot à deux essieux (quatre roues) sur lequel est articulé par pivot le châssis d'une voiture (wagon) pour lui permettre de prendre les courbes.

BOGOMILE [bɔgɔmil] n. et adj. – 1696 ◊ n. pr., du bulgare *bog* «Dieu» et *mile* «ami» ■ RELIG. Membre d'une secte hérétique qui exista entre le Xe et le XIIIe s. — adj. *Manichéisme bogomile.*

1 **BOGUE** [bɔg] n. f. – 1555 ◊ mot de l'Ouest, breton *bolc'h* ■ Enveloppe piquante de la châtaigne (bractées soudées de l'akène).

2 **BOGUE** [bɔg] n. m. – 1980 ◊ de l'anglais *bug* «bestiole nuisible», fig. «défaut» ■ INFORM. Défaut d'un logiciel entraînant des anomalies de fonctionnement. *Supprimer des bogues.* ➤ **déboguer.** — *Le bogue (le bug) de l'an 2000 :* les problèmes informatiques redoutés au passage des années 98, 99, à 00 (dans 2000). — Recomm. offic. pour *bug.*

BOGUÉ, ÉE [bɔge] adj. – 1996 ◊ de 2 *bogue* ■ INFORM. Qui comporte un bogue. *Logiciel, programme bogué.*

BOGUER [bɔge] v. intr. ⟨1⟩ – 1991, au Canada ◊ de 2 *bogue* ■ INFORM. Présenter des anomalies de fonctionnement, dues à un défaut de conception ou de programmation. ➤ ANGLIC. **bugger.** *Logiciel qui bogue. L'ordinateur a bogué.* ➤ FAM. **planter.**

BOGUET ➤ **BOGHEI**

BOHÈME [bɔɛm] n. – 1694 ; «habitant de la Bohême, bohémien» 1372 ◊ du n. pr. *Bohême* ■ 1 VIEILLI Personne (généralt artiste) qui vit sans règles, en marge de la société. ➤ **marginal.** *Mener une vie de bohème. Vivre en bohème. «Je suis un fainéant, bohème journaliste»* NERVAL. — adj. *Avoir un caractère bohème.* ➤ **artiste, fantaisiste.** *Bourgeois bohème.* ➤ 2 **bobo.** ♦ *La bohème :* l'ensemble des bohèmes ; ce mode de vie. *La bohème de Montparnasse. «La Bohème», chanson de Charles Aznavour.* ■ 2 n. m. Verre fabriqué en Bohême depuis le XVIe s. *Un vase en bohème.* ■ CONTR. Bourgeois, pantouflard. (de l'adj.) Rangé, réglé.

BOHÉMIEN, IENNE [bɔemjɛ̃, jɛn] n. – 1558 ; «habitant de la Bohême» 1495 ◊ de *Bohême* ■ VIEILLI Tsigane nomade, et PAR EXT. membre d'un groupe vivant d'artisanat, de mendicité, etc. *La roulotte des bohémiens. Une bohémienne qui dit la bonne aventure.* ➤ **gitan, romanichel, tsigane, zingaro ;** FAM. **manouche.** — PÉJ. *Avoir l'air d'un bohémien :* être mal habillé, sale.

BOHRIUM [bɔʀjɔm] n. m. – 1994 ◇ du nom de *Niels Bohr*, physicien danois ■ CHIM. Élément atomique artificiel, transuranien (Bh ; n° at. 107).

BOILER [bwalɛʀ ; bɔjlœʀ] n. m. – XXe ; « chaudière » XIXe ◇ mot anglais, de *to boil* « bouillir » ■ (Belgique, Luxembourg, Suisse) ANGLIC. Chauffe-eau. *Des boilers de 100 litres.*

BOILLE [bɔj] n. f. – 1517 ; *bolie* 1353 ◇ var. de 1*bouille* ■ RÉGION. (Suisse) Récipient servant notamment au transport du lait. ■ HOM. Boy.

1**BOIRE** [bwaʀ] v. tr. ‹53› – X^e ◇ latin *bibere* ■ **1** Avaler (un liquide). ➤ **absorber, ingurgiter, prendre.** *Boire du vin. Boire du lait. Boire un jus de fruits, une grenadine, un café, une bière. Voulez-vous boire quelque chose ? Yaourt à boire. Un liquide bon à boire.* ➤ **buvable, potable ; boisson.** — *Boire un coup, un verre. Ce vin se laisse boire* : il est buvable et agréable. — ABSOLT *Boire pour apaiser, pour étancher sa soif.* ➤ **se désaltérer, se rafraîchir** (cf. FAM. Se rincer la dalle*). *Boire chaud, froid, glacé. Boire à petits coups* (➤ **siroter**), *à longs traits* (➤ **lamper**). *Boire beaucoup, jusqu'à plus soif*.* ➤ FAM. **écluser, pomper, siffler.** *Offrir à boire. C'est ma tournée, je vous paye à boire. Servir, verser à boire à qqn. Chanson à boire. Boire à la santé, en l'honneur de qqn* (➤ **toast**), *de qqch.* (➤ **arroser**). *Boire à la victoire. L'enfant boit.* ➤ **téter.** *Bêtes qui boivent.* ➤ **s'abreuver, laper.** « *Mon verre n'est pas grand, mais je bois dans mon verre* » MUSSET. *Boire à la bouteille.* ◆ LOC. *Boire le calice jusqu'à la lie*. Boire la tasse*. Boire en suisse*.* — PÉJ. *Il y a à boire et à manger,* se dit d'un liquide dans lequel se trouvent anormalement des éléments solides ; FIG. il y a de bonnes et de mauvaises choses. — *Boire un bouillon* : avoir un revers de fortune. — *Boire du lait, du petit-lait* : se réjouir, se délecter de qqch., d'une flatterie. ➤ **se gargariser, se régaler.** — *C'est, ce n'est pas la mer à boire* : c'est, ce n'est pas difficile. — *On ne saurait faire boire un âne qui n'a pas soif* : on ne peut pas forcer qqn. — *Le vin est tiré, il faut le boire* : il faut achever ce qui est commencé. — *Qui a bu boira* : on ne se corrige pas de ses vieux défauts, de ses vieilles habitudes. ◆ FIG. *Boire les paroles de qqn,* les écouter avec attention et admiration. — *Avoir toute honte* bue.* — FAM. *Il boit l'argent du ménage,* le dépense en achetant de l'alcool. — HIPPOL. *Cheval qui boit l'obstacle,* le passe très facilement. ■ **2** ABSOLT et SPÉCIALT Prendre des boissons alcoolisées avec excès. ➤ **s'enivrer, se soûler ;** FAM. **biberonner, picoler, pomper ;** POP. **pinter, tiser** (cf. Lever le coude*, avoir la dalle* en pente). *Un homme qui boit.* ➤ **alcoolique, buveur, ivrogne* ;** FAM. **boit-sans-soif.** *Boire pour oublier. Boire comme un trou*.* « *Plus boire comme on fait ici, à se saouler la gueule sans arrêt, pire que des bêtes* » CALAFERTE. ■ **3 SE BOIRE** v. pron. (pass.) Devoir ou pouvoir être bu. *Ce vin se boit au dessert.* ■ **4** PAR ANAL. Absorber, en parlant d'un corps poreux, perméable. « *La terre est trop sèche et n'arrive pas à boire tant de pluie* » DURAS. ➤ **s'imbiber.** ABSOLT *Papier qui boit* (l'encre).

2**BOIRE** [bwaʀ] n. m. – *boiv(e)re* 1164 ◇ subst. de 1*boire* ■ *Le boire et le manger* : l'action de boire et de manger ; ce qui est bu et mangé. — FAM. *En perdre, en oublier le boire et le manger* : être entièrement absorbé par une occupation, un souci.

BOIS [bwa] n. m. – fin XIe ◇ peut-être du francique *bosk-* « buisson » → buisson

I UN BOIS. LIEU ■ **1** Espace de terrain couvert d'arbres (➤ **forêt**). *L'orée d'un bois. Clairière d'un bois. Bois de châtaigniers* (➤ **châtaigneraie**), *de chênes* (➤ **chênaie**), *de frênes* (➤ **frênaie**), *de pins* (➤ **pinède**), *de sapins* (➤ **sapinière**). *Le Bois de Boulogne, à Paris. Aller se promener au bois. Couper à travers bois.* — *Les bois* : la forêt. *Promenons-nous dans les bois* (chanson). « *J'aime le son du cor, le soir au fond des bois* » VIGNY. *Fraises des bois* : fraises sauvages. *Violette des bois.* — PROV. *La faim* fait sortir le loup du bois.* LOC. *Sortir du bois* : se manifester, apparaître au grand jour ; dévoiler ses intentions. — *Au coin* d'un bois.* ■ **2** TECHN. Les arbres en général. *Du bois en pleine végétation. Coupe de bois. Abattage du bois.*

II LE BOIS, DU BOIS. MATIÈRE ■ **1** (fin XIIe) Matière ligneuse et compacte des arbres (➤ **xyl[o]-**). *Bois vert. Bois mort, sec. Train* de bois qui flotte.* ➤ **radeau ; flottage ;** RÉGION. 2**drave.** *Couper, scier, fendre, tronçonner du bois. Copeaux, sciure* de bois. Bois dur, tendre ; résineux.* (Canada) *Bois franc*, mou*.* LOC. *Faire flèche*, faire feu* de tout bois.* FAM. *Être du bois dont on fait les flûtes,* très accommodant. ◆ BOT. Tissu rigide des végétaux vasculaires, formé de fibres ligneuses, de parenchyme et de vaisseaux. ➤ **xylème.** *Le bois est constitué principalement de cellulose et de lignine. Le liber*, l'écorce* du bois. Bois primaire* (jeune), *secondaire. Bois de cœur* (le plus dur) *et aubier*. Assise génératrice* (➤ **méristème**) *et couches concentriques* (➤ **cerne**) *du bois.* ◆ *Bois de chauffage, de chauffe* (➤ 1**bûche**). *Du petit bois. Ramasser du bois* (➤ **fagot**). *Tas de bois. Un stère de bois. Se chauffer au bois. Poêle à bois. Feu de bois. Charbon* de bois.* (1580) LOC. PROV. *On verra de quel bois je me chauffe,* qui je suis, de quoi je suis capable (menace). ◆ *Bois de construction, d'œuvre, de charpente*. Bois de menuiserie, d'ébénisterie, d'industrie. Pièce de bois.* ➤ **grume ;** 1**latte, madrier, planche, poutre, rondin.** *Panneau de bois.* ➤ **aggloméré, contreplaqué, lamellé** (lamellé-collé), **latté,** 2**médium.** *Traitement du bois au xylophène. Pâte à bois,* à base de poudre de bois et de résine synthétique, pour reboucher trous et fissures du bois. TECHN. *Bois de bout* : plaque de bois coupée perpendiculairement au fil. *Bois de fil,* coupé parallèlement aux fibres. *Bois précieux. Ils « déchargeaient, venues du Cameroun ou du Congo, leurs billes de bois précieux, okoumé, teck, palissandre »* FOTTORINO. *Bois de rose*. Bois exotiques, des Îles. Bois-de-fer.* ➤ **casuarina, sidéroxylon.** *Bois blanc* : sapin, bois léger. *Bois ciré, verni. Cadre en bois doré.* — FIG. *Bois d'ébène*.* ◆ LOC. FAM. *Toucher du bois* (souvent accompagné du geste concret), pour conjurer le mauvais sort. « *Tu as vu d'autres villes, ma douce, et tu en verras d'autres ; touchons du bois. (Elle se toucha la tête [...])* » MANCHETTE. ◆ **DE BOIS ; EN BOIS :** fabriqué avec du bois. *Meubles en bois, en bois massif. Cheval de bois. Cuillère, maillet en bois. Jambe* de bois.* ■ **2** LOC. FIG. *Ne pas être de bois* : ne pas être insensible au désir. « *Mais il la tenait de plus en plus étroitement. Alors, à quoi bon s'obstiner ? On n'est pas de bois* » R. GUÉRIN. *Être du même bois que qqn* : avoir le même tempérament. FAM. *Gueule de bois* : ensemble de symptômes désagréables (bouche empâtée, maux de tête, nausées) éprouvés à la suite d'un excès de boisson. — PÉJ. *Langue de bois* : langage figé de la propagande politique ; PAR EXT. façon de s'exprimer qui abonde en formules figées et en stéréotypes non compromettants (opposé à *franc-parler*). ➤ **novlangue.** — FAM. *Chèque en bois,* sans provision. — *Envoyer* du bois.*

III UN BOIS, DES BOIS. OBJET ■ **1** (début XVe) **UN BOIS.** *Un bois de lit* : le cadre en bois qui supporte le sommier. ◆ Gravure sur bois. *Un beau bois.* ◆ GOLF Club* en bois. ➤ **driveur.** *Cinq bois et neuf fers.* ◆ LOC. *Les bois de justice* : l'échafaud ; (en France) la guillotine. ■ **2 LES BOIS :** les instruments à vent munis de trous, en bois (parfois en métal), à embouchure de flûte ou à anche* (flûte, hautbois, clarinette, cor anglais, basson, saxophone). ■ **3** FOOTBALL **LES BOIS :** les poteaux qui délimitent le but. ■ **4** (fin XIVe) **LES BOIS :** cornes caduques des cervidés. *Les bois du cerf.* ➤ **merrain, ramure.** *Ramification des bois.* ➤ **andouiller,** 1**cor, époi.**

BOISAGE [bwazaʒ] n. m. – 1610 ◇ de *boiser* ■ **1** Action de boiser (1°), de garnir avec du bois de menuiserie. *Boisage d'une maison, d'un navire.* ◆ (1796) *Boisage d'une galerie, d'un puits de mine.* ➤ **cuvelage.** ■ **2** Ensemble du bois servant à boiser. *Le boisage des galeries de mine.* ➤ **blindage.**

BOISÉ, ÉE [bwaze] adj. et n. m. – 1690 ◇ de *bois* ■ **1** Couvert de bois (I). *Région, colline boisée.* ■ **2** Qui sent le bois. *Vin trop boisé.* — n. m. *Le boisé d'un vin.* ■ **3** n. m. (1974) (Canada) Terrain couvert d'arbres. « *elle va marcher dans le boisé avant de revenir par le bord du lac* » M. LABERGE.

BOISEMENT [bwazmɑ̃] n. m. – 1823 ◇ de *boiser* ■ Action de boiser (2°), de garnir d'arbres un terrain. *Boisement par semis, par plantation. Le boisement des Landes.* ■ CONTR. Déboisement.

BOISER [bwaze] v. tr. ‹1› – 1671 ◇ de *bois* ■ **1** Garnir avec du bois. *Boiser une mine.* ➤ **cuveler.** — VX Garnir de menuiserie. « *Il fit boiser toute sa maison* » SAINT-SIMON. ■ **2** (1808) Planter d'arbres (un terrain) pour former un bois. *Boiser une contrée.* ➤ **reboiser.** ■ CONTR. Déboiser.

BOISERIE [bwazʀi] n. f. – 1715 ◇ de *boiser* ■ **1** Revêtement des murs en bois de menuiserie, parfois décoré. ➤ **lambris.** ■ **2** *La boiserie, les boiseries.* Éléments de menuiserie d'une maison, à l'exclusion des parquets. *La boiserie de la fenêtre. Les boiseries seront peintes.*

BOISEUR [bwazœʀ] n. m. – 1795 ◇ de *boiser* ■ Ouvrier employé aux travaux de boisage.

BOISSEAU [bwaso] n. m. – 1190 ◇ latin populaire °*buxitellum*, même radical que *boîte* ■ **1** MÉTROL. Ancienne unité de mesure de capacité, qui valait environ un décalitre. — Récipient de forme cylindrique utilisé pour les matières sèches ; son contenu. *Un boisseau de froment, de blé. Mesure au boisseau.* ◆ Au Canada, Unité de mesure de capacité valant 8 gallons*, soit 36,36 litres. ◆ LOC. *Mettre, cacher qqch. sous le boisseau* : dissimuler. ■ **2** TECHN. Tuyau s'emboîtant dans un autre. *Boisseaux de cheminée.*

BOISSELIER [bwasəlje] n. m. – 1338 ◊ de *boisseau* ▪ Ouvrier, artisan qui fabrique des boisseaux (1°) et autres ustensiles en bois cintré (tamis, etc.).

BOISSELLERIE [bwasɛlʀi] n. f. – 1751 ◊ de *boisseau* ▪ Fabrication et commerce du boisselier ; objets qu'il fabrique et vend.

BOISSON [bwasɔ̃] n. f. – XIIIe ◊ bas latin *bibitio,* de *bibere* «boire» ▪ 1 Liquide qui se boit. ➤ **breuvage.** «*Je ne puis troubler sa boisson*» LA FONTAINE. *Boisson fraîche* (eau, jus de fruits, lait, milkshake ; citronnade, orangeade ; sirop), *chaude* (café, chocolat, infusion, thé). *Boisson rafraîchissante.* ➤ **rafraîchissement.** *Boisson gazeuse.* ➤ **coca-cola, limonade, soda.** *Boisson à l'orange. Boissons alcoolisées.* ➤ **alcool** (I, 2°), 1 **bière, cidre, liqueur, vin ; hydromel, hypocras.** *Boisson apéritive, digestive.* ➤ **apéritif, digestif.** ▪ 2 SPÉCIALT Boisson contenant de l'alcool. *Être pris de boisson.* ➤ **ivre.** *Débit de boissons.* ➤ 1 **bar, buvette, café.** *Droits sur les boissons, sur la circulation des boissons.* ▪ 3 FIG. Habitude de boire de l'alcool. *S'adonner à la boisson.* ➤ **alcoolisme, ivresse.** *Être porté sur la boisson.* ➤ FAM. **picole.**

BOÎTE [bwat] n. f. /BOITE/ – v. 1150 *boiste* ◊ latin populaire *buxida,* classique *pyxis* ▪ 1 Récipient de matière rigide (carton, bois, métal, plastique), facilement transportable, généralement muni d'un couvercle. *Le fond, les parois d'une boîte. Une boîte en carton* (➤ **carton**), *en fer. Boîte de conserve.* ELLIPT *Haricots en boîte.* «*Une vraie sauce ! Pas une en boîte !*» DUVERT. — *Boîte vide.* ➤ **emballage.** *Boîte à,* destinée à recevoir (telle chose). *Boîte à ouvrage,* pour ranger les menus objets de couture. *Boîte à outils. Boîte à ordures.* ➤ **poubelle.** *Boîte à bijoux.* ➤ **coffret, écrin.** *Boîte à idées,* mise à la disposition des clients, des employés, des utilisateurs pour déposer des suggestions. (Canada) *Boîte à lunch,* (Belgique) *boîte à tartines :* récipient individuel contenant un repas à consommer sur le lieu de travail. ➤ **bento, gamelle.** *Boîte de,* contenant (telle chose). *Boîte d'allumettes, de couleurs. Boîte de sardines.* — FIG. et FAM. **METTRE QQN EN BOÎTE,** se moquer de lui, le faire marcher. *Mise en boîte.* ➤ **moquerie.** ◆ PAR EXT. Contenu d'une boîte. *Avaler une boîte de chocolats.* ▪ 2 SPÉCIALT LOC. *Boîte à malice**, *à surprise**. *Boîte de Pandore :* la source d'un grand nombre de malheurs, de maux. ◆ *Boîte à musique,* dont le mécanisme reproduit quelques mélodies. *Des aventures «qu'elle faisait toujours revenir dans ses rêves, comme une boîte à musique dont on remonte la manivelle répète interminablement le même air»* MAUPASSANT. — *Boîte à meuh**. ◆ *Boîte à gants.* ➤ **vide-poche.** ◆ *Boîte aux lettres, à lettres :* dispositif installé sur la voie publique, destiné à recevoir le courrier à acheminer par le service postal ; boîte privée d'une maison où le facteur dépose le courrier. *Boîte à lettres (électronique), boîte mail :* espace de mémoire réservé aux messages électroniques. *Boîte d'envoi, de réception :* dossier (II, 2°) dans lequel sont stockés les messages envoyés, reçus. *Boîte vocale**. FIG. *Servir de boîte aux lettres,* d'intermédiaire dans un échange de lettres, de messages. ◆ *Boîte postale :* boîte aux lettres réservée à un particulier ou à une entreprise, dans un bureau de poste (ABRÉV. B. P.). ➤ RÉGION. **case** (postale). ◆ *Boîte à onglets**. ◆ (du n. du bactériologiste allemand) *Boîte de Petri :* boîte transparente, cylindrique et peu profonde, munie d'un couvercle (matériel de laboratoire). ▪ 3 PAR ANAL. Cavité, organe creux qui protège et contient un organe, un mécanisme. — (1833) ANAT. *Boîte crânienne :* partie du crâne qui renferme le cerveau. «*le timbre, résonance dans la boîte crânienne*» J. STÉFAN. — TECHN. *Boîte d'essieu, de roue :* pièce conique fixée dans le moyeu d'une roue. ➤ **chapeau, fusée.** — COUR. *Boîte de vitesses :* organe renfermant les engrenages des changements de vitesse. ◆ **BOÎTE NOIRE :** (AVIAT.) appareil électronique enregistrant certaines données du vol (altitude, vitesse, etc.) et destiné à en contrôler a posteriori le déroulement ; (TECHN.) dispositif dont on connaît la réponse à un signal d'entrée, mais dont on ignore le fonctionnement interne ; FIG. fonctionnement opaque, pratiques qui manquent de transparence. *La boîte noire des sondages.* ◆ *Boîte de dérivation,* permettant, dans une installation électrique, de réaliser des dérivations, une jonction. ◆ Magasin* (d'une caméra). LOC. *Mettre en boîte :* filmer. *Mettre en boîte une campagne de pub.* ➤ **tourner.** *C'est dans la boîte :* c'est filmé. ▪ 4 PAR ANAL. FAM. et PÉJ. Maison, entreprise, lieu de travail. *Changer de boîte.* — ARG. Lycée. ➤ **bahut.** *Boîte à bac.* ▪ 5 **BOÎTE DE NUIT :** établissement ouvert la nuit où l'on boit, danse, et qui présente des attractions ; discothèque (2°). ➤ ANGLIC. **night-club.** ELLIPT *Aller en boîte. Une boîte de jazz.* ◆ (Canada) VIEILLI **BOÎTE À CHANSON :** établissement où l'on peut entendre des auteurs-compositeurs.

BOITEMENT [bwatmɑ̃] n. m. – 1539 ◊ de *boiter* ▪ RARE Action de boiter. ➤ **boiterie, claudication.**

BOITER [bwate] v. intr. ‹1› – 1539 *boister* ◊ du radical de *boiteux* ▪ Marcher en inclinant le corps d'un côté plus que l'autre, ou alternativement de l'un et de l'autre. ➤ **boitiller, claudiquer,** 2 **clocher, clopiner,** se **déhancher** (cf. Traîner* la jambe, FAM. la patte). *En boitant.* ➤ **clopin-clopant.** «*Le jarret aussi s'est trouvé pris. Je ne marchais plus qu'en boitant fortement*» RIMBAUD. ◆ FIG. *Un raisonnement qui boite,* qui est défectueux, imparfait. ➤ 2 **clocher.**

BOITERIE [bwatʀi] n. f. – 1803 ◊ de *boiter* ▪ Infirmité, mouvement de celui qui boite. ➤ **claudication.**

BOITEUX, EUSE [bwatø, øz] adj. – 1226 *boizteus* ◊ de *boiste* (boîte) «cavité d'un os» ▪ 1 Qui boite. ➤ **bancal, claudicant ;** FAM. **bancroche.** «*Un petit garçon fort gentil, mais boiteux,* [...] *clopinant avec ses béquilles*» ROUSSEAU. *Le diable boiteux :* Asmodée. — SUBST. *Un boiteux, une boiteuse.* ▪ 2 PAR EXT. (CHOSES) Qui n'est pas d'aplomb sur ses pieds. ➤ **bancal, branlant.** *Une table, une chaise boiteuse.* ▪ 3 Qui manque d'équilibre, de solidité (cf. Mal fait, mal fichu). *Un projet, un raisonnement boiteux. Paix boiteuse.* ◆ SPÉCIALT Qui présente une irrégularité. *Phrase, période boiteuse. Vers boiteux,* qui n'a pas le nombre de syllabes voulu. ▪ CONTR. Ingambe ; harmonieux, symétrique.

BOÎTIER [bwatje] n. m. /BOITIER/ – 1596 ; «fabricant de boîtes» milieu XIIIe ◊ de *boîte* ▪ 1 Boîte à compartiments destinée à recevoir différents objets. *Instruments de chirurgie rangés dans un boîtier.* ▪ 2 Boîte renfermant un mécanisme, constituant la partie extérieure d'un appareil. *Boîtier de montre :* enveloppe de métal où s'emboîtent le cadran et le mécanisme d'une montre. — *Boîtier d'une lampe de poche.* — *Boîtier d'appareil photo :* corps de l'appareil sans son objectif. *Boîtier de cassette vidéo. Boîtier multiservice :* recomm. offic. pour 3 *box.*

BOITILLANT, ANTE [bwatijɑ̃, ɑ̃t] adj. – 1881 ◊ de *boitiller* ▪ Qui boitille. *Démarche boitillante.* FIG. Dont le rythme est irrégulier. «*La musique enragée, boitillante, courait sous les arbres*» MAUPASSANT.

BOITILLER [bwatije] v. intr. ‹1› – 1867 ◊ de *boiter* ▪ Boiter légèrement. «*La bête est fatiguée, elle boitille un peu*» ALAIN-FOURNIER. — n. m. **BOITILLEMENT,** 1867.

BOITON [bwatɔ̃] n. m. – 1616 ◊ du radical gaulois °*bōte-* «étable» ▪ Suisse Porcherie ; loge du porc.

BOIT-SANS-SOIF [bwasɑ̃swaf] n. inv. – 1872 ◊ de *qui boit sans* (avoir) *soif* ▪ FAM. Ivrogne. *Des boit-sans-soif.*

1 **BOL** [bɔl] n. m. – 1790 ; *bowl* 1786 ◊ anglais *bowl* ▪ 1 Pièce de vaisselle, récipient individuel hémisphérique servant à contenir des liquides (➤ **jatte**) ou des aliments prêts à consommer. *Bol de porcelaine, de faïence, de plastique. Bol servant de rince-doigts.* — *Cheveux coupés au bol,* courts, dégagés et en arrondi. ▪ 2 Contenu d'un bol. ➤ **bolée.** *Boire un bol de café au lait, un bol de soupe. Manger un bol de riz.* — FIG. *Prendre un bol d'air :* aller au grand air. ▪ 3 Récipient à bord haut s'adaptant à un mixeur. *Bol d'un blender.* ▪ 4 (de l'argot *bol* «postérieur», vx) FAM. *Avoir du bol,* de la chance. ➤ FAM. **cul,** 2 **fion, pot.** *Coup de bol,* de chance. *En avoir ras* le bol* (cf. VULG. En avoir plein* le cul). ➤ FAM. **ras-le-bol.**

2 **BOL** [bɔl] n. m. – fin XIIIe ◊ latin des médecins *bolus,* du grec *bôlos* «motte» ▪ 1 PHARM. ANC. Grosse pilule ovoïde. — Remède de consistance molle (➤ **électuaire**), roulé dans une poudre pour être avalé en une seule fois. *Bol d'Arménie :* terre argileuse employée comme médicament. ▪ 2 (1761) **BOL ALIMENTAIRE :** masse d'aliments mastiqués, imprégnés de salive, et qui sera déglutie en une fois. ➤ **bolus.**

BOLCHEVIK [bɔlʃəvik ; bɔlʃevik] n. – 1917 ◊ mot russe «partisan de la majorité *(bol'chinstvo)*» ▪ 1 Autrefois en Russie, Partisan du bolchevisme*. ➤ **maximaliste.** ▪ 2 Russe communiste. — On trouve aussi (VX) **BOLCHEVISTE** [bɔlʃəvist], 1917. ◆ PAR EXT. PÉJ. Communiste. ABRÉV. FAM. (1940) **BOLCHO** [bɔlʃo]. *Les bolchos et les fachos.* ▪ HOM. Bolchevique.

BOLCHEVIQUE [bɔlʃəvik ; bɔlʃevik] adj. – 1917 ◊ de *bolchevik* ▪ VIEILLI Qui a rapport au bolchevisme. ▪ HOM. Bolchevik.

BOLCHEVISME [bɔlʃəvism ; bɔlʃevism] n. m. – 1917 ◊ de *bolchevik* ▪ 1 HIST. Doctrine des majoritaires conduits par Lénine (➤ **bolchevik**), élaborée à partir de 1903. ➤ **collectivisme, marxisme.** ▪ 2 POLIT. VIEILLI Communisme russe.

BOLDO [bɔldo] n. m. – 1865 ; *boldu* 1834 ◊ mot hispano-américain, de l'araucan, langue indienne du Chili ▪ BOT. Petit arbre *(monimiacées)* originaire du Chili, dont les feuilles possèdent des propriétés médicinales (cholagogues). *Des boldos.* — Ces feuilles, séchées. *Infusion de boldo.*

BOLDUC [bɔldyk] n. m. – 1860 ◊ de *Bois-le-Duc,* ville des Pays-Bas ■ Ruban de lin ou de coton, plat et peu tramé, utilisé dans le ficelage des petits paquets. *Des paquets « ficelés en croix avec des choux de bolduc »* BAZIN.

-BOLE ■ Élément, du grec *bolê* « action de jeter, lancer », de *ballein* « jeter, lancer » : *discobole.*

BOLÉE [bɔle] n. f. – 1864 ◊ de 1*bol* ■ RÉGION. Contenu d'un bol. COUR. *Une bolée de cidre.*

BOLÉRO [bɔleʀo] n. m. – 1804 ◊ espagnol *bolero* « danseur », de *bola* « boule » ■ **1** Danse espagnole à trois temps, de mouvement très modéré. ◆ Air sur lequel on la danse. — PAR EXT. Composition musicale s'apparentant au boléro espagnol. *Le Boléro de Ravel.* ■ **2** (fin XIXe) Petit gilet très court, non ajusté, souvent sans fermeture.

BOLET [bɔlɛ] n. m. – 1503 ◊ latin *boletus* ■ Champignon charnu, à pied central *(basidiomycètes),* dont l'hyménium est constitué de tubes terminés par des pores. *Bolets comestibles.* ➤ **cèpe.** *Bolet bai. Bolet bronzé.* ➤ **tête-de-nègre.** *Le bolet Satan est vénéneux.*

BOLIDE [bɔlid] n. m. – 1570 ; « sonde » 1548 ◊ latin *bolis, idis,* du grec *bolis, idos* « sonde, jet » ■ **1** ASTRON. Météorite qui parvient au voisinage de la Terre sans être volatilisée. — FIG. *Arriver, passer, filer, tomber comme un bolide,* très vite, très brusquement (cf. En trombe). ■ **2** (XIXe) Véhicule, voiture très rapide. *Les bolides des 24 Heures du Mans.*

BOLIER [bɔlje] ou **BOULIER** [bulje] n. m. – 1681 ◊ ancien provençal *bolech,* du latin *bolus* « coup de filet » ■ Grand filet de pêche traîné par bateau le long des côtes.

BOLIVAR [bɔlivaʀ] n. m. – 1819 ◊ de *S. Bolivar* ■ **1** ANCIENNT Chapeau haut-de-forme à larges bords. ■ **2** Unité monétaire du Venezuela. *Des bolivars.*

BOLIVIANO [bɔlivjano] n. m. – 1987 ◊ mot espagnol ■ Unité monétaire de Bolivie. *Des bolivianos.*

BOLLARD [bɔlaʀ] n. m. – 1943 ◊ mot anglais, origine inconnue ■ MAR. Grosse bitte d'amarrage au bord d'un quai.

BOLOMÈTRE [bɔlɔmɛtʀ] n. m. – 1881 ◊ du grec *bolê* « trait » et *-mètre* ■ PHYS. Thermomètre à résistance électrique, servant à mesurer de faibles dégagements de chaleur.

BOLOSS [bɔlɔs ; bolos] n. et adj. – argot des banlieues « client d'un dealeur » 2003 ; répandu vers 2006-2007 ◊ origine inconnue ■ FAM. (langage des jeunes) Imbécile, naïf. ➤ **blaireau, bouffon.** *Une boloss.* — adj. *T'es trop boloss, mec !* — On écrit aussi **BOLOSSE, BOLOS.** *« Maman, je te jure, j'aurai l'air d'un blaireau, sinon ! (Correction : "blaireau" date un peu), j'aurai l'air d'un* bolos, *et* ça va pas le faire ! *»* PENNAC.

BOLUS [bɔlys] n. m. – XVe ◊ mot du latin médical, bas latin *bolus* « boulette » → 2 bol ■ **1** Masse d'aliments progressant dans le tube digestif. ➤ 2 **bol (alimentaire).** ■ **2** MÉD. Quantité importante d'un médicament injectée en une seule fois par voie intraveineuse. *Bolus de cortisone. Des bolus.*

BOMBAGE [bɔ̃baʒ] n. m. – 1972 ◊ de *bomber* (II) ■ Action d'écrire, de dessiner avec de la peinture en bombe. *Bombage d'un slogan.* — Inscription faite à la bombe. ➤ **tag.** *« Le gris des murs subsistait par endroits, entre les arabesques des bombages »* DAENINCKX. *Effacer les bombages.*

BOMBANCE [bɔ̃bɑ̃s] n. f. – 1530 ; *bobance* « orgueil, faste » fin XIe ◊ d'un radical onomat. *bob,* idée de « gonflé » → bobard ■ Très bon repas. *« quelque joyeuse bombance est dans l'air »* MUSSET. ➤ **festin, ripaille.** *Faire bombance.* ➤ 2 **bombe,** 2 **bringue ; festoyer, se goberger.** *« imbu du sentiment bourgeois d'avoir fait bombance »* Y. QUEFFÉLEC.

BOMBARDE [bɔ̃baʀd] n. f. – 1342 sens II ◊ latin *bombus* « bruit sourd » **I** (1363) Au Moyen Âge, Machine de guerre qui servait à lancer des boulets.

II MUS. Ancien instrument à vent à anche double, ancêtre du basson. ◆ Sorte de hautbois court, à son puissant, en usage en Bretagne. *Binious et bombardes* (➤ **bagad**). ◆ Jeu d'orgue sonnant une octave au-dessous du jeu de trompette.

BOMBARDEMENT [bɔ̃baʀdəmɑ̃] n. m. – 1697 ◊ de *bombarde* (I) ■ **1** Action de bombarder, de lancer des bombes ou des obus. *Le bombardement d'une ville par l'aviation ennemie. Bombardement naval, aéronaval, aérien. Avion de bombardement.* ➤ **bombardier.** *Bombardement atomique,* avec des bombes atomiques. *Vivre sous les bombardements.* ■ **2** PHYS. *Bombardement atomique :* projection de particules élémentaires (neutrons, protons) sur des noyaux d'atome (➤ **cible**).

BOMBARDER [bɔ̃baʀde] v. tr. ⟨1⟩ – 1515 ◊ de *bombarde* (I) ■ **1** Attaquer, endommager en lançant des bombes, des obus. *Ville bombardée et détruite par l'aviation.* ➤ **pilonner ; traiter.** ■ **2** Lancer de nombreux projectiles sur (qqn ou qqch.). *Bombarder de cailloux, de tomates. Bombarder de fleurs* (bataille de fleurs). — FIG. et FAM. Accabler, harceler. *Bombarder qqn de lettres, de télégrammes.* ■ **3** PHYS. NUCL. Projeter des particules élémentaires à grande vitesse sur (un noyau). ■ **4** (début XVIIIe) FIG. et FAM. Nommer brusquement, élever avec précipitation (qqn) à un poste, un emploi, une dignité. ➤ aussi **catapulter, parachuter.** *On l'a bombardé général. « Ses protecteurs le bombardèrent précepteur »* SAINT-SIMON.

BOMBARDIER [bɔ̃baʀdje] n. m. – 1428 ◊ de *bombarde* (I) ■ **1** VX Soldat chargé d'une bombarde. ➤ **artilleur.** ■ **2** (1933) Avion de bombardement. *Bombardier quadrimoteur.* adj. *Chasseur bombardier.* ◆ *Bombardier d'eau :* avion qui largue de l'eau sur les incendies. ➤ **canadair.** *Des bombardiers d'eau.* ■ **3** Aviateur chargé du lancement des bombes. *« Les mitrailleurs épiaient le combat, le bombardier la terre »* MALRAUX. ■ **4** Blouson imité de celui des bombardiers (3°) américains. ➤ ANGLIC. 2 **bomber.**

BOMBARDON [bɔ̃baʀdɔ̃] n. m. – 1834 ◊ de *bombarde* (II) ■ ANCIENNT Instrument de musique, cuivre très grave, à piston, utilisé dans les fanfares.

BOMBASSE [bɔ̃bas] n. f. – 1994 ◊ de 1*bombe* et suffixe *-asse* ■ FAM. Femme (ou parfois homme) très sexy. ➤ 1 **bombe.** *« C'est mon genre, les bombasses blondes »* F. THILLIEZ.

1 **BOMBE** [bɔ̃b] n. f. – 1640 ◊ italien *bomba,* du latin *bombus* ■ **1** Projectile creux de forme variable, rempli d'explosif, lancé autrefois par des canons, de nos jours lâché par des avions. VX *Bombe sphérique,* remplie de poudre et munie d'une mèche qui communique le feu à la charge. — MOD. *Bombe explosive, incendiaire, au phosphore, au napalm. Bombe à billes, à fragmentation. Bombe à sous-munitions. Lâcher, larguer des bombes sur un objectif.* ➤ **bombarder.** *Sous les bombes. « La bombe ne tue pas, elle profane le corps. Elle le dépèce et le lacère. Je ne suis même pas certain que l'âme lui survive »* CHALANDON. *Désamorcer une bombe. Faire sauter une bombe. Une bombe a explosé. Bombe artisanale.* VIEILLI *Bombe volante :* fusée (V1, V2). — *Bombe atomique** (ou *bombe A*), utilisant l'énergie de fission de matériaux radioactifs. *Une bombe de cinq mégatonnes. Bombe à hydrogène* (ou *bombe H,* ou *bombe thermonucléaire*), dans laquelle la chaleur nécessaire aux réactions de fusion est fournie par l'explosion d'une bombe A. *Bombe à neutrons :* bombe thermonucléaire produisant principalement son énergie sous forme de neutrons rapides, qui détruit surtout les organismes vivants. *Bombe radiologique* ou *bombe sale,* constituée d'un explosif conventionnel et de matériaux radioactifs. ◆ PAR EXT. Appareil explosible que fait éclater un mécanisme quelconque. ➤ **machine** (infernale). *Bombe à retardement*. Alerte* à la bombe. Attentat à la bombe. Poseur de bombes.* ■ **2** FAM. *Tomber, arriver comme une bombe,* brusquement, sans qu'on s'y attende. ➤ **improviste** (à l'). *La nouvelle a éclaté comme une bombe, a fait l'effet d'une bombe.* — FIG. Nouvelle surprenante. ◆ *Bombe sexuelle :* femme qui produit un violent effet sur les hommes (➤ **bimbo**). — *Une bombe :* fille ou garçon très sexy. ➤ FAM. **bombasse,** 1 **canon.** *« Pour la première fois [...] j'étais une femme sexy, une bombe comme ils disent, une femme avec qui l'on sort fou de fierté et avec qui l'on rentre fou de désir »* G. LEROY. ■ **3** PAR ANAL. DE FORME. MAR. *Bombe à signaux :* boule en toile pour faire des signaux à grande distance. — (1807) *Bombe glacée :* crème glacée en tronc de cône, en pyramide. — Vase sphérique en verre. ➤ **bonbonne.** — GÉOL. *Bombe volcanique :* fragment de lave projeté lors d'une éruption, et ayant acquis une forme particulière pendant son trajet aérien (galette, fuseau...). — *Bombe au cobalt :* générateur de rayons gamma qui utilise le cobalt radioactif, servant au traitement des cancers. ◆ (1928) ÉQUIT. Casquette hémisphérique des cavaliers. ■ **4** (v. 1950) Atomiseur de grande dimension. ➤ **aérosol.** *Déodorant en bombe. Bombe lacrymogène. « ces petites bombes qu'elles portent dans leur sac à main, dont elles projettent le liquide dans les yeux des brutes pour les faire pleurer »* KOLTÈS. *Bombe d'insecticide. Bombe de peinture* (➤ **bombage,** 1 **bomber**). ■ **5** (1987 ◊ anglais *logic bomb*) INFORM. *Bombe logique, bombe programmée :* programme introduit par malveillance dans un système informatique pour l'endommager, qui devient actif à une date précise ou à la suite d'une manœuvre particulière.

2 **BOMBE** [bɔ̃b] n. f. – 1890 ◊ abrév. de *bombance* ■ FAM. Repas, partie de plaisir où l'on boit beaucoup. *Une bombe à tout casser.* ➤ **java.** *Faire la bombe.* ➤ **fête*,** 1 **foire.**

BOMBÉ, ÉE [bɔ̃be] adj. – 1690 ◊ de *bomber* ■ Qui est ou qui est devenu convexe. ➤ **arrondi, courbe, renflé.** *Front bombé. Des ongles bombés. Boîte de conserve bombée,* dont le contenu fermente. *Route bombée dangereuse.* ■ CONTR. Concave, creux.

BOMBEMENT [bɔ̃bmɑ̃] n. m. – 1694 ◊ de *bomber* ■ État de ce qui est bombé, convexe. ➤ **convexité.** *Le bombement d'un mur.* ➤ **renflement, ventre.** — « *le bombement des grains de beauté* » PH. BESSON. ■ CONTR. Concavité.

1 **BOMBER** [bɔ̃be] v. ‹1› – 1701 ◊ de 1 *bombe*

I ■ **1** v. tr. Rendre convexe comme une bombe sphérique. ➤ **enfler, gonfler.** « *Le vent bombe la voile* » LECONTE DE LISLE. *Bomber la poitrine.* ➤ **se redresser.** — LOC. FIG. *Bomber le torse* : faire le fier. — TECHN. *Bomber une feuille de verre.* ➤ **cintrer.** ■ **2** v. intr. Devenir convexe. *Une boiserie, une planche qui bombe.* ➤ **gondoler, gonfler.** *La tunique* « *qui faisait bomber ses seins* » PROUST. ■ **3** v. intr. FAM. Aller très vite (comme une bombe), filer. ➤ **foncer.** « *Je décide de bomber jusqu'à la maison Poupoule* » SAN-ANTONIO.

II v. tr. (v. 1968) Peindre, inscrire à la bombe (4°) sur des murs privés ou publics. ➤ **graffer, graffiter, taguer ; bombage.** *Bomber des slogans sur un mur.*

■ CONTR. Aplatir, creuser.

2 **BOMBER** [bɔ̃bœʀ] ou **BOMBERS** [bɔ̃bœʀs] n. m. – 1985, –1988 ◊ mot anglais, de *bomber jacket* « blouson de bombardier » ■ ANGLIC. Blouson inspiré de celui des bombardiers américains. ➤ **bombardier** (4°). « *Harold leur montre son bomber réversible noir doublé orange* » L. BINET. ■ HOM. Bombeur.

BOMBEUR, EUSE [bɔ̃bœʀ, øz] n. – 1984 ◊ de *bomber* (II) ■ Personne qui fait des inscriptions à la bombe sur les murs. ➤ **graffiteur, tagueur.** *Un bombeur de graffitis.* ■ HOM. 2 Bomber.

BOMBONNE ➤ **BONBONNE**

BOMBYX [bɔ̃biks] n. m. – 1593 ; *bombyce* 1564 ◊ latin *bombyx*, grec *bombux* « ver à soie » ■ Papillon *(lépidoptères)* dont la larve tisse un cocon de soie. *Bombyx du mûrier,* dont la larve est le ver à soie. *Des bombyx.*

BÔME [bom] n. f. – 1793 ◊ du néerlandais *boom* « arbre » ■ MAR. Grand espar horizontal sur lequel sont enverguées les voiles auriques* et triangulaires. — *Bôme à rouleau,* qui tourne sur elle-même et permet d'enrouler la grand-voile afin d'en diminuer la surface. ➤ 2 **gui.** — *Bôme double* : recomm. offic. pour *wishbone.* ■ HOM. Baume.

BÔMÉ, ÉE [bome] adj. – attesté 1960 ◊ de *bôme* ■ MAR. Muni d'une bôme*. *Trinquette bômée.*

1 **BON, BONNE** [bɔ̃, bɔn] adj. et adv. – fin IXe au sens I, 2° ◊ du latin *bonus*

— REM. 1.Le comparatif de *bon* est *meilleur* ; *plus... bon* peut s'employer lorsque les deux mots ne se suivent pas : *Plus ou moins bon. Plus il est bon, plus on se moque de lui.* 2.En épithète, *bon* se place en général av. le nom. 3.(phonét.) *bon* (adj.) se dénasalise devant un mot débutant par une voyelle ou un *h* muet : *bon anniversaire* [bɔnanivɛʀsɛʀ].

I ~ **adj. A. (IDÉE DE QUALITÉ)** ■ **1** (fin XIe) (CHOSES) Qui a les qualités utiles qu'on en attend ; qui fonctionne bien. ➤ **satisfaisant.** *Un bon lit, un bon couteau, de bonnes chaussures. De la bonne terre. Avoir une bonne vue. Bon remède.* ➤ 1 **efficace.** *Bon conseil.* ➤ **avisé, sage.** *Bon placement.* ➤ **avantageux.** *Un bon mariage. Bon métier. Bon résultat. Le compte, le calcul est bon.* ➤ **exact, juste.** *Bonnes raisons, bonne excuse.* ➤ **valable.** LOC. *Bon pied, bon œil*. Bon an*, mal an.* ◆ (En attribut) *Il est bon de, que,* souhaitable, salutaire, nécessaire. *Il serait bon de partir tôt, que l'on parte tôt. Trouver* bon, juger bon. Comme, quand, qui bon me (te, lui...) semble*.* ◆ LANG. ENFANTIN *Avoir tout bon ; avoir bon* (à un problème) : avoir trouvé la bonne solution. — FAM. (ADULTES) *Avoir tout bon* : avoir raison, réussir (opposé à *avoir tout faux*). ■ **2** (fin IXe) (PERSONNES) Qui fait bien son métier, son travail ; tient bien son rôle. *Un bon acteur. Bon médecin, bon client. Bon chrétien. Bon père et bon époux. Une bonne élève. Un bon copain.* — *Être bon prince*.* ◆ **ÊTRE BON EN** [bɔ̃tɑ̃] : réussir dans un domaine. *Il est bon en mathématiques.* ■ **3 BON POUR :** qui convient bien, est utile à (telle chose). ➤ **adapté, approprié.** *Un remède bon pour la gorge. L'alcool n'est pas bon pour la santé.* ➤ **bénéfique, bienfaisant.** *C'est bon pour ce que tu as.* — (milieu XIIIe) (Avec l'infinitif) *Tous les moyens lui sont bons pour ne rien faire.* « *Quand on est en péril de mort toutes les armes sont bonnes pour se défendre* » CLAUDEL. — *Bon pour le service* : apte à faire son service militaire. PAR EXT. FAM. *Nous sommes bons, on est bon pour la contravention,* nous allons l'avoir infailliblement. ABSOLT *On est bon !* ➤ **cuit,** 1 **fait,** 2 **fichu** (cf. FAM. On y a droit). *Bon comme la romaine.* ◆ (milieu XIIe) **BON À** [bɔ̃a] (et infinitif passif). *Une chose bonne à manger,* comestible. *Toute vérité n'est pas bonne à dire. C'est bon à savoir. La soupe est bonne à jeter.* SUBST. *Un bon à tirer* : une épreuve bonne à tirer (B. A. T.). — **BON À** (et inf. actif). *C'est tout juste bon à nous faire perdre notre temps.* — (PERSONNES) *Il n'est bon à rien, il n'est pas bon à grand-chose* : il ne sait rien faire. ➤ **inutile.** SUBST. *C'est un bon à rien, une bonne à rien.* ◆ **À QUOI BON ?** à quoi cela sert-il ? ➤ **pourquoi.** *À quoi bon continuer ? À quoi bon tous ces efforts ?* ■ **4** Qui est bien fait, mérite l'estime. *C'est du bon travail. Un bon devoir. Un bon livre, un bon film. C'est très bon.* ➤ **excellent, remarquable.** ■ **5** Qui répond aux exigences de la morale. ➤ **convenable, honorable.** *Bonne conduite, bonnes mœurs.* ➤ **vertueux.** *Avoir de bonnes lectures.* ➤ 1 **sain.** *Être de bonne famille.* ■ **6** Agréable au goût ou à l'odorat. *Un bon gâteau. C'est très bon, ce poisson.* ➤ **délicieux, excellent, fameux, savoureux, succulent.** *Les bons morceaux.* ➤ **délicat,** 2 **fin.** *Bonne odeur.* ■ **7** PAR EXT. Qui donne du plaisir. ➤ **agréable.** *Un bon bain. L'eau est bonne,* assez chaude pour se baigner. *Passer de bonnes vacances, de bons moments, une bonne soirée avec qqn. Avoir la bonne vie.* ➤ 1 **beau.** — *Il est bon, c'est bon de...* (et l'infinitif). *Qu'il est bon de ne rien faire !* ➤ **doux.** — *Une bonne histoire,* qui amuse. ➤ **drôle.** FAM. *En avoir de bonnes* : plaisanter. *Tout abandonner ! tu en as de bonnes.* — (En souhait) *Bonne fête !* ➤ **joyeux.** *Bon voyage ! Bonne année !* ➤ **heureux.** ■ **8** VULG. Se dit d'une femme sexuellement attirante. ➤ **sexy.** « *elle est bonne celle-là, j'aimerais bien me la faire, la sauter* » É. LOUIS. ◆ Se dit d'une femme qui fait bien l'amour (cf. Un bon coup*). ■ **9 LE BON** (et subst.) : la chose, la personne qui convient et non une autre. *Ranger un objet à la bonne place. Arriver au bon moment* (➤ **opportun**). *Ce n'est pas la bonne clé, ce n'est pas la bonne. Frapper à la bonne porte. Trouver la bonne réponse. Nous sommes sur la bonne voie.* ■ **10** interj. *Bon !* marque la satisfaction, notamment après une affaire faite, terminée. ➤ 1 **bien.** *Bon, on y va !* — Marque la surprise. *Ah, bon ?* — IRON. Marque le mécontentement. *Allons bon ! voilà que ça recommence ! Bon, bon, nous verrons qui a raison.* ◆ *C'est bon !* cela suffit. ■ **11** loc. adv. **POUR DE BON ;** (LITTÉR.) **TOUT DE BON :** réellement, véritablement. *Il est fâché pour de bon.*

B. (IDÉE DE BONTÉ) ■ **1** (milieu Xe) (PERSONNES) Qui veut du bien, fait du bien à autrui (après le nom, surtout attribut). ➤ **charitable, clément, compréhensif, généreux, humain, indulgent, magnanime, secourable.** *Cet homme est bon, bon comme le pain, comme du bon pain. Elle est trop bonne.* ➤ **bonasse, faible.** *Le bon Dieu. Le bon Samaritain*.* ◆ PAR EXT. (1544) Qui entretient avec autrui des relations agréables ; qui a une certaine rondeur, de la bonhomie. ➤ **brave, complaisant,** 2 **gentil, serviable.** *Une bonne fille, un bon garçon.* ➤ **chic.** *Il est bon bougre.* « *Il me parut, comme à vous, un assez bon diable* » D'ALEMBERT. *Bon enfant.* ➤ **bon enfant.** *Être bon public,* bienveillant. *Merci, vous êtes trop bon.* ➤ **aimable, obligeant.** — VX *Un bon homme.* ➤ **bonhomme.** — FAM. (Pour souligner la difficulté de ce qui est proposé). *Vous êtes bon, vous, ce n'est pas si facile !* ■ **2** (XIe) (CHOSES) Qui exprime la bonté, témoigne de la bonté. *Avoir bon cœur*. Faire une bonne action* (➤ **B. A.**). « *Dieu ne nous a pas créés pour faire une bonne action, parce qu'il est infiniment bon et infiniment aimable. Dieu n'est pas un scout* » R. DUCHARME. *Bonnes œuvres. Bonne volonté. Allons, un bon mouvement !* ■ **3** LOC. FAM. *Avoir qqn* **À LA BONNE,** le trouver sympathique, avoir pour lui toutes les indulgences. « *Nanette m'avait à la bonne, quand elle m'a cédé sa boutique* » QUENEAU.

C. (INTENSITÉ) ■ **1** (Après *un* ou un numéral) Qui atteint largement la mesure exprimée ; grand. *Une bonne pincée.* ➤ **gros.** *Il y en a un bon verre.* ➤ **plein.** « *Il avait maintenant trois bons kilomètres à faire pour revenir* » C. SIMON. *Je t'attends depuis une bonne heure. Une bonne partie.* ➤ **grand.** ■ **2** Définitif, total. *Finissons-en une bonne fois, une bonne fois pour toutes. Arriver bon premier.* VX « *Un bon impertinent* » MOLIÈRE. ➤ 1 **beau.** ■ **3** Intense, violent. *Une bonne gifle. Une bonne cuite ;* ELLIPT *en tenir une bonne.* « *Je me suis souvent demandé* [...] *ce qui peut bien différencier une bonne grippe d'une mauvaise, ainsi qu'une mauvaise bronchite d'une bonne* » P. DAC.

II ~ **adv. de manière** (1530) *Sentir bon. Tenir* bon. Il fait bon* : la température est agréable. — *Il fait bon* (et l'infinitif) : il est agréable de. « *Il fait bon vivre chez vous* » VIGNY.

■ CONTR. Mauvais. Méchant. Petit. ■ HOM. Bond.

2 **BON** [bɔ̃] n. m. – XVe ◊ → 1 bon

I ■ **1** Ce qui est bon. « *Discernant le bon d'avec le mauvais* » FLÉCHIER. ■ **2** (Avec *avoir*) Ce qu'il y a de bon, de meilleur dans une personne ou une chose. *Il y a du bon et du mauvais dans cet ouvrage. Avoir du bon* : présenter des avantages. *Cette solution a aussi du bon.* ■ **3** (Surtout au plur.) Personne qui est

bonne. *Les bons et les méchants.*
II (fin XVIIe) Formule écrite constatant le droit d'une personne d'exiger une prestation, de toucher une somme d'argent, etc. ➤ **billet, effet, titre.** *Bon de réduction. Bon d'achat. Bon d'essence. Bon de commande, de livraison. Bon pour... Signer un bon.* FIN. *Bon de caisse*. Bon du Trésor.* ➤ **certificat, emprunt.** *Souscription de bons.*

BONACE [bɔnas] n. f. – fin XIIe ◊ du provençal *bonassa*, du latin populaire *bonacia*. Ce dernier est refait, d'après *bonus* «bon», sur *malacia* «calme plat de la mer», senti comme dérivé de *malus* «mauvais», emprunté en fait au grec *malakia*, de *malakos* «mou». ▪ MAR. Calme plat de la mer après ou avant une tempête. *Profiter de la bonace. «les jours de bonace, lorsque l'île semblait posée sur un infini miroir»* ORSENNA. ▪ CONTR. Tempête. ▪ HOM. Bonasse.

BONAPARTISME [bɔnapaʀtism] n. m. – 1816 ◊ de *Bonaparte* ▪ **1** Gouvernement de la dynastie des Bonaparte. — PAR EXT. Forme de gouvernement dont les principes rappellent ceux du gouvernement des Bonaparte. ▪ **2** Attachement à la dynastie des Bonaparte ou à leur système politique.

BONAPARTISTE [bɔnapaʀtist] adj. et n. – 1809 ◊ de *Bonaparte* ▪ Qui a rapport au bonapartisme. *Député bonapartiste.* ◆ Partisan du bonapartisme. — n. *Les bonapartistes corses.*

BONARD, ARDE [bɔnaʀ, aʀd] adj. – 1887 ; région. «imbécile» 1859 ◊ de 1*bon* ▪ FAM. ▪ **1** VX Crédule, dupe. *Il est bonard* : il a été dupé. ▪ **2** MOD. Beau, bon, satisfaisant. *C'est bonard, ça marche.* — interj. *Bonard !* bien ! — *Pas bonard* : pas disposé à faire quelque chose, pas client. On écrit aussi *bonnard, arde. «Ni vu ni connu !... Salut ! Pas bonnards !»* CÉLINE.

BONASSE [bɔnas] adj. – fin XVe aussi «calme» ◊ de *bonace* ▪ Qui est faible, d'une bonté excessive par simplicité d'esprit, par peur des conflits. ➤ **faible,** 1**mou.** — PAR EXT. *Un air, un ton bonasse.* ▪ CONTR. Énergique, sévère. ▪ HOM. Bonace.

BONASSERIE [bɔnasʀi] n. f. – 1840 ◊ de *bonasse* ▪ Caractère d'une personne bonasse. *«La bonasserie l'expose à tomber dans tous les pièges»* E. SUE.

BONBEC [bɔ̃bɛk] n. m. – 1969 ; XVIIIe n. pr., surnom d'une personne bavarde ◊ de *bonbon* et *bec* ▪ FAM. Bonbon. *«Des bonbecs fabuleux qu'on piquait chez l'marchand»* RENAUD.

BONBON [bɔ̃bɔ̃] n. m. – 1604 «friandise» ◊ redoublement de *bon* ▪ **1** Petite friandise, de consistance ferme ou dure, faite de sirop aromatisé et parfois coloré (confiserie ; berlingot, caramel, dragée, pastille, praline, sucre d'orge). ➤ FAM. **bonbec ;** RÉGION. 1**boule, chique.** *Bonbon fondant. Bonbons acidulés, anglais. Bonbons à la fraise, à la menthe. Bonbon fourré* : sucre qui enrobe une pâte de fruit, de la liqueur. *Acheter des bonbons chez le confiseur. Offrir une boîte de bonbons. Sucer un bonbon.* ◆ LOC. FAM. *Coûter bonbon* : coûter très cher. *«Appeler un dépanneur ? Je vais perdre deux heures au moins et ça va me coûter bonbon»* M. WINCKLER. ▪ **2** AU PLUR. FAM. Testicules. *Tu me casses les bonbons.* ▪ **3** ARG. Clitoris. — LOC. FAM. *Jupe ras le bonbon*, très courte.

BONBONNE ou **BOMBONNE** [bɔ̃bɔn] n. f. – 1823 ◊ ancien occitan *boumbouno* «sorte de bouteille», du latin *bombus* ▪ Récipient pansu à col étroit et court servant à conserver certains liquides. ➤ **dame-jeanne, tourie.** *Une bonbonne en verre, en grès. Bonbonne d'huile.* — RÉGION. (Nord, Belgique, Luxembourg) *Bonbonne (de gaz)* : bouteille de gaz.

BONBONNIÈRE [bɔ̃bɔnjɛʀ] n. f. – 1777 ◊ de *bonbon* ▪ **1** Petite boîte à bonbons. *Bonbonnière en argent, en porcelaine.* ▪ **2** PAR ANAL. Petit appartement décoré avec goût.

BOND [bɔ̃] n. m. – 1390 ◊ de *bondir* ▪ **1** Action de bondir, de s'élever de terre par un mouvement brusque. ➤ **saut.** *D'un bond, il franchit l'obstacle. Les bonds d'un danseur. Avancer par petits bonds. Le chien faisait des bonds de joie* (➤ **gambader**). *Les bonds du kangourou.* — MILIT. *Bonds en avant, bonds successifs* : étapes de l'avance des troupes au combat. — MANÈGE Saut que le cheval exécute sur place, des quatre pieds à la fois. ◆ LOC. *Ne faire qu'un bond* : se précipiter. — FIG. *Progresser par bonds*, de manière discontinue. *Faire un bond* : progresser, augmenter subitement de façon notable. *La Bourse a fait un bond.* — ÉCON. *Bond en avant* : progrès soudain et rapide. *Le grand bond en avant chinois de 1958.* ▪ **2** Rejaillissement d'un corps inerte qui heurte un obstacle. *Les bonds d'une pierre lancée obliquement sur l'eau.* ➤ **ricochet.** *Les bonds d'une balle.* ➤ **rebond.** ◆ LOC. *Prendre la balle* au bond.* — *Faire* **FAUX BOND** *à qqn* : manquer un rendez-vous ; se dérober au dernier moment. *Cet invité nous a fait faux bond.* ▪ HOM. Bon.

BONDAGE [bɔ̃daʒ] n. m. – 1986 ◊ de l'anglais américain *boundage* «lien» ▪ Pratique sexuelle sadomasochiste dans laquelle un des partenaires est attaché. *«culte du corps, très hard, pantalons et vestes de cuir, chaînes, bondages ; S. M. et le reste»* KRISTEVA.

BONDE [bɔ̃d] n. f. – 1347 ; «borne» 1269 ◊ gaulois °*bunda* ▪ **1** Ouverture de fond, destinée à vider l'eau (d'un étang, d'un réservoir, d'un évier, d'une baignoire). — PAR EXT. Système de fermeture de la bonde. *Lâcher, lever, hausser la bonde*, l'ouvrir pour faire écouler l'eau. — FIG. *«je lâchai la bonde à mes larmes»* ROUSSEAU. ▪ **2** Trou pratiqué dans une douve de tonneau, pour le remplir ou le vider. *Remplir un tonneau jusqu'à la bonde.* PAR EXT. Pièce de bois permettant d'obturer ce trou. ➤ **bondon, bouchon, tampon.** *Faire sauter la bonde.* ➤ **débonder.**

BONDÉ, ÉE [bɔ̃de] adj. – 1835 ◊ de *bonder* «remplir un tonneau jusqu'à la bonde» (1483) ▪ Qui contient le maximum de personnes. ➤ **bourré,** 2**comble, plein ;** RÉGION. **paqueté.** *Le train était bondé. Métro bondé.* ▪ CONTR. Vide.

BONDELLE [bɔ̃dɛl] n. f. – milieu XIVe ◊ du gaulois °*bunda* «fond» ▪ (Suisse) Poisson du genre corégone. *Bondelle fumée.*

BONDÉRISATION [bɔ̃deʀizasjɔ̃] n. f. – 1934 ◊ adaptation de l'anglais *bonderizing*, de *Bonder*, nom déposé ▪ TECHN. Phosphatation superficielle des produits ferreux pour les protéger de la rouille. ➤ **parkérisation.**

BONDIEUSARD, ARDE [bɔ̃djøzaʀ, aʀd] adj. et n. – 1865 ◊ de *bon Dieu* ▪ VIEILLI, PÉJ. D'une piété ostentatoire. *L'abbé Pierre «si loin du discours bondieusard»* F. GIROUD. — n. ➤ **bigot.**

BONDIEUSERIE [bɔ̃djøzʀi] n. f. – 1861 ◊ de *bon Dieu* ▪ PÉJ. ▪ **1** Bigoterie. ▪ **2** Objet de piété de mauvais goût. *Bondieuseries saint-sulpiciennes.*

BONDIR [bɔ̃diʀ] v. intr. ‹2› – 1080 ◊ latin populaire °*bombitire*, fréquentatif de *bombire* «résonner» ▪ **1** S'élever brusquement en l'air par un saut. ➤ **sauter, s'élancer.** *Les chamois bondissent dans la montagne.* ➤ **cabrioler, gambader.** *Le tigre bondit sur sa proie. «La chaloupe bondissait sur les lames»* LOTI. *La balle bondit et rebondit.* ◆ FIG. *Bondir d'impatience, de surprise, de joie.* ◆ PAR ANAL. *Cela me fait bondir* (d'indignation). *«Le cœur lui bondissait d'inquiétude et de colère»* SAND. ➤ **tressaillir.** ▪ **2** PAR EXT. S'élancer précipitamment. ➤ **courir, se précipiter.** *J'ai bondi dans son bureau.*

BONDISSANT, ANTE [bɔ̃disɑ̃, ɑ̃t] adj. – 1512 ◊ de *bondir* ▪ Qui bondit. *Des chevreaux bondissants.* ➤ **capricant.**

BONDISSEMENT [bɔ̃dismɑ̃] n. m. – 1547 ; «retentissement» 1379 ◊ de *bondir* ▪ LITTÉR. Action de bondir, suite de bonds. *Le bondissement du cabri, du tigre.* ➤ **bond, saut.**

BONDON [bɔ̃dɔ̃] n. m. – fin XIIIe ◊ de *bonde* ▪ **1** Morceau de bois court et cylindrique servant à boucher la bonde d'un tonneau. ➤ **bouchon.** — La bonde elle-même. ▪ **2** (1834) Petit fromage de lait de vache, cylindrique, à pâte molle et à croûte fleurie, produit en Normandie. ➤ **neufchâtel.**

BONDRÉE [bɔ̃dʀe] n. f. – 1534 ◊ probablt du breton *bondrask* «grive», avec changement de suffixe ▪ Oiseau rapace diurne, à longue queue, de la taille d'une buse.

BON ENFANT [bɔnɑ̃fɑ̃] adj. inv. – 1560 ◊ de 1*bon* et *enfant* ▪ Qui a une gentillesse simple et naïve. ➤ **bonhomme.** *Elle est bon enfant. Son air bon enfant. Des manières bon enfant. «Une exaltation qui se manifestait en gestes bon enfant»* MARGUERITTE.

BONGO [bɔ̃go] n. m. – 1933 ◊ hispano-américain *bongó*, peut-être d'une langue africaine ▪ Instrument de percussion d'origine afro-cubaine, constitué de deux petits tambours de tailles différentes fixés l'un à l'autre. *Jouer du bongo, des bongos.*

BONHEUR [bɔnœʀ] n. m. – début XIIe ◊ de 1*bon* et *heur*
I ▪ **1** Chance. *Puisque j'ai le bonheur de vous rencontrer.* ➤ **heur.** *Il est célibataire ! Il ne connaît pas son bonheur*, c'est une chance qu'il n'apprécie peut-être pas (mais qui est appréciable). *Porter bonheur* : donner de la chance. ➤ **porte-bonheur.** *Porter bonheur à qqn.* LOC. *Au petit bonheur (la chance)* : au hasard. *Informations glanées au petit bonheur.* loc. adv. **PAR BONHEUR :** par chance. ➤ **heureusement.** *Par bonheur, il était encore là.* ▪ **2** LITTÉR. Réussite, succès (précédé de avec). *Cette œuvre allie avec bonheur des qualités très opposées.* ◆ LITTÉR. Effet réussi par une habileté spontanée. *Des bonheurs d'expression.*
II (XVe) ▪ **1** État de la conscience pleinement satisfaite. ➤ **béatitude, bien-être, félicité,** 1**plaisir ; contentement, enchantement, euphorie, extase, joie, ravissement, satisfaction.** *Le bonheur parfait, suprême. Son bonheur est menacé. La recherche du*

bonheur. ➤ **eudémonisme.** *Jouir d'un bonheur sans nuage, sans mélange. Nager dans le bonheur. Le bonheur de vivre, d'aimer. Souhaits de bonheur.* ➤ **bénédiction, vœu.** *« le bonheur n'est peut-être qu'un malheur mieux supporté »* YOURCENAR. *« le bonheur, ça n'est pas une timbale qu'on décroche* [...] *C'est surtout une aptitude, je crois »* MARTIN DU GARD. *Faire le bonheur de qqn,* le rendre heureux. *Cet enfant fait le bonheur de ses parents.* — (CHOSES) LOC. PROV. *L'argent ne fait pas le bonheur.* PROV. *Le malheur des uns fait le bonheur des autres.* FAM. *Si ce crayon peut faire votre bonheur,* vous est utile. ▪ **2** PAR EXT. Ce qui rend heureux. ➤ **joie.** *Ces vacances, que du bonheur! La liberté, quel bonheur!* ➤ FAM. **pied.** *« Ah! mon vieil ami, quel bonheur de se promener ensemble par ce beau temps! »* PROUST. *C'est un grand bonheur pour moi. « Des joies, Albert en connaissait encore, des petits bonheurs de rien du tout, des impressions fugaces et impartageables »* J.-L. SEIGLE. ▪ **3** Ce qui convient, contente. *Cherchez votre bonheur. Trouver son bonheur.*
▪ CONTR. Malheur ; malchance ; échec, inquiétude, peine.

BONHEUR-DU-JOUR [bɔnœʀdyʒuʀ] **n. m.** – v. 1760 ◊ de *bonheur* et *jour* ▪ Petit bureau à tiroirs, surmonté d'un gradin, en vogue au XVIIIe s. *Des bonheurs-du-jour en marqueterie.*

BONHOMIE ou **BONHOMMIE** [bɔnɔmi] **n. f.** – 1758, -1736 ◊ de *bonhomme* ▪ Simplicité dans les manières, unie à la bonté du cœur. ➤ **bonté, simplicité.** *Une aimable, une charmante bonhomie. Elle nous accueillit avec bonhomie.* — La graphie *bonhommie,* avec deux *m* d'après *bonhomme, homme,* est régulière.
▪ CONTR. 2 Affectation, suffisance.

BONHOMME [bɔnɔm], plur. **BONSHOMMES** [bɔ̃zɔm] **n. m.** – XIIe, repris XVIe ◊ de 1*bon* et *homme*
I adj. (plur. *bonhommes* [bɔnɔm]). Plein de bonhomie. *Des airs bonhommes.* ➤ **bon enfant.**
II n. m. ▪ **1** VX Homme bon. ▪ **2** (XVIIe) VX Homme simple, peu avisé et crédule. ➤ 1**naïf.** *Un bonhomme de mari.* ▪ **3** VIEILLI Homme d'un âge avancé. ➤ **vieux.** *« À quatre-vingts ans, le bonhomme était toujours d'attaque »* BALZAC. ▪ **4** FAM. (peu respectueux) Homme, monsieur. *Le bonhomme m'interpelle. Je croise un bonhomme dans l'escalier. Un drôle de bonhomme.* ➤ **mec, type.** *Une bonne femme et deux bonshommes.* ◆ (Avec une nuance admirative) *C'est un grand bonhomme.* ➤ **quelqu'un.** ▪ **5** (XVIIIe) Terme d'affection en parlant à, d'un petit garçon. *Mon bonhomme. Ce petit bonhomme a déjà cinq ans.* — En appellatif *« Alors, bonhomme, comment ça va ce matin? »* M. NDIAYE. ▪ **6** (1863) FAM. Figure humaine dessinée ou façonnée grossièrement. *Dessiner des bonshommes. Un bonhomme de neige.* ▪ **7** Figure allégorique. *Le bonhomme Hiver.* (1952) (Canada) *Le bonhomme Sept heures :* personnage imaginaire dont on menace les enfants qui ne veulent pas aller au lit. ▪ **8** LOC. *Aller, poursuivre son petit bonhomme de chemin :* poursuivre ses entreprises sans hâte, sans bruit, mais sûrement. — *Nom d'un petit bonhomme!* juron familier.

BONI [bɔni] **n. m.** – 1612 ◊ génitif du latin *bonus* dans l'expression *aliquid boni* « quelque chose de bon » ▪ FIN. Excédent des recettes sur les dépenses ; surplus de recette, économie de dépense par rapport aux prévisions. ➤ **bénéfice,** 2**bonification, excédent, guelte.** *Boni de liquidation. Mille euros de boni. Des bonis.*
▪ CONTR. Déficit.

BONICHE ➤ **BONNICHE**

1**BONIFICATION** [bɔnifikasjɔ̃] **n. f.** – 1584 ◊ de 1*bonifier* ▪ Action d'améliorer, de rendre d'un meilleur produit. ➤ **amélioration.** *La bonification de la terre.* ➤ **amendement.** *La bonification d'un vin.* ▪ CONTR. Détérioration.

2**BONIFICATION** [bɔnifikasjɔ̃] **n. f.** – 1712 ◊ de 2*bonifier* ▪ Action de donner à titre de boni, de surplus. ➤ **rabais, remise, ristourne.** — La somme donnée à titre de boni. *Une bonification de mille euros.* ◆ *Bonification d'intérêt :* allègement du taux d'intérêt des prêts consentis à certains emprunteurs, grâce à une subvention de l'État.

1**BONIFIER** [bɔnifje] **v. tr.** ⟨7⟩ – début XVIe ◊ latin médiéval *bonificare* ▪ **1** Rendre meilleur, d'un meilleur produit. ➤ **améliorer.** *Bonifier les terres par l'assolement.* ▪ **2 SE BONIFIER v. pron.** S'améliorer. *Le vin se bonifie en vieillissant.* FIG. *Son caractère s'est bonifié.* ▪ CONTR. Aggraver, gâter.

2**BONIFIER** [bɔnifje] **v. tr.** ⟨7⟩ – 1712 ◊ de *boni* ▪ FIN. Donner à titre de boni. — SPÉCIALT *Prêt bonifié, taux bonifié,* qui bénéficie d'une bonification* d'intérêt.

BONIMENT [bɔnimɑ̃] **n. m.** – 1803 ◊ de l'argot *bonir, bonnir* « dire » ▪ **1** Propos que débitent les charlatans, les bateleurs, pour convaincre et attirer la clientèle (➤ **parade**). *Le boniment d'un camelot.* — PAR EXT. Discours trompeur pour vanter une marchandise, séduire le client. ➤ **battage, baratin.** *Faire du boniment. Faire, débiter des boniments.* ▪ **2** FAM. Tout propos mensonger pour tromper qqn. ➤ **mensonge ; blabla, bobard.** *Raconter des boniments. Assez de boniments!*

BONIMENTER [bɔnimɑ̃te] **v. intr.** ⟨1⟩ – 1833 ◊ de *boniment* ▪ Faire du boniment, raconter des boniments.

BONIMENTEUR, EUSE [bɔnimɑ̃tœʀ, øz] **n.** – 1894 ◊ de *bonimenter* ▪ VIEILLI Personne qui fait le boniment. — Personne qui raconte des boniments.

BONITE [bɔnit] **n. f.** – v. 1525 ◊ de l'espagnol *bonito,* probablement famille du latin *bonus* « bon » ▪ Variété de thon des mers chaudes. ➤ **pélamide.** *Bonite à dos rayé.*

BONJOUR [bɔ̃ʒuʀ] **n. m.** – XVe ; *bon jor* « bon jour » début XIIIe ◊ de 1*bon* et *jour* ▪ **1** Salutation (proprement « jour heureux »), qu'on emploie à toute heure du jour lorsqu'on rencontre qqn. (Avec un art.) *Souhaiter le bonjour à qqn.* — POP. *Bien le bonjour.* ➤ **salut, salutation.** *« Et point d'effusion avec des amis retrouvés ; rien que de vagues bonjours »* LOTI. (Sans art., en s'adressant à qqn) *Bonjour, madame! Bonjour chez vous! Bonjour! « Hé! bonjour, Monsieur du Corbeau »* LA FONTAINE. ◆ LOC. FAM. *Bonjour les dégâts!* il va y avoir des dégâts, ça va aller mal. — S'emploie ironiquement pour saluer une conséquence désagréable, inévitable. *Bonjour, l'angoisse! « elles en veulent toutes, des enfants* [...] *Et elles en ont. Et bonjour les situations inextricables »* R. FORLANI. ◆ Le mot *bonjour. Il m'a dit bonjour.* — LOC. *Simple comme bonjour,* très facile. *Bonjour bonsoir*.* ▪ **2** (Canada) Pour prendre congé de qqn, le jour. Au revoir! ▪ **3** FAM. *Bonjour la confiance!* il n'y a plus de confiance. ➤ **adieu.** *Si tu l'invites, bonjour l'ambiance!*

BON MARCHÉ ➤ **MARCHÉ** (I, 4o)

BONNARD, ARDE ➤ **BONARD**

BONNE [bɔn] **n. f.** – 1708 t. d'affection ◊ subst. fém. de 1*bon* ▪ **1** *Bonne à tout faire* (VIEILLI), *bonne :* employée de maison s'occupant du ménage, du linge, des courses, de la cuisine, etc. ➤ PÉJ. **bonniche.** *La bonne du curé. Avoir une bonne. Sonner la bonne. Chambre de bonne.* — LOC. FIG. *Je ne suis pas ta bonne :* je ne suis pas à ton service. ▪ **2** (1762) *Bonne d'enfants.* ➤ **gouvernante, nurse.**

BONNE (À LA) ➤ 1**BON** (I, B, 3o).

BONNE-MAMAN [bɔnmamɑ̃] **n. f.** – 1821 ◊ de 1*bon* et *maman* ▪ Terme d'affection des enfants à leur grand-mère. ➤ **grand-mère, mamie.** *Des bonnes-mamans.* ➤ **aussi bon-papa.**

BONNEMENT [bɔnmɑ̃] **adv.** – v. 1170 ◊ de *bon* ▪ VX Avec simplicité, sans détour. ➤ **naïvement, simplement ; franchement.** *Bonnement et simplement.* — MOD. *Tout bonnement :* tout simplement. *« Dire tout bonnement ce qui me viendra »* STENDHAL. PAR EXT. ➤ **vraiment ; réellement.** *Les dauphins « sont tout bonnement de petits cachalots »* FRANCE.

BONNET [bɔnɛ] **n. m.** – début XVe ◊ de *bonet* « étoffe à coiffure » (milieu XIIe jusqu'à début XVe), d'origine obscure. On a supposé le latin médiéval *abonnis* « bandeau », lui-même du francique °*obbunni* « ce qui est attaché sur ».
I Coiffure souple, sans bord, dont la forme varie, couvrant une partie importante du crâne. *Bonnet de nuit,* qu'on portait pour dormir. *Bonnet de femme :* coiffe paysanne en lingerie. *Bonnet de meunier. Bonnet de police.* ➤ 1**calot.** *Bonnet à poils.* ➤ **colback.** *Bonnet phrygien*. Bonnet de bain,* en caoutchouc, pour protéger les cheveux. *Bonnet d'âne*. Bonnet de coton, de laine tricotée.* ➤ RÉGION. **tuque.** *Bonnet d'enfant.* ➤ **béguin.** *Bonnet de sports d'hiver.* ◆ LOC. *Être triste comme un bonnet de nuit.* PAR EXT. *Quel bonnet de nuit!* personne triste, ennuyeuse. *« il rechignait à s'amuser, à boire, elle le traitait de bonnet de nuit »* P. BRUCKNER. *Avoir la tête près du bonnet :* être colérique, prompt à s'emporter. *Prendre qqch. sous son bonnet :* faire qqch. de sa propre autorité, en prendre la responsabilité. — FAM. *Jeter son bonnet par-dessus les moulins :* braver la bienséance, agir librement sans souci de l'opinion. — *C'est blanc bonnet et bonnet blanc :* cela revient au même (cf. RÉGION. C'est chou* vert et vert chou). — *Opiner* du bonnet.* — *Un gros bonnet :* un personnage éminent, influent. ➤ **huile.** *Les gros bonnets de la drogue.* ➤ **caïd, magnat.**
II Par anal. de forme ▪ **1** (1690) ZOOL. Second estomac des ruminants. ▪ **2** (v. 1950) Chacune des deux poches d'un soutien-gorge. *Profondeur de bonnet.* ▪ **3** *Bonnet de prêtre :* pâtisson.

BONNETEAU [bɔnto] **n. m.** – 1708 ◊ de *bonneteur* ▪ Jeu d'argent dans lequel le bonneteur mélange rapidement trois cartes après les avoir retournées, le joueur devant deviner où se trouve une de ces cartes. — Partie à ce jeu. *« il fit deux ou* *trois bonneteaux au fond de couloirs où les Noirs se dissolvaient dans l'obscurité»* PENNAC.

BONNETERIE [bɔn(ə)tʀi ; bɔnɛtʀi] ou **BONNÈTERIE** [bɔnɛtʀi] **n. f.** – XVe ◊ de *bonnet* ■ Fabrication, industrie, commerce d'articles d'habillement en tissu à mailles. *Articles de bonneterie.* — Les articles fabriqués par cette industrie (bas, collants, chaussettes, maillots...). ➤ **lingerie, 1 maille.**

BONNETEUR [bɔntœʀ] **n. m.** – 1708 ◊ de *bonnet* ■ **1** VX Filou qui attire ses victimes à force de civilités. ■ **2** SPÉCIALT Celui qui tient un jeu de bonneteau.

BONNETIER, IÈRE [bɔntje, jɛʀ] **n.** – 1449 ◊ de *bonnet* ■ **1** Personne qui fabrique ou qui vend des articles de bonneterie. ■ **2** n. f. **BONNETIÈRE** Petite armoire à une porte utilisée à l'origine pour ranger des coiffes.

BONNETTE [bɔnɛt] **n. f.** – 1382 ◊ de *bonnet* «étoffe» ■ **1** FORTIF. Ouvrage avancé au-delà du glacis, et dont les deux faces forment un angle saillant. ■ **2** MAR. Voile carrée supplémentaire que l'on installe à l'aide de bouts-dehors. *Mettre bonnette sur bonnette,* toutes voiles dehors. ■ **3** PHOTOGR. Lentille amovible modifiant la distance focale.

BONNICHE ou **BONICHE** [bɔniʃ] **n. f.** – 1901, -1863 ◊ de *bonne* ■ PÉJ. et INSULTANT Bonne (2°). *«Avec son goût pour les boniches, il avait tombé les trois»* CÉLINE.

BONOBO [bɔnɔbo] **n. m.** – 1955 ◊ mot d'une langue du Congo ■ Singe anthropoïde, chimpanzé de la forêt congolaise. *Les humains partagent 98 % de leur patrimoine génétique avec les bonobos.*

BON-PAPA [bɔ̃papa] **n. m.** – début XIXe ◊ de 1 *bon* et *papa* ■ Terme enfantin d'affection pour *grand-père.* ➤ **papi.** *Aller chez bon-papa et bonne-maman. Des bons-papas.*

BONSAÏ [bɔ̃(d)zaj] **n. m.** – v. 1975 ◊ mot japonais, de *bon* «pot» et *saï* «arbre» ■ Arbre nain, cultivé en pot, obtenu par atrophie des racines et ligature des tiges et rameaux. *Un bonsaï d'érable. Des bonsaïs.*

BON SENS ➤ **1 SENS**

BONSHOMMES ➤ **BONHOMME**

BONSOIR [bɔ̃swaʀ] **n. m.** – fin XVe ◊ de 1 *bon* et *soir* ■ Salutation adressée à qqn qu'on rencontre en fin d'après-midi ou le soir (de préférence à *bonjour**), ou pour quitter qqn en fin de journée (de préférence à *au revoir**, *adieu**). (Avec l'art.) *Souhaiter le bonsoir.* POP. *Bien le bonsoir !* (Sans art., en s'adressant à qqn) *Bonsoir Monsieur. Bonsoir à tous ! Bonsoir, je vais me coucher* (cf. Bonne nuit*). ♦ Le mot *bonsoir. Dis bonsoir à papa.* LOC. *C'est bonjour bonsoir :* les relations se limitent à ces deux mots. *«Je le connais juste comme ça, ce môme... bonjour, bonsoir...»* J. VAUTRIN. ♦ FIG. et FAM. *Bonsoir !* se dit pour marquer qu'une affaire est finie, qu'on s'en désintéresse. *Bonsoir les corvées !* ➤ **adieu.**

BONTÉ [bɔ̃te] **n. f.** – 1080 ◊ latin *bonitas, atis,* de *bonus* «bon»

I RARE Qualité de ce qui est bon (I, A) ; bonne qualité. ➤ **excellence.** *Bonté d'une terre, d'un vin.*

II COUR. ■ **1** Qualité morale qui porte à faire le bien, à être bon (I, B) pour les autres. ➤ **altruisme, bénignité, bienveillance, bonhomie, clémence, compassion, humanité, indulgence, magnanimité, mansuétude, miséricorde, pitié.** *«Nul ne mérite d'être loué de bonté, s'il n'a pas la force d'être méchant»* LA ROCHEFOUCAULD. *Il est d'une grande bonté. Par bonté d'âme* (souvent iron.). *Acte de bonté. Sourire, geste plein de bonté. Traiter qqn avec bonté.* — RELIG. *Dieu est toute bonté.* INTERJ. *Bonté divine !* ■ **2** VIEILLI *Avoir la bonté de* (et l'inf.), la gentillesse de. ➤ **amabilité, complaisance, obligeance.** *Voulez-vous avoir la bonté de m'apporter ce dossier.* ■ **3** AU PLUR. Acte de bonté ; PAR EXT. Acte d'amabilité. *Merci de toutes vos bontés, des bontés que vous avez eues pour moi.*

■ CONTR. Méchanceté.

BONUS [bɔnys] **n. m.** – 1930 ◊ latin *bonus* «bon» ■ **1** Gratification accordée par un employeur sur le salaire d'un employé. ➤ **2 prime.** ■ **2** (1970) Réduction sur le montant d'une prime d'assurance automobile, accordée au conducteur qui n'a pas eu d'accident (opposé à *malus*). *Avoir un bonus. Perdre son bonus. Des bonus.* ■ **3** *Bonus écologique**. ■ **4** Supplément gratuit (d'un CD, d'un DVD). *Les bonus d'un DVD* (scènes coupées au montage, making of, interviews...).

BON VIVANT [bɔ̃vivɑ̃], **BONNE VIVANTE** [bɔnvivɑ̃t] **n. et adj.** – 1680 ◊ de 1 *bon* et *vivant* ■ Personne d'humeur joviale et facile qui aime les plaisirs. *Des bons vivants* (cf. Gai luron*, joyeux drille*). *«les gars ont toujours picolé par ici, ce sont des bons vivants»* DEL AMO. **adj.** *«Il était bon vivant, joyeux, farceur, puissant mangeur et fort buveur, et vigoureux trousseur de servantes»* MAUPASSANT. (REM. Pas de compar. ni de superl.) ■ CONTR. Triste, rabat-joie.

BONZE [bɔ̃z] **n. m.** – 1570 ◊ portugais *bonzo,* du japonais *bozu* «prêtre» ■ **1** Prêtre de la religion bouddhique. AU FÉM. (VIEILLI) **BONZESSE** [bɔ̃zɛs], religieuse bouddhiste. ■ **2** FIG. et FAM. Personnage en vue, quelque peu prétentieux. ➤ **2 ponte, pontife.** *Les bonzes d'un parti.*

BONZERIE [bɔ̃zʀi] **n. f.** – 1846 ◊ de *bonze* ■ VIEILLI Monastère de bonzes.

BOOGIE-WOOGIE [bugiwugi] **n. m.** /BOOGIEWOOGIE/ – 1945 ◊ mot anglais américain ; origine inconnue ■ Façon de jouer le blues au piano sur un rythme généralement rapide avec, à la basse, une formule rythmique constante. — Blues ainsi joué, sur lequel on danse. *Des boogie-woogies.*

BOOK ➤ **BOOKMAKER** et **PRESS-BOOK**

BOOKMAKER [bukmɛkœʀ] **n. m.** ou **BOOKMAKEUR, EUSE** [bukmɛkœʀ, øz] **n.** – 1855 ◊ mot anglais, de *book* «livre» et *maker* «celui qui fait» ■ Personne qui, dans les courses de chevaux, prend des paris et les inscrit. *Des bookmakers.* — ABRÉV. FAM. **BOOK** [buk]. *Des books.*

BOOLÉEN, ENNE [buleɛ̃, ɛn] **adj.** – v. 1950 ◊ du n. du mathématicien anglais *G. Boole* ■ MATH., LOG., INFORM. Relatif à l'algèbre de Boole. *Variable booléenne,* qui ne peut prendre que deux valeurs distinctes. ➤ **binaire.** *Opérateurs booléens* (et, ou, sauf). — On dit aussi *boolien, ienne* et *booléien, ienne.*

BOOM [bum] **n. m.** /BOUM/ – 1885 ◊ mot anglais américain «détonation» ■ **1** VX Réclame tapageuse pour lancer une affaire. ■ **2** (1892) FIN. Brusque hausse du cours de valeurs ou de marchandises. ➤ **bond, 1 boum.** *Le boom des prix.* ➤ **flambée.** — ÉCON. Croissance soudaine et peu stable. *Le boom de l'immobilier.* — *Le boom démographique d'après la guerre.* ➤ **babyboom, explosion.** LOC. *En plein boom :* en plein essor. *Être en plein boom,* en plein travail. ■ **3** Retentissement, forte impression (produite sur de nombreuses personnes). *«Tout le monde prit la chose au sérieux et cela fit un boom énorme»* DANINOS. ➤ **1 bombe, scandale.** ■ **4** (1950) ARG. SCOL. Fête annuelle d'une grande école. *Le boom H. E. C.* ■ CONTR. Chute, krach. ■ HOM. Boum.

BOOMERANG [bumʀɑ̃g] **n. m.** – 1863 ◊ mot anglais, d'une langue australienne ■ Arme de jet des aborigènes australiens, formée d'une pièce de bois dur courbée, qui revient à son point de départ si le but est manqué. *Se retourner, revenir comme un boomerang, en boomerang.* — FIG. APPOS. En parlant d'un acte d'hostilité qui se retourne contre son auteur. *Effet boomerang.* LOC. *Faire boomerang.*

1 **BOOSTER** [bustœʀ] **n. m.** /BOOSTEUR/ – 1934 ◊ mot anglais américain, proprt «accélérateur» ■ **1** ASTRONAUT. Propulseur externe auxiliaire destiné à accentuer la poussée (d'un engin spatial). — Recomm. offic. *propulseur d'appoint, propulseur auxiliaire.* ■ **2** PHYS. Synchrotron injecteur d'un accélérateur de particules. ■ **3** Amplificateur accroissant la puissance d'un autoradio. — Recomm. offic. *suramplificateur.*

2 **BOOSTER** [buste] **v. tr.** ‹1› – 1986, au Québec ◊ de l'anglais américain *to boost* «augmenter, stimuler» ■ ANGLIC. FAM. Accélérer, stimuler. *Campagne publicitaire qui booste les ventes. Booster un moteur.* ➤ **gonfler.** — Recomm. offic. *relancer.* ■ CONTR. Brider, freiner.

BOOTLEGGER [butlegœʀ] **n. m.** – 1925 ◊ mot anglais américain «celui qui cache sa bouteille dans sa botte» ■ HIST. Aux États-Unis, Contrebandier d'alcool, pendant la prohibition. *Les bootleggers.*

BOOTS [buts] **n. f. pl.** – 1966 ◊ mot anglais «bottes» ■ Bottes courtes de ville s'arrêtant au-dessus de la cheville, pour hommes et femmes (➤ **bottillon, bottine**). *Une paire de boots en cuir noir.*

BOP ➤ **BE-BOP**

BOQUETEAU [bɔkto] **n. m.** – 1598 ; *bosquetel* 1360 ◊ de *boquet,* variante picarde de l'ancien français *boschet, boscet,* de *bosc* «bois» ■ Petit bois ; bouquet d'arbres. ➤ **bosquet.** *Un boqueteau de pins.*

BORA [bɔʀa] **n. f.** – 1818 ◊ mot italien (Venise, Trieste), du latin *boreas* «vent du nord» → boréal, bourrasque ■ GÉOGR. Vent du nord-est, froid et violent qui souffle l'hiver sur les régions septentrionales de l'Adriatique.

BORANE [bɔʀan] **n. m.** – 1934 ◊ de l'allemand *Boran* (A. Stock, 1916), de *Bor* «bore» et suffixe chimique ■ CHIM. Composé hydrogéné du bore (hydrure de bore). *Les boranes sont utilisés comme carburant de fusée.*

BORASSE [bɔʀas] **n. m.** – 1842 ◊ latin des botanistes *borassus*, grec *borassos* «datte» ■ BOT. Palmier à feuilles étalées en éventail *(arécacées)*, dont on fait le vin de palme et dont les bourgeons sont comestibles (cœurs de palmier). ➤ **rônier.** — On dit aussi *borassus* [bɔʀasys].

BORATE [bɔʀat] **n. m.** – 1787 ◊ du radical de *borax* ■ CHIM. Sel ou ester de l'acide borique. *Borate de magnésium. Borate de sodium.* ➤ **borax, tincal.**

BORAX [bɔʀaks] **n. m.** – milieu XIIIe *borrache* ◊ du latin médiéval *borax* (IXe), de l'arabe d'origine persane *būraq'* «salpêtre». REM. La forme moderne se fixe à la fin du XVIe s. ■ CHIM. Sel cristallin blanc ($Na_2B_4O_7 \cdot 10H_2O$), à saveur alcaline, utilisé pour la soudure des métaux et dans la fabrication du verre, des émaux, des savons et de certains antiseptiques.

BORBORYGME [bɔʀbɔʀigm] **n. m.** – 1560 ◊ grec *borborugmos* ■ Bruit produit par le déplacement des gaz dans l'intestin ou dans l'estomac. ➤ **flatuosité, gargouillement, gargouillis.** — PAR EXT. *Les borborygmes d'une tuyauterie.* ➤ **glouglou.** ♦ FIG. et PÉJ. Bruit de voix confus. ➤ **bredouillement, grognement.** *S'exprimer par borborygmes.*

BORD [bɔʀ] **n. m.** – 1121 *bord de la nef* «côté du navire» ◊ francique °*bord*

I **(SUR UN NAVIRE)** ■ **1** Extrémité supérieure de chaque côté des bordages d'un navire. ➤ **bâbord, tribord.** *Navire de haut bord,* haut sur l'eau. *Jeter (qqch., qqn) par-dessus bord,* à la mer. *Navires bord à bord,* côte à côte. ■ **2** Chaque côté du navire, considéré par rapport au vent. *Bord au vent, sous le vent. Virer de bord.* ■ **3** Distance parcourue par un voilier entre deux virements (➤ **bordée,** 3°). *Tirer des bords. Bords plats, carrés,* qui ne font pas progresser le voilier dans la direction du vent. — LOC. FIG. *Tirer des bords :* ne pas marcher droit. «*La fatigue le fait tirer des bords sur la route*» P.-J. HÉLIAS. ■ **4** PAR EXT. **(À, DE, DU BORD).** Le navire lui-même. *Monter à bord* (➤ **abordage**). «*Le capitaine me prit à son bord avec mon domestique*» CHATEAUBRIAND. *Hommes du bord :* l'équipage. *Journal, livre de bord :* compte rendu de la vie à bord tenu par les officiers de quart. *Le capitaine est seul maître à bord après Dieu.* COMM. *Franco à bord.* ➤ **F. A. B., F. O. B.** — PAR EXT. **(autres véhicules)** *À bord d'une voiture, d'un avion. Bébé à bord. Chef de bord,* en relation avec les voyageurs dans un avion, un train. **(Canada)** *Agent, agente de bord :* personne qui assure le service auprès des passagers d'un avion. ➤ **hôtesse, steward.** — *Tableau* de bord. Ordinateur de bord :* système intégré à un véhicule, donnant au conducteur certaines informations (vitesse moyenne, consommation, température extérieure, etc.). — LOC. *Les moyens du bord,* ceux qu'offre la situation. «*la sélection naturelle fait ce qu'elle peut avec les moyens du bord*» F. JACOB. ■ **5** FIG. (1849) *Être du bord de qqn. Nous sommes du même bord,* du même parti, de la même opinion. *Des élus de bord opposé.* «*Tu es d'un bord, je suis de l'autre. Est-ce une raison pour nous fâcher ?*» F. TRISTAN. *De tout bord,* de toute obédience, de toute opinion. *Des hommes politiques de tout bord. Virer, changer de bord.* «*Les indomptables que nous étions le jour de son arrivée avaient viré de bord*» CALAFERTE.

II (XIIe) **CONTOUR, BORDURE, LIMITE** ■ **1** Contour, limite, extrémité d'une surface. ➤ **bordure, côté, périphérie, pourtour.** *Le bord de la mer.* ➤ **côte,** 1**grève, littoral,** 2**plage, rivage.** *Passer ses vacances au bord de la mer. Le bord, les bords de mer. Villa située en bord de mer.* ➤ **front.** — *Le bord d'un fleuve, d'une rivière.* ➤ **rive ;** 1**berge.** *Se promener au bord de l'eau.* — *Le bord d'un bois.* ➤ **lisière, orée.** *Le bord de la route.* ➤ **côté.** *Voiture arrêtée sur le bord de la route.* — LOC. *Laisser (qqn, qqch.) sur le bord de la route,* l'abandonner. — *Le bord d'une table, d'une assiette* (➤ **marli**). *Verre plein jusqu'au bord. Plein à ras bord.* — *Bord d'un vêtement ; bord ourlé, festonné. Bord côtes :* bande de tricot extensible terminant un vêtement. **loc. adv. BORD À BORD :** en mettant un bord contre l'autre. **adj.** *Manteau bord à bord,* qui ne croise pas. *Soudage bord à bord.* ♦ *Bords d'une plaie.* ➤ **lèvre.** ■ **2** **(Canada)** Côté **(sens large).** *Faire un tour de l'autre bord de la frontière.* — LOC. FIG. et FAM. *Prendre le bord :* s'en aller, s'enfuir (cf. Prendre le large*, la tangente*) ; **(CHOSES)** être mis à l'écart, abandonné. *Le projet a pris le bord.* ■ **3** SPÉCIALT Partie circulaire d'un chapeau, perpendiculaire à la calotte. ➤ 1**passe.** *Chapeau à large bord ; à bord baissé, relevé.* «*toujours élégant avec son chapeau au bord roulé*» CAMUS. ■ **4** FIG. **ÊTRE AU BORD DE (qqch.),** en être tout près. *Être au bord de la tombe,* mourant. *Au bord du précipice*. Être au bord des larmes,* près de pleurer. «*Il semblait au bord même de l'aveu*» MARTIN DU GARD. LOC. *Avoir le cœur* au bord des lèvres.* — LOC. FAM. **(après un adj.) SUR LES BORDS :** légèrement, à l'occasion. *Il est un peu réac sur les bords.*

■ CONTR. Centre, intérieur, milieu ; fond. Loin. ■ HOM. Bore, bort.

1**BORDAGES** [bɔʀdaʒ] **n. m. pl.** – 1476 «bord» ◊ de *bord* (I) ■ MAR. Ensemble de planches épaisses ou de tôles recouvrant la membrure d'un navire. ➤ **bordé.** *Bordages du pont* (➤ **bord**), *de la coque* (➤ **franc-bord**).

2**BORDAGES** [bɔʀdaʒ] **n. m. pl.** – 1632 ◊ mot canadien, de *bord* (II) ■ Au Canada, Bordures de glace des cours d'eau, des rives. «*Les uns gaffaient, les autres, le long des bordages, à mi-corps dans l'eau glacée, halaient en bœufs*» SAVARD.

BORDE [bɔʀd] **n. f.** – 1531 ◊ de l'ancien français *borde* «cabane», du francique *borda* «cabane en planches *(bord)*» → bord, bordel ■ RÉGION. **(Sud-Ouest)** ■ **1** Métairie. ■ **2** Ensemble des bâtiments d'une exploitation agricole ; l'un de ces bâtiments (étable, grange…). ➤ **borderie.**

BORDÉ [bɔʀde] **n. m.** – 1689 ◊ de *border* ■ **1** MAR. Ensemble des bordages. «*Le bordé va toucher l'eau, nous sommes prêts d'embarquer*» BAZIN. ■ **2** Galon servant à border un vêtement, un tapis. ➤ **bordure, frange, lisière.** *Garnir des rideaux d'un bordé.*

BORDEAUX [bɔʀdo] **n. m.** – 1767 ◊ du nom de la ville ■ **1** Vin des vignobles du département de la Gironde. *Un bordeaux rouge, blanc.* ➤ **graves,** 1**médoc, pomerol, saint-émilion, sauternes.** *Verre à bordeaux.* ■ **2** **adj.** D'un rouge foncé. ➤ **grenat.** *Des chaussures bordeaux.*

BORDÉE [bɔʀde] **n. f.** – 1546 ◊ de *bord* ■ **1** VX Ligne de canons rangés sur chaque bord d'un vaisseau. ♦ Décharge simultanée des canons d'un même bord. — MOD. Salve de l'artillerie du bord. *Lâcher sa bordée.* ■ **2** LOC. FIG. *Une bordée d'injures, d'insultes.* — RÉGION. *Une bordée de :* une grosse quantité de. (1876) **(Canada)** *Une bordée de neige :* abondante chute de neige. ■ **3** (1704) Partie de l'équipage de service à bord. *Bordée de bâbord, de tribord, de quart.* ■ **4** Route parcourue par un navire qui louvoie sans virer de bord. *Faire, courir une bordée. Tirer des bordées.* ➤ **louvoyer ; bord.** ♦ LOC. FAM. (1833) *Tirer une bordée :* courir les bars, les cabarets. ➤ **virée.** *Marins en bordée.*

BORDEL [bɔʀdɛl] **n. m.** – v. 1200 ◊ francique °*borda* ■ **1** VULG. Maison de prostitution. ➤ **boxon,** 3**claque, lupanar** (cf. Maison close*). *Bordel clandestin.* ➤ ARG. **clandé.** *Aller au bordel. Tenancière de bordel.* ■ **2** FIG. et FAM. Grand désordre (matériel ou non). ➤ **foutoir, pagaille.** *Mettre, foutre le bordel quelque part. Quel bordel ! Sa chambre est en bordel.* — «*dans le bordel de l'après-communisme il a fondé un parti*» E. CARRÈRE. ♦ Grand tapage. *Ils ont fait du bordel toute la nuit.* ➤ 2**boucan, raffut.** — LOC. *Et tout le bordel,* tout le reste. *Ça va être le bordel pour…* ça va être difficile. ■ **3** **(JURON)** *Magne-toi, bordel ! Bordel de merde ! Bordel de Dieu !*

BORDELAIS, AISE [bɔʀdəlɛ, ɛz] **adj.** et **n.** – *bordelois* XIIIe ◊ latin médiéval *burdigalensis* «de Bordeaux» ■ **1** De Bordeaux ou de sa région. *Le vignoble bordelais. Cru bordelais.* ➤ 1**château. n.** *Les Bordelais.* — LOC. *À la bordelaise :* accompagné d'une sauce au vin rouge. *Entrecôte (à la) bordelaise.* ■ **2** **n. f.** (1866) Futaille contenant environ 225 litres, utilisée dans le commerce des vins de Bordeaux. ♦ (1877) Bouteille de forme particulière, contenant environ 75 centilitres.

BORDÉLIQUE [bɔʀdelik] **adj.** – avant 1970 ◊ de *bordel* ■ FAM. Où il y a du bordel, du désordre. *Une chambre bordélique.* — **(PERSONNES)** Qui sème le désordre, n'aime pas ranger.

BORDER [bɔʀde] **v. tr.** ‹1› – 1170 ◊ de *bord* ■ **1** S'étendre le long du bord, occuper le bord de (qqch.). *Un fossé borde la route.* ➤ **longer.** *Route bordée d'arbres.* — *Des yeux bordés de khol.* ➤ **souligner.** ♦ MAR. *Border les côtes,* les longer. ➤ **caboter.** ■ **2** (1271) Garnir d'un bord, d'une bordure. *Border un tapis* (➤ **bordé**). *Border l'encolure d'un biais. Mouchoir bordé de dentelle, veste bordée d'une ganse.* ■ **3** *Border un lit :* replier le bord des draps, des couvertures sous le matelas. ♦ *Border qqn dans son lit,* et ABSOLT *border qqn.* ■ **4** *Border qqn, border une affaire,* assigner des limites à son action. ➤ **contrôler.** (On dit aussi **BORDURER.**) ■ **5** MAR. Tendre les écoutes pour raidir (une voile). *Une voile bordée plat.* ■ **6** Revêtir la membrure de (un navire) de bordages*. ■ CONTR. Déborder. Choquer.

BORDEREAU [bɔʀdəʀo] **n. m.** – 1539 ; *bourdrel* 1493 ◊ probablt de *bord* «relevé porté sur le bord du cahier» ■ Relevé détaillé énumérant les divers articles ou pièces d'un compte, d'un dossier, d'un inventaire, d'un chargement. ➤ **état, 2 liste.** *Bordereau d'achat, de vente, d'expédition, de livraison.* ➤ **2 facture, justificatif.**

BORDERIE [bɔʀdəʀi] **n. f.** – 1309 ◊ ancien français *borde*, francique °*borda* «cabane» ■ RÉGION. Petite métairie. ➤ **2 ferme.**

BORDERLINE [bɔʀdœʀlajn] **adj.** et **n.** – v. 1970 ◊ mot anglais, de *border* «frontière, limite» et *line* «ligne» ■ ANGLIC. PSYCHIATR. Qui présente des troubles de la personnalité et du comportement entre névrose et psychose. *Personnalité borderline. Un adolescent borderline. Des tendances borderlines.* — **n.** *Un, une borderline* (cf. Cas, état limite*).

1 **BORDIER, IÈRE** [bɔʀdje, jɛʀ] **adj.** – 1694 ◊ de *bord* ■ **1** GÉOGR. *Mer bordière*, située en bordure d'un océan. ■ **2** MAR. Se dit d'un bateau qui serre mieux le vent, ou répond mieux à la barre sur un bord que sur l'autre. ■ **3 n. m.** (1842) **(Suisse)** Riverain. *Circulation interdite, bordiers autorisés.*

2 **BORDIER, IÈRE** [bɔʀdje, jɛʀ] **n.** et **adj.** – XIIe ◊ ancien français *borde* ; francique °*borda* «cabane» ■ RÉGION. Métayer.

BORDIGUE [bɔʀdig] ou **BOURDIGUE** [buʀdig] **n. f.** – 1611 ◊ ancien provençal *bordigo, bourdigo* ■ Enceinte en clayonnages qui, au bord de la mer, sert à prendre ou garder du poisson.

BORDURE [bɔʀdyʀ] **n. f.** – 1240 *bordeüre* ◊ de *bord* ■ **1** Ce qui garnit, occupe le bord d'une chose en l'ornant ou la renforçant. ➤ **bord, garniture, 3 tour.** *Bordure ornementale. La bordure d'un chapeau* (➤ **liseré**), *d'un vêtement* (➤ **biais, feston, galon, ganse, passepoil**). — *Manteau à bordure de fourrure. Faire-part de décès à bordure noire. Bordure de tapis.* ■ **2** Ce qui s'étend près du bord, occupe le bord, les bords. *La bordure d'un champ, d'un bois.* ➤ **lisière, orée.** *La bordure méditerranéenne de la France.* ➤ **côte, littoral.** *Bordure d'arbres.* ➤ **cordon, haie, ligne.** *Bordure de buis taillé. Fleurs pour bordures.* ■ **3** SPÉCIALT, BLAS. Pièce honorable qui occupe le pourtour intérieur de l'écu. ➤ **orle.** — MAR. Bord inférieur d'une voile. *Voile à bordure libre*, sans bôme. ➤ **ralingue.** — PONTS ET CHAUSS. *Bordure de chaussée, bordure de pavés* : rang de gros pavés qui retient latéralement une chaussée. ■ **4 EN BORDURE DE :** sur le bord de, le long du bord de. *Ses terres sont en bordure de la rivière. Villa en bordure de mer.*

BORDURETTE [bɔʀdyʀɛt] **n. f.** – 1974 ◊ diminutif de *bordure* ■ Bordure de pierre, de béton, qui sert à délimiter sur la chaussée une voie de circulation réservée.

BORE [bɔʀ] **n. m.** – 1809 ◊ de *borax* ■ CHIM. Élément atomique (B ; n° at. 5 ; m. at. 11) du même groupe que l'aluminium, le gallium et l'indium. *Halogénure, nitrure de bore. Hydrures de bore.* ➤ **borane.** ■ HOM. Bord, bort.

BORÉAL, ALE, AUX [bɔʀeal, o] **adj.** – milieu XIVe ◊ latin *borealis* «du nord», de *boreas* «vent du nord ; septentrion», du grec ■ GÉOGR. Qui est au nord, appartient au nord du globe terrestre. *Hémisphère boréal.* ➤ **nord.** *Ciel boréal.* — COUR. Voisin du pôle Nord. *Aurore* boréale. Régions boréales.* ➤ **arctique.** *Forêt boréale.* ➤ **taïga.** ■ CONTR. Austral.

BORGNE [bɔʀɲ] **adj.** et **n.** – fin XIIe «qui louche» ◊ origine inconnue ■ **1** Qui a perdu un œil (➤ **éborgner**), qui ne voit que d'un œil. *Une personne borgne. Bandeau noir d'un borgne.* LOC. *Changer son cheval borgne pour un cheval aveugle* : remplacer ce qui ne va pas par ce qui est pire. PROV. *Au royaume des aveugles* les borgnes sont rois.* ■ **2** PAR EXT. *Fenêtre borgne*, donnant du jour, mais aucune vue. ➤ aussi **aveugle.** *Mur borgne*, dépourvu d'ouvertures. TECHN. *Trou borgne*, qui ne traverse pas complètement une cloison. ◆ FIG. *Rue borgne*, malfamée (à l'orig. «obscure»). *Hôtel borgne.*

BORIE [bɔʀi] **n. f.** – 1946 ◊ de l'ancien provençal *bo(a)ria*, lui-même du latin médiéval *bovaria* «étable», de *bos, bovis* → bœuf. REM. On relève le mot au sens de «métairie» dès 1460, en français régional. ■ Petite hutte ronde en pierres sèches dans le midi de la France. *«il voit la borie, pareille à un igloo de pierre»* LE CLÉZIO.

BORIQUE [bɔʀik] **adj.** – 1818 ◊ de *bore* ■ CHIM. Formé, composé de bore. *Acide borique* : poudre blanche, cristalline, à propriétés faiblement antiseptiques. ➤ **borate, borax.**

BORIQUÉ, ÉE [bɔʀike] **adj.** – 1894 ◊ de *borique* ■ CHIM. Qui contient de l'acide borique. *Eau, vaseline boriquée*, antiseptiques.

BORNAGE [bɔʀnaʒ] **n. m.** – *bounage* 1260 ◊ de *borne* ■ **1** DR. Opération consistant à délimiter une propriété par la pose de bornes. *Pierre de bornage. Action en bornage*, portant sur une contestation de limites. *«Un sourd dépit qui le pousse à m'intenter un procès de bornage»* BOSCO. ■ **2** (1852) MAR. Navigation côtière. ➤ **cabotage.** *Patron au bornage.* ■ **3** TÉLÉCOMM. Action, pour un téléphone portable, d'activer une antenne relais. *«les policiers parviennent à retrouver sa trace grâce au bornage de son téléphone portable»* (Le Parisien, 2016).

BORNE [bɔʀn] **n. f.** – v. 1180 ; *bodne* 1121 ◊ latin populaire °*bodina*, p.-ê. d'origine gauloise ■ **1** Pierre ou autre marque servant à délimiter un champ, une propriété foncière. ➤ **limite, terme.** *Borne témoin. Bornes d'une parcelle. Planter, poser, déplacer une borne.* ■ **2** Pierre plantée, petite butte de ciment servant de limite, de repère. *Monument entouré de bornes et de chaînes. Bornes empêchant les automobiles de monter sur le trottoir. Borne milliaire des voies romaines. Borne kilométrique, hectométrique*, indiquant les distances sur une route. *Borne d'incendie.* ➤ **bouche,** RÉGION. **hydrant.** — LOC. FIG. *Rester planté comme une borne* : être immobile. — *Bornes de protection des murs, des portes.* ➤ **chasse-roue.** ◆ Dispositif de communication placé dans un lieu public. *Borne téléphonique des stations de taxis. Borne interactive. Borne wifi.* ■ **3** (1926) FAM. Kilomètre. *C'est à six cents bornes d'ici.* ■ **4** ÉLECTR. Serre-fil pour brancher un fil conducteur sur un appareil électrique. ◆ Chacune des deux pièces d'un appareil générateur d'électricité auxquelles est relié un circuit extérieur. ➤ **pôle.** — PAR EXT. Point d'un circuit électrique. *Mesurer une tension aux bornes d'un composant.* ■ **5** FIG. (PLUR.) Frontières. *Les bornes d'un État.* ➤ **limite, 1 marche, terme.** *Reculer les bornes de la connaissance. «la patience humaine a des bornes, et la mienne est à bout»* PROUST. — **loc. adv.** *Sans borne(s)* : infini, très grand. *Une joie sans borne.* — SPÉCIALT Limite permise. *Vous dépassez les bornes.* ➤ **exagérer.** ■ **6** MATH. *Borne inférieure ou supérieure d'un ensemble, d'une suite* : élément extrême, inférieur ou supérieur, de cet ensemble, de cette suite.

BORNÉ, ÉE [bɔʀne] **adj.** – XVe ◊ de *borner* ■ **1** Qui est limité, arrêté par un obstacle. *Horizon borné.* ■ **2** (PERSONNES) Dont les facultés intellectuelles sont limitées. *Elle est complètement bornée* (cf. Avoir des œillères*). — *Esprit borné.* ➤ **étroit, obtus.** ■ **3** MATH. Qui admet une, des bornes. *Partie bornée d'un ensemble ordonné* : partie à la fois majorée* et minorée*. *Suite bornée à gauche, à droite.* ■ CONTR. Étendu. Intelligent, large.

BORNE-FONTAINE [bɔʀn(ə)fɔ̃tɛn] **n. f.** – 1835 ◊ de *borne* et *fontaine* ■ **1** Fontaine en forme de borne. *Des bornes-fontaines.* ■ **2** (1860) **(Canada)** Bouche d'incendie.

BORNER [bɔʀne] **v.** ‹1› – 1310 ; *boner* 1160 ◊ de *borne* ■ **1 v. tr.** Délimiter (un terrain) par des bornes ou d'autres marques. *Borner un terrain.* ➤ **limiter, marquer.** ◆ PAR EXT. Limiter. *Chemin qui borne une vigne.* — Arrêter, limiter. *Montagnes bornant l'horizon, la vue.* ■ **2 v. tr.** (ABSTRAIT) Mettre des bornes à ; renfermer, resserrer dans des bornes. ➤ **circonscrire, limiter, modérer, réduire, restreindre.** *«On n'a pas le droit de borner son attente et son idéal à la vie»* LOTI. ■ **3 SE BORNER À v. pron.** *Se borner au strict nécessaire.* ➤ se **contenter** (de), **tenir** (s'en tenir à). *«Saül, sage, se borne à des guérillas»* DANIEL-ROPS. (Avec l'inf.) *«je me bornais à venir signer la feuille de présence»* LECOMTE. — ABSOLT, RARE *«Apprendre à me borner en écrivant»* STENDHAL. ◆ Plus cour. (CHOSES) Se limiter à. *Son rôle se borne à faire des discours.* ■ **4 v. intr.** TÉLÉCOMM. Activer une antenne relais de téléphonie mobile. *«Il a nié les faits mais son téléphone a borné dans le secteur»* (Le Progrès, 2016). ■ CONTR. Élargir, étendre.

BORNOYER [bɔʀnwaje] **v.** ‹8› – *bornoier* 1240 ◊ de *borgne* ■ TECHN. ■ **1 v. intr.** Regarder d'un œil en fermant l'autre pour vérifier un alignement, une surface plane. ➤ **1 viser.** ■ **2 v. tr.** (1676) Placer des jalons pour construire, planter, tracer en ligne droite. *Bornoyer un mur.*

BORRÉLIOSE [bɔʀeljoz] **n. f.** – v. 1960 ◊ de *borrelia*, bactérie responsable de la maladie, mot formé probablt sur le nom du médecin français *A. Borrel* ■ MÉD. Maladie infectieuse due à la transmission par des arthropodes de bactéries du genre *borrelia*. *Borréliose transmise par morsure de tique* (SYN. Maladie de Lyme).

BORT [bɔʀ] **n. m.** – 1867 ◊ de l'anglais *bort* ou du néerlandais *boort*, tous deux d'origine inconnue ■ TECHN. Diamant présentant un défaut, inutilisable en bijouterie et servant d'abrasif (➤ **égrisée**). ■ HOM. Bord, bore.

BORTCH ou **BORTSCH** [bɔʀtʃ] **n. m.** – *borstch* 1863 ◊ russe *borchtch* ■ Plat russe, soupe à la betterave et au chou. *Des bortchs, des bortschs.*

BOSCO [bɔsko] **n. m.** – 1860 ◊ altération argotique de *bosseman*, mot anglais ■ MAR. Maître de manœuvre. ■ HOM. Boscot.

BOSCOT, OTTE [bɔsko, ɔt] **adj.** et **n.** – 1808 ◊ altération argotique de *bossu* ■ POP. VIEILLI Bossu (rare au fém.). ■ HOM. Bosco.

BOSKOOP [bɔskɔp] **n. f.** – 1952 ; *belle de Boskoop* 1885 ◊ du nom d'une ville des Pays-Bas ■ Pomme d'une variété à chair ferme et acidulée, à peau rugueuse gris-vert et rouge. — On écrit parfois *boscop.*

BOSNIAQUE [bɔsnjak] **adj. et n.** – 1756 ◊ de *Bosnie* ■ Relatif à la Bosnie. — **n.** *Les Bosniaques.* — **n. m.** Langue slave du groupe méridional.

BOSON [bozɔ̃] **n. m.** – 1958 ◊ du nom du physicien indien *Bose* et *-on,* de *électron* ■ PHYS. Particule fondamentale (SYMB. W^+, W^-), atome dont le nombre de spin* est entier ou nul, régi par la statistique de Bose-Einstein. *Les photons, les mésons M et K, les atomes d'hélium sont des bosons. Boson intermédiaire :* quantum du champ des interactions faibles. *Boson de Higgs* (du nom du physicien britannique Peter Higgs) : particule élémentaire également appelée *particule de Dieu,* sur l'existence de laquelle repose la théorie de la matière.

BOSQUET [bɔskɛ] **n. m.** – 1549 ◊ de l'ancien occitan *bosquet,* diminutif de *bosco* « bois », de même origine que *bois* ■ Petit bois ; groupe d'arbres plantés pour l'agrément. ➤ 1 **bouquet ; boqueteau, massif.** *Les bosquets d'un jardin, d'un parc.*

BOSS [bɔs] **n. m.** – 1869, répandu XXe ◊ mot anglais américain, du néerlandais *baas* « maître » ■ FAM. Patron, chef d'une entreprise. ➤ **singe.** *« Enfin, si mon boss est heureux avec ça, c'est le principal, au fond »* SARRAZIN. *Des boss.* ■ HOM. Bosse.

BOSSAGE [bɔsaʒ] **n. m.** – 1627 ◊ de *bosse* ■ **1** ARCHIT. Saillie laissée à la surface d'un moellon comme ornement d'un mur. *« Des bossages vermiculés à refends armaient les jambages et l'arcade de la porte »* GAUTIER. ■ **2** MÉCAN. Saillie, sur une pièce, destinée à servir d'appui.

BOSSANOVA ou **BOSSA-NOVA** [bɔsanɔva] **n. f.** – v. 1962 ◊ mots portugais du Brésil, proprt « nouvelle vague » ■ Musique de danse brésilienne influencée par le jazz de tendance cool. Cette danse elle-même. *Danser des bossanovas, des bossas-novas.*

BOSSE [bɔs] **n. f.** – *boce* 1160 ◊ p.-ê. du latin populaire °*bottia,* d'origine obscure

I ■ **1** Enflure due à un choc sur une région osseuse. *Se faire une bosse au front en se cognant. — Ne rêver que plaies* et bosses.* ■ **2** Saillie du dos, difformité de la colonne vertébrale. ➤ **cyphose, gibbosité ; bossu.** *« entre les deux épaules une bosse énorme dont le contrecoup se faisait sentir par-devant »* HUGO. — LOC. FIG. et FAM. *Rouler sa bosse :* voyager sans cesse. ➤ **bourlinguer.** ■ **3** ANAT. Saillie arrondie à la surface d'un os plat. *Bosses frontales, pariétales. Bosse occipitale. — Bosse du crâne :* protubérance du crâne considérée autrefois comme le signe d'une aptitude (➤ **phrénologie**). — FIG. et FAM. *Avoir la bosse du commerce, de la musique, des mathématiques,* être très bon en... ➤ 1 **don, génie.** ■ **4** Protubérance naturelle sur le dos de certains animaux. *La bosse du dromadaire. Bosses d'un chameau. Bosse de bison, de zébu. Baleine* à bosse.* ■ **5** Élévation ou saillie arrondie sur une surface plane. ➤ **bosselure.** *Terrain qui présente des creux et des bosses.* ➤ **inégalité.** — SPÉCIALT, SKI Monticule de neige glacée. *Passer, décoller sur une bosse. Ski de bosses,* discipline de ski acrobatique. ■ **6** TECHN. Décoration en relief. *En bosse. Travailler en bosse un ouvrage d'orfèvrerie.* ◆ ➤ **ronde-bosse.**

II (1516) MAR. Cordage, généralement de faibles dimensions, utilisé pour saisir solidement un objet quelconque. *Bosse d'amarrage, bosse de ris.*

■ CONTR. Cavité, creux, trou. ■ HOM. Boss.

BOSSELAGE [bɔslaʒ] **n. m.** – 1718 ◊ de *bosseler* ■ Travail en bosse, en relief, exécuté sur les pièces d'orfèvrerie.

BOSSELER [bɔsle] **v. tr.** ‹4 /5/› – 1170 ◊ de *bosse* ■ Déformer par des bosses. ➤ **bossuer, cabosser.** — **p. p. adj.** *Parechoc bosselé.* — PAR EXT. *« Un de ces amas qui bosselaient irrégulièrement la plaine »* FLAUBERT. ■ CONTR. Débosseler.

BOSSELLEMENT [bɔsɛlmɑ̃] **n. m.** /BOSSÈLEMENT/ – 1818 ◊ de *bosseler* ■ Action de bosseler ; résultat de cette action (➤ **bosselure**). *« le bossellement régulier de la colonne vertébrale »* TROYAT.

BOSSELURE [bɔslyʀ] **n. f.** – v. 1560 ◊ de *bosseler* ■ **1** Relief sur une pièce d'argenterie. ■ **2** Déformation d'une surface par des bosses. *Bosselures du pavé.*

1 **BOSSER** [bɔse] **v. tr.** ‹1› – 1516 ◊ de *bosse* (II) ■ MAR. Fixer, retenir avec des bosses.

2 **BOSSER** [bɔse] **v. intr.** ‹1› – 1878 ◊ p.-ê. région. *bosser du dos* « être courbé (sur le travail) », de *bosse* (I) ■ FAM. Travailler. *Il bosse dur.* ➤ 2 **bûcher.** *Je bosse avec lui depuis un an.* — TRANS. *Il faut que je bosse mon examen.* ■ CONTR. Glander.

BOSSETTE [bɔsɛt] **n. f.** – v. 1195 « petite bosse » ◊ de *bosse* ■ **1** (1352) Ornement en bosse sur le mors, sur les œillères d'un cheval. — PAR EXT. Les œillères elles-mêmes. ■ **2** Clou d'ornement à tête ouvragée utilisé en tapisserie ou en ébénisterie. ➤ **cabochon.** ■ **3** *Bossettes d'une arme à feu :* petits renflements de la tête de gâchette.

BOSSEUR, EUSE [bɔsœʀ, øz] **n.** – 1908 ◊ de 2 *bosser* ■ FAM. Personne qui travaille beaucoup. ➤ **bûcheur.** *C'est un sacré bosseur.* — **adj.** *Elle est plus bosseuse que son frère.*

BOSSOIR [bɔswaʀ] **n. m.** – 1678 ◊ de *bosse* (II) ■ MAR. Grosse pièce saillante qui était placée à la proue d'un navire pour servir à la manœuvre d'une ancre. — *Bossoir d'embarcation :* arcboutant servant à suspendre une embarcation, à la larguer, à la hisser.

BOSSU, UE [bɔsy] **adj. et n.** – v. 1170 ◊ de *bosse* ■ Qui a une ou plusieurs bosses par malformation. ➤ **gibbeux ;** POP. **boscot.** *« Mme de Guise, bossue et contrefaite à l'excès »* SAINT-SIMON. **n.** *Un bossu, une bossue.* — LOC. FAM. *Rire comme un bossu :* rire à gorge déployée. ◆ PAR EXT. Voûté. *Redresse-toi, tu es bossu.*

BOSSUER [bɔsɥe] **v. tr.** ‹1› – 1564 ◊ de *bossu* « déformé par des bosses » ■ Déformer accidentellement par des bosses. ➤ **bosseler, cabosser.** *Bossuer une timbale en argent.* — PAR EXT. Rendre inégal (une surface) en formant des bosses. *« Sur le revers d'une de ces collines décharnées qui bossuent les Landes »* GAUTIER. — **p. p. adj.** *Un crâne bossué,* qui présente des bosses. ■ CONTR. Aplatir, unir.

BOSTON [bɔstɔ̃] **n. m.** – 1800 ◊ de *Boston,* ville des États-Unis ■ **1** Ancien jeu de cartes, proche du whist. ■ **2** (v. 1882) [bɔstɔn] Pas de danse consistant à effectuer des demi-tours en trois pas sans pivoter sur la pointe des pieds. *Boston américain :* danse composée de ces pas, sur un rythme de valse lente.

BOSTONNER [bɔstɔne] **v. intr.** ‹1› – 1892 ◊ de *boston* ■ Danser le boston.

BOSTRYCHE [bɔstʀiʃ] **n. m.** – 1803 ◊ grec *bostrukhos* « boucle de cheveux » ■ Insecte phytophage *(coléoptères)* à corselet velu, dont les larves vivent dans le bois des chênes.

BOT, BOTE [bo, bɔt] **adj.** – milieu XVe ◊ p.-ê. du germanique °*butta* « émoussé » → aboiteau ■ *Pied bot,* rendu difforme par rétraction de tendons et de ligaments, souvent associée à des malformations osseuses. *Pied bot varus équin* (affection congénitale). — PAR EXT. (RARE) *Main bote. Hanche bote.* — **loc. adj.** *Pied bot :* qui a un pied contrefait. *Un cheval pied bot.* ■ HOM. Bau, baud, baux (bail), beau ; botte.

BOTANIQUE [bɔtanik] **adj. et n. f.** – 1611 ◊ grec *botanikê* adj. f., de *botanê* « plante » ■ **1** Relatif à l'étude des végétaux. *Jardin botanique. Géographie botanique.* ■ **2 n. f.** Discipline qui regroupe l'ensemble des sciences végétales. *La botanique, à laquelle incombe la classification des espèces végétales, participe à l'écologie, à la pharmacologie.*

BOTANISTE [bɔtanist] **n.** – 1676 ◊ d'après *botanique* ■ Personne qui s'occupe de botanique.

BOTHRIOCÉPHALE [bɔtʀijosefal] **n. m.** – 1824 ◊ du grec *bothrion* « fossette » et *kephalê* « tête » ■ Ténia transmis par l'ingestion de poisson insuffisamment cuit.

BOTOX [bɔtɔks] **n. m.** – 1998 ◊ marque déposée (1991) ; acronyme anglais, de *botulinum toxin* « toxine botulique » ■ Toxine botulique*, utilisée en injections locales pour atténuer les rides du visage en provoquant une paralysie musculaire. *« les rides de son front se creusent, le Botox a perdu la partie »* V. DESPENTES.

BOTRYTIS [bɔtʀitis] **n. m.** – 1805 ◊ du latin scientifique *Botrytis* (Micheli, 1729), du grec *botruitês,* de *botrus* « grappe », les spores de ce champignon étant réunies en grappe ■ Champignon parasite *(ascomycètes)* dont une espèce provoque la muscardine sur le ver à soie et une autre la pourriture grise sur la vigne. *Sur certains terroirs, le botrytis évolue en pourriture noble.*

1 **BOTTE** [bɔt] **n. f.** – fin XIIe ◊ moyen néerlandais *bote* « touffe de lin », de *boten* « frapper » ■ Assemblage de végétaux de même nature dont les tiges sont liées ensemble (généralement dans le même sens). ➤ **faisceau.** *Botte cylindrique, parallélépipédique. Botte de paille, de foin, d'épis.* ➤ 1 **gerbe.** *Mise en botte.* ➤ **bottelage.** — *Chercher une aiguille* dans une botte de foin. — Bottes de poireaux, de radis, d'asperges. Carottes en bottes. Botte de fleurs.* ➤ 1 **bouquet.** — PAR EXT. *Botte de soie, de chanvre :* écheveaux liés ensemble. ■ HOM. Bote (bot).

2 **BOTTE** [bɔt] **n. f.** – *bote* « chaussure épaisse » XIIe ◊ origine inconnue, p.-ê. même racine que *bot* ■ Chaussure (de cuir, caoutchouc, crêpe, toile, plastique, fourrure) qui enferme le pied et la

jambe et parfois la cuisse (➤ **cuissarde**). *Une paire de bottes. Le pied et la tige d'une botte.* — *Mettre, enlever ses bottes.* ➤ **se botter ; tire-botte.** *Botte de cavalerie, à éperons. Bottes cavalières. Bottes fourrées. Bottes américaines.* ➤ **santiag.** *Botte basse, demi-botte.* ➤ **après-ski, boots, bottillon, bottine** (cf. Chaussure* montante). *Les bottes de sept lieues.* — Par anal. de forme *La botte de l'Italie.* ◆ LOC. FAM. *Graisser ses bottes :* se préparer à partir. — *Cirer, lécher les bottes à qqn,* le courtiser, le flatter bassement. ➤ **lécher.** — *Droit* dans ses bottes.* — *Mettre, avoir du foin dans ses bottes :* amasser, avoir beaucoup d'argent. — VULG. *Chier dans les bottes de qqn :* exagérer, dépasser la mesure. *« Si en plus les morts se mettent à nous chier dans les bottes en nous regardant droit dans les yeux, alors moi je dis, non ! »* PH. CLAUDEL. — *À propos de bottes :* sans motif sérieux. *Se quereller à propos de bottes.* — FAM. *En avoir plein les bottes :* être fatigué d'avoir trop marché. — *Être, vivre sous la botte de,* sous l'oppression de (un régime autoritaire). *Être à la botte de qqn,* à sa dévotion, à ses ordres. *Bruit de bottes :* menace de guerre, d'invasion, de putsch militaire. *« une humanité asservie pour la première fois sans bruit de bottes ni musique militaire »* M. DUGAIN. ◆ ARG. de Polytechnique Ensemble des élèves les mieux classés à la sortie de l'école. *Sortir dans la botte.*

3 **BOTTE** [bɔt] n. f. – fin XVIe ◇ italien *botta* « coup » ■ ESCR., VIEILLI Attaque portée à un adversaire avec le fleuret, l'épée, le sabre. *Porter, pousser, allonger une botte. Une botte secrète, imparable.* — LOC. FIG. VIEILLI *Porter, pousser une botte :* faire une attaque vive et imprévue, poser une question embarrassante. *Proposer la botte à qqn,* lui proposer de faire l'amour.

BOTTELAGE [bɔtlaʒ] n. m. – v. 1350 ◇ de *botteler* ■ Action de botteler. *Le bottelage du blé.*

BOTTELER [bɔtle] v. tr. ⟨4 /5/⟩ – 1328 ◇ de *botel,* diminutif de 1 *botte* ■ Lier en bottes. *Botteler de la paille.*

BOTTELEUR, EUSE [bɔtlœʀ, øz] n. – 1391 ◇ de *botteler* ■ 1 Personne qui fait des bottes de foin, de paille, etc. ■ 2 n. f. (1897) AGRIC. Machine à botteler.

BOTTER [bɔte] v. tr. ⟨1⟩ – v. 1225 « chausser » ◇ de 2 *botte* ■ 1 Pourvoir, chausser (qqn) de bottes. — *Cavalier botté de cuir fauve.* — PRONOM. *« Mes allées dans lesquelles je me promenais sans être obligé de me botter »* GUEZ DE BALZAC. ■ 2 (1850) FIG. et FAM. Plaire à. *Ça me botte.* ➤ 1 **aller, convenir.** *Tu me bottes.* ■ 3 FAM. Donner un coup de botte, un coup de pied à. *Botter le derrière, les fesses à qqn.* — ABSOLT SPORT Au football, au rugby, Frapper du pied le ballon. *Botter en touche*.* ■ HOM. poss. Beauté.

BOTTEREAU [bɔtʀo] n. m. – 1878 ◇ de l'ancien français *boterel* « crapaud », cette pâtisserie gonflant lors de la cuisson, p.-ê. d'origine germanique ■ RÉGION. (Poitou, Anjou) Beignet au sucre en forme de losange.

BOTTIER, IÈRE [bɔtje, jɛʀ] n. – fin XVe ◇ de 2 *botte* ■ 1 Personne qui fabrique des bottes. ■ 2 PAR EXT. Artisan qui fabrique et vend des chaussures sur mesure. ➤ **chausseur.** — EN APPOS. *Artisan bottier.* ■ 3 adj. inv. *Talons bottier,* de même forme que les talons de botte (d'hommes).

BOTTILLON [bɔtijɔ̃] n. m. – 1894 ◇ de 2 *botte* ■ Chaussure ou chausson montant et confortable. *Une paire de bottillons fourrés.*

BOTTIN [bɔtɛ̃] n. m. – 1867 ◇ n. déposé, du nom de *S. Bottin* ■ Annuaire des téléphones édité par Bottin. PAR EXT. Annuaire des téléphones. *Consulter le bottin. Être dans le bottin,* y avoir son nom. ◆ *Le Bottin mondain,* répertoriant les personnalités du grand monde.

BOTTINE [bɔtin] n. f. – 1367 « petite botte » ◇ de 2 *botte* ■ Chaussure montante ajustée, élégante, à élastique ou à boutons. ➤ **brodequin.** *Bottines vernies. « Marche un peu que je les voie remuer, que je les voie vivre, tes petites bottines »* MIRBEAU. — LOC. *Des yeux en boutons de bottine,* ronds, petits et inexpressifs. RÉGION. *Avoir les deux pieds* dans la même bottine.*

BOTULIQUE [bɔtylik] adj. – 1878 ◇ de *botulisme* ■ MÉD., BACTÉRIOL. *Bacille botulique :* bactérie anaérobie (➤ **clostridies**) présente dans les conserves ou la charcuterie avariées, agent du botulisme. *Toxine botulique :* puissante neurotoxine produite par cette bactérie. *Utilisation de la toxine botulique comme arme biologique. Injection de toxine botulique pour réduire les rides du visage.* ➤ **botox** (marque déposée). — On dit parfois *botulinique.*

BOTULISME [bɔtylism] n. m. – 1879 ◇ du latin *botulus* « boudin » ■ Intoxication grave, souvent mortelle, causée par la toxine botulique et caractérisée par la paralysie musculaire, des troubles de la vision et de la respiration. *Botulisme alimentaire, par inoculation, par inhalation.*

BOUBOU [bubu] n. m. – 1855 ◇ mot malinké (Guinée) désignant un singe, puis sa peau ■ Longue tunique ample portée par les Africains. *« Habillé comme pour une cérémonie de deux grands boubous »* SEMBENE.

BOUBOULER [bubule] v. intr. ⟨1⟩ – 1829 ◇ onomat. ■ Pousser son cri, en parlant du hibou. ➤ **hululer.**

BOUC [buk] n. m. – *buc* 1121 ◇ gallo-roman °*buccus,* p.-ê. du gaulois °*bucco* ou de *bouquer* « frapper avec des cornes » → bouter ■ 1 Mâle de la chèvre *(bovidés). La barbe du bouc. Vieux bouc.* ➤ 1 **bouquin.** *Puanteur de bouc.* ➤ **hircin.** *Cuir de bouc.* ➤ **maroquin.** *Le Satyre, demi-dieu à pieds de bouc.* LOC. VIEILLI *Être bique et bouc,* bisexuel. ◆ *Bouc émissaire :* bouc que le Grand Prêtre, dans la religion hébraïque, envoyait le jour du Grand Pardon (Yom Kippour) dans le désert, chargé des péchés d'Israël ; FIG. personne sur laquelle on fait retomber les torts des autres. ■ 2 FIG. (fin XIXe) Petite barbe au menton. ➤ **barbiche.** *Porter le bouc.* ■ HOM. Book (bookmaker).

1 **BOUCAN** [bukɑ̃] n. m. – 1578 ◇ tupi *mokaem* ■ Gril de bois utilisé dans les Caraïbes pour fumer, griller la viande, le poisson. *« Un samedi soir haïtien pétillant de boucans sur les collines, d'accords de tam-tams fusant de partout »* R. DEPESTRE. ◆ Viande, poisson ainsi préparés.

2 **BOUCAN** [bukɑ̃] n. m. – 1790 ; « lieu de débauche » 1624 ◇ p.-ê. de *boucaner* « faire le bouc » ou de *boucan* « cabane » ■ FAM. Grand bruit. ➤ **tapage, vacarme* ;** FAM. **raffut, ramdam.** *Faire du boucan. Un boucan de tous les diables.*

BOUCANE [bukan] n. f. – 1777 ◇ de *boucaner* ■ RÉGION. (Canada, Louisiane) FAM. Fumée. *La boucane d'une cigarette.*

BOUCANER [bukane] v. ⟨1⟩ – 1575 ◇ de 1 *boucan* ■ 1 v. tr. Faire sécher à la fumée (de la viande, du poisson). — p. p. adj. *Viandes boucanées.* — n. m. **BOUCANAGE,** 1845. ◆ PAR EXT. Dessécher et colorer (la peau). ➤ **tanner.** *« Sa figure que les années, le soleil, le grand air et les intempéries des saisons avaient boucanée »* GAUTIER. ■ 2 v. intr. Aller chasser les bœufs sauvages pour en recueillir les peaux.

BOUCANIER [bukanje] n. m. – 1654 ◇ de 1 *boucan* ■ Aventurier coureur de bois des Caraïbes. ◆ PAR EXT. Pirate qui infestait l'Amérique. *Boucaniers et flibustiers.*

BOUCAU [buko] n. m. – 1538 ◇ du provençal *boucau, bouco* « bouche » ■ RÉGION. Entrée d'un port, dans le Midi. ■ HOM. Boucaud.

BOUCAUD [buko] n. m. – 1960 ◇ diminutif de *bouc ;* → 2 bouquet ■ RÉGION. Crevette grise. — On écrit aussi *boucot.* ■ HOM. Boucau.

BOUCHAGE [buʃaʒ] n. m. – 1811 ; « terre détrempée » (métall.) 1751 ◇ de 1 *boucher* ■ Action, manière de boucher. ➤ **fermeture.** *Le bouchage des bouteilles. Un bouchage hermétique.*

BOUCHARDE [buʃaʀd] n. f. – 1600 ◇ origine inconnue, p.-ê. de *bocard,* sous l'influence de *bouche* ■ Marteau à tête carrée garnie de pointes, servant à égaliser la surface d'une pierre. *Une boucharde de carrier.* — Rouleau muni d'aspérités servant à donner à une surface de ciment frais un aspect pointillé. *Une boucharde de maçon.* — v. tr. ⟨1⟩ **BOUCHARDER,** 1866.

BOUCHE [buʃ] n. f. – v. 1150 *boche ;* v. 1040 *buce* ◇ latin *bucca*
I (CHEZ L'ÊTRE HUMAIN ET LES ANIMAUX) A. CHEZ L'ÊTRE HUMAIN ■ 1 Cavité située à la partie inférieure du visage de l'être humain, bordée par les lèvres, communiquant avec l'appareil digestif et avec les voies respiratoires. ➤ FAM. **bec, gueule ; buccal.** *Ouvrir, fermer la bouche. Les commissures de la bouche. Respirer par la bouche. S'embrasser sur la bouche, à pleine bouche, à bouche que veux-tu. Le bouche à bouche.* ➤ **bouche-à-bouche.** ■ 2 SPÉCIALT Les lèvres et leur expression. *Une belle bouche. Bouche lippue, pulpeuse. Bouche dédaigneuse.* — LOC. FAM. *Bouche en cul-de-poule*. Rester bouche bée*. La bouche en cœur,* en minaudant. ■ 3 **LA BOUCHE** Siège du goût. *Laisser fondre dans la bouche sans avaler. Avoir la bouche pleine. « Les dents couvertes d'un chyme jaunâtre, il s'excusa de parler la bouche pleine »* J. ALMIRA. *Avoir la bouche pâteuse, sèche. Sentir mauvais de la bouche.* ➤ POP. **goulot ; haleine.** — *Vin long, court en bouche,* dont la saveur persiste, ne persiste pas après l'absorption. — *Mise en bouche :* plat servi en début de repas pour ouvrir l'appétit. ➤ **amuse-bouche, amuse-gueule ; entrée.** *« et une assiette de fruits de mer, histoire de patienter, une petite mise en bouche en attendant le gibier »* B. BLIER. *Garder qqch. pour la bonne bouche,* le manger en dernier pour en conserver le goût agréable ; FIG. garder le meilleur pour la fin. — LOC. *Rester* sur la bonne bouche. Avoir l'eau à la bouche :* sécréter de la salive devant un mets appétissant ; être mis en appétit, désirer. *Menu qui met l'eau à la bouche.* — *S'enlever les morceaux de la bouche :* se priver de nourriture, du nécessaire au profit de qqn.

Enlever le pain de la bouche à qqn.* — *Dépense, frais de bouche,* de nourriture. *Munitions, provisions de bouche. Métiers de bouche,* métiers de l'alimentation (boulanger, boucher, traiteur, cuisinier, restaurateur, etc.). ▪ **4** PAR EXT. **UNE BOUCHE.** Personne qui mange. *Une fine* bouche. Une bouche à nourrir, une bouche inutile :* une personne que l'on doit nourrir et qui ne rapporte rien (dans une famille, une collectivité). ▪ **5 LA BOUCHE** Organe de la parole. ➤ FAM. **clapet, gueule ; oral.** *Ouvrir la bouche.* ➤ 1 **parler.** *Il n'a pas ouvert la bouche de la soirée. Avoir l'injure à la bouche :* dire des injures. *Avoir toujours un même mot à la bouche,* le répéter constamment, parler toujours du même sujet. *L'argent, tu n'as que ce mot à la bouche ! « C'est encore que des autres mensonges ! Il a jamais que ça dans la bouche ! »* CÉLINE. *Vous me l'ôtez de la bouche :* j'allais le dire. *Avoir plein la bouche de qqch.,* en parler continuellement et avec enthousiasme. — *Parler par la bouche de qqn,* en faire son porte-parole. — *De bouche à oreille :* sans intermédiaire, sans publicité. SUBST. *Restaurant qui se fait connaître par le bouche à oreille. Bouche à oreille :* **recomm. offic. pour *buzz.*** *Bouche à oreille électronique :* **recomm. offic. pour *marketing viral.*** — *Bouche cousue !* gardez le secret. — FAM. *Ça t'arracherait la bouche de dire merci ! Paroles, nouvelles qui passent, circulent de bouche en bouche,* qui se transmettent d'une personne à une autre.

B. CHEZ L'ANIMAL Cavité buccale de certains animaux. ➤ **gueule.** *La bouche du cheval. L'hameçon se plante dans la bouche du poisson.*

II OUVERTURE, ENTRÉE (DE QQCH.) ▪ **1** Orifice. *La bouche d'un volcan. La bouche d'un four. Bouches de métro.* — *La bouche d'un tuyau. Mettre des tuyaux bouche à bouche.* ➤ **aboucher.** *Une bouche d'eau, d'arrosage. Bouche d'égout. Bouche d'incendie. Bouche de chaleur*. Bouche d'aération.* ◆ *Bouche à feu :* arme non portative. ➤ 1 **canon, mortier, obusier.** ▪ **2** Delta, embouchure. *Bouche d'un fleuve. Les bouches du Rhône, du Gange.*
▪ **HOM.** Bush.

BOUCHÉ, ÉE [buʃe] adj. – XVIe ◇ de 1 *boucher* ▪ **1** ➤ **fermé, obstrué.** *Un trou mal bouché. Fissure bouchée avec, par du plâtre. Un chemin bouché,* encombré. *Un temps bouché.* ➤ 1 **bas, brumeux,** 2 **couvert.** *Avoir le nez bouché* (par des mucosités). *Une bouteille bouchée.* PAR EXT. *Du vin, du cidre bouché* **(opposé à *au tonneau*).** ▪ **2** (1690) FIG. Qui ne comprend rien. *Un esprit bouché.* ➤ **borné, obtus.** *Tu es vraiment bouché !* ➤ **imbécile, sot.** FAM. *Bouché à l'émeri*.* ▪ **CONTR.** Clair, dégagé, ouvert.

BOUCHE-À-BOUCHE [buʃabuʃ] n. m. inv. – 1964 ◇ de *bouche* ▪ Procédé de respiration artificielle par lequel une personne insuffle avec sa bouche de l'air dans la bouche de l'asphyxié. *Pratiquer, faire le bouche-à-bouche à un noyé.*

BOUCHÉE [buʃe] n. f. – *buchiee* 1120 ◇ de *bouche* ▪ **1** Morceau, quantité d'aliment qu'on met dans la bouche en une seule fois. *Une bouchée de pain.* — LOC. FIG. *Pour une bouchée de pain :* pour un prix dérisoire. — *Dès la dernière bouchée :* aussitôt après le repas. *Ne faire qu'une bouchée d'un mets,* le manger gloutonnement. — *Ne faire qu'une bouchée d'un adversaire,* en triompher aisément. — *Mettre les bouchées doubles :* aller plus vite (dans un travail, etc.). ▪ **2** (1808) **BOUCHÉE À LA REINE :** croûte feuilletée garnie de viandes blanches en sauce. ➤ **vol-au-vent.** *Des bouchées à la reine.* ◆ *Bouchée (au chocolat) :* bonbon de chocolat fin fourré. ➤ **crotte.** ▪ **3** (1953) **(Canada)** LOC. *Prendre une bouchée,* un repas léger. ▪ **HOM.** Boucher.

1 **BOUCHER** [buʃe] v. tr. ⟨1⟩ – 1272 ; ancien français *bousche* « touffe de paille (pour fermer) » ◇ latin populaire °*bosca* « broussailles » (→ bouchon), même racine que *bois* ▪ Fermer (une ouverture). ➤ **clore, fermer, obturer.** *Boucher une bouteille* (➤ **bouchon ; et aussi capsuler).** *Boucher les trous d'un mur, les pores du bois. Boucher hermétiquement un vase, un récipient.* ➤ **luter.** *Boucher une voie d'eau.* ➤ **aveugler, colmater, étancher, tamponner.** *Boucher à fond.* — *Se boucher le nez* (en le pinçant), pour ne pas sentir une odeur. — FIG. *Se boucher les yeux :* refuser de voir. *Se boucher les oreilles :* refuser d'entendre. ◆ PAR EXT. *Tu bouches le passage. La rue est bouchée par un gros camion.* ➤ **barrer,** 1 **bloquer, obstruer.** *Boucher une porte, une fenêtre.* ➤ **aveugler, condamner, murer.** *Ce mur bouche la vue.* ➤ **cacher, intercepter.** — FIG. et FAM. *En boucher un coin, une surface* (à qqn), l'étonner, le réduire au silence. ➤ **clouer** (le bec), **épater.** ◆ Couvrir, obscurcir. *De gros nuages bouchaient l'horizon.* ◆ **SE BOUCHER** v. pron. *Une conduite d'eau, un carburateur qui se bouche.* ➤ **s'engorger.** ▪ **CONTR.** 1 Déboucher, ouvrir. ▪ **HOM.** Bouchée.

2 **BOUCHER, ÈRE** [buʃe, ɛʀ] n. – fin XIIe *bochier* ◇ mot gallo-roman, p.-ê. de °*buccus* « bouc », le boucher étant à l'origine chargé d'abattre les boucs ▪ **1** TECHN. Personne qui tue ou fait tuer les bœufs, les moutons et en vend la chair crue. ➤ **chevillard.** ▪ **2** (1616 adj.) FIG. Personne cruelle et sanguinaire. *C'est un vrai boucher,* en parlant d'un chirurgien maladroit (➤ **charcutier),** d'un officier peu économe de la vie de ses troupes (➤ **bourreau).** ▪ **3** COUR. Personne qui vend de la viande de boucherie* au détail ; personne qui travaille dans une boucherie. ➤ **étalier,** ARG. **loucherbem.** *Aller chez le boucher. Acheter un rôti de veau, un gigot chez le boucher. « les morceaux du boucher, les meilleurs, ceux qu'on va chercher derrière »* J. SORMAN. *Bouchère qui tient la caisse.* APPOS. *Des garçons bouchers. Boucher charcutier*, tripier*, volailler*. Tablier, couteau de boucher.* — PAR EXT. *Boucher hippophagique,* qui ne vend que de la viande de cheval. ▪ **4** adj. *La lucilie* bouchère.*

BOUCHERIE [buʃʀi] n. f. – *boucerie* « commerce de la viande crue » v. 1220 ◇ de 2 *boucher* ▪ **1** VX Lieu où l'on abat les bêtes destinées à l'alimentation. ➤ **abattoir.** ▪ **2** MOD. *Animaux de boucherie :* mammifères (bétail) élevés pour leur chair (bœufs, moutons, porcs). *Débit des animaux de boucherie.* ➤ **quartier ; abat, issue.** *Viande de boucherie.* ◆ Commerce de la viande crue de bœuf, de mouton, de porc, et parfois de cheval. ▪ **3** Magasin où l'on vend cette viande, et d'autres viandes crues éventuellement. *Étal, crochet de boucherie. Boucherie charcuterie. Le rayon boucherie d'un supermarché.* — *Boucherie chevaline, hippophagique,* où l'on ne vend que du cheval. ▪ **4** (1764) **(Suisse, Canada)** Le fait d'abattre, de dépecer et de traiter un animal d'élevage (SPÉCIALT le porc) pour la consommation. LOC. *Faire boucherie :* tuer le cochon. ▪ **5** (1441) Combat meurtrier. ➤ **tuerie ; carnage, massacre.** *Envoyer des soldats à la boucherie. « Ils sont tous morts... tous tués... C'est une vraie boucherie »* MIRBEAU.

BOUCHE-TROU [buʃtʀu] n. m. – 1765 en peint. ; 1688 « dernier enfant d'une femme » ◇ de 1 *boucher* et *trou* ▪ FAM. Personne, objet n'ayant pas d'autre utilité que de combler une place vide. *Cet acteur n'est qu'un bouche-trou* (➤ **utilité).** *Des bouche-trous.*

BOUCHOLEUR ➤ **BOUCHOTEUR**

BOUCHON [buʃɔ̃] n. m. – début XIVe ; « buisson » fin XIIIe ◇ ancien français *bousche* « touffe de feuillage pour boucher » → 1 boucher

I ▪ **1** VX ou TECHN. Poignée de paille ou de foin tortillé. *« des poignées de graminées qu'il tordit et tassa pour en faire un gros bouchon et longuement, soigneusement, il étrilla tout le corps du cheval »* C. MINARD. ➤ **bouchonner.** — PAR ANAL. *Mettre du linge en bouchon.* ➤ **tapon.** — *Vêtement en bouchon,* froissé. ▪ **2** (XVIIe ◇ de *bouchonner*) FIG. Terme familier de tendresse. *« Que je t'aime, mon petit bouchon ! »* MOLIÈRE. ▪ **3** SPÉCIALT (1584) VX Petit bouquet de paille, rameau de feuillage qui servait d'enseigne à un cabaret ; ce cabaret. ➤ **estaminet.** *« Le couple se donnait rendez-vous dans un bouchon de l'avenue »* CARCO. ◆ RÉGION. **(Lyonnais)** Petit restaurant, bistrot proposant des plats lyonnais traditionnels.

II (1397 « bouchon fermant un tonneau ») ▪ **1** Pièce ordinairement cylindrique entrant dans le goulot des bouteilles, des carafes, des flacons, et qui sert à les boucher. *Bouchon de carafe* (➤ **cabochon)** ; FIG. et FAM. gros diamant. *Ôter, remettre le bouchon.* ➤ 1 **déboucher, reboucher.** *Bouchon de caoutchouc, de verre. Bouchon applicateur. Bouchon de liège. Bouchon de champagne,* à tête renflée, retenu par une armature. *« Plus léger qu'un bouchon, j'ai dansé sur les flots »* RIMBAUD. *Capsule d'un bouchon. Vin qui sent le bouchon* (➤ **bouchonné).** *Goût de bouchon.* — *Droit de bouchon :* somme réclamée par un restaurateur pour le service des bouteilles fournies par le client. ◆ Petite pièce cylindrique creuse, de métal ou de matière plastique, qui se visse à l'ouverture d'un bidon, d'un tube, d'une fiole pour les fermer. *Bouchon d'un tube de dentifrice. Bouchon doseur d'une bouteille de pastis. « Victoire de Samothrace en bouchon de radiateur »* SIMONIN. — TECHN. *Bouchon fusible d'une chaudière.* ➤ **rondelle** (de sûreté). — *Bouchon allumeur d'une grenade :* dispositif permettant d'enflammer la poudre de la grenade. ◆ *Bouchons d'oreilles :* petits cônes de mousse ou boules de cire (Cf. Boules* Quies) que l'on place dans les oreilles pour s'isoler du bruit. ▪ **2** (1828, ancien jeu) LOC. FAM. *C'est plus fort que de jouer au bouchon !* c'est un peu fort, c'est extraordinaire. — *Pousser (jeter, lancer) le bouchon un peu (trop) loin :* exagérer, aller trop loin, y aller fort*. *« il se dit qu'il va l'engueuler, juste pour la forme, juste pour le plaisir de pousser le bouchon »* É. CHERRIÈRE. ▪ **3** PÊCHE Flotteur d'une ligne de pêcheur qui permet de surveiller le fil. ▪ **4** PAR EXT. Ce qui bouche accidentellement un conduit, un passage. *Bouchon de cérumen.* — Encombrement de voitures qui arrête la circulation. *On signale un bouchon sur l'autoroute.* ➤ **embouteillage, retenue ; bouchonner.** *Itinéraire de délestage qui évite les bouchons.*

BOUCHONNÉ, ÉE [buʃɔne] adj. – XXe ◊ de *bouchon* ■ *Vin bouchonné,* qui a goût de bouchon.

BOUCHONNEMENT [buʃɔnmɑ̃] n. m. – 1852 ◊ de *bouchonner* ■ Action de bouchonner. *Le bouchonnement d'un cheval.* ➤ pansage ; friction. — On dit aussi **BOUCHONNAGE,** 1843.

BOUCHONNER [buʃɔne] v. tr. ‹1› – 1551 ◊ de *bouchon* ■ **1** VIEILLI Mettre en bouchon, en tampon. ➤ chiffonner. *Bouchonner du linge.* ■ **2** Frotter vigoureusement (le corps). *Se bouchonner le visage, la nuque.* — *Bouchonner un cheval :* frotter le poil de l'animal avec un bouchon de paille ou de foin pour sécher la sueur ou activer la circulation. ➤ frictionner. ■ **3** FIG. et FAM. Couvrir de caresses, être aux petits soins avec (qqn). ➤ cajoler, caresser. « *Une femme dévouée qui leur fait tiédir leur flanelle, les bouchonne et les dorlote* » DUHAMEL. ■ **4** INTRANS. (1964) FAM. Former un bouchon, un embouteillage. *Ça bouchonne sur l'autoroute.*

BOUCHONNIER [buʃɔnje] n. m. – 1763 ◊ de *bouchon* ■ Celui qui fabrique, qui vend des bouchons de liège.

BOUCHOT [buʃo] n. m. – 1824 ; « parc pour les poissons » 1681 ; *bouchaux* 1385 ◊ mot poitevin, latin médiéval *buccaudum,* de *bucca* « bouche » ■ Clôture en bois sur les bords de la mer, servant à la culture des moules et autres coquillages. ➤ moulière, parc (à moules). « *La mer s'était retirée à l'infini, découvrant* [...] *les pieux sombres des bouchots* » FOTTORINO. *Moules de bouchot.*

BOUCHOTEUR, EUSE [buʃɔtœʀ, øz] n. – 1868 ◊ de *bouchot* ■ VIEILLI Personne qui s'occupe de la reproduction des moules. ➤ mytiliculteur. — On dit aussi **BOUCHOLEUR, EUSE,** 1928.

BOUCLAGE [buklaʒ] n. m. – 1841 « fermeture » ◊ de *boucler* ■ **1** FAM. Action d'enfermer, mise sous clé. ■ **2** Opération par laquelle on boucle (5°). *Le bouclage d'un quartier par la police.* ■ **3** TECHNOL. Réalisation d'une boucle (4°) dans un système. ■ **4** TECHN. (PRESSE) Fait de terminer la mise au point rédactionnelle et la mise en pages définitive de l'édition d'un journal. *Le bouclage d'un quotidien. Les « drogués de l'information qui ne vibraient jamais tant que dans les minutes brûlantes du bouclage »* FOTTORINO.

BOUCLE [bukl] n. f. – 1160 ; « bosse de bouclier » fin XIIe ◊ latin *buccula* « petite joue », diminutif de *bucca* ■ **1** Sorte d'anneau, de rectangle en matière rigide garni d'une ou plusieurs pointes montées sur axe (➤ ardillon) et qui sert à tendre une courroie, une ceinture. *Boucle de ceinture, de bandoulière, de soulier ; boucle d'un harnais, d'une sangle.* ■ **2** Objet en forme d'anneau. — ZOOTECHN. Anneau que l'on met aux juments pour les empêcher d'être saillies (➤ boucler, I, 3°). — MAR. *Boucle de pont :* anneau fixé au pont d'un navire et qui reçoit les cordages, les amarres. — *Boucle de quai :* grand anneau scellé, qui reçoit les amarres. ◆ *Boucle d'oreille :* bijou que l'on fixe à l'oreille. ➤ 1 clip, créole, dormeuse, girandole, 2 pendant, pendeloque. *Des boucles d'oreilles en or, en diamant.* ■ **3** PAR ANAL. Ce qui s'enroule en forme d'anneau, ligne courbe qui se recoupe. ◆ Partie arrondie et allongée de lettres manuscrites. *La boucle du l, du j.* ◆ (XVIIe) *Boucle de cheveux.* ➤ accroche-cœur, anglaise, bouclette, 1 frisette, 2 frison, frisottis ; RÉGION. crolle. *Conserver une boucle dans un médaillon.* ◆ *Boucle d'un lacet de soulier. Nœud à deux boucles.* ➤ rosette. COUT., BRODERIE *Boucle de fil, de laine.* ◆ Courbe fermée ou quasi fermée. *Les boucles de la Seine.* ➤ méandre. LOC. *La grande boucle :* le circuit du Tour de France. ◆ (1914) Cercle vertical décrit par un avion, figure de voltige (➤ looping). *Boucler la boucle :* faire un cercle complet ; FIG. se retrouver au point de départ. *La boucle est bouclée.* — LOC. FIG. *Être dans la boucle,* impliqué dans un processus. « *les entreprises n'hésitent plus à mettre dans la boucle des intervenants extérieurs* » (Le Figaro, 2009). ◆ Figure de patinage artistique. *Boucle piquée. La double et la triple boucle piquée se font en deux et trois tours.* ◆ **EN BOUCLE :** mode de diffusion dans lequel une séquence est diffusée de manière ininterrompue, recommençant aussitôt finie. *Reportage diffusé en boucle.* « *depuis que son alzheimer l'avait coupée du monde, elle regardait en boucle* Les Feux de l'amour *sur DVD* » VAN CAUWELAERT. ■ **4** AUTOMAT. Circuit réalisant une réaction positive (➤ réaction) ou négative (➤ rétroaction ; contre-réaction) de la sortie sur l'entrée d'un système. ➤ feed-back. — *Boucle d'asservissement :* boucle de contre-réaction réalisée en vue d'une régulation. ■ **5** INFORM. Suite d'instructions d'un programme exécutée de manière répétitive. ◆ TÉLÉCOMM. *Boucle locale :* partie terminale d'un réseau de transmission, câblé ou non, qui relie l'abonné, le destinataire au commutateur le plus proche. *Dégroupage de la boucle locale.*

BOUCLER [bukle] v. ‹1› – 1440 « bomber » ◊ de *boucle*
I v. tr. ■ **1** Attacher, serrer au moyen d'une boucle. *Boucler sa ceinture.* — PAR EXT. *Boucler sa valise, sa malle,* les fermer ; FIG. s'apprêter à partir. ■ **2** FAM. Fermer. *Il est l'heure de boucler le magasin.* — *La boucler :* se taire (cf. Fermer sa gueule*). ◆ FIG. et FAM. Enfermer, emprisonner. *Boucler un prisonnier.* PAR EXT. *Elle s'est bouclée dans sa chambre.* ■ **3** Mettre une boucle à (une jument). ■ **4** Donner la forme d'une boucle à. *Boucler ses cheveux.* ➤ friser, onduler. — p. p. adj. *Barbe bouclée.* ◆ Fermer une boucle que l'on décrit. *Boucler la boucle*. Boucler un circuit.* « *Par un vaste détour, bouclant la terre entière* » GIDE. — *Boucler une édition, un numéro :* rassembler les articles et préparer la composition et la mise en pages. — FIG. *Boucler son budget,* le mettre en équilibre (cf. Joindre les deux bouts*). ■ **5** MILIT. Cerner par des troupes. *Boucler un quartier.* ■ **6** AUTOMAT. *Système bouclé,* ayant une boucle (4°).
II v. intr. ■ **1** Avoir, prendre la forme de boucles. *Ses cheveux bouclent naturellement.* ➤ RÉGION. croller. ■ **2** INFORM. (sujet chose) Exécuter une suite d'instructions de manière répétitive. *Le programme boucle indéfiniment.*
■ CONTR. Déboucler.

BOUCLETTE [buklɛt] n. f. – *bouglette* XIVe ◊ de *boucle* ■ Petite boucle. — APPOS. *Laine bouclette :* laine à tricoter qui forme de petites bouclettes, des inégalités.

BOUCLIER [buklije] n. m. – 1268 ◊ ellipse de *escut bucler* « écu à bosse » → boucle ■ **1** ANCIENNT Arme défensive, épaisse plaque portée au bras par les gens de guerre pour se protéger. ➤ 1 écu, pavois, pelta, targe. *Bouclier de cuir, de bronze.* « *Le bateau s'avance derrière ses voiles comme un guerrier antique derrière son bouclier* » RENARD. — *Levée de boucliers :* démonstration par laquelle les soldats romains exprimaient leur résistance aux volontés de leur général ; FIG. démonstration d'opposition. — LOC. *Faire un bouclier de son corps (à qqn) :* se mettre devant qqn pour le protéger (cf. Faire un rempart* de son corps). — (du nom du graveur *Charles Brennus*) *Bouclier de Brennus :* trophée décerné à l'équipe qui remporte le championnat de France de rugby. ■ **2** FIG. et LITTÉR. ➤ 1 défense, protection, rempart, 1 sauvegarde. « *Prenez le bouclier de la foi* » (BIBLE). *Se faire un bouclier de sa pudeur.* — *Bouclier humain.* ➤ otage. — (2001) *Bouclier fiscal :* dispositif qui plafonne l'imposition globale d'un particulier, en France. ■ **3** Par anal. d'usage ARTILL. Plaque de blindage d'un canon. — MINES Appareil servant à étayer les terrains tendres pendant une excavation. *Bouclier métallique,* à cloisons étanches pour le creusement des tunnels. — *Bouclier thermique :* blindage* qui entoure le cœur d'un réacteur nucléaire ; dispositif destiné à protéger une partie d'un engin spatial contre l'échauffement cinétique. — MILIT. *Bouclier antimissile :* dispositif de protection contre d'éventuelles attaques de missiles intercontinentaux. ◆ ZOOL. Carapace des crustacés. ■ **4** Par anal. de forme. ZOOL. Élytre convexe de certains insectes. ◆ GÉOL. Plateforme étendue de roches primitives. *Le bouclier canadien.*

BOUCOT ➤ **BOUCAUD**

BOUDDHA [buda] n. m. – *budha* 1754 ◊ mot sanskrit « éveillé, illuminé », surnom de Siddhārta Gautama, fondateur du bouddhisme ■ Dans le bouddhisme, Titre donné à celui qui est parvenu à la sagesse et à la connaissance parfaites. — PAR EXT. Représentation peinte ou sculptée d'un bouddha. *Des bouddhas en bronze, en jade.*

BOUDDHIQUE [budik] adj. – 1831 ◊ de *Bouddha* ■ Relatif au bouddhisme. *Art bouddhique, gréco-bouddhique. Temple bouddhique.*

BOUDDHISME [budism] n. m. – 1823 ; *budsdoisme* 1780 ◊ de *Bouddha* ■ Doctrine religieuse fondée dans l'Inde et qui est une réforme du brahmanisme. ➤ lamaïsme, tantrisme, zen.

BOUDDHISTE [budist] adj. et n. – 1806 ; *bouddiste* 1782 ◊ de *Bouddha* ■ Relatif au bouddhisme. *Temple bouddhiste.* ➤ bouddhique. ◆ Adepte du bouddhisme. *Prêtre bouddhiste.* ➤ bonze. — n. *Les bouddhistes.*

BOUDER [bude] v. ‹1› – XIVe ◊ origine inconnue, probablt d'un radical expressif *bod-,* désignant qqch. d'enflé ■ **1** v. intr. Montrer du mécontentement par une attitude renfrognée, maussade que l'on entretient à dessein. ➤ rechigner (cf. Être fâché ; faire la tête*, FAM. la gueule*, RÉGION. la baboune*). *Bouder dans son coin. L'enfant « s'irrite d'être en colère et se console en jurant de ne pas se consoler, ce qui est bouder »* ALAIN. — LOC. *Bouder contre son ventre :* refuser de manger par colère. ◆ (CHOSES) *Le temps boude,* il est maussade. ■ **2** v. tr. Montrer du mécontentement à (qqn) par une attitude maussade ou indifférente. *Il me boude.* — PRONOM. *Deux amoureux qui se* *boudent.* ♦ PAR EXT. FAM. Ne plus rechercher (qqch.). *Bouder les distractions. « ils boudent la société ou s'insurgent contre elle »* CAILLOIS. — LOC. *Bouder son plaisir* : faire le difficile.

BOUDERIE [budʀi] **n. f.** – 1690 ◊ de *bouder* ■ Action de bouder ; état de qqn qui boude. ➤ **fâcherie, humeur.** *Des bouderies continuelles. « Toi, tu sais supporter les longues bouderies, Les regards durs et les silences obstinés »* GÉRALDY. — PAR EXT. Attitude indifférente. *La bouderie des consommateurs.*

BOUDEUR, EUSE [budœʀ, øz] **adj.** et **n. f.** – 1680 ◊ de *bouder* ■ **1** Qui boude fréquemment, habituellement. *Un enfant boudeur.* ➤ **grognon, maussade.** — **n.** *« Le boudeur ne veut plus rien voir ni entendre. Il s'immobilise, la tête dans les mains ou contre un mur, et ne répond à aucune parole »* TOURNIER. ♦ Qui marque la bouderie. *Air, visage boudeur. Mine boudeuse.* ■ **2** **n. f.** (XIXe) **BOUDEUSE.** Siège où deux personnes peuvent s'asseoir en se tournant le dos.

BOUDI [budi] **interj.** – 1931 ◊ de l'occitan « bon Dieu » ■ RÉGION. (sud de la France) FAM. Bon Dieu ! (pour exprimer la surprise, l'admiration, la lassitude...). VAR. **BOUDIOU** (1881), **BOUDU** (1949).

BOUDIN [budɛ̃] **n. m.** – 1268 ◊ du radical onomat. *bod-* exprimant l'enflure → bouder, bedaine ■ **1** Préparation de charcuterie à base de sang et de gras de porc, assaisonnée, enserrée dans un boyau et cuite. *Boudin noir.* ABSOLT *Boudin aux pommes. Boudin antillais,* de petite taille et très épicé. — PAR EXT. *Boudin blanc* : charcuterie de forme semblable faite avec du lait et des viandes blanches. ♦ *Eau de boudin* : eau dans laquelle on lave les tripes avant de faire le boudin. — LOC. FIG. *S'en aller en eau de boudin* : mal tourner, échouer progressivement (cf. FAM. Partir en couille*). *« cette cause historique formidable, apocalyptique, qui tourne en eau de boudin »* GRACQ. FAM. (jeu de mots) *Faire du boudin* : bouder. ■ **2** Par anal. de forme Gros doigt rond. ♦ Longue boucle de cheveux roulée en spirale. ➤ **anglaise.** *Perruque à boudins.* ♦ TECHN. *Ressort à boudin,* hélicoïdal. — Fusée cylindrique avec laquelle on met le feu à une mine. ➤ **saucisson.** — Saillie interne de la jante d'une roue qui en assure le maintien sur un rail. — ARCHIT. Grosse moulure en cordon. ➤ **tore.** — MAR. Bourrelet qui entoure une embarcation et la protège contre les chocs. ♦ RÉGION. (Nord) Traversin. ♦ ENFANTIN *Caca boudin !* ■ **3** (v. 1966) FAM. PÉJ. Fille mal faite, petite, grosse et sans grâce. *« effet que je leur ai toujours fait, toutes autant qu'elles sont, les boudins les premières »* R. DUCHARME. — ABRÉV. (1975) **BOUDE.**

BOUDINÉ, ÉE [budine] **adj.** – v. 1750 ◊ de *boudin* ■ **1** Serré dans un vêtement étriqué. *Boudiné dans une veste trop étroite.* ■ **2** En forme de boudin. *Doigts boudinés.*

BOUDINER [budine] **v. tr.** ⟨1⟩ – 1842 ◊ de *boudin* ■ **1** TECHN. Tordre des écheveaux de fil, de soie. — Tordre un fil métallique en spirale. — **n. m. BOUDINAGE.** ■ **2** FAM. Serrer, en parlant d'un vêtement. *Cette robe te boudine.* — PRONOM. *Se boudiner dans un corset.* ➤ **boudiné.**

BOUDINEUSE [budinøz] **n. f.** – 1877 ◊ de *boudiner* ■ TECHN. Machine servant à mouler des matières malléables. ➤ **extrudeuse.**

BOUDIOU ➤ **BOUDI**

BOUDOIR [budwaʀ] **n. m.** – avant 1730 ◊ de *bouder,* proprt « pièce où l'on peut se retirer (pour bouder) » ■ **1** Petit salon élégant de dame. *« Ils s'étaient retirés tous les deux dans un petit boudoir japonais »* MAUPASSANT. ■ **2** (1929) Biscuit oblong recouvert de sucre cristallisé. *Servir des boudoirs avec du champagne.*

BOUDU ➤ **BOUDI**

BOUE [bu] **n. f.** – *boe* v. 1170 ◊ gaulois °*bawa* « saleté » ■ **1** Terre, poussière détrempée dans les rues, les chemins. ➤ **bourbe, fange, gadoue ;** FAM. **bouillasse ;** RÉGION. 2 **bouette.** *Patauger dans la boue. S'enliser dans la boue d'une ornière. Couvert de taches de boue.* ➤ **crotté.** *La boue des souliers.* ♦ LOC. *Traîner* (qqn) *dans la boue, couvrir de boue,* l'accabler de propos infamants. ➤ **calomnier, diffamer.** *Se vautrer dans la boue* : se complaire dans un état de déchéance complète. — FAM. *Tas de boue* : vieux véhicule en mauvais état (cf. Tas de ferraille). ■ **2** Terre détrempée. ➤ 1 **limon,** 2 **vase.** *Débarrasser un canal de la boue,* le curer, le draguer. *Hutte de boue séchée.* ➤ **bauge, pisé.** ♦ GÉOL. Fin dépôt de terre gorgé d'eau, d'écoulement facile. ➤ **sédiment.** — PLUR. Vases des bassins océaniques. *Boues calcaires. Boues siliceuses, boues à radiolaires et diatomées. Boues thermales* (➤ **fangothérapie**). *Bains de boue.* ■ **3** Dépôt. *La boue d'un encrier.* — Amas de déchets des eaux polluées. *Boues industrielles, d'épuration. Les « boues rouges » de la Méditerranée.* ■ HOM. Bouh, bout.

BOUÉE [bwe] **n. f.** – *boue* fin XIVe ◊ p.-ê. du moyen néerlandais *boeye,* racine germanique °*bauk-* « signal » ■ **1** Corps flottant qui signale l'emplacement d'un mouillage, d'un écueil, d'un obstacle ou qui délimite une passe, un chenal. ➤ 1 **balise,** 2 **flotteur.** *Bouée sonore (à cloche, à sifflet). Bouée lumineuse, à éclats.* ➤ **photophore.** *Bouée de corps-mort.* ■ **2** Corps flottant insubmersible constitué d'un anneau de caoutchouc ou de plastique permettant à qqn de se maintenir à la surface de l'eau. *Bouée gonflable. Bouée d'enfant en forme de canard. Bouée pour les bras.* ➤ **brassard.** *Apprendre à nager avec une bouée. Bouée de sauvetage* ; FIG. secours de dernière minute (cf. Planche* de salut). *« Il se cramponnait à cette idée comme un naufragé à une bouée »* MAC ORLAN. — FIG. Bourrelets de graisse disgracieux autour de la taille, des hanches. *Perdre sa bouée.* ■ **3** TECHN. *Bouée-laboratoire* : cabine habitable partiellement immergée, équipée d'appareils fournissant des renseignements pour la recherche océanographique.

1 **BOUETTE** ➤ **BOETTE**

2 **BOUETTE** [bwɛt] **n. f.** – 1869 ◊ diminutif de *boue* ■ (Canada) FAM. ■ **1** Boue, vase. ➤ **gadoue.** ■ **2** Mélange de neige fondante, de sable et de sel.

1 **BOUEUX, BOUEUSE** [bwø, bwøz ; buø, buøz] **adj.** – 1176 ◊ de *boue* ■ **1** Rempli, couvert de boue. ➤ **bourbeux, fangeux.** *Chemin boueux. Eau, neige boueuse. Des chaussures boueuses.* ■ **2** Qui a la consistance, l'aspect de la boue. *Café boueux.* — TYPOGR. *Impression boueuse,* dont l'encre bave.

2 **BOUEUX** [bwø ; buø] **n. m.** – 1808 ◊ de *boue* ■ FAM. Employé chargé d'enlever les ordures ménagères et les détritus sur la voie publique. ➤ **éboueur.**

BOUFFANT, ANTE [bufɑ̃, ɑ̃t] **adj.** – XVe ◊ de *bouffer* ■ **1** Qui bouffe. ➤ **froncé, gonflé.** *Un pantalon bouffant. Manches bouffantes.* ➤ 1 **ballon.** SUBST. *Donner du bouffant avec des fronces.* ■ **2** *Papier bouffant* : papier épais non traité en surface, léger, utilisé en imprimerie. SUBST. *Édition numérotée sur bouffant de luxe.* ■ CONTR. Collant, 1 plat.

BOUFFARDE [bufaʀd] **n. f.** – 1821 ◊ du radical de *bouffée* ■ FAM. Grosse pipe à tuyau court. ➤ **brûle-gueule.** PAR EXT. Pipe.

1 **BOUFFE** [buf] **adj.** – *scène-bouffe* 1791 ◊ italien *opera buffa,* de *buffo* « plaisant », de *buffone* → bouffon ■ Qui appartient au genre lyrique léger. (1807) *Opéra bouffe.* ➤ **opérette.** *Un rôle de la musique bouffe.* **n. m.** *Les Bouffes* : à l'origine, théâtre italien. *Le théâtre des Bouffes du Nord, à Paris.* ■ CONTR. Sérieux.

2 **BOUFFE** [buf] **n. f.** – avant 1926 ; autre sens XVIIe ◊ de *bouffer* ■ FAM. ■ **1** Le fait de bouffer, de manger. *Il ne pense qu'à la bouffe. C'est l'heure de la bouffe.* ■ **2** Aliments qu'on sert aux repas. *Faire la bouffe. Il aime la bonne bouffe.* ➤ **cuisine ; bouffetance, tambouille.** *Mauvaise bouffe* (➤ **malbouffe**). — PAR EXT. Repas. *On se fait une petite bouffe.* ♦ Aliments. ➤ **nourriture.** *Acheter la bouffe.*

BOUFFÉE [bufe] **n. f.** – *buffee* « bourrasque » 1174 ◊ de *bouffer* ■ **1** Souffle qui sort par intermittence de la bouche. ➤ **exhalaison.** *Bouffées de vin, d'ail. Tirer des bouffées d'une cigarette.* ➤ FAM. **taffe.** ■ **2** PAR EXT. Souffle d'air qui arrive par intermittence. *Une bouffée d'air, de froid, de parfum. Odeurs qui arrivent par bouffées. « une bouffée odorante de rose et d'œillet »* ISTRATI. — *Bouffée de chaleur* : sensation de chaleur qui monte brusquement à la face. — MAR. *Bouffée de vent* : souffle de vent. ■ **3** (1696) FIG. Manifestation, mouvement subit, passager. ➤ **accès, explosion.** *Une bouffée de colère. Par bouffées* : par intervalles. — PSYCHIATR. *Bouffée délirante* : épisode délirant très brusque. ➤ **raptus.**

BOUFFER [bufe] **v.** ⟨1⟩ – v. 1160 ◊ de °*buff-,* onomat. désignant ce qui est gonflé ■ **1** **v. intr.** Se maintenir de soi-même gonflé, en parlant d'une matière légère, non rigide. *Des cheveux qui bouffent. « Leurs longues jupes, bouffant autour d'elles, semblaient des flots d'où leur taille émergeait »* FLAUBERT. ■ **2** (milieu XIXe ; « gonfler ses joues par excès d'aliments » 1535) FAM. Manger gloutonnement. ➤ **bâfrer.** *Il ne mange pas, il bouffe.* ♦ FAM. Manger*. ➤ **becter, boulotter, briffer.** INTRANS. *Bouffer au resto. « On bouffe toujours mal chez Julia »* QUENEAU. — TRANS. *On n'a rien à bouffer. Bouffer des briques*.* — LOC. *Avoir envie de bouffer qqn,* être furieux contre lui. *Je l'aurais bouffée ! Bouffer du curé* : être très hostile au clergé. (RÉCIPR.) *Se bouffer le nez* : se disputer. ➤ **s'engueuler.** ■ **3** (Compl. personne) FAM. Absorber complètement, accaparer. *Son travail le bouffe complètement. Il se laisse bouffer par ses proches.* ■ **4** **v. tr.** FAM. Consommer. *Une voiture qui bouffe de l'huile.* ♦ Avaler (FIG.). *Bouffer du, des kilomètres* : rouler beaucoup en voiture. ■ CONTR. Aplatir (s'). Jeûner.

BOUFFETANCE [buftɑ̃s] **n. f.** – v. 1930 ◇ de *bouffer* ■ FAM. Nourriture. ➤ **bectance,** 2 **bouffe.**

BOUFFETTE [bufɛt] **n. f.** – 1409 ◇ de *bouffer* ■ ANCIENNT Petit nœud bouffant de ruban, employé comme ornement dans l'habillement, les tentures, le harnachement des chevaux. ➤ **chou, coque.** *«son emballage se retrouvera [...] dans la poubelle de l'allée principale, avec sa bouffette et la petite étiquette dorée collée au bolduc»* M. NIMIER.

BOUFFEUR, EUSE [bufœʀ, øz] **n.** – avant 1550, rare avant le XIXe ◇ de *bouffer* ■ FAM. Personne qui bouffe. ➤ **mangeur.** *C'est un bouffeur de pain.* ◆ FIG. *Un bouffeur de curé.*

BOUFFI, IE [bufi] **adj.** – *boffi* après 1150 ◇ de *bouffir* ■ **1** Gonflé, de manière disgracieuse. ➤ **boursouflé, déformé, enflé, gonflé, mafflu, soufflé,** LITTÉR. **vultueux.** *«ces chairs flasques et bouffies»* ZOLA. *Visage bouffi d'un alcoolique. Des yeux bouffis,* aux paupières bouffies. *Yeux bouffis de fatigue, de sommeil.* LOC. FAM. *Tu l'as dit, bouffi !* tu as raison. — *Hareng bouffi,* ou ELLIPT *un bouffi :* hareng saur légèrement fumé. ➤ **bouffir.** — FIG. *«style à la fois plat et bouffi»* HUGO. ➤ **ampoulé.** ■ **2** FIG. *Bouffi de* (qqch.). ➤ **gonflé, plein,** 1 **rempli.** *Bouffi d'orgueil. «Je ne suis qu'un néant bouffi de vanité»* CORNEILLE. ■ CONTR. Creux, émacié, 1 maigre.

BOUFFIR [bufiʀ] **v.** ⟨2⟩ – v. 1265 ◇ var. de *bouffer* ■ **1 v. tr.** (Surtout pass.) Déformer par une enflure morbide, disgracieuse. ➤ **boursoufler, gonfler.** *Le visage bouffi par l'alcool.* ◆ (XVIe) PÊCHE Faire gonfler et fumer (des harengs salés) à la chaleur (opération du *bouffissage* **n. m.,** 1873). ■ **2 v. intr.** Enfler, gonfler. *La montgolfière ne «pouvait bouffir qu'en plein vent»* CÉLINE. ■ CONTR. Émacier.

BOUFFISSURE [bufisyʀ] **n. f.** – 1582 ◇ de *bouffir* ■ Enflure morbide et disgracieuse des chairs. ➤ **boursouflure.** *Bouffissure des yeux au réveil.* — FIG. *La bouffissure du style.* ➤ **enflure.**

BOUFFON, ONNE [bufɔ̃, ɔn] **n. et adj.** – 1530 ◇ italien *buffone,* de *buffa* «plaisanterie», du radical onomat. *buff-* «gonflement des joues»
I n. ■ **1 n. m.** ANCIENNT Personnage de théâtre dont le rôle était de faire rire. ➤ **comique ; baladin, clown, histrion,** 2 **paillasse, pitre, polichinelle.** ■ **2 n. m.** Personnage qui était chargé de divertir un grand par ses plaisanteries. ➤ **fou.** *Bouffon de cour. Le bouffon du roi. La marotte, les grelots d'un bouffon.* ■ **3 n. m.** LITTÉR. Celui qui amuse, fait rire par ses facéties. ➤ **amuseur, farceur, plaisantin.** *Être le bouffon de qqn,* un objet continuel de moquerie (cf. Tête* de Turc). ■ **4** FAM. Personne sans intérêt, niaise, ridicule. *Ne l'écoute pas, cette bouffonne !* ➤ **blaireau** (3°), **boloss.**
II adj. LITTÉR. Qui marque une fantaisie peu délicate. ➤ **burlesque, cocasse, drôle*, grotesque.** *Un comique bouffon.* PAR EXT. Qui prête au gros rire. ➤ **comique, ridicule.** *Histoire, scène bouffonne. «De toutes les choses sérieuses, le mariage étant la plus bouffonne»* BEAUMARCHAIS. — adv. **BOUFFONNEMENT,** 1835.
■ CONTR. Rabat-joie. Grave, sérieux.

BOUFFONNER [bufɔne] **v. intr.** ⟨1⟩ – 1549 ◇ de *bouffon* ■ VX ou LITTÉR. Faire ou dire des bouffonneries. ➤ **plaisanter.**

BOUFFONNERIE [bufɔnʀi] **n. f.** – 1539 ◇ de *bouffon* ■ LITTÉR. ■ **1** Caractère de ce qui est bouffon. ➤ **drôlerie.** ■ **2** Action ou parole bouffonne. ➤ 2 **farce, pitrerie.** *Dire, faire des bouffonneries.* ■ CONTR. Gravité.

BOUGAINVILLÉE [bugɛ̃vile] **n. f.** – 1806 ◇ de *Bougainville,* n. d'un navigateur français ■ Arbrisseau sarmenteux grimpant *(nyctaginacées)* à feuilles persistantes, à fleurs entourées de trois bractées, violettes, roses ou orangées. — On dit aussi **BOUGAINVILLIER** [bugɛ̃vilje], 1834.

BOUGE [buʒ] **n. m.** – XVe ; «coffre, sac» v. 1190 ◇ latin *bulga* «bourse de cuir», probablt d'origine gauloise
I TECHN. Partie renflée ou incurvée d'un objet. ➤ **bombement, convexité, renflement.** *Bouge d'un moyeu de roue. Bouge d'une assiette,* séparant le fond du bord. ◆ MAR. Convexité latérale des baux et des ponts d'un navire. ➤ **tonture.**
II (v. 1200 «pièce servant de débarras») ■ **1** (1732) Logement étroit, obscur, malpropre, misérable. ➤ **galetas,** 2 **réduit, taudis.** *Habiter un bouge sordide.* ■ **2** Café, cabaret malfamé, mal fréquenté. ➤ **bouiboui.** *Les bouges des grands ports.*

BOUGEOIR [buʒwaʀ] **n. m.** – 1514 ◇ de *bougie* ■ Chandelier bas dont le pied, élargi en plateau pour recevoir la cire, est muni d'un anneau pour le tenir à la main. *Bobèche de bougeoir.*

BOUGEOTTE [buʒɔt] **n. f.** – 1859 ◇ de *bouger* ■ FAM. Manie de bouger ; envie, habitude de se déplacer, de voyager. *Avoir la bougeotte.*

BOUGER [buʒe] **v.** ⟨3⟩ – *bougier* «se remuer» v. 1150 ◇ latin populaire °*bullicare* «bouillonner», de *bullire*
I v. intr. ■ **1** Faire un mouvement. ➤ **remuer.** *Le blessé ne bouge plus. Haut les mains, que personne ne bouge ! Devant lui, personne n'ose bouger.* ➤ **broncher, ciller.** *Vous avez bougé, la photo sera floue.* (CHOSES) Être animé d'un mouvement. *Le vent fait bouger les branches.* ■ **2** Changer de place. ➤ **se déplacer,** se **mouvoir,** 1 **partir.** *Je ne bouge pas de chez moi aujourd'hui. J'ai envie de bouger un peu, d'aller à la campagne.* ■ **3** FAM. Changer, s'altérer (surtout négatif). ➤ **se modifier.** *Un tissu grand teint et irrétrécissable qui ne bouge pas. Les prix n'ont pas bougé.* ■ **4** POLIT. Agir pour protester. ➤ **se soulever.** *Le peuple commence à bouger.* ■ **5** Passer à l'action. *Les investisseurs n'ont pas bougé.* ■ **6** (Sujet chose) Être rythmé, donner envie de danser. *Une musique qui bouge bien.*
II v. tr. FAM. Remuer, déplacer. *Bouger un meuble. Sans bouger le petit doigt.* ➤ 1 **lever.** LOC. *Se bouger le cul*.* — PRONOM. *«Voyons, Léontine, bouge-toi, tu t'ankyloses»* PROUST. FAM. *Bouge-toi de là :* va-t'en. ➤ **s'écarter, s'ôter,** se **pousser.**
■ CONTR. Arrêter (s'), rester, stagner.

BOUGIE [buʒi] **n. f.** – 1300 «cire pour chandelles» ◇ de *Bougie,* ancien n. de *Bejaia,* ville d'Algérie qui fournissait de la cire ■ **1** Appareil formé d'une mèche tressée enveloppée de cire ou de stéarine dont la combustion fournit une flamme éclairante. ➤ **chandelle.** *S'éclairer à la bougie. Allumer, souffler une bougie.* — *Bougies d'anniversaire. Souffler ses bougies.* FIG. *Ce festival souffle ses 25 bougies,* fête sa 25e édition. *Bougie d'autel.* ➤ **cierge.** ■ **2** Par anal. de forme CHIR. Tige cylindrique mince, flexible ou rigide que l'on introduit dans un canal pour l'explorer ou le dilater. ➤ **cathéter, sonde.** ◆ Filtre cylindrique en porcelaine. ■ **3** MÉTROL. Ancienne unité de mesure d'intensité lumineuse, dont la valeur variait selon les pays. *La bougie a été remplacée par la candela.* ■ **4** (1888) AUTOM. Appareil d'allumage des moteurs à explosion. *L'étincelle qui jaillit de la bougie met le feu au mélange gazeux. Bougie encrassée. Changer les bougies d'une voiture.*

BOUGNAT [buɲa] **n. m.** – 1889 ◇ aphérèse de *charbougna* (charbonnier), imitation plaisante du parler des Auvergnats ■ FAM. et VIEILLI Marchand de charbon. *Les bougnats parisiens tenaient souvent des cafés.*

BOUGNOULE [buɲul] **n.** – 1890 ◇ mot wolof «noir» ■ FAM. PÉJ. (injure raciste) ■ **1** Nom donné par les Blancs du Sénégal aux Noirs autochtones. ■ **2** (XXe) Maghrébin(e), arabe. ➤ 2 **bicot,** 1 **raton.** *«ces désespérés qui ont pris les armes pour n'être plus jamais les ratons et les bougnoules de personne»* MAURIAC. — Au masculin, on écrit aussi *bougnoul.*

BOUGON, ONNE [bugɔ̃, ɔn] **adj.** – 1803 ◇ de *bougonner* ■ Qui a l'habitude de bougonner. ➤ **grognon, ronchon ;** RÉGION. **bougonneux.** *Un enfant bougon. Elle est bougon* (ou *bougonne*) *aujourd'hui. — Il est d'humeur bougonne.* — SUBST. *Quel vieux bougon !*

BOUGONNEMENT [bugɔnmɑ̃] **n. m.** – 1858 ◇ de *bougonner* ■ Action de bougonner ; phrase dite en bougonnant.

BOUGONNER [bugɔne] **v. intr.** ⟨1⟩ – 1798 ; «faire qqch. avec maladresse» 1611 ◇ origine inconnue ■ Exprimer pour soi seul, souvent entre les dents, son mécontentement. ➤ **grommeler, maugréer,** RÉGION. **rouméguer ; grogner, râler.** *«passant ses journées [...] à bougonner contre la politique»* R. ROLLAND. *Cesse de bougonner !* — TRANS. *Il bougonne une réponse indistincte.*

BOUGONNEUX, EUSE [bugɔnø, øz] **adj.** – 1909 ◇ de *bougonner* ■ (Canada) Qui bougonne. ➤ **bougon, grognon.**

BOUGRE, BOUGRESSE [bugʀ, bugʀɛs] **n.** – 1450 ; *Bogre* «Bulgare» 1172 ◇ bas latin *Bulgarus* ■ FAM. ■ **1** Drôle, gaillard. *La bougresse lui en a fait voir.* ◆ PAR EXT. **n. m.** Individu. ➤ **type.** *«Son impuissance à sauver tous les pauvres bougres qu'on lui amenait»* ZOLA. *Un bon bougre :* un brave type. *Il est bon bougre,* indulgent, accommodant. ■ **2** PÉJ. *Bougre d'idiot !* ➤ **espèce.** — **interj.** VX *Bougre !* ➤ **bigre.**

BOUGREMENT [bugʀəmɑ̃] **adv.** – début XVIIIe ◇ de *bougre* ■ VIEILLI FAM. Beaucoup, très. ➤ **bigrement, drôlement.** *C'est bougrement bon. Il a bougrement de la chance.*

BOUH [bu] **interj.** – 1862 ; *bous bous bous* 1552 ◇ onomat. ■ **1** Onomatopée employée pour évoquer le chagrin, les pleurs, la lassitude. ➤ **ouin.** *Bouh, je n'y arriverai jamais !* ◆ Pour manifester le déplaisir. *Bouh, quelle puanteur !* ■ **2** Onomatopée attribuée aux fantômes, employée pour surprendre, faire peur à qqn. ■ HOM. Boue, bout.

BOUIBOUI ou **BOUI-BOUI** [bwibwi] **n. m.** – *bouig-bouig* «théâtre» 1847 ◊ p.-ê. du bressan *boui* «local des oies et des canards», d'origine inconnue ■ FAM. Café-concert, café, restaurant de dernier ordre. *Manger dans des bouibouis, des bouis-bouis.* ➤ **gargote.** *«la joie enfantine d'un bon café au comptoir d'un boui-boui»* Y. HAENEL.

BOUIF [bwif] **n. m.** – 1867 ◊ par aphérèse de *ribouis* ■ ARG. VIEILLI Cordonnier.

BOUILLABAISSE [bujabɛs] **n. f.** – 1806 ◊ provençal *bouiabaisso*, p.-ê. altération de *bouille peis*, de *bouillir* et *peis* «poisson», ou de *bouillir* et *abaisser* ■ Matelote de poissons méditerranéens, parfumée au safran, accompagnée d'un aïoli épicé (➤ **rouille**) et servie dans son bouillon sur des tranches de pain grillé.

BOUILLANT, ANTE [bujɑ̃, ɑ̃t] **adj.** – 1120 ◊ de *bouillir* ■ **1** Qui bout. *Eau, huile bouillante. Plonger dans l'eau bouillante.* ➤ **ébouillanter, pocher.** ■ **2** PAR EXAGÉR. Très chaud. *Boire son café bouillant.* ➤ **brûlant.** ◆ FIG. Ardent, emporté. *Le bouillant Achille. Bouillant de colère, d'impatience.* — FAM. *Chaud*(-) bouillant.* ■ CONTR. 1 Froid, glacé ; 2 calme, 1 mou, pondéré.

BOUILLASSE [bujas] **n. f.** – début XXe ◊ de *boue*, et *bouillie* ■ FAM. Boue. *Marcher dans la bouillasse.* ➤ **gadoue.**

1 **BOUILLE** [buj] **n. f.** – *boille* XVe ◊ p.-ê. latin populaire °*buttula*, de *buttis* «tonneau» ■ Hotte pour la vendange.

2 **BOUILLE** [buj] **n. f.** – 1890 ◊ par apocope de *bouillotte* ■ FAM. ➤ **figure, tête*.** *Avoir une bonne bouille. Elle fait une drôle de bouille.*

BOUILLÉE [buje] **n. f.** – milieu XVIIIe ◊ du radical de *bouillart*, dialectal, de même origine que *bouleau* ■ RÉGION. (Saintonge, Anjou, Touraine, Orléanais ; Acadie) Bouquet (d'arbres), touffe (d'herbes...). *«Trois cents tulipes crèvent le gazon, par bouillées de quinze»* BAZIN.

BOUILLEUR, EUSE [bujœʀ, øz] **n.** – 1783 ◊ de *bouillir* ■ **1** Personne qui distille une substance alcoolisée (vin, cidre) ou des fruits, des grains, pour obtenir de l'eau-de-vie. ➤ **distillateur. BOUILLEUR DE CRU :** propriétaire qui distille chez lui ses récoltes de fruits pour sa consommation personnelle. *Des bouilleuses de cru.* ■ **2 n. m.** TECHN. Cylindre de tôle en contact direct avec le feu, et qui est destiné à augmenter la surface de chauffe des chaudières à vapeur.

BOUILLI, IE [buji] **adj.** et **n. m.** – 1317 ◊ de *bouillir* ■ Qu'on a fait bouillir. *Eau bouillie. Lait bouilli.* — *Pommes de terre bouillies,* à l'eau. *Cuir bouilli :* cuir de vache durci à force de bouillir. *Laine* bouillie.* ◆ **n. m.** Viande bouillie. ➤ **pot-au-feu.** *Bouilli de bœuf. Manger du bouilli.* ■ HOM. Bouillie.

BOUILLIE [buji] **n. f.** – *boulie* XIIe ◊ de *bouillir* ■ **1** Aliment plus ou moins épais fait de lait ou d'un autre liquide et de farine bouillis ensemble, destiné surtout aux bébés qui n'ont pas encore de dents. *Bouillies pour bébé.* ➤ **farine.** *Bouillie au chocolat, bouillie d'avoine* (➤ **porridge**), *de semoule. Une assiettée de bouillie. Assiette, cuillère à bouillie.* — LOC. FAM. *C'est de la bouillie pour les chats,* se dit d'un texte confus, incompréhensible. ■ **2 EN BOUILLIE :** écrasé jusqu'à présenter la consistance de la bouillie. *Des légumes trop cuits, en bouillie. Réduire une substance en bouillie.* FAM. *Mettre qqn en bouillie.* ➤ **écraser ;** FAM. **écrabouiller, démolir.** *Le pouce en bouillie* (cf. En compote). ■ **3** PAR EXT. Liquide pâteux. *Bouillie de chiffons pour la pâte à papier.* — *Bouillie bordelaise, bourguignonne :* solution de sulfate de cuivre pour traiter les végétaux. ■ HOM. Bouilli.

BOUILLIR [bujiʀ] **v. intr.** ⟨15⟩ – *bolir* 1080 ◊ latin *bullire* «former des bulles» ■ **1** Être en ébullition, s'agiter en formant des bulles sous l'action de la chaleur. *L'eau bout à 100 degrés. Faire bouillir du lait. L'eau commence à bouillir.* ➤ **frémir, frissonner ; chanter.** *Quand l'eau bouillira, la bouilloire sifflera.* ■ **2** PAR EXT. Cuire dans un liquide qui bout. *Faire bouillir de la viande* (➤ **bouilli, bouillon**). *Bouillir à petit feu.* ➤ **bouillotter, mijoter, mitonner.** ◆ Stériliser ou nettoyer dans l'eau qui bout. *Faire bouillir une seringue, un biberon. Faire bouillir du linge.* — PAR EXT. *Du linge qui bout,* qui résiste à l'ébullition. — FIG. et FAM. *Faire bouillir la marmite*.* ■ **3** FIG. et LITTÉR. *«Le spectacle de l'injustice et de la méchanceté me fait encore bouillir le sang de colère»* ROUSSEAU. PAR EXT. COUR. *Bouillir de colère, d'impatience :* être emporté par la colère, l'impatience. ABSOLT *Bouillir :* s'impatienter, s'emporter. *Sa lenteur me fait bouillir.* ➤ **exaspérer.** ■ **4** TRANS. (FAM.) Faire bouillir. *Bouillir le lait. Bouillir le linge.* ■ CONTR. Geler.

BOUILLISSAGE [bujisaʒ] **n. m.** – 1765 ◊ de *bouillir* ■ TECHN. ■ **1** En papeterie, Première opération subie par la pâte de chiffon au cours du blanchiment. ■ **2** En sucrerie, Cuisson du jus sucré avant sa concentration, pour faire précipiter les sels de calcium.

BOUILLOIRE [bujwaʀ] **n. f.** – 1740 ◊ de *bouillir* ■ Récipient métallique pansu, muni d'un couvercle, d'un bec et d'une anse, destiné à faire bouillir de l'eau. ➤ **bouillotte.** *Bouilloire russe.* ➤ **samovar.** *Bouilloire électrique.*

BOUILLON [bujɔ̃] **n. m.** – fin XIIe ◊ de *bouillir*

I ■ **1** Bulles qui se forment au sein d'un liquide en ébullition. ➤ **bouillonnement.** *Retirer au premier bouillon,* dès l'ébullition. *Bouillir à gros bouillons,* très fort. ➤ **bouillonner.** — PAR EXT. (les bulles provenant de l'agitation d'un liquide) *«un ruisseau qui, se précipitant du haut d'un rocher, tombait à gros bouillons pleins d'écume»* FÉNELON. *Plaie qui saigne à gros bouillons.* — PAR ANAL. TECHN. Bulle d'air emprisonnée dans le verre, dans les métaux fondus. ■ **2** (1603) COUT. Grosse fronce bouffante d'une étoffe. *«Tablier de tulle illusion à gros bouillons»* MALLARMÉ. ➤ **bouillonné.** ■ **3** (1839) IMPRIM. Ensemble des invendus d'une publication. *«Tout le bouillon, l'avalanche flasque des "invendus"»* CÉLINE.

II ■ **1** Liquide dans lequel certaines substances ont bouilli. ➤ **décoction.** *Bouillons alimentaires.* ➤ **brouet, chaudeau, consommé.** *Bouillon assaisonné pour le poisson.* ➤ **court-bouillon.** *Bouillon de légumes.* ➤ **potage.** *Bouillon gras* (où a cuit la viande). *Le bouillon du pot-au-feu. Bouillon de poule. Les yeux du bouillon. Tablette de bouillon concentré.* — LOC. FAM. *Bouillon d'onze heures :* breuvage empoisonné. ■ **2** *Boire un bouillon :* avaler de l'eau en nageant ; FIG. et FAM. essuyer une perte considérable par suite d'une mauvaise spéculation (cf. Boire la tasse*). ■ **3** BACTÉRIOL. *Bouillon de culture :* liquide destiné à la culture des micro-organismes ; FIG. milieu favorable. *«La perfidie ne va pas sans la dissimulation, qui est comme son bouillon de culture»* L. DAUDET.

BOUILLON-BLANC [bujɔ̃blɑ̃] **n. m.** – 1456 ◊ bas latin *bugillo*, d'après *bouillon*, à cause de l'emploi de cette plante comme tisane, et de *blanc* ■ COUR. Plante bisannuelle *(scrofulariacées),* à fleurs jaunes utilisées dans la composition d'une tisane pectorale (tisane des quatre fleurs). ➤ **molène.** *Des bouillons-blancs.*

BOUILLONNANT, ANTE [bujɔnɑ̃, ɑ̃t] **adj.** – XVIe ◊ de *bouillonner* ■ **1** Qui bouillonne. *Eau bouillonnante d'un torrent. Bain bouillonnant.* ➤ **jacuzzi.** ■ **2** FIG. En effervescence. ➤ **tumultueux.** *«Il devait parfois écumer ses idées bouillonnantes»* RENARD.

BOUILLONNÉ [bujɔne] **n. m.** – 1843 ◊ de *bouillonner* ■ COUT. Ornement fait d'une bande froncée sur ses deux bords et posée en applique.

BOUILLONNEMENT [bujɔnmɑ̃] **n. m.** – 1582 ◊ de *bouillonner* ■ **1** Agitation, mouvement d'un liquide qui bout ou bouillonne. *Le bouillonnement d'une source.* ■ **2** FIG. État d'agitation violente. *Le bouillonnement des esprits. Bouillonnement des désirs, des idées.* ➤ **ardeur, effervescence, tumulte.** ■ CONTR. 1 Calme.

BOUILLONNER [bujɔne] **v.** ⟨1⟩ – v. 1215 ◊ de *bouillon*

I **v. intr.** ■ **1** En parlant d'un liquide, Être agité en formant des bouillons. *«la source s'élançait en bouillonnant»* MÉRIMÉE. ■ **2** FIG. Être en effervescence, s'agiter. *Bouillonner de rage. Les idées bouillonnent et se bousculent dans sa tête.* ■ **3** (1901) Avoir de nombreux exemplaires invendus. *Journal qui bouillonne* (➤ **bouillon,** I, 3°).

II **v. tr.** Froncer (une étoffe) en bouillons. *Bouillonner un col.* — **p. p. adj.** *«Manches bouillonnées»* MALLARMÉ.

BOUILLOTTE [bujɔt] **n. f.** – 1788 ◊ de *bouillir* ■ **1** VIEILLI Récipient métallique destiné à faire bouillir de l'eau. ➤ **bouilloire.** ■ **2** Récipient étanche que l'on remplit d'eau bouillante pour se chauffer dans un lit. *Bouillotte en caoutchouc.*

BOUILLOTTER [bujɔte] **v. intr.** ⟨1⟩ /BOUILLOTER/ – 1799 ◊ de *bouillir* ■ Bouillir doucement ou trop doucement. *La friture bouillotte.*

BOULAIE [bulɛ] **n. f.** – *boleye* 1294 ◊ de *bouleau* ■ Terrain planté de bouleaux. ■ HOM. Boulet.

BOULANGE [bulɑ̃ʒ] **n. f.** – 1830 ◊ de 1 *boulanger* ■ FAM. Métier ou commerce du boulanger. *Être dans la boulange. Bois de boulange,* destiné à chauffer le four.

1 **BOULANGER, ÈRE** [bulɑ̃ʒe, ɛʀ] **n.** – 1299 ; *bolengier* fin XIIe ◊ du picard *boulenc* «celui qui fabrique des pains ronds» ■ **1 n. m.** Personne dont le métier est de faire du pain. *Four de boulanger. Patron boulanger. Garçon boulanger.* ➤ **mitron.** ■ **2** Personne qui tient une boulangerie. *La boulangère est aimable. Aller chez le boulanger.* — *Pommes à la boulangère,* ELLIPT *pommes boulangère,* cuites et dorées avec des oignons.

2 **BOULANGER** [bulɑ̃ʒe] v. tr. ‹3› – 1573 ; *boulenger* XVe ◇ de 1 *boulanger* ■ Travailler (la farine) pour en faire du pain. *Boulanger de la farine.* PAR EXT. Préparer et cuire (le pain). — **p. p. adj.** *Du pain bien boulangé.*

BOULANGERIE [bulɑ̃ʒʀi] n. f. – *boulanguerie* 1314 ◇ de 1 *boulanger* ■ **1** Fabrication et commerce du pain. *Fournil, four, pétrin d'une boulangerie. Travailler dans la boulangerie.* ➤ FAM. **boulange.** ■ **2** La boutique du boulanger, où l'on vend du pain et souvent d'autres produits (biscottes, croissants, viennoiserie, etc.). *Aller à la boulangerie. Entrer «dans les boulangeries pour acheter des baguettes de pain chaud»* LE CLÉZIO. *Boulangerie-pâtisserie.*

BOULANGISME [bulɑ̃ʒism] n. m. – 1887 ◇ de *Boulanger* ■ HIST. Parti politique attaché à la personne ou à la doctrine du général Boulanger (1837-1891). — **adj.** et **n. BOULANGISTE,** 1887.

BOULBÈNE [bulbɛn] n. f. – 1796 ◇ gascon *boulbeno* «terre d'alluvion» ■ Terre de la région toulousaine, composée de sable, de limons argileux rougeâtres et de cailloux.

BOULDER [buldœʀ] n. m. – 1925 ◇ mot anglais ■ GÉOL. Bloc de pierre arrondi par l'érosion, roulé par les eaux, les glaces.

1 **BOULE** [bul] n. f. – 1330 ; v. 1175 *bole* «massue» ◇ latin *bulla* ■ **1** Corps sphérique. ➤ **sphère.** *Rond comme une boule. Rouler comme une boule. Boule de pain* : pain rond. ➤ **miche.** *Boule à thé. Boules Quies* (marque déposée) : petites boules de cire qu'on met dans les oreilles pour s'isoler du bruit ; PAR EXT. bouchons* d'oreilles. — *Boule de glace. Cornet à deux boules. Petite boule de viande.* ➤ **boulette.** *Boules puantes*.* — *Boule de neige. Bataille de boules de neige.* LOC. *Faire boule de neige* : augmenter de volume en roulant ; FIG. et ABSTRAIT grossir, prendre de l'importance. *«De la maison de correction à la prison, cela fait boule de neige, comme on dit»* H. CALET. — (Belgique, Luxembourg) *Boule de ficelle, de laine.* ➤ **pelote.** — *Boule à facettes*.* — *Boule d'amortissement* : ornement couronnant un pilier, une balustrade, une rampe d'escalier. *Boule de cristal d'une voyante. Boule à neige* : boule transparente contenant la représentation d'une ville, d'un paysage, etc., de l'eau et des paillettes blanches pour simuler une chute de neige quand on la secoue. — LOC. FAM. *Avoir une boule dans la gorge,* une sensation de gêne à avaler, accompagnant une forte émotion (cf. RÉGION. Avoir le motton). — MAR. *Boule de signaux,* servant à faire des signaux sur les côtes (➤ 1 **bombe**). *Boule de marée,* hissée à l'entrée d'un port pour signaler aux navires que la marée leur permet d'entrer. ◆ (Belgique) Bonbon. — COUR. *Boule de gomme* : bonbon de gomme. *Mystère* et boule de gomme.* ◆ (Belgique, Suisse) *Boule de Berlin* : beignet fourré. ■ **2 EN BOULE :** en forme de boule. *Des arbres taillés en boule.* GÉOL. *Érosion en boule,* qui forme des blocs arrondis. — *Un chat roulé en boule. Tomber en boule* (➤ **roulé-boulé**). LOC. FIG. et FAM. *Être, se mettre en boule,* en colère. ➤ **rogne.** *Avoir les nerfs en boule* : être énervé, furieux. ➤ **pelote.** ◆ ELLIPT *Col boule* : col roulé très large. — (Belgique) *Chapeau boule* : chapeau melon. ■ **3** Corps plein sphérique de métal, de bois, d'ivoire, qu'on fait rouler dans certains jeux. ➤ aussi 1 **bille.** *Boule de billard* ; FIG. tête chauve ou rasée. *Boule de pétanque, de bowling, de croquet. Jeu de boules* (boule lyonnaise et pétanque*). *Jouer aux boules* (➤ **bouliste, boulomane ; boulisme**). *«Ils jouent aux boules sur le front de mer. Tirer. Pointer. Ces boules de fer, les canons en lançaient de pareilles, jadis»* AUDIBERTI. *Petite boule.* ➤ **cochonnet.** *Boule de loto*.* — *Jouer à la boule* : sorte de roulette, jeu de hasard, dans les casinos. ■ **4** FIG. et FAM. *La boule* : la tête. *Perdre la boule* : devenir fou, s'affoler, déraisonner. *Avoir la boule à zéro* : être complètement rasé. LOC. *Coup de boule* : coup donné de la tête. ■ **5** FAM. *Avoir les boules* : en avoir assez, être énervé (cf. Avoir les glandes*). *«déjà, à l'école, ça lui foutait les boules de voir des caves s'attaquer à plus faible qu'eux»* PENNAC. ■ **6** (Toujours au plur. et avec un numér.) FAM. Franc, puis Euro. ➤ 4 **balle.** *Ça m'a coûté trois cents boules.*

2 **BOULE** [bul] n. m. – 1997 ; d'abord argotique ◇ du romani *bul,* même sens ■ FAM. Derrière humain. ➤ **cul.** *Bouge ton boule ! Film de boule(s),* pornographique.

BOULEAU [bulo] n. m. – 1516 ◇ de l'ancien français *boul,* du latin populaire *betullus,* de *betulla,* d'origine gauloise ■ Arbre des sols sableux *(bétulacées),* des régions froides et tempérées, à petites feuilles, dont le bois est utilisé en ébénisterie et pour la fabrication du papier. *Le bouleau blanc,* à l'écorce blanc argenté. *Bouleau jaune.* ➤ RÉGION. **merisier.** *Plantation de bouleaux.* ➤ **boulaie.** ■ HOM. Boulot.

BOULE-DE-NEIGE [buldənɛʒ] n. f. – 1816 ◇ de 1 *boule* et *neige* ■ Arbuste à fleurs blanches en pompons. ➤ **obier.** *Des boules-de-neige.*

BOULEDOGUE [buldɔg] n. m. – 1753 ◇ anglais *bulldog* «chien-taureau» ■ Petit dogue à mâchoires saillantes. IRON. *Aimable comme un bouledogue* : hargneux.

BOULÉGUER [bulege] v. tr. ‹6› – 1858, *bouliguer,* à Lyon ◇ de l'occitan *boulega* «remuer, bouger», de même origine que *bouger* ■ RÉGION. (Sud) Remuer, bouger (qqch.). — INTRANS. S'agiter, remuer.

BOULER [bule] v. ‹1› – 1390 ◇ de 1 *boule* ■ **1** v. intr. Rouler comme une boule (➤ **roulé-boulé**). — (1854 «repousser») FAM. *Envoyer bouler (qqn, qqch.),* s'en débarrasser sans ménagement ; repousser (cf. Envoyer* promener ; FAM. envoyer balader, dinguer, paître, valser). *«et ce salaud d'Agnant, le contremaître. Celui-là, comment elle te l'avait envoyé bouler !»* P. GARNIER. TRANS. *Se faire bouler* : échouer, être éliminé. ■ **2** v. tr. *Bouler les cornes d'un taureau,* les garnir de boules de cuir.

BOULET [bulɛ] n. m. – 1347 ◇ de 1 *boule* ■ **1** Projectile sphérique de métal dont on chargeait les canons. *Un boulet de canon* (➤ **obus**). LOC. *Arriver comme un boulet de canon,* très vite (cf. En trombe). — *Boulet rouge,* qu'on faisait rougir au feu. LOC. FIG. *Tirer à boulets rouges sur qqn,* l'attaquer violemment. — *Sentir le vent* du boulet.* ■ **2** Boule de métal qu'on attachait aux pieds de certains condamnés (bagnards, etc.). ◆ FIG. Obligation pénible, charge dont on ne peut se délivrer. *Traîner un boulet* (cf. Porter sa croix*). *Quel boulet !* — Personne qui constitue une charge pénible. *Sa sœur, quel boulet ! «tu étais agacée, tu ne te sentais plus libre. J'étais un boulet. Je voulais toujours t'accompagner»* J.-L. FOURNIER. ■ **3** Aggloméré de charbon de forme ovoïde. *«le bruit des pelletées de boulets tombant dans le seau»* C. SIMON. ■ **4** Articulation de l'extrémité inférieure de l'os canon du cheval avec la première phalange, au-dessus du paturon. ■ HOM. Boulaie.

BOULETTE [bulɛt] n. f. – 1393 ◇ de 1 *boule* ■ **1** Petite boule façonnée à la main. *Boulette de pain, de papier.* — CUIS. Petite boule de viande hachée, de pâte, etc. ➤ **cromesquis, croquette ;** RÉGION. **fricadelle, kefta.** ■ **2** FIG. et FAM. Bévue*. ➤ 2 **gaffe.** *Faire une boulette.*

BOULEVARD [bulvaʀ] n. m. – 1803 ; *bolevers* «ouvrage de madriers» puis «rempart», avant 1365 ◇ du moyen néerlandais *bolwerc* ■ **1** Large voie faisant le tour d'une ville (sur l'emplacement des anciens remparts). *Boulevards extérieurs. Boulevard périphérique*.* ■ **2** Rue très large, généralement plantée d'arbres (➤ **avenue, cours**). ABRÉV. **bd** [bulvaʀ] *Boulevard Magenta* (ou *bd Magenta*). *Le boulevard Saint-Michel, à Paris* (FAM. *Boul'Mich'*). — SPÉCIALT *Les Grands Boulevards* : à Paris, les boulevards entre la Madeleine et la République. — LOC. FAM. *Ouvrir un boulevard à (qqch., qqn),* lui fournir des occasions à son avantage, favoriser. *«s'ils renoncent à financer le terrorisme, ils ont un boulevard chez nous»* M. DUGAIN. ■ **3** *Théâtre, pièce de boulevard,* d'un comique léger, traditionnel et assez populaire (d'abord joué sur les Grands Boulevards). ➤ **vaudeville.** — PAR EXT. *Le boulevard,* ce genre. *Jouer du boulevard. C'est du bon boulevard.*

BOULEVARDIER, IÈRE [bulvaʀdje, jɛʀ] adj. – 1867 ◇ de *boulevard* ■ Qui a les caractères du théâtre, de l'esprit de boulevard. *Un comique boulevardier,* facile.

BOULEVERSANT, ANTE [bulvɛʀsɑ̃, ɑ̃t] adj. – 1863 ◇ de *bouleverser* ■ Qui bouleverse (3°), très émouvant. *Un récit bouleversant. Une nouvelle bouleversante.* ➤ **consternant.** (PERSONNES) *Elle est bouleversante dans ce rôle.*

BOULEVERSEMENT [bulvɛʀsəmɑ̃] n. m. – 1579 ◇ de *bouleverser* ■ Action de bouleverser ; résultat de cette action. ➤ **changement*, convulsion, perturbation, renversement.** *«ce bouleversement de ses innocentes habitudes»* BOURGET. *Bouleversements politiques, économiques.* ➤ **révolution.** ■ CONTR. Apaisement, 1 calme, ordre.

BOULEVERSER [bulvɛʀse] v. tr. ‹1› – 1557 «renverser» ◇ de *bouler* et *verser* ■ **1** Mettre en grand désordre, par une action violente. ➤ **chambouler, déranger, renverser** (cf. Mettre sens* dessus dessous). *Chercher un objet, fouiller en bouleversant tout.* — *Lit bouleversé.* ■ **2** FIG. Apporter des changements brutaux dans. *«ces rencontres imprévues qui ont bouleversé leur existence»* JABÈS. ■ **3** Causer une émotion violente et pénible, un grand trouble à (qqn). ➤ **ébranler, émouvoir, perturber, retourner, secouer, troubler ;** FAM. **tournebouler.** *Il en est tout bouleversé. «cette idée de la mort qui l'avait profondément bouleversé»* PROUST. *Visage bouleversé de douleur, par l'angoisse.* — **p. p. adj.** *Parler d'une voix bouleversée.* ■ CONTR. 1 Ranger ; apaiser, calmer.

BOULGOUR [bulguʀ] **n. m.** – 1863 ◊ turc *bulgur,* d'origine persane ■ Blé dur précuit, séché et concassé. ➤ **aussi pilpil.** « *les feuilles de choux farcies de boulgour et d'ail* » C. LÉPIDIS.

1 **BOULIER** ➤ **BOLIER**

2 **BOULIER** [bulje] **n. m.** – 1863 ◊ de 1 *boule* ■ Abaque constitué de tringles le long desquelles coulissent des boules. *Boulier chinois, japonais.*

BOULIMIE [bulimi] **n. f.** – 1594 ; *bolisme* 1372 ◊ du grec *boulimia* « faim *(limos)* de bœuf *(bous)* » ■ **1** Trouble du comportement alimentaire se traduisant par l'ingestion compulsive et excessive de nourriture. ➤ **hyperphagie.** *Crises de boulimie.* ■ **2** Désir intense. ➤ **appétit.** *Une boulimie de lecture.* « *le souvenir de ses boulimies charnelles* » HUYSMANS. ■ **CONTR.** Anorexie.

BOULIMIQUE [bulimik] **adj.** et **n.** – 1842 ◊ de *boulimie* ■ Relatif à la boulimie. *Un appétit boulimique.* ♦ Atteint de boulimie. — **n.** *Une boulimique.* ■ **CONTR.** Anorexique.

BOULIN [bulɛ̃] **n. m.** – 1486 ◊ de 1 *boule* ou du latin médiéval *bolinus* « boulon » ■ **1** Trou ou pot de terre où niche un pigeon dans un colombier. ■ **2** (1676) TECHN. Trou pratiqué dans un mur pour un support d'échafaudage. PAR EXT. (1708) Traverse supportant un échafaudage.

BOULINE [bulin] **n. f.** – *boesline* 1155 ◊ anglais *bowline* « corde de proue » ■ MAR. Cordage qui servait à tenir une voile de biais, pour lui faire prendre le vent de côté.

BOULINGRIN [bulɛ̃gʀɛ̃] **n. m.** – 1680 ◊ anglais *bowling-green* « gazon pour jouer aux boules » ■ Parterre de gazon généralement entouré de bordures, de talus.

BOULINIER, IÈRE [bulinje, jɛʀ] **adj.** et **n. m.** – 1694 ◊ de *bouline* ■ ANCIENNT Qui navigue à la bouline. — **n. m.** *Un bon boulinier : un navire qui remonte bien au vent.*

BOULISME [bulism] **n. m.** – 1935 ◊ de *bouliste* ■ Ensemble des jeux de boules. Pratique des jeux de boules.

BOULISTE [bulist] **n.** – 1902 ◊ de 1 *boule* ■ Personne qui joue aux boules. — **adj.** *Association bouliste.*

BOULOCHE [bulɔʃ] **n. f.** – 1957 ; 1865, à Lille ◊ mot régional, de 1 *boule* ■ FAM. Petite boule de fibres qui se forme à l'usage sur les lainages. ➤ **peluche.**

BOULOCHER [bulɔʃe] **v. intr.** ‹1› – v. 1965 ◊ de *bouloche* ■ Former, à l'usage, de petites boules de fibres en surface (de tricots de laine, de tissus). *Après plusieurs lavages, ce tricot a tendance à boulocher.* ➤ **pelucher.**

BOULODROME [bulodʀom] **n. m.** – 1899 ◊ de 1 *boule* et *-drome* ■ Lieu réservé au jeu de boules. « *Le boulodrome, qui réunissait matin et soir sous les platanes une petite assemblée chamailleuse* » TOURNIER.

BOULOIR [bulwaʀ] **n. m.** – 1751 ◊ de *bouler,* région. pour *bouiller ;* de *bouille* « bourbier », racine *boue* ■ TECHN. Instrument servant à remuer la chaux, le mortier.

BOULOMANE [bulɔman] **n.** – 1908 ◊ de 1 *boule* et *-mane* ■ Amateur du jeu de boules*. « *des joueurs de poker, des amateurs de boxe, des boulomanes et des sociétés régionales* » CAMUS.

BOULON [bulɔ̃] **n. m.** – 1319 ; *boullon* « petite boule » XIIIe ◊ de 1 *boule* ■ TECHNOL. Ensemble constitué par une vis et un écrou de même filetage. *Boulon d'ancrage,* fixé dans une maçonnerie pour réaliser un scellement démontable. — LOC. FIG. *Serrer, resserrer les boulons :* rétablir la situation en réorganisant de manière plus efficace, plus sévère. « *Boubakar avait bien tenté de resserrer les boulons, convoquant, tour à tour chacun de ses ministres* » TH. JONQUET. *Péter* un boulon, les boulons.*

BOULONNAGE [bulɔnaʒ] **n. m.** – 1855 ◊ de *boulon* ■ **1** Action de boulonner (1°) ; ensemble des boulons d'un assemblage. ■ **2** CHIR. Réunion et immobilisation (de deux fragments d'un os fracturé) au moyen d'un boulon.

BOULONNER [bulɔne] **v.** ‹1› – 1690 ◊ de *boulon* ■ **1 v. tr.** Fixer au moyen de boulons. « *Les charpentiers boulonnaient poutres et chevrons* » LECOMTE. ■ **2 v. intr.** (1895 ◊ de *boulon* et 2 *boulot*) FAM. Travailler. ➤ 2 **bosser.** *Il boulonne dur.*

BOULONNERIE [bulɔnʀi] **n. f.** – 1866 ◊ de *boulon* ■ Fabrique, industrie des boulons et accessoires (écrous, rondelles, goupilles). ➤ **décolletage.** — Ensemble de ces produits.

1 **BOULOT, OTTE** [bulo, ɔt] **adj.** et **n.** – 1845 ◊ de 1 *boule* ■ **1** Gros et court. ➤ **trapu.** VIEILLI *Pain boulot,* court et cylindrique. COUR. *Une femme boulotte.* ➤ **rond, rondelet.** — **n.** *Une petite boulotte.* ➤ FAM. **boudin.** ■ **2 n. m.** (1879) POP. et VX Nourriture (➤ **boulotter**). ■ **HOM.** Bouleau.

2 **BOULOT** [bulo] **n. m.** – 1900 ◊ de *boulotter* « vivoter, aller son train », de *bouler* « rouler » ■ FAM. ➤ 1 **travail.** *C'est du bon boulot. Aller au boulot. Métro*, boulot, dodo. Chercher du boulot.* « *Le boulot y en a pas beaucoup. Faut le laisser à ceux qui aiment ça* » COLUCHE. ➤ **emploi.** *Il a trouvé un petit boulot.* ➤ 2 **job.** « *il vit de boulots* » LE CLÉZIO. *Ce n'est pas mon boulot :* ce n'est pas à moi de le faire. *Faire le sale boulot :* exécuter les tâches ingrates ou compromettantes (cf. Se salir les mains*). *Le boulot c'est le boulot,* c'est sérieux. — **loc. adj. inv.** *Boulot boulot :* que rien ne peut distraire de son travail. *Elles sont boulot boulot.*

BOULOTTER ou **BOULOTER** [bulɔte] **v.** ‹1› – 1843 ◊ p.-ê. de *pain boulot,* par ext. « nourriture » (→ 1 boulot), ou de *bouler* « rouler », avec influence de *bouffer* ■ FAM. Manger*. ➤ **bouffer.**

1 **BOUM** [bum] **interj.** et **n. m.** – 1788 ◊ onomat. ■ **1 interj.** Bruit de ce qui cogne, tombe, explose. ➤ **bam, bang, bim, bing.** *Boum ! Tout est tombé. Ça a fait boum !* « *un cœur qui a peur, ça fait "boum, boum, boum," très fort au centre du corps* » LE CLÉZIO. **loc. verb.** (lang. enfantin) *Faire boum :* éclater ; tomber. *Jeannot a fait boum.* ■ **2 n. m.** Bruit sonore. *Ça a fait un grand boum en tombant.* — (1953 ◊ confondu avec *boom**) FIG. Succès brutal, retentissant. *Sa pièce a fait un boum* (cf. Casser* la baraque). — Croissance brutale. ➤ **boom** 2°. ♦ LOC. *Être en plein boum,* dans une activité fébrile, en plein travail. ■ **HOM.** Boom.

2 **BOUM** [bum] **n. f.** – v. 1965 ◊ de *surboum* ■ Surprise-partie. *Aller à une boum, en boum.* « *une de ces boums moites dans lesquelles je n'avais pas le droit d'aller* » V. OLMI.

3 **BOUM** ➤ **BOOM**

BOUMER [bume] **v. intr.** ‹1› – 1925 ◊ de 1 *boum* « réussite » ■ FAM. *Ça boume :* ça va bien. ➤ 2 **gazer.**

BOUMEUR [bumœʀ] **n. m.** – 1985 ◊ anglais *boomer* ■ Haut-parleur destiné à la diffusion des sons graves.

1 **BOUQUET** [bukɛ] **n. m.** – XVe ◊ de *bosc,* var. région. (Normandie) de *bois* ■ **1** Groupe serré (d'arbres, de végétaux). *Bouquet d'arbres.* ➤ **boqueteau, bosquet,** RÉGION. **talle.** ■ **2** Assemblage décoratif de fleurs, de feuillages coupés dont les tiges sont disposées dans le même sens. ➤ 1 **botte,** 1 **gerbe.** *Arranger un bouquet dans un vase. Bouquet de violettes. Faire un bouquet. Acheter un bouquet chez le fleuriste.* ♦ PAR EXT. *Bouquet de persil.* CUIS. *Bouquet garni :* thym, persil et laurier. ♦ Fleurs, feuilles, fruits naturellement groupés en touffe. ➤ RÉGION. **bouillée.** *Bouquet de cerises.* ■ **3** TÉLÉV. *Bouquet numérique, bouquet de programmes :* ensemble de programmes télévisés payants, diffusés par satellite et proposés aux téléspectateurs par un opérateur. ■ **4** ÉCON. *Bouquet énergétique :* proportion des différentes sources d'énergie dans la production d'électricité nécessaire à un pays, une industrie, etc. (recomm. offic. pour l'anglic. *mix énergétique*). *La part du nucléaire dans le bouquet énergétique français.* ■ **5** Gerbe de fusées spectaculaires à la fin d'un feu d'artifice. *Bouquet final.* ♦ FAM. *C'est le bouquet :* c'est l'ennui qui vient couronner les autres (cf. Il ne manquait plus que cela, c'est le pompon). ■ **6** (Par anal. avec l'odeur d'un bouquet) Ensemble des arômes perçus lors de l'examen olfactif (d'un vin, d'une liqueur). ➤ **arôme, odeur ; nez.** *Ce vin a du bouquet.* « *le vin qu'on aura bien pris soin de déboucher au préalable pour mieux exprimer le bouquet* » N. FARGUES. ■ **7** DR. Dans un achat en viager, Partie du prix à payer immédiatement au vendeur. *Le bouquet et la rente.*

2 **BOUQUET** [bukɛ] **n. m.** – 1119 « petit bouc » ◊ de *bouc* ■ **1** (1708) RARE Lapin mâle, lièvre. ➤ 1 **bouquin.** ■ **2** (1859 ◊ à cause des « barbes ») Crevette rose à chair ferme, qui rougit à la cuisson.

BOUQUETÉ, ÉE [buk(ə)te] **adj.** – 1873 ◊ de 1 *bouquet* ■ Qui a du bouquet. *Un vin bouqueté.*

BOUQUETIÈRE [buk(ə)tjɛʀ] **n. f.** – 1562 ◊ de 1 *bouquet* ■ **1** Marchande de fleurs ambulante. ■ **2** *Bouquetière de légumes :* garniture composée de plusieurs légumes. ■ **3** Sorte de vase. *Bouquetière en faïence.*

BOUQUETIN [buk(ə)tɛ̃] **n. m.** – 1672 ; *boc estaingn* 1240 ◊ moyen haut allemand *Steinbock* « bouc de rocher » ■ Chèvre des montagnes d'Eurasie, aux longues cornes annelées. « *Le bouquetin, bel animal qu'on avait traqué et presque détruit* » MICHELET.

1 **BOUQUIN** [bukɛ̃] **n. m.** – XVIe ◊ de *bouc* ■ **1** VX Vieux bouc. ■ **2** Lièvre, lapin mâle. ➤ 2 **bouquet.**

2 **BOUQUIN** [bukɛ̃] **n. m.** – 1459 ◊ néerlandais *boek* « livre » ■ **1** Vieux livre (➤ **bouquiniste**). ■ **2** (XIXe) FAM. Livre. *Ranger ses bouquins. Écrire un bouquin. Un bouquin de maths. C'est un bon bouquin.*

3 **BOUQUIN** [bukɛ̃] **n. m.** – 1532 ◊ du normand *bouque* «bouche» ■ Bec adapté à une corne de bœuf pour en faire une trompe de chasse. *Cornet à bouquin,* la trompe elle-même.

BOUQUINER [bukine] **v. intr.** ⟨1⟩ – 1611 ◊ de 2 *bouquin* ■ **1** VIEILLI Fouiller dans les vieux livres, chercher des livres d'occasion ou des éditions originales (➤ **bibliophile**). «*je ne sais pas de plaisir plus paisible que celui de bouquiner sur les quais*» FRANCE. ■ **2** (1840) FAM. Lire un livre. *Bouquiner au lit.*

BOUQUINISTE [bukinist] **n.** – 1752 ◊ de 2 *bouquin* (1°) ■ Marchand, marchande de livres d'occasion exposés en librairie ou dans des boîtes spéciales sur les parapets des quais de la Seine, à Paris.

BOURBE [buʀb] **n. f.** – XIIe ◊ gaulois °*borva* ■ Boue qui s'accumule au fond des eaux stagnantes. *Bourbe d'un marais. Amas de bourbe.* ➤ **bourbier.**

BOURBEUX, EUSE [buʀbø, øz] **adj.** – 1552 ◊ de *bourbe* ■ Qui est plein de bourbe. ➤ 1 **boueux, fangeux.** *Sentier bourbeux. Eau bourbeuse* (opposé à *clair*).

BOURBIER [buʀbje] **n. m.** – 1220 ◊ de *bourbe* ■ Lieu creux plein de bourbe. *S'enfoncer dans un bourbier.* ➤ **s'embourber.** ◆ FIG. Situation où l'on s'enlise. ➤ **embarras,** VULG. **merdier.** «*il faisait de vains efforts pour se tirer de ce bourbier*» VOLTAIRE.

BOURBILLON [buʀbijɔ̃] **n. m.** – 1619 ◊ de *bourbe* ■ MÉD. Amas de pus et de tissu nécrosé au centre d'un furoncle.

BOURBON [buʀbɔ̃] **n. m.** – 1907 *bourbon-whisky* ◊ mot anglais américain, de *Bourbon whiskey* (comté de Bourbon, Kentucky) ■ Alcool de grains à base de maïs qui rappelle le whisky, consommé surtout aux États-Unis. *Un verre de bourbon. Des bourbons.*

BOURBONIEN, IENNE [buʀbɔnjɛ̃, jɛn] **adj.** – 1829 ◊ de *Bourbon* ■ Qui a rapport à la famille des Bourbons. ◆ *Nez bourbonien :* nez long un peu busqué. «*son visage bourbonien, avachi, sans caractère — trop de chair, pas assez d'os*» J.-P. DUBOIS.

BOURDAINE [buʀdɛn] **n. f.** – 1410 ; *borzaine* v. 1200 ◊ p.-ê. refait sur l'ancien français *bourd* «bâtard», latin *burdus* «mulet» ■ Arbuste des sous-bois humides *(rhamnacées),* appelé aussi *aulne noir,* dont l'écorce est utilisée pour ses vertus laxatives. *Nerprun bourdaine. Tisane de bourdaine.*

BOURDE [buʀd] **n. f.** – 1180 ◊ p.-ê. de l'ancien occitan *borda* «mensonge» ■ **1** VX Mensonge pour abuser qqn. ➤ **baliverne.** ■ **2** (XVIIIe) MOD. Faute lourde, grossière. *Faire une bourde.* ➤ **bêtise, bévue*, blague ;** FAM. **connerie,** 2 **gaffe.**

BOURDIGUE ➤ **BORDIGUE**

1 **BOURDON** [buʀdɔ̃] **n. m.** – XIIIe ◊ latin populaire *burdo,* de *burdus* «mulet» ■ **1** Long bâton de pèlerin surmonté d'un ornement en forme de pomme. ■ **2** *Point de bourdon :* point de broderie qui tourne autour d'un bourrage et forme relief. *Taie, drap à point de bourdon.*

2 **BOURDON** [buʀdɔ̃] **n. m.** – XIIIe ◊ onomatopée

I ■ **1** Insecte de l'ordre des hyménoptères, au corps lourd et velu, apparenté à l'abeille. *Nid de bourdons. Bruit de bourdon.* ➤ **bourdonnement.** ■ **2** *Faux bourdon :* mâle de l'abeille. ■ **3** FIG. (1915) FAM. *Avoir le bourdon :* être mélancolique, avoir le cafard.

II ■ **1** MUS. Ton qui sert de basse continue dans certains instruments tels que la vielle, la musette, la cornemuse. — *Bourdon d'orgue :* jeu de l'orgue qui fait la basse. — VX Quatrième corde du violon. ■ **2** Grosse cloche à son grave. *Bourdon de cathédrale.*

3 **BOURDON** [buʀdɔ̃] **n. m.** – 1690 ◊ de *bourde* ■ TYPOGR. Faute d'un compositeur qui a omis un ou plusieurs mots de la copie.

BOURDONNANT, ANTE [buʀdɔnɑ̃, ɑ̃t] **adj.** – XVIe ◊ de *bourdonner* ■ Qui bourdonne. *Mouche bourdonnante.* «*Sa tête bourdonnante et près d'éclater*» DAUDET.

BOURDONNEMENT [buʀdɔnmɑ̃] **n. m.** – 1545 ◊ de *bourdonner* ■ **1** Bruit sourd et continu que font en volant certains insectes (bourdon, mouche). *Bourdonnement de ruche.* — Bruit analogue. *Bourdonnement d'un moteur d'avion.* ➤ **vrombissement.** ■ **2** Murmure sourd, confus, d'un grand nombre de voix. *Le bourdonnement des conversations.* ◆ MÉD. *Bourdonnement d'oreilles :* sensation perçue par l'oreille et provoquée par des troubles physiologiques. ➤ **acouphène.**

BOURDONNER [buʀdɔne] **v. intr.** ⟨1⟩ – XIIIe «murmurer» ◊ de 2 *bourdon* ■ **1** Faire entendre un bourdonnement. *La guêpe bourdonne.* ■ **2** PAR EXT. Émettre un son grave et continu, vibrant. ➤ **vrombir.** «*La musique du bal bourdonnait encore à ses oreilles*» FLAUBERT. ◆ FIG. *Oreilles qui bourdonnent* (➤ **bourdonnement**).

BOURG [buʀ] **n. m.** – v. 1360 ; 1164 *borc ;* 1080 *burc* ◊ bas latin *burgus* «forteresse», du germanique *burg* ■ Gros village où se tiennent ordinairement des marchés. ➤ **bourgade.** «*Ce bourg est le chef-lieu d'un canton populeux*» BALZAC. *Gros bourg.* ➤ **ville.** ■ HOM. Bourre.

BOURGADE [buʀgad] **n. f.** – 1418 ◊ provençal *borgada,* italien *borgata* ■ Petit bourg dont les maisons sont disséminées sur un assez grand espace (➤ **village**).

BOURGEOIS, OISE [buʀʒwa, waz] **n. et adj.** – *burgeis* 1080 ◊ de *bourg* ■ **1** Au Moyen Âge, Citoyen d'un bourg, d'une ville, bénéficiant d'un statut privilégié. *Les bourgeois de Calais.* ■ **2** En Suisse, Personne possédant la bourgeoisie (2°). *Conseil des bourgeois.* — **adj.** *Assemblée bourgeoise.* ➤ **bourgeoisial.** ■ **3** ANCIENNT Personne qui n'appartenait ni au clergé ni à la noblesse, ne travaillait pas de ses mains et possédait des biens. *Les bourgeois faisaient partie du tiers état. Un riche bourgeois.* «*Le Bourgeois Gentilhomme*», *comédie de Molière.* — (Opposé à *noble*) ➤ **roturier.** ■ **4** PAR EXT. (1830) PÉJ. Personne incapable d'apprécier ce qui est désintéressé, gratuit, esthétique. (Opposé à *artiste*) «*J'appelle bourgeois quiconque pense bassement*» FLAUBERT. *Chercher à épater le bourgeois.* ■ **5** Dans la société actuelle, Personne de la classe moyenne et dirigeante, de condition aisée, et caractérisée par un certain conformisme intellectuel (➤ **petit-bourgeois**). *Petits bourgeois.* «*Le petit bourgeois* [...] *dépend tout entier de l'ordre établi* [...] *qu'il aime comme lui-même*» BERNANOS. *Grands bourgeois.* ABRÉV. FAM. (1978) **BOURGE** [buʀʒ]. *Un quartier de bourges.* «*l'arrogance des bourges — les vrais,* [...] *ceux qui cherchent le pouvoir et l'obtiennent sans mal*» C. LAURENS. — *Bourgeois bohème.* ➤ 2 **bobo.** ◆ **adj.** Propre à cette classe. *Éducation bourgeoise. Quartier bourgeois.* ➤ **résidentiel.** «*On s'installe à Passy, dans l'appartement de sa tante. Voyez-vous ces goûts bourgeois ?*» SARRAUTE. *Cuisine bourgeoise,* simple et bonne. — PÉJ. Qui a des valeurs morales et sociales conservatrices, mène une vie rangée. *Il est devenu bien bourgeois.* ➤ **s'embourgeoiser.** — PAR EXT. *Les préjugés bourgeois.* «*Tu t'es roulé en boule dans ta sécurité bourgeoise*» SAINT-EXUPÉRY. ■ **6** (Opposé à *militaire*) *Sortir en bourgeois.* ➤ **civil.** ■ **7** **n. f.** (XVe) POP. *Ma bourgeoise :* ma femme. ■ **8** **adj.** (de l'allemand *bürgerlich*) POLIT. En Suisse, Du centre ou de droite (parti politique) (opposé à *socialiste*). *Les partis bourgeois.* ■ CONTR. Manant. Noble. Artiste. Ouvrier, paysan, prolétaire ; populaire ; anarchiste, bohème, hippie, marginal, révolutionnaire.

BOURGEOISEMENT [buʀʒwazmɑ̃] **adv.** – 1654 ◊ de *bourgeois* ■ **1** D'une manière bourgeoise (5°). *Vivre bourgeoisement.* ■ **2** DR. *Occuper bourgeoisement un local,* sans en faire un usage artisanal ni commercial.

BOURGEOISIAL, IALE, IAUX [buʀʒwazjal, jo] **adj.** – 1669 ◊ de *bourgeois* ■ De la bourgeoisie (2°). *Conseil bourgeoisial.*

BOURGEOISIE [buʀʒwazi] **n. f.** – *borgesie* 1240 ◊ de *bourgeois* ■ **1** ANCIENNT Qualité de bourgeois (1°). ■ **2** En Suisse, Droit de cité que possède toute personne dans sa commune d'origine. ■ **3** HIST. Ensemble des bourgeois (3°). — SPÉCIALT (Opposé à *noblesse*) *L'ascension de la bourgeoisie à partir du XVIIe siècle.* ■ **4** POLIT. Classe dominante en régime capitaliste, qui possède les moyens de production (opposé à *prolétariat*). ■ **5** COUR. Ensemble des bourgeois (5°). *La petite, la moyenne, la grande bourgeoisie. Appartenir à la bourgeoisie. Bourgeoisie d'argent, financière. La bourgeoisie provinciale.* ■ **6** En Suisse, Corps de bourgeois (2°) d'une commune. *L'assemblée annuelle de la bourgeoisie.*

BOURGEON [buʀʒɔ̃] **n. m.** – *burjon* 1160 ◊ latin *burrionem,* accusatif de °*burrio,* de *burra* «bourre» ■ **1** Excroissance qui apparaît sur une tige ou une branche, formée de pièces très jeunes, riches en cellules en voie de cloisonnement (➤ **méristème**). *Bourgeons à bois, à feuilles.* ➤ **œil.** *Bourgeons à fleurs, à fruits.* ➤ **bouton.** *Bourgeon terminal, latéral, axillaire. Bourgeon apical. Bourgeon adventif. Les arbres sont déjà en bourgeons. Bourgeons qui éclatent au printemps. Enlever les bourgeons d'un arbre.* ➤ **éborgner ; ébourgeonnage.** — *Bourgeons de sapin,* utilisés en médecine. ■ **2** VX Bouton. «*Les bourgeons dégoûtants de son visage*» SAINT-SIMON (➤ **bourgeonner**). ■ **3** (après 1948) HISTOL. *Bourgeon gustatif :* formation dans l'épithélium des papilles gustatives contenant les cellules gustatives. *Bourgeon conjonctif* (VX Bourgeon charnu) : petite granulation rougeâtre de tissu conjonctif contribuant à cicatriser les plaies. — EMBRYOL. Première ébauche d'un organe ayant la forme d'une petite masse saillante, arrondie. *Bourgeon de membre.*

BOURGEONNEMENT [burʒɔnmɑ̃] **n. m.** – 1600 ◊ de *bourgeonner* ■ Action de bourgeonner. ■ **1** BOT. Formation des bourgeons des végétaux supérieurs. — Formation des propagules* chez les bryophytes (mousses et hépatiques). — Mode de multiplication des levures. ■ **2** ZOOL. Mode de reproduction asexuée de certains invertébrés. ➤ **blastogenèse.** ■ **3** PATHOL. *Bourgeonnement d'une plaie* : formation de bourgeons charnus à la surface d'une plaie.

BOURGEONNER [burʒɔne] **v. intr.** ‹1› – 1115 ◊ de *bourgeon* ■ **1** Produire des bourgeons. *Les arbres bourgeonnent au printemps.* ■ **2** FIG. *Son visage, son nez bourgeonne,* se couvre de boutons. ➤ **fleurir.**

BOURGERON [burʒərɔ̃] **n. m.** – 1842 ◊ de l'ancien français *borge,* d'un latin populaire °*burrica,* de *burra* «bourre» ■ VIEILLI Courte blouse de travail en grosse toile. *«les hommes en bourgerons sous leurs larges capuches blanches de moines de la viande»* J. SORMAN.

BOURGMESTRE [burgmɛstr] **n.** – 1298 ◊ moyen haut allemand *Burgmeister* «maître du bourg» ■ Premier magistrat des communes belges (➤ **maïeur**), néerlandaises, allemandes, luxembourgeoises. *Elle avait «obtenu de son galant* [...] *qu'il passât d'abord devant le bourgmestre et le curé»* S. LILAR. *La nouvelle bourgmestre.*

BOURGOGNE [burgɔɲ] **n. m.** – 1808 ◊ nom d'une province française, latin populaire *Burgundia,* racine germanique ■ Vin des vignobles de Bourgogne. ➤ **aligoté,** 2 **chablis, chambertin, corton, mâcon, meursault, passe-tout-grain, pommard, pouilly.** *Un verre de bourgogne. Un grand bourgogne rouge. Préférer les bourgognes aux bordeaux.*

BOURGUEIL [burgœj] **n. m.** – 1873 ◊ du nom d'une ville d'Indre-et-Loire ■ Vin rouge (ou rosé, plus rarement) du Val de Loire. *Un bourgueil frais. Des bourgueils.*

BOURGUIGNON, ONNE [burgiɲɔ̃, ɔn] **adj. et n.** – fin XIIe ◊ de *Bourgogne* ■ De la Bourgogne. *Accent bourguignon.* **n.** *Les Bourguignons.* ♦ (1866) *Bœuf bourguignon,* et ABSOLT *un bourguignon* : bœuf accommodé au vin rouge et aux oignons. — *Fondue* bourguignonne.*

BOURLINGUER [burlɛ̃ge] **v. intr.** ‹1› – fin XVIIIe ◊ p.-ê. de *boulingue* «petite voile» ; → bouline ■ **1** MAR. Avancer péniblement contre le vent et la mer. ➤ **rouler.** ■ **2** Naviguer beaucoup. *Avoir bourlingué dans les mers du Sud.* — FIG. et FAM. Voyager beaucoup en menant une vie aventureuse (cf. FAM. Rouler sa bosse*). *«Bourlinguer», œuvre de Cendrars.* — **n. f. BOURLINGUE.**

BOURLINGUEUR, EUSE [burlɛ̃gœr, øz] **adj. et n.** – 1896 ◊ de *bourlinguer* ■ FAM. Qui voyage beaucoup par goût, mène une vie aventureuse.

BOURRACHE [buraʃ] **n. f.** – 1256 ◊ latin médiéval *borrago* «bourrue», ou arabe *abu rach* «père de la sueur» ■ Plante des lieux incultes *(borraginacées),* à fleurs bleues et dont les feuilles sont utilisées en tisane sudorifique et diurétique. *Bourrache officinale.* — Cette tisane.

BOURRADE [burad] **n. f.** – 1553 ◊ de *bourrer* ■ Poussée que l'on donne à qqn, avec le poing, le coude, la crosse d'un fusil, etc. *Donner une bourrade. Une bourrade amicale.*

BOURRAGE [buraʒ] **n. m.** – XVe ◊ de *bourrer* ■ **1** Action de bourrer. *Le bourrage d'un coussin.* ➤ **garnissage.** Points, rembourrage qui donne du relief à une broderie. — *Bourrage des urnes*.* — TECHNOL. Dysfonctionnement d'une machine caractérisé par une accumulation anormale de produits ou de matériaux l'alimentant. *Le bourrage du papier dans une imprimante.* ♦ PAR EXT. Matière dont on se sert pour bourrer. ➤ 1 **bourre.** ■ **2** (1876) FIG. et FAM. **BOURRAGE DE CRÂNE :** information constamment redonnée dans le dessein d'en faire accroire. SPÉCIALT Propagande intensive. ➤ **intoxication, matraquage.** *«Le véritable bourrage de crâne, on se le fait à soi-même par l'espérance»* PROUST.

BOURRASQUE [burask] **n. f.** – 1548 ◊ de l'italien *bur(r)asca,* du latin *boreas* «vent du nord» ■ Coup de vent violent et de courte durée. ➤ **orage, tempête, tornade, tourbillon, tourmente.** *Le vent souffle en bourrasques. Une bourrasque de pluie. «Elle entre comme une bourrasque, flanque tout par terre et repart en coup de vent»* SARTRE. — FIG. *«Leur apparition avait été accueillie par une bourrasque d'injures et de coups de sifflet»* MAUROIS. ■ CONTR. Bonace, 1 calme.

BOURRASSER [burase] **v.** ‹1› – 1890 ◊ de *bourrer* ■ (Canada) FAM. ■ **1 v. tr.** Malmener, brusquer. ■ **2 v. intr.** Maugréer, ronchonner.

BOURRATIF, IVE [buratif, iv] **adj.** – milieu XXe ◊ de *bourrer* ■ FAM. Qui bourre, en parlant d'un aliment. *Ces biscuits sont trop bourratifs.* ➤ **étouffe-chrétien.** ■ CONTR. Léger.

1 **BOURRE** [bur] **n. f.** – 1280 *boure de soie* ; 1174 *borre* «partie grossière de la laine» ◊ latin *burra* ■ **1** Amas de poils, détachés avant le tannage de la peau de certains animaux à poils ras et servant à garnir les harnais, les bâts (➤ **feutre**). *Tirer la bourre de la peau d'un bœuf. Poils de bourre et poils de jarre*.* ♦ LOC. FAM. *Se tirer la bourre* : se mesurer à son adversaire, lutter pour la première place. ■ **2** PAR EXT. *Bourre de laine* ou *bourre lanice* : déchet du peignage de la laine. *Bourre de coton.* ➤ **ouate.** — *Bourre de soie* : déchet du dévidage des bobines de soie grège. ➤ **bourrette, schappe, strasse.** ♦ Ces bourres, dont on emplit les coussins, etc. ■ **3** Duvet qui recouvre les bourgeons de certains arbres. *«une bourrasque pousse* [...] *les brindilles et les bourres de platanes»* C. SIMON. ■ **4** Corps inerte qui maintient en place la charge d'une arme à feu. *Bourre de fusil, de cartouche.* ■ **5** LOC. FAM. *De première bourre* : excellent. ➤ **extra,** 2 **super.** ■ HOM. Bourg.

2 **BOURRE** [bur] **n. f.** – début XXe ◊ de *bourrer* ■ LOC. FAM. *Être à la bourre* : être obligé de se presser, être en retard dans ce qu'on a à faire. *Ils sont encore à la bourre.* — *Coup de bourre* : temps très court où l'on doit s'activer pour mener à bien un travail.

3 **BOURRE** [bur] **n. m.** – 1910 ◊ de *bourrique* «agent» (1877), ou de *bourrer* ■ ARG. (VIEILLI) Policier.

BOURRÉ, ÉE [bure] **adj.** – 1519 ◊ de *bourrer* ■ **1** *Bourré de...* : entièrement plein de... *Portefeuille bourré de billets. «j'ai déjà la tête bourrée* [...] *de souvenirs»* DAUDET. ➤ **farci.** PAR EXT. *Dictée bourrée de fautes.* ➤ **truffé.** *Il est bourré de complexes, d'idées.* ■ **2** ABSOLT Très plein, trop plein. *Valise bourrée, wagon bourré.* ➤ **bondé,** 2 **comble.** ■ **3** FAM. Ivre. *Il était complètement bourré, bourré comme un coing.* ➤ 1 **beurré, soûl.** ■ CONTR. Vide.

BOURREAU [buro] **n. m.** – 1319 ◊ de *bourrer* «frapper» ■ **1** Celui qui exécute les peines corporelles ordonnées par une cour de justice, et spécialement la peine de mort. ➤ **exécuteur.** *«Ô peuples, faites finir ceux qui tuent ! Abdique, bourreau !»* HUGO. *Bourreau qui appliquait autrefois la torture, les supplices.* ➤ **tortionnaire.** ■ **2** PAR EXT. Personne qui martyrise qqn, physiquement ou moralement. *Bourreau d'enfants. Pardonner à son bourreau.* ♦ PLAISANT *Bourreau des cœurs* : homme, femme à succès. ➤ **don juan, séducteur, tombeur.** ■ **3** FIG. *Bourreau de travail* : personne qui abat beaucoup de travail. *Ces femmes sont des bourreaux de travail.* ■ CONTR. Victime.

BOURRÉE [bure] **n. f.** – 1326 ◊ de *bourrer* ■ **1** RÉGION. Fagot de menues branches. *«Les nuits devenaient froides, les bourrées crépitaient d'autant»* GENEVOIX. ■ **2** (1565 ◊ elle se dansait autour d'un feu de fagots) Danse populaire de diverses régions du centre de la France ; air sur lequel on l'exécute. *La bourrée auvergnate.* — CHORÉGR. *Pas de bourrée* : pas de danse classique.

BOURRÈLEMENT [burɛlmɑ̃] **n. m.** – 1580, repris XIXe ◊ de *bourreler* ■ LITTÉR. Douleur physique cruelle. — FIG. Torture morale. ➤ **tourment.** *Le bourrèlement de la conscience.* ➤ **remords.**

BOURRELER [burle] **v. tr.** ‹4 /5/› – 1554 ◊ de *bourreau* ■ Tourmenter, torturer moralement (rare, sauf au p. p.). *«Il était honteux de lui-même et bourrelé de remords»* MARTIN DU GARD.

BOURRELET [burlɛ] **n. m.** – 1386 ◊ de l'ancien français *bourrel,* de 1 *bourre* ■ **1** Coussinet circulaire ; SPÉCIALT pour porter un fardeau sur la tête. ➤ **tortillon.** — VX Coiffure rembourrée, que l'on mettait aux enfants pour protéger leur tête quand ils tombaient. ■ **2** Bande de feutre, de mousse, etc., que l'on fixe au bord des battants des portes et des fenêtres pour arrêter les filets d'air. ■ **3** Renflement allongé. *Les bourrelets d'une cicatrice.* SPÉCIALT *Bourrelet de chair, de graisse,* et ABSOLT *bourrelet* : pli arrondi et disgracieux en certains endroits du corps (nuque, ventre, estomac, etc.). *Avoir des bourrelets et de la cellulite.* ■ CONTR. Creux.

BOURRELIER, IÈRE [burəlje, jɛr] **n.** – 1268 ◊ de l'ancien français *bourrel* «collier, harnais», de 1 *bourre* ■ Personne qui fait et vend des harnais, des sacs, des courroies. ➤ **sellier.** *Outils de bourrelier.*

BOURRELLERIE [burɛlri] **n. f.** – 1268 ◊ de l'ancien français *bourrel* → bourrelier ■ Métier et commerce du bourrelier.

BOURRE-PIF [burpif] **n. m.** – 1954 ◊ de *bourrer* et 2 *pif* «nez» ■ FAM. Coup dans la figure. *Des bourre-pifs.* — Bataille à coups de poing. ➤ **baston, castagne.** *Une partie de bourre-pif.*

BOURRER [buʀe] v. ‹1› – 1332 «maltraiter» ◊ de 1bourre
I v. tr. ▪ **1** (XVIe) Emplir de bourre (un coussin, etc.). ➤ **matelasser, rembourrer.** — SPÉCIALT *Bourrer un fusil,* y introduire la bourre. ▪ **2** Remplir complètement en tassant. *Bourrer une valise. Bourrer sa pipe. Bourrer un sac de vêtements. Bourrer les urnes**. — PAR EXT. *Bourrer qqn de nourriture.* ➤ **gaver.** PRONOM. *Elle s'est bourrée de gâteaux.* ➤ se **goinfrer.** — ABSOLT, FAM. *Un aliment qui bourre,* cale l'estomac, gave. ➤ FAM. **bourratif.** ♦ *Bourrer le crâne à qqn,* lui raconter des histoires, essayer de lui en faire accroire. ➤ **bourrage.** *Bourrer le mou**. ▪ **3** *Bourrer qqn de coups,* le frapper à coups redoublés. ➤ **rouer.** PAR EXT. POP. *Je vais lui bourrer la gueule.* PRONOM. (RÉCIPR.) Se battre. *Ils se sont bourrés (de coups).* ▪ **4** POP. **SE BOURRER** v. pron. réfl. S'enivrer. ➤ se **cuiter,** se **pinter,** se **soûler.**
II v. intr. ▪ **1** CHASSE En parlant d'un chien, Courir après le lièvre, au lieu de rester à l'arrêt. ▪ **2** TECHNOL. Perturber le travail d'une machine par accumulation de matériaux. *Le papier bourre dans l'imprimante.* ▪ **3** FAM. Précipiter le mouvement, aller très vite. ➤ se **presser.** *Il va falloir bourrer pour arriver à l'heure.* SPÉCIALT Conduire très vite. *Il a bourré sur l'autoroute.* ➤ 1**bomber, foncer.** ▪ **4** ARG. Faire salle comble. *Ce soir on a bourré.*
▪ CONTR. Vider.

BOURRETTE [buʀɛt] n. f. – 1423 ◊ de 1bourre ▪ Soie grossière qui entoure le cocon ; tissu que l'on en fait. ➤ 1**bourre.** *De la bourrette de soie.*

BOURRICHE [buʀiʃ] n. f. – 1526 ◊ origine inconnue ▪ Long panier sans anse servant à transporter du gibier, du poisson, des huîtres. *Bourriche d'huîtres.*

BOURRICHON [buʀiʃɔ̃] n. m. – 1860 ◊ de *bourriche* ▪ FAM. Tête. *Monter le bourrichon à qqn,* lui monter la tête. *«il faut se monter le bourrichon pour faire de la littérature»* FLAUBERT. ➤ **s'illusionner.**

BOURRICOT [buʀiko] n. m. – 1849 ◊ espagnol *borrico* «âne» ▪ Petit âne. — LOC. FAM. *Être chargé comme un bourricot. Kifkif bourricot.* ➤ **kifkif.**

BOURRIDE [buʀid] n. f. – 1735 ◊ ancien occitan *bourrido,* de *boulido* «bouilli» ▪ Plat de poissons méditerranéens, voisin de la bouillabaisse, servi avec un aïoli. *La bourride sétoise.*

BOURRIN, INE [buʀɛ̃, in] n. et adj. – 1903 «âne» ◊ mot dialectal de l'Ouest, de *bourrique* ▪ **1** n. m. POP. Cheval. ➤ **canasson.** ▪ **2** adj. FAM. Qui utilise la force brutale, dénote le manque de délicatesse, de nuance. *Une scène d'action bien bourrine.* — n. *Boxeur qui tombe sur un bourrin.*

BOURRIQUE [buʀik] n. f. – 1603 ◊ de l'espagnol *borrico* «âne» ▪ **1** Âne, ânesse. — LOC. *Têtu comme une bourrique. Faire tourner qqn en bourrique,* l'abêtir à force d'exigences, de taquineries, de contrordres (cf. Faire devenir chèvre*). ▪ **2** FIG. et FAM. Personne bête et têtue. *Quelle bourrique !*

BOURRIQUET [buʀikɛ] n. m. – 1534 ◊ de *bourrique* ▪ **1** Âne de petite espèce. Ânon. ➤ **bourricot.** ▪ **2** TECHN. Treuil servant à monter les produits d'une mine. ➤ **tourniquet.**

BOURROIR [buʀwaʀ] n. m. – 1758 ◊ de *bourrer* ▪ TECHN. Pilon servant à bourrer.

BOURRU, UE [buʀy] adj. – 1555 ◊ de 1bourre ▪ **1** Qui a la rudesse, la grossièreté de la bourre. ➤ **rude.** *Fil bourru.* — PAR ANAL. *Vin bourru :* vin nouveau, non fermenté. *Lait bourru,* qui vient d'être tiré. ▪ **2** FIG. Peu aimable, peu civil, peu disert. *Un homme bourru.* ➤ **ours.** *«avec son air bourru, c'était le meilleur homme du monde»* DAUDET. ➤ **désagréable*, renfrogné.** ▪ CONTR. Affable, aimable, 1avenant, causant, liant.

1**BOURSE** [buʀs] n. f. – v. 1150 ◊ bas latin *bursa* «cuir» ▪ **1** Petit sac arrondi, généralement à fronces ou à soufflets, destiné à contenir des pièces de monnaie. *Une bourse de peau, de tissu, de mailles de métal. Cordons d'une bourse. Bourse à fermoir.* ➤ **portemonnaie.** — (Canada) FAM. Sac à main. — LOC. *Tenir les cordons de la bourse :* disposer des finances. *Avoir la bourse plate :* être pauvre. *Sans bourse délier :* sans qu'il en coûte rien, sans rien débourser (➤ **gratuitement**). *Ouvrir sa bourse à ses amis,* les aider financièrement. ♦ PAR MÉTON. L'argent lui-même. *Faire bourse commune :* partager les dépenses. *À la portée de toutes les bourses :* bon marché. ♦ *Bourse d'études :* pension accordée à un élève, à un étudiant (➤ 1**boursier**). *Demander, obtenir une bourse.* ▪ **2** SPÉCIALT ➤ **enveloppe,** 1**poche,** 1**sac.** CHASSE Poche que l'on place devant le terrier pour prendre le lapin. — PÊCHE Filet en forme de poche. ▪ **3** ANAT. *Bourses séreuses, synoviales :* poches membraneuses des articulations. — ABSOLT *Les bourses :* l'enveloppe des testicules. ➤ **scrotum.** *Il «sent ses testicules remonter dans son bas-ventre et ses bourses se contracter»* DEL AMO.

2**BOURSE** [buʀs] n. f. – 1549 ◊ p.-ê. du nom de l'hôtel de la famille *Van der Burse,* à Bruges, avec influence de 1bourse ▪ **1** Marché* public organisé où s'effectuent des transactions sur des valeurs, des marchandises ou des services ; le lieu où se réunissent les personnes qui interviennent sur ce marché. *Création, suppression d'une Bourse. Aller à la Bourse.* — *Bourse des valeurs,* où se négocient les valeurs mobilières. *La Bourse de Paris. La corbeille* de la Bourse. La Bourse de Lyon.* — *Bourse de marchandises,* COUR. *Bourse de commerce,* où se négocient les marchandises, les services. ▪ **2** Ensemble des opérations traitées à la Bourse (des valeurs). *Opérations de Bourse. Ordre de Bourse. Société de Bourse :* charge d'agent de change. *Jouer en Bourse, à la Bourse.* ➤ **spéculation ; agiotage ; baissier, haussier ; boursicoter.** *Introduction en Bourse. Valeurs cotées en Bourse. Société cotée* en Bourse. Les cours de la Bourse.* ➤ **cote.** *Le gendarme de la Bourse :* l'autorité des marchés financiers (A. M. F.). ♦ PAR EXT. Les cours de la Bourse. *La Bourse a monté* (➤ **boom**), *a baissé. Chute de la Bourse.* ➤ **krach.** — Les intervenants sur le marché boursier. *La Bourse est optimiste.* ▪ **3** PAR ANAL. *Bourse du travail :* réunion des adhérents des divers syndicats d'une même ville ou région en vue de se concerter pour la défense de leurs intérêts et l'organisation de divers services d'intérêt collectif ; lieu où se tient cette réunion. — *Bourse à, aux,* lieu où l'on échange des marchandises. *Bourse aux livres, aux timbres.* ➤ 1**foire.** *Bourse à l'emploi,* centralisant les offres et les demandes d'emploi.

BOURSE-À-PASTEUR [buʀsapastœʀ] n. f. – v. 1350 ◊ de 1bourse et *pasteur* ▪ Petite plante des lieux incultes *(crucifères),* dont le fruit sec a la forme d'un cœur. ➤ **capselle.** *Des bourses-à-pasteur* [buʀsapastœʀ].

BOURSICOTER [buʀsikɔte] v. intr. ‹1› – 1580 ◊ de *boursicot* (XIIIe), diminutif de 1bourse ; appliqué à la *Bourse* (2), 1841 ▪ Faire de petites opérations en Bourse. ➤ **spéculer.** — n. m. **BOURSICOTAGE,** 1861.

BOURSICOTEUR, EUSE [buʀsikɔtœʀ, øz] n. – 1858 ; *boursicotier* n. et adj. 1851 ◊ de *boursicoter* ▪ Personne qui boursicote.

1**BOURSIER, IÈRE** [buʀsje, jɛʀ] n. – 1387 ◊ de 1bourse ▪ Élève qui bénéficie d'une bourse d'études. *Boursier de l'enseignement supérieur. «On exige d'un boursier bien plus que d'un autre. Il est tenu de réussir»* MICHELET. — adj. *Élève boursier.*

2**BOURSIER, IÈRE** [buʀsje, jɛʀ] n. et adj. – 1512 «trésorier» ◊ de 2Bourse ▪ **1** (1846) Personne qui exerce sa profession à la Bourse. ➤ 2**agent** (de change), **coulissier, courtier, remisier ;** et aussi **broker.** ▪ **2** adj. (1837) Relatif à la Bourse. *Opérations boursières.*

BOURSOUFLAGE ou **BOURSOUFFLAGE** [buʀsuflaʒ] n. m. – 1765 ◊ de *boursouflé* ▪ État de ce qui est boursouflé. ➤ **boursouflure.** Action de boursoufler. ➤ **boursouflement, gonflement ; enflure.** — La graphie *boursoufflage* avec 2 *f,* d'après *souffle,* est régulière.

BOURSOUFLÉ, ÉE ou **BOURSOUFFLÉ, ÉE** [buʀsufle] adj. – v. 1450 ; *bousouflé* XIIIe ◊ de *soufflé* et *bou-* «idée de gonflement» ▪ **1** Qui présente des gonflements disgracieux. *Visage boursouflé.* ➤ **bouffi, enflé, gonflé.** *Plaie boursouflée.* ▪ **2** FIG. Emphatique et vide. *«ennemi du mélodrame boursouflé»* FARGUE. ➤ **ampoulé.** — La graphie *boursoufflé* avec 2 *f,* d'après *souffle,* est régulière. ▪ CONTR. Creux, émacié.

BOURSOUFLEMENT ou **BOURSOUFFLEMENT** [buʀsufləmɑ̃] n. m. – 1590, repris XXe ◊ de *boursouflé* ▪ Boursouflage. — La graphie *boursoufflement* avec 2 *f,* d'après *souffle,* est régulière.

BOURSOUFLER ou **BOURSOUFFLER** [buʀsufle] v. tr. ‹1› – 1530 ◊ de *boursouflé* ▪ Rendre boursouflé. ➤ **enfler, gonfler.** — La graphie *boursouffler* avec 2 *f,* d'après *souffle,* est régulière.

BOURSOUFLURE ou **BOURSOUFFLURE** [buʀsuflyʀ] n. f. – 1532 ◊ de *boursouflé* ▪ **1** Sorte de distension, de gonflement que présente par endroits une surface unie. *Boursouflure d'un enduit sur un mur.* ➤ **cloque, coquille, soufflure.** *Boursouflure du visage.* ➤ **bouffissure.** *«sous les paupières inférieures, des boursouflures mauves surplombaient des pommettes vermiculées de couperose»* MARTIN DU GARD. ▪ **2** FIG. *Boursouflure du style.* ➤ **emphase, enflure.** — La graphie *boursoufflure* avec 2 *f,* d'après *souffle,* est régulière.

BOUSCUEIL [buskœj] n. m. – 1928 ◊ mot canadien, de *bousculer* ▪ (Canada) Mouvement des glaces sous l'action du vent, de la marée ou du courant. ➤ **débâcle.** *Le bouscueil du printemps.*

BOUSCULADE [buskylad] **n. f.** – 1848 ◊ de *bousculer* ■ **1** Action de bousculer. SPÉCIALT Remous de foule. ➤ **désordre.** *La bousculade du métro.* ➤ **cohue.** *Bousculade au guichet.* ➤ **ruée.** ■ **2** Grande hâte, précipitation dans les choses que l'on a à faire. *Dans la bousculade du départ, des préparatifs. Pour terminer avant midi, c'est la bousculade !* ➤ **cavalcade, course.**

BOUSCULER [buskyle] **v. tr.** ‹ 1 › – 1798 ◊ du moyen français *bousser* «heurter» et de *culer* ■ **1** Mettre en désordre en poussant, en renversant. *On a bousculé tous mes livres.* ➤ **bouleverser, déranger** (cf. Mettre sens* dessus dessous). ♦ FIG. Modifier avec une certaine brusquerie. ➤ **chahuter.** *Bousculer les traditions, les idées reçues. Ça bouscule mes principes.* ■ **2** Pousser, heurter brutalement par inadvertance. *Se faire bousculer.* — PRONOM. (RÉCIPR.) *«On se pressait confusément, s'interpellant à grands cris, se bousculant»* JALOUX. — FIG. *Les idées se bousculent dans sa tête.* LOC. FAM. *Ça se bouscule au portillon*.* ■ **3** Faire se dépêcher. ➤ **presser.** *Il est lent et n'aime pas qu'on le bouscule.* ➤ **brusquer.** — *Être bousculé,* avoir trop de choses à faire en peu de temps. *J'ai été tellement bousculé que je n'en ai pas trouvé le temps.*

BOUSE [buz] **n. f.** – fin XIIe ◊ origine inconnue, p.-ê. de même origine que *boue* ■ **1** Excrément des bovins. *De la bouse de vache. Marcher dans une bouse.* ■ **2** FIG. et FAM. Œuvre sans valeur, de mauvaise qualité. ➤ **daube, merde.** *Son dernier film est une bouse.*

BOUSEUX [buzø] **n. m.** – *bousoux* 1885 ◊ mot de l'Ouest, de *bouse* ■ FAM. et PÉJ. Paysan.

BOUSIER [buzje] **n. m.** – 1762 ◊ de *bouse* ■ Scarabée coprophage *(coléoptères)* qui roule en boule les excréments des mammifères. ➤ **géotrupe.**

BOUSILLAGE [buzijaʒ] **n. m.** – *bouzillage* 1521 ◊ de *bousiller* ■ **1** TECHN. Mélange de terre détrempée et de paille que l'on emploie dans certaines constructions rustiques. ➤ **bauge, pisé, torchis.** *Mur en bousillage.* ■ **2** (1720) FAM. Action de bousiller (2°), de mal exécuter (un travail). ➤ **bâclage, gâchis, massacre.** *«le bousillage* [...] *des mises en scène dont il se satisfait»* ARTAUD. ■ **3** Action de détériorer. ➤ **détérioration, sabotage.** *Bousillage d'une installation électrique.*

BOUSILLER [buzije] **v.** ‹ 1 › – 1554 ◊ de *bouse* ■ **1 v. intr.** TECHN. Maçonner en bousillage. ■ **2 v. tr.** (1694) FAM. Gâcher (un travail). ➤ FAM. **cochonner, saloper.** ■ **3** FAM. Rendre inutilisable. ➤ **abîmer*, détériorer,** FAM. **flinguer.** *Il a bousillé son moteur.* — **p. p. adj.** *Sa montre est bousillée.* ➤ FAM. 2 **fichu, foutu.** ♦ POP. Tuer. *«refus de toute attaque ; on en a marre de se faire bousiller»* J. ANGLADE.

1 **BOUSIN** [buzɛ̃] **n. m.** – 1611 ◊ de *bouse* ■ Tourbe de qualité inférieure. — Glace côtière chargée de débris.

2 **BOUSIN** [buzɛ̃] **n. m.** – 1790 ◊ argot des marins, de l'anglais populaire *to booze* «s'enivrer» ■ **1** POP. et VX Cabaret malfamé. ➤ **bouge.** ■ **2** MOD. FAM. Vacarme*, tumulte. ➤ FAM. 2 **boucan.** *Faire du bousin. Quel bousin !*

BOUSSOLE [busɔl] **n. f.** – 1532 ◊ italien *bussola,* fém. de *bussolo* «récipient de bois», latin *buxis* ■ Instrument qui indique le nord magnétique à l'aide d'une aiguille aimantée mobile, fixée au centre d'un cadran. *Boussole de marine.* ➤ **compas.** *Boussole de poche. S'orienter à l'aide de la boussole. Naviguer à la boussole.* ♦ LOC. FIG. et FAM. *Perdre la boussole :* perdre la tête ; être troublé, affolé (cf. Être déboussolé, perdre le nord*, les pédales).

BOUSTIFAILLE [bustifɑj] **n. f.** – 1821 «bombance» ◊ p.-ê. de *bouffer* ■ POP. Nourriture, repas. ➤ 2 **bouffe.** *Un congélateur plein de boustifaille.*

BOUSTROPHÉDON [bustʀɔfedɔ̃] **n. m.** – XVIe ◊ du grec *bous* «bœuf» et *strophein* «tourner» ■ Écriture primitive (du grec et de l'étrusque, notamment) dont les lignes allaient sans interruption de gauche à droite et de droite à gauche à la manière des sillons d'un champ.

BOUT [bu] **n. m.** – fin XIIe ◊ de *bouter*

I EXTRÉMITÉ ■ **1** Partie d'un objet qui le termine dans le sens de la longueur. ➤ **extrémité.** *Le bout d'une canne. Ciseaux à bouts ronds. Chaussures à bouts carrés. Couper le bout d'un bâton.* ➤ **ébouter.** *Bout de cigarette.* ➤ **mégot.** *Être assis au bout de la table, en bout de table.* — *Le bout du nez, de la langue, du doigt, de l'oreille. Bout de sein.* ➤ **mamelon.** *À bout de bras*. Tirer à bout portant* (de façon que le bout de l'arme touche le but) : de très près. — TECHN. *Bois* de bout.* — *Mettre bout à bout.* ➤ **abouter, joindre.** — LOC. *Savoir qqch. sur le bout du doigt*. Mener qqn par le bout du nez*. Ne pas voir plus loin que le bout de son nez*. Montrer le bout de son nez*, de l'oreille*. Manger du bout des lèvres*. Du bout des dents*. Avoir un mot* sur le bout de la langue. Regarder par le petit bout de la lorgnette*. Avoir du mal à joindre les deux bouts :* parvenir difficilement à équilibrer, à boucler son budget. *Brûler la chandelle* par les deux bouts. Au bout du fil*.* — *On ne sait par quel bout le prendre :* il est d'une humeur difficile. *Tenir le bon bout :* être en passe de réussir. (Canada) *Tenir son bout :* tenir bon, résister ; persister, s'obstiner. *Avoir, tenir le gros bout du bâton*.* ■ **2** La limite d'un espace. *Le bout de la route.* ➤ 1 **fin.** *Le bout du tunnel*. «Elle vient de l'autre bout de la ville»* DURAS. *Le bout du monde*, au bout du monde. Aller jusqu'au bout de ses idées.* ➤ **jusqu'au-boutiste.** *Être au bout du rouleau*. Au bout du compte*.* — *De bout en bout* [d(ə)butɑ̃bu] : d'une extrémité à l'autre. — *Tout au bout :* à l'extrême limite. FAM. *Au bout du bout* (même sens). *«traverser la Patagonie, s'arrêter là au bout du bout du continent»* V. OVALDÉ. — *D'un bout à l'autre :* dans toute l'étendue ; entièrement. — FIG. (1636) *À tout bout de champ :* à chaque instant, à tout propos, pour un oui pour un non. *Être dérangé à tout bout de champ. «Une certaine façon d'invoquer à tout bout de champ la liberté, ou tout autre principe, suffit à révéler un esprit de qualité assez basse»* PAULHAN. ■ **3** (XVe) La fin d'une durée, de ce qui dure, s'épuise. ➤ 1 **fin, limite, terme.** *«Voyage au bout de la nuit»,* de Céline. *Jusqu'au bout :* jusqu'à la fin ; FIG. complètement. ♦ *Être au bout de,* à la fin de. *Arriver au bout de sa carrière, de sa vie, d'un travail.* ➤ **achever.** *Ne pas être au bout de ses peines*.* FIG. et FAM. *Être au bout de sa vie :* n'en pouvoir plus. — **AU BOUT DE... :** après. *Au bout d'un moment, de quelques minutes.* ♦ (début XVIIe) **ÊTRE À BOUT DE... :** ne plus avoir de... (cf. Être à court). *Être à bout de forces, de ressources, d'arguments, de nerfs*, de souffle*.* — *Être à bout :* n'en pouvoir plus, être épuisé. *Ma patience est à bout. Pousser qqn à bout,* l'exaspérer. — *Venir à bout de* (qqch. ou qqn), s'en débarrasser par une suite d'efforts. *Il est venu à bout de son adversaire en trois sets.* ➤ **battre, triompher** (de), **vaincre.** *Nous en sommes venus à bout.*

II MORCEAU ■ **1** (1580) Partie, fragment quelconque de qqch. ➤ **morceau.** *Un bout de fil, de papier. Bout de pain, de fromage. Un bout de bois. Bouts de chandelles*, de ficelle*.* — LOC. FAM. *En connaître un bout :* être compétent (cf. En connaître un rayon*). — FAM. *Discuter* le bout de gras.* — CIN. *Bout d'essai*.* ♦ (1918 ◊ de *bout de bois* au sens argotique de «jambe») FAM. *Mettre les bouts :* s'en aller. ■ **2** Ce qui est petit, incomplet, tronqué. *Un bout de lettre :* une lettre courte, rapide. *Un petit bout de femme :* une femme petite et menue. *Un bout de chou, un petit bout :* un petit enfant. ♦ Partie d'une étendue, d'un espace. *Faire un bout de chemin*. Un bout de jardin :* un petit jardin. *Un bout de terrain.* ➤ **lopin.** FAM. *Faire un bout de conduite à qqn,* l'accompagner une partie de sa route. ♦ Partie d'une durée. *Un bon bout de temps :* un temps assez long. ♦ EMPHAT. *Ça fait un bout de chemin !* c'est loin. *Ça fait un bout de temps que je l'attends,* longtemps.

III TERME DE MARINE (On prononce [but]) Cordage.

■ **CONTR.** Milieu ; tout. ■ **HOM.** Boue, bouh.

BOUTADE [butad] **n. f.** – 1580 ◊ de *bouter* «pousser une pointe» ■ **1** Trait d'esprit. ➤ **plaisanterie, saillie.** *Ce n'est qu'une boutade.* ■ **2** VX Caprice. *«Cessez donc ces boutades d'enfant malade»* LOTI.

BOUTARGUE ➤ **POUTARGUE**

BOUT-DEHORS [budəɔʀ] **n. m.** – 1844 ; *boute-hors* autre sens 1394 ◊ de *bouter* et *dehors* ■ MAR. ANCIENNT Pièce de mâture qui peut s'ajouter à une vergue pour l'établissement d'une voile supplémentaire. ♦ MOD. *Bout-dehors (de foc) :* espar horizontal à l'avant d'un bateau, permettant d'amurer le(s) foc(s) en avant de l'étrave (➤ **beaupré**). *Des bouts-dehors.*

BOUTE-EN-TRAIN [butɑ̃tʀɛ̃] **n. m. inv.** /BOUTENTRAIN **n. m.**/ – 1718 ; autre sens 1694 ◊ de *bouter* «mettre», *en* et *train* ■ Personne qui met en train, en gaieté, qui met de l'ambiance dans une réunion. ➤ **amuseur ;** RÉGION. **ambianceur** (cf. Joyeux drille*, gai luron*). *«Dans les cabarets, on faisait cercle autour de lui* [...] *il était la vie, l'âme, le boute-en-train de tout le monde»* RENAN. *Elle était le boute-en-train de la bande.*

BOUTEFAS [butfa] **n. m.** – *boutefa* 1868 ◊ p.-ê. du latin *buttis* «tonneau» et de *farcir* ■ (Suisse) Saucisson de porc enveloppé dans le gros boyau de l'animal.

BOUTEFEU [butfø] **n. m.** – 1324 ◊ de *bouter* «mettre» et *feu* ■ **1** ANCIENNT Bâton garni à son extrémité d'une mèche pour mettre le feu à la charge d'un canon. ■ **2** FIG. (1531) VX Personne qui suscite des querelles. *Des boutefeux.*

BOUTEILLE [butɛj] **n. f.** – 1230 ◊ bas latin *butticula*, de *buttis* «tonneau» ▪ **1** Récipient à goulot étroit, souvent en verre, destiné à contenir du vin ou d'autres liquides. *Une bouteille de vin, d'huile, d'encre, de parfum. Le bouchon, le col, le collet, le goulot, le ventre, la panse, l'étiquette, le cul, le fond d'une bouteille. Tesson* de bouteille. Petite bouteille.* ➤ **fiole, flacon, topette ;** RÉGION. 2 **fillette.** *Bouteille d'un litre.* ➤ 2 **litre.** *Grande bouteille.* ➤ **magnum.** *Bouteille de bière.* ➤ 2 **canette.** FAM. *Bière bouteille* (opposé à *bière pression*). *Grosses bouteilles enveloppées de paille ou d'osier.* ➤ **bonbonne, dame-jeanne, fiasque, tourie.** *Une bouteille en plastique. Panier, casier à bouteilles.* ➤ **porte-bouteille.** *Bouteille consignée. Mettre du vin en bouteilles.* ➤ **embouteiller.** *Déboucher une bouteille avec un tirebouchon. Bouteille vide.* ➤ FAM. **cadavre.** *Boire à la bouteille.* — LOC. FAM. *Prendre de la bouteille :* acquérir de l'expérience en vieillissant ; vieillir. *C'est la bouteille à l'encre,* un problème insoluble, une situation embrouillée, obscure. *Lancer, jeter une bouteille à la mer :* envoyer un message désespéré, sans destinataire certain. *Avec des si, on mettrait Paris en bouteille.* ➤ 1 **si.** — APPOS. INV. *Vert bouteille :* vert assez sombre. ◆ (Opposé à *litre*) Récipient contenant à peu près 75 cl. *Bouteille de bourgogne* (bourguignonne), *de bordeaux* (bordelaise), *de champagne. Commander un vin en bouteille* (opposé à *en pichet, en carafe*). ◆ Son contenu. *Boire une bouteille de rouge. Une bonne bouteille.* LOC. FAM. *Aimer la bouteille, être porté sur la bouteille :* s'adonner à la boisson. *La dive* bouteille.* ▪ **2** PAR EXT. Récipient métallique destiné à contenir un gaz sous pression, de l'air liquide. *Bouteille d'air comprimé, d'oxygène, de butane. — Bouteille isolante, thermos*.* — (1752) *Bouteille de Leyde :* condensateur électrique. ▪ **3** AU PLUR. MAR. Water-closets des officiers.

BOUTEILLER [buteje] **n. m.** – 1138 ◊ de *bouteille* ▪ HIST. Maître échanson. Grand officier de la couronne qui avait l'intendance du vin, des vignobles. *«l'office de bouteiller était à la cour du roi capétien l'une des charges les plus importantes»* DUBY.

BOUTER [bute] **v. tr.** ‹ 1 › – 1080 ◊ francique °*botan* «frapper» ▪ VX ➤ **pousser, refouler.** *Bouter l'ennemi hors de France.* ◆ (Belgique, Suisse) *Bouter le feu :* mettre le feu.

BOUTEROLLE [butʀɔl] **n. f.** /BOUTEROLE/ – 1202 ◊ de *bouter* ▪ TECHN. ▪ **1** Garniture métallique au bas d'un fourreau d'épée. ▪ **2** Une des gardes de la serrure. — Fente de la clé qui la reçoit. ▪ **3** Outil avec lequel on repousse le métal.

BOUTEROUE [butʀu] **n. f.** – 1631 ◊ de *bouter* et *roue* ▪ VX Borne placée à l'angle d'un édifice, d'un mur, d'une porte pour en écarter les roues des voitures. ➤ **chasse-roue.**

BOUTEUR [butœʀ] **n. m.** – 1973 ◊ de *bouter* ▪ Engin de terrassement équipé à l'avant d'une lame de travail. ➤ **bulldozer.** *«dégager au bouteur, pour le passage des convois à travers ses ruines, une percée rectiligne»* GRACQ. *Conducteur de bouteur.*

BOUTIQUE [butik] **n. f.** – XIVe ; *bouticle* «atelier» 1241 ◊ ancien provençal *botica*, du grec *apothêkê* → apothicaire ▪ **1** Local situé au rez-de-chaussée d'un immeuble, où un marchand, un artisan expose, vend sa marchandise au détail. ➤ 1 **échoppe, magasin ; commerce.** *La devanture* d'une boutique.* ➤ **étalage,** 1 **montre, vitrine.** *Enseigne de boutique. L'arrière-salle d'une boutique.* ➤ **arrière-boutique.** *Boutique d'alimentation, de charcutier. Boutique de mode. Boutique d'un artisan.* ➤ **atelier.** — *Boutiques d'un centre commercial. Boutique franche*, hors taxes*. Boutiques franchisées*.* — *Tenir boutique. Ouvrir, fermer boutique.* — FIG. *Tenir la boutique :* assurer le fonctionnement, prendre la responsabilité d'une activité. *«Depuis des années, Bernard et Jacotot font tourner la boutique et développent les vaccins»* P. DEVILLE. *Fermer, plier boutique :* cesser de faire qqch., renoncer. ◆ SPÉCIALT Magasin de confection d'un grand couturier. APPOS. INV. *Des robes boutique.* — Magasin de prêt-à-porter en général. *Les boutiques du Quartier latin.* ◆ PAR EXT. Les marchandises dont la boutique est garnie. — FAM. *Toute la boutique.* ➤ **bazar ; attirail, outillage.** ▪ **2** FAM. Travail. *Parler boutique,* de ses activités professionnelles. ◆ VIEILLI Maison, lieu de travail dont on est mécontent. ➤ **baraque, boîte, turne.** ▪ **3** Caisse percée de trous et immergée dans laquelle les pêcheurs conservent le poisson vivant (➤ **vivier**).

BOUTIQUIER, IÈRE [butikje, jɛʀ] **n.** – 1596 ; *bouticlier* XIVe ◊ de *boutique* ▪ **1** Personne qui tient boutique, petit commerçant (souvent péj.). ➤ **marchand.** ▪ **2 adj.** FIG. *Un esprit boutiquier.*

BOUTIS [buti(s)] **n. m.** – 1785 en Provence, répandu v. 1990 ; «sorte de linge ouvré» 1580 ◊ mot provençal, de *emboutir* ▪ Ouvrage confectionné avec deux épaisseurs d'étoffe que l'on brode et dont on bourre les motifs obtenus pour leur donner du relief ; cette technique de broderie. *Les boutis provençaux.* ▪ HOM. Boutisse.

BOUTISSE [butis] **n. f.** – *pierres boutices* 1444 ◊ de *bouter* ▪ Pierre taillée placée dans un mur selon sa longueur, de manière à ne montrer qu'un de ses bouts. PAR APPOS. *Pierres boutisses.* ▪ HOM. poss. Boutis.

BOUTOIR [butwaʀ] **n. m.** – 1611 ; autre sens 1361 ◊ de *bouter* ▪ Extrémité du groin et canines avec lesquels le sanglier, le porc fouissent la terre. — LOC. FIG. *Coup de boutoir :* propos dur et blessant ; attaque brutale.

BOUTON [butɔ̃] **n. m.** – 1160 «bourgeon» ◊ de *bouter* «pousser» ▪ **1** Petite excroissance d'où naissent les branches, feuilles, fruits ou fleurs d'un végétal. ➤ **bourgeon, œil.** *Bouton à bois, à feuilles, à fruit. Les marronniers sont en boutons, ils bourgeonnent.* — SPÉCIALT *Bouton de fleur :* la fleur avant son épanouissement. *Rose en bouton. Bouton qui s'épanouit, qui éclôt. Bouton de rose.* — FIG. et FAM. Clitoris. ▪ **2** PAR ANAL. (XIIIe) Petite tumeur faisant saillie à la surface de la peau. ➤ **papule, pustule, vésicule.** *Bouton d'acné, de varicelle. Bouton de fièvre*. Éruption de boutons. Avoir des boutons* (➤ **boutonneux**). *Être couvert de boutons.* LOC. FIG. *Donner des boutons à qqn,* l'insupporter, le dégoûter. ▪ **3** PAR EXT. (XIVe) Petit objet souvent circulaire, servant à la décoration des vêtements ou à l'assemblage de leurs diverses parties (➤ **attache**). *Bouton de chemise, de culotte* (cf. ci-dessous, 5o), *de braguette. Boutons de manchette(s). Bouton de bottine*. Engager un bouton dans sa boutonnière, sa bride.* ➤ **boutonner.** *Recoudre un bouton. Bouton de nacre, de corozo. Blazer à boutons dorés.* — Par anal. de forme *Pile bouton.* ▪ **4** Petite saillie ronde. *Bouton de fleuret, d'un couvercle de soupière. Bouton de porte. «une grande porte à deux battants dont elle tourna le bouton»* GAUTIER. ◆ SPÉCIALT Commande d'un mécanisme ou d'un appareil électrique, que l'on tourne ou sur lequel on appuie. ➤ FAM. **bitoniau,** RÉGION. **piton.** — *Tourner le bouton d'un poste de radio. Appuyer sur le bouton.* ➤ **bouton-poussoir, poussoir ; allumer.** *Bouton de sonnette. «la concierge appuyait sur un bouton électrique qui éclairait l'escalier»* PROUST. ➤ **commutateur, interrupteur, va-et-vient.** FIG. *La guerre presse-bouton.* ➤ **presse-bouton.** ▪ **5 BOUTON DE CULOTTE :** très petit fromage de chèvre de Bourgogne à saveur piquante. ▪ **6** Petite touffe de textile prise dans le fil, de même couleur ou non. *Les boutons du tweed* (➤ **boutonné**).

BOUTON-D'ARGENT [butɔ̃daʀʒɑ̃] **n. m.** – 1808 ◊ de *bouton* et *argent* ▪ Matricaire. *Des boutons-d'argent.*

BOUTON-D'OR [butɔ̃dɔʀ] **n. m.** – 1775 ◊ de *bouton* et 1 *or* ▪ Renoncule âcre à fleurs jaune doré. ➤ **ficaire.** *Des boutons-d'or.* ◆ ADJT INV. Couleur de cette fleur. *Des soies bouton-d'or.*

BOUTONNAGE [butɔnaʒ] **n. m.** – 1867 ◊ de *boutonner* ▪ **1** Action de boutonner (un vêtement). ▪ **2** Manière dont un vêtement se boutonne. *Boutonnage de droite à gauche, de gauche à droite ; devant ; dans le dos. Manteau croisé à double boutonnage.* ▪ CONTR. Déboutonnage.

BOUTONNÉ, ÉE [butɔne] **adj.** – 1160 ◊ de *bouton* ▪ **1** Qui se ferme avec des boutons. ➤ **boutonner.** *Robe boutonnée devant.* ▪ **2** Qui présente des boutons (6o). *Le tweed est une étoffe boutonnée.*

BOUTONNER [butɔne] **v.** ‹ 1 › – fin XIIe ◊ de *bouton* ▪ **1 v. intr.** RARE Pousser des boutons. ➤ **bourgeonner.** ▪ **2 v. tr.** (1344) Fermer, attacher (un vêtement) au moyen de boutons. *Boutonner sa veste.* — LOC. FAM. *Boutonner lundi avec mardi :* engager un bouton dans la mauvaise boutonnière. *Il «remarqua qu'en refermant sa braguette, il avait boutonné mardi avec mercredi»* J.-P. MANCHETTE. — PAR EXT. FAM. **v. pron.** (réfl.) *Se boutonner :* boutonner ses vêtements. ▪ **3 v. pron.** (pass.) *Un gilet se boutonnant sur le côté.* ▪ **4 v. tr.** ESCR., VX *Boutonner qqn,* lui porter un coup de bouton de fleuret.

BOUTONNEUX, EUSE [butɔnø, øz] **adj.** et **n.** – 1837 ; «bourgeonnant» 1557 ◊ de *bouton* ▪ Qui présente des boutons sur la peau. *Visage boutonneux. Un adolescent boutonneux.* — **n.** *«les boutonneuses des restaurants végétariens»* A. COHEN.

BOUTONNIER, IÈRE [butɔnje, jɛʀ] **n.** – 1268 ◊ de *bouton* ▪ Ouvrier, ouvrière qui fait des boutons.

BOUTONNIÈRE [butɔnjɛʀ] **n. f.** – 1596 ◊ de *bouton* ▪ **1** Petite fente faite à un vêtement pour y passer un bouton. *Bouton et boutonnière.* ➤ aussi **bride.** *Boutonnière brodée, passepoilée. Patte à boutonnière. Point de boutonnière.* ◆ ABSOLT La boutonnière du revers de veste. *Porter une fleur, une décoration à la boutonnière.* ▪ **2** (XVIIIe) CHIR. Incision longue et étroite, pratiquée dans la paroi d'un organe ou d'une cavité pathologique. *«On lui fit une très belle boutonnière et on lui glissa dans la vessie une sonde spéciale»* DUHAMEL. ▪ **3** (v. 1953) GÉOL. Bombement aplani et entaillé par l'érosion. *La boutonnière du pays de Bray.*

BOUTON-POUSSOIR [butɔ̃puswaʀ] **n. m.** – milieu XXe ◊ de *bouton* et *poussoir* ▪ Commutateur électrique que l'on manœuvre par pression. *Des boutons-poussoirs.*

BOUTON-PRESSION [butɔ̃pʀesjɔ̃] **n. m.** – *bouton pression* 1928 ◊ de *bouton* et *pression* ▪ Bouton composé de deux parties métalliques qui s'engagent l'une dans l'autre. ➤ **pression** (I, B). *Des boutons-pressions.*

BOUTRE [butʀ] **n. m.** – 1846 ◊ origine inconnue, p.-ê. de l'arabe *but* «bateau à voile» ▪ Petit navire arabe à voiles, à l'arrière très élevé.

BOUT-RIMÉ [buʀime] **n. m.** – 1648 ◊ de *bout* et *rimé* ▪ ANCIENNT ▪ **1** AU PLUR. Rimes proposées d'avance pour faire des vers. *Des bouts-rimés.* ▪ **2** Pièce de vers composée sur des rimes données.

BOUTURAGE [butyʀaʒ] **n. m.** – 1845 ◊ de *bouturer* ▪ Action de multiplier des végétaux par boutures. *Bouturage de géraniums.*

BOUTURE [butyʀ] **n. f.** – 1446 «pousse» ◊ de *bouter* ▪ Fragment de végétal susceptible de régénérer une plante entière par reconstitution des organes manquants. *Faire des boutures de géranium.* ➤ **bouturer.** *La bouture a pris.*

BOUTURER [butyʀe] **v. tr.** ‹1› – 1836 ◊ de *bouture* ▪ **1** Multiplier (une plante) par boutures. ▪ **2** INTRANS. ABUSIVEMENT Pousser des tiges par le pied (plantes). ➤ **drageonner.**

BOUVERIE [buvʀi] **n. f.** – *boverie* fin XIIe ◊ de *bœuf* ▪ AGRIC. Étable à bœufs.

BOUVET [buvɛ] **n. m.** – 1600 ; «jeune bœuf» 1305 ◊ de *bœuf* ▪ Rabot servant, en menuiserie, à faire des rainures (comme le bœuf trace des sillons). ➤ **gorget.**

BOUVETEUSE [buv(ə)tøz] **n. f.** – 1929 ◊ de *bouveter* «raboter au bouvet» ▪ TECHN. Machine à bois servant à faire des rainures.

BOUVIER, IÈRE [buvje, jɛʀ] **n.** – *buvier* 1119 ◊ latin *bovarius*, de *bos, bovis* «bœuf» ▪ **1** Personne qui garde et conduit les bœufs. *«Le morne et silencieux monologue du bouvier conduisant ses bœufs de labour»* FROMENTIN. ▪ **2** **n. m.** *Bouvier des Flandres* : chien de berger de haute taille.

BOUVIÈRE [buvjɛʀ] **n. f.** – 1755 ◊ origine inconnue, p.-ê. du radical de *boue* ▪ Poisson osseux *(cyprinidés)*, à grosses écailles.

BOUVILLON [buvijɔ̃] **n. m.** – XVe ◊ de *bœuf* ▪ Jeune bœuf châtré.

BOUVREUIL [buvʀœj] **n. m.** – 1743 ; *bouvreur* 1700 ◊ contraction de °*bouvereuil*, de *bœuf* ▪ Oiseau des jardins d'Amérique et d'Eurasie *(passériformes)*, au plumage gris et noir, rouge sur la poitrine.

BOUVRIL [buvʀil] **n. m.** – 1867 ◊ de *bœuf* ▪ Lieu où on loge les bœufs dans les abattoirs.

BOUZOUKI ou **BUZUKI** [buzuki] **n. m.** – 1939, -1972 ; 1868 comme mot étranger ◊ du grec *mpouzouki*, p.-ê. du turc *bozuk* «abîmé, désaccordé» (→ bachibouzouk) ▪ Instrument de musique grec de la famille du luth, muni d'un long manche et d'une caisse de résonance bombée. *«le bouzouki [...] comporte plusieurs registres puisque l'instrument, selon son origine, possède de quatre à douze cordes (le plus usité ayant six cordes)»* LACARRIÈRE.

BOVARYSME [bɔvaʀism] **n. m.** – 1865 ◊ de *Madame Bovary*, roman de Flaubert ▪ Évasion dans l'imaginaire par insatisfaction ; pouvoir «qu'a l'homme de se concevoir autre qu'il n'est» (J. de Gaultier).

BOVIDÉS [bɔvide] **n. m. pl.** – 1836 ◊ du latin *bos, bovis* «bœuf» ▪ Famille de mammifères *(artiodactyles)*, dont le genre type est le bœuf, comprenant les bovins, les ovins et les antilopes.

BOVIN, INE [bɔvɛ̃, in] **adj.** et **n. m.** – 1121 ◊ latin *bovinus*, de *bos* «bœuf» ▪ **1** Qui a rapport au bœuf (espèce). *Races bovines.* — FIG. et FAM. *Regard, œil bovin* (de qqn), éteint, morne et sans intelligence. *«Elle avait un joli regard de myope, qui lui donnait un air bovin, assez tendre»* V. DESPENTES. ▪ **2** **n. m. pl.** *Les bovins* : sous-famille de bovidés comprenant les bœufs actuels (yak, bison, zébu) et fossiles (aurochs). On dit aussi *bovinés*, 1898.

BOWLING [buliŋ] **n. m.** – 1907, répandu v. 1950 ◊ mot anglais américain ▪ Jeu de quilles sur piste, avec une grosse boule percée de trois trous pour les doigts. *Jouer au bowling. Faire un strike* au bowling.* — Lieu installé pour y jouer (cf. RÉGION. Salle de quilles*). *Aller dans un bowling, au bowling.*

BOW-WINDOW [bowindo] **n. m.** – 1830 ◊ mot anglais, de *bow* «arc» et *window* «fenêtre» ▪ ANGLIC. Fenêtre en saillie sur le mur d'une maison. *Des bow-windows.* ➤ **bay-window.**

1 **BOX** [bɔks] **n. m.** – 1920 ◊ de *box-calf*, mot anglais américain, du n. du bottier anglais *Joseph Box* et de *calf* «veau» ▪ Cuir de veau tanné au chrome, servant à la confection de sacs, de chaussures, etc. *Un sac en box noir.* ➤ **calf.** ▪ HOM. Boxe.

2 **BOX** [bɔks] **n. m.** – 1838 ; «loge de théâtre» 1777 ◊ mot anglais «boîte» ▪ **1** Stalle d'écurie servant à loger un seul cheval. *Curage des box.* ◆ (1918) Compartiment cloisonné d'un garage. *Box à louer.* ▪ **2** (1879) Espace cloisonné ou à demi cloisonné d'un lieu public, d'un espace partagé. *Les box d'un dortoir, d'une unité de soins intensifs.* ◆ *Le box des accusés* (au tribunal).

3 **BOX** [bɔks] **n. f.** – v. 2005 ◊ de *Freebox*, marque déposée, de *Free*, n. de l'opérateur, et anglais *box* «boîte» ▪ ANGLIC. Boîtier électronique fourni par un opérateur à ses abonnés, permettant d'accéder à des services de télécommunication (Internet, téléphone, télévision) à partir d'équipements terminaux, via un même réseau. *Débrancher sa box.* — **Recomm. offic.** ***boîtier (multiservice).***

4 **BOX** [bɔks] **n. f.** – v. 2008 ◊ mot anglais «boîte» ▪ ANGLIC. ▪ **1** Coffret cadeau thématique donnant accès à des prestations (repas, séjours, loisirs...). ▪ **2** Coffret contenant un assortiment de produits thématiques que l'on reçoit sur abonnement. *Les box beauté, cuisine. La box du mois.*

BOXE [bɔks] **n. f.** – 1845 ; *box* n. m. hapax 1792 ◊ de 1 *boxer* ▪ Sport de combat où deux adversaires portant des gants spéciaux *(gants de boxe)* se frappent à coups de poing *(boxe anglaise)*, à coups de poing et de pied *(boxe française)*. ➤ **pugilat, savate** (cf. Le noble* art). *«les partisans de la boxe française répètent qu'elle est plus efficace que la boxe anglaise»* J. PRÉVOST. *Boxe chinoise, thaïlandaise, américaine* (➤ **full-contact**). ➤ aussi **kickboxing.** *Match, combat de boxe.* ➤ 1 **arbitre, juge, reprise,** 1 **ring, round.** *Gagner un match de boxe aux points, par arrêt de l'arbitre, par knock-out. Coups classiques de la boxe.* ➤ **crochet,** 2 **direct, swing, uppercut.** ▪ HOM. Box.

1 **BOXER** [bɔkse] **v.** ‹1› – 1767 ◊ anglais *to box* ▪ **1** **v. intr.** Livrer un combat de boxe, pratiquer la boxe. *Il boxe bien, mais sa garde est trop haute. Dimanche, il boxera contre le champion de France.* ▪ **2** **v. tr.** FAM. Frapper à coups de poing. *Elle a boxé deux voyous.*

2 **BOXER** [bɔksɛʀ] **n. m.** – 1919 ◊ mot allemand «boxeur» ▪ Chien de garde à poil ras, à robe fauve ou tachetée.

BOXER-SHORT [bɔksœʀʃɔʀt] **n. m.** – 1966 ◊ mot anglais «culotte courte de boxeur» ▪ ANGLIC. Short de sport doublé d'un slip. *Des boxer-shorts.* ABRÉV. **BOXER.** *Des boxers.* ◆ *Boxer* : sous-vêtement masculin, caleçon court et collant. *M'acheter «des sous-vêtements, des boxers pour faire saliver la fille»* P. BAILLY.

BOXEUR, EUSE [bɔksœʀ, øz] **n.** – 1788 ◊ de *boxe* ▪ Personne qui pratique la boxe. ➤ **pugiliste.** *Boxeurs amateurs, professionnels. Classement des boxeurs par catégories de poids. Le manageur, le soigneur, le sparring-partner d'un boxeur. Une boxeuse.*

BOX-OFFICE [bɔksɔfis] **n. m.** /BOXOFFICE/ – 1950 ◊ mot anglais américain, proprt «guichet de théâtre» ▪ ANGLIC. Échelle de succès d'un spectacle, d'une vedette, etc., calculé d'après le montant des recettes. ➤ aussi **hit-parade.** *Être, figurer au box-office. Arriver en tête du box-office. Des box-offices.*

BOXON [bɔksɔ̃] **n. m.** – 1837 ; *bocson* «cabaret», 1811 ◊ mot anglais, de *box* → 2 box ▪ FAM. et VULG. ▪ **1** Bordel. *Ils venaient «au boxon pour la rigolade»* CÉLINE. ▪ **2** Grand désordre*.

BOY [bɔj] **n. m.** – 1843 ◊ mot anglais «garçon» ▪ **1** Domestique indigène dans les pays colonisés, puis dans ces pays indépendants. *"Une vie de boy"* de Ferdinand Oyono. *«nous vendions nos meubles, mais nous n'avions pas faim, nous avions un boy»* DURAS. ▪ **2** (1956) Danseur de music-hall. *Vedette entourée de boys et de girls.* ▪ HOM. Boille.

BOYARD [bɔjaʀ] **n. m.** – 1415 ◊ mot russe ▪ ANCIENNT Noble, en Russie. *Les moujiks et les boyards.*

BOYAU [bwajo] **n. m.** – XIIe ; *bo(i)el* 1080 ◊ latin *botellus* «petite saucisse» ▪ **1** Intestin d'un animal (ou, fam. au plur., de l'être humain). ➤ **entrailles, tripe, viscère.** *Boyaux de porc, de veau utilisés en charcuterie.* ➤ **andouille, boudin, saucisse.** *Rendre**

tripes et boyaux. Tordre les boyaux.* ♦ Mince corde faite avec la membrane intestinale de certains animaux, servant à garnir des instruments de musique (violon, harpe, guitare) ou à monter des raquettes. — CHIR. *Boyau de chat,* utilisé pour les sutures. ➤ **catgut.** ■ **2** PAR ANAL. (XVIIe) Passage étroit faisant communiquer des sections plus importantes. *Boyau de mine.* ➤ **tranchée.** *Rue en boyau.* ♦ Conduit, tuyau souple. — (Canada) *Boyau d'arrosage.* ➤ **tuyau.** *Boyau d'incendie.* ■ **3** (1904) Pneumatique pour bicyclette de course, constitué d'une structure tubulaire contenant une chambre à air, qui se colle sur la jante.

BOYAUDERIE [bwajodʀi] **n. f.** – 1835 ◊ de *boyau* ■ CHARCUT. Préparation des boyaux ; Lieu où on les prépare.

BOYAUTER (SE) [bwajote] **v. pron.** ‹ 1 › – 1901 ◊ de *boyau* ■ FAM. Rire très fort, se tordre de rire. ➤ **se bidonner.**

BOYCOTT [bɔjkɔt] **n. m.** – 1888 ◊ mot anglais ■ ANGLIC. Boycottage. *Le boycott des Jeux olympiques par un pays. Boycott commercial, économique.* ➤ **blocus, embargo.** *Des boycotts.*

BOYCOTTAGE [bɔjkɔtaʒ] **n. m.** – 1881 ◊ de *boycotter* ■ Interdit ou blocus matériel et moral prononcé contre un individu, un groupe, un pays et contre les biens qu'il met en circulation. ♦ Refus de participer (à qqch.). *Le boycottage des élections.* ➤ **abstention.**

BOYCOTTER [bɔjkɔte] **v. tr.** ‹ 1 › – 1800 ◊ de *Boycott,* propriétaire irlandais mis en quarantaine ■ Soumettre au boycottage ; mettre à l'index, en quarantaine. *Boycotter un produit, une marque.* ♦ Refuser de prendre part à (qqch.). *Boycotter des élections, un examen.* — **n. BOYCOTTEUR, EUSE,** 1881.

BOY-SCOUT ou **BOYSCOUT** [bɔjskut] **n. m.** – 1910 ◊ mot anglais «garçon éclaireur» ■ VIEILLI Scout. ♦ FAM. Idéaliste naïf. *Une mentalité de boy-scout. Des boy-scouts, des boyscouts.* — **adj.** *Il est un peu boy-scout.*

bps Abrév. de *bits* par seconde.*

BRABANÇON, ONNE [bʀabɑ̃sɔ̃, ɔn] **adj. et n.** – XIIIe ◊ latin médiéval *brabantio,* de *Bra(c)bantia* «le Brabant» ■ Du Brabant. SUBST. *La Brabançonne* : l'hymne national belge.

BRABANT [bʀabɑ̃] **n. m.** – 1835 ; *charrue de Brabant* 1800 ◊ de *Brabant,* n. d'une province belge ■ Charrue métallique à avant-train. *Double brabant,* à deux socs et deux versoirs.

BRACELET [bʀaslɛ] **n. m.** – 1387 ; «petit bras» XIIe ◊ de *bras* ■ **1** Bijou en forme d'anneau, de cercle qui se porte autour du poignet, parfois de la cheville. ➤ **anneau, chaînette, gourmette, jonc, semainier.** *Bracelet en or, en ivoire.* — *Bracelet d'une montre :* cercle de cuir, d'étoffe ou bijou qui tient la montre au poignet. ➤ **bracelet-montre, montre-bracelet.** ♦ Enveloppe de cuir que certains travailleurs portent autour du poignet. *Bracelet de force*.* ♦ *Bracelet électronique :* dispositif de surveillance à distance de certains condamnés consistant en un bracelet fixé au poignet ou à la cheville et relié au centre de surveillance pénitentiaire. ♦ ARG. DE LA POLICE, AU PLUR. Menottes. ■ **2** Lien élastique circulaire, plat et assez large.

BRACELET-MONTRE [bʀaslɛmɔ̃tʀ] **n. m.** – 1909 ◊ de *bracelet* et *montre* ■ Montre montée sur un bracelet de cuir, de métal ou de matière plastique. *Des bracelets-montres.*

BRACHIAL, IALE, IAUX [bʀakjal, jo] **adj.** – 1541 ◊ latin *brachialis* ■ ANAT. Qui appartient au bras. *Muscle brachial.* ➤ **biceps, triceps.** *Névralgie du plexus* brachial* (ou *brachialgie* **n. f.**).

BRACHIATION [bʀakjasjɔ̃] **n. f.** – 1964 ◊ probablt anglais *brachiation* (1899), du latin *brachium* «bras» ■ ZOOL. Mode de déplacement de certains singes arboricoles à l'aide des bras par balancement de branche en branche.

BRACHIOPODES [bʀakjɔpɔd] **n. m. pl.** – 1805 ◊ du latin *brachium* «bras» et *-pode* ■ ZOOL. Embranchement d'invertébrés marins enfermés dans une coquille à deux valves, le plus souvent fixés par un pédoncule.

BRACHIOSAURE [bʀakjɔzɔʀ] **n. m.** – 1958 ◊ du latin scientifique *brachiosaurus* (1903), du grec *brakhiôn* «bras» et *sauros* «lézard» (→ -saure), les membres antérieurs de cet animal étant plus longs que ses membres postérieurs ■ Grand reptile de l'ère secondaire, l'un des plus grands dinosaures qui vivait en Europe, en Afrique et en Amérique du Nord.

BRACHY- ■ Préfixe, du grec *brakhus* «court».

BRACHYCÉPHALE [bʀakisefal] **adj. et n.** – 1836 ◊ de *brachy-* et *-céphale* ■ ANTHROP. Qui a le crâne arrondi, presque aussi large que long. *Personne brachycéphale.* **n.** *Un, une brachycéphale.* ■ CONTR. Dolichocéphale.

BRACHYDACTYLE [bʀakidaktil] **adj. et n.** – 1834 ◊ de *brachy-* et *-dactyle* ■ ANTHROP. Qui a les doigts ou les orteils anormalement courts.

BRACHYOURE [bʀakjuʀ] **n. m.** – 1801 ◊ de *brachy-* et grec *oura* «queue» ■ ZOOL. Crustacé dont l'abdomen très court est replié sous le corps. ➤ **crabe.**

BRACONNAGE [bʀakɔnaʒ] **n. m.** – 1834 ; autre sens en ancien français ◊ de *braconner* ■ Action de braconner, délit de celui qui braconne. ➤ **1 filetage.** *Il vivait de braconnage.*

BRACONNER [bʀakɔne] **v. intr.** ‹ 1 › – 1718 ; divers sens depuis 1228, dont «chasser avec des braques» ◊ de °*bracon,* attesté en ancien provençal, germanique °*brakko* → braque ■ Chasser, et PAR EXT. Pêcher, sans permis, ou à une période, en un lieu, avec des engins prohibés. — FIG. *Braconner sur les terres d'autrui :* ne pas respecter ce qui appartient à une personne ou ce à quoi elle est attachée (ses droits, son champ d'activité, son conjoint, etc.).

BRACONNIER, IÈRE [bʀakɔnje, jɛʀ] **n.** – 1637 ; autres sens en ancien français ◊ de *braconner* ■ Chasseur (ou pêcheur) qui se livre au braconnage. *Le garde-chasse a surpris des braconniers.*

BRACTÉE [bʀakte] **n. f.** – 1783 ◊ latin *bractea* «feuille de métal» ■ BOT. Feuille souvent colorée à la base de laquelle se développe la fleur ou l'inflorescence. ➤ **glume, glumelle, involucre, spathe.** *Bractée florale,* annonciatrice de la fleur. — **adj. BRACTÉAL, ALE, AUX,** 1863.

BRADAGE [bʀadaʒ] **n. m.** – v. 1960 ◊ de *brader* ■ Action de brader. ♦ FIG. Abandon.

BRADEL (À LA) [alabʀadɛl] **loc. adj.** – 1850 ◊ de *Bradel,* relieur ■ *Reliure, cartonnage à la bradel,* où le bloc des cahiers est emboîté dans un cartonnage léger, le dos étant séparé des plats par une rainure longitudinale.

BRADER [bʀade] **v. tr.** ‹ 1 › – 1866 ◊ néerlandais *braden,* allemand *braten* «rôtir» ■ **1** Vendre en braderie. ■ **2** PAR EXT. Se débarrasser de (quelque bien) à n'importe quel prix. ➤ **liquider, sacrifier.** *J'ai bradé ma voiture.* FIG. *Brader le service public.*

BRADERIE [bʀadʀi] **n. f.** – 1867, d'abord région., dans le Nord ◊ de *brader* ■ Foire où chacun peut vendre à bas prix des vêtements ou objets usagés. ♦ PAR EXT. Liquidation de soldes en plein air.

BRADEUR, EUSE [bʀadœʀ, øz] **n.** – 1957 ◊ de *brader* ■ Personne qui brade, se débarrasse à bas prix de qqch. ♦ FIG. Personne qui brade le territoire national. *On l'accusait d'être un bradeur d'Empire.*

BRADY- ■ Élément, du grec *bradus* «lent» : *bradycardie, bradypnée.* ■ CONTR. Tachy-.

BRADYCARDIE [bʀadikaʀdi] **n. f.** – 1893 ◊ de *brady-* et *-cardie* ■ MÉD. Ralentissement du rythme cardiaque (moins de 60 pulsations par minute).

BRADYKININE [bʀadikinin] **n. f.** – 1968 ◊ emprunté probablt à l'anglais *bradykinin* (1949) ; du grec *bradus* «lent» et *kinein* «mouvoir» ■ BIOCHIM. Polypeptide libéré dans le plasma sanguin en cas de maladie ou de blessure, abaissant la tension artérielle et ralentissant le péristaltisme intestinal.

BRADYPE [bʀadip] **n. m.** – 1826 ◊ latin des zoologistes *bradypus,* grec *bradupous* «au pied *(pous, podos)* lent *(bradus)*» ■ ZOOL. Mammifère *(édentés),* aussi appelé *paresseux** ou *aï.*

BRADYPNÉE [bʀadipne] **n. f.** – 1858 ◊ de *brady-* et *-pnée,* élément tiré du grec *pnein* «respirer», sur le modèle de *apnée, dyspnée* ■ Rythme respiratoire lent. ■ CONTR. Polypnée.

BRAGUETTE [bʀagɛt] **n. f.** – 1534 ◊ diminutif de l'ancien subst. *brague,* ancien occitan *braga* → braies ■ **1** ANCIENNT Pièce de tissu triangulaire, s'attachant sur le devant d'un haut-de-chausses d'homme. ■ **2** MOD. Ouverture verticale sur le devant d'une culotte, d'un pantalon. *Braguette à boutons, à fermeture éclair.*

BRAHMANE [bʀaman] **n. m.** – *brachmane* 1532 ; *abraiaman* XIIIe ; variante *bra(h)min(e)* XVIe-XVIIIe ◊ du sanskrit *brahmana,* de *Brahma,* n. d'une divinité hindoue ■ Membre de la caste sacerdotale, la première des quatre grandes castes traditionnelles de l'Inde. *Le sanskrit, langue sacrée des brahmanes.*

BRAHMANIQUE [bʀamanik] **adj.** – 1830 ◊ de *brahmanisme* ■ Propre au brahmanisme. *La société brahmanique.*

BRAHMANISME [bʀamanism] **n. m.** – 1801 ◊ de *brahmane* ■ Système social et religieux de l'Inde, faisant suite au védisme et précédant l'hindouisme, caractérisé par la suprématie des brahmanes et l'intégration de tous les actes de la vie civile aux rites et devoirs religieux.

BRAI [bʀɛ] **n. m.** – 1309 ; « boue » XIIe ◊ de *brayer* « enduire de goudron » ■ Résidu pâteux de la distillation des goudrons, pétroles et autres matières organiques. *Le brai est utilisé comme aggloméramt du poussier de houille, pour la fabrication de peintures, enduits d'étanchéité,* etc. ■ HOM. Braies.

BRAIES [bʀɛ] **n. f. pl.** – XIIe ◊ latin *braca(e)*, mot gaulois → braguette ■ ANCIENNT Pantalon ample, en usage chez les Gaulois et les peuples germaniques. ■ HOM. Brai.

BRAILLARD, ARDE [bʀajaʀ, aʀd] **n. et adj.** – 1528 ◊ de *brailler* ■ FAM. Personne qui est en train de brailler, ou qui braille souvent. ➤ **brailleur,** 2 **gueulard.** FIG. « *La disparition de tous ces braillards belliqueux* » LÉAUTAUD. ◆ **adj.** Qui se manifeste bruyamment. *Une gaieté braillarde.*

BRAILLE [bʀaj] **n. m. et adj. inv.** – 1927 ◊ pour *écriture* ou *alphabet Braille*, du nom de l'inventeur ■ **n. m.** Alphabet conventionnel en points saillants (également applicable aux chiffres, à la musique et la sténo), à l'usage des aveugles. *Apprendre le braille. Une lettre en braille.* ◆ APPOS. INV. (1933) *Clavier braille.*

BRAILLEMENT [bʀajmɑ̃] **n. m.** – 1590 ◊ de *brailler* ■ Cri de qqn qui braille.

BRAILLER [bʀaje] **v. intr.** ‹1› – 1265 ◊ du radical de *braire* ■ FAM. ■ **1** Crier fort, parler ou chanter de façon assourdissante. *Il ne parle pas, il braille.* — TRANS. *Brailler une chanson, un slogan.* ◆ Pleurer bruyamment (enfants). *Bébé qui braille sans arrêt.* ■ **2** RÉGION. (Bretagne, Canada) Pleurer. — Se plaindre.

BRAILLEUR, EUSE [bʀajœʀ, øz] **adj. et n.** – 1586 ◊ de *brailler* ■ Qui braille. ➤ **braillard.** *Un gosse brailleur.* — **n.** *Un brailleur de slogans.*

BRAIMENT [bʀɛmɑ̃] **n. m.** – 1590 ; « cris, pleurs », XIIe ◊ de *braire* ■ Cri de l'âne. ➤ **hihan.**

BRAIN-DRAIN [bʀɛndʀɛn] **n. m.** – v. 1960 ◊ anglais américain *brain drain* « drainage de cerveaux *(brain)* » ■ ANGLIC. Recrutement à l'étranger de cadres de valeur (ingénieurs, chercheurs...) au profit des États-Unis (cf. Exode*, fuite* des cerveaux). *Des brain-drains.*

BRAINSTORMING [bʀɛnstɔʀmiŋ] **n. m.** – 1958 ◊ mot anglais américain, littéralt « tempête *(storming)* des cerveaux *(brain)* » ■ ANGLIC. Technique de recherche des idées employée dans un groupe, réunion où chacun fournit ses suggestions. *Ils « s'offrirent une petite séance de brain-storming d'où émergea cette lumineuse idée »* PEREC. *Des brainstormings.* **Recomm. offic.** *remue-méninges.*

BRAIN-TRUST [bʀɛntʀœst] **n. m.** – 1933 ◊ anglais américain *brain trust* « trust du cerveau », nom donné à l'équipe d'intellectuels et de professeurs dont s'entoura F. Roosevelt ■ ANGLIC. Petite équipe d'experts, de techniciens, etc., qui assiste une direction. *Des brain-trusts.*

BRAIRE [bʀɛʀ] **v. intr.** ‹50› – 1640 ; « crier, pleurer » 1080 ◊ latin populaire °*bragere*, d'un radical °*brag-* ■ **1** Pousser son cri, en parlant de l'âne (➤ **braiment**). ◆ FAM. Brailler. ■ **2** FAM. *Faire braire* : ennuyer profondément. *Tu nous fais braire avec tes histoires !* (cf. Faire suer*). ■ **3** RÉGION. (Nord) FAM. Pleurer ; pleurnicher. *Arrête de braire !*

1 **BRAISE** [bʀɛz] **n. f.** – v. 1170 *breze* ◊ origine inconnue, p.-ê. germanique ■ Matière incandescente qui ne jette plus de flammes (cf. Charbons* ardents). *Cuire, griller de la viande sur la braise. Souffler sur la braise, les braises.* LOC. FIG. *Souffler sur les braises* : attiser un conflit. PAR MÉTAPH. *Des yeux de braise,* noirs et brillants. ◆ Bois incomplètement réduit en charbons, pouvant encore servir de combustible. *Les boulangers retiraient la braise du four.* ➤ **tire-braise.** — LOC. FAM. *Être sur la braise* (cf. Être sur des charbons* ardents). *Être chaud* comme la braise.*

2 **BRAISE** [bʀɛz] **n. f.** – 1783 ◊ de *braise*, mot du Lyonnais « miette, débris » ; de 2 *brésiller* ■ ARG. VIEILLI Argent* (monnayé).

BRAISER [bʀeze] **v. tr.** ‹1› – 1767 ◊ de 1 *braise* ■ Faire cuire (une viande, un poisson, certains légumes) à feu doux et à l'étouffée. *Viande à braiser.* — **p. p. adj.** *Bœuf braisé. Laitues braisées. Pain braisé.* ➤ **biscotte.**

BRAISIÈRE [bʀɛzjɛʀ] **n. f.** – 1706 ◊ de 1 *braise* ■ **1** Étouffoir pour la braise. ■ **2** (1798) Récipient de fonte (➤ 2 **cocotte**) utilisé pour braiser les viandes ou cuire doucement un mets, caractérisé par un couvercle creux à rebord où l'on met de l'eau (autrefois des braises) pour empêcher l'évaporation du jus de cuisson. ➤ **daubière.**

BRAMEMENT [bʀammɑ̃] **n. m.** – 1787 ◊ de *bramer* ■ LITTÉR. OU VÉN. Cri du cerf en rut. — On dit aussi **BRAME** [bʀam]. « *des brames de cerf en rut* » TOURNIER ◆ FIG. Hurlement prolongé. « *un haut bramement d'agonie* » LOTI.

BRAMER [bʀame] **v. intr.** ‹1› – 1528 ◊ ancien occitan *bramar* « mugir, braire », germanique °*brammon* ■ **1** Pousser un cri prolongé, en parlant des cervidés. ➤ **raire.** ■ **2** FIG. Crier fort, ou sur un ton de lamentation. ➤ **brailler,** se **lamenter.**

BRAN [bʀɑ̃] **n. m.** – *bren* XIIe ◊ latin populaire °*brennus*, radical gaulois °*brenno* ■ **1** Partie la plus grossière du son. PAR ANAL. *Bran de scie* : sciure de bois. ■ **2** (XVe) VX, FAM. Excrément. — On trouve aussi **BREN** [bʀɑ̃ ; bʀɛ̃], MOD. RÉGION. (Nord) **BRUN** [bʀɛ̃]. « *mais brun, il me foutra jamais la paix* » É. LOUIS. ➤ **merde.**

BRANCARD [bʀɑ̃kaʀ] **n. m.** – *branquart* 1429 ◊ de *branque*, forme normande de *branche* ■ **1** Bras d'une civière ; Civière. ➤ **bard, litière.** *Transporter un blessé sur un brancard.* ➤ **brancarder.** ■ **2** Chacune des deux pièces de bois entre lesquelles on attache une bête de trait. ➤ 2 **limon, longeron.** *Ruer* dans les brancards.*

BRANCARDER [bʀɑ̃kaʀde] **v. tr.** ‹1› – 1877 ◊ de *brancard* ■ Transporter sur un brancard.

BRANCARDIER, IÈRE [bʀɑ̃kaʀdje, jɛʀ] **n.** – 1651 ◊ de *brancard* ■ **1** Porteur de brancard, de civière. *Brancardier militaire* : soldat relevant les blessés sur un champ de bataille et les transportant au poste de secours. ■ **2** Agent hospitalier chargé de transporter les patients dans les services. *Brancardiers et ambulanciers.*

BRANCHAGE [bʀɑ̃ʃaʒ] **n. m.** – 1453 ◊ de *branche* ■ Ensemble des branches d'un arbre. ➤ aussi 1 **ramée, ramure.** *Élaguer le branchage d'un arbre.* ◆ (1845) AU PLUR. Branches coupées. ➤ VX **broutille.** *Branchages assemblés en fagots, en fascines.*

BRANCHE [bʀɑ̃ʃ] **n. f.** – 1080 ◊ bas latin *branca* « patte (d'un animal) »

I PARTIE D'UN VÉGÉTAL ■ **1** Ramification latérale de la tige ligneuse (d'un arbre). ◆ ARBOR. Ramification la plus forte. *Branche mère,* qui pousse directement sur le tronc. *Branches fruitières.* ➤ **courson.** *Branche à bouquet,* qui porte plusieurs boutons à fruits. *Branche gourmande*.* ◆ COUR. *Maîtresse branche. Branche morte. Secouer les branches d'un arbre. Ensemble des branches d'un arbre.* ➤ **branchage, ramure ;** 2 **port.** « *C'est un bel arbre sombre, aux branches basses étalées, qui porte des feuilles épaisses* » LE CLÉZIO. *Petite branche.* ➤ **brindille, rameau, ramille, rouette.** *Branche de houx. Branches nouvelles.* ➤ **crossette, pousse,** 1 **rejet, scion, surgeon,** 1 **taille.** *Branches repiquées pour la reproduction.* ➤ **bouture, ente,** 2 **greffe, marcotte, plançon, scion.** *Dépouiller un arbre de ses branches* : ébrancher, élaguer, émonder, étêter. *Branches rompues par le veneur.* ➤ **brisées.** ◆ SPÉCIALT Morceau de bois formé d'une branche coupée, cassée. ➤ **bâton.** *Un petit chameau « que poussaient avec des branches, deux petits Arabes »* MAUPASSANT. ■ **2** (avant 1704) Ramification d'une partie quelconque de la plante. *Les branches d'une racine.* ◆ (1863) *Épinards, céleris en branches,* servis avec la tige complète. ■ **3** LOC. FIG. *Être comme l'oiseau sur la branche* : occuper une position précaire. *Scier la branche sur laquelle on est assis* : compromettre sa position. *Se raccrocher, se rattraper aux branches* : rétablir une situation critique en saisissant une opportunité.

II SENS FIGURÉ A. DIVISION ■ **1** (XIIIe) Ramification ou division (d'un organe, d'un appareil, etc.) qui part d'un axe ou d'un centre. *Le chandelier* à sept branches. Les branches d'un compas, d'une paire de lunettes, d'un diapason, d'un fer à cheval.* — ANAT. *Branches collatérales, terminales d'un nerf, d'un vaisseau.* — INFORM. Branchement. — ARCHIT. Nervure. ◆ Élément partant d'un nœud, dans un graphique en arbre*. *Branche d'un arbre généalogique, d'un arbre phylogénétique.* — MATH. *Branche infinie d'une courbe. Branche parabolique,* qui admet une direction asymptotique. ■ **2** FIG. Division (d'une œuvre, d'un système complexe). *Les branches du roman de Renart. Les différentes branches de la science. Les branches de l'enseignement* (classique, moderne, technique). ➤ **discipline, spécialité.** ◆ *Branches d'une famille,* provenant d'une souche commune. *Branche aînée, cadette.* ■ **3** ÉCON. Ensemble des unités de production fabriquant le même type de biens. ➤ **secteur.** *Les branches de l'industrie touchées par la crise.*

B. SENS SPÉCIAUX ■ **1** (1877) *Cheval qui a de la branche,* qui a le garrot bien sorti, la tête petite, l'encolure longue. ◆ (avant 1907) LOC. FIG. *Avoir de la branche* : être racé, avoir de l'allure, de la distinction. « *les premiers mots de Jo, qui a de la branche, ne manquent pas d'allure* » SIMENON. ■ **2** (1877) FAM. *Vieille branche* : vieux camarade. ➤ **pote.** *Salut, vieille branche !*

■ CONTR. Tronc ; souche.

BRANCHÉ, ÉE [bʀɑ̃ʃe] **adj. et n.** – v. 1960 ◇ de *brancher* ■ FAM. ■ **1** Au courant de tout ce qui est dans le vent. *C'est quelqu'un de branché. Comment, tu n'es pas branché !* ♦ À la mode. ➤ ANGLIC. **hype.** *La jeunesse branchée. Avoir le look branché.* ➤ **câblé.** — **n.** *Les branchés.* ■ **2** *Être branché :* être vivement intéressé. *Elle est très branchée chanson française.*

BRANCHEMENT [bʀɑ̃ʃmɑ̃] **n. m.** – 1853 ; « production de branches » XVIe ◇ de *brancher* ■ **1** Action de brancher. ➤ **connexion.** ■ **2** Circuit secondaire partant de la voie principale pour aboutir au point d'utilisation. *Branchement d'évacuation. Branchement de voie :* appareil d'aiguillage. ♦ INFORM. Rupture de séquence, dans le déroulement d'un programme. ➤ 1 **alternative, bifurcation.**

BRANCHER [bʀɑ̃ʃe] **v.** ‹1› – 1510 ◇ de *branche*

I **v. intr. ou pron.** Se percher sur les branches d'un arbre. *Le faisan, la perdrix branchent, se branchent pour dormir.*

II **v. tr.** (1863) ■ **1** Rattacher (un circuit secondaire) au réseau principal. ➤ **connecter, relier.** *Brancher une lampe sur une prise. Brancher le téléphone, le gaz.* — ELLIPT *Brancher l'aspirateur, le fer à repasser.* ♦ PRONOM. (PASS.) *L'appareil se branche sur la batterie.* ■ **2** Faire fonctionner (un appareil électrique) en le branchant. ➤ **allumer.** *Brancher un grille-pain, une radio, un haut-parleur.* ■ **3** FIG. Orienter, diriger. *Brancher la conversation sur tel sujet.* ■ **4** FAM. Mettre au courant. *Est-ce qu'il t'a branché ?* ♦ Intéresser, passionner. — *Ça te branche d'aller au ciné ?* ça te tente ? ■ **5** FAM. *Brancher qqn :* engager la conversation avec qqn ; SPÉCIALT draguer. *Le vendeur nous a branchés.*

BRANCHIAL, IALE, IAUX [bʀɑ̃ʃjal, jo] **adj.** – 1770 ◇ de *branchie* ■ DIDACT. (ZOOL.) Qui appartient aux branchies. *La respiration branchiale. Fentes branchiales.* ➤ **ouïe.**

BRANCHIE [bʀɑ̃ʃi] **n. f.** – 1690 ◇ latin d'origine grecque *branchia* ■ Organe de respiration des animaux aquatiques, constitué par des touffes ou des lamelles du tégument (mollusques, crustacés), ou de fentes du pharynx (poissons, têtards). *Les dipneustes ont des branchies et des poumons.*

BRANCHIOPODES [bʀɑ̃kjɔpɔd] **n. m. pl.** – 1802 ◇ du radical de *branchie* et *-pode* ■ ZOOL. Sous-classe de crustacés primitifs possédant sur le tronc des appendices aplatis, leurs branchies.

BRANCHU, UE [bʀɑ̃ʃy] **adj.** – XIIe ◇ de *branche* ■ RARE Qui a beaucoup de branches. *Un arbre branchu.*

BRANDADE [bʀɑ̃dad] **n. f.** – 1788 ◇ provençal *brandado* « chose remuée » ■ Morue émiettée, mêlée à de l'huile, du lait (ou de la crème), de l'ail pilé. — ABUSIVEMENT Purée de pommes de terre à la morue.

1 **BRANDE** [bʀɑ̃d] **n. f.** – XVe ◇ latin médiéval *branda* « bruyère » (1205) ; de l'ancien verbe *brander* (1160) « brûler », du germanique °*brand* « tison », parce qu'on brûlait les bruyères ■ **1** Ensemble des plantes de sous-bois (bruyères, ajoncs, genêts, fougères). *Il « sentit sous ses pieds le sol mou et traître de la brande »* TOURNIER. — Terre infertile où poussent ces plantes. ➤ **friche, lande.** ■ **2** (1867) Fagot de brins de bruyère, enduit d'une substance inflammable. *Se chauffer avec des brandes.*

2 **BRANDE** ➤ **BRANTE**

BRANDEBOURG [bʀɑ̃dbuʀ] **n. m.** – 1708 ; « casaque à galons » 1656 ◇ de *Brandebourg,* État allemand d'où venait cette mode ■ Passementerie (galon, broderie) ornant une boutonnière. *Les brandebourgs d'un dolman. Redingote à brandebourgs.*

BRANDIR [bʀɑ̃diʀ] **v. tr.** ‹2› – 1080 ◇ du francique *brand* « tison ; épée » ■ Agiter en tenant en l'air de façon menaçante (une arme). *Brandir un couteau. — Brandir l'étendard* de la révolte.* — ABSTRAIT *Brandir une menace.* ♦ Agiter en élevant pour attirer l'attention. *« le type brandissait des journaux »* SARTRE.

BRANDON [bʀɑ̃dɔ̃] **n. m.** – XIIe ◇ du francique °*brand* « tison » ■ **1** VX Torche de paille enflammée servant à éclairer ou à mettre le feu. ➤ **flambeau.** — *Brandon de discorde*.* ■ **2** MOD. Débris enflammé qui s'échappe d'un incendie. ■ **3** DR. *Saisie-brandon.* ➤ **saisie.**

BRANDY [bʀɑ̃di] **n. m.** – 1791 ◇ mot anglais, abrév. de *brand-wine* ■ Eau-de-vie de raisins (d'abord de provenance anglo-saxonne). *Du brandy espagnol. Des brandys.* On trouve aussi le pluriel anglais *des brandies.*

BRANLANT, ANTE [bʀɑ̃lɑ̃, ɑ̃t] **adj.** – XIVe ◇ de *branler* ■ Qui branle, est instable. ➤ **chancelant, vacillant ;** RÉGION. **chambranlant.** *Escalier, tabouret branlant.* — FIG. *Château branlant,* se dit d'une personne (notamment un enfant qui commence à marcher) mal assurée. *« je suis parti dans un élan, château branlant, sur mes jambes courtes »* H. CALET. ■ CONTR. Solide, stable.

BRANLE [bʀɑ̃l] **n. m.** – XIIe ◇ de *branler* ■ VX ou en loc. ■ **1** Ample mouvement d'oscillation. ➤ **balancement.** *Mettre en branle une cloche. Sonner en branle :* donner aux cloches leur balancement maximum (cf. À toute volée). ■ **2** FIG. Première impulsion. *Donner le branle à une affaire. Mettre en branle la justice.* ♦ LOC. *Se mettre en branle :* se mettre en mouvement, en action (PERSONNES). ■ **3** (1492) Ancienne danse en chaîne ouverte ou fermée.

BRANLE-BAS **n. m. inv.** ou **BRANLEBAS** [bʀɑ̃lba] **n. m.** – 1687 ◇ ordre de mettre *bas* les *branles* « hamacs », qui étaient sur les entreponts, pour se disposer au combat ■ MAR. *Branle-bas de combat :* ensemble des dispositions prises rapidement sur un navire de guerre pour qu'il soit prêt au combat. *Branle-bas du matin, du soir :* préparatifs de l'équipage au moment du lever, du coucher. ♦ FIG. Agitation vive et souvent désordonnée, lors de la préparation de quelque opération. ➤ **bouleversement, remue-ménage.** *Le branle-bas du déménagement.*

BRANLÉE [bʀɑ̃le] **n. f.** – 1936 ◇ de *branler* ■ FAM. et VULG. ■ **1** Masturbation. ➤ **branlette.** ■ **2** Fait d'être battu. ➤ **raclée.** *Ils ont pris une branlée.*

BRANLEMENT [bʀɑ̃lmɑ̃] **n. m.** – XIVe ◇ de *branler* ■ *Branlement de tête :* action, manière de branler la tête.

BRANLER [bʀɑ̃le] **v.** ‹1› – 1080 ◇ contraction de *brandeler* « osciller », de *brandir*

■ VX ou en loc. (à cause de l'emploi vulg.).

I **v. tr.** ■ **1** *Branler la tête,* la remuer d'avant en arrière, ou d'un côté à l'autre. ➤ **balancer, hocher, secouer.** ■ **2** (avant 1585) VULG. Masturber (qqn). — PRONOM. *Se branler.* ♦ FIG. et VULG. Faire, fabriquer. *« Et le type, [...] qu'est-ce qu'il branle ? »* QUENEAU. ➤ 1 **foutre.** *J'en ai rien à branler. — S'en branler :* s'en moquer.

II **v. intr.** ■ **1** Être instable, mal fixé. ➤ **chanceler, osciller, vaciller.** *Une chaise, une dent qui branle. — Branler dans le manche,* se dit d'un outil mal emmanché. FIG. Manquer de stabilité, de solidité. ■ **2** RÉGION. (Bretagne, Canada) Hésiter, tergiverser. ➤ **balancer.** *Elle branle encore.*

■ CONTR. Tenir.

BRANLETTE [bʀɑ̃lɛt] **n. f.** – 1936 ; « manière de pêcher en secouant la ligne » 1836 ◇ de *branler* ■ FAM. et VULG. Masturbation. ➤ **branlée.** *Le théologien « débusqua dans l'insémination artificielle son ennemie, la branlette »* F. WEYERGANS.

BRANLEUR, EUSE [bʀɑ̃lœʀ, øz] **n. et adj.** – 1690 ◇ de *branler* ■ FAM. ■ **1** Personne qui masturbe (qqn). — Personne qui se masturbe. ■ **2** PAR EXT. Personne qui ne fait rien de son temps. ➤ **glandeur.** *C'est un bon à rien, un petit branleur.* ➤ **jean-foutre.**

BRANQUE [bʀɑ̃k] **n. m. et adj.** – avant 1900 ◇ origine inconnue, p.-ê. de formes régionales ; avec influence de *braque* ■ FAM. Sot, imbécile. ♦ **adj.** *Être (un peu) branque,* fou*. ➤ **braque.**

BRANQUIGNOL [bʀɑ̃kiɲɔl] **n. m. et adj. m.** – 1899 ◇ de *branque* et finale argotique ■ FAM. Imbécile, fou, loufoque.

BRANTE [bʀɑ̃t] **n. f.** – 1588 ; *brente* 1533 ◇ d'un radical préroman °*brenta* ■ (Suisse) Récipient en bois servant à transporter la vendange sur le dos. *« des hommes s'avancent porteurs de brantes et précipitent le raisin dans une cuve »* M. CHAPPAZ. — Contenu d'une brante. — On dit aussi **BRANDE,** 1569.

BRAQUAGE [bʀakaʒ] **n. m.** – 1867 ◇ de *braquer* ■ **1** Action de braquer les roues d'une voiture, les gouvernes d'un avion. *Angle de braquage,* formé par les roues directrices avec l'axe longitudinal de la voiture lorsqu'on tourne à fond le volant. *Rayon de braquage,* du cercle tracé par les roues extérieures dans un virage. ■ **2** (1941) FAM. Attaque à main armée. *Le braquage d'une banque.* ➤ **hold-up.**

BRAQUE [bʀak] **n. m. et adj.** – 1526 ; *bracque* XVe ◇ italien *bracco,* provençal *brac* → braconner ■ **1** Chien de chasse à poil ras et à oreilles pendantes ; très bon chien d'arrêt. ■ **2** **adj.** (1736 ; d'abord *fou, étourdi comme un braque*) FAM. Un peu fou*, très fantasque.

BRAQUEMART [bʀakmaʀ] **n. m.** – 1386 ◇ moyen néerlandais *breecmes* ■ **1** ANCIENNT Épée courte à deux tranchants (XIVe et XVe s.). ■ **2** FAM. Pénis.

BRAQUER [bʀake] **v. tr.** ‹1› – 1546 ; variante dialectale *brater* ◇ probablt latin populaire °*brachitare* « mettre en mouvement avec les bras *(bracchium)* » ■ **1** Tourner (une arme à feu, un instrument d'optique) en visant. ➤ **diriger,** 1 **pointer.** *Braquer un révolver, une lorgnette sur qqn, dans la direction de qqn. — Braquer les projecteurs sur qqn.* FIG. *Braquer les feux de l'actualité sur qqn.* — PAR ANAL. Fixer (le regard, etc.). *Braquer son attention sur l'actualité.* ♦ PAR EXT. (1930) FAM. Mettre en joue (qqn) ; Attaquer à main armée (➤ **braquage**). *Braquer une banque.* — FAM. *Se* *faire braquer* : être victime d'un vol. ▪ **2** VIEILLI Faire tourner, orienter (une chose mobile). *Braquer une charrue.* — MOD. et ABSOLT Faire tourner un véhicule, en manœuvrant la direction (volant, timon, etc.). ➤ **contrebraquer.** ABSOLT *Braquer pour se garer. Braquez à fond !* — **v. intr.** (sujet chose) *« Le véhicule s'ébranle et braque dans le chemin vicinal »* TOURNIER. *Voiture qui braque mal*, qui tourne mal, qui a un trop grand rayon de braquage. ▪ **3** (1798) FIG. *Braquer qqn contre* (une personne, un projet), l'amener à s'opposer définitivement à. ➤ **dresser.** PRONOM. *Il s'est braqué.* ➤ 2se **buter,** se **cabrer.** ▪ CONTR. Détourner.

BRAQUET [bʀakɛ] **n. m.** – 1900 ◊ anglais *bracket* ▪ Rapport de multiplication (entre le plateau et le pignon) réglant le développement d'une bicyclette. *Le dérailleur permet de changer de braquet. Petit, grand braquet.* — LOC. FIG. *Changer de braquet* : changer de rythme (cf. Mettre le grand développement, mettre la gomme, passer la vitesse supérieure).

BRAQUEUR, EUSE [bʀakœʀ, øz] **n.** – 1947 ◊ de *braquer* ▪ FAM. Personne qui commet un vol à main armée.

BRAS [bʀɑ] **n. m.** – fin XIe ◊ du latin *bracchium*, mot d'origine grecque

I PARTIE DU CORPS A. CHEZ L'ÊTRE HUMAIN ▪ **1** ANAT. Segment du membre supérieur compris entre l'épaule et le coude (opposé à *avant-bras*). *Du bras.* ➤ **brachial.** *Os du bras.* ➤ **humérus.** *Mouvement du bras* : abduction, adduction, élévation, rotation. *Muscles du bras.* ➤ **biceps, triceps.** ▪ **2** COUR. Le membre supérieur, de l'épaule à la main. *« ses bras, de l'aisselle pleine et musclée jusqu'au poignet rond »* COLETTE. *Avoir un bras cassé, en écharpe**. *Être amputé d'un bras*, manchot. *Les bras en croix**. *Rester les bras ballants.* — *Lever, baisser, plier, étendre le, les bras, croiser les bras. Porter sur, entre, dans ses bras. Tenir, brandir à bout de bras*, en déployant un grand effort, sans aide. *Tenir, serrer qqn entre, dans ses bras.* ➤ **embrasser** (1°). *Se jeter dans les bras de qqn*, contre la poitrine de qqn. *Tomber dans les bras l'un de l'autre. Être dans les bras de qqn* : être enlacé. — *Donner, offrir le bras à qqn*, pour s'y appuyer en marchant. *Être au bras de qqn. « Elle prenait mon bras, et nous marchions sous les arbres »* FROMENTIN. *Marcher bras dessus, bras dessous*, en se donnant le bras. *Lever les bras au ciel* : prendre le ciel à témoin. — **BRAS DE FER :** jeu opposant deux adversaires qui ont un coude posé sur la table, leurs avant-bras l'un contre l'autre, et essayent de faire plier le bras du partenaire ; FIG. épreuve de force. — (1954) **BRAS D'HONNEUR :** geste injurieux (simulacre d'érection). *Faire un bras d'honneur à qqn.* ♦ PAR MÉTONYMIE *En bras de chemise**. ♦ LOC. FIG. *Gros comme le bras* (se dit ironiquement pour accompagner une appellation flatteuse). *Il se fait donner du « monsieur le directeur » gros comme le bras.* — *Jouer les gros bras* : jouer les durs*. *Un gros bras* : un dur ; SPÉCIALT un homme de main. ➤ **gorille.** *Des gros bras étaient chargés de la sécurité.* — (du tennis) FAM. *Jouer petit bras* : se lancer dans une entreprise sans ambition, sans conviction. *« quelques tentatives timides, petit bras »* PH. JAENADA. — *Couper bras et jambes à qqn*, lui enlever ses moyens d'action, le paralyser d'étonnement, le décourager. *Les bras m'en tombent* : je suis stupéfait. *Baisser les bras* : renoncer à poursuivre (une action). — *Coûter** *un bras.* — *Se croiser les bras, rester les bras croisés* : attendre sans rien faire. *Avoir le bras long*, du crédit, de l'influence. *Tendre, ouvrir les bras à qqn*, lui porter secours, lui pardonner. — *Tendre les bras vers qqn*, implorer son aide. *Se jeter, se réfugier dans les bras de qqn*, se mettre sous sa protection. — *Recevoir qqn à bras ouverts*, l'accueillir avec effusion, empressement. — *Être dans les bras de Morphée* : dormir. — *Avoir qqn ou qqch. sur les bras*, en être chargé, embarrassé. *Cela me reste sur les bras*, je dois m'en occuper. *Soutenir qqn à bout de bras*, seul et avec effort. ▪ **3** loc. adv. **À BRAS :** à l'aide des seuls bras (sans machine). *Il a fallu transporter tout cela à bras.* — **loc. adj.** *Moulin, charrette à bras.* — *À tour** *de bras.* — *Se jeter sur qqn à bras raccourcis*, le frapper violemment. — *À bras-le-corps.* ➤ **bras-le-corps** (à).

B. ANIMAUX ▪ **1** Dans le membre antérieur du cheval, Partie qui fait suite à l'épaule et qui a pour base l'humérus. ▪ **2** Tentacule des mollusques céphalopodes. *Les bras d'une pieuvre.*

II FORCE AGISSANTE ▪ **1** Symbole de la force guerrière, du pouvoir. *« Ton bras est invaincu, mais non pas invincible »* CORNEILLE. *Le bras séculier* : la puissance temporelle, opposée à celle de l'Église. *Avoir un bras de fer*, une grande autorité, une volonté inflexible. *Le bras de la justice.* ➤ **autorité.** ▪ **2** Personne qui agit, travaille, combat. ➤ **travailleur.** *« Les humoristes comparent l'agriculture à la Vénus de Milo qui manque de bras »* BAINVILLE. — *Un bras cassé* : une personne paresseuse ou incompétente. *« Tous des bras cassés. Des petits branleurs »* O. ADAM. ♦ *Le bras droit de qqn*, son principal agent d'exécution. — *(Être) le bras armé* (de qqn, qqch.), l'exécutant.

III CE QUI RESSEMBLE À UN BRAS A. OBJETS FONCTIONNANT COMME UN BRAS ▪ **1** MAR. Manœuvre servant à orienter un espar (vergue, tangon). ♦ *Bras d'une ancre**. ▪ **2** TECHN. Brancard ; pièce allongée. *Les bras d'une chaise à porteurs, d'une brouette.* ▪ **3** Accoudoir (d'un siège). *Les bras d'un fauteuil.* ▪ **4** Partie mobile (d'une grue, d'un sémaphore). *Bras d'une manivelle. Bras de lecture d'un électrophone* : longue tige mobile qui porte la tête de lecture. ▪ **5** MÉCAN. **BRAS DE LEVIER :** distance d'une force à son point d'appui, évaluée perpendiculairement à la direction de cette force.

B. EN GÉOGRAPHIE Division d'un cours d'eau qui partagent des îles. *Bras principal, bras secondaires. Bras mort*, où l'eau ne circule plus. ➤ **bayou, marigot.** — (fin XIIe) *Bras de mer* : détroit, passage.

BRASAGE [bʀazaʒ] **n. m.** – 1867 ◊ de *braser* ▪ TECHN. Assemblage (de métaux) par brasure.

BRASER [bʀaze] **v. tr.** ‹1› – 1578 ; « embraser » XIIIe ◊ de 1*braise* ▪ TECHN. Assembler (des métaux) par brasure. ➤ **souder.**

BRASÉRO [bʀazeʀo] **n. m.** – *brasero* 1784 ; *bracero* 1722 ◊ espagnol *brasero*, de *brasa* « braise » ▪ Appareil de chauffage constitué d'un bassin de métal, rempli de charbons ardents, posé sur un trépied. ♦ (Afrique) Réchaud de plein air. — On écrit aussi *brasero* [bʀazeʀo]. *« Le brasero remplace en Espagne les cheminées, qui sont fort rares »* GAUTIER.

BRASIER [bʀazje] **n. m.** – XIIe ◊ de 1*braise* ▪ Masse d'objets ou matières en complète ignition lors d'un incendie.

BRASILLER [bʀazije] **v. intr.** ‹1› – 1751 ; trans. « griller sur la braise » 1223 ◊ de 1*braise* ▪ Scintiller (en parlant de la mer), présenter une traînée de lumière (par luminescence ou réflexion de la lumière des astres). ➤ **briller, étinceler.** ♦ Prendre une consistance, une couleur de braise. *« La bougie brasillait ; elle s'éteignit brusquement »* BOSCO.

BRAS-LE-CORPS (À) [abʀɑl(ə)kɔʀ] **loc. adv.** – 1791 ; *a brache de corps* 1465 ◊ de *bras* et *corps* ▪ Avec les bras et par le milieu du corps. *Prendre à bras-le-corps.*

BRASQUE [bʀask] **n. f.** – 1751 ◊ italien *brasca*, latin populaire °*brasica*, même origine que 1*braise* ▪ TECHN. Revêtement intérieur des creusets, des fourneaux, des cuves d'électrolyse. *Traitement des brasques usées.*

1**BRASSAGE** [bʀasaʒ] **n. m.** – 1331 ◊ de 1*brasser* ▪ **1** Ensemble des opérations consistant à brasser la bière. ♦ Action de brasser les fromages blancs. ▪ **2** Mélange. *Brassage des gaz* : mélange gazeux d'air et d'essence dans la chambre de combustion d'un moteur à explosion. *Brassage chromosomique (intrachromosomique et interchromosomique).* ♦ (1921) FIG. *Le brassage des peuples, des populations, des cultures.* ➤ **mélange ; creuset, melting-pot.** *« dans le quartier où le brassage ethnique avait fait naître une prolifération de restaurants »* ECHENOZ.

2**BRASSAGE** [bʀasaʒ] **n. m.** – 1867 ◊ de 2*brasser* ▪ MAR. Action de brasser une vergue ; Angle de la vergue par rapport à sa position de repos.

BRASSARD [bʀasaʀ] **n. m.** – 1562 ◊ altération de *brassal* (1546) ; italien *bracciale*, de *braccio* « bras » ▪ **1** Pièce d'armure qui couvrait le bras ; Pièce de cuir protégeant le bras. ▪ **2** (1845) Bande d'étoffe ou ruban servant d'insigne, qu'on porte au bras. *Brassard de premier communiant, d'infirmier. Brassard de deuil.* ➤ 2**crêpe.** ▪ **3** Bouée pour enfant qui se porte autour du bras.

BRASSE [bʀas] **n. f.** – 1409 ; *brace* « les deux bras, leur longueur » 1080 ◊ latin *bracchia*, plur. de *bracchium*, fém. collectif en latin populaire ▪ **1** MÉTROL. Ancienne unité de mesure de longueur égale à cinq pieds (environ 1,60 mètre). MAR. Unité de mesure de profondeur valant environ 1,60 mètre. *« James Ross a trouvé des coraux vivants à mille brasses sous la mer glacée »* MICHELET. ▪ **2** (1835 *nager à la brasse*) Nage ventrale qu'on réalise en détendant et en pliant alternativement les bras et les jambes (ainsi que le fait la grenouille) ; Chacun des espaces successifs ainsi parcourus. *Nager la brasse. Traverser le bassin en dix brasses. Brasse papillon**.

BRASSE-CAMARADE [bʀaskamaʀad] **n. m.** – 1976 *brasse-camarades* ◊ de 1*brasser* et *camarade* ▪ (Canada) FAM. Altercation, bousculade pouvant dégénérer en bagarre. ➤ **échauffourée.** *Les brasse-camarades de fin de partie.*

BRASSÉE [bʀase] **n. f.** – XIVe ; *brachie* XIIe ◊ de *bras* ■ Ce que les bras peuvent contenir, porter. *Des brassées de fleurs. Porter de l'herbe à brassées.* ◆ **(Canada)** Quantité de linge à laver, lessive (II, 2°). *Placer la brassée dans la laveuse.*

1 **BRASSER** [bʀase] **v. tr.** ⟨1⟩ – *bracier* «mélanger ; remuer» XIIe ◊ dès l'origine, croisement d'un v. dérivé du latin populaire °*braciare*, de *braces*, ancien français *brais* «malt», et d'un v. dérivé de *bras* ; sens combinés au fig. ■ **1** *Brasser la bière* : préparer le moût en faisant macérer le malt dans l'eau (opération qui précède le houblonnage et la fermentation) ; PAR EXT. Fabriquer la bière. ➤ 1 **brasseur.** ■ **2** Remuer en mêlant. *Brasser la salade.* ➤ FAM. **fatiguer.** FAM. *Brasser les cartes avant de donner.* ➤ **battre.** — PÊCHE *Brasser l'eau*, la troubler en la remuant. ◆ Rendre plus lisse et liquide en remuant. *Fromage blanc, yaourt brassé.* ◆ (v. 1175) VIEILLI Tramer, machiner. *Brasser des intrigues.* ➤ **ourdir.** PRONOM. *«sans qu'elle eût pu rien savoir de ce qui se brassait entre eux»* ROUSSEAU. ◆ FIG. (1808) Manier (beaucoup d'argent) en faisant des affaires. *Société qui brasse des milliards.*

2 **BRASSER** [bʀase] **v. tr.** ⟨1⟩ – 1694 ◊ de *bras* ■ MAR. Orienter (un espar*) en agissant sur son (ses) bras. ABSOLT *Brasser carré* (à angle droit avec la quille), *en pointe* (à angle aigu). On dit aussi **BRASSEYER** [braseje] ⟨1.⟩

BRASSERIE [bʀasʀi] **n. f.** – 1371 ◊ de 1 *brasser* ■ **1** Fabrique de bière (➤ aussi **microbrasserie**). Industrie de fabrication de la bière. ■ **2** (1844) ANCIENNT Établissement où on consommait surtout de la bière. ◆ MOD. Grand café-restaurant où il y a un choix de bières. *Dîner dans une brasserie alsacienne.*

1 **BRASSEUR, EUSE** [bʀasœʀ, øz] **n.** – 1250 ◊ de 1 *brasser* ■ **1** Personne qui fabrique de la bière ou en vend en gros. ■ **2** *Un brasseur d'affaires* : personne qui fait de nombreuses affaires.

2 **BRASSEUR, EUSE** [bʀasœʀ, øz] **n.** – 1932 ◊ de *brasse* ■ SPORT Nageur, nageuse de brasse.

BRASSEYER ➤ 2 **BRASSER**

BRASSICOLE [bʀasikɔl] **adj.** – 1885 ◊ de 1 *brasser*, d'après *viticole* ■ DIDACT. ■ **1** Relatif à la fabrication de la bière, à la brasserie. *Entreprises brassicoles.* ■ **2** Qui peut être employé pour produire de la bière. *Orge brassicole.*

BRASSIÈRE [bʀasjɛʀ] **n. f.** – XIIIe ◊ de *bras* ■ **1** VX Chemise de femme très ajustée. ■ **2** (1843) MOD. Petite chemise de bébé, courte, à manches longues, en toile fine ou en laine, qui se ferme dans le dos. ■ **3** MAR. Gilet de sauvetage. ■ **4** Sous-vêtement féminin destiné à soutenir la poitrine, constitué d'une bande de tissu et d'une paire de bretelles. ◆ **(Canada)** ANGLIC. Soutien-gorge.

BRASSIN [bʀasɛ̃] **n. m.** – XIVe ◊ de 1 *brasser* ■ TECHN. Cuve où l'on brasse la bière ; son contenu.

BRASURE [bʀazyʀ] **n. f.** – 1803 ◊ de *braser* ■ TECHNOL. Procédé consistant à assembler des pièces métalliques à l'aide d'un métal d'apport fondu dont le point de fusion est inférieur à celui de ces pièces. *La brasure s'opère à une température inférieure à celle de la soudure*.* — Cet alliage, ce métal lui-même.

BRAVACHE [bʀavaʃ] **n. m. et adj.** – *bravasche* 1570 ◊ italien *bravaccio*, diminutif péj. de *bravo* «brave» ■ Faux brave qui fanfaronne. ➤ **fanfaron*, matamore.** *Faire le bravache.* — **adj.** *Un air bravache.* ■ CONTR. Brave.

BRAVADE [bʀavad] **n. f.** – fin XVe ◊ italien *bravata*, de *bravare* «faire le brave» ■ **1** Ostentation de bravoure. *Un chef qui s'expose inutilement par bravade.* ➤ **rodomontade.** ■ **2** Action ou attitude de défi insolent envers une autorité qu'on brave. *«par bravade contre la règle tyrannique»* LOTI.

BRAVE [bʀav] **adj. et n.** – milieu XVIe ◊ de l'italien *bravo* «courageux, sauvage, arrogant, bon, excellent» (milieu XIVe), d'où les sens d'«arrogant», «excellent» et «beau» en français jusqu'au XVIIe s. (→ bravo, bravache). L'italien vient du latin *barbarus* → barbare. ■ **1** Courageux au combat, devant un ennemi. ➤ **vaillant.** *«Marat était audacieux, mais nullement brave»* MICHELET. — **n.** (rare au fém.) *C'est un brave.* ➤ **héros.** *Se conduire, se battre en brave. «il vous suffira de dire : J'étais à la bataille d'Austerlitz pour que l'on vous réponde : Voilà un brave !»* NAPOLÉON. *La paix* des braves. Faire le brave* : affecter la bravoure (➤ **bravache**). ■ **2** (Placé devant le nom) Honnête et bon avec simplicité. *Un brave homme. Une brave femme. De braves gens. C'est un brave type, un brave garçon.* — PAR EXT. *«Ces braves chiens de berger, tout affairés après leurs bêtes»* DAUDET. **n.** (VIEILLI) *Mon brave*, appellation condescendante à l'égard d'un inférieur. ◆ (En attribut) D'une bonté ou d'une gentillesse un peu naïve et attendrissante. *Il est bien brave, mais il m'ennuie.* ➤ 2 **gentil.** ■ CONTR. Lâche, peureux. Malhonnête, mauvais.

BRAVEMENT [bʀavmɑ̃] **adv.** – 1465 ◊ de *brave* ■ Avec bravoure, courageusement. ➤ **hardiment.** *Il a fait bravement son devoir de soldat.* ◆ D'une manière décidée, sans hésitation. ➤ **résolument.** *«La Zabelle prit bravement son parti»* SAND. ■ CONTR. Lâchement, timidement.

BRAVER [bʀave] **v. tr.** ⟨1⟩ – 1515 ◊ de *brave*, d'après l'italien *bravare* ■ **1** Défier orgueilleusement en montrant qu'on ne craint pas. *«Tu me braves, Cinna, tu fais le magnanime»* CORNEILLE. ➤ **narguer, provoquer.** *«Au moyen âge, les individus pouvaient encore braver l'État»* BAINVILLE. *Braver un ordre.* ➤ **s'opposer.** ■ **2** Se comporter sans crainte devant (qqch. de redoutable qu'on accepte d'affronter). *Braver le danger, la mort.* ➤ **mépriser.** ◆ Ne pas craindre de ne pas respecter (une règle, une tradition). *Braver les convenances, l'ordre établi.* ➤ **se moquer.** ■ CONTR. Éviter, fuir, respecter, soumettre (se).

BRAVISSIMO [bʀavisimo] **interj.** – 1775 ◊ superlatif italien de *bravo* ■ Exclamation exprimant un très haut degré de contentement. ➤ **bravo.**

BRAVO [bʀavo] **interj. et n. m.** – 1738 ◊ mot italien «excellent» ■ **1** Exclamation dont on se sert pour applaudir, pour approuver. *Bravo ! c'est parfait.* ■ **2 n. m.** Applaudissement, marque d'approbation. *Des bravos et des bis. La salle croule sous les bravos.* ➤ **vivat.** ■ CONTR. Huée, sifflet.

BRAVOURE [bʀavuʀ] **n. f.** – *bravure* 1648 ◊ italien *bravura* ■ **1** Qualité d'une personne brave. ➤ **audace, courage, héroïsme, vaillance.** *Se comporter, se battre avec bravoure. «Quand il n'y a pas de joie, il n'y a pas d'héroïsme ; il n'y a que de la bravoure»* MARTIN DU GARD. ■ **2** (1798 ◊ italianisme) MUS. VIEILLI *Air de bravoure* : air brillant destiné à faire valoir le talent du chanteur. — MOD. *Morceau de bravoure* : récit, ou passage d'une œuvre que son auteur a voulu particulièrement brillant. ■ CONTR. Lâcheté.

BRAYER [bʀeje] **n. m.** – XIIe ◊ de *braie* ■ TECHN. Bande soutenant le battant d'une cloche. ◆ (1678) Corde dont les maçons se servent pour élever du moellon ou du mortier.

1 **BREAK** [bʀɛk] **n. m.** – 1830 ◊ mot anglais ■ ANGLIC. ANCIENNT Voiture à quatre roues, ouverte, avec un siège de cocher élevé et deux banquettes longitudinales à l'arrière. ◆ (1950) MOD. Type de carrosserie automobile en forme de fourgonnette, mais à arrière vitré.

2 **BREAK** [bʀɛk] **n. m.** – 1909 ◊ mot anglais américain «interruption» ■ ANGLIC. ■ **1** TENNIS Écart de deux jeux creusé par un joueur en prenant le service sur son adversaire, puis en gagnant le sien. *Faire le break. Balle de break.* — **Recomm. offic.** *brèche.* ■ **2** (1926) MUS. JAZZ Interruption du jeu de l'orchestre pendant quelques mesures, créant un effet d'attente. ■ **3** (1983) Break-dance. ■ **4** COUR. (critiqué) Pause. *Faire un break.*

BREAKDANCE [bʀɛkdɛns] **n. f. ou m.** – 1984 ◊ mot anglais américain, de *break* «interruption, rupture» et *dance* «danse» ■ Danse acrobatique urbaine comportant des figures au sol, caractéristique du mouvement hip-hop. ➤ 2 **break, smurf.** — On écrit aussi *break dance.*

BREAKFAST [bʀɛkfœst] **n. m.** – 1862 ◊ mot anglais ■ ANGLIC. Petit-déjeuner à l'anglaise. *«Je rentre pour le breakfast : porridge, thé, fromage ou viande froide, ou œufs»* GIDE. *Breakfast tardif.* ➤ **brunch.**

BREBIS [bʀəbi] **n. f.** – XIIIe ; *berbis* XIe ◊ latin populaire °*berbicem*, classique *berbecem*, variante de *vervecem*, accusatif de *vervex* ■ **1** Femelle adulte du mouton. ➤ **agnelle, antenaise, vacive.** *Lait, fromage de brebis* (➤ 2 **brousse, feta, niolo, pérail, roquefort**). *«Qui sauve les loups tue les brebis»* HUGO. ■ **2** (métaph. évang.) Chrétien fidèle à son pasteur. ➤ **ouaille.** *«Les brebis de Dieu»* CLAUDEL. *La brebis égarée*.* — LOC. *Brebis galeuse*, **(Luxembourg)** *brebis noire* : personne dangereuse et indésirable dans un groupe (cf. Mouton* noir).

1 **BRÈCHE** [bʀɛʃ] **n. f.** – 1119 ◊ ancien haut allemand *brecha* «fracture» ■ **1** Ouverture (d'un mur, d'une clôture, etc.). — SPÉCIALT Ouverture dans une enceinte fortifiée ; percée d'une ligne fortifiée, d'un front. ➤ **trouée.** *Faire, ouvrir une brèche. Colmater une brèche.* — LOC. *S'engouffrer dans la brèche* ; FIG. profiter d'un précédent créé par qqn d'autre. *Être toujours sur la brèche* : être toujours à combattre ou prêt au combat ; FIG. être toujours au travail, en pleine activité. *Battre en brèche* : attaquer à coups de canon pour ouvrir une brèche ; FIG. attaquer, entamer, ruiner l'activité, un argument, etc. *Battre en brèche le crédit de qqn. «Cette Gironde qui* [...]

battait le trône en brèche» MICHELET. — Recomm. offic. pour 2 *break* (tennis). ▪ **2** Petite entaille sur un objet d'où s'est détaché un éclat. ➤ **ébrécher.** *Brèches sur une lame d'acier, en dents de scie.* — *Brèche dans une forêt :* bande défrichée. ➤ **pare-feu, tranchée.** ◆ FIG. Dommage qui entame. *Faire une brèche sérieuse à sa fortune.* ➤ **perte.** *Faire une brèche à la réputation de qqn. Ouvrir une brèche dans un principe.* ▪ CONTR. Fermeture.

2 **BRÈCHE** [bʀɛʃ] **n. f.** – *bresche* 1611 ◆ mot d'origine ligure ▪ GÉOL. Conglomérat d'éléments anguleux liés par un ciment naturel. *Brèche sédimentaire, tectonique.*

BRÉCHET [bʀeʃɛ] **n. m.** – XVIe ; *brichet, bruchet* XIVe ◆ anglais *brisket* ▪ Crête osseuse saillante et verticale sur la face externe du sternum de la plupart des oiseaux (carinates). ➤ **fourchette.**

BREDELE [bʀedələ] **n. m. pl.** – 1983 ; *braedele* 1946 ◆ alsacien *bredel* «petit-four», de l'allemand *Brot* «pain» ▪ Petits gâteaux secs préparés traditionnellement en Alsace à l'occasion de Noël. *Offrir des bredele.*

BREDOUILLANT, ANTE [bʀədujɑ̃, ɑ̃t] **adj.** – 1857 ◆ de *bredouiller* ▪ Qui bredouille. ➤ **bégayant.** *«Le nouveau articula d'une voix bredouillante, un nom inintelligible»* FLAUBERT.

BREDOUILLE [bʀəduj] **adj.** – 1704 ; «embarrassé» 1534 ◆ de *bredouiller* ▪ *Revenir bredouille,* sans avoir rien pris (à la chasse, la pêche), sans avoir rien obtenu (d'une entrevue, d'une démarche). *Ils sont rentrés bredouilles. Être bredouille.*

BREDOUILLEMENT [bʀədujmɑ̃] **n. m.** – 1611 ◆ de *bredouiller* ▪ Action de bredouiller ; Paroles confuses. ➤ **balbutiement.** *«Le même bredouillement de syllabes se fit entendre»* FLAUBERT. — On dit aussi **BREDOUILLAGE, BREDOUILLIS.**

BREDOUILLER [bʀəduje] **v.** ‹1› – 1564 ◆ altération de l'ancien français *bredeler,* variante probable de *bretter, bretonner* «parler comme un Breton», latin *brit(t)o* ▪ **1 v. intr.** Parler d'une manière précipitée et peu distincte. ➤ **bafouiller, balbutier, marmonner.** *Il «bredouillait, sifflait, et postillonnait en parlant»* GIDE. ▪ **2 v. tr.** Dire en bredouillant. ➤ RÉGION. **raboudiner.** *Bredouiller un compliment, une excuse. Il bredouilla qu'il n'y était pour rien.* ▪ CONTR. Articuler.

BREDOUILLEUR, EUSE [bʀədujœʀ, øz] **n. et adj.** – 1642 ◆ de *bredouiller* ▪ Personne qui bredouille. ➤ **bafouilleur.** — **adj.** *«L'avocat bredouilleur»* MOLIÈRE.

BREDOUILLIS ➤ **BREDOUILLEMENT**

BREDZON [bʀədzɔ̃] **n. m.** – 1722 *brezon ;* 1719 *bergeon* ◆ emprunt à une forme dialectale fribourgeoise, du francique *halsberg* → haubert ▪ (Suisse) Pièce du costume traditionnel des armaillis fribourgeois, veste à courtes manches bouffantes, aux revers souvent brodés d'édelweiss.

1 **BREF, BRÈVE** [bʀɛf, bʀɛv] **adj. et adv.** – XVe ; v. 1130 *brieve* f. ; 1050 *brié(f)s* ◆ latin *brevis*

I adj. ▪ **1** De peu de durée. *Un bref épisode, une brève rencontre.* ➤ 1 **court, momentané.** *À bref délai*.* ▪ **2** De peu de durée dans l'expression, dans le discours (➤ **brièveté**). *Une brève allocution.* ➤ **succinct.** *Soyez bref :* parlez en peu de mots, ne faites pas un long discours. ➤ **concis*, laconique.** ▪ **3** MÉTR. ANC. Se dit d'un voyelle ou syllabe dont la quantité est, par rapport à une *longue,* à peu près dans le rapport 1 à 2. — PHONÉT. Se dit d'un son dont la durée d'émission est brève par rapport à une durée d'émission moyenne (ou propre aux sons voisins). ➤ **brève, brévité.**

II adv. ▪ **1** (ADV. DE PHRASE) Pour résumer les choses en peu de mots. ➤ **enfin** (cf. En résumé). *«Pleurs, soupirs, tout en fut : bref, il n'oublia rien»* LA FONTAINE. ▪ **2 loc. adv.** (XIVe) LITTÉR. **EN BREF :** en peu de mots. ➤ **brièvement.** *Expliquer les choses en bref.* **loc. adj.** *L'actualité en bref.*

▪ CONTR. Ample, long. Prolixe ; délayé, verbeux.

2 **BREF** [bʀɛf] **n. m.** – 1080 ◆ bas latin *brevis* ou *breve,* subst. de l'adj. *brevis* → brevet ▪ Rescrit du pape, de caractère privé, sur des matières de moindre importance que celles dont traite la bulle.

BRÉHAIGNE [bʀeɛɲ] **adj. f.** – XIIIe ; *terre baraine* «terre stérile» XIIe ◆ du préroman *bar-* et *haigne* (cf. ancien français *meshaigne* «mutiler») ▪ VX ou LITTÉR. Stérile (en parlant d'une femme). ◆ TECHN. Stérile (en parlant des femelles de certains animaux). *Biche bréhaigne.*

BREITSCHWANZ [bʀɛtʃvɑ̃ts] **n. m.** – 1922 ; *braitchwantz* 1910 ◆ mot allemand «large queue» ▪ Variété d'astrakan.

BRELAN [bʀəlɑ̃] **n. m.** – XVIIe ; «table, maison de jeu» XIIe ◆ ancien haut allemand *bretling* «tablette» ▪ À certains jeux de cartes (dont l'ancien jeu dit *brelan*), Réunion de trois cartes de même valeur. *Avoir un brelan de rois, au poker.* — À certains jeux de dés, Coup amenant trois faces semblables. — FIG. *«Un tel brelan d'atouts politiques»* DE GAULLE.

BRÈLE [bʀɛl] **n. f.** – 1952, *brêl* n. m. ◆ du sens de «mulet», en argot militaire (1914). *Brèle* est un emprunt à l'arabe algérien *bghel* (*gh* guttural), arabe classique *baghl,* de même sens ▪ FAM. Personne incompétente, nulle. ➤ **idiot, imbécile.** *Quelle brèle, ce type ! «Le colonel lui tint un long discours [...] dont il ressortait que Karapotch était une brèle et qu'ils étaient tous les mêmes»* PEREC. *Sportif qui joue comme une brèle,* très mal. — On écrit aussi *brêle.*

BRÊLER [bʀele] **v. tr.** ‹1› – *breller* 1863 ◆ de l'ancien français *brael* «ceinture ; lien», de *braie* ▪ TECHN. Assembler, fixer à l'aide de cordages (des poutres, un chargement).

BRELOQUE [bʀəlɔk] **n. f.** – 1694 ; *brelique* XVIe ◆ origine inconnue, probablt formation expressive ▪ **1** Petit bijou fantaisie qu'on attache à une chaîne de montre, à un bracelet. ➤ **babiole.** *Une «châtelaine à laquelle étaient suspendues diverses breloques d'or : un trèfle à quatre feuilles, un chiffre 13 dans un carré, un petit fer à cheval»* A. COHEN. ▪ **2** (1808) Batterie de tambour qui appelait les soldats à une distribution de vivres, ou faisait rompre les rangs. — LOC. VIEILLI **BATTRE LA BRELOQUE :** fonctionner mal, être dérangé, cafouiller. *Cœur qui bat la breloque.* (PERSONNES) Être dérangé, un peu fou. *«Ce pauvre vieux battait la breloque»* L. MICHEL.

BRÈME [bʀɛm] **n. f.** – *braisme* XIIe ◆ francique °*brahsima* ▪ Poisson d'eau douce *(cyprinidés),* au corps long et plat.

BREN ➤ **BRAN**

BRENT [bʀɛnt] **n. m.** – 1986 ◆ mot anglais, acronyme de *Broom, Rannoch, Etive, Ness, Tarbert,* n. de sites pétrolifères ▪ Pétrole brut extrait des gisements de la mer du Nord. *Cours du brent,* prix du baril de ce pétrole, servant de référence pour le marché européen.

BRESAOLA [bʀezaɔla] **n. f.** – 1996 ◆ mot italien (*brasaola* 1931), famille de *brasare,* de même origine et de même sens que *braiser* ▪ Morceau de bœuf (filet, gîte) salé, séché et légèrement fumé, qui se sert coupé en tranches très fines (spécialité italienne).

BRÉSIL [bʀezil] **n. m.** – XIIe ◆ de *breze,* variante ancienne de 1 *braise* ▪ Bois d'un arbre de la famille des césalpiniées, contenant un colorant rouge-orange (comme une braise). *Teindre avec du brésil* (ou **BRÉSILLER v. tr.** ‹1›). REM. Ce bois a donné son nom au pays.

BRÉSILIEN, IENNE [bʀeziljɛ̃, jɛn] **adj. et n.** – 1578 ◆ de *Brésil* «pays du brésil» ▪ Du Brésil. *Danse, musique brésilienne.* ➤ **batucada, bossanova, capoeira, lambada, matchiche, samba.** ◆ *Les Brésiliens.* — **n. m.** *Le brésilien :* portugais parlé au Brésil.

BRÉSILLER [bʀezije] **v.** ‹1› – 1545 ◆ p.-ê. dérivé dialectal de *briser,* ancien provençal *brezilh* «sable fin» → 2 braise ▪ **1 v. tr.** TECHN. ou LITTÉR. Réduire en menus morceaux, pulvériser. ◆ PRONOM. S'émietter, tomber en poussière. — FIG. et LITTÉR. *«l'idée de devoir [...] se brésillait chez elle en un tas de menues obligations»* GIDE. ▪ **2 v. intr.** Tomber en poussière. *Ce tabac brésille.*

BRETÈCHE [bʀətɛʃ] **n. f.** – 1155 ◆ latin médiéval *brittisca,* probablt «fortification bretonne» ▪ Logette à machicoulis faisant saillie sur une façade, utilisée autrefois comme ouvrage de défense. — Loggia.

BRETELLE [bʀətɛl] **n. f.** – XIIIe ◆ ancien haut allemand *brittila* «rênes» → bride ▪ **1** Bande de cuir, d'étoffe que l'on passe sur les épaules pour porter un fardeau. ➤ **bandoulière, bricole.** *Bretelle d'un fusil. Porter l'arme à la bretelle.* — LOC. FAM. *Piano à bretelle(s) :* accordéon. ▪ **2** (1718) AU PLUR. Bandes de tissu, de ruban, qui retiennent les pièces de lingerie féminine ou de certains vêtements. ➤ **épaulette** (2°). *Bretelles d'un soutien-gorge. Bretelles réglables. Robe à bretelles.* — Bandes élastiques, passant sur les épaules, servant à retenir un pantalon. *Une paire de bretelles.* LOC. FAM. *Remonter les bretelles à qqn,* le sermonner, le réprimander*. *Se faire remonter les bretelles. Ceinture* et bretelles.* ▪ **3** (1946 ◆ par anal.) TECHN. Dispositif d'aiguillage permettant de passer d'une voie ferrée à une voie voisine. ◆ MILIT. Ligne intérieure de défense entre deux lignes latérales. ◆ COUR. Voie de raccordement (entre deux itinéraires routiers ou sur un aérodrome). *La bretelle d'une autoroute. Bretelle d'accès au périphérique.*

BRETON, ONNE [bʀətɔ̃, ɔn] **adj. et n.** – *bretun* 1080 ◆ latin *Brito, onis* ▪ **1** De Bretagne (province française). *Les mégalithes bretons. Les coiffes bretonnes. Chapeau breton. Maison bretonne.* ➤ **penn-ti.** *Un lit clos breton. Gâteau breton.* ➤ **far, galette.** *Palet breton. Crêpes bretonnes. Vache bretonne. Bas* *breton* : de « basse Bretagne ». **n.** *Un Breton, une Bretonne.* ◆ **n. m.** *Le breton* : langue celtique parlée en Bretagne. — **adj.** *Mots bretons.* ■ **2** Qui appartient aux peuples celtiques de Grande-Bretagne et de Bretagne, à leurs traditions et leur civilisation. *Les romans bretons du XIIe siècle.*

BRETONNANT, ANTE [bʀətɔnɑ̃, ɑ̃t] **adj.** – XIVe ◇ de *breton* ■ Qui garde ou fait revivre les traditions et la langue bretonnes. *Bretons bretonnants.*

BRETONNISME [bʀətɔnism] **n. m.** – 1711, *bretonisme* ◇ de *breton* ■ LING. Fait de langue propre au français parlé en Bretagne.

BRETTE [bʀɛt] **n. f.** – XVIe ◇ de *brette,* fém. de *bret* « breton », latin populaire °*brittus,* classique *brito* ■ VX ou TECHN. Ancienne épée longue et étroite. ◆ Outil de maçon, à face armée de dents pour faire les crépis.

BRETTELER [bʀɛtle] **v. tr.** ‹4 /5/› – 1611 ◇ de *brette* ■ TECHN. Rayer, strier avec un outil dentelé. *Bretteler un mur.* — On dit aussi **BRETTER** [bʀete] ‹1›.

BRETTEUR, EUSE [bʀetœʀ, øz] **n.** – 1653 ◇ de *brette* ■ ANCIENNT Personne qui aime se battre à l'épée. ➤ 1 **ferrailleur.** — Personne qui sait se battre à l'épée. ➤ **escrimeur.**

BRETZEL [bʀɛtzɛl] **n. m.** – 1867 ◇ de l'allemand *Brezel,* de l'ancien haut allemand *brezitella* « pâtisserie en forme de bras entrelacés », lui-même d'un dérivé du latin *bracchium,* comme *bricelet* ■ Biscuit léger, en forme de huit ou de bâtonnet, parsemé de grains de sel. *Manger des bretzels en prenant l'apéritif.*

BREUVAGE [bʀœvaʒ] **n. m.** – XVIe ; *bruvaige* 1450 ; *beverage* fin XIIe ; *bovrage* XIIe ◇ des infinitifs *beivre, boivre,* variantes anciennes de *boire* ■ **1** Boisson d'une composition spéciale ou ayant une vertu particulière. « *un breuvage que la petite Fadette lui avait appris à composer* » SAND. ■ **2** ANGLIC. (au Canada, sous l'influence de l'anglais *beverage*) VIEILLI Boisson non alcoolisée. *Et comme breuvage ? Thé ou café ?*

BRÈVE [bʀɛv] **n. f.** – 1680 ◇ de 1 *bref* ■ **1** Voyelle, syllabe brève. ■ **2** JOURNAL. Information brièvement annoncée. ◆ LOC. FAM. (1988) **BRÈVE DE COMPTOIR :** bon mot, remarque populaire et comique qu'on entend dans les cafés.

BREVET [bʀəvɛ] **n. m.** – XIVe ; « écrit, billet » fin XIIIe ◇ diminutif de 2 *bref* ■ **1** DR. *Brevet,* ou *acte en brevet* : acte notarié dont l'original est remis aux parties (certificats de propriété, de vie, quittances, etc.). ■ **2** (1680) Acte non scellé, délivré au nom du roi, par lequel il conférait une dignité, un bénéfice. *Un brevet de noblesse.* ◆ (1791) Titre ou diplôme délivré par l'État, permettant au titulaire d'exercer certaines fonctions et certains droits. — **BREVET D'INVENTION :** titre par lequel le gouvernement confère à toute personne qui prétend être l'auteur d'une découverte ou d'une invention industrielle et en fait le dépôt dans les formes, un droit exclusif d'exploitation pour un temps déterminé. ➤ **propriété** (industrielle). *Déposer un brevet. Brevet de perfectionnement,* consacrant le perfectionnement d'une invention déjà brevetée. — *Brevet de capacité,* attestant certaines connaissances. *Brevet de capacité en droit. Brevet de capacité de l'enseignement primaire* (*DNP* ; naguère, *brevet élémentaire* et *brevet supérieur*). — *Diplôme national du brevet* (*DNB* ; naguère *brevet d'études du premier cycle* ou **B. E. P. C.** [beøpese], FAM. [bɛps]). *Brevet (d'enseignement) commercial. Brevet d'études professionnelles* (ou **B. E. P.**). *Brevet de technicien supérieur* (➤ **B. T. S.**). *Brevets militaires* (de chef de section, de pilote, de mécanicien, etc.). *Brevet d'enseignement militaire supérieur* (naguère, *brevet d'état-major*). — *Brevet d'apprentissage* : certificat délivré par un patron à son apprenti au terme de la période d'apprentissage. — *Brevet d'aptitude aux fonctions d'animateur de centres de vacances et de loisirs (BAFA)* : diplôme permettant d'encadrer, à titre non professionnel, des groupes d'enfants et d'adolescents. — *Brevet de sécurité routière (B. S. R.),* obligatoire pour pouvoir conduire un cyclomoteur à partir de 14 ans. ■ **3** FIG. Garantie, assurance. *Un brevet de tranquillité. Un brevet de civisme.*

BREVETABILITÉ [bʀəv(ə)tabilite] **n. f.** – 1833 ◇ de *brevetable* ■ Possibilité d'être breveté, protégé par un brevet. *Débat sur la brevetabilité du vivant.* « *La brevetabilité des logiciels ouvre la porte à celle des méthodes intellectuelles ou commerciales* » (Le Monde, 2001).

BREVETABLE [bʀəv(ə)tabl] **adj.** – 1832 ◇ de *breveter* ■ Susceptible d'être protégé par un brevet. *Procédé, produit brevetable.*

BREVETÉ, ÉE [bʀəv(ə)te] **adj.** – 1835 *inventeur breveté* ◇ p. p. de *breveter* ■ Qui a obtenu un brevet (civil, militaire). *Pilotes brevetés.* ◆ Garanti par un brevet. *Procédé breveté S. G. D. G.*

BREVETER [bʀəv(ə)te] **v. tr.** ‹4 /5/› – 1751 ◇ de *brevet* ■ Pourvoir d'un brevet. ◆ Protéger par un brevet. *Faire breveter une invention.* ➤ RÉGION. **patenter.** *Breveter le vivant.* — **n. m. BREVETAGE.**

BRÉVIAIRE [bʀevjɛʀ] **n. m.** – 1230 ◇ latin *breviarium* « abrégé », spécialisé en latin ecclésiastique, « sommaire du grand Office » ■ **1** Livre de l'office divin, renfermant les formules de prières par lesquelles l'Église loue Dieu chaque jour et à toute heure. ◆ Contenu de ce livre. *Lire, dire, réciter son bréviaire.* ■ **2** FIG. Livre servant de modèle et contenant un enseignement indispensable. « *Flaubert nous avoue ses trois bréviaires de style* » GONCOURT. *C'est son bréviaire.*

BRÉVILIGNE [bʀeviliɲ] **adj.** – 1888 ◇ du latin *brevis* « court » et de *ligne* ■ DIDACT. Qui a l'aspect trapu, les membres et la colonne vertébrale relativement courts. *Le cheval boulonnais est bréviligne.* ■ CONTR. Longiligne.

BRÉVITÉ [bʀevite] **n. f.** – 1819 ; ancien français « brièveté » ◇ latin *brevitas* ■ PHONÉT. Caractère de la syllabe ou voyelle brève.

BRIARD, ARDE [bʀijaʀ, aʀd] **adj.** et **n. m.** – 1838 ◇ de *Brie,* latin médiéval *Brigia (silva)* ■ De la Brie (région française). *Chien briard* ou **n. m.** *briard* : chien de berger à poil long. *Chienne briarde.*

BRIBE [bʀib] **n. f.** – XIVe ◇ probablt d'un radical expressif ■ **1** VIEILLI Menu morceau, petite quantité. ➤ **fragment, parcelle.** « *Et plus une bribe de tabac* » MARTIN DU GARD. ■ **2** FIG. *Des bribes de conversations, de phrases, de souvenirs.* « *j'avais appris, par bribes, [...] pas mal de choses* » BOSCO. *Les dernières bribes de sa fortune.* — FIG. Savoir très rudimentaire. *Ne connaître que des bribes d'anglais.* ■ CONTR. 1 Masse, tout.

BRIC-À-BRAC [bʀikabʀak] **n. m. inv.** – 1827 ◇ formation expressive → bric et de broc (de) ■ **1** Amas de vieux objets hétéroclites, destinés à la revente. *Marchand de bric-à-brac.* ◆ Boutique de brocanteur. ■ **2** Amas d'objets hétéroclites en désordre. ➤ **bazar,** RÉGION. **brol.** « *Il déplaça tout un bric-à-brac de boîtes, de sacs et de bidons* » B. CLAVEL. ◆ ABSTRAIT Amas de vieilleries disparates. ➤ **fatras.** *Cette œuvre est encombrée de tout le bric-à-brac romantique.*

BRICELET [bʀislɛ] **n. m.** – 1562 ◇ du moyen français *bresseau,* d'un dérivé du latin *bracchium* « bras » ■ (Suisse) Gaufre très mince et croustillante. *Fer à bricelet* (gaufrier).

BRIC ET DE BROC (DE) [d(ə)bʀiked(ə)bʀɔk] **loc. adv.** – 1615 ◇ formation expressive → bric-à-brac ■ En employant des morceaux de toute provenance, au hasard des occasions. *Une chambre meublée de bric et de broc.*

1 **BRICK** [bʀik] **n. m.** – 1781 ◇ anglais *brig.,* abrév. de *brigantine* ■ Voilier à deux mâts gréés à voiles carrées. ■ HOM. Brique.

2 **BRICK** [bʀik] **n. m.** – v. 1960 ◇ mot arabe de Tunisie ■ Beignet salé fait d'une pâte très fine *(feuille de brick)* renfermant généralement un œuf. *Brick à l'œuf, au thon.*

3 **BRICK** ➤ **BRIQUE,** 2°

BRICOLAGE [bʀikɔlaʒ] **n. m.** – 1901 « petits travaux » ◇ de *bricoler* ■ **1** Action, habitude de bricoler. — Travail de bricoleur. *Salon du bricolage.* ■ **2** Réparation ou travail manuel effectué approximativement. *Un bricolage rapide.* ◆ FIG. et PÉJ. Travail d'amateur, peu soigné. *C'est du bricolage !* ◆ ANTHROP. Travail dont la technique est improvisée, adaptée aux matériaux, aux circonstances.

BRICOLE [bʀikɔl] **n. f.** – XIVe ◇ italien *briccola,* probablt d'un radical longobard ■ **1** DIDACT. Ancienne catapulte à courroies. ◆ (1578) Courroie du harnais qu'on applique sur la poitrine du cheval ; bretelle de porteur. ■ **2** COUR. Petit accessoire, menu objet ; chose insignifiante. ➤ **babiole, brimborion ;** RÉGION. **bébelle, cossin.** *J'ai acheté une bricole pour ton fils.* ◆ LOC. FAM. *Il va lui arriver des bricoles,* des ennuis. ➤ **broutille.** ■ **3** Activité insignifiante, sans importance. *Il me reste juste quelques bricoles à faire.*

BRICOLER [bʀikɔle] **v.** ‹1› – v. 1480 ◇ de *bricole* ■ **1** **v. intr.** VX Ricocher ; zigzaguer, biaiser. ◆ (avant 1859) MOD. Gagner sa vie en faisant toutes sortes de petites besognes. — Se livrer à des travaux manuels (aménagements, réparations, etc.). *Il* « *bricole à ravir, menuise, soude, cloue, ramone* » COLETTE. ■ **2** **v. tr.** (1919) Installer, arranger, aménager (qqch.) en amateur et avec ingéniosité. ➤ FAM. **bidouiller ;** RÉGION. **patenter, rabouddiner.** *Il a bricolé une douche dans sa cuisine.* — Réparer tant bien que mal, de façon provisoire. *Bricoler le chauffe-eau.* — Améliorer, perfectionner. *Bricoler un moteur.* — PAR EXT. Arranger pour falsifier. *Ce meuble « ancien » a été bricolé.* ➤ **trafiquer.**

BRICOLEUR, EUSE [bʀikɔlœʀ, øz] **n.** – 1938 ; autre sens 1778 ◇ de *bricoler* ■ Personne qui aime bricoler, se livre à de petits travaux de réparation, d'aménagement. ➤ FAM. **bidouilleur,** RÉGION. **patenteux.** « *Adroit, touche-à-tout, indiscret, artiste, industrieux* [...] *Si je fais le portrait du bricoleur type, je fais celui du Français* » COLETTE. — VAR. FAM. (1979) **BRICOLO.**

BRIDE [bʀid] **n. f.** – XIIIe ◇ moyen haut allemand *brîdel* « rêne » ■ **1** Pièce du harnais fixée à la tête du cheval pour le diriger, le conduire. ➤ **bridon.** *Parties de la bride* : frontail, montant, mors, œillère, sous-gorge, têtière. ♦ LOC. *Tenir son cheval en bride,* le maintenir à l'aide de la bride. LOC. FIG. *Tenir en bride ses instincts,* les contenir. — *Tenir qqn en bride.* — *Tenir la bride haute, courte à un cheval,* la tirer à soi, la maintenir ferme pour freiner son allure. LOC. FIG. *Tenir la bride haute à qqn,* ne pas lui laisser la liberté d'action, ne rien lui céder. — *Rendre, lâcher la bride à son cheval,* le laisser libre de ses mouvements. LOC. FIG. « *La populace, toujours barbare quand on lui lâche la bride* » VOLTAIRE. *Lâcher la bride à ses passions.* — *Cheval auquel on met, on laisse la bride sur le cou,* qu'on laisse aller librement. LOC. FIG. *Avoir la bride sur le cou* : être libre, sans contrainte. « *libéré de la cure, je me sentais la bride sur le cou* » LEIRIS. — *Aller, courir à bride abattue ; à toute bride,* en abandonnant toute la bride au cheval. FIG. *À bride abattue* : sans retenue. « *suivre à bride abattue le vol rapide de son imagination* » VIGNY ➤ **rapidement, vite.** — *Tourner bride* : rebrousser chemin. FIG. Changer d'avis, de conduite. ■ **2** Lien servant à retenir. *Chaussure à bride.* ➤ **baby.** — COUT. Arceau de fils, de ganse servant à retenir un bouton, une agrafe, ou servant de point d'arrêt ; fils rejoignant les motifs d'une dentelle. — TECHN. Collier qu'on serre sur un objet pour retenir les pièces qui le composent ; pièce d'assemblage de deux tuyaux. — PATHOL. Bandelette de tissu conjonctif fibreux de la peau (cicatrisation anormale d'une plaie, d'une brûlure) ou entre deux surfaces séreuses (du péritoine, de la plèvre), à la suite d'une inflammation. — ANAT. Repli cutané ou travée fibreuse reliant deux parties anatomiques. *Bride mongolique.* ➤ **bridé** (2°).

BRIDÉ, ÉE [bʀide] **adj.** – XVIe ◇ de *brider* ■ **1** *Oie bridée* : oie à laquelle on a passé une plume dans le bec pour l'empêcher de traverser les haies et clôtures. FIG. et VX Personne niaise et docile. ■ **2** (1797) *Yeux bridés* : yeux caractéristiques de nombreux Asiatiques, présentant à l'angle interne un repli cutané (➤ **épicanthus**) qui retient comme une *bride* la paupière supérieure quand l'œil est ouvert. PAR EXT. Yeux dont les paupières sont comme étirées latéralement. ■ **3** *Moteur bridé,* dont on a volontairement limité le nombre de tours minute. — ABSTRAIT *Une imagination bridée.*

BRIDER [bʀide] **v. tr.** ⟨1⟩ – XIIIe ◇ de *bride* ■ **1** Mettre la bride à (un cheval). ■ **2** (avant 1630) TECHN. Serrer avec une bride. *Brider deux tuyaux. Brider une pierre,* l'élinguer. MAR. Ligaturer (plusieurs cordages) au moyen d'un petit filin. COUT. Arrêter par une bride. — (1783) CUIS. *Brider une volaille,* ficeler ses membres pour empêcher toute déformation à la cuisson. ➤ **trousser.** HORTIC. *Brider un arbre,* l'empêcher de grandir pour accélérer sa maturité. — (1690) VIEILLI *Ce veston me bride,* me serre trop, me gêne. — *Brider un moteur,* en limiter volontairement la puissance. ■ **3** (XVe) LITTÉR. Contenir dans son action, gêner dans son développement (un sentiment, etc.). ➤ **freiner, réprimer.** « *une familiarité qu'elle ne tentait pas de brider* » COLETTE. — FIG. *Brider qqn dans ses élans.* — **n. m. BRIDAGE.** ■ CONTR. Débrider, libérer.

1 **BRIDGE** [bʀidʒ] **n. m.** – 1892 ◇ mot anglais, p.-ê. d'origine russe ■ Jeu de cartes, issu du whist, qui se joue à quatre (deux contre deux), et qui consiste, pour l'équipe qui (après les annonces) a fait la plus forte enchère, à réussir le nombre de levées correspondant (à remplir son contrat). *Partie, tournoi, méthode de bridge. Jouer au bridge. Table de bridge.* — Partie à ce jeu. *Faire un bridge.*

2 **BRIDGE** [bʀidʒ] **n. m.** – 1901 ◇ mot anglais « pont » ■ ANGLIC. Appareil de prothèse* dentaire servant à maintenir une ou plusieurs dents artificielles, en prenant appui sur des dents solides ou des implants.

3 **BRIDGE** [bʀidʒ] **n. m.** – 2005 ; adj. 2004 ◇ mot anglais « pont » ■ ANGLIC. Appareil photo qui associe les fonctionnalités d'un réflex et le faible encombrement d'un appareil compact.

BRIDGER [bʀidʒe] **v. intr.** ⟨3⟩ – 1906 ◇ de 1 *bridge* ■ Jouer au bridge. *Ils vont bridger chez des amis.*

BRIDGEUR, EUSE [bʀidʒœʀ, øz] **n.** – 1893 ◇ de 1 *bridge* ■ Joueur, joueuse de bridge. *Un excellent bridgeur.*

BRIDON [bʀidɔ̃] **n. m.** – 1611 ◇ de *bride* ■ Bride légère à mors brisé et articulé.

BRIE [bʀi] **n. m.** – 1643 ◇ de *Brie,* n. d'une région de France ■ Fromage de lait de vache fermenté, à pâte molle et croûte fleurie, en forme de grand disque. *Une roue de brie. Brie de Melun, de Meaux. Des bries.* — FIG. et FAM. *Quart de brie* : grand nez. ■ HOM. Bris.

BRIEF [bʀif] **n. m.** – 1979 au Québec ◇ mot anglais ■ ANGLIC. ■ **1** Présentation des informations nécessaires à la bonne réalisation du travail demandé à un prestataire de services. *Rédiger le brief pour une campagne de publicité.* — Recomm. offic. *instructions.* ■ **2** Briefing (2°).

BRIEFER [bʀife] **v. tr.** ⟨1⟩ – v. 1970 ◇ de *briefing* ■ ANGLIC. critiqué Mettre au courant par un briefing*, informer collectivement. — Recomm. offic. *instruire.* ♦ *Briefer qqn,* le mettre au courant, l'informer. *Il a briefé ses collaborateurs sur ce sujet.* ■ CONTR. Débriefer. ■ HOM. Briffer.

BRIEFING [bʀifiŋ] **n. m.** – v. 1945 ◇ mot anglais ■ ANGLIC. ■ **1** AVIAT. Réunion où les équipages reçoivent, avant de partir en mission, les dernières instructions. ■ **2** (1951) COUR. Réunion d'information entre personnes devant accomplir une même action. ➤ **brief.** Recomm. offic. *réunion préparatoire.* ■ CONTR. Débriefing.

BRIÈVEMENT [bʀijɛvmɑ̃] **adv.** – 1539 ; *briefment* XIIe ◇ de *brief* → 1 bref ■ En peu de mots. ➤ **succinctement.** *Expliquer brièvement qqch.* ➤ **rapidement.** ■ CONTR. Longuement.

BRIÈVETÉ [bʀijɛvte] **n. f.** – XVe ; *briété* XIIIe ◇ de *brief* → 1 bref ■ Courte durée. « *le sentiment de la brièveté du temps qui nous restait à passer ensemble* » LAMARTINE. ♦ Concision dans l'expression, le langage. ➤ **laconisme.** *La brièveté d'une réponse.* ■ CONTR. Ampleur, longueur ; prolixité, verbosité.

BRIFFER [bʀife] **v. intr.** et **tr.** ⟨1⟩ – 1530 ◇ du radical onomat. *brf-* ■ **1** VX Manger gloutonnement. ➤ **bâfrer.** ■ **2** (1628) FAM. Manger*. ➤ **becter, bouffer.** ■ HOM. Briefer.

BRIGADE [bʀigad] **n. f.** – v. 1650 ; « troupe » 1360 ◇ italien *brigata* ■ **1** ANCIENNT Unité composée de deux régiments (jusqu'en 1914, pour l'infanterie et 1940, pour la cavalerie) ; AUJ. Unité tactique à l'intérieur de la division. *La division compte généralement trois brigades. Général de brigade. Brigade aérienne. Demi-brigade.* — *Brigades internationales* : formations de volontaires qui combattirent aux côtés des républicains pendant la guerre civile espagnole. — (italien *brigate rosse*) *Brigades rouges* : organisation terroriste italienne fondée en 1970. ■ **2** Petit groupe d'hommes sous les ordres d'un chef. *Brigade de douaniers.* SPÉCIALT *Brigade de gendarmerie.* — Subdivision de la police. *Brigade mondaine*. Brigade antigang* ou *brigade de recherche et d'intervention (BRI). Brigade anticriminalité (BAC), de répression du banditisme (BRB).* ♦ Équipe d'ouvriers. *Brigade de balayeurs.* — *Brigade volante,* qui n'est pas affectée à un poste fixe et qui intervient en fonction des besoins. — Équipe de cuisiniers, de commis et d'apprentis, dans un restaurant. *Chef de brigade.*

BRIGADIER, IÈRE [bʀigadje, jɛʀ] **n.** – 1640 ◇ de *brigade* ■ **1** MILIT. ANCIENNT Celui qui commandait une brigade. — MOD. Officier supérieur dans certaines armées. *Brigadier général.* FAM. Général de brigade. ■ **2** Personne qui a, dans la cavalerie, l'artillerie et le train, le grade le moins élevé (correspondant à caporal). *Brigadier-chef* : militaire du grade immédiatement supérieur à celui de brigadier. *Des brigadiers-chefs.* ♦ Chef d'une brigade (de gendarmes, de gardes forestiers, de cantonniers, etc.). ♦ Gradé(e) de police. *La brigadière de service.* ♦ MAR. Premier matelot. ■ **3** (Canada) *Brigadier, brigadière (scolaire)* : personne qui veille à la sécurité des jeunes enfants à la sortie de l'école. ■ **4** **n. m.** TECHN. (THÉÂTRE) Bâton qui sert à frapper les trois coups annonçant le début d'une pièce.

BRIGAND [bʀigɑ̃] **n. m.** – XIVe ◇ italien *brigante,* de *brigata* → brigade ■ **1** VIEILLI Personne qui se livre au brigandage. ➤ **bandit, gangster, malfaiteur, pillard, voleur ;** et aussi **chauffeur.** *Un repaire de brigands.* — *Des histoires de brigands* : des histoires invraisemblables, des mensonges. ■ **2** PAR EXAGÉR. VIEILLI Homme malhonnête. ➤ **crapule, escroc.** *Tous des brigands !* ■ **3** MOD. PAR PLAIS. FAM. « *Ces brigands de musiciens, et leur rage de faire du bruit* » MONTHERLANT. (Affectueux, à l'adresse d'un enfant) *Petit brigand !* ➤ **chenapan, coquin.** *Ah, la brigande !*

BRIGANDAGE [bʀigɑ̃daʒ] **n. m.** – 1410 ◇ de *brigand* ■ Vol commis avec violence et à main armée par des malfaiteurs généralement en bande. ➤ **pillage,** 2 **vol.** *Actes de brigandage en territoire occupé.*

BRIGANDINE [bʀigɑ̃din] n. f. – XVe ◊ de *brigand*, au sens ancien de «soldat à pied» ■ ANCIENNT Corselet d'acier en usage aux XVe et XVIe s.

BRIGANTIN [bʀigɑ̃tɛ̃] n. m. – *brigandin* XIVe ◊ italien *brigantino* ■ ANCIENNT Navire à deux mâts, analogue au brick, gréant des huniers carrés.

BRIGANTINE [bʀigɑ̃tin] n. f. – 1835 ◊ de *brigantin* ■ MAR. Voile trapézoïdale de l'arrière, enverguée sur la corne d'artimon.

BRIGUE [bʀig] n. f. – 1477 ; «dispute» 1314 ◊ italien *briga* (XIVe) ■ VIEILLI OU LITTÉR. Manœuvre secrète consistant à engager des personnes dans ses intérêts en vue d'obtenir par faveur quelque avantage ou poste immérité. ➤ **intrigue, tractation.** *«tout se fait par brigue et par cabale chez les grands»* LESAGE.

BRIGUER [bʀige] v. tr. ‹1› – 1518 ; «se quereller» 1478 ◊ de *brigue* ■ **1** VX Tenter d'obtenir par brigue. *«On brigue sourdement la faveur ; on demande hautement des récompenses»* VOLTAIRE. ■ **2** MOD. et LITTÉR. Rechercher avec ardeur. ➤ **ambitionner, convoiter, solliciter.** *Briguer un poste. Briguer les suffrages des électeurs. Briguer l'honneur de.*

BRILLAMMENT [bʀijamɑ̃] adv. – 1787 ◊ de *brillant* ■ D'une manière brillante, avec éclat. *Jouer brillamment son rôle. Passer brillamment un examen.* ■ CONTR. Médiocrement.

BRILLANCE [bʀijɑ̃s] n. f. – 1926 ◊ de *brillant* ■ **1** ASTRON. Luminance*. ➤ **luminosité.** ■ **2** LITTÉR. Caractère de ce qui est brillant. ➤ **éclat.** *«la vivacité du teint, la brillance du regard»* LE CLÉZIO. — Reflet brillant. *«le néon, et les brillances du comptoir»* SARRAZIN.

1 **BRILLANT, ANTE** [bʀijɑ̃, ɑ̃t] adj. – 1564 ◊ de *briller* ■ **1** Qui brille. ➤ **chatoyant,** VX **coruscant, éblouissant, éclatant, étincelant, flamboyant, fulgurant, luisant, lumineux, lustré, miroitant, phosphorescent, radieux, rayonnant, resplendissant, rutilant, scintillant.** *Cheveux brillants. «deux yeux froids et brillants comme l'acier»* DAUDET. *Des yeux brillants de fièvre. Une rivière «brillante des constellations de la nuit»* CHATEAUBRIAND. ■ **2** FIG. Qui sort du commun, s'impose à la vue, à l'imagination par sa qualité. ➤ 1 **beau*, éblouissant, magnifique, somptueux, splendide.** *Faire de brillantes études, une brillante carrière, un brillant mariage. Un brillant parti.* ➤ **distingué.** *Cette découverte aura un brillant avenir. Une brillante entreprise.* ➤ **florissant.** — (Dans l'ordre intellectuel) *Un esprit brillant. Une brillante improvisation. Une brillante démonstration* (➤ **brio**). *Conversation brillante.* ➤ **pétillant, spirituel.** *Un homme très brillant. Un brillant causeur.* ➤ **captivant, intéressant.** *Un brillant élève.* ➤ **doué, remarquable.** ■ **3** (Avec une négation) *Pas brillant.* ➤ **reluisant.** *Le résultat n'est pas brillant,* est médiocre. *Ses affaires ne sont guère brillantes,* guère prospères. *Sa santé n'est pas brillante.* ■ CONTR. Éteint, 2 mat, sombre, 1 terne. Effacé, médiocre.

2 **BRILLANT** [bʀijɑ̃] n. m. – 1608 ◊ subst. de 1 *brillant* ■ **1** Éclat, caractère brillant. ➤ **clarté, nitescence.** *Le brillant du métal. Donner du brillant aux cheveux.* ◆ (1636) FIG. *Le brillant d'une cérémonie.* ➤ **magnificence.** *«Vivement séduit par le brillant de l'esprit de Lucien»* BALZAC. — VX *Faux brillant* : éclat illusoire. ■ **2** (1671) Diamant taillé en 58 facettes. *Alliance sertie de brillants. Tailler, monter une pierre en brillant,* comme un brillant. ➤ **brillanter.** ■ **3** *Brillant à lèvres* : fard pour les lèvres, plus ou moins coloré. ➤ **gloss** (ANGLIC.).

BRILLANTER [bʀijɑ̃te] v. tr. ‹1› – 1740 ◊ de 2 *brillant* ■ **1** TECHN. Tailler (une pierre précieuse) en brillant. ■ **2** LITTÉR. Rendre brillant, parsemer de choses brillantes. ➤ **iriser.** *«Les blanches clartés des bougies [...] passaient à travers ses boucles soyeuses en les brillantant»* BALZAC. ◆ TECHN. Revêtir d'un aspect brillant (par polissage ou autre procédé). *Brillanter une surface métallique.* — p. p. adj. *Coton brillanté.* FIG. *Style brillanté,* fleuri, recherché. ■ CONTR. Ternir.

BRILLANTINE [bʀijɑ̃tin] n. f. – 1823 ◊ de 1 *brillant* ■ Pommade, huile parfumée, servant à donner du brillant aux cheveux. ➤ **cosmétique, gel, gomina.**

BRILLANTINER [bʀijɑ̃tine] v. tr. ‹1› – 1914 ◊ de *brillantine* ■ Enduire (les cheveux) de brillantine. — p. p. adj. *Cheveux brillantinés.*

BRILLAT-SAVARIN [bʀijasavaʀɛ̃] n. m. inv. – 1851 «sorte de brioche» ◊ nom du gastronome ■ Fromage triple crème, à pâte molle et croûte fleurie, fabriqué en Normandie et en Bourgogne.

BRILLER [bʀije] v. intr. ‹1› – 1564 aussi «s'agiter» ◊ italien *brillare* ■ **1** Émettre ou réfléchir et répandre une lumière vive. ➤ **chatoyer, étinceler, luire, miroiter,** 1 **rayonner, resplendir, rutiler, scintiller.** *Le soleil brille. Diamant qui brille de mille feux.* PROV. *Tout ce qui brille n'est pas or.* — *Faire briller des chaussures, des meubles,* en les astiquant, en les cirant. ➤ RÉGION. **blinquer.** ◆ PAR EXT. Avoir de l'éclat, être resplendissant. *Son visage brille de joie.* ➤ **s'illuminer.** *Des yeux qui brillent.* ➤ **pétiller.** *«Ses yeux brillaient de désir»* FRANCE. — (PERSONNES) *«Elle brillait de mille attraits»* MOLIÈRE. ■ **2** FIG. Se manifester avec éclat, se distinguer par quelque qualité brillante. *Elle «s'effaçait chaque fois qu'il aurait fallu briller»* GIDE. *Briller en société. Briller dans l'exercice d'un art.* ➤ **exceller.** *Briller à un examen* (cf. FAM. Faire des étincelles*). — FAM. *Il ne brille pas par le courage* : il est plutôt peureux. IRON. *Il brillait par son absence* : son absence ne passait pas inaperçue. ■ CONTR. Assombrir (s') ; obscurcir (s') ; pâlir. Effacer (s').

BRIMADE [bʀimad] n. f. – 1818 «action de brimer» ◊ de *brimer* ■ Épreuve vexatoire, souvent aggravée de brutalité, que les anciens imposent aux nouveaux dans les régiments, dans les écoles. ➤ **bizutage.** ◆ PAR EXT. Avanie, vexation. *Subir des brimades. Infliger des brimades à qqn.* ➤ **brimer.**

BRIMBALER [bʀɛ̃bale] v. ‹1› – 1538, Rabelais ◊ croisement entre *baller* «danser» et les mots en *bri(m)b-* ■ VIEILLI Bringuebaler. — n. m. (1564) **BRIMBALEMENT.**

BRIMBELLE [bʀɛ̃bɛl] n. f. – *brinbelle* 1765 ◊ mot dialectal, du radical *bri(m)b-* ■ RÉGION. (Normandie, Provence, Est [sud des Vosges]) Myrtille.

BRIMBORION [bʀɛ̃bɔʀjɔ̃] n. m. – 1611 ; «prière marmottée» XVe ◊ altération, par croisement avec *bri(m)be*, de *brebarion*, prononciation ancienne du latin ecclésiastique *breviarium* «bréviaire» ■ VIEILLI, SURTOUT AU PLUR. Petit objet de peu de valeur. ➤ **babiole, bricole.** *«Les brimborions de la parure causaient à Albertine de grands plaisirs»* PROUST.

BRIMER [bʀime] v. tr. ‹1› – 1826 ◊ probablt de *brimer* «geler, flétrir», mot dialectal de l'Ouest, de *brime* «coup de vent froid» ■ Soumettre à des brimades. *Brimer les bizuts, les bleus.* ➤ **bizuter.** ◆ Soumettre à des vexations, des tracasseries, des contraintes. *Se sentir brimé* (par qqn).

BRIN [bʀɛ̃] n. m. – 1471 ; *brain* 1398 ◊ origine inconnue, p.-ê. du gaulois ■ **1** Filament délié de chanvre, de lin. *Fil, toile de brin* (de première qualité). *Les brins d'une corde.* PAR ANAL. (RADIO) *Brin d'une antenne* : fil d'une antenne. *Brins d'un câble électrique* (➤ **multibrin**). ◆ Tige, jeune pousse (d'un végétal). *Un brin d'herbe, de muguet, de persil.* FIG. *Un beau brin de fille* : une fille grande et bien faite (cf. Une belle plante*). ◆ Petite partie longue et mince (d'une matière, d'un objet). *Un brin de paille.* ➤ **fétu.** *Brin de laine.* — GÉNÉT. Chaîne de nucléotides. *ADN double brin, simple brin. Brin d'ADN. Les deux brins complémentaires de la double hélice.* ■ **2** (XVIe) FIG. *Un brin de* : une parcelle, une quantité infime de. *Faire un brin de cour à une femme.* ➤ **doigt.** *Faire un brin de toilette, de causette. Un brin de folie. Il n'a pas un brin de jugeote.* — loc. adv. *Un brin* : un petit peu (cf. Un tantinet). *Elle est un brin jalouse. Pas un brin* : pas du tout. ➤ FAM. **poil.** ■ HOM. poss. Brun.

BRINDEZINGUE [bʀɛ̃dzɛ̃g] adj. – fin XIXe ; *être dans les brindezingues* 1756 ◊ déformation argotique de *brinde* → 2 bringue ■ FAM. VIEILLI Ivre. — Un peu fou*. *Il est complètement brindezingue.* ➤ **branque, braque.**

BRINDILLE [bʀɛ̃dij] n. f. – 1761 ; *brindelle* 1551 ◊ de *brin* ■ Menue branche. *Des brindilles de foin. Faire un feu de brindilles.*

BRINGÉ, ÉE [bʀɛ̃ʒe] adj. – 1507, à nouveau 1863, en Normandie ◊ mot normand d'origine obscure, p.-ê. de *bringe* «verge, fouet», les rayures du pelage rappelant les lacérations du fouet (cf. *vergeté*), de la même famille que *brin* ■ Marqué de zébrures foncées (en parlant du pelage de chiens, de bovins). *Vache à la robe bringée.* — *Boxer bringé.*

1 **BRINGUE** [bʀɛ̃g] n. f. – 1808 ; «cheval mal bâti» 1738 ◊ probablt du radical de *brin* ■ FAM. et PÉJ. *Une grande bringue* : une grande fille dégingandée. ➤ 1 **gigue.**

2 **BRINGUE** [bʀɛ̃g] n. f. – 1901 ; «santé, toast» 1611 ◊ variante de *brinde* XVIe, adaptation de l'allemand *bringe dirs* «je te porte (un toast)» ■ **1** FAM. Beuverie, noce, foire. *Faire la bringue, une bringue à tout casser.* ➤ 2 **bombe, fête*, nouba.** ■ **2** (Suisse) Querelle. *Des bringues de ménage.* ◆ Rengaine. — LOC. *Faire la bringue à qqn.* ➤ **harceler.**

BRINGUEBALEMENT [bʀɛ̃g(ə)balmɑ̃] n. m. – 1948 ◊ de *bringuebaler* ■ Fait de bringuebaler. — On dit aussi *brinquebalement* [bʀɛ̃k(ə)balmɑ̃].

BRINGUEBALER [bʀɛ̃g(ə)bale] v. ‹1› – 1835 ◊ renforcement expressif de *brimbaler* ■ **1** v. tr. VX OU LITTÉR. Agiter, secouer. *Elle «butait contre les marches, bringuebalant ses grands bras dans* *l'ombre cahoteuse»* C. MARTINEZ. ▪ **2** v. intr. Osciller de façon brusque et irrégulière. ➤ **cahoter.** *Charrette qui bringuebale.* — On dit aussi *brinquebaler* [bʀɛ̃k(ə)bale] (1853). — adj. **BRINGUEBALANT, ANTE.**

BRIO [bʀijo] n. m. – 1824 ◊ italien *brio* «vivacité», d'un radical gaulois ▪ MUS. Technique aisée et brillante. ➤ **maestria.** *Une petite étude «qu'il mena d'un train d'enfer et avec un étourdissant brio»* GIDE. — COUR. Talent brillant, virtuosité. *Parler avec brio. Il a mené l'opération avec brio.* ▪ CONTR. Maladresse.

BRIOCHE [bʀijɔʃ] n. f. – 1404 ◊ de *brier,* forme normande de *broyer* ▪ **1** Pâtisserie légère de forme souvent ronde, faite avec une pâte levée. ➤ RÉGION. **couque.** *Acheter des brioches et des croissants. Saucisson chaud en brioche.* ▪ **2** FAM. Ventre. ➤ **bedaine.** *Avoir, prendre de la brioche.*

BRIOCHÉ, ÉE [bʀijɔʃe] adj. – 1955 ◊ de *brioche* ▪ Qui a la consistance, le goût de la brioche. *Pain, toast brioché.*

BRIQUE [bʀik] n. f. – fin XIIIe, à Tournai ◊ du moyen néerlandais *bricke,* de *brecken* «casser», de même origine que l'allemand *brechen* et l'anglais *to break* ▪ **1** Matériau artificiel fabriqué avec de la terre argileuse pétrie, façonnée et séchée. *«on manque de pierres parmi les sables, on a inventé la brique pour se construire d'abord des temples et des palais»* ECHENOZ. *Brique parallélépipédique, plate, pleine, creuse. Brique carrée.* ➤ **carreau.** *Demi-brique.* ➤ **chantignole.** *Brique émaillée, vernissée, réfractaire. Brique crue,* séchée au soleil. ➤ **adobe.** *Brique cuite au feu. Four, terre à briques. Poser des briques. Mur, cloison de briques.* ➤ **briquetage, galandage.** *Maison en brique(s).* — COLLECTIF *Construire en brique. Revêtement en brique. «J'avais en moi cette brique du Nord»* PH. DELERM. — LOC. FAM. *Ça (ne) casse* pas des (les) briques. Bouffer des briques :* n'avoir rien à manger. (Belgique) *Avoir une brique dans le ventre :* aimer construire, agrandir ou rénover des bâtiments. (Canada) *Attendre qqn avec une brique et un fanal*.* — ADJT INV. Rouge, brun plus ou moins soutenu. *Un teint brique.* — APPOS. INV. *Rouge brique. Des chaussettes rouge brique.* ▪ **2** PAR ANAL. Matière compacte moulée en forme de brique parallélépipédique. ➤ **briquette.** *Une brique de savon, de béton, de plomb.* MAR. *Brique à pont :* pierre de grès fin servant à briquer. ♦ (nom déposé) Emballage parallélépipédique utilisé pour des liquides alimentaires. *Une brique de lait, de soupe. Jus d'orange conditionné en brique.* (On écrit aussi *brick,* n. déposé.) ♦ (Belgique, Canada) FAM. Gros livre. ➤ **pavé.** ▪ **3** (1926) ARG. FAM. Liasse de billets d'une valeur de un million de centimes (de francs, avant 1960), PAR EXT. la somme équivalente. ➤ **bâton.** *Il avait gagné cent briques au tiercé.* ▪ **4** RÉGION. (Est, Suisse) Fragment, éclat. *Mettre en briques :* casser en nombreux morceaux. *Pas une brique de :* pas du tout de. ▪ HOM. Brick.

BRIQUER [bʀike] v. tr. ⟨1⟩ – 1850 ◊ de *brique* ▪ MAR. Nettoyer (les ponts, les mâts) à la brique. — COUR. Nettoyer en frottant vigoureusement. ➤ **astiquer.** *Briquer un meuble, sa voiture.*

1 **BRIQUET** [bʀikɛ] n. m. – 1701 ◊ de *brique* «morceau» ▪ **1** VX Pièce d'acier dont on se servait pour tirer du feu d'un caillou. ➤ **fusil.** LOC. ANC. *Battre le briquet :* heurter la pierre à briquet pour en tirer une étincelle. ▪ **2** MOD. Appareil pouvant produire du feu à répétition. *Briquet à essence, à gaz, à amadou. Briquet électronique. Mèche d'un briquet. Pierre à briquet. Briquet de table, de bureau, de poche. Briquet rechargeable, jetable.*

2 **BRIQUET** [bʀikɛ] n. m. – 1440 ◊ probablt de *braque* ▪ Petit chien de chasse.

BRIQUETAGE [bʀik(ə)taʒ] n. m. – 1394 ◊ de *briqueter,* ou de *brique* ▪ **1** Maçonnerie de briques. *Cloison en briquetage. Isolation par briquetage.* ♦ Enduit sur lequel on trace des lignes figurant des briques. ▪ **2** Fabrication des briquettes.

BRIQUETER [bʀik(ə)te] v. tr. ⟨4 /5/⟩ – 1418 ◊ de *brique* ▪ **1** Construire en briques. ♦ Peindre en figurant des briques. *Briqueter une façade.* ▪ **2** Transformer en briquettes.

BRIQUETERIE [bʀik(ə)tʀi ; bʀikɛtʀi] ou **BRIQUÈTERIE** [bʀikɛtʀi] n. f. – 1407 ◊ de *brique* ▪ Fabrique de briques.

BRIQUETIER [bʀik(ə)tje] n. m. – 1503 ◊ de *brique* ▪ TECHN. Ouvrier d'une briqueterie.

BRIQUETTE [bʀikɛt] n. f. – 1615 ◊ de *brique* ▪ **1** Petite brique employée pour le revêtement. ➤ **tomette.** *Sol en briquettes.* ▪ **2** Combustible en forme de brique. *Briquette de charbon, de lignite, de poussier.* ➤ **aggloméré.** *Briquette de tourbe.* ▪ **3** Petit emballage parallélépipédique pour liquides alimentaires. *Une briquette de jus d'orange.*

BRIS [bʀi] n. m. – 1413 ◊ de *briser* ▪ **1** Action de briser ou de se briser ; son résultat. *Assurance couvrant le bris de vitrine, de glaces.* ♦ DR. Destruction, rupture intentionnelle constituant un délit. ➤ **effraction.** *Bris de clôture, de scellés.* ▪ **2** VX Naufrage ; débris d'un navire. DR. ANC. *Droit de bris :* droit de s'approprier les épaves. ▪ HOM. Brie.

1 **BRISANT** [bʀizɑ̃] n. m. – 1529 ◊ de *briser* ▪ Rocher éloigné de la côte sur lequel la mer se brise et déferle. ➤ **écueil, récif.** *Ce bruit puissant et sourd «que font les brisants de la mer»* LOTI. ♦ Écume qui se forme sur un écueil.

2 **BRISANT, ANTE** [bʀizɑ̃, ɑ̃t] adj. – 1863 ◊ de *briser* ▪ TECHN. Doté d'une vitesse de détonation et d'un pouvoir de fragmentation très élevés. *Explosif brisant.*

BRISCARD [bʀiskaʀ] n. m. – 1861 ◊ de *brisque* VX «chevron d'un soldat rengagé», origine inconnue ▪ HIST. Soldat de métier qui porte des chevrons d'ancienneté. — LOC. FAM. *Vieux briscard :* homme pourvu d'une longue expérience (cf. Un vieux* de la vieille, un vieux routier*).

BRISE [bʀiz] n. f. – 1540 ◊ mot probablt frison ▪ Vent peu violent. *«La brise longue et égale courait à travers les arbres avec un murmure de rivière»* COLETTE. *Brise tiède, parfumée. La brise fraîchit, mollit. Brise de mer, de terre,* soufflant de la mer vers la terre, de la terre vers la mer. *Très légère brise, légère brise, petite brise, jolie brise, bonne brise :* brises correspondant à des intensités de vent de force 1 à 5 sur l'échelle* de Beaufort. ▪ HOM. Brize.

BRISÉ, ÉE [bʀize] adj. – de *briser* ▪ **1** BLAS. Qui porte une brisure. ▪ **2** GÉOM. *Ligne brisée,* composée de segments de droites qui se succèdent en formant des angles. ▪ **3** ARCHIT. *Arc brisé :* arc à deux branches concaves se rejoignant en pointe au faîte (opposé à *plein cintre*). *Comble brisé,* dont le toit présente deux pentes différentes sur le même versant. ➤ **mansarde.** *Toit brisé* ou *à la Mansart.* ➤ **brisis.** ▪ **4** RELIURE *Dos brisé :* dos de reliure fixé au mors, qui s'écarte du dos des cahiers quand on ouvre le volume. ▪ **5** CUIS. *Pâte brisée,* non feuilletée, utilisée pour confectionner des tartes, des quiches. ▪ **6** (Canada) FAM. En panne, hors service. *L'ascenseur est brisé.*

BRISE-BISE [bʀizbiz] n. m. – 1898 ◊ de *briser* et 1*bise* ▪ Petit rideau garnissant généralement le bas d'une fenêtre. *Des brise-bises* ou *des brise-bise* (inv.). *Elle «risqua un coup d'œil par-dessus les brise-bise du café»* DABIT.

BRISÉES [bʀize] n. f. pl. – XIIIe ◊ de *briser* ▪ VÉN. Branches que le veneur rompt (sans les détacher de l'arbre) pour marquer la voie de la bête. ♦ LOC. FIG. LITTÉR. et VIEILLI *Suivre les brisées de qqn,* suivre son exemple (cf. Suivre les traces* de qqn). *Aller, marcher sur les brisées de qqn,* entrer en concurrence avec lui sur un terrain qu'il s'était réservé. ▪ HOM. Briser.

BRISE-FER [bʀizfɛʀ] n. et adj. – 1862 ◊ de *briser* et *fer* ▪ FAM. Personne qui casse par maladresse, brutalité les objets les plus solides. ➤ **brise-tout.** *Des brise-fers,* aussi *des brise-fer* (inv.). — adj. *Des enfants brise-fer* (inv.) ou *brise-fers.*

BRISE-GLACE [bʀizglas] n. m. – 1704 ◊ de *briser* et *glace* ▪ **1** ARCHIT. Saillie d'amont d'une pile de pont destinée à briser les glaces flottantes. ➤ **avant-bec.** ▪ **2** (1867) Éperon à l'avant d'un vaisseau destiné à briser la glace. ♦ (1898) COUR. Navire à étrave renforcée, spécialement construit pour la navigation arctique. *Des brise-glaces. «La silhouette gigantesque et inerte des brise-glaces nucléaires construits pour déchirer l'Arctique»* M. DUGAIN.

BRISE-JET [bʀizʒɛ] n. m. – 1906 ◊ de *briser* et *jet* ▪ Embout que l'on adapte à un robinet pour atténuer et diriger le jet afin d'éviter les éclaboussures. *Des brise-jets.*

BRISE-LAME [bʀizlam] n. m. – 1818 ◊ de *briser* et *lame,* d'après l'anglais *break-water* ▪ Construction élevée à l'entrée d'un port pour le protéger contre les vagues du large. ➤ **digue.** *Des brise-lames.*

BRISEMENT [bʀizmɑ̃] n. m. – XIIe ◊ de *briser* ▪ RARE Action de briser ou de se briser. *«Le brisement de la mer m'avertit que le vent s'était levé»* CHATEAUBRIAND. ➤ **déferlement.** ♦ FIG. *Brisement de cœur :* affliction profonde.

BRISE-MOTTE [bʀizmɔt] n. m. – 1796 ◊ de *briser* et *motte* ▪ Rouleau servant à écraser les mottes de terre. ➤ **croskill.** *Des brise-mottes.*

BRISER [bʀize] v. tr. ⟨1⟩ – fin XIe ◊ du latin populaire *brisiare* «fouler le raisin», dérivé du latin *brisare,* d'origine inconnue ▪ **1** LITTÉR. OU RÉGION. (Canada) Casser, mettre en pièces. ➤ **démolir, fracasser, rompre.** *Briser une vitre, la vaisselle. Qui ne peut être brisé.* ➤ **incassable,**

infrangible. LOC. FIG. *Briser la glace*.* VULG. *Il commence à me les briser menu.* ➤ casser. — *Briser des chaussures neuves,* les assouplir en les portant. ▪ 2 FIG. Réduire à néant, supprimer. *Briser l'ennemi. Briser l'opposition, la résistance, une révolte.* ➤ écraser, étouffer, 1 mater. *Briser une grève,* la faire échouer (➤ briseur). *Briser un monopole. Briser l'élan, les efforts de qqn. Briser le moral, l'orgueil, la volonté de qqn. Briser qqn.* ➤ abattre, anéantir. LOC. *Briser les chaînes, les fers, les liens de qqn,* l'affranchir d'une domination. *« L'art, c'est la pensée humaine Qui va brisant toute chaîne »* HUGO. ◆ *Briser qqn,* le fatiguer* à l'extrême. ➤ éreinter, harasser. *Être brisé de fatigue, de chagrin,* accablé. *Cette épreuve l'a brisé.* FIG. *Briser le cœur de qqn,* l'affliger profondément. ➤ fendre. — *Voix brisée par l'émotion.* p. p. adj. *Cœur brisé* (cf. En miettes). ◆ BLAS. Modifier par une brisure. ◆ Interrompre (le cours de qqch., une relation). ➤ rompre. *Briser le silence, le mur du silence. Briser la carrière, l'avenir de qqn.* — *Briser la monotonie, le rythme de qqch.* — *Briser une alliance, une amitié. Briser un ménage. Briser un entretien, une correspondance. « Je brisai cette conversation ridicule »* NERVAL. ABSOLT, VX ou PAR PLAIS. *Brisons là :* cessons cette conversation. ▪ 3 INTRANS. Se dit de la mer qui déferle ou qui écume quand le vent attaque la crête de la vague. ◆ VÉN. Marquer le chemin avec des brisées. ▪ 4 PRONOM. Se casser. *La porcelaine se brise facilement.* ◆ Déferler, en parlant de la mer. ◆ FIG. Échouer. *L'assaut vint se briser sur les lignes ennemies.* ▪ CONTR. Consolider, réparer. ▪ HOM. Brisées.

BRISE-SOLEIL [bʀizsɔlɛj] n. m. inv. /n. m./ – v. 1966 ◇ de *briser* et *soleil* ▪ Dispositif (formé de lamelles de métal ou de béton) fixé contre la façade d'un bâtiment vitré de façon à le protéger du soleil.

BRISE-TOUT [bʀiztu] n. inv. /BRISETOUT n./ – 1371 ◇ de *briser* et *tout* ▪ FAM. Personne maladroite qui casse tout ce qu'elle touche. ➤ brise-fer. adj. *Elle est brise-tout.*

BRISEUR, EUSE [bʀizœʀ, øz] n. – XIIIe ◇ de *briser* ▪ Personne qui brise (qqch.). *Briseur d'images :* iconoclaste. ◆ FIG. *Briseuse de ménage. Briseur de grève :* ouvrier qui ne fait pas la grève lorsqu'elle a été décidée (➤ jaune, renard) ; ouvrier embauché pour remplacer un gréviste.

BRISE-VENT [bʀizvɑ̃] n. m. – 1690 ◇ de *briser* et *vent* ▪ Obstacle (haie, palissade) abritant les cultures du vent. ➤ abrivent, coupe-vent. *Des brise-vents* ou *des brise-vent* (inv.).

BRISIS [bʀizi] n. m. – 1676 ◇ de *briser* ▪ ARCHIT. Partie inférieure d'un versant de toit brisé. *« L'eau ruisselait doucement sur le brisis du toit »* MARTIN DU GARD. *Ligne de brisis :* arête séparant les deux pentes du versant.

BRISTOL [bʀistɔl] n. m. – 1836 ◇ mot anglais, de *Bristol board* « carton (originaire) de Bristol » ▪ Papier fort et blanc, employé pour le dessin, les cartes de visite. APPOS. *Fiches bristol.* — PAR EXT. Carte de visite ou d'invitation. *Envoyer un bristol.*

BRISURE [bʀizyʀ] n. f. – 1207 ◇ de *briser* ▪ 1 Cassure, fente. *« Le verre n'est jamais si bleu qu'à sa brisure »* ARAGON. ◆ PAR EXT. Petit morceau, fragment. *Brisures de riz.* ◆ TECHN. Articulation par charnière de deux parties d'un ouvrage de menuiserie. *La brisure d'un volet.* ➤ 2 joint. ▪ 2 BLAS. Modification apportée à un écu pour distinguer la branche cadette de la branche aînée, la branche bâtarde de la branche légitime.

BRITANNIQUE [bʀitanik] adj. – 1512 ◇ latin *britannicus* ▪ 1 Qui se rapporte à la Grande-Bretagne et à l'Irlande. *Les îles Britanniques. L'archipel britannique. L'anglais britannique,* la langue parlée dans les îles Britanniques. ▪ 2 Qui se rapporte au Royaume-Uni. *L'Empire britannique. « l'influence britannique dans le monde »* SIEGFRIED. *Le flegme, l'humour britannique.* ➤ anglais. *« Son côté anglais, ou pour mieux dire britannique, la raideur de sa tenue, la sorte d'armature rigide qu'il avait revêtue une fois pour toutes »* LE CLÉZIO. ➤ anglo-saxon. — n. *Les Britanniques.*

BRITTONIQUE [bʀitɔnik] adj. et n. m. – 1862 ◇ latin *Britto, onis* « breton » ▪ 1 Relatif aux Celtes établis en Grande-Bretagne avant l'arrivée des Romains. ▪ 2 n. m. Groupe de langues celtiques comprenant le breton, le gallois et le cornique. *Le gaélique et le brittonique.*

BRIZE [bʀiz] n. f. – 1557 ◇ grec *briza* ▪ Plante herbacée *(graminées),* à épillets verts ou roussâtres très sensibles au vent, appelée aussi *pain d'oiseau.* ➤ 2 amourette. ▪ HOM. Brise.

BROC [bʀo] n. m. – 1380 « cruche » ◇ mot de l'ancien provençal, p.-ê. du grec *brokhis* ▪ Récipient profond, à anse, à bec évasé, dont on se sert pour transporter des liquides. *Broc à eau, à jus de fruit.* ➤ cruche, pichet. *Broc à vin.* ➤ RÉGION. channe. *Remplir un broc d'eau. Broc en cristal, en faïence, en plastique, en zinc. Cuvette et broc des anciennes tables de toilette.* — Son contenu.

BROCANTE [bʀɔkɑ̃t] n. f. – 1782 ◇ de *brocanter* ▪ 1 Commerce du brocanteur. ➤ 2 chine. *Foire à la brocante.* ▪ 2 Magasin du brocanteur. *Dénicher une lampe dans une brocante. Brocantes et vide-greniers.*

BROCANTER [bʀɔkɑ̃te] v. ‹ 1 › – 1696 ◇ mot d'origine incertaine, p.-ê. du néerlandais *brok* ou de l'allemand *Brocken* « morceau », de même origine germanique ▪ 1 v. intr. Faire commerce d'objets anciens et de curiosités qu'on achète d'occasion pour la revente. ➤ 2 chiner. ▪ 2 v. tr. Vendre en tant que brocanteur. *Brocanter des bronzes.* — n. m. (1837) **BROCANTAGE.** *Colportage et brocantage.*

BROCANTEUR, EUSE [bʀɔkɑ̃tœʀ, øz] n. – 1694 ◇ de *brocanter* ▪ Personne qui brocante. ➤ antiquaire, chineur, fripier, revendeur. *Le bric-à-brac, le capharnaüm du brocanteur.* ABRÉV. FAM. **BROC** [bʀɔk]. *Des brocs.*

1 **BROCARD** [bʀɔkaʀ] n. m. – 1740 ◇ latin médiéval *brocardus,* altération de *Burchardus,* nom latinisé du juriste *Burckard* ▪ HIST. DU DR. Adage juridique. *« on se servit du brocard :* Le mort saisit le vif *»* PLANIOL. ▪ HOM. Brocart.

2 **BROCARD** [bʀɔkaʀ] n. m. – XVe ◇ de *broquer* « piquer », variante dialectale de *brocher* ▪ VX Petit trait moqueur, raillerie (➤ brocarder). *S'exposer aux brocards.* ▪ CONTR. Flatterie, louange.

3 **BROCARD** [bʀɔkaʀ] n. m. – *brocart* 1394 ◇ de *broque* « dague », variante dialectale de *broche* ▪ VÉN. Chevreuil mâle d'un an environ. *Les broches d'un brocard. « la fougue d'un jeune brocard »* TOURNIER. — On écrit parfois *brocart.*

BROCARDER [bʀɔkaʀde] v. tr. ‹ 1 › – XVe ◇ de 2 *brocard* ▪ VX ou LITTÉR. Railler par des brocards. *Brocarder une institution, une personnalité.*

1 **BROCART** [bʀɔkaʀ] n. m. – 1519 ; variante ancienne *brocat* ◇ italien *broccato* « broché » ▪ Riche tissu de soie rehaussé de dessins brochés en fils d'or et d'argent. ➤ samit. *Une robe de brocart. Des brocarts d'or.* ▪ HOM. Brocard.

2 **BROCART** ➤ 3 BROCARD

BROCATELLE [bʀɔkatɛl] n. f. – 1680 ◇ italien *broccatello,* de *broccato* → 1 brocart ▪ 1 VX ou TECHN. Brocart à petits dessins ; tissu imitant le brocart. ▪ 2 (XVIIIe ◇ par anal.) Marbre coquillier.

BROCCIU [bʀɔtʃ(j)u] ou **BRUCCIO** [bʀutʃ(j)o] n. m. – *bruccio* 1840 ◇ corse *brócciu,* du gotique °*brukja* « ce qui est brisé » → 2 brousse ▪ Fromage corse (lait de chèvre ou de brebis), fabriqué avec le petit-lait d'autres fromages, qui se consomme le plus souvent frais. — On dit aussi *broccio* [bʀɔtʃ(j)o] (1948).

BROCHAGE [bʀɔʃaʒ] n. m. – 1822 ◇ de *brocher* ▪ 1 Action, manière de brocher (les feuilles imprimées). ➤ reliure. ▪ 2 Procédé de tissage des étoffes brochées. ▪ 3 TECHN. Méthode d'usinage de pièces métalliques, utilisant une broche, pour usiner ou calibrer des trous, des profils extérieurs. ◆ Disposition des pattes d'un connecteur. *Brochage d'un câble adaptateur d'une prise Péritel. Schéma de brochage.* ▪ 4 CHIR. Contention d'une fracture à l'aide de broches.

BROCHE [bʀɔʃ] n. f. – 1121 ◇ latin populaire °*brocca,* fém. substantivé de *broccus* « saillant » ▪ 1 Instrument, pièce à tige pointue. ◆ COUR. Ustensile de cuisine composé d'une tige de fer pointue qu'on passe au travers d'une volaille ou d'une pièce de viande à rôtir, pour la faire tourner pendant la cuisson. ➤ brochette, hâtelet, hâtier, lèchefrite. — *Enfiler sur une broche.* ➤ embrocher. *Tourner la broche à la main, mécaniquement.* ➤ rôtissoire, tournebroche. *Viande cuite à la broche* (➤ kébab, méchoui). *Poulet à la broche.* — RÉGION. (Midi) *Gâteau à la broche :* pâtisserie en forme de cône, cuite très lentement sur une broche tournante. — *Il n'y en a pas plus que de beurre* en broche.* ◆ Tige de fer recevant la bobine sur les métiers à filer. *Bancs à broches,* sur lesquels les rubans de coton sont amincis en mèches par torsion. ◆ Cheville ou tige servant à enfiler des objets. — CHIR. Tige métallique utilisée en chirurgie osseuse pour fixer un os fracturé. — Tige de fer d'une serrure qui pénètre dans une clé forée. — Tige métallique d'une prise électrique mâle. ➤ 1 fiche. — TECHN. Partie tournante d'une machine-outil portant un outil ou la pièce à usiner. *Serrer une pièce dans la broche d'un tour.* Outil portant des arêtes tranchantes le long d'une tige cylindrique et servant à l'usinage de pièces métalliques (➤ brochage). ▪ 2 (1943) RÉGION. (Canada) Fil de fer. *Un rouleau de broche. « elle s'est glissée entre les broches de la clôture »* R. DUCHARME. ◆ loc. adj. FAM. *(De) broche à foin :* qui est mal organisé. *Une équipe, un projet (de) broche à foin.* ▪ 3 COUR.

Bijou de femme, composé d'une épingle et d'un fermoir, servant à attacher ou orner un vêtement. ➤ **attache, fibule ;** et aussi **badge, pin's.** ▪ **4** VÉN. AU PLUR. Premiers bois du chevreuil. ◆ Défenses du sanglier. ➤ **dague.**

BROCHÉ [bʀɔʃe] n. m. – XVIIIe ◇ de *brocher* ▪ TECHN. VX Brochage. ◆ Tissu broché.

BROCHER [bʀɔʃe] v. tr. ⟨1⟩ – 1080 ◇ de *broche* ▪ **1** VX Éperonner. ◆ (1610) FIG. et VX Composer, rédiger à la hâte, sans soin. ➤ **bâcler.** « *Je broche une comédie dans les mœurs du sérail* » BEAUMARCHAIS. ◆ PAR EXT. (1718) Relier sommairement, après pliage des feuilles et assemblage des cahiers, avec une couverture de papier. *Fascicule, livre broché.* ▪ **2** (XIIIe) Tisser en entremêlant sur le fond des fils de soie, d'argent ou d'or, de manière à former des dessins en relief. *On ne brochait autrefois que des étoffes précieuses. Robe brochée de soie.* ▪ **3** LOC. *Brochant sur le tout* : en plus, de surcroît. ▪ **4** (1680) TECHN. Enfoncer (des clous) dans le sabot d'un cheval qu'on ferre. ▪ **5** TECHN. Usiner (un trou ou un profil) dans une pièce métallique, à l'aide d'une broche.

BROCHET [bʀɔʃɛ] n. m. – 1260 ◇ de *broche*, par anal. de forme ▪ Poisson d'eau douce *(salmoniformes)*, long et étroit, carnassier aux dents aiguës. ➤ **bécard.** *Quenelles de brochet. Brochet de la Loire au beurre blanc.* — *Brochet-lance.* ➤ **lépidostée.**

BROCHETTE [bʀɔʃɛt] n. f. – 1393 ; « pointe acérée » v. 1180 ◇ de *broche* ▪ **1** Petite broche servant à faire rôtir ou griller de petits morceaux d'aliments. ➤ **hâtelet.** *Rognons en brochette.* — PAR EXT. Les morceaux embrochés. *Brochette de mouton* (➤ **chachlik, chiche-kébab**), *de volaille* (➤ **yakitori**). *Brochette de fruits de mer. Faire griller des brochettes au barbecue.* — FIG. et FAM. Ensemble, rangée (de personnes). *Une brochette de stars.* « *une brochette changeante et choisie d'admirateurs* » ECHENOZ. ▪ **2** Petite broche servant à porter sur l'habit plusieurs médailles ou décorations. PAR EXT. *Une brochette de décorations* : plusieurs décorations.

BROCHEUR, EUSE [bʀɔʃœʀ, øz] n. – 1751 ; « tricoteur » 1680 ◇ de *brocher* ▪ **1** Ouvrier, ouvrière dont le métier est de brocher (des tissus, des livres). *Brocheur d'étoffes ; brocheur en reliure.* ▪ **2** n. m. Métier pour le broché. *Un brocheur, un battant-brocheur.* ▪ **3** n. f. Machine pour le brochage des livres. ▪ **4** n. f. TECHNOL. Machine pour le brochage de pièces métalliques.

BROCHURE [bʀɔʃyʀ] n. f. – 1377 ◇ de *brocher* ▪ **1** Décor d'un tissu broché. *Brochure d'argent.* ▪ **2** (1718) Petit ouvrage imprimé et broché. ➤ **livret, opuscule, tract.** *Une brochure publicitaire, technique.*

BROCOLI [bʀɔkɔli] n. m. – 1560 ◇ plur. italien *broccoli* « pousses de choux » ▪ Chou *(crucifères)* originaire d'Italie, dont on consomme les fleurs vertes en bouquets. *Des brocolis.*

BRODEQUIN [bʀɔd(ə)kɛ̃] n. m. – 1468 ◇ p.-ê. par méton. ou anal. de couleur de *broissequin*, ou *brussequin* « étoffe teinte à l'écorce de noyer » ▪ **1** HIST. Chaussure d'étoffe, de peau, couvrant le pied et le bas de la jambe. — SPÉCIALT Chaussure des acteurs de comédie de l'Antiquité. ◆ AU PLUR. Pièces de bois qui servaient à serrer les jambes d'un condamné soumis à la question. *Le supplice des brodequins.* ▪ **2** MOD. Chaussure montante de marche, lacée sur le cou-de-pied. ➤ **pataugas, 2 ranger.** *Brodequins militaires, de chasseur.* ➤ **godillot.**

BRODER [bʀɔde] v. tr. ⟨1⟩ – *brosder* XIIe ◇ origine germanique ▪ **1** Orner (un tissu) de broderies. *Broder un napperon. Un mouchoir brodé. Broder à l'aiguille, au tambour.* ABSOLT *Fil, coton, métier à broder.* ◆ Exécuter en broderie. *Broder des initiales sur une chemise.* ▪ **2** (1690) FIG. VX *Broder une histoire*, l'enrichir de détails imaginaires. ➤ **enjoliver.** ◆ MOD., ABSOLT Raconter qqch. en ajoutant des détails inventés. « *Sur sa fiche de conduite, à la mention franchise, on pouvait lire : tendance à broder* » Y. QUEFFÉLEC. *Il brodait sur cette aventure.* — PAR EXT. *Broder sur un sujet*, en parler abondamment sans avoir beaucoup à dire. *Il ne peut raconter une histoire sans broder.*

BRODERIE [bʀɔdʀi] n. f. – 1334 ◇ de *broder* ▪ **1** Ouvrage consistant en points qui recouvrent un motif dessiné sur un tissu ou un canevas ; Art d'exécuter de tels ouvrages. ➤ **dentelle, guipure, tapisserie.** *Faire de la broderie. Broderie à l'aiguille. Broderie mécanique. Broderie sur blanc* (plumetis, bourdon, point de feston, jours). *Broderie sur métier, broderie au tambour* ou *broderie d'art.* — *Broderie anglaise*, effectuée autour de parties évidées. — PAR EXT. Tissu ainsi orné. *Jupon en broderie anglaise.* ◆ Commerce, industrie des brodeurs. ▪ **2** FIG. et RARE Détail imaginaire ajouté à un récit. ➤ **amplification, exagération.**

BRODEUR, EUSE [bʀɔdœʀ, øz] n. – 1260 ◇ de *broder* ▪ **1** Ouvrier, ouvrière en broderie. *Brodeuse à la main. Brodeuse en lingerie. Ciseaux de brodeuse.* ▪ **2** n. f. Métier, machine à broder.

BROIE [bʀwa] n. f. – 1370 ◇ de *broyer* ▪ TECHN. Instrument qui servait à broyer la tige du chanvre et du lin pour détacher la filasse de la partie ligneuse. ➤ **maque.**

BROIEMENT [bʀwamɑ̃] n. m. – *broyment* XVe ◇ de *broyer* ▪ RARE ou LITTÉR. Action de broyer. ➤ **broyage.** ◆ MÉD. État des tissus d'une plaie par écrasement. — CHIR. Acte consistant à écraser avant extraction. *Broiement des calculs.* ➤ **lithotritie.**

BROKER [bʀɔkœʀ] n. m. /BROKEUR, EUSE n./ – 1980 ◇ mot anglais « courtier » ▪ ANGLIC. FIN. Opérateur sur les places financières anglo-saxonnes. ➤ **trader.** — PAR EXT. Intermédiaire dans des opérations financières, commerciales. (Recomm. offic. *courtier**.)

BROL [bʀɔl] n. m. – avant 1950 ◇ mot flamand « camelote » ▪ (Belgique) FAM. Désordre, fouillis. *Il y a du brol partout. Range ton brol.* ➤ **bazar.** — Ensemble d'objets disparates, bataclan. *Il n'a même pas un marteau dans tout son brol.*

BROMATE [bʀɔmat] n. m. – 1838 ◇ de *2 brome* ▪ CHIM. Sel ou ion de l'acide bromique.

1 **BROME** [bʀom] n. m. – 1559 ◇ latin *bromos*, mot grec ▪ BOT. Plante herbacée *(graminées)* aux longs épillets, utilisée comme fourrage ou gazon. *Brome dressé.* ▪ HOM. Brosme.

2 **BROME** [bʀom] n. m. – 1826 ◇ grec *brômos* « puanteur » ▪ CHIM. Élément atomique (Br ; n° at. 35 ; m. at. 79,902) halogène, liquide rouge-brun, d'odeur suffocante, à l'état non combiné (➤ **dibrome**). ◆ COUR. Dibrome. *Le brome est extrait des eaux marines et des gisements salins. Eau de brome.*

BROMHYDRIQUE [bʀɔmidʀik] adj. – 1845 ◇ de *2 brome* et *-hydrique* ▪ CHIM. *Acide bromhydrique* : gaz (HBr) produit par la combinaison de l'hydrogène et du brome, et dont la solution dans l'eau est un acide fort qui a les mêmes propriétés que l'acide chlorhydrique.

BROMIQUE [bʀɔmik] adj. – 1838 ◇ de *2 brome* ▪ **1** CHIM. Qui contient du brome de valence 5. *Acide bromique* $HBrO_3$. ▪ **2** MÉD. Dû au brome. *Acné bromique.*

BROMISME [bʀomism] n. m. – 1877 ◇ de *2 brome* ▪ MÉD. Intoxication par le brome et ses composés (particulièrement, le bromure de potassium).

BROMOTHYMOL [bʀomotimɔl] n. m. – 1925 ◇ de *2 brome* et *thymol* ▪ CHIM. *Bleu de bromothymol (BBT)* : indicateur coloré acido-basique servant de référence pour le dosage de pH. *Le bleu de bromothymol conduit à une solution jaune en milieu acide, bleue en milieu basique et verte dans la zone de virage (pH autour de 7).*

BROMURE [bʀɔmyʀ] n. m. – 1828 ◇ de *2 brome* ▪ **1** CHIM. Composé du brome avec un métal ou un radical organique ; sel de l'acide bromhydrique. *Émulsion photographique à base de bromure d'argent.* ➤ **gélatinobromure.** *Bromures de potassium, de sodium, de calcium employés en thérapeutique.* — COUR. Bromure de potassium (sédatif et anaphrodisiaque puissant). *Prendre du bromure.* ▪ **2** Papier photographique au bromure d'argent. *Photocomposeuse éditant une épreuve sur bromure.* — PAR EXT. Épreuve sur ce papier, dans l'industrie graphique.

BRONCA [bʀɔ̃ka] n. f. – 1946 ◇ mot espagnol, probablement du latin populaire *bruncus* « nœud du bois ; saillie, aspérité » ▪ Concert de huées, tollé. « *Se doutaient pas de ça, les ballots qui les sifflaient. Bronca sur bronca* » R. GUÉRIN.

BRONCHE [bʀɔ̃ʃ] n. f. – 1633 ; *bronchie* 1560 ◇ latin *bronchia*, grec *brogkhia* ▪ ANAT. Conduit aérien du poumon. *Avoir les bronches fragiles. Bronche souche* : chacun des deux conduits cartilagineux qui naissent par bifurcation de la trachée, pénètrent dans les poumons et s'y ramifient en formant *l'arbre bronchique.* ➤ **bronchiole.** *Maladie des bronches.* ➤ **bronchopathie.** *Inhalation qui dégage les bronches. Médicament qui dilate les bronches.* ➤ **bronchodilatateur.**

BRONCHECTASIE [bʀɔ̃ʃɛktazi] n. f. – 1855 ◇ de *bronche* et *-ectasie* ▪ MÉD. Dilatation pathologique des bronches. — On dit aussi **BRONCHIECTASIE.**

BRONCHER [bʀɔ̃ʃe] v. intr. ⟨1⟩ – 1531 ; « pencher » XIIe ◇ latin populaire °*bruncare*, d'origine inconnue ▪ **1** VX Faire un faux pas. *Un cheval qui bronche sur une pierre.* ➤ **achopper, 2 buter, 1 chopper, trébucher.** — FIG. et LITTÉR. *Broncher contre, sur* (qqch.) : buter sur (une difficulté). *«je vois que vous bronchez sur cet imparfait du subjonctif»* CAMUS. ▪ **2** (XVIIIe) MOD. Réagir, manifester de la résistance, de l'humeur. *Il n'a pas intérêt à broncher. Sans broncher :* sans sourciller, en restant impassible. ➤ FAM. **tiquer.** *Subir un affront, obéir sans broncher.*

BRONCHIOLE [bʀɔ̃ʃjɔl ; bʀɔ̃kjɔl] **n. f.** – 1877 ◊ diminutif savant de *bronche* ▪ ANAT. Ramification terminale des bronches.

BRONCHIOLITE [bʀɔ̃kjɔlit] **n. f.** – 1899 ◊ de *bronchiole* et *-ite* ▪ Inflammation aiguë des bronchioles.

BRONCHIQUE [bʀɔ̃ʃik] **adj.** – 1560 ◊ de *bronche* ▪ ANAT. Qui se rapporte aux bronches. *Arbre bronchique :* ensemble constitué des deux bronches souches et de leurs ramifications. *Asthme bronchique.*

BRONCHITE [bʀɔ̃ʃit] **n. f.** – 1823 ◊ de *bronche* et *-ite* ▪ Inflammation de la muqueuse des bronches. *Bronchite allergique, chronique.*

BRONCHITIQUE [bʀɔ̃ʃitik] **adj.** et **n.** – 1865 ◊ de *bronchite* ▪ MÉD. Propre à la bronchite. ◆ Atteint de bronchite (notamment chronique). — **n.** *Un, une bronchitique.*

BRONCHO- ▪ Élément, du grec *brogkhia* «bronches».

BRONCHODILATATEUR, TRICE [bʀɔ̃kodilatatœʀ, tʀis] **adj.** et **n. m.** – 1913 ◊ de *broncho-* et *dilatateur* ▪ MÉD. Qui dilate les bronches de manière à faciliter la ventilation pulmonaire. *Action bronchodilatatrice de la théophylline.* — **n. m.** *Un bronchodilatateur.*

BRONCHOPATHIE [bʀɔ̃kɔpati] **n. f.** – 1840 ◊ de *broncho-* et *-pathie* ▪ MÉD. Toute maladie des bronches, qu'elle soit aiguë ou chronique (bronchite, bronchorrhée...).

BRONCHOPNEUMONIE [bʀɔ̃kopnømɔni] **n. f.** – 1836 ◊ de *broncho-* et *pneumonie* ▪ Affection caractérisée par l'inflammation du parenchyme pulmonaire et de l'arbre bronchique, d'origine infectieuse, généralement secondaire à une affection des voies respiratoires ou à une maladie infectieuse.

BRONCHOPULMONAIRE [bʀɔ̃kopylmɔnɛʀ] **adj.** – 1831 ◊ de *broncho-* et *pulmonaire* ▪ Relatif aux bronches et aux poumons. *Infection bronchopulmonaire.*

BRONCHORRHÉE [bʀɔ̃kɔʀe] **n. f.** – 1833 ◊ de *broncho-* et *-rrhée* ▪ MÉD. Hypersécrétion et expectoration du mucus bronchique qui s'observe dans la bronchite chronique ou la bronchectasie.

BRONCHOSCOPIE [bʀɔ̃kɔskɔpi] **n. f.** – 1904 ◊ de *broncho-* et *-scopie* ▪ MÉD. Examen de l'intérieur des bronches à l'aide d'un endoscope (*bronchoscope* **n. m.**).

BRONCHOSPASME [bʀɔ̃kospasm] **n. m.** – v. 1920 ◊ de *broncho-* et *spasme* ▪ MÉD. Spasme de la musculature des bronches entraînant une diminution diffuse du calibre des voies aériennes. *Le bronchospasme participe au processus pathologique de la crise d'asthme.*

BRONTOSAURE [bʀɔ̃tozɔʀ] **n. m.** – 1890 ◊ latin des zoologistes, du grec *brontê* «tonnerre» et *-saure* ▪ PALÉONT. Reptile fossile gigantesque *(dinosauriens)* de l'ère secondaire.

BRONZAGE [bʀɔ̃zaʒ] **n. m.** – 1845 ◊ de *bronzer* ▪ **1** TECHN. Action de bronzer (le métal, le bois, le plâtre, etc.) ; son résultat. *Bronzage galvanoplastique.* ▪ **2** (1924) COUR. Fait de bronzer sous l'action du soleil ou d'un rayonnement artificiel. *Séance de bronzage* (cf. Bain* de soleil). ➤ FAM. **bronzette.** *Lait, crème qui accélère le bronzage.* ◆ PAR EXT. Couleur de la peau bronzée. ➤ **hâle.** *Un beau bronzage. Bronzage intégral,* sur tout le corps.

BRONZANT, ANTE [bʀɔ̃zɑ̃, ɑ̃t] **adj.** – v. 1975 ◊ de *bronzer* ▪ Qui facilite, qui provoque le bronzage. *Crème, huile bronzante.* ➤ **solaire ; autobronzant.**

BRONZE [bʀɔ̃z] **n. m.** – 1511 ◊ de l'italien *bronzo* (milieu XIIIe), d'origine controversée. L'hypothèse la plus probante ferait remonter ce mot à une variante dialectale du persan *b(u)runğ* «cuivre, laiton». ▪ **1** Alliage de cuivre et d'étain. ➤ **airain.** *Bronzes spéciaux* (avec addition de zinc, de plomb, etc.). *Statue de bronze. Les anciens canons de bronze. Cloche de bronze. Médaille de bronze :* 3e prix dans une compétition. — *Mériter, obtenir le bronze,* un troisième prix. — *Sculpter dans le bronze, couler en bronze.* FIG. et LITTÉR. Rendre impérissable. — APPOS. INV. *Vert bronze.* — PRÉHIST. *L'âge du bronze :* période de diffusion de la technique du bronze (environ IIe millénaire av. J.-C.). ◆ PAR EXT. *Bronze d'aluminium :* alliage de cuivre et d'aluminium. *Poudre de bronze :* pigment métallique jaune. ▪ **2** (1757) Objet d'art (surtout sculpté) en bronze ; Médaille, monnaie de bronze antique. *Un bronze de Rodin. Meuble Empire orné de bronzes ciselés et dorés.* ▪ **3** FIG. et LITTÉR. *De bronze :* dur, inflexible, insensible. *Un homme de bronze. Un cœur de bronze.* ➤ **marbre, pierre.**

BRONZÉ, ÉE [bʀɔ̃ze] **adj.** – XVIe ◊ de *bronzer* ▪ Qui a la couleur du bronze. ◆ SPÉCIALT Hâlé. *Il est rentré de vacances tout bronzé.* ➤ **basané, brun, tanné.** PAR ANTIPHR. et FAM. *Bronzé comme un cachet d'aspirine, comme un lavabo.* — **n.** PÉJ. Personne de teint foncé ou noir. *«Jamais les "gaulois" ne se mêlaient aux "bronzés"»* TH. JONQUET. ▪ CONTR. 1 Blanc, clair, pâle.

BRONZER [bʀɔ̃ze] **v. tr.** ⟨1⟩ – 1559 ◊ de *bronze* ▪ **1** Recouvrir (un objet) d'une couche de bronze ou de substances qui donnent l'aspect du bronze. *Bronzer une statue de plâtre.* ◆ Revêtir (un métal) d'une couleur brune ou bleuâtre par oxydation à la chaleur. *Bronzer un ressort.* ▪ **2** COUR. Brunir (qqn). ➤ **cuivrer, dorer, hâler, noircir.** *«Il a plu à la Providence de bronzer les hommes aux Grandes Indes»* VOLTAIRE. PRONOM. *«sur le sable de la petite plage bretonne, elle se bronzait au soleil»* AYMÉ. — INTRANS. Devenir bronzé, brunir. *Peau qui bronze facilement. Bronzer au soleil* (cf. FAM. Se [faire] dorer* la pilule). *Crème, lait, huile à bronzer* (➤ **autobronzant, bronzant, solaire**). *Lampe* à bronzer.* ▪ **3** FIG. VX Endurcir. PRONOM. *«En vivant et en voyant les hommes, il faut que le cœur se brise ou se bronze»* CHAMFORT.

BRONZETTE [bʀɔ̃zɛt] **n. f.** – 1972 ◊ de *bronzer* ▪ FAM. Action de se faire bronzer au soleil. *Faire bronzette.*

BRONZEUR [bʀɔ̃zœʀ] **n. m.** – 1866 ◊ de *bronzer* ▪ TECHN. Ouvrier procédant aux opérations de bronzage. *Bronzeur sur métaux, sur bois.*

BRONZIER [bʀɔ̃zje] **n. m.** – 1846 ◊ de *bronze* ▪ Artiste ou fabricant en bronzes d'art.

BROOK [bʀuk] **n. m.** – 1846 ◊ mot anglais «ruisseau» ▪ ANGLIC. Fossé rempli d'eau constituant un des obstacles d'un parcours de steeple-chase.

BROQUETTE [bʀɔkɛt] **n. f.** – 1565 ◊ forme dialectale de *brochette* ▪ Petit clou à large tête. ➤ **semence.**

BROSME [bʀom] **n. m.** – v. 1800, n. f. ◊ norrois *brosma* ▪ Poisson *(gadidés)* des mers froides, pourvu d'une seule nageoire dorsale. ▪ HOM. Brome.

BROSSAGE [bʀɔsaʒ] **n. m.** – 1837 ◊ de *brosser* ▪ Action de brosser. *Brossage des cheveux.*

BROSSE [bʀɔs] **n. f.** – v. 1300 *broisse* ◊ p.-ê. latin °*bruscia*, de *bruscum* «nœud de l'érable» ; forme moderne p.-ê. d'après *broce* «taillis, broussailles» (1170) ▪ **1** Ustensile de nettoyage, formé d'un assemblage de filaments (poils, fibres végétales ou synthétiques, fils métalliques) fixés sur une monture perpendiculaire. *Brosse sans manche. Brosse à monture de bois, d'ivoire, de plastique. Brosse à chaussures. Brosse à habits.* ABSOLT *Donner un coup de brosse à son pantalon,* le brosser. *Brosse à ongles, à dents. Brosse à cheveux.* ABSOLT *Se donner un coup de brosse :* se coiffer. *Brosse à laver en chiendent. Brosse d'un aspirateur. Brosse en soies de sanglier, en nylon. Brosse métallique.* ➤ **étrille.** *Brosse pour laver le sol.* ➤ **balai-brosse.** *Tapis*-brosse. Brosse pour les plafonds.* ➤ **tête-de-loup.** *Brosse pour ramoner.* ➤ **hérisson.** *Brosse cylindrique.* ➤ **écouvillon, goupillon.** FIG. FAM. *Manier la brosse à reluire, passer la brosse :* être servilement flatteur (cf. Cirer* les bottes, passer de la pommade*). ◆ PAR ANAL. (1844) *Cheveux en brosse,* coupés court et droit comme les poils d'une brosse. ELLIPT *La brosse,* cette coupe de cheveux. *Porter la brosse.* ▪ **2** Pinceau de peintre. *Peindre à la brosse.* ➤ **brosser.** *Brosse de peintre en bâtiment,* à gros poils non effilés en pointe. ▪ **3** (Belgique) Balai. *Une brosse de rue. La brosse et la ramassette.* ▪ **4** ZOOL. Rangées de poils sur les pattes ou le torse de certains insectes (notamment pour recueillir le pollen). ▪ **5** VX ou RÉGION. (Canada) LOC. FAM. *Prendre une brosse, virer une brosse :* s'enivrer. ➤ **cuite.** *Être en brosse,* ivre. *«le teint brouillé, le tour des yeux flétri, c'était l'image même d'un lendemain de brosse»* Y. BEAUCHEMIN.

BROSSER [bʀɔse] **v.** ⟨1⟩ – 1374 *bruissier* ◊ de *brosse*

I v. tr. ▪ **1** Nettoyer, frotter avec une brosse. ➤ **épousseter.** *Brosser ses habits, ses souliers. Brosser ses cheveux. Brosser qqn,* brosser ses vêtements. *Elle s'est brossé les dents, les cheveux, les ongles.* FAM. *Se brosser le ventre :* être privé de manger. *Brosser un cheval.* ➤ **étriller.** — PRONOM. *«Il ne s'est pas brossé avec assez de soin, il y a des cendres sur son gilet»* SARRAUTE. FAM. *Tu peux toujours te brosser :* tu te passeras de ce que tu désires. ➤ **courir,** se **fouiller, repasser.** *«Si tu te pointes encore en retard, ou si tu foires dans cette affaire, t'iras te brosser à Argenteuil ou en Seine-Saint-Denis»* F. THILLIEZ. ◆ (Belgique) FAM. *Brosser un cours,* ne pas y assister volontairement.

➤ **sécher.** ▪ **2** Peindre à la brosse par grandes touches. *Brosser un fond.* — FIG. *Brosser le tableau de la situation,* la décrire à grands traits. *« la peinture qu'il brossait de la bourgeoisie paysanne »* MAUROIS. ▪ **3** SPORT Frapper (la balle, le ballon) en (lui) imprimant un mouvement de rotation, un effet particulier qui trompera l'adversaire.

II v. intr. (XVe) VÉN. Passer à travers les taillis, les broussailles.

BROSSERIE [bʀɔsʀi] n. f. – 1832 ◊ de *brosse* ▪ Fabrication, commerce des brosses et ustensiles analogues (balais, plumeaux, etc.). *Brosserie fine. Grosse brosserie.* ♦ Fabrique de brosses.

BROSSIER, IÈRE [bʀɔsje, jɛʀ] n. – 1597 ◊ de *brosse* ▪ Ouvrier, ouvrière en brosserie.

BROU [bʀu] n. m. – 1549 ◊ de *brout* « pousse » → brouter ▪ Péricarpe externe de divers fruits. ➤ **écale.** *Le brou de la noix, vert puis brun.* ♦ (1694) **BROU DE NOIX :** liqueur à base de noix dont le bois n'est pas encore formé. — Teinture brune de menuisier, faite avec le brou de la noix. *Passer du bois blanc au brou de noix.* ▪ HOM. Broue, brout.

BROUE [bʀu] n. f. – 1867 ◊ du normand *broue* « écume », du germanique *brod* → brouet ▪ (Canada) ▪ **1** Écume. ▪ **2** Mousse à la surface d'un liquide. *La broue de la bière. « de la broue molle bave des verres remplis »* J. RENAUD. — LOC. FIG. et FAM. *Péter de la broue :* se vanter, faire de l'esbroufe (cf. Se faire mousser). ▪ HOM. Brou, brout.

BROUET [bʀuɛ] n. m. – XIIIe ◊ de l'ancien français *breu* « bouillon », du germanique °*brod* « bouillon » ▪ VX Bouillon, potage. *Le galant « avait un brouet clair »* LA FONTAINE. — *Brouet noir :* mets simple et grossier des anciens Spartiates.

BROUETTE [bʀuɛt] n. f. – XIIIe ◊ diminutif de l'ancien français °*beroue,* bas latin *birota* « (véhicule) à deux roues » ▪ **1** ANCIENNT (jusqu'au XVIIe) Véhicule à deux roues ; Sorte de chaise à porteurs montée sur deux roues. ➤ **vinaigrette.** ▪ **2** (XIVe) Petit véhicule à une seule roue placée à l'avant, muni de deux brancards et qui sert à transporter des fardeaux à bras. *Pousser une brouette. Brouette de jardinier, de terrassier. Brouette en bois, en métal.* ▪ **3** LOC. FAM. *...et des brouettes :* et une certaine quantité, et quelques. *Mille euros et des brouettes.*

BROUETTÉE [bʀuete] n. f. – 1304 ◊ de *brouette* ▪ Contenu d'une brouette. *Une brouettée de sable.*

BROUETTER [bʀuete] v. tr. ⟨1⟩ – 1304 ◊ de *brouette* ▪ Transporter dans une brouette. *Pelleter et brouetter des déblais.*

BROUHAHA [bʀuaa] n. m. – 1552 ◊ origine inconnue, p.-ê. altération onomat. de l'hébreu *bārūkh habbā* « béni soit celui qui vient » ▪ VX Rumeur d'approbation, applaudissements. ♦ (XVIIIe) MOD. Bruit confus qui s'élève d'une foule. ➤ **rumeur.** *Le brouhaha des conversations, d'une gare.*

BROUILLAGE [bʀujaʒ] n. m. – 1802 ; « confusion » 1573 ◊ de *brouiller* ▪ MINES Point où un gisement est dérangé et mêlé de blocs hétérogènes. ♦ (1924) Trouble dans la réception des ondes de radio, de télévision, de radar dû à l'addition involontaire (➤ **bruit, parasite**) ou volontaire d'un signal différent du signal émis. *Brouillage sonore, visuel. Brouillage dû à une perturbation électromagnétique, à un signal brouilleur.* — Action de provoquer ce trouble pour perturber la détection, la radiocommunication.

BROUILLAMINI [bʀujamini] n. m. – 1566 ; *bouliaminy* 1378 ◊ altération, sous l'influence de *brouiller,* du latin employé en pharmacie *boli armenii* « bol d'Arménie », boules d'argile employées comme médicament → 2 bol ▪ VIEILLI Embrouillamini.

1 **BROUILLARD** [bʀujaʀ] n. m. – XVIe ◊ altération par changement de suffixe de l'ancien français *brouillas,* de *brouiller* ▪ Phénomène atmosphérique produit par de fines gouttelettes d'eau en suspension dans l'air près du sol qui limitent la visibilité. ➤ **brume,** 1 **vapeur ; bruine, crachin.** *Nappe de brouillard. Brouillard dense, épais, à couper* au couteau. Brouillard givrant. Après dissipation des brouillards matinaux. Brouillard toxique.* ➤ **smog.** *Dissiper le brouillard.* ➤ **dénébuler.** *« Le fond de la vallée s'enfume d'un brouillard blanc, qui s'effile, se balance et s'étale »* COLETTE. ♦ FIG. Obscurité, confusion. *« la tête hallucinée, dans un brouillard d'inconscience et de bonheur »* ISTRATI. LOC. *Avoir un brouillard devant les yeux, voir à travers un brouillard :* voir trouble. *Être dans le brouillard :* ne pas voir clair dans une situation qui pose des problèmes. ➤ **nager** (cf. Être dans le cirage*, le coaltar*). FAM. *Foncer* dans le brouillard.* ♦ PHYS. Suspension de gouttelettes dans un gaz saturé en vapeur. ➤ **aérosol.**

2 **BROUILLARD** [bʀujaʀ] n. m. – 1611 ; « brouillon » XVIe ◊ de *brouiller* ▪ COMM. Livre de commerce, où l'on note les opérations à mesure qu'elles se font (cf. Main courante*).

BROUILLASSER [bʀujase] v. intr. impers. ⟨1⟩ – 1834 ◊ de *brouillas* → 1 brouillard ▪ Faire du brouillard. *Il brouillasse.* — PAR EXT. impr. Bruiner.

BROUILLE [bʀuj] n. f. – 1617 ◊ de *brouiller* ▪ Mésentente survenant entre des personnes, des groupes qui entretenaient des rapports familiers ou affectueux. ➤ **bouderie, brouillerie, fâcherie, rupture ;** RÉGION. **chicane.** *Brouille entre deux familles, dans un ménage. Une petite brouille passagère. « Et puis c'est malheureux d'être en brouille à cause d'un idiot »* Y. QUEFFÉLEC. ▪ CONTR. Réconciliation.

BROUILLER [bʀuje] v. tr. ⟨1⟩ – XIIIe ◊ gallo-roman °*brodiculare,* de °*brodicare,* du germanique °*brod* → brouet ▪ **1** Mêler en agitant, en dérangeant. ➤ **embrouiller, mélanger.** — LOC. FIG. *Brouiller les cartes*, les pistes*.* — SPÉCIALT p. p. adj. *Œufs brouillés,* mêlés en cours de cuisson. ▪ **2** Rendre trouble. ➤ **altérer, troubler.** *Les yeux brouillés par les larmes. La buée brouille les verres de mes lunettes. « un nuage traînant brouille le fond du paysage »* GIDE. *Brouiller le teint,* altérer sa fraîcheur. — PRONOM. *Le ciel, le temps se brouille. Sa vue se brouillait.* — *Brouiller une émission de radio,* la troubler par brouillage. ▪ **3** FIG. Rendre confus, troubler. *Le désespoir « lui a brouillé la cervelle »* LESAGE. *Vous me brouillez les idées.* ➤ **embrouiller.** PRONOM. *Tout se brouille dans ma tête.* ♦ Confondre. *« Elle perdait la mémoire, brouillait les époques »* FRANCE. ▪ **4** Désunir en provoquant une brouille. *« Ah ! ne me brouillez pas avec la République »* CORNEILLE. ♦ PRONOM. Cesser d'être ami. ➤ **se fâcher.** *Elles se sont brouillées. Se brouiller avec qqn. — Elle est brouillée avec ses parents. Ils sont brouillés à mort.* ♦ FAM. *Il est brouillé avec les chiffres, avec l'orthographe,* il est nul dans ces domaines. ➤ **fâché.** ▪ CONTR. Classer, débrouiller, démêler ; clarifier, éclaircir. Raccommoder, réconcilier.

BROUILLERIE [bʀujʀi] n. f. – début XVIIe ; « désordre » 1418 ◊ de *brouiller* ▪ VIEILLI Brouille passagère, sans gravité. *« À quoi bon faire part aux autres de nos petites brouilleries ! »* MUSSET.

BROUILLEUR [bʀujœʀ] n. m. et adj. – 1937 ◊ de *brouiller* ▪ **1** Émetteur qui brouille la réception d'un signal, d'une détection radar (➤ **embrouillage**). ▪ **2** adj. *Signal brouilleur,* destiné au brouillage.

1 **BROUILLON, ONNE** [bʀujɔ̃, ɔn] adj. – 1551 ◊ de *brouiller* ▪ Qui mêle tout, n'a pas d'ordre, de méthode. ➤ **confus, désordonné.** *Un esprit brouillon. Une activité brouillonne.* — SUBST. (PERSONNES) *Quel brouillon !* ▪ CONTR. Méthodique, ordonné.

2 **BROUILLON** [bʀujɔ̃] n. m. – 1551 ◊ de *brouiller* ▪ Première rédaction d'un écrit qu'on se propose de mettre au net par la suite. *Un brouillon raturé, illisible. Un brouillon de lettre, de discours. Rédiger au brouillon. Un cahier de brouillon.* — FIG. *« Le projet est le brouillon de l'avenir »* RENARD. ➤ **ébauche.** *« La vie est un brouillon qu'on ne mettra jamais au propre »* WOLINSKI.

BROUILLY [bʀuji] n. m. – 1955 ◊ du n. d'une localité du Rhône ▪ Vin rouge de Brouilly (beaujolais). *Dégustation de brouillys.*

BROUM [bʀum] interj. – 1930 ◊ onomatopée ▪ Onomatopée imitant le ronflement et la trépidation d'un moteur. ➤ **vroum.**

BROUSSAILLE [bʀusaj] n. f. – 1559 ◊ de *brosse* ▪ SURTOUT AU PLUR. Végétation touffue des terrains incultes, composée d'arbustes et de plantes rabougris, rameux et épineux. ➤ RÉGION. **fardoches.** *Pays couvert de broussailles.* ➤ 1 **brousse, garrigue, maquis.** *Feu de broussailles. Enlever les broussailles.* ➤ **débroussailler, essarter.** ♦ PAR ANAL. *« Les broussailles blanches des sourcils »* R. ROLLAND. *Cheveux en broussaille,* emmêlés et touffus.

BROUSSAILLEUX, EUSE [bʀusajø, øz] adj. – 1857 ◊ de *broussaille* ▪ Couvert de broussailles. ♦ FIG. En broussaille. *Des sourcils broussailleux.* ➤ **hirsute.**

BROUSSARD, ARDE [bʀusaʀ, aʀd] n. – 1885 ◊ de 1 *brousse* ▪ FAM. Personne qui vit dans la brousse.

1 **BROUSSE** [bʀus] n. f. – 1876 ◊ provençal *brousso* « broussaille » ▪ Broussailles ; étendue couverte de broussailles. ♦ GÉOGR. Végétation arbustive xérophile des pays tropicaux. *Feux de brousse.* — SPÉCIALT Zone éloignée des centres urbains, en Afrique. ➤ **bled.** *Vivre dans la brousse, en brousse. Taxi de brousse, taxi-brousse :* taxi collectif desservant les endroits les plus reculés. *Des taxis-brousse.*

2 **BROUSSE** [bRus] **n. f.** – 1579 ◊ ancien provençal *broces* pl., du gotique °*brukja* «ce qui est brisé» → brocciu ■ RÉGION. Fromage frais de Provence, fait avec du lait de chèvre ou de brebis.

BROUT [bRu] **n. m.** – v. 1560 ◊ variante dialectale (Sud) de l'ancien français *brost* (fin XIIe), du germanique *brust-* «bourgeon» ■ AGRIC. OU RÉGION. Pousse des taillis au printemps. — *Mal de brout* : inflammation intestinale des bestiaux qui mangent trop de brout. ■ HOM. Brou, broue.

BROUTARD [bRutaR] **n. m.** – 1867 ◊ de *brouter* ■ Jeune bovin de trois à dix mois environ, sevré et mis au pâturage. APPOS. *Veau broutard.*

BROUTEMENT [bRutmɑ̃] **n. m.** – 1611 ; *brouttement* 1562 ◊ de *brouter* ■ Action de brouter. ♦ (1845) MÉCAN. Action, fonctionnement saccadé. — On dit aussi **BROUTAGE.**

BROUTER [bRute] **v.** ‹1› – v. 1275 ; *broutter* début XIIIe ; *broster, bruster* XIIe ◊ de l'ancien français *brost* → brout ■ **1 v. tr.** Manger en arrachant sur place (l'herbe, les pousses, les feuilles). ➤ **paître.** *Chaque brebis «ne peut brouter une herbe rare que dans l'étroit rayon de la corde»* RENAN. — ABSOLT PROV. *Où la chèvre est attachée, il faut qu'elle broute* : il faut s'accommoder de sa situation. ■ **2 v. intr.** (1803) Se dit d'un outil tranchant (rabot) ou d'un organe mécanique (embrayage) qui fonctionne de manière irrégulière et saccadée. *Voiture qui broute au démarrage,* qui avance par à-coups.

BROUTILLE [bRutij] **n. f.** – XIVe ; *brestille* XIVe ◊ de l'ancien français *brost* → brout ■ **1** VX Petite pousse ; Menue branche. ■ **2** (1598) MOD. FIG. Objet ou élément sans valeur, insignifiant. ➤ **babiole, bricole, rien.** *On a tout emporté, sauf quelques broutilles.* (ABSTRAIT) *Perdre son temps à des broutilles. Se disputer pour une broutille.* ➤ **vétille.**

BROWNIE [bRoni] **n. m.** – 1984 ◊ mot anglais, de *brown* «brun» ■ ANGLIC. Gâteau fondant au chocolat et aux noix de pécan, qui se sert découpé en carrés. *Des brownies.*

BROWNIEN, IENNE [bRonjɛ̃, jɛn] **adj.** – 1855 ◊ du nom de *R. Brown* ■ PHYS. *Mouvement brownien* : mouvement désordonné des particules (de l'ordre du micromètre) en suspension dans un liquide, dû à l'agitation* thermique. ➤ **colloïdal.**

BROWNING [bRoniŋ] **n. m.** – 1902 ◊ nom de l'inventeur ■ Pistolet automatique (7,65 mm). *Des brownings.*

BROYAGE [bRwajaʒ] **n. m.** – 1798 ◊ de *broyer* ■ Action de broyer. *Broyage du lin. Broyage au pilon. Broyage mécanique,* destiné à réduire un matériau à une dimension déterminée.

BROYAT [bRwaja] **n. m.** – 1920 méd. ◊ de *broyer* ■ Ce qui a été broyé, réduit en très fins morceaux. *Broyat de broussailles.*

BROYER [bRwaje] **v. tr.** ‹8› – XIIIe *broier* ◊ p.-ê. du germanique °*brekan* «briser» ■ **1** Réduire en parcelles très petites, par pression ou choc. ➤ **concasser, écraser, moudre,** 1 **piler, pulvériser, triturer.** *Broyer avec ses dents.* ➤ **croquer,** 1 **mâcher,** 1 **mastiquer.** *Broyer le chanvre, le lin* : écraser les tiges pour en séparer la matière textile. *Broyer les couleurs* : pulvériser les matières colorantes en les écrasant. LOC. FIG. *Broyer du noir* : s'abandonner à des réflexions tristes, avoir le cafard. *«avec un soleil pareil, comment broyer du noir»* PRÉVERT. ■ **2** PAR EXT. Écraser. *L'engrenage lui a broyé deux doigts.* — PAR EXAGÉR. *Broyer la main de qqn* (en la lui serrant).

BROYEUR, EUSE [bRwajœR, øz] **n. et adj.** – 1422 ◊ de *broyer* ■ **1** Ouvrier chargé du broyage. *Broyeur de lin, de minerai.* FIG. *Un broyeur de noir.* ■ **2 n. m.** Machine à broyer. *Broyeur à barres, à cylindres, à mâchoires, à marteaux, à boulets.* ➤ **bocard, concasseur.** *Broyeur de paille. «j'ai des armoires de dossiers à passer au broyeur»* L. BINET. *Broyeur à ordures. Évier, W.-C. à broyeur.* — **n. f.** *Débroussailleuse-broyeuse.* ■ **3 adj.** Qui broie. *Pièces broyeuses. Insectes broyeurs.*

BRRR [bRR] **interj.** – XVIIIe ◊ onomatopée ■ S'emploie pour exprimer une sensation de frisson (froid, peur).

BRU [bRy] **n. f.** – XIIe ◊ bas latin *brutis,* du gotique °*bruths* «jeune mariée» ■ VIEILLI OU RÉGION. Belle-fille (1°). *Je vous présente ma bru.*

BRUANT [bRyɑ̃] **n. m.** – XVIe ◊ p. prés. substantivé de *bruire* ■ ZOOL. Petit oiseau *(passériformes),* de la taille du moineau, nichant à terre ou très près du sol. *Le proyer est une variété de bruant. Le bruant ortolan est apprécié des gastronomes.*

BRUCCIO ➤ **BROCCIU**

BRUCELLA [bRysela] **n. f.** – 1953 ◊ du nom de *D. Bruce* ■ BACTÉRIOL. Bactérie appartenant à un genre dont les espèces sont les agents des brucelloses*. *Les brucellas.*

BRUCELLES [bRysɛl] **n. f. pl.** – 1751 ◊ p.-ê. latin médiéval *brucella,* par métathèse de *bursella* ou altération de *berselle,* du latin médiéval *bersella* ■ Pince fine à ressort servant à saisir de petits objets. *Brucelles d'horloger, de typographe.*

BRUCELLOSE [bRyseloz] **n. f.** – 1946 ◊ de *brucella* et 2 *-ose* ■ MÉD., VÉTÉR. Maladie infectieuse causée par les brucellas, transmise à l'être humain par des animaux domestiques (bovidés, ovidés, porcins). ➤ **mélitococcie** (Cf. Fièvre de Malte, fièvre ondulante). *La brucellose provoque chez l'être humain des poussées irrégulières de fièvre, des douleurs musculaires et une grande fatigue.*

BRUCHE [bRyʃ] **n. m.** – 1770 ◊ bas latin *bruchus,* grec *broukhos* ■ Petit insecte *(coléoptères)* dont la larve parasite le pois et le haricot.

BRUCINE [bRysin] **n. f.** – 1819 ◊ du latin *brucea,* ancien nom d'un arbuste abyssin découvert par *J. Bruce* ■ BIOCHIM. Alcaloïde voisin de la strychnine, extrait de la noix vomique.

BRUGNON [bRyɲɔ̃] **n. m.** – 1680 ; *brignon* 1600 ◊ ancien provençal *brinho,* du latin populaire °*prunea* → prune ■ Fruit obtenu par hybridation du pêcher et du prunier, à peau lisse, non duveteuse, et à chair ferme. *Le brugnon et la nectarine.*

BRUINE [bRɥin] **n. f.** – 1538 ; «gelée blanche, brouillard» XIIe ◊ latin *pruina* «frimas», avec influence de *brume* ■ Petite pluie très fine et souvent froide qui résulte de la précipitation du brouillard. ➤ **crachin.** *«bruine fréquente des fins d'automne, petite pluie verticale qui larmoie»* RODENBACH. — **adj. BRUINEUX, EUSE.**

BRUINER [bRɥine] **v. intr. impers.** ‹1› – 1680 ◊ de *bruine* ■ Tomber de la bruine. *Il a bruiné toute la journée.* ➤ **pleuviner,** FAM. **vaser ;** RÉGION. **mouillasser.**

BRUIRE [bRɥiR] **v. intr.** ‹2 ; défectif (inf., 3e pers., p. prés.)› – XIIe ◊ latin populaire °*brugere,* croisement du classique *rugire* «rugir» et du populaire °*bragere* → braire ■ **1** VX Retentir. ■ **2** MOD. Produire un bruit léger, confus. ➤ **bruisser, chuchoter, frémir, murmurer.** *Le taffetas se froisse en bruissant. «les feuilles des hêtres bruissaient en un frisson rapide»* FLAUBERT. *Source qui bruit.* — *«L'aurore a brui du ressac des marées»* ARAGON. — REM. Après s'être conjugué comme *fuir* (cf. bruyant) ce verbe se conjugue comme *finir* (p. prés. *bruissant*).

BRUISSEMENT [bRɥismɑ̃] **n. m.** – 1495 ◊ de *bruire* ■ Bruit faible, confus et continu. ➤ **frémissement, murmure.** *«Le bruissement régulier des palmes, si semblable aux gouttes de la pluie tombante»* LOUŸS. *Un bruissement d'ailes. Le bruissement d'une étoffe.* ➤ **froufrou.**

BRUISSER [bRɥise] **v. intr.** ‹1› – 1836 ◊ de *bruire,* d'après les formes en *bruiss-* ■ Bruire. *«leurs pas faisaient bruisser les feuilles mortes»* SIMENON.

BRUIT [bRɥi] **n. m.** – XIIe ; de *bruire* ◊ latin *brugitum,* p. p. de °*brugere* → bruire

A. SENSATION AUDITIVE ■ **1** Sensation auditive produite par des vibrations irrégulières. ➤ 2 **son.** *Émettre, produire, faire un bruit. Écouter, entendre, percevoir un bruit. Niveau sonore du bruit.* ➤ **décibel, phone.** *Les bruits de la nature. Le bruit du vent, du tonnerre, de la pluie, des vagues* (➤ **bruitage**). *«les bruits de la maison, le craquement des poutres, des planchers, ton père qui tousse, les cercles de fonte mis en place sur la cuisinière»* PEREC. *«On entendait les bruits des voisins, ceux de l'étage et ceux qui logeaient au-dessous et au-dessus»* MODIANO. *Bruits de vaisselle, de casseroles. Bruit de pas. Bruit de bottes*. Les bruits de la rue. Bruit de moteur, de moto. Bruits de voix.* ➤ **brouhaha, chuchotement, cri, gémissement, hurlement, murmure, rumeur, vagissement.** *Bruit assourdissant, confus, faible, intense, mat, métallique, strident ; intermittent, régulier ; discordant, mélodieux. Bruit léger.* ➤ **bruissement, clapotis, frémissement, froissement, frôlement, gazouillement.** *Bruit de fond,* auquel se superpose un autre bruit. *Bruit retentissant.* ➤ **déflagration, détonation, éclatement, explosion, fracas, pétarade.** *Bruit aigu ou sec.* ➤ **claquement, cliquetis, craquement, crépitement, crissement, grésillement, grincement, pétillement, tintement.** *Bruit sourd.* ➤ **bourdonnement, chuintement, gargouillement, grondement, ronflement, ronronnement, roulement, vrombissement.** *Onomatopées imitant des bruits. Bruits d'animaux* (qui ne sont pas des cris). ➤ **ronron, sifflement, stridulation.** *Bruits physiologiques. Bruits respiratoires.* ➤ 2 **râle, soupir, toux.** *Bruits digestifs.* ➤ **borborygme, éructation, flatuosité, vent.** *«le bruit de gorge d'un buveur satisfait»* J. BLANZAT. ■ **2** (Sens collect.) **LE BRUIT :** ensemble de bruits, de sons (perçus comme gênants, pénibles). *Faire du bruit, trop de bruit. Ne pas supporter le bruit. «Mes parents haïssaient le bruit. Ma mère surtout le détestait, dans toutes ses manifestations,* *musique, voix vraie ou télévisée, heurts, et même les soupirs et les éternuements auxquels on ne peut rien»* R. DETAMBEL. *Nocivité du bruit.* ➤ **nuisance, pollution.** *Protection contre le bruit.* ➤ **antibruit ; insonorisation.** *«trop de bruit nous assourdit»* PASCAL. *Il y a un bruit d'enfer.* ➤ **cacophonie, tapage, tintamarre, tumulte, vacarme*.** *Il y a un de ces bruits, ici !* ➤ FAM. 2 **boucan.** — *Marcher sans bruit, sans faire de bruit* (cf. À pas de velours*, sur la pointe* des pieds). ▪ **3** LOC. FIG. *Faire grand bruit, du bruit :* avoir un grand retentissement. *L'affaire a fait grand bruit. Cette révélation va faire du bruit.* FAM. *Ça va faire du bruit dans Landerneau.* — *Faire grand bruit de* (qqch.), y accorder une grande importance. — *À bas bruit :* en faisant peu de bruit ; discrètement. *Maladie qui évolue à bas bruit.* — LOC. PROV. *Beaucoup de bruit pour rien :* beaucoup d'éclat pour une chose insignifiante. *«C'était bien ta réunion ! – Ouais, enfin tu sais bien, beaucoup de bruit pour pas grand-chose»* O. ADAM.

B. NOUVELLE Nouvelle répandue, propos rapportés dans le public. ➤ **rumeur.** *Un bruit qui court.* ➤ **on-dit.** *«l'horrible fou dont le bruit courait qu'il s'était échappé d'un asile»* Y. QUEFFÉLEC. *Répandre un bruit.* ➤ **ébruiter.** *Faire courir le bruit que... «Sophie faisait encore circuler d'autres bruits particulièrement alarmants»* MÉRIMÉE. *Des bruits de guerre. Des bruits de couloir*, de chiottes*. Un faux bruit :* une fausse nouvelle. ➤ FAM. **bobard.**

C. PARASITE ▪ **1** (milieu XXe) Phénomène aléatoire gênant qui se superpose à un signal utile et en perturbe la réception. ➤ **neige, parasite, souffle.** ▪ **2** ÉLECTRON. *Bruit de fond :* bruit provoqué par les résistances et les éléments actifs*. *Bruit blanc*.* ▪ **3** DOC. Redondance d'information. ▪ CONTR. Silence.

BRUITAGE [bʀɥitaʒ] **n. m.** – 1946 ◇ de *bruiter* ▪ Reconstitution artificielle des bruits naturels qui doivent accompagner l'action (au théâtre, au cinéma, à la radio, à la télévision).

BRUITER [bʀɥite] **v. tr.** ⟨1⟩ – milieu XXe ◇ de *bruit* ▪ TECHN. Faire le bruitage de. *Bruiter un film.* ◆ **p. p. adj.** SC. *Signal bruité,* perturbé par un bruit* de fond.

BRUITEUR, EUSE [bʀɥitœʀ, øz] **n.** – 1922 ◇ de *bruit* ▪ Spécialiste du bruitage.

BRUITISTE [bʀɥitist] **adj.** – 1914 nom ◇ de *bruit* ▪ *Musique bruitiste,* qui utilise des sons perçus comme gênants, désagréables. *Rock bruitiste.*

BRÛLAGE [bʀylaʒ] **n. m.** /BRULAGE/ – XVIe, repris XIXe ◇ de *brûler* ▪ Action de brûler. *Brûlage et grattage d'une vieille peinture. Brûlage des terres :* opération consistant à brûler les herbes sèches, les broussailles. ➤ **brûlis.** *Brûlage des cheveux,* traitement consistant à en flamber la pointe. ABSOLT *Le coiffeur m'a fait un brûlage.* — (Belgique) LOC. *Brûlage de culotte(s) :* moment festif à la fin duquel on brûle* sa culotte.

BRÛLANT, ANTE [bʀylɑ̃, ɑ̃t] **adj. et n. m.** /BRULANT, ANTE/ – XIIe ◇ de *brûler*

I adj. ▪ **1** Qui donne une sensation de chaleur intense, peut causer une brûlure. ➤ **chaud.** *Ne touchez pas le plat, il est brûlant. Boire un thé brûlant.* ➤ **bouillant.** *Air brûlant.* ➤ **torride.** *Le soleil, le sable est brûlant.* ◆ FIG. *Question brûlante, problème brûlant,* qui soulève les passions. ➤ **sensible** (cf. Point* chaud). *Un terrain brûlant :* un sujet qu'il convient d'éviter. ➤ **dangereux, délicat, épineux.** *Sujet d'une actualité brûlante.* ▪ **2** Affecté d'une sensation de chaleur intense. *Il a les mains brûlantes, brûlantes de fièvre.* ▪ **3** FIG. Ardent, passionné. *Un regard brûlant.* ➤ **enflammé.** *«La brûlante espérance qui l'anime»* R. ROLLAND. ➤ **dévorant.**

II n. m. (Belgique) Aigreurs, brûlures d'estomac ; pyrosis. *Avoir le brûlant.*

▪ CONTR. 1 Froid, glacé.

1 **BRÛLÉ, ÉE** [bʀyle] **n.** /BRULÉ, ÉE/ – XVIIe ◇ du p. p. de *brûler* ▪ **1 n. m.** Odeur, goût d'une chose qui brûle. *L'âcre odeur du brûlé.* — FIG. *Ça sent le brûlé :* l'affaire tourne mal. ➤ **roussi.** ◆ Chose brûlée. *Gratter le brûlé au fond de la casserole.* ▪ **2** Personne atteinte de brûlures. *Les grands brûlés.*

2 **BRÛLÉ, ÉE** [bʀyle] **adj.** /BRULÉ, ÉE/ – de *brûler* ▪ **1** Qui a brûlé. *Couleur de pain brûlé. Une pinède brûlée.* LOC. *Politique de la terre* brûlée.* ◆ *Crème brûlée,* passée sous le gril afin de caraméliser le dessus. ▪ **2** LOC. FIG. *Une tête brûlée, un cerveau brûlé :* un individu exalté, épris d'aventures et de risques. ▪ **3** (1830) Dont l'activité clandestine est désormais connue de l'adversaire. *Notre agent, notre réseau d'espionnage est brûlé,* démasqué. ◆ Qui a perdu tout crédit. ➤ FAM. **grillé.** *«toujours sans le sou, brûlé chez tous les usuriers»* LEMAITRE.

BRÛLE-GUEULE [bʀylgœl] **n. m.** /BRULE-GUEULE/ – 1735 ◇ de *brûler* et *gueule* ▪ Pipe à tuyau très court. ➤ **bouffarde.** *«une petite pipe courte et brune, de celles qu'on appelle "brûle-gueule"»* DAUDET. *Des brûle-gueules.*

BRÛLEMENT [bʀylmɑ̃] **n. m.** /BRULEMENT/ – 1837 ; «action de brûler» 1587 ; *bruillement* 1120 ◇ de *brûler* ▪ VX OU RÉGION. (Canada) Sensation de forte chaleur ou d'irritation. *Brûlement d'estomac.* ➤ **brûlure.**

BRÛLE-PARFUM [bʀylparfœ̃] **n. m.** /BRULE-PARFUM/ – 1785 ◇ de *brûler* et *parfum* ▪ Cassolette à parfums. ➤ **encensoir.** *Des brûle-parfums.*

BRÛLE-POURPOINT (À) [abʀylpuʀpwɛ̃] **loc. adv.** /BRULE-POURPOINT (À)/ – 1648 ◇ de *brûler* et *pourpoint* ▪ **1** VX À bout portant. ▪ **2** (1701) FIG. et MOD. (apr. un v. de déclaration) Sans préparation, brusquement. ➤ **abruptement** (cf. De but* en blanc, tout à trac*). *Poser une question à brûle-pourpoint.*

BRÛLER [bʀyle] **v.** ⟨1⟩ /BRULER/ – 1669 ; fin XIIe *brusler* ; 1120 *bruller* ◇ latin *ustulare*

I ~ v. tr. ▪ **1** Détruire par le feu. ➤ **calciner, carboniser, consumer, embraser,** 1 **griller, incendier ;** FAM. **cramer.** *Brûler des ordures, des mauvaises herbes. Brûler des lettres, des papiers. Brûler des livres* (➤ **autodafé**). *Brûler un cadavre.* ➤ **incinérer ; crémation.** *Condamné au bûcher, il fut brûlé vif.* ◆ SPÉCIALT Consumer (pour un résultat utile). *Brûler du bois, du charbon, du fioul, du gaz pour se chauffer, cuisiner.* ABSOLT *Alcool à brûler.* — *Brûler du café.* ➤ 1 **griller, torréfier ; brûlerie.** — *Brûler une bougie pour s'éclairer.* PAR EXT. *Brûler de l'électricité.* — *Brûler de l'encens, un cierge*.* — *Brûler de la poudre.* ◆ (Belgique) LOC. *Brûler sa, ses culotte(s) :* passer un moment festif avec ses amis avant de se marier et en finissant par brûler une culotte ou un pantalon (cf. Enterrer* sa vie de garçon, de jeune fille). ◆ FAM. *Brûler qqn :* VIEILLI le tuer avec une arme à feu ; FIG. MOD. ruiner le crédit de qqn. ➤ **carboniser,** 1 **griller.** *«Le premier qui flanche, je le brûle»* MAUPASSANT. — *Se brûler la cervelle*.* — LOC. *Brûler ce qu'on a adoré*. Brûler la chandelle* par les deux bouts. Brûler ses dernières cartouches*, ses vaisseaux*. Brûler le pavé*, les planches*.* — PAR EXT. *Brûler des calories* (➤ **catabolisme**). ▪ **2** Altérer par l'action du feu, de la chaleur, d'un caustique. *Brûler du linge en repassant.* ➤ **roussir.** *Brûler un rôti.* ➤ **calciner.** *Elle s'est brûlé les doigts* (➤ **brûlure**). *Se brûler les ailes*.* ABSOLT *Attention, ça brûle !* ◆ Cautériser. *Brûler les tissus par cryothérapie, électrocoagulation. Brûler une verrue.* ▪ **3** Produire les mêmes effets, les mêmes sensations qu'une brûlure. *La neige brûle les mains. «la fièvre ardente qui la brûlait»* ZOLA. *«ces escarres qui le brûlaient comme un fer rouge»* MARTIN DU GARD. ◆ Irriter. *La fumée brûle les yeux.* ➤ **piquer.** ◆ Attaquer (un végétal) en desséchant. *La gelée a brûlé les bourgeons.* ➤ 1 **griller.** *Gazon brûlé par la sécheresse.* ◆ FIG. Enflammer, enfiévrer. ➤ **dévorer, embraser.** *Brûler les lèvres*. «le feu d'amour qui me brûlait le sang»* DAUDET. — LOC. *L'argent lui brûle les doigts,* il ne sait le conserver. ▪ **4** (1706) Passer sans s'arrêter à (un endroit prévu). *L'autobus a brûlé l'arrêt. Brûler une étape, un feu rouge, un signal.* ➤ 1 **griller.** — *Brûler la priorité,* ne pas la respecter. — *Brûler la consigne*, les étapes*. Brûler la politesse* à qqn.*

II ~ v. intr. ▪ **1** Se consumer par le feu. *Ce bois brûle lentement. Matière qui ne brûle pas.* ➤ **apyre, ininflammable, ignifuge, incombustible.** — LOC. *Le tapis*, le torchon* brûle.* ◆ Flamber. *Les bûches brûlaient dans la cheminée. La maison, la ville brûle.* ➤ **brasier, incendie.** ◆ Être calciné, trop cuit, à feu trop vif. *La tarte a brûlé.* ◆ Se consumer en éclairant. *La bougie brûle.* PAR EXT. *Laisser brûler l'électricité.* ▪ **2** (PERSONNES) Ressentir une sensation de chaleur intense, de brûlure. *Brûler de soif, de fièvre.* ◆ FIG. Être passionné, animé d'une vive ardeur. *Brûler d'impatience, d'envie.* — **BRÛLER DE** (et l'inf.) : être impatient de. *«ces magistrats qu'il brûlait de confondre»* FRANCE. — VX **BRÛLER POUR qqn,** en être épris. *«On dit qu'il a longtemps brûlé pour la princesse»* RACINE. — Dans les jeux de recherche, les devinettes, Être tout près du but, de la solution. *Tu brûles !*

III ~ v. pron. SE BRÛLER Subir une brûlure. *Se brûler avec de l'eau bouillante.* ➤ **s'ébouillanter, s'échauder.** *Elle s'est brûlée à la main.* — S'immoler par le feu.

BRÛLERIE [bʀylʀi] **n. f.** /BRULERIE/ – 1783 ; «action de brûler» 1417 ◇ de *brûler* ▪ **1** RARE Distillerie d'eau-de-vie. ▪ **2** Usine, atelier de torréfaction. *Une brûlerie de café.*

BRÛLEUR, EUSE [bʀylœʀ, øz] **n.** /BRULEUR, EUSE/ – XIIIe ◇ de *brûler* ▪ **1** VX Incendiaire. ◆ (1666) Bouilleur de cru ; ouvrier, ouvrière procédant à la torréfaction (du café, de la chicorée). ▪ **2 n. m.** (1853) Appareil destiné à mettre en présence un combustible (gazeux, liquide ou pulvérisé) et un comburant (air, oxygène) afin de permettre et de régler la combustion à sa sortie. *Brûleurs d'une cuisinière à gaz.* ➤ **bec.** *Brûleur à mazout.*

BRÛLIS [bʀyli] n. m. /BRULIS/ – XIIe *bruelleïz* ◊ de *brûler* ■ Défrichement par le feu. ♦ Étendue de terrain dont on a brûlé les herbes et les broussailles pour améliorer le sol. ➤ **essart.** *Culture sur brûlis.*

BRÛLOIR [bʀylwaʀ] n. m. /BRULOIR/ – 1784 ◊ de *brûler* ■ Appareil de torréfaction. ➤ **torréfacteur.**

BRÛLOT [bʀylo] n. m. /BRULOT/ – 1627 ◊ de *brûler* ■ **1** MAR. ANCIENNT Petit navire chargé de matières combustibles et destiné à incendier les bâtiments ennemis. ♦ FIG. Idée, objet susceptible de causer des dommages, un scandale. *Les Cahiers sont « un brûlot au flanc de la Sorbonne »* PÉGUY. SPÉCIALT Journal, article polémique. ■ **2** (1696) (Canada, Louisiane) Moustique dont la piqûre donne une sensation de brûlure. ■ **3** (1810) Eau-de-vie sucrée et flambée.

BRÛLURE [bʀylyʀ] n. f. /BRULURE/ – XIIIe *bruleüre* ◊ de *brûler* ■ **1** Lésion produite sur une partie du corps par l'action du feu, de la chaleur, d'un rayonnement ou d'une substance corrosive. *Se faire une brûlure à la main. La profondeur, l'étendue d'une brûlure. Brûlures du premier* (➤ **érythème**), *du deuxième* (➤ **phlyctène**), *du troisième degré* (➤ 1 **escarre**). *« une brûlure enflait sa cloque d'eau »* COLETTE. ♦ Tache ou trou à l'endroit où un objet, une matière a brûlé. *Brûlure de cigarette sur une moquette.* ■ **2** Sensation de chaleur intense, d'irritation dans l'organisme. *« une brûlure lui tordait la poitrine »* DAUDET. *Brûlures d'estomac.* ➤ **aigreur,** RÉGION. **brûlement.** ■ **3** Altération des végétaux due au soleil ou à la gelée.

BRUMAIRE [bʀymɛʀ] n. m. – 1793 ◊ de *brume* ■ Deuxième mois du calendrier républicain, commençant trente jours après l'équinoxe d'automne (du 22 octobre au 21 novembre). *Le coup d'État du 18 brumaire 1799.*

BRUME [bʀym] n. f. – 1562 ◊ latin classique *bruma* « (solstices d') hiver », probablt par l'ancien occitan, de °*brevima* « courte (journée) », de *brevis* ■ **1** Brouillard plus ou moins épais. *Les brumes d'Écosse. Brume de chaleur. Nappe de brume.* — MÉTÉOROL. Brouillard léger, laissant une visibilité supérieure à 1 km. ♦ MAR. Brouillard de mer. *Corne, signal de brume,* pour signaler sa présence sur l'eau. *« j'ai entendu la corne de brume, le son grave qui résonnait sur la mer, à intervalles réguliers, un grondement sourd comme un glas fantôme »* C. GALLAY. ■ **2** FIG. Ce qui empêche de voir, de comprendre clairement. *Les brumes de l'ivresse, de l'alcool.* ➤ 1 **vapeur.** *« Réalisme, idéalisme, autant de brumes »* RENARD.

BRUMEUX, EUSE [bʀymø, øz] adj. – 1787 ◊ de *brume* ■ **1** Couvert, chargé de brume. *Ciel, temps brumeux.* ■ **2** FIG. Qui manque de clarté. ➤ **obscur, flou.** *Une philosophie brumeuse.* ➤ **fumeux, nébuleux.** *Un esprit brumeux.* ➤ **confus.** ■ CONTR. Clair, lumineux ; 1 précis.

BRUMISATEUR [bʀymizatœʀ] n. m. – 1970 ◊ marque déposée par la Société Anonyme des Eaux Minérales d'Évian ; de *brume* ■ Atomiseur pour les soins de la peau (esthétique, dermatologie).

BRUN, BRUNE [bʀœ̃, bʀyn] adj. et n. – fin XIe ◊ du latin du VIIIe *brunus,* lui-même du germanique *brūn* à l'origine de l'allemand *braun* et de l'anglais *brown* ■ **1** De couleur sombre, entre le roux et le noir. ➤ **bistre, brunâtre, châtain, chocolat,** 2 **kaki,** 1 **marron, mordoré, puce, sépia,** 1 **tabac, terreux.** *La couleur brune de la châtaigne.* — *Ours brun. Cheval à robe brune.* ➤ **alezan, bai.** *Des cheveux bruns, brun-roux, brun foncé. Peau brune.* ➤ **foncé ; bronzé, hâlé.** *Pigment brun de la peau.* ➤ **mélanine.** — (Opposé à *blond*) *Bière brune ;* SUBST. *boire une brune. Tabac brun, cigarettes brunes ;* SUBST. *fumer des brunes.* — COMM. (opposé à *blanc*) *Produits bruns :* radio, hifi et matériel audiovisuel à usage domestique. ■ **2** Qui a les cheveux (souvent le teint) bruns. *Elle est très brune.* SUBST. *Un beau brun. « Une petite brune vive et piquante »* ROUSSEAU. ■ **3** (des chemises brunes des hitlériens) Fasciste, d'extrême droite. *Les nostalgiques de l'ordre brun. La peste brune :* le nazisme. ■ **4** n. m. Cette couleur. *Tirer sur le brun. Brun à reflets dorés.* ➤ **mordoré.** ♦ Substance de cette couleur en peinture. *Un tube de brun Van Dyck.* ■ HOM. poss. Brin.

BRUNANTE [bʀynɑ̃t] n. f. – 1810 ◊ du radical de *brunir* ■ (Canada, Louisiane) Tombée de la nuit, crépuscule. *« La brunante s'épaissit jusqu'à l'obscurité et un silence peuplé d'attente s'étendit »* LEMELIN. loc. adv. *À la brunante :* au crépuscule, le soir. ➤ **brune.**

BRUNÂTRE [bʀynɑtʀ] adj. – 1557 ◊ de *brun* ■ Tirant sur le brun. *Une sauce brunâtre.*

BRUNCH [bʀœnʃ] n. m. – v. 1970 ◊ mot anglais, de *br(eakfast)* « petit-déjeuner » et *(l)unch* « déjeuner » ■ ANGLIC. Repas pris dans la matinée qui sert à la fois de petit-déjeuner et de déjeuner. *Les brunchs* (ou *brunches* plur. angl.) *du dimanche.*

BRUNCHER [bʀœnʃe] v. intr. ‹1› – 1984 ◊ de *brunch* ■ ANGLIC. Prendre un brunch.

BRUNE [bʀyn] n. f. – XVe ◊ de *brun,* adj. ■ VX Tombée de la nuit ; soir. loc. adv. *À la brune :* au crépuscule. ➤ RÉGION. **brunante.**

BRUNET, ETTE [bʀynɛ, ɛt] n. – XIIe ◊ de *brun* ■ VIEILLI Petit brun, petite brune. *Une jolie brunette.*

BRUNI [bʀyni] n. m. – 1808 ◊ de *brunir* ■ TECHN. Poli ; partie polie (d'un métal). ■ CONTR. 2 Mat.

BRUNIR [bʀyniʀ] v. ‹2› – 1080 ◊ de *brun* ■ **1** v. tr. Procéder au brunissage de (un métal, une pièce mécanique). *Brunir de l'acier.* ♦ (XIIIe) Rendre brun ; Teindre en brun. *Le soleil brunit la peau.* ➤ **bronzer, hâler.** *Brunir une boiserie au brou de noix.* ■ **2** v. intr. Devenir brun, prendre une teinte brune. *Les blonds brunissent en grandissant.* ➤ **foncer.** *Brunir à la mer.* ➤ **bronzer.** *Plat à brunir.* ➤ **dorer.** ■ CONTR. Matir ; éclaircir.

BRUNISSAGE [bʀynisaʒ] n. m. – 1680 ◊ de *brunir* ■ **1** TECHN. Opération consistant à polir en frottant un métal fin, ou à roder la surface soumise au frottement d'une pièce mécanique, ou à donner un certain poli à un métal par une oxydation superficielle. *Brunissage de l'or.* ■ **2** CUIS. Opération consistant à dorer la surface des aliments cuits au four à micro-ondes.

BRUNISSEUR, EUSE [bʀynisœʀ, øz] n. et adj. – 1313 ◊ de *brunir* ■ **1** TECHN. Ouvrier chargé des opérations de brunissage. ■ **2** adj. CUIS. *Papier, plat brunisseur,* favorisant le brunissage* des aliments.

BRUNISSOIR [bʀyniswaʀ] n. m. – 1564 ◊ de *brunir* ■ TECHN. Outil servant au brunissage.

BRUNISSURE [bʀynisyʀ] n. f. – 1429 ◊ de *brunir* ■ TECHN. ■ **1** Poli d'un ouvrage bruni. ■ **2** Action de brunir par la teinture les nuances des étoffes pour mieux les assortir.

BRUNOISE [bʀynwaz] n. f. – 1730 ◊ origine inconnue ■ Légume coupé en très petits dés, utilisé comme garniture. *Un consommé aux trois brunoises.*

BRUSCHETTA [bʀusketa ; bʀuskɛtta] n. f. – 1991 ◊ mot italien (1962), d'un type latin médiéval *bruscare* « brûler », d'origine préromane ■ Tartine de pain grillé, aillé et mouillé d'huile d'olive, sur laquelle on dispose des tomates, du fromage, des olives... (cuisine italienne).

BRUSHING [bʀœʃiŋ] n. m. – v. 1966 ; procédé déposé ◊ mot anglais, « brossage » ■ ANGLIC. Mise en plis où les cheveux sont travaillés mèche après mèche avec une brosse ronde et un séchoir à main. ➤ **coiffage.** *Se faire faire une coupe et un brushing.*

BRUSQUE [bʀysk] adj. – 1549 ◊ italien *brusco* « âpre, non poli, rude » ■ **1** (Généralt apr. le n.) Qui agit avec une certaine rudesse et d'une manière soudaine. *Homme brusque.* ➤ **brutal, nerveux, rude, vif, violent.** *Il est un peu brusque parce que timide.* ➤ **bourru.** *« des gens brusques qui vous expédient en peu de paroles »* LA BRUYÈRE. *Brusque envers qqn, avec qqn. Caractère brusque.* ➤ **impétueux.** ♦ PAR EXT. *Mouvements, gestes brusques.* ➤ **à-coup.** ♦ D'une vivacité rude pouvant aller jusqu'à l'agressivité. *Manières brusques. Ton, réplique brusque.* ➤ **cassant, sec.** ■ **2** (début XIXe) Généralt av. le n. Qui est soudain, que rien ne prépare ni ne laisse prévoir. ➤ **imprévu, inattendu, inopiné, subit.** *Brusque retour du froid. « L'arrêt brusque, le départ en trombe »* BOSCO. *Une brusque envie de tout plaquer.* ■ CONTR. Doux, mesuré, posé. Progressif.

BRUSQUEMENT [bʀyskəmɑ̃] adv. – 1534 ◊ de *brusque* ■ **1** VX Avec rudesse, brusquerie. ➤ **brutalement.** ■ **2** MOD. D'une manière brusque, soudaine. ➤ **inopinément, soudainement, subitement.** *Surgir brusquement. Il me demanda brusquement si...* (cf. À brûle-pourpoint, de but* en blanc). *Le temps a brusquement changé.* ■ CONTR. Doucement. Graduellement, progressivement.

BRUSQUER [bʀyske] v. tr. ‹1› – milieu XVIIe ◊ de *brusque* ■ **1** VX Traiter (qqn) de manière offensante. ♦ MOD. Traiter d'une manière brusque, sans se soucier de ne pas heurter. *Vous avez tort de brusquer cet enfant.* ➤ **secouer.** PAR ANAL. *Brusquer les convenances.* ➤ **bousculer.** ■ **2** Précipiter (ce dont le cours est lent, l'échéance éloignée). ➤ **hâter, presser.** *« Il était trop prudent pour brusquer les choses »* SAND. *Il ne faut rien brusquer.* — p. p. adj. *Une attaque brusquée,* décidée et exécutée soudainement. ■ CONTR. 1 Ménager. Ralentir.

BRUSQUERIE [bʀyskəʀi] n. f. – 1666 ◊ de *brusque* ■ **1** Façons brusques dans le comportement envers autrui. ➤ **rudesse.** *« Franche jusqu'à la brusquerie »* HERRIOT. *Avec brusquerie.* ➤ **brutalement.** ■ **2** LITTÉR. Caractère de ce qui est soudain, non préparé. ➤ **précipitation.** *La brusquerie d'une décision.* ➤ **soudaineté.** ■ CONTR. Douceur. Lenteur.

BRUT, BRUTE [bRyt] adj. – XIIIe ✧ latin *brutus* ■ **1** VX Qui représente un état primitif, peu évolué ou inorganique. ➤ **grossier, rudimentaire.** « *C'est ainsi que devaient naître ces âmes vivantes d'une vie brute et bestiale* » BOSSUET. ■ **2** MOD. Qui est à l'état naturel, n'a pas encore été façonné ou élaboré par l'action humaine. ➤ **naturel, sauvage, vierge.** *Minerai brut. Pétrole brut,* non raffiné. ➤ **naphte.** ELLIPT *Baril de brut. Diamant brut,* non taillé, non poli. *Or brut.* ➤ **natif.** *Soie brute.* ➤ **grège.** ◆ Qui résulte d'une première élaboration (avant d'autres transformations). *Toile brute.* ➤ **écru.** *Métal brut, brut de coulée* (à la sortie de la lingotière), *brut de laminage* (à la sortie du laminoir). *Béton brut de décoffrage,* sans enduit ni revêtement. FIG., FAM. *Brut de décoffrage, brut de fonderie :* qui n'a pas subi de transformation, qui apparaît sous sa forme première. « *Le crétin basique, brut de décoffrage* » TH. JONQUET. — *Champagne brut,* dont la teneur en sucre est inférieure à 2 %. SUBST. *Une bouteille de brut.* ■ **3** FIG. Qui n'a subi aucune élaboration intellectuelle, est à l'état de donnée immédiate. *Les faits bruts, à l'état brut.* ◆ (1944) *Art brut,* spontané, échappant à toute influence culturelle. ■ **4** ÉCON. Dont le montant est évalué avant déduction des taxes et des frais divers. *Bénéfice, salaire brut. Immobilisations brutes,* avant amortissement. *Produit* national brut.* ADVT (RARE) *L'opération doit rapporter brut un million.* ◆ COMM. *Poids brut,* total, y compris l'emballage ou le véhicule de transport (opposé à *poids net*). ADVT *Cette caisse d'oranges pèse brut dix kilos.* ■ CONTR. Évolué, façonné, ouvré, raffiné, travaillé. 2 Net.

BRUTAL, ALE, AUX [bRytal, o] adj. – XIVe ✧ bas latin *brutalis,* de *brutus* ■ **1** VX Qui tient de la brute (Iº). ➤ 2 **animal, bestial.** MOD. *La force brutale* (opposé à *la force morale de la raison*). ■ **2** (PERSONNES) Qui use volontiers de violence, du fait de son tempérament rude et grossier. ➤ **violent.** *Mari brutal. Un gardien brutal. Être brutal avec, envers qqn.* SUBST. *C'est un brutal,* une brute. ■ **3** (CHOSES) Qui est sans ménagement, ne craint pas de choquer. ➤ **abrupt, brusque,** 1 **direct.** *Une franchise brutale. Le réalisme brutal de cette description.* ➤ 2 **cru.** *Une réponse brutale.* ■ **4** (CHOSES) Brusque et violent. *Changement brutal. Le coup, le choc a été brutal.* ■ CONTR. Spirituel ; aimable, doux.

BRUTALEMENT [bRytalmɑ̃] adv. – 1425 ✧ de *brutal* ■ **1** D'une manière brutale. ➤ **durement, rudement, violemment.** *Traiter qqn brutalement.* « *Agamemnon déclare brutalement qu'il aime autant Briséis que son épouse* » CHATEAUBRIAND. ➤ **crûment.** ■ **2** Avec soudaineté et violence. ➤ **brusquement.** *Orage qui éclate brutalement. Freiner brutalement.* ■ CONTR. Délicatement, doucement. Progressivement.

BRUTALISER [bRytalize] v. tr. ‹1› – 1704 ; p. p. « rendu semblable à une brute » 1572 ✧ de *brutal* ■ Traiter d'une façon brutale. ➤ **battre, malmener, maltraiter, molester, rudoyer.** *Brutaliser un enfant* (cf. Enfant martyr*). FAM. *Il ne faut pas me brutaliser,* me brusquer.

BRUTALITÉ [bRytalite] n. f. – 1539 ✧ de *brutal* ■ **1** Caractère d'une personne brutale. ➤ **dureté, sauvagerie, violence.** *La brutalité d'un soudard. Agir, parler avec brutalité. Il est d'une grande brutalité.* ◆ Acte brutal, violence. *Victime des brutalités policières.* ➤ **sévices** (cf. Coups et blessures). ■ **2** Caractère brutal, inattendu et violent. *Étourdi par la brutalité du choc.* ■ CONTR. Amabilité, douceur.

BRUTE [bRyt] n. f. – 1669 ; *brut* 1559 ✧ de *brut* ■ **1** LITTÉR. L'animal considéré dans ce qu'il a de plus éloigné de l'être humain. ➤ **bête.** « *La création est une ascension perpétuelle, de la brute vers l'homme, de l'homme vers Dieu* » HUGO. ■ **2** Personne grossière, sans esprit. « *Des abrutis, des brutes, pas un atome d'initiative, d'intérêt pour ce qu'ils font, pas la moindre trace de goût* » SARRAUTE. FAM. *Brute épaisse. Dormir* comme une brute.* ■ **3** Personne brutale, violente. *Une vraie brute. Sale brute ! Frapper comme une brute.*

BRUXISME [bRyksism] n. m. – 1971 ✧ du grec *brukein* « grincer des dents » ■ Grincement des dents du maxillaire supérieur contre celles du maxillaire inférieur, pendant le sommeil ou par habitude maniaque. ➤ **bruxomanie.**

BRUXOMANIE [bRyksɔmani] n. f. – 1907 ✧ du grec *bruksein* « grincer des dents » et *-manie,* mot mal formé ■ MÉD. Manie de grincer* des dents. ➤ **bruxisme.**

BRUYAMMENT [bRyjamɑ̃ ; bRɥijamɑ̃] adv. – 1787 ; *bruiamment* v. 1300 ✧ de *bruyant* ■ **1** D'une manière bruyante. *Se moucher bruyamment.* ■ **2** En faisant grand bruit, bien haut. *Protester bruyamment.* ■ CONTR. Silencieusement.

BRUYANT, ANTE [bRyjɑ̃ ; bRɥijɑ̃, ɑ̃t] adj. – 1546 ; *bruiant* v. 1165 ✧ ancien p. prés. de *bruire* ■ **1** Qui fait beaucoup de bruit. ➤ **assourdissant, sonore.** « *Le va-et-vient bruyant de la rue* » DAUDET. — (PERSONNES) *Des enfants bruyants.* ➤ **braillard, tapageur.** *Des voisins bruyants.* ◆ PAR EXT. Qui se manifeste avec éclat. *Dévouement bruyant.* ■ **2** (1740) Où il y a beaucoup de bruit. *Une salle bruyante de rires. La réunion a été bruyante.* ➤ **tumultueux.** ■ CONTR. Silencieux, tranquille.

BRUYÈRE [bRyjɛR ; bRɥijɛR] n. f. – XIIe ✧ d'un dérivé (XIe) du latin d'origine gauloise *brucus* « bruyère » ■ **1** Arbrisseau des landes *(éricacées)* à tiges rameuses, à floraison tardive variant du blanc au pourpre. ◆ Racine de cette plante. *Une pipe de bruyère.* ■ **2** Lieu où pousse la bruyère. ➤ 1 **brande, lande.** « *je m'égarais sur de grandes bruyères terminées par des forêts* » CHATEAUBRIAND. — *Terre de bruyère :* terre légère formée notamment par la décomposition des bruyères. — *Coq* de bruyère.*

BRYONE [bRijɔn] n. f. – 1256 ✧ latin *bryonia,* grec *bruônia* ■ BOT. Plante commune des haies *(cucurbitacées),* herbacée, vivace, à baies rouges ou noires. *Toutes les parties de la bryone sont vénéneuses.*

BRYOPHYTES [bRijɔfit] n. f. pl. – 1924 ✧ du grec *bruon* « mousse » et *-phyte* ■ BOT. Embranchement du règne végétal regroupant les cryptogames* non vasculaires (mousses, hépatiques...).

BRYOZOAIRE [bRijɔzɔɛR] n. m. – 1836 ✧ du grec *bruon* « mousse » et *-zoaire* ■ ZOOL. Invertébré marin *(ectoproctes)* vivant en colonies, dont l'enveloppe externe, ramifiée, est cornée ou calcaire.

B. T. S. [beteɛs] n. m. – 1962 ✧ sigle de *Brevet de Technicien Supérieur* ■ Diplôme national sanctionnant deux ou trois années d'études supérieures dans un domaine très spécialisé. *Un B. T. S. de génie mécanique, de tourisme.*

BUANDERIE [bɥɑ̃dRi] n. f. – 1471 ✧ de *buandier* ■ **1** Local réservé à la lessive, aux lavages, dans une maison. *Le linge sèche dans la buanderie.* ■ **2** (1921) (Canada) Blanchisserie.

BUANDIER, IÈRE [bɥɑ̃dje, jɛR] n. – XVIe ; *bugadier* 1408 ✧ de l'ancien verbe *buer* « faire la lessive » → buée ■ **1** TECHN. Ouvrier, ouvrière assurant le lavage du linge dans les grandes blanchisseries. — Personne chargée du premier blanchiment des toiles. ■ **2** (Canada) Blanchisseur, blanchisseuse.

BUBALE [bybal] n. m. – 1752 ✧ latin *bubalus,* grec *boubalos* ■ Grande antilope d'Afrique aux cornes en forme de lyre.

BUBON [bybɔ̃] n. m. – 1372 ✧ grec *boubôn* « tumeur à l'aine » ■ VX Adénite. — MOD. Inflammation et gonflement des ganglions lymphatiques, dans certaines maladies (syphilis, peste, etc.). ➤ **adénopathie.** « *l'incision des bubons avait amené un mieux* » CAMUS.

BUBONIQUE [bybɔnik] adj. – avant 1892 ✧ de *bubon* ■ Caractérisé par des bubons. *Peste bubonique.*

BUCCAL, ALE, AUX [bykal, o] adj. – 1548 ✧ du latin *bucca* « bouche » ■ Qui appartient, a rapport à la bouche. ➤ **oral.** *La cavité buccale. Médicament à prendre par voie buccale.*

BUCCIN [byksɛ̃] n. m. – *buccine, buxine* 1372 ✧ latin *buccina,* altération de *bucina* « cornet de bouvier, trompette », de *bos* « bœuf » et *canere* « chanter » ■ **1** ANTIQ. Trompette romaine (jusqu'au XIXe s., on trouve aussi *buccine* n. f.). ■ **2** (1550 *buccine*) Gros mollusque comestible *(gastéropodes)* des côtes de l'Atlantique. ➤ **bulot.** *Coquille de buccin habitée par un bernard-l'ermite.*

BUCCINATEUR [byksinatœR] n. m. et adj. m. – 1549 ✧ latin *buccinator* ■ **1** ANTIQ. Sonneur de trompette, à Rome. « *Partout sonne l'appel clair des buccinateurs* » HEREDIA. ■ **2** adj. m. (1654) *Muscle buccinateur,* ou ELLIPT *le buccinateur :* muscle de la joue, qui tire vers l'extérieur les commissures labiales.

BUCCODENTAIRE [bykodɑ̃tɛR] adj. – 1922 ✧ de *bucco-* « bouche » et *dentaire* ■ DIDACT. Qui se rapporte à la bouche et aux dents. *Hygiène buccodentaire.*

BUCCOGÉNITAL, ALE, AUX [bykoʒenital, o] adj. – 1948 ✧ de *bucco-* « bouche » et *génital* ■ DIDACT. Qui concerne la bouche et les parties génitales. *Relations sexuelles buccogénitales.* ➤ **cunnilingus, fellation** (cf. FAM. Faire minette, soixante*-neuf).

1 **BÛCHE** [byʃ] n. f. /BUCHE/ – 1669 ; 1549 *buche ;* v. 1130 *busche* ✧ latin populaire °*buska,* d'origine germanique ■ **1** Morceau de bois de chauffage, de grosseur variable. « *Le crépitement des grosses bûches dans l'âtre* » DUHAMEL. *Fendre une bûche.* — (Canada) LOC. FAM. *Se tirer une bûche :* s'asseoir avec d'autres (souvent pour prendre part à une discussion). — **BÛCHE DE NOËL :** grosse bûche que l'on faisait brûler à la veillée de Noël. PAR ANAL. Pâtisserie en forme de bûche servie traditionnellement aux fêtes de fin d'année. *Bûche glacée, aux marrons.* ■ **2** PAR COMPAR. *Il reste là comme une bûche,* sans bouger, inerte. *Dormir comme une bûche,* très profondément. ➤ **souche.** FAM. *Avoir la*

tête dure comme une bûche : être entêté. *Une vraie bûche, quelle bûche !* personne stupide et apathique. ▪ **3** Fragment ligneux qu'on rencontre dans le tabac.

2 **BÛCHE** [byʃ] **n. f.** /BUCHE/ – 1875 ◇ du dialectal *bûcher*, «frapper, heurter, buter» ▪ FAM. Chute*. *Ramasser, prendre une bûche* : tomber.

1 **BÛCHER** [byʃe] **n. m.** /BUCHER/ – fin XIIIe *buchier* ◇ de 1 *bûche* ▪ **1** Local où l'on range le bois à brûler. ▪ **2** Amas de bois disposé pour la crémation. «*des bûchers s'allument pour brûler les morts*» ARTAUD. ♦ Amas de bois sur lequel on brûlait les condamnés au supplice du feu, les livres interdits. *Jeanne d'Arc fut condamnée au bûcher.*

2 **BÛCHER** [byʃe] **v. tr.** ‹1› /BUCHER/ – XVIe ; «frapper, heurter» XIIIe, et dialectal ◇ de 1 *bûche*

I ▪ **1** TECHN. Dégrossir (une pièce de bois) à coups de hache. — PAR ANAL. *Bûcher une pierre*, en enlever les saillies. ▪ **2** (1734) (Canada) Abattre (des arbres), couper (du bois). *Bûcher des épinettes.*

II (1852) FAM. Étudier, travailler avec acharnement. «*bûchant sa procédure*» FLAUBERT. ABSOLT *Il a bûché ferme.* ➤ 2 **bosser, piocher ;** RÉGION. 2 **bloquer.**

BÛCHERON, ONNE [byʃʀɔ̃, ɔn] **n.** /BUCHERON, ONNE/ – 1555 ◇ réfection, d'après 1 *bûche*, de *boscheron*, XIIe ; du radical *bosc* → bois ▪ Personne dont le métier est d'abattre du bois, des arbres dans une forêt. *La cognée, la tronçonneuse du bûcheron.* «*cassée en deux comme une vieille bûcheronne*» MARTIN DU GARD.

BÛCHETTE [byʃɛt] **n. f.** /BUCHETTE/ – XIVe ; *busquette* XIIe ◇ de 1 *bûche* ▪ **1** Petit morceau de bois sec, petite bûche. *Faire prendre le feu avec des bûchettes.* ▪ **2** Bâtonnet utilisé pour apprendre à compter. ▪ **3** Petit sachet tubulaire. *Une bûchette de sucre.*

BÛCHEUR, EUSE [byʃœʀ, øz] **n.** /BUCHEUR, EUSE/ – 1853 ◇ de 2 *bûcher* ▪ FAM. Personne qui étudie, travaille avec acharnement. ➤ **bosseur. adj.** *Un élève bûcheur.* ▪ CONTR. Paresseux.

BUCHNER [byʃnɛʀ] **n. m.** – date inconnue ◇ du nom du chimiste allemand *Ernst Büchner* ▪ CHIM. Entonnoir cylindrique, à fond plat poreux, utilisé pour la filtration sous vide d'un liquide. *Des buchners en porcelaine.* — On écrit aussi *büchner* [byʃnɛʀ].

BUCOLIQUE [bykɔlik] **n. f. et adj.** – XIIIe ◇ latin d'origine grecque *bucolicus* ▪ **1** LITTÉR. Poème pastoral. ➤ **églogue, idylle.** «*Du jour où j'ai connu le paysan, toute bucolique m'a paru mensonge*» RENARD. *Les «Bucoliques» de Virgile.* ▪ **2 adj.** Qui concerne, évoque la poésie pastorale. «*Je vis aux champs, j'aime et je rêve : je suis bucolique et berger*» HUGO. PAR EXT. *Paix bucolique.*

BUCRANE [bykʀan] **n. m.** – 1838 ; *bucrâne* 1803 ◇ latin d'origine grecque *bucranium* ▪ Motif ornemental constitué par une tête de bœuf sculptée, employé dans l'architecture de l'Antiquité et de la Renaissance.

BUDDLEIA ou **BUDDLÉIA** [bydleja] **n. m.** – avant 1733 ◇ du nom du botaniste *Buddle* ▪ Arbuste *(loganiacées)*, encore appelé *lilas de Chine, arbre aux papillons*, aux fleurs en longues panicules violettes ou mauves, commun en terrain sec. *Des buddleias.*

BUDGET [bydʒɛ] **n. m.** – 1764 ◇ mot anglais, d'abord «sac du trésorier», de l'ancien français *bougette*, diminutif de *bouge* «sac, valise» ▪ **1** «Acte par lequel sont autorisées les recettes et les dépenses annuelles de l'État ou des autres services que les lois assujettissent aux mêmes règles» (Décret du 5 mai 1862). (cf. Loi* de finance.) *Le budget de l'État. Dresser, préparer, discuter, voter, exécuter le budget. Inscrire une dépense au budget.* ➤ **budgétiser.** *Budget de report*, constitué de crédits inutilisés d'un ancien budget et qui reçoivent une affectation nouvelle. *Budget provisoire.* ➤ **douzième.** *Budget rectificatif* : état des corrections apportées, en cours d'année, au budget primitif. *Les titres, les chapitres du budget. Équilibre du budget. Budget en excédent, en déficit. Budget de l'Éducation nationale. Budget d'un département, d'une commune. Budget économique* : exposé prévisionnel de l'ensemble des activités de l'économie nationale pour l'année à venir. ▪ **2** (1801) État prévisionnel et limitatif des recettes et dépenses (d'une famille, d'un groupe, d'une entreprise...). *Budget familial, domestique. Budget mensuel. Boucler son budget* (cf. Joindre les deux bouts*). PAR EXT. Somme dont on peut disposer pour une dépense précise. *Le budget d'un voyage, des vacances.* ➤ **enveloppe.** *Film à gros budget.* ➤ **blockbuster** (ANGLIC.), **superproduction.** FAM. *Le budget nourriture.* ➤ 3 **poste.**

BUDGÉTAIRE [bydʒetɛʀ] **adj.** – 1825 ◇ de *budget* ▪ Qui a rapport au budget. *Prévision budgétaire. Crédit, dépense budgétaire. L'année* budgétaire. Enveloppe* budgétaire. Coupe* budgétaire.* — RARE *Situation budgétaire.* ➤ **pécuniaire.**

BUDGÉTISATION [bydʒetizasjɔ̃] **n. f.** – 1953 ◇ de *budget* ▪ Inscription au budget. *La budgétisation des prestations sociales.* ▪ CONTR. Débudgétisation.

BUDGÉTISER [bydʒetize] **v. tr.** ‹1› – 1872 ◇ de *budget* ▪ FIN. Inscrire au budget. — On dit aussi **BUDGÉTER** ‹6›, 1892. ▪ CONTR. Débudgétiser.

BUDGÉTIVORE [bydʒetivɔʀ] **adj. et n.** – 1845 ◇ de *budget* et *-vore* ▪ PLAISANT (PERSONNES) Qui vit aux dépens du budget de l'État. — (CHOSES) Qui grève un budget.

BUÉE [bɥe] **n. f.** – relevé une fois fin XIIIe, repris fin XVIIIe ◇ du p. p. substantivé gallo-roman *bucata* «lessive», sens que l'on rencontre encore en français régional, d'origine incertaine, soit du germanique soit du latin ▪ Vapeur qui se dépose en fines gouttelettes formées par condensation. *Des vitres couvertes de buée* (➤ **embuer**). «*La buée qui sortait de sa bouche peu à peu effaçait sa figure bonasse, en se déposant sur la vitre*» BOSCO.

BUFFET [byfɛ] **n. m.** – XIIIe ; «escabeau» v. 1150 ◇ p.-ê. radical onomatopéique *buff-*, exprimant le bruit d'un souffle → bouffer ▪ **1** Meuble de salle à manger ou de cuisine servant à ranger la vaisselle, l'argenterie, le linge de table, certaines provisions. ➤ **bahut, crédence,** 2 **desserte, dressoir, vaisselier.** *Buffet de cuisine. Buffet rustique, Henri II. Les tiroirs d'un buffet.* «*C'est un large buffet sculpté ; le chêne sombre Très vieux, a pris cet air si bon des vieilles gens*» RIMBAUD. — LOC. FAM. *Danser devant le buffet* : n'avoir rien à manger. ▪ **2** PAR EXT. Table garnie de plats froids, de pâtisseries, de rafraîchissements à l'occasion d'une réception ; l'ensemble de ces mets et boissons. *Dresser un buffet. Le buffet était excellent.* ➤ **cocktail, lunch.** *Commander un buffet chez le traiteur. Buffet campagnard*, avec des charcuteries et du vin. *Buffet froid.* ♦ (1863) *Buffet de gare* : café-restaurant installé dans les gares importantes. ➤ **buvette, cafétéria.** *Arrêt*-buffet.* — *Buffet roulant* : voiturette qui vend, sur les quais d'une gare, des sandwichs et des boissons. ▪ **3** Menuiserie d'un orgue contenant les parties mécaniques et acoustiques à l'exception le plus souvent de la soufflerie. ➤ **cabinet.** *Buffet d'orgue.* ▪ **4** ARCHIT. *Buffet d'eau* : table de pierre, de marbre, supportant des coupes, des bassins disposés en gradins où l'eau rejaillit en cascades. ▪ **5** (1803) FAM. Ventre, estomac. *Il n'avait rien dans le buffet, rien mangé.* «*Il a reçu un coup de pétard dans le buffet*» QUENEAU.

BUFFETIER, IÈRE [byf(ə)tje, jɛʀ] **n.** – 1874 ; «officier du buffet de l'office» 1769 ◇ de *buffet* (2°) ▪ VIEILLI Personne qui tient un buffet de gare. MOD. Personne qui tient un buffet roulant.

BUFFLE [byfl] **n. m.** – fin XIIe ◇ de l'italien *buffalo*, forme ancienne de *bufalo*, lui-même du latin *bufalus*, variante de *bubalus* «antilope» → bubale ▪ **1** Mammifère ruminant *(bovidés)* aux longues cornes arquées, voisin du bœuf, dont il existe plusieurs espèces en Afrique et en Asie. ➤ **karbau.** *Femelle du buffle* (*bufflonne* ou *bufflesse* **n. f.**). *Petit du buffle* (*bufflon* ou *buf-fletin* **n. m.**). ♦ *Crapaud*-buffle.* ▪ **2** (1637) Peau de buffle tannée (➤ **buffleterie**). *Valise en buffle.*

BUFFLETERIE [byflətʀi ; byflɛtʀi] ou **BUFFLÈTERIE** [byflɛtʀi] **n. f.** – 1760 sens 2° ◇ de *buffle* ▪ **1** Méthode de chamoisage des peaux de buffle, de bœuf (SPÉCIALT pour les cuirs de l'équipement militaire). ▪ **2** Partie de l'équipement en cuir qui soutient les armes.

BUG [bœg] **n. m.** – v. 1975 ◇ mot anglais «bestiole nuisible» ▪ ANGLIC. INFORM. ➤ 2 **bogue (recomm. offic.).** *Des bugs.* «*un "bug" informatique était annoncé, un dérèglement planétaire, une espèce de trou noir précurseur de la fin du monde*» A. ERNAUX.

BUGGER [bœge] **v. intr.** ‹1› – 1985 *bugué* ◇ anglais *to bug* ▪ ANGLIC. INFORM. ➤ **boguer.** «*le programme bugge pas mal, tout à l'heure ça allait, là il se traîne*» J. VETTIER. ▪ HOM. Buggy.

BUGGY [bygi ; bœge] **n. m.** – 1829 ◇ mot anglais ▪ **1** ➤ **boghei.** ▪ **2** Voiture tout-terrain découverte, à pneus très larges et au moteur placé à l'arrière. *Des buggys.* On emploie aussi le pluriel anglais *des buggies.* ▪ HOM. Bugger.

BUGLE [bygl] **n. m.** – 1836 ◇ mot anglais, emprunté à l'ancien français → beugler ▪ Instrument à vent à pistons (cuivres), à perce conique, utilisé notamment dans les fanfares.

BUGNE [byɲ] **n. f.** – 1573 ; «bosse» 1378 ◇ p.-ê. mot franco-provençal pour *beigne* ▪ RÉGION. (Lyon) Beignet de pâte, frit et poudré de sucre. *Les bugnes de mardi gras.*

BUGRANE [bygʀan] **n. f.** – 1545 ◇ latin *bucranium* → bucrane ▪ Plante épineuse *(légumineuses)*, à fleurs roses ou jaunes, appelée aussi *arrête-bœuf.*

BUILDING [b(ɥ)ildiŋ] **n. m.** – 1895 ◊ mot anglais américain, de *to build* «construire» ■ ANGLIC., VIEILLI Vaste immeuble moderne, à nombreux étages. ➤ **gratte-ciel,** 1**tour.** *Des buildings.*

BUIRE [bɥiʀ] **n. f.** – 1300 ◊ altération de *buie* (XIIe), francique °*buk* «ventre», ou d'un bas francique °*buri* «récipient» ■ ARCHÉOL. Vase en forme de cruche, à bec et à anse.

BUIS [bɥi] **n. m.** – 1525 ; *bois* XIVe ◊ latin *buxus* ■ Arbuste à feuilles persistantes *(buxacées),* souvent employé en bordures ou taillé en figurines ornementales dans les jardins. *Buis bénit :* branche de buis qu'on bénit le jour des Rameaux. ◆ Bois jaunâtre, dense et dur de cette plante. *Sculpter du buis.*

BUISSON [bɥisɔ̃] **n. m.** – XIIe ; *boissun* 1080 ◊ altération de l'ancien français *boisson,* diminutif de *bois* ■ **1** Bouquet, touffe d'arbrisseaux sauvages et rameux. ➤ **broussaille, hallier.** *Buisson épineux, d'épines. Ronces en buisson.* ◆ CHASSE *Battre* les buissons.* VIEILLI *Faire, trouver buisson creux :* ne plus trouver dans l'enceinte la bête détournée. ◆ RELIG. *Le buisson ardent*.* ◆ *Arbre en buisson,* ou ELLIPT *buisson :* arbre fruitier nain taillé en buisson ; arbre taillé de façon à ne pas dépasser trois mètres de haut. *Rosiers buissons et rosiers tiges.* ■ **2** PAR ANAL. Mets arrangé en forme de pyramide hérissée. *Buisson d'écrevisses.*

BUISSON-ARDENT [bɥisɔ̃aʀdɑ̃] **n. m.** – 1680 ◊ de l'expr. *buisson ardent* ■ COUR. Cotonéaster. *Haie de buissons-ardents.*

BUISSONNANT, ANTE [bɥisɔnɑ̃, ɑ̃t] **adj.** – 1898 ◊ de *buissonner* «pousser en forme de *buisson*» ■ Qui se présente sous forme de buisson. *Arbuste buissonnant.* — FIG. BIOL. *Évolution buissonnante,* lorsqu'à plusieurs époques de l'histoire d'une lignée ont coexisté de nombreuses espèces. *Le caractère buissonnant de la lignée humaine.*

BUISSONNEUX, EUSE [bɥisɔnø, øz] **adj.** – XIIe *boissonneus* ◊ de *buisson* ■ **1** Couvert de buissons. *Terrain buissonneux.* ■ **2** En buisson, fait de buissons. *Espèce buissonneuse.* ➤ **buissonnant.**

BUISSONNIER, IÈRE [bɥisɔnje, jɛʀ] **adj.** – v. 1540 ◊ de *buisson* ■ **1** *École buissonnière :* école clandestine tenue au Moyen Âge en plein champ. — LOC. *Faire l'école buissonnière :* jouer, se promener au lieu d'aller en classe, et PAR EXT. ne pas aller travailler. ■ **2** (1580) VX Qui habite les buissons. *Merle buissonnier.*

1**BULBE** [bylb] **n. m.** – 1897 ◊ anglais *bulb* «oignon ; bulbe» ■ MAR. Renflement de la partie inférieure de la quille, destiné à diminuer la résistance à l'eau. *Bulbe d'étrave.*

2**BULBE** [bylb] **n. m.** – XVe ◊ latin *bulbus* ■ **1** Organe de réserve souterrain de certaines plantes *(monocotylédones),* de forme renflée, pourvu de racines adventives. *Bulbe écailleux du lis. Bulbe de jacinthe* (➤ **oignon**). *Les caïeux du bulbe d'ail.* ➤ **tête.** *Plantes à bulbes* (tulipe, crocus, narcisse, glaïeul, etc.). ■ **2** (1732) ANAT. Renflement arrondi et globuleux. *Bulbe de l'urètre. Bulbes pileux.* COUR. *Bulbe rachidien* ou ABSOLT *bulbe :* segment inférieur de l'encéphale, qui fait suite à la moelle épinière, se continuant par la protubérance annulaire (**adj. BULBAIRE**). ➤ **myélencéphale.** — LOC. FAM. *Ramolli, mou, atrophié du bulbe :* lent à comprendre, peu intelligent. ■ **3** COUR. Coupole, dôme dont le haut est resserré en pointe. *Les bulbes d'une église russe. Église à bulbes.*

BULBEUX, EUSE [bylbø, øz] **adj.** – 1545 ◊ latin *bulbosus* ■ **1** BOT. Qui a un bulbe. *Plante bulbeuse.* ■ **2** Renflé, en forme de bulbe. *Clocher bulbeux.*

BULBILLE [bylbij] **n. f.** – 1843 ◊ de *bulbe* ■ BOT. Organe de propagation assurant le bouturage naturel de certains végétaux. *Les bulbilles de l'ail.* ➤ **caïeu.**

BULGARE [bylgaʀ] **adj. et n.** – 1732 ◊ bas latin *Bulgares ;* cf. *bougre* ■ De la Bulgarie. *Le peuple bulgare. Yaourt bulgare.* **n.** *Les Bulgares.* — **n. m.** *Le bulgare :* langue slave du groupe méridional.

BULGOMME [bylgɔm] **n. m.** – milieu XXe ◊ marque déposée ; de *gomme* ■ Sous-nappe en tissu enduit de mousse de caoutchouc, imperméable, protégeant le dessus de la table des chocs et de la chaleur.

BULLAIRE [bylɛʀ] **n. m.** – 1727 ◊ latin médiéval *bullarium* ■ RELIG. Recueil des bulles des papes. ◆ Scribe qui copiait ces bulles.

BULLDOZER [byldɔzɛʀ ; buldozœʀ] **n. m.** /BULLDOZEUR/ – 1927 ◊ mot anglais américain ■ ANGLIC. ■ **1** Engin de terrassement, tracteur à chenilles très puissant. ➤ **bouteur.** — ABRÉV. FAM. (avant 1950) **BULL** [byl]. ■ **2** FIG. et FAM. Personne décidée que rien n'arrête. *Cette fille est un vrai bulldozer.*

1**BULLE** [byl] **n. f.** – XIIe *buille* «sceau» ◊ latin médiéval *bulla,* spécialisation du classique *bulla* «médaillon, ornement en forme de boule» ■ **1** HIST. Boule de métal attachée à un sceau ; Ce sceau. *La bulle des papes est à l'effigie de saint Pierre et saint Paul.* ■ **2** Lettre patente du pape, avec le sceau de plomb, désignée par les premiers mots du texte (ex. *bulle Unigenitus*), et contenant ordinairement une constitution générale. *Bulle d'excommunication. Bulle d'indiction,* pour la convocation d'un concile. *Fulminer une bulle.* ◆ PAR ANAL. HIST. Acte, ordonnance des empereurs d'Allemagne. *La bulle d'or, de Charles IV.* ■ **3** ARCHÉOL. Tête de clou richement ornée, décorant des vantaux, des coffres. ■ HOM. Bull (bulldozer).

2**BULLE** [byl] **n. f.** – avant 1590 ◊ latin *bulla* ■ **1** Petite quantité d'air ou de gaz qui s'élève sous une forme sphérique à la surface d'un liquide en mouvement, en effervescence, en ébullition. *«Une bulle formée contre une plante aquatique par l'eau de la rivière et qui crève aussitôt»* PROUST. *Liquide qui fait des bulles.* ➤ **effervescent, gazeux, pétillant.** *Bulles qui remontent à la surface de la bière, du champagne.* ➤ 1**mousse.** *Bulles d'air sous le papier peint.* ➤ **cloque.** *Niveau* à bulle.* — LOC. FAM. *Coincer la bulle :* ne rien faire, se reposer. ➤ **buller.** VULG. *Ça va chier* des bulles.* ◆ Globe formé d'une pellicule remplie d'air. *Faire des bulles de savon avec une paille. Bulle de chewing-gum.* — *Papier bulle :* film plastique à bulles d'air, servant à emballer les objets fragiles (➤ aussi 3**bulle**). ◆ Globule gazeux qui se forme dans une matière en fusion. *Les bulles du verre* (➤ **bullé**). ◆ FIG. *Vivre dans une bulle, dans sa bulle,* à l'écart, dans son monde. *«Tous ces gens indifférents, chacun dans sa bulle, dans sa coquille»* LE CLÉZIO. ◆ PAR MÉTON. AU PLUR. Champagne ou autre vin effervescent. *Sortons les bulles ! «bulles et alcools blancs»* J.-P. AMETTE. ■ **2** Enceinte stérile dans laquelle sont placés les enfants atteints de déficience immunitaire. *Bébé-bulle,* placé dès sa naissance dans un tel milieu. *Des bébés-bulle.* ■ **3** MÉD. Soulèvement de l'épiderme ménageant une cavité remplie de sérosité. ➤ **ampoule, cloque, vésicule ; bulleux.** ■ **4** (v. 1960) Espace délimité par une ligne fermée, où sont inscrites les paroles ou les pensées d'un personnage dessiné, photographié. *Bulles des bandes dessinées.* ➤ 1**ballon.** *Le phylactère* est l'ancêtre de la bulle.* ■ **5** (milieu XXe) PHYS. *Chambre* à bulles.* — INFORM. *Mémoire* à bulles.* ■ **6** ARG. SCOL. Note zéro. *Avoir une bulle en maths.* ■ **7** FIG. Situation créée par un gonflement excessif. — ÉCON. *Bulle financière :* inflation qui ne touche que les produits financiers, actions, obligations. BOURSE *Bulle spéculative :* hausse excessive des cours d'un titre, d'un secteur ou d'un indice, qui n'est pas liée à une réelle croissance économique. *«des spéculateurs qui amplifiaient les mouvements de hausse ou de baisse — on ne parlait pas encore de bulles»* FOTTORINO. ◆ (2004) *Bulle médiatique :* engouement excessif des médias. *«la bulle internet avait porté les informaticiens au rang de demi-dieux»* F. THILLIEZ.

3**BULLE** [byl] **n. m.** – 1808 ; *bule* 1765 «pâte à papier grossière» ◊ origine inconnue ■ Papier jaunâtre, de qualité très ordinaire. **adj. m. inv.** *Papier bulle* (➤ aussi 2**bulle**).

BULLÉ, ÉE [byle] **adj.** – 1834 ◊ de 2*bulle* ■ Qui contient, présente des bulles, en parlant d'un solide. *Verre bullé.*

BULLER [byle] **v. intr.** ⟨1⟩ – 1966 ◊ de *bulle,* dans *coincer la bulle* ■ FAM. Ne rien faire. ➤ **paresser ;** FAM. **glander.**

BULLETIN [byltɛ̃] **n. m.** – 1532 ◊ ancien français *bulette,* de *bulle* «sceau», avec influence de l'italien *bollettino* ■ **1** Information émanant d'une autorité, d'une administration, et communiquée au public. ➤ **communiqué.** *Bulletin météorologique. Bulletin d'état civil,* établi dans les mairies à l'occasion des actes de l'état civil, et servant aux statistiques démographiques. LOC. FAM. *Avaler son bulletin de naissance :* mourir. *Bulletins de statistique,* publiés par les offices de statistique. *Bulletin de santé,* par lequel les médecins traitants rendent compte de l'état de santé d'un personnage important. *Bulletin signalétique. Bulletin officiel d'un ministère* (ABRÉV. *B. O.* [beo]). — SCOL. Rapport (généralement trimestriel) des professeurs et de l'administration, contenant les notes de travail et de conduite d'un élève. ➤ **carnet.** *Il a eu un bon bulletin. Faire signer son bulletin à ses parents.* ◆ Article de journal résumant et commentant des nouvelles dans un certain domaine. *Bulletin de l'étranger.* — Titre de certaines revues. *Bulletin paroissial.* — *Bulletin d'information*,* à la radio, à la télévision. ➤ **flash.** ■ **2** Certificat ou récépissé délivré à un usager. *Bulletin de bagages, de consigne.* — *Bulletin de salaire, de paye,* accompagnant le salaire et comportant des mentions obligatoires (salaire brut, net, retenues...). ➤ **feuille,** 1**fiche.** ◆ Imprimé à remplir et à retourner à un organisme. *Bulletin d'abonnement. Bulletin-réponse*, à un concours. *Des bulletins-réponses.* ▪ **3** *Bulletin de vote* : papier indicatif d'un vote, que l'électeur dépose dans l'urne. *Bulletin nul*, irrégulier (par modification, surcharge, etc.). *Bulletin blanc*, vierge (en signe d'abstention). *Vote à bulletins secrets.*

BULLEUX, EUSE [byløø, øz] **adj.** – 1803 ◇ de 2*bulle* ▪ **1** MÉD. Qui présente des bulles (3°). *Dermatose bulleuse.* ▪ **2** GÉOMORPH. Qui présente des bulles (1°). *Sables bulleux, laves bulleuses.*

BULL-FINCH [bulfinʃ] **n. m.** /BULLFINCH/ – 1829 ◇ mot anglais, altération de *bull-fence* «clôture à taureaux» ▪ ANGLIC. HIPPISME Talus surmonté d'une haie sur les pistes de steeple-chase. *Des bull-finchs.* On emploie aussi le pluriel anglais *des bull-finches.*

BULL-TERRIER [bultɛʀje] **n. m.** /BULLTERRIER/ – 1858 ◇ mot anglais, de *bull(dog)* et *terrier* ▪ Chien d'une race anglaise, bon ratier. *Des bull-terriers.*

BULOT [bylo] **n. m.** – avant 1877 ◇ flamand *wullok* ; cf. ancien français *willox* «escargot» ▪ RÉGION., puis COUR. Gros mollusque *(gastéropodes)* des côtes de l'Atlantique, qui se mange cuit. ➤ **buccin, escargot** (de mer). *Des bigorneaux et des bulots.*

BUN [bœn] **n. m.** – 1827 ◇ origine inconnue ▪ ANGLIC. Petit pain au lait rond. *Des buns et des muffins.*

BUNA [byna] **n. m.** – 1948 ◇ nom déposé, de *bu(tadiène)* et *Na*, symbole du sodium ▪ TECHN. Caoutchouc synthétique obtenu par polymérisation du butadiène en présence de sodium, utilisé notamment dans la fabrication des pneus.

BUNGALOW [bœ̃galo] **n. m.** – 1826 ◇ mot anglais, de l'hindi *bangla* «du Bengale» ▪ Maison indienne basse entourée de vérandas. PAR EXT. Petit pavillon simple, en rez-de-chaussée, pouvant servir de résidence temporaire. *Les bungalows d'un club de vacances, d'un motel.*

1**BUNKER** [bunkœʀ ; bunkɛʀ] **n. m.** – v. 1942 ◇ mot allemand, d'abord «soute à charbon» ▪ Casemate construite par les Allemands pendant la Seconde Guerre mondiale. ➤ **blockhaus.** — Casemate très protégée. «*Dans leurs bunkers de béton aux murs épais*» LE CLÉZIO.

2**BUNKER** [bœnkœʀ] **n. m.** – 1902 ◇ mot anglais «banc, coffre», p.-ê. apparenté à *bank* «talus» ▪ GOLF Fossé rempli de sable situé autour d'un green ou sur le fairway. *Envoyer sa balle dans un bunker.*

BUNRAKU [bunʀaku] **n. m.** – *bounrakou* 1924 ◇ mot japonais ▪ DIDACT. Art dramatique traditionnel japonais, mêlant marionnettes de grande taille, récit chanté et accompagnement au shamisen. «*Le Bunraku* [...] *sépare l'acte du geste : il montre le geste, il laisse voir l'acte, il expose à la fois l'art et le travail, réserve à chacun d'eux son écriture*» BARTHES.

BUPRESTE [bypʀɛst] **n. m.** – 1372 ◇ latin *buprestis*, grec *bouprêstis* ▪ Insecte coléoptère, aux couleurs métalliques, dont la larve mange le bois.

BURALISTE [byʀalist] **n.** – fin XVIIe ◇ de *bureau* ▪ Personne préposée à un bureau de recette, de timbre, de poste ; SPÉCIALT Personne qui tient un bureau* de tabac.

BURE [byʀ] **n. f.** – 1441 ; *burel* XIIe ◇ probablt latin populaire °*bura*, pour *burra* → 1bourre ▪ Grossière étoffe de laine brune. *Froc de bure.* PAR MÉTON. Vêtement de cette étoffe. *La bure du moine.*

BUREAU [byʀo] **n. m.** – milieu XIVe ◇ du sens de «tapis de table sur lequel on fait les comptes» (début XIVe), d'abord «étoffe grossière de laine brune» (milieu XIIe), de *bure* ou dérivé du latin *bura* → bure

I MEUBLE, LIEU DE TRAVAIL ▪ **1** Table sur laquelle on écrit, on travaille. — SPÉCIALT Meuble à tiroirs et à tablettes où l'on peut enfermer des papiers, de l'argent. ➤ **secrétaire.** *Bureau d'acajou, de chêne ; bureau métallique. Bureau Louis XVI, Empire. Bureau à cylindre, à dos d'âne. Bureau plat. Bureau ministre :* grand bureau comme en ont les ministres. *Être assis à son bureau. — Déposer un projet sur le bureau d'une Assemblée*, sur le bureau devant lequel est assis le président. ▪ **2** Pièce où est installée la table de travail, avec les meubles indispensables (bibliothèque, classeurs, etc.). ➤ **cabinet.** *Le bureau d'un avocat. — Le bureau ovale :* le bureau du président des États-Unis d'Amérique, à la Maison-Blanche ; PAR MÉTON. le pouvoir fédéral exécutif américain. ▪ **3** PAR EXT. Lieu de travail des employés (d'une administration, d'une entreprise). *Les bureaux du ministère, de la mairie. Les bureaux d'une agence, d'une société.* ➤ **service** (caisse, comptabilité, contrôle, courrier, secrétariat), **siège.** *Mobilier, équipement de bureau* (➤ **bureautique, confortique**). *Lampe de bureau. Matériel, fournitures de bureau. Travail de bureau.* «*Le travail de bureau convenait à mes désirs médiocres et à ma passion du classement et de l'ordre*» R. MILLET. Personnel d'un bureau. ➤ **chef, dactylo, employé, hôtesse, huissier, opérateur** (de saisie), **secrétaire, standardiste.** *Chef de bureau. Employé de bureau.* ➤ PÉJ. **bureaucrate.** *Collègue de bureau. Heures de bureau.* ➤ **ouvrable.** *Ouverture, fermeture des bureaux. — Aller au bureau, à son bureau.* ➤ ARG. **burlingue.** «*Un de ces êtres minutieux qui installent dans toute leur vie l'exactitude de l'heure du bureau et l'ordre des cartons étiquetés*» DAUDET. — *Immeuble de bureaux* (opposé à *d'habitation*), (Canada) *édifice à bureaux.* ◆ (Afrique noire) PLAIS. *Deuxième* (*troisième*, etc.) *bureau*, ABSOLT *bureau* : maîtresse d'un homme marié. ▪ **4** Espace de travail visualisé sur l'écran d'un ordinateur où apparaissent les icones et les fenêtres. ▪ **5** Établissement ouvert au public et où s'exerce un service d'intérêt collectif. *Les guichets d'un bureau. Bureau de l'enregistrement, des contributions. Bureau de poste. Bureau d'accueil.* — **BUREAU DE TABAC**, où se fait la vente au détail du tabac et des articles de la Régie. ➤ 1**débit ; buraliste.** ◆ Guichet. *Bureau d'un théâtre. Bureau de location. Jouer à bureaux fermés.* ➤ **guichet.** ▪ **6** Service (assuré dans un bureau). *Le bureau administratif, commercial. Les bureaux d'un état-major.* ANCIENNT *Deuxième Bureau :* service de renseignements. *Bureau d'aide sociale. Bureau international du travail (B. I. T.) :* organisme administratif permanent de l'O. I. T. *Bureau d'étude(s) :* établissement privé qui fait certaines études à la demande de ses clients. — VIEILLI *Bureau de placement.* — FAM. *Bureau des pleurs :* service des réclamations. — LOC. *Prendre l'air* du bureau.*

II PERSONNES QUI ASSURENT UN TRAVAIL ▪ **1** VX Ensemble des employés travaillant dans un bureau. *Le bureau fête un anniversaire.* ▪ **2** Membres d'une assemblée élus par leurs collègues pour diriger les travaux. *Président, secrétaire, trésorier du bureau. Élire, renouveler le bureau. Réunion du bureau. Bureau politique d'un parti*, sa direction. ▪ **3** *Bureau de vote :* section du corps électoral communal ; organisme qui préside au vote dans une section. ▪ **4** Groupe de délégués chargés d'étudier une question. ➤ **comité, commission.** — *Bureau Veritas :* comité technique de surveillance des avions, des navires.

BUREAUCRATE [byʀokʀat] **n.** – 1790 ◇ de *bureaucratie* ▪ Fonctionnaire, employé(e) rempli(e) du sentiment de son importance et abusant de son pouvoir sur le public. *Bureaucrates et technocrates.* PÉJ. Employé(e) de bureau. ➤ **gratte-papier, rond-de-cuir.**

BUREAUCRATIE [byʀokʀasi] **n. f.** – avant 1759, répandu v. 1790 ◇ de *bureau* et *-cratie* ▪ **1** Pouvoir politique des bureaux ; Influence abusive de l'administration. «*la bureaucratie* [était] *modeste, la paperasserie raisonnable*» DUHAMEL. ▪ **2** L'ensemble des fonctionnaires considérés du point de vue de leur pouvoir dans l'État.

BUREAUCRATIQUE [byʀokʀatik] **adj.** – 1796 ◇ de *bureaucratie* ▪ Propre à la bureaucratie. *Pouvoir, organisation bureaucratique.*

BUREAUCRATISATION [byʀokʀatizasjɔ̃] **n. f.** – 1905 ◇ de *bureaucratiser* ▪ Transformation en bureaucratie ; accroissement du pouvoir des services administratifs. *La lutte contre la bureaucratisation.*

BUREAUCRATISER [byʀokʀatize] **v. tr.** ⟨1⟩ – 1876 ◇ de *bureaucrate* ▪ Transformer par la mise en place d'une bureaucratie. «*Les bureaucrates ont réussi à bureaucratiser le monde*» RAGON. ▪ CONTR. Débureaucratiser.

BUREAUTIQUE [byʀotik] **n. f. et adj.** – 1976 ; *burotique* nom déposé ◇ de *bureau* et *(informa)tique* ▪ Ensemble des techniques (informatique, télématique...) visant à automatiser les travaux de bureau. — **adj.** *Logiciels, outils bureautiques.*

BURELÉ, ÉE [byʀle] **adj.** – XIIIe ◇ de l'ancien français *burel* «tapis (rayé)» ▪ BLAS. Divisé par des burelles. ◆ TECHN. *Fond burelé* (d'un timbre), rayé.

BURELLE ou **BURÈLE** [byʀɛl] **n. f.** – XVe, -1631 ◇ de *burelé* ▪ BLAS. Fasce rétrécie sur un écu.

BURETTE [byʀɛt] **n. f.** – *buyrete* 1305 ◇ de *buire* ▪ **1** LITURG. Flacon destiné à contenir les saintes huiles, ou l'eau et le vin de la messe. ▪ **2** Petit flacon à goulot. *Burettes d'un huilier.* ◆ Récipient à tubulure pour verser un liquide goutte à goutte. *Burette de mécanicien* (huile de graissage). *Burette de chimiste.* ▪ **3** AU PLUR., FAM. et VULG. Testicules. — LOC. FIG. *Casser les burettes à qqn*, l'importuner, l'agacer.

BURGAU [byʀgo] **n. m.** – 1563 ◇ probablt mot antillais ▪ Coquillage univalve nacré. — Nacre de ce coquillage (ou **BURGAUDINE n. f.**, 1701). *Incrustations de burgau.*

BURGER [bœʀgœʀ] **n. m.** – 1982 ◇ mot anglais américain (1937), abrév. de *hamburger* ■ ANGLIC. Hamburger*. *Des burgers.* — PAR EXT. *Burger de poulet, au poulet.*

BURGRAVE [byʀgʀav] **n. m.** – XVe ◇ latin médiéval *burggravium,* du moyen haut allemand *burcgrâve* «comte d'un château, d'une ville» ■ HIST. Dans le Saint Empire, Commandant d'une ville ou d'une citadelle (fonction, puis titre nobiliaire). *«Les Burgraves», drame de V. Hugo.*

BURIN [byʀɛ̃] **n. m.** – 1420 ◇ ancien italien *burino,* du longobard °*boro* «foret» ■ Ciseau d'acier que l'on pousse à la main et qui sert à graver. ➤ 2 **échoppe, guilloche, onglette, pointe** (pointe-sèche). *Graver au burin. «j'osais attaquer le bois directement avec le burin»* ZOLA. — PAR EXT. Gravure au burin. *Livre illustré de burins du XVIIIe siècle.* ◆ Ciseau d'acier (souvent mécanique) pour couper les métaux, dégrossir les pièces. ◆ CHIR. Instrument à extrémité biseautée tranchante, pour entailler l'os.

BURINÉ, ÉE [byʀine] **adj.** – de *buriner* ■ **1** Gravé au burin. ■ **2** FIG. *Visage buriné ; traits burinés,* marqués et énergiques.

BURINER [byʀine] **v. tr.** ⟨1⟩ – 1554 ◇ de *burin* ■ Graver au burin. *Buriner une planche. — Buriner un portrait.* ◆ TECHN. Travailler au burin (les métaux) pour ébarber des pièces. **n. m. BURINAGE.**

BURINEUR [byʀinœʀ] **n. m.** – 1877 ◇ de *buriner* ■ TECHN. Ouvrier spécialisé dans le burinage des pièces métalliques.

BURKA ➤ **BURQA**

BURKINI [byʀkini ; buʀ-] **n. m.** – 2007 ◇ marque déposée ; mot-valise anglais, de *bur(qa)* et *(bi)kini* ■ Tenue de baignade portée par certaines musulmanes, couvrant entièrement le corps à l'exception du visage, des mains et des pieds. — REM. On écrit aussi *burqini* (marque déposée).

BURLAT [byʀla] **n. f.** – 1955 ◇ du nom du botaniste *Burlat* ■ Variété de bigarreau, grosse cerise rouge foncé à chair ferme.

BURLESQUE [byʀlɛsk] **adj. et n. m.** – 1666 ; *bourrelesque* 1594 ◇ italien *burlesco,* de *burla* «plaisanterie» ■ **1** D'un comique extravagant et déroutant. ➤ **bouffon, comique, loufoque.** *Un accoutrement burlesque. Farce, film burlesque.* ◆ PAR EXT. Tout à fait ridicule et absurde. ➤ **grotesque.** *Quelle idée burlesque !* — **adv. BURLESQUEMENT,** 1690. ■ **2 n. m.** Caractère d'une chose burlesque, absurde et ridicule. *Le burlesque d'une situation.* ◆ Genre cinématographique caractérisé par l'importance accordée aux gags visuels (tartes à la crème, chutes, poursuites...) et à leur succession rapide dans le film. ■ **3** (milieu XVIIe) HIST. LITTÉR. *Le genre burlesque,* ou *le burlesque :* parodie de l'épopée consistant à travestir, en les embourgeoisant, des personnages et des situations héroïques ; propre à ce genre. *Style burlesque.* ■ **4** (de l'anglais *burlesque*) **n. m.** Striptease humoristique et féministe dans l'esprit des spectacles de cabaret. *Troupe de burlesque.* — **adj.** *Effeuillage burlesque.* ■ CONTR. Grave, tragique.

BURLINGUE [byʀlɛ̃g] **n. m.** – 1877 ◇ de l'argot *burlin,* diminutif de *bureau* ■ ARG. Bureau (lieu de travail).

BURNES [byʀn] **n. f. pl.** – 1888 ◇ mot rouchi «excroissance (d'un arbre)», d'origine inconnue, par analogie de forme ■ FAM. et VULG. Testicules. ➤ **couille, coucougnettes, roubignoles, roupettes, roustons.** LOC. *Casser les burnes à qqn,* l'importuner, l'énerver (cf. Casser* les pieds). *«Vous me faites chier, colonel ! Vous me cassez les burnes, même, pour parler franchement !»* M. G. DANTEC.

BURNOUS [byʀnu(s)] **n. m.** – 1735 ; *barnusse* 1556, puis variantes diverses ◇ arabe *bournous* ■ **1** Grand manteau de laine à capuchon et sans manches (en usage dans les pays du Maghreb). *«Le jeune chef de tribu portait l'habit traditionnel des caïds, un lourd burnous de drap rouge»* C. MARTINEZ. FAM. *Faire suer* le burnous.* ■ **2** Peignoir de bain pour bébé, à capuchon et sans manches.

BURN-OUT [bœʀnaut] **n. m. inv.** – 1985 ; autre sens 1960 ◇ anglais *burn out,* de *to burn out,* littéralement «griller» ■ ANGLIC. Syndrome d'épuisement* professionnel (recomm. offic.). ➤ **surmenage.** *Des burn-out.*

BURON [byʀɔ̃] **n. m.** – 1611 ; *buiron* 1172 ◇ du germanique °*bûr* «hutte, cabane» ■ En Auvergne, Petite cabane de berger, SPÉCIALT Petite fromagerie.

BURQA ou **BURKA** [byʀka ; buʀka] **n. f.** – 1993 ◇ arabe *burqu'* «voile» ■ Voile épais, ajouré à hauteur des yeux, qui, dans certains pays musulmans, couvre intégralement le corps des femmes jusqu'aux pieds. *Afghane qui porte la burqa.*

BURQINI ➤ **BURKINI**

BURRATA [buʀata] **n. f.** – 1996 ◇ mot italien «embeurrée» ■ Fromage frais italien proche de la mozzarella. *Des burratas.*

BURRITO [buʀito] **n. m.** – 1987 ; 1986, au Canada ◇ mot hispano-américain, diminutif de *burro* «âne» ■ CUIS. Galette de blé garnie de viande et de légumes rissolés avec du guacamole (cuisine mexicaine). *Des burritos.*

BURSITE [byʀsit] **n. f.** – 1970 ◇ du latin *bursa* «bourse» et *-ite* ■ MÉD. Inflammation des bourses séreuses des articulations. ➤ aussi **hygroma.** *Bursite du coude.*

1 **BUS** [bys] **n. m.** – 1881 ◇ abrév. de *omnibus* ■ Autobus. ➤ aussi **minibus.** *Prendre le bus. Ticket de bus. Arrêt du bus.* ➤ **abribus.**

2 **BUS** [bys] **n. m.** – milieu XXe ◇ de l'anglais *omnibus* ■ ÉLECTRON. Conducteur commun à plusieurs circuits permettant la circulation des informations et l'apport d'énergie.

BUSARD [byzaʀ] **n. m.** – XIIe ◇ de l'ancien français *bu(i)son* → 1 buse ■ Oiseau rapace diurne *(falconiformes),* à longues ailes et longue queue. *Busard cendré.*

BUSC [bysk] **n. m.** – 1552 ; *buste* 1545 ◇ italien *busco,* de même radical que 1 *bûche* ■ **1** ANCIENNT Lame de baleine, de métal, qui sert à maintenir le devant d'un corset. ➤ **baleine.** ■ **2** Coude de la crosse d'un fusil. ■ **3** Saillie contre laquelle viennent buter les portes d'une écluse.

1 **BUSE** [byz] **n. f.** – XVe ◇ de l'ancien français *bu(i)son,* latin *buteo ;* → busard ■ **1** Oiseau rapace diurne *(falconiformes),* aux formes lourdes, qui se nourrit de rongeurs. ➤ **bondrée.** ■ **2** FIG. et FAM. Personne sotte et ignorante. ➤ **bête.** *Quelle buse ! «Pas une buse diplomatique qui ne se crût supérieure à moi de toute la hauteur de sa bêtise»* CHATEAUBRIAND.

2 **BUSE** [byz] **n. f.** – XIIIe ◇ p.-ê. moyen néerlandais *bu(y)se,* ou de l'ancien français *busel* «tuyau» ■ Conduit, tuyau. *Buse en ciment. Buse d'aérage,* dans les mines. *Buse d'injection. Buse de carburateur :* pièce formant un étranglement qui accroît la dépression.

3 **BUSE** [byz] **n. f.** – 1878 ◇ de 2 *buse* ■ (Belgique, Rwanda, R. D. du Congo) FAM. Échec à un examen. *Se payer une buse en maths.*

BUSER [byze] **v. tr.** ⟨1⟩ – 1891 ◇ de 3 *buse* ■ (Belgique, Rwanda, R. D. du Congo) FAM. Faire échouer (à un examen), recaler. *Le prof l'a busé.* ➤ RÉGION. **mofler, péter.**

BUSH [buʃ] **n. m.** – 1860 ◇ mot anglais «broussailles», probablt du néerlandais *bosch, bos* ■ GÉOGR. Association végétale des pays secs (Afrique orientale, Madagascar, Australie) formée de buissons serrés et d'arbres isolés. *Les bushs de Namibie.* On emploie aussi le pluriel anglais *des bushes.* ■ HOM. Bouche.

BUSINESS ou **BIZNESS** [biznɛs] **n. m.** – 1876 sens 3 ◇ anglais *business,* de *busy* «occupé» ■ ANGLIC. FAM. ■ **1** VX Travail. ■ **2** VIEILLI Affaire embrouillée. *C'est plutôt compliqué, ce business.* — Chose, truc. *Passe-moi ce business-là.* ■ **3** MOD. Commerce, affaires. *Faire du business,* des affaires plus ou moins licites. PÉJ. *Charité business :* ensemble des opérations médiatiques destinées à recueillir de l'argent auprès du public à des fins caritatives. — **BIG BUSINESS :** monde des affaires, du grand capitalisme.

BUSINESSMAN ou **BIZNESSMAN** [biznɛsman] **n. m.** – 1871 ◇ mot anglais ■ ANGLIC. Homme d'affaires (recomm. offic.). *Des businessmans* ou *des businessmen* (plur. angl.), *des biznessmans.*

BUSINESSWOMAN ou **BIZNESSWOMAN** [biznɛswuman] **n. f.** – 1987 ◇ mot anglais ■ ANGLIC. Femme d'affaires (recomm. offic.). *Des businesswomans* ou *des businesswomen* (plur. angl.), *des biznesswomans.*

BUSQUÉ, ÉE [byske] **adj.** – XVIe ◇ p. p. de *busquer* «garnir d'un busc» ■ Qui présente une courbure convexe (comme le devant d'un corset muni d'un busc). ➤ **arqué.** *Nez busqué.*

BUSSEROLE [bysʀɔl] **n. f.** – 1803 ; *bouserole* 1775 ◇ provençal *bouisserolo,* de *bouis* «buis» ■ Arbuste des lieux ensoleillés *(éricacées),* à feuillage persistant, aux baies rouges farineuses appelées *raisin* d'ours.*

BUSTE [byst] **n. m.** – 1356 ◇ italien *busto,* latin *bustum* «bûcher funéraire», du p. p. de *amburere* ■ **1** Partie supérieure du corps humain, du cou à la ceinture. ➤ **torse, tronc.** *Fléchir, relever, redresser le buste.* SPÉCIALT Poitrine des femmes, seins. ➤ LITTÉR. **gorge.** *Soins du buste. «Elle possédait le plus beau buste dont un mari puisse rêver, une rondeur vaste et blanche qui tendait le tissu des blouses»* A. FERNEY. ■ **2** Sculpture représentant la tête et une partie des épaules, de la poitrine, souvent sans les bras. *Buste antique. Buste en hermès*, en piédouche*. Buste de Voltaire.* PAR EXT. *Représenter, photographier en buste :* représenter la tête et la partie supérieure du corps.

BUSTIER [bystje] **n. m.** – 1955 ◊ de *buste* ■ Sous-vêtement féminin ou corsage sans bretelles, qui maintient le buste jusqu'à la taille.

BUT [by(t)] **n. m.** – 1245 ◊ probablt francique °*but* « souche, billot » ■ **1** Point visé, objectif. ➤ 2 **blanc, cible.** *Viser le but. Atteindre, toucher le but* (cf. Faire mouche*, mettre dans le mille*). *Manquer le but.* SPÉCIALT (BOULES) Cochonnet. *Pointer une boule vers le but.* — LOC. FIG. (variante ancienne *de pointe en blanc,* ou *de blanc en blanc*) **DE BUT EN BLANC** [d(ə)bytɑ̃blɑ̃] : sans préparation, brusquement. « *Quand on est ainsi interrogée de but en blanc sans être prévenue* » PROUST. ■ **2** Point que l'on se propose d'atteindre. ➤ **terme.** *Le but d'une expédition. Un but de promenade.* ◆ SPORT Chacune des deux limites avant et arrière d'un terrain de jeu, encadrées par les touches ; sur cette limite, espace déterminé que doit franchir le ballon (entre les montants et la barre transversale, au football, handball, hockey, etc.). *Ligne de but* (➤ aussi **en-but**). *Gardien de but.* ➤ **goal, portier.** « *Ed, très concentré, était dans les buts. Fesses tendues vers l'arrière, bras pendants, il protégeait sa cage* » J. VAUTRIN. *Envoyer la balle dans les buts.* ➤ **cage, lucarne.** *Épreuve des tirs* au but* (➤ **buteur**). LOC. FIG. *Renvoyer qqn dans ses buts,* le remettre à sa place (cf. Dans les cordes). — (1900 football ; 1895 rugby) Point marqué quand le ballon franchit cette ligne. *Marquer un but. But marqué contre son camp.* ➤ RÉGION. **autogoal.** *Gagner par trois buts à un. Transformer un essai en but. Le but en or* : premier but qui, marqué lors des prolongations, met fin au match. ■ **3** FIG. Ce que l'on se propose d'atteindre, ce à quoi l'on tente de parvenir. ➤ **dessein,** 1 **fin, intention,** 2 **objectif, objet, propos, visée.** « *Ne vous donnez pas pour but d'être quelque chose, mais d'être quelqu'un* » HUGO. *Avoir un but dans la vie.* « *Vivre sans but, c'est laisser disposer de soi l'aventure* » GIDE. *Avoir pour but* (cf. En vue). *Se fixer, poursuivre un but. S'assigner pour but qqch. Toucher le but, au but.* ➤ **aboutir.** *Être loin du but. Le but d'une visite.* ➤ **raison.** *Association sans but lucratif.* — LOC. *Aller droit au but,* sans détour (cf. Ne pas y aller par quatre chemins*). — GRAMM. *Complément de but,* marquant dans quel but on accomplit l'action. *Conjonction de but.* — **loc. prép.** *Dans un but, dans le but de* : dans le dessein, l'intention de. « *dans le seul but de lui complaire* » FLAUBERT. ➤ **afin de, pour.** « *Aucune œuvre d'art n'a jamais été créée que dans un but utilitaire et avec l'intention de servir* » GIDE. ■ HOM. Butte.

BUTADIÈNE [bytadjɛn] **n. m.** – 1912 ◊ de *buta(ne)* et *di(éthyl)ène* ■ CHIM. Hydrocarbure éthylénique ($CH_2=CH-CH=CH_2$) employé dans la fabrication du caoutchouc synthétique (➤ **buna**).

BUTANE [bytan] **n. m.** – 1874 ◊ du radical de *but(ylique)* et suffixe chimique *-ane* ■ Hydrocarbure saturé, gazeux et liquéfiable, employé comme combustible (C_4H_{10}). *Le butane et le propane. Une bouteille de butane. Une cuisinière au butane.* APPOS. *Gaz butane.*

BUTANIER [bytanje] **n. m.** – 1950 ◊ de *butane* ■ Navire destiné au transport du butane liquéfié.

BUTÉ, ÉE [byte] **adj.** – de 2 *buter* ■ Entêté dans son opinion, dans son refus de comprendre. ➤ **obstiné, têtu.** « *butée et complètement imperméable aux sentiments, pensées ou intentions d'autrui* » GIDE. *Esprit buté.* — Qui exprime cet entêtement. *Un visage, un air buté.* ■ CONTR. Ouvert. ■ HOM. Butée, buter, butter.

BUTÉE [byte] **n. f.** – 1676 ◊ de *buter* ■ **1** Massif de maçonnerie destiné à supporter une poussée. SPÉCIALT Culée d'un pont. ■ **2** Organe, pièce supportant un effort axial. *Palier de butée. Butée d'embrayage. Butée d'un tiroir,* qui l'arrête en fin de course. ■ HOM. Buté, buter, butter.

BUTÈNE [bytɛn] **n. m.** – 1845 ◊ du radical de *but(ylique)* et suffixe chimique *-ène* ■ CHIM. Hydrocarbure éthylénique C_4H_8, dont il existe deux isomères (*1-butène* et *2-butène*). ➤ VIEILLI **butylène.**

1 **BUTER** [byte] **v. tr.** ‹1› – 1821 ◊ de l'argot *but(t)e* « échafaud » ■ FAM. Tuer, assassiner avec une arme à feu, dans un mauvais coup, un règlement de compte. *Il a buté un flic. Se faire buter.* ■ HOM. Buté, butée, butter.

2 **BUTER** [byte] **v.** ‹1› – 1500 ; autre sens 1289 ◊ de *but* ■ **1 v. intr.** Heurter le pied (contre qqch. de saillant). ➤ **achopper, broncher, trébucher.** *Buter contre une pierre, un rebord.* (Sujet chose) Cogner, être arrêté. *Un tiroir qui bute contre un taquet.* — FIG. Se heurter (à une difficulté). *Buter contre l'incompréhension de ses interlocuteurs.* « *des problèmes sur lesquels ont buté tous les autres pays* » SIEGFRIED. *Buter sur un mot, à chaque mot* : avoir du mal à prononcer, à lire. ◆ S'appuyer, être calé. *La poutre bute contre le mur.* ■ **2 v. tr.** Appuyer, soutenir, étayer. *Buter un mur au moyen d'un arcboutant.* ➤ **épauler.** ◆ FIG. VX Contrecarrer. MOD. Réduire (qqn) à une position de refus entêté. ➤ **braquer.** *Ses échecs l'ont buté.* ■ **3 v. pron.** FIG. S'entêter, être buté. « *il se butait là, il s'était obstiné à vouloir terminer tout* » ZOLA.

BUTEUR, EUSE [bytœʀ, øz] **n.** – 1932 ; « serveur à la pelote basque » 1904 ◊ de *but* ■ Joueur, joueuse qui sait tirer au but et marquer. *Notre équipe manque de buteurs.* ■ HOM. Butteur.

BUTIN [bytɛ̃] **n. m.** – XIVe ◊ du moyen bas allemand *bûte* « partage » ; cf. allemand *Beute* ■ **1** Ce qu'on prend à l'ennemi, pendant une guerre, après la victoire. ➤ **capture, dépouille, prise, trophée.** « *Ces campagnes d'Italie qui rapportaient de l'avancement et du butin* » BAINVILLE. *Un lourd butin.* ■ **2** PAR EXT. Produit d'un vol, d'un pillage. *Un butin de plusieurs milliers d'euros. Partager le butin.* ■ **3** LITTÉR. Produit, récolte qui résulte d'une recherche. *Le butin d'une fouille ; d'un archéologue, d'un plongeur. Le butin que rapportent les fourmis, les abeilles.*

BUTINER [bytine] **v.** ‹1› – 1513 ; « partager ce qu'on a pris » 1350 ◊ de *butin* ■ **1 v. intr.** Visiter les fleurs pour y chercher la nourriture de la ruche (pollen, nectar). « *Les abeilles ne butinent qu'un temps ; après se font trésorières* » GIDE. ■ **2 v. tr.** Visiter pour récolter le pollen. *Les abeilles butinent les fleurs.* ◆ FIG. Récolter çà et là. *Butiner quelques renseignements.* ➤ **glaner.**

BUTINEUR, EUSE [bytinœʀ, øz] **adj.** – 1845 ◊ de *butiner* ■ Qui butine. *L'abeille, insecte butineur. Une abeille butineuse,* et SUBST. *une butineuse.*

BUTO [byto ; buto] **n. m.** – 1983 ◊ japonais *butô* d'origine chinoise, de *(ankoku) butô* « danse (des ténèbres) » ■ Art chorégraphique japonais né dans les années 1960, mêlant tradition nippone et influences occidentales, caractérisé par la nudité des corps peints en blanc, les têtes rasées, les mouvements très lents et les positions tourmentées. *Spectacle de buto.* — EN APPOS. *Danse buto.* — On écrit aussi *butô.*

BUTOIR [bytwaʀ] **n. m.** – 1790 ◊ p.-ê. altération de *boutoir,* d'après 2 *buter* ■ **1** Couteau à racler le cuir (➤ **drayoir**) ; outil à sculpter le bois. ■ **2** (1863) Pièce ou dispositif servant à arrêter (une chose mobile). ➤ **butée, heurtoir.** *Butoir d'une porte. Butoir de chemin de fer,* placé à l'extrémité d'une voie de garage. ■ **3** FIG. *Date butoir* : dernier délai. ➤ **limite.** *Date butoir d'un planning, d'un ultimatum.* ■ HOM. Buttoir.

BUTOME [bytɔm] **n. m.** – 1783 ◊ latin des botanistes *butomus,* grec *boutomos,* littéralt « qui coupe la langue des bœufs *(bous)* » ■ Plante aquatique *(butomacées),* appelée communément *jonc fleuri,* aux fleurs blanches ou roses.

BUTOR [bytɔʀ] **n. m.** – XIIe ◊ du latin *buteo, butio,* mais élément final inconnu, p.-ê. *taurus* « taureau » ■ **1** Oiseau échassier des marais au plumage fauve et tacheté *(ciconiiformes),* dont le cri évoque le mugissement du taureau, appelé aussi *bœuf d'eau.* ■ **2** (1661) VIEILLI ou PLAISANT Grossier personnage, sans finesse ni délicatesse. ➤ **goujat, lourdaud, malappris, rustre.** « *Ce Pierre Boy était si butor, si bête, et se comporta si brutalement* » ROUSSEAU.

BUTTAGE [bytaʒ] **n. m.** – 1835 ◊ de *butter* ■ HORTIC. Action de butter (une plante). *Le buttage des pommes de terre, des asperges.*

BUTTE [byt] **n. f.** – XIVe ◊ forme fém. de *but* ■ **1** Tertre naturel ou artificiel où l'on adosse la cible. *Butte de tir.* — LOC. FIG. **ÊTRE EN BUTTE À** : être exposé à (comme si on servait de cible). *Être en butte à la tentation, aux moqueries.* « *Aussi les morses sont-ils en butte à une chasse inconsidérée qui les détruira* » J. VERNE. ■ **2** Petite éminence de terre. ➤ **colline, hauteur, monticule, tertre.** *Butte de sable.* ➤ **dune.** *La butte Montmartre,* ou ABSOLT *la Butte. Les Buttes-Chaumont.* GÉOGR. *Butte-témoin* : butte représentant, sur une plateforme démantelée par l'érosion, les restes du relief ancien. *Des buttes-témoins.* ◆ AGRIC. Petit tas de terre que l'on fait au pied d'une plante (➤ **butteur, buttoir**). ■ CONTR. Creux, dépression. ■ HOM. But.

BUTTER [byte] **v. tr.** ‹1› – 1701 ◊ de *butte* ■ AGRIC. Disposer (de la terre) en petites buttes ; garnir (une plante) de terre qu'on élève autour du pied. ➤ **chausser.** *Butter les pommes de terre.* ■ CONTR. Déchausser. ■ HOM. Buté, butée, buter.

BUTTERNUT [bœtœʀnœt] **n. m. ou f.** – 1995 au Canada ◊ anglais *butternut squash,* de *butternut* « brun-jaune clair », du n. d'un noyer d'Amérique du Nord, et *squash* « courge » ■ ANGLIC. Variété de courge en forme de poire, à la saveur douce. ➤ **doubeurre.** *Des butternuts.*

BUTTEUR [bytœʀ] **n. m.** – 1866 ◊ de *butter* ■ Outil de jardin dont l'embout en forme de V sert à ramener la terre au pied des plants. ■ **HOM.** Buteur.

BUTTOIR [bytwaʀ] **n. m.** – 1835 ◊ de *butter* ■ **AGRIC.** Petite charrue employée au buttage. ■ **HOM.** Butoir.

BUTYLE [bytil] **n. m.** – 1854 ◊ du radical de *but(yrique)* et *-yle* ■ **CHIM.** Radical univalent de formule C_4H_9.

BUTYLÈNE [bytilɛn] **n. m.** – 1867 ◊ de *butyle* et suffixe chimique *-ène* ■ **CHIM. VIEILLI** Butène.

BUTYLIQUE [bytilik] **adj.** – 1854 ◊ de *butyle* ■ **CHIM.** Se dit des alcools, esters et composés contenant le radical butyle.

BUTYRATE [bytiʀat] **n. m.** – 1816 *butyrate d'ammoniaque* ◊ de *butyrique* et suffixe chimique ■ **CHIM.** Sel ou ester de l'acide butyrique.

BUTYREUX, EUSE [bytiʀø, øz] **adj.** – 1560 ◊ du latin *butyrum* «beurre» ■ **DIDACT.** Qui a l'apparence ou les caractères du beurre. *« une sorte de crème épaisse et presque butyreuse »* **GIDE.** *Taux butyreux du lait,* sa teneur en matière grasse.

BUTYRINE [bytiʀin] **n. f.** – 1819 ◊ du latin *butyrum* «beurre» et *-ine* ■ **CHIM.** Triester du glycérol, dont les trois fonctions sont estérifiées par l'acide butyrique. ➤ **tributyrine.**

BUTYRIQUE [bytiʀik] **adj.** – 1816 ◊ du latin *butyrum* «beurre» ■ **1 CHIM.** Qui se rapporte au beurre. ■ **2** *Acide butyrique* : acide organique C_3H_7COOH d'odeur désagréable, présent dans le beurre rance, la sueur et au cours de certaines décompositions de matières organiques. — *Fermentation butyrique* : formation d'acide butyrique par décomposition du sucre, de l'acide lactique ou de l'amidon, due à certains micro-organismes (➤ **clostridies**).

BUTYROMÈTRE [bytiʀɔmɛtʀ] **n. m.** – 1855 ◊ du radical du latin *butyrum* «beurre» et *-mètre* ■ Appareil servant à mesurer la richesse du lait en matière grasse.

BUVABLE [byvabl] **adj.** – 1611 ; *bevable* XIIIe ◊ du radical *buv-* de *boire* ■ **1** Qui peut se boire, n'est pas désagréable au goût. *Eau buvable.* ➤ **potable.** *Ce vin est à peine buvable.* — **PHARM.** *Ampoule, soluté buvable,* à prendre par la bouche (opposé à *injectable*). ■ **2 FAM.** (dans une tournure négative) *Ce type n'est pas buvable,* il est insupportable. ■ **CONTR.** Imbuvable.

BUVARD [byvaʀ] **n. m.** – 1828 ◊ du radical *buv-* de *boire* ■ **1** Sous-main garni de papier poreux qui boit l'encre. ■ **2** (1867) **APPOS.** *Papier buvard,* ou *buvard,* ce papier ; feuille de ce papier. *Sécher une lettre avec un buvard.* **APPOS. INV.** *Rose buvard.*

BUVETTE [byvɛt] **n. f.** – 1534 ◊ de 1 *boire* ■ Dans certains établissements publics, certaines manifestations, Petit local ou comptoir où l'on sert à boire. ➤ 1 **bar, café, cafétéria.** *Buvette d'une gare.* ➤ **buffet.** *Tenir la buvette à une kermesse.* ◆ Dans les stations thermales, Endroit où les curistes vont boire les eaux.

BUVEUR, EUSE [byvœʀ, øz] **n.** – 1470 ; *beveor* XIIIe ◊ du radical *buv-* de *boire* ■ **1** Personne qui aime boire du vin, des boissons alcoolisées. ➤ **alcoolique, ivrogne ; FAM. picoleur.** *Un buveur invétéré. « La trogne enluminée du gros buveur »* **TAINE.** ■ **2** Personne qui boit, est en train de boire. *Les buveurs à la terrasse d'un café.* ➤ **consommateur.** *« les buveurs et les buveuses se pressaient autour de la fontaine »* **CHATEAUBRIAND.** ◆ Personne qui a l'habitude de boire (telle ou telle boisson). *Un buveur d'eau, de cidre. Une grande buveuse de café.*

BUZUKI ➤ **BOUZOUKI**

BUZZ [bœz] **n. m.** – 1992 au Canada ◊ mot anglais (1892), d'une onomatopée imitant le bruit d'un bourdonnement ■ **ANGLIC.** Rumeur destinée à créer l'évènement. *Créer le buzz, du buzz sur Internet.* ➤ **buzzer.** *« potentiellement je tenais un hit, et en plus j'avais un bon buzz »* **HOUELLEBECQ.** *Buzz marketing* : technique permettant de propager un message auprès d'une cible qui le transmet à d'autres consommateurs (recomm. offic. *bouche à oreille*).

BUZZER [bœze] **v. intr.** ⟨1⟩ – 2005 au p. p. ◊ de *buzz* ■ **ANGLIC.** Créer du buzz. *Une vidéo qui buzze sur le Net.*

BYE-BYE [bajbaj] **interj.** /BYEBYE/ – 1934 ◊ mot anglais ■ **FAM.** Au revoir, adieu. **ABRÉV. COUR. BYE.** *« Vous direz au revoir aux autres pour moi. Allez, bye ! »* **SARRAZIN.** ➤ **salut, tchao.**

BY-PASS **n. m. inv.** ou **BYPASS** [bajpas] **n. m.** – v. 1922 ◊ mot anglais «dérivation», de *pass* «passage» et *by-* «proche, secondaire» ■ **1 TECHN.** Canal de dérivation pratiqué sur le trajet d'un fluide. — Robinet à double voie ou vanne, commandant ce dispositif. — On dit aussi *bipasse* [bipas] n. m. — **Recomm. offic.** *dérivation* ; **PÉTR.** *dispositif de contournement, de dérivation, de déviation, d'évitement.* ◆ **PAR EXT.** (circulation routière) Voie de déviation permanente. ➤ **contournement,** 1 **dérivation.** ■ **2 CHIR.** Opération ayant pour but de rétablir la circulation sanguine interrompue par la lésion d'une artère. ➤ **pontage.** ◆ *By-pass gastrique* : opération de chirurgie bariatrique qui consiste à modifier le circuit des aliments dans le tube digestif.

BYSSINOSE [bisinoz] **n. f.** – 1894 ◊ du grec *bussinos* «de lin, de coton» ■ **MÉD.** Maladie pulmonaire qui atteint les ouvriers qui travaillent le coton.

BYSSUS [bisys] **n. m.** – 1530 ◊ mot latin, grec *bussos* «lin très fin, coton» ■ Faisceau de filaments soyeux, sécrétés par une glande de certains lamellibranches, leur permettant de se fixer. *Byssus de la moule. « les coquilles porte-soie dont le byssus fin, moelleux, pouvait devenir une fibre textile »* **CAYROL.**

BYTE [bajt] **n. m.** – après 1964 ◊ mot anglais ■ **INFORM.** Ensemble de plusieurs bits constituant une unité complète d'information. — **ABUSIVEMENT** Octet* (recomm. offic.).

BYZANTIN, INE [bizɑ̃tɛ̃, in] **adj.** – 1732 ◊ bas latin *Byzantinus,* de *Byzantium,* grec *Buzantion* «Byzance» ■ **1** De Byzance, propre à Byzance et à son empire. *L'Empire byzantin* : l'Empire romain d'Orient (fin IVe-1453). *Théodora, impératrice byzantine. L'histoire, la civilisation byzantine. Le grec byzantin* : forme ancienne du grec, encore employée dans la liturgie grecque orthodoxe. — *L'art byzantin,* de l'Empire byzantin, et (VX) l'art roman. *Icône byzantine. Église byzantine,* à coupole(s). — **n.** *Les Byzantins.* ■ **2** (1838) **FIG.** Qui évoque, par son excès de subtilité, par son caractère formel et oiseux, les disputes théologiques de Byzance. *Discussion, querelle byzantine* (cf. Discuter sur le sexe des anges*, couper les cheveux* en quatre). *« Les amateurs de querelles byzantines et autres fendeurs de fils en quatre »* **DUHAMEL.**

BYZANTINISME [bizɑ̃tinism] **n. m.** – 1878 ◊ de *byzantin* ■ Tendance aux discussions byzantines.

BYZANTINISTE [bizɑ̃tinist] **n.** – début XXe ◊ de *byzantin* ■ Spécialiste de byzantinologie.

BYZANTINOLOGIE [bizɑ̃tinɔlɔʒi] **n. f.** – v. 1950 ◊ de *byzantin* et *-logie* ■ Étude de l'histoire et de la civilisation byzantines. — **n. BYZANTINOLOGUE.** ➤ **byzantiniste.**

B. Z. D. ➤ **BENZODIAZÉPINE**

C

1 **C** [se] n. m. inv. ■ Troisième lettre et deuxième consonne de l'alphabet : *c majuscule* (C), *c minuscule* (c), *c cédille* (ç). — PRONONC. Lettre qui, lorsqu'elle est prononcée, note une occlusive vélaire sourde [k] devant *a, o, u (car, cure)* et devant une consonne ou en finale *(clou, fac)*, ou une fricative sourde [s] devant *i, e, y (ciel, cerise, cygne, face)*. *ç* note [s] *(reçu)*. REM. Dans le mot *second* et ses dérivés, ainsi que dans le mot *zinc*, *c* se prononce [g]. *Digrammes, trigrammes comportant c : cc*, qui note [k] devant *a, o, u (accord, occasion)* et devant consonne *(accroître)*, ou [ks] devant *i, e* et *y (accepter, occident ; coccyx) ; sc*, qui note [sk] devant *a, o, u (scandale, scout)* ou [s] devant *e, i (scélérat, scier) ; ck*, qui note [k] *(stock, nickel) ; ch*, qui note la fricative sourde [ʃ] *(chat, chirurgie, patch)* ou parfois [k] *(chœur, chiromancie, orchestre) ; sch*, qui note [ʃ] *(schéma, kirsch)* ou [sk] *(schizophrène)*. ■ HOM. Ces (1 ce), ses (1 son).

2 **C** abrév. et symboles ■ **1 C** [sɑ̃] adj. numér. card. Cent, en chiffres romains. ■ **2 C** [se] n. m. inv. Carbone. CO_2 : dioxyde de carbone. ■ **3** ℂ [se] n. m. sing. Ensemble des nombres complexes*. ■ **4 C** [se] n. m. inv. La note *do* (dans la notation anglo-saxonne). ■ **5 C** [se] n. m. inv. Note indiquant un niveau moyen (dans un système de notation alphabétique). *Avoir un C en français.* ■ **6 C** [kulɔ̃] n. m. inv. Coulomb. ■ **7 c** [se] n. m. inv. Vitesse de la lumière, constante de l'espace-temps. $E = mc^2$. ■ **8 °C** [dəgʀeselsjys] n. m. inv. Degré Celsius. ■ **9 c** [sɑ̃ti] Centi-.

C. A. Abrév. de *chiffre* d'affaires.*

1 **ÇA** [sa] pron. dém. – 1649 ◊ forme syncopée de *cela*

I (Valeur pronom.) ■ **1** FAM. et PLUS COUR. Cela, ceci. *Il ne manquait plus que ça. Je ne veux pas de ça*, et ABSOLT *Pas de ça ! Donnez-moi ça. À part ça. Tout ça. Me faire ça, à moi. Regarde-moi ça. Ça dépend. Ça n'est pas facile. Ça y est* [sajɛ] : c'est fini. *C'est toujours ça (de pris). « Est-ce que ça va, dis ? – Oui, ça va, c'est très bien »* ZOLA. — *Avec ça* : en plus. *Et avec ça ? Et très simple avec ça.* — *Il y a (y'a) de ça !* c'est en partie vrai. *C'était donc ça !* (la raison). — *Sans ça* : sinon. — *Comme* ça.* ■ **2** Pour marquer l'approbation. *C'est ça !* c'est très bien, bravo ! ◆ Pour marquer ironiquement l'importance, l'exagération de qqch. *Rien que ça !* ■ **3** Généralt péj. (désignant des personnes) *« Ça bavardait, ça racontait mille choses, des histoires du quartier »* FERNIOT. ➤ **il.** *C'est ça, votre protégé ?* ➤ **lui.** *Les enfants, ça grandit.* ◆ (CHOSES) FAM. *Ça a neigé toute la nuit.* ➤ **il** (II). *Ça sent bon.* ■ **4** SPÉCIALT L'acte sexuel (cf. La chose*). *Il ne pense qu'à ça ! « Les Américains font ça comme des oiseaux »* CÉLINE.

II (Valeur interjective ; d'après *çà*) ■ **1** S'emploie pour marquer l'étonnement, l'indignation. *Ça, par exemple ! Ah, ça alors !* ■ **2** Pour marquer l'insistance dans l'interrogation. *Qui ça ? Où ça ? Comment ça ?* Dans l'affirmation, la négation. *Ça oui, ça non.*

■ HOM. Çà, sa (1 son).

2 **ÇA** [sa] n. m. – 1926 ◊ de 1 *ça* pour traduire l'allemand *Es*, terme introduit par Freud (1923) ■ PSYCHAN. Ensemble des pulsions* inconscientes. *Le ça, le moi et le surmoi. « Il faut que le sujet puisse se réinstaller à sa place, cette place où il n'était plus, remplacé par cette parole anonyme, qu'on nomme le ça »* LACAN.

ÇÀ [sa] adv. et interj. – 1080 ◊ latin populaire *ecce hac* « voici par ici »

I adv. de lieu VX Ici, cet endroit-ci. *« Viens çà, que je voie »* MOLIÈRE. — MOD. **ÇÀ ET LÀ :** de côté et d'autre (cf. De-ci* de-là, par-ci* par-là). *Jeter, semer çà et là*, en désordre. ➤ **pêle-mêle.**

II interj. VX *Çà !* s'emploie pour encourager qqn. *Or* çà ! « Çà ! déjeunons, dit-il »* LA FONTAINE. — *Çà, allez-vous vous taire !* (menace, impatience).

■ HOM. Ça, sa (1 son).

CAB [kab] n. m. – 1848 ◊ mot anglais, abrév. de *cabriolet* ■ ANCIENNT Variété de cabriolet, d'origine anglaise, où le cocher est placé derrière. *Des cabs.*

CABALE [kabal] n. f. – 1532 ◊ de l'hébreu rabbinique *qabbala* « tradition »

I ■ **1** ➤ **kabbale.** ■ **2** VIEILLI Science occulte prétendant faire communiquer ses adeptes avec des êtres surnaturels. ➤ **magie, occultisme, théosophie.** *« Abracadabra », terme de cabale.*

II (1546) FIG. ■ **1** LITTÉR. Manœuvres secrètes, concertées contre qqn ou qqch. ; association des personnes qui s'y livrent. ➤ **brigue, complot, conjuration, intrigue.** *Faire, monter une cabale contre qqn* (v. intr. ⟨1⟩ **CABALER,** VIEILLI). *« Il organise des contradictions, des oppositions, des cabales »* GIDE. ■ **2** VX Ensemble des membres d'une cabale. ➤ **clique, coterie, faction, ligue.** *« Les propos incessamment rebattus de la cabale philosophique qui l'entourait »* ROUSSEAU.

CABALISTIQUE [kabalistik] adj. – 1532 ◊ de *cabale* ■ **1** ➤ **kabbalistique.** ■ **2** DIDACT. Qui a rapport à la science occulte. ➤ **ésotérique, magique.** *Termes cabalistiques.* ■ **3** (1867) COUR. Mystérieux, incompréhensible. *Signes cabalistiques.*

■ CONTR. Clair, limpide.

CABAN [kabɑ̃] n. m. – 1448 ◊ italien de Sicile *cabbanu*, de l'arabe *qaba* « tunique » ■ Manteau court en gros drap de laine à deux rangées de boutons (porté à l'origine par les marins). ➤ **vareuse.**

CABANE [kaban] n. f. – 1387 ◊ provençal *cabanna*, bas latin *capanna* ■ **1** Petite habitation grossièrement construite. ➤ **baraque, bicoque, cabanon, cahute, case, hutte.** *Cabane de berger* (➤ **buron**), *de bûcheron* (➤ **loge**), *de pêcheur. Cabane servant d'affût.* ➤ 3 **tonne.** *Cabane dans les vignes.* ➤ 2 **tonne.** *Cabane de bambou. Cabane en planches, en terre battue ; cabane couverte de chaume.* ➤ **chaumière.** *Cabane à outils.* ➤ **cabanon.** *Cabane de branchages construite par des enfants.* ◆ (Suisse) Refuge de haute montagne. *Gardien de cabane. Coucher en cabane.* ◆ (1837 ; *cabane du sucre* 1707) *Cabane à sucre*, ou ABSOLT *cabane.* Au Canada, Bâtiment construit à l'intérieur d'une propriété agricole dans une forêt d'érables, destiné à la fabrication du sucre et du sirop d'érable. ➤ **érablière, sucrerie** (d'érable). *« Peut-être même est-ce la première cabane de la série de toutes les cabanes habitées ? Cabane à sucre abandonnée ! »* A. HÉBERT. ♦ RELIG. *Fête des Cabanes.* ➤ **tabernacle.** ▪ **2** *Cabane à lapins :* casier en planches pour élever les lapins. ➤ **clapier.** FIG. *Cabane à lapins*.* ▪ **3** Case où l'on place les vers à soie pour qu'ils y filent leur cocon. ▪ **4** (1925) FAM. *En cabane :* en prison*. ➤ **placard, taule.** *Mettre qqn en cabane. Être en cabane.*

CABANER [kabane] v. tr. ‹1› – XVIe *se cabaner* « habiter une cabane » ◇ de *cabane* ▪ (1783) MAR. Renverser (une embarcation), la mettre quille en l'air. *Cabaner un navire sur cale.*

CABANON [kabanɔ̃] n. m. – 1752 ◇ de *cabane* ▪ **1** ANCIENNT Cachot où l'on enfermait les fous jugés dangereux. — FAM. *Il est bon pour le cabanon :* il est fou. ▪ **2** (1867) En Provence, Petite maison de campagne. *« Dites, Norine, vous viendrez encore au cabanon dimanche ? »* PAGNOL. — Chalet de plage. *« Un petit cabanon de bois à l'extrémité de la plage »* CAMUS. ▪ **3** Petite cabane de jardin. *Ranger ses outils dans le cabanon.*

CABARET [kabaʀɛ] n. m. – *kabaret* fin XIIIe ◇ néerlandais *cabret*, du picard *camberete* « petite chambre » ; cf. *chambrette* ▪ **1** VIEILLI Établissement où l'on sert des boissons. ➤ **bistrot, café,** 1 **débit** (de boissons), **estaminet.** *« on irait boire une pinte de vin au prochain cabaret »* SAND. *Cabaret malfamé.* ➤ **bouge,** VX 2 **bousin.** ▪ **2** Établissement où l'on présente un spectacle et où les clients peuvent consommer des boissons, souper, danser. ➤ **café-concert, boîte** (de nuit). *Passer la soirée dans un cabaret. Cabaret chic, élégant. Souper au cabaret. Chanteur qui fait ses débuts au cabaret.* ▪ **3** (1694) Petit meuble ou coffret contenant un service à liqueurs. *« Des liqueurs contenues dans un de ces magnifiques cabarets en bois précieux »* BALZAC. ➤ 1 **cave** (à liqueurs). ▪ **4** (Canada) Plateau utilisé dans un restaurant en libre-service.

CABARETIER, IÈRE [kabaʀ(ə)tje, jɛʀ] n. – XIVe ◇ de *cabaret* ▪ VX Personne qui tient un cabaret (1o).

CABAS [kaba] n. m. – 1372 ◇ ancien occitan *cabas*, latin populaire °*capacium*, de *capax* « qui contient beaucoup » ▪ **1** Panier souple qui sert à mettre des fruits. *Cabas de figues. Cabas à olives.* ▪ **2** Panier aplati à deux anses, ou sac à provisions que l'on porte au bras. ➤ **couffin.** *Cabas en paille tressée, en skaï. Faire son marché avec un cabas.* ▪ **3** Sac de femme plus large que haut, muni d'anses.

CABÉCOU [kabeku] n. m. – 1960 ◇ mot rouergat, du latin *capra* « chèvre » → chabichou ▪ Petit fromage de chèvre du Quercy, rond et plat. *Les cabécous de Rocamadour. On avait « englouti un confit d'oie, attaqué le petit salé, épuisé le plateau de cabécous »* J. VAUTRIN.

CABERNET [kabɛʀnɛ] n. m. – 1861 ◇ mot du Médoc, origine inconnue ▪ Cépage du sud-ouest de la France. ➤ **bordeaux.** *Cabernet franc. Cabernet sauvignon.*

CABESTAN [kabɛstɑ̃] n. m. – fin XIVe ◇ mot d'origine obscure, l'ancien occitan proposé, *cabestran*, famille de *cabestre* « corde de poulie » (→ chevêtre) étant postérieur au français ▪ Treuil à arbre vertical sur lequel peut s'enrouler un câble, et qui sert à tirer des fardeaux. *Cabestan à bras,* muni de barres horizontales. *Cabestan électrique. Petit cabestan.* ➤ **winch.** *Haler un navire au cabestan.*

CABIAI [kabjɛ] n. m. – 1741 ◇ mot caraïbe (Guyane), de *cabi* « herbe » et *aica* « manger » ▪ Mammifère semi-aquatique d'Amérique du Sud, le plus grand des rongeurs, encore appelé *cochon d'eau. Des cabiais.*

CABILLAUD [kabijo] n. m. – 1762 ; *cabillaut* 1278 ◇ néerlandais *kabeljau* ▪ Églefin. — Morue fraîche. *Filets, œufs de cabillaud* (➤ **tarama**). ▪ HOM. Cabillot.

CABILLOT [kabijo] n. m. – 1687 ◇ provençal *cabilhot*, de *cabilha* « cheville » ▪ MAR. Cheville à laquelle on amarre les manœuvres courantes. *Cabillot d'amarrage.* ▪ HOM. Cabillaud.

CABIN-CRUISER [kabinkʀuzœʀ] n. m. /CABIN-CRUISEUR/ – 1963 ; *cabine cruiser* 1960 ◇ mot anglais, de *cabin* « cabine » et *cruiser* « croiseur » ▪ Yacht de croisière à moteur. *Des cabin-cruisers.* — Recomm. offic. *vedette de croisière, vedette habitable.*

CABINE [kabin] n. f. – 1759 ◇ mot d'origine incertaine, probablement de l'anglais *cabin*, emprunté au français *cabane*, lui-même d'origine inconnue. *Cabine* s'est employé au sens de « maison de jeu » du milieu du XIVe s. à la fin du XVIIIe s. ▪ **1** Petite chambre, à bord d'un navire. *Retenir une cabine à bord d'un paquebot.* ➤ **couchette.** *Cabine de luxe. Cabine individuelle :* recomm. offic. pour *single.* ▪ **2** Petit local à usage déterminé. *Cabine d'ascenseur. Cabine d'essayage* (dans les magasins). — *Cabine de bain,* où l'on se déshabille avant le bain. *Les cabines de la plage.* — *Cabine téléphonique publique.* — *Cabine de douche :* ensemble des parois qui enferment le bac à douche et qui protègent des projections d'eau. ▪ **3** Partie d'un véhicule (camion, avion) réservée au conducteur ou au pilote. *« il escalade la cabine, se jette sur le siège et appuie sur le démarreur »* TOURNIER. — Partie habitable d'un vaisseau spatial, qui revient sur la Terre.

CABINET [kabinɛ] n. m. – 1491 « petite chambre » ◇ du picard *cabine*

I ▪ **1** Rare en emploi libre Petite pièce située à l'écart. ➤ 2 **réduit.** *Cabinet de débarras.* ➤ **cagibi. CABINET NOIR,** sans fenêtre. *Menacer un enfant de l'enfermer au cabinet noir.* — ANCIENNT *Cabinet particulier,* dans un café, un restaurant. *« la joie promise du dîner du soir en cabinet, sur le quai, à la* Tour d'argent *»* GONCOURT. — (1751 *cabinet à toilette*) **CABINET DE TOILETTE :** petite salle d'eau (avec lavabo, et parfois douche). *Chambre d'hôtel avec cabinet de toilette ou salle de bains*.* ▪ **2** (1542) Lieu où l'on place, où l'on expose des objets de curiosité, d'étude. *Cabinet de curiosités. Cabinet d'objets d'art.* ➤ **musée.** *Cabinet de cires*.* ▪ **3** (1539) VIEILLI Pièce où l'on se retire pour travailler, converser en particulier. *Cabinet de travail, d'étude.* ➤ **bureau.** *Un homme de cabinet,* d'études. ♦ VX *Cabinet de lecture,* où l'on peut consulter, emprunter des ouvrages. ➤ **bibliothèque.** ▪ **4** SPÉCIALT (1690) VIEILLI *Cabinet d'aisances,* et ABSOLT, COUR. *cabinets.* ➤ **toilettes*.** *La cuvette, le siège, la chasse d'eau, le papier hygiénique des cabinets. Cabinets à la turque,* sans siège. *Aller aux cabinets* (cf. PAR EUPHÉM. Aller quelque part*, au petit coin*). *« Elle croit un peu trop que les vrais poètes ne vont jamais aux cabinets »* GIDE. — REM. Ce sens de *cabinet* rend difficile l'emploi absolu du mot, surtout au plur. ▪ **5** (1763) Lieu d'exercice de certaines professions libérales (avocat, médecin...). *Le cabinet d'un avocat.* Plus cour. en syntagmes *Cabinet de consultation. Cabinet médical, dentaire. Cabinet d'affaires :* établissement où l'on se charge, moyennant rétribution, des affaires d'autrui. ➤ **agence.** ♦ Ensemble des affaires, des clients d'un avocat, d'un cabinet d'affaires, etc. *Acheter un gros cabinet.*

II POLIT. ▪ **1** (1708) ANCIENNT Ensemble des ministres, dans le régime parlementaire. ➤ **gouvernement.** *Le cabinet Poincaré.* — MOD. *Conseil de cabinet :* réunion des ministres présidée par le Premier ministre. ▪ **2** Service chargé de la préparation des affaires gouvernementales et administratives dans un ministère, une préfecture. *Le cabinet du ministre. Chef de cabinet. Directeur, directrice de cabinet.* ABRÉV. FAM. **DIRCAB** [diʀkab]. — *Cabinet noir :* service occulte de renseignement.

III (1528) Meuble à plusieurs compartiments où l'on rangeait des objets précieux. ➤ **buffet.** *Cabinet d'ébène, de laque.* ♦ VIEILLI *Cabinet d'orgue :* menuiserie d'un orgue. ➤ **buffet.**

CÂBLAGE [kɑblaʒ] n. m. – 1877 ◇ de *câbler* ▪ **1** Fabrication d'un câble ; torsion des fils d'un câble. ▪ **2** TECHNOL. Réalisation des connexions d'un appareil électrique ou électronique ; ensemble de ces connexions. *Câblage d'un téléviseur. Accessoires de câblage* (➤ **connecteur, support**). ▪ **3** Action de câbler (une dépêche). ▪ **4** Action de câbler (3o) (une ville, une région).

CÂBLE [kɑbl] n. m. – fin XIIe *chable, cable* ◇ bas latin *capulum* ; écrit *câble* par influence de l'ancien français *chaable* « catapulte »

I ▪ **1** Faisceau de fils (textiles, métalliques, etc.) tressés. ➤ **corde.** *Torons formant un câble. Câble de levage. Câble pour retenir un chargement.* ➤ **liure.** *Câble de traction.* ➤ **remorque.** *Tendeur, poulies de câble.* — MAR. Gros cordage, ou forte amarre. *« Ce câble végétal fut attaché à l'arrière du radeau »* J. VERNE. *Filer, mouiller un câble :* lâcher le câble en le déroulant. *Câble de la bouée d'une ancre* (➤ **orin**), *de l'ancre* (➤ **chaîne**), *de la barre du gouvernail* (➤ **drosse**). *Câble de halage, de remorque.* ➤ **remorque, touée.** *Haler un câble* (➤ **paumoyer**). *Câble qui se rompt.* — FIG. *Péter* un câble.* — *Câble de téléférique.* — MÉCAN. *Câble de commande. Câble de frein.* ▪ **2** Gros cordon d'argent, de soie servant à relever des tentures, à attacher des tableaux. ➤ **câblé.** — Moulure en forme de gros cordage. ▪ **3** PAR ANAL. Fil conducteur métallique, ou faisceau de fils protégé par des enveloppes isolantes. *Câble électrique. Câble aérien. Poser, immerger un câble sous-marin. Câble télégraphique, téléphonique. Liaison par câble. Câble coaxial* et câble à fibres* optiques. La télévision par câble(s)* ou *le câble.* ➤ **câblodistribution ; multiconducteur.** *Câble numérique, câble haute vitesse. « je ne sais plus, avec le câble, d'où viennent les émissions »* GODBOUT. *Être abonné au câble. Les bouquets du câble et du satellite.* ▪ **4** PAR ANAL. *Câble hertzien :* liaison par faisceau d'ondes hertziennes.

II (1897) VX Câblogramme. *Envoyer un câble.* ➤ **câbler.** *Répondre par câble.*

CÂBLÉ, ÉE [kable] **adj.** et **n. m.** – 1690 ◊ de *câbler* ▪ **1** *Fil câblé,* retordu. ▪ **2** ARCHIT. *Moulure câblée,* en forme de câble. ▪ **3** MAR. *Ancre câblée,* munie d'un câble. ▪ **4** Construit par câblage (2°). *Circuits câblés. — Réseau câblé de télédistribution. Chaînes de télévision câblées.* PAR EXT. *Ville câblée,* qui reçoit le câble (3°). ▪ **5** FAM., VIEILLI Au courant ; dans le coup. *Un jeune cinéaste câblé.* ➤ **branché.** ▪ **6 n. m.** Gros cordon de passementerie de fils tortillés. — Fil à coudre. *Du câblé six fils. Câblé d'Alsace :* coton à tricoter.

CÂBLEAU ➤ **CÂBLOT**

CÂBLER [kable] **v. tr.** ‹1› – 1680 ◊ de *câble* ▪ **1** Assembler (plusieurs fils, torons) en les tordant ensemble en un seul câble. ➤ **toronner.** ▪ **2** (1877 ◊ d'après l'anglais *to cable*) Envoyer (une dépêche) par câble télégraphique. *On vous câblera des instructions.* ▪ **3** TECHNOL. Réaliser le câblage de (un circuit). — Munir d'un réseau câblé*. *Câbler une ville.*

CÂBLERIE [kabləʀi] **n. f.** – 1905 ◊ de *câble* ▪ Fabrication, fabrique de câbles. ➤ **corderie.**

CÂBLEUR, EUSE [kablœʀ, øz] **n.** – 1955 ; n. f. «machine» 1913 ◊ de *câbler* ▪ TECHN. Personne qui effectue la pose et le montage de câbles électriques.

CÂBLIER [kablije] **n. m.** – 1908 adj. ◊ de *câble* ▪ **1** (1916) Navire spécialement équipé pour le transport, la pose et la réparation des câbles sous-marins. **adj. m.** *Un navire câblier.* ▪ **2** Fabricant de câbles.

CÂBLISTE [kablist] **n.** – 1973 ◊ de *câble* ▪ TÉLÉV. Agent chargé de manipuler les câbles d'une caméra, lors de ses déplacements dans une prise de vues.

CÂBLODISTRIBUTION [kablodistʀibysjɔ̃] **n. f.** – v. 1965 ◊ de *câble* et *distribution,* d'après *télédistribution* ▪ TECHN. **(d'ab. au Canada)** Procédé de diffusion d'émissions télévisées par câbles, utilisé pour des réseaux d'abonnés à domicile ou en circuit fermé. ➤ **télédistribution, téléenseignement.** *Entreprise de câblodistribution* (**CÂBLODISTRIBUTEUR n. m.**).

CÂBLOGRAMME [kablɔgʀam] **n. m.** – 1906 ◊ de *câble* et *-gramme,* d'après l'anglais *cablegram* (1868) ▪ VIEILLI Télégramme transmis par câble. ➤ **câble,** II.

CÂBLO-OPÉRATEUR [kablooperatœʀ] **n. m.** /CÂBLOOPÉRATEUR/ – 1988 ◊ de *câble* et *opérateur* ▪ Opérateur qui propose des services (télévision, Internet, téléphonie...) accessibles par réseau câblé. *Les câblo-opérateurs.*

CÂBLOT ou **CÂBLEAU** [kablo] **n. m.** – 1553 *cablot ; chableau* 1415 ; *cablel* 1404 ◊ de *câble* ▪ Câble de grosseur moyenne servant d'amarre aux embarcations.

CABOCHARD, ARDE [kabɔʃaʀ, aʀd] **adj.** et **n.** – 1579 ◊ de *caboche* ▪ FAM. Entêté. *Elle est un peu cabocharde. Quel cabochard !*

CABOCHE [kabɔʃ] **n. f.** – XIIIe ◊ variante picarde de *caboce,* fam., avant 1170, de *boce* (→ bosse) et préfixe péj. *ca-* ▪ **1** FAM. Tête. ◆ FIG. *N'avoir rien dans la caboche. Il a une rude, une sacrée caboche !* il est têtu. ➤ **cabochard.** ▪ **2** (1680) Clou à grosse tête pour ferrer les souliers.

CABOCHON [kabɔʃɔ̃] **n. m.** – 1380 ◊ de *caboche* ▪ **1** Pierre fine ou précieuse polie, mais non taillée en facettes. *Cabochon de rubis. Émeraude en cabochon.* ▪ **2** (XVIIIe) Clou à tête décorée. *Cabochon de cuivre.*

CABOSSE [kabɔs] **n. f.** – 1752 ◊ même origine que *caboche* ▪ BOT. Fruit (drupe) du cacaoyer contenant les fèves de cacao.

CABOSSER [kabɔse] **v. tr.** ‹1› – 1570 ◊ de *bosse* et préfixe péj. *ca-* ▪ Faire des bosses à. ➤ **bosseler, bossuer, déformer.** *Cabosser un chapeau, une valise.* — **p. p. adj.** *L'aile de sa voiture est un peu cabossée. Une timbale toute cabossée.* FIG. *«Sans illusions, avec son enfance cabossée»* NEUHOFF.

1 **CABOT** [kabo] **n. m.** – 1821, en argot ◊ mot d'origine incertaine, p.-ê. d'une forme occitane de la famille du latin *caput* «tête» → chabot ▪ **1** FAM. et PÉJ. Chien. ➤ **clebs.** *À la niche, sale cabot !* ▪ **2** Chabot (poisson).

2 **CABOT** [kabo] **n. m.** – 1886 ; *cabo* 1881 ◊ altération de *capo,* abrév. de *caporal,* par attraction de 1 *cabot* ▪ ARG. Caporal. *Il est passé cabot, cabot-chef.*

3 **CABOT** [kabo] **n. m.** et **adj.** – 1847 ◊ abrév. de *cabotin* ▪ Cabotin. *Un vieux cabot.* — **adj. (inv. en genre)** *Elle est un peu cabot* (ou *cabotine**).

CABOTAGE [kabɔtaʒ] **n. m.** – 1678 ◊ de *caboter* ▪ Navigation à distance limitée des côtes **(opposé à** ***navigation hauturière*****).** ➤ **bornage.** *Petit cabotage,* entre deux ports d'une même mer. ANCIENNT *Capitaine, patron au cabotage.*

CABOTER [kabɔte] **v. intr.** ‹1› – 1678 ◊ p.-ê. de l'espagnol *cabo* «cap» ▪ Faire le cabotage. *Caboter de port en port.*

CABOTEUR [kabɔtœʀ] **n. m.** – 1542 «bateau» ◊ de *caboter* ▪ **1** (1803) VX Marin qui fait le cabotage. ▪ **2** Navire côtier. **adj. m.** *Navire, bâtiment caboteur.*

CABOTIN, INE [kabɔtɛ̃, in] **n.** – 1807 «comédien ambulant» ; adj. 1774 ◊ origine inconnue, p.-ê. du nom d'un comédien ou du picard «marionnette» ▪ **1** FAM. Comédien sans talent, mauvais acteur. ➤ 3 **cabot.** ▪ **2** Personne qui cherche à se faire valoir par des manières affectées. ➤ 3 **cabot.** *Quel cabotin !* — **adj.** *Un ton cabotin. Des manières cabotines.* ▪ CONTR. Naturel, sincère.

CABOTINAGE [kabɔtinaʒ] **n. m.** – 1805 ◊ de *cabotiner* ▪ **1** FAM. Façon de jouer d'un cabotin. *«Tout le cabotinage des acteurs de Favart et du Conservatoire»* STENDHAL. ▪ **2** Comportement du cabotin. ➤ 2 **affectation ; snobisme.** *«Il en fait trop dans le dépouillement. C'est du cabotinage»* CURTIS. ▪ CONTR. Naturel ; simplicité.

CABOTINER [kabɔtine] **v. intr.** ‹1› – 1774 «aller de ville en ville donner des représentations théâtrales» ◊ de *cabotin* ▪ FAM. Faire le cabotin (2°).

CABOUILLAT [kabuja] **n. m.** – 1555 *cabuya* ◊ de l'espagnol d'origine caraïbe *cabuya* ▪ **(Antilles)** ▪ **1** Agave. ▪ **2** Corde faite avec les filaments de l'agave. ▪ **3** PAR EXT. Herbes, foin. *«Tu arraches une poignée de cabouillat là, dans la savane»* J. ZOBEL.

CABOULOT [kabulo] **n. m.** – 1850 ; n. pr. v. 1846 ◊ mot franc-comtois «réduit», croisement de *cabane,* et d'un *boulo* «étable», d'origine gauloise ▪ FAM., VIEILLI Café, cabaret malfamé. ➤ **bouge.**

CABRAGE [kabʀaʒ] **n. m.** – 1886 fig. ◊ de *cabrer* ▪ Action de cabrer, de se cabrer. *Le cabrage d'un avion.*

CABRÉ, ÉE [kabʀe] **adj.** – p. p. de *cabrer* ▪ **1** *Cheval cabré.* ▪ **2** FIG. Qui se cabre, se révolte. ➤ **agressif, combatif.** *«Une nature un peu fière, un peu cabrée»* GIDE. *«Son attitude cabrée»* MARTIN DU GARD.

CABRER [kabʀe] **v. tr.** ‹1› – v. 1180 v. intr. ◊ du latin *capra* «chèvre», par l'ancien occitan

I SE CABRER v. pron. ▪ **1** (début XIVe) Se dresser sur les pattes de derrière (animaux). *«il prit peur, se cabra, lança quelques ruades»* DUHAMEL. *Un cheval qui se cabre devant l'obstacle. Faire cabrer son cheval* **(ellipse de** ***se*****).** ▪ **2** (1608) FIG. Se dresser contre (qqch. ou qqn). ➤ **se rebiffer, se révolter.** *Se cabrer à l'idée de céder. «L'artiste se cabre constamment contre la morale»* CAILLOIS.

II v. tr. ▪ **1** (1636) Faire se dresser (un animal). *Cabrer son cheval.* ▪ **2** (1627) Dresser, révolter (qqn), l'inciter à résister, à s'opposer. *On l'a cabré contre son père.* ➤ **braquer.** ▪ **3** (1908) *Cabrer un avion :* redresser l'avant. ABSOLT *«On cabre pour sauver son altitude»* SAINT-EXUPÉRY.

CABRI [kabʀi] **n. m.** – 1680 ; *cabrit* fin XIVe ◊ mot provençal, du latin *capra* «chèvre» ▪ **1** Petit de la chèvre. ➤ **biquet, chevreau.** *Des bonds, des sauts de cabri.* ▪ **2** Chèvre naine à poils ras, en Afrique noire. *«Tu auras femmes, boys, poules, cabris»* R. MARAN. *Ragoût de cabri.*

CABRIOLE [kabʀijɔl] **n. f.** – milieu XVIe *cabriolle* ◊ altération d'après *cabri* de *capriole* (XVe-XVIIe), italien *capriola,* «chevrette» ▪ **1** AU PLUR. Bonds légers, capricieux, désordonnés. *Faire des cabrioles.* ➤ **gambade.** — SPÉCIALT Culbute, pirouette. *Les cabrioles des clowns.* ▪ **2** CHORÉGR. Saut dans lequel les jambes, projetées en avant ou en arrière, battent l'une contre l'autre (➤ **batterie**). ▪ **3** FIG. Plaisanterie par laquelle on coupe court à une discussion embarrassante. ➤ **échappatoire, pirouette.** *Il s'en est tiré par une cabriole.*

CABRIOLER [kabʀijɔle] **v. intr.** ‹1› – 1584 ; aussi *caprioler* (1585-XVIIIe) ◊ de *cabriole* ▪ Faire la cabriole ou des cabrioles. ➤ **caracoler.**

CABRIOLET [kabʀijɔlɛ] **n. m.** – 1755 ◊ de *cabrioler,* à cause du mouvement sautillant ▪ **1** ANCIENNT Voiture légère à cheval, à deux roues, à capote mobile. ➤ **cab, tilbury.** *«Une espèce de cabriolet, à capote de toile cirée, avec deux chevaux attelés en flèche»* LOTI. — PAR ANAL. Automobile décapotable. *Un cabriolet grand sport.* ▪ **2** (1757) Chapeau de femme porté en arrière et dont les bords encadrent le visage. ➤ **capote.** APPOS. *Chapeaux cabriolets.* ▪ **3** Fauteuil de petite dimension, dont le dossier incurvé épouse le dos.

CABROUET [kabʀuɛ] **n. m.** – 1667 ◊ mot formé sur *brouette* et un élément *ca-* d'origine obscure ▪ RÉGION. **(Antilles)** Charrette tirée par des mulets ou des bœufs. *«un cabrouet plein d'engrais et attelé de quatre bœufs qui s'en va grinçant des roues par les ornières»* J. ZOBEL.

CABUS [kaby] **adj. m.** – fin XIVe ◊ mot de l'ancien occitan (XIIIe), emprunté à l'italien dialectal *gabus,* famille du latin *caput* «tête» ■ **CHOU CABUS,** à tête ronde (➤ **pommé**) et à feuilles lisses. — SUBST. *Un cabus.*

C. A. C. [kak] **n. m.** – 1962 ◊ acronyme de *Compagnie des Agents de Change,* puis (1987) de *Cotation Assistée en Continu* ■ *Indice C. A. C. 40* : indice établi par la Compagnie nationale des agents de change sur la base de 40 titres cotés à la Bourse de Paris. ■ **HOM.** Caque.

CACA [kaka] **n. m.** – v. 1534 ◊ redoublement expressif de la première syllabe du latin *cacare* (→ chier) ; cf. *dodo, joujou,* etc. ■ **1** FAM. (LANG. ENFANTIN) Excrément, matière fécale. *Faire caca dans sa culotte.* — *Caca boudin !* LOC. *Faire un caca nerveux* : piquer une crise. *Mettre à qqn le nez dans le* (ou *son*) *caca* : souligner ses défauts, lui faire honte. *«La grande phrase de logique irréfutable, pour vous mettre le nez dans le caca»* A. ERNAUX. — PAR EXT. Ordure, saleté. LOC. *Être dans le caca* (➤ **merde**). ■ **2** *Caca d'oie* : couleur jaune verdâtre. *Des peintures caca d'oie.*

CACABER [kakabe] **v. intr.** ‹1› – v. 1560 ◊ bas latin *cacabare,* du grec *kakkabizein,* de *kakkabê* «perdrix» ■ RARE Crier, en parlant de la perdrix, de la caille.

CACAHOUÈTE [kakawɛt] **n. f.** – 1801 ◊ espagnol *cacahuete,* de l'aztèque *tlacacahuatl,* littéralt «cacao de terre» ; cf. *cacao* ■ Fruit de l'arachide ; graine contenue dans ce fruit. ➤ RÉGION. **pinotte.** *Cacahouètes grillées, salées. Beurre de cacahouète(s).* — FAM. *Valoir* son pesant de cacahouètes. Des cacahouètes* : une valeur insignifiante, trois fois rien. *Travailler pour des cacahouètes. Elle a six ans et des cacahouètes. Partir en cacahouète* : ne pas aboutir, péricliter. — On écrit aussi *cacahuète.*

CACAILLE [kakaj] **n. f.** – 1856 ◊ mot wallon, réduplication de *(é)caille* ■ RÉGION. (Nord, Belgique) FAM. Objet de mauvaise qualité. ➤ **camelote, pacotille.** *Ce collier, c'est de la cacaille !*

CACAO [kakao] **n. m.** – 1569 «cacaoyer» ; 1532 *cacap* «graine», peut-être erreur pour *cacao* ◊ mot espagnol, du nahuatl *cacahuatl* → cacahouète ■ **1** Graine du cacaoyer (➤ **fève**) qui sert à fabriquer le chocolat. *Pâte de cacao,* obtenue en écrasant les graines de cacao. *Beurre de cacao* : matière grasse extraite du cacao, ou de la pâte de cacao. *Utilisation du beurre de cacao en pharmacie. Alcaloïde du cacao.* ➤ **théobromine.** ■ **2** Poudre obtenue à partir de la pâte de cacao. *Gâteau saupoudré de cacao. Cacao solubilisé.* ◆ (1575) Boisson préparée avec cette poudre. *Une tasse de cacao.* ➤ **chocolat.**

CACAOTÉ, ÉE [kakaɔte] **adj.** – 1947 ◊ de *cacao* ■ Qui contient du cacao. *Petit-déjeuner cacaoté.* ➤ **chocolaté.**

CACAOUI [kakawi] **n. m.** – 1672 ◊ emprunté à l'algonquin ■ (Canada) Petit canard sauvage, appelé aussi *canard à longue queue de Terre-Neuve. Des cacaouis.*

CACAOYER [kakaɔje] **n. m.** – 1686 ; *cacou* 1603 ◊ de *cacao* ■ Arbuste tropical *(sterculiacées),* dont les fruits (➤ **cabosse**) sont récoltés pour leurs graines (➤ **cacao**) et pour l'enveloppe des graines. On dit aussi **CACAOTIER** [kakaɔtje].

CACAOYÈRE [kakaɔjɛʀ] **n. f.** – 1722 ; *cacodière* 1690 ◊ de *cacaoyer* ■ Plantation de cacaoyers. On dit aussi **CACAOTIÈRE.**

CACARDER [kakaʀde] **v. intr.** ‹1› – 1613 ◊ onomat. ■ RARE Crier, en parlant de l'oie. *«On entend cacarder les oies vigilantes»* RENARD.

CACATOÈS [kakatɔɛs] **n. m.** – 1809 ; *cacatoua* 1606 ◊ malais *kakatua,* par l'allemand ■ Oiseau grimpeur *(psittaciformes)* dont la tête est ornée d'une huppe érectile.

CACATOIS [kakatwa] **n. m.** – 1835 ; «cacatoès» 1663 ◊ var. de *cacatoès* ■ MAR. Petite voile carrée au-dessus du perroquet. *Mât de cacatois,* et ABSOLT *le cacatois,* le mât qui porte cette voile.

CACHAÇA [kaʃasa] **n. f.** – 1833, n. m. ◊ mot portugais du Brésil (1711), probablt d'une langue africaine ■ Alcool obtenu par fermentation du jus de canne à sucre (➤ **vesou**). *La cachaça est l'ingrédient de base de la caïpirinha.*

CACHALOT [kaʃalo] **n. m.** – 1694 ; *cachalut* terme d'apothicaire 1628 ◊ espagnol ou portugais *cachalote,* de *cachola* «grosse tête» ■ Mammifère marin *(cétacés),* à tête cylindrique, de la taille des plus grosses baleines (mâles) et pourvu de dents. *Pêche au cachalot. Produits extraits du corps du cachalot* : ambre gris, blanc de baleine. ➤ **spermacéti.**

1 **CACHE** [kaʃ] **n. f.** – 1561 ◊ de *cacher* ■ VX ou RÉGION. Lieu secret propre à cacher, à se cacher. ➤ **cachette.** — MOD. *Une cache d'armes, de drogue.* ■ **HOM.** Cash.

2 **CACHE** [kaʃ] **n. m.** – 1898 ◊ de *cacher* ■ **1** PHOTOGR., CIN. Papier à surface opaque destiné à cacher une partie de la pellicule à impressionner. — PAR EXT. Tout élément destiné à masquer une partie d'une surface lors d'une opération effectuée sur cette surface. *Mettre un cache sur une partie d'un texte.* ■ **2** INFORM. *Mémoire cache* ou *cache* : partie de la mémoire à accès très rapide où sont stockées temporairement les informations (données, programmes) les plus récentes ou les plus fréquemment utilisées, réduisant notablement le temps de traitement.

CACHÉ, ÉE [kaʃe] **adj.** – p. p. de *cacher* ■ **1** Qu'on a caché ; qui se cache, évite de se montrer. ➤ **dissimulé.** *Les mains cachées derrière le dos. Trésor caché.* PROV. *Pour vivre heureux, vivons cachés.* ◆ Qui n'est pas visible. *La face cachée de la Lune. La partie cachée de l'iceberg*.* ■ **2** Secret, non exprimé ; impossible à déceler, à comprendre. *Peine cachée. Sentiments cachés.* ➤ **intime, profond.** *Il a peut-être des vertus cachées. Sens caché d'un symbole.* ➤ **ésotérique, mystérieux, occulte.** *«La révélation d'une action cachée»* FRANCE. ➤ **subreptice.** ■ **CONTR.** Apparent, visible. Sensible.

CACHE-CACHE [kaʃkaʃ] **n. m. inv.** /CACHECACHE **n. m.**/ – 1722 ◊ de *cacher* ■ Jeu d'enfants, où l'un des joueurs doit découvrir les autres qui sont cachés. ➤ RÉGION. **cachette.** *Une partie de cache-cache.* — FIG. *Jouer à cache-cache* : se manquer tour à tour, se chercher. *«plus l'heure est grave, plus on joue à cache-cache avec soi-même»* MARTIN DU GARD.

CACHE-CŒUR [kaʃkœʀ] **n. m.** – 1952 ◊ de *cacher* et *cœur* ■ Gilet court, à col en V très échancré, croisé sur la poitrine, utilisé dans l'habillement ou en layette. *Des cache-cœurs.*

CACHE-COL [kaʃkɔl] **n. m.** – 1842 ; *cache-coul* «plastron» 1534 ◊ de *cacher* et *cou* ■ Écharpe qui entoure le cou. ➤ **cache-nez.** *Des cache-cols.*

CACHECTIQUE [kaʃɛktik] **adj.** et **n.** – 1538 ◊ grec *kakhektikos,* par le latin des médecins ■ MÉD. Qui se rapporte à la cachexie. *État cachectique.* ◆ Qui est atteint de cachexie. *Malade cachectique.* — **n.** *Un, une cachectique.*

CACHE-FLAMME [kaʃflam] **n. m.** – avant 1965 ◊ de *cacher* et *flamme* ■ Appareil fixé au bout d'un canon d'arme à feu pour refroidir les gaz, et éteindre la flamme produite par leur combustion. *Des cache-flammes.*

CACHEMIRE [kaʃmiʀ] **n. m.** – 1803 ◊ nom d'un État de l'Inde ■ **1** Tissu ou tricot fin en poil de chèvre du Cachemire ou du Tibet, mêlé de laine. *Pull-over en cachemire* ou *cashmere* (ANGLIC.). ■ **2** *Châle de cachemire,* à motifs de feuilles stylisées. APPOS. INV. *Impressions cachemire.*

CACHE-MISÈRE [kaʃmizɛʀ] **n. m.** – 1847 ◊ de *cacher* et *misère* ■ Vêtement de bonne apparence sous lequel on dissimule des habits ou du linge misérables. ◆ PAR EXT. Élément quelconque qui cache les défauts, le mauvais état. *Un rideau qui sert de cache-misère. Des cache-misère* (inv.) ou *des cache-misères.*

CACHE-NEZ [kaʃne] **n. m. inv.** – 1830 ; autre sens 1536 ◊ de *cacher* et *nez* ■ Écharpe dont on s'entoure le cou, qui peut couvrir le bas du visage pour préserver du froid. ➤ **cache-col.** *Des cache-nez.*

CACHE-OREILLE **n. m.** ou **CACHE-OREILLES** [kaʃɔʀɛj] **n. m. inv.** – 1843 ◊ de *cacher* et *oreille* ■ Accessoire formé d'un serre-tête terminé par des disques qui se placent sur les oreilles pour les protéger du froid. *Des cache-oreilles.*

CACHE-POT [kaʃpo] **n. m.** – 1830 ; autre sens fin XVIIe ◊ de *cacher* et *pot* ■ Enveloppe ou vase orné qui sert à cacher un pot de fleurs. *Des cache-pots en papier plissé, en porcelaine.*

CACHE-POUSSIÈRE [kaʃpusjɛʀ] **n. m.** – 1876 ◊ de *cacher* et *poussière* ■ **1** Long manteau en tissu léger pour protéger autrefois les automobilistes de la poussière. *Des cache-poussières* ou *des cache-poussière* (inv.). ■ **2** (Belgique) Blouse que l'on porte pour faire des travaux salissants.

CACHE-PRISE [kaʃpʀiz] **n. m.** – 1979 ◊ de *cacher* et *prise* ■ Dispositif de sécurité, en matière isolante, que l'on enfiche dans une prise de courant pour rendre les contacts inaccessibles (aux jeunes enfants). *Des cache-prises.*

CACHER [kaʃe] **v. tr.** ‹1› – XIIIe ◊ latin populaire °*coacticare* «comprimer, serrer», latin classique *coactare* «contraindre»

I ~ **v. tr.** ■ **1** Soustraire, dérober à la vue ; mettre dans un lieu où on ne peut trouver. ➤ **camoufler,** VX **celer, dissimuler,** RÉGION. **musser,** FAM. **planquer.** *Cacher des bijoux, de l'argent. Cacher un objet volé.* ➤ **recéler.** *Cacher dans la terre.* ➤ **enfouir, ensevelir, enterrer.** *Cacher derrière un voile, un écran.* ➤ **couvrir,**

déguiser, envelopper, masquer, recouvrir, 1**voiler.** *Cacher les mains derrière son dos. Cacher sa nudité.* — *Cacher un évadé chez soi.* ➤ FAM. **planquer.** ■ **2** (CHOSES) Empêcher de voir. ➤ **dissimuler, masquer.** *La marée haute cache les écueils. Cet arbre nous cache le soleil, la vue.* ➤ **arrêter,** 1**boucher.** *Les nuages ont caché le soleil.* ➤ **éclipser, occulter.** LOC. *Un train peut en cacher un autre* (aux passages à niveau). *Les arbres cachent la forêt*.* ◆ Contenir sans montrer. *Un placard qui cache des trésors.* ➤ **receler, renfermer.** ■ **3 CACHER SON JEU :** ne pas montrer ses cartes aux autres joueurs ; FIG. dissimuler son but ou les moyens par lesquels on cherche à l'atteindre. ■ **4** FIG. (1549) Soustraire, dérober à la connaissance (➤ **déguiser, dissimuler**) ; ne pas exprimer (➤ **rentrer**). *Cacher son émotion, ses sentiments. Cacher une déconvenue, un échec* (ne pas s'en vanter). *« La parole a été donnée à l'homme pour cacher sa pensée »* STENDHAL. ➤ **camoufler.** — *Cacher ses larmes.* ◆ Ne pas dire, ne pas faire connaître. ➤ **celer, dissimuler, étouffer, taire ;** RÉGION. **abrier.** *Cacher la vérité. Cacher qqch. à qqn. On ne peut rien vous cacher. « Je voudrais vous cacher une triste nouvelle »* RACINE. *Elle cache son âge. « On le contraint aux gestes de l'esclavage, mais il peut cacher qu'il pense en rebelle »* CAILLOIS. *Ils se sont caché leurs inquiétudes. Je ne vous cache pas que... :* j'avoue, je reconnais que... *Pour ne rien vous cacher.*

II ~ v. pron. SE CACHER ■ **1** Faire en sorte de n'être pas vu, trouvé, se mettre à l'abri, en lieu sûr. ➤ se **dérober, disparaître,** s'**embusquer ;** se **tapir,** se **terrer ;** FAM. se **planquer.** *Un fuyard qui se cache. « On se cache, donc on conspire »* ROBESPIERRE. *Se cacher derrière un arbre, sous un lit. Se cacher derrière son petit doigt*.* — (CHOSES) *Le soleil s'est caché* (derrière un nuage), a disparu. ■ **2** FIG. *« L'hypocrisie, pour être utile, doit se cacher »* STENDHAL. *Sa méchanceté se cache sous, derrière l'indifférence.* ■ **3 SE CACHER DE (qqn),** lui cacher ce que l'on fait ou dit. *« Albertine avait combiné à mon insu, en se cachant de moi, le plan d'une sortie »* PROUST. — *Se cacher de qqch.,* le tenir secret. *Il ne s'en cache pas :* il le dit, le fait ouvertement. ■ **4** (PASSIF) *Où donc se cache ce sentier ?*

■ CONTR. Montrer ; déceler, découvrir. Avouer, exprimer, révéler. — Apparaître, manifester (se), paraître. hyène = Hérodote, Aristote 303 Paradoxographie Vatican Porphyre

CACHE-RADIATEUR [kaʃʀadjatœʀ] **n. m.** – 1926 ◇ de *cacher* et *radiateur* ■ Revêtement ou élément d'ameublement grillagé, destiné à cacher un radiateur d'appartement. *Des cache-radiateurs.*

CACHE-SEXE [kaʃsɛks] **n. m.** – fin XIXe ◇ de *cacher* et *sexe* ■ Petit triangle d'étoffe couvrant le bas-ventre, culotte minuscule. ➤ 2**slip, string.** *Des cache-sexes.* PAR APPOS. *« Les femmes n'ont d'autre vêtement qu'une feuille cache-sexe dont la tige, passant entre les fesses, rejoint par derrière la ficelle qui sert de ceinture »* GIDE.

CACHET [kaʃɛ] **n. m.** – 1464 « empreinte » ◇ de *cacher* « presser » ■ **1** Plaque ou cylindre d'une matière dure gravée avec laquelle on imprime une marque (sur de la cire). ➤ **sceau.** *Cachet monté en bague, muni d'un manche. Armes gravées sur un cachet. Appliquer, apposer, mettre un cachet sur...* — La matière qui porte l'empreinte du cachet. *Cachet fixant les scellés. Briser un cachet.* — (1625) **LETTRE DE CACHET :** lettre au cachet du roi, contenant un ordre d'emprisonnement ou d'exil sans jugement. *Le roi embastillait par lettre de cachet.* ■ **2** PAR EXT. (1564) Marque apposée à l'aide d'un cachet (ou d'un timbre en caoutchouc, d'un tampon). ➤ **empreinte.** *Le cachet d'oblitération de la poste.* ABSOLT *Le cachet de la poste faisant foi* (pour la date). ➤ aussi **flamme.** *Le cachet d'une marque commerciale, d'un fabricant.* ➤ **estampille.** *Appliquer un cachet sur une bouteille.* ➤ **cacheter.** ■ **3** (1762) FIG. Marque, signe caractéristique, distinctif. *Ce village a du cachet. Ça lui donne un certain cachet.* ■ **4** LOC. (1733 « carte sur laquelle on marquait chaque leçon donnée ») *Courir le cachet :* chercher à donner des leçons à domicile, avoir des engagements à la soirée. — PAR EXT. (1882) Rétribution d'un artiste, pour un engagement déterminé. ➤ FAM. **cacheton.** *Le cachet d'un acteur, d'un musicien. Les cachets énormes des vedettes de cinéma. Un gros cachet.* ■ **5** (1873) PHARM. Enveloppe de pain azyme dans laquelle on enferme un médicament en poudre. ➤ **capsule, gélule ;** FAM. **cacheton.** — ABUSIVEMENT Comprimé. *Cachet d'aspirine.*

CACHETAGE [kaʃtaʒ] **n. m.** – 1861 ◇ de *cacheter* ■ Action de cacheter ; son résultat.

CACHE-TAMPON [kaʃtɑ̃pɔ̃] **n. m.** – 1835 ◇ de *cacher* et *tampon* ■ Jeu d'enfants où l'on cache un objet que l'un des joueurs doit découvrir. *Jouer à cache-tampon. Organiser des cache-tampons.*

CACHETER [kaʃte] **v. tr.** ‹4 /5/› – 1464 ◇ de *cachet* ■ Fermer avec un cachet ; marquer d'un cachet. ➤ **estampiller, sceller.** *Cacheter une lettre, une enveloppe.* ABSOLT *Cire* à cacheter. Pain* à cacheter.* — **p. p. adj.** *Bouteille cachetée* (de vin vieux). *« Et ce vieux vin cacheté, comme il sentait les violettes »* DAUDET. ◆ PAR EXT. Fermer (une enveloppe gommée ou autocollante). *Pli cacheté.* ■ CONTR. Décacheter.

CACHETON [kaʃtɔ̃] **n. m.** – 1937 ◇ de *cachet* ■ FAM. ■ **1** Cachet (5°). *Avaler des cachetons.* ■ **2** (1946) Cachet (4°) d'artiste. — LOC. *Courir le cacheton :* chercher de petits engagements pour survivre. ➤ **cachetonner.**

CACHETONNER [kaʃtɔne] **v. intr.** ‹1› – milieu XXe ◇ de *cacheton* ■ FAM. Courir le cachet (4°). *Un « comédien raté, cachetonnant dans les bonnes ou les mauvaises comédies de boulevard »* C. PAYSAN.

CACHETTE [kaʃɛt] **n. f.** – 1559 ; autre forme 1313 ◇ diminutif de 1*cache* ■ **1 loc. adv. EN CACHETTE :** en se cachant. ➤ **clandestinement, discrètement, furtivement, secrètement** (cf. À la dérobée, en catimini, en secret, en tapinois). *Faire qqch. en cachette. Fumer en cachette.* **loc. prép.** *En cachette de :* à l'insu de. *Il la voit en cachette de sa femme.* ■ **2** (1559) Endroit retiré, propice à cacher qqch. ou qqn. ➤ 1**cache,** FAM. **planque.** *Mettre ses économies dans une cachette. Une bonne cachette. Sors de ta cachette.* ■ **3** (1898) **(Canada)** Jeu d'enfants où l'on se cache. ➤ **cache-cache.** *« ses deux autres sœurs qui jouent à la cachette dans les hautes herbes »* TREMBLAY. ■ CONTR. Franchement, ouvertement.

CACHEXIE [kaʃɛksi] **n. f.** – 1537 ◇ latin des médecins *cachexia,* grec *kakhexia,* de *kakos* « mauvais » et *hexis* « constitution » ■ **1** VIEILLI OU MÉD. État d'amaigrissement et de fatigue généralisée dû à la sous-alimentation (➤ **athrepsie**) ou lié à la phase terminale de graves maladies (➤ **consomption**). *Malade atteint de cachexie.* ➤ **cachectique.** *Cachexie maligne.* ■ **2** VÉTÉR. *Cachexie aqueuse* (des bovins).

CACHOT [kaʃo] **n. m.** – 1550 « cachette, retraite » ◇ de *cacher* ■ **1** (1627) Cellule obscure, souvent souterraine, dans une prison. ➤ **cellule, cul-de-basse-fosse, ergastule, geôle, in pace.** *Cachot sombre, obscur, souterrain. Mettre, jeter, enfermer un prisonnier dans un cachot, au cachot.* — PAR EXT. Toute prison. LOC. *La paille humide des cachots :* la prison. ■ **2** Punition (dans une prison, et autrefois une communauté) qui consiste à être enfermé seul dans une cellule. *Trois jours de cachot.* ➤ ARG. **mitard.**

CACHOTTERIE [kaʃɔtʀi] **n. f.** /CACHOTERIE/ – 1698 ◇ de *cachotter* (1689), diminutif de *cacher* ■ **(Généralt au plur.)** Petit secret que l'on affecte de taire. *Faire des cachotteries. Assez de cachotteries !*

CACHOTTIER, IÈRE [kaʃɔtje, jɛʀ] **n.** /CACHOTIER, IÈRE/ – 1670 ◇ de *cachotter* → cachotterie ■ Personne qui aime à faire des cachotteries. *Un petit cachottier.* — **adj.** *« Est-elle cachottière ? – Non, une certaine réserve, mais pas de cachotteries »* MARTIN DU GARD.

CACHOU [kaʃu] **n. m.** – 1651 ◇ portugais *cacho,* malais *kacu* ■ **1** Matière colorante brune (autrefois végétale) utilisée pour la teinture du coton. ■ **2** Extrait astringent du fruit d'un acacia d'Asie ou de la noix d'arec. ➤ **catéchine.** PAR EXT. COUR. Pastille parfumée au cachou. *Un cachou. Boîte de cachous.* ■ **3** ADJT INV. De la couleur brun-rouge du cachou. *Des chaussettes cachou.*

CACIQUE [kasik] **n. m.** – 1545 ; autres formes depuis 1515 ◇ mot espagnol, de l'arawak, langue amérindienne ■ **1** Ancien chef amérindien d'Amérique centrale. ◆ (1968) Personnalité nantie d'une fonction importante (politique, administrative ; ➤ **hiérarque**) ou d'une influence notable sur un groupe. ■ **2** (avant 1843) Major du concours d'entrée à l'École normale supérieure, PAR EXT. d'un concours.

CACOCHYME [kakɔʃim] **adj.** – 1478 ◇ grec des médecins *kakokhumos,* de *kakos* « mauvais » et *khumos* « humeur » ■ VX OU PLAISANT D'une constitution débile, d'une santé déficiente. ➤ **maladif, valétudinaire.** *Vieillard cacochyme.* ■ CONTR. Vigoureux ; valide.

CACODYLATE [kakɔdilat] **n. m.** – 1843 ◇ de *cacodyle* ■ CHIM. Sel ou ester de l'acide cacodylique. *Le cacodylate de soude* (de sodium), *de fer est utilisé en injections contre les asthénies.*

CACODYLE [kakɔdil] **n. m.** – 1842 ◇ allemand *Kadodyl* (XIXe) ; grec *kakodes* « qui sent mauvais » ■ CHIM. Composé de l'arsenic ayant pour radical $As(CH_3)_2$, dont les dérivés sont toxiques et malodorants. — **adj. CACODYLIQUE.**

CACOGRAPHIE [kakɔgʀafi] **n. f.** – 1579 ◇ du grec *kakos* « mauvais » et *-graphie* ■ PLAISANT État d'un écrit très fautif (graphies, syntaxe, vocabulaire, style). ➤ **charabia.** — **n. CACOGRAPHE,** 1820.

CACOLET [kakɔlɛ] **n. m.** – 1819 ; *cacolier* 1808 ◊ mot des Pyrénées, p.-ê. basque ■ Bât composé de deux sièges à dossier fixés de chaque côté du dos de la bête de charge, et qui sert à transporter des voyageurs, des blessés. *« Des cacolets revenant des avant-postes avec les blessés qui se balancent au flanc des mules »* DAUDET.

CACOPHONIE [kakɔfɔni] **n. f.** – 1587 ◊ grec *kakophônia* ■ **1** Rencontre ou répétition de sons, de syllabes, qui blesse l'oreille. ➤ **dissonance.** *Cacophonie de l'orchestre qui accorde ses instruments.* ■ **2** Mélange confus de plusieurs bruits, de plusieurs voix. *La cacophonie des cris et des pleurs.* ➤ **tintamarre, vacarme*.** ■ CONTR. Euphonie.

CACOPHONIQUE [kakɔfɔnik] **adj.** – 1806 ◊ de *cacophonie* ■ Qui fait une cacophonie. *Sons cacophoniques.* ■ CONTR. Euphonique, harmonieux.

CACOU [kaku] **n. m.** – 1832 *cagou* « chef des voleurs » ◊ origine inconnue, p.-ê. même origine que *cagot* ■ RÉGION. (Marseille) Jeune frimeur, beau parleur aux allures de mauvais garçon. *Les cacous et les cagoles. Le cinéma « était un monde plus drôle, avec de plus jolies filles, de plus belles bagnoles, un rêve de cacou »* E. CARRÈRE. — LOC. *Faire le (son) cacou,* crâner, frimer.

CACTÉES [kakte] **n. f. pl.** – 1834 ; *cacté* 1803 ◊ de *cactus* ■ Famille de plantes dicotylédones dialypétales, aux tiges charnues, vertes, remplies d'un suc (d'où leur nom de *plantes grasses*), en forme de raquettes, de colonnes, etc., aux feuilles réduites à des épines. ➤ **cactus.** — On dit aussi **CACTACÉES.** ■ HOM. Caqueter.

CACTUS [kaktys] **n. m.** – 1788 ◊ latin des botanistes *cactus,* grec *kaktos* « artichaut épineux » ■ **1** BOT. Plante grasse *(cactées),* de genre oponce, des régions chaudes et arides, naturalisée en Europe méridionale, à tiges riches en suc et épineuses. — SPÉCIALT Oponce. ■ **2** (1967 ◊ d'une chanson humoristique) FIG. et FAM. Difficulté*, complication, obstacle. ➤ **os.** *Il y a des cactus.*

C.-À-D. ➤ **C'EST-À-DIRE**

CADASTRAL, ALE, AUX [kadastʀal, o] **adj.** – 1790 ◊ de *cadastre* ■ Du cadastre. *Plan cadastral. Revenu cadastral* (impôt foncier ; prestations agricoles). *Livret cadastral.*

CADASTRE [kadastʀ] **n. m.** – 1570 ◊ de l'ancien occitan *cadastre, cathastre* (début XVIe), emprunté à l'italien *catastico* (début XIVe), lui-même du grec tardif *katastikhon* « liste », de *kata* « en descendant » et *stikhos* « rang, ligne », c'est-à-dire « ligne à ligne » ■ **1** (XVIIIe) Registre public définissant dans chaque commune l'emplacement, la surface et la valeur des propriétés foncières et servant de base à l'assiette de l'impôt foncier. *Un plan parcellaire, un tableau indicatif et une matrice cadastrale constituent le cadastre d'une commune. Consulter le cadastre. Révision du cadastre. — Cadastre rénové, révisé.* ■ **2** Administration fiscale chargée d'établir, de mettre à jour et de conserver les documents du cadastre (1°). *Les agents du cadastre.*

CADASTRER [kadastʀe] **v. tr.** ⟨1⟩ – 1781 ◊ de *cadastre* ■ Mesurer, inscrire au cadastre. *Cadastrer une région par avion. — « cette partie de la forêt non encore cadastrée par les Blancs »* DURAS.

CADAVÉREUX, EUSE [kadaveʀø, øz] **adj.** – 1546 ◊ latin *cadaverosus,* de *cadaver* « cadavre » ■ LITTÉR. Qui tient du cadavre. *Teint cadavéreux.* ➤ **cadavérique.**

CADAVÉRIQUE [kadaveʀik] **adj.** – 1787 ◊ de *cadavre* ■ Propre au cadavre. *Rigidité, odeur cadavérique.* Qui rappelle un cadavre. *Lividité, pâleur cadavérique.* ➤ **cadavéreux.**

CADAVRE [kadavʀ] **n. m.** – XVIe variante *cadaver* ◊ latin *cadaver,* de *cadere* « tomber » ■ **1** Corps mort, surtout en parlant de l'homme et des gros animaux. (REM. Ce mot est brutal et on lui préfère souvent *corps**.) ➤ **corps, dépouille,** POP. **macchabée,** 3**mort.** *La lividité, la rigidité du cadavre. Embaumer* (➤ **momie**), *enterrer, immerger, incinérer un cadavre. Crémation, enterrement des cadavres. Cadavre décomposé.* ➤ **charogne.** *Dissection des cadavres humains.* ➤ **autopsie.** *Dépôt des cadavres à la morgue. Restes de cadavres.* ➤ **ossements, relique.** *Êtres qui se nourrissent de cadavres.* ➤ **charognard, nécrophage.** *L'assassin s'est débarrassé du cadavre. Découvrir le cadavre d'une femme dans un coffre. Amoncellement de cadavres.* ➤ **charnier.** ■ **2** FIG. *Être, rester comme un cadavre,* immobile, inerte. *« sans connaissance à présent, passif comme un cadavre »* LOTI. — LOC. FAM. *Un cadavre ambulant :* une personne affaiblie, pâle et maigre. — *Il y a un cadavre entre eux :* ils sont liés par un crime. — *Avoir un cadavre dans le placard*.* ■ **3** FAM. Bouteille bue, vidée entièrement. ■ **4** (1927 ◊ de la première phrase ainsi composée : *Le cadavre exquis boira du vin nouveau*) HIST. LITTÉR. **CADAVRE EXQUIS :** jeu surréaliste consistant à composer collectivement une phrase en écrivant un mot sur un papier que l'on plie avant de le passer au joueur suivant qui doit inscrire un autre élément de la phrase. ■ CONTR. 2Vivant.

1**CADDIE** [kadi] **n. m.** – 1895 ◊ mot anglais, du français *cadet* ■ Au golf, Garçon qui porte les clubs du joueur. ➤ **cadet** (6°). *Des caddies.* — On écrit aussi *un caddy* (1900), *des caddys.* ■ HOM. Cadi.

2**CADDIE** [kadi] **n. m.** – 1952 ◊ nom déposé ; de *caddy,* mot anglais américain, de *caddie cart* « chariot de caddie » (golf) ■ ANGLIC. Petit chariot métallique mis à la disposition de la clientèle pour transporter les denrées dans les libres-services et les bagages dans les gares ou les aéroports. *Des caddies.* — Recomm. offic. *chariot.* ◆ Poussette pour faire le marché.

CADE [kad] **n. m.** – 1518 ◊ ancien rouergat *cade,* bas latin *catanum* ■ Genévrier des régions méditerranéennes *(cupressacées),* dont le bois est utilisé en marqueterie. *Huile de cade :* produit de distillation du bois du cade, à odeur âcre, utilisé en pharmacopée.

CADEAU [kado] **n. m.** – 1416 « lettre capitale », d'où « enjolivure » (1532) ◊ ancien provençal *capdel* « chef », latin *capitellus,* de *caput* « tête » ■ **1** (1656) VX Divertissement offert à une dame. ■ **2** (1669) Objet que l'on offre à qqn. ➤ 1**don,** 2**présent.** *Un beau cadeau. Les bras chargés de cadeaux.* LOC. *Les petits cadeaux entretiennent l'amitié. — Cadeaux de mariage.* ➤ **corbeille,** 2**liste** (de mariage). *Cadeau d'anniversaire. Les cadeaux de Noël. Cadeau de nouvel an.* ➤ **étrenne.** *Un cadeau du ciel,* une chance, une aubaine. *Faire un cadeau à qqn.* ➤ **offrir.** — *Faire cadeau de qqch. à qqn. Je t'en fais cadeau. Il lui a fait cadeau d'une montre.* FAM. *Je vous fais cadeau des détails.* ➤ **épargner** (cf. Faire grâce*). — LOC. FAM. *C'est un cadeau de la maison, c'est cadeau :* je vous l'offre, c'est gratuit. *Le café, c'est cadeau. « Tiens, cadeau, fit Dédé, en tendant la parka à Rico »* IZZO. ABUSIVEMENT *Cadeau gratuit. Ne pas faire de cadeau à qqn,* être dur (en affaires, etc.) avec lui. *Ils ne se font pas de cadeaux :* ils ne se laissent rien passer. *C'est pas un cadeau :* c'est une personne difficile à supporter. *« des mecs comme ça c'était pas un cadeau »* PEREC. ◆ EN APPOS. *Papier cadeau. Paquet cadeau :* type d'emballage destiné aux cadeaux. *Des paquets cadeaux. Coffret cadeau. — Des cadeaux surprises.*

CADEAUTER [kadote] **v. tr.** ⟨1⟩ – 1844 *cadotter,* Flaubert ◊ de *cadeau* ■ RARE ou RÉGION. (Afrique) Offrir un cadeau à (qqn). *Cadeauter sa famille. Cadeauter qqn d'un livre.* ◆ Faire cadeau, don de. *« c'est elle* [la Chine] *qui nous a cadeauté les hôpitaux »* A. MABANCKOU.

CADENAS [kadna] **n. m.** – 1540 ◊ *cathenat* 1529 ; ancien occitan *cadenat,* du latin *catena* « chaîne » ■ Boîtier métallique renfermant une serrure, capable de bloquer l'extrémité libre d'un arceau métallique monté sur charnière. ➤ **antivol.** *Cadenas à chiffres. Clé de cadenas. Mettre un cadenas. Fermer une porte au cadenas.* ➤ **cadenasser.**

CADENASSER [kadnase] **v. tr.** ⟨1⟩ – 1569 ◊ de *cadenas* ■ Fermer avec un cadenas. *Cadenasser la porte de la cave.*

CADENCE [kadɑ̃s] **n. f.** – 1520 ; « chute » fin XVe ◊ italien *cadenza,* du latin *cadere* « se terminer » ■ **1** DIDACT. Rythme de l'accentuation, en poésie ou en musique ; effet qui en résulte. ➤ **harmonie, nombre.** *Malherbe « Fit sentir dans les vers une juste cadence »* BOILEAU. — CHORÉGR. Mesure réglant le mouvement d'un danseur. ➤ **rythme.** *Marquer, presser, suivre la cadence.* ■ **2** (1550) MUS. Terminaison d'une phrase musicale, résolution d'un accord dissonant sur un accord consonant. *Cadence parfaite,* dans laquelle la basse va de la dominante à la tonique. *Cadence plagale* (sous-dominante à tonique). ◆ Dans un concerto (forme sonate), Morceau de virtuosité développant le thème d'un mouvement (autrefois, improvisé par le soliste). ■ **3** COUR. Rythme d'un mouvement régulier. *La cadence de la marche.* Répétition régulière de ce mouvement, du bruit produit par ce mouvement. *Ils « n'entendaient en marchant que la cadence de leurs pas sur la terre du sentier »* FLAUBERT. — (fin XVIIe) **EN CADENCE :** d'une manière rythmée, régulière. *Frapper en cadence.* ■ **4** Rythme du travail, de la production. *Forcer la cadence. Une cadence infernale. Accélérer les cadences. À une bonne cadence :* à une bonne allure. *À cette cadence* (➤ **vitesse**). — *Cadence de tir d'une arme :* nombre de coups à la minute.

CADENCÉ, ÉE [kadɑ̃se] **adj.** – 1597 ◊ de *cadence* ■ **1** Qui a de la cadence, une cadence sensible. *Prose cadencée.* ■ **2** Rythmé. *Défiler au pas cadencé.*

CADENCER [kadɑ̃se] **v. tr.** ⟨3⟩ – 1701 ◊ de *cadence* ■ **1** Donner de la cadence à (des phrases, des vers). ➤ **rythmer.** ■ **2** Conformer (ses mouvements) à un rythme. *Cadencer son pas,* le régler.

CADENETTE [kadnɛt] **n. f.** – 1653 ◊ du seigneur de *Cadenet*, qui mit cette coiffure à la mode sous Louis XIII ■ Longue mèche de cheveux portée sur le côté ; puis tresse que les soldats d'infanterie portaient de chaque côté du visage.

CADET, ETTE [kadɛ, ɛt] **n.** – XVe ◊ gascon *capdet*, provençal *capdel* «chef» ; a supplanté *puîné* au XVIIIe ■ **1** Personne qui, par ordre de naissance, vient après l'aîné (➤ **second**), et PAR EXT. après un aîné. ➤ **puîné.** *Le cadet, la cadette de qqn,* son frère, sa sœur plus jeune. *C'est mon cadet.* — ABSOLT *C'est le cadet* (de la famille), le second ou le dernier. ➤ **benjamin.** ◆ **adj.** *Frère cadet, sœur cadette. Avoir trois frères cadets. Son fils cadet.* — *Branche cadette,* issue d'un cadet. — REM. Dans ce sens, *cadet,* s'il n'est pas précisé, peut désigner tout enfant autre que l'aîné. ■ **2** Personne moins âgée (sans relation de parenté). *Il est mon cadet de deux ans :* il a deux ans de moins que moi. — Personne la moins âgée (d'un groupe). *Les cadets :* les plus jeunes (d'un groupe). ■ **3** LOC. *C'est le cadet de mes soucis,* le dernier, le moindre. ■ **4** (1530) ANCIENNT Gentilhomme qui servait comme soldat, puis comme officier subalterne, pour apprendre le métier des armes. *Les cadets de Gascogne.* ■ **5** Jeune sportif appartenant à la catégorie d'âge comprise entre les minimes et les juniors (ex. en athlétisme, de 16 à 17 ans). ■ **6** **n. m.** GOLF ➤ 1 **caddie.** ■ **7** *Cadet, cadette de la République :* adjoint(e) de sécurité* préparant le concours de gardien de la paix.

CADI [kadi] **n. m.** – *cady* 1351 ◊ arabe *qâdi* «juge» → alcade ■ Magistrat musulman qui remplit des fonctions civiles, judiciaires et religieuses. *Des cadis.* ■ HOM. Caddie.

CADJIN, INE ➤ **CAJUN**

CADMIAGE [kadmjaʒ] **n. m.** – v. 1925 ◊ de *cadmium* ■ TECHN. Revêtement d'une surface métallique par dépôt électrolytique de cadmium.

CADMIE [kadmi] **n. f.** – 1538 ; *camie* v. 1400 ◊ latin *cadmia,* grec *kadmeia* «carbonate de zinc» extrait près de *Cadmée* (Thèbes) ■ MÉTALL. ; surtout au plur. Résidu (composé surtout d'oxyde de zinc) formant des dépôts sur les parois des fourneaux, lors de la métallurgie du zinc.

CADMIUM [kadmjɔm] **n. m.** – 1817 ◊ de *cadmie* ■ CHIM. Corps simple (Cd ; n° at. 48 ; m. at. 112,40), métal blanc, toxique, du même groupe que le zinc et le mercure, ductile et malléable, utilisé dans la fabrication des accumulateurs. *Pile nickel-cadmium.* — PEINT. *Jaune de cadmium :* sulfure de cadmium.

CADOR [kadɔʀ] **n. m.** – 1878 ◊ p.-ê. de l'arabe *gaddour* «chef» ou de *ca(bot)* et *(Mé)dor* ■ **1** ARG. Chien. ➤ **clebs.** ■ **2** FAM. Personne compétente, experte. ➤ **as, caïd, champion.** «*les cadors de la profession*» GAVALDA. LOC. *C'est pas un cador :* c'est qqn de médiocre, il n'est pas très fort.

CADRAGE [kadʀaʒ] **n. m.** – 1923 ; «ensemble de cadres» 1866 ◊ de *cadrer* ■ **1** Mise en place de l'image (photo, cinéma, télévision). Le résultat. *Un bon cadrage.* ■ **2** FIG. Grandes lignes fixant les orientations (d'un projet, d'une politique). *Lettre de cadrage budgétaire du Premier ministre.*

CADRAN [kadʀɑ̃] **n. m.** – *quadran* XIIIe ◊ latin *quadrans,* p. prés. de *quadrare* «être carré» ■ **1** Plan (d'abord carré, puis de forme quelconque) où sont indiqués les chiffres des heures. **CADRAN SOLAIRE,** où l'heure est marquée par l'ombre d'un style projetée par le soleil. ➤ **gnomon.** ■ **2** (1443) Cercle divisé en heures (et minutes), sur lequel se déplacent les aiguilles (d'une montre, horloge, pendule). *Cadran lumineux. Cadran d'une gare, d'une église.* — LOC. FIG. *Faire le tour du cadran :* dormir douze heures d'affilée. «*Quand il lui arrive de dormir, c'est souvent pendant toute une journée. – Elle fait le tour du cadran ?*» MODIANO. ■ **3** (Canada) Réveille-matin. *Mettre le cadran.* ■ **4** PAR ANAL. Surface plane, divisée et graduée, de divers appareils à aiguilles. *Cadran d'une boussole. Cadrans d'un tableau de bord. Cadran d'un instrument de physique* (ampèremètre, baromètre, galvanomètre, manomètre), *d'un compteur.* — *Cadran de téléphone,* portant les lettres et les chiffres et permettant de composer un numéro. *Cadran à touches.* ➤ **clavier.** ■ HOM. Quadrant.

CADRAT [kadʀa] **n. m.** – 1625 aussi *quadrat* ◊ latin *quadratus* «carré» ■ IMPRIM. Petit lingot de métal plus bas que les lettres, employé par les typographes pour laisser des blancs et remplir la justification des lignes ; le blanc. ■ HOM. Quadra (quadragénaire).

CADRATIN [kadʀatɛ̃] **n. m.** – 1688 ; *quadratin* 1680 ◊ de *cadrat* ■ IMPRIM. Cadrat de l'épaisseur du caractère. — Espace correspondant à un cadrat.

CADRATURE [kadʀatyʀ] **n. f.** – 1751 ◊ latin *quadratura* → quadrature ■ HORLOG. Assemblage des pièces qui meuvent les aiguilles d'une montre, etc., les relient entre elles et au mouvement. ■ HOM. Quadrature.

CADRE [kɑdʀ] **n. m.** – *quadre* 1549 ◊ italien *quadro* «carré», latin *quadrus*

I (CONCRET) **CE QUI ENCADRE** ■ **1** Bordure entourant une glace, un tableau, etc. ➤ **encadrement.** *Cadre rectangulaire, rond, ovale. Cadre en bois, peint, doré. Mettre une photographie, une peinture dans un cadre.* ➤ **encadrer.** «*Les quatre côtés du cadre sont parmi les parties les plus importantes d'un tableau. Ne s'agit-il pas en effet que la rigidité de ce cadre ne vienne rien détruire*» MATISSE. *Cadre à fond mobile.* ➤ **passe-partout.** *Cadre et sous-verre.* — PAR EXT. Le cadre et le tableau encadré. RÉGION. (Belgique) Tableau, illustration, gravure. *Accrocher un cadre au mur.* — *Cadre (photo) numérique :* dispositif ayant l'aspect d'un cadre et servant à afficher des photos numériques. ■ **2** (1736) MAR. Couchette de toile montée sur un châssis en bois. ■ **3** (XIXe) TECHN. Châssis fixe. *Le cadre d'une porte, d'une fenêtre.* ➤ **chambranle, encadrement.** *Cadre où l'on coule du béton.* ➤ **coffrage.** *Cadre de bois d'une épuisette. Cadre de ruche.* ◆ *Cadre de bicyclette, de moto :* ensemble de tubes métalliques creux et soudés constituant la charpente de la bicyclette, de la moto. ◆ *Cadre de déménagement :* grande caisse capitonnée servant au transport du mobilier. *Louer un cadre.* ◆ **CADRE MOBILE :** bobinage rectangulaire qui, parcouru par un courant, tend à s'orienter dans un champ d'induction. *Galvanomètre à cadre mobile.* — Circuit électrique plan jouant le rôle d'une antenne. ■ **4** (recomm. offic. pour remplacer l'anglais *frame*) INFORM. Chacune des zones indépendantes divisant la fenêtre affichée par le navigateur. *La technique des cadres permet d'afficher plusieurs pages simultanément à l'écran.*

II FIG. **CE QUI CIRCONSCRIT, DÉFINIT** ■ **1** Ce qui circonscrit, et PAR EXT. entoure un espace, une scène, une action. ➤ **décor, entourage, milieu.** «*Les amants heureux s'accommodent volontiers de tous les cadres*» SAINTE-BEUVE. *Un cadre agréable. Voici le cadre de ses exploits.* ◆ **CADRE DE VIE,** ou ABSOLT **CADRE :** entourage, milieu physique ou humain dans lequel on vit. ➤ **environnement.** *Partir en vacances pour changer de cadre.* ◆ DIDACT. Structures imposées par la nature, la réalité (à la pensée), par les institutions (à la société), etc. *Les cadres sociaux, psychologiques de la mémoire. Le cadre juridique d'une réforme.* — *Loi-cadre* (voir ce mot). *Accord*-cadre.* ■ **2** (1803) Arrangement des parties d'un ouvrage. ➤ 3 **plan.** *Cadre étroit, limité. Le cadre d'un roman, d'un récit.* ■ **3** **LE CADRE DE :** les limites prévues, imposées par. *Être dans, sortir de tel cadre* (cf. Sortir de l'épure*). *Dans le cadre de ses fonctions, de ses attributions* (➤ **compétence**). — (Emploi critiqué) *Dans le cadre du bicentenaire de la Révolution,* à l'occasion de.

III **PERSONNEL QUI ENCADRE** ■ **1** (1796) Ensemble des officiers et sous-officiers qui dirigent les soldats d'un corps de troupe (➤ **encadrer**). *Les cadres d'un bataillon, d'un régiment. Cadre d'activité, de réserve.* — SPÉCIALT *Le cadre de réserve :* corps des officiers généraux qui ne sont plus en activité, mais restent disponibles pour le temps de guerre. *Un officier hors cadre,* soustrait au corps auquel il appartient pour occuper d'autres fonctions. AVIAT. *Cadre sédentaire* (au sol) *et personnel navigant.* — *Le Cadre noir :* les écuyers militaires de l'École de Saumur. ■ **2** Tableau des emplois et du personnel qui les remplit. *Figurer sur les cadres. Être rayé des cadres :* avoir son nom ôté du tableau, être libéré ou licencié. ■ **3** (1931) AU PLUR. *Les cadres :* le personnel appartenant à la catégorie supérieure des salariés d'une entreprise ; personnel d'encadrement. *Régime, caisse (d'assurances), retraite des cadres. Confédération générale des cadres (C. G. C.).* — Au sing. *Un cadre moyen. Cadre supérieur* (➤ **décideur**). *Cadre de commandement, cadre technique.* «*un cadre de son importance ne déléguait-il pas quelqu'un pour faire ses photocopies ?*» A. NOTHOMB. *Il est passé cadre. Jeune cadre dynamique.* ➤ **yuppie.** *Elle est cadre.* — EN APPOS. *Les femmes cadres.* — REM. On trouve parfois *une cadre* en parlant d'une femme.

CADRER [kɑdʀe] **v.** ‹1› – 1539 ◊ du latin *quadrare* ou de *cadre*

I **v. intr.** Aller bien avec qqch. ➤ **s'accorder, s'assortir, coïncider, concorder, convenir.** *Les dépositions des témoins ne cadrent pas ensemble.* — ABSOLT *Ça ne cadre pas.* ➤ **coller.** — *Faire cadrer une chose et une autre, avec une autre.* ➤ **concilier.**

II **v. tr.** ■ **1** (1912) Disposer, mettre en place (les éléments de l'image à photographier ou à filmer). *Cadrer une scène.* Projeter en bonne place (sur l'écran). *Image mal cadrée.* ◆ *Cadrer un tir* (au football). ➤ **ajuster, centrer.** ■ **2** Déterminer le cadre, l'orientation de. *Cadrer un projet, une mission.* — *Cadrer un enfant,* lui indiquer les limites. ▪ **3** TAUROM. Immobiliser (le taureau) avant de l'estoquer. *Taureau cadré.* ▪ CONTR. Contredire ; déparer, jurer.

CADREUR, EUSE [kadrœr, øz] **n.** – 1952 ◊ de *cadrer* ▪ CIN., TÉLÉV. Personne chargée du maniement de la caméra et du cadrage des images. ➤ **caméraman** (ANGLIC.) (cf. Opérateur* de prises de vue). *La cadreuse et la monteuse.*

CADUC, UQUE [kadyk] **adj.** – 1346 ◊ latin *caducus,* racine *cadere* «tomber» → choir ▪ **1** VX Qui touche à sa fin, menace ruine. *Bâtiment caduc.* — (PERSONNES) ➤ **abattu, cassé, décrépit, vieux.** *Âge caduc,* où le corps s'affaiblit. ▪ **2** MOD. Qui n'a plus cours. ➤ **démodé, dépassé, obsolète, périmé, vieux.** «*Ce qui était bon hier est périmé et caduc aujourd'hui*» CHATEAUBRIAND. — DR. *Acte juridique caduc.* ➤ **annulé, nul.** *Legs caduc,* annulé par la mort du légataire. *Loi caduque,* tombée en désuétude ou remplacée par une nouvelle loi. ▪ **3** Qui est destiné à tomber, à se détacher annuellement ou après avoir rempli sa fonction. ➤ **décidu.** *Feuilles caduques* (opposé à *persistantes*). *Les bois caducs des cerfs.* — (1833) *Membrane caduque,* et SUBST. *la caduque.* ➤ **déciduale.** ▪ CONTR. Jeune, 2 neuf, 1 vivace.

CADUCÉE [kadyse] **n. m.** – *caduce* 1455 ◊ latin *caduceus ;* grec *kerukeion* «insigne de héraut» ▪ Attribut de Mercure constitué par une baguette entourée de deux serpents entrelacés et surmontée de deux courtes ailes. *Le caducée est le symbole du commerce.* ◆ Emblème des professions médicales et paramédicales (avec un seul serpent). *Caducée des médecins, des pharmaciens.*

CADUCITÉ [kadysite] **n. f.** – 1479 ◊ de *caduc* ▪ **1** VX ou LITTÉR. État d'une personne caduque. ➤ **décrépitude, vieillesse.** «*La caducité commence à l'âge de soixante et dix ans*» BUFFON. ▪ **2** MOD. et DIDACT. État de ce qui est caduc. *Caducité d'une institution, d'un acte juridique.* ▪ CONTR. Jeunesse, vigueur.

CÆCAL, ALE, AUX [sekal, o] **adj.** – 1654 ◊ de *cæcum* ▪ ANAT. Qui appartient au cæcum. *Appendice* cæcal.*

CÆCUM [sekɔm] **n. m.** – 1538 ◊ latin des médecins *(intestinum) cæcum* «(intestin) aveugle» ▪ ANAT. Première partie du gros intestin, en forme de cul-de-sac, fermée à sa base et communiquant en haut avec le côlon droit, et latéralement, du côté interne, avec le dernier segment de l'intestin grêle (iléon). ➤ **appendice** (vermiforme). *Des cæcums.*

CÆSIUM ➤ **CÉSIUM**

C. A. F. [seaεf] ou **CAF** [kaf] **adj.** ou **adv.** – abrév. de *Coût, Assurance, Fret* ▪ COMM. Où les frais de transport maritime et d'assurance de la marchandise jusqu'au port de destination sont acquittés par le vendeur, l'acheteur répondant des pertes et dommages survenus après l'embarquement. ➤ **C. I. F.** (ANGLIC.) *Vente C. A. F. Valeur en douane d'une importation calculée C. A. F.*

CAFARD, ARDE [kafaʀ, aʀd] **n.** – 1589 ; *caphar* 1512 ◊ arabe *kâfir* «infidèle» et *-ard*

I ▪ **1** VX Personne qui affecte l'apparence de la dévotion. ➤ **bigot, tartufe.** — **adj.** «*Ce masque cafard de domestique congédié, ce masque effronté et honteux*» MARTIN DU GARD. ▪ **2** VIEILLI Personne qui dénonce sournoisement les autres. ➤ **dénonciateur, mouchard* ;** FAM. **cafardeur.**

II n. m. ▪ **1** (XIXe ; *caffar* 1542) Blatte. ▪ **2** (1857 «idée fixe») FIG. *Avoir le cafard,* des idées noires. ➤ **blues,** FAM. 2 **bourdon, mélancolie, spleen, tristesse.** *Cela me donne le cafard. Un coup de cafard.* ➤ **déprime.**

▪ CONTR. Ouvert, 2 franc. — Gaieté.

CAFARDAGE [kafaʀdaʒ] **n. m.** – 1765 ◊ de *cafarder* ▪ FAM. Le fait de cafarder, de rapporter. ➤ **rapportage.**

CAFARDER [kafaʀde] **v.** ‹1› – 1508 ; *capharder* 1477 ◊ de *cafard* ▪ FAM. ▪ **1 v. tr.** Dénoncer en faisant le cafard (I, 2°). ➤ **dénoncer, rapporter ;** FAM. **cafter, moucharder.** *Il m'a cafardé.* — ABSOLT *Il cafarde pour plaire au chef.* ▪ **2 v. intr.** (1918) Avoir le cafard (II, 2°), être déprimé (cf. Broyer* du noir).

CAFARDEUR, EUSE [kafaʀdœʀ, øz] **n.** – XIXe ◊ de *cafarder* ▪ FAM. Personne qui cafarde (Iº). ➤ **cafard.** ▪ HOM. Cafardeuse (cafardeux).

CAFARDEUX, EUSE [kafaʀdø, øz] **adj.** et **n.** – 1919 ◊ de *cafard* (II, 2°) ▪ FAM. ▪ **1** (PERSONNES) Qui a le cafard. ➤ **déprimé, mélancolique, triste.** *Être un peu cafardeux* (cf. Ne pas avoir le moral*). — **n.** *Un cafardeux.* ▪ **2** (CHOSES) Qui donne le cafard. *Un film cafardeux.* ➤ 1 **sinistre.** «*cette chanson que j'avais écrite dans la nuit et que Walter jugeait trop cafardeuse*» DJIAN. ▪ HOM. Cafardeuse (cafardeur).

CAFÉ [kafe] **n. m.** – 1665 ; *cahoa* 1611 ; *cahouin* 1575 ◊ arabe *qahwa,* turc *kahve*

I LE CAFÉ ▪ **1** Graines du fruit du caféier, contenant un alcaloïde aux propriétés stimulantes (➤ **caféine**). *Récolte du café. Balle de café.* ➤ 1 **farde.** *Variétés de café.* ➤ **arabica, robusta ; moka.** *Mélange de cafés. Café vert,* non grillé. *Griller, torréfier du café* (➤ **brûlerie**). ◆ Ces graines torréfiées. *Paquet de café. Café en grains, café moulu. Moulin* à café.* — PAR EXT. *Café soluble, lyophilisé.* ➤ **nescafé.** ▪ **2** PAR MÉTON. Caféiers. *Une plantation de café.* ➤ **caféière.** ▪ **3** Boisson obtenue par infusion de grains torréfiés et moulus. ➤ FAM. **caoua, jus.** «*Le café est un breuvage qui fait dormir quand on n'en prend pas*» ALLAIS. *Faire le café, du café, un café* (➤ **cafetière, percolateur ; barista**). *Machine* à café. Distributeur automatique de café. Marc* de café. Café filtre*, café express** (➤ **expresso**). *Café turc*. Café italien.* «*Le café, nous l'avons déjà dit, est excellent à Venise ; on le sert sur des plateaux de cuivre, accompagné d'un verre*» GAUTIER. *Café fort, serré* (➤ **ristretto**) ; *léger, allongé. Une tasse de café. Tasse, cuillère, service à café. Filtre à café en papier.* — *Café noir,* nature. *Café au lait* (➤ aussi 2 **latte, noisette**). *Café crème*.* ➤ **cappuccino.** *Café décaféiné. Café arrosé.* ➤ **bistouille, gloria.** FAM. *Un café calva. Du mauvais café.* ➤ **lavasse ;** RÉGION. **lapette** (cf. Jus de chaussette*). — *Café glacé, frappé.* ➤ **mazagran.** *Essence, extrait, concentré de café. Glace, éclair, caramel au café.* — Tasse, bol de café. *Il boit dix cafés par jour. Mettre deux sucres dans son café.* — Petit-déjeuner où l'on boit du café. *Un café complet*. Un café croissant.* — Préparation à base de café. *Café irlandais.* ➤ **irish coffee.** *Café liégeois*.* — LOC. FAM. *C'est (un peu) fort de café :* c'est exagéré, invraisemblable. «*Qu'est-ce qu'il me veut ? J'espère qu'il ne va pas me coller de garde ; ce serait un peu fort de café*» C. KLOTZ. ALLUS. LITTÉR. *Racine passera comme le café* (faussement attribué à Mme DE SÉVIGNÉ). ALLUS. HIST. *La France, ton café fout le camp !* (attribué à LOUIS XV). ◆ PAR EXT. Le moment où l'on prend le café, après le repas. *Venez pour le café. Offrir des liqueurs au café.* ▪ **4** ADJT INV. *Couleur café.* LOC. INV. *Café au lait :* couleur brun clair. *Des murs café au lait.*

II UN CAFÉ. LIEU (1642 *cabaret de café*) Lieu public où l'on consomme des boissons. ➤ 1 **bar, brasserie, buvette, cafétéria,** 1 **débit** (de boissons) ; VIEILLI **cabaret, estaminet ;** FAM. **bistrot, zinc,** ARG. 2 **rade ;** RÉGION. **pinte.** «*le désordre ordinaire d'un café, le ballet des serveurs, les conversations chuchotées, le tintement des verres, le crissement des chaises, le brouhaha général*» PH. BESSON. *Petit café populaire.* ➤ **bouiboui, caboulot, troquet.** *Le patron d'un café.* ➤ **bistrot, bistrotier, cafetier, limonadier, tenancier.** *Garçon de café,* chargé de servir les consommations. *Les consommateurs d'un café. Le zinc, le comptoir, la salle, la terrasse d'un café. Café-bar. Café-restaurant*. Café-tabac*. Café Internet.* ➤ **cybercafé.** *Café maure*.* — *Des discussions de café du Commerce,* discussions politiques simplettes et mal informées. — *Café littéraire, artistique,* où se réunissent écrivains, artistes. *Café philo :* débat philosophique public, généralement organisé dans un café. — *Café chantant,* où se produisaient des chanteurs et des musiciens. **CAFÉ-CONCERT ; CAFÉ-THÉÂTRE** (voir ces mots).

CAFÉ-CONCERT [kafekɔ̃sεʀ] **n. m.** – 1852 ◊ de *café* (II) et *concert* ▪ ANCIENNT Théâtre où les spectateurs pouvaient écouter des chanteurs, des fantaisistes, des comiques troupiers tout en consommant. ➤ **cabaret ;** FAM. **beuglant.** *Des cafés-concerts.* — ABRÉV. FAM. *Caf'conc'* [kafkɔ̃s].

CAFÉIER [kafeje] **n. m.** – 1835 ; *cafier* 1715 ◊ de *café* ▪ Arbuste tropical, originaire d'Abyssinie *(rubiacées),* dont le fruit (➤ **cerise**) contient deux graines (grains de café*).

CAFÉIÈRE [kafejεʀ] **n. f.** – 1797 ◊ de *caféier* ▪ Plantation de caféiers.

CAFÉINE [kafein] **n. f.** – 1822 ◊ de *café* ▪ Alcaloïde présent dans les grains de café, les feuilles de thé (➤ **théine**), le maté, la cola, etc., utilisé en pharmacopée pour ses propriétés stimulantes. *Boissons contenant de la caféine* (➤ **caféiné**), *sans caféine* (➤ **décaféiné**).

CAFÉINÉ, ÉE [kafeine] **adj.** – 1904 ◊ de *caféine* ▪ Qui contient de la caféine. *Les boissons caféinées.*

CAFÉISME [kafeism] **n. m.** – 1878 ◊ de *café* ▪ PHYSIOL. Intoxication chronique par le café ou par d'autres produits d'origine végétale contenant de la caféine (thé, maté).

CAFETAN ➤ **CAFTAN**

CAFÉTÉRIA [kafeterja] **n. f.** – 1925 ; *caféterie* début XXe ◊ anglais américain *cafeteria,* de l'espagnol «boutique où l'on vend du café» ▪ Lieu public (souvent en libre-service) où l'on peut consommer du café, des boissons (surtout non alcoolisées), des sandwichs, des plats simples, des pâtisseries. ➤ **resto-route, snack-bar.** *Cafétéria d'un centre commercial, d'un* *hôpital.* — PAR EXT. Buvette dans une entreprise. *Des cafétérias.* — ABRÉV. FAM. *cafèt'* [kafɛt]. *La cafèt' de la fac.*

CAFÉ-THÉÂTRE [kafeteɑtʀ] n. m. – v. 1965 ◇ de *café* (II) et *théâtre* ■ Petite salle où l'on peut éventuellement consommer et où se donnent des spectacles scéniques (souvent comiques) échappant aux formes traditionnelles. *Des cafés-théâtres.*

CAFETIER, IÈRE [kaftje, jɛʀ] n. – 1740 ; autre sens 1680 ◇ de *café* (II), d'après *cabaretier* ■ VIEILLI Personne qui tient un café (rare au fém.). ➤ **limonadier, mastroquet.**

CAFETIÈRE [kaftjɛʀ] n. f. – 1690 ◇ de *café* ■ **1** Ustensile permettant de préparer le café. ➤ **percolateur.** *Cafetière à pression. Cafetière électrique.* Récipient permettant de servir le café. ➤ **verseuse.** *Cafetière d'argent, de porcelaine. La cafetière et la théière.* ■ **2** FAM. Tête. ➤ **bocal, carafe, carafon, tirelire.** *Recevoir un coup sur la cafetière.*

CAFOUILLAGE [kafujaʒ] n. m. – 1901 ; autre sens 1725 ◇ de *cafouiller* ■ FAM. Le fait de cafouiller ; mauvais fonctionnement. ➤ **cafouillis.** *Quelques minutes de cafouillage avant le départ.*

CAFOUILLER [kafuje] v. intr. ‹1› – 1740 mot picard ◇ de *fouiller* et préfixe péj. *ca-* ■ FAM. Agir d'une façon désordonnée, confuse ; marcher mal. ➤ **merdoyer, vasouiller.** *« ils ne savent pas se conduire, ça cafouille »* SARTRE. *Cafouiller dans ses explications.* ➤ **s'embrouiller.**

CAFOUILLEUX, EUSE [kafujø, øz] adj. – 1896 ◇ mot probablt picard, de *cafouiller* ■ FAM. Qui cafouille, donne une impression de confusion, de désordre. *Discours cafouilleux. « mes expériences étaient gentiment cafouilleuses »* D. ROLIN.

CAFOUILLIS [kafuji] n. m. – 1898 ; var. région. *gafouillis* 1910 ◇ de *cafouiller*, d'après *fouillis* ■ FAM. Grande confusion. ➤ **cafouillage.** *« Dans le cafouillis des problèmes posés »* SAINT-EXUPÉRY.

CAFRE [kafʀ] adj. et n. – 1685 à propos du Siam ; 1721 de l'Éthiopie ◇ arabe *kâfir* « infidèle » → cafard ■ De la Cafrerie (Afrique du Sud). *Les Cafres* : ethnie noire d'Afrique australe.

CAFTAN [kaftɑ̃] n. m. – 1537 ◇ turc *kaftan* ■ Vêtement oriental, ample et long. *Caftan turc.* — On écrit aussi *cafetan.*

CAFTER [kafte] v. tr. ‹1› – 1900 ◇ du radical de *cafard* (I) ■ FAM. Dénoncer. ➤ **cafarder** (I°). *Il m'a cafté au prof.* — ABSOLT *Un fayot qui cafte.* — n. **CAFTEUR, EUSE.** ➤ **mouchard.**

C. A. G. [seaʒe] n. m. – 1974 ◇ sigle de *Contrôle Automatique de Gain* ■ ÉLECTRON. Dispositif destiné à compenser les effets dus à l'évanouissement* dans une réception radioélectrique.

CAGE [kaʒ] n. f. – 1155 ◇ latin *cavea*, de *cavus* « creux »
I ■ **1** Loge garnie de barreaux servant à enfermer des animaux sauvages. *Les cages d'une ménagerie, d'un cirque. Le dompteur entre dans la cage des lions, aux lions. Tourner comme un ours* en cage.* — *Enfermer un prisonnier dans une cage de fer.* ➤ **encager.** FIG. *Vivre dans une cage dorée,* dans le confort matériel au détriment de sa liberté. ■ **2** Petite loge garnie de minces barreaux et dans laquelle on enferme des oiseaux (➤ **volière**), des petits rongeurs domestiques. *Mettre un oiseau en cage. Le perchoir, le juchoir d'une cage. Cage à oiseaux, à hamster.* — *Cages pour la volaille.* ➤ 1 **épinette, nichoir.** FIG. *Cage à poules* : logement exigu. ◆ PAR ANAL. *Cage à lapins*.* PISCIC. Récipient à claire-voie ; nasse ; grillage fermant la bonde d'un étang. ■ **3** FIG. Prison. *Être en cage.* ■ **4** Au football, But délimité par le filet.
II PAR EXT. (dans des loc.) ■ **1** Espace clos servant à enfermer, à limiter qqch. — TECHN. *La cage d'une maison* : les gros murs. *La cage d'une mine. Cage d'extraction* : benne servant à monter le minerai, les mineurs. *La cage d'une pendule, d'une montre.* ➤ **boîte, boîtier.** — Bâti, carter (d'un mécanisme). *La cage d'un laminoir. Cage de boîte d'essieu* (sur une locomotive). ◆ SC. **CAGE DE FARADAY :** enceinte servant à intercepter les phénomènes électrostatiques. ◆ MAR. **CAGE D'HÉLICE :** espace clos dans lequel tourne le propulseur. ■ **2** COUR. **CAGE D'ESCALIER, D'ASCENSEUR :** l'espace où est placé l'escalier, où fonctionne l'ascenseur. ■ **3** (1856) **CAGE THORACIQUE :** ensemble formé par les vertèbres, les côtes, le sternum et le diaphragme.

CAGEOT [kaʒo] n. m. – 1875 ; *cageau* 1467 ◇ de *cage* ■ **1** Emballage à claire-voie, généralement sans couvercle, en bois, en osier, en plastique, servant au transport des denrées alimentaires périssables. ➤ **clayette.** *Des cageots de laitues, de fruits.* ➤ **bourriche, cagette, caisse, plateau.** ■ **2** (1968) FAM. PÉJ. Fille vilaine, mal faite. ➤ **boudin.**

CAGEROTTE [kaʒʀɔt] n. f. – 1551 ◇ de *cage* ■ Forme d'osier, à claire-voie, pour faire égoutter les fromages. ➤ **caseret.**

CAGET [kaʒɛ] n. m. – 1922 ◇ de *cage* ■ Claie sur laquelle on met les fromages à égoutter, à affiner.

CAGETTE [kaʒɛt] n. f. – 1928 ; « petite cage » 1321 ◇ de *cage* ■ Petit cageot. *Une cagette de fruits.*

CAGIBI [kaʒibi] n. m. – 1902 ◇ mot de l'Ouest, p.-ê. métathèse de *cabigit, cabagit* « cahute » ■ Pièce de dimensions étroites, généralement dépourvue de fenêtre, à usage de rangement. ➤ **débarras,** 2 **réduit ;** RÉGION. **coqueron.** *Aménager un cagibi sous l'escalier.*

CAGNA [kaɲa] n. f. – 1914 ◇ annamite *kai-nhà* « la maison » ■ ARG. MILIT. Abri militaire. — PAR EXT. VIEILLI Cabane, cahute.

CAGNARD [kaɲaʀ] n. m. – milieu XVIe ◇ *caigniart* « réduit, abri » ◇ mot d'origine incertaine, p.-ê. dérivé signifiant « niche, chenil » de l'ancien provençal *canha* « chienne » (→ cagneux), du latin *canis* → chien ■ RÉGION. (Provence, Languedoc) Lieu ensoleillé, abrité du vent. — PAR EXT. FAM. Soleil brûlant. *Grimper sous le cagnard. « la tiédeur bienvenue, après le cagnard qui vous chauffe à blanc »* O. ADAM.

CAGNE ; CAGNEUX ➤ **KHÂGNE ; KHÂGNEUX**

CAGNEUX, EUSE [kaɲø, øz] adj. – début XVIIe ◇ de *cagne* « chienne », provençal *canha*, latin populaire °*cani*, de *canis* ■ Qui a les genoux tournés en dedans. *Un cheval cagneux* (opposé à *1 panard*). — PAR EXT. (PERSONNES) *Genoux cagneux,* vilains, osseux. ■ HOM. Khâgneux.

CAGNOTTE [kaɲɔt] n. f. – 1801 ◇ provençal *cagnoto* « petit cuveau pour fouler la vendange » ■ **1** Dans les jeux d'argent, Boîte, corbeille dans laquelle les joueurs déposent leurs mises ou leurs dus. — *La cagnotte d'un jeu radiophonique.* ◆ PAR EXT. Caisse commune d'une association, d'un groupe. ◆ Collecte d'argent pour un projet commun. *Faire une cagnotte pour l'anniversaire de qqn.* — *Cagnotte en ligne.* ■ **2** PAR MÉTON. Argent d'une cagnotte. ➤ **tirelire.** *Acheter un cadeau avec sa cagnotte.* ◆ *Cagnotte (fiscale, budgétaire)* : excédent de recettes fiscales par rapport aux prévisions de la loi de finances initiale.

CAGOLE [kagɔl] n. f. – 1897 « fille facile » ◇ origine inconnue ■ RÉGION. (Marseille) FAM. Fille, femme vulgaire, au verbe haut. ➤ **pétasse.** *« Elles avaient quand même l'air de cagoles. Tout en vitrine et trop maquillées »* IZZO.

CAGOT, OTE [kago, ɔt] n. – 1535 ; d'après *bigot* ◇ béarnais *cagot* « lépreux », p.-ê. de *cagar* « chier » ■ VIEILLI Faux dévot ; bigot, hypocrite. ➤ **cafard.** *Les cagots.* — adj. *« Il baissa les paupières d'un air cagot »* SARTRE. ➤ **hypocrite.** — n. f. **CAGOTERIE** VX. ➤ **bigoterie.**

CAGOUILLE [kaguj] n. f. – 1611 ◇ étym. controversée, p.-ê. du latin *conchylium* « coquille » ■ RÉGION. Escargot.

CAGOULARD, ARDE [kagulaʀ, aʀd] n. – 1938 adj. ◇ de *Cagoule* (4°) ■ Membre de la Cagoule ; activiste pro-fasciste. *« En partant, j'entendis les concierges de mon voisinage crier haro contre le "cagoulard" »* DRIEU LA ROCHELLE.

CAGOULE [kagul] n. f. – 1552 ; *cogole* v. 1175 ◇ latin ecclésiastique *cuculla*, de *cucullus* « capuchon » ■ **1** Manteau sans manches, muni d'un capuchon percé d'ouvertures à la place des yeux et de la bouche, que portaient les moines. ➤ **froc.** *« Un moine en cagoule rabattue »* FLAUBERT. ■ **2** Capuchon pointu, fermé, percé à l'endroit des yeux. *Cagoule de pénitent. Cagoules du Ku Klux Klan. Braqueurs en cagoules.* ➤ **cagoulé, encagoulé.** ■ **3** Passe-montagne, porté surtout par les enfants. ■ **4** *La Cagoule,* nom donné au *Comité secret d'action révolutionnaire,* groupe d'extrême droite actif en France entre 1935 et 1940.

CAGOULÉ, ÉE [kagule] adj. – 1977 ◇ de *cagoule* ■ Dont le visage est dissimulé par une cagoule percée à l'endroit des yeux. ➤ **encagoulé.** *Des malfaiteurs cagoulés.*

CAGUER [kage] v. intr. ‹1› – début XVIe ◇ de l'ancien occitan *cagar* (→ escagasser), latin *cacare*, qui a aussi donné *chier* ■ RÉGION. (sud de la France) FAM. Déféquer. ➤ **chier.** *Caguer dans son froc.* — FIG. *J'allais « le faire caguer jusqu'à ce qu'il cède »* GAVALDA.

CAHIER [kaje] n. m. – 1559 ; *cayer* XIIIe ; *quaer* XIIe ◇ bas latin *quaternio* « groupe de quatre feuilles », de *quaterni* ■ **1** Assemblage de feuilles de papier cousues, agrafées, etc. ensemble (généralement pliées les unes dans les autres), et munies d'une couverture. ➤ **album, bloc-note, calepin, carnet, livret, registre.** *Les feuilles d'un cahier. Cahier de cent pages. Cahier à spirale, à souches. Cahier d'écolier. Cahier de textes*. Cahier de brouillon, d'essai. Cahier de français, de chimie,* consacré à ces matières. *Cahier de musique,* où sont imprimées des portées. *Écrire sur, dans un cahier. Un cahier bleu,* à couverture bleue. — *Un cahier blanc, rayé, quadrillé,* à feuilles blanches, etc. — *Un cahier de papier à cigarettes.* ■ **2** (1549) IMPRIM. Ensemble, plié et coupé dans l'ordre voulu, des pages fournies par une feuille d'impression. *Brocher les cahiers d'un livre.* ▪ **3** (1559) HIST. Mémoires présentés par les membres d'une assemblée au souverain et renfermant des remontrances, demandes, etc. *Les cahiers de doléances des États généraux.* — DR. *Cahier des charges* : document fixant les modalités de conclusion et d'exécution des marchés publics (➤ **adjudication**), et PAR EXT. de tout contrat. Document indiquant les caractéristiques que devra présenter une réalisation technique, et les différents stades à respecter pour sa mise en œuvre. ➤ **descriptif, échéancier.** ▪ **4** Publication périodique. ➤ **revue.** *Les « Cahiers de la Quinzaine », de Péguy. Les Cahiers de lexicologie.* ▪ HOM. Caillé, cailler.

CAHIN-CAHA [kaɛ̃kaa] **adv.** /CAHINCAHA/ – 1552 ◇ altération de *kahu kaha,* de formation onomat., p.-ê. d'après *cahot* ▪ VIEILLI Tant bien que mal, péniblement. ➤ **clopin-clopant.** *Se déplacer cahin-caha.* — FIG. D'une manière précaire. *« la vie continue, cahin-caha »* MARTIN DU GARD. ▪ CONTR. Aisément, lestement.

CAHORS [kaɔʀ] **n. m.** – 1807 ◇ n. d'une ville du Lot ▪ Vin rouge produit dans la région de Cahors. *Un vieux cahors.*

CAHOT [kao] **n. m.** – 1460 ◇ de *cahoter* ▪ Saut que fait une voiture en roulant sur un terrain inégal. ➤ **heurt, secousse.** *Un rude, un violent cahot. « Il laissait sa tête baller en arrière aux cahots de la course »* COCTEAU. ◆ PAR MÉTON. Ornière. *Éviter les cahots.* ▪ HOM. Chaos ; poss. K.-O.

CAHOTANT, ANTE [kaɔtɑ̃, ɑ̃t] **adj.** – 1798 ◇ de *cahoter* ▪ **1** Qui fait cahoter. *Route cahotante.* ➤ **cahoteux.** ▪ **2** Qui cahote. *« leurs guimbardes cahotantes et bringuebalantes »* SARTRE.

CAHOTEMENT [kaɔtmɑ̃] **n. m.** – 1769 ◇ de *cahoter* ▪ Fait de cahoter. Secousse que fait éprouver une voiture qui cahote. ➤ **cahot.** *Le cahotement de la carriole sur les pavés.*

CAHOTER [kaɔte] **v.** ‹1› – 1564 ◇ moyen néerlandais °*hotten* « secouer » ▪ **1 v. tr.** Secouer par des cahots. *« Les ornières cahotaient les grosses roues »* HUGO. *Être cahoté.* — FIG. *La vie l'a cahoté.* ➤ **éprouver, malmener.** ▪ **2 v. intr.** Éprouver des cahots ; être secoué. *Voiture qui cahote.* ➤ **bringuebaler.**

CAHOTEUX, EUSE [kaɔtø, øz] **adj.** – 1678 ◇ de *cahoter* ▪ Qui fait éprouver des cahots. *Chemin cahoteux.*

CAHUTE ou **CAHUTTE** [kayt] **n. f.** – *quahute* XIVe ; *chaüte* XIIIe ◇ de *hutte* ; cf. néerlandais *kajuit* ▪ Mauvaise hutte ; petit réduit. ➤ **cabane, cagna, hutte.** *« Il se fit une cahute avec de la terre glaise et des troncs d'arbres »* FLAUBERT. — La graphie *cahutte* avec 2 *t,* d'après *hutte,* est régulière.

CAÏD [kaid] **n. m.** – 1694 ; *caïte* 1310 ◇ arabe *qâid* « celui qui conduit » ▪ **1** En Afrique du Nord, Fonctionnaire musulman qui cumule les attributions de juge, d'administrateur, de chef de police. *Caïd algérien.* ▪ **2** FAM. Chef de bande. — Personnage considérable dans son milieu. *« Un gros caïd de la S. N. C. F. »* PERRET. ➤ **huile, manitou,** 2 **ponte.** — LOC. *Faire le caïd, son caïd* : imposer ses volontés, abuser de son pouvoir. *Jouer les caïds.*

CAÏEU [kajø] **n. m.** – milieu XVIIe ◇ mot d'origine normande signifiant « rejeton » correspondant, comme *chiot,* à l'ancien français *chael* « petit chien », du latin *catellus,* de même sens ▪ BOT. Bulbille qui se développe sur un bulbe. *Caïeu de tulipe, d'ail* (➤ **gousse**). *« De gros caïeux de lis paraissaient à la surface de la terre »* CHATEAUBRIAND. — On rencontre parfois la graphie *cayeu.*

CAILLAGE [kajaʒ] **n. m.** – 1867 ◇ de *cailler* ▪ Action de cailler ; état de ce qui est caillé. *L'emprésurage et le caillage du lait, premières opérations de la fabrication des fromages.* ➤ **coagulation.**

CAILLANT, ANTE [kajɑ̃, ɑ̃t] **adj.** – relevé en 1985 ◇ de *cailler* ▪ (Belgique) FAM. Très froid. *L'eau est caillante.* ➤ **glacé.** — Nominal *Il fait caillant.*

CAILLASSE [kajas] **n. f.** – 1846 ◇ du radical de *caillou* ▪ **1** GÉOL. Lit de calcaire grossier (du tertiaire) mêlé de marne, de silice, de sable, de gypse. ▪ **2** FAM. Cailloux, pierraille. *Marcher dans la caillasse.*

CAILLASSER [kajase] **v. tr.** ‹1› – 1985 ; 1962 en Nouvelle-Calédonie ◇ de *caillasse* ▪ FAM. Endommager à coups de pierres. *Caillasser un bus.* — Agresser (qqn) à coups de pierres. ➤ **lapider.** — **n. m. CAILLASSAGE.**

CAILLE [kaj] **n. f.** – fin XIIe ◇ *quaccola* (VIIIe), onomat., p.-ê. d'origine francique ▪ **1** Petit oiseau migrateur des champs et des prés *(galliformes),* voisin de la perdrix. *Chasser la caille. Filet pour prendre les cailles.* ➤ **tirasse.** *La caille cacabe, carcaille, margote* (➤ **courcaillet**). CUIS. *Cailles aux raisins.* — LOC. FAM. *Gras, rond comme une caille* : grassouillet, rondelet. *Chaud comme une caille* : (VX) ardent en amour ; (MOD.) dont le corps est chaud. ▪ **2** FAM. Terme d'affection *Ma petite caille.*

CAILLÉ [kaje] **n. m.** – v. 1320 ◇ de *cailler* ▪ Partie coagulée du lait caillé. ➤ **caillebotte.** *Égouttage et moulage du caillé.* ▪ HOM. Cahier, cailler.

CAILLEBOTIS ou **CAILLEBOTTIS** [kajbɔti] **n. m.** – 1678 ◇ de *caillebotte* ▪ **1** MAR. Treillis recouvrant les écoutilles d'un navire. COUR. Treillis amovible servant de plancher dans un lieu humide. *Le caillebotis d'un sauna.* ▪ **2** PAR EXT. Panneau de lattes ou assemblage de rondins servant de passage (sur un sol boueux, meuble). *Porcs élevés sur caillebotis.*

CAILLEBOTTE [kajbɔt] **n. f.** – 1546 ◇ du v. *caillebotter* « réduire en caillots » ▪ **1** Masse de lait caillé. ▪ **2** Fromage frais non salé (lait de vache) du Poitou.

CAILLER [kaje] **v.** ‹1› – *coaillier* XIIe ◇ latin *coagulare* → coaguler
I v. tr. Faire prendre en caillots. ➤ **coaguler, figer.** *La présure caille le lait.* PRONOM. *Le sang se caille. Lait caillé.* ➤ **caillé.** *Sang caillé.* ➤ **caillot.**
II v. intr. ▪ **1** Prendre en caillots. *Le lait caille. Faire cailler le lait.* ▪ **2** FAM. Avoir froid. *On caille.* ➤ **geler, peler.** TRANS. *On se caille les meules*, les miches, on se les caille.* — IMPERS. Faire froid. *Ça va cailler cette nuit.*
▪ HOM. Cahier, caillé.

1 **CAILLETTE** [kajɛt] **n. f.** – 1398 ◇ diminutif de l'ancien français °*cail* « présure », du latin *coagulum* → cailler ▪ ZOOL. Quatrième compartiment de l'estomac des ruminants, qui sécrète le suc gastrique (➤ **présure**). *Le feuillet et la caillette.*

2 **CAILLETTE** [kajɛt] **n. f.** – 1530 ◇ du nom d'un bouffon ; masc. jusqu'au XVIIe ▪ VIEILLI Femme frivole et bavarde. *Babillage, bavardage de caillette* (ou **CAILLETAGE n. m.**). *« Me voici tombant en pleine réunion de caillettes »* GIDE.

3 **CAILLETTE** [kajɛt] **n. f.** – 1564, Rabelais ◇ du provençal et franco-provençal *caillette,* famille du latin *coagulum* « présure » → 1 caillette ▪ RÉGION. (Ardèche, Drôme, Provence, Dauphiné) Petit pâté composé d'un hachis de viande de porc, de lard et d'herbes (épinards, bettes...), entouré de crépine, cuit au four et servi chaud ou froid. *« Elle lui confectionnait des caillettes parfumées d'un brin de sauge »* BARJAVEL.

CAILLOT [kajo] **n. m.** – 1560 ◇ diminutif de l'ancien français °*cail* ▪ Petite masse de liquide caillé (➤ **grumeau**), SPÉCIALT de sang coagulé. ➤ **coagulum.** *Caillot de sang,* formé par la fibrine retenant les globules rouges. *Embolie causée par un caillot.* ➤ **thrombose.**

CAILLOU [kaju] **n. m.** – XIIIe forme normanno-picarde ◇ p.-ê. du gaulois °*caljavo,* radical °*caljo-* « pierre » ▪ **1** Fragment de pierre, de roche, de petite ou moyenne dimension. ➤ **pierre,** RÉGION. **roche ; gravier.** *Casser des cailloux,* pour l'entretien des routes. FAM., VIEILLI *Être condamné à casser des cailloux,* aux travaux forcés. *Cailloux de ballast, d'empierrement* (➤ **cailloutis, rudération**). *Les cailloux du chemin. Tas de cailloux.* — *Cailloux roulés,* arrondis par l'érosion des eaux. ➤ **galet.** *Cailloux polis et striés,* entraînés par les glaciers. — FAM. *Du caillou* : de la roche. ➤ **caillasse, rocaille.** MAR. Rocher, petite île mal signalés. *« la chaussée de Sein avec ces cailloux épars sur une vingtaine de milles »* KERSAUSON. SPÉCIALT *Le Caillou* : la Nouvelle-Calédonie. ▪ **2** (1723) Fragment de cristal de roche, de quartz, employé en joaillerie. *Cailloux du Rhin. Caillou d'Égypte* : jaspe figuré. — FAM. Pierre précieuse, diamant. ▪ **3** FIG. *Avoir un cœur de caillou, le cœur dur comme un caillou,* être insensible. ➤ **pierre.** — LOC. *Avoir un caillou dans la chaussure* : être handicapé par un élément gênant. ▪ **4** FAM. Crâne. *N'avoir pas un poil sur le caillou* : être chauve.

CAILLOUTAGE [kajutaʒ] **n. m.** – 1694 ◇ de *caillou* ▪ **1** Action de caillouter. *Procéder au cailloutage d'un chemin.* ▪ **2** Pavage de cailloux. ➤ **rudération.** ▪ **3** MAÇONN. Béton fait de cailloux noyés dans la chaux hydraulique. *« un lit de grosses pierres, [...] une couche de cailloutage »* CHATEAUBRIAND. ▪ **4** Pâte de faïence faite d'argile et de silex ou de quartz pulvérisé.

CAILLOUTER [kajute] **v. tr.** ‹1› – 1769 ◇ de *caillou* ▪ Revêtir de cailloux. ➤ **empierrer.** *Caillouter une route, une voie ferrée* (➤ **ballaster**). *Allée cailloutée.*

CAILLOUTEUX, EUSE [kajutø, øz] **adj.** – 1829 ; *cailloueux* 1573 ◇ de *caillou* ▪ Où il y a beaucoup de cailloux. *Chemin caillouteux.* ➤ **pierreux.** *Sol caillouteux.*

CAILLOUTIS [kajuti] **n. m.** – 1607 ◇ de *caillou* ▪ Revêtement ou ouvrage de petits cailloux concassés et agglomérés. *Mur recouvert d'un cailloutis.* — GÉOL. *Cailloutis glaciaire* : cailloux, graviers et sables charriés par un glacier.

CAÏMAN [kaimɑ̃] **n. m.** – 1588 ; *caymane* 1584 ◊ espagnol *caiman* ; mot caraïbe ■ **1** Reptile aquatique d'Amérique tropicale et équatoriale *(crocodiliens)* à museau large et court. ➤ **alligator.** *Le caïman à lunettes.* ■ **2** (1895) ARG. SCOL. Préparateur ou directeur d'études à l'École normale supérieure.

CAÏPIRINHA [kajpiʀiɲa] **n. f.** – 1992 ◊ mot brésilien, diminutif du portugais *caipira* «rustique» ■ Cocktail à base de cachaça, de sucre de canne et de citron vert. *Des caïpirinhas.*

CAÏQUE [kaik] **n. m.** – avant 1752 ; *caïq* 1579 ◊ italien *caicco*, turc *kaık* ■ Embarcation légère, étroite et pointue à l'avant et à l'arrière, en usage dans la mer Égée et sur le Bosphore.

CAIRN [kɛʀn] **n. m.** – 1825 ; *carn* 1797 ◊ gaélique *carn* «tas de pierres» ■ **1** Monticule ou tumulus préhistorique, fait de terre ou de pierres. *Cairns d'Irlande, du Yémen.* ■ **2** (1860) Pyramide de pierres élevée par des alpinistes, des explorateurs comme point de repère ou marque de leur passage. *«tester des pistes en laissant de petits cairns sur mon passage»* C. MINARD.

CAISSE [kɛs] **n. f.** – *quecce, quesse* XIVe-XVIe ◊ ancien occitan *caissa*, latin *capsa* «coffre»

I BOÎTE RIGIDE ■ **1** Grande boîte ou coffre rigide (de bois, de métal) servant à l'emballage, au transport des marchandises. ➤ **caissette, coffre, colis, conteneur.** *Fabrique de caisses, d'emballages.* ➤ **caisserie.** *Caisse à claire-voie.* ➤ **cageot, harasse.** *Caisse à meubles.* ➤ **cadre.** *Clouer une caisse. Charger, expédier des caisses. Caisse de champagne, de bordeaux. Caisse de fusils.* — FIG. et FAM. *Caisse à savon* : meuble grossier, en bois blanc. — LOC. FAM. *En faire des caisses* : exagérer, en faire trop (cf. En faire des kilos*, des tonnes*). *«il continue son cinéma, il en fait des caisses»* F. GUÈNE. ■ **2** Grande boîte, coffre grossier servant à d'autres usages. *Caisse à clous, à outils. Caisse à fleurs,* contenant de la terre où poussent des plantes. ➤ 1 **bac, bâche, jardinière.** *Cultiver des orangers en caisse.* — *Caisse du chat,* qui contient la litière. ■ **3** TECHN. Dispositif rigide (de protection, etc.). ➤ **caisson.** *Caisse à eau, sur un navire.* ➤ **réservoir.** *Caisse d'horlogerie,* renfermant le mouvement. *Caisse de poulie,* qui enveloppe le rouet. — AUTOM. Carcasse de la carrosserie ; carrosserie (opposé à *châssis*). *Bas de caisse.* FAM. L'auto, la voiture. ➤ **bagnole,** 2 **tire.** *«leurs caisses ? Hein ? Qui c'est qui les avait pas vues leurs bagnoles, dans la cité ? Des BM !»* TH. JONQUET. LOC. FAM. *À fond la caisse* : très vite ; très fort. ■ **4** ANAT. *Caisse du tympan* : cavité du fond de l'oreille, située en arrière du tympan, où sont logés les trois osselets de l'oreille. ■ **5** FAM. Poitrine. LOC. *Partir de la caisse* : être tuberculeux. *«La petite s'en ira de la caisse, et César partira du ciboulot»* PAGNOL. LOC. *Rouler sa caisse* : crâner, faire l'important (Cf. Rouler les mécaniques*). ■ **6** (Suisse) *Avoir une caisse* : être ivre. *Prendre une caisse* : s'enivrer. ➤ **biture, cuite.** ■ **7** LOC. FAM. *Lâcher une caisse* : faire un pet.

II COFFRE, LIEU OÙ L'ON DÉPOSE DES VALEURS ■ **1** (1636) Coffre dans lequel on dépose l'argent, les valeurs. ➤ **cassette, coffre-fort.** *Fracturer la caisse.* — COMM. *Caisse enregistreuse* : appareil qui effectue les calculs, enregistre les ventes, protège les sommes encaissées (➤ **tiroir-caisse**) et délivre un *ticket de caisse. Caisse automatique d'un parking.* — PAR EXT. *Avoir de l'argent en caisse.* ■ **2** Bureau, guichet où se font les paiements, les versements. *Employé préposé à la caisse.* ➤ **caissier.** *Aller, passer à la caisse.* LOC. *Vous passerez à la caisse* : vous êtes congédié. PAR EXT. Lieu où s'effectuent les paiements dans un magasin, etc. *Les caisses d'un supermarché, d'un cinéma. Faire la queue à la caisse. Hôtesse de caisse* : caissière. *Tapis de caisse,* sur lequel le client dépose les marchandises à comptabiliser. ■ **3** Les fonds qui sont en caisse. ➤ **encaisse.** *Caisse d'un corps de troupe.* ➤ 1 **masse.** *Tenir la caisse. Faire sa caisse* : compter l'argent. *Taper dans la caisse* : prendre illégalement de l'argent appartenant à une entreprise ou à une association. *Employé indélicat qui tape dans la caisse. Partir avec la caisse. Bon de caisse* : titre émis par une entreprise ou une banque, représentatif d'un emprunt producteur d'intérêts. ➤ **obligation.** *Livre de caisse* : registre où sont inscrits les mouvements de fonds. *Les caisses de l'État* : le Trésor public. *Remplir les caisses.* LOC. *Caisse noire* : fonds qui n'apparaissent pas dans la comptabilité officielle et financent des opérations secrètes. ■ **4** Établissement où l'on dépose des fonds pour les faire valoir ou les administrer. *Caisse de compensation** (4°). *Caisse des dépôts et consignations,* qui reçoit les dépôts judiciaires, les cautionnements. *Caisse d'épargne. Mettre ses économies sur un livret de caisse d'épargne. Caisse de crédit, de prévoyance, de retraite, de secours, d'allocations familiales, d'assurance maladie.* — *Caisse populaire* ou FAM. *caisse pop* : au Québec, établissement financier qui fonctionne sur le modèle d'une coopérative.

III TERME DE MUSIQUE (XVIe) PHYS., MUS. *Caisse de résonance* : cavité d'un instrument à cordes dont elle amplifie les vibrations par résonance*. *«le téléphone sonna. Le tiroir dans lequel il était rangé faisait caisse de résonance»* A. DESARTHE. — Instrument à percussion, de la famille du tambour. *Caisse claire* ou *caisse plate.* COUR. *Grosse caisse,* que l'on frappe avec une mailloche (➤ **batteur**). — LOC. *Battre la grosse caisse* ; FIG. faire du battage, de la réclame.

CAISSERIE [kɛsʀi] **n. f.** – 1869 ◊ de *caisse* ■ TECHN. Fabrique de caisses, d'emballages rigides. *«fournir à la demande continuelle de bois de caisserie»* BERGOUNIOUX.

CAISSETTE [kɛsɛt] **n. f.** – 1569, rare avant XIXe ◊ de *caisse* ■ Petite caisse. *Une caissette de fruits confits ; de plantes.*

CAISSIER, IÈRE [kesje, jɛʀ] **n.** – XVIe ◊ de *caisse* ■ Personne qui tient la caisse (II). *Caissier d'une banque. Caissier, caissière d'un cinéma, d'un supermarché.* ➤ **hôte** (de caisse).

CAISSON [kɛsɔ̃] **n. m.** – 1751 ; *caixon* 1418 ◊ italien *cassone* «grande caisse», avec influence de *caisse* ■ **1** Autrefois, Grande caisse montée sur roues, utilisée pour les transports de munitions, de vivres. ■ **2** Caisse métallique pleine d'air permettant d'effectuer des travaux sous l'eau. ➤ 1 **cloche** (à plongeur). *Caisson à air comprimé* (➤ **hyperbare**). — *Maladie* ou *mal des caissons* : les accidents de décompression. ➤ **aéropathie.** ■ **3** ARCHIT. Compartiment creux d'un plafond, orné de moulures. *Plafond ancien à caissons décorés.* ■ **4** TECHN. Type d'enceinte musicale monobloc. *Caisson de graves, de basses.* ■ **5** FAM. Tête. LOC. *Se faire sauter le caisson* : se tirer une balle dans la tête.

CAJEPUT [kaʒpyt] **n. m.** – 1739 ◊ du malais *kayu* «bois» et *putih* «blanc» ■ Arbre des Indes *(myrtacées),* dont on extrait une essence huileuse verte, utilisée en pharmacie ; cette essence.

CAJOLER [kaʒɔle] **v. tr.** ‹1› – 1551 «babiller, chanter», en parlant du geai ◊ moyen français *gayoler* ; influence de *enjôler* ■ Avoir envers (qqn) des manières, des paroles tendres et caressantes. *Cajoler un enfant.* ➤ **câliner, caresser, choyer, dorloter.** *Il aime se faire cajoler.* ➤ **chouchouter,** FAM. **cocooner.** *Besoin d'être cajolé.* ■ CONTR. Brusquer, malmener.

CAJOLERIE [kaʒɔlʀi] **n. f.** – 1609 ◊ de *cajoler* ■ Paroles ou manières caressantes et tendres. *Des cajoleries.* ➤ **câlinerie, caresse.** — FIG. Flatterie.

CAJOLEUR, EUSE [kaʒɔlœʀ, øz] **n.** – fin XVIe ◊ de *cajoler* ■ VIEILLI Personne qui aime à cajoler. — **adj.** *«la voix plus cajoleuse que vraiment caressante»* GIDE. ➤ **câlin.** ■ CONTR. Bourru, brusque, revêche, rude.

CAJOU [kaʒu] **n. m.** – 1765 ◊ de *acajou* ■ Fruit de l'anacardier, dont l'amande réniforme se mange comme la cacahouète. *Des noix de cajou, des cajous.*

CAJUN [kaʒœ̃] **n. et adj.** – 1885 *cajan* ◊ altération de *acadien* dans sa graphie anglaise ■ Francophone de Louisiane qui parle une langue d'origine acadienne. *Les Cajuns.* — **adj. (inv. en genre)** *La musique, la cuisine cajun. Les parlers cajuns.* ➤ **acadien.** REM. Les spécialistes emploient *cadjin*, fém. *cadjine.*

CAKE [kɛk] **n. m.** – 1795 ◊ mot anglais, abrév. de *plum-cake* «gâteau aux raisins secs» ■ **1** Gâteau oblong garni de raisins secs, de fruits confits. *Une tranche de cake avec une tasse de thé. Un moule à cake. Des cakes.* — (Préparation salée) *Cake aux olives, au saumon.* ■ **2** LOC. (1964) *En cake,* se dit d'un cosmétique moulé en pâte compacte. *Mascara en cake.*

CAKE-WALK [kɛkwɔk] **n. m.** /CAKEWALK/ – 1895 ◊ mot anglais américain «marche du gâteau» ■ Danse originaire du sud des États-Unis, en vogue vers 1900. *Des cake-walks.* — La musique sur laquelle le cake-walk se dansait.

1 **CAL** [kal] **n. m.** – 1314 ◊ latin *callus* ■ **1** Épaississement et durcissement de l'épiderme produits par frottements ou pression répétée. ➤ **callosité, durillon,** 2 **cor, œil-de-perdrix.** *Avoir des cals aux mains, aux pieds.* ■ **2** MÉD. Formation osseuse qui soude les deux fragments d'un os fracturé. *Formation insuffisante du cal.* ➤ **pseudarthrose.** *Cal cicatriciel* : développement secondaire de tissus qui tendent à recouvrir une blessure. ■ **3** BOT. Amas de cellulose qui obstrue les tubes du liber de certaines plantes à l'approche de l'hiver. *Le cal de la vigne.* ■ **HOM.** Cale.

2 **cal** Symbole de la calorie*

CALABRAIS, AISE [kalabʀɛ, ɛz] **adj. et n.** – 1550 ◊ de *Calabre*, n. d'une province du sud de l'Italie ■ De Calabre. — **n.** *Les Calabrais.* — **n. m.** Dialecte italien parlé en Calabre.

CALADE [kalad] n. f. – XVe ◊ ancien provençal *calada,* de *calar* «abaisser», du grec *khalan* «détendre» → 1caler ▪ RÉGION. (Sud-Est) Voie, souvent pentue, pavée de galets de rivière. *Les calades provençales. «une longue descente sur des calades bien entretenues, qui serpentent au milieu de terrasses»* J.-CH. RUFIN.

CALADIUM [kaladjɔm] n. m. – *caladion* 1816 ◊ latin des botanistes *caladium* (1750), du malais *keladi* ▪ Plante d'ornement *(aracées)* herbacée, tubéreuse, à larges feuilles colorées. *Caladium exotique.* ➤ **colocase.**

1**CALAGE** [kalaʒ] n. m. – 1866 ◊ de 2*caler* ▪ **1** Action de caler, de fixer, d'étayer avec une cale ou de monter avec précision (une pièce). ▪ **2** AVIAT. *Calage d'une hélice :* angle que fait la pale de l'hélice avec le plan de rotation. AUTOM. *Calage de l'allumage :* réglage optimal de l'instant d'allumage par rapport à la position du piston dans un moteur à explosion.

2**CALAGE** [kalaʒ] n. m. – 1863 mar. ◊ de 3*caler* ▪ Arrêt brutal d'un moteur provoqué par un défaut d'alimentation au moment d'une demande de puissance. *Le calage du moteur.*

CALAISON [kalɛzɔ̃] n. f. – XVIIIe ◊ de 1*caler* ▪ MAR. Enfoncement d'un navire, suivant son chargement. ➤ **tirant** (d'eau).

CALAMAR ➤ **CALMAR**

CALAMBAC [kalɑ̃bak] n. m. – 1588 nombreuses variantes ◊ portugais *calambuco,* malais *kelembak* ▪ Bois d'aloès odorant, utilisé en tabletterie. — On dit aussi **CALAMBOUR.**

CALAME [kalam] n. m. – 1540 ◊ latin *calamus* «chaume, roseau» ▪ DIDACT. Roseau taillé dont les Anciens se servaient pour écrire.

CALAMINE [kalamin] n. f. – 1390 ; *calemine* XIIIe ◊ bas latin *calamina,* de *cadmia* → cadmie ▪ **1** MINÉR. Silicate hydraté naturel de zinc. — TECHN. Minerai de zinc (mélange de carbonate et d'autres composés). ▪ **2** Résidu de la combustion d'un carburant qui se dépose et encrasse les cylindres d'un moteur. *Enlever la calamine d'une bougie de moteur.* ➤ **décalaminer.**

CALAMINER (SE) [kalamine] v. pron. ‹1› – v. 1960 ; v. tr. «enduire de calamine» 1587 ◊ de *calamine* ▪ Se couvrir de calamine (2°). *Cylindres calaminés.*

CALAMISTRER [kalamistʀe] v. tr. ‹1› – XIVe ◊ latin *calamistratus* «frisé», de *calamistrum* «fer à friser» ▪ VX Friser ou onduler (les cheveux). — MOD. Lustrer. p. p. adj. *Cheveux calamistrés,* pommadés, gominés. *«la chevelure calamistrée et noire de danseur mondain»* C. SIMON.

CALAMITE [kalamit] n. f. – avant 1590 ; *calemite* 1265 ◊ latin médiéval *calamita,* du grec *kalamos* «roseau» ▪ **1** VX Sorte de résine tirée des roseaux. ▪ **2** PALÉONT. Plante fossile *(ptéridophytes)* du carbonifère inférieur, sorte de prèle géante répandue dans les terrains houillers.

CALAMITÉ [kalamite] n. f. – 1355 ◊ latin *calamitas* ▪ **1** Grand malheur public. ➤ **cataclysme, catastrophe, désastre, fléau.** *La famine, la guerre, les épidémies sont des calamités. «Les plus terribles calamités sont près de fondre sur la France»* FRANCE. ▪ **2** Grande infortune personnelle. ➤ **désolation, malheur.** *Sa mort est une calamité pour la famille. Les misères, les calamités de la vieillesse.* ♦ FAM. Chose ou évènement qui ennuie. *X. vient dîner ! Quelle calamité !* ▪ CONTR. Bonheur ; bénédiction, félicité.

CALAMITEUX, EUSE [kalamitø, øz] adj. – 1559 ◊ latin *calamitosus,* de *calamitas* ▪ VX ou LITTÉR. Désastreux ; qui abonde en calamités. ➤ **catastrophique, funeste.** *En ces temps calamiteux.*

CALANCHER [kalɑ̃ʃe] v. intr. ‹1› – 1846 ◊ p.-ê. de *caler* «s'arrêter» ▪ POP. et VIEILLI Mourir*. ➤ **clamser, claquer.**

CALANDRAGE [kalɑ̃dʀaʒ] n. m. – 1771 ◊ de *calandrer* ▪ Action de calandrer, notamment les films, feuilles et plaques de matière plastique.

1**CALANDRE** [kalɑ̃dʀ] n. f. – XIIIe ◊ latin *calandra,* du grec *kalandros* «alouette à huppe» ▪ **1** Grande alouette du sud de l'Europe. ▪ **2** Charançon, prédateur des grains de céréales. *La calandre du blé.*

2**CALANDRE** [kalɑ̃dʀ] n. f. – 1483 ◊ bas latin °*calendra,* du grec *kulindros* «cylindre» ▪ **1** Machine formée de cylindres, de rouleaux, qui sert à lisser, lustrer les étoffes, à glacer les papiers. *Calandre à papier.* ▪ **2** (1948) Garniture métallique verticale sur le devant du radiateur de certaines automobiles.

CALANDRER [kalɑ̃dʀe] v. tr. ‹1› – 1400 p. p. adj. ◊ de 2*calandre* ▪ Faire passer (une étoffe, un papier, un matériau) à la calandre. ➤ 1**lisser, lustrer, moirer ; calandrage.**

CALANDREUR, EUSE [kalɑ̃dʀœʀ, øz] n. – 1313 *kalendreur* ◊ de *calandrer* ▪ **1** Personne qui calandre. ▪ **2** n. m. Cylindre de calandre.

CALANQUE [kalɑ̃k] n. f. – 1690 ; *calangue* 1678 ◊ provençal *calanco,* de °*cala* «abri de montagne» et «pente raide» ▪ Crique étroite et allongée, bordée de rochers abrupts (spécialement en Méditerranée). *Les calanques de Cassis, de Piana. Se baigner dans une calanque.*

CALAO [kalao] n. m. – 1778 ◊ mot malais ▪ ZOOL. Grand oiseau des forêts tropicales d'Afrique et d'Asie *(coraciiformes),* au bec énorme, recourbé, surmonté d'une ou de deux excroissances cornées. *Des calaos.*

CALCAIRE [kalkɛʀ] adj. et n. m. – 1751 ◊ latin *calcarius,* de *calx* «chaux» ; cf. *calci(o)-* ▪ **1** Qui contient du carbonate de calcium. *Pierre calcaire.* ➤ **castine, liais, meulière, travertin, tuf.** *Eau calcaire.* ➤ **dur.** — GÉOL. *Terrain, roche calcaire,* contenant plus de la moitié de calcite. *Relief calcaire.* ➤ **karstique.** *Concrétions calcaires.* ➤ **stalagmite, stalactite.** ▪ **2** n. m. *Le calcaire :* roche sédimentaire constituée d'au moins 50 % de carbonate de calcium. ➤ **cipolin, comblanchien, craie.** *Calcaire cristallin.* ➤ **aragonite, calcite, marbre.** *Calcaires coquilliers.* ➤ **lumachelle.** *Calcaire magnésien, dolomitique. Calcaire oolithique. — Dépôt de calcaire dans une bouilloire, des canalisations.* — LOC. FIG. et FAM. *Faire un coup de calcaire,* un épisode de déprime, un caprice (cf. Un caca* nerveux).

CALCANÉUM [kalkaneɔm] n. m. – 1541 ◊ latin *calcaneum* «talon» ▪ ANAT. Os du tarse qui forme le talon.

CALCÉDOINE [kalsedwan] n. f. – XIIe ◊ latin *calcedonius,* du grec *Khalkêdôn,* n. d'une ville de Bithynie ▪ Variété de silice composée de quartz et d'opales de couleurs variées. ➤ **agate, chrysoprase, cornaline, jaspe, onyx, sardoine.**

CALCÉMIE [kalsemi] n. f. – 1951 ◊ de *calc(o)-* et *-émie* ▪ MÉD. Teneur du sang en calcium. *Calcémie normale :* 0,1 g par litre.

CALCÉOLAIRE [kalseɔlɛʀ] n. f. – avant 1732 ◊ du latin *calceolus* «petit soulier» ▪ Plante ornementale *(scrofulariacées)* à belles fleurs en forme de sabot.

CALCICOLE [kalsikɔl] adj. – 1878 ◊ de *calci(o)-* et *-cole* ▪ BOT. Qui pousse bien en sol calcaire. *La betterave et l'if sont calcicoles.* ▪ CONTR. Calcifuge, silicicole.

CALCIF ➤ **CALEÇON**

CALCIFÉROL [kalsifeʀɔl] n. m. – 1934 ◊ de *calci(o)-* et du latin *ferre* «apporter» ▪ BIOCHIM. Vitamine D, famille de composés à pouvoir antirachitique.

CALCIFICATION [kalsifikasjɔ̃] n. f. – 1848 ◊ de *calc(aire),* d'après *calcifié* ▪ **1** Dépôt de sels calcaires au cours du processus normal de formation des os. ➤ **ossification.** ▪ **2** Infiltration par des sels de calcium de tissus ou organes qui n'en contiennent pas normalement. *Calcification d'une artère.*

CALCIFIÉ, IÉE [kalsifje] adj. – 1838 ◊ *de calc(aire)* ▪ Converti en sels de calcium.

CALCIFUGE [kalsifyʒ] adj. – 1877 ◊ de *calci(o)-* et *-fuge* ▪ BOT. Qui végète maigrement en sol calcaire. ➤ **silicicole.** *Les bruyères sont calcifuges.* ▪ CONTR. Calcicole.

CALCIN [kalsɛ̃] n. m. – 1765 ◊ de *calciner* ▪ TECHN. ▪ **1** Débris de glace, de verre, utilisés pour les émaux. — Débris de verre réutilisés comme matière vitrifiable. ▪ **2** Dépôt de carbonate de chaux laissé sur les pierres calcaires par l'eau de pluie.

CALCINATION [kalsinasjɔ̃] n. f. – 1516 ◊ de *calciner* ▪ Opération par laquelle on modifie la structure d'un corps en le soumettant à une haute température. ➤ **combustion.**

CALCINER [kalsine] v. tr. ‹1› – XIVe ◊ latin médiéval *calcinare,* de *calx* «chaux» ▪ **1** Transformer (des pierres calcaires) en chaux par l'action d'un feu intense. ▪ **2** Plus cour. Soumettre (un corps) à l'action d'une haute température. *Calciner un métal, du bois, de la houille.* ▪ **3** Dessécher, brûler* sous l'action d'une température trop forte. *«Les sables, les déserts, qu'un ciel d'airain calcine»* HUGO. p. p. adj. *Des débris calcinés.* ➤ 2**brûlé, carbonisé.**

CALCI(O)-, CALC(O)- ▪ Éléments, du latin *calx, calcis* «chaux», signifiant «calcium» ou «calcaire».

CALCIQUE [kalsik] adj. – 1838 ◊ du radical du latin *calx, calcis* «chaux» ▪ Qui se rapporte au calcium ou à la chaux ; qui en contient. *Sels calciques.* ➤ **calcaire.**

CALCITE [kalsit] n. f. – 1867 ◊ allemand *Calcit* (1845) ▪ MINÉR. Carbonate naturel de calcium, cristallisé ($CaCO_3$). ➤ **calcaire, spath** (d'Islande). *La calcite est biréfringente.*

CALCITONINE [kalsitɔnin] n. f. – 1965 ◊ de *calci(o)-, ton(us)* et *-ine* ▪ BIOCHIM., PHYSIOL. Hormone thyroïdienne modulant les taux sanguins du calcium et du phosphore.

CALCIUM [kalsjɔm] n. m. – 1808 ◊ du latin *calx, calcis* «chaux» et *-ium* ▪ Élément atomique (Ca ; n° at. 20 ; m. at. 40,08), métal du groupe des alcalinoterreux. *Oxyde, hydroxyde de calcium.* ➤ **chaux.** *Carbonate de calcium.* ➤ **aragonite, calcaire, calcite.** *Sulfate de calcium.* ➤ **anhydrite, gypse.** *Phosphate, chlorure de calcium. De nombreux sels de calcium sont utilisés en médecine* (➤ **décalcification**). ABSOLT *Prendre du calcium.*

CALCIURIE [kalsjyʀi] n. f. – 1956 ◊ de *calci(o)-* et *-urie* ▪ PHYSIOL. Quantité de calcium présente dans l'urine.

CALCO- ➤ **CALCI(O)-**

1 **CALCUL** [kalkyl] n. m. – 1484 ◊ de *calculer*

I COUR. ▪ **1** Action de calculer, opération(s)* numérique(s). *Faire un calcul. Le calcul d'un prix de revient ; des dépenses* (➤ **compte**), *d'un bilan, du chiffre d'affaires* (➤ **comptabilité**). — Technique des opérations arithmétiques. *Résultat d'un calcul. Calcul exact, juste ; faux. Erreur de calcul. Règle* à calcul.* ▪ **2** LE CALCUL. Pratique des opérations arithmétiques. *Cet enfant est bon en calcul.* — LOC. **CALCUL MENTAL,** par la seule pensée, sans poser l'opération. ▪ **3** Estimation d'un effet probable. ➤ **appréciation, prévision.** *D'après mes calculs, il arrivera demain.* ▪ **4** Moyens que l'on combine pour arriver à une fin. ➤ 3 **plan, projet, stratégie.** *Faire un mauvais calcul, se tromper dans ses calculs.* — PÉJ. *Agir par calcul,* d'une manière intéressée. *J'ai déjoué tous ses calculs.* ➤ **combinaison,** 1 **manœuvre, manigance.**

II SC. ▪ **1** Opération ou ensemble d'opérations effectuées sur des symboles représentant des grandeurs (➤ **algèbre,** 2 **arithmétique ; algorithme**). *Calcul numérique** (➤ **nombre** [I, 1°]). *Calcul différentiel*, intégral*. Calcul des probabilités*. Calcul symbolique,* qui manipule comme des monômes* des objets mathématiques divers. *Calcul matriciel, tensoriel, vectoriel* (➤ **matrice, tenseur, vecteur**). ▪ **2** LOG. Opérations sur des symboles logiques. *Calcul des propositions. Calcul modal, bivalent, plurivalent. Calcul des prédicats.*

2 **CALCUL** [kalkyl] n. m. – 1546 ; *calcule* 1540 ◊ du latin *calculus* «caillou» ▪ MÉD. Concrétion solide de sels minéraux ou de matières organiques, formée dans un organe, un conduit ou une glande, et pouvant provoquer divers troubles. *Calcul biliaire,* par dépôt de cholestérol, sels biliaires, sels de calcium, dans les conduits et la vésicule biliaires. *Calcul rénal, calcul urinaire,* par précipitation de substances normalement dissoutes dans l'urine. ➤ **gravelle, lithiase, pierre.** *Traitement des calculs par lithotritie*.* — adj. **CALCULEUX, EUSE.**

CALCULABLE [kalkylabl] adj. – 1732 ◊ de *calculer* ▪ Qui peut se calculer. — n. f. **CALCULABILITÉ.** ▪ CONTR. Incalculable.

1 **CALCULATEUR, TRICE** [kalkylatœʀ, tʀis] n. et adj. – 1546 ◊ latin impérial *calculator* ▪ **1** Personne qui sait calculer. *Un bon calculateur.* LOC. PROV. *«il fallait un calculateur, ce fut un danseur qui l'obtint* [le poste]» BEAUMARCHAIS. ▪ **2** adj. Habile à combiner des projets, des plans. *«l'âme, sincère aussi, mais toujours calculatrice de Robespierre»* JAURÈS. PÉJ. Qui calcule ce qui lui est profitable et agit en conséquence. ➤ **intéressé.** ▪ CONTR. Imprévoyant ; spontané.

2 **CALCULATEUR, TRICE** [kalkylatœʀ, tʀis] n. f. et m. – 1859 *calculateur mécanique* ◊ de 1 *calculateur* ▪ **1** n. f. (1960) Machine permettant d'effectuer des opérations arithmétiques. *Calculatrice de bureau. Calculatrice de poche.* ➤ **calculette.** ▪ **2** n. m. Ordinateur spécialisé effectuant plus de calculs que de tâches de gestion. *Un calculateur de vol. Un calculateur de tir sur un avion de combat. — Calculateur numérique.* ➤ 2 **ordinateur.** *Calculateur analogique,* utilisant des circuits analogiques pour résoudre des équations différentielles et intégrales.

CALCULER [kalkyle] v. tr. ⟨1⟩ – 1372 ◊ bas latin *calculare,* latin *calculus* «caillou ; jeton servant à compter» ▪ **1** Chercher, déterminer par le calcul. *Calculer une dépense, un bénéfice.* ➤ **chiffrer, compter.** *Mesurer les côtés d'un rectangle et calculer sa surface. J'ai calculé que cela me coûtera tant, ce que cela me coûtera.* — ABSOLT Faire des calculs. *«Calculer, c'est effectuer, sur des éléments d'un ensemble, des "opérations algébriques"»* BOURBAKI. *Calculer de tête,* mentalement. *Impossible à calculer.* ➤ **incalculable.** *Machine à calculer :* instrument faisant automatiquement des calculs. ➤ **calculette,** 2 **calculateur,** 2 **ordinateur, supercalculateur.** ▪ **2** ABSOLT Ne dépenser qu'avec mesure. *Dépenser sans calculer,* sans compter. ▪ **3** Apprécier (qqch.) ; déterminer la probabilité de (un événement). ➤ **estimer, établir, évaluer, peser, prévoir, supputer.** *Calculer ses chances de réussite. «on peut calculer la valeur d'un homme d'après le nombre de ses ennemis»* FLAUBERT. ▪ **4** Décider ou faire après avoir prémédité, réglé. ➤ **agencer, arranger, combiner.** *Calculer son coup ; il avait tout calculé. «Quand on ne calcule que son intérêt»* CONSTANT. *Une générosité, une bonté calculée,* intéressée. ▪ **5** (calque sémantique de l'arabe maghrébin) FAM. Regarder, prêter attention à. «Elle me calcule même pas cette conne. *Se sentir nié à ce point ne lui était jamais arrivé»* T. BENACQUISTA.

CALCULETTE [kalkylɛt] n. f. – v. 1970 ◊ de *calcul* ▪ Machine à calculer de petite dimension, de poche.

CALDARIUM [kaldaʀjɔm] n. m. – 1838 ◊ mot latin ▪ DIDACT. Étuve, dans les thermes romains (opposé à *frigidarium*). *Des caldariums.*

CALDEIRA [kaldeʀa] n. f. – 1874 ◊ mot portugais «chaudière» ▪ GÉOL. Grand cratère volcanique, formé par l'effondrement de la partie supérieure du cône à la suite d'une éruption, qui émet en un temps très bref une grande quantité de matières. — On écrit aussi *caldera* (1903), *caldéra.*

CALDOCHE [kaldɔʃ] n. – v. 1960 ◊ de *Calédonie* et suffixe péj. *-oche* ▪ FAM. Blanc de la Nouvelle-Calédonie. ➤ **calédonien** (II). *Les Caldoches et les Kanaks.* — adj. *Une bourgade caldoche.*

1 **CALE** [kal] n. f. – XIIIe ◊ de 1 *caler* ▪ **1** Espace situé entre le pont et le fond d'un navire. *Le fond de la cale.* ➤ **sentine.** *Mettre la cargaison dans la cale, à fond de cale.* — Compartiment de la cale. *Cale avant, arrière. Cale à charbon.* ➤ **soute.** ♦ LOC. FIG. et FAM. *Être à fond de cale,* dépourvu d'argent (cf. Être à sec*). ▪ **2** (1694) Partie en pente d'un quai. *Cale de chargement, de déchargement, de halage.* ▪ **3** (1751) Plan incliné servant à la construction, à la réparation des navires. *Cale sèche, cale de radoub,* pour mettre le navire à sec, réparer la coque. ➤ **bassin, ber, forme.** *Mettre un navire en cale.* ▪ HOM. Cal.

2 **CALE** [kal] n. f. – 1611 ◊ allemand *Keil* «coin» ▪ Ce que l'on place sous un objet pour lui donner de l'aplomb, pour le mettre de niveau ou pour l'empêcher de bouger. ➤ **coin.** *Mettre une cale à un meuble bancal. Glisser, mettre une cale derrière les roues d'un véhicule,* pour le maintenir immobile. — MÉCAN. Pièce de métal pour maintenir un écartement, remplir un vide. — MÉTROL. *Cale d'épaisseur :* pièce métallique à faces planes et parallèles d'épaisseur calibrée pour servir de jauge* d'épaisseur. — *Cale de départ :* recomm. offic. pour *starting-block.*

CALÉ, ÉE [kale] adj. – 1819 ; «bien établi, riche» 1803 ◊ de 2 *caler,* au fig. ▪ FAM. ▪ **1** (PERSONNES) Savant, instruit. *«lis Plutarque et deux ou trois volumes de cette force et tu seras calée pour toute ta vie»* BALZAC. *Il est rudement calé en physique.* ➤ **ferré,** 1 **fort ;** FAM. **balèze, trapu ;** RÉGION. **calure.** ▪ **2** (CHOSES) Difficile*. *Ce problème est trop calé pour moi.* ➤ **ardu, compliqué.**

CALEBASSE [kalbɑs] n. f. – 1572 ◊ espagnol *calabaza* ▪ Fruit du calebassier, et PAR EXT. de certaines plantes de la famille des cucurbitacées. APPOS. *Courge calebasse,* fruit du faux calebassier. ➤ **gourde.** *Des courges calebasses.* ♦ Récipient formé par ce fruit vidé et séché ; PAR MÉTON. son contenu. *Une calebasse de mil.*

CALEBASSIER [kalbɑsje] n. m. – 1658 ◊ de *calebasse* ▪ BOT. Arbre d'Amérique tropicale *(bignoniacées),* dont le fruit est la calebasse. — PAR EXT. *Faux calebassier (cucurbitacées),* produisant la courge calebasse*.

CALÈCHE [kalɛʃ] n. f. – 1656 ; *calège* 1646 ◊ allemand *Kalesche,* mot tchèque ▪ Voiture à cheval, découverte, à quatre roues, munie d'une capote mobile à soufflet à l'arrière, et d'un siège surélevé à l'avant. *Faire une promenade en calèche.*

CALEÇON [kalsɔ̃] n. m. – 1643 ◊ italien *calzone* «vêtement d'homme ou de femme» ▪ **1** Sous-vêtement masculin, culotte à jambes longues *(caleçon long)* ou, plus souvent, courtes. ➤ RÉGION. **bobettes.** *Il préfère le caleçon, les caleçons au slip*. Caleçon de soie. Être en caleçon.* SPÉCIALT, VIEILLI *Caleçon de bain.* ➤ **maillot,** 2 **slip.** — VAR. FAM. (1916) **CALCIF.** ▪ **2** Pantalon de maille, très collant, pour femmes.

CALÉDONIEN, IENNE [kaledɔnjɛ̃, jɛn] adj. et n. – 1654 ◊ de *Calédonie,* ancien nom de l'Écosse

I ▪ **1** VX ou POÉT. De Calédonie. ➤ **écossais.** ▪ **2** GÉOL. *Cycle calédonien :* cycle orogénique du début de l'ère primaire qui a produit les chaînes de Scandinavie, d'Écosse, d'Irlande, et, en partie, des Appalaches. — *Plissements calédoniens.*

II De Nouvelle-Calédonie. *Le nickel calédonien.* — **n.** *Les Calédoniens* (ou *Néo-Calédoniens*). ➤ **caldoche, kanak.**

CALÉFACTION [kalefaksjɔ̃] **n. f.** – XIVe ◇ bas latin *calefactio,* de *calefacere* « chauffer » ■ DIDACT. Action de chauffer ; résultat de cette action. PHYS. Phénomène par lequel une goutte de liquide projetée sur une plaque de métal fortement chauffée prend une forme sphérique.

CALEMBOUR [kalɑ̃buʀ] **n. m.** – 1768 ◇ p.-ê. de l'élément *calem-* (→ calembredaine) et *bour(de)* (→ bourde) ■ Jeu de mots fondé sur la différence de sens entre des mots qui se prononcent de manière identique ou approchée. ➤ **à-peu-près.** *Faire, dire des calembours. Un bon, un mauvais calembour. « Le calembour est la fiente de l'esprit qui vole »* HUGO.

CALEMBREDAINE [kalɑ̃bʀədɛn] **n. f.** – 1745 ◇ altération de *calembourdaine,* mot dialectal, même radical que *calembour* ■ **VIEILLI ; surtout au plur.** Propos extravagant et vain ; plaisanterie cocasse. ➤ **baliverne, sornette, sottise ;** RÉGION. **carabistouille.**

CALENDAIRE [kalɑ̃dɛʀ] **adj.** – XIIIe ◇ bas latin *calendarium* ■ Du calendrier. *Année calendaire,* allant du 1er janvier au 31 décembre. *Mois calendaire,* du premier au dernier jour du mois (**opposé à** *glissant*).

CALENDES [kalɑ̃d] **n. f. pl.** – 1165 ◇ latin *calendæ,* premier jour du mois au cours duquel était proclamé *(calare)* si les nones tomberaient le 5e ou le 7e jour ■ DIDACT. Premier jour de chaque mois chez les Romains. *Les calendes étaient le jour d'échéance des dettes.* — LOC. FIG. *Renvoyer, remettre qqch. aux calendes grecques,* à un temps qui ne viendra jamais (les Grecs n'ayant pas de calendes).

CALENDOS [kalɑ̃dos] **n. m.** – 1931 ◇ origine inconnue ■ FAM. Camembert.

CALENDRIER [kalɑ̃dʀije] **n. m.** – 1372 ; *kalendier* 1119 ◇ bas latin *calendarium* « livre d'échéances », de *calendæ* → calendes ■ **1** Système de division du temps en années, en mois et en jours. ➤ **chronologie.** *Calendrier romain.* ➤ **calendes, ides, none ; fastes, férie.** *Calendrier julien* ou *vieux calendrier. Nouveau calendrier* ou *calendrier grégorien,* après la réforme de Grégoire XIII. ➤ **année, mois, semaine, jour.** *Calendrier ecclésiastique.* ➤ 2 **bref, comput, ordo.** *Calendrier républicain,* créé par Fabre d'Églantine et utilisé en France de 1793 à 1806. *Jours*, mois* du calendrier républicain. Le calendrier musulman commence le 16 juillet 622* (➤ **hégire**). *Calendrier lunisolaire juif :* années de 12 (année commune) ou 13 mois. *Calendrier perpétuel :* procédé facilitant l'établissement du calendrier d'une année quelconque, à condition de connaître ses caractéristiques. ➤ **épacte.** ASTRON. ➤ **année** (**tropique**). ■ **2** Tableau, bloc de feuillets présentant pour une année déterminée la suite des mois et des jours, accompagnée de renseignements divers (fêtes, saints du jour, heures du lever, du coucher du soleil, des marées, etc.). ➤ **almanach ; agenda, éphéméride.** *Consulter le calendrier. Calendrier de la poste. Les saints du calendrier.* — *Calendrier de l'avent,* comprenant vingt-quatre volets à ouvrir chaque jour, du 1er décembre à Noël, pour découvrir une friandise, une surprise. *« elle est [...] exagérément épanouie d'ouvrir chaque matin les petites fenêtres en carton d'un calendrier de l'avent »* BEIGBEDER. ■ **3** État, date par date, d'un ensemble d'activités sur une période donnée. ➤ **échéancier, programme.** *Établir le calendrier d'une assemblée.* ➤ **planning, timing.** *Le calendrier des expositions, des conférences. Calendrier social, économique, culturel. Le calendrier électoral. Avoir un calendrier très chargé.* ➤ **emploi** (**du temps**).

CALENDULA [kalɑ̃dyla] **n. m.** – 1990 ◇ du latin botanique *calendula officinalis,* famille de *calendae* → calendes ■ BOT. Capitule du souci, utilisé pour ses propriétés pharmaceutiques. *Pommade au calendula. Des calendulas.*

CALE-PIED [kalpje] **n. m.** – 1928 ◇ de 2 *caler* et *pied* ■ Petit butoir adapté à la pédale de la bicyclette, qui maintient le pied du cycliste dans une bonne position. *Des cale-pieds.*

CALEPIN [kalpɛ̃] **n. m.** – 1803 ; « dictionnaire » 1534 ◇ de *Calepino,* lexicographe italien ■ Petit carnet de poche sur lequel on note des renseignements, des impressions. ➤ **agenda, bloc-note, carnet.** *Consulter son calepin. Notez cela sur votre calepin :* ne l'oubliez pas.

1 **CALER** [kale] **v.** ‹ 1 › – 1165 ◇ latin *chalare* « suspendre », puis « baisser (une voile) » ; grec *khalan* « détendre » ■ **1 v. tr.** MAR. Baisser, faire descendre. *Caler un mât, une voile.* — ABSOLT *Caler bas ; caler à mi-mât.* ■ **2 v. intr.** S'enfoncer dans l'eau (navire). ➤ **calaison.** *Ce navire cale trop.* TRANS. *Ce bateau cale six mètres,* s'enfonce de six mètres dans l'eau. ◆ (1864) (**Canada**) S'enfoncer dans l'eau, la neige. *Canot qui cale.* ➤ **couler.** *Les lacs calent au printemps,* la couche de glace s'enfonce dans l'eau. ■ **3** FIG. et FAM. Céder, reculer. *Il a calé devant l'adversaire.* ➤ 3 **caler.** — Ne plus pouvoir continuer à manger. *C'est délicieux mais je cale.*

2 **CALER** [kale] **v. tr.** ‹ 1 › – 1676 ◇ de 2 *cale* ■ **1** Mettre d'aplomb au moyen d'une cale. ➤ **fixer.** *Caler le pied d'une chaise bancale. Caler un meuble.* ◆ PAR EXT. Rendre stable. ➤ **stabiliser.** *Caler sa tête sur un oreiller.* ➤ **appuyer.** *Caler une pile de linge contre un mur.* — PRONOM. *Il se cala dans le fauteuil.* — LOC. FAM. *Se caler les joues, l'estomac :* bien manger. — *Je suis calé :* j'ai l'estomac plein. ◆ ABSOLT, FAM. *Aliment qui cale,* qui remplit l'estomac. ■ **2** (1867) MÉCAN. Rendre fixe ou immobile (une pièce). ➤ **assujettir, fixer.** *Caler une clavette. Caler les balais d'une dynamo. Caler un allumage* (➤ 1 **calage**). ■ **3** Fixer, organiser. *Caler une réunion. Caler (une émission, un programme) :* mettre au point, préparer dans les moindres détails.

3 **CALER** [kale] **v. intr.** ‹ 1 › – *caller* 1905 ◇ de 1 et 2 *caler* ■ **1** S'arrêter, s'immobiliser. *Moteur, voiture qui cale.* TRANS. *Caler son moteur par une fausse manœuvre.* PAR EXT. *J'ai calé.* ■ **2** FIG. S'arrêter, être bloqué. *C'est trop fort pour moi, je cale.*

CALETER ➤ **CALTER**

CALF [kalf] **n. m.** – 1964 ◇ abrév. de *box-calf* ■ Box. ➤ 1 **box.**

CALFAT [kalfa] **n. m.** – 1611 ◇ italien *calafato* → calfater ■ MAR. Ouvrier chargé de calfater un navire. *Ciseau, marteau de calfat.*

CALFATAGE [kalfataʒ] **n. m.** – 1527 ◇ de *calfater* ■ MAR. Action de calfater un navire ; son résultat.

CALFATER [kalfate] **v. tr.** ‹ 1 › – 1382 ◇ italien *calafatare,* de l'arabe *qalfata* ■ MAR. Boucher avec de l'étoupe goudronnée les interstices de la coque de (un navire). *Calfater une barque.* — ABSOLT *Calfater avec du brai,* pour rendre étanche. ➤ **caréner, radouber.**

CALFEUTRAGE [kalføtʀaʒ] **n. m.** – 1575 ◇ de *calfeutrer* ■ Action de calfeutrer ; résultat de cette action. *Le calfeutrage d'une fenêtre.*

CALFEUTRER [kalføtʀe] **v. tr.** ‹ 1 › – 1540 ; *calefetrer* 1382 ◇ altération de *calfater,* d'après *feutre* ■ **1** Boucher hermétiquement les fentes, les joints de (une porte, une fenêtre) pour empêcher l'air de pénétrer. *Calfeutrer une fenêtre avec un bourrelet, pour éviter les courants d'air.* ■ **2 SE CALFEUTRER v. pron.** S'enfermer. *Se calfeutrer chez soi pour ne voir personne.*

CALIBRAGE [kalibʀaʒ] **n. m.** – 1838 ◇ de *calibrer* ■ **1** Action de donner ou de mesurer le calibre. — Triage d'après le calibre. *Le calibrage des fruits, des œufs.* ■ **2** IMPRIM. Évaluation de la longueur qu'atteindra un texte une fois imprimé.

CALIBRE [kalibʀ] **n. m.** – 1478 ◇ italien *calibro ;* arabe *qâlib* « forme, moule »

I ■ **1** Diamètre intérieur d'un tube. *Calibre d'une conduite d'eau.* ◆ SPÉCIALT Diamètre intérieur (d'un canon, d'une arme à feu). *Un pistolet de calibre 7,65 ; de 7,65 de calibre (un 7,65). Canon de gros calibre.* ◆ PAR EXT. ARG. Arme à feu portative. ➤ **pistolet, révolver.** ■ **2** MÉTROL. Instrument de mesure matérialisant une longueur, une épaisseur, un angle ou un diamètre, et servant pour le contrôle des dimensions de pièces mécaniques. ➤ 2 **étalon.** *Calibre d'épaisseur. Calibre à réglette graduée.* ➤ **vernier.** — TECHN. Instrument servant à mesurer, à vérifier le calibre d'une arme. — Profil servant de guide pour percer, découper des matériaux.

II PAR EXT. ■ **1** Grosseur d'un projectile. *Obus de gros calibre.* ■ **2** Grosseur mesurée ou mesurable d'un objet arrondi. *Fruits de calibres différents.* ■ **3** FIG. et VIEILLI (**PERSONNES**) Importance. *Un escroc de ce calibre.* ➤ **envergure.**

CALIBRER [kalibʀe] **v. tr.** ‹ 1 › – 1552 ◇ de *calibre* ■ **1** Donner le calibre convenable à. *Calibrer des balles.* ■ **2** Mesurer le calibre de. *Calibrer un tour.* — PAR EXT. Classer suivant le calibre. *Calibrer des fruits.* ■ **3** IMPRIM. Évaluer le nombre de signes, de lignes et de pages que représente l'impression d'un texte avant sa composition. *Calibrer un ouvrage. « Il m'apprit à écrire sans blabla, à calibrer mes textes »* FOTTORINO.

CALIBREUR [kalibʀœʀ] **n. m.** et **CALIBREUSE** [kalibʀøz] **n. f.** – *calibreuse* 1845 ◇ de *calibrer* ■ Machine qui permet d'effectuer le tri de divers produits suivant leur calibre.

CALICE [kalis] **n. m.** – fin XIIe ◇ latin *calix, icis,* du grec *kalux*

I ■ **1** Vase sacré où se fait la consécration du vin, lors du sacrifice de la messe. *Couvrir le calice avec la patène, la pale.* ■ **2** FIG. *Calice d'amertume, de douleur :* épreuve cruelle. *Boire le calice jusqu'à la lie*.*

II (1536 ◇ latin *calyx,* même origine) ■ **1** BOT. Enveloppe externe du périanthe* formée par les sépales, qui a pour la fleur un rôle protecteur. *Calice à sépales soudés* ou *calice gamosépale*. Calice très coloré des fleurs sans pétales.* ■ **2** ANAT. *Calices du rein :* canaux membraneux, collecteurs d'urine, à extrémité élargie en coupe. *Petits calices,* qui partent des papilles rénales ; *grands calices. Les calices du rein se réunissent pour former le bassinet.*

CALICHE [kaliʃ] **n. m.** – 1863 ◇ mot espagnol ■ Mélange naturel de sels alcalins dont on extrait le nitrate de sodium et l'iode. *Caliche du Chili.*

CALICOT [kaliko] **n. m.** – 1808 ; *callicoos* 1663 ; rare avant XIXe ◇ de *Calicut,* n. d'une ville de la côte de Malabar ■ **1** Toile de coton assez grossière. — PAR EXT. Bande de calicot portant une inscription. ➤ **banderole.** *Les manifestants défilaient avec leurs calicots.* ■ **2** (1815 n. pr.) FIG. et VX Commis de magasin de nouveautés.

CALICULE [kalikyl] **n. m.** – v. 1500 ◇ latin *calyculus,* de *calyx* → calice, II ■ BOT. Deuxième calice, formé de sépales supplémentaires (bractées), insérés en dehors et dans l'intervalle des sépales ordinaires.

CALIER [kalje] **n. m.** – 1845 ◇ de 1*cale* ■ MAR. Matelot chargé du service de la cale.

CALIFAT [kalifa] **n. m.** – 1560 ◇ de *calife* ■ **1** Dignité de calife. ■ **2** Territoire soumis au calife. ■ **3** Durée du règne d'un calife ou d'une dynastie. *Califat d'Orient* (632-1258), *de Cordoue* (929-1031), *d'Égypte* (909-1171). — On écrit aussi *khalifat.*

CALIFE [kalif] **n. m.** – 1360 ; *algalife* 1080 ◇ arabe *khalifa* « successeur » ■ Souverain musulman, successeur de Mahomet, et investi du pouvoir spirituel et temporel. *Le calife de Bagdad.* — LOC. FAM. *Vouloir être calife à la place du calife :* vouloir prendre la place de qqn d'important. *« si mon piston au ministère fonctionne comme prévu, je deviens calife à la place du calife »* PENNAC. — On écrit aussi *khalife.* ■ HOM. Qualif (qualification).

CALIFORNIUM [kalifɔʀnjɔm] **n. m.** – 1953 ◇ mot anglais (1950), de *Californie,* cet élément ayant été découvert dans une université de cet État ■ CHIM. Élément atomique artificiel, transuranien de la série des actinides* (Cf ; n° at. 98 ; m. at. [des isotopes] 240 à 256), dont tous les isotopes sont radioactifs.

CALIFOURCHON (À) [akalifuʀʃɔ̃] **loc. adv.** – *à calfourchons* 1560 ◇ ancien français *calefourchies,* de *fourche* et *caler* ■ À cheval, les jambes de part et d'autre de la monture. *Se mettre, monter à califourchon.* — PAR ANAL. *À califourchon sur un tronc d'arbre, une chaise.*

CÂLIN, INE [kɑlɛ̃, in] **adj.** et **n. m.** – 1833 ; « paresseux » 1598 ◇ de *câliner*

I **adj.** Qui aime câliner ou être câliné. *Un enfant câlin.* — Qui est doux et caressant. *Une voix câline. Un regard câlin.* ➤ 2**tendre, affectueux.**

II **n. m.** Échange de tendresses, de caresses. ➤ RÉGION. 2**gâté.** *Un gros câlin.* — LOC. *Faire un câlin à qqn.* ◆ EUPHÉM. Rapports sexuels.

■ CONTR. Brusque, brutal.

CÂLINER [kɑline] **v. tr.** ⟨1⟩ – 1808 ; *se câliner* « paresser » 1616 ◇ mot de l'Ouest ; bas latin °*calina* « chaleur de l'été » ■ Traiter avec douceur et tendresse ; prodiguer des marques d'affection, des paroles tendres, des caresses à. ➤ **cajoler, caresser, choyer, dorloter.** *Câliner un bébé. Ours en peluche à câliner. Chaton qui aime se faire câliner.* ■ CONTR. Brusquer, rudoyer.

CÂLINERIE [kɑlinʀi] **n. f.** – 1831 ◇ de *câliner* ■ Manières câlines ; caresses. ➤ **cajolerie.** *« elle frémissait avec des mouvements d'une câlinerie sensuelle »* FLAUBERT.

CALIORNE [kaljɔʀn] **n. f.** – 1634 ◇ provençal *caliourno ;* p.-ê. du grec *kalôs* « câble » ■ MAR. Gros palan. *Caliorne de redresse.*

CALISSON [kalisɔ̃] **n. m.** – 1842 ◇ provençal *canisso* « claie de roseau » (→ cannisse), du latin *canna* « roseau » ■ Petit gâteau de pâte d'amandes, au dessus glacé, en forme de losange. *Les calissons d'Aix.*

CALLEUX, EUSE [kalø, øz] **adj.** – *cailleux* XIVe ; fém. 1478 ◇ latin *callosus* ■ **1** Dont la peau est durcie et épaissie. *Des mains calleuses.* ■ **2** ANAT. *Corps calleux :* large bande médullaire blanche qui réunit les deux hémisphères du cerveau des mammifères. *Syndrome calleux :* symptômes observés dans les tumeurs du corps calleux. ■ CONTR. Doux, 1lisse.

CALL-GIRL [kolgœʀl] **n. f.** /CALLGIRL/ – 1960 ◇ anglais *call girl,* de *to call* « appeler » et *girl* « fille » ■ ANGLIC. Prostituée que l'on appelle chez elle par téléphone. *Des call-girls.*

CALLI- ■ Élément, du grec *kallos* « beauté ».

CALLIGRAMME [ka(l)ligʀam] **n. m.** – avant 1918, Apollinaire ◇ de *calli-* et *-gramme* ■ Poème dont les vers sont disposés de façon à former un dessin évoquant le même objet que le texte. *« Calligrammes », recueil de poèmes d'Apollinaire.*

CALLIGRAPHE [ka(l)ligʀaf] **n.** – 1751 ◇ grec *kalligraphos* ■ Spécialiste de la calligraphie. *Un grand calligraphe japonais.*

CALLIGRAPHIE [ka(l)ligʀafi] **n. f.** – 1569 ◇ grec *kalligraphia* « belle écriture » ■ **1** Art de bien former les caractères d'écriture ; écriture formée selon cet art. *Lahrier « avait une calligraphie à lui, une bâtarde fantaisiste »* COURTELINE. *La calligraphie chinoise, arabe.* — PAR EXT. Écriture appliquée et bien formée. ■ **2** Œuvre de calligraphe. *Une calligraphie du XVIIe siècle.*

CALLIGRAPHIER [ka(l)ligʀafje] **v. tr.** ⟨7⟩ – 1844 ◇ de *calligraphie* ■ Former avec art (les caractères écrits). — Écrire avec beaucoup d'application, de soin. *Calligraphier une lettre.* **p. p. adj.** *Adresse calligraphiée.*

CALLIGRAPHIQUE [ka(l)ligʀafik] **adj.** – 1823 ◇ grec *kalligraphikos* → calligraphie ■ Relatif à la calligraphie. *Exercices calligraphiques.*

CALLIPYGE [ka(l)lipiʒ] **adj.** – 1786 ◇ grec *kallipugos,* épithète d'Aphrodite ; de *kallos* « beauté » et *pugê* « fesse » ■ DIDACT. Aux belles fesses. *La Vénus callipyge :* nom d'une statue du musée de Naples. ◆ **adj.** et **n. f.** Qui a les fesses exagérément développées.

CALLOSITÉ [kalozite] **n. f.** – 1314 ◇ latin *callositas,* de *callus* → 1cal ■ Épaississement circonscrit et durcissement de l'épiderme dus à l'augmentation de sa couche de cellules cornées, se produisant aux endroits soumis à des frottements ou pressions répétés (aux mains, aux pieds, aux genoux). ➤ 1**cal,** 2**cor, durillon.** *Mains couvertes de callosités.*

CALMANT, ANTE [kalmɑ̃, ɑ̃t] **adj.** et **n. m.** – 1726 ◇ de *calmer* ■ **1** (1751) Qui calme la douleur, l'excitation nerveuse, qui rend calme. ➤ **apaisant, lénifiant.** *Paroles calmantes.* ■ **2** Se dit d'un médicament qui calme, atténue ou fait disparaître la douleur ou l'anxiété. ➤ **analgésique*, antispasmodique, hypnotique, narcotique, sédatif, tranquillisant.** — **n. m.** *Prescrire des calmants. Prendre un calmant pour dormir, contre l'angoisse.*

■ CONTR. Excitant, irritant, stimulant.

CALMAR [kalmaʀ] ou **CALAMAR** [kalamaʀ] **n. m.** – 1752, -1606 ; *calamar* « écritoire » fin XIIIe ; 1552 zool., à cause de l'encre qu'il contient ◇ italien *calamaro,* latin *calamarius* « contenant le roseau pour écrire » ■ Mollusque *(céphalopodes)* à la tête entourée de bras munis de ventouses, dont la coquille interne (➤ 1**plume**) est cornée. ➤ **encornet ;** RÉGION. **chipiron.** CUIS. *Calmar frit ; à l'encre.*

1**CALME** [kalm] **n. m.** – 1418 n. f. ◇ italien *calma,* du grec *kauma* « chaleur brûlante », d'où « calme de la mer par temps très chaud » ■ **1** État d'immobilité de l'atmosphère, de la mer. *Calme plat :* calme absolu de la mer. ➤ **bonace.** *Un voilier immobilisé dans un calme plat* (➤ **encalminé**). FIG. Absence d'évènement. *C'est le calme plat, en ce moment ! Le calme après la tempête.* ➤ **accalmie, apaisement.** *Le calme avant* (ou *qui précède*) *la tempête.* — GÉOGR. *Calme équatorial,* dans la zone de basses pressions près de l'équateur. — FIG. *C'est le grand calme dans les affaires.* ➤ **ralenti, stagnation.** ■ **2** Absence d'agitation, de trouble, de bruit. *Le calme de la nuit. Le calme de la campagne.* ➤ **paix, tranquillité.** *Chercher le calme, aspirer au calme.* SPÉCIALT Absence d'agitation sociale et politique. *Rétablir le calme dans un État, un pays* (➤ **pacifier**). *Le calme est revenu dans les rues.* ■ **3** État d'une personne qui n'est ni énervée, ni agitée, ni inquiète ; impression de repos qui en résulte. ➤ **quiétude, sérénité.** *Se comporter avec le plus grand calme.* ➤ **placidité, pondération.** *« L'idéal du calme est dans un chat assis »* RENARD. *Conserver, garder son calme.* ➤ **assurance, flegme, maîtrise** (de soi), 1**patience, sang-froid.** *Allons, du calme !* ➤ FAM. **calmos** (cf. RÉGION. Les nerfs !). *Perdre, retrouver son calme.* ■ CONTR. Ouragan, tempête ; agitation, désordre, émotion, 2trouble.

2**CALME** [kalm] **adj.** – 1549 ; *carme* XVe ◇ de 1*calme* ■ **1** Qui n'est pas troublé, agité. ➤ **tranquille.** *Un lieu calme et tranquille.* ➤ **quiet.** *La nuit était calme et sereine. Un sommeil calme.* MÉTÉOR. *Mer calme,* où aucune vague n'est décelable. — *Le pays* du matin calme.* ◆ Sans agitation, sans violence. *Le secteur est calme. Tout est calme, vous pouvez sortir.* ■ **2** (PERSONNES) Qui n'est ni agité, ni bruyant. *Le malade est calme. Des enfants calmes.* — Qui résiste aux émotions. ➤ **décontracté, détendu, flegmatique,** 1**froid, impassible, imperturbable, maître** (de soi), **paisible, placide, pondéré, posé, réfléchi,** 1**serein, tranquille ;** FAM. **cool, relax.** *Rester calme. Air, caractère, humeur calme.* — *Avoir une vie calme. Être calme et résolu.* ➤ **confiant, rasséréné, rassuré.** ■ **3** Qui a une faible activité.

➤ **stagnant.** *Les affaires sont calmes. La Bourse a été calme. Marché calme.* ■ CONTR. Agité, 1 fort, gros ; désordonné, troublé ; actif.

CALMEMENT [kalməmɑ̃] adv. – XVIe ◊ de 2 *calme* ■ Dans le calme, d'une manière calme. *Réfléchir calmement.*

CALMER [kalme] v. tr. ⟨1⟩ – XVe ◊ de 2 *calme* ■ **1** Atténuer, diminuer (une sensation, un sentiment) en apaisant. *Calmer un mal, une douleur, une démangeaison.* ➤ **adoucir, alléger, endormir, soulager ; calmant.** *Calmer la soif.* ➤ **assouvir, désaltérer, étancher, satisfaire.** *Calmer son impatience, sa colère.* ➤ **apaiser, maîtriser, modérer.** — LOC. *Calmer le jeu* : apaiser une querelle ; atténuer les tensions, l'agressivité. « *elle va reprendre un traitement, on va calmer le jeu et tout va bien aller* » O. ADAM. FAM. *Calme ta joie !* : calme-toi. ■ **2** Rendre (qqn) plus calme. ➤ **apaiser, désénerver, détendre*, radoucir.** *Calmer les esprits. Calmer les mécontents. Calmer un enfant.* ➤ **consoler, rassurer.** ■ **3 SE CALMER** v. pron. Devenir calme. *La tempête, la mer s'est calmée.* ➤ **calmir.** *Le bébé ne crie plus, il s'est calmé.* FAM. *On se calme !* ♦ (Au sens 2°) Reprendre son sang-froid. *Calmez-vous, je vous en prie.* ➤ **se contenir, se rasséréner.** ■ CONTR. Agiter, attiser, énerver, exciter, irriter, troubler.

CALMIR [kalmiʀ] v. intr. ⟨2⟩ – 1788 ◊ var. de *calmer* ■ MAR. Devenir calme. *La mer, le vent calmit.*

CALMODULINE [kalmɔdylin] n. f. – 1980 ◊ de *cal(cium), modul(er)* et *-ine* ■ BIOCHIM. Protéine se liant à l'ion calcium, qui joue un rôle notamment dans la contraction musculaire.

CALMOS [kalmos] adv. – 1972 ◊ de *calme* et suffixe argotique ■ FAM. Calmement, doucement. *On a roulé calmos.* ➤ **tranquillement.** — interj. *Calmos !*, du calme.

CALO [kalo] n. m. – 1960 ; « gitan espagnol » 1922 ◊ mot espagnol ■ LING. Argot espagnol moderne qui emploie de nombreux mots gitans. ■ HOM. Calot.

CALOMEL [kalɔmɛl] n. m. – 1752 ◊ du grec *kalos* « beau » et *melas* « noir », p.-ê. à cause de la couleur de la substance qui servit à l'obtenir ■ Chlorure mercureux ($HgCl$), poudre blanche toxique et sans saveur, autrefois utilisée comme purgatif et antiseptique intestinal. *Électrode au calomel*, électrode de référence en électrochimie.

CALOMNIATEUR, TRICE [kalɔmnjatœʀ, tʀis] n. – milieu XIIIe ◊ latin *calumniator* ■ Personne qui calomnie. ➤ **diffamateur.** « *Calomniateurs anonymes, disais-je, ayez le courage de dire qui vous êtes* » CHATEAUBRIAND. — adj. *Propos calomniateur.* ➤ **calomnieux.** ■ CONTR. Apologiste, défenseur, laudateur.

CALOMNIE [kalɔmni] n. f. – début XIVe ◊ latin *calumnia* ■ Accusation mensongère qui attaque la réputation, l'honneur. ➤ **allégation, attaque, 1 cancan, dénigrement, diffamation, 2 ragot.** *Une basse, une noire, une odieuse calomnie. Être en butte à la calomnie. Se laver d'une calomnie. Être au-dessus des calomnies. Faire taire les calomnies. L'air de la calomnie du « Barbier de Séville ».* ■ CONTR. Apologie, 1 défense, éloge.

CALOMNIER [kalɔmnje] v. tr. ⟨7⟩ – 1377 ◊ latin *calumniari* ■ Attaquer, tenter de discréditer (qqn) par des calomnies. ➤ **décrier, diffamer, noircir.** *On a indignement calomnié cet homme d'État.* « *Se laisser calomnier est une des forces de l'honnête homme* » HUGO. PAR EXT. Accuser injustement. « *Notre ignorance de l'histoire nous a fait calomnier notre temps* » FLAUBERT. ■ CONTR. Défendre, glorifier.

CALOMNIEUX, IEUSE [kalɔmnjø, jøz] adj. – 1312 ◊ latin *calumniosus* ■ Qui contient une calomnie, des calomnies. ➤ **diffamatoire, 1 faux, inique, injurieux, injuste, mensonger.** *Écrit, libelle, propos calomnieux.* DR. *Dénonciation calomnieuse* : délit consistant à accuser mensongèrement autrui d'une infraction à la loi devant l'autorité publique. — adv. **CALOMNIEUSEMENT**, 1380. ■ CONTR. Élogieux, flatteur, laudatif.

CALOPORTEUR, EUSE [kalopɔʀtœʀ, øz] adj. et n. m. – 1958 ◊ du latin *calor* « chaleur » et de *porteur* ■ *Fluide caloporteur*, ou ELLIPT *un caloporteur*, qui évacue la chaleur d'une machine thermique, d'un réacteur nucléaire. *Huile caloporteuse.*

CALOR(I)- ■ Élément, du latin *calor* « chaleur ». ➤ **therm(o)-.**

CALORIE [kalɔʀi] n. f. – 1824 ◊ latin *calor* → chaleur ■ **1** MÉTROL. Ancienne unité de mesure de quantité de chaleur (SYMB. cal), valant 4,185 joules. *Une calorie correspond à la quantité d'énergie nécessaire pour élever d'un degré la température d'un gramme d'eau. Calories et frigories.* VX *Petite calorie* : calorie. *Grande calorie* : 1 000 calories. ➤ **kilocalorie, thermie.** ■ **2** Unité de mesure de la valeur énergétique des aliments (SYMB. Cal) utilisée en diététique, valant 1 000 calories. *Un adulte a besoin de 2 500 calories par jour. La teneur en calories d'un aliment. Calories vides, pleines*, énergie apportée par des aliments pauvres, riches en nutriments. *Un plat riche en calories.* ➤ **2 calorique, hypercalorique.** *Un menu basses calories.* ➤ **hypocalorique ; allégé, léger, light.** *Boisson sans calorie.* ➤ **acalorique.**

CALORIFÈRE [kalɔʀifɛʀ] n. m. et adj. – 1807 ◊ de *calori-* et *-fère* ■ **1** VX Appareil de chauffage. ➤ **2 poêle.** ■ **2** adj. DIDACT. Qui porte ou répand la chaleur. *Tuyau calorifère.*

CALORIFICATION [kalɔʀifikasjɔ̃] n. f. – 1829 ◊ de *calorifique* ■ PHYSIOL. Production de chaleur dans un organisme vivant. *La calorification maintient le corps à une température constante.*

CALORIFIQUE [kalɔʀifik] adj. – 1779 ◊ latin *calorificus* « qui échauffe » ■ Qui donne de la chaleur, produit des calories. ➤ **thermique.** PHYS. *Énergie calorifique* (par oppos. à *énergie mécanique*) : l'une des deux formes d'échange entre les systèmes thermodynamiques, qui fait varier leur énergie interne. *Capacité calorifique d'un corps homogène* : produit de sa masse par sa chaleur spécifique. — *Valeur calorifique d'un aliment* : quantité de calories qu'il fournit. ➤ **2 calorique.**

CALORIFUGE [kalɔʀifyʒ] adj. et n. m. – 1846 ◊ de *calori-* et *-fuge* ■ Qui empêche la déperdition de la chaleur, étant mauvais conducteur. *Revêtement calorifuge en liège, en laine de verre, en plastique alvéolé.* — n. m. *Un calorifuge.* ➤ **isolant.**

CALORIFUGER [kalɔʀifyʒe] v. tr. ⟨3⟩ – 1926 ◊ de *calorifuge* ■ Recouvrir d'un calorifuge. *Calorifuger un grenier.* ➤ **isolation** (thermique). p. p. adj. *Conduite de vapeur calorifugée.* — n. m. **CALORIFUGEAGE** [kalɔʀifyʒaʒ].

CALORIMÈTRE [kalɔʀimɛtʀ] n. m. – 1743 ◊ de *calori-* et *-mètre* ■ MÉTROL. Instrument destiné à mesurer la quantité de chaleur absorbée ou dégagée lors d'une transformation physique, d'une réaction chimique ou d'un processus biologique.

CALORIMÉTRIE [kalɔʀimetʀi] n. f. – 1803 ◊ de *calorimètre* ■ PHYS. Mesure des échanges calorifiques entre les corps, les systèmes thermodynamiques.

CALORIMÉTRIQUE [kalɔʀimetʀik] adj. – 1838 ◊ de *calorimètre* ■ PHYS. Relatif à la calorimétrie. *Méthodes calorimétriques* (des mélanges ; des changements de phase* ; méthodes électriques).

1 **CALORIQUE** [kalɔʀik] n. m. – 1783 ◊ du latin *calor* « chaleur » ■ **1** VX Principe hypothétique de la chaleur. ■ **2** (1824, S. Carnot) HIST. SC. Quantité de chaleur mesurable, énergie calorifique.

2 **CALORIQUE** [kalɔʀik] adj. – 1960 ◊ de *calorie* (2°) ■ Relatif à l'apport en calories d'un aliment. *La valeur calorique d'un plat* (➤ aussi **énergétique**). *Aliment peu calorique* (➤ **hypocalorique**), *très calorique* (➤ **hypercalorique, riche**).

CALORISATION [kalɔʀizasjɔ̃] n. f. – v. 1925 ◊ de *caloriser* (1923), du latin *calor* ■ TECHN. Cémentation par l'aluminium (aluminiage).

1 **CALOT** [kalo] n. m. – 1627 ◊ de *cale* « coiffe » (XIIe) puis « bonnet » (1374), p.-ê. de *écale* « coque de noix » ■ Coiffure militaire dite aussi *bonnet de police.* ■ HOM. Calo.

2 **CALOT** [kalo] n. m. – 1866 ; « noix écalée » 1690 ◊ de *cale*, déglutination de *écale* → 1 calot ■ **1** Grosse bille. ■ **2** POP. et VIEILLI Œil. ➤ **1 bille.** LOC. *Rouler des calots* : faire des yeux étonnés.

CALOTIN [kalɔtɛ̃] n. m. – 1780 ; autre sens 1717 ◊ de *calotte* ■ FAM. et PÉJ. Celui qui porte la calotte ; ecclésiastique. PAR EXT. Partisan des prêtres. ➤ **clérical.** — PAR EXT. ➤ **bigot.**

CALOTTE [kalɔt] n. f. – 1394 ◊ de *cale* « coiffure » → 1 calot

I ■ **1** Petit bonnet rond qui ne couvre que le sommet de la tête. — SPÉCIALT Coiffure ecclésiastique. *Calotte rouge d'un cardinal.* — *Calotte des juifs pratiquants.* ➤ **kippa.** ■ **2** (fin XVIIIe) PÉJ. *La calotte* : le clergé, les prêtres ; leurs partisans. ➤ **calotin.** *À bas la calotte !* ■ **3** (1756) FIG. et FAM. Tape sur la tête, la figure. ➤ **1 claque, gifle*.**

II (fin XVIIe) ANAT. *Calotte du crâne* : partie supérieure de la boîte crânienne. — GÉOM. *Calottes sphériques* : les deux surfaces déterminées par l'intersection d'une sphère avec un plan ne passant pas par son centre. GÉOGR. *Calotte glaciaire* : glacier de forme convexe, très épais, qui recouvre tout le relief. *La calotte glaciaire des pôles.* ARCHIT. Partie supérieure d'une voûte hémisphérique à cintre peu élevé. ➤ **2 dôme.**

CALOYER, YÈRE [kalɔje, jɛʀ] n. – 1509 ◊ grec moderne *kalogeros* « bon vieillard », de *kalos* « beau, parfait » et *gerôn* « vieillard » ■ DIDACT. Moine grec, religieuse grecque, de l'ordre de Saint-Basile ; PAR EXT. Religieux de l'Église d'Orient.

CALQUE [kalk] **n. m.** – 1762 ◊ italien *calco*, de *calcare* → calquer ▪ **1** Reproduction exacte d'un dessin, d'un modèle, obtenue en calquant. *Calque d'une carte.* — APPOS. *Papier calque* ou *calque* : papier transparent pour calquer. *Un dessin sur calque.* ▪ **2** LING. Traduction littérale (d'une expression complexe ou d'un mot en emploi figuré) dans une autre langue. « Lune de miel » *et* « gratte-ciel » *sont des calques de l'anglais* « honeymoon » *et* « skyscraper ». *Le calque est un type d'emprunt**.

CALQUER [kalke] **v. tr.** ‹1› – 1642 ◊ italien *calcare* « presser » ▪ **1** Reproduire (un dessin) en suivant exactement ses traits, par transparence ou par tout autre moyen. ➤ **décalquer.** *Calquer un dessin au papier transparent, au papier carbone, à la vitre.* ▪ **2** FIG. Imiter exactement. *Ils ont calqué leur organisation sur celle de leur concurrent.*

CALTER [kalte] **v. intr.** ‹1› – 1844 ◊ de 1 *caler* « reculer » ▪ POP. Partir en courant, fuir. ➤ **se barrer, se tirer.** « *Inutile de revenir demain. Allez, calte* » QUENEAU. — On trouve aussi **CALETER** [kalte], à éviter (défectif).

CALUMET [kalymɛ] **n. m.** – 1609 « roseau pour fabriquer des pipes » ◊ forme normanno-picarde de *chalumeau* ▪ Pipe à long tuyau que les Indiens fumaient officiellement pendant les délibérations graves. « *Le calumet de paix, dont le fourneau était fait d'une pierre rouge* » CHATEAUBRIAND. FIG. *Fumer ensemble le calumet de la paix*, en signe de paix, de réconciliation.

CALURE [kalyʀ] **n. f.** – 1968 ◊ de *calé* ▪ (Suisse) FAM. Personne très instruite ou très compétente, reconnue dans son domaine. ➤ **pointure.**

CALVADOS [kalvados] **n. m.** – 1881 ◊ du nom du département ▪ Eau-de-vie de cidre fabriquée dans le Calvados et certains départements avoisinants. *Un vieux calvados.* — Un verre de cette eau-de-vie. *Faire le trou normand avec un calvados.* — ABRÉV. FAM. **CALVA.** « *Vous boirez bien une goutte de calva ?* » VIAN. *Un café calva. Deux calvas.*

CALVAIRE [kalvɛʀ] **n. m.** – 1704 ; *cauvaire* « crâne » fin XIIe ◊ latin ecclésiastique *calvaria* « crâne », donné dans la traduction latine des Évangiles pour traduire *Golgotha* ▪ **1** Représentation de la crucifixion, de la passion du Christ. *Peindre un calvaire.* — SPÉCIALT Croix, dressée généralement sur une plateforme ou à un carrefour, qui commémore la passion du Christ. *Calvaires bretons.* « *Les vieux christs qui gardaient la campagne étendaient leurs bras noirs sur les calvaires* » LOTI. ▪ **2** FIG. Épreuve longue et douloureuse. ➤ **martyre** (cf. Chemin de croix*). *Sa vie n'aura été qu'un long calvaire.* — PAR EXT. *Quel calvaire d'avoir à répondre à tout ce courrier !*

CALVINISME [kalvinism] **n. m.** – 1570 ◊ du nom de *Calvin*, 1509-1564 ▪ Doctrine du réformateur Calvin, qui créa le protestantisme en France. ➤ **réforme.**

CALVINISTE [kalvinist] **adj.** et **n.** – 1556 ◊ de *calvinisme* ▪ Qui concerne le calvinisme. ➤ **protestant, réformé.** *Doctrine, religion calviniste.* — **n.** Personne qui se réclame de la religion de Calvin. *Les calvinistes des Cévennes.* ➤ **camisard.** *Calvinistes et luthériens.*

CALVITIE [kalvisi] **n. f.** – XIVe ◊ latin *calvities*, de *calvus* « chauve » ▪ Absence totale ou partielle de cheveux. ➤ **alopécie ; chauve.** *Un début de calvitie.* « *Une calvitie précoce lui dégageait le front* » MARTIN DU GARD.

CALYPSO [kalipso] **n. m.** – 1960 ; n. f. 1957 ◊ mot anglais de la Jamaïque (1934), du nom de la nymphe *Calypso*, dans un vieil air espagnol ▪ Danse à deux temps, originaire de la Jamaïque. — Musique de type antillais qui accompagne cette danse. *Des calypsos.*

CALZONE [kalzɔn(e)] **n. f.** – 1994 *pizza calzone* ◊ mot italien, de même origine que *chausson* ▪ Pizza repliée en forme de chausson. *Des calzones.*

CAMAÏEU [kamajø] **n. m.** – 1727 ; *kamaheu* « camée » XIIIe ◊ origine inconnue, p.-ê. de l'arabe *qamā'il*, plur. de *qum'ul* « bourgeon » ▪ **1** Pierre fine taillée, formée de deux couches de même couleur mais de ton différent. ▪ **2** Peinture où l'on n'emploie qu'une couleur avec des tons différents. *Peindre en camaïeu. Un camaïeu de gris.* ➤ **grisaille.** *Des camaïeux*, parfois *des camaïeus.* — *En camaïeu* : ton sur ton. *Gravure, photo en camaïeu.* — Dégradé de couleur. *Un* « *feuillage dont le camaïeu allait du vert sauge à l'émeraude, en passant par des nuances lichen ou amande* » Y. HAENEL.

CAMAIL [kamaj] **n. m.** – début XIIIe ◊ ancien provençal *capmalh* « tête de mailles », du latin *caput* « tête » et *macula* « maille » ▪ **1** Au Moyen Âge, Capuchon de mailles métalliques protégeant la tête, le cou, les épaules. ▪ **2** Courte pèlerine des ecclésiastiques. ➤ **mosette.** *Camails rouges des cardinaux.* ▪ **3** ZOOL. Longues plumes du cou et de la poitrine chez le coq.

CAMARADE [kamaʀad] **n.** – 1587 ; « chambrée » avant 1571 ◊ espagnol *camarada* « chambrée » ; latin *camera* « chambre » ▪ **1** Personne qui, en partageant les mêmes activités, les mêmes habitudes qu'une autre, contracte avec elle des liens de familiarité. ➤ **compagnon, connaissance ;** FAM. **copain, pote, poteau ;** RÉGION. **chum.** REM. Se dit surtout des jeunes. *Un camarade de régiment, d'enfance, de jeux, de classe, d'étude, de promotion. Un camarade de travail.* ➤ **collègue, confrère.** *Nous n'étions que des camarades. Se faire de nouveaux camarades. C'est son petit camarade.* — FAM. Ami. *Un vrai, un vieux camarade.* ▪ **2** Appellation que se donnent entre eux les membres des partis socialistes, communistes. *Le camarade Untel a raison.* ▪ CONTR. Inconnu, ennemi.

CAMARADERIE [kamaʀadʀi] **n. f.** – 1671 ◊ de *camarade* ▪ Relations familières entre camarades. ➤ **amitié.** *Avoir des relations de franche camaraderie.* « *La camaraderie mène à l'amitié* » MAURIAC.

CAMARD, ARDE [kamaʀ, aʀd] **adj.** et **n.** – 1534 ◊ de *camus* ▪ **1** VX ou LITTÉR. Qui a le nez plat, écrasé. « *Il est camard, son nez étant sans cartilages* » HUGO. *Une face camarde.* MOD. *Nez camard*, aplati. ▪ **2** **n. f.** *La camarde* : la mort.

CAMARILLA [kamaʀija] **n. f.** – 1824 ◊ mot espagnol « cabinet particulier du roi », de *camara* « chambre » ▪ **1** HIST. Parti absolutiste, formé par les familiers du roi d'Espagne. ▪ **2** PÉJ. Coterie influente autour d'un personnage important.

CAMBIAIRE [kɑ̃bjɛʀ] **adj.** – XXe ◊ de l'italien *cambio* « change » ▪ **1** Relatif aux effets de commerce. *Le droit cambiaire. Obligation, infraction cambiaire.* ▪ **2** *Opérations cambiaires* : opérations de change pratiquées par des banques pour leur propre compte (➤ **cambiste**).

CAMBISTE [kɑ̃bist] **n.** – 1675 ◊ italien *cambista*, de *cambio* « change » ▪ FIN. Spécialiste des opérations de change dans une banque. — **adj.** *Un banquier cambiste.*

CAMBIUM [kɑ̃bjɔm] **n. m.** – 1560 ◊ latin des botanistes, de *cambiare* « changer » ▪ BOT. Assise génératrice annulaire des tiges et des racines *(dicotylédones, gymnospermes)*, qui donne naissance au bois et au liber secondaires *(cambium interne)* et au liège *(cambium externe).* ➤ **méristème.**

CAMBOUIS [kɑ̃bwi] **n. m.** – 1690 ; *cambois* 1393 ◊ origine inconnue ▪ Graisse, huile noircie après un usage prolongé dans les rouages d'une machine ou d'un véhicule. *Tache de cambouis. Des mains pleines de cambouis.* — LOC. FIG. et FAM. *Mettre les mains dans le cambouis* : s'atteler à une tâche plutôt ingrate, difficile.

CAMBRAGE [kɑ̃bʀaʒ] **n. m.** – 1867 ◊ de *cambrer* ▪ Opération par laquelle on cambre (qqch.). *Cambrage des pantalons* (pressage), *des tiges de chaussures.*

CAMBRÉ, ÉE [kɑ̃bʀe] **adj.** – de *cambrer* ▪ Qui forme un arc (➤ **cambrure**). *Pied cambré. Taille cambrée*, creusée par-derrière. ▪ CONTR. 1 Droit, 1 plat.

CAMBREMENT [kɑ̃bʀəmɑ̃] **n. m.** – 1636 ◊ de *cambrer* ▪ Action de cambrer (le corps). « *ils titubaient, avec de brusques rentrées du ventre* [...], *des cambrements des reins* » VERCEL.

CAMBRER [kɑ̃bʀe] **v. tr.** ‹1› – 1530 ; v. pron. « se détourner » XIIIe ◊ de *cambre* « courbé », forme normanno-picarde de *chambre*, latin *camurum* « courbé » ▪ **1** Courber légèrement en forme d'arc. ➤ **arquer.** *Cambrer les reins.* — *Cambrer une poutre.* — TECHN. *Cambrer la tige, la semelle d'un soulier.* ➤ **cintrer.** — RELIURE Recourber vers l'intérieur les angles du carton. ▪ **2** **SE CAMBRER v. pron.** (1530) Se redresser ; pencher légèrement le haut du corps vers l'arrière, en creusant les reins.

CAMBRIEN, IENNE [kɑ̃bʀijɛ̃, ijɛn] **n. m.** et **adj.** – 1838 ◊ anglais *cambrian*, de *Cambria*, nom breton du pays de Galles ▪ GÉOL. Première période de l'ère primaire. ➤ **acadien, paléozoïque ; précambrien.** — **adj.** De cette période. *La faune cambrienne.*

CAMBRIOLAGE [kɑ̃bʀijɔlaʒ] **n. m.** – 1898 ◊ de *cambrioler* ▪ Vol par effraction. ➤ FAM. 4 **casse, fricfrac.** *Tentative de cambriolage.* « *les chaussures à terre, les tiroirs ouverts éveillaient l'idée d'un cambriolage* » MARTIN DU GARD.

CAMBRIOLER [kɑ̃bʀijɔle] **v. tr.** ‹1› – 1847 ◊ de l'argot *cambriole* → cambrioleur ▪ Dévaliser (un local) en y pénétrant par effraction. ➤ 2 **voler*.** *Cambrioler un appartement, une bijouterie.* PAR EXT. *Cambrioler qqn. Ils ont été cambriolés. Ils se sont fait cambrioler.*

CAMBRIOLEUR, EUSE [kɑ̃bʀijɔlœʀ, øz] **n.** – 1828 ◊ de l'argot *cambriole* «chambre», occitan *cambro* ■ Malfaiteur qui commet des cambriolages. ➤ **voleur ;** ARG. **casseur,** FAM. **monte-en-l'air.**

CAMBROUSSE [kɑ̃bʀus] **n. f.** – 1866 ; *cambrouse* «servante» 1628 ◊ provençal *cambrouso* «valet, femme de chambre» et *cambrousso* «cahute» ■ FAM. et PÉJ. Campagne. *Se perdre en pleine cambrousse. Il n'est jamais sorti de sa cambrousse.*

CAMBRURE [kɑ̃bʀyʀ] **n. f.** – 1537 ◊ de *cambrer* ■ **1** État de ce qui est cambré. ➤ **cintrage, courbure.** *Cambrure d'une pièce de bois. — Cambrure des reins.* ➤ **ensellure ;** aussi **lordose.** ■ **2** (Ce qui est cambré). *Cambrure du pied,* partie médiane arquée (cf. Voûte* plantaire). — Partie courbée entre la semelle et le talon d'une chaussure.

CAMBUSE [kɑ̃byz] **n. f.** – 1773 ◊ néerlandais *kombuis* ■ **1** MAR. Magasin du bord où sont conservés et distribués les vivres, les provisions. ■ **2** (1875) PÉJ. Chambre, logis pauvre mal tenu. ➤ **turne.**

CAMBUSIER [kɑ̃byzje] **n. m.** – 1792 ◊ de *cambuse* ■ MAR. Matelot qui a la responsabilité de la cambuse et de la distribution des vivres aux hommes d'équipage.

1 **CAME** [kam] **n. f.** – 1842 ; *camme* 1751 ◊ allemand *Kamm* «peigne» ■ MÉCAN. Pièce dont le profil est déterminé pour transformer un mouvement circulaire en un mouvement de translation, selon une loi donnée. *Came entraînée par un mouvement d'horlogerie.* **ARBRE À CAMES :** arbre possédant un ensemble de cames destinées à l'ouverture et à la fermeture des soupapes dans un moteur à explosion. *Came d'admission, d'échappement.*

2 **CAME** [kam] **n. f.** – fin XIXe ◊ abrév. de *camelote* ■ FAM. ■ **1** Marchandise. ■ **2** Drogue*. *Un revendeur de came.* ➤ **dealeur.** — LOC. *Ce n'est pas ma came :* cela ne me correspond pas, je n'aime pas cela (cf. Ce n'est pas mon trip*, mon truc*). *«Ils font du métal. Enfin, du hardcore. Enfin, je sais pas, c'est pas ma came, à moi...»* V. DESPENTES.

CAMÉ, ÉE [kame] **adj.** et **n.** – 1971 n. ◊ de *se camer* ■ FAM. Drogué. ➤ **shooté.** *«Quand elle est camée à ce point, elle peut dormir deux jours d'affilée»* Y. HAENEL. ■ HOM. Camée.

CAMÉE [kame] **n. m.** – 1752 ◊ italien *cameo* → camaïeu ■ **1** Pierre fine (agate, améthyste, onyx) sculptée en relief pour mettre en valeur ses couches diversement colorées. *Camée monté en bague. «Émaux et Camées», poèmes de Th. Gautier. — Profil de camée :* profil régulier et bien dessiné. ■ **2** PEINT. Grisaille imitant le camée. ➤ **camaïeu.** ■ CONTR. Intaille. ■ HOM. Camé, camer.

CAMÉLÉON [kameleɔ̃] **n. m.** – XIIe ◊ latin *chamæleon,* grec *khamaileôn* «lion nain» ■ **1** Grand lézard d'Afrique et d'Inde *(lacertiliens)* gris verdâtre, au corps comprimé latéralement, orné d'une crête dorsale et terminé par une queue prenante, muni d'une longue langue gluante. *Le caméléon peut se camoufler en changeant de couleur selon l'endroit où il se trouve* (➤ **mimétisme**). ■ **2** FIG. et VIEILLI Personne qui change de conduite, d'opinion, de langage, suivant les circonstances (➤ **girouette**).

CAMÉLIA [kamelja] **n. m.** – 1764 ◊ latin des botanistes *camellia* (Linné) en l'honneur du botaniste autrichien *G. J. Kamel* dit *Camellus* ■ **1** Arbuste à feuilles persistantes *(théacées),* à somptueuse floraison précoce. *Camélia arborescent.* ■ **2** Fleur de cet arbuste. *«La Dame aux camélias», roman d'Alexandre Dumas fils.* — On écrit aussi *camellia* (BOT.).

CAMELINE [kam(ə)lin ; kamelin] ou **CAMÉLINE** [kamelin] **n. f.** – *camelina* 1549 ; *kameline* 1275 ◊ altération de *camomine,* bas latin *chamaemelina* → camomille ■ BOT. Plante herbacée *(crucifères)* à petites fleurs jaunes et aux graines oléagineuses. *Huile de cameline.*

CAMELLE [kamɛl] **n. f.** – 1867 ◊ provençal *camello,* latin *camelus* «chameau», à cause du profil irrégulier de la crête ■ TECHN. Tas de sel, dans un marais salant.

CAMELOT [kamlo] **n. m.** – 1821 ◊ probablt de *camelotier* → camelote ■ **1** Marchand ambulant qui vend des marchandises à bas prix. *Boniment de camelot.* ■ **2** (1917) *Camelot du roi :* partisan du roi vendant des journaux monarchistes. ■ **3** (Canada) Personne qui livre les journaux à domicile. — REM. *Une camelot* est un féminin possible.

CAMELOTE [kamlɔt] **n. f.** – 1751 ◊ probablt de *camelotier* «gros mercier» ■ **1** FAM. (partitif) Objets fabriqués de mauvaise qualité. ➤ **pacotille ;** FAM. **saloperie,** 2 **toc ;** RÉGION. **cacaille.** *Vendre, acheter de la camelote. C'est de la camelote cette voiture, ces chaussures.* — FIG. *«Une revue de camelote artistique»* GIDE. ■ **2** (1815) POP. Toute marchandise. *C'est de la bonne camelote.* — SPÉCIALT Drogue. ➤ 2 **came.**

CAMEMBERT [kamɑ̃bɛʀ] **n. m.** – 1867 ; *camemberg* 1862 ◊ n. d'un village de l'Orne ■ **1** Fromage de lait de vache, à pâte molle affinée et à croûte fleurie, de forme ronde, fabriqué en Normandie. ➤ FAM. **calendos.** *Camembert au lait cru. Camembert bien fait, fait à cœur, trop fait. Camembert coulant, plâtreux. Boîte de camembert.* ■ **2** PAR ANAL. FAM. Graphique utilisé en statistique pour représenter des données sous forme de secteurs d'un diagramme* circulaire. *Des camemberts.*

CAMÉO [kameo] **n. m.** – 1973 *cameo* ◊ anglais *cameo appearance,* de *cameo* (→ camée) et *appearance* «apparition» ■ Brève apparition d'une personnalité dans un film, un récit. *Les caméos d'Hitchcock.*

CAMER (SE) [kame] **v. pron.** ⟨1⟩ – 1952 trans. ◊ de 2 *came* ■ FAM. Se droguer. ➤ 1 **fumer,** se **shooter, snifer.** *Il se came à l'héroïne* (➤ **camé**). ■ HOM. Camée.

CAMÉRA [kameʀa] **n. f.** – 1838 ◊ anglais *camera* «appareil photo» ; latin *camera* «chambre» ■ Appareil cinématographique de prises de vues. *Des caméras. Magasins, mécanisme d'entraînement, objectifs d'une caméra. Charger une caméra,* y mettre de la pellicule. *Caméra de huit mm, super-huit. Caméra d'amateur. — Caméra de télévision :* tube électronique de prises de vues. *«Et nous vivons tous sous le regard des caméras. [...] Même quand nous faisons la guerre, nous la faisons sous l'œil des caméras»* KUNDERA. *Caméra vidéo.* ➤ **caméscope.** *Caméra numérique.* ➤ **webcam.** *Caméra électronique :* dispositif utilisé en astronomie pour transformer une image lumineuse en image électronique. ◆ (Style de prise de vues). *Caméra-stylo :* style de cinéma utilisant l'esprit ou les techniques du reportage, du roman. ◆ *Être derrière la caméra :* réaliser un film.

CAMÉRAMAN [kameʀaman] **n. m.** – 1919 ◊ anglais *cameraman,* de *camera* «caméra» et *man* «homme» ■ ANGLIC. Opérateur* de prises de vues de cinéma, de télévision. ➤ **cadreur.** *Des caméramans. Reporteur*-caméraman.* — On écrit aussi *un cameraman, des cameramen* [kameʀamɛn].

CAMÉRIER [kameʀje] **n. m.** – XIVe, repris 1671 ◊ italien *cameriere,* de *camera* «chambre» ■ Officier de la chambre du pape ou d'un cardinal.

CAMÉRISTE [kameʀist] **n. f.** – 1741 ; var. *camariste* ◊ espagnol *camarista,* de *camara* «chambre» ■ **1** Dame qui servait une princesse en Espagne, en Italie. ■ **2** LITTÉR. ou PAR PLAIS. Femme de chambre.

CAMERLINGUE [kamɛʀlɛ̃g] **n. m.** – 1572 ; *camerlin* 1418 ◊ italien *camerlingo ;* cf. *chambellan* ■ Cardinal de la cour pontificale qui administre la justice et le trésor, préside la chambre apostolique et gouverne quand le Saint-Siège est vacant. PAR APPOS. *Le «cardinal camerlingue»* CHATEAUBRIAND.

CAMÉSCOPE [kameskɔp] **n. m.** – 1982 ◊ n. déposé, de *camé(ra)* et *(magnéto)scope* ■ Appareil portatif intégrant une caméra vidéo et un magnétoscope. *Caméscope numérique.*

1 **CAMION** [kamjɔ̃] **n. m.** – 1352, var. *chamion* «espèce de charrette» ◊ origine inconnue ■ **1** ANCIENNT Chariot bas, à quatre roues de petit diamètre, pour le transport des marchandises pesantes. ➤ **fardier.** *Camion à chevaux.* ■ **2** Gros véhicule automobile pouvant transporter de gros volumes (marchandises...). ➤ FAM. **bahut.** *Petit camion.* ➤ **camionnette.** *Camion de dix tonnes** (cf. Poids* lourd). *Camion fermé, à plateforme. Transporter des troupes en camion. Charger, décharger un camion. Chauffeur d'un camion.* ➤ **camionneur,** 2 **routier.** *Camion de déménagement* (➤ RÉGION. **déménageuse**), *de livraison. Camion-benne.* ➤ **benne.** *Camion-citerne. Camion-grue. Camion militaire. Camion à remorque, à semi-remorque.* — LOC. FIG. et FAM. *Être beau comme un camion,* très beau, superbe. *Être maquillé* comme un camion volé. Marchandises tombées du camion,* d'origine douteuse, probablt subtilisées avant la livraison. *«un Smartphone irrésistible, soi-disant "tombé du camion"»* V. DESPENTES. *Au cul du camion :* au déchargement. *Choisir, acheter des marchandises au cul du camion.* ■ **3** (1846) TECHN. Récipient des peintres pour délayer la peinture.

2 **CAMION** [kamjɔ̃] **n. m.** – 1564 ◊ origine inconnue, autre mot que 1 *camion* ■ TECHN. Très petite épingle. *Camion de dentellière.*

CAMION-CITERNE [kamjɔ̃sitɛʀn] **n. m.** – 1949 ◊ de 1 *camion* et *citerne* ■ Camion pour le transport des liquides en vrac. *Des camions-citernes.*

CAMIONNAGE [kamjɔnaʒ] **n. m.** – 1820 ◊ de 1 *camion* ■ **1** Transport par camion. ➤ **roulage.** *Entreprise de camionnage.* ■ **2** Prix d'un transport par camion. *Payer le camionnage.*

CAMIONNER [kamjɔne] **v. tr.** ‹1› – 1829 ◊ de 1*camion* ■ Transporter par camion.

CAMIONNETTE [kamjɔnɛt] **n. f.** – 1917 ◊ de 1*camion* ■ Véhicule automobile utilitaire de faible tonnage. ➤ **fourgonnette, pickup ; camping-car.**

CAMIONNEUR, EUSE [kamjɔnœʀ, øz] **n.** – 1554 ◊ de 1*camion* ■ **1** Personne qui conduit un camion. ➤ 2**routier.** ■ **2** Personne qui possède, gère une entreprise de transports par camion. ➤ **transporteur.** *Un gros camionneur parisien.* ■ **3 n. m.** Gros pull à côtes anglaises et col zippé.

CAMISARD [kamizaʀ] **n. m.** – 1688 ◊ de l'occitan *camiso* «chemise» ■ HIST. Calviniste cévenol insurgé, durant les persécutions qui suivirent la révocation de l'Édit de Nantes. *Les camisards doivent leur nom à la chemise blanche qu'ils portaient par-dessus leurs vêtements, pour se faire reconnaître des leurs.* — **adj. m.** *Le soulèvement camisard.*

CAMISOLE [kamizɔl] **n. f.** – 1578 ; *camizolle* 1547 ◊ provençal *camisola*, diminutif de *camisa* «chemise» ■ **1** VIEILLI Vêtement court, à manches, porté sur la chemise. ➤ **brassière, caraco, casaquin, gilet.** ◆ (1646) (Suisse, Canada, Antilles, Afrique) Sous-vêtement couvrant le haut du corps. ➤ **maillot** (de corps), **teeshirt.** — (Afrique noire, Antilles) Débardeur. ■ **2** *Camisole de force :* chemise à manches fermées garnie de liens paralysant les mouvements, utilisée pour maîtriser les malades mentaux. *Passer la camisole à qqn.* FIG. *Camisole chimique :* tranquillisants utilisés en psychiatrie. *«les fous ne crient plus depuis qu'on les met sous camisole chimique»* P. BRUCKNER.

CAMOMILLE [kamɔmij] **n. f.** – 1322 ◊ bas latin *camomilla*, altération de *chamæmelon*, du grec *khamaimêlon*, de *khamai* «à terre» et *mêlon* «pomme» ■ **1** Plante herbacée aromatique *(composées)*, dont les capitules floraux sont utilisés pour leurs propriétés. ➤ **anthémis, matricaire.** *Camomille romaine.* ■ **2** Infusion des fleurs de cette plante. *Boire une tasse de camomille.*

CAMOUFLAGE [kamuflaʒ] **n. m.** – 1917 ; «déguisement» 1887 ◊ de *camoufler* ■ **1** Le fait de camoufler du matériel de guerre, des troupes ; ce qui est utilisé à cet effet. *Un camouflage de branchages. Soldat en tenue de camouflage.* — *Motif, imprimé camouflage,* reproduisant les taches brunes et vertes des tenues de camouflage. ■ **2** FIG. Le fait de cacher en modifiant les apparences. ➤ **maquillage.** *Camouflage de bénéfices.* ➤ **dissimulation.**

CAMOUFLER [kamufle] **v. tr.** ‹1› – 1836 ; v. pron. «se déguiser» 1821 ◊ probablt du radical de *camouflet* ■ **1** Déguiser de façon à rendre méconnaissable ou indécelable. ➤ **cacher, déguiser, dissimuler.** *Camoufler du matériel de guerre à l'aide d'une peinture bigarrée.* — PRONOM. *Le commando s'est bien camouflé.* ■ **2** FIG. Dissimuler. *Camoufler une intention, une faute. Camoufler un meurtre en suicide.* ➤ **maquiller.**

CAMOUFLET [kamuflɛ] **n. m.** – 1680 ; «fumée soufflée au nez» 1611 ◊ de *moufle* «museau» ■ **1** LITTÉR. Mortification, vexation humiliante. ➤ **affront,** FAM. 1**claque, gifle, nasarde, offense.** *Donner, infliger un camouflet à qqn. Essuyer un camouflet.* ■ **2** TECHN., MILIT. Fourneau de mine destiné à détruire une galerie ennemie.

CAMP [kɑ̃] **n. m.** – milieu XVe, dans *lit de can* ◊ forme normanno-picarde ou provençale de *champ*, du latin *campus*

I ZONE MILITAIRE ■ **1** Zone provisoirement ou en permanence réservée pour les rassemblements de troupes de toutes armes, soit pour des manœuvres, des exercices *(camp d'instruction)*, soit pour des essais, des études *(camp d'expérimentation)*. ➤ **campement.** *Reconnaissance, choix de l'emplacement d'un camp. Camp retranché, fortifié :* zone fortifiée organisée défensivement en permanence. — *Camp léger :* camp provisoire remplaçant les casernes d'une garnison, utilisé pendant les périodes de formation des jeunes recrues. — *Camp volant* (cf. **ci-dessous** 4o). ◆ **DE CAMP.** *Maréchal*, aide* de camp.* ■ **2** *Camp (de prisonniers) :* lieu d'hébergement où sont groupés des prisonniers de guerre. ➤ **oflag, stalag.** *Barbelés, miradors, baraquements d'un camp.* ◆ Zone d'habitations sommaires édifiées pour une population qui fait l'objet d'une ségrégation. *Camps de réfugiés. Les camps palestiniens.* — *Camps de déportés.* (1906) **CAMP DE CONCENTRATION :** lieu où l'on groupe, en temps de guerre ou de troubles, les suspects, les étrangers, les nationaux ennemis ; SPÉCIALT, COUR. camp nazi pendant la Deuxième Guerre mondiale. — *Camps d'extermination,* où furent affamés, suppliciés et exterminés certains groupes religieux ou ethniques (Juifs, Tsiganes), politiques et sociaux. *Les camps de la mort.* ABSOLT *«En entrant dans le camp, c'était comme si Dieu était resté à l'extérieur»* G. DE GAULLE-ANTHONIOZ. *Revenir des camps.* ◆ *Camp de travail.* ➤ **goulag.** *Camp de redressement.* ■ **3** (Symbole de la vie militaire) *La vie du camp. Lit de camp :* lit (pliant, léger) facilement transportable. ■ **4 CAMP VOLANT :** (VX) espace où est organisée une unité légère, très mobile, chargée d'inquiéter et d'observer l'ennemi. PAR MÉTON. *Un camp volant :* nomade vivant en permanence en campement mobile. *«C'est du sang de camp-volant, qu'il a dans les veines, c't'homme-là !»* POULAILLE. ◆ LOC. *Vivre en camp volant :* vivre d'une manière instable, sans s'installer. *«Vivre en camp volant à l'hôtel dans le désordre des malles à moitié défaites»* LOTI. — *Lever le camp ;* FAM. *fiche, foutre le camp :* s'en aller, partir. ➤ **décamper.** *Fiche-moi le camp de là !* — *La peinture fiche le camp,* ne tient pas. *Tout fout le camp !,* les choses se dégradent.

II ZONE DE LOISIRS ■ **1** Espace de terrain où s'installent des campeurs. ➤ **camping.** *Feux de camp. Camp scout. Passer l'été en camp. Camp de vacances. Camp de nudistes ; camp nudiste.* — PAR EXT. *Faire un camp dans les Alpes.* ◆ **CAMP DE BASE :** campement où sont déposés matériel et ravitaillement et qu'utilisent des alpinistes, des explorateurs polaires comme relais ou position de repli. ■ **2** (sous l'influence de l'anglais américain *camp*) (Canada) *Camp (d'été).* ➤ **chalet, villa.** *Passer la fin de semaine au camp.* — *Camp de pêche, de chasse.* ➤ **pavillon.** — (1985) *Camp de vacances.* ➤ **colonie.** (Canada) *Camp de jour :* centre qui propose aux enfants des activités de plein air pendant les vacances (cf. Centre aéré*). ◆ *Camp de bûcherons.* ➤ **chantier.**

III GROUPE DE PERSONNES Groupe qui s'oppose à un autre, se mesure à lui. *Le camp victorieux. «L'espoir changea de camp, le combat changea d'âme»* HUGO. — *Constituer deux camps. Les joueurs sont distribués en deux camps* (➤ **équipe**). *«Dans son lycée, chaque année, il se forme trois camps, spontanément»* NIMIER. *Changer de camp. Renvoyer qqn dans son camp ;* FIG. le rabrouer. *La balle* est dans votre camp.* — *Entrer dans le camp adverse.* ➤ **côté, faction, groupe,** 1**parti.** *Choisir son camp. Passer dans le camp de l'opposition.*

■ **HOM.** Kan, khan, quand, quant.

CAMPAGNARD, ARDE [kɑ̃paɲaʀ, aʀd] **adj.** et **n.** – *campaignard* 1611 ◊ de *campagne* ■ **1** Qui vit à la campagne. *Gentilhomme campagnard.* ➤ **hobereau.** — Que l'on rencontre à la campagne ou qui l'évoque. *Un air, un aspect campagnard.* ➤ **agreste, rustique.** — *Buffet* campagnard.* ■ **2 n.** Personne qui vit à la campagne. *Un campagnard, une campagnarde.* ➤ **paysan,** PÉJ. **rustre ;** FAM. et PÉJ. **bouseux, cul-terreux.** ■ **CONTR.** Bourgeois, citadin, urbain ; raffiné.

CAMPAGNE [kɑ̃paɲ] **n. f.** – 1671 ; *campaigne* 1535 ◊ forme normanno-picarde de *champagne*, bas latin *campania* «plaine»

I ZONE RURALE ■ **1** VX Vaste étendue de pays découvert. ➤ **plaine.** *Une campagne. «ils débouchèrent sur une campagne libre avec des collines et des villages semés dans l'étendue»* A. DHÔTEL. — MOD. GÉOGR. Paysage rural où les champs ne sont pas clôturés, où il y a peu d'arbres et où les habitations sont groupées. ➤ 1**champagne.** ■ **2** (1671) *La campagne :* les terres cultivées, hors d'une zone urbaine (opposé à *ville*). *Les travaux de la campagne.* ➤ 1**champ, terre.** *Battre* la campagne.* ■ **3** Ensemble des lieux fertiles, agricoles, forestiers..., hors des villes. *La campagne normande. Aimer la campagne.* ➤ **nature.** *Passer le week-end à la campagne.* ➤ PÉJ. **bled, cambrousse.** *Se promener dans la campagne.* ➤ 1**champ, pré.** *Partie de campagne.* ➤ **excursion, piquenique.** *Curé, médecin de campagne. «Le temps est passé du médecin de campagne qui allait faire ses visites à cheval»* H. PRADAL. ◆ *Maison de campagne :* résidence secondaire à la campagne. ➤ **cottage.** — *Pain, pâté de campagne,* préparés comme à la campagne. ■ **4** RÉGION. (Provence) *Une campagne :* une exploitation agricole ou une maison de campagne.

II (CONTEXTE MILITAIRE) ■ **1** (1587) Étendue de terrain, zone où les armées se déplacent, lorsqu'elles sont en guerre (opposé à *camp, place forte*). *Tenir la campagne. Combattre en rase* campagne.* ■ **2** PAR EXT. (1671) L'état de guerre, les combats, pour une armée. *Les troupes sont en campagne.* ➤ **combat, guerre.** *Faire campagne :* participer à une opération de guerre. — *Règlement de service en campagne :* instruction ministérielle permanente fixant la conduite à tenir par les unités et les soldats dans les différentes circonstances de la bataille. ◆ **DE CAMPAGNE.** *Pièce* (d'artillerie) *de campagne :* artillerie légère des divisions. *Batteries de campagne. Tenue de campagne,* revêtue par les militaires pour le combat ou les manœuvres. — Mobile et servant à assurer les urgences. *Hôpital de campagne. Téléphone de campagne.* ◆ *Une campagne :* ensemble des opérations militaires sur un théâtre d'activité et à une époque déterminés. ➤ **opération.** *La campagne d'Égypte. Les campagnes d'Italie. Soldat qui raconte ses campagnes.* — SPÉCIALT Titre de service de guerre. *Officier qui a six campagnes.* ♦ LOC. *Se mettre en campagne :* se mettre sur le pied de guerre, commencer une opération. SPÉCIALT Se dit d'une unité chargée de la recherche des renseignements et du contact avec l'ennemi qui part en opérations. FIG. Partir pour une recherche méthodique. ➤ **chercher, rechercher.**

III (CONTEXTE CIVIL) ▪ **1** (1798) Ensemble de travaux civils menés pendant une période déterminée, et destinés à se reproduire. *Campagne de fouilles archéologiques. Campagne de pêche. Jonction de deux campagnes agricoles* (➤ **soudure**). ▪ **2** Action de communication limitée à une période précise et à un objet précis. *Campagne commerciale. Campagne de presse. Campagne publicitaire. Campagne d'affichage. Campagne de propagande.* ➤ **croisade.** *Campagne électorale. Organiser la campagne d'un candidat. Faire campagne pour, contre qqn, qqch.*

CAMPAGNOL [kɑ̃paɲɔl] n. m. – 1758 ♦ italien *campagnolo* «campagnard» ▪ Mammifère rongeur *(muridés),* au corps plus ramassé que le rat, à queue courte et poilue. *Le rat des champs est un campagnol.*

CAMPANAIRE [kɑ̃panɛʀ] adj. – 1636 ♦ mot formé sur le latin *campana* «cloche» ▪ DIDACT. Relatif aux cloches. *Le patrimoine campanaire national. L'art campanaire,* celui du fondeur de cloches.

CAMPANE [kɑ̃pan] n. f. – XIVe «cloche» ♦ bas latin ou italien *campana* «cloche» ▪ **1** VIEILLI Sonnaille. ➤ **clarine, 1cloche.** ▪ **2** ARCHIT. Chapiteau en forme de cloche renversée.

CAMPANILE [kɑ̃panil] n. m. – 1732 ; *campanille* fin XVe ♦ italien *campanile* «clocher» ▪ **1** Clocher à jour, et PAR EXT. Tour isolée, souvent près d'une église, où se trouvent les cloches. *Le campanile de Florence.* ▪ **2** Lanterne surmontant le toit de certains édifices civils.

CAMPANISTE [kɑ̃panist] n. – 2004 ♦ mot formé sur le latin *campana* «cloche» ▪ Professionnel(le) qui conçoit, installe, entretient et restaure les cloches et les horloges d'édifices.

CAMPANULE [kɑ̃panyl] n. f. – 1694 ♦ latin des botanistes médiéval *campanula,* diminutif de *campana* «cloche» ▪ Plante herbacée *(campanulacées),* à fleurs régulières en forme de cloche. *Campanule des murailles. Campanule raiponce**.

CAMPÉ, ÉE [kɑ̃pe] adj. – de *camper* ▪ **1** (PERSONNES) ➤ **2établi, fixé, posté.** *Solidement campé sur ses jambes.* PAR EXT. *Bien campé :* solide, bien bâti. ▪ **2** *Bien campé :* bien dessiné, représenté ou décrit. *Un récit, un personnage bien campé.*

CAMPÊCHE [kɑ̃pɛʃ] n. m. – 1603 ♦ nom d'une ville du Mexique ▪ Arbre de l'Amérique tropicale *(césalpinées)* qui fournit un bois dur et compact renfermant une matière colorante rouge. *Bois de campêche* ou *bois noir, bois d'Inde.*

CAMPEMENT [kɑ̃pmɑ̃] n. m. – 1584 ♦ de *camper* ▪ **1** Action de camper. ➤ **camping.** *Matériel de campement* (tente, matériel de couchage ; bidons, gamelles). ▪ **2** Lieu, installations où l'on campe. ➤ **bivouac, camp, cantonnement.** *Armée, troupe au campement.* ➤ **quartier.** *Campement de Tsiganes. Un campement de fortune. — Campement de migrants.* ➤ **jungle.** ▪ **3** FIG. Installation provisoire et désordonnée. *Ma chambre est un campement ; je suis en campement.*

CAMPER [kɑ̃pe] v. ‹1› – 1465 ; «s'installer en un lieu» 1426 ; «placer» fin XIIe ♦ de *camp*

I v. intr. ▪ **1** S'établir, être établi dans un camp. ➤ **bivouaquer, cantonner.** — Coucher sous la tente, faire du camping. *«je campais en montagne, je faisais mes quarante kilomètres dans la journée, sac au dos»* MONTHERLANT. ▪ **2** FIG. S'installer provisoirement quelque part. ➤ **séjourner.** *Nous avons campé à l'hôtel.* ▪ **3** *Camper sur ses positions,* les maintenir fermement, refuser toute concession. *Le suspect est solidement campé sur son alibi.*

II v. tr. ▪ **1** Établir dans un camp. ▪ **2** Placer, poser (qqch.) avec décision, avec une certaine audace. ➤ **installer, planter.** *Camper son chapeau sur sa tête.* — FIG. *Camper un récit,* le dire ou l'écrire avec sûreté, vivacité. *Camper un personnage,* le représenter avec vigueur (➤ **campé**). *Camper le décor,* le contexte.

III SE CAMPER v. pron. Se tenir en un lieu dans une attitude fière, hardie ou provocante. ➤ **se dresser, se planter.** *Il «sauta sur ses pieds, se campa devant moi»* COLETTE.

CAMPEUR, EUSE [kɑ̃pœʀ, øz] n. – 1913 ♦ de *camper* ▪ Personne qui pratique le camping. *Campeurs en caravane.* ➤ **caravanier.** *Village de campeurs* (➤ **camping**).

CAMPHRE [kɑ̃fʀ] n. m. – *canfre* 1256 ♦ latin médiéval *camphora ;* arabe *kâfoûr* ▪ Substance aromatique, cétone terpénique de formule $C_{10}H_{16}O$, blanche, transparente, d'une odeur vive, provenant du camphrier. *Baume au camphre.*

CAMPHRÉ, ÉE [kɑ̃fʀe] adj. – XVIe ♦ de *camphre* ▪ Qui contient du camphre. *Friction à l'alcool camphré.*

CAMPHRIER [kɑ̃fʀije] n. m. – 1751 ♦ de *camphre* ▪ Arbuste d'Asie du Sud-Est *(lauracées),* dont le bois distillé donne le camphre.

CAMPING [kɑ̃piŋ] n. m. – 1903 ♦ mot anglais, de *to camp* «camper» ▪ **1** Activité touristique qui consiste à vivre en plein air, sous la tente, et à voyager avec le matériel nécessaire. *Matériel de camping. Terrain de camping. Faire du camping* (➤ **camper**). *Partir en camping. Camping-caravaning.* ➤ **caravaning.** *Camping sauvage.* ▪ **2** Terrain aménagé pour camper (cf. Village de toile*). *Camping municipal.*

CAMPING-CAR [kɑ̃piŋkaʀ] n. m. – 1974 ; *camping* 1952 ♦ faux anglicisme, formé sur le français *camping* et l'anglais *car* «automobile», sur le modèle de l'anglais *sleeping-car* → sleeping ▪ Camionnette aménagée pour le camping. ➤ **motor-home.** *Des camping-cars. Camping-car et caravane** (3°). **Recomm. offic.** ***autocaravane****.

CAMPING-GAZ [kɑ̃piŋgaz] n. m. inv. – v. 1960 ♦ marque déposée, de *camping* et *gaz* ▪ Petit réchaud portatif à gaz butane pour le camping.

1**CAMPO** [kɑ̃po] n. m. – 1857 ♦ mot portugais du Brésil «plaine» ▪ Savane des plateaux du Brésil. *Les campos.*

2**CAMPO** ou **CAMPOS** [kɑ̃po] n. m. – XVe *campos* ♦ de l'argot latin des écoliers *ire ad campos* «aller aux champs» ▪ FAM. et VIEILLI Congé, repos accordé aux élèves, étudiants, etc. *Donner campo.* ➤ **permission, vacance** (cf. Clé des champs*). — FIG. *«Notre imagination nous donna plus d'un quart d'heure de campos»* Mme DE SÉVIGNÉ.

CAMPUS [kɑ̃pys] n. m. – 1894 ♦ mot anglais américain, du latin «champ» ▪ Aux États-Unis, au Canada, Parc d'un collège, d'une université. *«J'ai fait mardi une conférence à Mills College. Le campus est un parc luxuriant accroché au flanc d'une colline»* BEAUVOIR. — PAR EXT. Université construite hors d'une ville, les bâtiments étant répartis autour d'un vaste espace. *Le campus (universitaire) d'Orléans. Nous nous retrouverons sur le campus.*

CAMUS, USE [kamy, yz] adj. – 1243 ♦ p.-ê. de *museau* et préfixe péj. *ca-* ▪ Qui a le nez court et plat. ➤ **camard.** *Face camuse. — Un nez camus.* ➤ **aplati, écrasé, épaté.**

CANADA [kanada] n. f. – 1835 ; *reinette du Canada* 1775 ♦ nom de pays ▪ Variété de pomme de reinette. *Des canadas grises.* ♦ COLLECT. *De la canada.*

CANADAIR [kanadɛʀ] n. m. – v. 1972 ♦ nom déposé ; nom de la firme aéronautique canadienne *Canadair* qui mit au point l'appareil ▪ Avion équipé de réservoirs d'eau, qu'il largue pour éteindre les incendies de forêt. ➤ **bombardier** (d'eau) ; RÉGION. **avion(-citerne).** *«Le passage des canadairs au ras des incendies»* JAPRISOT.

CANADIANISME [kanadjanism] n. m. – 1888 ♦ de *canadien* ▪ Fait de langue (mot, tournure) propre au français parlé au Canada. ➤ **acadianisme, québécisme.** Débarbouillette *est un canadianisme qui équivaut à* gant de toilette.

CANADIEN, IENNE [kanadjɛ̃, jɛn] adj. et n. – XVIe ♦ de *Canada,* mot huron «village», nom donné par Jacques Cartier à la Nouvelle-France, 1535 ▪ Du Canada ou qui concerne le Canada. *Le Saint-Laurent, fleuve canadien. Le dollar canadien.* ➤ **huard,** FAM. **piastre.** — n. *Les Canadiens :* les habitants du Canada. *Les Canadiens anglais. Un Canadien français* (Acadien, Québécois), qui parle franco-canadien. *Canadiens anglophones, francophones. Les immigrés dits Néo-Canadiens.*

CANADIENNE [kanadjɛn] n. f. – 1928 ♦ de *canadien* ▪ **1** Long canot à pagaies. ▪ **2** Longue veste doublée de peau de mouton. ▪ **3** (1934 ; *tente-canadienne* 1929) Petite tente de camping dont la section transversale forme un triangle.

CANAILLE [kanɑj] n. f. et adj. – v. 1470 ♦ italien *canaglia,* de *cane* «chien» ▪ **1** (COLLECT.) VIEILLI Ramassis de gens méprisables ou considérés comme tels. ➤ **pègre, populace, racaille.** *«Il aimait à fréquenter la canaille»* FRANCE. ➤ **s'encanailler.** ▪ **2** (XVIIe) Personne digne de mépris, malhonnête, nuisible. *Une canaille. «J's'rai content quand tu s'ras mort Vieille canaille»* GAINSBOURG. ➤ **cochon, coquin, crapule, fripon, fripouille, ordure, salaud, saligaud ;** RÉGION. **2charrette.** ▪ **3** PAR EXAGÉR. (en parlant d'enfants insupportables) *Ah ! petite canaille !* ➤ **coquin.** ▪ **4** adj. (1867) Vulgaire, avec une pointe de perversité. ➤ **arsouille, gouape.** *Ce chapeau* *lui donne l'air canaille. Des manières canailles.* ■ CONTR. Aristocratie, monde. Honnête, loyal, probe. Convenable, distingué.

CANAILLERIE [kanɑjʀi] n. f. – 1821 ◇ de *canaille* ■ **1** VIEILLI Caractère d'une canaille ou d'une action de canaille. ➤ **friponnerie, improbité, indélicatesse, malhonnêteté.** *C'est de la pure canaillerie.* ■ **2** *Une canaillerie* : une action malhonnête. ➤ **crapulerie.** ■ **3** Polissonnerie vulgaire. *Ce lieu « pue la canaillerie et la galanterie de bazar »* MAUPASSANT.

CANAL, AUX [kanal, o] n. m. – après 1150 « lit d'un ruisseau » ◇ latin *canalis*

I COURS D'EAU ■ **1** Lit ou partie d'un cours d'eau. ➤ **bras.** ■ **2** (1538) Cours d'eau artificiel. ➤ **chenal.** *Canal navigable. Le canal de Nantes à Brest. Les canaux sont parcourus par des chalands, des péniches. Écluses d'un canal. Le tirant d'eau, la profondeur d'un canal. Canal d'irrigation.* ➤ RÉGION. **bisse, séguia.** *Canal de jonction* (➤ **arroyo**), *de point de partage,* mettant en communication les cours d'eau de deux bassins hydrographiques. *Le canal de la Marne au Rhin. Canal latéral,* longeant la partie difficilement navigable d'une rivière. *Canal de dérivation. — Canal maritime. Canal de Suez, de Panama. — Le grand canal de Venise. « Notre logis avait une porte d'eau et une porte de terre donnant sur un canal et sur une place comme la plupart des maisons de Venise »* GAUTIER. *Les canaux d'Amsterdam.* ♦ SPÉCIALT Pièce d'eau étroite et longue. ➤ **bassin, miroir** (d'eau). *Le grand canal du parc de Versailles.* ■ **3** (1549) GÉOGR. Bras de mer. ➤ **détroit,** 1 **passe.** *Canal de Mozambique. Entrer dans un canal, en sortir.* ➤ **embouquer ; débouquer.**

II CONDUIT ■ **1** (1690) Conduit naturel ou artificiel permettant le passage d'un fluide. *Canal cylindrique.* ➤ **conduite, tube, tuyau.** *Canal à ciel ouvert.* ➤ **caniveau, fossé, rigole, tranchée.** *Canal d'adduction d'eau, d'amenée, de fuite.* ÉLECTRON. Zone conductrice située entre la source* et le drain* d'un transistor à effet de champ. ■ **2** ANAT. Structure tubulaire par laquelle s'écoulent divers liquides ou matières organiques *(canal excréteur d'une glande, canal biliaire)* ou qui livre passage à un vaisseau ou à un nerf *(canal osseux, fibreux).* ➤ **artère, tube** (lymphatique), **vaisseau, veine ; canalicule, conduit, infundibulum, trompe ; uretère, urètre.** *Canal cholédoque, hépatique ; médullaire*, rachidien. Canaux semi-circulaires de l'oreille interne. Orifice d'un canal.* ➤ **méat.** *Canal accidentel.* ➤ **fistule.** *Canal dentaire* : conduit situé au centre des racines de la dent, et qui relie l'apex à la chambre pulpaire. *Obturation des canaux.* ■ **3** BIOL. MOL. Structure de la membrane cellulaire laissant passer certaines substances (ions, molécules, glucides, etc.). *Canal ionique. Canal membranaire. Canal de fuite.*

III MOYEN DE TRANSMISSION ■ **1** (XVIIe) Agent ou moyen de transmission. ➤ **filière, intermédiaire, voie.** *« Je reçois par un canal amical, votre avis bienveillant »* SAINTE-BEUVE. ■ **2** DIDACT. (théorie des communications) Ensemble des moyens sensoriels par lesquels une information est transmise. *Canal visuel, auditif. Les animaux communiquent fréquemment par le canal olfactif.* ♦ Voie de communication entre l'unité de traitement d'un ordinateur et un périphérique ou une mémoire* de masse. — Bande de fréquence allouée pour la transmission d'informations. *Canal hertzien. Choisir un canal. Canal banalisé* : recomm. offic. pour 1 *CB.* — (Canada) *Canal de télévision.* ➤ **chaîne.** *« elle continue de capter, sans neige et sans antenne, les quatre canaux de Montréal »* R. DUCHARME. ■ **3** COMM. *Canal de distribution* : circuit de commercialisation d'un produit. ➤ **circuit ; intermédiaire.**

IV EN ARCHITECTURE ■ **1** (XVIe) Cannelure de certains piédestaux. ■ **2** Sillon en spirale de la volute ionique. ➤ **glyphe, gorge, rainure.**

■ HOM. Canot.

CANALICULE [kanalikyl] n. m. – 1820 ◇ de *canal* ■ DIDACT. Petit canal. ANAT. *Canalicules biliaires du foie,* où passe la bile sécrétée par les cellules hépatiques. — adj. **CANALICULAIRE.**

CANALISABLE [kanalizabl] adj. – 1836 ◇ de *canaliser* ■ Qui peut être canalisé. *Rivière canalisable.* FIG. *Mouvement d'opinion canalisable.*

CANALISATION [kanalizasjɔ̃] n. f. – 1823 ◇ de *canaliser* ■ **1** Action de canaliser. *La canalisation du Rhône.* ■ **2** (1829) Réseau de conduites, de tuyaux (ou de câbles protégés) destinés au transport des fluides, de l'énergie. ➤ **branchement, tuyauterie.** *Canalisations de gaz* (➤ **gazoduc**), *d'électricité, de pétrole* (➤ **oléoduc, pipeline**), *d'eau potable* (➤ **griffon**), *des eaux usées* (➤ **égout**). *Enfouissement, enterrement des canalisations. Vidanger une canalisation.* ■ **3** Fait de diriger vers un but déterminé. *La canalisation des informations.*

CANALISER [kanalize] v. tr. ⟨1⟩ – 1829 ; hapax 1585 ◇ de *canal* ■ **1** Rendre (un cours d'eau) navigable. ■ **2** Sillonner (une région) de canaux. ■ **3** Empêcher de se disperser, diriger dans un sens déterminé. ➤ **centraliser, concentrer, diriger, grouper, réunir.** *Canaliser la foule, la circulation. Canaliser son énergie, sa violence. Canaliser les demandes.* ■ CONTR. Disperser, éparpiller.

CANANÉEN, ENNE [kananeɛ̃, ɛn] adj. et n. – v. 1235 *chananens* ◇ de *Canaan* ■ Du pays de Canaan (Palestine et Phénicie). — n. m. Langue sémitique occidentale qui comprenait plusieurs dialectes dont sont issus notamment l'hébreu et le phénicien.

CANAPÉ [kanape] n. m. – 1666 ◇ de l'ancien français *conopé* « rideau de lit » (fin XIIe), du latin *conopeum* « moustiquaire », famille du grec *kônôps* « moustique » → conopée, canopée ■ **1** Long siège à dossier (à la différence du divan) où plusieurs personnes peuvent s'asseoir ensemble et qui peut servir de lit de repos. ➤ **méridienne, ottomane, sofa.** *Canapé à deux places.* ➤ **causeuse, tête-à-tête.** *Dormir sur le canapé. Canapé-lit transformable.* ➤ **clic-clac, convertible.** *Des canapés-lits.* ■ **2** Tranche de pain sur laquelle on dresse certains mets. ➤ ABUSIVEMENT **sandwich, smorrebrod.** *Des « canapés garnis de saumon, de pointes d'asperges, de rondelles d'œufs durs, de tomate »* PEREC. *Œufs sur canapés.*

CANAQUE ➤ **KANAK**

CANARD [kanaʀ] n. m. – *quanard* XIIIe ◇ p.-ê. d'un *ca-* onomat. (*caner* « caqueter » XIIIe) ; *-ard,* d'après *malard* ■ **1** Oiseau palmipède *(anatidés),* au bec jaune, large, aux ailes longues et pointues. *Femelle, petits du canard.* ➤ **cane,** 1 **caneton, canardeau.** *Mare aux canards.* ➤ **canardière.** *Canard domestique. Jeune canard sauvage.* ➤ **halbran.** *Espèces de canards.* ➤ **colvert, eider, macreuse, mandarin, milouin, mulard, pilet, sarcelle,** 2 **souchet, tadorne.** *Canard de Barbarie. Canard nantais. Chasse aux canards. — « Le vilain petit canard », conte d'Andersen.* FIG. Personne ou chose gênante dans un groupe. *« Pas de compliment pour le vilain petit canard de la famille »* B. LE CALLET. *— Canard rôti. Canard aux navets, aux olives, à l'orange, au poivre vert, au sang. Canard laqué. Magrets* de canard. Aiguillettes de canard. Foie gras de canard. — Bleu* canard.* ♦ SPÉCIALT Mâle de cet oiseau (➤ **malard**), et SPÉCIALT du canard domestique. *Un canard et une cane.* ■ **2** FAM. *Marcher comme un canard.* ➤ se **dandiner.** *Marcher en canard,* les pointes des pieds en dehors. — *Mouillé, trempé comme un canard* : très mouillé. *Glisser comme l'eau sur les plumes d'un canard. Ne pas casser* trois pattes à un canard. Un froid* de canard.* — *Canard boiteux* : personne mal adaptée au milieu dans lequel elle se trouve ; entreprise en difficulté. ■ **3** FIG. Morceau de sucre trempé dans une liqueur, dans du café. *Prendre un canard.* ■ **4** (1834) Son criard, fausse note. ➤ **couac.** ■ **5** (v. 1750) FIG. et FAM. ; VIEILLI Fausse nouvelle lancée dans la presse pour abuser le public. ➤ **bobard.** — PAR EXT. (1848) Journal de peu de valeur. ■ **6** T. d'affection *Oui, mon canard.*

CANARDEAU [kanaʀdo] n. m. – 1547 ◇ de *canard* ■ Jeune canard (plus âgé que le caneton).

CANARDER [kanaʀde] v. ⟨1⟩ – 1578 ◇ de *canard* ■ **1** v. tr. FAM. Tirer sur (qqn) d'un lieu où l'on est à couvert, comme dans la chasse aux canards. *Se faire canarder* : se faire tirer dessus. PAR EXT. ABSOLT *Ça commence à canarder de toutes parts.* ➤ **tirer.** ■ **2** v. intr. MUS. Faire une fausse note, un canard. *Ce clairon canarde.* ♦ MAR. *Navire qui canarde,* plonge par l'avant et embarque de l'eau.

CANARDIÈRE [kanaʀdjɛʀ] n. f. – 1665 ◇ de *canard* ■ **1** Mare à canards. — Lieu disposé pour la chasse au canard. ■ **2** (1794) Long fusil pour tirer les canards sauvages.

1 **CANARI** [kanaʀi] n. m. – 1583 ◇ espagnol *canario* ■ Serin des Canaries *(fringillidés),* à la livrée jaune et brun olivâtre. *Chant du canari. Canaris en cage.* — APPOS. INV. *Des robes jaune canari.*

2 **CANARI** [kanaʀi] n. m. – 1664 ◇ du caraïbe (galibi) *canáli* « terre » puis « récipient en terre » ■ (Afrique noire, Antilles) Récipient en terre cuite. *« à l'écart, un canari contenait de l'eau où flottaient des écorces »* SEMBENE.

CANASSON [kanasɔ̃] n. m. – 1866 ◇ altération péjorative de *canard* ■ Mauvais cheval. ➤ **rosse.** — FAM. Cheval. ➤ POP. **bourrin.**

CANASTA [kanasta] n. f. – v. 1945 ◇ mot espagnol « corbeille » ■ Jeu de cartes (2 jeux de 52 et 4 jokers) qui consiste à réaliser des séries de 7 cartes de même valeur.

1 **CANCAN** [kɑ̃kɑ̃] **n. m.** – 1821 ; «grand bruit à propos de qqch.» v. 1640 ; *quanquan de collège* 1554 ◊ latin *quanquam* «quoique», avec l'ancienne prononciation ■ Bavardage calomnieux, bruit empreint de médisance, de malveillance. ➤ **commérage***, 2 **ragot.** *Dire, colporter des cancans sur qqn.*

2 **CANCAN** [kɑ̃kɑ̃] **n. m.** – 1821 ◊ du nom enfantin du *canard* (1808) ■ Quadrille* populaire excentrique et tapageur. *Le cancan de Montmartre.* ➤ **french cancan.**

CANCANER [kɑ̃kane] **v. intr.** ‹1› – 1823 ; en parlant des perroquets 1654 ◊ de 1 *cancan* ■ Faire des cancans. ➤ RÉGION. **mémérer, placoter.** *Passer ses journées à cancaner.* ◆ Crier (canard).

CANCANIER, IÈRE [kɑ̃kanje, jɛʀ] **adj.** et **n.** – 1834 ◊ de 1 *cancan* ■ Qui fait, rapporte des cancans, des ragots. *«Cette province cancanière»* DAUDET. — **n.** *C'est une cancanière.* ➤ **commère.**

CANCEL [kɑ̃sɛl] **n. m.** – XIIe ◊ latin *cancellus* «barreau» → chancel ■ HIST. Lieu entouré d'une balustrade où était déposé le grand sceau de l'État.

CANCER [kɑ̃sɛʀ] **n. m.** – 1372 ◊ mot. latin «crabe», qui a aussi donné *chancre* et *cancre* (d'abord «crabe») ; il est de même origine que le grec *karkinôma* → carcinome ■ **1** Constellation zodiacale de l'hémisphère boréal figurant un crabe. *Tropique du Cancer* (nord). ◆ ASTROL. Quatrième signe du zodiaque (22 juin-22 juillet). — ELLIPT *Elle est Cancer,* née sous le signe du Cancer. ■ **2** (1478) Tumeur ayant tendance à s'accroître, à détruire les tissus voisins et à donner d'autres tumeurs à distance de son lieu d'origine (métastases). ➤ **néoplasme, tumeur** (maligne) ; FAM. **crabe.** *Avoir un cancer. «Les cancers, maladies du code qui commande à la genèse et à la multiplication cellulaire»* J. HAMBURGER. *Cancer du sein, du poumon, du foie. Cancer qui récidive. Cancer généralisé. Détection précoce, traitement d'un cancer* (➤ **chimiothérapie, radiothérapie**). *Étude du cancer.* ➤ **cancérologie, carcinologie, oncologie.** *Lutte contre le cancer.* ➤ **anticancéreux ; cancéropôle.** — PAR EXT. Prolifération anormale, anarchique, de cellules, sans qu'elle prenne l'aspect d'une tumeur. ➤ **lymphome.** *La leucémie est un cancer du sang.* ◆ VX Tumeur qui ronge les chairs. ➤ **carcinome, épithélioma, sarcome.** ■ **3** FIG. Ce qui ronge, détruit ; ce qui prolifère de manière anormale et dangereuse. *«Le cancer de la jeunesse, c'est ce doute sur soi-même»* B. et F. GROULT.

CANCÉREUX, EUSE [kɑ̃seʀø, øz] **adj.** et **n.** – 1743 ◊ de *cancer* ■ **1** De la nature du cancer. *Tumeur cancéreuse.* ◆ FIG. Qui prolifère d'une façon malsaine et dangereuse. *«Cette prolifération cancéreuse dont souffre la librairie»* MAURIAC. ■ **2** Qui est atteint d'un cancer. — **n.** *Un, des cancéreux.*

CANCÉRIGÈNE [kɑ̃seʀiʒɛn] **adj.** – v. 1920 ◊ de *cancer* et *-gène* ■ Qui favorise l'apparition ou le développement d'une tumeur maligne, d'un néoplasme. *Le tabac est cancérigène. Propriété cancérigène de certains virus.* ➤ **carcinogène, oncogène.**

CANCÉRISATION [kɑ̃seʀizasjɔ̃] **n. f.** – 1865 ◊ de *cancer* ■ Transformation (d'une tumeur bénigne) en cancer.

CANCÉRISER [kɑ̃seʀize] **v. tr.** ‹1› – milieu XXe ; au p. p. v. 1920 ◊ de *cancer* ■ Transformer en cancer. *Rétrovirus qui cancérise les cellules.* — **p. p. adj.** *Tumeur bénigne cancérisée.* — PRONOM. plus cour. *Tumeur qui se cancérise.*

CANCÉRO- ■ Élément de composés savants signifiant «relatif au cancer» : *cancérologie, cancérologue.*

CANCÉROGÈNE [kɑ̃seʀɔʒɛn] **adj.** – v. 1960 ◊ de *cancéro-* et *-gène* ■ MÉD. Qui peut provoquer un cancer. ➤ **cancérigène, carcinogène, oncogène.** *Virus cancérogènes. Effets cancérogènes.*

CANCÉROGENÈSE [kɑ̃seʀɔʒənɛz] **n. f.** – milieu XXe ◊ de *cancéro-* et *-genèse* ■ DIDACT. Processus de formation du cancer. ➤ **carcinogenèse.** *Cancérogenèse virale.*

CANCÉROLOGIE [kɑ̃seʀɔlɔʒi] **n. f.** – 1920 ◊ de *cancéro-* et *-logie* ■ Étude du cancer. ➤ **carcinologie, oncologie.** — **adj. CANCÉROLOGIQUE,** 1965.

CANCÉROLOGUE [kɑ̃seʀɔlɔg] **n.** – 1920 ◊ de *cancérologie* ■ Spécialiste du cancer, des recherches sur le cancer. ➤ **oncologue.**

CANCÉROPHOBIE [kɑ̃seʀɔfɔbi] **n. f.** – 1954 ◊ de *cancéro-* et *-phobie* ■ Phobie du cancer. — **adj.** et **n. CANCÉROPHOBE.**

CANCÉROPÔLE [kɑ̃seʀopol] **n. m.** – 2001 ◊ de *cancer* et *pôle* ■ Centre de recherche, de soins et de formation consacré à la lutte contre le cancer.

CANCHE [kɑ̃ʃ] **n. f.** – 1783 ◊ origine inconnue ■ Graminée des prairies utilisée comme fourrage. *Canche gazonnante.*

CANCOILLOTTE [kɑ̃kwajɔt] **n. f.** – 1881 ◊ mot franc-comtois *coillotte,* de *caillot,* et *can-,* élément obscur ■ Fromage de Franche-Comté, à pâte molle et fermentée.

CANCRE [kɑ̃kʀ] **n. m.** – 1561 ; «crabe ; cancer» 1265 ◊ latin *cancer* ■ **1** VX Miséreux. ■ **2** (1801) Élève paresseux et mauvais. *Les cancres du fond de la classe. Bonnet d'âne* du cancre.*

CANCRELAT [kɑ̃kʀəla] **n. m.** – *cancrelas* 1775 ◊ néerlandais *kakkerlak,* avec attraction de *cancre* ■ Blatte d'Amérique.

CANDELA ou **CANDÉLA** [kɑ̃dela] **n. f.** – 1949 ◊ latin *candela* «chandelle» ■ MÉTROL. Unité SI de mesure d'intensité lumineuse (SYMB. cd). *Cette torche a une puissance de 200 lumens et une intensité de 2 000 candelas.*

CANDÉLABRE [kɑ̃delabʀ] **n. m.** – XIIIe ; *chandelabre* fin XIe ◊ latin *candelabrum,* de *candela* «chandelle» ■ **1** Grand chandelier* à plusieurs branches. ➤ **flambeau, torchère.** *Candélabre garni de bougies. Un candélabre brûlait.* ■ **2** VIEILLI Colonne métallique portant un dispositif d'éclairage. ➤ **lampadaire.** ■ **3** ARCHIT. Couronnement, balustre figurant une torchère.

CANDEUR [kɑ̃dœʀ] **n. f.** – 1558 ; «lueur» v. 1330 ◊ latin *candor* «blancheur» ■ Qualité d'une personne pure et innocente, sans défiance. ➤ **crédulité, franchise, ingénuité, innocence, naïveté, pureté, simplicité, sincérité.** *Un air de candeur. Plein de candeur.* ➤ **candide.** *Une fausse candeur* (➤ **sainte nitouche**). *Demander avec candeur. S'amuser de la candeur de qqn. «cette candeur, cette grâce, ce charme de la vie primitive»* SAND. ■ CONTR. Dissimulation, fourberie, ruse.

CANDI [kɑ̃di] **adj. m.** – *condi* 1256 ◊ mot italien, arabe *qandî* «sucre de canne» ■ *Sucre candi,* dépuré et cristallisé. — *Fruits candis,* enveloppés de sucre candi.

CANDIDA [kɑ̃dida] **n. m. inv.** – XXe ◊ mot latin «blanche» ■ MÉD. Genre de levures, dont la plus importante *(Candida albicans)* provoque des affections de la peau et des muqueuses, chez l'être humain (➤ **candidose**). ■ HOM. Candidat.

CANDIDAT, ATE [kɑ̃dida, at] **n.** – 1546 ; «soldat d'élite» 1284 ◊ latin *candidatus,* de *candidus* «blanc», les candidats aux fonctions publiques à Rome s'habillant de blanc ■ **1** Personne qui postule une place, un poste, un titre. ➤ **aspirant, postulant, prétendant.** *Être candidat à un poste* (➤ **briguer**). *Il y a plusieurs candidats sur les rangs pour ce poste, ce concours.* ➤ **compétiteur, concouriste, concurrent.** *Se porter candidat à des élections.* ➤ **candidater.** *Préparer un candidat. Il est candidat à cet examen.* ➤ **se présenter.** *Candidat libre*. Poser une colle à un candidat.* ◆ FIG. *Les candidats à l'exil. «Les seuls patients pour lesquels il conservait un intérêt étaient les candidats au suicide»* M. DESPLECHIN. — LOC. *Je ne suis pas candidat !* ça ne me tente pas. ➤ **client.** ■ **2** **n. m.** DIDACT. Médicament à l'essai. *Des candidats vaccins. Candidats antiviraux.* ■ HOM. Candida.

CANDIDATER [kɑ̃didate] **v. tr. ind.** ‹1› – 1897 ; rare avant 1990 ◊ de *candidat* ■ Se porter candidat. *Candidater à un poste, à une élection.* ➤ **postuler.**

CANDIDATURE [kɑ̃didatyʀ] **n. f.** – 1816 ◊ de *candidat* ■ État de candidat. *Annoncer, poser sa candidature à un poste, aux élections.* ➤ **candidater.** *Faire acte de candidature :* se porter candidat. *Candidature officielle,* patronnée par le gouvernement. *Retirer sa candidature.* ➤ **se désister.**

CANDIDE [kɑ̃did] **adj.** – 1611 ; «bienveillant» 1549 ◊ latin *candidus* ■ **1** Qui a de la candeur. ➤ 2 **franc, ingénu, innocent,** 1 **naïf, pur, simple.** *Homme candide. Âme, cœur candide. «Vêtu de probité candide et de lin blanc»* HUGO. — *Monsieur Candide,* rôle tenu par qqn dans un débat, qui consiste à poser des questions candides à des spécialistes. ■ **2** Qui exprime la candeur. *Air candide.* ■ CONTR. 1 Faux, fourbe, rusé.

CANDIDEMENT [kɑ̃didmɑ̃] **adv.** – 1694 ; «sincèrement» 1561 ◊ de *candide* ■ Avec candeur.

CANDIDOSE [kɑ̃didoz] **n. f.** – 1959 ◊ de *candida* et 2 *-ose* ■ MÉD. Mycose (surtout de la peau et des muqueuses) causée par une levure *(Candida albicans). Le muguet est une candidose de la muqueuse buccale.*

CANDIR (SE) [kɑ̃diʀ] **v. pron.** ‹2› – 1595 ◊ de *candi* ■ TECHN. Se cristalliser. — ABSOLT *Faire candir du sucre.* — **n. f. CANDISATION.**

CANDOMBLÉ [kɑ̃dɔ̃ble] **n. m.** – 1858 ◊ mot portugais du Brésil, emprunté à une langue africaine ■ Au Brésil, Culte adopté par des communautés religieuses suivant des croyances et des pratiques d'origine africaine (golfe de Guinée). ➤ **vaudou.** — Lieu de ce culte. *Les candomblés de Bahia.*

CANE [kan] **n. f.** – *quenne* 1338 ◊ p.-ê. de *ca-,* onomat., et ancien français *aine, ane,* latin *anas* «canard» ■ Femelle du canard. *La cane et ses canetons. Petite cane.* ➤ 1 **canette.** ■ HOM. Canne.

CANEBIÈRE ➤ **CHÈNEVIÈRE**

CANEPETIÈRE [kanpətjɛʀ] **n. f.** – 1534 ◊ de *cane* et *petière,* de 1 *pet* ■ Petite outarde à collier blanc.

CANÉPHORE [kanefɔʀ] **n. f.** – 1570 ◊ grec *kanêphoros*, de *kaneon* «corbeille» et *pherein* «porter» ■ ANTIQ. GR. Jeune fille qui portait les corbeilles sacrées dans certaines fêtes.

1 **CANER** [kane] **v. intr.** ‹1› – 1821 ◊ de *cane* dans *faire la cane* «faire le poltron» XVIe-XVIIe ■ FAM. Reculer devant le danger ou la difficulté. ➤ **céder, renoncer,** FAM. se **dégonfler, flancher.** *Il «a tourné court, il a cané»* DUHAMEL. ■ HOM. Canné, canner.

2 **CANER** [kane] **v. intr.** ‹1› – 1821 *canner* «partir» ◊ de *canne* «jambe» ■ ARG. S'enfuir (jouer des cannes). ➤ **calter, décaniller.** FIG. Mourir (sens métaph. de *s'en aller*). *Il est cané.* — On écrit aussi *canner.*

CANETAGE [kan(ə)taʒ] **n. m.** – 1948 ◊ de 3 *canette* ■ TECHN. Opération qui consiste à mettre sur canette les fils de trame.

CANETIÈRE [kan(ə)tjɛʀ] **n. f.** – 1867 ◊ de 3 *canette* ■ TECHN. ■ **1** Ouvrière chargée de disposer la soie sur les canettes. ■ **2** Machine employée à garnir les canettes.

1 **CANETON** [kantɔ̃] **n. m.** – v. 1600 ; *cannetton* 1530 ◊ de 1 *canette* ■ Petit du canard. *Caneton à l'orange.*

2 **CANETON** [kantɔ̃] **n. m.** – 1931 ◊ probablt de 1 *caneton* ■ Petit dériveur à voiles (grand-voile, foc et spinnaker), monotype pour régates à deux équipiers.

1 **CANETTE** [kanɛt] **n. f.** – XIIIe ◊ de *cane* ■ Petite cane. — Sarcelle.

2 **CANETTE** [kanɛt] **n. f.** – 1723 ; début XIVe «récipient» ◊ de *canne* → channe ■ VX Bouteille. — (1856) MOD. Petite bouteille de bière, à l'origine bouchée par un cône de porcelaine maintenu par un ressort ; son contenu. — (de l'anglais *can* «boîte de conserve») ANGLIC. Boîte métallique contenant une boisson. *Canette de boisson gazeuse, de bière.*

3 **CANETTE** [kanɛt] **n. f.** – 1407 ; *canete* 1260 «soie tissée à la canette» ◊ italien de Gênes *cannetta*, les fils d'or et d'argent provenant de cette ville ■ Bobine sur laquelle est enroulé le fil dans la navette d'un métier à tisser, ou le fil d'une machine à coudre.

CANEVAS [kanva] **n. m.** – *canevach* 1281 ◊ forme picarde de *caneve*, forme ancienne de *chanvre* ■ **1** (1671) Grosse toile claire et à jour qui sert de fond aux ouvrages de tapisserie à l'aiguille. *Broderie sur canevas.* ■ **2** GÉOD. Ensemble des points géodésiques relevés. ➤ **triangulation.** *Canevas trigonométrique.* ■ **3** (fin XVIe) Donnée première d'un ouvrage. ➤ **ébauche, esquisse,** 3 **plan, scénario.** *Improviser, travailler sur un canevas. Le canevas d'un discours, d'une intervention. Ce n'est encore qu'un canevas.*

CANEZOU [kanzu] **n. m.** – fin XVIIIe ◊ origine inconnue, p.-ê. du provençal ■ VX Corsage sans manches (de lingerie, de dentelle).

CANGE [kɑ̃ʒ] **n. f.** – 1828 ; *gemge* 1661 ◊ arabe *gandja* ■ Barque à voiles qui servait sur le Nil à transporter les voyageurs.

CANGUE [kɑ̃g] **n. f.** – 1686 ◊ portugais *canga*, annamite *gong* ■ En Chine, Carcan dans lequel on engageait le cou et les poignets du condamné. ♦ Le supplice lui-même. *La cangue a été abolie.*

CANICHE [kaniʃ] **n. m.** – 1829 ; n. f. «femelle du barbet» 1743 ◊ de *cane*, ce chien aimant barboter dans l'eau ■ Chien barbet à poil frisé. *Caniche abricot. Caniche nain. Tondre un caniche.* LOC. *Suivre qqn comme un caniche*, pas à pas, fidèlement.

CANICULAIRE [kanikylɛʀ] **adj.** – XVe ◊ latin *canicularis* → canicule ■ De la canicule. *Chaleur caniculaire.* ➤ **torride.**

CANICULE [kanikyl] **n. f.** – 1500 ◊ italien *canicula* «petite chienne», appliqué à l'étoile Sirius, du latin, diminutif de *canis* ■ Époque de grande chaleur (l'étoile Sirius ou *Canicule* se lève et se couche avec le Soleil du 22 juillet au 22 août). — PAR EXT. Grande chaleur de l'atmosphère. *Quelle canicule !* ■ CONTR. 2 Froid.

CANIDÉS [kanide] **n. m. pl.** – 1834 ◊ du latin *canis* «chien» ■ ZOOL. Famille de mammifères carnivores digitigrades, au museau allongé, au corps élancé, aux pattes hautes, ayant quatre doigts derrière, et cinq devant. *Le chien, le loup, le renard, le chacal sont des canidés.*

CANIER [kanje] **n. m.** – attesté XIXe, Mistral ◊ mot provençal, du latin *canna* «roseau» ■ RÉGION. Lieu où poussent les roseaux. ➤ **cannaie.**

CANIF [kanif] **n. m.** – 1611 ; *quenif* 1441 ◊ bas francique °*knif* ; cf. anglais *knife* ■ Petit couteau de poche à une ou plusieurs lames qui se replient dans le manche. *Onglet d'une lame de canif.* — SPÉCIALT Outil de graveur sur bois. — LOC. *Donner un coup de canif dans le contrat* (de mariage) : être infidèle à son conjoint.

CANIN, INE [kanɛ̃, in] **adj.** – 1390 ◊ latin *caninus*, de *canis* «chien» ■ **1** Relatif au chien. *Races canines. Exposition canine.* ■ **2** FIG. *Une faim canine*, dévorante. VX *Dents canines.* ➤ **canine.**

CANINE [kanin] **n. f.** – 1541 ◊ de *canin* ■ Dent pointue entre les prémolaires et les incisives. *Canines développées des carnivores* (➤ **croc**), *du sanglier* (➤ 2 **défense**).

CANINETTE [kaninɛt] **n. f.** – 1982 ◊ nom déposé, de *canin* ■ Moto équipée d'un dispositif pour aspirer les excréments des chiens, dans les grandes villes.

CANISSE ➤ **CANNISSE**

CANITIE [kanisi] **n. f.** – 1397 ; *canecie* XIIIe ◊ latin *canities*, de *canus* «blanc» → chenu ■ MÉD. État des cheveux devenus blancs. *Canitie précoce.*

CANIVEAU [kanivo] **n. m.** – 1694 ◊ origine inconnue ■ **1** Pierre creusée en rigole pour faire écouler l'eau. ■ **2** Bordure d'une rue, le long d'un trottoir, destinée à évacuer les eaux de ruissellement. ➤ **ruisseau.** *Caniveau pavé. Apprenez-lui le caniveau !* (aux chiens qui salissent les trottoirs). *Tomber dans le caniveau* ; FIG. déchoir, tomber bien bas. — FIG. *Presse, journalisme de caniveau*, racoleurs et de qualité médiocre. *«Parmi ceux qui vous insupportaient le plus figurait John Steinbeck et sa littérature de caniveau qui s'efforçait de donner une image sordide de l'Amérique»* M. DUGAIN.

CANNA [kana] **n. m.** – *kanna* 1816 ◊ mot latin ■ Plante monocotylédone *(cannacées)* d'origine tropicale, cultivée en Europe pour ses grandes inflorescences décoratives. ➤ **balisier.** *«Au bord des massifs bouffis de cannas et de marguerites»* CÉLINE. ■ HOM. Khanat.

CANNABIQUE [kanabik] **adj.** – après 1970 ◊ de *cannabis* ■ DIDACT. Qui se rapporte au cannabis. *Intoxication, ivresse cannabique.* ➤ **cannabisme.**

CANNABIS [kanabis] **n. m.** – 1846, répandu milieu XXe ◊ mot latin «chanvre» ■ Chanvre* indien cultivé pour la production de stupéfiant. ➤ **herbe, marijuana.** *Résine de cannabis.* ➤ **haschich,** FAM. **shit.** *Usage thérapeutique* (antidouleur), *récréatif du cannabis.*

CANNABISME [kanabism] **n. m.** – 1945 ◊ de *cannabis* ■ Intoxication par le cannabis.

CANNAGE [kanaʒ] **n. m.** – 1872 ; «mesurage des étoffes» 1723 ◊ de *canner* ■ Le fait de canner un siège. — Partie cannée (d'un siège). *Refaire le cannage d'un fauteuil.*

CANNAIE [kanɛ] **n. f.** – 1600 ◊ de *canne* ■ Plantation de cannes à sucre, de roseaux.

CANNE [kan] **n. f.** – XIIIe «tuyau» ◊ latin *canna* «roseau» ■ **1** (XVIe) Tige droite de certaines plantes (roseau, bambou, balisier). — SPÉCIALT Plante herbacée *(graminées)*, roseau à grande tige rigide. *Canne de Provence*, dont les tiges servent à faire des cannisses. *Canne à sucre* : espèce tropicale dont on extrait du sucre, le *sucre de canne.* ➤ **bagasse, saccharose, vesou.** *La tige de la canne à sucre peut atteindre 7 mètres de hauteur.* ABSOLT (Antilles, Maurice, Madagascar) Canne à sucre. *Champ de canne. Alcool de canne.* ➤ **cachaça, rhum.** ■ **2** (1636) **CANNE À PÊCHE :** gaule portant une ligne de pêche. *Scion* d'une canne à pêche.* ■ **3** (avant 1885 ◊ par anal.) POP. Jambe. *Ne plus tenir sur ses cannes. Jouer des cannes.* ➤ 2 **caner.** *Des cannes de serin*, des jambes très maigres. ■ **4** PAR EXT. (1596) Objet façonné (bâton, roseau) sur lequel on appuie la main en marchant. *Se promener la canne à la main. S'appuyer sur une canne. Faire des moulinets avec sa canne. Canne d'alpiniste.* ➤ **alpenstock.** *Embout, virole, pommeau, poignée de canne.* — *Canne anglaise, canne-béquille*, munie d'un support pour l'avant-bras et d'une poignée. ➤ **béquille.** — *Canne blanche d'aveugle.* PAR EXT. *Les cannes blanches* : les aveugles. — *Canne-épée* : canne creuse dissimulant une épée (arme prohibée). *Des cannes-épées.* — FAM. *Avoir avalé* sa canne.* ♦ *Poussette* canne.* — *Canne-siège* : canne munie d'un petit siège pliant. ■ HOM. Cane.

CANNÉ, ÉE [kane] **adj.** – 1877 ◊ de *canne* ■ Garni de brins de jonc ou de rotin entrelacés. *Chaise cannée.* ■ HOM. Caner, canner.

CANNEBERGE [kanbɛʀʒ] **n. f.** – 1665 ◊ origine inconnue ■ Plante des marais et tourbières des régions froides *(éricacées)*, arbuste à feuilles persistantes, à baies comestibles. PAR EXT. La baie rouge, acidulée (plus grosse que celle des airelles). ➤ RÉGION. **atoca,** ANGLIC. **cranberry.** CUIS. *Renne à la confiture de canneberges* (plat scandinave). *Poulet, dinde aux canneberges* (dans les pays anglo-saxons).

CANNEBIÈRE ➤ **CHÈNEVIÈRE**

CANNELÉ, ÉE [kanle] adj. et n. m. – *quenele* 1342 ◊ de *cannelle* «robinet», de *canne* «tuyau» ■ **1** Qui présente des cannelures. *Colonne cannelée. Il «avait les ongles cannelés et courts»* HUGO. ■ **2** n. m. (*canelé* n. déposé) Petit gâteau moelleux en forme de cylindre strié, parfumé au rhum et à la vanille. *Le cannelé bordelais.* ■ CONTR. 1 Lisse.

CANNELER [kanle] v. tr. ⟨4 /5/⟩ – 1545 ◊ de *cannelé* ■ Garnir de cannelures.

CANNELIER [kanəlje] n. m. – 1743 ; *arbre canellier* 1575 ◊ de *cannelle* ■ Laurier d'une variété dont l'écorce, dépourvue de son épiderme et fermentée, constitue la cannelle.

CANNELLE [kanɛl] n. f. – XIIe ◊ de *canne* «tuyau», ou du latin médiéval *cannella* ■ Écorce du cannelier, dépouillée de son épiderme (elle prend la forme de petits tuyaux). *Cannelle en poudre.* — Substance aromatique tirée de cette écorce et utilisée dans l'alimentation. *Compote de pommes, vin chaud, punch à la cannelle.* — *Pomme cannelle.* ➤ **anone.** — ADJT INV. Brun clair. *Des collants cannelle.*

CANNELLONI [kanelɔni ; kanɛlɔni] n. m. – 1918 ◊ mot italien, plur. de *cannelone* «grand tube», de *canna* «tuyau» ■ AU PLUR. Pâtes alimentaires en forme de gros cylindre, que l'on farcit au gras ou au maigre. *Des cannellonis.*

CANNELURE [kan(ə)lyʀ] n. f. – 1547 ; *canneleure* 1545 ◊ de *canneler*, ou de l'italien *cannellatura* ■ **1** Sillon longitudinal creusé dans du bois, de la pierre, du métal. ➤ **moulure, rainure, strie.** *Les cannelures d'une colonne.* ■ **2** Strie qui parcourt la tige de certaines plantes. *Les cannelures du céleri.* ➤ **côte.** ■ **3** TECHN. Sillon creusé dans une surface. *Cannelure de poulie.* ➤ **gorge.** *Cannelure d'une vis.* ■ **4** GÉOGR. Sillon creusé dans la roche par l'érosion. *Cannelures glaciaires.*

1 **CANNER** [kane] v. tr. ⟨1⟩ – 1867 ; «mesurer avec une canne» 1624 ◊ de *canne* ■ Garnir le fond, le dossier de (un siège) avec des cannes de jonc, de rotin entrelacées. *Canner une chaise.* ■ HOM. Caner, canné.

2 **CANNER** [kane] v. tr. ⟨1⟩ – fin XIXe ◊ de *canne*, d'après l'anglais américain *to can* (1874) ■ **(Canada) emploi critiqué** FAM. Mettre en boîtes de conserve. *Canner de la viande, des légumes.* **p. p. adj.** *Viande cannée.*

3 **CANNER** ➤ 2 **CANER**

CANNETILLE [kan(ə)tij] n. f. – 1534 ◊ italien *cannutiglio*, espagnol *cañutillo*, de *caña* «roseau» ■ TECHN. Fil d'or, d'argent, retordu, servant à des travaux de broderie, de passementerie.

CANNEUR, EUSE [kanœʀ, øz] n. – 1877 ◊ de 1 *canner* ■ Personne qui canne les sièges. On dit aussi **CANNIER, IÈRE.**

CANNIBALE [kanibal] n. – 1515 ◊ espagnol *canibal*, arawak *caniba*, désignant les Caraïbes antillais ■ **1** Anthropophage. *«Il n'était pas cannibale et n'avait certes mangé la cervelle d'aucun enfant»* CAILLOIS. PAR EXT. Homme cruel. ➤ **sauvage.** ◆ **adj.** *Un plaisir cannibale.* ◆ (1978) **(Belgique)** *Cannibale* **(n. m.)** ou *toast cannibale* : pain de mie grillé garni de viande crue hachée et assaisonnée (cf. Steak tartare*). ■ **2** Se dit d'un animal qui se nourrit d'un animal de la même espèce.

CANNIBALESQUE [kanibalɛsk] adj. – 1862 ◊ de *cannibale* ■ Digne d'un cannibale (1°). *Cruauté cannibalesque. «le désir sexuel est une faim de l'autre, et ressemble par bien des côtés à une pulsion cannibalesque»* TOURNIER.

CANNIBALISER [kanibalize] v. tr. ⟨1⟩ – 1984 ◊ anglais *to cannibalize* ■ **1** Démonter (un appareil) pour fournir des pièces de rechange à un autre. *Cannibaliser un véhicule pour en dépanner un autre.* ■ **2** COMM. Concurrencer (un produit semblable) du même producteur. *On craint que le dernier modèle ne cannibalise le précédent.* ■ **3** FIG. Absorber et détruire. ➤ **phagocyter.** *Cannibaliser le marché.* — n. f. **CANNIBALISATION,** 1986.

CANNIBALISME [kanibalism] n. m. – 1796 ◊ de *cannibale* ■ **1** Anthropophagie. — FIG. ➤ **cruauté, férocité.** ■ **2** Comportement qui consiste, pour un animal, à manger les individus de sa propre espèce. *Cannibalisme qui suit la parturition.*

CANNISSE ou **CANISSE** [kanis] n. f. – 1600 ◊ mot provençal, du bas latin *cannicius* «de roseau», famille de *canna* «roseau» ■ RÉGION. Assemblage de cannes de Provence refendues formant des claies. *Cultures protégées du vent par des cannisses. Vannier qui travaille les cannisses* (*cannissier* ou *canissier* **n. m.**).

CANOË ou **CANOÉ** [kanɔe] n. m. – 1867, -1892 ◊ anglais *canoe* → canot ■ Embarcation légère et portative mue à la pagaie ; sport ainsi pratiqué. ➤ **pirogue ; kayak ;** RÉGION. **canot.** *Faire du canoë.*

CANOÉISTE [kanɔeist] n. – 1888 ◊ de *canoë* ■ Personne qui pratique le sport du canoë. ➤ **céiste.** — n. m. (1948) **CANOÉISME.**

1 **CANON** [kanɔ̃] n. m. – 1339 ◊ italien *cannone*, augmentatif de *canna* «tube» (→ canne) ; «conduit, tuyau, bobine» XIIIe ; de *canne*

I DISPOSITIF QUI LANCE, PROJETTE A. CONTEXTE MILITAIRE ■ **1** Pièce d'artillerie* servant à lancer des projectiles lourds. ➤ **bouche** (à feu), **mortier, obusier.** *Canon de siège, de marine. Canon antiaérien, canon de D. C. A. Canon antichar. Canon atomique,* dont l'obus peut recevoir une charge atomique. *Canon de 57, de 75 millimètres de calibre. «un canon de 75 en position de tir auprès duquel se trouvait un soldat coiffé d'un képi»* C. SIMON. — *Soldat qui sert une pièce de canon.* ➤ **artilleur, canonnier, servant.** *Bouche, tube, âme, culasse d'un canon. Affût, flèche d'un canon. La portée d'un canon. Tir au canon. Braquer, pointer un canon. Poudre* à canon. Projectiles de canon.* ➤ **boulet,** 2 **cartouche, mitraille, obus, shrapnel.** FIG. *Arriver comme un boulet* de canon. Tirer un coup de canon, tirer le canon.* ➤ **bombarder, canonner.** *Salve de coups de canon.* ➤ **canonnade.** ◆ LOC. FAM. *Chair à canon* : les soldats exposés à être tués. *«la condition peu enviable de chair à canon»* LEIRIS. PÉJ. *Marchand* de canons.* ■ **2** (XVIe) Tube d'une arme à feu. *Le canon d'une carabine, d'un révolver. Fusil à deux canons. Rétrécissement du canon pour regrouper les plombs.* ➤ **choke-bore.** *Canon rayé. Fusil à canon scié.* — *Baïonnette au canon,* fixée au bout du fusil.

B. CONTEXTE NON MILITAIRE *Canon paragrêle* : canon destiné à empêcher la formation de grêlons. — *Canon lance-harpon,* pour la capture des grands cétacés. — *Canon à électrons* : générateur d'un faisceau intense d'électrons. — *Canon à neige* : appareil qui fabrique et projette de la neige artificielle sur les pistes de ski. — *Canon arroseur* : asperseur à fort débit. *«Les canons à eau balaient l'avenue, culbutent les filles et les garçons»* LE CLÉZIO.

II OBJET, PARTIE CYLINDRIQUE ■ **1** TECHN. Partie creuse et cylindrique (de divers objets). *Canon d'une seringue* : le corps de pompe. *Canon d'une clé,* sa partie forée. *Canon d'arrosoir* : tuyau qui reçoit la pomme de l'arrosoir. *«Il saisit à pleines mains le canon de cuivre* [de la fontaine] *et se renversa la tête sous le jet d'eau»* P. MAGNAN. ■ **2** (1563) Au XVIIe s., Pièce de toile ornée de dentelle, de rubans qu'on attachait au-dessous du genou. ■ **3** ZOOL. Partie des membres du cheval comprise entre le genou et le boulet dans les membres antérieurs, et le jarret et le boulet, dans les membres postérieurs. ■ **4** (1680) Ancienne mesure de capacité. — PAR EXT. (XVIIIe) FAM. Bouteille, verre de vin. *Boire un canon. Un canon de rouge. «ou tu as envie de parler, ou tu as besoin de te taire, mais dans les deux cas je te paye un canon»* PENNAC.

III APPOS. INV. FAM. ■ **1** Qui a la vitesse ou la puissance d'un canon, d'un boulet de canon. *Joueur de tennis qui a un service canon.* ■ **2** (1962, en Afrique du Nord) Très bien, formidable, magnifique. *Elle est canon cette moto !* — SPÉCIALT *Une fille canon,* **n. m.** *un canon* : une fille belle et désirable. ➤ 1 **bombe.** *Des filles canon. «je suis pacsé avec un canon de vingt-six ans que m'envie tout le quartier»* VAN CAUWELAERT.

2 **CANON** [kanɔ̃] n. m. – XIIIe ◊ mot latin ; grec *kanôn* «règle» ■ **1** THÉOL. Loi ecclésiastique, et SPÉCIALT Règle, décret des conciles en matière de foi et de discipline. *Canon d'un concile œcuménique.* ◆ **adj.** *Droit canon* : droit ecclésiastique, fondé sur les canons de l'Église, les décrétales. ➤ **capitulaire ; canoniste.** ■ **2** (XVIIe) Ensemble des livres admis comme divinement inspirés. *Canon de l'Ancien, du Nouveau Testament* (➤ **bible**). ■ **3** (XIIIe) *Canon de la messe* : partie de l'office contenant les paroles sacramentelles et des oraisons, qui va de la Préface au Pater. — *Canons d'autel* : tablettes contenant certaines prières. ■ **4** DIDACT. Norme, règle. — BX-ARTS Ensemble de règles fixes pour déterminer les proportions de l'être humain, conformément à un idéal de beauté ; cet idéal. ■ **5** (1690) Composition polyphonique dans laquelle toutes les voix exécutent la même mélodie en débutant à des temps différents. *Chanter «Frère Jacques» en canon. Canon et fugue*.*

CAÑON ➤ **CANYON**

CANONIAL, IALE, IAUX [kanɔnjal, jo] adj. – *chanoinal* XIIe ◊ de *chanoine*, refait d'après latin *canonicalis* ■ **1** Qui est réglé par les canons (➤ 2 **canon**) ; conforme à la règle. *Heures canoniales.* ■ **2** Qui a rapport au canonicat. *Office canonial.*

CANONICAT [kanɔnika] n. m. – 1611 ◊ latin ecclésiastique *canonicatus*, de *canonicus* «chanoine» ■ Dignité, office, bénéfice de chanoine.

CANONICITÉ [kanɔnisite] n. f. – 1696 ◊ de *canonique* ■ Caractère de ce qui est canonique (1°, 3°).

CANONIQUE [kanɔnik] adj. – XIIIe ◊ latin ecclésiastique *canonicus* → 2 canon ■ **1** Conforme aux canons. *Peines canoniques. Livres canoniques,* qui composent le canon. *Droit canonique :* droit canon. ■ **2** LOC. *Âge canonique :* (RELIG.) âge de quarante ans (minimum pour être servante chez un ecclésiastique). COUR. *Être d'un âge canonique,* très âgé. ■ **3** DIDACT. Qui pose une règle ou correspond à une règle. ➤ **normatif.** *Forme canonique et variantes d'un mot* (➤ **lemme**). *Équation canonique,* de forme simple, servant de modèle à une famille d'équations pouvant s'y ramener.

CANONISATION [kanɔnizasjɔ̃] n. f. – XIIIe ◊ de *canoniser* ■ Action de canoniser. *Procès de canonisation. La canonisation est prononcée par le pape.*

CANONISER [kanɔnize] v. tr. ⟨1⟩ – XIIIe ◊ latin ecclésiastique *canonizare* → 2 canon ■ Mettre au nombre des saints suivant les règles et avec les cérémonies prescrites par l'Église. *Il est béatifié, mais il n'est pas encore canonisé (il est canonisable).*

CANONISTE [kanɔnist] n. m. – XIVe ◊ de 2 *canon* ■ Spécialiste du droit canon.

CANONNADE [kanɔnad] n. f. – 1522 ◊ de 1 *canon* ■ Tir soutenu d'un ou plusieurs canons. *« la lointaine canonnade a fait trembler le sol dans un indistinct grondement continu »* GIDE.

CANONNAGE [kanɔnaʒ] n. m. – 1771 « art du canonnier » ◊ de 1 *canon* ■ Le fait de canonner (un objectif). ➤ **bombardement, pilonnage.**

CANONNER [kanɔne] v. tr. ⟨1⟩ – fin XVe ◊ de 1 *canon* ■ Tirer au canon sur (un objectif). ➤ **bombarder, pilonner.** *Canonner une position ennemie.*

CANONNIER [kanɔnje] n. m. – 1383 ◊ de 1 *canon* ■ Soldat ou marin chargé du service d'une pièce de canon. ➤ **artilleur, servant.**

CANONNIÈRE [kanɔnjɛʀ] n. f. – 1415 ◊ de 1 *canon* ■ **1** VX Petite ouverture étroite pratiquée dans un mur pour tirer sans être vu. ➤ **meurtrière.** ■ **2** MAR. Petit bâtiment armé d'un ou de plusieurs canons. adj. *Chaloupe canonnière.* — LOC. *Politique de la canonnière :* politique de force.

CANOPE [kanɔp] n. m. – 1828 ◊ latin *canopus* ; grec *kanôpos,* nom d'une ville d'Égypte ■ DIDACT. Urne funéraire de l'Égypte antique ayant pour couvercle une tête emblématique, destinée à contenir les viscères d'une momie. adj. *Vase canope.*

CANOPÉE [kanɔpe] n. f. – 1989 ◊ probablement calque de l'anglais *canopy* « dais », du français *conopée* « voile d'autel » ■ ÉCOL. Zone d'une forêt qui correspond à la cime des grands arbres. *Le sous-bois et la canopée. « On voyait les arbres de haut, la fichue canopée, ce moutonnement de brocoli géant »* M. DARRIEUSSECQ.

CANOT [kano], mar. [kanɔt] n. m. – 1599 ; *canoe* 1519 ◊ espagnol *canoa,* d'une langue des Caraïbes → canoë ■ **1** VX OU RÉGION. (Canada) Embarcation légère qui avance à la pagaie simple. ➤ **canadienne, canoë, kayak, périssoire.** *« Les grands canots d'écorce couraient sur les vagues »* ROQUEBRUNE. ■ **2** (XVIIe) Embarcation légère non pontée. ➤ **2 annexe, barque, chaloupe, esquif, nacelle, skif, yole, 1 youyou.** *Canot de pêche. Canot à rame, à voile. Canot à moteur.* ➤ **chriscraft, offshore, runabout, vedette ; hors-bord.** *Promenade en canot. — Canot de sauvetage :* canot insubmersible destiné au sauvetage des passagers des navires ou embarcations en détresse. *Canot major :* canot affecté au service des officiers sur les navires de guerre. — *Canot pneumatique,* en tissu enduit, gonflé à l'air. ➤ **dinghy, raft, zodiac.** ■ HOM. Canaux (canal).

CANOTAGE [kanɔtaʒ] n. m. – 1843 ◊ de *canoter* ■ Action de manœuvrer un canot (SPÉCIALT, au sens 1°, au Canada), action de canoter. *Les joies du canotage.*

CANOTER [kanɔte] v. intr. ⟨1⟩ – 1858 ◊ de *canot* ■ Aller se promener en canot, en barque (➤ **1 ramer**). *Canoter sur le lac du bois de Boulogne.* — (Canada) Faire du canot (1°) ou du canoë.

CANOTEUR, EUSE [kanɔtœʀ, øz] n. – XXe ◊ de *canoter* ■ Personne qui se promène en canot.

CANOTIER, IÈRE [kanɔtje, jɛʀ] n. – fin XVIe ◊ de *canot* ■ **1** Rameur, sur une embarcation. ■ **2** VX Canoteur. ■ **3** n. m. (*chapeau canotier* 1874) Chapeau de paille à bords ronds et à fond plat. *Le canotier de Maurice Chevalier.*

CANOUN ➤ 1 **KANOUN**

CANTABILE [kɑ̃tabile] n. m. – 1757 ◊ mot italien, du latin *cantabilis* « digne d'être chanté » ■ Morceau de musique instrumentale ou de chant au mouvement lent souvent empreint de mélancolie. *« le violon seul chante* [...] *en* cantabile *enamouré »* R. ROLLAND. — adj. *Modérato cantabile.* — adv. *Jouer cantabile.*

CANTAL [kɑ̃tal] n. m. – 1643 ◊ nom d'une région de France ■ Fromage de lait de vache, à pâte pressée non cuite, de couleur jaune, d'aspect inégal, fabriqué dans le Cantal. ➤ **fourme, laguiole, salers.** *Un morceau de cantal. Des cantals.*

CANTALOUP [kɑ̃talu] n. m. – 1771 ◊ de *Cantalupo,* villa des papes ■ Melon à côtes rugueuses vert foncé et à chair orange.

CANTATE [kɑ̃tat] n. f. – 1703 ◊ italien *cantata* « ce qui se chante » ■ Scène lyrique à un ou plusieurs personnages avec accompagnement ; musique d'une telle scène. *Les récitatifs, les airs, les chœurs d'une cantate. Les cantates religieuses, profanes, de J.-S. Bach.*

CANTATRICE [kɑ̃tatʀis] n. f. – 1762 ◊ mot italien « chanteuse » ; latin *cantatrix* ■ Chanteuse professionnelle d'opéra ou de chant classique. *Grande, célèbre cantatrice.* ➤ **diva, prima donna.**

CANTER [kɑ̃tɛʀ] n. m. – 1862 ◊ mot anglais, p.-ê. de *Canterbury,* d'après l'allure lente des chevaux des pèlerins de cette ville ■ TURF Galop d'essai d'un cheval de course.

CANTHARIDE [kɑ̃taʀid] n. f. – XIVe ◊ latin *cantharis,* grec *kantharis* ■ **1** Insecte coléoptère *(méloïdés)* de couleur vert doré et brillant, appelé aussi *mouche d'Espagne* ou *de Milan.* ■ **2** *Poudre de cantharide* ou *cantharide :* corps desséché de l'insecte, réduit en poudre, contenant un toxique (*cantharidine* n. f.) et utilisé autrefois comme vésicant et aphrodisiaque. *Ils « obtiennent par la cantharide les faveurs de la femme qu'ils désirent »* CAILLOIS.

CANTILÈNE [kɑ̃tilɛn] n. f. – 1512 ◊ italien *cantilena,* mot latin « chanson » ■ **1** MUS. VX Chant profane d'un genre simple. ➤ **chanson.** ♦ COUR. Chant monotone, mélancolique. ■ **2** LITTÉR. Texte lyrique et épique relativement bref. ➤ **complainte.** *La cantilène de sainte Eulalie est le plus ancien poème en langue française* (v. 880).

CANTILEVER [kɑ̃tilәvɛʀ ; kɑ̃tilevœʀ] adj. inv. et n. m. – 1883 ◊ mot anglais, de *cant* « rebord » et *lever* « levier » ■ Qui est suspendu en porte-à-faux (sans câbles). *Pont cantilever. Suspension cantilever.* — n. m. *Aile d'avion en cantilever.*

CANTINE [kɑ̃tin] n. f. – 1680 ◊ italien *cantina* « cave », de *canto* « coin, réserve » ■ **1** Salle où l'on sert à manger, à boire aux personnes d'une collectivité. ➤ **buvette, réfectoire, restaurant.** *Cantine d'une école, d'une entreprise. Manger à la cantine.* VAR. FAM. **CANTOCHE** [kɑ̃tɔʃ]. *La cantine et le mess* des officiers.* ➤ FAM. **popote.** — MILIT. *Cantine ambulante.* ➤ **cuisine, roulante ; cantinière.** ♦ FAM. Restaurant de prédilection, où l'on a ses habitudes. *« Mon ancienne cantine, quand j'étais flic »* IZZO. ♦ *Cantine d'une prison,* où les détenus peuvent faire des achats (➤ **cantiner**). *Bons, crédit de cantine.* ■ **2** (1689) Coffre de voyage, malle rudimentaire (en bois, métal). ➤ **marmotte.**

CANTINER [kɑ̃tine] v. intr. ⟨1⟩ – 1927 v. tr., au sens de « verser une partie de ses gains, afin d'avoir, au départ pour le bagne, du linge et des vivres » ◊ de *cantine* ■ ARG. Faire des achats à la cantine d'une prison. — TRANS. Acheter à la cantine. *Cantiner des timbres, du dentifrice. « Rien de ce qu'elle porte n'est plaisir : tout est passé de mode ou a été cantiné à Fleury »* DAENINCKX.

CANTINIER, IÈRE [kɑ̃tinje, jɛʀ] n. – 1762 ◊ de *cantine* ■ **1** VX Personne qui tient une cantine. ■ **2** n. f. ANCIENNT Jusqu'en 1914, Gérante d'une cantine militaire. ➤ **vivandière.** *La cantinière du régiment.*

CANTIQUE [kɑ̃tik] n. m. – 1120 ◊ latin ecclésiastique *canticum* « chant religieux » ■ **1** Chant d'action de grâces consacré à la gloire de Dieu. *Le cantique de la Vierge Marie.* ➤ **magnificat.** — *Le Cantique des cantiques :* poème attribué à Salomon. ■ **2** Chant religieux en langue commune (et non en latin). ➤ **hymne, motet, psaume.** *Les cantiques de Noël.* ■ HOM. poss. Quantique.

CANTON [kɑ̃tɔ̃] n. m. – XIIIe ◊ ancien occitan *canton* « coin, angle », de *can* « côté »

I ■ **1** VX Coin de pays, région. *Canton de bois.* — MOD. (1867) *Canton de route, de voie ferrée :* portion de cette route, de cette voie, délimitée en vue de sa signalisation, de son entretien (➤ **cantonnier**). *Régulation du trafic par canton.* ■ **2** (XVe) L'un des vingt-trois États composant la Confédération helvétique. *Le canton de Vaud. — Demi-canton :* État résultant de la division historique d'un canton. ■ **3** (1775) En France, Division territoriale de l'arrondissement, sans budget, constituant une circonscription en vue de l'élection des conseils départementaux. *Chef-lieu de canton.* ♦ (1862) Au Canada, Division cadastrale de cent milles

carrés environ. *Les cantons de l'Est,* au Québec.
II (1642) BLAS. Petit quartier de l'écu ; partie de l'écu formée par les pièces (croix, sautoirs) dont il est chargé.

CANTONADE [kɑ̃tɔnad] **n. f.** – 1455 ◊ ancien occitan *cantonada* «coin de rue» → canton ■ (1694) THÉÂTRE Les coulisses. LOC. *Parler à la cantonade,* à qqn supposé être dans les coulisses. COUR. Parler à un groupe sans s'adresser précisément à qqn. *La patronne du café «cria, à la cantonade : on demande Thibault au téléphone»* MARTIN DU GARD.

CANTONAL, ALE, AUX [kɑ̃tɔnal, o] **adj.** – 1817 ◊ de *canton* (2° et 3°) ■ Du canton. ■ **1** (En Suisse) *Les autorités, les lois cantonales* (opposé à *communal, fédéral*). ■ **2** (En France) *Délégué cantonal,* qui veillait aux bonnes conditions de vie des élèves (jusqu'en 1969). *Élections cantonales,* des conseillers généraux (jusqu'en 2011). ELLIPT **n. f.** *Remporter les cantonales.*

CANTONALISER [kɑ̃tɔnalize] **v. tr.** ‹1› – 1872 ◊ de *cantonal* ■ (Suisse) Transférer (une compétence administrative) du niveau communal (ou parfois fédéral) au niveau cantonal ; faire dépendre de l'administration cantonale. *Cantonaliser un impôt. — École cantonalisée.* — **n. f.** (1919) **CANTONALISATION.**

CANTONALISME [kɑ̃tɔnalism] **n. m.** – 1857 ◊ de *cantonal* ■ POLIT. En Suisse, Attitude favorisant l'indépendance des cantons face au pouvoir central. ➤ **fédéralisme.** — **adj.** et **n. CANTONALISTE.**

CANTONNEMENT [kɑ̃tɔnmɑ̃] **n. m.** – fin XVIIe ◊ de *cantonner* ■ **1** Action de cantonner des troupes. ➤ **bivouac, campement, logement.** *Cantonnement chez l'habitant. Troupes en cantonnement.* ■ **2** Lieu où cantonnent les troupes. *Prendre ses cantonnements.* ➤ **quartier.** *Choix d'un cantonnement.* ➤ **castramétation.** ■ **3** CH. DE FER Fractionnement d'une ligne en plusieurs cantons. ADMIN. Partie de forêt délimitée. ■ **4** DR. Limitation à certains biens des droits d'un créancier.

CANTONNER [kɑ̃tɔne] **v. tr.** ‹1› – XIIIe ◊ de *canton*
I ■ **1** VIEILLI Établir, faire séjourner (des troupes) en un lieu déterminé. ➤ **camper.** — MOD. INTRANS. *«Le corps d'armée cantonnait sur la Marne»* DUHAMEL. ■ **2** ARCHIT. Garnir dans les coins. *Tour cantonnée de clochetons.* — BLAS. *Croix cantonnée d'étoiles.* ■ **3** Maintenir d'autorité (qqn) dans un lieu, un état. ➤ **reléguer.** *«sur les plateaux de télévision, les femmes sont presque toujours cantonnées dans des rôles mineurs»* BOURDIEU.
II SE CANTONNER v. pron. ■ **1** VIEILLI Se tenir (dans un lieu) sans sortir. ➤ se **confiner.** ■ **2** FIG. Limiter ses activités, s'en tenir (à un point particulier). *Ne vous cantonnez pas dans la biographie, essayez d'autres genres.*

CANTONNIER, IÈRE [kɑ̃tɔnje, jɛʀ] **n.** – XVIIIe ◊ de *canton* I ■ Ouvrier, ouvrière qui travaille à l'entretien des routes.

CANTONNIÈRE [kɑ̃tɔnjɛʀ] **n. f.** – 1562 ◊ de *canton* «coin» ■ Bande d'étoffe qui garnit, encadre une baie, et masque le haut des rideaux.

CANTOR [kɑ̃tɔʀ] **n. m.** – v. 1900 ◊ allemand *Kantor* «celui qui dirige la chapelle» ; latin médiéval *cantor* ■ HIST. MUS. Chantre ; maître de chapelle et maître de chœur. *J.-S. Bach fut cantor à la Thomaskirche de Leipzig.*

CANTRE [kɑ̃tʀ] **n. m.** – 1751 ◊ probablt du radical latin *canthus* → chantier ■ TECHN. Partie de l'ourdissoir*, formée de broches horizontales.

CANULANT, ANTE [kanylɑ̃, ɑ̃t] **adj.** – 1835 ◊ de *canuler* ■ FAM. VIEILLI Ennuyeux. ➤ **barbant, rasant.**

CANULAR [kanylaʀ] **n. m.** – 1913 ◊ latinisation plaisante de *canuler* ■ **1** Mystification. *Monter, faire un canular.* — PAR EXT. Blague, farce ; fausse nouvelle. ■ **2** (recomm. offic. pour remplacer l'anglais *hoax*) Fausse information propagée par messagerie électronique. — **adj. CANULARESQUE,** 1895.

CANULE [kanyl] **n. f.** – v. 1400 ◊ latin *cannula,* de *canna* «tuyau» → canne ■ Petit tuyau souple ou rigide, servant à introduire un liquide ou un gaz dans une cavité ou un conduit de l'organisme. ➤ **cathéter, drain, sonde.** *Canule à trachéotomie,* introduite par incision de la trachée pour assurer le passage de l'air dans les poumons.

CANULER [kanyle] **v. tr.** ‹1› – 1830 ◊ de *canule* ■ FAM. VIEILLI Importuner (qqn) par le même propos répété. ➤ **fatiguer ; canulant.**

CANUT, USE [kany, yz] **n.** – 1831 ◊ p.-ê. de *canne* «bobine de fil» → 3 canette ■ Ouvrier, ouvrière qui travaille dans le tissage de la soie à Lyon (rare au fém.). *La révolte des canuts, en 1831. La cité des canuts :* Lyon.

CANYON [kanjɔn ; kanjɔ̃] **n. m.** – *cagnon* 1856 ◊ espagnol du Mexique *cañon,* augmentatif de *caño* «tube» ■ Gorge très profonde creusée par un cours d'eau dans une chaîne de montagnes. *Le Grand Canyon du Colorado.* — OCÉANOGR. Longue et profonde dépression sous-marine. — On écrit parfois *cañon* [kaɲɔn].

CANYONING [kanjɔniŋ] ou **CANYONISME** [kanjɔnism] **n. m.** – 1990 ◊ de *canyon* ■ Sport consistant à descendre des torrents, des gorges au parcours difficile en progressant par la nage en eau vive, la marche et l'escalade.

CANZONE [kɑ̃tzɔne] **n. f.** – début XIXe ◊ mot italien, du latin *cantare* «chanter» ■ DIDACT. Petit poème italien divisé en stances égales, et terminé par une stance plus courte. *Des canzones* [kɑ̃tzɔne].

C. A. O. Sigle de *conception assistée* par ordinateur.*

CAOUA [kawa] **n. m.** – 1883 ; *cahoua* t. de soldat 1863 ◊ mot arabe d'Algérie «café» ■ FAM. Café (I, 3°). *Un bon caoua. Des caouas.* — On écrit aussi *kawa.*

CAOUANE [kawan] **n. f.** – 1643 ◊ espagnol *caouana,* d'une langue d'Amérique du Sud ■ Grande tortue de mer. ➤ aussi 2 **caret.**

CAOUTCHOUC [kautʃu] **n. m.** – 1736, répandu début XIXe ◊ mot d'origine péruvienne ; cf. espagnol *caucho* ■ **1** Substance élastique, imperméable, provenant du latex de certains arbres ou obtenue artificiellement à partir de dérivés pétroliers. ➤ **gomme.** *Arbre à caoutchouc.* ➤ **hévéa, landolphia.** *Caoutchouc naturel, de plantation. Le caoutchouc naturel provient de la polymérisation de l'isoprène du latex de l'hévéa. Caoutchouc artificiel, synthétique.* ➤ **buna, élastomère, néoprène.** *Semelles en caoutchouc.* ➤ aussi 2 **crêpe.** *Bottes en caoutchouc. — Caoutchouc vulcanisé. Caoutchouc mousse*.* — Industrie du caoutchouc. *Travailler dans le caoutchouc.* ■ **2** *Caoutchouc minéral :* bitume élastique. ■ **3** *Un caoutchouc :* un vêtement caoutchouté (➤ **imperméable**). — Lien de caoutchouc. ➤ **élastique.** — PLUR., VIEILLI Chaussures de caoutchouc. *Elle «me voyait chaussant mes caoutchoucs américains»* PROUST. ➤ **snow-boot ;** RÉGION. 1 **claque.** (Canada) Couvre-chaussures. ■ **4** Plante arbustive du genre ficus*, aux larges feuilles épaisses et brillantes. *Le caoutchouc est, en Europe, une plante d'appartement.*

CAOUTCHOUTER [kautʃute] **v. tr.** ‹1› – 1837 au p. p. ◊ de *caoutchouc* ■ Enduire de caoutchouc. — **p. p. adj.** *Tissu caoutchouté,* imperméabilisé. — **n. m. CAOUTCHOUTAGE.**

CAOUTCHOUTEUX, EUSE [kautʃutø, øz] **adj.** – 1908 ◊ de *caoutchouc* ■ Qui a la consistance du caoutchouc. *Des champignons trop cuits, caoutchouteux.*

CAP [kap] **n. m.** – XIIIe ◊ mot de l'ancien occitan «tête», latin *caput*
I VX Tête. ➤ **chef.** — MOD. LOC. *De pied en cap* [dəpjetɑ̃kap] : des pieds à la tête. ➤ 1 **complètement.** *Armés de pied en cap.*
II ■ **1** (1387) Pointe de terre qui s'avance dans la mer. ➤ **bec, pointe, promontoire.** *Le cap de Bonne-Espérance, le cap Horn. Dépasser, doubler, franchir un cap. L'Europe est «un petit cap du continent asiatique»* VALÉRY. ■ **2** LOC. FIG. *Franchir, passer, dépasser un cap,* une certaine limite (comportant l'idée de difficulté). *Elle «pouvait avoir dépassé le cap de la trentaine [...] que les femmes ont une si naïve répugnance à franchir»* GAUTIER. ABSOLT *Il a maintenant passé le cap. — Franchir, doubler le cap de* (avec un nom de nombre), une étape, un palier (en vue d'un objectif déterminé). *L'entreprise a dépassé le cap des mille employés.* ■ **3** Direction d'un navire, d'un avion. *Mettre le cap sur :* se diriger vers. *Changer de cap,* de direction. *Tenir son cap.* FIG. *Tenir, maintenir le cap :* ne pas changer de stratégie, d'objectif. — *Cap magnétique :* angle que fait la direction (d'un avion) avec le nord magnétique.
■ HOM. Cape.

C. A. P. [seape] **n. m. inv.** – 1946 ◊ sigle ■ **1** Certificat d'aptitude professionnelle. ■ **2** Certificat d'aptitude pédagogique.

C. A. P. A. [kapa] **n. m. inv.** – 1941 ◊ acronyme ■ Certificat d'aptitude à la profession d'avocat. ■ HOM. Cappa ; kappa.

CAPABLE [kapabl] **adj.** – XIVe ◊ bas latin *capabilis,* de *capere* «contenir, être susceptible de»
I ■ **1** VX Qui a le pouvoir, la possibilité de recevoir, de supporter. *Les hommes sont «indignes de Dieu, et capables de Dieu»* PASCAL. *Capable d'une joie.* ■ **2** Qui est en état, a le pouvoir d'avoir (un comportement, une activité). *Capable d'une action d'éclat, d'une trahison. Il est capable du meilleur comme du pire. Voyons de quoi il est capable.* LOC. *Capable de tout,* prêt à tout faire, sans être arrêté par aucune prudence, aucun scrupule. ♦ **CAPABLE DE** (et un inf.). ➤ **apte** (à), **habile** (à), **propre** (à), **susceptible** (de). *Il est, il se sent capable de réussir :* il est de force, de taille à réussir (cf. Être fait pour, à même

de). *Il est capable de ne pas venir, il en est bien capable !* (cf. FAM. Il est fichu* de ne pas venir). ABRÉV. FAM. (v. 1950) **CAP** [kap]. *T'es même pas cap !* (Sujet chose) *Cette émotion est capable de la tuer.* ▪ **3** (1507) Qui a de l'habileté, de la compétence. ➤ **adroit, compétent, doué, entendu, expert, 1 fort, habile, intelligent, qualifié.** *Un ouvrier, un ministre très capable.* ▪ **4** DR. Qui a le droit, la capacité légale. *Capable en justice. Capable de contracter, d'ester en justice.*

II (1751 ◊ latin *capabilis* «qui contient») GÉOM. *Arc capable* (relatif à un angle AMB et deux points A et B) : arc de cercle, lieu géométrique des points M tels que l'angle AMB soit constant.

▪ CONTR. (de I) Incapable ; inapte, incompétent, nul.

CAPACITAIRE [kapasitɛʀ] n. et adj. – 1906 ; adj. 1834 ◊ de *capacité* ▪ **1** Titulaire du diplôme de la capacité en droit. ▪ **2** adj. DIDACT. Relatif à une capacité (3°). *Les «niveaux de dissolution* [des maladies nerveuses] *caractérisées* [...] *par un aspect déficitaire ou négatif et par un aspect capacitaire ou positif»* J. DELAY.

CAPACITANCE [kapasitɑ̃s] n. f. – 1927 ◊ mot anglais ▪ PHYS. Impédance d'un circuit qui se comporte comme un condensateur.

CAPACITATION [kapasitasjɔ̃] n. f. – 1974 ◊ mot anglais ▪ BIOL. Maturation du spermatozoïde qui acquiert son pouvoir fécondant.

CAPACITÉ [kapasite] n. f. – 1314 ◊ latin *capacitas*, de *capax* «qui peut contenir», de *capere* ▪ **1** Propriété de contenir une certaine quantité de substance. ➤ **contenance, mesure, quantité, volume.** *La capacité d'un récipient. Récipient d'une grande capacité. Capacité en balles, en grains* (d'une cale). *Mesures de capacité :* baril, barrique, bock, boisseau, 1 canon (II), chopine, décalitre, demiard, feuillette, gallon, hectolitre, 1 hémine, litre, muid, pinte, pipe, quart, 1 quarte, setier, tonneau, velte. *Capacité de charge d'un navire.* ➤ **tonnage.** *Capacité d'un coffre de voiture.* Propriété de contenir des gens. *Capacité d'un avion, d'un ascenseur, d'un hôtel.* ◆ *Capacité thoracique vitale :* la plus grande quantité d'air que peuvent absorber les poumons. — *Capacité crânienne :* volume de la boîte crânienne. ◆ INFORM. *Capacité (de) mémoire :* espace disponible dans une mémoire de stockage. *Disque dur de grande capacité. Une capacité de 20 gigas.* ▪ **2** PAR EXT. PHYS. *Capacité calorifique**. *Capacité de saturation. Capacité électrique d'un conducteur isolé :* quantité des charges qu'il porte pour un potentiel électrique donné, rapport de sa charge à son potentiel, exprimé en farads. *Capacité d'un accumulateur :* quantité d'électricité (en ampères-heure) qu'il peut restituer. ▪ **3** Puissance de faire qqch. ➤ **aptitude, faculté, force, 2 pouvoir.** *Il a une grande capacité de travail. «La vraie mesure du mérite du cœur,* [c'est] *la capacité d'aimer»* Mme DE SÉVIGNÉ. *La capacité d'un enfant à apprendre.* — *Capacité productrice d'une société.* ➤ **potentiel, puissance.** ▪ **4** Qualité de qqn qui est en état de comprendre, de faire qqch. ➤ **compétence, faculté, mérite, talent, valeur.** *Il a une grande, une haute capacité professionnelle.* AU PLUR. *Capacités intellectuelles* (➤ **intelligence**), *artistiques* (➤ **talent**). *«c'est à l'examen des choses que se bornent mes capacités»* GOBINEAU. *«J'ai dû arrêter mes études, pourtant j'avais des capacités, j'étais très intelligente»* É. LOUIS. ▪ **5** DR. Aptitude juridique à agir valablement pour soi-même. *Capacité de jouissance :* aptitude à jouir d'un droit. *Avoir capacité pour tester, pour contracter,* être habilité à. ▪ **6** *Capacité en droit :* diplôme universitaire obtenu après deux ans d'études. ▪ CONTR. Impéritie, impuissance, inaptitude, incapacité, inhabilité.

CAPACITIF, IVE [kapasitif, iv] adj. – début XXe ◊ de *capacité* ▪ ÉLECTR. Relatif à la capacité électrique. ◆ Qui correspond à une variation de capacité. *Capteur capacitif* (opposé à *inductif*). — *Écran (tactile) capacitif,* qui perçoit les points de pression par variation de capacité (opposé à *résistif*).

CAPARAÇON [kapaʀasɔ̃] n. m. – 1498 *capparasson* ◊ espagnol *caparazón*, de *capa* «manteau» ▪ Armure ou harnais d'ornement dont on équipe les chevaux. *Caparaçon de tournoi. Caparaçon du cheval du picador.*

CAPARAÇONNER [kapaʀasɔne] v. tr. ⟨1⟩ – 1546 *caparassonner* ◊ de *caparaçon* ▪ Revêtir, couvrir d'un caparaçon. — FIG. *Sportif qui se caparaçonne les tibias.*

CAPE [kap] n. f. – 1460 «grand manteau à capuchon» ◊ italien *cappa* ; a remplacé *chape* ▪ **1** Vêtement de dessus, sans manches, qui enveloppe le corps et les bras. ➤ **houppelande, pèlerine.** *La cape des mousquetaires, des romantiques. Cape de berger.* — *Histoire, roman, film de cape et d'épée,* dont les personnages sont des héros chevaleresques. — LOC. FIG. **SOUS CAPE.** En cachette, secrètement (cf. À la dérobée*). *Rire sous cape :* se réjouir malicieusement à part soi. ▪ **2** TAUROM. Pièce de tissu jaune et violet utilisé dans la corrida pour faire des passes. *Passes de cape et passes de muléta.* ➤ **2 véronique.** ▪ **3** (1529) MAR. VX Grand-voile du grand mât. — Allure d'un voilier qui réduit sa voilure, diminue sa vitesse, et gouverne de façon à dériver. *«La cape était déjà dure à tenir»* LOTI. *Être, rester à la cape* (➤ **capeyer**). ▪ **4** (fin XIXe) Feuille de tabac très mince qui forme l'enveloppe extérieure du cigare. ➤ **robe.** *La cape entoure la poupée.* ▪ HOM. Cap.

CAPÉ, ÉE [kape] adj. – 1931 ◊ de *cape* «casquette d'honneur attribuée aux joueurs sélectionnés», de l'anglais *cap* «casquette» ▪ **1** SPORT Se dit d'un joueur de football ou de rugby sélectionné en équipe nationale, PAR EXT. d'un sportif ou d'une équipe qui a remporté de nombreuses victoires. *Une nageuse très capée.* — SUBST. Sportif membre de l'équipe nationale. ▪ **2** PAR EXT. Qui a reçu de nombreux prix. ◆ Très qualifié, expérimenté. *Journaliste capé.*

CAPELAGE [kaplaʒ] n. m. – 1771 ◊ de *capeler* ▪ MAR. ▪ **1** Ensemble des boucles des manœuvres. *Capelage d'un mât :* ensemble des boucles des haubans. ▪ **2** Partie du mât portant le capelage. *Le capelage, la flèche et la pomme d'un mât de perroquet.*

CAPELAN [kaplɑ̃] n. m. – XVIe ◊ mot provençal «chapelain» ▪ Poisson osseux *(gadidés). Grand, petit capelan.*

CAPELER [kaple] v. tr. ⟨4 /5/⟩ – 1687 ◊ mot probablt normand, de *capel* «chapeau» ▪ MAR. Entourer d'une boucle de cordage, d'une bague. *Capeler une vergue avec une estrope.* — Attacher solidement.

CAPELINE [kaplin] n. f. – 1512 ; «armure de tête» XIVe ◊ ancien provençal *capelina* «chapeau de fer» ▪ **1** VX Coiffure féminine tombant sur les épaules. ➤ **coiffe.** ▪ **2** Chapeau de femme à très larges bords souples.

CAPELLA (À) ➤ **A CAPPELLA**

C. A. P. E. S. [kapɛs] n. m. – 1945 ◊ acronyme ▪ Certificat d'aptitude au professorat de l'enseignement secondaire (➤ **capésien**).

CAPÉSIEN, IENNE [kapesjɛ̃, jɛn] n. – v. 1950 ◊ de *C. A. P. E. S.* ; prononciation due à un jeu de mots avec *capétien* ▪ FAM. Étudiant, professeur titulaire du C. A. P. E. S. ▪ HOM. Capétien.

CAPÉTIEN, IENNE [kapesjɛ̃, jɛn] adj. – XIVe ◊ de *Capet*, surnom de Hugues Ier, du latin *cappa* «cape» ▪ Relatif à la dynastie des rois de France du sacre de Hugues Capet (987) à la mort de Charles IV le Bel (1328) ; relatif à cette époque. *La dynastie capétienne.* — SUBST. *Les Capétiens.* ▪ HOM. Capésien.

CAPEYER [kapeje] v. intr. ⟨1⟩ – 1690 ; *capéer* 1606 ◊ de *cape* (3°) ▪ MAR. Être à la cape.

CAPHARNAÜM [kafaʀnaɔm] n. m. – 1788 ; attestation isolée 1649 «prison» ◊ ville de Galilée où Jésus attira la foule, avec influence de *cafourniau* «débarras», du latin *furnus* «four» ▪ Lieu qui renferme beaucoup d'objets en désordre*. *La boutique de ce brocanteur est un capharnaüm.* ➤ **bric-à-brac.**

CAP-HORNIER [kapɔʀnje] n. m. – 1944 ◊ de *cap Horn* ▪ **1** Grand voilier qui passait par le cap Horn (mer très dangereuse). *Des cap-horniers.* ▪ **2** Marin naviguant sur ces voiliers. *Un ancien cap-hornier.* — Navigateur qui a passé le cap Horn.

CAPILLAIRE [kapilɛʀ] adj. et n. m. – 1314 ◊ latin *capillaris*, de *capillus* «cheveu»

I ▪ **1** Se dit des vaisseaux sanguins les plus élémentaires, dernières ramifications du système circulatoire, qui relient artérioles et veinules. *Veines, vaisseaux capillaires.* n. m. **LES CAPILLAIRES.** *Inflammation des capillaires* (➤ **capillarite**). *Examen des capillaires* (*capillaroscopie* n. f.). ◆ Constitué d'un conduit très fin. BOT. *Racines capillaires.* — PHYS. *Tube capillaire,* de très petite section par rapport à sa longueur. — PAR EXT. *Phénomènes capillaires.* ➤ **capillarité.** ▪ **2** (1838) Relatif aux cheveux, à la chevelure. *Lotion capillaire. Art capillaire* (➤ **capilliculture**). *Artiste capillaire.* ➤ **coiffeur.**

II n. m. (1560) Fougère à pétioles très fins. *Capillaire de Montpellier* ou *cheveu-de-Vénus.* ➤ **adiante.**

CAPILLARITE [kapilaʀit] n. f. – 1932 ◊ du latin *capillaris* «capillaire» et *-ite* ▪ MÉD. Altération aiguë ou chronique des petits vaisseaux cutanés.

CAPILLARITÉ [kapilaʀite] n. f. – 1820 ◊ du latin *capillaris* → capillaire ▪ DIDACT. ▪ **1** État de ce qui est ténu comme un cheveu ; caractère d'un tube capillaire. ▪ **2** (1832) Ensemble des phénomènes qui se produisent à la surface des liquides (dans les tubes capillaires notamment). ➤ **tension** (superficielle). *L'eau monte dans le sol par capillarité.*

CAPILLICULTURE [kapilikyltyʀ] **n. f.** – v. 1960 ◊ du latin *capillus* «cheveu» et *-culture* ▪ DIDACT. ou COMM. Soins donnés aux cheveux. — **n. CAPILLICULTEUR, TRICE.**

CAPILLOTRACTÉ, ÉE [kapilotʀakte] **adj.** – 1968 ◊ de *capillo-*, du latin *capillus* «cheveu», et *tracté* ▪ PLAIS. Amené d'une manière forcée et peu logique (cf. Tiré par les cheveux*). *Une histoire capillotractée.*

CAPILOTADE [kapilɔtad] **n. f.** – 1555 *capirotade* «ragoût» ◊ de l'espagnol *capirotada* «sauce recouvrant une préparation», d'un dérivé du latin *cappa* «cape», par l'intermédiaire de l'ancien gascon *capirot* «capuchon» ▪ (1610) **EN CAPILOTADE :** en piteux état, en miettes (cf. En compote, en marmelade). «*Sa cervelle et son verre mis en capilotade*» R. ROLLAND. *Avoir le dos en capilotade,* des douleurs dans le dos.

CAPISTON [kapistɔ̃] **n. m.** – 1881 ◊ de *capitaine* ▪ ARG. MILIT. Capitaine.

CAPITAINE [kapitɛn] **n.** – v. 1300 ◊ bas latin *capitaneus,* de *caput* «tête»

I ▪ **1 n. m.** LITTÉR. Chef militaire. *Les grands capitaines de l'Antiquité.* «*De Palos, de Moguer, routiers et capitaines Partaient*» HEREDIA. ▪ **2** (v. 1550) COUR. Officier (homme ou femme) qui commande une compagnie d'infanterie, un escadron de cavalerie, une batterie d'artillerie. ➤ ARG. **capiston.** *Le capitaine porte trois galons. Mon capitaine. La capitaine Durand.* — *Capitaine de gendarmerie. Capitaine des pompiers.* ▪ **3** (1723) Officier qui commande un navire de commerce (sur les bateaux de pêche : *patron*). *Capitaine au long cours. Capitaine de la marine marchande, capitaine marchand. Capitaine commandant un grand paquebot.* ➤ **commandant.** *Capitaine-expert,* chargé d'évaluer les avaries. *Capitaine de port,* chargé de la surveillance et de la police d'un port. — LOC. PLAIS. *L'âge du capitaine,* symbolisant un problème absurde ou insoluble. ◆ MAR. MILIT. Appellation du lieutenant de vaisseau lorsqu'il ne commande pas un bâtiment. *Capitaine de corvette, de frégate, de vaisseau,* officier dont les grades correspondent à ceux de commandant, lieutenant-colonel et colonel de l'armée de terre. ▪ **4 n. m.** (1771) HIST. Gouverneur de résidences royales. *Capitaine des chasses, capitaine de louveterie,* qui était chargé de la surintendance des chasses. ▪ **5** (1895) Chef d'une équipe sportive. *La capitaine de l'équipe de basketball.* ▪ **6** (Souvent péj.) Chef d'une grande entreprise. *Capitaine d'industrie.* ▪ **7** *Capitaine de soirée :* dans une soirée entre amis, conducteur désigné qui s'engage à ne pas consommer d'alcool et à raccompagner les autres en toute sécurité.

II n. m. (Afrique) Gros poisson d'eau douce à la chair estimée.

CAPITAINERIE [kapitɛnʀi] **n. f.** – fin XIIIe ◊ de *capitaine* ▪ **1** VX Charge de capitaine des chasses ou d'une résidence royale. Résidence, circonscription, juridiction de ce capitaine. ▪ **2** MAR. Bureau du capitaine de port.

1 **CAPITAL, ALE, AUX** [kapital, o] **adj.** – XIIe ◊ latin *capitalis,* de *caput* «tête» ▪ **1** (XIIIe) Qui coûte la tête à (qqn). *Peine capitale,* de mort. *Exécution capitale :* mise à mort d'un condamné. — Qui entraîne la peine de mort. *Procès capital. Sentence capitale.* — Qui mérite la peine capitale. *Crime capital.* ▪ **2** (1389) Qui est le plus important, le premier par l'importance. ➤ **essentiel, fondamental, primordial, principal, suprême.** *Son œuvre capitale.* ➤ **chef-d'œuvre.** *Cela est d'un intérêt capital, d'une importance capitale. C'est capital pour lui. Jouer un rôle capital. Les sept péchés* capitaux,* d'où découlent tous les autres. — VX *Ville capitale. Lettre capitale.* ➤ **capitale.** ▪ CONTR. Accessoire, secondaire ; insignifiant.

2 **CAPITAL, AUX** [kapital, o] **n. m.** – XVIe ◊ de 1 *capital*

I UN CAPITAL, DES CAPITAUX ▪ **1** (1567) Somme constituant une dette (opposé à *intérêt*). ➤ **principal.** ▪ **2** (XVIIe) Ensemble des biens que l'on fait valoir dans une entreprise. *Capital technique, réel* (terres, bâtiments, usines, machines, matériel, instruments). *Capital fixe,* utilisé pendant plusieurs cycles de production. *Amortissement du capital fixe. Capitaux circulants,* qui s'aliènent ou se transforment pour produire d'autres biens. *Capital monétaire :* valeur monétaire du capital technique. *Capital juridique :* ensemble des droits à toucher un revenu. *Capital en valeur.* ➤ **argent*, fonds, fortune, numéraire, valeur.** *Capital improductif. Capital immatériel :* éléments incorporels. *Capital humain* (cf. Ressources* humaines). — COMPTAB. La partie de la richesse évaluable en monnaie de compte. *Capitaux propres :* ensemble des ressources financières définitivement à la disposition de l'entreprise (cf. Fonds* propres). *Capital engagé :* biens constituant l'actif d'une entreprise sociétaire. *Capital social :* montant des richesses apportées à une société (➤ **patrimoine**). *Le capital d'une société, d'une banque, d'une entreprise. Société au capital de... Augmentation de capital* (➤ **recapitalisation**). *Société d'investissement à capital variable.* ➤ **sicav.** *Capital d'amorçage*.* ▪ **3** COUR. Valeurs monétaires, financières. ➤ **argent, épargne.** *Placer des capitaux dans une affaire* (➤ **investissement, placement**). — *Capital-risque.* ➤ **capital-risque.** — *Capital-décès :* somme versée au moment du décès d'un assuré aux ayants droit qu'il a désignés. *Des capitaux-décès.* ▪ **4** Ensemble des richesses possédées. ➤ **fortune.** *Dilapider, manger son capital. Avoir un joli capital.* — *Le capital artistique d'un pays.* ➤ **patrimoine.** — PAR MÉTAPH. Crédit dont on dispose, qu'on a su se gagner. *Capital (de) sympathie. Capital confiance.* «*cet immense capital de tendresse, d'intérêt, de douceur qu'elle avait avancé* [...] *quand on commence d'aimer un être*» SAGAN. *Capital soleil* ou *capital solaire :* capacité de la peau à réparer les dégâts dus à l'exposition au soleil. (PLAISANT) *Petit capital :* virginité d'une jeune fille. «*Celles qui pratiquent l'art de ne céder que la bague au doigt poursuivront cette exploitation avisée de leur petit capital*» F. GIROUD.

II LE CAPITAL, LES CAPITAUX ▪ **1** ÉCON. Richesse destinée à produire un revenu ou de nouveaux biens ; moyens de production (spécialement lorsqu'ils ne sont pas mis en action par leur propriétaire). *Le capital provient du travail et des richesses naturelles.* «*Le Capital*»*, ouvrage de Karl Marx.* — AU PLUR. *Les capitaux :* les sommes en circulation, valeurs disponibles. «*c'est par la masse de leurs capitaux que les capitalistes sont à même de préserver leur privilège*» BRAUDEL. *Circulation des capitaux. Les capitaux se font rares. Fuite des capitaux. Capitaux privés, étrangers. Immobiliser, geler des capitaux. Réinjecter des capitaux dans une entreprise en difficulté. Capitaux flottants, fébriles,* qui se déplacent d'une place financière à une autre. ➤ aussi **spéculation.** ▪ **2** PAR EXT. Ensemble des personnes qui possèdent les richesses, les moyens de production. ➤ **capitaliste.** *Le capital et le travail, et le prolétariat. Le grand capital.*

CAPITALE [kapital] **n. f.** – 1509 ◊ de *ville, lettre capitale* ▪ **1** Ville qui occupe le premier rang (hiérarchique) dans un État, une province ; siège du gouvernement. *Rome, capitale de l'Italie. Capitale fédérale. Capitale régionale.* — Ville la plus importante dans un domaine. ➤ **métropole.** «*la capitale politique, littéraire, scientifique, financière, commerciale d'un grand pays*» VALÉRY. ▪ **2** (1690) Lettre imprimée dont le dessin diffère de celui du bas de casse*, et qui sert à commencer une phrase, un nom propre, écrire un titre, etc. *Capitale en romain, en italique. Grande, petite capitale. Les entrées d'un dictionnaire sont souvent en capitales.* — Lettre manuscrite de même fonction, dont la forme rappelle la lettre imprimée. ➤ **majuscule.** *Écrivez votre nom en capitales.*

CAPITALISABLE [kapitalizabl] **adj.** – 1842 ◊ de *capitaliser* ▪ Qui peut être capitalisé. *Intérêts capitalisables.*

CAPITALISATION [kapitalizasjɔ̃] **n. f.** – 1829 ◊ de *capitaliser* ▪ Action de capitaliser. *Taux de capitalisation. Capitalisation boursière :* valeur (d'une entreprise) en Bourse, évaluée selon la cotation du titre à la Bourse et le nombre de titres constituant le capital* social. — *Retraite par capitalisation :* système de financement des pensions par épargne des salariés auprès d'un fonds de placement (fonds de pension) (opposé à *répartition*).

CAPITALISER [kapitalize] **v.** ‹1› – v. 1770 ◊ de 2 *capital* ▪ **1 v. tr.** Convertir, transformer en capital. *Capitaliser des intérêts.* ◆ Déterminer la valeur de (un capital) d'après son revenu. *Capitaliser une rente.* ◆ Accumuler. *Capitaliser des avantages, des diplômes.* ▪ **2 v. intr.** (1831) Amasser de l'argent. ➤ **amasser, thésauriser.** *Il ne dépense pas tous ses revenus, il ne cesse de capitaliser.* ▪ **3 v. tr. ind.** *Capitaliser sur :* tirer profit de. *L'équipe veut capitaliser sur cette victoire pour redorer son image.*

CAPITALISME [kapitalism] **n. m.** – 1842 ; «richesse» 1753 ◊ de 2 *capital* ▪ **1** Régime économique et social dans lequel les capitaux, source de revenu, n'appartiennent pas, en règle générale, aux personnes qui les mettent en œuvre par leur propre travail. *Capitalisme libéral* (➤ **libéralisme, propriété** [privée]), *d'État* (➤ **étatisme**). «*Privilège du petit nombre, le capitalisme est impensable sans la complicité active de la société*» BRAUDEL. *Origines du capitalisme.* ➤ **mercantilisme.** *Capitalisme et machinisme. Capitalisme populaire.* ▪ **2** Ensemble des capitalistes, des pays capitalistes. *Les intérêts du capitalisme. Capitalisme international.* ▪ CONTR. Communisme, socialisme.

CAPITALISTE [kapitalist] n. et adj. – 1832 ; «homme riche» 1759 ◊ de 2capital
I n. ▪ **1** Personne qui possède des capitaux, notamment des capitaux engagés dans une entreprise, et qui en tire un revenu. — Possesseur de valeurs mobilières. *Petit capitaliste.* ▪ **2** FAM. Personne riche. *Un gros capitaliste.*
II adj. (1832) Relatif au capitalisme. *Régime, économie capitaliste* (➤ **libéral**). *Les pays capitalistes.*
▪ CONTR. Prolétaire. — Communiste.

CAPITALISTIQUE [kapitalistik] adj. – 1872 ◊ de 2capital ▪ Relatif au capital. *Contrôle capitalistique d'un groupe.* — Qui utilise une forte proportion de capital par rapport au travail. *Industrie capitalistique.*

CAPITAL-RISQUE [kapitalʀisk] n. m. – v. 1980 ◊ anglais *venture capital* ▪ Financement de la création ou du développement d'une entreprise sous la forme d'une prise de participation. *Société de capital-risque. Des capitaux-risques.*

CAPITAL-RISQUEUR [kapitalʀiskœʀ] n. m. – 1986 ◊ de *capital-risque* ▪ Investisseur qui pratique le capital-risque. *Les capitaux-risqueurs* ou *les capital-risqueurs.*

CAPITAN [kapitɑ̃] n. m. – 1637 ; «chef, capitaine» début XVIᵉ ◊ italien *capitano* ▪ VIEILLI Personnage ridicule, d'une bravoure affectée. ➤ **bravache, fanfaron*, matamore.** *Le capitan, personnage de la comédie italienne.*

CAPITANAT [kapitana] n. m. – 1924 ◊ de *capitaine* ▪ SPORT Fonction de capitaine d'équipe.

CAPITATION [kapitasjɔ̃] n. f. – 1584 ◊ bas latin *capitatio* «impôt par tête» ▪ FÉOD. Impôt, taxe levée par individu. ➤ **prestation.**

CAPITÉ, ÉE [kapite] adj. – 1808 ◊ latin *caput* «tête» ▪ BOT. Terminé en tête arrondie. *Poils capités des fleurs de droséra.*

CAPITEUX, EUSE [kapitø, øz] adj. – 1740 ; *capitoux* «obstiné» XIVᵉ ◊ italien *capitoso*, du latin *caput* «tête» ▪ Qui monte à la tête, qui échauffe les sens. ➤ **enivrant, excitant.** *Vin capiteux*, riche en alcool. *Parfum capiteux.* — PAR EXT. *Une brune capiteuse.* «*Elle était là, pure comme une amphore, capiteuse comme une fleur*» FRANCE.

CAPITOLE [kapitɔl] n. m. – 1673 ◊ latin *Capitolium*, nom d'une des sept collines de Rome, de *caput* «tête» ▪ Édifice public où se concentre la vie municipale et politique, dans certaines villes. *Le Capitole de Toulouse.*

CAPITOLIN, INE [kapitɔlɛ̃, in] adj. – 1690 ◊ latin *capitolinus*, de *Capitolium* → capitole ▪ Du Capitole. *Le mont Capitolin* ou *le Capitolin. La triade capitoline :* Jupiter, Junon, Minerve.

CAPITON [kapitɔ̃] n. m. – 1386 ◊ italien *capitone* «grosse tête» ; latin *caput* ▪ **1** Bourre de soie. ▪ **2** Chacune des divisions formées par la piqûre dans un siège rembourré. ▪ **3** PAR EXT. Épaisseur protectrice. ➤ **rembourrage, tampon.** «*Une débauche de capiton qui épaississait la porte*» BAZIN. — FIG. *Les montagnes «étincelaient de blancheur sous leur capiton de neige»* BEAUVOIR. ▪ **4** PHYSIOL. Amas graisseux dans les tissus. *Crème contre les capitons.*

CAPITONNAGE [kapitɔnaʒ] n. m. – 1871 ◊ de *capitonner* ▪ Action de capitonner. *Le capitonnage d'un fauteuil.* ♦ Ensemble des capitons. *Un capitonnage épais, moelleux, confortable.*

CAPITONNER [kapitɔne] v. tr. ⟨1⟩ – 1842 ; *se capitonner* «se coiffer» 1546 ◊ de *capiton* ▪ Rembourrer (un siège) en piquant d'espace en espace. **p. p. adj.** *Fauteuil capitonné. Cercueil capitonné.* ➤ **rembourré.** *Cellule capitonnée des anciens hôpitaux psychiatriques.*

CAPITOUL [kapitul] n. m. – 1389 ◊ mot languedocien, de *senhor de capitoul* ; latin ecclésiastique *capitulum* «chapitre» ▪ HIST. Magistrat municipal de Toulouse. *Les capitouls* ou *consuls.*

CAPITULAIRE [kapitylɛʀ] adj. et n. m. – XIIIᵉ ◊ latin médiéval *capitularis*, de *capitulum* «chapitre» ▪ **1** RELIG. Relatif aux assemblées d'un chapitre (de chanoines, de religieux). *Salle capitulaire d'un monastère.* ▪ **2** (XIXᵉ) *Lettre capitulaire*, ornée, enluminée, qui commence le premier mot d'un chapitre. ▪ **3** n. m. (1690) Ordonnance d'un roi ou d'un empereur franc. «*Un capitulaire qu'on attribua plus tard à Charlemagne*» MONTESQUIEU.

CAPITULARD, ARDE [kapitylaʀ, aʀd] n. et adj. – 1871 ◊ de *capituler* ▪ PÉJ. Personne préconisant la capitulation (2°). — VIEILLI Personne lâche qui se dérobe. ▪ CONTR. Résistant.

CAPITULATION [kapitylasjɔ̃] n. f. – fin XVᵉ ; «négociation» 1556 ◊ de *capituler* ▪ **1** DR. INTERNAT. Convention, traité par lesquels une puissance s'engage à respecter certains droits et privilèges sur les territoires soumis à sa juridiction. «*Il y a une belle capitulation entre Henri IV et Saint-Malo*» CHATEAUBRIAND. HIST. Convention qui réglait les droits des sujets chrétiens en pays musulman. *Régime des capitulations.* ▪ **2** (1636) MILIT. Convention par laquelle une place forte, une armée se rend à l'ennemi. ➤ **reddition.** *Négocier, signer une capitulation. Capitulation honorable, déshonorante, honteuse.* ➤ **paix.** *Capitulation en rase campagne*, conclue par le commandant d'une troupe opérant en dehors d'une place de guerre. *Capitulation sans conditions.* ▪ **3** FIG. Abandon total d'une position que l'on soutenait. ➤ **abdication, renoncement.**
▪ CONTR. Résistance. Intransigeance, obstination, refus.

CAPITULE [kapityl] n. m. – 1732 ; 1721 t. de liturg. ◊ latin *capitulum* «petite tête» ▪ Inflorescence dans laquelle les fleurs sont insérées les unes à côté des autres sur l'extrémité du pédoncule élargie en réceptacle, formant une seule fleur au sens courant du mot. *Les capitules de la bardane, de la pâquerette* (fleurs *capitulées*).

CAPITULER [kapityle] v. intr. ⟨1⟩ – 1361 «convenir des clauses ; traiter» ◊ latin médiéval *capitulare* «faire une convention», de *capitulum* «clause» ▪ **1** (XVIᵉ) Se rendre à un ennemi par la capitulation. *Pays, armée qui capitule.* ➤ **se rendre** (cf. Déposer, rendre les armes*). *Capituler avec les honneurs de la guerre. Parlementer, hisser le drapeau blanc avant de capituler.* ▪ **2** (XVIIᵉ) FIG. Abandonner sa position. ➤ **céder.** *Ce n'est pas le moment de capituler.* ▪ CONTR. Résister, tenir.

CAPODASTRE [kapodastʀ] n. m. – 1828, à nouveau 1870 ◊ peut-être de l'italien *capo tasto*, mot à mot «début de touche» (avant 1647) ▪ MUS. Pince qui se fixe sur le manche d'une guitare et qui permet de modifier la tonalité de l'instrument.

CAPOEIRA [kapue(i)ʀa] n. f. – 1987 ◊ mot brésilien, du tupi ▪ Danse brésilienne inspirée de la lutte et des danses africaines traditionnelles, qui enchaîne en souplesse des figures acrobatiques et des mouvements de combat. «*la capoeira, cette danse brésilienne inspirée des arts martiaux où les adversaires s'enlacent sans que leurs corps entrent jamais en contact*» C. CUSSET.

CAPON, ONNE [kapɔ̃, ɔn] adj. et n. – 1798 ; «flatteur» 1690 ; «gueux» 1628 ◊ argot italien *accapone* d'origine inconnue ▪ FAM. et VIEILLI Poltron, lâche. ➤ **couard.** ▪ CONTR. Brave, courageux.

CAPONNIÈRE [kapɔnjɛʀ] n. f. – 1671 ◊ italien *capponiera*, espagnol *caponera* «cage à chapons» ▪ **1** FORTIF. Chemin protégé établi dans un fossé à sec d'une place forte. ▪ **2** Niche dans un tunnel ferroviaire, permettant aux agents de s'abriter.

CAPORAL, ALE, AUX [kapɔʀal, o] n. – 1540 ◊ italien *caporale*, de *capo* «tête» ▪ **1** Militaire qui a le grade le moins élevé dans les armes à pied, l'aviation. ➤ **brigadier,** ARG. 2**cabot.** *Galon de laine de caporal. Caporal d'ordinaire*, chargé de la cuisine. *Caporal commandant une escouade, une patrouille de combat. Le Petit Caporal :* Napoléon Iᵉʳ. — **CAPORAL-CHEF, CAPORALE-CHEF :** militaire qui a le grade supérieur à celui de caporal. *Des caporaux-chefs.* — *Un caporal et quatre hommes :* la force militaire sous sa forme minimum. *On en viendrait à bout avec quatre hommes et un caporal.* ▪ **2** n. m. (1841) Tabac juste supérieur au tabac de troupe. *Fumer du caporal ordinaire.*

CAPORALISME [kapɔʀalism] n. m. – 1852 ◊ de *caporal* ▪ VX Régime de dictature militaire. — PAR EXT. Autoritarisme tyrannique et mesquin. ▪ CONTR. Libéralisme.

1**CAPOT** [kapo] n. m. – 1819 ; «sorte de cape» 1576 ◊ de *cape* ▪ **1** MAR. Construction légère ou bâche de protection. *Capot d'échelle*, garantissant de la pluie l'ouverture d'un escalier. ▪ **2** (fin XIXᵉ) Couverture métallique protégeant un moteur. *Capot d'une automobile.* «*Capot soulevé, il se retrousse les manches... il plonge là-dedans, trifouille...*» BOUDARD. *Regarder sous le capot, ouvrir le capot* (pour examiner, réparer le moteur) ; FIG. observer le fonctionnement de qqch.
▪ HOM. Kapo.

2**CAPOT** [kapo] n. m. et adj. inv. – 1585 ◊ du provençal, radical *cap* «tête», ou de 1*capot* par métaphore ▪ **1** n. m. VX Aux cartes, Coup où l'on empêche l'adversaire de faire une seule levée. ▪ **2** adj. inv. (1619) *Être capot :* ne pas faire une levée. *Elles sont capot.*

CAPOTAGE [kapɔtaʒ] n. m. – 1898 ◊ de *capoter* ▪ **1** Retournement sens dessus dessous d'un véhicule. ▪ **2** FAM. Échec. *Le capotage des négociations.*

CAPOTE [kapɔt] n. f. – 1688 ◊ de 1*capot* qui avait les mêmes sens ▪ **1** Grand manteau, d'abord à capuchon. ➤ **caban.** — SPÉCIALT Manteau militaire. *Capote kaki de l'infanterie.* ▪ **2** PAR EXT. (1839) Couverture mobile de certains véhicules. *Abaisser, relever la capote d'un cabriolet* (➤ **soufflet**). *Capote d'une voi-*

ture décapotable. ▪ **3** Autrefois, Chapeau de femme en étoffe plissée ou piquée. ▪ **4** (1836) *Capote* ou VIEILLI *capote anglaise* : préservatif masculin. ➤ **condom.** — Par abrév. *Point cap,* distributeur de préservatifs placé dans les lieux publics.

1 **CAPOTER** [kapɔte] v. tr. ‹1› – 1877 ◇ de *capote* (2°) ▪ Garnir d'une capote ; fermer la capote de. *Capoter une voiture.*

2 **CAPOTER** [kapɔte] v. intr. ‹1› – 1792 ; de *faire capot* «chavirer» (1752) ◇ de 2 *capot* ▪ **1** MAR. Être renversé. ➤ **chavirer.** — PAR EXT. Culbuter, se retourner, en parlant d'un véhicule (automobile, avion). ▪ **2** FAM. Échouer. *Son plan a capoté. Faire capoter une affaire.* ▪ **3** (Canada) FAM. Perdre la tête, devenir fou.

CAPPA [kapa] n. f. – XXe ◇ mot italien, du latin *cappa* ▪ LITURG. CATHOL. Vêtement de chœur que portent les cardinaux et certains dignitaires de la cour pontificale aux cérémonies. ▪ HOM. C. A. P. A., kappa.

CAPPELLETTI [kapel(l)eti] n. m. – 1994 ◇ mot italien, plur. de *cappelletto* «petit chapeau *(cappello)*» ▪ AU PLUR. Pâtes alimentaires farcies de viande ou de légumes hachés, façonnées en arc de cercle. *Des cappellettis à la ricotta.*

CAPPUCCINO [kaputʃino] n. m. – 1937 ◇ mot italien «capucin», par allus. au brun clair de la robe ▪ Tasse de café noir italien nappé de crème mousseuse. *Des cappuccinos.*

CÂPRE [kɑpʀ] n. f. – 1445 *cappres* plur. ◇ italien *cappero,* latin *capparis* ▪ Bouton à fleur du câprier, que l'on confit dans le vinaigre pour servir d'assaisonnement, de condiment. *De grosses câpres. Sauce aux câpres. Raie aux câpres.*

CAPRICANT, ANTE [kapʀikɑ̃, ɑ̃t] adj. – 1838 ; *caprisant* XVIe ◇ du latin *capra,* avec le *c* médian de *capricorne* ▪ DIDACT. Inégal, saccadé, sautillant. *Allure capricante. Pouls capricant.*

CAPRICCIO [kapʀitʃo ; kapʀisjo] n. m. – avant 1900 ◇ mot italien «caprice» ▪ MUS. Morceau instrumental de forme libre, de caractère folklorique. *Capriccio espagnol. Des capriccios.*

CAPRICE [kapʀis] n. m. – 1558 ◇ italien *capriccio* ; radical *capra* «chèvre» ▪ **1** Détermination arbitraire, envie subite et passagère, fondée sur la fantaisie et l'humeur. ➤ **désir, envie ; accès, boutade, fantaisie, foucade, lubie, tocade** (cf. Coup de tête*). *Disposition à agir par caprice.* ➤ **inconstance, instabilité, légèreté.** *Avoir, faire des caprices. Céder aux caprices d'autrui. Passer à qqn tous ses caprices.* «*Le mot caprice est gracieux. Il évoque les bonds de la chèvre, son instabilité*» DUHAMEL. ▪ **2** (CHOSES) PLUR. Changements fréquents, imprévisibles. *Les caprices de la mode. Les caprices de la chance, du hasard.* ▪ **3** SPÉCIALT Amour, inclination qui naît brusquement et ne dure pas. ➤ 1 **amourette, béguin, passade, tocade.** ▪ **4** Exigence obstinée d'un enfant, accompagnée de colère. *Un enfant insupportable, qui ne cesse de faire des caprices.* ▪ CONTR. Constance, entêtement. Raison.

CAPRICIEUX, IEUSE [kapʀisjø, jøz] adj. – 1584 ◇ italien *capricioso* → caprice ▪ **1** Qui a des caprices. ➤ **changeant*, fantasque, inconséquent, irréfléchi, lunatique.** *Enfant capricieux.* — *Humeur capricieuse.* — n. *Un capricieux, une capricieuse.* ▪ **2** (CHOSES) Dont la forme, le mouvement varie. ➤ **fantaisiste, irrégulier.** *Mode capricieuse. Le temps est capricieux,* change de manière imprévisible. *Arabesques capricieuses.* «*La joie est capricieuse*» ROMAINS. — adv. **CAPRICIEUSEMENT,** 1612. ▪ CONTR. Constant, persévérant, tenace. Raisonnable.

CAPRICORNE [kapʀikɔʀn] n. m. – 1120 ◇ latin *capricornus,* de *caper* «bouc» et *cornu* «corne» ▪ **1** Animal fabuleux à tête de chèvre et queue de poisson, dont le nom désigne une constellation zodiacale de l'hémisphère austral. *Tropique du Capricorne* : tropique sud. ♦ ASTROL. Dixième signe du zodiaque (21 décembre-19 janvier). — ELLIPT *Elle est Capricorne,* née sous le signe du Capricorne. ▪ **2** (1775) Grand coléoptère *(cérambycidés)* dont la larve creuse de longues galeries dans le bois. ➤ **cérambyx.**

CÂPRIER [kɑpʀije] n. m. – 1517 ◇ de *câpre* ▪ Arbre ou arbrisseau à tige souple *(capparidacées),* à grandes fleurs d'un blanc rosé, dont les boutons floraux sont utilisés comme condiment, une fois confits (➤ **câpre**).

CAPRIFICATION [kapʀifikasjɔ̃] n. f. – v. 1710 ◇ latin *caprificus* «figuier à bouc» ▪ AGRIC. Opération qui consiste à suspendre parmi les branches d'un figuier cultivé des figues sauvages (ou *caprifigues* n. f.), pour faciliter la fécondation (par l'intermédiaire d'un insecte).

CAPRIN, INE [kapʀɛ̃, in] adj. – v. 1250 ◇ latin *caprinus,* de *capra* «chèvre» ▪ DIDACT. Relatif à la chèvre. *Espèces, races caprines.*

CAPRIQUE [kapʀik] adj. – 1816 ◇ du latin *capra* «chèvre» ▪ CHIM. VIEILLI *Acide caprique.* ➤ **décanoïque.**

CAPROÏQUE [kapʀɔik] adj. – 1838 ◇ du latin *capra* «chèvre» ▪ CHIM. VIEILLI *Acide caproïque.* ➤ **hexanoïque.**

CAPRYLIQUE [kapʀilik] adj. – 1859 ◇ du latin *capra* «chèvre» ▪ CHIM. VIEILLI *Acide caprylique.* ➤ **octanoïque.**

CAPSELLE [kapsɛl] n. f. – 1548 ◇ latin *capsella* «coffret» ▪ BOT. Plante des chemins *(cruciféracées),* appelée *bourse-à-pasteur.*

CAPSIDE [kapsid] n. f. – 1959 ◇ du latin *capsa* «boîte» ▪ VIROL. Coque d'un virus formée par l'assemblage d'unités protéiques à forme géométrique régulière et dont le nombre est constant pour un virus donné.

CAPSULAGE [kapsylaʒ] n. m. – 1878 ◇ de *capsuler* ▪ Fixation d'une capsule métallique sur le goulot d'une bouteille. *Capsulage à la machine.* ▪ CONTR. Décapsulage.

CAPSULAIRE [kapsylɛʀ] adj. – 1690 ◇ de *capsule* ▪ **1** BOT. En forme de capsule. *Fruit capsulaire,* s'ouvrant de lui-même lorsqu'il est mûr. ➤ **déhiscent ; follicule.** ▪ **2** ANAT. Relatif à une capsule, notamment articulaire. *Ligaments capsulaires.*

CAPSULE [kapsyl] n. f. – 1532 *capsule du cœur* ◇ latin *capsula* «petite boîte», de *capsa* ▪ **1** ANAT. Formation anatomique qui a une disposition en enveloppe. *Capsule articulaire. Capsule synoviale. Capsules surrénales*.* ♦ *Capsule de Tenon* : enveloppe fibreuse du globe oculaire. — BOT. Fruit déhiscent dont l'enveloppe est sèche et dure (SPÉCIALT autre que les siliques, pyxides). ➤ **capsulaire.** *Capsule de pavot, de tulipe ; de coton.* ♦ Sporange des mousses et des hépatiques. ➤ **urne.** ▪ **2** (1834 *capsule fulminante*) Petite enveloppe de cuivre dont le fond est garni de poudre fulminante (➤ **amorce**), et qui est employée dans les armes à feu. ➤ **détonateur.** *Capsule d'une arme à piston.* — PAR EXT. *Capsule d'une cartouche* : l'amorce. *Pistolet d'enfant à capsules.* ▪ **3** (1864) Calotte de métal qui sert à fermer une bouteille, à garnir le goulot, après bouchage. ➤ **capsuler, décapsuler.** *Capsule de bouteille de bière, d'eau minérale.* ▪ **4** (1834) Enveloppe soluble de médicaments (surtout liquides). ➤ **cachet ; encapsuler.** ♦ PAR ANAL. *Capsule endoscopique.* ➤ **vidéocapsule.** ▪ **5** Habitacle, élément récupérable d'un véhicule spatial. *Récupérer une capsule.* ▪ **6** AUDIOVIS. Émission de très courte durée, parfois insérée dans une émission plus longue. ➤ **pastille.** «*En enregistrant ces "capsules" [...] de quatre minutes, je me sens dans la position d'un maître d'école*» A. JACQUARD.

CAPSULER [kapsyle] v. tr. ‹1› – 1845 ◇ de *capsule* ▪ Coiffer d'une capsule. *Capsuler une bouteille.* ABSOLT *Machine à capsuler* (*capsuleuse* n. f.). ▪ CONTR. Décapsuler.

CAPTABLE [kaptabl] adj. – v. 1980 ◇ de *capter* ▪ Qui peut être capté. *Programme de télévision captable par antenne parabolique.*

CAPTAGE [kaptaʒ] n. m. – 1863 ◇ de *capter* ▪ Action de capter. *Captage des eaux d'une source. Captage par tranchée, par aqueduc.*

CAPTATEUR, TRICE [kaptatœʀ, tʀis] n. – 1606 ◇ latin *captator,* de *captare* → capter ▪ DR. Personne qui use de captation. *Captateur de testament, de succession.*

CAPTATIF, IVE [kaptatif, iv] adj. – 1926 ◇ de *captare* → capter ▪ PSYCHOL. Qui cherche à accaparer quelqu'un, à prendre pour soi. ➤ **possessif.** *Amour captatif* (opposé à *amour oblatif*). — n. f. **CAPTATIVITÉ.**

CAPTATION [kaptasjɔ̃] n. f. – 1520 ◇ latin *captatio,* de *captare* «capter» ▪ **1** DR. Manœuvre répréhensible en vue de pousser une personne à consentir une libéralité. ➤ **dol, suggestion.** — adj. **CAPTATOIRE,** 1771. ▪ **2** Action de capter, de recueillir, de fixer. *Captation cellulaire du glucose. Captation des eaux.* ➤ **captage.** *Captation de l'image et du son* : prise de vue, prise de son. *Captation d'un spectacle* (pour le diffuser à la radio, à la télévision). ➤ **enregistrement.**

CAPTCHA [kaptʃa] n. m. – 2005 ◇ mot anglais, acronyme de *Completely Automated Public Turing Test to tell Computers and Humans Apart* «test de Turing entièrement automatisé pour différencier les ordinateurs des humains», peut-être avec influence de *capture* «saisie» ▪ INFORM. Test requis pour accéder à certains services sur Internet, qui consiste à saisir une courte séquence visible sur une image, afin de différencier les utilisateurs humains d'éventuels robots malveillants. — Recomm. offic. *test captcha.* ♦ L'image elle-même. *Des captchas.*

CAPTER [kapte] v. tr. ‹1› – XVe ◇ latin *captare* «essayer de prendre», de *capere* ▪ **1** Chercher à obtenir. *Capter l'intérêt, l'attention, la confiance de qqn.* ▪ **2** (1863) Recueillir (un fluide, une énergie) pour un usage. *Capter une source, l'eau d'une rivière.*

➤ **captage ; canaliser.** — *Capter le courant électrique* (SPÉCIALT du réseau au moteur d'une locomotive). ▪ **3** Recevoir par procédé radioélectrique. *Capter une émission, une radio étrangère.* ♦ FIG. et FAM. Comprendre. ➤ 2 **piger.** *Je n'ai pas tout capté.* ABSOLT *Tu captes !* ▪ CONTR. Disperser, répandre. 1 Écarter, perdre.

CAPTEUR [kaptœʀ] **n. m.** – v. 1960 ◊ de *capter* ▪ Dispositif assurant la conversion d'une grandeur physique en une autre grandeur physique, souvent de nature électrique. ➤ **senseur.** *Un capteur de pression, de vitesse, de température. Capteur solaire,* assurant la conversion de l'énergie solaire en énergie électrique ou thermique.

CAPTIEUX, IEUSE [kapsjø, jøz] **adj.** – fin XIVe ◊ latin *captiosus,* de *capere* «prendre» ▪ LITTÉR. Qui tend, sous des apparences de vérité, à surprendre, à induire en erreur. ➤ **fallacieux, insidieux, spécieux.** *Raisonnement, discours captieux.* — (PERSONNES) *Un raisonneur, un philosophe captieux.* ➤ **sophiste.** — **adv. CAPTIEUSEMENT,** fin XIVe. ▪ CONTR. Correct, vrai.

CAPTIF, IVE [kaptif, iv] **adj.** et **n.** – 1450 ◊ latin *captivus,* de *capere* «prendre» ▪ **1** LITTÉR. Qui a été fait prisonnier au cours d'une guerre. ➤ **prisonnier ; captivité.** *Un roi, un peuple captif. Être captif* (cf. Être dans les fers). — Privé de liberté. *Un pays captif.* — **n.** (1535) *Captifs réduits en esclavage.* ▪ **2** (1845) (CHOSES) *Un ballon captif,* retenu par un câble. ♦ GÉOL. Se dit d'une nappe d'eau entre deux couches imperméables. ▪ **3** LITTÉR. Soumis à une contrainte. ➤ **asservi,** 1 **attaché, esclave.** *Être captif de ses passions.* — **n.** *«Il y aura toujours des captifs, ceux de la misère, ceux de l'âge, ceux des préjugés, des passions»* MICHELET. ▪ **4** ÉCON. *Marché captif,* réservé à un très petit nombre de fournisseurs. ➤ aussi **monopole.** — *Clientèle captive,* qui n'a pas le choix de son prestataire ou de son fournisseur. *Consommateur captif.* ▪ CONTR. Libre.

CAPTIVANT, ANTE [kaptivɑ̃, ɑ̃t] **adj.** – 1842 ◊ de *captiver* ▪ Qui captive (2°). *Un film captivant. Une lecture captivante.* ➤ **passionnant, prenant.** *Un homme captivant.* ➤ **ensorcelant, envoûtant, fascinant.** ▪ CONTR. Ennuyeux, inintéressant.

CAPTIVER [kaptive] **v. tr.** ‹1› – 1410 ◊ bas latin °*captivare,* de *captivus* → captif ▪ **1** VX Retenir captif ; faire prisonnier. ➤ **enchaîner.** *«Cessez, indignes fers, de captiver un roi»* CORNEILLE. — FIG. Asservir, maîtriser, soumettre. ▪ **2** MOD. Attirer et fixer l'attention de ; retenir en séduisant. ➤ **charmer, enchanter, ensorceler, gagner, passionner, séduire.** *Captiver un auditoire. Il est captivé par ce récit. «il fut bientôt si captivé qu'il ne pouvait se passer d'elle une minute»* MAUPASSANT. ▪ CONTR. Libérer. Ennuyer.

CAPTIVITÉ [kaptivite] **n. f.** – XIIIe ◊ de *captif* ▪ État d'une personne captive ; privation de liberté d'un prisonnier de guerre, d'un otage politique, d'un civil enfermé dans un camp. ➤ **emprisonnement.** *Vivre en captivité. Durant sa captivité. Retour de captivité.* ▪ CONTR. Libération, liberté.

CAPTURE [kaptyʀ] **n. f.** – 1406 ◊ latin *captura,* de *capere* «prendre» ▪ **1** Action de capturer. ➤ **prise, saisie.** *La capture d'un navire. Capture d'un criminel.* ➤ **arrestation.** ▪ **2** Ce qui est capturé. ➤ **butin, prise, trophée** (cf. Coup de filet*). *Une belle capture.* ▪ **3** PHYS. Acquisition d'une particule par un noyau atomique. *Capture électronique.* ▪ **4** INFORM. *Capture d'image, d'écran :* copie et stockage dans un fichier d'une image, d'une page affichée à l'écran. *Capture de site :* téléchargement du contenu d'un site Internet.

CAPTURER [kaptyʀe] **v. tr.** ‹1› – XVIe ◊ de *capture* ▪ **1** S'emparer de (un être vivant). ➤ **arrêter*, prendre.** *Capturer un malfaiteur. Capturer un animal sauvage.* PAR ANAL. *Capturer un navire.* ▪ **2** INFORM. *Capturer une image, un écran :* copier et stocker dans un fichier une image, une page affichée à l'écran. *Capturer un site :* télécharger le contenu d'un site Internet (➤ **aspirateur** [de site]). ▪ CONTR. 1 Lâcher, libérer.

CAPUCE [kapys] **n. m.** – 1618 ◊ italien *cappuccio,* de *cappa* ▪ Capuchon taillé en pointe des capucins.

CAPUCHE [kapyʃ] **n. f.** – 1507 var. de *capuce ;* «coiffe de femme» XIXe ◊ de *cape* ▪ Capuchon muni d'une collerette qui protège les épaules. — PAR EXT. Petit capuchon de poche ; capuchon amovible. — Capuchon. *Anorak à capuche.*

CAPUCHON [kapyʃɔ̃] **n. m.** – 1542 ◊ de *capuche* ▪ **1** Large bonnet formant la partie supérieure d'un vêtement, et que l'on peut rabattre sur la tête. ➤ **capuche, chaperon ; encapuchonner.** *Capuchons de moines.* ➤ **cagoule, capuce.** *Imperméable à capuchon.* ▪ **2** Pèlerine à capuchon. ▪ **3** (1783) FIG. MAR. Coiffe goudronnée qui couvre les haubans. ♦ TECHN. Garniture de tôle sur un tuyau de cheminée. ♦ COUR. Bouchon qui s'adapte à un objet pour le fermer, le protéger. *Capuchon de stylo.*

CAPUCIN, INE [kapysɛ̃, in] **n.** – *capussin* 1542 ◊ italien *cappuccino* «porteur de capuce» ▪ **1** Religieux, religieuse d'une branche réformée de l'ordre de Saint-François. ➤ **franciscain.** ▪ **2** **n. m.** Singe d'Amérique à longue barbe. ➤ **saï, sapajou.** ▪ **3** BOT. *Barbe*-de-capucin.*

CAPUCINADE [kapysinad] **n. f.** – 1724 ◊ de *capucin* ▪ VX Banal discours de morale. *«Il n'a plus en bouche que des capucinades»* GIDE.

CAPUCINE [kapysin] **n. f.** – 1694 ◊ de *capucin,* par métaph. ▪ Plante ornementale *(tropéolacées)* à feuilles rondes et à fleurs jaunes, orangées ou rouges. — Fleur de cette plante. *Beignets de capucine.* — *«Dansons la capucine»* (ronde enfantine).

CAQUE [kak] **n. f.** – XIVe ◊ ancien nordique *kaggi, kaggr* «tonneau» ▪ Barrique où l'on conserve les harengs salés. *Une caque de harengs.* FIG. *Serrés comme des harengs en caque* (cf. Comme des sardines). LOC. PROV. *La caque sent toujours le hareng :* on porte toujours la marque de son origine. ▪ HOM. C. A. C.

CAQUELON [kaklɔ̃] **n. m.** – 1717 ◊ de *caquelle* «écuelle», mot du Jura bernois, de *kakel* «brique vernissée» (canton de Neuchâtel) ▪ Poêlon où l'on prépare la fondue.

CAQUET [kakɛ] **n. m.** – XVe ◊ de *caqueter* ▪ **1** Gloussement de la poule quand elle pond. ▪ **2** FIG. Bavardage indiscret, intempestif. ➤ **babil.** *Quel caquet ! Rabattre, rabaisser le caquet à qqn,* l'obliger à se taire, le remettre à sa place (cf. Clouer le bec*). *Cela lui rabattra le caquet. «Il n'y a personne pour rabattre l'impudent caquet de sa vanité»* LARBAUD. — (Canada) LOC. FAM. *Avoir le caquet bas,* être abattu, découragé (à la suite d'une déception, d'une mauvaise nouvelle).

CAQUETAGE [kaktaʒ] **n. m.** – 1556 ◊ de *caqueter* ▪ **1** Action de caqueter. ▪ **2** FIG. ➤ **bavardage, caquet, piaillerie.** *«Quel ennuyeux et insignifiant caquetage que la conversation* [...] *quand elle n'est pas dirigée»* STENDHAL.

CAQUETANT, ANTE [kaktɑ̃, ɑ̃t] **adj.** – fin XIXe ◊ de *caqueter* ▪ Qui caquète. *Poules caquetantes.*

CAQUÈTEMENT [kakɛtmɑ̃] **n. m.** – *caquettement* 1572 ◊ de *caqueter* ▪ Action de caqueter (1°). ➤ **caquetage** (1°) ; **cot cot.**

CAQUETER [kakte] **v. intr.** ‹5› – 1466 ◊ onomat. ▪ **1** Glousser au moment de pondre. *Les poules caquètent.* ▪ **2** FIG. Bavarder d'une façon indiscrète, intempestive. ➤ **jaboter, jacasser, jaser.** ▪ CONTR. Taire (se). ▪ HOM. Cactées.

1 **CAR** [kaʀ] **conj.** – v. 1170 ◊ latin *quare* «c'est pourquoi» ; critiqué au XVIIe par les puristes ▪ **1** Conjonction de coordination qui introduit une raison expliquant ce qui précède, qui justifie ce qu'on a dit. (REM. Ce mot est plus abstrait et moins courant que *parce que.*) ➤ **parce que, puisque** (cf. Attendu que, vu que). *Nous irons vite car nous avons peu de temps.* (En tête de phrase, par écrit) *Car on peut supposer que.* ➤ **effectivement** (cf. En effet). (En incise) *Je sais, car on me l'a dit, que c'est pour bientôt. Notre héros, car c'était lui, parut alors. Car enfin.* REM. *Car en effet* est un pléonasme, sauf quand *en effet* signifie «réellement» : *«Car en effet il n'y a que deux états dans la vie : le célibat et le mariage»* CHATEAUBRIAND. ▪ **2** **n. m. inv.** LOC. *Les si et les car :* les arguments invoqués (PÉJ.). ▪ CONTR. Donc, néanmoins. ▪ HOM. Carre, quart.

2 **CAR** [kaʀ] **n. m.** – 1928 abrév. de *autocar ;* 1857 «voiture sur rails» ◊ anglais *car,* du normand, var. de *char* ▪ Autocar. *Un car de quarante places. Prendre le car ; ligne de cars. Partir en car, par le car. Un car de touristes.*

CARABE [kaʀab] **n. m.** – 1668 ◊ latin *carabus,* grec *karabos* → scarabée ▪ Insecte coléoptère *(carabidés),* à reflets métalliques, grand destructeur d'insectes, de larves. *Carabe doré,* dit *jardinière, couturière, sergent* ou *vinaigrier.*

CARABIN [kaʀabɛ̃] **n. m.** – 1803 ◊ ellipse de *carabin de saint Côme* «élève chirurgien» (1650), de *carabin* «soldat de cavalerie» (fin XVIe) et de saint Côme, patron des chirurgiens. *Carabin,* d'origine incertaine, viendrait de *(e)scarrabin* «ensevelisseur des pestiférés», mot du Midi de la famille de *escarbot* «nécrophore». ▪ FAM. et VIEILLI Étudiant en médecine.

CARABINE [kaʀabin] **n. f.** – 1694 ; «arme du carabin (cavalier)» XVIe ◊ de *carabin* ▪ Fusil léger à canon court. ➤ **rifle.** *Carabine de précision,* pour concours de tir. *Tir à la carabine. Carabine à air comprimé* (jouet d'enfant).

CARABINÉ, ÉE [kaʀabine] **adj.** – 1836 ; *brise carabinée* 1687 ◊ de *carabiner* «se battre» (1611), et fig. «souffler en tempête» (XVIIIe) ; de *carabine* ▪ FAM. Fort, violent. *Un rhume carabiné.* ➤ **grave, intense.** ▪ CONTR. Doux, faible.

CARABINIER, IÈRE [kaʀabinje, jɛʀ] **n.** – 1634 ◇ de *carabine* ■ **1** **n. m.** ANCIENNT Soldat à pied ou à cheval armé d'une carabine. ■ **2** **n. m.** En Italie, Gendarme ; en Espagne, Douanier. *« Appréhendé au corps par deux carabiniers, au détour d'un sentier »* LOTI. — LOC. FAM. *Arriver comme les carabiniers,* trop tard (comme dans « Les Brigands », opérette d'Offenbach). ■ **3** SPORT Tireur, tireuse à la carabine.

CARABISTOUILLE [kaʀabistuj] **n. f.** – 1886 ◇ d'un élément *cara-*, peu clair, et de *bistouille* ■ RÉGION. (Nord, Belgique) FAM. Baliverne, calembredaine. *N'écoute pas ses carabistouilles !*

CARACAL [kaʀakal] **n. m.** – 1750 ; *karacoulac* 1664 ◇ mot espagnol, turc *qara qâlaq* « oreille noire » ■ Petit lynx, félidé des savanes d'Afrique et d'Asie du Sud. *Des caracals.*

CARACIN ➤ **CARASSIN**

CARACO [kaʀako] **n. m.** – 1774 ◇ p.-ê. turc *kerake* ■ **1** VIEILLI OU RURAL Corsage de femme, blouse droite et assez ample. ➤ **camisole.** ■ **2** MOD. Sous-vêtement féminin droit et court, à bretelles, couvrant le buste. *Des caracos.*

CARACOLER [kaʀakɔle] **v. intr.** ‹1› – 1642 ; de *caracole* « volte » (t. de manège) 1611 ◇ espagnol *caracol* « colimaçon » ■ Faire des voltes, des sauts (chevaux). ◆ (PERSONNES) Avancer sur un cheval fringant, en tête de troupes. *« Le maréchal Murat, caracolant sur un cheval noir »* MADELIN. — FIG. *Caracoler en tête (des sondages) :* être largement en tête. *« le roman faisait un tabac, la presse et le public adoraient — en quelques jours il caracolait en tête des ventes »* G. LEROY.

CARACTÈRE [kaʀaktɛʀ] **n. m.** – 1550 ◇ du latin *character,* mot d'origine grecque qui signifiait « empreinte (d'une monnaie) » puis « signe distinctif »

I MARQUE, SIGNE DISTINCTIF (DE L'ÉCRITURE) ■ **1** Signe gravé ou écrit, élément d'une écriture*. ➤ **chiffre, lettre, signe, symbole.** *Caractères hiéroglyphiques* (➤ **hiéroglyphe**), *cunéiformes. Caractères grecs, arabes, chinois* (➤ **idéogramme**), *hébraïques, romains, gothiques, cyrilliques. Les caractères d'une inscription. Écrire en gros, en petits caractères. Caractères particuliers de la musique, la phonétique.* ◆ INFORM. Élément d'un alphabet codé par une suite binaire. ➤ **digit.** *Un caractère alphanumérique. Caractère de commande, de contrôle,* destiné à la gestion des périphériques. *Caractère générique :* symbole qui peut remplacer dans un traitement n'importe quel caractère ou suite de caractères. ◆ MATH. Critère sur lequel est fondée une étude statistique. *Caractère qualitatif,* qui permet de construire une classe à partir d'une qualité (couleur, poids, âge...). *Caractère quantitatif,* auquel peuvent correspondre des nombres. ➤ **variable** (statistique). *Caractère discret, continu.* ■ **2** (fin XVIe) TECHN. Bloc de métal portant une lettre, utilisé autrefois pour l'impression typographique. *Caractères d'imprimerie, caractères typographiques.* ➤ **plomb, type ; lettre.** *L'œil*, le corps* d'un caractère. Caractères de 6 points, 12 points* (➤ **cicéro**). *Largeur d'un caractère.* ➤ **chasse.** *Composer avec des caractères mobiles* (➤ **monotype**) *ou à la linotype.* — Dessin caractéristique d'un signe d'imprimerie, non matérialisé. *Choisir des caractères pour imprimer un livre en photocomposition.* ◆ COUR. Signe imprimé. *Caractères romains, italiques ; gras, maigres. Police* de caractères. Les caractères de ce livre sont beaux, très lisibles.* ■ **3** FIG. Empreinte. *Graver, imprimer, marquer avec des caractères, en caractères ineffaçables.* ➤ **empreinte, sceau.** *L'homme « présente une face auguste sur laquelle est imprimé le caractère de sa dignité »* BUFFON.

II SIGNE OU ENSEMBLE DE SIGNES DISTINCTIFS (DE QQCH.) ■ **1** (milieu XVIIe, Pascal) Trait propre à une personne, à une chose, et qui permet de la distinguer d'une autre. ➤ **attribut, caractéristique, indice,** 1 **marque, particularité, propriété, qualité, signe,** 1 **trait.** *Caractères distinctifs, particuliers, individuels, propres, originaux, typiques.* — SC. *Caractères spécifiques,* communs à tous les individus d'une espèce. *Classification des individus selon leurs caractères. Caractères génétiques héréditaires* (➤ **allèle, génotype**), *acquis* (➤ **phénotype**). ■ **2** Élément propre, particulier (qui permet de reconnaître, de juger). ➤ **qualité.** *La simplicité est le caractère de son style.* ➤ 1 **marque,** 1 **trait.** *Ces lettres ont le caractère d'une correspondance privée.* ➤ **nature.** *Conférer, revêtir tel ou tel caractère.* ➤ **qualité, titre.** *Caractère officiel, administratif, privé, confidentiel d'une démarche. Des mesures à (de) caractère social.* — *Sa demande revêt un caractère d'urgence. Sa maladie n'a, ne présente aucun caractère de gravité.* ➤ 2 **air, allure, apparence, aspect, cachet,** 2 **extérieur.** *« Comment Wagner ne comprendrait-il pas admirablement le caractère sacré, divin du mythe ! »* BAUDELAIRE. ➤ 1 **sens, signification, valeur.** ■ **3** (Sans compl.) Air personnel, original. ➤ **cachet, originalité, personnalité, relief.** *Un style plat et sans caractère. Une physionomie sans caractère.* ➤ **expression.** *Leur maison a du caractère.* ➤ **allure, style ;** FAM. **gueule.** *« dans l'Art, est beau uniquement ce qui a du caractère »* RODIN. ◆ loc. adj. *De caractère :* se dit, dans l'immobilier, d'un logement ancien et pittoresque. *Studio de caractère, avec poutres apparentes.* — *Un vin de caractère,* au goût assez marqué.

III LE CARACTÈRE DE QQN ■ **1** (milieu XVIIe, Pascal) Ensemble des manières habituelles de sentir et de réagir qui distinguent un individu d'un autre. ➤ **individualité, personnalité, tempérament.** *Le caractère est une manière d'être constante, l'humeur une disposition passagère. Étude des types de caractères.* ➤ **caractérologie, psychologie.** *Troubles du caractère.* ➤ **caractériel.** *Être jeune de caractère.* ◆ *Ils ont le même caractère, des caractères différents, opposés. Traits de caractère.* — Manière d'agir habituelle (d'une personne). ➤ **comportement, nature.** *Un caractère changeant, égal, difficile. Caractère autoritaire, souple, flegmatique, pondéré, sérieux, exubérant, passionné. Caractère introverti, extraverti.* — *Avoir (un) bon caractère :* être affable, conciliant, sociable. *Avoir un heureux caractère :* être optimiste. *Un caractère en or.* — *Avoir (un) mauvais caractère :* être acerbe, agressif, emporté, hargneux, irascible. FAM. *Avoir un sale, un sacré, un fichu, un foutu caractère, un caractère de chien, de cochon. Avoir son caractère :* ne pas être d'une humeur facile. — Manière d'être morale. *Un beau, un noble caractère.* ■ **2** (milieu XVIIIe) (Sans compl.) *Avoir du caractère.* ➤ **courage, détermination, énergie, fermeté, ténacité, volonté.** *« Elle manque un peu de caractère, comme on dit »* LE CLÉZIO. *Un homme sans caractère. Faire preuve de caractère. Ça forge* le caractère.* ■ **3** (1787) Personne considérée dans son individualité, son originalité, ses qualités morales. ➤ **personnalité.** *« Je n'ai d'amour que pour les caractères d'un idéalisme absolu, martyrs, héros, utopistes »* RENAN. ■ **4** Mœurs (d'une personne ou d'un groupe) ; leur description (dans une œuvre littéraire). *« Les Caractères », de La Bruyère.* — *Comédie*, pièce de caractère.* ■ **5** (1748) *Le caractère d'une nation.* ➤ **âme, génie.** *Le caractère français.*

CARACTÉRIEL, IELLE [kaʀaktɛʀjɛl] **adj.** et **n.** – 1841, répandu XXe ◇ de *caractère* ■ **1** DIDACT. (PSYCHOL.) Du caractère. *Traits caractériels. Troubles caractériels,* qui concernent les tendances et les réactions affectives d'un individu (SPÉCIALT d'un enfant) rendant difficile son adaptation au milieu. — (PERSONNES) Qui a des troubles caractériels. *Un enfant caractériel.* FAM. et COUR. *Il est un peu caractériel :* il a un caractère difficile. ■ **2** **n.** (1951) Personne qui présente des troubles caractériels. *Les caractériels.*

CARACTÉRISATION [kaʀakteʀizasjɔ̃] **n. f.** – 1840 ◇ de *caractériser* ■ Le fait de caractériser ; manière dont une chose est caractérisée.

CARACTÉRISÉ, ÉE [kaʀakteʀize] **adj.** – 1653 ; « marqué d'un signe magique » XVIe ◇ de *caractériser* ■ Dont le caractère est bien marqué. ➤ 2 **net, typique.** *Une rougeole caractérisée.*

CARACTÉRISER [kaʀakteʀize] **v. tr.** ‹1› – 1512 ◇ de *caractère* ■ **1** Indiquer avec précision, dépeindre les caractères distinctifs de. ➤ **distinguer, marquer, montrer, préciser.** *« On caractérise êtres, personnes, actions pour les nommer »* BRUNOT. ■ **2** Constituer le caractère ou l'une des caractéristiques de. ➤ **définir, déterminer, individualiser.** *La générosité qui vous caractérise. Les symptômes qui caractérisent une maladie.* — PRONOM. (PASS.) *Son style se caractérise par des phrases courtes.*

CARACTÉRISTIQUE [kaʀakteʀistik] **adj.** et **n. f.** – 1550 ◇ grec *kharaktêristikos*

I **adj.** ■ **1** Qui constitue un élément distinctif reconnaissable. *Différence, élément, marque, propriété, signe, trait caractéristique.* ➤ **déterminant, distinctif, essentiel, particulier, personnel, propre, spécifique, typique.** ■ **2** PHYS. *Valeur caractéristique de la variable d'une loi exponentielle décroissante :* valeur pour laquelle la fonction exponentielle est divisée par *e*. Temps caractéristique.* ➤ **demi-vie, durée** (de vie). ◆ MATH. *Propriété caractéristique d'un objet mathématique. Équation caractéristique.*

II **n. f.** (1690) ■ **1** Ce qui sert à caractériser. ➤ **caractère, indice,** 1 **marque, signe,** 1 **trait.** *Le s est la caractéristique du pluriel en français. Les caractéristiques d'une machine, d'un avion.* ➤ **particularité.** *Avoir pour caractéristique.* ■ **2** Relation, matérialisée par un graphique, entre plusieurs grandeurs décrivant le fonctionnement d'un appareil. *La caractéristique d'une triode.* ■ **3** MATH. Partie non décimale (d'un logarithme), par oppos. à *mantisse.* Exposant de la base d'un nombre écrit en virgule* flottante.

CARACTÉROLOGIE [kaʀaktеʀɔlɔʒi] n. f. – 1945 ; *caractériologie* 1909 ◊ de *caractère* et *-logie*, d'après l'allemand ■ DIDACT. Étude psychologique des types de caractères. — adj. **CARACTÉROLOGIQUE.**

CARACUL ➤ **KARAKUL**

CARAFE [kaʀaf] n. f. – 1642 ◊ de l'italien *caraffa*, emprunté à l'arabe (Maghreb) *gharrāfa* «vase de terre cuite à une ou deux anses». Le mot italien a peut-être été influencé, pour le sens, par l'arabo-persan *qarāba* «bouteille pansue en verre». ■ **1** Récipient de verre de forme pansue, à col étroit. *Carafe de verre, de cristal. Carafe d'eau. Vin décanté et en carafe. Bouchon de carafe*, en verre, en cristal ; FIG. et FAM. grosse pierre précieuse taillée ou son imitation. — PAR MÉTON. Contenu d'une carafe. ■ **2** LOC. FAM. (1896) *Tomber en carafe* : tomber en panne. *Rester en carafe* : être oublié, laissé de côté (cf. FAM. Rester en plan*). «*on serait restés en carafe dans le bois de Saint-Cloud, avec la bagnole !*» VIALAR. ■ **3** (1901) FAM. Tête. ➤ **carafon.**

CARAFON [kaʀafɔ̃] n. m. – 1700 ; *garafon* 1667 ◊ italien *caraffone* «grande carafe», par confusion sur le sens du suffixe ■ **1** Petite carafe. *Carafon de vin, de liqueur. Carafon d'un quart de litre, dans les restaurants.* — Contenu d'un carafon. ■ **2** FAM. Tête.

CARAÏBE [kaʀaib] adj. et n. – 1658 ; *caribe* n. 1568 ◊ mot amérindien *karib* ■ De la population autochtone des Antilles et des côtes voisines. *Les Indiens caraïbes.* ♦ n. *Le massacre des Caraïbes.* — n. m. *Le caraïbe* : groupe de langues amérindiennes de ces régions.

CARAMBOLAGE [kaʀɑ̃bɔlaʒ] n. m. – 1812 ◊ de *caramboler* ■ **1** BILLARD Coup dans lequel une bille en touche deux autres. *Faire plusieurs carambolages successifs.* ➤ **série.** ■ **2** FIG. et FAM. Série, suite de chocs*, de heurts (surtout, de véhicules). *Il y a eu un carambolage sur l'autoroute.*

CARAMBOLE [kaʀɑ̃bɔl] n. f. – 1610 ◊ de l'espagnol *carambola*, lui-même du portugais emprunté à une langue du sud de l'Inde (marathi) *karambal* ■ Petit fruit exotique originaire d'Asie, jaune orangé à maturité, marqué de côtes saillantes disposées en étoile.

CARAMBOLER [kaʀɑ̃bɔle] v. ‹1› – 1792 ; *caramboller* 1790 ◊ de *carambole* «boule de billard» (1792), nom d'un fruit (1602) → carambole ■ **1** v. intr. Toucher deux billes avec la sienne, au billard. ■ **2** v. tr. FIG. Bousculer, heurter. — PRONOM. *Plusieurs voitures se sont carambolées au carrefour.*

CARAMBOUILLAGE [kaʀɑ̃bujaʒ] n. m. – 1918 ◊ probablt altération de *carambole* → caramboler ■ ARG. FAM. Escroquerie consistant à revendre une marchandise non payée. — On dit aussi **CARAMBOUILLE** n. f. «*ils rêvaient tous de réussites, de carambouilles formidables...*» CÉLINE.

CARAMBOUILLEUR [kaʀɑ̃bujœʀ] n. m. – 1926 ◊ de *carambouille* → carambouillage ■ ARG. FAM. Escroc qui pratique le carambouillage.

CARAMEL [kaʀamɛl] n. m. – 1680 ◊ de l'espagnol *caramel(o)*, lui-même du portugais, tous deux probablement du bas latin *calamellus*, de *calamus* «roseau» ■ **1** Produit brun, brillant, aromatique, de la déshydratation du sucre par la chaleur. *L'odeur du caramel. Crème au caramel* ; ELLIPT *crème caramel.* ■ **2** Bonbon au caramel. *Manger des caramels. Caramels mous.* ➤ RÉGION. **fudge.** *Caramels au lait. Caramels anglais.* ➤ **toffee.** ■ **3** ADJT INV. Roux clair. *Des soies caramel.*

CARAMÉLISER [kaʀamelize] v. tr. ‹1› – 1825 ◊ de *caramel* ■ **1** Réduire en caramel, en parlant du sucre. — PRONOM. *Le sucre se caramélise.* ■ **2** Mêler de caramel. p. p. adj. *Eau-de-vie caramélisée.* ■ **3** Enduire (un moule) de caramel. ■ **4** Recouvrir de caramel. p. p. adj. *Gâteau de riz caramélisé.* — n. f. **CARAMÉLISATION.**

CARAPACE [kaʀapas] n. f. – 1688 ◊ espagnol *carapacho* ■ **1** Organe dur, formé de téguments épaissis, qui protège le corps de certains animaux. ➤ **exosquelette.** *Carapace cornée, calcaire, chitineuse* (➤ **bouclier, 1test**). *Carapace des tortues, des crustacés, de quelques mammifères* (tatous). ■ **2** Ce qui recouvre d'une enveloppe dure. *Une carapace de boue, de glace.* — (ABSTRAIT) *La carapace de l'égoïsme, de l'insensibilité.* ➤ **armure, cuirasse.** *Il est sensible, sous sa carapace !* ■ **3** GÉOL. Concrétion épaisse, dure, à la surface du sol. *Carapace de latérite.*

CARAPATER (SE) [kaʀapate] v. pron. ‹1› – avant 1881 ; *se carappater* 1867 ◊ de *patte* et p.-ê. argot *se carrer* «se cacher» ■ FAM. S'enfuir*, s'en aller vivement. ➤ **décamper,** se **sauver,** FAM. **se tirer.** — n. f. **CARAPATE.**

CARAQUE [kaʀak] n. f. – XIIIe ◊ de l'italien *caracca*, arabe *karâka* «barque» ■ DIDACT. Ancien navire de fort tonnage, très haut sur l'eau.

CARASSIN [kaʀasɛ̃] n. m. – 1803 ; *carache* 1686 ◊ allemand *Karas*, du tchèque ■ Poisson d'eau douce, semblable à la carpe, mais sans barbillons et plus petit. *Carassin doré* : poisson* rouge (➤ **cyprin**). «*Les carassins et les carpes dont les couleurs font l'adoration des collectionneurs*» CAYROL. — On écrit aussi *caracin.*

CARAT [kaʀa] n. m. – milieu XIVe ◊ de l'italien *carato*, emprunté à l'arabe *qîrât* «petit poids» et «graine de caroubier». L'arabe est lui-même emprunté au grec *keration* «petite corne» et «caroube» à cause de la forme du fruit. Les graines de caroubier servaient en effet de poids pour peser l'or et les pierres, d'où les sens de l'arabe *qîrât*. ■ **1** Chaque vingt-quatrième d'or fin contenu dans une quantité d'or. *Or à dix-huit carats.* ■ **2** MÉTROL. *Carat (métrique)* : unité de mesure de masse valant 0,2 gramme, utilisée dans le commerce des pierres précieuses, en particulier le diamant, et des perles. *Perle, diamant de dix carats.* «*L'unité, dans la perle, était le grain, subdivision infime du carat, valant lui-même un cinquième de gramme !*» SIMONIN. ■ **3** LOC. FAM. *Dernier carat* : dernière limite. *Viens à 6 heures, dernier carat.*

CARAVANE [kaʀavan] n. f. – 1654 ; *carvane* v. 1195 ◊ persan *karwân*, lors des croisades, p.-ê. du sanskrit *karabha* «chameau» ■ **1** Groupe de voyageurs réunis pour franchir une contrée désertique, peu sûre (avant les moyens de transport modernes ou quand ils ne sont pas utilisables). *Une caravane de nomades, de marchands. Les caravanes de la route de la soie. Relais des caravanes.* ➤ **caravansérail.** PROV. *Les chiens aboient, la caravane passe* : il faut laisser crier les envieux, les médisants. ■ **2** Groupe de personnes qui se déplacent. *Une caravane de touristes. Caravane scolaire.* — PAR EXT. *La caravane du Tour de France.* ■ **3** (v. 1930 ◊ de l'anglais *caravan*) Remorque d'automobile, aménagée pour pouvoir servir de logement, pour le camping. ➤ VX **roulotte.** *Partir en vacances en caravane.* ➤ **caravaning ; camping-car, mobile home.**

CARAVANIER, IÈRE [kaʀavanje, jɛʀ] n. – 1673 ◊ de *caravane* ■ **1** n. m. Conducteur des bêtes de somme d'une caravane (1°). — adj. Qui a rapport aux caravanes. *Chemin caravanier.* ■ **2** (v. 1960) Personne qui possède une caravane (3°) et l'utilise pour camper (rare au fém.).

CARAVANING [kaʀavaniŋ] n. m. – 1935 ; *caravanning* 1932 ◊ de l'anglais *caravan*, d'après *camping* ■ ANGLIC. Voyage et séjour en caravane.

CARAVANSÉRAIL [kaʀavɑ̃seʀaj] n. m. – XVIIe, sous l'influence de *sérail* ; *karvansera* 1432 ◊ persan *karwanserai* «logement de caravane» ■ **1** ANCIENNT Vaste cour, entourée de bâtiments où les caravanes faisaient halte ; auberge, hôtellerie qui en dépendent. ➤ 2 **khan, fondouk.** *Des caravansérails.* ■ **2** Lieu fréquenté par des étrangers de diverses provenances ; endroit peuplé et agité.

CARAVELLE [kaʀavɛl] n. f. – 1495 ; *caruelle* 1439 ◊ portugais *caravela*, bas latin *carabus* → gabare ■ ANCIENNT Navire de petit ou moyen tonnage (XVe-XVIe s.). *Les caravelles avaient trois ou quatre mâts, portant généralement des voiles à antennes. La Pinta et la Niña, caravelles de Christophe Colomb.*

CARBAMATE [kaʀbamat] n. m. – 1868 ◊ de *carbam(ide)* «urée» et suffixe chimique *-ate* ■ CHIM. Sel ou ester du monoacide de l'acide carbonique (acide *carbamique* NH_2COOH), monoacide qui n'existe pas à l'état libre.

CARBET [kaʀbɛ] n. m. – 1638 ; 1614 au Brésil ◊ mot tupi ■ (Antilles) Grande case collective. Abri pour embarcations, engins de pêche.

CARBHÉMOGLOBINE ➤ **CARBOHÉMOGLOBINE**

CARBO- ■ Élément, du latin *carbo* «charbon». — SPÉCIALT. CHIM. Élément indiquant la présence de carbone ou d'un anhydride carbonique dans un composé ou un ion.

CARBOCATION [kaʀbokatjɔ̃] n. m. – 1958 ◊ de *carbo-* et *cation* ■ CHIM. Ion organique dont la charge positive est portée par un atome de carbone.

CARBOCHIMIE [kaʀboʃimi] n. f. – 1959 ◊ de *carbo-* et *chimie* ■ DIDACT. Partie de la chimie industrielle englobant les procédés de transformation de la houille et de ses dérivés. ➤ **carbonisation, cokéfaction, distillation, gazéification, hydrogénation.** — adj. **CARBOCHIMIQUE.**

CARBOGÈNE [kaʀbɔʒɛn] n. m. – fin XIXe ◊ de *carbo-* et *-gène* ■ Mélange gazeux (90 % oxygène, 10 % gaz carbonique) employé pour ranimer les asphyxiés.

CARBOGLACE [kaʀboglas] n. f. – 1935 ◊ nom déposé, de *carbo-* et *glace* ■ TECHN. Dioxyde de carbone solidifié utilisé pour réfrigérer (SYN. COUR. neige carbonique*).

CARBOHÉMOGLOBINE [kaʀboemɔglɔbin] n. f. – milieu XXe ◊ de *carbo-* et *hémoglobine* ■ PHYSIOL. Combinaison du gaz carbonique et de l'hémoglobine, qui se forme dans les globules rouges et se décompose dans les poumons, en libérant le gaz carbonique. — On dit parfois *carbhémoglobine.*

CARBONADE [kaʀbɔnad] n. f. – 1534 ; *charbonnade* XIIIe ◊ ancien occitan *carbonada*, de *carbon* « charbon » ■ **1** VX Manière de griller la viande sur des charbons. *Tranches de jambon à la carbonade.* — La viande ainsi apprêtée. ■ **2** RÉGION. **(Nord, Belgique, Luxembourg)** PLUR. Plat de bœuf braisé. *Carbonades flamandes,* accommodées à la bière. — On écrit aussi *carbonnade.*

CARBONADO [kaʀbɔnado] n. m. – 1888 ◊ mot portugais « charbonneux » ■ TECHN. Diamant noir utilisé pour le forage des roches dures. *Des carbonados.*

CARBONARA [kaʀbɔnaʀa] n. f. – 1954, *alla carbonara* ◊ expression italienne, mot à mot « à la manière des *carbonari* » ■ Sauce crémeuse à base de jaune d'œuf et de parmesan (ou de pécorino) accompagnant certains plats de pâtes. — EN APPOS. *Sauce carbonara.* — *Tagliatelles à la carbonara,* servies avec cette sauce et de la pancetta grillée.

CARBONARISME [kaʀbɔnaʀism] n. m. – 1818 ◊ de *carbonaro* ■ Principes, doctrines des carbonari. — Mouvement politique des carbonari.

CARBONARO, plur. **CARBONARI** [kaʀbɔnaʀo, i] n. m. – 1818 ◊ mot italien « charbonnier », en mémoire d'anciens conspirateurs qui se réunissaient dans des huttes de charbonniers ■ Membre d'une société secrète italienne qui, au début du XIXe s., combattait pour la liberté nationale. *Réunion de carbonari* (parfois *de carbonaros*). ➤ **vente.**

CARBONATATION [kaʀbɔnatasjɔ̃] n. f. – 1874 ◊ de *carbonater* ■ CHIM., TECHN. Fait de carbonater, ou d'être carbonaté. *La carbonatation, procédé de purification du jus de betteraves.*

CARBONATE [kaʀbɔnat] n. m. – 1787 ◊ de *carbone* ■ CHIM. Sel ou ester de l'acide carbonique. ➤ **bicarbonate.** *Carbonate hydraté.* ➤ **hydrocarbonate.** *Carbonate naturel de calcium* (➤ **aragonite, calcaire, calcite, chaux**), *de cuivre* (➤ **azurite, malachite**), *de fer* (➤ **sidérose**), *de manganèse, de plomb* (➤ **céruse**), *de sodium, de zinc* (➤ **smithsonite**).

CARBONATER [kaʀbɔnate] v. tr. ‹1› – 1845 ◊ de *carbonate* ■ Transformer en carbonate. — Additionner de carbonate. — Additionner de gaz carbonique en solution. p. p. adj. *Eaux carbonatées.*

CARBONE [kaʀbɔn] n. m. – 1787 ◊ latin *carbo, onis* « charbon » ■ **1** CHIM. Élément atomique (C ; n° at. 6 ; m. at. 12,01), très répandu dans la nature, qui se présente sous forme minérale ou organique (constituant fondamental des êtres vivants). *Carbone minéral amorphe* (➤ **charbon**), *cristallisé* (➤ **diamant, fullerène, graphène, graphite**). *Carbone organique.* ➤ **hydrocarbure, glucide, lipide, protide.** *Cycle du carbone* (cf. Gaz carbonique*). *Sels de carbone.* ➤ **carbure, carbonate.** *Sulfure, tétrachlorure de carbone,* solvants organiques puissants. *Oxyde de carbone* (CO) : gaz toxique résultant de la combustion incomplète du carbone. *Monoxyde*, dioxyde* de carbone.* ◆ *Carbone 14.* ➤ **radiocarbone.** *Soumettre des objets de fouille à l'analyse du carbone 14* (ou C^{14}). ◆ MATÉR. *Fibre de carbone :* filament de carbone utilisé dans les matériaux composites* pour ses excellentes propriétés mécaniques alliées à une faible densité. ■ **2** Émission atmosphérique de carbone sous forme de dioxyde (CO_2) ; gaz à effet de serre. *Bilan carbone* (marque déposée) ou *empreinte carbone :* estimation de la quantité de gaz à effet de serre émise par l'activité (d'un site, d'une entreprise, d'une collectivité), par la production et le transport (d'un produit). *Taxe carbone.* ➤ **écotaxe.** *Crédit carbone :* unité équivalant à une tonne de gaz à effet de serre non émise dans l'atmosphère et donnant droit à son détenteur (État, entreprise...) de l'échanger sur le marché international. *Crédits carbone octroyés à une entreprise investissant dans des technologies propres. Puits de carbone :* système (forêt, océan, etc.) qui absorbe naturellement une partie du CO_2 émis (cf. Séquestration* du CO_2). ■ **3** COUR. APPOS. **PAPIER CARBONE :** papier chargé de couleur (à l'origine, de noir animal), destiné à obtenir des doubles, en dactylographie, etc. *Des papiers carbones* ou *carbone* (inv.). — ABSOLT *Taper une lettre en six exemplaires, avec des carbones.* — **COPIE CARBONE :** champ d'adresse d'un message électronique permettant d'en envoyer une copie à une ou plusieurs personnes distinguées des destinataires principaux.

CARBONÉ, ÉE [kaʀbɔne] adj. – 1787 ◊ de *carbone* ■ CHIM. Qui contient du carbone. *Roches carbonées. Chaîne carbonée.* ◆ PAR EXT. Qui émet du dioxyde de carbone. *L'économie carbonée. Énergies non carbonées,* non polluantes (➤ **décarboner**).

CARBONIFÈRE [kaʀbɔnifɛʀ] adj. et n. m. – 1838 ◊ de *carbone* et *-fère* ■ **1** Qui contient du charbon. *Terrain carbonifère.* ■ **2** n. m. GÉOL. Période géologique de la fin de l'ère primaire, précédant le permien. *Les terrains du carbonifère sont, en général, riches en houille.* adj. *La faune carbonifère.*

CARBONIQUE [kaʀbɔnik] adj. – 1787 ◊ de *carbone* ■ Qui résulte de la combinaison du carbone avec l'oxygène. *L'anhydride carbonique* ou *gaz carbonique* (CO_2) *est un gaz incolore, lourd, incombustible. Dans le cycle du carbone, le gaz carbonique sert à la photosynthèse des sucres par les plantes ; les animaux le rejettent après avoir consommé ces végétaux. Le gaz carbonique est le terme ultime des combustions organiques et le gaz dégagé par l'ensemble des fermentations.* — *Neige carbonique.* ➤ **carboglace.**

CARBONISATION [kaʀbɔnizasjɔ̃] n. f. – 1789 ◊ de *carbone* ■ Transformation (d'une substance organique) en charbon (par la chaleur). *Carbonisation du bois* (charbon de bois), *des os* (noir animal). *Carbonisation de la houille.* ➤ 1 **coke.** *Carbonisation en four.*

CARBONISER [kaʀbɔnize] v. tr. ‹1› – 1803 ◊ de *carbone* ■ **1** Réduire en charbon. ➤ **brûler, calciner, consumer.** *Carboniser du bois.* ■ **2** COUR. Brûler complètement. *L'incendie a carbonisé la forêt entière.* p. p. adj. *Des corps carbonisés.* — PAR EXT. Cuire à l'excès, brûler. p. p. adj. *Le rôti est carbonisé.* ■ **3** FIG. Discréditer (qqn). ➤ **brûler, griller.** « *le carboniser auprès de l'intelligentsia libérale* » M. DUGAIN.

CARBONNADE ➤ **CARBONADE**

CARBONYLE [kaʀbɔnil] n. m. – 1855 ◊ de *carbon(e)* et *-yle* ■ CHIM. Radical bivalent, de formule C=O. adj. *Métal carbonyle :* composé d'un métal avec l'oxyde de carbone. — adj. **CARBONYLÉ, ÉE.** *Composés carbonylés* (ex. acétone).

CARBORUNDUM [kaʀbɔʀɔ̃dɔm] n. m. – 1894 ◊ nom déposé ; mot anglais, de *carbon* « carbone » et *corundum* « corindon » ■ TECHN. Carbure de silicium utilisé comme abrasif, comme matériau réfractaire. *Carborundum en grains, en poudre. Scie au carborundum.*

CARBOXYLASE [kaʀbɔksilɑz] n. f. – 1953 ◊ de *carboxyle* et *-ase* ■ BIOCHIM. Enzyme qui catalyse la fixation de gaz carbonique sur un composé organique. — APPOS. *Pyruvate carboxylase.* ■ CONTR. Décarboxylase.

CARBOXYLE [kaʀbɔksil] n. m. – 1890 ◊ de *carbo(ne), ox(ygène)* et *-yle* ■ CHIM. Groupement monovalent −COOH, caractéristique des acides organiques. — adj. **CARBOXYLIQUE.** *Groupe carboxylique* (−COO−).

CARBURANT [kaʀbyʀɑ̃] adj. et n. m. – 1857 *appareil carburant* ◊ de *carburer*

I adj. Qui contient un ou des hydrocarbures (ou un autre combustible). *Mélange carburant.*

II n. m. ■ **1** (1899) Combustible qui, mélangé à l'air (➤ **carburation**), peut être utilisé dans un moteur à explosion, et PAR EXT. dans un moteur à turbine, un réacteur, etc. *Carburants d'origine minérale* (➤ **aquazole, benzol, essence, gazole, kérosène, pétrole,** 1 **super, supercarburant**), *végétale* (➤ **agrocarburant, biocarburant ; éthanol**). *Indice d'octane d'un carburant. Carburants et comburants*. Carburant pour voitures de tourisme, pour camions, pour moteurs diesels, pour avions à réaction* (➤ **carburéacteur**), *pour fusées.* ■ **2** MÉTALL. Produit utilisé pour enrichir un alliage métallique en carbone. ■ **3** FAM. Ce qui fournit de l'énergie à qqn (notamment alcool). « *ils ont commencé à picoler et se trouvent à court de carburant* » E. CARRÈRE.

CARBURATEUR, TRICE [kaʀbyʀatœʀ, tʀis] adj. et n. m. – 1857 ◊ de *carbure* ■ **1** VX Où se produit une carburation. *Appareil carburateur* (pour augmenter la puissance d'éclairage du gaz). ■ **2** n. m. (1892) MOD. Appareil dans lequel un carburant vaporisé est mélangé à l'air (mélange carburé*) pour alimenter un moteur à explosion. *Réservoir, cuve, flotteur, gicleur, venturi d'un carburateur. Commande du carburateur.* ➤ **accélérateur.** *Carburateur d'automobile, de moto, d'avion. Réglage du carburateur.* — *Moteur à carburateur et moteur à injection.*

CARBURATION [kaʀbyʀasjɔ̃] n. f. – 1852 *carburation du gaz* ◇ de *carbure* ■ **1** TECHN. Enrichissement en carbone (d'un corps métallique). *Carburation du fer.* ➤ **aciérage.** ■ **2** COUR. Formation d'un mélange gazeux inflammable par mélange de l'air et d'un carburant. *Carburation de l'essence dans le carburateur d'un moteur à explosion. La carburation se fait mal.*

CARBURE [kaʀbyʀ] n. m. – 1787 ◇ du radical de *carbone* ■ **1** CHIM. Composé binaire du carbone. — (Qualifié) *Carbures d'hydrogène* (VIEILLI). ➤ **hydrocarbure.** *Carbures métalliques,* de calcium (➤ **chaux**), de fer, de tungstène, etc. ■ **2** COUR. Carbure de calcium. *Mettre du carbure dans une lampe à acétylène.*

CARBURÉACTEUR [kaʀbyʀeaktœʀ] n. m. – 1959 ◇ de *carbu(rant)* et *réacteur* ■ TECHN. Combustible pour moteur d'avion à réaction ou à turbine. — Recomm. offic. pour *jet fuel.*

CARBURER [kaʀbyʀe] v. ⟨1⟩ – 1853 *carburer la flamme du gaz d'éclairage* ◇ de *carbure*

I v. intr. ■ **1** Effectuer la carburation. *Ce moteur carbure mal.* ■ **2** (1920 sport) FAM. Aller (bien ou mal) ; marcher, fonctionner. *«– Qu'est-ce qu'il y a vous deux ? dit Colin. Ça n'a pas l'air de carburer fort»* VIAN. *Carburer à fond, à plein régime.* — LOC. *Carburer à la vodka, au whisky,* etc., en boire de manière habituelle.

II v. tr. TECHN. Enrichir (un métal) en carbone. — p. p. adj. *Métal carburé.*

CARCAILLER [kaʀkaje] v. intr. ⟨1⟩ – 1621 ; *carcaillat* XVᵉ ◇ onomat. ■ RARE Pousser son cri, en parlant de la caille (➤ **courcaillet**).

CARCAJOU [kaʀkaʒu] n. m. – 1685 *cacajou* «glouton» ◇ d'un mot amérindien (montagnais) ■ Mammifère carnivore *(mustélidés)* des régions boréales, au corps trapu et massif. ➤ **glouton.** *Des carcajous.*

1 **CARCAN** [kaʀkɑ̃] n. m. – 1172 ; *charcanz* début XIIᵉ ◇ latin médiéval *carcannum* d'origine inconnue ■ **1** ANCIENNT Collier de fer fixé à un poteau pour y attacher par le cou un criminel condamné à l'exposition publique. ➤ **pilori ; cangue.** — La peine du carcan. *Être condamné au carcan.* ■ **2** FIG. Ce qui engonce, serre le cou. *Ce col est un vrai carcan.* ■ **3** (ABSTRAIT) Ce qui entrave la liberté. ➤ **assujettissement, contrainte.** *Le carcan de la discipline. La jeunesse «étouffée par le carcan paternaliste du gaullisme»* HOUELLEBECQ.

2 **CARCAN** [kaʀkɑ̃] n. m. – 1842 ◇ var. de *carcasse* ■ FAM. VX Mauvais cheval. ➤ **rosse.**

CARCASSE [kaʀkas] n. f. – 1556, au sens d'«ossements» ◇ mot d'origine inconnue ■ **1** Ensemble des ossements décharnés du corps (d'un animal), qui tiennent encore les uns aux autres. ➤ **squelette ; ossature.** *Carcasse de cheval. «J'ai vu le long des routes désolées des carcasses de chameaux blanchir»* GIDE. — SPÉCIALT Animal de boucherie dépecé, prêt pour le commerce. ◆ COUR. *La carcasse d'une volaille,* ce qui reste du corps après avoir enlevé les cuisses, les ailes et les blancs. ■ **2** FAM. Le corps humain. *Promener, traîner sa vieille carcasse. «Tu trembles, carcasse !»* TURENNE. ■ **3** Charpente d'un appareil, d'un ouvrage ; assemblage des pièces soutenant un ensemble. ➤ **armature, charpente.** *La tour Eiffel, «cette carcasse métallique»* MAUPASSANT. *«les carcasses des voitures immobiles, pareilles à celles des grands cimetières de voitures»* LE CLÉZIO. *La carcasse d'un immeuble en ciment armé. La carcasse d'un abat-jour.* ◆ TECHN. Structure résistante d'un pneumatique, supportant la bande* de roulement. *Pneu à carcasse radiale.*

CARCEL [kaʀsɛl] adj. inv. et n. – 1800 ◇ du nom de l'inventeur ■ **1** LAMPE CARCEL ou *lampe carcel :* lampe à huile à rouages et à pistons. — n. f. *Une carcel.* ■ **2** n. m. MÉTROL. Ancienne unité de mesure d'intensité lumineuse qui valait 10 bougies.

CARCÉRAL, ALE, AUX [kaʀseʀal, o] adj. – 1959 ◇ du latin *carcer* «prison» → incarcérer ■ De la prison, qui a rapport à la prison. *Le milieu, l'univers carcéral.*

CARCINO- ■ Élément, du grec *karkinos* «crabe, chancre», signifiant «cancer».

CARCINOGÈNE [kaʀsinɔʒɛn] adj. – v. 1920 ◇ de *carcino-* et *-gène* ■ DIDACT. Qui peut causer le cancer. ➤ **cancérigène, cancérogène, oncogène.**

CARCINOGENÈSE [kaʀsinoʒənɛz] n. f. – 1968 ◇ de *carcino-* et *-genèse* ■ DIDACT. (MÉD.) Processus de formation du cancer. ➤ **cancérogenèse.** — adj. **CARCINOGÉNÉTIQUE.**

CARCINOLOGIE [kaʀsinɔlɔʒi] n. f. – 1842 ◇ de *carcino-* et *-logie* ■ DIDACT. ■ **1** ZOOL. Étude des crustacés. ■ **2** (1960) Étude du cancer. ➤ **cancérologie, oncologie.** — adj. **CARCINOLOGIQUE.**

CARCINOME [kaʀsinom] n. m. – 1545 ◇ du grec *karkinôma* «tumeur», de *karkinos* «crabe, chancre» et «cancer» ■ MÉD. Tumeur cancéreuse épithéliale ou glandulaire. ➤ **épithélioma.** — adj. **CARCINOMATEUX, EUSE,** 1839.

CARDAGE [kaʀdaʒ] n. m. – 1765 ◇ de *carder* ■ Opération par laquelle on démêle les fibres textiles, on les isole et on les nettoie. ➤ **carder.** *Cardage à la machine.*

CARDAMINE [kaʀdamin] n. f. – 1545 ◇ latin *cardamina,* grec *kardamon* «cresson» ■ Plante *(crucifères)* des herbages humides. *«La cardamine des prés avec sa nuance lilas»* BOURGET. ➤ **cresson** (des prés).

CARDAMOME [kaʀdamɔm] n. f. – v. 1210 ; *cardemome* v. 1170 ◇ latin *cardamomum,* grec *kardamômon* ■ Plante de l'Inde *(zingibéracées)* dont les graines ont une saveur poivrée et aromatique. *La cardamome parfume le pain d'épice.*

CARDAN [kaʀdɑ̃] n. m. – 1868 ; on disait *de Cardan, à la Cardan* ◇ nom français du savant italien *Cardano,* 1501-1576 ■ MÉCAN. ■ **1** Système de suspension dans lequel le corps suspendu conserve une position invariable malgré les oscillations de son support. *Réchaud à cardan, sur un bateau.* ■ **2** *Cardan* ou *joint de cardan :* articulation servant à transmettre un mouvement de rotation entre deux arbres d'axes concourants.

CARDE [kaʀd] n. f. – XIIIᵉ «tête de chardon servant à carder» ◇ mot picard ; soit latin °*carda,* plur. collectif de *carduus* «chardon», soit déverbal de *carder* ■ **1** Instrument (d'abord formé de têtes de chardon, de cardère*) servant à carder la laine. ➤ **peigne.** — Machine à tambours servant au cardage dans les filatures (laine ; coton). ■ **2** (XVIᵉ) Côte comestible des feuilles de cardon et de bette.

-CARDE, -CARDIE ■ Groupes suffixaux, du grec *kardia* «cœur :» *myocarde, péricarde, tachycardie.* ➤ **cardi(o)-.**

CARDÉ, ÉE [kaʀde] adj. – 1394 ◇ de *carder* ■ *Laine cardée,* dont les fibres, démêlées grossièrement, ne sont pas rectilignes et donnent au fil un aspect grossier (opposé à *peignée*). *Coton cardé.* ◆ n. m. COMM. Tissu de laine cardée. *Le cardé et le peigné.*

CARDER [kaʀde] v. tr. ⟨1⟩ – XIIIᵉ ◇ de *carde* ■ Peigner, démêler (les fibres textiles). *Carder de la laine, du coton.* ➤ **cardé ; cardage.** — *Carder un matelas.*

CARDÈRE [kaʀdɛʀ] n. f. – 1778 ◇ origine inconnue ; p.-ê. à rattacher à la famille de *chardon, carder,* ou formation savante à partir du latin *carduus* «chardon» ■ Plante des lieux incultes *(dipsacacées)* qui porte des capitules à bractées épineuses (qui servaient autrefois au cardage [cf. Chardon* à foulon]). *Un bouquet sec de chardons et de cardères.*

CARDEUR, EUSE [kaʀdœʀ, øz] n. – 1337 ◇ de *carder* ■ **1** Personne effectuant le cardage (à la main ou à la machine). ■ **2** n. f. Dans les filatures, Machine à carder les fibres textiles. — Machine de matelassier pour carder la laine.

CARDI- ➤ **CARDI(O)-**

CARDIA [kaʀdja] n. m. – 1556 ◇ mot latin d'origine grecque «cœur» ■ ANAT. Orifice par lequel l'estomac communique avec l'œsophage.

CARDIAL, IALE, IAUX [kaʀdjal, jo] adj. – v. 1930 ◇ de *cardia* ■ MÉD. Relatif au cardia. *Douleurs cardiales.*

CARDIALGIE [kaʀdjalʒi] n. f. – 1546 ◇ latin médiéval *cardialgia* «maladie du cœur» ; du grec *kardia* «cœur» et *algos* «douleur» ■ MÉD. Douleur névralgique, dans la région cardiaque. — Douleur de l'estomac au niveau du cardia (➤ **gastralgie**).

CARDIAQUE [kaʀdjak] adj. et n. – 1372 ◇ grec *kardiakos,* de *kardia* «cœur» ■ **1** Du cœur (organe). *Nerfs cardiaques. Artère cardiaque* (➤ **coronaire**). *Le muscle cardiaque :* le cœur. *Fréquence cardiaque. Crise cardiaque :* infarctus du myocarde. *«il fut emporté en plein après-midi par une crise cardiaque. Il est tombé à la renverse, d'un coup»* D. FOENKINOS. *Insuffisance cardiaque.* — *Chirurgie cardiaque.* ■ **2** Qui est atteint d'une maladie de cœur. *Elle est cardiaque.* — n. *Un, une cardiaque.*

CARDIATOMIE [kaʀdjatɔmi] n. f. – 1958 ; autre sens 1814 ◇ de *cardia* et *-tomie* ■ CHIR. Incision du cardia.

CARDIGAN [kaʀdigɑ̃] n. m. – 1928 ◇ mot anglais, du *comte Cardigan* ■ Veste de tricot à manches longues, et boutonnée devant jusqu'au cou.

1 **CARDINAL, AUX** [kaʀdinal, o] n. m. – v. 1230 ; *chardenal* 1172 ◇ latin ecclésiastique *cardinalis,* de *cardo* «gond, pivot», et fig. «principal» ■ **1** Prélat choisi par le pape pour être membre du Sacré Collège. *Réunion des cardinaux.* ➤ **conclave.** *Barrette, cappa, chapeau rouge du cardinal. Titre de cardinal.* ➤ **éminence ; cardinalat.** *De cardinal.* ➤ **cardinalice.** *Cardinaux-*

évêques (des diocèses suburbicaires), *cardinaux-prêtres, cardinaux-diacres. Le cardinal camerlingue*. Cardinal légat ayant des pouvoirs extraordinaires* (cf. Légat* a latere). ▪ **2** Oiseau d'Amérique et d'Afrique *(passériformes)* au plumage rouge éclatant. *« Les cardinaux, dont le plumage est couleur de feu »* BERNARDIN DE SAINT-PIERRE.

2 **CARDINAL, ALE, AUX** [kaʀdinal, o] **adj.** – 1279 *vertuz cardinals* ◊ latin ecclésiastique *cardinalis* → 1 cardinal ▪ **1** LITTÉR. Qui sert de pivot, de centre. ➤ **1 capital, essentiel, fondamental, principal.** *« les expériences premières, cardinales, celles de la terre, du temps, des saisons »* BERGOUNIOUX. — COUR. *Les quatre vertus* cardinales.* ♦ ARITHM. *Nombres cardinaux* **(opposé à *nombres ordinaux**)** : nombres désignés successivement par 0, 1, 2, 3, 4, 5, 6, 7, 8, 9 en numération à base décimale. — **n. m.** Extension de la notion de nombre aux éléments d'un ensemble fini. *Les cardinaux finis forment l'ensemble* ℕ *des entiers naturels. Le cardinal d'un ensemble E fini (card. E) est le nombre de ses éléments.* ➤ **puissance.** ♦ GÉOGR. *Les (quatre) points cardinaux* (nord, est, sud, ouest ; cf. Rose* des vents), à partir desquels on détermine la situation des autres points de l'horizon. ▪ **2** ANAT. *Veines cardinales* : les quatre premières veines de l'embryon chez les mammifères (qui donnent les jugulaires et les azygos). — *Veines cardinales antérieures et postérieures chez les poissons.* ▪ CONTR. Accessoire, secondaire.

CARDINALAT [kaʀdinala] **n. m.** – 1508 ◊ latin ecclésiastique *cardinalatus* ▪ Dignité de cardinal. *Être promu au cardinalat* (cf. Recevoir la barrette, le chapeau, revêtir la pourpre cardinalice*).

CARDINALICE [kaʀdinalis] **adj.** – 1819 ; *cardinalesque* XVIe ◊ italien *cardinalizio* ▪ DIDACT. Qui appartient aux cardinaux. *Dignité, siège cardinalice. Revêtir la pourpre cardinalice.*

CARDI(O)- ▪ Élément, du grec *kardia* « cœur » : *cardialgie, cardiographie.* ➤ **-carde, -cardie.**

CARDIOGRAMME [kaʀdjɔgʀam] **n. m.** – 1901 ◊ de *cardio-* et *-gramme* ▪ Enregistrement des mouvements du cœur (➤ **échocardiogramme, électrocardiogramme**), à l'aide d'un *cardiographe.*

CARDIOGRAPHIE [kaʀdjɔgʀafi] **n. f.** – 1858 ◊ de *cardio-* et *-graphie* ▪ Enregistrement, par des techniques graphiques, des mouvements du cœur. ➤ **électrocardiographie.**

CARDIOÏDE [kaʀdjɔid] **adj.** – 1865 ◊ de *cardio-* et *-ide* ▪ DIDACT. En forme de cœur. — **n. f.** MATH. Cycloïde* à point de rebroussement lui donnant une forme de cœur.

CARDIOLOGIE [kaʀdjɔlɔʒi] **n. f.** – 1863 ; *cardialogie* 1762 ◊ de *cardio-* et *-logie* ▪ Étude du cœur et de ses affections. — Médecine cardiaque. *Le service de cardiologie d'un hôpital.* ABRÉV. FAM. (1979) **CARDIO** [kaʀdjo].

CARDIOLOGIQUE [kaʀdjɔlɔʒik] **adj.** – 1866 ; *cardialogique* 1832 ◊ de *cardiologie* ▪ De la cardiologie. *Examen cardiologique.*

CARDIOLOGUE [kaʀdjɔlɔg] **n.** – v. 1920 ◊ de *cardiologie* ▪ Médecin spécialiste des maladies du cœur.

CARDIOMÉGALIE [kaʀdjɔmegali] **n. f.** – 1924 ◊ de *cardio-* et *-mégalie* ▪ MÉD. Augmentation du volume du cœur. *La cardiomégalie peut être physiologique (cœur de sportif) ou pathologique (insuffisance cardiaque, péricardite).*

CARDIOPATHIE [kaʀdjɔpati] **n. f.** – 1855 ◊ de *cardio-* et *-pathie* ▪ DIDACT. Affection du cœur. *Cardiopathie congénitale.* — SYN. COUR. **maladie de cœur.**

CARDIORESPIRATOIRE [kaʀdjoʀɛspiʀatwaʀ] **adj.** – 1896 ◊ de *cardio-* et *respiratoire* ▪ MÉD. Qui concerne la physiologie et la pathologie du cœur et des poumons. *Traitement des maladies cardiorespiratoires.* ➤ RÉGION. **inhalothérapie.**

CARDIOTOMIE [kaʀdjɔtɔmi] **n. f.** – 1848 ◊ de *cardio-* et *-tomie* ▪ CHIR. Incision du cœur.

CARDIOTONIQUE [kaʀdjotɔnik] **adj. et n. m.** – v. 1920 ◊ de *cardio-* et *tonique* ▪ MÉD. Qui augmente la tonicité du muscle cardiaque. ➤ **tonicardiaque.** — **n. m.** *La digitaline est un cardiotonique.*

CARDIOTRAINING [kaʀdjotʀeniŋ] **n. m.** – 1990 ◊ de *cardio-* et *training* ▪ Activité sportive pratiquée pour renforcer les capacités cardiaques. — ABRÉV. FAM. **CARDIO** [kaʀdjo]. *Faire du cardio.* — Recomm. offic. *entraînement cardiovasculaire.*

CARDIOVASCULAIRE [kaʀdjovaskylɛʀ] **adj.** – 1910 ◊ de *cardio-* et *vasculaire* ▪ Relatif à la fois au cœur et aux vaisseaux. *Maladies cardiovasculaires.*

CARDITE [kaʀdit] **n. f.** – 1755 ◊ du latin *cardia* « cœur » ▪ DIDACT. ▪ **1** Mollusque lamellibranche à coquille épaisse. ▪ **2** (1813 ; *carditis* 1792) Maladie inflammatoire du cœur (➤ **endocardite, myocardite, péricardite**).

CARDON [kaʀdɔ̃] **n. m.** – 1507 ◊ ancien occitan *cardo(n)*, bas latin *cardo, onis* ▪ **1** Artichaut sauvage. ▪ **2** ➤ **carde** (2°).

CARÊME [kaʀɛm] **n. m.** – avant 1622 ; *quaresme*, 1119 ◊ latin populaire °*quaresima*, classique *quadragesima (dies)* « le quarantième (jour avant Pâques) » ▪ **1** Période de quarante jours précédant Pâques, pendant laquelle, à l'exception des dimanches, les chrétiens sont invités à la prière, à la pénitence et au partage (➤ **mi-carême**). *Temps de carême. La quadragésime, les Rameaux, dimanches de carême. Sermon de carême* (➤ **station**). — LOC. PROV. *Arriver comme mars* (ou *comme marée*) *en carême*, inévitablement, à propos. ▪ **2** Jeûne, abstinence que l'on fait pendant le carême. ➤ **jeûne.** *Faire carême. Rompre le carême.* LOC. *Face de carême*, maigre et pâle ; maussade, sinistre. ▪ **3** LITTÉR. Série de sermons de carême. *Le Petit Carême de Massillon.* ▪ **4** (En fr. d'Afrique) Jeûne du ramadan. *Faire le carême.*

CARÊME-PRENANT [kaʀɛmpʀənɑ̃] **n. m.** – *feste caren-pernent* XIIe ◊ de *carême* et *prenant* « commençant » ▪ VX ▪ **1** Réjouissance de mardi gras (➤ **carnaval**). ▪ **2** Personne déguisée et masquée pendant les jours gras. *Des carêmes-prenants.*

CARÉNAGE [kaʀenaʒ] **n. m.** – 1678 ◊ de *caréner* ▪ **1** Action de caréner. *Grand carénage* : révision générale du navire. ▪ **2** Lieu où l'on carène des navires. *Le carénage d'un port. Un navire au carénage.* ➤ **radoub.** ▪ **3** Carrosserie carénée (2°), aérodynamique.

CARENCE [kaʀɑ̃s] **n. f.** – 1452 ◊ bas latin *carentia*, de *carere* « manquer » ▪ **1** DR. Absence ou insuffisance de ressources d'un débiteur ou d'une personne décédée. *Procès-verbal de carence* : constatation par huissier d'absence de mobilier, en cas de saisie. ♦ *Délai* de carence.* ▪ **2** Le fait de se dérober devant ses obligations, de manquer à sa tâche. *La carence du gouvernement, du pouvoir, de l'Administration.* ➤ **abstention, impuissance, inaction.** ▪ **3** Absence ou insuffisance d'un ou de plusieurs éléments indispensables à l'équilibre ou au développement d'un organisme. *Maladie de carence, par carence.* ➤ **carentiel ; avitaminose.** *Carence en fer, en calcium, en protéines. « Le développement des maladies – et notamment du "mal des ardents" – était de toute évidence favorisé par des carences alimentaires »* DUBY. ▪ **4** (v. 1960) PSYCHOL. *Carence affective* : manque ou insuffisance de liens affectifs de l'enfant avec la mère. *« L'isolement sensoriel, la carence affective qui naît d'un manque de tendresse d'un parent pour son enfant »* B. CYRULNIK. ▪ CONTR. Solvabilité ; 1 action, présence.

CARENCER [kaʀɑ̃se] **v. tr.** (3) – 1922 ◊ de *carence* ▪ MÉD. **(surtout pass. et p. p.)** Priver d'éléments nutritifs indispensables à l'équilibre physiologique. **p. p. adj.** *Populations carencées.* — PSYCHOL. *Enfant carencé*, souffrant d'une carence affective.

CARÈNE [kaʀɛn] **n. f.** – 1552 ◊ de l'italien *carena*, probablt du vénitien (d'où l'ancien français *carenne* « quille », milieu XIIIe s.), lui-même du latin *carina* « coquille de noix » ▪ **1** (1552) Partie immergée de la coque (d'un navire), située sous la ligne de flottaison (quille et œuvres vives). *Pièce intérieure renforçant la carène.* ➤ **carlingue.** *Calfater une carène.* — *Centre de carène*, le centre de gravité. ▪ **2** Carénage. *Mettre, abattre un navire en carène*, le coucher sur le côté pour le réparer dans ses œuvres vives. ➤ **caréner.** *Passer en carène.* ▪ **3** BOT. Pièce formée par les deux pétales inférieurs des fleurs des légumineuses papilionacées.

CARÉNER [kaʀene] **v. tr.** (6) – 1642 ◊ de *carène* ▪ **1** MAR. Nettoyer, réparer la carène de (un navire). ➤ **radouber.** — INTRANS. Passer en carène, en parlant d'un navire. *« quand le remorqueur carénait en cale sèche »* VERCEL. ▪ **2** TECHN. Donner un profil aérodynamique à (une carrosserie). *Caréner une automobile.* — **p. p. adj.** *Automobile bien carénée.*

CARENTIEL, IELLE [kaʀɑ̃sjɛl] **adj.** – 1950 ◊ de *carence* (3°) ▪ DIDACT. Qui provient d'une carence ; relatif à une carence (3°). *Maladie carentielle.*

CARESSANT, ANTE [kaʀesɑ̃, ɑ̃t] **adj.** – 1642 ◊ de *caresser* ▪ **1** Qui caresse, aime à caresser. ➤ **affectueux, 2 aimant, cajoleur, câlin, 2 tendre.** *Un enfant caressant. Le lion « est doux pour le maître et même caressant surtout dans le premier âge »* BUFFON. — Qui séduit, cherche à séduire. *« Je fus coquette, [...] caressante et perfide »* MAUPASSANT. ▪ **2** Doux comme une caresse (gestes, manières). *Regard caressant.* ➤ **2 tendre.** *« La voix plus cajoleuse que vraiment caressante »* GIDE. ♦ FIG. et VX ➤ **flatteur, enjô-**

leur. *Des paroles caressantes.* ■ CONTR. 1 Froid, indifférent, insensible ; brusque, brutal, rude.

CARESSE [kaʀɛs] **n. f.** – 1545 ; *charesse* 1534 ◇ italien *carezza* ; latin médiéval *caritia*, de *carus* «cher» ■ **1** VIEILLI Manifestation physique de la tendresse. ➤ **embrassement, étreinte.** — SPÉCIALT, MOD. Attouchement tendre, affectueux ou sensuel. *Caresse de la main, des lèvres.* ➤ 2 **baiser, contact, effleurement, frôlement, pression ;** FAM. **papouille, pelotage.** *Caresse affectueuse, amoureuse, douce, légère, tendre, voluptueuse. Faire des caresses à qqn, à un animal. Accabler, couvrir qqn de caresses.* ➤ **cajolerie, câlinerie, chatterie.** — COLLECT. «*L'homme a toujours besoin de caresse et d'amour*» VIGNY. — SPÉCIALT Attouchement ou contact érotique. *De savantes caresses. Caresses buccogénitales.* — (1671) FIG. *La caresse du vent, des flots. La chaude caresse du soleil.* «*Le soir apportait sa caresse froide, son effleurement perfide*» JALOUX. ■ **2** (1614) VIEILLI Démonstration d'affection, de bienveillance (par la parole, le geste). *Amadouer qqn par des caresses.* ➤ **avance, flatterie,** FAM. **mamours.** «*Une caresse préalable assaisonne les trahisons*» HUGO. ■ CONTR. Brutalité, coup.

CARESSER [kaʀese] **v. tr.** ‹1› – 1410 ◇ italien *carezzare* «chérir» → caresse

I ■ **1** Faire des caresses à (qqn) en signe de tendresse. *Caresser qqn de la main, des lèvres* (➤ 1 **baiser** VX, **embrasser**). *Caresser un enfant.* ➤ **cajoler, câliner.** *Caresser un chien.* ➤ **flatter.** — Faire des caresses sur (une partie du corps). ➤ **chatouiller, effleurer, frôler, frotter, presser, serrer, tapoter, titiller,** 1 **toucher.** *Caresser les cheveux, le bras de qqn.* «*Il me caressa la joue pour mieux exprimer la tendresse que je lui inspirais*» FRANCE. — SPÉCIALT Faire à (un, une partenaire érotique) une caresse sensuelle. *Caresser indiscrètement une femme.* ➤ FAM. **peloter, tripoter.** PRONOM. *Ils se caressaient et s'embrassaient.* — FIG. *Caresser qqn, qqch. de l'œil, du regard,* regarder tendrement. PRONOM. «*la vie se caresse des yeux*» BOUSQUET. ■ **2** PAR EXT. (XVIIIe) Effleurer de la main. *Caresser un objet ; sa barbe.* — (CHOSES) Effleurer doucement, agréablement. «*Cette brume de la mer me caressait, comme un bonheur*» MAUPASSANT. ■ **3** (1736) FIG. Entretenir complaisamment. ➤ **entretenir, nourrir** (cf. Se complaire* dans). *Caresser un projet, une idée, un espoir, un rêve.*

II (1538) ■ **1** FIG. et VX Faire des démonstrations d'affection, d'amitié, de bienveillance plus ou moins sincères. ➤ **caresse** (2°) **; flatter.** «*Ceux qui caressent également tout le monde, qui promènent leurs civilités à droite et à gauche*» MOLIÈRE. ■ **2** LITTÉR. Flatter (un sentiment). *Les idées* «*qui caressent leur vanité ou répondent à leurs espérances*» FRANCE.

■ CONTR. Battre, brutaliser, frapper, rudoyer.

1 **CARET** [kaʀɛ] **n. m.** – 1382 ◇ mot normanno-picard, de *car* «char» ■ Dévidoir des cordiers. — **FIL DE CARET :** gros fil de chanvre, qui servait à fabriquer les cordages* pour la marine. *Natte, paillet en fils de caret.*

2 **CARET** [kaʀɛ] **n. m.** – 1640 ◇ espagnol *carey*, d'un mot caraïbe ■ Grande tortue carnivore *(chéloniens)* des mers chaudes, de Méditerranée. ➤ **caouane.** — Écaille de cette tortue.

CAREX [kaʀɛks] **n. m.** – 1805 ; *careix, careiche* 1794 ◇ latin *carex* ■ BOT. Plante herbacée *(cypéracées)* des bords de l'eau, appelée aussi *laîche*, à feuilles coupantes, à fleurs en épis et à fruits en capsules, qui croît en touffes.

CAR-FERRY ou **CARFERRY** [kaʀfeʀi ; kaʀfɛʀe] **n. m.** – 1958 ◇ mot anglais, de *car* «voiture» et *ferry* «passage», d'après *ferry-boat* ■ ANGLIC. Bateau servant au transport, à la fois des passagers et de leur véhicule. ➤ **ferry-boat,** RÉGION. **traversier.** *Traverser la Manche en car-ferry. Des car-ferrys, des carferrys.* On emploie aussi le pluriel anglais *des car-ferries.* — ABRÉV. **FERRY.** — Recomm. offic. ***transbordeur.***

CARGAISON [kaʀgɛzɔ̃] **n. f.** – 1611 ; *carquaison* 1554 ◇ ancien gascon *cargueson*, de l'ancien provençal *cargar* → carguer ■ **1** Marchandises chargées sur un navire. ➤ **charge, chargement, fret.** *Arrimer une cargaison. Cargaison avariée. Le subrécargue s'occupe de la cargaison. Manifeste* de cargaison. Une cargaison de vin, de pétrole, de bananes.* ■ **2** FIG. et FAM. Grande quantité. ➤ **collection, provision, réserve.** *Arriver avec une cargaison de cadeaux.* «*toute une cargaison d'infortunes*» FLAUBERT.

CARGO [kaʀgo] **n. m.** – 1906 ; *cargo-boat* 1887 ◇ anglais *cargo-boat* (1859) «navire de charge», de *cargo*, emprunté à l'espagnol *cargo* «charge» et *boat* «bateau» ■ Navire destiné surtout au transport des marchandises. *Cargo sans horaire ni parcours fixe* (➤ **tramping**). *Cargo pétrolier, bananier.* ➤ aussi **charbonnier, chimiquier, minéralier, vraquier.** *Cargo polyvalent. Cargo mixte,* qui peut prendre des passagers. — PAR EXT. *Avion*-cargo. Vélo*-cargo.*

CARGUE [kaʀg] **n. f.** – 1634 ◇ de *carguer* ■ MAR. Cordage servant à carguer les voiles. *Cargues de voiles carrées.*

CARGUER [kaʀge] **v. tr.** ‹1› – 1690 ◇ du latin *carricare* «charger», d'où le sens de «pencher sur un côté (en parlant d'un bateau)» (1611), par l'intermédiaire d'une langue romane ■ MAR. Serrer (les voiles) contre leurs vergues ou contre le mât au moyen des cargues.

CARI [kaʀi] **n. m.** – 1602, *caril* ◇ mot tamoul ■ **1** VIEILLI ➤ **curry.** ■ **2** *Poudre de cari :* mélange d'épices (safran, cumin, coriandre, gingembre, etc.) utilisé dans la cuisine réunionnaise et mauricienne. ◆ Plat créole (Réunion, Maurice) composé de viande ou de poisson, d'oignons, d'ail, de tomates, etc., cuisiné avec de la poudre de cari et accompagné de riz. «*la dame nous sert un cari de crabe tout à fait excellent*» LE CLÉZIO. — On écrit aussi *carry.* ■ HOM. Carie.

CARIACOU [kaʀjaku] **n. m.** – 1761 ◇ probablt corruption du brésilien *cuguacu-apara* ■ ZOOL. Cerf de Virginie *(cervidés)*, le plus commun d'Amérique du Nord.

CARIANT, IANTE [kaʀjɑ̃, jɑ̃t] **adj.** – 1967 ◇ de *carier* ■ Qui provoque une carie dentaire. ➤ **cariogène.** *Acide cariant.*

CARIATIDE [kaʀjatid] **n. f.** – 1547 ◇ du latin *caryatides* «prêtresses de Diane à *Caryae*», du grec *karuatides*, de *Karyes*, ville du Péloponnèse. Le français est peut-être un emprunt direct à l'italien *cariatide* (XVIe s.), de même origine. ■ ARCHIT. Statue de femme soutenant une corniche sur sa tête (cf. Atlante, télamon). — On écrit aussi *caryatide.*

1 **CARIBOU** [kaʀibu] **n. m.** – 1607 ◇ mot canadien, de l'algonquin «qui creuse avec une pelle», parce qu'il creuse la neige pour trouver sa nourriture ■ Renne du Canada *(cervidés). Des caribous.*

2 **CARIBOU** [kaʀibu] **n. m.** – 1906 ◇ origine inconnue, peut-être de 1 *caribou* ■ **(Québec)** Boisson traditionnelle, mélange de vin rouge et d'alcool. «*il levait la bouteille de caribou à la santé de toute la compagnie*» TREMBLAY.

CARICATURAL, ALE, AUX [kaʀikatyʀal, o] **adj.** – 1842 ◇ de *caricature* ■ **1** Qui tient de la caricature, qui y prête. ➤ **burlesque, comique, grotesque, ridicule.** *Un profil, un nez caricatural. Une situation caricaturale.* ■ **2** Qui déforme la réalité par exagération de certains aspects défavorables. *Une description caricaturale.* «*La majorité fabrique une image caricaturale de l'homme minoritaire*» TOURNIER.

CARICATURE [kaʀikatyʀ] **n. f.** – 1740 ◇ italien *caricatura*, de *caricare* «charger» ■ **1** Dessin, peinture qui, par le trait, le choix des détails, accentue ou révèle certains aspects (ridicules, déplaisants). ➤ **charge.** *Les caricatures de Daumier, de Forain. La caricature d'un homme politique dans un journal satirique* (cf. Dessin d'humour). «*il y a des caricatures plus ressemblantes que des portraits*» BERGSON. ■ **2** Description comique ou satirique, par l'accentuation de certains traits (ridicules, déplaisants). *Faire dans un roman la caricature d'une société, d'un milieu.* ➤ **satire.** — FIG. Ce qui évoque sous une forme caricaturale. ➤ **parodie, simulacre.** «*la superstition n'est que la caricature du vrai sentiment religieux*» GIDE. ■ **3** (1808) Personne laide et ridiculement accoutrée. *Une vieille fée Carabosse, une vraie caricature.*

CARICATURER [kaʀikatyʀe] **v. tr.** ‹1› – 1801 ◇ de *caricature* ■ **1** Faire la caricature de (qqn). *Caricaturer un homme politique.* ■ **2** Représenter sous une forme caricaturale, satirique. ➤ **charger, contrefaire, parodier, railler, ridiculiser.** *Un film qui caricature la société bourgeoise.* — Déformer par une simplification excessive ou par l'outrance. *Caricaturer la pensée de qqn.* ■ CONTR. Enjoliver, idéaliser.

CARICATURISTE [kaʀikatyʀist] **n.** – 1803 ◇ de *caricature* ■ Artiste (SPÉCIALT dessinateur) qui fait des caricatures. «*l'art du vrai caricaturiste, que j'admire, est l'art de pasticher porté au carré*» GRACQ.

CARIE [kaʀi] **n. f.** – 1537 ◇ latin *caries* «pourriture» ■ **1** MÉD. Destruction progressive des tissus osseux. ➤ **ostéite.** *Carie sèche, sans suppuration.* — COUR. *Carie (dentaire) :* lésion qui détruit l'émail et l'ivoire de la dent et évolue vers l'intérieur, en formant une cavité qui entraîne sa destruction progressive. *Soigner une carie.* ■ **2** BOT. *La carie du blé,* infection produite par un champignon au moment de la germination. ■ HOM. Cari.

CARIER [kaʀje] **v. tr.** ‹7› – *se carier* v. 1560 ◇ de *carie* ■ Attaquer par la carie. ➤ **gâter.** *Une dent malade peut carier les dents voisines.* — PRONOM. *Une dent qui se carie.* — **p. p. adj.** *Soigner, plomber une dent cariée.* ■ HOM. Carrier.

CARIEUX, IEUSE [kaʀjø, jøz] **adj.** – 1546 ◊ de *carie* ■ DIDACT. De la carie dentaire. *Processus carieux.*

CARILLON [kaʀijɔ̃] **n. m.** – 1718, *faire carillon* «faire du tapage» ; *quarellon* 1345 ; *carenon* 1178 ◊ latin populaire °*quadrinio*, classique *quaternio* «groupe de quatre cloches» ■ **1** Ensemble de cloches accordées à différents tons. *Le carillon d'une église, d'un beffroi. Le carillon de Bruges, de Malines.* ♦ MUS. ➤ **métallophone.** ■ **2** (1752) *Le carillon d'une horloge, d'une pendule :* système de sonnerie qui se déclenche automatiquement pour indiquer les heures. *Horloge à carillon,* et ELLIPT *un carillon.* ♦ Sonnerie produisant plusieurs sons différents. *Carillon électrique.* ➤ **sonnette.** *Le carillon d'une porte d'entrée.* ■ **3** Air exécuté par un carillon (1°) ; sonnerie de cloches vive et gaie. *«des carillons joyeux et fous précipitant leurs doubles-croches»* DAUDET.

CARILLONNEMENT [kaʀijɔnmɑ̃] **n. m.** – XVIe, repris 1845 ◊ de *carillonner* ■ RARE Action de carillonner ; bruit produit par un carillon. *Le carillonnement des cloches.*

CARILLONNER [kaʀijɔne] **v. intr.** ⟨1⟩ – XVe ◊ de *carillon* ■ **1** Sonner en carillon. *Les cloches carillonnent.* ➤ **sonner.** — TRANS. *Carillonner une fête,* l'annoncer par un carillon. — *Fête carillonnée :* grande fête. — *«la haute horloge flamande de l'escalier qui carillonnait l'heure, la demie et les quarts»* MAUPASSANT. ■ **2** Sonner bruyamment la cloche, la sonnette d'une porte d'entrée. *Carillonner à la porte.* ■ **3** TRANS. Proclamer bruyamment (une nouvelle). ➤ **claironner.**

CARILLONNEUR [kaʀijɔnœʀ] **n. m.** – 1601 ◊ de *carillonner* ■ Personne chargée de sonner le carillon. ➤ **sonneur.**

CARINATES [kaʀinat] **n. m. pl.** – avant 1928 ◊ du radical du latin *carina* → carène ■ ZOOL. Sous-classe des oiseaux à bréchet. *Les carinates comprennent tous les oiseaux, excepté les ratites et les manchots.*

CARIOGÈNE [kaʀjɔʒɛn] **adj.** – 1970 ◊ de *carie* ■ DIDACT. Qui provoque la carie dentaire. ➤ **cariant.** *Bonbons sans sucre cariogène.*

CARISTE [kaʀist] **n. m.** – 1972 ◊ probablt du latin *carrus* «chariot» ■ TECHN. Conducteur de chariot automoteur, d'engin de manutention. *«les caristes y enfournent des palettes hautes comme des maisons»* P. LEMAITRE.

CARITATIF, IVE [kaʀitatif, iv] **adj.** – début XIVe ◊ latin médiéval *caritativus,* de *caritas* «charité» ■ Qui a pour but de porter secours aux plus défavorisés. *Association caritative.* ➤ **O. N. G.** *Émission à but caritatif.* ➤ **téléthon.**

1 **CARLIN** [kaʀlɛ̃] **n. m.** – 1367 ◊ italien *carlino,* dérivé de *Carlo,* Charles Ier (d'Anjou) ■ Ancienne monnaie du royaume de Naples. *Carlin d'or, d'argent.*

2 **CARLIN** [kaʀlɛ̃] **n. m.** – 1803 ◊ de *Carlin,* surnom de l'acteur italien Carlo Bertinazzi (1713-1783), qui portait un masque noir dans le rôle d'Arlequin ■ Petit chien d'agrément à poil ras, au museau noir et écrasé. ➤ **dogue.**

CARLINE [kaʀlin] **n. f.** – 1545 ◊ mot d'origine incertaine, peut-être de l'italien *carlina,* dérivé de *cardo* «chardon», avec influence de *Carlo* «Charles» car, selon une tradition populaire, un ange aurait conseillé à Charlemagne l'utilisation de cette plante comme remède contre la peste ■ Plante sauvage à feuilles épineuses *(composées),* à grandes fleurs entourées de bractées vertes ou argentées. *La carline sans tige* ou *chardon doré.*

CARLINGUE [kaʀlɛ̃g] **n. f.** – 1573 ; *calingue* mar. 1382 ◊ scandinave *kerling* ■ **1** MAR. Pièce de bois parallèle à la quille et destinée à renforcer la carène. ■ **2** (1928) COUR. Partie du fuselage (d'un avion) où se trouve le poste de pilotage.

CARLINGUIER [kaʀlɛ̃gje] **n. m.** – 1942 ◊ de *carlingue* (2°) ■ TECHN. Ouvrier chargé du montage des carlingues d'avion.

CARLISME [kaʀlism] **n. m.** – 1845 ; «attachement au régime de Charles X» 1831 ◊ de *don Carlos d'Espagne* ■ HIST. Attachement à la politique absolutiste et réactionnaire de don Carlos (1788-1855). — **adj.** et **n. CARLISTE,** 1827.

CARMAGNOLE [kaʀmaɲɔl] **n. f.** – 1791 ; veste des fédérés marseillais portée depuis le XVIIe s. par les ouvriers piémontais ◊ de la ville de *Carmagnola* ■ **1** HIST. Veste étroite, à revers très courts, garnie de plusieurs rangées de boutons. ■ **2** PAR EXT. Ronde chantée et dansée par les révolutionnaires. *Dansons la carmagnole !*

CARME [kaʀm] **n. m.** – 1220 ◊ du *mont Carmel* en Palestine ■ Religieux de l'ordre de Notre-Dame du Mont-Carmel. *Carmes réformés. Carmes déchaux. Carmes et carmélites**. — *Eau des Carmes,* nom d'une eau de mélisse*.

CARMEL [kaʀmɛl] **n. m.** – av. 1582 ◊ du toponyme *Carmel,* montagne citée dans la Bible, où fut fondé un monastère ■ Couvent de carmes, de carmélites. ♦ *Le Carmel :* l'ordre du Mont-Carmel. *Entrer au Carmel.*

CARMELINE [kaʀməlin] **n. f.** – 1752 ; *laine carmeline* 1723 ◊ de l'espagnol *carmelina* ■ VIEILLI Laine de vigogne. APPOS. *Laine carmeline.*

CARMÉLITE [kaʀmelit] **n. f.** – 1640 ; hapax v. 1317 ◊ de *carmel* ■ Religieuse de l'ordre du Mont-Carmel. *La règle des carmélites est sévère. «Dialogues des Carmélites»,* œuvre de Bernanos.

CARMIN [kaʀmɛ̃] **n. m.** – *charmin* v. 1165 ◊ bas latin *carminium,* de *minium* et arabe *kermiz* → kermès ■ **1** Colorant rouge vif, tiré des femelles de cochenilles. ■ **2** Couleur rouge vif. ➤ **rouge, vermillon.** *Des carmins.* — **adj. inv.** *Du rouge carmin. Des étoffes carmin.* ➤ **carminé.** *Des lèvres carmin.*

CARMINATIF, IVE [kaʀminatif, iv] **adj.** – XVe ◊ latin médiéval *carminativus,* de *carminare* «nettoyer» ■ VX Qui a la propriété de faire expulser les gaz intestinaux. *«un clystère carminatif»* MOLIÈRE.

CARMINÉ, ÉE [kaʀmine] **adj.** – 1784 ◊ de *carmin* ■ D'un rouge vif. *Laque carminée.*

CARNAGE [kaʀnaʒ] **n. m.** – 1564 ; «viande» 1546 ◊ probablt forme normanno-picarde de *charnage,* dérivé de l'ancien français *char* «chair» ■ Action de tuer des personnes ou certains animaux en grand nombre ; massacre sanglant. ➤ **boucherie, hécatombe, tuerie.** *Un affreux, un monstrueux carnage. «Et la terre, et le fleuve, et leur flotte, et le port, Sont des champs de carnage où triomphe la mort»* CORNEILLE. ♦ FAM. ➤ **destruction, dévastation.** *Ils ont fait un vrai carnage dans l'appartement.* — LOC. *Arrêter le carnage :* faire cesser une situation déplorable.

CARNASSIER, IÈRE [kaʀnasje, jɛʀ] **adj.** et **n.** – *carnacier* 1501 ◊ d'un mot provençal, de *carn* «chair» ; latin *caro* ■ **1** Qui se nourrit de viande, de chair crue. *Les animaux carnassiers. La loutre est carnassière.* ■ **2** *Dents carnassières,* et SUBST. *les carnassières :* les molaires tranchantes de chaque côté de la mâchoire des carnivores. ■ **3 n. m. pl.** *Les carnassiers.* ➤ **carnivore** (2°). ■ **4** FIG. Qui révèle une nature cruelle, une grande ambition (cf. Avoir les dents* longues). *«le regard enjôleur, la carrure virile et le sourire carnassier»* O. ADAM.

CARNASSIÈRE [kaʀnasjɛʀ] **n. f.** – 1752 ; *carnaciere* 1743 ◊ provençal moderne *carnassiero* → carnassier ■ Sac servant au chasseur pour porter le gibier. ➤ **carnier, gibecière.**

CARNATION [kaʀnasjɔ̃] **n. f.** – XVe ◊ italien *carnagione,* de *carne* «chair» ■ **1** Couleur, apparence de la chair d'une personne. ➤ 1 **teint.** *«sa saine pâleur rosée, sa carnation de tubéreuse»* COLETTE. ■ **2** PEINT. Coloration des parties du corps qui sont représentées nues.

CARNAVAL [kaʀnaval] **n. m.** – 1549 ; *quarnivalle* 1268 (à Liège) ◊ italien *carnevale* «mardi gras», de *carnelevare* «ôter *(levare)* la viande *(carne)*» ■ **1** Période réservée aux divertissements, du jour des Rois (Épiphanie) au carême (mercredi des Cendres) (cf. Les jours gras*). *«je suis venu passer le carnaval à Venise»* VOLTAIRE. ■ **2** Plus cour. Divertissements (bals, défilés) de cette période. *Des carnavals. Déguisements, masques de carnaval. Lancer des confettis aux fêtes du carnaval. Le carnaval de Venise, de Nice, de Rio.* ■ **3** Mannequin grotesque qui personnifie le carnaval. *Sa Majesté Carnaval. Brûler Carnaval.* — FIG., VX ou RÉGION. *Un vrai carnaval :* une personne bizarrement accoutrée, grotesque. ➤ VX **carême-prenant.**

CARNAVALESQUE [kaʀnavalɛsk] **adj.** – 1845 ◊ italien *carnavalesco,* de *carnevale* → carnaval ■ **1** Relatif au carnaval. ➤ **carnavalier.** *Tenue carnavalesque.* ■ **2** Digne d'un carnaval ; grotesque. *«Le carnavalesque et immortel M. de Norpois»* MORAND.

CARNAVALIER, IÈRE [kaʀnavalje, jɛʀ] **adj.** et **n.** – 1835 ◊ de *carnaval* ■ **1** Relatif au carnaval. ➤ **carnavalesque.** *«un costume bigarré aux allures carnavalières»* (Ouest-France, 2013). ■ **2 n.** Personne qui conçoit, qui fabrique des chars de carnaval. ♦ PAR EXT. Personne qui participe à un carnaval.

CARNE [kaʀn] **n. f.** – 1835 ◊ italien *carne* «viande» ■ FAM. ■ **1** Viande de mauvaise qualité (➤ **barbaque**) ou très dure (➤ **semelle**). *Ce rôti, c'est de la carne.* ■ **2** VIEILLI Vieux cheval. *Une vieille carne.* ➤ **rosse.** ♦ Personne (en général, femme) méchante, désagréable, insupportable. ➤ **chameau, rosse, vache.** *Cette sale carne.* — **Appellatif injurieux** *Vieille carne !*

CARNÉ, ÉE [kaʀne] **adj.** – 1669 ◊ latin *caro, carnis* «chair» ■ **1** DIDACT. ou LITTÉR. Couleur de chair. *Œillet carné.* ➤ 2 **rose.** *«des tons carnés et soufrés»* GIDE. ■ **2** (1889) Composé de viande. *Produits carnés. Alimentation carnée. Régime carné.*

CARNEAU [kaʀno] **n. m.** – 1832 ◊ altération de *créneau* ▪ TECHN. Conduit qui va d'un foyer au conduit d'évacuation (cheminée). *Le carneau d'un four.*

CARNET [kaʀnɛ] **n. m.** – 1555 «registre» ; *quernet* «registre des impôts», 1416 ◊ de l'ancien français *caer* ou *caern* → cahier ▪ **1** Petit cahier de poche, destiné à recevoir des notes, des renseignements. ➤ **agenda, calepin, mémento, mémorandum, répertoire.** *Noter une réflexion sur un carnet. Carnet de route.* ➤ **journal.** *Carnet de voyage. Carnet d'adresses ;* FIG. réseau de connaissances. *«L'un des plus beaux carnets d'adresses de New York»* K. TUIL. *Carnet de bal. Carnet d'échéance.* ➤ **échéancier.** — *Carnet de santé, de maternité.* — *Carnet de notes,* servant à consigner les notes d'un élève. ➤ **bulletin.** *Carnet scolaire.* — *Carnet d'agent de change. Carnet de commandes,* où l'on note les commandes ; FIG. total des commandes d'une entreprise. — **CARNET DE BORD :** MAR. sur un navire de commerce, registre sur lequel sont consignés les horaires de marche et les renseignements relatifs aux conditions de travail. Carnet sur lequel sont inscrits tous les temps (dans un rallye, etc.). Journal tenu au jour le jour, de façon détaillée. *Carnet mondain,* ou ABSOLT *carnet :* rubrique d'un journal consacrée à l'état civil. *Carnet rose,* consacré aux naissances. ▪ **2** Assemblage de feuillets détachables. *Carnet à souche. Carnet de chèques.* ➤ **chéquier.** ▪ **3** Réunion de tickets, timbres, etc., détachables. *Carnet de tickets de métro. Carnet de timbres.*

CARNIER [kaʀnje] **n. m.** – 1762 ◊ mot provençal ; latin *carnarium,* de *caro, carnis* «chair, viande» ▪ Petite carnassière. ➤ **gibecière.** *«le carnier rempli de coqs de bruyère, de faisans, de grives litornes»* PH. CLAUDEL.

CARNIFICATION [kaʀnifikasjɔ̃] **n. f.** – 1722 ◊ de *se carnifier* (XVIIIe) «se changer en chair» ▪ MÉD. Altération d'un tissu (surtout du parenchyme pulmonaire), qui prend l'aspect de chair musculaire.

CARNIVORE [kaʀnivɔʀ] **adj.** et **n.** – 1751 ; hapax 1556 ◊ latin *carnivorus,* de *caro, carnis* «chair» et *vorare* «dévorer» ▪ **1** Qui se nourrit d'animaux, de chair animale. *Les animaux carnivores.* ➤ aussi **insectivore, piscivore.** *Les oiseaux de proie, la plupart des poissons sont carnivores.* ➤ aussi **carnassier.** *Les omnivores*, dont l'homme, sont notamment des carnivores.* — *Plantes carnivores,* qui complètent leur alimentation azotée en capturant et en assimilant de petits animaux (insectes, vers, etc.) grâce à la sécrétion d'un suc acide. ➤ **dionée, drosera,** 1 **rossolis, utriculaire.** ▪ **2** **n. m. pl.** Ordre de mammifères caractérisé par un régime essentiellement carné et par une dentition comprenant des canines pointues très développées (➤ **croc**) et des prémolaires et molaires tranchantes (➤ **carnassier,** 2°). *La civette, le blaireau, le chien, le lion, l'hyène, l'ours sont des carnivores. «ses dents qui avaient l'acuité des dents de carnivores, faites pour ne plus broyer que de la chair crue»* J. VERNE. — Au sing. *Le chat est un carnivore.* ◆ **adj.** *Les félins sont les plus carnivores des mammifères.* ▪ **3** FAM. (PERSONNES) Qui aime la viande rouge saignante. ➤ **viandard.** *Je ne suis pas très carnivore, je préfère une omelette.*

CARNOTSET [kaʀnɔtsɛ] **n. m.** – 1894 ◊ mot patois vaudois ; probablt de *carre* «coin» ▪ En Suisse, Local, souvent aménagé dans une cave, pour manger et boire entre amis.

CAROLINGIEN, IENNE [kaʀɔlɛ̃ʒjɛ̃, jɛn] **adj.** et **n.** – 1842 ◊ de *carlovingien* (1583), d'après le latin *Carolus* «Charles» ▪ Relatif à la dynastie qui tire son nom de Charlemagne, et qui régna de Pépin le Bref à Louis V. *L'empire carolingien.* — **n.** *Les Carolingiens.*

CAROLUS [kaʀɔlys] **n. m.** – XVe ◊ latin *Carolus* «Charles» ▪ Monnaie de billon frappée sous Charles VIII, employée comme monnaie de compte (11 deniers) jusqu'au XVIIIe s.

CARONADE [kaʀɔnad] **n. f.** – 1783 ◊ anglais *carronade,* de *Carron,* n. d'une ville d'Écosse ▪ Ancien canon court.

CARONCULE [kaʀɔ̃kyl] **n. f.** – 1690 ; *caruncule* v. 1560 ◊ latin *caruncula,* de *caro* «chair» ▪ **1** BOT. Excroissance externe d'une graine. ➤ **hile.** ▪ **2** Petite excroissance charnue. *Caroncule lacrymale,* à l'angle interne des paupières de l'homme. *Caroncule sublinguale. Grande et petite caroncule du duodénum* (paroi interne). ◆ Excroissance charnue, rouge, sur la tête ou la gorge de certains oiseaux (coq, dindon ; casoar). ➤ 3 **fraise.**

CAROTÈNE [kaʀɔtɛn] **n. m.** – 1924 ◊ de *carotte ;* a remplacé *carottine* n. f. 1834 ▪ BIOCHIM. Pigment orangé, précurseur de la vitamine A, trouvé dans des végétaux ou dans certains tissus animaux. *Le carotène est un colorant alimentaire.*

CAROTÉNOÏDE [kaʀɔtenɔid] **n. m.** – 1913 ◊ de *carotène* ▪ BIOCHIM. Pigment liposoluble dont le squelette carboné est constitué d'une série de squelettes d'isoprène. — **adj.** *Pigment caroténoïde.* ➤ **bêtacarotène, carotène, lycopène, xanthophylle.**

CAROTIDE [kaʀɔtid] **adj.** et **n. f.** – 1541 ◊ du grec *karôtis, idos* «(artères) du sommeil», de *karoûn* «assoupir» ▪ ANAT. *Artère carotide* ou **n. f.** *la carotide :* chacune des grosses artères qui conduisent le sang vers la tête. *Carotides primitives :* les deux artères de la tête et de la partie supérieure du cou. *Carotides externes* (qui vont à la face) *et internes* (qui vont au cerveau), naissant des artères carotides primitives. — COUR. Carotide externe. *Le meurtrier lui a tranché la carotide.*

CAROTIDIEN, IENNE [kaʀɔtidjɛ̃, jɛn] **adj.** – 1762 ◊ de *carotide* ▪ ANAT. Relatif à une artère carotide. *Canal carotidien,* creusé dans l'os temporal et donnant passage à l'artère carotide interne. *Nerf, plexus carotidien.*

CAROTTAGE [kaʀɔtaʒ] **n. m.** – 1844 ◊ de *carotter* ▪ **1** Escroquerie, extorsion. ▪ **2** (de *carotte,* I, 4°) Extraction de carottes d'un terrain par sondage.

CAROTTE [kaʀɔt] **n. f.** – 1564 ; *carote* 1538 ; *garroite* 1393 ◊ latin *carota,* grec *karôton*

I ▪ **1** Plante potagère *(ombellifères)* cultivée pour sa racine charnue riche en carotène, en sucre et en vitamines. *Éclaircir un plant de carottes. Fanes de carottes. Botte de carottes.* ▪ **2** Racine comestible de cette plante. *Carottes fourragères,* blanches ou jaunes. *Carottes Vichy, carottes à la crème. Carottes râpées,* crues et assaisonnées. — FAM. *Mange des carottes, ça rend aimable.* — RÉGION. (Centre-Est, Suisse) *Carotte rouge :* betterave rouge. ◆ LOC. FAM. *Les carottes sont cuites :* tout est fini, perdu (cf. C'est la fin des haricots*). — *La carotte ou le bâton :* l'incitation ou la menace (par allus. à l'âne qu'on ne fait avancer qu'à coups de bâton ou en lui tendant une carotte). *Marcher à la carotte :* agir en étant poussé par l'appât du gain. ▪ **3** PAR ANAL. *Carotte de tabac :* rouleau de feuilles de tabac. — Enseigne rouge, à double pointe, des bureaux de tabac français. ▪ **4** TECHN. Échantillon cylindrique retiré du sol. ➤ **carottage** (2°). *Carotte de glace,* prélevée au sein des calottes glaciaires. *«forer des carottes et implanter toutes sortes de capteurs»* ORSENNA. ◆ Matière qui remplit le canal d'alimentation d'une presse à matières plastiques. ▪ **5** ADJT INV. *Rouge carotte, couleur carotte. Avoir les cheveux carotte.* ➤ **roux.** *«Poil de carotte», de Jules Renard.*

II FIG. et FAM. ▪ **1** (1784) VIEILLI *Tirer une carotte à qqn,* lui extorquer de l'argent par artifice. ➤ **carotter.** ▪ **2** (1913) Au tennis, Balle qui tourne sur elle-même et trompe l'adversaire.

CAROTTER [kaʀɔte] **v. tr.** ‹1› – 1732 ◊ de *jouer, tirer la carotte* ▪ **1** FAM. Extorquer (qqch. à qqn) par ruse. ➤ **escroquer, extorquer, soutirer,** 2 **voler*.** *Il nous a carotté cent euros.* — *Carotter une permission.* ▪ **2** (XXe) Extraire du sol une carotte (I, 4°). ▪ HOM. poss. Carreauté.

CAROTTEUR, EUSE [kaʀɔtœʀ, øz] **adj.** et **n.** – avant 1850 ; «joueur mesquin» 1752 ◊ de *carotter* ▪ Personne qui carotte (qqch.), qui escroque (qqn). — On dit aussi **CAROTTIER, IÈRE,** 1833.

CAROTTEUSE [kaʀɔtøz] **n. f.** – 1929 *carottier* ◊ de *carotte* (I, 4°) ▪ TECHN. Appareil servant à prélever des carottes (I, 4°).

CAROUBE [kaʀub] **n. f.** – 1512 ◊ latin médiéval *carrubia,* de l'arabe ▪ Fruit du caroubier, gousse longue et épaisse renfermant une pulpe sucrée.

CAROUBIER [kaʀubje] **n. m.** – 1553 ◊ de *caroube* ▪ Arbre méditerranéen *(légumineuses césalpinées)* à feuilles persistantes, à fruits bruns. ➤ **caroube.**

CARPACCIO [kaʀpatʃ(j)o] **n. m.** – 1973 ◊ mot italien, du nom du peintre ▪ Plat composé de très fines tranches de filet de bœuf cru, servies avec un assaisonnement. *Des carpaccios.* — Préparation analogue à base de fines tranches d'un produit cru. *Carpaccio de saumon, de thon, de courgettes.*

1 **CARPE** [kaʀp] **n. f.** – 1268 ◊ du bas latin *carpa,* mot wisigoth ▪ **1** Gros poisson *(cyprinidés)* vivant en eau douce, profonde, à bouche munie de quatre barbillons. *Carpe miroir,* à grandes écailles. *«Ce n'était pas la plus commune, ni la carpe miroir à grandes écailles éparses, mais la carpe-cuir qui n'a pas d'écailles, lisse comme l'eau, moirée et toute nue»* P. MICHON. *Carpe de rivière, d'étang. Pêcher la carpe. Petit de la carpe* (**CARPEAU n. m.**). ➤ **carpillon.** — CUIS. *Carpe farcie,* mets juif d'Europe centrale. ▪ **2** LOC. (1828) **SAUT DE CARPE :** saut où l'on se rétablit sur les pieds, d'une détente, étant couché sur le dos. *Faire des sauts de carpe dans son lit,* des bonds. — *Bâiller comme une carpe :* bâiller fortement et plusieurs fois de

suite, comme la carpe hors de l'eau. — *Faire des yeux de carpe* : avoir un regard inexpressif (cf. Des yeux de merlan* frit). *Ignorant comme une carpe. Muet comme une carpe. — Mariage* de la carpe et du lapin.*

2 **CARPE** [kaʀp] **n. m.** – 1546 ◊ grec *karpos* «poignet» ■ ANAT. Double rangée de petits os (huit chez l'homme), située entre les os de l'avant-bras et le métacarpe (➤ **carpien**).

-CARPE ■ **1** Élément, du grec *karpos* «fruit» : *endocarpe, péricarpe.* ■ **2** Élément, du grec *karpos* «poignet» : *métacarpe.*

CARPELLE [kaʀpɛl] **n. m.** – 1836 ◊ du grec *karpos* «fruit» ■ Élément de la partie reproductrice femelle d'une fleur. *Les ovules des gymnospermes* sont posés sur le carpelle. Carpelles soudés.* ➤ **pistil.**

CARPETTE [kaʀpɛt] **n. f.** – 1863 ; «tenture» 1582 ; «gros drap rayé» v. 1335 ◊ anglais *carpet* ; racine latine *carpere* → charpie ■ **1** Petit tapis. ➤ **descente** (de lit). — LOC. FIG. *S'aplatir comme une carpette* (devant qqn), être à ses pieds, le flatter bassement. ■ **2** FAM. Personnage plat, rampant, servile. ➤ **paillasson.** *«Ils n'étaient plus des hommes, mais des carpettes. Serveurs !»* R. GUÉRIN.

CARPETTIER [kaʀpetje] **n. m.** – 1909 ◊ de *carpette* ■ TECHN. Tisseur spécialisé dans le tissage mécanique des tapis, carpettes, moquettes.

CARPICULTURE [kaʀpikyltyʀ] **n. f.** – 1929 ◊ de 1*carpe* et *culture* ■ TECHN. Élevage de carpes. — **n. CARPICULTEUR, TRICE.**

CARPIEN, IENNE [kaʀpjɛ̃, jɛn] **adj.** – 1837 ◊ de 2*carpe* ■ ANAT. Relatif au carpe. *Canal carpien,* où sont logés les os du carpe. PATHOL. *Syndrome du canal carpien.*

CARPILLON [kaʀpijɔ̃] **n. m.** – 1579 ◊ de 1*carpe* ■ Très petite carpe ; petit de la carpe.

CARPOCAPSE [kaʀpokaps] **n. m. ou f.** – 1845 ◊ latin des zoologistes *carpocapsa,* du grec *karpos* «fruit» et *kaptein* «dévorer» ■ Petit papillon *(lépidoptères)* dont la chenille se développe dans les fruits (pommes, poires).

CARQUOIS [kaʀkwa] **n. m.** – avant 1328 ; *carquais* 1213 d'après *carcan* ; *tarchais* v. 1170 ◊ du grec médiéval *tarkasion,* emprunté au persan *terkech* ■ **1** Étui à flèches. *Porter l'arc et le carquois.* ■ **2** Motif décoratif en forme de carquois. *Pieds en carquois,* droits et cannelés (style Louis XVI).

CARRAGHEEN [kaʀagɛn] **n. m.** – 1832 ◊ nom de lieu irlandais, près de Waterford ■ BOT. Algue jaune *(Chondrus crispus)* du littoral de l'Atlantique Nord, contenant un mucilage, utilisée en thérapeutique et dans l'industrie alimentaire *(carraghénanes).* SYN. **Mousse d'Irlande, lichen blanc.** APPOS. *Lichen carragheen.*

CARRARE [kaʀaʀ] **n. m.** – 1755 ◊ n. d'une ville de Toscane ■ Marbre blanc très estimé, extrait près de Carrare.

CARRE [kaʀ] **n. f.** – XVe ◊ de *carrer* ■ TECHN. Angle qu'une face d'un objet forme avec les autres faces. Épaisseur d'un objet coupé à angle droit. ♦ SPORT Baguette d'acier qui borde longitudinalement la semelle d'un ski. *Affûtage des carres. Dans le chasse-neige, on met les skis sur les carres internes.* ■ **HOM.** Car, quart.

CARRÉ, ÉE [kaʀe] **adj. et n. m.** – XIIe var. *quarré* ◊ du latin *quadratus,* p. p. de *quadrare* «rendre carré»

I ~ **adj. A. CONCERNE DES CHOSES** ■ **1** Qui forme un quadrilatère dont les angles sont droits et les quatre côtés égaux. *Figure carrée. Plan carré. — Mètre carré :* unité de mesure de superficie (SYMB. m^2), mesure de surface d'un carré ayant un mètre de côté. *Cent, dix mille mètres carrés.* ➤ **are, hectare.** *Un espace publicitaire de 9 centimètres carrés (9 cm^2).* — MATH. *Nombre carré,* multiplié par lui-même. *Matrice carrée,* dont les nombres de lignes et de colonnes sont égaux. *Racine carrée d'un nombre n* (notée $\sqrt{n}$) : nombre dont le carré est *n.* ■ **2** COUR. Qui a quatre côtés (approximativement) égaux. *Fenêtre carrée. Tableau, tapis carré. La Cour carrée du Louvre, à Paris. Pré* carré.* **n. m. (Canada)** VIEILLI Place carrée. *Le carré Saint-Louis, à Montréal.* ➤ **place, square.** — Qui a la base ou l'une des faces carrée. *Bonnet carré,* que portaient autrefois les docteurs, les professeurs, les juges et les ecclésiastiques. *Tour carrée. La Maison carrée de Nîmes. — Visage carré,* aux angles fortement marqués (opposé à *rond, ovale*). *Épaules carrées,* larges, robustes (➤ **carrure**). *Il est carré d'épaules.* — LOC. *Avoir les pieds* carrés.* ■ **3** (1694) À angles droits. *Écriture carrée* : écriture hébraïque dont les lettres à angles droits s'inscrivent dans un carré. — *Trait carré,* perpendiculaire. ♦ MAR. Se dit de voiles en trapèze qui se fixent aux vergues installées en croix. *Voiles carrées.* ➤ **bonnette.** *Mât carré,* portant ces voiles. — PAR EXT. *Un trois-mâts carré,* à voiles carrées. ■ **4** FIG. *Partie* carrée.*

B. CONCERNE DES PERSONNES, DES ACTIONS (XIXe ; «large et fort, robuste» XIIe) Dont le caractère est nettement tranché. *Un esprit carré. Un refus carré.* ➤ 1**ferme,** 2**franc,** 2**net.** *Une réponse carrée,* sans ambiguïté. ➤ **clair, explicite.** *Être carré en affaires,* direct et droit.

II ~ **n. m. UN CARRÉ** (1538) **A. OBJET MATHÉMATIQUE** ■ **1** Quadrilatère dont tous les côtés sont égaux et tous les angles droits. *Le côté, la diagonale d'un carré. Les carrés d'un damier, d'un échiquier.* ➤ **case.** *Carrés d'un papier, d'un tissu.* ➤ **carreau, damier, quadrillage ;** RÉGION. **carreauté.** ■ **2** Produit d'un nombre par lui-même. *Carré d'un élément x :* élément x × x (noté aussi x^2). *16 est le carré de 4. Carré parfait :* nombre dont la racine carrée est un entier. *Élever au carré une variable, un nombre, un élément,* le multiplier par lui-même. — FIG. *«La peur en soi n'est rien, dit-il, c'est la peur d'avoir peur qu'il faut éviter. C'est cette peur au carré* [...] *qui vous anéantirait»* ECHENOZ.

B. CHOSE, OBJET DE FORME CARRÉE ■ **1** COUR. Figure rappelant un carré (souvent rectangle peu allongé). *Avoir, cultiver un carré de terre. Carrés d'un jardin.* ➤ **planche.** *Carré de choux. «une tabatière s'ouvrait sur un carré de ciel embrasé»* MARTIN DU GARD. ➤ **coin.** *Le carré des indigents*.* ♦ Morceau de tissu en forme de carré, qu'on plie suivant la diagonale et qu'on porte comme foulard, comme fichu. ➤ **foulard.** *Carré de coton.* ➤ **bandana.** *Carré de laine, de soie. Carré de tissu éponge.* ➤ **carré-éponge, débarbouillette,** RÉGION. **lavette.** ■ **2** Objet ayant une forme carrée ou cubique (pour les solides). ANAT. Muscle de forme carrée. *Carré du menton, des lèvres, de la cuisse.* — CUIS. *Couper des carrés de lard.* ➤ **cube,** 1**dé.** — *Un carré de chocolat.* ➤ RÉGION. **carreau.** — BOUCH. Ensemble de côtelettes d'un seul tenant. *Carré d'agneau, de porc.* — (1962) *Carré de l'Est* : fromage de lait de vache fermenté à pâte molle, à croûte fleurie, de forme carrée. ■ **3** Groupe de quatre sièges se faisant face deux à deux dans un train. ■ **4** Troupe disposée pour faire face des quatre côtés. *Former le carré. Le dernier carré.* ■ **5** (1828) MAR. Chambre d'un navire servant de salon ou de salle à manger aux officiers. *Le carré des officiers. «Les quatre hublots de bonne taille du carré donnaient une vue sur chaque rive»* M. DUGAIN. ■ **6** (1929) JEUX Ensemble de quatre éléments semblables. *Un carré d'as, au poker.* ■ **7** LOC. **AU CARRÉ :** à angles droits. — *Coupe* (de cheveux) *au carré,* sans dégradé, les cheveux étant égalisés. SUBST. *Se faire faire un carré. — Faire un lit au carré,* sans un pli, en tirant soigneusement les couvertures. — FAM. *Mettre, faire* (à qqn) *la tête au carré,* le frapper (jusqu'à lui déformer la tête) (cf. Faire une grosse tête* à qqn).

■ **CONTR.** Rond.

CARREAU [kaʀo] **n. m.** – *quarrel* 1080 ◊ latin populaire °*quadrellus,* de *quadrus* «carré»

I ■ **1** ANCIENNT Trait d'arbalète à fer en losange à quatre pans. ■ **2** (1160 «pierre ou brique posée de chant») COUR. Petite plaque (en terre cuite, en pierre, en marbre) servant à revêtir le sol, les murs. *Carreau en faïence ; carreau de terre cuite* (➤ **tomette**) ; *carreau vernissé* (➤ RÉGION. **catelle**). *Carreaux recouvrant un sol, une chaussée, une rue.* ➤ 1**dalle,** 1**pavé.** *Assemblage de carreaux.* ➤ **carrelage.** — *Carreau de plâtre,* pour édifier des cloisons. ■ **3** (1233 «sol») VX OU RÉGION. Sol pavé de carreaux. ➤ **carrelage.** *Laver le carreau.* — FIG. *Jeter, coucher qqn* **SUR LE CARREAU,** le mettre à terre. *Laisser qqn sur le carreau,* le laisser pour mort. *Demeurer, rester sur le carreau :* être tué ou gravement blessé ; FIG. être laissé pour compte, être hors course. ♦ SPÉCIALT (1723) *Le carreau des Halles :* endroit des anciennes Halles de Paris où l'on étalait et où l'on vendait les fruits, les légumes. *Le carreau du Temple. — Carreau de mine, de carrière :* emplacement où sont déposés les produits extraits. ■ **4** (1318) Plaque de verre dont sont munies les fenêtres, les portes vitrées. ➤ **vitre.** *Carreau cassé. Remettre, remplacer un carreau. Taper aux carreaux. Faire les carreaux. Laveur de carreaux.* ■ **5** FAM. ➤ **monocle.** — Verre de lunettes ; (AU PLUR.) lunettes. ♦ AU PLUR. Yeux. ➤ **châsse.** *«tu as les plus beaux carreaux de la terre»* FALLET. ■ **6** (1588) ANCIENNT Coussin carré. — Petit métier portatif de dentellière, constitué d'un coussin. ■ **7** (1611) TECHN. Gros fer à repasser de tailleur. ■ **8** RÉGION. (Antilles, Canada) Morceau (de légume) taillé en cube. *«manger sans tafia de gros carreaux d'ignames sous une huile pimentée»* P. CHAMOISEAU. ♦ (Afrique noire, Canada) *Carreau de sucre :* morceau de sucre. — (Canada) *Carreau de chocolat :* carré de chocolat.

II ■ **1** (1680) Dessin symétrique formé par le croisement à angle droit de lignes, de bandes verticales et horizontales. *Étoffe à carreaux.* ➤ **écossais, vichy.** *Veste à carreaux. Papier à* *grands, à petits carreaux.* ➤ **quadrillé.** ▪ **2** (1834) DESS. *Carreaux de réduction, d'agrandissement, de reproduction de dessins, de cartes* : quadrillage que l'on reporte sur le modèle à reproduire. «*Quand l'esquisse est terminée, on la transporte sur la toile, on la met au carreau*» ZOLA. ▪ **3** (1532 *quarreau*) Dans les cartes à jouer, Série dont la marque distincte est un carreau rouge. *L'as de carreau.* PROV. VX *Qui se garde à carreau n'est jamais capot.* — LOC. *Se garder,* (plus cour.) *se tenir à carreau* : être sur ses gardes. *Tiens-toi à carreau.*

CARREAUTÉ, ÉE [kaʀote] adj. – 1779 au Québec ◇ de *carreau* ▪ RÉGION. (Normandie ; Canada, Haïti) (critiqué au Canada) À carreaux. «*un jeune homme très bien, portant foulard carreauté, bon accent, belles manières*» GODBOUT. *Papier carreauté.* ➤ **quadrillé.** ▪ HOM. poss. Carotter.

CARRÉE [kaʀe] n. f. – XIIIe ◇ de *carré* ▪ **1** VX Cadre, châssis de bois (d'un lit). ▪ **2** En musique ancienne (jusqu'au XVIIIe s.), Note qui vaut deux rondes. ▪ **3** (1878) ARG. FAM. Chambre, logement. ➤ **piaule, turne.**

CARRÉ-ÉPONGE [kaʀeepɔ̃ʒ] n. m. – date inconnue ◇ de *carré* et *éponge* ▪ Carré de tissu éponge utilisé comme gant* de toilette. *Des carrés-éponges.* ➤ RÉGION. **débarbouillette, lavette.**

CARREFOUR [kaʀfuʀ] n. m. – v. 1120 ◇ bas latin *quadrifurcum* «à quatre fourches» ▪ **1** Endroit où se croisent plusieurs voies. ➤ **bifurcation, croisée** (des chemins), **croisement, embranchement, étoile, fourche, intersection, patte-d'oie, rond-point** ; RÉGION. **quatre-chemins ; échangeur.** *Les carrefours d'une ville, d'une forêt. Tournez à droite au prochain carrefour.* ▪ **2** FIG. Conjoncture où l'on doit choisir entre diverses voies. *Parvenir, se trouver à un carrefour. Se situer au carrefour de plusieurs tendances.* — Croisement d'influences. *Un carrefour d'idées.* PAR APPOS. *Sciences carrefours,* qui se trouvent à l'intersection de plusieurs disciplines. ➤ **pluridisciplinaire.** — SPÉCIALT Réunion, rencontre en vue d'une confrontation d'idées. ➤ **atelier, colloque, congrès, forum, séminaire, symposium.**

CARRELAGE [kaʀlaʒ] n. m. – 1690 ; *quarrellage* 1611 ◇ de *carreler* ▪ **1** Action de carreler. *Le carrelage d'une cuisine.* ▪ **2** Pavage, revêtement fait de carreaux assemblés. ➤ **dallage,** 1 **mosaïque.** *Poser un carrelage. Carrelage mural. Laver le carrelage d'un vestibule.*

CARRELER [kaʀle] v. tr. ‹4 /5/› – fin XIIe ◇ de *carrel* «carreau» ▪ **1** Paver, revêtir avec des carreaux. *Carreler une cuisine.* — *Piscine carrelée.* ▪ **2** (1867) TECHN. Tracer des carrés sur (une feuille de papier, une toile). ➤ **quadriller.** *Carreler un dessin pour le reproduire.*

CARRELET [kaʀlɛ] n. m. – *quarlet* 1360 ◇ de *carrel* «carreau»
I ▪ **1** Poisson plat *(pleuronectiformes)* de forme quadrangulaire. ➤ **plie.** ▪ **2** (1694) Filet carré tendu sur deux portions de cerceau qui se croisent et sont attachées au bout d'une perche. *Pêche au carrelet. Carrelet pour pêcher les ablettes.* ➤ **ableret.** ▪ **3** (1704) Châssis d'un blanchet* de pharmacien.
II (1561) Objet à quatre pans (➤ **carreau,** I, 1°). Grosse aiguille à pointe quadrangulaire dont se servent les bourreliers, les relieurs. ♦ Règle quadrangulaire. ♦ Lime à plusieurs pans.

CARRELEUR, EUSE [kaʀlœʀ, øz] n. – 1463 ◇ de *carreler* ▪ Personne spécialisée dans la pose des carrelages. ➤ **paveur.**

CARRÉMENT [kaʀemɑ̃] adv. – 1690 ; *quarrement* XIIIe ◇ de *carré* ▪ **1** DIDACT. D'une manière carrée, à angles droits, d'équerre. *Pièce coupée carrément.* ▪ **2** COUR. D'une façon nette, décidée, sans détours. ➤ **catégoriquement, fermement, franchement, hardiment, nettement.** *Parler, répondre carrément,* sans ambages. *Dire carrément ce que l'on pense. Allez-y carrément.* ➤ 2 **franco.** ♦ (Modifiant un adj.) *Il est carrément nul,* complètement. ♦ FAM. (En réponse) Tout à fait. *Tu es partant ? – Carrément !* ▪ CONTR. Indirectement, mollement, timidement.

CARRER [kaʀe] v. tr. ‹1› – *quarrer* XIIe ◇ latin *quadrare* «rendre carré» → cadrer
I Rendre carré. ▪ **1** TECHN. Donner une forme carrée à. *Carrer une pierre, un bloc de marbre,* les tailler à angles droits. ▪ **2** MATH. Trouver le carré équivalant à (une surface). *Chercher à carrer un cercle* (cf. La quadrature* du cercle). — (1765 ; *quarrer,* 1549) ARITHM., ALG. Former le carré de (un nombre).
II ARGOT (1835 ◇ de *carre* «cachette», emploi spécialisé de *carre* «angle, coin») ▪ **1** Cacher, dissimuler. ▪ **2** (1906) Mettre, fourrer. *Ton avis, tu peux te le carrer où je pense !* ♦ FAM. *Je n'en ai rien à carrer* : je m'en moque (cf. Rien à foutre*). «*On n'en aurait rien eu à carrer du passage à l'euro*» P. BAILLY.
III **SE CARRER** v. pron. réfl. (1606 ◇ d'après *carrure*) ▪ **1** VX Prendre une attitude d'importance et de satisfaction. ▪ **2** (XIXe) *Se carrer dans un fauteuil, dans sa voiture,* s'y installer confortablement ; s'y mettre à l'aise. ➤ 2 **se caler,** 1 **s'étaler.** — FIG. «*À l'aise dans son vieux fauteuil, il se carrait dans ses espérances*» BALZAC.

CARRICK [kaʀik] n. m. – 1805 ◇ mot anglais «voiture légère» et «manteau du cocher» ▪ VX Redingote ample à plusieurs collets étagés.

CARRIER [kaʀje] n. m. – *quarrier* 1284 ◇ de 1 *carrière* ▪ Celui qui exploite une carrière comme entrepreneur ou comme ouvrier. — PAR APPOS. *Un maître carrier ; des ouvriers carriers.* ➤ 2 **mineur, tailleur** (de pierre). *Masse, scie de carrier.* ▪ HOM. Carier.

1 **CARRIÈRE** [kaʀjɛʀ] n. f. – *quarriere* v. 1170 ◇ latin populaire °*quadraria* «lieu où l'on taille les pierres», de *quadrus* «carré» ▪ TECHN. Lieu d'où l'on extrait des matériaux de construction (pierre, roche). ➤ **ardoisière, glaisière, marbrière, meulière, plâtrière, sablière.** *Carrière à ciel ouvert ; souterraine* (➤ 2 **mine**). ♦ COUR. Exploitation d'extraction à ciel ouvert (contrairement à la mine, souterraine).

2 **CARRIÈRE** [kaʀjɛʀ] n. f. – 1534 ◇ italien *carriera* «chemin de chars» ; latin populaire °*carraria,* de *carrus* «char» ▪ **1** VX Arène, lice pour les courses de chars. «*Il excelle à conduire un char dans la carrière*» RACINE. ▪ **2** (1611 ◇ fig. de *donner carrière à un cheval*) **DONNER CARRIÈRE (À) :** laisser le champ libre ; FIG. donner libre cours. «*La littérature m'a empêché de donner carrière à mes vertus comme à mes vices*» FLAUBERT. ▪ **3** LITTÉR. Voie où l'on s'engage. *La carrière de la gloire.* «*Nous entrerons dans la carrière*» («La Marseillaise»). ▪ **4** MOD. Métier, profession qui présente des étapes, une progression. ➤ **profession, situation.** «*Je ne voyais pas encore quelle carrière pouvait s'ouvrir pour moi*» FRANCE. *Le choix d'une carrière. Embrasser, suivre une carrière. En début, en fin de carrière. Plan de carrière* : projet d'évolution professionnelle (pour un cadre). *Faire carrière* : réussir dans une profession. *Il ne cherche qu'à faire carrière* (➤ **carriériste**). *La carrière des armes, du barreau. Faire une carrière universitaire. Une brillante carrière.* — ABSOLT *La Carrière* : la carrière diplomatique. — *Un militaire de carrière,* de métier (opposé à *du contingent*).

CARRIÉRISME [kaʀjeʀism] n. m. – 1908 ◇ de 2 *carrière* (4°) ▪ PÉJ. Recherche de la réussite professionnelle, sociale.

CARRIÉRISTE [kaʀjeʀist] n. – 1909 ◇ de l'anglais ; d'après 2 *carrière* ▪ PÉJ. Personne qui recherche avant tout la réussite sociale (➤ **arriviste**) par le biais d'une carrière, souvent sans s'embarrasser de scrupules. *C'est un, une carriériste.*

CARRIOLE [kaʀjɔl] n. f. – 1585 ◇ mot d'origine incertaine, peut-être de l'italien *carriola* «brouette», de *carro* «chariot», du latin d'origine gauloise *carrus* → 1 char ▪ **1** Petite charrette campagnarde. ▪ **2** (1699) (Canada) Voiture d'hiver hippomobile, montée sur patins, recherchée pour sa stabilité dans la neige.

CARROSSABLE [kaʀɔsabl] adj. – 1825 ◇ de *carrosse* ▪ Dont la nature ou l'état permet la circulation des voitures. ➤ **praticable.** *Chemin carrossable.*

CARROSSAGE [kaʀɔsaʒ] n. m. – 1873 ◇ de *carrosser* ▪ **1** Action de carrosser. ▪ **2** TECHN. Inclinaison des extrémités d'un essieu vers le sol.

CARROSSE [kaʀɔs] n. m. – 1575 ; *carroce* v. 1260 ◇ italien *carrozza,* de *carro* «char» ; latin *carrus* ▪ **1** Ancienne voiture hippomobile de luxe, à quatre roues, suspendue et couverte. *Monter dans un carrosse, en carrosse.* — LOC. FIG. *Rouler carrosse* : être dans l'aisance. *Être la cinquième roue* du carrosse.* ▪ **2** (1900) (Canada ; critiqué) Voiture d'enfant. ➤ **landau, poussette.** «*un carrosse où dormaient des jumeaux*» Y. BEAUCHEMIN. *Un carrosse de poupée.*

CARROSSER [kaʀɔse] v. tr. ‹1› – 1828 au p. p. ◇ de *carrosse* ▪ **1** VX Transporter en carrosse. ➤ **voiturer.** ▪ **2** (1928) MOD. Munir (un véhicule) d'une carrosserie. — p. p. adj. *Châssis carrossé.*

CARROSSERIE [kaʀɔsʀi] n. f. – 1833 ◇ de *carrosse* ▪ **1** ANCIENNT Industrie de la fabrication des voitures. — MOD. Industrie, commerce des carrossiers (2°). ▪ **2** (1863) Caisse d'une voiture, et SPÉCIALT d'une automobile. ➤ 2 **bâti, caisse.** *Carrosserie sur châssis ; carrosserie et châssis formant une coque autoporteuse. Types de carrosseries.* ➤ **berline,** 1 **break, cabriolet, coach,** 1 **coupé, limousine, monospace, pickup, roadster.** *Carrosserie endommagée dans un accident* (cf. Tôle froissée). — PAR EXT. *La carrosserie d'une machine à laver, d'un réfrigérateur.*

CARROSSIER [kaʀɔsje] n. m. – 1589 «conducteur de carrosse» ◇ de *carrosse* ▪ **1** (XVIIe *ouvrier carrossier*) ANCIENNT Fabricant de carrosses (➤ **charron**). ▪ **2** (1898 ◇ en rapport avec *carrosserie*) Tôlier spécialisé dans la fabrication ou la réparation de carrosseries d'automobiles. ➤ RÉGION. **débosseleur.** SPÉCIALT Fabricant de carrosseries de luxe (en petite série). — Dessinateur, concepteur de carrosseries.

CARROUSEL [karuzɛl] **n. m.** – 1620 ; *carrouselle* XVIe ◇ p.-ê. napolitain *carusello,* jeu équestre, de *carus(i)ello,* nom des balles de craie en forme de tête, de *caruso* «tête rasée» ■ **1** Parade où des cavaliers divisés en quadrilles se livrent à des exercices, à des évolutions. ■ **2** Lieu où se donnait cette parade. ■ **3** TECHN. Dispositif circulaire (en manutention). — Convoyeur à bagages. — Panier circulaire pour les diapositives, qui s'utilise avec un projecteur. ■ **4** FIG. Ronde, succession rapide d'objets, de personnes, dans un espace réduit. *Le carrousel des voitures sur la place de la Concorde. Un carrousel d'avions. — Un carrousel ministériel.* ■ **5** RÉGION. **(Nord, Belgique, Luxembourg, Suisse, Canada)** Manège forain.

CARROYAGE [karwajaʒ] **n. m.** – 1917 ◇ du radical de *carreau* ■ Quadrillage* de voies (urbanisme). — Quadrillage pour reproduire un dessin.

CARROYER [karwaje] **v. tr.** ‹8› – v. 1950 ◇ de *carroyage* ■ Quadriller (un plan, une carte) par un carroyage.

CARRURE [karyʀ] **n. f.** – XIIe *quarreure* ◇ de *carrer* ■ **1** Largeur du dos, d'une épaule à l'autre. *Forte, belle carrure.* — PAR ANAL. Largeur d'un vêtement aux épaules. *Veste trop étroite de carrure.* ■ **2** Forme ample, carrée. *«La carrure des mâchoires»* LOTI. ■ **3** FIG. Force, valeur (d'une personne). *Son prédécesseur était d'une autre carrure.* ➤ **envergure, stature.** *«des bonshommes comme Néron, Richard III* [...] *ont une autre carrure que Roberti !»* DUTOURD.

CARRY ➤ **CARI**

CARTABLE [kaʀtabl] **n. m.** – 1810 ; «registre» 1636 ◇ latin vulgaire °*cartabulum* «récipient à papier», de *charta* «papier» ■ **1** Sacoche dans laquelle les écoliers mettent et transportent leurs livres, leurs cahiers, etc. ➤ **serviette ;** RÉGION. **carton.** *Cartable à poignée, à bretelles* (➤ **gibecière**). *Porter son cartable à la main, sur son dos. — Cartable électronique* (ou *numérique*) : ensemble de contenus numériques conçus pour l'enseignement scolaire. ■ **2** **(Canada)** Classeur à anneaux.

CARTE [kaʀt] **n. f.** – fin XIVe ◇ du latin *charta* «papier sur lequel on écrit», qui a aussi donné *charte.* → cartable

I CARTE À JOUER ou **CARTE** ■ **1** Petit carton rectangulaire dont l'une des faces porte une figure, et qui est utilisé par séries conventionnelles dans différents jeux. *Jeu de cartes :* ensemble de cartes de couleurs et de valeurs diverses, qui sont nécessaires pour jouer. *Jeu de 32, de 52 cartes* (➤ **carreau, cœur,** 1 **pique, trèfle ; as,** 1 **dame, joker, reine, roi, tarot, valet**). *Cartes de tarot.* ➤ **arcane, lame.** *Basses cartes* (du deux au dix). *Hautes cartes.* ➤ **honneur.** *Principaux jeux de cartes :* baccara, bataille, belote, bonneteau, bridge, canasta, chemin de fer, crapette, écarté, gin-rummy, manille, mistigri, nain jaune, piquet, poker, rami, tarot, trente et un, trente-et-quarante, vingt-et-un, whist, yass ; réussite. *Faire une partie de cartes. Jouer aux cartes* (cf. FAM. Taper le carton*). *Tricher aux cartes. Carte biseautée. Série de cartes au cours d'une partie.* ➤ **brelan, carré, flush, full,** 2 **quarte,** 1 **quinte, séquence, suite, tierce.** (1690) *Battre, couper, distribuer les cartes. Étaler ses cartes. Termes de jeu de cartes :* annonce, atout, capot, chelem, contre, donne, levée, marque, pli, point, rentrée, talon ; contrer, couper, donner, faire, passer, prendre, renoncer ; mort. ■ **2** LOCUTIONS (1611) *Brouiller les cartes :* compliquer, obscurcir volontairement une affaire. (1848, Chateaubriand) *Jouer sa dernière carte :* tenter sa dernière chance, mettre son espoir dans un suprême effort. ➤ **va-tout.** *Jouer la carte* **(et adj., et n.)** : parier sur une option dans laquelle on s'engage. *Jouer la carte européenne. La mairie «ne se mouillait pas et jouait la carte du pourrissement»* DAENINCKX. (1832) *Jouer cartes sur table :* agir franchement, loyalement (cf. Jouer franc* jeu). *Abattre, montrer ses cartes :* dévoiler brusquement ses intentions (cf. Abattre* son jeu). *Connaître le dessous des cartes,* ce que l'on s'efforce de garder secret. *Redistribution des cartes :* nouvelle répartition du pouvoir (cf. Nouvelle donne*). *Avoir toutes les cartes en main :* disposer d'avantages pour réussir (cf. Avoir des atouts* dans son jeu). ♦ *Château de cartes :* échafaudage de cartes. FIG. (1824) *Construire des châteaux de cartes :* faire des rêves, des projets fragiles et vains. *S'écrouler comme un château de cartes.* ♦ *Faire des tours* de cartes. — Carte forcée :* carte qu'un illusionniste oblige à choisir, en laissant l'apparence de liberté ; FIG. offre qui prive d'un choix et à laquelle on ne peut se dérober. ♦ *Tirer*, faire les cartes.* ➤ **cartomancie ; tarot.**

II REPRÉSENTATION D'UN ESPACE ■ **1** (1635) Représentation à échelle réduite de la surface totale ou partielle du globe terrestre. *Carte de géographie. Carte du globe.* ➤ **mappemonde, planisphère.** *Une carte d'Europe, de l'Europe, d'Allemagne. Recueil de cartes.* ➤ **atlas.** *Collection de cartes.* ➤ **cartothèque.** *Carte murale. Dresser, tracer la carte d'une région.* ➤ **cartographie.** *Carte muette. L'échelle* d'une carte. Carte au 1/1 000. Carte en relief. Carte géologique, météorologique. Carte routière, touristique. Carte historique. Carte d'état-major. Savoir lire une carte. «À cet endroit, la carte, du moins ce que nous pouvions en lire – les nationales rouges, les départementales jaunes, les routes bordées de vert à caractère touristique –, ne signalait rien de remarquable»* J. ROUAUD. — *Carte astronomique :* représentation d'une configuration du ciel, de la position d'un astre. ➤ **cosmographie.** *Carte photographique du ciel. Carte de la Lune.* — (1680) *Carte marine.* ➤ **portulan.** *Carte bathymétrique.* — FIG. et LITTÉR. *La carte du Tendre*.* ■ **2** Document, relevé descriptif d'une répartition. *La carte scolaire. Carte du génome humain, carte génétique.*

III PETIT RECTANGLE PORTATIF QUI SERT DE SUPPORT ■ **1** (XVe) VX ou TECHN. Feuille de carton. COMM. Rectangle de carton sur lequel on présente de petits objets (boutons, etc.), du fil enroulé, etc. ♦ **CARTE BLANCHE :** (VX) feuille de papier, de carton non écrite. — MOD. LOC. *Donner, laisser carte blanche à* (qqn) : laisser (qqn) libre de toute initiative dans l'action ou le choix. *Avoir carte blanche.* ➤ **liberté ; blanc-seing.** ■ **2** (1803) Liste des plats, des consommations avec leur prix. *La carte d'un restaurant.* ➤ 2 **menu.** *La carte des vins. La carte des desserts.* — (1813) **À LA CARTE.** *Manger à la carte,* en choisissant librement sur la carte **(opposé à** *au menu, à prix fixe***).** — PAR EXT. *À la carte,* au choix. *Programme à la carte.* ■ **3** (1811) **CARTE DE VISITE,** et ELLIPT **CARTE** (VIEILLI) : petit rectangle de papier fort sur lequel on fait imprimer son nom, son adresse, ses titres. ➤ **bristol.** *Déposer, laisser sa carte. Joindre une carte de visite à un bouquet de fleurs.* VX *Remettre sa carte à qqn,* pour lui signifier qu'on le provoque en duel (➤ **cartel**). — FIG. Formation, références, expérience professionnelle qui constituent un atout sur le marché du travail. *«Je n'ai pas de carte de visite, de palmarès»* G. PERROS. ■ **4** (1877) **CARTE POSTALE** ou **CARTE :** carte dont l'une des faces sert à la correspondance, l'autre étant souvent illustrée par une image, une photo. *Envoyer des cartes postales.* ➤ aussi **carte-lettre.** — Rectangle de carton, souvent illustré, utilisé dans certaines circonstances pour transmettre un message. *Carte d'anniversaire. Carte de vœux.* ➤ aussi **carterie.** ■ **5** (1790) Papier, document établissant certains droits de la personne qui en est munie. *Carte d'identité*. Carte d'étudiant. Carte d'électeur, carte électorale,* qui constate l'inscription sur les listes électorales et permet de voter. — *Carte de séjour,* délivrée par les autorités administratives aux étrangers qui souhaitent résider dans un pays. *Carte de résident,* permettant à un étranger d'exercer une activité professionnelle. — *Carte de représentant. Représentant qui a plusieurs cartes.* ➤ **multicarte.** — *Carte d'admission.* ➤ **billet.** *Carte d'invitation.* ➤ FAM. **carton.** *Carte d'entrée. Carte de fidélité. — Carte de chemin de fer. Carte à demi-tarif. Carte d'abonnement. — Carte Senior* (autrefois *carte Vermeil*) : carte de réduction sur les tarifs de la S. N. C. F., pour les plus de 60 ans. — *Carte grise :* titre de propriété d'un véhicule automobile. — *Carte d'alimentation,* reconnaissant au titulaire le droit à certaines denrées alimentaires, en période de rationnement. ➤ **ticket.** ♦ (1834) ANCIENNT *Femme, fille en carte :* prostituée soumise aux visites sanitaires. ■ **6** (1963) TECHNOL. *Carte perforée, mécanographique :* fiche sur laquelle sont mémorisées, sous forme de perforations à des emplacements déterminés, des données utilisables par une machine informatique (➤ **lecteur**). — *Carte électronique :* circuit imprimé équipé de composants. *Carte(-)mère :* carte électronique contenant le processeur principal de l'ordinateur. *Carte(-)fille,* enfichée sur une autre carte, la carte-mère en général. *Carte d'extension*. Carte son, carte vidéo.* ■ **7** Document ayant l'aspect d'une carte plastifiée, utilisable par son titulaire comme moyen de paiement, de retrait d'espèces (➤ **billetterie**), de gestion de compte, etc. *Carte de paiement, de crédit*. Carte bancaire, carte bleue.* ➤ FAM. 2 **CB.** *Faire chauffer* sa carte de crédit. Carte à mémoire, à puce,* munie d'un microprocesseur (ou d'une logique câblée) et d'une mémoire qui permettent d'identifier le titulaire de la carte, et de gérer les opérations. *Carte Vitale* (marque déposée) : en France, carte électronique d'assurance maladie (remplaçant la carte d'assuré social papier). *Carte SIM* (acronyme anglais, de *Subscriber Identity Module* «module portant l'identité de l'abonné») : carte à puce insérée dans un téléphone portable, sur laquelle sont

stockées les informations concernant la connexion GSM de l'abonné. *Carte de téléphone.* ➤ **télécarte.**
▪ **HOM.** Kart, quarte.

CARTEL [kaʀtɛl] **n. m.** – 1527 ◊ italien *cartello* «affiche», de *carta* «papier»
I ▪ **1** VX Carte, papier, par lequel on provoquait qqn en duel. *Envoyer un cartel.* ▪ **2** (XVIIIe) Cartouche ornemental qui entoure certaines pendules ; la pendule. *Cartel Louis XV.* ▪ **3** Petite plaque informative placée à proximité d'une œuvre artistique, d'un objet exposé.
II (1901 ◊ allemand *Kartell*) ÉCON. Forme de concentration horizontale où de grandes entreprises juridiquement et financièrement indépendantes ayant des activités comparables, s'entendent en vue de contrôler la concurrence et le marché. ➤ **association, consortium, entente, trust ; cartellisation.** *Cartel de production, de vente. — Les cartels de la drogue.* — (1890, à propos de l'Allemagne) POLIT. Association de groupements (politiques, syndicaux) en vue d'une action commune. *Le cartel des gauches.*

CARTELETTE ➤ **QUARTELETTE**

CARTE-LETTRE [kaʀtəlɛtʀ] **n. f.** – 1886 ◊ de *carte* et *lettre* ▪ Feuille de papier qui, pliée et collée, peut être utilisée pour la correspondance. *Des cartes-lettres.*

CARTELLISATION [kaʀtelizasjɔ̃] **n. f.** – 1931 ◊ de *cartel* ▪ Groupement (d'entreprises) en cartel. ▪ **CONTR.** Décartellisation.

1 **CARTER** [kaʀte] **v. tr.** ⟨1⟩ – 1964 ◊ de *carte* ▪ COMM., TECHN. Enrouler (du fil), présenter (de petits objets) sur une carte. ➤ **encarter.** *Carter des boutons.* ▪ **HOM.** Quarté.

2 **CARTER** [kaʀtɛʀ] **n. m.** – 1891 ◊ mot anglais, du nom de l'inventeur ▪ TECHN. Garniture extérieure de métal servant à protéger un mécanisme. *Le carter d'une chaîne de bicyclette. Le carter du différentiel, du changement de vitesse,* dans le moteur d'une automobile (➤ **boîte**). SPÉCIALT Enveloppe métallique étanche, sous le moteur et autour de lui (qui sert aussi de cuve à huile).

CARTE-RÉPONSE [kaʀt(ə)ʀepɔ̃s] **n. f.** – 1972 ◊ de *carte* et *réponse* ▪ Carte jointe à un questionnaire, utilisée en réponse. *Des cartes-réponses.*

CARTERIE [kaʀt(ə)ʀi] **n. f.** – 1850 ◊ de *carte* ▪ **1** VX Technique du cartier*. ▪ **2** (v. 1970) Commerce de cartes postales.

CARTÉSIANISME [kaʀtezjanism] **n. m.** – 1667 ◊ de *Cartesius,* nom latin de *Descartes* ▪ DIDACT. Philosophie de Descartes ou de ses disciples et successeurs.

CARTÉSIEN, IENNE [kaʀtezjɛ̃, jɛn] **adj.** – 1665 ◊ → cartésianisme ▪ **1** Relatif à Descartes, à ses théories, à sa philosophie. *Le rationalisme cartésien.* — MATH. *Repère cartésien. Système d'axes cartésiens. Coordonnées cartésiennes.* ▪ **2** Partisan de la philosophie de Descartes. — **n.** *Les cartésiens.* ▪ **3** PAR EXT. *Esprit cartésien,* qui présente les qualités intellectuelles considérées comme caractéristiques de Descartes. ➤ **clair,** 2 **logique, méthodique, rationnel, solide.** *Des individus «solides, pondérés, cartésiens comme des bœufs»* AYMÉ. ▪ **CONTR.** Confus, mystique, obscur.

CARTHAME [kaʀtam] **n. m.** – v. 1525 ◊ latin médiéval *cartamo,* arabe *qurtum* ▪ Plante originaire d'Orient *(composées),* appelée aussi *safran bâtard, faux safran, chardon des teinturiers,* cultivée pour ses propriétés tinctoriales et ses graines oléagineuses. *Huile de carthame.*

CARTIER [kaʀtje] **n. m.** – XVIe ◊ de *carte* ▪ Fabricant de cartes à jouer. ▪ **HOM.** Quartier.

CARTILAGE [kaʀtilaʒ] **n. m.** – 1314 ◊ latin *cartilago* ▪ ANAT. Tissu conjonctif, translucide, résistant mais élastique, recouvrant les surfaces osseuses des articulations *(cartilage articulaire)* et constituant la charpente de certains organes (ex. aile du nez, trachée) et le squelette de certains vertébrés inférieurs. *Cartilage embryonnaire,* transformé en os. *Cellules du cartilage.* ➤ **chondroblaste, chondroclaste.** *Cartilages du larynx.* ➤ **aryténoïde, cricoïde.** ▪ **HOM.** Quartilage.

CARTILAGINEUX, EUSE [kaʀtilaʒinø, øz] **adj.** – 1314 ◊ latin *cartilaginosus,* de *cartilago* «cartilage» ▪ Composé de cartilage. *Tissu cartilagineux. Cellules cartilagineuses.* ➤ **chondroblaste.** *Les parties cartilagineuses du squelette. — Poissons cartilagineux.* ➤ **chondrichtyens.**

CARTISANE [kaʀtizan] **n. f.** – 1642 ◊ p.-ê. de l'italien °*carteggiana,* de *carta* «papier» ▪ TECHN. Petit morceau de carton recouvert de fil d'or, d'argent, et qui fait relief dans les dentelles, les broderies. *Broderies à cartisane.*

CARTOGRAMME [kaʀtɔgʀam] **n. m.** – 1888 ◊ de *carto(graphie)* et *-gramme* ▪ DIDACT. Schéma cartographique où un certain type d'information est seul symbolisé.

CARTOGRAPHE [kaʀtɔgʀaf] **n.** – 1829 ◊ de *cartographie* ▪ Spécialiste qui dresse et dessine les cartes de géographie. *Dessinateur*-cartographe.*

CARTOGRAPHIE [kaʀtɔgʀafi] **n. f.** – 1832 ◊ latin *charta* (→ carte) et *-graphie* ▪ **1** Établissement du dessin et de l'édition des cartes et plans. *La cartographie photographique, aérienne et par satellite.* — PAR EXT. *La cartographie du cortex.* ▪ **2** GÉNÉT. Établissement de la disposition des gènes sur le chromosome. *Cartographie génétique.*

CARTOGRAPHIER [kaʀtɔgʀafje] **v. tr.** ⟨7⟩ – 1906 ◊ de *cartographie* ▪ Établir la carte de.

CARTOGRAPHIQUE [kaʀtɔgʀafik] **adj.** – 1838 ; *chartographique* 1832 ◊ de *cartographie* ▪ De la cartographie. *Service cartographique.*

CARTOMANCIE [kaʀtɔmɑ̃si] **n. f.** – 1803 ◊ de *carte* et *-mancie* ▪ Divination par l'interprétation des cartes à jouer, des tarots.

CARTOMANCIEN, IENNE [kaʀtɔmɑ̃sjɛ̃, jɛn] **n.** – 1803 ◊ de *cartomancie* ▪ Personne qui tire les cartes, qui pratique la cartomancie. ➤ **tireur** (de cartes). *Une cartomancienne.* ➤ **voyant.**

CARTON [kaʀtɔ̃] **n. m.** – v. 1500 ◊ italien *cartone,* augmentatif de *carta* «papier» ▪ **1** Feuille assez épaisse, faite de pâte à papier (papier grossier ou ensemble de feuilles collées). *Carton-pâte* ou *carton gris,* fait de vieux papiers, de rognures. *Carton-paille. Carton-amiante,* fait d'une pâte de fibres courtes d'amiante. *Carton-pierre,* préparé de façon à imiter des ornements en plâtre, en pierre. *Carton dur, absorbant, isolant, lustré. Carton ondulé. Objets en carton. Valise en carton. Poupée de carton. Masque de carton.* ▪ **2** FIG. **DE** (vieilli), **EN CARTON** ou **DE, EN CARTON-PÂTE :** factice ; simulé. *Un paysage de carton-pâte.* — (ABSTRAIT) *Des excuses en carton. Des sentiments de carton-pâte,* sans profondeur, faux. *Du carton-pâte.* — *«sourire en carton, l'air d'avoir mieux à faire d'autrement important»* ECHENOZ. ➤ 2 **toc.** ▪ **3** (1611) Boîte, réceptacle en carton fort. *Mettre ses affaires dans un carton. Carton à chapeaux, à chaussures. Cartons de déménagement.* LOC. *Faire ses cartons* (lors d'un déménagement, d'un licenciement). *«On avait tous été là pour le soutenir pendant qu'il faisait ses cartons»* D. FOENKINOS. — SPÉCIALT Casier à couvercle brisé, destiné à recevoir des papiers, des dossiers. *«D'antiques cartons, arrachés violemment à l'étreinte de leurs alvéoles, s'ouvraient, lâchant des avalanches de paperasses»* COURTELINE. LOC. FIG. *Dormir, rester dans les cartons :* être en souffrance, ou complètement oublié. — VX OU RÉGION. *Carton d'écolier.* ➤ **cartable.** — **CARTON À DESSIN :** grand portefeuille de carton servant à ranger des dessins, des plans. ▪ **4** (1641) Dessin en grand, d'après lequel un artiste réalise une fresque, une tapisserie ou un vitrail. *Les cartons de Raphaël.* ➤ **étude,** 2 **patron,** 3 **plan, projet.** ▪ **5** Plaque de carton servant de cible au tir. LOC. *Faire un carton :* tirer sur une cible pour s'entraîner ou par jeu ; FAM. tirer sur qqn avec une arme à feu ; FIG. marquer des points (aux dépens de l'adversaire), réussir (➤ **cartonner**). ♦ FAM. Ce qui a du succès. *La série est un carton planétaire.* ▪ **6** FAM. *Battre, manier, taper le carton :* jouer aux cartes. ▪ **7** FAM. Carte d'invitation. *Envoyer, recevoir un carton.* ▪ **8** SPORT *Carton jaune, rouge :* sanction (avertissement, exclusion) infligée à un footballeur par l'arbitre et exprimée par la présentation au public d'une carte de couleur ; FIG. blâme. ▪ **9** Au loto (I), Carte sur laquelle figure une grille que les joueurs doivent remplir. *Carton plein :* grille remplie. — LOC. FIG. *Faire carton plein :* remporter un grand succès, réussir pleinement. ▪ **10** GÉOGR. Petite carte de géographie mettant en valeur un détail.

CARTONNAGE [kaʀtɔnaʒ] **n. m.** – 1785 ◊ de *carton* ▪ **1** Industrie de la fabrication des objets en carton. ▪ **2** (1825) Ouvrage en carton. ▪ **3** Reliure comprenant généralement un dos en toile. *Cartonnage pleine toile.* ▪ **4** Emballage en carton. ➤ **emboîtage.**

CARTONNER [kaʀtɔne] **v. tr.** ⟨1⟩ – 1751 ◊ de *carton* ▪ **1** Garnir de carton. ▪ **2** SPÉCIALT Relier (un livre) en carton. — **p. p. adj.** *Un livre cartonné.* ▪ **3** INTRANS. (FAM.) Faire un carton* ; FIG. réussir, remporter un beau succès. *«ce môme se met à cartonner en chimie»* PENNAC. ♦ TRÈS FAM. Faire des dégâts (comme un tir nourri). *Ça cartonne.*

CARTONNERIE [kaʀtɔnʀi] **n. f.** – 1751 ◊ de *carton* ▪ Fabrication, commerce, industrie du carton. — Usine où l'on fabrique du carton.

CARTONNEUX, EUSE [kaʀtɔnø, øz] adj. – 1876 ◇ de *carton* ■ Qui a l'aspect du carton. — Durci et desséché (aliments).

CARTONNIER [kaʀtɔnje] n. m. – 1680 ◇ de *carton* ■ **1** Fabricant, marchand de carton. ■ **2** (1867) ANCIENNT Meuble de bureau pour le classement des dossiers, comportant de nombreux tiroirs faits de carton fort.

CARTON-PÂTE ; CARTON-PIERRE ➤ **CARTON**

CARTOON [kaʀtun] n. m. – 1930 ◇ mot anglais «dessin» ■ ANGLIC. Dessin destiné à composer un film de dessins animés, et PAR EXT. Le film lui-même. *Un auteur de cartoons.* — Dessin d'une bande dessinée. ➤ **vignette.**

CARTOTHÈQUE [kaʀtɔtɛk] n. f. – 1959 ◇ de *carte* (II) et *-thèque* ■ DIDACT. Collection de cartes géographiques ; local où elle se trouve.

1 **CARTOUCHE** [kaʀtuʃ] n. m. – 1543 ; *cartoche* 1546 ◇ italien *cartoccio* «cornet de papier», de *carta* «papier» ■ **1** Ornement sculpté ou dessiné, en forme de feuille à demi déroulée et destiné à recevoir une inscription, une devise, des armoiries. ➤ **encadrement.** *Décoration en cartouche. Le cartouche d'un blason. Pendule montée sur cartouche.* ➤ **cartel.** ■ **2** Encadrement elliptique (dans les inscriptions hiéroglyphiques). ■ **3** Emplacement réservé à la légende ou au titre, situé au bas d'un tableau, d'une carte géographique, etc.

2 **CARTOUCHE** [kaʀtuʃ] n. f. – 1591 ; *cartuche* 1571 ◇ italien *cartuccia,* de *carta* «papier» ■ **1** Enveloppe de carton, de métal, de forme cylindrique ou conique, contenant la charge d'une arme à feu. ➤ **munition, projectile.** — Ensemble formé par la douille ou l'étui renfermant la charge de poudre et le ou les projectiles des armes à feu portatives. *La douille, le culot, l'amorce, la bourre, la poudre d'une cartouche. Cartouche de chasse. Cartouche à blanc. Cartouche à plomb, à balle. Étui à cartouche.* ➤ **cartouchière, giberne.** — LOC. FIG. *Les dernières cartouches :* les derniers moyens, arguments dont on peut user. *Brûler ses dernières cartouches.* ■ **2** Boîte renfermant des matières inflammables. *Cartouche de mine. Cartouche de mélinite, de dynamite.* ■ **3** Étui contenant une matière consommée lors de l'utilisation d'un outil, d'un appareil. *Une cartouche d'encre pour stylo plume, pour imprimante.* ➤ **recharge.** *Cartouche de toner. Cartouche de gaz.* ■ **4** Boîtier contenant un support d'enregistrement. *Cartouche de jeu vidéo.* — Boîtier permettant de charger facilement un appareil photographique, un magnétophone (il contient, à la différence de la cassette*, un ruban se déroulant dans un seul sens). ■ **5** Ensemble de paquets de cigarettes identiques vendus dans un même emballage. ➤ RÉGION. 2 **farde.** *Une cartouche de gauloises.* ■ **6** NUCL. Gaine métallique contenant un barreau d'uranium et servant de combustible dans un réacteur nucléaire.

CARTOUCHERIE [kaʀtuʃʀi] n. f. – 1872 ◇ de 2 *cartouche* ■ Fabrique, dépôt de cartouches. *La cartoucherie d'un arsenal.*

CARTOUCHIÈRE [kaʀtuʃjɛʀ] n. f. – 1846 ; *cartouchier* 1752 ◇ de 2 *cartouche* ■ Sac ou boîte à cartouches. *Cartouchières fixées au ceinturon.*

CARTULAIRE [kaʀtylɛʀ] n. m. – 1340 ◇ latin médiéval *chartularium* «recueil d'actes» ■ DIDACT. Recueil de chartes contenant la transcription des titres de propriété et privilèges temporels d'une église ou d'un monastère.

CARVI [kaʀvi] n. m. – 1360 ◇ latin médiéval, arabe *karâwiyâ* «racine à sucre» ■ Plante sauvage *(ombellifères),* appelée aussi *cumin des prés,* qui produit des fruits aromatiques utilisés comme condiment dans la pâtisserie, la charcuterie, le fromage (➤ **munster**) et pour parfumer certains alcools (➤ **kummel**).

CARYATIDE ➤ **CARIATIDE**

CARYO- ■ Élément, du grec *karuon* «noix, noyau».

CARYOCINÈSE [kaʀjosinɛz] n. f. – 1896 ◇ de *caryo-* et du grec *kinêsis* «mouvement» ■ BIOL. CELL. Division du noyau lors de la mitose.

CARYOGAMIE [kaʀjɔgami] n. f. – 1897 ; *karyogamie* 1889 ◇ de *caryo-* et *-gamie* ■ BIOL. CELL. Fusion des pronucléus lors de la fécondation.

CARYOPHYLLÉ, ÉE [kaʀjofile] adj. et n. f. – 1615 ; *caryophyllate* XVIe ◇ latin des botanistes *caryophyllata,* grec *karuophullon* → girofle ■ **1** VX Se dit de fleurs à cinq pétales à onglet allongé. ■ **2** n. f. pl. **CARYOPHYLLÉES** VIEILLI ou **CARYOPHYLLACÉES.** Famille de plantes *(dicotylédones dialypétales)* comprenant des arbustes et des herbes (mouron, spergule ; giroflier, nielle, œillet, saponaire, silène).

CARYOPSE [kaʀjɔps] n. m. – 1834 ; *cariopse* 1843 ◇ de *caryo-* et du grec *opsis* «apparence» ■ BOT. Fruit des graminées, akène dont la graine est soudée au péricarpe. *Le caryopse du blé.*

CARYOTYPE [kaʀjotip] n. m. – 1961 ◇ de *caryo-* et *-type* ■ GÉNÉT. Classement des chromosomes d'une cellule selon leur taille et leur forme, spécifique d'un individu ou d'une espèce. *L'examen du caryotype permet de déterminer le sexe génétique, de repérer des anomalies chromosomiques (diagnostic anténatal de la trisomie...).*

1 **CAS** [kɑ] n. m. – *quas* v. 1220 ◇ latin *casus* «chute ; circonstance, hasard», p. p. de *cadere* «tomber»

I EMPLOIS GÉNÉRAUX ■ **1** (XIVe) Ce qui arrive ou est supposé arriver. ➤ **accident, aventure, circonstance, conjoncture, évènement, éventualité,** 2 **fait, hypothèse, occasion, occurrence, possibilité, situation.** *Un cas grave, tragique ; cas étrange, rare, unique. Cas imprévu, fortuit.* ➤ **hasard.** *Cas urgent. Cas de force* majeure. Ce n'est pas le même cas ; c'est un cas tout différent. C'est un cas d'espèce*, un cas spécial. Cas général ; cas particulier. Des cas limites. Des cas types. Cas d'école*. Cas de figure*. Plusieurs cas sont à envisager. Dans le premier, le second cas. Le cas échéant*. En, dans certains cas. Dans le meilleur des cas. Dans le cas présent ; dans ce cas-là. Dans le cas contraire. Comme c'est le cas.* — Situation particulière de qqn ou qqch. *C'est aussi mon cas. Son cas est difficile, embarrassant. Exposez-lui votre cas.* ➤ **affaire, cause.** — *Le cas* (et n. propre), personne, situation que l'on souhaite évoquer. — *Agir selon le cas, au cas par cas. Un cas de guerre.* ➤ **casus belli.** — **EN CE CAS, DANS CE CAS, AUQUEL CAS.** ➤ **alors.** *En tel cas, en pareil cas. En certains cas.* — **EN CAS DE.** *En cas de malheur :* s'il arrivait malheur. *En cas de besoin :* s'il est besoin. *«En cas de gain, ils fonderaient à eux deux une maison de banque»* BALZAC. — **EN AUCUN CAS.** ➤ **façon.** *Je n'accepterai en aucun cas.* ➤ **jamais.** — *C'est le cas de.* ➤ **occasion** (cf. Il y a lieu de). *C'est le cas ou jamais.* ➤ **moment.** FAM. *C'est le cas, c'est bien le cas de le dire,* marque l'opportunité de ce que l'on dit. ■ **2** loc. conj. (XIVe) **EN CAS QUE, AU CAS QUE** (VIEILLI) **: AU CAS OÙ, DANS LE CAS OÙ, POUR LE CAS OÙ :** en admettant que, à supposer que. ➤ **quand,** 1 **si.** *En cas qu'il vienne, au cas qu'il vienne* (subj.). *Au cas, dans le cas, pour le cas où il viendrait* (condit.). *Au cas où il mourrait* (cf. S'il venait* à mourir). FAM. *Je ne sais pas s'il va pleuvoir, mais j'emporte mon imperméable, en cas, au cas où.* ➤ aussi **encas.** ◆ loc. adv. **EN TOUT CAS :** quoi qu'il arrive, de toute façon. ◆ *Dans le cas où... Dans tous les cas où* (et indic. prés.) : chaque fois, toutes les fois que. ■ **3** (1537) VX *Un grand cas :* une chose importante. — MOD. **FAIRE CAS DE** (qqn, qqch.). ➤ **apprécier, considérer, estimer.** *«Ceux qui font cas d'une certaine vertu»* NERVAL. *Faire grand cas de,* accorder beaucoup d'importance, d'intérêt à. *Faire peu de cas, ne faire aucun cas de (qqn, qqch.).*

II EMPLOIS SPÉCIAUX ■ **1** (1283) DR. Situation définie par la loi pénale. ➤ 1 **action, crime,** 1 **délit,** 2 **fait.** *Cas prévu par la loi.* ➤ **circonstance.** *Cas grave, cas pendable. Cas de légitime défense. Cas de divorce. Se mettre dans un mauvais cas. Soumettre un cas au juge.* ■ **2** (1606) RELIG. **CAS DE CONSCIENCE :** difficulté sur un point de morale, de religion (➤ **casuistique**). — COUR. Scrupule. *Cette décision m'a posé un véritable cas de conscience.* ■ **3** SC. *Cas témoins. Cas tests.* ◆ (avant 1778) MÉD. État et évolution de l'état d'un sujet, du point de vue médical. ➤ **maladie.** *Un cas grave, désespéré. Un cas bénin. Il y a de nombreux cas de méningite dans la région.* — Le sujet lui-même. *Ce malade est un cas intéressant.* — PSYCHIATR. *Cas limite.* — PSYCHOL. *Étude de cas.* ➤ **monographie.** — PAR EXT. *Cette personne est un cas,* présente des caractères psychologiques singuliers. — FAM. (souvent péj.) *C'est un cas ! Un cas pathologique*.* ■ **4 CAS SOCIAL :** situation critique d'une personne vivant dans un milieu défavorisé ; la personne elle-même. *Des cas sociaux.* — ABRÉV. FAM. **CASSOS** [kasɔs]. *Une famille de cassos.* ■ **5** MATH. *Cas d'égalité, de similitude*, d'isométrie des triangles.*

■ HOM. 1 K.

2 **CAS** [kɑ] n. m. – XIIIe ◇ latin *casus,* calque du grec *ptôsis* «chute» d'où «terminaison» ■ Chacune des formes d'un mot qui présente des flexions. ➤ **désinence ; déclinaison.** *Les cas du latin.* ➤ 1 **nominatif, vocatif, accusatif, génitif,** 1 **datif, ablatif.** *Des six cas du latin, l'ancien français n'en conserva que deux : cas sujet et cas régime*. La langue russe, l'allemand ont conservé des cas* (➤ 2 **casuel**).

CASANIER, IÈRE [kazanje, jɛʀ] adj. – 1552 ; *(marchands) caseniers* «domiciliés en France» 1315 ◇ p.-ê. italien *casaniere,* de *casana* «boutique de prêteur», p.-ê. par croisement avec *casa* «maison» ■ Qui aime à rester à la maison. ➤ **sédentaire ;** FAM. **pantouflard,**

plan-plan. *Une femme casanière.* ➤ FAM. **pot-au-feu.** — *Habitudes casanières, vie casanière. Goûts casaniers.* — SUBST. *Une casanière.* ■ CONTR. Bohème, nomade.

CASAQUE [kazak] **n. f.** – 1413 ◇ origine inconnue ; probablt du turc *quzzak* ou *kazak* «aventurier», nom donné à des cavaliers du bord de la mer Noire et appliqué ensuite à leur vêtement ■ **1** VX Vêtement de dessus à larges manches. *Casaque des mousquetaires* (au XVIIe s.). ■ **2** FIG. *Tourner casaque* : fuir ; PAR EXT. tourner le dos aux personnes de son parti, changer de parti, d'opinion (cf. Retourner* sa veste). ■ **3** Veste en soie de couleur vive, que portent les jockeys. ■ **4** VIEILLI Blouse ou courte jaquette de femme.

CASAQUIN [kazakɛ̃] **n. m.** – 1546 ◇ de *casaque* ■ **1** ANCIENNT Corsage de femme. ■ **2** FIG. et FAM. *Tomber, sauter sur le casaquin de qqn* : se jeter sur qqn, le battre.

CASBAH [kazba] **n. f.** – 1830 ; *casouba* 1813 ◇ arabe *qaçaba, qaçba* «citadelle» ■ **1** Citadelle d'un souverain, dans les pays arabes. *Des casbahs.* ■ **2** PAR EXT. *La Casbah d'Alger* : la vieille ville qui s'étend autour de la casbah.

CASCADE [kaskad] **n. f.** – 1640 ◇ italien *cascata,* de *cascare* «tomber» ■ **1** Chute d'eau ; succession de chutes d'eau. ➤ 1 **cataracte, chute ; cascatelle.** *Cascade naturelle. Cascade artificielle, en gradins.* ■ **2** FIG. Ce qui se produit par saccades, par rebondissements successifs. *Une cascade d'applaudissements. Rire en cascade.* — *Évènements, effets en cascade.* — BIOL. *Cascade d'activation. Cascade de signalisation* : série de réactions biochimiques. ■ **3** ÉLECTR. *Montage en cascade,* en série. ■ **4** Exécution de scènes dangereuses au cinéma, d'exercices sportifs périlleux. ➤ **cascadeur.**

CASCADER [kaskade] **v. intr.** ‹1› – 1864 ; hapax 1771 ◇ de *cascade* ■ **1** RARE Tomber en cascade. *Ruisselets qui cascadent sur une pente. Le liquide «cascadait le long des rigoles»* LE CLÉZIO. ■ **2** (PERSONNES) Effectuer des cascades (4°) en série.

CASCADEUR, EUSE [kaskadœʀ, øz] **adj. et n.** – 1859 ◇ de *cascader* ■ **1** FAM., VX Qui dénote des mœurs légères, désordonnées. *Un air cascadeur.* — **n.** *Un cascadeur.* ➤ **noceur, viveur.** ■ **2** (1898) Acrobate qui exécute des séries de chutes, de sauts (souvent en groupe). ■ **3** Personne qui tourne les scènes dangereuses d'un film, comme doublure de l'acteur. — PAR EXT. Personne qui recherche le risque (sports...).

CASCARA [kaskaʀa] **n. f.** – 1890 ◇ mot espagnol «écorce» ■ BOT. Arbre tropical des montagnes Rocheuses *(rhamnacées)* dont l'écorce séchée a des vertus purgatives. — Cette écorce.

CASCATELLE [kaskatɛl] **n. f.** – 1740 ◇ italien *cascatella,* de *cascata* → cascade ■ LITTÉR. Petite cascade.

CASCHER ➤ **CASHER**

CASE [kɑz] **n. f.** – 1265 ◇ latin *casa* «chaumière»

I ■ **1** VX Cabane. ■ **2** (1637) Habitation traditionnelle, généralement construite en matériaux légers, dans certains pays tropicaux. *Cases africaines, antillaises.* ➤ **hutte, paillote ;** RÉGION. **carbet.** *Case de banco, de paille, de bambou. «C'était la case personnelle de mon père. Elle était faite de briques en terre battue et pétrie avec de l'eau ; et comme toutes nos cases, ronde et fièrement coiffée de chaume»* C. LAYE.

II (XVIIe ◇ espagnol *casa*) ■ **1** (1650) Espace délimité par des lignes se coupant à angle droit, sur une surface. ➤ **carré, carreau.** *Cases noires d'une grille de mots-croisés. Cocher, décocher une case.* FIG. *Cocher* toutes les cases.* — SPÉCIALT Chaque division tracée sur un damier, un échiquier, etc. *Les cases triangulaires du jeu de trictrac. Les 64 cases de l'échiquier. La case départ* : la première case du jeu de l'oie. — LOC. FIG. *Revenir, retourner à la case départ* : revenir à une situation que l'on croyait dépassée. *Retour à la case départ. Passer par la case* (et n.) : se trouver (dans telle situation). *«Il avait été propulsé dans une vie d'adulte, [...] sans passer par la case enfance»* PUÉRTOLAS. ■ **2** Compartiment, subdivision (d'un volume). *Les cases d'une ruche d'abeilles.* ➤ **alvéole, cellule.** *Une boîte, un tiroir à plusieurs cases.* — Espace ménagé sous un pupitre d'écolier pour ranger ses livres. ➤ **casier.** — (Suisse, Canada) *Case postale* : boîte postale. ■ **3** FIG. ➤ **compartiment, subdivision.** *«Encore un certain nombre de faits, et il faudra briser les cases de la chimie moderne»* CHATEAUBRIAND. ■ **4** FAM. *Il lui manque une case, il a une case en moins, une case vide* : il est anormal, fou.

CASÉEUX, EUSE [kazeø, øz] **adj.** – avant 1788 ; *caseux* 1599 ◇ du latin *caseus* «fromage» ■ DIDACT. ■ **1** De la nature du fromage. *Partie caséeuse du lait.* ■ **2** MÉD. *Lésion, nécrose caséeuse* (les tissus lésés présentent l'aspect du fromage).

CASÉIFICATION [kazeifikasjɔ̃] **n. f.** – 1871 ◇ du latin *caseus* «fromage» ■ DIDACT. ■ **1** Transformation en fromage. On trouve parfois *caséation.* ■ **2** MÉD. Développement d'une nécrose caséeuse.

CASÉINE [kazein] **n. f.** – 1832 ◇ du latin *caseus* «fromage» ■ Phosphoprotéine du lait, qui constitue l'essentiel des fromages. *Caséine-présure,* obtenue par coagulation du lait écrémé par la présure (➤ **caillé**). *Caséine végétale* : matière azotée extraite des tourteaux.

CASEMATE [kazmat] **n. f.** – 1539 ◇ de l'italien *casamatta,* d'origine controversée, p.-ê. de *ca matta* «cabane de pêcheurs couverte de joncs tressés», *Camatta* dans les n. de lieux, de *ca'* «maison» et *matta* «natte» ou de *casa matta* «fausse maison» ■ Abri enterré, protégé contre les obus, les bombes. ➤ **fortin, blockhaus.** *Casemate de béton. Casemate servant d'abri aux troupes, de magasin, de logement pour une pièce d'artillerie* (➤ **tourelle**). *Les casemates d'un fort.*

CASER [kɑze] **v. tr.** ‹1› – 1796 ; «loger qqch.» hapax 1562 ◇ de *case* ■ **1** VIEILLI Mettre dans une case, un compartiment. *Caser des papiers, du linge.* ➤ 1 **ranger.** — Au trictrac, Mettre deux dames sur une case. ■ **2** FAM. Mettre à la place qu'il faut ; dans une place qui suffit. ➤ 1 **placer.** *Trouver un logement pour caser un ami.* ➤ **loger.** — SPÉCIALT Réussir à faire entrer (qqch., qqn) dans un espace limité. *J'ai réussi à caser toutes mes affaires dans le tiroir.* ➤ FAM. **fourrer.** PRONOM. *J'ai pu me caser au dernier rang,* me placer. ■ **3** FIG. FAM. Établir dans une situation. *Caser qqn dans un emploi. Son père «décide de la caser au plus tôt. Ce fut, bien sûr, un mariage arrangé»* C. ACHACHE. PRONOM. Se marier. *Il cherche à se caser. Ces filles «qui faisaient la chasse aux jeunes bourgeois pour se caser !»* R. GUÉRIN.

CASERET [kazʀɛ] **n. m.** – 1549 ◇ mot normanno-picard, dérivé du moyen français *chasier, casier* «panier à égoutter le fromage», famille du latin *caseus* «fromage» ■ TECHN. Moule à fromage. — On dit aussi **CASERETTE n. f.**

CASERNE [kazɛʀn] **n. f.** – 1680 ; «loge pour quatre soldats de garde» avant 1547 ◇ provençal *cazerna* «groupe de quatre», du latin *quaterna* ■ Bâtiment destiné au logement des troupes. ➤ **baraquement, casernement, quartier.** *Cour de caserne. Garnison* établie dans une caserne. Les chambrées, la cantine, le foyer, la salle de police, le poste de garde d'une caserne. Caserne d'infanterie, de cavalerie ; caserne de pompiers. Être à la caserne* : être soldat. *«cette grande communauté qu'est une caserne où la triste cloche des heures était remplacée par la [...] joyeuse fanfare de ces appels»* PROUST. — PAR EXT. Ensemble des soldats logés dans une caserne. *Plaisanteries de caserne.* ◆ FAM. Grand immeuble peu plaisant, divisé en nombreux appartements.

CASERNEMENT [kazɛʀnəmɑ̃] **n. m.** – 1800 ◇ de *caserner* ■ **1** Action de caserner. *Le casernement des troupes.* ■ **2** Ensemble des constructions d'une caserne. ➤ **caserne.** *«Des gars qui revenaient du front à leur casernement»* FERNIOT.

CASERNER [kazɛʀne] **v. tr.** ‹1› – 1718 ◇ de *caserne* ■ RARE Loger dans une caserne. *Caserner des troupes.* (Plus cour. au p. p.) *Être caserné dans une ville frontière.*

CASEYEUR [kazɛjœʀ] **n. m.** – 1977 ◇ de *casier* ■ Bateau équipé pour pratiquer la pêche aux crustacés à l'aide de casiers.

CASH [kaʃ] **adv., n. m. et adj.** – 1916 ◇ mot anglais ■ ANGLIC. FAM. ■ **1 adv.** Par un règlement comptant. *Payer cash.* ➤ **comptant.** *Dix mille euros cash.* ■ **2 n. m.** Espèces (recomm. offic.). *Vous préférez du cash ou un chèque ?* ◆ Argent. *Faire du cash,* des bénéfices. ■ **3 adj.** TRÈS FAM. Franc, direct. *«Et quand elle aime, elle est cash»* GAVALDA. — ADVT *Il me l'a dit cash,* franchement, sans ménagement. ■ HOM. Cache.

CASHER [kaʃɛʀ] **adj.** – 1929 ◇ mot hébreu «convenable» ■ Se dit d'un aliment dont la consommation est autorisée par la loi mosaïque. *Viande casher.* Parfois variable en genre. *Des volailles cashères.* On écrit aussi *kasher* (1866), parfois *cascher.* *«Des pâtisseries où l'on vend des gâteaux juifs, des charcuteries cascher»* BEAUVOIR. — PAR EXT. *Boucherie casher. Des restaurants cashers.*

CASH-FLOW [kaʃflo] **n. m.** /CASHFLOW/ – 1966 ◇ mot anglais, de *cash* «comptant» et *flow* «écoulement» ■ ANGLIC. COMPTAB. Solde comptable indiquant la capacité d'autofinancement d'une entreprise (➤ **liquidité**). *Des cash-flows.* — SYN. Marge brute d'autofinancement.

CASHMERE ➤ **CACHEMIRE**

CASIER [kazje] **n. m.** – 1765 ◇ de *case* ■ **1** Nasse pour prendre les gros crustacés. *Casiers à homards, à langoustes.* ■ **2** (1814) Ensemble de cases, de compartiments formant meuble. *Casier à livres, à disques, à bouteilles.* ■ **3** FIG. **CASIER JUDICIAIRE :** relevé des condamnations prononcées contre qqn ;

service qui établit ce relevé. *Casier judiciaire vierge,* sans condamnations. *Extrait du casier judiciaire.* — *Casier fiscal :* relevé des impositions et éventuellement des amendes fiscales.

CASIMIR [kazimiʀ] n. m. – 1790 ; *casinire* 1686 ◇ altération de l'anglais *cassimer,* de *Cassimer* nom anglais de la province indienne de *Cachemire* ■ ANCIENNT Étoffe de laine croisée, mince et légère.

CASINO [kazino] n. m. – 1740 ◇ mot italien « maison de jeux », de *casa* « maison » ■ Établissement public comportant des salles de réunion, de spectacle, de danse et où les jeux d'argent sont autorisés. *Casino d'une station thermale, d'une ville d'eau. Le casino municipal. La salle de jeux d'un casino* (➤ **baccara, black-jack, 1 boule, chemin de fer, roulette ;** et aussi **machine** [à sous]).

CASOAR [kazɔaʀ] n. m. – 1733 ; *casouard* 1677 ◇ latin des zoologistes *casoaris,* du malais *kasuari* ■ **1** Oiseau coureur de Nouvelle-Guinée *(casuariiformes)* à la tête et au cou déplumés, casqué d'un appendice corné. *Le casoar à casque.* ■ **2** (1855) Plumet ornant le shako des saint-cyriens.

CASQUE [kask] n. m. – fin XVIe ◇ espagnol *casco* « tesson, crâne » puis « casque », de *cascar* « briser », lui-même du latin populaire °*quassicare* → casser

I ■ **1** Coiffure militaire qui couvre et protège la tête. ANCIENNT Armure de tête. ➤ **armet, bassinet, heaume, morion, 2 salade.** *Sommet du casque.* ➤ **cimier, crête.** *Partie d'un casque protégeant la gorge* (➤ **gorgerin**), *le menton* (➤ **mentonnière**), *les oreilles* (➤ **oreillon**), *la nuque, le front et les yeux* (➤ **mézail, visière**). MOD. *Casque de dragon, de cuirassier. Casque à pointe :* ancien casque des soldats allemands (et PAR EXT. le soldat allemand portant ce casque). *Le casque anglais, le casque français, le casque américain ont des formes différentes. Casque lourd,* en acier. *Casque léger,* en matière plastique. — PAR EXT. *Les Casques d'acier* (traduction de l'allemand), nom d'un groupe nationaliste allemand créé en 1918. — *Les Casques bleus :* force de maintien de la paix de l'ONU. ■ **2** Coiffure protectrice. *Casque de moto. Casque intégral**. Casque de pompier, de scaphandrier. Casque colonial, tropical,* en toile, doublé de liège. *Casque de chantier. Le port du casque est obligatoire dans certains sports, sur les chantiers. Casque de mineur, de spéléologue,* muni d'une lampe. ■ **3** FAM. VX *Casque à mèche :* bonnet de nuit. ■ **4** Dispositif qui se porte sur la tête. *Casque de réalité virtuelle.* ◆ SPÉCIALT Dispositif formé de deux écouteurs reliés par un serre-tête. *Casque téléphonique. Ce morceau « sonne aussi nettement que s'il l'écoutait au casque »* V. DESPENTES. *Casque de radiotélégraphiste.* ◆ Appareil à air chaud, en forme de casque, qui sert à sécher les cheveux. ➤ **séchoir.** *Être sous le casque.* ■ **5** Cheveux. *Casque d'or,* nom de l'héroïne blonde d'une lutte entre apaches (fait divers qui inspira le film de Becker). ■ **6** FAM. La tête. — LOC. *Avoir le casque,* mal à la tête par excès de boisson (cf. Avoir la gueule* de bois, mal aux cheveux*). *Avoir un pète* au casque.*

II FIG. ■ **1** (1834) Protubérance cornée sur la tête ou le bec de certains oiseaux. ■ **2** (1771) Partie supérieure de la corolle, parfois du calice, de certaines fleurs. *Le casque de la sauge.*

CASQUÉ, ÉE [kaske] adj. – 1734 ◇ de *casque* ■ Coiffé d'un casque. *Médaille à tête casquée. Des motards casqués. « des ouvriers casqués éclairés par des lampes de chantier »* J.-PH. TOUSSAINT.

CASQUER [kaske] v. intr. ⟨1⟩ – 1844 ; « tomber dans un piège » 1836 ◇ italien *cascare* « tomber » → cascade ■ FAM. Donner de l'argent, payer. ➤ **banquer, douiller, raquer.** *Faire casquer qqn.*

CASQUETTE [kaskɛt] n. f. – 1813 ◇ de *casque* ■ Coiffure formée d'une coiffe souple ou rigide et garnie d'une visière. *Casquette d'uniforme, casquette d'officier, d'agent de police* (➤ **képi**). *« As-tu-vu la casquette du père Bugeaud »,* marche des zouaves. *Casquette de jockey. Casquette à pont,* que portaient les apaches. *Casquette de sport en tweed, à carreaux.* ◆ LOC. FIG. *Avoir plusieurs casquettes,* plusieurs fonctions importantes, dans différents domaines ou entreprises. *Porter une double casquette :* cumuler deux fonctions. — FAM. *En avoir sous la casquette :* être intelligent. — *En avoir ras* la casquette.*

CASQUETTIER [kaskɛtje] n. m. – 1867 ◇ de *casquette* ■ Chapelier qui fabrique ou vend des casquettes.

CASSABLE [kɑsabl] adj. – *quassable* XVe ◇ de *casser* ■ Qui peut se casser facilement. ➤ **cassant, fragile ; autocassable.** ■ CONTR. Incassable.

CASSAGE [kɑsaʒ] n. m. – 1838 ◇ de *casser* ■ Action de casser. *Cassage des minerais.* ➤ **concassage.** ◆ FIG. *« un nouveau cassage de gueule entre automobilistes »* BEAUVOIR.

CASSANDRE [kasɑ̃dʀ] n. f. inv. – 1845 ; au masc. 1823 ◇ de *Cassandre,* n. pr., prophétesse de la mythologie grecque ■ LOC. *Jouer les Cassandre :* faire des prophéties dramatiques au risque de ne pas être cru. — n. f. Prophète de mauvais augure. *Les prévisions des Cassandre* (ou *cassandre*).

CASSANT, ANTE [kɑsɑ̃, ɑ̃t] adj. – 1538 ◇ de *casser* ■ **1** Qui se casse aisément. ➤ **cassable, fragile.** *Métal cassant. L'acier trempé est cassant. Cheveux cassants. Cassant comme du verre.* ■ **2** (1815) FIG. Qui manifeste son autorité par des paroles dures qui découragent la réplique. ➤ **absolu, brusque, dur, impérieux, inflexible, tranchant.** *Elle est trop cassante avec ses collaborateurs.* PAR EXT. *Un ton cassant.* ➤ **sec.** ■ **3** (1947 ◇ de *se casser la tête,* etc.) FAM. (en emploi négatif) Fatigant*. ➤ **foulant.** ■ CONTR. Flexible, pliant, résistant, solide ; doux, onctueux, 1 patelin.

CASSATE [kasat] n. f. – v. 1950 ◇ italien *cassata* ■ Glace aux fruits confits (➤ **plombières**), enrobée d'une glace à un autre parfum.

1 **CASSATION** [kasasjɔ̃] n. f. – 1413 ◇ de *casser* ■ **1** DR. Annulation d'une décision juridictionnelle, juridique ou administrative par une cour compétente. *La cassation d'un acte, d'un testament.* — SPÉCIALT Annulation par la *Cour de cassation* ou le Conseil d'État d'une décision juridictionnelle rendue en dernier ressort. *Demande, pourvoi* en cassation. Se pourvoir, aller en cassation. Arrêt de cassation.* — **COUR DE CASSATION :** juridiction suprême de l'ordre judiciaire. FAM. *La Cour de cass'.* ■ **2** Peine militaire par laquelle un caporal ou un sous-officier est cassé de son grade. ➤ **1 dégradation.**

2 **CASSATION** [kasasjɔ̃] n. f. – 1890 ◇ italien *cassazione* « départ » ■ MUS. Divertissement écrit pour instruments à vent, à cordes, destiné à être exécuté en plein air.

CASSAVE [kasav] n. f. – 1599 ◇ espagnol *cazabe,* mot d'Haïti ■ Galette de farine de manioc.

1 **CASSE** [kɑs] n. f. – 1341 ◇ provençal *cassa,* latin populaire *cattia* « poêle » ■ TECHN. *Casse de verrier :* cuillère servant à enlever les impuretés sur le verre en fusion.

2 **CASSE** [kɑs] n. f. – *cassee* « fruit du cassier » 1256 ◇ latin *cassia,* grec *kassia* ■ **1** BOT. Cassier*. ■ **2** MÉD. ANC. Pulpe de la gousse de cassier, à vertu laxative et purgative. *Passez-moi la casse, je vous passerai le séné*.*

3 **CASSE** [kɑs] n. f. – 1675 ◇ italien *cassa* « caisse » ■ IMPRIM. Boîte divisée en casiers contenant les caractères d'imprimerie nécessaires au compositeur. *Divisions de la casse.* ➤ **cassetin.** *Moitié de casse.* ➤ **1 casseau.** *Haut de casse :* partie supérieure de la casse qui contient les caractères les moins fréquemment employés. *Bas de casse,* renfermant les caractères courants. **BAS DE CASSE** n. m. : ce caractère, lettre minuscule (opposé à *capitale*). *Composer un texte en bas de casse.*

4 **CASSE** [kɑs] n. f. et m. – 1640 ◇ de *casser*

I n. f. ■ **1** VX Décision par laquelle un officier était cassé de son grade. ➤ **1 cassation, 1 dégradation.** ■ **2** (1821) Action de casser, de se casser ; résultat de cette action. ➤ **bris.** *Ces objets sont mal emballés, il y aura de la casse.* ➤ **dégât.** *Payer la casse.* ■ **3** FAM. Violence ; perte qui en résulte. ➤ **grabuge.** *« une nature enflammée, [...] aimant les cris, la casse »* DAUDET. ■ **4** *Mettre une voiture à la casse,* à la ferraille. *Voiture bonne pour la casse,* en très mauvais état. PAR EXT. *Un ordinateur, un fauteuil bon pour la casse. Vendre à la casse,* au poids brut, au prix de la matière première. *Prime à la casse :* en France, prime gouvernementale destinée à inciter les propriétaires d'une voiture de plus de dix ans à la remplacer par une neuve, moins polluante. ◆ Commerce du ferrailleur (➤ **casseur**).

II n. m. (1899) FAM. Cambriolage. *Faire un casse.*

CASSÉ, ÉE [kɑse] adj. – de *casser* ■ **1** Rompu, brisé. *Jambe cassée. Gueule* cassée. Payer les pots* cassés.* — FIG. *Blanc cassé :* blanc mêlé d'une quantité infime de couleur. *Blanc cassé au brun. Peinture blanc cassé.* ■ **2** Dont le corps est plié, voûté. *Un vieillard cassé.* ➤ **courbé, voûté.** ■ **3** *Voix cassée,* faible, rauque. ➤ **éraillé.** ■ **4** FAM. Dans un état second (ivre, drogué). — Fatigué, harassé. *« Elle est cassée. Elle s'est couchée à quatre heures du matin »* O. ADAM.

1 **CASSEAU** [kɑso] n. m. – 1723 ◇ de 3 *casse* ■ IMPRIM. Moitié de casse à grands compartiments et servant de réserve pour différents caractères.

2 **CASSEAU** [kɑso] n. m. – 1832 ◇ de *casser* ■ (Surtout au plur.) Cylindre de bois utilisé pour la castration des animaux (bistournage).

3 **CASSEAU** ou **CASSOT** [kaso] n. m. – 1863 ◊ de 1 *casse* ■ (Canada) Petit récipient léger utilisé pour certains produits alimentaires (fruits, frites...). ➤ **barquette.** « *manger un casseau de fraises à même les doigts* » M. LABERGE.

CASSE-COU [kasku] n. – 1718 ◊ de *casser* et *cou*

I n. m. ■ **1** Passage, lieu où l'on risque de tomber. ➤ FAM. **casse-gueule.** ■ **2** *Crier casse-cou à qqn,* l'avertir d'un danger. ➤ 2 **gare.** — adj. *C'est trop casse-cou.* ➤ **dangereux.**

II n. (Plus cour.) Personne qui s'expose, sans réflexion, à un danger, qui commet témérairement des imprudences. ➤ **audacieux, imprudent, risque-tout, téméraire.** *Des casse-cous.* « *un geste de casse-cou, qui fonce tête baissée au mépris de ce qui arrivera* » LEIRIS. — adj. *Elle est casse-cou. Des enfants casse-cou* (inv.) ou *casse-cous.*

CASSE-COUILLES [kaskuj] n. inv. et adj. inv. /CASSE-COUILLE n. et adj./ – 1936 ◊ de *casser les couilles* ■ FAM. Personne importune, énervante. ➤ **casse-pied.** ♦ adj. inv. Ennuyeux*. — *Un débat casse-couilles.*

CASSE-CROÛTE [kaskʀut] n. m. /CASSE-CROUTE n. m./ – 1898 ; « instrument » 1803 ◊ de *casser la croûte* ■ **1** Repas léger et sommaire pris rapidement. ➤ **collation, encas ;** FAM. **casse-dalle, casse-graine ;** RÉGION. **lunch.** *Les randonneurs ont emporté leur casse-croûte. Des casse-croûte* (inv.) ou *des casse-croûtes.* — v. intr. ⟨1⟩ **CASSE-CROÛTER** /casse-crouter/. ■ **2** (1945 ◊ pour éviter l'anglic. *snack-bar*) (Canada) Restaurant où l'on sert rapidement des repas simples. « *les bars casse-croûte où mangeaient des vendeurs de journaux* » G. ROY.

CASSE-CUL [kasky] n. et adj. – 1740 ◊ de *casser* et *cul* ■ n. FAM. Personne qui importune. *Des casse-culs.* ♦ adj. *Il est casse-cul avec toutes ses histoires !* (cf. Il nous les casse*). ➤ **casse-pied, emmerdant.** — (Sujet chose) *C'est casse-cul, ces recherches ! Des réunions casse-cul* (inv.) ou *casse-culs.*

CASSE-DALLE [kasdal] n. m. – v. 1960 ◊ de *casser* et 1 *dalle* ■ FAM. Repas sommaire. ➤ **casse-croûte.** — Sandwich. *Des casse-dalles.*

CASSE-GRAINE [kasgʀɛn] n. m. – 1940 ◊ de *casser la graine* ■ FAM. Repas sommaire. ➤ **casse-croûte.** *Des casse-graine* (inv.) ou *des casse-graines.*

CASSE-GUEULE [kasgœl] n. m. et adj. – 1808 ◊ de *casser* et *gueule* ■ n. m. FAM. Entreprise hasardeuse, opération risquée ; lieu où l'on risque de tomber. ➤ **casse-cou.** *Des casse-gueules.* — SPÉCIALT *Aller au casse-gueule,* à la guerre. ➤ **casse-pipe.** ♦ adj. (plus cour.) Périlleux, risqué. ➤ **dangereux.** « *Le second pilote voulait descendre tellement c'était casse-gueule* » KESSEL. *Des escaliers casse-gueule* (inv.) ou *casse-gueules.*

CASSEMENT [kasmɑ̃] n. m. – XIIIe ◊ de *casser* ■ **1** VX Fatigue. « *un cassement de bras et de jambes* » GONCOURT. ■ **2** FIG. (1845) *Cassement de tête :* ce qui procure des maux de tête.

CASSE-NOISETTE [kasnwazɛt] n. m. – 1680 ◊ de *casser* et *noisette* ■ Petit instrument composé de deux leviers articulés formant pince et qui sert à casser des noisettes. *Des casse-noisettes.* — On écrit aussi *un casse-noisettes* (inv.).

CASSE-NOIX [kasnwa] n. m. inv. – 1564 ◊ de *casser* et *noix* ■ **1** Instrument analogue au casse-noisette* mais d'ouverture plus grande, pour casser les noix. ■ **2** ZOOL. *Casse-noix /cassenoix/ moucheté :* gros oiseau d'Eurasie, espèce de corneille.

CASSE-PATTE [kaspat] n. m. – 1928 ◊ de *casser* et *patte* ■ FAM. VIEILLI Eau-de-vie forte et de mauvaise qualité. ➤ **tord-boyau.** *Des casse-pattes.* — Au singulier, on écrit aussi *casse-pattes.*

CASSE-PIED [kaspje] n. et adj. – 1948 ◊ de *casser les pieds* ■ On écrit aussi *casse-pieds* au singulier. FAM. Personne importune, sans-gêne. *Cette femme est une vraie casse-pied.* ➤ **chieur, crampon, emmerdeur, enquiquineur, raseur.** *Des casse-pieds.* ♦ adj. Ennuyeux*. ➤ **assommant, emmerdant, rasant.** *Ce qu'il peut être casse-pied* (inv.) ou *casse-pieds.* ➤ **gonflant.** — *Des livres casse-pieds.*

CASSE-PIERRE [kaspjɛʀ] n. m. – XVIe ◊ de *casser* et *pierre* ■ On écrit aussi *un casse-pierres* (inv.). ■ **1** Masse ou machine pour casser les pierres. *Des casse-pierres.* ■ **2** Nom usuel de la *pariétaire**.

CASSE-PIPE [kaspip] n. m. – 1918 ◊ de *casser sa pipe* ■ FAM. Guerre. *Aller au casse-pipe.* ➤ **casse-gueule.** *Le pire des casse-pipes.*

CASSER [kase] v. ⟨1⟩ – fin XIe ◊ du latin *quassare* « secouer » et « endommager »

I ~ v. tr. **A.** (LE COMPLÉMENT DÉSIGNE UNE CHOSE MATÉRIELLE) ■ **1** Mettre en morceaux, diviser (une chose rigide) d'une manière soudaine, par choc, coup, pression. ➤ **briser, broyer, disloquer, écraser, fracasser, rompre.** *Casser qqch. en deux, en mille morceaux.* ➤ RÉGION. **ébriquer.** *Il casse tous ses jouets.* ➤ **démolir.** FIG. *Casser la baraque*. Casser la cabane à qqn,* ruiner ses efforts. — *Casser une assiette, un verre.* LOC. FIG. *Qui casse les verres les paie :* qui cause un dommage doit le réparer. — *Casser un carreau, une vitre.* FIG. *Casser les vitres*.* — *Endommager un vase en cassant le bord.* ➤ **ébrécher, écorner.** — *Casser sa tirelire,* pour prendre les pièces de monnaie ; FIG. et FAM. dépenser toutes ses économies. « *Un rêve de midinette, de coiffeuse qui casserait sa tirelire* » PH. BESSON. PAR EXT. *Casser son PEL, son livret A.* — *Casser un œuf,* en briser la coquille. PROV. *On ne fait pas d'omelette sans casser des œufs :* on n'a rien sans sacrifices, sans violence. — *Casser du bois,* le couper (à la hache). LOC. FAM. (1954) *Casser du* (et nom de collectivité) : s'attaquer à (propre et fig.). « *un nid de jeunes fachos qui voulaient "casser du gauchiste" à Nanterre* » FOTTORINO. ♦ LOC. FIG. *Casser la croûte*, la graine*. Casser le morceau*. Casser du sucre sur le dos de qqn,* en médire (cf. Taper* sur qqn). — (1856) *Casser sa pipe :* mourir (➤ **casse-pipe**). ■ **2** Écraser (une partie du corps), disjoindre l'articulation ou rompre l'os de (un membre, le nez, etc.). *Le coup lui a cassé le bras. Il lui a cassé trois dents d'un coup de poing. Elle s'est cassé la jambe en faisant du ski.* ➤ **fracturer.** — p. p. adj. *Une jambe cassée.* — LOC. FIG. *Se casser le nez à la porte de qqn :* trouver porte close. FAM. *Il s'est cassé le nez, la gueule :* il a échoué. *Se casser les dents* sur qqch. — Casser les reins* à qqn.* ♦ (1890) FAM. *Casser les pieds (à qqn) :* l'importuner. ➤ FAM. **casse-pied.** *Tu nous casses les pieds avec tes histoires !* VULG. *Casser les couilles, les burettes, les bonbons, les burnes.* ➤ **casse-couilles.** PAR EUPHÉM. *Tu nous les casses !* ➤ **briser.** ♦ FIG. **CASSER LA TÊTE** (à qqn). Assourdir, fatiguer, importuner. *Il nous casse la tête avec ses discours. Se casser la tête,* FAM. *le cul :* travailler avec acharnement, se donner du mal (➤ **casse-tête**). FAM. *Ne te casse pas la tête ! :* ne te fatigue pas, ne t'en fais pas. FAM. *Casser la figure, la gueule à qqn,* le battre, le rosser. ➤ **tabasser.** *Se casser la figure, la gueule :* tomber ; avoir un accident ; se tuer. — *Casser les oreilles à qqn :* faire trop de bruit. ■ **3** Endommager, empêcher le fonctionnement de. ➤ **abîmer*.** *Il a cassé sa montre, sa bicyclette. La télévision est cassée.* — FIG. *Casser le moral à qqn,* le démoraliser. — LOC. *Se casser la voix,* la rendre rauque par un effort excessif. ➤ **cassé.** ■ **4** LOC. FIG. et FAM. **ÇA NE CASSE RIEN** (*ça ne casse pas trois pattes à un canard, ça ne casse pas des briques, ça ne casse pas les vitres) :* ce n'est pas extraordinaire, ça n'a rien de remarquable. ♦ loc. adv. (milieu XIXe) **À TOUT CASSER :** très fort (cf. À tout rompre*). « *rire* [...] *à tout casser* » PRÉVERT. — loc. adj. *Une fête à tout casser,* extraordinaire. — loc. adv. Tout au plus. « *Je suis de retour dans une heure ou deux à tout casser... Je fais vite* » DJIAN.

B. ■ **1** (début XIIIe ◊ par confusion avec le latin *cassare* « annuler un jugement », d'une autre origine que *quassere*) Annuler (un acte, un jugement, une sentence). ➤ **abroger ;** 1 **cassation.** *Casser une condamnation, un mariage.* — Sans compl. FAM. Rompre, se quitter. *Ils ont cassé. Il finirait par « "sortir" avec elles pendant une semaine ou deux, avant de "casser" et de les laisser éplorées* » O. ADAM. ■ **2** Dégrader, démettre de ses fonctions. *Casser un officier, un fonctionnaire.* ➤ 2 **démettre, destituer, révoquer.** « *dix fois cité, deux fois cassé pour indiscipline* » VIALATTE. ■ **3** Neutraliser, remettre (qqn) à sa place brutalement. *Se faire casser. Ça casse ! Cassé !* — Briser psychologiquement. *Les « enfants de parents bourreaux d'enfants, qui les cassent régulièrement* » DOLTO. ■ **4** Interrompre ou gêner. *Casser le travail. Casser une grève.* ➤ **briser.** *Casser l'ambiance. Casser le métier,* le dévaloriser (en particulier, en acceptant de travailler pour une rémunération inférieure à ce qui est communément admis). — (1957) *Casser les prix :* provoquer une brusque chute des prix sur le marché (➤ **dumping**). ♦ Modifier soudainement. *Casser le rythme d'une émission par des spots publicitaires. — Casser son image*.*

II ~ v. pron. **SE CASSER** ■ **1** (PASS.) Se briser. *L'ampoule s'est cassée. C'est fragile, ça se casse* (➤ **cassable**). ■ **2** (RÉFL.) FAM. Se donner du mal, faire un effort (cf. Se casser la tête, ci-dessus I, A, 2°). *Il ne s'est pas cassé pour le repas.* ➤ se **fatiguer*,** se **fouler.** ■ **3** (1908) (RÉFL.) FAM. S'en aller au plus vite, s'enfuir*. ➤ se **débiner,** se **tailler,** se **tirer** (cf. Mettre les bouts*). *Casse-toi !*

III ~ v. intr. ■ **1** Se rompre, se briser. *Le verre a cassé en tombant. Mon lacet a cassé.* ➤ **craquer.** *Une branche qui casse.* ➤ **céder.** — Se rompre facilement. *Cela casse comme du verre* (➤ **cassant**). ♦ LOC. FIG. *Tout passe, tout lasse, tout casse :* tout a une fin. *Ça passe ou ça casse :* les ennuis se termineront

sans conséquence fâcheuse ou détruiront tout. ▪ 2 RARE Se désagréger. *Cette pâte casse sous les doigts.*
▪ CONTR. Arranger, raccommoder, recoller, réparer. Confirmer, ratifier, valider.

CASSEROLE [kasʀɔl] n. f. – 1583 ◊ de 1casse ▪ 1 Ustensile de cuisine servant à la cuisson, de forme cylindrique, à manche. ➤ **braisière, sauteuse ; caquelon, poêlon ;** RÉGION. **chaudron.** *Casserole en aluminium, en cuivre. Casserole émaillée. Queue d'une casserole. Casserole avec bec verseur. Récurer les casseroles. Une série, une batterie* de casseroles.* — (Belgique) Ustensile de cuisine muni de poignées et d'un couvercle, sans manche. ➤ **faitout.** *Casserole à pression* : autocuiseur. — PAR MÉTON. *Une casserole d'eau.* ▪ 2 LOC. *À la casserole,* se dit de divers plats préparés dans une casserole. *Veau à la casserole.* ♦ FIG. et FAM. *Passer à la casserole* : être mis dans une mauvaise situation (cf. Être cuit, frit, etc.). — SPÉCIALT Avoir des relations sexuelles avec qqn (parfois sous la contrainte) (cf. Se faire sauter*). ▪ 3 LOC. FAM. (par allus. au bruit) *Faire un bruit de casserole* : produire un son désagréable. *Chanter comme une casserole,* faux. — *Traîner une casserole,* une affaire compromettante. *Pour « fuir en laissant son passeport, il faut avoir de sérieuses casseroles au cul, un truc international »* T. BENACQUISTA. ♦ Mauvais piano. ▪ 4 ASTRON. *La Grande Casserole* : la Grande Ourse. *Constellation de la Casserole.*

CASSE-TÊTE [kɑstɛt] n. m. – *casseteste* « vin fort » 1690 ◊ de *casser* et *tête* ▪ 1 (1732) Massue grossière servant d'arme de guerre. — Arme consistant en un court bâton plombé. ➤ **matraque.** ▪ 2 (1706) VIEILLI Travail qui demande un effort soutenu, qui fatigue. ♦ (1829) COUR. Jeu de patience, assemblage compliqué. *Casse-tête chinois.* — FIG. Problème très difficile à résoudre. *Des casse-têtes.* — (1969) (Canada) Jeu consistant à assembler des éléments pour reconstituer un dessin. ➤ **puzzle.** *« Le temps gris les garde à l'intérieur à faire des casse-tête »* M. LABERGE.

CASSETIN [kastɛ̃] n. m. – 1552 « petit casier » ◊ italien *cassettino,* de *casseta* → cassette ▪ Chacune des petites loges de grandeur variable qui divisent une casse* d'imprimerie.

CASSETTE [kasɛt] n. f. – 1348 ◊ de l'ancien français *casse* « caisse, coffre » ▪ 1 VX Petit coffre destiné à ranger de l'argent, des bijoux. ➤ **boîte, coffret.** *La cassette d'Harpagon.* ▪ 2 Trésor particulier (d'un prince). — *Je prendrai cette somme sur ma cassette personnelle.* ➤ **cagnotte, réserve.** ▪ 3 (v. 1960) Boîtier de petite taille contenant une bande* magnétique défilant dans les deux sens, permettant l'enregistrement et la lecture du son (➤ **minicassette**), de l'image ou de données informatiques. *Livre-cassette.* ➤ 1**livre.** *Lecteur* de cassettes* (➤ aussi **radiocassette**). *Cassette vidéo.* ➤ **vidéocassette.** — PAR EXT. Cette bande. *Enregistrement sur cassette. Cassette vierge.*

CASSETTOTHÈQUE [kasɛtɔtɛk] n. f. – 1972 ◊ de *cassette* et *-thèque* ▪ Collection de cassettes (3°). — Lieu où elles sont conservées et consultables.

CASSEUR, EUSE [kɑsœʀ, øz] n. – 1558 ◊ de *casser* ▪ 1 Personne qui casse (qqch.). *Un casseur de pierres.* ▪ 2 Personne qui fait le commerce des pièces en bon état de voitures mises à la casse*. ➤ **épaviste.** ▪ 3 Personne qui, au cours d'une manifestation, endommage des biens publics ou privés. *« des casseurs [...] masqués par des cagoules et des casques intégraux, armés de chaînes, de tubes de plomb »* LE CLÉZIO. *Interpellation des casseurs.* ▪ 4 (1885 ◊ de 4*casse*) ARG., puis FAM. Cambrioleur. ▪ 5 adj. RARE Qui casse par maladresse.

CASSIER [kɑsje] n. m. – 1512 ◊ de 2*casse* ▪ Arbre tropical *(légumineuses césalpinées),* dont les fruits produisent la casse* (2). ➤ **séné.**

CASSINE [kasin] n. f. – 1509 ◊ piémontais *cassina, cascina,* du latin *capsea,* de *capsa* « caisse » ▪ VX Petite maison. ➤ **bicoque.**

1**CASSIS** [kasis] n. m. – 1552 ◊ probablt du latin *cassia* (cf. 2*casse*), le *cassis* ayant été employé pour remplacer la *casse* ▪ 1 Groseillier à baies noires et à feuilles odorantes *(saxifragacées).* ➤ RÉGION. **gadelier.** — On dit aussi (RARE) *cassissier,* 1907. ▪ 2 Le fruit de cette plante. ➤ RÉGION. **gadelle.** *Gelée de cassis. Sirop de cassis. Crème de cassis* : liqueur de cassis. ▪ 3 Liqueur fabriquée avec ce fruit. *Un verre de cassis. Vin blanc-cassis.* ➤ **kir.** *Eau-de-vie et cassis.* ➤ POP. **mêlécasse.** ▪ 4 (1907) FAM. VIEILLI Tête. ➤ 1**citron.** *Tomber sur le cassis.*

2**CASSIS** [kasi(s)] n. m. – 1701 ◊ mot dialectal normand (1448) ; de *casser* ▪ 1 Rigole pratiquée en travers d'une route pour l'écoulement des eaux. ▪ 2 Dépression transversale assez brusque d'une route (cf. Dos d'âne*).

CASSITÉRITE [kasiteʀit] n. f. – 1832 ◊ grec *kassiteros* « étain » ▪ MINÉR. Oxyde d'étain naturel (SnO_2) ; principal minerai d'étain.

CASSOLETTE [kasɔlɛt] n. f. – 1529 ◊ de l'ancien français *cassole* « petit récipient » → 1casse ▪ 1 Réchaud au couvercle ajouré dans lequel on fait brûler des parfums. ➤ **brûle-parfum, encensoir.** *Cassolette d'argent.* ▪ 2 Petit récipient utilisé pour cuire un mets au feu ou au four et que l'on présente sur la table. *Cassolette en terre. Ris de veau en cassolette.*

CASSON [kɑsɔ̃] n. m. – 1359 ◊ de *casser* ▪ TECHN. ▪ 1 Débris de verre destiné à être refondu pour la fabrication du verre. ▪ 2 Pain de sucre informe. *Sucre en cassons.*

CASSONADE [kasɔnad] n. f. – 1574 ◊ probablt de l'ancien provençal *cassonada* → casson ▪ Sucre de canne qui n'a été raffiné qu'une fois, appelé aussi *sucre roux,* à cause de sa couleur.

CASSOT ➤ 3**CASSEAU**

CASSOULET [kasulɛ] n. m. – 1897 ◊ mot languedocien « plat cuit au four », de *cassolo* « terrine », diminutif de *casso* « poêlon » ; ancien provençal *cassa* → 1casse ▪ Ragoût de filets d'oie, de canard, de porc ou de mouton avec des haricots blancs, préparé et servi dans une terrine de grès (d'où son nom).

CASSURE [kɑsyʀ] n. f. – 1333 ◊ de *casser* ▪ 1 Solution de continuité ; endroit où un objet a été cassé. ➤ 1**brèche, brisure, crevasse,** 2**faille, fente, fissure, fracture.** *Cassure nette, vive. « les assises étaient lisses, pas une cassure, pas un relief »* HUGO. — *Cassure dans les couches géologiques.* ➤ **diaclase,** 2**faille,** 2**joint.** ▪ 2 *La cassure d'un pantalon,* l'endroit où le pantalon se plie sur la chaussure. ▪ 3 Coupure, fêlure, rupture. *Une cassure dans une vie, une amitié. « C'est là que je vois la cassure, c'est de ce moment qu'on peut dater la décadence »* H. CALET. ▪ CONTR. Recollage, soudure.

CASTAGNE [kastaɲ] n. f. – 1898 ◊ mot gascon « châtaigne » ▪ FAM. Coup de poing. ➤ **bourre-pif, châtaigne,** 1**marron.** — (1932) *La castagne* : la bagarre. ➤ **baston.**

CASTAGNER [kastaɲe] v. ‹1› – date inconnue ◊ de *castagne* ▪ FAM. ▪ 1 v. intr. Cogner. *Ça castagnait dur* : on se battait. ▪ 2 v. tr. Battre, cogner. *Se faire castagner. « Les mauvais [hommes] castagnent leurs femmes, les bons leur rapportent la paye »* ERNAUX. ♦ **SE CASTAGNER** v. pron. (récipr.) Se bagarrer. ➤ **se bastonner.**

CASTAGNETTES [kastaɲɛt] n. f. pl. – 1606 ; *cascagnettes* 1582 ◊ espagnol *castañeta* « châtaigne » ▪ Petit instrument à percussion composé de deux pièces de bois ou d'ivoire creusées, réunies par un cordon, et que le joueur s'attache aux doigts pour les faire claquer l'une contre l'autre. *Jouer des castagnettes.* — LOC. FAM. *Jouer des castagnettes* : entrechoquer (par un tremblement de peur). *Il jouait des castagnettes avec ses genoux.*

CASTARD, ARDE ou **CASTAR, ARDE** [kastaʀ, aʀd] adj. et n. – vers 1920 ◊ probablement altération de *costaud,* p.-ê. influencé par *mastard* ▪ (Belgique, Burundi) FAM. ▪ 1 Fort, vigoureux. ➤ **costaud ;** FAM. **mastard.** *Un cheval castard.* — n. *Un grand castard. « il a vécu jusqu'à nonante-cinq ans. [...] Un castard, mon père ! »* G. FAYE. ▪ 2 Solide, résistant. *Du chêne, c'est castard.*

CASTE [kast] n. f. – 1659 ◊ portugais *casta* (XVIe) « caste hindoue » ; fém. de *casto* « pur » ▪ 1 Classe sociale fermée, observée d'abord en Inde. *La caste des prêtres* (➤ **brahmane**), *celles des guerriers, des bourgeois, des artisans. Les parias étaient hors castes* (➤ **intouchable**). ▪ 2 PÉJ. Groupe social attaché à ses mœurs et à ses privilèges et qui exclut toute personne étrangère. ➤ **clan.** *Esprit, orgueil, préjugés de caste. « Répulsion, hiérarchie, spécialisation héréditaire, l'esprit de caste réunit ces trois tendances »* C. BOUGLÉ. *« Tout orgueil nobiliaire, tout fanatisme de caste semble mesquin »* LARBAUD. ▪ 3 ZOOL. Groupe d'individus spécialisés par leur morphologie et leur fonction. *Les trois castes des abeilles.*

CASTEL [kastɛl] n. m. – début XVIIIe ◊ mot occitan → 1château ▪ Petit château. ➤ **gentilhommière.**

CASTELET [kastəlɛ] n. m. – 1907 ◊ de *castel* ▪ Petit théâtre de marionnettes.

CASTER [kaste] v. tr. ‹1› – 2000, au p. p. adj. ◊ de *casting* ▪ ANGLIC. Sélectionner (un acteur, un candidat, un mannequin...) au cours d'une audition. *Caster des figurants pour un film.* — Au p. p. *Actrice castée pour un premier rôle.*

CASTILLAN, ANE [kastijɑ̃, an] adj. et n. – 1517 ◊ de *Castille* ▪ De Castille (province d'Espagne), propre à la Castille. ♦ n. *Un Castillan, une Castillane.* — n. m. *Le castillan* : langue officielle de l'Espagne. ➤ **espagnol.**

CASTINE [kastin] n. f. – avant 1603 ◊ allemand *Kalkstein,* de *Stein* « pierre » et *Kalk* « chaux » ▪ TECHN. Pierre calcaire que l'on mélange au minerai de fer pour en faciliter la fusion.

CASTING [kastiŋ] n. m. – avant 1972 ◊ mot anglais ■ ANGLIC. ■ 1 Audition des candidats à un spectacle, un film, en vue d'une sélection. *Mannequin qui court les castings.* «*doublures, figurants, silhouettes, courant les castings*» KERANGAL. Recomm. offic. *audition.* ■ 2 Ensemble des acteurs d'un film, d'un spectacle. *Une superproduction au casting impressionnant.* ■ 3 FIG. Distribution de rôles (sociaux, professionnels). *Il y a quelques erreurs de casting dans ce ministère.*

CASTOR [kastɔʀ] n. m. – 1135 ◊ mot latin, grec *kastôr* ■ 1 Mammifère végétarien des rivières et des lacs *(rongeurs),* à pattes palmées et à large queue plate. *Une colonie de castors. Barrage, hutte de castors.* ■ 2 Fourrure de cet animal. *Manteau de castor. Castor du Canada :* fourrure de rat musqué. ■ 3 FIG. (AU PLUR.) Personnes associées pour construire leurs logements.

CASTORETTE [kastɔʀɛt] n. f. – 1925 ◊ de *castor* ■ COMM. Peau traitée de manière à évoquer la fourrure du castor.

CASTORÉUM [kastɔʀeɔm] n. m. – XIIIe ◊ latin médiéval *castoreum,* formé sur *castor* ■ DIDACT. Substance huileuse, à odeur forte, obtenue à partir des glandes sexuelles du castor, utilisée comme fixateur en parfumerie et comme remède antispasmodique.

CASTRAMÉTATION [kastʀametasjɔ̃] n. f. – 1555 ◊ latin *castrametatio,* de *castra* «camp» et *metari* «mesurer» ■ ANTIQ. Art de choisir et de disposer l'emplacement d'un camp. ➤ **cantonnement.**

CASTRAT [kastʀa] n. m. – 1749 ◊ italien *castrato* «châtré» ; mot gascon «animal châtré» (1556) ■ 1 MÉD. Individu mâle qui a subi la castration. ➤ **eunuque.** ■ 2 Chanteur que l'on émasculait dès l'enfance afin de lui conserver une voix de soprano ou d'alto. *Les castrats de la chapelle Sixtine.*

CASTRATEUR, TRICE [kastʀatœʀ, tʀis] adj. – v. 1930 ◊ de *castration* ■ PSYCHOL. Qui provoque un complexe de castration* chez quelqu'un. «*mère dénaturée ; castratrice*» SARRAUTE.

CASTRATION [kastʀasjɔ̃] n. f. – 1380 ◊ latin *castratio* ■ 1 Opération par laquelle on prive un individu, mâle ou femelle, de la faculté de se reproduire. ➤ **stérilisation ; châtrer.** *Castration radiologique,* par irradiation des gonades. *Castration par ablation des testicules* (➤ **émasculation**), *des ovaires* (➤ **ovariectomie**). — FIG. *Castration chimique :* traitement inhibiteur de la libido. *Castration chimique des délinquants sexuels.* ■ 2 PSYCHAN. *Complexe, angoisse de castration,* liés à la menace imaginaire, chez l'enfant mâle, de la suppression du pénis par le père.

CASTRER [kastʀe] v. tr. ‹1› – 1600 ◊ latin *castrare* «châtrer» ■ Pratiquer la castration sur. ➤ **bistourner, chaponner ; châtrer, émasculer.** *Faire castrer un chat.* ➤ **couper.** — p. p. adj. *Chat castré.*

CASTRISME [kastʀism] n. m. – v. 1960 ◊ de *Fidel Castro,* n. d'un homme d'État cubain ■ Mouvement révolutionnaire de Fidel Castro ; politique qui en découle. — adj. et n. **CASTRISTE.**

CASUARINA [kazɥaʀina] n. m. – 1786 ◊ latin des botanistes *casuaris,* de *casoaris* «casoar», à cause des rameaux plumeux de cet arbre ■ BOT. Grand arbre d'Australie et de Malaisie *(casuarinacées)* à caractères morphologiques primitifs, appelé *bois-de-fer* à cause de son bois très dur. ➤ **filao.**

1 **CASUEL, ELLE** [kazɥɛl] adj. et n. m. – 1863 ◊ latin *casualis,* de *casus* «accident» ■ 1 DIDACT. Qui peut arriver ou non, suivant les cas. ➤ **accidentel, contingent, éventuel, fortuit, occasionnel.** ■ 2 n. m. (1669) VX Profit, revenu incertain et variable d'un office, d'un emploi. ➤ **appoint, commission.** «*Un fixe mensuel, le casuel, et de temps en temps, les petits cadeaux*» COURTELINE. — SPÉCIALT Honoraires que les fidèles donnent parfois au curé. ■ CONTR. Assuré, certain, invariable. 1 Fixe.

2 **CASUEL, ELLE** [kazɥɛl] adj. – v. 1860 ◊ latin *casualis,* de *casus* «cas» ■ LING. Qui comporte des cas. *Langues casuelles.* — Relatif aux cas. *Désinences casuelles.*

CASUISTE [kazɥist] n. – 1611 ◊ espagnol *casuista,* du latin ecclésiastique *casus* «cas de conscience» ■ 1 n. m. Théologien qui s'applique à résoudre les cas de conscience par les règles de la raison et du christianisme. ➤ **escobar.** *Casuiste sévère, subtil.* FIG. «*Le meilleur de tous les casuistes est la conscience*» ROUSSEAU. ■ 2 Personne qui se plaît à transiger avec sa conscience. ➤ **sophiste.**

CASUISTIQUE [kazɥistik] n. f. – 1829 ◊ de *casuiste* ■ 1 RELIG. Partie de la théologie morale qui s'occupe des cas de conscience. «*La casuistique se fait et sert pour les cas difficiles*» TAINE. ■ 2 PÉJ. Subtilité complaisante (en morale).

CASUS BELLI [kazysbɛlli ; -beli] n. m. inv. – avant 1867 ◊ latin *casus* et *bellum* «cas de guerre» ■ Acte de nature à motiver, pour un gouvernement, une déclaration de guerre. *Des casus belli.*

CATA- ■ Élément, du grec *kata* «en dessous, en arrière».

CATABOLISME [katabɔlism] n. m. – 1896 ◊ de *cata-* et *(méta)bolisme* ■ PHYSIOL. Processus du métabolisme consistant en la dégradation des composés organiques en molécules plus simples, avec libération d'énergie. *Anabolisme et catabolisme. Catabolisme et production d'ATP.* — adj. **CATABOLIQUE,** 1905.

CATABOLITE [katabɔlit] n. m. – v. 1960 ◊ de *catabolisme* ■ PHYSIOL. Substance formée au cours du catabolisme. ➤ aussi **anabolite.**

CATACHRÈSE [katakʀɛz] n. f. – 1557 ◊ latin *catachresis,* grec *katakhrêsis* ■ DIDACT. Figure de rhétorique qui consiste à détourner un mot de son sens propre. ➤ **métaphore.** *On dira par catachrèse : À cheval sur un mur.* — SPÉCIALT Métaphore lexicalisée (qui n'est plus sentie comme une figure) (ex. Les pieds d'une table, les ailes d'un moulin).

CATACLYSME [kataklism] n. m. – *cataclisme* avant 1553 ◊ latin *cataclysmos,* grec *kataklusmos* «inondation» ■ 1 Bouleversement de la surface du globe, causé par un phénomène naturel destructeur (tremblement de terre, cyclone, etc.). ➤ **catastrophe, désastre.** *Pays touché par un cataclysme.* ■ 2 FIG. Désastre, bouleversement (dans une société, un groupe, etc.). ➤ **calamité, crise, fléau.**

CATACLYSMIQUE [kataklismik] adj. – 1863 ◊ de *cataclysme* ■ DIDACT. ■ 1 GÉOL. Qui fait intervenir le bouleversement causé par un cataclysme. *Théorie cataclysmique de la formation de l'écorce terrestre.* ■ 2 Qui a le caractère d'un cataclysme. ➤ **désastreux, ravageur, terrible.** *Un vent d'une violence cataclysmique.* — On dit aussi DIDACT. **CATACLYSMAL, ALE, AUX.**

CATACOMBE [katakɔ̃b] n. f. – XIIIe ◊ du latin chrétien *catacumba,* du grec *kata* «en bas» et du latin *cumbare* «être couché», peut-être influencé par *tumba* «tombe» ■ Plutôt au plur. Cavité souterraine ayant servi de sépulture (➤ **cimetière, hypogée**). *Morts enterrés dans les catacombes. Les catacombes de Rome.* — PAR EXT. (1782) Excavation où ont été réunis des ossements. ➤ **ossuaire.** *Les catacombes de Paris.*

CATADIOPTRE [katadjɔptʀ] n. m. – milieu XXe ◊ de *catadioptrique* ■ Cataphote.

CATADIOPTRIQUE [katadjɔptʀik] adj. et n. f. – 1771 ◊ croisement de *catoptrique* et *dioptrique* ■ 1 Qui comprend des appareils de réflexion et de réfraction. *Télescope catadioptrique.* ■ 2 n. f. VIEILLI Étude de la réflexion et de la réfraction. ➤ **optique.**

CATAFALQUE [katafalk] n. m. – XVIIIe ; «échafaud» 1690 ◊ italien *catafalco,* du latin populaire *catafalicum* ■ Estrade décorée sur laquelle on place un cercueil. ♦ Décoration funèbre au-dessus du cercueil (cf. Chapelle* ardente). *Dresser un catafalque au milieu d'une église.*

CATAIRE [katɛʀ] ou **CHATAIRE** [ʃatɛʀ] n. f. – 1733, -1808 ◊ bas latin *cattaria,* de *cattus* «chat» ■ Plante des décombres, dont l'odeur forte attire les chats (d'où son nom d'*herbe aux chats*). ➤ **népète.**

CATALAN, ANE [katalɑ̃, an] adj. et n. – 1338 ◊ probablt du catalan *català,* de *Catalunya* «Catalogne» ■ De Catalogne. *La littérature catalane.* ♦ n. *Les Catalans.* — n. m. LING. *Le catalan :* langue romane parlée en Catalogne, aux Baléares et autour de Valence, ainsi que dans le Roussillon.

CATALASE [katalɑz] n. f. – 1909 ◊ de *catal(yse)* et *-ase* ■ BIOCHIM. Enzyme qui décompose l'eau oxygénée H_2O_2 en eau et en oxygène libre. *La catalase est impliquée dans la réponse au stress cellulaire.*

CATALECTIQUE [katalɛktik] adj. – 1644 ◊ grec *katalêktikos,* de *katalêgein* «finir» ■ VERSIF. Se dit d'un vers grec ou latin qui se termine par un pied auquel manque une syllabe.

CATALEPSIE [katalɛpsi] n. f. – v. 1580 ; *catalepse* 1507 ◊ latin des médecins *catalepsis,* grec *katalêpsis* «action de saisir» ■ MÉD. Suspension complète du mouvement volontaire des muscles (schizophrénie, état hypnotique). ➤ **léthargie, paralysie.** *Tomber en catalepsie.*

CATALEPTIQUE [katalɛptik] adj. – 1742 ◊ latin des médecins *catalepticus* → catalepsie ■ MÉD. Qui a rapport à la catalepsie. *État cataleptique.* ♦ Atteint de catalepsie. — n. *Un, une cataleptique.*

CATALOGAGE [katalɔgaʒ] n. m. – 1928 ◊ de *cataloguer* ■ 1 DIDACT. Opérations par lesquelles on élabore un catalogue. ■ 2 FIG. et PÉJ. Action de ranger (qqn, qqch.) dans une catégorie.

CATALOGNE [katalɔɲ] **n. f.** – 1635 ◇ ancien français « couverture de laine », du n. pr. *Catalogne* ■ **RÉGION. (Canada)** Étoffe dont la trame est faite de bandes de tissus généralement multicolores. ➤ **lirette.** *Couverture, tenture de catalogne.* — **SPÉCIALT** Tapis fait de cette étoffe.

CATALOGUE [katalɔg] **n. m.** – 1262 ◇ bas latin *catalogus,* grec *katalogos* « liste » ■ **1** Liste méthodique accompagnée de détails, d'explications. ➤ **dénombrement, index, inventaire,** 2 **liste, nomenclature, répertoire, rôle, table.** *Catalogue par ordre alphabétique, par matières. Catalogue des martyrs.* ➤ **martyrologe.** *Catalogue des tableaux d'une exposition* (➤ **livret**), *des écrits relatifs à un sujet.* ➤ **bibliographie, collection, index, répertoire.** *Le catalogue d'une bibliothèque. Faire le catalogue de :* énumérer. ■ **2 SPÉCIALT (plus cour.)** Liste paraissant sous forme de livret, qui présente des produits à vendre. *Catalogue de meubles, de jouets, de produits informatiques. Catalogue de vente par correspondance. Choisir sur catalogue.*

CATALOGUER [katalɔge] **v. tr.** ‹1› – 1801 ◇ de *catalogue* ■ **1** Classer, dénombrer, inscrire par ordre dans un catalogue. *Cataloguer les livres d'une bibliothèque.* — **p. p. adj.** *Des livres étiquetés et catalogués.* — **PAR EXT.** Dresser le ou les catalogues de. *Cataloguer une bibliothèque, un musée.* ■ **2** (1902) Classer (qqn, qqch.) en le jugeant de manière définitive. « *Ça ne se laisse pas cataloguer* » **BEAUVOIR.**

CATALPA [katalpa] **n. m.** – 1771 ◇ mot anglais, d'une langue amérindienne de Caroline (muskogee), mot à mot *ca* « tête » et *talpa* « aile », à cause de la forme des fleurs de cet arbre ■ Arbre ornemental *(bignoniacées),* à feuilles cordiformes, à floraison en larges panicules blanches, originaire de Caroline.

CATALYSE [kataliz] **n. f.** – 1836 ◇ anglais *catalysis ;* grec *katalusis* « dissolution » ■ **CHIM.** Modification (surtout accélération) d'une réaction chimique sous l'effet d'une substance (➤ **catalyseur**) qui ne subit pas de modification elle-même. *Catalyse de l'oxydation de l'aluminium par le mercure.* — *Four* à catalyse.* ➤ **autonettoyant.**

CATALYSER [katalize] **v. tr.** ‹1› – 1842 ◇ de *catalyse* ■ **1 CHIM.** Provoquer la catalyse de (une réaction). ■ **2 FIG.** (v. 1950) Déclencher, produire par sa seule présence. « *Tu as catalysé le mal, précipité l'inéluctable* » **R. DEBRAY.**

CATALYSEUR [katalizœʀ] **n. m.** – 1884 ◇ de *catalyser* ■ **CHIM.** Substance, qui, en quantité infime comparée à celle des réactants, provoque la catalyse. *Catalyseur des réactions biochimiques.* ➤ **biocatalyseur.** *Catalyseurs métalliques, enzymatiques. Activeurs, poisons d'un catalyseur.* ◆ **FIG.** Ce qui déclenche une réaction par sa seule présence. « *un catalyseur de l'agressivité* » **CURTIS.** — **adj. m.** *Un rôle catalyseur.*

CATALYTIQUE [katalitik] **adj.** – 1842 ◇ de *catalyse* ■ **CHIM.** De la catalyse. *Action catalytique du platine.* — **BIOCHIM.** *Le katal, unité de mesure de l'activité catalytique.* — **COUR.** *Pot catalytique :* pot d'échappement antipollution utilisant la catalyse.

CATAMARAN [katamaʀɑ̃] **n. m.** – 1942 ; *catimaron* « radeau des Indes » 1699 ◇ mot anglais, du tamoul *katta* « lien » et *maram* « bois » ■ **1** Embarcation à voile (et **PAR EXT.** à moteur), à deux coques accouplées (cf. Trimaran). ■ **2** Système de flotteurs d'hydravion.

CATAMÉNIAL, IALE, IAUX [katamenjal, jo] **adj.** – 1867 ◇ du grec *katamênia,* de *kata* « chaque » et *mên* « mois » → catimini ■ **MÉD.** Qui est en rapport avec la menstruation. *Migraines cataméniales.*

CATAPHOTE [katafɔt] **n. m.** – v. 1931 ◇ marque déposée ; du grec *kata* « contre » et *phos, photos* « lumière » ■ **OPT.** Système optique renvoyant la lumière en sens inverse et dans l'exacte direction d'où elle lui parvient. — **PAR EXT.** Petit appareil réfléchissant la lumière et rendant visible la nuit le véhicule, l'obstacle qui le porte. ➤ **catadioptre.** *Bicyclette munie d'un cataphote.*

CATAPLASME [kataplasm] **n. m.** – *cathaplasme* 1390 ◇ latin *cataplasma,* mot grec « emplâtre » ■ Préparation médicinale pâteuse, appliquée sur la peau pour combattre une inflammation. *Cataplasme de farine de lin, de moutarde* (➤ **sinapisme**). « *Des cataplasmes d'amidon sur une brûlure ; ça ne guérit pas, mais ça soulage* » **COLETTE.** ◆ **FIG. et FAM.** Aliment épais et indigeste. *Cette purée est un cataplasme.* ➤ **emplâtre.**

CATAPLEXIE [katapləksi] **n. f.** – 1752 ; *cataplexis* 1747 ◇ grec *kataplêxis,* de *kata* « sur » et *plêssein* « frapper » ■ **PATHOL.** ■ **1** Perte soudaine de tonicité musculaire due à une émotion trop vive. — **adj. CATAPLECTIQUE,** 1863. ■ **2 PSYCHIATR.** ➤ **catatonie.**

CATAPULTAGE [katapyltaʒ] **n. m.** – début XXe ◇ de *catapulter* ■ Action de catapulter. — **SPÉCIALT** Lancement d'un avion au moyen d'une catapulte.

CATAPULTE [katapylt] **n. f.** – 1355 ◇ latin *catapulta,* grec *katapeltês* ■ **1** Ancienne machine de guerre qui projetait de lourds projectiles. ➤ **baliste,** 1 **onagre.** ■ **2** Dispositif de lancement d'avions (sur un porte-avion).

CATAPULTER [katapylte] **v. tr.** ‹1› – début XXe ◇ de *catapulte* ■ **1** Lancer par catapulte (2°). ■ **2 COUR.** Lancer, projeter violemment. ◆ **FIG.** Envoyer subitement (qqn) dans un lieu éloigné. — Nommer brusquement (qqn) à un poste, généralement plus élevé que le précédent. ➤ **bombarder.**

1 **CATARACTE** [kataʀakt] **n. f.** – 1549 ◇ latin *cataracta,* grec *kataraktês* « chute » ■ Chute des eaux (d'un grand cours d'eau). ➤ **cascade.** « *Quand on a vu la cataracte du Niagara, il n'y a plus de chute d'eau* » **CHATEAUBRIAND.** — **FIG.** *Il tombe des cataractes,* une très forte pluie. ➤ **trombe.**

2 **CATARACTE** [kataʀakt] **n. f.** – *catharacte* 1340 ◇ latin des médecins *cataracta* « chute d'eau ; porte qui s'abat, herse » → 1 cataracte ■ Opacité totale ou partielle du cristallin, soit congénitale, soit sénile. *Opération de la cataracte au laser.*

CATARHINIENS [kataʀinjɛ̃] **n. m. pl.** – *catarrhiniens* 1821 ◇ du grec *kata* « en bas » et *rhis, rhinos* « nez » ■ **ZOOL.** Infra-ordre de primates *(simiens),* singes* d'Afrique et d'Asie à cloison nasale étroite et sans queue préhensile (ex. gibbon, gorille, macaque).

CATARRHAL, ALE, AUX [kataʀal, o] **adj.** – 1503 ◇ de *catarrhe* ■ **1 VX** Relatif au catarrhe. ■ **2 VÉTÉR.** *Fièvre catarrhale :* maladie virale non contagieuse transmise par la piqûre de moucherons aux ovins et aux bovins, dont le symptôme le plus visible est la coloration de la langue en bleu. *Fièvre catarrhale ovine.* **SYN.** maladie de la langue bleue.

CATARRHE [kataʀ] **n. m.** – v. 1370 ◇ latin des médecins *catarrhus,* grec *katarrhos* « écoulement » ■ **MÉD. VX** Inflammation des muqueuses donnant lieu à une hypersécrétion. *Catarrhe pulmonaire.* ■ **HOM.** Cathare.

CATARRHEUX, EUSE [kataʀø, øz] **adj.** – 1507 ◇ de *catarrhe* ■ Du catarrhe. *Toux catarrheuse.* ◆ Atteint de catarrhe. — **n.** *Un catarrheux.*

CATASTROPHE [katastʀɔf] **n. f.** – 1552 ◇ latin *catastropha,* grec *katastrophê* « bouleversement » ■ **1 DIDACT.** Dernier et principal évènement (d'un poème, d'une tragédie). ➤ **dénouement.** « *La catastrophe de ma pièce est peut-être un peu trop sanglante* » **RACINE.** ■ **2 COUR.** Malheur effroyable et brusque. ➤ **bouleversement, calamité, cataclysme, coup, désastre, drame, fléau, infortune.** *Terrible catastrophe. Courir à la catastrophe. Éviter la catastrophe.* — Accident, sinistre causant la mort de nombreuses personnes. *Catastrophe aérienne. Catastrophe naturelle, sanitaire. Le bilan d'une catastrophe.* **APPOS.** *Film catastrophe,* dont le scénario décrit un évènement catastrophique, un accident grave. *Des films catastrophes* ou *catastrophe* **(inv.).** « *Alors que j'étais par terre, je pensais aux films catastrophe, me demandant si la terre allait s'ouvrir pour nous engloutir tous* » **D. LAFERRIÈRE.** ◆ **LOC. EN CATASTROPHE :** en risquant le tout pour le tout. *Atterrir en catastrophe.* **PAR EXT.** D'urgence pour éviter le pire. ■ **3 FAM.** Évènement fâcheux. ➤ **désastre, drame.** *Tout est brûlé, c'est la catastrophe !* — **ABRÉV. FAM. CATA.** *C'est la cata.* — **En interj.** *Catastrophe ! J'ai oublié ma clé !* ◆ **PAR EXT.** *Son dernier film est une catastrophe.* ◆ Personne très maladroite ; enfant très turbulent. ■ **4** (1972, R. Thom) **MATH., PHYS.** *Théorie des catastrophes :* théorie qui, à partir d'observations empiriques de la forme d'un système ou de processus discontinus, tente de construire un modèle dynamique continu. « *Il y a lieu de distinguer* [...] *les catastrophes de* conflit, *et les catastrophes de* bifurcation. » **R. THOM.** ■ **CONTR.** Bonheur, chance, succès.

CATASTROPHER [katastʀɔfe] **v. tr.** ‹1› – 1896 ◇ de *catastrophe* ■ Atterrer. ➤ **abattre, affliger, consterner.** — **Surtout passif et p. p.** *Nous sommes catastrophés par la nouvelle.* — **adj.** *Un air catastrophé.*

CATASTROPHIQUE [katastʀɔfik] **adj.** – 1845, répandu XXe ◇ de *catastrophe* ■ **1** Qui a les caractères d'une catastrophe. ➤ **affreux, désastreux, effroyable, épouvantable.** *Évènement, conséquence catastrophique.* ■ **2** Qui provoque ou peut provoquer une catastrophe. *Le gouvernement a pris des mesures catastrophiques.* — Qui constitue un évènement fâcheux. *Ce n'est pas catastrophique.* ➤ **dramatique. PAR EXT.** *Son dernier roman est catastrophique,* très mauvais.

CATASTROPHISME [katastʀɔfism] **n. m.** – 1963 ; autre sens 1845 ◇ de *catastrophe* ■ Attitude qui consiste à prévoir, à envisager le pire. ➤ **pessimisme.**

CATASTROPHISTE [katastʀɔfist] **adj.** – 1975 ◇ de *catastrophisme* ■ Qui envisage le pire, prévoit des catastrophes. *Des discours catastrophistes.* ➤ **alarmiste.**

CATATONIE [katatɔni] **n. f.** – 1888 ◇ du grec *kata* «en dessous» et *tonos* «tension» ■ PSYCHIATR. Trouble caractérisé par un état de passivité, d'inertie motrice et psychique, alternant souvent avec des états d'excitation. — **adj.** et **n. CATATONIQUE,** 1903.

CATCH [katʃ] **n. m.** – 1919 ◇ mot anglais, abrév. de *catch as catch can* «attrape comme tu peux» ■ Lutte très libre à l'origine, codifiée aujourd'hui. *Prise de catch. Match, rencontre de catch,* spectacle de cette lutte. *Catch à quatre. Catch féminin.*

CATCHER [katʃe] **v. intr.** ‹1› – 1952 ◇ de *catch* ■ Pratiquer le catch.

CATCHEUR, EUSE [katʃœʀ, øz] **n.** – 1924 ◇ de *catcher* ■ Personne qui pratique le catch. ➤ **lutteur.**

CATÉCHÈSE [kateʃɛz] **n. f.** – 1574 ◇ latin *catechesis,* grec *katêkhêsis* ■ DIDACT. Enseignement oral de la religion chrétienne. ♦ PAR EXT. ➤ **catéchisme.**

CATÉCHINE [kateʃin] **n. f.** – 1853 ◇ latin scientifique *(areca) catechu* ; du nom indien du cachou ■ CHIM. Flavonoïde découvert dans le fruit de l'acacia à cachou, aux propriétés antioxydantes. *Le matcha est riche en catéchine.* — On dit aussi **CATÉCHOL** [kateʃɔl ; -kɔl] **n. m.**

CATÉCHISER [kateʃize] **v. tr.** ‹1› – 1583 ; *cathezizier* 1374 ◇ latin *catechizare,* grec *katêkhizein* ■ **1** Instruire dans la religion chrétienne. *Catéchiser un infidèle, un enfant* (➤ **catéchisme**). ■ **2** FIG. Chercher à persuader. ➤ **endoctriner, moraliser, prêcher, sermonner.** — **n. f. CATÉCHISATION,** 1787.

CATÉCHISME [kateʃism] **n. m.** – 1560 ; *cathezime* v. 1380 ◇ latin *catechismus,* grec *katêkhismos* «instruction orale», de *katêkhein* «résonner» ■ **1** Instruction dans les principes de la foi chrétienne. ➤ **credo.** *Faire, enseigner le catéchisme. Catéchisme par demandes et réponses.* ➤ **catéchèse.** PAR EXT. *Aller au catéchisme,* au cours d'instruction religieuse. «*des gentillesses de petite fille au catéchisme*» RIMBAUD. ABRÉV. FAM. **CATÉ.** — Livre contenant l'instruction du catéchisme. ■ **2** (1738) Ce qui est pour qqn article de foi. ➤ **dogme.**

CATÉCHISTE [kateʃist] **n.** – 1578 ◇ latin *catechista* → catéchisme ■ Personne qui enseigne le catéchisme. *Le catéchiste de la paroisse.* — APPOS. *Des dames catéchistes.*

CATÉCHISTIQUE [kateʃistik] **adj.** – 1752 ◇ de *catéchiste* ■ DIDACT. Du catéchisme ; de la catéchèse.

CATÉCHOL ➤ **CATÉCHINE**

CATÉCHOLAMINE [katekɔlamin] **n. f.** – 1958 ◇ de *catéchol* et *amine* ■ BIOCHIM., PHYSIOL. Amine sécrétée par la médullosurrénale, jouant un rôle d'hormone ou de neurotransmetteur. *L'adrénaline, la noradrénaline, la dopamine sont des catécholamines.*

CATÉCHUMÈNE [katekymɛn] **n.** – *cathecumin* 1374 ◇ latin *catechumenus,* grec *katêkhoumenos* → catéchisme ■ **1** Personne qu'on instruit dans la foi chrétienne, pour la disposer à recevoir le baptême. ➤ **prosélyte.** — **n. m. CATÉCHUMÉNAT,** début XVIIIe. ■ **2** Personne que l'on instruit, que l'on initie.

CATÉGORÈME [kategɔʀɛm] **n. m.** – 1555 ◇ grec *katêgorêma* ■ PHILOS. (Aristote) ■ **1** Notion universelle, mode général d'énonciation (genre, espèce, différence ; propre, accident). ■ **2** Catégorie (I°).

CATÉGORIE [kategɔʀi] **n. f.** – 1564 ◇ bas latin *categoria,* grec *katêgoria* ■ **1** PHILOS. Qualité que l'on peut attribuer à un sujet. ➤ **prédicat.** *Les dix catégories d'Aristote :* substance, quantité, qualité, relation, lieu, temps, situation, avoir, agir, pâtir (subir). — SPÉCIALT Chez Kant, Concept fondamental de l'entendement. ➤ **concept, 1 espace, temps.** *Les quatre grandes classes de catégories :* modalité, qualité, quantité, relation. ■ **2** LING. Classe à l'intérieur de laquelle sont placés, selon des critères sémantiques ou grammaticaux, les éléments d'un vocabulaire. *Catégories logiques, grammaticales* (verbe, nom ; genre ; nombre). *Les catégories du discours.* ➤ **partie.** *Les synonymes ont même catégorie.* ■ **3** COUR. Classe* dans laquelle on range des objets de même nature. ➤ **espèce, famille, genre, groupe, ordre, série.** *Ranger par catégories, en plusieurs catégories* (➤ **catégoriser, classer, délimiter, diviser, séparer**). — SPÉCIALT *Morceaux de boucherie de première, deuxième catégorie.* ■ **4** Ensemble de personnes ayant des caractères communs (➤ **classe**). *Catégorie sociale,* présentant les mêmes caractéristiques sociologiques. *Catégorie socioprofessionnelle.* — SPORT *Champion du monde dans sa catégorie, toutes catégories.* — PAR EXT. (souvent péj.) «*La cousine Bette appartenait à cette catégorie de caractères*» BALZAC. ➤ **espèce, nature, race, sorte.**

CATÉGORIEL, IELLE [kategɔʀjɛl] **adj.** – 1929 ◇ de *catégorie* ■ **1** PHILOS. Des catégories (I°). PAR EXT. Conceptuel, abstrait. ■ **2** Propre à une catégorie de travailleurs ou de salaires. *Revendications catégorielles. Intérêts catégoriels.*

CATÉGORIQUE [kategɔʀik] **adj.** – 1534 ; n. 1495 ◇ bas latin *categoricus* → catégorie ■ **1** PHILOS. Relatif aux catégories. *Proposition, jugement catégorique :* assertion sans condition (opposé à *hypothétique*). — *Impératif* catégorique.* ■ **2** COUR. Qui ne permet aucun doute, ne souffre ni discussion ni objection. ➤ **absolu, indiscutable.** *Affirmation, réponse catégorique.* ➤ **formel.** *Une position catégorique.* ➤ **clair, 2 net.** *Un ton catégorique,* sans réplique, sans appel. — PAR EXT. *Il a été catégorique sur ce point.* ■ CONTR. Confus, équivoque, évasif.

CATÉGORIQUEMENT [kategɔʀikmɑ̃] **adv.** – 1552 ◇ de *catégorique* ■ D'une manière catégorique. ➤ **carrément, formellement, franchement.** *Refuser catégoriquement.*

CATÉGORISATION [kategɔʀizasjɔ̃] **n. f.** – 1853 ◇ de *catégoriser* ■ DIDACT. Classement par catégories, notamment en linguistique, en psychologie sociale.

CATÉGORISER [kategɔʀize] **v. tr.** ‹1› – 1845 ◇ de *catégorie* ■ DIDACT. Ranger par catégorie. ➤ **classer.** «*segmenter et catégoriser génétiquement les populations humaines*» (Le Monde, 2007). — **p. p. adj.** *Informations structurées et catégorisées.*

CATELLE [katɛl] **n. f.** – 1551 ; *catale* 1409 ◇ du suisse allemand *chachel* «écuelle» ■ RÉGION. (Suisse) Carreau de faïence vernissée. «*Les tuyaux à mettre sous les carrelages des chambres de bains, en Suisse ils disent catelles*» A. COHEN.

CATÉNAIRE [katenɛʀ] **adj.** – fin XIXe ; bot. 1838 ◇ latin *catenarius,* de *catena* «chaîne» ■ **1** ANAT. Relatif à une chaîne de ganglions. ■ **2** DIDACT. Qui se produit en chaîne*. *Réaction caténaire.* ■ **3** CH. DE FER *Suspension caténaire :* système de suspension consistant à soutenir le fil d'alimentation électrique à distance constante d'une voie. — **n. f.** COUR. *La caténaire. Transport de courant électrique par caténaire.*

CATÉNANE [katenan] **n. f.** – 1976 ◇ du latin *catena* «chaîne», par l'anglais *catenane* (1960) ■ BIOCHIM. Groupe de molécules constituées d'anneaux entrelacés comme ceux d'une chaîne.

CATERGOL [katɛʀgɔl] **n. m.** – 1948 ◇ de *cat(alyseur)* et *ergol* ■ CHIM. Propergol* dont la réaction exothermique exige la présence d'un catalyseur.

CATGUT [katgyt] **n. m.** – 1871 ◇ mot anglais «boyau de chat» ■ CHIR. Fil employé en chirurgie, obtenu à partir de l'intestin grêle d'animaux (surtout du mouton) et utilisé pour les sutures et ligatures. *Les catguts se résorbent.*

CATHARE [kataʀ] **n. et adj.** – 1688 ◇ grec *katharos* «pur» → catharsis ■ HIST. RELIG. *Les cathares :* secte manichéenne du Moyen Âge (XIe-XIIIe s.) répandue surtout dans la région d'Albi (➤ **albigeois**) et préconisant une absolue pureté de mœurs (ils s'appelaient *les parfaits*). — **adj.** *L'hérésie cathare. Les châteaux cathares.* ■ HOM. Catarrhe.

CATHARSIS [kataʀsis] **n. f.** – 1897 ◇ grec *katharsis* «purification» ■ **1** PHILOS. Selon Aristote, Effet de «purgation des passions» produit sur les spectateurs d'une représentation dramatique. ■ **2** PSYCHAN. Réaction de libération ou de liquidation d'affects longtemps refoulés dans le subconscient et responsables d'un traumatisme psychique. ➤ **abréaction.**

CATHARTIQUE [kataʀtik] **adj.** – 1598 ◇ grec *kathartikos* ■ **1** MÉD. Qui agit comme purgatif puissant. — SUBST. *Un cathartique.* ■ **2** Qui purifie, libère des éléments considérés comme impurs. ➤ **purificatoire.** ■ **3** (1905) PSYCHAN. Relatif à la catharsis*. *Méthode cathartique.*

CATHÉDRAL, ALE, AUX [katedʀal, o] **adj.** – 1180 ◇ latin médiéval *cathedralis,* de *cathedra* «siège épiscopal» ■ DIDACT. Du siège de l'autorité épiscopale. *Église cathédrale.* ➤ **cathédrale.** «*Le vrai saint cathédral est saint Pierre*» HUGO.

CATHÉDRALE [katedʀal] **n. f.** – 1666 ◇ de *église cathédrale* ■ **1** Église épiscopale d'un diocèse. — (En tant que monument) *Cathédrale romane, gothique, classique, baroque. La cathédrale de Chartres, de Reims.* «*les cathédrales étaient filles des villes, sereines émanations de ces remugles urbains et de l'or de leurs foires*» C. MARTINEZ. *Nef, bas-côtés d'une cathédrale. Le temps des cathédrales.* «*Le XIIIe siècle a été la *plus grande ère des cathédrales»* HUYSMANS. ◆ *Reliure à la cathédrale :* reliure romantique de style néogothique. ■ **2** APPOS. INV. *Verre cathédrale,* translucide, à la surface inégale.

CATHÈDRE [katɛdʀ] **n. f.** – XVIe «chaire» ◇ latin *cathedra* «chaise (à dossier) ; chaire» ■ DIDACT. Chaise gothique à haut dossier.

CATHEPSINE [katɛpsin] **n. f.** – 1931 ◇ allemand *Katbepsin* (1928), du grec *kathepsein* «se réduire» ■ BIOCHIM. Protéase intracellulaire, présente notamment dans le lysosome.

CATHERINETTE [katʀinɛt] **n. f.** – fin XIXe ◇ de *coiffer sainte Catherine* ■ Jeune fille qui fête la Sainte-Catherine (fête traditionnelle des ouvrières de la mode, etc., non mariées à 25 ans). *Une catherinette qui coiffe* Sainte-Catherine.*

CATHÉTER [katetɛʀ] **n. m.** – 1538 ◇ latin des médecins *catheter,* grec *katheter* ■ MÉD. Tige pleine ou creuse servant à explorer, à dilater un canal, un orifice naturel ou à administrer, prélever des liquides. ➤ **canule, sonde.** *Cathéter pulmonaire.*

CATHÉTÉRISME [kateteʀism] **n. m.** – 1658 ◇ latin *catheterismus* ■ MÉD. Introduction d'un cathéter, d'une sonde dans un conduit ou une cavité naturels (urètre, vessie, œsophage, etc.) dans un but diagnostique ou thérapeutique. *Cathétérisme cardiaque.* ➤ **sondage.**

CATHÉTOMÈTRE [katetɔmɛtʀ] **n. m.** – 1842 ◇ grec *kathetos* «vertical» et *metron* «mesure» ■ PHYS. Appareil servant à mesurer la distance verticale de deux points ou de deux plans horizontaux avec un viseur optique (➤ **nivellement**).

CATHO ➤ **CATHOLIQUE**

CATHODE [katɔd] **n. f.** – 1838 ◇ formé en anglais par Faraday d'après le grec *kata* «en bas» et *hodos* «chemin» ■ PHYS. Électrode négative qui, chauffée dans le vide, émet des électrons. — CHIM. Électrode négative qui attire et réduit les cations en électrolyse et qui émet des électrons dans un tube à vide (➤ **tube cathodique**) ; par convention, siège de la réduction, pôle positif dans une pile.

CATHODIQUE [katɔdik] **adj.** – 1897 ◇ de *cathode* ■ **1** PHYS. De la cathode, émis par la cathode. *Rayons cathodiques :* faisceau d'électrons émis par la cathode d'un tube contenant un gaz raréfié. *Oscilloscope à rayons cathodiques.* — COUR. *Tube* cathodique,* permettant de produire des rayons cathodiques. ■ **2** Relatif à l'image des rayons cathodiques focalisée sur un écran. *Affichage cathodique.* ■ **3** FIG. Relatif à la télévision en tant que média, moyen d'expression. ➤ **télévisuel.**

CATHOLICISME [katɔlisism] **n. m.** – 1598, repris 1734 ◇ de *catholique* ■ Religion chrétienne dans laquelle le pape exerce l'autorité en matière de dogme et de morale. ➤ **église** (I). *Se convertir au catholicisme.* — Façon dont une personne comprend la doctrine de l'Église romaine. *Un catholicisme sincère, étroit, austère.*

CATHOLICITÉ [katɔlisite] **n. f.** – 1578 ◇ de *catholique* ■ **1** Conformité d'une doctrine à celle de l'Église catholique. ➤ **orthodoxie.** ■ **2** Ensemble des catholiques. ➤ **église** (I). *Le pape est le chef de la catholicité.*

CATHOLIQUE [katɔlik] **adj.** – *chatoliche* XIIIe ◇ latin chrétien *catholicus,* grec *katholikos* «universel»

I ■ **1** Relatif au catholicisme. *La religion, la foi catholique. L'Église catholique, apostolique et romaine. Liturgie catholique.* ➤ **romain.** ■ **2** Qui professe le catholicisme. *«La France devenait la première des puissances catholiques, la "fille aînée de l'Église"»* BAINVILLE. *Les Rois Catholiques :* Ferdinand II d'Aragon et Isabelle Ire de Castille (Isabelle la Catholique). — *Institut, faculté catholique* (FAM. *la Catho*). — SUBST. *Un catholique. Les catholiques. Un bon catholique.* ➤ **croyant, pratiquant.** — ABRÉV. FAM. (1968) **CATHO** [kato]. *Les cathos. Les écoles cathos.* ■ **3** FIG. et FAM. *Une affaire, un individu pas très catholique,* louche, dont on se méfie. ➤ **douteux.**

II (1635 ◇ repris au sens grec) VX ou RELIG. Universel. *«une langue commune universelle, catholique»* GAUTIER.

■ CONTR. Incroyant, païen. Hérétique.

CATILINAIRE [katilinɛʀ] **n. f.** – 1808 ◇ du nom des quatre harangues de Cicéron contre *Catilina* ■ LITTÉR. Discours violemment hostile. ➤ **philippique.**

CATIMINI (EN) [ɑ̃katimini] **loc. adv.** – fin XIVe ; *catimini* «menstrues» XIVe ◇ grec *katamênia* → cataménial ■ En cachette, discrètement, secrètement (cf. En secret, en tapinois ; FAM. en douce). *S'approcher, faire qqch. en catimini.*

CATIN [katɛ̃] **n. f.** – 1530 ◇ abrév. fam. puis péj. de *Catherine,* var. *catau* ■ **1** FAM. VIEILLI Prostituée. ➤ **putain.** ■ **2** (1732) RÉGION. (Normandie, Centre ; Canada [critiqué]) Poupée. *«leurs catins de cire avec de belles robes de bal sur le dos»* G. ROY.

CATION [katjɔ̃] **n. m.** – 1856 ; *cassion* 1835 ◇ du grec *kata* «en bas» et de *ion* ■ Ion chargé positivement entraîné vers la cathode, lors d'une électrolyse ou dans un gaz (opposé à *anion*).

CATIR [katiʀ] **v. tr.** ‹2› – XIVe «frapper ensemble» ◇ latin populaire *coactire,* de *coactus,* p. p. de *cogere* «réunir» ■ TECHN. Donner du lustre (ou *cati* **n. m.**) à (une étoffe) en la pressant. *Catir du drap à chaud.* — **n. m. CATISSAGE,** 1838. ■ CONTR. Décatir.

CATLEYA ➤ **CATTLEYA**

CATOBLÉPAS [katɔblepɑs] **n. m.** – 1552 ◇ grec *katoblepein* «regarder par-dessous» ■ LITTÉR. Animal légendaire à long cou grêle, dont la tête traîne à terre.

CATOGAN [katɔgɑ̃] **n. m.** – 1768 ; *cadogan* 1798 ◇ de *Cadogan,* n. du général anglais qui mit cette coiffure à la mode ■ **1** Nœud ou ruban qui attache les cheveux sur la nuque. ■ **2** Coiffure où les cheveux sont attachés en queue de cheval sur la nuque.

CATOPTRIQUE [katɔptʀik] **adj.** et **n. f.** – 1584 ◇ grec *katoptrikos,* de *katoptron* «miroir» ■ PHYS. Relatif à la réflexion de la lumière. — **n. f.** Partie de l'optique qui étudie la réflexion.

CATTLEYA [katlɛja] **n. m.** – 1893 ◇ latin des botanistes formé en anglais, du n. de *W. Cattley* ■ Orchidée à grandes fleurs richement colorées. — On trouve aussi la graphie *catleya. Les «catleyas surtout, qui étaient, avec les chrysanthèmes, ses fleurs préférées»* PROUST.

CAUCHEMAR [koʃmaʀ] **n. m.** – 1564 ; *quauquemaire* XVe ◇ mot picard, de *cauche,* impératif de *cauchier* «fouler, presser» et du néerlandais *mare* «fantôme» ■ **1** Rêve pénible dont l'élément dominant est l'angoisse. *«je tombais de rêve en cauchemar, de cauchemar en convulsions nerveuses»* COLETTE. *Faire des cauchemars.* ➤ **cauchemarder. loc. adj.** *De cauchemar :* effrayant. *Une vision de cauchemar.* — Obsession effrayante. ■ **2** Personne ou chose qui importune, obsède, fait peur. ➤ **hantise.** *«Les pronoms relatifs ont été le cauchemar de Flaubert»* THIBAUDET.

CAUCHEMARDER [koʃmaʀde] **v. intr.** ‹1› – 1840 ◇ de *cauchemar* ■ Faire des cauchemars.

CAUCHEMARDESQUE [koʃmaʀdɛsk] **adj.** – 1902 ; *cauchemaresque* 1881 ◇ de *cauchemar* ■ De cauchemar. *Une impression, une vision cauchemardesque. Sommeil cauchemardesque,* plein de cauchemars. — On trouve parfois *cauchemardeux, euse.*

CAUCUS [kokys] **n. m.** – 1887 ◇ mot anglais américain, peut-être de l'algonquin ■ Aux États-Unis et au Canada, Réunion à huis clos (des membres élus d'un parti politique). *Des caucus.* ■ HOM. poss. Coccus.

CAUDAL, ALE, AUX [kodal, o] **adj.** – 1792 ◇ du latin *cauda* «queue» ■ Relatif à la queue ou à la partie terminale, postérieure, du corps d'un animal. *Appendice caudal. La nageoire caudale des poissons, des cétacés.*

CAUDATAIRE [kodatɛʀ] **n. m.** – 1546 ◇ latin ecclésiastique *caudatarius,* du classique *cauda* «queue» ■ **1** Celui qui, dans les cérémonies, porte la queue de la robe (du pape, d'un prélat, d'un roi). ■ **2** FIG. Homme obséquieux et flatteur. ➤ **adulateur.** *Les caudataires du dictateur.*

CAUDÉ, ÉE [kode] **adj.** – 1690 blas. ◇ du latin *cauda* «queue» ■ DIDACT. Pourvu d'une queue. ANAT. *Noyau caudé :* formation du corps strié contribuant à former les parois du ventricule latéral. ■ HOM. poss. Coder.

CAUDILLO [kaodijo] **n. m.** – v. 1940 ◇ mot espagnol «capitaine» ■ Général espagnol ayant pris le pouvoir (titre repris par le général Franco, en 1936). — Dictateur militaire (dans un pays de langue espagnole). *Des caudillos.*

CAUDRETTE [kodʀɛt] **n. f.** – 1769 ◇ picard *cauderette,* de *caudière* «chaudière» ■ PÊCHE Filet à crustacés en forme de poche, monté sur un cercle. ➤ 1 **balance.** *Pêcher le crabe avec une caudrette.*

CAULERPE [kolɛʀp] **n. f.** – 1829 ◇ du latin scientifique *caulerpa* (Lamour, 1809), formé sur le grec *kaulos* «tige» et *herpein* «ramper» ■ Algue verte *(chlorophycées)* originaire des mers tropicales, très envahissante. *La caulerpe prolifère en Méditerranée.*

CAULESCENT, ENTE [kolesɑ̃, ɑ̃t] **adj.** – 1783 ◇ du latin *caulis* «tige» ■ BOT. Pourvu d'une tige apparente. *Plante caulescente.* ■ CONTR. Acaule.

CAULI-, -CAULE ■ Éléments, du latin *caulis* «tige».

CAULINAIRE [kolinɛʀ] **adj.** – 1766 ◇ du latin *caulis* «tige» ■ BIOL., BOT. Situé sur la tige, qui appartient à la tige. *Méristème caulinaire. Apex caulinaire.*

CAURI [kɔʀi] ou **CAURIS** [kɔʀi(s)] **n. m.** – 1731 ; *caury* 1615 ◊ tamoul *kauri* ■ DIDACT. (ou COUR. en Afrique noire) Coquillage du groupe des porcelaines. *Les cauris ont servi de monnaie en Afrique. « mes richesses poudreuses : mes trésors d'ambre gris et de cauris »* SENGHOR. *Divination par les cauris.*

CAUSAL, ALE, ALS ou **AUX** [kozal, o] **adj.** – 1565 ; *cauzal* XIIIe « raison, motif » ◊ latin impérial *causalis* ■ Qui concerne la cause, lui appartient, ou la constitue (➤ **causatif**). *Lien causal. Loi causale. Des enchaînements causals* ou *causaux.* ◆ GRAMM. *Conjonctions causales* (car, parce que...). *Proposition causale*, donnant la raison de ce qui a été dit.

CAUSALGIE [kozalʒi] **n. f.** – 1864 ◊ grec *kausis* « brûlure » et *-algie* ■ MÉD. Vive douleur des extrémités donnant une sensation de brûlure, et en rapport avec des lésions nerveuses.

CAUSALISME [kozalism] **n. m.** – 1864 ◊ de *causal* ■ PHILOS. Théorie de la causalité.

CAUSALITÉ [kozalite] **n. f.** – 1375 ◊ de *causal* ■ Rapport, relation de la cause à l'effet qu'elle produit. *Lien, rapport de causalité. Les causalités naturelles.* ◆ *Principe, loi de causalité* : axiome en vertu duquel tout phénomène a une cause (➤ **déterminisme**).

CAUSANT, ANTE [kozɑ̃, ɑ̃t] **adj.** – 1676 ◊ de 2 *causer* ■ FAM. Qui parle volontiers ; qui aime à causer. ➤ **bavard*, communicatif, loquace.** *Il n'est pas très causant.*

CAUSATIF, IVE [kozatif, iv] **adj.** – XVe ◊ bas latin *causativus* ■ GRAMM. Qui annonce ou indique la cause, la raison. ➤ **causal.** Parce que, vu que *sont des conjonctions causatives. Les suffixes* -iser *et* -fier *sont causatifs.* ◆ *Verbe causatif.* ➤ **factitif.**

CAUSE [koz] **n. f.** – début XIIe au sens de « procès » (II, 1o) ◊ du latin *causa* « raison, motif » et « affaire, procès », qui a également donné *chose*

I CE QUI PRODUIT UN EFFET (CONSIDÉRÉ PAR RAPPORT À CET EFFET) ■ **1** (fin XIIe) Ce par quoi un évènement, une action humaine arrive, se fait. ➤ **origine ; motif, objet, raison,** 3 **sujet.** *« Si les effets matériels de quelques actions sont pareils à diverses époques, les causes qui les ont produites sont différentes »* CHATEAUBRIAND. *Il n'y a pas d'effet sans cause* (cf. Pas de fumée* sans feu). *À petite cause grands effets*.* — *La, une cause de...* : ce qui produit, occasionne (qqch.). *Cause profonde, réelle ; apparente. Chercher, trouver la cause. La cause de sa réussite. Cause de troubles* (➤ **semence, source**), *de guerre* (➤ **casus belli**). *On cherche les causes de l'accident. « La cause de ma gêne, de ma rougeur, elle se nomme timidité »* COLETTE. ◆ (fin XIIe) *Être (la) cause de.* ➤ 1 **causer, occasionner.** *« Approchez, je suis sourd, les ans en sont la cause »* LA FONTAINE. *Vous serez cause, la cause de son bonheur, de sa perte.* — *Être la cause involontaire, innocente, d'un malheur.* ◆ **loc. prép.** (milieu XIVe) **À CAUSE DE** : par l'action, l'influence de. *Tout est arrivé à cause de lui*, par sa faute. *À cause de ça.* PAR EXT. En raison de. *Je lui pardonne, à cause de son âge.* — **POUR CAUSE DE.** *Le magasin est fermé pour cause d'inventaire.* ■ **2** (milieu XIVe) Principe d'où une chose tire son être ; le fait d'un être (➤ 1 **agent, auteur, créateur**) qui modifie un autre être (le détruit ou plus souvent le crée). ➤ **fondement, moteur, origine, principe.** *« La cause* [est] *l'antécédent constant »* GOBLOT. *Cause première*, au-delà de laquelle on ne peut en concevoir d'autre. *Causes secondes. Causes finales* : but pour lequel chaque chose aurait été faite. ➤ **finalité.** *Enchaînement des causes et des effets. Rechercher, reconnaître, attribuer une cause.* ➤ **étiologie.** ■ **3** VX ou LOC. Ce pour quoi on fait qqch. ➤ **but, considération, intention, mobile, motif, occasion,** 2 **prétexte, raison,** 3 **sujet.** *Cause grave, légitime, juste.* — MOD. *Sans cause ; non sans cause. Pour une cause sérieuse. Pour la bonne cause* : pour des motifs honorables. *« votre capitaine de père fait prélever l'eau pour la bonne cause planétaire hygiénique »* Y. QUEFFÉLEC. — **ET POUR CAUSE** : pour une raison évidente (qu'il est donc inutile de donner). *Il n'a pas osé venir, et pour cause !* ■ **4** DR. *Cause d'une convention, d'une obligation* : but en vue duquel une personne s'oblige envers une autre. ➤ **objet ; fondement.** *Cause licite. Cause illicite, immorale.*

II AFFAIRE, INTÉRÊTS À DÉFENDRE ■ **1** (début XIIe) Affaire qui se plaide. ➤ **procès.** *Bonne, mauvaise cause. Cause civile, criminelle. Causes célèbres. Confier une cause à un avocat. Plaider, gagner une cause.* FAM. *Un avocat sans causes*, sans clientèle. — *Plaider la cause de qqn, de qqch.* — LOC. *Pour les besoins* de la cause. Avoir, obtenir gain de cause, avoir cause gagnée* : l'emporter, obtenir ce qu'on voulait. *La cause est entendue, jugée* : les débats sont clos. *En tout état* de cause.* ◆ LOC. **EN CAUSE.** *Être en cause* : être l'objet du débat, de l'affaire. *Les intérêts en cause*, en jeu. *Tu n'es pas en cause*, concerné. — *Mettre en cause* : appeler, citer au débat une personne qui est amenée à se défendre ou à témoigner. ➤ **appeler, citer, invoquer ; accuser, attaquer, suspecter.** *Être mis en cause. Mettre hors de cause.* ➤ **disculper.** — *Remettre en cause un acquis. Se remettre en cause. Remise en cause.* ➤ **question.** — (début XIXe) *En désespoir de cause* : comme dernière ressource, tout autre moyen étant impossible. (1740) *En connaissance de cause* : en connaissant les faits. ■ **2** (milieu XVe) L'ensemble des intérêts à soutenir, à faire prévaloir. ➤ 1 **parti.** *Une cause injuste. La cause du peuple, d'un parti. Défendre, soutenir la cause de qqn. Lutter, se sacrifier pour une noble cause. Une cause perdue.* — *Grande cause nationale* : en France, cause reconnue d'intérêt public et pour laquelle le pays est appelé à se mobiliser. *La lutte contre les violences faites aux femmes, grande cause nationale de l'année 2018.* — LOC. *Prendre fait et cause pour qqn*, prendre son parti, le défendre, le soutenir. *Faire cause commune avec qqn* : mettre en commun ses intérêts.

■ CONTR. Conséquence, effet, produit, résultat.

1 **CAUSER** [koze] **v. tr.** ‹1› – XIIIe ◊ de *cause* ■ Être cause de. ➤ 1 **amener, apporter, attirer, entraîner,** 1 **faire, motiver, occasionner, produire, provoquer, susciter.** *Causer un malheur. Causer un dommage, des dégâts. Causer du scandale. Causer de la peine, du chagrin à qqn* (➤ **contrarier ;** 1 **chagriner**). ■ CONTR. Procéder (de), venir (de).

2 **CAUSER** [koze] **v. intr.** ‹1› – XIIIe, répandu XVe ◊ latin *causari* « faire un procès ; plaider, alléguer » ■ **1** S'entretenir familièrement (avec qqn). ➤ 1 **parler ; bavarder ;** RÉGION. **placoter.** *Nous causons ensemble. Causer avec qqn. Causer longuement.* — *Assez causé* : n'en parlons plus, brisons là. — FAM. *Cause toujours (tu m'intéresses)* : tu peux parler, je ne t'écoute pas. *« Tu causes, tu causes, c'est tout ce que tu sais faire »* QUENEAU. ◆ **v. tr. ind.** *Causer de qqch.*, en parler, en discuter. *Causer de littérature, de peinture. Causer de choses et d'autres.* ELLIPT *Causer chiffons. « un petit café où ils se réunissaient pour causer politique »* FLAUBERT. — POP. *Je te cause !* tu pourrais écouter ! ■ **2** Parler trop, avec indiscrétion (➤ **jaser**), avec malignité (➤ **cancaner**). *On commence à causer, à en causer.* ■ CONTR. Taire (se).

CAUSERIE [kozʀi] **n. f.** – 1545 ◊ de 2 *causer* ■ **1** Entretien familier. ➤ **conversation.** *De longues causeries. Causeries à bâtons rompus.* ■ **2** Discours, conférence sans prétention. *Une causerie littéraire, scientifique. « Causeries du lundi », de Sainte-Beuve.*

CAUSETTE [kozɛt] **n. f.** – 1790 ◊ de 2 *causer* ■ FAM. Petite causerie, entretien familier. *Faire la causette, un brin de causette, une petite causette* : bavarder familièrement (cf. Tailler une bavette*). ➤ **babillage, bavardage.**

CAUSEUR, EUSE [kozœʀ, øz] **adj.** et **n.** – 1534 ◊ de 2 *causer* ■ **1** RARE Qui aime à causer. ➤ **bavard, loquace.** *Il n'est guère causeur.* ➤ **causant.** *« C'était un enfant très causeur et très moqueur »* SAND. ■ **2 n.** Personne qui parle bien ou aime la conversation. *Un aimable, un brillant, un insupportable causeur.* ■ CONTR. Silencieux, taciturne.

CAUSEUSE [kozøz] **n. f.** – 1787 ◊ de 2 *causer* ■ Petit canapé (où deux personnes peuvent s'asseoir pour causer). *« ces causeuses qu'on appelait des dos-à-dos »* BARBEY.

CAUSSE [kos] **n. m.** – 1791 ; mot du Rouergue ◊ bas latin °*calcina*, de *calx* « chaux » ■ Plateau calcaire, dans le centre et le sud de la France. *Causse du Quercy. Les avens des causses.*

CAUSTICITÉ [kostisite] **n. f.** – 1738 ◊ de 1 *caustique* ■ **1** DIDACT. Caractère d'une substance caustique. ➤ **acidité.** *La causticité d'un acide.* ■ **2** FIG. et LITTÉR. Tendance à dire, à écrire des choses caustiques, mordantes. ➤ **aigreur, malignité, mordant.** *« une causticité naturelle qui piquait et ne mordait jamais »* MADELIN. — *Œuvre pleine de causticité.* ■ CONTR. Douceur ; bienveillance.

1 **CAUSTIQUE** [kostik] **adj.** et **n. m.** – 1490 ◊ latin *causticus*, grec *kaustikos* « brûlant » ■ **1** Qui attaque, corrode les tissus animaux et végétaux. ➤ **acide, brûlant, corrodant, corrosif, cuisant.** *Substance caustique. Soude, potasse caustique.* — **n. m.** *Le nitrate d'argent est un caustique.* ■ **2** (1690) FIG. Qui attaque, blesse par la moquerie et la satire. ➤ **acerbe, moqueur, mordant, narquois,** 1 **piquant, satirique.** *« Sénèque le père fut d'une humeur caustique »* DIDEROT. *Moquerie caustique.* ■ CONTR. Bienveillant.

2 **CAUSTIQUE** [kostik] **n. f.** – 1751 ◊ de *courbe caustique*, parce que les rayons lumineux brûlent ■ PHYS. Surface à deux nappes ; enveloppe des rayons d'un faisceau lumineux, qui lui sont tangents.

CAUTÈLE [kotɛl] **n. f.** – v. 1265 ◇ latin *cautela* «défiance» ■ LITTÉR. Prudence rusée. ➤ **défiance, rouerie.** *La cautèle paysanne. «la finesse particulière aux gens qui font leur fortune par la cautèle»* BALZAC. ■ CONTR. Franchise, naïveté.

CAUTELEUX, EUSE [kotlø, øz] **adj.** – *cautileus* fin XIIIe ◇ de *cautèle* ■ Qui agit d'une manière hypocrite et habile. ➤ **hypocrite, sournois.** *«le Bas-Normand, rusé, cauteleux, sournois et chicanier»* MAUPASSANT. — *Air cauteleux, manières cauteleuses.* ➤ 1 **patelin ; mielleux.** ■ CONTR. 2 Franc, 1 naïf.

CAUTÈRE [kotɛʀ ; kotɛʀ] **n. m.** – fin XIIIe ◇ latin *cauterium,* grec *kautêrion,* de *kaiein* «brûler» ■ MÉD. Instrument dont la pointe, chauffée au rouge, sert à brûler les tissus. ➤ **thermocautère ; moxa.** LOC. *Un cautère sur une jambe de bois,* un remède inefficace, un expédient inutile.

CAUTÉRISATION [kɔteʀizasjɔ̃ ; ko-] **n. f.** – 1314 ◇ latin médiéval *cauterisatio,* de *cauterizare* → cautériser ■ Destruction (de tissus) au moyen d'un cautère ou de substances caustiques. *La cautérisation des amygdales* (cf. Pointes* de feu). — *La cautérisation d'une plaie.*

CAUTÉRISER [kɔteʀize ; ko-] **v. tr.** ‹1› – 1314 ◇ latin *cauterizare,* du grec *kautêriazein* → cautère ■ Brûler avec un cautère (➤ **cautérisation**). *Cautériser une plaie.*

CAUTION [kosjɔ̃] **n. f.** – *caucion* v. 1260 ◇ latin *cautio* «précaution», de *cavere* «prendre garde» ■ **1** Garantie d'un engagement pris pour soi-même ou pour un autre. ➤ **cautionnement ; assurance, gage, sûreté.** *Verser une caution,* de l'argent pour servir de garantie (dépôt de garantie). *Chèque de caution. Rembourser la caution. Caution bancaire.* — *Mettre en liberté sous caution,* à condition qu'une caution soit versée. ◆ LITTÉR. Assurance, garantie. *Caution morale.* ■ **2 loc. adj.** (1564) **SUJET À CAUTION :** sur quoi l'on ne peut compter. ➤ **douteux, suspect.** *Nouvelle sujette à caution.* ■ **3** PAR EXT. (1535) LITTÉR. Personne qui fournit une garantie, un témoignage. ➤ **garant, témoin.** *Vous serez ma caution.* — DR. Personne qui s'engage à garantir l'exécution d'une obligation souscrite par une autre personne en cas de défaillance de celle-ci. ➤ **fidéjusseur.** *Se porter caution pour qqn.* ➤ **cautionner.**

CAUTIONNEMENT [kosjɔnmɑ̃] **n. m.** – 1535 ◇ de *cautionner* ■ **1** DR. Contrat par lequel la caution (3°) s'engage envers le créancier. Acte qui constate l'existence de ce contrat. *Signer un cautionnement.* ■ **2** Dépôt destiné à servir de garantie à des créances éventuelles. *Déposer une somme en cautionnement.* ➤ **gage, garantie.** *Cautionnement versé pour un objet prêté.* ➤ **consigne.** — (1971) DR. CONSTIT. *Cautionnement électoral :* somme d'argent à déposer par les candidats avant l'élection. ■ **3** Fait de cautionner (2°).

CAUTIONNER [kosjɔne] **v. tr.** ‹1› – 1360 ◇ de *caution* ■ **1** DR. Se rendre caution pour (qqn). *Cautionner un ami.* ■ **2** PAR EXT. Se porter garant de (une idée, une action) en l'approuvant. *Il ne veut pas cautionner cette politique.*

1 **CAVAILLON** [kavajɔ̃] **n. m.** – 1922 ◇ provençal *cavalhon,* latin *caballio* ■ Bande de terre entre les pieds de vigne, que la charrue ne peut labourer.

2 **CAVAILLON** [kavajɔ̃] **n. m.** – 1866 ◇ de *Cavaillon,* n. d'une localité du Vaucluse ■ Melon à chair jaune, très parfumé, couramment consommé en France.

CAVALCADE [kavalkad] **n. f.** – 1349 ◇ italien *cavalcata,* de *cavalcare* «chevaucher» ■ **1** VX Marche, promenade à cheval. MOD. Chevauchée animée. *«l'ultime cavalcade d'un western»* BAZIN. ◆ FAM. Agitation. ➤ **bousculade.** *C'est tous les matins la même cavalcade.* ■ **2** (1694) Défilé de cavaliers, de chars. *Cavalcade de mi-carême.*

CAVALCADER [kavalkade] **v. intr.** ‹1› – 1824 ◇ de *cavalcade* ■ **1** VX Chevaucher en groupe. ■ **2** MOD. Courir en troupe bruyante et désordonnée. *Les enfants cavalcadaient dans toute la maison.* ➤ FAM. **cavaler.**

CAVALCADOUR [kavalkaduʀ] **adj. m.** – 1549 ◇ p.-ê. de l'ancien provençal *cavalgador* «cavalier» ■ ANCIENNT *Écuyer cavalcadour,* qui avait la surveillance des chevaux et des écuries du roi, des princes.

1 **CAVALE** [kaval] **n. f.** – 1552 ◇ probablt de l'italien *cavalla,* du latin *caballa* ■ POÉT. Jument de race. *Une fière cavale. «C'était* [la France] *une cavale indomptable et rebelle Sans frein d'acier ni rênes d'or»* A. BARBIER.

2 **CAVALE** [kaval] **n. f.** – 1829 ◇ de *cavaler* ■ FAM. Fuite après évasion (cf. La belle) ou pour ne pas être arrêté. *Une cavale de trois mois. Être en cavale,* en fuite.

CAVALER [kavale] **v.** ‹1› – 1575 v. tr. «poursuivre» ; «chevaucher» début XVIIe ; repris XIXe ◇ de 1 *cavale* ■ **1 v. intr.** FAM. Courir, fuir, filer. *Les cognes «ont manqué me pincer. Je les ai vus. J'ai cavalé, cavalé, cavalé !»* HUGO. *Cavaler après qqn,* lui courir après. PRONOM. POP. *Se cavaler :* s'enfuir. — Se déplacer beaucoup, sans relâche (➤ **cavalcade**). *Il a fallu cavaler pour obtenir ce papier.* ◆ Rechercher les aventures érotiques (➤ **cavaleur**). ■ **2 v. tr.** POP. Ennuyer*. ➤ **courir.** *Tu commences à nous cavaler !*

CAVALERIE [kavalʀi] **n. f.** – 1308 ◇ italien *cavalleria,* de *cavallo* «cheval» ■ **1** Ensemble de troupes à cheval, d'unités de cavaliers*. *Division de cavalerie grecque.* ➤ **hipparchie.** *Charge de cavalerie. Cavalerie légère* (chasseurs, hussards, spahis). *Grosse cavalerie* (cuirassiers). FIG. *C'est de la grosse cavalerie,* du tout-venant (dans une vente, un inventaire). *Trompette, sabre de cavalerie.* ■ **2** L'un des corps de l'armée comprenant, à l'origine, des troupes à cheval. *La cavalerie moderne est motorisée.* ➤ **blindé,** 1 **char.** *Division, brigade, régiment, escadron, peloton de cavalerie. Officier de cavalerie.* ■ **3** (1866) Ensemble de chevaux. ➤ **écurie.** *La cavalerie d'un cirque.* ■ **4** LOC. VIEILLI (de monnaies à l'effigie de saint Georges à cheval) *La cavalerie de Saint-Georges :* l'argent anglais. ◆ (1935) *Traites de cavalerie,* de complaisance*. *Ce monde «de spécialistes de chèques de cavalerie»* DRUON.

CAVALEUR, EUSE [kavalœʀ, øz] **n. et adj.** – 1901 ◇ de *cavaler* ■ FAM. Personne qui cavale, cherche les aventures érotiques. *Une réputation de cavaleuse. «les charmeurs cyniques, les cavaleurs»* Y. NAVARRE. — **adj.** *Il est un peu cavaleur.* ➤ **coureur.**

CAVALIER, IÈRE [kavalje, jɛʀ] **n. et adj.** – v. 1470, d'abord «chevalier» ◇ italien *cavaliere,* de *cavallo* «cheval» → chevalier

I ~ n. et adj. EN RAPPORT AVEC LE CHEVAL A. PERSONNE ■ **1** (1611) Personne qui est à cheval ou sait monter à cheval. *Un bon cavalier. Cavalier participant à un concours hippique. Cavalier de cirque.* ➤ **écuyer.** *Cavalier qui monte en course.* ➤ **jockey.** *Cavalier dans une course de taureaux.* ➤ **picador.** *Une cavalière.* ➤ aussi **amazone.** *«j'en ai admiré, au bois de Boulogne, de ces cavalières vêtues de noir, portant un petit chapeau haut de forme, la cravache à la main»* H. CALET. — *Les quatre cavaliers de l'Apocalypse.* — **adj.** (1923) *Piste, allée cavalière,* réservée aux cavaliers (dans un parc, une forêt). *Bottes cavalières,* hautes et sans talon. ■ **2 n. m.** Soldat à cheval ou appartenant à la cavalerie. *Fantassins et cavaliers. Cavaliers d'anciennes unités.* ➤ **carabinier, éclaireur, gendarme, hussard, lancier, mousquetaire, uhlan.** *Cavaliers russes* (➤ **cosaque**), *égyptiens* (➤ **mamelouk**), *turcs* (➤ **bachibouzouk**). *Cavalier placé en sentinelle.* ➤ **vedette.** — MOD. Militaire servant dans la cavalerie (2°). ➤ **chasseur, cuirassier, dragon, spahi.** ■ **3 adj.** (v. 1620) VIEILLI Propre au cavalier. ◆ MOD. PÉJ. Qui manque de considération. ➤ **brusque, hardi, insolent.** *«fumant sa cigarette avec un retroussement cavalier des lèvres»* ZOLA. *Procédé cavalier, réponse cavalière.* ➤ **impertinent.** *Plaisanterie un peu cavalière.* ➤ **inconvenant, leste.** *Il s'est montré plutôt cavalier avec vous.*

B. ÉLÉMENT D'UN JEU ■ **1** (1752) Pièce du jeu d'échecs représentant une tête de cheval et qui progresse obliquement. ■ **2** Carte du jeu de tarot, entre la dame et le valet.

II ~ n. PERSONNE QUI ACCOMPAGNE, REND SERVICE ■ **1 n. m.** (avant 1578) VX Homme d'épée. — Titre de politesse, au XVIIe s. ➤ **chevalier, seigneur.** ■ **2** (v. 1600) L'homme qui accompagne une dame. *Elle donnait le bras à son cavalier. Elles n'ont pas de cavalier pour danser.* ➤ **danseur.** — **n. f.** *La cavalière d'un danseur,* sa partenaire. *Changez de cavalière !* — (1813) DANSE *Cavalier seul :* figure de quadrille où l'homme danse seul ; le pas qu'il exécute. LOC. FIG. *Faire cavalier seul :* agir seul, en isolé ; se mettre à l'écart.

III ~ n. m. OBJET ■ **1** (1546) ANCIENNT Ouvrage de fortification dominant les retranchements, à l'arrière. ◆ **adj.** MOD. *Perspective* cavalière. Plan cavalier,* selon cette perspective. *«ces vues cavalières de batailles qui peuplent partout les salons»* GRACQ. ■ **2** (1832) Papier de format 0,46 × 0,62 m (marqué à l'origine d'un cavalier). ■ **3** (1890) Clou, pièce métallique en forme d'U. ➤ **crampillon.** — Pièce métallique courbe servant au classement des fiches, des dossiers. ■ **4** Engin de manutention qui enjambe et soulève la charge. ■ CONTR. Piéton. Fantassin. — Emprunté ; respectueux, sérieux.

CAVALIÈREMENT [kavaljɛʀmɑ̃] **adv.** – 1613 ◇ de *cavalier* (II, 3°) ■ D'une manière cavalière, dégagée et un peu insolente. *Il l'a traité cavalièrement. Il parle, il répond trop cavalièrement.* ■ CONTR. Sérieusement ; respectueusement.

CAVATINE [kavatin] **n. f.** – 1767 ◇ italien *cavatina,* de *cavata* «action de tirer un son», de *cavare* «creuser» ■ MUS. ■ **1** Pièce vocale assez courte, plus brève que l'air, dans un opéra. *La cavatine de Don Juan, de Mozart.* ■ **2** Pièce instrumentale très mélodique, sans développement. *La cavatine du 13e quatuor de Beethoven.*

1 **CAVE** [kav] **n. f.** – v. 1170 «trou, caverne» ◊ latin *cava*, n. f., de *cavus* «creux» ■ **1** (v. 1250) Local souterrain, ordinairement situé sous une habitation. *Cave voûtée. Cave fraîche, sombre. Cave à provisions, à bois, à charbon.* «*J'étais dans une sorte de cave, éclairée par un petit soupirail*» BOSCO. LOC. *De la cave au grenier* : de bas en haut, entièrement. ■ **2** SPÉCIALT Cellier aménagé dans une cave. *Avoir du vin en cave.* «*il y a dans toute cave des promesses de bonheurs enfouis*» TOURNIER. *Cave viticole.* ➤ **chai.** — *Cave à fromages.* — LOC. FIG. **RAT DE CAVE :** commis des contributions, qui contrôlait les boissons dans les caves ; longue bougie fine. ◆ (1669) **CAVE À LIQUEURS :** boîte, caisse à compartiments où l'on met des vins, des liqueurs. — **CAVE À VINS :** armoire électrique à température et humidité régulées pour la conservation des vins en appartement. ➤ RÉGION. **cellier.** ◆ Meuble conçu pour la conservation de certains produits. *Cave à cigares.* ■ **3** Cave servant de cabaret, de dancing. ➤ **caveau.** *Les caves de Saint-Germain-des-Prés* (à Paris). ■ **4** (1851) Les vins conservés dans une cave. *Une bonne cave, une cave bien montée. La cave d'un restaurant, d'un hôtel. S'occuper de la cave* (➤ **caviste**).

2 **CAVE** [kav] **adj.** – v. 1170 ◊ latin *cavus* «creux» ■ **1** LITTÉR. Qui présente une cavité, un renfoncement. ➤ **creux.** «*Tout à coup, il releva la tête, son œil cave parut plein de lumière*» HUGO. ■ **2** (XVIe) *Veines caves,* amenant le sang veineux à l'oreillette droite du cœur. *Veine cave supérieure,* à laquelle aboutissent toutes les veines de la moitié supérieure du corps. *Veine cave inférieure* (ou *ascendante*), à laquelle aboutissent les veines de l'abdomen, du bassin et des membres inférieurs.

3 **CAVE** [kav] **n. f. et m.** – 1690 ◊ de 2 *caver*

I **n. f.** Le fonds d'argent que chaque joueur met devant soi (par ex. au poker). ➤ **enjeu, mise.**

II **n. m.** (v. 1882 ◊ de *cavé* [1835], de 2 *caver*) ARG. Celui qui n'est pas du milieu* et peut être trompé, volé. — **adj.** (opposé à *affranchi*). *Ils sont vraiment trop caves !*

CAVEAU [kavo] **n. m.** – XIIIe ◊ de 1 *cave* ■ **1** Petite cave. ■ **2** (XVIIIe) Cabaret, café littéraire. — MOD. Cabaret, théâtre de chansonniers. *Les caveaux de Montmartre.* ■ **3** (1680) Construction souterraine pratiquée sous une église, dans un cimetière, et servant de sépulture. ➤ **tombeau.** *Caveau de famille. Les niches funéraires d'un caveau.* ➤ **enfeu.**

CAVEÇON [kav(ə)sɔ̃] **n. m.** – 1580 ◊ italien *cavezzone*, de *cavezza* «bride», latin populaire °*capitia* «ce qu'on met autour de la tête» ■ Demi-cercle de métal enserrant les naseaux d'un cheval qu'on veut dompter. *Pièces du caveçon.* ➤ **sous-gorge, têtière.** *Dresser, dompter un cheval à coups de caveçon.* — LOC. FIG. *Coup de caveçon* : punition.

CAVÉE [kave] **n. f.** – 1642 ; en picard 1150 ◊ de *caver* «creuser, miner», latin *cavare* ■ RÉGION. Chemin creux.

1 **CAVER** [kave] **v. tr.** ⟨1⟩ – avant 1150 ◊ latin *cavare*, de *cava* ■ VX ou RÉGION. Creuser, miner. INTRANS. *La truie* «*donne du groin en avant et elle cave*» COLETTE. — **v. pron. SE CAVER :** devenir creux. *Ses yeux se sont cavés.*

2 **CAVER** [kave] **v. intr.** ⟨1⟩ – 1642 ◊ italien *cavare* «creuser» puis «tirer de sa poche» ■ Miser une somme d'argent (➤ 3 **cave**) à certains jeux (poker). — TRANS. *Caver cent euros.* PRONOM. *Se caver de cent euros.*

CAVERNE [kavɛʀn] **n. f.** – 1120 ◊ latin *caverna*, de *cavus* «creux» ■ **1** Cavité naturelle creusée dans la roche. ➤ **grotte.** *L'étude, l'exploration des cavernes.* ➤ **spéléologie.** *Cavernes du relief karstique. Habitant des cavernes.* ➤ **cavernicole, troglodyte.** *Caverne de brigands* (leur servant d'abri, de repaire). *La caverne d'Ali Baba* ; FIG. accumulation hétéroclite. — *L'âge des cavernes* : la préhistoire. *L'homme des cavernes* (➤ **abri-sous-roche**). ■ **2** (1546) Cavité apparaissant dans un organe parenchymateux (surtout le poumon) après élimination des tissus nécrosés, en général d'origine tuberculeuse.

CAVERNEUX, EUSE [kavɛʀnø, øz] **adj.** – XIIIe ◊ latin *cavernosus*, de *cavus* «creux» ■ **1** VX Où il y a des cavernes, des trous. «*Tronc caverneux*» LA FONTAINE. ◆ ANAT. *Tissu caverneux*, qui contient des capillaires dilatés, susceptibles de gonfler fortement. ➤ **érectile.** *Corps caverneux du clitoris, de la verge.* ◆ PATHOL. Relatif aux cavernes (2°) (➤ **cavitaire**). *Râles caverneux.* ■ **2** (1845) COUR. Qui semble venir des profondeurs d'une caverne. *Voix caverneuse.* ➤ **grave, profond, sépulcral.** ■ CONTR. Plein.

CAVERNICOLE [kavɛʀnikɔl] **adj.** – 1874 ◊ du latin *caverna* «caverne» et *-cole* ■ DIDACT. Qui habite les cavernes, les lieux obscurs. *Reptiles, poissons, insectes cavernicoles.* — **n. m.** *Un cavernicole.*

CAVET [kavɛ] **n. m.** – 1545 ◊ italien *cavetto*, de *cavo* «creux» ■ ARCHIT. Moulure concave dont le profil est d'un quart de cercle.

CAVIAR [kavjaʀ] **n. m.** – 1553 ; *cavyaire* 1432 ◊ italien *caviale*, turc *havyar* ■ **1** Œufs d'esturgeon préparés, salés, constituant un hors-d'œuvre estimé et très coûteux (variétés : sévruga, osciètre, bélouga). «*Du caviar, du caviar ! Et pas du pressé, pas du noir, nom d'un chien ! Du frais, du gris, du tout droit de chez Staline !*» A. COHEN. *Caviar russe, iranien. Caviar malossol.* ABUSIVEMENT Œufs de saumon *(caviar rouge).* ◆ (Symbole du luxe). IRON. (APPOS.) *La gauche caviar.* ■ **2** FIG. *Passer au caviar* : noircir à l'encre (procédé appliqué par la censure russe, sous Nicolas Ier). ➤ **caviarder.** ■ **3** *Caviar d'aubergine**. ■ **4** SPORT (sports de ballon) Passe idéale pour marquer. *Recevoir, servir un caviar.*

CAVIARDER [kavjaʀde] **v. tr.** ⟨1⟩ – 1907 ◊ de *caviar* ■ Biffer à l'encre noire. Supprimer (un passage censuré) dans une publication, un manuscrit. ➤ **censurer** (cf. Passer au caviar*). — **n. m. CAVIARDAGE.**

CAVICORNE [kavikɔʀn] **adj.** – 1839 ◊ latin *cavus* «creux» et *cornu* «corne» ■ ZOOL. Qui a des cornes creuses. *Les bovidés sont cavicornes.* — **n. m.** *Un cavicorne.*

CAVISTE [kavist] **n.** – avant 1790 ◊ de 1 *cave* ■ **1** Personne chargée des soins de la cave, des vins. *Le sommelier et le caviste d'un restaurant.* ◆ Personne qui fait le commerce de détail des vins et spiritueux. ■ **2** Ouvrier qui colle, filtre, soutire les vins. *Le maître de chai et les cavistes.*

CAVITAIRE [kavitɛʀ] **adj.** – 1838 ◊ de *cavité* ■ MÉD. Qui se rapporte à une caverne pulmonaire. *Lésion cavitaire. Signes cavitaires,* qui révèlent l'existence d'une caverne.

CAVITATION [kavitasjɔ̃] **n. f.** – 1902 ◊ du latin *cavitas, atis* → cavité ■ PHYS. Formation de cavités gazeuses dans un liquide soumis à des ondes ultrasonores. «*les ingénieurs soviétiques, puis russes ont développé un système de cavitation qui crée une bulle d'air devant l'engin* [une torpille]» M. DUGAIN.

CAVITÉ [kavite] **n. f.** – *caveté* XIIIe ◊ bas latin *cavitas*, de *cavus* «creux» ■ Espace vide à l'intérieur d'un corps solide. ➤ **anfractuosité, creux, enfonçure, excavation, trou, vide.** *Agrandir, combler, boucher une cavité. Les cavités d'un gâteau de cire.* ➤ **alvéole.** *Cavités naturelles du sol et du sous-sol.* ➤ **gouffre, précipice ; aven, bétoire, caverne, doline, galerie, grotte, poljé.** — ANAT. Partie creuse (d'une région, d'un organe, d'une structure). ➤ **atrium ; vacuole.** *Cavité buccale* : la bouche. *Cavités du cœur.* ➤ **oreillette, ventricule.** *Les cavités du nez* (➤ **narine**), *des yeux* (➤ **orbite**). *Cavité cotyloïde* (os iliaque), *glénoïde* (de l'os temporal, de l'omoplate), *mastoïdienne* (os temporal). *Cavité crânienne* (➤ **boîte**), *thoracique* (➤ **cage**), *abdominale. Cavités entourées d'une membrane.* ➤ **capsule,** 1 **sac.** ◆ PATHOL. Excavation formée dans un tissu ou un organe à la suite d'un processus pathologique. *Cavité dans une dent.* ➤ **carie.** *Cavité d'un abcès, d'une tumeur.* ➤ 1 **poche.** *Cavité pulmonaire.* ➤ **caverne.** ◆ PHYS. *Cavités dans un liquide* (➤ **cavitation**).

CAVURNE [kavyʀn] **n. f.** – 1997 ◊ mot-valise, de *cav(eau)* et *urne* ■ Petite tombe destinée à recevoir les cendres d'un défunt. — REM. Se rencontre parfois au masculin. «*la boîte de cendres est posée dans un cavurne recouvert lui-même d'une dalle de ciment*» M. ROSTAIN.

CAYEU ➤ **CAÏEU**

CAYON [kajɔ̃] **n. m.** – 1388 ◊ emprunté à l'ancien franco-provençal ; d'origine incertaine ■ RÉGION. (Sud-Est ; Suisse) FAM. Porc élevé pour l'alimentation ; cochon. «*Tête de cochon ! Espèce de cayon ! Porc ! Goret !*» CHESSEX. ◆ Viande de cet animal.

1 **CB** [sibi] **n. f.** – v. 1975 ◊ sigle anglais, de *Citizens' Band* «fréquence réservée au public» ■ ANGLIC. Bande de fréquences (radio) mise à la disposition du public (notamment des automobilistes) pour exploiter diverses radiocommunications (➤ **cébiste, cibiste**). — **Recomm. offic.** *canal banalisé, bande de fréquences banalisée* (ou *publique*).

2 **CB** [sebe] **n. f.** – sigle ■ (FAM. à l'oral) Carte bancaire ; carte bleue. — On écrit aussi *cébé* (fam.). «*je me la jouais bourgeoise difficile qui a la cébé de son mec*» GAVALDA. *Des cébés.*

C. C. P. [sesepe] **n. m.** – sigle ■ Compte chèques postal.

CD ➤ **DISQUE** (II, 2°)

C. D. D. Sigle de *contrat à durée* déterminée.*

C. D. I. Sigle de *contrat à durée* indéterminée.*

C. D.-I. [sedei] **n. m. inv.** – 1988 ◊ nom déposé ; sigle de *Compact Disc Interactive* ■ ANGLIC. Disque optique interactif où sont stockés des images et des sons, consultable sur un poste de télévision. Recomm. offic. *cédérom interactif.*

CD-ROM ou **CÉDÉROM** [sedeʀɔm] **n. m. inv.** – 1985 ◊ sigle de *Compact Disc Read Only Memory* ■ ANGLIC. Disque* optique numérique à lecture seule (non inscriptible) où sont stockées et consultables des données (texte, son, image). *Banque de données, dictionnaire sur CD-ROM.* **Recomm. offic. *cédérom.*** *Des cédéroms.* — *Cédérom interactif* : **recomm. offic.** pour *C. D.-I.*

1 **CE** [sə], **CETTE** [sɛt], **CES** [se] **adj. dém.** – *cest, ceste* 842 ◊ latin populaire *ecce istum,* de *iste* «celui-ci» REM. Au masculin, *cet* devant une voyelle ou un *h* muet : *cet amour, cet homme.* ■ Devant un nom, pour montrer (cf. Déictique) la chose ou la personne désignée dans la réalité, dans la pensée ou par ce qu'on vient de dire (cf. Anaphore). *Regardez cet arbre. Cette femme vécut au XVIe siècle. Ces remarques sont justes.* — SPÉCIALT *Ce jour, ce soir, cet après-midi* : le jour, etc., où l'on est, aujourd'hui. — **(Avec une détermination, en concurrence avec *le, un*).** ➤ **1 le, un.** *« Dans ce moment où les autres meurent, il commence à vivre »* LA BRUYÈRE (cf. Au moment). — FAM. Dans une exclamation marquant la surprise, l'indignation. ➤ **quel.** *Il veut que je vienne, cette idée !* — **Renforcé par les particules adverbiales *-ci* et *-là,* après le nom.** *Ce livre-ci. Cet homme-là. Ce jour-là. Ces jours-ci.* ■ HOM. Se ; sept, set ; 1 C, ses (1 son).

2 **CE** [sə] **pron. dém.** – fin IXe ◊ du latin populaire *ecce hoc* REM. *Ce* se réduit à *c'* devant *en* et les formes du verbe *être* commençant par une voyelle et à *ç'* devant *a.*
Sert à désigner la chose que la personne qui parle montre ou a dans l'esprit.

I EMPLOYÉ AVEC LE V. *ÊTRE* C'EST..., CE DOIT ÊTRE... ■ **1 C'EST, CE DOIT (PEUT) ÊTRE,** met en valeur un membre de phrase. *C'était le bon temps. Ce doit être, ce devait être lui. Ce ne peut être cela. C'est un brave homme ; ç'a été un brave homme ; ce sont de braves gens. Ce sont, c'étaient eux* (mais *c'est vous, c'est nous*). *C'est mon ami et son frère. C'est beau. C'était bien. Ce sera mieux ainsi. Ç'allait être dur.* — FAM. **(sans accord)** *« C'était des mensonges, c'était pour pas qu'on insiste »* CÉLINE. — LOC. **(où être reste au sing.)** *Si* ce n'est ; fût-ce.* ■ **2 Ce dans une phrase interrogative.** *Est-ce vous ? Qui était-ce ?* — **Redoublement de CE.** *Qu'est-ce que c'est ?* — **Redoublé dans une propos. subordonnée.** *Je sais ce que c'est que ce livre.* ■ **3 C'EST... QUI ; C'EST... QUE,** sert à détacher en tête un élément de pensée. *C'est vous qui le dites ! C'est une bonne idée que tu as eue.* ◆ **C'EST QUE (exprime la cause).** *S'il est malade, c'est qu'il a trop travaillé.* — (Exprime l'effet). *Puisque vous m'avez appelé, c'est donc que vous voulez me parler. — Ce n'est pas qu'il vous en veuille, mais...* : il ne vous en veut pas, mais... ■ **4 C'EST... DE (et l'inf.)** *C'est une folie de rouler à cette vitesse. C'est gentil d'être venu.* — **C'EST À... DE...** *C'est à lui de jouer. — C'est à mourir de rire. C'est à voir.*

II CE QUE, QUI, DONT... ; CE À QUOI, POUR QUOI ■ **1** (début XIIIe) *Ce que tu dis est faux. Regarde ce qu'il fait. « Ce que l'on conçoit bien s'énonce clairement »* BOILEAU. *Il « déclara que la peur de gagner était à la peur de perdre ce que la peur de vivre est à la peur de mourir »* P. BESSON. *Ce dont on parle. Ce à quoi tu penses. C'est ce pour quoi on l'emploie. — Elle a tout ce qu'elle désire, tout ce qui lui fait plaisir.* ■ **2** FAM. *Ce que* : combien, à quel point. ➤ **comme.** *Ce que c'est beau ! Ce que t'es bête ! Ce que c'est que de vieillir !*

III DANS DES LOCUTIONS ■ **1** (milieu XVe) CE, **objet direct (sans *que, qui...*).** *Ce me semble* : il me semble. — REM. Dans cet emploi, *ce* est aujourd'hui senti comme sujet. ■ **2** Cela. *Ce disant, ce faisant* : en disant, en faisant cela. (1540) *Pour ce faire. Les tarifs seront augmentés, et ce, dès la semaine prochaine. Sur ce* : là-dessus. *Sur ce, il est parti.*

CÉANS [seɑ̃] **adv.** – *çaenz* 1140 ◊ de *çà* et ancien français *enz* «dedans», du latin *intus* «à l'intérieur» ■ VX Ici dedans. ➤ **ici.** MOD. *Le maître de céans* : le maître du logis, des lieux. ■ HOM. Séant.

CÉBÉ ➤ 2 **CB**

CÉBETTE [sebɛt] **n. f.** – 1793 ◊ diminutif de *cèbe,* mot régional, «oignon», du latin *caepa,* qui a aussi donné *cive* ■ RÉGION. **(Provence, Languedoc)** Oignon frais. *Du vert de cébette.*

CÉBISTE [sebist] **n.** – 1982 ◊ de 1 *CB* ■ **Recomm. offic. pour *cibiste*.** ➤ **radioamateur.**

CECI [səsi] **pron. dém.** – fin XIIe ◊ de 2 *ce* et 1 *ci* ■ Désigne la chose la plus proche **(opposé à *cela*)** ; ce qui va suivre ou simplement une chose opposée à une autre. *Retenez bien ceci. Ceci dit. Ceci mis à part. À ceci près que...* FAM. *Ceci, cela* : tantôt une chose, tantôt une autre.

CÉCIDIE [sesidi] **n. f.** – 1904 ◊ grec *kêkis, idos* «noix de galle» ■ BOT. Excroissance hypertrophique produite chez un végétal par un parasite.

CÉCITÉ [sesite] **n. f.** – 1220 ◊ latin *cæcitas,* de *cæcus* «aveugle» ■ **1** État d'une personne privée de la vue. ➤ **amaurose, amblyopie.** *Être frappé, atteint de cécité.* ➤ **aveugle** (cf. Non voyant). — MÉD. *Cécité corticale,* due à une lésion des lobes occipitaux sans altération de l'œil. ■ **2** PAR EXT. *« La cécité psychique, ou impuissance à reconnaître les objets aperçus »* BERGSON. — *Cécité verbale* : incapacité de reconnaître le sens des mots écrits ou imprimés. ➤ **aphasie ; alexie.** ■ **3** FIG. Aveuglement. *Cécité à, pour qqch. « la cécité pour le mal »* GIDE. ■ CONTR. Clairvoyance.

CÉDANT, ANTE [sedɑ̃, ɑ̃t] **n.** – 1672 ◊ de *céder* ■ DR. Personne qui cède un droit. ■ CONTR. Cessionnaire.

CÉDER [sede] **v.** ⟨6⟩ – 1377 ◊ latin *cedere* «s'en aller»
I v. tr. ■ **1** Abandonner, laisser à qqn. ➤ **concéder, donner, livrer, passer,** FAM. **refiler, transmettre.** *Céder sa place, son tour à qqn. Céder un objet auquel on tient.* — LOC. *Céder du terrain* : reculer, battre en retraite ; FIG. faire des concessions, un compromis. *Céder le pas*.* ■ **2** DR. Transporter la propriété de (qqch.) à une autre personne. ➤ **concéder,** se **dessaisir, livrer, rétrocéder, transférer, vendre.** *Céder un magasin, un fonds, un bail, une créance* (➤ **cession**). *Un bien qu'on ne peut céder.* ➤ **incessible.** *Celui qui cède* (➤ **cédant**), *à qui on cède* (➤ **cessionnaire**) *qqch.* ■ **3** FIG. VIEILLI *Le céder à qqn* : être inférieur à lui, se reconnaître au dessous de lui. MOD. *Il ne lui cède en rien* : il est son égal.
II v. tr. ind. et intr. (XVIe) ■ **1 CÉDER À :** ne plus résister, se conformer à la volonté de (qqn). ➤ **acquiescer, consentir, déférer, obéir,** se **résigner,** se **soumettre.** *Céder à qqn, à ses prières, à ses menaces. Sa mère lui cède en tout,* passe tous ses caprices. — Se laisser aller. ➤ **écouter, succomber.** *Céder au sommeil. Céder à la tentation, à une impulsion.* ■ **2** ABSOLT ➤ **capituler, faiblir, fléchir, mollir, plier, reculer,** se **rendre, renoncer ;** RÉGION. **baster** (cf. Lâcher pied). *Céder par faiblesse, par lassitude. Il finira bien par céder. « Je refuse tout nouveau combat. Je cède, vous comprenez, je renonce. Je fais la paix »* DUHAMEL. — *Céder devant les menaces, l'insistance. Nous ne céderons pas sur ce point.* ■ **3** (1798) **(CHOSES)** Ne plus résister à la pression, à la force. ➤ **s'abaisser, s'affaisser,** se **courber, s'écrouler, s'enfoncer, rompre.** *La digue, la corde a cédé. Une branche qui cède sous le poids des fruits. Fléchir, plier sans céder.* ■ **4** **(ABSTRAIT)** Disparaître, cesser. ➤ 1 **tomber.** *« Cette irritation céda bientôt pour faire place à un frémissement mystérieux »* BARRÈS.
■ CONTR. Conserver, garder. — Résister. Entêter (s'), obstiner (s'), opposer (s'), 1 repousser, révolter (se), tenir (bon).

CÉDÉROM ➤ **CD-ROM**

CÉDÉTISTE [sedetist] **adj. et n.** – 1973 ◊ de *C. (F.) D. T.* ■ Qui concerne la Confédération française démocratique du travail (C. F. D. T.). — **n.** *Un, une cédétiste.*

CEDEX ou **CÉDEX** [sedɛks] **n. m.** – 1966 ◊ acronyme de *Courrier d'Entreprise à Distribution Exceptionnelle* ■ Système de distribution qui permet aux entreprises d'avoir leur courrier tôt le matin, à charge pour elles de le faire prendre au bureau de poste. *Numéro de cedex.*

CÉDILLE [sedij] **n. f.** – 1654 ; *cerille* 1606 ◊ espagnol *cedilla* «petit z» ■ Petit signe en forme de *c* retourné, que l'on place sous la lettre *c* suivie des voyelles *a, o, u,* pour indiquer qu'elle doit être prononcée [s] (*façade* [fasad]). *« ç » est épelé « c cédille ».*

CÉDRAIE [sedʀɛ] **n. f.** – début XXe ◊ de *cèdre* ■ DIDACT. Forêt de cèdres. *Les cédraies du Ventoux, du Luberon.*

CÉDRAT [sedʀa] **n. m.** – 1556 *cedra* ◊ italien *cedrato* d'abord n. de l'arbre, de *cedro* n. du fruit, du latin *citrus* → 1 citron ■ Fruit du cédratier, plus gros que le citron. *Confiture de cédrats. Cédrat confit.* — VX Cédratier.

CÉDRATIER [sedʀatje] **n. m.** – 1823 ◊ de *cédrat,* qu'il évince au sens «arbre» ■ Citronnier sauvage *(rutacées),* originaire d'Asie, bien acclimaté en Corse, aux fruits gros et verts.

CÈDRE [sɛdʀ] **n. m.** – début XIIe ◊ latin *cedrus,* grec *kedros* ■ Grand conifère *(abiétacées)* d'origine méditerranéenne, à cime conique et à branches peu inclinées. *Cèdre bleu. Cèdre du Liban, de l'Atlas, de l'Himalaya* (➤ **cédraie**). *Bois de cèdre.* ◆ Conifère d'Amérique du Nord, appelé aussi *thuya d'Occident.* ➤ **thuya.** *Une haie de cèdres.* — Son bois. *Meubles en cèdre blanc.*

CÉDRIÈRE [sedʀijɛʀ] **n. f.** – 1676 ◊ mot canadien, de *cèdre* ■ **(Canada)** Terrain planté de cèdres blancs ou thuyas.

CÉDULAIRE [sedylɛʀ] **adj.** – 1795 ◊ de *cédule* ▪ Relatif aux cédules. *Impôt cédulaire,* qui atteignait une catégorie de revenus, dite *cédule* (supprimé en 1948).

CÉDULE [sedyl] **n. f.** – *sedule* 1180 ◊ bas latin *schedula* «feuillet», de *scheda* «bande de papyrus» ▪ **1** VX Reconnaissance d'un engagement. ▪ **2** FISC. Feuillet de déclaration de revenus, par catégories d'origine (supprimé en 1948).

CÉGEP [seʒɛp] **n. m.** – 1965 ◊ acronyme ▪ Au Québec, Collège d'enseignement général et professionnel, situé entre le secondaire et l'université (➤ **collégial**). *Cégep offrant l'ensemble des options professionnelles. Cégeps régionaux à plusieurs campus.*

CÉGÉTISTE [seʒetist] **adj.** et **n.** – 1908 ◊ de *C. G. T.*, sigle ▪ De la Confédération générale du travail. *Militant cégétiste.* — **n.** *Un, une cégétiste.*

CEINDRE [sɛ̃dʀ] **v. tr.** ‹52› – fin XIe ◊ latin *cingere* ▪ **1** VX ou LITTÉR. Entourer, serrer (une partie du corps). ALLUS. BIBL. *Ceindre ses reins, se ceindre les reins* (➤ **ceinturer**), FIG. se préparer au salut par une vie austère. — *Ceindre son front d'un turban.* «*L'impératrice, le front ceint d'un diadème de perles*» MADELIN. — *Ville ceinte de murailles.* ➤ **encercler, enfermer.** — (Sujet chose) «*Un grand tablier bleu la ceignait*» COLETTE. ▪ **2** Mettre autour de son corps, de sa tête (qqch.). POÉT. *Ceindre le diadème, la couronne* : devenir roi. *Ceindre la tiare**. — MOD. *Ceindre l'écharpe municipale* : être maire. ▪ HOM. *Ceigne* : saigne (saigner).

CEINTURAGE [sɛ̃tyʀaʒ] **n. m.** – 1867 ◊ de *ceinturer* ▪ **1** TECHN. Adaptation d'une bande métallique (ceinture) autour d'un obus. ▪ **2** SYLVIC. Fait de marquer un arbre à abattre.

CEINTURE [sɛ̃tyʀ] **n. f.** – début XIIe ◊ du latin *cinctura,* famille de *cingere* → ceindre

I CE QUI SERT À ENTOURER LA TAILLE ▪ **1** Bande servant à serrer la taille, à ajuster les vêtements à la taille. *Ceinture de cuir, de tissu. Boucler, attacher, serrer, desserrer sa ceinture. La boucle, la patte, l'agrafe, l'œillet, le cran d'une ceinture. Ceinture de soldat* (➤ **ceinturon**). *Ceinture japonaise.* ➤ **obi.** — (1824, d'après l'anglais *arrow sash*) *Ceinture fléchée* : au Canada, ceinture de laine tissée sur fond rouge avec des motifs en forme de flèches (qui ne se porte plus qu'au carnaval et aux fêtes populaires). — *Ceinture de judo* : bande d'étoffe qui retient le kimono (sa couleur qualifie la classe des judokas). *Être ceinture noire,* de la catégorie la plus forte. ◆ LOC. FAM. *Se mettre, se serrer la ceinture* : se priver de nourriture ; se passer de qqch. *Faire ceinture* (même sens). ELLIPT *Ceinture !* : rien du tout. «*À vous, tout ; les autres, ceinture*» MONTHERLANT. — *Ceinture et bretelles* : en s'entourant d'un maximum de précautions (cf. Deux précautions valent mieux qu'une). ◆ (1611) Partie d'une jupe, d'un pantalon qui l'ajuste autour de la taille. *Reprendre une jupe à la ceinture.* ▪ **2** ANCIENNT Bourse portée à la ceinture. PROV. *Bonne renommée* vaut mieux que ceinture dorée.* ▪ **3** *Ceinture de chasteté* : au Moyen Âge, appareil muni d'un cadenas, qui enveloppait tout le bassin des femmes, leur rendant impossibles les relations sexuelles. ▪ **4** Dispositif qui entoure la taille. *Ceinture de sauvetage,* qui permet de se maintenir sur l'eau. ➤ **gilet.** *Ceinture de sécurité* : dispositif qui, dans un avion ou une voiture, maintient les passagers attachés à leur siège. *Boucler sa ceinture. Attachez vos ceintures !* ; FIG. prenez des mesures de précaution, il va y avoir du danger. ◆ *Ceinture orthopédique* : gaine servant à maintenir en place les muscles abdominaux. ➤ **corset.**

II PARTIE DU CORPS ▪ **1** (fin XIIe) Partie du corps serrée par la ceinture. ➤ 2 **taille.** *Entrer dans l'eau jusqu'à la ceinture. Coup au-dessous de la ceinture,* au bas-ventre (cf. Coup* bas). — LOC. *Ne pas arriver à la ceinture de qqn,* lui être inférieur (cf. Ne pas lui arriver à la cheville*). *Plaisanterie au-dessous de la ceinture,* triviale. «*Les littératures les plus saugrenues consacrées au-dessous de la ceinture me laissaient de marbre*» A. NOTHOMB. ▪ **2** ANAT. Ensemble des pièces osseuses rattachant les membres au tronc. *Ceinture scapulaire* : les deux clavicules et les deux omoplates. *Ceinture pelvienne* : les deux os iliaques qui, par l'intermédiaire du sacrum, relient les membres inférieurs au tronc. ➤ **bassin.**

III CE QUI ENTOURE (début XVe) ➤ **encadrement.** «*La ville avait fait craquer successivement ses quatre ceintures de murs*» HUGO. ➤ 1 **enceinte.** — MAR. *Ceinture d'un navire.* ➤ **bauquière.** Bourrelet entourant les hauts d'une embarcation pour la garantir des chocs. — *Ceinture d'une colonne* : petite moulure à la base, au faîte d'une colonne. *Ceinture d'un fauteuil* : bande d'ébénisterie qui entoure le siège. — (1856) *Chemin de fer de ceinture,* qui entoure une ville. *Il «partait se promener entre Péreire et Champerret. Il longeait la petite ceinture. Il regardait passer les trains»* ORSENNA. — *Ceinture verte* : espaces de verdure entourant une ville.

CEINTURER [sɛ̃tyʀe] **v. tr.** ‹1› – *ceincturer* 1549 ◊ de *ceinture* ▪ **1** Entourer d'une ceinture. ➤ **ceindre.** — PAR EXT. Entourer d'une enceinte. *Ceinturer une ville de murailles.* ▪ **2** SPORT Prendre (qqn) par la taille, en le serrant de ses bras. ➤ **embrasser.** *Ceinturer un adversaire. Ceinturer un joueur de rugby,* pour le faire tomber. ▪ CONTR. Desserrer. Relâcher.

CEINTURON [sɛ̃tyʀɔ̃] **n. m.** – 1579 ◊ de *ceinture* ▪ Solide ceinture de l'uniforme militaire supportant un équipement (cartouchière, étuis d'armes). ➤ **baudrier.** ◆ Large ceinture.

CÉISTE [seist] **n.** – 1983 ◊ p.-ê. contraction de *canoéiste* ▪ Canoéiste.

CELA [s(ə)la] **pron. dém.** – XIIIe ◊ de 2 *ce* et *là* ▪ **1** (Opposé à *ceci*) Désigne ce qui est plus éloigné ; ce qui précède ; ce qu'on oppose à *ceci.* ▪ **2** Cette chose. ➤ 1 **ça** (plus cour.). *Buvez cela. Ne parlez pas de cela.* Remplace ce (sauf dans *ce que*). *Cela n'était pas bien.* ◆ LOC. (REM. On peut employer *ça.*) *À cela près. — C'est cela, oui. — Cela ne fait rien. — Comme cela. — Comment cela ?* marque l'étonnement. — *Avec cela, avec tout cela. — Il y a dix ans de cela.* ◆ *Cela dit, le problème subsiste. — En cela, il se trompe.* ▪ **3** Désigne une personne (avec mépris, commisération). ➤ 1 **ça.** «*cela meurt de faim, cela a quatorze ou quinze ans*» SAINT-SIMON.

CÉLADON [seladɔ̃] **n. m.** – 1617 ◊ nom d'un personnage de *L'Astrée,* type d'amoureux platonique, 1610 ▪ *Porcelaine céladon,* ou ELLIPT *un céladon* : porcelaine chinoise recouverte d'émail craquelé, le plus souvent vert pâle. ◆ APPOS. INV. *Vert céladon,* pâle. — ADJT INV. *Des rubans céladon.*

-CÈLE ▪ Élément, du grec *kêlê* «tumeur» : *hématocèle, varicocèle.*

CÉLÉBRANT [selebʀɑ̃] **n. m.** – v. 1350 ◊ p. prés. de *célébrer* ▪ RELIG. Celui qui célèbre la messe. ➤ **officiant.** — **adj.** *Le prêtre célébrant.*

CÉLÉBRATION [selebʀasjɔ̃] **n. f.** – XIIe ◊ latin *celebratio* ▪ Action de célébrer une cérémonie, une fête. *Célébration d'un mariage. La célébration de l'Eucharistie.* ➤ **messe.** *Célébration d'un anniversaire.* ➤ **commémoration.**

CÉLÈBRE [selɛbʀ] **adj.** – 1532 ◊ latin *celeber* ▪ **1** VX Solennel, éclatant. «*Le célèbre mépris qu'elle fait de l'amour*» MOLIÈRE. ▪ **2** (1636) MOD. Très connu. ➤ **fameux, glorieux, historique, illustre, immortel, légendaire, mythique, notoire, renommé, réputé.** *Personnage célèbre. Porter un nom célèbre. La réponse de Mirabeau «est plus que célèbre : elle est immortelle»* BARTHOU. *Se rendre célèbre* : se faire connaître. *Être célèbre par ses actions, pour son courage. Adage, mot célèbre.* ➤ **proverbial.** *Être tristement célèbre.* ▪ CONTR. Ignoré, inconnu, obscur.

CÉLÉBRER [selebʀe] **v. tr.** ‹6› – v. 1120 ◊ latin *celebrare* ▪ **1** Accomplir solennellement (une action, une cérémonie publique, officielle). ➤ **célébration.** *Le maire a célébré le mariage.* ➤ **procéder** (à). — SPÉCIALT Accomplir (une cérémonie religieuse). ➤ 1 **officier.** *Célébrer la messe.* ➤ 1 **dire.** ABSOLT *Le prêtre n'a pas encore célébré.* ▪ **2** Marquer (un évènement) par une cérémonie, une démonstration. ➤ **fêter.** *Célébrer un anniversaire, une victoire.* ➤ **commémorer.** ▪ **3** (1180 «honorer») Faire publiquement et avec force l'éloge, la louange de. ➤ **chanter, exalter, glorifier,** 1 **louer, prôner, publier, vanter.** *Célébrer la mémoire de qqn.* ▪ CONTR. Décrier, déprécier, fustiger, ravaler.

CELEBRET [selebʀɛt] **n. m.** – 1866 ◊ mot latin «qu'il célèbre» ▪ RELIG. CATHOL. Document émanant de l'autorité ecclésiastique qui autorise un prêtre à dire la messe en tout lieu.

CÉLÉBRITÉ [selebʀite] **n. f.** – 1578 ; «fête solennelle» XIVe ◊ latin *celebritas* ▪ **1** VX Solennité, pompe. ▪ **2** (1636) MOD. Très grande notoriété. ➤ **éclat, popularité, renom, renommée, réputation.** *La célébrité d'une personne, d'un nom, d'une œuvre, d'un évènement, d'un lieu. Viser, parvenir à la célébrité. Honteuse, triste célébrité.* «*Célébrité : l'avantage d'être connu de ceux que vous ne connaissez pas*» CHAMFORT. ▪ **3** (1831) Personne célèbre, illustre. ➤ **people, star, vedette.** *Les célébrités du jour. Les célébrités du monde scientifique, artistique* (cf. Grand nom*). ▪ CONTR. Obscurité, oubli. Inconnu.

CELER [sale ; sele] **v. tr.** ‹5› – fin XIe ◊ latin *celare* ▪ VX ou LITTÉR. Garder, tenir secret. ➤ **cacher, dissimuler, taire.** — ABSOLT «*Qui ne sait celer ne sait aimer*» STENDHAL. ▪ CONTR. 1 Dire.

CÉLERI [sɛlʀi] **n. m.** /CÈLERI/ – 1651 ◊ de l'italien du nord (lombard) *seleri,* du latin d'origine grecque *selinon* ▪ Plante alimentaire *(ombellifèracées)* dont les côtes *(branches de céleri, céleri en branches)* ou la racine charnue *(céleri-rave)* sont consommées cuites ou crues. ♦ La partie comestible. *Céleri rémoulade**. — *Sel de céleri* (assaisonnement). ■ HOM. Sellerie.

CÉLÉRIFÈRE [seleʀifɛʀ] n. m. – 1794 ◇ latin *celer, eris* «rapide» et *-fère* ■ ANCIENNT Appareil de locomotion composé de deux roues (bicycle) reliées par un cadre de bois (➤ **draisienne**).

CÉLÉRITÉ [seleʀite] n. f. – 1358 ◇ latin *celeritas,* de *celer* «rapide» ■ Promptitude dans l'exécution. ➤ **rapidité, vélocité, vitesse.** *Agir avec une étonnante célérité.* ➤ **diligence.** — PHYS. *Célérité d'une onde,* sa vitesse de propagation. ■ CONTR. Lenteur.

CÉLESTA [selɛsta] n. m. – 1886 ◇ de *céleste* ■ Instrument de musique à clavier, commandant la percussion de lames d'acier qui produisent un son cristallin.

CÉLESTE [selɛst] adj. – fin XIe ◇ latin *cælestis,* de *cælum* «ciel» ■ **1** Relatif au ciel (I, 1°). *Les espaces célestes. Les corps, les globes célestes.* ➤ **astre.** *La voûte céleste :* le ciel, le firmament. FIG. *«les sphères célestes de la philosophie»* FRANCE. — *Couleur bleu céleste.* ➤ **azur.** ■ **2** Qui appartient au ciel (II), considéré comme le séjour de la Divinité, des bienheureux. *La béatitude céleste. La cité, la demeure céleste.* ➤ **paradis.** *Les armées* célestes. Le Père céleste :* Dieu. — De Dieu. ➤ **divin.** *Manne céleste :* nourriture de l'âme. *Pain céleste :* l'eucharistie. ■ **3** (1534) LITTÉR. Merveilleux, surnaturel. *Une beauté céleste.* — Détaché de la terre. *«un sourire héroïquement contraint, tristement tendre, céleste et désenchanté»* PROUST. — MUS. *Voix céleste :* jeu d'orgue au son doux et voilé. ■ **4** *Le Céleste Empire :* la Chine, l'ancien empereur de Chine étant considéré comme le Fils du Ciel. ■ CONTR. Terrestre ; humain.

CÉLIBAT [seliba] n. m. – 1549 ◇ latin *cælibatus,* de *cælebs, ibis* «célibataire» ■ **1** État d'une personne en âge d'être mariée et qui ne l'est pas, ne l'a jamais été. ➤ **célibataire.** *Vivre dans le célibat. Célibat ecclésiastique,* conséquence du vœu de chasteté. *«L'homme n'est pas fait pour le célibat»* ROUSSEAU. ■ **2** VX Chasteté, période de chasteté (dans le mariage). *«la prophétesse druidique était astreinte à de longs célibats»* MICHELET. ■ CONTR. Mariage.

CÉLIBATAIRE [selibatɛʀ] adj. et n. – 1711 ◇ de *célibat*
I ■ **1** Qui vit dans le célibat. *Il est célibataire.* — Propre au célibataire. *«les habitudes célibataires»* QUENEAU. ■ **2** n. Personne qui vit dans le célibat. ➤ **garçon ; fille.** *Une célibataire. «l'égoïsme raffiné d'un vieux célibataire»* FRANCE. *C'est un célibataire endurci.* — Personne qui vit seule (et peut être veuve, divorcée). ➤ **solo.** ♦ **adj.** *Mère célibataire* (remplace *fille*-mère*). ♦ FAM. *Je voyage en célibataire,* sans conjoint.
II CHIM. *Électron célibataire,* non inclus dans un doublet* de liaison (➤ **covalence**).

CÉLIOSCOPIE ➤ **CŒLIOSCOPIE**

CELLA, plur. **CELLAE** [sela, sele ; sɛlla, sɛlle] n. f. – 1759 ◇ mot latin «loge» ■ ARCHÉOL. Lieu du temple (grec, romain) où était la statue du dieu. *Temple à trois cellae /cellas/.*

CELLE ➤ **CELUI**

CELLÉRIER, IÈRE [selerje, jɛʀ] n. – v. 1175 ◇ latin ecclésiastique *cellerarius,* de *cellarius* «chef de l'office» ■ VIEILLI Religieux, religieuse préposé(e) à l'intendance dans un couvent. ➤ **économe.** — adj. *Sœur cellérière.*

CELLIER [selje] n. m. – début XIIe ◇ latin *cellarium,* de *cella* «chambre à provisions» ■ **1** Lieu aménagé pour y conserver du vin, des provisions. ➤ 1 **cave.** *«Du cellier qui sentait le bois et la futaille émanaient des coulées d'air»* BOSCO. ■ **2** (1989) (Canada) Armoire électrique à température et humidité régulées pour la conservation des vins. ■ HOM. Sellier.

CELLOPHANE [selɔfan] n. f. – 1914 ◇ marque déposée, de *cell(ulose), -o* et *-phane ;* cf. *diaphane* ■ Pellicule fine et transparente (hydrate de cellulose), utilisée pour l'emballage.

CELLULAIRE [selylɛʀ] adj. – 1740 méd. ◇ de *cellule*
I (de *cellule,* II, 2°) ■ **1** (sens moderne 1855) Relatif à la cellule. *Biologie cellulaire :* partie fondamentale de la biologie dont l'objet est l'étude des cellules qui constituent les organismes vivants. ➤ **cytologie.** *Constituants cellulaires.* ➤ **cytoplasme, membrane, noyau, organite, paroi.** *Structure cellulaire. Division cellulaire.* ➤ **méiose, mitose.** *Mort cellulaire par nécrose, apoptose.* — Qui est composé de cellules. ➤ **unicellulaire, pluricellulaire.** *Tissu cellulaire.* ■ **2** GÉOL., MINÉR. Qui comporte des cellules, des alvéoles. *Texture cellulaire d'une roche. Sols cellulaires.* ♦ MATÉR. *Béton cellulaire,* dans lequel on a créé des pores par formations de bulles de gaz. ■ **3** TÉLÉCOMM. *Téléphone cellulaire :* radiotéléphone fonctionnant dans des zones (cellules) disposant chacune d'une antenne et de canaux radioélectriques. — n. m. (Canada) Téléphone portable. *«cette jeune fille riant sur le trottoir d'en face avec un cellulaire vissé à l'oreille»* D. LAFERRIÈRE.
II (1841 ◇ de *cellule,* I) Relatif aux cellules pénitentiaires. *Système, régime cellulaire. Prison cellulaire.* — *Voiture, fourgon cellulaire,* divisé en compartiments et qui sert à transporter les prisonniers sans qu'ils puissent communiquer entre eux. ➤ **panier** (à salade). — SUBST. *La cellulaire :* la réclusion* en cellule ; le régime cellulaire. ➤ **pénitentiaire.** *Un cellulaire :* prisonnier détenu en cellule.

CELLULAR [selylaʀ] n. m. – 1902 ◇ mot anglais «cellulaire» ■ Tissu à mailles lâches. *Chemise, maillot de corps en cellular.*

CELLULASE [selylaz] n. f. – 1911 ◇ de *cellule* et *-ase* ■ BIOCHIM. Enzyme hydrolysant la cellulose.

CELLULE [selyl] n. f. – 1429 ◇ latin *cellula,* de *cella* «chambre»
I ■ **1** RARE Petite chambre isolée, où l'on est seul. ➤ **chambrette, loge.** *Être reclus dans sa cellule.* — COUR. *Cellule de moine, d'ermite.* ■ **2** (1845) Local où une seule personne est enfermée. *Cellule de prisonnier.* ➤ **cachot.** *Détention en cellule* (régime cellulaire). *Cellule disciplinaire de prison.* ➤ ARG. **mitard.** PAR EXT. *Avoir huit jours de cellule,* de cachot (se dit dans l'armée).
II ■ **1** (1503) VIEILLI Cavité qui isole ce qu'elle enferme. ➤ **compartiment, loge.** *Cellule d'un gâteau de cire.* ➤ **alvéole.** ■ **2** (1824) BIOL. Unité morphologique et fonctionnelle constitutive de tout être vivant, formée en général d'un noyau entouré d'un cytoplasme* limité lui-même par une membrane périphérique. *Cellule bactérienne, végétale, animale. Constituants de la cellule* (➤ **cellulaire**). *Cellules germinales*, somatiques*. Cellules reproductrices.* ➤ **gamète, pollen, spore.** *Cellules nerveuses.* ➤ **neurone.** *Cellules sanguines.* ➤ **érythrocyte, hématie, leucocyte, plaquette.** *Cellules immunocompétentes.* ➤ **lymphocyte, mastocyte, thymocyte.** *Cellules primordiales.* ➤ **protocellule.** *Cellules souches.* ➤ **érythroblaste, myéloblaste, neuroblaste, ostéoblaste.** *Première cellule d'un organisme après fécondation, cellule-œuf.* ➤ **oospore, œuf.** *«L'œuf se divise d'abord en deux cellules ; chacune d'elles, à son tour, se divisera en deux, et ainsi de suite»* J. ROSTAND. *Cellule qui absorbe* (➤ **endocytose, phagocytose, pinocytose**), *libère* (➤ **exocytose**) *des molécules. Mort des cellules.* ➤ **apoptose.** ■ **3** (1904) Ensemble des structures d'un avion (ailes, fuselage). ■ **4** Élément (d'habitation, d'équipement). *Cellules d'habitation.* ■ **5** SC., TECHN. Unité productrice d'énergie. *Cellule photoélectrique*. Cellule solaire.* ➤ **photopile.** *La cellule d'un appareil photo.* ➤ **posemètre.** ♦ AUDIOVIS. *Cellule de lecture* ou *cellule :* capteur utilisé pour la lecture des sons gravés sur un disque. *Cellule magnétique, piézoélectrique.* ■ **6** SC. *Cellule de convection* ou *cellule convective :* zone (du globe terrestre, de l'atmosphère) soumise à des courants de convection. ➤ aussi **supercellule.**
III (ABSTRAIT) ■ **1** Élément constitutif. *La famille, cellule de la société.* ■ **2** Groupement de personnes ayant un fonctionnement propre. *Cellules administratives, de production. Une cellule de crise. Cellule (d'aide) psychologique :* dispositif de soutien psychologique mis en place pour accompagner les personnes touchées par une catastrophe. *«Elle avait déjà fait appel à une cellule psychologique pour les soutenir»* R. JAUFFRET. — *Les cellules d'un parti politique* (SPÉCIALT du parti communiste). ➤ **groupe, noyau, section.** *Réunion de cellule.* — PAR EXT. Séance tenue par une cellule. *«C'est la dernière cellule avant qu'on parte»* ARAGON. ■ **3** INFORM. Élément répétitif ayant un fonctionnement propre. *Cellules de mémoire.*

CELLULITE [selylit] n. f. – 1873 ◇ de *cellule* et *-ite* ■ **1** Inflammation du tissu conjonctif cellulaire. ■ **2** COUR. Gonflement du tissu conjonctif sous-cutané, qui donne à la peau un aspect «capitonné», dit *en peau d'orange. Cellulite des cuisses* (cf. Culotte de cheval*). *Traitement contre la cellulite.* ➤ **anticellulite.**

CELLULITIQUE [selylitik] adj. – 1952 ◇ de *cellulite* ■ Qui a rapport à la cellulite. *Tissu cellulitique.*

CELLULOÏD [selylɔid] n. m. – 1877 ◇ mot anglais américain (1869), de *cellulose* et suffixe *-oïd* ■ Matière plastique flexible, inflammable, à base de nitrate de cellulose plastifié par le camphre, utilisée autrefois dans la fabrication des films photographiques. *Col, peigne, baigneur en celluloïd.*

CELLULOSE [selyloz] n. f. – 1839 ◇ de *cellule* et 1 *-ose* ■ Glucide, polymère du glucose $(C_6H_{10}O_5)_n$, composant principal des parois cellulaires et des fibres de tous les tissus végétaux. *La cellulose confère aux végétaux leur résistance élastique. La cellulose est une importante matière première : pâte à papier, fibres textiles* (➤ 2 **modal, rayonne, rhodia, viscose**), *explosifs*

(➤ **coton-poudre, fulmicoton, nitrocellulose**), *plastiques* (➤ **celluloïd, rhodoïd**). *Ouate de cellulose.*

CELLULOSIQUE [selylozik] **adj.** – 1878 ◊ de *cellulose* ■ Constitué de cellulose. *Membrane cellulosique. Vernis cellulosique.*

CELTIQUE [sɛltik] **adj. et n. m.** – 1704 ◊ latin *celticus, Celtæ* ■ Qui a rapport aux Celtes, groupe de peuples de langue indoeuropéenne, dont la civilisation s'étendit sur l'Europe occidentale (Xe au IIIe s. av. J.-C.). *Le barde, poète celtique. Langues celtiques,* et SUBST. *le celtique.* ➤ **brittonique, gaélique, gaulois ; breton, cornique, écossais, gallois, irlandais.** — On dit aussi **CELTE.** *L'art celte.*

CELUI [səlɥi] **(m. sing.) ; CELLE** [sɛl] **(f. sing.) ; CEUX** [sø] **(m. pl.) ; CELLES** [sɛl] **(f. pl.) pron. dém.** – Xe ◊ latin populaire °*ecce illui* ■ Désigne la personne ou la chose dont il est question dans le discours. ■ **1** Suivi de la prép. *de, du, des,* puis d'un subst., d'un adv. ou de l'inf. *La porte de la chambre et celle du salon. Les paysages d'Europe sont plus variés que ceux d'Asie. Les mœurs d'aujourd'hui et celles d'autrefois. Outre ce plaisir, il aura celui de vous voir.* ■ **2** Suivi d'une relative *(qui..., que..., dont...). De tous ses amis, c'est celui qu'il préfère.* «*Celui qui règne dans les cieux*» BOSSUET. «*Ceux qui pieusement sont morts pour la patrie*» HUGO. *Ceux d'entre* vous qui... Ceux à qui je m'adresse. Celle dont j'ai parlé. C'est à celui qui parlera le plus fort.* — *Faire celui qui...* : faire semblant de... ♦ (Non encore déterminé) La personne. *Gare à ceux qui désobéissent.* LOC. *Merde à celui qui le lira* (graffiti). ■ **3** (Emplois critiqués) Devant un participe. «*Les masses les plus nombreuses furent vraisemblablement celles apportées par les courants de l'Est*» VALÉRY. — Devant une prép. autre que *de. Les années passées et celles à venir.* Devant un adj. «*Les régions dont je parlais* [...] *celles voisines des embouchures*» GIDE. ■ HOM. (de celle) Sel, selle.

CELUI-CI [səlɥisi] – (XIVe), **CELUI-LÀ** [səlɥila] – (XIIIe), **pron. dém. m. sing. (et CELLE-CI** [sɛlsi], **CELLE-LÀ** [sɛlla] **f. sing. ; CEUX-CI** [søsi], **CEUX-LÀ** [søla] **m. pl. ; CELLES-CI** [sɛlsi], **CELLES-LÀ** [sɛlla] **f. pl.)** – → celui ■ **1 CELUI-CI** désigne en principe ce qui est le plus rapproché ; ce dont il va être question ; **CELUI-LÀ,** ce qui est le plus éloigné ; ce dont il a été question (cf. Ceci et cela). REM. *Celui-là* est plus courant, quand il n'y a pas d'opposition. *De ces deux maisons, celle-ci est la plus grande, mais celle-là est la plus confortable.* ■ **2 CELUI-LÀ** remplace *celui**, quand on ne peut l'employer. *Celui-là est meilleur. Elle est folle, celle-là ! Ah, celle-là, elle est bien bonne !* FAM. *Çuilà* [sɥila].

CÉMENT [semɑ̃] **n. m.** – 1573 ◊ latin *cæmentum* «moellon» ■ **1** TECHN. Substance qui, chauffée au contact d'un métal, diffuse certains de ses éléments plus ou moins profondément dans le métal. *Cément solide, gazeux.* ■ **2** (1805) ANAT. Revêtement de nature osseuse qui recouvre l'ivoire de la racine des dents.

CÉMENTATION [semɑ̃tasjɔ̃] **n. f.** – 1620 ; *cimentation* 1578 ◊ de *cément* ■ TECHN. Opération par laquelle on chauffe un métal ou un alliage au contact d'un cément pour lui faire acquérir certaines propriétés. *Cémentation superficielle. Cémentation électrolytique. On transforme le fer en acier par cémentation.* — CHIM. Formation d'un dépôt métallique par une réaction chimique de déplacement en solution.

CÉMENTER [semɑ̃te] **v. tr.** ‹1› – 1675 ◊ de *cément* ■ TECHN. Traiter par cémentation.

CÉNACLE [senakl] **n. m.** – début XIIIe ◊ latin *cenaculum ;* de *cena* → cène ■ DIDACT., LITTÉR. ■ **1** Salle où Jésus-Christ se réunit avec ses disciples quand il institua l'Eucharistie (➤ **cène**). ■ **2** (1829) Réunion d'un petit nombre d'intellectuels, d'artistes, etc. ➤ **cercle, 1 club.** *Le cénacle romantique. Un cénacle littéraire, politique.*

CENDRE [sɑ̃dʀ] **n. f.** – XIe ◊ latin *cinis, eris* ■ **1** Résidu pulvérulent de la combustion de matières minérales ou organiques. *Cendre de houille, de charbon.* ➤ **escarbille.** *Cendre de bois, de papier, d'os, de varech* (➤ **engrais**). ♦ SPÉCIALT *Les cendres d'un foyer, d'un poêle. Faire cuire des châtaignes, des pommes de terre sous la cendre. Couvrir un feu de cendres,* pour l'entretenir. *Le feu couve sous la cendre.* FIG. *Le feu sous la cendre* (en parlant d'une passion qui couve). — LOC. *Mettre, réduire en cendres :* détruire par le feu, l'incendie. ♦ *Cendres de cigarette* (➤ **cendrier**). *Laisser tomber sa cendre sur le tapis.* ♦ PAR MÉTAPH. Ce qui a la couleur grise ou l'aspect poudreux des cendres (➤ **cendré**). «*La cendre bleue du crépuscule*» DAUDET. ■ **2** PAR ANAL. Matière pulvérulente. *Cendre bleue, verte :* sulfate, carbonate de cuivre. — GÉOL. *Cendres volcaniques :* résidus d'éruption. ➤ **lapilli ; cinérite.** ■ **3** (XVIIe) *Les cendres de qqn,* ce qui reste de son cadavre après incinération. *Recueillir les cendres de qqn dans une urne* (➤ **cinéraire ; columbarium**). «*May est incinérée, et ses cendres dispersées dans le vent, comme elle l'avait souhaité*» S. GERMAIN. PAR EXT. *Les cendres des morts,* leurs restes ; leur mémoire. *Honorer les cendres des morts. Paix à leurs cendres !* — FIG. (VIEILLI) *La cendre, les cendres du passé.* — *Renaître* de ses cendres.* ■ **4** RELIG. ou LITTÉR. *La cendre,* symbole de pénitence. *Faire pénitence avec le sac et la cendre.* LOC. *Se couvrir la tête de cendres,* en signe de repentir (Cf. Faire son mea-culpa). — (XIIIe) LITURG. CATHOL. *Les Cendres,* symbole de la dissolution du corps (➤ **poussière**), avec lesquelles le prêtre trace une croix sur le front des fidèles le premier jour du carême, le *mercredi des Cendres.* ■ HOM. Sandre.

CENDRÉ, ÉE [sɑ̃dʀe] **adj.** – 1314 ◊ de *cendre* ■ **1** Qui a la couleur grisâtre de la cendre. *Un gris cendré. Cheveux cendrés, d'un blond cendré.* «*un blond plus cendré tirant sur l'argent*» SIMENON. *Héron cendré.* — (1817) *Lumière cendrée,* pâle, voilée comme par un rideau de cendres en suspension dans l'air. ■ **2** Recouvert de cendre, de cendrée*. *Piste cendrée.* ➤ **cendrée.**

CENDRÉE [sɑ̃dʀe] **n. f.** – fin XIIe «cendres du foyer» ◊ de *cendre* ■ **1** (XIIIe) Écume de plomb. ➤ **1 massicot.** ■ **2** (1680) Petit plomb pour la chasse du menu gibier ou le lestage des lignes de pêche. ■ **3** (1907) SPORT Mâchefer aggloméré revêtant une piste de course. — Cette piste. *Une course sur cendrée.*

CENDRER [sɑ̃dʀe] **v. tr.** ‹1› – 1588 ◊ de *cendre* ■ **1** Rendre grisâtre, cendré. ■ **2** (1784) Couvrir de cendres, de cendrée. *Cendrer une piste.*

CENDREUX, EUSE [sɑ̃dʀø, øz] **adj.** – v. 1210 ◊ de *cendre* ■ **1** Qui contient de la cendre. *Sol cendreux.* ■ **2** Qui a l'aspect, la consistance, la couleur de la cendre. *Teint cendreux.*

CENDRIER [sɑ̃dʀije] **n. m.** – avant 1236 «linge contenant des cendres, pour couler la lessive» ◊ de *cendre* ■ **1** Partie (d'un four, d'un poêle, d'un foyer) généralement mobile, où tombent les cendres du foyer. *Vider le cendrier d'un poêle, d'une cuisinière à bois.* ■ **2** (1890) Petit récipient, plateau où les fumeurs font tomber les cendres de leur cigarette, de leur pipe. *Cendrier de métal, de verre. Cendrier publicitaire. Cendrier d'une voiture. Cendrier de rue.* ➤ **éteignoir.** *Des* «*récipients ayant servi de cendriers et débordant d'allumettes calcinées, de cendres, de fonds de pipes, de mégots tachés ou non de rouge à lèvres, de noyaux de dattes, de coquilles de noix*» PEREC. *Vider les cendriers.*

CENDRILLON [sɑ̃dʀijɔ̃] **n. f.** – 1697 n. de l'héroïne d'un conte de Perrault qui était obligée de rester près de l'âtre pour faire la cuisine ◊ de *cendre* ■ VIEILLI Jeune fille qui doit assurer les travaux pénibles du foyer. «*Ma sœur était le souffre-douleur, la cendrillon*» HUGO.

CÈNE [sɛn] **n. f.** – fin Xe ◊ latin *cena* «repas du soir» ■ **1** RELIG. *La Cène :* repas que Jésus-Christ prit avec ses apôtres la veille de la Passion et au cours duquel il institua l'Eucharistie (➤ **cénacle**). — Cérémonie du jeudi saint. ♦ Communion (SPÉCIALT Communion sous les deux espèces, chez les protestants). ■ **2** (1704) Représentation artistique de la Cène. ■ HOM. Saine (1 sain), scène, seine, sen, senne.

-CÈNE ■ Élément, du grec *kainos* «récent» : *éocène, oligocène.*

CENELLE [sənɛl] **n. f.** – 1165 ◊ origine inconnue, p.-ê. latin populaire °*acinella,* de *acinus* «grain de raisin» ■ Baie rouge de l'aubépine et du houx. «*Elle devint rouge comme une cenelle*» SAND.

CENELLIER [sənelje] **n. m.** – *cénalé* 1878 ◊ de *cenelle* ■ (Canada) Aubépine. — On écrit aussi *senellier.*

CÉNESTHÉSIE [senɛstezi] **n. f.** – 1838 ; *cænesthésie* XIXe ◊ grec *koinos* «commun» et *aisthesis* «sensibilité» ■ Impression générale d'aise ou de malaise résultant d'un ensemble de sensations internes non spécifiques.

CÉNESTHÉSIQUE [senɛstezik] **adj.** – 1898 ◊ de *cénesthésie* ■ Relatif à la cénesthésie. *Sensation cénesthésique. Hallucination cénesthésique,* de la sensibilité générale.

CENNE ➤ **2 CENT**

CÉNOBITE [senɔbit] **n. m.** – XIIIe ◊ latin ecclésiastique *cænobita,* de *cænobium* «monastère», grec *koinobion* ■ DIDACT. Religieux qui vivait en communauté (dans les premiers siècles chrétiens). ➤ **moine.** «*Anachorètes et cénobites vivaient dans l'abstinence*» FRANCE. — **n. m. CÉNOBITISME,** 1835.

CÉNOBITIQUE [senɔbitik] **adj.** – 1586 ◊ de *cénobite* ■ DIDACT. Relatif au cénobite. *Vie cénobitique. Mœurs cénobitiques.* ➤ **ascétique.**

CÉNOTAPHE [senɔtaf] **n. m.** – 1501 ◇ bas latin *cenotaphium*, mot grec «tombeau vide» ■ DIDACT. Tombeau élevé à la mémoire d'un mort et qui ne contient pas son corps. ➤ **sépulcre.**

CÉNOZOÏQUE [senɔzɔik] **adj.** – 1924 ◇ du grec *kainos* «récent» et *-zoïque*, d'après l'anglais *cænozoic* (1841) ■ GÉOL. *Ère cénozoïque*, groupant les ères tertiaire et quaternaire. — **n. m.** *Le cénozoïque.*

CENS [sɑ̃s] **n. m.** – v. 1185 ◇ latin *census* «recensement» ■ HIST. ■ **1** ANTIQ. Dénombrement des citoyens romains et évaluation de leur fortune effectués tous les cinq ans. ■ **2** FÉOD. Redevance fixe que le possesseur d'une terre payait au seigneur du fief. ➤ **champart.** ■ **3** (1830) Quotité d'imposition nécessaire pour être électeur ou éligible. *Le cens électoral. Élever, abaisser le cens. Le cens a été aboli en France en 1848.* ■ HOM. Sens.

CENSÉ, ÉE [sɑ̃se] **adj.** – 1611 ; p. p. de *censer* «censurer, réformer» ◇ latin *censere* «estimer, juger» ■ Qui est supposé, réputé (suivi d'un v. à l'inf.). ➤ **présumé.** *Il est censé être à Paris. Elle n'est pas censée le savoir. Nul n'est censé ignorer la loi.* ■ HOM. Sensé.

CENSÉMENT [sɑ̃semɑ̃] **adv.** – 1852 ◇ de *censé* ■ Selon ce que les apparences laissent supposer. *«en face d'obstacles censément infranchissables»* CENDRARS. ■ HOM. Sensément.

CENSEUR [sɑ̃sœʀ] **n.** – milieu XIVe ; *censor* 1213 ◇ latin *censor* «celui qui blâme» ■ REM. Au féminin, on trouve aussi *censeure* sur le modèle du français du Canada. ■ **1 n. m.** HIST. Chez les Romains, Magistrat chargé d'établir le cens et qui avait le droit de contrôler les mœurs des citoyens. *«Les censeurs, au nombre de deux, sont élus pour cinq ans»* P. GRIMAL. ■ **2** (XVIe) LITTÉR. Personne qui contrôle, critique les opinions, les actions des autres. ➤ 2 **critique, juge.** *Un censeur sévère, injuste. S'ériger en censeur des actions d'autrui.* ■ **3** (1704 *censeur des livres*) Personne au jugement de laquelle un gouvernement soumet un texte avant d'en autoriser la publication (➤ **censure**). *«Je puis tout imprimer librement, sous l'inspection de deux ou trois censeurs»* BEAUMARCHAIS. ■ **4** (1834 ; «élève chargé de surveiller» 1732) ANCIENNT Personne qui dans un lycée était chargée de la surveillance des études, de la discipline (cf. MOD. Proviseur adjoint). *Madame le censeur*, ou *la censeur.* — **n. m. CENSORAT** [sɑ̃sɔʀa], 1878. ■ CONTR. Adulateur, apologiste. ■ HOM. Senseur.

CENSIER, IÈRE [sɑ̃sje, jɛʀ] **adj. et n.** – 1190 adj. ◇ de *cens* ■ FÉOD. ■ **1** Qui recevait ou payait le cens. *Seigneur, fermier censier.* ■ **2** *Registre censier*, ou **n. m.** *censier*, sur lequel étaient inscrites les contributions du cens.

CENSITAIRE [sɑ̃sitɛʀ] **n. m. et adj.** – 1718 «censier» ◇ de *cens* ■ HIST. ■ **1** (1842) Celui qui payait le cens (pour être électeur ou éligible). ■ **2 adj.** *Électeur censitaire. Suffrage censitaire*, réservé aux électeurs qui payaient le cens (3o).

CENSORIAL, IALE, IAUX [sɑ̃sɔʀjal, jo] **adj.** – 1762 ◇ du latin *censor* ■ De la censure. *Loi censoriale.*

CENSURE [sɑ̃syʀ] **n. f.** – 1387 «peine ecclésiastique» ◇ latin *censura* ■ **1** (XVIe) VIEILLI Action de reprendre, de critiquer les paroles, les actions des autres. ➤ **blâme, condamnation,** 2 **critique, improbation, réprobation.** *S'exposer à la censure de son entourage.* ■ **2** (XVIIe) RELIG. Condamnation d'une opinion, d'un texte, après examen. *Encourir les censures.* ➤ **excommunication, index,** 2 **interdit, monition,** 1 **suspense.** ■ **3** (1829) MOD. Examen des œuvres littéraires, des spectacles et publications, exigé par le pouvoir, avant d'en autoriser la diffusion. *Soumettre une pièce à la censure. Journal interdit par la censure. Commission de censure.* ➤ **censorial.** *Visa de censure d'un film.* ➤ aussi **autocensure.** — PAR EXT. Ensemble des personnes chargées de délivrer cette autorisation ; lieu où elles exercent leur fonction. *La censure militaire a ouvert cette lettre. Le film est à la censure. La censure a ordonné des coupures. «La censure efficace ne rature pas, elle annule, et il n'y a plus de trace. Dès lors ce qui a disparu n'a jamais existé»* B. NOËL. *Les ciseaux de la censure.* ■ **4** Sanction défavorable à l'égard de la politique d'un gouvernement, votée par une assemblée. *Motion* de censure. Parti qui vote la censure.* ■ **5** (1902) PSYCHAN. Refoulement dans l'inconscient des éléments de la vie psychique que la société, les parents (ou leur image) ne tolèrent pas (doctrine de Freud). ■ CONTR. Apologie, approbation, éloge, exaltation, flatterie, louange.

CENSURER [sɑ̃syʀe] **v. tr.** ‹1› – 1518 ◇ de *censure* ■ **1** VIEILLI Reprendre, critiquer les paroles, les actions de (qqn). ➤ **blâmer, critiquer.** *«Au lieu de me censurer comme elle aurait dû faire, elle rit beaucoup de mes sarcasmes»* ROUSSEAU. ■ **2** (1656) RELIG. Condamner (une opinion, un texte). ■ **3** Interdire (en totalité ou en partie) une publication, un spectacle. *Censurer un journal, une pièce de théâtre.* ➤ **caviarder.** — **p. p. adj.** *Scène censurée. Film censuré.* ■ **4** Dans certains corps constitués, Réprimander publiquement. ➤ **blâmer.** *Censurer un avocat.* ■ **5** PSYCHAN. Refouler par la censure (5o). — **adj. CENSURABLE,** 1656. ■ CONTR. Approuver, flatter, 1 louer, vanter.

1 **CENT** [sɑ̃] **adj. numér. et n.** – début XIe ◇ du latin *centum*, auquel remonte *quintal*
REM. On fait la liaison devant un nom : *cent ans* [sɑ̃tɑ̃] ; [sɑ̃] dans les autres cas : *cent un* [sɑ̃œ̃].

I ~ adj. numér. card. (inv., sauf s'il est précédé d'un nombre qui le multiplie et n'est pas suivi d'un autre adj. numér.) ■ **1** Nombre entier naturel équivalant à dix fois dix (100 ; C). ➤ **hect(o)-.** *Deux cent mille. Trois cents millions. Les cent premiers. Cent hommes* (➤ **centurie**). *Deux cents mètres. Cent kilogrammes.* ➤ **quintal.** *Cent litres.* ➤ **hectolitre.** *Qui vaut cent fois plus* (➤ **centuple**), *cent fois moins* (➤ **centième ; centi-**). *Qui a cent ans, revient tous les cent ans.* ➤ **centenaire, centennal.** *La guerre de Cent Ans. Les Cent-Jours :* règne de Napoléon Ier après son retour de l'île d'Elbe. ♦ (En composition pour former un adj. card.) *Cent un. Onze cents* ou *mille cent. Dix-sept cents* ou *mille sept cents.* LOC. *Attendre (pendant) cent sept ans*, un temps très long. ➤ **indéfiniment.** *Je me suis demandé «si j'allais pouvoir m'en servir, je veux dire pas dans cent sept ans»* DJIAN. ♦ *Un cent mètres :* une course d'une longueur de 100 m. *Courir un cent mètres.* LOC. FAM. *Piquer un cent mètres :* courir très vite sur une courte distance. — *Cent kilomètres à l'heure.* LOC. FIG. *Vivre à cent à l'heure*, à un rythme très rapide. ♦ (Pour former un adj. ord.) *Cent unième. Deux cent troisième.* ■ **2** PRONOM. *Donnez-m'en cent. Il y en avait cent. Nous serons cent.* ■ **3** (APPROXIMATIF) Un grand nombre de (➤ **trente-six,** 1 **mille**). *Cent fois mieux ; cent fois pire. Répéter cent fois la même chose. Tu as cent fois raison. — Faire les cent pas*. Être aux cent coups :* être très inquiet. *Faire les quatre cents coups*. En un mot comme en cent :* sans qu'il soit nécessaire de répéter, d'expliquer. ➤ 1 **bref.**

II ~ adj. numér. ord. inv. ■ **1** (milieu XIIIe) *Page 100* (ou *cent*). *Le numéro quatre cent. — En 1700 (dix-sept cent* ou *mille sept cent).* ■ **2** SUBST. M. Ce qui porte le numéro 100. *Habiter (au) 100, rue de... Le cent a gagné. Le cent est libre* (la chambre cent).

III ~ n. m. ■ **1** (milieu XVe) (Inv.) Sans déterm. *Les multiples de cent. Multiplier par cent.* ➤ **centupler.** ♦ (1538) **POUR CENT** (précédé d'un adj. card.) : pour cent unités (noté %), dans une proportion, un pourcentage (➤ **pourcentage, taux**). *Neuf pour cent* (ou *9 %) d'intérêt* (ou *intérêt de 9 %*), de neuf unités pour un capital de cent unités. *Augmenter de trois pour cent. — Cinquante pour cent des présents* (➤ **moitié**). REM. Accord (plur. ou sing.) : *Soixante pour cent des gens ont voté ; Quarante pour cent de la population s'est abstenue. Fromage à 0 % (zéro pour cent), 40 % (quarante pour cent) de matière grasse.* — (en 1585 puis de nouveau à partir de 1924) **(À) CENT POUR CENT :** complètement, entièrement. *Il est d'accord à cent pour cent. Ils sont cent pour cent solidaires. Une chemise cent pour cent coton.* ➤ **pur, tout.** ■ **2** (Inv.) Avec déterm. Le chiffre, le nombre cent. *Des cent romains* (C). ■ **3** Avec déterm. Ensemble de cent unités. ➤ **centaine.** *Un cent, deux cents d'œufs. Être maigre comme un cent de clous*.* — FAM. *Gagner des mille* et des cents.*
■ HOM. Sang, sans.

2 **CENT** [sɛnt] **n. m. et f.** – 1835 ◇ mot anglais américain «centième» (1782) et néerlandais ■ **1 n. m.** Centième partie de l'unité monétaire de divers pays, SPÉCIALT du florin, aux Pays-Bas, et du dollar, aux États-Unis (1786), au Canada (1853), etc. — Pièce de monnaie valant un cent. *Des jetons «qui valent un quarter, un nickel ou même un cent»* BEAUVOIR. ■ **2 n. f.** (1851) (Canada) **CENT** [sɛn] ou FAM. **CENNE,** cette unité, cette pièce. ➤ FAM. **sou.** *«Je ne fais pas une cent de profit dessus»* GUÈVREMONT. *«t'auras pas une cenne de plus»* TREMBLAY. *Pas romantique pour une cenne, mon chum !* (Cf. Pour un sou).

3 **CENT** [sɑ̃] **n. m.** – 1996 ◇ de *centième*, avec influence de l'anglais → 2 cent ■ Centième partie de l'euro. ➤ **centime.** *Pièce de dix cents (d'euro).*

CENTAINE [sɑ̃tɛn] **n. f.** – *centeine* fin XIIe ◇ latin *centena*, de *centum* ■ **1** Groupe de cent unités. — Unité du troisième ordre dans chaque classe de la numération décimale. *La colonne des centaines dans une addition.* ■ **2** Groupe de cent personnes ou de cent objets. *La première centaine d'exemplaires.* ➤ 1 **cent** (III, 3o). — SPÉCIALT Âge de cent ans. *Atteindre la centaine.* ➤ **centenaire.** ♦ Ensemble d'environ cent. *Une centaine de personnes.* — LOC. *Par centaines :* en grande quantité.

CENTAURE [sɑ̃tɔʀ] **n. m.** – fin XIIe ◇ latin *centaurus,* grec *kentauros* ■ MYTH. Être fabuleux, moitié homme et moitié cheval. «*on chante le combat des centaures avec les Lapithes et la descente d'Orphée aux enfers*» FÉNELON.

CENTAURÉE [sɑ̃tɔʀe] **n. f.** – début XIVe var. *centoire* ◇ latin *centaurea,* grec *kentauriê* «plante de centaure» ■ BOT. Plante herbacée *(composées)* dont de nombreuses espèces croissent spontanément en Europe. ➤ 2 **barbeau, bleuet, chardon, jacée.**

CENTAVO [sɑ̃tavo] **n. m.** – 1948 ◇ mot espagnol ■ Centième partie de l'unité monétaire (➤ **centime**), dans des pays d'Amérique latine. *Des centavos mexicains.*

CENTENAIRE [sɑ̃t(ə)nɛʀ] **adj. et n.** – 1370 *(nombre) centenaire* «de cent» ◇ latin *centenarius* ■ **1** Qui vit depuis au moins cent ans. *Un chêne centenaire.* ➤ **séculaire.** — **n.** (1778) *Un, une centenaire.* ■ **2 n. m.** (1785) Centième anniversaire (d'une personne, d'un évènement). *Célébrer le centenaire de la fondation d'une ville, de la mort de X* (cf. Bi-, tricentenaire).

CENTENIER [sɑ̃tənje] **n. m.** – 1539 ◇ du latin *centenarius* ■ HIST. Officier romain qui commandait une troupe de cent hommes. ➤ **centurion.**

CENTENNAL, ALE, AUX [sɑ̃tenal, o] **adj.** – 1874 ◇ latin *centum* «cent» et *annus* «année», sur le modèle de *décennal* ■ RARE Qui se fait, revient tous les cent ans. *Exposition centennale. Crue centennale.* — Qui couvre cent ans.

-CENTÈSE ■ Élément, du grec *kentêsis* «action de piquer» : *amniocentèse, paracentèse, thoracentèse.*

CENTÉSIMAL, ALE, AUX [sɑ̃tezimal, o] **adj.** – 1804 ◇ du latin *centesimus* «centième» ■ **1** Dont les parties sont des centièmes. *Fraction centésimale.* — *Division, échelle centésimale,* qui contient cent parties ou un multiple de cent. *Degré centésimal :* chaque division de l'échelle. ■ **2** PHARM. *Préparation centésimale,* dans laquelle le médicament est dilué au 1/100 dans l'excipient. *Dilution centésimale,* amenant à la concentration de 1 %.

CENTI- ■ MÉTROL. Préfixe du système international (SYMB. c), du latin *centum* «cent», qui divise par cent (10^{-2}) l'unité dont il précède le nom : *centigrade, centimètre.*

CENTIARE [sɑ̃tjaʀ] **n. m.** – 1793 ◇ de *centi-* et *are* ■ Centième partie de l'are, correspondant à la superficie d'un mètre carré (SYMB. ca).

CENTIÈME [sɑ̃tjɛm] **adj. et n.** – *çantiesme* 1170 ◇ latin *centesimus* ■ **1 adj. numér. ord.** Qui a le numéro cent pour rang. *Le centième anniversaire.* ➤ **centenaire.** *Centième, cent-unième, cent-deuxième... La centième représentation d'un spectacle,* ou **n. f.** *la centième.* — (Dans une compétition) *Arriver centième au Tour de France.* **n.** *Être le, la centième sur la liste.* ◆ (En composition pour former des adj. ord.) *Il est deux centième* (200e). ■ **2 adj. fractionnaire** Se dit d'une partie d'un tout également divisé ou divisible en cent. ➤ **centi-.** — SUBST. M. *Le centime est le centième de l'euro. Trois centièmes de seconde* (ou *3/100 s*). *Trois secondes six centièmes* (ou *3 s 6/100*). *Trois deux-centièmes* (3/200). — PAR EXT. La plus petite partie. *Il n'a pas fait le centième de ce qu'il voulait* (➤ 2 **quart**).

CENTIGRADE [sɑ̃tigʀad] **adj. et n. m.** – 1811 ◇ de *centi-* et *grade* ■ VIEILLI Divisé en cent degrés. *Thermomètre centigrade.* — *Degré centigrade,* ou **n. m.** *un centigrade :* degré de l'échelle centésimale.

CENTIGRAMME [sɑ̃tigʀam] **n. m.** – 1795 ◇ de *centi-* et *gramme* ■ Centième partie du gramme (SYMB. cg).

CENTILAGE [sɑ̃tilaʒ] **n. m.** – 1951 ◇ de *centile* ■ MATH. Division d'un ensemble ordonné de données statistiques en cent classes d'effectif égal (➤ **centile,** 2°). — Calcul des centiles (1°).

CENTILE [sɑ̃til] **n. m.** – 1947 ◇ probablt anglais *centile,* par aphérèse de *percentile,* de *per cent* «pour cent», d'après *bissextile, quartile* ■ STATIST. ■ **1** Chacune des quatre-vingt-dix-neuf valeurs de la variable au-dessous de laquelle se classent 1 %, 2 %,... 99 % des éléments d'une distribution statistique. ■ **2** Chacune des cent parties, d'effectif égal, d'un ensemble statistique ordonné. ➤ **quantile.**

CENTILITRE [sɑ̃tilitʀ] **n. m.** – 1800 ◇ de *centi-* et *litre* ■ Centième partie du litre (SYMB. cl). *Bouteille de soixante-quinze centilitres.*

CENTIME [sɑ̃tim] **n. m.** – 1793 ◇ de 1 *cent,* sur le modèle de *décime*
I ■ **1** La centième partie du franc, la plus petite unité monétaire. *Dix millions de centimes :* cent mille francs*. *Une pièce de cinq centimes. Pas de centimes, arrondissez au franc supérieur.* ◆ LOC. *Pas un centime :* pas un sou*. *Je n'avais pas un centime sur moi,* pas d'argent (au moment où l'on en a besoin). ■ **2** Centième partie de plusieurs monnaies (franc suisse, dinar algérien, dirham marocain, franc Pacifique). ■ **3** *Centime additionnel :* supplément d'impôt proportionnel au principal.
II Centième partie de l'euro (terme en usage là où l'euro se substitue au franc). ➤ 3 **cent.** *Pièce de deux centimes (d'euro).*

CENTIMÈTRE [sɑ̃timɛtʀ] **n. m.** – 1793 ◇ de *centi-* et *mètre* ■ **1** Centième partie du mètre (SYMB. cm). *Le centimètre, unité de base du système C. G. S. Centimètre carré* (cm^2), *cube* (cm^3). ■ **2** *Centimètre de couturière, de tailleur :* ruban gradué servant à prendre les mesures. ➤ **mètre.**

CENTON [sɑ̃tɔ̃] **n. m.** – 1570 ◇ latin *cento* «habit composite» ■ DIDACT. Pièce littéraire ou musicale, faite de morceaux empruntés. ➤ **pot-pourri.** ■ HOM. Santon.

CENTRAGE [sɑ̃tʀaʒ] **n. m.** – 1834 ◇ de *centrer* ■ Détermination du centre. *Centrage d'une pièce mécanique, d'un projectile, d'un avion* (centre de poussée). ◆ PHYS. Alignement des axes des divers éléments d'un système mécanique ou optique. ◆ Action de centrer un texte.

CENTRAL, ALE, AUX [sɑ̃tʀal, o] **adj. et n.** – 1377 ◇ latin *centralis,* de *centrum*
I adj. ■ **1** Qui est au centre, qui a rapport au centre. *Point central, partie centrale. L'Europe, l'Asie centrale. Quartier central d'une ville. Nef, porte centrale. Escalier central. Colonne centrale d'un imprimé.* — *Court central* (de tennis). **n. m.** (1932) *Le central de Roland-Garros.* ◆ (ABSTRAIT) Qui constitue le noyau*. ➤ 1 **capital, essentiel.** *Le personnage central d'une affaire, d'un roman, d'un film.* ➤ **principal ; protagoniste.** *Idée centrale d'une théorie.* ➤ **fondamental.** ■ **2** Où tout converge, d'où tout rayonne, qui constitue l'organe directeur, principal. *Fichier central. Pouvoir central. Administration centrale. Organe central.* ➤ RÉGION. **faîtier.** — *Chauffage central,* distribué à partir d'une seule source de chaleur. — (1827) *Maison centrale, prison centrale,* ou **n. f.** *centrale,* où sont envoyés et groupés des prisonniers. — *École centrale (des arts et manufactures),* ou COUR. **n. f.** *Centrale. Les ingénieurs de Centrale.* ➤ **centralien ;** ARG. SCOL. **piston.** *Faire Centrale.* — INFORM. *Unité* centrale.*
II n. m. (1883) *Central télégraphique, téléphonique,* où aboutissent les fils d'un réseau (➤ **commutateur**).
■ CONTR. Excentrique, latéral, périphérique ; local.

CENTRALE [sɑ̃tʀal] **n. f.** – 1927 ◇ de *central* ■ **1** Usine qui produit du courant électrique. *Centrale thermique, hydroélectrique* (➤ **barrage**), *atomique, nucléaire. Centrale surgénératrice,* donnant, après combustion de l'uranium, du plutonium utilisable à son tour. *Centrale solaire.* ■ **2** (1956) Groupement national de syndicats. ➤ **confédération.** *Les grandes centrales syndicales.* ■ **3** COMM. *Centrale d'achat :* organisme qui centralise les achats de firmes liées entre elles ou ayant les mêmes besoins. ■ **4** TECHNOL. Partie principale d'un dispositif en liaison avec des éléments périphériques. *Centrale d'alarme.* — *Centrale vapeur :* appareil électroménager constitué d'un fer à repasser reposant sur un socle qui génère de la vapeur en continu. ■ **5** (Prison ; école) ➤ **central** (I, 2°).

CENTRALIEN, IENNE [sɑ̃tʀaljɛ̃, jɛn] **n.** – 1879 ◇ de *(École) centrale* ■ Élève, ancien(ne) élève de l'École centrale des arts et manufactures. ➤ **piston.**

CENTRALISATEUR, TRICE [sɑ̃tʀalizatœʀ, tʀis] **adj.** – 1815, n. m. ◇ de *centraliser* ■ Qui centralise. *Régime centralisateur.*

CENTRALISATION [sɑ̃tʀalizasjɔ̃] **n. f.** – 1794 ◇ de *centraliser* ■ Action de centraliser. *La centralisation des informations.* — SPÉCIALT Le fait de réunir tous les moyens d'action, de contrôle en un centre unique (autorité, pouvoir). ➤ **concentration.** *Centralisation politique, administrative, économique.* ■ CONTR. Décentralisation.

CENTRALISER [sɑ̃tʀalize] **v. tr.** ‹1› – 1790 ◇ de *central* ■ Réunir dans un même centre, ramener à une direction unique. ➤ **concentrer, rassembler, réunir.** *Centraliser les pouvoirs, les services publics. Centraliser des renseignements.* — **p. p. adj.** *Un pays fortement centralisé* (opposé à *fédéral*). ■ CONTR. Décentraliser.

CENTRALISME [sɑ̃tʀalism] **n. m.** – 1842 ◇ de *central* ■ Système qui produit la centralisation. *Le centralisme démocratique léniniste.* — **adj. et n. CENTRALISTE,** 1845.

CENTRE [sɑ̃tʀ] **n. m.** – fin XIIIe ◇ du latin *centrum*
I POINT QUI EST AU MILIEU ■ **1** Point intérieur (d'un cercle, d'une sphère) équidistant de tous les points du cercle, de la sphère. *Le centre d'un disque, d'une cible. Le*

centre de la Terre. ◆ *Centre de symétrie :* point tel que tous les points d'une figure lui sont équidistants, deux à deux. *Centre d'une ellipse, d'une hyperbole.* ▪ **2** Partie centrale, milieu (d'un espace quelconque). ➤ **cœur, milieu, noyau.** *Paris est situé au centre d'un bassin tertiaire. Les départements du centre de la France.* — *La Région Centre. Le centre d'un cyclone.* ➤ **œil.** — *Le centre de la ville* (ABUSIVEMENT *centre-ville*). ABSOLT *Habiter (dans) le centre.* ◆ SPORT (BALLON) Partie centrale du terrain. *Renvoyer la balle au centre* (➤ **recentrer**). *Le centre et les deux ailes.* ▪ **3** SPÉCIALT *Le centre d'une assemblée :* les bancs, les places en face du président, correspondant à la fraction politique située entre les progressistes et les conservateurs. PAR EXT. Les députés, les sénateurs qui occupent ces places. *Le parti du centre,* et ABSOLT *le centre.* « *Le centre, variété molle de la droite* » MITTERRAND. *Le centre gauche, le centre droit. Les députés, les candidats du centre.* ➤ **centriste ; modéré.**

II POINT INTÉRIEUR DOUÉ DE PROPRIÉTÉS ACTIVES, DYNAMIQUES ▪ **1** (1680) PHYS. Point d'application de la résultante des forces. ➤ **barycentre.** *Centre de gravité :* centre des forces exercées par la pesanteur sur toutes les parties d'un corps. *Centre de poussée :* centre de gravité du fluide déplacé par un corps immergé ou flottant. *Centre optique* O *d'une lentille,* tel que tout rayon passant par O traverse la lentille sans déviation. — MÉTÉOROL. *Centre de dépression, de haute pression.* ▪ **2** (1845) *Centres nerveux :* parties du système nerveux constituées de substance grise et reliées par les nerfs aux divers organes. — *Centres vitaux :* les organes essentiels à la vie. ▪ **3** (1659) Point de convergence ou de rayonnement. *Centre d'attraction, d'intérêt, d'action, d'influence, de rayonnement.* ➤ **base, siège.** *La capitale, centre du pouvoir* (➤ **centralisation**). ▪ **4** (milieu XIXe) **UN CENTRE :** lieu où diverses activités sont groupées. *Les grands centres urbains.* ➤ **agglomération, ville.** *Un centre industriel, technique* (➤ **technopole**). *Centre sportif. Centre nautique.* ➤ **piscine.** *Centre hospitalier** (➤ **C. H. U.**). *Centre antipoison*. Centre de dépistage. Centre aéré*, de loisirs.* ➤ **garderie.** *Centre de vacances.* ➤ **colonie.** *Centre de détention*, de rétention*. Centre d'hébergement.* — *Centre dramatique et culturel.* — *Centre serveur*.* — (v. 1960) *Centre commercial :* groupe de magasins de détail, comprenant généralement un ou plusieurs magasins à grande surface et divers services (poste, banques, etc.), occupant un ensemble de bâtiments entouré d'un parc de stationnement, dans une zone urbaine ou à proximité. (Au Canada, on dit aussi ***centre d'achat(s)*** [avant 1950 ◇ calque de l'anglais *shopping center*]). ◆ PAR EXT. Bureau, service centralisateur, coordinateur. *Centre de documentation. Centre national de la recherche scientifique (CNRS).* ▪ **5** FIG. Point où des forces sont concentrées et d'où elles rayonnent. ➤ **cœur, foyer, pivot, siège.** *Être le centre des discussions. Au centre du problème.* ◆ (milieu XVIIe, Pascal) Chose principale, fondamentale. ➤ **base, principe** (cf. La clef de voûte*). « *Dans toutes les affaires, il y a un centre, un point principal* » VOLTAIRE. — APPOS. INV. *Mot centre.* ➤ **clé.** *Des villes centre.*

III DÉSIGNANT UNE PERSONNE ▪ **1** (1691) LITTÉR. *Être le centre de qqch.,* en être l'animateur. ➤ **cerveau, promoteur** (cf. La cheville* ouvrière). — (1856, Flaubert) *Il se croit le centre du monde, de l'univers :* il rapporte tout à lui. ➤ **axe, nombril ; égocentrique.** « *Elle se croyait le centre du monde et, malgré sa passion pour moi, au fond, elle ne pensait qu'à elle* » (QUENEAU et H. MILLS, « Monsieur Ripois », film). ▪ **2** SPORT Footballeur qui se trouve au centre de la ligne d'attaque. (1902) *Demi-centre.* ➤ **avant-centre.** *Des demi-centres.* — RÉGION. (Belgique) *Centre-avant :* avant-centre. *Des centres-avants.*

IV SPORT (de *centrer*) Action de centrer (4°). *Faire un centre.*
▪ CONTR. Bord, bout, extrémité, périphérie.

CENTRER [sɑ̃tʀe] v. tr. ‹1› – 1699 ◇ de *centre* ▪ **1** Ramener, disposer au centre, au milieu. *Centrer un titre sur une page. Centrer l'image* (photo). **p. p. adj.** *Photo mal centrée.* ◆ (ABSTRAIT) *Recherches, efforts mal centrés.* ▪ **2** Aligner les centres, les axes de (un ou plusieurs éléments d'un système mécanique, optique). *Centrer une roue de voiture. Centrer une pièce sur une machine-outil* (➤ **centreur**). *Machine à centrer,* à percer un trou axial. — **p. p. adj.** *Un système optique centré.* ▪ **3** FIG. *Centrer sur :* donner comme centre (d'action, d'intérêt). *Approche centrée sur la personne.* — (PERSONNES) *Être centré sur soi-même.* ➤ **égocentrique.** ▪ **4** SPORT Ramener (le ballon) vers l'axe du terrain. ABSOLT *L'ailier a centré près des buts.*

CENTREUR [sɑ̃tʀœʀ] n. m. – 1842 ◇ de *centrer* ▪ Dispositif de centrage sur une machine-outil.

CENTRIFUGATION [sɑ̃tʀifygasjɔ̃] n. f. – 1897 ◇ de *centrifuger* ▪ TECHN. Séparation de substances de masse ou de densité différente au moyen de la force centrifuge, par rotation rapide. *Écrémer, essorer par centrifugation. La purification d'un virus par centrifugation.*

CENTRIFUGE [sɑ̃tʀifyʒ] adj. – 1700 ◇ latin *centrum* « centre » et *fugere* « fuir » ▪ Qui s'éloigne du centre. *Force centrifuge :* force d'inertie subie par un mobile en rotation qui l'entraîne à l'extérieur de sa trajectoire. *Onde centrifuge,* qui s'éloigne de la source. *Pompe centrifuge,* rotative. — FIG. *Exercer une action centrifuge.* « *Un sergent de ville qui voulut intervenir fut rejeté hors du tourbillon par la vertu centrifuge de l'ardeur des combattants* » QUENEAU. ▪ CONTR. Centripète.

CENTRIFUGER [sɑ̃tʀifyʒe] v. tr. ‹3› – 1871 ◇ de *centrifuge* ▪ Séparer par centrifugation. *Centrifuger une culture de bactéries en milieu liquide.*

CENTRIFUGEUSE [sɑ̃tʀifyʒøz] n. f. – 1897 ◇ de *centrifuger* ▪ TECHN. Appareil permettant de soumettre des corps, des substances à une rotation très rapide pendant des intervalles de temps variables. ➤ **centrifugation.** *Centrifugeuse d'un laboratoire de biologie.* ➤ **hématocrite, ultracentrifugeuse.** *Centrifugeuse pour l'entraînement des spationautes, des pilotes.* ◆ SPÉCIALT Appareil servant à extraire le jus des fruits, des légumes.

CENTRIOLE [sɑ̃tʀijɔl] n. m. – 1903 ◇ de *centre* ▪ BIOL. CELL. Petite structure dense au milieu du centrosome, qui se dédouble avant la mitose, et dont chacune des parties forme alors le centre d'un aster*.

CENTRIPÈTE [sɑ̃tʀipɛt] adj. – 1700 ◇ latin *centrum* « centre » et *petere* « tendre vers » ▪ PHYS. Qui converge vers le centre. *Force centripète :* force d'attraction ou de liaison dirigée vers un point fixe. *La force centripète, égale et opposée à la force centrifuge. Onde centripète,* convergente. ▪ CONTR. Centrifuge.

CENTRISME [sɑ̃tʀism] n. m. – 1936 ◇ de *centre* ▪ Position des personnes qui se situent politiquement au centre.

CENTRISTE [sɑ̃tʀist] adj. et n. – 1921 ◇ de *centre* ▪ Qui appartient au centre (politique). *Les candidats centristes ; les centristes.* ➤ **modéré.**

CENTRO- ▪ Élément, du latin *centrum* « centre ».

CENTROMÈRE [sɑ̃tʀɔmɛʀ] n. m. – 1973 ◇ de *centro-* et *-mère* ▪ BIOL. CELL. Site de liaison entre les deux chromatides d'un chromosome, situé en général en son centre, région de constriction à laquelle le fuseau* se fixe lors de la division cellulaire.

CENTROPHYLLE [sɑ̃tʀɔfil] n. f. – 1832 *kentrophylle* n. m. ◇ grec *kentron* « aiguille » et *-phylle* ▪ Gros chardon à feuilles profondément divisées. *Centrophylle jaune, bleue.*

CENTROSOME [sɑ̃tʀozom] n. m. – 1890 ◇ mot anglais, de *centro-* et *-some* ▪ BIOL. CELL. Petit corpuscule cytoplasmique des cellules animales, proche du noyau, qui se divise pendant la mitose, les deux parties qui en résultent migrant vers les pôles opposés de la cellule en division. ➤ **centriole, centrosphère.**

CENTROSPHÈRE [sɑ̃tʀɔsfɛʀ] n. f. – 1904 ◇ de *centro-* et *sphère* ▪ BIOL. CELL. Partie du centrosome entourant le centriole.

CENTUPLE [sɑ̃typl] adj. et n. m. – 1370 ◇ latin *centuplex* ▪ **1** Qui égale cent fois (une quantité donnée). *Mille est le nombre centuple de dix.* ▪ **2** n. m. *Le centuple.* — PAR EXT. Quantité beaucoup plus grande. **loc. adv. AU CENTUPLE :** cent fois plus. *Être récompensé au centuple.*

CENTUPLER [sɑ̃typle] v. ‹1› – *centuplier* 1542 ◇ de *centuple* ▪ **1** v. tr. Porter au centuple. *Il a centuplé sa fortune. Centupler un nombre.* — FIG. ➤ **agrandir, augmenter, décupler, multiplier.** ▪ **2** v. intr. (1878) Être porté au centuple. *La production a centuplé en cinquante ans.*

CENTURIE [sɑ̃tyʀi] n. f. – 1284 ◇ latin *centuria* « groupe de cent » ▪ Subdivision administrative, dans la Rome antique. — Unité militaire de cent hommes d'armes, dans l'armée romaine. *Les centuries d'une cohorte.*

CENTURION [sɑ̃tyʀjɔ̃] n. m. – fin XIIe ◇ latin *centurio* ▪ Celui qui commandait une centurie, dans l'armée romaine. ➤ **centenier.** « *Le Voyage du centurion* », *de Psichari.*

CÉNURE [senyʀ] n. m. – 1829 ; *cœnure* 1820 ◇ latin des zoologistes *cœnurus,* du grec *koinos* « commun » et *oura* « queue », à cause de son corps à plusieurs têtes ▪ ZOOL. Forme larvaire de certains vers plats, parasite du tissu sous-cutané, des muscles et du cerveau chez l'être humain et chez certains animaux (mouton). *Le cénure est la cause de la maladie du tournis.* — On écrit aussi *cœnure.*

CEP [sɛp] n. m. – début XIe ◇ latin *cippus* «pieu» ■ **1** Pied de vigne. *Tailler les ceps. Provigner un cep.* ■ **2** (1836) Pièce de bois ou de fer supportant le soc d'une charrue. (On a écrit *sep* en ce sens.) ■ HOM. Cèpe.

CÉPAGE [sepaʒ] n. m. – 1573 ◇ de *cep* ■ Variété de plant de vigne cultivée. ➤ **vigne.** *Cépage blanc, noir. Noms de cépages :* aligoté, cabernet, chardonnay, clairette, fendant, frontignan, gamay, grenache, gros-plant, merlot, muscadet, picardan, pinot, riesling, rivaner, sauvignon, sémillon, sylvaner, syrah.

CÈPE [sɛp] n. m. – 1798 ◇ gascon *cep* «tronc» → cep ■ Champignon *(basidiomycètes)* du genre *bolet,* dont les principales espèces, toutes comestibles, sont originaires de Gascogne. ➤ **bolet.** *Cèpe de Bordeaux, des pins. Cèpe bronzé, gris.* — *Cèpes à la bordelaise. Omelette aux cèpes.* ■ HOM. Cep.

CÉPÉE [sepe] n. f. – 1180 ◇ de *cep* ■ AGRIC. Touffe de jeunes tiges de bois, de rejets sortant d'une même souche (➤ **taillis**). *«Des pentes bouquetées de cépées de hêtres»* CHATEAUBRIAND.

CEPENDANT [s(ə)pɑ̃dɑ̃] adv. – *tout ce pendant* 1278 ◇ de 3 *pendant* ■ **1** VX ou LITTÉR. Pendant* ce temps, à ce moment. *«La Sultane en ce lieu se doit rendre. Je pourrai cependant te parler et l'entendre»* RACINE. loc. conj. (LITTÉR.) **CEPENDANT QUE :** pendant le temps que. ➤ **alors** (que), **tandis que.** *«Cependant que mon mari n'y est pas, je vais faire un tour»* MOLIÈRE. ■ **2** (Exprime une restriction, une opposition) ➤ **néanmoins, nonobstant, pourtant, toutefois.** *«Maman, cependant, était bonne catholique, ou prétendait l'être»* ROUSSEAU. *Assez frêle, mais robuste cependant* (cf. Quand* même). *Il joue beaucoup, mais il ne gagne cependant jamais.* (En tête de proposition) *Il joue beaucoup, cependant il ne gagne jamais* (cf. Toujours est-il que, n'empêche que). ■ CONTR. 1 Car.

-CÉPHALE, -CÉPHALIE ■ Éléments, du grec *kephalê* «tête» : *acéphale, dolichocéphale.*

CÉPHALÉE [sefale] n. f. – 1570 ◇ latin *cephalea,* d'origine grecque ■ MÉD. Mal de tête. ➤ **migraine.** *Céphalée de tension.*

CÉPHALIQUE [sefalik] adj. – 1314 ◇ bas latin *cephalicus,* grec *kephalikos,* de *kephalê* «tête» ■ DIDACT. ■ **1** Qui a rapport à la tête. *Douleur céphalique.* ➤ **céphalée.** *Veine céphalique :* grande veine superficielle du bras (appelée ainsi parce qu'elle conduit le sang vers la tête). *Indice céphalique :* rapport du diamètre transversal et du diamètre antéropostérieur du crâne. ■ **2** *Extrémité céphalique :* partie du corps antérieure et supérieure (quand il n'y a pas de tête : animaux inférieurs, embryon).

CÉPHAL(O)- ■ Élément, du grec *kephalê* «tête» : *céphalopodes.* ➤ **-céphale.**

CÉPHALOCORDÉS [sefalokɔʀde] n. m. pl. – 1952 ◇ de *céphalo-* et *cordés* ■ ZOOL. Sous-embranchement regroupant les amphioxus*.

CÉPHALOPODES [sefalɔpɔd] n. m. pl. – 1798 ◇ de *céphalo-* et *-pode* ■ Classe de mollusques, les plus évolués, à corps symétrique, à tête entourée de bras munis de ventouses. ➤ **décapode, octopode.** *Les calmars, les seiches et les pieuvres constituent l'ensemble des céphalopodes.* — **Au sing.** *Le nautile est le seul céphalopode à coquille externe.*

CÉPHALORACHIDIEN, IENNE [sefaloʀaʃidjɛ̃, jɛn] adj. – 1842 ◇ de *céphalo-* et *rachidien* ■ PHYSIOL. Qui concerne la tête (surtout l'encéphale) et la colonne vertébrale. *Liquide céphalorachidien.* ➤ **cérébrospinal.**

CÉPHALOSPORINE [sefalospɔʀin] n. f. – 1969 ◇ de *céphalo-, spor(e)* et *-ine,* d'après l'anglais *cephalosporin* ■ MÉD. Antibiotique d'origine fongique ou synthétique. *Les céphalosporines sont utilisées dans le traitement des infections bactériennes sévères.*

CÉPHALOTHORAX [sefalotɔʀaks] n. m. – 1843 ◇ de *céphalo-* et *thorax* ■ ZOOL. Partie antérieure du corps, formée de la tête et du thorax soudés (crustacés, arachnides).

CÉPHÉIDE [sefeid] n. f. – 1927 ◇ de *Céphée,* constellation boréale ; latin *cepheus,* du grec *kêpheus* ■ ASTRON. Étoile variable en éclat, température et grosseur, dont la période de pulsation est de quelques jours.

CÉRAMBYX [seʀɑ̃biks] n. m. – 1775 ◇ latin scientifique *cerambyx,* du grec *kerambux* «pot à cornes» ■ ZOOL. Insecte coléoptère *(cérambidés)* rongeur de bois. ➤ **capricorne.**

CÉRAME [seʀam] n. m. – 1751 ◇ grec *keramon* «argile» ■ ARCHÉOL. Vase grec en terre cuite. — **adj.** *Grès cérame,* cuit jusqu'à la vitrification.

CÉRAMIDE [seʀamid] n. m. – 1970 ◇ du grec *keramon* «argile» et *-ide* ■ BIOCHIM. Lipide organique, élément structurant la membrane cellulaire. *Le céramide est impliqué dans les mécanismes d'induction de l'apoptose.* — COUR. *Crème, shampooing aux céramides.*

CÉRAMIQUE [seʀamik] adj. et n. f. – 1806 «d'argile» ◇ grec *keramikos,* de *keramon* «argile»

I adj. Relatif à la fabrication des objets, des récipients en terre cuite, faïence, grès, porcelaine. *Les arts céramiques. Produits céramiques.* ➤ **poterie.**

II n. f. ■ **1** Art du potier. *Bernard Palissy fut l'un des créateurs de la céramique en France.* — *Céramique dentaire :* technique de prothèse dentaire employant la porcelaine. ■ **2** Matière dont sont faits les produits céramiques. ➤ **faïence, porcelaine, terre** (cuite). *Des carreaux de céramique peinte.* ■ **3** Objet de céramique. *Une collection de céramiques.* ■ **4** MATÉR. Matériau manufacturé inorganique à l'exception des métaux et alliages. *Céramiques nouvelles,* correspondant à de nombreux types de composés obtenus par frittage*. ➤ **vitrocéramique.**

CÉRAMISTE [seʀamist] n. – 1836 ◇ de *céramique* ■ Personne qui s'occupe d'art céramique. *Céramiste d'art.*

CÉRAMOGRAPHIE [seʀamɔgʀafi] n. f. – 1866 ◇ du radical de *céramique* et *-graphie* ■ DIDACT. Science de la céramique ; traité sur l'histoire de la céramique.

CÉRASTE [seʀast] n. m. – 1213 ◇ latin *cerastes,* grec *kerastês* «cornu» ■ Vipère d'Afrique, appelée aussi *vipère à cornes,* à cause des excroissances au-dessus des yeux.

CÉRAT [seʀa] n. m. – 1539 ◇ latin *ceratum,* p. p. de *cerare* «frotter avec de la cire» ■ PHARM. Mélange de cire et d'huile servant à incorporer des médicaments destinés à l'usage externe (excipient) ou pouvant être utilisé seul comme émollient.

CERBÈRE [sɛʀbɛʀ] n. m. – 1576 ; 1501, nom du chien de la mythologie ◇ latin *Cerberus,* grec *Kerberos,* nom du chien à trois têtes qui gardait l'entrée des enfers ■ Portier, gardien sévère et intraitable.

CERCAIRE [sɛʀkɛʀ] n. f. – 1800 ◇ latin savant *cercaria,* du grec *kerkos* «queue» ■ ZOOL. Forme larvaire de la douve*.

CERCE [sɛʀs] n. f. – 1762 ; *cerche* XIIIe ◇ latin populaire °*circa,* fém. de *circus* «cercle», ou de *cerceau* ■ TECHN. ■ **1** Cercle en bois servant à monter les cribles, les tamis. ■ **2** Patron, calibre permettant de profiler une construction d'après une forme donnée. ➤ **gabarit.**

CERCEAU [sɛʀso] n. m. – v. 1120 «anneau, cercle» ◇ bas latin *circellus* «petit cercle», de *circus*

I ■ **1** Cercle en bois ou en métal maintenant les douves d'un tonneau. ➤ **feuillard.** ◆ PAR EXT. *Cerceaux de jupon, de crinoline*.* — *Cerceau de brodeur,* servant à tendre l'étoffe. ■ **2** *Cerceau d'acrobate,* le plus souvent tendu de papier mince, que traverse l'acrobate. *Cerceau enflammé.* ◆ SPORT Accessoire utilisé dans la gymnastique rythmique, que la gymnaste lance, fait rouler... ◆ Jouet d'enfant, cercle (de bois, etc.) que l'on fait rouler en le poussant avec un bâton. ◆ Cercle que l'on fait tourner autour de sa taille par simple rotation du bassin (➤ ANGLIC. **hula-hoop**). ■ **3** (XVe) Cintre, demi-cercle servant de support. ➤ **arceau.** *Cerceaux d'une bâche de voiture, d'une tonnelle, d'une serre.*

II (1393) Plumes du bout de l'aile d'un oiseau de proie.

CERCLAGE [sɛʀklaʒ] n. m. – 1819 ◇ de *cercler* ■ **1** Action de cercler. *Cerclage de tonneaux. Feuillard de cerclage.* ■ **2** *Cerclage (du col de l'utérus) :* opération qui consiste à placer un fil dans l'isthme utérin pour prévenir une expulsion prématurée du fœtus. — *Cerclage gastrique*.*

CERCLE [sɛʀkl] n. m. – v. 1160 «objet circulaire» ◇ latin *circulus,* diminutif de *circus* «cercle», «cirque»

I **SURFACE, LIGNE, OBJET CIRCULAIRE** ■ **1** Courbe plane fermée dont tous les points sont à égale distance R (➤ 1 **rayon**) d'un centre. *Circonférence, longueur d'un cercle,* égale à $2\pi R$. *Diamètre d'un cercle :* segment passant par le centre et dont les extrémités se trouvent sur le cercle, sa longueur étant égale à 2R. *Arc de cercle :* portion ouverte de courbe. *Tangente, courbe tangente à un cercle. Sécante au cercle,* qui coupe un cercle en deux points. ➤ **corde.** *Entourer d'un cercle. Cercle inscrit*, circonscrit*. Cercle trigonométrique. Cercles concentriques, excentriques, orthogonaux. Aire limitée par un cercle* (COUR. *aire du cercle*), égale à πR^2. *Tracer un cercle au compas.* — *Grand cercle d'une sphère,* qui a même centre que la sphère. *Petit cercle,* sécant à la sphère. ◆ SPÉCIALT, CARTOGR. Ligne circulaire sur le globe terrestre. *Grands cercles de la Terre.* ➤ **équateur, méridien,** 1 **tropique.** *Cercle polaire,* *arctique, antarctique. — Cercles horaires* d'un astre.* ▪ **2** Itinéraire, ligne décrivant approximativement un cercle. ➤ **circuit, périple.** *Cercle décrit par un oiseau de proie.* ▪ **3** PAR EXT. COUR. Surface plane limitée par un cercle. ➤ **disque, rond ; circulaire.** *Demi-cercle, quart de cercle. Portion de cercle comprise entre deux rayons* (➤ **secteur**). *La quadrature* du cercle.* ▪ **4** Objet circulaire. ➤ **anneau, disque.** *Cercle accouplant les organes d'un appareil, renforçant des pièces, servant à orner. Cercles décoratifs* (joaillerie). ➤ **bague, boucle, bracelet, collerette, collier, couronne.** *Les cinq cercles entrelacés de l'emblème olympique.* — PAR EXT. *Du vin en cercles,* en tonneaux cerclés. ◆ Instrument formé d'une portion de cercle graduée en degrés, minutes, secondes. ➤ **rapporteur.** *Cercle d'arpenteur.* ➤ **demi-cercle, théodolite ; octant, sextant.** ▪ **5** Disposition de personnes ou d'objets rangés de façon à former une circonférence. *Un cercle de chaises. Les enfants font cercle autour du conteur.* ➤ **encercler.** *« j'étais fier surtout d'avoir, au cercle de la veillée, la place du coin, la place d'honneur »* É. GUILLAUMIN. *Un cercle de curieux, d'auditeurs, d'admirateurs. Élargir, resserrer le cercle.* — PAR EXT. *« Lorsque l'enfant paraît, le cercle de famille Applaudit à grands cris »* HUGO. — *Le premier cercle d'un homme politique,* ses plus proches collaborateurs, son entourage immédiat.

II GROUPE DE PERSONNES Groupe de personnes qui se réunissent habituellement pour discuter, étudier ou préparer une action. ➤ 1 **club.** *Fonder un cercle d'études. Cercle politique, militaire. « lui rêvait d'intégrer d'autres cercles, plus influents »* K. TUIL. — Local où se réunissent ces personnes. ◆ ÉCON. *Cercle de qualité :* groupe d'agents de production s'engageant à garantir la qualité de leurs produits.

III CHAMP, DOMAINE ▪ **1** FIG. Ce dont on fait le tour, dont on embrasse l'étendue. ➤ **domaine, étendue, limite.** *Étendre le cercle de ses occupations, de ses relations. Le cercle des connaissances.* ➤ **encyclopédie.** *« Le petit cercle de ses idées se rétrécit encore »* FLAUBERT. ▪ **2** LOG. **CERCLE (VICIEUX) :** raisonnement faux, sophisme par lequel on donne pour preuve la proposition d'où l'on est parti (cf. Raisonnement circulaire). *Tomber dans un cercle vicieux.* — Relation de deux termes définis l'un par l'autre (➤ **circularité**). ◆ PAR EXT. COUR. Situation fâcheuse dans laquelle on est enfermé ; chaîne fermée de circonstances (cf. Serpent qui se mord la queue*). *« il semble que nous soyons dans un cercle vicieux et que l'homme soit condamné à ne pouvoir rien connaître »* C. BERNARD. *Il faut sortir de ce cercle infernal.* — *Cercle vertueux :* enchaînement de phénomènes qui améliorent le système. *Le cercle vertueux de la croissance.*

CERCLER [sɛʀkle] v. tr. ⟨1⟩ – avant 1544 ◊ de *cercle* ▪ Entourer, garnir, munir de cercles, de cerceaux. *Cercler un tonneau, une caisse.* — *Lunettes cerclées d'or.* — FIG. RARE *Yeux cerclés de bistre.* ➤ **cerné.**

CERCOPITHÈQUE [sɛʀkɔpitɛk] n. m. – *cercopitheces* 1553 ◊ latin *cercopithecus,* mot grec, de *kerkos* « queue » et *pithekos* « singe » ▪ ZOOL. Singe d'Afrique *(catarhiniens)* qui stocke la nourriture dans ses bajoues.

CERCUEIL [sɛʀkœj] n. m. – 1547 ; *sarcou* 1180 ; *sercueil* v. 1165 ◊ grec *sarkophagos* « pierre qui consume la chair » → sarcophage ▪ Longue caisse dans laquelle on enferme le corps d'un mort avant l'inhumation ou la crémation. ➤ 2 **bière, sarcophage.** *Cercueil de bois, de plomb. Descendre un cercueil dans la tombe. Estrade sur laquelle on place le cercueil.* ➤ **catafalque.** *Cercueil placé dans un mausolée*. Drap couvrant le cercueil.* ➤ 1 **poêle.** *« Un de ces hommes si gros qu'il leur faut un cercueil sur commande »* GONCOURT. — LOC. LITTÉR. *Du berceau au cercueil :* de la naissance à la mort.

CÉRÉALE [seʀeal] n. f. – 1542, à nouveau 1835 ◊ latin *cerealis,* de *Cérès,* déesse des moissons ▪ **1** Plante dont les grains sont la base de l'alimentation de l'être humain et des animaux omnivores (ex. mammifères, oiseaux). *Les grands producteurs de céréales.* ➤ **céréalier.** *Les céréales, sauf le sarrasin, sont des graminées.* ➤ **avoine, blé, fonio, maïs, millet, orge, riz, seigle, sorgo.** *Le quinoa n'est pas une céréale. Grain, enveloppe, tige des céréales.* ➤ **farine, paille, semoule,** 3 **son.** *Céréales à paille. Maladies des céréales.* ➤ **charbon, ivraie, mélampyre, piétin, rouille.** — *Pain aux trois (quatre, cinq, six) céréales.* ▪ **2** ANGLIC. (AU PLUR.) Flocons* de céréales. ➤ **cornflakes, granola, muesli.** *Manger des céréales au petit-déjeuner.*

CÉRÉALICULTURE [seʀealikyltyʀ] n. f. – 1929 ◊ de *céréale* et *-culture* ▪ DIDACT. Monoculture des céréales.

CÉRÉALIER, IÈRE [seʀealje, jɛʀ] adj. – 1951 ◊ de *céréale* ▪ De céréales. *Production céréalière. Cultures céréalières. Régions céréalières.* ◆ n. m. *Un céréalier :* un producteur de céréales. *Les grands céréaliers de la Beauce.* — Navire transportant des céréales en vrac.

CÉRÉBELLEUX, EUSE [seʀebelø, øz] adj. – 1814 ◊ latin *cerebellum,* de *cerebrum* « cerveau » ▪ ANAT. Relatif au cervelet. *Masse cérébelleuse. Pédoncules cérébelleux. Amygdales* cérébelleuses.* MÉD. *Ataxie, atrophie cérébelleuse. Syndrome cérébelleux :* troubles sensorimoteurs résultant de la lésion du cervelet.

CÉRÉBRAL, ALE, AUX [seʀebʀal, o] adj. – avant 1615 ◊ latin *cerebrum* ▪ **1** ANAT. Qui a rapport au cerveau. *Hémisphères cérébraux. Lobes cérébraux. Amygdales* cérébrales. Localisations cérébrales. — Congestion, hémorragie cérébrale. Accident vasculaire* cérébral (AVC).* ▪ **2** Relatif à l'esprit, aux idées, à l'intellect. ➤ **intellectuel.** *Travail, surmenage cérébral. « L'excès du travail cérébral qui, trop poussé, isole l'homme au milieu des réalités »* BOURGET. ▪ **3** Qui vit surtout par la pensée, par l'esprit. — SUBST. *C'est un cérébral pur.*

CÉRÉBRALITÉ [seʀebʀalite] n. f. – 1891 ◊ de *cérébral* ▪ Caractère d'une personne cérébrale (3°). *« La froide cérébralité d'une romancière »* COLETTE.

CÉRÉBRO- ▪ Élément, du latin *cerebrum* « cerveau ».

CÉRÉBROSIDE [seʀebʀozid] n. m. – 1893 ◊ anglais *cerebroside* (1883), de *cerebrose* « galactose », du latin *cerebrum,* 1 *-ose* ▪ BIOCHIM. Lipide contenant du galactose, constituant du tissu nerveux et du cerveau.

CÉRÉBROSPINAL, ALE, AUX [seʀebʀospinal, o] adj. – 1833 ◊ de *cérébro-* et *spinal* ▪ Relatif au cerveau et à la moelle épinière. ➤ **céphalorachidien.** *Axe cérébrospinal.* — (1841) *Méningite cérébrospinale.*

CÉRÉMONIAL, IALE [seʀemɔnjal] adj. et n. m. – *cerimonial* 1372 ◊ latin *cærimonialis* → cérémonie

I adj. VX Qui a rapport aux cérémonies religieuses. ➤ **cérémoniel.** *« Loi cérémoniale »* BOSSUET.

II n. m. ▪ **1** Ensemble et ordre établi, réglé de cérémonies. ➤ **cérémonie, règle.** *Cérémonial de cour* (➤ **étiquette**). *Cérémonial diplomatique.* ➤ **protocole.** *Se plier au cérémonial.* ▪ **2** RELIG. Livre contenant les règles liturgiques des cérémonies ecclésiastiques. ➤ **rituel.** *Des cérémonials.* ▪ **3** VIEILLI Ensemble de formules, de règles de politesse, de courtoisie. ➤ **code, décorum, forme, usage.** *Être attaché au cérémonial. Bannir tout cérémonial.*

CÉRÉMONIE [seʀemɔni] n. f. – *ceremonies* 1226 ◊ latin *cærimonia* « cérémonie à caractère sacré » ▪ **1** Forme extérieure, solennité avec laquelle on célèbre le culte religieux. *Cérémonie du baptême, du mariage, du sacre.* ➤ **cérémonial, liturgie.** *Assister, prendre part à une cérémonie.* ▪ **2** Forme extérieure de solennité accordée à un évènement, à un acte important de la vie sociale. ➤ **appareil,** 1 **gala,** 1 **pompe.** *Les cérémonies d'un anniversaire national.* ➤ **commémoration.** *Les cérémonies qui ont marqué la visite des souverains étrangers.* ➤ **réception.** — *Tenue, habit, uniforme de cérémonie. Maître de cérémonie.* ➤ **chambellan** (cf. Chef du protocole*). ▪ **3** PAR ANAL. Manifestation excessive de politesse, de courtoisie dans la vie privée. *Recevoir qqn avec cérémonie.* — LOC. *Faire des cérémonies.* ➤ **façon ; cérémonieux.** — FIG. *Voilà bien des cérémonies pour si peu de chose.* ➤ **complication, formalité ; chinoiserie.** — LOC. *Sans cérémonies, sans plus de cérémonie :* sans façon, simplement (cf. À la bonne franquette*). ▪ CONTR. Naturel, rondeur, simplicité.

CÉRÉMONIEL, IELLE [seʀemɔnjɛl] adj. – 1374 autre sens ◊ de *cérémonie* ▪ SOCIOL. Qui concerne les cérémonies, les fêtes. *Pratiques cérémonielles. Cycle cérémoniel.*

CÉRÉMONIEUX, IEUSE [seʀemɔnjø, jøz] adj. – 1458 « qui observe les règles traditionnelles » ◊ de *cérémonie* ▪ Qui fait trop de cérémonies. *Un personnage cérémonieux.* ➤ **formaliste, guindé, protocolaire.** — PAR EXT. *Un ton, un air cérémonieux.* ➤ **solennel.** *Un accueil cérémonieux.* — adv. **CÉRÉMONIEUSEMENT,** 1769. ▪ CONTR. Familier, libre, naturel, simple. Sans-façon.

CERF [sɛʀ] n. m. – 1080 ◊ latin *cervus* ▪ **1** Grand mammifère ruminant *(cervidés)* vivant en troupeaux dans les forêts, SPÉCIALT le mâle adulte qui porte des bois. ➤ 2 **élan.** *Cerf d'Amérique du Nord* (➤ **cariacou, orignal, wapiti**), *de Virginie* (➤ RÉGION. **chevreuil**), *d'Asie* (➤ 2 **axis**). *Femelle du cerf.* ➤ **biche.** *Jeune cerf.* ➤ **faon ;** 3 **brocard, daguet,** 2 **hère.** *Les bois du cerf,* apanage du mâle adulte. ➤ **andouiller,** 1 **cor, corne, dague, merrain, ramure.** *La poitrine du cerf.* ➤ 2 **hampe.** *Le cerf paît.* ➤ **viander.** *Le cerf brame.* — *La chasse au cerf* (cf. Chasse à courre*). *Le cerf se rembuche. Traces du cerf.* ▪ **2** Viande de cet animal. *Civet de cerf.* ▪ HOM. Serf, serre.

CERFEUIL [sɛʀfœj] **n. m.** – *cerfoiz* fin XIIIe ◊ latin *cærefolium,* grec *khairephullon,* de *khairein* «réjouir» et *phullon* «feuille» ■ Herbe potagère *(ombellifères)* dont les feuilles sont utilisées comme condiment. *Omelette au cerfeuil.*

CERF-VOLANT [sɛʀvɔlɑ̃] **n. m.** – 1611 ◊ de *cerf* et *volant* ■ **1** Scarabée *(coléoptères)* à grosses mandibules dentelées. ➤ **lucane.** « *On entendait seulement passer les hannetons et les cerfs-volants qui traversaient l'air tiède* » LOTI. ■ **2** (1669) Objet fait d'une légère carcasse sur laquelle on tend un papier fort ou une étoffe, et qui peut s'élever en l'air lorsqu'on le tire face au vent. *Lancer un cerf-volant. La queue d'un cerf-volant. Amateur de cerfs-volants.* ➤ **cerf-voliste, lucaniste.**

CERF-VOLISTE ou **CERVOLISTE** [sɛʀvɔlist] **n. et adj.** – 1994, –1988 ◊ de *cerf-volant* ■ Personne qui est amateur de cerfs-volants, aime les faire voler. ➤ **lucaniste.** *Des cerfs-volistes, des cervolistes.* — **adj.** *Festival cerf-voliste.*

CERISAIE [s(ə)ʀizɛ] **n. f.** – *cherisoie* 1397 ◊ de *cerise* ■ Plantation de cerisiers. « *La Cerisaie* », *pièce de Tchekhov.*

CERISE [s(ə)ʀiz] **n. f.** – 1190 ◊ latin populaire *ceresia,* classique *ceraseum* ■ **1** Fruit du cerisier, petite drupe ronde, lisse, le plus souvent rouge ou parfois jaune. ➤ **bigarreau, burlat, griotte, 1 guigne, marasque, marmotte, montmorency, napoléon** (cf. Cœur*-de-pigeon). *Cerise anglaise. Cerise sauvage.* ➤ **merise.** *Noyau, queue de cerise. Clafoutis, tarte aux cerises. Confiture de cerises. Cerises à l'eau-de-vie. Liqueurs et alcools de cerise.* ➤ **cerisette, cherry, guignolet, kirsch, marasquin.** *Tisane de queues de cerises. — Le temps des cerises. Aux cerises :* à l'époque des cerises. LOC. *C'est la cerise sur le gâteau,* (Canada) *sur le sundae,* le petit détail qui parachève, couronne une entreprise. FAM. *Pour des queues de cerise,* pour un profit dérisoire (cf. Pour des cacahouètes, des nèfles, des prunes). VIEILLI *Se refaire la cerise :* recouvrer la santé ; redevenir prospère. ◆ APPOS. INV. *Rouge cerise,* franc et assez vif. ➤ **vermeil.** ADJT INV. *Des rubans cerise.* ■ **2** PAR ANAL. *Tomate* cerise.* — Fruit rouge du caféier contenant le grain de café. — *Cerise des Antilles, de la Barbade :* acérola. (Canada) *Cerise de terre :* alkékenge. ■ **3** ARG. *Avoir la cerise :* manquer de chance. ➤ FAM. **2 guigne.**

CERISETTE [s(ə)ʀizɛt] **n. f.** – 1310 «petite cerise» ◊ de *cerise* ■ Boisson à base de cerise.

CERISIER [s(ə)ʀizje] **n. m.** – 1165 ◊ de *cerise* ■ **1** Arbre fruitier *(rosacées)* à fleurs en bouquet, qui produit la cerise. *Cerisier sauvage.* ➤ **merisier.** *Plantation de cerisiers.* ➤ **cerisaie.** ■ **2** Bois du cerisier employé en ébénisterie. *Table en cerisier.* ■ **3** *Cerisier de Cayenne.* ➤ **giroflier.**

1 **CÉRITE** [seʀit] **n. f.** – 1804 ◊ de *cérium* ■ MINÉR. Silicate hydraté de cérium (minerai du cérium).

2 **CÉRITE** ou **CÉRITHE** [seʀit] **n. m.** – 1757, –1838 ◊ latin scientifique *cerithium,* grec *kerukion* «buccin» ■ ZOOL. Mollusque gastéropode prosobranche à coquille allongée, à côtes. *Cérites fossiles du tertiaire.*

CÉRIUM [seʀjɔm] **n. m.** – 1803 ◊ de *Cérès* ■ CHIM. Élément chimique (Ce ; n° at. 58 ; m. at. 140,116), métal du groupe des lanthanides. *Oxyde de cérium.*

CERNE [sɛʀn] **n. m.** – 1119 «cercle» ◊ latin *circinus,* de *circus* ■ **1** (milieu XIVe) Cercle coloré, bistre ou bleuâtre, qui entoure parfois les yeux (➤ **cerné**). « *inquiète à cause des cernes noirs sous les yeux et de la pâleur du visage* » DURAS. *Masquer ses cernes* (➤ **anticerne**). — Bleu, marbrure autour d'une plaie, d'une contusion. ■ **2** (1867) Trace laissée sur une étoffe par le contour d'une tache mal nettoyée. ➤ **auréole.** ■ **3** (1820) Un des cercles concentriques de l'aubier d'un arbre.

CERNÉ, ÉE [sɛʀne] **adj.** – 1694 ◊ de *cerner* ■ Entouré d'une zone livide, bistre ou bleuâtre. *Avoir les yeux cernés.*

CERNEAU [sɛʀno] **n. m.** – *cerniaux* XIIIe ◊ de *cerner* ■ Noix à demi mûre tirée de sa coque. — PAR EXT. Chair de la noix épluchée. ◆ *Vin de cerneaux :* vin rosé bon à boire à l'époque où l'on mange les cerneaux (août-septembre).

CERNER [sɛʀne] **v. tr.** ⟨1⟩ – XIIe ◊ latin *circinare,* de *circinus* → cerne ■ **1** Entourer comme d'un cerne. ➤ **encercler, envelopper.** « *L'horizon qui cerne cette plaine, c'est celui qui cerne toute vie* » BARRÈS. ■ **2** PAR EXT. (1798) Entourer par des troupes. ➤ **encercler ; assiéger, 1 bloquer, investir.** *Cerner une patrouille. La ville est cernée par les blindés.* — Entourer, envelopper de façon menaçante. *La foule les cernait de toutes parts.* ■ **3** (fin XIXe) Entourer le contour de (une figure) par un trait. *Cerner une figure d'un trait bleu.* ■ **4** FIG. Délimiter en définissant. ➤ **circonscrire.** *Cerner le problème, les difficultés.*

CERTAIN, AINE [sɛʀtɛ̃, ɛn] **adj. et pron.** – milieu XIIe ◊ du latin populaire *certanus,* famille du latin *certus* «décidé, précis» et «sûr» → certes

I ~ **adj. A. APRÈS LE NOM** ■ **1** (Possibilité) (Sujet chose) Qui est effectif sans laisser aucun doute, perçu directement ou établi par des preuves, des calculs. ➤ **assuré, incontestable, indéniable, indiscutable, indubitable ; certitude** (1°). *C'est un fait certain. Une bonne volonté certaine.* ➤ **évident, 1 manifeste.** ◆ (Attribut) *Sa culpabilité n'est pas certaine. Leur embarras est certain. On ne sait pas, c'est possible* mais pas certain. Rien n'est moins certain.* ➤ **sûr*.** *Il se moque de nous, la chose est certaine. La date du document est certaine.* ➤ **authentique, exact, fiable, vrai.** — IMPERS. (avec *que*) *Il est certain que cette solution est meilleure. C'est certain qu'il faut trouver une solution.* ■ **2** (Probabilité) (Sujet chose) Qu'on peut prévoir à coup sûr, qui arrivera. ➤ **inéluctable, inévitable*.** *Nous sommes voués à une mort certaine. Un résultat certain.* — MATH. *Évènement certain,* dont la probabilité est égale à 1. ◆ (Attribut) *Son départ est maintenant certain,* décidé. *C'est hautement probable* mais pas certain.* ◆ SUBST. FIN. *Le certain :* contre-valeur d'une devise étrangère. ■ **3** (Sujet personne) **CERTAIN DE** qqch. **:** qui pense que la chose est certaine (1° ou 2°). ➤ **certitude** (2°). *Je suis certain de son honnêteté.* ➤ **assuré, convaincu.** *Je suis certaine de l'heure, c'était 16 heures. Vous vous trompez ! – Non, j'en suis absolument certain.* — (Avec l'inf.) *Es-tu bien certain d'avoir fermé la porte ? Nous sommes certains de réussir.* ◆ **CERTAIN QUE** (et l'indic.). *Je suis certain qu'il n'était pas là, que vous serez content* (cf. J'en mettrais ma main au feu*, j'ai l'intime conviction*). (Négatif, avec l'indic. ou le subj.) *Je ne suis pas certain qu'il viendra, qu'il vienne.* — LOC. FAM. *Être sûr et certain de, que* (redondance critiquée) : tout à fait certain. *J'en suis sûre et certaine.*

B. AVANT LE NOM ■ **1** (Précédé de l'art. indéf.) Imprécis, difficile à fixer. *Il y avait là un certain nombre de gens. Elle restera un certain temps. Jusqu'à un certain point.* ■ **2** (Atténuant l'idée de l'indétermination). *Il lui a fallu un certain courage,* du courage. *Une personne d'un certain âge* [sɛʀtɛnaʒ], plus toute jeune, et non pas *d'un âge certain* (avancé ; vieux). *Sa* « *lucidité certaine et son certain humour* » J. STERNBERG. ■ **3** PLUR. Quelques-uns parmi d'autres. *Certains peuples. Dans certains pays.* ➤ **quelque.** *En certaines occasions. À certains moments.* ■ **4** (fin XIIIe) S'emploie devant un nom de personne en signe de dédain, mépris ou ignorance. « *J'entendis plusieurs fois qu'on appelait un certain Étienne* » D. BOULANGER.

II ~ **pron. pl. CERTAINS** Certaines personnes. *Certains disent, certains prétendent.* ➤ **aucun** (d'aucuns), **plusieurs, quelqu'un** (quelques-uns). — *Aux yeux de certains, de certaines de vos amies. Certains étaient d'accord, d'autres pas. Certains d'entre eux.*

■ CONTR. 1 Incertain ; contestable, controversé, discutable, douteux, erroné, 1 faux ; aléatoire, improbable ; hésitant, sceptique.

CERTAINEMENT [sɛʀtɛnmɑ̃] **adv.** – v. 1165 ◊ de *certain* ■ **1** D'une manière certaine (en parlant d'un évènement à venir). *Cela arrivera certainement.* ➤ **fatalement, inévitablement, infailliblement, nécessairement, sûrement.** ■ **2** Renforce une affirmation. *Il est certainement le plus doué.* ➤ **assurément, certes, évidemment, nettement, réellement, vraiment.** ◆ En réponse affirmative. *Croyez-vous que cela vaille la peine ? — Certainement.* ➤ **absolument, oui, parfaitement** (cf. Bien sûr*, et comment*, tu parles*). ■ **3** PAR EXT. Très probablement, mais sans certitude absolue. *Le chauffard avait certainement trop bu.* ➤ **sûrement.** *Il réussira certainement* (cf. Avoir toutes chances* de). — FAM. (suivi de *que*) *Certainement qu'il vous écrira puisqu'il l'a promis.*

CERTES [sɛʀt] **adv.** – 1050 «en vérité» ◊ latin populaire °*certas,* de *certus* «sûr» → certain ■ **1** LITTÉR. OU VIEILLI Certainement, en vérité. *Ah !, certes non ! Certes, il est plus doué.* ◆ En réponse affirmative (style soutenu). *Il proteste ? Certes.* ➤ **oui.** ■ **2** Indique une concession. *Certes, je n'irai pas jusqu'à prétendre que...* (ACADÉMIE). *Il l'a dit, certes, mais il s'est contredit le lendemain* (cf. Sans doute). ■ CONTR. Aucunement, nullement. ■ HOM. Serte.

CERTIFIANT, IANTE [sɛʀtifjɑ̃, jɑ̃t] **adj.** – 1983 ◊ de *certifier* ■ Qui permet d'obtenir un certificat (de formation, de compétence...). ➤ **qualifiant.** *Cours, cycles certifiants.*

CERTIFICAT [sɛʀtifika] **n. m.** – 1380 ◊ bas latin *certificatum,* p. p. de *certificare* → certifier ■ **1** Écrit qui émane d'une autorité compétente et atteste un fait, un droit. ➤ **1 acte** (II), **attestation, constatation.** *Certificat authentique, légalisé. Délivrer, fournir, produire un certificat. Certificats d'un majordome.* ➤ **référence.** — *Certificat médical,* établi par un médecin et requis des candidats à certaines fonctions. *Certificat prénuptial ; certificat de vaccination. — Certificat de bonne vie et mœurs*.*

Certificat de concubinage. Certificat de résidence. Certificat de stage, de formation. Certificat de travail, indiquant la nature et la durée du travail effectué par un salarié. *Certificat d'origine :* titre justificatif d'origine* d'une marchandise. *Certificat de nationalité. Certificat d'urbanisme,* précisant si un terrain peut être affecté à la construction ou non. — MAR. *Certificat de visites* ou *de navigabilité,* attestant qu'un navire est en état de naviguer. — *Certificat d'investissement :* titre cessible et négociable représentant une fraction du capital, mais ne conférant pas le droit de vote aux assemblées générales. ➤ 2 **action.** ▪ **2** Acte attestant la réussite à un examen ; cet examen. ➤ **brevet, diplôme.** *Certificat d'études primaires* (ABRÉV. FAM. *certif,* 1917), *de formation générale.* (ANCIENNT) *Certificats* (d'études supérieures) *de licence.* ➤ **unité** (de valeur). — *Certificat d'aptitude professionnelle (C. A. P.). Certificats d'aptitude au professorat de l'enseignement secondaire (C. A. P. E. S.), de l'enseignement technique (C. A. P. E. T.). Titulaire d'un certificat.* ➤ **certifié.**

CERTIFICATEUR, TRICE [sɛʀtifikatœʀ, tʀis] **n.** – 1611 ◊ latin médiéval °*certificator* ▪ DR. *Certificateur de caution :* personne qui intervient pour garantir l'engagement pris par la caution elle-même. — **adj.** *Notaire certificateur.*

CERTIFICATION [sɛʀtifikasjɔ̃] **n. f.** – *certificacion* 1310 ◊ latin *certificatio* ▪ **1** DR. Assurance donnée par écrit. *Certification de signatures, de chèques.* ➤ **authentification.** ▪ **2** Certificat délivré par un organisme indépendant attestant la conformité (d'un produit, d'un service) aux normes et règlements en vigueur. *Certification ISO.*

CERTIFIÉ, IÉE [sɛʀtifje] **adj.** et **n.** – v. 1950 ◊ de *certificat,* d'après *certifier* ▪ Titulaire du C. A. P. E. S. (➤ FAM. **capésien**). *Professeur certifié.* — **n.** *Les certifiés et les agrégés.*

CERTIFIER [sɛʀtifje] **v. tr.** ⟨7⟩ – *certifier* 1172 ◊ latin *certificare* « rendre sûr *(certus)* » ▪ **1** Assurer qu'une chose est vraie. ➤ **affirmer, attester, confirmer, constater, garantir, témoigner.** *Certifier qqch. à qqn. Je vous certifie que ces informations sont exactes.* ▪ **2** DR. Garantir par un acte. *Certifier une signature.* ➤ **authentifier, légaliser. p. p. adj.** *Copie certifiée conforme. Chèque* certifié.* — *Certifier une caution,* en répondre (➤ **certificateur**). ▪ CONTR. Démentir, désavouer. Contester, nier.

CERTITUDE [sɛʀtityd] **n. f.** – 1375 ◊ latin *certitudo,* de *certus* ▪ **1** Caractère certain (I, A, 1°) ; ce qui est certain. ➤ **évidence, vérité.** *Certitude d'un fait. C'est maintenant une certitude.* « *Il y a contre lui des présomptions terribles, il n'y a pas une certitude absolue* » BOURGET. ▪ **2** État de l'esprit qui ne doute pas, n'a aucune crainte d'erreur. ➤ **assurance, conviction, croyance, opinion.** *Certitude fondée sur des preuves. J'ai la certitude qu'il viendra. Il avait la certitude d'être engagé ; de l'avoir déjà vue. J'en ai acquis la certitude.* ♦ (ABSOLT) PHILOS. Adhésion de l'esprit lorsqu'il sait. *Certitude immédiate, médiate, intuitive, discursive. Certitude en matière religieuse.* ➤ **foi.** *Certitude physique* (concernant un fait d'expérience) ; *morale.* « *Si ma certitude était à la merci des objections, ce ne serait plus une certitude* » MARTIN DU GARD. — **loc. adv.** *Avec, sans certitude. En toute certitude.* ▪ CONTR. Doute, hypothèse, illusion, incertitude, vraisemblance.

CÉRULÉEN, ENNE [seʀyleɛ̃, ɛn] **adj.** – 1797 ◊ de *cérulé* (XVIe), du latin *cæruleus,* racine *cælum* « ciel » ▪ LITTÉR. D'une couleur bleu ciel. « *le céruléen tapis de la mer* » GIDE.

CÉRUMEN [seʀymɛn] **n. m.** – 1726 ◊ latin médiéval *cærumen,* du classique *cera* « cire » ▪ Matière onctueuse et jaune, sécrétée par les glandes sébacées du conduit auditif externe. *Bouchon de cérumen* (COUR. bouchon de cire). *Coton-tige pour ôter le cérumen.* — **adj. CÉRUMINEUX, EUSE** [seʀyminø, øz].

CÉRUSE [seʀyz] **n. f.** – XIIIe ◊ latin *cerussa* ▪ Colorant blanc, carbonate basique de plomb que l'on employait en peinture. *Blanc de céruse. La céruse est un poison violent dont l'emploi est aujourd'hui interdit.*

CÉRUSÉ, ÉE [seʀyze] **adj.** – 1952 ◊ de *céruse* ▪ Se dit du bois d'ébénisterie dont les pores sont remplis d'une résine non toxique blanche ou colorée (autrefois, de céruse). *Meubles cérusés.*

CERVEAU [sɛʀvo] **n. m.** – XIVe ; 1080 *cervel* ◊ latin *cerebellum* « petite cervelle », diminutif de *cerebrum*

I (CONCRET) ▪ **1** Masse nerveuse contenue dans le crâne de l'être humain, comprenant le cerveau (2°), le cervelet, le bulbe et les pédoncules cérébraux. ➤ **encéphale ;** et aussi **diencéphale.** VIEILLI *Transport au cerveau :* congestion cérébrale. « *traiter le cerveau comme un récipient de souvenirs* » BERGSON. — ABUSIVEMENT *Rhume* de cerveau.* ▪ **2** (XVIe) ANAT. (sens restreint) Partie antérieure et supérieure de l'encéphale des vertébrés formée de deux hémisphères cérébraux et de leurs annexes (méninges). *Le cerveau est l'organe essentiel du système nerveux central.* « *Le cerveau définit l'homme, la personne. Et c'est la mort du cerveau qui définit la mort de l'homme tout entier* » J. BERNARD. *Lobes, circonvolutions du cerveau.* ➤ **cérébral.** *Écorce du cerveau.* ➤ **cortex.** *Localisations sensorielles du cerveau.* (ABUSIVEMENT) *Cerveau droit, gauche :* hémisphère cérébral droit, gauche. *Cerveau antérieur, moyen, postérieur :* parties du cerveau qui dérivent des vésicules cérébrales (antérieure, moyenne et postérieure) de l'embryon. — « *notre cerveau contient non seulement le superbe néo-cortex propre à la rationalité humaine, mais aussi l'héritage du cerveau mammifère (affectivité) et du cerveau reptilien (rut, agression, fuite)* » E. MORIN. *Cerveau reptilien,* siège des fonctions vitales. *Cerveau limbique,* sièges des émotions. ➤ **rhinencéphale.** *Cerveau supérieur,* siège du langage et de la pensée. — *Inflammation du cerveau.* ➤ **encéphalite.** *Tumeur au cerveau.*

II (1175) ABSTRAIT ▪ **1** Le siège de la vie psychique et des facultés intellectuelles. ➤ **esprit, tête ; cervelle.** *Cerveau puissant, bien organisé.* — LOC. FAM. *Avoir le cerveau malade, dérangé, fêlé :* être fou. *Lavage* de cerveau.* ▪ **2** PAR MÉTON. Personne quant à l'esprit. ➤ **esprit.** *C'est un grand cerveau, un cerveau :* une intelligence, un penseur, un découvreur. (1963 ◊ traduction de l'anglais *brain drain*) *Exode, fuite des cerveaux :* expatriation massive des chercheurs, des intellectuels vers des pays qui leur proposent de meilleures conditions de travail. — *Cerveau brûlé*.* ▪ **3** FIG. (1808) Organe central de direction. ➤ **centre.** *Cet homme est le cerveau de l'organisation. Le cerveau présumé des attentats.* ➤ aussi **commanditaire.** ▪ **4** SPÉCIALT (1954) *Cerveau électronique :* appareil qui effectue des opérations complexes portant sur de l'information (➤ 2 **ordinateur ; cybernétique**).

CERVELAS [sɛʀvəla] **n. m.** – *cervelat* 1552 ◊ italien *cervellato* « saucisse faite de viande et de cervelle de porc » ▪ **1** Saucisson cuit, gros et court, haché très fin, assez épicé. *Du cervelas à la vinaigrette. Un cervelas.* ▪ **2** Ancien instrument de musique à vent, court et renflé, en usage à la Renaissance et au XVIIe siècle.

CERVELET [sɛʀvəlɛ] **n. m.** – 1611 ◊ de *cerveau* ▪ ANAT. Partie postérieure et inférieure de l'encéphale constituée de deux lobes latéraux et d'un lobe central (➤ **vermis**), centre de coordination des mouvements musculaires. *Sillons, lobes du cervelet.* ➤ **cérébelleux.** *Substance grise, substance blanche, écorce du cervelet.*

CERVELLE [sɛʀvɛl] **n. f.** – *cervele* 1080 ◊ latin *cerebella,* fém. de *cerebellum* → cerveau ▪ **1** Substance nerveuse constituant le cerveau. LOC. *Se brûler, se faire sauter la cervelle :* se tuer d'un coup de pistolet dans la tête. ♦ CUIS. Cerveau des animaux tués, destiné à servir de mets. *Cervelle de veau, d'agneau. Cervelle meunière.* ▪ **2** Ensemble des facultés mentales. ➤ **cerveau** (II), **esprit, jugement.** *Tête sans cervelle.* ➤ **écervelé** (cf. N'avoir rien dans le crâne*). « *Belle tête, dit-il, mais de cervelle point* » LA FONTAINE. *Une cervelle d'oiseau, de moineau* (cf. Tête de linotte*). *Se creuser la cervelle :* réfléchir pour trouver qqch. (solution, souvenir). — FAM. *Cela lui trotte dans la cervelle :* il en a l'esprit occupé. — (PERSONNES) *C'est une petite cervelle.* ➤ **tête.** ▪ **3** (1894) *Cervelle de canut :* fromage blanc battu avec ciboulette hachée, sel, poivre et échalotes (spécialité lyonnaise).

CERVICAL, ALE, AUX [sɛʀvikal, o] **adj.** – 1560 ◊ du radical du latin *cervix, icis* « cou, nuque » ▪ ANAT. ▪ **1** Qui se rapporte à la région de la nuque. *Vertèbres cervicales.* ➤ **atlas,** 1 **axis.** *Arthrose cervicale.* ▪ **2** Qui se rapporte à un orifice en forme de col (de l'utérus, de la vessie). *Frottis cervical. Glaire* cervicale. Érosion cervicale.* ▪ **3** Relatif au collet d'une dent.

CERVICALGIE [sɛʀvikalʒi] **n. f.** – XXe ◊ du radical du latin *cervix, icis* « cou » et *-algie* ▪ MÉD. Douleur localisée à la nuque.

CERVIDÉS [sɛʀvide] **n. m. pl.** – 1886 ◊ latin *cervus* « cerf » ▪ Famille de mammifères ongulés *(ruminants)* dont les mâles portent des appendices frontaux caducs, les bois*. *Les cerfs, caribous, chevreuils, daims, élans, muntjacs, orignaux et les rennes sont des cervidés.* — Au sing. *Un cervidé.*

CERVIER ➤ **LOUP-CERVIER**

CERVOISE [sɛʀvwaz] **n. f.** – fin XIIe ◊ du latin d'origine gauloise *cervesia* ▪ Bière d'orge, de blé, fabriquée sans houblon en usage chez les Anciens, les Gaulois jusqu'au Moyen Âge.

CERVOLISTE ➤ **CERF-VOLISTE**

CES ➤ 1 **CE**

C. E. S. [seøɛs] n. m. – 1973 ◊ sigle ■ Collège d'enseignement secondaire.

CÉSALPINÉES [sezalpine] n. f. pl. – milieu XIXᵉ ◊ du nom d'un botaniste italien ■ Sous-famille de plantes *(légumineuses)* des régions tropicales, parfois acclimatées en Europe (séné, févier, arbre de Judée, etc.).

CÉSAR [sezaʀ] n. m. – *cézar* 1245 ◊ latin *Cæsar,* surnom de la gens Julia → césarienne ■ **1** Empereur romain. *« Et Rome à ses Césars fidèle, obéissante »* RACINE. ■ **2** (XVIIIᵉ) Souverain absolu. ➤ **empereur, dictateur.** *« Si l'anarchie engendre des Césars »* BAINVILLE. — adj. **CÉSARIEN, IENNE.** ■ **3** (du sculpteur *César* qui a créé le trophée) Récompense cinématographique française, analogue à l'Oscar* américain. *La Nuit des César* (marque déposée). *Le César de la meilleure actrice* (➤ 2 **césariser**).

CÉSARIENNE [sezaʀjɛn] n. f. – avant 1595 adj. ◊ latin *cæsar* « enfant mis au monde par incision », de *cædere* « couper » ■ Opération chirurgicale qui consiste à pratiquer une incision dans la paroi abdominale pour extraire l'enfant de l'utérus de la mère. ➤ **hystérotomie.** *Faire une césarienne.* ➤ 1 **césariser.**

1 **CÉSARISER** [sezaʀize] v. tr. ‹1› – milieu XXᵉ ◊ d'après *césarienne* ■ Faire subir une césarienne à (une femme). — p. p. adj. *Femme césarisée.*

2 **CÉSARISER** [sezaʀize] v. tr. ‹1› – 1981 ◊ de *César* (3ᵒ) ■ Récompenser par un César (3ᵒ). — Au p. p. *Film, acteur césarisé.*

CÉSARISME [sezaʀism] n. m. – 1851 ◊ de *César* ■ **1** Gouvernement de César, des Césars. ■ **2** VIEILLI Système politique, gouvernement d'un dictateur qui s'appuie ou tente de s'appuyer sur le peuple. ➤ **absolutisme, dictature.** *Le césarisme des Bonaparte.*

CÉSIUM [sezjɔm] n. m. – 1866 ◊ latin *cæsium,* neutre de *cæsius* « bleu », à cause de ses raies spectrales ■ CHIM. Élément atomique (Cs ; n° at. 55 ; m. at. 132,9054) du groupe des alcalins, métal mou, jaune. *Chlorure de césium. Horloge atomique au césium. Cellule photoélectrique au césium.* — On écrit parfois *cæsium.*

CESPITEUX, EUSE [sɛspitø, øz] adj. – 1867 ◊ latin *cespes, itis* « touffe, gazon » ■ BOT. Qui croît en touffes compactes. *Plantes cespiteuses.*

CESSANT, ANTE [sesɑ̃, ɑ̃t] adj. – 1666 ◊ p. prés. de *cesser* ■ LOC. *Toute affaire* (ou *chose*) *cessante, toutes affaires* (ou *choses*) *cessantes :* en interrompant tout le reste, en priorité.

CESSATION [sesasjɔ̃] n. f. – 1361 ◊ latin *cessatio* « lenteur ; arrêt » ■ Le fait de prendre fin ou de mettre fin à qqch. ➤ **abandon, arrêt, 1 fin, interruption, suspension.** *Cessation des hostilités :* armistice, trêve. *Cessation du travail :* chômage, grève, vacation. *Cessation momentanée* (➤ **apaisement, répit**), *complète d'une douleur* (➤ **disparition, suppression**). — DR. *Cessation de paiements :* situation d'un commerçant dont l'actif est insuffisant pour payer ses dettes. ➤ **faillite** (cf. Liquidation* des biens, redressement* judiciaire). *Être en cessation de paiements.* ■ CONTR. Continuation, maintien, persistance, prolongation, reprise.

CESSE [sɛs] n. f. – 1155 ◊ de *cesser* ■ **1** (Sans art. et en loc. négatives) *Il n'a ni repos ni cesse. Sans cesse ni repos. Sans fin ni cesse.* — PÉJ. *Ça n'a pas* (ou *plus*) *de cesse :* ça n'arrête pas. *N'avoir (point) de cesse que :* ne pas s'arrêter avant que. *Il n'aura pas de cesse qu'il n'obtienne, qu'il n'ait obtenu ce qu'il veut.* ■ **2 SANS CESSE :** sans discontinuer, sans arrêt* (plutôt péj.). ➤ **continuellement, toujours.** *Il me tourmente sans cesse. « Après avoir souffert, il faut souffrir encore ; il faut aimer sans cesse, après avoir aimé »* MUSSET.

CESSER [sese] v. ‹1› – fin XIᵉ *ne cesser de* « ne pas s'arrêter de » ◊ latin *cessare,* fréquentatif de *cedere* « céder »
■ Ne pas continuer.

I v. intr. Prendre fin, se terminer ou s'interrompre. ➤ **s'arrêter, finir, s'interrompre.** *Le vent a cessé. La fièvre a cessé.* ➤ **s'apaiser,** se **calmer, céder, disparaître, 1 tomber.** *La douleur cesse par intervalles. Le charme cesse.* ➤ **s'enfuir, s'évanouir, mourir.** *La lutte, le combat cesse, a cessé. « Le labeur cessant, la force disparaît »* CHATEAUBRIAND. *Les cours cessent en juin. « L'influence anesthésiante de l'habitude ayant cessé, je me mettais à penser, à sentir »* PROUST. ◆ **FAIRE CESSER.** ➤ **arrêter, détruire, interrompre, suspendre.** *Faites cesser ce bruit ! Faire cesser un abus, un scandale, des querelles.* ➤ **couper** (court), **étouffer, 1 stopper.**

II v. tr. ind. **CESSER DE** (et l'inf.). ■ **1** Ne pas continuer de. ➤ **s'arrêter.** *Cesser d'agir, de parler. Cesser d'être* (➤ **s'éteindre, expirer**). *Je cesserai désormais de fumer.* ➤ **s'abstenir.** *Cesser de lutter, de combattre.* ➤ **abandonner, renoncer** (à). *« Toutes les fois que j'ai cessé d'aimer une femme, je le lui ai dit »* MUSSET. *Journal qui cesse de paraître. La radio a soudain cessé de fonctionner.* ABSOLT *Vas-tu cesser ?* (PÉJ.). ■ **2 NE PAS CESSER DE :** continuer. *Après notre brouille, je n'ai pas cessé de le voir. Je n'ai pas cessé de l'aimer :* je l'aime encore. ◆ (Indiquant une action constante, réitérée) (cf. Sans cesse*.) *Il n'a pas cessé de me téléphoner. La pluie n'a pas cessé de tomber.* — (Avec *plus*) *Depuis lors, je n'ai plus cessé d'y penser.* — (Sans *pas*) *Il n'a cessé de m'importuner qu'il n'ait obtenu satisfaction* (LITTÉR.) ; *jusqu'à ce qu'il obtienne satisfaction.*

III v. tr. dir. (XIIᵉ) (Sujet animé) Ne plus faire (ce qu'on faisait). ➤ **arrêter, interrompre.** *Cessez ce vacarme ! Cesser tout effort, le travail, ses fonctions.* ➤ **abandonner.** *Cesser le combat, les poursuites.* ➤ **suspendre.**

■ CONTR. Continuer, durer, persister. Poursuivre, prolonger, reprendre.

CESSEZ-LE-FEU [sesel(ə)fø] n. m. inv. – 1945 ; *cessez le feu !* « sonnerie » 1919 ◊ de *cesser* et *feu* ■ Arrêt officiel, cessation des combats. *La ligne de cessez-le-feu. Des cessez-le-feu.*

CESSIBILITÉ [sesibilite] n. f. – 1845 ◊ de *cessible* ■ DR. Qualité d'une chose susceptible d'être cédée. *Cessibilité d'un droit, d'un bien.* ➤ **négociabilité.** ■ CONTR. Incessibilité.

CESSIBLE [sesibl] adj. – 1607 ◊ latin *cessibilis,* de *cedere* ■ DR. Qui peut être cédé. ➤ **négociable, transférable.** *Cette action est cessible dans deux ans.* ■ CONTR. Incessible.

CESSION [sesjɔ̃] n. f. – 1266 ◊ latin *cessio,* de *cedere* ■ DR. Action de céder (un droit, un bien) à titre onéreux, ou à titre gratuit. ➤ **transmission ; donation, transfert, transport, vente.** *Acte de cession. Cession de qqch. à qqn (par qqn). Cession de bail. Cession de biens* (par un débiteur). ➤ **abandon, délaissement.** *Cession de créances, de dettes. Cession-bail :* forme de crédit-bail où, dès le début, la propriété du bien est transférée de l'emprunteur à l'établissement de crédit, l'emprunteur pouvant en redevenir propriétaire en levant l'option d'achat au terme du contrat. *Des cessions-bail.* ■ CONTR. Achat, acquisition. ■ HOM. Session.

CESSIONNAIRE [sesjɔnɛʀ] n. – 1675 ; « celui qui fait cession » 1520 ◊ de *cession* ■ DR. Personne à qui une cession a été faite. ➤ **bénéficiaire.** *Cessionnaire d'une créance.* ■ CONTR. Cédant.

C'EST-À-DIRE [sɛtadiʀ] loc. conj. – 1306 ◊ traduction du latin *id est* ■ **1** Annonçant une précision, une équivalence de sens ou une définition, une traduction. ➤ **id est.** ABRÉV. *c.-à-d.* [sɛtadiʀ]. *Un radja, c'est-à-dire un prince de l'Inde* (cf. À savoir, en clair, en d'autres termes). *À la température voulue, c'est-à-dire 14 degrés. « À bonne température. – C'est-à-dire ? »* (cf. Plus précisément). ◆ Annonçant une équivalence, une qualification, dans les jugements subjectifs. *Ça vous fait gagner dix euros, c'est-à-dire presque rien. Un ami, c'est-à-dire un allié.* ➤ **donc.** ■ **2 C'EST-À-DIRE QUE :** cela signifie que. *Réduction du personnel, c'est-à-dire que nous risquons le chômage.* ◆ Annonçant une atténuation, une rectification dans une réponse. ➤ **seulement, simplement.** *Est-ce qu'il me déteste ? – C'est-à-dire qu'il en aime une autre.*

CESTE [sɛst] n. m. – XVᵉ ◊ latin *cæstus,* p.-ê. de *cædere* « frapper » ■ Courroie garnie de plomb dont les athlètes de l'Antiquité s'entouraient les mains pour le pugilat.

CESTODES [sɛstɔd] n. m. pl. – 1890 ; *cestoïdes* 1820 ◊ du radical du latin *cestus,* grec *kestos* « ceinture » ■ ZOOL. Classe de plathelminthes, vers parasites de l'intestin des vertébrés. Au sing. *Le ténia est un cestode.*

CÉSURE [sezyʀ] n. f. – 1537 ◊ latin *cæsura* « coupure », de *cædere* « couper » ■ **1** Repos* à l'intérieur d'un vers après une syllabe accentuée. *La césure classique coupe le vers en hémistiches et en marque la cadence.* ➤ 2 **coupe.** ■ **2** *Année de césure,* pendant laquelle un étudiant suspend ses études. *Prendre une année de césure pour partir à l'étranger.*

CET, CETTE ➤ 1 **CE**

C. E. T. [seøte] n. m. – 1973 ◊ sigle ■ Collège d'enseignement technique.

CÉTACÉS [setase] n. m. pl. – 1542, comme adj. ◊ du latin des zoologistes *cœtaceus,* du latin *cetus* « monstre marin », emprunté au grec *kêtos* ■ Ordre des mammifères aquatiques possédant des nageoires antérieures et une nageoire caudale horizontale. *Les cétacés à dents* (➤ **odontocètes**). *Les cétacés à fanons* (➤ **mysticètes**). *Étude des cétacés.* ➤ **cétologie.** — Au sing. *Harponner un cétacé.*

CÉTANE [setan] n. m. – 1900 ◊ de *cét(ène),* du latin *cetus,* grec *kêtos* « baleine », et suffixe chimique ■ CHIM. Hydrocarbure saturé $C_{16}H_{34}$, constituant du pétrole. ➤ **hexadécane.** *Indice de cétane du gazole* (aptitude à l'allumage).

CÉTEAU [seto] **n. m.** – 1870 *sétau* ◊ d'un dérivé dialectal du latin *sagitta* «flèche» ■ RÉGION. **(côte atlantique au sud de la Loire)** Petit poisson de mer de la famille de la sole, appelé aussi *langue d'avocat* ou *langue de chat. Des céteaux.*

CÉTÉRAC [seteʀak] **n. m.** – 1314 ◊ latin médiéval *ceteraceum*, de l'arabe *sitrak* ■ BOT. Fougère *(polypodiacées)* commune entre les pierres des vieux murs, appelée aussi *herbe à dorer.* — On écrit aussi *cétérach.*

CÉTOINE [setwan] **n. f.** – 1790 ◊ latin des zoologistes *cetonia* ; origine inconnue ■ ZOOL. Insecte coléoptère *(scarabéidés)* aux vives couleurs métalliques. *La cétoine dorée, dite* hanneton des roses.

CÉTOLOGIE [setɔlɔʒi] **n. f.** – 1789 ◊ de *céto-*, du grec kêtos «gros animal marin», et *-logie* ■ DIDACT. Étude des cétacés. — **adj.** (1843) **CÉTOLOGIQUE.**

CÉTOLOGUE [setɔlɔg] ou **CÉTOLOGISTE** [setɔlɔʒist] **n.** – 1858, -1860 ◊ de *cétologie* ■ DIDACT. Zoologiste spécialiste des cétacés.

CÉTONE [setɔn] **n. f.** – 1903 ◊ abrév. de *acétone* ■ CHIM. Composé de formule générale R–CO–R′ obtenu par substitution d'un radical R′ à partir d'un aldéhyde ou par oxydation d'un alcool secondaire. ➤ **acétone.** — *Fonction cétone* : groupement CO– dans une molécule.

CÉTONÉMIE [setɔnemi] **n. f.** – milieu XXe ◊ de *cétone* et *-émie* ■ MÉD. Présence de corps cétoniques dans le sang. ➤ **acétonémie.**

CÉTONIQUE [setɔnik] **adj.** – 1899 ◊ de *cétone* ■ CHIM. Relatif à une cétone, qui en a les propriétés. *Corps cétoniques* : l'acétone et ses précurseurs métaboliques.

CÉTONURIE [setɔnyʀi] **n. f.** – milieu XXe ◊ de *cétone* et *-urie* ■ MÉD. Présence de corps cétoniques (surtout acétone) dans l'urine. ➤ **acétonurie.**

CEUX ➤ **CELUI**

CEVICHE [sevitʃe] **n. m.** /CÉVICHE/ – 1996 ◊ mot péruvien d'origine incertaine ■ Marinade de poisson cru au citron, spécialité d'Amérique latine. *Ceviche d'espadon.*

Cf. ou **cf.** [kɔ̃fɛʀ] – abrév. du latin *confer*, impératif de *conferre* «comparer, rapprocher» ■ Indication invitant le lecteur à se référer à ce qui suit.

C. F. A. [seɛfɑ] **n. m.** et **adj.** – 1945 ◊ sigle de *communauté financière africaine* ■ *Franc C. F. A.* : unité monétaire (franc), en circulation dans certains États africains (Cameroun, Togo, Sénégal, etc.). *Payer en francs C. F. A.*, ELLIPT *en C. F. A. La parité fixe euro-C. F. A.*

C. F. A. O. [seɛfao] **n. f.** – 1986 ◊ sigle ■ Conception et fabrication assistées par ordinateur.

C. F. C. ➤ **CHLOROFLUOROCARBONE**

C. G. S. [seʒeɛs] **adj.** – 1881 ◊ sigle ■ MÉTROL. *Système C. G. S.* : système d'unités de mesure ayant pour unités de base le centimètre, le gramme et la seconde. *L'erg, le maxwell, le gal sont des unités C. G. S.*

ch Symbole de *cheval*-vapeur.*

CHAB, CHABA ➤ **CHEB, CHEBA**

CHABBAT ➤ **SABBAT** (1°)

CHABICHOU [ʃabiʃu] **n. m.** – 1877 ◊ altération du limousin *chabrichou*, de *chabro*, forme dialectale de *chèvre* ■ Fromage de chèvre du Poitou, à saveur très fruitée. *Des chabichous.*

CHABIN, INE [ʃabɛ̃, in] **n.** et **adj.** – 1892 ◊ de *chabin* «animal né de l'accouplement d'un bouc et d'une brebis» (1782), mot du centre de la France, du latin *caprinus* → caprin ■ **(Antilles, Haïti)** Métis aux traits de type africain, aux cheveux crépus blonds ou roux et à la peau claire. «*nègres, mulâtres, chabins*» R. CONFIANT.

CHÂBLE [ʃɑbl] **n. m.** – 1584 ; 1346 *chaible* ◊ du grec *katabole* «lancement» ■ RÉGION. **(Savoie, Suisse)** Passage naturel en pente rapide, déboisé, où l'on fait dévaler dans les forêts de montagne les troncs, les billes de bois.

1 **CHABLIS** [ʃabli] **n. m.** – 1600 ◊ du dialectal *chabler* «gauler» ■ Arbre, bois abattu par le vent, ou tombé de vétusté.

2 **CHABLIS** [ʃabli] **n. m.** – 1789 ◊ nom de lieu ■ Vin blanc sec de *Chablis*, en Bourgogne.

CHABLON [ʃablɔ̃] **n. m.** – 1904 ◊ de l'allemand *Schablone* ■ **(Suisse)** ■ **1** Pochoir, patron. *Motifs faits au chablon.* ■ **2** HORLOG. Ensemble des pièces détachées qui, après assemblage, composent le mouvement d'une montre.

CHABOT [ʃabo] **n. m.** – 1544 ; *cabot* 1220 ◊ ancien provençal *cabotz*, latin populaire *capoceus*, de *caput* «tête» ■ Poisson à grosse tête *(cottidés)* dont une espèce vit près des côtes rocheuses.

CHABRAQUE [ʃabʀak] **n. f.** – 1813 ; *schabraque* 1803 ◊ allemand *Schabracke* ; turc *çaprak* ■ ANCIENNT Couverture, pièce de drap ou peau que l'on mettait sur les chevaux de selle de certaines troupes de cavalerie (hussards, etc.).

CHABROL [ʃabʀɔl] ou **CHABROT** [ʃabʀo] **n. m.** – 1876 ◊ occitan *chabro*, latin *capreolus* «chevreuil» ■ Mélange de vin rouge et de bouillon chaud. *Faire chabrol* : verser son verre de vin dans le fond de son assiette de soupe et boire le mélange.

CHACAL [ʃakal] **n. m.** – *ciacale* 1646 ◊ du turc *čakāl*, du sanskrit *sṛgāl āḥ* «le hurleur», par le persan ■ **1** Mammifère carnivore *(canidés)* d'Asie et d'Afrique ressemblant au renard et se nourrissant essentiellement de charognes. *Un troupeau, une bande de chacals. Les chacals jappent.* ■ **2** PÉJ. Personne avide, cruelle qui profite des victoires des autres en s'acharnant sur les vaincus (➤ **charognard, vautour**). — Arriviste sans scrupule. «*un jeune chacal de l'X avec des fourmis dans les jambes*» KERANGAL.

CHA-CHA-CHA [tʃatʃatʃa] **n. m. inv.** /CHACHACHA **n. m.**/ – v. 1955 ◊ onomat. d'origine sud-américaine ■ Danse d'origine mexicaine dérivée de la rumba* et du mambo*.

CHACHLIK [ʃaʃlik] **n. m.** – 1825 ◊ mot caucasien ■ CUIS. Mouton grillé en brochettes, spécialité russe.

CHACONNE ou **CHACONE** [ʃakɔn] **n. f.** – 1674, -1619 ◊ espagnol *chacona* ■ **1** (XVIIe-XVIIIe) Danse lente à trois temps. ■ **2** Pièce instrumentale dérivant de la chaconne, formée de variations sur un motif répété à la basse (➤ aussi **passacaille**). *Chaconne pour violon de J.-S. Bach.*

CHACUN, UNE [ʃakœ̃, yn] **pron. indéf.** – *chascun* fin XIe ; *cadhun, cheün* 842 ◊ latin populaire *cascunum*, croisement de *quisque unus* «chaque un» et de *catunum*, de *(unus) cata unum* «un par un» ■ **1** Personne ou chose prise individuellement dans un ensemble, un tout. ➤ **chaque, un.** *Chacun de nous, chacun d'eux, d'entre eux. Chacune d'elles s'en alla. Chacun des deux* : l'un et l'autre. «*Chacun en a sa part et tous l'ont tout entier*» HUGO. *Les jeunes filles «leur donnèrent la becquée chacune à son tour»* GAUTIER. *Retournez chacun à votre place ; nous partirons chacun de notre côté. Ils ont bu chacun sa bouteille ou chacun leur bouteille. Chacun rentra chez lui, chez soi.* ■ **2** ABSOLT Toute personne. *Chacun pense d'abord à soi. À chacun selon son mérite, son dû. «Chacun son métier, Les vaches seront bien gardées»* FLORIAN. PROV. *Chacun pour soi et Dieu pour tous* : que chacun veille égoïstement à ses intérêts, laissant à Dieu le soin de l'intérêt général. ■ **3 n. f.** PLAISANT *Chacun sa chacune* : une fille avec chaque garçon. ■ **4 n. m.** VIEILLI *Un chacun* : chaque personne. «*À la satisfaction d'un chacun*» ZOLA. MOD. *Tout un chacun. Il voudrait bien réussir, comme tout un chacun.*

CHADBURN [ʃadbœʀn] **n. m.** – 1932 ◊ n. pr. ■ MAR. Appareil transmetteur* d'ordres. *Il y avait «un compas, un chadburn, une boîte de morse»* VERCEL. *Des chadburns.*

CHAFOUIN, INE [ʃafwɛ̃, in] **n.** et **adj.** – 1650 ; «putois» 1611 ◊ de 1 *chat* et *fouin*, masc. de *fouine* ■ **1** VX Personne qui a une mine sournoise, rusée. ■ **2 adj.** MOD. ➤ **rusé, sournois.** *Mine chafouine.*

1 **CHAGRIN, INE** [ʃagʀɛ̃, in] **adj.** – fin XIVe ◊ p.-ê. de 1 *chat* et *grigner* ■ **1** VIEILLI Qui est rendu triste par un évènement fâcheux. ➤ **affligé, attristé, peiné.** *J'en suis fort chagrin.* ■ **2** LITTÉR. Qui est ordinairement d'un caractère triste, morose. ➤ **bilieux, maussade,** 1 **morose, sombre.** *Un esprit chagrin.* PAR EXT. *Avoir l'air chagrin. Il est d'humeur chagrine.* ■ CONTR. Enjoué, gai, jovial, joyeux, réjoui.

2 **CHAGRIN** [ʃagʀɛ̃] **n. m.** – 1450 ◊ de 1 *chagrin* ■ **1** VX (au XVIIe) Irritation (contre qqn, qqch.) ; humeur maussade, chagrine. «*Quel chagrin vous possède ? Quelle mauvaise humeur te tient ?*» MOLIÈRE. ■ **2** MOD. *Le chagrin* : état moralement douloureux. ➤ **affliction, douleur,** 3 **mal, peine, souffrance, tristesse.** *Avoir, ressentir du chagrin, beaucoup de chagrin.* ■ **3** *Un chagrin* : peine ou déplaisir causé par un évènement précis. ➤ **contrariété, déboire, déception, ennui.** *Éprouver un grand, un terrible chagrin. Chagrin d'amour. «Quand on parle de "chagrin d'amour" on n'envisage que celui qui aime sans être aimé»* TOURNIER. — *Chagrin d'enfant. Un gros chagrin.* ■ CONTR. Gaieté, joie, 1 plaisir.

3 **CHAGRIN** [ʃagʀɛ̃] **n. m.** – *sagrin* 1606 ◊ turc *sâgri* ■ Cuir grenu, fait de peau de mouton, de chèvre, d'âne, de mulet ou de cheval. *Livre relié en plein chagrin. Peau* de chagrin.*

CHAGRINANT, ANTE [ʃagʀinɑ̃, ɑ̃t] **adj.** – 1695 ◊ de 1 *chagriner* ■ RARE Qui cause de la peine, du chagrin. ➤ **attristant, contrariant.**

1**CHAGRINER** [ʃagʀine] **v. tr.** ‹1› – XVe ◇ de 2*chagrin* ■ **1** VX Irriter, rendre maussade. ➤ **fâcher.** ■ **2** MOD. Rendre triste, faire de la peine à. ➤ **affliger, attrister, contrarier, peiner.** *Ce qui me chagrine, c'est que...* ➤ **tracasser.** *«sa longue absence qui me chagrine bien»* QUENEAU. ■ CONTR. Réjouir.

2**CHAGRINER** [ʃagʀine] **v. tr.** ‹1› – 1700 ◇ de 3*chagrin* ■ TECHN. Travailler (une peau) de manière à la rendre grenue. — **p. p. adj.** *Peau chagrinée.* PAR ANAL. *Papier chagriné.*

CHAH ➤ **SHAH**

CHAHUT [ʃay] **n. m.** – 1821 ◇ de *chahuter* ■ **1** VX Danse populaire tapageuse, à la mode entre 1830 et 1850. ■ **2** (1837) MOD. Agitation bruyante. ➤ **tapage, tumulte, vacarme*** ; FAM. **bordel, chambard, cirque.** *Faire du chahut. Quel chahut !* ◆ SPÉCIALT Tumulte d'élèves, destiné à protester contre un professeur. *Déclencher un chahut.*

CHAHUTER [ʃayte] **v.** ‹1› – 1821 ◇ origine inconnue, p.-ê. dialectale, cf. *cahuer* «huer», *cahuler* «crier de douleur»

I **v. intr.** ■ **1** VX Danser le chahut* (en s'agitant, en criant). ■ **2** (1837) MOD. Faire du chahut dans une classe. *Ce cancre passe son temps à dormir ou à chahuter* (➤ **chahuteur**). ◆ *Chahuter avec qqn,* le bousculer pour rire et jouer de manière vive et bruyante. *Chahuter avec les enfants.*

II **v. tr.** ■ **1** Bousculer, malmener pour protester. *Les manifestants ont chahuté et hué le ministre. Chahuter un professeur,* faire du chahut pendant son cours. — **p. p. adj.** *Un prof chahuté.* ■ **2** Bousculer, taquiner (qqn) pour rire ou pour le plaisir. *Il aime chahuter les filles.* ■ **3** FIG. Modifier d'une manière brutale. ➤ **bousculer.** *Chahuter les habitudes.*

CHAHUTEUR, EUSE [ʃaytœʀ, øz] **adj. et n.** – 1837 ◇ de *chahuter* ■ Qui aime chahuter (I, 2°). *Une classe chahuteuse.*

CHAI [ʃɛ] **n. m.** – 1482 ◇ forme poitevine de *quai* ■ Magasin situé au rez-de-chaussée où l'on emmagasine les alcools, les vins en fûts. ➤ 1**cave, cellier.** *Visiter les chais d'une coopérative vinicole.*

CHAÎNAGE [ʃɛnaʒ] **n. m.** /CHAINAGE/ – 1605 ◇ de *chaîne* et de *chaîner* ■ **1** Mesure d'un terrain avec la chaîne d'arpenteur. ➤ **arpentage.** ■ **2** Dispositif intérieur de bois ou de fer qui empêche l'écartement de deux murs. ➤ **étayage.** ■ **3** INFORM. Technique consistant à assurer automatiquement l'exécution séquentielle d'un certain nombre de tâches. — Organisation d'informations en mémoire selon laquelle chaque élément contient l'adresse du suivant. *Chaînage avant, chaînage arrière.*

CHAÎNARD, ARDE [ʃɛnaʀ, aʀd] **n.** /CHAINARD, ARDE/ – 1983 ◇ de *chaîne* II, C ■ (Algérie) Personne qui fait la queue, qui se trouve dans une file d'attente.

CHAÎNE [ʃɛn] **n. f.** /CHAINE/ – fin XIe ◇ du latin *catena* (→ caténaire), qui a également donné *cadenas,* par l'intermédiaire de l'ancien occitan

I **SUITE D'ANNEAUX ENTRELACÉS** (➤ **chaînon,** 1**maille, maillon**) **A. OBJET** ■ **1** Dispositif formé d'anneaux entrelacés servant à orner. ➤ **chaînette, gourmette.** *Chaîne et médaille offertes au baptême. Chaîne d'or, d'argent. Chaîne de cou.* ➤ **collier, sautoir.** *Chaîne de montre.* — *Chaîne d'huissier.* ■ **2** Dispositif formé d'anneaux entrelacés servant à manœuvrer, attacher. *La chaîne d'un puits. Chaîne d'attache, de tirage. Tendre une chaîne en travers d'une allée, pour empêcher le passage. Chaîne de sûreté,* qui retient une porte entrebâillée. ■ **3** MÉCAN. Suite d'éléments métalliques (anneaux) servant à transmettre un mouvement. *Chaîne de transmission. Chaîne sans fin* (de Galle, de Vaucanson). *Chaîne en S.* — COUR. *Chaîne (de bicyclette),* qui transmet le mouvement du pédalier à la roue. *La chaîne a sauté.* ◆ *Scie à chaîne :* outil constitué d'une chaîne à maillons tranchants utilisé pour le travail du bois (➤ **tronçonneuse**). ◆ *Chaîne d'arpenteur,* pour les mesures de terrain. ■ **4** AU PLUR. *Chaînes de pneus.* Dispositif formé de chaînes assemblées, qu'on met aux pneus pour éviter de glisser sur la neige.

B. MOYEN, FACTEUR DE DÉPENDANCE ■ **1** Ce dispositif, pour attacher un animal ou une personne. *Mettre un chien à la chaîne* (➤ **enchaîner**). *Chaînes du bagnard, du galérien. Le fantôme avec sa chaîne et son boulet.* — LITTÉR. *La chaîne, les chaînes :* la peine des galères, le bagne ; l'état de forçat, d'esclave (**pr. et fig.**). ◆ (1600) FIG. VX ou LITTÉR. Ce qui enchaîne, rend esclave. ➤ **asservissement** (cf. Les fers). *Briser, secouer ses chaînes :* s'affranchir, se délivrer. *«une liberté réglée constitue une chaîne plus étroite que l'absence de loi»* RENAN. ■ **2** FIG. et LITTÉR. Lien d'affection, lien d'habitude qui unit des personnes indépendamment de leur volonté. ➤ **attache, attachement,** 1**union.** *«une ancienne et forte liaison, une de ces chaînes qu'on croit rompues et qui tiennent toujours»* MAUPASSANT.

II **OBJET (CONCRET OU ABSTRAIT) COMPOSÉ D'ÉLÉMENTS SUCCESSIFS SOLIDEMENT LIÉS** (➤ **succession, suite**) **A. CHAÎNE FORMÉE DE CHOSES CONCRÈTES** ■ **1** (fin XIIIe) Ensemble des fils d'un tissu disposés suivant sa longueur (opposé à *trame*). *Les fils de chaîne.* ■ **2** (1653) Suite d'accidents du relief rattachés entre eux. *Une chaîne de montagnes.* ➤ **cordillère.** *La chaîne des Alpes. Chaînes et massifs.* — *Chaîne d'écueils, de rochers. Chaîne d'étangs.* ■ **3** GÉOL. *Chaîne des sols :* série des sols étagés du haut en bas d'une pente. ■ **4** GÉOD. Suite de triangles alignés pour les mesures géodésiques. ➤ **triangulation.** ■ **5** (1694) TECHN. Pilastre appareillé incorporé à un mur (généralement construit en matériau plus léger) pour le consolider. ➤ **chaînage** (2°). *Chaîne d'angle d'un mur.* ■ **6** ANAT. Succession (d'éléments anatomiques). *Chaînes ganglionnaires.* ■ **7** CHIM. Molécule ou partie de molécule organique composée d'atomes de carbone liés. *Chaîne linéaire, ramifiée, cyclique. Chaîne latérale*. Chaînes ouvertes* (des corps de la série acyclique), *fermées* (des corps de la série cyclique ➤ **cyclisation**). — BIOCHIM. *Chaîne lipidique. Chaîne polypeptidique des protéines. Chaîne de nucléotides de l'ADN.* ■ **8** AUDIOVIS. Ensemble d'appareils assurant la transmission des signaux. ◆ COUR. *Chaîne haute-fidélité :* dispositif de reproduction sonore de très bonne qualité, formé d'éléments séparés (tourne-disque ou platine, lecteur laser*, amplificateur, tuner, radio, magnétophone, haut-parleurs). *Une chaîne stéréo. Chaîne compacte,* où sont rassemblés en un seul bloc les divers éléments. ➤ **minichaîne.** ◆ Ensemble d'émetteurs de radiodiffusion (➤ **station**), de télévision diffusant un même programme (➤ **canal** [ANGLIC.]). ■ **9** Organisme de production et de diffusion de programmes télévisés ; ces programmes. *Chaîne publique, privée. Chaîne hertzienne, câblée*, cryptée*. Chaîne payante. Chaîne généraliste, thématique. Chaîne d'information (en continu). Les chaînes de la T. N. T. Sur quelle chaîne ? Changer de chaîne* (➤ **zapper**). *L'audience d'une chaîne.* ◆ Ensemble de vidéos postées par une même personne, un même groupe sur un site d'hébergement. *S'abonner à la chaîne d'un youtubeur.* ■ **10** AUTOMAT. Ensemble d'éléments assurant des traitements de signaux. *Chaîne d'asservissement.* ■ **11** (1863) Installation formée de postes successifs de travail et du système les intégrant. *Chaîne de fabrication, de montage. Chaîne automatisée.* — LOC. *Travail à la chaîne,* sur une chaîne d'assemblage, de fabrication ; PAR EXT. travail fastidieux, monotone. *Travailleur, ouvrier à la chaîne.* — *À la chaîne :* à la suite, en grande quantité. ■ **12** (v. 1955) Réseau d'entreprises associées dans le commerce de détail. *Chaîne de vente.* ➤ **circuit, réseau.** *Chaîne de magasins*, de grandes surfaces. Chaîne volontaire :* association de grossistes et détaillants assurant une fonction de groupage des achats et des services particuliers à ses membres. — *Chaîne d'hôtels, de restaurants :* hôtels, restaurants dépendant d'un même groupe, portant le même nom, pratiquant les mêmes formules.

B. CHAÎNE FORMÉE DE CHOSES ABSTRAITES ■ **1** (1637) Série, succession d'éléments liés les uns aux autres. *La chaîne des associations d'idées. «tous les anneaux de la chaîne qui lie la cause première à son effet final»* TAINE. ■ **2** ÉCOL. *Chaîne alimentaire :* rapport nutritionnel qui existe entre les différentes espèces, depuis le végétal jusqu'à l'être humain, qui forment une suite d'êtres vivants, chaque individu mangeant celui qui le précède. ■ **3** *Chaîne du froid :* ensemble des moyens mis en œuvre pour assurer la conservation de denrées périssables de leur production à leur consommation. *Briser la chaîne du froid entraîne le développement de micro-organismes pathogènes.* ■ **4** (1946) CHIM. *Réaction en chaîne :* réaction se produisant par l'intermédiaire d'une série d'étapes (➤ **initiation, propagation, terminaison**) pouvant se reproduire indéfiniment (➤ **caténaire**) ; PHYS. NUCL. réaction nucléaire dans laquelle les particules élémentaires (neutrons) émises provoquent des réactions similaires dans les noyaux voisins. — COUR. Succession de phénomènes déclenchés les uns par les autres. *La grève s'étendit à tout le pays par une réaction en chaîne.* ■ **5** SC. *Structure de chaîne :* structure linéaire. — LING. *La chaîne du discours, la chaîne parlée :* succession des éléments d'un énoncé (➤ **séquence**).

C. CHAÎNE FORMÉE DE PERSONNES ■ **1** (1832) Suite de personnes qui se transmettent qqch. de main en main. *Faire la chaîne pour passer des seaux d'eau.* — *Chaîne de solidarité :* association d'entraide. ■ **2** *Danse en chaîne,* où l'on se donne la main (➤ **farandole**). *Formez la chaîne !* ■ **3** (1977 ◇ calque de l'arabe) (Algérie) File d'attente, queue. *«il n'y a pas foule, et les chaînes devant les guichets d'enregistrement s'égrènent tranquillement»* Y. KHADRA. *Faire la chaîne.* ➤ RÉGION. **chaîner.**

■ HOM. Chêne.

CHAÎNÉ, ÉE [ʃene] adj. /CHAINÉ, ÉE/ – 1942 ◊ de *chaîne* ■ *Pneu chaîné,* muni de chaînes antidérapantes. ➤ aussi **clouté.**

CHAÎNER [ʃene] v. ‹1› /CHAINER/ – 1836 ◊ de *chaîne*

I v. tr. ■ **1** Mesurer avec la chaîne d'arpenteur. ■ **2** ARCHIT. Relier par un chaînage (des murs dont on veut empêcher l'écartement).

II v. intr. (1986 ◊ de *chaîne* II, C) (Algérie) Faire la queue, se trouver dans une file d'attente (➤ **chaînard**).

CHAÎNETTE [ʃɛnɛt] n. f. /CHAINETTE/ – *chaanette* fin XIIe ◊ de *chaîne* ■ **1** Petite chaîne. *Chaînette de mors, de bracelet.* ➤ **gourmette.** ■ **2** COUT. *Point de chaînette,* formé d'une succession de boucles évoquant les maillons d'une petite chaîne (broderie, crochet). — *Monter une chaînette,* le premier rang d'un ouvrage au crochet. ■ **3** MATH. Courbe caractéristique que forme un fil pesant flexible et homogène, suspendu par ses deux extrémités à deux points fixes, qui représente graphiquement la fonction cosinus hyperbolique.

CHAÎNEUR, EUSE [ʃɛnœʀ, øz] n. /CHAINEUR, EUSE/ – 1836 ◊ de *chaîner* ■ Arpenteur, arpenteuse qui mesure à la chaîne.

CHAÎNIER, IÈRE [ʃenje, jɛʀ] n. /CHAINIER, IÈRE/ – 1795 ◊ de *chaîne* ■ TECHN. Ouvrier, ouvrière qui forge les grosses chaînes.

CHAÎNISTE [ʃenist] n. /CHAINISTE/ – 1853 ◊ de *chaîne* ■ TECHN. Ouvrier, ouvrière en bijouterie qui fait des chaînes en métal précieux.

CHAÎNON [ʃɛnɔ̃] n. m. /CHAINON/ – 1390 ; «anneau auquel est suspendue la corde du condamné» v. 1200 ◊ de *chaîne* ■ **1** Anneau d'une chaîne. ➤ 1 **maille, maillon.** ■ **2** FIG. Lien intermédiaire ; élément d'une chaîne (FIG.). «*de chaînon en chaînon, on se perd en dédale d'idées sans retrouver l'origine*» MARTIN DU GARD. *Le chaînon manquant**. ■ **3** Petite chaîne de montagnes ; partie d'une chaîne de montagnes.

CHAINTRE [ʃɛ̃tʀ] n. f. ou m. – 1405 ◊ var. région. de *cintre* cf. *voûte chintrée* «cintrée» (1349) ■ AGRIC. Espace sur lequel tourne la charrue ou le tracteur à l'extrémité de chaque raie de labour.

CHAIR [ʃɛʀ] n. f. – milieu XIe ◊ du latin *caro, carnis* → acharné, charcutier ; carne, carnaval

I ÉLÉMENT DU CORPS ■ **1** Substance molle du corps des êtres humains ou des animaux, essentiellement constituée des tissus musculaire et conjonctif (opposé à *squelette*). *La chair et les os. La chair et la peau. La chair et le sang. Ongle qui pénètre dans les chairs* (➤ **incarné**). *La balle a pénétré dans les chairs. Lésion des chairs* (blessures, plaies) ; *chairs tuméfiées, gangrénées. Excroissance de chair. Lambeaux de chair.* — *En chair et en os**. *Chair à canon**. — *Être (bien) en chair :* avoir de l'embonpoint. ■ **2** (XIIe) État extérieur du corps humain ; aspect de la peau. *Chairs rebondies. Chair molle, flasque, ferme. Chair satinée, blanche, pâle, rose, dorée.* ➤ **carnation.** «*Il est des parfums frais comme des chairs d'enfants*» BAUDELAIRE. «*ils se sont complu à peindre la chair florissante et saine,* [...] *la pulpe sanguine et sensible qui s'épanouit opulemment à la surface de l'être animé*» TAINE. — PEINT. (AU PLUR.) Parties nues des personnages. *Les chairs sont bien rendues dans ce tableau.* ◆ *Avoir* **LA CHAIR DE POULE**, la peau qui se hérisse (sous l'effet du froid, d'une frayeur, etc.) par l'érection des follicules pileux. *Donner la chair de poule à qqn,* exciter sa frayeur, son horreur ; son trouble. ➤ **frisson, horripilation.** «*J'ai passé l'âge de rougir, pas celui de me troubler, tant mieux. Le genou de Narcisse me donne toujours la chair de poule*» J.-L. BORY. ■ **3** *Couleur chair :* beige rosé, de la couleur naturelle de la peau des personnes blanches. *Des bas couleur chair.* — ADJT INV. *Des collants chair.* ■ **4** FIG. Consistance. «*Le mot est la chair de l'idée. Cette chair vit*» HUGO. *Donner chair :* donner vie. *Comédien qui donne chair à son personnage.*

II SYMBOLE DU CORPS, OPPOSÉ À L'ESPRIT (fin XIe) ■ **1** Le corps (opposé à l'esprit, à l'âme). RELIG. *Le Verbe** *s'est fait chair.* ➤ **incarnation.** *Un être de chair et de sang. Souffrir dans sa chair.* ➤ **corps.** *Résurrection** *de la chair.* «*La chair est cendre, l'âme est flamme*» HUGO. — «*l'enfant qu'elle avait porté dans son sein, la chair de sa chair*» BOURGET. ■ **2** (fin XIIe) Les instincts, les besoins du corps ; les sens*. ➤ **sensualité.** *La faiblesse de la chair.* «*La chair est triste, hélas ! et j'ai lu tous les livres*» MALLARMÉ. ◆ SPÉCIALT La sexualité. ➤ **concupiscence, luxure, sexualité.** *L'appel de la chair.* ➤ **désir, tentation.** *Les plaisirs de la chair.* «*aucune joie de la chair ne valait qu'on lui sacrifiât son repos*» COSSERY. — RELIG. *Œuvre de chair, péché de (la) chair* (➤ **fornication**).

III ALIMENT ■ **1** (milieu XIe) VX Partie molle, comestible de certains animaux. ➤ **viande ; carne.** «*Les animaux carnivores se nourrissent de chair ; l'homme mange de la viande*» LITTRÉ. — *Chair crue, cuite. L'ogre «flairait à droite et à gauche, disant qu'il sentait la chair fraîche»* PERRAULT. ■ **2** RELIG. Aliment gras ; viande des mammifères et des oiseaux (par oppos. au poisson, aliment maigre). *Vendredi chair ne mangeras :* tu ne mangeras pas de viande le vendredi (commandement de l'Église). — LOC. *Ni chair ni poisson :* indécis, indéfinissable. «*Un être mi-chair mi-poisson qui ressemble à un homme, qui veut l'imiter et qui n'en est pas un*» É. BADINTER. ■ **3** MOD. **CHAIR À SAUCISSE :** préparation à base de maigre et de gras de porc hachés et assaisonnés (➤ 1 **farce**). — LOC. FAM. *Hacher menu comme chair à pâté :* mettre en pièces, en menus morceaux. ■ **4** (Qualifié) Partie comestible d'animaux (sauf lorsqu'il s'agit de viande de mammifères) et de végétaux. *Cette volaille, ce poisson a une chair délicate, tendre. La chair parfumée, fondante d'une poire* (➤ **pulpe**). — *Chair de la tomate, de la pêche* (➤ **charnu**).

■ CONTR. Squelette. — Âme, cœur, esprit. ■ HOM. Chaire, cheire, cher, chère.

CHAIRE [ʃɛʀ] n. f. – *chaière* XIe (→ chaise) ◊ latin *cathedra* «siège à dossier», grec *kathedra* ■ **1** Siège d'un pontife dans le chœur d'une église. — PAR EXT. Dignité pontificale. *La chaire de saint Pierre, la chaire pontificale,* celle du pape ; la dignité, l'autorité du souverain pontife. ➤ **Saint-Siège.** ■ **2** (XVIe) Tribune élevée, du haut de laquelle un ecclésiastique adresse aux fidèles ses instructions et ses enseignements. *La chaire du prédicateur. L'escalier, le dais, l'abat-voix de la chaire. Chaire de bois sculpté. Chaire des anciennes basiliques.* ➤ **ambon.** *Monter en chaire.* — (1694) *L'éloquence de la chaire.* ➤ 1 **prédication ; homélie, oraison, panégyrique, prêche, prône, sermon.** ■ **3** (XIIIe) Tribune du professeur. *Le professeur est en chaire.* — PAR EXT. (1636) Poste le plus élevé du professorat dans l'enseignement supérieur. *Professeur** *titulaire de chaire. Une chaire de droit, de littérature, de sémiologie. La création d'une chaire officialise un enseignement.* ■ HOM. Chair, cheire, cher, chère.

CHAISE [ʃɛz] n. f. – *chaeze* 1420 ◊ var. de *chaire*

I ■ **1** Siège à pieds, à dossier, sans bras, pour une seule personne. *Chaise en bois, en métal. Chaise cannée, paillée. Chaise pliante. Barreau**, *dos de chaise.* — *Chaise de cuisine, de salon, de jardin. Chaise de bureau. Chaise basse.* ➤ **chauffeuse.** *S'asseoir, se balancer sur une chaise. Avancer, offrir une chaise à qqn. Prendre une chaise. Louer des chaises à la chaisière. Faire rempailler une chaise.* ◆ LOC. FIG. *Se trouver, être assis entre deux chaises :* être dans une situation incertaine, instable, périlleuse. «*nous ne sommes ni chair ni poisson, nous sommes assis entre deux chaises*» ARAGON. FAM. *Être, avoir le cul entre deux chaises. Tomber** *de sa chaise.* — *Chaises musicales**. — *La politique de la chaise vide :* attitude qui consiste à boycotter une réunion, une assemblée par désapprobation ou par refus d'être associé à la décision finale. ■ **2** (1470) ANCIENNT **CHAISE PERCÉE :** siège percé d'une ouverture ronde où peut s'encastrer un pot de chambre. «*Assise sur une chaise percée garnie de son bassin en étain, elle chie en société*» J. TEULÉ. ■ **3** (1710) **CHAISE LONGUE :** siège pliable à inclinaison réglable, permettant de s'allonger. ➤ **chilienne, relax, transatlantique.** — PAR EXT. Repos allongé sur une chaise longue. *Faire de la chaise longue.* ◆ *Chaise d'enfant, chaise haute :* siège surélevé muni de bras et souvent d'un abattant en forme de tablette. ◆ *Chaise roulante pour handicapé moteur.* ➤ **fauteuil.** *Chaise à bascule.* ➤ **rocking-chair.** *Chaise berçante**. ■ **4** (1890) **CHAISE ÉLECTRIQUE :** siège électrifié pour l'électrocution des condamnés à mort, dans certains États des États-Unis ; la peine capitale elle-même. *Il risque la chaise électrique.*

II PAR ANAL. ■ **1** (1656 ; *chaiere* v. 1380) ANCIENNT **CHAISE À PORTEURS :** véhicule composé d'un habitacle muni d'une chaise et d'une porte, dans lequel on se faisait porter par deux hommes au moyen de bâtons assujettis sur les côtés. ➤ **brouette, vinaigrette ; filanzane, palanquin.** «*la chaise est un retranchement merveilleux contre les insultes de la boue*» MOLIÈRE. *Une vie de bâton** *de chaise.* ■ **2** (1668) ANCIENNT Voiture à deux ou quatre roues, tirée par un ou plusieurs chevaux. *Chaise de poste.* ■ **3** (XIVe) TECHN. Base, charpente faite de pièces assemblées et supportant un appareil. *Chaise d'une meule. Chaise d'un clocher, d'un moulin.* ◆ MAR. *Chaise-support d'un arbre d'hélice.* — *Nœud de chaise :* nœud utilisé pour former une boucle fermée à l'extrémité d'un filin (➤ **agui**). ■ **4** CHIM. Une des conformations de la molécule de cyclohexane, le squelette carboné évoquant une chaise longue.

CHAISIER, IÈRE [ʃezje, jɛʀ] n. – 1820 ; «loueur de chaises à porteurs» 1781 ◊ de *chaise* ■ **1** Personne qui fabrique des chaises. ■ **2** n. f. Loueuse de chaises (à l'église, dans un jardin public).

CHAKRA [ʃakʀa] n. m. – 1988 ◇ du sanskrit *cakra* «roue, cercle, cycle» ; cf. anglais *chakra* (1888) ■ Dans le yoga, Chacun des points concentrant l'énergie vitale du corps. *Les sept chakras.*

1 **CHALAND** [ʃalɑ̃] n. m. – *caland* 1080 ◇ bas grec *khelandion* ■ Bateau, allège à fond plat employé sur les fleuves et dans les rades pour le transport des marchandises. ➤ **péniche.** *Chaland ponté.* ➤ **ponton.** *Chaland pour le curage des fonds à la drague. Chaland à clapet.* ➤ **marie-salope.** *Train de chalands.* ◆ *Chaland-citerne,* conçu pour le transport de liquides (notamment pétroliers).

2 **CHALAND, ANDE** [ʃalɑ̃, ɑ̃d] n. – *chalant* 1190 ◇ p. prés. de *chaloir* «s'intéresser» ; cf. *nonchalant* ■ VX Acheteur, acheteuse qui va de préférence chez un même marchand. *Attirer les chalands.* ➤ **client,** VX 1 **pratique.** *Avoir des chalands :* être achalandé*.

CHALANDAGE [ʃalɑ̃daʒ] n. m. – 1933, autre sens ◇ de *chaland* ■ Promenade dans les magasins ou devant leurs vitrines pour repérer ou acheter des objets. ➤ **lèche-vitrine, shopping** (ANGLIC.).

CHALANDISE [ʃalɑ̃diz] n. f. – 1267 ◇ de 2 *chaland* ■ **1** VX Affluence de chalands. ➤ **clientèle ; achalander.** ■ **2** MOD. (repris XXe) *Zone de chalandise :* aire sur laquelle se trouvent les clients virtuels d'un magasin, d'une localité (SYN. **zone d'attraction commerciale**).

CHALAZE [ʃalaz ; kalaz] n. f. – 1792 ◇ grec *khalaza* «grêlon» ■ **1** BOT. Point d'attache du nucelle au tégument de l'ovule. ■ **2** Ligament d'albumine tordu qui maintient suspendu le jaune de l'œuf.

CHALAZION [ʃalazjɔ̃] n. m. – *chalazium* 1538 ◇ de *chalaze* ■ MÉD. Petite tumeur dure, indolore, au bord de la paupière. ➤ **orgelet.**

CHALCO- ■ Élément, du grec *khalkos* «cuivre».

CHALCOGRAPHIE [kalkogʀafi] n. f. – *calcographie* 1617 ◇ de *chalco-* et *-graphie* ■ **1** Gravure sur métaux. ■ **2** (1868) Lieu où l'on expose des planches gravées par ce procédé. *La chalcographie du Louvre.*

CHALCOLITHIQUE [kalkolitik] adj. – XIXe ◇ de *chalco-* et *-lithique* ■ PRÉHIST. *Époque chalcolithique :* période protohistorique où le cuivre commence à être en usage.

CHALCOPYRITE [kalkopiʀit] n. f. – 1753 ◇ de *chalco-* et *pyrite* ■ MINÉR. Sulfure double naturel de fer et de cuivre ($CuFeS_2$).

CHALCOSINE [kalkozin] n. f. – *chalkosine* 1832 ◇ du grec *khalkos ;* cf. *chalco-* ■ MINÉR. Sulfure naturel de cuivre (Cu_2S).

CHALDÉEN, ENNE [kaldeɛ̃, ɛn] adj. et n. – avant 1590 ◇ de *Chaldée* ■ HIST. Qui se rapporte à la Chaldée ou Babylonie, ancien pays de Mésopotamie, ou à ses habitants. *Art chaldéen.* n. *Les Chaldéens.* — n. m. LING. *Le chaldéen :* langue sémitique qui était parlée par les Chaldéens.

CHÂLE [ʃɑl] n. m. – 1670 ◇ de l'hindi d'origine persane *shāl* ■ **1** Grande pièce d'étoffe que les femmes drapent sur leurs épaules. ➤ 1 **fichu, pointe.** *Châle de cachemire, de soie.* ➤ **pashmina.** *Mettre son châle.* ■ **2** PAR APPOS. *Col châle :* col croisé à revers arrondis.

CHALENGE ➤ **CHALLENGE**

CHALET [ʃalɛ] n. m. – 1723, répandu par J.-J. Rousseau ◇ mot suisse romand, du latin *cala* «abri» ■ **1** Maison de bois des pays européens de montagne. *Le chalet, habitation paysanne, fut d'abord un abri de berger sur l'alpage et un lieu de fabrication des fromages. Chalet d'Auvergne.* ➤ **buron.** *Chalet suisse, savoyard.* ■ **2** Maison de plaisance construite dans le goût des *chalets suisses.* ◆ Au Canada, Maison de campagne située près d'un lac ou d'une rivière. ➤ **camp** (RÉGION.), **cottage, villa.** ■ **3** (1884) VX *Chalet de nécessité :* petit édicule contenant les W.-C. ➤ **cabinet.** ■ **4** Petite construction de bois des plages du nord de la France.

CHALEUR [ʃalœʀ] n. f. – début XIIe ◇ du latin *calor* (→ calor(i)-), famille de *calere* → chaloir

I ÉTAT DE LA MATIÈRE A. TEMPÉRATURE ■ **1** État de la matière qui se traduit par une température élevée (par rapport au corps humain) ; sensation résultant du contact avec un corps dans cet état (➤ **chaud**). *La chaleur de l'eau bouillante, d'un fer rouge.* ➤ **brûlure.** ■ **2** État de l'air, de l'atmosphère, qui donne à l'organisme une sensation de chaud. *Donner, fournir de la chaleur* (➤ **chauffer, réchauffer**). *La chaleur mûrit, dessèche, brûle les plantes. «Que la chaleur soit accablante, que le soleil fendille la terre et dessèche les sources, voilà qui est fatal»* M. FERAOUN. *Chaleur douce, modérée* (➤ **tiédeur**) ; *écrasante, torride, étouffante, suffocante, tropicale* (➤ **canicule ; étuve, fournaise**), *sèche ; humide* (➤ **touffeur**). *«Une brume de chaleur brouillait l'horizon»* P. BESSON. *Vague de chaleur. Être incommodé par la chaleur* (➤ **bouillir, cuire, étouffer,** 1 **griller, rôtir**). *Il fait une chaleur ! Quelle chaleur ! — La chaleur d'une pièce. — Bouche de chaleur :* ouverture permettant la diffusion de la chaleur produite par une chaufferie. ◆ (1606) AU PLUR. Période, moment où il fait chaud. *Les premières chaleurs. Les grandes, les fortes chaleurs.*

B. EN SCIENCES ■ **1** (XVIIe) Phénomène physique (énergie* cinétique de translation, rotation et vibration moléculaires dans une substance) qui se transmet (par conduction, convection ou rayonnement) et dont l'augmentation se traduit par l'élévation de température*, des effets électriques, la dilatation, des changements d'état (fusion, sublimation, évaporation). ➤ **calorifique, thermique ; calor(i)-, therm(o)-.** *Quantité de chaleur,* et ABSOLT *chaleur :* grandeur physique qui représente la quantité d'énergie échangée entre un système matériel et le milieu extérieur. ➤ **énergie,** 1 **travail ; thermodynamique.** *La quantité de chaleur se mesure en joules. Chaleur et température. Chaleur latente :* quantité de chaleur nécessaire pour le changement d'état de 1 g de substance sans changement de température (*chaleur latente de fusion, de vaporisation, de sublimation,* etc). VIEILLI *Chaleur spécifique* ou *massique d'un corps :* quantité d'énergie nécessaire pour élever de 1 kelvin la température d'une unité de masse de la substance. *Chaleur atomique d'un corps,* produit de son poids atomique par sa chaleur spécifique. — *Chaleur de réaction* (d'une réaction chimique) : chaleur transférée entre le système réagissant et le milieu extérieur (➤ **enthalpie**). — *Transformation d'une unité de chaleur en énergie mécanique* (quantité de travail dite *équivalent mécanique de la chaleur* ou *équivalent Joule*). — *Chaleur tournante :* mode de cuisson de certains fours dans lesquels l'air est brassé. — *Pompe* à chaleur.* ■ **2** PHYSIOL. **CHALEUR ANIMALE,** produite dans l'organisme par les réactions du catabolisme. — COUR. Chaleur dégagée par le corps de personnes (notamment de personnes rassemblées dans un lieu fermé).

II CARACTÈRE DES SENSATIONS ET SENTIMENTS ■ **1** (début XIIIe) Sensation comparable à celle que produit un corps chaud, éprouvée dans des malaises physiques. *Bouffée* de chaleur. Coup de chaleur :* malaise causé par l'excès de chaleur (➤ **hyperthermie**). ■ **2** (1573) État des femelles des mammifères quand elles acceptent l'approche du mâle. ➤ **rut.** *L'époque des chaleurs. Chatte en chaleur* (cf. En chasse*). ■ **3** FIG. (1549) Caractère animé des dispositions psychiques, des tendances. ➤ **animation, ardeur, effervescence, enthousiasme, entrain, exaltation,** 1 **feu, fièvre, passion, véhémence, vivacité ; chaleureux.** *La chaleur de ses convictions, de son zèle. «il disait sa foi avec netteté, avec clarté, avec chaleur»* SAND. *Geste, regard plein de chaleur. Accueillir, défendre qqn avec chaleur.* ➤ **cordialité.** *Son accueil manquait de chaleur. — Chaleur humaine :* sympathie.

■ CONTR. 2 Froid ; froideur, indifférence.

CHALEUREUSEMENT [ʃalœʀøzmɑ̃] adv. – *chaloureusement* 1360 ◇ de *chaleureux* ■ Avec chaleur* (II, 3°), ardeur, enthousiasme. ➤ **chaudement.** SPÉCIALT En témoignant une vive sympathie. *Il a été accueilli chaleureusement.*

CHALEUREUX, EUSE [ʃalœʀø, øz] adj. – 1398 ◇ de *chaleur* ■ **1** Qui montre, manifeste de la chaleur, de l'animation, de la vie. ➤ **ardent, empressé, enthousiaste.** *Il est très chaleureux. Accueil chaleureux.* ➤ **cordial.** *Applaudissements chaleureux. Paroles, recommandations chaleureuses.* ■ **2** LITTÉR. Qui réchauffe. *«Laisse le vieillard jouir de la saison chaleureuse !»* CLAUDEL. ■ CONTR. Flegmatique, 1 froid, glacé, tiède.

CHÂLIT [ʃɑli] n. m. – 1740 ; *chaelit* 1174 ◇ latin populaire °*catalectus,* de *lectus* «lit» ■ Cadre de lit, en bois ou en métal.

CHALLENGE [ʃalɑ̃ʒ ; tʃalɛndʒ] n. m. /CHALENGE/ – 1884 ◇ mot anglais «défi», emprunté à l'ancien français *chalenge* «débat, chicane», forme populaire du latin *calumnia* → calomnie ■ ANGLIC. ■ **1** Épreuve sportive dans laquelle le vainqueur détient un prix, un titre jusqu'à ce qu'un vainqueur nouveau l'en dépossède. ➤ **compétition,** 1 **coupe.** *Challenge de rugby, d'escrime.* — Recomm. offic. *chalenge, défi.* ■ **2** FIG. Entreprise difficile dans laquelle on se lance pour gagner, comme par défi. *Quel est votre challenge ?* ➤ **exploit, gageure, performance.** *«il y avait un challenge, un défi à relever»* F. GIROUD.

CHALLENGEUR, EUSE [ʃalɑ̃ʒœʀ, øz] n. ou **CHALLENGER** [tʃalɛndʒœʀ ; ʃalɑ̃ʒœʀ] n. m. /CHALENGEUR, EUSE/ – 1896 ◇ anglais *challenger,* de *challenge* ■ ANGLIC. ■ **1** SPORT Boxeur, et PAR EXT. tout sportif, toute équipe qui cherche à enlever le titre du champion. ▪ **2** POLIT. Personne qui cherche à triompher d'un concurrent. ➤ **compétiteur, rival.** *Elle est sa challengeuse la plus redoutable.* — Recomm. offic. *chalengeur, euse, défieur, euse.*

CHALOIR [ʃalwaʀ] v. impers. – *chielt* 3e pers. sing. XIe ◇ latin *calere,* fig. «s'échauffer pour» ▪ **1** VX Importer. *Il m'en chaut :* cela m'importe, m'intéresse. ▪ **2** MOD. LOC. **PEU ME CHAUT** [pøməʃo] : peu m'importe. *«peu me chaut ce que je suis ou ce que je ne suis pas moi-même. Je ne m'arrête plus à cela»* GIDE. *Qu'il s'en aille, peu m'en chaut !*

CHALOUPE [ʃalup] n. f. – *chaloppe* 1522 ◇ p.-ê. de *écale* et *(envel)oppe* «coquille de noix» ▪ **1** Embarcation non pontée, dont on se sert dans les ports et que les grands navires embarquent pour le service du bâtiment. *Chaloupe de sauvetage :* embarcation arrimée sur un navire pour servir en cas de naufrage. ➤ **canot.** *Chaloupe à rames, à moteur.* ▪ **2** RÉGION. (Canada) Petit bateau à rames. ➤ **barque, canot.** *Chaloupe de pêche.*

CHALOUPÉ, ÉE [ʃalupe] adj. – 1867 ◇ p. p. de *chalouper* ▪ Qui est balancé (démarche, danse). *Démarche chaloupée. Tango chaloupé.*

CHALOUPER [ʃalupe] v. intr. ‹1› – 1864 ◇ de *chaloupe* ▪ Marcher, danser avec un balancement des épaules. *«ils chaloupaient, tête contre tête, entre les passants»* SARTRE.

CHALUMEAU [ʃalymo] n. m. – 1464 ; *chalemel* XIIe ◇ bas latin *calamellus,* de *calamus* «roseau» ▪ **1** Tuyau (d'abord de roseau, de paille). *Aspirer une boisson avec un chalumeau.* ➤ **paille.** ▪ **2** (1903) (Canada) Petit tube inséré dans l'entaille d'un érable pour permettre à la sève de s'écouler. ▪ **3** Flûte champêtre, roseau percé de trous. *Le chalumeau des bergers.* ➤ **flûtiau, pipeau.** MUS. Tuyau (de la musette, du biniou, de la cornemuse). — Registre grave de la clarinette. ▪ **4** Outil qui produit et dirige un jet de gaz enflammé. *Chalumeau oxhydrique,* dans lequel on fait passer un courant d'oxygène sur une flamme produite par la combustion de l'hydrogène. *Chalumeau oxyacétylénique* (oxygène et acétylène). *Soudure au chalumeau. Découper au chalumeau.*

CHALUT [ʃaly] n. m. – 1753 ◇ mot de l'Ouest ; origine inconnue ▪ Filet en forme d'entonnoir, attaché à l'arrière d'un bateau (➤ **chalutier**) qui racle les fonds marins *(chalut de fond)* ou pêche entre deux eaux *(chalut pélagique). Pêcher la morue, le hareng au chalut. Chalut à crevettes. Les ailes d'un chalut,* les deux côtés qui vont s'évasant. *Jeter, traîner, tirer, ramener le chalut. Poche, chaîne, flotteurs d'un chalut.*

CHALUTAGE [ʃalytaʒ] n. m. – 1867 ◇ de *chalut* ▪ TECHN. Pêche au chalut. *Chalutage par l'arrière, par le côté.*

CHALUTIER [ʃalytje] n. m. – 1866 adj. ◇ de *chalut* ▪ **1** Bateau armé pour la pêche au chalut. ▪ **2** Marin pêcheur qui sert sur un chalutier.

CHAMADE [ʃamad] n. f. – *chiamade* 1570 ◇ piémontais *ciamada* «appel» ; italien *chiamare* «appeler» ▪ **1** VX Appel de trompettes et de tambours par lequel des assiégés informaient les assiégeants qu'ils voulaient capituler. ▪ **2** MOD. LOC. **BATTRE LA CHAMADE :** battre à grands coups, en parlant du cœur, sous l'emprise d'une émotion. *«son pauvre petit cœur se mit à battre la chamade»* GAUTIER.

CHAMÆROPS ➤ **CHAMÉROPS**

CHAMAILLAGE [ʃamajaʒ] n. m. – 1842 en France ◇ de *chamailler* ▪ (Canada) FAM. Chamaillerie.

CHAMAILLER [ʃamaje] v. ‹1› – 1450 ; autre sens 1300 ◇ p.-ê. croisement entre l'ancien français *chapler* «tailler en pièces» et l'ancien français *mailler* «frapper», de 1*mail* ▪ **1** v. intr. VX Se battre, combattre. ▪ **2** (1690) MOD. **SE CHAMAILLER** v. pron. récipr. Se quereller bruyamment pour des raisons futiles. ➤ **se disputer.** *«le spectacle humiliant de ses parents se chamaillant autour d'un porte-monnaie vide»* TOURNIER.

CHAMAILLERIE [ʃamajʀi] n. f. – 1680 ◇ de *chamailler* ▪ FAM. Dispute*, querelle. ➤ RÉGION. **chamaillage.** *Des chamailleries continuelles. «tout pâle et déconfit d'entendre cette chamaillerie»* SAND. On dit aussi *chamaille,* n. f.

CHAMAILLEUR, EUSE [ʃamajœʀ, øz] n. et adj. – 1571 ◇ de *chamailler* ▪ Personne qui aime à se chamailler. ➤ **querelleur.** — adj. *Des enfants chamailleurs. «des visites babillardes et chamailleuses»* DUHAMEL.

CHAMALLOW [ʃamalo] n. m. – v. 1980 ; *Chamallows* marque déposée ◇ faux anglicisme, déformation de *marshmallow* ▪ Marshmallow. *Des chamallows grillés au feu de bois.* — REM. On écrit aussi *shamallow.*

CHAMAN [ʃaman] n. m. ou **CHAMANE** [ʃaman] n. – 1791 ; *schaman* 1699 ◇ probablt du toungouze *šaman* «moine» ▪ ETHNOL. Dans certaines civilisations, Être capable d'interpréter les signes et de communiquer avec les esprits au nom de sa communauté. *La transe et l'extase, pratiques divinatoires du chaman. «Les trois femmes s'avançaient ensemble vers la grande chamane»* C. MINARD. — On écrit aussi *shaman. «l'expérience intime du shaman»* LÉVI-STRAUSS.

CHAMANISME [ʃamanism] n. m. – 1801 ◇ de *chaman* ▪ ETHNOL. Ensemble de croyances et de pratiques liées au pouvoir du chaman. *Le chamanisme de Sibérie, de Mongolie, d'Amérique.* — On écrit aussi *shamanisme.* — adj. (1957) **CHAMANIQUE.** *Rites chamaniques.* — On écrit aussi *shamanique.*

CHAMARRER [ʃamaʀe] v. tr. ‹1› – 1530 ◇ du moyen français *chamarre* XVe, *samarre ;* espagnol *zamarra* «vêtement de berger» ; cf. *simarre* ▪ **1** Rehausser d'ornements aux couleurs éclatantes tranchant sur celle du fond. ➤ **barioler, bigarrer.** *«on chamarre le tout de rubans et de banderoles»* SAND. — *«les superbes étoffes chamarrées d'or et de pierreries»* TAINE. ▪ **2** LITTÉR. Orner, colorer. *«Les bouquets des cistes pourpres ou blancs chamaraient la rauque garrigue»* GIDE.

CHAMARRURE [ʃamaʀyʀ] n. f. – 1595 ◇ de *chamarrer* ▪ (Surtout au plur.) Ornements qui chamarrent (une étoffe, un vêtement). *Les chamarrures d'un habit.*

CHAMBARD [ʃɑ̃baʀ] n. m. – fin XIXe ◇ de *chambarder* ▪ FAM. ▪ **1** Bouleversement. ➤ **chambardement.** *«Elles avaient la passion des chambards domestiques et des déménagements»* DUHAMEL. ▪ **2** Vacarme*, chahut. *Faire du chambard.*

CHAMBARDEMENT [ʃɑ̃baʀdəmɑ̃] n. m. – 1855 ◇ de *chambarder* ▪ Action de chambarder. ➤ **bouleversement, branle-bas, remue-ménage.** — LOC. *Le grand chambardement :* la révolution. *«l'homme a commencé le grand chambardement de l'équilibre du monde»* J. HAMBURGER.

CHAMBARDER [ʃɑ̃baʀde] v. tr. ‹1› – 1859 ; *chamberter* 1847 ◇ mot dialectal, p.-ê. de 2*chant* et *barder* «glisser», du latin populaire °*barrum* «argile» ▪ Bouleverser de fond en comble, mettre en désordre. *On a tout chambardé dans la maison.* — FIG. Changer brutalement, détruire. ➤ **chambouler, révolutionner.** *«À les écouter, rien n'est bien et il faudrait chambarder tout :* [...] *notre façon de travailler, notre manger»* GENEVOIX. ▪ CONTR. Conserver, maintenir.

CHAMBELLAN [ʃɑ̃belɑ̃ ; ʃɑ̃bɛllɑ̃] n. m. – fin XIe ◇ francique °*kamarling,* radical latin *camera* «chambre» ▪ HIST. Gentilhomme de la cour chargé du service de la chambre du souverain. *Le grand chambellan* (charge rétablie par Napoléon). — MOD. Personnage attaché au service d'un souverain.

CHAMBELLANIE [ʃɑ̃belani ; ʃɑ̃bellani] n. f. – XVIIe, repris milieu XXe au Maroc ◇ de *chambellan* ▪ Dignité de chambellan. — Services du chambellan du souverain du Maroc.

CHAMBERTIN [ʃɑ̃bɛʀtɛ̃] n. m. – 1769 ◇ vignoble de *Gevrey-Chambertin,* près de Dijon ▪ Vin de Bourgogne, rouge, très estimé. *Des chambertins.*

CHAMBOULEMENT [ʃɑ̃bulmɑ̃] n. m. – milieu XXe ◇ de *chambouler* ▪ Action de chambouler ; état de ce qui est chamboulé.

CHAMBOULER [ʃɑ̃bule] v. tr. ‹1› – 1807 ◇ p.-ê. de *cambo* «jambe» et *bouler, sabouler* «tomber» ▪ Bouleverser, mettre sens dessus dessous. ➤ **chambarder.** *«chambouler l'échelle des valeurs»* PERRET.

CHAMBRANLANT, ANTE [ʃɑ̃bʀɑ̃lɑ̃, ɑ̃t] adj. – 1930 ◇ de *chambranler* ▪ (Canada) FAM. Sur le point de s'écrouler. *Une table chambranlante.* ➤ **branlant, instable.**

CHAMBRANLE [ʃɑ̃bʀɑ̃l] n. m. – 1518 ◇ altération de *chambrande* (1313) ; du latin *camerare* «voûter» ▪ Encadrement (d'une porte, d'une fenêtre, d'une cheminée). *«La pesante porte revint s'appliquer hermétiquement sur ses chambranles de pierre»* HUGO.

CHAMBRANLER [ʃɑ̃bʀɑ̃le] v. intr. ‹1› – 1880 ◇ mot de l'Ouest, de *branler,* avec influence de *chanceler* ▪ RÉGION. (Ouest ; Canada) FAM. Vaciller, chanceler. *«Seul à pied, il était en fête ; il chambranlait»* GUÈVREMONT. ➤ **tituber.**

CHAMBRAY [ʃɑ̃bʀɛ] n. m. – milieu XXe ◇ mot anglais américain 1814, altération de *Cambrai,* n. de ville ▪ Toile dont la chaîne est teinte en indigo et la trame écrue. *Chemise, jupe en chambray.*

CHAMBRE [ʃɑ̃bʀ] n. f. – milieu XIe, au sens de «pièce où l'on dort» (I, 2°) ◇ du latin *camera* «voûte» et plus tard «pièce» → camarade

II PIÈCE ▪ **1** VX OU RÉGION. (Suisse, Afrique noire) Pièce d'habitation. ➤ **pièce, salle.** ▪ **2** Pièce où l'on couche. ➤ **chambrette ;** FAM. OU ARG. **cambuse, carrée, crèche, piaule, taule, turne.** *Chambre à coucher. Un appartement avec trois chambres. La chambre des parents.* ➤ aussi **suite** parentale. *Chambre d'amis. Chambre d'enfant, de bonne. Chambre d'étudiant.* ➤ RÉGION. **kot.** *Chambre de service. Chambre mansardée.* ➤ **mansarde.** *Chambre avec penderie, cabinet de toilette. Chambre meublée. Chambre d'hôtel. Un hôtel de cent chambres. Réserver une chambre. Chambre à un lit, à deux lits. Chambre à louer. Chambre d'hôte*. Vous pouvez faire ma chambre. Va dans ta chambre !* ◆ (1558) *Garder la chambre* : ne pas sortir de chez soi, par suite d'une maladie. — *Faire chambre à part* : coucher dans deux chambres séparées, en parlant d'un couple. « *après une nuit passée dans la même alcôve, ils font chambre à part* » ZOLA. « *voir si nous pouvons refaire chambre commune ou si je garde mon lit dans le studio* » DJIAN. — PLAIS. *Sport* en chambre.* ◆ ANCIENNT La chambre du roi. *Les pages de la chambre.* ➤ **camérier, chambellan.** ◆ **DE CHAMBRE.** *Robe* de chambre. Pot* de chambre.* — (de l'italien) *Musique* de chambre* (➤ **chambriste**). — (1576) *Valet, femme de chambre* (➤ **valet,** II ; **femme,** III). ▪ **3** LOC. VIEILLI **EN CHAMBRE :** chez soi. *Ouvrier, artisan qui travaille en chambre,* chez lui. — IRON. « *il avait assez joué au justicier en chambre* » COSSERY. ▪ **4** MAR. Pièce, compartiment à bord d'un navire. *Chambre des cartes, de navigation. Chambre de chauffe, des machines.* — (1678) ABSOLT Logement des officiers. ➤ **cabine.** *La chambre et le poste d'équipage.* ▪ **5** (1930) Pièce spécialement aménagée. *Chambre froide, frigorifique* : local maintenu à basse température servant à la conservation des denrées alimentaires par le froid. — *Chambre de sûreté* : prison d'une gendarmerie. — (1951, Camus) **CHAMBRE À GAZ :** pièce utilisée pour l'extermination collective par des gaz toxiques (dans les camps de concentration nazis pendant la Deuxième Guerre mondiale) ; Pièce servant à l'exécution des condamnés à mort (dans certains États des États-Unis). — **CHAMBRE FORTE :** pièce blindée où l'on range des objets de valeur. ➤ **coffre.** *La chambre forte d'une banque.* ▪ **6** MINES Cavité, galerie. *Exploitation par chambres et piliers.*

II ASSEMBLÉE ; ENSEMBLE DE PERSONNES RÉUNIES ▪ **1** (fin XIVe) Section (d'une cour ou d'un tribunal judiciaire). *Première, deuxième chambre d'un tribunal. Président de chambre. Chambres de la Cour de cassation : chambre civile* (statuant sur les pourvois admis par la chambre des requêtes) ; *chambre criminelle* (qui statue sur les pourvois en cassation en matière criminelle ou correctionnelle) ; *chambre des requêtes* (qui examine les pourvois en matière civile). *Chambres réunies* (en matière disciplinaire, Conseil supérieur de la magistrature). *Chambre de l'instruction,* ANCIENNT *chambre d'accusation* : chambre d'une cour d'appel chargée de statuer sur les appels relevés contre les ordonnances des juges d'instruction et de prononcer la mise en accusation devant la cour d'assises des personnes mises en examen. — ANCIENNT *Chambre de justice. Chambre ardente*.* ◆ (1982) *Chambre régionale des comptes* : juridiction financière chargée du contrôle des comptes des collectivités territoriales. ▪ **2** (1789) Assemblée législative (➤ **parlement**). (1814) *La Chambre des députés ;* ABSOLT *la Chambre.* ➤ **assemblée** (nationale). *La majorité, la minorité, la droite, la gauche de la Chambre. Siéger à la Chambre. Le Parlement britannique est composé de la Chambre basse* ou *Chambre des communes et de la Chambre haute* ou *Chambre des pairs, des lords.* (En France) *La Chambre basse* : l'Assemblée nationale. *La Chambre haute* : le Sénat. ▪ **3** (1631) Assemblées s'occupant des intérêts ou de la discipline d'un corps. *Chambre d'agriculture. Chambre de commerce et d'industrie (C. C. I.)* : assemblée représentative des commerçants et industriels auprès des pouvoirs publics. — *Chambre de métiers* : corps élu par les représentants d'une profession. (1697) *Chambre syndicale*.* — *Chambre consulaire*.* ▪ **4** FIN. *Chambre de compensation,* où se réunissent les représentants des banques d'une même place pour effectuer les règlements interbancaires (➤ **compensation**). — Cette réunion de banquiers.

III CAVITÉ, VIDE (début XVe) ▪ **1** OPT., PHOTOGR. **CHAMBRE NOIRE :** enceinte fermée où une petite ouverture (avec ou sans lentille) fait pénétrer les rayons lumineux et où l'image des objets extérieurs se forme sur un écran. **CHAMBRE CLAIRE :** appareil formé d'un miroir ou d'un prisme et d'un écran (sur lequel on peut dessiner l'image optique). — ANCIENNT *Chambre pliante d'un appareil photo.* ▪ **2** (1671) Cavité qui reçoit des explosifs *(chambre de mine),* la cartouche ou la gargousse (fusil, canon). ▪ **3** (1845) TECHN. Dans différents types de moteurs à combustion interne, Enceinte où s'effectue une opération particulière. *Chambre d'eau, de réchauffage, de combustion.* ◆ *Chambre sourde* ou *anéchoïque* : laboratoire de mesures acoustiques (moteurs d'avions) ou radioélectriques (mesure des performances des antennes) où les parois absorbent partiellement les ondes. ▪ **4** (1891) **CHAMBRE À AIR :** tube circulaire gonflé d'air, partie intérieure d'un pneumatique (➤ **boyau**). *Réparer une chambre à air de vélo avec une rustine*. Valve d'une chambre à air.* ▪ **5** (1922) PHYS. *Chambre d'ionisation* : détecteur électronique de rayonnement (premier instrument qui a permis de mesurer la radioactivité). *Chambre de Wilson, chambre à bulles* : instruments pour étudier et photographier la trajectoire des particules élémentaires électriquement chargées. ▪ **6** (1637) ANAT. *Chambres de l'œil : chambre antérieure,* espace entre l'iris et la cornée ; *chambre postérieure,* entre l'iris et le fond de l'œil. ▪ **7** (fin XIXe) BOT. *Chambre pollinique* : cavité de l'ovule des gymnospermes.

CHAMBRÉE [ʃɑ̃bʀe] n. f. – 1539 ; « mesure de fourrage » XIVe ◇ de *chambre* ▪ **1** L'ensemble des personnes qui couchent dans une même chambre. — SPÉCIALT *Une chambrée de soldats. Camarades de chambrée.* ▪ **2** Pièce où logent les soldats (➤ **dortoir**). *Les chambrées d'une caserne. Loger en chambrée.*

CHAMBRER [ʃɑ̃bʀe] v. tr. ⟨1⟩ – 1678 « loger ensemble » ◇ de *chambre* ▪ **1** (1762) VX Tenir (qqn) enfermé dans une chambre. ▪ **2** FIG. Isoler pour mieux circonvenir, convaincre. ➤ **endoctriner, sermonner.** ◆ FAM. Taquiner, se moquer de (qqn), en paroles. ➤ **charrier.** ▪ **3** (1877, à Neuchâtel) Mettre (le vin) à la température de la pièce, le réchauffer légèrement. *On chambre les vins rouges* (opposé à *frapper*). — p. p. adj. *Vin chambré.*

CHAMBRETTE [ʃɑ̃bʀɛt] n. f. – 1190 ◇ de *chambre* ▪ Petite chambre.

CHAMBREUR, EUSE [ʃɑ̃bʀœʀ, øz] n. – 1929 ◇ de *chambre* ▪ (Suisse, Canada) Personne qui prend une chambre en location chez une logeuse, dans une maison privée. ➤ **colocataire, pensionnaire.**

CHAMBRIÈRE [ʃɑ̃bʀijɛʀ] n. f. – 1190 ◇ de *chambre* ▪ **1** VX Femme de chambre, servante. ▪ **2** (1678 ◇ de *chambre* « qui sert au quotidien ») Fouet léger à long manche employé dans les manèges, les cirques, etc. ◆ (1803) Béquille d'une charrette.

CHAMBRISTE [ʃɑ̃bʀist] n. – 1982 ◇ de *(musique de) chambre* ▪ Musicien(ne) spécialiste de musique* de chambre.

CHAMEAU [ʃamo] n. m. – *cameil* 1080 ◇ latin *camelus,* grec *kamêlos* ▪ **1** COUR. Grand mammifère ongulé *(camélidés)* à une ou deux bosses dorsales, à pelage laineux. *On distingue le chameau à deux bosses* ou *chameau d'Asie et le chameau à une bosse* ou *chameau d'Arabie* (➤ **dromadaire, méhari**). *La sobriété, l'endurance du chameau* (cf. Le vaisseau* du désert). *Transport à dos de chameau. Caravane de chameaux. Le chameau blatère.* — **POIL DE CHAMEAU :** tissu en poil de chameau. *Manteau en poil de chameau.* — PROV. « *il est plus aisé pour un chameau d'entrer par le trou d'une aiguille que pour un riche d'entrer dans le royaume de Dieu* » (ÉVANGILE, saint Matthieu). ▪ **2** ZOOL. Chameau à deux bosses (opposé à *dromadaire*). ▪ **3** (1828 insulte envers une femme) FIG. et FAM. Personne méchante, désagréable (➤ **cochon, vache**). « *Ah ! le chameau ! Qu'est-ce qui lui prend à cette enragée-là !* » ZOLA. POP. *La chameau !* — adj. *Ce qu'il (elle) est chameau !* ▪ **4** (1722) MAR. Combinaison de caissons à air aidant à soulever un navire pour lui faire franchir des hauts-fonds.

CHAMELIER [ʃaməlje] n. m. – 1430 ◇ de *chamel, chameau* ▪ Personne qui conduit les chameaux et dromadaires et en prend soin. « *J'entendis le cri du chamelier qui conduisait une caravane éloignée* » CHATEAUBRIAND.

CHAMELLE [ʃamɛl] n. f. – *camoille* XIIe ◇ de *chameau* ▪ Femelle du chameau et du dromadaire. *Lait de chamelle.*

CHAMELON [ʃam(ə)lɔ̃] n. m. – 1845 ◇ de *chameau* ▪ Petit du chameau ou du dromadaire.

CHAMÉROPS [kameʀɔps] n. m. – 1615 ◇ latin *chamærops,* grec *khamairôps* « buisson à terre » ▪ BOT. Plante monocotylédone *(palmiers),* dont une variété est appelée *palmier nain.* — On écrit aussi *chamærops.*

CHAMITO-SÉMITIQUE [kamitosemitik] adj. et n. m. – 1929 ◇ de *chamitique* « du pays de Cham » et *sémitique,* d'après l'anglais *hamito-semitic* (1908) ▪ Relatif à la famille de langues à laquelle appartiennent l'hébreu, l'arabe (langues sémitiques), l'égyptien, le phénicien, le berbère et des langues d'Afrique orientale. ➤ **afro-asiatique.** *Études chamito-sémitiques.* — n. m. Ensemble de ces langues.

CHAMOIS [ʃamwa] **n. m.** – 1387 ◊ bas latin *camox*, mot prélatin ■ **1** Mammifère ongulé *(bovidés)* à cornes recourbées, vivant dans les montagnes. *Chamois des Pyrénées.* ➤ **isard.** *L'agilité du chamois.* ■ **2** Peau préparée du chamois. — PAR EXT. Le côté chair de la peau de mouton, de chèvre, préparé par chamoisage. *Gant de chamois. Peau de chamois,* pour frotter les vitres, l'argenterie, etc. (➤ aussi **chamoisine**). ■ **3 adj.** *Couleur chamois :* jaune clair. *Une robe chamois.* ■ **4** (1933) SPORT Épreuve de ski de l'École de ski français, slalom spécial en temps imposé. — Titre sanctionnant la réussite à cette épreuve, autorisant le port de l'insigne correspondant ; cet insigne. *Chamois d'or, d'argent, de bronze.*

CHAMOISAGE [ʃamwazaʒ] **n. m.** – 1808 ◊ de *chamoiser* ■ TECHN. Ensemble d'opérations par lesquelles on rend certaines peaux (mouton, chèvre, etc.) aussi souples que la peau de chamois véritable.

CHAMOISER [ʃamwaze] **v. tr.** ‹1› – *camoiser* fin XIVe ; repris 1780 ◊ de *chamois* ■ TECHN. Préparer par chamoisage. **p. p. adj.** *Peau chamoisée.*

CHAMOISERIE [ʃamwazʀi] **n. f.** – 1723 ◊ de *chamoiser* ■ TECHN. Lieu, atelier où s'effectue le chamoisage. — Industrie, commerce des peaux chamoisées.

CHAMOISETTE [ʃamwazɛt] **n. f.** – 1956 ◊ de *chamois* ■ (Belgique) Chiffon doux utilisé pour nettoyer, lustrer. ➤ **chamoisine.**

CHAMOISINE [ʃamwazin] **n. f.** – 1952 ◊ de *chamois* ■ Pièce de coton duveteux, souvent jaune, servant à essuyer ou à faire briller (meubles, argenterie, carrosseries...). ➤ RÉGION. **chamoisette.**

1 **CHAMP** [ʃɑ̃] **n. m.** – fin XIe ◊ du latin *campus* «plaine», «plaine cultivée», «large espace» (→ campus) et «champ de bataille» (→ champion)

I ÉTENDUE DE TERRE, ESPACE ■ **1** Étendue de terre propre à la culture. *Cultiver, labourer, emblaver, semer un champ* (➤ **agriculture, 1 culture**). *Champ de navets, de betteraves, de blé, de pommes de terre, de trèfle, de luzerne.* ➤ **prairie, pré.** *Champ planté d'arbres.* ➤ **plantation, verger.** *Champ moissonné.* ➤ **chaume.** *Champ fertile, stérile, en friche, en jachère. Champ d'expérimentation,* pour les expériences agricoles. ■ **2** (début XIIIe) **LES CHAMPS :** toute étendue rurale (par oppos. à *ville, village*). ➤ **campagne.** *La vie des champs.* ➤ **campagnard, champêtre ; paysan.** *Mener les bêtes aux champs. Rat des champs.* ➤ **campagnol.** *Fleurs des champs* (par oppos. à *fleurs de jardin*). *Les travaux des champs* (➤ **agricole**). — *En plein(s) champ(s) :* au milieu de la campagne. *Marcher en plein(s) champ(s).* — *À travers champs :* hors des chemins. *Couper à travers champs. La clé* des champs.* ■ **3** Terrain, espace. (XIVe) *Champ de bataille*. Mourir, tomber au champ d'honneur,* à la guerre. ◆ (XIXe) Espace déterminé, réservé à une activité. *Champ de manœuvre, d'exercices* (militaires). *Champ de tir,* où les soldats s'exercent au tir. *Champ de mines :* espace de terrain miné, constituant un obstacle. *«les enfants de quinze ans étaient dans le maquis, ils mouraient dans les champs de mine»* LE CLÉZIO. *Champ d'aviation.* ➤ **camp, terrain.** — *Champ de foire*. Champ de courses.* ➤ **hippodrome.** — *Champ d'épandage*.* ◆ Espace caractérisé. *Champ pétrolifère.* ■ **4** (XIIe) **CHAMP CLOS :** lieu limité par des barrières, enceinte où avaient lieu les duels, les tournois. ➤ **arène, 2 carrière, 1 lice.** *Se battre en champ clos* (➤ **champion**). — LOC. *Laisser le champ libre :* se retirer ; FIG. donner toute liberté. *«Moins il y a de témoins et plus la défense est aisée, parce que l'avocat a le champ libre»* SIMENON. — *Prendre du champ :* reculer dans la lice pour prendre de l'élan ; FIG. prendre du recul. ■ **5** BLAS. *Champ d'un écu,* le fond. *Lion de sable en champ d'azur.* — *Champ d'une médaille, d'un émail,* la face que l'on grave, que l'on peint (➤ **champlever**).

II DOMAINE D'ACTION (1549) ■ **1** Domaine (où s'exerce une action). ➤ **2 carrière, sphère.** *Donner libre champ à son imagination, à sa colère.* ➤ **cours.** *Champ d'activité.* ➤ **périmètre.** *Le champ immense des hypothèses. «Voici défini le champ d'une seconde enquête»* CAILLOIS. *Agrandir le champ de la connaissance humaine.* ➤ **cercle.** *L'érudition «agrandit le champ de l'expérience»* M. JACOB. ■ **2 loc. adv.** (avant 1511) **SUR-LE-CHAMP.** ➤ **aussitôt, immédiatement** (cf. Sans délai, sur l'heure). *Partir sur-le-champ. La question fut réglée sur-le-champ.* — *À tout bout* de champ.*

III ESPACE LIMITÉ (CONCRET OU ABSTRAIT) RÉSERVÉ À CERTAINES OPÉRATIONS OU DOUÉ DE PROPRIÉTÉS ■ **1** (1753) *Le champ d'un instrument d'optique,* secteur dont tous les points sont vus dans l'instrument. *Champ d'une lentille, d'un miroir.* — COUR. **CHAMP VISUEL :** espace qu'embrasse l'œil. ◆ Espace dont l'image est enregistrée par la caméra ou l'appareil photo. *Profondeur du champ. Sortir du champ. Être dans le champ, hors champ. Voix dans le champ, hors champ :* recomm. offic. pour *voix in, voix off.* SUBST. *Un hors-champ :* une prise de vue hors du champ prévu. *Des hors-champs. Champ et contrechamp*.* ■ **2** (1879) **CHAMP OPÉRATOIRE** ou **CHAMP :** zone dans laquelle on pratique une opération chirurgicale, ET PAR EXT. compresses stériles qui limitent cette zone. *Poser des champs.* ■ **3** Domaine (espace ou milieu naturel) où se manifeste un phénomène physique déterminé en tout point. *Le champ d'une grandeur physique scalaire. Les champs électrique, gravitationnel, magnétique sont des champs vectoriels. Le rayonnement lumineux est dû à la propagation du champ électromagnétique.* — *Champ tournant :* champ magnétique représenté par un vecteur dont l'extrémité décrit un cercle. ■ **4** FIG. *Le champ de la conscience :* contenu de la conscience à un moment donné. ■ **5** LING. Ensemble structuré (de notions, de sens, de mots). *Champ conceptuel, notionnel. Champ sémantique*, lexical.* ■ **6** INFORM. Zone d'un mot* contenant une information particulière. *Les champs d'adresse d'une instruction.*

■ HOM. Chant.

2 **CHAMP** ➤ **2 CHAMPAGNE**

1 **CHAMPAGNE** [ʃɑ̃paɲ] **n. f.** – Xe ◊ latin populaire °*campania,* de *campus* → campagne ■ **1** GÉOGR. Plaine crayeuse ou calcaire. *La champagne de Saintonge.* ◆ APPOS. (COUR.) *Fine champagne :* eau-de-vie de qualité supérieure provenant de la région de Cognac. ■ **2** (1360) BLAS. Tiers inférieur de l'écu. ➤ **plaine.**

2 **CHAMPAGNE** [ʃɑ̃paɲ] **n. m.** – 1695 ◊ de *vin de Champagne* ; n. de région ■ **1** Vin mousseux produit dans la région délimitée de Champagne. *Le champagne bénéficie d'une appellation d'origine contrôlée. Bouteille* (➤ **balthazar, jéroboam, magnum, mathusalem, nabuchodonosor, réhoboam, salmanazar ;** ARG. **roteuse**), *bouchon de champagne. Coupe, flûte, seau à champagne ; sabler* le champagne. «Le champagne se boit en certaines occasions, où, selon la règle, il est offert»* G. BATAILLE. *Champagne frappé. Battre son champagne,* pour en faire partir le gaz carbonique. *Des champagnes bruts*, secs* (➤ **dry**), *demi-secs. Champagne rosé. Faire un repas au champagne.* — *Champagne !, Champagne pour tout le monde !* formules symbolisant la victoire, la réussite, l'euphorie. *«Quand je n'étais pas le dernier de ma classe, c'est que j'en étais l'avant-dernier (Champagne !)»* PENNAC. — ABRÉV. FAM. (1857) **CHAMP** [ʃɑ̃p]. ■ **2** *Champagne nature :* vin blanc sec de Champagne, non champagnisé. ■ **3** (1902) ADJT INV. (usage commercial déconseillé) De la couleur du champagne. *Des dentelles champagne.*

CHAMPAGNISATION [ʃɑ̃paɲizasjɔ̃] **n. f.** – 1878 ◊ de *champagniser* ■ Procédé de préparation des vins de Champagne, rendus mousseux par mise en bouteilles avant la seconde fermentation.

CHAMPAGNISER [ʃɑ̃paɲize] **v. tr.** ‹1› – 1839 ◊ de 2 *champagne* ■ Rendre mousseux (les vins de Champagne) par seconde fermentation en bouteille. — **p. p. adj.** *Vin champagnisé.* (Emploi abusif pour les vins d'autre origine traités de manière analogue.)

CHAMPART [ʃɑ̃paʀ] **n. m.** – 1283 ◊ de 1 *champ* et 1 *part* ■ **1** HIST. Droit féodal qu'avaient les seigneurs de lever une partie de la récolte de leurs tenanciers (de 1/6 à 1/11). ➤ **terrage.** ■ **2** Mélange de froment, de seigle et d'orge. ➤ **méteil.**

CHAMPÊTRE [ʃɑ̃pɛtʀ] **adj.** – fin XIe ◊ latin *campestris,* radical *campus* ■ VIEILLI ou LITTÉR. Qui appartient aux champs, à la campagne cultivée. ➤ **agreste, bucolique, pastoral, rural, rustique.** *Vie champêtre. Travaux champêtres.* MOD. *Bal, repas champêtre.* ◆ *Garde* champêtre.*

CHAMPI, ISSE [ʃɑ̃pi, is] **n. et adj.** – *champiz* 1390 ◊ de 1 *champ* ■ VX ou RÉGION. Enfant trouvé(e) dans les champs. ➤ **bâtard.** *«François le Champi», roman de George Sand* (1849). — On écrit parfois *champis, isse.*

CHAMPIGNON [ʃɑ̃piɲɔ̃] **n. m.** – 1398 ◊ de l'ancien français *champegnuel* (*campegneus* XIIe) ; latin populaire *(fungus)* °*campaniolus* «(champignon) des champs», cf. *campagnol* **A.** ■ **1** Organisme sans feuilles ni fleurs formé généralement d'un pied surmonté d'un chapeau, à nombreuses espèces, comestibles ou vénéneuses, et qui pousse rapidement, surtout dans les lieux humides. *Pied, pédicule, volve ; bulbe, chapeau* (garni de lames ou de tubes rapprochés, par-dessous), *pruine* des champignons. Principaux champignons :* agaric, amanite, bolet, cèpe, chanterelle, clavaire, coprin, cortinaire, coucoumelle, coulemelle, craterelle, fistuline, girolle, golmotte, helvelle, hérisson, hydne, hypholome, lactaire, lépiote, morille, mousseron, oronge, pleurote, polypore, psalliote, russule, souchette, trompette de la mort, vesse-de-loup, volvaire. *Champignons comestibles. Champignons vénéneux ; hallucinogènes. Cueillir, ramasser des champignons ;* FAM. *aller aux champignons* (➤ RÉGION. **champignonneur**). *Cultiver des champignons* (➤ **champignonniste**). *Champignon de couche ; champignon de Paris.* « *le champignon de couche, créature insipide, née de l'ombre, couvée par l'humidité* » COLETTE. *Omelette aux champignons* (➤ **forestière**). *Champignons à la grecque. Duxelles de champignons.* — LOC. FIG. *Pousser comme un champignon,* très vite, avec une grande facilité. (traduction de l'anglais) APPOS. *Ville champignon,* qui se développe très vite. *Les villes champignons.* ◆ PAR ANAL. Végétal à goût et à emploi culinaire comparable. *Champignons chinois :* algues. *Crevettes aux champignons noirs.* ■ **2** FIG. (1639) Renflement spongieux d'une mèche qui brûle mal. ◆ Ce qui a la forme d'un champignon. *Le champignon d'un portemanteau :* saillie pour accrocher les chapeaux. — (1931) FAM. Pédale d'accélérateur (à l'origine, tige surmontée d'un chapeau). *Appuyer sur le champignon :* accélérer. « *C'était seulement sur la route, et lorsqu'elle était déserte, qu'Albert écrasait le champignon* » L. MALET. — *Champignon atomique :* nuage qui s'élève après une explosion atomique.

B. BOT. Organisme cryptogame cellulaire *(thallophytes)* dépourvu de chlorophylle, hétérotrophe, incapable de photosynthèse, vivant soit en parasite *(champignon pathogène)* des plantes (➤ **cryptogamique ; amadouvier, carie, charbon, ergot, mildiou, rouille**) ou des animaux et de l'être humain (➤ **mycose ; blastomycose, muguet, sporotrichose**), soit en symbiose (➤ **lichen, mycorhize**) ou en saprophyte (➤ **moisissure**). *Les champignons constituent un règne à part.* ➤ **fonge.** *Champignons unicellulaires.* ➤ **levure, oïdium.** *Champignons inférieurs,* à mycélium non cloisonné (myxomycètes, siphomycètes). *Champignons supérieurs,* à mycélium cloisonné (ascomycètes et basidiomycètes) [cf. ci-dessus A, 1°]. *Étude des champignons.* ➤ **mycologie.** *Reproduction des champignons* (➤ **asque, baside, hyménium, spore**). *Substances détruisant les champignons.* ➤ **fongicide ; anticryptogamique, antifongique, antimycosique.**

CHAMPIGNONNEUR, EUSE [ʃɑ̃piɲɔnœʀ, øz] n. – 1966 ◇ de *champignon* ■ (Suisse) Cueilleur, cueilleuse de champignons, personne qui aime aller à la cueillette des champignons.

CHAMPIGNONNIÈRE [ʃɑ̃piɲɔnjɛʀ] n. f. – 1694 ◇ de *champignon* ■ Lieu, généralement souterrain où l'on cultive les champignons sur couche.

CHAMPIGNONNISTE [ʃɑ̃piɲɔnist] n. – 1866 ◇ de *champignon* ■ DIDACT. Personne qui cultive les champignons.

CHAMPION, IONNE [ʃɑ̃pjɔ̃, jɔn] n. – fin XIe ◇ du latin du VIIe s. *campio,* emprunté au germanique *kampjo.* Le mot germanique est un dérivé de *Kampf* « duel », emprunté par les soldats germains au latin *campus,* au sens de « terrain où se déroulaient les exercices militaires ». ■ **1** n. m. Celui qui combattait en champ clos pour soutenir une cause. *Choisir un champion. Champions lançant les premiers défis dans un tournoi.* ➤ **tenant.** — VX Rivaux qui se battent, s'opposent. ➤ **combattant, concurrent.** ■ **2** (1522) Défenseur attitré d'une cause. « *l'avocat ou plutôt le champion, le chevalier intrépide* [...] *d'une cause* » SAINTE-BEUVE. *Elle s'est faite la championne du vote des femmes.* ■ **3** (1855) Athlète qui remporte une épreuve sportive particulière (championnat). *Champion du monde en titre. Championne d'Europe du cent mètres dos* (natation). — Athlète de grande valeur. *Collectionner les photos des grands champions.* ■ **4** FIG. et FAM. Personne remarquable. ➤ as. adj. *Il est champion, c'est champion !* extraordinaire. ➤ 2 **super.**

CHAMPIONNAT [ʃɑ̃pjɔna] n. m. – 1859 ◇ de *champion* ■ Épreuve sportive officielle à l'issue de laquelle le vainqueur obtient un titre. ➤ **compétition, challenge.** *Concourir dans un championnat. Participer à un championnat. Remporter le championnat de France, du monde de football* (➤ 1 **coupe**). ◆ Épreuve de jeux. ➤ **tournoi.** *Championnat d'échecs, de bridge.*

CHAMPIS, ISSE ➤ **CHAMPI**

CHAMPLEVER [ʃɑ̃l(ə)ve] v. tr. (5) – 1753 ◇ de 1 *champ* et 1 *lever* ■ TECHN. Enlever au burin le champ autour d'un motif, d'une figure que l'on réserve, pour obtenir des blancs, des reliefs. *Champlever une plaque d'argent.* — PAR EXT. *Champlever une figure.* ◆ Pratiquer des alvéoles dans (un support métallique) pour incruster à chaud de la pâte d'émail. — p. p. adj. *Émaux champlevés* (opposé à *cloisonné*).

CHAMPLURE [ʃɑ̃plyʀ] ou **CHAMPLEURE** [ʃɑ̃plœʀ] n. f. – 1676 ◇ variantes de *chantepleure* ■ (Canada) FAM. Robinet. ➤ **chantepleure.**

CHAMSIN ➤ **KHAMSIN**

CHANÇARD, ARDE [ʃɑ̃saʀ, aʀd] adj. et n. – 1859 ◇ de *chance* ■ FAM. Qui a de la chance. ➤ **chanceux.** *Il n'est pas très chançard.* — n. *Un sacré chançard.* ➤ **veinard.** « *les morts peuvent se considérer comme des chançards* » C. SIMON.

CHANCE [ʃɑ̃s] n. f. – XIIe *chaance* « manière dont tombent les dés » ◇ latin populaire *cadentia,* de *cadere* « tomber » → choir ■ **1** (XIIIe) Manière favorable ou défavorable selon laquelle un événement se produit (➤ **aléa, hasard**) ; puissance qui préside au succès ou à l'insuccès, dans une circonstance (➤ **fortune, sort**). *La chance nous sourit enfin. Souhaiter bonne chance,* et ELLIPT *Bonne chance ! Faire cesser la mauvaise chance. Courir, tenter* sa chance. Mettre la chance de son côté* (cf. Mettre tous les atouts* dans son jeu). LOC. *La chance a tourné,* de bonne, elle est devenue mauvaise (ou vice versa). ■ **2** (XVIIIe) Possibilité de se produire par hasard. ➤ **éventualité, probabilité.** *Il y a beaucoup de chances, de fortes chances, il y a des chances (pour) que cela se produise :* c'est probable. *Il y a peu de chances, toutes chances qu'il accepte. Elle a toutes les chances de réussir. Calculer ses chances de succès. Ses chances sont minces. Il y a une chance sur trois (pour) que ça marche. Donner sa chance à qqn,* lui laisser la possibilité de réussir. — Occasion. *Saisir, laisser passer sa chance.* « *La guerre et le jeu enseignent ces calculs de probabilités qui font saisir les chances sans s'user à les attendre toutes* » FRANCE. *C'est notre dernière chance.* ➤ **espoir.** « *À Munich, dans une conférence de la dernière chance* » J.-M. GUENASSIA. ■ **3** *La chance.* Heureux hasard, sort favorable. ➤ **bonheur, fortune, veine.** *Avoir de la chance, beaucoup de chance.* ➤ FAM. et VULG. 1 **bol, chatte, cul,** 2 **fion, pot** (cf. Avoir la baraka ; les fées se sont penchées sur son berceau* ; être né sous une bonne étoile*, être né coiffé*). *Il aura de la chance s'il s'en tire. Nous avons eu la chance de le rencontrer. Porter chance à qqn. Par chance. Au petit bonheur* la chance. Le facteur chance. C'est un coup de chance. Un jour de chance.* ➤ 2 **faste, heureux.** *Il n'a pas de chance.* ELLIPT *Pas de chance ! Manque de chance !* LOC. FAM. *C'est la faute à pas de chance,* se dit lorsqu'on ne peut tenir personne pour responsable. — PAR ANTIPHR. *C'est bien ma chance !* ■ CONTR. Adversité, déveine, 2 guigne, malchance, poisse.

CHANCEL [ʃɑ̃sɛl] n. m. – fin XIIe ◇ → cancel ■ DIDACT. Barrière séparant le chœur des autres parties d'une église.

CHANCELANT, ANTE [ʃɑ̃s(ə)lɑ̃, ɑ̃t] adj. – 1190 ◇ de *chanceler* ■ **1** Qui chancelle. *Marcher d'un pas chancelant. Démarche chancelante.* ➤ **flageolant.** ■ **2** FIG. Fragile. ➤ **faible,** 1 **incertain.** *Santé chancelante. Avoir une foi chancelante.* ■ CONTR. Assuré, 1 ferme, 1 fort, solide.

CHANCELER [ʃɑ̃s(ə)le] v. intr. (4 /5/) – 1080 ◇ latin *cancellare* « clore d'un treillis » ; évolution de sens obscure ■ **1** Vaciller sur sa base, pencher de côté et d'autre en menaçant de tomber. ➤ **flageoler, tituber, trébucher, vaciller ;** RÉGION. **chambranler.** *Il chancelle comme un homme ivre. Chanceler de fatigue.* ■ **2** FIG. Être menacé de ruine, de chute. « *La France s'élève, chancelle, tombe, se relève,* [...] *reprend sa grandeur* » VALÉRY. ➤ **trembler.** ◆ Être mal assuré. *Son assurance, sa raison chancelle.* ■ CONTR. Affermir (s'), dresser (se).

CHANCELIER, IÈRE [ʃɑ̃səlje, jɛʀ] n. – fin XIe ◇ latin *cancellarius* « huissier de l'empereur » ■ **1** n. m. HIST. Fonctionnaire royal ayant la garde et la disposition du sceau de France. ■ **2** MOD. Personne chargée de garder les sceaux, qui en dispose. *Le chancelier d'un consulat, d'une ambassade* (➤ **chancellerie**). *Grand chancelier de l'ordre de la Légion d'honneur :* chef de l'ordre qui appose le sceau sur les brevets. ■ **3** *Chancelier de l'Échiquier :* en Grande-Bretagne, le ministre des Finances. — Premier ministre (Autriche, Allemagne). *La chancelière allemande.* ■ **4** *Chancelier des universités.* ➤ 1 **recteur.**

CHANCELIÈRE [ʃɑ̃səljɛʀ] n. f. – 1762 ; « femme du chancelier » 1611 ◇ de *chancelier* ■ **1** VIEILLI Boîte ou sac ouvert, fourré à l'intérieur et servant à tenir les pieds au chaud. « *l'ample chancelière où plongeaient, accotés, les pieds de M. de la Hourmerie* » COURTELINE. ■ **2** Sac de couchage pour bébé qui se fixe sur une poussette.

CHANCELLERIE [ʃɑ̃sɛlʀi] n. f. – 1190 ◇ de *chancelier* ■ **1** ANCIENNT Bureaux, résidence du chancelier. *La grande, la petite chancellerie royale.* MOD. Administration centrale du ministère de la Justice. ■ **2** *La chancellerie d'un consulat, d'une ambassade. Contacts entre chancelleries. Style de chancellerie.* ■ **3** *Grande chancellerie :* services placés sous l'autorité du grand chancelier de la Légion d'honneur. ■ **4** *La chancellerie du Vatican :* service administratif où l'on délivre les actes concernant le gouvernement de l'Église. ■ **5** En Suisse, Organe administratif central d'un canton ou de la Confédération. *Chancellerie fédérale. Chancellerie d'État du canton de Vaud.*

CHANCEUX, EUSE [ʃɑ̃sø, øz] **adj. et n.** – 1606 ◊ de *chance* ▪ **1** VX Soumis au caprice de la chance, du hasard. ➤ **aléatoire, hasardeux,** 1**incertain.** *Une entreprise, une affaire chanceuse.* ▪ **2** MOD. Favorisé par la chance ; qui a de la chance. ➤ FAM. **chançard, veinard, verni.** — **n.** *« Toi, tu portes la poisse, ma petite ; tu n'es pas une chanceuse ! »* R. GUÉRIN. ▪ CONTR. Assuré, certain, sûr. Malchanceux.

CHANCIR [ʃɑ̃siʀ] **v. intr.** ⟨2⟩ – 1508 ◊ altération de l'ancien français *chanir* « blanchir », d'après *rancir ;* latin *canere,* de *canus* « blanc » ▪ VX Présenter des traces de moisissure. ➤ **se gâter, moisir.** *Ces confitures ont chanci.* — PRONOM. *Elles se chancissent.*

CHANCRE [ʃɑ̃kʀ] **n. m.** – XIIIe ◊ latin *cancer* « ulcère » → cancer ▪ **1** MÉD. VX Petit ulcère ayant tendance à ronger les parties environnantes. ➤ **cancer.** — MOD. Érosion ou ulcération de la peau ou d'une muqueuse, au premier stade de certaines maladies infectieuses (en particulier, maladies sexuellement transmissibles). *Chancre induré* ou *syphilitique. Chancre mou.* ➤ **chancrelle.** — LOC. FAM. *Bouffer comme un chancre,* avec excès. ▪ **2** BOT. Plaie du tronc ou des branches d'un arbre provoquée par un champignon (➤ **mycose**), ou par l'infection microbienne d'une blessure vive. *Le chancre coloré du platane. Le chancre du pommier est dû à un ascomycète.* ▪ **3** FIG. Ce qui ronge, dévore, détruit.

CHANCRELLE [ʃɑ̃kʀɛl] **n. f.** – 1861 ◊ de *chancre* ▪ PATHOL. Maladie sexuellement transmissible (appelée aussi *chancre mou*) due à un bacille (bacille de Ducret, syphilis), et qui se caractérise par une ulcération assez profonde et molle de la verge ou de la vulve, avec tuméfaction des ganglions de l'aine. ➤ **syphilis.**

CHANDAIL [ʃɑ̃daj] **n. m.** – fin XIXe ◊ de *chand* (« marchand ») *d'ail,* nom du tricot des vendeurs de légumes aux Halles ▪ Gros tricot de laine qui s'enfile par la tête. ➤ **pull-over.** *Des chandails à col roulé.* (Canada) *Chandail de hockey, de soccer.* ➤ **maillot.**

CHANDELEUR [ʃɑ̃d(ə)lœʀ] **n. f.** – 1119 *chandelur* ◊ latin populaire °*candelarum,* de *festa candelarum* « fête des chandelles » ▪ CATHOL. Fête de la présentation de Jésus-Christ au Temple et de la purification de la Vierge Marie (2 février). *Les crêpes de la Chandeleur.*

CHANDELIER [ʃɑ̃dəlje] **n. m.** – 1138 ◊ de *chandelle* ▪ **1** Support destiné à recevoir les chandelles, les cierges, les bougies. ➤ **bougeoir, candélabre, flambeau, girandole,** 2**lustre, torchère ; herse.** *Bobèche d'un chandelier.* — *Le chandelier à sept branches,* placé dans le Temple, l'un des symboles juifs traditionnels. ➤ **ménorah.** — *Chandelier pascal.* ▪ **2** Support, étai. *Chandeliers de tranchée, de batayole.* ▪ **3** FIG. VX Personne sur qui on détourne la jalousie du mari. ➤ **paravent.** *« Le Chandelier »,* comédie de Musset.

CHANDELLE [ʃɑ̃dɛl] **n. f.** – XIIe *chandeile* ◊ latin *candela* ▪ **1** Appareil d'éclairage formé d'une mèche tressée enveloppée de suif. ➤ **bougie, flambeau.** *Chandelle d'église.* ➤ **cierge.** *S'éclairer à la chandelle. Un dîner aux chandelles. Support de chandelle.* ➤ **chandelier.** *Souffler, éteindre la chandelle* (➤ **éteignoir**). *Moucher la chandelle* (➤ 1**mouchette**). ▪ **2** LOC. FIG. *Devoir une fière chandelle à qqn,* lui devoir une grande reconnaissance. *Des économies de bouts de chandelles :* des économies insignifiantes. — *Brûler la chandelle par les deux bouts :* gaspiller son argent, sa santé. — *(En) voir trente-six chandelles :* être ébloui, étourdi par un coup. *« l'hôtesse reçut un coup de poing dans son petit œil qui lui fit voir cent mille chandelles »* SCARRON. — (1835) *Tenir la chandelle :* assister en tiers complaisant à une liaison (➤ **chandelier,** 3°). — (XVIe) *Le jeu n'en vaut pas la chandelle :* le résultat de cette entreprise ne vaut pas l'investissement nécessaire. ▪ **3** *Chandelle romaine :* pièce d'artifice. ▪ **4** (1578 ◊ par anal. de forme) FAM. Morve qui coule d'une narine. ▪ **5** (1894) Montée verticale (d'une balle, d'un avion). *L'avion monte en chandelle. Faire une chandelle au tennis.* ➤ **lob.** — Au rugby, Action d'un joueur qui expédie le ballon très haut d'un coup de pied afin de laisser à ses coéquipiers le temps de se rendre au point de chute pour le récupérer.

1**CHANFREIN** [ʃɑ̃fʀɛ̃] **n. m.** – XIIe ◊ d'un élément d'origine inconnue et du latin *frenum* « frein » ▪ Partie antérieure de la tête (du cheval et de certains mammifères), qui s'étend du front aux naseaux. *« D'ordinaire, lorsqu'elle saluait les chevaux, ils restaient de l'autre côté de la clôture et se contentaient d'une tape sur le chanfrein »* M. DUGAIN.

2**CHANFREIN** [ʃɑ̃fʀɛ̃] **n. m.** – XVe ◊ de *chanfreindre* « tailler en biseau », de *fraindre* « briser, abattre » et 2*chant* ▪ TECHN. Surface plate obtenue en abattant l'arête d'une pierre, d'une pièce de bois ou de métal. ➤ **biseau.** *Tenailles à chanfrein.*

CHANFREINER [ʃɑ̃fʀene] **v. tr.** ⟨1⟩ – 1676 ◊ de 2*chanfrein* ▪ TECHN. Tailler en chanfrein.

CHANGE [ʃɑ̃ʒ] **n. m.** – XIIe ◊ de *changer*
▪ Action de changer une chose contre une autre. ➤ **changement, échange, troc.**

I ▪ **1** LOC. *Gagner, perdre au change :* être avantagé ou désavantagé lors d'un échange. ▪ **2** (XIIIe ◊ italien *cambio*) Action de changer une monnaie contre une autre monnaie, une valeur monétaire contre une valeur équivalente. ➤ **conversion.** *Opérations de change.* ➤ **cambiaire ; arbitrage, compensation.** *Le marché des changes,* où sont fixés les *taux de change* de monnaies convertibles. *Taux de change fixes, flottants. Contrôle des changes,* effectué par l'État afin d'équilibrer l'offre et la demande des devises sur le marché des changes. *Bureau de change. La table des changes, le change :* le lieu où se font les opérations de change. ➤ 2**bourse.** *Risque* de change.* — *Lettre de change.* ➤ **billet** (à ordre), **effet.** — *Agent* de change.* ▪ **3** PAR EXT. Valeur de l'indice monétaire étranger en monnaie nationale sur une place déterminée. *Cote, cours des changes. Taux de change* (➤ **certain,** 2**incertain**). *Parité des changes.*

II (XIIe) ▪ **1** VÉN. Substitution d'une nouvelle bête à la place de celle qui a été lancée. *La bête donne le change,* en fait lever une autre à sa place. *Les chiens prennent le change.* ▪ **2** (1654) COUR. *Donner le change à qqn,* lui faire prendre une chose pour une autre. ➤ **tromper ; abuser.**

III ▪ **1** (v. 1980) *Change, change complet :* couche-culotte jetable. ▪ **2** Tenue, vêtements de rechange. *Prévoir un change.*

CHANGEABLE [ʃɑ̃ʒabl] **adj.** – XIIe « inconstant » ◊ de *changer* ▪ Qui peut être changé. ➤ **métamorphosable, modifiable, remplaçable, réversible.** *« des choses de convention, c'est-à-dire à peu près immuables ou du moins fort lentement changeables »* STENDHAL. ▪ CONTR. Immuable.

CHANGEANT, ANTE [ʃɑ̃ʒɑ̃, ɑ̃t] **adj.** – XIIe ◊ de *changer* ▪ **1** Qui est sujet à changer, susceptible de changement. ➤ 1**incertain, variable.** *Un temps changeant. La forme changeante des nuages. La fortune est changeante.* ➤ **fluctuant.** *Humeur changeante.* ➤ **inégal.** *Personne changeante.* ➤ **capricieux, fantasque, inconstant, instable, léger, mobile, versatile, volage ; caméléon, girouette.** *Il est bien changeant dans ses opinions, ses goûts. Esprit changeant.* ➤ **divers, flottant, inconsistant, mouvant.** ▪ **2** Dont l'aspect, la couleur change suivant le jour sous lequel on le regarde. *Couleur changeante de la gorge d'un pigeon. Étoffe changeante, à reflets changeants.* ➤ **chatoyant, moiré, versicolore.** *La plaine « Dont le tableau changeant se déroule à mes pieds »* LAMARTINE. ▪ CONTR. Constant, égal, 1fixe, immuable, invariable, persistant, stable.

CHANGEMENT [ʃɑ̃ʒmɑ̃] **n. m.** – *cangement* XIIe ◊ de *changer* ▪ **1** *Changement de... :* modification quant à (tel caractère) ; le fait de changer. *Changement d'état, de nature, de substance, de forme, de propriétés.* ➤ **déformation, déguisement, évolution, métamorphose, modification, mutation, transfiguration, transformation, transmutation.** *Changement de peau, de poil.* ➤ **mue.** *Changement d'attitude. Changement de temps.* ➤ **variation.** *Changement de lune, de saison.* ➤ **alternance.** *Changement de ton, de tonalité.* ➤ **modulation, transposition.** *Changement de couleur. Changement de sens des mots.* ➤ **évolution.** *Changement de ministère* (➤ **remaniement**), *de personnel* (➤ **mutation**), *de régime. Changement de programme. Changement de direction, d'orientation* (concret ou non). ➤ **détour, déviation, virage.** *Changement de décor*. Changement à vue*. Changement de propriétaire* (d'un commerce). — PHYS. *Changement de phase*. Changement de fréquence.* ➤ **modulation.** ▪ **2** Le fait de ne plus être le même. *Son changement est complet, total. « C'est l'apanage de la créature d'être sujette au changement »* BOSSUET. ▪ **3** Le fait d'abandonner une chose, une personne pour une autre, de changer de... *Le changement d'une chose contre une autre, par une autre, pour une autre.* ➤ **échange, remplacement, substitution, troc.** *Changement d'adresse, de résidence, de pays.* ➤ **déménagement,** 1**départ, émigration, expatriation.** *Changement d'heure :* passage de l'heure d'été à l'heure d'hiver et vice versa. *Changement de nationalité.* ➤ **naturalisation.** *Vous avez besoin d'un changement d'air.* — *Changement de métier.* ➤ **reconversion, recyclage.** *Changement de place.* ➤ **déplacement ; interversion, permutation.** — *Changement de métro, de train.* ➤ **correspondance.** ABSOLT *Il n'y a pas de changement, c'est direct.* ▪ **4** *Le changement :* état de ce qui évolue, se modifie, ne reste pas identique (choses, circonstances, état psychologique). *«Je peux me vanter d'avoir toujours persévéré dans le changement»* DUHAMEL. *Aimer le changement. Craindre le changement* (➤ **conservatisme**). *Changement brusque, total.* ➤ **bouleversement, novation, renouvellement, rénovation, renversement, retournement, révolution.** *Changement imperceptible. Changement graduel, progressif.* ➤ **évolution, gradation, transition.** *Changement en mieux* (➤ **amélioration***), *en mal* (➤ **aggravation, altération*, dénaturation, perversion**). ▪ **5** *Un changement* : chose, circonstance qui change, évolue. *Changement dans un sens, puis dans un autre.* ➤ **alternance, balancement, fluctuation, oscillation, va-et-vient.** *Changement(s) dans les opinions, les idées, l'humeur.* ➤ **caprice, palinodie, retournement, revirement, saute, volte-face ; inconstance, infidélité, versatilité.** *Ç'a été un grand changement dans sa vie.* — COLLECTIVT *Il y a eu du changement, cette année.* ▪ **6** (Dans l'espace) *Changement de niveau.* ➤ **dénivellation, inégalité.** ▪ **7** Dispositif permettant de changer. *Changement de vitesse* d'une voiture, d'une bicyclette* (➤ **dérailleur**). ▪ CONTR. Constance, fixité, invariabilité, persévérance, stabilité.

CHANGER [ʃɑ̃ʒe] v. ⟨3⟩ – milieu XIIe ◊ du latin *cambiare* «échanger», d'origine celtique

I ~ **v. tr.** ▪ **1** Céder (une chose) contre une autre. ➤ **échanger, troquer.** *Changer une chose pour, contre une autre. Je ne changerais pas ma place pour la sienne.* ➤ **abandonner, céder, donner, quitter, renoncer** (à). ABSOLT *Je ne changerais pas avec lui.* — SPÉCIALT *Changer trois cents euros, de l'argent ; des dollars contre des yens.* ➤ **convertir ; change.** ▪ **2** Remplacer (qqch., qqn) par une chose, une personne (de même nature). *Changer sa voiture. Changer la roue d'une voiture. Changer les rideaux de sa chambre. Changer le personnel d'une administration. Changer le nom d'une rue.* ➤ **débaptiser.** — *Changer les draps* : mettre des draps propres. *Changer le linge d'un malade, la couche d'un bébé* (➤ **change**). PAR EXT. *Changer un bébé,* remplacer sa couche. ▪ **3** *Changer qqch., qqn de* : faire subir une modification quant à. *On ne le changera pas de caractère. Changer une chose de place,* la mettre ailleurs. ➤ **déplacer, déranger, intervertir, inverser, transférer, transplanter, transposer.** *Changer la place, l'ordre, l'arrangement de plusieurs choses. Changer qqn de poste.* ➤ **déplacer,** 2 **muter.** ▪ **4** Rendre autre ou différent (compl. abstrait ou indéf.). ➤ **modifier.** *Changer ses dispositions, ses plans, ses projets, sa manière de vivre. Vouloir tout changer.* ➤ **bouleverser, chambarder, chambouler, innover, réformer, rénover, renverser, réorganiser, révolutionner, transformer.** *«Sans rien changer, que tout soit différent»* R. BRESSON. *Les choses sont bien changées.* ➤ **autre, différent.** *Changer l'ordre des choses, le destin. Ça m'a changé la vie.* — *Changer ses batteries* ; changer son fusil* d'épaule.* — *Changer sa voix pour ne pas être reconnu.* ➤ **contrefaire, déguiser.** *Changer le sens d'un texte.* ➤ **altérer, défigurer, déformer, dénaturer, fausser, truquer.** — *Changer la forme de son discours.* ➤ **refondre, remanier, remodeler, transposer.** FAM. *Changer les idées.* ➤ **divertir.** *Ça te changera les idées. Elle a besoin de se changer les idées.* ◆ (Le complément désigne une personne) *Changer qqn. On ne le changera pas.* — (Sujet chose) *Changer qqn,* le faire paraître différent. *Cette nouvelle coiffure te change, te change beaucoup.* ▪ **5** (1580) **CHANGER (qqch., qqn) EN.** ➤ **convertir, métamorphoser, muer, transfigurer, transformer.** *La femme de Loth «fut changée en une statue de sel»* (BIBLE). *Les alchimistes espéraient changer les métaux en or.* ➤ **transmuer.** *Changer un doute en certitude. Changer une peine en une autre.* ➤ **commuer.** *Changer qqch. en bien, en mieux* (➤ **améliorer,** 1 **bonifier**), *en mal, en pire* (➤ **aggraver, altérer, empirer**). ▪ **6 CHANGER (qqch.) À :** modifier un élément de. *Ne rien changer à ses habitudes. Vous n'y changerez rien. Cela ne changera rien à ma décision.*

II ~ **v. tr. ind. CHANGER DE** ▪ **1** *Changer de place* : quitter un lieu pour un autre. ➤ **bouger,** se **déplacer, remuer.** FAM. *Changer de crémerie*. Tu veux changer de place avec moi ?* ➤ **permuter.** *Changer d'appartement.* ➤ **déménager.** *Changer de pays.* ➤ **émigrer, s'expatrier.** *«En changeant de pays, la pudeur change de place»* FLAUBERT. *Changer d'air.* — *Changer de file* (en conduisant). *Changer de cap, de direction, de route.* ➤ **tourner.** *Changer d'amures.* ➤ **virer.** *Changer de camp.* ▪ **2** Abandonner, quitter (une chose, une personne) pour une autre de la même espèce, du même genre. *Changer de voiture. Changer de vitesse*. Changer de gouvernement, de régime. Changer de secrétaire. Les voyageurs pour Laon changent de train.* ABSOLT *Si tu y vas en métro, il faut changer à Opéra. Changer de décor. Changer de robe, de chemise*. Elle a changé de coiffure, de look. Changer de sexe* (➤ **transsexuel**). *Changer d'orientation professionnelle.* ➤ se **reconvertir,** se **recycler.** — *Changer de chaîne* (de télévision). ➤ **zapper ;** RÉGION. **pitonner.** FAM. *Changer de disque*. — Il faut un peu changer de lectures.* ➤ **diversifier, varier.** *Il change sans cesse de sujet.* ➤ **papillonner, voltiger.** *Elle change souvent de travail.* — (1580) *Changer d'attitude, de conduite, d'humeur, de langage, de manière, de vie. «l'officier a vite changé de ton avec moi»* COSSERY. *Il a changé d'idée. Rien ne le fera changer d'avis. Il n'y a que les imbéciles qui ne changent jamais d'avis. Il change d'opinion à tout moment.* ➤ **changeant, versatile ;** se **dédire, fluctuer,** se **rétracter, varier, virer** (cf. Retourner sa veste*, tourner casaque*). *«ma résolution était prise et rien ne pouvait plus m'en faire changer»* FRANCE. *Changer de religion.* ➤ se **convertir.** *«On change plus facilement de religion que de café»* COURTELINE. ◆ (Sens pass.) Avoir, recevoir (un autre caractère), subir une modification. *La rue a changé de nom. La maison a changé de propriétaire. Changer de couleur, de tête,* sous l'effet d'une émotion. ➤ se **troubler ; pâlir, rougir.** *«Vous vous troublez, Madame, et changez de visage»* RACINE. *«L'homme comme un nuage erre et change de forme»* HUGO. ➤ se **métamorphoser,** se **transformer.**

III ~ **v. intr.** (fin XIIe) Devenir autre, différent, éprouver un changement. ➤ **évoluer,** se **modifier,** se **transformer, varier.** *«Derrière ce qui change, il y a quelque chose qui ne change pas»* H. REEVES. *«Rien n'a changé Ce sont les mêmes lieux et les mêmes choses, Presque les mêmes mots»* BONNEFOY. *Les choses ont changé. «Plus ça change, plus c'est la même chose»* A. KARR. *Manger du poisson, ça change. La quantité, la dimension a changé.* ➤ **augmenter, diminuer.** *Le temps va changer. Le vent a changé.* ➤ **tourner.** *Changer du tout au tout, du jour au lendemain, brusquement, subitement, à vue d'œil. Elle n'a pas changé, elle est toujours la même.* ➤ **vieillir.** *Elle a changé à son avantage. Elle ne changera jamais ! «Les femmes pensent toujours que les hommes vont changer parce qu'elles s'imaginent être seules à les comprendre»* M. FITOUSSI. — (Au moral) *Changer en mieux.* ➤ **s'améliorer, s'amender,** se **corriger.** — PAR ANTIPHR. *Pour changer* : pour ne pas changer, comme d'habitude. *Et pour changer, elle est encore en retard.*

IV ~ **v. pron. SE CHANGER** ▪ **1** (fin XIIe) *Se changer en* : se convertir en, faire place à. *La citrouille se changea en carrosse. «Son émotion se changea en angoisse»* P. HERBART. ▪ **2** (1787) Changer de vêtements. *Se changer pour dîner.*

▪ CONTR. Conserver, garder, maintenir, persévérer, persister ; demeurer, durer, subsister.

CHANGEUR, EUSE [ʃɑ̃ʒœʀ, øz] n. – *cangeeur* XIIe ◊ de *changer* ▪ **1** Personne qui effectue des opérations de change. ➤ **cambiste.** ▪ **2** n. m. Dispositif permettant de changer. *Changeur automatique de disques. Changeur de monnaie* : appareil délivrant des pièces de monnaie en échange de billets ou d'autres pièces. ➤ **monnayeur.**

CHANLATTE [ʃɑ̃lat] n. f. – XIIIe ◊ de 2 *chant* et 1 *latte* ▪ TECHN. (CONSTR.) Latte de section trapézoïdale, posée au bas du versant du toit pour recevoir le premier rang de la couverture.

CHANNE [ʃan] n. f. – 1150 *chane* ◊ du latin *canna* «récipient» ▪ (Suisse) Broc en étain, muni d'un couvercle, pour servir le vin. ➤ **pichet.**

CHANOINE [ʃanwan] n. m. – *caneunie* 1080 ◊ latin *canonicus* ▪ Dignitaire ecclésiastique, membre du chapitre d'une église cathédrale, collégiale, ou de certaines basiliques. *Le chapitre* des chanoines sert de conseil à l'évêque. Dignité de chanoine.* ➤ **canonicat.** *Chanoine enseignant la théologie.* ➤ **théologal.** *Chanoine titulaire, prébendé ; honoraire. Aumusse, camail, chape, mosette, rochet de chanoine.* — *Gras* comme un chanoine.*

CHANOINESSE [ʃanwanɛs] n. f. – 1264 ◊ de *chanoine* ▪ **1** ANCIENNT Femme qui possédait une prébende dans un chapitre de femmes. ◆ MOD. Religieuse de certaines communautés. ▪ **2** Pâtisserie appelée aussi *nonnette.*

CHANSON [ʃɑ̃sɔ̃] n. f. – 1080 ◊ latin *cantio,* accusatif *cantionem* «chant»

I **TEXTE FAIT POUR ÊTRE CHANTÉ** ▪ **1** Texte mis en musique, généralement divisé en couplets et refrain et destiné à être chanté. *Chansons anciennes, traditionnelles.* ➤ 3 **air,** 1 **chant ; ballade, barcarole, berceuse, cantilène, cavatine, complainte, lied, mélodie, pastourelle, romance, ronde, vaudeville, villanelle.** *L'air, les paroles, le refrain, les couplets, le titre d'une chanson. Chanson courtoise du Moyen Âge. Chanson française polyphonique et a cappella, du XVIe s. Chanson de toile,* que les femmes chantaient en filant (Moyen Âge). *Chansons de marin. Vieilles chansons folkloriques. Chanson de Noël.* ➤ **noël.** *Chanson populaire.* ➤ **complainte,** POP. **goualante.** *Chanson réaliste. Chanson d'amour, chanson sentimentale.* ➤ **bluette, romance.** *Chanson à texte. Chanson triste. Chanson engagée. Chanson grivoise. Chanson à boire. «Ma tante avait un serin *qui chantait toute la nuit de vieilles chansons à boire»* PICASSO. *Chanson satirique* (➤ **chansonnier**). *Chanson d'enfants* (➤ **comptine**). — *Chanson ressassée.* ➤ **rengaine, ritournelle, scie.** *Chanson à la mode. Chanson à succès.* ➤ **tube.** — *Écrire, composer des chansons. Auteur* (➤ **parolier**), *compositeur, interprète de chansons. Faire une chanson sur qqch. Il écrit toutes ses chansons. Les chansons de Brassens, de Brel. «une chanson d'Édith Piaf. C'est une chanson de quatre sous et ces quatre sous valent de l'or»* CHR. BOBIN. *Chanteur qui enregistre des chansons. Mise en scène vidéo d'une chanson.* ➤ 2 **clip.** — LOC. FIG. *L'air ne fait pas la chanson* (cf. L'habit* ne fait pas le moine). — *Comme on dit dans la chanson, comme dit la chanson. En France «Tout finit par des chansons»* BEAUMARCHAIS (allusion à la frivolité proverbiale des Français). ◆ SPÉCIALT La musique seule. *Siffloter une chanson à la mode.* — La partition. *Éditeur de chansons.* ◆ Le texte seul (➤ **parolier**). *Une chanson de Prévert.* ◆ COLLECT. Le genre musical formé par les chansons. *Une histoire de la chanson française. Les vedettes de la chanson.* ■ **2** PAR EXT. Bruit harmonieux. ➤ 1 **chant.** *La chanson du grillon. La chanson du vent dans les feuilles.* ➤ **bruit, murmure.** ■ **3** LOC. FAM. Propos rebattus. ➤ **refrain.** *C'est toujours la même chanson.* ➤ **comédie, histoire, musique.** *On connaît la chanson ! Voilà une autre chanson,* un nouvel embarras. ◆ VX Propos ou raisons futiles. ➤ **bagatelle, baliverne, sornette.** *«Ce sont des chansons que cela : je sais ce que je sais»* MOLIÈRE.

II POÈME ■ **1** LITTÉR. Poème épique du Moyen Âge, divisé en laisses. ➤ **épopée.** *Chanson de geste.* ➤ 2 **geste.** *La Chanson de Roland. La Chanson d'Antioche.* ■ **2** Poème lyrique de structure répétitive. *«La Chanson du Mal Aimé», poème d'Apollinaire.*

CHANSONNER [ʃɑ̃sɔne] **v. tr.** ‹1› – 1734 ; «jouer d'un instrument» 1584 ◊ de *chanson* ■ VX Railler par une chanson satirique (➤ **chansonnier,** 2°). *Chansonner le gouvernement.*

CHANSONNETTE [ʃɑ̃sɔnɛt] **n. f.** – XIIe ◊ de *chanson* ■ Petite chanson sur un sujet léger ou burlesque. *Pousser la chansonnette.*

CHANSONNIER [ʃɑ̃sɔnje] **n. m.** – XIVe ◊ de *chanson* ■ **1** LITTÉR. Recueil de chansons. — SPÉCIALT Recueil de pièces lyriques des trouvères et troubadours. ■ **2** VX Personne qui écrit, compose des chansons, surtout des chansons satiriques. ◆ (1973) (Canada) Auteur-compositeur-interprète de chansons. ➤ **chanteur.** ■ **3** MOD. Personne qui compose ou improvise des chansons parodiques, des sketchs ayant pour thème la société, l'actualité. *Cabaret, théâtre de chansonniers.* ➤ **caveau.** *Spectacle de chansonniers. Les chansonniers de Montmartre.*

1 **CHANT** [ʃɑ̃] **n. m.** – XIe ◊ latin *cantus,* de *canere* ■ **1** Émission de sons musicaux par la voix humaine ; technique, art de la musique vocale. *L'art du chant.* ➤ **voix ; bel canto ; ambitus, appui, articulation, attaque, émission, intonation, modulation, phrasé, vibrato.** *Apprendre le chant. Suivre des cours de chant. École, professeur de chant.* ➤ 2 **conservatoire.** *Exercices de chant.* ➤ **gamme, vocalise.** *«Le chant, pour la femme, est ce que l'éloquence est à l'homme, une puissance sans limite»* M. BASHKIRTSEFF. ■ **2** Suite de sons émis par la personne qui chante. *Un chant mélodieux, harmonieux. Chant discordant.* ➤ **cacophonie.** FIG. *Le chant des sirènes*.* ◆ SPÉCIALT Composition musicale destinée à la voix, généralement sur des paroles. *Chants profanes.* ➤ 3 **air,** 2 **aria, ariette, aubade, ballade, blues, chanson, fado, mélodie, mélopée, psalmodie, ranz, récitatif, roulade, sérénade, tyrolienne, vocéro.** *Chants populaires, folkloriques. Chant révolutionnaire. Chant patriotique.* ➤ **hymne.** *«Le Chant des partisans», de Druon et Kessel. Chants sacrés.* ➤ **alléluia, antienne, cantique, gospel, motet, negro-spiritual, psaume.** *Chant de Noël.* ➤ **noël.** — *Tour* de chant.* ■ **3** Forme particulière de musique vocale. *Chant d'église.* ➤ **déchant, plain-chant ; ambrosien, grégorien.** *Chant à une seule voix* (➤ **monodie, solo**), *à deux, trois voix* (➤ **duo, trio**). *Chant choral à une voix* (➤ **homophonie, unisson**), *à plusieurs voix* (➤ **polyphonie ;** 2 **canon, chorale, chœur**). *Formes musicales destinées au chant.* ➤ **opéra, opéra-comique, opérette, vaudeville ; cantate, choral, messe, oratorio, requiem.** ■ **4** PAR EXT. Partie mélodique de la musique. ➤ **mélodie.** *«J'aime La Marseillaise, non les paroles, qui sont communes, mais l'air. Il y a dans ce chant je ne sais quelle tendresse héroïque mêlée au grand et au terrible»* HUGO. *L'harmonie soutient, étoffe le chant.* ■ **5** PAR ANAL. Bruit harmonieux. *Le chant du violon. Le chant des oiseaux.* ➤ **gazouillis,** 1 **ramage.** *Le chant de la cigale, du grillon.* ➤ **stridulation.** *Le chant des baleines. — Au chant du coq*.* — FIG. *Le chant du cygne*.* ■ **6** Poésie lyrique ou épique destinée, à l'origine, à être chantée. *Les chants de Pindare, d'Anacréon. Chant nuptial.* ➤ **épithalame.** *Chant funèbre. Chant Royal :* forme poétique française de cinq strophes et un envoi, chacune des six parties se terminant par un même vers, le refrain. — SPÉCIALT Division d'un poème épique ou didactique. *Les douze chants de l'Énéide. «Les Chants de Maldoror», épopée en six chants de Lautréamont.* POÉT. La poésie, les poèmes. *«Les plus désespérés sont les chants les plus beaux»* MUSSET. — *«Le Chant des chants»,* traduction du texte biblique appelé *«Cantique des cantiques»* par H. Meschonnic. — LITTÉR. Expression artistique. *«Le Chant de la terre»* (Das Lied von der Erde), *composition de Gustav Mahler pour chant et orchestre. Le Chant de la mer* (film d'animation). *«Le Chant du monde», roman de Jean Giono* (1934).
■ HOM. 1 Champ.

2 **CHANT** [ʃɑ̃] **n. m.** – XIIe ◊ latin *canthus* «bande qui entoure la roue» ■ RARE Surface longitudinale étroite (d'un objet, et PARTICULT d'un parallélépipède). *Le chant d'une brique, d'un livre* (opposé à *plat*). COUR. **DE CHANT.** *Mettre, poser une pierre de chant, sur chant,* sur l'un de ses côtés étroits et longs.

CHANTAGE [ʃɑ̃taʒ] **n. m.** – 1837 ◊ de *chanter* ■ Action d'extorquer à qqn de l'argent ou un avantage sous la menace d'une imputation diffamatoire, ou d'une révélation compromettante. ➤ **extorsion.** *«Le chantage suppose des menaces sous conditions pour extorquer des sommes auxquelles on n'a aucun droit»* BARRÈS. *Faire du chantage à qqn* (cf. Faire chanter* qqn). ➤ **maître chanteur.** *Céder au chantage.* ◆ PAR EXT. Moyen de pression utilisé pour obtenir qqch. de qqn. *Chantage au suicide, au sentiment. Chantage affectif. «Un numéro sans surprise, mille fois répété et parfaitement au point : chantage affectif, larmes de crocodile et menace de suicide»* GAVALDA.

CHANTANT, ANTE [ʃɑ̃tɑ̃, ɑ̃t] **adj.** – 1281 ◊ de *chanter* ■ **1** Qui chante, a un rôle mélodique. *Basse chantante* (opposé à *profonde*). ➤ **basse-taille.** ■ **2** Qui est favorable au chant. *Une musique très chantante.* ■ **3** *Voix chantante,* mélodieuse. *Accent chantant. L'italien est une langue chantante.* ■ **4** Où l'on chante. VX *Café chantant.* ➤ **café-concert.**

CHANTEAU [ʃɑ̃to] **n. m.** – *chantel* 1160 ◊ de 2 *chant* ■ **1** VX ou RÉGION. Morceau coupé à un grand pain ; à une pièce d'étoffe. ■ **2** MUS. Pièce d'un violon (ou violoncelle) qui augmente la largeur de la table ou du fond.

CHANTEFABLE [ʃɑ̃t(ə)fabl] **n. f.** – *cantefable* XIIIe ◊ de *chanter* et *fable* ■ LITTÉR. Récit médiéval où alternent prose (récit) et vers (chant). *«Aucassin et Nicolette» est une chantefable.* — Poème de forme analogue. *Les chantefables de Robert Desnos.*

CHANTEPLEURE [ʃɑ̃t(ə)plœʀ] **n. f.** – XIIe ◊ de *chanter* et *pleurer* ■ **1** Entonnoir à long tuyau percé de trous. — (1530) Robinet de tonneau. — (1829) RÉGION. (Canada) VIEILLI ou LITTÉR. Robinet. ➤ **champlure.** ■ **2** Fente pratiquée dans un mur de clôture ou de soutènement pour l'écoulement des eaux. ➤ **barbacane.**

CHANTER [ʃɑ̃te] **v.** ‹1› – Xe ◊ latin *cantare*

I v. intr. ■ **1** Former avec la voix une suite de sons musicaux. ➤ **moduler, vocaliser ;** 1 **chant.** *Chanter bien, avec expression. Chanter à livre ouvert.* ➤ **déchiffrer, solfier.** *Chanter juste, faux* (➤ **détonner,** RÉGION. **fausser**). *Chanter doucement, à mi-voix, mezza-voce.* ➤ **chantonner, fredonner.** *Chanter fort, à pleine voix, à pleins poumons, à tue-tête. Chanter fort et mal.* ➤ **beugler, brailler, braire, bramer, s'égosiller, hurler.** *Chanter sur une note.* ➤ **psalmodier.** *Chanter en solo ; en chœur, dans une chorale. Chanter en direct, en play-back. «Avant d'écrire, chaque peuple a chanté»* NERVAL. — PAR EXT. Avoir des intonations qui rappellent le chant. *Une langue qui chante* (➤ **chantant**). ■ **2** Produire des sons, des bruits (oiseaux, certains insectes). ➤ **gazouiller, siffler.** *L'alouette, le rossignol, le coq chantent. «La cigale ayant chanté tout l'été»* LA FONTAINE. — Produire un son harmonieux. *La bouilloire chante.* ■ **3** FIG. et LITTÉR. *«Ce ne sont pas ses pensées, ce sont les nôtres que le poète fait chanter en nous»* FRANCE. *Des lendemains* qui chantent.* ■ **4** LOC. *C'est comme si on chantait :* c'est sans effet (cf. Comme si on pissait* dans un violon). — *Faire chanter qqn,* exercer un chantage* sur lui. — FAM. *Si ça vous chante :* si ça vous dit, vous convient, vous plaît. *Comme ça vous chante :* comme vous préférez. *«Le jeune pianiste jouait, mais seulement si "ça lui chantait," car on ne forçait personne»* PROUST.

II v. tr. ■ **1** Exécuter (un morceau de musique vocale). *Chanter un air, une chanson. Chanter la messe. «ce qui ne vaut pas la peine d'être dit, on le chante»* BEAUMARCHAIS. — FIG. (PÉJ.) *Il chante cela sur tous les tons.* ➤ **rabâcher, répéter.** *Qu'est-ce que tu nous chantes là ?* ➤ 1 **dire, raconter.** — *Chanter pouilles* à qqn.* ■ **2** Célébrer par des chants. *Chantons Noël, l'An neuf !* ■ **3** POÉT. Célébrer. ➤ **exalter, proclamer, vanter.**

Homère a chanté les exploits d'Ulysse. «Allons ! Chantons Bacchus, l'amour et la folie» MUSSET. — *Chanter victoire*. Chanter les louanges de qqn,* en faire de grands éloges.

1 **CHANTERELLE** [ʃɑ̃tʀɛl] **n. f.** – 1540 ◊ de *chanter* ▪ **1** Corde la plus fine et la plus aiguë dans un instrument à cordes et à manche. *Chanterelle de violon, d'alto.* — LOC. FIG. *Appuyer sur la chanterelle :* insister sur un point délicat, pour convaincre. ▪ **2** Oiseau que l'on met en cage, et dont le chant attire d'autres oiseaux. ➤ **appeau.** *«chasser à la chanterelle»* FRANCE.

2 **CHANTERELLE** [ʃɑ̃tʀɛl] **n. f.** – 1752 ◊ latin des botanistes *cantharella,* grec *kantharos* «coupe» ▪ **1** BOT. Champignon en forme de coupe aux bords ondulés et à lamelles décurrentes *(basidiomycètes).* ➤ **girolle, trompette** (de la mort). ▪ **2** COUR. Espèce de chanterelle (1°) d'un gris-brun, comestible.

CHANTEUR, EUSE [ʃɑ̃tœʀ, øz] **n.** – *chantur, chanteor* fin XIIe ◊ latin *cantor,* de *canere* ▪ **1** Personne qui chante, et SPÉCIALT qui fait métier de chanter ou excelle dans l'art du chant. *Voix* de chanteurs* (➤ **ambitus, registre, timbre**). *Poètes et chanteurs de l'Antiquité et du Moyen Âge.* ➤ **aède,** 1 **barde, coryphée, ménestrel, minnesinger, rhapsode, scalde, troubadour, trouvère.** *Chanteuse des rues.* ➤ POP. **goualeuse.** *Chanteur populaire, chanteur de charme* (➤ **crooner**), *chanteur comique. Chanteur d'église.* ➤ **chantre.** *Chanteur à voix de soprano.* ➤ **castrat, haute-contre, sopraniste.** *Chanteur de chorale.* ➤ **choriste.** *Chanteur classique. Chanteur de concert, d'opéra.* ➤ **exécutant, interprète, soliste.** *Chanteur de duo.* ➤ **duettiste.** *Chanteuse d'opéra.* ➤ **cantatrice, diva.** *Chanteur, chanteuse folk, pop, rock* (➤ **rockeur**). *Chanteur à texte, à voix*. Chanteur auteur-compositeur* (➤ RÉGION. **chansonnier**). *Les fans d'un chanteur. Chanteur admiré.* ➤ **idole.** — *Chanteur qui fait des vocalises*. Pianiste qui accompagne un chanteur. Chanteur qui donne un récital, part en tournée.* — *Ce chanteur chante faux, détonne.* ▪ **2** adj. *Oiseaux chanteurs.* ▪ **3** APPOS. ➤ **maître chanteur.**

CHANTIER [ʃɑ̃tje] **n. m.** – fin XIIe «pièce de bois, étai» ◊ latin *canterius* «mauvais cheval» ▪ **1** TECHN. Support. Madrier sur lequel on pose les tonneaux. *Mettre du vin sur le chantier.* — SPÉCIALT Pièce servant de support à qqch. que l'on façonne. *Poser une pierre sur le chantier pour l'équarrir.* — MAR. *Navire sur le chantier.* ➤ **tin.** ▪ **2** Travail, projet de grande envergure. *Les grands chantiers du gouvernement.* ▪ **3** FIG. (1758) *Mettre un travail en chantier, sur le chantier,* le commencer (cf. Mettre en train*). *Ce livre est encore en chantier.* ▪ **4** Lieu où sont rassemblés des matériaux, où l'on procède à des travaux. ➤ **atelier, entrepôt.** *Chantier de construction, de démolition. Travailler sur un chantier. Chef de chantier. Entrepreneur qui a plusieurs chantiers.* — *Chantier naval.* ◆ ANCIENNT Au Canada, Exploitation forestière. ➤ RÉGION. **camp.** ▪ **5** FAM. Lieu où règne le désordre*. *Sa chambre est un vrai chantier. Quel chantier !* ➤ **bazar, bordel.**

CHANTIGNOLE [ʃɑ̃tiɲɔl] **n. f.** – 1676 ◊ de l'ancien français *chantille ;* de 2 *chant* ▪ TECHN. ▪ **1** Pièce de bois soutenant les pannes de la charpente d'un toit. ▪ **2** Brique de demi-épaisseur.

CHANTILLY [ʃɑ̃tiji] **n. m.** et **f.** – 1845 sens 2° ◊ commune de l'Oise ▪ **1** (1872) **n. m.** Dentelle au fuseau à mailles hexagonales. *Du chantilly noir.* ▪ **2** **n. f.** *Crème chantilly :* crème fouettée et sucrée. ELLIPT *Glace à la chantilly* (➤ **liégeois**). *Chantilly en bombe. Des «coupes glacées croulant sous la chantilly»* M. BARBERY. APPOS. INV. *Fraises chantilly.*

CHANTOIR [ʃɑ̃twaʀ] **n. m.** – fin XIIIe, en liégeois ◊ du wallon *tchantwér,* famille du latin *cantare* «chanter» ▪ (Belgique) Excavation où un cours d'eau disparaît pour devenir souterrain. ➤ **aven, bétoire,** RÉGION. **igue.**

CHANTONNEMENT [ʃɑ̃tɔnmɑ̃] **n. m.** – 1834 ◊ de *chantonner* ▪ Action de chantonner.

CHANTONNER [ʃɑ̃tɔne] **v.** ⟨1⟩ – 1538 ◊ de *chanter* ▪ **1** **v. intr.** Chanter à mi-voix. ➤ **fredonner.** ▪ **2** **v. tr.** *Chantonner une chanson.* FIG. *«La bouillotte chantonne sa prière au feu»* RENARD.

CHANTOUNG ➤ **SHANTUNG**

CHANTOURNER [ʃɑ̃tuʀne] **v. tr.** ⟨1⟩ – 1611 «sinuer comme un ruisseau» ◊ de 2 *chant* et *tourner* ▪ TECHN. Découper ou évider, suivant un profil donné. *Scie à chantourner.* **p. p. adj.** *Pièce chantournée.*

CHANTRE [ʃɑ̃tʀ] **n. m.** – v. 1260 ◊ latin *cantor* → chanteur ▪ **1** Chanteur dans un service religieux. *Chantre d'une église, d'une synagogue. Voix de chantre,* forte et sonore. — *Grand chantre :* dignitaire maître de chœur. ➤ **cantor.** — *Herbe aux chantres :* sisymbre. ▪ **2** VX (XVe-XVIIe) Chanteur. — FIG. et POÉT. Poète épique ou lyrique. *Le chantre d'Ionie :* Homère. — Personne qui célèbre (qqn, qqch.). *«Walter Scott, le chantre des races opprimées»* BARRÈS. *Se faire le chantre d'une bonne cause.*

CHANVRE [ʃɑ̃vʀ] **n. m.** – fin XIe ◊ d'une forme populaire du latin *cannabis* (→ cannabis), d'origine grecque ▪ **1** Plante textile *(cannabinacées)* cultivée dans les régions tempérées et subtropicales. *Terrain planté de chanvre.* ➤ **chènevière.** *Graines de chanvre,* ou *chènevis*,* nourriture des oiseaux. *Fibre de chanvre.* ➤ **étoupe, filasse, teille.** *Rouir, broyer, teiller le chanvre.* ▪ **2** **CHANVRE INDIEN :** chanvre qui, dans les pays chauds, développe dans ses fleurs une substance aux effets psychotropes utilisée comme drogue. ➤ **cannabis, haschich,** 1 **kif, marijuana.** ▪ **3** Textile de la tige du chanvre. *Chanvre écru ; chanvre peigné. Cordage de chanvre.* ➤ 1 **caret, filin.** — VIEILLI LOC. *Cravate de chanvre :* corde de potence. ▪ **4** Textile analogue. *Chanvre de Manille.* ➤ **abaca.** *Chanvre du Bengale.* ➤ **jute.** *Chanvre de la Nouvelle-Zélande.* ➤ **phormion.** ▪ **5** Plante voisine. *Chanvre d'eau.* ➤ **eupatoire.**

CHANVRIER, IÈRE [ʃɑ̃vʀije, ijɛʀ] **n.** – 1283 ◊ de *chanvre* ▪ Personne qui travaille le chanvre. — **adj.** *Industrie chanvrière.*

CHAOS [kao] **n. m.** – 1377 ◊ latin *chaos,* grec *khaos* ▪ **1** RELIG., MYTH. Vide ou confusion existant avant la création (➤ **tohu-bohu**). *Chaos originel, primitif.* ▪ **2** FIG. (XVIe) Confusion, désordre grave. *«le chaos des sensations confuses»* MICHELET. ➤ **mêlée.** *Le chaos qui succède à la guerre, aux destructions.* ➤ **bouleversement.** *Jeter un pays dans l'aventure et le chaos.* ▪ **3** (1796) Entassement naturel et désordonné de blocs, de rochers. *Le chaos de Gavarnie.* ▪ **4** PHYS. *Chaos moléculaire :* distribution désordonnée des positions et des vitesses des molécules d'un gaz parfait en équilibre. ▪ CONTR. Harmonie, ordre. ▪ HOM. Cahot ; poss. K.-O.

CHAOTIQUE [kaɔtik] **adj.** – 1838 ◊ de *chaos* ▪ **1** Qui a l'aspect d'un chaos. *Un amas chaotique de rochers.* ➤ **confus.** ▪ **2** DIDACT. Relatif au chaos originel. *Système chaotique.* ▪ **3** FIG. Confus. *Projet chaotique.* — (1991 ◊ avec influence de *cahot*) Irrégulier. *Carrière, parcours chaotique* (cf. En dents de scie*). *Destin chaotique,* fait de contrastes.

CHAOUCH [ʃauʃ] **n. m.** – 1854 ; *chaoux* 1547 ◊ de l'arabe *šāwuš* «serviteur» ▪ **1** RÉGION. (Maghreb) Employé subalterne travaillant dans le public ou le privé comme huissier, appariteur, coursier ou gardien. *Des chaouchs. «Le chaouch m'apporte un café dans la salle des témoins»* I. EBERHARDT. ▪ **2** FIG. Exécutant dévoué.

CHAOUI, fém. **CHAOUIE** ou **CHAOUIA** [ʃawi, ʃawija] **adj.** et **n.** – 1880 *Chaouias* n. m. pl. ◊ du berbère *tašawit ; chaouia* par l'arabe ▪ RÉGION. (Algérie) ▪ **1** Relatif au massif des Aurès en Algérie et à ses habitants. *Le pays chaoui. La musique chaouia.* ◆ Originaire des Aurès. — **n.** *Une Chaouie* ou *une Chaouia. Les Chaouis.* ▪ **2** **n. m.** Variété de berbère parlée dans les Aurès. *Le chaoui et le kabyle.* — Musique traditionnelle des Aurès. *Chanter, danser le chaoui.* — Au pluriel, on écrit *chaouia* ou *chaouias.*

CHAOURCE [ʃauʀs] **n. m.** – 1926 ◊ n. d'une commune de l'Aube ▪ Fromage de vache à pâte molle, cylindrique, à croûte fleurie, fabriqué en Champagne. *Des chaources.*

CHAPARDAGE [ʃapaʀdaʒ] **n. m.** – 1871 ◊ de *chaparder* ▪ Action de chaparder. ➤ **maraude ; larcin.** *Mesures pour éviter le chapardage.*

CHAPARDER [ʃapaʀde] **v. tr.** ⟨1⟩ – 1858 argot des militaires ◊ mot d'origine inconnue ▪ Dérober, voler* (de petites choses). ➤ **chiper, piquer.** ABSOLT *Chaparder dans les grands magasins.*

CHAPARDEUR, EUSE [ʃapaʀdœʀ, øz] **adj.** et **n.** – 1858 ◊ de *chaparder* ▪ Qui commet de petits larcins. *Un chien chapardeur.* — **n.** *«Sa main rapide de chapardeuse, habile à filouter les oranges des étalages»* COLETTE.

CHAPATI [(t)ʃapati] **n. m.** – 1862 ◊ mot hindi ▪ Petite crêpe indienne à pâte non levée. *Les chapatis et les naans.*

CHAPE [ʃap] **n. f.** – v. 1150 ; fin XIe *cape* «manteau d'ecclésiastique» ◊ bas latin *cappa* ▪ **1** VX Cape. — (après 1250) LITURG. Long manteau de cérémonie, sans manches, agrafé par-devant. *Chape brodée. La chape de l'officiant. Chape de cardinal.* ➤ **cappa.** — FIG. *La chaleur pesait comme une chape de plomb* (ACADÉMIE). ▪ **2** (XVIIe) Objet recouvrant qqch. ➤ **couvercle, enveloppe, revêtement.** *Chape de bielle :* enveloppe des coussinets. *Chape d'un pneumatique* (➤ **rechaper**). — *Chape de poulie,* monture, protection de l'axe (➤ **moufle**). ▪ **3** TRAV. PUBL. Surface imperméable qui protège une voûte, un radier. *Chape de béton.* ▪ **4** BLAS. Pièce honorable triangulaire de l'écu. ▪ HOM. poss. Schappe.

CHAPEAU [ʃapo] n. m. – début XIIIe ; *chapel* fin XIe ◇ latin populaire *capellus,* de *cappa* → chape

I ACCESSOIRE VESTIMENTAIRE QUI COUVRE LA TÊTE ▪ **1** Coiffure de forme le plus souvent rigide (opposé à *bonnet, coiffe*). ➤ **coiffure, couvre-chef ;** FAM. **galurin ;** ARG. **bitos.** *Chapeau de soleil, de plage.* ➤ 2 **bob.** *Chapeau de ville ; chapeau de pluie, imperméable.* ➤ **suroît.** *Chapeau de brousse. Avoir une tête à chapeau.* ▪ **2** *Chapeau d'homme,* en général à bords. ➤ **canotier,** 2 **claque, feutre, haut-de-forme, gibus, melon, panama, sombréro, stetson, tube.** *Chapeau de paille, chapeau mou, chapeau à bords roulés, à larges bords. Le chapeau de Napoléon.* ➤ **bicorne.** *Chapeau de gendarme*.* — *Fabrication des chapeaux.* ➤ **chapellerie.** *Mettre, enfoncer son chapeau.* ➤ **se coiffer, se couvrir.** *Soulever son chapeau* (pour saluer). *Enlever, ôter son chapeau.* ➤ **se découvrir.** ▪ **3** *Chapeaux de femme d'autrefois* (➤ **bavolet, cabriolet, capote, charlotte**), *d'aujourd'hui* (➤ 1 **bibi, capeline,** 1 **cloche, feutre, paille, toque**). *Magasin où l'on fabrique, où l'on vend des chapeaux de femmes.* ➤ 1 **mode ; modiste.** *Chapeau à plumes. Carton, épingles à chapeau.* ▪ **4** Chapeau de cardinal. LOC. *Recevoir le chapeau :* être promu au cardinalat. ▪ **5** LOC. *Donner un coup de chapeau, tirer son chapeau à qqn :* saluer qqn ; FIG. exprimer son admiration, rendre hommage à qqn. *Chapeau bas !* ELLIPT et FAM. *Chapeau !* ➤ **bravo.** *Chapeau l'artiste !* — *Participation au chapeau :* participation financière libre, à la fin d'un spectacle (parfois versée dans un chapeau). — LOC. (ANGLIC.) *Manger, avaler son chapeau :* se déjuger. *Sortir du chapeau :* être tiré au sort. *Sortir qqch. de son chapeau,* le faire apparaître comme par magie. FAM. *En baver des ronds* de chapeau. Travailler* du chapeau. Turlututu, chapeau pointu ! Porter le chapeau :* être considéré comme responsable, coupable d'une erreur, d'un délit commis dans un groupe. *On lui a fait porter le chapeau.*

II CE QUI SURMONTE, PROTÈGE OU A LA FORME D'UN CHAPEAU ▪ **1** Partie supérieure d'un champignon. *Séparer le pied du chapeau.* — TECHN. *Chapeau de cheminée.* ➤ **mitre.** — (1845) Abri en cloche (horticulture). — CUIS. *Le chapeau d'un vol-au-vent.* ▪ **2** (1829) *Chapeau chinois :* instrument à percussion formé d'un cône métallique garni de clochettes. ▪ **3** MÉCAN. Partie supérieure ou latérale (qui protège). *Chapeau de coussinet. Chapeau de roue.* ➤ **enjoliveur.** FAM. *Sur les chapeaux de roues*.* ▪ **4** (XXe ; mus., 1753) Texte court qui surmonte et présente un autre texte (après le titre). *Chapeau d'un article de journal.* ▪ **5** APPOS. *Retraite chapeau :* pension supplémentaire versée à certains cadres dirigeants. *Des retraites chapeaux.*

CHAPEAUTER [ʃapote] v. tr. ⟨1⟩ – 1892 ◇ de *chapeau* ▪ **1** Coiffer d'un chapeau. p. p. adj. *Habillé de neuf, ganté, chapeauté.* — PAR ANAL. *Le vieux chauffe-bain « chapeauté de tôle verdie »* TROYAT. ▪ **2** FIG. Exercer un contrôle sur (qqn ou qqch.). ➤ **coiffer.** *Chapeauter un groupement politique.* (n. m. **CHAPEAUTAGE.**)

CHAPELAIN [ʃaplɛ̃] n. m. – 1190 ◇ de *chapelle* ▪ Prêtre qui dessert une chapelle. ➤ **aumônier.**

CHAPELET [ʃaplɛ] n. m. – XIIe ◇ de *chapel* « couronne de fleurs » ; cf. *rosaire* ▪ **1** RELIG. Objet de dévotion formé de grains enfilés que l'on fait glisser entre ses doigts en récitant des prières. *Réciter cinq dizaines d'Ave avec son chapelet. Chapelet de quinze dizaines.* ➤ **rosaire.** *Arbre à chapelet,* dont les fruits servent à faire des grains de chapelet. ➤ **mélia.** *Chapelet bouddhique, musulman.* ▪ **2** PAR MÉTON. Prières récitées avec cet objet. *Dire, réciter son chapelet.* — VIEILLI *Dévider* son chapelet.* ▪ **3** Succession (d'éléments identiques ou analogues). *Chapelet de saucisses. Chapelet d'îles. « Les bombes lancées en chapelet avaient touché aussi les casernes »* MALRAUX. *Chapelet d'injures.* ➤ **kyrielle.** — ARCHIT. Baguette décorative faite d'une succession de perles, d'olives, de grains ronds. — TECHN. *Chapelet hydraulique,* formé d'une chaîne sans fin supportant une série de plateaux ou godets. ➤ **noria.**

CHAPELIER, IÈRE [ʃapəlje, jɛʀ] n. et adj. – fin XIIe ◇ de *chapel,* ancienne forme de *chapeau* ▪ **1** Personne qui fait ou vend des chapeaux pour hommes, pour femmes (➤ **modiste**). ▪ **2** adj. *L'industrie chapelière.*

CHAPELLE [ʃapɛl] n. f. – *chapele* 1080 ◇ latin populaire *capella* « lieu où l'on gardait la *chape* de saint Martin », de *cappa* → chape

I ▪ **1** Lieu consacré au culte dans une demeure, un établissement. ➤ 1 **oratoire.** *La chapelle d'un collège, d'une communauté religieuse, d'un château.* ▪ **2** Église n'ayant pas le titre de paroisse. *Chapelle commémorative. La chapelle Sixtine. La Sainte-Chapelle.* ▪ **3** ARCHIT. Enceinte ménagée dans une église, contenant un autel secondaire. *La chapelle de la Vierge. Chapelle des fonts baptismaux.* ➤ **baptistère.** *Chapelles du chevet, du chœur. Chapelles latérales, rayonnantes.* ▪ **4** Ensemble des objets du culte employés pour célébrer la messe. *Chapelle portative.* ▪ **5** Chanteurs et instrumentistes d'une église. *Maître de chapelle,* des chants et de la musique sacrée. ➤ **cantor.** ▪ **6** SPÉCIALT *Chapelle ardente :* pièce éclairée par des cierges où est exposé un mort avant les funérailles. ▪ **7** FIG. Groupe très fermé. ➤ **clan, coterie.** *Avoir l'esprit de chapelle. Querelles de chapelle.*

II PAR ANAL. TECHN. Voûte d'un four.

CHAPELLENIE [ʃapɛlni] n. f. – 1278 *chapelenie* ◇ de *chapelain* ▪ RELIG. Dignité, charge ou bénéfice du chapelain.

CHAPELLERIE [ʃapɛlʀi] n. f. – 1268 ◇ de *chapel* → chapeau ▪ **1** Fabrication et commerce des chapeaux d'hommes et de femmes (➤ 1 **mode**). ▪ **2** Magasin de vente des chapeaux.

CHAPELURE [ʃaplyʀ] n. f. – *chappeleure* 1393 ◇ de l'ancien français *chapeler* « tailler en pièces » (XIIe), bas latin *capulare* « couper » ▪ Pain séché (ou biscotte) râpé ou émietté. *« Saupoudrez-moi ce jambonneau de chapelure »* GAUTIER. *Couvrir de chapelure.* ➤ **paner.**

CHAPERON [ʃapʀɔ̃] n. m. – 1190 ◇ de *chape* « capuchon » ▪ **1** ANCIENNT Coiffure à bourrelet et à queue. — Bande d'étoffe (coiffure de femme) ; capuchon. *« Le Petit Chaperon rouge », conte de Perrault.* ◆ PAR ANAL. Sorte d'étole. *Chaperon de magistrat, de professeur.* ➤ **épitoge.** ◆ Coiffe de cuir, pour aveugler les oiseaux de fauconnerie. ▪ **2** CONSTR. Couronnement d'un mur, formé de tuiles ou de maçonnerie, pour l'écoulement des eaux. *Chaperon bombé d'un muret. « Le mur était bas ; il posa les coudes sur le chaperon »* ZOLA. ▪ **3** FIG. (1690) ANCIENNT Personne (généralement d'un âge respectable) qui accompagnait une jeune fille ou une jeune femme par souci des convenances. ➤ **duègne.** ◆ PAR EXT. Personne qui en accompagne une autre pour la surveiller. *Servir de chaperon à qqn. Sortir sans (son) chaperon.* ▪ **4** BIOCHIM. APPOS. *Protéine chaperon* (ou n. f. *une chaperonne*) : membre d'une classe de protéines ubiquitaires qui aident au bon repliement d'autres protéines, évitant que ces dernières soient inactives ou source de stress cellulaire. *Des protéines chaperons.*

CHAPERONNER [ʃapʀɔne] v. tr. ⟨1⟩ – 1190 ◇ de *chaperon* ▪ **1** (XVIe) Couvrir d'un chaperon. *Chaperonner un mur.* ▪ **2** FIG. (1835) Accompagner (une jeune fille) en qualité de chaperon. *Jeune fille chaperonnée par sa tante.*

CHAPITEAU [ʃapito] n. m. – 1160 *chapitel* ◇ latin *capitellum,* de *caput* « tête, sommet » ▪ **1** ARCHIT. Partie élargie située entre le fût d'une colonne et la charge. *Chapiteaux égyptiens. Chapiteaux grecs* (➤ **corinthien, dorique,** 1 **ionique**). *Chapiteau composite,* ionique et corinthien. *Chapiteau byzantin,* en forme de cube, de pyramide tronquée. *Chapiteau roman, gothique. Chapiteaux historiés* (surtout romans). *Chapiteau formé d'un corps* (➤ **corbeille, coussinet,** 2 **échine, gorgerin**) *et d'un couronnement* (➤ **abaque, tailloir**). ▪ **2** PAR EXT. Ornement d'architecture qui forme un couronnement. *Chapiteau de balustre. Chapiteau de niche :* dais surmontant une statue. ▪ **3** *Chapiteau d'un alambic,* dans lequel se condensent les vapeurs. ➤ **chape, couvercle.** ▪ **4** (1905) Tente d'un cirque. PAR MÉTON. Le cirque. ◆ Tente analogue abritant une manifestation. *Spectacle, meeting sous chapiteau.* ➤ **barnum.**

CHAPITRE [ʃapitʀ] n. m. – 1113 ◇ latin *capitulum* « article, titre d'une loi », de *caput* « tête »

I ▪ **1** Chacune des parties qui se suivent dans un livre, et en articulent la lecture. ➤ **partie, section, titre.** *Le chapitre premier. Chapitre II. Je n'ai pas lu au delà du troisième chapitre. Le titre d'un chapitre.* ➤ **intitulé.** *Tête de chapitre* (➤ **lettrine**). *Vignette à la fin d'un chapitre.* ➤ **cul-de-lampe.** ▪ **2** SPÉCIALT Subdivision du budget d'une collectivité publique. *Le budget de l'État est exécuté par chapitres.* ▪ **3** FIG. Sujet dont on parle ; propos que l'on tient sur une question déterminée. ➤ **matière, question,** 3 **sujet.** *Être sévère sur le chapitre de la discipline. En voilà assez sur ce chapitre. Ce chapitre est clos.* — *Au chapitre des faits divers.* ➤ **rubrique.**

II (du *chapitre* de la règle, lu en assemblée) ▪ **1** (XIIe) Assemblée de religieux, de chanoines réunis pour délibérer de leurs affaires (➤ **capitulaire**). *Chapitre conventuel.* — Ceux qui siègent à cette assemblée. ▪ **2** Communauté des chanoines d'une église cathédrale ou collégiale. *Le chapitre de Notre-Dame. Le doyen du chapitre.* ▪ **3** LOC. FIG. *Avoir voix au chapitre :* avoir autorité, crédit, pour prendre part à une délibération, à une discussion.

CHAPITRER [ʃapitʀe] v. tr. ⟨1⟩ – début XVe ◇ de *chapitre* ▪ **1** Réprimander (un religieux) en plein chapitre. ▪ **2** COUR. Réprimander* (qqn). ➤ **admonester, morigéner** (cf. Faire la leçon*, la morale*). *Il l'a dûment chapitré.*

CHAPKA [ʃapka] **n. f.** – *schapka* 1575 ◊ mot russe, p.-ê. du français *chapel*, ancienne forme de *chapeau* ■ Coiffure de fourrure à rabats pour les oreilles. *Des chapkas.*

CHAPON [ʃapɔ̃] **n. m.** – 1190 ◊ latin populaire °*cappo* ; latin *capo, onis* ■ **1** Jeune coq châtré que l'on engraisse pour la table et qui est très apprécié. *Chapon de Bresse.* ■ **2** RÉGION. **(Sud-Ouest)** Morceau de pain humecté de bouillon ou frotté d'ail.

CHAPONNER [ʃapɔne] **v. tr.** ‹1› – 1285 ◊ de *chapon* ■ Châtrer (un jeune coq). — **n. m. CHAPONNAGE. n. CHAPONNEUR, EUSE.**

CHAPSKA [ʃapska] **n. m.** ou **f.** – *schapska* 1838 ◊ polonais *czapka* «coiffure nationale» ■ Coiffure des lanciers du Second Empire (d'origine polonaise).

CHAPTALISATION [ʃaptalizasjɔ̃] **n. f.** – fin XIXe ◊ de *Chaptal*, chimiste français ■ Sucrage du moût. *La chaptalisation augmente la teneur des vins en alcool.*

CHAPTALISER [ʃaptalize] **v. tr.** ‹1› – fin XIXe ◊ de *Chaptal* ■ Ajouter du sucre à (un moût) avant la fermentation. — **p. p. adj.** *Vin chaptalisé.*

CHAQUE [ʃak] **adj. indéf. distributif** – *chasque* XIIe ◊ latin populaire °*casquunus* → chacun ■ **1** Qui fait partie d'un ensemble et qui est pris séparément. *Chaque personne. Chaque pays. Chaque jour ou tous les deux jours. Chaque chose à sa place et une place pour chaque chose.* LOC. *Chaque chose en son temps**. *Il me salue chaque fois qu'il me voit. À chaque instant.* PROV. *À chaque jour suffit sa peine.* — **(Accord du v.)** *Chaque officier et chaque soldat feront leur devoir* (le même pour tous). *Chaque ouvrier et chaque ingénieur fera son travail* (chacun son travail propre). — *Entre chaque* : dans chacun des intervalles d'une série de. *Entre chaque plat. Entre chaque phrase. «Entre chaque salve, dix secondes s'écoulaient»* DORGELÈS. ■ **2 (négligé)** Chacun. *Ces cravates coûtent trente euros chaque.* ➤ **pièce.**

1 **CHAR** [ʃaʀ] **n. m.** – v. 1175 ◊ latin *carrus* ■ **1** VIEILLI Voiture rurale, tirée par un animal, à quatre roues et sans ressorts. ➤ **chariot,** 1 **charrette.** *Char à foin. Char à bœufs. «Les grands chars gémissants qui reviennent le soir»* HUGO. *Char à bancs,* pour le transport des personnes. ■ **2** (XVIe) ANTIQ. Voiture à deux roues, utilisée dans les combats, les jeux. *Char tiré par quatre chevaux.* ➤ **quadrige.** *Courses de chars* (➤ 2 **carrière, cirque).** *Conducteur de char.* ➤ **aurige.** *Captifs enchaînés au char du vainqueur.* — POÉT. *Le char du soleil, de la nuit.* FIG. *Le char de l'État.* ■ **3** Voiture décorée utilisée dans les réjouissances publiques. *Chars fleuris. Char de carnaval, de la mi-carême.* ■ **4 CHAR D'ASSAUT, CHAR DE COMBAT,** ou **CHAR :** engin blindé monté sur chenilles. ➤ **tank.** *Régiment de chars.* ➤ **cavalerie.** *Char léger, moyen, lourd. Tourelle, périscope d'un char.* ■ **5** (anglais *car*) **(Canada)** FAM. Automobile. *«aller en vacances à Miami, avoir le char de l'année»* R. DUCHARME. ■ **6 CHAR À VOILE :** véhicule de sport, sur roues ou patins à glace, qui avance à la voile (sur le sable, la glace). ➤ aussi **speed-sail.**

2 **CHAR** ou **CHARRE** [ʃaʀ] **n. m.** – *charr* 1881 ◊ diminutif de *charriage*, argot, de *charrier* (3o) ■ ARG. Bluff. *Tout ça c'est du char ! Sans char* : sans blague. *«ça fait pas plaisir à entendre des charres comme ça»* GENET. — FAM. *Arrête ton char !* cesse de raconter des histoires. REM. Cette expression est comprise comme une métaphore de *1 char*, d'où la variante *Arrête ton char Ben Hur.*

CHARABIA [ʃaʀabja] **n. m.** – 1802 ; *charabiat* «émigrant auvergnat» fin XVIIIe ◊ p.-ê. provençal *charra* «converser», d'un radical onomat. *tcharr-* «bruit confus de paroles» ■ FAM. Langage, style incompréhensible ou grossièrement incorrect. ➤ **baragouin,** 1 **jargon, sabir.** *Quel charabia ! Le charabia administratif.*

CHARADE [ʃaʀad] **n. f.** – 1770 ◊ occitan *charrado* «causerie», de *charra* «causer» ■ Énigme où l'on doit deviner un mot de plusieurs syllabes décomposé en parties correspondant à un mot défini. ➤ **devinette.** *Le mot de la charade s'appelle* le tout *ou* l'entier (mon premier, mon second, mon tout). *Charade à tiroirs**. *Charade en action,* où l'on fait deviner les mots en mimant ce qu'ils expriment. *Jouer aux charades.*

CHARADRIIFORMES [kaʀadʀiifɔʀm] **n. m. pl.** – 1960 ◊ grec *charadrios* «pluvier» et *-forme* ■ ZOOL. Ordre d'oiseaux de taille moyenne, possédant une glande uropygienne et vivant à proximité de l'eau. *Les bécasses et les goélands sont des charadriiformes.*

CHARANÇON [ʃaʀɑ̃sɔ̃] **n. m.** – *charenson* 1465 ◊ p.-ê. gaulois °*karantionos* «petit cerf», de °*kar-* «cerf» ■ Insecte phytophage *(coléoptères)* souvent nuisible aux récoltes et aux arbres. *Charançon du blé, du riz* (➤ 1 **calandre),** *des plantes cultivées* (➤ **apion),** *des arbres fruitiers* (➤ **anthonome).**

CHARANÇONNÉ, ÉE [ʃaʀɑ̃sɔne] **adj.** – 1843 ; *charansonné* 1611 ◊ de *charançon* ■ Attaqué, gâté par les charançons. *Blé charançonné.*

CHARBON [ʃaʀbɔ̃] **n. m.** – v. 1130 *charbun* ◊ latin *carbo, onis*
I Matière où domine le carbone. ■ **1** Combustible solide, noir, d'origine végétale. *Charbon de bois,* obtenu par la combustion lente et incomplète du bois. ♦ SPÉCIALT *Charbon de terre. Charbon minéral.* ➤ **anthracite, houille, lignite.** *Exploitation du charbon.* ➤ **charbonnage.** *Mine de charbon. Extraction du charbon. Chimie du charbon.* ➤ **carbochimie.** *Lavage, criblage du charbon. Morceaux de charbon. Poussière de charbon.* ➤ **poussier.** *Charbon aggloméré.* ➤ **boulet, briquette.** *Seau, soute à charbon. Marchand de charbon.* ➤ **charbonnier ; bougnat.** *Relatif au charbon.* ➤ **charbonnier ; charbonneux.** *Chauffage au charbon.* ♦ LOC. FAM. *Aller au charbon* : accomplir un travail pénible, fastidieux ; travailler pour gagner sa vie. *C'est encore nous qui devons aller au charbon.* ■ **2** *Un charbon* : morceau ou parcelle de charbon. *Charbons ardents.* ➤ 1 **braise.** LOC. FIG. *Être sur des charbons ardents* : être très impatient et anxieux (cf. Être sur le gril*). ■ **3** *Charbon animal* : produit de réduction par la chaleur des substances animales et qui est employé comme décolorant. ➤ **noir** (animal). ■ **4** Fusain. *Dessin au charbon.* ■ **5** Médicament à base de charbon végétal activé, utilisé pour ses propriétés d'adsorption des gaz. *Prendre des granulés de charbon. Pastilles de charbon,* employées contre certains maux d'estomac. ♦ *Charbon actif**. ■ **6** ÉLECTROTECHN. Électrode constituée principalement de carbone. *Charbons d'une pile, d'un arc électrique.* — Balai* d'une machine tournante. *Remplacer les charbons usés d'un moteur.*
II ■ **1** Maladie infectieuse de l'être humain et des animaux causée par le bacille du charbon *(Bacillus anthracis),* qui, dans sa forme cutanée, provoque des lésions recouvertes d'une croûte noirâtre. ➤ **anthrax** (ANGLIC.). *Charbon contagieux du mouton, du porc. Utilisation du bacille du charbon comme arme bactériologique.* ■ **2** Maladie des plantes provoquée par le bacille du charbon ou par un champignon de l'ordre des ustilaginales*. ➤ **anthracnose, carie,** 1 **nielle, rouille.** *Charbon des graminées, du blé.*

CHARBONNAGE [ʃaʀbɔnaʒ] **n. m.** – *carbonnage* 1379 ◊ de *charbon* ■ Exploitation de la houille. — AU PLUR. Mines de houille. ➤ **houillère.** *Les charbonnages du Nord. Les charbonnages de France.*

CHARBONNER [ʃaʀbɔne] **v.** ‹1› – XIIe ◊ de *charbon* ■ **1 v. tr.** Noircir avec du charbon. *Charbonner un mur* (d'inscriptions). ■ **2 v. intr.** Se réduire en charbon, sans flamber. *Mèche de lampe qui charbonne.*

CHARBONNERIE [ʃaʀbɔnʀi] **n. f.** – 1838 ◊ adaptation de l'italien *carboneria*, de *carbonaro* «charbonnier» ■ HIST. Sous la Restauration, Société politique secrète (➤ **carbonarisme ; carbonaro).**

CHARBONNEUX, EUSE [ʃaʀbɔnø, øz] **adj.** – 1611 ◊ de *charbon* ■ **1** Qui a l'aspect du charbon ou qui est noir comme du charbon. *Des yeux charbonneux,* noircis de fard. ■ **2** MÉD. De la nature du charbon (II). *Pustule charbonneuse.* — *Mouche charbonneuse.* ➤ **stomoxe.**

CHARBONNIER, IÈRE [ʃaʀbɔnje, jɛʀ] **n.** et **adj.** – XIIe ◊ latin *carbonarius* ■ **1** Personne qui fait du charbon de bois (VIEILLI), ou qui vend du charbon. ➤ FAM. **bougnat.** LOC. *La foi du charbonnier* : la croyance naïve d'une personne simple. *«Cet homme avait la foi du charbonnier. Il aimait la sainte Vierge comme il eût aimé sa femme»* BALZAC. — PROV. *Charbonnier est maître dans sa maison, chez soi* : chacun vit chez soi à sa guise. ■ **2 n. m.** Cargo destiné au transport du charbon en vrac. ■ **3 adj.** Relatif au commerce, à l'industrie du charbon. *Centres charbonniers. Industrie charbonnière.* ➤ **houiller.** ■ **4 n. m.** Tricholome prétentieux, appelé aussi *griset.*

CHARBONNIÈRE [ʃaʀbɔnjɛʀ] **n. f.** – après 1250 ◊ de *charbon* ■ **1** Lieu où l'on fait le charbon de bois. *Meules d'une charbonnière. «les charbonnières, ces étranges édifices ronds où du bois de chêne, savamment disposé autour d'un feu très lent, devenait lentement charbon»* J.-C. CARRIÈRE. ■ **2** Mésange à tête et cou noirs.

CHARCUTAILLE [ʃaʀkytaj] **n. f.** – 1909 ◊ de *charcuterie* et *-aille* ■ FAM. Charcuterie. ➤ **cochonnaille.** *Plateau de charcutaille(s).*

CHARCUTER [ʃaʀkyte] **v. tr.** ‹1› – XVIe «découper maladroitement de la viande» ◊ du radical de *charcutier* ■ (1690) FAM. Opérer (qqn) maladroitement. *Se faire charcuter par un mauvais chirurgien.* — FIG. *Charcuter un texte,* le défigurer par des suppressions. — PRONOM. *Un des malades «a tenté de s'opérer lui-même et s'est abominablement charcuté»* GIDE.

CHARCUTERIE [ʃaʀkytʀi] **n. f.** – 1671 ; *chaircuicterie* 1549 ◊ du radical de *charcutier* ▪ **1** Industrie et commerce de la viande de porc, des préparations à base de porc. *Travailler dans la charcuterie.* ▪ **2** Spécialité à base de viande de porc. ➤ FAM. **charcutaille, cochonnaille.** *Conservation de la charcuterie par fumage, salaison. Principales charcuteries :* andouille, andouillette, bacon, boudin, cervelas, chorizo, confit, coppa, crépinette, fromage de tête, galantine, grattons, hure, jambon, jambonneau, lard, lomo, mortadelle, museau, pancetta, pâté, pieds de porc, rillettes, rillons, salé, saucisse, saucisson, speck, terrine. *Charcuterie auvergnate, italienne. Se nourrir de charcuterie(s). — Charcuterie de la mer* (terrine de poisson, rillettes de saumon, etc.). ▪ **3** Boutique de charcutier. *Boucherie-charcuterie. Cette charcuterie vend des poulets rôtis.*

CHARCUTIER, IÈRE [ʃaʀkytje, jɛʀ] **n.** – 1680 ; *chaircuttier* 1464 ◊ de *chair cuite* ▪ **1** Personne qui apprête et vend du porc frais, de la charcuterie (et divers plats cuisinés, conserves). *Les spécialités du charcutier.* ➤ **charcuterie.** *Charcutier traiteur.* ♦ CUIS. *À la charcutière,* servi avec une sauce au vin blanc, aux oignons et cornichons émincés. *Côtes de porc (à la) charcutière.* ▪ **2** FAM. Chirurgien maladroit. ➤ 2 **boucher.**

CHARDON [ʃaʀdɔ̃] **n. m.** – début XIIIe ◊ bas latin *cardo,* accusatif *cardonem* → cardon ▪ **1** Plante à feuilles et bractées épineuses *(composées). Chardon étoilé,* ou *centaurée chausse-trape. Chardon doré* (➤ **carline**), appelé aussi *artichaut sauvage.* ➤ aussi **centrophylle.** ♦ Plante de caractère épineux. *Le chardon Roland* (➤ **panicaut**) *et le chardon bleu des Alpes sont des ombellifères. Chardon à foulon.* ➤ **cardère.** *Chardon des teinturiers.* ➤ **carthame.** *Nettoyer un champ de ses chardons.* ➤ **échardonner.** — IRON. *Aimable comme un chardon.* ▪ **2** PAR ANAL. Pointes de fer destinées à empêcher l'escalade des murs et des grilles.

CHARDONNAY [ʃaʀdɔnɛ] **n. m.** – date inconnue ◊ nom de lieu ▪ Raisin blanc, variété de pinot. — Vin fait avec ce raisin.

CHARDONNERET [ʃaʀdɔnʀɛ] **n. m.** – XVe ◊ de *chardon,* le *chardonneret* étant friand de graines de *chardon* ▪ Oiseau chanteur, au plumage coloré *(passériformes).* ➤ **linotte, sizerin,** 1 **tarin, verdier.**

CHARENTAISE [ʃaʀɑ̃tɛz] **n. f.** – 1922 ◊ de *Charente* ▪ Pantoufle en tissu molletonné à carreaux, souvent à semelle de feutre.

CHARGE [ʃaʀʒ] **n. f.** – début XIIe ◊ de *charger*

I POIDS, QUANTITÉ MESURABLE ▪ **1** Ce qui pèse sur ; ce que porte ou peut porter une personne, un animal, un véhicule, un bâtiment. ➤ **fardeau, poids.** *Lourde charge.* « *il était à chaque instant prêt à succomber sous sa charge* » COSSERY. *Appareil pour monter les charges.* ➤ **monte-charge.** *Donner une charge excessive.* ➤ **surcharger.** *Bête de charge.* ➤ 2 **somme.** *Charge utile d'un véhicule,* poids maximum qu'il peut transporter. *Charge maximum d'un ascenseur. — Prendre en charge un passager dans un taxi. Prise* en charge. Poids total en charge d'un camion.* ♦ (1380) *Charge d'un navire.* ➤ **cargaison.** *Capacité de charge d'un navire* (cf. Port* en lourd). *Tirant d'eau en charge. Ligne de charge.* ➤ **flottaison.** — (1690) Action de charger un navire. ➤ **chargement.** *Sabord* de charge.* ▪ **2** TECHN. Force verticale exercée par les parties hautes sur un élément de construction. *Colonne, pilier supportant une charge. — Charge admissible, de sécurité. Charge de rupture. Charge limite d'élasticité. Charge d'eau :* hauteur de la colonne d'eau au-dessus d'un point. ➤ **pression.** ▪ **3** (1564) Quantité de poudre, projectiles (etc.) que l'on met dans une arme à feu, une mine. ➤ 1 **bourre,** 2 **cartouche, poudre.** *La charge d'un fusil, d'un canon. — Charge d'explosifs, de dynamite. Charge creuse :* masse d'explosifs évidée d'une cavité conique, augmentant la force de pénétration dans un blindage. *Charge chimique d'un missile.* — PAR EXT. Action de charger (une arme à feu). ▪ **4** (1752) Action d'accumuler l'électricité. *La charge d'une batterie d'accumulateurs. Courant de charge. Mettre en charge une batterie déchargée.* ➤ **recharger.** *Point de charge pour véhicules électriques.* — L'électricité accumulée. *Charge (électrique) :* quantité d'électricité (d'un système, d'un appareil), exprimée en coulombs. ➤ **potentiel.** PHYS. *Charge d'une particule :* quantité d'électricité en excès, positive ou négative (propriété fondamentale de la matière), que possède cette particule. *Charge élémentaire :* quantité d'électricité servant de base à toute mesure, toute charge électrique étant un multiple de cette charge $e = 1,6.10^{-19}$ coulomb. *Charge élémentaire positive* (du proton), *négative* (de l'électron). *Charge d'espace :* charge électrique en excès dans une région (d'un plasma, d'un tube électronique) responsable d'une modification du champ électrique appliqué. CHIM. *Charge partielle :* fraction de la charge élémentaire portée par un atome lié à un autre, à cause de leur différence d'électronégativité. ▪ **5** ÉLECTRON. Puissance débitée ou absorbée (par une machine, un réseau). — SPÉCIALT Dispositif qui consomme de l'énergie. *Charge résistive. Impédance* de charge.* ♦ FIG. *Charge affective :* possibilité de susciter des réactions affectives. ▪ **6** TECHN. Substance ajoutée à une matière souple (papier, plastique) pour lui donner du corps. ▪ **7** GÉOGR. Matériaux en dissolution ou en suspension dans un cours d'eau. ▪ **8** *Charge (alaire) :* poids supporté par l'unité de surface d'une aile d'avion. *Facteur de charge.* ▪ **9** *Charge virale :* nombre de particules virales contenues dans le sang.

II CE QUI PÈSE, EST CONTRAIGNANT ▪ **1** (fin XIIe) Ce qui cause de l'embarras, de la peine. ➤ **gêne, incommodité, servitude.** *Ce travail n'est pas une charge pour moi. Tout lui est à charge,* pénible. ➤ **gêner, incommoder.** ♦ SOCIOL. *Charge mentale :* poids intellectuel, mental, que représente l'exercice d'une activité complexe (travail salarié, gestion du quotidien familial...). ▪ **2** Ce qui met dans la nécessité de faire des frais, des dépenses, d'engager des travaux. *Charges de famille.* — **À CHARGE.** *Foyer avec deux enfants à charge,* aux besoins desquels on subvient. *Être à la charge de qqn,* vivre à ses dépens. « *La société a à sa charge tous ceux qui ne peuvent pas travailler* » ALAIN. *Les frais de transport sont à votre charge,* sont dus par vous. *Reste à charge :* montant des frais médicaux qui reste à la charge du patient après le remboursement de la Sécurité sociale. — **EN CHARGE.** *Soins pris en charge par la Sécurité sociale,* qui font l'objet d'un remboursement. *Prise* en charge. — Charges de copropriété, d'habitation :* dépenses pour l'entretien et le fonctionnement courant d'un immeuble. *Charges locatives.* ABSOLT *Loyer sans les charges ; charges comprises.* — SPÉCIALT, DR. Obligation résultant d'un contrat. *Cahier* des charges.* — Droit réel couvrant un immeuble. ➤ **hypothèque, servitude.** — Obligation imposée à la personne qui reçoit une libéralité. *Donation avec charges.* ➤ **imposition, prestation, redevance.** *La charge de la dette :* intérêts de l'emprunt. *Charge foncière. Charges sociales,* versées par l'employeur à la Sécurité sociale, aux caisses de retraite, de chômage, etc. ➤ **cotisation.** ▪ **3** FIG. *À charge de :* à condition de. *À charge de revanche*.* ▪ **4** (1580) Fonction dont qqn a tout le soin ; responsabilité publique. ➤ **dignité, emploi, fonction, ministère, office, place,** 3 **poste.** *Remplir les devoirs de sa charge. Charge d'officier ministériel. Charge d'huissier, de notaire* (ou *notariale*). *Occuper une charge.* — HIST. (sous l'Ancien Régime) *Vénalité des charges.* ♦ (1802) Responsabilité. *Avoir la charge d'une famille.* LOC. *Avoir* **CHARGE D'ÂME,** la responsabilité morale de qqn. *Un commandant « sait qu'il est responsable du bâtiment qu'on lui a confié et qu'il a charge d'âmes »* LEIRIS. *Prendre qqn, qqch. en charge,* sous sa responsabilité. « *Le chef est celui qui prend tout en charge* » SAINT-EXUPÉRY. *Se prendre en charge,* assumer ses responsabilités, ne compter que sur soi-même. — (Anglic. critiqué) *Être en charge de qqch.,* en être chargé, responsable ; avoir la charge de. — *À charge pour toi de :* c'est à toi de. *À charge pour toi de diffuser l'information.* ♦ Fonction que l'on donne à accomplir. ➤ **attribution, commission, mandat, mission, ordre.** *On lui a confié la charge de.* ➤ **charger.** *Il a charge de faire ceci. S'acquitter de sa charge.* ▪ **5** (milieu XVe) Fait qui pèse sur la situation d'un accusé. ➤ **accusation, indice, présomption, preuve.** *Réunir des charges contre qqn. De lourdes charges pèsent sur lui.* — LOC. *Témoin à charge,* qui accuse. ▪ **6** (1680) Ce qui outre le caractère de qqn pour le rendre ridicule. ➤ **caricature, imitation.** *Charge féroce, comique, réussie.* — Exagération comique. *Cette farce est une charge burlesque. Faire la charge de qqn. Jouer un rôle en charge.* — PAR EXT. Genre littéraire ou artistique caractérisé par l'outrance. *La comédie tient « plus ou moins de la charge et de la bouffonnerie »* VIGNY.

III (1540) **ATTAQUE IMPÉTUEUSE D'UNE TROUPE SUR LE TERRAIN** ➤ **assaut, attaque.** *Charge de cavalerie. Charge à la baïonnette. Des manifestants « s'étaient vus refoulés par les charges brutales de la police »* MARTIN DU GARD. *À la charge ! Marcher au pas de charge. Sonner, battre la charge. — La charge des éléphants.* ♦ LOC. FIG. (1690) *Revenir à la charge :* faire une nouvelle tentative, insister (pour obtenir qqch.).

▪ CONTR. Allègement. Décharge.

CHARGÉ, ÉE [ʃaʀʒe] **adj.** et **n.** – de *charger* ▪ **1** Qui porte une charge. *Un livreur chargé de paquets. Arriver les bras chargés de cadeaux.* FAM. *Être chargé comme un mulet*, une mule*.* ♦ ABSOLT *Je suis très chargée. Camion trop chargé. — Lettre chargée,* qui contient des valeurs. — *Fusil chargé,* rempli de munitions. *Attention ! il est chargé. — Appareil photo chargé.* ▪ **2** MÉD. Alourdi, embarrassé. *Avoir l'estomac chargé.* ➤ **lourd.** *La langue chargée,* blanche. ▪ **3** *Chargé de :* plein de. *Sa main «courte et chargée de bagues»* FRANCE. FIG. *Ciel chargé de nuages. «les nuages chargés de neige que roulait le ciel»* BARRÈS. *«cette confiance chargée d'espoir»* MONTHERLANT. ➤ **plein,** 1 **rempli.** LOC. *Être chargé d'ans,* vieux ; *chargé d'honneurs,* honoré, célèbre (➤ **combler**). — ABSOLT *Un casier judiciaire chargé. Un emploi du temps chargé. Une journée très chargée.* ➤ RÉGION. **achalandé.** *Décor, style chargé,* lourd, trop orné. ▪ **4** Responsable. *Être chargé de famille. L'avocat chargé de l'affaire.* ♦ n. **CHARGÉ(E) D'AFFAIRES :** agent diplomatique, représentant(e) accrédité(e) d'un État. *Le chargé d'affaires, dans la hiérarchie diplomatique, vient après les ambassadeurs, les ministres plénipotentiaires et les ministres résidents.* — **CHARGÉ(E) DE MISSION :** personne, fonctionnaire ou non, engagée pour remplir une mission déterminée, généralement dans l'administration. *«chargé de mission, je [...] suis dès à présent un personnage officiel»* GIDE. — **CHARGÉ(E) DE COURS :** professeur délégué(e) de l'enseignement supérieur. ➤ **vacataire.** — **CHARGÉ(E) DE RECHERCHES :** chercheur, chercheuse scientifique. — **CHARGÉ(E) DE CLIENTÈLE :** agent commercial. ▪ **5** PHYS. *Condensateur chargé* (➤ **électriser**). *Particules chargées positivement* (➤ **positron, proton**), *négativement* (➤ **électron**) ; *non chargées* (➤ **neutron**). ▪ **6** FAM. Drogué, dopé. *«Des mecs chargés, j'en vois dans tous les tournois»* (Libération, 1998).

CHARGEMENT [ʃaʀʒəmɑ̃] n. m. – 1250 ◊ de *charger* ▪ **1** Action de charger (un animal, un véhicule). *Procéder au chargement d'un camion, d'un wagon. Navire en chargement.* ➤ **charge.** *Plateforme de chargement.* ➤ **appontement.** *Appareils de chargement :* chargeuse, chèvre, grue, palan, treuil. ➤ **levage, manutention.** *Chargement à la pelle. Poste de chargement des navires pétroliers.* ▪ **2** Action de mettre (des objets) dans un véhicule. *Chargement des valises dans le coffre, la soute.* ♦ PAR EXT. Marchandises chargées. ➤ **cargaison, charge.** *Chargement trop lourd, mal arrimé. Ce camion a répandu son chargement sur la chaussée.* ▪ **3** (1786) Remise à l'administration de la poste d'un pli cacheté, en déclarant les valeurs qu'il contient. — Paquet ainsi remis. *Bureau des chargements.* ▪ **4** Action de charger, de garnir (un four, une arme à feu, un appareil). ➤ **garnissage, remplissage.** *Chargement d'une caméra, d'un pistolet. Chargement d'une machine à laver.* ♦ INFORM. Introduction d'un fichier dans la mémoire d'un ordinateur. ▪ CONTR. Déchargement.

CHARGER [ʃaʀʒe] v. tr. ⟨3⟩ – fin XIe ◊ du latin *carricare,* famille de *carrus,* mot d'origine celtique qui désignait le chariot à quatre roues servant à transporter les bagages → 1 char

I FAIRE PORTER UNE CHARGE, UN POIDS ▪ **1** Mettre sur (une personne, un animal, un véhicule, un bâtiment) un certain poids d'objets à transporter. *Charger une voiture, un cheval. Charger la mule*. Charger un navire* (➤ **fréter ; arrimer**). *Charger la barque*. Charger de lest.* ➤ **lester.** *On le chargea de paquets* (➤ **chargé**). *Charger à l'excès.* ➤ **accabler, surcharger.** ▪ **2** (fin XIIe) Placer, disposer pour être porté. ➤ **mettre.** *Charger une valise sur son épaule.* ➤ 1 **porter.** *Charger du charbon sur une péniche. — Les déménageurs chargent les meubles.* ♦ Prendre (une charge). *«un brick qui chargeait pour les îles du Levant des jarres de terre cuite»* LOTI. — FAM. *Taxi qui charge un client,* qui le fait monter à son bord. ▪ **3** (1564) Mettre dans (une arme à feu) ce qui est nécessaire au tir. *Charger un fusil, un révolver. Charger un canon jusqu'à la gueule*.* ABSOLT *Charger à balles, à mitraille.* — (1752) Garnir (qqch.) de ce qui est nécessaire à son fonctionnement ou de ce qui doit être traité. ➤ **approvisionner, remplir.** *Charger un fourneau, un poêle de combustible. Charger une caméra, un appareil photo. Charger un briquet.* ➤ **recharger.** *Charger le lave-vaisselle.* PRONOM. (PASS.) *La machine se charge par l'avant.* — TECHN. *Charger une cuve à teinture (de colorants).* ▪ **4** (1751) PHYS. Accumuler de l'électricité dans. *Charger une batterie d'accumulateurs.* ♦ ÉLECTRON. Amener (un dispositif) à fournir de l'énergie. *Charger un amplificateur, un moteur.* ▪ **5** INFORM. Introduire (un fichier) dans la mémoire d'un ordinateur. ➤ aussi **télécharger.** ▪ **6 CHARGER DE :** mettre sous le poids de (la charge), garnir abondamment. ➤ **accabler, couvrir, recouvrir ; emplir.** *Charger une table de mets. Charger ses mains de bagues.* FIG. *Charger son style de métaphores. Charger un ouvrage de citations.* ▪ **7** (1573) (CHOSES) Constituer une charge pour, peser sur. *La retombée de la voûte charge trop ce pilier.* ▪ **8 SE CHARGER** v. pron. réfl. Porter des charges. *Je ne veux pas me charger, un sac de voyage suffira.* — FAM. Se droguer, s'enivrer. *Cycliste qui se charge.* ➤ se **doper.**

II FAIRE SUPPORTER, FAIRE SUBIR ▪ **1** (milieu XIIe) **CHARGER (qqch., qqn) DE... :** faire porter à. *Charger le peuple de taxes, d'impôts.* ➤ **écraser, grever, imposer.** — *«ce "bouc émissaire" qu'on chargeait de tous les péchés d'Israël»* DANIEL-ROPS. ➤ **accuser, imputer (à), taxer.** — *Charger sa mémoire de détails.* ➤ **encombrer, remplir, surcharger.** ♦ (1538) Revêtir d'une fonction, d'un office. ➤ **charge ; commettre, déléguer, préposer (à).** *Un avocat a été chargé de sa défense. Il est chargé de les surveiller, de leur surveillance.* — PRONOM. **SE CHARGER DE :** prendre sur soi la responsabilité, le soin de. ➤ **assumer, endosser, s'occuper (de).** *Je me charge de tout, je m'en charge. Je me charge de cette affaire, de la régler au plus vite.* IRON. *Je me charge de lui :* j'en fais mon affaire. ▪ **2** DR. *Charger qqn :* aggraver les chefs d'accusation, apporter des preuves ou des indices de sa culpabilité. ➤ **accabler,** 1 **déposer (contre qqn).** — PAR EXT. ➤ **calomnier, noircir.** *«Chargez-le comme il faut [...] et rendez les choses bien criminelles»* MOLIÈRE. ▪ **3** (1704) Exagérer (les défauts, les traits saillants) afin de rendre ridicule ou odieux. *Charger un portrait.* ➤ **caricaturer.** — Faire qqch. avec exagération, en matière artistique. ➤ **forcer, outrer.** *«Un comique outre sur la scène ses personnages ; un poète charge ses descriptions»* LA BRUYÈRE.

III ATTAQUER VIOLEMMENT (fin XIIe) Attaquer avec impétuosité, par une charge (III). *Charger l'ennemi. «les policiers espagnols chargèrent. Avec leurs matraques»* L. GAUDÉ. — *Le taureau charge le toréro,* fonce sur lui. — SANS COMPL. *Chargez ! La chèvre «ça ne charge pas, ça embroche»* FALLET.

▪ CONTR. Décharger. Alléger. Excuser.

CHARGEUR [ʃaʀʒœʀ] n. m. – 1495 ; *chargeeur* 1332 ◊ de *charger* ▪ **1** Personne qui charge des marchandises. ➤ **débardeur, docker, manutentionnaire.** — MAR. Propriétaire de marchandises à transporter par mer. ➤ **affréteur, expéditeur.** ▪ **2** Personne qui charge une arme à feu, un canon. *Le chargeur et les pourvoyeurs d'une mitrailleuse.* ➤ **servant.** ▪ **3** Dispositif permettant d'introduire plusieurs cartouches dans le magasin d'une arme à répétition. *Chargeur de mitraillette. Bande-chargeur de mitrailleuse. Vider plusieurs chargeurs en tirant.* ♦ TECHN. Appareil, dispositif servant à charger (un four, un accumulateur, etc.). *Chargeur de batterie.* ▪ **4** Magasin à pellicule d'un appareil photo ou d'une caméra.

CHARGEUSE [ʃaʀʒøz] n. f. – 1867 ◊ de *charger* ▪ TECHN. Appareil destiné à charger les véhicules de transport (➤ **chouleur, loader, rétrochargeuse**), ou à alimenter une machine. *Chargeuse-pelleteuse.* — Recomm. offic. pour *loader.*

CHARIA [ʃaʀja] n. f. – milieu XXe ◊ mot arabe «voie» ▪ DIDACT. Loi canonique de l'islam. *«Dans la charia, il est impératif pour une non-musulmane de se convertir à l'islam avant d'épouser un musulman»* Y. KHADRA. *Les intégristes réclament l'application de la charia.* — On écrit aussi *sharia* (anglic.).

CHARIOT ou **CHARRIOT** [ʃaʀjo] n. m. – *cheriot* 1268 ◊ de *charrier* ▪ **1** Voiture à quatre roues pour le transport des fardeaux. *Chariot de ferme.* ➤ 1 **char,** 1 **charrette, guimbarde.** *Chariot de foin, de fourrage. Chariot à petites roues.* ➤ **berline,** 1 **camion, fardier,** 2 **truc.** *Transport par chariot.* ➤ **charroi.** — PAR ANAL. *Constellation du Grand Chariot.* ➤ **ourse.** ♦ MOD. Appareil de manutention. ➤ **diable.** *Conducteur de chariot.* ➤ **cariste.** *Chariot à bagages, de supermarché.* ➤ 2 **caddie.** *Chariot électronique, élévateur.* ▪ **2** *Chariot alsacien :* berceau sur roulettes. — Table roulante. *Chariot à liqueurs. Chariot des desserts, des fromages,* pour présenter un assortiment dans un restaurant. ▪ **3** TECHN. Partie (d'une machine) qui se déplace. *Chariot de métier à tisser, de machine à écrire. Chariot de machine-outil,* qui porte la pièce à usiner ou l'outil. *Tour à chariot. — Retour chariot :* mécanisme d'une machine à écrire qui permet de revenir à la ligne ; touche du clavier qui l'actionne ; PAR EXT. retour à la ligne, dans un traitement de texte. ♦ Plateforme mobile sur rails permettant de déplacer la caméra et l'opérateur pendant une prise de vue. — La graphie *charriot* avec 2 *r,* d'après le latin *carrus* et par analogie avec les autres mots de la série, est régulière.

CHARIOTAGE ou **CHARRIOTAGE** [ʃaʀjɔtaʒ] n. m. – 1611 ◊ de *chariot* ▪ TECHNOL. Usinage sur un tour à chariot pour réaliser des surfaces de révolution. — La graphie *charriotage,* avec 2 *r,* est régulière.

CHARISMATIQUE [kaʀismatik] adj. – 1928 ◊ de *charisme* ▪ **1** THÉOL. Relatif aux charismes. *Une expérience charismatique. — Le mouvement charismatique :* mouvement catholique fondé sur l'œuvre et les dons de l'Esprit saint (➤ **pentecôtisme**). *Le renouveau charismatique.* n. *Les charismatiques.* ▪ **2** DIDACT. Doté d'un ascendant hors du commun. *Un leader charismatique.*

CHARISME [kaʀism] **n. m.** – 1879 ◇ grec *charisma* «grâce, faveur» ■ **1** THÉOL. Don particulier conféré par grâce divine, pour le bien commun. *La glossolalie est un charisme. «charismes et visions des grands mystiques»* DANIEL-ROPS. ■ **2** DIDACT. Qualité qui permet à son possesseur d'exercer un ascendant, une autorité sur un groupe. *Le charisme d'un homme politique.*

CHARITABLE [ʃaʀitabl] **adj.** – fin XIIe ◇ de *charité* ■ **1** Qui a de la charité pour son prochain, qui donne, pardonne aisément, est indulgent. *«Être charitable, ce n'est pas seulement donner, c'est avoir été, être blessé de la blessure des autres»* ABBÉ PIERRE. *Une âme charitable. Vous n'êtes pas très charitable envers lui. Ce n'était pas très charitable de le lui faire remarquer.* ■ **2** Inspiré par la charité. — *Organisation charitable.* ➤ **caritatif.** *Avis, conseil charitable* (souvent iron.). ■ CONTR. Avare, dur, égoïste, inhumain.

CHARITABLEMENT [ʃaʀitabləmɑ̃] **adv.** – XIIIe ◇ de *charitable* ■ D'une manière charitable. *Il l'a recueilli charitablement.* IRON. *Je vous avertis charitablement que je vais porter plainte.*

CHARITÉ [ʃaʀite] **n. f.** – Xe ◇ latin ecclésiastique *caritas,* de *carus* «cher» ■ **1** Dans le christianisme, Vertu théologale qui consiste dans l'amour de Dieu et du prochain en vue de Dieu. ➤ **amour.** *La charité chrétienne. «La charité servait Dieu au travers de l'individu»* SAINT-EXUPÉRY. ■ **2** DIDACT. Amour du prochain. ➤ **altruisme, bienfaisance, complaisance, fraternité, humanité, indulgence, miséricorde, philanthropie.** *Dévouement plein de charité. «Un grand mouvement de pleine charité qui aurait lavé son cœur»* PROUST. PROV. *Charité bien ordonnée commence par soi-même.* ■ **3** COUR. Bienfait envers les pauvres. ➤ **assistance, bienfaisance, secours.** *Faire la charité à qqn.* ➤ **aumône, obole, offrande ; 2 bien.** *Les mendiants demandent la charité. «La charité, c'est prendre aux pauvres tout ce qui leur reste, leur dignité»* M. DUGAIN. — *Dames de charité,* qui concourent au soulagement des pauvres (cf. Dame* d'œuvres). *Filles de la charité* : ordre de religieuses fondé par saint Vincent de Paul. *Sœurs, frères de la Charité. L'hôpital de la Charité* ou ELLIPT *la Charité* (à Paris, à Lyon). LOC. *C'est l'hôpital qui se moque* (ou FAM. *qui se fout*) *de la charité* : la personne qui se moque pourrait bien être elle-même objet de moquerie. *Œuvres, vente* de charité.* ➤ **caritatif, charitable.** *Charité business*.* ■ **4** PAR EXT. Bienveillance, complaisance. ➤ **bonté.** *Faites-moi la charité de m'écouter. Il a eu la charité de ne pas insister.* ■ CONTR. Avarice, cupidité, dureté, égoïsme, misanthropie.

CHARIVARI [ʃaʀivaʀi] **n. m.** – *chalivali* XIVe ◇ onomat. ou latin *caribaria* «mal de tête», du grec ■ **1** Bruit discordant, accompagné de cris, de huées. *«C'était alors un charivari, pareil à celui que l'on fait, le soir de leurs noces, aux veuves qui se remarient»* BARRÈS. ■ **2** Grand bruit d'objets divers. ➤ **tapage, tumulte, vacarme*.** *«Un charivari de verres cassés et de bouteilles culbutées»* COURTELINE.

CHARLATAN [ʃaʀlatɑ̃] **n. m.** – 1543 ◇ italien *ciarlatano,* issu du croisement de *cerretano* «habitant de Cerreto», village dont les habitants vendaient des drogues sur le marché (cf. *orviétan*), et de *ciarlare* «parler avec emphase» ■ **1** ANCIENNT Vendeur ambulant qui débite des drogues, arrache les dents, sur les places et dans les foires. *Remède de charlatan.* ➤ **orviétan, poudre** (de perlimpinpin). — MOD. Guérisseur qui prétend posséder des secrets merveilleux. ➤ **empirique, rebouteux.** — Mauvais médecin, imposteur. ■ **2** Personne qui exploite la crédulité publique, qui recherche la notoriété par des promesses, des grands discours. ➤ **escroc, hâbleur, imposteur, menteur.** *Un charlatan politique.* ➤ **démagogue.** *«Dans un monde où chacun triche, c'est l'homme vrai qui fait figure de charlatan»* GIDE.

CHARLATANERIE [ʃaʀlatanʀi] **n. f.** – 1575 ◇ de *charlatan* ■ VIEILLI Attitude, façon d'agir, propos d'un charlatan. *«Il n'avait encore aucune charlatanerie dans le regard»* CHATEAUBRIAND.

CHARLATANESQUE [ʃaʀlatanɛsk] **adj.** – avant 1598 ◇ de *charlatan* ■ RARE De charlatan. *«le débit charlatanesque de ce marchand d'orviétan»* GONCOURT.

CHARLATANISME [ʃaʀlatanism] **n. m.** – 1736 ◇ de *charlatan* ■ Caractère, comportement du charlatan. ➤ **cabotinage, forfanterie, hâblerie.** *«charlatanisme qui cultive l'art de la réclame»* RENAN.

CHARLEMAGNE [ʃaʀləmaɲ] **n. m.** – v. 1800 ◇ nom du roi de cœur, aux cartes ■ LOC. *Faire charlemagne* : se retirer du jeu après avoir gagné.

CHARLESTON [ʃaʀlɛstɔn] **n. m.** – 1926 ◇ de *Charleston,* ville de la Caroline du Sud

I Danse des Noirs des États-Unis, à la mode en Europe vers 1920-1925, très rapide, où l'on lance les jambes de chaque côté en maintenant les genoux serrés.

II MUS. Instrument à percussion constitué d'une paire de cymbales en opposition montées horizontalement sur un pied, muni d'une pédale actionnant la cymbale supérieure. *Le charleston est un élément de la batterie.* — APPOS. *Cymbales, pédale charleston.* — ABRÉV. FAM. **CHARLEY** [ʃaʀlɛ]. *Des charleys.*

CHARLEY ➤ **CHARLESTON**

CHARLOT [ʃaʀlo] **n. m.** – 1978 ◇ diminutif de *Charles,* nom du personnage comique créé par Charlie Chaplin ■ FAM. Personne peu sérieuse, peu compétente. ➤ **guignol, rigolo.** *Se faire traiter de charlot. «tous ces charlots qui se font des potagers à la con sur leur balcon...»* GAVALDA. *Bande de charlots !*

CHARLOTTE [ʃaʀlɔt] **n. f.** – 1804 ◇ n. propre

I Variété d'entremets à base de fruits, de biscuits et de crèmes aromatisées. *Charlotte aux poires. Charlotte au café, au chocolat. Moule à charlotte,* haut et évasé.

II (1905 ◇ de *Charlotte* Corday) Coiffure de femme à bord froncé, garnie de rubans et de dentelles. — PAR EXT. Bonnet de caoutchouc, à bord froncé, pour protéger les cheveux (sous la douche, chez le coiffeur). — Coiffure de protection, portée par mesure d'hygiène. *«en blouse blanche, charlotte et masque»* A. JENNI.

III Pomme de terre de forme oblongue et régulière, au goût très fin et à chair ferme.

CHARMANT, ANTE [ʃaʀmɑ̃, ɑ̃t] **adj.** – 1550 «qui exerce un charme, ensorcelle» ◇ de *charmer* ■ **1** (XVIIe) Qui a un grand charme. ➤ **séduisant ; charmeur.** LOC. *Le prince charmant des contes de fées.* ■ **2** COUR. Qui est très agréable à regarder, à fréquenter. ➤ **délicieux, ravissant ; gracieux, joli.** *Un petit coin charmant. C'est charmant chez vous !* — (PERSONNES) *C'est un homme charmant. Une femme, une fille charmante. Des gens charmants. Charmant avec ses invités.* ➤ **amène.** *Être en charmante compagnie.* — *Un livre, un récit charmant.* ➤ **enchanteur, intéressant, 1 piquant.** *Une soirée charmante.* IRON. (devant le nom) Désagréable. *Charmante soirée !* ADVT *Plus d'avions ! charmant !* ■ CONTR. Déplaisant, désagréable, ennuyeux, laid, maussade, rebutant, repoussant.

1 **CHARME** [ʃaʀm] **n. m.** – 1175 ◇ latin *carpinus* ■ Arbre ou arbrisseau *(cupuliféracées),* à bois blanc, dur, à grain fin. *Charme faux bouleau. Allée, berceau de charmes.* ➤ **charmille.**

2 **CHARME** [ʃaʀm] **n. m.** – XIIe «formule magique» ◇ latin *carmen* «chant magique»

I ■ **1** VX ou LOC. Ce qui est supposé exercer une action magique. ➤ **enchantement, ensorcellement, envoûtement, illusion, magnétisme, prestige, sortilège.** *Exercer un charme. Jeter un charme sur qqn.* ➤ **sort.** *Mettre, tenir qqn sous le charme. J'étais sous le charme. Rompre un charme.* FIG. *Le charme est rompu* : l'illusion cesse. — PAR EXT. Moyen magique. ➤ **philtre, 2 pouvoir.** — Petit objet magique. *Porter un charme sur soi.* ➤ **amulette, grigri, talisman.** — LOC. *Se porter comme un charme* : jouir d'une santé robuste, comme par l'effet d'un charme. ■ **2** Qualité de ce qui attire, plaît ; effet qu'une telle qualité produit sur qqn. ➤ **agrément, attrait, intérêt, 1 plaisir, séduction.** *Un charme, du charme. Il n'est pas beau mais il a beaucoup de charme.* ➤ aussi **glamour.** *Le charme irrésistible, secret, indéfinissable d'une musique. «Cette campagne et ces vieux bois, qui ont leur charme à eux, charme du passé»* LOTI. *«Le charme capiteux de ce jeune corps»* MARTIN DU GARD. *Le charme de la nouveauté.* ◆ Aspect agréable, charmant de qqch. *Cela a son charme. C'est ce qui en fait le charme. Ce n'est pas sans charme. Cela n'a aucun charme pour moi. Hôtel de charme.* ■ **3** Manières séductrices. *Faire du charme à qqn* : essayer de le séduire. — **DE CHARME** : qui est censé charmer, séduire. *Chanteur* de charme.* ➤ **crooner.** — *Magazine, photo de charme,* plus ou moins érotique. *Lingerie de charme.* ➤ **sexy.** ■ **4** (1694) VIEILLI *Les charmes d'une femme* : ce qui fait sa beauté plastique. ➤ VIEILLI **appas, attrait, avantage ; beauté.** *«un sentiment naturel de pudeur la portait à voiler ses charmes»* ARTAUD. *Faire commerce* de ses charmes.*

II (1964) PHYS. Propriété attachée à une espèce de quarks*, qui détermine leur comportement. *Nombre quantique de charme. Méson à charme nu.*

■ CONTR. Malédiction ; horreur, laideur, monstruosité.

CHARMER [ʃaʀme] **v. tr.** ⟨1⟩ – milieu XIIe ◇ de *charme* ■ **1** VX Exercer une action magique, un charme sur. ➤ **enchanter, ensorceler.** *Charmer un serpent* (➤ **charmeur**). ■ **2** (1560) LITTÉR. Faire céder à une influence magique. *«Je charmerai ta peine en attendant le jour»* LAMARTINE. ■ **3** (XVIIe) MOD. Captiver par un attrait puissant ; plaire par son charme. ➤ **attirer, enjôler, ravir, séduire.** *«Il n'a pas cette espèce d'intérêt qui passionne, ou qui charme,* *ou qui émeut agréablement»* MAUPASSANT. *Ce livre, ce spectacle nous a charmés.* ➤ **captiver, délecter, enthousiasmer, transporter.** ▪ **4** Causer une grande joie à. *J'ai été charmé de vous voir, de votre visite.* — **p. p. adj.** *Charmé de vous connaître !* (présentation). *Charmé !* ➤ **enchanté, ravi.** ▪ CONTR. Attrister, déplaire, mécontenter, offenser, répugner.

CHARMEUR, EUSE [ʃaʀmœʀ, øz] **n.** – *charmeor* XIIIe ◊ de *charmer* ▪ **1** VX Personne qui exerce une influence magique. ➤ **ensorceleur, magicien.** — MOD. *Charmeur, charmeuse de serpent.* ➤ 1 **psylle.** ▪ **2** Personne qui plaît, qui séduit les gens. ➤ **séducteur.** *C'est un grand charmeur* (souvent iron.). **adj.** ➤ **enjôleur, séduisant.** *Sourire charmeur. Voix charmeuse.* ▪ **3** **n. f. pl.** ARG. VX *Les charmeuses :* les moustaches.

CHARMILLE [ʃaʀmij] **n. f.** – 1669 ◊ de 1 *charme* ▪ **1** Plant de petits charmes. ▪ **2** Allée, haie de charmes. *Planter, tailler une charmille.* — PAR EXT. Berceau de verdure. *«Allons sous la charmille où l'églantier fleurit»* HUGO.

CHARNEL, ELLE [ʃaʀnɛl] **adj.** – XIe ◊ latin *carnalis,* de *caro, carnis* «chair» ▪ **1** DIDACT. Qui relève de la nature animale, de la chair (II), qui a trait aux choses du corps. ➤ **corporel, naturel.** *Un être charnel,* de chair et de sang. — PAR EXT. Du domaine de la matière. ➤ **matériel, sensible, tangible.** *Les biens charnels :* de la terre. ➤ **temporel, terrestre.** ▪ **2** VIEILLI Relatif à la chair, aux instincts des sens (particulièrement à l'instinct sexuel). ➤ **libidineux, sensuel.** *Passions, désirs, appétits, instinct, amour charnels. Acte charnel, union charnelle.* ➤ **sexuel.** ▪ CONTR. 1 Idéal, spirituel ; platonique, pur.

CHARNELLEMENT [ʃaʀnɛlmɑ̃] **adv.** – XIIe ◊ de *charnel* ▪ D'une manière charnelle, selon la chair. — LOC. VIEILLI *Connaître charnellement qqn :* avoir des rapports sexuels avec qqn.

CHARNIER [ʃaʀnje] **n. m.** – 1080 ◊ latin *carnarium* «lieu où l'on conserve la viande», de *caro, carnis* → chair ▪ **1** Lieu où l'on déposait les ossements des morts. ➤ **ossuaire.** ▪ **2** (XIXe) Lieu où sont entassés des cadavres. *Les charniers des camps de concentration. «Voilà le jour qui luit Sur ces grands charniers de l'histoire»* HUGO.

CHARNIÈRE [ʃaʀnjɛʀ] **n. f.** – XIIe ◊ dérivé de l'ancien français *charne, carne* «pivot», du latin *cardo* «gond» ▪ **1** Attache articulée composée de deux pièces métalliques enclavées l'une dans l'autre et réunies par un axe commun autour duquel l'une d'elles au moins peut tourner librement. *Charnière de portes et de fenêtres.* ➤ **gond, penture.** — FAM. *Nom à charnière,* comportant la particule nobiliaire *de* (cf. À rallonges). ▪ **2** *Charnière d'une coquille :* muscle de jonction des deux valves. ▪ **3** Bande de papier collant pliée (pour coller les timbres-poste). ▪ **4** MILIT. Point du front où s'articulent deux éléments d'un système stratégique. ♦ FIG. Point de jonction. ➤ **articulation.** *Être à la charnière de deux époques.* — **adj.** *Œuvre charnière. Date charnière. «il était à l'âge charnière où l'on pouvait encore deviner l'enfant imbuvable qu'il avait été et voir déjà pointer le sale con qu'il s'apprêtait à devenir»* J.-P. DUBOIS. ▪ **5** SPORT Au rugby, Groupe formé par le demi de mêlée et le demi d'ouverture, assurant la liaison entre les avants et les arrières.

CHARNU, UE [ʃaʀny] **adj.** – v. 1220 ◊ latin populaire °*carnatus,* de *caro, carnis* «chair» ▪ **1** Formé de chair. *Les parties charnues du corps.* ▪ **2** Bien fourni de chair, de muscles. *Lèvres charnues.* ▪ **3** Renflé et de consistance souple. *Les feuilles charnues des plantes grasses. Fruit charnu,* dont la pulpe est épaisse. ▪ CONTR. Osseux ; décharné, sec.

CHAROGNARD, ARDE [ʃaʀɔɲaʀ, aʀd] **n.** – fin XIXe ◊ de *charogne* ▪ **1** **n. m.** Vautour, animal qui se nourrit de charogne (pratique appelée *charognage* **n. m.,** en éthol.). *«Des terrains vagues que hantent des hordes de charognards»* GIDE. ▪ **2** Exploiteur impitoyable des malheurs des autres. ➤ **chacal, vautour.** *«Le charognard ! La petite frappe !»* CÉLINE. — **adj.** *La presse charognarde.*

CHAROGNE [ʃaʀɔɲ] **n. f.** – v. 1120 ◊ latin populaire *caronia,* de *caro* «chair» ▪ **1** Corps de bête morte en putréfaction. *Charogne puante. Insecte qui dépose ses œufs sur les charognes.* ➤ **nécrophore.** — Cadavre humain abandonné. *«Une charogne», poème de Baudelaire.* ▪ **2** FAM. (t. d'injure) Individu ignoble. ➤ **saleté.** *La charogne !*

CHAROLAIS, AISE [ʃaʀɔlɛ, ɛz] **adj.** et **n.** – 1732 ◊ de *Charolais* nom d'une région de *Bourgogne* ▪ Du Charolais. — SPÉCIALT Relatif à une race bovine de cette région. *Bœuf charolais.* — **n.** *Un charolais :* un bovin de cette race. *Viande de charolais* (très appréciée).

CHARPENTAGE [ʃaʀpɑ̃taʒ] **n. m.** – 1888 ◊ de *charpenter* ▪ Travail, construction de la charpente.

CHARPENTE [ʃaʀpɑ̃t] **n. f.** – 1563 ◊ de *charpenter* ▪ **1** Assemblage de pièces de bois ou de métal constituant l'ossature, le bâti d'une construction. *Charpente de soutien.* ➤ **armature,** 2 **bâti, carcasse, châssis.** *Charpente provisoire* (➤ **boisage, échafaudage**). *Charpente de bois. Bois de charpente :* châtaignier, chêne, orme, pin, sapin... *Charpente métallique. La charpente d'un toit* (➤ 1 **comble,** 3 **ferme**), *d'une maison, d'un navire, d'un pont. Ouvrage de charpente. La poutre est une pièce de charpente.* ▪ **2** Ce qui soutient. *La charpente du corps humain.* ➤ **architecture, carcasse, ossature, squelette.** *Avoir une solide charpente* (➤ **charpenté**). — *La charpente d'une feuille.* ➤ **nervure.** ▪ **3** Plan, structure (d'un ouvrage littéraire). *La charpente d'une pièce de théâtre, d'un roman.*

CHARPENTÉ, ÉE [ʃaʀpɑ̃te] **adj.** – 1802 ; 1587 *forests charpentees* «taillées» ◊ de *charpenter* ▪ **1** Bien construit, à la structure équilibrée. *Discours charpenté.* ▪ **2** (1844) (PERSONNES) Bien bâti. *Un homme solidement charpenté.* ▪ **3** SPÉCIALT (1918) *Vin charpenté,* riche en tanins et en alcool.

CHARPENTER [ʃaʀpɑ̃te] **v. tr.** ‹1› – 1175 ◊ latin populaire *carpentare,* de *carpentum* «char à deux roues» ▪ **1** Tailler (des pièces de bois) pour une charpente. ➤ **dégauchir, équarrir, menuiser, tailler.** *Charpenter une poutre.* ▪ **2** FIG. Façonner, construire (un discours, une œuvre littéraire). *Charpenter habilement son discours.* ➤ **structurer.** ▪ **3** Maintenir, soutenir, organiser. *Les os qui charpentent le corps. — Les liaisons qui charpentent un récit.*

CHARPENTERIE [ʃaʀpɑ̃tʀi] **n. f.** – fin XIIe ◊ de *charpenter* ▪ **1** Technique des charpentes de bois. ➤ **menuiserie.** ▪ **2** Chantier de charpente.

CHARPENTIER [ʃaʀpɑ̃tje] **n. m.** – fin XIIe ◊ latin °*carpentarius* «charron» → charpenter ▪ Celui qui fait des travaux de charpente. ➤ **menuisier.** *Charpentier de marine. «Mais là-bas dans l'immense chantier* [...] *En bras de chemise, les charpentiers déjà s'agitent»* RIMBAUD. *Outillage de charpentier :* bédane, besaiguë, ciseau, équerre, hache, herminette, maillet, rouanne, simbleau, tarière, traceret.

CHARPIE [ʃaʀpi] **n. f.** – XIIIe ◊ de l'ancien français *charpir* «déchirer», puis «tailler le bois», du latin populaire °*carpire,* de *carpere* «cueillir» ▪ **1** ANCIENNT Amas de fils tirés de vieille toile (remplacée par le coton, la gaze), servant à faire des pansements. *Faire de la charpie pour les soldats.* ▪ **2** FIG. *Mettre une chose en charpie,* la déchirer en menus morceaux. *Viande réduite en charpie,* trop cuite, en bouillie. *S'en aller en charpie,* en morceaux. PAR EXT. *Mettre qqn en charpie.* ➤ **écharper.**

CHARRE ➤ 2 **CHAR**

CHARRETÉE [ʃaʀte] **n. f.** – *caretede* 1086 ◊ de *charrette* ▪ Ce que contient une charrette. *Une charretée de foin, de paille, de bois.*

CHARRETIER, IÈRE [ʃaʀtje, jɛʀ] **n.** et **adj.** – 1175 ◊ de *charrette* ▪ **1** Personne qui conduit une charrette tirée par des animaux. *Cris de charretier.* ➤ **hue ; dia.** LOC. *Jurer comme un charretier,* grossièrement. ▪ **2** **adj.** Pour les charrettes. *Chemin charretier* (RÉGION. *charrière* **n. f.**). *Porte charretière,* qui permet le passage d'une charrette.

CHARRETON [ʃaʀtɔ̃] **n. m.** – 1175 ◊ de *charrette* ▪ **1** Petite charrette sans ridelles. ▪ **2** Voiture à bras. *«Il y avait des charretons de tous côtés, chargés de marchandises»* LE CLÉZIO.

1 **CHARRETTE** [ʃaʀɛt] **n. f.** – 1080 ◊ de *char* ▪ **1** Voiture à deux roues, à limons, à ridelles, servant à transporter des fardeaux. ➤ **carriole,** 1 **char, fardier, haquet, tombereau.** *Charrette tirée par des bœufs.* ➤ RÉGION. **cabrouet.** *Atteler, conduire, mener une charrette.* ➤ **charrier ; charretier.** *Fabricant de charrettes.* ➤ **charron.** ♦ *Charrette des condamnés,* qui servait à conduire les condamnés à la guillotine pendant la Terreur. — FIG. Groupe de personnes sacrifiées, licenciées. *Faire partie d'une charrette. «ils viennent de faire une charrette. Estimez-vous heureux de conserver votre emploi»* D. FOENKINOS. ▪ **2** *Charrette anglaise :* voiture légère à deux ou quatre places et généralement à deux roues. ▪ **3** **CHARRETTE À BRAS :** petite charrette à brancards tirée par une ou deux personnes. ▪ **4** Période de travail intensif pour terminer à temps un projet urgent. *L'architecte a une charrette ce week-end. Être en charrette.* — **adj.** *Être charrette :* avoir beaucoup de travail urgent.

2 **CHARRETTE** [ʃaʀɛt] **n. f.** – 1901 ◊ altération de *charogne* ▪ (Suisse) Coquin, canaille. *Charrette de X... !* ➤ 1 **sacré.** — **interj.** *Charrette !* ➤ **sapristi, zut.** *«ni les uns, ni les autres n'y voyaient, ce matin-là, et ils disaient : "Charrette !" parce qu'ils se coupaient»* RAMUZ.

CHARRIAGE [ʃaʀjaʒ] n. m. – fin XIIIe ◊ de *charrier* ▪ **1** Action de charrier. ▪ **2** (1905) GÉOL. *Nappe* de charriage.*

CHARRIER [ʃaʀje] v. tr. ‹7› – 1080 ◊ de *char* ▪ **1** Transporter dans un chariot, une charrette. ➤ **charroyer.** *Charrier des pierres, du grain.* ▪ **2** PAR ANAL. Entraîner, emporter dans son cours, en parlant d'un cours d'eau. *La rivière charrie des glaçons, du sable, du limon.* — PAR EXT. ➤ **traîner, transporter.** *« L'air était frais ; le ciel charriait des nuages »* HUGO. ▪ **3** (1837) FIG. et FAM. *Charrier qqn,* se moquer de lui, abuser de sa crédulité. ➤ **mystifier ;** FAM. **chambrer** (cf. Faire marcher*, mener en bateau*, mettre en boîte*). *Il s'est fait charrier.* ♦ INTRANS. *Tu charries ; il commence à charrier.* ➤ **attiger ; exagérer, plaisanter.** LOC. *Charrier dans les bégonias. Il ne faut pas charrier !*

CHARRIOT ; CHARRIOTAGE ➤ **CHARIOT ; CHARIOTAGE**

CHARROI [ʃaʀwa] n. m. – 1155 ◊ de *charroyer* ▪ Transport par chariot, charrette, tombereau. *Chemin de charroi. Un charroi de bois. « Le Charroi de Nîmes », chanson de geste.*

CHARRON [ʃaʀɔ̃] n. m. – 1268 ◊ de *char* ▪ ANCIENNT Celui qui fabrique des chariots, charrettes, ainsi que les roues de ces véhicules. *Outils du charron* (bec-d'âne, châsse, chèvre, gouge, plane, selle). *Le forgeron est le charron du village.*

CHARRONNAGE [ʃaʀɔnaʒ] n. m. – 1690 ◊ de *charron* ▪ ANCIENNT Métier ou travail du charron. *Bois de charronnage,* propre aux ouvrages de charronnage (chêne, érable, frêne, hêtre, orme).

CHARROYER [ʃaʀwaje] v. tr. ‹8› – début XIIIe ◊ var. de *charrier* ▪ Charrier, transporter. *Charroyer du matériel.*

CHARRUE [ʃaʀy] n. f. – v. 1190 ◊ latin impérial *carruca* « char gaulois », de *carrus* ▪ **1** Instrument servant à labourer la terre, dont la pièce principale est un soc tranchant. ➤ **brabant, cultivateur, déchaumeuse, défonceuse, fouilleuse, grattoir.** *La charrue a remplacé l'araire*. Le bâti* (➤ **age, cep, entretoise, étançon**), *les pièces travaillantes* (➤ **coutre, étrier, soc, versoir**), *les pièces de réglage et de direction de la charrue* (➤ 2 **mancheron, palonnier, régulateur, timon**). *Charrue à avant-train formé de deux roues. Charrue trisoc*. Charrue vigneronne* (ou *enjambeuse*), servant à labourer les vignes. *Charrue tirée par des bœufs, des chevaux, un tracteur.* ➤ **motoculteur.** *Retourner la terre, tracer un sillon avec une charrue* (➤ **labourer**). — LOC. FIG. *Mettre la charrue avant,* (VIEILLI) *devant les bœufs* : faire d'abord ce qui devrait être fait ensuite, après. ▪ **2** (Canada) Chasse-neige. *La charrue est passée.*

CHARTE [ʃaʀt] n. f. – début XIVe ; fin XIe *chartre* « lettre, écrit » ◊ latin *charta* « papier ; écrit », du grec *khartês.* La forme *chartre* s'est employée jusqu'au XIXe s. ▪ **1** Au Moyen Âge, Acte juridique, titre de propriété, de vente, de privilège octroyé. *Charte de dotation à une abbaye.* SPÉCIALT *Charte d'affranchissement des communes.* — *École nationale des chartes* : école instituée pour préparer des spécialistes des documents anciens (➤ **chartiste**). *L'École des chartes forme des archivistes-paléographes.* ▪ **2** Lois constitutionnelles établies par un souverain. *La Charte constitutionnelle,* et ELLIPT *la Charte* : acte constitutionnel de la Restauration (1814). *« La Charte avait l'inconvénient d'être octroyée »* CHATEAUBRIAND. HIST. *La Grande Charte d'Angleterre (Magna carta),* accordée par Jean sans Terre en 1215. — Règles fondamentales d'une organisation officielle. *Charte des Nations unies. Charte d'un syndicat. Charte de la langue française* (dite *loi 101*), consacrant le français comme langue officielle et commune du Québec (1977). ▪ **3** Liste, recueil de points que l'on s'engage à observer par une adhésion, une signature. *Charte (de) qualité. Charte de bon usage, de bonne conduite*. Charte éthique*.*

CHARTE-PARTIE [ʃaʀt(ə)paʀti] n. f. – début XIVe ◊ de *charte* et 2 *partir* ▪ MAR. Écrit constatant l'existence d'un contrat d'affrètement. ➤ **affrètement, nolisement.** *Des chartes-parties.*

CHARTER [ʃaʀtɛʀ] n. m. – v. 1950 ◊ mot anglais, de *to charter* « affréter » ▪ ANGLIC. Avion affrété. *Compagnie de charters,* louant des avions pour un vol (le prix des places étant plus bas, du fait de l'occupation totale). APPOS. *Vol charter. Billets charters. Prix charter.* — PAR ANAL. *Train charter. Place charter* (dans un train...). ♦ SPÉCIALT Avion affrété pour le rapatriement de personnes expulsées (immigrés en situation irrégulière). *« ils allaient râtisser la ville et renvoyer les réfugiés chez eux par charter »* O. ADAM.

CHARTÉRISER [ʃaʀteʀize] v. tr. ‹1› – v. 1985 ◊ de *charter* ▪ Affréter, noliser. *Voyagiste qui chartérise des avions, des places d'avion.*

CHARTISME [ʃaʀtism] n. m. – avant 1824 ◊ de *charte* ▪ **1** POLIT. Doctrine des partisans de la Charte de Louis-Philippe. ▪ **2** Union des ouvriers anglais formée vers 1838 en vue d'obtenir une amélioration du sort des travailleurs. ▪ **3** FIN. Méthode d'analyse financière par graphique permettant d'établir des prévisions de cours, de prix.

CHARTISTE [ʃaʀtist] n. et adj. – v. 1820 ◊ de *charte*
I ▪ **1** Partisan de la Charte ; du chartisme. ▪ **2** Élève de l'École des chartes.
II (de l'anglais *chart* « courbe, graphique ») ANGLIC. Analyste financier dont les prévisions sont basées sur l'étude de courbes.

CHARTRE ➤ **CHARTE**

CHARTREUSE [ʃaʀtʀøz] n. f. – v. 1300 ◊ localité du Dauphiné où saint Bruno fonda un monastère en 1084 ▪ **1** Couvent de chartreux, construit dans un lieu isolé. *La Grande Chartreuse, dans les Alpes.* — *« La Chartreuse de Parme », roman de Stendhal.* ▪ **2** VIEILLI ou RÉGION. Maison de campagne isolée. ➤ **campagne.** ▪ **3** (1863 ◊ marque déposée) Liqueur aux herbes (mélisse, hysope, angélique...) fabriquée par les chartreux. *Chartreuse jaune, verte.* — Verre de cette liqueur.

CHARTREUX, EUSE [ʃaʀtʀø, øz] n. – XIVe ◊ de *Chartreuse* ▪ **1** Religieux, religieuse de l'ordre de Saint-Bruno. ▪ **2** (1723) Chat de race, européen, à poil gris bleuté, à tête ronde, très placide.

CHARTRIER [ʃaʀtʀije] n. m. – fin XIVe ◊ de *chartre* → charte ▪ DIDACT. ▪ **1** Recueil de chartes (➤ **cartulaire**) ; salle des chartes. ▪ **2** Celui qui était préposé à la garde des chartes.

CHAS [ʃa] n. m. – 1220 ◊ latin *capsus* « coffre », masc. de *capsa* → châsse ▪ Trou d'une aiguille par où passe le fil. ▪ HOM. poss. 1 Chat, shah.

CHASSE [ʃas] n. f. – fin XIIe ◊ de *chasser*
I (CONCERNANT LES ANIMAUX) ▪ **1** Action de chasser, de poursuivre les animaux (➤ **gibier**) pour les manger ou les détruire. *Art de la chasse.* ➤ **cynégétique ; fauconnerie, tenderie, vénerie.** *Saint Hubert, patron des grandes chasses. « La chasse endurcit le cœur aussi bien que le corps ; elle accoutume au sang, à la cruauté »* ROUSSEAU. *Permis de chasse. Chasse sans autorisation.* ➤ **braconnage.** *Rendez-vous de chasse. Partie de chasse. Aller à la chasse.* PROV. *Qui va à la chasse perd sa place. Tableau de chasse* : gibier abattu ; FIG. palmarès. *Revenir bredouille* de la chasse. Faire bonne chasse* : tuer du gibier. *Accessoires, équipement pour la chasse.* ➤ **carnassière ; carnier, gibecière.** *Bottes de chasse. Fusil de chasse. Chiens de chasse.* ♦ **CHASSE À COURRE*,** dite aussi *chasse à bruit, chasse noble, chasse royale* : chasse avec des chiens (➤ **meute**), où sont exclus armes à feu et engins. ➤ **louveterie, vénerie.** *Équipage de chasse à courre. Cor, trompe* de chasse. Air, fanfare, sonnerie, ton de chasse.* ➤ **hallali.** *Cri de chasse.* ➤ **taïaut.** *Péripéties d'une chasse à courre.* ➤ **quêter ; courir, débucher, débusquer,** 1 **dépister,** 1 **lancer, rabattre, relancer, rembucher.** ♦ *Chasse en se postant* (➤ **affût,** 3 **poste**). *Chasse organisée.* ➤ **battue, traque.** *Artifices de chasse pour attirer le gibier.* ➤ **appât, appeau, appelant,** 1 **chanterelle, pipeau,** 1 **pipée.** *Chasse au canard, au gibier d'eau, au sanglier, au lion. Expédition de chasse en Afrique.* ➤ **safari.** *Guide de chasse.* ♦ *Chasse avec des oiseaux.* ➤ **fauconnerie, volerie.** *Oiseaux dressés pour la chasse.* ➤ 2 **autour, faucon, milan.** *Chasse au furet.* ♦ *Chasse aux engins.* ➤ **collet, glu, gluau,** 2 **volant ; piège, piégeage,** 1 **trappe, traquet.** *Filets de chasse.* ➤ **lacet, lacs, panneau,** 1 **poche, tirasse.** *Chasse au miroir.* ♦ PAR EXT. *Chasse sous-marine,* consistant à poursuivre le poisson avec un fusil à harpon*. ➤ 2 **pêche.** — *Chasse aux papillons, aux escargots.* ▪ **2** Période où l'on a le droit de chasser (au fusil). *L'ouverture, la fermeture de la chasse. La chasse est ouverte.* ▪ **3** (1690) Partie d'une terre, d'un domaine réservée pour la chasse. *Les chasses du Roi. Avoir des parts dans une chasse. Chasse gardée*. Chasse réservée.* ▪ **4** (1690) Ensemble des personnes qui chassent. *Suivre une chasse.* ▪ **5** Gibier pris ou tué à la chasse. ▪ **6** LOC. *Être en chasse,* en chaleur (en parlant de femelles de mammifères). ➤ **rut.** *Chienne en chasse.*

II ACTION DE POURSUIVRE QQN, QQCH. ▪ **1** (milieu XIIe) Poursuite. *Faire la chasse, donner la chasse à qqn, qqch.* (1841) LOC. *Chasse à l'homme* : poursuite d'un individu recherché. *Chasse aux sorcières*. « Ici, l'on fait la chasse dure à la paresse »* PAULHAN. ▪ **2** Action de chercher à se procurer. *Partir en chasse. Chasse aux livres rares. La chasse à l'emploi, à l'appartement.* PAR PLAIS. *Faire la chasse au mari* : chercher à se marier. ▪ **3** Poursuite d'un bâtiment ou d'un avion ennemi. *Donner la chasse à un avion, prendre un bombardier en chasse. Pièces de chasse,* placées à la proue d'un bateau. ▪ **4** AVION

DE CHASSE, destiné à la poursuite des appareils ennemis ; avion très rapide chargé d'intercepter les avions ennemis et de protéger les appareils amis. ➤ **chasseur.** — *Pilote* de chasse.* PAR EXT. *La chasse* : ensemble de ces avions. « *La chasse fasciste tomba des nuages supérieurs* » MALRAUX.

III LE FAIT DE POUSSER, D'ÊTRE POUSSÉ ■ **1** (1549) Écoulement rapide donné à une retenue d'eau pour nettoyer un conduit, dégager un chenal. TECHN. *Bassin, écluse de chasse.* — (1913) COUR. **CHASSE D'EAU** : dispositif entraînant l'écoulement de l'eau de la cuvette des W.-C. *Actionner la chasse d'eau.* ABUSIVEMENT *Tirer la chasse (d'eau)* : faire fonctionner le dispositif du réservoir de la chasse. ■ **2** (1732) TECHN. Liberté de course laissée à une partie de machine. ➤ **jeu.** *Donner de la chasse à un essieu.* ■ **3** (1832) TYPOGR. Nombre de lignes qu'une page d'impression a de plus qu'un certain modèle donné. ♦ Encombrement horizontal d'un signe typographique (➤ **chasser**).

■ **HOM.** poss. Châsse.

CHÂSSE [ʃɑs] **n. f.** – v. 1150 *casse* ◇ latin *capsa* ■ **1** Coffre où l'on garde les reliques d'un saint. *Châsse de bois doré, d'or ; châsse vitrée. Châsse de sainte Geneviève.* ■ **2** Monture servant d'encadrement. *La châsse d'un verre de lunette.* — *Châsse d'une lancette,* le manche. — Marteau de charron. ■ **3** (1808 ◇ de *châssis*) ARG. ➤ **œil.** *De belles châsses.* ➤ **carreau.**

■ **HOM.** poss. Chasse.

CHASSÉ [ʃase] **n. m.** – 1700 ◇ de *chasser* ■ CHORÉGR. Saut pendant lequel une jambe frappe l'autre pour la projeter en avant, en arrière, ou de côté.

CHASSE-CLOU [ʃasklu] **n. m.** – avant 1850 ◇ de *chasser* et *clou* ■ TECHN. Outil servant à enfoncer profondément les clous en faisant disparaître la tête dans le bois. *Des chasse-clous.*

CHASSÉ-CROISÉ [ʃasekʀwaze] **n. m.** – 1839 sens 2° ◇ de *chasser* et *croiser* ■ **1** Figure de danse où le cavalier et sa danseuse passent alternativement l'un devant l'autre. ■ **2** COUR. Échange réciproque et simultané de place, de situation. *Des chassés-croisés. Le grand chassé-croisé de l'été,* entre juillettistes et aoûtiens.

CHASSELAS [ʃasla] **n. m.** – *chacelas* 1680 ◇ de *Chasselas*, commune de Saône-et-Loire ■ Raisin blanc de table à petits grains ronds et dorés. *Du chasselas.*

CHASSE-MARÉE [ʃasmaʀe] **n. m.** – 1260 ◇ de *chasser* et *marée* ■ VX Petit bateau côtier de pêcheur breton, à trois mâts, qui tenait bien la mer. *Des chasse-marée* (inv.) ou *des chasse-marées.*

CHASSE-MOUCHE [ʃasmuʃ] **n. m.** – 1555 ◇ de *chasser* et *mouche* ■ Éventail ou petit balai de crins que l'on porte avec soi pour écarter les mouches. *Des chasse-mouches.*

CHASSE-NEIGE [ʃasnɛʒ] **n. m.** – 1873 sens 2° ; 1834 «vent» ◇ de *chasser* et *neige* ■ **1** Gros éperon d'acier, muni de versoirs, que l'on adapte à l'avant d'une locomotive, d'un camion, pour déblayer les voies ferrées ou les routes obstruées par la neige. ■ **2** Véhicule ainsi équipé. ➤ RÉGION. **charrue, déneigeuse, gratte.** *Des chasse-neiges* ou *des chasse-neige* (inv.). *Le chasse-neige est passé.* ■ **3** Position du skieur, les skis convergents, pour freiner ; descente dans cette position. *Descendre en chasse-neige.*

CHASSE-PIERRE [ʃaspjɛʀ] **n. m.** – 1842 ◇ de *chasser* et *pierre* ■ Appareil placé à l'avant des locomotives, qui écarte les obstacles (pierres, etc.) des rails. *Des chasse-pierres.* — On écrit aussi *un chasse-pierres* (inv.).

CHASSEPOT [ʃaspo] **n. m.** – 1866 ◇ nom de l'inventeur ■ Fusil de guerre à aiguille utilisé par l'armée française de 1866 à 1874.

CHASSER [ʃase] **v.** ‹1› – v. 1150 *chacier* ◇ latin populaire °*captiare*, de *capere* «prendre»

I v. tr. ■ **1** Poursuivre (les animaux) pour les tuer ou les prendre. ➤ **chasse.** *Chasser le lièvre, le cerf, le tigre, l'ours. Le lion chasse les gazelles. Chasser des papillons.* — ABSOLT *Il aime chasser, chasser à courre. Chasser sans permis. Chasser sur les terres d'autrui* (➤ **braconner**) ; FIG. empiéter* sur les droits d'autrui. — PROV. *Bon chien chasse de race,* par atavisme ; FIG. c'est héréditairement qu'on a telle ou telle qualité (cf. Les chiens ne font pas des chats*, tel père, tel fils*). ■ **2** Pousser devant soi ; faire marcher en avant. « *De petites filles bretonnes chassent devant elles des troupeaux de moutons* » LOTI. ➤ **pousser.** — *Chasser les cercles de tonneaux,* les mettre en place. ■ **3** (XIIe) Mettre, pousser dehors ; faire sortir de force. ➤ **bouter, débusquer, déloger, dénicher, 1 écarter, éjecter, éliminer, exclure, expulser, refouler, rejeter ; -fuge.** *Chasser les mouches.* — (PERSONNES) *Chasser un indésirable.* ➤ **éconduire.** *Chasser qqn hors de son pays.* ➤ **bannir, exiler.** *Chasser qqn de son poste.* ➤ **2 démettre, évincer.** *Chasser un domestique, un employé.* ➤ **congédier, licencier, remercier, renvoyer*.** « *Est-ce moi qui vous quitte, ou vous qui me chassez ?* » MOLIÈRE. — PAR EXT. *Chasser les ennemis en libérant son pays.* — PAR EXAGÉR. Faire partir. *Les peintres me chassent de chez moi.* — FIG. *La nuit nous chassa.* — (CHOSES) *Produit qui chasse les mauvaises odeurs. Chasser l'ennui, les soucis. Chasser une idée, un souvenir, une image de son esprit.* ➤ **dissiper, 1 repousser.** — LOC. FIG. *Un clou chasse l'autre* : une personne, une chose en écarte une autre, lui succède. PROV. « *Chassez le naturel, il revient au galop* » DESTOUCHES.

II v. intr. (XVIIIe) Être poussé en avant. ■ **1** *Les nuages chassent du sud,* viennent du sud. ■ **2** MAR. *Chasser sur ses ancres* : entraîner ses ancres par suite d'une tenue insuffisante du fond. *L'ancre chasse,* laboure le fond. ■ **3** TYPOGR. Occuper de l'espace, en parlant d'un caractère. *Ce caractère chasse plus que l'autre.* — Changer la mise en pages. *Si vous ajoutez ce mot, ça va chasser.* ■ **4** DANSE Exécuter un chassé. *Chassez !* ■ **5** (XIXe) Déraper, patiner. *Les roues chassent.* « *Le véhicule chassa un peu sur le côté, une roue percuta le trottoir* » F. THILLIEZ.

■ **CONTR.** (de I) Accueillir, admettre, recevoir ; embaucher, engager, entretenir.

CHASSERESSE [ʃasʀɛs] **adj.** et **n. f.** – *chacerece* v. 1320 ◇ de *chasser* ■ POÉT. Qui chasse (femme). *Une Diane chasseresse.* — **n.** *Une chasseresse.*

CHASSE-ROUE [ʃasʀu] **n. m.** – 1842 ◇ de *chasser* et *roue* ■ Borne ou arc métallique placé à l'angle d'une porte, d'un mur, pour en écarter les roues des voitures. ➤ **bouteroue.** *Des chasse-roues.*

CHASSEUR, EUSE [ʃasœʀ, øz] **n.** – fin XIe ◇ de *chasser* ■ REM. Le fém. ne s'emploie qu'au sens 1°. ■ **1** Personne qui pratique la chasse. *Un bon, un mauvais chasseur. Un grand chasseur. Le chasseur et son chien. Une chasseuse* (RARE). ➤ **chasseresse.** *Chasseur sans permis.* ➤ **braconnier.** *Chasseur sans scrupule.* ➤ FAM. **viandard.** *Chasseur qui tend des collets* (➤ **colleteur**), *qui utilise des trappes* (➤ **trappeur**), *qui traque* (➤ **traqueur**). *Chasseur de papillons.* — *Chasseur de fourrures. Chasseur de têtes* : Indien d'Amazonie qui tuait ses ennemis et conservait leurs têtes comme trophées ; FIG. personne chargée du recrutement des cadres de haut niveau. « *chasseuse de têtes, chef du personnel* » PENNAC. — (Animaux) *Ce chien est un bon chasseur.* ♦ FIG. Personne qui recherche avec ténacité à obtenir (qqch.). *Chasseur d'images* : photographe, cinéaste à la recherche d'images, de scènes originales. *Chasseur d'autographes. Chasseur de primes* : aventurier de l'Ouest américain qui traquait les criminels afin d'obtenir les primes promises pour leur capture. *Le « chasseur de primes qui marque d'une encoche, sur la crosse de son revolver, tous les salopards qu'il a descendus »* A. DESARTHE. ♦ PAR APPOS. INV. *Lapin, poulet chasseur,* servi avec une sauce aux champignons et aux échalotes, mouillée au vin blanc. *Des lapins chasseur.* ■ **2 n. m.** (1834) ANCIENNT Domestique en livrée de chasse qui montait derrière la voiture de son maître. MOD. Employé en livrée attaché à un hôtel, à un restaurant. ➤ **groom.** *Le chasseur va vous appeler un taxi.* ■ **3 n. m.** (1670) Membre de certains corps de troupes. *Chasseurs d'Afrique* : corps de cavalerie légère. *Chasseurs à pied, chasseurs alpins* : corps d'infanterie. *Le 3e chasseurs* : le 3e régiment de chasseurs. *Béret de chasseur alpin. Pas de chasseur* : petits pas rapides. ■ **4 n. m.** MAR. Navire de faible tonnage le plus souvent destiné à poursuivre les sous-marins. — Petit navire équipé pour la chasse à la baleine. ■ **5 n. m.** Avion léger, rapide et maniable destiné aux combats aériens (avion de chasse*). *Chasseur d'escorte. Chasseur-bombardier.*

CHASSIE [ʃasi] **n. f.** – *chacie* XIIe ◇ p.-ê. latin populaire °*caccita*, de *cacare* ; cf. *chier* ■ Matière gluante s'accumulant sur le bord des paupières. ■ **HOM.** poss. Châssis.

CHASSIEUX, IEUSE [ʃasjø, jøz] **adj.** – *chacieux* 1342 ◇ de *chassie* ■ Qui a de la chassie. *Yeux chassieux.*

CHÂSSIS [ʃɑsi] **n. m.** – XIIe ◇ de *châsse* ■ **1** Cadre destiné à maintenir en place les éléments d'une surface (planches, vitres, tissu, papier...). ➤ **2 bâti, cadre, charpente.** ■ **2** Encadrement d'une ouverture ou d'un vitrage ; vitrage encadré. *Châssis de verre servant de cloison.* ➤ **vitrage.** *Châssis des portes et des fenêtres. Châssis fixe, dormant. Châssis mobile,* se rabattant sur le dormant. *Châssis à croisée, à guillotine, à tabatière.* ➤ **fenêtre.** *Châssis d'aérage,* garni de lames mobiles qu'on soulève à volonté pour laisser pénétrer l'air. ♦ (1831 au Canada) RÉGION. (Nord ; Canada, Louisiane) Fenêtre. *Ouvrir les* châssis. *Châssis doubles.* ▪ **3** HORTIC. Panneau ou abri vitré. *Culture sous châssis.* ▪ **4** (1433) PEINT. *Châssis d'un tableau :* cadre sur lequel on fixe la toile par des clous (➤ **broquette**) après l'avoir tendue. ▪ **5** (1611) IMPRIM. Cadre dans lequel on serre la composition. ▪ **6** (1867) PHOTOGR. *Châssis-presse* ou *positif :* cadre à volets pour l'exposition du négatif à la lumière. *Des châssis-presses.* ▪ **7** Charpente ou bâti (de machines, de véhicules). — SPÉCIALT (1864) *Châssis d'une automobile :* ensemble métallique supportant la carrosserie. *Carrosserie métallique soudée au châssis. Châssis poutre. Châssis intégré.* ➤ **coque.** *Châssis d'une locomotive.* — FIG. FAM. *Un beau châssis :* un beau corps de femme. ▪ **HOM.** poss. Chassie.

CHASTE [ʃast] **adj.** – 1138 ◇ latin ecclésiastique *castus* «pur de» ▪ **1** VX Qui s'abstient des plaisirs jugés illicites et des pensées impures. ➤ **ascétique,** 1**continent, pur, sage, vertueux.** *Chaste épouse.* ➤ **honnête.** *La chaste Suzanne. Les chastes sœurs :* les Muses. PAR EXT. *Un cœur chaste.* ➤ **innocent, pur.** *Tenue chaste.* ➤ **décent, modeste, pudique.** MOD. LOC. *Cela blesserait vos chastes oreilles.* ➤ **pudibond.** ▪ **2** MOD. Qui s'abstient volontairement de toutes relations sexuelles. *Fiancés chastes, qui restent chastes.* — PAR EXT. Où il n'y a pas d'érotisme. *Mener une vie chaste. «Amour chaste, amour mystique, où leurs deux jeunesses fusionnaient dans le même élan vers l'avenir»* MARTIN DU GARD. *Chaste baiser.* ▪ **CONTR.** Concupiscent, débauché, dissolu, impudique, impur, indécent, licencieux ; érotique, lascif, libidineux, lubrique, luxurieux, sensuel, sexuel.

CHASTEMENT [ʃastəmɑ̃] **adv.** – 1138 ◇ de *chaste* ▪ D'une manière chaste. *Ils s'embrassaient chastement.*

CHASTETÉ [ʃastəte] **n. f.** – *casteté* 1119 ◇ latin *castitas ;* a remplacé *chastée,* de *chaste* ▪ **1** Vertu, comportement d'une personne chaste (1°). ➤ **pureté, sagesse, vertu.** *«Il y avait autour de la jeune fille un tel parfum de chasteté, un tel charme de vertu»* HUGO. ▪ **2** Absence de relations sexuelles, d'érotisme. ➤ **continence.** *Vivre dans la chasteté. Une chasteté volontaire, forcée.* ➤ **abstinence.** *Le «jeune célibataire, condamné à la chasteté par sa solitude et sa misère»* TOURNIER. — LOC. *Vœu de chasteté,* qui impose la continence absolue, le célibat aux prêtres, aux religieux et religieuses. *Ceinture* de chasteté.* ▪ **CONTR.** Concupiscence, débauche, dépravation, immodestie, impudeur, impureté, indécence ; érotisme, lubricité, luxure.

CHASUBLE [ʃazybl] **n. f.** – 1138 ◇ bas latin °*casubula,* de *casula* «manteau à capuchon» ▪ **1** Vêtement sacerdotal en forme de manteau à deux pans, que le prêtre revêt par-dessus l'aube et l'étole, pour célébrer la messe. *Chasuble brodée.* ▪ **2** PAR EXT. Vêtement sans manches qui a cette forme. PAR APPOS. *Des robes chasubles.*

1**CHAT, CHATTE** [ʃa, ʃat] **n.** – fin XIIe au masculin, début XIIIe au féminin ◇ du latin *cattus,* n. m. et *catta,* n. f.

I ANIMAL ▪ **1** Petit mammifère familier à poil doux, aux yeux oblongs et brillants, à oreilles triangulaires et griffes rétractiles, qui est un animal de compagnie. ➤ **matou ;** FAM. **mimi,** 1**mimine, minet, minou, mistigri ;** ARG. **greffier.** *Un chat* (SPÉCIALT le mâle adulte) ; *une chatte et ses chatons. Chat noir, gris, blanc. Chat européen* dit *chat commun, chat de gouttière. Chat tigré. Chat tricolore. Chat gris.* ➤ **chartreux.** *Chat abyssin, birman. Chat angora, siamois, persan. Chat nu, chat sans poil.* ➤ **sphynx.** *«La Chatte», roman de Colette. «Le Chat botté», conte de Perrault. Les moustaches, la queue du chat. Le chat fait ses griffes, fait patte de velours*. Le chat miaule* (➤ **miaou**), *ronronne, fait le gros dos. Une chatte en chaleur*. Litière* de chat. «Les chats puissants et doux, orgueil de la maison»* BAUDELAIRE. *«Le chat semble mettre un point d'honneur à ne servir à rien, ce qui ne l'empêche pas de revendiquer au foyer une place meilleure que celle du chien»* TOURNIER. *«L'idéal du calme est dans un chat assis»* RENARD. *«Le petit chat est mort»* MOLIÈRE. *Caresser un chat. Chat tueur de souris, de rats. Petits chats* (➤ 2**chaton**). *Chat retourné à l'état sauvage.* ➤ **haret.** *Poil, fourrure du chat.* ➤ **robe.** *Herbe* aux chats :* cataire. — *Être gourmand, câlin, caressant comme un chat.* ➤ **chatterie.** *Amoureuse* comme une chatte.* **adj.** *Elle est chatte,* câline. — (1672) **T. d'affection** *Mon chat, ma petite chatte.* ▪ **2** LOC. et PROV. *La nuit tous les chats sont gris :* on confond les personnes, les choses dans l'obscurité. — *Une chatte n'y retrouverait* pas ses petits.* — *Quand le chat n'est pas là, les souris dansent :* les subordonnés s'émancipent quand les supérieurs sont absents. *Il ne faut pas réveiller* le chat qui dort.* — *Chat échaudé craint l'eau froide :* une mésaventure rend prudent à l'excès. — *À bon chat bon rat :* la défense, la réplique vaut, vaudra l'attaque. — *Jouer avec sa victime comme un chat avec une souris.* — *Comme chien* et chat. Les chiens* ne font pas des chats.* — (milieu XIXe) *Écrire comme un chat,* d'une manière illisible, désordonnée. ➤ **griffonner.** — *Appeler* un chat un chat.* — *Acheter chat en poche*,* (Belgique, Luxembourg) *un chat dans un sac.* — *C'est de la bouillie* pour les chats.* — *Pipi* de chat.* — *Toilette de chat :* toilette sommaire. — FIG. (1835) *Avoir un chat dans la gorge :* être enroué. — (fin XVIIIe) *Il n'y a pas un chat :* il n'y a absolument personne. *«Personne. Rien. Nada. Le désert. Pas un chat»* G. PERROS. — *Il n'y a pas de quoi fouetter un chat :* la faute, l'affaire est insignifiante ; ne mérite pas de punition. (1844) *Avoir d'autres chats à fouetter,* des affaires plus importantes en tête. — (1860) *Donner sa langue au chat :* s'avouer incapable de trouver une solution. ▪ **3** (1931) CHORÉGR. *Saut de chat :* bond latéral, les deux jambes repliées sous le corps. ▪ **4** Personne qui poursuit les autres (à un jeu) ; jeu de poursuite. *C'est toi le chat. Jouer à chat,* (1852) *à chat perché. On crie «chat» en touchant celui qu'on poursuit.* ▪ **5** ZOOL. Mammifère carnivore *(félidés)* dont le chat (1°) est le type. *Chat domestique. Chats sauvages.* ➤ **guépard, lynx, ocelot, serval.** *Chat-tigre.* ➤ **margay.** ◆ (1643) (Canada) *Chat sauvage :* raton laveur ; sa fourrure. *Poisson-chat.* ➤ **poisson.**

II ~ n. m. INSTRUMENT (1845) ANGLIC. **CHAT À NEUF QUEUES :** fouet à neuf lanières.

III ~ n. f. FAM. et **VULG. CHATTE** (début XVIIe) Sexe de la femme. *«Lisa était une fille normale, avec une chatte et des nichons»* DJIAN. — REM. Parfois n. m. — LOC. *Avoir de la chatte,* de la chance.

▪ **HOM.** poss. Chas, shah.

2**CHAT** ou **TCHAT** [tʃat] **n. m.** – 1997 ◇ anglais *chat* «bavardage» ▪ ANGLIC. INFORM. Conversation en direct entre internautes, par échange de messages électroniques. ➤ RÉGION. **clavardage.** *Prendre part à un chat* (➤ **chatter**). — Recomm. offic. *dialogue en ligne.*

CHÂTAIGNE [ʃɑtɛɲ] **n. f.** – *chastaigne* XIIe ◇ latin *castanea* ▪ **1** Fruit du châtaignier, formé d'une masse farineuse enveloppée d'une écorce lisse de couleur brun rougeâtre et renfermée dans une cupule verte, hérissée de piquants (➤ 1**bogue**). *Châtaigne cultivée.* ➤ 1**marron.** *Châtaignes bouillies, rôties.* — ADJT INV. Couleur de châtaigne. ➤ **châtain,** 1**marron.** *Une robe châtaigne.* ▪ **2** PAR ANAL. *Châtaigne d'eau.* ➤ **macre.** ▪ **3** FAM. Coup* de poing. ➤ **castagne,** 1**marron, pain.** *Il lui a flanqué une châtaigne* (➤ **châtaigner**). ▪ **4** LOC. FAM. *Attraper, prendre une châtaigne,* RÉGION. (Ouest) *une poignée de châtaignes :* recevoir une décharge électrique.

CHÂTAIGNER [ʃɑteɲe] **v. intr.** ‹1› – 1927 ◇ de *châtaigne* (3°) ▪ FAM. Se battre violemment. *Ils châtaignent par plaisir.* — PRONOM. *Ils se sont châtaignés.* ➤ **se castagner.** ▪ **HOM.** Châtaignier.

CHÂTAIGNERAIE [ʃɑtɛɲʀɛ] **n. f.** – *chastaigneraye* 1538 ◇ de *châtaignier* ▪ Lieu planté de châtaigniers.

CHÂTAIGNIER [ʃɑteɲe] **n. m.** – 1697 ; *chastaignier* XIIe ◇ de *châtaigne* ▪ **1** Arbre de grande taille, à feuilles dentées *(fagacées)* qui produit les châtaignes. *«le châtaignier vert sombre, piqué de rosettes d'un vert plus jaune, dont l'ombrage est si lourd, et le massif de feuillage si compact»* GRACQ. *Châtaignier cultivé.* ➤ **marronnier.** ▪ **2** Bois de cet arbre. *Charpente, fût en châtaignier.* ▪ **HOM.** Châtaigner.

CHÂTAIN [ʃɑtɛ̃] **adj. m.** – XIIe ◇ latin *castaneus* → châtaigne ▪ D'une couleur brun clair rappelant celle de la châtaigne. *Cheveux châtains. Cheveux châtain clair, foncé, châtain-roux* (➤ **auburn**). — *Une femme châtain* (ou RARE *châtaine*), aux cheveux châtains. ◆ **n. m.** *Cheveux d'un châtain clair.*

CHATAIRE ➤ **CATAIRE**

CHATBOT [tʃatbɔt] **n. m.** – 1998 ◇ mot-valise anglais, de *chat* (→ 2 chat) et *bot* «robot» ▪ ANGLIC. INFORM. Agent* conversationnel. *Des chatbots.*

1**CHÂTEAU** [ʃɑto] **n. m.** – v. 1175 *chastaus* plur. ; 1080 *chastels* plur. «citadelle» ◇ latin *castellum* ▪ **1 CHÂTEAU** ou **CHÂTEAU FORT :** demeure féodale fortifiée et défendue par un ensemble de fossés, de constructions. ➤ **bastille, citadelle,** 3**fort, forteresse.** *Des châteaux forts. Un château féodal, médiéval en ruines. Les châteaux cathares des Pyrénées. Le château de Vincennes. Constructions d'un château.* ➤ **donjon, muraille, rempart,** 1**tour, tourelle ; arbalétrier, barbacane, créneau, échauguette, hourd, machicoulis, meurtrière.** *Enceinte d'un château.* ➤ **fortification ; bastion, courtine,** 1**douve,** 1**enceinte, fossé, herse,** 1**lice, pont-levis.** *Les souterrains d'un château. Petit château fort* (**n. m. CHÂTELET**). ▪ **2** Habitation seigneuriale ou royale avec ses dépendances. ➤ 1**palais.** *Le château de Versailles, de Fontainebleau. Les châteaux de la Loire.* ◆ ABSOLT (au XVIIe) *Le Château :* la cour, le roi. — PLAISANT Le palais de l'Élysée. ▪ **3** Habitation du maître d'une grande propriété ; vaste et belle maison de plaisance à la campagne. ➤ **castel, gentilhommière, manoir ;**

châtelain. *Acheter un petit château. «Une de ces gentilhommières que les villageois décorent du nom de château»* GAUTIER. *Lettre* de château.* — SPÉCIALT *Les châteaux du Bordelais* (qui donnent leur nom à des crus). *Château-Margaux, Château-Yquem.* PLAIS. *Château-la-Pompe.* ➤ 2 **pompe.** — *Mener une, la vie de château,* une vie oisive et opulente (cf. Mener une vie de pacha*). *C'est la vie de château !* la belle vie. ■ **4** LOC. *Faire, bâtir des châteaux en Espagne :* échafauder des projets chimériques (les chevaliers recevaient en fief des châteaux en Espagne, qu'ils devaient d'abord attaquer et prendre). — *Château de sable :* construction en forme de château faite avec du sable humide, sur une plage. — *Château de cartes*.* — *Château branlant*.* ■ **5** (1740) **CHÂTEAU D'EAU :** grand réservoir à eau. — NUCL. **CHÂTEAU DE TRANSPORT :** conteneur blindé utilisé pour transporter, stocker des matières radioactives. ■ **6** MAR. Superstructure élevée sur le pont supérieur d'un navire. *«Les officiers étaient sur le château de poupe»* CHATEAUBRIAND.

2 **CHÂTEAU** ➤ **CHATEAUBRIAND**

CHATEAUBRIAND [ʃatobʀijɑ̃] n. m. – 1857 ◊ du nom de l'écrivain dont le cuisinier aurait inventé la recette ■ Épaisse tranche de filet de bœuf grillé (➤ **bifteck**). *«un chateaubriand... à la rigueur une escalope»* I. NÉMIROVSKY. *Chateaubriand aux pommes.* — On écrit aussi *châteaubriant* (1856 ◊ du n. d'une commune de Loire-Atlantique). — ABRÉV. FAM. (1883) **CHÂTEAU** [ʃato]. *Un château saignant.*

CHÂTELAIN, AINE [ʃɑt(ə)lɛ̃, ɛn] n. – *chastelain* 1190 ◊ latin *castellanus,* de *castellum* → 1 château ■ **1** Seigneur d'un château. — n. f. Femme d'un châtelain. SPÉCIALT Seigneur ou dame venant après le baron dans la hiérarchie nobiliaire. ■ **2** Personne qui possède un château de plaisance, qui y réside. ■ **3** adj. *Seigneur châtelain.* — *Chaîne châtelaine.* ➤ **châtelaine.**

CHÂTELAINE [ʃɑt(ə)lɛn] n. f. – 1828 ◊ de *chaîne châtelaine* ■ Chaîne de ceinture. — Sautoir à gros chaînons.

CHÂTELLENIE [ʃatɛlni] n. f. – 1260 ◊ de *châtelain* ■ Seigneurie et juridiction d'un seigneur châtelain (1°). *Droit de châtellenie.* ♦ Étendue de terres placée sous la juridiction d'un châtelain.

CHAT-HUANT [ʃayɑ̃] n. m. – *chahuan* 1265 ◊ latin populaire *cavannus,* altéré d'après 1 *chat* et *huer* ; cf. *chouan* ■ Rapace nocturne qui possède deux touffes de plumes semblables à des oreilles de chat. *La chouette hulotte, le hibou moyen duc sont des chats-huants* [ʃaɥɑ̃].

CHÂTIER [ʃɑtje] v. tr. ⟨7⟩ – v. 1130 *chastier* ◊ xe *castier* ; latin *castigare* → chaste ■ LITTÉR. ■ **1** Infliger à (qqn) une peine pour corriger. ➤ **punir, réprimer ; châtiment.** *Châtier un coupable, un criminel pour faire un exemple. Châtier qqn de* (qqch., une faute), *pour* (une faute, un défaut). PROV. *Qui aime bien châtie bien :* corriger qqn c'est témoigner de l'intérêt, de l'affection qu'on lui porte. — FIG. *Châtier une faute, l'audace, l'insolence de qqn. «Le rire châtie certains défauts»* BERGSON. ■ **2** (XIIe) *Châtier son corps,* PRONOM. *se châtier :* imposer à son corps des privations, des souffrances. ➤ **mortifier.** *«Je châtiais allègrement ma chair»* GIDE. ■ **3** (1661) FIG. Rendre (le style) plus correct et plus pur. ➤ **corriger, épurer, perfectionner, polir.** *Châtier son langage.* — p. p. adj. *Style châtié.* ➤ **dépouillé, épuré,** 1 **poli, pur.** ■ CONTR. Récompenser. Encourager.

CHATIÈRE [ʃatjɛʀ] n. f. – 1265 ◊ de 1 *chat* ■ **1** Petite ouverture pratiquée au bas d'une porte pour laisser passer les chats. — PAR EXT. Petite ouverture (trou d'aération des combles, etc.). ■ **2** Passage étroit où l'on ne peut passer qu'en rampant. *Des «chatières basses et plus ou moins sinueuses où l'on s'engage et d'où l'on ne peut sortir»* TROMBE.

CHÂTIMENT [ʃɑtimɑ̃] n. m. – *chastiement* 1190 ◊ de *châtier* ■ Peine sévère infligée à une personne que l'on veut corriger, et PAR EXT. (VIEILLI) Punition* en général. ➤ **expiation, pénitence.** *Châtiment corporel.* ➤ **correction, coup, supplice.** *«Je vous ménage un châtiment exemplaire, si vous allez contre ma volonté»* MUSSET. *Mériter, recevoir, subir un châtiment. Le châtiment de Dieu. «Les Châtiments», œuvre de V. Hugo. «Crime et Châtiment», roman de Dostoïevski.* ■ CONTR. Récompense.

CHATOIEMENT [ʃatwamɑ̃] n. m. – 1819 ◊ de *chatoyer* ■ Reflet changeant de ce qui chatoie. ➤ **miroitement.**

1 **CHATON** [ʃatɔ̃] n. m. – 1616 ; *chaston* XIIe ◊ francique °*kasto* «caisse» ■ Tête d'une bague où s'enchâsse une pierre précieuse. *Enchâsser, sertir un brillant dans un chaton. Bague à large chaton plat* (➤ **chevalière**). ♦ La pierre elle-même. *«Des bagues aux chatons finement travaillés»* GAUTIER.

2 **CHATON, ONNE** [ʃatɔ̃, ɔn] n. – XIIIe ◊ de 1 *chat* **I** Jeune chat. *Une portée de chatons. Chatonne tricolore.* **II** n. m. (compar. à une queue de chat) ■ **1** Inflorescence en épi souple. *Chaton mâle, chaton femelle du bouleau. Chatons de coudrier, de noyer, de saule. «Les chatons verdâtres des noisetiers alternèrent avec les chatons jaunâtres des saules»* BOURGET. ■ **2** Petits amas de poussière d'aspect cotonneux qui s'accumulent sous les meubles. ➤ **mouton ;** RÉGION. **minou.** *«On a regardé sous le buffet. Mais l'on n'en a ramené que de gros chatons de poussière»* ROMAINS.

CHATONNER [ʃatɔne] v. intr. ⟨1⟩ – 1530 ◊ de 2 *chaton* ■ RARE Mettre bas, en parlant d'une chatte.

CHATOUILLE [ʃatuj] n. f. – 1787 ◊ de *chatouiller* ■ Action de chatouiller (➤ **chatouillement**). *Faire des chatouilles à qqn. Ne pas craindre les chatouilles.* ➤ **papouille.**

CHATOUILLEMENT [ʃatujmɑ̃] n. m. – 1580 ; *catouillement* XIIIe ◊ de *chatouiller* ■ **1** Action de chatouiller (➤ **chatouille**) ; résultat de cette action. ➤ **chatouillis, titillation.** *Craindre, redouter le chatouillement* (➤ **chatouilleux**). ■ **2** PAR EXT. Léger picotement. *Éprouver un chatouillement dans la gorge. Chatouillement énervant, désagréable.* ➤ **démangeaison, picotement, prurit.**

CHATOUILLER [ʃatuje] v. tr. ⟨1⟩ – fin XIIIe ◊ p.-ê. de 1 *chat,* ou du néerlandais *katelen* ■ **1** Produire sur (qqn), par des attouchements légers et répétés de la peau, des sensations agréables ou pénibles qui provoquent un rire convulsif. *Chatouiller qqn dans le cou. Je te défends de me chatouiller !* PRONOM. RÉCIPR. *Enfants qui se chatouillent.* — IRON. Frapper. *Chatouiller les côtes à qqn.* — SPÉCIALT Faire des caresses érotiques légères à. p. p. adj. *Des rires de filles chatouillées.* ■ **2** PAR EXT. Faire subir un léger picotement à (qqn). ➤ **picoter.** *«Je sens une espèce de démangeaison ici. Ça me chatouille, ou plutôt, ça me gratouille»* ROMAINS. ■ **3** Exciter doucement (les sens) par des impressions agréables. ➤ **piquer.** *Chatouiller l'épiderme*. Vin qui chatouille le palais.* ➤ **flatter, titiller.** *Ce parfum chatouille l'odorat.* — FIG. Exciter doucement par un sentiment, une émotion agréable. ➤ **émouvoir,** 1 **toucher.** *Chatouiller qqn à l'endroit sensible,* lui faire plaisir. ➤ **plaire.** *Chatouiller l'amour-propre de qqn.* ➤ **flatter.** *«n'êtes-vous point chatouillé de l'envie d'assister à la toilette d'une fille d'Opéra ?»* FRANCE. ■ CONTR. Calmer. Déplaire.

CHATOUILLEUX, EUSE [ʃatujø, øz] adj. – *catoilleux* 1361 ◊ de *chatouiller* ■ **1** Qui est sensible au chatouillement. *Je ne suis pas chatouilleux. Avoir l'épiderme* chatouilleux.* — SPÉCIALT *Cheval chatouilleux,* sensible à la cravache, à l'éperon. ■ **2** FIG. Qui se fâche aisément ; qui réagit vivement. ➤ **irritable, ombrageux, susceptible.** *Il est très chatouilleux sur le sujet.* PAR EXT. *Amour-propre, caractère chatouilleux. Une susceptibilité chatouilleuse.*

CHATOUILLIS [ʃatuji] n. m. – 1891 ◊ de *chatouiller* ■ Petit chatouillement. ➤ **chatouille.**

CHATOYANT, ANTE [ʃatwajɑ̃, ɑ̃t] adj. – v. 1760 ◊ de *chatoyer* ■ Qui chatoie, a des reflets changeants. ➤ 1 **brillant, miroitant, moiré.** *Étoffe, pierre précieuse chatoyante. Plumage chatoyant.* ♦ FIG. *Style chatoyant,* coloré et imagé.

CHATOYER [ʃatwaje] v. intr. ⟨8⟩ – 1742 ◊ de 1 *chat,* d'après les reflets des yeux du chat ■ Changer de couleur, avoir des reflets différents suivant le jeu de la lumière. ➤ **briller*, miroiter.** *Des pierres précieuses, des étoffes qui chatoient.* ➤ **rutiler.** *«Aux lueurs colorées que laissent filtrer les vitraux, toute cette magnificence de conte oriental chatoie, miroite, étincelle»* LOTI.

CHÂTRER [ʃɑtʀe] v. tr. ⟨1⟩ – *chastrer* 1121 ◊ latin *castrare* → castrer ■ **1** Rendre (un mâle) impropre à la reproduction en lui mutilant les testicules. ➤ **castrer ; émasculer.** *Châtrer un taureau, un bélier, un cheval.* — PAR EXT. Rendre impropre à la reproduction (un mâle, une femelle). *Faire châtrer une chatte.* ♦ p. p. adj. *Cheval châtré* (➤ **hongre**). *Coq châtré* (➤ **chapon**). *Chat châtré.* ➤ 2 **coupé.** — *Homme châtré.* ➤ **castrat.** SUBST. *Une voix de châtré,* aiguë. ■ **2** FIG. *Châtrer un livre, un ouvrage littéraire,* le mutiler en retranchant certains passages. ➤ **charcuter, expurger.** ■ **3** HORTIC. *Châtrer un fraisier, un melon :* enlever les stolons, les fleurs.

CHATTE ➤ 1 **CHAT**

CHATTEMITE [ʃatmit] n. f. – *chatemite* 1295 ◊ de 1 *chat* et *mite* «chatte» → minet ■ VIEILLI Personne qui affecte des manières douces et modestes pour tromper son entourage. *Faire la chattemite.*

CHATTER ou **TCHATTER** [tʃate] v. intr. ⟨1⟩ – 1998 *chatter* ◊ de 2 *chat* ■ Participer, prendre part à un chat. ➤ RÉGION. **clavarder.** *«on s'est mis à tchatter en direct»* C. LAURENS.

CHATTERIE [ʃatʀi] n. f. – 1845 ; «ruse» 1558 ◊ de 1*chat* **A.** ▪ **1** Caresse, câlinerie doucereuse. ➤ **cajolerie.** *Faire des chatteries à qqn. «Il n'était point d'attentions, de délicatesses, de chatteries qu'elle n'eût pour son mari»* MAUPASSANT. ▪ **2** AU PLUR. Choses délicates à manger. ➤ **friandise, gâterie.** *Aimer les chatteries.*
B. Élevage de chats. *Acheter un chaton dans une chatterie.*

CHATTERTON [ʃatɛʀtɔn] n. m. – 1882 ; en appos. 1870 ◊ du nom de l'inventeur ▪ ANGLIC. Ruban isolant et adhésif (gutta-percha). *Recouvrir un fil électrique de chatterton.*

CHATTEUR, EUSE ou **TCHATTEUR, EUSE** [tʃatœʀ, øz] n. – 1998 *chatteur* ◊ de 2*chat* ▪ Internaute qui prend part à un chat.

CHAT-TIGRE [ʃatigʀ] n. m. – 1686 ◊ de 1*chat* et *tigre* ▪ Chat sauvage de grande taille. ➤ **margay, ocelot, serval.** *Des chats-tigres.*

CHAUD, CHAUDE [ʃo, ʃod] adj. et n. m. – fin XIe ◊ du latin *calidus* «chaud» et figuré «emporté», «téméraire», famille de *calere* → chaloir
I ~ adj. **A.** (SENSATION PHYSIQUE DE CHALEUR) ▪ **1** (Opposé à *froid, frais*) Qui est à une température plus élevée que celle du corps ; dont la chaleur* donne une sensation particulière (agréable, ou douloureuse : brûlure). *Eau chaude. Prendre un bain chaud. À peine chaud* (➤ **tiède**), *très, trop chaud* (➤ **bouillant, brûlant**). *Attention, c'est chaud !* LOC. *Chaud devant ! Rendre chaud.* ➤ **chauffer, réchauffer.** *Le radiateur est chaud. Repasser avec un fer chaud. Bouche d'air chaud. — Soupe chaude. Boisson chaude. Un chocolat chaud. Plats chauds. Repas chaud,* comportant des plats chauds. — adv. *Servir chaud. Buvez chaud. Chaud les marrons !* — (Atmosphère, temps) *Climat très chaud* (➤ **torride**), *chaud et humide* (➤ **tropical**). *La saison chaude :* l'été. *«Ces jours-là furent, à Florence, les plus chauds de l'année»* DURAS. ◆ Qui réchauffe ou garde la chaleur. *Le soleil n'est pas très chaud. Mettre des vêtements chauds.* ◆ (fin XIIIe) (D'une personne ou d'une partie du corps) Qui donne une sensation de chaleur. *Se sentir le front chaud.* ➤ **fiévreux.** *Cet enfant est chaud.* ▪ **2** (fin XIIe) (Opposé à *froid, refroidi*) Qui a gardé la chaleur naturelle ou transmise. *Le moteur, le lit est encore chaud. Mange tant que c'est chaud ! Avoir, tenir les pieds chauds. Le corps de la victime est encore chaud.* FAM. *Elle est chaude comme une caille*. — Battre* le fer pendant qu'il est chaud.* FIG. (milieu XIIIe) *Je vous apporte la nouvelle toute chaude,* toute récente. ▪ **3** *Animaux à sang chaud,* homéothermes. ▪ **4** LOC. FIG. *Pleurer à chaudes larmes*. Faire des gorges* chaudes. Jouer à la main* chaude.* ▪ **5** NUCL. Qui est fortement radioactif et nécessite une protection particulière. *Produits chauds. Cellule chaude.*
B. QUALIFIANT DES SENTIMENTS, DES SENSATIONS OU DES ACTIONS ▪ **1** (fin XIIIe) Qui est ardent, sensuel. *Un tempérament chaud. Avoir le sang chaud. «Comme tu sais, notre sang est chaud. On ne peut pas toujours se contrôler»* BEN JELLOUN. *Quartier chaud :* quartier de prostitution. *Ce film comporte certaines scènes un peu chaudes.* ➤ **érotique,** ANGLIC. **hot.** — *Un chaud lapin*.* ▪ **2** Qui a de la passion, de l'ardeur. *Avoir la tête chaude :* s'emporter facilement. — SPÉCIALT Qui met de l'animation, de la passion dans ce qu'il fait. ➤ **ardent, chaleureux, empressé, enthousiaste, fervent, passionné, zélé** (cf. Tout feu* tout flamme). *De chauds admirateurs. Il n'est pas très chaud pour cette affaire.* ➤ FAM. **emballé.** *Un chaud partisan.* ➤ **décidé, déterminé.** FAM. PAR PLAIS. *Être chaud(-)bouillant, chaud comme la braise, comme une baraque à frites,* très enthousiaste ; très excité. ◆ Où il y a de l'animation, de la passion. *De chaudes félicitations. Une chaude discussion.* ➤ **animé, vif.** *La bataille fut chaude.* ➤ **âpre, dur, sanglant.** *Le match sera chaud. Chaude alerte.* — (1967) *Guerre* chaude* (opposé à *guerre froide*). *Points* chauds. Des mois chauds, un printemps chaud,* marqués par une agitation politique et sociale. *«On disait que la rentrée serait chaude, chaude, chaude. Les étudiants s'agitaient. Les O. S. dételaient»* J. VAUTRIN. — FAM. *Ça devient chaud !,* dangereux, risqué. *«C'était peut-être un flic ou un dealer, ça pouvait devenir chaud»* É. CHERRIÈRE. *Un quartier chaud,* où règne une ambiance violente. — *C'est chaud !,* difficile, compliqué. *Ça va être chaud pour arriver à l'heure. — Un dossier chaud.* ➤ **brûlant, délicat, sensible.** ▪ **3** Qui exprime vivement et donne une impression de chaleur (FIG.), de passion. *Chaude éloquence,* entraînante. *Une voix chaude. — Le rouge, le jaune, couleurs chaudes. «un arsenal de tons chauds à l'usage des coloristes»* FLAUBERT.
II ~ n. m. ▪ **1** (fin XIe) (Employé avec *le froid*) *Le chaud :* la chaleur. *Craindre le chaud autant que le froid. Souffler le chaud et le froid :* imposer des conditions selon son caprice ; faire alterner la douceur et la menace. *«Nous soufflerons le chaud et le froid pour terroriser nos employés»* BEIGBEDER. — *Attraper un chaud et froid,* un refroidissement. ▪ **2** AU CHAUD : dans des conditions telles que la chaleur ne se perde pas. *Garder, tenir un plat au chaud. Être bien au chaud.* — FIG. et FAM. *Il garde de l'argent au chaud,* à l'abri et disponible. ▪ **3** Nominal (apr. un verbe) *Avoir chaud, très, trop chaud.* FAM. *On crève de chaud, ici !* FIG. *J'ai eu chaud :* j'ai eu peur. *Avoir eu chaud aux fesses*. — Il fait chaud, assez chaud. — Mon manteau tient chaud.* — FIG. (milieu XIIIe) *Ne faire ni chaud ni froid :* être indifférent (à qqn). *«Cette perspective ne me fait ni chaud ni froid»* MODIANO. ▪ **4** loc. adv. **À CHAUD :** en mettant au feu, en chauffant. *Étirer un métal à chaud. — Opérer à chaud,* en crise, pendant qu'il y a des phénomènes inflammatoires. — FIG. Au moment où l'évènement vient de se produire. *Régler un problème à chaud. «Il faut juger à froid et agir à chaud»* VALÉRY.
▪ CONTR. 1 Frais, 1 froid, gelé, glacé ; 2 calme, flegmatique, indifférent.
▪ HOM. Chaux, show.

CHAUDE [ʃod] n. f. – 1611 ; «attaque, assaut» XIIIe ◊ de *chaud* ▪ **1** Degré de cuisson, chaleur donnée à une substance (verre, métal). ▪ **2** (1823) RÉGION. Flambée pour se réchauffer. *Faire une petite chaude.*

CHAUDEAU [ʃodo] n. m. – fin XIIe ◊ de *chaud* et *eau* ▪ CUIS. OU RÉGION. Bouillon chaud. ◆ Lait chaud, sucré et aromatisé (versé sur des œufs, etc.).

CHAUDEMENT [ʃodmɑ̃] adv. – 1190 ◊ de *chaud* ▪ **1** De manière à conserver sa chaleur. *Être vêtu chaudement.* ▪ **2** Avec chaleur, animation. ➤ **ardemment, vivement.** *Acclamer, applaudir, féliciter chaudement.* ➤ **chaleureusement.** *Chaudement appuyé, recommandé.*

CHAUDE-PISSE [ʃodpis] n. f. – XIIIe ◊ de *chaud* et *pisse* ▪ FAM. Blennorragie. ➤ ARG. **chtouille.** *Des chaudes-pisses.*

CHAUD-FROID [ʃofʀwa] n. m. – 1808 ◊ de *chaud* et *froid* ▪ Mets que l'on prépare à chaud, avec de la volaille, du gibier, et que l'on mange froid, entouré de gelée ou de mayonnaise. *Des chauds-froids de poulet.*

CHAUDIÈRE [ʃodjɛʀ] n. f. – XIIe ◊ latin impérial *caldaria,* de *caldus* «chaud» ▪ **1** ANCIENNT Récipient métallique où l'on fait chauffer, bouillir ou cuire. ➤ **chaudron.** *Chaudière d'alambic.* ➤ **cucurbite.** ◆ (1820) RÉGION. (Canada) Seau. *Une chaudière en plastique.* ▪ **2** Récipient où l'on transforme de l'eau en vapeur, pour fournir de l'énergie thermique (chauffage) ou mécanique, électrique. *Chaudière de chauffage central ; de locomotive, de bateau à vapeur. La chaudière d'une centrale thermique, nucléaire. Chaudière à charbon, à gaz, à mazout.* ➤ RÉGION. **fournaise.** *Surface de chauffe* d'une chaudière. Pièces et appareils d'une chaudière :* bouilleur, brûleur, échangeur, 2 flotteur, foyer, injecteur, régulateur, reniflard, soupape, tube. *Fabrication de chaudières.* ➤ **chaudronnerie.** *Chauffeur* chargé d'une chaudière.*

CHAUDRÉE [ʃodʀe] n. f. – 1911 ◊ du sens de «part de pêche prélevée pour le compte des pêcheurs ou du patron» (1870), variante locale de *chaudiérée* «contenu d'une *chaudière*» → cotriade ▪ RÉGION. (côte charentaise) Soupe de poissons au vin blanc, préparée avec des pommes de terre.

CHAUDRON [ʃodʀɔ̃] n. m. – *chauderon* XIIe ◊ de *chaudière* ▪ **1** Récipient profond de métal, à anse mobile, qui va au feu. *«le chaudron de cuivre des confitures, où on raclait du bout des doigts l'écume des groseilles»* GRACQ. *Chaudron des sorcières.* — PAR EXT. Son contenu (ou *chaudronnée* n. f., 1474). *Un chaudron de soupe.* ▪ **2** RÉGION. (Canada) Casserole. ▪ **3** FIG. Mauvais instrument de musique (par allus. au son que rend un chaudron sur lequel on frappe). *Ce piano est un chaudron.* ➤ **casserole.** ▪ **4** TECHN. Haute genouillère évasée (de botte). *Des «bottes boueuses dont le chaudron lui montait à micuisses»* DRUON.

CHAUDRONNERIE [ʃodʀɔnʀi] n. f. – 1611 ◊ de *chaudron* ▪ **1** Industrie, commerce d'objets creux en métal. *Chaudronnerie-tuyauterie.* ➤ aussi **tôlerie.** ▪ **2** Marchandise fabriquée par le chaudronnier ; récipients métalliques, chaudières. *Chaudronnerie industrielle. Petite chaudronnerie :* objets réservés aux usages domestiques, ustensiles de cuisine. *Chaudronnerie d'art.* ➤ **dinanderie.** ▪ **3** Lieu où se fabrique, où se vend la chaudronnerie.

CHAUDRONNIER, IÈRE [ʃodʀɔnje, jɛʀ] n. et adj. – 1277 ◊ de *chaudron* ▪ **1** Artisan qui fabrique et vend des ustensiles de petite chaudronnerie. *Chaudronnier d'art.* ➤ **dinandier.** ◆ Ouvrier qui travaille les métaux et réalise des équipements pour l'industrie (chimique, pétrolière, agroalimentaire, nucléaire...). ▪ **2** adj. Qui concerne la chaudronnerie. *L'industrie chaudronnière.*

CHAUFFAGE [ʃofaʒ] **n. m.** – v. 1220 ◇ de *chauffer* ▪ **1** Action de chauffer ; production de chaleur. ➤ **chauffe.** *Désinfection par chauffage. Chauffage d'un appartement. Bois de chauffage. Appareils de chauffage.* ➤ **brasero, calorifère, chaudière, cheminée, convecteur,** 2 **poêle, radiateur, réchaud.** *Mettre, baisser, arrêter le chauffage* : faire fonctionner, arrêter un appareil de chauffage. — ABSOLT *Dépenses de chauffage. Avoir le chauffage* : être chauffé. ▪ **2** Manière de chauffer. *Un chauffage économique. Chauffage au bois, au charbon, au gaz, au mazout, par capteur solaire. Chauffage électrique. Chauffage par circulation d'air chaud, d'eau chaude, de vapeur* (➤ **thermosiphon**). **CHAUFFAGE CENTRAL,** par distribution dans un immeuble ou un ensemble d'immeubles de la chaleur provenant d'une source unique. *Chauffage urbain, collectif. Chauffage individuel. Chauffage d'appoint.* ➤ RÉGION. **chaufferette.** ▪ **3** PAR EXT. Les installations qui chauffent. *Le chauffage est détraqué.* ■ CONTR. Réfrigération, refroidissement.

CHAUFFAGISTE [ʃofaʒist] **n. m.** – v. 1960 ◇ de *chauffage* ▪ Spécialiste de l'installation, de la réparation ou du dépannage du chauffage central.

CHAUFFANT, ANTE [ʃofɑ̃, ɑ̃t] **adj.** – 1929 ◇ de *chauffer* ▪ Qui chauffe, produit de la chaleur. *Surface chauffante. Les plaques chauffantes d'une cuisinière électrique. Couverture chauffante.*

CHAUFFARD [ʃofaʀ] **n. m.** – 1897 ◇ de *chauff(eur)* et suffixe péj. *-ard* ▪ Mauvais conducteur. *Il s'est fait renverser par un chauffard. On a retiré son permis au chauffard. Va donc, eh, chauffard !* ■ HOM. poss. Schofar.

CHAUFFE [ʃof] **n. f.** – 1701 ; «bois, combustible» XIVe ◇ de *chauffer* ▪ **1** Lieu où brûle le combustible dans les fourneaux de fonderies, les chaudières de navires. *Porte de chauffe.* ▪ **2** TECHN. Fait de chauffer ; entretien du feu, de la pression d'une chaudière. *Système de chauffe, cycle de chauffe. Contrôle de chauffe. Conduire la chauffe.* ➤ **chauffeur.** — (1866) **SURFACE DE CHAUFFE :** partie d'une chaudière qui est en contact avec la flamme du foyer. *Les tubes de chaudière augmentent la surface de chauffe.* — **CHAMBRE DE CHAUFFE :** compartiment d'un bateau où se trouvaient les foyers des chaudières. ➤ **chaufferie.** — **BLEU DE CHAUFFE :** combinaison de chauffeur, de travailleur manuel. « *un employé municipal en bleu de chauffe* » ROBBE-GRILLET. — **BOIS DE CHAUFFE :** bois utilisé pour le chauffage. — *Coup de chauffe* : élévation de température qui ne dure pas ; FIG. accélération de rythme, d'activité, accroissement. — **TOUR DE CHAUFFE :** tour de circuit que les voitures effectuent avant le départ d'une course pour amener les pneus à température. FIG. Épreuve servant de test, avant une autre plus importante. *Élections primaires servant de tour de chauffe avant la présidentielle.*

CHAUFFE-ASSIETTE [ʃofasjɛt] **n. m.** – 1835 ◇ de *chauffer* et *assiette* ▪ Appareil pour chauffer les assiettes. *Des chauffe-assiettes électriques.* — On écrit aussi *un chauffe-assiettes* (inv.).

CHAUFFE-BAIN [ʃofbɛ̃] **n. m.** – 1889 ◇ de *chauffer* et *bain* ▪ Appareil qui produit de l'eau chaude, pour les usages d'hygiène. *Des chauffe-bains électriques.* ➤ **chauffe-eau.**

CHAUFFE-BIBERON [ʃofbibʀɔ̃] **n. m.** – 1926 ◇ de *chauffer* et *biberon* ▪ Appareil électrique servant à chauffer les biberons. *Des chauffe-biberons.*

CHAUFFE-EAU [ʃofo] **n. m.** – 1902 ◇ de *chauffer* et *eau* ▪ Appareil producteur d'eau chaude. ➤ RÉGION. **boiler.** *Des chauffe-eau* (inv.) ou *des chauffe-eaux. Chauffe-eau instantané, à accumulation. Chauffe-eau d'une salle de bains.* ➤ **chauffe-bain.** *Chauffe-eau électrique, à gaz, solaire.*

CHAUFFE-PLAT [ʃofpla] **n. m.** – 1890 ◇ de *chauffer* et *plat* ▪ Dessous de plat chauffé à l'alcool ou à l'électricité, pour garder les mets chauds sur la table. *Des chauffe-plats.*

CHAUFFER [ʃofe] **v.** ‹1› – milieu XIIe ◇ latin populaire °*calefare*, de *calefacere*

I **v. tr.** ▪ **1** Élever la température de ; rendre (plus) chaud. *Chauffer de l'eau à 100°* : faire bouillir. *Chauffer dans une étuve* (➤ **étuver**). *Chauffer un appartement, une maison. Chauffer trop fort.* ➤ **brûler, calciner,** 1 **griller, surchauffer.** *Chauffer un métal, du fer, au rouge, à blanc.* — FIG. « *Le ciel chauffé à blanc, s'étendait comme un miroir d'étain* » FROMENTIN. — SPÉCIALT Mettre en service. *Chauffer une chaudière, une locomotive.* ▪ **2** FIG. et FAM. *Chauffer qqn (à blanc),* l'exciter, attiser son zèle, le motiver. *Chauffer un candidat. L'orchestre chauffe la salle, l'ambiance.* ➤ **chauffeur** (de salle). « *Christian a voulu tenter sa chance avec elle (vu qu'elle le chauffait à parler tout le temps de la chose)* » M. DARRIEUSSECQ. ➤ **exciter.** — *Chauffer les oreilles**. ➤ **échauffer.** — Agacer, énerver. *Il commence à me chauffer, celui-là !*

II **v. intr.** ▪ **1** Devenir chaud. *Le four chauffe. Faire chauffer un four à vide.* ➤ **préchauffer.** *Faire chauffer de l'eau, un bain. Faire chauffer des aliments* (sans cuire). ➤ **réchauffer.** *Faites chauffer la colle** ! *Faire chauffer un moteur,* le faire tourner pour le rendre chaud. *La locomotive, le navire chauffe* : les feux sont allumés (cf. Sous pression*). ◆ (1906) S'échauffer à l'excès, dangereusement. *Le moteur, l'essieu, la roue chauffe.* ▪ **2** Produire de la chaleur. *Cet appareil chauffe bien. Le charbon chauffe mieux que le bois.* ▪ **3** FIG. et FAM. *Ça va chauffer,* devenir grave, sérieux. ➤ 2 **barder.** — *Une musique qui chauffe,* qui donne envie de bouger, de danser. ▪ **4** FIG. et FAM. *Faire chauffer sa carte de crédit,* s'en servir de manière intensive, dépenser beaucoup. « *Elle comprend le plaisir qu'il y a à faire chauffer une carte de crédit et à culpabiliser à mort dès qu'elle a refroidi* » GAVALDA.

III **SE CHAUFFER v. pron.** ▪ **1** S'exposer à la chaleur. *Se chauffer au soleil.* ▪ **2** Chauffer son habitation, son logement. *Se chauffer au fioul, à l'électricité.* ◆ *Montrer de quel bois** *on se chauffe.* ▪ **3** Se mettre en condition, en train. ➤ **s'échauffer.** ■ CONTR. Rafraîchir, refroidir.

CHAUFFERETTE [ʃofʀɛt] **n. f.** – fin XIVe ◇ de *chauffer* ▪ **1** Boîte à couvercle percé de trous, que l'on remplissait de braise, de cendre chaude, et que l'on mettait par terre pour se chauffer les pieds. ▪ **2** Petit réchaud de table. ➤ **chauffe-plat.** ▪ **3** (1931) (Canada) Radiateur électrique, chauffage d'appoint. ▪ **4** (1943) (Canada) Dispositif de chauffage (d'une automobile).

CHAUFFERIE [ʃofʀi] **n. f.** – 1873 ; «forge» 1723 ; 1334 «chauffage» ◇ de *chauffer* ▪ **1** Chambre de chauffe (d'une usine, d'un navire) où sont les chaudières. ▪ **2** Local d'un immeuble où se trouvent les chaudières de chauffage.

CHAUFFEUR, EUSE [ʃofœʀ, øz] **n.** – 1680 ◇ de *chauffer* ■ REM. Au féminin, on trouve plus rarement *chauffeure.*

I **n.** ▪ **1** Personne qui est chargée d'entretenir le feu d'une forge, d'une chaudière. « *Les chauffeurs allument les chaudières et font monter la pression* » P. DEVILLE. *Chauffeur de locomotive. Mécaniciens et chauffeurs.* ▪ **2** (1896) Conducteur, conductrice d'automobile. *Les chauffeurs du dimanche* : les mauvais conducteurs. ➤ **chauffard.** — Personne dont le métier est de conduire. *Chauffeur de camion* (➤ 2 **routier**). *Elle est chauffeuse d'autobus* (➤ **machiniste**). *Chauffeur de taxi**. *Chauffeur de maître. Louer une voiture avec chauffeur, sans chauffeur. Voiture* (ou *véhicule*) *de transport* (ou *tourisme*) *avec chauffeur.* ➤ 2 **VTC.** ▪ **3** *Chauffeur, chauffeuse de salle* : personne chargée de dynamiser l'ambiance d'une émission de télévision ou d'un meeting en invitant le public à se manifester.

II **n. m.** (v. 1800) ANCIENNT Brigand qui brûlait les pieds de ses victimes pour les faire parler.

CHAUFFEUSE [ʃoføz] **n. f.** – 1830 ◇ de *chauffer* ▪ Chaise basse, à l'origine pour se chauffer près du feu. — Fauteuil moderne, bas sans accoudoirs, très confortable. *Un canapé et des chauffeuses.*

CHAUFOUR [ʃofuʀ] **n. m.** – *cauffor* 1248 ◇ de *chaux* et *four* ■ ANCIENNT Four à chaux, où travaillaient les *chaufourniers.*

CHAULAGE [ʃolaʒ] **n. m.** – 1764 ◇ de *chauler* ▪ Action de chauler*. *Chaulage des terres.* ➤ **amendement.** *Chaulage des raisins, des arbres. Chaulage par immersion, par aspersion.* ◆ *Chaulage d'un mur, d'un plafond.*

CHAULER [ʃole] **v. tr.** ‹1› – XIVe var. *chauter, chauder* ◇ de *chaux* ▪ **1** AGRIC. Traiter par la chaux. *Chauler des terres* : répandre de la chaux en poudre pour les rendre poreuses et fertiles. ➤ **amender.** *Chauler des arbres,* les enduire de lait de chaux pour détruire les insectes. *Chauler des raisins,* les arroser de lait de chaux. ▪ **2** Enduire de chaux, blanchir à la chaux. *Chauler un mur.*

CHAULEUSE [ʃoløz] **n. f.** – 1929 ◇ de *chauler* ■ TECHN. Voiture à chauler les voies ferrées (désinfection).

CHAUMAGE [ʃomaʒ] **n. m.** – 1393 ◇ de *chaumer* ■ AGRIC. Action de chaumer. — PAR EXT. Temps où se fait cette opération. ■ HOM. Chômage.

CHAUME [ʃom] **n. m.** – XIIe ◇ latin *calamus* «tige de roseau» ▪ **1** Tige des céréales. ➤ **paille.** — SPÉCIALT Partie de la tige qui reste sur pied après la moisson. ➤ **éteule.** « *Les chaumes étaient durs et piquants, ils traversaient leurs espadrilles de corde, ils écorchaient leurs chevilles* » LE CLÉZIO. *Couper le chaume, les chaumes.* ➤ **chaumer.** *Enterrer le chaume.* ➤ **déchaumer.** *Brûler le chaume.* ➤ **écobuer.** ▪ **2** Champ où le chaume est encore sur pied. «*Des perdrix rouges qui voletaient dans les chaumes*» FLAUBERT. ▪ **3** Paille qui couvre le toit des maisons. ➤ **glui.** *Maison à toit de chaume.* ➤ **chaumière.** *Toit de chaume des propriétés belges.* — Toit à couverture de chaume. «*Les maisons des paysans coiffées d'un chaume poli par le temps*» MAUROIS. ▪ **4** BOT. Tige cylindrique des plantes graminées.

CHAUMER [ʃome] **v. tr.** ‹1› – 1338 ◇ de *chaume* ▪ AGRIC. Arracher, couper le chaume de (un champ) après la moisson. ➤ **déchaumer.** ABSOLT *Chaumer et écobuer.* ▪ HOM. Chômer.

CHAUMIÈRE [ʃomjɛʀ] **n. f.** – 1666 ◇ de *chaume* ▪ Petite maison rustique et pauvre couverte de chaume. *Chaumière du paysan, du bûcheron.* ➤ **cabane, chaumine.** POÉT. *L'humble toit d'une chaumière ; la chaumière et le palais.* — LOC. *Une chaumière et un cœur* : l'idéal d'une personne simple et sensible. *Ça fait pleurer dans les chaumières* : cela émeut les lecteurs (surtout à propos d'articles de presse). ◆ MOD. Maison d'agrément à toit de chaume.

CHAUMINE [ʃomin] **n. f.** – 1606 ; adj. XVe ◇ de *chaume* ▪ VIEILLI Petite chaumière.

CHAUSSANT, ANTE [ʃosɑ̃, ɑ̃t] **adj. et n. m.** – 1690 ◇ de *chausser*

I adj. COMM. Dont la fonction est de chausser. *Articles chaussants.* — Qui chausse bien, est joli au pied. *Ces mocassins sont très chaussants.*

II n. m. Façon dont une chaussure convient au pied. *Un chaussant large, étroit.*

CHAUSSE [ʃos] **n. f.** – v. 1150 *chauces* «jambières» ◇ latin populaire °*calcea*, de *calceus* «soulier» ▪ **1** Surtout au plur. VX Partie du vêtement masculin qui couvrait le corps depuis la ceinture jusqu'aux genoux (*haut-de-chausses,* au XVIe ➤ **culotte, grègues**) ou jusqu'aux pieds (*bas-de-chausses.* ➤ 2 **bas, guêtre, jambière**). *Une paire de chausses.* ▪ **2** TECHN. Entonnoir en étoffe. *Chausse à filtrer.* ➤ **chaussette.** ▪ **3** BLAS. Pièce honorable, chevron plein, retourné pointe en bas (opposé à *chape*).

CHAUSSÉE [ʃose] **n. f.** – *chaucie* fin XIIe ◇ latin populaire *(via)* °*calciata* «(voie) chaussée», de *calceare,* ou «pavée de chaux» ▪ **1** (XIIIe) Élévation de terre servant à retenir l'eau. ➤ **digue, levée, remblai,** 1 **talus.** *Chaussée d'étang. Chaussée de retenue.* ▪ **2** (1690) Levée de terre, talus servant de chemin. *Chaussée dans un marais, un marécage. Chaussée sur pilotis.* ▪ **3** Partie principale et médiane d'une voie publique. ➤ **route*,** 1 **rue.** *Chaussée et trottoirs ; chaussée et bas-côtés. Chaussée empierrée* (➤ **macadam**), *pavée, goudronnée. Bandes*, ralentisseurs d'une chaussée. Chaussée défoncée, bombée, déformée, glissante. Rouler, marcher sur la chaussée. Traverser la chaussée.* «*Ils occupaient la chaussée et les trottoirs, laissant à peine le passage aux voitures*» ROMAINS. — *Ponts* et chaussées.* ▪ **4** Long écueil sous-marin. *La chaussée de Sein.* — *La Chaussée des Géants* : colonnes basaltiques dont les sommets évoquent un pavement.

CHAUSSE-PIED [ʃospje] **n. m.** /CHAUSSEPIED/ – 1549 ◇ de *chausser* et *pied* ▪ Lame incurvée façonnée sur la forme du talon et dont on se sert pour faciliter l'entrée du pied dans la chaussure. ➤ **corne** (à chaussure). *Des chausse-pieds.*

CHAUSSER [ʃose] **v. tr.** ‹1› – 1552 ; *chaucier* 1080 ◇ latin *calceare,* de *calceus* «soulier» ▪ **1** Mettre (des chaussures) à ses pieds. *Chausser des pantoufles, des sandales, des bottes.* ➤ **enfiler.** ELLIPT *Chausser du 40* : porter des chaussures de cette pointure. — PAR ANAL. *Chausser des skis, des raquettes.* ◆ VIEILLI *Chausser des lunettes,* les ajuster sur son nez. ▪ **2** Mettre des chaussures à (qqn). *Il faut chausser cet enfant.* PRONOM. plus cour. *Se chausser avec un chausse-pied.* — **p. p. adj.** «*Ramuntcho cheminait, chaussé de semelles de cordes*» LOTI. *Mal habillé et mal chaussé.* ◆ Fournir en chaussures. PRONOM. *Je me chausse chez X* (➤ **bottier, chausseur**). — PROV. *Les cordonniers sont toujours les plus mal chaussés* : on manque souvent des choses que l'on pourrait avoir avec le plus de facilité. ▪ **3** INTRANS. Aller bien ou mal (en parlant de la chaussure). *Ce soulier (vous) chausse bien,* va bien. ▪ **4** Entourer de terre le pied de (une plante). *Chausser un arbre.* ➤ **butter.** ▪ **5** Garnir de pneus (une voiture). *Faire chausser sa voiture de pneus neufs.* ▪ CONTR. Déchausser.

CHAUSSE-TRAPE [ʃostʀap] **n. f.** /CHAUSSETRAPPE/ – *kauketrepe* fin XIIIe ; bot. «chardon» fin XIIe ◇ de l'ancien français *chauchier* «fouler» (latin *calcare*) et *treper* → trépigner ▪ **1** ANCIENNT Engin de guerre, à quatre pointes appelées autrefois *chardons.* ◆ (v. 1340) Trou recouvert, cachant un piège. ➤ **piège.** *Prendre des bêtes sauvages dans des chausse-trapes.* ▪ **2** FIG. et MOD. Piège, embûche tendue à qqn. *Dictée pleine de chausse-trapes.* — La variante fréquente *chausse-trappe* est formée par analogie avec *trappe* «piège», bien que ce mot n'appartienne pas à la famille de *trappe.*

CHAUSSETTE [ʃosɛt] **n. f.** – *chalcete* fin XIIe ◇ de *chausse* ▪ **1** VX Bas court (d'homme ou de femme). ➤ 2 **bas, mi-bas.** ▪ **2** MOD. Vêtement de maille qui couvre le pied et le bas de la jambe. *Chaussettes de laine, de fil, de nylon. Chaussettes hautes* (jusqu'au genou). *Chaussettes courtes.* ➤ **socquette.** — *Chaussettes russes* : bandes de tissu enveloppant les pieds. — FAM. *Chaussettes à clous* : souliers ferrés. — APPOS. INV. *Pull* chaussette.* — LOC. *Laisser tomber qqn comme une vieille chaussette,* comme une chose sans importance. *Retourner qqn comme une vieille chaussette,* lui faire facilement changer d'avis. — FIG. *Dans les chaussettes* : au plus bas (cf. En berne). *Avoir le moral, la libido dans les chaussettes.* ▪ **3** Large cône ou tube souple. TECHN. *Chaussette d'évacuation,* pour évacuer les gens en cas d'incendie. — COUR. Filtre à café en tissu. — LOC. FAM. *Jus de chaussette* : mauvais café très léger.

CHAUSSEUR [ʃosœʀ] **n. m.** – 1883 ◇ de *chausser* ▪ Personne qui fabrique ou vend des chaussures ; SPÉCIALT qui fournit qqn en chaussures. ➤ **bottier.**

CHAUSSON [ʃosɔ̃] **n. m.** – *chauçon* «chaussette» milieu XIIe ◇ de *chausse* ▪ **1** Chaussure d'intérieur souple, légère et chaude. ➤ **pantoufle, savate.** *Chaussons molletonnés.* ➤ **charentaise.** (VIEILLI) *Chaussons de lisière. Point de chausson* : point de couture en ligne brisée pour assembler ou orner. — Chaussure tricotée pour nouveau-né. ◆ SPÉCIALT (XVIIe) Chaussure souple employée pour certains exercices. ➤ **espadrille.** *Chausson d'escrimeur. Chausson de danse.* ➤ **demi-pointe, pointe.** *Chausson de gymnastique.* ➤ **rythmique.** *Chaussons d'escalade.* ▪ **2** (1783) Pâtisserie formée d'un rond de pâte feuilletée replié et farci ou fourré. *Chausson aux pommes.* ➤ aussi RÉGION. **gosette.** — *Chausson à la viande.* ➤ 1 **rissole.** *Pizza en forme de chausson.* ➤ **calzone.**

CHAUSSONNIER [ʃosɔnje] **n. m.** – 1841 ◇ de *chausson* ▪ TECHN. Fabricant de chaussons, de pantoufles.

CHAUSSURE [ʃosyʀ] **n. f.** – *chauceüre* fin XIIe ◇ de *chausser* ▪ **1** RARE (sens large) Partie du vêtement qui entoure et protège le pied. ➤ **babouche,** 2 **botte, bottillon, chausson, cothurne, espadrille,** 1 **galoche,** 2 **mule, pantoufle, patin, sabot, sandale, savate, socque.** «*Il faut juger des femmes depuis la chaussure jusqu'à la coiffure*» LA BRUYÈRE. ▪ **2** COUR. Chacun des deux objets fabriqués protégeant le pied, à semelle résistante, et qui couvre le pied sans monter plus haut que la cheville. ➤ **soulier ;** FAM. ou POP. **croquenot, godasse, godillot, grolle,** 2 **pompe, tatane.** *Chaussure montante.* ➤ **boots, bottine, brodequin,** 2 **ranger.** *Chaussure basse lacée.* ➤ **derby, richelieu ;** RÉGION. **molière.** *Chaussure à bride.* ➤ **baby, salomé.** *Chaussure plate.* ➤ **ballerine, cycliste, mocassin.** *Chaussures à talons hauts.* ➤ **escarpin, stiletto.** *Chaussures à plateforme*. Chaussures habillées. Chaussures de ville. Chaussures de cuir, de daim. Chaussures vernies. Chaussures de sport* (➤ **basket, running, tennis**), *de montagne* (➤ **pataugas**). *Chaussures de sécurité, chaussures coquées. Grosses chaussures.* ➤ FAM. **écrase-merde.** *Chaussures de ski. Chaussures à semelle de cuir, de crêpe ; chaussure cloutée, à crampons. Taille d'une chaussure.* ➤ **pointure.** *Fabricant, marchand de chaussures.* ➤ **bottier, chausseur.** *Parties d'une chaussure.* ➤ **bout, carre,** 1 **claque, contrefort, empeigne, languette, œillet, quartier, semelle, talon, tige, tirant, trépointe.** *Briser* des chaussures neuves. Chaussures usées, éculées, percées. Faire ressemeler des chaussures* (➤ **cordonnier**). *Cirer des chaussures.* — *Mettre, enlever ses chaussures* (➤ **chausser, se déchausser**). — LOC. FIG. *Trouver chaussure à son pied* : trouver, rencontrer ce qui convient ; SPÉCIALT une femme, un mari. ▪ **3** Industrie, commerce des chaussures. *Les ouvriers de la chaussure.*

CHAUT ➤ **CHALOIR**

CHAUVE [ʃov] **adj.** – *chauve* adj. fém. v. 1180 ◇ latin *calvus* ▪ Qui n'a plus ou presque plus de cheveux. ➤ **dégarni, déplumé.** *Crâne, tête chauve* (cf. Boule* de billard). *Qui rend chauve.* ➤ **décalvant.** *Être, devenir chauve par alopécie, pelade, chimiothérapie* (➤ **calvitie**). — LOC. FAM. *Il est chauve comme un œuf, comme une bille, comme un genou* (cf. N'avoir plus un poil sur le caillou*). — SUBST. *Un chauve* (rare au fém.).

CHAUVE-SOURIS [ʃovsuʀi] **n. f.** /CHAUVESOURIS/ – fin XIIe ◇ bas latin *calvas sorices* «souris chauve», altération de *cawa sorix* «souris chouette» ▪ **1** Mammifère volant *(chiroptères)* à l'aide d'une membrane tendue entre les extrémités de ses membres. ➤ **noctule, pipistrelle, rhinolophe, roussette, vampire, vespertilion.** *Chauve-souris bouledogue.* ➤ **oreillard.** *Les chauves-souris sont insectivores ou frugivores.* «*Une chauve-souris vint, de son battement d'ailes précipité et mou, frôler les cheveux de Mme de Fontanin*» MARTIN DU GARD. — PAR APPOS. *Manche chauve-souris* : manche longue à très large emmanchure. *Robe à manches chauves-souris.* ▪ **2** MAR. Ferrure la plus élevée d'un gouvernail, s'étendant en forme d'ailes le long de l'étambot.

CHAUVIN, INE [ʃovɛ̃, in] **adj.** et **n.** – 1843 ◊ de *N. Chauvin*, type du soldat enthousiaste et naïf de l'Empire ■ **1** VIEILLI Qui a ou manifeste un patriotisme fanatique et belliqueux. ➤ **cocardier, patriotard.** ■ **2** PAR EXT. Qui manifeste une admiration outrée, partiale et exclusive pour son pays ; nationaliste et xénophobe. *Un Français chauvin.* ➤ **franchouillard.** — **n.** *C'est un chauvin.* ■ CONTR. Impartial.

CHAUVINISME [ʃovinism] **n. m.** – 1832 ◊ de *chauvin* ■ Caractère de ce qui est chauvin ; nationalisme, patriotisme agressif et exclusif. *« Leur patriotisme (dont la caricature s'appela chauvinisme) s'exprimait par une attitude belliqueuse »* SEIGNOBOS. — *Chauvinisme des spectateurs d'une rencontre sportive.*

CHAUVIR [ʃoviʀ] **v. intr.** ‹16 ; sauf aux pers. du sing. du prés. de l'indic. et de l'impér. : 2› – XIIIe, « faire la chouette » ◊ probablt du latin *cavannus* « chouette » ■ *Chauvir des oreilles*, les dresser, en parlant de l'âne, du mulet, du cheval. *Il chauvit, ils chauvent des oreilles.*

CHAUX [ʃo] **n. f.** – 1155 ◊ latin *calx, calcis* « pierre » ■ **1** Oxyde de calcium (CaO) ; matière qui en contient. *Chaux vive* : oxyde de calcium pur, obtenu par calcination des *pierres à chaux*. *Chaux éteinte* : hydroxyde de calcium $Ca(OH)_2$, obtenu par l'action de l'eau sur la chaux vive. *Chaux maigre* : chaux vive impure, qui n'augmente pas de volume par action de l'eau. *Chaux hydraulique*, qui contient 5 à 20% d'argile et durcit sous l'eau. *Eau de chaux* : solution saturée d'hydroxyde de calcium. — *Blanc de chaux* : enduit composé de chaux éteinte étendue d'eau, utilisé dans le traitement des peaux (lors du chamoisage par ex.), en agriculture (➤ **chaulage**), dans le blanchiment des murs. *Lait de chaux* : chaux éteinte délayée dans l'eau, servant de badigeon (➤ **chauler**). — *Four à chaux*, pour la fabrication de la chaux vive. ➤ **chaufour.** *Pierre à chaux* : roche calcaire qui donne la chaux vive par calcination. — *Mélange de chaux et de sable.* ➤ **crépi, mortier.** *« Le mur du jardin était crépi à chaux et à sable »* SAND. — LOC. *Bâtir à chaux et à sable*, très solidement. *Être bâti à chaux et à sable* : être d'une constitution robuste. ■ **2** VX Calcium. *Sels de chaux. Sulfate, hydrate de chaux.* ➤ **gypse.** ■ HOM. Chaud, show.

CHAVIREMENT [ʃaviʀmɑ̃] **n. m.** – 1846 ◊ de *chavirer* ■ Fait de chavirer. ➤ **dessalage.** — On dit aussi **CHAVIRAGE**, 1839. ◆ FIG. *« Ce grand chavirement de toutes les valeurs »* GIDE.

CHAVIRER [ʃaviʀe] **v.** ‹1› – 1687 ◊ occitan *cap virar* « tourner la tête (en bas) »

I v. intr. ■ **1** En parlant d'un navire, Se retourner sur lui-même par suite d'une inclinaison excessive (due à l'action d'une vague, du vent ou d'un déplacement de l'équipage). ➤ **basculer, dessaler, se renverser.** *Le bateau a chaviré mais n'a pas coulé.* ■ **2** Se renverser. *Ses yeux chavirèrent.* ➤ **se révulser.** *« Épouvante ! Le paysage chavire »* MARTIN DU GARD. ➤ **chanceler, vaciller.** ■ **3** FIG. S'abîmer, sombrer. *« Ainsi les nations les plus grandes chavirent ! »* HUGO.

II v. tr. ■ **1** Faire chavirer. *Chavirer un navire pour le réparer.* ➤ **cabaner.** PAR EXT. ➤ **bousculer, renverser.** *Des matelots « entrèrent, chavirant les chaises »* LOTI. ■ **2** FIG. Émouvoir fortement. ➤ **bouleverser, retourner.** FAM. *Ça me chavire.* — **p. p. adj.** plus cour. *J'en suis encore tout chaviré.*

CHAYOTE [ʃajɔt] **n. f.** – 1816 ◊ du nahuatl *chayutli*, par l'espagnol *chayote* (milieu XVIIIe) ■ Plante grimpante vivace *(cucurbitacées)* originaire du Mexique, cultivée pour son fruit en forme de grosse poire à peau vert clair ou blanche présentant des sillons ; cette courge. ➤ RÉGION. 2 **chouchou, christophine.** — On écrit aussi *chayotte*.

CHEAP [tʃip] **adj.** – 1979 ◊ mot anglais « bon marché » ■ ANGLIC. FAM. Qui est bon marché et d'une qualité douteuse, donnant une impression de mesquinerie. ➤ **ordinaire.** *Ça fait cheap.* *« Ça pue le parfum cheap, la sueur et la fumée »* V.-L. BEAULIEU. *Des cadeaux cheaps* ou *cheap* (inv.).

CHEB, CHEBA [ʃɛb, ʃeba] **adj.** et **n.** – 1984 ◊ de l'arabe ■ (Maghreb) ■ **1** Jeune. *Il y a beaucoup de chebs en Algérie.* ■ **2 n.** Jeune interprète de raï. REM. Souvent employé sans article, devant le nom. *Cheb Mami, Cheba Zohra.* — On relève aussi les variantes *chab, chaba*.

CHÉBEC [ʃebɛk] **n. m.** – 1758 ◊ italien *sciabecco*, arabe *chabbâk* ■ MAR. Ancien petit trois-mâts de la Méditerranée à voiles et à rames. *« Les étranges chébecs aux formes d'une élégance orientale »* VALÉRY.

CHÈCHE [ʃɛʃ] **n. m.** – 1868 ◊ arabe *sas* ; du n. ancien de la ville de Tachkent, où l'on fabriquait des bonnets ■ Longue écharpe de coton qui peut servir de coiffure (➤ **turban**), au Maghreb. *« On appelle chèches des écharpes arabes dont on peut faire tout ce qu'on veut »* MONTHERLANT.

CHÉCHIA [ʃeʃja] **n. f.** – *chachie* 1575 ; repris 1845 ◊ arabe *châchîya*, de *sas* → chèche ■ Coiffure en forme de calotte, dans certains pays d'islam. ➤ **fez.** *Chéchia de tirailleur, de zouave. Des chéchias rouges.*

CHECK [tʃɛk] **n. m.** – début XXIe ◊ mot anglais « contrôle » ■ ANGLIC. Geste par lequel on touche avec le poing fermé celui de qqn, pour se saluer amicalement, SPÉCIALT entre jeunes. *Des checks.* ■ HOM. Tchèque.

CHECK-LIST [(t)ʃɛklist] **n. f.** /CHECKLIST/ – 1953 ◊ mot anglais, de *to check* « vérifier » ■ ANGLIC. Liste d'opérations successives destinée à vérifier sans omission le bon fonctionnement de tous les équipements vitaux d'un avion, d'un engin avant son départ. *Des check-lists.* Recomm. offic. *liste de vérification*.

CHECK-POINT [(t)ʃɛkpɔjnt] **n. m.** /CHECKPOINT/ – 1961 ◊ anglais *check point* « point de contrôle » ■ ANGLIC. Poste de contrôle (recomm. offic.), entre des territoires occupés par des forces adverses. *Une ville « coupée de la province par nombre de check-points »* ECHENOZ. — HIST. *Le check-point Charlie*, entre Berlin-Ouest et Berlin-Est.

CHECK-UP [(t)ʃɛkœp] **n. m. inv.** /CHECKUP **n. m.**/ – v. 1960 ◊ mot anglais « vérification complète », de *to check* « vérifier » ■ ANGLIC. Examen systématique de l'état de santé d'une personne (équiv. fr. : bilan* de santé). — Examen d'une situation pour en tirer un bilan. ➤ **audit.** *Un check-up des connaissances. Des check-up.*

CHEDDAR [ʃedaʀ] **n. m.** – 1895 ◊ mot anglais, n. d'un village ■ Fromage anglais de lait de vache, à pâte pressée non cuite, blanc-jaune de chair et de croûte. *Des cheddars. Spécialité au cheddar.* ➤ **welsh.**

CHEDDITE [ʃedit] **n. f.** – 1908 ◊ du nom de *Chedde*, village de Haute-Savoie ■ TECHN. Explosif à base de chlorate (de potassium, de sodium) et d'un dérivé nitré du toluène (dinitrotoluène).

CHEESEBURGER [(t)ʃizbœʀgœʀ ; tʃizbuʀgœʀ] **n. m.** – 1972 ◊ mot anglais de *cheese* « fromage » et *(ham)burger* ■ ANGLIC. Hamburger* au fromage. *Des cheeseburgers doubles.*

CHEESE-CAKE [(t)ʃizkɛk] **n. m.** /CHEESECAKE/ – 1979 ◊ mot anglais « gâteau au fromage » ■ ANGLIC. Gâteau à base de fromage blanc. *Des cheese-cakes.*

CHEF [ʃɛf] **n.** – début Xe ◊ du latin *caput*, également à l'origine de *cap*, par l'intermédiaire de l'occitan. *Chef* a coexisté comme synonyme de *tête* jusqu'au XVIe s.

I n. m. CE QUI EST ESSENTIEL ■ **1** VX Tête (➤ **couvre-chef**). *Branler du chef.* — BLAS. Pièce honorable qui est en haut de l'écu. ■ **2** (1643) **DE SON CHEF** : de sa propre initiative, de soi-même. ➤ **autorité.** *Faire qqch. de son propre chef.* ■ **3** Élément distinct d'une action en justice, groupé avec d'autres dans une même procédure. *Statuer sur chacun des chefs d'une demande. Il y a deux chefs de prévention* (ANCIENNT *d'accusation*). *Chef d'inculpation. M. X, poursuivi du chef de fraude fiscale.* — LOC. **AU PREMIER CHEF** : essentiellement. *Il importe, au premier chef, que* : il est essentiel, capital que.

II PERSONNE — REM. En Suisse, le féminin *cheffe* est courant. ■ **1** (fin XIIe) Personne qui est à la tête de (qqch.), qui dirige, commande, gouverne. ➤ **animateur, commandant, conducteur, directeur, dirigeant, entraîneur, fondateur, leader, maître, meneur, 1 patron, responsable ; porte-drapeau, porte-étendard ; -archie, -arque.** *La responsabilité du chef, des chefs. L'autorité, le pouvoir, les directives, les ordres du chef. La volonté du chef. Son chef hiérarchique.* ➤ **hiérarchie.** *Obéir, en référer à ses chefs.* ➤ **supérieur.** *« C'est la chef et cela se voit à la terreur qu'elle inspire, au respect qu'elle suscite »* BEYALA. — LOC. FAM. **PETIT CHEF** : personne qui possède une supériorité hiérarchique modeste et qui fait preuve d'une autorité prétentieuse. ➤ **chefaillon.** *Jouer au petit chef.* — PAR EXT. Personne qui sait se faire obéir. *Un tempérament de chef.* ■ **2 CHEF DE...** : personne qui dirige en titre. *Le, la chef de l'État.* ➤ **monarque, président ; empereur, prince, roi ; raïs.** *Des chefs d'État. Chef de cabinet d'un ministre. Chef de bureau, de service, d'établissement* (➤ **directeur**). *Chef de clinique*. Chef de rayon. Chef de tribu.* — *Chef d'entreprise, d'industrie.* ➤ **directeur, 1 patron, P. D. G.** *Chef d'équipe, de chantier.* ➤ **contremaître.** — *Chef de gare, de dépôt ; chef de train. La chef de station.* — *Chef de produit*. Chef de projet.* ■ **3** Dans un corps hiérarchisé militaire ou

paramilitaire, Personne qui commande. *Les soldats et leurs chefs.* ➤ **gradé, 2 officier ; 1 grade.** *Le généralissime, chef suprême des armées. Les grands chefs d'armées.* ➤ **2 général.** — LOC. *Chef d'état-major. Chef de bataillon, d'escadron :* commandant. *Chef de section :* lieutenant, sous-lieutenant ou adjudant. *Chef de pièce, de patrouille. Chef de musique.* MAR. *Chef mécanicien. Chef de quart, de timonerie, de nage.* — *Chef scout* (➤ aussi **cheftaine**). ▪ **4** Personne qui dirige, commande effectivement (sans que cela corresponde à un titre). ➤ **leader, meneur.** *Chef de bande, de gang.* ➤ aussi **parrain.** ◆ Personne que les autres suivent. *Chef d'école* (artistique, littéraire). ➤ **coryphée.** *Chef de file**. *Le chef d'une secte.* ➤ **gourou.** «*Elle était le cerveau et la chef du groupe, il s'inclinait devant sa puissance*» P. BRUCKNER. *Chef spirituel.* — **CHEF DE FAMILLE :** personne sur qui repose la responsabilité de la famille. «*Elle respectait les volontés de ce fils, de cet aîné qui avait presque rang de chef de famille*» LOTI. ▪ **5 CHEF D'ORCHESTRE :** personne qui dirige l'orchestre. — *Chef de chœur.* ▪ **6** (1740) CUIS. *Chef de cuisine, chef cuisinier, cuisinière* (cf. Maître-coq*, maître queux*). — (1836) ABSOLT *Un, une chef :* un cuisinier, une cuisinière. *Une chef étoilée. La terrine du chef.* — (APPELLATIF) *Chef, deux steaks saignants !* ◆ *La surprise du chef :* plat du chef ainsi dénommé, et qui peut surprendre le consommateur (souvent un dessert). LOC. FAM. Évènement très inattendu (plutôt agréable). «*Le cœur battant d'impatience, je dois attendre pour savoir qui monte mes trois étages et sonne à ma porte. C'est la surprise du chef*» TOURNIER. ▪ **7** (Élément de mots composés) *Adjudant*-chef, sergent*-chef, médecin-chef. Des gardiens-chefs.* — AVIAT. *Chef navigateur. Chef pilote.* — *Infirmière-chef.* — (APPELLATIF) *Oui, chef !* ▪ **8** FAM. Personne remarquable. ➤ **as, champion ;** FAM. **bête.** *C'est un chef.* — LOC. FAM. *Se débrouiller comme un chef,* très bien, très habilement. *Il* «*avait manœuvré comme un chef pour s'introduire sans risque dans le camp adverse*» E. CARRÈRE. ▪ **9 loc. adv. EN CHEF :** en qualité de chef ; en premier. *Ingénieur, rédacteur en chef. Général en chef.*
▪ CONTR. Inférieur, subalterne, subordonné ; second.

CHEFAILLON [ʃɛfajɔ̃] n. m. – 1987 ◊ de *chef* ▪ FAM. Responsable sans envergure, imbu de ses pouvoirs (cf. Petit chef*).

CHEF-D'ŒUVRE [ʃɛdœvʀ] n. m. – XIIIe ◊ de *chef* et *œuvre* ▪ **1** ANCIENNT Œuvre capitale et difficile qu'un artisan devait faire pour recevoir la maîtrise dans sa corporation. — MOD. La meilleure œuvre d'un auteur. *C'est son chef-d'œuvre.* ▪ **2** PAR EXT. Œuvre accomplie en son genre. ➤ **perfection.** *Un vrai petit chef-d'œuvre.* «*Le chef-d'œuvre littéraire de la France est peut-être sa prose abstraite*» VALÉRY. ▪ **3** FIG. Ce qui est parfait en son genre. ➤ **prodige.** *Accomplir, déployer des chefs-d'œuvre d'habileté, d'intelligence.* ▪ CONTR. Ébauche, navet.

CHEFFERIE [ʃɛfʀi] n. f. – 1845 ◊ de *chef* ▪ **1** ANCIENNT Circonscription territoriale du génie, des eaux et forêts. ➤ **arrondissement.** ▪ **2** Unité territoriale sur laquelle s'exerce l'autorité d'un chef traditionnel (en Afrique). ◆ Charge de chef traditionnel. «*la chefferie est héréditaire : elle ne se donne pas à l'école*» M. BETI.

CHEF-LIEU [ʃɛfljø] n. m. – 1752 ; «château principal» 1257 ◊ de *chef* et 1 *lieu* ▪ En France, Centre administratif d'une circonscription territoriale. *Chef-lieu de région. Chef-lieu de département.* ➤ **préfecture.** *Chef-lieu d'arrondissement, de canton. Des chefs-lieux.*

CHEFTAINE [ʃɛftɛn] n. f. – après 1916 ◊ anglais *chieftain,* ancien français *chevetain* «capitaine» ▪ Jeune fille, jeune femme responsable d'un groupe de jeunes scouts, de guides, ou d'éclaireuses.

CHEIK [ʃɛk ; ʃejx] n. m. – 1631 ; *esceque* 1298 ◊ arabe *chaikh* «vieillard ; chef ; prêtre» ▪ **1** Chez les Arabes, Homme respecté pour son âge et ses connaissances. ▪ **2** Chef de tribu, de village ou de région dans certains pays musulmans. ▪ **3** Chef religieux musulman. ▪ **4** (Maghreb) Chef d'orchestre. — On écrit aussi *cheikh* (1727), *sheikh.* ▪ HOM. Chèque.

CHEIRE [ʃɛʀ] n. f. – 1833 ; 1788 didact. en Auvergne ; région. 1427 ◊ mot du dialecte auvergnat, latin populaire °*carium* ▪ Coulée volcanique qui présente des inégalités (scories), en Auvergne. ▪ HOM. Chair, chaire, cher, chère.

CHÉIROPTÈRES ➤ **CHIROPTÈRES**

CHÉLATE [kelat] n. m. – 1939 ◊ d'un élément *chél-,* du grec *khêlê* «pince», et suffixe chimique *-ate,* probablt d'après l'anglais *chelate* (1920) ▪ CHIM. Complexe formé par une molécule organique (➤ **chélateur, ligand**) et un ion métallique fixé par au moins deux liaisons de coordination* à la manière d'une pince.

CHÉLATEUR [kelatœʀ] adj. m. et n. m. – milieu XXe ◊ de *chélate* ▪ CHIM. Se dit d'un corps ou d'un ion qui a la propriété d'entourer et de se lier fortement et de manière plus ou moins spécifique à un ion positif bivalent et trivalent (notamment métallique) avec lequel il forme un composé (➤ **chélate**) dans lequel l'atome central est lié aux atomes voisins par au moins deux liaisons en formant une structure annulaire. *Agent chélateur.* — n. m. *Fixation d'ions positifs par un chélateur* (processus de la *chélation*).

CHELEM [ʃlɛm] n. m. – 1784 ◊ anglais *slam* «écrasement» ▪ Réunion, dans la même main, de toutes les levées dans certains jeux de cartes. *Réussir le petit chelem,* toutes les levées moins une. *Un grand chelem.* — LOC. SPORT *Faire, réussir le grand chelem :* remporter une série déterminée de victoires (tennis [marque déposée], rugby) ; FIG. enchaîner les succès. — On écrit aussi *schelem.*

CHÉLICÈRE [kelisɛʀ] n. f. – 1846 ◊ latin moderne *chelicera,* grec *khêlê* «pince» et *keras* «corne» ▪ ZOOL. Appendice céphalique des arachnides et limules ; crochet (araignées) ou pince (scorpions).

CHÉLIDOINE [kelidwan] n. f. – v. 1260 ◊ latin *chelidonia,* grec *khelidonia,* de *khelidôn* «hirondelle» ▪ Plante *(papavéracées),* appelée aussi *grande éclaire,* herbacée, à fleurs jaunes, dont le suc laiteux passait pour guérir les verrues.

CHELLÉEN, ENNE [ʃeleɛ̃, ɛn] adj. et n. m. – 1882 ◊ de *Chelles,* localité de la région parisienne ▪ VIEILLI ➤ **abbevillien.**

CHÉLOÏDE [kelɔid] n. f. – 1817 ◊ du grec *khêlê* «pince» et *-oïde* ▪ PATHOL. Boursouflure fibreuse indurée et ramifiée, formée sur la peau au niveau d'une cicatrice.

CHÉLONIENS [kelɔnjɛ̃] n. m. pl. – 1799 ◊ grec *khelône* «tortue» ▪ *Les chéloniens :* ordre de reptiles dont le tronc est protégé par une carapace dorsale et un plastron ventral, comprenant les tortues terrestres et aquatiques. — Sing. *Un chélonien.*

CHELOU, E [ʃəlu] adj. – 1984 ◊ verlan de 1 *louche* ▪ FAM. Suspect, douteux ; bizarre. ➤ **zarbi.** *Une affaire cheloue. Des types chelous.*

CHEMIN [ʃ(ə)mɛ̃] n. m. – fin XIe ◊ du latin populaire *camminus,* d'origine celtique

I PARCOURS **A.** VOIE DE COMMUNICATION ▪ **1** Voie qui permet d'aller d'un lieu à un autre (➤ **route, voie**) ; SPÉCIALT Bande déblayée assez étroite qui suit les accidents du terrain (opposé à *route, allée*). ➤ **piste, sente, sentier.** *Chemin montant* (➤ **côte, grimpette, montée, raidillon, rampe**), *descendant* (➤ **descente**). *Chemin sinueux, tortueux, en zigzag. Le chemin se sépare en deux.* ➤ **bifurcation, embranchement, fourche, patte-d'oie.** *Croisée de chemins.* ➤ **carrefour, étoile.** *Chemin de traverse.* — *Chemin creux,* enfoncé entre des parties plus hautes, dans les pays de bocage. ➤ RÉGION. **cavée.** *Chemin de terre**. *Chemin boueux, enneigé, ensablé. Les cailloux, les ornières, les fondrières, les cahots du chemin. Chemin carrossable. Chemin impraticable.* «*Ce chemin qui serpente est bon, et tout parfumé d'herbes sèches*» BOSCO. — *Percer, ouvrir, entretenir un chemin. Se frayer un chemin. Chemin vicinal, rural. Chemin de montagne. Chemin muletier. Chemin forestier.* ➤ **2 laie, 1 layon, lé.** *Chemin de grande randonnée.* ➤ **G. R.** VX *Grand chemin :* route. MOD. LOC. *Voleur* de grand(s) chemin(s). Être toujours sur les chemins* (cf. Par monts* et par vaux). — SPÉCIALT *Chemin de halage*. Chemin de ronde*.* ▪ **2** PAR ANAL *Chemin d'escalier :* bande de tapis disposée sur les marches. — *Chemin de table :* bande d'étoffe disposée sur une table. — TECHN. *Chemin de roulement :* mécanisme à roulement à billes. — INFORM. Chaîne de caractères identifiant la localisation d'un fichier dans un ordinateur.

B. LE FAIT DE SE DÉPLACER ▪ **1** (1498) Distance, espace à parcourir pour aller d'un lieu à un autre. ➤ **parcours, route, trajet.** *Un long chemin.* ➤ FAM. **tirée, trotte.** *La ligne droite est le plus court chemin d'un point à un autre. Faire, parcourir le chemin qui sépare deux villes. Faire le chemin d'une seule traite, par étapes. Ils ont fait la moitié du chemin ; ils sont à mi-chemin.* «*Accompagne mademoiselle un bout de chemin* [...]. *Ce serait gentil*» MODIANO. ▪ **2** (milieu XIIe) Direction, voie d'accès. *Prendre le chemin de* (➤ **direction**). «*Quel chemin a-t-il pris ? la porte ou la fenêtre ?*» RACINE. *Demander son chemin. Montrer, indiquer à qqn son chemin. Je passerai à la banque, c'est sur mon chemin. Se tromper de chemin, prendre le mauvais chemin.* ➤ **s'égarer,** se **perdre.** *Passer par un autre chemin.* ➤ **itinéraire.** ◆ LOC. *Le chemin des écoliers*.* — *Le chemin de la Croix*. Le chemin de Damas :* la route où saint Paul se convertit au christianisme. *Le chemin de saint Jacques* (de Compostelle) :

route de pèlerinage ; FIG. la Voie lactée. PROV. *Tous les chemins mènent à Rome* : il y a plusieurs chemins pour se rendre à un endroit ; FIG. il existe de nombreux moyens pour obtenir un résultat. ▪ **3** (1538) LOC. *Se mettre en chemin* : partir. *Poursuivre, passer son chemin* : continuer à marcher ; ne pas s'arrêter. ➤ **passer.** *Rebrousser* chemin.* — ABSOLT *Faire du chemin.* ➤ **avancer, marcher** (cf. Abattre des kilomètres). *Chemin faisant* : pendant le trajet. — **EN CHEMIN :** en cours de route. *Être en chemin. Ils l'ont rencontré en chemin.* ♦ Temps passé à cheminer. *Deux heures de chemin.* ▪ **4** (1643) SC. Trajectoire (d'un mobile). ➤ **course.** *Le chemin d'un projectile.* ➤ **trajectoire.** *Chemin optique* : trajet que parcourrait la lumière dans le vide pendant le temps qu'il lui faut pour parcourir une trajectoire dans un milieu matériel.

II **SENS FIGURÉS** (début XIVe) Conduite qu'il faut suivre pour arriver à un but. ➤ 2 **moyen, voie.** *Il n'arrivera pas à ses fins par ce chemin ; il n'en prend pas le chemin. Notre équipe est en bon chemin pour gagner. Le chemin de la gloire.* «*Nous ne prenons guère le chemin de nous rendre sages*» MOLIÈRE. *Ouvrir, tracer, montrer le chemin* : donner l'exemple. *Suivre le même chemin que qqn,* faire comme lui. *Barrer le chemin à qqn,* l'empêcher d'agir. ♦ LOC. *Aller son petit bonhomme* de chemin.* — *Ne pas y aller par quatre chemins* : agir franchement, sans ambages, sans détour (cf. Aller droit au but*). «*Je suis rond en affaires et je n'y vais pas par quatre chemins*» GIDE. — *S'arrêter en chemin,* avant d'avoir achevé ce que l'on a commencé. *Ne pas s'arrêter en si bon chemin* : continuer dans une direction qui jusque-là s'est avérée profitable. — *Être, rester dans le droit chemin* : se conduire d'une façon moralement irréprochable. «*J'ai remis une bonne vingtaine de millions de déviants dans le droit chemin*» M. DUGAIN. — *Faire du chemin. Il a fait du chemin, depuis dix ans.* ➤ **aboutir,** 1 **aller (loin), parvenir, progresser, réussir.** *Une idée qui a fait son chemin. Il y a encore du chemin à faire,* des progrès à réaliser. *Il fera son chemin* : il fera une belle carrière. — *Faire un bout de chemin ensemble* : partager la vie privée ou professionnelle de quelqu'un pendant un moment. ♦ **SUR (LE, SON) CHEMIN.** *Se mettre sur le chemin de qqn.* ➤ **déranger** (cf. Faire obstacle à). — *Se trouver sur le chemin de qqn.* «*Il ne faisait pas bon se trouver sur son chemin*» HAMILTON. *Trouver qqn, qqch. sur son chemin* : rencontrer un adversaire, un obstacle. ♦ LOC. SC. *Chemin critique* : l'un des ensembles d'opérations, de tâches successives dont la durée d'exécution, incompressible, apparaît comme un délai minimal pour l'exécution de la totalité d'un projet.

CHEMIN DE FER [ʃ(ə)mɛ̃d(ə)fɛʀ] **n. m.** – 1823, date de la mise en service du chemin de fer de Saint-Étienne à Andrézieux ; 1784 «bandes de fer empruntées par des voitures à chevaux» ◇ calque de l'anglais *railway* ▪ **1** VX Chemin formé par deux rails parallèles sur lesquels roulent les trains. ➤ **voie.** *Des chemins de fer.* ▪ **2** VIEILLI (sauf dans quelques expr.) Le moyen de transport utilisant la voie ferrée ; l'exploitation de ce moyen de transport (➤ **ferroviaire ; train***). *Voie de chemin de fer* (cf. Voie* ferrée). *Ligne de chemin de fer* (➤ **infrastructure, superstructure, voie ; aiguillage, aiguille, barrière, nœud, passage** [à niveau]). *Les ouvrages* d'art d'une ligne de chemin de fer. La signalisation du chemin de fer.* ➤ **balisage, bloc-système, crocodile, disque, sémaphore, signal.** *Chemin de fer à crémaillère. Chemin de fer de ceinture. Transport par chemin de fer* (➤ **ferroutage**). *Accident de chemin de fer.* ➤ **déraillement, télescopage.** ▪ **3** Entreprise qui exploite des lignes de chemin de fer. *La Société nationale des chemins de fer français (S. N. C. F.). Employé des chemins de fer.* ➤ **cheminot.** ▪ **4** Plan d'ensemble (d'une publication) indiquant page à page l'emplacement de chacune des parties de l'ouvrage. «*Au fil des jours, le chemin de fer se remplissait, les papiers étaient maquettés*» FOTTORINO. ▪ **5** Jeu d'argent, variété de baccara. *Jouer au chemin de fer dans un casino.*

CHEMINEAU [ʃ(ə)mino] **n. m.** – 1897 ◇ de *chemin* ▪ VX Celui qui parcourt les chemins et qui vit de petites besognes, d'aumônes ou de larcins. *Des chemineaux.* ➤ **trimardeur, vagabond.** ▪ HOM. Cheminot.

CHEMINÉE [ʃ(ə)mine] **n. f.** – 1170 ◇ bas latin *caminata,* de *caminus* «âtre», grec *kaminos* ▪ **1** Dispositif formé d'un foyer et d'un tuyau qui sert à évacuer la fumée. ➤ **âtre, foyer.** *Parties d'une cheminée* : capuchon, chambranle, contrecœur, écran, encadrement, fronton, fumivore, garde-feu, grille, hotte, jambage, languette, manteau, récupérateur, rideau, souche, tablier, tuyau. *Plaque, chenets de cheminée. Allumer du feu, brûler du bois, du charbon, faire une flambée dans la cheminée,* dans l'âtre. *Devant la cheminée* (cf. Au coin du feu). *Cheminée encrassée par la suie. Feu* de cheminée. Ramoner une cheminée. La cheminée ronfle, tire bien.* — *Cheminée prussienne* : sorte de poêle que l'on adapte à la cheminée. *Cheminée fermée.* ➤ **insert.** ▪ **2** Partie inférieure de la cheminée qui sert d'encadrement à l'âtre. *Cheminée de pierre, de marbre. Garniture de cheminée. Dessus de cheminée* (➤ **trumeau**). «*une cheminée ordinaire, en marbre noir, surmontée d'une grande glace rectangulaire*» ROBBE-GRILLET. ▪ **3** Partie supérieure du conduit qui évacue la fumée et que l'on voit sur le toit. *Cheminées emportées par le vent. Chapeau, champignon de cheminée.* — SPÉCIALT *Cheminée de locomotive, de navire. Paquebot à trois cheminées. Cheminée d'usine* : tuyau de maçonnerie surmontant un foyer, un fourneau d'usine. «*Les cheminées des usines poussaient d'immenses panaches bruns*» FLAUBERT. APPOS. INV. *Col cheminée* : col d'un tricot qui couvre le bas du cou. *Des cols cheminée.* ♦ PAR ANAL. *Cheminée des fées* : colonne ou pyramide argileuse coiffée d'un bloc (qui l'a protégée de l'érosion). — *Cheminée d'un volcan,* par où passent les matières volcaniques. — ALPIN. Corridor vertical étroit. ▪ **4** Trou, conduit vertical. ➤ **puits.** *Cheminée d'aération.* ▪ **5** TECHN. *Cheminée d'équilibre* : ouvrage (ou formation naturelle) servant de régulateur de pression dans un système hydraulique. ▪ HOM. Cheminer.

CHEMINEMENT [ʃ(ə)minmɑ̃] **n. m.** – XIIIe ◇ de *cheminer* ▪ **1** Action de cheminer. ➤ 2 **marche.** *Lent cheminement.* — MILIT. Marche progressive des travaux offensifs d'un siège. ➤ **approche, progression.** PAR EXT. Itinéraire protégé, à l'abri de la vue, des tirs. *Suivre un cheminement.* ▪ **2** Avance lente, progressive. *Le cheminement des eaux.* — FIG. *Le cheminement de la pensée, d'une idée.* ➤ **avancée,** 2 **marche, progrès.** ▪ **3** TOPOGR. Méthode de levée par mesures d'angles successives. *Cheminement au goniomètre.*

CHEMINER [ʃ(ə)mine] **v. intr.** ⟨1⟩ – 1165 ◇ de *chemin* ▪ **1** Faire du chemin, et SPÉCIALT un chemin long et pénible, que l'on parcourt lentement. ➤ 1 **aller, marcher,** POP. **trimarder.** «*nous cheminâmes pendant une heure et demie avec une peine excessive*» CHATEAUBRIAND. *Il* «*cheminait seul, d'un pas inégal et lent*» FRANCE. ▪ **2** PAR EXT. Avancer, et SPÉCIALT Avancer lentement. *L'eau chemine dans le lit du ruisseau.* — FIG. *Cette idée chemine dans son esprit.* «*sa pensée tantôt chemine avec la sourde lenteur de la taupe, tantôt s'élance du vol de l'aigle*» FRANCE. ▪ **3** MILIT. Progresser vers une place assiégée, effectuer des travaux d'approche, de sape. ▪ **4** TOPOGR. Effectuer une levée par cheminement. ▪ HOM. Cheminée.

CHEMINOT, OTE [ʃ(ə)mino, ɔt] **n. et adj.** – 1899 ◇ de *chemin de fer* ▪ **1** Employé, employée des chemins de fer. *Grève des cheminots.* ▪ **2 adj.** (1987) Des cheminots. *L'intersyndicale cheminote.* ▪ HOM. Chemineau.

CHEMISAGE [ʃ(ə)mizaʒ] **n. m.** – 1892 ◇ de *chemiser* ▪ Action de chemiser ; manière dont une chose est protégée par une chemise. ➤ **revêtement.**

CHEMISE [ʃ(ə)miz] **n. f.** – XIIe ◇ bas latin *camisia*

I ▪ **1** Vêtement couvrant le torse (porté souvent sur la peau). ➤ POP. 2 **limace,** FAM. **liquette.** *Chemise de femme* : ANCIENNT sous-vêtement qui se mettait sous le corset ; MOD. ➤ **caraco.** — *Chemise américaine* : sous-vêtement de tricot (➤ **teeshirt**). ♦ (1584) **CHEMISE DE NUIT :** vêtement de nuit, plus ou moins long (analogue à une robe), porté de nos jours surtout par les femmes. ➤ **nuisette.** «*une chemise de nuit classique, comme toutes les chemises de nuit d'homme*» ARAGON. ♦ SPÉCIALT Vêtement de tissu couvrant le torse qui se boutonne sur le devant. *Chemise pour femme.* ➤ plus cour. **chemisier, corsage.** *Col, manchette, plastron, pan de chemise* (➤ **bannière**). *Cravate et chemise assorties. Chemise à manches longues, à manches courtes* (➤ **chemisette**). *Chemise blanche, à rayures. Chemise hawaïenne.* — *Chemise de ville, de sport. Chemise-veste* : chemise qui tient lieu de veste. ➤ **surchemise.** — *Porter une chemise sous sa veste. Être en manches* (ABUSIVEMENT *en bras*) *de chemise,* sans veston ; PAR EXT. avoir une tenue négligée. ▪ **2** ANCIENNT *Chemise de mailles.* ➤ **cotte, haubert, jaseran.** ▪ **3** Chemise d'uniforme de certaines formations politiques paramilitaires, et PAR EXT. Ces formations, leurs membres. *Chemises rouges.* ➤ **garibaldien.** *Chemises brunes.* ➤ **hitlérien, nazi.** *Chemises noires.* ➤ **fasciste.** ▪ **4** LOC. *Changer de* (qqch.) *comme de chemise,* constamment. — *Se soucier, se moquer d'une chose comme de sa première chemise,* n'y accorder aucun intérêt (cf. Comme de sa première culotte*). — *Laisser dans une affaire jusqu'à sa dernière chemise,* s'y ruiner. — *Mouiller* sa chemise.* — FAM. *Être comme cul et chemise* : être inséparables. — *Nègre* en chemise. Ail en chemise* : gousses entières cuites, non pelées.

II ▪ **1** (1752) Couverture (cartonnée, toilée) dans laquelle on insère des documents. ➤ **dossier,** RÉGION. 2 **farde.** *Mettre des* *factures dans une chemise. Chemise à rabats.* ▪ **2** (1753 «partie intérieure du haut-fourneau») Revêtement de protection. *Chemise de maçonnerie* : crépi, enveloppe de mortier. *Chemise de cylindres d'automobile. Chemise d'un canon, d'un projectile.*

CHEMISER [ʃ(ə)mize] **v. tr.** ⟨1⟩ – 1838 ◇ de *chemise* (II) ▪ TECHN. Garnir d'un revêtement protecteur. ◆ CUIS. Garnir les parois de (un moule) avec du papier sulfurisé ou une préparation (gelée, caramel).

CHEMISERIE [ʃ(ə)mizʀi] **n. f.** – 1845 ◇ de *chemise* ▪ **1** Industrie, commerce de la chemise d'homme, des accessoires (cravates, pochettes), des sous-vêtements masculins (caleçons). ▪ **2** Magasin d'habillement masculin où l'on vend surtout des chemises.

CHEMISETTE [ʃ(ə)mizɛt] **n. f.** – 1220 ◇ de *chemise* ▪ **1** Chemise d'homme à manches courtes. ▪ **2** (1869) Petite blouse ou corsage à manches courtes (femmes ; enfants). ▪ **3** (Belgique, Luxembourg) Maillot de corps, avec ou sans manches. *Chemisette pour homme.* ➤ **singlet.**

CHEMISIER, IÈRE [ʃ(ə)mizje, jɛʀ] **n.** – 1806 ; fém. 1596 ◇ de *chemise*
I Fabricant(e) ou marchand(e) de chemises. *«Il était une fois un pauvre chemisier dont les chemises allaient bien, mais les affaires mal»* LARBAUD.
II **n. m.** (1902) Chemise de femme, à col, fermé par-devant. ➤ **corsage.** *Chemisier en coton rayé. Chemisier à manches longues.* — APPOS. *Robe chemisier,* dont le haut forme chemisier. *Des robes chemisiers.*

CHÉMORÉCEPTEUR ➤ **CHIMIORÉCEPTEUR**

CHÊNAIE [ʃɛnɛ] **n. f.** – *chesnaie* 1600 ; *chesnoie* 1240 ; var. *casnoit* 1079 ◇ de *chêne* ▪ Plantation de chênes.

CHENAL, AUX [ʃənal, o] **n. m.** – 1250 ; «lit d'un cours d'eau» début XIIIe ◇ du latin *canalis* → canal ▪ **1** (par l'ancien poitevin) Passage ouvert à la navigation entre un port, une rivière ou un étang et la mer, entre des rochers, des îles, dans le lit d'un fleuve. ➤ **canal,** 1**passe.** *Aménagement, entretien d'un chenal* (balisage, dérochement, désobstruction, dragage). *Chenaux du rivage languedocien.* ➤ **grau.** ▪ **2** (1768 ; par l'ancien lorrain) Courant d'eau établi pour le service d'une usine, le fonctionnement d'un moulin. ▪ **3** GÉOL. Sillon allongé dans une surface recouverte périodiquement ou constamment par les eaux. *Chenal de marée.*

CHENAPAN [ʃ(ə)napɑ̃] **n. m.** – 1739 ; *snaphaine* «maraudeur» 1551 ◇ néerlandais *snaphaan,* de l'allemand *Schnapphahn* «voleur de grand chemin» ▪ VX ou PLAISANT ➤ **bandit, vaurien.** *Sortez d'ici, chenapans !* ➤ **galopin.**

CHÊNE [ʃɛn] **n. m.** – fin XIIe ◇ de *chasne,* bas latin °*cassanus,* mot gaulois ▪ **1** Grand arbre *(fagacées)* répandu dans tout l'hémisphère Nord, à longue durée de vie, aux feuilles lobées semi-persistantes, aux fleurs en chatons et aux fruits à cupule (➤ **gland**). *«Le Chêne et le Roseau», fable de La Fontaine. «Souvent sur la montagne, à l'ombre du vieux chêne»* LAMARTINE. *Chêne pubescent* : chêne truffier du Périgord, à feuilles caduques. *Chêne sessile* ou *chêne rouvre* : espèce courante des forêts occidentales, au bois recherché. *Chêne écarlate et chêne rouge d'Amérique,* aux feuilles rutilantes en automne. *Chêne kermès** (➤ **cochenille**), *chêne vert* (➤ **yeuse**) : espèces méditerranéennes à feuilles persistantes. *Chêne qui fournit le liège.* ➤ **chêne-liège.** *Galle du chêne.* ➤ **cécidie.** *Jeune chêne* (ou **CHÊNEAU n. m.,** 1808). *Écorce de chêne* (➤ **tan, tanin**). ◆ *Le chêne, arbre sacré de l'Antiquité. Les chênes druidiques, le gui du chêne.* ◆ *Képi à feuilles de chêne des généraux français* (la *couronne de chêne* était une récompense chez les Romains). ◆ LOC. FIG. *Pousser, être fort comme un chêne.* ▪ **2** Le bois de cet arbre, utilisé en ameublement, chauffage, parqueterie, tonnellerie. *Parquet de chêne. Table en chêne massif.* ▪ **HOM.** Chaîne.

CHÉNEAU [ʃeno] **n. m.** – 1680 ; *chesneau* 1459 ◇ altération de *chenau,* forme dialectale de *chenal* ▪ Conduit qui longe le toit, recueille les eaux de pluie et les conduit au tuyau de descente. ➤ **gouttière ;** RÉGION. 1**dalle.** — Lamelle qui couvre le chéneau.

CHÊNE-LIÈGE [ʃɛnljɛʒ] **n. m.** – 1600 ◇ de *chêne* et *liège* ▪ Chêne à feuillage persistant, dont le cambium fournit le liège. *Les chênes-lièges de Corse.*

CHENET [ʃ(ə)nɛ] **n. m.** – 1287 ◇ de *chien,* les *chenets* ayant figuré, à l'origine, de petits chiens ou autres animaux accroupis ▪ Chacune des pièces métalliques jumelles qu'on place à l'intérieur d'une cheminée perpendiculairement au fond, et sur lesquelles on dispose les bûches. *Une paire de chenets en fer forgé. Chenets de cuisine.* ➤ **hâtier, landier.**

CHÈNEVIÈRE [ʃɛnvjɛʀ] **n. f.** – *chanevière* 1226 ◇ latin populaire °*canaparia,* de °*canapus* (→ chanvre) ▪ Champ où croît le chanvre. — On dit aussi **CAN(N)EBIÈRE** dans le Sud-Est.

CHÈNEVIS [ʃɛnvi] **n. m.** – *chanevuis* début XIIIe ◇ latin populaire °*canaputium* ; cf. ancien français *cheneve* «chanvre» ▪ Graine de chanvre, nourriture des oiseaux.

CHENI [ʃ(ə)ni] **n. m.** – 1753 ◇ probablt du radical *chen-,* du latin *canis* «chien» ▪ RÉGION. (Centre-Est ; Suisse) FAM. ▪ **1** Poussière, balayures, saleté. *Faire du cheni. Pelle à cheni* : pelle à poussière. ▪ **2** Ordures ménagères. *Jeter au cheni,* à la poubelle. ▪ **3** Désordre. ➤ FAM. **bazar, bordel.** — FIG. Pagaille.

CHENIL [ʃ(ə)nil] **n. m.** – 1387 ◇ latin populaire °*canile,* de *canis* «chien» ▪ **1** Abri pour les chiens (de chasse). ▪ **2** Lieu où l'on héberge des chiens ; où l'on élève des chiens de race. *Acheter un chiot dans un chenil.* ▪ **3** FIG. Logement, local sale et en désordre. *«son garçon de bureau sortit du chenil ténébreux qui l'abritait»* COURTELINE.

CHENILLE [ʃ(ə)nij] **n. f.** – XIIIe ◇ latin populaire °*canicula* «petite chienne», d'après la tête
I Larve phytophage des coléoptères et des lépidoptères, au corps allongé lisse ou velu, possédant des glandes séricigènes et dix paires de pattes. *Les chenilles tissent à l'automne un cocon* de soie où elles s'enferment et subissent des transformations* (➤ **nymphe, chrysalide**) *avant d'en ressortir adultes* (➤ **papillon**). *Chenille de la noctuelle du mélèze, du sphinx de la tomate. Chenilles processionnaires du pin. Chenille du mûrier.* ➤ **bombyx, ver** (à soie). *«chenilles glabres ou velues – minuscules ours bruns, roux ou noirs –, molles ou caparaçonnées, chargées d'ornements baroques»* TOURNIER. *Lutte contre les chenilles* (➤ **écheniller**).
II PAR ANAL. ▪ **1** (1680) Passementerie veloutée en forme de chenille, qui peut se tricoter. *Résille de chenille. Pull en chenille.* ▪ **2** (1922) Bande métallique articulée (➤ **tuile**) isolant du sol les roues d'un véhicule pour lui permettre de se déplacer sur tous les terrains et de franchir certains obstacles. *Véhicules à chenilles, munis de chenilles.* ➤ **autochenille, autoneige, bulldozer,** 1**char, chenillette, motoneige, tank.** *Tracteur à chenilles. «Le char d'infanterie est tout simplement un tracteur sur chenilles»* MAUROIS. ▪ **3** Danse qui consiste à avancer en tenant les épaules de la personne qui précède pour former une chaîne. *Faire une chenille, la chenille.* ➤ **chaîne.**

CHENILLÉ, ÉE [ʃ(ə)nije] **adj.** – XXe ◇ de *chenille* (II, 2°) ▪ Muni de chenilles. *Véhicule chenillé.*

CHENILLETTE [ʃ(ə)nijɛt] **n. f.** – 1783 ◇ de *chenille* ▪ **1** Plante dont la gousse enroulée ressemble à une chenille. ▪ **2** Petit véhicule automobile sur chenilles.

CHÉNOPODE [kenɔpɔd] **n. m.** – 1842 ◇ latin des botanistes *chenopodium,* grec *khênopous* «patte d'oie» ▪ Plante sauvage *(chénopodiacées)* répandue près des vieux murs. *Chénopode blanc.*

CHENU, UE [ʃəny] **adj.** – *canu* 1080 ◇ bas latin *canutus,* de *canus* «blanc» ▪ **1** LITTÉR. Qui est devenu blanc de vieillesse. *Tête chenue.* — PAR EXT. *Un vieillard chenu.* ▪ **2** LITTÉR. *Des arbres chenus* : vieux arbres dont la cime est dépouillée. ▪ **3** (Canada) FAM. [ʃny] Rabougri. *Des rosiers chenus.*

CHEPTEL [ʃɛptɛl ; ʃtɛl] **n. m.** – 1762 ; *chatel, chetel* fin XIe ◇ *p* ajouté d'après le latin *capitale,* de *caput* «tête» ▪ **1** DR. Contrat de bail «par lequel l'une des parties donne à l'autre un fonds de bétail pour le garder, le nourrir et le soigner, sous les conditions convenues entre elles» (CODE CIVIL). *Bail à cheptel.* ▪ **2** (1835) Le bétail qui forme le fonds, dans le contrat de cheptel. — COUR. Ensemble des bestiaux. *Le cheptel ovin, porcin d'une région.* ▪ **3** DR. Capital d'exploitation d'une ferme représenté par les instruments de travail *(cheptel mort)* et par le bétail *(cheptel vif).*

CHÈQUE [ʃɛk] **n. m.** – 1861 ; *check* 1788 ◇ anglais *check,* de *to check* «contrôler» ▪ Écrit par lequel une personne (➤ **tireur**) donne l'ordre à un établissement bancaire (➤ **tiré**) de remettre ou de payer à vue, soit à son profit, soit au profit d'un tiers, une certaine somme à prélever sur le crédit (de son compte ou de celui d'un autre). *Chèque bancaire.* APPOS. *Compte chèque postal. Un carnet de chèques.* ➤ **chéquier.** *Talon de chèque. Un chèque de cent euros. Vous payez par chèque ou avec une carte de crédit ? Tirer, émettre, libeller un chèque. Faire, signer un chèque. Chèque sur Paris, sur Londres,* payable à Paris, à Londres. *Chèque sur rayon, sur place* ; chèque hors rayon, hors place. Chèque sans provision* ;* FAM. *chèque en bois*. Mettre son acquit au verso d'un chèque. Endosser un chèque. Toucher un chèque. Faire porter un chèque au crédit* *de son compte.* ➤ **virement.** *Faire opposition à un chèque.* — *Chèque en blanc* : chèque que le tireur a signé sans indiquer la somme que le tiré devra payer. LOC. *Donner un chèque en blanc à qqn,* lui laisser l'initiative d'une dépense, le laisser libre de traiter une affaire (cf. Donner carte* blanche). — *Chèque barré,* qui porte deux barres parallèles dans le but de subordonner le paiement du chèque à l'intervention d'une banque. *Chèque non endossable.* — *Chèque de caisse,* en vue de retirer des fonds du compte même du tireur. — *Chèque au porteur,* payable au porteur. — *Chèque à ordre,* comportant le nom du bénéficiaire. *Faire un chèque à l'ordre de l'agent comptable.* — *Chèque certifié,* sur lequel le tiré certifie que la provision du tireur permet de payer le chèque (➤ **certification**). (Au Canada) *Chèque visé. Chèque de banque,* émis par une banque, soit sur ses propres guichets, soit sur une autre banque. — *Chèque de voyage,* permettant au porteur de toucher des fonds dans un autre pays (recomm. offic.). ➤ **traveller's chèque.** ◆ *Chèque emploi service universel (CESU),* permettant aux particuliers de rémunérer les services à la personne. *Des chèques-restaurants*, des chèques-essence, des chèques-vacances.* ➤ 2 **bon.** *Chèque(-)cadeau,* permettant à son bénéficiaire d'effectuer un achat auprès de certaines enseignes. *Des chèques(-)cadeaux.* ■ HOM. Cheik.

CHÉQUIER [ʃekje] n. m. – 1877 ◇ de *chèque* ■ Carnet de chèques. — LOC. FIG. *Sortir le chéquier* : payer. *Il va encore falloir sortir le chéquier !*

CHER, CHÈRE [ʃɛʀ] adj. et adv. – Xe ◇ latin *carus*
I ■ **1** (Attribut ou épithète) Qui est aimé ; pour qui on éprouve une vive affection. *Cher à qqn. Ses enfants lui sont chers.* — *L'ami le plus cher. Ses chers amis. «Aux bras d'un être cher»* HUGO. *«ce visage si cher»* MAUROIS. ➤ **aimé ; adoré, chéri.** ■ **2** (Épithète, av. le nom) Dans des tournures amicales, des formules de politesse. *Cher Monsieur. Cher ami. Mes bien chers frères. Chers auditeurs, mes chers auditeurs. Mon cher ami.* — n. *Mon cher, ma chère.* — Avec une pointe de préciosité *Cher ! Très cher ! Oui, ma chère !* — PAR PLAIS. *Mon cher et tendre, ma chère et tendre* : mon conjoint. ■ **3** (Attribut) Que l'on considère comme précieux. ➤ **estimable, précieux.** *Sa mémoire nous est chère. «Guenille si l'on veut, ma guenille m'est chère»* MOLIÈRE.
II (XIe) Surtout attribut ■ **1** Qui est d'un prix élevé. ➤ **coûteux, onéreux.** *Ces vêtements sont chers, trop chers.* ➤ **inabordable, ruineux ;** FAM. **chérot** (cf. Hors de prix*). *C'était trop cher, j'ai marchandé*. «Le vrai bonheur coûte peu ; s'il est cher, il n'est pas d'une bonne espèce»* CHATEAUBRIAND. *Ce n'est pas cher* (cf. Bon marché*). *J'ai pris le moins cher,* celui qui coûtait* le moins. — LOC. FAM. *Il y a mieux, mais c'est plus cher.* ■ **2** Qui exige de grandes dépenses. ➤ **dispendieux.** *L'entretien du parc est trop cher. La vie devient chère* (➤ **enchérir**). *Lutte contre la vie chère* (➤ **cherté**). — FAM. devant le nom (emphatique) Qui entraîne des dépenses anormales. *Ce sont de chères vacances !* ■ **3** Qui fait payer un prix élevé. *Ce marchand est cher. Ce médecin est trop cher. Ces restaurants sont chers* (cf. C'est le coup de bambou*, de barre*, de fusil*). ■ **4** adv. À haut prix. ➤ **chèrement.** *Vendre cher* (cf. FAM. Saler* le client). *Coûter cher.* ➤ FAM. **chiffrer.** *Cela me coûte cher, me revient cher. Ce livre vaut cher. Ça n'est pas cher payé.* FAM. *Je l'ai eu pour pas cher.* — *Cela ne vaut pas cher.* FIG. *Il ne vaut pas cher* : il n'a pas de valeur. — *Ça fait cher de (qqch.),* ça le rend cher. *Cent euros d'amende, ça fait cher du stationnement !* — *Il me le payera cher,* se dit pour marquer l'intention de se venger d'une injure reçue (cf. Il s'en repentira). — *La victoire a coûté cher,* elle a été obtenue au prix de grands efforts, de grands sacrifices (cf. Victoire* à la Pyrrhus). *Vendre cher sa vie* : se défendre vaillamment. — *Ne pas donner cher de qqch.* : être persuadé que cela n'a pas d'avenir. *Je ne donne pas cher de sa peau* : il va mourir. — FAM. *Prendre cher* : subir un échec cuisant ; avoir mal vieilli ; (CHOSES) être gravement détérioré.
■ CONTR. Désagréable, détestable, insignifiant, négligeable, odieux. Gratuit ; marché (bon marché). ■ HOM. Chair, chaire, cheire, chère.

CHERCHER [ʃɛʀʃe] v. tr. ⟨1⟩ – XVIe ; 1080 *cercer* ◇ bas latin *circare* «aller autour», de *circum* ■ **1** (1210) S'efforcer de découvrir, de trouver (qqn ou qqch.). ➤ **rechercher ; recherche ; découverte.** *Chercher qqn en explorant, en fouillant un lieu, en furetant. Chercher qqn dans la foule. Je vous cherchais. Chercher qqn du regard, des yeux.* — PRONOM. (RÉCIPR.) *Ils se cherchent dans la nuit.* — *Chercher la sortie ; l'interrupteur. Chercher un objet que l'on a perdu.* — *Chercher un mot, un renseignement dans le dictionnaire.* — LOC. *Chercher une aiguille* dans une botte de foin. Chercher la petite bête*. Chercher des poux* dans la tête à qqn. Cherchez la femme*.* ■ **2** (1538) Essayer de découvrir par un effort de pensée (la solution d'une difficulté, une idée, etc.). *Chercher la solution d'un problème. Chercher un moyen, le moyen d'en sortir. Chercher ses mots* : hésiter en parlant, ne pas avoir la parole facile. *«Je cherche des prétextes pour me voiler à moi-même la seule raison qui me fait agir»* MONTHERLANT. *Chercher qqch. dans sa tête, dans sa mémoire, dans ses souvenirs. Qu'est-ce qu'il va chercher là !* ➤ **imaginer, inventer, supposer.** *Chercher midi* à quatorze heures.* — PRONOM. (RÉFL.) *Se chercher* : chercher sa vraie personnalité, son identité. *Un style qui se cherche.* ◆ ABSOLT *Tu n'as pas assez cherché.* ➤ **examiner, scruter ; réfléchir.** *Ce n'est pas la peine d'aller chercher si loin. «Je ne cherche pas, je trouve»* PICASSO. *Cherche(z) pas !,* il n'y a pas d'explication. — RELIG. Rechercher Dieu, la foi. *«cherchez et vous trouverez»* (BIBLE). *«ceux qui cherchent en gémissant»* PASCAL. ■ **3** (XVIIe) **CHERCHER À** (et l'inf.) : essayer de parvenir à. ➤ **s'efforcer, s'évertuer, tâcher, tenter.** *Chercher à savoir, à se renseigner, à connaître, à deviner. Chercher à comprendre. «un nom qu'on cherche à se rappeler»* PROUST. *Il «se sentait faible et cherchait à se faire aimer»* GIDE. *Une déclaration qui cherche à rassurer.* ➤ 1 **tendre,** 1 **viser.** — **CHERCHER À CE QUE** (et subj.). *Cherchez à ce qu'on soit content de vous.* ■ **4** (1538) Essayer d'obtenir. — (Une personne). *Chercher une femme,* et VIEILLI *chercher femme,* pour se marier. *Chercher l'âme sœur.* — (Une place). *Chercher un emploi, une situation.* — (Une chose). *Chercher un appartement. Chercher son salut dans la fuite. Chercher du secours.* LOC. *Chercher querelle* à qqn. Chercher fortune. «Un loup survient à jeun, qui cherchait aventure»* LA FONTAINE. — *«Évariste s'enfuit et courut chercher auprès d'Élodie l'oubli, le sommeil»* FRANCE. ◆ SPÉCIALT *Il l'a cherché, c'est bien fait pour lui !* il a tout fait pour en arriver là, par inconscience ou provocation. ■ **5** (XVIIe) À l'inf., apr. un verbe Aller, faire, envoyer, venir prendre qqn, qqch. ➤ **prendre, quérir, requérir.** *Venez me chercher ce soir. Allez chercher le médecin. Passez chercher votre colis à la poste. Aller chercher un enfant à l'école. «faites-moi chercher, et je serai trop heureuse d'accourir»* PROUST. ◆ FAM. Provoquer (qqn). *Si tu me cherches, tu vas me trouver !* ■ **6** LOC. FAM. *Ça va chercher dans les* (et une somme, un chiffre) : ça atteint approximativement. *Ça va chercher dans les deux cents euros. «D'après la météo, ça ira chercher dans les trente-huit degrés cet après-midi»* N. HUSTON. ■ CONTR. Trouver.

CHERCHEUR, EUSE [ʃɛʀʃœʀ, øz] n. et adj. – 1636 ; *cercheur* 1538 ◇ de *chercher* ■ **1** (RARE ou loc.) Personne qui cherche. *«les coups de bêche d'un chercheur de trésor»* BARRÈS. *Chercheur d'or*.* ■ **2** adj. *Un esprit chercheur,* avide de découvertes. ➤ **curieux, investigateur.** — n. Personne qui se consacre à la recherche scientifique. ➤ **savant, scientifique.** *Elle est chercheuse. Les chercheurs du CNRS.* ■ **3** n. m. (CHOSES) *Chercheur de télescope* : petite lunette adaptée à un télescope pour délimiter le point du ciel à observer. *Chercheur de fuites,* ou *cherche-fuites* : appareil servant à détecter des fuites de gaz. ➤ **détecteur.** — adj. *Tête* chercheuse d'une fusée.*

CHÈRE [ʃɛʀ] n. f. – 1567 ; *chière* 1080 ◇ bas latin *cara* «visage», grec *kara* «tête, visage» ■ **1** VX *Faire bonne chère à qqn,* lui faire bon visage, bon accueil. ■ **2** (SOUTENU) *Faire bonne chère* : faire un bon repas. ➤ **bombance, ripaille.** — Nourriture (VX, sauf avec *bonne*). *Chère délectable, exquise. Faire maigre chère. «animés par le vin et la bonne chère»* GAUTIER. ■ HOM. Chair, chaire, cheire, cher.

CHÈREMENT [ʃɛʀmɑ̃] adv. – 1080 ◇ de *cher* ■ **1** D'une manière affectueuse et tendre. ➤ **affectueusement, tendrement.** VX *«laissez-moi vous embrasser chèrement et tendrement»* Mme DE SÉVIGNÉ. MOD. *Aimer chèrement qqn. Conserver chèrement un souvenir.* ➤ **amoureusement, pieusement.** ■ **2** À haut prix, d'un prix élevé. ➤ **cher** (II). VX *Acheter, payer, vendre chèrement.* ➤ **cher** (adv.). — FIG. et MOD. *Il paya chèrement son succès,* en consentant de grands sacrifices. *Vendre chèrement sa vie.*

CHERGUI [ʃɛʀgi] n. m. – XXe ◇ mot arabe marocain *chargî* «vent d'est» ■ Vent chaud et sec qui souffle du sud-est (au Maroc). ➤ **siroco.**

CHÉRI, IE [ʃeʀi] adj. et n. – XVIIe ◇ de *chérir* ■ **1** Tendrement aimé. *Sa femme chérie. Mes enfants chéris.* — FIG. *Masséna, l'enfant chéri de la Victoire.* ➤ **préféré.** ■ **2** n. (XIXe) *C'est le chéri de ses parents.* ➤ 1 **chouchou.** — Terme d'affection entre intimes, SPÉCIALT entre époux. *Mon chéri, ma petite chérie, mes chéris. Oui, chéri.* — *Tu viens, chéri ?* (invite classique d'une prostituée). ■ HOM. Cherry, sherry.

CHÉRIF [ʃeʀif] n. m. – 1552 ; *sérif* 1528 ◇ arabe *charif* «noble», par l'italien ■ Prince, chez les Arabes. ■ HOM. Shérif.

CHÉRIFIEN, IENNE [ʃeʀifjɛ̃, jɛn] adj. – 1918 ; *chériffien* 1869 ◇ de *chérif* ■ VX Relatif au chérif. — MOD. *Le royaume chérifien* : le Maroc.

CHÉRIR [ʃeʀiʀ] **v. tr.** ‹2› – 1155 ◊ de *cher* ■ LITTÉR. ■ **1** Aimer tendrement, avoir beaucoup d'affection pour. ➤ **affectionner, aimer.** *Chérir ses enfants, sa femme, ses amis. Chérir le souvenir, la mémoire de qqn.* ➤ **vénérer.** ■ **2** S'attacher, être attaché à. *Chérir son malheur.* ➤ **se complaire.** « *Homme libre, toujours tu chériras la mer !* » BAUDELAIRE. — Attacher un grand prix à (qqch.). ➤ **aimer, préférer.** « *On est incurable quand on chérit sa souffrance* » FLAUBERT. ■ CONTR. Détester, haïr.

CHÉROT [ʃeʀo] **adj. m.** – *chéro* adv. 1883 ◊ de *cher* (II) ■ FAM. *C'est chérot,* trop cher, coûteux. « *C'était super et chérot* [...] *il a fait la grimace quand il a vu les prix sur le menu* » QUENEAU.

CHERRY [ʃeʀi] **n. m.** – 1891 ; *cherry-brandy* 1855 ◊ mot anglais « cerise » ■ Liqueur de cerise. *Des cherrys.* On emploie aussi le pluriel anglais *des cherries.* ■ HOM. Chéri, sherry.

CHERTÉ [ʃɛʀte] **n. f.** – 1210 ; « affection » x^e ◊ latin *caritas,* refait sur *cher* ■ VIEILLI État de ce qui est cher (II) ; prix élevé. ➤ **coût.** *La cherté de la vie. Entrer dans une période de cherté.* « *On parla de la cherté du blé* » SAND.

CHÉRUBIN [ʃeʀybɛ̃] **n. m.** – 1080 ◊ latin ecclésiastique *cherubin* ; de l'hébreu *kerûbîm,* de *kerûb* ■ **1** Ange du second rang de la première hiérarchie. ICONOGR. Représentation de cet ange (tête d'enfant avec des ailes). ➤ **putto.** ■ **2** COMPAR., MÉTAPH. *Avoir une face, un teint de chérubin,* un visage rond et des joues colorées. *Beau, joli, gracieux comme un chérubin. C'est un chérubin.* — T. d'affection *Mon petit chérubin.*

CHESTER [ʃɛstɛʀ] **n. m.** – 1843 ◊ de *Chester,* ville d'Angleterre ■ Fromage anglais au lait de vache, à pâte pressée non cuite. *Des chesters. Spécialité au chester.* ➤ **welsh.**

CHÉTIF, IVE [ʃetif, iv] **adj.** – milieu XIIe ◊ du latin populaire *cactivus,* de *captivus* « prisonnier » (→ captif), d'où le sens ancien de « prisonnier » (début XIe), croisé avec le gaulois °*cactos,* de même sens ■ **1** De faible constitution ; d'apparence débile. ➤ **maigrichon, maladif, malingre, rachitique.** *Enfant chétif.* ➤ PÉJ. **avorton, gringalet, mauviette.** *Arbre, arbuste chétif.* ➤ **rabougri.** « *Des plantes de chétif aspect* » GIDE. ■ **2** LITTÉR. Sans valeur, insuffisant. *Une chétive récolte.* ➤ **dérisoire, 1 maigre, mauvais, misérable, pauvre, piteux.** *Une réception, un repas chétif.* ➤ **1 chiche, mesquin.** « *une vie médiocre et des rêves chétifs* » PROUST. — **n. f. CHÉTIVITÉ,** XIIe. ■ CONTR. 1 Fort, robuste, solide, vigoureux.

CHÉTIVEMENT [ʃetivmɑ̃] **adv.** – 1190 ◊ de *chétif* ■ LITTÉR. D'une manière chétive.

CHEVAINE ➤ **CHEVESNE**

CHEVAL, AUX [ʃ(ə)val, o] **n. m.** – fin XIe ◊ du latin *caballus,* terme populaire utilisé pour désigner un mauvais cheval. *Caballus* finit par évincer *equus,* qui subsiste dans *équestre, équitation* ou *équin*

I ANIMAL ■ **1** Grand mammifère ongulé *(hippomorphes)* à crinière, plus grand que l'âne, domestiqué comme animal de trait et de transport. ➤ ENFANTIN **dada.** (fin XIIe) SPÉCIALT Le mâle (opposé à *jument*), le mâle adulte (opposé à *poulain, pouliche*). *Le cheval est* « *la plus noble conquête que l'Homme ait jamais faite* » BUFFON. ➤ **équidés ; équin.** *Animaux fabuleux à corps de cheval.* ➤ **centaure, hippogriffe, licorne.** *Cheval entier. Cheval reproducteur.* ➤ **1 étalon.** *Cheval châtré.* ➤ **hongre.** *Hybrides de cheval et d'âne.* ➤ **bardot, 1 mule, 1 mulet.** *Cheval sauvage.* ➤ **mustang, tarpan.** *Cri du cheval.* ➤ **hennissement.** *Crottin, fumier de cheval. Tête du cheval* (chanfrein, ganache, larmier, naseau, sous-barbe). *Corps du cheval* (croupe, encolure, garrot, poitrail, trapèze). *Membres antérieurs et postérieurs du cheval* (boulet, paturon, couronne, pied, sabot ; avant-main, arrière-main). *Cheval cagneux. Cheval poussif. Cheval qui boite, qui fauche. Médecine des chevaux.* ➤ **hippiatrie.** *Crinière, pelage, robe du cheval. Couleurs du cheval.* ➤ **alezan, aubère, bai, isabelle, louvet, miroité, 1 pie, pinchard, pommelé, rouan, rubican, tisonné.** — *Races de chevaux* (➤ aussi **demi-sang, pur-sang**). *Cheval anglais, arabe, ardennais, barbe, hongrois, mongol, percheron. Cheval d'Espagne.* ➤ **genet.** *Cheval de petite taille.* ➤ **poney.** *Cheval grand et beau.* ➤ **1 coursier.** — *Cheval de bataille*.* ➤ **destrier.** — *Chevaux de cavalerie. Cheval de cérémonie, de parade.* ➤ **palefroi.** *Chevaux de cirque.* — *Cheval de course.* ➤ **coureur, 1 crack, sauteur, trotteur ; yearling.** *Courses de chevaux.* ➤ **hippique ; course, turf.** *Jouer un cheval gagnant, placé.* ➤ **tiercé.** *Le cheval favori* (opposé à *outsider*). *Cheval de polo. Cheval de selle* (➤ **équitation, hippisme ; monture**). *Cheval de trait. Équipage de plusieurs chevaux.* ➤ **attelage.** *Conducteur de chevaux.* ➤ **charretier, 1 cocher.** *Atteler, harnacher un cheval. Caparaçon* du cheval du picador. Cheval de poste, de relais. Cheval de labour. Marchand de chevaux.* ➤ **maquignon.** — *Cheval de boucherie* (➤ **hippophagie**). *Viande de cheval. Un steak de cheval. Équarrir* un cheval.* ◆ *Cheval fougueux, fringant, impétueux. Mauvais cheval.* ➤ **bidet, bourrin, canasson, 2 carcan, carne, haridelle, rosse, rossinante.** ◆ *Dressage, élevage du cheval.* ➤ **hippotechnie.** *Logement des chevaux.* ➤ **haras ; écurie ; 2 box.** *Soigner un cheval.* ➤ **bouchonner, brosser, étriller, panser ; lad, palefrenier.** *Fer* à cheval. Ferrer, déferrer un cheval* (➤ **maréchal-ferrant**). ◆ *Allures du cheval.* ➤ **amble, aubin, canter, galop, 1 pas, train, trot.** *Crier hue ! au cheval pour le faire avancer. À la vitesse d'un cheval au galop :* très vite. — *Le cheval remue la tête de bas en haut* (➤ **encenser**), *prend le mors* aux dents, se cabre, rue, s'emballe, désarçonne son cavalier.* ◆ *Monter sur un cheval.* ➤ **chevaucher ; cavalier, écuyer, jockey.** *Monter un cheval à califourchon, en amazone, en croupe ; le monter sans selle, à cru, à poil. Enfourcher son cheval. Se tenir bien sur son cheval :* avoir une bonne assiette*. *Rassembler* son cheval. Cravacher, éperonner son cheval* (cf. Piquer* des deux). *Tenir son cheval en bride. Faire une chute de cheval, tomber de cheval. Descendre de cheval :* mettre pied à terre. ■ **2 loc. adj.** et **loc. adv.** (fin XIe) **À CHEVAL** [aʃval] : sur un cheval. « *Éperonné, botté, prêt à monter à cheval* » P.-L. COURIER. *Aller à cheval. Promenade à cheval.* LOC. FAM. *À pied*, à cheval et en voiture.* ◆ (milieu XVIIe) À califourchon (une jambe d'un côté, et l'autre de l'autre). *Être à cheval sur une branche d'arbre.* PAR EXT. Une partie d'un côté, une partie de l'autre. *À cheval sur deux périodes* (➤ **chevaucher**). ◆ (1835) *Être à cheval sur qqch.,* très exigeant dans ce domaine. *Il est très à cheval sur la hiérarchie, sur ses prérogatives. Être à cheval sur les principes, sur le service,* très strict, pointilleux. *Une* « *personne extrêmement "à cheval" en matière de bienséance* » GUILLOUX. ◆ CUIS. Garni d'un œuf au plat. *Steak à cheval.* ■ **3** (1690) *Le cheval.* Équitation. *Aimer le cheval. Faire du cheval. Bottes de cheval. Culotte de cheval,* de cavalier ; saillie graisseuse (cellulite) sur le haut des cuisses. ■ **4** (1798) LOC. FIG. *Fièvre de cheval,* très forte. *Un remède* de cheval. Une dose de cheval,* très importante. — *Queue* de cheval.* — (fin XVIe) *Monter sur ses grands chevaux :* s'emporter, le prendre de haut. — *Cela ne se trouve pas sous le sabot, sous le pas d'un cheval :* c'est une chose qu'il est difficile de se procurer. — *Changer un cheval borgne* contre un aveugle.* ■ **5** (PERSONNES) *Un vrai cheval (de labour) :* une personne obstinée, infatigable. FAM. *Un grand cheval :* une grande femme masculine. — FAM. *C'est pas le mauvais cheval :* il n'est pas méchant. — *Cheval de retour*.* — LOC. *Miser, parier sur le mauvais cheval :* choisir la mauvaise personne, faire un mauvais choix. — *La mort du petit cheval :* la fin d'une affaire, d'espérances.

II ANALOGIE DE FORME OU DE NATURE ■ **1** Figure représentant un cheval. (1556) **CHEVAL DE BOIS :** jouet d'enfant. *Les chevaux de bois d'un manège.* PAR EXT. *Chevaux de bois.* ➤ **manège.** — (1946) **CHEVAL D'ARÇONS :** appareil de gymnastique, gros cylindre rembourré sur quatre pieds, qui sert à des exercices de saut, de voltige. *Des chevaux d'arçons* ou *des cheval d'arçons.* — **CHEVAL DE TROIE :** cheval de bois gigantesque dans les flancs duquel les guerriers grecs se cachèrent pour pénétrer dans Troie. INFORM. Programme malveillant introduit dans un ordinateur à l'insu de l'utilisateur pour recueillir ou détruire des informations. *Ils* « *n'ont pas mis une heure à trouver le cheval de Troie, le cheval destroy, dissimulé au cœur d'un des listings de programmation* » DAENINCKX. *Des chevaux de Troie.* — *Jeu des* **PETITS CHEVAUX :** jeu de hasard où les pions sont représentés par des petits chevaux. *Jouer aux petits chevaux.* ■ **2** *Cheval de frise*.* ■ **3** (1838) MÉTROL. **CHEVAL-VAPEUR** [ʃ(ə)valvapœʀ] **n. m.** ou **CHEVAL :** ancienne unité de mesure de puissance (SYMB. ch), correspondant à la puissance développée par un cheval pour remonter de 1 mètre une masse de 1 kilogramme en 1 seconde. *Un cheval-vapeur équivaut à 736 watts.* ➤ **horse-power.** *Des chevaux-vapeur.* — *Cheval fiscal* (SYMB. **CV**) : unité de calcul basée sur la cylindrée et la transmission pour déterminer les taxes relatives à un véhicule. *Une voiture de six chevaux. Une deux(-)chevaux Citroën, une 2 CV* (ABRÉV. FAM. [1975] *une deuch[e],* [1979] *une deudeuche*). LOC. FAM. *Lâcher les chevaux :* libérer toute la puissance d'un moteur ; PAR EXT. donner le maximum dans une compétition sportive (cf. Mettre la gomme*, être au taquet*).

CHEVALEMENT [ʃ(ə)valmɑ̃] **n. m.** – 1694 ◊ de *chevaler* ■ Assemblage de madriers et de poutres qui supportent un mur, une construction qu'on reprend en sous-œuvre. ➤ **2 étai.** *Les chevalements d'un puits de mine.* ➤ **chevalet.**

CHEVALER [ʃ(ə)vale] **v. tr.** ‹1› – v. 1420 ◊ de *cheval* ■ TECHN. Soutenir par un chevalement. *Chevaler un mur.* ➤ **étayer.**

CHEVALERESQUE [ʃ(ə)valʀɛsk] **adj.** – 1642 ; *chevalereux* XVIe ◊ italien *cavalleresco,* d'après *chevalier* ■ **1** Qui a rapport au chevalier. *Règles chevaleresques,* de la chevalerie. *La littérature chevaleresque.* ■ **2** Digne d'un chevalier. *Bravoure, courtoisie,* *générosité, amour chevaleresque. «cette espèce d'honneur chevaleresque qui, à l'armée, fait excuser les plus grands excès»* BALZAC. — SPÉCIALT (PERSONNES) Moralement généreux. *Il s'est montré chevaleresque dans cette occasion.*

CHEVALERIE [ʃ(ə)valʀi] **n. f.** – 1165 ◊ de *chevalier* ■ **1** Institution militaire d'un caractère religieux, propre à la noblesse féodale. *Les règles de la chevalerie étaient la bravoure, la courtoisie, la loyauté, la protection des faibles* (➤ **chevaleresque**). *Romans de chevalerie :* œuvres d'imagination où sont décrits les exploits, les mœurs, les amours des chevaliers. ■ **2** Le corps des chevaliers. *L'élite de la chevalerie.* ■ **3** Au Moyen Âge, Ordre militaire et religieux institué pour combattre les infidèles. *Ordre de chevalerie du Saint-Sépulcre.* ◆ *Ordre de chevalerie :* institution créée pour récompenser le mérite, par des distinctions honorifiques. *Être décoré de plusieurs ordres de chevalerie.*

CHEVALET [ʃ(ə)valɛ] **n. m.** – 1429 ; *cevalet* «petit cheval» XIIIe ◊ de *cheval* ■ **1** Ancien instrument de torture. ■ **2** Support qui sert à tenir à la hauteur voulue l'objet sur lequel on travaille. *Chevalet de scieur de bois* (➤ **chèvre**), *de menuisier* (➤ **banc**). *Chevalet de charpentier.* — *Chevalet d'un puits de mine.* ➤ **chevalement.** — Tréteau de charpente. ■ **3** Support, trépied. *Chevalet d'un tableau noir.* — SPÉCIALT *Chevalet de peintre,* qui supporte le tableau, la toile. *Tableau de chevalet,* que l'on peut déplacer (opposé à *fresque*, etc.). ■ **4** Pièce de bois placée à cheval sur l'axe central de la table des instruments à cordes. *Le chevalet sous-tend les cordes et transmet la sonorité à la table. Chevalet de guitare, de violon.*

CHEVALIER, IÈRE [ʃ(ə)valje, jɛʀ] **n.** – *chevaler* 1080 ◊ latin *caballarius,* d'après *cheval*

I ■ **1** **n. m.** Seigneur féodal possédant un fief suffisamment important pour assurer l'armement à cheval. — Noble admis dans l'ordre de la chevalerie. ➤ **chevalerie ; paladin, preux.** *Galanterie, vaillance de chevalier.* ➤ **chevaleresque.** *Jeune noble faisant son apprentissage de chevalier.* ➤ **bachelier,** 2 **page, valet.** *L'écuyer d'un chevalier. Armer, recevoir chevalier.* ➤ **accolade, adoubement.** *La veillée* d'armes d'un chevalier. Défi* (➤ **cartel**), *combat de chevaliers* (➤ **champion, tenant**) *en champ clos* (➤ **joute, tournoi**). *Bayard, le chevalier sans peur et sans reproche. «Le Chevalier au lion», de Chrétien de Troyes. Les chevaliers de la Table ronde :* les compagnons du roi Artus. *Le chevalier blanc ;* FIG. celui qui vole au secours d'une personne en difficulté. — LOC. *Chevalier errant :* chevalier qui allait par le monde pour redresser les torts, combattre dans les tournois. *Le chevalier à la Triste Figure :* don Quichotte. — *Se faire le chevalier de qqn,* prendre sa défense. *Chevalier servant :* celui qui est empressé auprès d'une femme. ➤ **cavalier, sigisbée.** ■ **2** **n. m.** (1538) Au Moyen Âge, Membre d'un ordre de chevalerie (3°). *Chevalier teutonique. Chevalier de Malte, du Saint-Sépulcre. Les templiers, chevaliers de l'ordre du Temple.* ◆ **n.** Membre d'un ordre honorifique, et SPÉCIALT (dans un ordre où il y a plusieurs grades) Personne qui a le grade le moins élevé. *Il est chevalier de la Légion d'honneur, du Mérite agricole. Être nommé chevalier. Elle «fut faite chevalière de l'Ordre de Léopold»* H. CALET. ◆ **n. m.** ANTIQ. Membre de l'ordre équestre, à Rome. ■ **3** **n.** Dans la noblesse, Celui qui est au-dessous du baron. *Le chevalier des Grieux* (dans «Manon Lescaut»). ■ **4** **n. m.** (1633) FIG. *Chevalier d'industrie :* individu qui vit d'expédients. ➤ **aigrefin, escroc.**

II **n. m.** ■ **1** (1555) Oiseau échassier migrateur au bec droit *(charadriiformes).* ➤ **gambette.** ■ **2** Poisson des Antilles, aux vives couleurs, à nageoire dorsale très allongée *(perciformes).* ◆ APPOS. *Omble*-chevalier.*

CHEVALIÈRE [ʃ(ə)valjɛʀ] **n. f.** – 1821 ; *bague à la chevalière* 1820 ◊ de *chevalier* ■ Bague à large chaton plat sur lequel sont gravées des armoiries, des initiales.

CHEVALIN, INE [ʃ(ə)valɛ̃, in] **adj.** – 1119 ◊ latin *caballinus,* d'après *cheval* ■ **1** Qui tient du cheval, qui a rapport au cheval. ➤ **équin.** *L'amélioration de la race chevaline. Boucherie chevaline.* ➤ **hippophagique.** ■ **2** Qui évoque le cheval (chez un être humain). *Profil chevalin.*

CHEVAL-VAPEUR ➤ **CHEVAL** (II, 3°)

CHEVAUCHANT, ANTE [ʃ(ə)voʃɑ̃, ɑ̃t] **adj.** – 1808 ◊ de *chevaucher* ■ Qui chevauche (3°). *Tuiles chevauchantes,* qui se recouvrent en partie. *Dents chevauchantes.*

CHEVAUCHÉE [ʃ(ə)voʃe] **n. f.** – 1190 ◊ de *chevaucher* ■ **1** Promenade, course à cheval. *Une longue chevauchée. La chevauchée des Walkyries.* — FIG. *«Ce furent alors de grandes chevauchées à travers les idées»* MAUROIS. ■ **2** LITTÉR. Troupe de personnes à cheval. ➤ **cavalcade.**

CHEVAUCHEMENT [ʃ(ə)voʃmɑ̃] **n. m.** – 1814 ; «fait d'aller à cheval» v. 1360 ◊ de *chevaucher* ■ Croisement de deux objets qui se recouvrent en partie, qui empiètent l'un sur l'autre. *Chevauchement des lettres, des signes.* ◆ GÉOL. ➤ **charriage.**

CHEVAUCHER [ʃ(ə)voʃe] **v.** ⟨1⟩ – *chevalchier* 1080 ◊ bas latin *caballicare,* de *caballus ;* cf. *cavaler* ■ **1** **v. intr.** VX ou LITTÉR. Aller à cheval. ■ **2** **v. tr.** (XIIIe) Être à cheval, à califourchon sur. *Les sorcières chevauchent des manches à balais.* FIG. *«Une paire de lunettes chevauche le nez»* DUHAMEL. ■ **3** **v. intr.** (1690) Se recouvrir en partie, empiéter. ➤ **se croiser,** se **recouvrir.** *Tuiles qui chevauchent. Dents qui chevauchent.* — IMPRIM. *Lettres, lignes qui chevauchent.* ➤ **empiéter, mordre** (sur). ◆ PRONOM. *Ces deux rendez-vous se chevauchent. Faire se chevaucher des opérations, des tâches.* ➤ **tuiler.**

CHEVAU-LÉGERS [ʃ(ə)voleʒe] **n. m. pl.** – fin XVe ◊ de *cheval* et *léger* ■ ANCIENNT Corps de cavalerie de la garde du souverain. SING. *Un chevau-léger :* un cavalier de ce corps.

CHEVÊCHE [ʃ(ə)vɛʃ] **n. f.** – *chevoiche* XIIIe ◊ latin populaire *cavannus* → chat-huant ■ ➤ 1 **chouette.** *«Deux chevêches chuintent aux deux bouts de l'invisible»* BAZIN.

CHEVELU, UE [ʃəv(ə)ly] **adj.** et **n.** – XIIe ◊ de *chevel* → cheveu ■ **1** Garni de cheveux. *Le cuir* chevelu.* — PAR ANAL. BOT. *Racine chevelue,* portant de nombreuses radicelles. **n. m.** *Le chevelu :* partie filamenteuse de la racine. ■ **2** Qui a de longs cheveux touffus. *Un vieillard chevelu.* PAR MÉTON. *La Gaule chevelue :* partie de la Gaule où les habitants portaient de longs cheveux. — POÉT. *Monts chevelus,* couverts d'arbres. *«Les palmiers chevelus»* HUGO. ◆ **n.** PÉJ. ou PLAIS. Personne (plutôt homme) aux cheveux longs. *«un espace bande dessinée encombré de chevelus plus ou moins jeunes»* P. BAILLY. — SPÉCIALT ➤ **hippie.** ■ CONTR. Chauve, dénudé, tondu.

CHEVELURE [ʃəv(ə)lyʀ] **n. f.** – *cheveleüre* 1080 ◊ de *chevel* → cheveu ■ **1** Ensemble des cheveux. *Une chevelure maigre ; blanche. Chevelure détachée du crâne.* ➤ **scalp.** *Fausse chevelure.* ➤ **perruque.** — SPÉCIALT Cheveux longs et fournis. ➤ **crinière, toison.** *Une chevelure emmêlée.* ➤ **tignasse.** *«La Chevelure», poème de Baudelaire.* POÉT. *La chevelure des arbres,* leur feuillage. ■ **2** PAR ANAL. *Chevelure d'une comète,* partie nébuleuse qui entoure sa tête et forme une traînée lumineuse apparente.

CHEVESNE [ʃ(ə)vɛn] **n. m.** – XIIIe ◊ latin populaire °*capitinem* «grosse tête» ■ Poisson d'eau douce *(cypriniformes)* à dos brun et ventre argenté. ➤ **meunier.** — On écrit aussi *chevaine, chevenne.*

CHEVET [ʃ(ə)vɛ] **n. m.** – XIVe ; *chevez* 1256 ◊ latin *capitium,* de *caput* «ouverture d'un vêtement par laquelle on passe la tête» → chef

I ■ **1** VX Coussin allongé, à la tête du lit. ➤ **traversin.** *«le visage caché dans un chevet»* SAINTE-BEUVE. ■ **2** Partie du lit où l'on pose sa tête. ➤ **tête.** *«Pour les malades, le monde commence au chevet et finit au pied de leur lit»* BALZAC. *Lampe, table de chevet,* placées près de la tête du lit. — PAR EXT. *Livre de chevet :* livre de prédilection. ■ **3** **AU CHEVET DE QQN :** auprès de son lit. *Rester au chevet d'un malade.*

II (XIIIe ◊ picard *cavec*) ■ **1** ARCHIT. Partie d'une église qui se trouve à la tête de la nef, derrière le chœur. ➤ **abside.** *«Un cimetière entoure le chevet de cette église»* BALZAC. — SPÉCIALT Extérieur du chœur. *Les absidioles d'un chevet roman.* ■ **2** MINÉR. Lit d'un filon.

■ CONTR. (de I) Pied.

CHEVÊTRE [ʃ(ə)vɛtʀ] **n. m.** – XIe ◊ latin *capistrum* «licol» ■ **1** VX Licol. Bandage. ■ **2** MOD. Pièce de bois dans laquelle s'emboîtent les solives d'un plancher.

CHEVEU [ʃ(ə)vø] **n. m.** – fin XIe ◊ du latin *capillus*

I **POIL** ■ **1** Poil qui recouvre le crâne de l'être humain (cuir chevelu). ➤ FAM. **tif.** Surtout au plur. *Les cheveux.* ➤ **chevelure.** *Plantation, naissance des cheveux. La racine, le bulbe, la pointe des cheveux. Touffe, mèche de cheveux. Cheveux fins, secs, gras* (➤ **séborrhée**), *ternes, brillants. Cheveux plats, raides, raides comme des baguettes* de tambour. Cheveux souples, frisés, bouclés, crépus, ondulés. Cheveux laineux.* — *Cheveux noirs, d'ébène, aile de corbeau, bruns, châtains, roux, auburn, blonds. Cheveux gris, poivre et sel.* ➤ **grisonnant.** *«Madame Angèle, bien qu'à vingt-sept ans elle eût les cheveux gris, était charmante»* SAND. *Le premier cheveu blanc. Cheveux blancs, argentés* (➤ **canitie ; chenu**). *Respecter les cheveux blancs,* la vieillesse. *Cheveux qui foncent, blondissent, grisonnent, blanchissent. Se décolorer, se teindre les cheveux* (➤ **balayage, coloration, teinture**). — *Avoir beaucoup de cheveux.* ➤ **chevelu.** *Cheveux abondants, drus, épais.* ➤ **crinière, toison.** *Avoir peu de cheveux. Cheveux rares, clairsemés. Chute des cheveux.* ➤ **alopécie, pelade.** *Il perd ses cheveux.* ➤ FAM. se **déplumer.** *Ne plus avoir de cheveux.* ➤ **calvitie ; chauve.** — *Cheveux en* *désordre, en bataille, en broussaille, emmêlés, hirsutes.* ➤ **décoiffé, dépeigné, ébouriffé ; échevelé.** — *Coiffer, démêler, peigner, brosser les, ses cheveux avec un peigne, un démêloir, une brosse. Brosse à cheveux. Avoir, porter les cheveux courts, longs. Séparation des cheveux.* ➤ 1 **raie.** *Cheveux nattés, torsadés. Cheveux relevés en chignon. Disposition des cheveux.* ➤ **coiffure* ; épi, frange, houppe, houppette, 1 mèche.** *Objets qui tiennent les cheveux* (barrette, chouchou, épingle, pince à cheveux, peigne). *Nœud, ruban dans les cheveux* (➤ **serre-tête**). *Filet à cheveux* (➤ **résille**). — *Laver, se laver les cheveux.* ➤ **shampoing.** *Lotion pour les cheveux.* ➤ **capillaire.** *Couper, désépaissir, effiler, rafraîchir, tailler, tondre les cheveux. Se faire couper les cheveux chez le coiffeur. Elle a une nouvelle coupe de cheveux. Cheveux en brosse, plaqués, laqués, gominés. Friser, mettre en forme les cheveux* (➤ **bigoudi, fer** [à friser], **rouleau, sèche-cheveux ; gel, laque ; brushing, indéfrisable, mise** [en plis], **ondulation, permanente ; brillantine, pommade**). — *Parasite des cheveux.* ➤ **pou.** — *Faux cheveux.* ➤ **moumoute, perruque, postiche.** ◆ COLLECT. *Le cheveu :* les cheveux. *Avoir le cheveu rare, fin. Soins du cheveu.* ➤ **capilliculture.** ■ **2** LOC. *Fin comme un cheveu. Cheveux au vent :* cheveux libres de toute attache. (XVe) VIEILLI *En cheveux :* nu-tête (d'une femme). « *La boulangère houspillait sa fille en cheveux, pas même une voilette noire* » Y. QUEFFÉLEC. ◆ LOC. FIG. *S'arracher* les cheveux.* — *Saisir l'occasion* par les cheveux.* — (1550) *Faire dresser les cheveux sur la tête (à qqn) :* inspirer un sentiment d'horreur. — *Avoir mal aux cheveux :* avoir mal à la tête parce qu'on a trop bu (cf. Avoir la gueule de bois*, le casque*). *Se faire des cheveux (blancs) :* se faire du souci. *Tiré par les cheveux :* amené d'une manière forcée et peu logique. ➤ PLAIS. **capillotracté.** — *Avoir un cheveu sur la langue :* zézayer. *À un cheveu près :* à très peu de choses près. *Cela a tenu à un cheveu, il s'en est fallu d'un cheveu :* cela a failli arriver, se réaliser. *Ne pas toucher à un cheveu* (d'une personne) : ne pas porter la main sur elle. — *Arriver, tomber, venir comme un cheveu sur la soupe,* à contretemps, mal à propos (cf. Comme un chien dans un jeu de quilles*). *Couper les cheveux en quatre :* subtiliser à l'excès (➤ **pinailler**). « *Je n'ai jamais supporté les coupeurs de cheveux en quatre* » P. ÉMOND.

II **CHOSE FINE COMME UN CHEVEU** ■ **1** *Cheveu d'ange :* guirlande d'arbre de Noël ; vermicelle très fin. « *des guirlandes, des boules de verre et des cheveux d'ange* » TOURNIER. ■ **2** BOT. *Cheveu-de-la-Vierge :* fleur de la viorne. *Des cheveux-de-la-Vierge.* (1556) *Cheveu-de-Vénus :* adiante ou capillaire. *Des cheveux-de-Vénus.*

CHEVILLARD [ʃ(ə)vijaʀ] n. m. – 1856 ◇ de *cheville* ■ Boucher en gros ou demi-gros (qui vend la viande à la cheville).

CHEVILLE [ʃ(ə)vij] n. f. – XIIe ◇ latin populaire °*cavicula,* de *clavicula* « petite clé *(clavis)* »

I ■ **1** Tige dont on se sert pour boucher un trou, assembler des pièces. *Cheville carrée, ronde, conique* (➤ **épite**). *Cheville d'assemblage.* ➤ **axe, boulon, clou, dent-de-loup, enture, 2 esse, 2 fausset, fenton, 1 goujon, goupille, gournable, taquet, trenail.** — MAR. *Cheville d'amarrage.* ➤ **cabillot.** *Clou plat traversant une cheville pour la fixer.* ➤ **clavette.** *Enfoncer, ficher, planter une cheville.* — **CHEVILLE OUVRIÈRE :** grosse cheville qui joint l'avant-train avec le corps d'une voiture ; FIG. l'agent, l'élément essentiel (d'une entreprise, d'un organisme). *Être la cheville ouvrière d'un complot, d'une association, d'une affaire.* ➤ **centre, pivot.** ◆ LOC. FAM. *Être en cheville avec qqn,* lui être associé dans une affaire. ■ **2** MUS. Pièce autour de laquelle est enroulée, pour la tendre, une corde d'un instrument à manche *(cheville de bois)* ou à clavier *(cheville de métal).* ■ **3** Tenon pour accrocher. *Pendre qqch. à une cheville.* — SPÉCIALT *Viande vendue à la cheville,* dépecée et accrochée à des chevilles, qui est revendue en gros et demi-gros aux bouchers (➤ **chevillard**).

II (XIIe) Saillie des os de l'articulation du pied, formée en dedans par le tibia, en dehors par le péroné (➤ **malléole**) ; partie située entre le pied et la jambe. *Se fouler la cheville. Avoir la cheville fine* (➤ **attache**). *Robe qui arrive à la cheville.* — LOC. *Ne pas aller, arriver, venir à la cheville de qqn,* lui être inférieur. « *ta mère est une femme exceptionnelle.* [...] *Je ne connais pas de femme qui lui vienne à la cheville* » DUHAMEL. FAM. *Avoir les chevilles qui enflent :* être prétentieux.

III (1609) VERSIF. Terme de remplissage permettant la rime ou la mesure ; expression inutile à la pensée. ➤ **redondance.**

CHEVILLER [ʃ(ə)vije] v. tr. ⟨1⟩ – 1155 ◇ de *cheville* ■ **1** Joindre, assembler (des pièces) avec des chevilles. *Cheviller une porte, une table.* — **p. p. adj.** *Une armoire chevillée.* LOC. *Avoir l'âme chevillée au corps,* une grande résistance vitale. ■ **2** RARE Remplir (ses vers) de mots inutiles (➤ **cheville,** III).

CHEVILLÈRE [ʃ(ə)vijɛʀ] n. f. – 1851 ◇ de *cheville* ■ Orthèse pour protéger, maintenir la cheville. *Chevillère élastique.*

CHEVILLETTE [ʃ(ə)vijɛt] n. f. – v. 1275 ◇ de *cheville* ■ VX Petite cheville. « *Tire la chevillette, la bobinette cherra* » PERRAULT.

CHEVIOTTE [ʃəvjɔt] n. f. – 1872 ◇ anglais *cheviot* (1856) « mouton d'Écosse, élevé dans les monts *Cheviot* » ■ Laine des moutons d'Écosse ; étoffe faite avec cette laine. *Veste de cheviotte.*

CHÈVRE [ʃɛvʀ] n. f. – XVIe ; 1119 *chievre* ◇ latin *capra* ■ **1** Mammifère ruminant *(caprins)* à cornes arquées, apte à sauter et à grimper. SPÉCIALT Femelle adulte (opposé à *bouc*). ➤ FAM. **bique.** *Jeune chèvre.* ➤ **biquette, cabri, chevreau, chevrette.** *Chèvre de montagne.* ➤ **bouquetin, chamois.** *Chèvre angora* (➤ **mohair**), *du Cachemire* (➤ **cachemire**). *Barbe, barbiche de chèvre. Cri de la chèvre.* ➤ **bégueter, chevroter.** *Chèvre qui se dresse, saute.* ➤ **se cabrer, cabrioler.** *Lait de chèvre. Fromage de chèvre* (ELLIPT *un chèvre, du chèvre*). ➤ **cabécou, chabichou,** RÉGION. **chèvreton, chevrotin, crottin, pélardon, picodon, sainte-maure.** *Berger qui garde des chèvres.* ➤ 1 **chevrier.** « *qu'elle était jolie la petite chèvre de M. Seguin !* » DAUDET. — LOC. FAM. *Faire devenir, rendre, tourner chèvre :* embêter, faire enrager (cf. Faire tourner en bourrique*). *Ménager la chèvre et le chou :* ménager les deux camps en évitant de prendre parti. ■ **2** (1753) TECHN. Appareil de levage composé le plus souvent de trois poutres disposées en pyramide triangulaire dont le sommet soutient une poulie manœuvrée à l'aide d'un treuil. ➤ **bigue, grue ; pied-de-chèvre.** — Chevalet pour soutenir une pièce de bois.

CHEVREAU [ʃəvʀo] n. m. – *chevrel* 1170 ◇ de *chèvre* ■ **1** Le petit de la chèvre. ➤ 1 **bicot, biquet, cabri.** *Des chevreaux.* ■ **2** Peau de chèvre ou de chevreau qui a été tannée. *Chaussures, gants de chevreau.*

CHÈVREFEUILLE [ʃɛvʀəfœj] n. m. – *chevrefoil, chevrefueil* XIIe ◇ bas latin °*caprifolium* « feuille de chèvre, de bouc » ■ Sous-arbrisseau ou liane sarmenteuse *(caprifoliacées)* à fleurs parfumées. *Chèvrefeuille des bois.*

CHÈVRE-PIED [ʃɛvʀəpje] adj. et n. m. /CHÈVREPIED/ – 1549 ◇ de *chèvre* et *pied* ■ VX et LITTÉR. Qui a des pieds de chèvre. *Satyre chèvre-pied.* — **n. m.** *Des chèvre-pieds.*

CHÈVRETON [ʃɛvʀətɔ̃] n. m. – 1904 ; 1879, *chevreton* ◇ de *chèvre* ■ RÉGION. (Drôme, Ardèche, Haute-Loire) Petit fromage de chèvre.

CHEVRETTE [ʃəvʀɛt] n. f. – XIIIe ◇ de *chèvre* ■ **1** Petite chèvre. ➤ **biquette.** ■ **2** (1611) Femelle du chevreuil. *Des chevrettes et leurs faons.* ■ **3** (1664) Trépied métallique qui supporte des récipients de cuisson.

CHEVREUIL [ʃəvʀœj] n. m. – *chevroel* début XIIe ; *chevreul* jusqu'au XVIIe ◇ latin *capreolus,* de *capra* → chèvre ■ **1** Petit ruminant *(cervidés)* à robe fauve et ventre blanc. *Femelle du chevreuil.* ➤ **chevrette.** *Jeune chevreuil.* ➤ 3 **brocard, chevrillard, faon ;** abusivt **chevrotin.** *Les bois du chevreuil.* — Viande de cet animal. *Cuissot, noisette, ragoût de chevreuil.* ■ **2** (1699) (Canada) Cerf de Virginie.

1 **CHEVRIER, IÈRE** [ʃəvʀije, ijɛʀ] n. – *chavrier* 1241 ◇ latin *caprarius,* de *capra* « chèvre » ■ Berger, bergère qui mène paître les chèvres.

2 **CHEVRIER** [ʃəvʀije] n. m. – 1953 ◇ du n. du cultivateur ■ Haricot à grains verts. ➤ 2 **flageolet.**

CHEVRILLARD [ʃəvʀijaʀ] n. m. – 1739 ◇ de *chevreuil* ■ RARE Petit chevreuil*, faon de chevrette.

CHEVRON [ʃəvʀɔ̃] n. m. – *chevrun* v. 1160 ◇ latin populaire °*caprio* ou °*capro, onis,* de *capra* ■ **1** TECHN. (CONSTR.) Pièce de bois équarri sur laquelle on fixe des lattes qui soutiennent la toiture. ➤ **madrier.** *Assemblage de chevrons sur un faîte.* ➤ **enfourchement, faîtage.** ■ **2** (XIIIe) BLAS. Pièce honorable en forme de V renversé. ■ **3** (1771) COUR. Galon en forme de V renversé porté sur les manches d'un uniforme militaire (➤ **chevronné**). — (XXe) Motif décoratif en zigzag. *Tissu à chevrons* (croisé de laine ou coton, à côtes en zigzags). *Veste à chevrons.* — TECHN. *Engrenage à chevrons,* à saillies en V. ■ **4** Caractère typographique servant à isoler une chaîne de caractères. *Chevron ouvrant* (<), *fermant* (>).

CHEVRONNÉ, ÉE [ʃəvʀɔne] adj. – XIIIe ◇ de *chevron* ■ **1** BLAS. Garni de chevron(s) (2°). *Écu chevronné.* ■ **2** (1837 argot) Qui a des galons d'ancienneté. « *Du vieux héros tout chevronné* » GAUTIER. ➤ **briscard.** — MOD. Expérimenté. *Un conducteur chevronné.*

CHEVROTAIN [ʃəvʀɔtɛ̃] n. m. – fin XVIIIe ◇ de *chevrot,* var. de *chevreau* ■ ZOOL. Petit ruminant sans cornes *(tragulidés)* des forêts tropicales d'Asie et d'Afrique. *Chevrotain de Malaisie.* ■ **HOM.** Chevrotin.

CHEVROTANT, ANTE [ʃəvʀɔtɑ̃, ɑ̃t] adj. – 1835 ◊ de *chevroter* ▪ Qui chevrote. *Voix chevrotante,* tremblante et cassée. ▪ CONTR. Assuré.

CHEVROTEMENT [ʃəvʀɔtmɑ̃] n. m. – *chevrottement* 1542 ◊ de *chevroter* ▪ Action de chevroter, tremblement de la voix. « *Sa voix, de plus en plus entrecoupée, avait un chevrotement de vieillesse* » LOTI.

CHEVROTER [ʃəvʀɔte] v. intr. ⟨1⟩ – *chivroter* v. 1300 ◊ de *chevrot, chevreau* ; radical *chèvre* ▪ **1** Bêler, en parlant de la chèvre. ▪ **2** (1708) Parler, chanter d'une voix tremblotante. *Vieillards dont la voix chevrote. Chanteur qui chevrote.*

CHEVROTIN [ʃəvʀɔtɛ̃] n. m. – 1277 « chevreau » ◊ de *chevrot, chevreau* ▪ **1** (1596) ABUSIVEMENT Petit du chevreuil. ➤ **faon.** ▪ **2** (1367) Peau de chevreau corroyée. ▪ **3** (1802) Petit fromage de chèvre. ▪ HOM. Chevrotain.

CHEVROTINE [ʃəvʀɔtin] n. f. – 1697 ◊ de *chevrotin* ▪ Balle sphérique, gros plomb pour tirer le chevreuil, les bêtes fauves. *Fusil chargé à chevrotines. Une décharge de chevrotine.*

CHEWING-GUM [ʃwiŋgɔm] n. m. – 1904 ◊ anglais *chewing gum,* de *to chew* « mâcher » et *gum* « gomme » ▪ ANGLIC. COUR. Gomme à mâcher aromatisée. ➤ RÉGION. **chique, gomme.** *Tablette de chewing-gum. Chewing-gum à la menthe. Un paquet de chewing-gums.*

CHEZ [ʃe] prép. – *chies* 1190 ◊ ancien français *chiese* « maison », latin *casa* ▪ **1** Dans la demeure de, au logis de. *Venez chez moi. Il est allé, il est parti, il est rentré chez lui. Nous rentrons chez nous. Chacun chez soi. Elle est chez elle* [ʃezɛl]. *Aller chez le coiffeur.* ➤ POP. **à** (au coiffeur). *Faites comme chez vous :* mettez-vous à l'aise, ne vous gênez pas. — FIG. *Être partout chez soi, se sentir chez soi :* ne pas être gêné, être partout à sa place. — Précédé d'une autre prép. *Je viens de chez moi. Ils passèrent par chez nous. Devant, derrière chez moi.* — *Chez nous,* dans le pays, la région du locuteur. loc. adj. FAM. *Bien de chez nous :* typique de notre pays (avec une nuance de chauvinisme satisfait). — *Elle porte un sac de chez X,* de cette boutique, de cette marque. LOC. FAM. (adj.) *de chez* (et adj. répété), à valeur intensive. *Il est nul de chez nul,* complètement nul. « *Bon, hé, on arrête maintenant avec ces conversations lourdes de chez lourdes* » GAVALDA. ▪ **2** n. m. inv. (1690) **CHEZ-MOI, CHEZ-TOI, CHEZ-SOI :** domicile personnel (avec valeur affective). ➤ **home, maison.** *Chacun veut un chez-soi. Mon chez-moi. Ton chez-toi.* ▪ **3** PAR EXT. Dans le pays de. ➤ **parmi.** *Portez la guerre chez l'ennemi. Chez les Anglais.* — Au temps de. *Chez les Grecs, chez les Romains.* — Parmi. *L'instinct chez les bêtes.* ▪ **4** FIG. En la personne, dans l'esprit, dans le caractère de. *C'est une réaction courante chez lui.* — Dans les œuvres de. *On trouve ceci chez Molière, chez Balzac.* ➤ **dans.**

CHIA [(t)ʃja] n. m. – 1771 ◊ nahuatl *chi(y)an* ▪ Plante herbacée *(labiées)* originaire du Mexique, aux graines oléagineuses et mucilagineuses. *Huile de chia. Graines de chia*

CHIAC [ʃjak] n. m. – 1962 ◊ p.-ê. déformation du nom de la ville canadienne de *Shediac* ▪ Variété populaire du français acadien parlé dans les Provinces maritimes, caractérisé par l'emploi d'éléments phonétiques, morphologiques, syntaxiques, lexicaux empruntés à l'anglais. *Le chiac de Moncton.*

CHIADÉ, ÉE [ʃjade] adj. – 1929 ◊ de *chiader* ▪ FAM. ▪ **1** Difficile. *Problème chiadé.* ▪ **2** Très soigné. *Un langage chiadé.*

CHIADER [ʃjade] v. tr. ⟨1⟩ – 1863 intrans. ◊ de *chiade* « brimade », de *ça chie dur* « l'affaire est poussée » ▪ FAM. et VIEILLI Travailler, préparer (un examen). ➤ **potasser.** *Chiader son bac. Chiader une question,* l'étudier à fond. ➤ **approfondir.**

CHIALAGE [ʃjalaʒ] n. m. – 1941 ◊ de *chialer* ▪ (Canada) FAM. Action de se plaindre, de critiquer sans cesse. *Assez de chialage !*

CHIALER [ʃjale] v. intr. ⟨1⟩ – 1847 ◊ de *chiailler,* diminutif de *chier* ▪ FAM. ▪ **1** Pleurer. ▪ **2** (début XXe) (Canada) Se plaindre sans cesse. ➤ **râler, rouspéter.**

CHIALEUR, EUSE [ʃjalœʀ, øz] n. et adj. – 1883 ◊ de *chialer* ▪ FAM. Personne qui chiale, pleure. — adj. *Des gosses chialeurs.* ➤ **pleurard.**

CHIALEUX, EUSE [ʃjalø, øz] n. et adj. – *chiâleux* 1934 ◊ de *chialer* (2°) ▪ (Canada) FAM. Personne qui se plaint sans cesse. ➤ **râleur.** « *encore un chialeux d'émigré qui se plaint de la température* » M.-C. BLAIS. — adj. *Des enfants chialeux.*

CHIANT, CHIANTE [ʃjɑ̃, ʃjɑ̃t] adj. – 1920 ◊ de *chier* ▪ TRÈS FAM. Qui ennuie ou contrarie, qui fait chier. *Ce qu'il peut être chiant !* ➤ **énervant, ennuyeux*,** FAM. **gonflant.** *C'est chiant !* ➤ **chiatique, emmerdant, suant.** *Chiant comme la pluie.*

CHIANTI [kjɑ̃ti] n. m. – 1791 ◊ nom d'une région de Toscane ▪ Vin rouge de la province de Sienne (Italie). *Une fiasque de chianti. De bons chiantis.*

CHIARD [ʃjaʀ] n. m. – 1894 ◊ de *chier* et *-ard* ▪ TRÈS FAM., PÉJ. Enfant. ➤ **môme.** *Une bande de chiards.*

CHIASMA [kjasma] n. m. – 1863 ◊ mot grec → chiasme ▪ ANAT. Entrecroisement de nerfs ou de chromatides*. *Le chiasma optique.* — adj. **CHIASMATIQUE.**

CHIASME [kjasm] n. m. – 1554, repris XIXe ; *chiasmos* 1821 ◊ grec *khiasma* « croisement » ▪ DIDACT. Figure de rhétorique formée d'un croisement des termes (ex. Blanc bonnet et bonnet blanc).

CHIASSE [ʃjas] n. f. – 1718 ◊ de *chier* ▪ **1** Excrément d'insectes. ➤ **chiure.** *Chiasse de mouche.* ▪ **2** (1894) VULG. Diarrhée. *Avoir la chiasse ;* FIG. avoir peur.

CHIATIQUE [ʃjatik] adj. – XXe ◊ de *chiant* avec suffixe pseudoscientifique ▪ FAM. Ennuyeux, chiant*. *Un type chiatique.*

CHIBANI [ʃibani] n. m. – 1976 ; « maghrébin âgé » 1897 ◊ mot de l'arabe dialectal « homme âgé », littéralement « cheveux blancs » ▪ Immigré âgé, souvent d'origine maghrébine, venu pour travailler en France durant les trente glorieuses*. *La lutte des chibanis pour faire valoir leurs droits.*

CHIBOUQUE [ʃibuk] n. f. ou m. – 1831 ◊ turc *çubuk* « tuyau » ▪ Pipe turque à long tuyau. « *un râtelier de chibouques* » FLAUBERT. — On écrit aussi *chibouk* (1849).

CHIC [ʃik] n. m. et adj. – 1793 ; *chique* 1803 ◊ allemand *Schick* « façon, manière qui convient », de *schicken* « arranger »

I n. m. ▪ **1** VX Facilité à peindre des tableaux à effet. *Travailler, peindre de chic,* d'imagination, sans modèle. « *Le chic est* [...] *plutôt une mémoire de la main qu'une mémoire du cerveau* » BAUDELAIRE. ▪ **2** Adresse, facilité à faire qqch. avec élégance. ➤ **aisance, désinvolture, habileté, savoir-faire.** *Il a le chic pour m'énerver.* ▪ **3** Élégance hardie, désinvolte. ➤ **caractère, chien, originalité, prestance.** *Il a du chic. Son manteau a du chic.* loc. adj. *Bon chic, bon genre*.* ➤ **B. C. B. G., NAP.**

II adj. (inv. en genre) ➤ **élégant.** *Une toilette chic. Elle est chic,* habillée avec goût et élégance. VAR. FAM. **CHICOS** [ʃikos]. — « *L'hôtel était plein de gens très chics, messieurs en complets-veston, en pardessus clairs, écharpes, et dames en robe lamée* » LE CLÉZIO. *Un dîner, une réception chic.* ➤ **sélect, smart ; gratin, jet-set.** — ADVT *S'habiller chic.* ♦ FAM. Beau. ➤ **bath,** 2 **chouette.** *On a fait un chic voyage.* ♦ FAM. Sympathique, généreux, serviable. ➤ 1 **bon, brave.** *C'est un chic type, une chic fille. Il a été très chic avec moi. C'est chic de sa part.*

III INTERJ. FAM. marquant le plaisir, la satisfaction ➤ 2 **chouette.** *Chic alors !*

▪ CONTR. Difficulté, maladresse. Banalité, vulgarité. Inélégant. Moche ; vache (fam.). ▪ HOM. Chique.

CHICANE [ʃikan] n. f. – 1582 ◊ de *chicaner* ▪ **1** Difficulté, incident dans un procès, sur un point de détail, pour embrouiller l'affaire. ➤ **avocasserie.** — PÉJ. La procédure. *Gens de chicane :* personnes qui s'occupent de procédure : gens de loi, huissiers et aussi les gens d'humeur procédurière. ▪ **2** *Une, des chicanes.* Objection, contestation faite de mauvaise foi. ➤ **argutie, artifice, ergoterie, subtilité.** ▪ **3** *La chicane :* querelle, dispute (surtout dans des expr.). ➤ **bisbille, discorde.** *Chercher chicane à qqn. Esprit de chicane.* — *Une chicane :* tracasserie. — (1897) (Canada, Louisiane) Querelle de mauvaise foi. *Chicane de famille.* LOC. (1918) *Être en chicane avec qqn,* brouillé. ▪ **4** Passage en zigzag qu'on est obligé d'emprunter. *Franchir les chicanes d'un barrage de police.* — (1931) SKI Figure d'un slalom comprenant 3, 4 portes ou plus. ▪ **5** Au bridge, Absence de cartes de l'une des couleurs dans un jeu, lors de la distribution. ➤ 2 **coupe.** ▪ CONTR. Droiture, loyauté ; accord, conciliation, entente.

CHICANER [ʃikane] v. ⟨1⟩ – v. 1460 ◊ origine inconnue ▪ **1** v. intr. User de chicane dans un procès. ▪ **2** v. tr. ind. Élever des contestations mal fondées, chercher querelle sur des vétilles. ➤ **chipoter, contester, disputer, épiloguer, ergoter, objecter, vétiller.** *Chicaner sur tout.* ➤ **arguer, argumenter, discuter, pinailler** (cf. Couper les cheveux* en quatre). « *Ne chicanons pas sur les mots* » BERNANOS. ▪ **3** v. tr. Chercher querelle à. « *Si l'auteur m'émeut,* [...] *je ne le chicane pas* » VOLTAIRE. ♦ VIEILLI *Chicaner qqch. à qqn,* le lui contester mesquinement (➤ **lésiner, marchander**). *Un sous-officier « à qui l'on chicanait sa pension de retraite »* BALZAC. — PRONOM. (RÉCIPR.) **SE CHICANER :** se disputer. ➤ se **chamailler,** se **taquiner.** ▪ **4** v. tr. (Canada) Réprimander, gronder. *Chicaner un enfant. Se faire chicaner.* ▪ CONTR. Accepter. Céder.

CHICANERIE [ʃikanʀi] **n. f.** – *chiquanerie* XVe ◊ de *chicaner* ■ VIEILLI Le fait de chicaner. ➤ **ergotage, ergoterie.** *« toute l'inanité des chicaneries de mauvaise foi »* COURTELINE.

CHICANEUR, EUSE [ʃikanœʀ, øz] **n.** – 1462 ◊ de *chicaner* ■ Personne qui chicane, qui aime à chicaner. ➤ **plaideur, procédurier.** *Chicaneau, le chicaneur des « Plaideurs »* (de Racine). — **adj.** *Humeur chicaneuse.* ➤ 1 **processif.** *Esprit chicaneur.* ➤ **chicanier.** ■ CONTR. Arrangeant, conciliant.

CHICANIER, IÈRE [ʃikanje, jɛʀ] **n. et adj.** – XVIe ◊ de *chicaner* ■ Personne qui chicane. ➤ **ergoteur, pointilleux, vétilleux.** — **adj.** *Une personne chicanière.* ➤ **chicaneur.** PAR EXT. *Procédé chicanier.*

CHICANO [tʃikano] **n. m.** – 1977 ◊ mot espagnol mexicain ■ Mexicain établi aux États-Unis. **adj.** *Les artistes chicanos de Californie.*

CHICHA [ʃiʃa] **n. f.** – 1989 ◊ mot d'arabe égyptien, probablement du persan *šīša* « verre » ■ Pipe à eau. ➤ **houka, narguilé.** *Ils « fument la chicha sur des tapis étendus à même le sol »* J. ROLIN. *Bar à chicha,* où l'on fume la chicha.

1 **CHICHE** [ʃiʃ] **adj.** – v. 1165 ◊ p.-ê. latin *ciccum* « reste » ■ **1** VIEILLI Qui répugne à dépenser ce qu'il faudrait. ➤ **avare, ladre, parcimonieux.** *D'une manière chiche.* ➤ **chichement.** — FIG. et MOD. *Être chiche de ses paroles, de ses regards, de compliments. Il n'a pas été chiche de conseils.* ■ **2** Peu abondant. *Une nourriture chiche. C'est un peu chiche.* ➤ **chétif, mesquin.** ■ CONTR. Généreux, prodigue. Abondant, copieux.

2 **CHICHE** [ʃiʃ] **n. m.** – XIIIe ◊ latin *cicer* « pois chiche » ■ *Pois* chiche.*

3 **CHICHE** [ʃiʃ] **interj.** – 1866 ◊ p.-ê. de 1 *chiche* ■ FAM. Exclamation de défi : je vous prends au mot. *Tu n'oserais jamais. – Chiche ! – Chiche que* (et l'indic.). *Chiche que je le fais !* ♦ **adj.** *Tu n'es pas chiche de le faire :* tu n'en es pas capable, tu n'oseras pas.

CHICHE-KÉBAB ou **CHICHE-KEBAB** [ʃiʃkebab] **n. m.** /CHICHEKÉBAB/ – 1907 ◊ turc *şiş kebap,* de *şiş* « broche, brochette » et *kebap* « morceaux de viande » → kébab ■ Brochette de mouton, d'agneau à l'orientale. *Des chiches-kébabs, des chiches-kebabs.*

CHICHEMENT [ʃiʃmɑ̃] **adv.** – 1539 ◊ de 1 *chiche* ■ D'une manière chiche. *Vivre chichement,* pauvrement, mesquinement. *Salle chichement éclairée.*

1 **CHICHI** [ʃiʃi] **n. m.** – 1886 ◊ onomat. ■ FAM. Comportement qui manque de simplicité. ➤ 2 **affectation, minauderie.** *Faire des chichis.* ➤ **cérémonie, embarras, façon, manière, simagrée.** — *Pas tant de chichi ! « tous ces gens font bien du chichi »* RENARD. — PAR EXT. Déploiement de cérémonie, souci exagéré du protocole. *Gens à chichi.* ➤ **chichiteux.** ■ CONTR. Simplicité.

2 **CHICHI** [ʃiʃi] **n. m.** – 1948 ◊ du provençal *chichi-frégi* (1897), mot à mot « oiseau frit », du même radical onomatopéique *tšitš-* que 1 *chichi* ■ RÉGION. (Provence, Sud-Ouest) ■ **1** Beignet cylindrique cannelé, roulé dans le sucre. ➤ **churro.** *Acheter des chichis à la fête foraine.* ■ **2** FAM. Pénis.

CHICHITEUX, EUSE [ʃiʃitø, øz] **adj.** – 1920 ◊ de 1 *chichi* ■ FAM. ■ **1** (PERSONNES) Qui aime à faire des chichis, des manières. ➤ **maniéré.** *Femme chichiteuse.* ➤ **pimbêche.** ■ **2** (CHOSES) Trop recherché, maniéré. *Un décor chichiteux. « des maisons en pierre, mal foutues, petites, [...] chichiteuses on aurait dit »* L. MAUVIGNIER.

CHICHON [ʃiʃɔ̃] **n. m.** – 1994 ◊ p.-ê. de *chicha* (1977), verlan de *haschich* ■ FAM. Haschich. *Boulette de chichon.*

CHICLÉ [(t)ʃikle] **n. m.** – 1922 ◊ espagnol *chicle,* du nahuatl *tzictli* ■ Latex qui découle notamment du sapotillier. *Le chiclé est utilisé dans la préparation des chewing-gums.*

CHICON [ʃikɔ̃] **n. m.** – 1651 ◊ var. de *chicot* « trognon » ■ **1** Variété de laitue. ➤ 1 **romaine.** ■ **2** RÉGION. (Nord ; Belgique, Luxembourg, Burundi) Endive. *Chicons au jambon, au gratin, roulade de chicons.*

CHICORÉE [ʃikɔʀe] **n. f.** – *cikoré* XIIIe, puis *chicoree* (1528) sous l'influence de l'italien *cicoria* ◊ du latin médiéval *cicorea,* du latin d'origine grecque *cichoreum* ■ **1** Plante herbacée *(composées)* à fleurs bleues, dont certaines espèces sont cultivées pour leurs feuilles. *Chicorée sauvage, amère, appelée aussi* barbe-de-capucin, pain de sucre. *Chicorée de Bruxelles.* ➤ **endive.** *Chicorée à feuilles rouges.* ➤ **trévise.** ■ **2** SPÉCIALT Feuilles de chicorée cultivée qui se mangent en salade. ➤ **frisée, scarole.** ■ **3** Racine torréfiée de la chicorée. PAR EXT. Infusion préparée avec cette racine. *Une tasse de chicorée.*

CHICOT [ʃiko] **n. m.** – 1581 ; *cicot* 1553 ◊ de *chique* ■ **1** Reste d'une branche, d'un tronc brisé ou coupé. ■ **2** Morceau qui reste d'une dent ; dent cassée, usée.

CHICOTER [ʃikɔte] **v. tr.** ⟨1⟩ – 1894 ◊ d'un radical *tšikk-* « petit » ; *chicoter* est usité en français de France du XVIe s. à la fin du XIXe s. au sens de « chicaner » et se rencontre en particulier dans les parlers manceau et saintongeais ■ (Canada) FAM. Tracasser, inquiéter. *Ça me chicote.* ➤ **chiffonner, turlupiner.**

CHICOTIN [ʃikɔtɛ̃] **n. m.** – 1564 ; *cicotin* XVe ◊ altération de *socotrin,* de *Socotora,* île d'où cet aloès est originaire ■ VX Suc très amer extrait d'un aloès ; poudre amère que l'on extrait de la coloquinte. MOD. LOC. *Amer comme chicotin :* très amer.

CHIÉ, CHIÉE [ʃje] **adj.** – p. p. de *chier* ■ FAM. Réussi. *C'était chié.* — Incroyable. *Tu es vraiment chié !*

CHIÉE [ʃje] **n. f.** – 1834 ◊ de *chier* ■ FAM. Grande quantité. ➤ **flopée, tapée.** *Il a une chiée d'amis.*

CHIEN, CHIENNE [ʃjɛ̃, ʃjɛn] **n.** – fin XIe ◊ du latin *canis*

I L'ANIMAL **A.** DESCRIPTION ET CARACTÉRISTIQUES DU CHIEN Mammifère *(carnivores ; canidés)* issu du loup, dont de nombreuses races ont été domestiquées et sélectionnées par hybridation. ➤ **cyn(o)-.** *Un chien, une chienne.* ➤ **toutou ;** FAM. 1 **cabot, cador, clébard, clebs.** *Ouïe, vue, odorat* (➤ **flair**) *aiguisés des chiens. Chien de race. Chien bâtard.* ➤ **corniaud,** RÉGION. **zinneke.** *Chien errant, perdu, trouvé. Chien méchant.* LOC. PROV. *Le chien est le meilleur ami de l'homme.* — *Relatif au chien.* ➤ **canin.** *Chiens de race. Le pedigree d'un chien. Croiser des chiens.* ➤ **mâtiner.** *Petit du chien.* ➤ **chiot.** *Cris du chien.* ➤ **aboyer, glapir, gronder, japper ;** 1 **ouah.** *Chien qui hurle à la mort. Chien qui mord, qui attaque* (➤ **grrr**). *Robe, poil d'un chien. Gueule, museau, canines, crocs du chien. Nez du chien.* ➤ **truffe.** *Essoriller un chien.* ➤ **courtaud.** *Ergot du chien.* ➤ **éperon.** *Chien attaché, muselé.* ➤ **laisse ; collier, muselière.** *Pâtée du chien ; aliments pour chiens. Le chien ronge son os. La niche, le panier du chien. Mettre un chien à la fourrière. Siffler son chien. Faire coucher un chien. Caresser un chien. Promener le chien.* — *Chien de chasse* (simplement *chien,* dans ce contexte). *Femelle du chien de chasse.* ➤ 3 **lice.** *Actions du chien à la chasse.* ➤ **arrêter, bourrer, chasser, flairer, halener, quêter, rabattre.** *Ameuter les chiens. Rompre* les chiens. Valet de chiens.* ➤ 1 **piqueur.** *Meute, harde de chiens.* — LOC. *Chien d'arrêt,* qui s'arrête quand il sent le gibier. *Chien couchant*. Chien courant,* qui donne de la voix quand il est sur la piste du gibier. — *Chien d'appartement. Chien de manchon :* très petit chien, que les femmes pouvaient abriter dans leur manchon. — *Dresser un chien. Chien de garde*. Lâcher les chiens. Chien d'aveugle. Chien policier** (➤ **maître-chien**). *Chien renifleur*. Chien de berger. Chien de traîneau.* — *Chien qui a la rage, des tiques. Un chien pelé, galeux, enragé.* — *Races, types de chiens :* airedale, barbet, basset, beagle, berger, bichon, bobtail, bouledogue, bouvier, boxer, braque, briard, briquet, bull-terrier, caniche, carlin, chien-loup, chihuahua, chow-chow, cocker, colley, corniaud, dalmatien, danois, doberman, dogue, épagneul, fox, golden retriever, griffon, grœnendael, havanais, husky, king-charles, labrador, labrit, levrette, lévrier, limier, loulou, malinois, maltais, mastiff, mâtin, molosse, pékinois, pit-bull, pointer, ratier, retriever, roquet, rottweiler, saint-bernard, samoyède, schipperke, schnauzer, scotch-terrier, setter, sharpeï, shiba inu, skye-terrier, sloughi, springer, teckel, terre-neuve, terrier, yorkshire. — *Le Grand Chien* (1690), *le Petit Chien* (constellations). ♦ *Chien sauvage :* animal de l'espèce des canidés, non domestiqué. ➤ **chacal,** 1 **dingo, lycaon.**

B. LOCUTIONS ET EXPRESSIONS ■ **1** (1792) *Garder à qqn un chien de sa chienne,* lui garder rancune et lui ménager une vengeance. *Se regarder en chiens de faïence*.* — *Recevoir qqn comme un chien dans un jeu de quilles,* très mal. (1694) *Arriver comme un chien dans un jeu de quilles,* mal à propos. — *Rompre* les chiens.* — (1690) *S'entendre, vivre, être comme chien et chat :* se chamailler sans cesse. *Les chiens ne font pas des chats :* il n'est pas étonnant de retrouver des comportements similaires d'une génération à l'autre. — *Cela n'est pas fait pour les chiens :* on peut, on doit s'en servir, l'utiliser. — *Le chien-chien à sa mémère* (allus. au lang. bêtifiant adressé aux chiens). — *Ne pas attacher son chien avec des saucisses*.* — *Faire le jeune chien ; être bête comme un jeune chien :* être étourdi, folâtre. — (début XIIIe) *Entre chien et loup :* au crépuscule, quand la nuit commence à tomber. — *Il fait un temps à ne pas mettre un chien dehors,* un très mauvais temps. — FAM. *Être en chien :* être en manque (d'argent, de drogue, d'activité sexuelle, etc.) ; se sentir seul. — PROV. *Bon chien chasse* de race. Qui veut noyer son chien l'accuse* de la rage. Un chien regarde bien un évêque :* la différence de rang autorise cependant les relations. *Les chiens aboient, la caravane* passe.* ■ **2** (1552 ◊ par dénigrement) LOC. PÉJ. **DE CHIEN.**

Avoir, éprouver un mal de chien : rencontrer bien des difficultés. *Elle «marche de travers, avec un mal de chien»* DURAS. *Ça fait un mal de chien,* très mal. *Métier, travail de chien,* très pénible. (1690) *Vie de chien,* misérable, difficile. *Temps de chien,* détestable. *Coup de chien :* bourrasque. *Caractère, humeur de chien,* exécrable. ♦ INTERJ. *Nom d'un chien !,* juron familier. — *Merci qui ! Merci mon chien !,* se dit pour inciter un enfant à ajouter un appellatif. ♦ LOC. **COMME UN CHIEN.** *Traiter qqn comme un chien,* très mal, sans égard ni pitié. *Être malade comme un chien,* très malade (cf. Comme une bête). *Tuer qqn comme un chien,* de sang-froid, sans aucune pitié. ▪ **3** Personne méprisable (t. d'injure). *Ah ! les chiens !* ➤ FAM. **salaud.** *Quelle bande de chiens !* — (fin XIIe) (En emploi adj.) Dur, méchant ; avare (➤ **rat**). *Il n'est pas trop chien. Je ne suis pas chienne, je vais t'aider.* — *Quel chien de temps !* ➤ **sale.** *Ma «passablement sédentaire et forcément parisienne chienne de vie !»* VERLAINE. ♦ LOC. FAM. (Canada) *C'est chien :* c'est méchant, mesquin ; c'est vexant. ➤ **vache ;** RÉGION. **cochon.** *C'est vraiment chien ce qu'on lui a fait !* ▪ **4** (1866) VIEILLI Charme, attrait (surtout des femmes). *«Brune, belle, et même mieux que belle : elle a du chien»* YOURCENAR. ➤ **allure, chic.** ▪ **5** (1881) FAM. *Les chiens écrasés*.*

II ~ n. m. (EMPLOIS SPÉCIALISÉS) ▪ **1** (début XIIIe) *Chien de mer :* petit squale. ➤ **aiguillat, émissole, roussette.** *Chien-dauphin.* ➤ **lamie.** — *Chien de prairie :* petit mammifère rongeur. ▪ **2** (1585) Pièce coudée de certaines armes à feu qui guide le percuteur. *Le chien d'un fusil de chasse.* — (1866) LOC. *Être couché, dormir en chien de fusil,* les genoux ramenés sur le corps. ▪ **3** Aux tarots, Cartes écartées lors de la distribution. ➤ **talon.**

CHIEN-ASSIS [ʃjɛ̃asi] **n. m.** – 1929 ◇ de *chien* et *assis* ▪ ARCHIT. Lucarne en charpente, en saillie sur la couverture d'une maison et servant à éclairer et aérer un comble. *Des chiens-assis* [ʃjɛ̃asi].

CHIENDENT [ʃjɛ̃dɑ̃] **n. m.** – 1551 ; *chiendant* 1340 ◇ de *chien* et *dent* ▪ **1** Plante herbacée *(graminées)* très commune, mauvaise herbe des cultures et des pelouses. *Chiendent à balais. Petit chiendent,* le plus commun. LOC. *Pousser comme du chiendent,* très vite. ▪ **2** Rhizome de chiendent à balais séché. *Brosse de, en chiendent.* ▪ **3** FIG. et FAM. ➤ **difficulté*, ennui.** *Voilà le chiendent. Quel chiendent !*

CHIENLIT [ʃjɑ̃li] **n. f.** – 1534 ◇ de *chier, en* et *lit* ▪ **1** VIEILLI ou LITTÉR. Masque de carnaval. ▪ **2** FIG. Mascarade, déguisement grotesque. ♦ Désordre. ➤ **pagaille.** *«Je suis heureux de mourir plutôt que de voir la chienlit en France»* DRIEU LA ROCHELLE. *«La réforme, oui ; la chienlit, non»* (attribué au général DE GAULLE en mai 1968).

CHIEN-LOUP [ʃjɛ̃lu] **n. m.** – 1775 ◇ de *chien* et *loup,* d'après l'anglais *wolf-dog* ▪ Chien qui ressemble au loup. ➤ **berger** (allemand). *Des chiens-loups.*

CHIENNERIE [ʃjɛnʀi] **n. f.** – v. 1210 ◇ de *chien* ▪ **1** VX Troupe de chiens. ▪ **2** (1669) VX Avarice. ♦ PÉJ. *Cette chiennerie de métier.* ➤ **chien.**

CHIER [ʃje] **v. intr.** ⟨7⟩ – XIIIe ◇ latin *cacare,* espagnol *cagar ;* cf. *chiader, chialer* ▪ FAM. et VULG. ▪ **1** Se décharger le ventre des excréments, déféquer. ➤ 1 **faire ;** RÉGION. **caguer ; caca.** ▪ **2** FIG. **FAIRE CHIER QQN,** l'embêter. ➤ **ennuyer** (cf. Faire suer, faire tartir). PAR EXT. Lui causer des ennuis, le faire souffrir. *Tu nous fais chier.* (Sans compl.) *Fais pas chier ! Ça me fait chier :* ça m'ennuie, ça m'est désagréable. *On se fait chier ici,* on s'ennuie. ➤ **s'emmerder.** *«j'aime mieux me faire chier tout seul que d'être heureux avec les autres»* DESPROGES. ♦ LOC. *Envoyer chier qqn,* le rembarrer. *Chier dans son froc** (de peur). *Chier dans la colle*. Chier dans les bottes* de qqn. Chier une pendule*.* — *En chier :* être dans une situation pénible. *Y a pas à chier :* c'est évident, c'est inévitable. *À chier :* très laid, très mauvais. *Elle est à chier. Ce film est à chier. Un goût à chier. Nul* à chier.* ♦ IMPERS. *Ça va chier (des bulles) :* les choses vont se gâter, ça va barder. *Ça chie pas :* cela n'a pas d'importance.

CHIERIE [ʃiʀi] **n. f.** – XVIe «déjections» ◇ de *chier* ▪ TRÈS FAM. Chose très ennuyeuse, contrariante ou contraignante. ➤ **chiotte, emmerdement.** *Quelle chierie ! «Maintenant elle revoulait plus partir ! Ah là ! la chierie...»* CÉLINE.

CHIEUR, CHIEUSE [ʃjœʀ, ʃjøz] **n.** – XXe ◇ de *chier* ▪ TRÈS FAM. Personne qui embête, ennuie. ➤ **emmerdeur.** *Quel chieur, ce mec !*

CHIFFE [ʃif] **n. f.** – 1611 ; *chipe* «chiffon» 1306 ◇ moyen anglais *chip* «petit morceau» ▪ **1** Étoffe de mauvaise qualité. ➤ **chiffon.** ▪ **2** (1798) FIG. Personne d'un caractère faible. ➤ **lavette ;** RÉGION. **guenille.** *C'est une chiffe molle* (➤ 1 **mou, veule**).

CHIFFON [ʃifɔ̃] **n. m.** – 1607 ◇ de *chiffe* ▪ **1** Morceau de vieille étoffe. ➤ RÉGION. **guenille.** *Faire des chiffons dans des draps usés. Vieux chiffons. Garder, ramasser, vendre des chiffons* (➤ **chiffonnier**). *Effilocher des chiffons* (➤ 1 **bourre, charpie**). LOC. (par allus. à la cape des toréros) *Agiter le chiffon rouge :* mettre en avant un sujet polémique. — SPÉCIALT *Chiffon à poussière.* ➤ **essuie-meuble ;** RÉGION. **loque,** 2 **patte.** *Passer un coup de chiffon.* ➤ **chamoisine, chiffonnette ;** RÉGION. **chamoisette.** ♦ *Récupération du chiffon pour la fabrication du papier.* ➤ **peille,** 2 **pilot.** — PAR MÉTON. *Du chiffon :* papier de qualité, fait avec du chiffon. ▪ **2** PAR EXT. Vêtements froissés, fripés (➤ **chiffonné**). *Plier, mettre des vêtements en chiffon,* les disposer sans aucun soin. — PAR ANAL. *Un chiffon de papier :* papier froissé ; FIG. (1752) document sans valeur, sans importance ; traité qu'on signe sans avoir l'intention de le respecter. ▪ **3** FAM. (PLUR.) Vêtements de femme, objets de parure. *Ne s'occuper que de chiffons.* LOC. *Parler chiffons.* ➤ **fringue.**

CHIFFONNADE [ʃifɔnad] **n. f.** – 1740 ◇ de *chiffonner* ▪ CUIS. ▪ **1** Préparation de salade (laitue, oseille) coupée en fines lanières, fondue au beurre et assaisonnée. *Chiffonnade de laitue au cerfeuil.* ▪ **2** (marque enregistrée en 1998) Coupe du jambon en tranches si fines qu'elles ont un aspect chiffonné.

CHIFFONNÉ, ÉE [ʃifɔne] **adj.** – de *chiffonner* ▪ **1** Froissé. *Étoffe toute chiffonnée.* ➤ **fripé.** ▪ **2** (XVIIIe) FIG. *Figure, mine chiffonnée,* fatiguée. — Dont les traits sont peu réguliers mais agréables. *«un petit minois éveillé, chiffonné»* ROUSSEAU. ▪ **3** Tracassé (➤ **chiffonner,** I, 2°). ▪ CONTR. Repassé. Reposé. Régulier.

CHIFFONNEMENT [ʃifɔnmɑ̃] **n. m.** – 1845 ◇ de *chiffonner* ▪ **1** RARE Action de chiffonner ; état de ce qui est chiffonné. On dit aussi **CHIFFONNAGE,** 1835. ▪ **2** FIG. Contrariété, léger ennui (➤ **chiffonner,** I, 2°). *«accepter sans chiffonnement de me voir briller comme une vedette»* DANINOS.

CHIFFONNER [ʃifɔne] **v.** ⟨1⟩ – 1673 ; autre sens 1657 ◇ de *chiffon*

I v. tr. ▪ **1** Froisser, mettre en chiffon. ➤ **bouchonner, friper, froisser.** *Chiffonner une robe, un vêtement.* PRONOM. *Tissu qui se chiffonne,* qui garde les faux plis. — PAR EXT. *«Quelque lettre qu'il déchire ou chiffonne un moment après»* ROUSSEAU. ▪ **2** FIG. Ennuyer*. *Cela me chiffonne.* ➤ 1 **chagriner, contrarier, intriguer ;** RÉGION. **chicoter.** *«je puis te dire ce qui me chiffonne l'esprit»* BALZAC.

II v. intr. S'intéresser à des chiffons, s'occuper à de petits travaux de couture. *«occupées à chiffonner et à pouponner»* ALAIN.

▪ CONTR. Défroisser, repasser.

CHIFFONNETTE [ʃifɔnɛt] **n. f.** – 1955, attestation isolée ; à nouveau 1990 ◇ de *chiffon* ▪ Carré de matière textile utilisé pour nettoyer, essuyer. *Chiffonnettes jetables.* ➤ **lingette.** *Chiffonnette en microfibre.*

CHIFFONNIER, IÈRE [ʃifɔnje, jɛʀ] **n.** – 1640 ◇ de *chiffon*

I Personne qui ramasse les vieux chiffons pour les vendre. ➤ ARG. **biffin.** *La hotte, le crochet du chiffonnier.* — LOC. *Se disputer, se battre comme des chiffonniers,* sans retenue, bruyamment. *«nous finissions sur le trottoir, à nous battre comme des chiffonniers ivres»* DJIAN.

II n. m. Petit meuble haut, à nombreux tiroirs superposés.

CHIFFRABLE [ʃifʀabl] **adj.** – 1875 ◇ de *chiffrer* ▪ Qu'on peut chiffrer, exprimer par des chiffres. *Les dommages sont difficilement chiffrables.*

CHIFFRAGE [ʃifʀaʒ] **n. m.** – 1853 ◇ de *chiffrer* ▪ **1** Notation par des chiffres. — Évaluation en chiffres. *Le chiffrage des pertes.* ▪ **2** MUS. Le fait de chiffrer ; manière dont une basse, un accord est chiffré. ▪ **3** Chiffrement.

CHIFFRE [ʃifʀ] **n. m.** – 1485 ; *chifres* «zéro» XIIIe ◇ latin médiéval *cifra* «zéro», de l'arabe *sifr* «vide»

I ▪ **1** Chacun des caractères qui représentent les nombres. *Les chiffres arabes* (1, 2, 3, 4, 5, 6, 7, 8, 9, 0). *Les chiffres romains* (I, V, X, L, C, D, M). *Un nombre de deux, de trois, de plusieurs chiffres. Inflation à deux chiffres,* supérieure ou égale à 10 %. *«Le premier prof au salaire à six chiffres !»* L. BINET. — *Écrire une somme en chiffres et en lettres. Colonne de chiffres. Aligner des chiffres.* ➤ **calculer.** — PAR EXT. *Les chiffres, la science des chiffres.* ➤ 2 **arithmétique,** 1 **calcul.** ▪ **2** COUR. Nombre représenté par les chiffres. ➤ **nombre.** *Le chiffre des dépenses.* ➤ **montant,** 1 **somme, total.** *Chiffre rond*. Le chiffre des naissances, des décès, de la population. Chiffre exprimant un rapport.* ➤ **indice, taux.** — **CHIFFRE D'AFFAIRES :** montant global (ou montant total) des ventes (de biens, de services) effectuées pendant la durée d'un exercice (par une entreprise). *Taxe sur le chiffre d'affaires.* ABSOLT *Faire du chiffre :* avoir une politique d'augmentation du chiffre d'affaires.

▪ **3** MUS. Caractère numérique placé au-dessus ou au-dessous des notes de la basse pour indiquer les accords (tierce, quinte) qu'elle comporte.

II ▪ **1** Caractère numérique ou d'une écriture de convention employé dans une écriture secrète (➤ **cryptographie**). *Écrire en chiffres* (opposé à *en clair*). — PAR ANAL. Signe de convention servant à correspondre secrètement. ABSOLT *Le chiffre.* ➤ **code.** *Avoir le secret, la clé du chiffre.* ➤ **chiffrer, déchiffrer.** *Service du chiffre,* ELLIPT *le chiffre* : bureau civil ou militaire où l'on chiffre et déchiffre les dépêches secrètes. ◆ *Le chiffre d'une serrure, d'un coffre-fort.* ➤ **combinaison.** ▪ **2** Entrelacement de lettres initiales. ➤ 1 **marque, monogramme.** *Marquer de l'argenterie, du linge au chiffre de qqn. Faire graver son chiffre.*

CHIFFREMENT [ʃifʀəmɑ̃] n. m. – début XVIIe ◇ de *chiffrer* ▪ DIDACT. Opération par laquelle on chiffre (II) un message. ➤ **codage.**

CHIFFRER [ʃifʀe] v. ‹1› – 1515 ◇ de *chiffre*

I ▪ **1** v. intr. VX Utiliser les chiffres (I) pour calculer. ➤ **compter.** ▪ **2** v. tr. Noter à l'aide de chiffres. *Chiffrer les pages d'un registre.* ➤ **numéroter.** ◆ Plus cour. Évaluer en chiffres. *Chiffrer les pertes.* — PRONOM. (PASS.) *La dépense se chiffre à deux cents euros.* ◆ MUS. Noter au moyen de chiffres. *Chiffrer un accord.* — p. p. adj. *Basse chiffrée.* ▪ **3** v. intr. FAM. S'additionner. *Ça finit par chiffrer,* par coûter cher.

II v. tr. ▪ **1** Écrire, noter en chiffre (II), en un code conventionnel et secret. ➤ aussi **crypter.** *Chiffrer une correspondance secrète.* — p. p. adj. *Message, télégramme chiffré.* ▪ **2** Orner d'un chiffre. *Chiffrer du linge.* « *un portefeuille chiffré d'une couronne de comte* » MARTIN DU GARD. — p. p. adj. *Mouchoir chiffré.*

▪ CONTR. Déchiffrer.

CHIFFREUR, EUSE [ʃifʀœʀ, øz] n. – *chyfreux* 1529 ◇ de *chiffrer* ▪ **1** Personne qui note, transcrit en chiffres. ▪ **2** Employé(e) du chiffre (II) qui fait le chiffrement.

CHIGNER [ʃiɲe] v. intr. ‹1› – 1807 ◇ de *rechigner* ▪ FAM. Grogner, pleurnicher. ➤ **chouiner.**

CHIGNOLE [ʃiɲɔl] n. f. – 1901 ; *chignolle* « dévidoir » 1753 ◇ ancien français *ceoingnole* XIIe ; latin populaire °*ciconiola* « petite cigogne » ▪ **1** FAM. Mauvaise voiture (à cheval, puis automobile). ➤ **tacot.** ▪ **2** (1919) Perceuse à main (➤ **vilebrequin**) ou parfois électrique.

CHIGNON [ʃiɲɔ̃] n. m. – 1725 ; *chaaignon* « nuque » XIIe ; 1080 *caeignum* latin médiéval ◇ du latin populaire °*catenio, onis* « chaîne des vertèbres », de *catena* → chaîne ▪ Coiffure consistant à relever et ramasser la chevelure derrière ou sur la tête. *Se faire un chignon. Relever ses cheveux en chignon.* ◆ LOC. FAM. *Se crêper le chignon* : se battre, se prendre aux cheveux, en parlant des femmes ; se quereller violemment (femmes). *Un crêpage de chignon.*

CHIHUAHUA [ʃiwawa] n. m. – 1858 en anglais ◇ de *Chihuahua,* n. d'une ville du Mexique ▪ Très petit chien à poil ras et à museau pointu, originaire du Mexique. *Une (chienne) chihuahua. Des chihuahuas.*

CHIISME [ʃiism] n. m. – 1838 ◇ de *chiite* ▪ Doctrine religieuse des chiites. ➤ aussi **ismaélisme.** *Le chiisme et le sunnisme.* — On écrit aussi *shiisme.*

CHIITE [ʃiit] adj. et n. – 1765 ; *schiite* 1697 ◇ arabe *chî`î,* de *chî`a* « parti, bande » ▪ RELIG. Relatif à la branche de l'islam qui considère Ali et ses descendants comme les successeurs légitimes de Mahomet (opposé à *sunnite*). *Mouvement chiite.* — n. *Les chiites.* — On écrit aussi *shiite.*

CHIKUNGUNYA [ʃikungunja] n. m. – 2004 ◇ mot swahili « celui qui est courbé », en raison des douleurs articulaires provoquées ▪ Arbovirose transmise par des moustiques. *Épidémie de chikungunya.*

CHILI [(t)ʃili] n. m. – 1676, répandu milieu XXe ◇ mot espagnol ▪ Piment fort, utilisé en Amérique latine. *Chili con carne* [kɔnkaʀne] : plat mexicain, ragoût pimenté de viande hachée et de haricots rouges.

CHILIENNE [ʃiljɛn] n. f. – XXe ◇ de *chilien,* gentilé du Chili ▪ Chaise longue en toile, sans accoudoirs. « *s'allonger dans une chilienne pour lire un livre et rêver* » LE CLÉZIO.

CHILOM ➤ **SHILOM**

CHIMÈRE [ʃimɛʀ] n. f. – XIIIe ◇ latin *chimæra,* grec *khimaira* « la Chimère », monstre mythologique ▪ **1** Monstre à tête et poitrail de lion, ventre de chèvre, queue de dragon, crachant des flammes. *Bellérophon tua la Chimère.* ◆ FIG. et VX Assemblage monstrueux. ▪ **2** (v. 1560) Vaine imagination. ➤ **fantasme, illusion, mirage, rêve, songe, utopie, vision.** *Se forger, se créer des chimères. Caresser une chimère. De vaines, de folles chimères. Quittez ces chimères.* « *Ô chimères ! dernières ressources des malheureux !* » ROUSSEAU. ▪ **3** (1808) Poisson marin cartilagineux *(holocéphales)* aux dents broyeuses, et qui a un aiguillon parfois venimeux. ▪ **4** GÉNÉT. *Gène chimère,* formé de fragments d'ADN d'origines diverses. — BIOL. Organisme créé artificiellement par greffe ou fécondation, à partir de deux cellules, embryons ou organes de génotypes différents (➤ aussi **hybride**). *Chimère de caille et de poulet.* APPOS. *Des souris-chimères.* ▪ CONTR. 2 Fait, raison, réalité, réel.

CHIMÉRIQUE [ʃimeʀik] adj. – 1580 ◇ de *chimère* ▪ LITTÉR. ▪ **1** Qui tient de la chimère. *Animal chimérique.* ➤ **fabuleux, imaginaire, mythique.** *Songes, imaginations, rêves chimériques.* ➤ **fantastique, fou, illusoire, impossible, invraisemblable, irréalisable, irréaliste, irréel, utopique, vain.** *Des projets chimériques* (cf. Des châteaux en Espagne). ▪ **2** Qui se complaît dans les chimères. ➤ **rêveur, romanesque, utopiste, visionnaire.** « *un type paresseux et froid, un peu chimérique, mais très raisonnable au fond* » SARTRE. ▪ CONTR. 1 Positif, réel, solide, vrai.

CHIMÉRISME [ʃimeʀism] n. m. – 1966 ; 1842, autre sens ◇ de *chimère,* probablt par l'anglais *chimerism* (1961) ▪ BIOL. Le fait d'être ou de créer une chimère*.

CHIMIE [ʃimi] n. f. – 1554 ◇ du latin médiéval *chimia* « art de transformer les métaux », du grec byzantin *khêmeia* « magie noire », de *khumeia* → alchimie ▪ **1** Science de la constitution des divers corps, de leurs transformations et de leurs propriétés. ➤ **corps, élément ; composé ; atome, molécule, noyau.** *Notation en chimie.* ➤ **symbole ; chaîne, groupement, liaison, radical.** *Chimie minérale, organique. Chimie prébiotique*. Chimie appliquée.* ➤ **agrochimie, biochimie, carbochimie, électrochimie, pétrochimie, photochimie.** *Chimie nucléaire, industrielle. Chimie des polymères, des protéines. Cours, expérience de chimie. — Chimie verte,* ayant pour but de concevoir des produits et des procédés chimiques visant à éliminer ou à réduire l'emploi et la synthèse de substances dangereuses. ▪ **2** FIG. Transformation profonde, secrète. ➤ **alchimie.** « *la chimie interne de cette extraordinaire gestation* » HENRIOT.
▪ HOM. Shimmy.

CHIMIO ➤ **CHIMIOTHÉRAPIE**

CHIMIO- ▪ Élément, tiré de *chimie.*

CHIMIOLUMINESCENCE [ʃimjolyminesɑ̃s] n. f. – 1929 ◇ de *chimio-* et *luminescence,* d'après l'anglais *chemiluminescence* (1905) ▪ CHIM. Lumière visible produite par une réaction chimique et qui ne s'accompagne pas de dégagement de chaleur.

CHIMIORÉCEPTEUR [ʃimjoʀesɛptœʀ] n. m. – 1950 ◇ de *chimio-* et *récepteur* ▪ PHYSIOL. Terminaison nerveuse, organe sensoriel qui peut répondre à des stimulus chimiques. *Les chimiorécepteurs du goût, de l'olfaction.* — On dit aussi **CHÉMORÉCEPTEUR,** 1909.

CHIMIOSYNTHÈSE [ʃimjosɛ̃tɛz] n. f. – 1935 ◇ de *chimio-* et *synthèse* ▪ BIOCHIM. Production par les êtres vivants de substances organiques à partir d'une source d'énergie chimique. *Chimiosynthèse et photosynthèse.*

CHIMIOTACTISME [ʃimjotaktism] n. m. – 1899 ◇ de *chimio-* et *tactisme* ▪ BIOCHIM. Propriété de certaines cellules, de certains organismes d'être attirés *(chimiotactisme positif)* ou repoussés *(chimiotactisme négatif)* par des substances chimiques.

CHIMIOTHÉRAPIE [ʃimjoteʀapi] n. f. – 1911 ◇ de *chimio-* et *-thérapie* ▪ Traitement par des substances chimiques. *Chimiothérapie du cancer.* ABRÉV. FAM. **CHIMIO,** 1978. — adj. **CHIMIOTHÉRAPIQUE,** 1922.

CHIMIQUE [ʃimik] adj. – 1556 ◇ de *chimie* ▪ Relatif à la chimie, aux corps qu'elle étudie. *Formule*, symbole chimique. Propriétés chimiques d'un corps. Réaction chimique. Énergie chimique. Corps, éléments, composés chimiques. — Produits chimiques* : corps obtenus par l'*industrie chimique* (opposé à *naturels*). ➤ **artificiel, synthétique.** *Armes chimiques,* utilisant des produits chimiques toxiques (gaz). PAR EXT. *Guerre chimique.* ◆ Qui n'est pas naturel, qui est dû à la chimie pharmaceutique. *Castration*, camisole* chimique.* « *un demi-sommeil comateux, une ouate chimique* » O. ADAM.

CHIMIQUEMENT [ʃimikmɑ̃] adv. – 1610 ◇ de *chimique* ▪ D'après les lois, les formules de la chimie. *De l'eau chimiquement pure. Produit obtenu chimiquement.*

CHIMIQUIER [ʃimikje] n. m. – attesté 1995 ◇ de *chimique* ▪ Navire conçu pour le transport de produits chimiques.

CHIMISME [ʃimism] n. m. – 1838 ◊ de *chimie* ■ DIDACT. Ensemble de propriétés ou de phénomènes étudiés du point de vue de la chimie. *Chimisme gastrique* : composition du suc gastrique.

CHIMISTE [ʃimist] n. – 1548 ◊ de *chimie* ■ Personne qui s'occupe de chimie, pratique et étudie la chimie. *Chimiste de laboratoire. Une chimiste.* — APPOS. *Les ingénieurs chimistes.*

CHIMPANZÉ [ʃɛ̃pɑ̃ze] n. m. – *quimpezé* 1738 ◊ d'une langue d'Afrique occidentale ■ Grand singe anthropoïde *(hominidés)* arboricole, qui vit en Afrique équatoriale. *Chimpanzé commun, nain* (➤ **bonobo**).

CHINCHARD [ʃɛ̃ʃaʀ] n. m. – 1875 ; *chincara* 1785 ◊ apparenté à l'espagnol *chicharro* ■ Poisson marin *(carangidés)* au corps fusiforme marqué d'une ligne latérale sinueuse, comestible peu apprécié.

CHINCHILLA [ʃɛ̃ʃila] n. m. – 1789 ; *chinchille* 1598 ◊ mot espagnol, d'une langue indienne du Pérou ■ **1** Petit rongeur des Andes du Sud, élevé pour sa fourrure. *Des chinchillas. Chinchilla sauvage* (espèce menacée). ■ **2** (1809) Sa fourrure gris perle (une des plus chères). *Toque de chinchilla.*

1 **CHINE** [ʃin] n. m. – 1855 ; «plante» 1572 ◊ nom du pays ■ **1** Porcelaine de Chine. *Vase en vieux chine.* ELLIPT *Un chine* : une pièce de porcelaine de Chine. ■ **2** (1866) Papier de luxe. *Du chine et du japon.*

2 **CHINE** [ʃin] n. f. – 1873 ◊ de 2 *chiner* ■ **1** Brocante. ■ **2** Vente de porte à porte. *Vente à la chine.*

CHINÉ, ÉE [ʃine] adj. – de 1 *chiner* ■ Dont la trame, la chaîne, la laine tricotée présente des couleurs alternées formant un dessin irrégulier dans l'ouvrage final. *Tissu chiné. Veste chinée.* ◆ Boutonné (2°).

1 **CHINER** [ʃine] v. tr. ⟨1⟩ – 1753 ◊ de *Chine*, pays d'où vient le procédé ■ Faire alterner des couleurs sur les fils de chaîne avant de tisser une étoffe, de manière à obtenir un dessin, le tissage terminé (opération du *chinage* n. m., 1873). *Chiner une étoffe. Aspect de ce qui est chiné* (ou *chinure* n. f., 1819).

2 **CHINER** [ʃine] v. tr. ⟨1⟩ – 1847 ◊ probablt altération de *échiner* «travailler dur» ■ **1** Chercher (des occasions). *«Au hasard des brocantes, elle a chiné ces fauteuils, ces canapés, ces lampes»* E. CARRÈRE. ABSOLT *Chiner aux Puces.* ■ **2** (1889 ◊ de «duper le client») VIEILLI Critiquer sur le ton de la plaisanterie ironique. ➤ **moquer, plaisanter, railler, taquiner** (cf. FAM. Mettre en boîte). — n. m. **CHINAGE**, 1753.

CHINETOQUE [ʃintɔk] n. et adj. – 1918 argot des marins ◊ de *chinois* ■ FAM. OU PÉJ. (injure raciste) Chinois, Chinoise.

CHINEUR, EUSE [ʃinœʀ, øz] n. – 1847 ◊ de 2 *chiner* ■ **1** n. m. Brocanteur. ◆ n. Personne qui aime fouiller dans les marchés d'occasion. ■ **2** VIEILLI Personne qui chine (2°) ; moqueur.

CHINO [ʃino] n. m. – XXe ◊ mot anglais (1943) d'origine obscure ■ Pantalon léger en coton pour homme, autrefois vêtement militaire. *Des chinos.*

CHINOIS, OISE [ʃinwa, waz] adj. et n. – 1575 ◊ de *Chine*

I adj. ■ **1** De Chine. ➤ **sin(o)-**. *L'ancien empire chinois.* ➤ **céleste**. *La République chinoise. La révolution culturelle chinoise. Religions chinoises* (bouddhisme, confucianisme, taoïsme). *Bonze, mandarin chinois. Coolie chinois. Pagode chinoise. Le li, mesure chinoise. Anciennes monnaies chinoises* (sapèque, tael). *Écriture chinoise ; caractères chinois.* ➤ **idéogramme**. — Peuplé de Chinois. *Le quartier chinois de San Francisco.* ■ **2** Qui vient de Chine, imite un certain goût propre à la Chine. *Pavillon chinois* : petit kiosque à toit pointu et découpé. *Décor chinois.* ➤ **chinoiserie**. *Paravent chinois. Lanterne chinoise. Chapeau* chinois. Ombres* chinoises. Casse-tête chinois. Supplice* chinois. Cuisine chinoise.* — *Restaurant chinois* ; n. m. *un chinois. Je dîne «au chinois à cause du gingembre confit»* J. ROUBAUD. ■ **3** Bizarre et compliqué (par allus. à l'écriture chinoise). *C'est assez chinois.*

II n. ■ **1** Personne habitant en Chine, ou originaire de Chine. ➤ PÉJ. **chinetoque**. *Une Chinoise. Les yeux bridés des Chinois.* ■ **2** (1799) FAM., VIEILLI Individu à l'allure bizarre dont on se méfie. Personne qui subtilise, ergote à l'excès. *Quel Chinois !* (➤ **chinoiserie**). ■ **3** n. m. *Le chinois* : ensemble des langues parlées en Chine ; SPÉCIALT dans la région de Pékin (mandarin*). *«le chinois est une langue qui se crie comme j'imagine toujours les langues des déserts, c'est une langue incroyablement étrangère»* DURAS. *Les tons du chinois. Parler le chinois* (➤ **sinophone**). *Écrire le chinois. Transcription latine du chinois.* ➤ **pinyin**. ◆ LOC. *C'est du chinois* : c'est incompréhensible (cf. C'est de l'algèbre*, de l'hébreu*). ■ **4** n. m. (1832) Petite orange amère (➤ **kumquat**) que l'on fait confire. — RÉGION. (Alsace, Lorraine) Sorte de brioche garnie de crème pâtissière et fourrée aux fruits secs, arrosée de kirsch et nappée d'un glaçage. ■ **5** n. m. Passoire fine, conique (comme un chapeau chinois). *Passer une sauce au chinois.*

CHINOISER [ʃinwaze] v. intr. ⟨1⟩ – 1896 «parler argot» ◊ de *chinois* (langue) ; → chinoiserie (2°) ■ VIEILLI Discuter de façon pointilleuse. ➤ **ergoter**.

CHINOISERIE [ʃinwazʀi] n. f. – 1839 ◊ de *chinois* ■ **1** Bibelot, décor qui vient de Chine ou qui est dans le goût chinois. *Une étagère garnie de chinoiseries.* ■ **2** (1845) COUR. Complication inutile et extravagante. *Les chinoiseries administratives.*

CHINON [ʃinɔ̃] n. m. – attesté 1937 ◊ du n. de la ville ■ Vin de Loire de la région de Chinon, issu du cépage cabernet franc. *Du chinon rouge, rosé. Des chinons.*

CHINOOK [ʃinuk] n. m. – 1925 ◊ de l'anglais, du n. d'une tribu amérindienne ■ Vent chaud et sec des montagnes Rocheuses. *«le chinook à l'est des Rocheuses, qui hurle dans les corridors de glace et de neige et efface l'hiver comme par magie»* M. LE BRIS.

CHINTZ [ʃints] n. m. – 1933 ; *chint* 1753 ◊ mot anglais, de l'hindi ■ Toile de coton imprimée, utilisée pour l'ameublement. *Rideau de chintz.*

CHIOT [ʃjo] n. m. – *chiaux*, plur. 1551 et *chiot* 1611, à nouveau depuis 1907 ◊ forme dialectale de l'ancien français *chael*, du latin *catellus* ■ Jeune chien. *Une portée de chiots.*

CHIOTTE [ʃjɔt] n. f. – 1885 au plur. ◊ de *chier* ■ FAM. ■ **1** AU PLUR. Cabinets d'aisance. ➤ **toilettes***. *Aller aux chiottes. — Aux chiottes !* exclamation, pour conspuer qqn. *Aux chiottes l'arbitre !* — LOC. FIG. *Bruits de chiottes* : commérages, rumeurs. *«se racontant les nouveaux bruits de chiottes sur le prochain remaniement à la tête du département»* DAENINCKX. — loc. adj. *De chiottes* : mauvais (cf. De merde). *Ils «moquaient affectueusement nos goûts musicaux, de chiottes»* A. ERNAUX. ◆ AU SING. *«une petite chiotte où le papier de soie est comme ailleurs»* GENET. — Parfois masc. *Un chiotte.* ■ **2** (1918) Voiture automobile. *Où est garée ta chiotte ?* ■ **3** Ennui. *Quelle chiotte ! C'est la chiotte !* ➤ **chierie, emmerdement**.

CHIOURME [ʃjuʀm] n. f. – 1539 ; *chourme* début XIVe ◊ italien *ciurma* ; latin *celeusma* «chant de galériens» ■ ANCIENNT Ensemble des rameurs d'une galère, des forçats d'un bagne (➤ **garde-chiourme**).

CHIP [ʃip] n. m. – v. 1980 ◊ mot anglais «copeau, pastille» → chips ■ Petite pastille de silicium. ➤ **puce**. — PAR EXT. Circuit* intégré.

CHIPER [ʃipe] v. tr. ⟨1⟩ – 1759 ◊ ancien français *chipe* «chiffon» → chipoter ■ FAM. Dérober, voler*. *«on va t'empaumer, on va te chiper tout ce que tu as»* STENDHAL.

CHIPIE [ʃipi] n. f. – *chipi* 1821 ◊ p.-ê. de *chiper* et 1 *pie* ■ Femme acariâtre*, difficile à vivre. ➤ **chameau, mégère**. *C'est une vraie chipie. «les deux vieilles chipies à corsages montants qui tricotaient sur la plage»* FARRÈRE. — APPELLATIF *Sale chipie !* ◆ Petite fille qui se plaît à agacer les autres.

CHIPIRON [ʃipiʀɔ̃] n. m. – 1864 ◊ du basque *txipiroi* ■ RÉGION. (Sud-Ouest) Calmar. *Chipirons à l'ail.*

CHIPOLATA [ʃipɔlata] n. f. – 1742 ◊ italien *cipollata*, de *cipolla* «oignon» → ciboule ■ Saucisse longue et mince. *Des chipolatas.* — ABRÉV. FAM. **CHIPO** [ʃipo]. *Des chipos.*

CHIPOTAGE [ʃipɔtaʒ] n. m. – 1671 ◊ de *chipoter* ■ Action de chipoter. Marchandage, discussion mesquine.

CHIPOTER [ʃipɔte] v. intr. ⟨1⟩ – 1561 ◊ de *chipe* «chiffon» → chiper ■ **1** Manger* par petits morceaux, du bout des dents et sans plaisir. ➤ **pignocher**. ■ **2** FIG. Marchander mesquinement. *Il chipote sur les dépenses.* ◆ Trouver à redire à tout. ➤ **ergoter, pinailler**. *Chipoter sur les moindres détails.* ■ **3** (Belgique) FAM. Farfouiller. *Cesse de chipoter dans mon tiroir.* — Passer son temps à de vagues occupations. *Il chipote autour de sa moto, à sa moto.* ■ **4** v. tr. (Belgique) FAM. Manier sans soin. ➤ **tripoter**. ◆ Tracasser, préoccuper.

CHIPOTEUR, EUSE [ʃipɔtœʀ, øz] n. et adj. – 1585 ◊ de *chipoter* ■ Personne qui chipote (2°). ➤ **pinailleur**.

CHIPPENDALE [ʃipɛndal] adj. inv. – 1922 ◊ de *T. Chippendale*, n. d'un ébéniste anglais ■ DIDACT. Qui appartient à un style de mobilier anglais du XVIIIe s. *Des commodes chippendale.* — n. m. inv. *Se meubler en chippendale.*

CHIPS [ʃips] **n. f. pl.** – 1920 ; au sing. 1911 ◊ mot anglais «copeaux» ■ Pommes de terre frites en minces rondelles. ➤ RÉGION. **crous-tilles.** *Un sachet de chips.* APPOS. *Pommes chips.* — PAR EXT. *Chips de céleri, de maïs* (➤ **nacho, tortilla**), *de betterave, de pomme.* ◆ Au sing. *Une chips.*

CHIQUE [ʃik] **n. f.** – 1792 ; «petite boule» 1573 ◊ p.-ê. allemand *schicken* «envoyer»

I ■ **1** Morceau de tabac que l'on mâche. ➤ **carotte.** *Mâcher, mastiquer sa chique.* ➤ **chiquer.** — LOC. FAM. **COUPER LA CHIQUE à qqn,** l'interrompre brutalement (cf. Couper le sifflet*). *Avaler* sa chique.* ◆ RÉGION. (Nord, Belgique) Bonbon à sucer, gomme à mâcher. *Chique de Bavay.* ➤ 1 **boule.** ■ **2** FAM. Enflure de la joue, due à un mal de dents. ■ **3** Petit cocon peu fourni en soie ; la soie de ce cocon.

II (1640 ◊ à cause de la boule formée par l'insecte sous la peau) Variété de puce dont la femelle peut s'enfoncer dans la chair humaine et y déterminer des abcès. *«déloger le minuscule pou pénétrant qu'est la chique, du minuscule bourrelet de chair qu'elle a choisi comme habitat»* R. MARAN.

■ HOM. Chic.

CHIQUÉ [ʃike] **n. m.** – 1834 «chic», puis péj. ◊ de *chic* ■ FAM. ■ **1** Attitude affectée de celui, celle qui cherche à se faire valoir. ➤ **épate, esbroufe, frime.** *C'est du chiqué !* ➤ **comédie.** *Faire du chiqué. Il fait ça au chiqué.* ■ **2** Simulation. ➤ **bluff.** *C'est du chiqué.* ■ CONTR. Naturel, simplicité. ■ HOM. Chiquer.

CHIQUEMENT [ʃikmɑ̃] **adv.** – 1858 ◊ de *chic* ■ FAM. ■ **1** Avec chic, élégance. *Il était assez chiquement fringué.* ■ **2** D'une manière chic, amicale et généreuse. *Il m'a très chiquement prêté de l'argent.*

CHIQUENAUDE [ʃiknod] **n. f.** – *chicquenode* 1530 ◊ p.-ê. radical onomat. *tchikk* évoquant la petitesse ou un petit bruit sec ■ Coup donné avec un doigt que l'on a plié contre le pouce et que l'on détend brusquement. ➤ **pichenette.** *Donner, recevoir une chiquenaude.* — FIG. Petite impulsion ; poussée.

CHIQUER [ʃike] **v. tr.** ‹1› – 1792 ◊ de *chique* ■ Mâcher (du tabac, une substance excitante). *Chiquer la coca.* ABSOLT *Tabac à chiquer. «il chiquait, recrachant sa chique, après usage, dans son béret»* J. ROUAUD. ■ HOM. Chiqué.

CHIQUEUR, EUSE [ʃikœʀ, øz] **n.** – 1793 ◊ de *chiquer* ■ Personne qui chique du tabac. *Fumeurs et chiqueurs.*

CHIRAL, ALE, AUX [kiʀal, o] **adj.** – 1970 ◊ anglais *chiral* (1894), du grec *kheir* «main» ■ SC. Se dit d'un objet qui n'est pas superposable à son image dans un miroir plan. *Deux molécules chirales sont l'image l'une de l'autre.* ➤ **énantiomère.**

CHIRALITÉ [kiʀalite] **n. f.** – 1941 ◊ de l'anglais *chirality* (1894) ■ SC. Propriété d'un objet chiral.

CHIRASHI [ʃiʀaʃi] **n. m.** – 1995 ◊ mot japonais, abréviation de *chirashizushi* «sushi éparpillé» ■ Plat japonais composé d'un bol de riz vinaigré recouvert de tranches de poisson cru (➤ **sashimi**). *Des chirashis de saumon, de thon.*

CHIRIDIEN, IENNE [kiʀidjɛ̃, jɛn] **adj.** – 1948 ◊ de *chiridium* «membre pair pentadactyle», du latin scientifique allemand (1882), du grec ; → chir(o)- et -oïde ■ ANAT. *Membres chiridiens :* appendices articulés des tétrapodes, qui assurent la locomotion (ex. patte, aile, nageoire).

CHIR(O)- ■ Élément, du grec *kheir* «main».

CHIROGRAPHAIRE [kiʀɔgʀafɛʀ] **adj.** – 1532 ◊ latin impérial *chirographarius* ■ DIDACT. (DR.) Dépourvu de la sûreté (souvent, l'acte authentique) donnant un droit de préférence pour faire remplir les engagements d'un débiteur. *Créance, obligation chirographaire.* ■ CONTR. Hypothécaire.

CHIROGRAPHIE [kiʀɔgʀafi] **n. f.** – 1839 «expression par signes gestuels» ◊ de *chir(o)-* et *-graphie* ■ DIDACT. Étude des lignes de la main. ➤ **chiromancie.**

CHIROMANCIE [kiʀɔmɑ̃si] **n. f.** – *cyromancie* 1419 ◊ de *chir(o)-* et *-mancie* ■ Art de deviner l'avenir, le caractère de qqn par l'inspection de sa main. *Faire de la chiromancie :* lire dans les lignes de la main.

CHIROMANCIEN, IENNE [kiʀɔmɑ̃sjɛ̃, jɛn] **n.** – *chiromantien* 1546 ◊ de *chiromancie* ■ Personne qui pratique la chiromancie. — (XIXe) Diseur, diseuse de bonne aventure. ➤ **voyant.**

CHIROPRACTEUR, TRICE [kiʀɔpʀaktœʀ, tʀis] **n.** – 1937 ◊ de *chiropractie,* d'après l'anglais *chiropractor* (1904) ■ Praticien(ne) de la chiropractie. ➤ **ostéopathe.** — Recomm. offic. **CHIROPRATICIEN, IENNE.**

CHIROPRACTIE [kiʀɔpʀaksi] **n. f.** – 1938 ◊ anglais *chiropractic* (1903), de *chir(o)-* et *practic* «pratique» ■ Traitement médical par manipulations effectuées sur diverses parties du corps (notamment la colonne vertébrale). — On écrit aussi *chiropraxie.* — Recomm. offic. au Québec **CHIROPRATIQUE, n. f.**

CHIROPTÈRES [kiʀɔptɛʀ] **n. m. pl.** – 1838 ; *cheiroptères* 1797 ◊ de *chir(o)-* et *-ptère* ■ ZOOL. Ordre de mammifères placentaires adaptés au vol grâce à leur membrane alaire. ➤ **chauve-souris.** — Au sing. *Un chiroptère.* — On dit aussi **CHÉIROPTÈRES.**

CHIRURGICAL, ALE, AUX [ʃiʀyʀʒikal, o] **adj.** – *cirurgical* 1370 ◊ latin *chirurgicalis* ■ Relatif à la chirurgie. *Intervention chirurgicale. Actes chirurgicaux. Instruments chirurgicaux.* ◆ FIG. (1990) *Attaque, frappe chirurgicale,* d'une extrême précision (contexte militaire). — **adv. CHIRURGICALEMENT,** 1844.

CHIRURGIE [ʃiʀyʀʒi] **n. f.** – fin XVIe ; 1381 *chirugie ;* 1177 *cirurgie* ◊ latin *chirurgia,* grec *kheirourgia* «opération» ■ Partie de la thérapeutique médicale qui comporte une intervention manuelle avec des instruments, aidée d'appareils (laser, robot...) (➤ **-ectomie, -plastie, -tomie**). *Manuel, traité de chirurgie. Petite chirurgie :* opérations simples (plâtres, ponctions, sondages, petites incisions, etc.). *Chirurgie ambulatoire*. Chirurgie générale. Chirurgie des os, du cœur. Chirurgie à cœur ouvert. Chirurgie cardiovasculaire, orthopédique. Chirurgie plastique, réparatrice ou esthétique, reconstructrice, restauratrice. Chirurgie du système nerveux.* ➤ **neurochirurgie.** *Chirurgie sous microscope* (➤ **microchirurgie**), *assistée par ordinateur* (➤ **téléchirurgie**). *Actes de chirurgie :* ablation, amputation, antisepsie, autogreffe, cathétérisme, césarienne, couture, curetage, débridement, diérèse, dilatation, énucléation, évidement, excision, exérèse, extirpation, extraction, greffe, hémostase, hétéroplastie, incision, injection, insufflation, intervention, ligature, occlusion, ouverture, ponction, pontage, prothèse, réduction, résection, section, suture, taille, tamponnement, 2 toucher, transfusion, trépanation. — *Chirurgie dentaire* (➤ **dentiste**). — *Chirurgie vétérinaire.*

CHIRURGIEN, IENNE [ʃiʀyʀʒjɛ̃, jɛn] **n.** – *cirurgien* 1175 ◊ du latin *chirurgia* ■ **1** Spécialiste en chirurgie. ➤ **praticien.** *Le chirurgien opère avec l'aide de ses assistants* (➤ **instrumentiste**). *Mauvais chirurgien.* ➤ FAM. 2 **boucher, charcutier.** — *Elle est chirurgienne.* ◆ ANCIENNT *Chirurgien-barbier.* ■ **2** (1728) *Chirurgien-dentiste.* ➤ **dentiste.**

CHISEL [ʃizɛl] **n. m.** – v. 1980 ◊ de l'anglais, emprunté à l'ancien français *chisel,* forme de *cisel* «ciseau» ■ AGRIC. Gros cultivateur (2°) à dents plates et incurvées.

CHISTÉRA ou **CHISTERA** [(t)ʃisteʀa] **n. f.** ou **m.** – 1891 ◊ basque *xistera,* latin *cistella* ■ Instrument d'osier en forme de gouttière recourbée, qui sert à lancer la balle à la pelote basque. *Grande, petite chistéra.*

CHITINE [kitin] **n. f.** – 1821 ◊ grec *chitôn* «tunique» ■ BIOL. Substance organique, constituant de la cuticule des arthropodes, présente aussi chez les nématodes et dans la paroi cellulaire de quelques champignons. — **adj. CHITINEUX, EUSE,** 1876.

CHITON [kitɔ̃] **n. m.** – *chitonisque* 1753 ◊ mot grec → chitine ■ **1** Tunique grecque, dans l'Antiquité. ■ **2** ZOOL. Mollusque allongé *(amphineures)* qui adhère aux rochers et aux coquilles grâce à son pied large et plat.

CHIURE [ʃjyʀ] **n. f.** – *chieüre* 1642 ◊ de *chier* ■ Excrément (d'insecte, de mouche). ➤ **chiasse.** *«deux glaces, pleines de chiures de mouches»* ZOLA.

CHLAMYDE [klamid] **n. f.** – *clamide* 1502 ◊ grec *khlamus, udos* ■ ANTIQ. Manteau court et fendu, agrafé sur l'épaule.

CHLAMYDIA [klamidja] **n. f.** – 1965 ◊ latin des médecins, du grec *khlamus* «manteau» ■ MÉD. Bactérie vivant à l'intérieur des cellules, responsable de multiples affections chez l'être humain, notamment pulmonaires, urogénitales et oculaires. *Infections à chlamydia. Des chlamydias* ou *des chlamydiae* [klamidje] (plur. lat.).

CHLASS(E) ➤ 1 **SCHLASS**

1 **CHLEUH** [ʃlø] **n. et adj.** – 1891 ; 1866 *Chellouh* ◊ de l'arabe, lui-même du berbère *ach leuh* «tente de poil» ■ (Maghreb) Berbère sédentaire du Maroc, vivant dans le Haut-Atlas, l'Anti-Atlas et la plaine du Sous. *Les Chleuhs.* — **n. m.** *Le chleuh :* variété de berbère parlée par les Chleuhs. — **adj.** (inv. en genre) *Contes chleuhs.* ◆ (Maroc) PAR EXT. Toute personne d'origine berbère.

2 **CHLEUH** [ʃlø] **n. et adj.** – 1939 ◊ de 1 *chleuh* ■ FAM. et PÉJ. Allemand, Allemande (en tant qu'ennemi, pendant la Deuxième Guerre mondiale). *Les Chleuhs.* **adj.** *Un avion chleuh.* — On écrit aussi *schleu, schleue.* «*c'est les partisans schleus qui ont fait sauter l'half-track*» NIMIER.

CHLINGUER [ʃlɛ̃ge] **v.** ‹1› – *schelinguer* 1846 ◊ p.-ê. de l'allemand *schlagen* «taper» ■ FAM. et VULG. ■ **1 v. intr.** Puer. ➤ **empester*.** «*je pue ils pincent leur nez ils disent ça chlingue ça fouette*» DUVERT. ■ **2 v. tr.** Répandre une mauvaise odeur de. *Ça chlingue le moisi.* — On écrit aussi *schlinguer.*

CHLOASMA [klɔasma] **n. m.** – 1855 ◊ grec *khloazein* «être de la couleur vert pâle des jeunes pousses» ■ MÉD. Taches pigmentées irrégulières du visage, observées surtout pendant la grossesse (masque de grossesse).

CHLORAL [klɔʀal] **n. m.** – 1831 ◊ de *chlore* et *al(cool)*, d'après l'allemand ■ CHIM. Liquide incolore, huileux, de formule CCl_3CHO, préparé par action du chlore sur l'éthanol, utilisé dans la synthèse du D. D. T. *Le chloral hydraté* ou *hydrate de chloral* : solide blanc, utilisé autrefois comme soporifique. *Des chlorals.*

CHLORAMPHÉNICOL [klɔʀɑ̃fenikɔl] **n. m.** – 1947 ◊ nom déposé ; du radical de *chlore* ■ PHARM. Antibiotique actif sur un grand nombre de bactéries (staphylocoques, streptocoques, bacilles de la typhoïde, de la coqueluche, du typhus exanthématique). ➤ **typhomycine.**

CHLORATE [klɔʀat] **n. m.** – 1816 ◊ de *chlore* ■ CHIM. Sel de l'acide chlorique. *Chlorate de soude.* — ABSOLT Ion ClO_3^- issu de cet acide.

CHLORATION [klɔʀasjɔ̃] **n. f.** – 1922 ◊ de *chlore* ■ TECHN. Purification de l'eau par adjonction de chlore ou d'autre produit libérant du chlore au contact de l'eau.

CHLORE [klɔʀ] **n. m.** – 1815 ◊ grec *khlôros* «vert» ■ CHIM. Élément atomique (Cl ; n° at. 17 ; m. at. 35,453), deuxième du groupe des halogènes*, gaz jaune verdâtre, d'odeur suffocante à l'état non combiné (➤ **dichlore**). *Le chlore est extrait du chlorure de sodium par électrolyse. — Composé hydrogéné du chlore :* acide chlorhydrique (➤ aussi **chlorure**). — *Composés oxygénés du chlore :* anhydride et acide hypochloreux (➤ aussi **hypochlorite**), anhydride et acide chloreux (➤ aussi **chlorite**), acide chlorique (➤ aussi **chlorate**), acide perchlorique (➤ aussi **perchlorate**). ◆ COUR. Dichlore. *Propriétés oxydantes, décolorantes, antiseptiques du chlore* (cf. Eau de Javel*). *Le chlore est utilisé industriellement* (fabrication du chlorure de chaux, des désinfectants, de l'acide chlorhydrique). ■ HOM. Clore.

CHLORÉ, ÉE [klɔʀe] **adj.** – 1838 ◊ de *chlore* ■ Qui contient du chlore. «*Les enfants barbotaient dans la petite piscine* [...] *dans une eau si fortement chlorée qu'elle semblait exhaler une sorte de vapeur*» M. NDIAYE.

CHLORELLE [klɔʀɛl] **n. f.** – 1929 ◊ du grec *khlôros* «vert» ■ Algue verte d'eau douce qui se développe dans les conduits. *La chlorelle entre dans la composition d'aliments pour le bétail.*

CHLORER [klɔʀe] **v. tr.** ‹1› – fin XIXe ◊ de *chloré* ■ **1** Chlorurer. ■ **2** Mêler de chlore. *Chlorer l'eau d'une piscine.*

CHLOREUX, EUSE [klɔʀø, øz] **adj.** – (1824 ◊ de *chlore*) ■ CHIM. *Acide chloreux :* acide non isolé ($HClO_2$).

CHLORHYDRATE [klɔʀidʀat] **n. m.** – 1848 ◊ de *chlorhydrique* ■ CHIM. Sel formé par addition d'acide chlorhydrique sur une molécule (en général organique).

CHLORHYDRIQUE [klɔʀidʀik] **adj.** – 1834 ◊ de *chlore* et *hydrique* ■ CHIM. *Gaz chlorhydrique :* chlorure d'hydrogène (HCl). *Acide chlorhydrique :* solution de ce gaz dans l'eau, liquide incolore, fumant, corrosif. ➤ **esprit-de-sel.**

CHLORIQUE [klɔʀik] **adj.** – 1814 ◊ de *chlore* ■ CHIM. *Acide chlorique :* acide $HClO_3$.

CHLORITE [klɔʀit] **n. f.** – 1831 ◊ de *chlore* ■ **1** CHIM. Sel de l'acide chloreux. ■ **2** MINÉR. Silicate d'aluminium, de magnésium et de fer, hydraté, de couleur verte. *La chlorite est souvent un produit d'altération de la biotite.*

CHLOR(O)- ■ Élément, du grec *khlôros* «vert», indiquant la présence de chlore ou la couleur verte.

CHLOROFIBRE [klɔʀofibʀ] **n. f.** – 1965 ◊ de *chloro-* et *fibre* ■ TECHN. Fibre synthétique à base de chlorure de vinyle (➤ **rhovyl**), utilisée dans le textile pour ses propriétés triboélectriques.

CHLOROFLUOROCARBONE [klɔʀoflyɔʀokaʀbɔn] **n. m.** – 1979 ◊ anglais *chlorofluorocarbon* (1977), de *chloro-*, *fluoro-* (→ fluor) et *carbon* ■ CHIM., TECHN. Composé, correctement nommé *hydrocarbure fluoré* ou *chlorofluoroalcane*, utilisé sous forme gazeuse ou liquide comme réfrigérant et comme propulseur dans les bombes à aérosols. ➤ **fréon.** ABRÉV. **C. F. C.** [seɛfse]. *Les chlorofluorocarbones pourraient être responsables de la destruction partielle de la couche d'ozone de la stratosphère.*

CHLOROFORME [klɔʀɔfɔʀm] **n. m.** – 1834 ◊ de *chloro-* et radical de *(acide) formique* ■ Liquide incolore ($CHCl_3$), dérivé du méthane, employé en chimie comme solvant, en chirurgie et en médecine comme anesthésique. *Endormir qqn au chloroforme.*

CHLOROFORMER [klɔʀɔfɔʀme] **v. tr.** ‹1› – 1856 ; *chloroformiser* 1847 ◊ de *chloroforme* ■ **1** Anesthésier au chloroforme. *Chloroformer un malade.* — **n. f. CHLOROFORMISATION,** 1847. ■ **2** FIG. *Chloroformer les consciences, les esprits.* ➤ **endormir.** «*Chloroformés par l'habitude, abrutis, endormis*» MAURIAC. ■ CONTR. Réveiller.

CHLOROMÉTRIE [klɔʀɔmetʀi] **n. f.** – 1831 ◊ de *chlore* et *-métrie* ■ TECHN. Dosage du chlore en solution. — **adj. CHLOROMÉTRIQUE.** *Degré chlorométrique d'une eau de Javel.*

CHLOROPHYLLE [klɔʀɔfil] **n. f.** – 1817 ◊ de *chlor(o)-* et *-phylle* ■ Membre d'une classe de pigments présents dans les végétaux verts (et contribuant à leur couleur) et dans certaines bactéries, à structure moléculaire proche de celle de l'hémoglobine mais contenant du magnésium à la place du fer, jouant un rôle essentiel dans la photosynthèse. ➤ aussi **bactériochlorophylle.** *La lumière, facteur nécessaire à la production de la chlorophylle. Manque de chlorophylle.* ➤ **chlorose.** *Les algues vertes contiennent de la chlorophylle. Chewing-gum, dentifrice à la chlorophylle.*

CHLOROPHYLLIEN, IENNE [klɔʀɔfiljɛ̃, jɛn] **adj.** – 1874 ◊ de *chlorophylle* ■ De la chlorophylle, qui a trait à la chlorophylle. *Assimilation, fonction chlorophyllienne.* ➤ **photosynthèse.**

CHLOROPICRINE [klɔʀopikʀin] **n. f.** – 1878 ◊ de *chlor(o)-* et radical de *(acide) picrique* ■ CHIM. Liquide huileux et incolore, de formule CCl_3NO_2, obtenu en traitant le chloroforme par l'acide nitrique, très toxique, employé pour la destruction des rongeurs et comme insecticide et fongicide. *La chloropicrine a été utilisée comme gaz de combat.*

CHLOROPLASTE [klɔʀɔplast] **n. m.** – *chloroplastide* 1890 ◊ de *chloro(phylle)* et *plaste* ■ BIOL. CELL. Organite* cytoplasmique contenant de la chlorophylle et de l'ADN, assurant la photosynthèse chez les végétaux verts.

CHLOROQUINE [klɔʀɔkin] **n. f.** – 1953 ; ◊ de *chloro-* et *quin(oléine)* ■ MÉD. Médicament synthétique employé dans la prévention et le traitement du paludisme et de certaines arthrites. SYN. (déposé) NIVAQUINE **n. f.**

CHLOROSE [klɔʀoz] **n. f.** – 1753 ; *chlorosis* 1694 ◊ latin médiéval *chlorosis*, du grec *khlôros* «vert» ■ **1** MÉD. Anémie par manque de fer, caractérisée par une pâleur verdâtre de la peau (cf. VX Les pâles couleurs). ■ **2** BOT. Étiolement et jaunissement des plantes vertes par déficience en chlorophylle.

CHLOROTIQUE [klɔʀɔtik] **adj.** – 1766 ◊ latin des médecins *chloroticus* ■ MÉD., BOT. Qui a rapport à la chlorose. ◆ Qui est affecté de chlorose. — **n.** *Un, une chlorotique.*

CHLORPROMAZINE [klɔʀpʀɔmazin] **n. f.** – 1952 aussi *chloropromazine* ◊ de *chlor(o)-* et *prom(éth)azine*, nom d'une substance chimique ■ PHARM. Médicament de synthèse, tranquillisant qui prévient également les nausées et les vomissements. «*Les médicaments qui, telle la chlorpromazine, améliorent la schizophrénie*» J. BERNARD.

CHLORURE [klɔʀyʀ] **n. m.** – 1815 ◊ de *chlore* ■ **1** CHIM. Sel de l'acide chlorhydrique ou composé du chlore avec un élément moins électronégatif. *Chlorure de sodium* (NaCl). ➤ **sel** (marin). *Propriétés caustiques, antiseptiques du chlorure de zinc* ($ZnCl_2$). *Chlorure mercureux.* ➤ **calomel.** *Chlorure de polyvinyle.* ➤ **P. V. C.** ■ **2** *Chlorures décolorants :* mélanges industriels de chlorures et d'hypochlorites alcalins, utilisés à des fins de blanchiment, de nettoyage, de désinfection. ➤ **javel** (eau de Javel). *Chlorure de chaux* ($CaOCl_2$) : mélange de chlorure de calcium et d'hypochlorite de chaux, employé comme désinfectant.

CHLORURÉ, ÉE [klɔʀyʀe] **adj.** – 1831 ◊ de *chlorure* ■ CHIM. Transformé en chlorure, ou qui contient un chlorure. *Roches chlorurées.*

CHLORURER [klɔʀyʀe] **v. tr.** ‹1› – 1863 ◊ de *chlorure* ■ CHIM. Combiner avec le chlore (un corps autre que l'oxygène et l'hydrogène), pour obtenir un chlorure. ➤ **chlorer.**

CHNOQUE ou **SCHNOCK** [ʃnɔk] **adj. et n.** – 1872 ; n. 1863 ◇ origine inconnue, p.-ê. de la chanson alsacienne *Hans im Schnokeloch* ■ FAM. Imbécile, fou. *Il est un peu chnoque. Eh ! du chnoque ! « Un chnoque contemple la cathédrale de Reims »* DUTOURD. *« vous n'êtes qu'un vieux schnock, un incapable, une buse »* FALLET.

CHNOUF ou **SCHNOUF** [ʃnuf] **n. f.** – 1800 ◇ allemand *Schnupf(tabak)* « tabac à priser » ■ ARG. Drogue*, stupéfiant.

CHOANES [kɔan] **n. f. pl.** – 1546 ◇ grec *khoanê* « entonnoir » ■ ANAT. Orifices postérieurs des fosses nasales dans l'arrière-nez. — ZOOL. *Poissons à choanes ouvertes* (ou *choanichtyens* [kɔaniktjɛ̃] **n. m. pl.**).

CHOC [ʃɔk] **n. m.** – 1521 ◇ de *choquer* ■ **1** Entrée en contact de deux corps qui se rencontrent violemment ; ébranlement qui en résulte. ➤ **collision, coup, heurt, percussion.** *Choc brusque, violent. Le choc d'une chose sur, contre une autre ; le choc entre deux choses, de deux choses. Le choc du marteau sur l'enclume.* ➤ **martèlement.** *Le choc des gouttes de pluie contre la vitre.* ➤ **battement.** *Le choc des verres, des épées.* ➤ **cliquetis.** *Choc de (entre) navires* (➤ **abordage**), *de voitures* (➤ **accrochage, carambolage, collision**), *de deux trains* (➤ **tamponnement, télescopage**). ➤ **accident.** *Essai de choc :* **recomm. offic. pour** *crash test. Choc frontal. « les chocs rythmés, et de plus en plus durs et violents, de cette mer démontée contre la coque »* VALÉRY. *Dispositif destiné à garantir des chocs, à les amortir.* ➤ **antichoc ; amortisseur, borne, butée, butoir, parechoc, tampon.** *Impulsion communiquée par un choc. Rendre un son sous le choc* (➤ **claquer, résonner**). *Choc terrible, sanglant, meurtrier. Meurtrissures, contusions, blessures ; commotion à la suite d'un choc.* ◆ PHYS. Collision entre solides avec échange d'énergie cinétique et de quantité de mouvement. *Choc élastique,* dans lequel l'énergie cinétique est conservée. *Choc inélastique,* avec perte d'énergie par déformation, échauffement. *Choc entre particules.* ➤ **collision.** *Onde* de choc.* ■ **2** Rencontre violente (d'hommes...). *Le choc de deux armées ennemies* (➤ **bataille, combat, lutte**). *Tenir le choc. Résister au choc. Succomber, plier sous le choc.* — **DE CHOC.** *Troupes, unités de choc,* qui sont toujours en première ligne. ➤ **commando.** (Dans un combat idéologique, intellectuel ou social) *Patron de choc. Un nationalisme de choc.* ■ **3** FIG. *Le choc des opinions, des caractères, des cultures, des intérêts.* ➤ **conflit, opposition,** 1 **rencontre.** ■ **4** Émotion brutale. ➤ **coup, ébranlement, traumatisme.** *Cela m'a fait un choc. « sous le choc de ce qu'il me faut bien nommer une révélation majeure »* R. MILLET. *« quand un sens reçoit un choc qui l'émeut trop fortement »* MAUPASSANT. — APPOS. Qui provoque un choc psychologique. *Des prix-chocs* ou *choc* **(inv.)**. *Photo-choc.* **adj.** *« Les photos destinées à l'affichage urbain sont volontairement les plus chocs »* (Le Nouvel Observateur, 1993). ■ **5** SPÉCIALT (1865 ◇ anglais *shock*) *Choc opératoire, traumatique, anesthésique.* ➤ **commotion.** *État* de choc. Choc thermique :* élévation brutale de la température du corps. (1985) *Choc toxique.* ◆ POLIT., ÉCON. *Choc pétrolier*.* ■ **6** (1845) **CHOC EN RETOUR :** phénomène provoqué par la foudre à un endroit éloigné de celui où elle est tombée. — PAR EXT. Contrecoup d'un choc, d'un évènement sur la personne qui l'a provoqué ou sur le point d'où il est parti. ➤ **contrechoc, effet, retour, ricochet** (cf. Retour* de flamme, de manivelle ; de bâton*).

CHOCHOTTE [ʃɔʃɔt] **adj. et n. f.** – 1901 « jeune efféminé » ◇ p.-ê. var. de *cocotte* (I, 1°) ■ FAM. Qui est maniéré, très délicat. *Elle est un peu chochotte.* ➤ **chichiteux, snob.** *« il est même trop chochotte pour supporter une prise de sang »* PUÉRTOLAS. — **n. f.** *Quelle chochotte, ce type !*

CHOCOLAT [ʃɔkɔla] **n. m.** – 1634 ◇ de l'espagnol *chocolate,* d'où la forme française *chocolate* (1598), emprunté au nahuatl *chocolatl,* de *atl* « eau » et peut-être de *xococ* « amer » ■ **1** Substance alimentaire (pâte solidifiée) faite avec des fèves de cacao torréfiées et broyées, du sucre, de la vanille ou d'autres aromates. *Tablette, plaque, bille, barre, carré de chocolat. Bouchée au chocolat. Chocolat au lait, aux noisettes. Chocolat noir, à croquer. Chocolat blanc. Chocolat praliné* (➤ **aussi gianduja**). *Chocolat pâtissier. Chocolat à cuire. Pain au chocolat.* ➤ RÉGION. **chocolatine.** *Gâteau, éclair, mousse, glace au chocolat. Lapin, poule en chocolat. Des « glaces nappées de crème et de chocolat fondu »* LE CLÉZIO. *Chocolat liégeois*.* ◆ (1901) *Un chocolat :* un bonbon au chocolat. *Offrir une boîte de chocolats.* ➤ RÉGION. **praline.** ■ **2** Boisson faite de poudre de chocolat ou de cacao délayée. *Une tasse de chocolat. Chocolat froid.* — Tasse, consommation de chocolat. *Garçon, un thé et deux chocolats !* ■ **3** *Couleur chocolat,* ou ADJT INV. *chocolat :* de couleur brun-rouge foncé. *Des bottes chocolat.* ■ **4** LOC. FAM. *Être chocolat :* être frustré, privé d'une chose sur laquelle on comptait.

CHOCOLATÉ, ÉE [ʃɔkɔlate] **adj.** – 1771 ◇ de *chocolat* ■ Parfumé au chocolat. ➤ **cacaoté.** *Bouillie chocolatée.*

CHOCOLATERIE [ʃɔkɔlatʀi] **n. f.** – 1835 ◇ de *chocolat* ■ Fabrique de chocolat.

CHOCOLATIER, IÈRE [ʃɔkɔlatje, jɛʀ] **n. et adj.** – 1671 sens 2° ◇ de *chocolat* ■ **1** (1694) Personne qui fabrique, vend du chocolat. ➤ **confiseur.** ■ **2** **n. f.** Récipient où l'on verse le chocolat avant de le servir. ■ **3** **adj.** *L'industrie chocolatière.*

CHOCOLATINE [ʃɔkɔlatin] **n. f.** – v. 1950 ; « bonbon de chocolat » mil. XIXe ◇ de *chocolat* ■ RÉGION. **(Sud-Ouest ; Canada)** Pain au chocolat.

CHOCOTTES [ʃɔkɔt] **n. f. pl.** – 1882 ◇ p.-ê. du radical de *chicot* ou de *choquer* (dents choquées) ■ **1** ARG. ANC. Dents. ■ **2** LOC. FAM. (1916) *Avoir les chocottes :* avoir peur (cf. Avoir les foies, les jetons).

CHOÉPHORE [kɔefɔʀ] **n.** – 1838 ◇ grec *khoêphoros,* de *khoê* « libation » et *phoros* « porteur » ■ DIDACT. Personne qui, chez les Grecs, portait les offrandes destinées aux morts. *« Les Choéphores », tragédie d'Eschyle.*

CHŒUR [kœʀ] **n. m.** – *chore* 1568 ; *cuer* début XIIe ◇ latin *chorus* ; grec *khoros*

I ■ **1** Réunion de chanteurs (➤ **choriste**) qui exécutent un morceau d'ensemble. ➤ **chorale.** *Un chœur d'enfants.* ➤ **maîtrise, manécanterie, psallette.** *Faire partie des chœurs de l'Opéra. Être soprano dans un chœur. Chef de chœur.* — SPÉCIALT *Chœur d'église* (➤ **chantre**). *Le chœur répond au célébrant.* ➤ **répons.** — MÉTAPH. Harmonie ; bruit d'ensemble. ➤ **concert, orchestre.** *« les chœurs des oiseaux »* JAMMES. ■ **2** (1704) Composition musicale destinée à être chantée par plusieurs personnes. *Chœur à l'unisson. Chœur religieux.* ➤ **hymne ; choral.** *Chœur polyphonique. Chœur à quatre parties.* ■ **3** (1611) ANTIQ. Troupe de personnes qui dansent et chantent ensemble. *Chœur de théâtre grec ou imité de la tragédie grecque :* ensemble de choreutes*. ➤ **chorège, coryphée.** — PAR EXT. Ce que récite, chante un chœur. *Les chœurs de Sophocle, de Racine* (Esther). ■ **4** THÉOL. *Le chœur des anges, des saints, des martyrs.* ■ **5** (1760) VIEILLI Corps de ballet ; groupe de danseurs. *« Un chœur dansant de jeunes filles »* HUGO. ■ **6** (1869) FIG. Réunion de personnes qui ont une attitude commune, un but commun. *Le chœur des rieurs, des mécontents.* IRON. *Le chœur des vierges :* ensemble de protestations outrées, d'indignations effarouchées. ■ **7** **EN CHŒUR :** ensemble, unanimement (cf. À l'unisson ; faire chorus*, agir de concert*). *Chanter en chœur. Reprendre un refrain en chœur. Tous en chœur ! S'ennuyer en chœur.*

II (*quer* v. 1140) ARCHIT. Partie d'une église, devant le maître-autel, où se tiennent les chantres et le clergé pendant l'office. *La nef et le chœur. Allée qui tourne autour du chœur.* ➤ **déambulatoire.** *Enfant* de chœur.*

■ **HOM.** Cœur.

CHOIR [ʃwaʀ] **v. intr.** ‹*je chois, tu chois, il choit, ils choient* (les autres personnes manquent au présent) ; *je chus, nous chûmes. Chu, chue* au p. p. – Formes vieillies : *je choirai* ou *cherrai, nous choirons* ou *cherrons*› – Xe *cadit* « il tomba » ◇ du latin *cadere* ■ **1** VX ou LITTÉR. Être entraîné de haut en bas. ➤ 1 **tomber ; s'écrouler.** *« Si l'averse choit soudain en rideau déroulé »* COLETTE. *« Elle avait laissé choir sa valise »* MARTIN DU GARD. *« Tire la chevillette, la bobinette cherra »* PERRAULT. *Il est chu* (VIEILLI), *il a chu de haut. « Le front ridé, les cheveux gris, les sourcils chus »* VILLON. ■ **2** **LAISSER CHOIR (qqn).** ➤ **abandonner, plaquer** (cf. Laisser tomber*). *Après de belles promesses, il nous a laissés choir* (➤ **oublier**). ■ **HOM.** *Chois :* choie (choyer).

CHOISI, IE [ʃwazi] **adj.** – XVIIe ◇ de *choisir* ■ **1** VX Appelé, élu, prédestiné. *« des hommes choisis qui prédisaient la venue de ce Messie »* PASCAL. ■ **2** Qui a été sélectionné parmi d'autres. *Œuvres choisies. Des morceaux choisis.* ➤ **anthologie, florilège.** — PAR EXT. (1664) Excellent. *Employer un langage choisi.* ➤ **châtié, précieux.** *S'exprimer en termes choisis.* ➤ **élégant.** *Société choisie :* bonne société. ➤ **élite.**

CHOISIR [ʃwaziʀ] **v. tr.** ‹2› – début XIIe ◇ gotique *kausjan* « éprouver, goûter » ■ **1** Prendre de préférence parmi d'autres. **(Compl. personne)** *Choisir un mari, un député* (➤ **élire**), *un avocat, un fournisseur* (cf. Faire le choix* de). *« À partir d'un certain âge, on ne choisit plus tant ses amis que l'on est choisi par eux »* GIDE. *Choisir qqn pour modèle, comme défenseur.* ➤ **adopter.** *On l'a choisi pour ce poste parmi plusieurs candidats.* ➤ **désigner, distinguer, nommer.** — **(Compl. chose)** *Il a choisi le meilleur morceau. C'est un objet que j'ai choisi. Je ne l'ai pas choisi, on me l'a imposé*. Soigneusement choisi* (cf. Trié sur le volet*). *Je lui ai choisi un cadeau* **(critiqué)**, je l'ai choisi pour lui. *Elle s'est choisi un manteau. Choisissez une carte, un numéro.*

Choisir un vin, un melon. Choisir un exemple. Choisir un métier, une carrière. ➤ **embrasser.** *Le moment est mal choisi* (cf. C'est inopportun, ça tombe* mal). ◆ ABSOLT *Laissez-le choisir :* laissez-lui le choix*. *Vous avez bien choisi, c'est ravissant.* ■ **2** (Sens fort) Être difficile dans le choix de, préférer avec discernement. ➤ **sélectionner, trier.** *Il ferait bien de choisir ses amis. Comédien qui choisit son public. Choisir ses mots, ses lectures* (➤ **choisi**). ■ **3** Prendre une décision en faveur de (une chose, un parti parmi plusieurs propositions ou possibilités). *Choisir entre deux candidats.* ➤ **départager.** *Choisir entre deux objets, parmi des objets celui qui convient. Il a choisi cette solution plutôt que l'autre.* ➤ **opter** (pour) ; 1 **alternative, option.** PROV. *De deux maux, il faut choisir le moindre.* ◆ (Avec *si*) *Choisir si l'on part, si l'on reste.* (Avec *de* et l'inf.) *Choisir de partir ; de rester. Elle a choisi d'avoir des enfants.* — ABSOLT *Le droit de choisir. Décidez-vous, il faut choisir.* ➤ se **prononcer, trancher.** *Il faut savoir choisir,* renoncer à une chose pour en avoir une autre. *Choisis : c'est lui ou moi ! Les «deux pouvoirs qui donnent leur valeur aux actions humaines : celui de comprendre, celui de choisir»* CAILLOIS.

CHOIX [ʃwa] n. m. – 1155 ◊ de *choisir* ■ **1** Action de choisir, décision par laquelle on donne la préférence à une chose, une possibilité en écartant les autres. *Faire un bon, un mauvais choix. Un choix difficile, déchirant. Faire son choix. Influer sur le choix de qqn* (➤ **prescripteur**). *Son choix est fait.* ➤ **décision, résolution.** *Fixer, arrêter, porter son choix sur. Faire choix de qqn.* ➤ **désignation, nomination ; élection.** *Laisser à son adversaire le choix des armes. «Il y a dans certaines destinées des hasards qui ressemblent à un choix»* BARTHOU. ■ **2** Pouvoir, liberté de choisir (ACTIF) ; existence de plusieurs partis entre lesquels choisir (PASSIF). *On lui laisse le choix.* ➤ **option.** *Choix entre deux partis.* ➤ 1 **alternative, dilemme.** *Questionnaire* à choix multiple. Vous avez le choix. N'avoir que l'embarras du choix. À son choix :* à sa guise, à son gré, comme il lui plaira. — **AU CHOIX.** *Fromage ou dessert au choix. Avancement, promotion au choix,* sur proposition (opposé à *à l'ancienneté*). ■ **3** (XVIIe) CONCRET Ensemble de choses parmi lesquelles on peut choisir. *Ce magasin offre un très grand choix d'articles.* ➤ **assortiment, collection, éventail, gamme.** *Un choix limité. Un large choix.* ◆ ABSOLT *Il y a le choix, du choix,* un grand choix. ■ **4** Ensemble de choses choisies pour leurs qualités. ➤ **sélection.** *Choix de livres, de poésies.* ➤ **anthologie, recueil.** *Un heureux choix de mots.* ■ **5** (1675) Le meilleur d'une marchandise. ◆ *De choix :* de prix, de qualité. *Un morceau de choix. De premier choix :* de la meilleure qualité. ➤ **surchoix.** *De second choix :* de qualité et de prix moindres. *Porcelaine deuxième choix.* ■ CONTR. Abstention, hésitation. Obligation.

CHOKE-BORE [(t)ʃɔkbɔʀ] ou **CHOKE** [(t)ʃɔk] n. m. – 1878 ◊ mot anglais, de *to choke* «étrangler» et *bore* «âme d'un fusil» ■ TECHN. Étranglement à l'extrémité du canon d'un fusil de chasse pour regrouper les plombs. *Des choke-bores.* — ADJT *Un canon choke,* qui présente cet étranglement. *Des canons chokes.*

CHOLAGOGUE [kɔlagɔg] adj. – 1560 ◊ de *chol(é)-* et du grec *agein* «conduire» ■ MÉD. Qui facilite l'évacuation de la bile. — n. m. *Le sorbitol est un cholagogue.*

CHOL(É)- ■ Élément, du grec *kholê* «bile» (cf. Colère, mélancolique).

CHOLÉCYSTECTOMIE [kɔlesistɛktɔmi] n. f. – 1886 ◊ de *cholé-*, *cyst(o)-* et *-ectomie* ■ CHIR. Ablation chirurgicale de la vésicule biliaire.

CHOLÉCYSTITE [kɔlesistit] n. f. – 1838 ◊ de *cholé-* et *cystite* ■ MÉD. Inflammation de la vésicule biliaire.

CHOLÉCYSTOTOMIE [kɔlesistɔtɔmi] n. f. – 1886 ◊ de *cholé-* et *cystotomie* ■ MÉD. Incision de la vésicule biliaire.

CHOLÉDOQUE [kɔledɔk] adj. m. – 1560 ◊ latin des médecins *choledochus* ◊ grec *kholê* et *dekhesthai* «recevoir» ■ ANAT. *Canal cholédoque,* qui conduit la bile de la vésicule biliaire au duodénum.

CHOLÉMIE [kɔlemi] n. f. – 1859 ◊ de *chol(é)-* et *-émie* ■ MÉD. Passage d'éléments de bile dans le sang. ➤ **ictère, jaunisse.** — Taux de bile dans le sang.

CHOLÉRA [kɔleʀa] n. m. – *cholere* 1546 ◊ latin *cholera* ; grec *kholera* ■ **1** Très grave maladie épidémique caractérisée par des selles fréquentes, des vomissements, des crampes, un grand abattement. *Pandémie de choléra. Choléra asiatique,* causé par le vibrion cholérique. *Vaccin contre le choléra.* — VX *Choléra morbus,* gastroentérite grave. ■ **2** VIEILLI Personne méchante, nuisible (➤ **peste**). *C'est un vrai choléra, cette bonne femme !*

CHOLÉRÉTIQUE [kɔleʀetik] adj. – 1929 ◊ de *cholé-* et du grec *airetikos* «qui prend» ■ MÉD. Qui stimule la sécrétion de la bile. — n. m. *Le boldo est un cholérétique.*

CHOLÉRIFORME [kɔleʀifɔʀm] adj. – 1844 ◊ du radical de *choléra* et *-forme* ■ MÉD. Qui a l'apparence du choléra. *Diarrhée cholériforme.*

CHOLÉRINE [kɔleʀin] n. f. – 1831 ◊ du radical de *choléra* ■ MÉD. Forme prémonitoire ou atténuée de choléra.

CHOLÉRIQUE [kɔleʀik] adj. et n. – 1806 ◊ grec *kholerikos* ■ MÉD. Qui concerne le choléra. *Le vibrion cholérique. Diarrhée cholérique.* ◆ Atteint du choléra. — n. *Un, une cholérique.* ■ HOM. Colérique.

CHOLESTASE [kɔlɛstaz] n. f. – 1868 ◊ de *cholé-* et *stase* ■ MÉD. Diminution ou arrêt du flux biliaire. *Cholestase intrahépatique* (par arrêt de la sécrétion des cellules hépatiques), *cholestase extrahépatique* (provoquée par un obstacle sur les voies excrétrices biliaires). — On dit aussi **CHOLOSTASE.**

CHOLESTÉATOME [kɔlɛsteatom] n. m. – 1894 ◊ de *cholé-* et *stéatome* «tumeur graisseuse», du latin d'origine grecque *steatoma* ■ MÉD. Tumeur infiltrée de cholestérol ou de ses dérivés. *Cholestéatome de l'oreille moyenne, complication de l'otite chronique.*

CHOLESTÉROL [kɔlɛsteʀɔl] n. m. – 1929 ; *cholestérine* 1816 ◊ de *cholé-* et du grec *sterros* «ferme, consistant» ■ Substance grasse (stérol) qui se trouve dans la plupart des tissus et liquides de l'organisme (cerveau, plasma sanguin [env. 1,80 g/l], bile), provenant des aliments et synthétisée par l'organisme (foie, corticosurrénale). *Le cholestérol peut former des calculs biliaires et provoquer l'artériosclérose. Taux de cholestérol* (➤ **cholestérolémie**). *Aliments riches en cholestérol.* — COUR. *Avoir du cholestérol,* une cholestérolémie élevée. ➤ **hypercholestérolémie.** *Le bon cholestérol,* transporté dans le sang par les lipoprotéines de haute densité vers le foie où il est éliminé. *Le mauvais cholestérol,* déposé sur les parois des artères par les lipoprotéines de basse densité, formant des plaques d'athérome.

CHOLESTÉROLÉMIE [kɔlɛsteʀɔlemi] n. f. – 1878 *cholestérinémie* ◊ de *cholestérol* et *-émie* ■ PHYSIOL. Taux de cholestérol dans le sang. *Dosage de la cholestérolémie.*

CHOLIAMBE [kɔljɑ̃b] n. m. – 1829 ◊ grec *khôliambos,* de *khôlos* «boiteux», et *iambos* «iambe» ■ VERSIF. Vers iambique, trimètre terminé par un iambe suivi d'un spondée.

CHOLINE [kɔlin] n. f. – 1870 ◊ de *chol(é)-* et *-ine* ■ BIOCHIM. Molécule azotée (alcool à fonction ammonium quaternaire), présente dans les tissus animaux surtout sous forme d'esters, issue des nutriments ou produite par le foie. ➤ **acétylcholine, lécithine.** ■ HOM. Colline.

CHOLINERGIQUE [kɔlinɛʀʒik] adj. – 1936 ◊ anglais *cholinergic* (1934), de *cholin(e)* «choline» et du grec *ergon* «travail» ■ BIOCHIM. Relatif à la libération d'acétylcholine. *Récepteur, synapse cholinergique.*

CHOLINESTÉRASE [kɔlinɛsteʀaz] n. f. – 1935 ◊ de *choline* et *estérase,* d'après l'anglais *cholinesterase* (1932) ■ BIOCHIM. Enzyme qui hydrolyse l'acétylcholine en choline et acide acétique, et joue un rôle important dans le fonctionnement du système nerveux.

CHOLIQUE [kɔlik] adj. – 1838 ◊ de *chol(é)-* et *-ique* ■ BIOCHIM. *Acide cholique :* acide ($C_{24}H_{40}O_5$) présent dans la bile. ■ HOM. Colique.

CHOLOSTASE ➤ **CHOLESTASE**

CHOLURIE [kɔlyʀi] n. f. – 1907 ◊ de *chol(é)-* et *-urie* ■ MÉD. Présence dans l'urine des éléments de la bile.

CHÔMABLE [ʃomabl] adj. – XVe *chommable* ◊ de *chômer* ■ RARE Qui peut ou doit être chômé. ➤ **férié.** *Fête chômable.* ■ CONTR. Ouvrable.

CHÔMAGE [ʃomaʒ] n. m. – XIIIe ◊ de *chômer* ■ **1** VX Action de chômer (1o). *Le chômage des dimanches, des jours de fête.* Temps passé sans travailler. ■ **2** MOD. Interruption du travail. *Industrie exposée au chômage. Chômage d'une usine, d'une mine.* ■ **3** COUR. Inactivité forcée (d'une personne) due au manque de travail, d'emploi. *Ouvriers en chômage. Être au chômage. Allocation de chômage. Chômage structurel, conjoncturel. Chômage frictionnel*. Chômage saisonnier. Chômage technique :* arrêt momentané du travail dû à un problème fonctionnel. ◆ PAR EXT. Situation de la population active sans travail, sans emploi. *Taux de chômage. «Ces chiffres astronomiques que nous font connaître les statistiques du chômage* [...] *conduisent à une notion abstraite et absurde* *de la misère»* AYMÉ. *Lutte contre le chômage.* ▪ **4** FAM. Allocation versée aux demandeurs d'emploi. *Toucher le chômage.* — VAR. FAM. (3°, 4°) **CHÔMEDU** [ʃomdy]. *Être au chômedu.* ▪ CONTR. Activité, 1 travail ; plein-emploi. ▪ HOM. Chaumage.

CHÔMÉ, ÉE [ʃome] adj. – 1690 ◊ de *chômer* ▪ Où l'on doit cesser le travail. *Le 1er mai est un jour férié, chômé et payé.*

CHÔMER [ʃome] v. intr. ‹1› – XIIe ◊ bas latin *caumare,* de *cauma,* d'origine grecque «forte chaleur» → 1 calme ▪ **1** Suspendre son travail pendant les jours fériés. *Chômer entre deux jours fériés* (cf. Faire le pont). — TRANS. *Chômer la fête d'un saint.* ➤ **chômé.** ▪ **2** Cesser le travail par manque d'ouvrage. *Chômer pendant la morte-saison. Chômer par suite d'une crise économique.* — PAR ANAL. *L'industrie textile chôme.* ▪ **3** LOC. FAM. *Ne pas chômer* : s'activer sans s'arrêter. *Je m'attends «au pire, et mon imagination ne chôme pas»* GIDE. ▪ CONTR. Travailler. ▪ HOM. Chaumer.

CHÔMEUR, EUSE [ʃomœʀ, øz] n. – 1876 ◊ de *chômer* ▪ Travailleur qui se trouve involontairement privé d'emploi. ➤ **sans-emploi** (cf. aussi Demandeur* d'emploi). *Chômeur en fin de droits* (➤ 3 **droit**). *Elle est chômeuse depuis deux mois.*

CHONDRICHTYENS [kɔ̃dʀiktjɛ̃] n. m. pl. – 1958 ◊ du grec *khondros* «cartilage» et *ichthus* «poisson» ▪ ZOOL. Classe des poissons cartilagineux comprenant les requins, les raies, les chimères.

CHONDRIOME [kɔ̃dʀijom] n. m. – 1924 ◊ grec *khondrion* «granule» ▪ BIOL. CELL. VX Ensemble des mitochondries* de la cellule.

CHONDRIOSOME [kɔ̃dʀijozom] n. m. – 1931 ◊ de *chondriome* ▪ BIOL. CELL. VX Mitochondrie.

CHONDROBLASTE [kɔ̃dʀoblast] n. m. – 1897 ◊ grec *khondros* «cartilage» et *-blaste* ▪ BIOL. CELL. Cellule synthétisant du cartilage. ➤ **chondroclaste.**

CHONDROCALCINOSE [kɔ̃dʀokalsinoz] n. f. – 1960 ◊ du grec *khondros* «cartilage» et *calcinose,* formé sur le latin *calx, calcis* «chaux» ▪ MÉD. Infiltration calcaire, souvent visible en radiologie, des cartilages, des ménisques et des ligaments articulaires. *La chondrocalcinose peut entraîner des manifestations arthritiques aiguës ou chroniques.*

CHONDROCLASTE [kɔ̃dʀoklast] n. m. – 1885 ◊ du grec *khondros* «cartilage» et *klastos* «brisé», d'après l'anglais *chondroclast* (1883) ▪ BIOL. CELL. Cellule qui digère le cartilage et qui est impliquée dans son renouvellement.

CHONDROSTÉENS [kɔ̃dʀɔsteɛ̃] n. m. pl. – 1911 ◊ grec *khondros* «cartilage» et *ostêon* «os» ▪ ZOOL. Superordre de poissons vertébrés *(ostéichtyens)* à écailles ganoïdes (esturgeon, etc.), dont la plupart sont fossiles.

CHOPE [ʃɔp] n. f. – 1845 ◊ alsacien *schoppe* ▪ **1** Récipient cylindrique muni d'une anse, utilisé pour boire la bière. *Chope en grès.* — Son contenu. *«Ô pauvre vieux, tu vis en paix, tu bois ta chope»* HUGO. ▪ **2** Tasse haute et droite, pour les boissons chaudes. ➤ **mug.**

CHOPER [ʃɔpe] v. tr. ‹1› – 1800 ◊ var. de *chiper,* d'après 1 *chopper* ▪ FAM. ▪ **1** VIEILLI Voler. ➤ **chiper.** ▪ **2** Arrêter*, prendre (qqn). ➤ **pincer.** *«on te choperait la main dans le sac»* CARCO. *Se faire choper.* ▪ **3** Attraper. *J'ai chopé un bon rhume.* ➤ **ramasser.** ▪ **4** Parvenir à séduire (qqn). — ABSOLT *Il a chopé !* — VERLAN au p. p. *pécho.* *«le fils d'un chanteur très connu que j'ai pécho»* L. PILLE. ▪ HOM. 1 Chopper.

CHOPINE [ʃɔpin] n. f. – fin XIIe ◊ allemand *Schoppen* ▪ **1** MÉTROL. Ancienne unité de mesure de capacité contenant la moitié d'un litre. — (Canada, île Maurice) Unité de mesure de capacité pour les liquides valant une demi-pinte, ou deux demiards, soit 0,568 litre. *«un laitier livre ses bouteilles de lait et ses chopines de crème»* M. LABERGE. ▪ **2** FAM. Demi-bouteille de vin. — Son contenu. *Boire une chopine* (surtout rural).

1 **CHOPPER** [ʃɔpe] v. intr. ‹1› – *çoper* 1175 ◊ origine inconnue, p.-ê. d'un radical onomat. *tsopp-,* avec influence de *choquer* ▪ VX ou LITTÉR. Heurter du pied contre qqch. ➤ **achopper, broncher,** 2 **buter, trébucher.** — FIG. Se tromper. *«Un pauvre homme de bien qui heurte, choppe, ne sait trop ce qu'il dit»* MICHELET. ▪ HOM. Choper.

2 **CHOPPER** [(t)ʃɔpœʀ] n. m. /CHOPPEUR/ – avant 1974 ; autre sens 1937 ◊ mot anglais, de *to chop* «couper en morceaux» ▪ ANGLIC. Moto de sport d'origine américaine, avec un guidon aux branches relevées et une longue fourche oblique à l'avant.

CHOP SUEY [ʃɔpswi ; ʃɔpsɥɛ] n. m. – vers 1960 ; 1952, au Canada ◊ mot anglais américain (1888), du chinois cantonais *jaahp-seui,* de *jaahp* «divers» et *seui* «morceaux» ▪ Plat chinois à base de légumes émincés et frits dans l'huile de sésame, souvent accompagnés de viande (poulet, porc). *Chop suey de poulet. Des chop sueys.* — APPOS. INV. *Légumes chop suey.*

CHOQUANT, ANTE [ʃɔkɑ̃, ɑ̃t] adj. – 1650 ◊ de *choquer* ▪ VIEILLI Qui étonne désagréablement. *«des enclaves gênantes et choquantes»* BAINVILLE. ◆ MOD. Qui heurte la délicatesse, la bienséance. ➤ **déplacé, grossier, inconvenant, malséant.** *Des propos choquants.* ➤ 2 **cru, cynique, trivial.** *Paroles, attitudes très choquantes.* ➤ **révoltant, scandaleux.** *Ça n'a rien de choquant.* ▪ CONTR. Bienséant.

CHOQUER [ʃɔke] v. tr. ‹1› – 1230 ◊ néerlandais *schokken,* ou anglais *to shock* «heurter», onomat. ▪ **1** VX Donner un choc plus ou moins violent à. ➤ **heurter.** *Choquer une chose contre une autre.* SPÉCIALT *Choquer les verres.* ➤ **trinquer.** — PRONOM. *Armées qui se choquent* (➤ **choc**). *«Les bateaux se choquaient et les mariniers échangeaient des injures»* GAUTIER. ▪ **2** (1640) Contrarier ou gêner en heurtant les goûts (➤ **déplaire, offenser, rebuter**) ; SPÉCIALT en agissant contre les bienséances (➤ **effaroucher, heurter, scandaliser**). *Un comportement qui choque les bien-pensants* (➤ **choquant**). *Ses propos m'ont choqué. Elle a été choquée par son attitude, de son indifférence, (de ce) qu'il ne l'ait pas remerciée. Ça ne me choque pas.* — PRONOM. (PASS.) *Elle se choque facilement.* ◆ PAR EXT. Agir, aller contre ; être opposé à. ➤ **contrarier.** *Choquer la bienséance, le bon sens, la raison.* ▪ **3** Faire une impression désagréable (sur un sens). ➤ **écorcher.** *Couleur criarde qui choque la vue. Bruits, sons, musiques qui choquent l'oreille.* ▪ **4** (Canada) FAM. *Faire choquer qqn,* mettre en colère. — PRONOM. (RÉFL.) *Je vais me choquer,* me mettre en colère. ➤ **se fâcher.** ▪ **5 ÊTRE CHOQUÉ (par)** : subir un choc, un traumatisme. *Être gravement choqué dans un accident.* ➤ **commotionner.** *Il a été choqué par cette agression* (cf. Être sous le choc*). ➤ **ébranlé, traumatisé.** ▪ **6** MAR. Diminuer la raideur de (un cordage tendu). *Choquer une écoute,* la laisser filer. ▪ CONTR. Charmer, flatter, plaire, séduire. Border.

CHORAL, ALE [kɔʀal] adj. et n. m. – 1827 ◊ du latin *chorus* «chœur» ▪ **1** Qui a rapport aux chœurs. *Des ensembles chorals* ou *choraux.* ▪ **2** n. m. Chant religieux. *Le choral de Luther, premier hymne des protestants.* ◆ Composition pour orgue, clavecin, etc. sur le thème d'un choral. *Les chorals de Jean-Sébastien Bach.* ▪ **3** *Film choral,* mettant en scène de nombreux personnages aux destins liés. — *Roman choral.* ▪ HOM. Chorale, corral ; coraux (1 corail).

CHORALE [kɔʀal] n. f. – v. 1926 ◊ du latin *chorus* «chœur» ▪ Société musicale qui exécute des œuvres vocales, des chœurs. ➤ **chœur ;** 2 **ensemble** (vocal). *Faire partie d'une chorale. La chorale de la paroisse. Diriger une chorale.* ▪ HOM. Choral, corral.

CHORBA [ʃɔʀba] n. f. – 1894, répandu v. 1977 ◊ de l'arabe ▪ (Maghreb) Soupe épaisse à base de viande de mouton, légumes secs, tomates et petites pâtes, parfumée à la menthe. ◆ FIG. Mélange hétéroclite.

CHORÉE [kɔʀe] n. f. – 1827 ; «danse» 1558 ◊ latin *chorea,* grec *khoreia* «danse» ▪ MÉD. Maladie nerveuse appelée aussi *danse de Saint-Guy* parce qu'elle se manifeste par des mouvements rappelant ceux de la danse, accompagnés de convulsions brèves de certains muscles (➤ **choréique**). *Chorée de Huntington.*

CHORÈGE [kɔʀɛʒ] n. m. – XVIe ◊ grec *khorêgos* ▪ ANTIQ. En Grèce, Citoyen chargé d'organiser à ses frais un chœur de danse pour une représentation théâtrale.

CHORÉGRAPHE [kɔʀegʀaf] n. – 1786 ; aussi *choréographe* XVIIIe ◊ de *chorégraphie* ▪ **1** VX Personne qui fait de la chorégraphie (1°). ▪ **2** MOD. Compositeur qui règle les pas et les figures des danses destinées à la scène.

CHORÉGRAPHIE [kɔʀegʀafi] n. f. – 1700 ◊ grec *khoreia* «danse» et *-graphie* ▪ **1** Art de décrire une danse sur le papier au moyen de signes spéciaux. ▪ **2** (XIXe) Art de composer des ballets, d'en régler les figures et les pas. ➤ **danse, orchestique.** ◆ Enchaînement de figures et de pas ainsi réglés. *«nous retournant sur lui avec un ensemble qui pouvait sommairement évoquer un bout de chorégraphie»* CH. OSTER. — ABRÉV. FAM. **CHORÉ.** *Improviser une choré.*

CHORÉGRAPHIER [kɔʀegʀafje] v. ‹7› – 1953 ◊ de *chorégraphie* ▪ **1** v. tr. Faire la chorégraphie de (une œuvre). ▪ **2** v. intr. Faire des chorégraphies. *Elle chorégraphie et danse.*

CHORÉGRAPHIQUE [kɔʀegʀafik] adj. – 1786 ◊ de *chorégraphie* ▪ **1** Qui a rapport à la chorégraphie (1°). *Signe, notation chorégraphique.* ▪ **2** Qui a rapport à la danse. *Œuvre chorégraphique.*

CHORÉIQUE [kɔʀeik] adj. – 1833 ◊ de *chorée* ▪ Relatif à la chorée. *Convulsions choréiques.* ◆ Atteint de chorée. — n. *Un, une choréique.*

CHOREUTE [kɔʀøt] n. m. – 1866 ◊ grec *khoreutês* ▪ ANTIQ. Membre d'un chœur, dans le théâtre grec.

CHORIAMBE [kɔʀjɑ̃b] **n. m.** – 1644 ◊ latin *choriambicus*, grec *khoriambos* ■ VERSIF. ANTIQ. Pied composé d'un trochée et d'un iambe.

CHORION [kɔʀjɔ̃] **n. m.** – 1541 ◊ grec *khorion* ■ **1** EMBRYOL. Annexe embryonnaire des vertébrés amniotes*, assurant les échanges gazeux et nutritionnels. ■ **2** ENTOMOL. Enveloppe de l'œuf des insectes. ■ **3** HISTOL. Couche superficielle, hérissée de papilles, du derme cutané. — Couche conjonctive profonde d'une membrane muqueuse ou séreuse.

CHORISTE [kɔʀist] **n.** – 1359 ◊ latin ecclésiastique *chorista*, latin *chorus* ■ Personne qui chante dans un chœur. *Les choristes de l'Opéra. Les choristes et les solistes. — Choriste du théâtre antique.* ➤ **choreute.**

CHORIZO [ʃɔʀizo ; tʃɔʀiso] **n. m.** – XIXe, répandu XXe ◊ mot espagnol ■ Saucisse sèche espagnole très pimentée. *Des chorizos.*

CHOROÏDE [kɔʀɔid] **n. f. et adj.** – 1538 ◊ grec *khoroeidês*, de *khorion* «membrane» ■ **1 n. f.** ANAT. Membrane interne vascularisée qui tapisse la partie postérieure de l'œil, entre la sclérotique et la rétine (➤ **uvée**). ■ **2 adj.** *Plexus choroïde :* plexus vasculaire des ventricules cérébraux où est produit le liquide céphalorachidien.

CHOROÏDIEN, IENNE [kɔʀɔidjɛ̃, jɛn] **adj.** – 1839 ◊ de *choroïde* ■ Qui a rapport à la choroïde. *Glande choroïdienne.*

CHORTEN [ʃɔʀtɛn] **n. m.** – XXe ◊ tibétain *mch'od-rten* ■ Monument religieux des pays lamaïstes. *Des chortens.*

CHORUS [kɔʀys] **n. m.** – XVe ◊ mot latin «chœur» ■ **1** VX Reprise en chœur. ◆ Clameur d'ensemble. ➤ **chœur, concert.** «*un chorus universel de haine et de proscription*» BEAUMARCHAIS. ◆ MOD. LOC. **FAIRE CHORUS :** se joindre à d'autres pour dire comme eux ; être du même avis. ➤ **approuver.** ■ **2** (de l'anglais) JAZZ Durée des mesures qui forment le thème, utilisée de manière personnelle par un ou plusieurs instrumentistes. *Des chorus de trompette. Prendre un chorus.*

CHOSE [ʃoz] **n. f. et m.** – milieu IXe ◊ du latin *causa* au sens d'«affaire» → cause

I TERME LE PLUS GÉNÉRAL PAR LEQUEL ON DÉSIGNE TOUT CE QUI EXISTE ■ **1** Réalité concrète ou abstraite perçue ou concevable comme un objet unique. ➤ 2 **être, évènement, objet.** *La chose que je redoute le plus, c'est...* ➤ 1 **ça,** 2 **ce, ceci, cela.** *Imaginer une chose. Chaque chose en son temps, à sa place. Ce n'est pas chose aisée, chose facile. Il «leur avait fallu demander plusieurs fois leur chemin. Ce qui ne fut pas chose aisée»* IZZO. LOC. *Toutes choses égales* d'ailleurs. C'est la moindre* des choses. Avant toute chose :* premièrement. *De deux choses l'une :* il existe deux possibilités (l'une excluant l'autre). ➤ 1 **alternative.** — PROV. *Chose promise, chose due.* ■ **2** *Les choses :* le réel. ➤ 2 **fait, phénomène, réalité.** *C'est une façon de voir les choses. «Il faut voir les choses comme elles sont. Moches»* CALAFERTE. — LOC. *Regarder les choses en face*. Appeler* les choses par leur nom. Aller au fond des choses. Faire la part* des choses.* — SPÉCIALT (opposé à *idée, mot*) *Le nom et la chose.* LOC. PROV. *Le nom ne fait rien à la chose.* — PHILOS. *La chose en soi :* l'être en tant qu'il existe indépendamment des conditions et des circonstances, par opposition à *phénomène.* ➤ **noumène, substance.** ■ **3** Réalité matérielle non vivante. ➤ **objet.** *Les actes, les évènements et les choses. Les êtres (vivants) et les choses.* ◆ COUR. Objet concret indéterminé. *C'est quoi cette chose ?* ➤ FAM. **bidule, machin,** 1 **truc ;** RÉGION. **patente.** *Offrir quelques petites choses.* ➤ **babiole, bagatelle.** *Que de bonnes choses à manger !* ◆ DR. Objet matériel susceptible d'appropriation. ➤ 2 **bien,** 2 **capital, patrimoine, propriété, richesse.** *Les personnes et les choses. L'esclave était considéré comme une chose.* FIG. *Être la chose de qqn* (➤ **dépendance**). *Il fit «de son trop raffiné partenaire sa chose et son souffre-douleur»* TOURNIER. ■ **4** (Surtout plur.) Ce qui a lieu, ce qui se fait, ce qui existe. ➤ **affaire, circonstance, condition, évènement,** 2 **fait.** VX *Leçons* de choses. Les choses humaines, de ce monde, d'ici-bas. Les choses de la vie. Le cours naturel des choses. C'est dans l'ordre des choses. Par la force des choses. Il a fait de grandes choses.* ➤ 1 **acte,** 1 **action.** *Il sait un tas de choses. «Rêve de grandes choses, cela te permettra d'en faire au moins de toutes petites»* RENARD. *Dans cet état de choses.* ➤ **conjoncture.** *Dans l'état actuel des choses. En mettant les choses au mieux, au pire :* en considérant l'hypothèse la plus favorable, la plus défavorable. *Prendre les choses comme elles viennent :* accepter les évènements tels quels. *Les choses étant ce qu'elles sont. Voilà où en sont les choses. Ce sont des choses qui arrivent*. Il se passe des choses bizarres. Il ne faut pas brusquer les choses. — Faire bien les choses :* travailler consciencieusement, et PAR EXT. traiter ses invités avec largesse. *Ne pas faire les choses à moitié. Le hasard* fait bien les choses.* ■ **5** *La chose :* ce dont il s'agit. *Je vais vous expliquer la chose. Comment a-t-il pris la chose ? C'est chose faite.* — LOC. PROV. *Chose dite, chose faite.* — AU PLUR. *Mettre les choses au point, au clair.* — (EUPHÉM.) *Être porté* sur la chose* (sexuelle). ➤ 1 **ça.** ■ **6** (Avec *dire, répéter,* etc.) Paroles, discours. *Il lui a dit des choses désobligeantes. Je vais vous dire une chose, une bonne chose. J'ai plusieurs choses à vous dire* (➤ 1 **point**). *Parlons de choses sérieuses. Dites-lui bien des choses de ma part :* faites-lui mes amitiés. FAM. *Bien des choses à votre femme. Il lui répète cent fois la même chose. Parler de choses et d'autres :* bavarder sur divers sujets de peu d'importance (cf. De tout et de rien). *«Il y a des choses que l'on peut dire aux autres ; et d'autres qu'on ne peut dire qu'à soi-même»* VALÉRY. *Ce n'est pas une chose à dire.* ■ **7** (Désignant l'objet du discours ou du jugement) *C'est une chose incroyable, extraordinaire. C'est une excellente chose. Voilà une bonne chose de faite.* — Ce qu'on isole pour le considérer, pour en juger. *Il y a de belles choses* (des beautés), *des choses intéressantes dans ce livre.* ■ **8** DR. **LA CHOSE JUGÉE :** la décision du juge. ➤ **cause.** *L'autorité de la chose jugée.* ■ **9** (milieu XIVe ◊ traduction du latin *res publica* → république) **LA CHOSE PUBLIQUE :** ensemble des questions relatives aux intérêts généraux d'un pays, d'une collectivité régionale ou locale.

II DANS DES EXPRESSIONS ■ **1** (début XIIIe) **AUTRE CHOSE** (entraîne le masc.). *Je cherche autre chose d'aussi beau. C'est autre chose, tout autre chose.* ➤ **différent.** *C'était bien autre chose que ce qu'il avait prévu. Parler d'autre chose. Penser à autre chose. Avoir autre chose à faire. — Ce n'est pas autre chose que :* c'est. *Son silence n'est pas autre chose qu'une approbation.* FAM. *Voilà autre chose !* — LITTÉR. *Autre chose de dire ceci, autre chose de le faire.* — **LA MÊME CHOSE.** ➤ **même.** ■ **2 loc. indéf. masc.** (début XIVe) **QUELQUE CHOSE.** *C'est quelque chose que j'adore. Posséder quelque chose. Manquer de quelque chose. Chercher quelque chose. Voulez-vous prendre quelque chose ?,* un peu de nourriture, une boisson. *Avez-vous quelque chose à faire ? à dire ? Faites, dites quelque chose* (cf. N'importe* quoi). *Quelque chose de beau, d'ennuyeux. — Quelque chose me dit que :* j'ai l'intuition que. — *C'est déjà quelque chose :* c'est mieux que rien. — *C'est quelque chose !* : c'est un peu fort ; c'est remarquable. *«Quand toutes les grenouilles d'un marais pendant la nuit font la conversation, c'est quelque chose !»* CLAUDEL. — *Il est pour quelque chose dans cette affaire :* il y a pris part, il y contribue. — *Il lui est arrivé quelque chose,* un accident, un ennui. *Il a quelque chose, mais ne veut pas en parler.* ➤ **difficulté, embarras, ennui.** — *Cela m'a fait quelque chose :* cela m'a touché. *«Quand on voit des types comme ça mourir, ça fait vraiment quelque chose»* PROUST. *Il y a quelque chose là-dessous, entre eux,* un mystère, du louche. *Il y a quelque chose comme une semaine :* il y a environ une semaine. — *Se croire quelque chose :* se prendre pour qqn d'important. ➤ **quelqu'un.** SUBST. FAM. *Offrez-lui un petit quelque chose.* ■ **3** *Grand-chose* (voir ce mot). ■ **4 PEU DE CHOSE.** ➤ **peu** (I, 4°).

III ~ n. m. OU EN APPOSITION (XVIe) Ce qu'on ne peut ou ne veut pas nommer. ➤ FAM. **bidule, machin,** 1 **truc.** *Donnez-moi ce chose. Un chose pour ouvrir les bouteilles.* ◆ S'emploie pour désigner une personne dont on ignore ou dont on a oublié le nom. *Madame, monsieur Chose. «Le Petit Chose», d'Alphonse Daudet.* ◆ **adj.** FAM. *Se sentir tout chose :* éprouver un malaise difficile à analyser. ➤ **décontenancé, souffrant, triste.** *«j'en étais bête comme un panier. J'étais tout* chose, *comme dit certain niais»* STENDHAL.

■ **CONTR.** Rien.

CHOSIFICATION [ʃozifikasjɔ̃] **n. f.** – 1831 ◊ de *chose* ■ **1** DIDACT. Le fait de rendre semblable aux choses ; de réduire l'être humain à l'état d'objet. ➤ **réification.** ■ **2** (de *chosifier*) DIDACT. Action de chosifier. *La chosification d'un concept.*

CHOSIFIER [ʃozifje] **v. tr.** ⟨7⟩ – 1943 ◊ de *chose* ■ DIDACT. (PHILOS., RELIG., etc.) Rendre semblable à une chose. ➤ **réifier.** *Chosifier les êtres.*

CHOTT [ʃɔt] **n. m.** – 1846 ◊ mot arabe ■ Lac salé, en Afrique du Nord. ➤ **sebka.** *Les chotts du Sahara. Le sable «dont la croûte cède sous le pas comme aux abords d'un chott d'Algérie»* GRACQ.

■ **HOM.** Shot.

CHOU [ʃu] **n. m.** – *chol, chou* XIIe ◊ latin *caulis* ■ **1** Plante sauvage ou cultivée *(crucifères)* à nombreuses variétés potagères. ➤ **brocoli ; chou-fleur, chou-navet, chou-rave, kale, romanesco, rutabaga, turnep.** ■ **2** Une des espèces comestibles, le *chou cabus* ou *chou pommé (chou vert, chou blanc, chou frisé)* à gros bourgeon terminal. *Trognon de chou. On dit que les* *enfants naissent dans les choux. Soupe aux choux* (➤ **bortch**). *Chou braisé, farci. Embeurrée de chou. Perdrix aux choux. Potée aux choux. Choucroute* préparée avec du chou blanc. Salade de chou.* ➤ **coleslaw.** ◆ **FEUILLE DE CHOU.** LOC. *Avoir les oreilles en feuilles de chou,* grandes et décollées. — *Une feuille de chou :* journal, revue de peu d'importance ou de peu de valeur. ➤ **canard.** ■ **3 CHOU ROUGE,** que l'on consomme cru et râpé en salade, ou macéré dans le vinaigre, ou cuit. **CHOU DE BRUXELLES,** à longues tiges, donnant des bourgeons comestibles. *Chou chinois.* ◆ PAR EXT. *Chou palmiste*. Chou marin.* ➤ **crambe.** ■ **4** LOC. *Bête* comme chou.* ➤ **enfantin.** — *Entrer, rentrer dans le chou à qqn,* l'attaquer, lui donner des coups (cf. Rentrer dans le lard). — *Faire chou blanc :* ne pas réussir (➤ **échouer**). *Faire ses choux gras de qqch.,* en tirer profit. *Aller planter ses choux :* se retirer à la campagne. — FAM. *Être dans les choux,* dans une situation délicate. — *Ménager la chèvre* et le chou.* — (Belgique) *C'est chou vert et vert chou :* cela revient au même (cf. C'est blanc bonnet* et bonnet blanc). ■ **5** (p.-ê. de *chouer,* ancienne forme de *choyer*) *Mon chou, mon petit chou :* expressions de tendresse (fém. **CHOUTE** [ʃut]). ➤ 1 **chouchou.** « *Elle dort, la pauvre choute* » GENET. *Bout* de chou.* ◆ **adj. (inv. en n.bre)** FAM. *Ce qu'elle est chou !* (ou *choute*), *ce qu'ils sont chou.* ➤ 2 **gentil, mignon.** *C'est très chou.* SUBST. « *C'est d'un chou !* » CARCO. ■ **6** Nœud, rosette de ruban ou d'étoffe dont la forme rappelle celle du chou. ➤ **bouffette.** ■ **7** Petit gâteau frais, léger et rond. *Chou à la crème. Les choux d'une pièce montée. Chou au fromage* (➤ **gougère**), *au sucre* (➤ **chouquette**). *Pâte à choux,* faite avec de la farine jetée dans un mélange d'eau (ou de lait) et de beurre. ■ **8** FAM. Tête. — LOC. *Ne rien avoir dans le chou :* être stupide. *Prendre le chou :* excéder, énerver (cf. Prendre la tête). « *le type commence à me prendre le chou* » J. ROLIN.

CHOUAN [ʃwɑ̃] **n. m.** – 1793 ◊ de *Jean Chouan,* surnom d'un des chefs des insurgés de l'Ouest ; forme région. de *chat-huant* ■ Insurgé royaliste de l'Ouest qui faisait la guerre des partisans contre la Révolution. « *Les Chouans* », *roman de Balzac* (1829).

CHOUANNERIE [ʃwanʀi] **n. f.** – 1794 ◊ de *chouan* ■ HIST. Insurrection des chouans.

CHOUCAS [ʃuka] **n. m.** – *choucquas* 1530 ◊ p.-ê. formation onomat. ■ Oiseau noir *(corvidés)* voisin de la corneille. « *les choucas qu'on voit tourner et voleter, noirs avec un bec jaune, autour d'une fissure où ils ont leurs nids au flanc des parois* » RAMUZ.

CHOUCHEN [ʃuʃɛn] **n. m.** – 1989 ; *chouchenn* 1975 ◊ mot breton ■ RÉGION. (Bretagne) Hydromel. *Des chouchens* ou *des chouchen.*

1 **CHOUCHOU, OUTE** [ʃuʃu, ut] **n.** – 1780 t. d'affection ◊ redoublement de l'appellatif *chou, choute* ■ **1** FAM. Favori, préféré. *Le petit chouchou. C'est la chouchoute de la maîtresse. Le chouchou des médias.* ■ **2 n. m.** Morceau de tissu froncé autour d'un élastique, et servant à retenir les cheveux. « *les chouchous avec des boules en plastique multicolores et transparentes comme des bonbons acidulés* » C. ORBAN. ■ CONTR. Mal-aimé.

2 **CHOUCHOU** [ʃuʃu] **n. m.** – 1855 ◊ origine inconnue ■ (Maurice, Réunion, Madagascar) Chayote. « *Près de ma hutte, j'ai semé du maïs, des fèves, des patates douces, des chouchous* » LE CLÉZIO.

CHOUCHOUTER [ʃuʃute] **v. tr.** ⟨1⟩ – 1842 ◊ de 1 *chouchou* ■ FAM. Dorloter, gâter (qqn). *Chouchouter ses enfants.* ➤ **cajoler, choyer.** *Se faire chouchouter. — Chouchouter sa peau, ses cheveux,* en prendre soin.

CHOUCROUTE [ʃukʀut] **n. f.** – 1768 ; *sorcrote* 1739 ◊ alsacien *sûrkrût ;* allemand *Sauerkraut* « herbe *(Kraut)* sure, aigre », avec attraction de *chou* et de *croûte* ■ **1** Chou blanc débité en fins rubans que l'on fait légèrement fermenter dans une saumure. *Choucroute crue, cuite.* ◆ *Choucroute garnie,* ou ABSOLT *une choucroute :* plat de choucroute cuite accompagnée de charcuterie. *Choucroute alsacienne.* — LOC. FIG. et FAM. *Pédaler* dans la choucroute. Quel rapport avec la choucroute ?* quel rapport y a-t-il entre ces deux choses ? *Rien à voir avec la choucroute.* ■ **2** (v. 1955 ◊ par anal.) FAM. Chignon volumineux de cheveux très crêpés, sur le dessus de la tête.

1 **CHOUETTE** [ʃwɛt] **n. f.** – 1546 ; v. 1370 *chüette ;* XIIIe *suete ;* XIe *çuete* ◊ croisement de l'ancien français *çuete* et *choe,* du francique °*kawa* ■ **1** Oiseau rapace nocturne *(strigiformes)* ne portant pas d'aigrettes sur la tête (à la différence des hiboux). *Chouette blanche.* ➤ **harfang.** *Chouette chevêche.* ➤ **chevêche.** *Chouette des bois.* ➤ **hulotte.** *Chouette des clochers.* ➤ 1 **dame** (blanche), **effraie.** — *Gros yeux ronds de la chouette. Cri de la chouette* (➤ **chuinter, huer, hululer**). ■ **2** FIG. PÉJ. *Une vieille chouette :* vieille femme laide, acariâtre.

2 **CHOUETTE** [ʃwɛt] **adj.** – 1830 ◊ emploi fig. de 1 *chouette ;* cf. italien *civetta* « chouette » et « femme coquette » ■ FAM. ■ **1** Beau, joli. *Une chouette voiture. Un pantalon très chouette.* ■ **2** (PERSONNES) Sympathique. *C'est un chouette type. Elles ont été chouettes. Il a été très chouette avec moi.* ◆ (CHOSES) Agréable. *Une chouette balade. Ce serait chouette de partir ensemble. C'est chouette !* c'est digne d'admiration. ➤ 2 **super, sympa ;** VIEILLI **bath.** — **interj.** *Chouette !* pour marquer l'enthousiasme, la satisfaction. ➤ **chic.** *Ah, chouette alors !* ■ CONTR. Moche.

CHOU-FLEUR [ʃuflœʀ] **n. m.** /CHOUFLEUR/ – 1611 ◊ de *chou* et *fleur,* d'après l'italien *cavolfiore* ■ Chou dont les inflorescences forment une masse blanche, dense et comestible. ➤ **romanesco.** *Des choux-fleurs. Servir un chou-fleur au gratin.* — LOC. *Oreilles en chou-fleur,* abîmées, déformées (boxe, etc.).

CHOUGNER ➤ **CHOUINER**

CHOUÏA [ʃuja] **n. m.** – 1866 *chouia* ◊ arabe maghrébin *šuya* ■ **1** (Maghreb) Quelque peu, un peu. *Changer chouïa.* ■ **2** (Maghreb) Doucement, lentement. *Chouïa, chouïa, pas si vite !* ■ **3** FAM. *Un chouïa :* un peu. « *Il sortit de cet endroit un chouïa lugubre* » QUENEAU. *Rajouter un chouïa de poivre.* — On rencontre aussi *chouya.*

CHOUILLE [ʃuj] **n. f.** – avant 1990 ◊ régionalisme de Lorraine, peut-être altération de *cheule* « alcool », déverbal de *cheuler* « boire, s'enivrer », du latin vulgaire °*siticulare* « avoir soif », famille de *sitis* → soif ■ FAM. Fête. « *je prévois une grosse chouille à la rivière pour notre départ* » P. BAILLY. *Faire la chouille.*

CHOUINER [ʃwine] ou **CHOUGNER** [ʃuɲe] **v. intr.** ⟨1⟩ – 1889 *chouigner* argot ◊ du radical onomat. *win-* → couiner ■ RÉGION. ou FAM. Pleurnicher. ➤ **chigner.** *Elle* « *cessa brusquement de chougner, surprise par cette proposition* » SAN-ANTONIO.

CHOULEUR [ʃulœʀ] **n. m.** – 1954 ◊ de *chouler* (t. de marine) « charrier un chargement » ■ TECHN. Chargeuse de matériaux montée sur chenilles ou sur pneus, et munie d'une benne mécanique.

CHOU-NAVET [ʃunavɛ] **n. m.** – 1732 ◊ de *chou* et *navet* ■ Chou dont la racine a l'apparence d'un gros navet (➤ **rutabaga**). *Des choux-navets.*

CHOUPINET, ETTE [ʃupinɛ, ɛt] **adj.** et **n.** – 1951 ◊ probablt de *chou* (5°) ■ FAM. ■ **1** Joli, mignon. *Un petit garçon choupinet.* ■ **2 n.** T. d'affection. « *Ne t'énerve pas, mon choupinet, t'as qu'à regarder ailleurs* » P. BRUCKNER.

CHOUQUETTE [ʃukɛt] **n. f.** – attesté 1950 ◊ d'un dérivé de *chouque,* var. région. de *souche* avec influence de *chou* ■ Petit chou (7°) recouvert de sucre en grains.

CHOURA [ʃuʀa] **n. f.** – 1963 ◊ de l'arabe ■ (Maghreb) Conseil consultatif et délibératif, réunissant des personnalités pour exprimer un avis. — PAR EXT. Forme d'organisation sociale qui accorde un rôle important à ce conseil.

CHOU-RAVE [ʃuʀav] **n. m.** – XVIe ◊ de *chou* et *rave* ■ Chou cultivé pour sa tige renflée et charnue. *Des choux-raves.*

CHOURAVER [ʃuʀave] **v. tr.** ⟨1⟩ – 1938 ◊ romani *tchorav* ■ FAM. Voler*. ➤ **chiper.** « *Qui a chouravé ma gamelle ?* » SARRAZIN. — ABRÉV. **CHOURER.** *Il s'est fait chourer son stylo.*

CHOUTE ➤ **CHOU** (5°)

CHOUYA ➤ **CHOUÏA**

CHOW-CHOW [ʃoʃo] **n. m.** /CHOWCHOW/ – 1898 ◊ mot anglais, du jargon anglo-chinois ■ Chien de compagnie d'origine chinoise, à abondant pelage uni, le plus souvent de couleur fauve. *Des chows-chows.*

CHOYER [ʃwaje] **v. tr.** ⟨8⟩ – 1541 ; *chuer, chouer* XIIIe ◊ p.-ê. d'un gallo-roman °*cavicare,* du latin *cavere* « veiller sur », ou formation onomatopéique ■ Soigner avec tendresse, entourer de prévenances. ➤ **cajoler, dorloter, mignoter ;** FAM. **chouchouter, cocooner.** *Elle choie ses enfants.* ➤ **materner.** ■ HOM. *Choie :* chois (choir).

CHRÊME [kʀɛm] **n. m.** – XVIe ; *cresme* XIIe ◊ latin ecclésiastique *chrisma ;* grec *khrisma* « huile » ■ Huile consacrée, employée pour les onctions dans certains sacrements, certaines cérémonies des églises catholique et orthodoxe. ■ HOM. Crème.

CHRESTOMATHIE [kʀɛstɔmati] **n. f.** – 1623, repris 1806 ◊ grec *khrêstomatheia,* de *khrêstos* « utile » et *manthanein* « apprendre » ■ DIDACT. Recueil de morceaux choisis tirés d'auteurs classiques, célèbres. ➤ **anthologie, florilège.**

CHRÉTIEN, IENNE [kʀetjɛ̃, jɛn] **adj.** et **n.** – v. 1180 *crestïen ;* v. 900 *christiien ;* 842 *christian* ◊ latin *christianus,* grec *khristianos*

I adj. ■ **1** Qui professe la foi en Jésus-Christ. *Le monde chrétien. La communauté chrétienne du Liban. — Le Roi Très*

Chrétien : titre des rois de France. ■ **2** Du christianisme. *La foi, la morale chrétienne. La charité* chrétienne. Religion chrétienne.* ➤ **christianisme.** *Rite chrétien d'Espagne.* ➤ **mozarabe.** *L'ère chrétienne,* commençant à la date présumée de la naissance du Christ. *Fêtes chrétiennes* : Ascension, Noël, Pâques, Pentecôte, etc. ◆ Qui est empreint d'influence chrétienne. *Traditions chrétiennes. Humanisme chrétien.*
II n. Personne qui professe le christianisme. ➤ **fidèle ; catholique, orthodoxe, protestant.** *Les premiers chrétiens* (➤ **paléochrétien**). *Mourir en bon chrétien. — Chrétien d'Égypte.* ➤ **copte.** *Nom que l'Arabe donne au chrétien.* ➤ **roumi.**

CHRÉTIENNEMENT [kʀetjɛnmɑ̃] **adv.** – XVIe ◇ de *chrétien* ■ D'une manière chrétienne. *Vivre, mourir chrétiennement.*

CHRÉTIENTÉ [kʀetjɛ̃te] **n. f.** – *crestientet* XIIe ◇ latin ecclésiastique *christianitas* ■ Ensemble des peuples chrétiens, et des pays où le christianisme domine. *La chrétienté primitive. Défendre, attaquer la chrétienté.*

CHRISCRAFT **n. m.** ou **CHRIS-CRAFT** [kʀiskʀaft] **n. m. inv.** – 1952 ◇ marque déposée ; mot anglais, de *craft* «embarcation» ■ ANGLIC. Canot* à moteur de cette marque. ➤ **runabout.** «*Il met le chriscraft en marche et quitte la calanque au ralenti*» VIAN. *Des chriscrafts, des chris-craft.*

CHRISME [kʀism] **n. m.** – 1819 ◇ grec *khrismon* ■ DIDACT. Monogramme du Christ, formé des deux premières lettres grecques de son nom (khi et rhô).

CHRIST [kʀist] **n. m.** – Xe ◇ du latin *christus,* emprunté au grec *khristos* «oint», traduction de l'hébreu *mashia'h,* de même sens → messie ■ **1** Nom donné à Jésus de Nazareth. ➤ **messie ; seigneur.** *Le christ Jésus, le Christ. Jésus-Christ,* et ABSOLT *Christ* (usage des chrétiens de l'Église réformée). *Le Christ sauveur. La paix du Christ. L'âge* du Christ.* ■ **2** Représentation de Jésus-Christ attaché à la croix. ➤ **crucifix.** *Des christs d'ivoire.*

CHRISTE-MARINE ➤ **CRISTE-MARINE**

CHRISTIANIA [kʀistjanja] **n. m.** – 1906 ◇ mot norvégien, ancien nom d'Oslo ■ SKI Virage ou arrêt exécuté avec les skis parallèles. *Christiania amont, aval.*

CHRISTIANISATION [kʀistjanizasjɔ̃] **n. f.** – 1843 ◇ de *christianiser* ■ Action de christianiser ; état de ce qui est christianisé. *La christianisation des pays de l'Europe centrale au XIIIe siècle.* ➤ **évangélisation.** ■ CONTR. Déchristianisation.

CHRISTIANISER [kʀistjanize] **v. tr.** ⟨1⟩ – fin XVIe ◇ grec *khristianizein* ■ Rendre chrétien. *Les «chrétiens christianisant les temples de Rome»* YOURCENAR. *— Pays christianisé par l'action de missionnaires.* ➤ **évangéliser.** ■ CONTR. Déchristianiser, paganiser.

CHRISTIANISME [kʀistjanism] **n. m.** – XIIIe ◇ latin ecclésiastique *christianismus,* grec *khristianismos* ■ Religion fondée sur l'enseignement, la personne et la vie de Jésus-Christ. ➤ **catholicisme, orthodoxe** (Église orthodoxe), **protestantisme.** «*si le christianisme était resté ce qu'il était, une religion du cœur*» PÉGUY. *Convertir qqn au christianisme. Le Dieu en trois personnes du christianisme. Christianisme primitif.* ➤ **judéo-christianisme.** *La Bible, livre sacré du christianisme. Doctrine, pratiques du christianisme.* ➤ **théologie ; liturgie, sacrement.** *Schismes, hérésies du christianisme. — «Le Génie du christianisme», œuvre de Chateaubriand.*

CHRISTIQUE [kʀistik] **adj.** – avant 1892 ◇ de *Christ* ■ DIDACT. Qui a rapport au Christ. *La parole christique.*

CHRISTOLOGIE [kʀistɔlɔʒi] **n. f.** – 1877 ; *anti-christologie* 1722 ◇ de *Christ* et *-logie* ■ THÉOL. Étude de la personne et de la doctrine du Christ. — **adj.** (1828) **CHRISTOLOGIQUE.**

CHRISTOPHINE [kʀistɔfin] **n. f.** – 1896 ◇ peut-être en l'honneur de *Christophe Colomb* ■ (Antilles) Chayote. *Gratin de christophine.*

CHROMAGE [kʀomaʒ] **n. m.** – 1927 ◇ de *chromer* ■ Action de chromer ; son résultat. *Le chromage d'un parechoc. Un bain de chromage.*

CHROMATE [kʀɔmat] **n. m.** – 1797 ◇ de *chrome* ■ CHIM. Sel de l'acide chromique. *Chromate jaune* (de potassium). *Chromate rouge* : bichromate de potassium. — ABSOLT Ion $CrO_4^{\ 2-}$ issu de cet acide.

CHROMATIDE [kʀɔmatid] **n. f.** – 1951 ◇ anglais *chromatid* (1900), de *chromatin* «chromatine» ■ GÉNÉT. Chacune des deux parties du chromosome réunie à son homologue au niveau du centromère. *Chromatides sœurs* : sur un même chromosome, chromatides homologues, au nombre de 4, 2 sur chaque chromosome homologue. *Échange de segments entre chromatides.* ➤ **crossing-over.**

CHROMATINE [kʀɔmatin] **n. f.** – 1882 ◇ de *chromat(o)-* et *-ine,* d'après l'allemand *Chromatin* (1880) ■ GÉNÉT. Complexe d'ADN et de protéines, localisé dans le noyau cellulaire. ➤ **nucléosome ; euchromatine, hétérochromatine.** *Transformation de la chromatine en chromosomes lors de la division cellulaire.*

CHROMATIQUE [kʀɔmatik] **adj.** – XIVe ◇ latin *chromaticus* ; grec *khrôma* «couleur, ton musical» ■ **1** Qui procède par demi-tons consécutifs (opposé à *diatonique*). *Les douze notes de la gamme chromatique. — Demi-ton* chromatique.* ■ **2** (1630) DIDACT. Relatif aux couleurs *La fonction chromatique du caméléon. Vision chromatique* : perception des couleurs (➤ **chromatopsie**). ■ **3** BIOL. Des chromosomes. *Réduction chromatique.* ➤ **méiose.**

CHROMATISME [kʀɔmatism] **n. m.** – 1829 ◇ grec *khrômatismos* ■ **1** DIDACT. ou LITTÉR. Ensemble de couleurs. ➤ **coloration.** «*les chromatismes légendaires, sur le couchant*» RIMBAUD. ◆ PHYS. Dispersion de la réfraction des images fournies par un système optique. ■ **2** MUS. Caractère de ce qui est chromatique.

CHROMAT(O)- ■ Élément, du grec *khrôma, atos* «couleur». ➤ **-chrome, chromo-.**

CHROMATOGRAMME [kʀɔmatɔgʀam] **n. m.** – 1937 ; 1906 en allemand ◇ de *chromato-* et *-gramme* ■ DIDACT. Image obtenue par chromatographie.

CHROMATOGRAPHIE [kʀɔmatɔgʀafi] **n. f.** – 1929 ; 1906 en allemand ◇ de *chromato-* et *-graphie* ■ CHIM. Méthode d'analyse chimique ou de séparation d'un mélange, qui consiste à faire passer ce mélange à travers un corps poreux qui en retient plus ou moins bien les divers constituants (➤ **élution**). *On sépare la chlorophylle des extraits végétaux par chromatographie.*

CHROMATOPSIE [kʀɔmatɔpsi] **n. f.** – 1948 ◇ de *chromat(o)-* et *-opsie* ■ **1** PHYSIOL. Vision des couleurs. ■ **2** PATHOL. Trouble de la vision caractérisé par l'impression subjective de voir colorés des objets incolores ou par la perception de couleurs différentes des couleurs réelles (➤ **daltonisme**).

CHROME [kʀom] **n. m.** – 1797 ◇ latin *chroma,* par le grec *khrôma* «couleur», à cause de ses composés diversement colorés ■ **1** Élément atomique (Cr ; n° at. 24 ; m. at. 51,9961), métal du groupe du molybdène et du tungstène, brillant et dur. *Acier au chrome* (inoxydable). *Sel de chrome.* ➤ **chromate.** *Oxyde de chrome.* ➤ **chromite.** *Alun de chrome* (utilisé en tannerie). *Jaune, rouge, brun de chrome* : chromates basiques de plomb, utilisés en teinture. ■ **2** Pièce métallique en acier chromé (SPÉCIALT dans la carrosserie d'une automobile). *Faire briller les chromes de sa voiture.*

-CHROME, -CHROMIE ■ Groupes suffixaux, du grec *khrôma* «couleur» : *héliochromie, lithochromie, monochrome.* ➤ **chromat(o)-, chromo-.**

CHROMÉ, ÉE [kʀome] **adj.** – 1890 ◇ de *chrome* ■ **1** Recouvert de chrome. *Acier chromé* (inoxydable). — **n. m.** Métal chromé. «*une poignée de porte en chromé*» SARRAUTE. ■ **2** Tanné à l'alun de chrome. *Cuir, veau chromé.*

CHROMER [kʀome] **v. tr.** ⟨1⟩ – 1929 ◇ de *chrome* ■ **1** Recouvrir (un métal) de chrome. ■ **2** Tanner à l'alun de chrome.

CHROMEUX, EUSE [kʀɔmø, øz] **adj.** – 1811 *acide chromeux* ◇ de *chrome* ■ CHIM. Qui contient du chrome au degré d'oxydation +2. *Chlorure chromeux.*

CHROMINANCE [kʀɔminɑ̃s] **n. f.** – 1957 ◇ mot anglais 1952, du grec *khrôma* «couleur», d'après *luminance* ■ AUDIOVIS. Représentation des informations relatives à la couleur d'une image de télévision. *Signal de chrominance.*

CHROMIQUE [kʀɔmik] **adj.** – 1797 ◇ de *chrome* ■ CHIM. Se dit d'un ion ou d'un composé du chrome au degré d'oxydation +3 (ion positif) ou +6 (ion négatif). *Acide, anhydride chromique.*

CHROMISTE [kʀɔmist] **n.** – v. 1880 ◇ de *chromo(lithographie)* ■ Spécialiste des couleurs, des retouches en photogravure, héliogravure, offset.

CHROMITE [kʀɔmit] **n. f.** – 1830 ◇ de *chrome* ■ MINÉR. Oxyde de chrome contenant du fer et du manganèse, principal minerai du chrome, utilisé en métallurgie, pour la céramique, la verrerie, la fabrication des matériaux réfractaires.

CHROMO [kʀomo] **n. m.** – 1872 ◇ abrév. de *chromolithographie* ■ Image lithographique en couleur. «*des chromos flétris figurant des scènes de la guerre de 70*» ECHENOZ. — REM. Parfois employé au fém. ◆ PÉJ. Image en couleur de mauvais goût. «*Les bourgeois n'ont que le goût du chromo*» LÉAUTAUD.

CHROMO- ▪ Élément, du grec *khrôma* « couleur ». ➤ **chromat(o)-, -chrome.**

CHROMODYNAMIQUE [kʀomodinamik] **n. f.** – avant 1990 ◊ emprunté à l'anglais *Quantum Chromo Dynamics* (1973), de *chromo-*, à cause de la propriété des quarks nommée arbitrairement « couleur », et *-dynamique* ▪ PHYS. *Chromodynamique quantique* : théorie des interactions* fortes entre les particules dites hadrons (nucléons et pions [3 pion]) mettant en œuvre les quarks* et les gluons* (c'est une théorie de jauge*).

CHROMOGÈNE [kʀomoʒɛn] **adj.** – 1863 ◊ de *chromo-* et *-gène* ▪ DIDACT. Susceptible de produire un pigment ou de permettre la pigmentation. *Bactérie chromogène.*

CHROMOLITHOGRAPHIE [kʀomolitɔgʀafi] **n. f.** – 1837 ◊ de *chromo-* et *lithographie* ▪ **1** Impression lithographique en couleur. ➤ **lithographie.** ▪ **2** Image obtenue par la chromolithographie. ➤ **chromo.**

CHROMOPLASTE [kʀomoplast] **n. m.** – 1895, répandu v. 1912 ◊ de *chromo-* et *plaste*, d'après l'allemand *Chromoplast* (v. 1883) ▪ BIOL. CELL. Plaste riche en pigments, responsable de la couleur de certaines cellules végétales.

CHROMOPROTÉINE [kʀomopʀɔtein] **n. f.** – 1926 ◊ de *chromo-* et *protéine* ▪ BIOCHIM. Protéine liée à une molécule qui lui confère une couleur particulière. ➤ **hémoprotéine.** *L'hémoglobine est une chromoprotéine.*

CHROMOSOME [kʀomozom] **n. m.** – 1889 ◊ mot allemand 1888, du grec *khrôma* « couleur » et *sôma* « corps », « parce qu'[ils] absorbent électivement certaines matières colorantes » (J. Rostand) ▪ Chacune des structures du noyau cellulaire, composées d'ADN, se formant au moment de la division cellulaire, de structure déterminée et en nombre constant pour chaque espèce (23 paires chez l'être humain), porteuses des gènes. ➤ **centromère, chromatide, chromatine ; gène ; chromatique** (3°) **; et aussi cytogénétique.** *Enjambement* de chromosomes.* ➤ **crossing-over.** *Chromosomes X et Y, chromosomes sexuels.* ➤ **gonosome, hétérochromosome ; autosome.** *Chromosomes homologues* : chromosomes semblables, issus l'un du père, l'autre de la mère. *Chromosome circulaire des procaryotes.* ➤ **plasmide.**

CHROMOSOMIQUE [kʀomozomik] **adj.** – 1931 ◊ de *chromosome* ▪ BIOL. Relatif au chromosome. *Le nombre chromosomique de l'être humain est 46. Brassage chromosomique.* ➤ **interchromosomique, intrachromosomique.** *Anomalie, aberration* chromosomique.*

CHROMOSPHÈRE [kʀomosfɛʀ ; kʀɔmɔ-] **n. f.** – 1873 ◊ de *chromo-* et *sphère* ▪ ASTRON. Partie superficielle extérieure de l'atmosphère solaire. *Facules*, filaments* de la chromosphère.*

CHROMOTYPOGRAPHIE [kʀomotipɔgʀafi] **n. f.** – 1866 ◊ de *chromo-* et *typographie* ▪ Impression typographique en couleur ; épreuve en couleur. — On dit aussi **CHROMOTYPIE.**

CHRONAXIE [kʀɔnaksi] **n. f.** – 1909 ◊ de *chron(o)-* et du grec *axia* « valeur » ▪ PHYSIOL. Intervalle de temps nécessaire pour exciter un tissu nerveux ou musculaire par un courant électrique dont l'intensité est le double de celle du seuil d'excitation (➤ **rhéobase**).

-CHRONE ➤ **CHRON(O)-**

CHRONICITÉ [kʀɔnisite] **n. f.** – 1835 ◊ de 2 *chronique* ▪ DIDACT. État de ce qui est chronique. *Chronicité d'une maladie.*

1 **CHRONIQUE** [kʀɔnik] **n. f.** – début XIIe ◊ latin *chronica*, du grec *khronos* « temps » ▪ **1** (Général plur.) Recueil de faits historiques, rapportés dans l'ordre de leur succession. ➤ **annales, histoire,** 2 **mémoires ; chroniqueur** (1°). *Les chroniques de Froissart.* — Récit qui met en scène des personnages fictifs ou réels et évoque des faits authentiques. « *La Chronique des Pasquier* », *de Duhamel.* ▪ **2** (1690) L'ensemble des nouvelles qui circulent. ➤ **bruit,** 1 **cancan, potin.** *Chronique scandaleuse. Défrayer* la chronique.* ▪ **3** (1812) SPÉCIALT Article de journal ou de revue, émission de télévision ou de radio qui traite régulièrement d'un thème particulier. ➤ **billet, courrier, nouvelle, rubrique ; chroniqueur** (2°). *Une chronique musicale, judiciaire, politique. La chronique du langage.*

2 **CHRONIQUE** [kʀɔnik] **adj.** – 1398 ◊ de 1 *chronique* ▪ **1** (En parlant d'une maladie) Qui dure longtemps, se manifeste en permanence ou par intermittence, se développe lentement (opposé à *aigu*). *Maladie, affection chronique. Bronchite à l'état chronique.* « *une douleur chronique, la souffrance tranquille d'un malade au long cours habitué à ne se sentir jamais bien entre deux crises* » R. JAUFFRET. ▪ **2** (En parlant d'une chose dommageable) Qui dure. *Chômage chronique.* — **adv. CHRONIQUEMENT,** 1835. ▪ CONTR. Temporaire.

-CHRONIQUE, -CHRONISME ▪ Groupes suffixaux, du grec *khronos* « temps » : *anachronique, synchronisme.* ➤ **chron(o)-.**

CHRONIQUEUR, EUSE [kʀɔnikœʀ, øz] **n.** – fin XIVe ◊ de 1 *chronique* ▪ **1 n. m.** Auteur de chroniques historiques. ➤ **historien, mémorialiste.** *Les grands chroniqueurs du Moyen Âge.* ▪ **2** Personne chargée d'une chronique de journal, de radio ou de télévision. *Chroniqueur judiciaire, parlementaire. Des chroniqueuses de mode.*

CHRONO ➤ **CHRONOMÈTRE**

CHRON(O)-, -CHRONE ▪ Éléments, du grec *khronos* « temps » : *chronomètre, synchrone.* ➤ **-chronique, -chronisme.**

CHRONOBIOLOGIE [kʀonobjɔlɔʒi] **n. f.** – 1969 ◊ de *chrono-* et *biologie* ▪ Étude des rythmes* biologiques. *Applications médicales de la chronobiologie.* — **n. CHRONOBIOLOGISTE.**

CHRONOGRAPHE [kʀɔnɔgʀaf] **n. m.** – 1849 ◊ de *chrono-* et *-graphe* ▪ TECHN. Instrument enregistreur des durées. ➤ **chronomètre.**

CHRONOLOGIE [kʀɔnɔlɔʒi] **n. f.** – 1579 ◊ grec *khrônologia* ; cf. *chrono-* et *-logie* ▪ **1** Science de la fixation des dates des évènements historiques. ➤ **datation.** *Chronologie préhistorique. La chronologie des temps modernes se base sur les annales, calendriers, éphémérides.* « *La chronologie et la géographie, a-t-on dit, sont les deux yeux de l'histoire* » FRANCE. ➤ **géochronologie.** ▪ **2** Succession (des évènements) dans le temps. ➤ **déroulement.** *La chronologie de la Révolution française. La chronologie d'une affaire judiciaire. Établir la chronologie des faits.* ➤ **historique.** ◆ *Une chronologie* : un tableau historique des dates importantes commentées.

CHRONOLOGIQUE [kʀɔnɔlɔʒik] **adj.** – 1584 ◊ de *chronologie* ▪ Relatif à la chronologie. *Tableau chronologique. Ordre chronologique. Rétablir le déroulement chronologique des faits.*

CHRONOLOGIQUEMENT [kʀɔnɔlɔʒikmɑ̃] **adv.** – 1827 ◊ de *chronologique* ▪ Selon l'ordre chronologique. *Documents classés chronologiquement.*

CHRONOMÉTRAGE [kʀɔnɔmetʀaʒ] **n. m.** – 1894 ◊ de *chronométrer* ▪ Mesure précise d'une durée. *Le chronométrage d'une épreuve sportive.*

CHRONOMÈTRE [kʀɔnɔmɛtʀ] **n. m.** – 1696 « métronome » ◊ du latin scientifique *chronometrum* (Kircher, 1650) ; cf. *chrono-* et *-mètre* ▪ **1** Instrument servant à mesurer de façon très précise une durée ; montre de précision. ➤ **chronographe.** *Chronomètre en or. Un chronomètre qui donne les centièmes de seconde.* ABRÉV. FAM. **CHRONO** [kʀono]. *Faire du 120 (km/h) chrono,* la vitesse étant mesurée au chronomètre (opposé à *au compteur*). *Des chronos.* ▪ **2** SPÉCIALT Montre de précision ayant obtenu un « bulletin officiel de marche ». *Chronomètre de marine, chronomètre de bord. Chronomètre étalon. État absolu d'un chronomètre* : correction donnant l'heure moyenne de Greenwich. ▪ **3** FIG. *Réglé comme un chronomètre.* ➤ **exact, ponctuel, régulier.**

CHRONOMÉTRER [kʀɔnɔmetʀe] **v. tr.** ‹6› – 1893 ◊ de *chronomètre* ▪ Mesurer avec précision, à l'aide d'un chronomètre, la durée de (une action, un évènement). *Chronométrer une course.* — PAR EXT. *Chronométrer un coureur.*

CHRONOMÉTREUR, EUSE [kʀɔnɔmetʀœʀ, øz] **n.** – 1885 ◊ de *chronométrer* ▪ Personne chargée de chronométrer.

CHRONOMÉTRIE [kʀɔnɔmetʀi] **n. f.** – 1838 ◊ de *chrono-* et *-métrie* ▪ **1** DIDACT. Science de la mesure du temps. ▪ **2** (1899 ◊ de *chronomètre*) Fabrication, industrie des chronomètres.

CHRONOMÉTRIQUE [kʀɔnɔmetʀik] **adj.** – 1832 ◊ de *chronométrie* ▪ **1** Du chronomètre ; relatif à la mesure exacte du temps. *Observations chronométriques.* ▪ **2** Rigoureusement calculé (en parlant du temps). *Une exactitude, une précision chronométrique.*

CHRONOPHAGE [kʀɔnɔfaʒ] **adj.** – 1961 ◊ de *chrono-* et *-phage* ▪ Qui demande ou prend beaucoup de temps. *Activité chronophage.* ➤ **accaparant.**

CHRONOPHOTOGRAPHIE [kʀonofɔtɔgʀafi] **n. f.** – 1882 ◊ de *chrono-* et *photographie* ▪ Décomposition du mouvement par des photographies successives.

CHRYSALIDE [kʀizalid] **n. f.** – 1593 ◊ latin *chrysallis, idis* ; du grec *khrusos* « or » ▪ Nymphe des lépidoptères, dont la vie se déroule à l'intérieur d'un cocon, et qui donne naissance au papillon. *Chenille qui se change en chrysalide.* — PAR EXT. Enveloppe de l'insecte à l'état de chenille, avant qu'il ne devienne papillon. *Chrysalide du ver à soie.* ➤ **cocon.** *Sortir de sa chrysalide* ; FIG. sortir de l'obscurité ; prendre son essor.

CHRYSANTHÈME [kʀizɑ̃tɛm] **n. m.** – 1750 ; *chrysanthemon* 1543 ◊ de *chrys(o)-* et du grec *anthemon* «fleur» ■ **1** BOT. Plante annuelle ou vivace *(composées)*, cultivée comme ornementale. *Chrysanthème d'automne. Chrysanthème des prés* : grande marguerite. ■ **2** COUR. Plante *(chrysanthème d'automne)* à fleurs composées sphériques, très commune dans les jardins, sur les marchés, traditionnellement utilisée pour décorer les tombes à la Toussaint. *Pot de chrysanthèmes. Chrysanthème à grosses têtes* (fleurs). *Chrysanthème Tokyo, pompon. Chrysanthèmes peints d'un paravent japonais.* ◆ LOC. FIG. *Inaugurer les chrysanthèmes* : se livrer à des activités officielles insignifiantes, lorsqu'on a le pouvoir politique.

CHRYSÉLÉPHANTIN, INE [kʀizelefɑ̃tɛ̃, in] **adj.** – 1863 ◊ de *chrys(o)-* et du grec *elephas, antos* «ivoire» ■ ANTIQ. *Sculpture chryséléphantine,* dans laquelle on employait l'or et l'ivoire.

CHRYS(O)- ■ Élément, du grec *khrusos* «or».

CHRYSOBÉRYL [kʀizobeʀil] **n. m.** – 1834 ◊ de *chryso-* et *béryl* ■ Pierre précieuse constituée par de l'aluminate naturel de béryllium. ➤ **œil-de-chat.**

CHRYSOCALE [kʀizɔkal] **n. m.** – 1823 ; *chrysochalque* 1819 ; *crisocane* 1372 ◊ de *chryso-* et du grec *khalkos* «cuivre» ■ Alliage de cuivre, étain et zinc, qui imite l'or (➤ **similor**).

CHRYSOLITHE [kʀizɔlit] **n. f.** – 1598 *chrysolite ; crisolite* 1121 ◊ latin *chrysolithus,* du grec ; cf. *chryso-* et *-lithe* ■ VX Pierre précieuse de teinte dorée (péridot). — On écrit aussi *chrysolite.*

CHRYSOMÈLE [kʀizɔmɛl] **n. f.** – 1789 ◊ de *chryso-* et du grec *melos* «membre» ■ Insecte coléoptère *(chrysomélidés),* voisin du doryphore, au corps épais et brillant, et dont les larves se nourrissent d'arbrisseaux divers.

CHRYSOPE [kʀizɔp] **n. f.** – 1904 ◊ latin *chrysopa,* du grec *khrusôpis* «aux yeux d'or» ■ ZOOL. Insecte *(neuroptères)* prédateur des pucerons, aux ailes diaphanes.

CHRYSOPRASE [kʀizɔpʀɑz] **n. f.** – XIIe ◊ latin *chrysoprasus ;* de *chryso-* et du grec *prasos* «poireau» ■ MINÉR. Variété de calcédoine d'un vert pomme, contenant du nickel.

CHTARBÉ, ÉE [ʃtaʀbe] **adj.** – 1984 ◊ de l'argot *chtar* «coup», altération de *jetard* (1927), de *jeton* (3°) ■ ARG. Fou. *Un mec complètement chtarbé.* ➤ **barjo, dingue.**

CHTIMI ou **CH'TIMI** [ʃtimi] **n. et adj.** – avant 1914 ◊ expr. patoise, probablt de la phrase *ch'timi ?* «c'est-il moi ?» ■ FAM. Personne originaire du nord de la France. *Les chtimis. C'est une chtimi.* — *Le chtimi* : parler des Français du Nord. — **adj.** *L'accent chtimi.* — ABRÉV. **CHTI** ou **CH'TI.** *Les chtis.*

CHTONIEN, IENNE [ktɔnjɛ̃, jɛn] **adj.** – *chthonien* 1819 ◊ latin *chtonius,* du grec *khthôn* «terre» ■ MYTH. Qui a trait aux divinités infernales. *Les puissances chtoniennes.* «*donner à la voix une origine chtonienne, [...] la faire venir de l'au-delà souterrain*» BARTHES.

CHTOUILLE [ʃtuj] **n. f.** – 1889 ◊ altération de *jetouille,* de *jeter* ■ ARG. Blennorragie. ➤ FAM. **chaude-pisse.** — PAR EXT. Syphilis.

C. H. U. [seaʃy] **n. m. inv.** – 1958 ◊ sigle ■ Centre hospitalier universitaire.

CHUCHOTEMENT [ʃyʃɔtmɑ̃] **n. m.** – 1579 ◊ de *chuchoter* ■ Action de chuchoter ; bruit d'une voix qui chuchote. ➤ **murmure, susurrement.** «*de longs chuchotements de jeunes filles, des rires étouffés*» LAMARTINE. *Entendre un léger chuchotement* (**CHUCHOTIS** [ʃyʃɔti] **n. m.**). — POÉT. *Le chuchotement du vent, des feuilles.* ➤ **bruissement.**

CHUCHOTER [ʃyʃɔte] **v. intr.** ‹1› – 1611 ; *chucheter* XIVe ◊ onomat. ■ **1** Parler bas, indistinctement, en remuant à peine les lèvres. ➤ **murmurer, susurrer.** *Des élèves qui chuchotent en classe. Chuchoter à l'oreille de qqn.* — TRANS. *Chuchoter quelques mots à l'oreille de qqn.* ➤ **souffler. p. p. adj.** *Des mots chuchotés.* ■ **2** PAR EXT. Produire un bruit confus, indistinct. ➤ **bruire.** «*ce poste de T. S. F. invisible, qui chuchotait comme un jet d'eau*» SARTRE. ■ CONTR. Crier, hurler.

CHUCHOTERIE [ʃyʃɔtʀi] **n. f.** – 1650 ◊ de *chuchoter* ■ FAM., VIEILLI Entretien de personnes qui se parlent à voix basse, à l'insu des autres (cf. FAM. Messe basse*). *Des chuchoteries incessantes.*

CHUINTANT, ANTE [ʃɥɛ̃tɑ̃, ɑ̃t] **adj.** et **n. f.** – 1819 ◊ de *chuinter* ■ Qui chuinte. *Jet de vapeur chuintant.* ◆ PHONÉT. *Consonne chuintante,* ou **n. f.** *une chuintante* : consonne fricative qui s'articule en formant une cavité de résonance entre l'avant de la langue et les dents. *La chuintante sourde* [ʃ] *et la chuintante sonore* [ʒ] *du français.*

CHUINTEMENT [ʃɥɛ̃tmɑ̃] **n. m.** – 1873 ◊ de *chuinter* ■ **1** Le fait de chuinter. — Défaut de prononciation consistant dans la substitution du son *ch* [ʃ] au son *s* [s]. ■ **2** PAR EXT. Bruit continu et assourdi (➤ **sifflement**). *Le chuintement de la vapeur.*

CHUINTER [ʃɥɛ̃te] **v. intr.** ‹1› – 1776 ◊ onomat. ■ **1** Pousser son cri, en parlant de la chouette. ➤ **huer, hululer.** ■ **2** Prononcer les consonnes sifflantes (*s* et *z*) comme des chuintantes. «*Elle avait cette façon de dire le* x *de son prénom, en chuintant doucement du fond de la gorge*» LE CLÉZIO. ■ **3** Faire entendre un chuintement (2°). *Jet de vapeur qui chuinte* (➤ **siffler**).

CHUM [tʃɔm] **n.** – 1907 ◊ mot anglais «ami, camarade» (1684), de *cham,* abrév. de *chambermate* «camarade de chambre» ■ **(Canada)** ANGLIC. **(emploi critiqué)** ■ **1** Ami, amie, camarade. *Sortir avec ses chums. Être chum avec qqn.* «*Lui et l'oncle Phil étaient devenus chums*» V.-L. BEAULIEU. ■ **2** Compagnon, compagne. *Il a eu un enfant avec sa chum.* ◆ Époux, épouse.

CHURRO [(t)ʃuʀo] **n. m.** – 2005 ; 1987 comme mot étranger ◊ du catalan *xurro,* d'origine incertaine ■ Beignet espagnol allongé et cannelé que l'on mange saupoudré de sucre ou accompagné d'un chocolat chaud très épais. ➤ 2 **chichi.** «*on marche sur la plage, on achète des churros sur le front de mer*» PH. BESSON.

CHUT [ʃyt] **interj.** et **n. m.** – avant 1550 ◊ onomat. ■ **1 interj.** Se dit pour demander le silence (➤ **silence**). *Chut ! il dort. Faire chut ! avec un doigt sur la bouche. Chut ! chut ! taisez-vous !* ■ **2 n. m.** *Ils* «*firent taire le négociant par des chuts répétés*» BALZAC. ■ HOM. Chute.

CHUTE [ʃyt] **n. f.** – fin XIVe ◊ de *cheoite,* ancienne forme du p. p. de *choir,* avec influence de *chu, chue,* p. p. de *choir*

I LE FAIT DE CHOIR, DE TOMBER A. LE FAIT D'ÊTRE ENTRAÎNÉ À TERRE, VERS LE BAS ■ **1** (PERSONNES) *Faire une chute, une mauvaise chute.* ➤ 1 **tomber ; culbute, glissade ;** FAM. 2 **bûche, gadin, gamelle, pelle,** 1 **tôle.** *Une chute de cheval, de bicyclette. Chute à pic, chute de cinq mètres.* ➤ 2 **plongeon ; dévissage.** *Elle a fait une mauvaise chute dans l'escalier.* ■ **2** (milieu XVIe) (CHOSES) Le fait de ne pas rester droit, de s'écrouler. ➤ **éboulement, écroulement, effondrement ;** FAM. **dégringolade.** *Chute d'une masse de neige* (➤ **avalanche**). *Chute de pierres* (panneau du code de la route). *Chute d'un pan de mur. La chute du mur de Berlin, en 1989.* ◆ Le fait de tomber plus bas. (XVIIe) SC. *Lois de la chute des corps.* ➤ **pesanteur. CHUTE LIBRE :** mouvement d'un corps lâché sans vitesse initiale soumis à la seule accélération de la pesanteur. SPÉCIALT *Saut en chute libre,* sans parachute ouvert. *Le point de chute* : point atteint par le projectile à la fin de sa trajectoire ; FIG. endroit où l'on se fixe, après avoir exercé une activité, après un voyage, etc. *Avoir un point de chute à Paris.* — THÉÂTRE *La chute du rideau* : la fin du spectacle, où le rideau tombe. ■ **3** (1671) **CHUTE D'EAU** ou **CHUTE :** déplacement vertical d'une masse d'eau produit par la différence de niveau entre deux parties consécutives d'un cours d'eau. *Chute naturelle.* ➤ **cascade,** 1 **cataracte, saut.** *Les chutes du Niagara. La chute d'un barrage. Le mur de chute d'une écluse.* ◆ *Chute de pluie, de grêle, de neige* (➤ **précipitation**). ■ **4** *La chute du jour.* ➤ **tombée ;** 1 **fin.** ■ **5** (1534) Action de se détacher (de son support naturel), de devenir caduc. *La chute des cheveux, des poils.* ➤ **alopécie.** *La chute des feuilles* (➤ **défoliation**), *des fleurs* (➤ **défloraison**).

B. LE FAIT D'ÉCHOUER, D'ÊTRE AFFAIBLI ■ **1** (XIVe) Le fait de passer dans une situation plus mauvaise, d'échouer. ➤ **déconfiture, défaite, disgrâce, échec, faillite, insuccès.** *La chute de Napoléon. Entraîner qqn dans sa chute. Plus dure sera la chute.* «*La Chute*», *roman de Camus.* «*il n'y avait pas de frein à ma foudroyante chute sociale*» A. NOTHOMB. — *La chute d'un auteur,* et PAR EXT. *la chute d'une pièce de théâtre* (➤ **four**). ■ **2** (1587) **(en parlant des institutions, du gouvernement)** ➤ **culbute, renversement.** *La chute du gouvernement. La lente chute d'un régime.* ➤ **décadence, écroulement, ruine.** *La chute de l'Empire romain.* ■ **3** Le fait d'être pris, de se rendre. ➤ **prise.** *La chute d'une place forte, d'une ville assiégée.* ➤ **capitulation, reddition.** *La chute de Constantinople (1453).* ■ **4** (1680) Action de tomber moralement. ➤ **déchéance, faute, péché.** «*La Chute d'un ange*», *poème de Lamartine. La chute d'Adam,* et ABSOLT *la chute.* ➤ **péché** (originel). «*L'Éden avant la chute*» CHATEAUBRIAND. ■ **5** Baisse d'une grandeur économique, d'une valeur. *La chute d'une monnaie, du yen.* ➤ **dépréciation, dévaluation, effondrement.** *Chute des cours en Bourse.* ➤ **krach.** *La chute des prix* (➤ 2 **déflation**). *Des prix en chute libre. La chute de la production, des exportations.* ■ **6** Brusque diminution de valeur d'une variable. *Chute de température, de pression, de tension.* ➤ **baisse.** *Chute des effectifs. Chute de la natalité.* ■ **7** Aux cartes, Pli demandé mais non fait. *Faire deux (levées) de* *chute.* — FIG. et FAM. *Un de chute,* signalant la disparition (élimination, décès...) d'une personne ou d'une chose. *Deux de chute pour les Bleus.*

III FIN (DE QQCH.) (XVIIe) ■ **1** Partie où une chose se termine, s'arrête, cesse. ➤ **extrémité, 1fin.** *La chute d'un toit. Chute en pente.* — *La chute des reins :* le bas du dos. ■ **2** *La chute d'une phrase, d'un vers ; d'une phrase musicale :* la partie finale sur laquelle tombe la voix. ➤ **cadence.** — *La chute d'une histoire,* sa fin inattendue. ■ **3** (1929) Reste inutilisé (tombé en coupant qqch.). *Jeter les chutes de tissu, de bois. Des chutes de film.*

■ CONTR. Relèvement ; ascension, montée. ■ HOM. Chut.

CHUTER [ʃyte] v. intr. ‹1› – 1787 ◊ de *chute* ■ **1** FAM. Subir un échec. ➤ **échouer.** «*De quoi faire chuter les candidats*» ARAGON. *Il a chuté sur la dernière question.* ■ **2** Aux cartes, Ne pas effectuer le nombre de levées annoncé. *Il a chuté de deux* (levées). ■ **3** FAM. (critiqué) Tomber*, choir. *Chuter dans les escaliers.* ■ **4** FIG. Diminuer. *Un taux, des prix qui chutent.* ➤ **baisser.** *Actions qui chutent brutalement.* ➤ **dévisser.** *Les ventes ont chuté de 10 %. Le nombre des participants a chuté.*

CHUTNEY [ʃœtnɛ] n. m. – 1964 ◊ mot anglais, de l'hindi *chatni* ■ Condiment aigre-doux, composé de fruits, de légumes pimentés et épicés, confits dans du vinaigre sucré. *Des chutneys. Chutney à la mangue, à la banane.*

CHVA ➤ **SCHWA**

CHYLE [ʃil] n. m. – *chile* fin XIVe ◊ latin des médecins *chylus,* grec *khulos* «suc», de *kheein* «verser» ■ PHYSIOL. Liquide d'aspect laiteux résultant de la transformation dans l'intestin des aliments mélangés aux sucs digestifs, qui est absorbé par les vaisseaux lymphatiques (➤ **chylifère**).

CHYLIFÈRE [ʃilifɛʀ] adj. et n. m. – 1665 ◊ de *chyle* et *-fère* ■ Qui transporte le chyle. *Vaisseaux chylifères,* ou n. m. *les chylifères :* vaisseaux lymphatiques des villosités intestinales qui absorbent le chyle.

CHYME [ʃim] n. m. – XVe ◊ latin des médecins *chymus,* grec *khumos* «humeur», de *kheein* «verser» ■ PHYSIOL. Bouillie formée par la masse alimentaire au moment où elle passe dans l'intestin après avoir subi l'action de la salive et du suc gastrique. «*tous ces cachets fuseront dans mon ventre en un chyme blanchâtre, un ciment qui prendra*» J. ALMIRA.

CHYMOTRYPSINE [ʃimotʀipsin] n. f. – 1938 ◊ de *chyme* et *trypsine* ■ BIOCHIM. Enzyme digestive protéolytique sécrétée par le pancréas.

CHYPRE [ʃipʀ] n. m. – 1771 ◊ du nom de l'île de *Chypre* ■ Parfum à base de bergamote et de santal — adj. **CHYPRÉ, ÉE.**

1**CI** [si] adv. – XIIe ◊ abrév. de *ici* ■ **1** DR. Ici (opposé à *là*). *Les témoins ci-présents.* — **CI-GÎT.** ➤ **ci-gît.** ■ **2** COUR. placé immédiatement devant un adj. ou un participe. **CI-ANNEXÉ, ÉE** [sianɛkse] ; **CI-INCLUS, USE** [siɛ̃kly, yz] ; **CI-JOINT, JOINTE** [siʒwɛ̃, ʒwɛ̃t] (➤ 1**joint**). REM. Le mot ainsi formé s'accorde s'il est placé après le nom (valeur d'adj.) mais reste inv. quand il est placé avant (adv.). Certains accordent lorsqu'un déterminant est intercalé *(ci-jointe la lettre). Voir pièces ci-annexées. La copie ci-incluse. Vous trouverez ci-inclus une copie de notre facture.* ◆ Après un nom précédé de *ce, cette, ces* ou après un pron. dém. *(celui, celle, ceux) Cet homme-ci. À cette heure-ci. Ces jours-ci. Celle-ci. Ceux-ci.* ■ **3** loc. adv. (Pour localiser dans un texte écrit). *Ci-après :* un peu plus loin. *Ci-contre :* en regard, vis-à-vis. *Ci-dessous :* plus bas. ➤ **infra.** *Ci-dessus :* plus haut. ➤ **supra** (cf. aussi ces adv.). ◆ (1749) VX *Ci-devant :* précédemment. SPÉCIALT (pendant et après la Révolution) *Une ci-devant duchesse.* «*Talleyrand, ci-devant noble, ci-devant prêtre, ci-devant évêque*» MADELIN. — ABSOLT *Les ci-devant :* les nobles. «*Cette ci-devant n'a pas l'air sot*» YOURCENAR. ■ **4** loc. adv. **DE-CI DE-LÀ** [dəsidəla] : de côté et d'autre, au hasard (cf. Çà* et là). *Flaner de-ci de-là.* «*Elle avait beaucoup appris de-ci de-là, par bribes*» R. ROLLAND. — **PAR-CI PAR-LÀ :** en divers endroits. *Quelques erreurs par-ci par-là.* FIG. (Exprimant la répétition) «*Depuis ce matin on m'assomme avec Nana ; et Nana par-ci, et Nana par-là !*» ZOLA. ■ HOM. Scie, si, sis, six.

2**CI** [si] pron. dém. – 1794 ◊ abrév. de *ceci* ■ (Employé avec *ça*) *Demander ci et ça,* telle chose et telle autre. — FAM. *Comme* ci comme ça.*

CIABATTA [tʃ(j)abata] n. f. – 1997 ◊ mot italien «pantoufle» cf. *savate* et espagnol *zapata, zapato* ■ Pain blanc à la mie très aérée, préparé avec de l'huile d'olive (spécialité italienne).

CIAO ➤ **TCHAO**

CIBICHE [sibiʃ] n. f. – 1865 ◊ de *cigarette* ■ FAM. VIEILLI Cigarette.

CIBISTE [sibist] n. – 1980 ◊ de 1*CB* [sibi], sigle anglais de *Citizen's band* «fréquence réservée au public» ■ ANGLIC. Personne qui utilise les canaux banalisés dans une bande de fréquences publiques (➤ 1**CB**) pour communiquer par radio. Recomm. offic. *cébiste**.

CIBLAGE [siblaʒ] n. m. – v. 1980 ◊ de *cibler* ■ Action de déterminer le public auquel un produit est destiné. *Le ciblage des programmes télévisés, d'un manuel scolaire.*

CIBLE [sibl] n. f. – 1693 ; var. *cibe* ◊ alémanique suisse *schîbe,* allemand *Scheibe* «disque, cible» ■ **1** But que l'on vise et sur lequel on tire. *Cercles concentriques d'une cible. Prendre qqn, qqch. pour cible. Tirer à la cible. Atteindre le disque noir au centre de la cible* (cf. Faire mouche*, tirer dans le mille*). *Manquer, toucher la cible.* ■ **2** FIG. Objet de critiques, de railleries (cf. Point de mire*). *Servir de cible. Être la cible des quolibets* (cf. Être en butte* à). ■ **3** Objectif ou public visé (par un message publicitaire, une étude de marché, etc.). ➤ **cibler.** *Cœur de cible :* clientèle qui correspond le mieux au produit, visée en priorité. ◆ APPOS. *Langue cible,* celle dans laquelle on doit traduire la langue «source». ■ **4** APPOS. Qui est exposé à un bombardement de particules, à un message biochimique, une signalisation cellulaire. *Atome cible. Organe cible,* qui reçoit un bombardement destiné à détruire une tumeur (➤ **radiothérapie**). *Des cellules cibles.*

CIBLER [sible] v. tr. ‹1› – v. 1970 ◊ de *cible* ■ **1** Déterminer, circonscrire en tant que cible (3°). «*la banque ne ciblait qu'une clientèle haut de gamme*» M. DUGAIN. ◆ Chercher à faire correspondre (un produit) à une cible. — p. p. adj. *Produit mal ciblé. Campagne électorale ciblée.* ■ **2** Prendre pour cible (4°). *Cibler une tumeur. Médicament qui cible une bactérie.*

CIBOIRE [sibwaʀ] n. m. – *civoire* XIIe ◊ latin ecclésiastique *ciborium ;* grec *kibôrion* «fruit du nénuphar d'Égypte» ■ Vase sacré en forme de coupe où l'on conserve les hosties consacrées pour la communion. *Enfermer le ciboire dans le tabernacle.*

CIBOULE [sibul] n. f. – XIIIe ◊ ancien occitan *cebola,* latin *caepulla,* diminutif de *caepa* «oignon» ■ Plante *(liliacées),* à bulbe allongé, dont les feuilles tubulées sont employées comme condiment. ➤ **cive** (cf. Fines herbes*).

CIBOULETTE [sibulɛt] n. f. – 1486 ◊ de *ciboule* ■ Plante *(liliacées)* voisine de la ciboule, à petits bulbes réunis par les racines, dont les feuilles fines et tubulées sont employées comme condiment. ➤ 2**civette** (cf. Fines herbes*). *La ciboulette a une saveur plus douce que la ciboule. Du fromage blanc à la ciboulette.*

CIBOULOT [sibulo] n. m. – 1883 ◊ de *ciboule* «oignon», d'après 1*boule* «tête» ■ FAM. Tête*. «*On sait pas bien ce qu'il a dans le ciboulot, mais il est gentil*» Y. QUEFFÉLEC. *Il n'a rien dans le ciboulot.* ➤ 1**crâne.**

CICATRICE [sikatʀis] n. f. – XIVe ◊ latin *cicatrix, icis* ■ **1** Marque laissée par une plaie après la guérison (➤ **stigmate**) ; tissu fibreux qui remplace une perte de substance ou une lésion inflammatoire. *La cicatrice d'une opération chirurgicale.* ➤ **couture.** *Cicatrice de coupure, d'écorchure, de brûlure, d'acné. Cicatrice à la face.* ➤ **balafre.** «*Il avait sur le front* [...] *une petite cicatrice assez profonde*» VIGNY. *Cicatrice ombilicale.* ➤ **nombril.** *Une vilaine cicatrice* (➤ **chéloïde**). ■ **2** PAR MÉTAPH. Trace d'une blessure, d'une souffrance morale. «*Quiconque aima jamais porte une cicatrice*» MUSSET. ◆ (XVIIe) AU PLUR. Traces laissées par la guerre, ruines à peine relevées.

CICATRICIEL, IELLE [sikatʀisjɛl] adj. – 1845 ◊ de *cicatrice* ■ PATHOL. Relatif, dû à une cicatrice. *Tissu cicatriciel.*

CICATRICULE [sikatʀikyl] n. f. – 1743 ; «petite cicatrice» 1501 ◊ latin des médecins *cicatricula* ■ EMBRYOL. Disque germinatif de l'œuf d'oiseau ou de reptile, à partir duquel se développe l'embryon.

CICATRISANT, ANTE [sikatʀizɑ̃, ɑ̃t] adj. – XVe ◊ de *cicatriser* ■ Qui favorise, accélère la cicatrisation. *Pansement, baume cicatrisant.* — n. m. *Un cicatrisant.*

CICATRISATION [sikatʀizasjɔ̃] n. f. – 1314 ◊ de *cicatriser* ■ **1** Processus par lequel sont réparées les lésions des tissus et des organes (plaies, brûlures, etc.). ➤ **guérison, néoformation, réparation.** *Une cicatrisation rapide. Cicatrisation d'une coupure, d'un ulcère.* ■ **2** FIG. *Cicatrisation d'une blessure morale.* «*Combien facilement la vie se reforme, se referme. Cicatrisations trop faciles*» GIDE. «*Cette cicatrisation affective qu'on appelle consolation*» J. ROSTAND. ■ CONTR. Avivement.

CICATRISER [sikatʀize] v. ‹1› – 1314 ◊ latin des médecins *cicatrizare* ■ **1** v. tr. Faire guérir, faire se refermer (une plaie). « *Il léchait la plaie comme un chien pour la cicatriser plus vite* » MAC ORLAN. — PAR EXT. *Le traitement a cicatrisé sa jambe.* ◆ PRONOM. *La brûlure ne se cicatrise pas bien.* — **p. p. adj.** *Coupure mal cicatrisée.* FIG. *Une blessure d'amour-propre qui se cicatrise avec le temps.* ■ **2** v. intr. Se cicatriser. *Une plaie qui cicatrise mal.* ■ CONTR. Aviver, ouvrir, rouvrir.

CICÉRO [siseʀo] n. m. – 1550 ◊ latin *Cicero* « Cicéron », caractère de la première édition des œuvres de Cicéron en 1458 ■ Caractère d'imprimerie de douze points typographiques, soit 4,5 mm. ➤ **douze.** *Des cicéros.*

CICÉRONE [siseʀɔn] n. m. – 1753 ◊ italien *cicerone*, du nom de *Cicéron*, par allus. à la verbosité des guides italiens ■ VIEILLI OU PLAISANT Guide appointé qui explique aux touristes les curiosités d'une ville, d'un musée, d'un monument. *Des cicérones.* — PAR EXT. *Être le cicérone de qqn, faire le cicérone* : servir de guide à une personne, dans certaines occasions.

CICINDÈLE [sisɛ̃dɛl] n. f. – 1548 ◊ latin *cicindela*, racine *candere* « briller » ■ VX Ver luisant. ◆ (1754) MOD. Insecte coléoptère carnassier *(cicindélidés).*

CICLOSPORINE [siklospɔʀin] n. f. – 1986 ◊ de *cyclo-* et *spore* ■ Médicament immunodépresseur utilisé pour éviter les réactions de rejet après une greffe d'organe. — On écrit aussi *cyclosporine* (1976).

CI-CONTRE ➤ 1 **CI**

CICUTINE [sikytin] n. f. – 1829 ◊ latin *cicuta* « ciguë » ■ CHIM., PHARM. Alcaloïde de la ciguë, très toxique. *La cicutine est utilisé comme calmant antispasmodique* (SYN. **conicine**).

-CIDE ■ Élément, du latin *cædere* « tuer » : *coricide, fratricide, génocide, homicide, insecticide, parricide, régicide, suicide.*

CI-DESSOUS, CI-DESSUS, CI-DEVANT ➤ 1 **DESSOUS** (II), 1 **DESSUS** (II), 1 **CI**

CIDRE [sidʀ] n. m. – milieu XIIe ◊ d'une forme populaire du latin *sicera* « boisson enivrante », mot de la Bible, de l'hébreu *chekar*, par le grec ■ Boisson obtenue par la fermentation alcoolique du jus de pomme. *Cidre de Normandie, de Bretagne. Une bolée de cidre. Pommes à cidre. Eau-de-vie de cidre.* ➤ **calvados.** *Vinaigre de cidre. Cidre bouché* ou *mousseux*, qui a subi une seconde fermentation, livré dans des bouteilles analogues à celles du champagne. *Cidre brut. Cidre doux*, moelleux et sucré. « *Le cidre doux en bouteilles poussait sa mousse épaisse autour des bouchons* » FLAUBERT.

CIDRERIE [sidʀəʀi] n. f. – 1872 ◊ de *cidre* ■ Industrie du cidre. — Usine ou local où l'on fabrique le cidre.

Cie ➤ **COMPAGNIE**

CIEL, CIELS ou **CIEUX** [sjɛl, sjø] n. m. – début Xe au sens de « séjour des dieux » (II, 1°) ◊ du latin *cælum*

REM. Le pluriel *ciels* désigne une multiplicité réelle ou une multiplicité d'aspects ; *cieux* est un pluriel collectif à nuance religieuse ou poétique, qui est remplaçable par le sing. sauf dans l'expr. *sous d'autres cieux.*

I LE CIEL, LES CIELS, LITTÉR. ou en loc. **LES CIEUX. L'ESPACE ET SON ASPECT** ■ **1** (fin XIe) Espace visible au-dessus de nos têtes, et qui est limité par l'horizon. ➤ 1 **air** (I, 4°). *Un cerf-volant qui s'élève dans le ciel. La voûte du ciel, des cieux.* ➤ **firmament.** « *Le ciel, on le voit d'un bord à l'autre de la terre, il est une laque bleue percée de brillances* » DURAS. *Un ciel étoilé. Les Gaulois avaient peur que le ciel ne leur tombe sur la tête. Avions dans le ciel.* — AU PLUR. *La France* « *a des aviateurs combattant dans tous les ciels* » DE GAULLE. — LOC. *Sous le ciel* ou *sous les cieux* : ici-bas, au monde. *Sous d'autres cieux* : dans un autre pays, ailleurs. *Sous le ciel de Paris* : à Paris. *Sous un ciel plus clément.* — **ENTRE CIEL ET TERRE :** en l'air, et à une certaine hauteur (avec un sentiment de danger). — **EN PLEIN CIEL :** très haut dans les airs. « *Un épervier, les ailes immobiles, nage en plein ciel au-dessus de nous* » GENEVOIX. — *Lever les yeux, les bras, les mains au ciel*, les lever très haut. — *Pompier* du ciel.* — FIG. *Tomber du ciel* : arriver heureusement à l'improviste. « *Il leur tomba du ciel un roi tout pacifique* » LA FONTAINE. ◆ (Qualifié, selon son aspect dû au temps ; plur. *des ciels*) *État du ciel. Ciel bleu, calme, clair, dégagé, pur, serein. Ciel d'azur. Ciel brumeux, chargé, couvert, nuageux, orageux, pommelé, pluvieux. Ciel de traîne*. Ciel bas, lourd, menaçant ; ciel de plomb, noir. Un ciel d'orage. Le ciel se couvre, s'éclaircit.* « *Quand le ciel bas et lourd pèse comme un couvercle* » BAUDELAIRE. « *Le ciel est par-dessus le toit Si bleu, si calme* » VERLAINE. POÉT. *Eau du ciel.* ➤ **pluie.** *Le feu du ciel.* ➤ 1 **foudre.** — PEINT. Partie d'un tableau, d'un décor représentant le ciel. *Les ciels de Van Gogh.* ◆ SPÉCIALT Espace qui n'est pas masqué par les nuages. *Un coin, une échappée, une trouée de ciel.* ➤ **éclaircie, embellie.** FIG. *Un petit coin de ciel bleu* : un peu d'espoir dans une période morose. — APPOS. INV. *Bleu ciel* : bleu clair et vif. ➤ **azur.** *Des étoffes bleu ciel.* ADJT INV. *Des rubans ciel.* ■ **2** ASTRON. Espace vu d'une planète où semblent se mouvoir étoiles, planètes et galaxies. *La Terre, astre du ciel lunaire.* — SPÉCIALT Espace vu de la Terre. *Carte du ciel.* « *La révolution diurne du ciel n'est qu'une illusion produite par la rotation de la Terre* » LAPLACE. *Ciel boréal, austral. Points, zones du ciel* (➤ **nadir, zénith ; zodiaque**). LOC. *Être écrit dans le ciel* : être inéluctable. ◆ ANTIQ. Sphère transparente concentrique à la Terre, tournant autour d'elle et où se trouvent accrochés les astres (anciennes cosmologies). *Le septième, le huitième ciel.* — COUR. LOC. *Être au septième ciel*, dans le ravissement, au comble du bonheur (cf. Être aux anges) ; SPÉCIALT jouir dans l'acte sexuel (cf. FAM. S'envoyer* en l'air). ■ **3** RARE et LITTÉR. L'espace où se meuvent les astres. ➤ **cosmos,** 1 **espace.** *La terre et le ciel. L'infini des cieux.* ➤ **univers.** — COUR. *Remuer* ciel et terre.*

II LE CIEL, LES CIEUX. LIEU SURNATUREL ■ **1** (début Xe) Séjour des dieux, des puissances surnaturelles (imaginé comme analogue au *ciel*, I). ➤ **au-delà, empyrée.** *Notre Père qui es aux cieux. Le royaume des cieux. Monter au ciel.* ➤ **ascension, assomption.** *La reine, la Dame du ciel* : la Sainte Vierge. ■ **2** Séjour des bienheureux, des élus à qui est accordée la vie éternelle. ➤ **paradis ; céleste.** *Aller au ciel. Il est au ciel* : il est mort. — La divinité, la providence. *Prier, remercier le ciel. La justice, la clémence du ciel. C'est le ciel qui t'envoie. Le ciel m'est témoin.* ➤ **dieu.** — LOC. PROV. *Aide*-toi, le ciel t'aidera.* — *Au nom du ciel !* : je vous (t') en supplie. — *Grâce au ciel* : heureusement. — *Plût au ciel !* [plytosjɛl]. *Le ciel soit loué !* — (1544) **interj.** LITTÉR. *Ciel ! Ô ciel ! Juste ciel !*, marquant la surprise, la crainte, la joie. *Ciel ! mon mari* : exclamation classique du vaudeville que laisse échapper la femme adultère prise sur le fait.

III UN CIEL, DES CIELS. CE QUI SURMONTE (milieu XIVe) ■ **1** *Ciel de lit* : baldaquin au-dessus d'un lit. *Des ciels de lit.* ■ **2** (1676) Plafond, voûte d'une excavation (mine, carrière). *Ciel de carrière. Carrière à ciel ouvert*, exploitée à découvert, sans souterrain, ni puits. — COUR. **À CIEL OUVERT :** en plein air. *Piscine, restaurant à ciel ouvert.*

CIERGE [sjɛʀʒ] n. m. – XIIe ◊ latin *cereus*, de *cera* « cire » ■ **1** Chandelle de cire, longue et effilée, en usage dans le culte chrétien. *Cierges qu'on allume pour une cérémonie religieuse.* ➤ **luminaire.** *Cierge de premier communiant. Brûler un cierge à un saint*, en remerciement. *Support sur lequel on place les cierges.* ➤ **candélabre, chandelier, herse, torchère.** *Éteignoir à cierges.* ■ **2** Plante grasse de l'Amérique tropicale *(cactées)* qui forme de hautes colonnes verticales. — Plante dont la forme pyramidale rappelle celle d'un chandelier d'église. *Cierge de Notre-Dame.* ➤ **molène.**

CIEUX ➤ **CIEL**

C. I. F. [seiɛf] adj. ou adv. – XXe ◊ sigle anglais, de *Cost, Insurance and Freight* ■ ANGLIC. COMM. ➤ **C. A. F.** (recomm.).

CIGALE [sigal] n. f. – *sigalle* XVe ◊ provençal *cigala* ; latin *cicada* ■ **1** Insecte *(hémiptères)* à quatre ailes membraneuses, se nourrissant de matières végétales, dont le mâle fait entendre un bruit strident. ➤ aussi 2 **psylle.** *Le chant des cigales. La cigale craquette, stridule.* « *La cigale ayant chanté tout l'été* » LA FONTAINE. « *La cigale est l'être purement sonore, qui ne semble vivre que pour faire le bruitage de l'été dans les régions méditerranéennes où elle abonde, atteignant jusqu'au vacarme* » J.-C. BAILLY. ■ **2** *Cigale de mer.* ➤ **squille.** ■ **3** MAR. Anneau, organeau d'une ancre ou d'un grappin.

1 **CIGARE** [sigaʀ] n. m. – 1775 ; *cigarro* 1688 ◊ espagnol *cigarro* ■ **1** Petit rouleau de feuilles de tabac que l'on fume. *Cigares de La Havane.* ➤ **havane, londrès.** *Fumer un gros cigare* (FAM. barreau* de chaise). ➤ aussi **coupe-cigare.** *Petit cigare.* ➤ **cigarillo, ninas.** *Fabrication de cigares à la main* (➤ **cigarier**), *avec des moules, à la machine. La tripe, la poupée, la cape d'un cigare. Bague d'un cigare* (portant le nom de la marque). *Une boîte de cigares. Humidificateur à cigares. Une odeur de cigare.* ■ **2** PAR ANAL. *Cigare des mers.* ➤ **offshore.** ■ **3** (Belgique) Remontrance. ➤ **réprimande ;** FAM. **engueulade.** *Donner, passer un cigare à qqn* (cf. Passer un savon*).

2 **CIGARE** [sigaʀ] n. m. – 1915 ◊ de *coupe-cigare* au sens argotique de « guillotine » ■ FAM. Tête*. *Recevoir un coup sur le cigare. Il n'a rien dans le cigare.* ➤ 1 **crâne.**

CIGARETTE [sigaʀɛt] **n. f.** – 1831, rare av. 1840 ◊ de 1 *cigare* ▪ **1** Petit rouleau de tabac haché et enveloppé dans un papier fin. ➤ FAM. **cibiche, clope, pipe, sèche, tige.** *Paquet, cartouche de cigarettes. Feuille de papier à cigarette. Rouler une cigarette. Cigarettes (à bouts) filtres. Cigarettes légères*. Cigarettes françaises* (➤ **gauloise, gitane**), *anglaises, américaines. Cigarettes blondes*, brunes*. Allumer, fumer, griller une cigarette.* ➤ FAM. **crapoter ; fume-cigarette.** *Éteindre, écraser sa cigarette. Bout de cigarette* (➤ **mégot**). *La cigarette du condamné*.* — *Arrêter la cigarette :* arrêter de fumer, se désintoxiquer. — *Cigarette de haschich.* ➤ FAM. 3 **joint, pétard.** ◆ *Cigarette électronique* ou *e-cigarette :* petit appareil produisant de la vapeur destinée à être inhalée, à partir d'un liquide aromatisé pouvant contenir de la nicotine. ➤ FAM. **vapoteuse.** ◆ APPOS. INV. *Pantalon cigarette,* droit et étroit. ▪ **2** *Cigarette russe,* ou ABSOLT *cigarette :* biscuit roulé en forme de cigarette. *Coupe de glace servie avec des cigarettes.* ▪ **3** (marque déposée) FAM. Offshore (cf. Cigare* des mers).

CIGARETTIER, IÈRE [sigaʀetje, jɛʀ] **n.** – 1988 ◊ de *cigarette* ▪ Fabricant(e) de cigarettes. *Les cigarettiers américains.* — **adj.** *L'industrie cigarettière.*

CIGARIER, IÈRE [sigaʀje, jɛʀ] **n.** – 1863 ◊ de *cigare,* d'après l'espagnol *cigarrero, cigarrera* ▪ Ouvrier, ouvrière qui fabrique les cigares à la main. *Carmen était cigarière. Les cigariers cubains.*

CIGARILLO [sigaʀijo] **n. m.** – v. 1929 ; *cigarille* 1865 ◊ mot espagnol «cigarette» ▪ Petit cigare. *Des cigarillos.*

CI-GÎT [siʒi] **loc. verb.** /CI-GIT/ – v. 1170 ◊ de 1 *ci* et *gésir* ▪ **(Formule d'épitaphe)** Ici est enterré. *Ci-gît Voltaire.*

CIGOGNE [sigɔɲ] **n. f.** – début XIIe ◊ de l'ancien occitan *cegonha,* du latin des zoologistes *ciconia* ▪ **1** Oiseau échassier *(ciconiiformes)* migrateur, aux longues pattes, au bec rouge, long et droit. *«La cigogne au long bec»* LA FONTAINE. *La cigogne blanche d'Alsace. Cigogne noire. La cigogne claquette. Nid de cigogne. Petit de la cigogne* (**CIGOGNEAU n. m.**). *On dit que les bébés sont apportés par les cigognes.* ◆ *Cigogne à sac.* ➤ **marabout.** ▪ **2** TECHN. Levier de forme recourbée.

CIGUË [sigy] **n. f.** /CIGÜE/ – 1611 ; *ceguë* XIIe ◊ ancien français *ceuë,* refait d'après le latin *cicuta* ▪ **1** Plante des chemins et des décombres *(ombellifèracées),* très toxique. *Petite ciguë.* ➤ **éthuse.** *Grande ciguë* ou *ciguë tachetée* ou *ciguë de Socrate. Alcaloïde de la grande ciguë.* ➤ **cicutine.** *Ciguë d'eau.* ▪ **2** Poison extrait de la grande ciguë. *Socrate fut condamné à boire la ciguë.*

CI-INCLUS, CI-JOINT ➤ 1 **CI**

CIL [sil] **n. m.** – XIIe ◊ latin *cilium* ▪ **1** Poil qui garnit le bord libre des paupières et protège le globe oculaire. *Avoir de longs cils. Battre des cils.* ➤ **ciller, cligner.** *Du cil.* ➤ **ciliaire.** *«L'ombre des cils palpitait sur ses joues»* MARTIN DU GARD. *Fard pour les cils.* ➤ **mascara, rimmel.** *Faux cils,* que l'on adapte au bord des paupières. ▪ **2** BIOL. CELL. Filament fin, mobile, assurant le déplacement de certains organismes unicellulaires (bactéries, protozoaires). ➤ **flagelle ; cilié.** ◆ HISTOL. Prolongement cytoplasmique des cellules épithéliales de certaines muqueuses (bronches, intestin), favorisant la rétention ou le transport de matière. ▪ **3** BOT. Poil fin superficiel de certains pétales, de certaines feuilles. *Les cils du droséra.* ▪ HOM. Scille, sil.

CILIAIRE [siljɛʀ] **adj.** – 1665 ◊ latin *cilium* ▪ Qui appartient aux cils. *Zone* ou *corps ciliaire de l'œil. Procès ciliaires :* replis saillants de la choroïde en arrière de l'iris.

CILICE [silis] **n. m.** – *ciliz, celice* XIIIe ◊ latin ecclésiastique *cilicium* «étoffe en poil de chèvre de *Cilicie*» ▪ Chemise, ceinture de crin ou d'étoffe rude et piquante, portée par pénitence, par mortification. ➤ **haire.** *Porter, prendre le cilice.* ▪ HOM. Silice.

CILIÉ, IÉE [silje] **adj.** – 1786 ◊ latin *ciliatus* ▪ **1** VIEILLI Garni de poils, de cils. — SC. NAT. *Feuille, graine ciliée. Infusoire cilié.* ▪ **2 n. m. pl.** *Les ciliés :* classe de protozoaires nageurs à cils vibratiles, parfois parasites, possédant deux noyaux cellulaires. ➤ VIEILLI **infusoire.**

CILLEMENT [sijmɑ̃] **n. m.** – 1530 ◊ de *ciller* ▪ Action de ciller. ➤ **clignement.** *«Pendant toute la journée, pas un cillement n'avait démenti son apparente indifférence»* BEAUVOIR.

CILLER [sije] **v. intr.** ⟨1⟩ – 1160 ◊ de *cil* ▪ **1** Avoir des battements de cils (généralement involontaires). *Ciller à cause d'une lumière trop vive. Un mime qui cille pour pleurer. Ciller des yeux.* ➤ **cligner.** ▪ **2** LOC. **NE PAS CILLER :** rester immobile, imperturbable. *On l'a insulté, il n'a pas cillé.* ➤ **broncher,** FAM. **tiquer.** — *Sans ciller :* sans montrer de gêne, d'embarras. ▪ CONTR. Ouvrir, écarquiller.

CIMAISE [simɛz] **n. f.** – *cimese* XIIe ◊ latin *cymatium ;* grec *kumation* «petite vague» ▪ **1** ARCHIT. Moulure qui forme la partie supérieure d'une corniche. ▪ **2** PAR EXT. Moulure à hauteur d'appui sur les murs d'une chambre. *Cimaise qui couronne le lambris.* — Moulure à hauteur d'appui sur laquelle on place la première rangée des tableaux d'une exposition. *Avoir les honneurs de la cimaise.*

CIME [sim] **n. f.** – *cyme* fin XIIe ◊ latin *cyma* «pousse» ; grec *kuma* «ce qui est gonflé» ▪ **1** Extrémité pointue (d'un arbre, d'un rocher, d'une montagne). ➤ **faîte, sommet.** *Grimper jusqu'à la cime d'un sapin. Cimes neigeuses d'une chaîne de montagnes.* ➤ **aiguille, arête.** ▪ **2** FIG. VIEILLI Ce qu'il y a de plus élevé, de plus noble. ➤ **apogée*, summum.** *À la cime des honneurs.* ▪ CONTR. 1 Bas, base, pied, racine. ▪ HOM. Cyme.

CIMENT [simɑ̃] **n. m.** – fin XIIIe ◊ latin *cæmentum* «pierre naturelle» ▪ **1** Matière pulvérulente, à base de silicate et d'aluminate de chaux, obtenue par cuisson et qui, mélangée avec un liquide, forme une pâte liante, durcissant à l'air ou dans l'eau. *Mélange de ciment, d'eau et de sable.* ➤ **mortier.** *Ciment industriel,* à base d'argile et de calcaire. *Sac de ciment. Ciment à prise lente, à prise rapide. Ciment expansif,* augmentant de volume à la prise. *Ciment Portland, ciment de laitier,* contenant du laitier de haut-fourneau. *Ciment mixte :* mélange de ciment Portland, de sable, etc. *Ciment hydraulique, ciment romain,* durcissant dans l'eau. *Ciment-colle :* préparation utilisée pour la pose du carrelage. *Mélange de ciment, de sable, de cailloux.* ➤ 1 **béton.** *Matériau à base de ciment renforcé de fibres.* ➤ **fibrociment.** *Amiante*-ciment. Construction, mur, pilier en ciment* (➤ **maçonnerie**). *Ciment armé.* ➤ **ferrociment.** ▪ **2** Matière servant à l'obturation des cavités dentaires, au scellement provisoire ou définitif des éléments de prothèse. ➤ **amalgame, eugénate.** *«Ne fermez pas la bouche avant que le ciment ait pris»* ARAGON. *Ciment provisoire,* à base d'oxyde de zinc et d'eugénol. ▪ **3** LITTÉR. Ce qui sert de lien, de moyen d'union. *«Le ciment qui le liait à son compagnon se solidifiait»* MAC ORLAN.

CIMENTATION [simɑ̃tasjɔ̃] **n. f.** – 1845 ; «cémentation» XVIe ◊ de *cimenter* ▪ Action de cimenter.

CIMENTER [simɑ̃te] **v. tr.** ⟨1⟩ – XIVe ◊ de *ciment* ▪ **1** Lier avec du ciment ; enduire de ciment. *Cimenter des briques. Cimenter un bassin, une piscine, une cave.* **p. p. adj.** *Sol cimenté.* ▪ **2** FIG. (XVIe) Rendre plus ferme, plus solide. ➤ **affermir, consolider, lier, raffermir, unir, sceller.** *Cimenter une amitié.* — PRONOM. *«Un attachement qui ne s'est cimenté que par une estime réciproque»* ROUSSEAU. ▪ CONTR. Désagréger, desceller, ébranler, 1 saper.

CIMENTERIE [simɑ̃tʀi] **n. f.** – 1953 ◊ de *ciment* ▪ Industrie, fabrication du ciment. — Usine où se fabrique le ciment.

CIMENTIER [simɑ̃tje] **n. m.** – 1680 ◊ de *ciment* ▪ **1** Ouvrier qui travaille dans une cimenterie. ▪ **2** Fabricant de ciment. Entreprise qui fabrique du ciment.

CIMETERRE [simtɛʀ] **n. m.** – milieu XVe ◊ de l'italien *scimitarra,* du persan *šimsīr* «épée» ▪ Sabre oriental, à lame large et recourbée. ➤ **yatagan.**

CIMETIÈRE [simtjɛʀ] **n. m.** – *cimitere* 1190 ◊ latin ecclésiastique *cœmeterium,* grec *koimêtêrion* «lieu où l'on dort» ▪ **1** Lieu où l'on met les restes des morts. ➤ **charnier, nécropole, ossuaire.** *Cimetière souterrain.* ➤ **catacombe, crypte, hypogée.** *Cimetière militaire. Porter un mort au cimetière* (➤ **enterrement, inhumation**). *Les tombes, les caveaux d'un cimetière. Crématorium, columbarium d'un cimetière. Le gardien, les fossoyeurs d'un cimetière. Aller au cimetière le jour de la Toussaint. Concession temporaire, perpétuelle dans un cimetière. Il repose au cimetière.* ◆ PAR EXT. *Cimetière de chiens.* — *Le cimetière des éléphants :* endroit où, d'après la légende, viennent mourir les éléphants ; FIG. lieu de relégation. ➤ **placard.** ▪ **2** Lieu où sont mortes beaucoup de personnes. *Faire d'une ville un cimetière. «Du haut de ce cimetière ensanglanté* [Eylau]*»* SAINTE-BEUVE. ▪ **3** Lieu où sont rassemblés des véhicules hors d'usage. *Un cimetière de voitures, de bateaux. «un cimetière d'avions soviétiques et de camions posés sur leurs essieux»* S. AUDEGUY.

CIMIER [simje] **n. m.** – XIIe ◊ de *cime*

I Ornement qui forme la partie supérieure, la cime d'un casque. — BLAS. Pièce placée au-dessus du timbre du casque qui surmonte l'écu.

II (1665 ; «queue du cerf» XIIe ◊ de *cime* «pousse, touffe d'arbre») Pièce de viande à la base de la queue du bœuf, du cerf.

CINABRE [sinabʀ] **n. m.** – *cenobre* XIIIe ✧ latin *cinnabaris*, grec *kinnabari* ▪ **1** MINÉR. Sulfure de mercure naturel, de couleur rouge, principal minerai de ce métal. ▪ **2** LITTÉR. Couleur rouge de ce sulfure. ➤ **vermillon.**

CINCHONINE [sɛ̃kɔnin] **n. f.** – 1820 ✧ du latin des botanistes *cinchona* «quinquina» ▪ CHIM. Alcaloïde extrait du quinquina, voisin de la quinine, aux propriétés antipaludéennes.

CINCLE [sɛ̃kl] **n. m.** – 1780 ✧ grec *kigklos* «merle d'eau» ▪ Oiseau d'Europe et d'Asie *(passériformes)* qui plonge dans les eaux froides et nage pour pêcher des insectes.

CINÉ [sine] **n. m.** – 1905 ✧ abrév. de *cinéma* ▪ FAM. ➤ **cinéma.** *Aller au ciné.* ➤ **cinoche.** *Les cinés de quartier.*

CINÉ- ▪ Élément, de *cinéma* : *cinéphile.*

CINÉASTE [sineast] **n.** – 1922 ✧ de *ciné-*, d'après l'italien ▪ Auteur ou réalisateur de films de cinéma. ➤ **metteur** (en scène), **réalisateur.** *Un jeune cinéaste de talent.*

CINÉCLUB [sineklœb] **n. m.** – 1920 ✧ de *ciné* et *club* ▪ Club d'amateurs de cinéma, où l'on étudie la technique, l'histoire du cinéma, à la suite de la projection d'un film. *Des cinéclubs.* — On écrit aussi *un ciné-club, des ciné-clubs.*

CINÉGÉNIQUE [sineʒenik] **adj.** – 1924 ✧ de *ciné-*, d'après *photogénique* ▪ Dont l'image est mise en valeur à l'écran. *Acteur cinégénique. Paysage cinégénique.* — **n. f. CINÉGÉNIE.**

CINÉMA [sinema] **n. m.** – 1893 ✧ abrév. de *cinématographe* ▪ **1** Procédé permettant d'enregistrer photographiquement et de projeter des vues animées. *Prises de vue de cinéma* (➤ **caméra**). *Film de cinéma.* ➤ 1 **bande, film, pellicule.** *Projection, écran de cinéma. Ancêtres du cinéma :* chronophotographie, kinétoscope, lanterne* magique, phénakistiscope, praxinoscope. — *Cinéma muet, parlant. Cinéma en couleurs, en relief.* ▪ **2** Art de composer et de réaliser des films (cf. Le septième art). *Faire du cinéma.* ➤ **filmer, tourner ; réalisation.** *Adaptation d'un roman pour le cinéma.* «*La peau humaine des choses, le derme de la réalité, voilà avec quoi le cinéma joue d'abord*» ARTAUD. «*Le cinéma substitue à notre regard un monde qui s'accorde à nos désirs*» A. BAZIN. *Plateau, studio de cinéma. Décors, trucages de cinéma. Acteur, vedette ; réalisateur* (metteur en scène), *techniciens de cinéma* (caméraman, perchiste, décorateur, maquilleur, électricien, ingénieur du son, monteur, scripte, etc.). *Amateur de cinéma.* ➤ **cinéphage, cinéphile ; cinéclub, cinémathèque, cinéshop.** «*Lui, il aime le cinéma. L'histoire qui se déroule sans qu'il ait à y imprimer quoi que ce soit de personnel. Être avec d'autres, dans une salle, tous embarqués dans le même mouvement, le même rythme*» J. BENAMEUR. — *Cinéma professionnel, d'amateur. Cinéma d'auteur. Cinéma français, italien,* etc., ensemble des œuvres produites par cet art en France, en Italie, etc. *Cinéma scientifique. Cinéma de genre*. Cinéma porno. Cinéma d'animation*. Critique, revue de cinéma.* ◆ Industrie du spectacle cinématographique (➤ **distribution, production**). *Être dans le cinéma.* ▪ **3** Projection cinématographique. *Salle de cinéma. Cinéma de plein air.* ➤ **cinéparc, drive-in.** *Séance de cinéma. Cinéma à domicile :* recomm. offic. pour *home cinéma.* LOC. *Tu as vu ça au cinéma !* tu racontes des choses invraisemblables. ▪ **4** LOC. FAM. *Faire du cinéma, tout un cinéma,* des démonstrations affectées, pour obtenir par exemple la satisfaction d'un caprice. *Arrête ton cinéma !* «*c'est du cinéma, rien n'a l'air vrai*» SARTRE. ➤ **bluff.** *Quel cinéma !* ➤ **cirque, comédie.** — *Se faire du cinéma, tout un cinéma :* s'imaginer les choses comme on souhaiterait qu'elles soient. ➤ **fantasmer** (cf. Se faire un film). «*Sur l'écran noir de mes nuits blanches, Moi je me fais du cinéma*» NOUGARO. ▪ **5** Salle de spectacle où l'on projette des films cinématographiques. ➤ FAM. **ciné, cinoche** (cf. aussi Les salles* obscures). *Aller au cinéma* (cf. FAM. Se faire une toile*). *Cinéma à salles multiples. Un cinéma de quartier. Cinéma d'art et d'essai*. Cinéma permanent. Ouvreuse de cinéma.*

CINÉMASCOPE [sinemaskɔp] **n. m.** – 1953 ✧ marque déposée, de *cinéma* et *-scope* ▪ Procédé de cinéma sur écran large par déformation de l'image (➤ **anamorphose ; scope**). *Écran de cinémascope. Film en cinémascope.*

CINÉMATHÈQUE [sinematɛk] **n. f.** – 1921 ✧ de *cinéma* et *-thèque* ▪ Organisme chargé de conserver les œuvres cinématographiques présentant un intérêt particulier (scientifique, artistique, documentaire...). *La Cinémathèque nationale.* — Endroit où l'on projette ces œuvres. *Aller voir un vieux film muet à la cinémathèque. La cinémathèque de Chaillot, à Paris.*

CINÉMATIQUE [sinematik] **n. f.** – 1834 ✧ grec *kinêmatikos*, de *kinêma* «mouvement» ▪ Partie de la mécanique qui étudie le mouvement indépendamment des forces qui le produisent. *La cinématique du point. Application de la cinématique.* ➤ **dynamique.**

CINÉMATOGRAPHE [sinematɔgʀaf] **n. m.** – 1893 ; hapax 1892 ✧ du grec *kinêma, kinêmatos* «mouvement» et *-graphe* ▪ Appareil inventé par les frères Lumière, capable de reproduire le mouvement par une suite de photographies. — VX Cinéma. «*Le cinématographe est un art*» COCTEAU.

CINÉMATOGRAPHIE [sinematɔgʀafi] **n. f.** – 1895 ✧ de *cinématographe* ▪ DIDACT. Le cinéma en tant que technique ou art.

CINÉMATOGRAPHIER [sinematɔgʀafje] **v. tr.** ‹7› – 1897 ✧ de *cinématographe* ▪ VIEILLI Filmer, tourner. — **p. p. adj.** *Scène cinématographiée.*

CINÉMATOGRAPHIQUE [sinematɔgʀafik] **adj.** – 1896 ✧ de *cinématographe* ▪ Qui se rapporte au cinéma. *Art, technique cinématographique. Industrie cinématographique. Spectacle, séance cinématographique. Complexe cinématographique.* ANCIENNT *Institut des hautes études cinématographiques* (*I. D. H. E. C.* [idɛk]).

CINÉMOMÈTRE [sinemɔmɛtʀ] **n. m.** – 1904 ✧ du radical du grec *kinêma* «mouvement» et de *-mètre* ▪ TECHN. Indicateur de vitesse. *Cinémomètre détectant les excès de vitesse.* ➤ **radar.**

CINÉPARC [sinepaʀk] **n. m.** – 1973 ✧ mot québécois, de *ciné-* et *parc* ▪ (Canada) Cinéma de plein air (recomm. offic. pour *drive-in*). *Des cinéparcs.* — On écrit aussi *ciné-parc, des ciné-parcs.*

CINÉPHAGE [sinefaʒ] **adj.** et **n.** – 1967 n. ; ✧ de *ciné-* et *-phage* ▪ FAM. Qui va voir de nombreux films.

CINÉPHILE [sinefil] **adj.** et **n.** – 1912 ✧ de *ciné-* et *-phile* ▪ Amateur et connaisseur en matière de cinéma. *C'est une cinéphile enragée.*

CINÉRAIRE [sineʀɛʀ] **adj.** et **n. f.** – 1732 ✧ latin *cinerarius*, de *cinis, cineris* «cendre»

I **adj.** Qui renferme ou est destiné à renfermer les cendres d'un mort. *Vase, urne cinéraire.*

II **n. f.** Plante herbacée *(composées)*, aux feuilles cendrées et aux petits capitules jaune doré. *Cinéraire maritime. Cinéraire des jardins.*

CINÉRAMA [sineʀama] **n. m.** – 1954 ✧ anglais américain *cinerama* (1951), n. déposé, de *cinema* et *panorama* ▪ ANCIENNT Procédé de cinéma sur plusieurs grands écrans juxtaposés (trois projecteurs ; trois images).

CINÉRITE [sineʀit] **n. f.** – 1845 ✧ du latin *cinis, cineris* «cendre» ▪ GÉOL. Dépôt de cendres volcaniques stratifiées.

CINÉSHOP [sineʃɔp] **n. m.** – 1971 ✧ de *ciné-* et de l'anglais *shop* «boutique» ▪ ANGLIC. Boutique de vente d'articles (disques, livres, affiches, etc.) en rapport avec le cinéma. *Des cinéshops.* — On écrit aussi *un ciné-shop, des ciné-shops.*

CINÉTHÉODOLITE [sineteɔdɔlit] **n. m.** – 1973 ✧ de *ciné-* et *théodolite* ▪ SC. Instrument de visée mesurant, sur un film cinématographique, les variations des angles de gisement et de site d'un axe optique maintenu sur le mobile dont on veut restituer la trajectoire.

CINÉTIQUE [sinetik] **n. f.** et **adj.** – 1877 ✧ grec *kinêtikos* «qui se meut ; qui met en mouvement»

I **n. f.** ▪ **1** PHYS. Branche de la mécanique qui étudie la relation entre les forces appliquées et la cinématique des corps et des systèmes. ▪ **2** CHIM. Étude de la vitesse des réactions chimiques ou enzymatiques.

II **adj.** ▪ **1** PHYS. Qui a le mouvement pour principe. *Énergie cinétique :* moitié de la force vive d'un point mobile de masse m et de vitesse v ($1/2\,mv^2$). *Énergie cinétique relativiste,* en fonction de c, vitesse de la lumière. *Moment* cinétique. Pression, température cinétique.* — *Théorie cinétique des gaz.* ▪ **2** (1920) *Art cinétique :* forme d'art plastique fondé sur le caractère changeant d'une œuvre par effet optique (mouvement réel ou virtuel).

CINÉTIR [sinetiʀ] **n. m.** – milieu XXe ✧ de *ciné-*, du grec *kinêma* «mouvement», et *tir* ▪ MILIT. Tir sur un objectif mobile.

CINGLANT, ANTE [sɛ̃glɑ̃, ɑ̃t] **adj.** – avant 1850 ; *chinglant* «flexible» v. 1375 ✧ de 2 *cingler* ▪ **1** Qui cingle, qui fouette. *Une bise, une pluie cinglante.* ▪ **2** FIG. Qui blesse. ➤ **acerbe, blessant, cruel, sévère, vexant.** *Une remarque cinglante.* ▪ CONTR. Aimable, amène.

CINGLÉ, ÉE [sɛ̃gle] **adj.** et **n.** – 1925 ; «ivre» 1882 ✧ de 2 *cingler* ▪ FAM. Fou*. ➤ 2 **jeté,** 1 **zinzin.** *Il est cinglé ce type.* — **n.** «*Tous les agités, tous les cinglés qui composent le plus clair de nos sociétés*» DUHAMEL.

1 **CINGLER** [sɛ̃gle] v. intr. ‹1› – *singler* XIVe, par attraction de 2*cingler* ; *sigler* 1080 ◊ du scandinave *sigla* ■ MAR. Faire voile dans une direction. ➤ **naviguer.** *Le navire cingle vers Le Cap. « Le premier navire cinglant aux Indes »* CHATEAUBRIAND. ■ CONTR. S'arrêter.

2 **CINGLER** [sɛ̃gle] v. tr. ‹1› – XIVe ; *singler* XIIIe ◊ altération de *sangler* « donner des coups de sangle » ; cf. latin *cingula* « ceinture » ■ **1** Frapper fort avec un objet mince et flexible (baguette, corde, fouet, lanière, sangle). *Il lui cingla les jambes d'un coup de fouet.* ➤ **cravacher, flageller, fouetter.** ■ **2** Frapper, fouetter (vent, pluie, neige). *« Le vent était glacial. Il me cinglait la figure, me coupait la peau »* BOSCO. ■ **3** (1765) TECHN. Battre (le fer) au sortir des fours. ➤ **corroyer, forger.**

CINNAMOME [sinamɔm] n. m. – *chinnamome* XIIIe ◊ grec *kinnamon, kinnamômon* ■ Arbre *(lauracées)* originaire des régions chaudes de l'Asie, dont les espèces sont diversement aromatiques. ➤ **camphrier, cannelier.** ◆ Aromate utilisé par les Anciens. ➤ **cannelle.** *« Du cinnamome fumait sur une vasque de porphyre »* FLAUBERT.

CINOCHE [sinɔʃ] n. m. – 1935 ◊ de *cin(éma)* et suffixe argotique *-oche* ■ FAM. Cinéma. *Aller au cinoche.* ➤ **ciné.**

CINOQUE ➤ **SINOQUE**

CINQ [sɛ̃k] adj. numér. inv. et n. inv. – 1080 *cinc* ◊ latin populaire *cinque*, classique *quinque*

I ~ adj. numér. card. Nombre entier naturel équivalant à quatre plus un (5 ; V). ➤ **pent(a)-, quinqu(a)-, quint-.** REM. *Cinq* se prononce parfois [sɛ̃] devant consonne : *cinq cents* [sɛ̃sɑ̃], *cinq mille* [sɛ̃mil], *cinq minutes* [sɛ̃minyt] ; [sɛ̃k] dans les autres cas. ■ **1** Avec l'art. défini, désignant un groupe déterminé de cinq unités. *Les cinq sens. Les cinq doigts de la main.* — LOC. *Les cinq lettres* : euphémisme pour « merde ». ■ **2** Avec ou sans déterm. *Les cinq enfants d'une même grossesse.* ➤ **quintuplés.** — *Tragédie en cinq actes. Étoile à cinq branches.* ➤ **pentacle.** *Espace de cinq ans.* ➤ 1 **lustre.** *Qui dure cinq ans.* ➤ **quinquennal.** *Fonction qui dure cinq ans.* ➤ **quinquennat.** *Formation de cinq musiciens.* ➤ **quintette.** *Figure à cinq côtés.* ➤ **pentagone.** *Intervalle de cinq notes.* ➤ 1 **quinte.** *Cinq dizaines.* ➤ **cinquante.** *Cinq fois plus grand.* ➤ **quintuple.** *Un match en cinq sets.* — (En composition pour former un nombre) *Trente-cinq. Cinq cents* (500 ; D). — ELLIPT *Huit heures moins cinq* (minutes). LOC. FAM. *Il était moins cinq* : cinq minutes de plus, ou FIG. un peu plus, et cela arrivait. *« Elle sait qu'il est moins cinq à son horloge et qu'elle doit se dépêcher de trouver son compagnon »* J. S. ALEXIS. *En cinq sec** (cf. En moins de deux*). LOC. *Dans cinq minutes* : très bientôt. ■ **3** PRONOM. [sɛ̃k] *Sur cent députés, cinq se sont abstenus. Vous étiez cinq. Tous les cinq. Ils sont venus à cinq. Objets disposés par cinq.* ➤ **quinconce.**

II ~ adj. numér. ord. [sɛ̃k] Cinquième. ■ **1** *Charles V. Page cinq, paragraphe 5. — Le 5 avril. Prendre le thé à 5 heures.* — ELLIPT FAM. *Recevoir de cinq à sept.* n. m. inv. **CINQ À SEPT :** réception, réunion d'après-midi ; plus cour. rendez-vous érotique dans l'après-midi. *« Il a dû se l'envoyer pendant un petit cinq à sept, dans un hôtel du quartier »* R. GUÉRIN. — Dans une suite d'adj. ord. *C'est la cinq ou sixième fois.* ■ **2** SUBST. MASC. Le cinquième jour du mois. *Elle part le 5.* ◆ Ce qui porte le numéro 5. *Habiter (au) 5, rue de... Il fallait jouer le 5, le 18...* ◆ Avec *du.* Taille, dimension, pointure numéro 5 (d'un objet). *Il me faut du 5.* ■ **3** SUBST. FÉM. Chambre, table portant le numéro 5. — La cinquième chaîne de télévision. *Une émission sur la 5,* ou en France *la Cinq.*

III ~ n. m. inv. [sɛ̃k] ■ **1** Sans déterm. *Cinq et deux, sept. Cinq est un nombre premier*. Divisible par cinq.* ➤ **quinaire.** *Multiplier par cinq.* ➤ **quintupler.** *Un virgule cinq* (1,5) : un et demi. — *Cinq pour cent* (ou *5 %*). LOC. *Recevoir qqn cinq sur cinq,* l'entendre parfaitement (lang. des télécomm. milit.) ; FIG. le message est bien reçu (y compris les sous-entendus). *« Allô, tchhhh, ici Papa Charlie, tchhhhh, je vous reçois cinq sur cinq, tchhhhh, à vous... »* M. NIMIER. ■ **2** Avec déterm. Le chiffre, le numéro 5. *Des cinq romains. Il fait ses cinq comme des « s ».* — Note (II) correspondant à cinq points. *Avoir un 5 en chimie,* ou sans art. *5 sur 20.* — Carte marquée de cinq signes. *Le cinq de pique.* — Face d'un dé, moitié d'un domino marquée de cinq points.

■ HOM. Scinque ; sain, saint, sein, seing.

CINQUANTAINE [sɛ̃kɑ̃tɛn] n. f. – *cinquantene* XIIIe ◊ de *cinquante* ■ **1** Nombre de cinquante ou environ. *Une cinquantaine d'enveloppes.* ■ **2** (1694) Âge de cinquante ans. *Approcher de la cinquantaine. Il a une bonne cinquantaine,* un peu plus de cinquante ans.

CINQUANTE [sɛ̃kɑ̃t] adj. numér. inv. et n. inv. – 1080 ◊ latin populaire *cinquaginta*, classique *quinquaginta*

I adj. numér. card. Nombre entier naturel équivalant à dix fois cinq (50 ; L). ■ **1** Avec ou sans déterm. *Cinquante pages. Qui a entre cinquante et cinquante-neuf ans.* ➤ **quinquagénaire.** — (En composition pour former un adj. card.) *Les cinquante et une premières pages. Huit heures cinquante et une* (minutes). *Cinquante-deux mille tonnes.* — (Pour former un adj. ord.) *Cinquante-deuxième.* ◆ (Approximatif) Un grand nombre de. ➤ 1 **cent.** *Je ne vous le répéterai pas cinquante fois* (cf. Trente*-six). ■ **2** PRONOM. *Donnez-m'en cinquante.*

II adj. numér. ord. Cinquantième. ■ **1** *Page 50.* — (En supprimant le quantième du siècle) *Les années 50* ou *cinquante.* ■ **2** SUBST. MASC. Ce qui porte le numéro 50. *Habiter (au) 50, rue de... Le cinquante a gagné.* — Avec le partitif *du.* Taille, dimension, pointure numéro 50 (d'un objet). *C'est quelle taille ? – C'est du 50.* ■ **3** SUBST. FÉM. Chambre, table numéro 50.

III n. m. inv. ■ **1** Sans déterm. *Quarante-trois et sept, cinquante.* — *Cinquante pour cent* (50 %) : la moitié. ■ **2** Avec déterm. Le chiffre, le numéro 50. *Des cinquante romains* (L).

CINQUANTENAIRE [sɛ̃kɑ̃tnɛʀ] adj. et n. – 1775 ◊ de *cinquante*, d'après *centenaire* ■ **1** Qui a environ cinquante ans d'âge. *Un monument cinquantenaire.* — n. *« l'homme, un cinquantenaire au corps de fakir »* KERANGAL. ➤ **quinquagénaire.** ■ **2** n. m. Cinquantième anniversaire. ➤ **jubilé.**

CINQUANTIÈME [sɛ̃kɑ̃tjɛm] adj. et n. – XIIIe ◊ de *cinquante* ■ **1** adj. numér. ord. Qui a le numéro cinquante pour rang. *La cinquantième année d'une fonction.* ➤ **jubilé.** — (Dans une compétition) *Arriver cinquantième au marathon.* n. *Être le, la cinquantième à se présenter.* ◆ (En composition pour former des adj. ord.) *Quatre cent cinquantième* (450e). ■ **2** adj. Se dit d'une partie d'un tout également divisé ou divisible en cinquante. *La cinquantième partie de ses revenus.* — SUBST. MASC. *Deux cinquantièmes* (2/50). *Quatre cent-cinquantièmes* (4/150).

CINQUIÈME [sɛ̃kjɛm] adj. et n. – 1175 *cinquisme* ◊ de *cinq*

I adj. ■ **1** adj. numér. ord. Qui vient après le quatrième. *La Ve* (ou *cinquième*) *République* (depuis 1958). *Le cinquième étage,* ou SUBST. *habiter un cinquième sans ascenseur. Le Ve arrondissement,* ou SUBST. *le Ve* (ou *5e*). — *La cinquième colonne*. La cinquième roue* du carrosse.* — (Dans une compétition) *Il est arrivé cinquième au 100 mètres.* ◆ (En composition pour former des adj. ord.) *Vingt-cinquième* [vɛ̃tsɛ̃kjɛm]. ■ **2** adj. fractionnaire Se dit d'une partie d'un tout également divisé ou divisible en cinq. *La cinquième partie de l'héritage,* ou SUBST. *le cinquième de l'héritage. Deux cinquièmes* (2/5).

II n. ■ **1** *Elle est la cinquième.* ■ **2** n. f. Cinquième vitesse d'un engin motorisé. *Rétrograder de cinquième en quatrième.* — Deuxième classe du premier cycle de l'enseignement secondaire. *Elle a redoublé la* (ou *sa*) *cinquième.* — DANSE Cinquième position fondamentale de la danse classique.

CINQUIÈMEMENT [sɛ̃kjɛmmɑ̃] adv. – 1550 ◊ de *cinquième* ■ En cinquième lieu (en chiffres 5°). ➤ **quinto.**

CINTRAGE [sɛ̃tʀaʒ] n. m. – 1869 ; mar. 1694 ◊ de *cintrer* ■ TECHN. Opération par laquelle on cintre une pièce (bois, métal). ➤ **courbure.**

CINTRE [sɛ̃tʀ] n. m. – 1300 ◊ de *cintrer* ■ **1** Courbure hémisphérique concave de la surface intérieure d'une voûte, d'un arc. — ARCHIT. Figure en arc de cercle. ➤ 1 **arc.** — **EN PLEIN CINTRE :** dont la courbure est un demi-cercle (opposé à *en ogive*). *Voûte, arcade en plein cintre de l'art roman* (cf. En berceau). — SUBST. *Le plein cintre* (opposé à *arc brisé*). — *Cintre surbaissé,* dont la courbure elliptique repose sur le grand axe. ■ **2** Échafaudage en arc de cercle sur lequel on construit les voûtes. *Poser, lever les cintres.* ➤ **armature, coffrage.** ■ **3** (1753) Partie du théâtre située au-dessus de la scène, où l'on remonte les décors. ➤ 2 **dessus.** ■ **4** (1900) Barre courbée munie d'un crochet servant à suspendre les vêtements par les épaules. ➤ **portemanteau,** RÉGION. **support.** *Mettre une veste sur un cintre.* — PAR EXT. *Cintre à jupe* (➤ **pince-jupe, porte-jupe**), *à pantalon,* pince ou barre pour les suspendre dans une penderie.

CINTRÉ, ÉE [sɛ̃tʀe] adj. – 1926 argot des cyclistes ◊ de *cintrer* techn., cf. *tordu* ■ FAM. Fou*. *« elle est dangereuse. Elle est totalement cintrée »* ECHENOZ.

CINTRER [sɛ̃tʀe] v. tr. ‹1› – XVe ◊ latin populaire °*cincturare,* de *cinctura* « ceinture » ■ **1** ARCHIT. Bâtir en cintre. *Cintrer une galerie, une porte.* — p. p. adj. *Fenêtre cintrée.* ■ **2** Donner une forme courbe à. ➤ 1 **bomber, cambrer, courber.** *Cintrer des plaques de métal. Cintrer une barre, un rail, un tuyau. Machine, presse à* *cintrer* (➤ **cintrage**). ▪ **3** (du sens «entourer, ceindre» 1611) Rendre (un vêtement) ajusté à la taille. *Cintrer une redingote.* — **p. p. adj.** *Veste cintrée.* ▪ CONTR. Décintrer ; redresser.

CIPAL ➤ **MUNICIPAL**

CIPAYE [sipaj] **n. m.** – 1768 ; *sepay* 1750 ◇ portugais *sipay*, persan *sipahi* «cavalier» → spahi ▪ ANCIENNT Soldat hindou au service d'une armée européenne. *La révolte des cipayes en 1857.*

CIPOLIN [sipɔlɛ̃] **n. m.** – 1693 ◇ italien *cipollino*, de *cipolla* «oignon» ▪ GÉOL. Calcaire métamorphique à veines serpentines. — PAR EXT., COUR. Marbre de teinte claire, formé de cristaux de calcite enchevêtrés, homogène ou à veines ondulées. APPOS. INV. *«colonnettes en marbre cipolin»* GAUTIER.

CIPPE [sip] **n. m.** – 1718 ◇ latin *cippus* «colonne» ▪ ARCHÉOL. Petite colonne sans chapiteau ou colonne tronquée qui servait de borne, de monument funéraire, et qui portait une inscription. ➤ **stèle.**

CIRAGE [siʀaʒ] **n. m.** – 1554 ◇ de *cirer* ▪ **1** RARE Action de cirer. *Le cirage des parquets.* ▪ **2** Composition dont on se sert pour rendre les cuirs brillants et maintenir leur couleur. *Brosse à cirage. Cirage bleu, incolore. Du cirage en tube, en boîte.* — FIG. et FAM. *Noir comme du cirage* : très noir. ▪ **3** LOC. FIG. **ÊTRE DANS LE CIRAGE :** ARG. AVIAT. ne plus rien voir (cf. Pot* au noir) ; être évanoui ; FAM. ne plus rien comprendre, ne pas avoir les idées claires (cf. Être dans le brouillard, dans le coaltar) ; être incapable de réagir, de raisonner normalement (sous l'effet de l'ivresse, d'un choc, etc.).

CIRCADIEN, IENNE [siʀkadjɛ̃, jɛn] **adj.** – 1957 ◇ du latin *circa diem* «presque un jour» ▪ BIOL. Dont la période est voisine de 24 heures (en parlant d'un rythme biologique). ➤ **nycthémère.**

CIRCAÈTE [siʀkaɛt] **n. m.** – 1820 ◇ du grec *kirkos* «faucon» et *aetos* «aigle» ▪ Oiseau rapace diurne *(falconidés)* appelé aussi *aigle jean-le-blanc, milan blanc.*

CIRCASSIEN, IENNE [siʀkasjɛ̃, jɛn] **adj. et n.** – 1994 ◇ de *cirque*, avec influence de *circassien* «de Circassie», région du Caucase aux cavaliers fameux ▪ Relatif au cirque. *Les arts circassiens. Le monde circassien.* — **n.** *Les circassiens* : les gens du cirque.

CIRCONCIRE [siʀkɔ̃siʀ] **v. tr.** ⟨37 ; sauf p. p. *circoncis, ise*⟩ – 1190 ◇ latin ecclésiastique *circumcidere* «couper autour» ▪ Soumettre à la circoncision. *«Ils circoncirent tous les enfants incirconcis qu'ils trouvèrent dans tout le pays d'Israël»* (BIBLE).

CIRCONCIS, ISE [siʀkɔ̃si, iz] **adj. et n. m.** – XIIe ◇ de *circoncire* ▪ **1** Sur qui on a pratiqué, qui a subi la circoncision. *Un enfant circoncis. Personne circoncise.* ▪ **2 n. m.** *Un circoncis.* — SPÉCIALT Celui qui est de religion juive ou musulmane. REM. Employé péjorativement par les chrétiens. ▪ CONTR. Incirconcis.

CIRCONCISEUR [siʀkɔ̃sizœʀ] **n. m.** – 1680 ◇ de *circoncire* ▪ RÉGION. (Maghreb, Afrique noire) Homme chargé de pratiquer la circoncision.

CIRCONCISION [siʀkɔ̃sizjɔ̃] **n. f.** – 1190 ◇ latin ecclésiastique *circumcisio* ▪ Ablation totale ou partielle du prépuce. *Circoncision d'un bébé ayant un phimosis.* SPÉCIALT Ablation rituelle pratiquée sur les jeunes garçons juifs et musulmans. *Circoncision de Jésus-Christ* : fête chrétienne, le 1er janvier.

CIRCONFÉRENCE [siʀkɔ̃feʀɑ̃s] **n. f.** – 1265 ◇ latin *circumferentia*, de *circumferre* «faire le tour» ; cf. *périphérie* ▪ **1** GÉOM. Longueur du cercle* dont la mesure est égale au produit de son diamètre par pi. *Deux mètres de circonférence.* ◆ Limite extérieure d'un cercle ; cercle. *Portion d'une circonférence.* ➤ 1 **arc. adj. CIRCONFÉRENTIEL, IELLE** [siʀkɔ̃feʀɑ̃sjɛl]. ▪ **2** Pourtour d'une surface à peu près ronde. *La circonférence d'une ville, d'un champ.* ➤ 1 **enceinte, périphérie.**

CIRCONFLEXE [siʀkɔ̃flɛks] **adj.** – 1550 ; *circonflect* 1529 ◇ latin *circumflexus*, traduction du grec *perispômenê* «sinueux» ▪ **1** Se dit d'un signe d'accentuation grecque (῀). ▪ **2** En français, se dit d'un signe en forme de V renversé (ˆ) placé originairement sur les voyelles longues (*île* pour *isle*), ou comme signe diacritique pour distinguer des homographes *(du, dû)* ; aujourd'hui, est généralement en relation avec la prononciation du *a* postérieur [ɑ], du *o* fermé [o] et du *e* ouvert [ɛ] *(pâte, rôle, hêtre). Un accent circonflexe. Un o accent circonflexe (ô).* ◆ FIG. En forme d'accent circonflexe. *«des sourcils circonflexes et dont le poil se rebroussait en virgule»* GAUTIER. ▪ CONTR. 1 Droit, rectiligne.

CIRCONLOCUTION [siʀkɔ̃lɔkysjɔ̃] **n. f.** – XIIIe ◇ latin *circumlocutio*, traduction du grec *periphrasis* → périphrase ▪ Manière d'exprimer sa pensée d'une façon indirecte, par des détours prudents. ➤ **ambages, périphrase.** *Parler par circonlocutions* (cf. Tourner autour du pot*). *Breton «me laissa entendre, avec les circonlocutions extrêmement enveloppées et courtoises dont il savait entourer une demande hasardeuse, qu'il souhaitait que j'entre dans son groupe»* GRACQ. *Après de longues circonlocutions.*

CIRCONSCRIPTION [siʀkɔ̃skʀipsjɔ̃] **n. f.** – XIVe «limite» ◇ latin *circumscriptio* → circonscrire ▪ **1** VX Limite qui borne l'étendue d'un corps. — GÉOM. Action de circonscrire une figure à une autre. *La circonscription d'un polygone à un cercle.* ▪ **2** (1835) Division d'un pays, d'un territoire. *Circonscription territoriale, administrative.* ➤ **département, préfecture, région ; arrondissement, canton, commune, province ; district, cité.** *Circonscriptions ecclésiastiques.* ➤ **diocèse, paroisse ; patriarcat ; éparchie.** *Circonscription militaire.* ➤ **région ; division, subdivision.** ◆ *Circonscription électorale*, ou ABSOLT *circonscription. Le député de la circonscription.*

CIRCONSCRIRE [siʀkɔ̃skʀiʀ] **v. tr.** ⟨39⟩ – 1361 ◇ latin *circumscribere*, de *scribere* «écrire» ▪ **1** Décrire une ligne qui limite tout autour. *Circonscrire un espace.* — GÉOM. *Circonscrire un cercle à un polygone* : tracer une circonférence qui passe par les sommets de tous les angles du polygone. *Circonscrire un triangle à un cercle* : tracer un triangle dont les côtés sont tangents au cercle. ▪ **2** Enfermer dans des limites. ➤ **borner, limiter.** *Circonscrire son sujet.* ➤ **cerner.** PRONOM. *Le débat se circonscrit autour de cette idée. — Circonscrire l'épidémie*, l'empêcher de dépasser une limite. *L'incendie est circonscrit.* ▪ CONTR. Élargir, étendre.

CIRCONSPECT, ECTE [siʀkɔ̃spɛ(kt), ɛkt] **adj.** – fin XIVe ◇ latin *circumspectus* → circonspection ▪ Qui prend bien garde à ce qu'il dit et fait. ➤ **attentif, avisé, 1 discret, prudent, réfléchi, réservé, sage.** *Un diplomate circonspect. Antoine «sous ce masque débonnaire, veillait, circonspect, résolu à temporiser, mais prêt à tout»* MARTIN DU GARD. — PAR EXT. *Conduite, démarche circonspecte.* ▪ CONTR. Aventureux, imprudent, léger, téméraire.

CIRCONSPECTION [siʀkɔ̃spɛksjɔ̃] **n. f.** – XIIIe ◇ latin *circumspectio*, de *circum* «autour» et *specere* «regarder» ▪ Surveillance prudente que l'on exerce sur ses paroles, ses actions, en prenant garde à toutes les circonstances. ➤ **discrétion, réflexion, réserve, retenue, sagesse.** *Agir, parler avec circonspection.* ➤ **attention, discernement, précaution, prudence.** *Ils «ne marchaient pas sans une certaine circonspection sur ce sol nouveau pour eux»* J. VERNE. *Apporter, mettre beaucoup de circonspection dans le règlement d'une affaire.* ➤ **diplomatie, mesure, modération.** ▪ CONTR. Imprudence, légèreté, témérité.

CIRCONSTANCE [siʀkɔ̃stɑ̃s] **n. f.** – 1260 ◇ latin *circumstantia*, de *circumstare* «se tenir debout *(stare)* autour» ▪ **1** (Souvent au plur.) Particularité qui accompagne un fait, un évènement, une situation. ➤ **accident, climat, condition, détermination, modalité, particularité.** *Examiner les diverses circonstances d'un évènement, d'une opération. Des circonstances indépendantes de notre volonté. Tenir compte d'une circonstance particulière, des circonstances. Exposer un fait jusque dans ses moindres circonstances* (➤ **détail**). *Des circonstances défavorables. Dans de bonnes circonstances. «Un même fait ne se reproduit jamais dans les mêmes circonstances»* LOUŸS. — GRAMM. *Complément de circonstance*, servant à préciser des rapports de temps, de lieu, de manière, de cause, de condition, de conséquence, de moyen, de but. ➤ **circonstanciel.** *Conjonction, adverbe de circonstance.* ◆ DR. *Circonstances aggravantes, atténuantes**, qui aggravent ou atténuent la peine normale. ▪ **2** Ce qui constitue, caractérise le moment présent. ➤ **actualité, évènement, moment, situation.** *Il faut profiter de la circonstance. Une circonstance exceptionnelle. En quelle circonstance a-t-il dit cela ?* ➤ **occasion.** — **LES CIRCONSTANCES :** la situation globale du moment (cf. L'état* des choses). *S'adapter aux circonstances. Étant donné les circonstances. Dans les circonstances actuelles, présentes.* ➤ **conjoncture, contexte.** *Un concours* de circonstances.* ➤ **coïncidence, éventualité, hasard.** *En raison, du fait des circonstances. Il y a des circonstances où il vaut mieux... Se montrer, être à la hauteur des circonstances.* — **DE CIRCONSTANCE :** qui est fait ou est utile pour une occasion particulière. *Un ouvrage, un discours de circonstance.* ➤ **opportun.** *Faire une figure de circonstance* (SPÉCIALT grave et triste). *Ce n'est pas de circonstance* (cf. Ce n'est pas de saison). ◆ Évènement particulier (considéré comme l'occasion de qqch.). *Dans, pour la circonstance.* ➤ **occasion, occurrence.** *Il s'était rasé pour la circonstance.*

CIRCONSTANCIÉ, IÉE [siʀkɔ̃stɑ̃sje] **adj.** – 1468 ◇ de *circonstance* ▪ Qui comporte de nombreux détails. *Un rapport circonstancié.* ➤ **détaillé.**

CIRCONSTANCIEL, IELLE [siʀkɔ̃stɑ̃sjɛl] adj. – 1747 ◊ de *circonstance* ■ **1** GRAMM. Qui apporte dans une phrase une information sur les circonstances d'une action (➤ **circonstance,** 1°). *Complément circonstanciel. — Proposition circonstancielle,* ou n. f. *une circonstancielle.* ■ **2** LITTÉR. Qui est en rapport avec les circonstances. *Une déclaration circonstancielle,* d'opportunité.

CIRCONVALLATION [siʀkɔ̃valasjɔ̃] n. f. – 1640 ◊ du latin *circumvallare* «entourer d'un retranchement», de *vallus* «pieu, palissade» ■ FORTIF. Tranchée fortifiée, protégée par des palissades, établie par les assiégeants autour de la place assiégée pour se défendre des armées de secours. *Les lignes de circonvallation et de contrevallation*.*

CIRCONVENIR [siʀkɔ̃v(ə)niʀ] v. tr. ⟨22⟩ – 1355 ◊ latin *circumvenire* «venir autour, assiéger, accabler» ■ Agir sur (qqn) avec ruse et artifice, pour parvenir à ses fins, obtenir ce que l'on souhaite. *Il a circonvenu ses juges.* ➤ **abuser, berner, endormir, enjôler, séduire ;** FAM. **embobiner, entortiller.** *Circonvenir son auditoire. Il a tenté de nous circonvenir.*

CIRCONVOISIN, INE [siʀkɔ̃vwazɛ̃, in] adj. – 1387 ◊ latin médiéval *circumvicinus* ■ LITTÉR. Qui est situé autour, tout près de. ➤ **avoisinant, proche, voisin.** *Lieux circonvoisins.* ➤ **alentours.** *Communes circonvoisines.*

CIRCONVOLUTION [siʀkɔ̃vɔlysjɔ̃] n. f. – fin XIIIe ◊ du latin *circumvolutus* «roulé autour» ■ **1** Enroulement, sinuosité autour d'un point central. *Décrire des circonvolutions.* ■ **2** *Les circonvolutions cérébrales :* replis sinueux du cortex, en forme de bourrelets.

CIRCUIT [siʀkɥi] n. m. – 1257 ; *circuite* n. f. 1220 ◊ latin *circuitus,* de *circuire, circumire* «faire le tour» ■ **1** VIEILLI Distance à parcourir pour faire le tour d'un lieu. ➤ **contour, périmètre, pourtour,** 3 **tour.** *Le parc a quatre kilomètres de circuit.* ■ **2** PAR EXT. Chemin (long et compliqué) parcouru pour atteindre un lieu. *Faire un long circuit pour parvenir chez qqn.* ➤ **détour.** *La peur «de la perdre encore, à travers cette vieille ville aux rues en circuits et en méandres»* RODENBACH. **EN CIRCUIT FERMÉ :** en revenant à son point de départ ; selon un ordre, un système fermé. *«Jusqu'à l'achèvement de l'industrie, les hommes travaillent en circuit fermé»* SAUVY. ♦ SPÉCIALT Parcours organisé au terme duquel on revient généralement au point de départ. ➤ **périple, randonnée,** 3 **tour, voyage.** *Circuit touristique. Faire le circuit des châteaux de la Loire, des villes d'art italiennes.* FIG. *«La vie est un circuit. Tu veux partir en voyage, mais tu reviendras au point de départ»* F. LÉGER. ■ **3** Itinéraire de course organisé sur un parcours en boucle. *Le circuit du Tour de France.* — PAR MÉTON. Piste sur laquelle se déroulent les compétitions automobiles. *Le circuit du Mans.* — Jouet constitué d'éléments emboîtables formant un parcours fermé sur lequel on peut faire circuler des automobiles ou des trains miniatures. ■ **4** ÉLECTROTECHN. Ensemble continu de conducteurs électriques. *Couper le circuit* (➤ **coupe-circuit, interrupteur**). *Fermer, rétablir le circuit. Mettre un appareil en circuit, hors circuit* (➤ aussi **court-circuit**). — Ensemble de conducteurs reliant des éléments passifs (➤ **condensateur, inductance, résistance**) et actifs (➤ **transistor**). *Branche d'un circuit,* située entre deux nœuds. *Circuit en dérivation*.* ♦ TECHNOL. *Circuit imprimé,* dont les conducteurs sont constitués d'un dépôt métallique (➤ **piste**) sur un support isolant pour réaliser le câblage de composants électroniques. *Circuit imprimé miniaturisé.* ➤ **microcircuit.** *Circuit imprimé simple face, double face,* dont les pistes n'occupent qu'une face de l'isolant ou les deux. ♦ ÉLECTRON. *Circuit intégré :* circuit de faible dimension pouvant comprendre un grand nombre de composants actifs et passifs, sur une plaquette semi-conductrice (➤ **ASIC, chip, puce**). *Circuit intégré analogique,* réalisant une fonction analogique (amplification, modulation). *Circuit intégré numérique,* réalisant une fonction logique complexe (➤ **microprocesseur**). *Technologies des circuits intégrés.* ➤ **microélectronique.** ♦ LOC. FIG. *Être hors circuit :* n'être plus en état, en situation de participer à une affaire (cf. Ne pas être dans le coup, dans la course). ■ **5** TECHN. Ensemble de tuyauteries, vannes ou autres dispositifs assurant l'écoulement d'un fluide. *Circuit d'alimentation. Circuit de refroidissement d'un réacteur nucléaire,* destiné à extraire l'énergie thermique du réacteur par un fluide caloporteur pour la distribuer vers l'utilisation. ■ **6** ÉCON. Mouvement des biens, des services. *Le circuit des capitaux. Circuits de distribution (d'un produit).* ➤ **canal.** *Circuit (de distribution) court,* avec peu d'intermédiaires.

CIRCULAIRE [siʀkylɛʀ] adj. et n. f. – 1314 ; *circulere* XIIIe ◊ latin *circularis*

I adj. ■ **1** Qui décrit un cercle. *Mouvement circulaire.* ➤ **giratoire, rotatoire.** *Elle «tournait sur elle-même, dans un envol circulaire de la jupe»* TROYAT. *Regard circulaire.* — MATH. *Fonction circulaire :* fonction d'une ligne trigonométrique ou de l'arc de cercle correspondant. ➤ **cosinus,** 2 **sinus, tangente.** *Hélice circulaire,* dont la projection plane, orthogonale à l'axe, est un cercle. ■ **2** Qui a ou rappelle la forme d'un cercle. ➤ **rond.** *Figure, surface circulaire. Scie* circulaire. Construction de forme circulaire.* ➤ **cirque, rotonde.** *Chromosome circulaire.* ■ **3** PAR EXT. Dont l'itinéraire ramène au point de départ. ➤ **circuit.** *Boulevard circulaire.* ➤ **périphérique.** *Billet circulaire.* ♦ Qui fonctionne en circuit fermé. *Économie* circulaire.* ■ **4** LOG. *Raisonnement circulaire* (cf. Cercle* vicieux). — *Définition circulaire,* qui ramène au défini de telle sorte que rien n'est expliqué.

II n. f. ■ **1** (1787 ◊ de *lettre circulaire*) Lettre reproduite à plusieurs exemplaires et adressée à plusieurs personnes à la fois. *Circulaire imprimée, photocopiée. Circulaire administrative, ministérielle.* ■ **2** (Canada) ANGLIC. Prospectus, document publicitaire.

CIRCULAIREMENT [siʀkylɛʀmɑ̃] adv. – v. 1370 ◊ de *circulaire* ■ D'une manière circulaire, en rond. *Particules qui se déplacent circulairement.*

CIRCULANT, ANTE [siʀkylɑ̃, ɑ̃t] adj. – 1745 ◊ de *circuler* ■ DIDACT. Qui est en circulation. *Capitaux* circulants.* ♦ PHYSIOL. *Anticoagulant circulant.*

CIRCULARITÉ [siʀkylaʀite] n. f. – 1611 ◊ du latin *circularis* «circulaire» ■ DIDACT. ■ **1** Caractère de ce qui est circulaire. *La circularité d'un mouvement.* ■ **2** Caractère d'un raisonnement ou d'une définition circulaire*.

CIRCULATION [siʀkylasjɔ̃] n. f. – 1361 ◊ latin *circulatio* ■ **1** VX Mouvement circulaire. ➤ **révolution.** ■ **2** (1667) Mouvement d'un fluide en circuit fermé. *La circulation du sang* ou *la circulation sanguine :* double mouvement du sang qui part du cœur et y revient (➤ **doppler**). *Circulation artérielle, veineuse, vasculaire* (➤ **angiologie**). *Petite circulation* (pulmonaire). *Grande circulation* ou *circulation générale :* trajet que suit le sang oxygéné pour irriguer les différentes parties du corps, à l'exception des poumons. *Circulation extracorporelle*.* ABSOLT *Avoir une bonne, une mauvaise circulation. Troubles de la circulation* (➤ **circulatoire**). — BOT. *La circulation de la sève dans les plantes. Circulation ascendante* (sève brute), *descendante* (sève élaborée). ♦ (XIXe) Déplacement et remplacement d'un fluide en circuit ouvert. *Circulation des courants, des vents. Établir une double circulation d'air.* ➤ **aération.** ■ **3** (1694) ÉCON. Mouvements des biens, des produits. Ensemble des échanges, des transactions. ➤ **commerce.** *Circulation des biens. Circulation de l'argent, des capitaux.* ➤ **roulement.** *Mettre des espèces, des billets en circulation.* ➤ **cours.** *Retirer une monnaie de la circulation* (➤ **démonétiser**). — PAR EXT. *La libre circulation des individus, de la main-d'œuvre.* ■ **4** Mouvement de ce qui se propage. *Mettre un livre, un écrit en circulation,* le répandre, le livrer au public. ➤ **diffusion, lancement.** *Mise en circulation de fausses nouvelles.* ➤ **propagation, transmission.** ■ **5** (1829) Le fait ou la possibilité d'aller et venir, de se déplacer en utilisant les voies de communication. *La circulation aérienne. La circulation des piétons. La circulation des trains.* ➤ **trafic.** ♦ SPÉCIALT *La circulation automobile,* ou ABSOLT *la circulation.* ➤ RÉGION. **roulage.** *Circulation urbaine, routière. Une circulation fluide, dense, difficile. Voie à grande circulation. Il y a beaucoup de circulation.* ➤ **bouchon, embouteillage, encombrement.** *Circulation en accordéon*. Agent qui règle la circulation. Accident de la circulation. — Circulation à sens unique. — Circulation alternée,* autorisée en alternance dans les deux sens d'une voie ; restreinte en alternance à certains véhicules (selon le numéro d'immatriculation par exemple) afin de limiter la pollution dans une grande ville. — Ensemble des véhicules qui circulent. *Détourner la circulation* (➤ **délestage, détour, déviation**). — LOC. FAM. *Disparaître de la circulation :* ne plus donner signe de vie.

CIRCULATOIRE [siʀkylatwaʀ] adj. – 1549 ◊ de *circuler* ■ Relatif à la circulation du sang. *L'appareil circulatoire.* ➤ **artère, vaisseau, veine ; cœur.** *Troubles circulatoires.*

CIRCULER [siʀkyle] v. intr. ⟨1⟩ – 1361 ◊ latin *circulare,* de *circulus* → cercle ■ **1** (Fluides) Passer dans un circuit. *Le sang circule dans le corps.* ■ **2** Se renouveler par la circulation (en parlant de l'air, de la fumée). *«L'air de la nuit circulait librement»* BARRÈS. ■ **3** (1719) Passer, aller de main en main. *L'argent, la* *monnaie, les capitaux circulent. Faire circuler une pétition.* — *Faire circuler les plats* (à table). ▪ **4** (fin XVIIIe) Se répandre. ➤ **courir, se propager.** *Ce bruit circule dans la ville. Faire circuler une histoire.* ➤ **colporter.** IMPERS. *« il circule à son sujet beaucoup de plaisanteries »* ROMAINS. ▪ **5** (1829) Aller et venir ; se déplacer sur les voies de communication. *Les passants circulent.* ➤ **passer, se promener.** *On circule bien à cette heure-ci. Ça circule mal.* ➤ **rouler.** — *Circulez !* avancez, ne restez pas là. LOC. FAM. *Circulez, y a rien à voir* (pour éconduire, décourager, faire partir).

CIRCUM- ▪ Élément, du latin *circum* « autour ».

CIRCUMDUCTION [siʀkɔmdyksjɔ̃] **n. f.** – 1830 ; *circonduction* 1562 ◊ de *circum-* et du latin *ductus,* de *ducere* « conduire » ▪ DIDACT. Mouvement de rotation autour d'un axe ou d'un point central. *Circumduction du bras.*

CIRCUMNAVIGATION [siʀkɔmnavigasjɔ̃] **n. f.** – 1683 ◊ de *circum-* et *navigation* ▪ DIDACT. Voyage maritime autour d'un continent. ➤ **périple.** — **n. CIRCUMNAVIGATEUR, TRICE.**

CIRCUMPOLAIRE [siʀkɔmpɔlɛʀ] **adj.** – *circonpolaire* 1752 ◊ de *circum-* et *polaire* ▪ DIDACT. Qui est ou a lieu autour d'un pôle. *Expédition circumpolaire.*

CIRCUMTERRESTRE [siʀkɔmtɛʀɛstʀ] **adj.** – 1781 ◊ de *circum-* et *terrestre* ▪ DIDACT. Qui est ou a lieu autour de la Terre. *L'espace circumterrestre. L'orbite circumterrestre d'un satellite.*

CIRE [siʀ] **n. f.** – 1080 ◊ latin *cera*

I Substance grasse sécrétée par certains animaux (abeilles) ou extraite de quelques végétaux (résine). ▪ **1** *Cire d'abeille* ou *cire* : matière molle, jaunâtre et fusible, avec laquelle les abeilles construisent les cellules nourricières des larves, de la reine. *Pain de cire. Alvéoles en cire d'une ruche. Gâteau de cire.* ➤ **gaufre,** 2**rayon.** *Cire vierge. Incorporation de cire à une substance.* ➤ **incération ; cérat.** ♦ Substance plastique à base de cire. *Poupée, figurine de cire. Les personnages en cire du musée Grévin. Tablettes de cire sur lesquelles écrivaient les Romains.* — *Moulage à cire perdue* : procédé consistant à mouler de l'argile autour d'un modèle en cire, qui fond lorsqu'on coule le métal dans le moule. — *Cire à épiler.* ♦ PAR MÉTON. Objet en cire. *Cabinet de cires* : collection de reproductions en cire de personnes et de scènes célèbres. — SPÉCIALT *Cire dentaire* : mélange de cire et de diverses matières grasses, utilisé pour la confection des maquettes d'essayage des prothèses. *Cire à inlay.* ▪ **2** *Cire végétale* : résine analogue à la cire des abeilles. *Arbre à cire.* ➤ **cirier.** *Palmier à cire.* ▪ **3** Préparation (cire et essence de térébenthine) pour l'entretien du bois (parquets, meubles, etc.), parfois du cuir, du carrelage. ➤ **encaustique.** *Frotter un parquet de cire, avec de la cire.* ➤ **cirer.** *Cire liquide. Cire pour reliures.* ▪ **4** TECHN. Mélange à base de cires (animales, végétales), pour la gravure sur disques phonographiques. ▪ **5** *Cire à cacheter* : préparation de gomme laque et de résine. *Cachet de cire. Bâton de cire. Sceau à la cire.* ▪ **6** PAR ANAL. Cérumen. *Bouchon de cire.*

II ZOOL. Membrane molle qui recouvre la base du bec des oiseaux.

▪ HOM. Cirre, sire.

CIRÉ, ÉE [siʀe] **adj.** et **n. m.** – 1230 ◊ de *cirer* ▪ **1** Enduit de cire. *Parquet ciré. Chaussures cirées.* ▪ **2** Enduit d'un vernis. *Toile* cirée.* ♦ **n. m.** (1896) Vêtement imperméable de tissu (huilé, puis plastifié). *Un ciré jaune. Un ciré de marin.*

CIRER [siʀe] **v. tr.** ⟨1⟩ – fin XIIe ◊ de *cire* ▪ **1** Enduire, frotter de cire, d'encaustique. *Cirer un parquet, des meubles,* pour les nettoyer, les faire reluire. ➤ **encaustiquer.** ▪ **2** PAR EXT. Enduire de cirage. *Cirer ses chaussures.* ♦ LOC. FAM. *Cirer les bottes*, les pompes à qqn.* ➤ **flatter, lécher.** *N'en avoir rien à cirer* : n'y porter aucun intérêt, s'en moquer*. *Il n'en a rien à cirer, de leurs affaires* (cf. Rien à foutre*). ▪ HOM. *Cirais* : scierais (scier).

CIREUR, EUSE [siʀœʀ, øz] **n.** – 1837 ◊ de *cirer* ▪ **1** Personne qui cire. *Une cireuse de parquets.* — SPÉCIALT **n. m.** Celui qui cire les chaussures dans la rue, dans certains pays. *« J'enviais les cireurs de chaussures, le hasard de leur activité* [...], *la gadoue pour réclame, leur entrain à frotter »* V. LEDUC. ▪ **2 n. f.** (1925) Appareil ménager qui cire les parquets. *Cireuse électrique.*

CIREUX, EUSE [siʀø, øz] **adj.** – début XVIe ◊ de *cire* ▪ **1** Qui a la consistance de la cire. *Matière cireuse.* ▪ **2** (1856) Qui a l'aspect blanc jaunâtre de la cire. *Visage, teint cireux.*

CIRIER, IÈRE [siʀje, jɛʀ] **n.** – fin XIIe ◊ de *cire* ▪ **1** Personne qui travaille la cire ; qui vend des cierges, des bougies. ▪ **2 n. m.** Arbre à cire. ➤ **jojoba.** ▪ **3 n. f.** Abeille ouvrière qui produit la cire. — PAR APPOS. *Abeille cirière.*

CIRON [siʀɔ̃] **n. m.** – XIIIe ◊ altération de *suiron* 1220, de l'ancien haut allemand °*seuro* ▪ VX ou LITTÉR. Animal minuscule (acarien du fromage ; très petit arachnide) qui servait d'exemple pour l'extrême petitesse. *« Dame fourmi trouva le ciron trop petit »* LA FONTAINE.

CIRQUE [siʀk] **n. m.** – v. 1355 ◊ latin *circus*

I ▪ **1** Enceinte à ciel ouvert, où les Romains célébraient les jeux publics (courses de chars, combats de gladiateurs, naumachies). ➤ **amphithéâtre, arène,** VX 2**carrière.** *Cirque de forme ovale. Gradins, arène, podium du cirque. Les jeux du cirque.* ▪ **2** Dépression à parois abruptes, d'origine glaciaire, fermée le plus souvent par une barre rocheuse (➤ **verrou**). *Le cirque de Gavarnie.* — PAR ANAL. *Cirque lunaire.*

II (fin XVIIIe ◊ anglais *circus* « piste circulaire pour des exercices équestres ») ▪ **1** Lieu de spectacle comportant une piste circulaire où sont présentés des exercices (d'équilibre, de domptage), des numéros, des exhibitions, etc. *Un numéro de cirque. Cirque ambulant, forain. Chapiteau, mâts, gradins, piste, tremplin d'un cirque. Les gens du cirque,* dits *gens du voyage* (acrobate, clown, dompteur, écuyer, équilibriste, gymnaste, pitre). ➤ **circassien.** *Musique de cirque* ; FIG. musique tapageuse. *Un chien de cirque,* dressé pour faire des numéros. — *Emmener les enfants au cirque.* ▪ **2** Entreprise qui organise ce genre de spectacle. *Le cirque Untel. Le cirque de Moscou.* ▪ **3** FIG. et FAM. Activité désordonnée. *Allons, silence ! Qu'est-ce que c'est que ce cirque ? C'est le cirque, ici !* — Comédie. *Arrête ton cirque.* ➤ **cinéma.** *Le cirque médiatique.*

CIRRE [siʀ] **n. m.** – 1545 ◊ latin *cirrus* « filament » ▪ **1** ZOOL. Appendice fin, chez certains animaux (pattes des cirripèdes, barbillons des poissons, certaines plumes des oiseaux). *Cirres de mollusques, de vers.* ➤ **cil.** *Cirre locomoteur, sensoriel, reproducteur.* ▪ **2** BOT. Filament grêle constituant l'organe de fixation des plantes grimpantes. ➤ **vrille.** — On trouve aussi la variante *cirrhe* (1803). ▪ HOM. Cire, sire.

CIRRHOSE [siʀoz] **n. f.** – 1805 ◊ du grec *kirros* « roux » ▪ Maladie dégénérative d'un organe, spécialement du foie, caractérisée par une formation excessive de tissu connectif entraînant une contraction de l'organe. *Cirrhose alcoolique,* due à l'intoxication alcoolique chronique. — **adj.** et **n. CIRRHOTIQUE** [siʀɔtik]. *Foie cirrhotique.* — On peut aussi écrire *cirrose* et *cirrotique* (grec *kirros*).

CIRRIPÈDES [siʀipɛd] **n. m. pl.** – 1838 ◊ du latin *cirrus* « filament » et *-pède* ▪ ZOOL. Sous-classe de crustacés marins, au corps recouvert de plaques calcaires, aux longues pattes bordées de cirres. *Les cirripèdes possèdent en général trois ou six paires de pattes.* ➤ **anatife, balane.** — Au sing. *Un cirripède.*

CIRROCUMULUS [siʀokymylys] **n. m.** – 1830 ◊ de *cirrus* et *cumulus* ▪ Nuage de la famille des cirrus, en flocons séparés (ciel moutonné).

CIRROSTRATUS [siʀostʀatys] **n. m.** – 1830 ◊ de *cirrus* et *stratus* ▪ Nuage élevé, de la famille des cirrus, en voile blanchâtre presque translucide.

CIRRUS [siʀys] **n. m.** – 1830 ◊ mot latin « filament » ▪ Nuage élevé (10 km) en flocons ou filaments.

CIS [sis] **adj.** – *position cis* 1895 ◊ du latin *cis* « en deçà de » ▪ CHIM. Se dit d'un isomère organique dans lequel les atomes ou les radicaux sont situés du même côté du plan de la molécule. *Isomères cis et isomères trans.* ➤ **cis-trans, cistron.** ▪ CONTR. 1Trans. ▪ HOM. Six.

CISAILLE [sizaj] **n. f.** – fin XIIIe ◊ latin populaire °*cisacula,* altération de °*caesacula,* plur. neutre de °*caesaculum,* du classique *caedere* « couper »

I ▪ **1** (Généralt au plur.) Gros ciseaux (ou pinces coupantes) servant à couper les métaux, à élaguer les arbres, etc. ➤ **forces.** *Les cisailles se manœuvrent à la main. Cisailles de jardinier.* ➤ **cueilloir, sécateur, taille-haie.** ▪ **2** (Généralt au sing.) Appareil à deux lames, dont l'une est mobile, servant à découper des tôles, du carton fort, etc. *Cisaille de tôlier.* ➤ **cisoires.** *Cisaille de ferblantier. Cisaille circulaire,* dont les lames coupantes sont deux disques au bord tranchant. *Couper des boulons à la cisaille.*

II (1324 ◊ de *cisailler*) TECHN. Rognures de métal. *De la cisaille d'argent.*

CISAILLEMENT [sizajmɑ̃] **n. m.** – 1635 ◊ de *cisailler* ▪ **1** Action de cisailler. ▪ **2** MÉCAN. Effet d'une force appliquée perpendiculairement à l'axe d'une pièce d'assemblage ou d'appui. *Effort de cisaillement. Rivets, boulons rompus par cisaillement.* ➤ **contrainte.** ▪ **3** (v. 1967) TECHN. Croisement à niveau de deux courants de circulation (routes, rues...). ▪ **4** MÉTÉOROL.

Cisaillement de vent : changement rapide de direction ou de puissance du vent sur une distance ou une hauteur limitée. *Cisaillement vertical, horizontal.*

CISAILLER [sizaje] v. tr. ‹1› – 1450 ◊ de *cisaille* ■ Couper avec une ou des cisailles. *Cisailler les branches d'un arbre.* ➤ **élaguer.** *Cisailler des fils de fer barbelés.*

CISALPIN, INE [sizalpɛ̃, in] adj. – 1596 ◊ du latin *cis* «en deçà» et *alpin* ■ Situé en deçà des Alpes (opposé à *transalpin*). *Gaule cisalpine* (pour les Romains) : Lombardie, Piémont.

CISEAU [sizo] n. m. – XIIe *ciseaus, ciseaux* ◊ latin populaire °*cisellum*, altération de °*caesellum*, de *caedere* «couper» ■ **1** Outil d'acier, tranchant à l'une de ses extrémités, et servant à travailler le bois, le fer, la pierre. *Ciseau mousse de serrurier. Le manche d'un ciseau. Travailler, tailler au ciseau. Ciseau de sculpteur, de maçon.* ➤ **boucharde, 1 riflard, rondelle.** *Ciseau de graveur, de nielleur.* ➤ **burin, gouge, grattoir, matoir, pointe, repoussoir.** *Ciseau d'orfèvre.* ➤ **ciselet.** *Ciseau de menuisier.* ➤ **biseau ; bédane, besaiguë, ébauchoir, gouge, plane.** *Ciseau à bois. Ciseau à froid*, dont l'extrémité n'est pas tranchante, et qui sert de levier. — MAR. *Ciseau de calfat* : outil servant à enfoncer l'étoupe. — LOC. FAM. (Canada) *Faire qqch. en criant* ciseau.* ■ **2** (XIIe) AU PLUR. **CISEAUX :** instrument formé de deux branches d'acier, tranchantes sur une partie de leur longueur (lame), réunies et croisées en leur milieu sur un pivot (entablure). *Des ciseaux, une paire de ciseaux. Les anneaux d'une paire de ciseaux. Couper du persil en menus morceaux avec des ciseaux* (➤ **ciseler**). *Donner un coup de ciseaux. Ciseaux à bouts ronds, à bouts pointus. Ciseaux de couturière, de tailleur, de brodeuse. Ciseaux à cranter. Ciseaux de coiffeur, de chirurgien. Ciseaux de jardinier.* ➤ **sécateur.** *Ciseaux à ongles.* ➤ **onglier.** *Ciseaux à papier. Ciseaux servant à tondre la laine des moutons.* ➤ **forces.** *Grands ciseaux utilisés dans l'industrie.* ➤ **cisaille.** — FIG. *Les ciseaux de la censure.* ■ **3** (1819) SPORT *Sauter en ciseaux*, en levant l'une après l'autre les jambes, comme les lames d'une paire de ciseaux. ♦ *Un ciseau* : saut en ciseau ; prise de lutte, de catch, où les jambes enserrent l'adversaire ; mouvement de gymnastique au sol, qui consiste à croiser les jambes en ciseaux. *«il s'astreint à des séries de ciseaux, de flexions du buste»* J. ROUAUD.

CISÈLEMENT [sizɛlmɑ̃] n. m. – *ciselemant* 1635 ◊ de *ciseler* ■ **1** Action de ciseler ; son résultat. ■ **2** VITIC. Action de couper les grains défectueux d'une grappe de raisins, pour favoriser la croissance des autres. — On dit aussi **CISELAGE.**

CISELER [siz(ə)le] v. tr. ‹5› – XIIIe ◊ de *cisel, ciseau* ■ **1** Travailler avec un ciseau (des ouvrages de métal, de pierre). *Ciseler un bijou. Ciseler un détail de sculpture.* ➤ **sculpter.** — p. p. adj. *Vaisselle ciselée.* ■ **2** (1860) FIG. Travailler minutieusement, dans le moindre détail. ➤ **parfaire, polir.** *Ciseler son style. Ciseler des vers.* ■ **3** CUIS. Tailler en menus fragments (une herbe aromatique) avec des ciseaux. *Ciseler du persil, du cerfeuil.*

CISELET [siz(ə)lɛ] n. m. – 1491 ◊ de *cisel, ciseau* ■ Petit ciseau émoussé servant aux bronziers, aux graveurs, aux orfèvres. *Finissage au ciselet.*

CISELEUR, EUSE [siz(ə)lœr, øz] n. – XVIe ◊ de *ciseler* ■ Personne dont le métier est de ciseler. ➤ **orfèvre.** *«les doigts de fées des ciseleurs»* MAUPASSANT.

CISELURE [siz(ə)lyr] n. f. – 1307 ◊ de *ciseler* ■ **1** Art du ciseleur. ➤ **argenterie, bijouterie, gravure, orfèvrerie.** ■ **2** (1611) Ornement ciselé. ➤ **glyphe, gravure.** *De fines ciselures.*

CISOIRES [sizwar] n. f. pl. – XIIIe ◊ latin *cisorium* ■ TECHN. Cisaille de chaudronnier, de tôlier, au manche monté sur un pied.

1 **CISTE** [sist] n. m. – 1572 ; *cisthe* 1557 ◊ grec *kisthos* ■ Arbrisseau des régions méditerranéennes *(cistacées)*, à fleurs ornementales roses ou blanches, dont les jeunes pousses sécrètent une résine odorante et visqueuse (➤ **ladanum**), employée en parfumerie (succédané de l'ambre gris), en pharmacologie.

2 **CISTE** [sist] n. f. – 1771 ◊ latin *cista* ; grec *kistê* «panier» ■ **1** ANTIQ. Corbeille qu'on portait en grande pompe dans les mystères de Cérès, de Bacchus, de Cybèle, et qui contenait les objets affectés au culte de ces divinités. ■ **2** (1876) Construction funéraire («coffre de pierre») d'époque mégalithique.

CISTERCIEN, IENNE [sistɛrsjɛ̃, jɛn] adj. et n. – 1403 ◊ de *Cistercium*, n. latin de *Cîteaux* ■ Qui appartient à l'ordre religieux de Cîteaux (XIe s. ; réformé au XIIe s. par saint Bernard). *Moine cistercien. Abbaye cistercienne.* — n. Religieux, religieuse de cet ordre. ➤ **trappiste.** *Des cisterciennes.*

CIS-TRANS [sistrɑ̃s] adj. – 1957 ; *isomère cis-trans* 1933 ◊ de *cis* et 1 *trans* ■ GÉNÉT. *Test cis-trans* (ou *test de complémentation*) : test permettant de vérifier si deux individus (champignons, bactéries) au phénotype anormal identique présentent une mutation sur le même gène ou sur deux gènes différents. — *Isomérie cis-trans.*

CISTRE [sistr] n. m. – *citre* 1527 ◊ devenu *cistre* par confusion avec *sistre* ; latin *cithara* → cithare ■ MUS. Instrument à cordes pincées, analogue à la mandoline et qui était en usage aux XVIe et XVIIe s. ➤ **luth.** ■ HOM. Sistre.

CISTRON [sistrɔ̃] n. m. – 1957 ◊ de *cis* et 1 *trans* selon le modèle des mots sc. en *-on* ■ GÉNÉT. Segment d'ADN défini par le test cis-trans, ne portant qu'une seule information génétique spécifiant un ARN ; segment d'ARN messager* spécifiant une chaîne polypeptidique.

CISTUDE [sistyd] n. f. – 1775 ◊ latin des zoologistes *cistudo*, de *cistus* «corbeille» et *testudo* «tortue» ■ ZOOL. Tortue aquatique qui vit surtout dans la vase et les marais.

CITADELLE [sitadɛl] n. f. – fin XVe ◊ italien *cittadella* «petite cité» ■ **1** Forteresse qui commandait une ville. ➤ **3 fort, fortification ; casbah, 1 château** (fort), **oppidum.** *Le Capitole, citadelle de Rome. Une citadelle inexpugnable. Casemates, enceinte, fossés, remparts, créneaux d'une citadelle. Il «monte à l'escalade de la citadelle sous le feu du canon ennemi»* VOLTAIRE. ■ **2** FIG. Centre, bastion. *Rome, citadelle du catholicisme.*

CITADIN, INE [sitadɛ̃, in] adj. et n. – XIIIe ◊ italien *cittadino*, de *città* «cité» ■ De la ville, qui a rapport à la ville. ➤ **urbain.** *Populations, habitudes citadines.* — n. Habitant(e) d'une ville. *Un citadin.* ♦ n. f. Voiture adaptée aux conditions de circulation urbaines (par sa taille, sa maniabilité...). ■ CONTR. Campagnard, champêtre, paysan, rural.

CITATEUR, TRICE [sitatœr, tris] n. – 1696 ◊ de *citer* ■ Personne qui cite (qqn, un texte), fait une citation. *Le citateur n'est responsable que du choix de la citation.*

CITATION [sitasjɔ̃] n. f. – 1355 ◊ latin *citatio* ■ **1** DR. Sommation de comparaître en justice, en qualité de témoin ou de défendeur (signifiée par huissier ou par lettre recommandée du greffier). *Notifier, recevoir une citation. Citation à comparaître. Citation pour contravention. Citation devant les tribunaux civils.* ➤ **ajournement, assignation.** *Citation en conciliation.* — PAR EXT. Acte la notifiant. *Les témoins doivent présenter leur citation au tribunal.* ■ **2** COUR. Passage cité d'un auteur, d'un personnage célèbre et donné comme tel (généralement pour illustrer ou appuyer ce que l'on avance). ➤ **exemple, extrait, passage, texte.** *Citation orale, écrite. Citation textuelle, authentique, déformée, tronquée. Relever une citation. Donner la référence d'une citation. Citation en tête d'un ouvrage.* ➤ **épigraphe.** *Citation à valeur universelle.* ➤ **1 adage, aphorisme, maxime, proverbe, sentence.** *Exemples forgés et citations d'un dictionnaire. «un dictionnaire sans citation est un squelette»* VOLTAIRE. ♦ Paroles rapportées oralement. *Une citation de son discours.* LOC. **FIN DE CITATION :** locution orale signalant la fin des paroles qu'on rapporte sans les assumer (cf. Fermer les guillemets*). ■ **3** MILIT. Mention honorable d'un militaire, d'une unité, qui se sont distingués. *Citation à l'ordre du jour. Citation à l'ordre du régiment. Obtenir une citation.*

CITÉ [site] n. f. – 1080 ; Xe *ciutat* ◊ latin *civitas* ■ **1** (fin XVIIe) ANTIQ. Fédération autonome de tribus groupées sous des institutions religieuses et politiques communes. *«La Cité antique», œuvre de Fustel de Coulanges. Les rivalités des cités grecques. Les dieux de la cité.* — **DROIT DE CITÉ :** droit d'accomplir les actes, de jouir des privilèges réservés aux membres de la cité. LOC. (1829) *Avoir droit de cité* : avoir un titre à être admis, à figurer. *«tout a droit de cité en poésie»* HUGO. ♦ LITTÉR. *La cité* : l'État, considéré sous son aspect juridique, la communauté politique. *Les lois de la cité.* ➤ **état, nation, patrie, république.** ■ **2** COUR. Ville importante considérée spécialement sous son aspect de personne morale. ➤ **ville.** *Une cité commerçante. La vie dans les grandes cités* (➤ **mégalopole ; urbain**). *Cité écologique.* ➤ **écocité.** — ARCHÉOL. *Cité lacustre.* ■ **3** (XIVe) Partie la plus ancienne d'une ville. *Lutèce naquit dans l'île de la Cité. La cité de Londres, de Carcassonne.* ■ **4** LOC. (1848) **CITÉ OUVRIÈRE :** ensemble de logements économiques destinés aux familles ouvrières. *Cité minière.* ➤ **coron.** — **CITÉ-JARDIN,** pourvue d'espaces verts. *Des cités-jardins.* — **CITÉ UNIVERSITAIRE,** pour loger les étudiants à proximité d'une faculté. — **CITÉ-DORTOIR.** ➤ **dortoir.** — *Cité de transit, d'urgence* : ensemble de logements provisoires pour les sans-abris. ♦ Groupe d'immeubles, de tours, muni d'équipements (parkings, aires de jeux, commerces). *«C'est une véritable cité en elle-même, avec des dizaines d'immeubles, grandes falaises de béton gris debout sur les esplanades de goudron»* LE CLÉZIO. *Les cités de banlieue. La cité des 4 000, à La Courneuve. Les jeunes des cités.* ▪ **5** Agglomération de pavillons et de jardins en retrait d'une grande artère. ➤ **villa.** *La cité des Fleurs, à Paris.* ▪ **HOM.** Citer.

CITER [site] **v. tr.** ‹1› – milieu XIIIe ◇ latin *citare* «convoquer en justice» ▪ **1** Sommer (qqn) à comparaître en justice. ➤ **ajourner, appeler** (en justice), **assigner, convoquer, intimer, traduire** (en justice). *Citer un témoin.* ▪ **2** Rapporter (un texte) à l'appui de ce que l'on avance ; rapporter un passage écrit de (qqn). ➤ **citation.** *Citer une phrase d'un auteur.* — PAR EXT. *Citer un auteur.* ▪ **3** PAR EXT. ➤ **alléguer, mentionner, produire, rappeler, rapporter.** *Citer les paroles de qqn. Citer un exemple à l'appui d'un fait. Citer ses sources.* — **p. p. adj.** *Passages cités. Œuvre citée* (abrév. lat. *op. cit.*). — SPÉCIALT *Citer un fait dans un procès-verbal.* ➤ **consigner, indiquer.** ▪ **4** Désigner (une personne, une chose digne d'attention). ➤ **évoquer, indiquer, nommer, signaler.** *Citer qqn en exemple* (cf. Donner* en exemple). *Citer qqn pour sa bravoure.* ▪ **5** MILIT. Décerner une citation militaire à (qqn). *Citer une unité à l'ordre de l'armée.* ▪ **HOM.** Cité.

CITERNE [sitɛʀn] **n. f.** – *cisterne* XIIe ◇ latin *cisterna,* de *cista* «coffre» ▪ **1** Réservoir dans lequel on recueille et conserve les eaux de pluie. *Eau de citerne.* ▪ **2** PAR ANAL. Cuve fermée (contenant un carburant, un liquide). *Citerne à mazout, à vin.* — SPÉCIALT Compartiment contenant la cargaison d'un pétrolier. (Élément de mots composés) *Bateau*-citerne, avion*-citerne. Des wagons-citernes.*

CITHARE [sitaʀ] **n. f.** – 1361 ; *kitaire* XIIe ◇ latin *cithara* ; grec *kithara* → cistre, guitare ▪ Instrument de musique à cordes (que l'on gratte ou frappe), de forme trapézoïdale, à caisse de bois et table plate. ➤ **lyre, psaltérion ;** aussi **koto, santour.** *Cithare des musiciens tsiganes.* — **n. CITHARISTE.** ▪ **HOM.** Sitar.

CITOYEN, CITOYENNE [sitwajɛ̃, sitwajɛn] **n.** – XIVe «concitoyen» puis sens 2° ; adj. en ancien français ◇ de *cité* ▪ **1 n. m.** (XVIIe) HIST. Celui qui appartient à une cité* (1°), en reconnaît la juridiction, est habilité à jouir, sur son territoire, du droit de cité et est astreint aux devoirs correspondants. *«On reconnaissait le citoyen à ce qu'il avait part au culte de la cité»* FUSTEL DE COULANGES. *«Dans un si pressant danger, il convenait qu'ils fussent d'abord citoyens. Ils avaient préféré demeurer artistes»* CAILLOIS. ▪ **2** VIEILLI Habitant(e) d'une ville. ➤ **bourgeois.** *«Un citoyen du Mans, chapon de son métier»* LA FONTAINE. ▪ **3** (1751) MOD. Être humain considéré comme personne civique. ➤ **ressortissant.** — SPÉCIALT Personne ayant la nationalité d'un pays à régime républicain. ➤ **national.** *Un citoyen français et un sujet britannique. Jean-Jacques Rousseau, le citoyen de Genève. La Déclaration des droits de l'homme et du citoyen. Être déchu de ses droits de citoyen. Accomplir son devoir de citoyen :* voter. *«Aux armes, citoyens !»* refrain de «La Marseillaise». *Citoyen d'honneur d'une ville. Citoyen du monde,* qui met l'intérêt de l'humanité au-dessus du nationalisme. ▪ **4** (1790) Sous la Révolution, Appellatif remplaçant Monsieur, Madame, Mademoiselle. *La citoyenne Tallien.* — Personne. *Un citoyen exemplaire.* ◆ **adj.** *Un roi citoyen,* démocrate. ▪ **5** (1694) FAM. *Un drôle de citoyen :* un individu bizarre, déconcertant. ➤ **oiseau, type, zèbre.** ▪ **6 adj.** Relatif à la citoyenneté, à l'esprit civique. *L'entreprise citoyenne,* qui a un rôle à jouer dans la société. *Mouvement citoyen.* ▪ **CONTR.** Barbare, étranger. 2 Sujet.

CITOYENNETÉ [sitwajɛnte] **n. f.** – 1783 ◇ de *citoyen* ▪ Qualité de citoyen. *La citoyenneté française. Citoyenneté européenne,* de l'Union européenne, qui s'ajoute à celle des citoyens de chaque État membre.

CITRATE [sitʀat] **n. m.** – 1782 ◇ du latin *citrus* ▪ CHIM. Sel de l'acide citrique. *Citrate de sodium.*

CITRIN, INE [sitʀɛ̃, in] **adj.** – XIIe ◇ latin médiéval *citrinus* ▪ **1** LITTÉR. De la couleur du citron. ➤ 1 **citron.** ▪ **2 n. f.** Pierre semi-précieuse, quartz jaune.

CITRIQUE [sitʀik] **adj.** – 1782 ◇ du latin *citrus* ▪ *Acide citrique :* triacide-alcool que l'on peut extraire des agrumes et de divers fruits, et qui joue un rôle central dans la production d'énergie à partir du glucose.

1 **CITRON** [sitʀɔ̃] **n. m.** – 1398 ◇ du latin *citrus* «citronnier», *citreum* «citron» ▪ **1** Fruit jaune du citronnier, agrume de saveur acide. *Écorce, zeste de citron. Rondelle, tranche de citron. Jus de citron. Citron pressé. Boissons au citron, au jus de citron.* ➤ **citronnade, limonade.** *Grog, thé au citron. Liqueur à base de citron.* ➤ **citronnelle.** *Marmelade de citrons. Essences aromatiques du citron* (utilisées en parfumerie, dans la fabrication de l'eau de Cologne, de cosmétiques, de savons). — *Poulet au citron. Tarte au citron.* — *Être jaune* comme un citron.* — *presser* qqn comme un citron.* ◆ *Citron vert.* ➤ 2 **lime,** 3 **limon ; combava.** *Citron japonais.* ➤ **yuzu** ▪ **2** FAM. Tête*. *Recevoir un coup sur le citron.* ➤ 1 **cassis, citrouille, coloquinte.** *Se presser* le citron.* ▪ **3** APPOS. INV. *Jaune citron :* jaune vif, de la couleur du citron. ADJT INV. *Étoffes citron.*

2 **CITRON** [sitʀɔ̃] **n. m.** – 1959 ◇ calque de l'anglais *lemon,* de même sens ▪ (Canada) FAM. ▪ **1** Véhicule défectueux, peu fiable. *Garantie anti-citron.* ▪ **2** Marchandise, produit de mauvaise qualité, sans valeur.

CITRONNADE [sitʀɔnad] **n. f.** – 1856 ; «mélisse» 1845 ◇ de 1 *citron* ▪ Boisson rafraîchissante faite de jus ou de sirop de citron additionné d'eau. ➤ RÉGION. **limonade.** — *Une citronnade :* un verre de citronnade.

CITRONNÉ, ÉE [sitʀɔne] **adj.** – 1621 ◇ de 1 *citron* ▪ Qui sent le citron. *Odeur citronnée.* — Où l'on a mis du jus de citron. *Tisane, eau citronnée.*

CITRONNELLE [sitʀɔnɛl] **n. f.** – v. 1601 ◇ de 1 *citron* ▪ **1** Plante contenant une huile essentielle à odeur citronnée (armoise citronnelle, mélisse, verveine odorante). *Infusion de citronnelle.* ▪ **2** Graminée vivace d'Asie, cultivée pour ses tiges aromatiques. ➤ **lemon-grass.** *Poulet au coco et à la citronnelle.* ▪ **3** (1740) Liqueur préparée avec des zestes de citron.

CITRONNIER [sitʀɔnje] **n. m.** – 1486 ◇ de 1 *citron* ▪ **1** Arbre du genre citrus, qui produit le citron jaune ou vert. — *Citronnier du Japon.* ➤ **yuzu.** ▪ **2** Bois de cet arbre utilisé en ébénisterie. *Commode en citronnier.*

CITROUILLE [sitʀuj] **n. f.** – 1549 ; *citrole* 1256 ◇ du latin *citreum* «citron», par anal. de couleur ▪ **1** Courge arrondie et volumineuse de couleur jaune orangé *(Cucurbita pepo).* ➤ **potiron.** *Soupe à la citrouille. La citrouille des contes de fées, changée en carrosse.* LOC. *Avoir la tête comme une citrouille,* pleine de préoccupations. ▪ **2** FAM. ➤ **tête.** *Ne rien avoir dans la citrouille.*

CITRUS [sitʀys] **n. m.** – 1869 ◇ mot latin ▪ BOT. Arbre *(aurantiacées)* qui produit les fruits appelés agrumes*. ➤ **bergamotier, bigaradier, cédratier, citronnier, clémentinier, combava, limettier, mandarinier, oranger, pamplemoussier, yuzu.**

CIVE [siv] **n. f.** – *chive* fin XIIe ◇ latin *cæpa* «oignon» ▪ Ciboule.

CIVELLE [sivɛl] **n. f.** – 1753 ◇ du radical du latin *cæcus* «aveugle» ▪ Jeune anguille. ➤ **pibale.** *Friture de civelles.*

CIVET [sivɛ] **n. m.** – 1636 «ragoût aux *cives*» ; *civé* XIIe ◇ de *cive* ▪ Ragoût (de lièvre, lapin, gibier) cuit avec du vin rouge, des oignons. *Lapin en civet. «On servit un civet de garenne avec une sauce au sang battu»* QUIGNARD. *Civet de chevreuil, de marcassin.*

1 **CIVETTE** [sivɛt] **n. f.** – 1467 ◇ italien *zibetto,* arabe *zābād* ▪ **1** Mammifère carnivore *(viverridés)* au pelage gris jaunâtre taché de noir. ➤ **genette.** *La civette ressemble à la martre ; elle possède une poche sécrétant une matière odorante.* ▪ **2** Matière onctueuse et odorante que sécrète la civette ; parfum que l'on en extrait. ▪ **3** Fourrure de civette.

2 **CIVETTE** [sivɛt] **n. f.** – 1549 ◇ de *cive,* latin *cæpa* «oignon» ▪ Ciboulette.

CIVIÈRE [sivjɛʀ] **n. f.** – XIIIe ◇ latin populaire °*cibaria* ; latin *cibus* ▪ **1** Dispositif muni de quatre bras (➤ **brancard**), destiné à porter des fardeaux. ➤ **bard.** *Charger des pierres, du fumier sur une civière. Civière à mortier.* ➤ **oiseau.** ▪ **2** COUR. Dispositif similaire, pour transporter les malades, les blessés. *Être étendu sur une civière. Porteur de civière.* ➤ **brancardier.**

CIVIL, ILE [sivil] **adj.** et **n. m.** – 1290 ◇ latin *civilis,* de *civis* «citoyen» **I** ▪ **1** (XIVe) Relatif à l'ensemble des citoyens. *La vie, la société* civile. Guerre civile,* entre les citoyens d'un même État (cf. Guerre intestine*). ➤ **révolution.** — VX *Les lois, les vertus civiles,* propres à la vie en société organisée. ➤ **civique, social.** MOD. **DROITS CIVILS,** que la loi civile garantit à tous les citoyens. *L'exercice, la jouissance des droits civils. Privation des droits civils* (dite *mort* civile*). *Les droits civils et les droits politiques.* — *Le droit civil, branche du droit privé.* ➤ 3 **droit ; civiliste.** — *État* civil.* — *Liste* civile.* — *Année civile, jour civil,* adoptés pour les actes de la vie civile. ➤ **année, jour.** ▪ **2** (1290) DR. Relatif aux rapports entre les individus. *Code civil. Procédure civile. Tribunal civil* (opposé à *correctionnel*). — (1611) DR. CR. **PARTIE CIVILE.** ➤ **partie** (II). *Se constituer, se porter partie civile :* demander des dommages-intérêts pour un préjudice, en dehors de la peine entraînée par le délit. ◆ **n. m.** *Le civil et le criminel. Poursuivre qqn au civil,* devant le tribunal civil. ▪ **3** (1718) Qui n'est pas militaire. *Les autorités civiles. «La vie civile n'est pas clémente pour les anciens légionnaires»* MAC ORLAN. *«Il ôta sa veste vert-de-gris et sortit un pantalon civil en coton»* J.-P. AMETTE. — **n. m.** *Les militaires et les civils.* ➤ **bourgeois, 2 pékin.** *S'habiller en civil. Dans le civil :* dans la vie civile. *Que fait-il dans le civil ?* ▪ **4** Qui n'est pas religieux. *Mariage civil,* à la mairie. *Enterrement civil.*

II (1460) VIEILLI Qui observe les usages de la bonne société. ➤ **affable, aimable, courtois, 1 poli ; civilité.** *Il n'a pas été très civil à mon égard. «D'une façon fort civile»* LA FONTAINE.

▪ CONTR. Naturel, sauvage. Criminel, commercial, pénal. Militaire. Religieux. — Brutal, grossier, discourtois, impoli, incivil, malhonnête, rustre.

CIVILEMENT [sivilmɑ̃] **adv.** – XIVe ◇ de *civil*

I ▪ **1** DR. En matière civile. *Être civilement responsable. Juger civilement.* ▪ **2** (Opposé à *religieusement*) *Se marier civilement,* à la mairie.

II LITTÉR. Avec civilité, d'une manière civile. ➤ **aimablement, poliment.** *Traiter qqn civilement.*

▪ CONTR. Impoliment, incivilement.

CIVILISATEUR, TRICE [sivilizatœʀ, tʀis] **adj.** – 1829 ◇ de *civiliser* ▪ Qui répand la civilisation. *Religion, philosophie civilisatrice. «L'art émeut. De là sa puissance civilisatrice»* HUGO. — SUBST. *Des civilisateurs.*

CIVILISATION [sivilizasjɔ̃] **n. f.** – 1756, Mirabeau ; 1732 «acte de justice» ◇ de *civiliser* ▪ **1** RARE Fait de se civiliser. ➤ **avancement, évolution, progrès.** *La civilisation progressive d'une ethnie.* ▪ **2** (1808) COUR. *La civilisation :* ensemble des caractères communs aux vastes sociétés considérées comme avancées ; ensemble des acquisitions des sociétés humaines (opposé à *nature, barbarie*). *«Tout ce que l'homme a [...] ajouté à l'Homme, c'est ce que nous appelons en bloc la civilisation»* J. ROSTAND. ➤ **2 culture, progrès.** *Les bienfaits de la civilisation. Un fait de civilisation.* ▪ **3** *Une civilisation :* ensemble de phénomènes sociaux (religieux, moraux, esthétiques, scientifiques, techniques) communs à une grande société ou à un groupe de sociétés. ➤ **2 culture.** *Civilisation chinoise, égyptienne, grecque. Civilisation occidentale. Les civilisations précolombiennes d'Amérique. Les civilisations modernes. La civilisation des loisirs.* ➤ **société.** *«Nous autres, civilisations, nous savons maintenant que nous sommes mortelles»* VALÉRY. *Destruction d'une civilisation.* ➤ **ethnocide.**

CIVILISATIONNEL, ELLE [sivilizasjɔnɛl] **adj.** – 1831 ◇ de *civilisation* ▪ DIDACT. Relatif à la civilisation. *Enjeux civilisationnels.*

CIVILISÉ, ÉE [sivilize] **adj. et n.** – 1568 ◇ de *civiliser* ▪ **1** Doté d'une civilisation, d'une culture élaborée ou jugée telle. *Les nations civilisées. La vie civilisée.* **n.** *Les civilisés.* ▪ **2** FAM. Qui a des manières relativement raffinées. *Il n'est vraiment pas civilisé :* il est mal dégrossi. ➤ **policé.** ▪ CONTR. Barbare, brut, inculte, sauvage (vx) ; rustre.

CIVILISER [sivilize] **v. tr.** ⟨1⟩ – 1568 ◇ de *civil* ▪ **1** Faire passer (une collectivité) à un état social plus évolué (dans l'ordre moral, intellectuel, artistique, technique) ou considéré comme tel. ➤ **civilisation ; affiner, dégrossir, éduquer, policer.** *Les Grecs ont civilisé l'Occident. «L'art civilise par sa puissance propre»* HUGO. ▪ **2** FAM. Rendre (qqn) plus poli, plus affable. ➤ **apprivoiser, polir.** *Le contact des autres l'a un peu civilisé.* — PRONOM. *Il se civilise un peu. «Il s'était civilisé selon les meilleures consignes humaines : la parole plutôt que la violence, l'émerveillement et la gratitude devant la vie»* A. FERNEY. ▪ CONTR. Abrutir.

CIVILISTE [sivilist] **n.** – XIXe ◇ de *(droit) civil* ▪ DIDACT. Spécialiste du droit civil. *Une brillante civiliste.*

CIVILITÉ [sivilite] **n. f.** – 1361 ◇ latin *civilitas* ▪ **1** VIEILLI Observation des convenances, des bonnes manières en usage dans un groupe social. ➤ **courtoisie, politesse ; affabilité, amabilité, sociabilité.** *Formule de civilité. Madame, Monsieur, Maître, titres de civilité. Les règles de la civilité. Manquer de civilité.* ▪ **2** AU PLUR., VIEILLI Démonstration de politesse. *Présenter ses civilités à qqn,* ses compliments, ses devoirs, ses hommages, ses salutations. *«Je lui ai rendu toutes les civilités qui sont dues à un homme de son mérite»* Mme DE SÉVIGNÉ. ▪ **3** ANGLIC. Titre de civilité. *Nom, prénom, civilité.* ▪ CONTR. Grossièreté, impolitesse, incivilité, insolence, rusticité ; injure.

CIVIQUE [sivik] **adj.** – *couronne civique* (des Romains) 1504 ◇ latin *civicus* ▪ **1** (avant 1781) Relatif au citoyen. *Droits, devoirs civiques.* ▪ **2** Propre au bon citoyen. *Courage, vertus civiques.* ➤ **patriotique.** *Instruction, éducation civique,* portant sur les devoirs du citoyen. *Enseignement moral et civique (EMC).* — *Sens, esprit civique,* sens de ses responsabilités et de ses devoirs de citoyen. ➤ **civisme.** — **adv. CIVIQUEMENT.** ▪ CONTR. Antipatriotique, incivique.

CIVISME [sivism] **n. m.** – 1770 ◇ de *civique* ▪ **1** VX Dévouement du citoyen pour sa patrie. ➤ **patriotisme.** ▪ **2** MOD. Sens civique. *Manquer de civisme.* ▪ CONTR. Incivisme.

CL ➤ **CENTILITRE**

CLABAUDAGE [klabodaʒ] **n. m.** – 1560 «aboiements» ◇ de *clabauder* ▪ LITTÉR. Fait de crier à tort et à travers. — SPÉCIALT Paroles médisantes, malveillantes. ➤ **commérage*.**

CLABAUDER [klabode] **v. intr.** ⟨1⟩ – 1564 «aboyer» ◇ de *clabaud* «chien courant», de *clapper* ▪ RARE et LITTÉR. Crier sans motif ; protester sans sujet et de manière malveillante. ➤ **aboyer, criailler.** *Clabauder sur, contre qqn.* ➤ **cancaner, dénigrer, médire.** ▪ CONTR. Taire (se) ; 1 louer.

CLABAUDERIE [klabodʀi] **n. f.** – 1611 ◇ de *clabauder* ▪ LITTÉR. Clameur, criaillerie. — Médisance de personnes qui clabaudent. ➤ **1 cancan, commérage*, potin, 2 ragot.** *«malgré les clabauderies de la presse»* L. MICHEL.

CLABOT ; CLABOTAGE ➤ **CRABOT ; CRABOTAGE**

CLAC [klak] **interj.** – v. 1480 ◇ onomat. ▪ Interjection imitant un bruit sec, un claquement. ➤ **clic-clac.** ▪ HOM. Claque.

CLADE [klad] **n. m.** – 1957 ◇ du grec *klados* «rameau» ▪ PHYLOG. Taxon contenant un ancêtre et tous ses descendants. *Classification par clades.* ➤ **cladisme, cladogramme.**

CLADISME [kladism] **n. m.** – 1978 ◇ de *clade,* d'après l'anglais américain *cladism* (1971) ▪ PHYLOG. Classification systématique des êtres vivants fondée sur les relations phylogénétiques et rendant ainsi compte de la séquence évolutive de leurs transformations. *Le cladisme structural est fondé sur la seule distribution des caractères.* ➤ **cladistique.**

CLADISTIQUE [kladistik] **adj.** – 1978 ◇ de *clade,* d'après l'anglais *cladistic* (1963) ▪ PHYLOG. *Classification, analyse cladistique,* fondée sur des clades. — **n. f.** Étude du sens des transformations évolutives des caractères. ➤ **cladisme.**

CLADOGRAMME [kladɔgʀam] **n. m.** – 1978 ◇ anglais *cladogram* (1966), formé sur le grec *klados* «branche» et *(dia)gramme* ▪ PHYLOG. Schéma arborescent représentant des hypothèses des relations de parenté entre taxons. ➤ **dendrogramme.**

CLAFOUTIS [klafuti] **n. m.** – 1866 ; 1864 dialecte du Centre ◇ de *claufir* «remplir, fourrer» ; latin *clavo figere* «fixer avec un clou» ▪ Gâteau à base de farine, de lait, d'œufs et de fruits mêlés. *Clafoutis aux cerises.*

CLAIE [klɛ] **n. f.** – *cleie* 1155 ; *cleide* fin XIe ◇ du latin populaire d'origine gauloise *clida, clita* ▪ **1** Treillis d'osier à claire-voie. ➤ **clayon, clisse, crible.** *Claie servant à faire sécher les fruits, les fromages.* ➤ **cagerotte, caget, volette.** ▪ **2** Treillage en bois ou en fer. *Cribler, passer de la terre, du sable, sur une claie.* ➤ **sas, tamis.** *Claie métallique.* ➤ **grille, treillage.** *Claie de parc à bestiaux, de pâturage.* ➤ **clôture.**

CLAIR, CLAIRE [klɛʀ] **adj., n. m. et adv.** – fin XIe ◇ du latin *clarus*

I ~ **adj. A. PERCEPTIBLE PAR LES SENS** ▪ **1** Qui a l'éclat du jour. ➤ **éclatant, lumineux.** *Par une claire journée d'été.* — (1690) Qui reçoit beaucoup de lumière. *Une pièce claire.* — OPT. *Chambre* claire.* — SPÉCIALT *Un ciel clair. Temps clair,* sans nuage. ➤ **lumineux, 1 serein.** *Il fait clair :* il fait jour. ▪ **2** (1690) Qui n'est pas foncé, est faiblement coloré. *Couleur, étoffe claire. Un ton clair. Des yeux bleu clair. Cheveux châtain clair.* — *Teint clair,* frais (opposé à *brouillé* ; ➤ **pur**), pâle et rose (opposé à *2 mat, chaud*). ◆ BIOL. *Œuf* clair.* ▪ **3** (fin XIVe) Peu serré. *Un bois clair,* peu touffu (➤ **clairière**). *Une chevelure claire,* peu fournie, clairsemée, rare. *Les blés sont clairs. Coupe claire.* ➤ **2 coupe.** — Peu dense, peu épais. *Un bouillon clair. Une sauce trop claire,* d'une consistance trop légère. ▪ **4** (milieu XIIIe) Pur et transparent. *De l'eau claire,* pure, non trouble. ➤ **limpide.** *Rincer à l'eau claire,* sans produits détergents. FIG. SPORT *Courir, rouler à l'eau claire,* sans être dopé. ▪ **5** (fin XIe) (Sons) Qui est net et pur. ➤ **aigu, 1 argentin.** *Son, timbre clair. Note claire du clairon. Caisse claire :* tambour à son clair. *D'une voix claire.*

B. PERCEPTIBLE PAR L'ESPRIT ▪ **1** (XIVe) Aisé, facile à comprendre. ➤ **explicite, intelligible, lumineux, 2 net.** *Des idées claires et précises. «Ce qui n'est pas clair n'est pas français»* RIVAROL. *Un texte peu clair,* difficile, hermétique, confus. *Est-ce clair ? :* avez-vous compris, saisi ? *Sois plus clair,* plus explicite. *Rendre plus clair* (➤ **clarifier**). *C'est clair comme le jour** (I, 1°), *comme de l'eau de roche*.* ▪ **2** (fin XIIe) Manifeste, sans équivoque. ➤ **apparent, certain, évident, 2 net, sûr.** *La chose est* *claire. C'est clair :* cela tombe sous le sens. *C'est clair, net et précis. Clair pour tout le monde.* ➤ **notoire, palpable.** *Conséquence, raison très claire. Cette affaire n'est pas claire,* suspecte, embrouillée. *Ses objectifs sont clairs. Que cela soit bien clair entre nous. Il est clair qu'il se trompe.* — (Dans la conversation) *C'est clair ! :* c'est sûr, c'est bien vrai, cela tombe sous le sens. ♦ (PERSONNES) FAM. *Ce type n'est pas clair,* il n'est pas franc, ses intentions ne sont pas nettes. ▪ **3** (1690) *Avoir l'esprit clair :* avoir de la clairvoyance, du jugement. ➤ **lucide, pénétrant, perspicace, sûr.**

II ~ n. m. ▪ **1** (1611) **CLAIR DE LUNE :** lumière que donne la Lune. *Un beau clair de lune. Il y a clair de lune. «Au clair de la lune»* (chans. pop.). — *Clair de terre :* clarté que la Terre renvoie, visible de l'espace. *Avoir vu «briller la nuit une lumière blême et forte, une lumière presque insolite : le clair de Terre !»* LACARRIÈRE. ▪ **2** PEINT. Partie éclairée (de ce que représente un tableau, une tapisserie). *«l'opposition des clairs et des noirs»* TAINE. ▪ **3** TECHN. Partie peu serrée d'un tissu, qui laisse passer le jour sans qu'il y ait de trou. ▪ **4 AU CLAIR :** au jour. *Sabre au clair,* hors du fourreau. *«les sabres au clair des officiers»* BODARD. FIG. *Avancer sabre au clair,* sans cacher ses intentions et avec détermination. *Tirer au clair :* clarifier, filtrer (un liquide). — (1803) LOC. FIG. *Tirer une affaire au clair.* ➤ **éclaircir, élucider.** — LOC. *Être au clair (sur, à propos de) :* être éclairé, avoir une idée claire. *«Je suis loin d'être au clair sur tout cela»* F. GIROUD. ▪ **5 EN CLAIR.** *Dépêche en clair,* rédigée en langage ordinaire (opposé à *en chiffres*). — *En clair :* exprimé clairement. *En clair, tu es d'accord ou pas ?* — TÉLÉV. *Diffusion en clair,* non brouillée, non codée. *Les émissions en clair d'une chaîne cryptée.* ▪ **6 LE PLUS CLAIR :** la plus grande partie. *Passer le plus clair de son temps à... Cette crainte «faisait le plus clair de leur amour»* DAUDET. *Le plus clair de l'affaire (la chose), c'est que... :* ce qui est le plus certain, c'est que...

III ~ adv. ▪ **1** (fin XIe) D'une manière claire. ➤ **clairement. VOIR CLAIR :** distinguer par la vision. *Avec l'âge, il ne voit plus très clair.* FIG. Comprendre. *On commence à y voir plus clair dans cette affaire. «Nos pères voyaient clair et parlaient plus franc que les gens de maintenant»* NIZAN. ▪ **2 PARLER CLAIR,** sans réticence, sans ménagement, sans détour. ➤ **franchement, nettement.** *Parler haut et clair. — Je le lui ai dit haut et clair. Je lui ai dit clair et net ce que j'en pensais.*

▪ CONTR. Brumeux, 2 couvert, foncé, opaque, sombre ; compact, dense, épais, serré ; impur, sale, 1 trouble ; rauque. Obscur ; compliqué, confus, difficile, embrouillé, filandreux, fumeux, hermétique, jargonneux ; douteux, 1 louche, ténébreux. ▪ HOM. Claire, clerc.

CLAIRANCE [klɛʀɑ̃s] **n. f.** – 1973 ◊ adaptation, d'après *clair,* de l'anglais *clearance* ▪ **1** PHYSIOL. Coefficient d'épuration, correspondant à l'aptitude d'un tissu, d'un organe, à éliminer une substance d'un fluide organique (en général le plasma). *Clairance rénale de la créatinine.* ▪ **2** AVIAT. Autorisation donnée par le contrôle pour l'exécution d'une phase d'un plan de vol. — NAVIG. Autorisation donnée à un navire de faire mouvement. — Recomm. offic. pour remplacer (sens 1° et 2°) l'anglic. *clearance* **n. f.**

CLAIRE [klɛʀ] **n. f.** – avant 1708 ◊ de *clair* ▪ **1** Bassin d'eau de mer peu profond dans lequel se fait l'affinage des huîtres. *«repérer les bons naissains qu'il faisait grandir dans ses claires»* FOTTORINO. *Fines de claire :* huîtres ayant séjourné plusieurs semaines en claire. *Spéciales de claire :* huîtres ayant séjourné plusieurs mois en claire. ▪ **2** PAR EXT. Huître de claire. *Manger des claires.* ▪ HOM. Clair, clerc.

CLAIREMENT [klɛʀmɑ̃] **adv.** – *clerement* XIIe ◊ de *clair* ▪ **1** D'une manière claire. ➤ **distinctement, nettement.** *Distinguer clairement la côte, le rivage.* ▪ **2** FIG. D'une manière claire à l'esprit. ➤ **explicitement, intelligiblement, nettement, simplement.** *Expliquer clairement une histoire. Envisager clairement une situation. Dire clairement son opinion.* ➤ **franchement.** *«Ce que l'on conçoit bien s'énonce clairement»* BOILEAU. ▪ CONTR. Confusément, obscurément, vaguement.

CLAIRET, ETTE [klɛʀɛ, ɛt] **adj.** et **n. m.** – *claret* XIIe ◊ de *clair* ▪ D'une couleur ou d'une consistance un peu claire. *Du vin clairet,* et SUBST. *du clairet :* vin rouge léger, peu coloré. — FAM. Peu épais (d'un liquide). *Une soupe clairette.*

CLAIRETTE [klɛʀɛt] **n. f.** – 1846 ; *clarette* 1829 ◊ de *clairet* ▪ Cépage blanc du Midi ; vin mousseux qu'il produit. *Clairette de Limoux, de Die.* ➤ 1 **blanquette.**

CLAIRE-VOIE ou **CLAIREVOIE** [klɛʀvwa] **n. f.** – *clere voye* 1344 ◊ de *clair* et *voie* ▪ **1** Clôture à jour. ➤ **barrière, claie, claustra,** 1 **grillage, treillage,** 2 **treillis.** *Des claires-voies, des clairevoies.* — PAR ANAL. Rangée de fenêtres en haut des nefs des églises gothiques. ▪ **2** LOC. **À CLAIRE-VOIE :** qui présente des vides, des jours. *Volet à claire-voie.* ➤ **persienne.** *Porte à claire-voie.* ➤ RÉGION. **clédar.** *Caisse à claire-voie.* ➤ **cageot, claie.** ▪ CONTR. Fermé, plein.

CLAIRIÈRE [klɛʀjɛʀ] **n. f.** – *clarière* 1660 ◊ de *clair* ▪ Endroit dégarni d'arbres dans un bois, une forêt. ➤ **échappée, trouée.**

CLAIR-OBSCUR [klɛʀɔpskyʀ] **n. m.** – 1668 ◊ italien *chiaroscuro* (en français, 1596) ▪ **1** PEINT. Effet de contraste produit par les lumières et les ombres des objets représentés. *Des clairs-obscurs.* — SPÉCIALT Ensemble de lumières et d'ombres douces, fondues et nuancées. *«cet effet magique si recherché des peintres, qu'ils appellent "clair-obscur"»* GAUTIER. ▪ **2** Lumière douce, tamisée. ➤ **pénombre.** *«Dans le frais clair-obscur du soir charmant qui tombe»* HUGO. ▪ CONTR. Clarté, netteté.

CLAIRON [klɛʀɔ̃] **n. m.** – *cleron* XIIIe ◊ de *clair* ▪ **1** Instrument à vent (cuivre) sans pistons ni clés, à son clair et puissant. ➤ **trompette** (de cavalerie). *Sonner, jouer du clairon. «Le clairon sonne la charge»* DÉROULÈDE. ▪ **2** Personne, soldat qui sonne du clairon. *Les clairons du régiment, de la clique.* ▪ **3** MUS. Jeu d'orgue à l'octave de la trompette.

CLAIRONNANT, ANTE [klɛʀɔnɑ̃, ɑ̃t] **adj.** – avant 1914 ◊ de *claironner* ▪ *Voix claironnante,* forte et aiguë. PAR EXT. Qui proclame qqch. avec éclat. *Une déclaration claironnante.*

CLAIRONNER [klɛʀɔne] **v.** ‹1› – 1559 ◊ de *clairon* ▪ **1 v. intr.** Jouer du clairon. ➤ **sonner.** ▪ **2 v. tr.** (XIXe) FIG. Annoncer avec éclat, affectation. *Claironner son succès, sa victoire.* ➤ **proclamer, publier.**

CLAIRSEMÉ, ÉE [klɛʀsəme] **adj.** – 1175 ◊ de *clair* et *semé* ▪ **1** Qui est peu serré, répandu de distance en distance. ➤ **éparpillé, épars, espacé.** *Les arbres clairsemés d'une clairière. Une tête aux cheveux clairsemés,* presque chauve. ▪ **2** FIG. Peu dense. ➤ **rare.** *Population clairsemée dans de nombreux hameaux.* ▪ CONTR. Compact, dense, pressé, serré.

CLAIRVOYANCE [klɛʀvwajɑ̃s] **n. f.** – 1580 ◊ de *clairvoyant* ▪ **1** Vue exacte, claire et lucide des choses. ➤ **acuité, discernement, finesse, flair, lucidité, perspicacité.** *Analyser la situation avec clairvoyance. Rien n'échappe à sa clairvoyance.* ▪ **2** PARAPSYCHOL. Faculté paranormale d'acquérir des connaissances sur des évènements présents sans l'usage des sens. ▪ CONTR. Aveuglement.

CLAIRVOYANT, ANTE [klɛʀvwajɑ̃, ɑ̃t] **adj.** et **n.** – *clerveant* 1265 ◊ de *clair* et *voyant* ▪ **1** VX Qui voit clair (opposé à *aveugle*). ➤ **voyant.** — **n.** *«l'aveugle saisit le bras du clairvoyant»* J. VERNE. ▪ **2** MOD. Qui a de la clairvoyance. *Esprit clairvoyant.* ➤ 2 **fin, intelligent, lucide, pénétrant, perspicace, sagace.** *D'un œil clairvoyant.* ▪ **3 n.** PARAPSYCHOL. Personne qui pratique la clairvoyance. ▪ CONTR. Aveugle.

CLAM [klam] **n. m.** – 1803 ◊ mot anglais américain «mollusque bivalve» (début XVIe) ; radical germanique *klam-* ▪ Mollusque bivalve marin, coquillage comestible *(Venus mercenaria)* d'origine américaine. ➤ **palourde.** *Des clams* [klams]. *«des espèces de clams à la chair un peu ferme mais savoureuse»* TOURNIER.

CLAMECER ➤ **CLAMSER**

CLAMER [klame] **v. tr.** ‹1› – XIIIe «crier», rare avant le XIXe ; 1080 «proclamer» ◊ latin *clamare* «crier, réclamer» ▪ Manifester (ses sentiments, ses convictions) en termes violents, par des cris. ➤ **crier, hurler.** *Clamer son indignation, son innocence.* ➤ **proclamer, publier.** ▪ CONTR. Taire (se).

CLAMEUR [klamœʀ] **n. f.** – fin XIe ◊ latin *clamor,* accusatif *clamorem* «cri» ▪ Ensemble de cris confus et sonores. ➤ **bruit, tumulte, vacarme.** *Une immense clameur. Les clameurs de la foule.* ➤ **cri, hurlement, vocifération.** *«une clameur fervente, mêlée de battements de mains»* DUHAMEL. ➤ **acclamation.** ▪ CONTR. 1 Calme, silence.

CLAMP [klɑ̃p] **n. m.** – 1856 ; «pièce de bois» 1643 ◊ mot anglais d'origine germanique ▪ CHIR. Pince à deux branches, servant à comprimer un conduit (notamment un vaisseau), une cavité ou des tissus qui saignent. ➤ 1 **clip.**

CLAMPER [klɑ̃pe] **v. tr.** ‹1› – v. 1950 ◊ de *clamp* ▪ CHIR. Interrompre la circulation dans (un conduit naturel, sanguin, etc.) au moyen de pinces occlusives (clamps).

CLAMPIN [klɑ̃pɛ̃] **n. m.** – 1832 ; région. «retardataire, traînard» fin XVIIe ◊ probablt altération, sous l'influence de *lambin,* de *clopin* → clopin-clopant ▪ FAM. ▪ **1** VIEILLI Paresseux, fainéant. *«Allez, oust [...] au boulot, le clampin !»* ARAGON. ▪ **2** Individu quelconque. ➤ **type.** *«Quiconque, n'importe quel clampin serait mort sur le coup !»* J. VAUTRIN.

CLAMSER [klamse] v. intr. ‹1› – 1888 ◊ p.-ê. de l'allemand *Klaps* «claque» ■ POP. Mourir*. *«Y a une paye qu'il est clamsé»* BARBUSSE. On trouve aussi **CLAMECER** [klamse], à éviter (défectif).

CLAN [klɑ̃] n. m. – 1746 ◊ gaélique *clann* «famille» ■ **1** Tribu écossaise ou irlandaise, formée d'un certain nombre de familles ayant un ancêtre commun. *Le tartan d'un clan.* ■ **2** SOCIOL. Division ethnique de la tribu. *Unité religieuse du clan.* ➤ **totem.** *Mariage entre membres de clans différents* (exogamie). *Groupe de clans* (➤ **phratrie**). *Chef de clan.* — PAR EXT. *Clan de scouts.* ■ **3** (1808) COUR. Petit groupe de personnes qui ont des idées, des goûts communs. ➤ **association, caste, classe, coterie,** 1 **parti.** *Former un clan. Esprit de clan.* ➤ **clanisme.** *La salle s'est divisée en deux clans.* ➤ **camp.**

CLANDÉ [klɑ̃de] n. m. – 1948 ◊ abrév. de *clandestin* ■ ARG. Maison de prostitution clandestine. ➤ **bordel.** *Des clandés.*

CLANDESTIN, INE [klɑ̃dɛstɛ̃, in] adj. et n. – v. 1355 ◊ latin *clandestinus,* de *clam* «en secret» ■ Qui se fait en cachette et qui a généralement un caractère illicite. ➤ 1 **secret, subreptice.** *Journal, écrit clandestin.* ➤ **samizdat.** *Commerce, trafic, marché clandestin.* ➤ **noir** (marché noir), **prohibé ; contrebande.** *Ateliers clandestins. Réunion clandestine. Rendez-vous clandestin. Maison de prostitution clandestine.* ➤ ARG. **clandé.** — *Publicité clandestine.* — *Passager clandestin,* embarqué en cachette, sans autorisation ni titre de transport. *Travailleurs, immigrés clandestins.* ➤ **sans-papiers.** — n. *Un clandestin.* VAR. FAM. **CLANDO.** *Employer des clandos.* ■ CONTR. Autorisé, légal, licite, public.

CLANDESTINEMENT [klɑ̃dɛstinmɑ̃] adv. – 1398 ◊ de *clandestin* ■ D'une manière clandestine. ➤ **furtivement, secrètement, subrepticement** (cf. En cachette, en catimini, à la dérobée, sous le manteau). *Se marier clandestinement. Voyager clandestinement* (➤ **incognito**). *Déménager clandestinement* (cf. Sans tambour* ni trompette ; à la cloche* de bois).

CLANDESTINITÉ [klɑ̃dɛstinite] n. f. – fin XVIe ◊ de *clandestin* ■ Caractère de ce qui est clandestin. *Les résistants de 1943 vivaient dans la clandestinité.*

CLANIQUE [klanik] adj. – 1935 ◊ de *clan* ■ SOCIOL. Du clan (2°). *Organisation clanique. Nom clanique.*

CLANISME [klanism] n. m. – v. 1980 ◊ de *clan* ■ **1** ANTHROP. Organisation d'une ethnie en clans. ■ **2** SOCIOL. Comportement d'individus qui recherchent l'intérêt de leur groupe sans tenir compte des règles sociales et des lois de la société. *Clanisme et népotisme.* — adj. **CLANISTE.**

CLAP [klap] n. m. – 1952 ◊ mot anglais, de *to clap* «choquer» ■ CIN. Petit tableau sur lequel est numérotée chaque prise de chaque séquence d'un film, muni d'un claquoir signalant le commencement de chaque tournage de plan. ➤ **claquette, claquoir ; clapman.** ◆ Mouvement, bruit produit par ce claquoir. *Clap de fin,* signalant la fin d'un tournage, FIG. fin d'un évènement.

CLAPET [klapɛ] n. m. – 1516 ◊ de *clapper* ■ Soupape en forme de couvercle à charnière. ➤ **obturateur, valve.** *Clapet d'aspiration, de refoulement d'une pompe.* ◆ (1907) FAM. Bouche (qui parle). *Ferme ton clapet :* tais-toi.

CLAPIER [klapje] n. m. – 1210 ◊ de l'ancien occitan *clapier* «pierreux, caillouteux», du radical °*clapp-,* de °*cal-* ➤ caillou ■ **1** VX Ensemble des terriers d'une garenne. — PAR EXT. MOD. Cabane à lapins. *Litière d'un clapier. Lapin de clapier.* ■ **2** FIG. Petit logement malpropre. ■ **3** ALPIN. Amoncellement de roches (en montagne).

CLAPIR [klapiʀ] v. intr. ‹2› – 1701 ◊ var. de *glapir* ■ RARE Crier, en parlant du lapin. ➤ **glapir.**

CLAPIR (SE) [klapiʀ] v. pron. ‹2› – 1727 ◊ du radical de *clapier* ■ RARE Se cacher dans un trou, en parlant d'un lapin. ➤ **se tapir.**

CLAPMAN [klapman] n. m. – v. 1950 ◊ faux anglic., de *clap* et anglais *man* «homme» ■ CIN. Personne qui manœuvre le clap. *«Le clapman se précipita devant la caméra avec son ardoise en criant : "Palmeraie, 1re, 14e prise !"»* TOURNIER. *Des clapmans.* On trouve aussi *des clapmen* [klapmɛn] (d'après l'anglais).

CLAPOT [klapo] n. m. – 1886 ◊ de *clapoter* ■ MAR. Succession de vagues courtes et irrégulières qui ne s'organisent pas en lames (à la différence de la houle).

CLAPOTEMENT [klapɔtmɑ̃] n. m. – 1832 ◊ de *clapoter* ■ **1** Fait de clapoter ; bruit d'un liquide qui clapote. ➤ **clapotis.** *Le clapotement de la mer, des vagues.* ■ **2** Petit bruit semblable à celui de l'eau qui clapote. ➤ **flic flac.** *«le clapotement des semelles sur la glaise»* ROMAINS. — On dit aussi **CLAPOTAGE.**

CLAPOTER [klapɔte] v. intr. ‹1› – *clapeter* 1611 ◊ de *clapper* ■ En parlant d'une surface liquide légèrement agitée, Se couvrir d'ondes, de vagues qui font un bruit caractéristique en s'entrechoquant (➤ **clapotis**). PAR EXT. *«il entendait sous ses pas clapoter la vase»* MAURIAC.

CLAPOTIS [klapɔti] n. m. – 1792 ◊ de *clapoter* ■ Bruit et mouvement de l'eau qui clapote. *Le clapotis des vagues, de la marée.*

CLAPPEMENT [klapmɑ̃] n. m. – *clapement* 1831 ◊ de *clapper* ■ Fait de clapper. *Clappement de langue.*

CLAPPER [klape] v. intr. ‹1› – *claper* XVIe ◊ d'un radical onomat. *klapp-* ■ Produire un bruit sec avec la langue en la détachant brusquement du palais. *«Blazius, clappant de la langue, proclama le vin bon»* GAUTIER.

CLAQUAGE [klakaʒ] n. m. – 1895 ◊ de *claquer* ■ **1** MÉD. Accident musculaire (déchirure, élongation) dû à un effort excessif. *Le coureur, victime d'un claquage, a dû abandonner.* ■ **2** ÉLECTR. Destruction d'un matériau sous l'effet d'un champ électrique ou de la chaleur. *Claquage d'un condensateur. Claquage thermique.*

CLAQUANT, ANTE [klakɑ̃, ɑ̃t] adj. – 1775 ◊ de *claquer* ■ FAM. Qui fatigue, éreinte. ➤ **crevant.**

1 **CLAQUE** [klak] n. f. – 1306 ◊ de *claquer*

I ■ **1** Coup* donné avec le plat de la main. ➤ 2 **tape.** *Donner une claque dans le dos à qqn,* en signe d'amitié. *Donner, recevoir une claque, une paire de claques sur les joues.* ➤ **gifle*.** — LOC. FAM. **TÊTE À CLAQUES :** personne déplaisante, agaçante. ◆ FIG. et FAM. Dommage subi, échec, affront cuisant. *Il a reçu, pris une bonne, une sacrée claque. Quelle claque !* ■ **2** (1801) *La claque :* les personnes payées pour applaudir un spectacle, PAR EXT. pour assister à une réunion. *Faire la claque.* ■ **3** LOC. FAM. (1877) *En avoir sa claque :* en avoir assez. ➤ **marre.**

II ■ **1** Partie de la chaussure qui entoure le pied. ➤ **empeigne.** ■ **2** (1743) VX ou RÉGION. (Canada) Couvre-chaussure. ➤ **caoutchouc.** ■ **3** FIG. *Prendre ses cliques* et ses claques.*

■ HOM. Clac.

2 **CLAQUE** [klak] adj. et n. m. – 1750 ◊ de 1 *claque* ■ ANCIENNT *Chapeau claque,* ou n. m. *un claque :* chapeau cylindrique (haut-de-forme) qui s'aplatit et peut se mettre sous le bras.

3 **CLAQUE** [klak] n. m. – 1883 ◊ origine inconnue ■ ARG. Maison de tolérance. ➤ **bordel.** *«dans les boîtes, dans les claques, dans les tripots»* KERANGAL.

CLAQUEMENT [klakmɑ̃] n. m. – 1552 ◊ de *claquer* ■ Action, fait de claquer ; choc, bruit qui en résulte. ➤ **clic-clac, coup.** *Claquement de doigts. «Un claquement de talons accompagne le salut de l'officier»* CARCO. *Le claquement d'un fouet, d'une porte.*

CLAQUEMURER [klakmyʀe] v. tr. ‹1› – 1644 ◊ p.-ê. de *réduire à claque mur* «serrer jusqu'à faire claquer le mur» ■ Enfermer à l'étroit. — v. pron. **SE CLAQUEMURER :** se tenir enfermé chez soi. ■ CONTR. Élargir, 1 sortir.

CLAQUER [klake] v. ‹1› – 1508 ◊ onomat. → clac

I v. intr. ■ **1** Produire un bruit sec et sonore. *Faire claquer ses doigts, sa langue. Claquer des doigts. Claquer des dents* (de froid, de peur) ; FIG. avoir froid, peur. ➤ **grelotter, trembler.** *Militaire qui claque des talons. Un drapeau qui claque au vent. Une porte, un volet qui claque.* ➤ **battre.** *Bruit d'une porte qui claque.* — LOC. *En claquant des doigts :* facilement et tout de suite. *Cela ne se fera pas en claquant des doigts. «Il a toujours pu avoir les femmes qu'il voulait en claquant des doigts»* M. LABERGE. FAM. *Claquer du bec :* avoir faim, soif. ■ **2** FAM. Se casser, éclater. *Un joint qui claque.* FIG. et FAM. *L'affaire lui a claqué dans les doigts.* ➤ **péter.** — (1842) FAM. Mourir*. *Nous aussi, «nous claquerons, même pas à notre tour, car il n'y a pas d'ordre, de numéro d'apparition»* H. THOMAS. ➤ **crever.** ■ **3** FAM. Faire de l'effet, produire une vive impression. *Une publicité qui claque.*

II v. tr. ■ **1** (1648) Donner une claque à (qqn). *Arrête, ou je te claque !* ➤ **gifler.** ◆ Faire claquer. *Il a claqué la porte.* FIG. *Claquer la porte au nez de qqn :* refuser de voir, de recevoir qqn. *Partir en claquant la porte,* pour manifester sa colère, une rupture. — *Claquer la bise* à qqn.* ◆ (1861) ARG. FAM. ➤ **dépenser, gaspiller.** *Claquer un héritage. Claquer son fric. «Le blé, j'aime le claquer en suites dans les palaces, en objets d'art»* GAINSBOURG. — ABSOLT *Il claque beaucoup pour sa moto.* ◆ (1892) FAM. ➤ **éreinter, fatiguer*.** *Claquer un cheval. Cette promenade nous a claqués.* PRONOM. *Il se claque pour préparer son examen.* — p. p. adj. Épuisé, très fatigué*. *Il a l'air claqué.* ➤ **crevé,** 2 **naze.** *Nous étions «claqués d'énervement et de fatigue»* GIDE. ■ **2** (1902) FAM. *Se claquer un muscle.* ➤ **déchirer, froisser ; claquage.**

CLAQUET [klakɛ] n. m. – XVe ◇ de *claquer* ■ TECHN. Petite latte placée sur la trémie d'un moulin, qui claque sans cesse.

CLAQUETER [klak(ə)te] v. intr. ⟨4 /5/⟩ – 1530 ◇ de *claquer* ■ Faire une série de claquements de bec (cigogne) ; glousser, caqueter (poule).

CLAQUETTE [klakɛt] n. f. – 1539 ◇ de *claquer* ■ **1** Petit instrument formé de deux planchettes réunies par une charnière, et servant à donner un signal. — (1934) *Claquette portant le numéro du plan tourné* (au cinéma). ➤ **clap, claquoir.** ■ **2** SPÉCIALT, AU PLUR. *Danseur à claquettes,* dont les semelles de chaussures portent des lames de métal qui permettent de marquer le rythme. — PAR EXT. Ce type de danse. *Numéro de claquettes. Faire des claquettes.* — « *La pluie fait des claquettes Sur le trottoir à minuit* » NOUGARO. ■ **3** Sandale sans quartier ni bride à l'arrière (dont le talon claque sur le pied). ➤ **tong.**

CLAQUOIR [klakwaʀ] n. m. – 1931 ◇ de *claquer* ■ CIN. Clap*, claquette* (1°).

CLARIFICATION [klaʀifikasjɔ̃] n. f. – 1690 ; fig. v. 1400 ◇ de *clarifier* ■ **1** Action de clarifier un liquide. ➤ **épuration, purification.** *Clarification par ébullition, par filtration, par décantation.* ■ **2** FIG. ➤ **éclaircissement.** *La clarification d'une situation.*

CLARIFIER [klaʀifje] v. tr. ⟨7⟩ – XIIe « glorifier » ◇ latin ecclésiastique *clarificare* « glorifier », du latin *clarus* « illustre » → clair ■ **1** (XVIe) Rendre clair ou plus clair (un liquide trouble). *Clarifier de l'eau, du lait.* ■ **2** Rendre pur, limpide (un liquide) en éliminant les suspensions étrangères. ➤ **décanter, épurer, filtrer, purifier.** *Clarifier du vin.* ➤ **coller.** — *Beurre clarifié,* fondu et décanté pour en éliminer le petit-lait et la caséine. ■ **3** FIG. Rendre plus clair, plus aisé à comprendre. ➤ **éclaircir, élucider.** *Il faut clarifier les responsabilités.* — PRONOM. *La situation se clarifie peu à peu.* ■ CONTR. Embrouiller, épaissir, troubler.

CLARINE [klaʀin] n. f. – XVIe ◇ de *clair* ■ Clochette attachée au cou du bétail.

CLARINETTE [klaʀinɛt] n. f. – 1753 ◇ de l'ancien occitan *clarin* « hautbois » ■ Instrument de musique à anche ajustée sur un bec, et dont le tuyau est terminé par un pavillon peu ouvert. *Les clés d'une clarinette. Concerto pour clarinette et orchestre.*

CLARINETTISTE [klaʀinetist] n. – 1821 ◇ de *clarinette* ■ Instrumentiste qui joue de la clarinette.

CLARISSE [klaʀis] n. f. – 1631 ◇ du nom de sainte *Claire,* fondatrice de cet ordre, au XIIIe ■ Religieuse de l'ordre de Sainte-Claire. *Couvent de clarisses.*

CLARTÉ [klaʀte] n. f. – *clarité* Xe ◇ latin *claritas,* de *clarus* « clair » **A.** CONCRET ■ **1** Lumière qui rend les objets visibles d'une façon nette et distincte. REM. Par rapport à *lumière, clarté* est plus souvent caractérisé subjectivement, esthétiquement. *Une clarté laiteuse ; vive, intense ; froide. Faible clarté.* ➤ **lueur, nitescence.** *Clarté de l'aurore, du crépuscule.* ➤ **demi-jour.** « *une clarté très douce, baignant les objets d'une lueur diffuse* » ZOLA. *Répandre de la clarté.* ➤ **éclairer.** *Très vive clarté.* ➤ **éclat, embrasement.** *Clarté de la lune.* ➤ **clair** (II). *Mélange de clarté et d'ombre.* ➤ **clair-obscur.** « *Cette obscure clarté qui tombe des étoiles* » CORNEILLE. — LOC. *À la clarté de :* sous l'éclairage de. *Lire à la clarté d'une lampe.* ■ **2** (1538) Qualité de ce qui est clair, transparent. ➤ **limpidité.** *Clarté de l'eau. La clarté du teint.* **B.** ABSTRAIT ■ **1** (1580) Caractère de ce qui est facilement intelligible. ➤ **netteté, précision.** *La clarté de la langue française. La clarté de ses explications. S'exprimer, parler avec clarté.* ➤ **clairement.** « *la seule qualité à rechercher dans le style est la clarté* » STENDHAL. *Clarté d'esprit.* ➤ **lucidité.** — LOC. *Pour plus de clarté :* pour encore mieux comprendre. *Et pour plus de clarté, j'ajoute que...* ■ **2** VIEILLI ou LITTÉR. Vérité lumineuse. *Ses recherches ont projeté quelque clarté sur ce sujet.* ➤ **lueur, lumière.** — LOC. *En pleine, en toute clarté :* très clairement. ■ **3** VIEILLI, AU PLUR. Connaissances d'un certain niveau de culture. « *Je consens qu'une femme ait des clartés de tout* » MOLIÈRE. ➤ **idée, lumière, notion.** ■ CONTR. Obscurité, 1 ombre ; confusion, 2 trouble.

CLASH [klaʃ] n. m. – 1962 ◇ mot anglais « fracas » ■ ANGLIC. Désaccord violent, conflit, rupture. *Chercher le clash. Aller au clash. Provoquer un clash. Des clashs.*

CLASHER [klaʃe] v. ⟨1⟩ – 1988 ◇ anglais *to clash* → clash ■ ANGLIC. FAM. ■ **1** v. intr. (impers.) Donner lieu à un conflit. *Ça a failli clasher !* — (Personnes) Entrer en conflit. « *On n'avance pas très vite, mais on n'a pas clashé* » (Sud-Ouest, 1997). ■ **2** v. tr. Attaquer, critiquer (qqn). *Se faire clasher.* ➤ **descendre, éreinter.**

-CLASIE ■ Groupe suffixal, du grec *klasis* « action de briser » : *ostéoclasie.*

CLASSABLE [klɑsabl] adj. – 1888 ◇ de *classer* ■ Qu'on peut classer, répartir en classes. *Objets difficilement classables.* — SUBST. « *ramener l'inconnu au connu, au classable* » BRETON.

CLASSE [klɑs] n. f. – XIVe ◇ du latin *classis*

I DANS UN GROUPE SOCIAL Ensemble des personnes qui ont en commun une fonction, un genre de vie, une idéologie, etc. ➤ **caste, catégorie, clan, état, 1 gent, groupe, ordre.** ■ **1** ANTIQ. Chacune des catégories entre lesquelles les citoyens étaient répartis (d'après le montant de leur fortune). *Classes de l'ancienne Rome.* ■ **2** (1788) *Classe sociale* ou *classe :* ensemble des personnes de même condition ou de niveau social analogue qui ont une certaine communauté d'intérêts, de comportements. ➤ **catégorie.** *Classes moyennes. Classe dirigeante, dominante, gouvernante. La classe bourgeoise.* ➤ **bourgeoisie.** *Classe industrielle, agricole, ouvrière. Les classes sociales défavorisées.* ➤ **milieu.** — (1791) *La classe laborieuse.* ➤ **peuple, prolétariat.** — *Antagonisme, conflit, lutte des classes. Rêver d'une société sans classes.* « *la révolution ne doit pas s'opérer en faveur de quelques classes particulières de la société, mais en faveur de toutes* » MARAT. — **DE CLASSE.** *Intérêts de classe. Conscience de classe. Mépris de classe.* « *le même discours dogmatique fondé sur la haine de classe* » DUTEURTRE.

II DANS UNE RÉPARTITION EN CATÉGORIES A. SANS IDÉE DE HIÉRARCHIE ■ **1** (1690) Ensemble d'individus ou d'objets qui ont des caractères communs. ➤ **catégorie, division, espèce, série, sorte.** *Livre qui s'adresse à toutes les classes de lecteurs. Ranger par classes.* ➤ **classer, étiqueter.** *Classe grammaticale d'un mot. La classe des verbes. Former une classe à part.* ■ **2** (1694) PHYLOG. Grande division du monde vivant, inférieure à l'embranchement*. *La classe se subdivise en ordres, familles, genres, espèces* (➤ **sous-classe, superclasse**). *La classe des mammifères, des oiseaux.* ■ **3** (1903) MATH. Notion de collection qui axiomatise et fonde la théorie des ensembles. *Classe d'équivalence de x modulo R. Classe d'une courbe algébrique plane :* degré de l'équation tangentielle à la courbe. *Logique des classes.* ■ **4** STATIST. Groupe d'unités présentant une caractéristique dont la valeur se situe entre certaines limites déterminées. *Classes d'âge :* répartition d'une population selon les âges. ■ **5** ASTRON. *Classes spectrales des étoiles :* catégories fondées sur l'aspect de leurs spectres lumineux. ■ **6** PHYS. *Classe cristalline* (➤ **cristal**).

B. AVEC L'IDÉE DE HIÉRARCHIE ■ **1** (1680) Grade, rang attribué en fonction de l'importance, de la valeur, de la qualité. *Ingénieur de première classe. Soldats de deuxième classe ;* ELLIPT *des deuxième classe.* « *Pour parler de l'armée en connaissance de cause, il faut avoir été deuxième classe* » MITTERRAND. — Degré de confort de certains moyens de transport. *Wagon de première, de deuxième classe. Classe affaires, économique, touriste. Voyager en première (classe).* — *Enterrement* de première classe.* ■ **2** Valeur, qualité. *Il est d'une tout autre classe ; ils n'ont pas la même classe.* — ABSOLT *Avoir de la classe.* ➤ **distinction, valeur. DE CLASSE :** de grande qualité. *Un immeuble de classe, de grande classe.* ➤ **standing.** *Un athlète de classe internationale. Hors classe :* au-dessus de ce qui est classé (➤ **exceptionnel**). *Hôtel hors classe.* ■ **3** Distinction, élégance. *Il a de la classe, une classe folle.* ➤ **allure.** FAM. *La classe !,* le grand chic. — adj. FAM. Chic, distingué. *Elle est très classe.* ➤ FAM. **classieux.** « *on ne dit pas dans la merde, mais dans la peine. C'est plus classe* » R. FORLANI.

III DANS LE DOMAINE SCOLAIRE ■ **1** (1549) Division des élèves d'un établissement scolaire selon les différents degrés d'études. *Il est en classe de quatrième. Classe de seconde, de première, de terminale. Classes supérieures, grandes classes ; petites classes. Classe préparatoire aux grandes écoles (CPGE). Camarade de classe. Il est le premier* de la classe. Redoubler, sauter une classe. Passer dans la classe supérieure.* ♦ Ensemble des élèves qui suivent le même programme. *Une classe turbulente.* « *Nous regardions les petites classes en bleu traverser la cour* » J.-P. AMETTE. FAM. *La petite classe :* les enfants les plus jeunes. *Du calme, la petite classe !* ■ **2** (1611) L'enseignement qui est donné en classe ; la durée de cet enseignement. ➤ **cours, leçon.** *Une classe d'histoire, de chant. Des livres de classe. Que l'on étudie en classe.* ➤ **classique.** *Suivre la classe. Faire la classe.* ➤ **enseigner.** « *c'était au commencement de l'été, les classes étaient finies* » LE CLÉZIO. *La rentrée des classes.* — SPÉCIALT *Classe de découverte :* séjour temporaire d'une classe hors de l'école, en compagnie de l'enseignant habituel, le temps étant partagé entre l'étude et le sport ou l'observation. *Elle* « *eut du mal à convaincre mon père de me laisser partir en "classe de neige." Il ne comprenait pas cette histoire d'école en dehors de l'école* » BEN JEL-

LOUV. *Classes vertes,* à la campagne, pour les enfants des villes. *Classe de mer, de nature, de patrimoine.* — *Classe inversée :* système scolaire qui privilégie l'apprentissage à domicile et les travaux à l'école. — *Classe de maître :* recomm. offic. pour *master class.* ■ **3** (1680) Salle de classe. *Entrer dans la classe.* — L'école. *Aller, être en classe. Demain, il n'y a pas classe.*

IV DANS LE DOMAINE MILITAIRE (1798) ■ **1** Contingent militaire ou naval des conscrits nés la même année. «*J'appartiens à, dit-on la classe 1917*» ARAGON. *Appeler une classe sous les drapeaux. Classe de mobilisation.* FAM. *Être bon pour la classe,* apte au service militaire. ■ **2** *Être de la classe,* du contingent qui doit être libéré dans l'année où l'on est. — PAR EXT. La libération. *Vive la classe !* ➤ 3 **quille.** ■ **3** *Faire ses classes :* recevoir l'instruction militaire, en parlant d'une recrue ; FIG. acquérir de l'expérience.

CLASSEMENT [klasmɑ̃] **n. m.** – 1784 ◊ de *classer* ■ **1** Action de ranger dans un certain ordre ; façon dont un ensemble est classé, présenté. ➤ **arrangement, classification ; ordre.** *Classement provisoire, définitif, rigoureux. Classement alphabétique, thématique, chronologique,* etc. *Classement de papiers dans un classeur, de livres dans une bibliothèque.* ➤ **rangement.** *Faire du classement.* ■ **2** Attribution d'une place, d'un rang (selon le mérite, la valeur). *Donner à des élèves leur classement trimestriel. Avoir un bon classement :* être bien classé, avoir une bonne place*. ➤ **hiérarchie.** SPORT *Classement par équipes.* ■ CONTR. Confusion, déclassement, désordre.

CLASSER [klase] **v. tr.** ‹1› – 1756 ◊ de *classe* ■ **1** Diviser et répartir en classes (II), en catégories. ➤ **classifier, différencier, distribuer.** *Classer les plantes, les insectes.* ■ **2** Placer dans une classe, ranger dans une catégorie. *Classer le rat parmi les rongeurs. Classer par catégories* (➤ **catégoriser**), *par séries* (➤ **sérier**). *Classer suivant le genre, le type, la qualité. Classer un édifice monument historique.* — **p. p. adj.** *Site classé. Grand cru classé.* ◆ Attribuer une place. *Classer des élèves. Il est classé troisième.* — PRONOM. *Se classer :* être classé. *Se classer parmi les meilleurs.* ◆ FAM. *Classer un individu,* le juger (mal) définitivement. *Je l'ai tout de suite classé.* ➤ **cataloguer.** ■ **3** Mettre dans un certain ordre. ➤ **arranger, ordonner,** 1 **placer,** 1 **ranger, trier.** *Classer des papiers. Classer, ficher, répertorier des documents.* ■ **4** Mettre à sa place, dans un classement. *Classer un dossier.* FIG. *Classer une affaire,* ranger son dossier, la considérer comme terminée ; renoncer à la poursuivre. **p. p. adj.** *Affaire classée,* réglée définitivement. ■ CONTR. Déclasser, déranger, embrouiller, mêler.

CLASSEUR [klasœʀ] **n. m.** – 1811 ◊ de *classer* ■ **1** Portefeuille ou meuble à compartiments qui sert à classer des papiers. *Cartons, casiers d'un classeur.* ■ **2** Reliure à feuillets mobiles destinée au classement de papiers, de documents. *Classeur à anneaux, à tirette. Intercalaires d'un classeur.*

CLASSICISME [klasisism] **n. m.** – v. 1825 ◊ de *classique* ■ **1** VX Doctrine des partisans de la tradition classique dans la littérature et l'art. ■ **2** Ensemble des caractères propres aux grandes œuvres littéraires et artistiques de l'Antiquité et du XVIIe s. (opposé à *romantisme*). ➤ **classique** (I, 4°). *L'union* «*du cartésianisme et de l'art dans le classicisme*» LANSON. ■ **3** Caractère de ce qui est classique. *Le classicisme de ses goûts.*

CLASSIEUX, IEUSE [klasjø, jøz] **adj.** – 1985 ◊ de *classe* ■ FAM. Qui a de la classe, de l'allure. *Un manteau classieux.* «*Il buvait pas au goulot, tu vois ! Un peu classieux, il faisait des manières*» F. VARGAS.

CLASSIFICATEUR, TRICE [klasifikatœʀ, tʀis] **n. et adj.** – 1816 ◊ de *classifier* ■ Personne qui établit des classifications. — **adj.** *Principe classificateur.*

CLASSIFICATION [klasifikasjɔ̃] **n. f.** – 1752 ◊ de *classifier* ■ **1** (ABSTRAIT) Action de distribuer par classes, par catégories ; résultat de cette action. ➤ **classement ; division*.** *Science des classifications.* ➤ **systématique, taxinomie.** *Classification dichotomique.* — *Classification traditionnelle du monde vivant.* ➤ **règne, embranchement** (ou **phylum**), **classe, ordre, famille, tribu, genre, espèce, sous-espèce, variété, race ;** aussi **clade, cladisme, taxon.** *Classification phylogénétique.* ◆ *Classification périodique des éléments* (ou *table de Mendeleïev*) : organisation des éléments chimiques par numéro atomique croissant dans un tableau, dont les numéros de ligne et de colonne donnent des informations sur la structure électronique. ■ **2** ANGLIC. Fait de classer comme secret. *La classification d'un dossier.*

CLASSIFICATOIRE [klasifikatwaʀ] **adj.** – 1874 ◊ de *classification* ■ **1** DIDACT. Qui constitue une classification ou y contribue. ■ **2** ETHNOL. *Parenté classificatoire,* fondée sur des critères de rapports sociaux, neutralisant la distinction entre parents directs et collatéraux (père-oncle, etc.).

CLASSIFIER [klasifje] **v. tr.** ‹7› – v. 1500 ◊ d'un latin °*classificare,* de *classis* «classe» et *ficare* «faire» ■ **1** Répartir selon une classification. *Classifier les vertébrés.* ◆ ABSOLT Faire, établir des classifications. ■ **2** (anglais *to classify,* du français) ANGLIC. Classer comme secret. *Classifier un document.* ■ CONTR. Déclassifier.

CLASSIQUE [klasik] **adj. et n.** – 1548 ◊ latin *classicus* «de première classe»

I adj. ■ **1** (XVIe-XVIIe) VX Qui mérite d'être imité. — (1611) MOD. Qui fait autorité, est considéré comme modèle. *Son livre est devenu classique.* ■ **2** (1680) Qu'on enseigne dans les classes. *Les auteurs classiques du programme.* ■ **3** (XVIIIe) Qui appartient à l'Antiquité gréco-latine, considérée comme la base de l'éducation et de la civilisation. *Langues classiques. Études classiques. Licence de lettres classiques.* ■ **4** (1802 ◊ d'après l'allemand) LITTÉR. Qui appartient aux grands auteurs du XVIIe s., imitateurs des anciens (opposé à *romantique*). *Théâtre classique.* ◆ PAR EXT. Qui a les caractères esthétiques (mesure, respect des règles, clarté, division par genres, etc.) de la période classique. *Style classique* (opposé à *romantique,* puis à *baroque* et *archaïque*). — *Architecture, peinture classique.* — *Période classique, préclassique.* ■ **5** *Musique classique,* d'une période arbitrairement limitée (XVIIIe s.), dont J.-S. Bach est le principal représentant, et qui inclut une partie de la musique baroque*, excluant le romantisme. *Musique classique et musique contemporaine.* COUR. Musique des grands auteurs de la tradition musicale occidentale (opposé à *folklorique, légère, de variété*) (cf. FAM. Grande musique*). *Préférer le jazz à la musique classique.* ■ **6** *Danse classique :* ensemble de pas et de mouvements qui servent de base à la danse enseignée dans les écoles de danse traditionnelles (opposé à *danse moderne*). ■ **7** Qui est conforme aux usages, ne s'écarte pas des règles établies, de la mesure. *Un veston de coupe classique.* ➤ **sobre, traditionnel.** — Qui est conforme aux habitudes. ➤ **habituel.** FAM. *C'est le coup classique :* c'était prévisible. ➤ 1 **courant.** «*Je n'avais plus qu'à jouer la petite scène classique du repentir, avec passage gradué de l'attrition à la contrition*» R. PEYREFITTE. — PUBLIC. Ordinaire. *Un détergent classique. Le modèle classique.* ➤ 1 **standard.** ■ **8** *Épreuve classique,* ou **n. f.** *une classique :* épreuve sportive importante que la tradition a consacrée, SPÉCIALT en cyclisme. ■ **9** *Armement classique.* ➤ **conventionnel.**

II n. m. ■ **1** Auteur classique (2°, 3°, 4°). *Les grands classiques. Connaître, revoir, réviser ses classiques.* ■ **2** Ouvrage classique (2°). *Collection des classiques latins.* — Œuvre caractéristique. *C'est un classique du genre. Un classique du jazz.* ➤ 1 **standard.** *Les classiques du cinéma.* ■ **3** Musique classique. *Aimer le classique.*

■ CONTR. Moderne, romantique. Baroque. 2 Original, excentrique.

CLASSIQUEMENT [klasikmɑ̃] **adv.** – 1809 ◊ de *classique* ■ D'une manière classique (surtout au sens 7°).

CLASTIQUE [klastik] **adj.** – 1834 ; anat. 1822 ◊ du grec *klastos* «brisé» ■ **1** GÉOL. Qui présente des traces de fracture provoquée par l'érosion. *Déformation clastique. Roches clastiques* (➤ **détritique**). ■ **2** Se dit de pièces anatomiques artificielles démontables.

CLAUDICANT, ANTE [klodikɑ̃, ɑ̃t] **adj.** – 1838 ◊ du latin *claudicare* «boiter» ■ LITTÉR. Boiteux. *Un petit avorton* «*à la démarche claudicante*» GIDE.

CLAUDICATION [klodikasjɔ̃] **n. f.** – XIIIe ◊ latin *claudicatio,* de *claudus* «boiteux» ■ LITTÉR. Action de boiter. ➤ **boiterie.** — MÉD. *Claudication intermittente :* irrégularité de la démarche avec sensation de crampe au mollet, due à une insuffisance circulatoire artérielle (artérite).

CLAUDIQUER [klodike] **v. intr.** ‹1› – v. 1880 ◊ de *claudicant* ■ LITTÉR. ou PAR PLAIS. Boiter. ➤ 2 **clocher, clopiner.**

CLAUSE [kloz] **n. f.** – XIIIe ; «vers, rime» 1190 ◊ bas latin *clausa,* de *claudere* «clore», latin classique *clausula* ■ Disposition particulière d'un acte. ➤ **condition, convention, disposition.** *Les clauses d'un contrat, d'une loi, d'un traité. Respecter, violer une clause. Clause de compétence. Clause expresse, tacite, léonine. Clause de nullité. Il y a une clause qui stipule que... Clause pénale*. Clause compromissoire*. Clause résolutoire*. Clause passerelle :* dispositif du traité de l'Union européenne permettant de transférer certaines matières du troisième pilier* dans le premier (➤ **communautarisation**). *Clause de style :*

clause que l'on retrouve habituellement dans tous les contrats de même nature (cf. Contrat* type) ; FIG. disposition toute formelle, sans importance. *Clause d'arbitrage*, prévoyant le recours à des arbitres. ■ HOM. Close (1 clos).

CLAUSTRA [klostʀa] n. m. – milieu XXe ◇ mot latin «clôture» ■ ARCHIT. Cloison ajourée. *Séparation en claustras.*

CLAUSTRAL, ALE, AUX [klostʀal, o] adj. – 1394 ◇ latin médiéval *claustralis*, de *claustrum* «cloître» ■ DIDACT. ou LITTÉR. Relatif au cloître. *La vie claustrale.* FIG. Qui rappelle la vie du cloître. ➤ **monacal, religieux.** «*le silence claustral de la ville*» DAUDET.

CLAUSTRATION [klostʀasjɔ̃] n. f. – 1842 ; méd. 1791 ◇ de *claustral* ■ LITTÉR. État d'une personne enfermée dans un lieu clos. ➤ **emprisonnement, isolement.** «*la monotonie de la claustration scolaire*» BARTHOU. ■ CONTR. Liberté.

CLAUSTRER [klostʀe] v. tr. ⟨1⟩ – 1845 ◇ de *claustral*, ou du latin *claustrare* ■ (Surtout pronom., pass. et p. p.) Enfermer, isoler (qqn) dans un endroit clos. ➤ **cloîtrer, emprisonner, séquestrer.** *Il est resté claustré chez lui.* PRONOM. *Se claustrer.* FIG. «*le jeune homme se claustra en un farouche mutisme*» COURTELINE. ➤ **se murer.** ■ CONTR. Libérer.

CLAUSTROPHOBE [klostʀɔfɔb] adj. et n. – fin XIXe ◇ de *claustrophobie* ■ Atteint de claustrophobie. — PAR EXAGÉR. Qui n'aime pas être enfermé dans un lieu clos. ABRÉV. FAM. **CLAUSTRO** [klostʀo]. *Elles sont claustros.*

CLAUSTROPHOBIE [klostʀɔfɔbi] n. f. – 1879 ◇ de *claustrer* et *-phobie* ■ Phobie des lieux clos ; angoisse d'être enfermé. — ABRÉV. FAM. **CLAUSTRO.** *Faire de la claustro.*

CLAUSULE [klozyl] n. f. – 1541 ◇ latin *clausula* → clause ■ DIDACT. Dernier membre (d'une strophe, d'une période oratoire, d'un vers).

CLAVAIRE [klavɛʀ] n. f. – 1778 ◇ du latin *clava* «massue» ■ Champignon basidiomycète, charnu, simple ou rameux (*clavaire crépue* ou *en chou-fleur*), ou ayant la forme d'une massue dressée (*clavaire en pilon*), dont certaines variétés sont comestibles.

CLAVARDAGE [klavaʀdaʒ] n. m. – 1997 ◇ de *clavarder* ■ RÉGION. (Canada) Conversation en direct entre internautes. ➤ 2 **chat.**

CLAVARDER [klavaʀde] v. intr. ⟨1⟩ – 1997 ◇ mot-valise, de *clavier* et *bavarder* ■ RÉGION. (Canada) Dialoguer avec d'autres internautes. ➤ **chatter.**

CLAVEAU [klavo] n. m. – 1380 ◇ latin *clavellus*, de *clavus* → clou ■ ARCHIT. Pierre taillée en coin, utilisée dans la construction des linteaux, des voûtes, des corniches. ➤ **voussoir.** *Les faces d'un claveau* : extrados, intrados, lit, tête.

CLAVECIN [klav(ə)sɛ̃] n. m. – 1680 ; *clavessin* 1611 ◇ latin médiéval *clavicymbalum*, de *clavis* «clé» et *cymbalum* «cymbale» ■ Instrument de musique à un ou plusieurs claviers, et à cordes pincées (à la différence du piano*, du clavicorde*). ➤ 3 **épinette,** 2 **virginal.** *Languette de bois d'un clavecin.* ➤ **sautereau.** *Jouer du clavecin.*

CLAVECINISTE [klav(ə)sinist] n. – 1661 *clavessiniste* ◇ de *clavecin* ■ Musicien, musicienne qui joue du clavecin.

CLAVELÉE [klav(ə)le] n. f. – 1460 ; *clavel* 1379 ◇ bas latin *clavellus*, de *clavus* «clou» ■ Maladie contagieuse virale qui atteint spécialement les ovins, appelée aussi *variole du mouton.*

CLAVETAGE [klav(ə)taʒ] n. m. – 1892 ◇ de *claveter* ■ TECHN. Assemblage de deux pièces au moyen de clavettes.

CLAVETER [klav(ə)te] v. tr. ⟨4 /5/⟩ – 1907 ; *claveté* 1861 ◇ de *clavette* ■ TECHN. Fixer par une clavette. *Claveter une poulie sur un arbre de transmission.*

CLAVETTE [klavɛt] n. f. – 1160 «petite clé» ◇ de *clé* ■ Petite cheville plate que l'on passe au travers d'un boulon, d'une grosse cheville pour l'immobiliser. *Clavette de sûreté.* ♦ TECHN. Pièce métallique destinée à rendre deux pièces concentriques solidaires en rotation.

CLAVICORDE [klavikɔʀd] n. m. – 1776 ; *clavicordium* 1514 ◇ latin *clavis* «clé» et *cordium* «corde» ■ Instrument à clavier et à cordes frappées, ancêtre du piano-forte.

CLAVICULE [klavikyl] n. f. – 1541 ◇ latin *clavicula* «petite clé» ■ Os long, en forme d'S allongé, formant la partie antérieure de la ceinture* scapulaire. *Fracture de la clavicule. Creux derrière la clavicule.* ➤ **salière.** — adj. **CLAVICULAIRE.**

CLAVIER [klavje] n. m. – 1419 ; «porte-clé» XIIe ◇ de *clé* ■ **1** Ensemble des touches de certains instruments de musique (piano, clavecin, orgue, harmonium, certains accordéons, synthétiseurs, etc.), sur lesquelles on appuie les doigts pour obtenir les sons. *Les claviers d'un orgue, d'un clavecin. Jouer du clavier* (➤ **claviériste**). *Taper sur le clavier. Se mettre au clavier. Clavier transpositeur**. — *Musique pour le clavier*, pour un instrument à clavier. ■ **2** (1857) Dispositif à touches alphanumériques disposées sur plusieurs rangées, permettant d'actionner un appareil. *Le clavier d'une machine à écrire, d'un terminal d'ordinateur. Clavier AZERTY, QWERTY. Téléphone à clavier.* ■ **3** (1798) *Le clavier d'un instrument, d'une voix.* ➤ **étendue, portée, tessiture.** ■ **4** FIG. Ensemble des possibilités d'une personne (dans un domaine donné). *Le clavier des sentiments, des caractères.* ➤ **gamme, registre.**

CLAVIÉRISTE [klavjeʀist] n. – 1928 ◇ de *clavier* ■ **1** Personne qui joue d'un instrument à clavier, surtout électronique, SPÉCIALT du synthétiseur. ■ **2** RARE Claviste (1°).

CLAVISTE [klavist] n. – XIXe ◇ de *clavier* (de linotype) ■ **1** TECHN. Personne qui compose sur un clavier les caractères d'un texte à imprimer, qui saisit un texte sur ordinateur. ➤ **claviériste.** ■ **2** Claviériste (1°).

CLAYÈRE [klɛjɛʀ] n. f. – 1856 ◇ de *claie* → cloyère ■ Parc à huîtres fermé de claies et rempli par la mer à marée haute. ➤ **vivier.**

CLAYETTE [klɛjɛt] n. f. – 1863 ◇ de *claie* ■ **1** Emballage à claire-voie pour le transport des denrées périssables. ➤ **cageot.** — Petite claie. ➤ **clayon.** ■ **2** Support réglable à claire-voie d'un réfrigérateur. *Clayettes réglables.* «*Solange a réparti les aliments sur les différentes clayettes du frigo, jetant au passage produits périmés et vieux légumes*» R. JAUFFRET.

CLAYMORE [klɛmɔʀ] n. f. – 1804 ◇ mot anglais ■ HIST. Grande et large épée des guerriers écossais, maniée à deux mains. ➤ **espadon.**

CLAYON [klɛjɔ̃] n. m. – 1642 ◇ de *claie* ■ Petite claie. ➤ **clayette.** SPÉCIALT Petite claie servant à faire égoutter les fromages, sécher les fruits. — Petite claie ronde de pâtissier.

CLAYONNAGE [klɛjɔnaʒ] n. m. – 1694 ◇ de *clayon* ■ TECHN. ■ **1** Assemblage de pieux et de branches d'arbres en forme de claie, destiné à soutenir des terres. *Consolider une berge par des clayonnages.* ■ **2** Préparation et pose d'un tel ouvrage. *Faire du clayonnage.*

CLAYONNER [klɛjɔne] v. tr. ⟨1⟩ – 1845 ◇ de *clayonnage* ■ TECHN. Garnir de clayonnages. *Clayonner un fossé.*

CLÉ ou **CLEF** [kle] n. f. – fin XIe ◇ du latin *clavis* «clé, loquet, barre» (→ cheville, clavecin, enclaver), apparenté à *clavus* «cheville, clou» (→ clou) et à *claudere* «fermer» (→ clore)

I CE QUI SERT À OUVRIR ■ **1** Instrument de métal servant à faire fonctionner le mécanisme d'une serrure. *Parties d'une clé.* ➤ **anneau, branche, panneton ; bouterolle,** 1 **canon, dent, forure.** *Un jeu de clés. Trousseau de clés.* ➤ **porte-clé.** *Clé de sûreté. Clé à pompe**. *La clé d'une porte, d'une armoire, d'une valise, d'un cadenas. Les clés de l'appartement. Clés de voiture. Clé de contact**. *Fausse clé* : clé fabriquée sans la permission du possesseur de la serrure. ➤ **crochet, passe-partout, rossignol.** *Mettre, tourner la clé dans la serrure. Donner un tour de clé. Une porte qui ferme à clé*, munie d'une serrure. *Chambre fermée à clé. Meuble, valise qui ferme à clé. Clé magnétique* : carte magnétique jouant le rôle d'une clé. — *Louer une maison clés en main*, jouir immédiatement de la location. *Clés en main*, (Belgique) *clé sur porte* : prêt à l'usage. *Acheter des usines clés en main. Des* «*projets en cours que Stocastic remettra sur mesure, clefs en main, aux chaînes de télévision*» ECHENOZ. LOC. *(Laisser) la clé sur la porte*, dans la serrure. *(Mettre) la clé sous la porte, sous le paillasson*, au sol ; FIG. partir, déménager discrètement, disparaître ; faire faillite, cesser son activité. «*ses affaires* [ne] *vont pas mieux, elle est sur le point de mettre la clef sous la porte*» M. DU CAMP. — (milieu XVe) **SOUS CLÉ.** *Mettre qqch. sous clé*, l'enfermer dans un meuble qui ferme à clé. ♦ *Les clés d'une ville. Présenter, remettre les clés de la ville (à un vainqueur)* : se soumettre, se rendre. ■ **2** (1268) Place forte, position stratégique qui commande l'entrée d'un pays, d'une région. *Les Thermopyles étaient la clé de la Grèce.* — PAR EXT. APPOS. Qui est très important, dont le reste dépend. *Occuper une position clé*, une position essentielle. *Un poste clé. Industrie clé*, de laquelle dépendent beaucoup d'autres. *Un témoin clé. Les mots clés.* ■ **3** LOC. FIG. (1317) **LA CLÉ DES CHAMPS :** la liberté. *Prendre la clé des champs* : partir, s'enfuir. ■ **4** (fin XIIe) Ce qui donne accès. ➤ **introduction.** *L'algèbre, selon Descartes, est la clé des autres sciences. Les clés du succès.* ♦ INFORM. *Clé d'accès* : suite de caractères alphanumériques (servant de code) dont l'introduction dans un système informatique réserve aux seules personnes autorisées l'accès à des procédures ou à des informations (cf. Mot de passe*). *Clé de cryptage* : algorithme qui permet de chiffrer (et déchiffrer) un message. *Une clé de 128 bits comprend 2^{128} combinaisons.* ▪ **5** (milieu XIIe) Ce qui explique, qui permet de comprendre. ➤ **explication, solution.** *La clé du mystère. La clé des songes. La clé d'une affaire.* — (1919) SPÉCIALT *Roman, livre à clé(s)* : ouvrage qui met en scène des personnages et des faits réels, mais déguisés par l'auteur. *Dans ce livre « où il n'y a pas un seul personnage "à clefs" »* PROUST. ▪ **6** (avant 1407) MUS. Signe de référence placé au début de la portée, sur l'une des lignes, pour indiquer la hauteur des notes inscrites. *Clé de sol, de fa, d'ut. Mettre un dièse, un bémol à la clé* (➤ **armature**). — LOC. FIG. *À la clé* : avec qqch. à la fin de l'opération. *Il y a une récompense à la clé.* ▪ **7** PAR ANAL. (XXe) *Clé (USB)* : petit dispositif qui fonctionne comme une unité de stockage mobile et se connecte sur le port USB. *Enregistrer un fichier sur une clé.*

II CE QUI SERT À MAINTENIR ▪ **1** (milieu XIIIe) Outil servant à serrer ou à démonter certaines pièces (écrous, vis), à tendre ou à détendre le ressort d'un mécanisme. *Clé de serrage. Clé plate,* à fourche. *Clé de douze* (indiquant l'ouverture de la fourche). *Clé en tube, à mâchoires. Clé à molette, à crémaillère ; clé anglaise* ou *à mâchoires mobiles. Clé universelle. Clé à six pans creux. Clé dynamométrique,* permettant un serrage réglé en m/kg. *Clé à bougie. Clé à pipe.* — *Clé d'un poêle. Clé de pendule.* ➤ **remontoir.** *Clé servant à ouvrir les boîtes de conserve* (➤ **ouvre-boîte**). ◆ TECHN. Interrupteur ou inverseur (dans un appareil électrique). Commande manuelle à deux positions. — MUS. *Clé d'accordeur.* ▪ **2** (XIIIe) **CLEF DE VOÛTE, CLÉ DE VOÛTE** : pierre en forme de coin (➤ **claveau**) placée à la partie centrale d'une voûte et servant à maintenir les autres pierres. — FIG. Point important, partie essentielle, capitale d'un système. *La clef* (ou *la clé*) *de voûte d'une argumentation.* ▪ **3** Commande de l'ouverture ou de la fermeture des trous (d'un instrument à vent). *Les clés d'une clarinette.* ▪ **4** Prise de judo, de lutte par laquelle on immobilise l'adversaire. *Une clé de bras. « Blériot lui a attrapé le bras pour lui faire une clé derrière le dos et l'immobiliser contre le mur »* P. LAPEYRE.

CLEAN [klin] adj. – 1978 ◊ mot anglais « propre » ▪ ANGLIC. FAM. ▪ **1** Qui a un air propre, soigné. *Une allure, un look clean. Un intérieur clean. Des ongles clean* (inv.) ou *cleans.* ▪ **2** Qui est sain, net moralement. *« C'est clean ! C'est cool ! Ne compliquez pas tout »* GRAINVILLE. — SPÉCIALT Qui ne prend pas de drogue. *Être clean* (opposé à *speedé*). *« Alexis était encore relativement clean. Je pense qu'il fumait surtout... »* GAVALDA.

CLEARANCE ➤ **CLAIRANCE**

CLEARING [kliʀiŋ] n. m. – 1912 ; *clearing-house* 1833 ◊ mot anglais « compensation » ▪ ANGLIC. ; COMM., FIN. Technique de règlement par compensation, visant à éviter des transferts (de titres, de fonds). ➤ **compensation.** *Accords de clearing,* entre pays, en vertu desquels le produit d'exportations est affecté au règlement d'importations. ➤ **troc.**

CLÉBARD [klebaʀ] n. m. – 1934 ◊ de *clebs* ▪ FAM. Chien*.

CLEBS [klɛps] n. m. – 1920 ; *cleb* 1863 ◊ arabe *klab* ▪ FAM. Chien*. ➤ 1 **cabot, cador.**

CLÉDAR [kledaʀ] n. m. – 1716 ◊ provençal *cleda* « claie » ▪ RÉGION. (Savoie, Jura, Suisse) Porte à claire-voie d'un jardin, d'un pâturage, etc.

CLEF ➤ **CLÉ**

CLÉMATITE [klematit] n. f. – 1572 ; *clematide* 1556 ◊ latin *clematitis* ; grec *klêmatitis,* de *klêma* « sarment » ▪ Plante vivace *(renonculacées),* ligneuse et grimpante, à fleurs roses ou violettes.

CLÉMENCE [klemɑ̃s] n. f. – XIIe ; *clementia* Xe ◊ latin *clementia* ▪ **1** LITTÉR. Vertu qui consiste, de la part de qui dispose d'une autorité, à pardonner les offenses et à adoucir les châtiments. ➤ **générosité, humanité, indulgence, magnanimité, miséricorde.** *La clémence d'Auguste* (qui pardonna à Cinna, Émilie et Maxime d'avoir comploté sa mort). *Un acte de clémence. Faire preuve de clémence. Implorer la clémence de ses juges. « La clémence porte le flambeau devant toutes les autres vertus »* HUGO. ▪ **2** FIG. *La clémence de la température.* ➤ **douceur.** ▪ CONTR. Inclémence. Cruauté, rigueur, sévérité.

CLÉMENT, ENTE [klemɑ̃, ɑ̃t] adj. – 1213 ◊ latin *clemens* ▪ **1** Qui manifeste de la clémence. ➤ **généreux, humain, indulgent, magnanime, miséricordieux.** *Se montrer clément.* ▪ **2** FIG. *Un ciel clément. Hiver clément,* peu rigoureux. ➤ **doux.** ▪ CONTR. Inclément, inexorable, inflexible, rigoureux, sévère.

CLÉMENTINE [klemɑ̃tin] n. f. – 1902 ◊ du nom du *frère Clément* ▪ Fruit du clémentinier, voisin de la mandarine, à peau fine. *Clémentine sans pépins. Clémentines d'Espagne, de Corse. Hybrides de clémentine.* ➤ **clémenvilla.**

CLÉMENTINIER [klemɑ̃tinje] n. m. – XXe ◊ de *clémentine* ▪ Arbre fruitier *(aurantiacées),* hybride du bigaradier et du mandarinier.

CLÉMENVILLA [klemɑ̃vila] n. f. – 1997 ◊ de *clémen(tine)* et *Villa(longa),* nom du producteur ▪ Agrume à peau fine, de forme légèrement aplatie, hybride de clémentine et de tangélo.

CLENCHE [klɑ̃ʃ] n. f. – *clenque* XIIIe ◊ mot picard ; francique °*klinka* « levier oscillant » ▪ **1** Petit bras de levier dans le loquet d'une porte, et qui prend appui sur le mentonnet. *Lever, abaisser la clenche* (➤ **déclencher, enclencher**). *Porte fermée à la clenche.* ▪ **2** RÉGION. (Normandie, Lorraine, Alsace, Nord, Belgique) Poignée de porte. (On dit aussi *clinche* [klɛ̃ʃ].)

CLEPSYDRE [klɛpsidʀ] n. f. – 1556 ; *clepsidre* XIVe ◊ latin *clepsydra,* grec *klepsudra* « qui vole l'eau » ▪ ANCIENNT Horloge à eau.

CLEPTOCRATIE [klɛptɔkʀasi] n. f. – 1924 ; autre sens 1917 ◊ du grec *kleptês* « voleur » et *-cratie* ▪ Gouvernement dont les dirigeants monopolisent le pouvoir pour s'enrichir au détriment des gouvernés. *Pays où règnent la cleptocratie et la corruption.* — On écrit aussi *kleptocratie.*

CLEPTOMANE [klɛptɔman] n. et adj. – 1906 ; *kleptomane* 1896 ◊ du grec *kleptês* « voleur » et *-mane* ▪ Personne qui a une propension pathologique à commettre des vols. — On écrit aussi *kleptomane.*

CLEPTOMANIE [klɛptɔmani] n. f. – 1872 ; *kleptomanie* 1840 ◊ de l'anglais *kleptomania* (1830), du grec *kleptês* « voleur » et *mania* → -manie ▪ Obsession du cleptomane. — On écrit aussi *kleptomanie.*

CLERC [klɛʀ] n. m. – Xe ◊ latin ecclésiastique *clericus,* grec *cleros* ▪ **1** Celui qui est entré dans l'état ecclésiastique (➤ **clergé**) par réception de la tonsure. *Clerc tonsuré.* ▪ **2** (XVe) ANCIENNT ou LITTÉR. Personne instruite. ➤ **lettré, savant ; intellectuel.** *« La Trahison des clercs », ouvrage de J. Benda.* — LOC. **GRAND CLERC.** *Il est grand clerc en la matière.* ➤ **compétent, expert.** *Il n'est pas besoin d'être grand clerc pour savoir...* ▪ **3** (1283) Employé des études d'officiers publics et ministériels, et, particulièrement, stagiaire se préparant aux fonctions de notaire, d'huissier. *Clerc de notaire. Premier clerc.* ◆ LOC. LITTÉR. **PAS DE CLERC** : faute, erreur, maladresse par inexpérience, ignorance, imprudence. ➤ **impair ;** FAM. 2 **gaffe.** *« Ma langue, en cet endroit, A fait un pas de clerc »* MOLIÈRE. ▪ CONTR. Laïc. Béotien, ignorant, inculte. ▪ HOM. Clair, claire.

CLERGÉ [klɛʀʒe] n. m. – *clergié* Xe ◊ latin ecclésiastique *clericatus* → clerc ▪ Ensemble des ecclésiastiques (d'une église, d'un pays, d'une ville). *Les membres du clergé. Le clergé catholique. Le clergé de France, du diocèse de Paris, de la paroisse. Clergé séculier.* ➤ **curé, évêque, prêtre.** *Clergé régulier.* ➤ **abbé, moine, religieux.** *Le haut, le bas clergé.*

CLERGIE [klɛʀʒi] n. f. – 1190 ◊ de *clerc* ▪ VX Condition de clerc. ➤ **cléricature.** — HIST. *Bénéfice, privilège de clergie* : privilège en vertu duquel les clercs étaient jugés par la juridiction ecclésiastique.

CLERGYMAN [klɛʀʒiman] n. m. – 1818 ◊ mot anglais, de *clergy* « clergé » et *man* « homme » ▪ Pasteur anglo-saxon. *Des clergymans* ou *des clergymen* [klɛʀʒimɛn] (plur. angl.).

CLÉRICAL, ALE, AUX [kleʀikal, o] adj. et n. – XIIe ◊ latin *clericalis* → clerc ▪ **1** Relatif au clergé. *Ordres cléricaux.* ▪ **2** (1815) Qui a rapport au cléricalisme. *Parti clérical. Journal clérical.* ◆ Partisan du cléricalisme. ➤ FAM. **calotin.** — n. *Des cléricaux.* ▪ CONTR. Anticlérical, laïque.

CLÉRICALISME [kleʀikalism] n. m. – 1855 ◊ de *clérical* ▪ Opinion des partisans d'une immixtion du clergé dans la politique. *« Le cléricalisme ? voilà l'ennemi ! »* GAMBETTA. ▪ CONTR. Anticléricalisme.

CLÉRICATURE [kleʀikatyʀ] n. f. – 1429 ◊ latin ecclésiastique *clericatura,* de *clericus* ▪ DIDACT. État, condition des clercs, des ecclésiastiques. ➤ VX **clergie.**

CLIC [klik] interj. – 1473 ◊ onomat. → clique ▪ **1** Onomatopée imitant un claquement sec. ➤ **clic-clac.** *« Clic, et fin de la communication »* PENNAC. ▪ **2** n. m. Pression exercée par le doigt sur le bouton de la souris d'un ordinateur. ➤ **double-clic ; cliquer.** *Lancer une recherche d'un simple clic. En quelques clics.* ▪ HOM. Clique, cliques.

CLIC-CLAC [klikklak] interj. et n. m. inv. – v. 1480 ◊ onomat. ▪ **1** Onomatopée exprimant un claquement sec et répété. ▪ **2** n. m. inv. *Le clic-clac d'un appareil photo.* ◆ Canapé transformable, lit qui se plie en deux (en faisant ce bruit).

CLICHAGE [kliʃaʒ] **n. m.** – 1809 ◊ de *clicher* ■ TYPOGR. Opération par laquelle on fait un cliché pour la reproduction. *Clichage d'un livre, d'une gravure. Clichage par électrolyse.* ➤ **galvanoplastie.**

CLICHÉ [kliʃe] **n. m.** – 1809 ◊ p. p. de *clicher* ■ **1** TYPOGR. Plaque portant en relief la reproduction d'une page de composition (gravure ou image), et permettant le tirage de nombreux exemplaires. *Reproduction avec un mastic formant cliché.* ➤ **polycopie.** *Cliché en alliage, en plomb, en cuivre* (➤ **galvanotype**), *en zinc. Cliché en caoutchouc* (➤ **offset**), *en plastique. Cliché en bois.* ➤ **xylographie.** *Cliché à teintes plates* (➤ **similigravure**). *Cliché métallique d'une photographie.* ➤ **héliogravure, photogravure.** ■ **2** (1865) COUR. Image négative d'une photo. ➤ **négatif, phototype.** *Un cliché net, flou. Copie d'un cliché.* ➤ **contretype.** *Cliché radiologique.* — PAR EXT. Photo. *Cliché flou.* ■ **3** (1869) FIG. et PÉJ. Idée ou expression toute faite trop souvent utilisée. ➤ **banalité, poncif, redite, stéréotype** (cf. Lieu* commun). *Une conversation pleine de clichés.* «*son mari l'avait quittée. Pour une femme plus jeune. Quel cliché.*» D. FOENKINOS.

CLICHER [kliʃe] **v. tr.** ⟨1⟩ – fin XVIIIe ◊ onomat. d'après le bruit de la matrice tombant sur le métal en fusion ■ TYPOGR. Faire un cliché de. *Clicher une page.*

CLICHEUR, EUSE [kliʃœʀ, øz] **n.** – 1835 ◊ de *clicher* ■ TYPOGR. Personne chargée de faire les clichés.

CLIENT, CLIENTE [klijɑ̃, klijɑ̃t] **n.** – 1437 ◊ latin *cliens, clientis* ■ **1** ANTIQ. À Rome, Plébéien qui se mettait sous la protection d'un patricien appelé *patron.* ♦ (1538) VX Personne qui se place sous la protection de qqn. ➤ **protégé.** ■ **2** MOD. Personne qui requiert des services moyennant rétribution. *Les clients d'un notaire, d'un avocat. — Client, cliente d'un médecin, d'un dentiste.* ➤ **malade, patient.** *Les clients d'un coiffeur, d'un hôtel, d'un cordonnier, d'un taxi.* ■ **3** (1826) Personne qui achète. ➤ **acheteur, acquéreur.** *Être client pour des actions. Un client sérieux.* — FIG. et FAM. *Être, n'être pas client* : vouloir, ne pas vouloir de qqch. ➤ **preneur.** *À la tête* du client.* — *Clients d'une boutique.* ➤ VX 2 **chaland,** 1 **pratique ; clientèle.** *Magasin plein de clients.* ➤ **achalandé.** *Attendre le client* : ne rien vendre. *Vendeur occupé à servir un client. Clients d'un café.* ➤ **consommateur.** PROV. *Le client a toujours raison* (principe de l'art de vendre). — APPOS. *Service client(s), relation client(s)* : service qui gère les relations d'une entreprise avec la clientèle (service après-vente, fidélisation...). ■ **4** SPÉCIALT Personne qui se sert toujours au même endroit. ➤ **habitué ; fidèle.** *Servez-le bien, c'est un client. Un bon, un gros client. Perdre un client.* ■ **5 n. m.** ÉCON. ➤ **consommateur, importateur.** *La Belgique est un très gros client de la France sur le marché automobile.* ♦ Entreprise cliente d'une autre. *Gros client.* ➤ **grand compte.** ■ **6** (par l'anglais) **n. m.** INFORM. Système informatique qui utilise des services, des informations fournis par un serveur auquel il est relié. — APPOS. *Ordinateurs clients.* — *Architecture* client-serveur.* ■ CONTR. 1 Patron. Fournisseur, marchand, vendeur.

CLIENTÈLE [klijɑ̃tɛl] **n. f.** – 1352 ◊ latin *clientela* ■ **1** ANTIQ. Ensemble des clients d'un patricien. ■ **2** FIG. Ensemble des gens qui soutiennent un parti politique, qui fréquentent habituellement un milieu. ➤ **adepte, public.** *Une clientèle d'admirateurs. Une clientèle électorale* (➤ **clientélisme**). ■ **3** Ensemble de clients qui recourent, moyennant rétribution, aux services d'une même personne. *Clientèle d'un médecin.* ➤ **patientèle.** *Clientèle d'une agence. Se faire une clientèle.* ■ **4** (1832) Ensemble d'acheteurs (➤ **achalandage**). *Avoir une grosse clientèle. Ils ne se font pas concurrence car ils n'ont pas la même clientèle. Attirer la clientèle. Visiter la clientèle* (➤ **prospection**). *Chargé de clientèle.* ➤ **commercial.** *Clientèle fidélisée.* ■ **5** Fait d'être client, d'acheter. *Il voudrait obtenir la clientèle de cette riche famille.* — ÉCON. *La clientèle d'un pays.*

CLIENTÉLISME [klijɑ̃telism] **n. m.** – 1972 ◊ de *clientèle* ■ Pour une personnalité ou un parti politique, Fait de chercher à élargir son influence par des procédés démagogiques d'attribution de privilèges. ➤ RÉGION. **patronage.** *Clientélisme et corruption.* — **adj.** et **n. CLIENTÉLISTE.** *Politique, système clientéliste. Les clientélistes et les populistes.*

CLIGNEMENT [kliɲ(ə)mɑ̃] **n. m.** – v. 1560 ; *cloignement* XIIIe ◊ de *cligner* ■ **1** Action de cligner. *Clignement d'yeux.* «*ce clignement que donne aux pêcheurs la réverbération des vagues*» HUGO. — Battement rapide des paupières (en signe d'intelligence, pour attirer l'attention). «*un malin clignement d'œil*» COURTELINE. ➤ **clin d'œil, coup** (d'œil), **œillade.** ■ **2** FIG. et LITTÉR. Action de briller par intermittence. ➤ **clignotement, scintillement.** «*le clignement de quelques éclairs lointains*» MARTIN DU GARD.

CLIGNER [kliɲe] **v.** ⟨1⟩ – 1150 ◊ p.-ê. bas latin °*cludiniare,* de °*cludinare,* de *cludere* «fermer» ■ **1 v. tr.** Fermer à demi (les yeux) pour mieux voir. *Les myopes clignent les yeux pour mieux accommoder.* ■ **2** Fermer et ouvrir rapidement (les yeux). ➤ **ciller, clignoter.** «*le soleil traversant les nuages la forçait à cligner ses paupières*» FLAUBERT. — TRANS. IND. *Cligner des yeux.* SPÉCIALT *Cligner de l'œil,* pour faire un signe, pour aguicher. ➤ **clignement.** ■ **3 v. intr.** Se fermer et s'ouvrir (yeux, paupières).

CLIGNOTANT, ANTE [kliɲɔtɑ̃, ɑ̃t] **adj.** et **n. m.** – 1546 ◊ de *clignoter* ■ **1** Qui clignote. — (1805) VX *Membrane clignotante des oiseaux.* ➤ **nictitant.** ■ **2** Qui s'allume et s'éteint par intermittence. ➤ **scintillant, intermittent, vacillant.** *Une lumière clignotante. Feu clignotant* : feu de signalisation indiquant un danger. ■ **3 n. m.** (v. 1950) Dispositif muni d'une lumière intermittente, servant à indiquer la direction que va prendre un véhicule. *Mettre son clignotant avant de tourner.* ➤ RÉGION. **clignoteur.** ■ **4 n. m.** (1965) ÉCON. Indice dont l'apparition signale un danger (dans un plan, un programme économique). ➤ **indicateur.** ■ CONTR. 1 Fixe.

CLIGNOTEMENT [kliɲɔtmɑ̃] **n. m.** – 1546 ◊ de *clignoter* ■ **1** Action de clignoter. *Clignotement d'yeux.* ➤ **battement** (des paupières, des cils). ■ **2** FIG. Action de se produire par intermittence (lumière). ➤ **scintillement, vacillement.** *Le clignotement des lumières de la ville.*

CLIGNOTER [kliɲɔte] **v. intr.** ⟨1⟩ – XVe ; *cligneter* XIIIe ◊ de *cligner* ■ **1** Cligner coup sur coup rapidement et involontairement. «*Ses petits yeux noirs clignotaient*» MARTIN DU GARD. ■ **2** FIG. Éclairer et s'éteindre alternativement à très brefs intervalles. *Les étoiles* «*clignotaient par milliers au-dessus de sa tête*» MAC ORLAN. ➤ **scintiller.**

CLIGNOTEUR [kliɲɔtœʀ] **n. m.** – 1948 ◊ de *clignoter* ■ (Belgique, Luxembourg) Clignotant (3°).

CLIMAT [klima] **n. m.** – XIIe ◊ latin *climatis,* grec *klima* «inclinaison d'un point de la Terre par rapport au Soleil» ■ **1** Ensemble des circonstances atmosphériques et météorologiques propres à une région du globe. *Éléments du climat* : aridité, humidité, précipitations, pression* atmosphérique, saison, sécheresse, température, vent. *Climat intertropical (équatorial ; tropical) ; subtropical (ou désertique) ; tempéré (méditerranéen, océanique) ; froid, glacial (polaire). Climat maritime, continental. Climat de moussons, de montagne. Le climat du Cap, de Valparaiso. Climat particulier d'une petite région.* ➤ **microclimat.** *Groupe intergouvernemental d'experts sur l'évolution du climat (GIEC).* ♦ COUR. *Accoutumer à un nouveau climat.* ➤ **acclimater.** *Climat agréable, doux, salubre, sain, vivifiant ; malsain, rude. Climat sec, humide, pluvieux ; chaud, froid.* ■ **2** (1314) VIEILLI Le lieu où règne le climat. *Changer de climat.* ➤ 1 **pays, région.** — LOC. LITTÉR. *Sous ces climats, dans nos climats.* ■ **3** FIG. Atmosphère morale, conditions de la vie. ➤ **ambiance.** *Le climat social, politique. Dans un climat d'hostilité.*

CLIMATÈRE [klimatɛʀ] **n. m.** – 1546 ◊ latin *climacter,* grec *klimaktêr* «étape, échelon», de *klimax* «échelle» ■ MÉD. Étape de la vie (appelée aussi *âge critique*) marquant la cessation de l'activité des hormones sexuelles chez la femme (➤ **ménopause**) et chez l'homme (➤ **andropause**).

CLIMATÉRIQUE [klimateʀik] **adj.** et **n. f.** – 1554 ◊ grec *klimaktêrikos* → climatère ■ **1** ANTIQ. *Année climatérique,* ou **n. f.** *une climatérique* : année de la vie humaine, multiple de 7 ou de 9, en particulier la 49e, la 81e et la 63e ou *grande climatérique,* difficile à franchir. — PAR EXT. Se dit d'une période qui présente un caractère dangereux. ➤ 1 **critique.** ■ **2** (1812) VIEILLI et CRITIQUÉ ➤ **climatique.** «*Les conditions climatériques d'un pays*» (ACADÉMIE).

CLIMATIQUE [klimatik] **adj.** – v. 1860-70 ◊ de *climat* ■ Qui a rapport au climat. *Influence, modification climatique. Changement(s) climatique(s). Dérèglement climatique. Accident* climatique. Le réchauffement climatique. Les conditions climatiques. Station climatique,* où l'on envoie les malades pour les vertus curatives du climat. ♦ PAR EXT. Dû au climat. *Réfugié climatique,* contraint de quitter son habitat traditionnel en raison de la dégradation de son environnement due à des phénomènes climatiques.

CLIMATISATION [klimatizasjɔ̃] **n. f.** – v. 1920 ◊ de *climatiser* ■ Moyens employés pour obtenir, dans un lieu fermé, une atmosphère constante (température, humidité), à l'aide d'appareils. ➤ **conditionnement ; climatiseur.** — ABRÉV. FAM. *La* CLIM [klim] (1985).

CLIMATISER [klimatize] v. tr. ⟨1⟩ – v. 1935 ◇ de *climat* ▪ **1** Maintenir (un lieu) à une température agréable et à un taux d'humidité convenable. *Climatiser un hôtel.* ♦ **p. p. adj.** *Salle de cinéma, voiture climatisée. — Air climatisé.* ➤ **conditionné.** ▪ **2** Équiper (un local) de la climatisation.

CLIMATISEUR [klimatizœʀ] **n. m.** – 1955 ◇ de *climatiser* ▪ Appareil de climatisation. ➤ **conditionneur.** *Partout «ronronnent d'imperturbables climatiseurs qui diffusent un air glacial»* J.-PH. TOUSSAINT.

CLIMATISME [klimatism] **n. m.** – 1945 ◇ de *climat, climatique,* d'après *thermalisme* ▪ DIDACT. Ensemble des questions d'ordre thérapeutique, administratif et social que soulève l'existence des stations climatiques.

CLIMATOLOGIE [klimatɔlɔʒi] **n. f.** – 1834 ◇ de *climat* et *-logie* ▪ Étude de l'action des phénomènes météorologiques sur les différentes parties du globe, de leurs réactions mutuelles, de leur évolution temporelle et des différents climats.

CLIMATOLOGIQUE [klimatɔlɔʒik] **adj.** – 1838 ◇ de *climatologie* ▪ Qui se rapporte à la climatologie. *Cartes climatologiques* (➤ **isobare, isotherme**).

CLIMATOLOGUE [klimatɔlɔg] **n.** – v. 1950 ◇ de *climatologie* ▪ DIDACT. Personne qui s'occupe de climatologie (géophysicien spécialisé). — On dit aussi **CLIMATOLOGISTE.**

CLIMATOPATHOLOGIE [klimatopatɔlɔʒi] **n. f.** – 1938 ◇ de *climat* et *pathologie* ▪ DIDACT. Étude des effets nocifs imputables aux facteurs climatiques.

CLIMATOSCEPTIQUE [klimatosɛptik] **adj. et n.** – 2004 ◇ de *climat* et *sceptique* ▪ DIDACT. Qui met en doute les théories les plus répandues concernant le réchauffement climatique. — **n.** *Les climatosceptiques.*

CLIMATOTHÉRAPIE [klimatoteʀapi] **n. f.** – 1876 ◇ de *climat* et *-thérapie* ▪ MÉD. Traitement des maladies par utilisation des propriétés propres aux divers climats.

CLIMAX [klimaks] **n. m.** – v. 1900 ; autre sens 1753 ◇ mot anglais, du grec *klimax* «échelle ; gradation» ▪ **1** SC. Point culminant (dans une progression). ▪ **2** GÉOGR. État optimal d'équilibre écologique en l'absence de toute intervention humaine.

CLIN [klɛ̃] **n. m.** – fin XIIe ◇ de l'ancien français *cliner*, latin *clinare* «incliner» ▪ **1** MAR. Disposition des bordages d'une embarcation se chevauchant l'un l'autre. *Assemblage à clins ; embarcations à clins.* ▪ **2** TECHN. Panneau à recouvrement partiel dans un revêtement extérieur.

CLINCHE ➤ **CLENCHE**

CLIN D'ŒIL [klɛ̃dœj] **n. m.** – 1559 ◇ de *cligner* et *œil* ▪ Mouvement rapide de la paupière (➤ **clignement**) pour faire signe. *Des clins d'œil, des clins d'yeux.* ➤ **coup** (d'œil), **œillade.** *Un clin d'œil amusé, complice. Il lui a fait un clin d'œil.* ♦ FIG. Allusion pour attirer l'attention de qqn, signe de connivence. — **EN UN CLIN D'ŒIL :** en un temps très court. *Il disparut en un clin d'œil.*

CLINFOC [klɛ̃fɔk] **n. m.** – 1792 ◇ allemand *klein Fock* «petit foc» ▪ MAR. Voile légère, à l'extrémité du bout-dehors du grand foc.

CLINICAT [klinika] **n. m.** – 1866 ◇ de *clinique* ▪ DIDACT. Fonction de chef de clinique.

CLINICIEN, IENNE [klinisjɛ̃, jɛn] **n. et adj.** – 1838 ◇ de *clinique* ▪ Médecin qui étudie les maladies et établit ses diagnostics par l'examen direct des malades. ➤ **praticien.** *Une bonne clinicienne. Médecin clinicien.*

CLINIQUE [klinik] **adj. et n. f.** – 1586 ◇ latin *clinicus*, adj. et n. ; grec *klinikos*, de *klinein* «être couché» ▪ **1** DIDACT. Qui concerne le malade au lit ; qui observe directement les manifestations de la maladie, au chevet du malade. *Médecine clinique. Examen clinique. Signes cliniques :* symptômes que le médecin peut percevoir par la seule observation. *Tableau clinique :* ensemble des manifestations cliniques d'une maladie. *Essai clinique :* expérimentation d'un nouveau médicament sur l'être humain. — **n. f. pl.** *Cliniques :* épreuves pratiques que doivent passer les futurs médecins. ▪ **2** **n. f.** DIDACT. Méthode qui consiste à faire un diagnostic par l'observation directe des malades. — Enseignement médical qu'un patron donne à ses élèves au chevet des malades. ▪ **3** **n. f.** Service hospitalier où est donné l'enseignement d'une discipline médicale. *Clinique ophtalmologique. — Chef de clinique :* médecin qui, après l'internat, assure un enseignement dans un service de clinique. ▪ **4** **n. f.** COUR. Établissement privé où l'on soigne ou opère des malades. ➤ **polyclinique.** *Clinique d'accouchement, chirurgicale. Clinique psychiatrique.* ➤ **maison** (de santé). *Clinique conventionnée*. Un séjour en clinique.*

CLINIQUEMENT [klinikmɑ̃] **adv.** – 1852 ◇ de *clinique* ▪ DIDACT. Du point de vue clinique. *Il est cliniquement mort.*

CLINO- ▪ Élément, du grec *klinein* «pencher» et «être couché».

CLINOMÈTRE [klinɔmɛtʀ] **n. m.** – 1834 ◇ mot anglais (1811), formé sur le grec *klinein* «pencher» (→ clino-) et *metron* «mesure» (→ -mètre) ▪ DIDACT. Instrument destiné à mesurer l'inclinaison d'un plan, d'une route par rapport à un plan horizontal. ➤ **inclinomètre.** *Le clinomètre d'un navire, d'un avion.*

CLINORHOMBIQUE [klinoʀɔ̃bik] **adj.** – 1873 ◇ de *clino-* et *rhombique*, d'après l'anglais *clino-rhombic* (1858) ▪ MINÉR. ➤ **monoclinique.**

1 **CLINQUANT, ANTE** [klɛ̃kɑ̃, ɑ̃t] **adj.** – XIVe ◇ de *clinquer* «faire du bruit» ▪ **1** RÉGION. Qui sonne, cliquette. *«Et leurs chevaux libérés, étriers fous et clinquants»* CÉLINE. ▪ **2** (XIVe, repris XIXe) Qui a un éclat trop voyant, vulgaire ; qui brille mais est sans valeur. *Bijoux clinquants.* ➤ **tapageur.**

2 **CLINQUANT** [klɛ̃kɑ̃] **n. m.** – XVIe ; *(or) clicquant* «brillant» 1435 ◇ de *clinquer, cliquer* «faire du bruit» → clique ▪ **1** Lamelle brillante, d'or ou d'argent (PAR EXT. de cuivre) dont on rehausse certaines parures et broderies. *«la pauvre noblesse qui se pare de clinquant usé»* GUEZ DE BALZAC. ♦ TECHN. Métal en feuilles très minces. *Clinquant de laiton, d'aluminium, de cuivre, d'acier.* ▪ **2** PAR ANAL. (1680) COLLECT. *Le clinquant :* mauvaise imitation de métaux, pierreries, bois précieux. ➤ 1 **faux, simili, verroterie ;** FAM. **camelote, quincaillerie,** 2 **toc.** *Le faux éclat, le mauvais goût du clinquant.* ➤ FAM. **bling-bling.** ▪ **3** (1667) FIG. Éclat trompeur, tapageur.

1 **CLIP** [klip] **n. m.** – 1932 ◇ mot anglais «attache, agrafe» ▪ **1** Petit bijou (boucle d'oreille, broche, etc.) monté sur une pince. VAR. ABUS. *Un clips* [klips]. ▪ **2** CHIR. Agrafe chirurgicale (pour pincer un vaisseau, servir de repère, etc.). ➤ **clamp.** ♦ MÉCAN. Fixation par pince formant ressort (➤ 2 **clipper**).

2 **CLIP** [klip] **n. m.** – 1982 ◇ mot anglais américain «extrait» ▪ ANGLIC. Film vidéo, bref, percutant, qui utilise nombre d'effets spéciaux, réalisé pour promouvoir une chanson, et PAR EXT. un artiste, un personnage politique, etc. *«Cela s'appelle un clip, parce que c'est bref. Je dirais plutôt un film, parce que ça dit une histoire, ça porte une idée»* DESPROGES. *Tourner un clip.* — On dit aussi *vidéoclip, clip vidéo.*

1 **CLIPPER** [klipœʀ] **n. m.** /CLIPPEUR/ – 1845 ◇ mot anglais «qui coupe (les flots)» ▪ ANCIENNT Voilier fin de carène. ♦ Avion de transport transocéanique.

2 **CLIPPER** [klipe] ou **CLIPSER** [klipse] **v. tr.** ⟨1⟩ – 1977 au p. p., – 1974 ◇ de 1 *clip* ▪ Attacher ou fixer avec un clip, une pince à ressort. *Clipper un embout sur le flexible d'un aspirateur.* — ABSOLT *Parquet flottant à clipser.*

CLIQUABLE [klikabl] **adj.** – 1996 ◇ de *cliquer* ▪ INFORM. Sur lequel il est possible de cliquer afin d'activer un lien hypermédia. *Zone, image cliquable.*

CLIQUE [klik] **n. f.** – XIVe ◇ de l'ancien français *cliquer* «faire du bruit» → clic ▪ **1** FAM. Coterie, groupe de personnes peu estimables. ➤ 2 **bande, cabale.** *«Puzzini ameute sa clique, me dénonce au ministre»* P.-L. COURIER. *Il est venu avec toute sa clique.* — POLIT. PÉJ. Groupe d'intérêts. — PAR EXT. Groupe d'amis, notamment sur un réseau social. *Rejoins ma clique !* ▪ **2** Ensemble des tambours et des clairons d'une musique militaire. *«Le réveil fut sonné en fanfare, par toute la clique»* MAC ORLAN. ▪ HOM. Clic, cliques.

CLIQUER [klike] **v. intr.** ⟨1⟩ – 1306 ◇ onomat. → clic ▪ **1** VX Faire un bruit sec (➤ **cliqueter**). ▪ **2** (anglais *to click*) INFORM. Sélectionner une option sur l'écran d'un ordinateur, par pression du bouton de la souris*. *Cliquer deux fois.* ➤ **double-cliquer.** TRANS. *Cliquer un lien* (➤ **cliquable**).

CLIQUES [klik] **n. f. pl.** – 1866 ◇ région. *cliques* «jambes», d'après les onomatopées *clic* et *clac* ▪ LOC. FAM. *Prendre ses cliques et ses claques :* s'en aller en emportant ce que l'on possède. ▪ HOM. Clic, clique.

CLIQUET [klikɛ] **n. m.** – 1230 ◇ de l'ancien français *cliquer* → clique ▪ Taquet mobile autour d'un axe, servant à empêcher une roue dentée de tourner dans le sens contraire à son mouvement (➤ **encliqueter**). *Le cliquet d'une roue à rochet*.*

CLIQUETANT, ANTE [klik(ə)tɑ̃, ɑ̃t] adj. – 1555 ◇ de *cliqueter* ▪ Qui produit un cliquetis. « *de vieux ustensiles grinçants et cliquetants* » C. SIMON.

CLIQUÈTEMENT [klikɛtmɑ̃] n. m. – 1894 ; *clicquettement* XVe ◇ de *cliqueter* ▪ Bruit de ce qui cliquette. ➤ **cliquetis.** — On écrit aussi *cliquettement.* « *Les boutons tournèrent rapidement en faisant un petit cliquettement d'air* » VIAN.

CLIQUETER [klik(ə)te] v. intr. ‹4 /5/› – 1230 ◇ de l'ancien français *cliquer* → clique ▪ Produire un cliquetis. *Le train « cliquetait de toutes ses vitres »* DUHAMEL.

CLIQUETIS [klik(ə)ti] n. m. – *cliketis* 1230 ◇ de *cliqueter* ▪ Série de bruits secs et brefs que produisent certains corps métalliques qui se choquent. *Le cliquetis des chaînes, des armes.* — FIG. *Cliquetis de mots :* suite de mots sonores et creux. ➤ **verbiage.**

CLIQUETTE [klikɛt] n. f. – 1230 ◇ de l'ancien français *cliquer* → clique ▪ VX Claquette ; crécelle, heurtoir. *La cliquette d'un lépreux.*

CLIQUETTEMENT ➤ **CLIQUÈTEMENT**

CLISSE [klis] n. f. – 1740 ; « pieu, perche » v. 1160 ◇ de l'ancien français *esclisse* → éclisse ▪ Petite claie d'osier servant à faire égoutter les fromages, à protéger des verres, des bouteilles... ➤ **éclisse.**

CLISSER [klise] v. tr. ‹1› – 1461 ◇ de *clisse* ▪ Garnir de clisses. *Bouteilles clissées.*

CLITOCYBE [klitosib] n. m. – 1841 ◇ mot du latin des botanistes 1821, du grec *klitos* « pente » et *kubê* « tête » ▪ BOT. Champignon basidiomycète *(agaricacées)* à lames décurrentes. *Clitocybe nébuleux.*

CLITORIDECTOMIE [klitɔʀidɛktɔmi] n. f. – milieu XXe ◇ de *clitoris* et *-ectomie* ▪ MÉD. Ablation du clitoris. ➤ **excision.** « *La clitoridectomie est une des plus crapuleuses bassesses engendrées par la mentalité humaine* » ZWANG.

CLITORIDIEN, IENNE [klitɔʀidjɛ̃, jɛn] adj. – 1764 ◇ de *clitoris* ▪ **1** Relatif au clitoris. *Le capuchon clitoridien. Orgasme clitoridien.* ▪ **2** Dont la sexualité clitoridienne est développée. — n. f. *Une clitoridienne* (opposé à *vaginale*).

CLITORIS [klitɔʀis] n. m. – 1611 ◇ grec *kleitoris* ▪ Petit organe érectile de la vulve, situé à la jonction de l'extrémité supérieure des petites lèvres. ➤ FAM. **bouton ;** ARG. **bonbon.** *Capuchon, gland, corps caverneux du clitoris.* « *la théorie freudienne de la migration de la sexualité féminine du clitoris au vagin* » BOURDIEU. *Le clitoris, organe du plaisir féminin. Ablation du clitoris.* ➤ **clitoridectomie, excision.** — ABRÉV. FAM. (1972) **CLITO.**

CLIVAGE [klivaʒ] n. m. – 1753 ◇ de *cliver* ▪ **1** Action ou manière de cliver ; le fait de se cliver ; propriété (des substances cristallisées) de se réduire en lames suivant certaines directions planes. *Face, plan de clivage.* ▪ **2** (1932) FIG. Séparation par plans, par niveaux. *Le clivage des partis politiques, le clivage droite-gauche. Clivages politiques, idéologiques.*

CLIVANT, ANTE [klivɑ̃, ɑ̃t] adj. – 1968, courant v. 1995 ◇ de *cliver* ▪ Qui crée un clivage (2°) au sein d'un groupe, qui divise. *Les sujets clivants.* ▪ CONTR. Rassembleur.

CLIVER [klive] v. tr. ‹1› – 1582 ◇ néerlandais *klieven* « fendre » ▪ **1** Fendre (un corps minéral, un diamant) dans le sens naturel de ses couches lamellaires. PRONOM. (PASS.) *Le mica se clive en fines lamelles.* ▪ **2** FIG. Créer un clivage au sein de (un groupe). *Cliver l'électorat.* ➤ **diviser.** — INTRANS. *Un sujet qui clive* (➤ **clivant**). ▪ CONTR. Rassembler.

CLOAQUE [klɔak] n. m. – 1355 ◇ latin *cloaca* « égout » ▪ **1** Lieu destiné à recevoir des immondices. ➤ **bourbier, décharge, égout, sentine.** *Le grand cloaque de Rome* (cloaca maxima) : égout bâti par les Tarquins. — PAR EXT. Lieu malpropre, malsain. *L'infirmerie « était devenue un cloaque immonde »* LOTI. ▪ **2** FIG. et LITTÉR. Foyer de corruption (morale ou intellectuelle). ➤ **bas-fond.** ▪ **3** ANAT. Orifice commun des cavités intestinale, urinaire et génitale de nombreux animaux (oiseaux, reptiles, marsupiaux, amphibiens, certains poissons).

CLOCHARD, ARDE [klɔʃaʀ, aʀd] n. – 1895 ◇ de *clocher* « boiter » → 2 cloche ▪ **1** Personne socialement inadaptée, qui vit sans travail ni domicile, dans les grandes villes. ➤ **mendiant, S. D. F., vagabond ;** FAM. **2 cloche, clodo,** RÉGION. **robineux** (cf. Sans domicile* fixe). *Des clochards qui dorment sous les ponts.* « *un clochard, ou plutôt un SDF, comme on venait de les rebaptiser* » É. CHERRIÈRE. ▪ **2** (v. 1975 ◇ origine inconnue) *Reinette clochard,* ou n. f. *une clochard :* pomme à peau gris jaune, très parfumée.

CLOCHARDISATION [klɔʃaʀdizasjɔ̃] n. f. – 1957 ◇ de *clochardiser* ▪ Fait de se clochardiser ; transformation (d'un groupe social) en un ensemble de personnes privées de travail, d'abri et de stabilité et pouvant être comparées à des clochards. ➤ **paupérisation.**

CLOCHARDISER [klɔʃaʀdize] v. tr. ‹1› – 1957 ◇ de *clochard* ▪ Réduire (une personne, un groupe social) à l'état de clochard, à une situation misérable. — PRONOM. (RÉFL.) *Un vagabond en train de se clochardiser.*

1 **CLOCHE** [klɔʃ] n. f. – début XIIe ◇ bas latin *clocca,* mot celte d'Irlande ▪ **1** Instrument creux, évasé, en métal sonore (bronze), dont on tire des vibrations retentissantes et prolongées en en frappant les parois, de l'intérieur avec un battant ou de l'extérieur avec un marteau (➤ **timbre**). *Grosse cloche.* ➤ 2 **bourdon.** *Petite cloche.* ➤ **clochette.** *Anse, battant, cerveau, gorge, pans d'une cloche. Fonte d'une cloche. Tour où sont suspendues les cloches.* ➤ **beffroi, campanile,** 1 **clocher.** *Le sonneur de cloches. Art des cloches et carillons* (➤ **campanaire**). *Le balancement des cloches.* ➤ **volée.** *Ensemble de cloches accordées.* ➤ **carillon.** *Frapper une cloche d'un seul côté.* ➤ **piquer.** *Piquer l'heure sur une cloche. Cloche qui tinte*. Cloches qui sonnent l'angélus, le glas, le tocsin. Les cloches de Pâques.* — LOC. *Déménager à la cloche de bois,* clandestinement, pour ne pas payer (cf. Mettre la clé* sous la porte). FAM. *Sonner les cloches à qqn,* le réprimander* fortement. « *Si on fait une connerie, on va se faire sonner les cloches* » M. DUGAIN. *Son de cloche :* opinion (sur un évènement). *Même son de cloche. Entendre un autre son de cloche, deux sons de cloche.* PROV. *Qui n'entend qu'une cloche n'entend qu'un son :* on ne peut juger d'une affaire quand on n'a pas entendu toutes les parties. ▪ **2** (1538) Objet creux qui recouvre, protège. — Appareil industriel ou de laboratoire. *Cloche à oxygène.* — SPÉCIALT (1675) Abri de verre qui recouvre et protège des plantes, des semis. *Mettre les melons sous cloche.* — (XIXe) *Cloche à fromage,* sous laquelle on place les fromages pour qu'ils se conservent. — *Cloche de métal,* pour tenir les plats au chaud. ▪ **3** (1706) *Fleurs en cloche,* dont la corolle évoque la forme d'une cloche. ➤ **clochette.** ◆ MATH. *Courbe en cloche :* courbe d'une distribution statistique correspondant à une loi normale. ▪ **4** (1678) **CLOCHE À PLONGEUR :** dispositif à l'abri duquel on pouvait séjourner sous l'eau. MOD. Caisson sous pression. ▪ **5** EN APPOS. En forme de cloche. *Chapeau cloche,* ou n. m. *un cloche :* chapeau de femme de forme hémisphérique, sans bords. *Des chapeaux cloches.* ◆ *Jupe cloche,* légèrement évasée. ▪ **6** FAM. VIEILLI Tête. — MOD. LOC. *Se taper la cloche :* bien manger. ▪ **7** (Belgique) Cloque de la peau. ➤ **ampoule.**

2 **CLOCHE** [klɔʃ] n. f. – 1898 ; *être à la cloche* 1882 (→ clochard) ; *cloche* n. m. « boiteux » v. 1300 ◇ de 2 *clocher,* avec influence de 1 *cloche* ▪ FAM. ▪ **1** Personne niaise et maladroite, un peu ridicule. *Quelle cloche !* — adj. « *ma pauvre mère, tu es quand même trop cloche* » BEAUVOIR. ▪ **2** Ensemble des clochards. *Être de la cloche.* — Clochard. « *Vous ressemblez à une espèce de cloche, on vous donnerait deux sous dans la rue* » C. SIMON.

CLOCHE-PIED (À) ou **CLOCHEPIED (À)** [aklɔʃpje] loc. adv. – v. 1400 ◇ de 2 *clocher* et *pied* ▪ En tenant un pied en l'air et en sautant sur l'autre. *Aller, sauter à cloche-pied.*

1 **CLOCHER** [klɔʃe] n. m. – XIIe ◇ de 1 *cloche* ▪ Bâtiment élevé d'une église dans lequel on place les cloches. *La flèche, l'aiguille, le coq, les clochetons, les abat-sons, l'horloge du clocher. Clocher séparé de l'église* (en Italie). ➤ **campanile.** ◆ LOC. *Querelles, compétitions, rivalités de clocher,* purement locales, insignifiantes. *Esprit de clocher.* ➤ **chauvinisme.**

2 **CLOCHER** [klɔʃe] v. intr. ‹1› – v. 1120 ◇ latin populaire *cloppicare,* de *cloppus* « boiteux » ▪ **1** VX Marcher en boitant. ➤ **boiter, claudiquer, clopiner.** ▪ **2** (XIIIe) MOD. Être défectueux ; aller de travers. *Un détail cloche. Qu'est-ce qui cloche,* ne va pas.

CLOCHETON [klɔʃtɔ̃] n. m. – fin XVIIe ; « clochette » 1526 ◇ de *clocher,* d'après *clochette* ▪ **1** Petit clocher. ▪ **2** Ornement en forme de petit clocher pyramidal décorant les contreforts, la base des flèches, les angles d'un édifice. « *ces clochetons qui semblent des fusées parties vers le ciel* » MAUPASSANT.

CLOCHETTE [klɔʃɛt] n. f. – XIIe ◇ de 1 *cloche* ▪ **1** Petite cloche. ➤ **grelot, sonnette.** *Clochette frappée par un marteau.* ➤ **timbre.** *Clochettes suspendues au cou du bétail.* ➤ **bélière ; campane, clarine, sonnaille, sonnette.** ▪ **2** Fleur, corolle en forme de petite cloche. *Les clochettes du muguet.* — *Clochette des bois* (➤ **endymion, jacinthe**), *des blés* (➤ **liseron**), *des murs* (➤ **campanule**), *d'hiver* (➤ **perce-neige**).

CLODO [klodo] n. m. – 1926 ◇ de *clo(chard)* et *(cra)do* ▪ FAM. Clochard. *Des clodos.*

CLOISON [klwazɔ̃] n. f. – 1538 ; «enceinte fortifiée» 1160 ◊ latin populaire °*clausio, ionis,* de *clausus* «clos» ■ **1** Paroi plus légère que le mur, qui limite les pièces d'une maison. *Charpente d'une cloison. Cloison ajourée.* ➤ **claustra.** *Cloison de planches, de briques* (➤ **galandage**), *de maçonnerie. Écouter derrière la cloison. Abattre, percer une cloison.* ■ **2** Séparation (sur un navire). *Cloisons métalliques. Cloison étanche*.* ■ **3** (1732) Ce qui divise l'intérieur d'une cavité, détermine des compartiments, des loges. *Cloison séparant les graines.* ➤ **membrane.** *Cloison des fosses nasales* ou *cloison nasale. Cloisons du cœur.* ■ **4** FIG. Ce qui divise (des personnes, des groupes sociaux). ➤ **barrière, division, séparation.** *Abattre, faire tomber les cloisons entre les classes, les êtres.*

CLOISONNAGE [klwazɔnaʒ] n. m. – 1505 ◊ de *cloison* ■ Action de poser des cloisons (➤ **compartimentage**) ; ensemble de cloisons.

CLOISONNÉ, ÉE [klwazɔne] adj. et n. m. – 1752 ◊ de *cloison* ■ Divisé par des cloisons. *Émaux cloisonnés,* où de minces arêtes de métal figurent le dessin et sertissent la pâte d'émail (opposé à *champlevés*). n. m. *Un beau cloisonné.*

CLOISONNEMENT [klwazɔnmɑ̃] n. m. – 1845 ◊ de *cloisonner* ■ **1** Manière dont une chose est cloisonnée. ➤ **division, séparation.** ■ **2** FIG. Division entre des personnes, des choses. *Le cloisonnement des partis politiques. Le cloisonnement des études, des recherches.* «*le cloisonnement des spécialités médicales, qui découpaient le corps humain en un ensemble de savoirs et de pratiques étanches les unes aux autres*» KERANGAL.

CLOISONNER [klwazɔne] v. tr. ⟨1⟩ – 1803 ◊ de *cloison* ■ Séparer par des cloisons (pr. et fig.). ➤ **compartimenter.**

CLOÎTRE [klwatʀ] n. m. /CLOITRE/ – *clostre* 1190 ◊ latin *claustrum* «enceinte» ; *i* dû à l'attraction de *cloison* ■ **1** Partie d'un monastère interdite aux profanes et fermée par une enceinte (➤ **clôture**). *Le cloître des chartreux.* ■ **2** PAR EXT. Le monastère. ➤ **abbaye, couvent ; claustral.** *Faire entrer, enfermer dans un cloître.* ➤ **cloîtrer.** ■ **3** Lieu situé à l'intérieur d'un monastère, ou contigu à une église cathédrale ou collégiale, et comportant une galerie à colonnes qui encadre une cour ou un jardin carré. *Le cloître roman de Saint-Trophime, à Arles.* ■ **4** VX Enceinte fermée réservée aux demeures des chanoines. *Le cloître Saint-Merri, à Paris.*

CLOÎTRER [klwatʀe] v. tr. ⟨1⟩ /CLOITRER/ – 1623 ◊ de *cloître* ■ **1** Faire entrer comme religieux, religieuse dans un monastère fermé. *Cloîtrer une jeune fille.* p. p. adj. *Religieux cloîtrés.* ■ **2** RELIG. *Cloîtrer un couvent :* décréter qu'il observera la clôture. ■ **3** (1832) FIG. Enfermer, mettre à l'écart. — PRONOM. plus cour. **SE CLOÎTRER :** vivre à l'écart du monde. ➤ **s'enfermer, se retirer.** *Elle se cloître chez elle.* — FIG. «*une obstination de femme cloîtrée au fond de ses devoirs*» ZOLA.

CLONAGE [klonaʒ ; klɔnaʒ] n. m. – v. 1970 ◊ de *clone* ■ BIOL. ■ **1** Reproduction à l'identique (d'un individu animal ou végétal) à partir d'une de ses cellules insérée dans un ovocyte énucléé. «*le clonage reproductif — cette manière de photocopier l'être humain — est intolérable*» B. KOUCHNER. *Clonage (à fin) thérapeutique,* pour créer, à partir de cellules souches* embryonnaires, des lignées de cellules ou de tissus à utiliser dans un but thérapeutique (notamment pour des greffes). ■ **2** Méthode de multiplication in vitro d'un fragment d'ADN (séquence de nucléotides, gène) inséré dans un vecteur (plasmide, bactériophage, etc.). *Clonage de gènes.*

CLONE [klon] n. m. – 1923 ◊ anglais *clone,* grec *klôn* «pousse» ■ **1** BIOL. Descendance d'un individu par multiplication végétative (bourgeonnement, etc.) ou par parthénogenèse (espèce animale) ; individu de cette descendance (➤ **monoclonal**). «*une société de clones serait d'une extrême fragilité, pour les mêmes raisons qu'une forêt bouturée [...] dès lors que toute la société ne ferait que reproduire cet individu, une atteinte mortelle supprimerait tout le monde comme d'un seul trait de plume*» TOURNIER. ♦ Grand nombre de molécules, de cellules identiques issues d'une molécule ou cellule ancestrale. ■ **2** INFORM. Copie d'un ordinateur, compatible* avec tous les programmes et tous les matériels périphériques existant pour cette marque.

CLONER [klone ; klɔne] v. tr. ⟨1⟩ – 1979 ◊ de *clone* ■ **1** BIOL. Reproduire par clonage (un individu, une cellule, un gène, un fragment d'ADN). *Cloner un gène,* en produire de nombreuses copies par des réplications multiples. ■ **2** INFORM. Produire une copie de (un ordinateur), sur le modèle de l'original d'une autre marque.

CLONIE [klɔni] n. f. – v. 1970 ◊ du grec *klonos* «agitation» ■ MÉD. Secousse musculaire brève et involontaire.

CLONIQUE [klɔnik] adj. – 1808 ◊ du grec *klonos* «agitation» ■ MÉD. Caractérisé par des convulsions saccadées, brèves et répétées à courts intervalles. ➤ **clonus.**

CLONUS [klɔnys] n. m. – 1862 ◊ du grec *klonos* «agitation» ■ MÉD. Contraction rythmique déclenchée par la traction brusque de certains muscles, traduisant une exagération des réflexes. *Clonus de la rotule, du pied, de la main.*

CLOPE [klɔp] n. m. et f. – 1902 ; *ciclope* 1899 ◊ origine inconnue, p.-ê. de *ci(garette)* par substitution d'élément ■ FAM. ■ **1** n. m. Mégot de cigare, de cigarette. *Ramasser un clope.* — LOC. *Des clopes !* rien du tout (cf. Des clopinettes !). ■ **2** n. f. Cigarette. *Acheter un paquet de clopes. File-moi une clope.*

CLOPER [klɔpe] v. intr. ⟨1⟩ – 1981 ◊ de *clope* ■ FAM. Fumer une, des cigarettes. «*Tu clopes ? proposa-t-elle. – Non merci. Je te piquerai une taf*» T. TOPIN. *Tu devrais arrêter de cloper.*

CLOPIN-CLOPANT [klɔpɛ̃klɔpɑ̃] loc. adv. /CLOPINCLOPANT adv./ – 1668 ◊ ancien français *clopin* «boiteux» et *clopant,* p. prés. de *cloper* «boiter» ■ FAM. En clopinant. *Aller clopin-clopant.* ➤ **cahin-caha.**

CLOPINER [klɔpine] v. intr. ⟨1⟩ – v. 1330 ◊ ancien français *clopin* «boiteux» ■ Marcher avec peine, en traînant le pied. ➤ **boiter, 2 clocher.** «*Des groupes de petits blessés clopinaient vers l'ambulance*» DUHAMEL.

CLOPINETTES [klɔpinɛt] n. f. pl. – 1925 ◊ p.-ê. de *clope* «mégot» ■ FAM. Rien. *Ils ont eu des clopinettes. Des clopinettes !* rien du tout (cf. Des clous ! Des clopes !).

CLOPORTE [klɔpɔʀt] n. m. – XIIIe ◊ origine inconnue ■ Petit animal arthropode *(isopodes)* qui vit près des habitations sous les pierres, dans les lieux humides et sombres. «*fourmillant de cloportes et d'insectes dégoûtants*» GAUTIER. — FIG. *Vivre comme un cloporte,* confiné chez soi. ♦ PÉJ. Individu répugnant, servile.

CLOQUE [klɔk] n. f. – 1750 ◊ forme picarde de *cloche* «bulle» ■ **1** Maladie des feuilles de certains arbres causée par un ascomycète. *La cloque du pêcher.* ■ **2** (1866) Petite poche de la peau pleine de sérosité. ➤ **ampoule, phlyctène ;** RÉGION. **1 cloche, 2 gonfle.** ■ **3** Boursouflure dans un matériau de revêtement (peinture, papier peint...). ➤ **2 bulle.** ■ **4** (1901) LOC. VULG. *Être en cloque,* enceinte.

CLOQUÉ, ÉE [klɔke] adj. – 1832 ◊ de *cloquer* ■ **1** Qui présente des cloques, des boursouflures. *Feuilles cloquées.* ■ **2** *Étoffe cloquée,* gaufrée. n. m. *Du cloqué.*

CLOQUER [klɔke] v. ⟨1⟩ – XVIIIe ◊ de *cloque* ■ **1** v. intr. Se soulever par places en formant des cloques. ➤ **se boursoufler.** *Peinture qui cloque.* ■ **2** v. tr. *Cloquer une étoffe.* ➤ **gaufrer.**

CLORE [klɔʀ] v. tr. ⟨45⟩ – XIIe ◊ latin *claudere* ■ **1** VX ou LITTÉR. Boucher (ce qui peut s'ouvrir) pour empêcher l'accès. ➤ **fermer.** VIEILLI *Clore le bec* à qqn.* ■ **2** VIEILLI Entourer d'une enceinte. ➤ **enclore, enfermer.** *Ligne de fortification qui clôt une ville.* ■ **3** FIG. LITTÉR. Mettre un terme à (qqch.). ➤ **achever, arrêter, finir, terminer.** *Clore une négociation, un marché.* ➤ **clôturer, conclure.** *Clore un inventaire.* — COUR. Déclarer terminé (un échange verbal). *Clore un débat, une discussion. Clore la séance d'une assemblée.* ➤ **1 lever.** ■ CONTR. Déclore, ouvrir ; commencer. ■ HOM. Chlore.

1 CLOS, CLOSE [klo, kloz] adj. – v. 1130 ◊ de *clore* ■ **1** Fermé. *Espace clos.* ➤ **1 enceinte ; 2 clos, enclos.** *Combat singulier, tournoi en champ* clos. Volets clos.* LOC. *Trouver porte close :* ne trouver personne. *À huis* clos.* — (1931) **MAISON CLOSE,** de prostitution (➤ **bordel**). — LOC. *Vivre en vase clos,* confiné. — *Yeux mi-clos.* — FIG. *À (la) nuit close :* quand la nuit est complètement tombée. ■ **2** Achevé, terminé. *La séance, la session est close. — L'incident est clos.* ■ HOM. Clause.

2 CLOS [klo] n. m. – XIIe ◊ p. p. subst. de *clore* ■ Terrain cultivé et clos de haies, de murs, de fossés. *Un clos d'arbres fruitiers.* — SPÉCIALT ➤ **vignoble.** *Le clos Vougeot donne un bourgogne réputé.*

CLOSE-COMBAT [klozkɔ̃ba] n. m. – 1966 ◊ mot anglais ■ ANGLIC. Combat corps à corps. *Des close-combats.*

CLOSERIE [klozʀi] n. f. – 1449 ◊ de *clos* ■ Petit clos.

CLOSTRIDIES [klɔstʀidi] n. f. pl. – 1925 ◊ latin savant *clostridium,* du grec *klôstêr* «fuseau» ■ BACTÉRIOL. Bactéries anaérobies sporulées de la flore intestinale, dont certaines sont les agents de maladies (tétanos, botulisme, gangrène gazeuse), d'autres étant responsables de la fermentation butyrique. — Au sing. *Une clostridie.*

CLÔTURE [klotyʀ] **n. f.** – XIIe ◊ altération de l'ancien français °*closure* (bas latin *clausura,* de *claudere* «clore») par influence des mots en *-ture* ■ **1** Ce qui sert à obstruer le passage, à enclore un espace. ➤ **barrière,** 1**enceinte, fermeture.** *Mur, porte de clôture. Clôture de haies vives, de fossés. Clôture à claire-voie, en treillis. Clôture de pieux.* ➤ **ganivelle, palissade.** *Clôture métallique.* ➤ **grille, herse ; barbelé.** *Clôture dont on entourait les places fortes, les champs* clos.* ➤ 1**lice.** *Clôture de champ, de pâturage.* ➤ **échalier, haie.** DR. *Bris* de clôture.* ■ **2** (1344) Enceinte d'un monastère, interdite aux laïcs, où les religieux vivent cloîtrés. ➤ **cloître.** — FIG. Obligation de garder le cloître. *Vœu de clôture. Violer la clôture monastique.* ■ **3** (1415) Action de terminer, d'arrêter définitivement une chose, ou de la déclarer terminée. ➤ **conclusion,** 1**fin.** *La clôture d'un compte, d'un inventaire, d'une séance.* ➤ **levée.** *Séance de clôture. Procéder à la clôture des débats. Clôture de l'instruction. Clôture d'une session parlementaire.* ■ CONTR. Ouverture, percée ; commencement, début.

CLÔTURER [klotyʀe] **v. tr.** (1) – 1787 ◊ de *clôture* ■ **1** Déclarer terminé, clos. ➤ **achever, clore, terminer.** *Clôturer un compte.* ➤ 2**solder.** *Clôturer les débats, la discussion. Clôturer la séance.* ➤ 1**lever.** ■ **2** (1795) Fermer par une clôture. ➤ **clore, enclore.** *Clôturer un champ.*

CLOU [klu] **n. m.** – 1080 ◊ latin *clavus*

I ■ **1** Petite tige de métal à pointe, souvent à tête, qui sert à fixer, assembler, suspendre. *Petits clous de tapissier.* ➤ **semence.** *Clou à tête* (➤ **broquette, pointe ; bossette, cabochon),** *sans tête* (➤ **clavette, cheville),** *à crochet. Clou en U,* à deux pointes. ➤ **cavalier, crampillon.** *Clous à souliers.* ➤ **caboche.** — *Clous et punaises ; clous et vis. Boîte à clous.* ➤ **cloutière.** *Enfoncer, fixer un clou avec un marteau. Planter des clous.* ➤ **clouer.** *Rabattre, River* un clou. Arracher les clous avec un pied-de-biche, des tenailles, un tire-clou.* ➤ **déclouer.** *Objet accroché, suspendu à un clou. Pneu* à clous.* ◆ LOC. *Maigre comme un clou, comme un cent de clous :* très maigre. *Enfoncer* le clou. River* son clou à qqn. Ça ne vaut pas un clou :* cela ne vaut rien. *Des clous !* (cf. Des clopes ! Des clopinettes !). LOC. FAM. (1894) **(Canada)** *Cogner des clous :* somnoler en étant assis (cf. Piquer du nez). *«Pa qui cognait des clous au-dessus de son verre. Tant de nuits qu'il avait passées à veiller»* V.-L. BEAULIEU. LOC. PROV. *Un clou chasse* l'autre.* ■ **2** Tête de clou ; ornement. ➤ **cloutage, tête-de-clou.** SPÉCIALT *Les clous :* passage pour piétons (autrefois matérialisé par de grandes têtes de clous) (cf. Passage clouté*). *Traverser dans les clous, en dehors des clous.* — LOC. FIG. *Dans les clous :* dans les limites fixées. *Rester dans les clous du projet. «jamais nous n'étions dans les clous de la prévision que nous donnaient les fichiers météo»* KERSAUSON. *Sortir des clous :* dépasser les limites ; se démarquer.

II PAR ANAL. ■ **1** (1170) FAM. Furoncle. ■ **2** *Clou de girofle*.*

III FIG. ■ **1** LOC. FAM. (1823) *Mettre sa montre au clou,* au mont-de-piété, en gage* (cf. Chez ma tante*). ■ **2** (1878) *Le clou du spectacle :* ce qui accroche le plus l'attention. ■ **3** (1898) Mauvais véhicule (bicyclette, automobile). ➤ FAM. **bagnole, guimbarde.** *Un vieux clou.*

CLOUAGE [kluaʒ] **n. m.** – *cloüage* 1611 ◊ de *clouer* ■ Action ou manière de clouer.

CLOUER [klue] **v. tr.** (1) – *cloer* 1138 ◊ de *clou* ■ **1** Fixer, assembler avec des clous. *Clouer une caisse, un tapis.* — MAR. *Clouer le pavillon,* le fixer au mât avec des clous pour montrer la ferme intention de ne pas se rendre. ■ **2** Fixer avec un objet pointu. ➤ 1**ficher.** *Clouer (qqch., qqn) avec une flèche, une lance. Il le cloua au sol d'un coup d'épée.* ■ **3** FIG. Réduire à l'immobilité. ➤ **fixer, immobiliser, retenir.** *La surprise le cloua sur sa chaise.* **(Surtout pass.)** *Être cloué au lit par la maladie. Rester cloué sur place* (par la peur, l'émotion, la stupeur, etc.). ➤ **paralyser, pétrifier.** — *Clouer au pilori*.* ◆ *Clouer le bec* à qqn.* ■ CONTR. Déclouer.

CLOUEUSE [kluøz] **n. f.** – 1935 ◊ de *clouer* ■ Machine automatique à clouer.

CLOUTAGE [klutaʒ] **n. m.** – 1900 ◊ de *clouter* ■ **1** Action de clouter ; son résultat. ■ **2** Disposition de clous décoratifs.

CLOUTÉ, ÉE [klute] **adj.** – XVIe ◊ de *clouter* ■ **1** Garni de clous. *Ceinture cloutée. Chaussures cloutées. Pneus cloutés.* ■ **2** (1932) **PASSAGE CLOUTÉ :** passage pour piétons, autrefois signalé par deux rangées de grosses têtes de clous (aujourd'hui par des bandes blanches ou jaunes). ➤ **clou.**

CLOUTER [klute] **v. tr.** (1) – début XVIIIe ◊ refait d'après *cloutier* ■ **1** Garnir de clous. ■ **2** CUIS. Piquer (une viande, un poisson) de minces bâtonnets d'une substance qui communique sa saveur. *«ris de veau clouté de truffes noires»* (Le Figaro, 1995).

CLOUTERIE [klutʀi] **n. f.** – 1486 ; *cloueterie* début XIIIe ◊ de *clou* ■ Fabrication, commerce des clous.

CLOUTIER, IÈRE [klutje, jɛʀ] **n.** – XIIIe ◊ contraction probable de °*clouetier,* de *clouet,* diminutif de *clou* ■ **1** Personne qui fabrique, vend des clous. ■ **2** **n. f.** (1771) Boîte à compartiments, dans laquelle on range les clous selon leur grosseur.

CLOVISSE [klɔvis] **n. f.** – 1838 ; *clouïsse* 1611 ◊ provençal *clauvisso,* de *claure* «fermer» → clore ■ RÉGION. Coquillage comestible du genre vénus. ➤ **palourde, praire.**

CLOWN [klun] **n.** – 1823 ◊ mot anglais «rustre, farceur» ■ **1** **n. m.** VX Personnage grotesque de la farce anglaise. ➤ **bouffon.** ■ **2** MOD. Comique de cirque qui, très maquillé et grotesquement accoutré, fait des pantomimes et des scènes de farce. ➤ 2**paillasse, pitre ;** 2**auguste.** *Une clown. Clowns musiciens.* — LOC. FAM. **(souvent iron.)** *Avoir avalé un clown :* faire preuve d'humour. ◆ *Clown blanc :* personnage à la face blanche, à la coiffure tronconique, aux habits pailletés. *Le clown blanc et l'auguste.* ■ **3** FIG. Farceur, pitre*. ➤ **gugusse, guignol.** *Quel clown ! Elle fait le clown.*

CLOWNERIE [klunʀi] **n. f.** – 1853 ◊ de *clown* ■ Pitrerie, facétie. ➤ **pantalonnade.** *Faire des clowneries.*

CLOWNESQUE [klunɛsk] **adj.** – 1878 ◊ de *clown* ■ **1** Qui a rapport au clown. ■ **2** Digne d'un clown. *Un maquillage clownesque.*

CLOYÈRE [klwajɛʀ ; klɔjɛʀ] **n. f.** – 1771 ◊ de *claie* ■ TECHN. Panier servant à expédier du poisson, des huîtres. ➤ **bourriche.**

1**CLUB** [klœb] **n. m.** – 1698, en référence à l'Angleterre ◊ mot anglais «réunion, cercle» ■ **1** (1788) Société où l'on s'entretenait de questions politiques. *Le club des Cordeliers, des Jacobins,* sous la Révolution. ■ **2** Cercle où des habitués (membres*) viennent passer leurs heures de loisir, pour bavarder, jouer, lire. *Être membre du Jockey Club. Inviter un ami à dîner à son club.* ■ **3** Société constituée pour aider ses membres à exercer diverses activités désintéressées (sport, voyage...). ➤ **association.** *Le Club Alpin. Le Touring-Club. Club sportif, nautique. Club privé :* boîte de nuit réservée à certaines personnes. ◆ PAR EXT. *Club de vacances :* structure d'hébergement destinée aux loisirs organisés. *Animateur de club de vacances. Séjour en club.* ■ **4** Petit groupe de personnes partageant une même situation. *Le club des médaillés olympiques. Le club très fermé des milliardaires.* — LOC. **(souvent iron.)** *Bienvenue au club !* ■ **5** Fauteuil de cuir, large et profond. *«deux fauteuils de cuir [...], le genre "club" anglais»* SARRAUTE. APPOS. *Fauteuils clubs.* ■ **6** APPOS. *Cravate club,* à rayures obliques.

2**CLUB** [klœb] **n. m.** – 1882 ◊ mot anglais «gros bâton» ■ ANGLIC. Crosse de golf. ➤ **bois, fer, putter.** *Le caddie transporte les clubs des joueurs.*

CLUBARD, ARDE [klœbaʀ, aʀd] **adj.** et **n.** – 1977 ◊ de *club* ■ **(Algérie)** Caractérisé par un attachement fanatique à un club de sport. *Esprit clubard.* — **n.** Supporteur fanatique d'un club de sport. *Les clubards.* ➤ **hooligan.**

CLUB-HOUSE [klœbaus] **n. m.** /CLUBHOUSE/ – 1934 ◊ mot anglais «pavillon» ■ ANGLIC. **(critiqué)** Dans un club sportif, Bâtiment réservé aux membres et mettant à leur disposition divers services (bar, restaurant, etc.). *Des club-houses.* **Recomm. offic.** *pavillon-club.*

CLUBISTE [klybist] **n.** – 1784 ◊ de 1*club* ■ **1** HIST. Membre d'un club politique (sous la Révolution). ■ **2** MOD. Membre d'un club (sportif, de vacances, etc.).

CLUNISIEN, IENNE [klynizjɛ̃, jɛn] **adj.** – 1864 ◊ de *Cluny* ■ HIST., ARTS Relatif à l'ordre de Cluny et à l'architecture (de style roman) qu'il promut. *Vézelay, «chef-d'œuvre des architectes clunisiens»* SAINTE-BEUVE.

CLUPÉIFORMES [klypeifɔʀm] **n. m. pl.** – 1958 ◊ latin *clupea* «alose» et *-forme* ■ ZOOL. Ordre de poissons osseux à nageoire caudale fourchue (hareng, sprat, pilchard, sardine, anchois, alose, etc.). — **Au sing.** *Un clupéiforme.*

CLUSE [klyz] **n. f.** – 1832 ; «défilé» 1538 ◊ latin *clusa,* variante de *clausa,* de *claudere* «fermer» ■ GÉOGR. et RÉGION. **(Jura)** Coupure étroite et encaissée creusée perpendiculairement à une chaîne de montagnes. *La cluse de Nantua.*

CLUSTER [klœstœʀ] **n. m.** – 1965 ◊ mot anglais «agglomérat» ■ DIDACT. Groupement d'un petit nombre d'objets. *Cluster d'îles, d'étoiles. Cluster de traits sémantiques.* — GÉNÉT. *Cluster d'un ADN :* répétition de la même séquence de nucléotides. *Cluster de gènes :* ensemble de gènes (famille multigénique*) regroupés sur une même région du génome et codant pour des protéines aux fonctions proches. ◆ MUS.

Résonance de plusieurs notes jouées simultanément avec le poing, la paume ou l'avant-bras.

CLYSTÈRE [klistɛʀ] n. m. – 1256 ◊ du grec *klyzein* «laver» ■ VX Lavement administré avec une seringue. — Cette seringue.

CM ➤ **CENTIMÈTRE**

C. M. U. [seɛmy] n. f. inv. – 1999 ◊ sigle ■ Couverture* maladie universelle. *Bénéficier de la C. M. U.*

CNÉMIDE [knemid] n. f. – 1788 ◊ grec *knêmis* «jambière» ■ ANTIQ. Jambière des soldats grecs. «*des cnémides en bronze couvraient toutes les jambes droites*» FLAUBERT.

CNIDAIRES [knidɛʀ] n. m. pl. – avant 1884 ◊ latin des zoologistes *cnidarius*, grec *knidê* «ortie» ■ ZOOL. Embranchement des métazoaires constitué par des invertébrés aquatiques primitifs, à symétrie radiaire, aux tentacules munis de cellules urticantes. ➤ **anthozoaires, hydrozoaires, scyphozoaires.** *Forme fixée* (➤ **polype**), *forme libre* (➤ **méduse**) *des cnidaires.* — Au sing. *Un cnidaire.*

CO- ■ Élément, du latin *co*, var. de *cum* «avec» (réunion, adjonction, simultanéité). ➤ **con-**.

COACCUSÉ, ÉE [koakyze] n. – 1734 ◊ de *co-* et *accusé* ■ Personne accusée en même temps qu'une autre.

COACERVAT [koasɛʀva] n. m. – milieu XXe ◊ latin savant *coacervatum*, de *coacervare* «mettre en tas» ■ CHIM. Phase liquide, habituellement en forme de gouttelettes, se formant lors de la coagulation d'un sol (➤ 3 **sol**).

COACH [kotʃ] n. – 1888, sens 2° ; «diligence» 1832 ◊ mot anglais, moyen anglais *coche*, du français → 3 coche ■ ANGLIC. ■ **1** n. m. (1926) VIEILLI Automobile à deux portes et quatre places. ➤ 1 **coupé.** *Des coachs.* On emploie aussi le pluriel anglais *des coaches.* ■ **2** SPORT Personne chargée de l'entraînement d'une équipe, d'un sportif. ➤ **entraîneur** (recomm.), **préparateur.** ■ **3** Spécialiste du coaching (2°). — Recomm. offic. *mentor.*

COACHER [kotʃe] v. tr. ⟨1⟩ – 1966 ◊ de l'anglais *to coach* «entraîner» ■ **1** SPORT Entraîner, diriger (une équipe, un sportif). ■ **2** Accompagner (qqn) dans la réussite de ses projets professionnels, personnels.

COACHING [kotʃiŋ] n. m. – 1965 ◊ mot anglais ■ ANGLIC. ■ **1** Entraînement (d'un sportif, d'une équipe). ■ **2** Démarche d'accompagnement personnalisé (d'un dirigeant, d'une équipe) visant à atteindre le meilleur niveau de réussite professionnelle et d'épanouissement. — Recomm. offic. *mentorat.*

COACQUÉREUR [koakeʀœʀ] n. m. – 1805 ; *coacquéresse* 1617 ◊ de *co-* et *acquéreur* ■ DR. Personne qui acquiert en même temps qu'une autre le même bien en commun.

COADAPTATION [koadaptasjɔ̃] n. f. – XXe ◊ de *co-* et *adaptation* ■ CIN., TÉLÉV. Adaptation faite en collaboration par plusieurs adaptateurs. — n. **COADAPTATEUR, TRICE.**

COADJUTEUR, TRICE [koadʒytœʀ, tʀis] n. – v. 1265 ◊ bas latin *coadjutor*, de *adjuvare* «aider» ■ **1** n. m. Ecclésiastique nommé pour aider un prélat à remplir ses fonctions. *Coadjuteur d'un évêque.* ■ **2** n. f. Religieuse adjointe à une abbesse, à une prieure, à la supérieure d'un couvent.

COADMINISTRATEUR, TRICE [koadministʀatœʀ, tʀis] n. – 1862 ◊ de *co-* et *administrateur* ■ DR., ADMIN. Personne qui administre en même temps que d'autres.

COAGULABLE [kɔagylabl] adj. – 1608 ◊ de *coaguler* ■ Qui peut coaguler, être coagulé. — n. f. **COAGULABILITÉ,** 1837.

COAGULANT, ANTE [kɔagylɑ̃, ɑ̃t] adj. et n. m. – 1827 ◊ p. prés. de *coaguler* ■ Qui fait coaguler. — n. m. (1845) *La présure est un coagulant du lait.* ■ CONTR. Anticoagulant.

COAGULATEUR, TRICE [kɔagylatœʀ, tʀis] adj. – 1854 ◊ de *coaguler* ■ Qui produit la coagulation.

COAGULATION [kɔagylasjɔ̃] n. f. – 1360 ◊ de *coaguler* ■ Précipitation de particules en suspension dans un liquide (➤ **coagulum**), causée par le chauffage, l'addition d'un acide ou une réaction de condensation. *La coagulation du blanc d'œuf, de la caséine du lait* (➤ **caillage**), *de la gélatine, du sang. Temps de coagulation du sang.* ➤ **agglutination, floculation, prise, sédimentation ; accélérine, prothrombine.** — FIG. «*une coagulation d'intérêt, de curiosité*» JALOUX. ■ CONTR. Liquéfaction.

COAGULER [kɔagyle] v. ⟨1⟩ – XIIIe ◊ latin *coagulare* → cailler ■ **1** v. tr. Transformer (une substance organique liquide) en une masse solide. ➤ **cailler, figer, gélifier,** se **grumeler, solidifier.** *La présure coagule le lait.* ♦ **SE COAGULER** v. pron. ➤ **prendre.** — FIG. Se figer, se cristalliser. «*les sentiments gardés trop longtemps au-dedans de nous semblent s'y coaguler*» BARBEY. ■ **2** v. intr. Se coaguler. *Le vinaigre empêche le sang de coaguler. Le sang coagule plus ou moins vite.* ■ CONTR. Fondre, liquéfier.

COAGULUM [kɔagylɔm] n. m. – 1743 ; *coagule* fin XVIe ◊ latin *coagulum* ■ BIOCHIM. Masse de substance protéique coagulée. *Des coagulums.* ➤ **caillot, coagulation.**

COALESCENCE [kɔalesɑ̃s] n. f. – 1537 ◊ du latin *coalescere* «croître avec» ■ DIDACT. ■ **1** HISTOL. Adhérence de deux surfaces tissulaires en contact (par ex. les lèvres d'une plaie). ■ **2** CHIM. État des particules liquides en suspension réunies en gouttelettes plus grosses. ■ **3** LING. Contraction de deux ou plusieurs éléments phoniques en un seul. *Diphtongue de coalescence.*

COALESCENT, ENTE [kɔalesɑ̃, ɑ̃t] adj. et n. m. – 1834 ◊ de *coalescence* ■ CHIM. *Liquides coalescents* (➤ **coalescence**). — n. m. Substance chimique qui, ajoutée à deux liquides non miscibles, provoque la coalescence.

COALISÉ, ÉE [kɔalize] adj. et n. – fin XVIIIe ◊ de *coaliser* ■ Engagé dans une coalition. *Les puissances coalisées,* ou n. *les coalisés.* ➤ **allié.** FIG. «*L'ignorance et la mauvaise foi coalisées*» LITTRÉ.

COALISER [kɔalize] v. tr. ⟨1⟩ – 1791 ◊ de *coalition* ■ **1 SE COALISER** v. pron. Former une coalition. ➤ s'**allier,** se **liguer,** s'**unir.** *Les puissances européennes se coalisèrent contre Napoléon.* ♦ PAR EXT. S'unir pour mener une action commune. ➤ se **concerter,** se **joindre.** *Ils se coalisent pour faire front.* ■ **2** v. tr. Faire se coaliser. ➤ **ameuter, grouper, réunir.** *Il a coalisé tout le monde contre nous.* ■ CONTR. Brouiller, désunir, opposer, séparer.

COALITION [kɔalisjɔ̃] n. f. – 1544 relig. ◊ latin *coalitus*, de *coalescere* «s'unir» ; repris à l'anglais, 1718 ■ **1** Réunion momentanée de puissances, de partis ou de personnes dans la poursuite d'un intérêt commun d'opposition ou de défense. ➤ **alliance, association, confédération, entente, ligue.** *Une coalition électorale.* ➤ **bloc, front.** *Un ministère, un gouvernement de coalition.* ■ **2** (1836) ANCIENNT Entente entre ouvriers, commerçants, industriels dans un but économique, professionnel. *Le délit de coalition a été abrogé en 1864.* — FIG. (souvent péj.) Union. *Coalition d'intérêts.* ■ CONTR. Discorde, rupture, scission.

COALTAR [koltaʀ ; kɔltaʀ] n. m. – 1831 ◊ anglais *coal* «charbon» et *tar* «goudron» ■ Goudron obtenu par la distillation de la houille. *Le coaltar est utilisé pour imprégner les bois* (par injection, enduit) *et en thérapeutique comme désinfectant, antiseptique.* Recomm. offic. *goudron de houille.* — LOC. FAM. *Être dans le coaltar* : ne pas avoir les idées claires ; être hébété, inconscient (cf. Être dans le cirage).

COAPTATION [koaptasjɔ̃] n. f. – 1834 ; «harmonie» 1542 ◊ du latin *coaptatio*, de *coaptare* «ajuster» ■ **1** CHIR. Rapprochement et ajustement des bords d'une plaie, des fragments d'un os fracturé ou de deux extrémités articulaires luxées. ■ **2** ANAT. Dispositif anatomique formé de parties séparées et agencées fonctionnellement.

COARCTATION [koaʀktasjɔ̃] n. f. – 1838 ; *coartation* 1478 ◊ du latin *coarctatio* «action de resserrer» ■ PATHOL. Rétrécissement de l'aorte.

COASSEMENT [kɔasmɑ̃] n. m. – 1600 ◊ de *coasser* ■ Cri de la grenouille, du crapaud. «*Pas d'autre bruit que le coassement rythmé des grenouilles*» GIDE.

COASSER [kɔase] v. intr. ⟨1⟩ – *coacer* 1554 ◊ latin *coaxere*, grec *koax*, onomatopée ■ Crier, en parlant de la grenouille, du crapaud.

COASSOCIÉ, IÉE [koasɔsje] n. – fin XVIe ◊ de *co-* et *associé* ■ Personne associée à d'autres dans une entreprise financière, commerciale, industrielle.

COASSURANCE [koasyʀɑ̃s] n. f. – v. 1900 ◊ de *co-* et *assurance* ■ Assurance d'un même risque par plusieurs assureurs.

COATI [kɔati] n. m. – 1558 ◊ mot tupi, par le portugais ■ ZOOL. Mammifère carnivore *(procyonidés)* d'Amérique du Sud, au corps allongé, au museau terminé en groin.

COAUTEUR [kootœʀ] n. m. – 1863 ◊ de *co-* et *auteur* ■ Personne qui a écrit un livre ou réalisé une œuvre artistique en collaboration avec un ou plusieurs autres (➤ **collaborateur ; cosigner**). — DR. Participant à un crime commis par plusieurs autres, à degré égal de culpabilité (se distingue de *complice*). *Coauteur d'un délit.* — Au féminin, on rencontre *coautrice*, et, sur le modèle du français du Canada, *coauteure.*

COAXIAL, IALE, IAUX [koaksjal, jo] adj. – 1911 ◊ de *co-* et *axial* ■ Qui a le même axe qu'un autre objet. *Câble coaxial,* et n. m. *un coaxial* : câble formé de deux conducteurs concentriques isolés. Recomm. offic. pour *feeder*.* *Hélices coaxiales.*

COB [kɔb] **n. m.** – 1880 ◊ mot anglais ■ ÉQUIT. Cheval demi-sang, assez trapu, utilisé comme cheval de selle ou d'attelage.

COBALT [kɔbalt] **n. m.** – 1723 ; «minerai» 1549 ◊ allemand *Kobalt*, variante de *Kobold* «lutin» ; cf. *nickel* ■ Élément atomique (Co ; n° at. 27 ; m. at. 58,933), métal blanc du même groupe que le fer et le nickel. *Le cobalt est ferromagnétique. Minerai de cobalt* (ou **COBALTITE n. f.**) : sulfure de cobalt et d'arsenic naturel. *Alliages, aciers au cobalt. Bleu de cobalt* : colorant, oxyde ou arséniure de cobalt. ➤ **safre.** *Cobalt radioactif* : isotope du cobalt de m. at. 60, utilisé en radiothérapie des cancers. ➤ **radiocobalt.** *Bombe* au cobalt.*

COBAYE [kɔbaj] **n. m.** – 1820 ◊ du latin des zoologistes *cobaya*, d'un mot probablt tupi-guarani, par le portugais ■ Petit mammifère rongeur originaire d'Amérique du Sud, appelé aussi *cochon d'Inde*, universellement utilisé comme sujet d'expérience dans les laboratoires. LOC. *Servir de cobaye* : être utilisé comme sujet d'expérience.

COBÉE [kɔbe] **n. f.** – 1801 ◊ latin des botanistes *cobœa*, en l'honneur du missionnaire *Cobo* ■ Plante grimpante *(polémoniacées)* originaire d'Amérique tropicale, à grandes fleurs bleues.

COBELLIGÉRANT, ANTE [kobeliʒeʀɑ̃ ; kobɛlliʒeʀɑ̃, ɑ̃t] **n. m.** et **adj.** – 1794 adj. ◊ de *co-* et *belligérant* ■ Pays qui, dans une guerre, combat aux côtés d'un ou plusieurs autres, sans qu'une alliance formelle ait été conclue entre eux. ➤ **allié, coalisé.** — **adj.** *Les nations cobelligérantes.*

COBOL [kɔbɔl] **n. m.** – v. 1960 ◊ acronyme anglais, de *Common Business Oriented Language* ■ INFORM. Langage évolué orienté vers la résolution des problèmes de gestion mettant en œuvre de volumineux fichiers. *Programmation en cobol.*

COBRA [kɔbʀa] **n. m.** – 1856 ; *cobra capel* XVIe ◊ portugais *cobra de capelo* «couleuvre à capuchon» ■ Serpent venimeux d'Asie et d'Afrique. *Cobra indien, appelé aussi* serpent à lunettes. ➤ **naja.** *Cobra royal.* ➤ **hamadryade.**

1 **COCA** [kɔka] **n. m.** et **f.** – 1568 ◊ mot espagnol d'une langue d'Amérique ■ **1 n. m.** ou **f.** Arbrisseau d'Amérique du Sud *(linacées)* dont les feuilles persistantes contiennent des alcaloïdes, dont la *cocaïne*. Mâcher des feuilles de coca.* ■ **2 n. f.** Substance extraite de la feuille de coca, aux propriétés stimulantes.

2 **COCA** ➤ **COCA-COLA**

COCA-COLA [kɔkakɔla] **n. m. inv.** – 1942 ◊ marque américaine 1886, nom déposé ; de 1 *coca* et *cola* ■ Boisson gazéifiée à base de coca (2°) et de noix de cola. — *Un coca-cola* : une bouteille, une canette, un verre de cette boisson. — ABRÉV. FAM. **COCA.** *Un whisky coca. Deux cocas et une bière.*

COCAGNE [kɔkaɲ] **n. f.** – fin XIIe «réjouissance» ◊ origine inconnue, mot d'ancien languedocien ■ **1** *Pays de cocagne* : pays imaginaire où l'on a tout en abondance. — *Vie de cocagne* : vie de plaisirs et de fêtes. ■ **2** *Mât de cocagne*, au sommet duquel sont suspendus quelques objets ou friandises qu'il faut aller détacher en grimpant.

COCAÏNE [kɔkain] **n. f.** – 1856 ◊ de 1 *coca* ■ Alcaloïde extrait du coca, utilisé en médecine pour ses propriétés analgésiques et anesthésiques. *Une injection de cocaïne.* — Cet alcaloïde utilisé comme stupéfiant. ➤ FAM. 2 **coke.** *Priser, snifer de la cocaïne.* ➤ **cocaïnomanie.** *Fumer la cocaïne.* ➤ 2 **crack.** — ABRÉV. FAM. VIEILLI (1912) **COCO** [koko]. *«Il faut tenir sans coco»* BEIGBEDER. — *Cocaïne-base* : mélange de feuilles de coca et de kérosène.

COCAÏNISATION [kɔkainizasjɔ̃] **n. f.** – 1896 ◊ de *cocaïne* ■ MÉD. Anesthésie au chlorhydrate de cocaïne.

COCAÏNOMANE [kɔkainɔman] **n.** – 1886 ◊ de *cocaïne* et *-mane* ■ Personne intoxiquée par un usage fréquent de cocaïne (➤ **toxicomane**).

COCAÏNOMANIE [kɔkainɔmani] **n. f.** – 1886 ◊ de *cocaïne* et *-manie* ■ Toxicomanie* par la cocaïne.

COCARDE [kɔkaʀd] **n. f.** – 1530 ◊ ancien français *coquart, coquard* «sot, vaniteux», de 1 *coq* ■ **1** Insigne (souvent rond) que l'on portait sur la coiffure. ■ **2** Insigne aux couleurs nationales. *Cocarde tricolore. Voiture officielle à cocarde.* ■ **3** Ornement en ruban, nœud décoratif.

COCARDIER, IÈRE [kɔkaʀdje, jɛʀ] **adj.** – 1858 ◊ de *cocarde* (2°) ■ Chauvin, militariste. ➤ **patriotard.** *Avoir l'esprit cocardier. Ce journal a publié un article cocardier.*

COCASSE [kɔkas] **adj.** – 1739 ◊ var. de *coquard* «vaniteux», de *coq* → cocarde ■ Qui est d'une étrangeté bouffonne, qui étonne et fait rire. ➤ **burlesque, comique, drôle*.** *L'aventure est plutôt cocasse. Un personnage cocasse.*

COCASSERIE [kɔkasʀi] **n. f.** – 1837 ◊ de *cocasse* ■ Caractère cocasse. *La cocasserie d'une situation.* ➤ **comique, drôlerie.**

COCCIDIE [kɔksidi] **n. f.** – 1891 ; bot. 1836 ◊ grec *kokkos* «grain» et *eidos* «aspect extérieur» ■ Protozoaire *(sporozoaires)* parasite des cellules épithéliales des vertébrés et invertébrés.

COCCINELLE [kɔksinɛl] **n. f.** – 1754 ◊ latin *coccinus* «écarlate» ■ Insecte au corps hémisphérique *(coléoptères)*, très répandu dans les régions tempérées. *Coccinelle des jardins* ou *bête à bon Dieu*, à élytres rouges tachetés de noir.

COCCUS [kɔkys] **n. m.** – 1896 ; bot. 1752 ◊ latin *coccum* «grain», du grec ■ BACTÉRIOL. Bactérie sphérique. *Des coccus* ou *des cocci* [kɔksi] **(plur. lat.).** ■ **HOM.** poss. Caucus.

COCCYGIEN, IENNE [kɔksiʒjɛ̃, jɛn] **adj.** – 1753 ◊ de *coccyx* ■ ANAT. Du coccyx, de la région du coccyx. *Nerf coccygien. Névralgie coccygienne.*

COCCYX [kɔksis] **n. m.** – 1541 ◊ grec *kokkux* «coucou», par anal. de forme avec le bec de cet oiseau ■ ANAT. Petit os situé à l'extrémité inférieure de la colonne vertébrale des humains et de certains primates, articulé avec le sacrum. *Une fracture du coccyx.* — FAM. *Tomber sur le coccyx, se faire mal au coccyx*, au derrière.

1 **COCHE** [kɔʃ] **n. f.** – 1175 ◊ p.-ê. latin populaire °*cocca* ■ VX ou RÉGION. Entaille. ➤ **encoche.**

2 **COCHE** [kɔʃ] **n. m.** – 1243 ; fém. jusqu'au XVIIe ◊ ancien néerlandais °*cogge*, p.-ê. du bas latin *caudica* «sorte de bateau» ■ ANCIENNT *Coche d'eau* : grand chaland de rivière, halé par des chevaux. ◆ *Coche (de plaisance)* : recomm. offic. pour *house-boat*.

3 **COCHE** [kɔʃ] **n. m.** – 1545 ◊ probablt du hongrois *kocsi*, de *Kocs*, nom d'un relais entre Vienne et Pest, par l'allemand *Kutsche* ou le vénitien *cochio* ■ **1** ANCIENNT Grande voiture tirée par des chevaux, qui servait au transport des voyageurs. *La diligence a succédé au coche. Conducteur de coche.* ➤ 1 **cocher.** — *La mouche* du coche.* ■ **2** FIG. et FAM. *Manquer, rater le coche* : perdre l'occasion de faire une chose utile, profitable.

COCHENILLE [kɔʃnij] **n. f.** – 1578 ; *cossenille* 1567 ◊ espagnol *cochinilla* «cloporte» ■ Insecte hémiptère *(coccidés)* dont on tirait une teinture rouge écarlate (➤ **carmin**).

1 **COCHER** [kɔʃe] **n. m.** – 1560 ◊ de 3 *coche* ■ Celui qui conduit une voiture à cheval. ➤ **conducteur ; postillon.** *Cocher de fiacre. Fouette, cocher !* FIG. allons, en route !

2 **COCHER** [kɔʃe] **v. tr.** ⟨1⟩ – début XIVe ◊ de 1 *coche* ■ Marquer d'un trait, d'un signe. *Cocher un nom sur une liste. Cochez d'une croix la bonne réponse.* — LOC. FIG. *Cocher toutes les cases* : avoir toutes les qualités, toutes les compétences requises ; effectuer un parcours sans faute (cf. FAM. Avoir tout bon). ■ **CONTR.** 3 Décocher.

CÔCHER [koʃe] **v. tr.** ⟨1⟩ – XVIe ◊ altération de l'ancien français *caucher* (1256), *chaucher*, latin *calcare* «presser, fouler» ■ Couvrir la femelle, en parlant des oiseaux. — **p. p. adj.** *Un œuf côché*, fécondé.

COCHÈRE [kɔʃɛʀ] **adj. f.** – 1611 ◊ de 3 *coche* ■ *Porte cochère* : porte dont les dimensions permettent l'entrée d'une voiture dans la cour d'un bâtiment.

COCHLÉAIRE [kɔkleɛʀ] **n. f.** – 1669 ; *cochlearia* 1599 ◊ latin des botanistes → cuillère ■ BOT. Plante herbacée des rivages atlantiques *(crucifères)*, à fleurs blanches. *Cochléaire officinale.*

COCHLÉE [kɔkle] **n. f.** – 1845 ◊ latin *cochlea* «escargot» ■ ANAT. Partie de l'oreille interne enroulée en spirale, contenant les terminaisons du nerf auditif (organe de Corti). ➤ **limaçon.** — **adj. COCHLÉAIRE** [kɔkleɛʀ]. *Implant cochléaire*, pour remédier à la surdité.

COCHON [kɔʃɔ̃] **n. m.** – 1090 ◊ origine inconnue

I ■ **1** Mammifère de l'ordre des artiodactyles. *Cochon sauvage.* ➤ **sanglier.** *Cochon domestique.* ➤ **porc.** — SPÉCIALT Le porc* élevé pour l'alimentation (le plus souvent châtré) (opposé à *verrat*). ➤ **goret, pourceau ;** RÉGION. **cayon.** *Cochon de lait* : jeune cochon. ➤ **cochonnet, porcelet.** *Femelle du cochon.* ➤ **truie.** *Groin, oreilles, pieds, queue de cochon. Élever, engraisser des cochons* (➤ **porcherie, soue**). *Tuer le cochon. Tout est bon dans le cochon.* — *Viande de cochon.* ➤ **charcuterie,** FAM. **cochonnaille.** ◆ LOC. FIG. *Nous n'avons pas gardé les cochons ensemble* : pas de familiarités entre nous. *Se demander si c'est du lard* ou du cochon. Gros, gras, sale comme un cochon. Manger comme un cochon*, très salement ou d'une manière vorace. *Des yeux de cochon*, petits et rapprochés. *Écrire comme un cochon. Travail de cochon*, mal fait, sans soin. *C'est donner de la confiture aux cochons*, offrir qqch. de beau à qqn qui est incapable de l'apprécier (cf. Jeter des perles* aux pourceaux). — *Ils sont copains comme cochons,* très amis. — *Il a une tête de cochon :* il a mauvais caractère, il est très entêté. *Quel caractère de cochon !* — PAR EXT. *Un temps de cochon :* un temps exécrable. ■ **2** PAR ANAL. *Cochon d'Inde :* cobaye. — *Cochon de mer :* marsouin. — *Cochon d'eau :* cabiai.

II n. et adj. **COCHON, COCHONNE** [kɔʃɔ̃, kɔʃɔn] FAM. ■ **1** Personne qui est sale* ou qui salit. ➤ **dégoûtant***. *Quel cochon, il a mis de la peinture sur le tapis !* ■ **2** Individu qui a le goût des obscénités. ➤ **vicieux.** *C'est un vieux cochon.* — PAR EXT. **adj.** *Livres, films, dessins cochons.* ➤ **pornographique** (cf. De cul). *Une histoire cochonne,* licencieuse. ➤ **grivois, paillard.** ■ **3** Personne grossière, immorale. *Cochon qui s'en dédit* ! LOC. **TOUR DE COCHON :** sale tour. ➤ **vacherie.** *Il lui a joué un tour de cochon* (➤ RÉGION. **cochonner).** ◆ **adj. (Canada)** Méchant, sévère. *C'est cochon ce qu'il lui a fait !* ➤ **vache ;** RÉGION. **chien.** — Volontairement difficile. *L'examen était cochon.* ■ **4** *C'est pas cochon :* c'est réussi, excellent. ■ **5 adj. (Canada)** Se dit d'un plat riche et savoureux. *Un dessert cochon.*

COCHONCETÉ [kɔʃɔ̃ste] **n. f.** – 1878 ◇ de *cochon,* d'après *méchanceté* ■ FAM. Cochonnerie (3°).

COCHONNAILLE [kɔʃɔnɑj] **n. f.** – 1772 ◇ de *cochon* ■ **FAM. ; surtout plur.** Charcuterie* (avec l'idée d'abondance et de préparations simples, campagnardes). ➤ **charcutaille.** *Des plats « débordant de cochonnailles diverses : jambon persillé, cervelas, museau, andouille de Vire, langue écarlate, pieds de porc »* PEREC.

COCHONNE ➤ **COCHON,** II

COCHONNER [kɔʃɔne] **v.** ‹1› – 1403 ◇ de *cochon*
I v. intr. VIEILLI ou RÉGION. Mettre bas, en parlant de la truie.
II v. tr. FAM. ■ **1** (1808) Faire (un travail) mal, sans soin, salement. *C'est du travail cochonné.* ➤ **bousiller, saloper, torcher.** ◆ Salir. *Je venais de nettoyer et tu as tout cochonné !* ■ **2 (Canada)** Faire un mauvais coup à (qqn).

COCHONNERIE [kɔʃɔnʀi] **n. f.** – fin XVIIe ◇ de *cochon* ■ **1** FAM. et VIEILLI Malpropreté. ■ **2** Chose sale ou mal faite, cochonnée. ◆ Chose sans valeur. *Il ne vend que des cochonneries.* ➤ **saloperie.** — COLLECT. *C'est de la cochonnerie.* ➤ **pacotille,** FAM. **2 toc** (cf. VULG. C'est de la merde). ■ **3** FAM. Action, propos obscène. *Dire, raconter des cochonneries.* ➤ **horreur, obscénité ; cochonceté.**

COCHONNET [kɔʃɔnɛ] **n. m.** – fin XIIIe ◇ de *cochon* ■ **1** Jeune cochon, cochon de lait. ➤ **porcelet.** ■ **2** (1534) Petite boule de buis ou d'acier servant de but aux jeux de boules. *Toucher le cochonnet.*

COCHYLIS [kɔkilis] **n. m.** – avant 1844 ; *conchyle* « coquillage » 1765 ◇ latin *conchylis,* du grec *kogkhulion* « coquillage » ■ Papillon dont la chenille est très nuisible à la vigne. — On dit aussi **CONCHYLIS** [kɔ̃kilis].

COCKER [kɔkɛʀ] **n. m.** – 1863 ◇ mot anglais, de *cocking* « chasse à la bécasse des bois *(woodcock)* » ■ Petit chien de chasse, à longues oreilles tombantes. *Cocker anglais, américain. Des oreilles de cocker.* — LOC. FAM. *Un regard de cocker,* doux et triste. *« Il a des yeux de cocker, un regard tout triste »* G. DELACOURT.

COCKNEY [kɔknɛ] **n. et adj.** – 1750 « Londonien » ◇ mot anglais *cocken-ey,* pour *cocken-egg* « œuf de coq », sobriquet du Londonien ■ Londonien caractérisé par son langage populaire (celui de l'East End). *Les cockneys.* — **n. m.** (1933) Ce langage. *« Une fille des rues parlant cockney »* ARAGON. — **adj.** *Accent cockney.*

COCKPIT [kɔkpit] **n. m.** – 1878 ◇ mot anglais, littéralt « enclos *(pit)* pour les combats de coqs *(cock)* » ■ Creux dans le pont d'un yacht à voiles. — Espace réservé au poste de pilotage (d'un véhicule). *Le cockpit d'un avion* (➤ **cabine**), *d'une voiture de course.* — Recomm. offic. *habitacle.*

COCKTAIL [kɔktɛl] **n. m.** – 1860 ; « homme abâtardi » 1755 ◇ mot anglais américain, réduction de *cocktailed(-horse)* ; évolution de sens obscure ■ **1** Boisson constituée d'un mélange de liquides dosés selon des proportions variables, alcoolisée ou non. ➤ **alexandra, bloody mary, caïpirinha, daïquiri, maracuja, margarita, martini, mojito, planteur, spritz.** *Cocktail au gin, au champagne, au rhum, à la téquila, à la vodka. Préparation des cocktails* (➤ **mixologie ; shakeur**). *Un cocktail de jus de fruits, un cocktail sans alcool.* ◆ Hors-d'œuvre froid à base de crustacés et de crudités, servi dans une coupe. *Cocktail de crevettes, de crabe.* — *Sauce cocktail :* mayonnaise relevée de ketchup et d'un alcool (whisky, cognac...). ■ **2** Réunion mondaine avec buffet. ➤ **lunch.** *Inviter des amis à un cocktail. Robe de cocktail.* ■ **3** FIG. Mélange (inattendu, dangereux). *Un cocktail explosif. Un cocktail d'alcool et de psychotropes. « il a avalé un cocktail médicamenteux imparable... »* M. WINCKLER. *Cocktail lytique*.* LOC. *Effet cocktail :* effet toxique pour l'organisme induit par l'association de plusieurs substances chimiques (peu ou pas dangereuses prises isolément). *Effet cocktail de pesticides.* — *Cocktail Molotov :* bouteille emplie d'un mélange inflammable, employée comme explosif dans les combats de rue.

1 **COCO** [koko] **n. m.** – 1555, répandu 1611 ◇ emprunté à l'espagnol (1555) puis au portugais (1611), du sens de « croquemitaine », d'après l'aspect de la noix ■ **1** *Coco,* **ou plus cour.** *noix de coco* (1610) : fruit du cocotier, grosse coque fibreuse à chair comestible, blanche et ferme. *Noix de coco fraîche, séchée.* ➤ **copra.** *Eau de coco :* liquide présent dans la noix, différent du *lait* de coco. Beurre*, huile de coco. « le cake au coco »* ORSENNA. *Du coco râpé. Gâteau à la noix de coco.* ➤ **congolais.** *Tapis en (fibre de) coco.* ■ **2** (1808) ANCIENNT Boisson faite avec de l'eau et de la poudre de réglisse.

2 **COCO** [koko] **n. m.** – 1821 ◇ onomat. d'après le cri de la poule ■ **1** Œuf, dans le langage enfantin. ■ **2 T. d'affection** *Mon petit coco.* ➤ **1 cocotte.** ■ **3** FAM. et PÉJ. Individu, le plus souvent bizarre ou suspect. ➤ **lascar, type, zèbre, zozo.** *Un drôle de coco.* ■ **4 COCOS :** haricots nains à écosser, aux grains arrondis.

3 **COCO** [koko] **n. et adj.** – 1941 ◇ abrév. de *communiste* ■ **FAM. et PÉJ.** Communiste. *Les cocos.* — **adj.** *La presse coco.*

4 **COCO** ➤ **COCAÏNE**

COCON [kɔkɔ̃] **n. m.** – *coucon* 1600 ◇ ancien occitan *coucoun,* de même origine que *coque* ■ Enveloppe formée par un long fil de soie enroulé, dont les chenilles* de certains insectes (coléoptères, lépidoptères) s'entourent pour se transformer en chrysalide. *Cocon de ver à soie. Dévider un cocon.* ◆ LOC. FIG. *S'enfermer, se retirer dans son cocon :* s'isoler, se retirer (cf. Rentrer dans sa coquille*). ➤ **cocooning.**

COCONTRACTANT, ANTE [kokɔ̃tʀaktɑ̃, ɑ̃t] **n.** – XVIe ◇ de *co-* et *contracter* ■ DR. Chacune des personnes qui sont parties* à un contrat.

COCOONER [kɔkune] **v. intr.** ‹1› – 1989 ◇ de *cocooning* ■ ANGLIC. FAM. Rechercher un confort douillet (➤ **cocooning**). *Le dimanche, elle aime cocooner sous la couette.* — TRANS. *Se faire cocooner.* ➤ **dorloter.** *Entreprise qui cocoone sa clientèle.* ➤ **cajoler, choyer.**

COCOONING [kɔkuniŋ] **n. m.** – v. 1988 ◇ mot anglais, de *cocoon* « cocon » ■ ANGLIC. Situation d'une personne qui recherche le confort, la sécurité.

COCORICO [kɔkɔʀiko] **n. m.** – 1840 ; *coquericoq* v. 1480 ◇ onomat. du chant du coq ■ Cri du coq. *Des cocoricos.* — FIG. *Chanter cocorico, pousser un cocorico :* se réjouir d'une victoire française. *Cocorico !* bravo les Français ! — On dit parfois **COQUERICO** [kɔk(ə)ʀiko].

COCOTER ➤ **COCOTTER**

COCOTERAIE [kɔkɔt(ə)ʀɛ] **n. f.** – 1929 ◇ de *cocotier,* sur le modèle de *bananeraie* ■ Plantation de cocotiers.

COCOTIER [kɔkɔtje] **n. m.** – 1677 ◇ de 1 *coco* ■ Palmier au tronc élancé *(arécacées)* surmonté d'un faisceau de feuilles, et qui produit la noix de coco. *« le long des sables, les cocotiers brûlés par le soleil »* GLISSANT. — LOC. FIG. *Secouer le cocotier :* éliminer les gens âgés, ou les personnes les moins productives ; bousculer les habitudes. *« Les parents sont bons à monter au cocotier, c'est la morale nouvelle »* NIMIER.

1 **COCOTTE** [kɔkɔt] **n. f.** – 1808 ◇ onomat. → 2 coco ■ **1** Poule, dans le langage enfantin. — *Cocotte en papier :* carré de papier plié de manière à figurer un oiseau. ■ **2** (1789) **FAM. et VIEILLI** Fille, femme de mœurs légères entretenue. ➤ **courtisane, demi-mondaine,** FAM. **1 poule.** *Une grande cocotte.* — *Sentir la cocotte,* le parfum bon marché. ➤ **cocotter.** ■ **3 T. d'affection (FAM.)** ➤ **1 poule, poulette ; 2 coco.** *Viens ici ma cocotte.* ■ **4 Terme d'encouragement adressé à un cheval** *Hue, cocotte !*

2 **COCOTTE** [kɔkɔt] **n. f.** – 1807 ◇ p.-ê. du moyen français *coquasse* « récipient », altération de *coquemar* ■ Marmite en fonte. ➤ RÉGION. **coquelle.** *Faire cuire à la cocotte, dans une cocotte.* APPOS. INV. *Poulet cocotte,* cuit dans une cocotte. *Œufs cocotte.* — *Cocotte-minute* (marque déposée) : autocuiseur. *Des cocottes-minute.*

3 **COCOTTE** [kɔkɔt] **n. f.** – 1886 ◇ de 1 *coq,* dont les dérivés servent à nommer des végétaux (cf. *coquelicot*) ■ **RÉGION. (Lorraine ; Canada)** Cône des résineux, pomme de pin.

COCOTTER [kɔkɔte] **v. intr.** ‹1› – 1900 ; *gogoter* 1881 ◇ p.-ê. de 1 *cocotte* ■ FAM. Sentir* mauvais. ➤ **empester*, puer.** *Ça cocotte ici !* — On écrit aussi *cocoter.*

COCTION [kɔksjɔ̃] n. f. – 1560 ◊ latin *coctio* ▪ DIDACT. Digestion des aliments dans l'estomac.

COCU, UE [kɔky] n. et adj. – XIVe ◊ var. de *coucou,* dont la femelle pond ses œufs dans des nids étrangers ▪ FAM. ▪ **1** Personne dont le conjoint, le partenaire est infidèle. ➤ **cornard.** *Elle l'a fait cocu.* ➤ **cocufier.** FIG. *Son associé l'a fait cocu,* l'a trompé. *Une veine* de cocu.* «Le Cocu magnifique», de Crommelynck. — Terme d'injure sans contenu précis *Va donc, eh, cocu !* ▪ **2** adj. *Elle est cocue. Cocu, battu et content,* se dit d'un mari trompé et particulièrement crédule. ▪ **3** FIG. Dupe. *«les prolos sont toujours les cocus de l'histoire»* E. CARRÈRE.

COCUAGE [kɔkɥaʒ] n. m. – XVe ◊ de *cocu* ▪ FAM. État d'une personne cocue.

COCUFIER [kɔkyfje] v. tr. ‹7› – 1660 ◊ de *cocu* ▪ FAM. Faire cocu. ➤ **tromper.**

COCYCLIQUE [kosiklik] adj. – XXe ◊ de *co-* et *cyclique* ▪ MATH. Situé sur un même cercle. *Points cocycliques.* ➤ **inscriptible.**

CODA [kɔda] n. f. – 1821 ◊ mot italien «queue», du latin *cauda* ▪ Mouvement sur lequel s'achève un morceau de musique. *La coda d'une fugue. Des codas.*

CODAGE [kɔdaʒ] n. m. – 1959 ◊ de *coder* ▪ **1** Production (d'un message) selon un code, en vue de la transmission. ➤ **codification, encodage.** *Le codage d'un rapport secret.* ▪ **2** Mise en code (d'un signe). ➤ **codification** (2°, 3°). ♦ SPÉCIALT INFORM. Action de coder des suites d'instructions en langage de programmation. ▪ CONTR. Décodage.

CODANT, ANTE [kɔdɑ̃, ɑ̃t] adj. – v. 1970 ◊ p. prés. de *coder* ▪ BIOCHIM. *Séquence codante :* séquence d'acide nucléique qui code* pour une protéine. *«la vie a pris un nombre fantastique de formes différentes grâce à la partie non codante du génome»* B. CYRULNIK.

CODE [kɔd] n. m. – 1220 ◊ latin juridique *codex* «planchette, recueil» ▪ **1** Recueil de lois. *Le code de Justinien,* et ABSOLT *le Code.* — Ensemble des lois et dispositions légales relatives à une matière spéciale. *Livre, article d'un code. Le Code civil* ou *Code Napoléon* (1800-1804). *Code de commerce, code de la propriété intellectuelle. Le code du travail. Le code des douanes. Code pénal* (1810). *La réforme du code pénal.* — PAR EXT. Toute édition d'un code. *Consulter le code.* — FAM. *Le Code :* les lois. *Connaître le code,* le droit. *C'est dans le code :* c'est légal. ▪ **2** Décret ou loi étendue, réglant un domaine particulier. *Code de la route. Apprendre le code pour passer le permis de conduire. Passer le code,* l'épreuve du code. ♦ *Phares code,* ou plus cour. *codes :* phares de puissance réduite utilisés en agglomération ou lors du croisement d'autres véhicules (SYN. feux de croisement). *Se mettre en code(s). Allumer ses codes.* ▪ **3** FIG. Ensemble de règles, de préceptes, de prescriptions. ➤ **règlement.** *Le code de l'honneur, de la morale, du goût.* ABSOLT *«Je les regardais rire, dire des choses insignifiantes ou ces énormités qu'autorise une profonde connaissance du code»* BLONDIN. *Se donner un code de conduite,* des règles de conduite. *Code de bonne conduite*. Code vestimentaire.* ▪ **4** Système ou suite de symboles destiné par convention à représenter et à transmettre une information. *Code secret.* ➤ **chiffre, cryptographie.** *Mettre en code.* ➤ **chiffrer, coder.** *Code d'une carte bancaire. Composez votre code confidentiel. «il tend sa carte bleue, tape son code»* É. CHERRIÈRE. *J'ai oublié mon numéro de code. Code d'accès à un immeuble* (➤ **digicode**), *à un centre serveur* (cf. Clé* d'accès). **CODE POSTAL :** code à cinq chiffres indiquant le département et le bureau distributeur du destinataire, et qui permet le tri automatique du courrier. (v. 1975) **CODE-BARRE** ou **CODE-BARRES :** codage formé de fines barres parallèles apposé sur l'emballage de certains produits, afin d'identifier ces produits par lecture optique. *Lire, biper, flasher les codes-barres avec une douchette. Code QR*.* — *Nom de code,* permettant de désigner qqch. ou qqn de manière concise et confidentielle, notamment lors d'une opération militaire ou d'espionnage. ♦ Recueil de symboles. *Code international des signaux.* ▪ **5** (emprunté à l'anglais) Tout système rigoureux de relations structurées entre signes, ensemble de signes et contenu. ➤ **codification, conversion ; coder, codeur, encoder.** *Le code permet la production de messages et la communication. Code linguistique.* ➤ **système ; grammaire, lexique.** *Interpréter un message selon son code.* ➤ **décoder.** *Code gestuel, usuel, graphique... Code couleur.* — INFORM. *Code alphanumérique. Code ASCII*. Code source :* suite d'instructions rédigées en langage de programmation intelligible, avant compilation ou interprétation du programme. ♦ GÉNÉT. *Code génétique :* ensemble des règles de traduction des arrangements de nucléotides (codons) en acides aminés, spécifiant une correspondance entre une séquence en bases azotées et une séquence polypeptidique. *«L'alphabet, la grammaire, la syntaxe de la création ont été découverts. Le code génétique qui régit la transmission de nos structures a été défini»* J. BERNARD.

CODÉBITEUR, TRICE [kodebitœʀ, tʀis] n. – 1611 ◊ de *co-* et *débiteur* ▪ DR. Personne qui doit une somme en même temps que d'autres.

CODEC [kɔdɛk] n. m. – 1988 ; autre sens 1976 ◊ de *codeur décodeur* ▪ INFORM. Programme qui convertit un fichier audio ou vidéo dans un autre format. *Des codecs audios et vidéos.*

CODÉCIDER [kodeside] v. tr. ‹1› – 1968 ◊ de *co-* et *décider* ▪ Décider à plusieurs.

CODÉCISION [kodesizjɔ̃] n. f. – 1966 ◊ de *co-* et *décision* ▪ Décision prise en commun par plusieurs organismes compétents.

CODÉINE [kɔdein] n. f. – 1832 ◊ du grec *kôdeia* «pavot» ▪ Alcaloïde dérivé de la morphine, extrait de l'opium. *Sirop antitussif à la codéine.*

CODEMANDEUR, DERESSE [kod(ə)mɑ̃dœʀ, dʀɛs] adj. et n. – 1771 ◊ de *co-* et *demandeur* ▪ DR. Qui est demandeur en même temps que d'autres.

CODER [kɔde] v. ‹1› – 1959 ◊ de *code* ▪ **1** v. tr. Mettre en code (4°) (➤ **crypter**) ; procéder au codage de. p. p. adj. Qui appartient à un code. *Unités codées d'une langue.* — Produire selon un code (5°). ➤ **encoder.** *Informations codées selon tel ou tel code.* ♦ INFORM. *Coder un programme, une application,* en écrire le code. — ABSOLT *Apprendre à coder.* ▪ **2** v. intr. GÉNÉT. (en parlant d'un gène ou d'une séquence d'ADN). **CODER POUR** (anglic. critiqué) : détenir le message génétique correspondant à (une protéine donnée). *«le gène codant pour la production de l'hormone de croissance»* J. TESTART. ▪ HOM. poss. Caudé.

CODÉTENTEUR, TRICE [kodetɑ̃tœʀ, tʀis] n. – XVIe ◊ de *co-* et *détenteur* ▪ DR. Personne qui détient une chose en même temps qu'une ou plusieurs autres personnes.

CODÉTENU, UE [kodet(ə)ny] n. – 1828 ◊ de *co-* et *détenu* ▪ Personne qui est détenue avec une ou plusieurs autres personnes. *Les codétenus d'une cellule.*

CODEUR, EUSE [kɔdœʀ, øz] n. – v. 1960 ◊ de *coder* ▪ **1** n. m. TECHN. Dispositif servant à coder une information ou à changer son code* (4°). ▪ **2** Personne dont le métier consiste à faire du codage informatique.

CODEX [kɔdɛks] n. m. – 1651 ◊ mot latin → code ▪ **1** PHARM. Recueil officiel de médicaments autorisés par les organismes compétents. *Une préparation conforme au codex.* ➤ **formulaire, pharmacopée.** ▪ **2** (1838) DIDACT. Dans l'Antiquité ou au Moyen Âge, Ensemble de feuilles écrites cousues ensemble et reliées (par oppos. au *volumen*). *Étude des codex.* ➤ **codicologie.**

CODICILLE [kɔdisil] n. m. – *codicelle* 1269 ◊ latin *codicillus* «tablette», de *codex* → code ▪ Acte postérieur à un testament, le modifiant, le complétant ou l'annulant. — adj. **CODICILLAIRE** [kɔdisilɛʀ].

CODICOLOGIE [kɔdikɔlɔʒi] n. f. – 1949 ◊ de *codex* et *-logie* ▪ DIDACT. Étude des livres manuscrits en tant qu'objets matériels. *Paléographie et codicologie.* — adj. **CODICOLOGIQUE ;** n. **CODICOLOGUE.**

CODIFICATEUR, TRICE [kɔdifikatœʀ, tʀis] adj. et n. – 1846 ◊ de *codifier* ▪ Qui codifie.

CODIFICATION [kɔdifikasjɔ̃] n. f. – 1819 ◊ de *code* ▪ **1** Action de codifier ; résultat de cette action. *Codification des lois.* ▪ **2** INFORM. Correspondance entre un élément d'information et une combinaison d'un «langage». ➤ **codage.** ▪ **3** LING. Passage d'une unité, d'un processus, du discours à la langue*. *Codification d'un mot.* ➤ **lexicalisation.**

CODIFIER [kɔdifje] v. tr. ‹7› – 1831 ◊ de *code* ▪ **1** Réunir (des dispositions légales) en un code. *Codifier la législation du travail ; le droit aérien. Situation non codifiée* (cf. Vide juridique*). ▪ **2** Rendre rationnel ; ériger en système organisé. ▪ **3** Mettre (un signe) dans un code. ➤ **coder.**

CODIRECTEUR, TRICE [kodiʀɛktœʀ, tʀis] n. – 1842 ◊ de *co-* et *directeur* ▪ Personne qui partage avec une ou plusieurs autres la responsabilité d'une direction. *Une codirectrice.*

CODOMINANCE [kodɔminɑ̃s] n. f. – v. 1970 ◊ de *co-* et *dominance* ▪ GÉNÉT. Mode de transmission héréditaire dans lequel l'hétérozygote, pour deux gènes allélomorphes, présente les caractères phénotypiques simultanés des deux parents. adj. **CODOMINANT, ANTE.** *Gènes codominants.*

CODON [kɔdɔ̃] **n. m.** – 1968 ◊ de *code (génétique)* ■ BIOCHIM. Dans un acide nucléique, Triplet de nucléotides* désigné par les initiales des noms des trois bases respectives, et dont l'ordre séquentiel constitue l'information qui commande et spécifie la synthèse cellulaire des acides aminés. ➤ **ribonucléique, ribosome ; anticodon.** *Codon d'initiation, de terminaison. Codon-stop,* qui définit la fin de la traduction du gène en protéine.

COÉDITION [koedisjɔ̃] **n. f.** – milieu XXe ◊ de *co-* et *édition* ■ Édition d'un ouvrage réalisée en collaboration par plusieurs éditeurs ; ouvrage ainsi édité. — **v. tr.** ⟨1⟩ **COÉDITER ; n. COÉDITEUR, TRICE.**

COEFFICIENT [kɔefisjɑ̃] **n. m.** – début XVIIe ◊ de *co-* et *efficient* ■ **1** MATH. Nombre par lequel est multipliée une grandeur. *Coefficient de proportionnalité. Valeur affectée d'un coefficient.* — Chacun des nombres par lesquels sont multipliées les puissances de la variable d'un polynôme. *Coefficients du binôme. — Coefficient directeur* (ou *angulaire*) *d'une droite.* ➤ **pente ; tangente.** ■ **2** PHYS. Nombre caractérisant une propriété physique d'un corps. *Coefficient de frottement. Le coefficient de raideur d'un ressort.* ■ **3** COUR. Nombre qui détermine la valeur relative d'une épreuve d'examen. *Une matière à coefficient 4.* ♦ ÉCON. Facteur appliqué à une valeur. *Le coefficient des prix.* — Nombre indiquant l'échelon dans une hiérarchie. *Cadre qui est au coefficient 450.* ♦ Facteur, pourcentage. *Prévoir un coefficient d'erreur, d'incertitude.* ➤ **marge, ratio.** *Coefficient d'occupation des sols (C. O. S.).* FIG. *Le coefficient personnel :* l'élément subjectif entrant dans un jugement, une appréciation. ■ **4** CHIR. DENT. *Coefficient masticatoire :* chiffre conventionnel indiquant la valeur fonctionnelle des dents antagonistes.

CŒLACANTHE [selakɑ̃t] **n. m.** /CÉLACANTHE/ – 1890 ◊ latin des zoologistes, du grec *koilos* «creux» et *akantha* «épine» ■ Grand poisson osseux, très primitif *(crossoptérygiens),* que l'on croyait disparu. *Le cœlacanthe des Comores, fossile vivant.*

CŒLENTÉRÉS [selɑ̃teʀe] **n. m. pl.** /CÉLENTÉRÉS/ – 1890 ◊ du grec *koilos* «creux» et *enteron* «intestin» ■ ZOOL. ➤ **cnidaires.**

CŒLIAQUE [seljak] **adj.** /CÉLIAQUE/ – 1560 ◊ grec *koliakos* «qui appartient aux intestins» ■ ANAT. Qui a rapport à la cavité abdominale. *Tronc cœliaque :* grosse artère née de l'aorte abdominale. — MÉD. *Maladie cœliaque,* due à une intolérance au gluten.

CŒLIOSCOPIE ou **CÉLIOSCOPIE** [seljɔskɔpi] **n. f.** – 1945 ◊ du grec *koilia* «creux, ventre» et *-scopie* ■ MÉD. Examen de la cavité péritonéale par endoscopie. — ABRÉV. FAM. **CŒLIO** [seljo] /célio/. *Intervention sous cœlio.* — **adj. CŒLIOSCOPIQUE** ou **CÉLIOSCOPIQUE.** *Chirurgie cœlioscopique.*

CŒLOSTAT [selɔsta] **n. m.** /CÉLOSTAT/ – 1895 ◊ du latin *coelum,* var. de *caelum* «ciel», et *-stat* ■ ASTRON. Instrument muni d'un miroir tournant qui suit le mouvement de la Terre et enregistre la lumière d'un point fixe du ciel. ➤ **héliostat, sidérostat.**

COENTREPRISE [koɑ̃tʀəpʀiz] **n. f.** – 1985 ◊ de *co-* et *entreprise* ■ ÉCON. Association d'entreprises ayant pour objet la réalisation d'un projet commun. ➤ **joint-venture** (anglic.). *Former, fonder une coentreprise.*

CŒNURE ➤ **CÉNURE**

COENZYME [koɑ̃zim] **n. m.** ou **f.** – *co-enzyme* 1909 ◊ de *co-* et *enzyme* ■ BIOCHIM. Substance organique non protéique, qui peut s'unir à une apoenzyme* pour donner une enzyme active. *Coenzyme A :* dérivé de l'acide pantothénique jouant un rôle essentiel dans les transferts enzymatiques de groupes acétyles. ➤ **acétylcoenzyme.**

COÉPOUSE [koepuz] **n. f.** – 1967 ◊ de *co-* et *épouse* ■ **(Afrique noire, Maghreb)** Chacune des épouses d'un polygame, par rapport aux autres épouses de cet homme. *Elle «ne supportait plus la cohabitation avec sa coépouse»* DIABATÉ.

COÉQUATION [koekwasjɔ̃] **n. f.** – XVIe ◊ latin *coæquatio* ■ Répartition proportionnelle de l'impôt entre les contribuables.

COÉQUIPIER, IÈRE [koekipje, jɛʀ] **n.** – 1892 ◊ de *co-* et *équipier* ■ Personne qui fait équipe avec une ou plusieurs autres. *Coéquipier dans un rallye automobile.*

COERCITIF, IVE [kɔɛʀsitif, iv] **adj.** – 1559 ◊ du latin *coercitus,* p. p. de *coercere* «contraindre» ■ **1** Qui a le pouvoir de coercition. *Force coercitive. Des mesures coercitives.* ■ **2** PHYS. *Champ coercitif :* champ magnétique capable de détruire l'aimantation d'un barreau aimanté. ➤ **hystérésis.**

COERCITION [kɔɛʀsisjɔ̃] **n. f.** – 1586 ◊ latin *coercitio,* de *coercere* ■ DR. Pouvoir de contraindre qqn à se soumettre à la loi. — PAR EXT. Le fait de contraindre. ➤ **contrainte, pression.** *Exercer une coercition. Moyens de coercition.*

CŒUR [kœʀ] **n. m.** – fin XIe ◊ du latin *cor, cordis.* Une forme ancienne de *cœur* est à la base de *courage.*

I PARTIE DU CORPS OU CE QUI L'ÉVOQUE A. ORGANE ■ **1** Organe central de l'appareil circulatoire. Chez l'être humain, Viscère musculaire situé entre les poumons et dont la forme est à peu près celle d'une pyramide triangulaire à sommet dirigé vers le bas, en avant et à gauche. ➤ **cardiaque ; cardi(o)-.** *Enveloppes du cœur.* ➤ **endocarde, péricarde.** *Muscle du cœur.* ➤ **myocarde.** *Cavités du cœur.* ➤ **oreillette, valvule, ventricule.** *Cœur droit* (oreillette et ventricule droits), où circule le sang veineux ; *cœur gauche* (oreillette et ventricule gauches), où circule le sang artériel. *Mouvements du cœur.* ➤ **battement ; palpitation, pulsation.** *Son cœur bat trop vite. Contraction* (➤ **systole**), *dilatation* (➤ **diastole**) *du cœur. Examen du cœur.* ➤ **échocardiogramme, électrocardiogramme.** *Cœur de sportif.* ➤ **cardiomégalie.** *Maladies de cœur.* ➤ **angine** (de poitrine), **arythmie, cardialgie, cardiopathie, cardite, collapsus, dyspnée, infarctus, myocardite, péricardite, souffle, tachycardie.** *Opération à cœur ouvert,* à l'intérieur du cœur. ➤ **cardiotomie.** *Stimulation du cœur.* ➤ **stimulateur** (cardiaque), **pacemaker.** *Arrêt* du cœur. — Greffe du cœur :* transplantation* cardiaque. — *Cœur-poumon artificiel :* appareillage destiné à suppléer l'arrêt momentané de la circulation centrale. — LOC. *Tant que mon cœur battra :* tant que je vivrai. ♦ Cet organe chez certains animaux, faisant partie des abats. *Cœur de veau aux carottes.* ■ **2** (fin XIe) La poitrine. *Il la serra tendrement sur, contre son cœur.* ■ **3** En loc. Estomac. *Avoir mal au cœur :* avoir des nausées. ➤ **haut-le-cœur.** *Avoir le cœur au bord des lèvres :* être prêt à vomir. *«le cœur au bord des lèvres, comme au sortir d'un repas d'anniversaire»* DAENINCKX. *Avoir le cœur barbouillé.* — FIG. *Soulever le cœur.* ➤ **dégoûter, écœurer.** — *Rester sur le cœur. Avoir, garder une injure sur le cœur* (cf. FAM. C'est dur à digérer*). *En avoir gros* sur le cœur. — Faire mal* au cœur.* ➤ 3 **mal.**

B. CE QUI ÉVOQUE L'ORGANE (FORME, SITUATION CENTRALE) ■ **1** (1340) Ce qui a ou évoque la forme du cœur (➤ **cardioïde, cordé, cordiforme**). *Cœur suspendu à un collier. Cœur à la crème :* fromage à la crème en forme de cœur. *Cœur-de-pigeon :* variété de cerise. *Des cœurs-de-pigeon. Cœur-de-bœuf :* variété ancienne de grosse tomate charnue en forme de cœur ; ABUSIVEMENT variété hybride de tomate côtelée. *Des cœurs-de-bœuf.* — (1804) FAM. *Faire la bouche en cœur ;* FIG. affecter l'amabilité. ➤ **minauder.** *Elle est arrivée la bouche en cœur,* comme si de rien n'était. ♦ Aux cartes, Une des couleurs représentée par un cœur rouge. *As de cœur. Couper à cœur.* ■ **2** (fin XIIe) La partie centrale ou active de qqch. ➤ **centre, milieu.** *Le cœur d'une ville. Pénétrer au cœur de la forêt. Un cœur de laitue. Cœur d'artichaut*, de palmier*. Le cœur du bois.* ➤ **duramen.** *Un fromage fait à cœur,* jusqu'au centre. NUCL. Partie (d'un réacteur nucléaire) contenant le combustible et où s'opèrent les réactions de fission. *Fusion du cœur* (➤ **corium**). FIG. *Être au cœur du réacteur,* à une position stratégique. ■ **3** (de l'anglais *core*) INFORM. Noyau d'un processeur, où s'effectue la plus grande partie des calculs. *Processeur double cœur.* ■ **4** FIG. *Au cœur de l'hiver, de l'été :* au plus fort de l'hiver, de l'été. — *Le cœur du sujet, de la question :* le point essentiel, capital. *Le cœur du débat.* ➤ **vif.** — *Cœur de cible*.*

II SIÈGE DES SENTIMENTS (fin XIe) ■ **1** Le siège des sensations et émotions. *Agiter, faire battre* le cœur.* ➤ **émouvoir.** *Serrement de cœur. Une douleur, un chagrin qui arrache, brise, crève, fend, serre le cœur. Avoir le cœur brisé, le cœur en miettes*, le cœur gros. «"Avoir le cœur gros". J'aime cette locution qui laisse entendre que le chagrin n'est pas un manque, mais un plein au contraire, un trop-plein qui déborde de souvenirs, d'émotions et de larmes»* TOURNIER. *Avoir la rage au cœur. Avoir la joie au cœur, le cœur en fête. Mettre du baume au cœur. Le cri* du cœur. Un coup au cœur :* une forte émotion. *Le «coup au cœur que j'ai ressenti, à mon premier voyage, devant le sommet du Mont Blanc»* GRACQ. ■ **2** En loc. Le siège du désir, de l'humeur. *Accepter, consentir de bon cœur, de grand cœur, de tout cœur, de gaieté de cœur,* avec plaisir. ➤ **volontiers.** — *De tout son cœur :* de toutes ses forces. *D'un cœur léger :* avec insouciance et plaisir. ♦ *Si le cœur vous en dit :* si vous en avez le désir, l'envie, le goût. *Avoir, prendre qqch. à cœur :* y prendre un intérêt passionné. *Avoir à cœur de faire qqch. Je n'ai pas le cœur à rire. N'avoir de cœur à rien.* ➤ **enthousiasme, entrain, goût, intérêt, zèle.** *Un coup de cœur :* un enthousiasme subit pour qqch. ou qqn. *«Elle avait la fortune de faire naître un coup de cœur chez le fils du maire»* GONCOURT. — **À CŒUR JOIE :** avec délectation, jusqu'à satiété. *S'en donner à cœur joie.* — *Tenir à cœur :* être considéré comme très important. *Ce sujet lui tient à cœur.* ■ **3** Le siège

de l'affectivité (sentiments, passions). *Les sentiments que le cœur éprouve, ressent.* ➤ **sensibilité, sentiment ; affection, attachement, inclination, passion, tendresse.** *Écouter son cœur. Venir du cœur :* être spontané et sincère. *Aller droit au cœur.* ➤ 1 **toucher.** *Avoir un cœur sensible. Ami de cœur. Être de (tout) cœur avec qqn. Ne pas porter qqn dans son cœur :* avoir de l'hostilité, de la rancune. — *Cœur épris. Cœur volage* (FAM. *cœur d'artichaut**). SPÉCIALT ➤ **amour.** *Affaire de cœur. Offrir, refuser son cœur. Donner son cœur à qqn. Des peines de cœur. Le courrier du cœur.* PROV. *Loin* des yeux, loin du cœur. Jeunesse de cœur :* fraîcheur de sentiments. ◆ La personne considérée dans ses affections, ses sentiments. *Conquérir, gagner les cœurs. Bourreau* des cœurs.* « *Charmant, jeune, traînant tous les cœurs après soi* » RACINE. (1810) *Faire le joli cœur,* le galant. — T. d'affection *Mon petit cœur, mon cœur.* ➤ **amour.** LOC. *Joli comme un cœur.* ◆ (Opposé à *raison, esprit*) « *Le cœur a ses raisons que la raison ne connaît point* » PASCAL. — SPÉCIALT Intuition. *L'intelligence du cœur. Je veux en avoir le cœur net,* être éclairé sur ce point. ▪ **4** Bonté, sentiments altruistes. *Avoir bon cœur,* et ABSOLT *avoir du cœur.* ➤ **altruisme, charité, compassion, délicatesse, dévouement, générosité, pitié, sensibilité.** *Bon cœur et mauvais caractère.* LOC. *À votre bon cœur,* pour solliciter la générosité de qqn. *Homme, femme de cœur. Vous n'avez pas de cœur :* vous êtes sans pitié. ➤ **sans-cœur.** *Avoir un cœur d'or. Un cœur dur, un cœur de pierre, de marbre. Avoir une pierre à la place du cœur.* — FAM. *Avoir un cœur gros comme ça. Avoir le cœur sur la main :* être généreux. *Être un cœur sur pattes*.* ▪ **5** (fin XIᵉ) VX *Avoir du cœur :* de l'honneur, de la fierté. « *Rodrigue, as-tu du cœur ?* » CORNEILLE. ◆ MOD. ➤ **courage.** *Le cœur lui manqua. Il n'aura pas le cœur de faire cela. Avoir, donner du cœur à l'ouvrage*.* (Canada) *Un coup de cœur :* un effort intense. *Haut les cœurs ! :* courage ! *Faire contre mauvaise fortune* bon cœur.* FAM. *Mettre du cœur au ventre :* donner courage. *Y aller de bon cœur,* avec énergie. PROV. *À cœur vaillant rien d'impossible*.* ▪ **6** La vie intérieure ; la pensée intime, secrète. LOC. *Du fond* de son cœur :* dans son for intérieur. *Épancher,* (1545) *ouvrir son cœur.* ➤ **avouer, se confier, se livrer.** *Parler à cœur ouvert,* avec franchise, sincérité. *Dans le secret de son cœur.* ▪ **7 PAR CŒUR :** de mémoire. *Apprendre, savoir, réciter par cœur.* « *C'est parce que je ne comprends pas la moitié de ce qu'il dit que je retiens tout par cœur* » TOURNIER. PAR EXT. *Connaître qqn par cœur :* connaître parfaitement son caractère, sa vie.
▪ HOM. Chœur.

COÉVOLUTION [koevɔlysjɔ̃] n. f. – 1973 ◇ de *co-* et *évolution,* probablt d'après l'anglais *coevolution* (1964) ▪ BIOL. Évolution conjointe de deux espèces, chacune d'entre elles exerçant une pression de sélection* sur l'autre. *Coévolution coopérative* (➤ **symbiose**), *compétitive* (➤ **parasitisme**).

COEXISTENCE [kɔɛgzistɑ̃s] n. f. – 1554 ◇ de *co-* et *existence* ▪ **1** Existence simultanée (de plusieurs unités là où on n'en attend qu'une). *La coexistence de l'ancien et du nouveau décret.* ➤ **cumul.** « *La coexistence en un même esprit d'un poète, d'un philosophe, d'un mémorialiste et d'un romancier* » MAUROIS. ➤ **concomitance.** ▪ **2** (1954) HIST. *Coexistence pacifique :* principe de tolérance réciproque entre nations socialistes et capitalistes (opposé à *guerre* froide*). ▪ CONTR. Incompatibilité.

COEXISTER [kɔɛgziste] v. intr. ‹1› – 1771 ◇ de *co-* et *exister* ▪ Exister ensemble, en même temps (avec l'idée, pour les personnes, de se supporter). « *Ces hantises ont dû coexister ensuite avec mes tourments religieux* » ROMAINS. ▪ CONTR. Précéder, suivre.

COEXTENSIF, IVE [koɛkstɑ̃sif, iv] adj. – 1893 ◇ de *co-* et *extensif* ▪ LOG. Qui possède la même extension. *Concepts coextensifs. Coextensif à...*

COFACTEUR [kofaktœʀ] n. m. – XXᵉ ◇ de *co-* et *facteur* ▪ Facteur associé à une grandeur, une réaction, un évènement. ◆ BIOCHIM. Petite molécule nécessaire à l'activité d'une enzyme. ➤ **coenzyme.**

COFFRAGE [kɔfʀaʒ] n. m. – 1838 ◇ de *coffre* ▪ **1** Charpente qui maintient les terres d'une tranchée, d'une galerie de mine. — Ouvrage de menuiserie servant à dissimuler des tuyaux, des fils électriques, etc. — Dispositif qui moule et maintient le béton que l'on coule. *Enlever le coffrage* (➤ **décoffrer**). ▪ **2** Pose de cette charpente, ce dispositif. ▪ CONTR. Décoffrage.

COFFRE [kɔfʀ] n. m. – v. 1165 *cofre* ◇ bas latin *cophinus* → couffin ▪ **1** Meuble de rangement en forme de caisse qui s'ouvre en soulevant le couvercle. *Fermoir, ferrures d'un coffre. Un coffre sculpté, clouté. Coffre à linge, à jouets. Meuble en forme de coffre.* ➤ **huche, layette, pétrin, saloir.** *Petit coffre.* ➤ **boîtier, cassette, coffret, écrin.** ◆ PAR ANAL. Congélateur* horizontal à couvercle. ▪ **2** (1291) Caisse, boîte métallique fermée, où l'on met en sécurité de l'argent, des choses précieuses. ➤ **coffre-fort.** *Avoir un coffre à la banque. La salle des coffres. Percer un coffre.* — FIG. *Les coffres de l'État :* les ressources publiques. ▪ **3** (1690) *Coffre d'une voiture :* espace aménagé pour le rangement, souvent à l'arrière et qui ne communique pas avec l'intérieur. ➤ **malle.** *Mettre ses bagages dans le coffre. Ouvrir, fermer le coffre* (➤ **hayon**). ▪ **4** Réceptacle ayant la forme d'un coffre. *Le coffre d'un piano :* la caisse. *Coffre d'un orgue.* ➤ **buffet, cabinet.** *Coffre d'une brouette.* — MAR. *Coffre d'un navire :* la coque. ▪ **5** (XVIᵉ) FAM. Thorax. ➤ **poitrine ; caisse.** LOC. *Avoir du coffre :* avoir une solide carrure, avoir du souffle ; FIG. avoir du courage, de l'aplomb.

COFFRE-FORT [kɔfʀəfɔʀ] n. m. – 1543 ◇ de *coffre* et 1 *fort* ▪ Coffre métallique épais et résistant destiné à garder en sûreté de l'argent, des objets précieux. *Des coffres-forts. Chiffre, combinaison secrète d'un coffre-fort.* ➤ **coffre.**

COFFRER [kɔfʀe] v. tr. ‹1› – 1544 « mettre dans un coffre » ◇ de *coffre* ▪ **1** TECHN. Munir d'un coffrage. *Coffrer une dalle de béton.* ▪ **2** FAM. ➤ **emprisonner.** « *Je vais te faire coffrer pour mendicité, dit l'agent* » SARTRE. ▪ CONTR. Décoffrer. Libérer.

COFFRET [kɔfʀɛ] n. m. – v. 1265 ◇ de *coffre* ▪ **1** Petit coffre. *Coffret ciselé, sculpté. Coffret à bagues* (➤ **baguier**), *à bijoux* (➤ **écrin**). ▪ **2** Emballage rigide destiné à présenter des objets de façon élégante. *Disques, livres vendus en coffret. Coffret de fards. Photos présentées en coffret.* ➤ **portfolio.**

COFINANCER [kofinɑ̃se] v. tr. ‹3› – 1987 ◇ de *co-* et *financer* ▪ Financer (un projet, une entreprise) à plusieurs. *Projet cofinancé par trois sociétés.* — n. m. (1987) **COFINANCEMENT.**

COFONDATEUR, TRICE [kofɔ̃datœʀ, tʀis] n. – 1892 ◇ de *co-* et *fondateur* ▪ Celui, celle qui fonde, a fondé (une entreprise) avec une ou plusieurs autres personnes.

COGÉNÉRATION [koʒeneʀasjɔ̃] n. f. – 1988 ◇ de *co-* et *génération* ▪ Production simultanée et dans une même installation d'énergie thermique et d'énergie mécanique (généralt utilisée pour produire de l'électricité). *Centrale de cogénération.*

COGÉRANCE [koʒeʀɑ̃s] n. f. – 1869 ◇ de *co-* et *gérance* ▪ DR. Gérance exercée en commun par plusieurs gérants. — n. **COGÉRANT, ANTE.**

COGÉRER [koʒeʀe] v. tr. ‹6› – milieu XXᵉ ◇ de *co-* et *gérer* ▪ Gérer en commun (➤ **cogérance, cogestion**). *Les habitants cogèrent leur ville avec les élus.* — p. p. adj. *Usine cogérée.*

COGESTION [koʒɛstjɔ̃] n. f. – 1945 ◇ de *co-* et *gestion* ▪ DR. Administration, gestion en commun ; SPÉCIALT Gestion de l'entreprise assurée en commun par le chef d'entreprise et les représentants des salariés. ➤ **autogestion, participation.**

COGITATION [kɔʒitasjɔ̃] n. f. – XIIᵉ ◇ latin *cogitatio,* de *cogitare* « penser » ▪ VX ou PLAIS. Pensée, réflexion. *Quel est le fruit de tes cogitations ?*

COGITER [kɔʒite] v. intr. ‹1› – 1869 faux archaïsme ◇ latin *cogitare* « remuer *(agitare)* dans son esprit » ▪ PLAIS. Réfléchir.

COGITO [kɔʒito] n. m. – 1834 *le cogito ergo sum* ◇ du latin *cogito, ergo sum* « je pense, donc je suis » ▪ Argument sur lequel Descartes a construit son système. *Des cogitos.*

COGNAC [kɔɲak] n. m. – 1806 ; *coignac* 1754 ; *eau de vie de Coignac* 1719 ◇ de *Cognac,* ville de Charente ▪ **1** Eau-de-vie de vin réputée de la région de Cognac. *Qualités des cognacs suivant la nature du sol qui a produit les raisins* (fine* champagne, petite champagne). *Verre à cognac,* à fond large. — Verre de cognac. *Il a bu trois cognacs.* ▪ **2** ADJT INV. De la couleur orangée du cognac. *Des pulls cognac.*

COGNASSIER [kɔɲasje] n. m. – 1571 ; *coignassier* 1558 ◇ de *cognasse,* var. de *coing* ▪ Arbre fruitier *(rosacées)* qui produit les coings.

COGNAT [kɔgna] n. m. – XIIIᵉ ◇ latin *cognatus,* de *gnatus,* pour *natus* « né » ▪ DR. Parent par cognation (opposé à *agnat*).

COGNATION [kɔgnasjɔ̃] n. f. – 1520 ; « la parenté, les parents » 1170 ◇ latin *cognatio* → cognat ▪ DR. ROM. Parenté naturelle. — SPÉCIALT Parenté par les femmes (opposé à *agnation*).

COGNE [kɔɲ] n. m. – 1800 argot ◇ de *cogner* ▪ POP. Agent de police, gendarme. ➤ **flic.**

COGNÉE [kɔɲe] n. f. – 1080 *cuignée* ◇ latin médiéval *cuneata* « (hache) en forme de coin », de *cuneus* « coin » ▪ Grosse hache à biseau étroit utilisée pour abattre les arbres, fendre le gros bois. *Cognée de bûcheron.* LOC. *Jeter le manche après la cognée :* renoncer par découragement à une entreprise. ➤ **abandonner.**
▪ HOM. Cogner.

COGNEMENT [kɔɲmɑ̃] **n. m.** – avant 1907 ◊ de *cogner* ■ RARE Le fait de cogner. ➤ **heurt.** *Le cognement d'un moteur.*

COGNER [kɔɲe] **v.** ‹1› – fin XIIe ◊ latin *cuneare* «enfoncer un coin» ■ **1 v. tr.** VX Frapper sur (qqch.). *Cogner un clou.* — MOD. Heurter* (qqch.). *Sa tête alla cogner le mur. Se cogner la tête et se faire une bosse.* LOC. *Se cogner la tête contre les murs :* s'efforcer de venir à bout d'une difficulté insurmontable, d'une situation désespérée. ◆ **SE COGNER v. pron. (réfl.)** Se heurter par maladresse, inadvertance. *Se cogner à un meuble, contre une porte* (cf. Se donner un coup*). ◆ LOC. FAM. *S'en cogner :* s'en moquer (cf. S'en balancer, s'en battre l'œil*, s'en foutre, s'en taper, n'en avoir rien à battre*). *«le pognon de sa famille, je m'en cogne, j'en gagne bien assez»* A. GIROD DE L'AIN. ■ **2** POP. Frapper, donner des coups* à (qqn). ➤ **battre*, 2 taper.** *«J'avais souvent vu le père les cogner, des baffes qu'il leur mettait du plat de la main»* C. GALLAY. ABSOLT *Ça va cogner !* ➤ FAM. **bastonner.** ■ **3 v. tr. ind.** Frapper (sur qqch., qqn) à coups répétés. *«C'était comme un clou sur lequel il ne cessait de cogner»* MAC ORLAN. FAM. *Il commence à me cogner dessus.* ABSOLT *Il cogne dur, comme une brute.* — *Cogner à la porte.* ➤ **frapper ; heurtoir, marteau.** *La grêle cogne contre la vitre, sur la vitre.* ■ **4 v. intr. (sujet chose)** Donner, faire entendre des chocs. *Il y a un volet qui cogne,* qui bat contre le mur. ➤ **battre.** *Le moteur cogne,* ne tourne pas rond (➤ **à-coup, cognement**). ◆ FAM. Envoyer des rayons très ardents (soleil). *Le soleil cogne, aujourd'hui. Ça cogne !* ➤ **2 taper.** — Être très fort en alcool (boisson). ■ **5** FAM. Sentir mauvais. ■ HOM. Cognée.

COGNEUR, EUSE [kɔɲœʀ, øz] **n.** – 1877 ◊ de *cogner* ■ **1** Personne portée à cogner. ■ **2** Boxeur, joueur de tennis doté d'une frappe puissante. *«le règne des brutes, des cogneurs, des fameux "attaquants de fond de court"»* O. ADAM. ■ **3** Pianiste au toucher vigoureux. *«Le Quintette pour piano, pour une fois pas tétanisé par un cogneur»* (Le Monde, 1997).

COGNITICIEN, IENNE [kɔgnitisjɛ̃, jɛn] **n.** – 1983 ◊ latin *cognoscere* «connaître» ■ Spécialiste de l'intelligence* artificielle, chargé(e) d'intégrer dans un système expert* les informations d'un champ de connaissance.

COGNITIF, IVE [kɔgnitif, iv] **adj.** – XIVe ◊ latin *cognitum,* de *cognoscere* «connaître» ■ DIDACT. Qui concerne la connaissance, les processus mentaux en œuvre dans son acquisition. *Faculté, fonction cognitive. Opérations cognitives* (abstraire, catégoriser, contextualiser, généraliser...). *Comportements cognitifs,* qui permettent l'accès à la connaissance. *Un test cognitif.* ➤ **cognition.** *Sciences cognitives :* ensemble des sciences qui étudient les mécanismes de la connaissance (psychologie, linguistique, neurobiologie, logique, intelligence artificielle).

COGNITION [kɔgnisjɔ̃] **n. f.** – XIVe ◊ latin *cognitio* ■ **1** PHILOS. Connaissance. ■ **2** PHYSIOL. Processus par lequel un organisme acquiert la conscience des évènements et objets de son environnement.

COGNITIVISME [kɔgnitivism] **n. m.** – 1963 ◊ anglais *cognitivism* ■ DIDACT. Ensemble de théories portant sur les processus d'acquisition des connaissances, qui appréhendent le fonctionnement du cerveau et les processus mentaux sur le modèle de la théorie de l'information. ➤ **cognitif, cognition, neurosciences.** — **adj.** et **n. COGNITIVISTE.**

COHABITATION [kɔabitasjɔ̃] **n. f.** – XIIIe ◊ latin *cohabitatio* ■ **1** Situation de personnes qui vivent, habitent ensemble. *La cohabitation des époux. Cohabitation avec qqn. Cohabitation et concubinage*.* ■ **2** (1981) POLIT. Dans le cadre constitutionnel de la Ve République, Coexistence d'un président de la République et d'un gouvernement de tendance opposée. *Partisan de la cohabitation* (**COHABITATIONNISTE adj. et n.**).

COHABITER [kɔabite] **v. intr.** ‹1› – fin XIVe ◊ latin *cohabitare* ■ Habiter, vivre ensemble. *«Nous cohabitions. Partagions le quotidien, nous répartissions les rôles et les tâches»* O. ADAM. — POLIT. Pratiquer la cohabitation.

COHÉRENCE [kɔeʀɑ̃s] **n. f.** – 1524 ◊ latin *cohærentia* → cohérent ■ **1** Union étroite des divers éléments d'un corps. ➤ **adhérence, cohésion, connexion.** ■ **2** Liaison, rapport étroit d'idées qui s'accordent entre elles ; absence de contradiction. *Personne, discours qui manque de cohérence. Cohérence entre deux choses. Mettez un peu de cohérence dans tout cela !* (➤ **harmoniser**). ■ CONTR. Confusion, incohérence.

COHÉRENT, ENTE [kɔeʀɑ̃, ɑ̃t] **adj.** – 1524 ◊ latin *cohærens,* p. prés. de *cohærere* «adhérer ensemble» ■ **1** DIDACT. Qui présente de la cohérence, de l'homogénéité. ➤ **homogène.** ■ **2** Qui se compose de parties compatibles, liées et harmonisées entre elles (discours, pensée). ➤ **harmonieux, 2 logique, ordonné.** *Idées cohérentes. Programme cohérent.* ■ **3** (1858) PHYS. Dont le déphasage est constant au cours du temps. *Faisceau de lumière cohérente.* ➤ **laser.** ■ CONTR. Incohérent.

COHÉREUR [kɔeʀœʀ] **n. m.** – 1890 ◊ latin *cohærere* «adhérer avec» ■ ANC. PHYS. Premier détecteur d'ondes hertziennes, inventé par Branly.

COHÉRITIER, IÈRE [koeʀitje, jɛʀ] **n.** – 1411 ◊ de *co-* et *héritier* ■ Chacune des personnes appelées à partager le même héritage.

COHÉSIF, IVE [kɔezif, iv] **adj.** – avant 1866 ◊ latin *cohæsum,* supin de *cohærere* ■ DIDACT. Qui joint, unit, resserre. *Force cohésive.*

COHÉSION [kɔezjɔ̃] **n. f.** – 1740 ◊ latin *cohæsio* «proximité», de *cohærere* «adhérer ensemble» ■ **1** PHYS. Ensemble des forces qui maintiennent associés les éléments d'un même corps (➤ **adhérence, cohérence**). *La cohésion des gaz est faible ou nulle. Énergie de cohésion :* énergie de formation d'un corps. ◆ Résistance d'une pellicule protectrice (lubrifiant, etc.) à l'écrasement. ■ **2** (ABSTRAIT) Cohérence, unité logique d'une pensée, d'un exposé, d'une œuvre. *«Il attirait à lui une nuée d'idées éparses et partielles, leur donnant sens et cohésion»* ROMAINS. — Union, solidarité entre les membres d'un groupe. *La cohésion d'une équipe.* ■ CONTR. Confusion, désagrégation, dispersion.

COHORTE [kɔɔʀt] **n. f.** – 1213 ◊ latin *cohors, ortis* ■ **1** ANTIQ. ROM. Corps d'infanterie (formé de centuries) qui formait la dixième partie de la légion romaine. ■ **2** THÉOL. Troupe. *La cohorte des anges.* — COUR. et FAM. Groupe. *Une joyeuse cohorte. La cohorte de ses admirateurs.* ■ **3** DÉMOGR. Ensemble d'individus ayant vécu un évènement semblable pendant la même période de temps. ◆ MÉD. Ensemble de sujets engagés dans une même étude épidémiologique.

COHUE [kɔy] **n. f.** – 1638 ; «halle» 1235 ◊ emprunté au breton *kok'hu, kok'hui* ■ **1** Assemblée nombreuse et tumultueuse. ➤ **foule, multitude.** *Cohue grouillante. «une cohue de soldats qui jouaient des coudes et s'écrasaient les pieds»* DORGELÈS. *Se faufiler dans la cohue.* — PAR EXT. *Une cohue de voitures.* ■ **2** Afflux désordonné de personnes trop nombreuses. *Au moment des soldes, c'est la cohue dans les magasins.* ➤ **bousculade, ruée, rush.** *Éviter la cohue des retours à Paris. Quelle cohue !* ➤ **monde.** ■ CONTR. 2 Désert.

COI, COITE [kwa, kwat] **adj.** – v. 1170 ; 1795 *coite* f. ; 1080 *quei* ◊ latin populaire °*quetus,* classique *quietus* ■ VX Tranquille et silencieux. MOD. LOC. *Se tenir, demeurer coi, coite :* se taire et ne pas bouger ; ne pas intervenir. *«Ou bien je lui tiens tête et je rage ; ou bien je reste coi»* MARTIN DU GARD. — LOC. *En rester coi* (cf. FAM. En être comme deux ronds de flan*). ➤ **abasourdi, muet, pantois, stupéfait* ;** FAM. **1 baba.** REM. Le fém. est rare. ■ HOM. Quoi.

COIFFAGE [kwafaʒ] **n. m.** – 1845 «ensemble de la coiffure» ◊ de *coiffer* ■ Action de coiffer. *Produits de coiffage.*

COIFFANT, ANTE [kwafɑ̃, ɑ̃t] **adj.** – XXe ◊ de *coiffer* ■ **1** Qui coiffe bien. *Chapeau coiffant. Coupe* (de cheveux) *coiffante.* ■ **2** Qui sert à coiffer, à fixer les cheveux. *Gel coiffant.*

COIFFE [kwaf] **n. f.** – 1080 ◊ bas latin *cofia* VIe ; germanique °*kufia* «casque» ■ **1** Coiffure féminine en tissu, portée autrefois par toutes les femmes à la campagne (de nos jours essentiellement folklorique). ➤ **bavolet, béguin, capeline.** *Coiffe de Bretonne, de Hollandaise. «la tête auréolée par sa coiffe paysanne plaquée derrière l'occiput»* GENEVOIX. — SPÉCIALT *Coiffe des religieuses.* ➤ **cornette.** ■ **2** (1680) Doublure d'un chapeau. Enveloppe d'étoffe recouvrant un képi. ■ **3** VX Portion des membranes fœtales que certains enfants conservent sur la tête lors de l'accouchement (➤ **coiffé**). ■ **4** (1704) BOT. Enveloppe de la capsule des mousses. — *Coiffe d'une racine,* sorte de capuchon qui la termine. ■ **5** TECHN. Nom de diverses parties qui couvrent (chape, rebord). RELIURE Rebord du dos d'un livre relié. ◆ Extrémité profilée (d'une fusée, d'un lanceur), destinée à la protection de la charge utile. *Coiffe éjectable, largable.*

COIFFÉ, ÉE [kwafe] **adj.** – 1549 ◊ de *coiffer* ■ **1** Qui porte une coiffure. ➤ **chapeauté.** — SPÉCIALT *Un enfant coiffé.* ➤ **coiffe** (3°). LOC. FIG. *Être né coiffé :* avoir de la chance. ■ **2** Dont les cheveux sont arrangés. *Elle est toujours bien coiffée. Coiffée avec un chignon, des nattes.* ■ CONTR. Décoiffé.

COIFFER [kwafe] **v. tr.** ‹1› – XIIIe ◊ de *coiffe*

I ■ **1** Couvrir la tête de (qqn). *Coiffer un enfant d'un bonnet.* PRONOM. *Se coiffer d'un chapeau.* — **p. p. adj.** *Coiffée d'une toque.* ➤ **chapeauter ; casquer, encapuchonner.** ◆ ABSOLT *Cette toque* *coiffe bien* (➤ **coiffant**). ▪ **2** PAR ANAL. ➤ **recouvrir, surmonter.** «*La neige coiffait les collines*» MARTIN DU GARD. — «*Une lampe à opium coiffée de son chapeau de verre*» COLETTE. ▪ **3** Mettre sur sa tête. *Il «coiffait un chapeau mou»* COLETTE. ◆ LOC. FAM. VIEILLI (1842) *Coiffer sainte Catherine,* se dit à propos d'une jeune fille célibataire à vingt-cinq ans (➤ **catherinette**).

II (1675) Arranger les cheveux de (qqn) en une coiffure*. *Coiffer un enfant.* ➤ **peigner ; friser.** *Se faire coiffer chez le coiffeur*.* PRONOM. *Elle est en train de se coiffer.*

III FIG. ▪ **1** VX Séduire (qqn). — **v. pron.** (1599) *Se coiffer de :* s'enticher, s'éprendre de. ▪ **2** Dépasser d'une tête à l'arrivée d'une course. ◆ PAR EXT. *Coiffer un concurrent,* le dépasser. *Se faire coiffer (au poteau) :* être dépassé sur la ligne d'arrivée ; FIG. perdre la première place. ▪ **3** (1954) Réunir sous son autorité, être à la tête de. ➤ **chapeauter** (FIG.). *La société coiffe plusieurs filiales.*

▪ CONTR. Décoiffer, découvrir.

COIFFEUR, EUSE [kwafœʀ, øz] **n.** – 1669 ; fém. 1647 ◇ de *coiffer* (II) ▪ Spécialiste de la coiffure (2°). ➤ VIEILLI **figaro,** POP. **merlan.** *Coiffeur pour hommes,* qui coiffe et fait la barbe. ➤ RÉGION. **barbier,** ANCIENNT **perruquier.** *Coiffeur pour dames. Aller chez le coiffeur. Un garçon coiffeur.* — LOC. *Des minutes de coiffeur :* de longs moments (d'attente).

COIFFEUSE [kwaføz] **n. f.** – 1901 ◇ de *coiffer* ▪ Petite table de toilette munie d'une glace devant laquelle les femmes se coiffent, se fardent. *Une coiffeuse Louis XV.*

COIFFURE [kwafyʀ] **n. f.** – 1718 ; *coeffure* 1538 ◇ de *coiffer* ▪ **1** Ce qui sert à couvrir la tête ou à l'orner. ➤ VX **couvre-chef ; béret, bonnet, calotte, chapeau, coiffe, toque ; couronne, diadème.** *Mettre, porter une coiffure.* ➤ **coiffer.** *Coiffures de tissu.* ➤ 1 **fichu, foulard, madras, mantille, turban,** 1 **voile ;** 3 **filet, résille.** *Coiffures orientales* (➤ **chéchia, fez, keffieh, tarbouche, turban**). *Coiffures militaires* (➤ **béret,** 1 **calot, casque, casquette, képi, shako**), *ecclésiastiques* (➤ 1 **barrette, chapeau, mitre, tiare**), *de magistrat* (➤ **mortier, toque**). *Ôter sa coiffure.* ➤ **se découvrir.** ▪ **2** Arrangement des cheveux. *Coiffure fixée par une mise en plis, une minivague, une permanente*. Coiffure à la brosse et au séchoir.* ➤ **brushing, coiffage.** *Coiffure bouclée, frisée.* ➤ **anglaise, boucle,** 2 **frison ; afro.** *Coiffure courte, longue, mi-longue.* ➤ 2 **coupe.** *Coiffures pour cheveux longs.* ➤ **catogan, chignon,** 2 **couette, natte,** 1 **queue** (de cheval), **tresse.** *Coiffure avec raie, sans raie. Coiffures d'autrefois.* ➤ **bandeau, coque, macaron, rouleau, torsade, toupet.** *Coiffure d'homme en brosse, gominée. Fixer sa coiffure avec du gel, de la laque. — Changer de coiffure. Ta nouvelle coiffure te va bien.* — PAR EXT. Métier de coiffeur. ➤ **capilliculture.** *Travailler dans la coiffure. Salon de coiffure.*

COIN [kwɛ̃] **n. m.** – v. 1179 ; «angle» v. 1160 ◇ latin *cuneus*

I OBJET ▪ **1** Instrument de forme prismatique (en bois, en métal) utilisé pour fendre des matériaux, serrer et assujettir certaines choses. ➤ 2 **cale, patarasse.** *Assujettir avec des coins* (➤ **coinçage, coincement**). *Ôter les coins.* ➤ **décoincer.** — LOC. FIG. *Enfoncer un coin dans, entre :* dissocier, séparer, détruire l'unité de... — *En forme de coin* (➤ **cunéiforme**). ▪ **2** Morceau d'acier gravé en creux qui sert à frapper les monnaies et les médailles. ➤ **matrice.** *Monnaie à fleur de coin,* aussi nette qu'à sa sortie de dessous le coin (par oppos. à *monnaie fruste*). — Poinçon de garantie. ◆ FIG. ➤ **empreinte,** 1 **marque, sceau.** *Cela est frappé, est marqué à tel coin :* on y reconnaît tel caractère, tel cachet. — LOC. *Une réflexion marquée au coin du bon sens.*

II ANGLE Angle formé par l'intersection de deux lignes ou de deux plans. *Figure géométrique à quatre coins* (quadrilatère). *Coin replié d'une feuille de papier.* ➤ **corne.** *Coins de métal, de cuir qui garnissent les angles d'un livre. Manger sur le coin d'une table. — Les quatre coins d'une chambre,* les quatre angles. ➤ **encoignure, renfoncement.** *Épousseter coins et recoins. Punir un enfant en le mettant au coin.* «*tu as encore taché ma robe avec tes sales souliers ! file au coin, ça t'apprendra*» I. NÉMIROVSKY. *Étagère, meuble de coin,* de forme triangulaire. ➤ **encoignure, écoinçon.** *Réserver un coin fenêtre* (dans un wagon). «*Il trouva un coin couloir, la place qui permet d'entrer et de sortir du compartiment sans déranger*» TOURNIER. *S'asseoir, se chauffer au coin de la cheminée,* à l'angle de la cheminée. PAR EXT. *Au coin du feu. Coin-de-feu :* siège carré à dossier angulaire. *Des coins-de-feu.* ◆ *Le coin de la rue :* l'endroit où deux rues se coupent. *Le bistrot du coin.* «*Il juge souvent plus mal, plus faux que l'épicier du coin*» SARRAUTE. LOC. FAM. *À tous les coins de rue :* partout, n'importe où. *On en rencontre à tous les coins de rue :* c'est une chose banale. «*Je me demandais comment se débrouillaient ces filles qui se dégotent des amants à tous les coins de rue. Quelles rues prenaient-elles ?*» M. DESPLECHIN. ◆ *Le coin d'un bois :* l'endroit où une route coupe un bois. LOC. *On n'aimerait pas le rencontrer au coin d'un bois :* il a une allure inquiétante. *Attendre qqn au coin du bois* (pour le confondre). — PAR EXT. *Le coin de la bouche, des lèvres.* ➤ **commissure.** *Le coin des yeux. Regarder, surveiller du coin de l'œil,* à la dérobée. *Regard en coin. Sourire en coin,* ironique ou malveillant. «*Hansi eut un rire en coin, comme si elle se moquait de moi*» G. BATAILLE. ◆ **JEU DES QUATRE COINS,** où les quatre joueurs qui occupent les angles d'un quadrilatère doivent changer de coin tandis qu'un cinquième joueur essaie d'occuper un coin libre. *Jouer aux quatre coins.*

III ESPACE ▪ **1** Petit espace ; portion d'un espace. *Chercher un coin tranquille pour piqueniquer. C'est un coin de Paris que je ne connais pas. Elle habite dans le coin.* ➤ **secteur.** *Posséder, cultiver un coin de terre.* ➤ **lopin.** «*J'ai renoncé à avoir un coin à moi, en ce monde, un home, un foyer*» I. EBERHARDT. LOC. *Les quatre coins de... :* tous les lieux possibles dans un endroit. «*Aux quatre coins de Paris qu'on va le retrouver éparpillé et par petits bouts*» (M. AUDIARD, «Les Tontons flingueurs», film). *Voyager aux quatre coins du monde,* dans le monde entier. PAR EXT. *Apercevoir un coin de ciel bleu. Séjour avec coin cuisine. Coin-repas*. Le coin des bonnes affaires, dans un magasin.* ➤ 2 **corner** (anglic.) ▪ **2** Endroit retiré, peu exposé à la vue ou peu fréquenté. ➤ **recoin.** *Mettez cela dans un coin. Se cacher dans un coin. Chercher qqch. dans tous les coins,* partout. LOC. *Rester, vivre dans son coin,* à l'écart des autres. ◆ FAM. **LE PETIT COIN :** les toilettes. *Aller au petit coin.* «*elle entra dans un café, elle demanda le petit coin*» V. LEDUC. ▪ **3** FIG. Petite partie ou endroit reculé. *Dans un coin de sa mémoire. Connaître une question dans les coins,* parfaitement (cf. Sur le bout du doigt*). — Rubrique (dans un journal). *Le coin du médecin, du philatéliste,* etc. ▪ **4** LOC. FIG. *Blague* dans le coin. — Tu m'en bouches* un coin.*

▪ HOM. Coing.

COINÇAGE [kwɛ̃saʒ] **n. m.** – 1864 ◇ de *coincer* ▪ Le fait de coincer. ➤ **grippage.**

COINCÉ, ÉE [kwɛ̃se] **adj.** – de *coincer* ▪ **1** Bloqué, immobilisé. *Il est coincé au lit.* ▪ **2** FAM. Mis dans l'impossibilité d'agir. *Nous voilà coincés comme des rats.* ◆ Complexé, inhibé. *Il est complètement coincé, ce type ! — Un air coincé.* ➤ **constipé.**

COINCEMENT [kwɛ̃smɑ̃] **n. m.** – 1890 ◇ de *coincer* ▪ État de ce qui est coincé. ◆ ALPIN. Mouvement d'escalade où l'on coince son pied, son poing, le poids du corps assurant la solidité de la prise.

COINCER [kwɛ̃se] **v. tr.** (3) – 1773 ◇ de *coin* ▪ **1** Assujettir, fixer avec des coins. *Coincer des rails.* — PAR EXT. ➤ 1 **bloquer, immobiliser, serrer.** *Coincer une bouteille entre deux paquets. Être coincé sous les décombres, dans un véhicule accidenté* (➤ **incarcéré**). PRONOM. *Ce mécanisme se coince, s'est coincé.* ➤ **gripper.** *La fermeture éclair s'est coincée.* ▪ **2** FIG. et FAM. Mettre dans l'impossibilité d'agir. ➤ **acculer.** *On a coincé le voleur.* ➤ **pincer.** — Mettre en difficulté intellectuelle. *Il l'a coincé sur cette question.* ➤ **coller.** ABSOLT *Elle coince sur les maths.* ➤ **sécher.** ▪ CONTR. Décoincer.

COINCHE [kwɛ̃ʃ] **n. f.** – attesté 1976 ◇ de *coincher* ▪ RÉGION. (Lyonnais) Jeu de cartes, variété de belote avec enchères appelée aussi *belote bridgée.* — Partie, à ce jeu. *Faire une coinche.*

COINCHÉE [kwɛ̃ʃe] **n. f.** – 1934 ◇ de *manille coinchée* (1928), de *coincher* ▪ RÉGION. (Ouest, Centre est) Jeu de cartes, variété de manille avec enchères.

COINCHER [kwɛ̃ʃe] **v. intr.** (1) – 1957 ◇ forme régionale de *coincer* ▪ RÉGION. (Ouest, Centre ouest, Lyonnais) Contrer, à la coinche ou à la coinchée.

COÏNCIDENCE [kɔɛ̃sidɑ̃s] **n. f.** – 1464 *coincidance* «similitude» ◇ de *coïncider* ▪ **1** GÉOM. État de deux figures superposables point par point. ▪ **2** (XIXe) COUR. Fait de coïncider ; évènements qui arrivent ensemble (par hasard ou comme par hasard). ➤ **concordance, concours** (de circonstances), **correspondance,** 1 **rencontre, simultanéité.** *Coïncidence curieuse, étonnante, fâcheuse. Quelle coïncidence !* ▪ CONTR. Divergence.

COÏNCIDENT, ENTE [kɔɛ̃sidɑ̃, ɑ̃t] **adj.** – 1534 ◇ de *coïncider* ▪ DIDACT. Qui coïncide (dans l'espace ou dans le temps). *Surfaces coïncidentes. Des faits coïncidents.* ➤ **simultané.** ▪ CONTR. Divergent.

COÏNCIDER [kɔɛ̃side] **v. intr.** (1) – v. 1370 ◇ latin médiéval *coincidere* «tomber *(incidere)* ensemble» ▪ **1** (1753) GÉOM. Se recouvrir exactement sur tous les points. *Deux cercles de même rayon coïncident.* ▪ **2** (1798) Arriver, se produire en même temps. *Sa venue coïncide avec l'évènement.* ▪ **3** (XIXe) Correspondre exactement, s'accorder. ➤ **concorder,** se **recouper.** *Les deux témoignages coïncident.* ▪ CONTR. Diverger.

COIN-COIN [kwɛ̃kwɛ̃] **n. m. inv.** /COINCOIN n. m./ – 1748 ◊ onomat. ▪ Onomatopée évoquant le cri du canard. *Les coin-coin des canards.*

COÏNCULPÉ, ÉE [koɛ̃kylpe] **n.** – 1869 ◊ de *co-* et *inculpé* ▪ Personne inculpée, mise en examen en même temps que d'autres, dans la même procédure.

COING [kwɛ̃] **n. m.** – 1552 ; *cooing* v. 1170, le *g* d'après *cognassier ; cooin* 1138 ◊ latin *cotoneum ;* grec *kudonia (mala)* «(pomme) de Cydonia» ▪ Fruit du cognassier, âpre et cotonneux. *Les coings ne se consomment que cuits. Confiture, compote, pâte* (➤ **cotignac**), *gelée de coings.* — LOC. FAM. *Être jaune comme un coing :* avoir le teint très jaune. *Bourré* comme un coing.* ▪ HOM. Coin.

COÏT [kɔit] **n. m.** – 1575 ; *cohit* 1304 ◊ latin *coitus,* de *coire* «aller ensemble» ▪ Accouplement* du mâle avec la femelle. ➤ **copulation.** ♦ (Chez l'être humain) *Coït interrompu :* méthode contraceptive qui consiste à retirer le pénis du vagin immédiatement avant l'éjaculation (cf. Se retirer*). *Coït réservé,* sans éjaculation. — *Coït anal.* ➤ **sodomie.**

COÏTER [kɔite] **v. intr.** ⟨1⟩ – 1850 ◊ de *coït* ▪ DIDACT. Accomplir le coït ; s'accoupler.

1 **COKE** [kɔk] **n. m.** – 1816 ; *coucke* 1758 ◊ mot anglais ▪ Résidu solide de la carbonisation ou de la distillation de certaines houilles grasses. *Production du coke.* ➤ **cokéfaction.** *Four à coke. Coke métallurgique,* pour chauffer les hauts-fourneaux. *Usage domestique du coke en agglomérés.* ▪ HOM. Coq, coque.

2 **COKE** [kok] **n. f.** – v. 1975 ◊ mot anglais (v. 1903), abréviation de *cocaine* «cocaïne» ▪ ANGLIC. FAM. Cocaïne. *Une ligne, un rail de coke. «la coke, c'était un truc qui sentait trop les Champs-Élysées, les boîtes branchées, le seizième arrondissement, la pub, la télé, la mode»* O. ADAM.

COKÉFACTION [kɔkefaksjɔ̃] **n. f.** – 1921 ◊ de *cokéfier* ▪ TECHN. Transformation de la houille en coke (par la chaleur).

COKÉFIER [kɔkefje] **v. tr.** ⟨7⟩ – 1911 ◊ de 1 *coke* ▪ TECHN. Transformer en coke. PRONOM. *L'huile se cokéfie à haute température.* — **adj. COKÉFIABLE.** *Charbon cokéfiable.*

COKERIE [kɔkʀi] **n. f.** – 1882 ◊ de 1 *coke* ▪ TECHN. Usine où l'on produit, où l'on traite le coke. ▪ HOM. Coquerie.

COL [kɔl] **n. m.** – 1080 ◊ latin *collum*

I ▪ **1** VX Cou. MOD. LOC. *Se hausser, se pousser du col :* se faire valoir, prendre de grands airs. *«Elle s'en croit. Il y a sa mère aussi, qui se pousse du col»* SARTRE. ▪ **2** Partie étroite, rétrécie (d'un récipient). *«En un vase à long col»* LA FONTAINE. *Col d'une bouteille.* ➤ **goulot.** — TECHN. Bouteille de boisson. *L'entreprise «produit 750 millions de cols»* (Libération, 1994). ♦ ANAT. Partie rétrécie (d'une cavité organique). *Col de la vessie, de l'utérus. Examen du col de l'utérus* (➤ **colposcopie**). — Partie la plus étroite (de certains os). *Col de l'humérus, du radius. Fracture du col du fémur.* ▪ **3** (1635) Dépression formant passage entre deux sommets montagneux. ➤ 1 **brèche, défilé, détroit, gorge,** 1 **pas,** 1 **port.** *Les cols des Alpes. Le col du Somport. Franchir, passer un col. Col enneigé, impraticable, fermé.*

II (XIIe) ▪ **1** Partie du vêtement qui entoure le cou. ➤ **collerette, collet,** 3 **fraise ;** FAM. **colback.** *Col de chemise. Chemise à col tenant. Pied, pointes d'un col. Dimension du col.* ➤ **encolure.** *Faux col, col amovible. Col anglais, italien. Col mou, souple. Col dur,* empesé. *Col cassé. Col ouvert, fermé.* — *Col de robe, de chemisier, de manteau, de veste. Col châle. Col Claudine, col officier*, col marin*. Col Mao :* col droit, à la façon des cols de vestes chinoises. *Col de fourrure, de dentelle. Chandail à col rond, à col en V, à col roulé, à col cheminée*, à col boule*.* — FAM. **COL-BLEU :** marin de la Marine nationale ; les ouvriers ; SPÉCIALT (Canada) les employés municipaux. *Les cols-bleus.* — (1937 ◊ traduction de l'anglais) **COL BLANC :** employé de bureau, de magasin. *Les cols blancs et les ouvriers. La criminalité, la délinquance en col blanc,* impliquant des dirigeants, des hauts fonctionnaires, des personnalités politiques (fraudes, corruption, délits financiers...). ▪ **2** LOC. *Un demi sans faux col :* un demi (de bière) sans mousse. ▪ HOM. Colle.

COL- ➤ **CON-**

COLA [kɔla] **n. m.** et **f.** – 1610 ◊ latin savant (fin XVIe), mot d'une langue d'Afrique occidentale ▪ **1 n. m.** BOT. Colatier. *Graine, noix de cola.* ▪ **2 n. m.** ou **f.** Graine de cola (appelée *noix*) ; produit tonique, stimulant qui en est extrait. *Croquer la cola. Vin de cola.* — **n. m.** Boisson à base de cola. — On écrit aussi *kola* (1829). *«mon père offrait à chacun des noix de kola, cette menue monnaie de la civilité»* C. LAYE.

COLATIER [kɔlatje] **n. m.** – 1905 *kolatier* ◊ de *cola* ▪ BOT. Grand arbre d'Afrique occidentale *(sterculiacées)* qui produit la noix de cola. ➤ **cola** (1°). — On écrit aussi *kolatier.*

COLATURE [kɔlatyʀ] **n. f.** – XIVe ◊ du latin *colare* «filtrer» ▪ PHARM. Liquide obtenu par lixiviation d'une drogue végétale sèche.

COLBACK [kɔlbak] **n. m.** – fin XVIIIe ; *kolpach* 1573 ◊ turc *qalpâq* «bonnet de fourrure» ▪ **1** Ancienne coiffure militaire, sorte de bonnet à poil, orné à sa partie supérieure d'une poche conique en drap. ▪ **2** (1900 ◊ par attraction de *col*) FAM. Col, collet. *Il l'a attrapé par le colback /colbac/.*

COLBERTISME [kɔlbɛʀtism] **n. m.** – 1797 ◊ de *Colbert* ▪ Système économique élaboré par Colbert, fondé sur l'accumulation des richesses et métaux précieux (➤ **mercantilisme**), le protectionnisme et l'interventionnisme d'État dans le commerce et l'industrie. — **adj. COLBERTISTE.** *La tradition colbertiste.*

COLCHICINE [kɔlʃisin] **n. f.** – 1834 ◊ de *colchique* ▪ PHARM. Alcaloïde toxique extrait des graines de colchique, antimitotique, employé à faible dose dans le traitement de la goutte.

COLCHIQUE [kɔlʃik] **n. m.** – *colchic* 1548 ◊ latin *colchicum,* du grec ; plante de *Colchide,* pays de l'empoisonneuse Médée ▪ Plante des prés *(liliacées),* vénéneuse ➤ **colchicine,** à fleurs roses ou mauves apparaissant en automne, aussi appelée *safran des prés, tue-chien. «une lisière où les premiers colchiques mettaient des touches mauves»* TOURNIER.

COLCOTAR [kɔlkɔtaʀ] **n. m.** – XVe ◊ arabe *qulqutār* ▪ Oxyde ferrique artificiel (Fe_2O_3) utilisé pour le polissage du verre. — Variété d'oxyde ferrique naturel.

COLD-CREAM [kɔldkʀim] **n. m.** – 1827 ◊ mot anglais «crème froide» ▪ ANGLIC. VIEILLI Crème pour la peau obtenue par émulsion d'eau (ou d'eau de rose) dans un mélange de blanc de baleine, cire d'abeille et huile d'amandes douces. *Des cold-creams.*

COL-DE-CYGNE [kɔldəsiɲ] **n. m.** – 1832 ◊ de *col* (cou) *de cygne* ▪ Pièce, tuyau ou robinet à double courbure. *Des cols-de-cygne.*

-COLE ▪ Élément, du latin *colere* «cultiver, habiter» : *agricole, arboricole, ostréicole, piscicole, sylvicole, viticole.*

COLÉGATAIRE [kolegatɛʀ] **n.** – *collegataire* 1596 ◊ de *co-* et *légataire* ▪ DR. Légataire, avec d'autres personnes, d'un même testateur.

COLÉOPTÈRES [kɔleɔptɛʀ] **n. m. pl.** – 1754 ◊ grec *koleopteros,* de *koleos* «étui» et *pteron ;* cf. *-ptère* ▪ Ordre regroupant de très nombreux insectes de taille variable et dont les élytres recouvrent, au repos, les ailes postérieures à la façon d'un étui. *Les hannetons, scarabées, charançons, cerfs-volants, dytiques sont des coléoptères.* Au sing. *Un coléoptère.*

COLÈRE [kɔlɛʀ] **n. f.** et **adj.** – XVe ◊ latin *cholera,* grec *khôlê* «bile», et fig. «colère»

I n. f. ▪ **1** Violent mécontentement accompagné d'agressivité. ➤ **courroux, emportement, exaspération, fureur, furie,** VX **ire, irritation, rage,** FAM. **rogne.** *Propension à la colère.* ➤ **irascibilité, irritabilité, susceptibilité, violence ; coléreux.** PROV. *La colère est mauvaise conseillère. Accès, crise, mouvement de colère. Être rouge, blême de colère ; bégayer, suffoquer, trembler, trépigner de colère. Parler avec colère* (➤ **crier, injurier, jurer, pester**). *Être dans une colère noire, terrible. Colère blanche, froide,* qui n'éclate pas. *Laisser exploser sa colère* (cf. Décharger* sa bile, sortir de ses gonds*). *Sentir la colère monter* (cf. Sentir la moutarde* monter au nez). — État individuel de colère. *Passer sa colère sur qqn, sur qqch.* (qui n'est pas la cause de la colère). *Rentrer, retenir sa colère* (cf. Serrer les poings*). *Une colère rentrée. «Une profonde colère, froide et secrète, le dévorait»* SUARÈS. ♦ **EN COLÈRE.** *Être en colère :* manifester sa colère. ➤ **fulminer, rager ;** FAM. **bisquer,** 1 **fumer, maronner, râler,** 2 **rogner** (cf. Être furieux, hors* de soi ; FAM. fumasse, furax, en boule, en pétard, en rogne ; RÉGION. en maudit). *Être en colère contre qqn. Se mettre en colère.* ➤ **éclater,** se **fâcher, s'irriter** (cf. Voir rouge*, piquer* sa crise, prendre la mouche*). *Il est constamment en colère :* il ne décolère* pas. *Mettre* (FAM. *foutre*) *qqn en colère.* ➤ **agacer, courroucer, crisper, énerver, exaspérer, fâcher,** FAM. **gonfler, irriter** (cf. Échauffer les oreilles*, pousser* à bout ; FAM. foutre les boules*). — *En colère :* très mécontent et le manifestant. *Les agriculteurs en colère.*

▪ **2** Accès, crise de colère. ➤ **crise.** *Avoir des colères terribles, fréquentes* (➤ **coléreux**). *Enfant qui fait une colère, une grosse colère.* ▪ **3** RELIG. et LITTÉR. *La colère céleste, la colère divine. Jour de colère* (cf. Dies iræ). — POÉT. *La colère des éléments, des flots.* ➤ **déchaînement.**

II adj. VIEILLI ou RÉGION. Qui manifeste de la colère. — *« cette humeur colère »* ROUSSEAU. ➤ **coléreux.**

▪ CONTR. 1 Calme, douceur.

COLÉREUX, EUSE [kɔleʀø, øz] adj. – 1580, repris XIXe ◊ on disait *colère* (adj.) ou *colérique* ; de *colère* ▪ Qui, par tempérament, est prompt à se mettre en colère. ➤ **atrabilaire, bilieux, colère** (II), **emporté, hargneux, irascible, irritable, rageur, violent.** *Être coléreux* (cf. Avoir la tête près du bonnet*, être soupe* au lait). *Un enfant coléreux.* — *Caractère, tempérament coléreux.*

▪ CONTR. 2 Calme, doux.

COLÉRIQUE [kɔleʀik] adj. – 1370 ; « bilieux » 1256 ◊ de *colère* ▪ VIEILLI Coléreux. *Un homme colérique.* ▪ HOM. Cholérique.

COLESLAW [kɔlslo] n. m. – 1991 ; 1969, au Canada ◊ mot anglais américain, du néerlandais *koolsla*, de *kool* « chou » (→ colza) et *sla* « salade » ▪ Salade de chou blanc émincé et de carottes râpées, assaisonnée de mayonnaise. *Des coleslaws.*

COLIBACILLE [kɔlibasil] n. m. – 1895 ◊ du grec *kôlon* « gros intestin » et *bacille* ▪ Bactérie, constituant normal de la flore intestinale des mammifères, qui peut devenir pathogène et provoquer des infections.

COLIBACILLOSE [kɔlibasiloz] n. f. – 1897 ◊ de *colibacille* et 2 *-ose* ▪ Infection due au colibacille. *Colibacillose intestinale, urinaire.*

COLIBRI [kɔlibʀi] n. m. – 1640 ◊ probablt mot taïno ▪ Oiseau minuscule des climats tropicaux *(apodiformes)*, à plumage éclatant et long bec, qui peut voler sur place par vibration des ailes. ➤ **oiseau-mouche.**

COLICINE [kɔlisin] n. f. – 1946 ◊ de *coli(bacille)* et *(streptomy)cine* ▪ BACTÉRIOL. Bactériocine du colibacille.

COLICITANT, ANTE [kɔlisitɑ̃, ɑ̃t] n. m. et adj. – 1835 ◊ de *co-* et p. prés. de *liciter* ▪ DR. Chacune des personnes au profit desquelles se fait une vente par licitation.

COLIFICHET [kɔlifiʃɛ] n. m. – 1640 ◊ altération de *coeffichier* « ornement qu'on *fichait* sur la coiffe » XVe ▪ **1** Petit objet de fantaisie, sans grande valeur. ➤ **babiole, bagatelle.** ▪ **2** Ornement d'un goût mesquin ; surcharge décorative.

COLIFORME [kɔlifɔʀm] adj. – 1946 ◊ de *coli(bacille)* et *-forme* ▪ BACTÉRIOL. Se dit des bactéries gram négatives, présentes dans le côlon, dont la recherche dans l'eau et le dénombrement permettent d'évaluer la contamination fécale. — n. m. *La présence excessive de coliformes est un indice de la pollution de l'eau.*

COLIMAÇON [kɔlimasɔ̃] n. m. – *colimasson* 1529 ; *caillemasson* 1390 ◊ altération du picard *calimaçon*, de *limaçon* ▪ **1** VIEILLI Escargot. ➤ **limaçon.** ▪ **2** FIG. loc. adv. **EN COLIMAÇON :** en hélice. *Escalier en colimaçon.*

1 **COLIN** [kɔlɛ̃] n. m. – 1380 ◊ probablement du moyen français *cole* (fin XIVe), emprunté au néerlandais *kool(visch)* ou de l'anglais *coal(fish)* « (poisson) charbon », en raison de la couleur du dos ▪ COMM. ▪ **1** Poisson de mer appelé aussi *lieu noir.* ▪ **2** RÉGION. Merlu.

2 **COLIN** [kɔlɛ̃] n. m. – 1759 ◊ de *Colin*, diminutif de *Nicolas* ▪ Oiseau d'Amérique du Nord *(galliformes)*, assez semblable aux petits gallinacés. *Colin de Virginie.*

COLINÉAIRE [kolineɛʀ] adj. – XXe ◊ de *co-* et *linéaire* ▪ MATH. *Vecteurs colinéaires*, qui ont la même direction.

COLIN-MAILLARD [kɔlɛ̃majaʀ] n. m. – 1532 ◊ de *Colin* et *Maillard*, noms de personnes ▪ Jeu où l'un des joueurs, les yeux bandés, doit chercher les autres à tâtons, en saisir un et le reconnaître. *Jouer à colin-maillard. Organiser des colin-maillards.*

COLINOT ou **COLINEAU** [kɔlino] n. m. – milieu XXe ◊ de 1 *colin* ▪ Colin (1) de petite taille. ➤ RÉGION. **merluchon.** *Des colinots, des colineaux.*

1 **COLIQUE** [kɔlik] n. f. – XIVe ◊ latin *colica*, pour *colica passio*, littéralt « maladie colique », de l'adj. grec *kôlikos*, de *kôlon* → côlon ▪ **1** (Souvent au plur.) Douleur, survenant sous forme d'accès violent, ressentie au niveau des viscères abdominaux, SPÉCIALT du côlon. ➤ **colite, entérite, tranchées.** *Souffrir de coliques. Coliques spasmodiques* (➤ **entéralgie**), *flatulentes* (➤ **borborygme, flatuosité**). — VX *Colique de miserere*, produite par une occlusion intestinale. ◆ *Colique hépatique*, due à l'obstruction des canaux biliaires par un calcul. ◆ *Colique néphrétique**. ▪ **2** COUR. (au sing.) Diarrhée. *Avoir la colique* (➤ VULG. **chiasse,** FAM. **courante**) ; FIG. avoir peur. FIG. *Donner la colique à qqn.* ➤ **ennuyer** (cf. Faire chier*). *Quelle colique !* se dit d'une chose, d'une personne ennuyeuse. ▪ HOM. Cholique.

2 **COLIQUE** [kɔlik] adj. – 1751 ; *collique passion* fin XIVe ◊ latin *colicus* → 1 colique ▪ MÉD. Qui se rapporte au côlon. *Artères coliques.*

COLIS [kɔli] n. m. – 1723 ◊ italien *colli*, plur. de *collo*, « charges portées sur le cou » → coltiner ▪ Objet, produit emballé destiné à être expédié et remis à qqn. ➤ **ballot, caisse, paquet.** *Faire, ficeler un colis. Envoyer, expédier un colis. Livraison d'un colis. Colis postal. Colis piégé*.*

COLISAGE [kɔlizaʒ] n. m. – 1913 ◊ de *colis* ▪ TECHN. Préparation de colis avant expédition. *Colisage et routage. Liste de colisage*, qui détaille les colis et leur contenu. — v. tr. ⟨1⟩ **COLISER.**

COLISTIER, IÈRE [kolistje, jɛʀ] n. – 1926 ◊ de *co-* et *liste* ▪ Dans le scrutin de liste, Personne qui est candidate sur la même liste qu'une autre. *Les colistiers du maire.*

COLIS-VOITURAGE [kɔlivwatyʀaʒ] n. m. – 2008 ◊ marque enregistrée ; de *colis* et *voiturage* ▪ Transport d'un colis dans le véhicule d'un particulier pour le compte d'un autre particulier. *Plateforme de colis-voiturage.*

COLITE [kɔlit] n. f. – 1824 ◊ du grec *kôlon* « gros intestin » et *-ite* ▪ MÉD. Inflammation du côlon.

COLITIGANT, ANTE [kolitigɑ̃, ɑ̃t] n. – *collitigant* 1481 ◊ de *co-* et *litigant* « celui qui a un procès » ▪ DR. Chacun des plaideurs engagés dans un même procès.

COLLABORATEUR, TRICE [kɔ(l)labɔʀatœʀ, tʀis] n. – 1755 ◊ bas latin *collaborare* → collaborer ▪ **1** Personne qui travaille avec une ou plusieurs autres personnes à une œuvre commune. ➤ **adjoint,** 2 **aide, assistant, associé, collègue.** *Les collaborateurs d'une revue* (➤ **ours**). *Engager un collaborateur. Un ancien, un nouveau collaborateur. Mon plus proche collaborateur.* ➤ **second.** ▪ **2** Au cours de l'occupation allemande en France (1940-1944), Français partisan d'une collaboration totale avec l'Allemagne. ➤ **collaborationniste ;** RÉGION. **incivique.** *Résistants et collaborateurs.* — ABRÉV. FAM. et PÉJ. **COLLABO** [kɔ(l)labo]. *Les collabos. « Sans quoi je n'aurais pas été collabo, car je l'ai été avant tout pour tirer quelque chose des Allemands pour la France »* DRIEU LA ROCHELLE.

COLLABORATIF, IVE [kɔ(l)labɔʀatif, iv] adj. – 1988 ◊ de *collaboration*, p.-ê. influencé par l'anglais *collaborative* (1922) ▪ Destiné à favoriser le travail en commun, le partage d'informations en ligne. *Site Web collaboratif.* ➤ **wiki.** *Outils, logiciels collaboratifs.* ◆ PAR EXT. Fondé sur l'échange, le partage (des équipements, des services). *La consommation, l'économie collaborative.*

COLLABORATION [kɔ(l)labɔʀasjɔ̃] n. f. – 1829 ; « travaux d'un couple » 1753 ◊ bas latin *collaborare* → collaborer ▪ **1** Travail en commun, action de collaborer avec qqn. *La collaboration d'un spécialiste à une revue, à un journal. Livre écrit en collaboration.* ➤ **association ; collectif.** *Apporter sa collaboration à une œuvre.* ➤ 1 **aide, appui, concours, coopération, participation.** *Je vous remercie de votre collaboration.* ▪ **2** Politique d'entente avec l'occupant allemand mise en œuvre par le gouvernement de Vichy ; mouvement, attitude des partisans de cette politique.

COLLABORATIONNISTE [kɔ(l)labɔʀasjɔnist] adj. et n. – v. 1940 ◊ de *collaboration* ▪ Qui est partisan d'une politique de collaboration (2°). ➤ **collaborateur** (2°).

COLLABORER [kɔ(l)labɔʀe] v. tr. ind. ⟨1⟩ – 1830 ◊ bas latin *collaborare*, de *co* « avec » et *laborare* « travailler » ▪ **1** Travailler en collaboration (avec d'autres). *Collaborer à un projet, à un journal.* ➤ **coopérer, participer** (à). *Collaborer avec qqn. Ils ont longtemps collaboré.* ▪ **2** ABSOLT Agir comme collaborateur (2°). *Il a refusé de collaborer.*

COLLAGE [kɔlaʒ] n. m. – 1544 ◊ de *coller* ▪ **1** Action de coller. *Procéder au collage des affiches.* — TECHN. Assemblage par adhésion. ◆ État de ce qui est collé. ◆ ARTS Composition faite d'éléments hétérogènes collés sur la toile, éventuellement intégrés à la peinture. *Les collages de Braque, de Picasso.* ▪ **2** Addition de colle. *Le collage du papier, des étoffes, dans l'industrie.* ➤ **apprêt.** — *Collage du vin* : clarification du vin à l'aide de substances qui entraînent la sédimentation des particules en suspension qu'il contient. *Collage au blanc d'œuf.* ▪ **3** FIG., FAM. et VIEILLI Situation de deux personnes qui vivent ensemble sans être mariées. ➤ **concubinage** (cf. À la colle*). ▪ CONTR. Décollage, décollement.

COLLAGÈNE [kɔlaʒɛn] n. m. – 1873 ◊ de *colle* et *-gène* ■ BIOCHIM. Protéine fibreuse de la substance intercellulaire du tissu conjonctif. *Crème au collagène.*

COLLANT, ANTE [kɔlɑ̃, ɑ̃t] adj. et n. m. – 1572 ◊ de *coller*
I ■ **1** Qui est fait pour coller, adhérer. *Papier collant,* recouvert d'une couche de colle. ➤ **adhésif, autocollant, gommé.** ■ **2** Qui adhère comme de la colle. *Une purée, une bouillie collante.* ➤ **visqueux.** *Du riz collant,* trop cuit. *Avoir les mains collantes.* ➤ **gluant, poisseux ;** RÉGION. **pégueux.** ■ **3** FIG. (PERSONNES) Dont on ne peut se débarrasser (présence, contacts, requêtes). ➤ **importun, sans-gêne ; crampon, glu,** RÉGION. **teigne** (cf. FAM. Pot de colle*). *Encore là ! il est collant ! « Il y en a qui sont collants... Pas moyen de s'en débarrasser »* QUENEAU.
II ■ **1** (1812) Qui épouse les formes du corps (vêtements). ➤ **ajusté, moulant.** *Pantalon, pull collant.* ■ **2** n. m. Maillot, pantalon collant en maille, pour la danse, le sport (➤ **body, caleçon**). ♦ Sous-vêtement féminin qui unit bas* et culotte. ➤ RÉGION. **bas-collant, panty.** *Enfiler un collant, une paire de collants, des collants. « Pas de collants ! C'est une femme de l'élite ! Des vrais bas pour obsédés sexuels »* SAN-ANTONIO. *« La plus attirante créature du monde est morte, en collant... »* SOLLERS.
■ CONTR. 1 Discret. — Ample, bouffant, large, 3 vague.

COLLANTE [kɔlɑ̃t] n. f. – 1900 ◊ de *coller* ■ ARG. SCOL. Convocation à un examen. ♦ Feuille de résultats d'examen. *Attendre la collante du bac.*

COLLAPSER [kɔlapse] v. intr. ‹1› – 1985 ◊ anglais *to collapse* « s'écrouler » ■ FAM. S'évanouir. *J'ai failli collapser en le voyant.*

COLLAPSUS [kɔlapsys] n. m. – 1785 ◊ mot latin, p. p. subst. de *collabi* « s'affaisser » ■ MÉD. ■ **1** État pathologique caractérisé par un malaise soudain, intense, une baisse de la tension, un pouls rapide, des sueurs froides. *Collapsus cardiovasculaire.* ■ **2** Affaissement d'un organe dû à une compression d'origine pathologique ou thérapeutique. *Collapsus pulmonaire.*

COLLARGOL [kɔlaʀgɔl] n. m. – 1903 ◊ marque déposée, de *coll(oïde), arg(ent)* et *-ol* ■ TECHN. Argent colloïdal.

COLLATÉRAL, ALE, AUX [kɔ(l)lateʀal, o] adj. – *colatéral* XIVe ◊ latin médiéval *collateralis,* de *latus, lateris* « côté » ■ **1** Qui est latéral par rapport à qqch. — ANAT. *Artère collatérale,* qui se détache d'un tronc principal et chemine parallèlement à celui-ci. ♦ Qui est placé de part et d'autre d'une structure. — ARCHIT. *Nef collatérale :* nef latérale d'une église. ➤ **bas-côté.** SUBST. *Les collatéraux :* les bas-côtés. ■ **2** DR. *Parents collatéraux :* membres d'une même famille descendant d'un auteur commun, sans descendre les uns des autres. SUBST. *Les descendants, les ascendants et les collatéraux.* — *Ligne collatérale* (opposé à *ligne directe*) : ensemble des parents collatéraux. ■ **3** (1567 *vents collatéraux*) GÉOGR. *Points collatéraux* (intermédiaires entre deux points cardinaux) : nord-est, nord-ouest, sud-est, sud-ouest. ■ **4** (anglais *collateral damage*) EUPHÉM. *Dégâts, dommages collatéraux :* conséquences secondaires non maîtrisées d'une opération militaire, notamment pertes civiles. — *Les effets collatéraux d'une sanction économique.*
■ CONTR. Central.

COLLATEUR [kɔlatœʀ] n. m. – 1468 ◊ latin ecclésiastique *collator,* de *conferre* → conférer ■ RELIG. Celui qui conférait un bénéfice ecclésiastique.

COLLATION [kɔlasjɔ̃] n. f. – 1276 ◊ latin médiéval *collatio,* de *collatus,* p. p. de *conferre* → conférer ■ **1** RELIG. Action, droit de conférer à qqn un titre, un bénéfice ecclésiastique, un grade universitaire. ■ **2** (1361) VIEILLI Action de comparer entre eux des manuscrits, des textes, des documents. ➤ **collationnement ; collationner.** ■ **3** (1453 ; « conférence avant le repas des moines » XIIIe) MOD. COUR. Repas léger. ➤ **encas, lunch ;** FAM. **casse-croûte.** *Collation du matin* (➤ RÉGION. **dix-heures**), *de quatre heures* (➤ 2 **goûter,** FAM. **quatre-heures**).

COLLATIONNEMENT [kɔlasjɔnmɑ̃] n. m. – 1865 ◊ de *collationner* ■ Collation (2o) ; comparaison d'un texte avec l'original pour vérifier la conformité. *Collationnement des épreuves avec le manuscrit.*

COLLATIONNER [kɔlasjɔne] v. ‹1› – XIVe ◊ de *collation* ■ **1** v. tr. Comparer (des manuscrits, des textes) pour vérifier la concordance des formes. ➤ VX **conférer, confronter, examiner ; collation** (2o), **collationnement.** *Collationner un texte dactylographié, une saisie informatique avec l'original. Collationner deux éditions.* — SPÉCIALT Vérifier l'ordre des cahiers, des feuillets de (un livre), des éléments de (une liste). ■ **2** v. intr. (1549) VIEILLI Prendre une collation (3o).

COLLE [kɔl] n. f. – *cole* 1268 ◊ latin populaire °*colla,* grec *kolla* ■ **1** Substance gluante utilisée pour assembler durablement deux surfaces. ➤ **empois, glu, poix.** *Pot, stick, bâton, tube de colle. Pinceau à colle. Enduire de colle.* ➤ **encoller.** *Couche de colle. Colle végétale, synthétique. Colle d'amidon, de pâte. Colle de poisson. Colle cellulosique, vinylique. Colle au néoprène. Colle repositionnable. Colle forte. Colle blanche. Colle de bureau. Colle liquide,* dissoute dans l'eau. *Colle au caoutchouc.* ➤ **dissolution.** *Colle à bois, à carrelage, à papier peint. Ciment*-colle. La colle a séché. Renifler de la colle* (➤ **snifer**). — LOC. FAM. *Faites chauffer la colle !* se dit quand on entend un bruit de casse. *Chier dans la colle :* exagérer. *Pot de colle :* personne dont on ne peut se débarrasser (cf. RÉGION. Chien* de poche). *Quel pot de colle, ce type !* (➤ **collant**). VIEILLI *Être, vivre à la colle,* en concubinage (➤ **collage**). — Se dit d'aliments trop cuits, agglutinés. *C'est de la colle, ton riz !* ♦ *Peinture à la colle.* ➤ 1 **détrempe.** ■ **2** (1840) ARG. SCOL. Exercice d'interrogation préparatoire aux examens, aux concours. *Une colle d'anglais.* — COUR. Question difficile. ➤ **problème, question.** *Poser une colle.* ♦ Punition qui contraint un élève à venir en classe en dehors des heures de cours. ➤ **consigne, retenue.** *Deux heures de colle.* ■ HOM. Col.

COLLECTAGE [kɔlɛktaʒ] n. m. – début XVIe ◊ de *collecter* ■ Action de collecter. ➤ **collecte, ramassage.**

COLLECTE [kɔlɛkt] n. f. – *collete* XIIIe ◊ latin *collecta,* de *colligere* « placer ensemble » ■ **1** LITURG. Prière de la messe, entre le Gloria et l'Épître. ■ **2** (1395) Levée des impositions. ■ **3** (1690) Action de recueillir des dons. ➤ 1 **quête.** *Faire une collecte pour, au profit d'une œuvre. Collecte de vêtements. Le produit d'une collecte.* ♦ PAR EXT. Action de réunir, de recueillir (des produits, des éléments) en vue d'un traitement. ➤ **collectage.** *La collecte du lait dans les fermes. Collecte des données d'une enquête. Collecte sélective des déchets ménagers.*

COLLECTER [kɔlɛkte] v. tr. ‹1› – 1557 ◊ de *collecte* ■ **1** Réunir par une collecte. *Collecter des fonds, des dons, des signatures.* ■ **2** Ramasser en se déplaçant. *Collecter le lait.* — *Collecter des informations.*

COLLECTEUR, TRICE [kɔlɛktœʀ, tʀis] n. et adj. – 1315 ◊ bas latin *collector,* de *colligere* ■ **1** Personne qui recueille des cotisations, des taxes. *Collecteur d'impôts.* ➤ **percepteur.** ■ **2** n. m. Organe ou dispositif qui recueille ce qui était épars. ÉLECTROTECHN. Cylindre formé de lames de cuivre, qui recueille le courant d'une dynamo. TÉLÉCOMM. *Collecteur d'ondes* (antenne, cadre). ÉLECTRON. L'une des trois électrodes d'un transistor bipolaire correspondant à une région fortement dopée. — Conduite qui recueille le contenu d'autres conduites. *Collecteur d'eaux pluviales.* ➤ **drain.** — AUTOM. *Collecteur d'échappement.* ■ **3** adj. Qui recueille. *Égout collecteur.* ÉLECTR. *Barre collectrice* (de courant).

COLLECTIF, IVE [kɔlɛktif, iv] adj. et n. m. – XIVe ◊ latin *collectivus* « ramassé », de *colligere* ■ **1** Qui comprend ou concerne un ensemble de personnes. *Travail collectif,* en équipe, en collaboration. *Cours collectif. Œuvre, entreprise collective.* ➤ **commun.** *Démission collective. Contrat collectif. Convention* collective. Responsabilité collective.* ➤ 1 **général.** *Imaginaire collectif, inconscient collectif, mémoire collective,* du groupe social, de la collectivité. ➤ **social.** *« Il n'y avait plus de destins individuels, mais une histoire collective »* CAMUS. *Propriété collective.* ➤ **collectivisme, copropriété.** *Antenne collective. Billet collectif,* de groupe. *Sports collectifs,* d'équipe. — ADVT *Jouer collectif :* agir collectivement, être solidaire. ■ **2** LOG. Se dit d'un terme singulier et concret représentant un ensemble d'individus. *« Peuple, foule, ensemble, dizaine » sont des termes collectifs.* — *Sujet collectif, pris au sens collectif :* sujet représenté par un terme pluriel ou par plusieurs termes réunis, lorsque la proposition est indivise (opposé à *distributif*). — n. m. Terme collectif. REM. Accord des collectifs suivis d'un compl. au plur. selon qu'on insiste sur la notion d'ensemble ou sur les éléments qui le composent : *« Une multitude de sauterelles a infesté ces campagnes »* (Littré) ; *« Une foule de gens diront qu'il n'en est rien »* (ACADÉMIE). ■ **3** n. m. VIEILLI *Collectif budgétaire :* loi de finances rectificative, rassemblant les modifications apportées à la loi de finances initiale. ■ **4** n. m. (1936) Groupe de personnes réunies pour délibérer et prendre des décisions. *Les locataires expulsés ont formé un collectif.* ■ CONTR. Individuel, particulier. Distributif, partitif.

COLLECTION [kɔlɛksjɔ̃] n. f. – 1371 méd. ◊ latin *collectio* « action de réunir », de *colligere*
I ■ **1** (Sens génér.) Réunion d'objets. ➤ **accumulation, amas,** 2 **ensemble, groupe, réunion.** *« les peuples, en tant qu'ils ne sont que des collections d'individus »* PROUST. — FAM. *Une belle col-*

lection d'imbéciles. — PAR EXT. Grand nombre. ➤ **quantité.** ▪ **2** Réunion d'objets ayant un intérêt esthétique, scientifique, historique, géographique, une valeur provenant de leur rareté, ou rassemblés par goût de l'accumulation. *Une belle, une riche collection. Collection privée. Léguer sa collection à l'État. Pièce de collection. Collection de tableaux.* ➤ **galerie, pinacothèque.** *Les collections d'un musée*. Collection de livres* (➤ **bibliothèque**), *d'images* ➤ **iconothèque,** *de disques* (➤ **discothèque**), *de films* (➤ **cinémathèque**), *de documents vidéos* (➤ **vidéothèque**), *de microfilms* (➤ **filmothèque**), *de logiciels* (➤ **logithèque**), *de cartes postales, de timbres* (➤ **philatélie**). *Collection de médailles.* ➤ **numismatique.** *Collection de papillons, de plantes* (➤ **herbier**). *Collection de voitures anciennes, de poupées, de porte-clés. Avoir le goût de la collection. Faire collection de...* ➤ **collectionner.** ABRÉV. FAM. (1980) **COLLEC** [kɔlɛk]. *J'en fais la collec.* — PAR ANTIPHR. *Il ne dépare pas la collection :* il ne vaut pas mieux que les autres. ▪ **3** Série d'ouvrages, de publications ayant une unité. *Ouvrage publié dans telle collection. Collections de poche. Directeur de collection.* ▪ **4** Ensemble des modèles présentés en même temps. *Collection de jouets d'un représentant. Présenter sa collection.* SPÉCIALT, COUT. *La sortie des collections d'été, d'hiver. Collection de haute couture, de prêt-à-porter.*

II MÉD. Amas de pus.

COLLECTIONNER [kɔlɛksjɔne] v. tr. ⟨1⟩ – 1840 ◇ de *collection* ▪ Réunir pour faire une collection (2°). ➤ **accumuler, amasser, réunir.** *Collectionner des objets d'art, des bibelots. Collectionner les timbres, les boîtes d'allumettes, les pin's.* ◆ FIG. et FAM. *Il collectionne les contraventions, les échecs,* il en a beaucoup. ➤ **accumuler.**

COLLECTIONNEUR, EUSE [kɔlɛksjɔnœʀ, øz] n. – 1828 ◇ de *collection* ▪ Personne qui fait une, des collections. ➤ **amateur.** *Collectionneur de livres* (➤ **bibliophile**), *de médailles* (➤ **numismate**), *de timbres* (➤ **philatéliste**). *« ces échanges, bonheur ineffable des collectionneurs »* BALZAC. — SPÉCIALT *Les grands collectionneurs :* les collectionneurs d'objets d'art.

COLLECTIVEMENT [kɔlɛktivmɑ̃] adv. – 1568 ◇ de *collectif* ▪ De façon collective ; ensemble. *Collectivement et solidairement. Décision prise collectivement.* ➤ **collégialement.** GRAMM. Poil *est pris collectivement dans* chien à poil ras. ▪ CONTR. Individuellement, isolément, séparément.

COLLECTIVISATION [kɔlɛktivizasjɔ̃] n. f. – 1871 ◇ de *collectiviser* ▪ Appropriation collective (des moyens de production).

COLLECTIVISER [kɔlɛktivize] v. tr. ⟨1⟩ – fin XIXe ◇ de *collectif* ▪ **1** Mettre (les moyens de production) aux mains de la collectivité. *Collectiviser des terres.* ➤ aussi **étatiser.** ▪ **2** Rendre collectif. *Collectiviser le débat.*

COLLECTIVISME [kɔlɛktivism] n. m. – 1836 ◇ de *(propriété) collective* ▪ **1** Doctrine représentant un socialisme non étatiste et non centralisateur. ▪ **2** PAR EXT. Régime social et doctrine dans lesquels les moyens de production (et d'échange) appartiennent à la collectivité. ➤ **communisme, marxisme, socialisme.** *Collectivisme d'État.* ▪ CONTR. Capitalisme, libéralisme.

COLLECTIVISTE [kɔlɛktivist] adj. et n. – 1869 ◇ de *collectivisme* ▪ Partisan du collectivisme. ◆ Qui a rapport au collectivisme. *Doctrine collectiviste.* ➤ **socialiste.** *Société collectiviste,* régie selon le collectivisme.

COLLECTIVITÉ [kɔlɛktivite] n. f. – 1836 ◇ de *collectif* ▪ **1** Ensemble d'individus groupés naturellement ou pour atteindre un but commun. ➤ **communauté, groupe, société.** *La vie en collectivité. La collectivité nationale.* ➤ **nation.** *Les collectivités professionnelles.* ➤ **association, syndicat.** *Collectivité publique :* toute personne morale de droit public. — SPÉCIALT Personnel d'une entreprise, d'un établissement collectif. ▪ **2** Circonscription administrative (commune, département, région, etc.) dotée de la personnalité morale. *Le budget des collectivités locales, territoriales. Collectivités d'outre-mer (C. O. M.).* ▪ CONTR. Individu.

COLLECTOR [kɔlɛktɔʀ] n. m. – 1989 ◇ faux anglic., de l'anglais *collector's item* « objet de collection » ▪ ANGLIC. Objet commercial à diffusion limitée, recherché par les collectionneurs. *Cet album pourrait devenir un collector. Des collectors.*

COLLÈGE [kɔlɛʒ] n. m. – 1308 ◇ latin *collegium* « groupement, confrérie », de *collega* → collègue ▪ **1** Corps de personnes revêtues d'une même dignité, de fonctions sacrées. ANTIQ. *Le collège des augures.* MOD. *Collège de chanoines* (chapitre). *Collège épiscopal. Le Sacré Collège :* l'ensemble des cardinaux. ▪ **2** (1549) Établissement d'enseignement. SPÉCIALT *Collège de France :* établissement d'enseignement supérieur, fondé par François Ier. *Professeur au Collège de France.* ◆ (1848) Établissement du premier cycle du second degré. *École, collège et lycée.* ➤ RÉGION. **athénée, cégep.** *Collège d'enseignement secondaire (C. E. S.). Professeur d'enseignement général des collèges (P. E. G. C.). Élève de collège.* ➤ **collégien.** — *Collège libre.* ➤ **école, institution.** *Un collège de jésuites, d'oratoriens.* — *Aller au collège.* ▪ **3** *Collège électoral :* dans le suffrage direct, ensemble des électeurs de même catégorie professionnelle, participant à une élection d'ordre professionnel ; dans le suffrage indirect, ensemble des électeurs du second degré.

COLLÉGIAL, IALE, IAUX [kɔleʒjal, jo] adj. – 1350 ◇ de *collège* ▪ **1** RELIG. Qui a rapport à un collège (de chanoines). *Chapitre collégial. Église collégiale,* qui, sans être cathédrale, possède un chapitre de chanoines. — SUBST. *Une collégiale.* ▪ **2** Qui est exercé par un groupe, collectivement. *Pouvoir collégial. Direction collégiale. Juridiction collégiale.* ▪ **3** (Québec) *Cours collégial,* ou n. m. *un collégial :* cours de formation générale et professionnelle, situé entre le secondaire et l'université. ➤ **cégep.** — *Diplôme d'études collégiales (DEC).*

COLLÉGIALEMENT [kɔleʒjalmɑ̃] adv. – XVIe « conjointement » ◇ de *collégial* ▪ De manière collégiale, collective. *Décision prise collégialement.*

COLLÉGIALITÉ [kɔleʒjalite] n. f. – avant 1961 ◇ de *collégial* ▪ DIDACT. Caractère de ce qui est collégial (2°).

COLLÉGIEN, IENNE [kɔleʒjɛ̃, jɛn] n. – 1743 ◇ de *collège* ▪ **1** Élève d'un collège. ➤ **écolier, lycéen.** ▪ **2** Jeune personne naïve, sans expérience (cf. Enfant* de chœur). *Il me prend pour un collégien.*

COLLÈGUE [kɔ(l)lɛg] n. – v. 1500 ◇ latin *collega* ▪ **1** Personne qui exerce la même fonction qu'une ou plusieurs autres, appartenant ou non à la même administration, à la même entreprise. ➤ **confrère, consœur.** *Le ministre des Finances et ses collègues européens.* ➤ **homologue.** *C'est ma collègue. Des collègues de bureau.* ▪ **2** (v. 1900) FAM. et RÉGION. (Midi) Camarade. *Comment ça va, collègue ? « À Montpellier, ce qui est ami, pote, camarade ou copain, on appelle ça des collègues »* P. BAILLY.

COLLENCHYME [kɔlɑ̃ʃim] n. m. – 1866 ◇ grec *kolla* « colle » et *enkuma* « épanchement » ▪ BOT. Tissu végétal de soutien, formé de cellules aux parois cellulosiques épaisses.

COLLER [kɔle] v. ⟨1⟩ – 1320 ◇ de *colle*

I ~ v. tr. **A. COLLER QQCH.** ▪ **1** Joindre et faire adhérer avec de la colle. ➤ **agglutiner, fixer.** *Coller une affiche sur un mur, un timbre sur une enveloppe. Lamelles de bois collées d'un contreplaqué.* ➤ **lamellé** (-collé). *Coller du papier peint.* ➤ **encoller ; tapisser.** *Papiers collés* (ARTS). ➤ **collage.** *Coller une peinture sur une toile.* ➤ **maroufler.** ◆ Assembler, en collant. *Coller un film.* ➤ **monter.** ▪ **2** (XVIe) TECHN. Enduire, imprégner de colle. *Coller une toile,* pour lui donner de l'apprêt. ➤ **apprêter.** — Clarifier (du vin) par collage. ▪ **3** Faire adhérer. *Le sang avait collé ses cheveux. « Il avait encore les yeux collés de sommeil »* GIONO. ▪ **4** INFORM. Insérer (une portion de texte, une image précédemment copiée) dans un document (➤ **copier-coller, couper-coller**). ▪ **5** Appliquer étroitement. ➤ **appuyer, plaquer.** *Coller un meuble contre le mur. Coller son visage contre la vitre. Coller son oreille à la porte* (pour écouter). ▪ **6** FAM. ➤ **donner.** *Il m'a collé une baffe.* ➤ 2 **flanquer,** 1 **foutre.** *Il va nous coller son rhume.* ➤ **passer.** *Il s'est collé une indigestion.* — Remettre d'autorité pour se débarrasser. ➤ **refiler.** *Il m'a collé son chien pendant les vacances. Il nous a collé tout le sale boulot.* ◆ FAM. ➤ **mettre ;** 2 **ficher,** 2 **flanquer,** 1 **foutre.** *Colle tes affaires dans ce coin.* ➤ **installer,** 1 **déposer.** *Il s'était collé un drôle de chapeau sur la tête.* ➤ 1 **placer, poser.** *Je vais lui coller mon poing dans la figure. Coller une punition à un élève. Coller une amende.* ➤ **infliger.**

B. FAM. **COLLER QQN** ▪ **1** (1832) Poser à (qqn) une question à laquelle il ne peut répondre (➤ **colle,** 2°). *On ne peut pas le coller en histoire* (➤ **incollable**). ▪ **2** Refuser (un candidat) à un examen. ➤ **ajourner, recaler,** VX **retoquer ;** FAM. **étendre.** *Il a été collé au bac,* il a échoué. ➤ RÉGION. 1 **bloquer.** ▪ **3** Infliger une retenue, une colle à (qqn). ➤ **consigner, punir.** *Il est collé samedi.* ▪ **4** Suivre, imposer sa présence à (qqn). *Il me colle sans arrêt !* ➤ **cramponner ; collant.** *La voiture derrière nous colle de trop près,* nous suit de trop près.

C. ~ v. tr. ind. **COLLER À** ▪ **1** Ne pas quitter. *Odeur qui colle aux vêtements. Pneu qui colle à la route,* qui a une bonne adhérence. ◆ FIG. Suivre exactement. *Coller à la réalité.* — LOC. FAM. *Coller aux fesses, au train* (de qqn), le suivre de très près. *Il nous colle au cul, aux baskets.* ▪ **2** FIG. (1829) Être ajusté, collant. *Robe qui colle au corps.* — LOC. *Coller à la peau :* être inséparable (de qqn). *Ce fatalisme « lui colle à la peau »* COLETTE.

III ~ **v. intr.** ▪ **1** Adhérer. *Ce timbre ne colle plus. Poêle qui ne colle pas.* ➤ **attacher,** RÉGION. **attraper ; antiadhésif.** *Avoir les mains qui collent.* ➤ RÉGION. **péguer ; poisseux.** — Adhérer comme de la colle. *Riz qui colle.* ▪ **2** Se détourner pendant que les autres se cachent, au jeu de cache-cache. *C'est à toi de coller.* PRONOM. *S'y coller* **(même sens).** ▪ **3** (1906) FAM. ➤ 1 **aller.** *Ça colle :* ça va, ça convient, ça marche, c'est d'accord. *Jeudi ? Ça (ne) colle pas, je suis occupé. Il y a quelque chose qui ne colle pas dans son témoignage. Entre eux, ça ne colle pas, ça ne peut pas coller,* il n'y a pas d'entente.

IIII ~ **v. pron. SE COLLER** ▪ **1** *Se coller à, contre* (qqch., qqn). ➤ se **plaquer,** se **serrer.** *Il s'est collé au mur pour laisser le passage. Enfant qui se colle contre sa mère.* ➤ se **blottir.** ▪ **2** FAM. *Se coller à un travail :* commencer à travailler ; s'y mettre. *Allez, on s'y colle !* ▪ **3** PASS. Rester obstinément fixé à un endroit. ➤ **scotcher.** *Elle se colle, est collée devant la télévision dès qu'elle rentre chez elle. — Se coller devant qqn.* ➤ se **planter.** ▪ **4** *Se coller, être collé avec qqn,* vivre en concubinage (cf. À la colle*). *« La jolie petite serveuse avec qui il est collé »* BEAUVOIR. ➤ **maquer.**

■ CONTR. Arracher, décoller, 1 détacher. Admettre, recevoir. — 1 Écarter (s').

COLLERETTE [kɔlʀɛt] **n. f.** – 1309 ◇ de *collier* ▪ **1** ANCIENNT Tour de cou plissé. ➤ **collet,** 3 **fraise.** ▪ **2** Petit collet de linge fin. ➤ **gorgerette.** *Collerette de batiste, de tulle.* ▪ **3** TECHN. Rebord circulaire à l'extrémité d'un tuyau. ➤ **bride.** ▪ **4** BOT. Voile résiduel entourant le haut du pied du champignon. ➤ **anneau.** — Involucre.

COLLET [kɔlɛ] **n. m.** – fin XIe « cou » ◇ diminutif de *col* ▪ **1** (XIIIe) VX ou LOC. Partie du vêtement qui entoure le cou. ➤ **col, collerette.** *Un collet de dentelle.* ♦ **loc. adj. COLLET MONTÉ :** qui affecte l'austérité, la pruderie (comme les femmes qui portaient un collet très haut). *Ils sont trop collet monté.* ➤ **affecté, guindé, rigide.** — *Prendre qqn au collet, lui mettre la main au collet, lui sauter au collet,* se saisir de lui ; FIG. l'appréhender. VIEILLI *Se prendre au collet :* se battre. ➤ se **colleter.** ▪ **2** (1393) Partie d'une bête de boucherie entre la tête et les épaules. ➤ **collier.** *Collet de veau, de mouton.* ▪ **3** (v. 1550) Nœud coulant pour prendre certains animaux (au cou). ➤ **lacet, lacs.** *Poser, relever des collets. Braconnier qui tend des collets à lapin.* ▪ **4** (de *cou* ou *col*) FIG. TECHN. Partie en saillie autour d'un objet, d'une pièce mécanique ; bourrelet. *Collet du palier de butée d'un arbre de transmission.* ♦ (1704) Zone de transition entre la racine et la tige (d'une plante). — Partie (d'une dent) entre l'émail coronaire et le cément radiculaire, qui touche la gencive. ■ HOM. Colley.

COLLETER [kɔlte] **v. tr.** ‹4 /5/› – *coleter* 1580 ◇ de *collet* ■ VIEILLI Saisir (qqn) au collet pour lui faire violence. ➤ **attaquer.** *Colleter rudement son adversaire.* ♦ MOD. **SE COLLETER v. pron.** ➤ se **battre, lutter.** *Se colleter comme des voyous.* FIG. *Se colleter avec les difficultés.* ➤ se **débattre.** *« incapable de se colleter avec la vie »* SAGAN.

COLLETEUR [kɔltœʀ] **n. m.** – 1752 ◇ de *colleter* « poser des *collets* » ■ Braconnier qui tend des collets pour prendre du gibier.

COLLEUR, EUSE [kɔlœʀ, øz] **n.** – 1544 ◇ de *coller* ▪ **1** Personne qui fait le métier de coller (du papier de tapisserie, des affiches). *Colleur d'affiches.* ▪ **2** ARG. SCOL. Personne qui fait passer des colles en vue d'une épreuve. ▪ **3 n. f.** (début XXe) TECHN. Machine à coller les étoffes. — Appareil servant à coller les films (photo, montage cinématographique).

COLLEY [kɔlɛ] **n. m.** – 1877 ◇ anglais *collie* ■ Chien de berger écossais. *Des colleys.* ■ HOM. Collet.

COLLIER [kɔlje] **n. m.** – *coler* XIIe ◇ latin *collare, collarium,* de *collum* ▪ **1** Cercle en matière résistante qu'on met au cou de certains animaux pour pouvoir les attacher. *Anneau, plaque d'identité d'un collier de chien. Collier en métal, en cuir, à grelots.* — PAR EXT. Courroie, corde qui sert à attacher par le cou les bêtes aux champs, à l'étable. *Mettre une chèvre au collier.* ▪ **2** (1268) Partie du harnais qui entoure le cou des bêtes attelées. *Le collier d'un cheval est composé des coussins et des attelles. Cheval de collier :* cheval de trait. — *Cheval franc du collier,* qui tire avec énergie. FIG. *Être franc du collier,* très franc, loyal. — *Donner un coup de collier :* fournir un effort intense et momentané. — *Collier de misère :* travail pénible et assujettissant. ➤ **chaîne, joug.** — *Reprendre le collier :* se remettre au travail. *« j'ai repris depuis longtemps mon collier habituel »* SAINTE-BEUVE. ▪ **3** (v. 1300) Bijou, ornement qui se porte autour du cou. *Fil, fermoir d'un collier. Collier très long.* ➤ **sautoir.** *Collier à chaînons.* ➤ **chaîne.** *Collier de perles* (➤ **rang**), *de diamants* (➤ **rivière**). *Collier de fleurs, de coquillages. Collier en or. Collier antique.* ➤ **torque.** — SPÉCIALT Chaîne que portent les chevaliers de certains ordres. *Collier de l'ordre du Saint-Esprit.* ▪ **4** PAR ANAL. Poils, plumes du cou des bêtes qui sont d'une couleur différente de celle du reste du corps. *Pigeon à collier ; chat noir avec un collier blanc.* ♦ *Collier de barbe,* APPOS. *barbe collier :* barbe courte taillée régulièrement et rejoignant les cheveux des tempes. *« Pas un poil ne dépassait la ligne de son collier blond »* FLAUBERT. ▪ **5** (1690) Partie d'une bête de boucherie comprenant le cou. ➤ **collet.** *Collier de mouton.* ▪ **6** TECHN. Cercle qui sert de renfort. *Collier de serrage :* bague métallique réglable pour serrer certains objets cylindriques (➤ **durit**). — ARCHIT. Astragale ornée de perles ou d'olives.

COLLIGER [kɔliʒe] **v. tr.** ‹3› – 1539 ◇ latin *colligere* « réunir » → cueillir ■ LITTÉR. ▪ **1** Réunir en un recueil, une collection. ▪ **2** Relier (des abstractions) en vue d'une synthèse. *« Exposer, développer, juger, colliger »* BEAUVOIR.

COLLIMATEUR [kɔlimatœʀ] **n. m.** – 1864 ◇ de *collimation* ■ Partie d'une lunette qui assure la collimation. *Collimateur de visée.* ♦ LOC. FIG. *Avoir qqn dans le collimateur,* le surveiller étroitement, attendre l'occasion de l'attaquer (cf. Avoir qqn à l'œil*). *Être dans le collimateur de qqn.* ➤ **viseur.**

COLLIMATION [kɔlimasjɔ̃] **n. f.** – 1646 ◇ du latin *collimare,* pour *collineare* « viser » ■ ASTRON. Action d'orienter un appareil d'optique dans une direction précise.

COLLINE [kɔlin] **n. f.** – 1555 ◇ bas latin *collina,* de *collis* « colline » ■ Petite élévation de terrain de forme arrondie. ➤ **éminence, hauteur.** *Petite colline.* ➤ **butte, coteau.** *Montagnes et collines.* ➤ **relief.** *Colline très arrondie.* ➤ **mamelon.** *Le sommet, le pied d'une colline. À flanc de colline. Les sept collines de Rome* (Aventin, Capitole, Celius, Esquilin, Palatin, Quirinal, Viminal). POÉT. *La double colline :* le Parnasse. ■ HOM. Choline.

COLLISION [kɔlizjɔ̃] **n. f.** – 1480 ◇ latin *collisio* ▪ **1** Choc* de deux corps qui se rencontrent. ➤ **impact.** *Collision entre deux voitures, deux trains.* ➤ **accident, accrochage, télescopage.** *Entrer en collision avec* (qqch.) : heurter (qqch.). *Assurance tierce* collision.* ♦ PHYS. *Collision de particules. Collision élastique, inélastique. Anneau de collision.* ➤ **collisionneur.** ▪ **2** Heurt violent entre individus ; FIG. Conflit, opposition (➤ **clash**). *La collision des intérêts.* ■ CONTR. Entente.

COLLISIONNEUR [kɔlizjɔnœʀ] **n. m.** – 1981 ◇ de *collision* ■ PHYS. Accélérateur de particules sans cible fixe, dans lequel des faisceaux de particules, circulant en sens inverse, produisent des collisions frontales. *Le Grand collisionneur de hadrons du CERN.*

COLLOCATION [kɔlɔkasjɔ̃] **n. f.** – XIVe ◇ latin *collocatio* « placement » → colloquer ▪ **1** (1690) DR. Classement des créanciers dans l'ordre que le juge a assigné pour leur paiement. — PAR EXT. Classement. ▪ **2** LOG., LING. Position (d'un objet, d'un élément) par rapport à d'autres ; proximité dans une chaîne. ➤ **cooccurrence.** — Ensemble des éléments ainsi placés. ■ HOM. poss. Colocation.

COLLODION [kɔlɔdjɔ̃] **n. m.** – 1848 ◇ grec *kollodês* « collant », de *kolla* « colle » ■ Solution de nitrocellulose dans de l'éther alcoolisé, utilisée en photographie et en chirurgie.

COLLOÏDAL, ALE, AUX [kɔlɔidal, o] **adj.** – 1855 ◇ de *colloïde* ■ PHYS., CHIM. *Solution colloïdale :* solution ou mélange dans un solvant liquide d'un soluté formé de particules de taille supérieure à celle des molécules. ➤ 3 **sol.**

COLLOÏDE [kɔlɔid] **n. m.** – 1863 ; méd. 1845 ◇ anglais *colloid,* grec *kolla* « colle » et *-oid* (cf. *-oïde*) ■ PHYS., CHIM. Soluté d'une solution colloïdale à demi liquide **(opposé à *cristalloïde*).** *Colloïde moléculaire :* macromolécule **(ex. protéine, ADN).** *Colloïde micellaire,* dont les particules plus grosses se rassemblent (➤ **floculation**).

COLLOQUE [kɔ(l)lɔk] **n. m.** – 1495 ◇ latin *colloquium* « entretien », de *colloqui,* de *loqui* « parler » ▪ **1** Débat entre plusieurs personnes sur des questions théoriques. ➤ **conférence, discussion.** — PAR EXT. **(parfois iron.)** Conversation, entretien. *« les colloques particuliers qui tendaient à se former autour des verres de porto »* ROMAINS. ▪ **2** Débat organisé, avec moins de participants que le congrès* (cf. Table* ronde). *Colloque international. Colloque scientifique, de sociologie,* etc. ➤ **séminaire, symposium.** *Les actes* d'un colloque.*

COLLOQUER [kɔ(l)lɔke] **v. tr.** ‹1› – XIIe « placer » ◇ latin *collocare,* de *locus* « lieu » → 1 coucher ■ (1690) DR. *Colloquer des créanciers,* les inscrire dans l'ordre déterminé par le juge pour leur paiement.

COLLUSION [kɔlyzjɔ̃] **n. f.** – 1321 ◇ latin *collusio*, de *colludere*, de *ludere* «jouer» ▪ Entente secrète au préjudice d'un tiers. ➤ **complicité, connivence.** *Ce syndicat dénonce la collusion entre le patronat et le gouvernement. Collusion avec qqn.*

COLLUSOIRE [kɔlyzwaʀ] **adj.** – 1336 ◇ de *collusion*, d'après les adj. en *-oire* ▪ DR. Qui est fait par collusion. *Arrangement, transaction collusoire.*

COLLUTOIRE [kɔlytwaʀ] **n. m.** – 1803 ◇ latin *colluere* «laver» ▪ Médicament liquide désinfectant, plus ou moins visqueux, destiné à agir sur les muqueuses de la bouche et de l'arrière-gorge. *Pulvérisation de collutoire.*

COLLUVION [kɔ(l)lyvjɔ̃] **n. f.** – 1959 ◇ de *co-* et *alluvion* ▪ GÉOL. Fin dépôt de sédiments résultant d'un remaniement voisin.

COLLYRE [kɔliʀ] **n. m.** – fin XIIe ◇ latin *collyrium*, grec *kollurion* «onguent» ▪ Médicament liquide, isotonique aux larmes, qu'on instille dans l'œil.

COLMATAGE [kɔlmataʒ] **n. m.** – 1845 ◇ de *colmater* ▪ Action de colmater. *Le colmatage d'une brèche.*

COLMATER [kɔlmate] **v. tr.** ⟨1⟩ – 1820 ◇ italien *colmata*, de *colmare* «combler» ▪ **1** Exhausser (un bas-fond), modifier la nature de (un sol) en y faisant séjourner de l'eau riche en limon, qui s'y dépose. *Colmater un sol raviné, infertile.* ▪ **2** Boucher, fermer, luter. *Colmater une voie d'eau.* ➤ **aveugler.** FIG. *Colmater un déficit, une lacune.* ➤ **combler.** ▪ **3** MILIT. Fermer, pour rétablir la continuité du front. *Colmater une brèche* (aussi FIG.).

COLOBE [kɔlɔb] **n. m.** – 1834 ◇ latin scientifique *colobus* (1811), du grec *kolobos* «tronqué», ce singe ayant les pouces atrophiés ▪ Singe cercopithèque d'Afrique à longue queue et aux longs poils dorsaux. *Colobe noir, colobe bai.*

COLOCASE [kɔlɔkɑz] **n. f.** – *colocasse* 1547 ◇ latin des botanistes *colocasia*, du grec ▪ BOT. Plante tropicale *(aracées)*, espèce de caladium exotique, cultivée en Polynésie pour son rhizome féculent. ➤ **taro.**

COLOCATAIRE [kolɔkatɛʀ] **n.** – 1834 ◇ de *co-* et *locataire* ▪ **1** Personne qui est locataire avec d'autres d'un même immeuble. ▪ **2** Personne qui loue un logement avec un ou plusieurs autres locataires. *Étudiant qui cherche un colocataire.* ABRÉV. FAM. **COLOC.** *Des colocs.*

COLOCATION [kolɔkasjɔ̃] **n. f.** – milieu XXe ◇ de *co-* et *location* ▪ **1** Situation des colocataires. *Être en colocation.* ▪ **2** Logement occupé par des colocataires. — ABRÉV. FAM. **COLOC.** «*Avec deux copines on partageait une coloc*» O. ADAM. ▪ HOM. poss. Collocation.

COLOGARITHME [kolɔgaʀitm] **n. m.** – 1891 ◇ de *co-* et *logarithme* ▪ MATH. Logarithme de l'inverse d'un nombre (colog *a* = log (1/*a*) = –log *a*).

COLOMBAGE [kɔlɔ̃baʒ] **n. m.** – 1340 ◇ de l'ancien français *colombe*, doublet de *colonne* ▪ ARCHIT. Pan de bois, mur en charpente, dont les vides sont garnis d'une maçonnerie légère (➤ **hourdis, torchis**). — PAR EXT. La charpente apparente. *Maison normande à colombages.*

COLOMBE [kɔlɔ̃b] **n. f.** – *columbe* v. 1120 ; *colomb* IXe ◇ latin *columba* ▪ **1** LITTÉR. Pigeon considéré comme symbole de douceur, de tendresse, de pureté, de paix. *La blanche colombe. La colombe, symbole du Saint-Esprit.* ALLUS. BIBL. *La colombe de l'Arche* (de Noé), *symbole de la paix.* «*Ce toit tranquille, où marchent des colombes*» VALÉRY. ◆ PAR MÉTAPH. (1966 ◇ traduction de l'anglais) Partisan d'une solution pacifique dans un conflit (par oppos. à *faucon*). ➤ **antiguerre.** ▪ **2** ZOOL. VX ➤ **pigeon.** ▪ **3** FIG. et VX Jeune fille pure, candide. — LOC. PLAIS. *La bave du crapaud n'atteint pas la blanche colombe.* — T. d'affection *Oui, ma colombe.*

1 **COLOMBIER** [kɔlɔ̃bje] **n. m.** – *columbier* XIIe ◇ de *colombe* ▪ VX ou LITTÉR. Pigeonnier en forme de tour. *Boulins d'un colombier. Colombier sur piliers.* ➤ **fuie.** *Colombier militaire.*

2 **COLOMBIER** [kɔlɔ̃bje] **n. m.** – 1739 ◇ nom du fabricant ▪ Grand format de papier. *Colombier commercial* (0,90 m × 0,63 m).

1 **COLOMBIN, INE** [kɔlɔ̃bɛ̃, in] **adj.** et **n. m.** – *columbine* XIIIe ◇ latin *columbus*, de *columba* → colombe ▪ **1** VX Relatif à la colombe, au pigeon. — (XVe) *Soie colombine*, gorge-de-pigeon. ▪ **2** *Pigeon colombin*, ou **n. m.** *un colombin.*

2 **COLOMBIN** [kɔlɔ̃bɛ̃] **n. m.** – 1844 ◇ origine inconnue, p.-ê. de *colombe* «poutre» → colombage ▪ **1** TECHN. Rouleau de pâte servant à confectionner des poteries, sans emploi du tour. ▪ **2** (p.-ê. de *colombine* «fiente de pigeon») FAM. Étron*.

COLOMBITE [kɔlɔ̃bit] **n. f.** – 1823 ◇ anglais *columbite*, de *columbium*, ancien nom du *niobium* ▪ MINÉR. Oxyde naturel de fer et de manganèse, radioactif, contenant du niobium et du tantale.

COLOMBO [kɔlɔ̃bo] **n. m.** – 1931 ◇ du nom de la capitale de Ceylan qui désignait le curry, importé par les Indiens aux Antilles au XIXe s. ▪ **1** Mélange d'épices d'origine indienne (coriandre, ail, piment, curcuma, cannelle). ▪ **2** Plat antillais à base de viande, de volaille ou de poisson, assaisonné de ce mélange d'épices. *Colombo de poulet. Des colombos.*

COLOMBOPHILE [kɔlɔ̃bɔfil] **adj.** et **n.** – 1855 ◇ latin *columbus* et grec *philos* (cf. *-phile*) ▪ Qui pratique l'élevage et le dressage des pigeons voyageurs. *Centre, société colombophile,* d'élevage de pigeons voyageurs. **n.** *Les colombophiles du Nord.* — **n. f. COLOMBOPHILIE.**

1 **COLON** [kɔlɔ̃] **n. m.** – 1355 ◇ latin *colonus*, de *colere* «cultiver» ▪ **1** DR. Cultivateur d'une terre dont le loyer est payé en nature. ➤ **fermier, métayer.** *Colon partiaire*.* «*il l'exploitait comme colon à mi-fruit*» É. GUILLAUMIN. — HIST. Personne libre attachée au sol qu'elle exploitait. «*des "colons," c'est-à-dire des travailleurs réputés libres*» DUBY. ▪ **2** (1665) COUR. Personne qui est allée peupler, exploiter une colonie. *Les premiers colons d'Amérique.* ➤ **pionnier.** — ANCIENNT Habitant(e) d'une colonie ressortissant de la métropole, au temps de la colonisation (opposé à *indigène* et à *métropolitain*). *Les colons français d'Algérie.* ▪ **3** (Canada) FAM. et PÉJ. Rustre. *Espèce de colon !* ➤ **plouc.** — LOC. *Avoir l'air colon,* peu raffiné, mal dégrossi. ▪ **4** Membre d'un groupe de personnes de même origine, fixées dans un autre lieu. ◆ (1911) Membre d'une colonie (de vacances ; pénitentiaire). ▪ HOM. poss. Côlon.

2 **COLON** [kɔlɔ̃] **n. m.** – 1890 ◇ abrév. de *colonel* ▪ FAM. Colonel. — PAR EXT. *Eh bien, mon colon !* (exclam. iron.).

CÔLON [kolɔ̃] **n. m.** – 1398 ◇ latin *colon*, grec *kôlon* ▪ Portion moyenne du gros intestin comprise entre le cæcum et le rectum. *Le côlon ascendant, transverse, descendant, iliaque, pelvien. Jonction de l'iléon et du côlon* (➤ **iléocolique**). *Côlon anormalement long.* ➤ **dolichocôlon.** *Maladies du côlon.* ➤ **colopathie ; colorectal.** *Inflammation du côlon.* ➤ 1 **colique, colite.** *Examen du côlon.* ➤ **coloscopie.** *Chirurgie du côlon.* ➤ **colostomie.** ▪ HOM. poss. Colon.

COLONAGE [kɔlɔnaʒ] **n. m.** – 1800 ◇ de 1 *colon* ▪ DR. Exploitation du sol par un colon. *Bail à colonage partiaire,* à métayage.

COLONAT [kɔlɔna] **n. m.** – 1811 ◇ de 1 *colon* ▪ HIST. Condition du colon romain ou médiéval. ◆ État du colon ; ensemble des colons.

COLONEL, ELLE [kɔlɔnɛl] **n.** – avant 1544 *colonnel* ◇ italien *colonnello*, de *colonna* «colonne d'armée» ▪ **1 n.** Officier, officière supérieur(e) qui commande un régiment, ou une formation, un service de même importance (➤ FAM. 2 **colon**). *Colonel d'infanterie, d'aviation. Les cinq galons d'un colonel.* ➤ aussi **lieutenant-colonel.** *La colonelle a été promue générale.* ◆ (Coupe) *colonel :* coupe glacée composée d'un sorbet au citron arrosé de vodka. ▪ **2 n. f.** VIEILLI La femme d'un colonel. *Madame la colonelle.*

COLONIAL, IALE, IAUX [kɔlɔnjal, jo] **adj.** et **n.** – 1776 ◇ de *colonie* ▪ **1** Relatif aux colonies. *Régime colonial ; expansion coloniale* (➤ **colonialisme, impérialisme**). *Comptoir colonial. Produits coloniaux,* provenant des colonies (➤ **exotique**). *Troupes coloniales* (depuis 1961 : *troupes de marine*). *Casque* colonial.* ▪ **2 n. m.** Militaire de l'armée coloniale. *Un colonial.* ◆ **n.** Habitant des colonies. ➤ 1 **colon.** ▪ **3 n. f.** ANCIENNT *La coloniale :* les troupes coloniales françaises. *Servir dans la coloniale.* ▪ **4** ZOOL. Qui vit en colonie (6°). *Ascidies coloniales. Animaux coloniaux* (opposé à *solitaire*). ➤ **social.** ▪ CONTR. 1 Métropolitain.

COLONIALISME [kɔlɔnjalism] **n. m.** – 1902 ◇ de *colonial* ▪ **1** Système d'expansion coloniale. ➤ **colonisation.** ▪ **2** Système politique préconisant l'occupation et l'exploitation de territoires dans l'intérêt du pays colonisateur. ➤ **impérialisme.** *La lutte des pays du tiers monde contre le colonialisme. "Discours sur le colonialisme" d'Aimé Césaire. La fin des colonialismes classiques.* ➤ **décolonisation.** — *Colonialisme économique.* ➤ **néocolonialisme.** ▪ CONTR. Anticolonialisme.

COLONIALISTE [kɔlɔnjalist] **adj.** et **n.** – 1903 ; *coloniste* 1776 ◇ de *colonial* ▪ Relatif au colonialisme. *Politique colonialiste.* ◆ Partisan du colonialisme.

COLONIE [kɔlɔni] **n. f.** – 1308 ◇ latin *colonia*, de *colonus* → 1 colon ▪ **1** VX Groupe de personnes parties d'un pays pour aller s'établir dans un autre. *Colonies romaines, grecques établies dans l'Antiquité autour de la Méditerranée. Envoyer une* *colonie outre-mer.* — MOD. La population qui se perpétue à l'endroit où se sont fixés les fondateurs (➤ 1 **colon**). *La colonie prospère, s'accroît.* ▪ **2** (1636) Le lieu où vivent les colons. *Une colonie fertile, aride.* — *Les colonies* (d'un pays). *Vivre aux colonies.* ▪ **3** Établissement fondé par une nation appartenant à un groupe dominant dans un pays étranger à ce groupe, moins développé, et qui est placé sous la dépendance et la souveraineté du pays occupant dans l'intérêt de ce dernier (➤ aussi **mandat, protectorat, tutelle**). *Ensemble de colonies* (➤ **empire**, 1 **union**). *L'administration, les fonctionnaires d'une colonie* (➤ **gouverneur, résident**). *Les anciennes colonies anglaises* (➤ **dominion**), *espagnoles, françaises. Colonie de peuplement, d'exploitation. L'émancipation, l'indépendance des colonies.* ➤ **décolonisation.** ▪ **4** (1859) ANCIENNT *Colonie pénitentiaire* : établissement pour jeunes délinquants. — **COLONIE DE VACANCES** : groupe d'enfants réunis pour un séjour de vacances à la mer, à la montagne, à la campagne (cf. Centre* de vacances, RÉGION. camp* de vacances). ABRÉV. FAM. (1966) **COLO.** *Partir en colo. Des colos.* ▪ **5** (1835) Ensemble des personnes originaires d'un même lieu (pays, province, ville) et qui en habitent un autre. *La colonie russe, la colonie bretonne de Paris.* — Groupe de personnes vivant en communauté. *Une petite colonie d'artistes.* ▪ **6** (1771) Réunion d'animaux vivant en communauté. *Colonie d'abeilles.* ➤ **essaim, ruche.** *Colonie de castors.* ♦ BIOL. Population d'organismes semblables, issus du même individu par bourgeonnement ou scissiparité, et vivant en relation étroite. *Colonies d'algues. Colonie de bactéries, colonie bactérienne* : ensemble des individus issus d'une unique bactérie et dont l'aire d'extension est délimitée. *Les colonies ont une forme fixe, spécifique d'une espèce.* ▪ CONTR. Métropole. Individu.

COLONISATEUR, TRICE [kɔlɔnizatœʀ, tʀis] adj. et n. – 1835 ◊ de *coloniser* ▪ Qui colonise. *Nation colonisatrice.* — n. *Les colonisateurs* : personnes qui colonisent, fondent ou exploitent une colonie (opposé à *colonisé*).

COLONISATION [kɔlɔnizasjɔ̃] n. f. – 1769 ◊ anglais *colonization*, de *to colonize* → coloniser ▪ **1** Le fait de peupler de colons ; de transformer en colonie. *La colonisation de l'Amérique, puis de l'Afrique, par l'Europe.* ▪ **2** Mise en valeur, exploitation des pays devenus colonies. ➤ **colonialisme, impérialisme.** «*Colonisation = Chosification*» CÉSAIRE. ♦ Fait d'annexer, d'utiliser à des fins publicitaires, mercantiles. *La colonisation des sites.* ▪ **3** BIOL., ÉCOL. Extension (locale ou générale) de l'aire occupée par un groupe d'individus d'une même espèce, en général plus compétitifs que des individus isolés. ▪ CONTR. Décolonisation.

COLONISÉ, ÉE [kɔlɔnize] adj. et n. – XIXe ◊ de *coloniser* ▪ Qui subit la colonisation. *Les pays, les peuples colonisés.* — n. *Les colonisés* (opposé à *colonisateur*).

COLONISER [kɔlɔnize] v. tr. ‹1› – 1790 ◊ de *colonie*, probablt d'après l'anglais *to colonize* ▪ **1** Peupler de colons. ▪ **2** Faire de (un pays) une colonie. *Coloniser un pays pour le mettre en valeur, en exploiter les richesses.* ▪ **3** FIG. Envahir, occuper (un terrain) en parlant de plantes, de micro-organismes. ▪ **4** FIG. Être omniprésent dans (un lieu, un domaine). *Les caméras de surveillance colonisent les villes. Constructeur qui colonise le marché.*

COLONNADE [kɔlɔnad] n. f. – 1740 ; *colonnate* 1675 ◊ de *colonne* ▪ **1** File de colonnes sur une ou plusieurs rangées, formant un ensemble architectural. *Les colonnades des temples grecs.* ▪ **2** GÉOL. Ensemble de formations géologiques en forme de colonne. *Colonnade basaltique.* ➤ **orgue.**

COLONNE [kɔlɔn] n. f. – *columpne* fin XIIe ◊ du latin *columna*, d'après l'italien *colonna*

I SUPPORT VERTICAL ▪ **1** ARCHIT. Support vertical d'un édifice, ordinairement cylindrique (➤ **pilastre, pilier, poteau**). «*Les colonnes, au nombre de 284, sont en pierre de travertin et ont une hauteur de 28 m 60 chacune*» CINGRIA. *Petite colonne.* ➤ **colonnette.** *Base, fût, tambours, chapiteau d'une colonne. Colonne dorique, ionique, corinthienne. Calibre d'une colonne* (➤ **module**). — *Colonne adossée, engagée,* partiellement intégrée dans un mur, un pilier (➤ **demi-colonne, dosseret, pilastre**). *Colonne cannelée, striée. Colonne galbée, renflée, torse. Colonnes accolées, accouplées, géminées. Colonne sculptée* (➤ **atlante, cariatide**). *Les statues-colonnes du portail de Chartres.* — *Rangée de colonnes.* ➤ **colonnade ; arcature, propylée.** *Les colonnes d'une galerie, d'un portique, d'un cloître. Espace entre deux colonnes.* ➤ **entrecolonnement.** *Édifice à colonnes.* ➤ **hypostyle ; -ptère.** ▪ **2** Monument formé d'un élément analogue, mais isolé. ➤ **aiguille, cippe, obélisque, stèle.** *Colonne commémorative, funéraire, rostrale. La colonne Trajane, la colonne Vendôme. Solitaire sur sa colonne.* ➤ **stylite.** — PAR EXT. *Colonne Morris* : édicule cylindrique, où l'on affiche les programmes de spectacles, etc., à Paris. ▪ **3** Montant, pied cylindrique. *Lit à colonnes.* ▪ **4** PAR MÉTAPH. *Les Colonnes d'Hercule* : les deux montagnes du détroit de Gibraltar. ▪ **5** FIG. et LITTÉR. ➤ **soutien, support.** *Les colonnes de l'État.*

II OBJET EN FORME DE COLONNE ▪ **1** Meuble de rangement vertical, fermé ou non. *Colonne deux portes, colonne double.* ▪ **2** (1694) *Colonne d'air, d'eau, de mercure* : masse de ce fluide dans un tube vertical. *La colonne barométrique.* — PAR EXT. *Une colonne de fumée, de feu.* ▪ **3** GÉOL. Formation verticale résultant de la soudure d'une stalactite et d'une stalagmite. ▪ **4** (1615) Section qui divise verticalement une page manuscrite ou imprimée. «*Les latins nommaient "pagina" moins la surface interne d'une feuille que la colonne d'écriture qu'elle reçoit*» QUIGNARD. *Titres sur deux, trois colonnes. La colonne de gauche. Cinq colonnes à la* (page) *une.* — Alignement vertical. *Les colonnes et les lignes d'un tableau. Colonne de chiffres. La colonne des unités, des dizaines.* ♦ MATH. *Colonne d'une matrice**. ▪ **5** (1784) **COLONNE VERTÉBRALE** : tige osseuse articulée qui soutient l'ensemble du squelette des vertébrés (chez l'être humain, 33 vertèbres). ➤ **épine (dorsale), rachis.** «*Les quatre premières classes du règne animal offrent des animaux généralement pourvus d'une* colonne vertébrale» LAMARCK. *Déviation de la colonne vertébrale.* ➤ **cyphose, lordose, scoliose.** — FIG. Élément essentiel. *Ces joueurs sont la colonne vertébrale de l'équipe.* ▪ **6** (1929) **COLONNE MONTANTE** : maçonnerie verticale dans laquelle passent les canalisations d'eau, de gaz, d'électricité, d'un immeuble. «*la colonne à ordures arrive directement dans une gigantesque benne*» C. CUSSET. — **COLONNE SÈCHE** : conduite sur laquelle on peut brancher des lances d'incendie aux différents niveaux d'un immeuble.

III FILE ▪ **1** (1680) MILIT. Corps de troupe disposé sur peu de front et beaucoup de profondeur. *Colonne d'infanterie, d'artillerie. Défiler en colonne par huit. Colonne de camions, de chars d'assaut.* ➤ **convoi, file.** «*une colonne militaire avançait, phares allumés. Des camions, des autos blindées, des motos, suivis par des tanks*» LE CLÉZIO. LOC. (de *la cinquième colonne*, qui de l'intérieur soutint *les quatre colonnes* qui attaquaient Madrid, en 1936) *Cinquième colonne* : les services secrets d'espionnage ennemi sur un territoire. ▪ **2** Groupe d'individus avançant positionnés les uns derrière les autres. *Une colonne de fourmis.* ➤ **file.**
▪ CONTR. Front, ligne (milit.).

COLONNETTE [kɔlɔnɛt] n. f. – 1546 ◊ de *colonne* ▪ ARCHIT. Petite colonne. *Les colonnettes d'un triforium.* «*De hautes colonnettes, minces comme des roseaux*» FLAUBERT.

COLOPATHIE [kolopati] n. f. – 1929 ◊ du grec *kôlon* «côlon» et *-pathie* ▪ PATHOL. Affection du côlon.

COLOPHANE [kɔlɔfan] n. f. – 1704 ; *colofoine* XVe ; *colofonie* XIIIe ◊ latin *colophonia*, d'origine grecque «résine de *Colophon*», n. d'une ville de Lydie ▪ Résine tirée de la distillation de la térébenthine, dont on frotte les crins de l'archet d'un instrument à cordes. ➤ **arcanson.**

COLOQUINTE [kɔlɔkɛ̃t] n. f. – fin XIIIe ◊ latin *colocynthis*, d'origine grecque ▪ **1** Plante méditerranéenne *(cucurbitacées)*, dont les fruits sont amers et très toxiques. ♦ Fruit de cette plante. *La coloquinte était autrefois utilisée par les apothicaires comme purgatif. Coloquintes ornementales.* ➤ **calebasse.** ▪ **2** (1809) FAM. Tête*. *Le soleil nous tapait sur la coloquinte.*

COLORANT, ANTE [kɔlɔʀɑ̃, ɑ̃t] adj. et n. m. – 1690 ◊ de *colorer* ▪ **1** Qui colore. *Substances, matières colorantes.* ➤ **tinctorial.** *Shampoing colorant.* ▪ **2** n. m. **UN COLORANT** : substance colorée qui peut se fixer à une matière. ➤ **couleur, teinture.** *Colorant naturel organique extrait de plantes, de coquillages, d'animaux* (ex. cochenille, garance, indigo, pourpre, sépia) *ou colorant minéral* (ex. aniline, bleu de cobalt, jaune de chrome). *Colorants alimentaires synthétiques* (ex. érythrosine) *ou naturels* (ex. betterave, caramel, curcumine). *Colorant autorisé. Bonbons garantis sans colorants.* — BIOL. *Colorants vitaux,* qui colorent spécifiquement certains organites, certaines cellules, sans toxicité (ex. bleu de méthylène, vert de méthyle). ▪ CONTR. Décolorant.

COLORATION [kɔlɔʀasjɔ̃] n. f. – 1370 ◊ de *colorer* ▪ **1** Action de colorer ; état de ce qui est coloré. ➤ **couleur.** *Coloration brillante, éclatante, vive. La coloration de la peau, du teint.* ➤ **carnation, pigmentation.** *Coloration naturelle, artificielle.* — T. de coiffure Teinture. *Se faire faire une coloration.* ▪ **2** FIG. *Coloration de la voix, d'un sentiment,* aspect particulier, nuance (➤ **colorer**, 3o). ▪ CONTR. Décoloration.

COLORATURE [kɔlɔʀatyʀ] **n. f.** – milieu XXe ◊ allemand *Koloratur* «vocalise» ■ MUS. Passage de musique vocale très orné. *La colorature, caractéristique du bel canto italien.* ♦ Voix de femme haute et légère, apte à chanter ce genre de musique. — APPOS. *Des sopranos coloratures.*

-COLORE ■ Élément, du latin *color* «couleur» : *incolore, tricolore.*

COLORÉ, ÉE [kɔlɔʀe] **adj.** – 1280 ◊ de *colorer* ■ **1** Qui a de la couleur, SPÉCIALT de vives couleurs. *Teint coloré.* ➤ **rouge, vermeil.** ■ **2** FIG. Animé, expressif. *Style coloré. Une description colorée,* pittoresque (cf. Haut en couleur*). ■ CONTR. Décoloré, pâle.

COLORECTAL, ALE, AUX [kolɔʀɛktal, o] **adj.** – 1941 ◊ du grec *kôlon* «côlon» et *rectal* ■ MÉD. Qui concerne le côlon et le rectum. *Cancer colorectal.*

COLORER [kɔlɔʀe] **v. tr.** ⟨1⟩ – 1160 ◊ dérivé ancien de *couleur,* refait sur le latin *colorare* ■ **1** Revêtir de couleur ; donner une certaine teinte à (qqch.). ➤ **teindre, teinter** (bleuir, jaunir, rougir, verdir, etc.). *Le soleil colore le couchant.* PRONOM. *Les raisins commencent à se colorer. Colorer qqch. en bleu, en rouge, avec des colorants, avec de la peinture.* ➤ **colorier, peindre.** *Colorer une matière plastique, du verre, un tissu.* ■ **2** (XIIIe) LITTÉR. Donner une belle apparence à, présenter sous un jour, sous un aspect favorable. *«colorer de sophismes subtils ses passions et ses préjugés»* ROUSSEAU. ➤ 1 **farder, orner, revêtir.** ■ **3** (Surtout pronom.) Donner un aspect particulier, sujet à changer. ➤ **empreindre.** *Leur amitié se colore de sentiments tendres. Une admiration colorée de jalousie* (➤ **coloration,** 2° ; **teinter**). ■ CONTR. Décolorer.

COLORIAGE [kɔlɔʀjaʒ] **n. m.** – 1830 ◊ de *colorier* ■ Action de colorier ; son résultat. *Un mauvais coloriage, trop vif.* ♦ Dessin à colorier. *Un album de coloriages pour enfants. «je serrais ma langue de biais entre mes dents pour ne pas dépasser le trait de mon coloriage»* J. ALMENDROS.

COLORIER [kɔlɔʀje] **v. tr.** ⟨7⟩ – 1550 ◊ de *coloris* ■ Appliquer des couleurs sur (une surface, SPÉCIALT du papier). ➤ **enluminer.** *Colorier une carte, une estampe, une gravure. Album à colorier. Colorier un dessin aux crayons de couleur, à l'aquarelle.*

COLORIMÈTRE [kɔlɔʀimɛtʀ] **n. m.** – 1855 ◊ du latin *color* «couleur» et *-mètre* ■ PHYS. Instrument servant à mesurer l'intensité de coloration d'un liquide.

COLORIMÉTRIE [kɔlɔʀimetʀi] **n. f.** – 1891 ◊ de *colorimètre* ■ CHIM. Détermination de la concentration d'une solution colorée, par mesure de la quantité de lumière qu'elle absorbe. — **adj. COLORIMÉTRIQUE,** 1875. *Dosage colorimétrique.*

COLORIS [kɔlɔʀi] **n. m.** – 1615 ; adj. XVIe ◊ italien *colorito,* de *colorire* «colorier» ■ **1** Effet visuel qui résulte du choix, du mélange et de l'emploi des couleurs dans un tableau. *«La vigueur et l'éclat du coloris»* DIDEROT. *Beauté d'un coloris. La gamme de coloris d'un peintre.* ➤ **palette.** ■ **2** Couleur (du visage, des fruits). ➤ **carnation.** *Le coloris d'une pêche. Le coloris des joues.* ➤ 1 **teint.** ■ **3** FIG. Éclat d'un style imagé et vivant. ➤ **couleur.** *«le style français qui a le plus de coloris»* STENDHAL.

COLORISATION [kɔlɔʀizasjɔ̃] **n. f.** – 1984 ◊ de l'anglais *colorization,* famille du latin *color, coloris* «couleur» ■ AUDIOVIS. Technique informatique de mise en couleurs d'un film noir et blanc par interprétation de la gamme des gris.

COLORISER [kɔlɔʀize] **v. tr.** ⟨1⟩ – 1986 ◊ anglais *to colorize,* de *color* ou du latin *color, coloris* «couleur» ■ Mettre en couleurs (un film en noir et blanc) par la colorisation. — **p. p. adj.** *Version colorisée d'un film.*

COLORISTE [kɔlɔʀist] **n.** – 1660 ◊ de *coloris* ■ **1** Peintre habile dans le coloris ; peintre qui s'exprime surtout par la couleur. *Les coloristes et les dessinateurs.* **adj.** *Être plutôt coloriste.* ■ **2** Personne qui colorie des estampes, des cartes. ➤ **enlumineur.** ■ **3** Spécialiste de la couleur, en matière d'esthétique industrielle. *Coloriste-conseil.* ■ **4** Spécialiste de la coloration* en matière capillaire (ANCIENNT *teinturière*).

COLOSCOPIE [kɔlɔskɔpi] **n. f.** – v. 1970 ◊ du grec *kôlon* «côlon» et *-scopie* ■ MÉD. Examen visuel de l'intérieur du côlon à l'aide d'un endoscope (*coloscope* **n. m.**).

COLOSSAL, ALE, AUX [kɔlɔsal, o] **adj.** – fin XVIe ◊ de *colosse* ■ Extrêmement grand. ➤ **démesuré, énorme, gigantesque, immense, monumental, titanesque.** *Taille colossale. Une statue colossale.* ➤ **colosse.** *Des monuments colossaux.* — FIG. *Force colossale.* ➤ **herculéen.** *Un État d'une puissance colossale. Ressources, richesses colossales.* — SUBST. *Le goût, la manie du colossal.* ■ CONTR. Minuscule, petit.

COLOSSALEMENT [kɔlɔsalmɑ̃] **adv.** – 1833 ◊ de *colossal* ■ D'une manière colossale. *Il est colossalement riche.* ➤ **immensément.**

COLOSSE [kɔlɔs] **n. m.** – 1495 ◊ latin *colossus,* grec *kolossos* ■ **1** Statue d'une grandeur extraordinaire. *Le colosse de Rhodes.* ■ **2** (1566) Homme, animal de haute et forte stature, d'une grande force apparente. *Cet homme est un colosse.* ➤ **géant, hercule.** ■ **3** Personne ou institution considérable, très puissante. *Le colosse américain. — Colosse aux pieds d'argile*.* ■ CONTR. Nain, pygmée.

COLOSTOMIE [kɔlɔstɔmi] **n. f.** – 1892 ◊ de *côlon* et *-stomie* ■ MÉD. Abouchement chirurgical du gros intestin à la peau, destiné à l'évacuation des matières fécales. ➤ **anus** (artificiel), **stomie.**

COLOSTRUM [kɔlɔstʀɔm] **n. m.** – *colostre* 1564 ◊ mot latin ■ PHYSIOL. Liquide riche en protéines, sécrété par la glande mammaire après l'accouchement.

COLPORTAGE [kɔlpɔʀtaʒ] **n. m.** – 1723 ◊ de *colporter* ■ **1** Action de colporter. Métier du colporteur. *Règlements sur le colportage.* ➤ **porte-à-porte.** — *Littérature de colportage* : ensemble des ouvrages populaires diffusés par colporteurs du XVIe au XIXe s. ■ **2** FIG. *Le colportage d'une doctrine, d'idées nouvelles.* ➤ **diffusion.**

COLPORTER [kɔlpɔʀte] **v. tr.** ⟨1⟩ – 1539 ◊ altération, d'après *col, cou,* de l'ancien français *comporter,* du latin *comportare* «transporter» ■ **1** Transporter avec soi (des marchandises) pour les vendre. *Colporter des livres.* ■ **2** Transmettre (une information) à de nombreuses personnes (souvent péj.). ➤ **divulguer, propager, rapporter, répandre.** *Colporter une rumeur, des ragots.*

COLPORTEUR, EUSE [kɔlpɔʀtœʀ, øz] **n.** – 1533 ; adj. 1388 ◊ de *colporter* ■ **1** Marchand ambulant qui vend ses marchandises de porte en porte. ➤ **camelot.** *Colporteur d'articles de mercerie, de toiles, de livres. L'accès de cet immeuble est interdit à tous les colporteurs, quêteurs, représentants.* ➤ **démarcheur.** — **adj.** *Un marchand colporteur.* ■ **2** FIG. *Un colporteur, une colporteuse de ragots,* celui, celle qui les propage autour de lui, d'elle. *«Nègre colporteur de révolte»* J. ROUMAIN.

COLPOSCOPIE [kɔlpɔskɔpi] **n. f.** – v. 1970 ◊ du grec *kolpos* «vagin» et *-scopie* ■ MÉD. Examen du col de l'utérus avec un appareil comportant une source lumineuse et un système optique grossissant (*colposcope* **n. m.**).

COLT [kɔlt] **n. m.** – 1867 *revolver colt* ◊ marque déposée, du n. de l'inventeur ■ Révolver (dans les histoires de l'Ouest américain). *Le cow-boy tira son colt.* ♦ MOD. *Colt 45* : pistolet automatique américain (11,43 mm).

COLTAN [kɔltɑ̃] **n. m.** – 1957 ◊ mot-valise, de *colombite* et *tantalite* (→ tantale), d'après l'anglais ■ MINÉR. Minerai de couleur noire ou brun-rouge, composé de minerais de niobium et de tantale. *Le coltan est la principale source de tantale.*

COLTINER [kɔltine] **v. tr.** ⟨1⟩ – 1835 ; «prendre au collet» 1790 ; 1725 *colletiner* ◊ de *collet* ■ **1** Porter (un lourd fardeau) sur le cou, les épaules (la tête étant protégée par un *coltin,* coiffure prolongée d'une pièce de cuir protégeant le cou et les épaules). PAR EXT. Porter. ➤ **transbahuter.** *«Quand il apportait un paquet, même lourd et encombrant, il le coltinait tout seul»* DUHAMEL. — **n. m. COLTINAGE,** 1878. ■ **2** FAM. **SE COLTINER** (qqch., qqn) : devoir faire (qqch. de désagréable), supporter (qqn de pénible). ➤ **se farcir,** 2 **se taper.** *Se coltiner la vaisselle, tout le boulot. Se coltiner les clients.*

COLUMBARIUM [kɔlɔ̃baʀjɔm] **n. m.** – 1752 antiq. ◊ mot latin «colombier» ■ Édifice où l'on place les urnes cinéraires. *Des columbariums.*

COLUMELLE [kɔlymɛl] **n. f.** – 1755 ; «champignon» fin XVIe → coulemelle ◊ latin *columella,* diminutif de *columna* «colonne» ■ ZOOL. Axe de la coquille (des gastéropodes). ♦ ANAT. Axe central du limaçon de l'oreille interne.

COLVERT [kɔlvɛʀ] **n. m.** – *cou-vert* 1611 ◊ de *col* et *vert* ■ Canard sauvage le plus répandu dans le monde, familier des étangs et des mares. ➤ RÉGION. **malard.**

COLZA [kɔlza] **n. m.** – 1762 ; *colzat* 1664 ◊ néerlandais *koolzaad* «semence *(zaad)* de chou *(kool)*» ■ Plante à fleurs jaunes *(crucifères),* cultivée pour ses graines oléagineuses et comme plante fourragère. *Les champs de colza de la Beauce. Huile de colza,* alimentaire.

COLZATIER [kɔlzatje] **n. m.** – milieu XXe ◊ de *colza* ■ Agriculteur qui cultive le colza.

COM- ➤ **CON-**

COMA [kɔma] **n. m.** – 1658 ◊ grec *kôma* «sommeil profond» ■ MÉD. État pathologique caractérisé par une perte de conscience, de sensibilité et de motilité, avec conservation relative des fonctions végétatives. *Entrer, être dans le coma. Coma dépassé* : coma très profond et total où la survie est assurée uniquement par des moyens artificiels (recomm. offic. Académie de médecine *mort cérébrale*). *Coma diabétique, hypoglycémique. Coma éthylique.* — FIG. *Le matin, il est dans le coma* (➤ **comater**). *«J'étire mes membres avec l'espoir de m'extraire de mon coma»* PH. BESSON. ■ HOM. Comma.

COMATER [kɔmate] **v. intr.** ‹1› – 1995 ◊ de *coma* ■ FAM. Être dans un état de somnolence, de semi-conscience. *«je l'imaginais comater enroulé dans un drap, faisant défiler les chaînes de télé»* O. ADAM.

COMATEUX, EUSE [kɔmatø, øz] **adj.** – 1616 ◊ du latin des médecins *coma* ■ Qui a rapport au coma. *État comateux.* ◆ Qui est dans le coma, FIG. dans un état de semi-inconscience. *«des drogués comateux affalés par terre»* L. BINET. — **n.** *Un comateux.*

COMBAT [kɔ̃ba] **n. m.** – 1538 ◊ de *combattre* ■ **1** Action de deux ou de plusieurs adversaires armés, de deux armées qui se battent. ➤ **bataille.** SPÉCIALT Phase d'une bataille. ➤ 1 **action, affrontement, choc, engagement, mêlée,** 1 **rencontre ; baroud.** *Combat offensif* (➤ **attaque ; assaut**), *défensif. Petit combat.* ➤ **accrochage, échauffourée, escarmouche.** *Combat d'avant-gardes, d'arrière-gardes. Groupes de combat d'une section d'infanterie. Combat à l'arme blanche* (corps à corps). *Combat aérien. Combat naval. Branle-bas de combat. Marcher au combat. Livrer (un) combat. Le combat fait rage. Art de conduire, de mener le combat.* ➤ **tactique.** — *Combat acharné, sanglant, meurtrier.* ➤ **carnage, massacre.** *Être mis* **HORS DE COMBAT,** dans l'impossibilité de poursuivre la lutte. *Arrêt des combats.* ➤ **cessez-le-feu.** — LITTÉR. *Les combats* : la guerre. *«le Dieu des combats»* RACINE. — *De combat* : de guerre. *Char, gaz de combat. Tenue de combat.* ➤ **battle-dress.** — Au Moyen Âge, *Combat singulier.* ➤ 1 **duel.** *Combat judiciaire,* dont l'issue décidait entre l'accusateur et l'accusé ou leur champion. *Combat en champ clos* (➤ **champion**). ■ **2** Le fait de se battre. ➤ **bagarre, bataille, rixe.** *Combats de rue.* ➤ **émeute.** ◆ FIG. Dispute, querelle. *«Elle fuyait le combat devant la petite fille agressive»* MAURIAC. ■ **3** ANTIQ. Exercice, jeu de lutte où les champions disputaient un prix. *Combats d'athlètes. Combat à coups de poing.* ➤ **pugilat.** *Combats de gladiateurs.* — MOD. Lutte organisée. *Combat de boxe.* ➤ **match.** — *Les sports* de combat* (cf. Arts martiaux*). ◆ Action d'animaux qui se battent ou que l'on fait se battre. *Combat de coqs.* ■ **4** FIG. et LITTÉR. Lutte, opposition. *Un combat d'esprit, de générosité.* ➤ **assaut, joute.** ◆ Lutte contre les obstacles, les difficultés. *Ce n'est qu'un début, continuons le combat ! Ouvriers et étudiants, même combat !* (solidarité dans la lutte, l'opposition). *«Cette vie est un combat perpétuel»* VOLTAIRE. ◆ (Sujet chose) *Le combat de la vie et de la mort, de l'art et de la nature.* ➤ **antagonisme.** ◆ LOC. *De combat* (cf. De choc). *Une littérature de combat.*

COMBATIF, IVE ou **COMBATTIF, IVE** [kɔ̃batif, iv] **adj.** – 1893 ◊ de *combattre* ■ Qui est porté au combat, à la lutte. ➤ **agressif*,** FAM. **bagarreur, belliqueux, pugnace.** *Esprit, instinct combatif. Humeur combative.* — SUBST. *Un combatif.* ➤ 3 **battant, lutteur.** ■ CONTR. Pacifique, paisible, placide.

COMBATIVITÉ ou **COMBATTIVITÉ** [kɔ̃bativite] **n. f.** – 1818 ◊ de *combattre* ■ Penchant pour le combat, la lutte. ➤ **pugnacité ;** FAM. **niaque.** *La combativité d'une troupe,* son ardeur belliqueuse.

COMBATTANT, ANTE [kɔ̃batɑ̃, ɑ̃t] **n.** et **adj.** – XIIe ◊ p. prés. de *combattre*

I ■ **1** Personne qui prend part à un combat, à une guerre (rare au fém.). ➤ **guerrier, soldat.** *Une armée de cent mille combattants. Le moral des combattants. «Et le combat cessa, faute de combattants»* CORNEILLE. — SPÉCIALT *Les combattants d'une armée,* ceux qui se battent, par opposition aux *non-combattants* de l'intendance, du service sanitaire. — *Anciens combattants* : combattants d'une guerre passée, groupés en associations. — *Le parcours* du combattant.* — **adj.** *Troupes combattantes. Unité combattante.* ■ **2** FAM. Personne qui se bat à coups de poing. ➤ **adversaire, antagoniste.** *Séparer les combattants.*

II n. m. ZOOL. ■ **1** (1775) Oiseau échassier *(charadriidés),* dont le mâle se bat au printemps. ■ **2** Poisson d'Extrême-Orient, aux vives couleurs. **adj.** *Poissons combattants.*

COMBATTIF, IVE ➤ **COMBATIF, IVE**

COMBATTRE [kɔ̃batʀ] **v. tr.** ‹41› – 1080 ◊ latin populaire °*combattere,* bas latin *combattuere,* de *cum* «avec» et *battuere* → battre

I **v. tr. dir.** ■ **1** Se battre contre. ➤ **lutter ; assaillir.** *Combattre un adversaire, l'ennemi. Saint Georges combattit le dragon.* PAR EXT. Faire la guerre à. *Napoléon combattit l'Europe.* ■ **2** S'opposer à, lutter contre. *Combattre les contradicteurs, un argument.* ➤ **attaquer*, contredire, réfuter.** *Combattre une hérésie. «Combattre des erreurs»* CHATEAUBRIAND. ■ **3** Aller contre, s'efforcer d'arrêter (un mal, un danger). *Combattre un incendie. Les antibiotiques combattent l'infection. Combattre ses habitudes. «vous ne pourriez pas combattre votre jalousie, si vous le vouliez»* SAND.

II **v. tr. ind.** (constr. avec *contre, avec*) et **intr.** ■ **1** Livrer combat. *Combattre contre son ennemi, avec ses alliés. Combattre pour la cause du droit.* ◆ Faire la guerre, livrer combat. ➤ **se battre.** *Combattre pied à pied, corps à corps. Ces troupes vont monter en ligne pour combattre,* pour être engagées* dans le combat. ■ **2** Lutter (contre un obstacle, un danger, un mal). *Combattre contre la faim, la maladie.* ABSOLT *Combattre pour une cause.*

■ CONTR. Apaiser, concilier, pacifier. Approuver, soutenir.

COMBAVA [kɔ̃bava] **n. m.** – v. 1775 ◊ mot créole, de *citron de Combava,* altération de *Sumbawa,* île des Moluques d'où provient cet arbre ■ Petit citronnier des îles de l'océan Indien, dont le fruit et les feuilles sont utilisés dans la cuisine créole. ◆ Fruit de cet arbre, petit citron vert à peau granuleuse, très parfumé. *Cari de poulet au combava.*

COMBE [kɔ̃b] **n. f.** – fin XIIe, repris XVIIIe ◊ gaulois °*cumba* «vallée» ■ GÉOL., GÉOGR. *Combe anticlinale,* ou ABSOLT *combe* : vallée ou vallon d'un relief de plissement. ➤ **ravin.** *Les combes du Jura.*

COMBIEN [kɔ̃bjɛ̃] **adv.** – XIe ◊ de l'ancien français *com* «comme» et 1 *bien* ■ **1** Dans quelle mesure, à quel point. ➤ **comme.** *Si vous saviez combien je l'aime ! Vous verrez combien le monde est méchant.* ➤ 1 **si.** *Combien il a changé !* (cf. FAM. Ce que). LITTÉR. *«Combien plus nous reste caché le détail»* CAILLOIS. *Combien rares sont les gens désintéressés.* ■ **2 COMBIEN DE,** quelle quantité, quel nombre. *«Oh ! combien de marins, combien de capitaines...»* HUGO. *Combien a-t-il de livres ? Depuis combien de temps, de jours, êtes-vous ici ? Je ne sais combien de* : beaucoup de. POP. (fautif) *Combien qu'ils sont ?* — ABSOLT Quelle quantité (distance, temps, prix, etc.). *Combien y a-t-il d'ici à la mer ? Combien êtes-vous ? Combien cela coûte-t-il ?, combien ça coûte ?* POP. *Combien que ça coûte ? Combien vous dois-je ?* FAM. *Je vous dois combien ? Combien ? Ça fait combien ?* (FAM.). *«Combien, combien, combien ? disent les hommes. Combien tu vaux, combien je vaux, combien ça vaut»* Y. HAENEL. ◆ EXCLAM. Un grand nombre. *Combien de fois ne lui a-t-on pas répété ! Combien en a-t-on vus !* ■ **3 n. m. inv.** *Le combien.* ➤ **quantième.** *Le combien êtes-vous ? – Le sixième.* ➤ FAM. **combientième.** FAM. *Le combien sommes-nous ?* quel jour sommes-nous ? *Tous les combien passe le bus ?* quelle est sa fréquence ? ■ **4** *Ô combien !* (souvent en incise) *Un personnage équivoque, ô combien !* très équivoque.

COMBIENTIÈME [kɔ̃bjɛ̃tjɛm] **adj.** – 1934 ; *combien-nième* 1925 ◊ de *combien* ■ FAM. (fautif) Qui est à un rang (qu'on ignore). ➤ **quantième.** SUBST. *C'est le, la combientième ?*

COMBINAISON [kɔ̃binɛzɔ̃] **n. f.** – 1669 ◊ altération de *combination* (1361) ; bas latin *combinatio,* de *combinare* «combiner» ■ **1** Assemblage (d'éléments) dans un arrangement déterminé. ➤ **arrangement.** *Combinaison de couleurs, de lignes.* ➤ **composition, disposition, organisation.** *Combinaison de styles.* ➤ **alliance, amalgame, mélange, réunion.** *Combinaison de sons.* ➤ **accord, contrepoint, harmonie.** ◆ MATH. Chacune des manières de choisir un nombre d'objets parmi un nombre plus grand. *Combinaisons, arrangements* et permutations*.* ➤ **combinatoire.** COUR. *La combinaison gagnante,* au tiercé. *Combinaison au jeu.* ➤ **martingale.** *«Il n'est en effet combinaison qu'on ne puisse aisément rencontrer»* CAILLOIS. ■ **2** (1671) CHIM. Assemblage (d'atomes, de molécules, de radicaux*) par des liaisons chimiques pour former une molécule, un composé stable ou instable (➤ **catalyse, synthèse**). *La combinaison d'un atome d'oxygène et de deux atomes d'hydrogène donne une molécule d'eau. Lois des combinaisons chimiques* (de conservation des masses, des proportions définies, des proportions multiples). — PHYS. *Fréquence de combinaison* (➤ **résonateur**). *Principe de combinaison, utilisé en spectroscopie.* ■ **3** (1763) FIG. Organisation précise de moyens en vue d'assurer le succès d'une entreprise. ➤ **agencement, arrangement,** 2 **moyen ;** 1 **calcul, combine,** 1 **manœuvre, manigance.** *Trouvez une combinaison pour en sortir !* ➤ 3 **plan, système,** 1 **truc.** *Des combinaisons financières, politiques.* — *Combinaison ministérielle* : réunion de ministres qui composent un ministère déterminé. ➤ **composition.** *« un portefeuille dans la prochaine combinaison »* ROMAINS. ■ **4** (1895 ◊ traduction de l'anglais « vêtement qui en *combine* deux ») Sous-vêtement féminin, comportant un haut et une partie remplaçant le jupon (cf. Fond* de robe). *Combinaison courte* (ou *combinette* **n. f.**). ♦ (1920) Vêtement d'une seule pièce réunissant veste et pantalon. *Combinaison de mécanicien.* ➤ **bleu.** *Combinaison de plongée* (➤ **shorty** [ANGLIC.]), *de cosmonaute. Combinaison de ski.* ■ **5** Système d'ouverture (d'un coffre-fort, d'une serrure). ■ CONTR. Analyse, décomposition, dissolution.

COMBINARD, ARDE [kɔ̃binaʀ, aʀd] **adj.** – 1920 ◊ de *combine* ■ FAM. et PÉJ. Qui utilise des combines. ➤ **malin.** *Un garçon combinard.* ➤ **démerdard.** — **n.** *Un drôle de combinard.*

COMBINAT [kɔ̃bina] **n. m.** – 1935 ◊ russe *kombinat*, de même origine que *combiner* ■ Dans les pays à économie socialiste, Groupement vertical d'industries. ➤ **complexe, concentration** (verticale).

COMBINATEUR [kɔ̃binatœʀ] **n. m.** – 1877 ; « celui qui combine » début XVIIIe ◊ de *combiner* ■ TECHN. Appareil coordonnant les circuits de moteurs électriques.

COMBINATOIRE [kɔ̃binatwaʀ] **adj.** et **n. f.** – 1732 philos. ◊ de *combiner* ■ **1** (1819) Relatif aux combinaisons, à leur dénombrement et leur mise en ordre ; qui procède par combinaison d'éléments. — MATH. *Analyse combinatoire* : théorie des ensembles finis traitant du dénombrement des groupes organisés d'éléments (arrangements, combinaisons* et permutations) (cf. Calcul des probabilités*). *Topologie combinatoire,* algébrique. — Qui combine. *« Les forces combinatoires* [de l'esprit] *»* VALÉRY. ♦ AUTOMAT. Se dit d'un circuit numérique dont la sortie ne dépend que de l'entrée. ■ **2 n. f.** Arrangement (d'éléments) selon un certain nombre de combinaisons. — Analyse systématique des combinaisons possibles. *La combinatoire logique de divers facteurs. Une riche combinatoire.* — MATH. Mathématique des configurations*. *La combinatoire joue un rôle important dans la théorie des algorithmes, des jeux et de l'information.*

COMBINE [kɔ̃bin] **n. f.** – fin XIXe ◊ abrév. de *combinaison* ■ FAM. Moyen astucieux et plus ou moins honnête employé pour parvenir à ses fins. ➤ 3 **plan, système,** 1 **truc, tuyau.** *Tu connais la combine pour entrer sans payer ? « L'argent, c'est le vol, la combine »* GIRAUDOUX. *Qui utilise des combines.* ➤ **combinard.** — *Être dans la combine* : être au courant d'une affaire qui se trame.

COMBINÉ, ÉE [kɔ̃bine] **adj.** et **n. m.** – 1752 milit. ◊ de *combiner*

I adj. Qui forme une combinaison. *Ce regard traqué « que donnent l'inquiétude et la peur combinées »* GIDE. — MILIT. *Opérations combinées,* faites par plusieurs armées. ➤ **interarmées.** — *Transport combiné,* qui associe transport routier et transport ferroviaire, fluvial ou maritime. — *Billet combiné,* qui permet l'utilisation successive de plusieurs moyens de transport ; qui associe l'accès à une manifestation et le titre de transport pour s'y rendre.

II n. m. ■ **1** CHIM. Composé. ■ **2** Partie mobile d'un appareil téléphonique fixe réunissant écouteur et microphone. ➤ RÉGION. **cornet.** *Reposer le combiné sur son support.* ■ **3** Appareil électroménager, hifi, vidéo... assurant plusieurs fonctions. *Combiné réfrigérateur congélateur. Combiné lecteur DVD et magnétoscope.* ■ **4** Appareil volant réunissant les caractères de l'avion, de l'hélicoptère. ■ **5** SPORT Épreuve complexe. SKI *Combiné nordique* : fond et saut ; *combiné alpin* : descente et slalom.

■ CONTR. Simple.

COMBINER [kɔ̃bine] **v. tr.** ‹1› – XIIIe ◊ bas latin *combinare* « réunir » ■ **1** (1361) Réunir (des éléments), le plus souvent dans un arrangement déterminé. ➤ **arranger, assembler, associer, composer, coordonner, disposer, ordonner, unir.** *Combiner des signes, des mouvements, des sons.* ■ **2** CHIM. Unir (des corps simples) pour obtenir un composé. ■ **3** Organiser en vue d'un but précis. ➤ **agencer, calculer, concerter, élaborer,** FAM. **goupiller, méditer, préparer.** *Combiner un voyage, des projets. « Albertine avait combiné à mon insu* [...] *le plan d'une sortie »* PROUST. *Combiner un mauvais coup.* ➤ **machiner, manigancer, ourdir, tramer ;** FAM. **goupiller, mijoter.** ■ CONTR. Disperser, isoler, séparer.

COMBISHORT [kɔ̃biʃɔʀt] **n. m.** – 1989 ◊ de *combi(naison)* et *short* ■ Vêtement d'une seule pièce couvrant le tronc et le haut des cuisses.

COMBLANCHIEN [kɔ̃blɑ̃ʃjɛ̃] **n. m.** – 1881 ◊ n. de village ■ TECHN. Calcaire dur utilisé en construction, en décoration. *Terrasse en comblanchien.*

1 **COMBLE** [kɔ̃bl] **n. m.** – 1175 « tertre » ◊ latin *cumulus* « amoncellement » (→ cumuler), employé pour *culmen*

I ■ **1** RARE Surcroît qui peut tenir au-dessus des bords (d'une mesure pleine). ➤ **supplément, surplus, trop-plein.** *Le comble d'un boisseau.* ■ **2** FIG. et COUR. Le plus haut degré de. ➤ **apogée*, faîte, sommet, summum.** *Le comble du ridicule. C'est le comble de la difficulté. L'art « se précipite vers un comble d'absurdité et d'insolence »* CAILLOIS. *Être au comble de la joie. L'émotion était à son comble.* ELLIPT *C'est le comble, c'est un comble !* il ne manquait plus que cela (se dit d'une chose désagréable) (cf. C'est complet, c'est trop fort, c'est le bouquet, c'est la meilleure). — *Pour comble (de malheur, d'ironie),* par surcroît.

II (XIIIe ◊ d'après le sens populaire de *cumulus*, pour *culmen* « sommet ») ARCHIT. Construction surmontant un édifice et destinée à en supporter le toit. ➤ **charpente,** 3 **ferme.** *Comble métallique, comble en bois. Couverture d'un comble.* ➤ **lattis.** *Comble à un pan* (➤ **appentis**). *Comble pointu.* ➤ 1 **flèche.** *Comble plat.* ➤ **terrasse.** *Comble brisé* ou *à la Mansart. Faux comble, comble perdu* : partie du comble où l'on ne peut aménager de logement. ♦ COUR. *Le comble, les combles* : espace, volume compris entre le dernier étage et le toit. *Aménager les combles en grenier, en appartement.* ➤ **attique, mansarde.** *« cette pièce qui lui servait jadis de bureau, ces combles aménagés »* J.-P. DUBOIS. *Loger sous les combles,* sous le toit. ➤ **galetas.** ♦ LOC. *De fond en comble* [dəfɔ̃tɑ̃kɔ̃bl] : de haut en bas (cf. De la cave* au grenier). *Fouiller la maison de fond en comble,* complètement. FIG. *Il faut changer vos plans de fond en comble.*

■ CONTR. Minimum. — 1 Bas, base, 1 cave, fondation.

2 **COMBLE** [kɔ̃bl] **adj.** – fin XIIe ◊ de *combler* ■ **1** Qui est rempli par-dessus les bords. *Une mesure comble.* LOC. FIG. *La mesure est comble* : on ne peut rien ajouter, rien supporter de plus (cf. La coupe* est pleine). ■ **2** Rempli de monde. ➤ **plein.** *L'autobus est comble.* ➤ **bondé, bourré,** 1 **complet.** *Impossible d'entrer dans la salle, qui était comble.* — LOC. *Faire salle comble* : remplir une salle de spectacle au maximum de sa capacité. ■ CONTR. 1 Désert, vide.

COMBLEMENT [kɔ̃bləmɑ̃] **n. m.** – 1552 ◊ de *combler* ■ Le fait de combler, de boucher. *Le comblement d'un puits, d'un lac.*

COMBLER [kɔ̃ble] **v. tr.** ‹1› – v. 1150 ◊ latin *cumulare* « amonceler » → 1 comble ■ **1** RARE Remplir jusqu'aux bords, complètement. *Combler une mesure.* — LOC. FIG. **COMBLER LA MESURE** : commettre une dernière action qui fait cesser la patience et l'indulgence des autres. ➤ **exagérer** (cf. Dépasser* les bornes, la mesure*). *Il a comblé la mesure en ne répondant pas à ma lettre.* ■ **2** (1564) *Combler* (qqn) *de* : donner à profusion. ➤ **abreuver, accabler, couvrir, gorger.** VX *Combler qqn de malheurs, de douleurs.* MOD. *Combler un enfant de cadeaux. Cela me comble de joie. — Comblé d'honneurs.* ➤ **chargé.** ■ **3** Remplir (un vide, un creux). ➤ 1 **boucher.** *Les cantonniers comblent les ornières.* ➤ **remblayer.** *Combler un lac, un puits. Combler une brèche.* ➤ **colmater.** *Combler un jour, un interstice.* ➤ **obturer.** ■ **4** FIG. *Combler une lacune. — Combler un déficit. — Combler son retard.* ➤ **rattraper.** — *Combler un vide* (moral), *un besoin. Combler les vœux de qqn,* les exaucer. ■ **5** *Combler qqn,* le satisfaire pleinement. *Vous me comblez !* vous êtes trop aimable. ➤ **gâter.** *Je suis comblé.* ■ CONTR. Creuser, vider. Nuire.

COMBO [kɔ̃bo] **n. m.** – 1961 ◊ argot anglais américain, de *combination* « combinaison » ■ ANGLIC. ■ **1** Appareil, dispositif qui associe plusieurs fonctions. *Des combos.* — INFORM. APPOS. *Graveur combo CD/DVD.* ♦ TECHN. MUS. Boîtier réunissant un préamplificateur, un amplificateur et un haut-parleur. ■ **2** Écran de contrôle vidéo. *« Il lui montra les rushes sur son combo portatif »* M. DARRIEUSSECQ. ■ **3** Petit ensemble musical. *Un combo de jazz.* ■ **4** Enchaînement d'actions gagnantes, dans un jeu vidéo.

COMBURANT, ANTE [kɔ̃byʀɑ̃, ɑ̃t] **adj.** – 1789 ◊ latin *comburens,* de *comburere* « brûler » ■ CHIM., TECHN. Se dit d'un corps qui, en réagissant chimiquement avec un autre corps, opère la combustion de ce dernier (le combustible*). — **n. m.** *L'oxygène est un comburant.*

COMBUSTIBILITÉ [kɔ̃bystibilite] **n. f.** – 1571 ◊ de *combustible* ■ DIDACT. Propriété des corps combustibles. ■ CONTR. Incombustibilité.

COMBUSTIBLE [kɔ̃bystibl] **adj.** et **n. m.** – 1390 ◊ de *combustion* ■ **1** Qui a la propriété de brûler. *Matière combustible.* — SPÉCIALT *Corps combustible,* qui produit de l'énergie calorifique par combustion. ■ **2 n. m.** (1793) *Les combustibles* : les corps utilisés pour produire de la chaleur (➤ aussi **carburant**). *Combustibles solides naturels* (➤ **anthracite, bois, houille, lignite,**

2 tourbe), *artificiels* (➤ **boghead, boulet, briquette, charbon** [de bois], 1 **coke**). *Combustibles liquides.* ➤ **alcool, essence, goudron, huile** (minérale, lourde), **mazout, pétrole.** *Combustibles gazeux.* ➤ **acétylène, butane, gaz, méthane, propane.** *Combustibles fossiles* (houille, pétrole). — *Combustible nucléaire* : matière qui, par fission dans un réacteur, entretient la réaction en chaîne. ➤ **mox.** ■ CONTR. Incombustible.

COMBUSTION [kɔ̃bystjɔ̃] n. f. – 1150 ◇ latin *combustio*, de *comburere* «brûler» ■ **1** COUR. Le fait de brûler entièrement par l'action du feu. ➤ **calcination, ignition, incendie.** *Résidu d'une combustion.* ➤ **cendre.** *Combustion d'un gaz dans un brûleur, un chalumeau. Poêle à combustion lente. Moteur à combustion interne.* ■ **2** FIG. (1559) VIEILLI Le fait de se consumer, de consumer. «*Elle a la tête tout en combustion pour le mariage*» SAND. ➤ **effervescence.** ■ **3** (fin XVIIIe) CHIM. Réaction chimique d'un corps avec l'oxygène. ➤ **oxydation.** *Combustion vive,* avec un dégagement de lumière et de chaleur (cf. supra 1o). *Combustion lente,* dégageant peu de chaleur, l'oxydation se faisant lentement (➤ **rouille**). *La combustion de l'air dans les poumons.* — *Combustion nucléaire,* transformation d'atomes provoquée par le fonctionnement d'un réacteur.

COME-BACK [kɔmbak] n. m. inv. /COMEBACK n. m./ – 1961 ◇ mot anglais «retour» ■ ANGLIC. Retour (d'une personnalité, d'une vedette) dans l'actualité, après une période de relatif oubli. *Faire son come-back.* ➤ **rentrée.**

COMÉDIE [kɔmedi] n. f. – 1361 ◇ latin *comoedia* «pièce de théâtre»
I A. ■ **1** VX Pièce de théâtre. ➤ **pièce, spectacle.** «*Racine a fait une comédie qui s'appelle Bajazet*» Mme DE SÉVIGNÉ. ■ **2** (1677) VX Lieu où se joue une pièce de théâtre. ➤ **théâtre.** — Troupe de comédiens. — MOD. *La Comédie-Française* : société d'État de comédiens (➤ **sociétaire**) français, appelée aussi *Théâtre-Français.* ■ **3** La représentation de la pièce. *Jouer la comédie.* ➤ **comédien.**
B. FIG. ■ **1** (XVIIe) VIEILLI *Donner la comédie* : se faire remarquer par des manières originales et ridicules (➤ **cabotiner**). — MOD. Attitude volontairement insupportable, désagréable (d'un enfant). *Allons, pas de comédie !* ➤ **caprice.** ◆ *Jouer la comédie* : affecter, feindre (des sentiments, des pensées). ➤ **mentir, tromper.** *Tout cela est pure comédie.* ➤ **feinte, hypocrisie, invention, mensonge, simulation ;** FAM. **chiqué.** *Quelle comédie !* ➤ FAM. **cinéma, cirque.** «*Il n'y a point d'amour sans une part de comédie*» JALOUX. ◆ Difficulté, complication imposée par les circonstances. *Quelle comédie pour se garer !* ➤ **corrida.** ■ **2** LITTÉR. *La comédie humaine* : l'ensemble des actions humaines considéré comme se déroulant suivant des normes, pour atteindre à un dénouement. «*La Comédie humaine*», de Balzac.
II (v. 1500) MOD. ■ **1** Pièce de théâtre ayant pour but de divertir en représentant les travers, les ridicules des caractères et des mœurs d'une société (au début, elle dépeint les bourgeois). *La comédie et la tragédie antiques* (cf. Le socque* et le cothurne). *Les comédies de Molière. Comédie de mœurs, de caractères ; d'intrigue. — Comédie larmoyante*. Comédie de boulevard*. Comédie légère.* ➤ **vaudeville.** *Une courte comédie.* ➤ 2 **farce, saynète, sketch.** — *Une comédie-ballet. Tragédie ayant l'heureux dénouement d'une comédie.* ➤ **tragicomédie.** — LOC. FIG. *Un personnage de comédie* : une personne qu'on ne prend pas au sérieux. ◆ PAR EXT. Film présentant les caractères de la comédie. *Comédie américaine. Comédie dramatique, policière.* — (1930) **COMÉDIE MUSICALE :** spectacle de théâtre (➤ ANGLIC. 2 **musical**), de cinéma où se mêlent la musique, le chant, la danse et un texte sur une base narrative suivie (à la différence du music-hall). — *Comédie de situation* : recomm. offic. pour *sitcom.* ■ **2** Le genre comique. *Préférer la comédie à la tragédie.* «*J'aime peu la comédie qui tient toujours plus ou moins de la charge et de la bouffonnerie*» VIGNY. «*la comédie, qui est l'école des nuances*» FLAUBERT.

COMÉDIEN, IENNE [kɔmedjɛ̃, jɛn] n. et adj. – *comedian* v. 1500 ◇ de *comédie* ■ **1** Personne qui joue la comédie (I) : acteur, actrice. ➤ **acteur, artiste, comique, mime, tragédien.** *Une troupe de comédiens. L'art du comédien.* «*À travers chaque personnage, la vie d'un comédien est une addition, une accumulation de vies*» NOIRET. *Comédien de talent. Une jeune comédienne de théâtre, de cinéma. Mauvais comédien.* ➤ 3 **cabot, cabotin, théâtreux.** *Anciens comédiens ambulants.* ➤ **baladin, histrion.** «*Paradoxe sur le comédien*», de Diderot. ■ **2** FIG. (XVIIe) Personne qui se compose une attitude, feint, «joue la comédie». ➤ **hypocrite.** *Quel comédien ! Il nous ferait pleurer.* — adj. *Elle est un peu comédienne.* ■ **3** (Opposé à *tragédien*) Acteur comique. *Il est meilleur comédien que tragédien.*

COMÉDOGÈNE [kɔmedɔʒɛn] adj. – 1980 ◇ de *comédon* et *-gène* ■ DIDACT. Susceptible de provoquer des comédons. *Crème de beauté non comédogène.*

COMÉDON [kɔmedɔ̃] n. m. – 1855 ◇ adaptation du latin *comedo, onis* «mangeur» ■ Petit amas de matière sébacée à l'extrémité noirâtre, qui bouche un pore de la peau (cf. FAM. Point* noir). ➤ **acné, séborrhée.**

COMESTIBILITÉ [kɔmɛstibilite] n. f. – 1825 ◇ de *comestible* ■ DIDACT. Caractère de ce qui est comestible.

COMESTIBLE [kɔmɛstibl] adj. et n. m. – 1390 ◇ latin *comestus,* de *comedere* «manger» ■ **1** Qui peut servir d'aliment à l'être humain. *Denrées comestibles. Champignons comestibles* (➤ aussi **consommable, mangeable**). ■ **2** n. m. pl. (1787) Denrées alimentaires. *Boutique de comestibles. Marchand de comestibles.* ■ CONTR. Immangeable, vénéneux.

COMÉTAIRE [kɔmetɛʀ] adj. – 1749 ◇ de *comète* ■ ASTRON. Des comètes. *Système cométaire.*

COMÈTE [kɔmɛt] n. f. – 1140 ◇ latin *cometa* ; grec *komêtês* «astre chevelu» ■ **1** Astre qui parcourt le système solaire et qui, à proximité du Soleil, s'échauffe et se vaporise, libérant des gaz et des poussières (chevelure et queue). *Les comètes dont l'orbite est très excentrique sont observables avec une périodicité très longue. Le passage de la comète de Halley en 1910 et 1986. L'année de la comète,* celle de son observation. *Le vin de la comète,* d'une telle année. ■ **2** LOC. FIG. *Tirer des plans sur la comète* : faire des projets chimériques (cf. Des châteaux* en Espagne). ■ **3** Tranchefile de relieur. ■ **4** BLAS. Étoile à huit rayons et à queue ondoyante.

COMICE [kɔmis] n. m. et f. – 1355 ◇ latin *comitium* «assemblée du peuple» ■ **1** n. m. pl. *Comices* : dans l'Antiquité romaine, assemblée du peuple. *Comices par curies, par centuries.* ◆ (1789) HIST. Assemblée populaire appelée à voter par un plébiscite (2o). *Le peuple, convoqué dans ses comices.* ■ **2** n. m. (1760) Réunion, assemblée des cultivateurs d'une région qui se proposent de travailler au perfectionnement, au développement de l'agriculture. *Comice agricole, horticole* (souvent au plur.). *Les concours, les prix, les récompenses d'un comice agricole. La scène des comices, dans «Madame Bovary».* ■ **3** n. f. (*poire doyenné du Comice* 1863) Poire fondante à peau épaisse semée de points grisâtres, autrefois appelée *doyenné*.*

COMICS [kɔmiks] n. m. pl. – 1940 ◇ mot anglais américain, de *comic strips* «bandes (dessinées) comiques» ■ ANGLIC. Bande dessinée américaine, spécialt de science-fiction. *Lire des comics.* «*Je suis la fille des bulles La Lolita des comics Une des plus dangereuses Des bandes dessinées*» GAINSBOURG.

COMING OUT [kɔmiŋaut] n. m. inv. – 1994 ◇ faux anglic., de l'anglais *to come out* «rendre public, révéler» ■ ANGLIC. *Faire son coming out* : révéler son homosexualité (cf. Sortir du placard* ; ➤ aussi **outing**). «*la pratique du coming out et la légalisation du mariage gay*» M. DUGAIN.

COMIQUE [kɔmik] adj. et n. – XIVe ◇ latin *comicus,* grec *kômikos* ■ **1** Qui appartient à la comédie (II). *Pièce comique. Le genre, le style comique* (➤ aussi **héroïcomique, tragicomique**). *Auteur comique. Opéra comique.* ➤ **opéra-comique.** — LITTÉR. ou VX De la comédie (I), du théâtre, des comédiens. ➤ **théâtral.** «*Le Roman comique*», de Scarron. «*Histoire comique*», d'A. France. ■ **2** n. Auteur de comédie. ◆ Acteur qui est habituellement chargé de jouer des personnages comiques. ➤ **bouffon, clown, mime, pitre.** *C'est un bon comique. Jouer les comiques. Un comique troupier*.* — LOC. *C'est le comique de la troupe,* le boute-en-train. — Auteur, interprète de sketchs drôles. *Les grands comiques français.* ◆ FAM., PÉJ. Personnage qui suscite la dérision par son absence de sérieux. ➤ **charlot.** ■ **3** n. m. *Le comique* : le principe du rire, le genre comique, et PAR EXT. la comédie. *Le comique de caractère, de situation, de boulevard.* ➤ **boulevard.** *Le comique burlesque*. Une scène d'un haut comique. Avoir le sens du comique.* ➤ **humour.** «*Le comique est vite douloureux quand il est humain*» FRANCE. ■ **4** Qui provoque le rire. ➤ **bouffon, burlesque, cocasse, drôle*.** *Situation comique. Visage, tête comique. Il est comique avec ses grands airs,* il prête à rire. — SUBST. *Le comique de l'histoire, c'est que...* ■ CONTR. Dramatique, grave, imposant, pathétique, sérieux, 2 touchant, tragique, triste.

COMIQUEMENT [kɔmikmɑ̃] adv. – 1546 ◇ de *comique* ■ D'une manière comique (4o), risible.

COMITÉ [kɔmite] n. m. – 1652 ◇ anglais *committee,* de *to commit* «confier», du latin *committere* ■ Réunion de personnes prises dans un corps plus nombreux (assemblée, société) pour s'occuper de certaines affaires, donner un avis. ➤ **cellule, commission.** *Nommer, élire, désigner un comité. Comité consultatif. Comité exécutif* (ABRÉV. **COMEX** [kɔmɛks]). *Comité de direction* (ABRÉV. **CODIR** [kɔdiʀ]). *Comité des fêtes.* — *Comité d'accueil**. — *Comité de grève.* ➤ **coordination.** *Comité de soutien. Comité paritaire**. — *Comité secret* (d'une assemblée publique). — LOC. *En petit comité* : entre intimes. *Dîner, réception en petit comité.* ◆ SPÉCIALT **COMITÉ DE LECTURE,** chargé de choisir des textes pour l'édition, la scène. — **COMITÉ D'ENTREPRISE,** formé de représentants élus du personnel et présidé par le chef d'entreprise, qui a un rôle de consultation et de contrôle sur la marche de l'entreprise. *Comités d'établissement et comité central d'entreprise. Comité d'hygiène et de sécurité.* — *Comité de gestion.* — *Comité économique et social,* organisme régional créé en 1972. — HIST. *Comité de salut public,* qui groupa en 1793 tout le pouvoir exécutif.

COMITIAL, IALE, IAUX [kɔmisjal, jo] **adj.** – 1542 *maladie comitiale* ◊ du latin *comitialis* «relatif aux comices», car souffrir d'une crise d'épilepsie pendant les comices était de mauvais augure et ceux-ci étaient ajournés ■ MÉD. Relatif à l'épilepsie. — *Mal comitial* : épilepsie se manifestant par des crises convulsives généralisées. ➤ 3 **mal** (haut mal, grand mal).

COMITIALITÉ [kɔmisjalite] **n. f.** – 1953 ◊ de *comitial* ■ MÉD. Épilepsie.

COMITOLOGIE [kɔmitɔlɔʒi] **n. f.** – 1994 ◊ de *comité* et *-logie* ■ Procédure par laquelle des comités, composés de représentants des États membres, assistent la Commission européenne dans le cadre de la mise en œuvre des mesures d'exécution de la législation communautaire.

COMMA [kɔ(m)ma] **n. m.** – 1552 ◊ mot latin, grec *komma* «membre de phrase», de *koptein* «couper» ■ MUS. Intervalle musical, non appréciable pour l'oreille, qui sépare deux notes enharmoniques (do dièse et ré bémol, mi dièse et fa). ■ HOM. Coma.

COMMANDANT, ANTE [kɔmɑ̃dɑ̃, ɑ̃t] **n. et adj.** – 1671 ◊ de *commander* ■ **1** Personne qui a un commandement militaire. ➤ **chef ; capitaine,** 2 **général.** *Commandant de place. Commandant d'armes. Commandant en chef, en second. Commandant de compagnie.* ➤ **capitaine.** ■ **2** Titre donné aux chefs de bataillon, d'escadron, de groupe aérien dont les insignes de grade sont quatre galons. *Être promu, passer commandant.* ■ **3** Officier qui commande un navire, quel que soit son grade. ➤ ARG. **pacha.** *Le commandant est sur la passerelle.* — AVIAT. *Commandant de bord.* ➤ **pilote.** *La commandante vous souhaite un agréable voyage.* ■ **4** adj. FAM. Qui aime à donner des ordres. *Elle est un peu commandante.* ➤ **autoritaire.**

COMMANDE [kɔmɑ̃d] **n. f.** – 1213 «protection, dépôt» ◊ de *commander* ■ **1** (1625) Ordre par lequel un client, consommateur ou commerçant, demande une marchandise ou un service à fournir dans un délai déterminé (➤ **achat, ordre**). *Faire, passer une commande au fournisseur, à un commerçant. Le garçon de restaurant prend la commande des clients. Livre, carnet de commandes. Bon de commande. Travail fait, exécuté sur commande,* à la demande ; sur ordre. «*poètes et artistes ont vécu à la cour des rois, exécutant leurs commandes et recevant leurs pensions*» CAILLOIS. *Marchandise payable à la commande.* — La marchandise, le travail commandé. *Nous avons reçu votre commande. Livrer une commande.* — *Ouvrage de commande,* exécuté spécialement pour la personne qui l'a commandé. ■ **2** loc. adj. **DE COMMANDE.** VX Imposé, obligatoire. — MOD. Qui n'est pas sincère. ➤ **affecté, artificiel, feint, simulé.** *Rire, sourire de commande. Enthousiasme, zèle de commande.* ■ **3** (fin XVᵉ «câble») Cordage, câble d'amarrage. — (1861) Organe capable de déclencher, arrêter, régler des mécanismes. *Commandes manuelles* (bouton, clés, manettes), *au pied* (pédale). *Commande des freins.* AVIAT. *Commande de direction, de profondeur* (cf. Manche à balai*). *Avion à double commande. Prendre les commandes ; être aux commandes.* — FIG. *Être aux commandes, tenir les commandes* : diriger, avoir en main une affaire (cf. Tenir le gouvernail, les rênes, la queue de la poêle* ; être aux manettes*). — TECHN. *Commande automatique, numérique.* ■ **4** TECHN. Déclenchement, réglage d'un mécanisme. *La commande et la réponse. Commande à distance.* ➤ **radiocommande, télécommande.** *Appareil à commande vocale. Commande assistée.* ➤ **servocommande.** *Organe, câble de commande,* qui peut commander (un mécanisme, etc.). *Poste de commande.* ◆ Action d'un opérateur humain sur une machine. ➤ **instruction.** ■ HOM. Commende.

COMMANDEMENT [kɔmɑ̃dmɑ̃] **n. m.** – v. 1050 ◊ de *commander* ■ **1** VIEILLI Action de commander. ➤ **injonction, ordre, prescription.** *Commandement verbal, écrit.* MOD. *L'habitude du commandement.* — Dans l'armée, Ordre bref, donné à voix haute pour faire exécuter certains mouvements. *À mon commandement, tirez !* — PAR EXT. *Commandement au sifflet.* ■ **2** (1539) DR. Acte d'huissier, mettant un débiteur en demeure de satisfaire aux obligations résultant d'un acte authentique. ➤ **injonction,** 1 **sommation.** *Faire commandement à qqn de payer.* ■ **3** RELIG. Règle de conduite édictée par l'autorité de Dieu, d'une Église. ➤ 1 **loi, précepte, prescription, règle.** *Les dix commandements.* ➤ **décalogue.** *Observer les commandements.* ■ **4** (1616) Pouvoir, droit de commander. ➤ **-archie ; autorité, direction,** 2 **pouvoir, puissance.** *Avoir le commandement sur...* ➤ **commander.** *Prendre, exercer le, un commandement. Commandement d'une armée, d'une compagnie ; d'un navire. Commandement en chef. Poste de commandement.* ➤ 1 **P. C.** — *Bâton de commandement.* ■ **5** (1636) Autorité militaire qui détient le commandement des forces armées. *Le haut commandement des armées.* ➤ **état-major.** ■ **6** (1902) SPORT Place en tête, dans une course. *Il est au commandement* : il mène. — (1934) *Groupe de commandement* : peloton de tête. ■ CONTR. 1 Défense, interdiction. Obéissance, soumission. Faiblesse, impuissance.

COMMANDER [kɔmɑ̃de] **v.** ⟨1⟩ – 1080 ; *comander* «donner en dépôt» Xᵉ ◊ latin populaire °*commandare,* de *commendare* «confier, recommander»

I ~ **v. tr. dir. A. COMMANDER QQN** Exercer son autorité sur (qqn) en lui dictant sa conduite. ➤ **contraindre, obliger.** «*La raison nous commande bien plus impérieusement qu'un maître*» PASCAL. *Il n'aime pas qu'on le commande.* ➤ **conduire, diriger, dominer, mener.** *Il commande ses subordonnés à la baguette.* — (XVIᵉ) SPÉCIALT Diriger dans le combat, dans l'action (les personnes sur qui on a un pouvoir hiérarchique). «*Aimez ceux que vous commandez. Mais sans le leur dire*» SAINT-EXUPÉRY. *Commander une troupe au feu.* ➤ **conduire, mener.** — VIEILLI ou POP. *Sans vous commander* : sans vouloir vous donner un ordre. ◆ Avoir l'autorité hiérarchique sur (qqn, un groupe humain). *Commander un régiment. Le général commandant la région.*

B. COMMANDER QQCH. ■ **1** Donner l'ordre de ; prescrire d'une manière autoritaire. *Il commanda le silence. Commander une attaque, la retraite. Service commandé.* — Diriger (une action). *Commander la manœuvre.* ◆ PRONOM. (PASS.) *L'amour ne se commande pas,* ne dépend pas de la volonté. *Ça ne se commande pas.* ■ **2** FIG. Rendre absolument nécessaire. «*cet accent qui commande l'attention*» BALZAC. *Faire ce que les circonstances commandent.* ➤ **appeler, exiger, nécessiter, réclamer, requérir.** *La prudence commande que nous soyons discrets. Une telle conduite commande l'admiration.* ➤ **attirer, imposer, inspirer.** ■ **3** (1690) Demander à un fabricant, un fournisseur par une commande (➤ **acheter**). *Commander un meuble. Commander qqch. par correspondance, en ligne.* ABSOLT *Commander sur Internet. Commander un taxi.* ➤ **appeler.** *Commander un travail à qqn,* lui en demander l'exécution. — SPÉCIALT Demander (un plat, une boisson) au restaurant, au café (➤ **commande**). ■ **4** (XVIIᵉ) FORTIF. Dominer (un lieu) et en contrôler l'accès. *Cette position d'artillerie commande la plaine* (cf. Occuper une position clé*). ➤ **contrôler.** — PAR EXT. Dominer, en étant plus élevé. «*ce lieu qui commandait une vue immense*» CHATEAUBRIAND. — Constituer un lieu de passage obligé pour accéder à (un autre endroit). PRONOM. «*Dans l'appartement de ma grand'mère, toutes les pièces se commandaient*» GIDE. ■ **5** TECHN. Faire fonctionner. ➤ **actionner.** *Ce mécanisme commande l'ouverture des portes. Levier, pédale commandant les freins.* ➤ **commande** (3°).

II ~ **v. tr. ind. COMMANDER À** ■ **1** Avoir, exercer une autorité sur (qqn). *Il leur commande durement. Commander à qqn qu'il se taise, de se taire.* ➤ **enjoindre, imposer, ordonner, prescrire,** 1 **sommer.** — Imposer sa loi à (qqch.). *Commander aux évènements.* ■ **2** FIG. *Commander à ses passions, à ses instincts.* ➤ **gouverner, maîtriser, réprimer.** «*Vous commandez à tout ici, hors à vous-même*» BEAUMARCHAIS.

III ~ **v. intr. COMMANDER** Exercer son autorité ; donner des ordres et les faire exécuter. «*Il faut reconnaître que les militaires savent commander, et choisir les hommes*» ALAIN. *Qui est-ce qui commande ici ? Ceux qui* «*veulent toujours commander et dominer*» LAMENNAIS.

■ CONTR. Défendre, interdire. Décommander. — Exécuter, obéir, servir, soumettre (se).

COMMANDERIE [kɔmɑ̃dʀi] **n. f.** – *commenderie* 1387 ◊ de *commander* ■ HIST. Bénéfice affecté à certains ordres militaires. *Commanderie de Templiers. Titulaire d'une commanderie.* ➤ **commandeur.** — Résidence du commandeur.

COMMANDEUR, EUSE [kɔmɑ̃dœʀ, øz] **n.** – fin XIIe «chef» ◊ de *commander* ■ **1 n. m.** (1260) HIST. Chevalier d'un ordre militaire ou hospitalier, pourvu d'une commanderie. *Commandeur de Malte. Don Juan invita à souper la statue du commandeur qu'il avait tué.* — FIG. *La statue du commandeur :* l'instrument du destin, qui fait justice d'un crime. ■ **2** (1814) *Commandeur, commandeuse de la Légion d'honneur* (grade au-dessus de celui d'officier). *Être promu commandeur. Cravate de commandeur.* ■ **3 n. m.** (avant 1704) HIST. *Commandeur des croyants :* titre que prenaient les califes, encore porté de nos jours par le roi du Maroc.

COMMANDITAIRE [kɔmɑ̃ditɛʀ] **n.** – 1752 ◊ de *commandite* ■ **1** DR. Bailleur de fonds dans une société en commandite. PAR APPOS. *Associé commanditaire.* ■ **2** COUR. Personne qui finance une entreprise (même s'il ne s'agit pas d'une commandite). ➤ **bailleur ; sponsor.** ■ **3** Personne qui finance un acte criminel. *Le commanditaire présumé des attentats.* ➤ aussi **cerveau.**

COMMANDITE [kɔmɑ̃dit] **n. f.** – 1673 ◊ italien *accomandita* «dépôt, garde», avec influence de *commande* ■ **1** Société formée de deux sortes d'associés, les uns solidairement et indéfiniment tenus des dettes sociales, les autres tenus dans les limites de leur apport (➤ **commanditaire**). *Gérant d'une commandite* (**COMMANDITÉ, ÉE n.**). *Société en commandite simple, en commandite par actions.* ■ **2** Fonds versés par chaque membre d'une société en commandite. ■ **3** (1979) **(Canada)** Soutien matériel ou financier apporté à des fins publicitaires. ➤ **sponsorisation.** *Le scandale des commandites.*

COMMANDITER [kɔmɑ̃dite] **v. tr.** ⟨1⟩ – 1836 ◊ de *commandite* ■ **1** Fournir des fonds à (une société en commandite) sans participer à sa gestion (➤ **financer**). *Commanditer une entreprise.* ■ **2** PAR EXT. Financer (qqn). ➤ **sponsoriser.** ■ **3** Financer (un acte criminel). *Attentat commandité par un groupe extrémiste.*

COMMANDO [kɔmɑ̃do] **n. m.** – 1943 ◊ du sens de «milice de l'armée des Boers» (1906), de l'afrikaans d'origine portugaise (*comandar* «commander»), par l'anglais (1824) ■ **1** Groupe de combat employé pour les opérations rapides, isolées ou pour la subversion. *Commando de parachutistes. Un raid de commandos. Commando de terroristes.* ■ **2** Membre d'un commando. *C'est un ancien commando.*

COMME [kɔm] **conj. et adv.** – milieu IXe ◊ de l'adverbe latin *quomodo* «de quelle manière, comment»

I ~ **conj. et adv.** ■ **1** (Comparaison) De la même manière que, au même degré que. ➤ **également.** *Il a réussi comme son frère* (cf. À l'instar de, non moins* que). LOC. PROV. *Comme on fait son lit on se couche. Il écrit comme il parle. «C'est un métier que de faire un livre, comme de faire une pendule»* LA BRUYÈRE. *Il se comporte comme s'il avait vingt ans* (condition) ; *elle faisait des signes comme pour nous appeler* (but). *Nous nous écrirons comme lorsque nous étions séparés* (temps). ♦ ELLIPT Dans des comparaisons intensives *Il est bavard comme une pie* (est bavarde), très bavard. *Ils se ressemblent comme deux gouttes d'eau. Riche comme Crésus. Entrer dans une maison comme dans un moulin. Il fait doux comme au printemps. Faire comme si :* simuler. ♦ (XVe) LOC. **TOUT COMME :** exactement comme. *Il est blond tout comme son père. Je ne suis pas en vacances mais c'est tout comme,* c'est presque la même chose. — FAM. **COMME TOUT.** ➤ **extrêmement.** *Elle est jolie comme tout.* ■ **2** (Addition) Ainsi que, et. *J'oublierai cela comme le reste. Sur la terre comme au ciel.* ■ **3** (fin Xe) (Manière) De la manière que. *Riche comme il est, il pourra vous aider. Comme il vous plaira :* selon votre désir. — *Comme on dit, comme il le prétend* (présente une opinion, une citation). ➤ **ainsi** (que). — *Comme de juste, comme de raison :* comme il est juste, comme il est raisonnable. *Comme par hasard.* — **loc. adv. COMME IL FAUT** [kɔmi(l)fo]. Bien. *Faites votre travail comme il faut.* **loc. adj.** (1750) FAM. *Une personne très comme il faut.* ➤ 1 **bien, convenable, distingué, respectable.** SUBST. *«Cet instinct du comme il faut qu'un homme bien né garde toujours»* MAUPASSANT. — *Comme qui dirait.* ➤ 1 **dire** (III, 2°). — *C'est qqch. comme un paquet,* une sorte de paquet. *Cela fait qqch. comme mille euros,* à peu près, approximativement. — **COMME QUOI :** disant que. *Faites-lui un certificat comme quoi son état de santé nécessite du repos.* — D'où il s'ensuit que, ce qui prouve que. *Il n'est pas venu ; comme quoi, nous avons bien fait de ne pas compter sur lui.* ♦ ELLIPT *Il était comme fou. «C'est cela, fit le prisonnier comme se parlant à lui-même»* DUMAS. — **COMME CELA ;** FAM. **COMME ÇA.** ➤ **ainsi.** *C'est comme ça et pas autrement. Comme ça, tout le monde sera content. Puisque c'est comme ça ! Si c'est comme ça ! Alors comme ça, vous nous quittez.* ➤ **donc.** — FAM. *Comme ci comme ça :* ni bien ni mal. ➤ **couci-couça.** **loc. exclam.** *Comme ça ! :* remarquable, épatant (souvent avec un geste du pouce). *Une bagnole comme ça !* ➤ **extra,** 2 **super.** ARG. *Comme ac (comac).* ■ **4** Tel que. ➤ **tel.** *Je n'ai jamais rencontré d'intelligence comme la sienne.* ■ **5** (Attribution, qualité) ➤ 1 **en, pour** (cf. En tant que). *Je l'ai choisie comme secrétaire. Comme directeur il est efficace. Mieux vaut l'avoir comme ami que comme ennemi.* ♦ FAM. En matière de, en ce qui concerne. *Qu'est-ce que vous prendrez comme dessert ? Il a juste un sac comme bagage* (cf. En guise* de). (Négligé) *«Sa belle valise jaune. Tout ce qu'y a de beau comme valise»* GUILLOUX.

II ~ **conj.** ■ **1** (fin XIIe) Cause (de préférence placé en tête de phrase avec une valeur d'insistance) ➤ **parce que, puisque.** *Comme elle arrive demain, il faut préparer une chambre.* ■ **2** Temps (simultanéité) Au moment* où. ➤ **alors** (que), **tandis que.** *Nous sommes arrivés comme il partait.*

III ~ **adv. (interrog. et exclam.)** ■ **1** (fin XIe) Marque l'intensité. ➤ **combien,** 2 **que.** *Comme c'est cher !* LOC. *Comme vous y allez !,* exprime l'étonnement devant des paroles ou des actes jugés excessifs. ■ **2** (En subordonnée) ➤ **comment.** *Tu sais comme il est. «Je reconnais bien comme elle se tient mal, comme elle ne sourit pas»* DURAS. *Regardez comme il court !* ♦ LOC. PÉJ. *Dieu sait comme :* d'une manière que l'on ignore. *Dieu sait comme il réagira.* — *(Il) faut voir comme !,* d'une manière remarquable (cf. Et comment !). *Il lui a répondu, il faut voir comme !*

■ CONTR. Contrairement. Contre (par contre).

COMMEDIA DELL'ARTE [kɔmedjadɛlaʀt(e)] **n. f.** – début XVIIe ◊ mots italiens *«comédie de fantaisie»* ■ Genre de comédie (italienne) dans laquelle, le scénario étant seul réglé, les acteurs improvisaient.

COMMÉMORAISON [kɔmemɔʀɛzɔ̃] **n. f.** – 1386 ◊ adaptation du latin *commemoratio* → commémoration ■ LITURG. Mention que l'Église catholique fait d'un saint le jour de sa fête lorsque celle-ci est mise en concurrence avec une fête plus importante.

COMMÉMORATIF, IVE [kɔmemɔʀatif, iv] **adj.** – 1598 ◊ de *commémorer* ■ Qui rappelle le souvenir d'une personne, d'un évènement. *Monument commémoratif. Plaque commémorative.*

COMMÉMORATION [kɔmemɔʀasjɔ̃] **n. f.** – 1262 ◊ latin *commemoratio* → 1 mémoire ■ Cérémonie destinée à rappeler le souvenir d'une personne, d'un évènement. ➤ **anniversaire, fête.** *La commémoration de la fête nationale.* RELIG. *Commémoration des morts* (le 2 novembre). — SPÉCIALT Mention que le prêtre fait des morts au cours de la prière du Canon, à la messe. ➤ **mémento.** — *En commémoration de :* en mémoire de, en souvenir de.

COMMÉMORER [kɔmemɔʀe] **v. tr.** ⟨1⟩ – 1355 ◊ latin *commemorare* ■ Rappeler par une cérémonie le souvenir de (une personne, un évènement). ➤ **fêter ; commémoration.** *Commémorer la victoire. Commémorer une naissance, une mort.* ➤ **célébrer.**

COMMENÇANT, ANTE [kɔmɑ̃sɑ̃, ɑ̃t] **adj. et n.** – 1470 ; «qui est au début» v. 1500 ◊ de *commencer* ■ Qui commence. *Une science commençante.* — **n.** VIEILLI Personne qui en est encore aux premiers éléments d'un art, d'une science. ➤ **débutant, novice.** *Encourager un commençant.* ■ CONTR. Expert, vétéran.

COMMENCEMENT [kɔmɑ̃smɑ̃] **n. m.** – 1119 ◊ de *commencer* ■ Le fait de commencer ; ce qui commence. ■ **1** Ce qui vient d'abord (dans une durée, un processus), première partie. ➤ **début.** *Le commencement du siècle, de l'année, du mois, de la semaine. Le commencement du printemps* (➤ **apparition, arrivée**), *du jour* (➤ 1 **aube, aurore, matin**). *Le commencement du monde.* ➤ **origine ; création.** *Commencement de la vie.* ➤ **enfance, naissance.** *Commencement des hostilités.* ➤ **déclenchement, ouverture.** *Le commencement d'un règne.* ➤ **avènement.** *Un bon, un mauvais commencement.* ➤ 1 **départ.** *Le commencement d'un travail, d'une action* (cf. Mise en train*). *Commencement d'un discours* (➤ **exorde, préambule, prologue**), *d'un livre* (➤ **introduction, préface**). *Commencement d'un raisonnement* (➤ **prémisse, principe**). — LOC. FAM. *C'est le commencement de la fin,* le début des ennuis. *Il y a un commencement à tout :* on ne peut réussir parfaitement qqch. dès le premier essai. *La crainte est le commencement de la sagesse.* ♦ LOC. *Dès le commencement. Depuis le commencement. Du commencement à la fin :* de bout en bout. *Au commencement.* ➤ **initialement.** *«Au commencement Dieu créa le ciel et la terre»* (BIBLE). ■ **2** Partie qui se présente, que l'on voit avant les autres (dans l'espace). ➤ **bord, bout, extrémité.** *Le commencement*

d'une rue, d'un couloir. ➤ **entrée.** ▪ **3** Existence partielle. DR. *Commencement de preuve :* ce qui fournit, sans certitude, la présomption d'une vérité, d'un fait. *Commencement de preuve par écrit. Commencement d'exécution.* ▪ **4 LES COMMENCEMENTS :** les premiers développements, les débuts. *Les commencements de l'empire napoléonien. Les commencements d'une technique nouvelle.* ➤ **balbutiement, bégaiement.** — (1538) SPÉCIALT Les premières leçons, les premières notions, dans une science, un art. ➤ **A B C, élément, rudiment.** « *presque en toutes choses les commencements sont rudes* » ROUSSEAU.
▪ CONTR. Achèvement, but, conclusion, 1 fin, issue, terme.

COMMENCER [kɔmɑ̃se] v. ‹3› — *commencier* xe ◇ latin populaire °*cominitiare*, de *cum* et *initium* « commencement », de *inire* « entrer », de *ire* « aller »

I v. tr. ▪ **1** v. tr. dir. Faire la première partie de (une chose, une série de choses) ; faire exister (le premier temps d'une activité). ➤ **amorcer, attaquer, démarrer, ébaucher, entamer, entreprendre, esquisser.** *Commencer un travail, une affaire, une entreprise.* ➤ **créer, fonder, 1 lancer.** *Commencer un débat, une discussion.* ➤ **ouvrir.** *Commencer les hostilités.* ➤ **déclencher, ouvrir.** *Commencer le combat.* ➤ **engager.** *Commencer un livre,* en entreprendre la lecture ou l'écriture. PAR EXT. VX *Commencer un élève,* lui donner les premières leçons, les premiers rudiments d'une discipline. ➤ **initier.** ♦ Être au commencement de. *Le mot qui commence la phrase. Nous commençons l'année aujourd'hui.* ➤ **inaugurer, ouvrir.** *Il ne fait que commencer ses études.* ▪ **2** v. tr. ind. **COMMENCER DE** (LITTÉR.), **À** (et l'inf.). (PERSONNES) Entreprendre ; être aux premiers instants (de l'action indiquée par le verbe). *Commencer à faire qqch. Commencer de parler. Il commençait à dormir lorsqu'on l'éveilla. Il commence à comprendre. Commençons à manger.* — ABSOLT *Nous allions commencer sans vous. Tu as fini ? – Non, je n'ai même pas commencé ! Ah, tu ne vas pas commencer* (à dire, à faire des choses déplaisantes). — FAM. *Tu commences à nous ennuyer. Je commence à en avoir assez :* j'en ai assez (cf. Finir* par). — SPÉCIALT Avoir une activité pour la première fois. ➤ **essayer.** *Un enfant qui commence à parler* (➤ **balbutier**), *à marcher.* — (CHOSES) *Les feuilles commencent à pousser.* IMPERS. *Il commence à pleuvoir.* — *Ça commence à devenir intéressant. Ça commence à bien faire* ! (I, 6°). ♦ **COMMENCER PAR :** faire d'abord (une chose). *Par où allez-vous commencer ? Il faut commencer par le commencement.* « *Ciel ! Que vais-je lui dire, et par où commencer ?* » RACINE. LOC. *À commencer par...* « *dans toutes les espèces, à commencer par l'homme* » BUFFON. (Avec l'inf.) *Vous allez commencer par vous asseoir.* ♦ (CHOSES) Avoir pour début. *Ce mot commence par un a. Le film commence par l'arrivée du héros à Paris.*

II v. intr. Entrer dans son commencement. ➤ **débuter.** *L'année commence au 1er janvier. Dépêchez-vous, le spectacle va commencer. Le film a commencé, est commencé.* « *Une mise en terre, comme une pièce à la Comédie-Francaise, on sait quand ça commence, on ne sait jamais quand ça finit* » MORDILLAT. *Cela commence bien, mal.* ➤ **1 partir.** PAR ANTIPHR. *Ça commence bien !* les débuts ne sont pas prometteurs.
▪ CONTR. Aboutir, accomplir, achever, compléter, conclure, continuer, couronner, finir, poursuivre, terminer. — Terminer (se).

COMMENDE [kɔmɑ̃d] n. f. — 1461 ◇ latin ecclésiastique *commenda,* de *commendare* « confier » ▪ RELIG. Administration temporaire d'un bénéfice ecclésiastique. Concession d'un bénéfice à un ecclésiastique séculier ou à un laïc (*commendataire* adj. et n. m.). *Abbaye en commende.* ▪ HOM. Commande.

COMMENSAL, ALE, AUX [kɔmɑ̃sal, o] n. — 1418 ◇ latin médiéval *commensalis,* de *com-* et *mensa* « table » ▪ **1** DIDACT. Personne qui mange habituellement à la même table qu'une ou plusieurs autres. ➤ **hôte.** ▪ **2** ÉCOL. Organisme qui vit en commensalisme. — adj. *Espèces commensales de la vigne.*

COMMENSALISME [kɔmɑ̃salism] n. m. — 1874 ◇ de *commensal* ▪ ÉCOL. Association d'organismes d'espèces différentes, profitable pour l'un d'eux et sans bénéfice ni danger pour l'autre. *Commensalisme, parasitisme et symbiose.*

COMMENSURABLE [kɔmɑ̃syʀabl] adj. — 1361 ◇ bas latin *commensurabilis,* de *mensura* « mesure » ▪ DIDACT. Se dit d'une grandeur qui a, avec une autre grandeur, une commune mesure. ➤ **comparable.** *Lignes, volumes commensurables. Nombres commensurables.* ➤ **rationnel.** — Se dit de deux grandeurs dont le rapport est un nombre rationnel. *Dans un cercle, la circonférence et le diamètre ne sont pas commensurables.* ▪ CONTR. Incommensurable, incomparable.

COMMENT [kɔmɑ̃] adv. et n. m. inv. — 1080 ◇ ancien français *com* « comme » ▪ De quelle manière ; par quel moyen. ▪ **1** (Interrog.) *Comment allez-vous ?* ; FAM. *comment ça va ?* ; POP. *comment que ça va ?* (cf. ci-dessous, 6°.) *Comment faire ?* « *Comment apprécier leur compétence ?* » CAILLOIS. *Comment cela ?* expliquez mieux. *Comment dire ?* (pour qu'on me comprenne). *Comment donc, comment diable, s'est-il enfui ?* FAM. *Il est comment ? Vous venez comment ? – Par le train.* **COMMENT** (s.-ent. dites-vous) ?, exclamation qui invite à répéter. ➤ **pardon ;** FAM. **hein, quoi** (cf. Plaît*-il). — EMPHAT. *Comment osez-vous me faire des reproches ?* — PAR EXT. Pour quelle raison. ➤ **pourquoi.** « *Comment n'êtes-vous pas avec les autres ?* » MALRAUX. ▪ **2** (Affirmatif, interrog. ind.) *Dites-moi comment il faut faire. Je veux voir comment vous faites. Il ne sait comment elle prendra la chose.* ➤ **comme.** *Je ne sais pas comment j'ai supporté tout cela, comment j'ai fait pour supporter tout cela. Il faut voir comment. C'est fait je ne sais comment. Dieu sait comment.* ➤ **comme.** loc. adv. **N'IMPORTE COMMENT :** sans soin, sans choix, au hasard. ➤ **2 mal.** *C'est rédigé n'importe comment.* — adv. de phrase Quelle que soit la situation, la réponse, etc. *N'importe comment il est trop tôt* (cf. De toute façon*). ▪ **3** n. m. inv. Manière. *Chercher le pourquoi et le comment :* chercher la cause et le mécanisme d'un fait, d'une chose. ▪ **4** Exclamation exprimant l'étonnement, l'indignation. ➤ **quoi.** *Comment ! c'est comme ça que tu me parles ? Comment, tu es encore ici ?* ▪ **5** *Comment donc !* (en signe d'approbation). *Mais comment donc !* ➤ **évidemment** (cf. Bien sûr !). *Puis-je entrer ? – Mais comment donc !* FAM. *Et comment !* (cf. Je te crois, tu parles !). « *C'était faux ? – Et comment !* » MALRAUX (cf. Un peu). ▪ **6** loc. conj. POP. (fautif) **COMMENT QUE.** *Comment qu'il cause ! (Et) comment qu'on l'a remis à sa place !*

COMMENTAIRE [kɔmɑ̃tɛʀ] n. m. — xive ◇ de *commenter* ▪ **1** Ensemble des explications, des remarques à propos d'un texte. ➤ **exégèse, explication, glose, note.** *Commentaire littéraire composé* (cf. Explication* de texte). « *Faire une analyse des discours qui échapperait à la fatalité du commentaire* » FOUCAULT. *Commentaire diffus, superficiel.* ➤ **paraphrase.** — INFORM. Texte explicatif inclus dans un programme pour en faciliter la compréhension. ▪ **2** (1675) Addition, explication apportée sur un sujet. *Appeler, nécessiter un commentaire.* — *Commentaires de presse.* — SPÉCIALT Ensemble d'observations, d'interprétations sur un évènement, une situation politique. *Le ministre n'a fait aucun commentaire sur l'affaire. Résumé des commentaires de l'étranger.* — LOC. FAM. *Sans commentaire !* la chose se suffit à elle-même (souvent péj.). *Cela se passe de commentaire.* ▪ **3** (1690) Interprétation généralement malveillante que l'on donne des actions ou des propos de qqn. ➤ **bavardage, commérage*, glose, médisance.** *Sa conduite donne lieu à bien des commentaires.* FAM. *Pas de commentaires. On vous épargne vos commentaires !* ▪ **4** Contenu publié sur Internet en réponse à un autre (post, image, vidéo). *Commentaires positifs, négatifs.* — ABRÉV. FAM. **COM** [kɔm]. *Poster des coms.*

COMMENTATEUR, TRICE [kɔmɑ̃tatœʀ, tʀis] n. — 1361 ◇ de *commenter* ▪ **1** n. m. Personne qui est l'auteur d'un commentaire littéraire, historique, juridique. *Les commentateurs de la Bible.* ➤ **exégète, glossateur.** ▪ **2** (1904) Personne qui commente les nouvelles, les actualités, à la radio, à la télévision. ➤ **éditorialiste, présentateur.** *Un commentateur sportif.*

COMMENTER [kɔmɑ̃te] v. tr. ‹1› — 1314 ◇ latin *commentari* « réfléchir, étudier » ▪ **1** Expliquer (un texte) par un commentaire. ➤ **gloser.** *Commenter un poème, un texte de loi.* ▪ **2** (XVIIe) VIEILLI Donner des interprétations, souvent malveillantes, sur. ➤ **épiloguer** (sur). *Commenter les faits et gestes de ses voisins.* ▪ **3** Faire des remarques, des observations sur (des faits) pour expliquer, exposer. *Commenter les évènements.* SPÉCIALT *Journaliste, éditorialiste qui commente l'actualité.* ➤ **commentateur.**

COMMÉRAGE [kɔmeʀaʒ] n. m. — 1761 ; « baptême » 1546 ◇ de *commère* ▪ Propos de commère. ➤ **bavardage, 1 cancan, clabaudage, médisance, potin, racontar, 2 ragot ;** RÉGION. **mémérage.**

COMMERÇANT, ANTE [kɔmɛʀsɑ̃, ɑ̃t] n. et adj. — 1695 ◇ de *commercer*

I n. Personne qui fait du commerce (SPÉCIALT du commerce de détail) par profession. ➤ **distributeur, marchand, négociant, revendeur ;** PÉJ. **trafiquant.** *Un commerçant honnête, scrupuleux. Commerçant avide, malhonnête.* ➤ **maquignon, mercanti** (cf. Marchand* de soupe). — *Commerçant qui vend en gros* (➤ **grossiste**), *au détail* (➤ **détaillant**). *Les petits commerçants. Boutique, magasin d'un commerçant* (➤ PÉJ. **boutiquier**). *Les commerçants du quartier. Se fournir toujours chez le même commerçant.* ➤ **fournisseur.** *Commerçant bien achalandé** (➤ **clientèle**). — *Les clients, les concurrents d'un commerçant.*

II adj. ▪ **1** VIEILLI Qui fait du commerce. *Les nations commer-*

çantes. ▪ **2** MOD. Où il y a de nombreux commerces. *Rue très commerçante.* ▪ **3** (XXe) Qui manifeste une aptitude au commerce. *Elle est très commerçante et sait retenir la clientèle.*

COMMERCE [kɔmɛʀs] **n. m.** – milieu XIVe ◊ du latin *commercium* «trafic, négoce» et «relations, rapports», famille de *merx, mercis* «marchandise» → marché

I ÉCHANGE DE MARCHANDISES ▪ **1** Opération, activité d'achat et de revente (en l'état ou après transformation) d'un produit, d'une valeur ; PAR EXT. Prestation de certains services. *«Prendre quelque chose à quelqu'un et le repasser à un autre, en échange d'autant d'argent que l'on peut, ça, c'est du commerce»* MIRBEAU. *Acte, opération de commerce.* ➤ **commercialisation, distribution ; achat, circulation, échange, négoce, vente.** *Commerce légal ; illicite* (➤ **trafic**), *parallèle* (➤ **marché** [**noir**]). *La branche du commerce des produits et des services* (secteur tertiaire*). *Société faisant du commerce.* ➤ **compagnie, firme, magasin, succursale ;** VX **comptoir, factorerie.** — *Être dans le commerce, faire du commerce* (➤ 2 **agent, commerçant, commissionnaire, concessionnaire, courtier, diffuseur, distributeur, franchisé, mandataire, marchand, négociant, placier, succursaliste**). *Métiers du commerce.* ➤ **caissier, commis, démarcheur, livreur, magasinier, vendeur ; commercial.** — *Commerce de gros*, de demi-gros, de détail** (➤ **détaillant, grossiste**). *Faire du commerce en gros. Commerce de proximité* (➤ **boutique, magasin**), *indépendant, associé* (chaîne* volontaire, coopérative* de détaillants, franchise*), *intégré, concentré* (grands magasins*, hypermarchés, succursalistes, supermarchés). *Commerce sédentaire* (magasin), *forain* (marchés*). — *Commerce électronique, commerce en ligne :* échange de biens et de services par l'intermédiaire de réseaux télématiques, notamment Internet. — *Commerce équitable* — Commerce intérieur,* sur un territoire national. — *Commerce international, mondial :* ensemble des échanges de biens et de services entre pays (➤ **incoterm**). *Organisation mondiale du commerce (OMC). Balance, déficit, excédent du commerce extérieur.* ➤ **exportation, importation.** *Liberté, réglementation, contrôle du commerce extérieur* (➤ **contingent, douane, quota ; libre-échange, protectionnisme**). *Commerce captif :* échanges internationaux entre entreprises appartenant à la même multinationale*. *Commerce compensé.* ➤ **compensation.** — **... DE COMMERCE.** *Employé de commerce. Voyageur* de commerce.* ➤ **représentant, V. R. P.** — *Société, entreprise, maison de commerce* (➤ **commercial**). *Fonds* de commerce.* — *Accord, convention, traité de commerce.* — *Livres* de commerce :* documents enregistrant les opérations comptables, livres de caisse ; VIEILLI registres de comptabilité*. — *Effet* de commerce.* — *Tribunal de commerce,* qui statue sur les litiges commerciaux. *Code de commerce.* — (Organismes ne faisant pas de commerce, mais destinés à rendre des services aux entreprises de commerce). *Bourse de commerce. Chambre* de commerce et d'industrie (C. C. I.). École de commerce.* — *Marine, navire, port de commerce.* — **... DU COMMERCE.** *Registre* du commerce. La balance du commerce (extérieur). Le Café* du commerce.* — **... DANS LE COMMERCE :** sur le marché. *Ce produit ne se trouve plus dans le commerce.* — **HORS COMMERCE :** qui n'est pas commercialisé. ▪ **2** (1798) *Le commerce :* le monde commercial, les commerçants. *L'agriculture, le commerce et l'industrie. Le commerce et l'artisanat. Le grand et le petit commerce.* ◆ Ensemble des connaissances portant sur le commerce ; administration et gestion des entreprises, marchés. ▪ **3** (1812) *Un commerce :* point de vente tenu par un commerçant, fonds* de commerce. ➤ **boutique,** 1 **débit, magasin, officine.** *Ouvrir, tenir un commerce. Un commerce prospère, lucratif. L'enseigne d'un commerce. Les difficultés, la faillite, la fermeture d'un commerce. Commerce à céder. Il y a beaucoup de commerces dans cette rue* (➤ **commerçant**). ▪ **4** (1669) VIEILLI ; FIG. et PÉJ. Trafic (de choses réputées non vendables). *Un commerce honteux, infâme.* LOC. *Faire commerce de :* vendre. VIEILLI ou PLAIS. *Faire commerce de ses charmes :* se prostituer.

II RELATIONS ENTRE PERSONNES ▪ **1** (1540) VX ou LITTÉR. Relations que l'on entretient dans la société. ➤ **fréquentation, rapport ; relation.** *«Nous avions un commerce intime, sans vivre dans l'intimité»* ROUSSEAU. *Fuir le commerce des hommes.* ▪ **2** (fin XVIIe) VIEILLI Manière de se comporter à l'égard d'autrui. ➤ **comportement, sociabilité.** LOC. *Être d'un commerce agréable.*

COMMERCER [kɔmɛʀse] **v. intr.** ‹3› – début XVe ◊ de *commerce* ▪ Faire du commerce. *La France commerce avec de nombreux pays.*

COMMERCIAL, IALE, IAUX [kɔmɛʀsjal, jo] **adj.** et **n.** – 1749 ◊ de *commerce* ▪ **1** Qui a rapport au commerce ; de commerce. *Droit commercial. Vocabulaire commercial* (➤ **incoterm**). *Les comptes commerciaux de la nation. Entreprise, société commerciale* (➤ **commerçant, commerce** I, 3°, **distributeur, maison** [**de commerce**], **négociant**). *La S. N. C. F., établissement public français à caractère industriel et commercial.* — LOC. *Centre commercial :* regroupement local de commerçants spécialisés, d'activités de service et de grandes surfaces. ➤ **halle, marché, souk.** ◆ Qui se rapporte à des établissements de commerce. *Circuit*, réseau commercial :* ensemble des intermédiaires et des points de vente contribuant à la commercialisation d'un produit (➤ **distribution**). ◆ Qui se rapporte à la commercialisation. *Actions, informations, opérations commerciales. La quinzaine commerciale d'un quartier. Le succès, l'échec commercial d'un livre, d'un produit.* — *Politique commerciale d'une entreprise.* ➤ **marchandisage, marchéage, marketing, mercatique, merchandising.** En France, *École des hautes études commerciales (H. E. C.).* — *Organisation, fonction commerciale* (achat, approvisionnement, assortiment, communication, distribution*, étude de marché*, facturation, livraison, promotion, publicité, relations publiques, service après-vente, vente, etc.). *Direction commerciale. Directeur, assistant commercial. Services administratifs et commerciaux.* ◆ ÉCON. *Balance commerciale :* solde des échanges extérieurs d'un pays. *Déficit, excédent commercial.* ➤ **exportation, importation.** *Négociations commerciales multilatérales.* — *L'attaché commercial d'une ambassade.* ◆ **n.** (1937) Personne chargée dans une entreprise de fonctions commerciales, en particulier en relation avec la clientèle. ➤ **représentant, technico-commercial.** *«avec son costume rayé et son sourire de commercial»* HOUELLEBECQ. ▪ **2** PÉJ. Conçu, exécuté dans une intention lucrative, et pour plaire à un large public. *Un film commercial. «Attirée par les étoiles, les voiles Que des choses pas commerciales»* SOUCHON. ▪ **3** **n. f.** *Une commerciale :* véhicule utilitaire léger. ➤ 1 **break.**

COMMERCIALEMENT [kɔmɛʀsjalmɑ̃] **adv.** – 1829 ◊ de *commercial* ▪ **1** D'une manière propre au commerce ; du point de vue commercial. *Produit commercialement rentable.* ▪ **2** Selon les principes du commerce.

COMMERCIALISABLE [kɔmɛʀsjalizabl] **adj.** – 1955 ◊ de *commercialiser* ▪ Qui peut être commercialisé. *Produit, denrée facilement commercialisable.*

COMMERCIALISATION [kɔmɛʀsjalizasjɔ̃] **n. f.** – 1904 ◊ de *commercialiser* ▪ Action de commercialiser. *La commercialisation d'un produit. Techniques de commercialisation.* ➤ **distribution, marchandisage, marchéage, marketing, mercatique, merchandising.** *Office de commercialisation :* organisme public chargé du monopole du commerce extérieur d'un ou plusieurs produits.

COMMERCIALISER [kɔmɛʀsjalize] **v. tr.** ‹1› – 1872 ◊ de *commercial* ▪ **1** DR. Régir par le droit commercial. *Commercialiser une dette.* ▪ **2** Faire de (qqch.) l'objet d'un commerce. *Commercialiser un brevet d'invention.* ➤ **exploiter.** ▪ **3** Mettre (qqch.) dans le circuit commercial. ➤ **distribuer** (cf. Mettre en vente*). *Ce médicament sera bientôt commercialisé.*

COMMÈRE [kɔmɛʀ] **n. f.** – 1283 ◊ latin ecclésiastique *commater* «mère avec» ▪ **1** VX Marraine d'un enfant par rapport au parrain (➤ **compère**), aux parents. ▪ **2** VX ou RÉGION. Terme d'amitié donné à une femme (voisine, amie). ▪ **3** MOD. Personne qui sait et colporte toutes les nouvelles. ➤ **bavard*,** RÉGION. **mémère.** *Les commères du quartier. «au seuil des portes, les commères causaient et riaient»* MARTIN DU GARD. *Propos de commère.* ➤ **commérage.**

COMMETTAGE [kɔmetaʒ] **n. m.** – 1752 ◊ de *commettre* ▪ MAR. Confection d'un cordage par la réunion de brins, de torons tordus ensemble.

COMMETTANT, ANTE [kɔmetɑ̃, ɑ̃t] **n.** – XVIe ◊ de *commettre* ▪ DR. Personne employant à une fonction un préposé qui lui est subordonné. ➤ **mandant.**

COMMETTRE [kɔmɛtʀ] **v. tr.** ‹56› – fin XIIIe ◊ latin *committere* «mettre ensemble» ▪ **1** Accomplir, faire (une action blâmable). *Commettre une maladresse, une imprudence, une faute, une erreur, une injustice à l'égard de qqn. Commettre un délit, une lâcheté, une trahison* (➤ **trahir**), *des fraudes* (➤ **frauder**). *Commettre un péché.* ➤ **fauter, pécher.** *Commettre un attentat, un crime, un meurtre.* ➤ **consommer, perpétrer.** *«Votre erreur n'est pas un crime, mais elle vous en fait commettre un»* FUSTEL DE COULANGES. *Le crime vient d'être commis.* FAM. et IRON. Se rendre responsable de, être l'auteur de. *Commettre un mauvais article.* ◆ PRONOM. (PASS.) *Fautes qui se commettent par étourderie.* — IMPERS. *Il se commet beaucoup d'atrocités pendant les guerres.* ▪ **2** Mettre (qqn) dans une charge. ➤ **charger** (de),

employer, préposer. *Commettre qqn à un emploi, au soin de ; pour un travail* (VIEILLI). *Il «le commit au transport des bêtes abattues»* DIABATÉ. — DR. ➤ **désigner, nommer.** *Commettre un rapporteur, un huissier, un expert.* ◆ *Être commis à...* ➤ **commis.** *Avocat commis d'office* (➤ **commission**). ▪ **3** VIEILLI *Commettre* (qqch., qqn) *à* (qqn) : remettre (qqch., qqn) aux soins, à la garde de (qqn). ➤ **confier.** *«Tous les enfants commis à ses soins»* BALZAC. *«la garde de ce dépôt qui leur fut commis»* CAILLOIS. ▪ **4** (1552) VIEILLI Exposer, mettre en danger. ➤ **aventurer, compromettre, exposer, risquer.** *Commettre sa réputation.* ▪ **5** (1752) TECHN. Confectionner (un cordage) en tordant ensemble plusieurs brins ou torons (➤ **commettage**). ▪ **6 SE COMMETTRE** v. pron. (XVIIe ◊ du sens 4°) LITTÉR. Compromettre sa dignité, sa réputation, ses intérêts. *Se commettre avec des gens méprisables. «Quelle est la femme amoureuse avec laquelle on ne se commet pas ?»* YOURCENAR. ■ CONTR. 2 Démettre, retirer.

COMMINATOIRE [kɔminatwaʀ] adj. – 1517 ◊ latin médiéval *comminatorius,* du latin classique *minari* «menacer» ▪ **1** DR. Qui renferme la menace d'une peine légale, en cas de contravention. *Arrêt, jugement, sentence comminatoire.* ▪ **2** COUR. Menaçant. *Un ton comminatoire. «C'est à Florence que j'ai reçu la lettre comminatoire de Claudel»* GIDE.

COMMINUTIF, IVE [kɔminytif, iv] adj. – 1824 ◊ du latin *comminuere* «briser» ▪ CHIR. Se dit d'une fracture comportant de petits fragments d'os.

COMMIS [kɔmi] n. m. – XVIIe ; adj. v. 1320 en picard, wallon ◊ du p. p. de *commettre* ▪ **1** Agent subalterne (administration, banque, bureau, établissement commercial). ➤ **employé.** VIEILLI OU RÉGION. *Commis de bureau. Commis d'un grand magasin.* ➤ **vendeur.** *Commis de cuisine, de salle,* dans un restaurant. *Premier commis. Commis expéditionnaire. Commis aux écritures* (➤ 1 **facteur**). *Commis de ferme,* ouvrier agricole. ◆ HIST. *Premier commis :* fonctionnaire supérieur d'un ministère, d'une administration. MOD. *Les grands commis de l'État :* les hauts fonctionnaires (cf. Énarque, en France). ▪ **2 COMMIS-GREFFIER :** adjoint d'un greffier qui le supplée. *«Un commis-greffier, espèce de secrétaire judiciaire assermenté»* BALZAC. *Des commis-greffiers.* — MAR. *Commis aux vivres,* chargé du service des vivres à bord d'un navire. ▪ **3** VIEILLI **COMMIS VOYAGEUR :** représentant, voyageur de commerce. ➤ **V. R. P.**

COMMISÉRATION [kɔmizeʀasjɔ̃] n. f. – 1160 ◊ latin *commiseratio,* de *miserari* «avoir pitié» ▪ Sentiment de pitié qui fait prendre part à la misère des malheureux. ➤ **compassion, miséricorde.** *Élan de commisération.* ➤ **apitoiement, attendrissement.** *Éprouver, avoir de la commisération pour qqn. Témoigner de la commisération à qqn. Air, ton de commisération ; parler avec commisération.* ■ CONTR. Dureté, indifférence, insensibilité.

COMMISSAIRE [kɔmisɛʀ] n. – 1310 ◊ latin médiéval *commissarius,* de *committere* «préposer»

I ▪ **1** Personne chargée de fonctions spéciales et temporaires. *Commissaire d'exposition :* personne chargée de concevoir et d'organiser une exposition artistique. ➤ **curateur.** ▪ **2** Officier du ministère public près de certains tribunaux. *Commissaire du gouvernement près du conseil de guerre, du Conseil d'État. Juge*-commissaire. Les commissaires de la Convention.* ◆ **HAUT-COMMISSAIRE,** titre donné aux parlementaires qui, dans certains gouvernements, ont la direction de grands départements. *La haut-commissaire aux droits de l'homme. Les hauts-commissaires.* — Représentant d'un État auprès d'un autre État protégé, associé, occupé. *Le haut-commissaire de France en Nouvelle-Calédonie.* ◆ **COMMISSAIRE AUX COMPTES :** professionnel(le) (souvent expert-comptable) chargé(e) de contrôler et de vérifier l'exactitude et la légalité des comptes d'une société. *La commissaire aux comptes.* ◆ SPORT Personne qui vérifie qu'une épreuve sportive se déroule régulièrement. *Les commissaires de course, de piste d'un rallye automobile.* ▪ **3** Membre d'une commission. *Commissaire d'une commission parlementaire. Commissaire européen :* membre de la Commission* européenne, désigné par les gouvernements des États membres après approbation du Parlement européen.

II Titre de fonctionnaires ou titulaires de charges permanentes. ▪ **1** *Commissaire de police :* officier de la police nationale, chargé de tâches de police administrative et judiciaire (recherche des auteurs de crimes ou délits). ➤ ARG. **condé.** *Porter plainte devant le commissaire, la commissaire. Commissaire divisionnaire, principal.* SPÉCIALT **COMMISSAIRE DE LA RÉPUBLIQUE :** représentant de l'État dans le département, de 1982 à 1988. ➤ **préfet.** ▪ **2** MILIT. Intendant(e) militaire appartenant au corps des officiers. *Commissaire colonel.* MAR. **COMMISSAIRE DU BORD :** sur les paquebots, administrateur des services des passagers et du ravitaillement. ▪ **3** ➤ **commissaire-priseur.**

COMMISSAIRE-PRISEUR, EUSE [kɔmisɛʀpʀizœʀ, øz] n. – 1753 ◊ de *commissaire* et *priseur* «qui fait la *prisée*» ▪ Officier ministériel chargé de l'estimation des objets mobiliers et de leur vente aux enchères publiques. *«Le commissaire-priseur armé de son marteau d'ivoire»* FRANCE. *Charge de commissaire-priseur. Des commissaires-priseurs. Une commissaire-priseuse.*

COMMISSARIAT [kɔmisaʀja] n. m. – 1752 ◊ de *commissaire* ▪ **1** DIDACT. Qualité, emploi de commissaire ; fonction de commissaire. **HAUT-COMMISSARIAT :** dignité de haut-commissaire. *Des hauts-commissariats.* ▪ **2** PAR EXT. Ensemble des services dépendant d'un commissaire. — En France, *Le Commissariat à l'énergie atomique (C. E. A.). Le Haut-Commissariat aux réfugiés (H. C. R.). Commissariat maritime :* corps administratif de la marine. *Commissariat militaire :* corps administratif de l'armée de terre. — *Commissariat hôtelier,* qui prépare les repas pour les grandes compagnies ferroviaires, aériennes. ▪ **3** COUR. *Commissariat (de police) :* lieu où sont installés les services d'un commissaire de police. *«L'agent m'invita à le suivre au commissariat»* FRANCE. *Commissariat central.*

COMMISSION [kɔmisjɔ̃] n. f. – XIIIe ; mot du Nord ◊ latin *commissio,* de *committere* → commettre

I CHARGE, MANDAT ▪ **1** Acte de l'autorité donnant charge et pouvoir pour un temps déterminé. ➤ **délégation.** HIST. *Commission d'officier :* patente, brevet. MOD. DR. **COMMISSION ROGATOIRE :** délégation faite par un tribunal à un autre pour accomplir un acte de procédure ou d'instruction. **COMMISSION D'OFFICE :** désignation d'un avocat par le bâtonnier de l'Ordre ou le président du tribunal pour défendre une personne dans un procès pénal. ▪ **2** DR. COMM. Charge qu'une personne (➤ **commettant**) confère à une autre (➤ **commissionnaire**) pour que celle-ci agisse au nom du commettant. *Contrat de commission.* — (1606) Ordre qu'un négociant donne d'agir pour son compte à une autre personne. — Activité de la personne qui se charge de l'achat, du placement de marchandises pour le compte d'un tiers, soit au nom de celui-ci (➤ **mandataire**), soit en son nom personnel (➤ **commissionnaire**). *Maison de commission.* ▪ **3** (1675) Pourcentage qu'un intermédiaire perçoit pour sa rémunération. ➤ **courtage, ducroire,** 2 **prime, remise, rémunération.** *Commission d'achat, de vente ; commission fixe, proportionnelle. Toucher quinze pour cent de commission. Prendre une commission* (ABRÉV. **COM** [kɔm]). — *Commission qu'un banquier retient sur des effets escomptés.* ➤ **agio.** *Commission secrète.* ➤ **dessous-de-table, pot-de-vin, rétrocommission.** ▪ **4** (XVIIe) COUR. Marchandise achetée, message transmis, service rendu pour autrui. ➤ **course, emplette, message.** *Faire les commissions de qqn. J'ai une commission à vous faire. Oublier, manger la commission :* oublier de faire ce qui était demandé (➤ **consigne**). *Garçon de course qui fait les commissions.* ➤ 2 **coursier.** ◆ COUR. AU PLUR. Provisions, denrées achetées pour un usage quotidien. *Faire la liste des commissions. Aller faire les commissions. «On était là, le filet à provisions dans une main, l'argent des commissions serré dans l'autre»* BERGOUNIOUX. ▪ **5** LANG. ENFANTIN *La grosse, la petite commission :* les fonctions d'excrétion (➤ **caca, pipi**). *«De cette petite commission, Tupik s'était toujours acquitté accroupi, comme s'il eût été une fille»* TOURNIER.

II RÉUNION DE PERSONNES (fin XVIIe) Réunion de personnes déléguées pour étudier un projet, préparer ou contrôler un travail, prendre des décisions. ➤ **bureau, comité, sous-commission.** *«Notre temps est celui des commissions, des sous-commissions, des groupes d'experts»* C. BERNARD. *Être membre d'une commission* (➤ **commissaire**). *Commission nommée, élue. «On a formé une commission, laquelle a désigné un rapporteur»* L. DAUDET. *Renvoi à la, en commission.* — En France, *Commissions parlementaires. Commission du budget. Commission départementale*. Commission d'arbitrage, d'examen. Commission paritaire*.* — *Commission de développement économique régional (C. O. D. E. R.). Commission bancaire,* chargée de contrôler le respect de la loi par les établissements de crédit. — *Commission européenne :* institution gardienne des traités, chargée de préparer et mettre en œuvre les décisions du Conseil* de l'Union européenne, sous le contrôle du Parlement* européen. — *Commission d'enquête,* dont les membres sont nommés par le gouvernement pour faire l'étude d'une question spécifique. *«les pays de la Communauté vont créer une commission d'enquête sur la pollution»*

LE CLÉZIO. ◆ Au Canada, *Commission scolaire* : administration locale (région, ville, quartier) dont relèvent les écoles élémentaires et secondaires. ◆ Tribunal d'exception. *Commission militaire.*

COMMISSIONNAIRE [kɔmisjɔnɛʀ] n. – 1583 ; *commissionere* 1506 ◇ de *commission* ■ **1** COMM. Personne qui agit pour le compte d'autrui en matière commerciale. ➤ **intermédiaire, mandataire.** SPÉCIALT Personne qui agit pour le compte d'un commettant mais en son nom personnel. *Remettre des marchandises en dépôt ou en consignation à un commissionnaire. Commissionnaire exportateur, importateur. Commissionnaire agréé en douane,* qui effectue les formalités douanières pour ses clients. *Commissionnaire de transport.* ➤ **transitaire.** ■ **2** (1708) VIEILLI Personne qui fait une commission, une course pour qqn. ◆ MOD. Personne dont le métier est de faire les commissions du public. ➤ 2 **coursier, porteur.** *Commissionnaire d'hôtel.* ➤ **chasseur, groom.**

COMMISSIONNER [kɔmisjɔne] v. tr. ‹1› – 1462 ◇ de *commission* ■ **1** DR. Attribuer une fonction à, commettre (2°) à un travail (➤ **commission**). *Être commissionné par son gouvernement.* — **p. p. adj.** *Agent commissionné.* ■ **2** Donner à (qqn) commission d'acheter ou de vendre.

COMMISSOIRE [kɔmiswaʀ] adj. – XIIIe ◇ latin *commissorius* ■ DR. Qui entraîne l'annulation d'un contrat. *Clause commissoire.*

COMMISSURE [kɔmisyʀ] n. f. – 1314 ◇ latin *commissura,* de *committere* «joindre ensemble» ■ **1** ANAT. Point de jonction de deux parties. *Commissure blanche, grise de la moelle. Commissures du cerveau.* — **adj. COMMISSURAL, ALE, AUX.** ■ **2** COUR. *Commissures (des lèvres),* aux angles de la bouche. *«sa bouche dont les commissures s'abaissent et se tordent»* DUHAMEL.

COMMISSUROTOMIE [kɔmisyʀɔtɔmi] n. f. – milieu XXe ◇ de *commissure* et *-tomie* ■ CHIR. Intervention chirurgicale consistant à séparer les valves cardiaques soudées par leurs commissures. *Commissurotomie mitrale, aortique.* — Section des commissures liant les hémisphères cérébraux (dans certains cas d'épilepsie).

COMMODAT [kɔmɔda] n. m. – 1585 ◇ latin *commodatum* «prêt», de *commodus* «commode, avantageux» ■ DR. CIV. Prêt à usage, entraînant l'obligation de rendre après avoir utilisé.

1 **COMMODE** [kɔmɔd] adj. – 1507 ◇ latin *commodus,* de *cum* et *modus*

I ■ **1** (CHOSES) Qui se prête aisément et d'une façon appropriée à l'usage qu'on en fait. ➤ **convenable, fonctionnel,** 2 **pratique, propre.** *Habit commode pour le voyage. Lieu commode pour la conversation. Chemin commode. Commode à manier.* ➤ **maniable.** — VX *«Des maisons commodes à tout commerce»* LA BRUYÈRE. ■ **2** (XVIe) Facile, simple. *Ce que vous me demandez là n'est pas commode.* ➤ **aisé.** *Commode à faire. Ouvrage commode à consulter. Il est plus commode pour moi de partir en voiture.* LOC. *C'est commode ; c'est (ça serait) trop commode :* c'est une solution de facilité qui ne respecte pas certaines personnes, certaines règles.

II (1654) VIEILLI (PERSONNES) D'un caractère facile et arrangeant. ➤ **accommodant.** *Être commode à vivre.* — *Avoir l'humeur, le caractère commode.* — MOD. (négatif) **PAS COMMODE :** bourru, sévère, exigeant. *Elle n'est pas commode, la directrice.*

■ CONTR. Difficile, gênant, incommode, inutilisable. — Acariâtre, austère, jaloux.

2 **COMMODE** [kɔmɔd] n. f. – 1705 ◇ de 1 *commode : armoire commode* ■ Meuble à hauteur d'appui, muni de tiroirs, où l'on peut ranger des objets. *Dessus de marbre d'une commode. Commode Louis XVI, Empire.* — *Commode à langer.*

COMMODÉMENT [kɔmɔdemɑ̃] adv. – 1531 ◇ de 1 *commode* ■ D'une manière commode. VIEILLI *«Les lieux où l'on peut vivre le plus commodément»* ROUSSEAU. — MOD. *S'installer commodément,* à son aise.

COMMODITÉ [kɔmɔdite] n. f. – v. 1400 ◇ latin *commoditas* ■ **1** Qualité de ce qui est commode. ➤ **agrément, avantage,** 2 **confort, utilité.** *La commodité d'un lieu, d'un appartement bien aménagé. Commodité d'accès. La commodité d'un fonctionnement automatique. La commodité d'un appareil.* ➤ **praticité.** *Pour plus de commodité.* ➤ **facilité.** *Pour la commodité de la démonstration, on admettra que...* ■ **2** PLUR. *Les commodités de la vie :* ce qui rend la vie plus agréable, plus confortable. ➤ 1 **aise.** — VX (LANG. PRÉCIEUX) *Les «commodités de la conversation»* (MOLIÈRE) : les fauteuils. — MOD. (recomm. offic. pour traduire l'anglais *utilities*) Équipements apportant le confort, l'hygiène, etc. à un logement, un ensemble de logements. ■ **3** (1677) PLUR. VIEILLI Lieux d'aisances. *«quand je veux aller aux commodités satisfaire mes petits besoins !»* COURTELINE. ■ CONTR. Désagrément, gêne, incommodité.

COMMODORE [kɔmɔdɔʀ] n. m. – 1760 ◇ mot anglais, du néerlandais *kommandeur* ■ Officier de marine néerlandais, britannique ou américain, immédiatement inférieur au contre-amiral.

COMMOTION [komosjɔ̃] n. f. – 1155 ◇ latin *commotio* «mouvement» ■ **1** Ébranlement soudain et violent. ➤ **choc*, secousse ; explosion.** VIEILLI *Les commotions d'un tremblement de terre.* MOD. Ébranlement violent de l'organisme ou d'une de ses parties par un choc direct ou indirect, entraînant divers troubles, mais sans lésions apparentes. ➤ **traumatisme.** *Commotion cérébrale. «Il était resté sur le banc, comme étourdi par une commotion»* FLAUBERT. ■ **2** Violente émotion. ➤ **bouleversement, choc, ébranlement, secousse,** 2 **trouble.**

COMMOTIONNER [komosjɔne] v. tr. ‹1› – 1875 ◇ de *commotion* ■ (Sujet chose) Frapper d'une commotion. ➤ **choquer, traumatiser.** *La décharge électrique, cette émotion l'a fortement commotionné.*

COMMUABLE [kɔmɥabl] adj. – 1483 ◇ de *commuer* ■ Qui peut être commué. ➤ **commutable.** *Peine commuable.*

COMMUER [kɔmɥe] v. tr. ‹1› – 1361 ; dr. 1548 ◇ latin *commutare* «échanger», d'après *muer* ■ Changer (une peine) en une peine moindre (➤ **commutation ; commuable**). *Commuer une peine en une autre.*

COMMUN, UNE [kɔmœ̃, yn] adj. et n. m. – milieu IXe, au sens de «général» (I, 4°) ◇ du latin *communis*

I ~ adj. ■ **1** (milieu XIIe) Qui appartient, qui s'applique à plusieurs personnes ou choses. *La salle commune d'un café. Les parties communes d'un immeuble. Avoir des intérêts communs avec qqn. Nous poursuivons un but commun.* ➤ **même.** *Avoir des caractères communs.* ➤ **comparable, identique, semblable.** *Il y a de nombreux points communs entre eux. Il n'y a pas de commune mesure* (➤ **mesure,** II, 3°). — *Avoir qqch. de commun avec :* ressembler à, avoir un rapport avec. *Son cas n'a rien de commun avec le mien.* ABSOLT *Cela n'a rien de commun :* ça ne se compare pas, cela n'a rien à voir*. — **COMMUN À :** propre également à (plusieurs). *Mur commun à deux propriétés.* ➤ **mitoyen.** — DR. *Jugement, arrêt commun. Les biens communs,* qui s'opposent aux biens propres dans la communauté du mariage. — MATH. *Multiple, diviseur commun de plusieurs nombres.* ➤ **P. P. C. M., P. G. C. D.** *Mise en facteur* commun* (➤ **distributivité**). *Deux triangles qui ont un côté commun* (➤ **adjacent**), *un angle commun.* ■ **2** (fin XIe) Qui se fait ensemble, à plusieurs. *Travail commun. Œuvre commune.* ➤ **collectif.** *Mener une action commune en collaborant, en s'alliant. Vie commune des époux, des religieux.* ➤ **communauté.** *Faire cause* commune avec qqn.* ➤ **s'associer.** *Décider d'un commun accord. Programme politique commun. Le Marché* commun. Politique agricole commune (PAC).* ■ **3** LOC. **EN COMMUN :** qui appartient à plusieurs personnes. *Avoir des biens en commun.* ➤ **indivision.** *Mettre en commun ce qu'on a,* le partager (➤ **communisme**). *Ils ont qqch. en commun,* (négligé) *de commun,* de semblable. *Ils n'ont rien en commun.* — Qui se fait à plusieurs personnes. ➤ **communauté,** 1 **ensemble** (cf. De concert). *La vie en commun.* ➤ **cohabitation, concubinage.** *Le travail en commun.* ➤ **collaboration ; équipe, société.** *«Je crois à la possibilité d'un art en commun»* MATISSE. *Transports* en commun.* ■ **4** (milieu IXe) Qui appartient au plus grand nombre ou le concerne. ➤ 1 **général, public, universel.** *L'intérêt, le bien commun. La volonté commune.* (1690) *Sens* commun. «on doit quelquefois plus à une erreur singulière qu'à une vérité commune»* DIDEROT. *Droit* commun. «une loi commune et une représentation commune, voilà ce qui fait une nation»* SIEYÈS. — (XIVe) LING. **NOM COMMUN :** nom de tous les individus de la même espèce (opposé à *propre*). *Nom commun masculin, féminin. «Chat», «table» sont des noms communs.* ◆ (1664) n. m. VIEILLI *Le commun.* ➤ 2 **ensemble, généralité.** *Le commun des hommes,* le plus grand nombre, la plus grande partie. ➤ **foule,** 1 **masse.** LOC. *Le commun des mortels :* les gens ordinaires qui forment la majorité (opposé à *les privilégiés ;* cf. Vulgum* pecus). ■ **5** (milieu XIIe) Qui est ordinaire. ➤ **accoutumé, banal,** 1 **courant, habituel, naturel, ordinaire, rebattu, usuel.** *La langue commune. Rien n'est si commun que... Il est d'une force peu commune,* très grande. — **n. m. HORS DU COMMUN** (➤ **extraordinaire**). *Destinée, œuvre hors du commun.* ■ **6** (XIIIe) Qui se rencontre fréquemment. ➤ **abondant, répandu.** *Variété de cèpe commune dans les pinèdes.* — SPÉCIALT *Lieu* (IV) commun.* ■ **7** Qui n'appartient pas à l'élite, n'est pas distingué. ➤ **quelconque, trivial, vulgaire.** *Il a des manières très communes.*

II ~ n. m. LE COMMUN, LES COMMUNS ■ **1** (milieu XIIe) VX Le peuple. *Les gens du commun.* ■ **2** (1690) LITURG. *Le commun des apôtres, des martyrs, des vierges,* l'office que l'Église romaine a réglé d'une façon générale pour tous ces cas. ▪ **3** (1694) AU PLUR. **LES COMMUNS :** l'ensemble des dépendances (d'une propriété) : cuisines, écuries, garages... *La réfection des communs du château.*

▪ CONTR. Différent, distinct, individuel, 2 original, particulier, personnel, singulier. Distingué, exceptionnel, extraordinaire, rare, recherché, spécial.

COMMUNAL, ALE, AUX [kɔmynal, o] **adj.** et **n.** – 1160 «public» ◇ de *commun* ▪ Qui appartient à une commune ou qui la concerne. *Chemin communal. Le budget communal.* ➤ **municipal.** SUBST. *Les communaux :* les terrains de la commune. ◆ *L'école communale,* ou **n. f.** *la communale. Aller à la communale.* ◆ **(Belgique, Luxembourg)** *Maison communale :* mairie. *Conseil, conseiller communal,* municipal. **(Luxembourg)** *Secrétaire communal(e) :* secrétaire de mairie.

COMMUNALISER [kɔmynalize] **v. tr.** ‹1› – 1842 ◇ de *communal* ▪ DR. Mettre sous la dépendance de la commune. *Communaliser un terrain.*

COMMUNARD, ARDE [kɔmynaʀ, aʀd] **adj.** et **n.** – 1871 ◇ de *commune,* d'après la *Commune révolutionnaire* de 1793 ▪ **1** HIST. **(d'ab. péj.)** Partisan de la Commune de Paris, en 1871. ◆ Membre d'une commune populaire, en Chine. ▪ **2** **n. m.** **(à cause du drapeau rouge)** Apéritif composé de vin rouge et de liqueur de cassis.

COMMUNAUTAIRE [kɔmynotɛʀ] **adj.** – 1842 ◇ de *communauté* ▪ **1** Qui a rapport à la communauté. *Vie communautaire. Solidarité, repli communautaire.* ➤ **communautarisme.** ◆ *Site communautaire :* plateforme d'échange et de partage d'informations en ligne alimentée par une communauté d'internautes ayant des intérêts ou des goûts communs. *S'inscrire sur un site communautaire. Sites communautaires dédiés à la musique, à la photo.* ▪ **2** SPÉCIALT Qui concerne les Communautés européennes et SPÉCIALT la Communauté économique européenne, l'Union européenne. ➤ **européen.** *Le droit communautaire,* qui régit les rapports entre les institutions européennes et les gouvernements des pays membres (➤ 2 **communautariste**). *Dépenses communautaires. Préférence, méthode communautaire :* mode de fonctionnement du premier pilier* de l'Union européenne (la Communauté) soumis à la logique de l'intégration (par opposition à la méthode intergouvernementale, deuxième et troisième piliers). *Les pays communautaires.*

COMMUNAUTARISATION [kɔmynotaʀizasjɔ̃] **n. f.** – 1970 ◇ de *communautariser*

I DR. Dans le cadre de l'Union européenne, Transfert d'un domaine du troisième pilier* (relevant de la coopération intergouvernementale) dans le premier pilier (soumis à la méthode communautaire).

II Action de communautariser (II).

COMMUNAUTARISER [kɔmynotaʀize] **v. tr.** ‹1› – 1965 ◇ de *communautaire*

I DR. Transférer (un domaine ou une matière) du troisième pilier* de l'Union européenne dans le premier.

II ▪ **1** Restreindre (un débat, un conflit...) à des considérations communautaires. *Communautariser les problèmes des banlieues.* ▪ **2** Séparer en communautés (I, 4°) distinctes. *Communautariser une région.*

COMMUNAUTARISME [kɔmynotaʀism] **n. m.** – 1951 ◇ de *communautaire* ▪ Système qui développe la formation de communautés (ethniques, religieuses, culturelles, sociales...), pouvant diviser la nation au détriment de l'intégration. « *"Marre des tribus !" Une déclaration contre les communautarismes et pour le métissage* » (Le Nouvel Observateur, 2003).

▪ CONTR. Individualisme ; universalisme.

1 **COMMUNAUTARISTE** [kɔmynotaʀist] **adj.** et **n.** – 1989 ◇ de *communautarisme* ▪ Inspiré par le communautarisme. *Repli communautariste.* ◆ Partisan du communautarisme. — **n.** *Les communautaristes religieux.*

2 **COMMUNAUTARISTE** [kɔmynotaʀist] **n.** – fin XXe ◇ de *communautaire* (2°) ▪ DR. Spécialiste de droit communautaire.

COMMUNAUTÉ [kɔmynote] **n. f.** – 1283 ◇ de *commun*

I ▪ **1** Groupe social dont les membres vivent ensemble, ou ont des biens, des intérêts communs. ➤ **collectivité, corps, société.** *Communauté de travail.* ➤ **association, corporation, interprofession.** *Communauté nationale.* ➤ **état, nation, patrie.** *Appartenir à la même communauté.* — LOC. *Communauté urbaine :* groupe de communes autour d'une grande ville, associées pour la gestion de services d'intérêt commun. ➤ aussi **métropole.** *Communauté de communes :* établissement public regroupant plusieurs communes, exerçant à la place de celles-ci certaines compétences et réalisant des projets de développement et d'aménagement de l'espace. *Communauté d'agglomération :* groupement de plusieurs communes d'une même agglomération formant un ensemble de plus de 500 000 habitants pour mener un projet de développement économique ou d'aménagement du territoire. *La communauté d'agglomération Rochefort Océan.* — *Communauté économique d'un groupe d'États. Communauté des États indépendants (C. E. I.). Communauté linguistique et culturelle. Les Communautés française, flamande et germanophone de Belgique.* ◆ SPÉCIALT (1951) **LA COMMUNAUTÉ EUROPÉENNE :** entité institutionnelle créée par six pays d'Europe occidentale et comprenant quinze États membres depuis 1995. ➤ 1 **union** (européenne). *Communauté européenne du charbon et de l'acier (C. E. C. A.).* (1957) *Communauté européenne de l'énergie atomique (Euratom). Communauté économique européenne (C. E. E.) :* union douanière et économique. ➤ **marché** (commun). — ABSOLT *La politique monétaire de la Communauté* (cf. Système monétaire* européen). — AU PLUR. *Les Communautés européennes :* l'ensemble des trois Communautés. ▪ **2** (1538) Groupe de religieux qui vivent ensemble et observent des règles ascétiques et mystiques. ➤ **congrégation, ordre.** *Communauté de moines, de chanoines. Les règles, la règle d'une communauté.* — PAR EXT. La maison religieuse où vit une communauté. ➤ **cloître, couvent, monastère.** ▪ **3** (v. 1960) Groupe de personnes qui vivent en mettant leurs moyens d'existence en commun. *Vivre dans une communauté, en communauté. Communauté hippie.* « *près de Big Sur, des communautés se créaient, basées sur la liberté sexuelle et l'utilisation des drogues psychédéliques* » HOUELLEBECQ. ▪ **4** Groupe, ensemble de personnes de même origine nationale, ethnique, ou religieuse. *La communauté juive de France. La communauté comorienne de Marseille.* ▪ **5** Ensemble de personnes présentant des points communs. *La communauté des amateurs de jazz. La communauté LGBT.* ▪ **6** Ensemble de personnes qui suivent un même compte sur un réseau social, un même blog, une même chaîne de vidéos. *La communauté d'une blogueuse, d'un influenceur.*

II ▪ **1** (XVIe) DR. *Communauté entre époux :* régime matrimonial dans lequel tout ou partie des biens des époux sont communs. *Être marié sous le régime de la communauté.* — PAR EXT. L'ensemble des biens composant la masse commune (opposé à *biens propres*). — *Communauté légale, communauté réduite aux acquêts*.* ▪ **2** État, caractère de ce qui est commun. *Communauté de goûts, de vues.* ➤ **accord, affinité, unanimité, unité.** « *une communauté d'idées, d'intérêts, d'affections, de souvenirs et d'espérances* » FUSTEL DE COULANGES. ◆ *Posséder qqch. en communauté avec qqn,* en commun avec lui. ➤ **commun ; indivision.** « *Tout est mis en communauté, on n'a rien à soi* » SEMBENE.

COMMUNE [kɔmyn] **n. f.** – *comugne* XIIe ◇ latin *communia,* de *communis* → commun ▪ **1** ANCIENNT Ville affranchie du joug féodal, et que les bourgeois administraient eux-mêmes ; corps des bourgeois. ➤ **bourgeoisie** (1°), **échevinage.** *La charte d'une commune.* ▪ **2** (1793) La plus petite subdivision administrative du territoire, administrée par un maire, des adjoints et un conseil municipal. ➤ **municipalité ; village, ville.** *Le territoire d'une commune* (➤ **communal**). *Les hameaux* d'une commune. Une commune de deux cents, de cent mille habitants. Communauté* de communes.* — PAR EXT. Personne morale représentée par les habitants d'une commune. *Le budget de la commune.* ▪ **3** (1789) HIST. La municipalité de Paris, qui devint gouvernement révolutionnaire. — (1871) Le gouvernement révolutionnaire de Paris (➤ **communard**). ▪ **4** (de l'anglais *Commons*) *La Chambre des communes,* et ELLIPT *les Communes :* la Chambre élective (Chambre basse), en Grande-Bretagne. ▪ **5** *Commune populaire :* en Chine populaire, ensemble administratif et économique groupant plusieurs villages pour une exploitation collective (1958-1978).

COMMUNÉMENT [kɔmynemɑ̃] **adv.** – 1539 ; *cumunalment* v. 1160 ◇ de *commun* ▪ Suivant l'usage commun, ordinaire. ➤ **couramment, généralement, habituellement, ordinairement.** *On dit communément que... L'hélianthe, communément appelé* tournesol. ➤ **vulgairement.** ▪ CONTR. Exceptionnellement, extraordinairement, rarement.

COMMUNIANT, IANTE [kɔmynjɑ̃, jɑ̃t] **n.** – 1531 ◇ de *communier* ▪ Personne, enfant qui communie. *Premier communiant, première communiante,* qui fait sa première communion*. *Aube, brassard de (premier) communiant, robe, voile de (première) communiante.*

COMMUNICABILITÉ [kɔmynikabilite] **n. f.** – 1722 ; autre sens 1282 ◊ de *communicable* ■ **1** DIDACT. Qualité de ce qui est communicable. *« La communicabilité d'une image singulière »* BACHELARD. ■ **2** (1989 ◊ anglais *communicability*) Aptitude à communiquer facilement avec autrui.

COMMUNICABLE [kɔmynikabl] **adj.** – XVIe ; « affable » 1380 ◊ de *communiquer* ■ Qui peut être communiqué (I). *Information, dossier communicable. Une idée, une impression qui n'est pas communicable.* ➤ **transmissible.** ■ CONTR. 1 Secret. Incommunicable, inexprimable, intransmissible.

COMMUNICANT, ANTE [kɔmynikɑ̃, ɑ̃t] **adj.** et **n.** – 1761 ; « communautaire » (d'une secte) 1690 ◊ de *communiquer* ■ **1** Qui communique. *Chambres communicantes,* avec une porte de communication. *Principe des vases* communicants.* ■ **2** Qui participe efficacement à un processus de communication. *Une entreprise communicante.* — **n.** Spécialiste de la communication. ➤ **communicateur** (3°). *Un grand communicant. « Il se déplaçait avec une équipe de quatre communicants »* V. DESPENTES. ■ **3** INFORM. *Objet communicant,* pouvant être relié à un réseau. *Objets communicants et intelligents* (carte à puce, smartphone, GPS, périphérique...).

COMMUNICATEUR, TRICE [kɔmynikatœr, tris] **adj.** et **n.** – 1869 ; « qui a en commun » XIVe ◊ de *communiquer* ■ **1** DIDACT. Qui met en communication. *Fil communicateur.* ■ **2** **n.** Personne qui fait efficacement passer une information, un message. ■ **3** SPÉCIALT **n.** Spécialiste, professionnel(le) de la communication. *Les communicateurs d'entreprise. Un grand communicateur.* ➤ **communicant.**

COMMUNICATIF, IVE [kɔmynikatif, iv] **adj.** – 1564 ; « libéral » 1361 ◊ bas latin *communicativus* ■ **1** Qui se communique facilement. *Rire communicatif.* ➤ **contagieux.** *« l'ennui est communicatif »* STENDHAL. ■ **2** (PERSONNES) Qui aime à communiquer ses idées, ses sentiments. ➤ **causant, confiant, expansif, exubérant, ouvert.** *« je suis communicative, je n'aime point à jouir d'un plaisir toute seule »* Mme DE SÉVIGNÉ. ■ CONTR. Dissimulé, 1 secret, taciturne.

COMMUNICATION [kɔmynikasjɔ̃] **n. f.** – 1365 « commerce, relations » ◊ latin *communicatio*

I FAIT D'ÊTRE EN RELATION ■ **1** Le fait de communiquer, d'être en relation avec (qqn, qqch.). *Être en communication suivie avec un ami, un correspondant.* ➤ **correspondance, liaison, rapport.** *Entrer en communication avec qqn, qqch. Prisonnier, otage privé de communication avec le monde extérieur. Avoir des difficultés de communication,* à communiquer, à s'exprimer. *Le rêve ouvre « à l'homme une communication avec le monde des esprits »* NERVAL. *Communication réciproque.* ➤ **échange.** *Communication interculturelle.* ➤ **coopération.** ■ **2** DIDACT. **LA COMMUNICATION** *Sciences de la communication :* ensemble des activités et connaissances concernant la communication au moyen de signes, notamment entre les êtres humains (neurosciences, sciences cognitives, informatique, certaines sciences humaines et sociales). ➤ aussi **sémiologie.** *Théorie de l'information et de la communication.* — SC. Relation dynamique qui intervient dans un fonctionnement. Passage ou échange de messages entre un sujet émetteur et un sujet récepteur au moyen de signes, de signaux. *Communication entre des êtres vivants, des organismes, des machines.* ➤ **sémiotique ; cybernétique.** *Fonction d'expression* et fonction de communication du langage.* ➤ aussi **paralangage.** *« c'est secondairement que le langage aurait servi de système de communication entre individus, comme le pensent de nombreux linguistes »* F. JACOB. *Communication par le canal* auditif.* — INFORM. *Communication homme-machine.* ➤ **interactivité.** ◆ SPÉCIALT Ensemble des techniques médiatiques utilisées (dans la publicité, les médias, la politique) pour informer, influencer l'opinion d'un public (➤ **cible**) en vue de promouvoir ou d'entretenir une image (cf. Relations* publiques). ABRÉV. FAM. **COM** [kɔm]. *Communication d'entreprise. Techniciens en communication.* ➤ **communicateur.** *Directeur de la communication d'une société* (ABRÉV. FAM. *dircom* [diʀkɔm]). *Agence de communication. Stratégie de communication* (➤ **communicationnel**).

II ACTION DE TRANSMETTRE UNE INFORMATION ■ **1** Action de communiquer (qqch. à qqn). Résultat de cette action. ➤ **information.** *La communication d'une nouvelle, d'un renseignement, d'un avis à qqn. Communication des idées* (➤ **diffusion**), *des sentiments* (➤ **effusion, expression, manifestation**). *Demander communication d'un dossier, d'une pièce.* — DR. *Communication des pièces* (à toutes les parties). *Communication au ministère public.* ■ **2** La chose que l'on communique. ➤ **annonce, avis, dépêche, message, note, nouvelle, renseignement.** *J'ai une communication à vous faire. « c'est pour une communication de la plus haute importance »* COURTELINE. ◆ SPÉCIALT Exposé oral fait devant une société savante. *Les communications d'un colloque.* COLLECT. *« La communication scientifique favorise le contact entre des hommes que tout oppose à l'origine »* P.-G. DE GENNES. ■ **3** Moyen technique par lequel des personnes communiquent ; message qu'elles se transmettent. ➤ **télécommunication*, télématique, transmission.** *Une communication téléphonique* (➤ **appel**), *télégraphique, par télécopie. Communication mobile,* par téléphonie mobile. *Le prix de la communication. Être en communication* (avec qqn), au téléphone. *Je vous passe une, la communication. Prendre une communication. Recevoir une communication de l'étranger. « les fils télégraphiques furent brisés ou pervertis, les communications rompues »* MICHELET. *Couper, interrompre les communications entre une armée et sa base.* — (traduction de l'anglais *massmedia*) **COMMUNICATIONS DE MASSE :** procédés de transmission massive de l'information (journaux, radio, télévision). ➤ **média.**

III PASSAGE ■ **1** Ce qui permet de communiquer ; passage d'un lieu à un autre. *Porte de communication. Voies, moyens de communication.* ➤ **circulation, transport.** ■ **2** (1690) Artère, route. *Couper, fermer, rompre les communications.*

COMMUNICATIONNEL, ELLE [kɔmynikasjɔnɛl] **adj.** – 1975 ◊ de *communication* ■ DIDACT. Qui favorise la communication. *La bureautique communicationnelle.*

COMMUNIER [kɔmynje] **v. intr.** ⟨7⟩ – Xe ◊ latin chrétien *communicare* « participer à, s'associer à » → communiquer ■ **1** Recevoir le sacrement de l'eucharistie. *Communier à Pâques. Communier sous les deux espèces.* TRANS. (RARE) Faire communier. *Le prêtre communia tous les fidèles.* ■ **2** Être en union spirituelle. ➤ **communion.** *« Il communiait avec ces sentiments »* GENEVOIX.

COMMUNION [kɔmynjɔ̃] **n. f.** – 1120 ◊ latin chrétien *communio* « communauté » ■ **1** Union des personnes qui professent une même foi (notamment chrétienne). ➤ **communauté, 1 union.** *La communion des fidèles.* ➤ **église ; chrétienté.** *Exclure de la communion.* ➤ **excommunier.** *Les diverses communions chrétiennes.* ➤ **confession, secte.** ◆ **LA COMMUNION DES SAINTS :** dogme chrétien selon lequel les Églises triomphante, militante et souffrante sont en union. ■ **2** PAR EXT. **EN COMMUNION.** *Être en communion d'idées, de sentiments avec qqn,* avoir des idées, des sentiments communs avec cette personne. ➤ **accord, correspondance, 1 union.** *Être en communion avec la nature.* ■ **3** (v. 1200) Réception du sacrement de l'eucharistie. ➤ **cène.** *Table de communion. Communion privée, communion solennelle* (cf. Profession de foi*), *première communion* (➤ **communiant**). *« J'ai fait ma première communion en état de péché mortel »* H. CALET. *Renouveler sa communion solennelle.* ➤ **renouvellement.** *Communion d'un moribond* (➤ **viatique**). ■ **4** LITURG. Partie de la messe (ou de l'office protestant) au cours de laquelle le prêtre communie et distribue la communion aux fidèles.

COMMUNIQUÉ [kɔmynike] **n. m.** – 1853 ◊ de *communiquer* ■ Avis qu'un service compétent communique au public. ➤ **annonce, avis, bulletin, note.** *Communiqué officiel. Communiqués de la presse écrite, parlée.*

COMMUNIQUER [kɔmynike] **v.** ⟨1⟩ – 1361 ◊ latin *communicare* « être en relation avec »

I v. tr. ■ **1** (1557) Faire connaître (qqch.) à qqn. ➤ **1 dire, divulguer, donner, livrer, publier, transmettre.** *Communiquer une nouvelle.* ➤ **annoncer,** VX **mander.** *Communiquer ses intentions, ses projets, ses sentiments.* ➤ **confier, expliquer, s'ouvrir** (de). *Communiquer une information.* ➤ **livrer, révéler.** *Se communiquer des renseignements.* ➤ **échanger.** ◆ Mettre (des informations enregistrées) à la disposition de (qqn). *Je vous communiquerai le dossier.* — DR. *Communiquer les pièces d'un procès.* ■ **2** Faire partager. *« ma joie devint si grande, que je la voulus communiquer »* GIDE. ■ **3** PRONOM. VIEILLI ➤ **se confier ; communicatif.** *« Je me communique fort peu »* MONTESQUIEU. ■ **4** (1740) Rendre commun à ; transmettre (qqch.). *Corps qui communique son mouvement à un autre.* ➤ **imprimer, transmettre.** *Le Soleil communique sa lumière et sa chaleur à la Terre.* — *Communiquer une maladie.* ➤ **donner, passer ; contagion.** PRONOM. (PASS.) *Mouvement, feu qui se communique.* ➤ **gagner ; envahir.**

II v. intr. ■ **1** (XIVe) Être, se mettre en relation avec. *Communiquer avec un ami. Communiquer par la parole, par gestes, par lettre.* ➤ **correspondre, s'exprimer, 1 parler.** ABSOLT *Refus de communiquer. Incapacité à communiquer.* ➤ **autisme.** *« Communiquer c'est émettre des informations, mais aussi en recevoir »* É. ZARIFIAN. *Impossibilité de communiquer* (➤ **incommunicabilité**). ◆ SPÉCIALT Influencer l'opinion d'un public (➤ **cible**) par une transmission efficace d'idées, d'impressions, d'images symboliques. *Cette entreprise communique bien* (➤ **communication, publicité**). *Communiquer sur un produit.* ■ **2** (1681) (CHOSES) Être en rapport avec, par un passage. *Corridor qui fait communiquer plusieurs pièces.* ➤ **commander, 1 desservir.** *Pièces qui communiquent.* ➤ **communicant.** *La chambre communique avec la salle de bains. Route qui fait communiquer deux régions.* ➤ **relier.**

COMMUNISANT, ANTE [kɔmynizɑ̃, ɑ̃t] adj. – 1930 ◊ de *communiste* ■ Qui sympathise avec les communistes ; est empreint de communisme. *Il est communisant. Des thèses communisantes.* — n. *Les communisants* (➤ **cryptocommuniste**).

COMMUNISME [kɔmynism] n. m. – 1840 ◊ de *commun* ■ **1** VX Organisation économique et sociale fondée sur la suppression de la propriété privée au profit de la propriété collective. ➤ **babouvisme, collectivisme, égalitarisme, socialisme.** *Le communisme absolu de Platon. «le communisme, cette logique vivante et agissante de la Démocratie»* BALZAC. ■ **2** Système social prévu par Marx, où les biens de production appartiennent à la communauté (➤ **marxisme**). *Le socialisme d'État, stade transitoire qui doit aboutir au communisme.* ➤ **étatisme, socialisme.** ■ **3** Politique, doctrine des partis communistes. *Le communisme russe de 1917.* ➤ **bolchevisme, léninisme.** *Le communisme chinois. Communisme léniniste, trotskiste, stalinien* (stalinisme), *antistalinien.* ■ **4** Ensemble des communistes, de leurs organisations. ■ CONTR. Capitalisme, fascisme, libéralisme.

COMMUNISTE [kɔmynist] adj. et n. – 1832 ; «copropriétaire» 1769 ◊ de *commun* ■ **1** HIST. Qui est partisan du communisme. n. *Les communistes babouvistes, proudhoniens.* ■ **2** Qui cherche à faire triompher la cause de la révolution sociale, en accord avec les organisations prolétariennes. *«Le Manifeste du parti communiste», de Marx et Engels. Ligue communiste révolutionnaire.* ■ **3** Qui appartient aux organisations internationales *(Internationales communistes)*, aux partis, aux États (d'abord Russie soviétique*) se réclamant du marxisme. *Le Parti communiste français, italien. Devenir, être communiste. Une militante communiste.* ■ **4** n. Membre d'un parti communiste issu de la troisième Internationale. *Communiste soviétique* (➤ **apparatchik**). *Un communiste italien, espagnol. Communiste dissident.* SPÉCIALT (en France) Membre du Parti communiste français. ➤ FAM. et PÉJ. **3 coco ; rouge.** *Élire un communiste. «Les Communistes», roman d'Aragon.* — adj. *Municipalité communiste. Député communiste.* ■ CONTR. Capitaliste, fasciste, libéral.

COMMUTABLE [kɔmytabl] adj. – 1547 ◊ de *commuter* ■ **1** RARE Commuable*. ■ **2** Qui peut être commuté. ➤ **substituable ; commutation** (I°). *Éléments commutables.*

COMMUTATEUR [kɔmytatœʀ] n. m. – 1839 ◊ du latin *commutare* «changer» → commuer ■ ÉLECTR. Appareil permettant de modifier un circuit électrique ou les connexions entre circuits (➤ **interrupteur, rotacteur**). — SPÉCIALT, TÉLÉCOMM. *Commutateur téléphonique* : système centralisé permettant d'établir une liaison téléphonique entre deux abonnés. ➤ **autocommutateur.** *Commutateur électronique, automatique.*

COMMUTATIF, IVE [kɔmytatif, iv] adj. – XIVe ◊ du latin *commutare* ■ **1** DR. Qui est relatif à l'échange. *Contrat commutatif* (opposé à *contrat aléatoire*). — *Justice commutative* : équivalence des obligations et des charges (opposé à *justice distributive*). ■ **2** MATH., LOG. Dont le résultat est invariable quel que soit l'ordre des facteurs. *L'addition est commutative. Anneau, corps commutatif,* dont la multiplication est commutative. *Groupe commutatif,* dont l'addition est commutative. ➤ **abélien.**

COMMUTATION [kɔmytasjɔ̃] n. f. – début XIIe ◊ latin *commutatio* «changement» ■ **1** DIDACT. Substitution, remplacement. *Commutation et permutation.* — SPÉCIALT Substitution d'un élément par un autre, dégageant des distinctions pertinentes (notamment en linguistique). ■ **2** DR. *Commutation de peine* : grâce qui consiste dans la substitution d'une peine plus faible à la première peine. ➤ **commuer.** ■ **3** TÉLÉCOMM. Liaison permettant une communication entre deux points d'un réseau (téléphonique, télématique). *Commutation spatiale, temporelle, par paquet.* ■ **4** ÉLECTRON. Transition rapide du niveau d'un signal. *Transistor fonctionnant en commutation* (cf. Tout* ou rien). ■ CONTR. Aggravation (de peine).

COMMUTATIVITÉ [kɔmytativite] n. f. – 1907 ◊ de *commutatif* ■ DIDACT. Caractère d'une opération commutative.

COMMUTATRICE [kɔmytatʀis] n. f. – 1922 ◊ de *commutateur* ■ ÉLECTR. Appareil qui servait à transformer du courant alternatif en continu ou inversement.

COMMUTER [kɔmyte] v. ‹1› – 1611, repris XIXe ◊ latin *commutare* «changer complètement»

I v. intr. ■ **1** MATH., PHYS. Pour deux opérateurs A et B, Satisfaire à la relation AB = BA. ■ **2** Pour un élément d'un ensemble, Pouvoir être échangé contre un autre à résultat égal. *A et B commutent ; A commute avec B.* ♦ LING. Se dit d'unités qui peuvent se remplacer l'une l'autre. *Faire commuter deux mots.* ■ **3** (Sujet chose) Effectuer une commutation (4°). *Transistor qui commute en 10 nanosecondes.*

II v. tr. ■ **1** DIDACT. Échanger par une commutation. *Il faut commuter A avec B.* ■ **2** ÉLECTRON. Effectuer la commutation (3°, 4°) de (un circuit, une tension). *Le relais commute une puissance élevée.*

COMORBIDITÉ [komɔʀbidite] n. f. – 1990 ◊ de *co-* et *morbidité* ■ DIDACT. Présence simultanée de plusieurs pathologies chez un même patient.

COMPACITÉ [kɔ̃pasite] n. f. – 1752 ◊ de *compact* ■ DIDACT. Qualité de ce qui est compact.

COMPACT, E [kɔ̃pakt] adj. et n. m. – 1377 ◊ latin *compactus* «bien assemblé», de *compingere* ■ **1** Qui est formé de parties serrées, dont les éléments constitutifs sont très cohérents. ➤ **dense, serré.** *Bloc, pâté d'immeubles compact. Foule compacte.* — *Poudre compacte* (opposé à *libre*). — FIG. *Majorité compacte,* forte, massive. ■ **2** (v. 1960 ◊ de l'anglais) D'un faible encombrement. *Appareil photo compact. Chaîne* compacte.* ➤ **minichaîne.** *Disque* compact.* — n. m. Appareil photo ou disque compact. *Des compacts.* ■ CONTR. Dispersé, épars, ténu.

COMPACTABLE [kɔ̃paktabl] adj. – 1977 ◊ de *compacter* ■ Que l'on peut compacter. *Bouteilles de plastique compactables.*

COMPACTAGE [kɔ̃paktaʒ] n. m. – 1952 ◊ de *compact* ■ TECHN. Action de compacter (des ordures, du béton, un sol). ♦ INFORM. *Compactage des données.* ➤ **compression.**

COMPACT-DISC ➤ **DISQUE** (II, 2°)

COMPACTER [kɔ̃pakte] v. tr. ‹1› – 1963 ; p. p. 1938 ◊ de *compact* ■ Rendre plus compact. *Les histones compactent l'ADN.* — Réduire de volume en compressant. p. p. adj. *Déchets compactés.* ♦ INFORM. Réduire la taille de (un fichier) en remplaçant les éléments redondants qu'il contient. ➤ **compresser, zipper.** ■ CONTR. Décompacter, décompresser, dézipper.

COMPACTEUR [kɔ̃paktœʀ] n. m. – v. 1950 ◊ de *compacter* ■ TECHN. Engin de travaux publics destiné au compactage. ♦ Appareil de compactage des ordures ménagères.

COMPAGNE [kɔ̃paɲ] n. f. – fin XIIe ◊ de l'ancien français *compain* → copain ; compagnon ■ **1** Celle qui partage ou a partagé la vie, les occupations d'autres personnes (par rapport à elles). *Compagnes d'école, de travail. Allez rejoindre vos compagnes.* ➤ **camarade.** ■ **2** LITTÉR. Épouse, femme ; concubine, maîtresse. *Il viendra avec sa compagne.* ➤ **amie.**

COMPAGNIE [kɔ̃paɲi] n. f. – 1080 ◊ latin populaire °*compania* ■ **1** Présence auprès de qqn, fait d'être avec qqn. *Apprécier, rechercher la compagnie de qqn.* ➤ **présence, société.** *Aimer la compagnie des animaux.* ♦ LOC. *Aller de compagnie avec.* ➤ **accompagner.** *Voyager de compagnie,* ensemble (cf. De conserve). **EN... COMPAGNIE.** *Se plaire en la compagnie de qqn. Elle était en compagnie de son frère,* avec son frère. *Être en galante compagnie. «Un homme seul est toujours en mauvaise compagnie»* VALÉRY. *Fausser compagnie à.* ➤ **quitter.** *Tenir compagnie à qqn* : rester auprès d'une personne, meubler sa solitude. FAM. *Ça lui fait une compagnie.* ♦ **DE COMPAGNIE.** *Être de bonne (mauvaise) compagnie* : être bien (mal) élevé ; distingué (grossier). — *Dame, demoiselle de compagnie* : personne appointée pour tenir compagnie à une autre. — *Animal de compagnie* : animal domestique familier qui vit auprès des humains pour leur tenir compagnie. *Les nouveaux animaux de compagnie* (*NAC* [nak]), appartenant à des espèces exotiques ou insolites (rat, furet, mygale, serpent...). ■ **2** (XVIe) VX Réunion de personnes qui ont quelque motif de se trouver ensemble. ➤ **assemblée, réunion, société.** *Une nombreuse compagnie.* — POP. *Bonsoir, salut la compagnie !* ■ **3** (1636) Association de personnes que rassemblent des statuts communs. ➤ **société.** *Compagnie commerciale, financière, pétrolière. La Compagnie des Indes. Compagnie de chemins de fer, d'assurances. Compagnie aérienne* : entreprise de transport aérien. *Compagnie à bas prix, à bas coûts* (recomm. offic. pour traduire l'anglais *low cost company*). *Compagnie maritime.* ➤ **armateur.** *Compagnie majeure, grande compagnie* : recomm. offic. pour *major* (III). — ABRÉV. **Cie** [kɔ̃paɲi]. ... *et Cie*, à la fin d'une raison sociale, désigne les associés qui n'ont pas été nommés. *Établissements Dupont et Cie.* FAM. et dans un contexte péj. *« Meussieur Marcel et son copain, [...] c'est voleur et compagnie »* QUENEAU. *« les enfants, c'est déception et compagnie »* R. FORLANI. ♦ *Compagnie savante.* ➤ **collège, société.** *L'illustre compagnie* : l'Académie française. ♦ (1501) Troupe théâtrale permanente. ➤ **théâtre.** *Les jeunes compagnies. — Compagnie de ballet.* ▪ **4** (XIVe) VX Réunion de gens armés. ➤ **troupe.** *Les Grandes Compagnies emmenées en Espagne par Du Guesclin.* — PAR ANAL. MOD. *La Compagnie de Jésus.* ➤ **jésuite.** ♦ SPÉCIALT Unité de formation d'infanterie placée sous les ordres d'un capitaine. *Les compagnies d'un bataillon. Sections d'une compagnie.* — En France, *Compagnies républicaines de sécurité* (C. R. S.).* ▪ **5** (1559) Groupe d'animaux de même espèce, vivant en colonie. *Une compagnie de perdreaux.* ■ CONTR. Absence, isolement, solitude.

COMPAGNON [kɔ̃paɲɔ̃] **n. m.** – *cumpainz* 1080 ◊ latin populaire °*companio, onis* « qui mange son pain avec » → copain ▪ **1** VIEILLI ou LITTÉR. Personne (souvent, homme) qui partage habituellement ou occasionnellement la vie, les occupations d'autres personnes (par rapport à elles). ➤ **camarade,** FAM. **copain ;** RÉGION. **chum.** *Compagnon de table* (➤ **commensal**), *d'études* (➤ **condisciple**), *de jeu* (➤ **partenaire**), *de travail* (➤ **collègue**), *de voyage, d'exil. Compagnon d'armes. Les Compagnons de la Libération.* — POLIT. (calque du russe) *Compagnon de route* (d'un parti) : sympathisant actif. — VIEILLI *Un joyeux compagnon.* ➤ 1 **drille, luron.** — *De pair à compagnon.* ➤ 1 **pair.** — PAR EXT. Celui qui partage les sentiments, l'idéal d'une autre personne, qui a subi les mêmes épreuves. ➤ **ami.** *Compagnon d'infortune.* ➤ **frère.** (D'un animal de compagnie) *Son chien, son vieux compagnon.* ▪ **2** PAR EXT. (MOD.) Homme d'un couple, par rapport à l'autre partenaire. *J'ai rencontré son compagnon.* ➤ **ami.** SPÉCIALT Concubin. ➤ RÉGION. **chum.** ♦ (ANIMAUX) *Il faut un compagnon à cet oiseau.* ▪ **3** ANCIENNT Celui qui n'était plus apprenti et n'était pas encore maître, dans une corporation. ➤ **artisan.** *Les compagnons du Tour de France. Apprenti reçu compagnon après avoir présenté son chef-d'œuvre*.* MOD. Ouvrier qualifié dans certaines professions artisanales. ▪ **4** Degré de dignité dans la franc-maçonnerie. ▪ **5** Scout âgé de 18 à 21 ans, engagé dans un projet à but humanitaire. ▪ **6** Grand portefeuille pour femme, de forme oblongue.

COMPAGNONNAGE [kɔ̃paɲɔnaʒ] **n. m.** – 1719 ◊ de *compagnon* ▪ Organisation ouvrière caractérisée par des sociétés d'aide mutuelle et de formation professionnelle. *Le musée du compagnonnage de Tours.* ANCIENNT Temps du stage qu'un compagnon devait faire chez un maître.

COMPARABILITÉ [kɔ̃paʀabilite] **n. f.** – 1832 ◊ de *comparable* ▪ DIDACT. Caractère de ce qui est comparable.

COMPARABLE [kɔ̃paʀabl] **adj.** – fin XIIe ◊ latin *comparabilis* ▪ **1** Qui peut être comparé avec qqn ou avec qqch. grâce à des traits communs. ➤ **analogue, approchant, assimilable.** *Personnes, choses comparables entre elles.* LOC. PROV. *Il faut comparer ce qui est comparable.* — MATH. *Grandeurs comparables,* entre lesquelles on peut établir un rapport par comparaison (permettant la mesure*). *Grandeurs comparables par rapport à une unité.* ➤ **commensurable.** ▪ **2** (Négatif) Pour indiquer une grande différence en bien ou en mal (en mieux ou en pire). *Rien n'est comparable à cela. Cela n'a rien de comparable (avec).* ➤ **commun.** *Ce n'est pas comparable !* (cf. C'est sans commune mesure*). ■ CONTR. Incommensurable, irréductible ; incomparable.

COMPARAISON [kɔ̃paʀɛzɔ̃] **n. f.** – fin XIIe ◊ latin *comparatio* ▪ **1** Le fait d'envisager ensemble (deux ou plusieurs objets de pensée) pour en chercher les différences ou les ressemblances. ➤ **comparer ; analyse, jugement, rapprochement.** *Établir une comparaison entre... ; faire la comparaison de deux choses, entre deux choses. Faire une comparaison avec. Mettre une chose en comparaison avec une autre* (➤ 1 **balance, parallèle, regard**). *Il n'y a pas de comparaison possible. Soutenir la comparaison. Terme de comparaison* (cf. Commune mesure*). *Éléments de comparaison* (analogie, différence, rapport, relation, ressemblance). *Comparaison de textes, d'écritures.* ➤ **collationnement, confrontation, recension.** ♦ *Adverbes de comparaison,* qui indiquent un rapport de supériorité, d'égalité ou d'infériorité (ainsi, aussi, autant, comme, de même* que, moins, plus). — *Degrés* de comparaison.* ▪ **2** LOC. **EN COMPARAISON DE.** ➤ **auprès** (de), **relativement** (à), **vis-à-vis** (de) ; (cf. À côté de, à l'égard de, en proportion de, au prix de, par rapport à, en regard de). *« Nous étions des géants en comparaison de la société [...] qui s'est engendrée »* CHATEAUBRIAND. — **PAR COMPARAISON À, AVEC.** *Pour lui, c'est la misère, par comparaison à sa richesse passée.* ➤ **comparativement.** ABSOLT *La plupart des choses ne sont bonnes ou mauvaises que par comparaison. — C'est sans (aucune) comparaison* : incomparable (généralement beaucoup mieux, très supérieur). **SANS COMPARAISON :** sans hésitation. *Je préfère sans comparaison cette version.* ▪ **3** Rapport établi explicitement (par *comme, tel, plus, moins...*) entre un objet et un autre dans le langage ; figure de rhétorique qui établit ce rapport. ➤ **allusion, image, métaphore.** *Comparaison qui accentue la différence.* ➤ **antithèse, contraste.** *Le premier, le second membre d'une comparaison. « Gai comme un pinson », « prompt comme l'éclair » sont des comparaisons figées* (des locutions). ➤ **comme.** PROV. *Comparaison n'est pas raison* : une comparaison n'est pas un argument, ne prouve rien.

COMPARAÎTRE [kɔ̃paʀɛtʀ] **v. intr.** ⟨57⟩ /COMPARAITRE/ – 1437 ◊ de l'ancien français *comparoir* ◊ latin juridique *comparere,* refait d'après *paraître* ■ DR. Se présenter par ordre (➤ **comparant, comparution**). *Comparaître en jugement, en justice.* ➤ VX **comparoir.** *Comparaître en personne, par avocat. Comparaître devant un juge. Ordre de faire comparaître.* ➤ **mandat.** *Citation* à comparaître. Refus de comparaître. Appeler qqn à comparaître comme témoin.* — PAR EXT. *Comparaître devant Dieu.*

COMPARANT, ANTE [kɔ̃paʀɑ̃, ɑ̃t] **adj. et n.** – XIVe ◊ de *comparoir* ■ DR. Qui comparaît en justice, devant un officier de l'état civil ou un officier ministériel. *Parties comparantes.* — **n.** *Déclaration du comparant.* ■ CONTR. Contumax, défaillant, non-comparant.

COMPARATEUR, TRICE [kɔ̃paʀatœʀ, tʀis] **n. m. et adj.** – 1821 ◊ de *comparer* ▪ **1** TECHN. Instrument destiné à mesurer avec précision de très petites différences de longueur. — Dispositif, montage qui indique la différence entre deux valeurs en les comparant, ou qui y réagit. *Comparateur de tension, de résistance.* ♦ *Comparateur de prix* : site web comparant les prix des offres en ligne. ▪ **2** **adj.** Qui aime à comparer. *Esprit comparateur.*

COMPARATIF, IVE [kɔ̃paʀatif, iv] **adj. et n. m.** – fin XIIIe ◊ latin *comparativus* ▪ **1** Qui contient ou établit une comparaison. *Tableau comparatif. Degré, état comparatif. Méthode, étude comparative. Publicité comparative,* qui compare le produit, le service avec les concurrents. — (1550) GRAMM. Qui exprime le degré dans une comparaison. *Une subordonnée comparative.* ▪ **2** **n. m.** (fin XIIIe) *Le comparatif* : le second degré dans la signification des adjectifs et de certains adverbes. *Comparatif de supériorité* (➤ **plus**), *d'égalité* (➤ **aussi**), *d'infériorité* (➤ **moins**). *Adjectif, adverbe au comparatif. Comparatifs irréguliers.*

COMPARATISME [kɔ̃paʀatism] **n. m.** – fin XIXe ◊ de *comparer* ▪ DIDACT. Ensemble des sciences comparées (linguistique, littérature comparées).

COMPARATISTE [kɔ̃paʀatist] **adj. et n.** – fin XIXe ◊ de *comparer* ▪ **1** Relatif aux études comparées, en quelque domaine que ce soit. ▪ **2** **n.** DIDACT. Spécialiste dans l'étude d'une science comparée (langue, littérature).

COMPARATIVEMENT [kɔ̃paʀativmɑ̃] **adv.** – 1556 ◊ de *comparatif* ▪ Par comparaison. *Ce n'est bon que comparativement. Comparativement à autre chose.*

COMPARÉ, ÉE [kɔ̃paʀe] **adj.** – de *comparer* ■ Qui étudie les rapports entre plusieurs objets d'étude. *Anatomie comparée* (des espèces différentes). *Grammaire comparée,* étudiant les rapports entre langues. *Littérature comparée,* étudiant les influences, les échanges entre littératures.

COMPARER [kɔ̃paʀe] **v. tr.** ⟨1⟩ – fin XIIe ◊ latin *comparare* ▪ **1** Examiner les rapports de ressemblance et de différence. ➤ **confronter, rapprocher ; comparaison.** *Comparer un écrivain avec un autre, à un autre. Comparer plusieurs artistes (entre eux). Comparer pour critiquer, juger, pour connaître les caractéristiques.* ➤ **analyser, évaluer, mesurer.** *Comparer deux textes, deux écritures.* ➤ **collationner.** ABSOLT *Comparez avant de choisir.* ▪ **2** Rapprocher en vue d'assimiler ; mettre en parallèle. *Comparer à, avec. Comparer la vie à une aventure. « Il ne faut pas comparer les chagrins de la vie avec ceux de la mort »* MUSSET. — **v. pron.** (pass.) *Cette ville peut se comparer avec les capitales. Les deux choses ne peuvent se comparer.* ▪ **3** Rapprocher des personnes ou des choses de nature ou d'espèce différente, dans une comparaison. *« Il compara, pour finir, les gens du monde aux chevaux de course »* MAUPASSANT.

COMPAROIR [kɔ̃paʀwaʀ] **v. intr.** ⟨seult inf. et p. prés. *comparant*⟩ – XIIIe ◊ latin *comparere* → comparaître ■ VX Comparaître en justice. *Les témoins « que la justice mande ainsi à comparoir »* BALZAC.

COMPARSE [kɔ̃paʀs] **n.** – 1798 ◊ italien *comparsa* «personnage muet», p. p. de *comparire* «apparaître» ▪ **1** VIEILLI Acteur, actrice qui remplit un rôle muet. ➤ **figurant.** ▪ **2** Personnage dont le rôle est insignifiant. *Les protagonistes et les comparses. Ce n'est qu'un (une) comparse.* — SPÉCIALT Personne jouant un rôle de second plan dans un délit.

COMPARTIMENT [kɔ̃paʀtimɑ̃] **n. m.** – 1546 ◊ italien *compartimento,* de *compartire* «partager» ▪ **1** Division pratiquée dans un espace pour loger des personnes ou des choses en les séparant. ➤ **case.** *Meuble formé d'un ensemble de compartiments.* ➤ **casier, classeur.** *Coffre, tiroir à compartiments.* — SPÉCIALT *Les compartiments d'un réfrigérateur. Compartiment à glace.* ➤ **congélateur, freezer.** ◆ Division d'une voiture de chemin de fer (voyageurs), délimitée par des cloisons. *Compartiment réservé, de seconde classe. Compartiment fumeurs. Voiture à compartiments, sans compartiments. Compartiment individuel :* recomm. offic. pour *single.* ◆ (Objets naturels) *Les compartiments d'un gâteau de cire.* ➤ **alvéole.** — BIOL. CELL. *Compartiment cellulaire :* division du cytoplasme délimitée par une membrane lipidique (noyau, réticulum, lysosomes, mitochondries, etc.) aux fonctions biologiques spécifiques. ANAT. *Compartiments liquidiens**. ▪ **2** Subdivision (d'une surface) par des figures régulières. *Compartiments d'un damier, d'un échiquier. Parterre de jardin à compartiments.* ➤ **carré.** «*Le plafond, divisé en compartiments octogones*» FLAUBERT. ➤ **caisson.** ▪ **3** Ornement fait de dorures à petits fers sur le plat ou sur le dos des livres reliés.

COMPARTIMENTAGE [kɔ̃paʀtimɑ̃taʒ] **n. m.** – 1892 ◊ de *compartimenter* ▪ Action de compartimenter. Division par compartiments. ➤ **cloisonnement.** — On dit aussi **COMPARTIMENTATION n. f.**

COMPARTIMENTER [kɔ̃paʀtimɑ̃te] **v. tr.** ‹1› – 1892 ◊ de *compartiment* ▪ **1** Diviser en compartiments. *Compartimenter une armoire.* ▪ **2** Diviser par classes, par catégories nettement séparées. *L'auteur a soigneusement compartimenté les questions.* ➤ **cloisonner, séparer. p. p. adj.** *Une société très compartimentée.*

COMPARUTION [kɔ̃paʀysjɔ̃] **n. f.** – 1453 ◊ de *comparu,* p. p. de *comparaître* ▪ DR. Action de comparaître. *Mandat de comparution. En cas de non-comparution* (➤ **défaut**). *Comparution immédiate :* procédure permettant de traduire en justice, sur le champ, une personne interpelée. *Comparution sur reconnaissance préalable de culpabilité (CRPC).* ➤ **plaider-coupable.**

COMPAS [kɔ̃pɑ] **n. m.** – XIIe «mesure, règle» ◊ de *compasser* ▪ **1** Instrument composé de deux jambes ou *branches* jointes par une charnière et que l'on écarte plus ou moins pour mesurer des angles, reporter des longueurs, tracer des cercles. *Compas à pointes sèches. Compas tire-ligne. Compas quart de cercle. Compas de proportion,* dont les branches sont de petites règles divisées. *Compas de réduction,* pour tracer des figures proportionnelles au moyen des branches divisées qui coulissent l'une sur l'autre. *Compas d'épaisseur,* à branches courbes servant à mesurer l'épaisseur d'un corps quelconque. ➤ **maître-à-danser.** *Mesurer au compas. Tracer un cercle au compas, avec un compas.* LOC. FIG. *Avoir le compas dans l'œil :* juger à vue d'œil, avec une grande précision. ▪ **2** (1575) MAR. Instrument de navigation indiquant le nord magnétique. ➤ **boussole.** *Compas gyroscopique.* ➤ **gyrocompas.** *Naviguer au compas.*

COMPASSÉ, ÉE [kɔ̃pɑse] **adj.** – XVIe ◊ de *compasser* ▪ Dont le comportement est affecté et guindé ; sans rien de libre, de spontané. ➤ **contraint, empesé, gourmé.** *Un homme compassé. D'un air compassé. — Style compassé.* «*l'allure compassée, noble et précieuse*» du menuet HERRIOT. ▪ CONTR. Aisé, libre, naturel, simple.

COMPASSER [kɔ̃pɑse] **v. tr.** ‹1› – 1130 «mesurer, ordonner, régler» ◊ latin populaire °*compassare* «mesurer avec le pas», de *cum* «avec» et *passus* «pas» ▪ **1** TECHN. Mesurer avec le compas. *Compasser des distances sur une carte.* — PAR EXT. Tracer, disposer avec une rigoureuse exactitude. ▪ **2** LITTÉR. Considérer avec attention, régler avec exactitude, minutie, et PAR EXT. avec exagération. ➤ **étudier, mesurer, peser ; compassé.** *Compasser sa démarche, son attitude.*

COMPASSION [kɔ̃pɑsjɔ̃] **n. f.** – 1155 ◊ latin chrétien *compassio,* de *compati* «souffrir» → compatir ▪ LITTÉR. Sentiment qui porte à plaindre et partager les maux d'autrui. ➤ **apitoiement, commisération, miséricorde ; pitié.** *Avoir de la compassion pour qqn. Cœur accessible à la compassion.* ➤ **humanité, sensibilité.** *Inspirer de la compassion. Être touché de compassion. Être digne de compassion.* «*on l'épargnait par compassion de son état*» SAND. ▪ CONTR. Cruauté, dureté, indifférence, insensibilité.

COMPASSIONNEL, ELLE [kɔ̃pɑsjɔnɛl] **adj.** – 1987 ◊ de *compassion* ▪ **1** Inspiré par la compassion. *Vague compassionnelle de dons en faveur des victimes d'une catastrophe naturelle.* — MÉD. Qui permet à un malade en échec thérapeutique de bénéficier d'un médicament en cours de développement. *Accès, usage compassionnel. Protocole compassionnel.* ▪ **2** Qui suscite la compassion.

COMPATIBILITÉ [kɔ̃patibilite] **n. f.** – 1570 ◊ de *compatible* ▪ Caractère, état de ce qui est compatible. ➤ **accord, convenance.** *Compatibilité d'humeur.* — PHYSIOL. *Compatibilité sanguine,* exigée, lors d'une transfusion, entre le sang du donneur et celui du receveur. ➤ aussi **histocompatibilité.** — SPÉCIALT, INFORM. Possibilité, pour des ordinateurs différents, d'utiliser les mêmes logiciels et les mêmes périphériques, d'être connectés. ▪ CONTR. Désaccord. Incompatibilité.

COMPATIBLE [kɔ̃patibl] **adj.** et **n. m.** – 1396 ◊ latin *compati* «sympathiser» → compatir ▪ Qui peut s'accorder avec autre chose, exister en même temps. ➤ **conciliable.** *Des caractères compatibles. La fonction de préfet n'est pas compatible avec celle de député. Médicaments compatibles,* pouvant être administrés en même temps. ◆ TECHN. (INFORM.) *Matériels compatibles,* qui peuvent fonctionner ensemble (malgré leur origine différente). — SPÉCIALT Qui peut exécuter les programmes conçus pour un autre matériel. **n. m.** *Le marché des compatibles.* ▪ CONTR. Incompatible. Inconciliable.

COMPATIR [kɔ̃patiʀ] **v. tr. ind.** ‹2› – 1541 ◊ bas latin *compati* «souffrir avec», d'après *pâtir* «souffrir» ▪ **1** VX S'accorder, être compatible. «*Mais enfin nos désirs ne compatissent point*» CORNEILLE. ▪ **2** MOD. **COMPATIR À :** avoir de la compassion pour (une souffrance). ➤ **s'apitoyer, s'attendrir, plaindre.** «*On ne compatit qu'aux misères que l'on partage*» THIBAUDET. *Il compatit à notre douleur* (➤ **condoléances**). — Sans compl. *Croyez bien que je compatis.*

COMPATISSANT, ANTE [kɔ̃patisɑ̃, ɑ̃t] **adj.** – 1692 ◊ de *compatir* ▪ Qui prend part aux souffrances d'autrui. ➤ **miséricordieux ;** 1 **bon, charitable, humain, sensible.** «*Cette charité si compatissante*» RACINE. *Un regard compatissant.* ▪ CONTR. Dur, insensible.

COMPATRIOTE [kɔ̃patʀijɔt] **n.** – 1465 ◊ bas latin *compatriota,* de *cum* «avec» et *patria* «patrie» ▪ Personne originaire du même pays qu'une autre. *Nous sommes compatriotes. Épargner, secourir, aider un compatriote.* ◆ Personne originaire de la même province, de la même région. ➤ 2 **pays.**

COMPENDIEUX, IEUSE [kɔ̃pɑ̃djø, jøz] **adj.** – 1395 ◊ latin *compendiosus,* de *compendium* «abrégé» ▪ VX Exprimé en peu de mots. ➤ **concis*, succinct.** — **adv. COMPENDIEUSEMENT,** XIIIe. ▪ CONTR. Abondant, long, verbeux.

COMPENDIUM [kɔ̃pɛ̃djɔm] **n. m.** – 1584 ◊ latin *compendium* «abréviation» ▪ DIDACT. Abrégé. ➤ **condensé, résumé.** — FIG. «*La médecine étant un compendium des erreurs successives et contradictoires des médecins*» PROUST.

COMPENSABLE [kɔ̃pɑ̃sabl] **adj.** – 1804 ; «qui peut compenser», 1580 ◊ de *compenser* ▪ Qui peut être compensé. *Une perte difficilement compensable. — Chèque compensable à Paris* (➤ **compensation**).

COMPENSATEUR, TRICE [kɔ̃pɑ̃satœʀ, tʀis] **adj.** et **n. m.** – 1798 ◊ de *compenser* ▪ **1** Qui compense. *Indemnité compensatrice.* ➤ **compensatoire.** ▪ **2** *Pendule compensateur,* et **n. m.** *un compensateur,* compensant les effets produits sur une horloge par les variations de température. ▪ **3 n. m.** TECHN. Mécanisme destiné à contrebalancer les déficiences qui peuvent empêcher le bon fonctionnement d'un appareil. *Compensateur de dilatation.*

COMPENSATION [kɔ̃pɑ̃sasjɔ̃] **n. f.** – 1290 ◊ latin *compensatio,* de *compensare* ▪ **1** Avantage qui compense (un désavantage). *Compensation reçue pour des services rendus, des dommages.* ➤ **indemnité ; dédommagement, réparation, soulte.** *Prestation de compensation du handicap. Prime versée à titre de compensation.* DR. *Compensation légale, conventionnelle,* remplaçant l'exécution d'un engagement. — *Compensation morale.* ➤ **consolation, correctif, dédommagement.** «*Ce que Dieu nous donne ensuite, ce n'est que la triste compensation de la jeunesse. Plus il donne aux hommes, une fois la jeunesse perdue, plus il a cru devoir les indemniser*» DUMAS. *Sans compensation,* sans rien pour compenser, atténuer. «*Le déclin, sans compensation. Pas de gloire. Aucune revanche à attendre*» ROMAINS. — **loc. adv. EN COMPENSATION** (cf. Par contre, en échange, en revanche). *Si l'appartement est petit, en compensation nous* *avons une vue magnifique. Mais, en compensation...* ▪ **2** L'action, le fait de compenser, de rendre égal. *Compensation entre les gains et les pertes.* ➤ 1 **balance, égalité, équilibre.** *Compensation d'effets contraires.* ➤ **neutralisation.** — BIOL. *Organe, qualité de compensation,* qui se développe comme palliatif d'un désavantage. *Les organes de compensation des insectes cavernicoles aveugles.* — DR. *Compensation des dépens* : répartition entre les plaideurs. — Extinction de deux dettes réciproques jusqu'à concurrence de la plus faible. — (1803) TECHN. *Horloge, montre de compensation,* munie d'un compensateur. — MATH. *Loi de compensation* : loi des grands nombres. — MAR. *Compensation d'un compas* : correction de l'influence du magnétisme du navire sur le compas. ▪ **3** (1803) FIN. Procédé de règlement comptable entre deux ou plusieurs parties par balance des positions débitrices et créditrices (le règlement effectif étant limité au solde net). ➤ **clearing.** *Compensation bancaire. Chambre de compensation,* où se réunissent les banques d'une place* afin de réaliser la compensation entre les créances et les dettes qu'elles ont les unes vis-à-vis des autres. — BOURSE *Cours de compensation* : cours fixé la veille de la liquidation ou des reports des opérations à terme. ◆ COMM. INTERNAT. « Opération commerciale par laquelle le vendeur prend l'engagement de réaliser dans le pays de son client des opérations, en échange d'une vente qui n'est conclue qu'à cette condition » (Assoc. pour la compensation des échanges). *Contrat, accords de compensation.* ➤ **clearing ; troc.** ▪ **4** (1930) *Caisse de compensation,* où les charges sociales sont réparties (ex. allocations familiales). ▪ **5** PSYCHOL. Mécanisme psychique inconscient permettant de soulager une souffrance intime (sentiment d'infériorité, déficience physique) par la recherche d'une satisfaction supplétive ou des efforts acharnés pour redresser la fonction déficitaire. ➤ **surcompensation.** ▪ CONTR. Amende, peine ; aggravation. Déséquilibre, inégalité.

COMPENSATOIRE [kɔ̃pɑ̃satwaʀ] **adj.** – 1823 ◇ de *compenser* ▪ DIDACT. Qui compense. ➤ **compensateur.** *Indemnité compensatoire. Prestation compensatoire* (lors d'un divorce). — *Montants compensatoires monétaires (M. C. M.),* ou *agricoles* : somme reversée aux agriculteurs de l'Union européenne pour compenser les disparités des prix agricoles dans les pays membres.

COMPENSÉ, ÉE [kɔ̃pɑ̃se] **adj.** – 1877 ◇ de *compenser* ▪ Équilibré. *Gouvernail compensé. Semelle compensée,* qui fait corps avec le talon. — SPÉCIALT, MÉD. Se dit d'une maladie dont les effets sont atténués ou supprimés par des modifications de l'organisme qui tendent à en rétablir l'équilibre. — SPORT *Temps compensé,* calculé en tenant compte des handicaps.

COMPENSER [kɔ̃pɑ̃se] **v. tr.** ‹1› – XVIe ; « solder une dette » 1277 ◇ latin *compensare,* de *pensare* « peser » ▪ **(Sujet personne)** Équilibrer (un effet, généralement négatif, par un autre). ➤ **balancer, contrebalancer, corriger, équilibrer, neutraliser, racheter, réparer.** *Compenser une perte par un gain ; un ennui par une satisfaction. Compenser un préjudice.* ➤ **indemniser.** — **Sans compl.** *Pour compenser, je t'emmènerai au théâtre* (cf. Pour la peine, en récompense). — **(Sujet chose)** *Le gain ne compense pas le déficit.* ◆ **SE COMPENSER v. pron.** S'équilibrer. *Leurs caractères se compensent.* « *Les deux inégalités, bien loin de s'opposer et de se compenser, s'ajoutent au contraire* » PÉGUY. ▪ CONTR. Accentuer, aggraver, ajouter (s'), déséquilibrer.

COMPÉRAGE [kɔ̃peʀaʒ] **n. m.** – *conparage* v. 1175 ◇ de *compère* ▪ VIEILLI Entente entre les auteurs d'une tromperie. ➤ **complicité, connivence.** « *Coterie et compérage organisés pour tromper le public* » SAINTE-BEUVE.

COMPÈRE [kɔ̃pɛʀ] **n. m.** – 1175 ◇ latin ecclésiastique *compater* « père avec » ▪ **1** VX ou RÉGION. Le parrain d'un enfant par rapport à la marraine (➤ **commère**) et aux parents. ▪ **2** FAM. et VIEILLI Terme d'amitié entre personnes qui ont des relations de camaraderie. *Un bon compère* : un bon compagnon. ▪ **3** MOD. Celui qui, sans qu'on le sache, est de connivence avec qqn pour abuser le public ou faire une supercherie. ➤ 1 **baron.** *Le prestidigitateur avait deux compères dans la salle.*

COMPÈRE-LORIOT [kɔ̃pɛʀlɔʀjo] **n. m.** – 1838 ◇ de *compère* et *loriot* ▪ **1** Loriot (oiseau). ▪ **2** Petit bouton du bord de la paupière. ➤ **orgelet.** *Des compères-loriots.*

COMPÉTENCE [kɔ̃petɑ̃s] **n. f.** – 1468 « rapport » ◇ latin *competentia* ▪ **1** (1596) DR. Aptitude reconnue légalement à une autorité publique de faire tel ou tel acte dans des conditions déterminées. ➤ **attribution, autorité,** 2 **pouvoir, qualité.** *Compétence d'un préfet, d'un maire. Affaire qui est de la compétence du juge.* ➤ 2 **ressort.** *Domaine d'une compétence.* — SPÉCIALT Aptitude d'une juridiction à connaître d'une cause, à instruire et juger un procès. *Compétence d'attribution. Compétence territoriale,* relativement à la situation, au domicile des parties. *Cause relevant de la compétence de tel tribunal.* ➤ **justiciable.** *Conflit attributif de compétence.* ▪ **2** (1690) COUR. Connaissance approfondie, reconnue, qui confère le droit de juger ou de décider en certaines matières. ➤ **art, capacité, expertise, qualité, science.** *Avoir de la compétence, des compétences, de multiples compétences* (➤ **homme-orchestre ; polyvalent**). *S'occuper d'une affaire avec compétence.* — *Manquer de compétence. Cela n'entre pas dans mes compétences. Ce n'est pas de ma compétence. Utiliser les compétences de qqn.* « *Ces choses dépassaient sa compétence* » FLAUBERT. *Bilan de compétence(s),* effectué pour définir un projet professionnel. ◆ FAM. Personne compétente. *Consulter les compétences. C'est une compétence en la matière.* ▪ **3** (anglais *competence,* Chomsky) LING. Savoir implicite grammatical et lexical intégré par l'usager d'une langue naturelle et qui lui permet de former et de comprendre dans cette langue un nombre indéfini de phrases jamais entendues. *La compétence est une virtualité dont l'actualisation* (par la parole ou l'écriture) *constitue la « performance ». La compétence lexicale d'un locuteur.* ▪ **4** BIOL. Caractère d'une cellule ou d'un tissu compétent. « *compétence* [des lymphocytes] *en matière de réponse immunitaire* » J. HAMBURGER. ▪ CONTR. Incompétence.

COMPÉTENT, ENTE [kɔ̃petɑ̃, ɑ̃t] **adj.** – v. 1240 « approprié, suffisant » ◇ latin *competens* ▪ **1** (1480) DR. Qui a droit de connaître d'une matière, d'une cause. ➤ **compétence.** *Le tribunal s'est déclaré compétent pour juger cette cause.* ➤ **connaître (de).** *Juge compétent. En référer à l'autorité compétente.* ▪ **2** (1680) COUR. Capable de bien juger d'une chose en vertu de sa connaissance approfondie en la matière. ➤ **capable, entendu, expert, maître, qualifié, savant.** *Un critique compétent. Il est compétent en archéologie* (cf. Il est passé maître*, il est orfèvre* en la matière). *Dans les milieux compétents,* bien informés. ▪ **3** BIOL. *Cellules compétentes,* aptes à réagir à un stimulus et à se différencier. *Les cellules souches de la moelle osseuse, compétentes pour devenir les lymphocytes.* ➤ **immunocompétent.** ▪ CONTR. Incompétent ; amateur.

COMPÉTITEUR, TRICE [kɔ̃petitœʀ, tʀis] **n.** – 1402 ◇ latin *competitor,* de *competere* « rechercher » ▪ RARE Personne qui poursuit le même objet qu'une autre, entre en compétition avec d'autres. ➤ **adversaire, candidat, challengeur, concurrent, émule, rival.** *Compétiteurs au même titre. Compétiteurs sportifs.* « *Son compétiteur* [d'un candidat à l'Académie] *est M. Ancelot* » SAINTE-BEUVE. — ÉCON. Individu, société capable d'entrer en concurrence avec d'autres.

COMPÉTITIF, IVE [kɔ̃petitif, iv] **adj.** – 1907 ◇ anglais *competitive,* même origine que *compétition* ▪ **1** VX D'une compétition. ▪ **2** (1954) COMM. Qui peut supporter la concurrence du marché. — PAR EXT. ➤ **concurrentiel.** *Prix compétitifs. Entreprise compétitive.* ➤ **performant.** — Où la concurrence est vive. *Marché compétitif.*

COMPÉTITION [kɔ̃petisjɔ̃] **n. f.** – 1759 ◇ anglais *competition* ; bas latin *competitio* ▪ **1** Recherche simultanée par deux ou plusieurs personnes d'un même avantage, d'un même résultat. ➤ **concours, concurrence, conflit, rivalité.** « *Les intérêts diffèrent, les conflits et les compétitions éclatent* » BAINVILLE. *Compétition entre partis politiques. Sortir vainqueur d'une compétition. Être en compétition.* ▪ **2** SPÉCIALT *Compétition sportive.* ➤ **épreuve ; championnat,** 1 **coupe, critérium, match.** *Participer à une compétition.* ➤ RÉGION. **compétitionner.** *Sport de compétition. Esprit de compétition.* — **Forme abrégée** FAM. **COMPÈTE.** ▪ **3** ÉCOL. Interaction des organismes vivants pour la maîtrise des ressources d'un milieu donné. — BIOCHIM. Interaction de deux substrats analogues pour l'occupation du même site de liaison sur une protéine, et notamment sur une enzyme.

COMPÉTITIONNER [kɔ̃petisjɔne] **v. intr.** ‹1› – 1982 ◇ de *compétition* ▪ **(Canada)** Participer à une compétition sportive. *Compétitionner contre, avec qqn.*

COMPÉTITIVITÉ [kɔ̃petitivite] **n. f.** – attesté 1960 ◇ de *compétitif* ▪ COMM. Caractère de ce qui est compétitif. *Compétitivité des prix, des entreprises.* — *Pôle de compétitivité* : regroupement d'entreprises, d'établissements d'enseignement supérieur et d'organismes de recherche travaillant conjointement au développement économique en favorisant l'innovation. ➤ aussi **technopole, technopôle.**

COMPILATEUR, TRICE [kɔ̃pilatœʀ, tʀis] **n.** – 1425 ◇ latin *compilator*

I ▪ **1** DIDACT. Personne qui réunit des documents dispersés. « *Lecteurs, distinguez l'auteur du compilateur* » RESTIF. ▪ **2** PÉJ.

Auteur qui emprunte aux autres (opposé à *créateur*). ➤ **plagiaire.**
II n. m. (anglais *compiler*) INFORM. Dans un ordinateur, Programme destiné à traduire en langage d'assemblage ou en langage machine (fichier* objet) un programme écrit en langage évolué (fichier* source) en vue de son exécution. ➤ aussi **assembleur, interpréteur.**

COMPILATION [kɔ̃pilasjɔ̃] n. f. – XIIIe ◇ latin *compilatio* ■ 1 DIDACT. Action de compiler. — Documents réunis. ■ 2 Livre fait d'emprunts et qui manque d'originalité (➤ **plagiat**). ■ 3 INFORM. ANGLIC. Opération de traduction réalisée par un compilateur*. ■ 4 Disque (ou cassette) reprenant les chansons à succès d'un chanteur, les morceaux les plus connus d'un compositeur. ➤ **best of.** ABRÉV. FAM. **COMPIL,** parfois *compile.* « *une compilation sur disque grand format des plus grands succès de l'opérette interprétés par le roi de l'accordéon* » J. ROUAUD.

COMPILER [kɔ̃pile] v. tr. ‹1› – 1190 ◇ latin *compilare,* de *pilare* « piller » ■ 1 DIDACT. Mettre ensemble (des extraits, des documents) pour former un recueil. *Compiler des documents.* ■ 2 PÉJ. Plagier. ■ 3 ANGLIC. INFORM. Traduire (un programme) à l'aide d'un compilateur*.

COMPISSER [kɔ̃pise] v. tr. ‹1› – XIVe ◇ de *com-* et *pisser* ■ VX ou PLAIS. Pisser sur, arroser d'urine. « *Un aérolithe que tous les chiens du pays viennent flairer et compisser* » CLAUDEL.

COMPLAINTE [kɔ̃plɛ̃t] n. f. – 1175 « plainte en justice » ◇ ancien français *complaindre* ■ 1 VX Plainte, lamentation. « *À vous seul en pleurant j'adresse ma complainte* » M. RÉGNIER. ■ 2 (1800) Chanson populaire d'un ton plaintif dont le sujet est en général tragique ou pieux. ➤ **cantilène,** POP. **goualante.** *Des complaintes de matelots.* ■ 3 DR. Action permettant au possesseur d'un immeuble de se faire maintenir en possession s'il est troublé, ou de recouvrer la possession, s'il l'a perdue.

COMPLAIRE [kɔ̃plɛʀ] v. tr. ind. ‹54› – 1373 ◇ latin *complacere ;* d'après *plaire* ■ 1 LITTÉR. *Complaire à qqn,* lui être agréable en s'accommodant à ses goûts, à son humeur, à ses sentiments. ➤ **plaire, satisfaire.** *Il ne cherche qu'à vous complaire.* ■ 2 **SE COMPLAIRE** v. pron. Trouver son plaisir, sa satisfaction. ➤ se **plaire ;** se **délecter.** *Se complaire dans son erreur.* ➤ PÉJ. se **vautrer.** *Il se complaît /complait/ à faire, à dire cela.* ➤ **aimer.**
■ CONTR. Blesser, déplaire, fâcher, heurter.

COMPLAISAMMENT [kɔ̃plɛzamɑ̃] adv. – 1680 ◇ de *complaisant* ■ Avec ou par complaisance. *Il m'a écouté complaisamment. Il parle trop complaisamment de lui.*

COMPLAISANCE [kɔ̃plɛzɑ̃s] n. f. – 1361 ◇ de *complaire* ■ 1 Disposition à acquiescer aux goûts, aux sentiments d'autrui pour lui plaire. ➤ **amitié, bienveillance.** *Faire qqch. avec complaisance, par complaisance. Attendre qqch. de la complaisance de qqn. J'abuse de votre complaisance. Montrer de la complaisance pour, à l'égard de qqn.* ➤ **amabilité, civilité, empressement, serviabilité.** *Auriez-vous la complaisance de m'ouvrir la porte ?* ➤ **obligeance.** ■ 2 PÉJ. Attitude d'une personne qui laisse faire, acquiesce pour ne pas déplaire à qqn. *Une basse complaisance.* ➤ **servilité.** *Une coupable complaisance* (➤ **complicité, indulgence**). « *La plupart des amitiés ne sont guère que des associations de complaisance mutuelle* » R. ROLLAND. ♦ loc. adj. **DE COMPLAISANCE.** *Sourire, rire de complaisance,* en vue de plaire, de se montrer poli ; peu sincère. — SPÉCIALT *Billet, effet de complaisance :* billet, effet fictif que l'on signe pour obliger qqn. *Certificat de complaisance,* délivré à une personne qui n'y a pas droit. — MAR. *Pavillon* de complaisance.* ■ 3 LITTÉR. Acte fait en vue de plaire, de flatter ou de ne pas déplaire. *De basses complaisances.* MOD. *Les complaisances d'un mari* (➤ **complaisant**). ■ 4 Sentiment dans lequel on se complaît par faiblesse, indulgence, vanité. ➤ **contentement, délectation,** 1 **plaisir, satisfaction.** *S'étendre sur un sujet avec complaisance. Montrer de la complaisance envers qqn, envers soi-même. S'écouter, se regarder avec complaisance :* être content, satisfait de soi. ➤ **autosatisfaction, orgueil, vanité.**
■ CONTR. Dureté, sévérité.

COMPLAISANT, ANTE [kɔ̃plɛzɑ̃, ɑ̃t] adj. – 1556 ◇ de *complaire* ■ 1 Qui a de la complaisance (envers autrui). ➤ **aimable, empressé, obligeant,** 1 **poli, prévenant, serviable.** *Être, se montrer complaisant pour, envers qqn. Vous n'êtes pas très complaisant. — Trop complaisant, lâchement complaisant.* ➤ **indulgent, servile ;** FAM. 1 **coulant.** *Mari complaisant,* qui ferme les yeux sur les infidélités de sa femme. ■ 2 Qui a ou témoigne de la complaisance envers soi-même. ➤ **indulgent.** *Se regarder d'un œil complaisant.* ➤ **satisfait.** *Prêter une oreille complaisante.* ■ CONTR. Dur, sévère.

COMPLÉMENT [kɔ̃plemɑ̃] n. m. – 1308 ◇ de l'ancien français *complir* « remplir » ; repris 1690 ; latin *complementum,* de *complere* « remplir » ■ 1 Ce qui s'ajoute ou doit s'ajouter à une chose pour qu'elle soit complète. ➤ **achèvement, couronnement.** *Le complément est intégré à la chose, le supplément* est extérieur. Complément alimentaire. Le dessert, complément du repas. Un complément d'information. Complément à un ouvrage imprimé* (➤ **addenda,** 2 **annexe, appendice**), *à une lettre* (➤ **post-scriptum**), *à un testament* (➤ **codicille**). *Le complément d'une somme.* ➤ **appoint, différence, reste,** 2 **solde ; soulte.** *Ajouter qqch. en complément.* ■ 2 (1798) GRAMM. Mot ou proposition rattaché(e) à un autre mot ou à une autre proposition, pour en compléter ou en préciser le sens. ➤ 1 **régime.** *Mot (nom, pronom, infinitif) pouvant faire fonction de complément. Proposition complément.* ➤ **complétive.** *Complément d'une proposition principale, du verbe, d'un nom. Nature du complément : déterminatif, explicatif, complément d'objet* (➤ **transitif**), *d'attribution, de circonstance* (➤ **circonstanciel**), *d'agent* (avec un verbe passif). *Forme du complément : direct, indirect. Employer un verbe sans complément* (➤ **absolument**). *Le complément indirect est introduit par une préposition.* ■ 3 MATH. *Complément d'un ensemble.* ➤ **complémentaire.** — En numération à base fixe, Nombre qu'il faut ajouter à un autre pour obtenir la base. *Complément à la base.* ■ 4 INFORM., AUTOMAT. L'autre valeur d'une variable binaire, 0 pour 1 et réciproquement. *Prendre le complément.* ➤ **complémentation.** — *Opérateur complément* ou *Complément :* circuit qui effectue un complément. ■ 5 (1899 ◇ de l'allemand) IMMUNOL. Substance complexe et thermolabile, composée d'une vingtaine de protéines, présente dans le sérum sanguin et qui se fixe sur les anticorps lors des réactions immunitaires et déclenche dans certains cas l'hémolyse. ➤ **alexine.** ■ CONTR. Amorce, commencement ; essentiel, principal ; rudiment ; 3 sujet.

COMPLÉMENTAIRE [kɔ̃plemɑ̃tɛʀ] adj. – 1791 ◇ de *complément* ■ 1 Qui apporte un complément. *Des renseignements complémentaires. Clause, article complémentaire.* ➤ **additionnel, supplétif.** *Traitement complémentaire. Retraite complémentaire,* ou ELLIPT. *la complémentaire. Assurance complémentaire santé* ou n. f. *une complémentaire (santé).* ➤ **mutuelle.** ♦ *Ils ont des goûts complémentaires,* qui se complètent. ■ 2 MATH. *Angles complémentaires :* angles non orientés dont la somme des mesures en radians est égale à $\pi/2$. ♦ n. m. *Complémentaire d'un sous-ensemble A d'un ensemble E :* ensemble des éléments de E qui n'appartiennent pas à A. ♦ PHYS. *Couleurs complémentaires,* dont la perception simultanée donne la sensation de blanc. *Le rouge et le vert, couleurs complémentaires.* ■ 3 *Cours complémentaires :* cours qui se situaient (jusqu'en 1959) entre le certificat d'études primaires et le brevet élémentaire. ■ 4 BIOCHIM. Relatif aux bases de l'ADN appariées par des liaisons spécifiques. ■ 5 ÉLECTRON. *Transistors complémentaires :* ensemble de deux transistors de dopage opposé (PNP et NPN) et de caractéristiques appariées. ■ CONTR. Essentiel, initial ; fondamental, principal.

COMPLÉMENTARITÉ [kɔ̃plemɑ̃taʀite] n. f. – 1907 ◇ de *complémentaire* ■ DIDACT. Caractère de ce qui est complémentaire.

COMPLÉMENTATION [kɔ̃plemɑ̃tasjɔ̃] n. f. – 1914 ◇ de *complémenter* ■ 1 DIDACT. Fait de fournir un complément à (qqch.). INFORM. *Opérateur de complémentation.* ➤ **complément** (4°). — GÉNÉT. *Test de complémentation.* ➤ **cis-trans.** ■ 2 COUR. Fait de compléter, d'achever. ➤ **complétion.**

COMPLÉMENTER [kɔ̃plemɑ̃te] v. tr. ‹1› – 1793 ◇ de *complément* ■ (Choses) Constituer le complément de (qqch.). ➤ **compléter.** ♦ (Personnes) Fournir un complément à. *Complémenter l'alimentation des animaux.* ➤ **supplémenter.** — *Complémenter un nourrisson.*

1 **COMPLET, ÈTE** [kɔ̃plɛ, ɛt] adj. – 1300 ◇ latin *completus,* p. p. de *complere* « achever » ■ (Apr. le nom, sauf au sens 3°) ■ 1 Auquel ne manque aucun des éléments qui doivent le constituer (qu'il s'agisse d'un ensemble défini par avance ou d'une estimation subjective). *Collection, liste complète.* ➤ **intégral.** *Sa bibliothèque est très complète. Œuvres complètes.* — SPÉCIALT *Aliment complet,* qui réunit tous les éléments nécessaires à l'organisme humain. *Pain complet,* qui renferme aussi du son. *Petit-déjeuner, café, thé complet,* avec pain, beurre, confiture. ELLIPT *Un complet.* ■ 2 Qui a un ensemble achevé de qualités, de caractères. *Génie, homme complet,* sans lacune. *Un athlète complet.* ➤ **équilibré, universel.** « *César est l'homme le plus complet de l'histoire* » CHATEAUBRIAND. *Donner une idée, une image complète de qqch.* ➤ **adéquat.** *Une étude complète.* ➤ **exhaustif.** *Une enquête plus complète, plus approfondie. Ruine, destruction complète. La victoire est complète.*

➤ **absolu, entier, total.** ♦ IRON. *C'est complet !* il ne manquait plus que ça (cf. C'est le bouquet, c'est le comble ; FAM. c'est la totale). ▪ **3** (Sens faible : av. ou apr. le nom) Qui possède tous les caractères de son genre. ➤ **accompli, achevé, parfait.** *C'est un complet idiot.* ➤ **fieffé.** *Il est tombé dans un complet discrédit. «Le nouveau duc de Mazarin était un fou complet»* HENRIOT. ▪ **4** Tout à fait réalisé. *Dans l'obscurité complète.* ➤ **absolu.** *Les parties complètes d'une œuvre,* achevées, terminées. — Écoulé. *Dix années complètes.* ➤ **accompli, révolu.** ▪ **5** Avec toutes les parties, tous les éléments qui le composent en fait. ➤ **entier, total.** *Son mobilier complet se réduit à deux chaises.* — SUBST. **AU COMPLET,** *au grand complet.* ➤ **in extenso, intégralement** (cf. En entier). *Réunir la famille au complet.* ▪ **6** Qui n'a plus de place disponible. ➤ **plein.** *Train complet.* ➤ **bondé, bourré, chargé, surchargé.** *Hôtel, restaurant complet. C'est complet, on ne prend plus personne. Afficher «complet» :* au théâtre, jouer à guichets fermés (cf. Faire salle comble*). ▪ CONTR. Incomplet. Élémentaire, rudimentaire. Ébauché, esquissé. Appauvri, diminué, 1 réduit. 1 Désert, vide.

2 **COMPLET** [kɔ̃plɛ] n. m. – XVIIe ◊ de 1 *complet* ▪ VIEILLI Vêtement masculin en deux (ou trois) pièces assorties : veste, pantalon (et gilet). ➤ **costume.** *Des complets* (ou *complets-vestons*) *sur mesure.*

1 **COMPLÈTEMENT** [kɔ̃plɛtmɑ̃] adv. – XIIIe ◊ de *complet* ▪ **1** D'une manière complète. ➤ **entièrement, intégralement.** *Être complètement guéri.* ➤ **absolument, radicalement.** *Lire un ouvrage complètement* (cf. Du début* à la fin, jusqu'au bout, d'un bout à l'autre, tout au long*). *Traiter complètement un sujet,* l'épuiser. ➤ **exhaustivement** (cf. À fond). *Citer complètement.* ➤ **in extenso.** *Fouiller complètement une maison* (cf. De haut* en bas, de la cave* au grenier, de fond en comble*). *Se tromper complètement* (cf. Sur toute la ligne, s'enferrer jusqu'à la garde*). *Être complètement habillé en bleu* (cf. Des pieds* à la tête). ▪ **2** Tout à fait, vraiment. *Il est complètement fou, idiot.* ➤ **totalement.** *C'est complètement nul.* ➤ **parfaitement.** ▪ CONTR. Incomplètement ; insuffisamment.

2 **COMPLÈTEMENT** [kɔ̃plɛtmɑ̃] n. m. – 1750 ◊ de *compléter* ▪ RARE Action de compléter. ➤ **complémentation.** — PSYCHOL. *Méthode, test de complètement,* qui consiste à faire compléter un système signifiant (dessin, phrase...) inachevé.

COMPLÉTER [kɔ̃plete] v. tr. ‹6› – 1733 ◊ de *complet* ▪ **1** Rendre complet. *Compléter une quantité, un nombre, une somme* (➤ **arrondir**). *Compléter par une addition, un complément.* ➤ **complémenter.** *Compléter une collection, une garde-robe, une équipe. Ajouter un détail pour compléter l'ensemble.* ➤ **rajouter, rapporter.** *Compléter un dessin, une phrase à trous* (exercice, jeu). *Compléter son œuvre.* ➤ **parachever, parfaire.** — (Sujet chose) *«l'appoint nécessaire pour compléter les vingt francs»* ZOLA. IRON. *Pour compléter, il se mit à pleuvoir !* ▪ **2 SE COMPLÉTER** v. pron. (récipr.) Se parfaire en s'associant. *Leurs caractères se complètent.* — (PASS.) Être complété. ▪ CONTR. Abréger, alléger, diminuer, réduire ; commencer, ébaucher, esquisser.

COMPLÉTIF, IVE [kɔ̃pletif, iv] adj. – 1503 ◊ latin des grammairiens *completivus* ▪ Se dit des propositions qui jouent le rôle de complément. *Proposition complétive. Relative complétive* (déterminative, explicative) ; *complétive circonstancielle.* — SUBST. *Une complétive.*

COMPLÉTION [kɔ̃plesjɔ̃] n. f. – 1771 ◊ bas latin *completio* ▪ DIDACT. Action de compléter. — INFORM. *Complétion automatique.* ➤ **autocomplétion.**

COMPLÉTUDE [kɔ̃pletyd] n. f. – 1928 ◊ de *complet,* d'après *incomplétude* ▪ DIDACT. Caractère de ce qui est complet, achevé. — (1969) ÉPISTÉM. Caractère d'un système hypothéticodéductif qui ne contient pas de propositions indécidables.

COMPLEXE [kɔ̃plɛks] adj. et n. m. – XIVe ◊ latin *complexus,* de *complecti* «contenir»

I adj. ▪ **1** Qui contient, qui réunit plusieurs éléments différents. *Question, problème complexe. «Hamlet est un personnage parfaitement humain, parce que complexe»* JOUVET. *Mot complexe,* formé de plusieurs mots ou morphèmes. *Phrase* complexe.* — SUBST. M. Ce qui est complexe. *«la grande idée de l'engendrement du complexe par le simple»* ROSTAND. ♦ LOG. *Terme complexe,* accompagné d'une explication ou d'une détermination. — MATH. *Nombre complexe,* qui a une partie réelle et une partie imaginaire* *(a + ib). Ensemble des nombres complexes* (ℂ). *Fonction complexe,* dont les valeurs prises sont complexes. *Plan complexe :* plan affine euclidien utilisé pour représenter les nombres complexes. ▪ **2** COUR. et ABUSIVEMENT Difficile, à cause de sa complexité. ➤ **compliqué.**

II n. m. (1781) ▪ **1** PHYSIOL. Association de plusieurs phénomènes ou substances formant une entité ou concourant à une activité bien définie. ▪ **2** PATHOL. Ensemble de plusieurs lésions ou anomalies. ▪ **3** PSYCHOL. Ensemble perçu globalement, sans analyse de ses parties composantes. ➤ **forme.** *La théorie des complexes,* dans la psychologie de la perception. ▪ **4** (1906) PSYCHAN. Ensemble des traits personnels, acquis dans l'enfance, doués d'une puissance affective et généralement inconscients, chez un individu. — *Complexe d'Œdipe :* «attachement érotique de l'enfant au parent du sexe opposé» (Lagache). *Complexe de castration*. Complexe d'infériorité :* ensemble des conduites manifestant une lutte contre un pénible sentiment d'infériorité. COUR. Ce sentiment. *«J'ai un complexe d'infériorité devant mon frère»* SARTRE. ♦ *Avoir des complexes :* être timide, inhibé. *Être bourré de complexes. «Elle en devenait toute timide, ça lui donnait des complexes»* SARRAUTE. FAM. *Elle est sans complexe,* elle a du culot*, de l'aplomb*. ▪ **5** CHIM. Molécule dans laquelle se trouve un atome métallique lié à d'autres atomes en nombre supérieur à la valence de cet atome. ▪ **6** MATH. Nombre complexe. ▪ **7** Ensemble d'industries complémentaires groupées dans un même lieu et qui concourent à une production. ➤ **combinat.** *Un grand complexe sidérurgique.* — Activités industrielles intégrées dans une filière. *Complexe agroalimentaire.* ♦ (1950) Construction formée de nombreux éléments coordonnés. *Complexe routier, complexe urbain* (cf. Grand ensemble*). *Complexe hôtelier, touristique. Le complexe Desjardins, à Montréal.* — Bâtiment regroupant plusieurs salles de cinéma. ➤ **multiplexe.**
▪ CONTR. Simple.

COMPLEXÉ, ÉE [kɔ̃plɛkse] adj. et n. – v. 1960 ◊ de *complexe* (II, 4°) ▪ Timide, inhibé. ➤ **coincé,** RÉGION. **pogné.** *Un garçon complexé.* (Négatif) *Il n'est pas complexé !* il a de l'aplomb*, il y va fort ! ▪ CONTR. Sûr (de soi). Décomplexé, décontracté.

COMPLEXER [kɔ̃plɛkse] v. tr. ‹1› – v. 1960 ◊ de *complexe ;* cf. *complexé* ▪ **1** Donner des complexes à (qqn). *Sa petite taille le complexe.* ➤ **inhiber, paralyser.** ▪ **2** CHIM. Former un complexe (➤ **hétérocycle**) dans lequel est inclus un atome métallique, dont les caractéristiques ne sont plus décelables. PRONOM. *L'atome de magnésium se complexe dans la molécule de chlorophylle.* ▪ CONTR. Décomplexer, défouler, désinhiber.

COMPLEXIFIER [kɔ̃plɛksifje] v. tr. ‹7› – 1951 ◊ de *complexe* (I) ▪ DIDACT. Rendre complexe. — PRONOM. *«L'Humanité est désormais destinée* [...] *à se complexifier»* TEILHARD DE CHARDIN. — n. f. **COMPLEXIFICATION,** 1955. ▪ CONTR. Simplifier.

COMPLEXION [kɔ̃plɛksjɔ̃] n. f. – XIIe ◊ latin *complexio* → complexe ▪ **1** LITTÉR. Ensemble des éléments constitutifs du corps humain. ➤ **constitution, nature, tempérament.** *Une complexion délicate, faible ; robuste.* ▪ **2** VIEILLI Teint. ➤ **carnation.** *«D'une complexion blanche»* SAINTE-BEUVE. ▪ **3** VX Caractère, humeur. *De complexion triste, gaie.* ▪ **4** MOD. GÉOL. État d'un site géologique interprétable de façon globale par son degré de ressemblance à un type particulier.

COMPLEXITÉ [kɔ̃plɛksite] n. f. – 1755 ◊ de *complexe* ▪ **1** État, caractère de ce qui est complexe. *Le sujet a été étudié dans toute sa complexité.* ▪ **2** Difficulté liée à la multiplicité des éléments et à leurs relations. *Un problème d'une effroyable complexité.* ➤ **complication.** ▪ CONTR. Simplicité.

COMPLIANCE [kɔ̃plijɑ̃s] n. f. – v. 1951 ◊ mot anglais (v. 1630) «harmonie, accord», de *to comply* «s'adapter» ▪ ANGLIC. ▪ **1** TECHN. Souplesse adaptative (d'un organe de dispositif électronique). ▪ **2** MÉD. Capacité d'un organe, d'une cavité à changer de volume en fonction des changements de pression. *Compliance pulmonaire.* ▪ **3** MÉD. Rigueur avec laquelle un patient suit son traitement médical.

COMPLICATION [kɔ̃plikasjɔ̃] n. f. – 1377 ◊ bas latin *complicatio,* de *complicare* → compliquer ▪ **1** Caractère de ce qui est compliqué. *La complication d'un mécanisme.* ➤ **complexité.** *L'inutile complication de ce logiciel.* ➤ **difficulté.** *La situation est d'une complication inextricable.* ➤ **embrouillamini, imbroglio.** ▪ **2** Concours de circonstances susceptibles de créer des embarras, d'augmenter une difficulté. ➤ **embarras, ennui ; problème.** *Éviter, fuir les complications. Vous aimez les complications !* ➤ **chinoiserie.** *Tout s'est déroulé sans complications.* ➤ **accroc.** *«Les conférences diplomatiques n'avaient conduit qu'à des complications nouvelles»* MÉRIMÉE. ▪ **3** SPÉCIALT (PLUR.) Apparition de phénomènes morbides nouveaux au cours d'une maladie ; ces phénomènes. *«Il s'agissait d'une fièvre à complications inguinales»* CAMUS. ▪ CONTR. Simplicité. Clarification.

COMPLICE [kɔ̃plis] **adj.** et **n.** – 1320 ◊ bas latin *complex, icis,* «uni étroitement», de *complecti* → complexe ■ **1** Qui participe à l'infraction commise par un autre. *Être complice d'un vol,* y avoir part (cf. Prêter la main* à, être de mèche, avoir part à). — PAR EXT. *Complice de qqn, d'une action,* qui participe à quelque action répréhensible. ➤ **associé.** *Complice de recel.* ■ **2** Qui favorise l'accomplissement d'une chose. *Une attitude complice.* ➤ **entendu.** *Le silence, la nuit semblaient complices.* — *Un sourire complice,* qui dénote une entente secrète. ■ **3 n.** (au sens 1°) *L'auteur du crime et ses complices ont été arrêtés.* ➤ **acolyte.** *Le braqueur et sa complice.* — FIG. ➤ 2 **aide, auxiliaire.** «*Sans bruit, dans l'ombre, avec le hasard pour complice*» HUGO.

COMPLICITÉ [kɔ̃plisite] **n. f.** – 1420 ◊ de *complice* ■ **1** Participation par assistance intentionnelle à la faute, au délit ou au crime commis par un autre. *Être accusé de complicité. Complicité de meurtre. Agir en complicité avec qqn.* ➤ **collusion.** «*Il y a des circonstances* [...] *où la complicité d'un crime est préférable à la délation*» SADE. ■ **2** PAR EXT. Entente profonde, spontanée et souvent inexprimée, entre personnes. ➤ **accord, connivence, entente, intelligence.** «*Le rire cache une arrière-pensée d'entente, je dirais presque de complicité*» BERGSON. *Il y a une forte complicité entre eux.* — SPÉCIALT *Complicité amoureuse.* ■ CONTR. Désaccord. Hostilité.

COMPLIES [kɔ̃pli] **n. f. pl.** – 1190 ◊ latin ecclésiastique *completa (hora)* «l'heure qui achève l'office» ■ LITURG. La dernière heure de l'office divin, qui se récite ou se chante le soir, après les vêpres.

COMPLIMENT [kɔ̃plimɑ̃] **n. m.** – 1604 ◊ espagnol *complimiento,* de *cumplir con alguien* «être poli envers qqn» ■ **1** Paroles louangeuses que l'on adresse à qqn pour le féliciter. ➤ **congratulation, félicitation.** *Faire compliment* (VIEILLI), *des compliments à qqn de son succès, sur son succès.* ➤ **complimenter, féliciter.** — LOC. **MES COMPLIMENTS !** mes félicitations ! ➤ **bravo, chapeau.** *Mes compliments, c'est une belle réussite !* ■ **2** Formule de civilité, de politesse. *Faites bien mes compliments à* (cf. Dites bien des choses). *Avec les compliments de l'éditeur* (envoi d'un livre). — *Trêve de compliments.* ➤ **cérémonie, phrase.** ■ **3** Petit discours adressé à qqn que l'on veut complimenter. *Compliment en vers. Réciter, débiter, tourner un compliment. Les enfants avaient appris un compliment pour la fête de leur grand-père.* ■ **4** Parole aimable qui met en valeur l'aspect, les qualités, les mérites de qqn, et lui fait plaisir (➤ **éloge, louange**). *Il lui a fait des compliments sur sa bonne mine. Être avare de compliments. Compliment sincère ; outré.* ➤ **flatterie.** «*Pas d'insensibilité aux compliments, nul n'y échappe*» VALÉRY. ■ CONTR. Blâme, injure, reproche.

COMPLIMENTER [kɔ̃plimɑ̃te] **v. tr.** ‹1› – 1634 ◊ de *compliment* ■ Faire un compliment (1°), des compliments à. ➤ **congratuler, féliciter.** *Complimenter un élève pour son succès à un examen. Complimenter qqn sur sa belle mine.* ■ CONTR. Blâmer, injurier.

COMPLIMENTEUR, EUSE [kɔ̃plimɑ̃tœʀ, øz] **adj.** – 1622 ◊ de *compliment* ■ Qui fait volontiers des compliments (4°). ➤ **flatteur.** «*Quand elles se rencontraient, elles étaient très douces, très complimenteuses*» ZOLA. ■ CONTR. Agressif, 2 critique.

COMPLIQUÉ, ÉE [kɔ̃plike] **adj.** – milieu XVe ◊ latin *complicatus,* de *complicare* → compliquer ■ **1** Qui possède de nombreux éléments dont l'agencement matériel ou logique est difficile à comprendre. *Mécanisme compliqué.* ➤ **complexe.** *C'est assez compliqué à expliquer.* ➤ **difficile*.** *Des phrases longues et compliquées.* ➤ **contourné, entortillé, embarrassé.** *Une histoire compliquée.* ➤ **confus, embrouillé,** RÉGION. **mêlant.** ◆ SUBST. M. FAM. *Cette histoire est d'un compliqué !* ■ **2** Difficile à comprendre ou à faire. *C'est trop compliqué pour moi.* — FAM. *Ce n'est pas compliqué :* c'est évident, c'est la conséquence obligatoire. *Ce n'est pas compliqué, s'il est en retard, je pars sans lui* (cf. C'est simple, ça ne fait pas un pli*). ■ **3** Qui aime la complication. *Un esprit compliqué.* SUBST., FAM. *Vous, vous êtes une compliquée.* ■ CONTR. Clair, facile, simple.

COMPLIQUER [kɔ̃plike] **v. tr.** ‹1› – 1797 ; v. pron. 1704 ◊ latin *complicare* «plier, rouler ensemble» ■ **1** Rendre complexe et difficile à comprendre. ➤ **embrouiller, entortiller, obscurcir.** *Ce n'est pas la peine de compliquer cette affaire. Il a l'art de compliquer les choses simples.* LOC. *Se compliquer la vie, l'existence,* se la rendre plus difficile par son comportement. *Ne pas se compliquer la vie :* rechercher avant tout la facilité. ■ **2 SE COMPLIQUER v. pron.** Devenir compliqué. ➤ **se complexifier.** *La situation se complique ; ça se complique. La maladie se complique.* ➤ **aggraver ; complication** (3°). — SPÉCIALT *Une grippe compliquée d'angine.* ■ CONTR. Aplanir, démêler, éclaircir, simplifier.

COMPLOT [kɔ̃plo] **n. m.** – XIIe «rassemblement de personnes» ◊ origine inconnue ■ **1** Projet concerté secrètement contre la vie, la sûreté de qqn, contre une institution. ➤ **conjuration, conspiration, machination.** *Faire, former, ourdir, tramer un complot.* ➤ **comploter ; intrigue, menée, ruse.** *Tremper dans un complot.* ◆ SPÉCIALT *Complot contre la sûreté de l'État :* projet séditieux contre la sûreté intérieure. ◆ ABSOLT *Théorie du complot,* selon laquelle l'opinion est manipulée par un groupe de conspirateurs pour cacher les circonstances réelles de certains évènements (➤ **complotiste**). *Le camp «de tous les théoriciens du complot, de tous les apôtres de la paranoïa collective»* O. ADAM. ■ **2** Manœuvres secrètes concertées. — (Pour nuire à qqn, qqch.). *Il a besoin «que son complot me soit toujours caché»* ROUSSEAU. ➤ **cabale, menée.** — (Sans idée de nuire). *Venez vous joindre à notre petit complot.*

COMPLOTER [kɔ̃plɔte] **v.** ‹1› – XVe ◊ de *complot* ■ **1 v. tr.** VX Préparer par un complot. ➤ **machiner.** *Comploter la Révolution.* — TR. IND. (MOD.) *Comploter de tuer qqn.* ■ **2** PAR EXT. Préparer secrètement et à plusieurs. ➤ **manigancer, tramer.** FAM. *Qu'est-ce que vous complotez là ? Nous avons comploté de vous offrir ce voyage.* ➤ **projeter.** ■ **3 v. intr.** Conspirer. *Comploter contre qqn.* — PAR EXT. Faire des intrigues, des menées secrètes en s'associant. ➤ **intriguer.**

COMPLOTEUR, EUSE [kɔ̃plɔtœʀ, øz] **n.** – 1580 ◊ de *comploter* ■ Personne qui complote. ➤ **conspirateur.**

COMPLOTISTE [kɔ̃plɔtist] **n.** et **adj.** – 1989 ; «auteur d'un complot» 1819 ◊ de *complot* ■ Défenseur d'une théorie du complot*. ➤ **conspirationniste.** — **adj.** *Thèses complotistes.* — **n. m. COMPLOTISME** (1983). «*Angélisme contre complotisme, le manichéisme de l'information*» M. DUGAIN.

COMPONCTION [kɔ̃pɔ̃ksjɔ̃] **n. f.** – XIIe ◊ latin chrétien *compunctio,* de *compungere* «piquer» ■ **1** RELIG. Sentiment de tristesse, éprouvé par le croyant devant son indignité à l'égard de Dieu. ➤ **contrition, repentir.** ■ **2** COUR. Gravité recueillie et affectée. «*l'habitude de baisser les yeux, de garder une attitude de componction*» BALZAC. — IRON. Air sérieux, solennel. «*L'hôtelier ramassa les louis avec componction*» GAUTIER. ■ CONTR. Désinvolture, légèreté.

COMPONÉ, ÉE [kɔ̃pɔne] **adj.** – XIVe ; ancien français *compon,* de *compondre* ◊ latin *componere* → composer ■ BLAS. Divisé en fragments d'émaux alternés. *Bordures, pièces componées.*

COMPORTEMENT [kɔ̃pɔʀtəmɑ̃] **n. m.** – 1582, repris fin XIXe ◊ de *comporter* ■ **1** Manière de se comporter. ➤ **attitude, conduite.** *Le comportement d'un auditoire.* ➤ **réaction.** *Un comportement bizarre, incompréhensible. Son comportement est inadmissible. Avoir tel comportement à l'égard de, envers, vis-à-vis de qqn, face à qqch.* «*Larmes, silence et dignité, tel est le comportement qu'on doit avoir à la mort d'un proche*» A. ERNAUX. ■ **2** (1908 ◊ traduction de l'anglais *behavior*) PSYCHOL. Ensemble des réactions objectivement observables. *La psychologie du comportement, ou psychologie de réaction.* ➤ **béhaviorisme.** *Comportement alimentaire, sexuel. Troubles du comportement.* «*l'insecte dont un naturaliste observe, derrière une vitre, le comportement total*» CAILLOIS. *Étude du comportement animal.* ➤ **éthologie.** ■ **3** Manière d'être, de se mouvoir (d'un élément concret). *Le comportement d'une particule.* ➤ **mouvement.** ■ **4** FIG. Variation d'une valeur dans une situation donnée. *Le comportement du dollar, des actions en Bourse.*

COMPORTEMENTAL, ALE, AUX [kɔ̃pɔʀtəmɑ̃tal, o] **adj.** – avant 1949 ◊ de *comportement* ■ DIDACT. Relatif au comportement. *Troubles comportementaux. Analyse comportementale.* ➤ 2 **profilage.** — SPÉCIALT *Thérapie* comportementale.*

COMPORTEMENTALISTE [kɔ̃pɔʀtəmɑ̃talist] **n.** et **adj.** – 1985 ◊ de *comportemental* ■ **1** Béhavioriste. ■ **2** Personne qui pratique une thérapie comportementale.

COMPORTER [kɔ̃pɔʀte] **v. tr.** ‹1› – XVe ; «porter» XIIe ◊ latin *comportare* «transporter ; supporter» ■ **1** Permettre d'être, d'aller avec ; inclure en soi ou être la condition de. ➤ **admettre, contenir, impliquer, inclure.** *Toute règle comporte des exceptions. Les inconvénients que comporte cette solution.* «*Je ne puis pas avoir plus de raison que mon âge n'en comporte*» SAND. «*la séparation et l'exil, avec ce que cela comportait de peur et de révolte*» CAMUS. ■ **2** (CONCRET) Être composé de. ➤ **comprendre.** *L'hôtel comporte trente chambres, un bar et une piscine.* ■ **3 SE COMPORTER v. pron.** Se conduire, agir d'une certaine manière (➤ **comportement**). *Comment s'est-il comporté devant cette nouvelle, face à cette situation ?* ➤ **réagir.** *Elle s'est mal comportée. Nous ignorons comment il se comporte avec* (envers, vis-à-vis de) *ses voisins* (cf. En user avec). «*la façon dont ils se com-*

portent [...] nous demeure mystérieuse» CAILLOIS. *Se comporter en gentleman.* ◆ (CHOSES) ➤ **fonctionner, marcher, réagir, répondre.** *Cette voiture se comporte bien sur la route. «lorsque vous aurez vu notre bateau bien gréé [...] quand vous aurez observé comment il se comporte à la mer»* J. VERNE. ■ CONTR. Exclure.

1 **COMPOSANT, ANTE** [kɔ̃pozɑ̃, ɑ̃t] **adj.** – v. 1390 ◊ de *composer* ■ RARE Qui entre dans la composition de qqch (➤ **élément**). *Corps composant.* ➤ 2 **composant.** *Force composante.* ➤ **composante.**

2 **COMPOSANT** [kɔ̃pozɑ̃] **n. m.** – XVIIIe, Voltaire ◊ de 1 *composant* ■ Élément qui entre dans la composition de qqch., qui remplit une fonction particulière. *Les composants d'une philosophie, d'une théorie.* ➤ **composante.** — (début XIXe) CHIM., PHYS. Espèce chimique qui entre dans la composition d'un mélange. — TECHN. Élément qui entre dans la composition d'un circuit électronique, d'un circuit* intégré (condensateur, inductance, résistance, diode, transistor). *Composants électroniques.*

COMPOSANTE [kɔ̃pozɑ̃t] **n. f.** – 1811 ◊ de 1 *composant* ■ **1** PHYS. Chacune des forces concourantes dont la combinaison donne une force résultante*. — MATH. *Composante d'un vecteur sur un axe,* sa projection sur l'axe. ➤ **coordonnées.** ■ **2** (1872) DIDACT. Élément dynamique (force) entrant en composition. ◆ COUR. Élément d'un ensemble complexe. ➤ 2 **composant.** *«Cet art de dissocier les composantes d'une idée ou d'un sentiment»* HENRIOT.

COMPOSÉ, ÉE [kɔ̃poze] **adj.** et **n. m.** – 1596 gramm. ◊ de *composer* ■ **1** Formé de plusieurs éléments. ➤ **complexe.** *Salade composée :* dans la restauration, salade où entrent divers ingrédients (salade verte, tomates, noix, crevettes, etc.). BOT. *Feuille composée,* formée de plusieurs folioles reliées à un pétiole commun. *Inflorescence composée,* dont l'axe est ramifié. SUBST. *Les composées*.* ◆ CHIM. VX *Corps composé,* constitué d'atomes d'espèces différentes. — SUBST. *Un composé chimique.* ◆ MATH. *Probabilités composées :* probabilité d'un couple d'évènements non indépendants, fonction de la probabilité conditionnelle de l'un par rapport à l'autre. PHYS. *Forces, vibrations composées.* ➤ **composante, composition.** ◆ LING. *Mot composé,* formé de plusieurs mots soudés *(portefeuille)* ou reliés par un trait d'union *(porte-bonheur). Mots composés et syntagmes*. Nom, adjectif composé.* — SUBST. *Les composés et les dérivés*.* — *Temps composé,* formé de l'auxiliaire (avoir, être) et du participe passé du verbe. ➤ **surcomposé ; accompli.** *Passé composé.* ◆ MÉCAN. *Mouvement composé. Vitesse composée. Pendule composé.* — ARITHM. *Intérêts* composés.* ■ **2** RARE Affecté, plein de componction. ➤ **compassé.** *Une attitude composée.* ■ **3** **n. m.** Ensemble, tout formé de parties différentes. ➤ **amalgame, mélange.** *«C'est un composé de hauteur et de bassesse, de bon sens et de déraison»* DIDEROT. ◆ MATH. Élément associé à un couple d'éléments par une loi de composition interne. ■ CONTR. Simple, un ; divisé ; naturel, spontané.

COMPOSÉES [kɔ̃poze] **n. f. pl.** – 1815 ◊ de *composer* ■ Famille de plantes dicotylédones à fleurs groupées en capitules, auj. divisée en *astéracées* et *chicoriacées* (ex. absinthe, artichaut, aster, bardane, chicorée, chrysanthème, dahlia, édelweiss, laitue, marguerite, pissenlit, souci, topinambour).

COMPOSER [kɔ̃poze] **v.** ‹1› – XIIe ◊ latin *componere,* d'après *poser*

I **v. tr.** ■ **1** (1559) Former par l'assemblage, la combinaison de parties. ➤ **agencer, arranger, assembler, disposer, organiser.** *Composer un parfum.* ➤ **confectionner, préparer.** *Composer un menu. Composer une collection pour la présenter. Composer un numéro de téléphone.* ➤ **former ; numérotation.** *Composer un code d'accès.* — FIG. *«Tu composes dans ta jeunesse l'homme mûr, le vieillard que tu seras»* MAURIAC. ◆ Être parmi les éléments constituants de. *Pièces qui composent une machine.* ➤ **constituer, former.** *Les membres qui composent le jury.* ■ **2** (v. 1480) Faire, produire (une œuvre). ➤ **bâtir, créer, écrire, produire.** *Composer un livre, un poème, une fresque, une chorégraphie.* ◆ SPÉCIALT Écrire (une œuvre musicale) [➤ **compositeur**]. *Composer une sonate, un chœur. Musique composée pour un chanteur.* — ABSOLT *Il compose depuis dix ans.* ■ **3** (1621) IMPRIM. ANCIENNT Assembler des caractères pour former (un texte) ; AUJ. procéder à la photocomposition* de (un texte). *Le texte est composé, on va commencer le tirage.* ■ **4** (1559) Élaborer, adopter (une apparence, un comportement). ➤ 1 **affecter.** *Composer son attitude, son maintien :* se donner, prendre une contenance. *Composer son visage, ses paroles.* ➤ **étudier.** *Se composer un visage de circonstance.* — *Composer un personnage,* au théâtre.

II **v. intr.** ■ **1** (XVe) S'accorder (avec qqn ou qqch.) en faisant des concessions. ➤ **s'accommoder, traiter, transiger.** *Composer avec ses créanciers. Composer avec l'ennemi.* ➤ **pactiser.** *Composer avec sa conscience. «Je fus lâche, et je composai avec ma déception»* COLETTE. ■ **2** Faire une composition. *Les élèves sont en train de composer.*

III **SE COMPOSER** **v. pron.** ■ **1** (PASS.) Être composé. ➤ **comporter, comprendre*.** *La propriété se compose de deux bâtiments et de vingt hectares.* ■ **2** Se faire, se former. *«Les choses de la vie, comme les ondes de l'océan, se composent et se décomposent sans cesse»* HUGO. ■ **3** (RÉFL.) VX Composer son attitude. *«L'art de se composer»* BEAUMARCHAIS.

■ CONTR. Analyser, décomposer, défaire, dissocier.

COMPOSEUSE [kɔ̃pozøz] **n. f.** – 1866 ◊ de *composer* ■ Machine à composer, en imprimerie. ➤ **linotype, monotype, photocomposeuse.**

COMPOSITE [kɔ̃pozit] **adj.** et **n. m.** – 1360 ◊ latin *compositus* ■ **1** (1542) Qui participe de plusieurs styles d'architecture. *Ordre composite. Chapiteau composite.* — SPÉCIALT *Ordre composite,* ou **n. m.** *le composite :* ordre romain, dans lequel le chapiteau réunit les feuilles d'acanthe du corinthien et les volutes de l'ionique. ■ **2** PAR EXT. Formé d'éléments très différents, souvent disparates. ➤ **divers, hétéroclite, hétérogène.** *Un mobilier composite.* — *«le composite et bigarré langage moderne»* PROUST. ■ **3** (v. 1970) *Matériau composite,* formé de plusieurs constituants (dont une matière plastique) pour obtenir des propriétés mécaniques particulières. *Matériaux composites à particules, à fibres de carbone.* — **n. m.** *Utilisation des composites dans l'industrie aéronautique.* ■ CONTR. Homogène, pur, simple.

COMPOSITEUR, TRICE [kɔ̃pozitœr, tris] **n.** – 1274 dr. ◊ de *composer* ■ **1** (1549) Personne qui compose des œuvres musicales. *Un grand, un célèbre compositeur.* ➤ **musicien ; arrangeur, orchestrateur.** *Auteur*-compositeur.* ■ **2** (1513) IMPRIM. VIEILLI Celui qui compose un texte. ➤ **typographe ; photocompositeur.** — Société qui se charge de la composition* d'un texte.

COMPOSITION [kɔ̃pozisjɔ̃] **n. f.** – XIIe au sens I ◊ de *composer*

I **ACTION DE COMPOSER** ■ **1** (1365) Action, manière de former un tout en assemblant plusieurs parties, plusieurs éléments. ➤ **agencement, arrangement, assemblage, combinaison, constitution, disposition, formation, organisation.** *Ingrédients nécessaires à la composition d'un plat.* ➤ **confection, préparation.** *La composition du gouvernement est à l'ordre du jour. «Cette locution verbale était encore en voie de composition»* BRUNOT. ◆ **loc. adj.** *De la composition de qqn,* inventé, fabriqué par lui (cf. De son cru). ➤ **création.** *Quelques poèmes de ma composition.* ➤ **fabrication.** ◆ *Mot formé par composition.* ➤ **composé.** ■ **2** Action de composer une œuvre intellectuelle, artistique (surtout en musique) ; façon dont une œuvre est composée. ➤ **élaboration, rédaction.** *La composition d'un livre, d'un tableau, d'un opéra. «ce qui choque le public non averti, c'est la liberté de composition qui se manifeste dans le tableau moderne»* F. LÉGER. *Règles de la composition musicale.* ➤ **contrepoint, harmonie,** 2 **mode.** — LOC. *Rôle de composition,* qui exige de l'acteur qu'il se compose un personnage. *«La composition du personnage est le jeu de la création qui, seul, apparente le métier du comédien à celui de l'artiste»* J. VILAR. ■ **3** (1636) Action de composer un texte pour l'impression. *Composition et mise en pages. Société qui se charge de la composition et de l'impression. Composition ancienne à la main.* ➤ **typographie.** *Composition mécanique.* ➤ **linotypie.** *Composition mécanographique ; informatisée, optique.* ➤ **photocomposition.** — *Composition chaude,* au plomb. *Composition froide,* assistée par ordinateur, ou qui résulte de l'utilisation d'une photocomposeuse intégrant les techniques informatiques. ◆ Façon dont est composé un texte. *Composition au carré,* justifiée à droite et à gauche. *«les compositions larges avec de grandes marges, où les auteurs et les lecteurs raffinés se complaisent»* CAMUS. ■ **4** MATH. *Loi de composition,* permettant de faire correspondre une grandeur à un couple d'éléments d'un ensemble. *Ensemble muni d'une loi de composition interne* (➤ **addition, multiplication**). ◆ PHYS. *Composition des grandeurs vectorielles.* ➤ **composante, résultante.**

II **CE QUE L'ON COMPOSE, A COMPOSÉ** ■ **1** Œuvre d'art. *Composition architecturale, picturale. Composition abstraite* (en peinture). *Composition n° 8. Les dernières compositions d'un peintre, d'un musicien.* ➤ **production.** *Composition florale :* bouquet décoratif. ■ **2** (1694) VIEILLI *Composition française :* exercice de rédaction sur un sujet. ➤ **dissertation, rédaction.** ◆ Devoir sur table. *Les compositions trimestrielles.* ➤ **contrôle,**

épreuve. — ABRÉV. SCOL. **COMPO** [kɔ̃po]. *La compo de maths. Les compos du trimestre.*

III CE DONT UNE CHOSE SE COMPOSE, EST FAITE ➤ **constitution, structure.** *La composition d'un corps chimique, d'un médicament* (➤ **formule**). *Quelle est la composition de ce cocktail ? « il nous fut possible de distinguer l'ordre de marche et la composition de la caravane »* FROMENTIN. *Changer la composition d'une assemblée.* — LOC. *Entrer dans la composition de. « Les vices entrent dans la composition des vertus, comme les poisons entrent dans la composition des remèdes »* LA ROCHEFOUCAULD.

IV EN LOCUTION ▪ **1** (1538 *venir à composition*) VIEILLI Accord entre plusieurs personnes qui acceptent de transiger sur leurs prétentions respectives. ➤ **accommodement.** *Venir à composition. Amener qqn à composition.* ➤ **compromis, concession.** ▪ **2** MOD. *Être de bonne composition :* être très accommodant, tout supporter. ➤ **conciliant, facile.**

▪ CONTR. Analyse, décomposition, dissociation, dissolution. — Désaccord, opposition.

COMPOST [kɔ̃pɔst] **n. m.** – fin XVIIIe ◊ mot anglais, de l'anglonormand *compost* (fin XIIIe) « engrais *composé* » ▪ Produit de la fermentation aérobie de déchets organiques, riche en humus. *Le compost peut être utilisé comme engrais.*

1 **COMPOSTAGE** [kɔ̃pɔstaʒ] **n. m.** – milieu XXe ◊ de *compost* ▪ **1** Traitement (d'une terre) au compost*. ▪ **2** Processus de transformation (des matières organiques) par décomposition.

2 **COMPOSTAGE** [kɔ̃pɔstaʒ] **n. m.** – 1922 ◊ de 2 *composter* ▪ Action de perforer au composteur.

1 **COMPOSTER** [kɔ̃pɔste] **v. tr.** ⟨1⟩ – XIVe, repris 1732 ◊ de *compost* ▪ AGRIC. ▪ **1** Amender (une terre) avec du compost. ▪ **2** Transformer en compost. *Composter les feuilles mortes, les déchets de tonte.* — ABSOLT *Silo à composter* (➤ 2 **composteur**).

2 **COMPOSTER** [kɔ̃pɔste] **v. tr.** ⟨1⟩ – 1740 ◊ de 1 *composteur* ▪ **1** Assembler sur le composteur (Io). ▪ **2** (1922) Perforer et valider à l'aide d'un composteur. *Composter son billet avant de monter dans le train.*

1 **COMPOSTEUR** [kɔ̃pɔstœʀ] **n. m.** – 1673 ◊ italien *compositore* « compositeur » ▪ **1** Réglette sur laquelle le compositeur typographe assemblait les caractères d'imprimerie. *Justifier le composteur.* ▪ **2** Appareil mécanique à caractères alphanumériques, servant à perforer et à marquer des titres de transport, des factures. ➤ 2 **composter.** *Les composteurs d'un quai de gare, d'un autobus.*

2 **COMPOSTEUR** [kɔ̃pɔstœʀ] **n. m.** – 1981 ◊ de 1 *composter* ▪ Bac à composter les déchets organiques. *Composteur de jardin. Composteur à lombrics.* ➤ **lombricomposteur.**

COMPOTE [kɔ̃pɔt] **n. f.** – *composte* « aliments confits au vinaigre ou au sel » XIe ◊ latin *composita,* de *componere* « mettre ensemble » ▪ **1** Entremets fait de fruits coupés ou écrasés, cuits avec de l'eau et un peu de sucre. ➤ **marmelade.** *Une compote de pommes, de poires.* — Préparation analogue à base de légumes. *Compote d'oignons.* ➤ **compotée.** ▪ **2** FIG. Se dit de ce qui est brisé, écrasé. *Une vraie compote, ce lapin trop cuit.* LOC. FAM. *Avoir la tête, les membres en compote,* meurtris (cf. En bouillie, en capilotade). *« Je suis nase. Les biceps en compote »* P. BAILLY.

COMPOTÉE [kɔ̃pɔte] **n. f.** – 1980 ◊ de *compoter* ▪ Préparation culinaire qui a la consistance d'une compote. *Compotée d'oignons au gingembre.*

COMPOTER [kɔ̃pɔte] **v. tr.** ⟨1⟩ – 1987 ◊ de *compote* ▪ CUIS. Cuire longuement à feu doux pour obtenir la consistance d'une compote. *Compoter des poivrons, des tomates.*

COMPOTIER [kɔ̃pɔtje] **n. m.** – 1746 ◊ de *compote* ▪ Plat en forme de coupe. *Compotier de cristal.* — PAR EXT. Son contenu.

COMPOUND [kɔ̃pund] **adj. inv.** et **n.** – 1874 ◊ mot anglais « composé » ▪ ANGLIC. *Machine compound,* ou **n. f.** *une compound :* machine à vapeur à plusieurs cylindres dans lesquels la vapeur agit alternativement. *Des compounds.* — ÉLECTROTECHN. *Excitation compound :* excitation d'une machine à courant continu possédant deux enroulements inducteurs, l'un en série, l'autre en dérivation. *Génératrice compound,* à excitation compound. ♦ **n. m.** TECHN. Composition isolante pour machines électriques. — Mélange destiné à un moulage (matières plastiques, etc.).

COMPRÉHENSIBILITÉ [kɔ̃pʀeɑ̃sibilite] **n. f.** – 1829 ◊ de *compréhensible* ▪ Caractère de ce qui est compréhensible. ➤ **clarté, intelligibilité.**

COMPRÉHENSIBLE [kɔ̃pʀeɑ̃sibl] **adj.** – 1375 ◊ latin *comprehensibilis,* de *comprehendere* ▪ **1** Qui peut être compris. ➤ **accessible, clair, intelligible, simple.** *Message compréhensible. Un texte compréhensible par les enfants. Expliquer d'une manière compréhensible.* ▪ **2** Que l'on peut expliquer facilement. ➤ **concevable.** *Une attitude compréhensible.* ➤ **défendable ; cohérent.** *C'est très compréhensible.* (IMPERS.) *Il est compréhensible que* (et subj.). ➤ **naturel, normal.** ▪ CONTR. Incompréhensible.

COMPRÉHENSIF, IVE [kɔ̃pʀeɑ̃sif, iv] **adj.** – 1503, repris XIXe ◊ bas latin *comprehensivus,* de *comprehendere* ▪ **1** VX Qui a la faculté de comprendre. ▪ **2** MOD. Qui est apte à comprendre autrui. ➤ **bienveillant, indulgent, tolérant.** *Des parents compréhensifs* (cf. Large* d'esprit). *Il est compréhensif, il vous excusera sûrement.* ▪ **3** Qui embrasse dans sa signification un nombre plus ou moins grand d'êtres, d'idées. ➤ **étendu, large, vaste.** ♦ LOG. Qui comprend un nombre plus ou moins grand de caractères. « Chien » *est plus compréhensif que* « mammifère » : il faut énumérer plus de caractères pour le définir ; mais il est moins extensif*. ▪ CONTR. Borné, entier, incompréhensif, intolérant.

COMPRÉHENSION [kɔ̃pʀeɑ̃sjɔ̃] **n. f.** – 1372, repris XVIIIe ◊ latin *comprehensio,* de *comprehendere* ▪ **1** Faculté de comprendre, d'embrasser par la pensée. ➤ **entendement, intelligence ;** FAM. **comprenette.** *« L'indulgence est la compréhension des causes du mal »* M. JACOB. ▪ **2** (CHOSES) Possibilité d'être compris. ➤ **clarté, compréhensibilité, intelligence.** *La ponctuation est utile à la compréhension d'un texte.* ▪ **3** Qualité par laquelle on comprend autrui. ➤ **bienveillance, indulgence, tolérance** (cf. Largeur* d'esprit). *Être plein de compréhension à l'égard des autres, pour un coupable. Compréhension mutuelle.* ➤ **intercompréhension.** ▪ **4** Ensemble des caractères qui appartiennent à un concept, au signifié d'un mot (opposé à *extension*). ➤ **intension.** *La compréhension de ce terme est très étendue.* ♦ LOG. Ensemble des caractères qui appartiennent à un concept et servent à le définir (opposé à *extension*). ➤ **compréhensif ; caractérisation, détermination.** *Définir un ensemble en compréhension.* ▪ CONTR. Incompréhension. Obscurité. Intolérance, obstination, sévérité.

COMPRENDRE [kɔ̃pʀɑ̃dʀ] **v. tr.** ⟨58⟩ – fin XIIe ◊ du latin *comprendere* « saisir ensemble » et « concevoir », famille de *prendere* → prendre

I (SUJET CHOSE) EMBRASSER DANS UN ENSEMBLE ▪ **1** Contenir en soi. ➤ **comporter, compter, englober ; embrasser, impliquer, inclure, renfermer.** *La péninsule Ibérique comprend l'Espagne et le Portugal. Le concours comprendra trois épreuves. Le jeu comprend un filet, des balles et des raquettes.* ➤ **se composer** (de). ▪ **2** Faire entrer dans un tout, une catégorie. ➤ **compter, englober, inclure, incorporer, intégrer ; compris.** *Le loyer ne comprend pas les charges.*

II (SUJET PERSONNE) APPRÉHENDER PAR LA CONNAISSANCE (fin XIIe) ▪ **1** Être capable de faire correspondre à (qqch.) une idée claire. *« Par l'espace, l'univers me comprend* [sens I] *et m'engloutit ; par la pensée, je le comprends »* PASCAL. *Chose facile, difficile à comprendre* (➤ **compréhensible**). *Chercher à comprendre qqch. Tout comprendre. Ne rien comprendre.* ➤ FAM. **capter, percuter,** 2 **piger.** LOC. *Il ne comprend rien à rien.* — (Sans compl.) *« Ceux qui comprennent ne comprennent pas que l'on ne comprenne pas »* VALÉRY. ▪ **2** Percevoir le sens de (un message, un système de signes). ➤ **déchiffrer, décoder, entendre, interpréter, saisir, traduire ;** FAM. 1 **baiser, biter,** 2 **entraver,** 2 **piger.** *Faire comprendre* (➤ **apprendre, montrer ; démontrer, prouver**). *Comprendre de travers. Comprendre l'énoncé d'un problème. Comprendre un discours, un texte. Lire et comprendre ce qui est écrit* (➤ **lecture**). LOC. *Comprenne qui pourra. Comprendre une explication* (➤ **suivre**), *un mode d'emploi. Comprendre une allusion* (cf. Je vous reçois* cinq sur cinq), *un jeu de mots. Comprendre à demi-mot* (➤ **demi-mot**). *Comprendre quelque chose à... :* comprendre un peu ; en partie. *Il n'y comprend rien.* FAM. *Il n'a rien compris au film*.* — *Comprendre un mot,* connaître son sens*. *Comprendre un mot de telle façon,* l'interpréter. *Comprendre une langue étrangère. « Je ne puis rien comprendre à ce baragouin »* MOLIÈRE. — *Comprendre qqn,* ce qu'il dit, écrit. *Me suis-je bien fait comprendre ? :* est-ce clair ? — *Comprendre un code, un schéma, une carte,* savoir les lire, les déchiffrer. ♦ (ARTS) Savoir apprécier. *Comprendre la musique moderne, la peinture abstraite.* ♦ Percevoir nettement un message parlé pour accéder au sens. *Il prononce mal, il y a du bruit, je ne comprends rien.* ▪ **3** Se faire une idée claire des causes, des motifs de l'enchaînement logique de (qqch.). ➤ **apercevoir, pénétrer, saisir, sentir, voir.** *Comprendre la réaction de qqn. Je comprends sa colère. C'est une attitude que je comprends,* que j'admets. *Comprendre, savoir de quoi il retourne** (cf. J'entends* bien). *Comprendre pourquoi, com-*

ment. Je ne comprends pas comment ça marche. Comprendre que (et subj.). *Je comprends qu'il soit mécontent. Je ne comprends pas qu'il puisse s'ennuyer.* ➤ **concevoir.** EMPHAT. *Je ne comprends pas comment il a pu...,* c'est inimaginable, révoltant. (Au condit.) *Si on l'avait contraint à..., je comprendrais,* j'accepterais son attitude. ♦ (Avec une valeur d'incitation à faire ou ne pas faire) *C'est dangereux, tu comprends ? Jamais plus, c'est compris ? Elle a fini par comprendre,* par céder. ♦ **COMPRENDRE qqn.** *Je le comprends :* je comprends son attitude, ses réactions, etc. ALLUS. HIST. «*Je vous ai compris*» DE GAULLE. ▪ **4** Se rendre compte de (qqch.). ➤ **s'apercevoir, sentir, voir.** *Comprendre la portée d'un acte ; je comprends quelles difficultés il a pu rencontrer. Ah ! Je comprends !* (cf. J'y suis, je vois !). *Comprendre pourquoi, comment* (et l'indic.). *Comprendre que* (et l'indic.). *Je compris qu'il s'ennuyait en ma présence.* «*Je n'approuve pas, mais je comprends du moins qu'étant homme on s'insurge soudain contre l'humanité*» CAILLOIS. — FAM. *J'ai compris ma douleur**. ▪ **5** (Sens fort) Avoir une connaissance intuitive, une compréhension de (qqch. ou qqn). ➤ **accepter, connaître.** *Comprendre la nature, l'art.* «*Il s'agit avant tout d'aimer l'art et non de le comprendre*» F. LÉGER. *Comprendre la plaisanterie,* l'admettre sans se vexer. *Comprendre le caractère de qqn. Il ne comprend pas les enfants. Personne ne me comprend* (➤ **incompris**). ABSOLT «*Comprendre c'est déjà aimer*» BERNANOS. ▪ **6** v. pron. **SE COMPRENDRE.** — (RÉFL.) *Je me comprends :* je sais ce que je veux dire. «*"Qu'est-ce que tu entends par là ?" demandai-je. Il dit qu'il se comprenait*» P. BESSON. — (PASS.) *Cela (ça) se comprend :* c'est évident. — (RÉCIPR.) *Ils sont faits pour se comprendre.* ➤ **s'accorder, s'entendre.** *Ils ne se sont jamais compris.*
▪ CONTR. Excepter, exclure, omettre. — Échapper, ignorer, méconnaître.
▪ HOM. *Comprîmes :* comprime (comprimer).

COMPRENETTE [kɔ̃pʀənɛt] n. f. – 1807 ◇ de *comprendre* ▪ FAM. Faculté de comprendre. ➤ **compréhension.** *Il a la comprenette difficile, lente.*

COMPRESSE [kɔ̃pʀɛs] n. f. – 1539 ; «compression, action d'accabler» XIIIe ◇ ancien français *compresser* «presser sur» ; cf. *comprimer* ▪ Morceau de linge fin plusieurs fois replié que l'on applique sur une partie malade. ➤ **pansement.** *Compresse de gaze stérilisée. S'appliquer une compresse sur le front.*

COMPRESSER [kɔ̃pʀese] v. tr. ‹1› – XIe, repris XXe ◇ de *com-* et *presser* ▪ Serrer, presser. ➤ **compacter, comprimer.** *Vieilles voitures compressées à la casse.* (critiqué) *Voyageurs compressés dans le métro.* ♦ INFORM. Compacter. *Compresser un fichier.*
▪ CONTR. Décompacter, décompresser, dézipper.

COMPRESSEUR [kɔ̃pʀesœʀ] n. m. et adj. m. – 1845 ; nom d'un muscle 1808 ◇ du latin *compressus* → comprimer ▪ **1** Appareil qui comprime les gaz ou les vapeurs. *Compresseur frigorifique. Compresseur à pistons. Compresseur d'un moteur diesel.* ▪ **2** adj. Qui comprime, tasse. COUR. *Rouleau* compresseur.*

COMPRESSIBILITÉ [kɔ̃pʀesibilite] n. f. – 1680 ◇ de *compressible* ▪ DIDACT. ▪ **1** Propriété qu'ont les corps de pouvoir diminuer de volume sous l'effet d'une pression. ➤ **élasticité.** *Coefficient de compressibilité. La compressibilité des liquides est plus grande que celle des solides. Loi de Mariotte sur la compressibilité des gaz.* ▪ **2** Fait de pouvoir être serré, restreint. *La compressibilité des dépenses, des effectifs.* ▪ CONTR. Incompressibilité.

COMPRESSIBLE [kɔ̃pʀesibl] adj. – 1648 ◇ de *compressus* «comprimé» ▪ **1** Qui peut être comprimé. ➤ **comprimable, élastique.** *Les gaz sont beaucoup plus compressibles que les liquides et les solides.* ▪ **2** FIG. Qui peut être diminué. *Des dépenses compressibles,* que l'on peut restreindre. ▪ CONTR. Incompressible.

COMPRESSIF, IVE [kɔ̃pʀesif, iv] adj. – v. 1400 ◇ latin médiéval *compressivus,* de *comprimere* ▪ DIDACT. Qui sert à comprimer. MÉD. *Bandage compressif.* «*Il a enrayé l'hémorragie avec un pansement compressif*» R. JAUFFRET.

COMPRESSION [kɔ̃pʀesjɔ̃] n. f. – 1361 ◇ latin *compressio,* de *comprimere* ▪ **1** Action de comprimer. ➤ **pression.** *Compression de l'air. La compression augmente la densité.* — SPÉCIALT Phase précédant l'explosion dans le cycle d'un moteur à explosion. *Taux de compression :* rapport entre le volume minimal et le volume maximal dans un cylindre de moteur à explosion. ▪ **2** (XVe) VX ➤ **oppression.** LITTÉR. «*Les romanciers qui développent l'individu sans tenir compte des compressions d'alentour*» GIDE. ➤ **contrainte.** ▪ **3** COUR. ➤ **diminution, réduction.** *Compression des dépenses.* ➤ **économie.** *Compression du personnel.* ♦ INFORM. *Compression numérique :* traitement mathématique permettant de réduire la taille des fichiers numériques pour faciliter leur stockage et leur transmission. *Compression des informations, des données.* ➤ **compactage.** *Compression d'images, de fichiers. Formats de compression.* ▪ CONTR. Décompression, détente, dilatation, expansion, élargissement, gonflement.

COMPRIMABLE [kɔ̃pʀimabl] adj. – 1845 ◇ de *comprimer* ▪ Qui peut être comprimé. ➤ **compressible.**

COMPRIMÉ, ÉE [kɔ̃pʀime] adj. et n. m. – XIVe ◇ de *comprimer* ▪ **1** Diminué de volume par pression. *Pieds comprimés dans des chaussures trop petites.* «*Plus la source du jet d'eau est comprimée, plus il monte haut*» M. JACOB. *Air comprimé. Machine-outil à air comprimé.* ➤ **électropneumatique, pneumatique.** ▪ **2** n. m. (1897) **UN COMPRIMÉ :** pastille pharmaceutique faite de poudre comprimée. *Médicament en comprimés. Comprimés, cachets, pilules et gélules. Prendre un comprimé d'aspirine.* ➤ **cachet.** ▪ **3** FIG. et VIEILLI Dont on empêche les manifestations. ➤ **opprimé, refoulé.** *Sentiments comprimés.* «*une féerie à la mesure de leurs désirs comprimés*» MAC ORLAN.
▪ CONTR. Dilaté. Exprimé.

COMPRIMER [kɔ̃pʀime] v. tr. ‹1› – v. 1314 «opprimer, contenir (une manifestation)» ◇ latin *comprimere,* de *premere* «serrer» ▪ **1** Exercer une pression sur (qqch.) pour en diminuer le volume. ➤ **compacter, presser, serrer.** *Comprimer une artère pour éviter l'hémorragie.* ➤ **clamper.** *Comprimer pour rendre plat.* ➤ **aplatir.** *Comprimer un objet entre deux choses.* ➤ **coincer, écraser, resserrer.** (CHOSES) *Ceinture qui comprime la taille.* ▪ **2** (1832) VIEILLI Empêcher de se manifester. ➤ **refouler, réprimer, retenir.** *Comprimer sa colère.* ▪ CONTR. Décomprimer, desserrer, dilater ; 1 étaler, exprimer, extérioriser. ▪ HOM. *Comprime :* comprîmes (comprendre).

COMPRIS, ISE [kɔ̃pʀi, iz] adj. – de *comprendre* ▪ **1** Contenu dans qqch. ➤ **inclus.** *Je vous cède mes terres, la ferme comprise* (ou *la ferme y comprise*). *Il s'est fâché avec toute sa famille, y compris sa sœur. Prix net, service compris. Tout compris. Toutes taxes comprises (T. T. C.).* — *Compris entre :* dans l'intervalle entre. ➤ **situé.** ▪ **2** Dont le sens, les raisons, les idées sont saisis. ➤ **assimilé, enregistré, interprété, saisi.** *Une leçon comprise. Un texte mal compris.* ▪ CONTR. Exclu ; 1 excepté, hormis, sauf. Incompris.

COMPROMETTANT, ANTE [kɔ̃pʀɔmetɑ̃, ɑ̃t] adj. – 1842 ◇ de *compromettre* ▪ Qui compromet ou peut compromettre. *Des documents compromettants.* «*celui-ci le tenait par des secrets compromettants, des pièces accablantes*» PROUST. — *Avoir des relations compromettantes.*

COMPROMETTRE [kɔ̃pʀɔmɛtʀ] v. ‹56› – 1283 ◇ latin juridique *compromittere* ▪ **1** v. intr. DR. Convenir avec la partie adverse de s'en remettre à l'arbitrage d'un tiers pour trancher un litige. ➤ **rapporter** (s'en), se **référer.** *Compromettre sur un droit.* ➤ **compromis** (cf. Clause compromissoire*). ▪ **2** v. tr. (1690) Mettre dans une situation critique (en exposant au jugement d'autrui). ➤ **exposer, impliquer.** *Compromettre qqn en l'engageant dans des affaires peu honnêtes. Les associés les plus compromis.* ♦ **SE COMPROMETTRE** v. pron. *Il s'est compromis dans une sale affaire. Je ne veux pas me compromettre.* ▪ **3** PAR EXT. Mettre dans une situation critique, en péril. *Compromettre sa santé, sa carrière, sa réputation.* ➤ **risquer.** *Compromettre ses chances.* ➤ **diminuer.** *L'affaire semble compromise.* ▪ **4** VIEILLI Nuire à la réputation de (qqn) par des actes, des paroles touchant à sa pureté, sa fidélité. *Compromettre une femme, une jeune fille.* ▪ CONTR. Justifier ; affermir, assurer, garantir.

COMPROMIS [kɔ̃pʀɔmi] n. m. – XIIIe ◇ latin *compromissum,* de *compromittere* ▪ **1** DR. Convention par laquelle les parties, dans un litige, recourent à l'arbitrage d'un tiers. *Faire, dresser, signer un compromis. Mettre en compromis une affaire litigieuse.* — *Compromis de vente :* convention provisoire par laquelle deux personnes constatent leur accord sur les conditions d'une vente, en attendant l'acte notarié de régularisation. ➤ **promesse.** ▪ **2** Arrangement dans lequel on se fait des concessions mutuelles. ➤ **accord, composition ; transaction.** *En arriver, consentir à un compromis avec qqn, entre les parties* (➤ **transiger**). *Trouver un compromis* (cf. Un terrain* d'entente). *Compromis imparfait* (cf. Cote* mal taillée). «*Qui part d'une équivoque ne peut aboutir qu'à un compromis*» BERNANOS.

COMPROMISSION [kɔ̃pʀɔmisjɔ̃] n. f. – 1262 «compromis» ◇ de *compromettre* ▪ LITTÉR. ▪ **1** (1787) Acte par lequel on transige avec sa conscience. ➤ **accommodement.** *Il est prêt à toutes les compromissions pour réussir.* ▪ **2** (1860) Action, parole par laquelle on est compromis.

COMPROMISSOIRE [kɔ̃pʀɔmiswaʀ] **adj.** – 1848 ◊ de *compromis* ■ DR. Qui concerne les compromis. *Clause compromissoire,* par laquelle les contractants s'engagent à soumettre leurs différends éventuels à l'arbitrage.

COMPTABILISER [kɔ̃tabilize] **v. tr.** ‹1› – 1922 ◊ de *comptable* ■ Inscrire dans la comptabilité. *Cette dépense n'a pas été comptabilisée.* — PAR EXT. Inscrire dans un compte. — **n. f. COMPTABILISATION,** 1957.

COMPTABILITÉ [kɔ̃tabilite] **n. f.** – 1579 ◊ de *comptable* ■ **1** Technique de mesure et d'enregistrement de l'activité économique d'une personne (physique ou morale), d'une collectivité, d'une nation. *Règles de comptabilité. Cours, diplôme de comptabilité. Formation à la comptabilité.* ➤ **comptable, expert-comptable.** *Comptabilité privée, commerciale.* — *Comptabilité publique :* ensemble des règles fixant les modalités d'enregistrement des opérations de l'État et des collectivités publiques. *Contrôle de l'application des règles de la comptabilité publique par la Cour des comptes.* — ÉCON. *Comptabilité nationale, économique :* système de mesure et d'analyse macroéconomique ayant pour objet d'établir une représentation quantitative (simplifiée) de l'activité économique nationale. ➤ **agrégat.** « *La comptabilité économique, au mieux, c'est une étude du flux, des variations du revenu national, non pas la mesure de la masse des patrimoines, des fortunes nationales* » BRAUDEL. *Les prévisions de la comptabilité nationale. Comptabilité extérieure.* ➤ 1 **balance** (des paiements). ■ **2** Ensemble des comptes tenus selon des règles comptables ; la tenue de ces comptes. *Comptabilité personnelle ; comptabilité d'une entreprise, d'une société, d'un groupe* (➤ **consolidation**) ; *comptabilité d'un médecin, d'un commerçant, d'une association. Tenir, gérer une comptabilité.* « *il s'enfermait dans le bureau, mettait à jour sa comptabilité, ses carnets de commandes* » J. ROUAUD. *Comptabilité bien tenue, en ordre. Comptabilité falsifiée, truquée. Contrôle de comptabilité.* ➤ **audit.** *Dissimulation d'une double comptabilité. Éléments d'une comptabilité.* ➤ **compte** (de capital, de gestion, etc.) ; **actif,** 2 **passif ; crédit,** 2 **débit ; dépense, recette ; charge, produit ; bénéfice, perte, profit, résultat.** — *Comptabilité simple, en partie* simple. Comptabilité en partie double,* traitant les diverses rubriques comme des comptes de tiers et enregistrant toute opération simultanément en débit et en crédit. *Comptabilité générale,* qui établit le bilan*, le résultat de l'activité. *Comptabilité analytique,* qui analyse les charges et produits d'une entreprise par objets (et non par nature), notamment pour fixer une politique de coûts, de prix. *Comptabilité matières,* qui enregistre les mouvements matériels d'objets et marchandises en magasin. *Comptabilité historique, prévisionnelle.* — *Comptabilité par décalque, mécanisée, informatisée. Documents de comptabilité :* le grand-livre (qui regroupe tous les comptes*), le livre journal (qui enregistre chronologiquement toutes les opérations de recettes et de dépenses, de débit et de crédit), le livre d'inventaire (dans lequel sont recensés tous les éléments d'actif et de passif). *Livres de comptabilité.* ➤ 2 **brouillard, sommier.** ■ **3** Service chargé des opérations comptables. *Chef de la comptabilité. Commission de comptabilité.* — Local où se tient ce service. — ABRÉV. FAM. **COMPTA.**

COMPTABLE [kɔ̃tabl] **adj.** et **n.** – 1340 « qu'on peut compter » ◊ de *compter* ■ **1** (xve) Qui a des comptes à rendre. *Agent comptable.* ➤ **intendant.** ◆ FIG. LITTÉR. ➤ **responsable.** *N'être comptable à personne de ses actions.* ■ **2** (xviiie) Qui concerne la comptabilité. *Pièce, quittance comptable,* en due forme. — *Plan comptable général,* pour établir une comptabilité. *Règles comptables. Écriture comptable,* portée en comptabilité. *Documents comptables.* ➤ **bilan** (cf. Compte de résultat*). *Exercice comptable :* période couvrant les comptes annuels. *Bilan comptable. Audit* comptable. Service comptable.* ➤ **comptabilité.** ■ **3 n.** (1469) Personne dont la profession est de tenir les comptes. *Comptable qui tient les livres :* teneur* de livres. ➤ **facturier.** *Comptable agréé. Chef comptable. Expert-comptable* (voir ce mot). *Comptable de la Direction générale des impôts* ou *comptable public :* préposé aux recouvrements et aux paiements des deniers publics. ■ **4** *Nom comptable,* qui désigne des êtres ou des choses que l'on peut compter. Chien, chaise *sont des noms comptables.*

COMPTAGE [kɔ̃taʒ] **n. m.** – 1415 ◊ de *compter* ■ Le fait de compter. *Faire un comptage rapide. Comptage des voitures sur une autoroute,* au moyen d'un dispositif spécial. *Comptage des particules. Comptage d'impulsions* (➤ **compteur**). ■ HOM. Contage.

COMPTANT [kɔ̃tɑ̃] **adj. m., n. m.** et **adv.** – milieu xiiie ◊ de *compter* ■ **1** Que l'on compte sur-le-champ. *Argent comptant,* (VIEILLI) *deniers comptants,* payés sur l'heure et en espèces. — LOC. *Prendre qqch. pour argent comptant :* croire naïvement ce qui est dit ou promis. ■ **2 n. m.** L'argent comptant. **loc. adv.** *Au comptant :* en argent comptant (espèces) ou par chèque portant la somme totale, sans terme ni crédit. *Acheter, vendre au comptant* (opposé à *à terme*). *Achat au comptant.* BOURSE *Marché au comptant,* sur lequel les opérations traitées sont exécutées immédiatement. ■ **3 adv.** *Payer, régler comptant,* au comptant. ➤ FAM. **cash.** ■ CONTR. Crédit, terme. ■ HOM. Content.

COMPTE [kɔ̃t] **n. m.** – fin xie ◊ du latin *computus,* également à l'origine de *comput,* famille de *computare* → conter et compter. REM. Le mot était orthographié *cunte, conte.* Pour le distinguer de *conte,* au sens d'« histoire » et de même origine, on a ajouté au xiiie s. un *-p-,* conformément à son étymologie. Le verbe *compter* a suivi la même modification orthographique

I DÉTERMINATION D'UNE QUANTITÉ ■ **1** (fin xiie) Action d'évaluer une quantité (➤ **compter**) ; cette quantité. ➤ 1 **calcul, dénombrement, énumération.** *Faire un compte. Le compte des dépenses. Faire le compte des suffrages exprimés.* ➤ **comptage ; recensement, total.** *Le compte est bon. Le compte n'y est pas :* le résultat n'est pas ce qu'il devrait être. — LOC. *Être loin du compte :* se tromper de beaucoup, être très en deçà de ce qu'on escomptait (3°) ou (FIG.) de ce qu'on espérait. *Un compte rond,* sans fraction. *Le compte des points.* ➤ **décompte.** — *Le compte à rebours*.* — (BOXE) *Le compte des 10 secondes du knock-out.* ◆ LOC. FIG. *À ce compte-là :* d'après ce raisonnement, dans ces conditions. (1595) *Au bout du compte, tout compte fait, en fin de compte, à la fin du compte :* tout bien considéré. ➤ **finalement, in fine** (Cf. FAM. À l'arrivée, au final). *Je ne sais pas comment j'ai fait mon compte pour me tromper,* comment je me suis débrouillé pour cela. ■ **2** Argent dû. LOC. *Pour solde de tout compte. Demander son compte :* donner sa démission. *Donner, régler son compte (à un employé),* lui donner son dû, le congédier. — LOC. FIG. *Régler* son compte à qqn. Règlement* de comptes.* — (1794) *Son compte est bon :* il aura ce qu'il mérite. — *Il a son compte,* tout ce qu'il mérite ; SPÉCIALT il est ivre. « *Il avait son compte. Moi aussi, mais pas à cause de l'alcool* » DJIAN. ◆ (fin xve) LOC. *À bon compte :* à bon prix. *S'en tirer à bon compte,* sans trop de dommages. — PAR EXT. (1634) *Trouver son compte.* ➤ **avantage, bénéfice, intérêt, profit.** « *Les fripons trouvent leur compte dans la bonne foi des honnêtes gens* » BEAUMARCHAIS. ■ **3** (milieu xiiie) État contenant l'énumération, le calcul des recettes et des dépenses. ➤ **comptabilité, écriture.** *Les articles, les postes d'un compte. La liste des comptes du plan comptable*. La somme du compte.* ➤ **montant, total.** *Compte à déduire.* ➤ **décompte, précompte.** *Tenir les comptes. Inscrire un report dans la colonne d'un compte. Bordereau, livre de compte. Passer, porter une somme en compte ; imputer un compte* (➤ **comptabiliser, facturer ; crédit,** 2 **débit**). *Dresser un compte.* ➤ 1 **balance, bilan.** *Commissaire* aux comptes. Arrêter, clore un compte. Vérifier, apurer un compte. Approuver un compte.* ➤ **quitus.** *Liquider, régler un compte. Bénéfices d'un compte.* ➤ 2 **avoir, gain, ristourne.** *Manques d'un compte.* ➤ **déficit, perte.** *Compte d'exploitation, compte consolidé*. Compte des profits et pertes*.* — PLUR. Comptabilité. *Faire ses comptes. Livre de comptes. Comptes d'apothicaire*. Les comptes de l'État. La Cour* des comptes.* ◆ SPÉCIALT État de l'avoir et des dettes d'une personne dans un établissement financier. *Ouvrir un compte, verser, virer une somme sur un compte. Compte de dépôt d'espèces et compte de chèques. Compte chèque postal,* ou *compte courant postal (C. C. P.). Des comptes chèques postaux. Avoir un compte en banque, un compte bancaire. Numéro de compte.* (1675 ◊ de l'italien *conto corrente*) *Compte courant*, compte à vue. Compte joint*. Compte commun. Compte sur livret. Compte d'épargne. Alimenter, approvisionner, créditer, débiter un compte. Position, situation d'un compte.* ➤ 2 **relevé.** *Compte créditeur, débiteur. Solder* un compte.* ◆ LOC. *Donner une somme à compte,* à valoir. ➤ **acompte.** — *Publier un livre à compte d'auteur,* à ses frais. *Prendre des congés à son compte,* sans solde, à ses frais. — *Être en compte avec qqn :* devoir de l'argent à qqn ou s'en devoir l'un à l'autre. — *Laisser une marchandise pour compte,* la laisser au vendeur. ➤ **refuser ; laissé-pour-compte.** — PROV. *Les bons comptes font les bons amis :* l'absence de toute dette entre des personnes est le meilleur garant de leur bonne entente. ■ **4** Entreprise cliente d'une autre. *Grand compte :* client important. ■ **5** INFORM. *Compte (utilisateur) :* accès à un service en ligne, souvent associé à un identifiant et un mot de passe. *Créer, ouvrir un compte sur un réseau social. Elle « lui a demandé de ne plus se connecter, sur aucun compte »*

V. Despentes. *Gérer, désactiver, supprimer son compte.* ▪ **6** (Dans des loc.) *Au compte de (à son compte), pour, sur le compte de. Travailler à son compte* : être son propre employeur. *S'installer, s'établir, se mettre à son compte.* «*Il cherchait à s'établir à son compte, à prendre un petit commerce de comestibles*» *R. Guérin.* — *Prendre à son compte* : endosser la responsabilité d'un acte. — *Travailler pour le compte d'autrui.* «*L'espion chasse pour le compte d'autrui* [...] *; l'envieux chasse pour son propre compte*» *Hugo.* ♦ *Pour mon compte* : en ce qui me concerne. ➤ 1 **part.** — *Il n'y a rien à dire sur son compte,* à son sujet. — *Sur le compte de, au compte de. On a mis son erreur sur le compte de la fatigue.* ➤ **attribuer, imputer.** «*On a mis la mauvaise mine de Laure au compte d'une fatigue heureuse*» *Proust.* ♦ *Entrer en ligne* de compte. Prendre en compte* : accorder de l'importance à, ne pas négliger. *Cet aspect du problème devra être pris en compte.* — *Tenir compte de* : prendre en considération. *Le ministre doit tenir compte de l'agitation sociale. Il faut tenir compte de son ancienneté.* ♦ loc. prép. *Compte tenu de* : étant donné. *Compte tenu des circonstances.*

II EXPLICATION, RAPPORT (fin XIIIe) État, relation d'évènements. *Demander, rendre compte, des comptes* : demander, faire le rapport de ce que l'on a fait, vu, pour faire savoir, expliquer ou justifier. *Demander des comptes à qqn.* ➤ **explication, justification.** *Devoir des comptes. N'avoir de comptes à rendre à personne. Rendre compte de sa mission, de son mandat.* ➤ **rapporter.** «*Une société dont chaque membre doit des comptes à tous les autres*» *Claudel.* ♦ **COMPTE RENDU** (voir ce mot). ♦ **SE RENDRE COMPTE.** ➤ **s'apercevoir, comprendre, découvrir, noter, remarquer, voir ; réaliser.** *Elles se sont rendu compte de leur erreur. Elle s'est rendu compte qu'elle avait tort.* — FAM. (pour faire partager l'étonnement) *Vous vous rendez compte ! Tu te rends compte du culot de ce type !*

▪ HOM. Comte, conte.

COMPTE-FIL [kɔ̃tfil] n. m. – 1836 ◊ de *compter* et *fil* ▪ TECHN. Petite loupe puissante montée sur charnière. *Des compte-fils.* — On écrit aussi *un compte-fils* (inv.).

COMPTE-GOUTTE [kɔ̃tgut] n. m. – 1869 ◊ de *compter* et *goutte* ▪ Petite pipette en verre ou tout instrument qui sert à compter les gouttes d'un liquide. ➤ **stilligoutte.** *Des compte-gouttes.* — LOC. FIG. *Au compte-goutte* : avec parcimonie. *Il les donne au compte-goutte, ses informations !* — On écrit aussi *un compte-gouttes* (inv.).

COMPTE-PAS [kɔ̃tpɑ] n. m. inv. – 1647 ◊ de *compter* et *pas* ▪ Appareil servant à compter les pas, pour mesurer les distances parcourues. ➤ **podomètre.**

COMPTER [kɔ̃te] v. ‹1› – fin XIe comme verbe intransitif (II, 1°) ◊ du latin *computare* «calculer», également à l'origine de *conter* (voir *compte*)

I ~ v. tr. ▪ **1** (milieu XIIe) Déterminer (une quantité) par le calcul ; SPÉCIALT Établir le nombre de. ➤ **chiffrer, dénombrer, nombrer.** *Compter les spectateurs d'un théâtre, les habitants d'une ville* (➤ **recenser**). *Compter les voix, les suffrages. Compter les moutons*. Compter une somme d'argent. Compter les points* : juger qui est vainqueur dans une lutte. *Compter les coups* ; FIG. observer en restant neutre. *Combien en avez-vous compté ? Compter les fils d'un tissu* (➤ **compte-fil**), *des gouttes* (➤ **compte-goutte**). *Appareil qui compte qqch.* ➤ **compteur.** — *On en compte des milliers* : il y en a des milliers. *On ne les compte plus* : ils, elles sont innombrables. *On les compte sur les doigts* de la main.* ▪ **2** Mesurer avec parcimonie. *Compter l'argent que l'on dépense.* ➤ **regarder** (à la dépense). — p. p. adj. *Marcher à pas comptés,* lentement, solennellement. ▪ **3** PAR EXT. *Compter une somme à qqn,* la lui payer. *Vous lui compterez deux cents euros pour son travail.* ▪ **4** Mesurer (le temps). *Compter les jours, les heures.* «*Elle avait compté les minutes seconde par seconde au tic-tac du cartel noir*» *Green.* — SPÉCIALT *Compter les heures, les jours* : trouver le temps long, par ennui ou impatience. — LOC. *Ne pas compter ses heures* : travailler beaucoup. ▪ **5** Avoir duré (un certain temps). *Il compte déjà deux ans de règne, de service.* — (CHOSES) *Ce monument compte plus de cent ans d'existence.* — LOC. *Ses jours sont comptés* : il lui reste peu de temps à vivre. *Le temps est compté* : il reste peu de temps. ▪ **6** Prévoir, évaluer (une quantité, une durée). *Il faut compter deux jours de voyage. Il faut compter cent grammes par personne.* — SANS COMPL. *Compter large, juste.* ▪ **7** Comprendre dans un compte, un total, une énumération. ➤ **inclure.** *Ils étaient quatre, sans compter les enfants. N'oubliez pas de compter la marge.* — SPÉCIALT Faire payer. *Le garçon a oublié de (nous) compter les cafés.* ♦ *Compter parmi, au nombre de* : ranger au nombre de. ➤ **comprendre, englober.** *Je le compte parmi mes meilleurs amis.* ▪ **8** Comporter. *Cette ville compte deux millions d'habitants.* ▪ **9** (début XIVe) VIEILLI *Compter* (qqch.) *pour.* ➤ **considérer, estimer, prendre, regarder, réputer** (comme). *Il compte cela pour beaucoup.* ➤ **apprécier.** «*les chagrins qui n'ont eu leur effet que sur ma propre existence, je les compte aujourd'hui pour rien*» *Sand.* ▪ **10** Espérer, penser. *Il compte pouvoir partir demain. J'y compte bien. Je comptais qu'il viendrait.* ➤ **s'attendre, croire.** ▪ **11** (1835) *Sans compter que* : sans considérer que. ➤ **nonobstant** (cf. D'autant* plus que). *Sans compter qu'il peut encore changer d'avis.*

II ~ v. intr. ▪ **1** Calculer. *Compter de tête. Compter sur ses doigts. Cet enfant sait lire, écrire et compter. Il sait déjà compter jusqu'à dix.* — FIG. *Il compte sou par sou, au sou près.* **SANS COMPTER** : généreusement, largement. *Donner, dépenser sans compter.* ▪ **2 COMPTER AVEC, SANS** (qqn, qqch.) : tenir, ne pas tenir compte de. *Il a de l'influence et il faut compter avec lui. Compter avec l'opinion.* ▪ **3** (fin XVIIe) **COMPTER SUR** : faire fond, s'appuyer sur. ➤ **tabler.** *Comptez sur moi. Compter entièrement sur qqn,* s'abandonner à lui. *Ne comptez pas sur moi pour cela. On ne peut pas compter sur lui* : il n'est pas fiable (cf. C'est une planche* pourrie). *Il compte trop sur sa chance.* ➤ **présumer** (de). *Je compte sur votre participation.* ➤ **attendre.** — (1792) FAM. et IRON. *Compte là-dessus (et bois de l'eau [fraîche])* : n'y compte pas. ▪ **4** (1863) Avoir de l'importance. ➤ 2 **importer.** *Cela compte peu, ne compte pas. Seul le résultat compte. C'est l'intention qui compte.* ABSOLT *Les gens qui comptent.* — *Épreuve comptant pour le championnat.* ▪ **5** Être compté, évalué. *Une année qui compte double. Cette faute compte pour deux points.* ➤ **coûter.** — FAM. *Compter pour du beurre, des prunes,* être considéré comme négligeable. ▪ **6** Être (parmi). ➤ **figurer.** *Cet auteur compte parmi les plus grands.* ▪ **7** (milieu XIVe) VX ➤ **dater.** MOD. *À compter de* : à partir de. *À compter d'aujourd'hui.*

III ~ v. pron. SE COMPTER (RÉFL.) Se mettre au nombre de. *Je ne me compte pas au nombre de ses amis.* — (PASS.) Être compté. *Ses bienfaits ne se comptent plus,* ils sont innombrables. *Ça se compte par milliers,* il y en a des milliers.

▪ CONTR. Négliger ; omettre. ▪ HOM. Comté, conter.

COMPTE RENDU [kɔ̃tʀɑ̃dy] n. m. – 1813 ◊ de *compte* et p. p. de *rendre* ▪ Discours, texte qui rend compte de qqch. ➤ **exposé, rapport, récit, relation.** *Les comptes rendus d'une mission, d'une expérience, d'un spectacle, d'un livre.* ➤ **analyse,** 2 **critique.** *Envoyer un livre à qqn pour compte rendu.*

COMPTE-TOUR [kɔ̃ttuʀ] n. m. – 1869 ◊ de *compter* et 3 *tour* ▪ Appareil comptant les tours faits par l'arbre d'un moteur, dans un temps donné. ➤ **tachymètre.** *Des compte-tours.* — On écrit aussi *un compte-tours* (inv.).

COMPTEUR, EUSE [kɔ̃tœʀ, øz] n. – 1268 ◊ de *compter* ▪ **1** RARE Personne qui compte. «*tous ces compteurs d'étoiles*» *Hugo.* ♦ (Canada) SPORT Joueur, joueuse qui marque des points. *La meilleure compteuse de l'équipe.* ▪ **2** n. m. (1752) Appareil servant à compter, à dénombrer des signaux, des impulsions, des opérations, à mesurer en unités un temps, une vitesse, un volume. *Compteur enregistreur. Compteur d'une pompe à essence.* ➤ **volucompteur.** *Compteur de vitesse d'automobile.* ➤ **indicateur.** *Faire du cent à l'heure au compteur* (opposé à *chrono*). *Compteur de taxi, calculant le prix de la course.* ➤ **taximètre.** — *Compteur à gaz, à eau. Compteur d'électricité.* «*L'employé du gaz venant relever le compteur*» *C. Simon.* LOC. FIG. *Relever les compteurs* : contrôler une recette, un travail. *Remettre le(s) compteur(s) à zéro*.* — *Vin au compteur,* dont on ne paie que ce qu'on a consommé dans la bouteille (au restaurant). Cf. À la ficelle*. — *Compteur Geiger,* qui compte les particules émises par un corps radioactif. *Compteur à scintillation*.* ♦ adj. m. *Boulier compteur.* ➤ **abaque.** ♦ loc. adv. FIG. FAM. **AU COMPTEUR** : dans son parcours, dans son existence. *Sportive qui a plusieurs victoires au compteur* (cf. À son actif). «*j'ai quinze ans de rue au compteur, mon gars*» *P. Bruckner.* ▪ HOM. Conteur.

COMPTINE [kɔ̃tin] n. f. – 1922 ◊ de *compter* ▪ Formule enfantine (chantée ou parlée) servant à désigner celui ou celle à qui sera attribué un rôle particulier dans un jeu. «*Am, stram, gram,* [...]» *est une comptine.* — Chanson, petite poésie transmise aux jeunes enfants par la tradition orale. *Rondes et comptines.* «*les comptines, les chansons aux rimes pauvres que l'on se transmet de mère en fille*» *L. Slimani.*

COMPTOIR [kɔ̃twaʀ] n. m. – 1345 ◊ de *compter* ▪ **1** Table, support long et étroit, sur lequel un commerçant reçoit l'argent, montre les marchandises. ➤ **bergerie, gondole.** *Les comptoirs d'un aéroport. Comptoir d'un débit de boisson.* ➤ 1 **bar,** FAM. **zinc.**

S'installer au comptoir, devant le comptoir. Brève de comptoir.* — **loc. adj.** *De comptoir* : trivial. *Philosophie, psychologie de comptoir.* ■ **2** Meuble de cuisine de hauteur moyenne, pouvant servir de séparation entre le coin cuisine et le séjour (cf. Cuisine* américaine). — RÉGION. (Canada) Surface plane dans une cuisine. ➤ 2 **plan** (de travail). ■ **3** (1690) Installation commerciale d'une entreprise privée ou publique dans un pays éloigné. ➤ **établissement, factorerie.** *Les comptoirs des Indes. Comptoir colonial.* ■ **4** *Comptoir de vente en commun* : entente entre vendeurs ou producteurs. ➤ **cartel, coopérative, trust ; syndicat** (de producteurs). — *Comptoir central d'achats* : entreprise privée, société anonyme participant au fonctionnement de services publics par des opérations commerciales. ➤ **consortium.** ■ **5** SPÉCIALT *Comptoir national d'escompte. Comptoir d'une banque.* ➤ **agence, succursale.**

COMPULSER [kɔ̃pylse] **v. tr.** ⟨1⟩ – XVe «exiger» ◊ latin *compulsare* «pousser, contraindre» ■ **1** (XVIe) DR. Prendre connaissance de (une pièce, les minutes d'un officier public). ■ **2** (1803) Consulter*, examiner, feuilleter attentivement. *Compulser ses notes pour retrouver un renseignement.*

COMPULSIF, IVE [kɔ̃pylsif, iv] **adj.** – 1584 ◊ de *compulser* ■ **1** (1762) VX Qui contraint, oblige. ■ **2** (avant 1929) PSYCHOL. Qui constitue une compulsion. *Conduite compulsive dans la névrose obsessionnelle.* ➤ **compulsionnel, maniaque.** *Trouble obsessionnel compulsif (TOC). Achats compulsifs.* — FAM. Irrépressible. *Il ne peut s'en empêcher, c'est compulsif.* — **adv. COMPULSIVEMENT,** 1929.

COMPULSION [kɔ̃pylsjɔ̃] **n. f.** – 1298 ◊ latin *compulsio* ■ **1** DR. VX Contrainte. ■ **2** (de l'anglais) PSYCHOL., PSYCHAN. Impossibilité de ne pas accomplir un acte, lorsque ce non-accomplissement est générateur d'angoisse, de culpabilité.

COMPULSIONNEL, ELLE [kɔ̃pylsjɔnɛl] **adj.** – début XXe ◊ de *compulsion* ■ PSYCHOL., PSYCHAN. De la compulsion. — Compulsif.

COMPUT [kɔ̃pyt] **n. m.** – 1584 ◊ latin *computus* «compte» ■ RELIG. Supputation qui sert à dresser le calendrier des fêtes* mobiles, particult de Pâques. ➤ **ordo.** *Le comput renferme le nombre d'or, le cycle solaire, l'épacte, l'indiction romaine.*

COMPUTATION [kɔ̃pytasjɔ̃] **n. f.** – 1413 ◊ latin *computatio* ■ DIDACT. Méthode de supputation du temps.

COMTAL, ALE, AUX [kɔ̃tal, o] **adj.** – XIIIe ◊ de *comte* ■ RARE De comte. *Couronne comtale.*

COMTE [kɔ̃t] **n. m.** – XIVe comme sujet ; *cuens* sujet v. 1050 ; *compte* compl. X[e] ◊ latin *comes* «compagnon», puis «attaché à la suite de l'empereur», d'où «haut dignitaire» ■ **1** FÉOD. Seigneur d'un comté. ■ **2** MOD. Titre de noblesse qui, dans la hiérarchie nobiliaire, se situe entre le marquis et le vicomte (➤ **noblesse ; titre**). *Monsieur le Comte. «Le Comte de Monte-Cristo», d'Alexandre Dumas. «À moi, comte, deux mots»* CORNEILLE. ■ **3** HIST. Haut dignitaire du Bas-Empire romain, de l'époque franque. *Comtes palatins*.* ■ **HOM.** Compte, conte.

1 **COMTÉ** [kɔ̃te] **n. m.** – XVe ; *conté* XIIe ◊ de *comte* ■ **1** Domaine dont le possesseur prenait le titre de comte. *Terre érigée en comté.* ■ **2** Subdivision territoriale, en Grande-Bretagne et dans les pays anglo-saxons. — (Bas-Canada 1792) Au Canada, Subdivision territoriale à des fins administratives, et ABUSIVEMENT Circonscription électorale. *Municipalité régionale de comté (MRC). Le parti a perdu deux comtés.* ➤ **circonscription, siège.** ■ **HOM.** Compter, conter.

2 **COMTÉ** [kɔ̃te] **n. m.** – XXe ◊ de *(Franche-)Comté*, n. d'une province française ■ Fromage à pâte pressée cuite, dense, au goût fruité, fabriqué en Franche-Comté. *Des comtés.*

COMTESSE [kɔ̃tɛs] **n. f.** – 1080 ◊ de *comte* ■ ANCIENNT Femme qui possédait un comté ; MOD. Femme d'un comte. *Madame la Comtesse.*

COMTOIS, OISE [kɔ̃twa, waz] **adj. et n.** – 1661 ◊ de *Franche-Comté* → 2 comté ■ De Franche-Comté. *Les fromages comtois.* — SPÉCIALT *Une horloge comtoise,* OU ELLIPT *une comtoise* : horloge de parquet à balancier. — **n.** *Les Comtois.*

CON, CONNE [kɔ̃, kɔn] **n. et adj.** – XIIIe ◊ latin *cunnus*

I **n. m.** (voc. érotique) Sexe de la femme. ➤ **sexe ; vagin, vulve.** — Pubis de la femme. ➤ **chatte.** *«Ces cons rasés font un drôle d'effet»* FLAUBERT.

II FAM. ■ **1 CON, adj. m. et f.** ou *con, conne* (avant 1831) **adj.** (PERSONNES) Imbécile, idiot. ➤ **bête*, crétin, débile.** *Ce qu'il peut être con ! Elle est vraiment con* (ou *conne*). *«Elle est moins conne que je ne croyais»* QUENEAU. ♦ (CHOSES) Ridicule, inepte. *«Ce que c'est con, la guerre»* SARTRE. *Je trouve ça con. C'est trop con, de se quitter comme ça.* — LOC. (PERSONNES) *Con comme la lune, comme un balai,* très con. ■ **2 n.** (1790) Imbécile*. ➤ **connasse, conneau, couillon, enflé, enflure, gland.** (Injure) *Pauvre con ! Sale con !* ➤ **enfoiré.** *Gros con ! Petit con ! Petite conne ! Vieux con ! Bande de cons ! — Une conne de la pire espèce. Passer, être pris pour un con. Le roi des cons. C'est pas la moitié d'un con. — Faire le con, jouer au con* : se conduire d'une manière niaise (➤ **andouille**) ou absurde. ➤ **déconner.** *Jeu* de con.* — **loc. adv.** *À la con* : mal fait ; ridicule, inepte (cf. À la gomme, à la noix). *«Ce régiment à la con»* NIMIER.

CON- ■ Élément, du latin *com, cum* «avec» (var. *col-, com-, cor-* devant *l, m, r*) : *concentrer, confrère, collatéral, commémorer, correspondance.* ➤ **co-.**

CONARD ; CONASSE ➤ **CONNARD ; CONNASSE**

CONATIF, IVE [kɔnatif, iv] **adj.** – 1922 ◊ de *conation* ■ DIDACT. Relatif à la conation. — SPÉCIALT, LING. Qui, dans un message linguistique, est destiné à produire un certain effet sur le récepteur. *La fonction conative du langage.* ➤ **injonctif.**

CONATION [kɔnasjɔ̃] **n. f.** – 1922 ◊ latin *conatio* «tentative, effort» ■ PHILOS., PSYCHOL. Impulsion déterminant un acte, un effort quelconque.

CONCASSAGE [kɔ̃kɑsaʒ] **n. m.** – 1845 ◊ de *concasser* ■ Action de concasser.

CONCASSER [kɔ̃kɑse] **v. tr.** ⟨1⟩ – XIIIe ◊ latin *conquassare* → casser ■ Réduire (une matière solide) en petits fragments. ➤ **briser, broyer, écraser,** 1 **piler.** *Concasser des fèves, du cacao. Concasser de la pierre.* — **p. p. adj.** *Poivre concassé* (utilisé pour le steak au poivre). ➤ **mignonnette.** — SUBST. *Une concassée de tomates.*

CONCASSEUR [kɔ̃kɑsœʀ] **n. m.** – 1860 ◊ de *concasser* ■ Appareil servant à concasser. *Concasseur à marteaux, à mâchoires.* ➤ **broyeur.** — **adj. m.** *Cylindre concasseur.*

CONCATÉNATION [kɔ̃katenasjɔ̃] **n. f.** – v. 1500 ◊ latin *concatenatio*, de *catena* «chaîne» ■ DIDACT. Enchaînement (des causes et des effets, des termes d'un syllogisme). — MATH. *Loi de concaténation* : loi associative transformant plusieurs suites ordonnées d'un ensemble en une seule. — LING. *La concaténation des mots dans la phrase.* — INFORM. *Concaténation de fichiers.*

CONCATÉNER [kɔ̃katene] **v. tr.** ⟨6⟩ – 1536 ; repris XXe ◊ de *concaténation* ■ DIDACT. Joindre par concaténation. — INFORM. *Concaténer des fichiers, des chaînes de caractères.*

CONCAVE [kɔ̃kav] **adj.** – 1314 ◊ latin *concavus*, de *cavus* «creux» ■ Qui présente une courbe, une surface en creux (➤ **biconcave**). *Surface, miroir concave. Moulure concave.* ➤ **cavet.** ■ CONTR. Bombé, convexe.

CONCAVITÉ [kɔ̃kavite] **n. f.** – 1314 ◊ de *concave* ■ **1** Forme concave. *La concavité d'une lentille, d'un miroir.* SPÉCIALT ; MATH., PHYS. Propriété, pour une courbe, une surface, de présenter une dépression. *Une parabole dont la concavité est tournée vers le haut.* ■ **2** PAR EXT. ➤ **cavité, creux.** *Dans les concavités d'un rocher.* ■ CONTR. Convexité.

CONCÉDER [kɔ̃sede] **v. tr.** ⟨6⟩ – XIIIe ◊ latin *concedere* ■ **1** Accorder (qqch.) à qqn comme une faveur. ➤ **accorder, allouer, céder, donner, octroyer.** *Concéder un privilège. Ce droit lui a été concédé pour deux ans. Concéder à qqn l'exécution d'une entreprise* (➤ **concession**). ■ **2** FIG. Abandonner de son propre gré (un des points en discussion). ➤ **accorder, céder ; concession.** *Je vous concède ce point. Vous concéderez bien que j'ai raison sur ce point.* ➤ **admettre, avouer, convenir.** ■ **3** ANGLIC. SPORT Abandonner à l'adversaire (en le laissant prendre l'avantage). *Concéder un but, un corner.* ■ CONTR. Contester, refuser, rejeter.

CONCÉLÉBRER [kɔ̃selebʀe] **v. tr.** ⟨6⟩ – XVIe «célébrer» ◊ latin ecclésiastique *concelebrare* ■ LITURG. Célébrer à plusieurs (un office religieux). — **p. p. adj.** *Messe concélébrée.*

CONCENTRATEUR [kɔ̃sɑ̃tʀatœʀ] **n. m.** – 1975 ; techn. 1809 ◊ de *concentrer* ■ INFORM. Dispositif électronique qui constitue l'élément central d'un réseau en étoile, qui reçoit des données de plusieurs sources et les concentre ➤ **multiplexage** pour les transmettre sur une liaison unique. — **Recomm. offic.** pour *hub.*

CONCENTRATION [kɔ̃sɑ̃tʀasjɔ̃] **n. f.** – 1732 ◊ de *concentrer*, d'après l'anglais ■ **1** Action de concentrer, de réunir en un centre. ➤ **accumulation, assemblage, réunion.** *La concentration des rayons lumineux au foyer d'une lentille.* ➤ **convergence.** — MILIT. *La concentration des troupes en un point du territoire.* ➤ **groupement, rassemblement, regroupement.** — SPÉCIALT *Camp* de concentration* (➤ **concentrationnaire**). ♦ *La concentration des* *entreprises :* réunion sous une direction commune. ➤ **association, cartel, comptoir** (de vente), **consortium, entente, holding, multinationale, trust.** *Concentration horizontale* (➤ **conglomérat**), *verticale* (➤ **intégration**). ♦ FIG. *La concentration du pouvoir entre quelques mains.* ➤ **oligarchie ; centralisation.** « *La concentration à Paris de la production des idées* » VALÉRY. ▪ **2** Ce qui réunit des éléments assemblés. *Les grandes concentrations urbaines.* ➤ **agglomération, conurbation, ville.** ▪ **3** CHIM., PHYS. Proportion d'un composant dans une solution, un mélange ; quantité de soluté dissoute dans un volume donné de solvant. *Concentration forte, faible. Concentration massique* (exprimée habituellement en gramme par litre). *Concentration molaire.* ➤ **molarité.** ▪ **4** (ABSTRAIT) Application de tout l'effort intellectuel sur un seul objet. *Concentration d'esprit. Ce travail exige une grande concentration.* ➤ **application, attention,** 1 **contention, recueillement, réflexion, tension.** ▪ CONTR. Déconcentration, diffusion, dilution, dispersion, dissipation, dissolution, éparpillement. Détente, distraction.

CONCENTRATIONNAIRE [kɔ̃sɑ̃tʀasjɔnɛʀ] **adj.** – 1945 ◇ de *(camp de) concentration* ▪ Relatif aux camps de concentration. « *L'Univers concentrationnaire* », de D. Rousset. « *Un grillage rébarbatif, carcéral, presque concentrationnaire* » TOURNIER.

CONCENTRÉ, ÉE [kɔ̃sɑ̃tʀe] **adj. et n. m.** – 1762 ◇ de *concentrer* ▪ **1** Dont la concentration (3°) est grande. *Solution concentrée. Boîte de lait concentré.* ➤ **condensé.** *Tablette de bouillon concentré* (➤ **consommé**). **n. m.** *Du concentré de tomates.* ▪ **2** Qui fait preuve de concentration (4°). *Esprit concentré.* ➤ **absorbé, attentif, réfléchi.** ▪ CONTR. Dilué. Distrait.

CONCENTRER [kɔ̃sɑ̃tʀe] **v. tr.** ‹1› – 1611 ◇ de *con-* et *centrer* ▪ **1** Réunir en un point (ce qui était dispersé). *Concentrer des rayons lumineux dans le foyer d'une lentille,* les faire converger. ➤ **focaliser.** — *Concentrer des effectifs militaires.* ➤ **accumuler, assembler, grouper, rassembler, réunir.** — *Concentrer les pouvoirs.* ➤ **centraliser.** — *Concentrer le tir sur un point donné.* ➤ **diriger.** ▪ **2** CHIM. Augmenter la masse de (un corps) dissoute dans une unité de volume d'un liquide (solvant). ▪ **3** Appliquer à un seul objet. *Concentrer toutes ses forces pour obtenir le succès.* ➤ **canaliser.** *Concentrer son affection sur son unique enfant.* ➤ **reporter.** *Concentrer son énergie, son attention, son esprit.* ➤ **fixer, focaliser. SE CONCENTRER v. pron.** *Se concentrer sur un problème. Taisez-vous, je me concentre.* ▪ **4** VX Refouler en soi. *Concentrer sa haine, sa colère, sa douleur.* ➤ **contenir, dissimuler, refouler.** ▪ CONTR. Déconcentrer, diluer, disperser, disséminer, éparpiller.

CONCENTRIQUE [kɔ̃sɑ̃tʀik] **adj.** – 1361 ◇ de *con-*, et *centre* ▪ **1** Qui a le même centre. *Sphères concentriques.* « *Cinq enceintes concentriques de murailles* » LOTI. ▪ **2** Centripète. *Mouvement concentrique. Le mouvement concentrique de l'ennemi.* ➤ **enveloppant.** — **adv. CONCENTRIQUEMENT,** 1511. ▪ CONTR. Excentrique. Centrifuge.

CONCEPT [kɔ̃sɛpt] **n. m.** – 1404 ◇ latin *conceptus*, de *concipere* « recevoir » ▪ **1** PHILOS. Représentation mentale générale et abstraite d'un objet. ➤ **idée** (générale), **notion, représentation ; conceptuel.** *Le concept de temps. Formation des concepts.* ➤ **conception, conceptualisation ; abstraction, généralisation.** *Compréhension, extension d'un concept.* — LING. *Les concepts sont indépendants des langues. Signifié, concept et référent.* ▪ **2** Définition d'un produit par rapport à sa cible. *Les nouveaux concepts dans l'industrie alimentaire* (➤ **concepteur**).

CONCEPTACLE [kɔ̃sɛptakl] **n. m.** – XVe ◇ latin *conceptaculum* ; cf. *réceptacle* ▪ BOT. Petite poche dans laquelle sont groupés les filaments reproducteurs chez les algues.

CONCEPT CAR [kɔ̃sɛptkaʀ] **n. m.** – 1991 ◇ mot anglais ; cf. *concept* et 2 *car* ▪ ANGLIC., AUTOM. Modèle unique de voiture expérimentale présenté au public. ➤ aussi **prototype.** *Des concept cars.* — Recomm. offic. *voiture concept.*

CONCEPTEUR, TRICE [kɔ̃sɛptœʀ, tʀis] **n.** – 1961 ; « personne qui conçoit qqch. » 1795 ◇ de *conception* ▪ Personne chargée de trouver des idées nouvelles (publicité, mise en scène, etc.). ➤ **créatif,** RÉGION. **idéateur.** *Concepteur-projeteur,* qui élabore des projets qu'il a conçus. *Concepteur-rédacteur publicitaire.*

CONCEPTION [kɔ̃sɛpsjɔ̃] **n. f.** – 1190 ◇ latin *conceptio*, de *concipere* → concevoir ▪ **1** Formation d'un nouvel être dans l'utérus maternel à la suite de la fusion d'un spermatozoïde et d'un ovule ; moment où un être est conçu. ➤ **fécondation, génération, procréation.** « *en France, le droit à la vie est reconnu à l'homme dès sa conception (lois des 17 janvier 1975 et 31 décembre 1979). Mais la personnalité juridique de l'embryon n'est que conditionnelle* » M. BLANC. *Conception et grossesse. La conception d'un enfant. Éviter la conception* (➤ **anticonceptionnel, contraceptif, contragestif**). ♦ *L'Immaculée Conception :* la Vierge Marie qui, selon le dogme catholique, a été conçue, est née exempte du péché originel. ▪ **2** (1315) DIDACT. Formation d'un concept dans l'esprit. ➤ **abstraction, généralisation ; représentation.** — PAR EXT. Action de concevoir, acte de l'intelligence, de la pensée, s'appliquant à un objet existant. ➤ **entendement, intellection, jugement.** *Conception vive, facile, lente.* ♦ COUR. Manière de concevoir une chose, d'en juger. *Se faire une conception personnelle d'une chose.* ➤ **opinion.** *Nous n'avons pas la même conception de la justice.* ➤ **idée, vue.** *Curieuse conception de la liberté !* ▪ **3** Action de concevoir (II, 3°), de créer. ➤ **élaboration.** *Un urbanisme d'une conception nouvelle, révolutionnaire. La conception d'un prototype d'engin spatial, d'une collection de couturier.* ➤ **création.** *Conception assistée par ordinateur* ou *C. A. O.* (pour aider la créativité). *Conception écologique.* ➤ **écoconception.** *Conception publicitaire* (➤ **concepteur**).

CONCEPTISME [kɔ̃sɛptism] **n. m.** – 1938 ◇ de l'espagnol *conceptismo*, de *concepto* « pensée » ▪ Style raffiné et intellectuel, dans la littérature espagnole (déb. XVIIe s.). ➤ **cultisme.**

CONCEPTUALISATION [kɔ̃sɛptɥalizasjɔ̃] **n. f.** – avant 1955 ◇ de *conceptualiser* ▪ DIDACT. Action de former des concepts (➤ **idéation**) ou d'organiser en concepts (➤ **systématisation**).

CONCEPTUALISER [kɔ̃sɛptɥalize] **v.** ‹1› – 1920 ◇ de *conceptuel* ▪ DIDACT. ▪ **1 v. intr.** Élaborer des concepts. ▪ **2 v. tr.** Élaborer des concepts à partir de. *Conceptualiser une expérience.* — Organiser en concepts ou en un système de concepts. *Conceptualiser une théorie.* — **p. p. adj.** *Notion mal conceptualisée.*

CONCEPTUALISME [kɔ̃sɛptɥalism] **n. m.** – 1832 ◇ du latin *conceptualis* ▪ PHILOS. Théorie suivant laquelle les concepts sont considérés comme les produits d'une construction de l'esprit (➤ **nominalisme, réalisme**).

CONCEPTUEL, ELLE [kɔ̃sɛptɥɛl] **adj.** – 1864 ◇ latin scolastique *conceptualis* ▪ DIDACT. Du concept. *Catégories conceptuelles.* — Qui procède par concepts. *L'intelligence conceptuelle et l'intelligence pratique.* — SPÉCIALT *Art conceptuel,* qui privilégie l'idée artistique au détriment de son apparence.

CONCERNANT [kɔ̃sɛʀnɑ̃] **prép.** – 1596 ◇ p. prés. de *concerner* ▪ À propos, au sujet de. ➤ **relatif** (à), 1 **touchant.** « *des mesures concernant la circulation des véhicules* » CAMUS. *Concernant les nouvelles mesures du gouvernement...* (cf. En ce qui concerne).

CONCERNER [kɔ̃sɛʀne] **v. tr.** ‹1› – 1385 ◇ latin scolastique *concernere*, de *cernere* « considérer » ▪ **1** **(Sujet chose)** Avoir rapport à, s'appliquer à. ➤ **intéresser,** 1 **porter** (sur), se **rapporter** (à), **regarder,** 1 **toucher.** *Voici une lettre qui vous concerne. Cela ne vous concerne pas :* ce n'est pas votre affaire. « *Toutes les nouvelles qui concernaient la peste* » CAMUS. — **P. prés.** *Pour affaire vous concernant.* — **loc. prép.** *En ce qui me concerne* (cf. Pour ma part*). *En ce qui concerne le service, c'est un très bon hôtel,* pour ce qui est du service. ➤ **quant à.** ▪ **2** (XIXe ; au pass. ou au p. p., répandu par l'influence de l'anglais) *Être concerné :* être intéressé, touché (par qqch.). *Le public concerné par cette mesure. Je ne suis pas concerné :* ça ne me regarde pas.

CONCERT [kɔ̃sɛʀ] **n. m.** – fin XVIe ◇ italien *concerto* « accord »
I ▪ **1** VX Accord de personnes qui poursuivent un même but. ➤ **accord, entente,** 1 **union.** MOD. *Le concert des nations.* ♦ **loc. adv.** *De concert :* en accord. ➤ 1 **ensemble.** *Travailler de concert. Agir de concert* (cf. De conserve). ▪ **2** VX Ensemble harmonieux. — MOD. *Concert de louanges, d'approbations, d'acclamations.*
II (1608) MUS. ▪ **1** VX Ensemble de bruits, de sons simultanés. « *Un grand concert de voix et d'instruments, pour une sérénade* » MOLIÈRE. POÉT. *Le concert des oiseaux.* ➤ **chœur.** « *Le délicieux concert que produisaient les bruits étouffés du bourg* » BALZAC. IRON. *Un concert de klaxons.* ▪ **2** MOD. Séance musicale. *Concert donné par un seul musicien.* ➤ **audition, récital.** *Concert donné en plein air.* ➤ **aubade, sérénade.** *Concert spirituel :* séance de musique religieuse. *Aller au concert. Salle, programme de concert. Concert de jazz.* ♦ Association musicale qui donne des concerts réguliers. ➤ **orchestre ; chœur.** ♦ *Café-concert.* ➤ **café-concert.**
▪ CONTR. Contradiction. Désaccord, discorde, opposition. Cacophonie.

CONCERTANT, ANTE [kɔ̃sɛʀtɑ̃, ɑ̃t] **adj.** – 1834 ; n. 1690 ◇ de *concerter* ▪ **1** Qui exécute une partie dans une composition musicale. *Instruments concertants. Les parties concertantes d'une œuvre.* ▪ **2** *Symphonie concertante :* concerto* à plusieurs solistes, dont la structure est celle de la symphonie (forme sonate).

CONCERTATION [kɔ̃sɛʀtasjɔ̃] n. f. – 1963 ; « lutte d'athlètes antiques » 1541 ◊ latin *concertatio* ■ POLIT. Le fait de se concerter. *Concertation politique entre les Grands.* — SPÉCIALT Politique de consultation des intéressés avant toute décision. *Concertation économique,* entre représentants de l'État et chefs d'entreprise. *Concertation et participation.*

CONCERTER [kɔ̃sɛʀte] v. tr. ‹ 1 › – 1476 ◊ de *concert* ■ **1** Projeter de concert avec un ou plusieurs personnes. ➤ **combiner, organiser, préméditer, préparer.** *Concerter un projet, une décision.* **p. p. adj.** *Un plan, une action concertée.* — SPÉCIALT *Économie concertée* (➤ **concertation**). ◆ **SE CONCERTER** v. pron. S'entendre pour agir de concert. *Les faux témoins « ayant eu le temps de se concerter »* VOLTAIRE. ■ **2** (XVIIe) Décider après réflexion. *« Une discrétion qui semblait concertée »* CAMUS. ■ **3** INTRANS. MUS. Tenir sa partie dans un concert. ➤ **concertant.** *« Un seul instrument, qui concerte avec l'orchestre entier »* HODEIR.

CONCERTINA [kɔ̃sɛʀtina] n. m. – 1866 ◊ mot anglais ■ Instrument de musique à anches et à soufflet de section hexagonale, voisin de l'accordéon. *Des concertinas.*

CONCERTINO [kɔ̃sɛʀtino] n. m. – 1866 ◊ mot italien, de *concerto* ■ MUS. ■ **1** Groupe des solistes dans le concerto* grosso. ■ **2** Bref concerto. *Des concertinos,* parfois *des concertini* (plur. it.).

CONCERTISTE [kɔ̃sɛʀtist] n. – 1834 ◊ de *concert* ■ Musicien, musicienne qui donne des concerts.

CONCERTO [kɔ̃sɛʀto] n. m. – 1739 ◊ mot italien « concert » ■ **1** ANCIENNT Toute composition musicale à plusieurs parties concertantes. *Concerto vocal* (➤ **cantate**) *avec accompagnement instrumental.* — (italien *grosso* « gros, grand ») **CONCERTO GROSSO,** où les solistes (➤ **concertino**) dialoguent avec l'orchestre (➤ **ripiéno**). *Des concerti grossi.* ■ **2** MOD. Composition de forme sonate*, pour orchestre et un instrument soliste (parfois deux ou trois). *Concerto pour piano et orchestre. Des concertos,* parfois *des concerti* (plur. it.).

CONCESSIF, IVE [kɔ̃sesif, iv] adj. et n. f. – 1842 ◊ de *concession* ■ GRAMM. Qui indique une opposition, une restriction. *Proposition concessive* (introduite par *bien que..., même si,* etc.). **n. f.** *Une concessive.*

CONCESSION [kɔ̃sesjɔ̃] n. f. – 1264 ◊ latin *concessio* ■ **1** Action de concéder (un droit, un privilège, une terre) ; acte qui concède. ➤ **cession,** 1**don, octroi.** *Concession d'un privilège* (➤ **charte**). *Faire la concession d'un terrain. Concession commerciale, immobilière. Concession d'un service public :* contrat par lequel la gestion d'un service public est confiée à une personne privée (➤ **aussi régie**). *Concession de travaux publics par adjudication. Concession d'eau, d'électricité :* contrat accordant le droit de branchement sur les conduites publiques. *Concession de voirie :* autorisation accordée à un particulier d'occuper une parcelle du domaine public. ➤ **autorisation.** ■ **2** Droit concédé. — COUR. Terre concédée. *Les anciennes concessions européennes d'Extrême-Orient. Exploiter une concession.* ◆ Terrain concédé par une commune, dans un cimetière. *Concession funéraire à perpétuité.* ■ **3** (Afrique) Cour, enclos regroupant l'habitat d'une famille. *« la palissade de roseaux tressés qui enclôt notre concession »* C. LAYE. ■ **4** Le fait d'abandonner à son adversaire un point de discussion ; ce qui est abandonné. ➤ **abandon, désistement, renoncement.** *Faire des concessions* (cf. Lâcher du lest*, mettre de l'eau* dans son vin, faire marche arrière*). *Se faire des concessions mutuelles. « Ma mère venait de me faire une première concession qui devait lui être douloureuse »* PROUST. ➤ **compromis, transaction.** *Une morale sans concession. — Un discours, une analyse sans concession.* ■ **5** (1884) GRAMM. *Complément de concession ; proposition de concession.* ➤ **concessif.** ■ CONTR. Refus, 2 rejet. Contestation, dispute.

CONCESSIONNAIRE [kɔ̃sesjɔnɛʀ] n. – 1664 ◊ de *concession* ■ **1** Personne qui a obtenu une concession de terrain à exploiter, de travaux à exécuter. **adj.** *Compagnie, société concessionnaire.* ■ **2** Intermédiaire qui a reçu un droit exclusif de vente dans une région (➤ **distributeur**). *Concessionnaire d'une marque d'automobiles. Concessionnaire qui fait le service après-vente.*

CONCETTI [kɔnʃɛtti] n. m. – 1721 ◊ mot italien, plur. de *concetto* ■ Fioriture brillante et maniérée dans le style. *Des concettis ou des concetti* (plur. it.). *« Ses vers étincelaient de* concetti *raffinés »* TAINE. ➤ **pointe.**

CONCEVABLE [kɔ̃s(ə)vabl] adj. – 1647 ◊ de *concevoir* ■ Qu'on peut imaginer, comprendre*. ➤ **compréhensible, envisageable, imaginable.** *Cela n'est pas concevable. C'est tout à fait concevable. La mort est-elle concevable ?* IMPERS. *Il n'est pas concevable qu'il soit coupable.* ■ CONTR. Inconcevable.

CONCEVOIR [kɔ̃s(ə)vwaʀ] v. tr. ‹ 28 › – 1130 ◊ latin *concipere* « recevoir », de *capere*

I (Le sujet désigne une femme) Former (un enfant) dans son utérus par la conjonction d'un ovule et d'un spermatozoïde ; devenir, être enceinte. ➤ **conception.** *Concevoir un enfant.* — *Être conçu...,* commencer son existence d'embryon. *J'ai été conçu la nuit de Noël. Les enfants conçus dans la joie.*

II ■ **1** Former (un concept). *L'esprit conçoit les idées.* — ABSOLT *Pour concevoir, l'intelligence abstrait et généralise.* ■ **2** DIDACT. Avoir une idée, une représentation de. ➤ **comprendre*, saisir.** *« Ce que l'on conçoit bien s'énonce clairement »* BOILEAU. — COUR. PRONOM. (PASS.) *Cela se conçoit facilement. Le pire qui se puisse concevoir.* ➤ **concevable.** ◆ Se former une idée de ; imaginer. ➤ **envisager, se représenter.** *« Je suis incapable [...] de concevoir le journalisme autrement que sous la forme du pamphlet »* BLOY. *On ne pouvait pas concevoir qu'il manquerait de parole.* ➤ **prévoir, supposer.** *Je conçois qu'il ne vienne pas,* je le comprends. *Je conçois que, sans vous, elles ne viendraient pas,* je l'imagine. ■ **3** Créer par la réflexion, la mise en œuvre des idées. ➤ **former, imaginer, inventer ; conception.** *Concevoir un projet.* ➤ **échafauder.** *Concevoir un vaste système de réformes.* ➤ **construire, élaborer.** — *Cet équipement a été conçu pour la plongée sous-marine. Manuel conçu pour les élèves de 3e. « Ce film, je l'ai conçu et réalisé moi-même »* (S. GUITRY, « Le Roman d'un tricheur », film). — **BIEN, MAL CONÇU :** bien ou mal pensé. *Un mécanisme, un appareil, un planning, un vêtement bien conçu.* ➤ **astucieux** (cf. FAM. Bien foutu, bien ficelé). *Appartement bien conçu,* commode, bien distribué, bien agencé*. ■ **4** LITTÉR. Éprouver (un état affectif). *Concevoir de l'amitié, de la jalousie pour qqn. « Ses parents en conçurent une rage inouïe »* BLOY. ■ **5 AINSI CONÇU :** rédigé, libellé comme je vais vous le dire. *Un plan, un télégramme ainsi conçu.*

CONCHIER [kɔ̃ʃje] v. tr. ‹ 7 › – XIIe ◊ latin *concacare* ■ VULG. et LITTÉR. Souiller d'excréments.

CONCHOÏDAL, ALE, AUX [kɔ̃kɔidal, o] adj. – 1752 ◊ de *conchoïde* ■ DIDACT. ■ **1** En forme de coquille. ■ **2** Relatif à la conchoïde.

CONCHOÏDE [kɔ̃kɔid] adj. et n. f. – 1636 ◊ du latin *concha* « coquille » et *-oïde* ■ *Courbe conchoïde,* et **n. f.** *une conchoïde :* courbe obtenue en menant d'un point les sécantes à une droite, à une courbe, et en portant une longueur constante de part et d'autre des intersections.

CONCHYLICULTURE [kɔ̃kilikyltyʀ] n. f. – 1953 ◊ du grec *kogkhulion* « coquillage » et *-culture* ■ Élevage des coquillages comestibles (huîtres, moules [➤ **ostréiculture, mytiliculture**], etc.). — n. **CONCHYLICULTEUR, TRICE** [kɔ̃kilikyltœʀ, tʀis].

CONCHYLIEN, IENNE [kɔ̃kiljɛ̃, jɛn] adj. – 1835 ◊ du grec *kogkhulion* « coquillage » ■ GÉOL. Qui contient des coquilles. *Terrain, calcaire conchylien.* ➤ **coquillier.**

CONCHYLIOLOGIE [kɔ̃kiljɔlɔʒi] n. f. – 1742 ◊ grec *kogkhulion* et *-logie* ■ DIDACT. Partie de la zoologie qui étudie les coquillages.

CONCHYLIS ➤ **COCHYLIS**

CONCIERGE [kɔ̃sjɛʀʒ] n. – v. 1220 ; *cumcerge* 1195 ◊ probablt latin populaire °*conservius,* de *conservus* « compagnon d'esclavage » ■ **1** Personne qui a la garde d'un immeuble, d'une maison importante. ➤ **gardien, portier,** VX **suisse ;** IRON. **cerbère ;** POP. **bignole, pipelet.** REM. Le terme non marqué est *gardien. La loge du concierge. La concierge est dans l'escalier. Le concierge du lycée.* — FAM. *C'est une vraie concierge,* une personne bavarde et indiscrète. *Quelle concierge !* ■ **2** Employé(e) d'un grand hôtel chargé(e) d'accueillir les clients et de satisfaire leurs demandes. *« vêtu comme un concierge traditionnel de grand hôtel — redingote noire sur gilet blanc et dont le revers du col s'ornait de clefs entrecroisées »* ECHENOZ.

CONCIERGERIE [kɔ̃sjɛʀʒəʀi] n. f. – 1328 ◊ de *concierge* ■ **1** VX ou LITTÉR. Charge de concierge ; logement de concierge (ne se dit plus que pour les châteaux, les immeubles publics). MOD. Service d'accueil de la clientèle dans un grand hôtel. ■ **2** HIST. Prison attenante au Palais de Justice à Paris. *Marie-Antoinette fut enfermée à la Conciergerie.* ■ **3** (1929) (Canada ; emploi critiqué) Grand immeuble d'habitation généralement en location (cf. VX Maison de rapport). *Conciergeries et condominiums*.*

CONCILE [kɔ̃sil] n. m. – début XIIe ◊ latin *concilium* « assemblée » ■ **1** Assemblée des évêques de l'Église catholique, convoquée pour statuer sur des questions de dogme, de morale ou de discipline. ➤ **consistoire, synode.** *Concile œcuménique.*

Le concile de Trente. Ouvrir un concile. Les décisions, les actes d'un concile. Pères d'un concile. ➤ **docteur ; conciliaire.** ▪ **2** PLUR. Décrets et canons d'un concile. *Recueil des conciles.*

CONCILIABLE [kɔ̃siljabl] **adj.** – 1776 ◇ de *concilier* ▪ Qui peut se concilier avec autre chose. ➤ **compatible.** *Ces opinions ne sont pas conciliables. Cette clause est conciliable avec le contrat.* ▪ **CONTR.** Inconciliable.

CONCILIABULE [kɔ̃siljabyl] **n. m.** – 1549 ◇ latin ecclésiastique *conciliabulum* «concile irrégulier, hérétique ou schismatique» ▪ **1** (fin XVIe) VIEILLI Réunion secrète de personnes soupçonnées de mauvais desseins. *Tenir un conciliabule.* ▪ **2** Conversation où l'on chuchote, comme pour se confier des secrets. *Avoir un long conciliabule avec qqn. Cette nuit «pleine de chuchotements et de conciliabules»* SARTRE.

CONCILIAIRE [kɔ̃siljɛʀ] **adj.** – 1586 ◇ de *concile* ▪ **1** D'un concile. *Décisions, canons conciliaires.* ▪ **2** Qui participe à un concile. *Les pères conciliaires.*

CONCILIANT, IANTE [kɔ̃siljɑ̃, jɑ̃t] **adj.** – 1679 ◇ de *concilier* ▪ Qui est porté à maintenir la bonne entente avec les autres par des concessions. ➤ **accommodant, arrangeant, conciliateur, 1 coulant.** *Il est d'un caractère conciliant. Il n'est pas très conciliant en affaires.* — PAR EXT. *Prononcer des paroles conciliantes.* ➤ **apaisant, lénifiant.** ▪ **CONTR.** Absolu, agressif, désagréable.

CONCILIATEUR, TRICE [kɔ̃siljatœʀ, tʀis] **n.** – *consiliateur* v. 1380 ◇ latin *conciliator* ▪ Personne qui s'efforce de concilier les personnes entre elles. ➤ **1 arbitre, médiateur.** *«un pouvoir qui devrait jouer le rôle d'arbitre et de conciliateur»* RENAN. — **adj.** *Mission conciliatrice.* ▪ **CONTR.** Diviseur.

CONCILIATION [kɔ̃siljasjɔ̃] **n. f.** – XIVe ◇ latin *conciliatio* ▪ **1** Action de concilier (des personnes, des opinions, des intérêts) ; son résultat. ➤ **accommodement, accord, arbitrage, arrangement, concorde, entente, médiation, rapprochement, réconciliation, transaction.** *Moyen de conciliation. Faire preuve d'un esprit de conciliation* (➤ **conciliant**). ▪ **2** DR. Accord de deux personnes en litige, réalisé par un juge. *Procédure, tentative de conciliation. Citation en conciliation. Procès-verbal, ordonnance de non-conciliation.* ♦ Règlement amiable d'un conflit collectif du travail. *Comité de conciliation.* ➤ **arbitrage.** ▪ **CONTR.** Désaccord, opposition, rupture, séparation.

CONCILIATOIRE [kɔ̃siljatwaʀ] **adj.** – 1583, rare avant 1775 ◇ de *concilier* ▪ RARE Propre à concilier. DR., POLIT. *Procédure conciliatoire.*

CONCILIER [kɔ̃silje] **v. tr.** ‹7› – 1549 ◇ latin *conciliare* «assembler» ▪ **1** LITTÉR. ou DR. Mettre d'accord, amener à s'entendre (des personnes divisées d'opinion, d'intérêt). ➤ **accorder,** FAM. **raccommoder, réconcilier.** *Concilier les parties avant un procès. «Il y a longtemps que j'ai perdu l'espoir de concilier des gens qui ne peuvent pas s'entendre»* DUHAMEL. ▪ **2** Faire aller ensemble, rendre harmonieux (ce qui était très différent, contraire). *Concilier les opinions, les intérêts, les témoignages.* ➤ **arbitrer.** *Chercher à tout concilier.* ➤ **adoucir, arranger.** *Concilier la richesse du style avec, et la simplicité.* ➤ **allier, réunir.** *«J'arrive à concilier beaucoup de modestie avec beaucoup d'orgueil»* GIDE. ▪ **3 SE CONCILIER (qqn),** le disposer favorablement. *Se concilier la bienveillance, l'amitié, les bonnes grâces de qqn.* ➤ **s'attirer, gagner, se procurer.** — PRONOM. (CHOSES) *Se concilier avec :* être compatible avec. *Ces deux interprétations ne peuvent pas se concilier* (➤ **inconciliable**). ▪ **CONTR.** Désunir, diviser, opposer.

CONCIS, ISE [kɔ̃si, iz] **adj.** – 1553 ◇ latin *concisus* «tranché» ; de *concidere* ▪ Qui s'exprime, pour un contenu donné, en peu de mots. *Soyez concis !* ➤ **1 bref.** *Écrivain concis.* ➤ **dense, dépouillé, incisif, laconique, lapidaire, sobre, succinct.** *Style vif et concis.* ➤ **nerveux.** ▪ **CONTR.** Diffus, long, prolixe, redondant, verbeux.

CONCISION [kɔ̃sizjɔ̃] **n. f.** – 1706 ; «retranchement» 1488 ◇ de *concis* ▪ Qualité d'une personne concise, de ce qui est concis. *La concision d'une définition. La concision du style. Tacite est un modèle de concision.* ▪ **CONTR.** Prolixité, redondance, verbosité.

CONCITOYEN, CONCITOYENNE [kɔ̃sitwajɛ̃, kɔ̃sitwajɛn] **n.** – XIIIe *concitien* ◇ de *citoyen*, d'après le latin *concivis* ▪ Citoyen du même État, d'une même ville (qu'un autre). ➤ **compatriote.** *C'est mon concitoyen. Mes chers concitoyens.*

CONCLAVE [kɔ̃klav] **n. m.** – v. 1360 ◇ latin médiéval *conclave* «chambre fermée à clé» ▪ **1** Lieu où s'assemblent les cardinaux pour élire un nouveau pape. ▪ **2** L'assemblée elle-même. ♦ FIG. Assemblée décisionnaire.

CONCLAVISTE [kɔ̃klavist] **n. m.** – 1546 ◇ de *conclave* ▪ RELIG. Ecclésiastique attaché à la personne d'un cardinal pendant un conclave.

CONCLUANT, ANTE [kɔ̃klyɑ̃, ɑ̃t] **adj.** – 1587 ◇ de *conclure* ▪ Qui conclut, prouve sans réplique. *Argument concluant.* ➤ **convaincant, décisif, définitif, irrésistible, probant.** *Expérience concluante.* — PAR EXT. Qui conclut positivement. ➤ **1 positif.** *Cet essai n'est guère concluant.*

CONCLURE [kɔ̃klyʀ] **v.** ‹35› – XIIe ◇ latin *concludere*, de *claudere* → clore

I ▪ **1 v. tr.** Amener à sa fin par un accord. ➤ **arrêter, fixer, régler, résoudre.** *Conclure une affaire avec qqn. Marché conclu !* (cf. Tope* là). *Conclure un accord, un contrat.* ➤ **passer.** *Conclure un traité, la paix.* ➤ **signer, traiter.** — PRONOM. (PASS.) *L'accord s'est conclu en secret.* ▪ **2 v. tr.** LITTÉR. Tirer (une conséquence) de prémisses données. ➤ **déduire, démontrer, induire, inférer.** *Conclure qqch. d'une expérience. J'en conclus que* (et indic., condit.). *Nous en avons conclu qu'il accepterait.* ♦ ABSOLT Donner une conclusion. — FAM. Arriver à ses fins, à l'acte sexuel, dans une entreprise de séduction. *«Alors ? T'as conclu avec la blonde, cette nuit ?»* T. BENACQUISTA. ▪ **3 v. tr. ind.** *Conclure à... :* tirer telle conclusion, tel enseignement. *Les enquêteurs concluent à l'assassinat.* — DR. Aboutir à la décision de. *Les juges conclurent à l'acquittement.* — *Conclure de... à :* donner comme cause d'une conséquence. *Conclure de la beauté du style à l'intérêt de l'œuvre.* ♦ *Conclure de* (et inf.). Décider de (faire qqch.), après délibération. *«On conclut D'envoyer hommage et tribut»* LA FONTAINE. ▪ **4 v. intr.** PAR EXT. Être concluant. DR. Répondre par un acte de procédure aux moyens de la partie adverse. *Ce témoignage conclut contre lui.*

II v. tr. Terminer. ➤ **achever, clore, finir.** *Conclure un livre, un récit. Veuillez conclure, c'est trop long ! Voici, pour conclure, un aperçu des solutions envisageables. Pour conclure la soirée, on décida d'aller danser.* — PRONOM. *Médiation qui se conclut par, sur un échec.*

▪ **CONTR.** Commencer, entreprendre. Exposer, préfacer, présenter.

CONCLUSIF, IVE [kɔ̃klyzif, iv] **adj.** – v. 1460 ◇ latin *conclusivus* ▪ **1** Qui exprime, qui indique une conclusion. *Remarque conclusive. «à la poursuite d'une phrase qui serait conclusive sans se donner l'air définitif»* H. THOMAS. ▪ **2** MUS. Qui amène une conclusion. *Note conclusive.*

CONCLUSION [kɔ̃klyzjɔ̃] **n. f.** – 1265 ◇ latin *conclusio*, de *concludere* → conclure ▪ **1** Arrangement final (d'une affaire). ➤ **règlement, solution, terminaison.** *Conclusion d'un traité, d'un pacs.* ▪ **2** LOG. Proposition dont la vérité résulte de la vérité d'autres propositions (prémisses). *Conclusion d'un syllogisme.* — COUR. Jugement qui suit un raisonnement. *Déduire, tirer une conclusion.* ➤ **enseignement, leçon ; prouver.** *«J'étais déjà arrivé à cette conclusion que nous ne sommes nullement libres devant l'œuvre d'art»* PROUST. — **adv.** (FAM.) En un mot, au total. *Conclusion, il n'y a rien à faire.* ➤ **1 bref.** — **loc. adv.** *En conclusion :* pour conclure, en définitive. ➤ **ainsi, donc.** ▪ **3** DR. AU PLUR. **CONCLUSIONS :** acte de procédure par lequel une des parties porte ses prétentions à la connaissance du tribunal et de son adversaire. *Conclusions écrites, verbales. Poser, signifier, déposer des conclusions. Conclusions du Ministère public.* ▪ **4** Fin, issue. *Les évènements approchent de leur conclusion.* — Ce qui termine un récit, un ouvrage. ➤ **dénouement, épilogue, 1 fin.** *Conclusion d'un discours.* ➤ **péroraison.** *Conclusion d'une fable.* ➤ **morale, moralité.** — MUS. ➤ **coda.** ▪ **CONTR.** Commencement, début, introduction, préambule, prémisse.

CONCOCTER [kɔ̃kɔkte] **v. tr.** ‹1› – avant 1945 ◇ de *concoction* «digestion, cuisson» 1528 ; latin *concoctio* ▪ PLAIS. Préparer, élaborer. *Il nous a concocté une drôle de mixture.* — FIG. *«Après avoir longuement concocté son deuil dans la retraite»* QUENEAU.

CONCOMBRE [kɔ̃kɔ̃bʀ] **n. m.** – 1390 ; *cocombre* 1256 ◇ mot provençal, du latin *cucumis, eris* ▪ Plante herbacée rampante *(cucurbitacées).* ♦ Le fruit de cette plante, qui se consomme cru ou cuit. *Concombre en salade. Concombre cueilli avant son complet développement.* ➤ **cornichon.** *Concombre à la grecque.* ➤ **tzatziki.**

CONCOMITANCE [kɔ̃kɔmitɑ̃s] **n. f.** – XIVe ◇ latin médiéval *concomitancia*, de *concomitari* «accompagner» ▪ DIDACT. Rapport de simultanéité entre deux faits, deux phénomènes. ➤ **coexistence.**

CONCOMITANT, ANTE [kɔ̃kɔmitɑ̃, ɑ̃t] **adj.** – 1503 ◇ latin *concomitans*, de *concomitari* «accompagner» ▪ Qui accompagne un autre fait, qui coïncide, coexiste avec lui. ➤ **coïncident, simultané.** *Symptômes concomitants d'une maladie.* — LOG. *Méthode des variations concomitantes,* simultanées et proportionnelles. — **adv.** **CONCOMITAMMENT.**

CONCORDANCE [kɔ̃kɔʀdɑ̃s] **n. f.** – 1160 «accord» ◊ de *concorder* ▪ **1** (1270) Le fait d'être semblable ou analogue ; le fait de tendre au même effet, au même résultat. ➤ **accord, conformité, convenance, correspondance, harmonie.** *La concordance de deux témoignages. Mettre ses actes en concordance avec ses principes. Concordance de deux situations.* ➤ **analogie, ressemblance, similitude, symétrie.** *Concordance en nombre, en valeur.* ➤ **égalité, parité.** — *Concordance temporelle.* ➤ **synchronisme.** ♦ PHYS. *Phénomènes vibratoires en concordance de phase,* dont le déphasage est nul. — (1845) GÉOL. Disposition parallèle de strates dont l'inférieure n'a subi aucun effort tectonique. ▪ **2** Ensemble des passages d'un texte où figure une unité lexicale (mot, expression). — Liste alphabétique des unités lexicales d'un texte, avec leurs contextes. ➤ **index.** *Éditer une concordance de la Bible. Concordance établie par ordinateur.* ▪ **3** LOG. *Méthode de concordance,* qui conclut, devant la simultanéité d'apparition ou de disparition de deux phénomènes, à un rapport de cause à effet entre eux. ▪ **4** GRAMM. *Concordance des temps :* règle subordonnant le choix du temps du verbe dans certaines propositions complétives, à celui du temps dans la proposition complétée (ex. Je sais qu'il est là ; je savais qu'il était là. Je regrette qu'il parte ; je regrettais qu'il partît). ▪ CONTR. Désaccord. Contradiction, discordance.

CONCORDANT, ANTE [kɔ̃kɔʀdɑ̃, ɑ̃t] **adj.** – XIIIe ◊ de *concorder* ▪ **1** Qui concorde avec (autre chose). *Témoignages concordants. Versions concordantes.* ▪ **2** (1845) GÉOL. Qui présente une disposition régulière (➤ **concordance**). *Structure, stratification concordante.* ▪ CONTR. Discordant, opposé.

CONCORDAT [kɔ̃kɔʀda] **n. m.** – 1452 ◊ latin médiéval *concordatum,* p. p. de *concordare* → concorder ▪ Accord écrit à caractère de compromis. ➤ **convention, transaction.** *Signer, appliquer un concordat. Les clauses d'un concordat.* ♦ *Concordat entre le pape et un État souverain,* pour régler la situation de l'Église catholique sur le territoire soumis à la juridiction de cet État. *Le Concordat de 1801,* entre Pie VII et Bonaparte. ♦ (1787) COMM. Accord collectif passé, dans le cadre d'un règlement* amiable, entre un débiteur et ses créanciers afin d'organiser les opérations d'apurement de ses dettes. ➤ **atermoiement.** *Banqueroute simple liquidée par un concordat.*

CONCORDATAIRE [kɔ̃kɔʀdatɛʀ] **adj.** – 1838 ◊ de *concordat* ▪ DR., HIST. ▪ **1** Relatif à un concordat, SPÉCIALT à celui de 1801. ▪ **2** Qui bénéficie d'un concordat lors d'une faillite. *Failli concordataire.*

CONCORDE [kɔ̃kɔʀd] **n. f.** – 1160 ◊ latin *concordia* ▪ Paix, harmonie qui résulte de la bonne entente entre les membres d'un groupe. ➤ **accord, entente, fraternité, harmonie.** *Vivre dans la concorde. Un esprit de concorde.* — Union des volontés, conformité des sentiments. *La concorde ne règne pas toujours entre eux. La Concorde, personnifiée dans les allégories. La place de la Concorde, à Paris.* ▪ CONTR. Discorde, dissension, haine, mésintelligence, zizanie.

CONCORDER [kɔ̃kɔʀde] **v. intr.** ⟨1⟩ – 1777 ; *concorder à* «correspondre» XIVe ; «mettre en accord» trans. XIIe ◊ latin *concordare* ▪ Avoir un rapport de concordance *(une chose concorde avec une autre).* ▪ **1** Être semblable ; correspondre au même contenu. *Les renseignements, les témoignages concordent.* ➤ **s'accorder, cadrer, coïncider, correspondre.** *Faire concorder des chiffres, des mesures.* ▪ **2** Pouvoir s'accorder, coexister. *«son train de vie [...] concorde avec ses ressources avouées»* ROMAINS. ➤ **s'adapter,** FAM. **coller, convenir (à).** *Leurs caractères ne concordent pas.* ▪ **3** Se passer au même moment. *Faire concorder deux phénomènes.* ➤ **synchroniser.** ▪ **4** Concourir à un même but. *Tous les efforts concordent.* ➤ **converger.** ▪ CONTR. Contraster, exclure (s'), opposer (s').

CONCOURANT, ANTE [kɔ̃kuʀɑ̃, ɑ̃t] **adj.** – 1753 ◊ de *concourir* ▪ **1** Qui concourt à un résultat. ▪ **2** MATH. *Droites concourantes,* qui passent toutes par un même point O, le point de concours. ➤ **convergent.** *Ensembles concourants,* dont l'intersection n'est pas vide.

CONCOURIR [kɔ̃kuʀiʀ] **v.** ⟨11⟩ – fin XVe ◊ latin *concurrere,* d'après *courir* ▪ **1 v. tr. ind.** *Concourir à :* tendre à un but commun ; contribuer avec d'autres à un même résultat. ➤ **collaborer, coopérer.** *Ces efforts concourent au même but, au même résultat. «Tout concourt à faire de moi un paysan»* PÉGUY. *Il a concouru à mon succès.* ➤ **participer.** ▪ **2** GÉOM. Converger (vers un même point). *Deux droites non parallèles concourent vers un même point.* ➤ **concourant.** ▪ **3 v. intr.** Entrer, être en compétition pour obtenir un prix, un emploi promis aux meilleurs (➤ **concours, concurrent**). *Les candidats qui vont concourir, admis à concourir. «Il voulait concourir plus tard pour une chaire de professeur»* FLAUBERT. ▪ **4** DIDACT. Avoir les mêmes droits. *«Tous les officiers de l'armée concourent pour l'avancement»* LITTRÉ. DR. *Créanciers qui concourent,* dont l'hypothèque est de même date. ▪ CONTR. Contrecarrer, opposer (s'). Diverger.

CONCOURISTE [kɔ̃kuʀist] **n.** – 1986 ◊ de *concours* ▪ PÉJ. Personne qui fait des concours (5o). *La concouriste a gagné un voyage aux Seychelles.*

CONCOURS [kɔ̃kuʀ] **n. m.** – v. 1330, «recours» ◊ latin *concursus* ▪ **1** (1572) VX ou LITTÉR. Rencontre de nombreuses personnes dans un même lieu. ➤ **affluence, foule, multitude, presse, rassemblement.** *Grand concours de peuple, de badauds, de curieux.* — FIG. (XVIIe) Rencontre, réunion. VX *«Quel concours de compliments et de harangues»* Mme DE SÉVIGNÉ. ♦ MOD. *Concours de circonstances :* ensemble de circonstances qui agissent ensemble, hasard (heureux ou non). *Par un heureux, un malheureux concours de circonstances.* — DR. PÉN. *Concours d'infractions :* pluralité d'infractions constituées par un ou plusieurs actes. — MATH. Intersection (➤ **concourant**). ▪ **2** (1644) Le fait d'aider, de participer à une action, une œuvre. ➤ **collaboration, coopération ; concourir** (1o). *Prêter son concours.* ➤ 1 **aide, appui, assistance.** *Le concours de la force militaire fut nécessaire.* ➤ **intervention.** *Concours financier, concours bancaire. Émission présentée par X avec le concours de Y.* ▪ **3** DR. Participation à un acte juridique passé par un autre. ♦ Situation de personnes ayant les mêmes droits. *Concours de créanciers* (➤ **concourir,** 4o **; concurrence, ordre**). ▪ **4** (1660) COUR. Épreuve portant sur les connaissances, dans laquelle plusieurs candidats entrent en compétition pour un nombre limité de places, de récompenses. *Les candidats d'un concours. Se présenter à un concours. Concours de recrutement. Recrutement sur concours. Concours d'entrée aux grandes écoles. Concours d'agrégation. Les lauréats d'un concours. Les concours et les examens*.* — *Concours général,* auquel participent les meilleurs élèves des lycées de France. LOC. *Une bête à concours :* un candidat qui réussit ce genre d'épreuve. *«quand on est douée et d'extraction modeste, on devient une bête à concours, on ne choisit pas»* MALLET-JORIS. ♦ Suite d'épreuves organisées et dotées de prix. *Les participants au concours.* ➤ **concurrent.** *Être mis hors concours.* ➤ **hors-concours.** *Concours hippique. Concours complet d'équitation :* discipline équestre comprenant plusieurs épreuves : dressage, parcours de fond et saut d'obstacles. *Concours de tir.* — *Concours d'élégance, de beauté.* ♦ *Concours agricole.* ➤ **comice.** *Une bête de concours,* digne de concourir. ♦ *Concours Lépine,* qui met en compétition des inventeurs. ▪ **5** Jeu public organisé par la publicité, les médias, où les gagnants remportent des prix. ➤ **jeu.** *Faire un concours, participer à un concours* (➤ **concouriste**). *Jeu*-concours. Un grand concours de la chanson. Concours d'orthographe. Question subsidiaire d'un concours. Gagner un concours, à un concours.*

CONCRESCENCE [kɔ̃kʀesɑ̃s] **n. f.** – 1884 ◊ du latin *concrescere* «croître ensemble» ▪ **1** BOT. Soudure de pièces voisines d'un végétal. ▪ **2** PATHOL. Croissance commune de parties primitivement séparées. *Concrescence de deux racines dentaires.* — **adj. CONCRESCENT, ENTE.**

CONCRET, ÈTE [kɔ̃kʀɛ, ɛt] **adj. et n.** – 1508 «solide» ◊ latin *concretus,* de *concrescere* «se solidifier» ▪ **1** VX Dont la consistance est épaisse (opposé à *fluide*). ➤ **condensé, épais.** — MOD. *Huile, essence concrète,* ou **n. f.** *concrète :* produit brut obtenu par extraction des végétaux avec un solvant approprié (hexane), utilisé en parfumerie. *Concrète de rose, de jasmin.* ▪ **2** (XVIIe) PHILOS. (opposé à *abstrait*) Qui exprime qqch. de matériel, de sensible (et non une qualité, une relation) ; qui désigne ou qualifie un être réel perceptible par les sens. Homme, *terme concret ;* grandeur, *terme abstrait.* — *Idée, image concrète.* ♦ *Art concret.* ➤ **constructivisme.** *Musique* concrète.* ▪ **3** COUR. Qui peut être perçu par les sens ou imaginé. *Exemple concret* (portant sur un cas particulier). *Rendre concret.* ➤ **concrétiser.** *Tirer d'une situation des avantages concrets.* ➤ **matériel, palpable,** 1 **positif, réel.** ▪ **4** (PERSONNES) Qui s'intéresse aux applications (non aux théories, aux principes). ➤ **pragmatique,** 2 **pratique, réaliste.** *Soyons concrets. Pour être plus concret, que faut-il faire ?* (➤ **concrètement**). ▪ **5 n. m. LE CONCRET :** qualité de ce qui est concret ; ensemble des choses concrètes. ➤ **réel.** *«Le poète, ce philosophe du concret et ce peintre de l'abstrait»* HUGO. *Ça, c'est du concret !* ▪ CONTR. Fluide. Abstrait.

CONCRÈTEMENT [kɔ̃kʀɛtmɑ̃] **adv.** – *concrétivement* XVIe ◊ de *concret* ▪ Relativement à ce qui est concret. ♦ D'une manière concrète, en fait, en pratique. ➤ **pratiquement.** *Concrètement, quel avantage en tirez-vous ?* ▪ CONTR. Abstraitement ; théoriquement.

CONCRÉTION [kɔ̃kʀesjɔ̃] **n. f.** – 1537 ◇ latin *concretio,* de *concrescere* ■ **1** Le fait de prendre une consistance plus solide. ➤ **épaississement, solidification.** ■ **2** Réunion de parties en un corps solide ; ce corps. — GÉOL. *Concrétion calcaire* (➤ **stalactite, stalagmite**), *pierreuse.* — MÉD. Corps étranger qui se forme dans les tissus, les organes. ➤ 2 **calcul, pierre, tophus ; bézoard.** *Concrétions arthritiques, calcaires. Concrétion dentaire.* ➤ **tartre.** ■ CONTR. Fusion, liquéfaction.

CONCRÉTISATION [kɔ̃kʀetizasjɔ̃] **n. f.** – 1936 ◇ de *concrétiser* ■ Le fait de se concrétiser. ➤ **réalisation.** *La concrétisation de ses espoirs.*

CONCRÉTISER [kɔ̃kʀetize] **v. tr.** ⟨1⟩ – 1890 ◇ de *concret* ■ **1** Rendre concret (3°) (ce qui était abstrait). ➤ **matérialiser.** *Concrétiser une idée en mots.* ➤ **formuler.** PRONOM. *« Son impression se concrétisait dans cette phrase vague »* MARTIN DU GARD. *Concrétiser un sentiment par un acte, une décision.* ■ **2** *Concrétiser ses aspirations.* ➤ **réaliser.** PRONOM. *Ses espoirs se sont concrétisés.* ■ **3** SPORT ABSOLT Marquer un but, obtenir une victoire, après une période de domination sur les concurrents. ■ CONTR. Abstraire, idéaliser.

CONÇU, UE ➤ **CONCEVOIR**

CONCUBIN, INE [kɔ̃kybɛ̃, in] **n.** – XIVe ; fém. 1213 ◇ latin *concubina* « qui couche avec » ■ DR. OU PLAISANT Personne qui vit en état de concubinage. *Des concubins.*

CONCUBINAGE [kɔ̃kybinaʒ] **n. m.** – 1407 ◇ de *concubine* ■ État de deux personnes qui vivent en couple (même résidence), sans être mariées ensemble. ➤ **liaison, pacs,** 1 **union** (libre) ; FAM. **collage.** *Vivre en concubinage ; en concubinage notoire.* ➤ **maritalement.** *Certificat de concubinage* (mairie), *contrat de concubinage* (notaire).

CONCUPISCENCE [kɔ̃kypisɑ̃s] **n. f.** – 1265 ◇ latin *concupiscentia,* de *concupiscere* « désirer ardemment » ■ **1** THÉOL. Désir vif des biens terrestres. ➤ **appétit, désir ; convoitise.** ■ **2** PLAISANT Désir sexuel ardent. *Il se mit « à regarder les femmes avec des yeux tout brillants d'une vilaine concupiscence »* AYMÉ. ➤ **convoitise.** ■ CONTR. Détachement, froideur.

CONCUPISCENT, ENTE [kɔ̃kypisɑ̃, ɑ̃t] **adj.** et **n. m.** – 1558 ◇ latin *concupiscens,* de *concupiscere* ■ PLAISANT Relatif à la concupiscence ; empreint de concupiscence. *« elle avait senti son regard bovin et concupiscent la déshabiller »* V. DESPENTES. ◆ **n. m.** VIEILLI Homme salace. ➤ **lascif, sensuel.** *« des concupiscents acharnés à jouir »* MAURIAC. ■ CONTR. Détaché, 1 froid.

CONCURREMMENT [kɔ̃kyʀamɑ̃] **adv.** – 1596 ◇ de *concurrent* ■ **1** RARE En concurrence. *Ils se présentèrent concurremment pour cette place.* ■ **2** Conjointement, de concert. *Agir concurremment avec qqn.* ■ **3** Simultanément.

CONCURRENCE [kɔ̃kyʀɑ̃s] **n. f.** – 1370 « rencontre » ◇ de *concurrent* ■ **1** VX Rencontre. — MOD. LOC. *(Jusqu')à concurrence de :* jusqu'à ce qu'une somme parvienne à en égaler une autre. *Il doit rembourser jusqu'à concurrence de dix mille euros.* ■ **2** (1559) VIEILLI OU LITTÉR. Rivalité entre plusieurs personnes, plusieurs forces poursuivant un même but. ➤ **compétition, concours, rivalité.** *« La guerre est fondée sur la compétition, sur la rivalité, sur la concurrence »* PÉGUY. — **EN CONCURRENCE.** *Être, se trouver en concurrence avec un adversaire, un rival. Entrer en concurrence avec qqn* (cf. Aller sur ses brisées*). — FIG. En balance. *« Nul intérêt n'est jamais entré dans son âme en concurrence avec la vérité »* MASSILLON. ◆ *Concurrence de marques, de produits.* ■ **3 FAIRE CONCURRENCE À :** se trouver en concurrence avec. *« Il y avait en Proudhon l'étoffe de deux hommes qui se firent continuellement concurrence, le savant et l'écrivain »* SAINTE-BEUVE. FAM. *Vous faites concurrence à...,* vous l'imitez, vous agissez de même. (CHOSES) *Produit qui fait concurrence à un autre. Leurs deux derniers modèles se font concurrence.* ➤ **cannibaliser.** ■ **4** (1748) Rapport entre entreprises, commerçants qui se disputent une clientèle. *Libre concurrence :* régime qui laisse à chacun la liberté de produire, de vendre ce qu'il veut, aux conditions qu'il choisit (➤ **libéralisme ;** cf. Économie de marché*). *Concurrence illicite, déloyale. Concurrence qu'une entreprise se fait à elle-même.* ➤ **autoconcurrence.** *Prix qui supporte la concurrence* (➤ **compétitif, concurrentiel**), *défiant toute concurrence,* très bas (➤ **dumping**). — ÉCON. *Concurrence pure et parfaite :* modèle de marché sur lequel est fondée la théorie économique classique et la loi de l'offre et de la demande. ◆ PAR EXT. L'ensemble des entreprises, des commerçants concurrents. *La concurrence a sorti un nouveau modèle. Analyse de la concurrence.* ➤ **benchmark** (ANGLIC.). ■ CONTR. Association, entente ; exclusivité, monopole.

CONCURRENCER [kɔ̃kyʀɑ̃se] **v. tr.** ⟨3⟩ – 1877 ◇ de *concurrence* ■ Faire concurrence à. *Il les concurrence dangereusement.* ➤ **menacer ;** et aussi **cannibaliser.**

CONCURRENT, ENTE [kɔ̃kyʀɑ̃, ɑ̃t] **adj.** et **n.** – 1119 ◇ latin *concurrens,* de *concurrere* « accourir ensemble » ■ **1** ASTRON. VX *Jours concurrents,* OU ELLIPT *les concurrents :* jours qui s'ajoutent aux cinquante-deux semaines de l'année pour faire concorder l'année civile avec l'année solaire. ■ **2** (XVIe) VIEILLI Qui concourt au même but. ➤ **concourant.** ■ **3** **n.** Personne en concurrence avec une autre, d'autres. ➤ **compétiteur, émule, rival.** *Éliminer, vaincre un concurrent. Concurrent malheureux. Concurrent sérieux ; négligeable. Il y a plusieurs concurrents pour ce poste.* ➤ **candidat.** — (1777) SPORT Participant(e) à une compétition. *Concurrents engagés dans la course.* ➤ 1 **partant.** — COMM. Entreprise qui fait concurrence à d'autres. *Son concurrent vend moins cher que lui.* **adj.** *Commerçants, fournisseurs concurrents.*

CONCURRENTIEL, IELLE [kɔ̃kyʀɑ̃sjɛl] **adj.** – 1872 ◇ de *concurrence* ■ **1** ÉCON. Où s'exerce la concurrence. *Marché, secteur concurrentiel.* ■ **2** Qui est en concurrence commerciale. *Produits concurrentiels. Ce modèle est concurrentiel avec celui d'une autre marque.* ■ **3** Qui permet de soutenir la concurrence commerciale. *Produits, prix concurrentiels.* ➤ **compétitif.** *Avantage concurrentiel.* ■ **4** Relatif à la concurrence. *La pression concurrentielle. Veille concurrentielle.*

CONCUSSION [kɔ̃kysjɔ̃] **n. f.** – 1539 ; « commotion, secousse » 1440 ◇ latin *concussio,* de *concutere* « frapper » ■ DR. et DIDACT. Perception illicite par un agent public de sommes qu'il sait ne pas être dues. ➤ **exaction, malversation, péculat.** *Fonctionnaire accusé de concussion.* — **n.** et **adj.** **CONCUSSIONNAIRE** [kɔ̃kysjɔnɛʀ], XVIe.

CONDAMNABLE [kɔ̃dɑnabl] **adj.** – 1404 ◇ de *condamner* ■ Qui mérite d'être condamné (2°). ➤ **blâmable, critiquable, déplorable, répréhensible.** *Acte, attitude, opinion condamnable.* ■ CONTR. 1 Louable, recommandable.

CONDAMNATION [kɔ̃dɑnasjɔ̃] **n. f.** – XIIIe ◇ latin *condemnatio,* racine *condemnere,* d'après *damner* ■ **1** Décision de justice qui condamne une personne à une obligation ou à une peine. ➤ **arrêt, jugement, sentence.** *Condamnation de l'accusé par les juges. Condamnation pour vol, pour meurtre. Infliger, prononcer une condamnation.* ➤ **astreinte, peine, punition, sanction.** *Condamnation par contumace*, par défaut*, définitive. Condamnations politiques* (bannissement, exil, indignité nationale), *condamnation pour crime de guerre. Condamnation religieuse.* ➤ **anathème, excommunication,** 2 **interdit.** *Condamnation à la détention* perpétuelle, à mort* (cf. Arrêt de mort). *Aggravation d'une condamnation. Réduire une condamnation* (cf. Remise* de peine). *Fiche personnelle où sont reportées les condamnations.* ➤ **casier** (judiciaire). — PAR EXT. Décision de justice qui condamne une chose (et par conséquent son auteur). *Condamnation de « Madame Bovary », des « Fleurs du mal » comme contraires aux bonnes mœurs* (➤ **censure, index,** 2 **interdit**). *Condamnation du révisionnisme.* ◆ Fait, décision qui détermine la ruine, la disparition de qqch. *Cette mesure est la condamnation du petit commerce.* ■ **2** Action de blâmer qqn ou qqch. ➤ **accusation, attaque, censure,** 2 **critique, procès, réprobation.** *« la condamnation de nos goûts [...] de nos opinions »* LA ROCHEFOUCAULD. PAR EXT. *Ce livre est la condamnation du régime actuel.* ■ **3** Fermeture, verrouillage. *Condamnation automatique des portes d'une voiture.* ■ CONTR. Absolution, acquittement. Approbation, éloge.

CONDAMNATOIRE [kɔ̃dɑnatwaʀ] **adj.** – XVe ◇ de *condamner* ■ DR. Qui condamne. *Sentence condamnatoire.*

CONDAMNÉ, ÉE [kɔ̃dɑne] **adj.** et **n.** – fin Xe « blessé » ◇ de *condamner* ■ **1** Que la justice a condamné à une peine. *Un innocent condamné.* — **n.** (1753) *Un condamné.* ➤ **bagnard, banni, détenu, repris de justice.** *« Le Dernier Jour d'un condamné », roman de Hugo. Condamné à mort. La cigarette du condamné,* la dernière cigarette offerte avant sa mort. *Gracier un condamné.* ■ **2** Qui n'a aucune chance de guérison, va bientôt mourir. *Un malade condamné.* ➤ **inguérissable ; incurable, perdu.** ■ **3** PAR EXT. Obligé (à). ➤ **contraint.** *Les gens condamnés aux travaux les plus durs ; à quitter leur pays.* ■ **4** *Ouverture, endroit condamné,* définitivement clos, où l'on ne peut plus aller, passer.

CONDAMNER [kɔ̃dɑne] **v. tr.** ⟨1⟩ – XVIe, par attraction de *damner ; condemner* XIIe ◇ latin *condemnare* ■ **1** Frapper d'une peine, faire subir une punition à (qqn), par un jugement. *Condamner un coupable. On l'a condamné à payer une amende, à une lourde peine. « il vaut mieux hasarder de sauver un coupable que de condamner un innocent »* VOLTAIRE. *Condamner aux* *dépens, à la détention,* ANCIENNT *à la déportation, aux travaux forcés ; condamner à mort.* SPÉCIALT *Condamner à l'enfer.* ➤ **damner.** — (Sujet chose) *Ce témoignage condamne l'accusé.* ◆ PAR ANAL. (1704) Déclarer (un malade) incurable dans une maladie mortelle. *Il n'y a plus d'espoir, les médecins l'ont condamné* (➤ **condamné**). ◆ PAR EXT. Obliger (à une chose pénible). ➤ **astreindre, contraindre, forcer, obliger.** *Condamner à une besogne.* ➤ **atteler, vouer.** *L'état de nos finances nous condamne à l'austérité. Être condamné à l'inaction, à rester chez soi.* ▪ **2** Interdire ou empêcher formellement (qqch.). ➤ **défendre, empêcher, interdire, prohiber, proscrire, punir.** *La loi française condamne la bigamie.* ▪ **3** Faire en sorte qu'on n'utilise pas (un lieu, un passage). *Condamner une porte, une voie, une pièce.* ➤ **barrer,** 1 **boucher, fermer, murer.** (VIEILLI) *Condamner sa porte :* refuser de recevoir qui que ce soit. ▪ **4** Blâmer* avec rigueur. ➤ **accabler, censurer, critiquer*, désapprouver,** 2 **flétrir, stigmatiser.** *Je ne le condamne pas, ce n'est pas sa faute. «elle ne pensait à son trouble [...] que pour condamner sa faiblesse et la renier»* MARTIN DU GARD. *Condamner un abus. L'Académie condamne ce mot.* ▪ CONTR. Acquitter, disculper, innocenter ; approuver, recommander.

CONDÉ [kɔ̃de] n. m. – 1822 ◇ origine inconnue, probablt de la même famille que *compte* ▪ ARG. ▪ **1** Autorisation officieuse d'exercer une activité illégale accordée par la police, en échange de services. *Donner, avoir le condé.* ▪ **2** (1844) Commissaire de police. *Les condés.* ➤ **flic.**

CONDENSATEUR [kɔ̃dɑ̃satœʀ] n. m. – 1753 ◇ de *condenser* ▪ **1** (1783) Appareil permettant d'accumuler de l'énergie électrique. ➤ **accumulateur, bouteille** (de Leyde). — Élément passif* d'un circuit électrique. *Capacité* d'un condensateur.* ▪ **2** *Condensateur optique,* appareil dont les lentilles ramènent les rayons lumineux sur une petite surface.

CONDENSATION [kɔ̃dɑ̃sasjɔ̃] n. f. – 1361 ◇ latin impérial *condensatio* ▪ **1** Passage d'un corps de la phase gazeuse à une des phases condensées, liquide ou solide ; action de condenser. *Point de condensation* (cf. Point de rosée*). ➤ **saturation.** *Condensation de la vapeur d'eau* (➤ **liquéfaction ; brume, buée, givre, nuage, rosée**). *«Une traînée de condensation d'avion de ligne»* LINZE. *Hygromètre à condensation.* ▪ **2** Augmentation relative de la densité d'un fluide par compression, par concentration. ▪ **3** ÉLECTR. Accumulation de charges électriques sur un conducteur. ➤ **condensateur.** ▪ **4** Procédé visant à présenter une information avec concision, dans ce qu'elle a de plus essentiel. *Condensation automatique de textes.* ▪ **5** PSYCHAN. Processus psychique par lequel un même symbole, une même image peut condenser plusieurs contenus. ▪ CONTR. Dilatation, évaporation, sublimation, vaporisation ; dilution, expansion.

CONDENSÉ, ÉE [kɔ̃dɑ̃se] adj. et n. m. – 1845 bot. ◇ de *condenser* ▪ **1** Qui contient beaucoup de matière sous un petit volume. ➤ **concentré.** *Du lait condensé,* conservé par concentration sous vide. ◆ PHYS., CHIM. *Phases condensées* (liquide, solide). ▪ **2** Réduit à ses éléments essentiels. *Texte condensé.* n. m. *Un condensé.* ➤ **digest, résumé.**

CONDENSER [kɔ̃dɑ̃se] v. tr. ⟨1⟩ – 1314 ◇ latin *condensare* «rendre épais», racine *densus* → dense ▪ **1** Rendre (un fluide) plus dense (➤ **saturer**) ; réduire à un plus petit volume. ➤ **comprimer.** *Condenser un gaz par pression.* — SPÉCIALT Liquéfier (un gaz) par refroidissement ou compression. adj. **CONDENSABLE,** 1803. — PRONOM. *«Le brouillard, en s'attachant aux arbres, s'y condensait en gouttes»* BALZAC. ▪ **2** FIG. Réduire, ramasser (l'expression de la pensée). *Condenser un récit.* ➤ **abréger, dépouiller, réduire, resserrer, résumer.** ▪ CONTR. Dilater, diluer, évaporer. Développer.

CONDENSEUR [kɔ̃dɑ̃sœʀ] n. m. – 1796 ◇ anglais *condenser,* de *to condense* ▪ **1** TECHN. Récipient où se fait, par refroidissement, la condensation de la vapeur qui a agi sur le piston d'une machine. ▪ **2** Appareil dans lequel on condense un gaz pour le purifier. ▪ **3** Système optique (➤ **condensateur**) éclairant un objet examiné au microscope.

CONDESCENDANCE [kɔ̃desɑ̃dɑ̃s] n. f. – 1609 ◇ de *condescendre* ▪ **1** VX (en bonne part) Complaisance par laquelle on s'abaisse au niveau d'autrui. *Condescendance d'un initié pour, envers un profane.* ▪ **2** MOD. Supériorité bienveillante mêlée de mépris. ➤ **arrogance, hauteur, supériorité.** *«elle lui souriait et inclinait la tête dans sa direction avec un air de condescendance royale»* GREEN. ▪ CONTR. Déférence.

CONDESCENDANT, ANTE [kɔ̃desɑ̃dɑ̃, ɑ̃t] adj. – XIVe ◇ de *condescendre* ▪ **1** VX Qui condescend. ➤ **complaisant.** ▪ **2** MOD. ➤ 1 **hautain, protecteur, supérieur.** *«leurs airs condescendants, dédaigneux, légèrement dégoûtés»* SARRAUTE.

CONDESCENDRE [kɔ̃desɑ̃dʀ] v. tr. ind. ⟨41⟩ – 1350 ◇ bas latin *condescendere* «descendre au même niveau» ▪ LITTÉR. Daigner consentir. *Condescendre à une invitation. Condescendre aux désirs, à la volonté de qqn.* ➤ **accéder, se prêter.** *Il a condescendu à répondre.* ➤ **s'abaisser, daigner.**

CONDIMENT [kɔ̃dimɑ̃] n. m. – XIIIe ◇ latin *condimentum* ▪ Substance de saveur forte destinée à relever le goût des aliments. ➤ **aromate, assaisonnement, épice.** *Condiments de légumes et de fruits.* ➤ **achards, chutney, pickles, rougail ;** RÉGION. **relish.** *Condiment japonais.* ➤ **gomasio, wasabi.** — SPÉCIALT Moutarde douce. ◆ FIG. et LITTÉR. *«le remords était peut-être le condiment qui sauve l'inappétence des passions»* HUYSMANS.

CONDISCIPLE [kɔ̃disipl] n. – 1570 ◇ latin *condiscipulus* ▪ Se dit de personnes qui ont eu le même maître, fait les mêmes études ensemble (cf. De la même promotion*). *Ils furent condisciples à l'École normale. Ma condisciple.*

CONDITION [kɔ̃disjɔ̃] n. f. – fin XIIIe ◇ du latin *condicio*

I ÉTAT, MANIÈRE D'ÊTRE A. (PERSONNES) ▪ **1** (fin XIIIe) VIEILLI Rang social, place dans la société. ➤ **classe, état.** *«elle était très au-dessus de sa condition»* MAURIAC. *L'inégalité des conditions sociales. Les trois conditions, au Moyen Âge :* les nobles, les serfs, les vilains. *Une personne de condition élevée,* et ABSOLT (VX) *une personne de condition.* ➤ **noble.** *Être de condition modeste.* ▪ **2** VX Situation à un moment donné. *«Notre condition jamais ne nous contente ; La pire est toujours la présente»* LA FONTAINE. ▪ **3** MOD. La situation où se trouve un être vivant (SPÉCIALT l'être humain). ➤ **destinée, sort.** *La condition des femmes. «Notre véritable étude est celle de la condition humaine»* ROUSSEAU. *«La Condition humaine», roman de Malraux.* — *Conditions de vie :* ensemble des facteurs économiques et sociaux caractérisant la vie d'un groupe social (cf. Niveau* de vie). ▪ **4** État passager, relativement au but visé. *En (bonne) condition (pour) :* dans un état favorable à. *Cet élève est en bonne condition pour passer son examen,* bien préparé. *Mettre un cheval, un athlète en condition. — La condition physique d'un athlète.* ➤ **forme.** ◆ (1965) **METTRE EN CONDITION :** préparer les esprits (par la propagande). ➤ **conditionner.** *Mise en condition.* ➤ **conditionnement.**

B. (CHOSES) État d'une chose qui a les qualités requises. *Marchandise livrée en bonne condition.* — SPÉCIALT État hygrométrique convenable (d'un tissu). *Faire des essais sur la condition d'une soie.* ➤ **conditionnement.**

II CIRCONSTANCE ▪ **1** (fin XIIIe) État, situation, fait dont l'existence est indispensable pour qu'un autre état, un autre fait existe. *«La première condition du développement de l'esprit, c'est sa liberté»* RENAN. *Remplir les conditions exigées. C'est une condition nécessaire.* (1704) *Condition sine qua non,* sans laquelle une chose est impossible. — DIDACT. *Conditions nécessaires et suffisantes pour que...* (ABRÉV. *CNS*). — *Les conditions d'un armistice, d'un traité.* ➤ **clause, stipulation.** *Dicter, imposer, poser ses conditions.* ➤ **exigence ; ultimatum.** *Quelles sont vos conditions ?* ➤ **prétention.** *À telle condition :* seulement dans ce cas. *J'accepte, mais à une condition. J'y mets une condition.* ◆ *Se rendre sans condition,* sans restriction, purement et simplement. *Armistice, capitulation sans condition.* ➤ **inconditionnel.** — *À condition de* (et l'inf.). *C'est faisable, à condition d'être patient. À (la) condition que* (et l'indic. futur ou le subj.). ➤ **moyennant, pourvu que.** *Je te prête ma voiture à condition que tu me la ramènes, ramèneras avant ce soir.* ◆ *Sous condition,* en respectant certaines conditions préalables. *Sous condition de* (et l'inf.) (cf. Sous réserve* de). ▪ **2** PLUR. Ensemble de faits dont dépend qqch. ➤ **circonstance, contexte.** *Les conditions économiques d'un marché.* ➤ **conjoncture.** *Offre soumise à conditions. Attendre des conditions favorables. Les conditions psychologiques, sociologiques d'un fait.* ➤ **base, donnée, élément, fondement.** *Conditions de travail* (➤ **ergonomie**). *Comité d'hygiène, de sécurité et des conditions de travail (CHSCT). Les conditions atmosphériques. Les conditions de vie dans un milieu donné.* ➤ **climat, terrain.** ◆ *Voyager dans de bonnes, de mauvaises conditions. Dans ces conditions, nous refusons,* dans ce cas, étant donné les circonstances. ◆ PHYS. *Conditions initiales d'un système :* valeurs de la fonction et de ses dérivées déterminées par la nature physique du problème. *Conditions aux limites,* qui interviennent dans la solution des équations régissant un phénomène, imposées par les lois physiques et les dispositions expérimentales. ➤ **conservation, continuité.** ▪ **3** DR. Modalité ayant pour effet de subordonner la validité d'un acte juridique à un évènement futur et incertain. *Condition expresse, tacite ; condition suspensive, résolutoire.* ➤ **clause, convention.** *Les conditions d'un contrat, d'un acte juridique. Conditions générales de vente (CGV).*

Acheter, vendre sous condition, sous garantie ; en réservant à l'acheteur le droit de rendre la chose achetée s'il n'en est pas satisfait. ▪ **4** PLUR. Moyens d'acquérir. *Faire des conditions de paiement.* ➤ **crédit, facilité, modalité.** *Obtenir des conditions intéressantes, avantageuses.* ABSOLT *Faire des conditions à un client.* ➤ **prix.**

CONDITIONNÉ, ÉE [kɔ̃disjɔne] **adj.** – 1394 ◊ de *conditionner* ▪ **1** VIEILLI Qui est dans une condition, un état. *« des enfants bien conditionnés et de corps et d'esprit »* MOLIÈRE. ▪ **2** (1869) Soumis à des conditions. *Expérience conditionnée.* PSYCHOL., PHYSIOL. Dont le comportement est lié à certaines conditions. *« De toute façon, l'homme est conditionné »* BEAUVOIR. *Réflexe* conditionné.* SUBST. PHILOS. *Le conditionné* : ce qui dépend d'autre chose. ▪ **3** SPÉCIALT Qui a subi un conditionnement. *Produits conditionnés.* ▪ **4** (de l'anglais) *Air conditionné,* que l'on a amené à la température (généralement plus froide) et au degré hygrométrique voulus. *Hôtel à air conditionné.* ➤ **climatisé.** — PAR EXT. L'appareil qui climatise. ➤ **climatiseur.** *Brancher l'air conditionné.* ▪ CONTR. Absolu, inconditionné.

CONDITIONNEL, ELLE [kɔ̃disjɔnɛl] **adj.** et **n. m.** – 1361 ◊ latin *condicionalis* ▪ **1** Qui dépend de certaines conditions, d'évènements incertains. ➤ **hypothétique.** *Promesse conditionnelle. Évènement conditionnel.* ➤ **contingent.** — PSYCHOL., PHYSIOL. *Réflexe* conditionnel.* — DR. *Contrat conditionnel. Clause conditionnelle. Libération conditionnelle. Mise en liberté conditionnelle.* LOG. *Jugement conditionnel.* GRAMM. *Proposition conditionnelle,* qui exprime une condition. ➤ **hypothétique.** ▪ **2** (XVIe) GRAMM. *Le mode conditionnel,* ou **n. m.** *le conditionnel* : mode du verbe (comprenant un temps présent et deux passés) exprimant un état ou une action subordonnée à quelque condition ou éventualité (ex. Si vous le vouliez, j'*irais* avec vous). *Présent du conditionnel. « Le conditionnel magique des enfants : alors, on serait des Peaux-Rouges... »* CHABROL. *« Le conditionnel introduit une illusion d'avenir à l'intérieur du passé »* C. MINARD. ◆ Se dit aussi du futur du passé, qui a la forme de ce mode, employé dans la concordance de temps (ex. J'affirmais qu'il *viendrait*). ▪ CONTR. Absolu, catégorique, formel, inconditionnel, 2 net.

CONDITIONNELLEMENT [kɔ̃disjɔnɛlmɑ̃] **adv.** – 1361 ◊ de *conditionnel* ▪ Sous une ou plusieurs conditions. *Promettre conditionnellement une chose.* ▪ CONTR. Inconditionnellement.

CONDITIONNEMENT [kɔ̃disjɔnmɑ̃] **n. m.** – 1845 ◊ de *condition* ▪ Le fait de conditionner. ▪ **1** *Conditionnement des textiles* : opération déterminant le pourcentage normal d'humidité que doit contenir chaque matière textile. *Étuve de conditionnement.* — PAR ANAL. *Conditionnement des bois tropicaux.* — *Conditionnement du blé* : opération mettant le grain de blé dans la meilleure condition de mouture. ▪ **2** *Conditionnement de l'air* : réglage de la température et du degré hygrométrique de l'air d'un local. ➤ **climatisation.** ▪ **3** Présentation de certains articles pour la vente. ➤ **emballage, embouteillage, empaquetage.** *Conditionnement d'un médicament. Un beau conditionnement.* ➤ **packaging** (ANGLIC.). ▪ **4** PSYCHOL., PHYSIOL. Action de conditionner ; fait de provoquer artificiellement des réflexes* conditionnés, et PAR EXT. des habitudes de pensée, de comportement dans un ensemble social (➤ **intoxication, matraquage**). *Le conditionnement du public par les médias.* — Processus d'acquisition d'un réflexe conditionné. ▪ CONTR. Déconditionnement.

CONDITIONNER [kɔ̃disjɔne] **v. tr.** ‹1› – 1250 ◊ de *condition* ▪ **1** (1694) Pourvoir (une chose) des qualités requises par sa destination. — SPÉCIALT *Conditionner des étoffes, des textiles,* leur faire subir l'opération du conditionnement. — *Conditionner des produits, des articles,* les préparer pour l'expédition et la vente. ➤ **traiter ; coliser, emballer.** *Piles conditionnées par deux, sous blister. Lait conditionné en brique.* ▪ **2** (1932) Être la condition de. *Son retour conditionne mon départ* : de son retour dépend mon départ. *Fait qui conditionne l'apparition d'un phénomène.* ➤ **commander.** ▪ **3** PSYCHOL. Mettre en condition* (I, A, 4°), rendre conditionné. ➤ **déterminer, influencer.** *« conditionner* [la petite fille] *à son futur rôle de mère »* BARTHES. ▪ CONTR. Déconditionner.

CONDITIONNEUR, EUSE [kɔ̃disjɔnœʀ, øz] **n.** – 1929 ◊ de *conditionner* ▪ **1** **n. m.** Appareil servant au conditionnement de l'air (➤ **climatiseur**), du blé. *« Les conditionneurs d'air ronflent dans les murs »* LE CLÉZIO. ▪ **2** Professionnel(le) qui s'occupe du conditionnement des marchandises. ➤ **emballeur.** ▪ **3** **n. m.** Produit capillaire destiné à améliorer l'aspect des cheveux. APPOS. *Shampoing conditionneur.*

CONDOLÉANCES [kɔ̃dɔleɑ̃s] **n. f. pl.** – v. 1460 ◊ de l'ancien verbe *condouloir* ; latin *condolere,* de *dolere* « souffrir » ▪ Expression de la part que l'on prend à la douleur de qqn. ➤ **sympathie.** *Présenter, offrir, exprimer, faire ses condoléances à l'occasion d'un deuil.* — ELLIPT *Toutes mes condoléances ; mes condoléances.*

CONDOM [kɔ̃dɔm] **n. m.** – 1795 ◊ probablt de l'anglais *condum,* d'origine inconnue ▪ VX ou DIDACT. Préservatif masculin. ➤ **capote** (anglaise). *« Un petit sac de peau de Venise, vulgairement nommé condom »* SADE.

CONDOMINIUM [kɔ̃dɔminjɔm] **n. m.** – 1866 ◊ mot anglais, du latin *dominium* « souveraineté » ▪ **1** Souveraineté exercée en commun par deux ou plusieurs États sur un même pays. *Des condominiums.* ▪ **2** (1973) Immeuble en copropriété, dans un pays anglo-saxon (COUR. au Canada). ABRÉV. (1985) **CONDO.** *Condos à louer.*

CONDOR [kɔ̃dɔʀ] **n. m.** – 1598 ◊ mot espagnol, du quéchua du Pérou ▪ Oiseau rapace d'Amérique *(falconiformes),* au plumage noir, frangé de blanc aux ailes.

CONDOTTIERE ou **CONDOTTIÈRE** [kɔ̃dɔ(t)tjɛʀ] **n. m.** – 1770 ◊ mot italien « chef de soldats mercenaires » ▪ Au Moyen Âge, Chef de soldats mercenaires, en Italie. *Des condottieri* (**plur. it.**), *des condottières.*

CONDUCTANCE [kɔ̃dyktɑ̃s] **n. f.** – 1893 ◊ de *conduire,* d'après *résistance* ▪ **1** PHYS. Inverse de la résistance électrique d'un conducteur. *La conductance se mesure en siemens.* ▪ **2** CHIM. *Conductance d'une solution,* sa capacité à conduire le courant électrique, proportionnellement à sa concentration ionique. *Mesure de la conductance* (➤ **conductimètre**).

CONDUCTEUR, TRICE [kɔ̃dyktœʀ, tʀis] **n.** et **adj.** – milieu XIVe ◊ de *conduire,* d'après le latin *conductor*

I **n.** Personne qui conduit qqn ou qqch. ▪ **1** LITTÉR. Personne qui dirige, mène des hommes. ➤ **berger, chef, guide, pasteur ; leader.** *« Moïse a la grandeur sans charme des vrais conducteurs d'hommes »* DANIEL-ROPS. ▪ **2** Personne qui conduit des animaux. VX *Le conducteur d'un troupeau. Conducteur de bestiaux.* ➤ **berger, gardien.** *Conducteur de caravane.* ➤ **caravanier.** ▪ **3** Personne qui conduit une voiture. *Conducteur d'une voiture à cheval.* ➤ **charretier, 1 cocher, voiturier.** *Conducteur de camions, de poids lourds.* ➤ **camionneur, 2 routier.** *Conducteur d'autobus.* ➤ **machiniste.** *Le conducteur d'une voiture.* ➤ **automobiliste, chauffeur, pilote ; 1 taxi.** *Une excellente conductrice.* — *Conducteur d'autorail, de locomotive électrique* (➤ **mécanicien**), *de T. G. V.* (➤ **tégéviste**). *Conducteur de tramway.* ➤ VX **wattman.** *Locomotrice sans conducteur.* (REM. Pour les autres véhicules ➤ **pilote.**) ▪ **4** Ouvrier chargé de la conduite de certaines machines *(conducteur de presses, de machines, de moteurs),* de la surveillance de dispositifs *(conducteur de four, de cuve). Conducteur d'engins* (de terrassement, de manutention). ▪ **5** *Conducteur de travaux* : agent chargé de la conduite de travaux de construction sous la direction d'un ingénieur. ➤ **contremaître, surveillant.** *Conducteur des Ponts et Chaussées.* ➤ **ingénieur.**

II **A.** **adj.** ▪ **1** Qui conduit, guide. *Fil* conducteur.* ▪ **2** BOT. *Tissu conducteur,* qui assure le transport de la sève. ▪ **3** (1749) Qui permet le passage d'un courant électrique. ➤ **cryoconducteur, supraconducteur.** *Fil, métal conducteur. Les corps conducteurs* (d'électricité, de chaleur). **n. m.** *Les métaux sont de bons conducteurs* (**opposé à** ***isolant***). ➤ **semi-conducteur.**

B. **n. m.** Document de travail qui indique le découpage d'une émission de télévision, de radio, précisant l'ordre, la durée, l'origine de chaque séquence.

CONDUCTIBILITÉ [kɔ̃dyktibilite] **n. f.** – 1808 ◊ du latin *conductus,* p. p. de *conducere* ▪ DIDACT. (SC.) ▪ **1** Propriété qu'ont les corps de transmettre la chaleur, l'électricité. ➤ **conduction.** *Conductibilité électrique* (**opposé à** ***résistivité***), *thermique.* ▪ **2** PHYSIOL. Propriété des fibres nerveuses et musculaires de propager l'influx nerveux.

CONDUCTIMÈTRE [kɔ̃dyktimɛtʀ] **n. m.** – 1935 ◊ de *conducti(bilité)* et *-mètre* ▪ CHIM. Appareil électrique mesurant la conductance d'une solution ionique.

CONDUCTION [kɔ̃dyksjɔ̃] **n. f.** – XIIIe ◊ latin *conductio,* racine *conducere* « conduire ; 2 louer » ▪ **1** DR. ROM. Action de prendre qqch. en location. ➤ **location.** ▪ **2** (1830) PHYS. *Conduction électrique* : déplacement des charges électriques qui se traduit par un courant. *La conduction électrique des gaz ionisés* (➤ **décharge**). *La conduction électrique dans les solides* (➤ **semi-conducteur**). — *Conduction thermique.* ➤ **diffusion.** ◆ (1879) PHYSIOL. Propagation de l'influx nerveux par les neurones. — *Conduction des fibres musculaires.* ➤ **dépolarisation.** *La conduction électrique du myocarde. La vitesse de conduction dépend du diamètre des fibres.*

CONDUCTIVITÉ [kɔ̃dyktivite] **n. f.** – 1907 ◇ de *conductance,* d'après *résistivité* ■ ÉLECTR. Inverse de la résistivité*. CHIM. *Conductivité molaire :* conductivité divisée par la concentration du soluté. *Conductivité molaire ionique :* contribution d'un ion donné à la conductivité molaire.

CONDUIRE [kɔ̃dɥiʀ] **v. tr.** ‹38› – 1080 «accompagner» ; v. 1000 *[ils] conducent* «[ils] emmènent (qqn)» ◇ latin *conducere,* de *ducere* «conduire»

I FAIRE ALLER DANS UNE DIRECTION A. (DES ÊTRES ANIMÉS) ■ **1** Mener (qqn) quelque part. ➤ **accompagner,** 1 **amener, diriger, guider, mener.** *Conduire un enfant à l'école. Conduire qqn en prison.* ➤ **escorter.** *Conduisez-moi jusqu'à lui. Conduire ses invités jusqu'à la porte.* ➤ **raccompagner, reconduire.** — PAR EXT. *Conduire des soldats au combat, à l'assaut.* ➤ **entraîner, mener.** — *Se laisser conduire comme un enfant :* faire preuve d'une docilité extrême. ◆ PAR EXT. LITTÉR. Diriger. *Conduire les pas de qqn.* LITTÉR. *Conduire ses pas vers :* se diriger. — *Conduire la main d'un enfant.* ➤ **guider, tenir.** ◆ Mener (qqn, qqch.) quelque part en voiture. *Taxi, conduisez-moi à l'Opéra.* ■ **2** Diriger (un animal). *Conduire un troupeau, une caravane.* MANÈGE *Conduire un cheval de la main.* — *Le plus vieil éléphant conduit le troupeau.* ➤ **mener.** ■ **3** (CHOSES) Faire aller quelque part. *Ce bus vous conduira à la gare.* — *Ses traces nous ont conduits jusqu'ici. Cette route (vous) conduit à la ville.* ➤ **mener.**

B. (DES CHOSES) ■ **1** Diriger (un véhicule). *Conduire une voiture, un autobus, un tracteur. Voiture agréable, facile à conduire.* ABSOLT *Apprendre à conduire. Permis* de conduire. Savoir conduire. Il conduit bien. C'est moi qui conduis* (cf. Prendre le volant*). *Il parle peu quand il conduit* (cf. Être au volant*). ◆ Manœuvrer (un engin). *Conduire une pelleteuse, une grue.* ■ **2** (CHOSES) Faire passer, transmettre. *Corps qui conduisent la chaleur, l'électricité.* ➤ **conducteur.** *Conduire l'eau,* la faire aller d'un endroit à un autre par des canalisations. ➤ **canaliser, drainer.**

II FAIRE AGIR, MENER ■ **1** Faire agir, mener en étant à la tête. ➤ **commander, diriger, gouverner.** *Conduire une armée, une flotte. «Il est plus laborieux de conduire les hommes par la persuasion que par le fer»* CLAUDEL. *Conduire une entreprise, une affaire.* ➤ **administrer, diriger, gérer ; manager.** *Conduire des travaux.* ➤ **surveiller.** — LITTÉR. *Conduire une intrigue, un complot.* — *Conduire un orchestre,* le diriger. VIEILLI *Conduire la danse, conduire le bal. Danse en couple, où l'un des deux conduit,* dirige son partenaire. *Il «dansa si mal qu'au milieu de la danse ce fut Adèle qui se mit d'autorité à conduire»* SIMENON. ■ **2** (ABSTRAIT) Amener (qqn) à être dans telle situation. (Sujet personne) *Son entraîneur l'a conduit à la victoire.* ➤ **mener.** *Il l'a conduite au désespoir.* ➤ **acculer, pousser, réduire.** (Sujet chose) *Une politique qui nous a conduits à l'échec. Où tout cela nous conduit-il ?* ➤ **entraîner.** (Avec l'inf.) *Cela me conduit à vous mettre en garde.* ➤ **inciter.** — PASS. ➤ 1 **amener.** *Nous avons été conduits à prendre cette décision...* ■ **3** (ABSTRAIT) Mener, faire progresser (qqch.). *Conduire un récit, une intrigue, un raisonnement* (➤ **raisonner**). **p. p. adj.** *Un récit bien conduit.*

III SE CONDUIRE v. pron. ■ **1** VX Se diriger. ■ **2** FIG. Se comporter. ➤ **agir,** se **comporter.** *Façon de se conduire.* ➤ **conduite.** *Comment faut-il se conduire en pareille situation ? Se conduire bien, mal. Il s'est mal conduit envers (avec) sa mère. Il ne sait pas se conduire en société.* ➤ **tenir.** ■ **3** PASS. Être conduit, dirigé. *Cette voiture se conduit facilement.*

■ CONTR. Abandonner, laisser. Obéir.

CONDUIT [kɔ̃dɥi] **n. m.** – XIIe ◇ de *conduire* ■ **1** Canal étroit, tuyau par lequel s'écoule un liquide. ➤ **tube ; -duc.** *Conduit de fonte, de plomb, de pierre. Conduit d'entrée, d'admission. Conduit d'eau.* ➤ **conduite ; aqueduc,** 2 **buse, chéneau, gouttière, tuyau.** *Conduit souterrain.* ➤ **boyau, passage, souterrain, tranchée.** *Conduit de fumée.* ➤ **cheminée.** ■ **2** ANAT. *Conduit auditif, externe, interne. Conduit lacrymal. Conduit urinaire :* uretère. ■ **3** MUS. ANC. Mélodie accompagnée de contrepoints.

CONDUITE [kɔ̃dɥit] **n. f.** – XIIIe ◇ de *conduire* ■ **1** Action de conduire qqn ou qqch., de guider ; son résultat. ➤ **accompagnement, direction.** *Être chargé de la conduite d'un aveugle. Sous la conduite de qqn.* FAM. *Faire la conduite à un ami.* ➤ **accompagner.** *Je vais vous faire un bout, un brin de conduite.* ◆ *La conduite d'un troupeau, d'une caravane. Prendre en charge la conduite d'un convoi. Assurer la conduite d'un navire, d'un avion.* ➤ 2 **pilotage.** ■ **2** Action, art de conduire une automobile. *Les règles de la conduite.* ➤ **code** (de la route). *Leçons de conduite* (➤ **autoécole**). *Conduite accompagnée*. Conduite en ville, sur route, sur autoroute. Conduite sportive. Conduite économique.* ➤ **écoconduite.** *Conduite en état d'ivresse* (➤ **alcootest**). PAR EXT. Organes de la conduite. *Cette voiture a la conduite à gauche, à droite.* ➤ 2 **volant.** — PAR EXT. VIEILLI *Une conduite intérieure :* une automobile entièrement couverte. ■ **3** FIG. Action de diriger qqn au point de vue psychologique et moral ; son résultat. ➤ **direction, influence.** *«Sous la conduite de meneurs»* ROMAINS. ■ **4** Action de diriger, de commander, d'assurer la bonne marche (d'une entreprise, d'une affaire). *Conduite d'une troupe.* ➤ **commandement.** *Orchestre sous la conduite de...* ➤ **direction.** *Laissez-lui la conduite de cette affaire.* ➤ **charge, management, soin.** *La conduite des travaux, des opérations.* ■ **5** Action de se diriger soi-même ; façon d'agir. ➤ **agissements, attitude, comportement, façon, manière** (cf. Faits et gestes*). *Une conduite étrange. On ne sait quelle conduite adopter. «Ma conduite est assez simple et je suis une ligne très droite»* GIDE. *Ligne*, règle de conduite.* — PSYCHOL. *Les conduites :* les manières d'agir, de se comporter d'un individu dans une circonstance déterminée. *Conduite d'échec.* ➤ **comportement, compulsion.** ■ **6** Manière d'agir, du point de vue de la morale. *Bonne, mauvaise conduite* (➤ **inconduite**). *Il va falloir changer de conduite.* LOC. *Écart de conduite :* erreur ou faute morale. ➤ **frasque, incartade.** ◆ ABSOLT Bonne conduite. LOC. FAM. *Acheter, s'acheter une conduite :* s'amender, adopter une vie plus rangée. ◆ *La conduite d'un élève en classe,* sa façon d'observer la discipline scolaire. *Zéro de conduite.* ◆ *Charte, code de bonne conduite :* ensemble de principes qu'une communauté s'engage à respecter. *Élaborer un code de bonne conduite en matière d'environnement.* ■ **7** Canalisation qui conduit un liquide, un fluide. ➤ **canal, canalisation, collecteur, colonne, conduit, tube, tuyau.** *Conduite d'eau, de gaz, d'électricité. Conduite souple.* — *Conduite forcée :* gros tuyau qui amène l'eau d'un barrage aux turbines.

CONDYLE [kɔ̃dil] **n. m.** – 1539 ◇ latin *condylus,* grec *kondulos* «articulation» ■ ANAT. Saillie articulaire arrondie d'un os ou d'un appendice (➤ **glénoïde**). *Condyle huméral, fémoral.* — **adj. CONDYLIEN, IENNE.**

CONDYLOME [kɔ̃dilom] **n. m.** – 1560 ◇ latin *condyloma* ■ MÉD. Petite tumeur inflammatoire localisée sur la muqueuse génitale ou anale. *Condylome acuminé,* d'origine virale. *Condylome syphilitique.*

CÔNE [kon] **n. m.** – 1552 ◇ latin *conus,* grec *kônos* ■ **1** MATH. Surface réglée* dont les génératrices passent par un point fixe, le sommet. *Angle au sommet du cône* (angle $\widehat{S}$ du triangle) : intersection du cône avec le plan passant par l'axe. *Angle solide du cône mesuré en stéradians. Hauteur du cône.* ➤ **apothème.** *L'intersection du cône et d'un plan quelconque est un cercle, une ellipse, une parabole ou une hyperbole.* — COUR. Solide à base circulaire, elliptique, terminé en pointe. *Cône de révolution* ; cône droit, oblique. Tronc de cône,* dont on a retranché le sommet (➤ **tronconique**). *Tailler un arbre en forme de cône, en cône.* ➤ **conique.** *Montagne en cône* (cf. Pain* de sucre). — PHYS. *Cône de lumière :* faisceau de rayons lumineux divergents. — *Cône d'ombre,* formé par l'ombre d'un objet qui obture partiellement un cône de lumière. ➤ **éclipse.** ■ **2** BOT. Fleur mâle ou inflorescence femelle des gymnospermes. *Cônes mâles des cèdres. Cônes du pin* (cf. Pomme* de pin). ■ **3** ZOOL. Mollusque gastéropode *(monotocardes)* dont la coquille spiralée présente une ouverture en forme de fente. ■ **4** PHYSIOL. Cellule nerveuse de la rétine en forme de cône, fonctionnant en lumière intense et responsable de la vision des couleurs. ■ **5** GÉOL. *Cône volcanique :* monticule de forme caractéristique, formé par l'accumulation, autour d'un cratère, des produits d'une éruption. *Cône de scories.* ◆ *Cône de déjection* d'un torrent.* ■ **6** TECHN. Se dit de divers moules coniques. *Cône de torpille :* la partie qui contient la charge. — MÉCAN. *Cône d'entraînement. Embrayage à cônes.* AÉRONAUT. *Cône d'ablation :* partie antérieure d'un engin spatial destinée à le protéger de l'échauffement aérodynamique. — *Cône de chantier* ou *cône de Lübeck :* cône en plastique coloré utilisé pour délimiter sur la voie publique une zone de travaux ou signaler un obstacle, un accident. ➤ RÉGION. **cuberdon.** ■ **7** Cornet de crème glacée. *Un cône à la vanille.*

CONFECTION [kɔ̃fɛksjɔ̃] **n. f.** – 1155 ◇ latin *confectio* «achèvement», de *conficere* ■ **1** VIEILLI Action de faire un ouvrage jusqu'à complet achèvement. ➤ **fabrication, façon.** *La confection d'une horloge, d'une robe de mariée.* — MOD. Préparation (d'un plat, d'un mélange). *Des gâteaux de sa confection.* ■ **2** (XIXe) VIEILLI **LA CONFECTION :** l'industrie des vêtements qui ne sont pas faits sur mesure. ➤ **prêt-à-porter.** *S'acheter un costume de confection. S'habiller en confection.*

CONFECTIONNER [kɔ̃fɛksjɔne] v. tr. ⟨1⟩ – 1580 ◊ de *confection* ■ Faire, préparer. *Confectionner un plat. La chenille s'est confectionné un cocon.* — SPÉCIALT Fabriquer en série (des vêtements). — n. **CONFECTIONNEUR, EUSE,** 1830.

CONFÉDÉRAL, ALE, AUX [kɔ̃fedeʀal, o] adj. – 1598, en Suisse ◊ de *confédération,* d'après *fédéral* ■ Relatif à une confédération. *État confédéral. Secrétaire confédéral d'un syndicat.* — (Suisse) *Esprit confédéral. Solidarité confédérale.*

CONFÉDÉRATION [kɔ̃fedeʀasjɔ̃] n. f. – 1358 ◊ latin *confœderatio* ■ **1** Union de plusieurs États qui s'associent tout en conservant leur souveraineté. *La Confédération helvétique.* ➤ **fédération.** ■ **2** Groupement d'associations, de fédérations professionnelles, syndicales, sportives pour la défense d'intérêts communs. *La Confédération générale du travail (C. G. T.). La Confédération française démocratique du travail (C. F. D. T.). La Confédération générale des cadres (C. G. C.).*

CONFÉDÉRÉ, ÉE [kɔ̃fedeʀe] n. et adj. – XVIe ◊ de *confédérer* ■ **1** RÉGION. (Suisse) Membre de la Confédération helvétique. adj. *Canton, État confédéré.* — SPÉCIALT Suisse ressortissant d'un autre canton. *« Le domestique, c'est le Confédéré un peu défavorisé »* CHESSEX. ■ **2** (1861) Pendant la guerre de Sécession américaine, les Sudistes opposés aux Fédéraux. *L'armée des Confédérés.*

CONFÉDÉRER [kɔ̃fedeʀe] v. tr. ⟨6⟩ – 1355 ◊ latin *confœderare,* de *fœdus, deris* « traité » ■ Réunir en confédération. — p. p. adj. *Nations confédérées.*

CONFER ➤ **CF.**

CONFÉRENCE [kɔ̃feʀɑ̃s] n. f. – 1346 « discussion » ◊ latin *conferentia,* de *conferre* → conférer ■ **1** Conversation à caractère officiel ou solennel. ➤ **entretien.** *Avoir une conférence avec qqn. Tenir conférence* (➤ **conférer**). ■ **2** Assemblée de hautes personnalités discutant d'un sujet important. ➤ **congrès, conseil.** *Conférence diplomatique, internationale. Conférence au sommet*.* — PAR EXT. Réunion de personnes discutant un sujet en commun. ➤ **colloque, table** (ronde). ♦ Réunion de travail (dans une entreprise). ➤ **brainstorming.** *Conférence par téléphone.* ➤ **audioconférence, téléconférence.** *Être en conférence.* ■ **3** (1680 théol.) Discours, causerie où l'on traite en public une question littéraire, artistique, scientifique, politique. *Faire, donner une conférence* (➤ **conférencier**). ♦ (1752) Leçon donnée dans certaines écoles, dans les facultés. ➤ **cours.** *Salle de conférences. Maître* de conférences.* ■ **4** *Conférence de presse :* réunion où une ou plusieurs personnalités s'adressent aux journalistes. ■ **5** *Poire conférence* ou *conférence* n. f. Poire allongée à peau verte.

CONFÉRENCIER, IÈRE [kɔ̃feʀɑ̃sje, jɛʀ] n. – 1869 ; relig. 1752 ◊ de *conférence* ■ **1** Personne qui parle en public, qui fait des conférences (3°). ➤ **orateur.** ■ **2** (1977) RÉGION. (Algérie, Afrique noire) Personne qui assiste à une conférence (3°).

CONFÉRER [kɔ̃feʀe] v. ⟨6⟩ – 1370 ◊ latin *conferre* « porter (*ferre*) avec, rassembler »

I v. tr. ■ **1** Accorder en vertu d'une autorité. ➤ **administrer, attribuer, déférer, donner.** *Conférer une charge ; des honneurs, un grade, un titre, une décoration* (➤ **décorer**). *En vertu des pouvoirs qui me sont conférés... Conférer les ordres sacrés.* ➤ **consacrer, ordonner.** FIG. *Les privilèges que confère l'âge. « Ce surcroît d'aisance et de bonne humeur que confère une lingerie fine »* MARTIN DU GARD. ■ **2** VX Rapprocher pour comparer. ➤ **collationner.** *« M. Bergeret conféra soigneusement un grand nombre de textes »* FRANCE.

II v. intr. et tr. ind. Être en conférence ; s'entretenir sur un sujet donné. ➤ 2 **causer,** 1 **parler.** *Les deux chefs d'État ont longuement conféré.*

■ CONTR. Ôter, refuser.

CONFESSE [kɔ̃fɛs] n. f. – XIIe ◊ de *confesser* ■ Action de se confesser (ne s'emploie que précédé des prép. *à* et *de,* sans art.). ➤ **confession.** *Aller à confesse.*

CONFESSER [kɔ̃fese] v. tr. ⟨1⟩ – 1175 ◊ latin populaire *confessare,* de *confessus,* p. p. de *confiteri* « avouer, confesser » ■ **1** Déclarer (ses péchés) à un prêtre catholique, dans le sacrement de la pénitence. *Je confesse à Dieu.* ➤ **confiteor.** ♦ v. pron. **SE CONFESSER.** *Se confesser à un prêtre.* ABSOLT *Aller se confesser, avant de communier. Se confesser de ses fautes.* ■ **2** Entendre (un fidèle) en confession. *Confesser et absoudre un pénitent.* — FIG. et FAM. Faire parler (cf. Tirer les vers* du nez). *« Comme c'était une fille fort retenue, il avait eu un peu de mal à la confesser »* SAND. ■ **3** PAR EXT. Déclarer spontanément, reconnaître pour vraie (une chose qu'on a honte ou réticence à confier). ➤ **avouer, convenir** (de), **reconnaître.** *Confesser son erreur, ses torts. J'ai eu tort, je le confesse.* (Avec *que* et l'indic.) *« Il fut bien forcé de confesser qu'elle n'avait pas tout à fait tort »* COURTELINE. — PRONOM. *« Il faut avouer son bonheur comme si l'on se confessait d'un vol »* RENARD. ■ **4** VX Déclarer publiquement (une croyance). ➤ **proclamer.** *« Reconnaître une erreur passée et confesser une foi nouvelle »* SAND. ■ CONTR. Cacher, contester, démentir, dénier, désavouer, dissimuler, nier, omettre, taire.

CONFESSEUR [kɔ̃fesœʀ] n. m. – fin XIIe ◊ latin ecclésiastique *confessor* → confesser ■ **1** Chrétien qui, dans l'Église primitive, proclamait sa foi malgré les persécutions (➤ **confesser,** 4°). *Les confesseurs et les martyrs.* — PAR EXT. Saint qui a manifesté sa foi par sa vie, ses actes (opposé à *apôtre, docteur, martyr*). *Édouard le Confesseur, roi d'Angleterre.* ■ **2** (1265) Prêtre à qui l'on se confesse. *Elle a un confesseur attitré.* ➤ **directeur** (de conscience).

CONFESSION [kɔ̃fesjɔ̃] n. f. – 980 ◊ latin ecclésiastique *confessio* → confesser ■ **1** Déclaration, aveu de ses péchés que l'on fait à un prêtre catholique, dans le sacrement de la pénitence. ➤ **confesse, pénitence.** *Confession sincère.* ➤ **attrition, contrition, repentir.** *Entendre qqn en confession. Le prêtre donne l'absolution, inflige une pénitence à l'issue de la confession. Secret de la confession.* — LOC. *On lui donnerait le bon Dieu sans confession,* se dit d'une personne d'apparence vertueuse (et trompeuse). ■ **2** Déclaration que l'on fait (d'un acte blâmable). ➤ **aveu, déclaration, reconnaissance.** *« Cette rage de confession qui tourmente certains hommes »* DUHAMEL. *Confession publique.* ➤ FAM. **déballage.** ♦ Action de se confier. *Je vais vous faire une confession.* ➤ **confidence.** — (XVIIe) AU PLUR. Titre d'ouvrages où l'auteur expose avec franchise les fautes, les erreurs de sa vie. *« Les Confessions », de saint Augustin. « Les Confessions », de J.-J. Rousseau.* ■ **3** (1537) VX Action de faire profession de sa foi religieuse. *Faire une confession de foi devant les persécuteurs.* ➤ **confesser** (4°), **confesseur** (1°). — SPÉCIALT Liste, déclaration des articles de la foi des Églises chrétiennes. ➤ **credo.** *La Confession d'Augsbourg,* présentée à Charles-Quint par les protestants en 1530. ■ **4** Appartenance à une religion. *Sans distinction de race ni de confession. Des gens de toutes confessions.* ➤ **croyance, église, foi, religion ; confessionnel.** *« Une tolérance mutuelle entre les diverses confessions »* ROMAINS. ■ CONTR. Contestation, démenti, désaveu, omission.

CONFESSIONNAL, AUX [kɔ̃fesjɔnal, o] n. m. – 1610 ◊ italien *confessionnale* ■ Isoloir disposé pour que le confesseur y entende le pénitent. *Entrer, s'agenouiller dans un confessionnal. La grille du confessionnal. Dans le secret du confessionnal.*

CONFESSIONNALISME [kɔ̃fesjɔnalism] n. m. – 1984 ◊ de *confessionnel* ■ Caractère, statut de ce qui est confessionnel. *Le confessionnalisme politique.* ■ CONTR. Laïcité.

CONFESSIONNEL, ELLE [kɔ̃fesjɔnɛl] adj. – 1863 ◊ de *confession* ■ Relatif à une confession de foi, à une religion. *Écoles confessionnelles* (➤ **religieux**) *et écoles laïques. « Protestant et catholique, ma double appartenance confessionnelle »* SARTRE.

CONFESSIONNELLEMENT [kɔ̃fesjɔnɛlmɑ̃] adv. – 1862 ◊ de *confessionnel* ■ En ce qui concerne la confession (4°), la religion. *Association apolitique et confessionnellement neutre.*

CONFETTI [kɔ̃feti] n. m. – 1852 ◊ mot niçois désignant les boulettes de plâtre lancées au carnaval. Ce mot vient du plur. de l'italien *confetto* « dragée », du latin *confectus* « préparé » → confit ■ **1** Petite rondelle de papier coloré qu'on lance par poignées pendant le carnaval, les fêtes, les défilés. *Lancer des confettis, des serpentins. Bataille de confettis.* — LOC. FAM. *Vous pouvez en faire des confettis !* ce papier (texte, lettre, contrat, etc.) est d'une valeur nulle. ➤ **papillote.** ■ **2** FIG. Île très petite. *Les confettis du Pacifique.*

CONFIANCE [kɔ̃fjɑ̃s] n. f. – XVe ; *confience* XIIIe ◊ du latin *confidentia,* d'après l'ancien français *fiance* « foi » ■ **1** Espérance ferme, assurance de celui, celle qui se fie à qqn ou à qqch. ➤ **créance, foi, sécurité.** *Avoir confiance, une confiance absolue, inébranlable, aveugle, totale en* (qqch., qqn). *Confiance excessive, naïve.* ➤ **crédulité.** *Avoir confiance dans les médecins. J'ai confiance en elle. Faire confiance à qqn, qqch.* ➤ **crédit ; compter** (sur) [cf. Faire fond* sur]. LOC. *Faites-moi confiance :* croyez-moi. — *Avoir confiance dans une entreprise, un matériel* (➤ **fiabilité**). *Inspirer confiance. — Rechercher, gagner la confiance de qqn. Donner, témoigner sa confiance. « Je lui parlais avec une entière confiance, un abandon complet »* FRANCE. ➤ **abandon.** *Donner confiance :* rassurer. *« J'aperçois volontiers dans le pouvoir de donner confiance le premier effet et comme la pierre de touche de la moralité »* CAILLOIS. *Avoir toute la confiance de* *qqn. En toute confiance. Trahir, tromper la confiance de qqn.* — LOC. *Abus* de confiance. Climat de confiance.* — PAR ANTIPHR. *La confiance règne !* (quand l'interlocuteur donne des signes de méfiance). ◆ *Homme, personne de confiance,* à qui l'on se fie entièrement. ➤ **fiable, sûr.** *Une maison de confiance. — Poste de confiance,* qui exige une personne sûre. **loc. adv. DE CONFIANCE :** sans se défier. *Acheter de confiance* (cf. Les yeux* fermés). ▪ **2** Sentiment qui fait qu'on se fie à soi-même. ➤ **assurance, hardiesse.** *Manquer de confiance en soi.* «*Tu as peur des autres ? Tu n'as pas confiance en toi ? Tu ne sais donc pas que tu es merveilleuse ?*» M. SIZUN. *Il a perdu toute confiance en lui. Confiance excessive.* ➤ **outrecuidance, présomption.** ▪ **3** Sentiment de sécurité dans le public. *Le nouveau gouvernement a fait renaître la confiance.* — POLIT. En France, Approbation de l'action gouvernementale par la majorité des députés. *Question* de confiance. Vote de confiance. Voter la confiance.* ▪ CONTR. Défiance, méfiance ; anxiété, crainte, doute, suspicion.

CONFIANT, IANTE [kɔ̃fjɑ̃, jɑ̃t] **adj.** – *confient* XIVe ◇ de *confier* ▪ **1** Qui a confiance en qqn ou en qqch. *Confiant en ses amis. Vous êtes trop confiant,* naïf, imprudent. *Être confiant dans son succès.* ➤ **croire** (à). PAR EXT. *Regard confiant.* ▪ **2** Qui a confiance en soi. ➤ **assuré, sûr** (de soi). *Il attend, confiant et tranquille. Excessivement confiant.* ➤ **présomptueux ;** FAM. **culotté, gonflé.** ▪ **3** Enclin à la confiance, à l'épanchement. *Être d'un naturel confiant.* ➤ **communicatif, ouvert.** *Caractère trop confiant.* ➤ **crédule,** 1 **naïf.** ▪ CONTR. Défiant, méfiant.

CONFIDENCE [kɔ̃fidɑ̃s] **n. f.** – v. 1370 ◇ latin *confidentia* → confier ▪ **1** (1647) Communication d'un secret qui concerne soi-même. ➤ **confession.** *Faire une confidence à qqn. Recevoir des confidences.* «*La confidence n'est parfois qu'un succédané laïque de la confession*» ROMAINS. *Il ne m'a pas fait de confidences. Confidence pour confidence, je t'avoue que je ne l'aime pas non plus.* ▪ **2** LOC. *Dans la confidence :* dans le secret, informé. *Nous ne sommes pas dans la confidence. Mettre qqn dans la confidence.* ◆ **loc. adv. EN CONFIDENCE :** secrètement, sous le sceau du secret. *Parler en confidence :* confidentiellement.

CONFIDENT, ENTE [kɔ̃fidɑ̃, ɑ̃t] **n.** – avant 1630 ◇ italien *confidente,* latin *confidens* «confiant» ▪ **1** Personne qui reçoit les plus secrètes pensées de qqn. *Mon ami et mon confident. Être le confident des secrets, des projets de qqn. Un confident discret.* ◆ Personnage secondaire du théâtre classique qui reçoit les confidences des principaux personnages pour que le public soit instruit des desseins et des évènements. *Confidente de princesse.* ➤ **suivante.** ▪ **2** **n. m.** Fauteuil en S, permettant à deux personnes de prendre place en vis-à-vis.

CONFIDENTIALITÉ [kɔ̃fidɑ̃sjalite] **n. f.** – 1970 ◇ de *confidentiel* ▪ DIDACT., ADMIN. Maintien du secret des informations (dans une administration, un système informatique). ▪ CONTR. Publicité.

CONFIDENTIEL, IELLE [kɔ̃fidɑ̃sjɛl] **adj.** – 1775 ◇ de *confidence* ▪ Qui se dit, se fait sous le sceau du secret. ➤ 1 **secret.** *Avis, entretien confidentiel. Lettre personnelle et confidentielle. Ne le répétez pas, c'est confidentiel ! — Un ton confidentiel.* ◆ Qui s'adresse à un petit nombre de personnes. *Une revue confidentielle.* «*les émissions auxquelles il était invité, sur les grandes chaînes comme sur les plus confidentielles*» J.-CH. RUFIN.

CONFIDENTIELLEMENT [kɔ̃fidɑ̃sjɛlmɑ̃] **adv.** – 1775 ◇ de *confidentiel* ▪ De façon confidentielle. *Je vous le dis (tout à fait) confidentiellement.* — PAR EXT. FAM. Entre nous.

CONFIER [kɔ̃fje] **v. tr.** ‹7› – XIVe ◇ latin *confidere,* d'après *fier*
I ▪ **1** Remettre (qqn, qqch.) aux soins d'un tiers, en se fiant à lui. ➤ **abandonner, laisser.** *Confier l'un de ses enfants à un ami.* «*Ma famille me confia aux soins d'une de mes parentes*» LAMARTINE. *Confier un dépôt. Confier une mission, un mandat à qqn. Confier une part de ses responsabilités à qqn.* ➤ **déléguer.** *Confier son sort au hasard.* ▪ **2** Communiquer (qqch. de personnel) sous le sceau du secret. *Confier ses secrets à un ami. Confier ses craintes, ses préoccupations à qqn.* «*Il travaille toujours seul ; il ne confie jamais à personne ce qu'il fait*» SUARÈS. *Il me confia qu'il comptait partir.*
II **SE CONFIER v. pron.** ▪ **1** Se reposer sur, s'en remettre à. ➤ **se fier.** *Se confier à qqn, au hasard.* «*Je me confie à vous corps et âme*» GIRAUDOUX. ▪ **2** Faire des confidences, épancher son cœur. ➤ **s'épancher, se livrer.** *Il ne se confie à personne. Chercher qqn à qui se confier.* — (RÉCIPR.) *Ils se confièrent mutuellement leurs craintes.*
▪ CONTR. Ôter, retirer. Cacher, dissimuler, taire. ▪ HOM. *Confie :* confis ; *confierai :* confirai (confire).

CONFIGURATION [kɔ̃figyʀasjɔ̃] **n. f.** – 1190 ◇ latin *configuratio* ▪ **1** DIDACT. Forme extérieure, aspect général. *La configuration d'un pays.* ➤ **conformation, figure, forme.** *La configuration des lieux.* ▪ **2** SC. INFORM. Ensemble organisé des composants matériels et logiciels d'un système informatique. ◆ MATH. Ensemble fini d'éléments vérifiant des conditions algébriques ou topologiques de régularité. ➤ **combinatoire.** ◆ PHYS. État microscopique d'un système de N particules indiscernables. ◆ CHIM. Structure d'une molécule chirale* qui la différencie de celle d'une molécule possédant les mêmes liaisons entre les mêmes atomes, dans une autre disposition spatiale. ➤ **énantiomère.** ▪ **3** INFORM. Opération qui consiste à configurer un système informatique. *La configuration du navigateur.*

CONFIGURER [kɔ̃figyʀe] **v. tr.** ‹1› – XIIe ◇ latin *configurare* ▪ **1** LITTÉR. Donner une forme à (qqch.). ➤ **façonner, former.** ▪ **2** INFORM. Fixer les paramètres de (un ordinateur, un périphérique, un logiciel) pour assurer leur fonctionnement dans un système. *Configurer une imprimante, une liaison avec un périphérique*.*

CONFINÉ, ÉE [kɔ̃fine] **adj.** – de *confiner* ▪ **1** Enfermé. *Vivre confiné chez soi.* ▪ **2** (1842) *Air confiné,* non renouvelé. ➤ **renfermé.** *Atmosphère confinée.*

CONFINEMENT [kɔ̃finmɑ̃] **n. m.** – 1481 ◇ de *confiner* ▪ **1** Action de confiner. ◆ SPÉCIALT, MÉD. Interdiction à un malade de quitter la chambre. ➤ **quarantaine.** ◆ *Confinement des volailles :* le fait de les rassembler dans un espace étroitement délimité (dans le contexte de l'épidémie de grippe aviaire, notamment). ▪ **2** PHYS. NUCL. Maintien des matières radioactives à l'intérieur d'un espace déterminé, dans une installation nucléaire. *Barrière de confinement :* dispositif destiné à empêcher ou limiter la dispersion des matières radioactives. «*Une énergie colossale, contenue, tout est là, dans un confinement qui ne demande qu'à être rompu pour donner toute sa mesure*» É. FILHOL. — SPÉCIALT *Confinement d'un plasma :* opération destinée à isoler thermiquement un plasma dans les expériences sur la fusion thermonucléaire (➤ **tokamak**). ◆ Propriété qui fait que les quarks ou les gluons ne peuvent être observés isolément mais seulement comme constituants des hadrons. ➤ **interaction** (forte).

CONFINER [kɔ̃fine] **v. tr.** ‹1› – 1464 ◇ de *confins* ▪ **1** TR. IND. (1466) Toucher aux confins, aux limites d'un pays. *La Belgique confine à, avec la France.* — Être tout proche, voisin de. *Les prairies qui confinent à la rivière.* — FIG. «*La rêverie confine au sommeil et s'en préoccupe comme de sa frontière*» HUGO. ➤ **côtoyer, friser.** ▪ **2** (1477) Forcer à rester dans un espace limité. ➤ **enfermer, reléguer.** «*Cette espèce de retraite forcée où des circonstances passagères me confinent*» SAINTE-BEUVE. ▪ **3 SE CONFINER v. pron.** *Se confiner chez soi.* ➤ **se cloîtrer, s'isoler, se retirer.** — FIG. *Se confiner dans un rôle.* ➤ **se cantonner.**

CONFINS [kɔ̃fɛ̃] **n. m. pl.** – fin XIIIe ; *confin* 1308 ◇ latin *confines,* racine *finis* «limite» ▪ Parties d'un territoire situées à son extrémité, à sa frontière. ➤ **borne, frontière, limite.** *Le Tchad, aux confins du Sahara. Aux confins des terres habitées.* ◆ FIG. «*quelque expérience créée aux confins de toutes les sciences*» VALÉRY.
▪ CONTR. Intérieur.

CONFIOTE [kɔ̃fjɔt] **n. f.** – v. 1950 ◇ p.-ê. mot-valise, de *confi(ture)* et *(comp)ote* ▪ FAM. Confiture.

CONFIRE [kɔ̃fiʀ] **v. tr.** ‹37› – 1226 ; «préparer» 1175 ◇ latin *conficere* «préparer» ▪ **1** Conserver (des aliments putrescibles) par des produits appropriés (miel, vinaigre, sucre, graisse). *Confire des fruits* (➤ **confit**). ▪ **2** Cuire longtemps à feu doux. *Faire confire des endives pendant une heure.* ▪ HOM. *Confis :* confie ; *confirai :* confierai (confier).

CONFIRMAND [kɔ̃fiʀmɑ̃] **n. m.** – 1907 ◇ de *confirmer* ▪ Personne qui va recevoir le sacrement de confirmation. *Les confirmands.*

CONFIRMATIF, IVE [kɔ̃fiʀmatif, iv] **adj.** – 1473 ◇ latin *confirmativus* ▪ DR. Qui confirme. *Arrêt confirmatif.*

CONFIRMATION [kɔ̃fiʀmasjɔ̃] **n. f.** – XIIIe ◇ latin *confirmatio* ▪ **1** Action de confirmer, de rendre plus certain. ➤ **affirmation, assurance, certitude, consécration.** *Confirmation d'une nouvelle, d'une promesse. Il m'en a donné confirmation. Confirmation d'un acte par une autorité officielle ; confirmation d'un jugement en appel.* ➤ **attestation, entérinement, garantie, homologation, légalisation, ratification, sanction, validation.** — *C'est la confirmation de ce que nous avions supposé.* ➤ **preuve, vérification.** ▪ **2** (1541) Sacrement de l'Église catholique destiné à renforcer le chrétien dans la grâce du baptême. *Seul l'évêque peut donner la confirmation. Recevoir la confirmation* (➤ **confirmand**). ■ CONTR. Abrogation, annulation, démenti, désaveu, réfutation, rétractation.

CONFIRMÉ, ÉE [kɔ̃fiʀme] adj. – de *confirmer* ■ (Précédé d'un n. de métier) Qui a acquis une certaine expérience dans son domaine. ➤ **expérimenté, sénior.** *Une informaticienne confirmée.* ■ CONTR. Débutant, junior.

CONFIRMER [kɔ̃fiʀme] v. tr. ⟨1⟩ – *confermer* 1213 ◊ latin *confirmare,* racine *firmus* «1 ferme» ■ **1** VIEILLI Rendre plus ferme (une chose établie). ➤ **renforcer.** *Confirmer une institution.* MOD. LOC. *L'exception* confirme la règle.* ♦ *Confirmer qqn dans qqch.* (sentiment, attitude, opinion, etc.) : rendre (qqn) plus ferme dans. ➤ **affermir, conforter, encourager, fortifier.** «*Toutes les femmes d'ailleurs le confirmaient dans la bonne opinion qu'il se faisait de sa beauté*» ARAGON. ■ **2** COUR. (sujet personne) Rendre certain ; affirmer l'exactitude, l'existence de (qqch.). ➤ **assurer, certifier, corroborer, garantir.** *Confirmer l'exactitude d'un fait, une nouvelle. Confirmer en donnant un caractère officiel.* ➤ **attester, entériner, homologuer, légaliser, ratifier, sanctionner, valider.** *Confirmer un rendez-vous, une réservation, un billet d'avion.* Au pass. *Cela demande à être confirmé.* PRONOM. (PASS.) *La nouvelle se confirme.* IMPERS. *Il se confirme que...* ➤ **s'avérer.** — (Sujet chose) *Votre témoignage confirme le sien. Les résultats confirment nos soupçons.* ➤ **vérifier.** *Les résultats confirment que* (et indic.). ➤ **attester, démontrer, prouver.** ■ **3** (v. 1170) THÉOL. Conférer le sacrement de la confirmation à. *Les apôtres furent confirmés le jour de la Pentecôte.* ■ CONTR. Abroger, annuler, démentir, infirmer, nier, réfuter, 1 rétracter.

CONFISCABLE [kɔ̃fiskabl] adj. – 1481 ◊ de *confisquer* ■ Qui peut être confisqué. *Produits confiscables par la douane.*

CONFISCATION [kɔ̃fiskasjɔ̃] n. f. – v. 1380 ◊ latin *confiscatio,* racine *fiscus* → fisc ■ Peine par laquelle un bien est confisqué à son propriétaire. ➤ **mainmise, saisie.** *Confiscation par l'État des profits illicites.* ■ CONTR. Remise, restitution.

CONFISCATOIRE [kɔ̃fiskatwaʀ] adj. – 1978 ◊ de *confisquer* ■ *Taux confiscatoire (d'un impôt)* : taux élevé, qui absorbe la totalité des revenus.

CONFISERIE [kɔ̃fizʀi] n. f. – 1753 ◊ de *confiseur* ■ **1** Technique, commerce du confiseur. *Travailler dans la confiserie.* ■ **2** Laboratoire, magasin, usine du confiseur. *Acheter des chocolats dans une confiserie. Pâtisserie-confiserie.* ■ **3** (avant 1866) Surtout au plur. Friandise à base de sucre cuit, aromatisé et mis en forme au moment du refroidissement, ou à base de chocolat. ➤ **douceur, friandise, sucrerie.** *Confiseries variées* (berlingot, bonbon, bouchée, calisson, caramel, chocolat, crotte, dragée, fondant, gomme, guimauve, halva, loukoum, nougat, nougatine, pastille, praline, roudoudou, sucette, touron, truffe) (cf. aussi Fruit confit*, marron* glacé, pâte* d'amandes, de fruits, sucre* d'orge).

CONFISEUR, EUSE [kɔ̃fizœʀ, øz] n. – 1635 ; *confisseur* 1600 ◊ de *confire* ■ Personne qui fabrique ou vend des sucreries. *Pâtissier confiseur, confiseur chocolatier. Les confiseurs industriels.* — *Trêve* des confiseurs.*

CONFISQUER [kɔ̃fiske] v. tr. ⟨1⟩ – 1331 ◊ latin *confiscare,* de *fiscus* → fisc ■ **1** Prendre, au nom et au profit de l'autorité, de la puissance publique (ce qui appartient à qqn) par une mesure de punition. ➤ **saisir.** *Confisquer des marchandises de contrebande.* — p. p. adj. *Des biens confisqués.* ■ **2** Retirer provisoirement (un objet) à un élève, un enfant. *Il s'est fait confisquer son pistolet à eau.* ■ **3** FIG. Prendre à son profit. ➤ **accaparer, détourner, 2 voler.** *Les Français,* «*qui avaient sauvé les républicains, mais qui avaient confisqué la République*» LAMARTINE. ■ CONTR. Rendre, restituer.

CONFIT, ITE [kɔ̃fi, it] adj. et n. m. – XIIIe ◊ de *confire* ■ **1** Que l'on a confit. ➤ **confire.** *Les cornichons, petits concombres confits dans le vinaigre. Gésiers de canard confits* (dans la graisse). *Fruits confits* : confiserie faite de fruits trempés dans des solutions de sucre, puis glacés ou givrés. *Cake aux fruits confits.* — *Salade confite* : salade verte qui accidentellement s'est imbibée trop longtemps d'huile et de vinaigre. ♦ (milieu XIIIe) FIG. VX **ÊTRE CONFIT EN,** plein de. *Un fils tout confit en malice.* MOD. **CONFIT EN DÉVOTION :** très dévot. — PAR EXT. LITTÉR. Figé et plus ou moins affecté. *Figure, mine confite.* «*La crème des hommes : doux, paterne, même un peu confit*» GIDE. ■ **2** n. m. (1867) Préparation de certaines viandes cuites et conservées dans leur propre graisse. *Confit d'oie, de canard. Confit de foie de porc* (sorte de terrine).

CONFITEOR [kɔ̃fiteɔʀ] n. m. inv. – 1205 ◊ mot latin «je confesse» ■ Prière de la liturgie catholique commençant par ce mot.

CONFITURE [kɔ̃fityʀ] n. f. – XIIIe ◊ de *confit,* p. p. de *confire* ■ **1** (Jusqu'au milieu du XIXe) VX Aliments bouillis et conservés dans le sucre (fruits au sirop, pâtes de fruits, fruits confits, dragées et confitures, 2°). ➤ **épice** (2°). *Confitures sèches* : fruits confits. ■ **2** MOD. *De la confiture* ou *des confitures.* Fruits coupés ou entiers qu'on fait cuire dans du sucre pour les conserver. ➤ **gelée, marmelade ;** FAM. **confiote.** *Confitures et compotes*. Confiture au fructose. Une tartine de beurre et de confiture. Confiture de fraises, d'oranges, de fruits rouges, de tomates. Bassine à confiture. Pot de confitures.* LOC. FIG. *Mettre en confiture.* ➤ **compote.** *Donner de la confiture aux cochons*.* — (par anal. de consistance) *Confiture de lait* : préparation sirupeuse obtenue par réduction de lait sucré aromatisé.

CONFITURERIE [kɔ̃fityʀʀi] n. f. – 1823 ◊ de *confiture* ■ **1** Industrie, commerce de la confiture. ■ **2** Établissement où l'on fabrique les confitures.

CONFITURIER, IÈRE [kɔ̃fityʀje, jɛʀ] n. – 1584 ◊ de *confiture* ■ **1** Personne dont le métier est de fabriquer des confitures. — adj. *L'industrie confiturière.* ■ **2** n. m. Récipient dans lequel on sert les confitures. *Confiturier de verre.* ■ **3** n. m. Petit meuble de rangement à une porte.

CONFLAGRATION [kɔ̃flagʀasjɔ̃] n. f. – 1375, rare avant XVIIIe ◊ latin *conflagratio,* racine *flagrare* «brûler» ■ **1** VX Incendie. ■ **2** (avant 1791) MOD. et LITTÉR. Bouleversement de grande portée. — SPÉCIALT Conflit international.

CONFLICTUALITÉ [kɔ̃fliktɥalite] n. f. – 1969 ◊ de *conflictuel* ■ **1** Caractère conflictuel. *La conflictualité du désir.* ■ **2** Ensemble des conflits. *Conflictualité sociale.*

CONFLICTUEL, ELLE [kɔ̃fliktɥɛl] adj. – 1958 ◊ de *conflit,* d'après le latin *conflictus* ■ Qui constitue un conflit (psychique, social...), est une source de conflits. *Pulsions conflictuelles. Situation conflictuelle.*

CONFLIT [kɔ̃fli] n. m. – fin XIIe ◊ bas latin *conflictus* «choc» ■ **1** VX Lutte, combat. «*Le pigeon profita du conflit des voleurs*» LA FONTAINE. ■ **2** MOD. Rencontre d'éléments, de sentiments contraires, qui s'opposent. ➤ **antagonisme, conflagration, discorde, lutte, opposition, tiraillement.** *Conflit d'intérêts, de passions. Conflit de générations,* entre parents et enfants, adultes et jeunes. *Conflit social. Entrer en conflit avec qqn.* «*elle avait jusqu'alors évité les conflits ouverts*» MAURIAC. ➤ **clash.** *Conflit mineur.* ➤ FAM. **guéguerre.** ♦ PSYCHOL. Action simultanée de motivations incompatibles ; son résultat. *Conflit affectif.* ■ **3** Contestation entre deux puissances qui se disputent un droit. ➤ **crise.** *Conflits internationaux. Arbitrage d'un conflit. Conflit armé.* ➤ **guerre.** *En cas de conflit.* ■ **4** DR. Rencontre de plusieurs lois, textes, principes qui se contredisent et, de ce fait, ne peuvent être appliqués. *Conflit de lois.* — *Conflit de juridiction,* entre deux tribunaux pour juger une affaire. *Conflit d'attribution. Le tribunal* des conflits.* ■ CONTR. Accord, paix.

CONFLUENCE [kɔ̃flyɑ̃s] n. f. – milieu XVe ◊ latin *confluentia,* de *confluere* → confluer ■ Fait de confluer. *Confluence de deux fleuves.* ➤ **confluent.** PAR ANAL. *La confluence de deux corps d'armée.* ➤ **1 rencontre.** — FIG. *La confluence des courants de pensée.*

CONFLUENT [kɔ̃flyɑ̃] n. m. – début XVIe ◊ latin *confluens, entis* ■ Endroit où deux cours d'eau se joignent. ➤ **jonction, 1 rencontre.** *Pointe de terre au confluent de deux cours d'eau.* ➤ **bec.** *Coblence est au confluent de la Moselle et du Rhin.*

CONFLUER [kɔ̃flye] v. intr. ⟨1⟩ – 1330, repris XIXe ◊ latin *confluere* «couler ensemble» ■ **1** LITTÉR. Se diriger vers un même lieu. ➤ **converger.** *Des soldats* «*confluent au pied des murailles*» CHATEAUBRIAND. ■ **2** (1834) GÉOGR. *Confluer avec* (un cours d'eau) : se jeter dans. *L'Allier conflue avec la Loire* (➤ **affluent**). ABSOLT *L'Allier et la Loire confluent près de Nevers,* se rejoignent. ■ CONTR. Diverger, 1 écarter (s').

CONFONDANT, ANTE [kɔ̃fɔ̃dɑ̃, ɑ̃t] adj. – 1845 ◊ de *confondre* ■ Qui confond (3°). ➤ **ahurissant, déconcertant.** *Une ressemblance confondante.*

CONFONDRE [kɔ̃fɔ̃dʀ] v. tr. ⟨41⟩ – 1080 «anéantir, détruire» ◊ latin *confundere* «mêler»

I ■ **1** (1170) VX Troubler (qqn) en déconcertant*. ➤ **atterrer, décontenancer, désarçonner.** ■ **2** VX Faire échouer. *Confondre les plans de l'ennemi.* ➤ **anéantir, déjouer.** — LOC. *Que le ciel te confonde !* te punisse. ■ **3** (XVIIe) MOD. Remplir d'un grand étonnement. ➤ **consterner, déconcerter, étonner, interdire, stupéfier.** *Son insolence me confond. Cela confond l'entendement.* ➤ **dépasser.** «*ces constructions géantes, confondant nos imaginations modernes*» LOTI. ■ **4** LITTÉR. Réduire (qqn) au silence, en lui prouvant publiquement son erreur, ses torts. *Confondre un menteur.* ➤ **démasquer.** ◆ Rendre confus*. **p. p. adj.** Interdit, déconcerté. « *tout confondu de la voir prendre ces façons-là* » SAND. *Rester confondu.* ■ **5** PRONOM. *Se confondre en remerciements, en excuses* : multiplier les remerciements, les excuses.

II ■ **1** (1538) Réunir, mêler pour ne former qu'un tout (surtout sujet chose). ➤ **fondre, fusionner, mélanger, mêler, regrouper, réunir, unir.** *Fleuves qui confondent leurs eaux.* **p. p. adj.** *Le nombre des touristes, toutes nationalités confondues, a augmenté.* LOC. *Toutes choses confondues* : sans faire le détail. ➤ **globalement.** ■ **2** (1580) Prendre* (une personne, une chose) pour une autre. *Confondre deux jumeaux. On pourrait les confondre. Trait distinctif* qui permet de ne pas confondre deux choses voisines. Confondre les noms, les dates. Vous avez confondu son numéro avec le mien, et le mien. Le candidat a tout confondu.* ➤ **mélanger** (2°). LOC. VIEILLI *Confondre autour et alentour* : ne pas faire une distinction nécessaire. ◆ ABSOLT Faire une confusion. ➤ se **tromper.** *Il est possible que je confonde. Excusez-moi, j'ai confondu.* ■ **3** PAR EXT. Considérer comme une seule et même chose, de la même façon. ➤ **amalgamer, assimiler.** « *Les orateurs qui confondent langage et pensée* » PAULHAN. LOC. *Il ne faut pas tout confondre !* il faut faire les distinctions nécessaires, analyser plus finement. ■ **4 SE CONFONDRE v. pron.** Se mêler, s'unir (sujet chose). *L'endroit où les eaux se confondent ; où la lumière se confond avec l'ombre.* — Être impossible à distinguer de. « *ce que l'on aurait pu faire se confond avec ce que l'on aurait dû faire* » GIDE. — Être confondu. *Des signes qui se confondent aisément.* ■ CONTR. Aider, défendre. — Séparer ; dissocier, distinguer.

CONFORMATEUR [kɔ̃fɔʀmatœʀ] **n. m.** – 1845 ; « personne » 1611 ◇ de *conformer* ■ TECHN. Appareil servant aux chapeliers à déterminer la forme et la mesure de la tête. ◆ Appareil destiné à donner sa forme définitive à une matière plastique.

CONFORMATION [kɔ̃fɔʀmasjɔ̃] **n. f.** – 1560 ◇ bas latin *conformatio* ■ Disposition naturelle des différentes parties d'un corps organisé. ➤ **configuration, constitution, forme, organisation, structure.** *Conformation anatomique. Conformation du squelette. Mauvaise conformation.* ➤ **difformité, malformation.** *Présenter un vice de conformation.* — CHIM. Aspect momentané (d'une molécule) lorsqu'elle subit une torsion, sans rupture de liaison ni échange de substituants. *Conformations chaise et bateau du cyclohexane.*

CONFORME [kɔ̃fɔʀm] **adj.** – 1372 ◇ latin *conformis* ■ **1** Dont la forme est semblable (à celle d'un modèle). ➤ **analogue, identique, pareil, semblable.** *Conforme au modèle, à l'échantillon.* « *Conforme à son aïeul, à son père semblable* » RACINE. — *Copie conforme à l'original* (➤ **vidimus**). ABSOLT *Signature, document certifié conforme.* ➤ 1 **bon, correct, exact.** *Pour copie conforme* (➤ **ampliation**). ■ **2** Qui s'accorde (avec qqch.), qui convient à sa destination. ➤ **adapté, ajusté, approprié, assorti, convenable.** *Mener une vie conforme à ses goûts, à ses désirs, à ses moyens. Interprétation peu conforme à l'esprit d'un texte. Conforme à la règle.* — ABSOLT Conforme à la norme, à la majorité. ➤ **conformiste, orthodoxe.** « [En France] *Toute pensée non conforme devient suspecte* » GIDE. ■ CONTR. Contraire, dérogatoire, différent. Opposé, 2 original.

CONFORMÉ, ÉE [kɔ̃fɔʀme] **adj.** – XVe ◇ de *conformer* ■ Qui a telle conformation*. ➤ 1 **bâti, disposé, organisé.** *Un nouveau-né bien conformé,* dont l'aspect du corps est normal. *Mal conformé.* ➤ **contrefait, difforme.**

CONFORMÉMENT [kɔ̃fɔʀmemɑ̃] **adv.** – 1503 ◇ de *conforme* ■ *Conformément à* : d'une manière conforme à. ➤ **selon,** 2 **suivant** (cf. D'après). *Conformément à la loi. Conformément au plan prévu.* ■ CONTR. Contrairement.

CONFORMER [kɔ̃fɔʀme] **v. tr.** ‹1› – *se conformer* XIIIe ◇ latin *conformare,* de *formare* « former » ■ **1** Rendre conforme, semblable (au modèle). ➤ **accorder, adapter, approprier, calquer** (sur), **copier, imiter.** *Conformer ses sentiments à ceux de qqn.* « *Il ne conforme pas exactement sa conduite à ses maximes* » FRANCE. ■ **2 v. pron. SE CONFORMER À :** devenir conforme à ; se comporter de manière à être en accord avec. ➤ **s'aligner, s'assujettir,** se **modeler,** se **plier,** se **régler, suivre.** *Se conformer aux circonstances. Se conformer aux façons de vivre de qqn.* ➤ **s'accommoder, s'accorder.** *Conformez-vous strictement aux ordres.* ➤ **obéir, observer.** « *Cet effort continu pour se conformer aux opinions, règles et convenances* » LARBAUD (➤ **conformisme**). ■ CONTR. Opposer.

CONFORMISME [kɔ̃fɔʀmism] **n. m.** – 1904 ◇ de *conformiste* ■ Fait de se conformer aux normes, aux usages. ➤ **conservatisme, orthodoxie, traditionalisme.** PÉJ. Attitude passive d'une personne qui se conforme aux idées et aux usages de son milieu. « *Notre époque devient celle du conformisme intégral et à tous les niveaux ; plus qu'une affaire de mode c'est un fléchissement de l'intellect* » GREEN. *Un conformisme sclérosant.* ■ CONTR. Anticonformisme, marginalité, non-conformisme, originalité.

CONFORMISTE [kɔ̃fɔʀmist] **n. et adj.** – 1666 ◇ anglais *conformist,* de *conform* « conforme » ■ **1** HIST. Personne qui professe la religion de l'Église anglicane. **adj.** *Église conformiste.* ➤ **anglican.** ■ **2 adj.** Qui se conforme aux usages, aux traditions, aux coutumes. ➤ **traditionaliste.** *Esprit, morale conformiste.* ➤ **conventionnel.** ■ CONTR. Anticonformiste, non-conformiste ; dissident, marginal.

CONFORMITÉ [kɔ̃fɔʀmite] **n. f.** – 1361 ◇ bas latin *conformitas* ■ **1** Caractère de ce qui est conforme. ➤ **accord, analogie, concordance, convenance, ressemblance, similitude.** *Conformité d'une chose avec une autre, de deux choses, entre deux choses. Être en conformité de goûts, de sentiments.* ➤ **affinité, harmonie, sympathie,** 1 **union.** — LOC. *En conformité avec.* ➤ **conformément** (à). « *ça se serait fait en conformité avec mes plans* » ROMAINS. ◆ MOD. Fait d'être conforme à certaines normes. *Certificat de conformité* (➤ aussi **certification**). *Mise en conformité.* ■ **2** VX Fait de se conformer. ➤ **adhésion, soumission.** *La conformité aux usages établis.* ➤ **conformisme.** ■ CONTR. Désaccord, opposition.

1 **CONFORT** [kɔ̃fɔʀ] **n. m.** – v. 1100 ◇ de *conforter* ■ **1** VX Secours, assistance matérielle ou morale (➤ **conforter**). ■ **2** MOD. *Médicament de confort,* qui conforte, permet de mieux supporter un mal, mais qui ne soigne pas. (REM. Souvent compris au sens de *2 confort.*)

2 **CONFORT** [kɔ̃fɔʀ] **n. m.** – *comfort* 1815 ◇ anglais *comfort,* de l'ancien français *confort* « aide, réconfort », de *conforter* « réconforter » ■ **1** Tout ce qui contribue au bien-être, à la commodité de la vie matérielle. ➤ 1 **aise, bien-être, commodité.** *L'amour du confort. Il aime son confort* (➤ **cocooning**). *Le confort d'un appartement, d'un bureau* (➤ **confortique**). *Avoir tout le confort. La maison* « *sans être spacieuse, avait tout le confort moderne, la climatisation, un chauffage à thermostat, une douche et une baignoire dans la salle de bains* » C. CUSSET. ◆ PAR EXT. *Le confort de lecture, d'écoute.* ➤ **qualité.** *Confort visuel.* ■ **2** FIG. Situation psychologiquement confortable (souvent péj.). *Confort intellectuel. Confort moral.* — *La zone de confort de qqn* : l'ensemble des situations qui font partie de ses habitudes. *Oser sortir de sa zone de confort.* ■ **3** APPOS. INV. Qui assure un meilleur confort à l'utilisateur. *Poussette, pneus confort.* ■ CONTR. Inconfort.

CONFORTABLE [kɔ̃fɔʀtabl] **adj.** – 1628, rare avant XIXe ◇ anglais *comfortable* → 2 confort ■ **1** (CHOSES) Qui procure, présente du confort. *Maison confortable.* ➤ 1 **cosy.** *Un fauteuil confortable. Un vêtement chaud et confortable.* ➤ **douillet.** ◆ FIG. Qui assure un bien-être, une tranquillité psychologique. *Une situation confortable. Mener une vie confortable.* ➤ **bourgeois.** — *Il est plus confortable de penser que.* — (Nombre, somme) De nature à assurer la sécurité. *Jouir d'un salaire confortable. Remporter des élections avec une majorité confortable.* ■ **2** (PERSONNES) VX Qui est confortablement installé, à l'aise. « *Je me sentais confortable près de lui* » BEAUVOIR. ■ CONTR. Désagréable, incommode, inconfortable, pénible.

CONFORTABLEMENT [kɔ̃fɔʀtabləmɑ̃] **adv.** – XVIIIe ◇ de *confortable* ■ D'une manière confortable. *Être installé confortablement pour manger.* — FIG. *Confortablement payé, entretenu.* ➤ **grassement.**

CONFORTER [kɔ̃fɔʀte] **v. tr.** ‹1› – fin X^e ◇ latin ecclésiastique *confortare,* de *fortis* « fort » ■ **1** VX Réconforter. ➤ **encourager.** ■ **2** (XIIIe) VX Donner des forces physiques à. ABSOLT « *la salade rafraîchit sans affaiblir, et conforte sans irriter* » BRILLAT-SAVARIN. ■ **3** (repris 1972) MOD. Donner de la force à (un régime politique, une thèse, etc.). ◆ Raffermir (qqn) dans une opinion. *Être conforté dans son analyse, son interprétation.* ➤ **confirmer.** ■ CONTR. Débiliter. Affaiblir, ébranler.

CONFORTIQUE [kɔ̃fɔʀtik] **n. f.** – 1985 ◇ de *confort,* sur le modèle de *bureautique* ■ Étude du confort dans les bureaux.

CONFRATERNEL, ELLE [kɔ̃fʀatɛʀnɛl] **adj.** – 1829 ◇ de *con-* et *fraternel* ■ Qui a rapport aux relations entre confrères ou consœurs. *Amitié, émulation, rivalité confraternelle.*

CONFRATERNITÉ [kɔ̃fʀatɛʀnite] **n. f.** – 1283 ◇ de *fraternité* ■ DIDACT. Bonnes relations entre confrères ou consœurs.

CONFRÈRE [kɔ̃fʀɛʀ] **n. m.** – XIIIe ◇ latin médiéval *confrater* ■ Personne qui appartient à une profession (généralement libérale), à une société, à une compagnie, considérée par rapport aux autres membres. ➤ **collègue, consœur.** *Mon cher confrère. Médecin estimé de ses confrères.*

CONFRÉRIE [kɔ̃fʀeʀi] n. f. – XIIIe ◊ latin médiéval *confratria* ■ **1** RELIG. Association pieuse de laïcs. ➤ **communauté, congrégation.** ■ **2** VIEILLI Association, corporation.

CONFRONTATION [kɔ̃fʀɔ̃tasjɔ̃] n. f. – 1463 ; «limite» 1346 ◊ latin médiéval *confrontatio* ■ Action de confronter (des personnes ou des choses). ➤ **comparaison.** *Confrontation de deux écritures.* DR. *Confrontation de témoins. Confrontations et auditions.* — FIG. *«cette confrontation désespérée entre l'interrogation humaine et le silence du monde»* CAMUS. ■ CONTR. Isolement, séparation.

CONFRONTER [kɔ̃fʀɔ̃te] v. tr. ‹1› – 1538 ; «être attenant» 1344 ◊ latin médiéval *confrontare,* de *frons* «front» ■ **1** Mettre en présence (deux ou plusieurs personnes) dont les déclarations ne sont pas concordantes pour expliquer les contradictions de leurs versions. *Confronter les témoins entre eux, les témoins avec le prévenu.* — *Être confronté avec qqn, à qqn.* — (Emploi critiqué) *Être confronté à une difficulté, à la dure réalité,* être obligé d'y faire face. ■ **2** PAR EXT. Comparer d'une manière suivie, point par point. *Confronter deux textes.* ➤ **collationner.** *Confronter les déclarations de qqn avec ses écrits.* ■ CONTR. Isoler, séparer.

CONFUCIANISME [kɔ̃fysjanism] n. m. – 1876 ◊ de *Confucius* ■ DIDACT. Doctrine philosophique et religieuse du philosophe chinois Confucius. — adj. et n. **CONFUCIANISTE,** 1892.

CONFUS, USE [kɔ̃fy, yz] adj. – v. 1120 ; «tué, perdu, ruiné» XIIe ◊ latin *confusus,* p. p. de *confundere* → confondre ■ **1** (PERSONNES) Qui est embarrassé par pudeur, par honte. ➤ **déconcerté, honteux, penaud, piteux, troublé.** *Être confus de sa méprise, de son erreur. Être confus des éloges que l'on reçoit.* ➤ **gêné, intimidé.** ♦ ABSOLT *Demeurer tout confus. Avoir l'air confus.* — LOC. *Je suis confus :* je regrette (mon erreur, ma maladresse, etc.) et m'en excuse. ➤ **désolé, navré.** ♦ (T. de politesse) Vivement touché. *Je suis confuse de tant de sollicitude de votre part.* ■ **2** (XIIIe) Dont les éléments sont mêlés de façon telle qu'il est impossible de les distinguer. ➤ **désordonné, indistinct.** *Mélange, amalgame confus. Amas confus.* ➤ **chaos, pêle-mêle.** — SPÉCIALT (bruits, sons) *Un bruit confus de voix.* ➤ **brouhaha.** *Cris, murmure confus.* ➤ **bourdonnement, chuchotement, tohu-bohu.** ■ **3** (1549) Qui manque de clarté, qu'on identifie avec peine. ➤ 1 **incertain, indécis, indéterminé, indistinct, obscur,** 3 **vague.** *«le souvenir confus d'un rêve terrible et singulier»* DAUDET. *«encore engourdi, les idées confuses»* LARBAUD. *Style, langage confus.* ➤ **alambiqué, entortillé, filandreux, nébuleux ;** RÉGION. **mêlant.** *Discours confus.* ➤ **embrouillé, équivoque ; galimatias.** *Un projet confus.* ➤ **chaotique.** *Une affaire, une situation confuse.* ➤ **embrouillamini, imbroglio** (cf. FAM. Sac* de nœuds). ♦ *Un esprit confus,* qui confond ce qu'il faudrait distinguer. ➤ 1 **brouillon, imprécis.** ■ CONTR. Clair, distinct, 2 net, 1 précis.

CONFUSÉMENT [kɔ̃fyzemɑ̃] adv. – 1573 ; *confusement* 1213 ◊ de *confus* ■ D'une manière confuse. ➤ **indistinctement.** *Objets entassés confusément.* ➤ **pêle-mêle.** *Entendre, apercevoir confusément. Parler confusément. Comprendre confusément qqch.* ➤ **obscurément, vaguement.** ■ CONTR. Clairement, nettement, précisément.

CONFUSION [kɔ̃fyzjɔ̃] n. f. – 1080 «ruine, défaite» ◊ latin *confusio* → confus

I (début XIIe) Trouble qui résulte de la honte, de l'humiliation, d'un excès de pudeur ou de modestie. ➤ **embarras, gêne,** 2 **trouble.** *Rougir de confusion. Remplir qqn de confusion,* par un reproche sévère, par des éloges. *Sourire avec confusion,* avec pudeur. — (XVIe) *À la grande confusion de :* à la honte de, au grand dépit de.

II ■ **1** (1370) État de ce qui est confus. ➤ **désordre,** 2 **trouble.** *Mettre la confusion dans les rangs d'une armée. Une confusion indescriptible.* ➤ **brouillamini, chaos, embrouillamini, embrouillement, fouillis, imbroglio, mélange, méli-mélo, pêle-mêle,** FAM. 1 **salade.** *«il voyait sous ses yeux une confusion de toits pressés»* FLAUBERT. ♦ Situation confuse, embrouillée (souvent mêlée de violences). ➤ **anarchie, bouleversement, désordre, désorganisation, déstabilisation.** *Confusion politique. Manifestation qui se termine dans la confusion générale.* ■ **2** (1691) Manque de clarté, d'ordre dans ce qui touche les opérations de l'esprit. *Confusion des idées.* ➤ **désordre, indécision, obscurité,** 3 **vague.** *Jeter la confusion dans les esprits.* ➤ **désarroi,** 2 **trouble.** — (1895) PSYCHIATR. **CONFUSION MENTALE :** état mental pathologique, accidentel ou chronique, dans lequel le malade présente des troubles perceptifs, mnémoniques et intellectuels. *La confusion, complication fréquente de la démence sénile.* ■ **3** (XVIIe) Action de confondre entre elles deux personnes ou deux choses. ➤ **erreur, méprise.** *Confusion de noms, de dates, de personnes. Faire, commettre une grossière confusion.* LOC. *Prêter* à confusion. Confusion des genres*.* ■ **4** DIDACT. Fusion. DR. *Confusion des pouvoirs*. Confusion des peines :* non-cumul* des peines au cas de concours d'infractions. *Bénéficier d'une confusion des peines,* et ABSOLT *d'une confusion.* ♦ Réunion sur une même personne de deux qualités juridiques qui s'éteignent. ♦ *Confusion de part ou de paternité*.* ■ CONTR. Assurance, désinvolture. — Clarté, distinction, netteté, ordre, précision. Séparation.

CONFUSIONNEL, ELLE [kɔ̃fyzjɔnɛl] adj. – 1900 ◊ de *confusion* ■ PSYCHOL. Propre à la confusion mentale.

CONFUSIONNISME [kɔ̃fyzjɔnism] n. m. – 1907 ◊ de *confusion* ■ **1** PSYCHOL. État de la pensée syncrétique, chez l'enfant, où tout se mêle, alterne et fusionne. ■ **2** POLIT. Le fait d'entretenir la confusion dans les esprits et d'empêcher l'analyse.

CONGA [kɔ̃ga] n. f. – v. 1937 ◊ mot espagnol des Antilles ■ **1** Danse cubaine d'origine africaine à quatre temps, avec trois pas rectilignes et le quatrième en diagonale. ■ **2** Tambour allongé aux sonorités sourdes, d'origine cubaine. *«les musiciens des îles chargés de tambours, de congas, de trombones»* DUTEURTRE.

CONGÉ [kɔ̃ʒe] n. m. – *cumgiet* Xe ◊ latin *commeatus* «action de s'en aller», de *meare* «circuler»

I ■ **1** VX ou RÉGION. Autorisation, permission de partir. (Canada) *Patient qui reçoit, obtient son congé de l'hôpital.* MOD. LOC. *Donner congé à qqn. Prendre congé :* saluer les personnes à qui l'on doit du respect, avant de les quitter (cf. Faire ses adieux*). *«je voudrais prendre congé de moi-même. Je me suis décidément assez vu»* GIDE. ■ **2** (XVe milit.) Permission de s'absenter, de quitter un service, un emploi, un travail. *Congé d'un militaire.* ➤ **permission.** *Congé de maladie.* ➤ **repos.** *Congé (de) maternité, paternité. Congé parental*. Congé de formation*. Congé sans solde* (cf. Mise en disponibilité*). *Congé sabbatique. Congé annuel.* ➤ **vacances.** ♦ LOC. *Congés payés,* auxquels les salariés ont droit annuellement. PAR EXT. (PÉJ.) Les salariés en vacances. ABSOLT *Prendre une semaine de congé. Être en congé.* ■ **3** (XIIIe) Avec le poss. Autorisation de cesser, invitation à quitter un service à gages. ➤ **démission, renvoi.** *Un domestique qui demande son congé. Son patron lui donnera son congé* (cf. Ses huit jours). ➤ **congédiement, licenciement.** ■ **4** (1611) Acte par lequel une partie fait connaître à l'autre sa volonté de résilier un bail. *Donner congé à un locataire. Accepter le congé. Délai*-congé.* ■ **5** DR. FISCAL Titre de circulation permettant de transporter (après paiement) des marchandises soumises à certains droits indirects. *Congé pour le transport des vins.* ➤ **laissez-passer.** — MAR. *Congé de navigation.* ➤ **passeport.** *Le congé fait partie des papiers de bord.*

II (1680 ◊ latin *commeatus* «passage») Moulure concave, en quart de cercle (➤ **cavet**) raccordant deux saillies d'un élément d'architecture.

■ CONTR. Occupation, 1 travail.

CONGÉDIEMENT [kɔ̃ʒedimɑ̃] n. m. – 1842 ◊ de *congédier* ■ Action de congédier. ➤ **congé, renvoi.** *Lettre de congédiement.* — Octroi d'un congé.

CONGÉDIER [kɔ̃ʒedje] v. tr. ‹7› – fin XIVe ◊ italien *congedare,* de *congedo,* du français ; a remplacé *congeer, congier ;* de *congé* ■ **1** Inviter (qqn) à se retirer, à s'en aller. ➤ **éconduire,** FAM. **expédier** (cf. Envoyer* paître, promener...). *Il «le congédia d'une tape amicale sur la joue»* DAUDET. ♦ (Luxembourg) Renvoyer (les élèves) dans leur foyer. ➤ **libérer.** *Les élèves seront congédiés après les cours, la veille des vacances.* ■ **2** SPÉCIALT (VIEILLI) Renvoyer définitivement (une personne que l'on emploie). *Congédier un salarié, un employé, un domestique.* ➤ **chasser, licencier, remercier, renvoyer*.** ■ CONTR. Convoquer, inviter. Embaucher, engager.

CONGÉLATEUR [kɔ̃ʒelatœʀ] n. m. – 1845 ◊ de *congeler* ■ **1** VX Réfrigérateur. ■ **2** MOD. Appareil électroménager atteignant des températures inférieures à –18 °C, permettant la congélation et la conservation des aliments. ➤ **surgélateur** (cf. Chaîne du froid*). *Un réfrigérateur-congélateur.* ➤ **conservateur.** *Mettre une viande au congélateur.* VAR. FAM. (1980) **CONGÉLO.** ■ **3** TECHN. Navire qui dispose d'installations frigorifiques pour congeler les produits de la pêche. *Chalutier congélateur.*

CONGÉLATION [kɔ̃ʒelasjɔ̃] n. f. – v. 1320 ◊ latin *congelatio* ■ **1** Passage de l'état liquide à l'état solide par refroidissement (à pression constante) ou par abaissement de pression. *Point de congélation de l'eau :* 0 °C, sous la pression atmosphérique. *Congélation de l'huile.* ■ **2** Action de soumettre un produit à une température inférieure à –18 °C pour le conserver. ➤ **cryoconservation.** *Congélation de la viande.*

Congélation rapide. ➤ **surgélation, vitrification.** *Accident de congélation* (cf. Chaîne du froid*). ■ CONTR. Dégel, fusion, liquéfaction. Décongélation.

CONGELÉ, ÉE [kɔ̃ʒ(ə)le] adj. et n. m. – 1865 ◊ de *congeler* ■ **1** Conservé par congélation. *Pain congelé. Poissons, légumes congelés.* ➤ **surgelé.** — *Embryon congelé* (➤ **F. I. V., fivète**; cf. Bébé* éprouvette). ■ **2** n. m. RARE Produit congelé. ➤ plus cour. **surgelé.**

CONGELER [kɔ̃ʒ(ə)le] v. tr. ‹5› – 1265 ◊ latin *congelare* ■ **1** Faire passer à l'état solide par l'action du froid. ➤ **figer, geler, solidifier.** *Congeler de l'alcool.* — PRONOM. *L'eau se congèle à 0 °C en augmentant de volume.* ■ **2** COUR. Soumettre au froid (–18 °C) pour conserver. *Congeler un plat préparé.* ➤ **frigorifier, surgeler.** ■ **3** Désorganiser (les chairs) par un froid excessif. *Congeler les pieds.* ➤ **geler, glacer.** — adj. (1612) **CONGELABLE.** *L'alcool n'est pas congelable.* ■ CONTR. Décongeler, dégeler, fondre, liquéfier.

CONGÉNÈRE [kɔ̃ʒenɛʀ] adj. et n. – 1562 ◊ latin *congener*, racine *genus* «genre» ■ **1** DIDACT. Qui appartient au même genre, à la même espèce. *Plantes, animaux congénères.* — ANAT. *Muscles congénères,* qui concourent à un même mouvement (opposé à *antagonistes*). ➤ **agoniste, conjugué.** ■ **2** n. COUR. et PÉJ. (PERSONNES) *Lui et ses congénères.* ➤ **pareil, semblable.**

CONGÉNITAL, ALE, AUX [kɔ̃ʒenital, o] adj. – 1784 ◊ du latin *congenitus* «né avec» ■ **1** (Opposé à *acquis*) Qui est présent à la naissance; dont l'origine se situe pendant la vie intra-utérine. *Surdité héréditaire congénitale.* ■ **2** FIG. et PÉJ. Inné. *L'«optimisme congénital* [de l'Américain]» SIEGFRIED. — FAM. *C'est un crétin congénital.* — adv. **CONGÉNITALEMENT,** 1852.

CONGÈRE [kɔ̃ʒɛʀ] n. f. – 1866 ◊ mot forézien, du latin *congeries* «tas», de *congerere* «amasser» ■ Amas de neige entassée par le vent. ➤ RÉGION. 1 **gonfle, menée** (cf. RÉGION. Banc* de neige). *«des banquises où moutonnent des congères»* BEAUVOIR.

CONGESTIF, IVE [kɔ̃ʒɛstif, iv] adj. – 1833 ◊ de *congestion* ■ Qui a rapport à la congestion. *État congestif d'un organe.* — Qui manifeste de la congestion.

CONGESTION [kɔ̃ʒɛstjɔ̃] n. f. – v. 1400 ◊ latin *congestio*, de *congerere* «accumuler» ■ **1** Afflux de sang (dans une partie du corps). ➤ **hyperémie, pléthore, tension, turgescence.** *Congestion cérébrale :* coup de sang, transport* au cerveau. ➤ **apoplexie, hémorragie.** *Congestion pulmonaire. Congestion active,* due à une inflammation. *Congestion passive.* ➤ **stase.** ■ **2** FIG. Afflux, encombrement. ♦ (Canada) Embouteillage.

CONGESTIONNER [kɔ̃ʒɛstjɔne] v. tr. ‹1› – 1833 ◊ de *congestion* ■ **1** Produire une congestion, un afflux de sang dans les vaisseaux de (un organe). *«son rire de bon vivant congestionnait ses pommettes»* MARTIN DU GARD. — p. p. adj. *Avoir le visage congestionné.* ➤ **rouge.** ■ **2** FIG. Encombrer. ➤ **embouteiller.** p. p. adj. *«loin des artères congestionnées»* ECHENOZ. ■ CONTR. Décongestionner. Pâle, blême.

CONGLOMÉRAT [kɔ̃glɔmeʀa] n. m. – 1818 ◊ de *conglomérer* ■ **1** Roche détritique formée par des fragments arrachés à une roche préexistante et agglomérés par un ciment. ➤ **agglomérat.** *Conglomérats à éléments anguleux* (➤ 2 **brèche**), *roulés* (➤ **poudingue**). ■ **2** (1865) FIG. ➤ **agglomération, agglutination.** *«les conglomérats de coteries se défaisaient et se reformaient»* PROUST. ■ **3** (1968 ◊ anglais américain *conglomerate*) ANGLIC. ÉCON. Forme de concentration* d'entreprises par diversification des activités, des produits. ➤ **groupe.** *Société holding* d'un conglomérat.* ■ CONTR. Désagrégation, dispersion, éparpillement.

CONGLOMÉRATION [kɔ̃glɔmeʀasjɔ̃] n. f. – 1829 ◊ de *conglomérer* ■ DIDACT. Action de conglomérer.

CONGLOMÉRER [kɔ̃glɔmeʀe] v. tr. ‹6› – 1721 ; *conglomérées* 1672 ◊ latin *conglomerare*, de *glomus* «pelote» ■ DIDACT. Amasser, réunir en une seule masse. ➤ **agglomérer, agglutiner, conglutiner, lier.** — p. p. adj. *Roches conglomérées.* ANAT. *Glandes conglomérées,* réunies en grappes sous une même enveloppe. ♦ Assembler, réunir. PRONOM. *«voyant des individus assez louches* [...] *se conglomérer»* PROUST. ■ CONTR. Désagréger, disséminer, éparpiller, pulvériser.

CONGLUTINER [kɔ̃glytine] v. tr. ‹1› – 1314 ◊ latin *conglutinare* ■ VX ou LITTÉR. Faire adhérer (deux ou plusieurs corps) par le moyen d'une substance visqueuse. ➤ **coller, souder.** ♦ Rendre (un liquide) visqueux, gluant. ➤ **épaissir.** *Conglutiner le sang par l'amas de globules rouges.* — n. f. **CONGLUTINATION,** 1619. ■ CONTR. Dissocier, séparer. Éclaircir, liquéfier.

CONGOLAIS, AISE [kɔ̃gɔlɛ, ɛz] adj. et n. – v. 1900 ; *congolan, congois* avant 1721 ◊ de *Congo* ■ Du Congo. ♦ n. m. Gâteau à la noix de coco.

CONGRATULATION [kɔ̃gʀatylasjɔ̃] n. f. – 1468 ◊ latin *congratulatio*, racine *gratus* → gré ■ VX ou PLAIS. Action de congratuler. ➤ **compliment, félicitation.** *Échanger des congratulations. «cette journée où ne cessèrent visites, congratulations, transports de cadeaux et de vœux»* BOSCO.

CONGRATULER [kɔ̃gʀatyle] v. tr. ‹1› – 1546 ◊ latin *congratulari*, de *gratulari* «féliciter» → gré ■ VX ou PLAIS. Faire un compliment de félicitation à (qqn). ➤ **complimenter, féliciter.** *Congratuler l'heureux père sur, à propos de la naissance de sa fille.* — **SE CONGRATULER** v. pron. Échanger des compliments. *Ils se sont longuement congratulés.* ■ CONTR. Critiquer.

CONGRE [kɔ̃gʀ] n. m. – XIIIe ◊ latin *conger* ■ Poisson de mer *(anguilliformes),* au corps cylindrique et allongé, sans écailles (anguille de mer). *Forme larvaire du congre.* ➤ **leptocéphale.**

CONGRÉER [kɔ̃gʀee] v. tr. ‹1› – 1773 ◊ ancien français *conreer* «arranger», d'après *gréer* ■ MAR. *Congréer un cordage,* remplir les vides entre ses torons au moyen de filins.

CONGRÉGANISTE [kɔ̃gʀeganist] adj. et n. – 1680 ◊ de *congrégation*, d'après *organiste*, etc. ■ D'une congrégation. *École congréganiste,* religieuse. ■ CONTR. Laïque.

CONGRÉGATION [kɔ̃gʀegasjɔ̃] n. f. – avant 1622 ; «réunion» XIIe ◊ latin *congregatio*, racine *grex* «troupeau» ■ **1** Compagnie de prêtres, de religieux, de religieuses. ➤ **communauté, ordre.** *La congrégation de l'Oratoire. La loi sur les congrégations* (1901). — PAR ANAL. Confrérie de dévotion, mise sous l'invocation de la Vierge, d'un saint. ■ **2** À la cour de Rome, Comité de cardinaux, d'ecclésiastiques, chargé d'examiner certaines affaires. *Congrégation de l'Index, de la Propagande, des Rites. Congrégation de l'Inquisition.* ➤ **saint-office.** ■ **3** (1801) Paroisse protestante.

CONGRÉGATIONALISME [kɔ̃gʀegasjɔnalism] n. m. – 1898 ◊ de *congrégation* ■ Système ecclésiastique dans lequel chaque paroisse protestante est autonome.

CONGRÈS [kɔ̃gʀɛ] n. m. – 1611 ; «union sexuelle» XVIe ◊ latin *congressus* «réunion», de *congredi* «se rencontrer», de *cum* et *gradi* «marcher», de *gradus* «pas» ■ **1** HIST. Réunion diplomatique où les représentants de plusieurs puissances règlent certaines questions internationales. ➤ **conférence.** *Congrès de Vienne* (1815), *de Paris* (1856). *Assembler, ouvrir un congrès international pour la paix.* ■ **2** (1774 ◊ anglais *Congress*) Corps législatif des États-Unis d'Amérique. *Une chambre des représentants et un sénat composent le Congrès.* ■ **3** Réunion de personnes qui se rassemblent pour échanger leurs idées ou se communiquer leurs études. *Assister, participer à un congrès international. Congrès, colloques* et tables* rondes.* ➤ **carrefour, forum.** *Congrès de sociologie. Congrès eucharistique. Congrès de médecins, de juristes. Actes d'un congrès.*

CONGRESSISTE [kɔ̃gʀesist] n. – 1869 ◊ de *congrès* ■ Personne qui prend part à un congrès. *Liste des congressistes.*

CONGRU, UE [kɔ̃gʀy] adj. – fin XIIIe ◊ latin *congruus* «convenable» ■ **1** VX Qui convient exactement à une situation donnée. ➤ **adéquat, convenable, pertinent.** *«Après une attente congrue dans les salons»* FRANCE. ■ **2** (1615) **PORTION CONGRUE :** VX pension que le bénéficiaire d'une paroisse donnait au curé. — MOD. Revenu, traitement à peine suffisant pour subsister. *Réduire qqn à la portion congrue.* ■ **3** MATH. *Nombres congrus, par rapport à un troisième,* dont la différence est divisible par ce dernier (module). ➤ **congruence.** ■ CONTR. Inadéquat, incongru.

CONGRUENCE [kɔ̃gʀyɑ̃s] n. f. – 1771 ; «convenance» XVe ◊ de *congru* ■ **1** VX ou LITTÉR. Fait d'être adapté, de convenir. *«ces jeunes gens se moquent de la justesse, de la congruence de leurs justifications»* NIZAN. ■ **2** MATH. Égalité de figures géométriques (dites *congruentes*). ➤ **énantiomorphe.** *Congruence de droites :* famille de droites à deux paramètres. *Congruence sur un ensemble E muni d'une loi de composition interne :* relation d'équivalence sur E compatible avec cette loi de composition interne. — (1845) Caractère de deux nombres congrus. ■ **3** GÉNÉT. *Congruence des génomes :* similitude de la structure et du nombre des chromosomes d'espèces apparentées.

CONGRUENT, ENTE [kɔ̃gʀyɑ̃, ɑ̃t] adj. – v. 1510 ◊ latin *congruens*, p. prés. de *congruere* → congru ■ **1** Qui convient, qui s'applique bien. ➤ **adéquat.** *Idée congruente à la situation.* ■ **2** (1771) MATH. *Figures congruentes,* égales (➤ **congruence**).

CONGRÛMENT ou **CONGRUMENT** [kɔ̃gʀymɑ̃] adv. – v. 1370 ◊ de *congru* ■ LITTÉR. D'une manière congrue. ➤ **convenablement, correctement, justement.** — La graphie *congrument* sans accent circonflexe comme dans *absolument, éperdument, résolument,* est régulière.

CONICITÉ [kɔnisite] n. f. – 1863 ◊ de *conique* ▪ DIDACT. Forme conique, propre au cône.

CONIDIE [kɔnidi] n. f. – 1846 ◊ du grec *konis* «poussière» ▪ BOT. Spore assurant la reproduction asexuée des champignons, produite par fractionnement du mycélium.

CONIFÈRE [kɔnifɛʀ] n. m. – 1809 ; 1523 adj. ◊ latin *conifer*, de *conus* «cône» et *-fère* ▪ Arbre gymnosperme caractérisé par un feuillage en aiguilles ou en écailles, par des inflorescences femelles en cônes* à ovules et par une sécrétion résineuse. *L'ordre des conifères. Principaux conifères.* ➤ **araucaria, cèdre, cyprès, épicéa, if, mélèze, pin, sapin, séquoia, thuya.** *Forêts de conifères.* ➤ **résineux.**

CONIQUE [kɔnik] adj. et n. f. – 1624 ◊ grec *kônikos* ▪ **1** Qui a la forme d'un cône (➤ **conicité**). *Engrenage, pignon conique.* ▪ **2** GÉOM. Qui appartient au cône. *Section conique.* — n. f. Courbe qui résulte de la section d'un cône par un plan. *L'ellipse, l'hyperbole, la parabole sont des coniques. Figure de révolution engendrée par une conique.* ➤ **quadrique.**

CONIROSTRE [kɔniʀɔstʀ] adj. et n. – 1806 ◊ de *cône* et du latin *rostrum* «bec» ▪ ZOOL. Qui a le bec court et conique. *Le bouvreuil est conirostre.* — n. m. *Les conirostres.*

CONJECTURAL, ALE, AUX [kɔ̃ʒɛktyʀal, o] adj. – v. 1300 ◊ de *conjecture* ▪ Qui est fondé sur des conjectures. *Science conjecturale.* — adv. **CONJECTURALEMENT**, 1488. ▪ CONTR. Certain, constant, 1 positif.

CONJECTURE [kɔ̃ʒɛktyʀ] n. f. – 1246 ◊ latin *conjectura*, de *conjicere*, de *jacere* ▪ **1** Opinion fondée sur des probabilités ou des apparences. ➤ **hypothèse, supposition.** *Parler de qqch. par conjecture. Conjecture sur l'avenir.* ➤ **prévision, pronostic.** ▪ **2** (NUANCE PÉJ.) Opinion fondée sur une hypothèse non vérifiée. ➤ **présomption, soupçon.** *En être réduit aux conjectures. Se perdre en conjectures :* envisager de nombreuses hypothèses, être perplexe. ♦ ÉCON. Forme de prévision et de prospective. *«L'art de la conjecture», essai de B. de Jouvenel.* ▪ **3** MATH. Hypothèse émise a priori concernant une proposition dont on ignore la démonstration. *La conjecture de Fermat.*

CONJECTURER [kɔ̃ʒɛktyʀe] v. tr. ⟨1⟩ – XIIIe ◊ bas latin *conjecturare* ▪ Croire, juger par conjecture. ➤ **présumer, soupçonner, supposer.** *Conjecturer l'issue d'un évènement. «Je dirai là-dessus ce que j'ai su, [...] je me tairai sur ce que j'ai conjecturé»* ROUSSEAU. — ABSOLT *Conjecturer sur ce qu'on ignore.*

CONJOINT, OINTE [kɔ̃ʒwɛ̃, wɛ̃t] adj. et n. – milieu XIIe «ami» ◊ de l'ancien français *conjoindre* ; latin *conjungere* ▪ **1** Joint avec ; uni. *Problèmes conjoints.* — DR. *Personnes conjointes,* liées par des intérêts communs. *Legs conjoint,* fait conjointement à plusieurs. — MUS. *Degrés* conjoints.* ▪ **2** n. (1413) Personne liée (à une autre) par le mariage, un pacs ; personne qui vit en couple. ➤ **concubin, époux.** *Le conjoint de..., son conjoint,* (RARE) *sa conjointe. L'autre conjoint. Les deux conjoints. Les futurs conjoints :* les fiancés. ▪ CONTR. Disjoint, divisé, séparé.

CONJOINTEMENT [kɔ̃ʒwɛ̃tmɑ̃] adv. – 1254 ◊ de *conjoint* ▪ D'une manière conjointe. ➤ **concurremment, 1 ensemble, simultanément** (cf. De concert). *Agir conjointement avec qqn.* ▪ CONTR. 1 Part (à part), séparément.

CONJONCTEUR [kɔ̃ʒɔ̃ktœʀ] n. m. – 1868 ◊ de *conjonction*, d'après *disjoncteur* ▪ ÉLECTROTECHN. Interrupteur automatique fermant un circuit. ➤ **coupleur.** *Conjoncteur-disjoncteur.* TÉLÉCOMM. Prise murale permettant de connecter un poste téléphonique à la ligne d'un abonné.

CONJONCTIF, IVE [kɔ̃ʒɔ̃ktif, iv] adj. – 1372 ◊ latin *conjunctivus* ▪ **1** ANAT. Qui unit des parties organiques. — (1863) *Tissu conjonctif,* qui occupe les intervalles entre les organes ou entre les éléments d'un même organe et qui assure les rôles de lien, de remplissage, d'emballage et de soutien. *Tissu conjonctif animal. Tissu conjonctif végétal.* ➤ **parenchyme.** *Fibres, cellules conjonctives.* ➤ **fibroblaste.** ♦ *La membrane conjonctive.* ➤ **conjonctive.** ▪ **2** (XIVe) GRAMM. Qui réunit deux mots, deux parties d'un discours. — MOD. *Locutions conjonctives,* jouant le rôle de conjonctions (ex. bien que). *Proposition subordonnée conjonctive,* introduite par une conjonction. ▪ CONTR. Disjonctif.

CONJONCTION [kɔ̃ʒɔ̃ksjɔ̃] n. f. – v. 1160 «union, accord» ◊ latin *conjunctio*

I ▪ **1** Action de joindre. ➤ **1 rencontre, réunion, 1 union.** *«Le style d'un peintre est dans cette conjonction de la nature et de l'histoire»* CAMUS. *Faire qqch. en conjonction avec qqn. Réussite due à la conjonction des efforts de chacun.* ▪ **2** (fin XIIIe) ASTRON. Rencontre de deux astres dans une ligne droite, par rapport à un point de la Terre. *Conjonction des planètes en astrologie.* ➤ **aspect.** — ABSOLT Rencontre de la Lune avec le Soleil dans un même point du zodiaque. — COUR. Présence simultanée, rencontre. *Une conjonction de phénomènes rares.*

II ▪ **1** LOG. Connecteur* correspondant à *et.* ▪ **2** (fin XIIIe) GRAMM. Partie du discours qui sert à joindre deux mots ou groupes de mots. *Conjonctions de coordination* (copulatives), qui, entre des mots ou des propositions de même fonction, marquent l'union (ex. et), l'opposition (ex. mais, pourtant), l'alternative ou la négation (ex. ni, ou), la conséquence (ex. donc), la conclusion (ex. ainsi, enfin). *Conjonctions de subordination,* qui établissent une dépendance entre les éléments qu'elles unissent (comme, quand, que, etc.).

▪ CONTR. Disjonction, séparation.

CONJONCTIVAL, ALE, AUX [kɔ̃ʒɔ̃ktival, o] adj. – 1845 ◊ de *conjonctive* ▪ MÉD. Relatif à la conjonctive. *Glandes conjonctivales.*

CONJONCTIVE [kɔ̃ʒɔ̃ktiv] n. f. – milieu XIIIe ◊ du latin *conjunctivus* «qui sert à lier» ▪ Membrane muqueuse transparente qui tapisse l'intérieur des paupières et les unit au globe oculaire sur lequel elle se continue jusqu'à la cornée. *Appliquer un collyre sur la conjonctive.*

CONJONCTIVITE [kɔ̃ʒɔ̃ktivit] n. f. – 1832 ◊ de *conjonctive* et *-ite* ▪ Inflammation de la conjonctive. *Conjonctivite granuleuse.* ➤ **trachome.**

CONJONCTURE [kɔ̃ʒɔ̃ktyʀ] n. f. – avant 1475 ◊ ancien français *conjointure*, refait d'après le latin *conjunctus* ▪ Situation qui résulte d'une rencontre de circonstances et qui est considérée comme le point de départ d'une évolution, d'une action. ➤ **1 cas, état, occasion, occurrence, situation.** *Conjoncture favorable, difficile. Profiter de la conjoncture. Dans la conjoncture actuelle.* ➤ **circonstance.** ♦ *Étude de conjoncture :* étude d'une situation occasionnelle (opposé à *structure*) en vue d'une prévision. ♦ PAR EXT. État de l'économie à un moment donné. *La conjoncture internationale. Les fluctuations de la conjoncture.* ♦ ÉCON. Technique d'analyse et de prévision économique à court terme. *Faire de la conjoncture. Institut de conjoncture* (ex. l'OFCE).

CONJONCTUREL, ELLE [kɔ̃ʒɔ̃ktyʀɛl] adj. – 1954 ◊ de *conjoncture* ▪ De la conjoncture économique. *Variation conjoncturelle.* ▪ CONTR. Structurel.

CONJONCTURISTE [kɔ̃ʒɔ̃ktyʀist] n. – 1953 ◊ de *conjoncture* ▪ ÉCON. Spécialiste des problèmes de conjoncture économique.

CONJUGABLE [kɔ̃ʒygabl] adj. – 1829 ◊ de *conjuguer* ▪ Qui peut être conjugué. *Verbe conjugable à tous les temps.* ▪ CONTR. Défectif, inconjugable.

CONJUGAISON [kɔ̃ʒygɛzɔ̃] n. f. – *conjugacion* 1236 ◊ latin des grammairiens *conjugatio* ▪ **1** Ensemble des formes verbales ; tableau ordonné de toutes les formes d'un verbe suivant les voix (*conjugaison active, passive, réfléchie,* et en latin *déponente*), les modes, les temps, les personnes, les nombres. *Conjugaison régulière, irrégulière. Conjugaison défective.* — Groupe des verbes ayant des formes communes. *Verbe de la conjugaison 3. Types de conjugaison. Tableau de conjugaison.* ▪ **2** LITTÉR. Le fait de conjuguer. ➤ **combinaison, conjonction.** *La conjugaison de leurs efforts.* ▪ **3** GÉNÉT. Échange de matériel génétique entre deux individus de la même espèce (algues, protozoaires, micro-organismes), par accolement de deux individus semblables assurant le brassage génétique de l'espèce. *La conjugaison des paramécies.* ♦ BIOL. Union des chromosomes homologues lors de la mitose. ▪ **4** PHYS. *Conjugaison de charge* (notée $\widehat{C}$) : transformation d'une particule en son antiparticule. ▪ CONTR. Dispersion, éparpillement, opposition.

CONJUGAL, ALE, AUX [kɔ̃ʒygal, o] adj. – v. 1300 ◊ latin *conjugalis* ▪ Relatif à l'union entre époux. ➤ **matrimonial.** *Union conjugale.* ➤ **mariage.** *Lien conjugal. Domicile conjugal. Fidélité conjugale. Devoir conjugal :* obligation réciproque de relations sexuelles dans le mariage. *Viol conjugal. Violences* conjugales. Conseiller conjugal.*

CONJUGALEMENT [kɔ̃ʒygalmɑ̃] adv. – XVIe ◊ de *conjugal* ▪ D'une manière conjugale. ➤ **maritalement.**

CONJUGATEUR [kɔ̃ʒygatœʀ] n. m. – 1987 ◊ de *conjuguer* ▪ Logiciel qui permet de conjuguer les verbes. *Traitement de texte avec conjugateur.* — On trouve aussi **CONJUGUEUR** (1989).

CONJUGUÉ, ÉE [kɔ̃ʒyge] adj. et n. – 1690 ; «marié» 1596 ◊ de *conjuguer* ▪ **1** Joint, combiné avec. *Influences conjuguées. La force conjuguée à, avec l'intelligence. L'action conjuguée du vent et de la pluie. Grâce à leurs efforts conjugués.* ▪ **2** (1753) BOT. *Feuilles conjuguées :* feuilles composées, dont les folioles s'opposent deux à deux. ▪ **3** TECHN. *Machines conjuguées*, dont le travail est simultané et concourt à une fin commune. ▪ **4** MATH. Entre lesquels il existe une correspondance. *Grandeurs conjuguées. Nombres complexes conjugués* ou **n. m.** *conjugués* : le couple [$z = a + ib$, $\bar{z} = a - ib$], avec *i* imaginaire. Se dit de deux points par rapport à deux autres avec lesquels ils forment une division harmonique*. — PHYS. *Points conjugués d'un système optique* : le point objet et le point image. — CHIM. *Doubles liaisons conjuguées*, en alternance avec les liaisons simples. *Acide conjugué*, formé par une base qui a fixé un proton. *Base conjuguée*, formée par un acide qui a cédé un proton. *Cycles conjugués*, ayant une liaison C–C commune. ▪ **5** ANAT. Relatif aux structures qui participent à la même fonction ou formées par la réunion de deux parties symétriques. *Nerfs conjugués.* ➤ **congénère.** ▪ **6** **n. f. pl.** BOT. **LES CONJUGUÉES :** algues d'eau douce, vertes *(chlorophycées)*, sans spores, à reproduction sexuée (➤ **conjugaison**).

CONJUGUER [kɔ̃ʒyge] **v. tr.** ‹1› – 1572 ◊ latin *conjugare* «unir» ▪ **1** Joindre ensemble. ➤ **combiner, unir.** «*ces deux provinces de France, qui conjuguent en moi leurs contradictoires influences*» GIDE. ▪ **2** Réciter ou écrire la conjugaison de (un verbe) (➤ **conjugateur**). *Conjuguez le verbe* bouillir *au futur.* PRONOM. (PASS.) *Le verbe* manger *se conjugue avec l'auxiliaire* avoir. — **p. p. adj.** *Les formes conjuguées d'un verbe.* ➤ **fléchi.** ▪ **CONTR.** Disperser, opposer.

CONJUGUEUR ➤ **CONJUGATEUR**

CONJUNGO [kɔ̃ʒɔ̃go] **n. m.** – 1670 ◊ mot latin «j'unis» ▪ FAM. VIEILLI Mariage. *Des conjungos.*

CONJURATEUR, TRICE [kɔ̃ʒyʀatœʀ, tʀis] **n.** – v. 1470 ◊ de *conjurer* ▪ RARE ▪ **1** Personne qui dirige une conjuration. ➤ **conspirateur.** ▪ **2** Personne qui conjure (I, 1°).

CONJURATION [kɔ̃ʒyʀasjɔ̃] **n. f.** – 1160 «serment» ◊ latin *conjuratio* ▪ **1** (fin XIIe) Rite, formule pour chasser les démons (➤ **adjuration,** 2 **charme, exorcisme**), et PAR EXT. Pratique magique pour combattre ou orienter les influences maléfiques. *Il «voyait bien qu'elle faisait une conjuration au feu follet»* SAND. ▪ **2** (1470) Entreprise concertée secrètement contre l'État, le pouvoir, par un groupe de personnes que lie un serment. ➤ **complot, conspiration.** *Le chef* (➤ **conjurateur**), *les affiliés* (➤ **conjuré**) *d'une conjuration.* «*Le prince était l'âme, sinon le chef, d'une vaste conjuration*» MÉRIMÉE. *La conjuration d'Amboise.* — PAR EXT. (1559) Action concertée de plusieurs personnes. ➤ **coalition, ligue.** *Conjuration contre qqn. La conjuration des mécontents. C'est une conjuration !* — **adj. CONJURATOIRE.** ▪ **CONTR.** Maléfice, sortilège.

CONJURÉ, ÉE [kɔ̃ʒyʀe] **n.** – 1213 ◊ latin *conjuratus* → conjurer ▪ Membre d'une conjuration. *Exécution des conjurés.*

CONJURER [kɔ̃ʒyʀe] **v. tr.** ‹1› – 980 «prier» ◊ latin *conjurare* «jurer ensemble»

I ▪ **1** (XIIe) Écarter (les esprits malfaisants) par des prières, des pratiques magiques. ➤ **charmer, chasser, exorciser.** «*une vieille oraison qu'on me faisait réciter dans mon enfance, [...] pour conjurer les démons de la nuit*» BOSCO. ▪ **2** (fin XVIe) Détourner, dissiper (une menace), écarter (une catastrophe). *Conjurer un péril, le mauvais sort.* «*Un danger semble très évitable quand il est conjuré*» PROUST. ▪ **3** LITTÉR. *Conjurer qqn de* (et inf.), le prier* avec insistance de... ➤ **adjurer, implorer, supplier.** *Je vous conjure de me croire ; je vous en conjure.*

II ▪ **1** (XIIIe) VX Préparer par un complot (la ruine, la perte de qqn, spécial d'un chef). *Conjurer la perte, la mort d'un tyran.* ➤ **comploter, conspirer, tramer ; conjuration, conjuré.** ABSOLT «*Ses ennemis* [de Rome] *conjuraient contre elle*» MONTESQUIEU. ▪ **2** PRONOM. LITTÉR. S'unir dans une conjuration. *Les républicains se conjurèrent contre César.* PAR EXT. S'allier contre. «*les circonstances allaient se conjurer pour nous rejeter dans le désordre*» BAINVILLE.
▪ **CONTR.** Attirer, évoquer, invoquer.

CONNAISSABLE [kɔnɛsabl] **adj.** – *conisavle* 1220 ◊ de *connaître* ▪ Qui peut être connu. «*il reste l'univers absurde [...] dont l'impérieuse présence n'est à l'échelle de rien qui soit connu ou connaissable*» C. MAURIAC. ▪ **CONTR.** Inconnaissable.

CONNAISSANCE [kɔnɛsɑ̃s] **n. f.** – fin XIe ◊ de *connaître*

I FAIT, MANIÈRE DE CONNAÎTRE ▪ **1** *La connaissance de qqch.* : le fait de le connaître. ➤ **conscience ; compréhension, représentation.** *La connaissance de choses nouvelles.* ➤ **découverte.** *La connaissance d'une question. Il a une bonne connaissance de l'anglais. Connaissance sensorielle, intuitive.* ➤ **impression, intuition, sensation, sentiment.** *Connaissance exacte, profonde.* ➤ **certitude.** *Connaissance abstraite, spéculative ; pratique, expérimentale* (➤ **expérience,** 1 **pratique**). *Connaissance sacrée.* ➤ **gnose.** «*Toute connaissance est une réponse à une question*» BACHELARD. ◆ ABSOLT *Théorie de la connaissance*, des rapports entre le sujet (qui connaît) et l'objet. ➤ **épistémologie, gnoséologie ; cognitif.** «*la connaissance vient de l'imitation. Tu sauras, tu seras comme Dieu*» M. SERRES. ◆ SPÉCIALT *Connaissance des Temps* : éphémérides du Bureau des longitudes. ▪ **2** LOC. *Avoir connaissance de* : être informé de. ➤ **connaître,** 1 **savoir.** *Prendre connaissance* (d'un texte, etc.). *Donner connaissance de.* ➤ **informer.** — Avec *à*. *Venir à la connaissance de* : être appris de. *Porter une information à la connaissance de qqn.*, la lui faire savoir. *À ma connaissance* : autant que je sache. ▪ **3** (milieu XIIIe) VX Faculté de connaître propre à un être vivant. ➤ **intelligence.** «*Pourquoi ma connaissance est-elle bornée ?*» PASCAL. ▪ **4** (avant 1650) Dans des loc. Fait de sentir, de percevoir. ➤ **conscience, sentiment.** *Le blessé a toute sa connaissance.* ➤ **lucidité.** *Perdre connaissance. Tomber, rester sans connaissance* : s'évanouir, être évanoui. *Reprendre connaissance* (cf. Reprendre ses esprits*). ▪ **5** (1595) *Les connaissances* (sens objectif) : ce qui est connu ; ce que l'on sait, pour l'avoir appris. ➤ 1 **acquis,** 2 **culture, érudition, instruction,** VIEILLI **lumière,** 2 **savoir, science.** *Connaissances acquises. Avoir des connaissances en astronomie. Connaissances élémentaires, sommaires.* ➤ **abc, aperçu, b.a.-ba, élément, idée, notion, rudiment,** VX **teinture.** *Approfondir, enrichir ses connaissances. Agrandir le cercle, le champ de ses connaissances. Étendre la sphère de ses connaissances. Ensemble des connaissances.* ➤ **encyclopédie.** «*les connaissances nous suivent tout le reste de notre vie, nous sont toujours utiles*» STENDHAL. *Contrôle continu des connaissances.* ◆ (SING. COLLECT.) *La connaissance* : tout ce qui est connu. ➤ 2 **savoir, science.** ▪ **6** DR. Droit de connaître et de juger. ➤ **compétence.** *Connaissance d'une cause par un tribunal.* — FIG. et COUR. *En connaissance de cause* : avec raison et justesse, à bon escient. ➤ **judicieusement, sciemment.**

II RELATION ENTRE DES PERSONNES ▪ **1** (1494) Avec quelques verbes Relation sociale qui s'établit entre personnes. *Lier connaissance avec qqn.* ➤ se **lier, rencontrer** (cf. Entrer en contact* avec). *Faire connaissance avec qqn. Faire la connaissance de qqn. Je suis heureux de faire votre connaissance.* ABSOLT *Nous avons fait connaissance, plus ample connaissance. Renouer connaissance* : reprendre des relations interrompues. *Faire faire connaissance à deux personnes.* ➤ **introduire, présenter.** ◆ **DE CONNAISSANCE :** que l'on connaît. *Une personne, un visage de connaissance. Nous sommes entre gens de connaissance.* — LOC. *Être en pays de connaissance*, avec des gens que l'on connaît, dans un milieu social, un domaine intellectuel que l'on maîtrise. ▪ **2** (1628) **UNE CONNAISSANCE :** une personne que l'on connaît. ➤ **relation.** *C'est une simple connaissance. Faire, se faire de nouvelles connaissances dans une réunion.* — FAM. *Une vieille connaissance* : une personne que l'on connaît depuis longtemps. ▪ **3** PAR EXT. *Faire connaissance avec qqch., la connaissance de qqch.* : découvrir.
▪ **CONTR.** Doute, ignorance, inconscience, inexpérience. Inconnu.

CONNAISSEMENT [kɔnɛsmɑ̃] **n. m.** – 1643 mar. ; «connaissance» XIIe ◊ de *connaître* ▪ COMM. Reçu des marchandises expédiées par voie maritime ou fluviale. — PAR EXT. Contrat de transport maritime ou fluvial d'une marchandise. *Connaissement au porteur, à ordre.*

CONNAISSEUR, EUSE [kɔnɛsœʀ, øz] **n.** et **adj.** – XIIe, repris XVIIe ◊ de *connaître* ▪ **1** Personne qui se connaît à qqch., y est experte, compétente. *Un grand, un fin connaisseur. Regarder, juger, parler en connaisseur. Avoir affaire à un connaisseur. Public de connaisseurs. C'est un connaisseur en matière de vins.* «*En parfaite connaisseuse du milieu éditorial*» PH. DELERM. ▪ **2** **adj.** (XIXe) *Un coup d'œil connaisseur.* ➤ **expert.** *Il «contempla son paquetage d'un air connaisseur»* MAC ORLAN. *Une clientèle connaisseuse.* ➤ **averti, avisé.** *Être connaisseur en antiquités.* ➤ **compétent, versé** (dans). ▪ **CONTR.** Ignorant, incompétent, profane.

CONNAÎTRE [kɔnɛtʀ] **v. tr.** ‹57› /CONNAITRE/ – fin XIe ◊ du latin *cognoscere*

Avoir présent à l'esprit (un objet réel ou vrai, concret ou abstrait ; physique ou mental) ; être capable de former l'idée, le concept, l'image de. «*On peut connaître tout, excepté soi-même*» STENDHAL.

I CONNAÎTRE UNE CHOSE ▪ **1** Se faire une idée claire de. *Connaître un fait. Connaître un mot.* ➤ 1 **savoir.** *Connaître un lieu pour y être allé. Connaître les tenants et aboutissants d'une affaire. Chercher à connaître qqch.* ➤ se **documenter, s'informer,** se **renseigner, sonder.** *Faire connaître (une chose, une idée).* ➤ **apprendre.** *Faire connaître son sentiment*, l'exprimer, le manifester. *Je ne lui connais que des qualités* : il n'a, selon moi, que des qualités. ♦ VX *Connaître que.* ➤ 1 **savoir, voir.** « *je connus que le jeune homme avait beaucoup d'esprit* » GALLAND. ■ **2** (milieu XIIe) Avoir présent à l'esprit en tant qu'objet de pensée analysé. *Il connaît assez bien l'œuvre de Hugo. C'est une ville que je connais bien. Connaître qqch. à fond, par cœur.* — LOC. FAM. *Je ne connais que ça,* se dit lorsqu'on n'arrive pas à se rappeler quelque chose que l'on sait (cf. Avoir un mot* sur le bout de la langue). ♦ Pouvoir faire usage de ; être devenu habile en. *Connaître son métier. Connaître l'allemand.* ➤ 1 **savoir.** — LOC. *Connaître la musique*. On connaît la chanson*. Connaître qqch. comme sa poche*.* FAM. *En connaître un rayon*, un bout*.* ♦ *S'y connaître en :* être très compétent (cf. S'y entendre). — LOC. *...ou je ne m'y connais pas,* se dit pour appuyer une assertion dans un domaine où l'on s'estime compétent. — (Avec la négation) *Je ne connais pas grand-chose à la mécanique. Il n'y connaît rien.* ■ **3** (fin XIIe) Avoir vécu, ressentir. ➤ **éprouver, expérimenter, ressentir.** *Je connais le problème. Connaître la faim, l'humiliation. Elle ne connaît pas la fatigue, la pitié ! Il ne connaît pas sa force,* il n'en est pas conscient. FAM. *La grippe ? connais pas ! — Ne connaître que :* tenir compte seulement de. *Il ne connaît que le règlement.* ➤ **considérer, s'intéresser.** ■ **4** (Sujet chose) Avoir. *Sa générosité ne connaît pas de bornes. La Bourse a connu plusieurs crises.* ■ **5** TRANS. IND. (1549) *Connaître de :* avoir compétence pour juger. *Le tribunal de commerce ne connaît pas des causes civiles.* ■ **6** (Luxembourg) *Connaître qqch. de qqn,* l'apprendre de sa bouche. *J'aimerais connaître de Monsieur le Ministre les conclusions du rapport.*

II CONNAÎTRE UNE PERSONNE ■ **1** (fin XIe) Être conscient de l'existence de (qqn). *Je ne connais pas cet auteur,* je n'en ai jamais entendu parler, je ne l'ai pas lu (➤ **connu**). *Je le connais de nom.* LOC. *Ne connaître qqn ni d'Ève ni d'Adam,* ne pas le connaître du tout. *Je lui connais plusieurs amis :* je connais plusieurs personnes qui sont ses amis. ■ **2** (fin XIe) Être capable de reconnaître ; savoir l'identité de. *Je connais cette tête-là. Je vous connaissais de vue avant qu'on ne nous présente.* — IRON. *Je ne connais que lui ! Être connu des services de police :* avoir eu affaire à la police. « *Il était connu de nos services. Avait passé quelques nuits au poste* » PH. BESSON. ■ **3** Avoir des relations sociales avec (➤ **connaissance**). *Il est arrivé à Paris sans connaître personne.* — PRONOM. *Ils se sont connus en Italie.* ➤ se **rencontrer.** ■ **4** (fin XIIe) (Style biblique) *Connaître une femme,* avoir des relations charnelles avec elle. « *Adam connut Ève, sa femme ; elle conçut et enfanta Caïn* » (BIBLE). ■ **5** Se faire une idée de la personnalité de (qqn). ➤ **apprécier, comprendre,** 1 **juger.** « *vous ne me connaissez pas encore. Vous me faites grand tort de juger de moi par les autres* » MOLIÈRE. LOC. FAM. *Je le connais comme si je l'avais fait.* ♦ PRONOM. (début XIIIe) *Se connaître :* être capable de se juger. « *Connais-toi toi-même* » (trad. de SOCRATE). « *Je me connais comme ma poche* » CALAFERTE. ♦ LOC. *Ne plus se connaître :* ne plus se maîtriser (sous l'effet de l'exaltation ou de la colère). « *lorsqu'elle était dans le paroxysme de la colère, elle ne se connaissait plus* » SAND. ■ **6** VX Reconnaître l'autorité de (qqn). LOC. *Il ne connaît ni Dieu ni Diable.*

III VX RECONNAÎTRE Trouver en qqch., ou qqn (ce qu'on connaît déjà). *C'est au fruit que l'on connaît l'arbre*.* « *À l'œuvre on connaît l'artisan* » LA FONTAINE.

■ CONTR. Douter, ignorer, méconnaître, renier. Dédaigner, négliger.

CONNARD, ARDE ou **CONARD, ARDE** [kɔnaʀ, aʀd] **adj.** et **n.** – XIIIe *conart* ◊ de *con* ■ VULG. et MÉPRISANT Imbécile, crétin. ➤ **con.** « *Ce que vous êtes connardes toutes les deux* » QUENEAU. — **n.** *Quelle connarde !* ➤ **connasse.** *Pauvre connard !*

CONNASSE ou **CONASSE** [kɔnas] **n. f.** – v. 1810 ◊ de *con* ■ VULG. et MÉPRISANT Idiote, imbécile. *Quelle connasse !* « *Et cette petite conasse, la voilà à vingt ans la femme d'un des hommes les plus riches de France* » BEAUVOIR.

CONNE ➤ **CON** (II)

CONNEAU [kɔno] **n. m.** – avant 1896 ; *connaut, connaude* XVIe ◊ de *con* ■ FAM. Imbécile, sot. ➤ **connard.**

CONNECTABLE [kɔnɛktabl] **adj.** – 1981 ◊ de *connecter* ■ (appareil) Qui peut être connecté (à un réseau ou à un autre appareil). *Téléphone portable connectable à Internet.*

CONNECTÉ, ÉE [kɔnɛkte] **adj.** – v. 1997 ◊ de *connecter* ■ *Objets connectés,* qui offrent certains services en communiquant avec d'autres systèmes connectés à Internet. ➤ **communicant.** *Télévision, montre connectée. Jouets connectés.* « *La "maison connectée" est une déclinaison de la domotique* » (Investir, 2014).

CONNECTER [kɔnɛkte] **v.** ⟨1⟩ – 1780 ◊ latin *connectere* ■ **1 v. tr.** TECHN. Unir par une connexion, mettre en liaison (deux ou plusieurs appareils électriques). *Connecter un calculateur périphérique à une unité centrale.* ➤ **brancher ; connectique.** *Connecter plusieurs réseaux.* ➤ **interconnecter.** ■ **2 v. pron. SE CONNECTER.** Établir la connexion d'un ordinateur avec un réseau informatique, un service en ligne. *Se connecter à Internet.* ■ CONTR. Couper, débrancher, déconnecter, isoler, séparer.

CONNECTEUR [kɔnɛktœʀ] **n. m.** – 1890 ◊ de *connecter* ■ **1** TECHNOL. Dispositif permettant de réaliser des connexions multipolaires. *Un connecteur mâle, femelle.* ➤ **prise.** *Connecteurs internes, externes. Connecteur audio. Connecteur vidéo.* ■ **2** LOG. Opérateur* binaire, symbole qui relie deux propositions élémentaires en une proposition complexe. ➤ 1 **alternative, conjonction** (II, 1°), **disjonction, équivalence, implication, incompatibilité,** 2 **rejet.** — PAR EXT. LING. Mot de liaison qui y correspond (ex. et, alors, pendant que, par conséquent, en effet, peut-être). *Les connecteurs syntaxiques.* ➤ **conjonction** (II, 2°). *Connecteurs logiques.*

CONNECTIF, IVE [kɔnɛktif, iv] **adj.** et **n. m.** – 1799 ◊ de *connecter* ■ **1** VX Qui sert à unir. ■ **2 n. m.** Cordon nerveux longitudinal unissant deux ganglions. — BOT. Organe qui réunit les deux loges de l'anthère dans certaines plantes. ♦ LOG. VX ➤ **connecteur** (2°).

CONNECTIQUE [kɔnɛktik] **n. f.** – 1976 ◊ de *connecter* ■ TECHNOL. Ensemble des technologies de liaison de câbles électriques, de réseaux d'ordinateurs. — **n. CONNECTICIEN, IENNE,** 1986.

CONNECTIVITÉ [kɔnɛktivite] **n. f.** – 1907 phys. ◊ anglais *connectivity* (1893), de *connective* « qui sert à unir » → connecter ■ ANGLIC. TECHN. Possibilité (pour un système) d'être connecté (par un réseau informatique, téléphonique, etc.). *Connectivité sans fil.* — Recomm. offic. *connexité.*

CONNEMENT [kɔnmɑ̃] **adv.** – 1953 ◊ de *con* ■ FAM. Bêtement, d'une manière conne.

CONNERIE [kɔnʀi] **n. f.** – 1845 ◊ de *con,* fig. « imbécile » (cf. *onart* XIIIe) ; latin *cunnus* ■ FAM. ■ **1** Bêtise, crétinisme. « *Si la connerie se mesurait, il servirait de mètre étalon* » (M. AUDIARD, « Le cave se rebiffe », film). ■ **2** Imbécillité, absurdité. ➤ **cucuterie.** *Tout ça c'est des conneries !* ➤ **bêtise*.** « *Quelle connerie la guerre* » PRÉVERT. — Action, parole inepte. ➤ **couillonnade.** *Faire, dire des conneries. Arrête tes conneries.* — Erreur. ➤ **bourde.**

CONNÉTABLE [kɔnetabl] **n. m.** – *cunestable* XIIe ◊ bas latin *comes stabuli* « comte de l'étable » ■ HIST. Grand officier de la Couronne, chef suprême de l'armée.

CONNEXE [kɔnɛks] **adj.** – 1290 ◊ latin *connexus,* de *connectere* « lier ensemble » ■ Qui a des rapports étroits avec autre chose. ➤ **analogue, dépendant,** 1 **joint, lié, uni, voisin.** *Affaires, matières, idées, sciences connexes. Domaine connexe à une science. Causes connexes,* jugées par un même tribunal en raison de leur connexité*. ■ CONTR. Indépendant, séparé.

CONNEXION [kɔnɛksjɔ̃] **n. f.** – 1361 ◊ de *connexe* ■ **1** Fait d'être connexe ; rapport entre choses connexes. ➤ **affinité, analogie, cohérence, liaison,** 1 **union.** « *le nombre des connexions qui en rattachent les parties* [du monde actuel] *ne cesse de croître* » VALÉRY. *Deux choses en connexion. Connexion entre deux faits* (➤ **rapport**), *deux choses. Des faits, des démarches, des idées en étroite connexion.* ■ **2** ÉLECTR. Liaison entre deux points d'un circuit électrique. — Branchement (d'un appareil sur un autre). ➤ **câblage ;** 2 **bus, connecteur, interface.** — INFORM. Liaison établie entre un ordinateur et un système informatique (réseau, serveur, site...) ; procédure permettant d'établir cette liaison. *Connexion à Internet. Travailler hors connexion. Témoin de connexion :* recomm. offic. pour remplacer l'anglic. *cookie.*

CONNEXIONNISME [kɔnɛksjɔnism] **n. m.** – 1976 ◊ de *connexion* ■ INFORM. Branche de l'intelligence artificielle qui utilise les réseaux* de neurones. — **adj.** et **n. CONNEXIONNISTE.**

CONNEXITÉ [kɔnɛksite] **n. f.** – 1410 ◊ de *connexe* ■ DIDACT. Qualité de ce qui est connexe. ➤ **connexion.** *Connexité entre la psychologie et la morale.* — DR. Lien étroit entre deux litiges où les mêmes parties sont en cause, justifiant qu'ils soient instruits et jugés ensemble. ■ CONTR. Indépendance, séparation.

CONNIVENCE [kɔnivɑ̃s] **n. f.** – 1539 ◊ bas latin *conniventia,* de *connivere* « cligner les yeux » ■ **1** VIEILLI Complicité qui consiste à cacher la faute de qqn. « *Je pourrais aisément compter sur la connivence du premier président* » VOLTAIRE. ■ **2** MOD. Accord tacite. ➤ **entente, intelligence.** *Agir, être de connivence avec qqn* (cf. Être de mèche*, s'entendre comme larrons* en foire). *Un sourire de connivence.* « *De furtives et tacites connivences les liaient* » MARTIN DU GARD.

CONNIVENT, ENTE [konivɑ̃, ɑ̃t] **adj.** – 1753 ◊ latin *connivere* → connivence ▪ BOT. Qui tend à se rapprocher. *Feuilles connivente. Sépales et pétales connivents de la jacinthe.* — ANAT. *Organes connivents,* accolés sans être soudés. *Valvules conniventes de la muqueuse intestinale humaine.*

CONNOTATIF, IVE [kɔ(n)nɔtatif, iv] **adj.** – 1866 ◊ anglais *connotative* ▪ LING. Qui constitue une connotation. *Sens connotatif et sens dénotatif**.

CONNOTATION [kɔ(n)nɔtasjɔ̃] **n. f.** – 1660 ◊ de *connoter* ▪ **1** PHILOS. (opposé à *dénotation*) Propriété d'un terme de désigner en même temps que l'objet certains de ses attributs. — Ensemble des caractères de l'objet désigné par un terme. ➤ **compréhension.** ▪ **2** LING. Sens particulier d'un mot, d'un énoncé qui vient s'ajouter au sens ordinaire selon la situation ou le contexte. *Connotation méliorative, péjorative. Connotation et dénotation*. Connotation autonymique :* sens d'un mot qui contient la forme du mot.

CONNOTER [kɔ(n)nɔte] **v. tr.** ‹1› – 1530, repris XIXe à l'anglais ◊ du latin *cum* et *notare* ▪ **1** PHILOS. Renvoyer par une connotation*. «*Tout nom dénote des sujets et connote les qualités appartenant à ces sujets*» GOBLOT. ▪ **2** LING. Signifier par connotation. — COUR. Se dit d'un mot qui évoque (qqch.) en plus du sens qu'il a. «*Tigre*» *connote la puissance.* ➤ **évoquer** (cf. Faire penser* à).

CONNU, UE [kony] **adj.** – XIIIe ◊ de *connaître*

I (CHOSES) ▪ **1** Qui existe en tant qu'objet de pensée, n'est pas inconnu. ➤ 1 **découvert, présenté, révélé.** *Cette nouvelle déjà connue* (publiée) *a reçu confirmation. Le monde connu.* — SUBST. *Le connu et l'inconnu.* ▪ **2** Que la majorité connaît, sait. ➤ **répandu.** *Chose, idée très connue.* ➤ **notoire, proverbial ; commun.** *C'est bien connu.* ➤ **évident.**

II (PERSONNES) Qui a une grande réputation. ➤ **célèbre.** *Un auteur connu dans les milieux littéraires. Être connu comme..., en tant que...* LOC. *Être connu comme le loup* blanc.* **loc. adv.** *Ni vu ni connu :* sans que cela ne se sache, sans qu'on le remarque. «*S'il voulait, il pourrait disparaître ni vu ni connu, changer de nom, refaire sa vie au fond d'une vallée perdue*» P. LAPEYRE.

▪ CONTR. Inconnu, obscur.

CONOÏDE [kɔnɔid] **adj.** – 1556 ◊ grec *kônoeidês* ▪ Qui a la forme d'un cône. — MATH. *Surface conoïde,* ou **n. m.** *un conoïde :* surface engendrée par une droite qui s'appuie à une droite fixe, reste parallèle à un plan fixe et satisfait à une troisième condition.

CONOPÉE [kɔnɔpe] **n. m.** – 1887 ◊ du grec *kônôpeion* «tente» → canapé, canopée ▪ LITURG. Voile qui enveloppe le tabernacle d'un autel.

CONQUE [kɔ̃k] **n. f.** – 1375 ◊ latin *concha,* grec *konkhê* «coquille» ▪ **1** Mollusque bivalve de grande taille ; sa coquille. *Conque marine. Vénus portée par une conque.* — MYTH. Coquille en spirale que les tritons utilisent comme trompe. ▪ **2** ANAT. Cavité de l'oreille externe où prend naissance le conduit auditif. ▪ **3** LOC. *Mettre sa main en conque,* lui donner la forme d'une conque.

CONQUÉRANT, ANTE [kɔ̃kerɑ̃, ɑ̃t] **n. et adj.** – 1160 ◊ de *conquérir* ▪ **1** Personne qui fait des conquêtes par les armes. ➤ **conquistador, vainqueur.** *Guillaume le Conquérant. Alexandre, le grand conquérant.* — PAR EXT. *En conquérant.* Saccard «*rentré en conquérant à la Bourse*» ZOLA. — **adj.** *Les nations conquérantes.* ▪ **2** Personne qui séduit les cœurs, les esprits. «*Le jeune conquérant rieur, le joyeux garçon, l'amoureux ardent*» BRASILLACH. ▪ **3 adj.** *Un air conquérant,* prétentieux, un peu fat.

CONQUÉRIR [kɔ̃keriʀ] **v. tr.** ‹21› – *conquerre* 1080 ◊ latin populaire °*conquærere,* classique *conquirere* «chercher à prendre», d'après *quærere* «chercher» ▪ **1** Acquérir par les armes, soumettre par la force. ➤ **assujettir, dominer, soumettre, subjuguer, vaincre ; envahir.** *Conquérir une place forte, un pays* (➤ **conquis**). ◆ Se rendre maître par l'exploration. *Conquérir l'espace* (➤ **conquête**). ◆ Obtenir en luttant. *Conquérir le pouvoir ; un marché. Conquérir un titre.* ▪ **2** FIG. Acquérir une forte influence sur. ➤ **s'attacher, attirer, capter, captiver, charmer, dominer, envoûter, gagner, séduire, soumettre, subjuguer ; reconquérir.** *Conquérir les cœurs. Conquérir l'estime de ses supérieurs.* «*Il y a peu de plaisir à conquérir des gens qui ne veulent pas être conquis*» P.-L. COURIER. *Conquérir un marché, une clientèle.* — SPÉCIALT *Conquérir qqn.* ➤ **séduire.** «*Aucune femme* [...] *n'est conquise une fois pour toutes*» L. DAUDET. ▪ **3 SE CONQUÉRIR v. pron. pass.** Être obtenu par une lutte. «*La culture ne s'hérite pas ; elle se conquiert*» MALRAUX. ▪ CONTR. Abandonner, perdre.

CONQUÊTE [kɔ̃kɛt] **n. f.** – fin XIIe ◊ latin populaire °*conquæsita* → conquérir ▪ **1** *La conquête.* Action de conquérir. ➤ **appropriation, assujettissement, domination, prise, soumission.** *Guerre de conquête. Faire la conquête d'un pays. La conquête de l'Ouest*. La conquête de l'espace par les astronautes.* LOC. *À la conquête de... :* à la découverte de. ◆ Action de lutter pour obtenir. *La conquête du pouvoir, de la liberté. La conquête d'un droit. La conquête du bonheur.* ◆ *Une, des conquêtes.* Ce qui est conquis. *Conserver, étendre ses conquêtes. Les conquêtes de la science. Conquêtes sociales.* ➤ 1 **acquis.** ▪ **2** FIG. Action d'amener à soi, de séduire (qqn) ; pouvoir sur la (les) personne(s) que l'on a conquise(s). *La conquête des cœurs.* ➤ **séduction, soumission.** *Conquête amoureuse.* «*Gide [qui a dîné à la maison hier] a fait la conquête de la famille*» C. MAURIAC. ➤ **plaire, séduire.** ▪ **3** FAM. Personne séduite, conquise. «*éconduire une conquête devenue encombrante*» R. GUÉRIN.

▪ CONTR. Abandon, défaite, perte, soumission.

CONQUIS, ISE [kɔ̃ki, iz] **adj.** – de *conquérir* ▪ **1** Pris par une conquête. *Terrain conquis. Ville conquise.* LOC. *Se conduire comme en pays conquis,* avec impudence, sans ménagement. ▪ **2** Soumis, dominé. SPÉCIALT Séduit. *Un public conquis.* ▪ CONTR. Résistant ; insoumis ; indifférent.

CONQUISTADOR [kɔ̃kistadɔʀ] **n. m.** – 1841 ◊ mot espagnol «conquérant» ▪ HIST. Aventurier espagnol parti à la conquête de l'Amérique au XVIe siècle. *Des conquistadors.* On dit aussi *des conquistadores* [kɔ̃kistadɔʀɛs] (plur. esp.).

CONSACRANT [kɔ̃sakʀɑ̃] **adj. m.** – 1690 ◊ de *consacrer* ▪ RELIG. Qui consacre. *Évêque consacrant,* qui consacre un autre évêque. ◆ *Prêtre consacrant* ou **n. m.** *le consacrant :* prêtre qui dit la messe et consacre l'hostie. ➤ **célébrant.**

CONSACRÉ, ÉE [kɔ̃sakʀe] **adj.** – XIVe ◊ de *consacrer* ▪ **1** Qui a reçu la consécration religieuse. ➤ **saint.** *Hostie consacrée. Terre consacrée* (d'un cimetière). ▪ **2** (1704) Qui est normal, de règle dans une circonstance. *C'est le terme consacré. Selon la formule consacrée.*

CONSACRER [kɔ̃sakʀe] **v. tr.** ‹1› – XIIe ◊ latin *consecrare* → sacrer ▪ **1** Rendre sacré en dédiant à un dieu, une divinité (➤ **consécration**). *Consacrer un temple à Jupiter. Consacrer une église, un autel, un calice.* ➤ **bénir.** *Autel consacré à la Vierge.* — *Consacrer un évêque* (➤ **sacrer**), *un prêtre* (➤ **oindre, ordonner**). — SPÉCIALT *Consacrer l'hostie, le vin au cours de la messe.* ➤ **consécration.** ◆ PAR EXT. Donner, offrir à (un dieu, etc.). *Consacrer un enfant à Dieu, à la Sainte Vierge.* ➤ **vouer.** *Consacrer sa vie à Dieu* (cf. Entrer en religion*). — PRONOM. *Se consacrer à Dieu.* ▪ **2** Destiner (qqch.) à un usage. ➤ 2 **affecter, appliquer, dédier, destiner, donner, vouer.** *Consacrer sa jeunesse à l'étude. Consacrer son énergie, son temps à une tâche. Combien de temps pouvez-vous me consacrer ?* ➤ **accorder.** «*Je t'ai élevée, je t'ai consacré ma vie*» CHARDONNE. — PRONOM. *Se consacrer à une tâche, à une œuvre.* ▪ **3** LITTÉR. Rendre saint, sacré. *Consacrer un lieu par le sang des martyrs.* ➤ **sanctifier.** ▪ **4** Rendre durable et faire considérer comme légitime, valable. ➤ **affermir, confirmer, entériner, ratifier, sanctionner.** *Consacrer un abus. Consacrer une pratique.* ➤ **sanctuariser.** — *Expression consacrée par l'usage.* ▪ CONTR. Profaner, violer. Abolir, annuler, invalider. Abandonner.

CONSANGUIN, INE [kɔ̃sɑ̃gɛ̃, in] **adj.** – v. 1300 ◊ latin *consanguineus,* de *sanguis* «sang» ▪ **1** DIDACT. Qui est parent du côté du père. ➤ **agnat.** *Frère consanguin, sœur consanguine.* — SUBST. *Les consanguins.* ◆ PAR EXT. Qui a un ascendant commun. ➤ **consanguinité.** — *Union consanguine.* ▪ **2** FIG. PÉJ. Se dit de rapports d'influence entre des individus, des organismes dont les activités devraient être indépendantes. ➤ **incestueux.** «*les rapports consanguins entre l'État et les banques locales*» (Les Échos, 2014). ▪ CONTR. Cognat, 1 germain, utérin.

CONSANGUINITÉ [kɔ̃sɑ̃g(ɥ)inite] **n. f.** – 1277 ◊ latin *consanguinitas* ▪ DIDACT. Lien qui unit les enfants issus du même père. *Degré de consanguinité.* ➤ **filiation.** — PAR EXT. Parenté héréditaire.

CONSCIEMMENT [kɔ̃sjamɑ̃] **adv.** – 1834 ◊ de *conscient* ▪ D'une façon consciente, en le sachant. ➤ **sciemment, volontairement.** *Signal que l'on ne perçoit pas consciemment.* ▪ CONTR. Inconsciemment.

CONSCIENCE [kɔ̃sjɑ̃s] **n. f.** – fin XIIe au sens moral (II, 1°) ◊ latin *conscientia,* famille de *scientia* «connaissance» → science

Faculté qu'a l'être humain de connaître sa propre réalité et de la juger ; cette connaissance.

I CONSCIENCE PSYCHOLOGIQUE ▪ **1** (1676, Malebranche) Connaissance immédiate de sa propre activité psychique. *La conscience de soi.* «*La seule façon d'exister, pour la conscience, est d'avoir conscience d'exister*» SARTRE.

— *Conscience claire* (➤ **lucidité**), *obscure. Conscience marginale**. *Pleine conscience :* état de conscience centré sur l'instant présent et les sensations ressenties — ABSOLT *La conscience :* la conscience de soi, de son existence. *« Avoir conscience, c'est sentir qu'on sent »* GOBLOT. ◆ *Fait de conscience. État de conscience. Perte de conscience* (évanouissement, sommeil...). *Perdre conscience :* s'évanouir. ➤ **connaissance.** *« l'existence d'une vaste conscience diffuse, d'une sorte de conscience universelle et flottante »* VERCORS. ◆ LOC. *Prendre conscience :* devenir conscient (d'un phénomène psychique). — SPÉCIALT, PSYCHAN. *Prise de conscience :* accès à la conscience de sentiments refoulés, déterminants de la conduite. ■ **2** Faculté d'avoir une connaissance intuitive de soi. *La conscience et les sens.* ■ **3** Partie de la vie, de l'activité psychique dont le sujet a une connaissance intuitive. ➤ **conscient** (3°). *Sentiment qui arrive, affleure à la conscience, pénètre dans le champ de la conscience* (opposé à *inconscient*). *« Le moment où une pensée arrive à notre conscience est une phase avancée de son développement »* AMIEL. *Conscience des sensations internes* (➤ **cénesthésie**), *externes.* ■ **4** (1811) PHILOS. Acte ou état dans lequel le sujet se connaît en tant que tel et se distingue de l'objet qu'il connaît. *« Toute conscience est conscience de quelque chose »* SARTRE. ■ **5** (1762, Rousseau) COUR. (en loc.) Connaissance immédiate, spontanée, intuitive et plus ou moins vague. *Avoir conscience de qqch.* ➤ **pressentir, ressentir, sentir.** *Il a conscience de son talent, de son mérite, de sa force.* ➤ **connaître.** *Prendre conscience d'une chose.* ➤ **s'apercevoir, réaliser.** *« nous prenons de nouveau conscience de la beauté et du bonheur »* PROUST. *La prise de conscience d'une situation dramatique.* ➤ **conscientisation.** — *Conscience collective. Conscience de classe. Conscience politique* (➤ **conscientiser**). ◆ Ensemble des opinions, des convictions, des croyances (de qqn). *Respecter la liberté de conscience.*

II CONSCIENCE MORALE ■ **1** (fin XIIe) Faculté ou fait de porter des jugements de valeur morale sur ses actes. *Une conscience droite, intègre, pure. « Science sans conscience n'est que ruine de l'âme »* RABELAIS. *Une affaire de conscience. Cas* de conscience. Avoir une conscience large, élastique*. La voix de la conscience. Parler, agir selon, suivant sa conscience. Examen de conscience. Directeur de conscience :* confesseur. LOC. *Par acquit de conscience :* pour se tranquilliser. *Avoir la conscience en paix, la conscience tranquille. Transiger avec sa conscience. Libérer, soulager sa conscience* (par des aveux, des remords, le repentir). *Avoir de la conscience.* ➤ **honnêteté.** *« Vous tombez mal, [...] je n'ai pas de conscience »* AYMÉ. — *Avec la conscience du devoir accompli :* en étant sûr d'avoir bien agi. *Avoir sa conscience pour soi :* être certain d'avoir agi en toute moralité, quoi que les autres puissent en penser. — *Objecteur* de conscience.* — *Clause de conscience,* qui permet à un journaliste de rompre son contrat de travail pour sauvegarder sa liberté intellectuelle et morale, si l'orientation du journal change. *« la porte est grande ouverte, les journalistes ont une clause de conscience, ils peuvent la faire jouer »* M. DUGAIN. ■ **2** LOC. **SUR LA CONSCIENCE.** *Avoir qqch. (une faute, un poids) sur la conscience :* avoir qqch. à se reprocher. *Dire ce que l'on a sur la conscience.* ➤ **cœur.** — **EN CONSCIENCE :** en vérité, en toute franchise. ➤ **honnêtement.** *Je vous le dis en conscience. En mon âme et conscience* (formule de serment) : dans ma plus intime conviction. ■ **3** (milieu XIIIe) **BONNE CONSCIENCE :** état moral de qqn qui estime (parfois à tort) avoir bien agi et n'avoir rien à se reprocher. *Avoir bonne conscience :* être satisfait de soi sur le plan moral, ne pas se sentir coupable. *Se donner bonne conscience.* ◆ **MAUVAISE CONSCIENCE :** sentiment pénible d'avoir mal agi. ➤ **culpabilité.** *Ça lui donne mauvaise conscience.* ■ **4 CONSCIENCE PROFESSIONNELLE :** honnêteté, soin, minutie que l'on apporte à l'exécution de son travail (➤ **consciencieux**). *Manquer de conscience professionnelle.* — ABSOLT *Mettre beaucoup de conscience dans son travail.*

■ CONTR. Inconscience. Malhonnêteté.

CONSCIENCIEUSEMENT [kɔ̃sjɑ̃sjøzmɑ̃] **adv.** – v. 1570 ◇ de *consciencieux* ■ D'une manière consciencieuse, avec application. *S'acquitter consciencieusement d'un travail.*

CONSCIENCIEUX, IEUSE [kɔ̃sjɑ̃sjø, jøz] **adj.** – v. 1500 ◇ de *conscience* ■ **1** Qui obéit à la conscience morale, qui accomplit ses devoirs avec conscience. ➤ **honnête.** *Consciencieux jusqu'au scrupule.* ➤ **délicat, scrupuleux.** *Employé consciencieux.* ➤ **attentif, exact, fiable, minutieux, travailleur, sérieux.** ■ **2** Qui est fait avec conscience. *Travail consciencieux.*

■ CONTR. Indélicat, malhonnête. Bâclé.

CONSCIENT, IENTE [kɔ̃sjɑ̃, jɑ̃t] **adj.** et **n.** – 1754 ◇ latin *consciens*, de *conscire* « avoir conscience », de *scire* « savoir » ■ **1** (PERSONNES) Qui a conscience (I) de ce qu'il fait ou éprouve. *L'être humain est un être conscient.* ◆ SPÉCIALT Qui est lucide, connaît et juge soi-même et le monde extérieur. *« On a vu des hommes conscients accomplir leur tâche au milieu de la plus stupide des guerres »* CAMUS. ◆ **CONSCIENT DE :** qui a un sentiment aigu de (ce qui le concerne). ➤ **connaître.** *Il est conscient de ses responsabilités, de la situation. Être conscient de* (et inf.). *Conscient d'appartenir à un groupe. Conscient que* (et indic., condit.). *Vous êtes conscient que vous l'empêchez de réussir !* ➤ 1 **savoir, réaliser.** ■ **2** (PERSONNES) Qui a sa conscience, sa connaissance. ➤ **lucide.** *Après l'accident, il était encore conscient.* ■ **3** (CHOSES) Dont on a conscience (I). *Ces mouvements « s'ils étaient conscients, n'étaient qu'à peu près volontaires »* GIDE. *États conscients.* ■ **4** **n. m.** PSYCHOL. L'ensemble des faits psychiques dont le sujet a conscience. *Le conscient, l'inconscient et le subconscient.* ■ CONTR. Inconscient. Évanoui ; endormi ; anesthésié.

CONSCIENTISATION [kɔ̃sjɑ̃tizasjɔ̃] **n. f.** – 1968 ◇ de *conscientiser* ■ DIDACT. Prise de conscience. *Conscientisation politique. « de brefs instants de plaisir liés à la conscientisation de l'instinct, devenu désir dans l'espèce humaine »* HOUELLEBECQ.

CONSCIENTISER [kɔ̃sjɑ̃tize] **v. tr.** ⟨1⟩ – 1975 au p. p. ◇ de *conscient* ■ DIDACT. ■ **1** Faire prendre conscience à (qqn). *Il faut conscientiser les parents.* ➤ **sensibiliser.** — SPÉCIALT Donner une conscience politique à. *Conscientiser les jeunes.* ■ **2** Rendre (qqch.) conscient. *Conscientiser le conflit, des sentiments.*

CONSCRIPTION [kɔ̃skʀipsjɔ̃] **n. f.** – 1789 ◇ bas latin *conscriptio* → conscrit ■ ADMIN. Inscription, sur les rôles de l'armée, des jeunes gens atteignant l'âge légal pour le service militaire. ➤ **enrôlement, recensement, recrutement.** *Armée de conscription et armée de métier. En France, la conscription a été suspendue en 1997 et remplacée par la journée d'appel de préparation à la défense*.*

CONSCRIT, ITE [kɔ̃skʀi, it] **adj.** et **n.** – 1355 *pères conscrits* ◇ du latin *patres conscripti*, latin *conscriptus*, de *conscribere* « enrôler », de *scribere* « écrire » ■ **1** ANTIQ. **PÈRES CONSCRITS :** les membres du Sénat romain. ■ **2** **n. m.** (1789) COUR. Inscrit au rôle de la conscription. — Soldat nouvellement recruté. ➤ **appelé, bleu, recrue ;** ARG. **bleusaille.** *Enrôler, incorporer des conscrits. Les conscrits de la classe 1990.* ◆ FAM. et VIEILLI Homme inexpert. ➤ **bleu, novice.** *Il s'est laissé manœuvrer comme un conscrit.* ■ **3** RÉGION. (Centre, Sud) Personne née la même année (qu'une autre). *Banquet des conscrits.*

CONSÉCRATION [kɔ̃sekʀasjɔ̃] **n. f.** – XIIe ◇ latin *consecratio* → consacrer ■ **1** Action de consacrer, dédicace à la divinité. *La consécration d'un temple, d'un autel.* — *Consécration d'une église catholique au culte.* ➤ **bénédiction, dédicace.** *Consécration d'un évêque.* ➤ **onction,** 1 **sacre.** ■ **2** LITURG. CATHOL. Action par laquelle le prêtre consacre le pain et le vin, à la messe. *L'élévation suit la consécration.* ■ **3** (1820) PLUS COUR. Action de sanctionner, de rendre durable. ➤ **confirmation, sanction, ratification, validation.** *La consécration du temps, par le temps. La consécration d'une œuvre, d'une carrière par le succès. Cet évènement fut la consécration de sa théorie.* ➤ **apothéose, triomphe, victoire.** ■ CONTR. Violation. Abolition, annulation.

CONSÉCUTIF, IVE [kɔ̃sekytif, iv] **adj.** – fin XVe ◇ latin *consecutus*, de *consequi* « suivre » ■ **1** (AU PLUR., CHOSES) Qui se suivent immédiatement dans le temps, ou (moins cour.) dans l'espace ou selon un ordre notionnel. *Il a plu pendant six jours consécutifs* (cf. D'affilée, de suite). *Des périodes consécutives d'activité et de détente.* ➤ **successif.** *Deux angles consécutifs. Nombres consécutifs ; valeurs consécutives.* — MUS. *Octaves, quintes consécutives.* ■ **2** (1845) **CONSÉCUTIF À :** qui suit, résulte de, est une conséquence* de. ➤ **résultant.** *La fatigue consécutive à un effort violent.* ■ **3** GRAMM. *Proposition consécutive,* ou ELLIPT *une consécutive :* proposition qui exprime une conséquence*. ■ **4** LOG., DOC. *Relation consécutive,* « dénotant les rapports d'interdépendance dynamique entre deux notions (causalité, variations concomitantes, etc.) » (Cros-Gardin)(cf. Relation de consécution*). ■ CONTR. Discontinu, simultané, synchrone.

CONSÉCUTION [kɔ̃sekysjɔ̃] **n. f.** – 1265 ◇ du latin *consecutio* « action de suivre » ■ **1** DIDACT. Suite, enchaînement. *Consécution de sons, d'images.* — (XVIIe) PSYCHOL. VX Suite de représentations empiriques et sans lien rationnel (opposé à *conséquence*). ➤ **association.** *Consécution empirique.* — LOG. *« La conjonction ou la consécution constante »* G. MARCEL. ■ **2** LOG., DOC. ➤ **consécutif** (4°). *« Les relations de consécution sont multiples et diversement orientées : de la cause à l'effet, de la fin au moyen, de la condition à la conséquence, etc. »* J.-L. DESCAMPS.

rilisée (➤ **appertisation**) et conservée dans un récipient hermétique. *Boîte de conserve.* **DE CONSERVE :** préparé et mis en boîte pour être conservé. *Bœuf de conserve* (corned-beef). *Lait de conserve,* en poudre, condensé. — **EN CONSERVE :** en boîte (opposé à *frais*). *Des petits-pois en conserve. Mettre en conserve.* ➤ RÉGION. 2 **canner.** ◆ PLUR. *Faire, préparer des conserves. Conserves de poissons, de fruits.* — Le contenu de la boîte. *Manger des conserves. Conserves et surgelés.* — COLLECT. *L'industrie de la conserve.* ➤ **conserverie.** ◆ PLAISANT **METTRE EN CONSERVE :** garder indéfiniment. *On ne va pas en faire des conserves.* — *La musique en conserve,* enregistrée.

II (de *conserver* «naviguer en gardant à vue») MAR. LOC. *Naviguer de conserve :* suivre la même route. — **loc. adv. DE CONSERVE.** ➤ 1 **ensemble.** «*les deux pas lourds se sont éloignés de conserve*» ROBBE-GRILLET. *Aller de conserve,* en compagnie. *Agir de conserve,* en accord avec qqn (cf. De concert).

III (1680) AU PLUR. VX Lunettes pour ménager la vue.

CONSERVÉ, ÉE [kɔ̃sɛʀve] **adj.** – 1721 ◇ de *conserver* ■ *Personne bien conservée,* qui ne paraît pas son âge. «*elle n'était pas mal conservée, [...] en dépit de ses quarante ans*» BLOY.

CONSERVER [kɔ̃sɛʀve] **v. tr.** ⟨1⟩ – 842 ◇ latin *conservare* ■ **1** Maintenir (qqch.) en bon état, préserver de l'altération, de la destruction. ➤ **entretenir, garantir, garder, protéger, sauvegarder, sauver.** *Lunettes pour conserver la vue.* ➤ 1 **ménager.** *Conserver son teint, sa souplesse. Conserver la ligne :* ne pas prendre de poids. *Le sport conserve la santé.* PRONOM. «*Les uns à s'exposer trouvent mille délices ; Moi, j'en trouve à me conserver*» MOLIÈRE. ➤ se **préserver.** — SPÉCIALT *Conserver des produits alimentaires, des denrées périssables* (➤ **conserve**). PRONOM. *La viande se conserve au froid.* ◆ (Avec attribut) Maintenir dans un certain état. *Conserver son honneur intact.* ■ **2** Maintenir présent, intact ; faire durer. ➤ **garder.** *Conserver un souvenir.* ➤ **entretenir.** *Conserver des relations avec qqn. Conserver son emploi. L'histoire conserve la mémoire des grands hommes.* ➤ **immortaliser.** PRONOM. *Les monuments anciens qui se sont conservés.* ➤ **rester, subsister.** ■ **3** PAR EXT. Ne pas perdre. ➤ **garder.** *Après ce scandale, il n'a conservé aucun de ses amis. Conserver ses cheveux. Conserver sa beauté. Conserver son calme. Conserver sa tête, toute sa tête,* son sang-froid, ou, en parlant d'un vieillard, ses facultés mentales. *Conserver ses illusions.* (CHOSES) *Son teint a conservé son éclat.* ■ **4** Garder avec soi, ne pas jeter. *Conservez votre titre de transport, il peut être contrôlé. De cet héritage, je n'ai conservé que quelques meubles.* ■ CONTR. Abîmer, altérer, détériorer, détruire, gâcher, gâter (se). Départir (se), perdre, renoncer (à). Débarrasser (se), jeter.

CONSERVERIE [kɔ̃sɛʀvəʀi] **n. f.** – 1942 ◇ de *conserver* ■ **1** Fabrique, usine de conserves alimentaires. *Travailler dans une, à la conserverie.* ■ **2** Industrie des conserves.

CONSERVEUR, EUSE [kɔ̃sɛʀvœʀ, øz] **n.** – 1950 ◇ de *conserve* → conserverie ■ TECHN. Industriel(le) de la conserve alimentaire.

CONSIDÉRABLE [kɔ̃sideʀabl] **adj.** – 1547 ◇ de *considérer* ■ **1** VIEILLI Qui attire la considération à cause de son importance, de sa valeur, de sa qualité. ➤ **éminent, notable, remarquable.** *Homme considérable. Position, situation considérable.* ■ **2** (1668) Très important (grandeur, quantité). ➤ **énorme, grand, gros, immense, important, imposant.** *Sommes considérables. Travail considérable. La partie la plus considérable.* ➤ **majeur.** ■ CONTR. Faible, insignifiant, petit.

CONSIDÉRABLEMENT [kɔ̃sideʀabləmɑ̃] **adv.** – 1675 ◇ de *considérable* ■ En grande quantité ; beaucoup. ➤ **abondamment, énormément.** *Le prix du pétrole a considérablement augmenté.*

CONSIDÉRANT [kɔ̃sideʀɑ̃] **n. m.** – 1792 ◇ de *considérer* ■ DR. Considération qui motive un décret, une loi, un jugement. ➤ **attendu, motif.**

CONSIDÉRATION [kɔ̃sideʀasjɔ̃] **n. f.** – XIIe ◇ latin *consideratio* ■ **1** Action d'examiner avec attention. ➤ **attention, étude, examen.** *Affaire qui demande une longue considération.* — VIEILLI *Sans considération de personne.* ➤ **acception.** MOD. *Être digne de considération. Prendre en considération :* tenir compte de. *Prise en considération d'un projet.* ■ **2** PLUR. Observations sur un sujet. ➤ **réflexion, remarque.** *S'en tenir à des considérations générales. Se perdre en considérations sur, quant à, à propos de* (un sujet). ■ **3** Motif, raison que l'on considère pour agir. *Des considérations d'ordre moral. Diverses considérations l'ont porté à cette démarche. Je ne puis entrer dans ces considérations. Entre autres considérations...* — **loc. prép. EN CONSIDÉRATION DE ; PAR CONSIDÉRATION POUR :** en tenant compte de, eu égard à. *En considération de son passé militaire, on l'a relâché* (cf. Au nom de, en raison de). ■ **4** LITTÉR. Estime que l'on porte à qqn. ➤ **déférence, égard.** *Considération respectueuse.* ➤ **révérence, vénération.** *C'est par considération pour votre père que... Considération que vaut un emploi, que confère une qualité.* ➤ **respect.** *Jouir de la considération générale.* ➤ **crédit, renommée.** *Avoir la considération de ses chefs.* «*L'estime vaut mieux que la célébrité, la considération vaut mieux que la renommée*» CHAMFORT. — VIEILLI *Être en considération.* ➤ **faveur, grâce.** ◆ (Formule de politesse) *Agréez l'assurance de ma considération distinguée.* ■ CONTR. Déconsidération, dédain, ignorance, mépris.

CONSIDÉRER [kɔ̃sideʀe] **v. tr.** ⟨6⟩ – 1150 ◇ latin *considerare* ; ancien français *consirer* ■ **1** Regarder* attentivement. ➤ **contempler, observer.** «*loin de chercher l'occasion de regarder les gens à la dérobée* [il] *les considérait le plus souvent bien en face*» ROMAINS. *Considérer qqn avec dédain ou arrogance.* ➤ **toiser.** ■ **2** Envisager, par un examen attentif, critique. ➤ **apprécier, étudier, examiner, observer, peser.** *Considérer le pour et le contre, impartialement.* ➤ **balancer.** *Considérer une chose sous tous ses aspects.* — LOC. *Tout bien considéré :* en tenant compte de tous les aspects de la question. — SPÉCIALT Envisager, pour en tenir compte ultérieurement (cf. Avoir égard à, prendre garde* à). *C'est un point à considérer. Considérez son âge.* «*En toute chose il faut considérer la fin*» LA FONTAINE. ■ **3** (Surtout au pass.) Faire cas de (qqn). ➤ **estimer, respecter ; révérer, vénérer.** *Une personne que l'on considère. Il est très bien considéré.* ■ **4 CONSIDÉRER COMME :** estimer, juger. ➤ **prendre** (pour), **regarder, réputer, tenir** (pour). *Je la considère comme ma fille. Il considère cette théorie comme une absurdité. Je le considère comme responsable.* — PRONOM. *Il se considère comme une victime.* REM. On entend souvent *considérer* non suivi de *comme* mais ce n'est pas correct : *il est considéré coupable.* **CONSIDÉRER QUE.** ➤ 1 **penser.** *Si vous considérez que cela vaut la peine... Elle considère que ce serait plus facile.* ■ CONTR. Déconsidérer, dédaigner, ignorer, mépriser, mésestimer.

CONSIGNATAIRE [kɔ̃siɲatɛʀ] **n. m.** – 1690 ◇ de *consigner* ■ **1** Dépositaire d'une somme consignée. — DR. ADMIN. Préposé à la garde des dépôts et consignations. ■ **2** (1829) Intermédiaire (banque, négociant, transitaire) qui reçoit des marchandises en dépôt, soit pour les remettre à leur destinataire en contrepartie de leur règlement, soit pour les revendre. ➤ **commissionnaire, mandataire.** — MAR. Agent maritime qui représente un armateur et assiste le navire lors de son passage dans un port. ➤ **transitaire** (cf. Courtier* maritime).

CONSIGNATION [kɔ̃siɲasjɔ̃] **n. f.** – 1396 ◇ de *consigner* ■ **1** DR. Dépôt dans une caisse publique, chez un auxiliaire de justice ou un tiers, de sommes ou valeurs dues à un créancier qui ne peut ou ne veut pas les recevoir. *Caisse* des dépôts et consignations.* ◆ DR. ADMIN. Remise de sommes ou valeurs à une caisse publique en garantie d'engagements d'un particulier envers l'État, une personne publique. ➤ **cautionnement.** ◆ Somme, valeur consignée. ■ **2** COMM. Remise d'une marchandise à un agent (➤ **consignataire**) afin qu'il la vende pour le compte du fournisseur. *Vente en consignation. Marchandises en consignation.* ■ **3** COUR. Action de consigner un emballage. PAR EXT. Consigne (4°). ■ CONTR. 2 Retrait.

CONSIGNE [kɔ̃siɲ] **n. f.** – fin XVe, rare avant 1740 ◇ de *consigner* ■ **1** (1740) Instruction stricte donnée à un militaire, un gardien, sur ce qu'il doit faire. ➤ **ordre.** *Donner, transmettre la consigne à qqn. C'est la consigne.* ➤ **règlement.** *Observer, respecter la consigne. Ne connaître que la consigne.* «*Le capitaine commandant la garnison passa les consignes à son successeur*» MAC ORLAN. — LOC. FAM. *Manger la consigne :* oublier d'exécuter ce qui est demandé. *Brûler la consigne :* ne pas s'y conformer. — PAR EXT. Toute instruction à respecter. *Consignes de sécurité. Faites l'exercice après avoir lu la consigne.* «*Il faut savoir voir sans voir. Pas de scandale, c'est la consigne*» ARAGON. ■ **2** (1803) Défense de sortir par punition. *Soldats en consigne.* ➤ **consigner.** *Donner quatre heures de consigne à un élève.* ➤ **retenue ;** FAM. **colle.** ■ **3** (1848) Service chargé de la garde des bagages déposés provisoirement (dans une gare, un aéroport, etc.) ; lieu où les bagages sont déposés. *Mettre sa valise à la consigne.* ➤ **consigner.** *Retirer son bagage de la consigne.* ➤ **déconsigner.** *Bulletin de consigne. Consigne automatique :* armoire métallique qui s'ouvre par l'insertion d'une pièce et donne une clé ou un code. ■ **4** Somme remboursable versée à la personne qui consigne un emballage. *Deux euros de consigne.*

CONSIGNER [kɔ̃siɲe] v. tr. ‹1› – 1345 «délimiter» ◇ latin *consignare* «sceller» ■ **1** (1402) Remettre en dépôt, en garantie (une somme, un objet). ➤ 1 **déposer.** *Consigner une somme d'argent, des valeurs au greffe, à la caisse des dépôts.* — COMM. Adresser à un consignataire*. *Consigner un navire, une cargaison.* ■ **2** (1690) Mentionner, rapporter par écrit, SPÉCIALT dans une pièce officielle. ➤ **constater, enregistrer, rapporter, relater.** *Consigner qqch. au procès-verbal. Consigner une réflexion, une pensée sur un carnet.* ➤ **écrire, noter.** ■ **3** (XVe, repris 1743) Empêcher (qqn) de sortir par mesure d'ordre, par punition. ➤ **retenir.** MILIT. *Consigner un soldat au quartier. «On me consignait dans la loge, comme un soldat aux arrêts»* DUMAS. — **p. p. adj.** *Soldat consigné.* SUBST. *L'appel des consignés.* ◆ *Consigner un élève indiscipliné.* ➤ FAM. **coller.** ■ **4** (début XXe) Interdire l'accès de (un lieu). *Consigner sa porte à qqn,* lui interdire d'entrer. ■ **5** (1907) Mettre à la consigne. *Consigner ses bagages.* **p. p. adj.** *Valise consignée.* ■ **6** Facturer (un emballage) en s'engageant à reprendre et à rembourser. — **p. p. adj.** *Emballage consigné* (opposé à *perdu*). *Bouteille consignée.* ■ CONTR. Déconsigner, retirer, omettre, taire. Délivrer, libérer.

CONSISTANCE [kɔ̃sistɑ̃s] n. f. – début XVe ◇ de *consister* ■ **1** État d'un corps relativement à sa solidité, à la cohésion de ses parties. ➤ **dureté, fermeté, solidité.** *La consistance de la boue, de la cire, d'un mélange. Consistance dure, élastique, gélatineuse, pâteuse. «la consistance râpeuse et dure de l'argile sèche»* JALOUX. — ABSOLT État d'un liquide qui devient pâteux, s'épaissit, se coagule. *Prendre consistance.* ➤ **corps, épaisseur.** ■ **2** FIG. État de ce qui est solide et cohérent. ➤ **fermeté, force, solidité, stabilité.** *Un bruit sans consistance.* ➤ **crédit, fondement.** *Caractère, esprit sans consistance,* sans fermeté, irrésolu. *«les tremblants symptômes d'un amour sans consistance»* SUPERVIELLE. *Argumentation sans consistance.* ■ CONTR. Inconsistance.

CONSISTANT, ANTE [kɔ̃sistɑ̃, ɑ̃t] adj. – 1560 ◇ de *consister*
I ■ **1** (CONCRET) Qui a de la consistance. ➤ **cohérent, dur,** 1 **ferme, solide.** *Sauce, bouillie consistante.* ➤ **épais, visqueux.** ■ **2** Qui nourrit. *Un petit-déjeuner consistant.* ➤ **copieux, solide, substantiel.** ■ **3** (ABSTRAIT) Qui est stable et cohérent. *Argument consistant.*
II (1957) ANGLIC. LOG. *Système consistant :* théorie dans laquelle deux formules contraires ne peuvent être démontrées à la fois.
■ CONTR. Inconsistant.

CONSISTER [kɔ̃siste] v. intr. ‹1› – XVe ; «avoir de la consistance» XIVe ◇ latin *consistere* «se tenir ensemble» ■ Être constitué par ; avoir son essence, ses propriétés (dans). ■ **1** *Consister en, dans.* ➤ se **composer.** *Mobilier qui consiste en une chaise, une table et un lit.* ➤ **comporter, comprendre.** *En quoi consiste votre projet ?* quel est* votre projet ? *«Le bonheur ou le malheur consistent dans une certaine disposition d'organes»* MONTESQUIEU. ➤ **résider.** ■ **2** *Consister à* (et inf.). *«La libéralité consiste moins à donner beaucoup qu'à donner à propos»* LA BRUYÈRE.

CONSISTOIRE [kɔ̃sistwaʀ] n. m. – 1190 ◇ bas latin *consistorium* «assemblée» ; de *consistere* → consister ■ RELIG. ■ **1** CATHOL. Assemblée de cardinaux convoqués par le pape pour s'occuper des affaires générales de l'Église (➤ **concile**). ■ **2** (1596) *Consistoire protestant, israélite :* assemblée de religieux et de laïcs élus pour diriger les affaires d'une communauté religieuse (➤ **synode**).

CONSISTORIAL, IALE, IAUX [kɔ̃sistɔʀjal, jo] adj. et n. – XVe ◇ de *consistoire* ■ RELIG. Qui appartient à un consistoire. *Jugement consistorial.* — **n. m.** Membre d'un consistoire.

CONSŒUR [kɔ̃sœʀ] n. f. – 1342 «femme membre d'une confrérie» ◇ de *sœur,* d'après *confrère* ■ Femme appartenant à une profession libérale, un corps constitué, considérée par rapport aux autres membres (et notamment aux autres femmes) de cette profession. *Maître Jeanne X et ses consœurs du barreau.* ➤ **collègue, confrère.**

CONSOLABLE [kɔ̃sɔlabl] adj. – 1647 ; «qui console» v. 1450 ◇ latin *consolabilis* ■ Qui peut être consolé. *Il n'est pas consolable.* ■ CONTR. Inconsolable.

CONSOLANT, ANTE [kɔ̃sɔlɑ̃, ɑ̃t] adj. et n. f. – 1470 ◇ de *consoler* ■ **1** adj. Propre à consoler. ➤ **apaisant, consolateur, réconfortant.** *Pensée, parole consolante. Nouvelle consolante.* IMPERS. *Il est consolant de se dire que...* ■ **2** n. f. Partie (de cartes, de pétanque...) dont l'enjeu est une place d'honneur. *«la belle, la revanche et la consolante. C'est une partie pour rien...»* GAVALDA. ■ CONTR. Attristant, désolant, navrant.

CONSOLATEUR, TRICE [kɔ̃sɔlatœʀ, tʀis] n. – 1265 ◇ latin *consolator* ■ LITTÉR. Personne qui console, qui cherche à consoler. — LOC. *La consolatrice des affligés :* la Sainte Vierge. adj. *«La religion chrétienne est principalement consolatrice»* GIDE.

CONSOLATION [kɔ̃sɔlasjɔ̃] n. f. – fin XIe ◇ latin *consolatio* ■ **1** Soulagement apporté à la douleur, à la peine de qqn. ➤ **adoucissement, apaisement, réconfort, soulagement.** *Chercher une consolation dans l'étude. Paroles de consolation. «Consolation à Du Périer», stances de Malherbe.* ■ **2** Sujet d'allègement d'une peine. ➤ **dédommagement, satisfaction.** *C'est une consolation pour lui de la savoir heureuse. C'est pire ailleurs, mais ce n'est pas une consolation. — Prix de consolation.* ◆ (PERSONNES) *Son fils est sa seule consolation.* ■ CONTR. Affliction, 2 chagrin, désespoir, malheur, peine, mortification, tourment.

CONSOLE [kɔ̃sɔl] n. f. – 1565 ◇ de *sole* «poutre» ; étym. populaire sur *consoler, consolider* ■ **1** ARCHIT. Moulure saillante en forme de volute ou de S, et qui sert de support. ➤ **corbeau.** *Console d'une corniche, d'un balcon. Construction sur consoles.* ➤ **encorbellement.** ■ **2** (1640) Table-applique, à deux pieds en console. *Console Empire, Directoire.* ■ **3** MUS. Partie supérieure d'une harpe, renfermant les chevilles. — Meuble placé devant le buffet d'un orgue, et qui comporte les claviers, registres, le pédalier. ■ **4** (milieu XXe ◇ par anal. de forme) INFORM. Périphérique* (écran et clavier) d'ordinateur servant au dialogue* entre l'utilisateur et la machine. *Console de visualisation.* ➤ 2 **terminal** (plus cour.). *Console de jeux vidéos. Console d'enregistrements sonores. Console de mixage.* ➤ **pupitre.**

CONSOLER [kɔ̃sɔle] v. tr. ‹1› – XIIIe ◇ latin *consolari* ■ **1** Soulager (qqn) de son chagrin, de sa douleur. ➤ **apaiser, calmer, distraire, rasséréner, réconforter, remonter.** *Consoler un enfant qui pleure.* ABSOLT *«Ceux qui consolèrent ne sont pas toujours consolés»* MICHELET. *Consoler qqn dans ses malheurs, de sa peine.* — (CHOSES) Apporter un réconfort, une compensation à. *Nous ne sommes pas les seuls, mais ce n'est pas cela qui va nous consoler. «Ma fille, ton bonheur me console de tout»* RACINE. *Rien ne peut le consoler.* ➤ **inconsolable.** — ABSOLT *Cette idée console de bien des peines.* ■ **2** VX Alléger (un sentiment douloureux). *Consoler la douleur de qqn.* ➤ **adoucir, bercer, diminuer, endormir.** ■ **3** v. pron. Recevoir, éprouver de la consolation. *Plus facile «de consoler les autres que de se consoler soi-même»* MALRAUX. FAM. *Se consoler avec une bouteille de champagne.* — (RÉCIPR.) *Ils se sont consolés.* ■ CONTR. Accabler, affliger, attrister, 1 chagriner, consterner, désoler, mortifier, navrer, peiner, tourmenter.

CONSOLIDATION [kɔ̃sɔlidasjɔ̃] n. f. – 1314 «cicatrisation» ◇ de *consolider* ■ **1** (1694) Action de consolider, de rendre plus solide. ➤ **affermissement, renfort, réparation, stabilisation.** *Consolidation d'un mur, d'un ciel de mine.* ◆ (1754) MÉD. Rapprochement et soudure de parties d'os accidentellement séparées. *Consolidation d'une fracture.* — Stabilisation d'une maladie, d'une lésion. *Consolidation des blessures.* ■ **2** (1789) Le fait de consolider (une situation économique, financière). FIN. Réaménagement, report d'une dette permettant au débiteur de bénéficier d'une situation plus solide. ➤ **rééchelonnement.** *Consolidation de rentes, de valeurs :* conversion de titres remboursables à court terme en titres à long terme ou perpétuels. *Consolidation de la dette flottante.* ◆ COMPTAB. Technique de présentation des comptes globaux d'un groupe annulant les opérations effectuées entre ses membres. *Consolidation des comptes, du bilan.*

CONSOLIDÉ, ÉE [kɔ̃sɔlide] adj. et n. – 1768 ◇ de *consolider,* d'après l'anglais *consolidated annuities* ■ FIN. Garanti (dans un groupe d'entreprises). *Compte d'exploitation* (ou *bilan*) *consolidé,* intégrant globalement les avoirs et les dettes des filiales que possède une entreprise. — *Rentes consolidées.* — **n. m. pl.** (1835) **CONSOLIDÉS :** fonds publics de la dette d'Angleterre. *Le cours des consolidés,* en Bourse.

CONSOLIDER [kɔ̃sɔlide] v. tr. ‹1› – 1314 «cicatriser» ; XIVe «unir, joindre» ◇ latin *consolidare,* de *solidus* → solide ■ **1** (fin XVe) Rendre plus solide, plus stable. ➤ **affermir, étayer, fortifier, raffermir, soutenir, stabiliser.** *Consolider un mur ; une couture, une attache.* ➤ **renforcer.** *Consolider un os, une dent.* ◆ (ABSTRAIT) Rendre solide, durable. ➤ **cimenter, confirmer, enraciner, implanter.** *Consolider une alliance. V. Hugo «assoit, consolide ainsi cette formidable popularité où il mourut»* THIBAUDET. — PRONOM. *Le régime s'est consolidé.* ■ **2** (1789 ◇ de *consolidé*) Rendre consolidé*. ◆ FIN. *Consolider une dette, une rente :* réaménager ses échéances sur un plus long terme. ◆ COMPTAB. *Consolider les comptes, le bilan d'un groupe industriel.* ■ CONTR. Affaiblir, démolir, ébranler, miner, 1 saper.

CONSOMMABLE [kɔ̃sɔmabl] adj. – 1758 ; autre sens 1580 ◇ de *consommer* ■ **1** Qui peut être consommé. ➤ **mangeable.** *Les produits ne sont plus consommables après leur date de péremption*.* ■ **2** FAM. (PERSONNES) ➤ **baisable.** ■ **3** Qui ne sert qu'une fois, n'est pas réutilisable. *Fiches d'exercices consommables.* ▪ **4 n. m.** Produit qu'il faut fréquemment renouveler lors de l'utilisation d'un ordinateur, d'une photocopieuse... *Le coût des consommables.*

CONSOMMATEUR, TRICE [kɔ̃sɔmatœʀ, tʀis] **n.** – 1525 ◇ latin ecclésiastique *consummator*

I THÉOL. Personne qui achève, consomme (I°). *« Jésus, le consommateur de la foi »* (BIBLE).

II (1745 ◇ de *consommer*, II) COUR. ▪ **1** Personne qui utilise des marchandises, des richesses, des services pour la satisfaction de ses besoins. *Les fournisseurs et les consommateurs.* ➤ **acheteur, client.** *Directement du producteur au consommateur. Défense du consommateur.* ➤ **consumérisme.** — **adj.** *Pays producteurs et consommateurs. « la masse passivement consommatrice d'art et l'élite créatrice »* LEROI-GOURHAN. ▪ **2** Personne qui prend une consommation dans un café, un restaurant.
▪ CONTR. Producteur.

CONSOMMATION [kɔ̃sɔmasjɔ̃] **n. f.** – XIIe ◇ latin ecclésiastique *consummatio*

I DIDACT. ou LITTÉR. Action d'amener une chose à son plein accomplissement. ➤ **achèvement, couronnement, 1 fin, terminaison.** *La consommation du mariage* : l'union charnelle. LOC. *Jusqu'à la consommation des siècles* : jusqu'à la fin des temps. *« Jusqu'à la consommation des choses, jusqu'à l'extinction du mal, jusqu'à la mort de la mort »* J. DE MAISTRE. *La consommation d'une infraction.* ➤ **perpétration.**

II (XVIIe ◇ de *consommer*, II) COUR. ▪ **1** Action de faire des choses un usage qui les détruit ou les rend ensuite inutilisables. *Faire une grande consommation de papier à lettres, d'électricité. La consommation de pain a diminué. — Consommation d'essence, d'huile* (d'une automobile). *Consommation excessive* (➤ **énergivore**). *Ampoules (à) basse consommation. — Consommation de drogues. Salle de consommation (à moindre risque)*, où les toxicomanes peuvent pratiquer leur injection en bénéficiant d'un encadrement médicosocial. ➤ RÉGION. **piquerie** (cf. FAM. Salle de shoot*). ♦ ÉCON. Utilisation de biens et de services. ➤ **usage.** *Le développement de la consommation* (➤ **consommatoire**). *Vendeur, publicité qui pousse à la consommation. « La consommation n'est pas une destruction de matière, mais une destruction d'utilité »* J.-B. SAY. — (milieu XXe) *Biens de consommation* : biens dont l'utilisation détermine la satisfaction immédiate d'un besoin (opposé à *biens de production**). *Biens, articles de consommation courante. Produits de grande consommation. Crédit à la consommation*, permettant à un particulier de régler au comptant le prix d'un bien de consommation. — *Société de consommation* : type de société où le système économique pousse à consommer et suscite des besoins dans les secteurs qui lui sont profitables (➤ **consumérisme**). *Coopérative* de consommation.* ▪ **2** (1837) Ce qu'un client commande au café. ➤ **boisson, rafraîchissement.** *Boire une consommation au comptoir. Régler les consommations.* — ABRÉV. FAM. **CONSO.**
▪ CONTR. Commencement, début. — Production.

CONSOMMATOIRE [kɔ̃sɔmatwaʀ] **adj.** – 1977 ◇ de *consommer* ▪ De la consommation. *Comportements « consommatoires ou régulatoires »* J.-D. VINCENT.

CONSOMMÉ, ÉE [kɔ̃sɔme] **adj.** et **n. m.** – 1361 ◇ de *consommer* ▪ **1** Parvenu à un degré élevé de perfection. ➤ **accompli, achevé, parfait.** *Diplomate consommé. Habileté consommée.* ▪ **2 n. m.** (avant 1590) Bouillon de viande concentré. *Un consommé de poulet.*

CONSOMMER [kɔ̃sɔme] **v. tr.** ⟨1⟩ – fin XIIe ◇ latin *consummare* « faire la somme *(summa)* »

I LITTÉR. Mener (une chose) au terme de son accomplissement. *Consommer son œuvre.* ➤ **achever, couronner, parfaire, terminer.** *Consommer un forfait.* ➤ **accomplir, commettre, perpétrer.** — *Consommer le mariage* : accomplir l'union charnelle.

II (XVIe ; « détruire, consumer » XVe) ▪ **1** Amener (une chose) à destruction en utilisant sa substance, en faire un usage qui la rend ensuite inutilisable. ➤ **user** (de), **utiliser.** *Consommer ses provisions. Consommer des aliments.* ➤ **absorber, 1 boire, 1 manger,** se **nourrir** (de). *À consommer avant juin 2024. Consommer du combustible.* ➤ **brûler, consumer, employer.** ABSOLT *Des bouches inutiles qui consomment sans produire.* — PRONOM. (PASS.) *Ce plat se consomme froid.* ♦ SPÉCIALT, ÉCON. Acquérir un bien, un service pour satisfaire directement un besoin. *Propension à consommer.* ➤ **consumérisme.** ▪ **2** INTRANS. Prendre une consommation au café. *Consommer au comptoir.* ▪ **3** (CHOSES) User (du carburant, etc.). *Cette voiture consomme trop d'essence* ; ABSOLT *elle consomme trop.* ➤ FAM. **bouffer, pomper, sucer ; énergivore, gourmand.**
▪ CONTR. Commencer, laisser. Produire.

CONSOMPTIBLE [kɔ̃sɔ̃ptibl] **adj.** – 1585, repris XIXe, variante *consumptible* ◇ latin *consumptibilis* → consumer ▪ DR. Dont on ne peut se servir sans le détruire. *Biens, produits consomptibles par le premier usage.*

CONSOMPTION [kɔ̃sɔ̃psjɔ̃] **n. f.** – 1314 « action de consumer » ◇ latin *consumptio* → consumer ▪ **1** (1521) VX ou LITTÉR. Le fait d'être consumé. ▪ **2** (1677) VIEILLI Amaigrissement et dépérissement observés dans toute maladie grave et prolongée. ➤ **affaiblissement, cachexie, épuisement, langueur.** VX Tuberculose pulmonaire. *Mourir de consomption.* ▪ CONTR. Conservation. Santé, vigueur ; rétablissement.

CONSONANCE [kɔ̃sɔnɑ̃s] **n. f.** – *consonancie* v. 1150 sens 2° ◇ latin *consonantia*, de *sonus* « son » ▪ **1** MUS. Ensemble de sons (accord) considéré dans la musique occidentale (et traditionnellement) comme agréable à l'oreille (opposé à *dissonance*). *Consonances parfaites* (➤ **octave, 1 quinte, unisson**), *imparfaites* (➤ **sixte, tierce**), *mixte* (➤ **2 quarte**). PAR ANAL. *En peinture, les tons « ont leurs dissonances et leurs consonances »* TAINE. ▪ **2** Uniformité ou ressemblance du son final de deux ou plusieurs mots. ➤ **assonance, rime.** ▪ **3** Succession, ensemble de sons. *Un nom aux consonances harmonieuses, bizarres. Un nom de consonance grecque.* ▪ CONTR. Dissonance.

CONSONANT, ANTE [kɔ̃sɔnɑ̃, ɑ̃t] **adj.** – v. 1165 ◇ latin *consonans*, de *consonare* « résonner ensemble » ▪ Qui produit une consonance ; est formé de consonances. *Intervalles, accords consonants. — Phrases consonantes.* ▪ CONTR. Dissonant.

CONSONANTIQUE [kɔ̃sɔnɑ̃tik] **adj.** – 1872 ◇ de *consonne* ▪ PHONÉT. Des consonnes. *Système consonantique* (opposé à *vocalique*). — **n. m. CONSONANTISME.**

CONSONNE [kɔ̃sɔn] **n. f.** – 1529 ◇ latin des grammairiens *consona* « dont le son se joint à » ▪ **1** PHONÉT. Son produit par un rétrécissement *(consonnes fricatives, constrictives)* ou un arrêt *(consonnes occlusives)* du passage de l'air, généralement expiratoire. ➤ aussi **semi-consonne.** *Consonnes orales, nasales. Consonnes sourdes*, sonores*. Mode d'articulation d'une consonne. Consonnes bilabiales, palatales, vélaires, pharyngales, glottales. Consonnes latérales, vibrantes ; affriquées, spirantes ; explosives, implosives. Palatalisation, vélarisation d'une consonne.* ▪ **2** COUR. Lettre représentant une consonne. *Les vingt consonnes de l'alphabet français. Consonnes géminées*, identiques, qui se suivent dans un mot (ex. immense).

CONSORT [kɔ̃sɔʀ] **n. m.** et **adj. m.** – *consors* « complice » 1392 ◇ latin *consors* « qui partage le sort » ▪ **1** AU PLUR. *Untel et consorts*, et les personnes qui agissent avec lui ; et les gens de même espèce (souvent péj.). ♦ DR. Plaideurs ayant un intérêt commun à un procès *(liticonsorts)*. ▪ **2 adj. m.** (1669) **PRINCE CONSORT :** époux d'une reine, quand il ne règne pas lui-même. — PAR EXT. FAM. Époux d'une femme qui a du pouvoir.

CONSORTIAL, IALE, IAUX [kɔ̃sɔʀsjal, jo] **adj.** – 1876 ◇ de *consortium* ▪ ÉCON. D'un consortium. *Crédits consortiaux.*

CONSORTIUM [kɔ̃sɔʀsjɔm] **n. m.** – 1869 ◇ mot anglais, du latin « association » ▪ Groupement d'entreprises constitué pour la réalisation d'une opération financière ou économique. *Des consortiums d'achat* (➤ **comptoir**). *Consortium bancaire*, pour le financement d'une opération, d'une entreprise. ➤ **pool** (bancaire) ; **consortial.**

CONSOUDE [kɔ̃sud] **n. f.** – v. 1265 ◇ bas latin *consolida*, de *consolidare* « affermir », à cause de ses propriétés ▪ Plante des fossés humides *(borraginacées)* aux grandes tiges velues. *« Un rouge-gorge qui boit dans la feuille d'une grande consoude »* GENEVOIX. *Petite consoude.* ➤ **pied-d'alouette.**

CONSPIRATEUR, TRICE [kɔ̃spiʀatœʀ, tʀis] **n.** – 1574 ; autre sens fin XVe ◇ de *conspirer* ▪ Personne qui conspire. ➤ **comploteur, conjuré.** *Arrêter un conspirateur. Prendre un air de conspirateur*, un air mystérieux. — **adj.** *Menées conspiratrices.*

CONSPIRATION [kɔ̃spiʀasjɔ̃] **n. f.** – 1160 ◇ latin *conspiratio* ▪ **1** Accord secret entre deux ou plusieurs personnes en vue de renverser le pouvoir établi. ➤ **complot, conjuration.** *Fomenter une conspiration. Tremper dans une conspiration. La conspiration de Cinna contre Auguste. L'âme, le chef d'une conspiration.* ▪ **2** Entente dirigée contre qqn ou qqch. ➤ **association, brigue, cabale, intrigue, ligue.** *Toi aussi ! c'est une vraie conspiration. Conspiration du silence* : entente pour taire, cacher qqch.

CONSPIRATIONNISTE [kɔ̃spiʀasjɔnist] **n.** et **adj.** – 1986 ◊ de *conspiration* ■ Personne qui défend la théorie d'une conspiration organisée pour manipuler l'opinion (cf. Théorie du complot*). ➤ **complotiste.** — **adj.** *Thèses conspirationnistes. Un «déferlement d'inepties conspirationnistes»* J. ROLIN. — **n. m.** (1991) **CONSPIRATIONNISME.**

CONSPIRER [kɔ̃spiʀe] **v.** ⟨1⟩ – XIIe ◊ latin *conspirare* «s'accorder» ■ **1 v. tr.** VIEILLI Poursuivre secrètement, avec d'autres (un but commun). *Conspirer la mort de qqn.* ➤ **méditer, ourdir, projeter, tramer.** *Conspirer la ruine de l'État.* ➤ **comploter.** ■ **2 v. intr.** MOD. Préparer une conspiration ou y participer. *Conspirer contre la République. «quand M. de Talleyrand ne conspire pas, il trafique»* CHATEAUBRIAND. ■ **3** TRANS. IND. (sujet chose) **CONSPIRER À** : contribuer à (un même effet). ➤ **concourir,** 1 **tendre** (à). *«Tout m'afflige et me nuit, et conspire à me nuire»* RACINE.

CONSPUER [kɔ̃spɥe] **v. tr.** ⟨1⟩ – 1530 «cracher sur»; repris 1743 ◊ latin *conspuere* «cracher sur» ■ Manifester bruyamment, publiquement et en groupe contre (qqn ou qqch.). ➤ **bafouer, huer.** *Conspuer un orateur. Conspuer les valeurs bourgeoises.* ■ CONTR. Acclamer, applaudir, ovationner.

CONSTABLE [kɔ̃stabl] **n. m.** – 1765 ◊ mot anglais, de l'ancien français *conestable* → connétable ■ Dans les pays anglo-saxons, Officier de police ; sergent de ville.

CONSTAMMENT [kɔ̃stamɑ̃] **adv.** – *constanment* 1414 ◊ de *constant* ■ D'une manière constante, continuelle. ➤ **continuellement, fréquemment, invariablement, régulièrement, toujours.** *Être constamment malade* (cf. Sans cesse*, en permanence). ■ CONTR. Jamais, quelquefois, rarement.

CONSTANCE [kɔ̃stɑ̃s] **n. f.** – v. 1220 sens 2° ◊ de *constant* ■ **1** (v. 1265) VIEILLI Force morale, fermeté d'âme. ➤ **courage.** *Endurer son mal avec constance. «La constance n'est-elle pas la plus haute expression de la force ?»* BALZAC. ■ **2** LITTÉR. Persévérance dans ce que l'on entreprend. *Travailler avec constance.* ➤ **ténacité.** *La constance d'un amour ; la constance en amour.* ➤ **fidélité.** ◆ FAM. Patience. *Quelle constance il faut pour le supporter !* ■ **3** Qualité de ce qui ne cesse d'être le même. ➤ **continuité, invariabilité, permanence, persistance, régularité, stabilité.** *La constance d'un phénomène. «Cette constance de la nature à reproduire toujours de la même façon ses plus infimes détails»* LOTI. ■ CONTR. Inconstance ; changement, instabilité, variabilité.

CONSTANT, ANTE [kɔ̃stɑ̃, ɑ̃t] **adj.** – 1355 ; *constans* XIIIe ◊ latin *constans,* de *constare* «s'arrêter» ■ **1** VX Qui fait preuve de fermeté d'âme. ➤ **courageux, inébranlable.** *«Suzanne offrit une âme constante à la plus noire calomnie»* MASSILLON. ■ **2** LITTÉR. (PERSONNES) Qui est persévérant. ➤ **assidu, obstiné, opiniâtre, persévérant.** *Être constant dans ses affections. Être constant dans la poursuite d'un but.* (CHOSES) *«Un travail constant, soutenu»* BALZAC. ■ **3** (XVIIe) Qui persiste dans l'état où il se trouve ; qui ne s'interrompt pas. ➤ **continu, durable, immuable, permanent, persistant.** *C'est un souci constant. Manifester un intérêt constant.* ➤ **soutenu.** *«La forêt vibre toute d'un constant crissement aigu»* GIDE. ◆ MATH. *Quantité constante.* ➤ **invariable.** *Fonction constante.* SUBST. ➤ **constante.** — *Valeur, vitesse constante. Maintien à température constante.* — LOC. *En francs, en euros constants* : d'après la valeur monétaire calculée en éliminant l'effet de l'érosion monétaire (opposé à *en francs, en euros courants**). ■ **4** RARE *Il est constant que..., c'est un fait constant,* assuré, avéré. ➤ **certain.** ■ CONTR. Inconstant ; changeant, instable, variable.

CONSTANTAN [kɔ̃stɑ̃tɑ̃] **n. m.** – 1922 ◊ origine inconnue, p.-ê. de *constant* ■ Alliage de cuivre et de nickel dont la résistance électrique varie peu avec la température.

CONSTANTE [kɔ̃stɑ̃t] **n. f.** – 1699 ◊ de *constant* ■ **1** SC. Quantité qui garde la même valeur ; nombre indépendant des variables. ◆ MATH. Fonction constante qui à tout élément associe une même image. — Nombre remarquable. *La constante d'Euler.* ◆ PHYS. *Constante physique universelle* : grandeur qui, mesurée dans un système d'unités cohérent, est invariable. *La constante de Planck* (notée *h*). *Constante d'Avogadro* : nombre* d'Avogadro. *Constante de l'espace-temps* (notée *c*) : vitesse de la lumière. ◆ BIOL. *Constantes biologiques, physiologiques* : valeurs usuelles de paramètres caractérisant un individu en bonne santé. *Une infirmière «précise que les constantes (le pouls, la tension, la température, la saturation) sont normales»* KERANGAL. ■ **2** COUR. Caractéristique invariable. ➤ **invariant.** *Les constantes de l'histoire. C'est une des constantes de sa conduite.* ■ CONTR. Variable.

CONSTAT [kɔ̃sta] **n. m.** – 1890 ◊ mot latin «il est certain», 3e pers. de *constare* «constater» ■ **1** Procès-verbal dressé par un huissier ou sur ordre de justice pour décrire un état de fait. *Constat d'huissier. Constat d'adultère. — Constat amiable*.* ■ **2** Résultat de l'examen d'une évolution, d'une situation (➤ **bilan**). *Devant un tel constat. «Les constats banals que l'on prouve à grand renfort de chiffres»* H. LEFEBVRE. *Un constat d'échec.*

CONSTATATION [kɔ̃statasjɔ̃] **n. f.** – 1586, rare avant XIXe ◊ de *constater* ■ **1** Action de constater pour attester. ➤ **observation.** *La constatation d'un fait. C'est une simple constatation et non un reproche. Faire une constatation. Je suis arrivé à la constatation suivante..., à la constatation que nous devrions renoncer.* ■ **2** Fait constaté et relaté, servant de preuve, de raison. *Les constatations d'une enquête.*

CONSTATER [kɔ̃state] **v. tr.** ⟨1⟩ – 1726 ◊ latin *constat* «il est certain», de *constare* ■ **1** Établir par expérience directe la vérité, la réalité de ; se rendre compte de. ➤ **apercevoir, enregistrer, éprouver, établir, noter, observer, reconnaître, remarquer, sentir, voir.** *Constater un fait, la réalité d'un fait. Constater une erreur.* ➤ **découvrir.** *Vous pouvez constater vous-même, par vous-même qu'il n'est pas venu. «On n'explique pas une vocation, on la constate»* CHARDONNE. ■ **2** Consigner (ce qu'on a constaté). *Constater par procès-verbal.* ➤ **consigner.** *Constater l'état authentique d'une pièce.* ➤ **authentifier, certifier.** *Médecin qui constate un décès.* ■ CONTR. Négliger, omettre, oublier.

CONSTELLATION [kɔ̃stelasjɔ̃] **n. f.** – 1538 ; *constellacion* 1265 ◊ latin *constellatio,* de *stella* «étoile» ■ **1** Groupe apparent d'étoiles présentant une figure conventionnelle déterminée, vue de la Terre. *La constellation de la Grande Ourse, du Lion. Constellations zodiacales,* situées dans le plan de l'écliptique. ■ **2** LITTÉR. Groupe d'objets brillants. *Constellation de lumières.* — Groupe de personnes illustres. ➤ **pléiade.**

CONSTELLÉ, ÉE [kɔ̃stele] **adj.** – 1519 «aérien» ◊ latin *constellatus,* de *constellatio* ■ **1** Parsemé d'étoiles. *Ciel constellé.* ➤ **étoilé.** — *Anneau constellé* : anneau magique fabriqué sous l'influence d'une constellation. ■ **2** Parsemé d'objets ou de points brillants. *Robe constellée de pierreries. — Veste constellée de taches.*

CONSTELLER [kɔ̃stele] **v. tr.** ⟨1⟩ – 1838 ◊ de *constellé,* ou de *constellation* ■ Couvrir, parsemer d'étoiles, de points brillants.

CONSTERNANT, ANTE [kɔ̃stɛʀnɑ̃, ɑ̃t] **adj.** – 1845 ◊ de *consterner* ■ Qui consterne. ➤ **désolant, navrant.** *Une nouvelle consternante.* — Attristant et étonnant. *Il est d'une bêtise consternante.*

CONSTERNATION [kɔ̃stɛʀnasjɔ̃] **n. f.** – 1512 ◊ latin *consternatio* ■ Le fait de consterner ; état de qui est consterné. ➤ **abattement, accablement,** 2 **chagrin, désolation, douleur, mélancolie, tristesse, stupeur.** *Nouvelle qui jette la consternation dans un groupe. Lire la consternation sur tous les visages. — Être frappé de consternation.* ■ CONTR. Joie.

CONSTERNER [kɔ̃stɛʀne] **v. tr.** ⟨1⟩ – 1355 ◊ latin *consternare* «abattre» ■ **1** Jeter brusquement dans un abattement profond. ➤ **abattre, accabler, anéantir, atterrer, désoler, navrer, stupéfier,** 2 **terrasser.** *Cette nouvelle m'a consterné.* — **p. p. adj.** *Air, visage consterné.* ➤ **abattu.** *«Ce malheur, dont elle aurait dû être honteuse et consternée»* MAURIAC. ■ **2** Attrister et étonner. ➤ **catastropher.** *Son incompétence nous consternait.* ■ CONTR. Réjouir.

CONSTIPATION [kɔ̃stipasjɔ̃] **n. f.** – fin XIIIe ◊ de *constiper* ■ Difficulté dans l'évacuation des selles. *Laxatif contre la constipation. Constipation chronique.* ■ CONTR. Diarrhée.

CONSTIPER [kɔ̃stipe] **v. tr.** ⟨1⟩ – fin XIVe *ventre constipé* ◊ latin *constipare* «serrer» ■ **1** Causer la constipation de. ABSOLT *Certains aliments astringents constipent.* — **p. p. adj.** *Il est constipé.* — SUBST. *Remèdes pour constipés.* ■ **2 p. p. adj.** FIG. et FAM. **CONSTIPÉ, ÉE** : anxieux, contraint, embarrassé. ➤ **coincé, crispé, guindé** (cf. Avoir un balai, un parapluie dans le cul*). *Un air constipé. «Ce sourire, tout constipé qu'il fût, détendait ses traits, déridait son moral»* GENET. ■ CONTR. Relâcher.

CONSTITUANT, ANTE [kɔ̃stitɥɑ̃, ɑ̃t] **adj.** et **n.** – 1476 «celui qui confère un droit» ◊ de *constituer* ■ **1** (1752) Qui entre dans la constitution d'un tout. ➤ 1 **composant, constitutif.** *Parties constituantes d'un corps. Éléments constituants d'un mélange.* ➤ **ingrédient.** — **n. m.** *Les constituants de la matière. L'hydrogène et l'oxygène, les deux constituants de l'eau.* ◆ LING. *Constituants immédiats d'une phrase* : éléments organisés en arbre dans l'analyse structurale d'une phrase. ■ **2 adj.** (*constituant* «électeur» v. 1770) *Assemblée constituante,* chargée de faire une Constitution. — **n. f.** *La Constituante* : l'assemblée de 1789 à laquelle succéda la Législative. — **n. m.** *Les constituants :*

membres de cette assemblée. ▪ **3** **n. f.** (1968) **(Canada)** Université ou institut de recherches faisant partie de l'université du Québec. *La constituante de Montréal.*

CONSTITUÉ, ÉE [kɔ̃stitɥe] **adj.** – 1611 *rente constituée* ◊ de *constituer* ▪ **1** (1690) *Bien, mal constitué :* dont la constitution physique est bonne ou mauvaise. *Un enfant normalement constitué.* ➤ **conformé.** ▪ **2** *Autorités constituées ; corps constitués,* établis par la Constitution.

CONSTITUER [kɔ̃stitɥe] **v. tr.** ‹1› – hapax XIIIe « s'établir » ◊ latin *constituere,* de *statuere* → statuer ▪ **1** (1361) DR. Établir (qqn) dans une situation légale. ➤ 1 **faire, instituer.** *Il l'a constitué son héritier.* — PRONOM. *Il s'est constitué prisonnier.* ➤ **se livrer, se rendre.** *Se constituer partie civile*.* ➤ **se porter.** ◆ VX Placer (qqn) à un poste, dans une situation où il est responsable de qqch. ➤ **préposer.** *Constituer qqn à la garde des enfants.* ▪ **2** (1549) DR. Créer (qqch.) à l'intention de qqn. *Constituer une rente, une dot à qqn.* ▪ **3** (1690) COUR. Concourir, avec d'autres éléments, à former (un tout). ➤ **composer,** 1 **faire, former.** *Parties qui constituent un tout. Lois qui constituent une théorie. Assemblée constituée de vingt membres.* — PAR EXT. Former l'essence de, être. ➤ **consister** (en). *Cette action constitue un délit. Sa présence constitue une menace.* ➤ **représenter.** « *La légion étrangère de Dar Riffien constitue une troupe solide* » MAC ORLAN. ▪ **4** (1829) (PERSONNES) Organiser, créer (une chose complexe). ➤ **édifier, élaborer, fonder, monter, organiser.** *Constituer une société commerciale. Constituer un ministère.* — *Le gouvernement constitué par M. X.* ▪ CONTR. Destituer. Décomposer ; défaire, abattre, renverser.

CONSTITUTIF, IVE [kɔ̃stitytif, iv] **adj.** – 1488 « qui établit une constitution » ◊ de *constituer* ▪ **1** (1550) DR. Qui établit juridiquement qqch. *Titre constitutif de propriété.* ▪ **2** COUR. Qui entre dans la composition de. ➤ **constituant.** *Les éléments constitutifs de l'eau.* — Qui constitue l'essentiel de. ➤ **caractéristique, essentiel, fondamental.** *Un trait constitutif de son caractère.*

CONSTITUTION [kɔ̃stitysjɔ̃] **n. f.** – *constitucion* « ordonnance, règlement » v. 1170 ◊ latin *constitutio* « institution »

I ▪ **1** DR. Action d'établir légalement. ➤ **établissement, institution.** *Constitution de rente, de pension.* — *Constitution de partie civile :* demande de dommages-intérêts formulée par la personne qui se prétend victime d'une infraction. ◆ *Constitution d'avocat :* choix d'un défenseur dans une instance civile. ▪ **2** (1546) Manière dont une chose est composée. ➤ **arrangement, composition, disposition, forme, organisation, structure, texture.** *Constitution d'un corps, d'une substance.* ▪ **3** Ensemble des caractères congénitaux somatiques et psychologiques d'un individu. ➤ **caractère, complexion, conformation, personnalité, tempérament.** *Être d'une bonne, d'une forte, d'une robuste constitution. Un enfant de constitution délicate.* ▪ **4** (1287 « création [du monde] ») Action de constituer un ensemble ; son résultat. ➤ **composition, construction, création, édification, élaboration, fondation, formation, organisation.** *La constitution d'un dossier. La constitution d'une assemblée, d'un club sportif.*

II (1683) ▪ **1** Charte, textes fondamentaux qui déterminent la forme du gouvernement d'un pays. *Constitution coutumière. Constitution écrite. Voter une constitution. Réviser, réformer la Constitution. Constitution monarchique, républicaine* (➤ 1 **régime**). *La Constitution de l'an VIII.* « *Nous ne dépendons point des constitutions et des chartes, mais des instincts et des mœurs* » FRANCE. *La Constitution française, américaine. L'article 16 de la Constitution. Loi conforme à la Constitution.* ➤ **constitutionnel.** — *Référendum sur la Constitution européenne.* ▪ **2** Loi fondamentale. *Les constitutions apostoliques ou papales.* ➤ 1 **bulle.** *Les Novelles, constitutions de Justinien.* ▪ **3** HIST. *Constitution civile du clergé :* décret du 12 juillet 1790 qui organisait le clergé séculier français (➤ **constitutionnel,** II, 2°).

▪ CONTR. Annulation, décomposition, désorganisation, dissolution.

CONSTITUTIONNALISER [kɔ̃stitysjɔnalize] **v. tr.** ‹1› – 1830 ◊ de *constitutionnel* ▪ DR. Donner un caractère constitutionnel à (un texte législatif).

CONSTITUTIONNALITÉ [kɔ̃stitysjɔnalite] **n. f.** – 1797 ◊ de *constitutionnel* ▪ Caractère de ce qui est conforme à la Constitution. *Contrôle de la constitutionnalité des lois par le Conseil* constitutionnel. Question* prioritaire de constitutionnalité.*

▪ CONTR. Inconstitutionnalité.

CONSTITUTIONNEL, ELLE [kɔ̃stitysjɔnɛl] **adj.** – v. 1760 ◊ de *constitution*

I Qui constitue, forme l'essence de qqch. — Qui tient à la constitution (physique, psychologique, générale) de qqn. *Faiblesse constitutionnelle. Psychose constitutionnelle.*

II (1775) ▪ **1** Soumis à une Constitution. *Monarchie constitutionnelle* (➤ 1 **parlementaire**). ◆ Conforme à la Constitution. *Cette loi n'est pas constitutionnelle.* PAR EXT. *Conseil* constitutionnel.* ◆ Relatif à la Constitution d'un État. *Loi constitutionnelle.* ➤ **organique.** ▪ **2** Partisan de la Constitution. *Le parti constitutionnel.* SUBST. *Les constitutionnels.* — SPÉCIALT, HIST. *Clergé constitutionnel.* ➤ **assermenté, jureur.** ▪ **3** *Droit constitutionnel,* qui étudie les Constitutions, la structure et le fonctionnement du pouvoir politique (branche du droit public).

▪ CONTR. Anticonstitutionnel, inconstitutionnel.

CONSTITUTIONNELLEMENT [kɔ̃stitysjɔnɛlmɑ̃] **adv.** – 1776 ◊ de *constitutionnel* ▪ D'une manière conforme à la Constitution.

▪ CONTR. Anticonstitutionnellement, inconstitutionnellement.

CONSTRICTEUR [kɔ̃striktœr] **adj. m.** – fin XVIIe ◊ latin *constrictor,* de *constringere* « serrer » ▪ **1** ANAT. Se dit des muscles qui resserrent circulairement un organe (opposé à *dilatateur*). *L'orbiculaire des lèvres est un muscle constricteur.* — SUBST. *Un constricteur.* ➤ **sphincter.** ▪ **2** *Boa constrictor* [kɔ̃striktɔr] (1754) ou *constricteur* (1845), qui étouffe ses proies en les étreignant dans ses anneaux.

CONSTRICTIF, IVE [kɔ̃striktif, iv] **adj.** – 1363 ◊ latin *constrictivus,* de *constringere* « serrer » ▪ **1** MÉD. Constricteur*. — *Douleur constrictive.* ▪ **2** PHONÉT. Se dit d'une consonne produite par une constriction du canal vocal. *Consonne constrictive,* ou ELLIPT *une constrictive.* ➤ **fricatif.**

CONSTRICTION [kɔ̃striksjɔ̃] **n. f.** – 1306 ◊ latin *constrictio* ▪ DIDACT. ▪ **1** Action de resserrer en pressant tout autour. ➤ **étranglement, resserrement.** ▪ **2** Fait de se resserrer (en parlant d'un organe circulaire). *Constriction des vaisseaux sanguins* (➤ **vasoconstricteur**).

CONSTRUCTEUR, TRICE [kɔ̃stryktœr, tris] **n. m. et adj.** – XIVe ◊ bas latin *constructor,* de *construere* → construire ▪ **1** Personne qui construit qqch. ➤ **ingénieur.** *Constructeur de moteurs. Constructeur mécanicien. Constructeur d'automobiles, de navires.* ➤ **fabricant.** ◆ SPÉCIALT Personne qui construit des édifices. ➤ **architecte, bâtisseur.** — APPOS. *Une société constructrice de navires.* ▪ **2** adj. *Animaux constructeurs.* ▪ **3** FIG. Personne qui établit, fonde. *Un constructeur d'empire.* ➤ **bâtisseur, fondateur.** ▪ CONTR. Destructeur, liquidateur.

CONSTRUCTIBLE [kɔ̃stryktibl] **adj.** – 1863 ◊ du radical du latin *constructum,* de *construere* ▪ **1** Où l'on a le droit de construire un édifice. *Terrain constructible.* ▪ **2** GÉOM. Qui peut être tracé à la règle et au compas (en parlant d'une figure). *Droite constructible.* ▪ CONTR. Inconstructible.

CONSTRUCTIF, IVE [kɔ̃stryktif, iv] **adj.** – 1487, repris 1863 ◊ latin *constructivus,* de *construere* ▪ Capable de construire ; FIG. d'élaborer, de créer. ➤ **créateur.** *Un esprit constructif.* ◆ COUR. Qui apporte des améliorations, ne se limite pas à critiquer. ➤ 1 **positif.** *Une critique constructive. Tout cela n'est pas très constructif.* ▪ CONTR. Destructif ; négatif.

CONSTRUCTION [kɔ̃stryksjɔ̃] **n. f.** – 1130 ◊ latin *constructio,* de *construere* → construire ▪ **1** Action de construire. ➤ **assemblage, édification, érection.** *La construction d'une maison, d'un mur. Un immeuble en construction,* en train d'être construit (➤ **chantier**). *Promoteur* de construction. Matériaux de construction* (béton, bois, brique, ciment, métal, mortier, pierre, plâtre, tuile). — *La construction d'un navire, d'une automobile.* ➤ **fabrication.** ◆ Ensemble des techniques qui permettent de construire, de bâtir. ➤ **architectonique ; bâtiment.** *La construction et l'architecture.* ◆ *Jeu de construction,* formé d'éléments divers que l'on peut assembler pour construire un ensemble. ◆ Industrie qui construit certains objets. *Les constructions navales, aéronautiques. La construction mécanique.* ▪ **2** (1636) Ce qui est construit, bâti. ➤ **bâtiment, bâtisse, édifice, immeuble, installation, maison, monument, ouvrage.** *Élever une construction.* ➤ **construire.** *Plans, devis d'une construction. Construction en éléments préfabriqués. Fondations, éléments d'une construction :* assise, charpente, cloison, comble, couverture, mur, gros œuvre, etc. ▪ **3** (1694) FIG. Action de composer, d'élaborer (une chose abstraite) en lui donnant une structure. ➤ **composition, élaboration.** *Construction d'un mot.* ➤ **formation ; morphologie.** *Construction d'un roman, d'une thèse, d'un poème.* « *La construction du dogme orthodoxe* » CAMUS. *La construction de l'Europe.* ◆ Ce qui est élaboré. ➤ **système.** *C'est une simple construction de l'esprit. Constructions hasardeuses.* ◆ GÉOM. Figure construite. ▪ **4** (début XIIIe) GRAMM. Place relative des mots dans la phrase (➤ **syntaxe**). *Construction grammaticale. Construction d'un* *adjectif avec une préposition.* ➤ **emploi.** ◆ Suite d'éléments linguistiques conforme à un schéma. ➤ **locution, syntagme,** 3 **tour.** ■ CONTR. Démolition, destruction ; déconstruction.

CONSTRUCTIVISME [kɔ̃stʀyktivism] **n. m.** – v. 1925 ◇ du radical de *constructif* ■ **1** HIST. DE L'ART Mouvement artistique tendant à substituer une plastique de plans et de lignes assemblés, à une plastique des masses. *Constructivisme russe* (1920). ■ **2** DIDACT. Théorie qui considère un objet de pensée comme « construit ».

CONSTRUCTIVISTE [kɔ̃stʀyktivist] **n.** et **adj.** – v. 1925 ◇ du radical de *constructif* ■ Adepte du constructivisme.

CONSTRUIRE [kɔ̃stʀɥiʀ] **v. tr.** ‹38› – 1466 ◇ latin *construere,* de *struere* « disposer, ranger » ■ **1** Bâtir, suivant un plan déterminé, avec des matériaux divers. ➤ **bâtir, édifier, élever, ériger ; reconstruire.** *Construire une maison, un immeuble. Construire une route. Construire un pont sur une rivière.* ➤ **jeter.** ABSOLT *Permis de construire. Terrain où l'on peut construire* (➤ **constructible**). *Ils font construire en banlieue.* — *Se construire qqch.* : construire pour soi. *Il veut se construire une maison. Les oiseaux se construisent des nids.* ◆ Faire un objet complexe. ➤ **fabriquer.** *Construire un navire, des automobiles, des machines.* ■ **2** (ABSTRAIT) Faire exister (un système complexe) en organisant des éléments mentaux. *Construire un roman, un poème, une pièce de théâtre.* ➤ **composer, créer.** *Ouvrage mal construit ; très construit. Construire un système, une théorie.* ➤ **échafauder, édifier, élaborer, forger, imaginer.** « *Ce que la seule logique construit reste artificiel et contraint* » GIDE. ◆ GÉOM. Tracer (une figure) selon un schéma. *Construire un triangle rectangle, un cercle tangent à un autre.* ■ **3** (1530 ; *construire un mot* XIIIe) Organiser (un énoncé) en disposant les éléments (mots) selon un ordre déterminé (règles ; norme). *Construire une phrase.* ➤ **construction.** — PRONOM. Finir *se construit avec* de. ➤ **gouverner, régir.** ■ CONTR. Défaire, démolir, détruire, renverser ; déconstruire.

CONSUBSTANTIALITÉ [kɔ̃sypstɑ̃sjalite] **n. f.** – XIIIe ◇ latin ecclésiastique *consubstantialitas* ■ THÉOL. CHRÉT. Unité et identité de substance des personnes de la Trinité.

CONSUBSTANTIATION [kɔ̃sypstɑ̃sjasjɔ̃] **n. f.** – 1567 ◇ latin ecclésiastique *consubstantiatio* ■ THÉOL. CHRÉT. Coexistence des substances du pain et du vin avec celles du corps et du sang du Christ dans l'Eucharistie. *La doctrine de la consubstantiation est luthérienne.*

CONSUBSTANTIEL, IELLE [kɔ̃sypstɑ̃sjɛl] **adj.** – avant 1405 ◇ latin ecclésiastique *consubstantialis* ■ **1** THÉOL. CHRÉT. Qui est un par la substance. *Le Fils est consubstantiel au Père, avec le Père.* — **adv. CONSUBSTANTIELLEMENT.** ■ **2** LITTÉR. ou DIDACT. Coexistant, inséparable. *Consubstantiel à* (qqn, qqch.).

CONSUL, E [kɔ̃syl] **n.** – v. 1370 ; *concile* 1213 ◇ mot latin, de *consulere* « consulter » ■ **1 n. m.** ANTIQ. ROM. L'un des deux magistrats qui exerçaient l'autorité suprême, sous la République. ■ **2 n. m.** HIST. Au Moyen Âge, Magistrat municipal du midi de la France. *Consuls de Toulouse.* ➤ **capitoul.** — Juge choisi parmi les marchands. ■ **3 n. m.** L'un des trois magistrats auxquels la Constitution de l'an VIII avait confié le gouvernement de la République française (1799 à 1804). *Bonaparte, Premier consul.* ■ **4** (1690) COUR. Agent chargé par un gouvernement de la défense des intérêts de ses nationaux et de diverses fonctions administratives dans un pays étranger (➤ **vice-consul**). *Consul de France à Rome. La nouvelle consule générale.*

CONSULAIRE [kɔ̃sylɛʀ] **adj.** – avant 1380 ◇ latin *consularis* ■ **1** ANTIQ. ROM. Relatif aux consuls. *Fastes* consulaires. Comices consulaires,* pour l'élection des consuls. ■ **2** ANCIENNT *Juridiction consulaire,* des juges consuls. — MOD. *Juge consulaire* : juge élu d'un tribunal de commerce. *Chambre consulaire* : établissement public d'État qui regroupe les acteurs économiques (entrepreneurs, artisans, commerçants, agriculteurs) qui participent au développement du territoire (chambre des métiers, chambre de commerce et d'industrie, chambre d'agriculture). *Élu consulaire. Palais consulaire.* ■ **3** Relatif au gouvernement des trois consuls (an VIII). *Régime consulaire.* ➤ **consulat.** ■ **4** MOD. Relatif à un consulat dans un pays étranger. *Agent consulaire. Remplir des fonctions consulaires.*

CONSULAT [kɔ̃syla] **n. m.** – avant 1380 ◇ latin *consulatus* ■ **1** ANTIQ., HIST. Dignité, fonction de consul (Ier, 2e). Temps pendant lequel un consul exerçait sa charge. *Le consulat de Cicéron.* ■ **2** Gouvernement des trois consuls institué par la Constitution de l'an VIII ; le temps qu'il dura. *L'époque du Consulat* (1799-1804). ■ **3** MOD. Charge de consul dans une ville étrangère. *Obtenir le consulat de Beyrouth, de New York.* — Bureaux et services que dirige un consul. ➤ **chancellerie.** *Demande de visa au consulat.*

CONSULTABLE [kɔ̃syltabl] **adj.** – 1660 ◇ de *consulter* ■ Que l'on peut consulter (II, 2e). ➤ **interrogeable.** *Le manuscrit est consultable à la Bibliothèque nationale.*

CONSULTANT, ANTE [kɔ̃syltɑ̃, ɑ̃t] **adj.** et **n.** – 1584 ◇ de *consulter* ■ **1** Qui donne des consultations. ➤ **conseil.** *Avocat consultant. Médecin consultant,* que l'on appelle en consultation (opposé à *médecin traitant*). — **n.** *Un consultant en informatique.* ■ **2 n.** Personne qui consulte un médecin. ➤ **patient.**

CONSULTATIF, IVE [kɔ̃syltatif, iv] **adj.** – 1608 ◇ de *consulter* ■ Que l'on consulte ; qui est constitué pour donner des avis mais non pour décider. *Comité consultatif. Assemblée consultative.* — PAR EXT. *Avoir voix consultative dans une assemblée* : avoir le droit de donner son avis mais non de voter. *À titre consultatif* : pour simple avis. ■ CONTR. Délibératif. Souverain.

CONSULTATION [kɔ̃syltasjɔ̃] **n. f.** – *consultacion* avant 1356 ◇ latin *consultatio* ■ **1** Réunion de personnes qui délibèrent sur une affaire, un cas. *Consultation de spécialistes.* « *Il était en consultation avec d'autres médecins* » ROUSSEAU. ■ **2** (1548) Action de prendre avis. *Consultation populaire.* ➤ **plébiscite.** *Consultation de l'opinion.* ➤ **enquête, sondage.** *La consultation électorale.* ➤ **référendum, vote.** ◆ Plus cour. Action d'examiner, de lire (un ouvrage) pour y chercher une information. *Consultation d'un ouvrage, d'un document. Dictionnaire d'une consultation facile.* ■ **3** (1636) Le fait de consulter (un savant, un avocat, un médecin) pour obtenir son avis. *Après consultation d'un expert.* — Avis donné (par l'avocat, le médecin). *Donner une consultation.* ■ **4** COUR. Examen d'un malade par un médecin dans son cabinet ; informations et conseils donnés par un médecin, en général lors d'un examen. *Cabinet, heures de consultation. Consultation prénatale.*

CONSULTE [kɔ̃sylt] **n. f.** – 1845 ◇ italien *consulta* ■ **1** HIST. Ancienne assemblée administrative en Italie, en Suisse. ■ **2** MOD. En Corse, Large assemblée se réunissant pour traiter d'une question d'intérêt général.

CONSULTER [kɔ̃sylte] **v.** ‹1› – 1410 ◇ latin *consultare*

I **v. intr.** (fin XVe) VIEILLI Examiner un cas en délibérant avec d'autres. ➤ **conférer.** « *Nous avions été consulter, dans une espèce de clinique* » DUHAMEL. — MOD. Donner des consultations (en parlant d'un médecin). *Le docteur X consulte tous les après-midis.* ◆ VX Examiner, réfléchir. « *Je ne consulte pas pour suivre mon devoir* » CORNEILLE.

II **v. tr.** (1549 sans compl.) ■ **1** Demander avis, conseil à (qqn). ➤ **interroger, questionner.** *Consulter un ami, ses parents. Consulter un avocat, un médecin, un expert. Consulter qqn sur, au sujet de qqch. Consulter l'opinion* (cf. Prendre le pouls*). ➤ **sonder.** *Cette personne doit être consultée* (cf. Avoir voix au chapitre*). — ABSOLT Consulter un médecin, et SPÉCIALT un psychiatre, un psychothérapeute. *Tu ne vas pas bien, tu devrais consulter.* « *Les gens ne disent jamais qu'ils consultent, ils avouent voir quelqu'un* » D. FOENKINOS. — PRONOM. (RÉCIPR.) *Ils se sont consultés avant d'agir.* ➤ **se concerter.** ■ **2** (1585) Regarder (qqch.) pour y chercher des éclaircissements, des explications, des renseignements, des indices. *Consulter un manuel, un traité, un dictionnaire.* ➤ **compulser, examiner, se référer** (à). *Ouvrages à consulter* (➤ **bibliographie, documentation**). *Consulter une base de données.* ➤ **interroger.** *Consulter sa montre, une boussole.* ■ **3** LITTÉR. Se laisser guider par. ➤ **écouter, suivre.** « *En toutes choses, il faut consulter la raison autant que l'amitié* » SAND.

■ CONTR. 1 Conseiller, répondre. 1 Écarter, négliger.

CONSULTEUR [kɔ̃syltœʀ] **n. m.** – 1458 « personne consultée » ◇ de *consulter* ■ RELIG. *Consulteur du Saint-Office* : théologien chargé par le pape de donner son avis sur une question de foi, de discipline.

CONSUMER [kɔ̃syme] **v. tr.** ‹1› – v. 1120 ◇ latin *consumere* « détruire » → consommer ■ **1** (XIIe) LITTÉR. Épuiser complètement les forces de (qqn). ➤ **abattre, épuiser, fatiguer, miner, ronger, user.** *La passion, le chagrin le consume.* ◆ (XVIIe) *La maladie, la fièvre qui le consumait.* ◆ PRONOM. (RÉFL.) *Il se consume de douleur.* « *Il ne pouvait plus guère travailler, tant il se consumait et s'affaiblissait* » SAND. ➤ **dépérir.** ■ **2** (1538) VX ou LITTÉR. Dissiper complètement (l'argent ; des aliments, etc.). ➤ **consommer.** « *Il consume son bien en des aumônes et son corps par la pénitence* » LA BRUYÈRE. « *Un jour de larmes consume plus de forces qu'un an de travail* » LAMARTINE. « *Ces trois années, mon père les avait consumées en des efforts d'esprit* » DUHAMEL. ■ **3** (1546) COUR. Détruire par le feu. ➤ **brûler*, calciner, dévorer.** *Le feu a* *consumé tout un quartier.* ➤ **incendier.** «*Le corps était déjà consumé par les flammes*» FÉNELON. — PRONOM. (PASS.) *Le cigare se consume lentement.* ■ CONTR. Fortifier ; conserver, entretenir ; éteindre.

CONSUMÉRISME [kɔ̃symeʀism] **n. m.** – 1972 ◊ anglais américain *consumerism*, de *consumer* «consommateur» ■ ANGLIC. ■ **1** Protection des droits et intérêts du consommateur par l'intermédiaire d'associations, d'actions collectives. ■ **2** Propension à consommer. ♦ Mode de vie basé sur la consommation.

CONSUMÉRISTE [kɔ̃symeʀist] **adj. et n.** – 1972 ◊ de *consumérisme* ■ ANGLIC. ■ **1** Qui prône le consumérisme (1°). *Les journaux consuméristes.* ♦ Partisan du consumérisme. ■ **2** Relatif au consumérisme (2°). *Une société consumériste.* «*La ville s'appréhende comme une fantasmagorie consumériste, un gigantesque ghetto pour milliardaires*» KERANGAL.

CONTACT [kɔ̃takt] **n. m.** – 1586 ; didact. avant XIXe ◊ latin *contactus*, racine *tangere* «toucher» → tact ■ **1** Position, état relatif de corps qui se touchent. *Contact fugitif, prolongé. Certaines maladies se communiquent par contact direct.* ➤ **contagieux.** *Contacts entre deux personnes.* ➤ **attouchement, effleurement ; caresse.** — *Entrer en contact avec qqch.* ➤ **heurter, 1 toucher.** *Point de contact.* ➤ **tangence.** *Établir, maintenir un contact entre deux choses.* ➤ **adhérence.** *Il ne supporte pas le contact du nylon. Au contact de l'air.* — MILIT., SPORT LOC. *Aller au contact* : se rapprocher de l'adversaire, l'affronter. ♦ PHOTOGR. *Planche**-*contact.* ■ **2** ÉLECTR. *Contact électrique* : jonction entre deux conducteurs, assurant le passage du courant. *Il y a un faux contact.* — Élément d'un connecteur réalisant un contact électrique. ➤ **manocontact.** ♦ Dispositif permettant l'allumage d'un moteur thermique. *Clé de contact. Mettre, couper le contact.* ■ **3** (XIXe, répandu sous l'influence de l'anglais) Relation (entre personnes ou entités humaines). ➤ **rapport, relation.** *Avoir un bon contact avec qqn.* «*Le désir du contact, du coudoiement*» MAUPASSANT. «*nos conversations servent à maintenir une sorte de contact*» J.-P. DUBOIS. «*Dès le premier contact avec les gens*» CHARDONNE. ➤ **1 rencontre.** *Les contacts humains. Vous devriez prendre des contacts avec cette société* (➤ **se rapprocher**). — *En contact avec* : en relation. *Entrer, se mettre, rester en contact avec qqn.* — *Au contact de qqn, qqch.*, sous son influence. *Il a changé à son contact.* «*J'ai perdu au contact des hommes toute la fraîcheur de mes névroses*» CIORAN. — *Prendre contact avec qqn.* ➤ **contacter, joindre.** *Prise de contact* (➤ **communication, 1 rencontre**). *Garder le contact. Perdre le contact* : s'éloigner, se séparer. *Reprendre contact avec qqn.* ➤ **recontacter.** ♦ *Contact radio* : liaison hertzienne (entre deux personnes). *Pilote qui établit, garde, perd le contact radio avec la tour de contrôle.* ♦ MILIT. *Entrer en contact avec l'ennemi. Établir, rompre le contact* (➤ **combat**). ■ **4** (XXe) ANGLIC. Personne avec laquelle un agent secret, un résistant, etc., doit rester en contact. *Pseudonyme, mot de passe d'un contact.* «*J'ai vu mon contact à la DGSI ce matin. Je crois qu'on a réussi à déjouer les caméras de surveillance*» M. DUGAIN. — Personne auprès de laquelle on peut obtenir discrètement des renseignements, une marchandise. *La police avait des contacts dans le milieu.* ♦ Personne avec laquelle on est en contact par un moyen de communication (téléphone, messagerie, réseau social...) ; son nom, ses coordonnées. *Liste des contacts.* «*Sur mon téléphone portable, j'ai retiré ton nom de mes contacts*» J.-L. FOURNIER. ■ **5** (1933 *verres de contact* ◊ de l'anglais *contact lenses*) *Lentilles, verres de contact* : verres correcteurs de la vue qui s'appliquent directement sur l'œil. ➤ **cornéen ; contactologie.** ■ CONTR. Éloignement, séparation.

CONTACTER [kɔ̃takte] **v. tr.** ‹1› – 1842, répandu v. 1940 ◊ de *contact*, d'après l'anglais ■ Emploi critiqué Prendre contact avec (qqn). ➤ **rencontrer, 1 toucher.** *Contactez-le dès votre retour. Contacter qqn par téléphone.* ➤ **joindre.**

CONTACTEUR [kɔ̃taktœʀ] **n. m.** – 1927 ◊ de *contact* ■ ÉLECTR. Dispositif permettant d'établir ou de couper un contact électrique. ➤ **commutateur, disjoncteur, interrupteur.**

CONTACTOLOGIE [kɔ̃taktɔlɔʒi] **n. f.** – 1980 ◊ de *(lentilles, verres de) contact* et *-logie* ■ DIDACT. Partie de l'ophtalmologie qui traite des verres de contact*. — **n. CONTACTOLOGUE.**

CONTAGE [kɔ̃taʒ] **n. m.** – 1863 ◊ latin *contagium* → contagion ■ MÉD. Cause matérielle de la contagion. ■ HOM. Comptage.

CONTAGIEUX, IEUSE [kɔ̃taʒjø, jøz] **adj.** – v. 1300 ◊ latin *contagiosus* ■ **1** Qui se communique par contagion* (➤ **contage**). *La rougeole est contagieuse.* ➤ **transmissible.** *Propagation d'une maladie contagieuse.* ➤ **épidémie.** «*Les maladies seules sont contagieuses, et rien d'exquis ne se propage par contact*» GIDE. — PAR EXT. *Virus contagieux.* ■ **2** (PERSONNES) Qui ayant une maladie, peut la communiquer. *Cette personne est contagieuse.* — SUBST. *Un contagieux.* ■ **3** FIG. Qui se communique facilement. «*La trahison n'est pas contagieuse, mais le martyre est épidémique*» MAUROIS. *Rire contagieux.* ➤ **communicatif.** ■ CONTR. Incommunicable, intransmissible.

CONTAGION [kɔ̃taʒjɔ̃] **n. f.** – 1375 ◊ latin *contagio*, racine *tangere* «toucher» ■ **1** Transmission d'une maladie à une personne saine, par contact direct avec un malade *(contagion directe)* ou par l'intermédiaire d'un contage *(contagion indirecte).* ➤ **communication, contamination, infection, transmission ; épidémie, pandémie.** *S'exposer à la contagion. Précautions contre la contagion* (mise en quarantaine, cordon* sanitaire). ■ **2** Transmission involontaire. ➤ **propagation.** *Contagion du rire.* «*La contagion des fureurs populaires est parfois si grande et si rapide*» MICHELET. — **v. tr.** ‹1› RARE **CONTAGIONNER**, 1845.

CONTAGIOSITÉ [kɔ̃taʒjozite] **n. f.** – 1425 ◊ de *contagieux* ■ MÉD. Caractère contagieux (d'une maladie).

CONTAINER [kɔ̃tɛnɛʀ] **n. m.** – 1932 ◊ mot anglais «récipient ; contenant» ■ ANGLIC. ➤ **conteneur (recomm. offic.).**

CONTAMINATEUR, TRICE [kɔ̃taminatœʀ, tʀis] **adj. et n.** – 1561 «celui qui altère, endommage» ◊ de *contaminer* ■ MÉD. Qui transmet une maladie.

CONTAMINATION [kɔ̃taminasjɔ̃] **n. f.** – milieu XIVe ◊ latin *contaminatio* ■ **1** VX Souillure résultant d'un contact impur. ■ **2** Envahissement (d'un objet, d'un milieu, d'un organisme vivant) par des micro-organismes pathogènes (➤ **contage, contagion**), ou par des polluants. *La contamination d'un sujet par un agent infectieux. La contamination de l'eau par des produits chimiques.* ➤ **pollution.** *Contamination croisée*, indirecte, par un intermédiaire ayant été au contact d'un agent infecté, d'un allergène... — Présence anormale d'une substance radioactive dans un milieu, sur une surface. ■ **3** (1906) LING. ➤ **analogie, attraction.** *Contamination d'un mot par un autre, entre deux mots.* ■ CONTR. Décontamination. Purification.

CONTAMINER [kɔ̃tamine] **v. tr.** ‹1› – 1213 ◊ latin *contaminare* ■ **1** RELIG. Souiller par un contact impur. ■ **2** Transmettre une maladie à (qqn). *Il a contaminé ses camarades.* — **p. p. adj.** *Sang contaminé* (par le virus du sida). ♦ Polluer. ➤ **infecter.** *Les nitrates ont contaminé la rivière.* **p. p. adj.** Envahi par des micro-organismes et, de ce fait, capable de transmettre une infection. *Eau contaminée.* — Rendre radioactif. **p. p. adj.** *Zone contaminée.* ■ **3** FIG. Avoir une mauvaise influence sur (qqn). *Sa mauvaise humeur nous a contaminés.* ➤ **envahir, gagner.** ■ CONTR. Assainir, décontaminer, désinfecter, guérir, purifier, stériliser.

CONTE [kɔ̃t] **n. m.** – v. 1130 ◊ de *conter* ■ **1** VX Récit de faits réels. Histoire. ■ **2** (v. 1200) Court récit de faits, d'aventures imaginaires, destiné à distraire. ➤ **fiction.** *Contes populaires. Contes et légendes germaniques. Contes en vers* (**ex.** La Fontaine), *en prose. Les contes de Perrault, de Grimm, d'Andersen. Contes pour enfants.* «*Contes du lundi*», *de Daudet.* «*Trois Contes*», *de Flaubert.* — *Contes philosophiques, satiriques.* — LOC. **CONTE DE FÉES** : récit merveilleux où interviennent les fées. LOC. *C'est un vrai conte de fées*, une aventure étonnante et délicieuse. ■ **3** (1538) VX ou LITTÉR. Histoire invraisemblable et mensongère. ➤ **chanson, fable, sornette.** «*ce sont là des contes à dormir debout*» MOLIÈRE. ■ HOM. Compte, comte.

CONTEMPLATEUR, TRICE [kɔ̃tɑ̃platœʀ, tʀis] **n.** – avant 1380 ◊ latin *contemplator* ■ Personne qui contemple ; personne qui se livre à la contemplation intérieure. «*Plus un contemplateur a l'âme sensible [...]*» ROUSSEAU. ➤ **contemplatif, rêveur.**

CONTEMPLATIF, IVE [kɔ̃tɑ̃platif, iv] **adj.** – v. 1170 ◊ latin *contemplativus* ■ **1** Qui se plaît dans la contemplation, la méditation. *Esprit contemplatif.* «*Son âme était contemplative, il vivait plus par la pensée que par l'action*» BALZAC. ■ **2** RELIG. *Ordre contemplatif* : ordre religieux voué à la méditation. *Religieux contemplatif* : religieux cloîtré. — SUBST. *Un contemplatif.* ■ CONTR. Actif, 2 pratique, réaliste.

CONTEMPLATION [kɔ̃tɑ̃plasjɔ̃] **n. f.** – v. 1174 ◊ latin *contemplatio* ■ Action de contempler. ■ **1** Le fait de s'absorber dans l'observation attentive et généralement agréable (de qqn, qqch.). *La contemplation du ciel, de la mer. Rester en contemplation devant une œuvre d'art.* ■ **2** Concentration de l'esprit (sur un sujet intellectuel ou religieux). ➤ **méditation.** *Être plongé, s'abîmer dans la contemplation.* «*Les Contemplations*», *poésies de V. Hugo.* ♦ RELIG. Communion de l'âme avec Dieu. ➤ **extase, mysticisme.** «*La contemplation est la fin dernière de l'âme humaine*» BLOY.

CONTEMPLER [kɔ̃tɑ̃ple] **v. tr.** ‹1› – 1265 ◊ latin *contemplari* ■ Considérer attentivement ; s'absorber dans l'observation de. *Contempler un monument, un spectacle.* «*Je la contem-*

plais avec cette horreur qui me saisit quand je perçois, chez une créature humaine, la présence de la bête» DUHAMEL. — SPÉCIALT Regarder avec admiration. *Contempler le paysage. Contempler ses enfants.* ♦ **SE CONTEMPLER** v. pron. (réfl.). Se regarder longuement avec plaisir. *Narcisse se contemplait dans l'eau d'une fontaine.* ➤ **se mirer, se regarder.** *Se contempler dans un miroir.* ♦ (RÉCIPR.) *Ils se contemplaient avec étonnement.*

CONTEMPORAIN, AINE [kɔ̃tɑ̃pɔʀɛ̃, ɛn] adj. et n. – avant 1475 ♢ latin *contemporaneus* ; de *tempus* «temps» ▪ **1** *Contemporain de :* qui est du même temps que. *Jeanne d'Arc était contemporaine, la contemporaine de Charles VII. Des évènements contemporains,* qui se sont produits à la même époque. *Van Gogh mourut ignoré de ses contemporains.* ▪ **2** ABSOLT Qui est de notre temps. ➤ **actuel, moderne,** 1 **présent.** *Étudier les auteurs contemporains, la littérature contemporaine. Aimer la musique contemporaine.* SPÉCIALT *Histoire contemporaine,* après 1789. ▪ CONTR. Antérieur, postérieur. Ancien.

CONTEMPORANÉITÉ [kɔ̃tɑ̃pɔʀaneite] n. f. – 1798 ♢ du latin *contemporaneus* ▪ RARE Relation des personnes, des choses contemporaines. ▪ CONTR. Antériorité, postériorité.

CONTEMPTEUR, TRICE [kɔ̃tɑ̃ptœʀ, tʀis] n. – 1449 ♢ latin *contemptor* ▪ LITTÉR. Personne qui méprise, dénigre (qqn, qqch.). ➤ 2 **critique, dénigreur.** *Les contempteurs de la morale.* ▪ CONTR. Laudateur.

CONTENANCE [kɔ̃t(ə)nɑ̃s] n. f. – 1080, sens II ♢ de *contenir*

I ▪ **1** (XIIIe) VX OU TECHN. Superficie (d'un champ ; d'un terrain). *Une contenance de cent hectares.* ▪ **2** (XVIIe) COUR. Quantité de ce qu'un récipient (➤ **contenant**) peut contenir. ➤ **capacité, volume.** *Contenance d'une bouteille, d'un réservoir, d'une citerne. Le litre, unité usuelle de contenance. Contenance d'un navire, d'un pétrolier.* ➤ **tonnage.** *Armoire d'une grande contenance.*

II (de *contenir* «se comporter» en ancien français) Manière de se tenir, de se présenter. ➤ 2 **air, allure, attitude, maintien,** 1 **mine.** *Contenance assurée, ferme, fière.* ➤ **aplomb, assurance, prestance.** *Contenance humble, modeste, embarrassée, gênée. «je m'efforçais de garder une aimable contenance»* BOSCO. — LOC. *Se donner, prendre une contenance,* une attitude servant à déguiser son embarras. *Perdre contenance :* être subitement déconcerté, confus ; se démonter, se troubler. ➤ **se décontenancer.** *Faire bonne contenance :* ne pas se déconcerter, garder son sang-froid, et PAR EXT. montrer du courage, de la fermeté. *Faire bonne contenance devant le gagnant du titre.*

CONTENANT [kɔ̃t(ə)nɑ̃] n. m. – XVIe ♢ de *contenir* ▪ Ce qui contient qqch. ➤ **récipient.** *Le contenant et le contenu.* ▪ CONTR. 2 Contenu.

CONTENEUR [kɔ̃t(ə)nœʀ] n. m. – 1956 ♢ de *contenir* ▪ **1** Caisse métallique normalisée pour le transport (➤ **cadre**), le parachutage de marchandises, de matériel militaire. ♦ PAR EXT. Caisse servant au transport des marchandises. *Conteneur ferroviaire. «les conteneurs de métal qui s'empilent sur les quais sécurisés des terminaux portuaires»* KERANGAL (➤ **porte-conteneur**). *Mettre des marchandises en conteneur* (v. tr. ‹1› **CONTENEURISER**). ▪ **2** Récipient destiné à recevoir des déchets recyclables (verre, papier, plastique...). *Conteneur à bouteilles.* — (Belgique) *Parc à conteneurs.* ➤ **déchèterie.** — Recomm. offic. pour *container**.

CONTENIR [kɔ̃t(ə)niʀ] v. tr. ‹22› – XIIe ♢ latin *continere*

I ▪ **1** Avoir, comprendre* en soi, dans sa capacité, son étendue, sa substance. ➤ **renfermer.** *Cette terre contient du sable. Boisson qui contient de l'alcool. Une grande enveloppe contenant le courrier. Une armoire contenant du linge.* ▪ **2** (1530) Avoir une capacité de. ➤ **mesurer, tenir.** *La barrique bordelaise contient 225 litres. Salle qui contient, peut contenir deux mille spectateurs.* ➤ **accueillir, recevoir.** — VIEILLI Avoir une étendue de. ➤ **s'étendre** (sur). ▪ **3** Avoir (un certain nombre d'éléments). ➤ **compter.** *Ce dictionnaire contient plus de quarante mille articles. — Les articles contenus dans ce dictionnaire.* ▪ **4** (ABSTRAIT) ➤ **renfermer.** *Que contient cette lettre ?* (➤ 1 **teneur**). *Ce mémoire contient tous les détails.* ➤ **embrasser, inclure.** *Ce volume contient toute l'œuvre de Platon. Ce livre contient bien des erreurs.* ➤ **comporter, recéler.** *L'idée d'effet contient celle de cause.* ➤ **impliquer.** — *Les idées contenues dans ce texte.* ▪ **5** Empêcher d'avancer, de s'étendre ; faire tenir dans certaines limites. ➤ **endiguer, enfermer, enserrer, limiter, maîtriser, maintenir, retenir, tenir.** *Contenir la foule, les manifestants. Contenir l'ennemi,* le tenir en échec. ♦ *Contenir ses larmes, ses sanglots.* ➤ **refouler, réprimer.** *Contenir son émotion, sa surprise, sa colère.* ➤ **dominer, réfréner.** *«La joie va m'inonder le cœur et j'en contiens la violence»* SAINT-EXUPÉRY.

II SE CONTENIR v. pron. (1530) Ne pas exprimer un sentiment fort. ➤ **se contrôler, se dominer, se maîtriser, se modérer, se retenir.** *J'ai eu du mal à me contenir devant la drôlerie de la situation. «Hélas ! il faut se modérer, se contenir, trouver des phrases atténuées»* ROMAINS.

▪ CONTR. Exclure. Céder. — Exprimer (s') ; 1 aller (se laisser aller), éclater.

CONTENT, ENTE [kɔ̃tɑ̃, ɑ̃t] adj. – fin XIIIe ♢ latin *contentus,* de *continere* → contenir ▪ Satisfait. ▪ **1** *Content de qqch.* — VX Comblé, qui n'a plus besoin d'autre chose. *«Qui vit content de rien possède toute chose»* BOILEAU. — SUBST. M. (fin XVe) *Avoir son content :* être comblé ; aussi IRON. (cf. Être gâté). ♦ MOD. Heureux de (qqch.). ➤ **enchanté, ravi, satisfait.** *Il est content de son sort. Je suis assez content de mon acquisition,* elle me plaît* assez. — *Je suis contente de m'en aller. «Une femme qu'on serait [...] content de quitter»* ROMAINS. *Nous sommes contents qu'il fasse beau.* — LOC. **NON CONTENT DE** (et inf.). *Non content d'être endetté, il emprunte à tous ses amis,* il ne lui suffit pas de (cf. Non seulement). ▪ **2** *Content de qqn,* satisfait de son comportement. *«Soldats, je suis content de vous»* BONAPARTE. *Vous en serez content.* ♦ *Content de soi :* satisfait de soi, de ses actes (cf. Avoir bonne conscience*) ; SPÉCIALT suffisant, vaniteux. *Le vrai bourgeois «est toujours content de lui, et facilement content des autres»* JOUBERT. ▪ **3** ABSOLT, VX Comblé (par son sort, les circonstances). ♦ MOD. Qui éprouve un plaisir (motivé par une raison précise). ➤ **gai, heureux.** *Ainsi, tout le monde est content. Jamais content. Il n'a pas l'air content :* il a l'air fâché. *Et maintenant, vous voilà content !* vous êtes bien avancé ! ▪ CONTR. Ennuyé, fâché, insatisfait, mécontent, triste. ▪ HOM. Comptant.

CONTENTEMENT [kɔ̃tɑ̃tmɑ̃] n. m. – 1468 ♢ de *contenter* ▪ **1** VX OU LITTÉR. Action de satisfaire (les besoins), de contenter (qqn). ➤ **satisfaction.** *Le contentement des sens.* ➤ **assouvissement.** *«Oui ; l'intérêt de tous, avant le contentement d'un seul»* GIDE. ▪ **2** État d'une personne qui ne désire rien de plus, rien de mieux que ce qu'elle a. ➤ 1 **aise, bonheur, félicité, joie,** 1 **plaisir, ravissement, satisfaction.** *«Le signe le plus assuré du vrai contentement d'esprit est la vie retirée»* ROUSSEAU. — *Le contentement de soi.* ➤ **autosatisfaction, orgueil, suffisance, vanité.** — PROV. *Contentement passe richesse* (cf. L'argent ne fait pas le bonheur). ▪ CONTR. 2 Chagrin, contrariété, ennui, mécontentement.

CONTENTER [kɔ̃tɑ̃te] v. tr. ‹1› – *contemter* 1314 ♢ de *content* ▪ **1** Rendre (qqn) content en lui donnant ce qu'il désire. ➤ **combler, satisfaire.** *«Je suis donc content de toi et je voudrais te contenter pareillement»* SAND. *On ne saurait contenter tout le monde.* ➤ **plaire** (à). *«est bien fou du cerveau, Qui prétend contenter tout le monde et son père»* LA FONTAINE. *Faire des concessions pour contenter qqn. Contenter qqn qui réclame.* ➤ **apaiser, calmer, exaucer.** *Un rien le contente.* ➤ **suffire** (à). *Facile à contenter* (➤ **accommodant, arrangeant**), *difficile à contenter* (➤ **exigeant**). ♦ PAR EXT. Satisfaire (un besoin). *Contenter son envie, sa curiosité.* ➤ **assouvir.** *«En trois années, elle avait contenté une seule de ses envies»* ZOLA. ▪ **2** Plus cour. **SE CONTENTER** v. pron. (restrictif). *Se contenter de qqch. :* ne rien demander de plus ni de mieux. ➤ **s'accommoder, s'arranger.** *Se contenter d'un repas par jour. Se contenter de ce qu'on a. Il se contente de peu. Je m'en contenterai ! «Je ne veux pas me contenter de connaissances vagues»* FUSTEL DE COULANGES. ♦ *Se contenter de faire qqch.,* faire seulement. ➤ **se borner.** *Pour répondre, elle s'est contentée de sourire.* — IRON. *Ne vous contentez pas de balayer autour des meubles !* ▪ CONTR. Attrister, contrarier, mécontenter.

CONTENTIEUX, IEUSE [kɔ̃tɑ̃sjø, jøz] adj. et n. m. – 1257 ♢ du latin *contentiosus* «querelleur» ▪ **1** DR. Qui est, ou qui peut être l'objet d'une discussion devant les tribunaux. ➤ **contesté, litigieux.** *Affaire contentieuse. Juridiction contentieuse* (opposé à *gracieux*). ▪ **2** n. m. (1797) Ensemble des litiges susceptibles d'être soumis aux tribunaux. *Un contentieux administratif, commercial.* — PAR EXT. Service qui s'occupe des affaires litigieuses (dans une entreprise). ➤ **affacturage.** *Chef du contentieux.* ▪ **3** VX Qui soulève des débats, des discussions.

CONTENTIF, IVE [kɔ̃tɑ̃tif, iv] adj. – 1752 ; «qui contient» fin XIVe ♢ du latin *contentus* ▪ MÉD. Qui maintient en place. *Appareil, bandage contentif.*

1 **CONTENTION** [kɔ̃tɑ̃sjɔ̃] n. f. – début XIIIe ; cf. ancien français *contençon* ♢ latin *contentio,* de *contendere* «lutter» ▪ **1** VX Débat, dispute. ▪ **2** (XIVe) LITTÉR. Tension des facultés intellectuelles appliquées à un objet. ➤ **application, attention, concentration, contrainte, effort.** *Contention d'esprit.*

2 **CONTENTION** [kɔ̃tɑ̃sjɔ̃] n. f. – 1771 ♢ latin des médecins *contentio* ▪ **1** CHIR. Action de maintenir, par des moyens artificiels, des organes accidentellement déplacés. *«Un excellent appareil pour la contention des fractures de la cuisse»* DUHAMEL. *Conten-*

tion souple. ➤ **strapping.** — MÉD. *Bas de contention,* qui exercent une compression sur les membres, soulageant l'insuffisance veineuse *(orthèses élastiques de contention des membres).* ▪ **2** Immobilisation (de patients en psychiatrie, gériatrie, réanimation, orthopédie) par divers moyens (camisole, ceinture, etc.).

1 **CONTENU, UE** [kɔ̃t(ə)ny] **adj.** – de *contenir,* I, 5° ▪ Que l'on se retient d'exprimer ; maîtrisé, réprimé, surmonté. *Rien « n'était plus propre à me toucher que cette émotion contenue »* GIDE. ▪ CONTR. Exprimé, violent.

2 **CONTENU** [kɔ̃t(ə)ny] **n. m.** – *contenut* sens fig. 1343 ◇ de *contenir* ▪ **1** Ce qui est dans un contenant. *Le contenu d'un récipient. L'étiquette indique la nature du contenu. Contenu d'un camion, d'un bateau.* ➤ **chargement.** *Manger le contenu d'une assiette* (une assiettée ; suff. *-ée*). *Vider le contenu d'un sac.* ▪ **2** FIG. Ce qu'exprime un texte, un discours. ➤ 1 **teneur.** *Le contenu d'une lettre, d'un livre, d'une loi. Le contenu de son message est clair.* ▪ **3** LING. Ce que signifie un signe. ➤ **signifié.** *Le contenu et l'expression**. *Analyse de contenu :* analyse sémantique. *« des mots qui leur paraissent pleins d'un magique pouvoir et dont ils seraient vivement embarrassés de définir le contenu »* CAILLOIS. — SPÉCIALT (opposé à *signification*) Ce que signifie une phrase asémantique. ▪ **4** AU PLUR. Ensemble de connaissances ou d'informations mises à disposition (de qqn, d'un public). *Contenus d'enseignement. Création de contenus en ligne. Contenus audiovisuels, musicaux.* — *Fournisseur de contenus :* prestataire qui propose des informations, des données sur Internet. *Ferme de contenus.* ➤ 2 **ferme.** ▪ CONTR. Contenant.

CONTER [kɔ̃te] **v. tr.** ‹1› – 1080 ◇ de *computare* → compter ▪ **1** VX OU RÉGION. Exposer par un récit. ➤ 1 **dire, narrer, raconter, relater.** *Contez-nous la chose en détail, comment la chose est arrivée.* — IRON. *Allez, contez-nous vos malheurs.* ➤ **raconter.** ▪ **2** Dire (une histoire) pour amuser. ➤ **conteur.** — *Conter fleurette**. *« Si* Peau d'âne *m'était conté, J'y prendrais un plaisir extrême »* LA FONTAINE. ▪ **3** VIEILLI Dire (une chose inventée) pour abuser. *Que me contez-vous là !* ➤ **chanter.** — **EN CONTER À QQN.** ➤ **abuser, tromper.** *Il ne s'en laisse pas conter, il ne faut pas lui en conter :* on ne l'abuse pas facilement. ▪ HOM. Compter, comté.

CONTESTABLE [kɔ̃tɛstabl] **adj.** – attesté 1690 (cf. *contestablement* 1611) ◇ de *contester* ▪ Qui peut être contesté. ➤ **discutable, douteux.** *Un choix, une décision très contestable. Pour le moins contestable :* plutôt mauvais. ▪ CONTR. Assuré, certain, incontestable, sûr.

CONTESTANT, ANTE [kɔ̃tɛstɑ̃, ɑ̃t] **n.** et **adj.** – 1678 ◇ de *contester* ▪ RARE Personne qui conteste. ➤ **contestataire.** *Les contestants de tous bords.* — **adj.** *Personnalité contestante.* DR. *Les parties contestantes.*

CONTESTATAIRE [kɔ̃tɛstatɛʀ] **adj.** et **n.** – 1968 ◇ dérivé savant de *contester* ▪ **1** Qui s'oppose par la contestation. *Étudiants contestataires. Prêtres contestataires.* — **n.** *« Il parlait trop, n'admirait pas assez : un contestataire »* COURCHAY. ▪ **2** Relatif à la contestation. *Vote contestataire.* ➤ **protestataire.** *« les idéaux contestataires des décennies précédentes »* DUTEURTRE.

CONTESTATION [kɔ̃tɛstasjɔ̃] **n. f.** – fin XIVe ◇ latin *contestatio* ▪ **1** Le fait de contester qqch. ; discussion sur un point contesté. ➤ **controverse, débat, discussion, objection.** *Élever une contestation sur un point. Donner lieu à de nombreuses contestations. Il y a matière, sujet à contestation. Sans contestation possible.* ➤ **incontestablement** (cf. Sans conteste). *Contestation d'une décision ; contestation d'état, de paternité.* ➤ **dénégation, désaveu, litige, procès.** — ABSOLT (1968) Attitude de remise en cause des idées reçues dans un groupe social ; refus de l'idéologie régnante. *Porté à la contestation.* ➤ **contestataire.** *La contestation gagne.* ▪ **2** Vive opposition. *Entrer en contestation avec qqn.* ➤ **altercation, démêlé, différend, dispute, querelle.** *Trancher une contestation.*

CONTESTE (SANS) [sɑ̃kɔ̃tɛst] **loc. adv.** – 1656 ; n. f. 1584 ◇ de *contester* ▪ Sans contredit, sans discussion possible. ➤ **assurément, incontestablement.** *Il est, sans conteste, le meilleur.*

CONTESTER [kɔ̃tɛste] **v. tr.** ‹1› – 1338 ◇ provençal *contestar* (1140) ; latin juridique *contestari* « plaider en produisant des témoins » ▪ **1** Mettre en discussion (le droit, les prétentions de qqn). ➤ **discuter.** *Contester le titre, la succession de qqn. Contester les déclarations d'un témoin. Contester la compétence d'un tribunal.* ➤ **récuser.** *Personne ne lui conteste son autorité. On lui conteste le droit de...* ➤ **dénier, refuser.** ▪ **2** Mettre en discussion, en doute. ➤ **controverser, discuter, nier.** *Contester un fait. Contester la vérité d'une nouvelle* (cf. Révoquer* en doute). *« Je trouve naturel que le génie [...] ne soit contesté de personne »* AYMÉ. *Je conteste qu'il soit sincère. Je ne conteste pas qu'il réussisse, qu'il réussira.* — **p. p. adj.** *Cette théorie est très contestée.* ➤ **controversé, discuté.** — ABSOLT *Il aime contester.* ➤ **chicaner, contredire, controverser, discuter.** *« Je ne conteste jamais ; je ne réfute personne »* SAINTE-BEUVE. *Contester sur des détails.* ➤ **ergoter.** ◆ SPÉCIALT (1968) Faire de la contestation*, être contestataire*. ▪ CONTR. Admettre, approuver, attester, avérer, avouer, certifier, concéder, croire, reconnaître. Incontesté.

CONTEUR, EUSE [kɔ̃tœʀ, øz] **n.** – *conteor* 1155 ◇ de *conter* ▪ **1** VX Personne qui conte qqch. ➤ **narrateur.** ▪ **2** MOD. Personne qui compose, dit ou écrit des contes. *Un excellent conteur. Les conteurs du Moyen Âge. « Sur la place du village [...], un homme récite l'histoire des tribus dans une langue que je ne comprends pas. C'est le conteur. C'est le livre vivant »* N. BOURAOUI. — APPOS. *Les poètes conteurs.* ▪ HOM. Compteur.

CONTEXTE [kɔ̃tɛkst] **n. m.** – 1539 ◇ latin *contextus* « assemblage », de *contexere* « tisser avec » ▪ **1** Ensemble du texte qui entoure un mot, une phrase, un passage et qui sélectionne son sens, sa valeur. *Éclaircir un mot ambigu par le contexte. Citation isolée de son contexte. Se reporter au contexte. Un contexte de trois lignes. Mots remis dans leur contexte.* ➤ **concordance.** ▪ **2** Ensemble des circonstances dans lesquelles s'insère un fait. ➤ **situation.** *Contexte situationnel, politique, familial, médical* (➤ **environnement**). *Replacer un fait dans son contexte.* ➤ **contextualiser.** *Dans le contexte actuel.* ➤ **conjoncture.** — (Avec un subst.) *Dans le contexte de l'économie mondiale.*

CONTEXTUALISATION [kɔ̃tɛkstyalizasjɔ̃] **n. f.** – 1973 ◇ de *contextuel* ▪ **1** LING. Passage d'une unité de la langue dans le discours. ▪ **2** DIDACT. Mise en contexte. *La contextualisation d'un texte.*

CONTEXTUALISER [kɔ̃tɛkstɥalize] **v. tr.** ‹1› – 1991 ◇ de *contextuel* ▪ DIDACT. Replacer dans le contexte. *Contextualiser une œuvre.*

CONTEXTUEL, ELLE [kɔ̃tɛkstɥɛl] **adj.** – 1963 ◇ de *contexte* ▪ LING. Relatif au contexte* (1°). *Sens contextuel.*

CONTEXTURE [kɔ̃tɛkstyʀ] **n. f.** – XIVe ◇ du latin *contextus* « assemblage » ▪ **1** Manière dont les éléments d'un tout organique complexe se présentent. ➤ **agencement, composition, constitution, organisation, structure.** *« La contexture des différents plans de fibres musculaires »* CONDORCET. — *La contexture des fibres d'une étoffe, d'un tissu.* ➤ **armure, entrecroisement, texture.** ▪ **2** (1690) VIEILLI Composition d'une œuvre ; arrangement de ses parties. ➤ **structure.**

CONTIGU, UË [kɔ̃tigy] **adj.** /fém. CONTIGÜE/ – v. 1377 ◇ latin *contiguus,* de *contingere* « toucher » ▪ Qui touche à autre chose. ➤ **accolé, adjacent, attenant, avoisinant, voisin.** *Deux jardins contigus.* ➤ **mitoyen.** *Cimetière contigu à l'église.* — FIG. *Ils travaillent dans des domaines contigus.* ➤ **proche, voisin.** ▪ CONTR. Distant, éloigné, séparé.

CONTIGUÏTÉ [kɔ̃tigɥite] **n. f.** /CONTIGÜITÉ/ – XVe ◇ de *contigu* ▪ État de ce qui est contigu. ➤ **contact, mitoyenneté, proximité, voisinage.** *La contiguïté de deux terrains. « la contiguïté de cultures différentes »* PROUST. — FIG. *« Reconnaître serait donc associer à une perception présente les images données jadis en contiguïté avec elle »* BERGSON. ▪ CONTR. Distance, éloignement, séparation. Opposition.

CONTINENCE [kɔ̃tinɑ̃s] **n. f.** – fin XIIe ◇ de 1 *continent* ▪ **1** État de qqn qui s'abstient de tout plaisir charnel. *La continence volontaire, considérée comme vertu.* ➤ **ascétisme, chasteté, pureté.** *Vivre dans la continence.* ▪ **2** MÉD. État d'un sphincter continent. ▪ CONTR. Incontinence, intempérance, luxure.

1 **CONTINENT, ENTE** [kɔ̃tinɑ̃, ɑ̃t] **adj.** – 1160 ◇ latin *continens,* de *continere* « contenir » ▪ **1** LITTÉR. OU VIEILLI Qui observe, pratique la continence. ➤ **chaste, pur.** ▪ **2** MÉD. Se dit d'un sphincter qui fonctionne normalement (anus, vessie). ▪ CONTR. 1 Incontinent.

2 **CONTINENT** [kɔ̃tinɑ̃] **n. m.** – 1532 ◇ latin *continens (terra),* de *continere* « tenir ensemble » ▪ **1** Grande étendue de terre limitée par un ou plusieurs océans. *La dérive des continents.* ▪ **2** Partie du monde. *Les six continents :* l'Europe, l'Asie, l'Afrique, l'Amérique, l'Océanie et l'Antarctique. — *Le septième continent, le continent de plastique :* plaque formée de débris flottants qui s'accumulent dans les gyres océaniques. — VIEILLI *L'Ancien Continent :* l'Europe, l'Asie et l'Afrique. *Le Nouveau Continent :* les deux Amériques. *Le continent nord-américain.* ➤ **sous-continent.** ▪ **3** (1665) La terre par rapport à une île. *Retourner sur le continent.* — SPÉCIALT L'Europe (par opposition aux îles Britanniques).

CONTINENTAL, ALE, AUX [kɔ̃tinɑ̃tal, o] **adj.** – 1773 ◇ de 2 *continent* ▪ **1** Relatif à un continent. *Climat continental,* des terres éloignées de l'influence océanique (grands écarts de température ; pluies assez fortes en été). — *Plateau continental :*

partie du relief sous-marin proche des côtes. ♦ SPÉCIALT Qui appartient au continent européen. *Les puissances continentales. Blocus continental. — Petit-déjeuner continental* (opposé au *breakfast* anglais). ■ **2** n. Personne qui habite le continent (opposé à *insulaire*).

CONTINENTALITÉ [kɔ̃tinɑ̃talite] **n. f.** – attesté 1952 ◇ de *continental* ■ DIDACT. Caractère de ce qui est continental. — SPÉCIALT Ensemble de caractères du climat* continental. ■ CONTR. Insularité.

CONTINGENCE [kɔ̃tɛ̃ʒɑ̃s] **n. f.** – 1340 ◇ de *contingent* ■ **1** PHILOS. Caractère de ce qui est contingent. ➤ **éventualité.** — LOG. Un des quatre modes* de la logique modale. ■ **2** (1896) COUR. *Les contingences :* les choses qui peuvent changer, qui n'ont pas une importance capitale. *Ne pas se soucier des contingences. Les contingences de la vie quotidienne :* les évènements terre à terre. ■ CONTR. Nécessité.

CONTINGENT, ENTE [kɔ̃tɛ̃ʒɑ̃, ɑ̃t] **adj.** et **n. m.** – 1361 ◇ latin *contingens,* p. prés. de *contingere* «arriver par hasard»
I adj. ■ **1** PHILOS. Qui peut se produire ou non (opposé à *nécessaire*). ➤ **accidentel, 1 casuel, conditionnel, éventuel, fortuit, 1 incertain, occasionnel.** *Évènement contingent, chose contingente,* soumis(e) au hasard. ■ **2** COUR. Sans importance ; non essentiel. «*Les faits contingents de leur vie ;* [...] *les petits faits*» GIDE.
II n. m. ■ **1** (1690) Effectif des appelés au service militaire, de soldats affectés à une mission donnée. ➤ **classe.** *Appel d'un contingent. Les soldats du contingent. Envoi d'un contingent canadien en Europe.* — PAR EXT. *Tout un contingent de touristes.* ■ **2** DR. Limite quantitative fixée par une autorité publique pour l'exercice d'un droit ou la participation à une charge. ➤ **quota.** ♦ SPÉCIALT Quantité de marchandises autorisées à l'importation. *Contingent limité.* — Part des charges d'une collectivité. ■ **3** Part apportée à une œuvre commune ; part reçue d'un groupe, d'une collectivité. *Apporter son contingent à une œuvre nationale.* ➤ **contribution, lot, 1 part.** «*Chacun de nous reçoit son contingent de tragique*» GIDE.

CONTINGENTEMENT [kɔ̃tɛ̃ʒɑ̃tmɑ̃] **n. m.** – 1922 ◇ de *contingenter* ■ Action de contingenter ; son résultat. ➤ **répartition.** *Contingentement des importations.* ➤ **limitation.**

CONTINGENTER [kɔ̃tɛ̃ʒɑ̃te] **v. tr.** ‹1› – 1922 ◇ de *contingent* (II, 2°) ■ Fixer un contingent à. ➤ **limiter.** *Denrées contingentées,* dont la circulation et la vente ne sont pas libres.

CONTINU, UE [kɔ̃tiny] **adj.** et **n. m.** – v. 1306 ; *contenu* fin XIIIe ◇ latin *continuus,* de *continere* «tenir ensemble» ■ **1** Qui n'est pas interrompu dans le temps. ➤ **constant, continuel, incessant, ininterrompu, persistant.** *Mouvement continu. Un bruit continu. Une suite, une série continue de désastres. Fournir un effort, un travail continu.* ➤ **assidu, opiniâtre, soutenu, suivi.** «*Agir, c'est une création continue*» JALOUX. «*Le doute était pour lui une souffrance continue, une obsession*» MAUROIS. — ÉLECTR. *Courant continu,* constant. SUBST. *Le continu* (opposé à *alternatif*). *Tension continue,* qui ne varie pas au cours du temps. — MUS. *Basse* continue.* ➤ **continuo.** — *Poêle à feu continu.* ♦ LOC. *À jet* continu.* ♦ *Journée continue :* horaire de travail ne comportant qu'une brève interruption pour le repas. *Faire la journée continue.* ■ **2** Composé de parties non séparées ; perçu comme un tout. *Ligne continue.* ♦ MATH. *Application, fonction continue en un point* x_0, telle que $f(x)$ a pour limite $f(x_0)$ quand x tend vers x_0. ■ **3** n. m. DIDACT. Ce qui est sans lacune, ne présente pas de parties séparées. — MATH. *Puissance du continu :* puissance de l'ensemble ℝ des nombres réels. ♦ COUR. *En continu :* d'une manière continue, sans interruption. SPÉCIALT D'une seule pièce (papier). *Impression en continu.* ■ CONTR. 2 Coupé, discontinu, divisé, entrecoupé, intermittent, interrompu, sporadique.

CONTINUATEUR, TRICE [kɔ̃tinɥatœʀ, tʀis] **n.** – 1579 ◇ de *continuer* ■ Personne qui continue ce qu'une autre a commencé. *Mazarin, le continuateur de Richelieu.* ➤ **successeur.** ■ CONTR. Devancier.

CONTINUATION [kɔ̃tinɥasjɔ̃] **n. f.** – 1283 ◇ latin *continuatio* ■ **1** Action de continuer qqch. ➤ **poursuite, suite.** *Se charger de la continuation d'une œuvre.* — POP. *Bonne continuation !* souhait adressé à qqn qui semble se plaire à ce qu'il fait, dans sa situation. ■ **2** Le fait d'être continué. ➤ **prolongation, prolongement.** «*Je compte sur la continuation de notre amitié sérieuse*» SAINTE-BEUVE. — DR. *Affaire en continuation.* ■ CONTR. Arrêt, cessation, interruption.

CONTINUEL, ELLE [kɔ̃tinɥɛl] **adj.** – v. 1180 ◇ de *continu* ■ Qui dure sans interruption ou se répète à intervalles rapprochés. ➤ **constant, continu, perpétuel, sempiternel.** *Pluie continuelle. Il lui fait des reproches continuels. De continuelles disputes.* «*Une pensée profonde est en continuel devenir*» CAMUS. ■ CONTR. Interrompu, momentané, rare.

CONTINUELLEMENT [kɔ̃tinɥɛlmɑ̃] **adv.** – *continüellement* 1393 ; *continuelment* 1155 ◇ de *continuel* ■ D'une manière continuelle, PLUS SPÉCIALT à intervalles rapprochés. ➤ **constamment, continûment, toujours** (cf. À chaque instant, à tout bout de champ, à toute heure, à tout moment, à longueur de journée ; sans arrêt, sans cesse, sans relâche, sans répit ; tout le temps). *Nous avons continuellement des réclamations. L'enfant pleure continuellement.*

CONTINUER [kɔ̃tinɥe] **v.** ‹1› – 1160 ◇ latin *continuare* «joindre de manière à former un tout sans interruption»
I v. tr. ■ **1** Faire ou maintenir encore, plus longtemps ; ne pas interrompre (ce qui est commencé). ➤ **persévérer** (à, dans), **poursuivre.** *Continuer ses études, ses travaux, ses démarches. Continuer une œuvre, une tâche jusqu'à son achèvement. Continuer sa lecture. Continuer une tradition.* ➤ **perpétuer.** *Continuer sa route, son chemin.* — ELLIPT Poursuivre ou reprendre une occupation. *Ne vous interrompez pas, vous pouvez continuer. Continuez sans moi.* ♦ TRANS. IND. **CONTINUER À, CONTINUER DE** (et inf.). *Continuer à parler, de parler. — Il continue à boire, à fumer.* ➤ **persister.** — IMPERS. «*Il continue de paraître des chefs-d'œuvre*» CAILLOIS. ♦ Poursuivre (ce qui a été commencé par un autre). *Continuer la politique de ses prédécesseurs.* ➤ **reprendre.** PAR EXT. *Mazarin continua Richelieu.* ■ **2** Prolonger dans l'espace. ➤ **étendre, pousser, prolonger.** *Continuer une ligne, une droite. Continuer une allée, une route.* ♦ PRONOM. *Les parois* «*se continuent en demi-cercle au nord et à l'est*» RAMUZ.
II v. intr. ■ **1** Ne pas s'arrêter ; occuper encore une durée. ➤ **durer.** *La pluie continue,* ne cesse pas. *La douleur continue.* ➤ **persister ; continu, continuel.** *Cela ne peut plus continuer ainsi. Ça va continuer longtemps, ce chahut ? La fête, la séance continue.* «*Dans la vie, rien ne se résout ; tout continue*» GIDE (cf. Aller son train*). ■ **2** S'étendre plus loin. ➤ **se prolonger, se poursuivre.** *Cette route continue jusqu'à Paris. Chaîne de montagnes qui continue jusqu'à la mer.*
■ CONTR. Abandonner, arrêter, cesser, discontinuer, interrompre, suspendre.

CONTINUITÉ [kɔ̃tinɥite] **n. f.** – v. 1380 ◇ de *continu* ■ Caractère de ce qui est continu. ➤ **constance, enchaînement, permanence, persistance.** *La continuité d'une action.* — Absence de rupture. *Principe de la continuité de l'État. Assurer la continuité d'une entreprise* (➤ **maintien**), *d'une tradition, d'une espèce* (➤ **perpétuation**). LOC. *Le changement dans la continuité.* ♦ *Solution* de continuité.* ➤ **coupure, séparation ; rupture ; hiatus.** ■ CONTR. Discontinuité, interruption, suspension.

CONTINÛMENT ou **CONTINUMENT** [kɔ̃tinymɑ̃] **adv.** – 1694 ; *continuement* 1302 ◇ de *continu* ■ D'une manière continue, sans interruption. *La langue évolue continûment. Il nous surveille continûment* (cf. Sans arrêt, sans cesse, sans discontinuer). — La graphie *continument* sans accent circonflexe comme dans *absolument, éperdument, résolument,* est régulière.

CONTINUO [kɔ̃tinɥo] **n. m.** – 1961 ◇ mot italien «continu» ■ MUS. Basse* continue. *Des continuos.*

CONTINUUM [kɔ̃tinɥɔm] **n. m.** – 1905 ◇ mot latin «le continu» ■ **1** PHYS. Ensemble d'éléments homogènes. «*Une poutre est un continuum de bois*» SCHAEFFER. — *Le continuum spatiotemporel :* espace* dont la quatrième dimension est le temps. ■ **2** DIDACT. Objet ou phénomène progressif dont on ne peut considérer une partie que par abstraction. *Des continuums.*

CONTONDANT, ANTE [kɔ̃tɔ̃dɑ̃, ɑ̃t] **adj.** – 1503 ◇ de l'ancien verbe *contondre,* latin *contundere* «frapper» → contusion ■ DIDACT. Qui blesse, meurtrit sans couper ni percer. *Instrument contondant.* «*Le meurtrier a dû se servir à la fois d'une arme contondante et d'une arme tranchante*» ROMAINS. ■ CONTR. Coupant, tranchant.

CONTORSION [kɔ̃tɔʀsjɔ̃] **n. f.** – XIVe ◇ bas latin *contorsio,* classique *contortio,* de *torquere* «tordre» ■ **1** VX Mouvement violent par lequel se tordent et se contractent les membres. ➤ **contraction, convulsion, torsion.** — MOD. Attitude acrobatique ; mouvement volontaire et anormal de parties du corps (➤ **contorsionniste**). *Les contorsions d'un acrobate.* ➤ **acrobatie.** ■ **2** Attitude outrée, gestes affectés. ➤ **grimace.** *Contorsions d'un employé obséquieux.* ➤ **manière.** *Inutile de faire toutes ces contorsions.* — (ABSTRAIT) *Les contorsions d'un manœuvrier, d'un homme politique.*

CONTORSIONNER (SE) [kɔ̃tɔʀsjɔne] v. pron. ‹1› – 1771 ✧ de *contorsion* ■ Faire des contorsions (1° ou 2°). *Les danseurs se sont contorsionnés sur une musique de rap.*

CONTORSIONNISTE [kɔ̃tɔʀsjɔnist] n. – v. 1860 ✧ de *contorsion* ■ Acrobate spécialisé(e) dans les contorsions.

CONTOUR [kɔ̃tuʀ] n. m. – v. 1200 «enceinte» ✧ de *contourner*, avec influence de l'italien *contorno* ■ **1** (1651) Limite extérieure d'un objet, d'un corps. ➤ **bord, bordure, délinéament, limite, périmètre, périphérie,** 3**tour.** *Le contour d'une table, d'un tapis. Contour précis, net, imprécis. Esquisser, tracer, délimiter, estomper les contours d'une figure.* ➤ **courbe, ligne.** ♦ *Les contours du corps humain.* ➤ **courbe, forme, galbe, ligne ; silhouette.** *Contour d'un visage.* ➤ **ovale.** *«Ce corps, dont tous les contours sont doux, dont toutes les courbes séduisent»* MAUPASSANT. *«Le menton un peu avancé, mais d'une irréprochable pureté de contour»* LOTI. ♦ *Contour apparent* : limite extérieure d'un objet telle qu'elle est perçue par un observateur, selon sa situation par rapport à cet objet. ■ **2** Aspect de ce qui est contourné. ➤ **sinuosité.** *Suivre les contours d'un fleuve.* ➤ **méandre.** *Les contours d'une route de montagne.* ➤ **détour, lacet.** ■ **3** *Contour d'oreille* : prothèse auditive miniaturisée qui se dissimule derrière l'oreille.

CONTOURNÉ, ÉE [kɔ̃tuʀne] adj. – 1605 «dirigé vers» ✧ de *contourner* ■ **1** Qui présente des courbes et des contrecourbes. *«Les glaces convexes, les panneaux bombés et les sophas contournés»* RIMBAUD. *Pieds contournés.* ➤ 1**tors.** ■ **2** Affecté et compliqué. *Style, raisonnement contourné.* ➤ **tarabiscoté.** ■ **3** BLAS. Dont la tête est tournée vers la gauche. *Au lion contourné.*

CONTOURNEMENT [kɔ̃tuʀnəmɑ̃] n. m. – 1544 ✧ de *contourner* ■ **1** Action de contourner. *Le contournement d'un obstacle. Autoroute de contournement d'une ville.* ➤ **périphérique, rocade.** — *Dispositif de contournement* : recomm. offic. pour *by-pass.* ➤ 1**dérivation, déviation, évitement.** ■ **2** RÉGION. (Luxembourg) Périphérique, route de contournement. ➤ 2**ring, rocade.** *Travaux sur le contournement.*

CONTOURNER [kɔ̃tuʀne] v. tr. ‹1› – 1761 ; «tracer» 1651 ; «entourer» 1512 ✧ du bas latin °*contornare*, de *cum* et *tornare* «tourner» ■ Faire le tour de, passer autour de. *L'autoroute contourne la ville. Contourner un obstacle. Contourner les positions de l'ennemi.* ➤ **éviter, tourner.** ♦ FIG. *Contourner la loi* (➤ **tourner**), *une difficulté* (➤ **éluder, esquiver ; incontournable**).

CONTRA- ■ Élément, du latin *contra* «contre ; en sens contraire». ➤ **contre-.**

CONTRACEPTIF, IVE [kɔ̃tʀasɛptif, iv] adj. et n. m. – 1955 ✧ anglais *contraceptive*, de *contra-* et *(con)ceptive* «de la conception» ■ **1** Se dit d'un produit ou d'un objet qui empêche la procréation. ➤ aussi **contragestif.** *Gelée contraceptive.* ➤ **spermicide.** *Pilule* contraceptive.* — n. m. Ce produit, cet objet. *L'usage des contraceptifs. Contraceptif féminin* (➤ **diaphragme, pilule, stérilet**), *masculin* (➤ **préservatif**). *Contraceptif oral, local ; mécanique. Contraceptif et contragestif.* ■ **2** Qui concerne la contraception. *Les moyens contraceptifs. Les méthodes contraceptives.* ➤ **anticonceptionnel.**

CONTRACEPTION [kɔ̃tʀasɛpsjɔ̃] n. f. – 1929 ✧ anglais *contraception*, de *contra-* et *(con)ception* ■ Ensemble des moyens employés pour provoquer une infécondité temporaire chez la femme ou chez l'homme. *Contrôle* des naissances et contraception. Contraception et contragestion. Moyens de contraception.* ➤ **contraceptif, contragestif.** — Méthode de contraception. *Être sous contraception orale. Contraception d'urgence* : pilule* du lendemain.

CONTRACTANT, ANTE [kɔ̃tʀaktɑ̃, ɑ̃t] adj. – 1472 ✧ de 1*contracter* ■ DR. Qui contracte, qui s'engage par contrat. *Les parties contractantes.* — SUBST. *Les contractants.*

CONTRACTE [kɔ̃tʀakt] adj. – *contract* 1680 ; hapax 1532 ✧ latin *contractus* ■ GRAMM. Qui renferme une contraction. *Verbes contractes, en grec ancien.*

CONTRACTÉ, ÉE [kɔ̃tʀakte] adj. – 1824 ✧ de 2*contracter* ■ **1** Qui est tendu, crispé. *Muscles contractés. Visage contracté par la douleur. Ne soyez pas si contracté : décontractez-vous.* ♦ FIG. et FAM. Inquiet, nerveux. ■ **2** LING. Formé de deux éléments réunis en un seul (➤ **amalgame**). *«Au», «du», formes contractées de «à le», «de le».* ➤ **contracte.** ■ CONTR. Décontracté, détendu, relax.

1**CONTRACTER** [kɔ̃tʀakte] v. tr. ‹1› – 1361 ✧ latin juridique *contractus*, de *contrahere* «resserrer» ■ **1** S'engager par un contrat, une convention, à satisfaire (une obligation), à respecter (des clauses). *Contracter une assurance.* ➤ **souscrire.** *Contracter des dettes.* ➤ **emprunter, s'endetter.** *Contracter une alliance avec qqn. Contracter mariage.* ♦ ABSOLT *Contracter par-devant notaire.* ♦ COUR. *Contracter des obligations, une dette envers qqn,* se sentir redevable en acceptant un service, une aide, etc. ■ **2** (1572) Attraper (un mal, une maladie). *Il a contracté la fièvre jaune en Afrique. Contracter le sida.* ■ **3** (1680) Acquérir, prendre (une habitude, un sentiment souvent fâcheux). ➤ **acquérir, gagner, prendre.** *Elle a contracté cette manie depuis l'adolescence.* ■ CONTR. Dissoudre, rompre.

2**CONTRACTER** [kɔ̃tʀakte] v. tr. ‹1› – 1732 ✧ latin *contractus*, de *contrahere* → 1contracter ■ Réduire le volume de (un corps) sans modifier la masse. ➤ **diminuer, raccourcir, réduire, resserrer, tasser.** *Le froid contracte les corps.* — SPÉCIALT *Contracter ses muscles.* ➤ **bander, raidir,** 1**tendre.** *Contracter ses mâchoires.* ➤ **serrer.** *L'émotion contracte sa gorge. «le sourire pétrifié qui contractait son visage»* HUGO. ♦ **SE CONTRACTER** v. pron. *Son visage se contracte.* ➤ **se durcir.** *Le cœur se contracte et se dilate alternativement* (➤ **contraction**). ■ CONTR. Dilater, gonfler. Décontracter, détendre.

CONTRACTILE [kɔ̃tʀaktil] adj. – 1755 ✧ du latin *contractus* → 2contracter ■ PHYSIOL. Qui peut se contracter. *Fibre, muscle contractile. Organe contractile.*

CONTRACTILITÉ [kɔ̃tʀaktilite] n. f. – fin XVIIIe ✧ de *contractile* ■ PHYSIOL. Propriété que possèdent certains tissus organiques de changer de forme, de se contracter.

CONTRACTION [kɔ̃tʀaksjɔ̃] n. f. – XVe ; *contraicion* 1256 ✧ latin *contractio*, de *contrahere* → 2contracter ■ **1** VX Diminution du volume d'un corps, sans modification de sa masse. *Contraction par le froid, la pression.* ♦ MOD. PHYSIOL. Diminution de volume ou de longueur d'un muscle, d'un organe ; SPÉCIALT Réaction du muscle. *Contractions fibrillaires.* ➤ **fibrillation.** *Contraction prolongée.* ➤ **contracture, tétanie.** *Contraction brève.* ➤ **crispation.** *Contraction anormale, violente.* ➤ **convulsion, crampe, spasme, trismus.** *Contraction du cœur.* ➤ **systole.** — COUR. *Contractions des muscles du visage.* ➤ **crispation, rictus.** *La contraction de son visage trahissait sa colère. «Les muscles de son visage n'ont plus les mêmes contractions que dans le sommeil»* ROMAINS. — *Contractions utérines au moment de l'accouchement,* ou ABSOLT *contractions.* ➤ **douleur** (1°), **tranchées.** *Avoir des contractions.* ♦ ÉCON. Décroissance, réduction (d'une grandeur économique). *Contraction de la production, des ventes.* ➤ **dépression.** ■ **2** *Contraction de texte* : exercice scolaire consistant à résumer après analyse un texte littéraire. ■ **3** (XVIe) Réduction par soudure de deux éléments linguistiques. ➤ **contracte, contracté.** ■ CONTR. Dilatation, expansion, extension. Décontraction, distension, relâchement.

CONTRACTUALISER [kɔ̃tʀaktɥalize] v. tr. ‹1› – 1966 ✧ de *contractuel* ■ Attribuer à (qqn) le statut d'agent contractuel. — n. f. **CONTRACTUALISATION.**

CONTRACTUEL, ELLE [kɔ̃tʀaktɥɛl] adj. et n. – 1596 ✧ du latin *contractus* → contrat ■ **1** DR. Stipulé par contrat. *Obligation contractuelle.* ■ **2** *Agent contractuel* : agent non fonctionnaire coopérant à un service public. ➤ **auxiliaire.** — n. (1953) COUR. *Un contractuel, une contractuelle* : agent contractuel ; SPÉCIALT (1959) auxiliaire de police chargé(e) de faire respecter les règles de stationnement. ➤ FAM. **aubergine, pervenche.** ■ CONTR. Titulaire.

CONTRACTURE [kɔ̃tʀaktyʀ] n. f. – 1676 ; «contraction» 1611 ✧ latin *contractura* ■ **1** ARCHIT. Rétrécissement de la partie supérieure d'une colonne. ■ **2** (1808) MÉD. Contraction prolongée et involontaire d'un ou plusieurs muscles. ➤ **crampe, spasme, tétanie.** *Contractures musculaires.*

CONTRADICTEUR [kɔ̃tʀadiktœʀ] n. m. – v. 1350 ; *contraditor* v. 1200 ✧ latin *contradictor* → contredire ■ Personne qui en contredit une autre. ➤ **adversaire, objecteur, opposant.** *Mon honorable contradicteur. Un contradicteur courtois ; acharné.* — DR. Parties opposées, dans un jugement contradictoire. ■ CONTR. Approbateur, partisan.

CONTRADICTION [kɔ̃tʀadiksjɔ̃] n. f. – *contradictiun* v. 1120 ✧ latin *contradictio* → contredire ■ **1** Action de contredire qqn ; échange d'idées entre des personnes qui se contredisent. ➤ **contestation, démenti, dénégation, négation, objection, opposition, réfutation.** *Il ne supporte pas la contradiction. «Un mécontentement perpétuel qui devenait de la rage à la plus légère contradiction»* BLOY. *Être en contradiction avec soi-même, avec ses principes.* — *Apporter, porter la contradiction* (dans un débat). ➤ **contradicteur.** ♦ **ESPRIT DE CONTRADICTION :** disposition à contredire, à s'opposer sans cesse. *Il critique par esprit de contradiction.* ■ **2** VX Empêchement, obstacle (qui s'oppose à qqch.). *«Là, rien ne trahissait la vie. Une seule* *puissance régnait sans contradiction»* BALZAC. ▪ **3** LOG. Relation entre deux termes, deux propositions qui affirment et nient le même élément de connaissance. ➤ **antilogie, antinomie, incompatibilité, inconséquence.** *Il y a contradiction entre* A est vrai *et* A n'est pas vrai. *Principe de non-contradiction, d'identité.* ◆ PAR EXT. Réunion d'éléments incompatibles. *«Plus on voit ce monde, et plus on le voit plein de contradictions et d'inconséquences»* VOLTAIRE. *Ce récit est un tissu de contradictions. Résoudre ses contradictions. Les contradictions internes d'un système. Contradictions et dialectique.* ▪ CONTR. Accord, approbation, concordance, entente, identité, unanimité.

CONTRADICTOIRE [kɔ̃tʀadiktwaʀ] **adj.** – 1361 ◇ latin *contradictorius* → contredire ▪ **1** Qui contredit une affirmation. ➤ **contraire, opposé.** *Affirmation contradictoire à telle autre, avec la précédente.* — **n. m.** SÉMIOL. *Les contradictoires* : couple de deux termes identiques dont l'un est nié. *«Pas court» est le contradictoire de «court»* (➤ **contraire**). — Où il y a contradiction, discussion. *Débat, examen contradictoire.* DR. *Jugement, arrêt contradictoire,* entre des parties (contradicteurs) qui ont comparu (opposé à *par défaut*). ▪ **2** (AU PLUR.) Qui implique contradiction, incompatibilité. ➤ **antinomique, contraire, incompatible ; absurde, impossible.** *Passions, tendances contradictoires. «Les récits différents et même contradictoires, faits des mêmes événements par des témoins oculaires»* SAINTE-BEUVE. ➤ **divergent.** ▪ CONTR. Cohérent, concordant, identique, pareil, semblable, unanime.

CONTRADICTOIREMENT [kɔ̃tʀadiktwaʀmɑ̃] **adv.** – 1538 ◇ de *contradictoire* ▪ D'une manière contradictoire. DR. En présence des parties (opposé à *par contumace*). *«Que Fabrice soit jugé contradictoirement (ce qui veut dire lui présent)»* STENDHAL.

CONTRAGESTIF, IVE [kɔ̃tʀaʒɛstif, iv] **adj. et n. m.** – 1984 ◇ de *contragestion,* sur le modèle de *contraceptif* ▪ Qui s'oppose aux effets de la progestérone, hormone indispensable à l'implantation de l'embryon et au maintien de la grossesse. *La pilule contragestive.* — **n. m.** *Le R. U. 486 est un contragestif.*

CONTRAGESTION [kɔ̃tʀaʒɛstjɔ̃] **n. f.** – 1984 ◇ mot créé par le chercheur Émile-Étienne Baulieu, de *contra-* et *gestation* ▪ Ensemble des moyens employés pour empêcher la gestation (après fécondation). *Contraception et contragestion. La pilule du lendemain est un moyen de contragestion* (➤ **contragestif**).

CONTRAIGNABLE [kɔ̃tʀɛɲabl] **adj.** – 1382 ◇ de *contraindre* ▪ DR. Qui peut être contraint par voie de droit.

CONTRAIGNANT, ANTE [kɔ̃tʀɛɲɑ̃, ɑ̃t] **adj.** – 1370 ; *constreignant* XIIIe ◇ de *contraindre* ▪ Qui contraint. *Une obligation, une nécessité contraignante.* ➤ **astreignant, désagréable, ennuyeux, pénible.** *Des horaires contraignants,* qui laissent peu de liberté.

CONTRAINDRE [kɔ̃tʀɛ̃dʀ] **v. tr.** ‹52› – v. 1174 pron. ; *constreindre* «presser, faire peser» v. 1120 ◇ latin *constringere* «serrer» ▪ **1** VX ou LITTÉR. Exercer une action contraire à. ➤ **contenir, empêcher,** 1 **entraver, gêner, retenir.** *Contraindre ses passions, ses tendances.* ➤ **comprimer, refouler, réfréner, réprimer.** *«Il contraint son humeur, parle, agit contre ses sentiments»* LA BRUYÈRE. ▪ **2** Forcer (qqn) à agir contre sa volonté. ➤ **astreindre, obliger.** *Contraindre qqn à agir contre son gré.* ➤ **acculer, entraîner, pousser.** *Les circonstances le contraignirent à travailler très jeune. La nécessité m'y a contraint. Décidez librement, je ne veux pas vous contraindre* (cf. Forcer la main*). *Contraindre qqn à l'immobilité, au silence.* ➤ **condamner, réduire.** PASS. *Elle a été contrainte d'accepter.* — LITTÉR. *Les circonstances le contraignirent de quitter la France.* — DR. Obliger par voie de droit. ➤ **contrainte.** *Contraindre par voie de justice.* ▪ **3 SE CONTRAINDRE v. pron.** *Se contraindre devant qqn.* ➤ **se contenir, se gêner, se retenir.** *Se contraindre à faire qqch.* ➤ **se forcer.** *Il n'aime pas se contraindre* (cf. Se faire violence*). ▪ CONTR. Aider, permettre ; libérer.

CONTRAINT, AINTE [kɔ̃tʀɛ̃, ɛ̃t] **adj.** – XVIe ; *constrainct* XIVe ; *costreinz* XIIe ◇ de *contraindre* ▪ **1** Qui est gêné, mal à l'aise ; n'est pas naturel. *Air contraint, mine contrainte.* ➤ **embarrassé, emprunté, forcé, gauche, gêné.** *Sourire contraint. «Ses regards étaient lents, ses gestes contraints, son attitude morne»* FRANCE. ▪ **2** LOC. **CONTRAINT ET FORCÉ :** sous la contrainte. *Nous n'avons accepté que contraintes et forcées* [kɔ̃tʀɛ̃tefɔʀse]. ▪ CONTR. Détendu, naturel, spontané.

CONTRAINTE [kɔ̃tʀɛ̃t] **n. f.** – XIIe ◇ de *contraindre* ▪ **1** Violence exercée contre qqn ; entrave à la liberté d'action. ➤ **coercition, force, intimidation, menace, pression, violence.** *User de contrainte contre qqn, à l'égard de qqn, pour forcer qqn à faire qqch. Empêcher qqn d'agir par la contrainte* (➤ **contraindre**). *Il le fera librement ou par contrainte* (cf. De gré ou de force*). *Agir sous la contrainte.* ▪ **2** Règle obligatoire. *La contrainte sociale, morale.* ➤ **discipline,** 1 **loi, pression.** *Des contraintes pénibles.* ➤ **astreinte.** *Les contraintes de la vie familiale.* ➤ **difficulté, exigence, obligation.** *«Le refus de toute contrainte, de toute loi, c'est par conséquent l'impossibilité de vivre avec les autres»* A. JACQUARD. *Contraintes de composition artistique, poétique. Le langage «se trouve soumis à plusieurs contraintes nouvelles ; la mesure, le nombre, la rime qui, toutes, sont étrangères à la fonction propre du discours»* CAILLOIS. ◆ Gêne, retenue ; le fait de se contraindre. *«Il pleura sans aucune contrainte ni honte»* LOTI. ➤ **réserve.** ▪ **3** LITTÉR. État de celui à qui l'on fait violence. ➤ **asservissement, oppression.** *Vivre, tenir (qqn) dans la contrainte.* ▪ **4** DR. Acte de poursuite, mandement destiné à permettre à l'administration de recourir aux voies d'exécution contre un débiteur. *Contrainte administrative, ministérielle.* — *Contrainte pénale* : peine prononcée en remplacement d'une peine d'emprisonnement, obligeant le condamné à se soumettre à des mesures de contrôle et d'assistance. — PROCÉD. CIV. *Contrainte par corps :* emprisonnement destiné à obliger à payer au trésor public les condamnations à l'amende et aux frais de justice prononcées par les juridictions répressives. ▪ **5** PHYS., GÉOPHYS. Ensemble des forces qui, appliquées à un corps, tendent à le déformer. *La contrainte est une pression orientée dont l'unité de mesure est le pascal. Tenseur des contraintes.* ▪ CONTR. Affranchissement, libération, liberté. Aisance, laisser-aller, naturel.

CONTRAIRE [kɔ̃tʀɛʀ] **adj. et n. m.** – XIIe ◇ latin *contrarius* ▪ **1** Qui présente la plus grande différence possible, en parlant de deux choses du même genre ; qui s'oppose à. ➤ **antinomique, antithétique, contradictoire, incompatible, inverse, opposé ;** 2 **a-,** 1 **ant(i)-, contra-, contre-, dé-,** 1 **in-.** *Deux opinions contraires. Mots de sens contraire.* ➤ **antonyme.** *Cela est contraire à mes habitudes, à mes principes, au règlement. «Le cœur concilie les choses contraires, et admet les incompatibles»* LA BRUYÈRE. *Dans le sens contraire des aiguilles d'une montre.* — LOG. *Propositions contraires.* ➤ **contradictoire.** — MATH. *Évènement contraire Ā d'un évènement A.* ◆ De sens opposé. *«La mer qui est le jouet de tous les vents contraires»* FÉNELON. ▪ **2** Qui, en s'opposant, gêne le cours d'une chose. ➤ **antagoniste.** *Vent contraire.* ➤ **debout.** *Un sort, un destin contraire.* ➤ **adverse, défavorable, hostile.** *«Sa magie s'est heurtée à la magie contraire d'un second sorcier plus puissant que lui»* CAILLOIS. *La conjoncture lui est contraire,* est contre lui. — VIEILLI ➤ **contre-indiqué.** *Ces excès sont contraires à sa santé.* ➤ **nuisible, préjudiciable.** ABSOLT *Le vin lui est contraire.* ▪ **3 n. m.** Ce qui est opposé (logiquement). ➤ **antithèse, opposition.** *Le contraire de qqch. Faire le contraire de ce que l'on dit. Je ne dis pas le contraire. Soutenir, prouver le contraire. Jusqu'à preuve* du contraire. Il est tout le contraire de sa sœur. C'est tout le contraire. «Les deux contraires* [l'inspiration et le travail journalier] *ne s'excluent pas plus que tous les contraires qui constituent la nature»* BAUDELAIRE. ◆ Mot de sens contraire, antonyme (opposé à *synonyme*). *«Long» est un contraire de «court». Les contraires et les contradictoires*.* ▪ **4 loc. adv. AU CONTRAIRE :** contrairement, d'une manière opposée (cf. A contrario, à l'inverse, à l'opposé, en revanche, loin* de là, par contre). *Il ne pense pas à lui ; au contraire il est très dévoué. Bien au contraire. Tout au contraire. «Je vis bien que je lui déplaisais ; mon camarade au contraire ; il était de la famille»* P.-L. COURIER. — **loc. prép. AU CONTRAIRE DE :** d'une manière opposée à, à la différence de, contrairement à. *Au contraire de ses concurrents, il a survécu à la crise.* ▪ CONTR. Même, pareil, semblable. Favorable, propice.

CONTRAIREMENT [kɔ̃tʀɛʀmɑ̃] **adv.** – XVe ◇ de *contraire* ▪ D'une manière contraire, opposée, inverse. **loc. prép.** *Contrairement à :* en contradiction avec. *Agir contrairement à ses intérêts.* ➤ **contre.** *Contrairement aux apparences, aux prévisions.*

CONTRALTO [kɔ̃tʀalto] **n. m.** – 1636 ◇ mot italien «près *(contra)* de l'*alto*» ▪ MUS. La plus grave des voix de femme. *Une voix d'homme de la hauteur du contralto.* ➤ **contre-ténor, haute-contre.** ◆ Personne qui a cette voix. *Des contraltos,* parfois *des contralti* (plur. it.). *«Elle avait des inflexions de contralto, caressantes et graves»* MARTIN DU GARD.

CONTRAPONTIQUE ou **CONTRAPUNTIQUE** [kɔ̃tʀapɔ̃tik] **adj.** – 1909 ◇ de l'italien *contrappunto* → contrepoint ▪ MUS. Qui utilise le contrepoint ; du contrepoint. — On dit aussi *contraponctique, contrapunctique* [kɔ̃tʀapɔ̃ktik].

CONTRAPONTISTE ou **CONTRAPUNTISTE** [kɔ̃tʀapɔ̃tist] **n.** – 1835 ; *contrepointiste* fin XVIIIe ◇ italien *contrappuntista,* de *contrappunto* «contrepoint» ▪ MUS. Compositeur qui use des règles du contrepoint.

CONTRARIANT, IANTE [kɔ̃tʀaʀjɑ̃, jɑ̃t] **adj.** – 1361 ◊ de *contrarier* ▪ **1** Qui est porté à contrarier. *Une personne contrariante. Il n'est pas contrariant ! — Un esprit contrariant.* ▪ **2** (1787) (CHOSES) Qui contrarie. *Comme c'est contrariant !* ➤ **agaçant, ennuyeux*, fâcheux,** RÉGION. **sacrant.** *Une pluie bien contrariante.* ▪ CONTR. Accommodant, conciliant. Agréable, réjouissant.

CONTRARIÉ, IÉE [kɔ̃tʀaʀje] **adj.** – 1772 ◊ de *contrarier* ▪ **1** Combattu. *Projet contrarié. « Le genre de malheur que porte dans l'âme un amour contrarié »* STENDHAL. — *Gaucher contrarié,* que l'on a obligé à se servir de sa main droite. ▪ **2** Ennuyé ou fâché. *Je suis très contrarié par ce contretemps. Avoir l'air contrarié.*

CONTRARIER [kɔ̃tʀaʀje] **v. tr.** ⟨7⟩ – v. 1100 intr. « se quereller » ◊ latin *contrariare* ▪ **1** Avoir une action contraire, aller contre, s'opposer à (qqch.). ➤ **barrer, combattre, contrecarrer, déranger,** 1**entraver, gêner, freiner, nuire** (à). *Contrarier les desseins, les idées, les projets de qqn. La tempête contrariait la marche du navire. « Le sort, qui semblait contrarier leur passion, ne fit que l'animer »* ROUSSEAU. ▪ **2** Causer du dépit, du mécontentement à (qqn) en s'opposant à lui. ➤ **agacer, ennuyer*, fâcher, mécontenter.** *Il cherche à vous contrarier.* — (CHOSES) Rendre inquiet, mal à l'aise. *Cette histoire me contrarie un peu.* ➤ **chiffonner, embêter, tarabuster.** *Ne vous laissez pas contrarier par ces ragots. Cela me contrarie qu'il parte, de partir si tôt.* ▪ **3** Faire alterner (des objets) pour obtenir des effets de contraste. *Contrarier les couleurs.* PRONOM. (RÉCIPR.) *« Ces horizons estompés qui fuient en se contrariant »* BALZAC. ▪ CONTR. Aider, favoriser ; contenter, réjouir.

CONTRARIÉTÉ [kɔ̃tʀaʀjete] **n. f.** – v. 1170 « choses contraires » ◊ latin *contrarietas* ▪ **1** VX Opposition entre des choses contraires. ➤ **contradiction.** ▪ **2** MOD. Déplaisir causé par une opposition, et PAR EXT. par ce qui chagrine. ➤ **agacement, déception, déplaisir, irritation, mécontentement,** 1**souci.** *Éprouver une vive contrariété. « il réprima un geste de contrariété »* COURTELINE. *Toutes ces contrariétés lui ont coupé l'appétit.* ▪ CONTR. Insouciance, satisfaction.

CONTRARIO (À) ➤ **A CONTRARIO**

CONTRAROTATIF, IVE [kɔ̃tʀaʀɔtatif, iv] **adj.** – milieu XXe ◊ de *contra-* et *rotatif* ▪ MÉCAN. *Organes contrarotatifs,* qui tournent en sens inverse.

CONTRASTANT, ANTE [kɔ̃tʀastɑ̃, ɑ̃t] **adj.** – 1787 ◊ de *contraster* ▪ Qui contraste. *Figures contrastantes. Effets contrastants.*

CONTRASTE [kɔ̃tʀast] **n. m.** – 1669 ; « lutte, contestation » 1580 ◊ italien *contrasto,* latin *contrastare* « se tenir *(stare)* contre » ▪ **1** Opposition de deux choses dont l'une fait ressortir l'autre. ➤ **antithèse, opposition.** *Contraste entre deux choses, de deux choses. Contraste frappant, saisissant. Accentuer, accuser un contraste. Mettre en valeur par contraste.* ➤ **relief, repoussoir.** *Présenter, offrir un contraste avec qqch. Faire (un) contraste avec qqch.* ➤ **contraster.** ◆ (ABSTRAIT) *Contrastes d'idées, de sentiments. « Il est certains esprits auxquels déplaisent les violents contrastes »* BALZAC. ◆ **loc. adv.** *Par contraste :* par l'opposition avec son contraire. ▪ **2** PHYS. *Contraste entre deux plages lumineuses :* différence relative des luminances des deux plages ou objets. *Contraste optique simultané ou successif. Contraste de couleurs,* entre couleurs de luminosité différente. *Contraste de phase. Contraste interférentiel.* — TÉLÉV. Rapport des brillances entre parties claires et sombres de l'image. *Régler le contraste.* — MÉD. *Substance, produit de contraste :* substance qui, ingérée ou injectée dans l'organisme, permet d'observer certains organes par les techniques d'imagerie médicale (radiographie, IRM). ▪ CONTR. Accord, analogie, identité.

CONTRASTÉ, ÉE [kɔ̃tʀaste] **adj.** – 1669 ◊ de *contraster* ▪ Qui présente des contrastes. *Des caractères contrastés.* ➤ **différent, tranché.** *Couleurs contrastées. — Photographie trop contrastée,* où le foncé est trop noir et le clair trop blanc.

CONTRASTER [kɔ̃tʀaste] **v.** ⟨1⟩ – 1669 ; « lutter » 1541 ◊ réfection de l'ancien français *contrester,* d'après l'italien *contrastare* ▪ **1 v. tr.** LITTÉR. Mettre en contraste. *Il sait contraster les personnages.* ▪ **2 v. intr.** (1740) Être en contraste (CHOSES) ; s'opposer d'une façon frappante. ➤ **s'opposer,** 1**ressortir.** *Contraster très vivement* (➤ **trancher**), *désagréablement* (➤ **détonner, jurer**) *avec qqch. Des couleurs, des expressions qui contrastent entre elles. « La prudence du fils contrastait étrangement avec l'heureuse audace du père »* MÉRIMÉE. ▪ CONTR. Accorder (s'), harmoniser (s').

CONTRAT [kɔ̃tʀa] **n. m.** – *contract* 1370 ◊ latin *contractus* ▪ **1** « Accord de volontés entre deux ou plusieurs personnes destiné à créer, modifier, transmettre ou éteindre des obligations » (CODE CIVIL). ➤ **convention, pacte.** *Contrat synallagmatique, bilatéral* ➤ **échange, louage, société, vente,** *unilatéral.* ➤ **cautionnement, dépôt, mandat,** 2**prêt, promesse.** — *Contrat à titre gratuit.* ➤ **donation, legs, libéralité.** *Contrat à titre onéreux*. Contrat consensuel. Contrat-type. Contrat réel,* produit par la livraison effective de l'objet du contrat. *Contrats et quasi-contrats. — Contrat de mariage,* qui fixe le régime des biens des époux pendant le mariage. *Donner des coups de canif* dans le contrat. — Contrat de travail,* liant un employeur et un salarié. ➤ **engagement.** *Contrat à durée indéterminée (C. D. I.), à durée déterminée (C. D. D.). Contrats jeunes (d'apprentissage, de qualification, d'orientation,...). Contrat aidé,* pour lequel l'employeur bénéficie d'aides de l'État. *Rupture de contrat. — Établissement scolaire privé sous, hors contrat* (avec l'État). — *Contrat de transport. Contrat de plan. Contrat collectif,* passé avec un groupe de personnes, un syndicat. ➤ **concordat, convention.** *Contrat administratif :* concession, marché (de travaux publics). *Contrat de location. Parties au contrat,* les personnes qui s'engagent. *Validité d'un contrat. Vices des contrats :* dol, erreur, violence ; lésion. *Clauses d'un contrat. Stipulé par contrat.* ➤ **contractuel.** *Passer, renouveler un contrat. Être sous contrat. Exécuter un contrat. — Remplir son contrat.* FIG. Faire ce qu'on a promis. ◆ PAR EXT. ARG. Personne à abattre, pour le tueur à gages. *Avoir un contrat. « Un contrat était un contrat. Si je ne tuais pas le client, j'allais davantage encore perdre la confiance du chef »* A. NOTHOMB. ▪ **2** Acte qui enregistre cette convention. ➤ **instrument.** *Contrat authentique, sous seing privé. Rédiger un contrat en bonne et due forme. Le notaire a dressé le contrat.* ➤ **instrumenter.** *Signer un contrat. Contrat d'assurance.* ➤ 2**police.** ▪ **3** PAR ANAL. (1762, Rousseau) *Contrat social :* convention entre les gouvernements et les gouvernés, ou entre les membres d'une société. ➤ **pacte.** ▪ **4** Au bridge, Nombre de levées que l'on s'engage à réaliser. *Manquer son contrat.* ➤ **chuter.**

CONTRAVENTION [kɔ̃tʀavɑ̃sjɔ̃] **n. f.** – XIVe ◊ du bas latin *contravenire* → contrevenir ▪ DR. Infraction aux prescriptions d'une loi, d'un règlement, d'un contrat. *Être en contravention* (➤ **contrevenant**). ◆ DR. PÉN. Infraction que la loi punit d'une peine de simple police, et notamment d'une amende. *Les contraventions, les délits et les crimes.* — COUR. Cette amende. *Attraper une contravention pour excès de vitesse. L'agent lui a donné, lui a flanqué une contravention.* ➤ **P.-V. ;** FAM. **contredanse, prune,** RÉGION. **ticket.** *Faire sauter une contravention.* Procès-verbal de cette infraction. *Contractuelle qui dresse une contravention. Trouver une contravention sur son parebrise.* ➤ **papillon.**

CONTRAVIS [kɔ̃tʀavi] **n. m.** – v. 1900 ◊ de *contre* et *avis* ▪ DR., ADMIN. Avis contraire au précédent.

CONTRE [kɔ̃tʀ] **prép., adv. et n. m.** – fin XIe ◊ du latin *contra* « en face de » et « en opposition à », adverbe et préposition

I ~ **prép.** et **adv.** **A.** MARQUE LA PROXIMITÉ, LE CONTACT ➤ **auprès** (de), **près** (de), 1**sur** (cf. En face de). — **prép.** *Pousser le lit contre le mur. Il est étendu face contre terre. Se cogner* la tête contre les murs. Se serrer contre qqn, l'un contre l'autre. « Son visage semblait très pâle contre ses vêtements noirs »* LE CLÉZIO. *Danser joue contre joue.* — **adv.** *Appuyez-vous contre. « elle évitait de fermer la porte, la laissait contre »* SIMENON. *Tout contre :* très près. (1665) VIEILLI *Là* contre. Ci-contre :* en regard. *Consultez la liste ci-contre.*

B. MARQUE L'OPPOSITION ▪ **1** (milieu XIIe) À l'opposé de, dans le sens contraire à. *Nager contre le courant* (➤ **contre-courant**). *Faire qqch. contre son gré. Contre toute attente :* contrairement à ce qu'on attendait. *Avoir des goûts contre nature. Aller contre* (qqch.). ➤ **contrarier, infirmer.** *Je ne voudrais pas aller contre vos intérêts,* à l'encontre d'eux. — ADV. *On ne peut pas aller là contre,* s'opposer à cela. ◆ **loc. adv.** (parfois critiqué) **PAR CONTRE :** au contraire, en revanche. ➤ **mais.** *Le magasin est assez exigu, par contre il est bien situé* (cf. En compensation). ▪ **2** (milieu XVe) En dépit de. ➤ **malgré, nonobstant.** *Contre toute apparence, c'est lui qui a raison. Contre vents et marées*. — Envers* et contre tout. Envers* et contre tous. — Faire contre mauvaise fortune* bon cœur.* ▪ **3** (fin XIe) En opposition à, dans la lutte avec (notamment après les verbes *combattre, lutter,* etc.). ➤ **avec.** *Se battre, être en colère contre qqn. Se battre contre des moulins* à vent. Lutter contre la mort. Comploter contre l'État. Être contre, se dresser contre qqch. ou qqn.* ➤ **combattre, condamner, désapprouver, s'opposer.** *Être contre la peine de mort. « Celui qui n'est pas avec moi est contre moi »* (BIBLE). *Plainte contre X. Seul contre tous. Course contre la montre*.* — **adv.** (fin XIIe) *Vous êtes pour ou contre ? Ils ont voté contre. « Aujourd'hui, on est beaucoup plus contre que pour. Voir les* *votes»* G. PERROS. ◆ *Avoir quelque chose contre (qqch., qqn)* : ne pas approuver entièrement, ne pas aimer. *Avez-vous quelque chose contre cette idée ?* ➤ **objection.** *Je n'ai rien contre :* je ne m'oppose pas, je suis d'accord. *Je n'ai rien contre lui. La chance est contre moi.* ➤ **contraire.** FAM. *Il a tout le monde contre lui* (cf. À dos*). ▪ **4** (milieu XIIe) Pour se défendre, se protéger de. ➤ 2 **para-**. *S'abriter contre la pluie. Elle est équipée contre le mauvais temps. S'assurer contre l'incendie. Vaccin contre la rage. Sirop contre la toux. Produit contre le gel* (➤ 1 **ant[i]-**). ▪ **5** (début XIVe) En échange de. ➤ **moyennant.** *Je te donne mon briquet contre ton couteau de poche. Envoi contre remboursement.* — (Indique la proportion, la comparaison) *Parier à cent contre un. La résolution a été votée à quinze voix contre neuf.*

II ~ **n. m.** CE QUI EST OPPOSÉ À, DÉFAVORABLE À ▪ **1** (1656) (Employé avec *le pour*) **LE POUR ET LE CONTRE.** *Peser le pour et le contre avant de prendre une décision,* les avantages et les inconvénients. *Il y a du pour et du contre.* ▪ **2** (1906) BILLARD *Faire un contre,* se dit lorsque la boule touchée est repoussée par la bande sur la boule qui vient de la toucher. — (1696) ESCR. Parade à un dégagement. — CARTES Action de contrer.
▪ CONTR. Loin. Conformément, selon, 2 suivant. Avec, pour.

CONTRE- ▪ Élément, du latin *contra* qui exprime soit l'opposition (*contre-révolutionnaire ;* ➤ 1 **ant(i)-**, **contra-**, 2 **para-**), soit la proximité *(contre-allée).*

CONTRE-ALIZÉ [kɔ̃tʀalize] **n. m.** /CONTRALIZÉ/ – 1863 ◊ de *contre-* et *alizé* ▪ MAR. Vent qui souffle en sens inverse de l'alizé. *Des contre-alizés.*

CONTRE-ALLÉE [kɔ̃tʀale] **n. f.** /CONTRALLÉE/ – 1669 ◊ de *contre-* et *allée* ▪ Allée latérale, parallèle à la voie principale. *Garer sa voiture dans la contre-allée. Les contre-allées de l'avenue Foch, à Paris.*

CONTRE-AMIRAL, ALE, AUX [kɔ̃tʀamiʀal, o] **n.** /CONTRAMIRAL, ALE, AUX/ – 1642 ◊ de *contre-* et *amiral* ▪ Officier général de la marine, immédiatement au-dessous du vice-amiral. *Des contre-amiraux.*

CONTRE-APPEL [kɔ̃tʀapɛl] **n. m.** /CONTRAPPEL/ – 1690 ; «protestation» v. 1180 ◊ de *contre-* et *appel* ▪ MILIT. Second appel pour vérifier le premier. *Des contre-appels.*

CONTRE-ASSURANCE [kɔ̃tʀasyʀɑ̃s] **n. f.** /CONTRASSURANCE/ – 1913 ◊ de *contre-* et *assurance* ▪ Seconde assurance (chez un autre assureur) qui en garantit une première. *Des contre-assurances.*

CONTRE-ATTAQUE [kɔ̃tʀatak] **n. f.** /CONTRATTAQUE/ – 1842 ◊ de *contre-* et *attaque* ▪ **1** Brusque mouvement offensif d'une troupe attaquée. ➤ **contre-offensive.** *Des contre-attaques.* ◆ SPORT Dans les jeux de ballon, Mouvement offensif qui part de l'équipe dont le terrain est occupé. ▪ **2** FIG. Réponse brutale et agressive à une attaque verbale. ➤ **riposte.**

CONTRE-ATTAQUER [kɔ̃tʀatake] **v. intr.** ⟨1⟩ /CONTRATTAQUER/ – fin XIXe ◊ de *contre-attaque* ▪ Faire une contre-attaque. ➤ **se rebiffer, riposter.**

CONTREBALANCER [kɔ̃tʀəbalɑ̃se] **v. tr.** ⟨3⟩ – 1549 ◊ de *contre-* et *balancer* ▪ **1** Faire équilibre à. ➤ **compenser, équilibrer.** *Poids qui en contrebalance un autre.* ▪ **2** Compenser en égalant. ➤ **neutraliser.** *Les avantages contrebalancent les inconvénients.*

CONTREBALANCER (S'EN) [kɔ̃tʀəbalɑ̃se] **v. pron.** ⟨3⟩ – 1954 ◊ de *s'en balancer* «s'en moquer», d'après *s'en contrefiche, s'en contrefoutre* ▪ FAM. Se moquer éperdument de. *« Si je ne lui plais pas, c'est son affaire [...] je m'en contrebalance »* BEAUVOIR.

CONTREBANDE [kɔ̃tʀəbɑ̃d] **n. f.** – 1512 ◊ italien *contrabbando* «contre le ban» ▪ Introduction clandestine, dans un pays, de marchandises prohibées ou dont on ne règle pas les droits de douane, d'octroi. ➤ **fraude, trafic.** *Marchandises de contrebande, introduites, passées en contrebande. Faire de la contrebande ; la contrebande du tabac, des armes.* ◆ La marchandise elle-même. *Vendre, acheter de la contrebande.*

CONTREBANDIER, IÈRE [kɔ̃tʀəbɑ̃dje, jɛʀ] **n.** – 1715 ◊ de *contrebande* ▪ Personne qui fait de la contrebande. ➤ **bootlegger, trafiquant** (cf. Faux saunier*). *Suivre un chemin de contrebandiers, dans la montagne.* — **adj.** *Navire contrebandier.*

CONTREBAS (EN) [ɑ̃kɔ̃tʀəbɑ] **loc. adv.** – v. 1382 ◊ de *contre-* et 1 *bas* ▪ À un niveau inférieur. *La route passe en contrebas.* — **loc. prép.** *La rivière coule en contrebas du village.* ▪ CONTR. Contre-haut (en).

CONTREBASSE [kɔ̃tʀəbɑs] **n. f.** – 1740 ; autre sens 1500 ◊ italien *contrabbasso* ▪ **1** Le plus grand et le plus grave des instruments à archet ➤ 1 **basse.** *Tenir la contrebasse dans un quatuor.* ▪ **2** Musicien(ne) qui joue de la contrebasse. ➤ **bassiste, contrebassiste.** ▪ **3** Tuyaux d'orgue de seize pieds, ouverts ou fermés, commandés par le pédalier.

CONTREBASSISTE [kɔ̃tʀəbɑsist] **n.** – 1834 ◊ de *contrebasse* ▪ Musicien(ne) qui joue de la contrebasse. ➤ **bassiste, contrebasse.**

CONTREBASSON [kɔ̃tʀəbasɔ̃] **n. m.** – 1821 ◊ de *contre-* et *basson,* d'après *contrebasse* ▪ Instrument analogue au basson, à l'octave inférieure.

CONTREBATTERIE [kɔ̃tʀəbatʀi] **n. f.** – 1580 ◊ de *contrebattre,* d'après *batterie* ▪ MILIT. Tir contre l'artillerie, les batteries de l'ennemi.

CONTREBATTRE [kɔ̃tʀəbatʀ] **v. tr.** ⟨41⟩ – v. 1220 ◊ de *contre-* et *battre* ▪ Atteindre par un tir de contrebatterie.

CONTREBRAQUER [kɔ̃tʀəbʀake] **v. intr.** ⟨1⟩ – 1952 au p. p. ◊ de *contre-* et *braquer* ▪ Braquer les roues avant d'un véhicule dans le sens inverse de la direction de dérapage du train arrière.

CONTREBUTER [kɔ̃tʀəbyte] **v. tr.** ⟨1⟩ – fin XVIIIe ; *contrebouté* 1441 p. p. ◊ de *contre-* et *buter* ▪ ARCHIT. Soutenir (une poussée) par un contrefort, un pilier.

CONTRECARRER [kɔ̃tʀəkaʀe] **v. tr.** ⟨1⟩ – 1541 ◊ de l'ancien français *contrecarre* «opposition» ▪ Faire obstacle à (qqn, qqch.), par une opposition directe. ➤ **s'opposer ; contrarier, gêner, résister.** *Contrecarrer qqn* (VIEILLI). *Contrecarrer les projets, les plans de qqn.* — **p. p. adj.** *Volonté, vocation contrecarrée.* ▪ CONTR. Aider, favoriser.

CONTRECHAMP [kɔ̃tʀəʃɑ̃] **n. m.** – 1929 ◊ de *contre-* et 1 *champ* ▪ CIN. Prises de vue dans le sens opposé à celui d'une autre prise *(champ) ;* plan ainsi filmé. ▪ HOM. Contre-chant.

CONTRE-CHANT ou **CONTRECHANT** [kɔ̃tʀəʃɑ̃] **n. m.** – 1578 ◊ de *contre-* et *chant* ▪ MUS. Second thème opposé ou associé au thème mélodique principal dans une composition contrapontique. *Des contre-chants.* ▪ HOM. Contrechamp.

CONTRECHÂSSIS [kɔ̃tʀəʃɑsi] **n. m.** – 1694 ◊ de *contre-* et *châssis* ▪ TECHN. Châssis appliqué contre un autre châssis.

CONTRECHOC [kɔ̃tʀəʃɔk] **n. m.** – 1893 ◊ de *contre-* et *choc,* d'après *contrecoup* ▪ Choc en retour. ➤ **contrecoup.** FIN. *Contrechoc pétrolier :* chute des cours du pétrole entraînant un mouvement de désinflation. *Des contrechocs.* — On écrit aussi *contre-choc, des contre-chocs.*

CONTRECLEF [kɔ̃tʀəkle] **n. f.** /CONTRECLÉ/ – 1754 ◊ de *contre-* et *clef* ▪ ARCHIT. Voussoir qui touche la clef de voûte.

1 **CONTRECŒUR (À)** [akɔ̃tʀəkœʀ] **loc. adv.** – 1579 ; *avoir a contrecuer* «détester» 1393 ◊ de *contre-* et *cœur* ▪ Malgré soi, avec répugnance (cf. Contre son gré, à son corps* défendant, la mort* dans l'âme, à regret). *Faire une chose à contrecœur.* ▪ CONTR. Cœur (de bon, de grand, de tout cœur), grâce (de bonne grâce), volontiers.

2 **CONTRECŒUR** [kɔ̃tʀəkœʀ] **n. m.** – *contrecuer* XIIIe ◊ de *contre-* et *cœur* ▪ **1** Fond de cheminée (➤ **contre-feu**) et plaque de fonte appliquée sur ce fond. *Contrecœur décoré d'armoiries.* ▪ **2** TECHN. Rail couché à l'intérieur d'un croisement de voie ferrée.

CONTRECOLLER [kɔ̃tʀəkɔle] **v. tr.** ⟨1⟩ – 1955 ◊ de *contre-* et *coller* ▪ Coller (des feuilles, des plaques d'un matériau rigide) entre elles. — **p. p. adj.** *Carton, parquet contrecollé.*

CONTRECOUP [kɔ̃tʀəku] **n. m.** – 1560 ◊ de *contre-* et *coup* ▪ **1** VX Répercussion d'un coup, d'un choc. ➤ **ricochet.** *Le contrecoup d'une balle* (cf. Choc* en retour). ▪ **2** (1665) MOD. Évènement qui se produit en conséquence indirecte d'un autre. ➤ **conséquence, contrechoc, effet, réaction, suite.** *« Toute révolution politique a son contrecoup dans une révolution artistique »* R. ROLLAND. *Subir le contrecoup d'un désastre. Par contrecoup.*

CONTRE-COURANT [kɔ̃tʀəkuʀɑ̃] **n. m.** /CONTRECOURANT/ – 1783 ◊ de *contre-* et *courant* ▪ **1** Courant secondaire qui se produit en sens inverse d'un autre courant. *Des contre-courants.* ▪ **2** **loc. adv.** **À CONTRE-COURANT.** *Naviguer à contre-courant,* en remontant le courant. — PAR MÉTAPH. *« Ceux qui luttent contre leur époque et nagent à contre-courant »* MAUROIS. FIG. *Aller à contre-courant de son époque.*

CONTRE-COURBE [kɔ̃tʀəkuʀb] **n. f.** /CONTRECOURBE/ – 1845 ◊ de *contre-* et *courbe* ▪ Courbe concave accolée à une courbe convexe (en architecture, décoration, etc.). *Des contre-courbes.*

CONTRE-CULTURE [kɔ̃tʀəkyltyʀ] n. f. /CONTRECULTURE/ – 1970 ◊ de *contre-* et *culture* ■ Culture définie en opposition à la culture dominante, formée d'éléments de la culture populaire, etc. « *On peut parler de contre-culture (Theodore Roszak), mais le préfixe infléchit trop dans le sens de la négation. C'est aussi une révolution culturelle, qui affirme ses valeurs positives* » E. MORIN. *Les contre-cultures.*

CONTREDANSE [kɔ̃tʀədɑ̃s] n. f. – 1626 ◊ altération de l'anglais *country-dance* « danse de campagne » ■ **1** Danse où les couples de danseurs se font vis-à-vis et exécutent des figures. ➤ **quadrille.** *La contredanse se danse généralement à huit personnes.* ◆ PAR EXT. Musique sur laquelle on exécute cette danse. *Jouer une contredanse.* ■ **2** (1901 ◊ jeu de mots) FAM. Contravention.

CONTRE-DÉNONCIATION [kɔ̃tʀədenɔ̃sjasjɔ̃] n. f. /CONTREDÉNONCIATION/ – 1863 ◊ de *contre-* et *dénonciation* ■ DR. Acte extrajudiciaire par lequel le saisissant porte à la connaissance du tiers saisi l'assignation en validité adressée par lui au saisi. *Des contre-dénonciations.*

CONTRE-DIGUE [kɔ̃tʀədig] n. f. /CONTREDIGUE/ – 1839 ◊ de *contre-* et *digue* ■ TECHN. Ouvrage destiné à consolider la digue principale. *Des contre-digues.*

CONTREDIRE [kɔ̃tʀədiʀ] v. tr. ‹37, sauf *vous contredisez*› – XIIe ; « refuser » Xe ◊ latin *contradicere* ■ **1** S'opposer à (qqn) en disant le contraire de ce qu'il dit. ➤ **démentir, réfuter ; contradiction.** *Contredire qqn. Contredire un témoin. Prendre plaisir à contredire tout le monde* (cf. Avoir l'esprit de contradiction*). ABSOLT *Aimer à contredire.* ➤ **critiquer.** ◆ *Contredire le témoignage de qqn. Contredire une assertion, une déclaration.* ➤ **nier.** ■ **2 SE CONTREDIRE** v. pron. (réfl.). Dire des choses contradictoires successivement. *Il n'arrête pas de se contredire depuis le début de son récit.* ➤ **se couper.** — (RÉCIPR.) *Se contredire l'un l'autre. Ils se contredisent sans cesse.* ➤ **se disputer, s'opposer.** ■ **3** (CHOSES) Aller à l'encontre de. ➤ **démentir.** *Ce témoignage contredit sa déclaration. Les évènements ont contredit ses prédictions, ses espérances.* ■ CONTR. Approuver. Accorder (s'), entendre (s'). Confirmer.

CONTREDIT [kɔ̃tʀədi] n. m. – XIIe « contradiction, opposition » ◊ de *contredire* ■ **1** DR. Pièce qu'une des parties oppose à celles que fournit la partie adverse. *Contredit de compétence.* ■ **2** (1541) LITTÉR. Affirmation que l'on oppose à ce qui a été dit. ➤ **contradiction, objection.** *Affirmation sujette à contredit. Sauf contredit.* ■ **3** loc. adv. COUR. **SANS CONTREDIT :** sans qu'il soit possible d'affirmer le contraire. ➤ **assurément, certainement.** *Il est, sans contredit, le meilleur,* à l'évidence (cf. Sans conteste*).

CONTRÉE [kɔ̃tʀe] n. f. – XIIe ◊ latin populaire *contrata (regio),* de *contra* « pays en face » ■ VIEILLI OU RÉGION. Étendue de pays. ➤ 1 **pays ; parages, région.** *Contrée riche, fertile ; pauvre, déserte. Dans nos contrées.* ■ HOM. Contrer.

CONTRE-ÉCROU [kɔ̃tʀekʀu] n. m. /CONTRÉCROU/ – 1870 ◊ de *contre-* et *écrou* ■ TECHN. Écrou que l'on visse à bloc au-dessus d'un autre écrou pour en empêcher le desserrage. *Des contre-écrous.*

CONTRE-ÉLECTROMOTRICE [kɔ̃tʀelɛktʀɔmɔtʀis] adj. f. /CONTRÉLECTROMOTRICE/ – 1884 ◊ de *contre-* et *électromoteur* ■ PHYS. *Force contre-électromotrice :* tension opposée à la direction du courant et caractéristique d'un système effectuant une conversion d'énergie électrique en une énergie autre que thermique (ABRÉV. f. c. e. m. ou f. c. é. m.). *Les forces contre-électromotrices d'un moteur.*

CONTRE-EMPLOI [kɔ̃tʀɑ̃plwa] n. m. /CONTREMPLOI/ – 1846 autre sens ◊ de *contre-* et *emploi* ■ **1** Type de rôle ne correspondant ni au physique ni au tempérament d'un comédien. *Comédien utilisé à contre-emploi. Des contre-emplois.* ■ **2** PAR EXT. Emploi, fonction qui ne correspond pas aux compétences, à la personnalité de qqn. *Un directeur à contre-emploi.*

CONTRE-EMPREINTE [kɔ̃tʀɑ̃pʀɛ̃t] n. f. /CONTREMPREINTE/ – 1845 ◊ de *contre-* et *empreinte* ■ GÉOL. Relief (dépôt d'argile, etc.) dans une empreinte en creux. *Des contre-empreintes.*

CONTRE-ENQUÊTE [kɔ̃tʀɑ̃kɛt] n. f. /CONTRENQUÊTE/ – *contr'enquête* 1649 ◊ de *contre-* et *enquête* ■ Enquête destinée à vérifier les résultats d'une autre enquête. *La police procède à une contre-enquête. Des contre-enquêtes.*

CONTRE-ÉPAULETTE [kɔ̃tʀepolɛt] n. f. /CONTRÉPAULETTE/ – 1786 ◊ de *contre-* et *épaulette* ■ Plaque d'épaule (sans franges), sur un uniforme. *Des contre-épaulettes.*

CONTRE-ÉPREUVE [kɔ̃tʀepʀœv] n. f. /CONTRÉPREUVE/ – 1828 ; *contrepreuve* 1676 ◊ de *contre-* et *épreuve* ■ **1** GRAV. Épreuve tirée sur une estampe fraîchement imprimée. ■ **2** Épreuve inverse en vue de vérifier si les résultats d'une première épreuve sont exacts. ➤ **contre-essai, vérification.** « *Un expérimentateur qui demande à des contre-épreuves la vérification de ce qu'il a supposé* » PROUST.

CONTRE-ESPIONNAGE [kɔ̃tʀɛspjɔnaʒ] n. m. /CONTRESPIONNAGE/ – 1899 ◊ de *contre-* et *espionnage* ■ Action d'espionner des espions et de réprimer leur activité. *Faire du contre-espionnage. Les services de contre-espionnage.* ◆ Organisation chargée de la surveillance des espions des puissances étrangères en territoire national.

CONTRE-ESSAI [kɔ̃tʀesɛ] n. m. /CONTRESSAI/ – 1870 ◊ de *contre-* et *essai* ■ Second essai pour contrôler les résultats d'un premier. ➤ **contre-épreuve.** *Des contre-essais.*

CONTRE-EXEMPLE [kɔ̃tʀɛgzɑ̃pl] n. m. /CONTREXEMPLE/ – 1957 ; hapax 1599 ◊ de *contre-* et *exemple,* avec influence de l'anglais *counter-example* ■ Exemple qui illustre le contraire de ce qu'on veut démontrer, cas particulier qui va à l'encontre d'une thèse. *Un seul contre-exemple suffit à infirmer une loi. Des contre-exemples.*

CONTRE-EXPERTISE [kɔ̃tʀɛkspɛʀtiz] n. f. /CONTREXPERTISE/ – 1847 ◊ de *contre-* et *expertise* ■ Expertise destinée à en contrôler une autre. *Des contre-expertises.*

CONTRE-EXTENSION [kɔ̃tʀɛkstɑ̃sjɔ̃] n. f. /CONTREXTENSION/ – début XVIIe ◊ de *contre-* et *extension* ■ CHIR. Action opposée à l'extension et qui consiste à retenir fixe et immobile la partie supérieure d'un membre luxé ou fracturé, au cours d'une réduction par extension.

CONTREFAÇON [kɔ̃tʀəfasɔ̃] n. f. – 1268 ◊ de *contrefaire,* d'après *façon* ■ Action de contrefaire une œuvre littéraire, artistique, industrielle au préjudice de son auteur, de son inventeur ; résultat de cette action. ➤ **contre-épreuve, copie, falsification, imitation, pastiche, plagiat.** *La contrefaçon d'un livre, d'un produit.* ◆ Imitation frauduleuse. *Contrefaçon de monnaie, de billets de banque.* ➤ 1 **faux.** On dit aussi (DR.) **CONTREFACTION** [kɔ̃tʀəfaksjɔ̃], 1798. *Se méfier des contrefaçons* (d'un produit de marque). — DR. *Poursuivre qqn en contrefaçon. Délit de contrefaçon.*

CONTREFACTEUR [kɔ̃tʀəfaktœʀ] n. m. – 1754 ◊ de *contrefaction* ■ DR. Personne coupable de contrefaçon frauduleuse. ➤ **faussaire.** « *Travaux forcés à perpétuité pour le contrefacteur : c'est écrit sur tous les billets* » H. CALET.

CONTREFAIRE [kɔ̃tʀəfɛʀ] v. tr. ‹60› – v. 1130 ◊ bas latin *contrafacere* « imiter » ■ LITTÉR. ■ **1** Reproduire par imitation. ➤ **calquer, copier, imiter, mimer, reproduire.** *Contrefaire qqn. Contrefaire la voix, les gestes de qqn.* ◆ (1549) VIEILLI Copier ou évoquer pour tourner en dérision. ➤ **caricaturer, parodier, pasticher, singer.** « *Il faut empêcher les enfants de contrefaire les gens ridicules* » FÉNELON. ■ **2** (XVIe) VIEILLI Feindre (un état, un sentiment) pour tromper. ➤ **simuler.** *Contrefaire la folie, la douleur.* ■ **3** (début XIIIe) Imiter frauduleusement. ➤ **contrefaçon ; altérer, falsifier.** *Contrefaire une monnaie, une signature.* ➤ **contrefacteur, contrefaçon.** ◆ PAR EXT. Changer, modifier l'apparence de (qqch.) pour tromper. ➤ **déguiser, dénaturer.** *Contrefaire son écriture. Contrefaire sa voix.* ■ **4** Rendre difforme. ➤ **altérer, décomposer, défigurer, déformer.** « *Ces corps de baleine, par lesquels les nôtres* [femmes] *contrefont leur taille* » ROUSSEAU. ■ HOM. Contre-fer.

CONTREFAISANT, ANTE [kɔ̃tʀəfəzɑ̃, ɑ̃t] adj. – 1839 ◊ de *contrefaire* ■ Qui constitue une contrefaçon. *Saisie de produits contrefaisants.* ◆ Qui fabrique une contrefaçon. *Société contrefaisante.*

CONTREFAIT, AITE [kɔ̃tʀəfɛ, ɛt] adj. – *contrefet* XIe ◊ → contrefaire ■ Mal conformé, mal bâti. *Une personne au corps contrefait.* ➤ **difforme.** « *Il avait je ne sais quoi de contrefait dans sa taille, sans aucune difformité particulière* » ROUSSEAU.

CONTRE-FER ou **CONTREFER** [kɔ̃tʀəfɛʀ] n. m. – *contreferre* XVe ◊ de *contre-* et *fer* ■ TECHN. Partie d'un outil qui double le fer. *Le contre-fer d'un rabot. Des contre-fers, des contrefers.* ■ HOM. Contrefaire.

CONTRE-FEU [kɔ̃tʀəfø] n. m. /CONTREFEU/ – 1531 ◊ de *contre-* et 1 *feu* ■ **1** Plaque métallique garnissant le fond d'une cheminée. ➤ 2 **contrecœur.** ■ **2** Feu allumé pour circonscrire un incendie de forêt. *Allumer des contre-feux.*

CONTREFICHE [kɔ̃tʀəfiʃ] n. f. – 1690 ◇ de *contre-* et *fiche* ■ BÂT. Pièce placée obliquement pour servir d'étai. — Pièce de charpente reliant l'arbalétrier au poinçon. — On écrit aussi *contre-fiche, des contre-fiches.*

CONTREFICHE (SE) [kɔ̃tʀəfiʃ] v. pron. ‹1› – *se contreficher* 1839 ◇ de *contre-* et *se fiche* → 2 ficher ■ FAM. Se moquer* complètement (de). ➤ **contrebalancer** (s'en), se **contrefoutre.** *Il s'en contrefiche.*

CONTREFIL [kɔ̃tʀəfil] n. m. – 1532 ◇ de *contre-* et *fil* ■ Sens contraire à la normale. — loc. adv. *À contrefil* : dans le mauvais sens (cf. À contre-poil, à rebours). — On écrit aussi *contre-fil* (1540).

CONTRE-FILET ou **CONTREFILET** [kɔ̃tʀəfilɛ] n. m. – 1926 ◇ de *contre-* et *filet* ■ Morceau de bœuf correspondant aux lombes. ➤ **faux-filet.** *Grillade dans le contre-filet. — Un contre-filet grillé, saignant. Des contre-filets, des contrefilets.*

CONTREFORT [kɔ̃tʀəfɔʀ] n. m. – XIIIe ◇ de *contre-* et 1 *fort* ■ **1** Pilier, saillie, mur massif servant d'appui à un autre mur qui supporte une charge. ➤ **arcboutant.** *Les contreforts d'une terrasse, d'une voûte. «Sans les contreforts plaqués contre les parois, l'édifice croulerait»* TAINE. ■ **2** (1572) Pièce de cuir qui renforce l'arrière d'une chaussure. ■ **3** (1831) Chaîne de montagnes latérales qui semblent servir d'appui à une chaîne principale. *Les contreforts des Alpes.*

CONTREFOUTRE (SE) [kɔ̃tʀəfutʀ] v. pron. ‹conj. *foutre*› – 1790 ◇ de *contre-* et *se foutre* ■ POP. Se moquer* complètement (de). *Je me contrefous de ses problèmes, qu'il ait des problèmes. Je m'en contrefous* : cela m'est bien égal. ➤ **contrebalancer** (s'en), se **contreficher.**

CONTRE-HAUT (EN) ou **CONTREHAUT (EN)** [ɑ̃kɔ̃tʀəo] loc. adv. – 1701 ◇ de *contre-* et *haut* ■ À un niveau supérieur. *Regarder en contre-haut. Maison en contre-haut d'une route.* ■ CONTR. Contrebas (en).

CONTRE-HERMINE [kɔ̃tʀɛʀmin] n. f. – 1690 ◇ de *contre-* et *hermine* ■ BLAS. Fourrure constituée à l'inverse de l'hermine, par un fond de sable semé de mouchetures d'argent.

CONTRE-INDICATION [kɔ̃tʀɛ̃dikasjɔ̃] n. f. /CONTRINDICATION/ – 1697 ◇ de *contre-* et *indication* ■ Circonstance qui empêche d'appliquer un traitement. *Les contre-indications d'un traitement, d'un médicament,* les cas où il ne faut pas l'appliquer, l'utiliser. *Contre-indication en cas de diabète, d'insuffisance rénale.*

CONTRE-INDIQUER [kɔ̃tʀɛ̃dike] v. tr. ‹1› /CONTRINDIQUER/ – 1770 ◇ de *contre-* et *indiquer* ■ **1** MÉD. Déconseiller, interdire par une contre-indication. *Contre-indiquer un remède.* ■ **2** p. p. adj. COUR. **CONTRE-INDIQUÉ, ÉE** /*contrindiqué, ée*/. Qui ne convient pas, est dangereux (dans un cas déterminé). ➤ **déconseillé.** *Ces médicaments sont contre-indiqués en cas de diabète.* PAR EXT. *C'est contre-indiqué* : ce n'est pas souhaitable. ➤ **inopportun** (cf. Ce n'est pas recommandé*).

CONTRE-INTERROGATOIRE [kɔ̃tʀɛ̃teʀɔgatwaʀ] n. m. /CONTRINTERROGATOIRE/ – 1969 ◇ de *contre-* et *interrogatoire* ■ Interrogatoire d'un témoin, d'un accusé par la partie adverse. *Les contre-interrogatoires.*

CONTRE-JOUR ou **CONTREJOUR** [kɔ̃tʀəʒuʀ] n. m. – 1606 ◇ de *contre-* et *jour* ■ Éclairage d'un objet recevant de la lumière en sens inverse de celui du regard. *Être gêné par le contre-jour. Tableau placé dans le contre-jour. Des effets de contre-jour* (en photo). *Des contre-jours, des contrejours.* ◆ loc. adv. **À CONTRE-JOUR** : dans un éclairage tel que la lumière vienne en sens inverse de celui du regard. *Photo prise à contre-jour.*

CONTRE-LAME [kɔ̃tʀəlam] n. f. /CONTRELAME/ – 1966 ◇ de *contre-* et *lame* ■ Lame, vague qui vient en sens contraire (à un mouvement de l'eau). *«Puis survenait la contre-lame qui rebondissait sur la muraille du large»* LE CLÉZIO. *Des contre-lames.*

CONTRE-LA-MONTRE ➤ 2 **MONTRE**

CONTRE-LETTRE [kɔ̃tʀəlɛtʀ] n. f. /CONTRELETTRE/ – XIIIe ◇ de *contre-* et *lettre* ■ DR. Acte secret annulant, modifiant les dispositions stipulées dans un premier acte ostensible et leurs effets. *Des contre-lettres.*

CONTREMAÎTRE, CONTREMAÎTRESSE [kɔ̃tʀəmɛtʀ, kɔ̃tʀəmɛtʀɛs] n. /CONTREMAITRE, CONTREMAITRESSE/ – *contremaistre* 1404 ; au fém. 1862 ◇ de *contre-* et *maître* ■ Personne responsable d'une équipe d'ouvriers (cf. Chef* d'équipe, agent* de maîtrise). *Contremaître dans une mine* (➤ **porion**), *une imprimerie* (➤ **prote**), *une plantation* (➤ RÉGION. **géreur**). *Elle est contremaître, contremaîtresse dans une usine. «un peu de silence ! hasarda la contremaître»* HUYSMANS.

CONTRE-MANIFESTANT, ANTE [kɔ̃tʀəmanifɛstɑ̃, ɑ̃t] n. /CONTREMANIFESTANT, ANTE/ – v. 1870 ◇ de *contre-* et *manifestant* ■ Personne qui prend part à une contre-manifestation. *Les contre-manifestants.*

CONTRE-MANIFESTATION [kɔ̃tʀəmanifɛstasjɔ̃] n. f. /CONTREMANIFESTATION/ – 1848 ◇ de *contre-* et *manifestation* ■ Manifestation organisée pour faire échec à une autre. *Des contre-manifestations.*

CONTRE-MANIFESTER [kɔ̃tʀəmanifɛste] v. intr. ‹1› /CONTREMANIFESTER/ – v. 1870 ◇ de *contre-* et *manifester* ■ Prendre part à une contre-manifestation.

CONTREMARCHE [kɔ̃tʀəmaʀʃ] n. f. – 1359 ◇ de *contre-* et *marche* **I** Hauteur de chaque marche d'un escalier. PAR EXT. La partie verticale qui forme cette hauteur.
II (1622) Marche qu'on fait faire à une armée dans le sens opposé à celui qu'elle suivait.

CONTREMARQUE [kɔ̃tʀəmaʀk] n. f. – *contremerque* 1526 ; «représailles» 1443 ◇ de *contre-* et *marque* ■ **1** Seconde marque qu'on applique sur un ballot de marchandises, sur les objets d'or et d'argent. ■ **2** (1726) Ticket délivré aux personnes qui s'absentent pendant une représentation, afin qu'elles aient le droit de rentrer (à l'entracte, par exemple). *Réclamez une contremarque avant de quitter la salle.*

CONTRE-MESURE [kɔ̃tʀəm(ə)zyʀ] n. f. /CONTREMESURE/ – fin XIXe ◇ de *contre-* et *mesure* ■ Mesure contraire à une autre mesure. ◆ MILIT. Ensemble de moyens destinés à rendre inefficace l'action ennemie. *L'antibrouillage est une contre-mesure électronique.* ➤ **leurre.** *Menaces et contre-mesures.*

CONTRE-MINE [kɔ̃tʀəmin] n. f. /CONTREMINE/ – 1520 ; *contermine* v. 1380 ◇ de *contre-* et *mine* ■ Galerie de mine pratiquée pour prévenir une attaque de l'ennemi à la mine explosive. *Des contre-mines.*

CONTRE-MUR [kɔ̃tʀəmyʀ] n. m. /CONTREMUR/ – 1371 ◇ de *contre-* et *mur* ■ TECHN. Petit mur bâti contre un autre mur, contre une terrasse, pour servir d'appui, de contrefort. *Des contre-murs.*

CONTRE-OFFENSIVE [kɔ̃tʀɔfɑ̃siv] n. f. /CONTROFFENSIVE/ – 1916 ◇ de *contre-* et *offensive* ■ Contre-attaque exécutée par une grande unité, en vue d'enlever à l'ennemi l'initiative des opérations. *Des contre-offensives.*

CONTRE-PAL [kɔ̃tʀəpal] n. m. /CONTREPAL/ – 1551 ◇ de *contre-* et *pal* ■ BLAS. Pal divisé en deux moitiés, l'une d'émail et l'autre de métal. *Des contre-pals.*

CONTREPARTIE [kɔ̃tʀəpaʀti] n. f. – 1262 «adversaire» ◇ de *contre-* et *partie* ■ **1** (1723) Double d'un registre sur lequel toutes les parties d'un compte sont inscrites. — Écritures qui servent de vérification. ■ **2** Sentiment, avis contraire. *Soutenir la contrepartie d'une opinion* : prendre le contrepied. ■ **3** (1791) Chose qui s'oppose à une autre en la complétant ou en l'équilibrant. ➤ **compensation.** *«Le défaut avait pour contrepartie une qualité précieuse»* PROUST. *En contrepartie* (cf. Par contre*, en échange, en revanche). *Obtenir une contrepartie financière, de l'argent en contrepartie. Accorder qqch. sans contrepartie.* ◆ BOURSE Opération par laquelle un intermédiaire en Bourse (le *contrepartiste*) agit pour son propre compte en se portant acquéreur ou vendeur de titres correspondant à un ordre de vente ou d'achat de l'un de ses clients. *«Jouant sur les deux tableaux, faisant ce qu'on appelle en termes de coulisse de la contrepartie»* PROUST.

CONTRE-PAS [kɔ̃tʀəpɑ] n. m. inv. /CONTREPAS/ – 1771 ; «ancienne danse espagnole» 1606 ◇ de *contre-* et *pas* ■ MILIT. Demi-pas pour reprendre le pas cadencé, sur le bon pied.

CONTRE-PASSER [kɔ̃tʀəpɑse] v. tr. ‹1› /CONTREPASSER/ – 1836 ; «surpasser» v. 1170 ◇ de *contre-* et *passer* ■ COMM. ■ **1** Repasser (une lettre de change) à la personne de qui on la reçoit. ■ **2** (1842) Rectifier (une écriture) au grand livre, au journal. — n. f. **CONTRE-PASSATION** /contrepassation/

CONTREPENTE [kɔ̃tʀəpɑ̃t] n. f. – 1694 ◇ de *contre-* et *pente* ■ Pente opposée à une autre pente. *Les contrepentes d'une colline, d'une montagne. À contrepente.* — On écrit aussi *contre-pente.*

CONTRE-PERFORMANCE [kɔ̃tʀəpɛʀfɔʀmɑ̃s] n. f. /CONTREPERFORMANCE/ – 1949 ◇ de *contre-* et *performance* ■ Mauvaise performance, résultat anormalement faible de qqn qui réussit bien d'habitude. *Abandonner la compétition après une série de contre-performances.* — PAR EXT. *Les contre-performances d'un leader politique.*

CONTREPET [kɔ̃tʀəpɛ] n. m. – 1947 ◇ de *contrepèterie*, d'après 1*pet* ■ 1 Art de résoudre les contrepèteries ou d'en faire de nouvelles. « *L'Art du contrepet* », *de L. Étienne.* ■ 2 Contrepèterie.

CONTREPÈTERIE [kɔ̃tʀəpɛtʀi] n. f. – 1582 ◇ de l'ancien français *contrepéter* « rendre un son pour un autre » ■ Interversion des lettres ou des syllabes d'un ensemble de mots spécialement choisis, afin d'en obtenir d'autres dont l'assemblage ait également un sens, de préférence burlesque ou grivois. ➤ **contrepet.** Ex. Femme folle à la messe (Rabelais) pour femme molle à la fesse.

CONTREPIED [kɔ̃tʀəpje] n. m. – 1561 ◇ de *contre-* et *pied* ■ On écrit aussi *contre-pied.* ■ 1 VÉN. Fausse piste suivie par les chiens. ■ 2 COUR. Ce qui est diamétralement opposé à (une opinion, un comportement). ➤ **contraire, contrepartie, inverse, opposé.** *Vos opinions sont le contrepied des siennes. Des contrepieds, des contre-pieds. Prendre le contrepied de (une attitude, une affirmation)* : faire, soutenir exactement le contraire. ➤ **contredire.** « *Prendre en tout le contre-pied de ce qui est raisonnable* » MAURIAC. ■ 3 SPORT **À CONTREPIED :** sur le mauvais pied (pour une action). *La balle l'a surpris à contrepied.*

CONTREPLACAGE [kɔ̃tʀəplakaʒ] n. m. – 1873 ◇ de *contreplaqué* ■ Fabrication du contreplaqué par application de feuilles de bois des deux côtés d'un panneau (les fibres du bois étant perpendiculaires) ; son résultat.

CONTREPLAQUÉ [kɔ̃tʀəplake] n. m. – 1875 adj. ◇ de *contre-* et *plaquer* ■ Matériau formé de plaques de bois minces collées, à fibres opposées. ➤ **latté ; contreplacage.** *Du contreplaqué. Étagère en contreplaqué.*

CONTRE-PLONGÉE [kɔ̃tʀəplɔ̃ʒe] n. f. /CONTREPLONGÉE/ – 1946 ◇ de *contre-* et *plongée* ■ CIN., TÉLÉV. Prise de vue faite de bas en haut (à l'inverse de la plongée). *Séquence filmée en contre-plongée. Des contre-plongées.*

CONTREPOIDS [kɔ̃tʀəpwɑ] n. m. – v. 1180 ◇ de *contre-* et *poids* ■ 1 Poids qui fait équilibre à un autre poids. *Les contrepoids d'une horloge. Faire contrepoids.* ➤ **contrebalancer, équilibrer.** ■ 2 (XIIIe) Ce qui équilibre, neutralise. ➤ **compensation, contrepartie, équilibre.** *Servir de contrepoids, faire contrepoids à qqch.* « *Son réalisme intellectuel* [de l'Europe] *apporte un contrepoids au dynamisme anglo-saxon* » SIEGFRIED.

CONTRE-POIL (À) ou **CONTREPOIL (À)** [akɔ̃tʀəpwal] loc. adv. – *contrepoil* 1205 ◇ de *contre-* et *poil* ■ Dans le sens inverse du sens naturel des poils. ➤ **rebours (à), rebrousse-poil (à).** *Les chats détestent qu'on les caresse à contre-poil.* ◆ LOC. FAM. *Prendre qqn à contre-poil,* maladroitement, en l'irritant.

CONTREPOINT [kɔ̃tʀəpwɛ̃] n. m. – 1398 ◇ de *contre-* et *point* « note », les notes étant figurées par des points ■ 1 MUS. Théorie de l'écriture polyphonique. *Le contrepoint part de la mélodie et définit les principes de superposition des lignes mélodiques. Le contrepoint, langage musical horizontal* (opposé à *harmonie*). ➤ **contrapontiste.** — Composition faite d'après les règles du contrepoint. *Les contrepoints à deux, cinq, huit parties de J.-S. Bach.* ■ 2 FIG. Motif secondaire qui se superpose à qqch., en ayant une réalité propre. *La musique doit fournir un contrepoint aux images d'un film.* ◆ loc. adv. **EN CONTREPOINT :** simultanément et indépendamment, mais comme une sorte d'accompagnement. — loc. prép. *En contrepoint de...* « *Il aurait fallu que la pièce se déroulât en contrepoint de la vie simple et normale du couple humain* » MAURIAC.

CONTRE-POINTE [kɔ̃tʀəpwɛ̃t] n. f. /CONTREPOINTE/ – 1825 ◇ de *contre-* et *pointe* ■ 1 TECHN. Escrime au sabre où l'on combine les coups d'estoc et de taille. ■ 2 (1838) Partie tranchante de l'extrémité du dos d'un sabre. *Des contre-pointes.*

CONTREPOISON [kɔ̃tʀəpwazɔ̃] n. m. – v. 1500 ◇ de *contre-* et *poison* ■ Substance destinée à combattre, à neutraliser l'effet d'un poison. ➤ **antidote.** *Administrer un contrepoison.* ◆ FIG. ➤ **remède.** *Chercher un contrepoison à une doctrine subversive.*

CONTRE-PORTE [kɔ̃tʀəpɔʀt] n. f. /CONTREPORTE/ – 1690 ; fortif. 1582 ◇ de *contre-* et *porte* ■ Porte légère, généralement capitonnée, qui double une porte. *Des contre-portes.* — PAR EXT. Face intérieure d'une porte aménagée pour recevoir des accessoires. *Contre-porte d'un réfrigérateur. Contre-porte de voiture.*

CONTRE-POUVOIR [kɔ̃tʀəpuvwaʀ] n. m. /CONTREPOUVOIR/ – 1973 ◇ de *contre-* et 2*pouvoir* ■ Pouvoir qui s'oppose ou qui fait équilibre à une autorité établie. *Des contre-pouvoirs.*

CONTRE-PRÉPARATION [kɔ̃tʀəpʀeparasjɔ̃] n. f. /CONTREPRÉPARATION/ – 1929 ◇ de *contre-* et *préparation* ■ MILIT. Bombardement destiné à neutraliser une préparation (d'artillerie). *Contre-préparations d'artillerie.*

CONTRE-PRODUCTIF, IVE ou **CONTREPRODUCTIF, IVE** [kɔ̃tʀəpʀɔdyktif, iv] adj. – v. 1970 ◇ de *contre-* et *productif* ■ Qui produit l'effet inverse de ce que l'on escomptait. *Mesures contre-productives.*

CONTREPROJET [kɔ̃tʀəpʀɔʒɛ] n. m. – 1791 ◇ de *contre-* et *projet* ■ Projet que l'on oppose à un autre projet sur la même question. *Proposer des contreprojets.* — On écrit aussi *un contre-projet, des contre-projets.*

CONTRE-PROPAGANDE [kɔ̃tʀəpʀɔpagɑ̃d] n. f. /CONTREPROPAGANDE/ – 1931 ◇ de *contre-* et *propagande* ■ Propagande destinée à détruire les effets d'une autre propagande. « *amorcer une contre-propagande clandestine* » SARTRE. *Des contre-propagandes.*

CONTREPROPOSITION [kɔ̃tʀəpʀɔpozisjɔ̃] n. f. – 1771 ◇ de *contre-* et *proposition* ■ Proposition qu'on fait pour l'opposer à une autre. *Des contrepropositions.* — On écrit aussi *une contre-proposition, des contre-propositions.*

CONTRE-PUBLICITÉ [kɔ̃tʀəpyblisite] n. f. /CONTREPUBLICITÉ/ – 1905 ◇ de *contre-* et *publicité* ■ 1 Publicité destinée à lutter contre une autre publicité. « *Corriger la publicité à la télévision par une contre-publicité permettant à chacun de juger* » SAUVY. *Des contre-publicités.* ■ 2 Publicité qui a un effet contraire à son objet, qui nuit à ce qu'elle veut vanter. *Ce slogan, cette affiche leur fait de la contre-publicité ; est une contre-publicité.*

CONTRER [kɔ̃tʀe] v. ‹1› – 1838 ◇ de *contre* ■ 1 v. intr. CARTES Défier l'adversaire de réaliser sa demande, son contrat. *Réussir un chelem contré, au bridge.* ➤ **surcontrer.** ■ 2 v. tr. S'opposer avec succès à (qqn). *Il a contré son interlocuteur. Se faire contrer.* — PAR EXT. *Contrer une attaque.* ■ HOM. Contrée.

CONTRE-RAIL ou **CONTRERAIL** [kɔ̃tʀəʀɑj] n. m. – 1855 ; « aiguille » 1841 ◇ de *contre-* et *rail* ■ Second rail placé contre le rail normal aux passages à niveau, aux croisements. *Des contre-rails, des contrerails.*

CONTRE-RÉACTION [kɔ̃tʀəʀeaksjɔ̃] n. f. /CONTRERÉACTION/ – 1948 ◇ de *contre-* et *réaction* ■ TECHN. Action de contrôle en retour. ➤ **feed-back ; boucle.** *Une contre-réaction permet d'améliorer les caractéristiques d'un système* (réduire les distorsions, augmenter la bande passante, etc.). *Des contre-réactions.*

CONTRE-RÉFORME [kɔ̃tʀəʀefɔʀm] n. f. /CONTRERÉFORME/ – 1914 ◇ de *contre-* et *réforme* ■ HIST. Réforme catholique qui succéda à la Réforme pour s'y opposer. *Les Jésuites, artisans de la Contre-Réforme.*

CONTRE-RÉVOLUTION [kɔ̃tʀəʀevɔlysjɔ̃] n. f. /CONTRERÉVOLUTION/ – 1790 ◇ de *contre-* et *révolution* ■ Mouvement politique, social, destiné à combattre une révolution. *Des contre-révolutions.*

CONTRE-RÉVOLUTIONNAIRE [kɔ̃tʀəʀevɔlysjɔnɛʀ] adj. et n. /CONTRERÉVOLUTIONNAIRE/ – 1790 ◇ de *contre-* et *révolutionnaire* ■ Favorable à une contre-révolution. ◆ Partisan d'une contre-révolution. — n. *Les contre-révolutionnaires.*

CONTRESCARPE [kɔ̃tʀɛskaʀp] n. f. – 1546 ◇ de *contre-* et *escarpe* ■ FORTIF. Pente du mur extérieur d'un fossé, du côté de la campagne (➤ 1**glacis**). *Place de la Contrescarpe, à Paris.*

CONTRESEING [kɔ̃tʀəsɛ̃] n. m. – *contresing* 1564 ; « marque d'un orfèvre sur son poinçon » 1355 ◇ de *contre-* et *seing* ■ DR. Deuxième signature destinée à authentifier la signature principale, ou à marquer un engagement solidaire (➤ **contresigner**).

CONTRESENS [kɔ̃tʀəsɑ̃s] n. m. – 1560 ◇ de *contre-* et *sens* ■ 1 Interprétation contraire à la signification véritable. *Faire un contresens et des faux sens dans une traduction, une version.* ■ 2 FIG. Mauvaise interprétation. ➤ **erreur.** *Son personnage de Hamlet est un contresens.* ■ 3 Sens inverse. *Prendre le contresens d'une étoffe.* ■ 4 loc. adv. **À CONTRESENS :** dans un sens contraire au sens naturel, normal (cf. À l'envers). — Dans le mauvais sens, en sens interdit. *Prendre l'autoroute à contresens.* ◆ FIG. (cf. À rebours, de travers.) *Interpréter qqch. à contresens.* « *Elle perd tout en chemin. Et à contresens. Son missel au marché. Son cache-corset à l'église* » GIRAUDOUX. ■ CONTR. Exactitude.

CONTRESIGNATAIRE [kɔ̃tʀəsiɲatɛʀ] n. et adj. – 1818 ; *contresigneur* 1763 ◇ de *contre-* et *signataire* ■ Personne qui contresigne un acte, appose un contreseing. *Un contresignataire.* — adj. *Autorité contresignataire.*

CONTRESIGNER [kɔ̃tʀəsiɲe] v. tr. ⟨1⟩ – 1415 ◇ de *contre-* et *signer* ▪ Apposer un contreseing à. *Décret contresigné par le ministre.*

CONTRESUJET [kɔ̃tʀəsyʒɛ] n. m. – 1834 ; «contre-fugue» 1838 ◇ de *contre-* et *sujet* ▪ MUS. Second ou troisième sujet d'une fugue. — On écrit aussi *contre-sujet.*

CONTRE-TAILLE [kɔ̃tʀətaj] n. f. /CONTRETAILLE/ – XVIe ◇ de *contre-* et 1 *taille* ▪ **1** COMM. Seconde taille servant de contrôle. ▪ **2** (1754) GRAV. Chacune des tailles qui croisent les premières tailles sur une planche de cuivre ; le trait qui en résulte sur l'estampe. *Des contre-tailles.*

CONTRETEMPS [kɔ̃tʀətɑ̃] n. m. – 1559 en équit. ◇ de *contre-* et *temps* ; cf. italien *a contrattempo* ▪ **1** (1654) Évènement, circonstance imprévue qui s'oppose à ce que l'on avait projeté. ➤ **accident, complication, difficulté*, empêchement, ennui.** *Un fâcheux contretemps. «Il fallut remettre la partie, et les contretemps qui survinrent m'empêchèrent de l'exécuter»* ROUSSEAU. ♦ loc. adv. **À CONTRETEMPS :** mal à propos, au mauvais moment. ➤ **inopportunément.** *Arriver à contretemps* (cf. Comme un cheveu* sur la soupe, un chien* dans un jeu de quilles). ▪ **2** MUS. **CONTRE-TEMPS :** action d'attaquer un son sur un temps faible, ou sur la partie faible d'un temps, le temps fort ou la partie forte du temps suivant étant formé d'un silence. *Le contre-temps, l'anacrouse et la syncope sont attaqués sur le temps faible.* ▪ CONTR. Arrangement, facilité.

CONTRE-TÉNOR [kɔ̃tʀətenɔʀ] n. m. /CONTRETÉNOR/ – 1849 ; repris 1955 ◇ de *contre-* et *ténor* ▪ MUS. Voix du ténor qui chante en voix de tête dans son registre le plus élevé. *Les parties de contre-ténor dans la musique de Purcell.* ➤ **haute-contre.** — Chanteur qui a cette voix. *Des contre-ténors.*

CONTRE-TERRORISME [kɔ̃tʀəteʀɔʀism] n. m. /CONTRETERRORISME/ – v. 1960 ◇ de *contre-* et *terrorisme* ▪ Lutte contre le terrorisme (parfois par les mêmes méthodes).

CONTRE-TERRORISTE [kɔ̃tʀəteʀɔʀist] n. /CONTRETERRORISTE/ – v. 1960 ◇ de *contre-* et *terroriste* ▪ Personne qui fait du contre-terrorisme. — adj. *Activités contre-terroristes.*

CONTRE-TIMBRE [kɔ̃tʀətɛ̃bʀ] n. m. /CONTRETIMBRE/ – 1816 ◇ de *contre-* et *timbre* ▪ DR. Nouveau timbre apposé sur du papier timbré. *Des contre-timbres.*

CONTRE-TIRER [kɔ̃tʀətiʀe] v. tr. ⟨1⟩ /CONTRETIRER/ – 1586 ◇ de *contre-* et *tirer* ▪ TECHN. VX Calquer. ♦ MOD. Tirer en contre-épreuve.

CONTRE-TORPILLEUR [kɔ̃tʀətɔʀpijœʀ] n. m. /CONTRETORPILLEUR/ – 1890 ◇ de *contre-* et *torpilleur* ▪ Navire de guerre très rapide, de tonnage réduit (jusqu'à 3 000 t), destiné à attaquer les torpilleurs. ➤ **destroyer.** *Des contre-torpilleurs.*

CONTRE-TRANSFERT [kɔ̃tʀətʀɑ̃sfɛʀ] n. m. /CONTRETRANSFERT/ – 1967 ◇ de *contre-* et *transfert* ▪ PSYCHAN. «Ensemble des réactions inconscientes de l'analyste à la personne de l'analysé et plus particulièrement au transfert* de celui-ci» (Laplanche et Pontalis). *Des contre-transferts.*

CONTRETYPE [kɔ̃tʀətip] n. m. – 1894 ◇ de *contre-* et *type* ▪ Cliché négatif inversé. — Copie d'une épreuve ou d'un cliché photographique. *Des contretypes.*

CONTRE-UT [kɔ̃tʀyt] n. m. inv. – 1832 ◇ de *contre-* et *ut* ▪ Note plus élevée d'une octave que l'ut supérieur du registre normal. *Contre-ut de trompette. Des contre-ut.* — REM. On emploie aussi *contre-ré, contre-mi,* etc.

CONTRE-VAIR [kɔ̃tʀəvɛʀ] n. m. /CONTREVAIR/ – 1636 ◇ de *contre-* et *vair* ▪ BLAS. Fourrure analogue au vair, mais où les petites pièces de même métal (argent) et de même couleur (azur) sont opposées par la pointe, au lieu d'être alternées. *Des contre-vairs.*

CONTRE-VALEUR [kɔ̃tʀəvalœʀ] n. f. /CONTREVALEUR/ – 1837 ◇ de *contre-* et *valeur* ▪ FIN. Valeur échangée contre une autre. *Contre-valeur en euros d'une devise étrangère. Calcul des contre-valeurs.*

CONTREVALLATION [kɔ̃tʀəvalasjɔ̃] n. f. – 1676 ◇ de *contre-* et latin *vallatio* «retranchement» ▪ FORTIF. Fossé, retranchement autour d'une place forte.

CONTREVENANT, ANTE [kɔ̃tʀəv(ə)nɑ̃, ɑ̃t] adj. et n. – 1516 ◇ de *contrevenir* ▪ Qui contrevient à un règlement. n. *Les contrevenants sont passibles d'une amende.*

CONTREVENIR [kɔ̃tʀəv(ə)niʀ] v. tr. ind. ⟨22⟩ – 1331 ◇ latin médiéval *contravenire* → contravention ▪ DR. ou LITTÉR. Agir contrairement (à une prescription, à une obligation). ➤ **déroger, désobéir, enfreindre, transgresser, violer.** *Il a contrevenu à la loi, au règlement* (➤ **contrevenant**). *Contrevenir aux bonnes mœurs.* ▪ CONTR. Conformer (se), plier (se).

CONTREVENT [kɔ̃tʀəvɑ̃] n. m. – 1580 ; autres sens XVe ◇ de *contre-* et *vent* ▪ **1** Grand volet extérieur. ➤ **jalousie, persienne.** *Ouvrir, fermer les contrevents.* ▪ **2** Pièce de charpente oblique destinée à renforcer les fermes.

CONTREVENTEMENT [kɔ̃tʀəvɑ̃tmɑ̃] n. m. – 1694 ; mar. XVIe ◇ de *contrevent* (2°) ▪ TECHN. Assemblage de charpente destiné à lutter contre les déformations. *Entretoise de contreventement.*

CONTREVÉRITÉ [kɔ̃tʀəveʀite] n. f. – 1620 ◇ de *contre-* et *vérité* ▪ **1** Antiphrase. *Des contrevérités ironiques* (➤ **ironie**). ▪ **2** (1831) COUR. Assertion visiblement contraire à la vérité mais qui peut être faite de bonne foi. ➤ **mensonge.** — On écrit aussi *une contre-vérité, des contre-vérités.*

CONTRE-VISITE [kɔ̃tʀəvizit] n. f. /CONTREVISITE/ – 1680 ◇ de *contre-* et *visite* ▪ **1** MÉD. Dans un service d'hôpital, Visite complémentaire de celle que le médecin a effectuée le matin. ▪ **2** MÉD. Examen médical destiné à en contrôler un autre. *Des contre-visites.* ▪ **3** Nouvelle présentation (d'un véhicule) au contrôle technique, après que les réparations exigées lors du premier passage ont été effectuées.

CONTRE-VOIE (À) ou **CONTREVOIE (À)** [akɔ̃tʀəvwa] loc. adv. – 1894 ◇ de *contre-* et *voie* ▪ CH. DE FER Dans le sens inverse de la marche normale. *Descendre à contre-voie,* du mauvais côté, à l'opposé du quai.

CONTRIBUABLE [kɔ̃tʀibɥabl] n. – 1401 ◇ de *contribuer* ▪ Personne qui paye des contributions, des impôts directs. ➤ **assujetti ;** HIST. **censitaire, corvéable, taillable.** *Les petits, les gros contribuables. Répartition de l'impôt entre les contribuables.* — LOC. *Aux frais du contribuable :* en gaspillant les deniers publics.

CONTRIBUER [kɔ̃tʀibɥe] v. tr. ind. ⟨1⟩ – 1309 ; *contrebuer* 1340 ◇ latin *contribuere* «fournir pour sa part» ▪ **CONTRIBUER À :** aider à l'exécution d'une œuvre commune ; avoir part à (un résultat). ➤ **collaborer, concourir, coopérer, participer ; contributeur.** *Contribuer au succès d'une entreprise. Ce film a contribué à le faire connaître. Contribuer à un blog, à un forum sur Internet,* y participer en publiant des messages, des commentaires. PROV. *L'argent ne fait pas le bonheur, mais il y contribue.* — SPÉCIALT Payer sa part d'une dépense ou d'une charge commune. *Contribuer pour un tiers, pour un quart.* ▪ CONTR. Abstenir (s'), contrarier.

CONTRIBUTEUR, TRICE [kɔ̃tʀibytœʀ, tʀis] n. – 1611, rare avant le XIXe ◇ de *contribuer* ▪ Personne qui contribue, qui participe de manière active (à un projet, une entreprise). *Les contributeurs à une encyclopédie.*

CONTRIBUTIF, IVE [kɔ̃tʀibytif, iv] adj. – 1594 ◇ du latin *contributio* ▪ **1** DR. Qui concerne une contribution. *Part contributive.* ▪ **2** À quoi chacun peut contribuer. ➤ **participatif.** *Site, web contributif. Encyclopédie contributive en ligne.*

CONTRIBUTION [kɔ̃tʀibysjɔ̃] n. f. – 1317 ◇ latin *contributio* ▪ **1** Part que chacun donne pour une charge, une dépense commune. ➤ **cotisation, 1 écot, 1 part, quote-part, tribut.** *Il a donné telle somme pour sa contribution, en contribution, comme contribution. Verser sa contribution.* ♦ En matière d'impôt, Ce que chacun doit payer à l'État, aux collectivités locales. ➤ **imposition, impôt.** *Lever, percevoir une contribution. Payer des contributions* (➤ **contribuable**). *Contributions directes,* perçues par voie de rôle nominatif. *Contributions indirectes,* établies sur les objets de consommation. ➤ **3 droit, taxe.** *Registre des contributions* (matrice, rôle). *Contributions des commerçants.* ➤ **patente.** — En France *Contribution sociale généralisée (C. S. G.). Contribution pour le remboursement de la dette sociale (C. R. D. S.).* LOC. FAM. *Ça ne durera pas autant que les contributions,* pas éternellement. — PAR MÉTON. *Les contributions :* l'administration chargée de la répartition et du recouvrement des contributions. *Receveur, contrôleur des contributions.* ▪ **2** (1580) Collaboration à une œuvre commune. ➤ **1 aide, appoint, apport, concours, tribut.** *Apporter sa contribution à la science. Voici ma modeste contribution. Contribution d'un internaute à un blog, à un forum.* — *Contribution à l'étude de...* (titre d'ouvrage). ♦ *Mettre à contribution :* utiliser les services, les ressources de (qqn, qqch.). *«Nous vous mettrons même à contribution pour nous faire un peu de musique»* LOTI. ▪ CONTR. Abstention, entrave, obstacle.

CONTRISTER [kɔ̃tʀiste] v. tr. ⟨1⟩ – v. 1170 ◇ latin *contristare* ; cf. *triste* ▪ LITTÉR. Causer de la tristesse à (qqn). ➤ **affliger, attrister, 1 chagriner, fâcher, navrer.** *«Paphnuce était surpris et contristé* *de l'incroyable ignorance de cet homme»* FRANCE. ■ CONTR. Ravir, réjouir.

CONTRIT, ITE [kɔ̃tʀi, it] **adj.** – v. 1174 ◊ latin *contritus* «broyé» ■ **1** RELIG. Qui est profondément touché du sentiment de ses péchés. ➤ **pénitent, repentant.** *Un cœur contrit.* ■ **2** COUR. Qui marque le repentir. *Air contrit.* ➤ 1 **chagrin, penaud.** *Contenance, mine contrite. Il avait l'air tout contrit de sa maladresse.* ■ CONTR. Impénitent.

CONTRITION [kɔ̃tʀisjɔ̃] **n. f.** – v. 1200 ; «destruction» v. 1120 ◊ latin *contritio* ■ **1** RELIG. Douleur vive et sincère d'avoir offensé Dieu. *Contrition parfaite.* **ACTE DE CONTRITION :** prière qu'on récite en confession (cf. C'est ma faute, ma très grande faute...). ■ **2** LITTÉR. Remords, repentir. ➤ **componction, résipiscence.** ■ CONTR. Endurcissement, impénitence.

CONTRÔLABLE [kɔ̃tʀolabl] **adj.** – 1900 ◊ de *contrôler* ■ **1** Qui peut être contrôlé, vérifié. ➤ **vérifiable.** *Son alibi est aisément contrôlable. Ce qu'il dit n'est pas contrôlable.* ■ **2** Qui peut être maîtrisé, surveillé. ➤ **maîtrisable.** *Des tendances économiques non contrôlables. Des forces politiquement contrôlables.* — **n. f. CONTRÔLABILITÉ.** ■ CONTR. Incontrôlable.

CONTROLATÉRAL, ALE, AUX [kɔ̃tʀolateʀal, o] **adj.** – 1912 ◊ de *contre-* et *latéral* ■ MÉD. Situé du côté opposé. *Lésion, paralysie controlatérale,* qui se manifeste du côté opposé à celui où se trouve la lésion nerveuse.

CONTRÔLE [kɔ̃tʀol] **n. m.** – 1422 ; *contre-rôle* «registre tenu en double» 1367 ◊ de *contre-* et *rôle*

I VÉRIFICATION ■ **1** Vérification (d'actes, de droits, de documents). ➤ **inspection, pointage, vérification.** *Contrôle d'une comptabilité, d'une caisse. Contrôle financier* (➤ **audit**). *Contrôle fiscal. Contrôle des billets de chemin de fer* (➤ aussi **contrôleur**), *de théâtre. Contrôle d'identité, contrôle de police. Contrôle au faciès**. *Contrôle aux frontières. Contrôle sanitaire et vétérinaire. — Expertise de contrôle.* ➤ **contre-expertise.** — SPÉCIALT *Contrôle des finances publiques. Contrôle des dépenses et des recettes. Le contrôle administratif et juridictionnel de la Cour des comptes. Contrôle des changes**. *Contrôle de gestion* (d'une entreprise). ♦ *Corps de contrôle* (armée, marine, aéronautique) : les fonctionnaires qui veillent aux intérêts du Trésor. ♦ *Contrôle des connaissances.* ➤ 2 **devoir, examen, partiel ; docimologie. CONTRÔLE CONTINU :** dans les universités, système de notation réparti sur toute la durée du module et reposant sur la présence de l'étudiant et sa participation à des travaux obligatoires. — Devoir, interrogation en classe. *Avoir un contrôle de maths.* ♦ INFORM. *Contrôle d'erreur :* opération par laquelle on vérifie si la transmission d'un message s'est effectuée sans erreur. ■ **2** (avec influence de l'anglais *control ;* cf. II) TECHN. Vérification du bon fonctionnement (d'un appareil), de la conformité (d'un produit, d'un dispositif). *Effectuer le contrôle d'un véhicule.* ➤ **révision.** *Contrôle technique,* obligatoire pour les véhicules de plus de quatre ans, en France. *Contrôle d'un réacteur nucléaire. Salle, écran de contrôle. Contrôle (de la) qualité d'un produit. Contrôle des eaux de baignade.* ■ **3** Surveillance (exercée sur un individu). *Exercer un contrôle sévère, vigilant sur la conduite de qqn.* ➤ **censure,** 2 **critique.** SPÉCIALT *Contrôle judiciaire. Régime à suivre sous contrôle médical. Contrôle de vitesse, contrôle radar. Contrôle antidopage. Contrôle d'alcoolémie.* ➤ **alcootest.** — *Système de contrôle parental,* permettant d'interdire l'accès à des émissions de télévision, à des sites Internet préjudiciables aux enfants. ■ **4** (1802 ◊ du sens étymologique) MILIT. État nominatif des personnes qui appartiennent à un corps. *Être rayé des contrôles.* ■ **5** (1740) Vérification du titre et apposition du poinçon de l'État (sur un objet d'orfèvrerie). ■ **6** Lieu où se fait un contrôle ; corps des contrôleurs. *Prière de se présenter au contrôle.*

II MAÎTRISE ■ **1** (XXe ◊ anglais *self-control*) Le fait de se maîtriser. *Le contrôle de soi.* ➤ **maîtrise, self-control ;** se **contrôler.** *Il n'a plus son contrôle, il a perdu le contrôle de ses nerfs. Perdre contrôle :* ne plus se maîtriser. ■ **2** (1933 ◊ anglais *birth-control*) *Contrôle des naissances :* maîtrise de la fécondité grâce aux méthodes contraceptives. ➤ **régulation ; contraception ; planning.** ■ **3** Fait de dominer, de maîtriser. ➤ **maîtrise.** *Multinationale qui prend le contrôle d'une entreprise* (➤ **absorption, rachat ; filialiser**). *Bloc** *de contrôle. Pays sous le contrôle d'une puissance étrangère. Perdre le contrôle de son véhicule,* ne plus pouvoir le diriger ni l'arrêter. *Être sous contrôle,* parfaitement maîtrisé. *L'incendie est sous contrôle. — Tour** *de contrôle d'un aéroport.* ■ **4** BIOCHIM. Régulation de l'activité ou de la synthèse d'une enzyme. *Contrôle de l'activité enzymatique. Contrôle en retour.* ➤ **rétrocontrôle.**

CONTRÔLER [kɔ̃tʀole] **v. tr.** ‹1› – XVe ; *contre-roller* «écrire sur un rôle» 1310 ◊ de *contrôle*

I ■ **1** Soumettre à un contrôle. ➤ **examiner, inspecter,** 1 **pointer, vérifier.** *Contrôler les comptes. Contrôler des billets de chemin de fer.* ➤ **contrôleur.** *Contrôler un texte sur l'original.* ➤ **collationner.** *Contrôler le bon fonctionnement d'un appareil.* ➤ 2 **tester.** *Contrôler un alibi. Qui peut ou non être contrôlé.* ➤ **contrôlable, incontrôlable, incontrôlé.** ■ **2** Poinçonner (les objets d'or ou d'argent).

II (XXe ◊ cf. *contrôle,* II) ■ **1** Maîtriser ; dominer. *Contrôler ses réactions, ses mouvements.* — **SE CONTRÔLER v. pron.** (1910). Rester maître de soi. ➤ se **contenir,** se **contraindre,** se **maîtriser.** ■ **2** Avoir sous sa domination, sa surveillance, en son pouvoir. *Armée, puissance qui contrôle une région stratégique. Les rebelles contrôlent le centre de la ville et l'aéroport. — Contrôler une société,* en détenir la majorité des actions. ■ **3** BIOCHIM. Soumettre à une régulation. ➤ **réguler.**

CONTRÔLEUR, EUSE [kɔ̃tʀolœʀ, øz] **n.** – 1320 ; *contrerollour* 1292 ◊ de *contrôle* ■ **1** Personne qui exerce un contrôle, une vérification. ➤ **inspecteur, vérificateur.** *Contrôleur des Finances, des contributions. Une contrôleuse de gestion.* ♦ *Contrôleur des chemins de fer. Contrôleur d'autobus. Contrôleur de la navigation aérienne,* chargé du contrôle et de la direction des mouvements des avions. ➤ **aiguilleur** (du ciel). ■ **2 n. m.** Appareil de réglage, de contrôle. ➤ **mouchard.** *Contrôleur de ronde* (d'un veilleur de nuit). *Contrôleur de marche, de vitesse. Contrôleur de vol.* ➤ **boîte** (noire). — Appareil de mesure électrique remplissant les fonctions de voltmètre, d'ampèremètre et d'ohmmètre.

CONTRORDRE [kɔ̃tʀɔʀdʀ] **n. m.** – 1680 ◊ de *contre-* et *ordre* ■ Révocation d'un ordre donné. *Il y a contrordre. Partez demain, sauf contrordre.*

CONTROUVÉ, ÉE [kɔ̃tʀuve] **adj.** – p. p. de *controuver* «imaginer» 1119 ◊ latin populaire °*contropare,* de °*tropare* → trouver ■ LITTÉR. Inventé ; qui n'est pas exact. ➤ **apocryphe, mensonger.** *Fait controuvé pour perdre un innocent. Nouvelle controuvée,* inventée de toutes pièces. ➤ **fabriqué.** ■ CONTR. Authentique, vrai.

CONTROVERSABLE [kɔ̃tʀɔvɛʀsabl] **adj.** – 1832 ◊ de *controverser* ■ Qui est sujet à controverse. *Opinion, question controversable.* ➤ **discutable.** ■ CONTR. Incontestable.

CONTROVERSE [kɔ̃tʀɔvɛʀs] **n. f.** – 1285 ; *controversie* 1236 ◊ latin *controversia* «choc» ■ Discussion* argumentée et suivie sur une question, une opinion. ➤ **débat, polémique.** *Soulever, provoquer une vive controverse. «Ils se trouvent engagés dans des controverses inexpiables, car la raison n'est pas l'arbitre de ces querelles»* CAILLOIS. *Controverse théologique, scientifique.*

CONTROVERSÉ, ÉE [kɔ̃tʀɔvɛʀse] **adj.** – 1611 ◊ de *controverse* ■ Qui fait l'objet d'une controverse. ➤ **contesté, discuté.** *Une théorie très controversée. Ce choix est controversé.*

CONTROVERSER [kɔ̃tʀɔvɛʀse] **v. tr.** ‹1› – 1579 ◊ de *controverse* ■ RARE Débattre (un point de doctrine, une question), dans une controverse. ➤ **argumenter, discuter*.** ABSOLT *Controverser avec passion.* ➤ **polémiquer.** ■ CONTR. Admettre.

CONTROVERSISTE [kɔ̃tʀɔvɛʀsist] **n.** – 1630 ◊ de *controverser* ■ RELIG. Personne qui traite des matières de controverse religieuse.

CONTUMACE [kɔ̃tymas] **n. f.** – 1268 ◊ latin *contumacia* «orgueil» ■ DR. ■ **1** Refus pour un accusé de se constituer prisonnier pour comparaître devant la cour d'assises après y avoir été renvoyé par la chambre de l'instruction. ➤ **défaut.** ♦ LOC. COUR. **PAR CONTUMACE :** en l'absence de l'intéressé (➤ **contumax**). *Condamné, jugé par contumace* (opposé à *contradictoirement*). ■ **2** Contumax.

CONTUMAX [kɔ̃tymaks] **adj.** et **n.** – 1549 ◊ mot latin «fier, obstiné, rebelle», de *cum* et *tumere* «être gonflé (d'orgueil, etc.)» ■ DR. Se dit de l'accusé en état de contumace. ➤ **absent, contumace, défaillant.**

CONTUS, USE [kɔ̃ty, yz] **adj.** – 1503 ◊ latin *contusus,* de *contundere* «meurtrir» ■ DIDACT. Qui présente, qui a subi une contusion. *Plaie contuse. «Le conducteur n'est pas nécessairement blessé, ni même contus»* DUHAMEL. ➤ **contusionné.**

CONTUSION [kɔ̃tyzjɔ̃] **n. f.** – 1314 ◊ latin *contusio,* de *contundere* ■ Lésion produite par un choc, sans qu'il y ait déchirure de la peau. ➤ **bleu, bosse, ecchymose, meurtrissure.** *Légère contusion. Contusion cérébrale.*

CONTUSIONNER [kɔ̃tyzjɔne] **v. tr.** ‹1› – 1819 ; p. p. 1672 ◊ de *contusion* ■ Blesser* par contusion. ➤ **meurtrir ;** RÉGION. **macher.** *Quelques personnes ont été contusionnées.* — **p. p. adj.** *Il n'avait rien de cassé, mais il était tout contusionné.* ➤ **contus.**

CONURBATION [kɔnyʀbasjɔ̃] **n. f.** – 1922 ◊ de *con-* «autour» et latin *urbs* «ville», probablt par l'anglais ■ GÉOGR. Agglomération formée d'une ville et de ses banlieues, ou de villes voisines réunies par suite de leur expansion. ➤ **mégalopole.**

CONVAINCANT, ANTE [kɔ̃vɛ̃kɑ̃, ɑ̃t] **adj.** – 1618 *convainquant* ◊ de *convaincre* ■ Qui est propre à convaincre. *Démonstration, preuve convaincante. Cet argument est convaincant.* ➤ **concluant, décisif, probant.** *Ce n'est pas très convaincant.* — (PERSONNES) Qui convainc, est éloquent. *L'avocate a été très convaincante.* ➤ **persuasif.** ■ HOM. Convainquant (convaincre).

CONVAINCRE [kɔ̃vɛ̃kʀ] **v. tr.** ‹42› – XIIe ◊ latin *convincere* → conviction ■ **1** Amener (qqn) à reconnaître la vérité d'une proposition ou d'un fait. ➤ **persuader.** *Convaincre un sceptique, un incrédule. Se laisser convaincre. «moi, qui ai tant parlé, avec le désir insatiable de convaincre»* VALÉRY. *Convaincre qqn de qqch. Il a convaincu son auditoire de la gravité de la situation. Convaincre qqn de* (et inf.), l'amener à considérer comme nécessaire de. *Nous l'avons convaincu de rester, qu'il devait rester.* — PRONOM. Se persuader. *«parlant pour se convaincre soi-même autant que son fils»* MAURIAC. ■ **2** *Convaincre (qqn) de* : donner des preuves de (sa faute, sa culpabilité) ; amener (qqn) à reconnaître qu'il est coupable (➤ **confondre**). *Convaincre qqn d'imposture, de trahison. Il a été convaincu de mensonge.* ■ HOM. *Convaincs* : convins (convenir).

CONVAINCU, UE [kɔ̃vɛ̃ky] **adj.** – 1677 ◊ de *convaincre* ■ Qui possède, qui exprime la conviction de. *Il est convaincu de ne pas se tromper. Il est convaincu que vous réussirez. En êtes-vous convaincu ? Convaincu d'avance.* ➤ **certain*, persuadé, sûr.** *Il est innocent, j'en suis convaincu.* — ABSOLT (fin XIXe) Sûr de son opinion. *Parler d'un ton convaincu.* ➤ **assuré, éloquent, pénétré.** — SUBST. *Prêcher un convaincu.* ➤ **converti.** ■ CONTR. Sceptique ; incrédule.

CONVALESCENCE [kɔ̃valesɑ̃s] **n. f.** – 1455 ; «santé» 1355 ◊ bas latin *convalescentia* → convalescent ■ Période de transition après une maladie, une opération, et avant le retour à la santé. *Être, entrer en convalescence* : aller mieux. ➤ **guérison, rétablissement.** *État, période de convalescence. Maison de convalescence.* ➤ **repos.** — FIG. Reprise fragile. *Convalescence morale. Convalescence sociale, politique.*

CONVALESCENT, ENTE [kɔ̃valesɑ̃, ɑ̃t] **adj.** – v. 1400 ◊ latin *convalescens*, p. prés. de *convalescere* «reprendre des forces» ■ Qui est en convalescence. *Il est encore convalescent.* ➤ **faible.** — SUBST. *Un convalescent, une convalescente.* ■ CONTR. Malade.

CONVECTEUR [kɔ̃vɛktœʀ] **n. m.** – 1959 ; hapax 1901 ◊ du radical latin de *convection* ■ Appareil de chauffage électrique utilisant la convection de l'air.

CONVECTION [kɔ̃vɛksjɔ̃] **n. f.** – 1877 ◊ latin *convectum*, de *vehere* «transporter» ■ **1** PHYS. Transport d'une grandeur physique (masse, courant électrique, chaleur) dans un fluide par un déplacement de l'ensemble de ses molécules. *Convection libre* ou *naturelle*, causée par un déséquilibre de température, une différence de densité. *Convection forcée*, obtenue par brassage. ■ **2** GÉOPHYS. *Courants de convection* : courants marins provoqués par les différences de température du manteau. ◆ MÉTÉOROL. Déplacement vertical des masses d'air échauffées au contact du sol. *Courant de convection. Cellule* de convection.* — adj. **CONVECTIF, IVE** (1911). ■ CONTR. Advection.

CONVENABLE [kɔ̃vnabl] **adj.** – v. 1150 ◊ de *convenir* ■ **1** LITTÉR. Qui convient, est approprié. ➤ **adéquat, ad hoc, conforme, congru, 1expédient, idoine, pertinent, propre** (cf. À propos). *Choisir le moment convenable.* ➤ **favorable, opportun, propice.** *Convenable à* (VX), *pour.* ➤ **adapté.** *«je ne suis pas dans les dispositions convenables pour recueillir mon passé dans le calme»* CHATEAUBRIAND. ■ **2** Suffisant, acceptable. ➤ **passable, raisonnable.** *Le prix est convenable. Un salaire convenable, à peine convenable.* ➤ **correct, décent, honnête.** ■ **3** COUR. Conforme aux règles, aux conventions de la bienséance. ➤ **correct, décent, digne, honnête, honorable.** *Des manières convenables. Une tenue, une mise convenable. Il n'est pas convenable que vous sortiez seule. Ce n'est pas convenable.* — *C'est une personne très convenable* (cf. Très bien, comme il faut*). *«C'était une jeune fille excessivement convenable»* CHARDONNE. ■ CONTR. Déplacé, incongru, inconvenant, incorrect, inopportun, intempestif, malséant.

CONVENABLEMENT [kɔ̃vnabləmɑ̃] **adv.** – v. 1150 ◊ de *convenable* ■ D'une manière convenable. ■ **1** VX Opportunément. ■ **2** D'une manière acceptable. *Gagner sa vie convenablement.* ➤ **correctement.** *Ils sont convenablement logés.* ■ **3** D'une manière appropriée, adaptée. *Être convenablement équipé.* ■ **4** En respectant les convenances. *Convenablement vêtu pour l'occasion. Tiens-toi convenablement !* ➤ **1bien** (cf. Comme il faut*).

CONVENANCE [kɔ̃vnɑ̃s] **n. f.** – fin XIIe «pacte» ◊ de *convenir* ■ **1** LITTÉR. Caractère de ce qui convient à sa destination. ➤ **accord, adéquation, affinité, conformité, harmonie, pertinence, rapport.** *Convenance d'humeur, de caractère, de goût entre deux amis. «Tout a ses convenances et ses rapports dans la nature»* CHATEAUBRIAND. ■ **2** Ce qui convient à qqn. ➤ **goût.** *Consulter les convenances de qqn. Prendre un congé pour des raisons de convenance personnelle.* ◆ (Avec *à*) Selon ce qui convient à (qqn). *Choisissez une heure à votre convenance. Trouver un emploi à sa convenance.* ➤ **goût, gré.** ■ **3** *Les convenances* : ce qui est en accord avec les usages, les bienséances. ➤ **bienséance, convention, usage.** *Observer, respecter, braver les convenances. Faire qqch. par souci des convenances. Contraire aux convenances* : inconvenant. ■ CONTR. Disconvenance, impropriété. Inconvenance.

CONVENIR [kɔ̃vniʀ] **v. tr. ind.** ‹22› – XIe ◊ latin *convenire* «venir avec»

I ÊTRE APPROPRIÉ (auxil. *avoir*) ■ **1** (XIIIe) **CONVENIR À (qqch.).** Être convenable (1°) pour ; être approprié à (qqch.). *Les vêtements qui conviennent à la circonstance.* ➤ **1aller, 2seoir.** *Ce maquillage convient à tous les teints.* ➤ **cadrer** (avec), **correspondre.** — *C'est exactement la personne qui convient. Trouver la phrase qui convient,* la phrase juste. *Cela devrait convenir, je pense que ça conviendra.* ■ **2 CONVENIR À (qqn).** Être approprié à son état, à sa situation. *Le mari qui lui convient. Ce traitement ne me convient pas.* ➤ **réussir.** ◆ (début XIXe) MOD. Être agréable ou utile (à qqn) ; être conforme à son goût, à son attente. ➤ **agréer, 1aller, arranger, plaire, 1sourire ;** FAM. **botter, chanter** (à). *Cette date convient-elle à tout le monde ? Venez ce soir, si cela vous convient. Cela me convient parfaitement.* ■ **3** IMPERS. (XIe *covient* «il faut») **IL CONVIENT DE** (et inf.). Être conforme aux usages, aux nécessités, aux besoins. *Il convient de respecter une minute de silence* (cf. Il faut*, il est à propos*, il sied*). *C'est ce qu'il convient d'appeler un imbécile. Il pense ce qu'il est convenu de penser* (➤ **convenance, convention**). *«les problèmes qu'il convient de ne pas soulever»* CAILLOIS. ◆ **IL CONVIENT QUE** (et subj.) : il est souhaitable que. *Il conviendrait que vous y alliez.* ■ **4 SE CONVENIR v. pron. récipr.** Être approprié l'un à l'autre ; se plaire mutuellement. *«Deux créatures qui ne se conviennent pas»* CHATEAUBRIAND. ➤ **s'accorder, s'assortir.**

II ADMETTRE, DÉCIDER (auxil. *être* (LITTÉR.) ou *avoir*) (XIIIe) ■ **1** (Sujet sing.) Reconnaître la vérité de ; tomber d'accord sur. ➤ **avouer, concéder, confesser, reconnaître.** *«Je suis âne, il est vrai, j'en conviens, je l'avoue»* LA FONTAINE. *Elle ne veut pas convenir de son erreur. Vous devriez en convenir. Il en a convenu. «J'ai convenu de mon tort de trop bonne grâce»* ROUSSEAU. *«une tristesse dont il n'eût jamais convenu»* MAURIAC. — *Convenir que...* (et indic.). *Je conviens que c'est, que ce sera difficile. Vous conviendrez qu'il a raison.* ➤ **admettre.** ■ **2** (Sujet plur.) Se mettre d'accord, s'accorder sur. ➤ **s'entendre.** *Elles conviennent de s'écrire. Elles ont convenu d'un lieu de rendez-vous.* ➤ **arranger, arrêter, décider, fixer, régler.** ◆ VIEILLI ou LITTÉR. (avec *être*) *«Après une longue délibération, nous sommes convenus qu'il achètera un petit vaisseau tout équipé»* LESAGE. *«Dans le parc de Saint-Leu, où les deux jeunes gens étaient convenus d'aller»* BALZAC. ◆ PASS. *Il a été convenu que* : on a décidé que. *Il a été convenu entre nous qu'il commencera à travailler demain.* — **COMME CONVENU :** comme il a été décidé (cf. Comme prévu). *Nous vous rejoindrons ce soir, comme convenu.*

■ CONTR. Disconvenir, opposer (s'). ■ HOM. *Convins* : convaincs (convaincre).

CONVENT [kɔ̃vɑ̃] **n. m.** – 1844 ◊ mot anglais, latin *conventus* «réunion» ■ DIDACT. Assemblée générale de francs-maçons.

CONVENTION [kɔ̃vɑ̃sjɔ̃] **n. f.** – avant 1350 ; *convencion* 1268 ◊ latin *conventio*, de *venire* «venir»

I ■ **1** DR. Accord de deux ou plusieurs personnes portant sur un fait précis. ➤ **arrangement, compromis, contrat, engagement, entente, marché, pacte, traité.** *Convention expresse, tacite. Établir, faire, former, conclure, ratifier une convention. Signature d'une convention. «On ne peut déroger, par des conventions particulières, aux lois qui intéressent l'ordre public et les bonnes mœurs»* (CODE CIVIL). — *Conventions internationales, diplomatiques, militaires, commerciales, douanières.* ➤ **accord, alliance, concordat, entente, pacte, protocole, traité.** *Convention européenne des droits de l'homme. Convention internationale des droits de l'enfant.* ◆ SPÉCIALT **CONVENTION COLLECTIVE :** accord entre syndicats de salariés et syndicats d'employeurs réglant les conditions de travail de chaque catégorie professionnelle. ◆ Clause particulière d'un accord. ➤ **article, disposition, stipulation.** *Ceci n'est pas dans les conventions.* ▪ **2** (XVIIIe) Ce qui résulte d'un accord réciproque, d'un consensus, d'une règle acceptée (et non de la nature). *Les conventions sociales,* et ABSOLT *les conventions :* ce qu'il est convenu de penser, de faire, dans une société (➤ **convenance**). *Le langage, les habitudes sociales sont un ensemble de conventions.* ➤ **code.** *«La jeunesse est un temps pendant lequel les conventions sont, et doivent être, mal comprises»* VALÉRY. ◆ Ce qui est admis implicitement (➤ **conventionnel**). *Les conventions du théâtre, de l'opéra, du roman.* ➤ **procédé.** *«Au théâtre, ce qui sort de la convention paraît faux. Le théâtre vit de conventions»* GIDE. *Conventions typographiques.* ◆ PHILOS. Principe choisi par décision volontaire pour la commodité d'une description systématique. ➤ **conventionnalisme.** ▪ **3** loc. adv. (1762) **DE CONVENTION :** qui est admis par convention. ➤ **conventionnel, convenu.** *Signe de convention, langage de convention.* ➤ 1 **secret.** — PÉJ. Conforme aux conventions sociales ; peu sincère. ➤ **artificiel.** *Des «phrases toutes faites, n'exprimant que des sentiments de convention»* GIDE.

II ▪ **1** (1688, puis 1776 ◇ anglais) Assemblée exceptionnelle réunie pour établir ou modifier une constitution (➤ **constituante**). *La Convention nationale,* et ABSOLT *la Convention* (1792-1795). ▪ **2** Aux États-Unis, Congrès d'un parti pour désigner son candidat à la présidence. *La convention démocrate.* ▪ **3** Dans le cadre de l'Union européenne, Assemblée ad hoc comprenant des représentants de l'Union, des États membres et des parlements nationaux, qui a pour mission d'élaborer un projet de traité. ▪ **4** Assemblée, congrès réunissant des professionnels, des spécialistes en vue de débattre d'une ou de plusieurs questions.

CONVENTIONNALISME [kɔ̃vɑ̃sjɔnalism] n. m. – avant 1922 ◇ de *conventionnel* ▪ **1** DIDACT. Caractère conventionnel, préférence pour ce qui est conventionnel. *Le conventionnalisme de ses idées.* ▪ **2** PHILOS. Doctrine qui considère tous les principes comme des conventions.

CONVENTIONNÉ, ÉE [kɔ̃vɑ̃sjɔne] adj. – 1615 ; «convenu par contrat» 1550 ; repris 1952 ◇ de *convention* ▪ Régi par une convention. *Logement conventionné. École privée conventionnée.* ◆ SPÉCIALT Lié par une convention de tarifs avec la Sécurité sociale. *Médecin conventionné. Clinique conventionnée.* ▪ CONTR. Déconventionné.

CONVENTIONNEL, ELLE [kɔ̃vɑ̃sjɔnɛl] adj. et n. m. – 1453 ◇ de *convention*

I ▪ **1** Qui résulte d'une convention. *Acte, clause conventionnels. Valeur conventionnelle de la monnaie.* ➤ **arbitraire.** *Signe, caractère conventionnel* (cf. Arbitraire* du signe). *Langage conventionnel.* ▪ **2** PLUS COUR. Conforme aux conventions sociales ; peu naturel, peu sincère. *Avoir des idées conventionnelles. Formule conventionnelle de politesse. Il est très conventionnel dans ses relations.* ▪ **3** (1952 ◇ anglais *conventional*) ANGLIC. Traditionnel, classique. — *Armement conventionnel,* non nucléaire. *Armes nucléaires et armes conventionnelles. Moyens conventionnels* (ni nucléaires, ni chimiques, ni biologiques). — *Cultures conventionnelles,* non transgéniques. — *Hydrocarbures non conventionnels :* hydrocarbures de roche-mère, nécessitant des techniques d'extraction adaptées (➤ **fracturation** hydraulique). *Le gaz de schiste est un hydrocarbure non conventionnel.*

II n. m. (1792) HIST. *Les conventionnels :* les membres de la Convention.

CONVENTIONNELLEMENT [kɔ̃vɑ̃sjɔnɛlmɑ̃] adv. – 1636 ◇ de *convention* ▪ **1** Par convention. ▪ **2** (1762) D'une manière conventionnelle.

CONVENTIONNEMENT [kɔ̃vɑ̃sjɔnmɑ̃] n. m. – v. 1958 ◇ de *conventionné* ▪ En France, Fait pour un médecin, un établissement de soins, d'adhérer à la convention nationale conclue avec la Sécurité sociale. ▪ CONTR. Déconventionnement.

CONVENTUEL, ELLE [kɔ̃vɑ̃tɥɛl] adj. et n. – 1461 ; *conventual* 1249 ◇ latin ecclésiastique *conventualis,* de *conventus* ; cf. *convent, couvent* ▪ Qui appartient à une communauté religieuse. ➤ **communautaire.** *Assemblée conventuelle. Bâtiments conventuels :* abbaye, couvent, monastère. *La vie conventuelle.* — n. *Les cellules des conventuelles.*

CONVENU, UE [kɔ̃vny] adj. – 1690 ; *covenu* «assigné» 1483 ◇ de *convenir* ▪ **1** Qui est le résultat d'un accord, d'une convention. *Chose convenue.* ➤ **décidé.** — *Payer le prix, la somme convenu(e). À l'endroit, à l'heure convenu(e). Comme convenu* (➤ **convenir**). ▪ **2** PÉJ. Conforme à une convention (littéraire, sociale). ➤ **artificiel, banal, conventionnel.** *Style convenu. «la lettre était convenue, recopiée sans fautes, calligraphiée»* DURAS. — SUBST. *Stendhal «ne supporte le convenu en rien»* SAINTE-BEUVE.

CONVERGENCE [kɔ̃vɛʀʒɑ̃s] n. f. – 1671 ◇ de *convergent* ▪ **1** Le fait de converger. *La convergence de deux lignes.* — *Convergence d'un système optique, d'une lentille. Rapport de convergence.* ➤ **grandissement.** — MÉTÉOR. *Convergence de deux masses d'air.* — GÉOL. *Zone de convergence.* ◆ MÉTROL. Mesure de la puissance d'un système optique à vergence* positive. ▪ **2** FIG. Action d'aboutir au même résultat, de tendre vers un but commun. ➤ **concours.** *La convergence des efforts, des volontés.* — DR. *Critères de convergence :* conditions à remplir (concernant le déficit budgétaire, la dette publique, le taux d'inflation...) par tout État membre pour participer à la troisième phase de l'Union économique et monétaire et faire partie de la zone euro. ▪ **3** MATH. Propriété d'une suite, d'une série, d'une application, d'une intégrale, de converger vers une valeur finie. *Convergence en probabilité.* ➤ **stochastique.** ▪ **4** PHYLOG., PALÉONT. Ressemblance partagée par différents groupes (espèces, etc.) qui n'est pas héritée de l'espèce ancestrale. ➤ **parallélisme.** *La convergence du requin et du dauphin.* ▪ CONTR. Divergence.

CONVERGENT, ENTE [kɔ̃vɛʀʒɑ̃, ɑ̃t] adj. – 1611 ◇ latin *convergens* → converger ▪ **1** Qui converge. *Lignes convergentes. Des routes convergentes en un point. Regards convergents sur un même objet.* — OPT. *Lentille convergente,* qui fait converger les rayons lumineux. *Un miroir parabolique est convergent.* ◆ MATH. Qui converge vers une valeur unique, finie. *Série convergente. Intégrale convergente,* qui admet une limite finie quand la variable tend vers l'infini. *Lignes parallèles convergentes à l'infini.* ▪ **2** Qui tend au même résultat, se rapproche des autres. *Des efforts convergents.* ▪ CONTR. Divergent.

CONVERGER [kɔ̃vɛʀʒe] v. intr. ⟨3⟩ – 1720 ◇ bas latin *convergere,* de *vergere* «incliner vers» ▪ **1** Se diriger (vers un point commun). ➤ se **concentrer, concourir ; confluer.** *Les lignes parallèles, vues en perspective, convergent à l'infini, au point de fuite*. Plusieurs routes convergeaient vers le village.* ➤ **aboutir,** se **rencontrer.** *«Et tous font converger leurs piques sur Roland»* HUGO. ◆ PAR EXT. *Des regards convergeant sur un même objet.* ▪ **2** (XIXe) ABSTRAIT Tendre au même résultat ; aller en se rapprochant. *Leurs théories convergent. Efforts qui convergent vers un même résultat.* ▪ CONTR. Diverger.

CONVERS, ERSE [kɔ̃vɛʀ, ɛʀs] adj. – v. 1160 n. m. ◇ latin ecclésiastique *conversus* «retourné, converti» ▪ **1** RELIG. *Frère convers, sœur converse :* personne qui, dans un monastère ou un couvent, se consacre aux travaux manuels. ➤ 1 **lai, servant.** ▪ **2** LOG. Se dit d'une proposition obtenue par conversion*. *Une implication converse.*

CONVERSATION [kɔ̃vɛʀsasjɔ̃] n. f. – 1537 ; «relation, rapports, genre de vie» 1160 ◇ latin *conversatio* «fréquentation» ▪ **1** Échange de propos (naturel, spontané) ; ce qui se dit dans un tel échange. ➤ **discussion, entretien ;** RÉGION. **jasette, palabre.** *Conversation entre deux personnes.* ➤ **dialogue, tête-à-tête.** *Conversation familière.* ➤ **badinage, bavardage.** *Engager, commencer, entamer une conversation. Ranimer, soutenir, alimenter la conversation. Changer de conversation. Détourner la conversation. Éviter un sujet de conversation* (cf. Ne pas parler de corde* dans la maison d'un pendu). *Au fil de la conversation. «La conversation fut languissante»* FLAUBERT. *Avoir une longue conversation avec un ami. Être en grande conversation avec qqn. Faire la conversation avec qqn,* (FAM.) *à qqn.* LOC. *Il a fait les frais de la conversation :* on n'a parlé que de lui. — *Conversation téléphonique.* ➤ **communication.** ▪ **2** Entretien entre personnes responsables, en petit nombre et souvent à huis clos. *Conversations secrètes, diplomatiques.* ➤ **conciliabule.** ▪ **3** Langue familière utilisée dans un entretien. *Dans la conversation courante.* ◆ *La conversation de qqn,* sa manière de parler ; ce qu'il dit dans la conversation. *Sa conversation est agréable, brillante, amusante. «La conversation de Charles était plate comme un trottoir de rue»* FLAUBERT. — FAM. *Avoir de la conversation :* avoir des choses à dire et en parler avec aisance. *Il n'a pas beaucoup de conversation.* ▪ **4** Gâteau meringué à la frangipane.

CONVERSATIONNEL, ELLE [kɔ̃vɛʀsasjɔnɛl] adj. – v. 1970 ◇ de *conversation* ▪ INFORM. *Mode conversationnel,* dans lequel l'utilisateur dialogue avec la machine par l'intermédiaire d'un terminal, et peut intervenir pendant le déroulement des opérations. ➤ **interactif.** — *Agent* conversationnel.*

CONVERSER [kɔ̃vɛʀse] v. intr. ⟨1⟩ – 1680 ; «vivre avec qqn» XIIe ; «vivre quelque part» XIe ◇ latin *conversari* «fréquenter» ▪ Parler avec (une ou plusieurs personnes) d'une manière spontanée, dans les relations sociales habituelles. ➤ 2 causer, 1 deviser, discuter, s'entretenir, 1 parler ; RÉGION. jaser, placoter ; conversation. *Converser familièrement.* ➤ bavarder. ■ CONTR. Taire (se).

CONVERSION [kɔ̃vɛʀsjɔ̃] n. f. – 1190 ◊ latin *conversio* « action de se tourner vers (Dieu) », de *convertere* → convertir ■ **1** Le fait d'adopter une croyance religieuse ou de passer d'une croyance à une autre. *Conversion d'un païen, d'un athée au christianisme.* ➤ adhésion. *Conversion au bouddhisme, à l'islamisme. « Ma conversion ne regarde personne, répétait-il. C'est affaire entre Dieu et moi »* GIDE. ♦ Retour à la pratique religieuse ; à l'observation des règles morales. *La conversion du pécheur.* ♦ Changement d'opinion se traduisant par l'adhésion à un système d'idées. *Conversion au libéralisme, au socialisme.* ■ **2** (1330) Le fait de se changer en autre chose. ➤ changement, métamorphose, mutation, transformation. *Les alchimistes croyaient à la conversion des métaux en or. « La conversion du gouvernement en despotisme »* ROUSSEAU. — *Conversion analogique-numérique.* ➤ convertisseur. *Conversion d'énergie :* transformation d'une énergie en une énergie d'un autre type. — NUCL. Transformation chimique (de l'uranium), préalable à son enrichissement, son stockage ou à la fabrication de combustible nucléaire. ♦ ÉCON. Adaptation (d'une personne, d'une entreprise) à une nouvelle activité économique par suite de la suppression ou de la disparition de l'ancienne, ou en raison des modifications de l'environnement. ➤ reconversion. *Conversion professionnelle, industrielle* (➤ redéploiement). *Convention de conversion.* ■ **3** Expression d'une quantité dans une autre unité. *La conversion d'heures en minutes. Exercices de conversion. Conversion de dollars en euros* (➤ change). — FIN. *Conversion d'une somme d'argent liquide en valeurs ; d'un billet de banque en or* (➤ convertible). *Conversion de rente :* remplacement d'une dette publique par une autre produisant un intérêt moindre. *Conversion d'une dette à court terme en dette à long terme.* ➤ consolidation. — *Conversion de titre :* transformation d'un titre au porteur en titre nominatif (ou inversement). ♦ MATH. *Conversion des fractions ordinaires en fractions décimales.* ■ **4** (1662) LOG. Permutation des termes d'une proposition pour former une nouvelle proposition déductible de la première. ♦ INFORM. Changement de code* (d'un mot, d'un message). *Conversion binaire-décimale.* ■ **5** (XIVe ; hapax XIIe) MILIT. Mouvement tournant effectué dans un but tactique. *La troupe effectua une conversion.* — (1946) SPORT Demi-tour sur place effectué par un skieur. ■ **6** (1900) PSYCHAN. Somatisation* d'un conflit psychique. *Hystérie de conversion.*

CONVERTI, IE [kɔ̃vɛʀti] adj. et n. – 1310 ◊ de *convertir* ■ Qui est passé d'une croyance (religion) à une autre (considérée comme vraie). *Des païens convertis.* — n. *Les nouveaux convertis.* ➤ néophyte. LOC. *Prêcher un converti :* tenter de convaincre une personne déjà convaincue. — PAR EXT. Qui a adopté une nouvelle opinion, un nouveau comportement.

CONVERTIBILITÉ [kɔ̃vɛʀtibilite] n. f. – XIIIe, repris 1845 ◊ de *convertible* ■ FIN. Qualité de ce qu'on peut convertir. *Convertibilité d'une rente. Convertibilité d'une monnaie,* possibilité de l'échanger contre de l'or, contre une autre devise. *Non-convertibilité d'un billet* (cours forcé).

CONVERTIBLE [kɔ̃vɛʀtibl] adj. et n. m. – 1265 ◊ latin *convertibilis* ■ **1** VX ou LITTÉR. Qui peut être converti, changé. ➤ convertir (2°). *L'eau est convertible en vapeur.* ■ **2** FIN. Qui peut être l'objet d'une conversion. *Monnaie convertible. Rente convertible.* ■ **3** (de l'anglais) Se dit d'un meuble qui peut être transformé pour un autre usage. ➤ transformable. *Canapé convertible* (en lit). — n. m. *Un convertible.* ➤ clic-clac. ♦ n. m. Avion à propulsion horizontale ou verticale. ■ CONTR. Immuable, inconvertible.

CONVERTIR [kɔ̃vɛʀtiʀ] v. tr. ⟨2⟩ – 980 ◊ latin *convertere* « se tourner vers » → conversion ■ **1** Amener (qqn) à croire, à adopter une croyance, une religion (considérée comme vraie). *Convertir les païens au christianisme. Convertir un sceptique à la foi. « Le peuple de tout temps a converti les rois »* P.-L. COURIER. ♦ PAR ANAL. Faire adhérer à une opinion. ➤ 1 amener, gagner, rallier. — *« On avait en réalité converti bien peu d'hommes au socialisme »* PÉGUY. *Je suis de son avis, il m'a convertie.* ♦ **SE CONVERTIR** v. pron. Adopter (une croyance, un avis, etc.) en abandonnant ce qui est considéré comme une erreur. *Se convertir au bouddhisme. — Il s'est converti à votre avis, à votre opinion* (➤ adopter). ■ **2** (XIIe) VX ou LITTÉR. Changer (une chose) en une autre. ➤ transformer, transmuer. ♦ MOD. AGRIC. *Convertir une terre en blés.* ♦ **SE CONVERTIR** v. pron. ÉCON. Opérer une conversion*. ➤ se reconvertir. ■ **3** Exprimer (une quantité) dans une autre unité, une autre forme. *Convertir des heures en minutes. Convertir des dollars en euros.* ➤ changer. — *Convertir sa fortune, ses biens en espèces.* ➤ réaliser. — FIN. *Convertir une rente, un titre.* ■ **4** LOG. *Convertir une proposition :* opérer une conversion (4°). ■ CONTR. Détourner. Abandonner, opposer (s').

CONVERTISSAGE [kɔ̃vɛʀtisaʒ] n. m. – 1929 ◊ de *convertisseur* ■ MÉTALL. Transformation de la fonte en acier au convertisseur (2°).

CONVERTISSEUR [kɔ̃vɛʀtisœʀ] n. m. – 1530 ◊ de *convertir* ■ **1** RARE Celui qui opère des conversions (1°). *« Son habituelle et innocente joie de convertisseur »* PÉGUY. ■ **2** (1869) Cornue basculante où l'on transforme la fonte en acier par oxydation du carbone, en y insufflant de l'air comprimé. ➤ convertissage. *Convertisseurs Bessemer* (➤ bessemer), *Thomas.* ♦ Appareil de meunerie transformant en farine les gruaux. ♦ ÉLECTRON. *Convertisseur de tension* (ou *continu-continu*). *Convertisseur analogique-numérique (C. A. N.),* qui convertit la valeur d'une tension analogique* en son équivalent binaire. *Convertisseur numérique-analogique (C. N. A.),* qui convertit un nombre binaire en une tension de valeur équivalente. — MÉCAN. *Convertisseur de couple :* dispositif de réglage automatique d'une démultiplication pour faire varier un couple moteur transmis. ■ **3** *Convertisseur (de devises, de monnaie) :* dispositif (calculette, tableau...) permettant de connaître l'équivalent dans une monnaie d'un montant exprimé dans une autre monnaie, et inversement.

CONVEXE [kɔ̃vɛks] adj. – 1370 ◊ latin *convexus* ■ Courbe, arrondi vers l'extérieur. ➤ bombé, renflé ; convexité. *Lentille, miroir convexe.* — GÉOGR. *Rive convexe,* qui forme une avancée de terre (dans une courbe de la rivière). ♦ *Surface, courbe convexe,* située tout entière du même côté d'un plan tangent. *Polygone convexe.* ■ CONTR. Concave.

CONVEXITÉ [kɔ̃vɛksite] n. f. – 1450 ◊ latin *convexitas* ■ État d'un corps convexe. ➤ bombement, cambrure, courbure. *Convexité d'un couvercle.* ➤ bouge (I). — SPÉCIALT *Convexité d'une courbe :* état d'une courbe ne présentant aucune partie rentrante*. ■ CONTR. Concavité.

CONVICT [kɔ̃vikt] n. m. – 1796 ◊ mot anglais, latin *convictus* « convaincu d'un crime » ■ Criminel emprisonné ou déporté, en droit anglais. *Les premiers colons d'Australie furent des convicts.*

CONVICTION [kɔ̃viksjɔ̃] n. f. – 1579 ◊ latin impérial *convictio,* de *convincere* → convaincre ■ **1** VIEILLI Preuve établissant la culpabilité de qqn. *Conviction de mensonge.* ♦ MOD. **PIÈCE À CONVICTION :** objet à la disposition de la justice pour fournir un élément de preuve dans un procès pénal. ■ **2** (1688) COUR. Acquiescement de l'esprit fondé sur des preuves évidentes ; certitude qui en résulte. ➤ adhésion, assurance, certitude, confiance, croyance. *Acquérir, avoir une conviction, la conviction que... Parler avec conviction et chaleur. Faire qqch. par conviction. J'en ai la conviction, l'intime conviction* (cf. J'en mettrais ma main au feu*, j'en donnerais ma tête à couper*). *Sans conviction :* sans enthousiasme. *Manquer de conviction.* — FAM. Sérieux. *« Il tenait son emploi avec la plus grande conviction »* DAUDET. ■ **3** (Surtout au plur.) Opinion assurée. *Il agit selon ses convictions personnelles. C'est tout à fait contraire à mes convictions.* ➤ idée. ■ CONTR. Doute, scepticisme.

CONVIER [kɔ̃vje] v. tr. ⟨7⟩ – *cunveer* 1125 ◊ latin populaire °*convitare* « inviter », probablt croisement de *convivium* « convive » et de *invitare* « inviter » ■ **1** Inviter à un repas, à une réunion. ➤ inviter, prier. *Convier qqn à une soirée. Convier qqn à déjeuner, à dîner. Ces réunions « où toujours les mêmes sont conviés »* CHARDONNE. ■ **2** FIG. Inviter (qqn) à une activité. ➤ engager, exciter, inciter, induire, inviter, solliciter. *Convier qqn à faire qqch. Le beau temps nous convie à la promenade.*

CONVIVE [kɔ̃viv] n. – XVe ◊ latin *conviva* ■ Personne invitée à un repas en même temps que d'autres. ➤ commensal, hôte, invité. *D'agréables convives.* ➤ convivialité. *Table dressée pour six convives.*

CONVIVIAL, IALE, IAUX [kɔ̃vivjal, jo] adj. – 1612 ◊ latin *convivialis ;* repris à l'anglais ■ **1** Qui concerne ou exprime la convivialité. *Repas conviviaux.* ■ **2** INFORM. Se dit d'un système informatique dont l'utilisation est aisée pour un non-professionnel. ➤ ergonomique.

CONVIVIALISER [kɔ̃vivjalize] v. ⟨1⟩ – 1987 ◊ de *convivial* ■ **1** v. tr. Rendre convivial (un lieu). ■ **2** v. intr. Participer à une réunion conviviale.

CONVIVIALISTE [kɔ̃vivjalist] n. – 1986 ◊ de *convivial* (2°) ■ INFORM. Informaticien, informaticienne chargé(e) de la convivialité.

CONVIVIALITÉ [kɔ̃vivjalite] n. f. – 1973 ◊ anglais *conviviality* ▪ **1** Rapports positifs entre personnes au sein de la société. — SPÉCIALT (1816 dans un contexte anglais) Relation des convives qui ont plaisir à manger ensemble. *Je ne bois que pour la convivialité !* ▪ **2** INFORM. Facilité d'emploi, d'accès (d'un système informatique).

CONVOCABLE [kɔ̃vɔkabl] adj. – 1845 ◊ de *convoquer* ▪ Qui peut être convoqué.

CONVOCATION [kɔ̃vɔkasjɔ̃] n. f. – 1341 ◊ latin *convocatio* ▪ **1** Action de convoquer (qqn, un ensemble de personnes). ➤ **appel.** *Convocation urgente. Demander la convocation de l'Assemblée nationale. Convocation adressée aux parties pour comparaître devant une juridiction.* ➤ **assignation.** *Convocation d'un concile.* ➤ **indiction.** *Convocation à une cérémonie. Se rendre, répondre à une convocation.* ▪ **2** (1693) Lettre, feuille de convocation. *Recevoir une convocation. Présenter sa convocation à l'entrée de la salle d'examen* (➤ FAM. **collante**).

CONVOI [kɔ̃vwa] n. m. – 1160 ◊ de *convoyer* ▪ **1** VX Le fait d'accompagner en groupe ; cortège. — MOD. Cortège funèbre (➤ **enterrement, funérailles, obsèques**). *Le convoi, le service et l'enterrement.* ▪ **2** (1680) Ensemble de voitures militaires, de navires faisant route sous la protection d'une escorte. *Dresser une embuscade sur le passage d'un convoi. Convoi de troupes.* ▪ **3** Groupe de véhicules qui font route ensemble, se dirigent vers le même point. *Diriger un convoi sur tel port. À tel endroit, le convoi se fractionna. Se déplacer en convoi. Convoi de nomades traversant le désert.* ➤ **caravane.** *Un convoi de camions. — Convoi exceptionnel.* ▪ **4** SPÉCIALT (1825) *Convoi (de chemin de fer).* ➤ **train.** *Convoi de voyageurs ; de marchandises. Ajouter une rame au convoi.* « *d'un bout à l'autre de l'Europe la terre obscure était en train de trembler sous les innombrables convois emportés dans la nuit, remplissant le silence d'un unique, inaudible et inquiétant tonnerre* » C. SIMON. ▪ **5** Groupe important de personnes qu'on achemine vers une destination. *Des convois de prisonniers, de réfugiés.*

CONVOIEMENT [kɔ̃vwamɑ̃] n. m. – XIIIe ◊ de *convoyer* ▪ RARE ➤ **convoyage** (2°).

CONVOITER [kɔ̃vwate] v. tr. ⟨1⟩ – *convoitier* v. 1280 ; *coveitier* avant 1155 ◊ latin populaire °*cupidietare*, de *cupiditas* → cupidité ▪ Désirer avec avidité (une chose disputée ou qui appartient à un autre). *Convoiter le bien d'autrui, un héritage, la première place.* ➤ **ambitionner, briguer, envier, guigner, lorgner, rêver** (de) ; FAM. **loucher** (sur). « *Vous épousiez ma fille, et convoitiez ma femme !* » MOLIÈRE. — ABSOLT « *L'homme vicieux n'aime point, il convoite : il a faim et soif de tout* » LAMENNAIS. ■ CONTR. Dédaigner, mépriser, refuser, 1 repousser.

CONVOITISE [kɔ̃vwatiz] n. f. – *coveitise* v. 1150 ◊ de *convoiter* ▪ Désir immodéré de posséder. ➤ **appétence, ardeur, avidité, envie.** *Convoitise des richesses.* ➤ **cupidité.** *Convoitise de la chair.* ➤ **concupiscence.** *Regarder avec convoitise* (cf. Dévorer des yeux). *Objet de convoitise. Éveiller, exciter, attiser les convoitises.* « *Savoir distinguer le mouvement qui vient des convoitises du mouvement qui vient des principes* » HUGO. ■ CONTR. Indifférence, répulsion.

CONVOLER [kɔ̃vɔle] v. intr. ⟨1⟩ – 1417 ◊ latin *convolare* « voler vers », en dr. « se remarier » ▪ VX OU PLAISANT *Convoler, convoler en justes noces :* se marier, se remarier.

CONVOLUTÉ, ÉE [kɔ̃vɔlyte] adj. – 1778 ◊ latin *convolutus*, de *convolvere* « rouler autour » ▪ BOT. Roulé sur soi-même ou autour de qqch. *Les feuilles convolutées du bananier.*

CONVOLUTION [kɔ̃vɔlysjɔ̃] n. f. – 1762 « action de s'enrouler autour » ; fin XIVe *convolucion* ◊ du latin *convolutus* → convoluté ▪ MATH. Opération mathématique de combinaison de deux fonctions. *Le produit de convolution de deux fonctions réelles f et g de la variable x* (noté f⋆g).

CONVOLVULACÉES [kɔ̃vɔlvylase] n. f. pl. – 1798 ◊ de *convolvulus* ▪ BOT. Famille de plantes *(dicotylédones gamopétales)*, arbrisseaux ou herbes généralement volubiles, aux fleurs à cinq pétales soudés. ➤ **convolvulus, jalap, liseron, patate.** — Au sing. *Une convolvulacée.*

CONVOLVULUS [kɔ̃vɔlvylys] n. m. – 1545 ◊ mot latin, de *convolvere* « enrouler » ▪ Liseron. ➤ **belle-de-jour.** « *Au milieu des buissons verts éclatait la clochette d'un convolvulus* » BALZAC.

CONVOQUER [kɔ̃vɔke] v. tr. ⟨1⟩ – 1355 ◊ latin *convocare*, racine *vox* « voix » ▪ **1** Appeler à se réunir, de manière impérative. ➤ **assembler ; convocation.** *Convoquer une assemblée pour telle date. Convoquer les candidats à un examen. Convoquer les parties devant le juge, devant les tribunaux.* ➤ **ajourner, assigner, citer.** *Convoquer le personnel par lettre, par téléphone.* ▪ **2** Faire venir de manière impérative (une seule personne) auprès de soi. *Le directeur l'a convoqué.*

CONVOYAGE [kɔ̃vwajaʒ] n. m. – 1926 ◊ de *convoyer* ▪ **1** (COUR. EN MAR.) Fait de convoyer, et notamment de conduire un bateau d'un lieu à un autre. — SPÉCIALT Fait de convoyer des avions neufs vers leur lieu d'utilisation militaire. ▪ **2** Transport. *Le convoyage du minerai.* ➤ **convoiement.**

CONVOYER [kɔ̃vwaje] v. tr. ⟨8⟩ – *conveier* v. 1150 ◊ bas latin *conviare* « se mettre en route avec » ▪ **1** Accompagner pour protéger. ➤ **escorter.** *Blindés, avions qui convoient un transport de troupes, de munitions. Navires marchands convoyés par des bateaux de guerre.* — MAR. Faire naviguer (un bateau) jusqu'au lieu où il doit être utilisé. ▪ **2** Transporter. *Convoyer du minerai.*

CONVOYEUR, EUSE [kɔ̃vwajœʀ, øz] n. et adj. – 1777 ◊ de *convoyer* ▪ **1** n. m. MAR. Bâtiment qui en convoie d'autres. — n. Personne qui convoie un bateau. ▪ **2** (1907) Personne chargée d'accompagner un transport et de veiller sur lui. *Un convoyeur de fonds. — Une convoyeuse de l'air.* ▪ **3** n. m. Transporteur* automatique. ➤ **stéréoduc.** *Tapis roulant faisant fonction de convoyeur.*

CONVULSÉ, ÉE [kɔ̃vylse] adj. – 1578 ◊ latin des médecins *convulsus*, de *convellere* « arracher » ▪ Contracté par des convulsions. « *Je retrouve Philippe* [...] *le visage convulsé, secoué* » GIDE. *Être convulsé de douleur, par la douleur.*

CONVULSER [kɔ̃vylse] v. ⟨1⟩ – *se convulser* 1801 ◊ de *convulsé* ▪ **1** v. tr. Agiter, tordre par des convulsions. ➤ 2 **contracter, crisper, tirailler.** *La peur convulsait ses traits.* — PRONOM. *Son visage se convulsait de douleur.* ▪ **2** v. intr. Être pris de convulsions. « *Elle convulsait, hantée, par terre* » CÉLINE.

CONVULSIF, IVE [kɔ̃vylsif, iv] adj. – 1546 ◊ de *convulsion* ▪ **1** MÉD. Caractérisé par des convulsions. *Maladies convulsives :* chorée, épilepsie. *Toux convulsive.* ▪ **2** COUR. Qui a le caractère mécanique, involontaire et violent des convulsions. ➤ **spasmodique ; nerveux.** *Agitation convulsive. Effort, geste, mouvement convulsif. Rire convulsif. Sanglots convulsifs.* — adv. **CONVULSIVEMENT,** 1803.

CONVULSION [kɔ̃vylsjɔ̃] n. f. – 1538 ◊ latin des médecins *convulsio* → convulsé ▪ **1** MÉD. Contraction violente, involontaire et saccadée des muscles. ➤ **spasme.** *Convulsions toniques,* qui mettent les muscles dans un état de rigidité durable. *Convulsions cloniques,* où les contractions se succèdent à un rythme irrégulier. *Convulsions épileptiques. Être pris de convulsions.* ➤ **convulser.** *Se tordre dans les convulsions. — Son bébé fait des convulsions (convulsions fébriles).* ▪ **2** COUR. Mouvement désordonné provoqué par certaines émotions. *Convulsions de colère.* ▪ **3** Agitation violente ; trouble soudain. *Convulsions politiques, sociales.* ➤ **bouleversement, crise, secousse, soubresaut, spasme.** « *personne ne peut penser qu'une liberté conquise dans ces convulsions aura le visage tranquille et domestiqué que certains se plaisent à lui rêver* » CAMUS.

CONVULSIONNAIRE [kɔ̃vylsjɔnɛʀ] n. – 1732 ◊ de *convulsion* ▪ HIST. *Les convulsionnaires :* jansénistes fanatiques qui étaient pris de convulsions sur la tombe du diacre Pâris au cimetière de Saint-Médard.

CONVULSIONNER [kɔ̃vylsjɔne] v. tr. ⟨1⟩ – 1783 ◊ de *convulsion* ▪ MÉD. Donner des convulsions à. ◆ COUR. (au p. p.) Agité ou déformé par des convulsions. *Visage convulsionné.* ➤ **convulsé.**

COOBLIGÉ, ÉE [kɔɔbliʒe] n. – *coobligié* 1395 ◊ de *co-* et *obligé* ▪ DR. Personne qui est obligée avec d'autres en vertu d'un contrat.

COOCCUPANT, ANTE [kɔɔkypɑ̃, ɑ̃t] adj. et n. – 1877 ◊ de *co-* et *occupant* ▪ DR. Qui occupe (un lieu) en même temps que d'autres personnes. *Locataire cooccupant.* ➤ **colocataire.**

COOCCURRENCE [kɔɔkyʀɑ̃s] n. f. – v. 1960 ◊ mot anglais, de *co-* et *occurrence* ▪ LING. Présence simultanée de deux ou plusieurs éléments ou classes d'éléments dans le même énoncé. ➤ **collocation.** — adj. et n. **COOCCURRENT, ENTE.**

COOKIE [kuki] n. m. – v. 1980 ◊ mot anglais américain ▪ ANGLIC. ▪ **1** Biscuit rond, dont la pâte comporte des éclats de chocolat, de fruits secs. ▪ **2** (1996) INFORM. Petit fichier installé sur le disque dur lors de la consultation d'un site web, qui permet au serveur de mémoriser des informations sur l'internaute et son comportement. Recomm. offic. *mouchard, témoin de connexion.*

COOL [kul] **adj.** – 1952 ◇ mot anglais «frais» ▪ **1** *Jazz cool,* aux sonorités douces (**par oppos. à** *hot*). ▪ **2** (v. 1970) FAM. (PERSONNES) Calme* et détendu. ➤ **relax.** *Il a des parents cools. Baba** (3) *cool.* — INTERJ. *Cool, Raoul !,* du calme, pas d'agitation. ◆ Décontracté. *Une tenue cool.* ◆ **loc. adv.** *À la cool :* de manière détendue, avec décontraction. *Il nous ont reçus à la cool.* ▪ **3** FAM. (langage des jeunes) Agréable, excellent ; sympathique. *C'est trop cool, les vacances !* — VAR. FAM. *coolos* [kulɔs] **adj.** ▪ HOM. Coule.

COOLIE [kuli] **n. m.** – *colys* plur. 1666 ◇ p.-ê. emprunté à un parler hindi par l'intermédiaire du portugais puis de l'anglais ▪ **1** Travailleur, porteur chinois ou hindou. *Des coolies.* ▪ **2** (Antilles, Maurice) ANCIENNT Personne d'origine indienne ou pakistanaise venue accomplir des travaux pénibles après l'abolition de l'esclavage. ◆ MOD. (Martinique ; Guadeloupe [PÉJ.]) Antillais d'origine indienne. ▪ HOM. Coulis.

COOPÉRANT, ANTE [kɔɔperɑ̃, ɑ̃t] **adj. et n.** – 1967 ◇ de *coopérer* ▪ **1** (calque de l'anglais *cooperative*) Qui agit conjointement avec qqn, qui participe. ➤ **coopératif.** *«les élèves qui devront être coopérants et non résignés»* J. CAPELLE. ▪ **2** **n.** ÉCON. Spécialiste (technicien, enseignant) et en particulier soldat du contingent, chargé par un pays industrialisé, au titre de la coopération*, d'aider au développement économique et culturel d'un autre pays. ➤ **V. S. N.**

COOPÉRATEUR, TRICE [k(ɔ)ɔperatœr, tris] **n.** – 1516 ◇ bas latin *cooperator* ▪ DIDACT. Personne qui travaille avec qqn. ➤ **associé, collaborateur.** — **adj.** *Agent coopérateur.* ◆ Membre d'une coopérative.

COOPÉRATIF, IVE [k(ɔ)ɔperatif, iv] **adj.** – 1550 *cause cooperative* «cause secondaire (d'une maladie)» ◇ bas latin *cooperativus* ; repris à l'anglais *cooperative* ▪ **1** (1842) ÉCON. Qui est fondé sur la coopération et la solidarité. *Système coopératif. Société coopérative.* ➤ **coopérative.** *Cave coopérative :* coopérative vinicole. *Société coopérative ouvrière et participative (S. C. O. P.).* ▪ **2** (avant 1946) ANGLIC. (PERSONNES) Qui est prêt à coopérer, à aider un effort, une entreprise. *Il s'est montré très coopératif.* ➤ **coopérant.**

COOPÉRATION [kɔɔperasjɔ̃] **n. f.** – avant 1435 ◇ latin *cooperatio* ▪ **1** Action de participer à une œuvre commune. ➤ **collaboration.** *Apporter sa coopération à une entreprise.* ➤ **accord, 1 aide, appui, concours, contribution.** *«En toute coopération on est, en quelque sorte, dépendant de ses collaborateurs et solidaire avec eux»* SAINTE-BEUVE. *Faire qqch. en coopération avec qqn.* — *Coopération renforcée :* au sein de l'Union européenne, mécanisme permettant à un nombre restreint d'États membres de s'engager dans une coopération plus étroite. ▪ **2** (1828) ÉCON. Système par lequel des personnes intéressées à un but commun s'associent et se répartissent le profit selon un pourcentage en rapport avec leur part d'activité. ➤ **coopératif.** *Société de coopération.* ➤ **association, coopérative.** ▪ **3** Politique par laquelle un pays apporte sa contribution au développement économique et culturel de nations moins développées. *Ministre de la Coopération.* — *Le volontariat international a fait suite au service national dans la coopération* (➤ **coopérant**).

COOPÉRATISME [k(ɔ)ɔperatism] **n. m.** – 1907 ◇ de *coopération* ▪ ÉCON. Système économique qui attribue un rôle important aux coopératives. ➤ **mutualisme.**

COOPÉRATIVE [k(ɔ)ɔperativ] **n. f.** – 1901 ; de *société coopérative* ◇ probablt d'après l'anglais *cooperative* ▪ Société coopérative, entreprise associative ayant pour objet les services les meilleurs pour ses membres (➤ **coopérateur**), et gérée par ceux-ci sur la base d'une égalité des droits, des obligations et de la participation au profit. ➤ **association, mutuelle.** *Coopérative d'achat, de vente. Coopérative de production ; coopératives agricoles.* — *Coopérative de consommation :* association de consommateurs supprimant les intermédiaires du commerce. — (1972) *Coopérative de commerçants,* en vue d'organiser en commun leurs achats et différents services.

COOPÉRER [kɔɔpere] **v. tr. ind.** ‹6› – 1525 ◇ bas latin *cooperari* ▪ *Coopérer à :* agir, travailler conjointement avec qqn à. ➤ **s'associer, collaborer, concourir, contribuer, participer.** *Coopérer à l'exécution d'un projet. Coopérer au succès de qqch.* — INTR. *Nous sommes prêts à coopérer.*

COOPTATION [kɔɔptasjɔ̃] **n. f.** – fin XIXe ; «admission par exception, par privilège» 1639 ◇ latin *cooptatio* ▪ Nomination d'un membre nouveau, dans une assemblée, par les membres qui en font déjà partie. *Les élections à l'Académie française se font par cooptation.*

COOPTER [kɔɔpte] **v. tr.** ‹1› – avant 1721 ◇ latin *cooptare* «choisir» ▪ Admettre par cooptation. — **p. p. adj.** *Membre coopté.*

COORDINATEUR, TRICE [kɔɔrdinatœr, tris] **n. et adj.** – 1955 ◇ de *coordination,* d'après l'anglais ▪ ANGLIC. Personne qui coordonne. ➤ **coordonnateur.** *Jouer le rôle de coordinateur dans une entreprise.* — **adj.** *Intelligence coordinatrice* (ou *coordonnatrice*).

COORDINATION [kɔɔrdinasjɔ̃] **n. f.** – 1361 ◇ bas latin *coordinatio,* de *ordinatio* «mise en ordre» ▪ **1** Agencement des parties d'un tout selon un plan logique, pour une fin déterminée. ➤ **organisation.** *Entreprise qui échoue faute de coordination. Coordination des opérations d'une troupe.* ◆ ANAT. *Coordination des mouvements :* combinaison des contractions des muscles en vue d'une action bien ordonnée, cohérente. — ABSOLT *Troubles de la coordination.* ▪ **2** Rassemblement professionnel momentané et spontané, dans un but revendicatif, sans mot d'ordre syndical (cf. Comité* de grève). *Coordination nationale des étudiants.* ▪ **3** (1888) GRAMM. *Conjonction de coordination,* liant des éléments lexicaux (mots) ou syntaxiques (propositions) de même nature ou fonction (ex. et, ou, donc, or, ni, mais, car). ▪ **4** CHIM. *Liaison de coordination :* liaison chimique ni ionique ni covalente, entre un métal et ses ligands. *Complexe de coordination :* édifice moléculaire ainsi formé. *Chimie de coordination.* ▪ CONTR. Confusion, désordre, incoordination.

COORDINENCE [kɔɔrdinɑ̃s] **n. f.** – 1953 ◇ latin *coordinare* ▪ CHIM. Nombre des atomes qui sont proches voisins d'un autre atome, dans un édifice atomique (molécule, ion ou cristal). ➤ aussi **ligand.**

COORDONNATEUR, TRICE [kɔɔrdɔnatœr, tris] **adj. et n.** – 1794 ◇ de *coordonner* ▪ Qui coordonne. *Bureau coordonnateur.* ➤ **coordinateur.** — **n.** Personne qui coordonne. AVIAT. Agent chargé d'établir le plan d'occupation des aires de trafic.

COORDONNÉ, ÉE [kɔɔrdɔne] **adj.** – 1802 ◇ de *coordonner* ▪ **1** Organisé avec. *Actions coordonnées.* — (1967) S'accordant avec. ➤ **assorti.** *«Un tissu coordonné au reste de la chambre»* PEREC. *Draps et serviettes de toilette coordonnés.* SUBST. *Les coordonnés sont à la mode.* ▪ **2** (1863) Relié par une conjonction de coordination*, ou un adverbe (aussi, pourtant). *Propositions coordonnées ;* SUBST. *des coordonnées.*

COORDONNÉES [kɔɔrdɔne] **n. f. pl.** – 1754 ◇ de *co-* et *ordonnée* ▪ **1** MATH. *Coordonnées d'un point* M : scalaires* qui permettent de repérer ce point sur une courbe, une surface, dans un espace. *Coordonnées dans le plan euclidien* (dans R^2), *dans l'espace euclidien* (dans R^3), ou *coordonnées cartésiennes.* ➤ **abscisse, ordonnée ; cote.** *Coordonnées vectorielles.* ➤ **composante.** *Coordonnées polaires.* — SING. *Une coordonnée.* ◆ *Coordonnées géographiques.* ➤ **équateur, latitude, longitude ; géodésique.** ◆ *Coordonnées astronomiques locales.* ➤ **azimut, horizon, nadir, zénith.** — *Coordonnées équatoriales.* ➤ **ascension, déclinaison, écliptique ; vernal.** ▪ **2** FIG. (critiqué) Renseignements sur le moment et le lieu où l'on peut trouver ou joindre qqn. *Donnez-moi vos coordonnées,* votre adresse, votre numéro de téléphone, etc.

COORDONNER [kɔɔrdɔne] **v. tr.** ‹1› – 1771 ◇ de *co-* et *ordonner* ▪ **1** Disposer selon certains rapports en vue d'une fin. ➤ **agencer, arranger, combiner, ordonner, organiser ; coordination.** *Coordonner les travaux de différentes équipes* (➤ **synergie**). *Coordonner ses idées. Coordonner entre elles les dispositions d'une loi. Coordonner une chose à une autre, avec une autre, une chose et une autre.* — SPÉCIALT Combiner de façon adaptée (les éléments d'un comportement). *Coordonner ses mouvements.* ▪ **2** GRAMM. Lier, réunir (des mots, des propositions) par une conjonction, une locution conjonctive de coordination. — **Surtout au p. p.** *Les deux adjectifs sont coordonnés par «mais».* ▪ CONTR. Désorganiser.

COPAHU [kɔpay] **n. m.** – 1696 ; *coupahu* 1654 ; *copa-ü* 1578 ◇ mot tupi du Brésil ▪ Substance résineuse extraite de divers copayers, utilisée autrefois en médecine.

COPAIN [kɔpɛ̃] **n. m. et adj. m.** – 1838 ; *copin* 1708 ◇ forme dénasalisée de l'ancien français *compain* → compagnon ▪ FAM. ▪ **1** Homme, garçon avec qui on entretient des relations familières, amicales. ➤ **ami,** FAM. **pote.** Camarade de classe, de travail. ➤ **camarade.** *Un copain de classe, de régiment. Un bon, un vieux copain. Son meilleur copain. Sortir avec des copains et des copines*, entre copains. Salut ! les copains. En copain(s) :* comme un simple, (de simples) camarade(s). — PÉJ. *Les (petits) copains :* ceux que l'on fait profiter des bonnes occasions, dans les affaires (➤ **copinage**). ◆ PAR EUPHÉM. ➤ **ami, amoureux.** *C'est son petit copain* (cf. Petit ami*). ▪ **2** **adj. m.** *Ils sont* *très copains. Ils sont copains-copains,* très copains (avec une idée de franchise et de simplicité) (cf. Ami-ami). *« Même pas un baiser dans le style copain-copain »* ARNOTHY. *Être copains comme cochons*.*

COPAL [kɔpal] **n. m.** – 1588 ◊ mot espagnol, emprunté au nahuatl *copalli* ■ Résine fournie par des arbres tropicaux, utilisée dans la fabrication des vernis. *Des copals.*

COPARENT [kopaʀɑ̃] **n. m.** – 1998 ◊ de *co-* et *parent* ■ Personne qui partage la vie du père ou de la mère biologique (d'un enfant). ➤ **beau-parent.**

COPARENTAL, ALE, AUX [kopaʀɑ̃tal, o] **adj.** – 1988 ◊ de *co-* et *parental* ■ DIDACT De la coparentalité. *Responsabilité coparentale.*

COPARENTALITÉ [kopaʀɑ̃talite] **n. f.** – 1994 ◊ de *co-* et *parent* ■ DIDACT. ■ **1** Exercice conjoint des droits et des responsabilités de parent à l'égard de l'enfant, après une séparation, un divorce. ■ **2** Responsabilité, statut de beau-parent, dans une famille recomposée.

COPARTAGE [kopaʀtaʒ] **n. m.** – 1834 ◊ de *co-* et *partage* ■ DR. Partage entre plusieurs personnes.

COPARTAGEANT, ANTE [kopaʀtaʒɑ̃, ɑ̃t] **adj.** et **n.** – 1690 ◊ de *co-* et *partageant* ■ DR. Qui participe à un partage. — **n.** *Les copartageants.*

COPARTICIPANT, ANTE [kopaʀtisipɑ̃, ɑ̃t] **adj.** et **n.** – 1874 ◊ de *co-* et *participant* ■ DR. Qui participe avec d'autres à une entreprise.

COPARTICIPATION [kopaʀtisipasjɔ̃] **n. f.** – v. 1860 ◊ de *co-* et *participation* ■ DR. Participation en commun.

COPAYER [kɔpaje] **n. m.** – *copaïer* 1786 ◊ de *copahu* ■ Arbre de grande taille des régions tropicales d'Amérique et d'Afrique. *Le copahu est extrait des copayers d'Amérique. La forêt sèche « à copayers qui sont de grands arbres sécrétant un baume »* LÉVI-STRAUSS.

-COPE ■ Élément, du grec *kopto* « je coupe » : *apocope, syncope.*

COPEAU [kɔpo] **n. m.** – 1680 ; *coipel* 1213 ; *cospel* 1170 ◊ latin populaire °*cuspellus,* classique *cuspis* « pointe » ■ Fragment, mince ruban détaché d'une pièce de bois par un instrument tranchant. *Copeaux de hêtre, de sapin. Brûler de la sciure et des copeaux. Le « copeau terne et doux, légèrement coloré, sur le bord, et parfumé, qui sort d'un taille-crayon »* BERGOUNIOUX. — PAR ANAL. *Copeaux d'acier, de cuivre. Copeaux de parmesan, de truffe, de chocolat.*

COPÉPODES [kɔpepɔd] **n. m. pl.** – 1845 ◊ grec *kôpê* « rame » et *-pode* ■ ZOOL. Sous-classe de petits crustacés marins qui possèdent deux antennes divergentes. *Les copépodes constituent une part importante du zooplancton.* — **Sing.** *Le cyclope est un copépode.*

COPERMUTER [kopɛʀmyte] **v. tr.** ⟨1⟩ – 1829 ; *compermuter* 1611 ◊ de *co-* et *permuter* ■ Échanger (SPÉCIALT des bénéfices ecclésiastiques).

COPERNICIEN, IENNE [kɔpɛʀnisjɛ̃, jɛn] **adj.** et **n.** – 1686 ◊ de *Copernic* ■ HIST. DES SC. Relatif à Copernic, à son système. *« le décentrement copernicien du monde : la terre, lieu d'habitation de l'homme, n'est plus le centre du monde ! »* LACAN. *Révolution copernicienne :* bouleversement des théories astronomiques dont Copernic fut l'initiateur, avec son système héliocentrique ; PAR EXT. innovation considérée comme fondamentale.

COPERNICIUM [kɔpɛʀnisjɔm] **n. m.** – 2010 ◊ du nom de *Copernic,* astronome polonais ■ CHIM. Élément atomique artificiel (Cn ; n° at. 112).

COPIAGE [kɔpjaʒ] **n. m.** – 1766 ◊ de *copier* ■ Le fait de copier (dans un examen), d'imiter servilement.

COPIE [kɔpi] **n. f.** – après 1250 ◊ latin *copia* « abondance » → copieux

I ■ **1** Reproduction (d'un écrit). ➤ **calque, double, épreuve, fac-similé, imitation, photocopie, reproduction.** *Copie exacte, fidèle. Pour copie conforme* (ABRÉV. **P. C. C.**). *Copie collationnée à, sur, avec l'original. Demander, donner copie d'un texte. Posséder plusieurs copies d'un texte.* ➤ 2 **exemplaire.** — DR. *Copie d'un contrat, d'une pièce officielle, d'un acte.* ➤ **ampliation, duplicata.** *Copie d'un acte judiciaire ou notarié.* ➤ **expédition, grosse.** *Copie d'un acte de vente, d'hypothèque.* ➤ **inscription, transcription.** *Expédier, délivrer une copie. Copie certifiée conforme.* ■ **2** (1623) IMPRIM. Écrit à partir duquel on compose. ➤ **manuscrit.** *Copie manuscrite, dactylographiée. Préparation de la copie* (codage typographique, etc.). *Donner, fournir de la copie à l'imprimeur.* — FAM. *Journaliste en mal de copie,* qui manque de sujet d'article. *Pisseur* de copie.* ■ **3** (1828) Devoir qu'un élève rédige sur une feuille volante qu'il remet au professeur. ➤ 2 **devoir.** *Rendre sa copie. Ramasser les copies après une épreuve, une composition. Corriger des copies. Une excellente copie.* — LOC. *Revoir sa (la) copie :* revoir, modifier un projet afin qu'il soit accepté (surtout en politique). ◆ Feuille double de format d'écolier. *Rendre copie blanche à un examen. Copies quadrillées.*

II (1636) ■ **1** Reproduction (d'une œuvre d'art originale). ➤ **contrefaçon, imitation, reproduction.** *Copie d'un tableau. Copie que l'on fait passer pour un original.* ➤ 1 **faux.** *Ces statues « ne sont pas des vraies, ce sont des moulages, des copies »* QUENEAU. *Ce meuble n'est pas d'époque, c'est une copie. Copie réduite.* ➤ **réduction ; maquette.** ■ **2** Imitation (SPÉCIALT d'une œuvre). *Cet article est une copie.* ➤ **plagiat.** *« L'œuvre de Shakespeare est absolue* [...] *et veut rester sans copie »* HUGO. ■ **3** Personne qui reproduit ou imite les manières, les paroles d'une autre. ➤ **réplique.** *Elle ne sera jamais que la pâle copie de son modèle.* ◆ Imitation fidèle (surtout *copie conforme*).

III (1915) Opération consistant à dupliquer les bandes originales (d'un film) ; bande(s) ainsi obtenue(s). *Tirer vingt copies. « J'aime bien aller dans les salles de cinéma, mais on se demande toujours dans quel état on va trouver la copie »* TRUFFAUT. *Copie neuve.* — Double (d'un enregistrement). *Copie d'une cassette* (➤ **repiquer**). *Copie pirate.* ◆ INFORM. Duplication (de données numériques). *Copie de sauvegarde. Copie sur CD. Copie d'écran.* ➤ **capture.**

■ CONTR. Modèle, 1 original.

COPIER [kɔpje] **v. tr.** ⟨7⟩ – XIVe ◊ de *copie* ■ **1** Reproduire (un écrit). ➤ **calquer, dupliquer, recopier, reproduire, transcrire.** *Copier fidèlement un texte, un passage important.* ➤ **noter, relever.** *Copier de la musique. Copier qqch. au propre, au net.* ➤ **recopier.** DR. *Copier un acte.* ➤ **expédier, grossoyer.** — LOC. FAM. *Tu me la copieras !* (sous-entendu *afin que je m'en souvienne*) : on ne m'y reprendra pas. *« Il me le copiera, M. Jauffret ! Je me plaindrai au nouveau maire... »* J. ANGLADE. ◆ (1863) Reproduire frauduleusement (le texte d'un livre, le devoir d'un autre). *Un passage copié dans tel livre, chez tel auteur.* ➤ **prendre.** — *Il a copié le manuel.* ➤ **piller, pomper.** — PAR EXT. *Copier un auteur.* ➤ **démarquer, pasticher, plagier.** — INTR. *Il a copié sur son voisin. Il copie.* ➤ **tricher.** ■ **2** (1636) Reproduire (une œuvre). ➤ **imiter.** *« On n'a plus sous les yeux que les œuvres des anciens maîtres, et on les copie »* TAINE. ◆ VIEILLI Reproduire exactement. *« La mission de l'art n'est pas de copier la nature, mais de l'exprimer »* BALZAC. ■ **3** (1656) Imiter (qqn, ses manières). ➤ **contrefaire, mimer, singer.** *« Il vivait dans l'ombre de cet homme extraordinaire, imitant ses façons de parler, copiant, sans le vouloir, la silhouette fameuse »* DUHAMEL. ■ **4** INFORM. Effectuer une copie de. *Copier un fichier. Copier frauduleusement un logiciel.* ➤ **pirater.** ■ CONTR. Créer, inventer.

COPIER-COLLER [kɔpjekɔle] **n. m. inv.** – 1994 ◊ de *copier* et *coller* ■ INFORM. Opération consistant à copier (une portion de texte, une image) puis à l'insérer à un autre endroit. *Des copier-coller.* — On écrit aussi *copié-collé, des copiés-collés.*

COPIEUR, IEUSE [kɔpjœʀ, jøz] **n.** – 1863 ◊ de *copier* ■ **1** SCOL. Élève qui copie sur ses camarades ou sur ses livres de classe. ➤ **tricheur.** — PAR EXT. Personne qui copie (servilement). ■ **2 n. m.** Photocopieur. *Un copieur couleur.* ■ HOM. Copieuse (copieux).

COPIEUSEMENT [kɔpjøzmɑ̃] **adv.** – XIVe ◊ de *copieux* ■ D'une manière copieuse. ➤ **beaucoup ; abondamment, considérablement.** *Manger, boire copieusement.* — FIG. *S'ennuyer copieusement.* ■ CONTR. Chichement ; peu.

COPIEUX, IEUSE [kɔpjø, jøz] **adj.** – 1365 ◊ latin *copiosus,* de *copia* « abondance » ■ Abondant. *Un repas copieux.* ➤ **plantureux.** *Une copieuse documentation. Un copieux pourboire.* ➤ **généreux.** ◆ VX ou LITTÉR. *Des « publications copieuses et illustrées avec magnificence »* DUHAMEL. ➤ **prolixe, riche.** ■ CONTR. Frugal ; mesquin, pauvre ; petit. ■ HOM. Copieuse (copieur).

COPILOTE [kopilɔt] **n.** – 1937 ◊ de *co-* et *pilote* ■ Pilote auxiliaire, dans un avion. — Assistant(e) du pilote, dans une course, un rallye, qui lui donne des indications sur la vitesse, l'itinéraire... ➤ **navigateur.** ◆ FIG. Personne qui partage avec une ou plusieurs autres la responsabilité d'un projet.

COPILOTER [kɔpilɔte] **v. tr.** ⟨1⟩ – 1996 ◊ de *copilote* et *piloter* ■ Piloter, FIG. diriger à plusieurs.

COPINAGE [kɔpinaʒ] **n. m.** – 1960 ◊ de *copiner* ■ FAM. et PÉJ. Favoritisme, entente au profit d'amis, de relations (cf. Les petits copains*), dans le monde des affaires, etc. ➤ **magouille, piston.**

COPINE [kɔpin] **n. f.** et **adj. f.** – 1895 ◊ fém. de *copin* → copain ■ FAM. ■ **1** Camarade (femme), amie. *Une copine de classe. Les copains et les copines de ma fille. Tu n'es plus ma copine.* ➤ **pote.** ♦ **adj.** *Ma fille est très copine avec la sienne.* ■ **2** Compagne, petite amie. *Sa nouvelle copine. C'est sa petite copine.*

COPINER [kɔpine] **v. intr.** ‹1› – 1774 ◊ de *copin* → copain ■ FAM. Avoir des relations de camaraderie. *Copiner avec qqn.*

COPINERIE [kɔpinʀi] **n. f.** – 1913 ◊ de *copin* → copain ■ FAM. ■ **1** Relations de copains. ■ **2** Ensemble de copains. *Les cousins et toute la copinerie.*

COPION [kɔpjɔ̃] **n. m.** – 1945 ◊ de *copier* ■ (Belgique) ARG. SCOL. Document que l'on utilise pour tricher lors d'un examen. ➤ **antisèche.**

COPISTE [kɔpist] **n.** – XVe ◊ de *copier* ■ **1** Personne dont le travail était de copier des manuscrits, de la musique. ➤ **clerc, scribe.** *Le copiste Guiot de Chrétien de Troyes. Faute de copiste. Un mauvais copiste.* — APPOS. *Moine copiste.* ■ **2** (1644) Imitateur des œuvres d'un autre. ➤ **contrefacteur, pasticheur, plagiaire.** « *Une incontestable dextérité de copiste et de démarqueur* » BLOY. ♦ Personne qui copie une œuvre d'art (sans qu'il s'agisse d'un faussaire). *Les copistes agréés du musée du Louvre.* ■ CONTR. Auteur, créateur.

COPLANAIRE [koplanɛʀ] **adj.** – 1890 ◊ de *co-* et latin *planus* ■ Situé dans un même plan. *Droites coplanaires.*

COPOLYMÈRE [kopɔlimɛʀ] **n. m.** – v. 1960 ◊ de *co-* et *polymère* ■ CHIM. Macromolécule formée par la polymérisation de deux ou plusieurs monomères.

COPOSSÉDER [kopɔsede] **v. tr.** ‹6› – 1866 ◊ de *co-* et *posséder* ■ DR. Posséder (une chose) en même temps que d'autres possesseurs.

COPPA [kɔ(p)pa] **n. f.** – 1926 ◊ mot italien « partie postérieure de la tête », de *coppa* « coupe » par anal. de forme ■ Charcuterie* italienne, en forme de gros saucisson, faite d'échine de porc désossée, roulée et séchée. *Des tranches de coppa.*

COPRA ou **COPRAH** [kɔpʀa] **n. m.** – 1866 ; *copra* 1602 ◊ portugais *copra*, emprunté au tamoul *koppara* ■ Amande de coco décortiquée. *Huile de copra.*

COPRÉSIDENCE [kopʀezidɑ̃s] **n. f.** – 1966 ◊ de *co-* et *présidence* ■ Présidence assurée conjointement par les représentants de plusieurs organismes ou gouvernements.

COPRÉSIDENT, ENTE [kopʀezidɑ̃, ɑ̃t] **n.** – 1965 ◊ de *co-* et *président* ■ Personne (ou puissance) participant à une coprésidence.

COPRIN [kɔpʀɛ̃] **n. m.** – 1816 ◊ du grec *kopros* « excrément » ■ Champignon basidiomycète à chapeau ovoïde *(agaricacées)* qui pousse sur les déchets organiques. *Le coprin chevelu est comestible.*

COPRINCE [kopʀɛ̃s] **n. m.** – 1882 ◊ de *co-* et *prince* ■ Celui qui partage la souveraineté sur une principauté. *Le président de la République française et l'évêque d'Urgel, coprinces de la principauté d'Andorre.*

COPRO- ■ Élément, du grec *kopros* « excrément ».

COPROCESSEUR [kopʀɔsesœʀ] **n. m.** – 1981 ◊ anglais américain *coprocessor*, de *co-* et *processor*, de *to process* « procéder » ■ INFORM. Processeur associé au processeur d'une unité de traitement et spécialisé dans le traitement de certaines instructions. *Un coprocesseur mathématique, graphique.*

COPROCULTURE [kɔpʀɔkyltyʀ] **n. f.** – 1938 ◊ de *copro-* et *culture* ■ MICROBIOL. Culture des micro-organismes présents dans les selles.

COPRODUCTION [kopʀɔdyksjɔ̃] **n. f.** – 1953 ◊ de *co-* et *production* ■ CIN. Production (d'un film, d'un spectacle) par plusieurs producteurs, souvent de nationalités différentes ; ce spectacle. *Une coproduction franco-italienne.* — **n. COPRODUCTEUR, TRICE**

COPRODUIRE [kopʀɔdɥiʀ] **v. tr.** ‹38› – v. 1960 ◊ de *produire* ■ Produire ensemble (un film). *Téléfilm coproduit.*

COPROLALIE [kɔpʀɔlali] **n. f.** – 1893 ◊ de *copro-* et *-lalie* ■ MÉD. Tendance morbide à utiliser des mots orduriers et scatologiques.

COPROLITHE [kɔpʀɔlit] **n. m.** – 1845 ◊ de *copro-* et *-lithe* ■ PALÉONT. Excrément fossilisé d'animaux disparus. *Coprolithes de mammifères.*

COPROLOGIE [kɔpʀɔlɔʒi] **n. f.** – 1842 ◊ de *copro-* et *-logie* ■ BIOL. Analyse des matières fécales.

COPROPHAGE [kɔpʀɔfaʒ] **adj.** – fin XVIIIe ◊ de *copro-* et *-phage* ■ DIDACT. Qui se nourrit d'excréments. ➤ **scatophage.** *Insecte coprophage.*

COPROPHILE [kɔpʀɔfil] **adj.** – 1846 ◊ de *copro-* et *-phile* ■ ÉCOL. Se dit d'organismes (surtout bactéries) vivant dans les excréments. ➤ **scatophile.** *Champignon coprophile.*

COPROPRIÉTAIRE [kopʀɔpʀijetɛʀ] **n.** – 1634 ◊ de *co-* et *propriétaire* ■ DR. Propriétaire en copropriété. — COUR. Personne qui a un droit de propriété sur un appartement et qui détient une quote-part des parties communes d'un immeuble. *Réunion des copropriétaires par le syndic.*

COPROPRIÉTÉ [kopʀɔpʀijete] **n. f.** – 1767 ◊ de *co-* et *propriété* ■ DR. Propriété de plusieurs personnes sur un seul bien. *Copropriété indivise où chaque propriétaire a une quote-part.* ➤ **indivision.** *Partage d'une copropriété en parts divises.* ♦ COUR. Situation d'un immeuble dont chaque appartement est la propriété d'une personne déterminée (➤ **copropriétaire**) qui détient aussi une quote-part des parties communes. ➤ **multipropriété.** *Immeuble en copropriété.* ➤ RÉGION. **condominium.** — L'ensemble des copropriétaires. *Travaux à la charge de la copropriété.*

COPROSTÉROL [kɔpʀɔsteʀɔl] **n. m.** – avant 1961 ◊ de *copro-* et *stérol* ■ BIOCHIM. Principal stérol des selles, résultant de la réduction du cholestérol par les bactéries intestinales.

COPTE [kɔpt] **adj.** et **n.** – 1704 ; *cofte* 1665 ◊ du grec *aiguptios* « égyptien » ■ **1** Relatif aux chrétiens originaires d'Égypte. *L'Église copte.* — **n.** *Un, une Copte.* ■ **2** Qui se rapporte aux Coptes. *Langue copte*, et **n. m.** *le copte*, qui subsiste comme langue liturgique. ➤ **égyptien** (1°). « *le copte, l'idiome de transition qui s'est parlé en Égypte depuis l'introduction du christianisme, qui est éteint maintenant* » CHAMPOLLION.

COPULATIF, IVE [kɔpylatif, iv] **adj.** – fin XIIIe ◊ latin *copulativus*, de *copulare* « unir » ■ GRAMM., LOG. Qui marque une liaison entre les termes ou les propositions. *Conjonction copulative.* ■ CONTR. Adversatif, alternatif, disjonctif.

COPULATION [kɔpylasjɔ̃] **n. f.** – XIIIe ◊ latin *copulatio* « union » ■ Accouplement du mâle avec la femelle chez les animaux à fécondation interne. ➤ **coït.** — PLAISANT Accouplement de l'homme et de la femme.

COPULE [kɔpyl] **n. f.** – 1482 « copulation » ◊ latin *copula* ■ (1752) LOG. Verbe d'un jugement en tant qu'il exprime une relation entre le sujet et le prédicat. *L'assertion réside dans la copule.* — LING. Mot qui relie le sujet au prédicat. *Le verbe « être » est une copule.*

COPULER [kɔpyle] **v. intr.** ‹1› – 1450 ◊ latin *copulare* ■ Avoir des relations sexuelles, s'accoupler. *Animaux qui copulent.* — (Humains) PLAISANT Faire l'amour.

COPYRIGHT [kɔpiʀajt] **n. m.** – 1878 ◊ mot anglais « droit de copie, de reproduction » ■ Droit exclusif que détient un auteur ou son représentant d'exploiter pendant une durée déterminée une œuvre littéraire ou artistique (SYMB. ©). *Date du dépôt de copyright. Des copyrights.*

1 **COQ** [kɔk] **n. m.** – milieu XIIe ◊ du latin *coccus*, de l'onomatopée *coco coco* imitant le cri du coq. Le latin a évincé l'ancien français *jal*, du latin *gallus* et *pou(i)l* « jeune coq » → pou (I), 1 poule ■ **1** Oiseau de bassecour, mâle de la poule *(gallinacés). Le coq et les poules. La crête du coq ; crête de coq. Les barbillons du coq.* ➤ **caroncule.** *Les ergots du coq. Plumage du coq.* ➤ **camail, rémige.** *Le chant du coq* (➤ **cocorico**). LOC. *Au chant du coq* : au point du jour. — *Coq de combat. Combat de coqs* (➤ RÉGION. **coqueleux**). *Jeune coq.* ➤ **coquelet, poulet.** *Coq châtré.* ➤ **chapon.** — CUIS. *Coq adulte. Coq au vin.* ♦ *Le coq gaulois*, symbole national de la France. — *Coq de clocher* : girouette en forme de coq de profil, placée sur le clocher d'une église. ♦ LOC. *Avoir des jambes de coq*, grêles. *Être rouge comme un coq*, très rouge (de honte, d'embarras). — *Être comme un coq en pâte* : être choyé, dorloté. « *Tu vis là, chez moi, comme un chanoine, comme un coq en pâte, à te goberger* » FLAUBERT. — *Passer, sauter du coq à l'âne.* ➤ **coq-à-l'âne.** ■ **2** Homme qui séduit ou prétend séduire les femmes par son apparence avantageuse. *C'est un vrai coq, un petit coq de village.* ■ **3** (1924) BOXE. APPOS. *Poids coq* : catégorie de boxeurs (50 kg 800-53 kg 520). *Des poids coqs.* ■ **4** (1317) Mâle (de gallinacés). *Coq faisan. Coq de bruyère, coq des bouleaux, coq de montagne.* ➤ **tétras ; grouse.** *Coq de roche.* ➤ **rupicole.** *Coq de marais.* ➤ **gélinotte.** *Coq héron.* ➤ **huppe.** *Coq indien, coq d'Amérique.* ➤ **hocco.** — ADJT INV. *Coq de roche* : rouge clair. ■ HOM. Coke, coque.

2 **COQ** [kɔk] **n. m.** – 1671 ◊ du néerlandais *kok*, du latin *coquus* «cuisinier», famille de *coquere* → cuire ■ MAR. Cuisinier à bord d'un navire. *Maître-coq /maitre-coq/* le cuisinier en chef. ➤ **queux.** *Des maîtres-coqs.*

COQ-À-L'ÂNE [kɔkalɑn] **n. m. inv.** – 1536 ; *coq-à-l'asne* 1370 ◊ de *coq* et *âne* ■ Passage sans transition et sans motif d'un sujet à un autre. *Faire un coq-à-l'âne* (cf. Sauter, passer du coq* à l'âne).

COQUARD [kɔkaʀ] **n. m.** – 1883 ; *cocard* 1867 ◊ probablt de *coque* et *-ard*, d'après l'idée d'«objet rond» ■ FAM. Tuméfaction de l'œil consécutive à un coup violent (cf. Œil au beurre* noir). *«ses hématomes, son arcade à peine refermée, ses coquards...»* P. LEMAITRE. — On écrit aussi *coquart.*

COQUE [kɔk] **n. f.** – fin XIIIe ◊ mot d'origine incertaine, p.-ê. du latin d'origine grecque *coccum* «kermès» ou du latin *concha* (→ conque) ou encore d'origine onomatopéique

I ■ **1** VX ou LITTÉR. Enveloppe extérieure calcaire d'un œuf d'oiseau. *Poussin qui brise sa coque.* ➤ **coquille.** — MOD. *Œuf à la coque* : œuf de poule cuit deux à trois minutes à l'eau bouillante, dans sa coque. COMM. ELLIPT *Des œufs coque,* suffisamment frais pour être mangés à la coque. ■ **2** (1275) Péricarpe lignifié de certains fruits. *Coque de noisette, de noix, de noix de coco.* ➤ **coquille.** — FIG. *Coque de noix* : très petite embarcation. ➤ **coquille.** ◆ VX Coquille (d'huître). ■ **3** (1751) Mollusque bivalve comestible *(lamellibranches)* dont on trouve de nombreux fossiles. ■ **4** (XXe) Enveloppe extérieure. *La coque protéique d'un virus.* ➤ **capside.** ■ **5** (1827) Cheveux, rubans gonflés en forme de coque (d'œuf). *«d'imposantes coques de cheveux»* LOTI.

II ■ **1** (1834) Ensemble de la membrure et du revêtement extérieur (d'un navire). ➤ **carcasse, corps.** *Partie renflée de la coque.* ➤ **ventre.** *Partie immergée de la coque.* ➤ **carène.** *Bateau à une, plusieurs coques.* ➤ **monocoque, multicoque.** *«laissant les vieilles coques pour les neuves, il s'institua constructeur de navires»* VALÉRY. ■ **2** Partie centrale du fuselage (d'un avion). ■ **3** AUTOM. Bâti rigide qui remplace le châssis et la carrosserie (➤ **monocoque**).

■ HOM. Coke, coq.

-COQUE ■ Élément, du grec *kokkos* «grain» : *gonocoque, staphylocoque, streptocoque.*

COQUÉ, ÉE [kɔke] **adj.** – 1996 ◊ de *coque* ■ Muni d'une coque de protection. *Chaussure coquée,* à bout renforcé. *Casquette coquée.*

COQUECIGRUE [kɔksigʀy] **n. f.** – 1534 ◊ p.-ê. de *coq-grue,* croisé avec *cigogne* ■ VX Baliverne, absurdité.

COQUELET [kɔklɛ] **n. m.** – 1790 ◊ de 1 *coq* ■ CUIS. Poulet* de petite taille, mâle ou femelle (entre poulet et poussin). *Coquelet grillé.*

COQUELEUX, EUSE [kɔklø, øz] **n.** – 1876 ◊ de 1 *coq* ■ RÉGION. (Nord, Belgique) Éleveur, éleveuse de coqs de combat.

COQUELICOT [kɔkliko] **n. m.** – 1545 *coquelicoq* ◊ onomat. du cri du coq, d'après la crête → cocorico ■ **1** Petit pavot sauvage à fleur rouge vif *(papavéracées)* qui croît dans les champs. ➤ 1 **ponceau.** — LOC. *Rouge comme un coquelicot* : rouge de confusion, de timidité. ■ **2** CONFIS. Bonbon parfumé au coquelicot. ■ **3** AU PLUR. FAM. Règles, menstruation. *«On tourne la séquence de son choix, en fonction de la météo ou des coquelicots de madame la star»* PENNAC.

COQUELLE [kɔkɛl] **n. f.** – 1750 ◊ probablt de *coquemar,* avec changement de suffixe ■ RÉGION. (Centre, Sud-Est, Sud-Ouest) Cocotte, marmite en fonte.

COQUELUCHE [kɔklyʃ] **n. f.** – 1414 «capuchon» ◊ origine inconnue, p.-ê. rattaché à *coque, coquille* «coiffe», et dernier élément de *capuche* ■ **1** (XVe «grippe» ◊ d'après *coq* à cause de la toux) Maladie contagieuse, caractérisée par une toux convulsive, évoquant le chant du coq. *Avoir la coqueluche.* — **adj.** et **n. COQUELUCHEUX, EUSE.** ■ **2** (1625 ◊ cf. *béguin*) *Être la coqueluche de* : être aimé, admiré de. *La nouvelle coqueluche des médias. «Beau, vigoureux, gaillard, la coqueluche des femmes»* FRANCE.

COQUEMAR [kɔkmaʀ] **n. m.** – 1280 ◊ p.-ê. du néerlandais *kookmoor* ou du bas latin *cucuma* ■ Bouilloire à anse. *«un coquemar de fonte pendu à la crémaillère»* GAUTIER.

1 **COQUERELLE** [kɔkʀɛl] **n. f.** – 1673 ◊ de *coque* ■ BLAS. Ensemble de trois noisettes dans leur capsule verte.

2 **COQUERELLE** [kɔkʀɛl] **n. f.** – 1867 ◊ de 1 *coq* ■ (Canada) Insecte qui vit dans les habitations. ➤ **blatte, cafard.** *«Pas une punaise, pas une coquerelle, pas une poussière»* M. LABERGE.

COQUERET [kɔkʀɛ] **n. m.** – 1545 ◊ probablt de 1 *coq* ■ BOT. Physalis*.

COQUERICO ➤ **COCORICO**

COQUERIE [kɔkʀi] **n. f.** – 1831 ◊ anglais *cookery* → 2 coq ■ MAR. Cuisine à bord d'un bateau. ■ HOM. Cokerie.

COQUERON [kɔkʀɔ̃] **n. m.** – 1702 ◊ anglais *cook-room*

I TECHN. (NAVIG.) Compartiment extrême de la coque, servant souvent de citerne à eau. *Coqueron-arrière. Coqueron-avant.*

II (1891) (Canada) FAM. ■ **1** Cagibi, local exigu. *«À la Mondiale, ils fourrent les correcteurs dans le coqueron (pas plus grand que la table qui le meuble)»* R. DUCHARME. ■ **2** Logement très modeste.

COQUET, ETTE [kɔkɛ, ɛt] **adj.** – 1643 ; «petit coq» 1611 ◊ de 1 *coq* ■ **1** VIEILLI ou LITTÉR. Qui cherche à plaire aux personnes du sexe opposé. ➤ **coquetterie.** *Se montrer coquet,* empressé auprès des femmes. *«Elle était née coquette, [...] elle se mit à poursuivre et à dompter les amoureux»* MAUPASSANT. ◆ **n.** *Faire le coquet. Une petite coquette.* — **n. f.** VIEILLI (cour. du XVIIe au XIXe) **COQUETTE :** femme qui recherche les hommages masculins par pur esprit de conquête. ➤ **aguicheuse,** FAM. **allumeuse.** *Faire sa coquette* : minauder, se faire prier (aussi d'un homme). *«Jacquot fit sa coquette, puis céda»* TH. JONQUET. — THÉÂTRE *Rôle de grande coquette,* de jeune femme élégante et séduisante. FIG. *Jouer les grandes coquettes* : chercher à séduire d'une manière affectée. ■ **2** (1743) COUR. Qui veut plaire par sa mise, qui a le goût de la toilette, de la parure. *Petite fille coquette. Elle n'est pas très coquette. Homme très coquet.* ➤ **dandy, métrosexuel.** *Ibsen «est coquet ; il a le soin de sa personne»* SUARÈS. — **n.** *«le rouge à lèvres demeure son unique geste de coquette»* C. ORBAN. ■ **3** Qui a un aspect plaisant, soigné. *Tenue, coiffure coquette. Logement, mobilier coquet. C'est coquet chez vous.* ➤ **charmant,** 1 **cosy,** 2 **gentil.** ■ **4** (1899) FAM. D'une importance assez considérable. ➤ 2 **gentil, joli, rondelet.** *Magot, cadeau, héritage assez coquet. Atteindre un total, un chiffre plutôt coquet. Il en a coûté la coquette somme de...*

COQUETER [kɔk(ə)te] **v. intr.** ‹4 /5/› – 1611 ◊ de *coquet* «petit coq» ■ **1** VX Se pavaner, faire des grâces. ➤ **minauder, poser.** *«La petite bonne, qui coquetait et faisait des grâces pour le monsieur»* MAUPASSANT. ■ **2** FIG. et VIEILLI Flirter. *«Certains intellectuels allèrent jusqu'à coqueter avec l'anarchie»* LECOMTE.

1 **COQUETIER** [kɔk(ə)tje] **n. m.** – 1307 ◊ de 1 *coq* ■ VX Marchand d'œufs, de volailles en gros. ➤ **volailler.**

2 **COQUETIER** [kɔk(ə)tje] **n. m.** – 1524 ◊ de *coque* ■ Petite coupe dans laquelle on met un œuf pour le manger à la coque. — LOC. FAM. *Décrocher, gagner le coquetier* : réussir (cf. Décrocher la timbale* et PAR CONFUS. le cocotier ; gagner le jackpot*, le gros lot*).

COQUETIÈRE [kɔk(ə)tjɛʀ] **n. f.** – 1786 ◊ de *coque* ■ Ustensile où l'on met à cuire les œufs à la coque.

COQUETTEMENT [kɔkɛtmɑ̃] **adv.** – 1770 ◊ de *coquet* ■ D'une manière coquette. *Elle s'habille coquettement. Maison coquettement meublée.*

COQUETTERIE [kɔkɛtʀi] **n. f.** – 1651 ◊ de *coquet* ■ **1** Souci de se faire valoir de façon délicate pour plaire. *Il met de la coquetterie, une certaine coquetterie à cacher ses mérites.* ◆ *La coquetterie de* : le goût affecté pour. *«La coquetterie des opinions rares»* LECOMTE. ■ **2** Souci de plaire aux personnes de l'autre sexe, comportement qui en résulte. *Coquetterie masculine* (➤ **galanterie, séduction**), *féminine. Sans coquetterie* : franchement. *Je le dis sans coquetterie. «C'est l'esprit que la vanité de plaire nous donne, et qu'on appelle [...] la coquetterie»* MARIVAUX. *«Sa douce adresse à gagner les cœurs, disons le mot, sa coquetterie»* SAINTE-BEUVE. — VX *Être en coquetterie avec qqn* : être en relation de séduction réciproque. ➤ **flirter.** ◆ *Une coquetterie* : acte de coquette. *J'ai su «combien mes coquetteries vous ont fait souffrir»* BALZAC. — LOC. FAM. *Avoir une coquetterie dans l'œil,* un léger strabisme. *«la discrète coquetterie qui confère à ses yeux vert tilleul un air de perpétuelle surprise»* S. GERMAIN. ■ **3** Goût de la toilette, désir de plaire par sa mise. *«Il était toujours vêtu avec soin et même coquetterie»* GRACQ. *Par coquetterie* : par souci d'élégance. — PAR EXT. *La coquetterie d'une robe, d'une coiffure.* ➤ **chic, élégance.**

COQUILLAGE [kɔkijaʒ] **n. m.** – 1573 ◊ de *coquille* ■ **1** Mollusque, généralement marin, pourvu d'une coquille ; SPÉCIALT un tel mollusque comestible (cf. Fruit* de mer). *Principaux coquillages comestibles* : amande de mer, coquille Saint-Jacques, bernique, bigorneau, buccin, bulot, clam, clovisse, cône, coque, couteau, huître, moule, murex, ormeau, palourde, patelle, pétoncle, pholade, praire, triton, trompette, vénus, verni, vigneau. *Élevage de coquillages.* ➤ **conchyliculture.** — Le mollusque. *Manger des coquillages.* ▪ **2** PAR EXT. La coquille elle-même. *Collier de coquillages. Coquillage doré, nacré, rosé, irisé.* « *le coquillage plein de rumeurs qu'ils appliquent à leur oreille* » CLAUDEL. « *Ce coquillage qui m'offre un développement combiné des thèmes simples de l'hélice et de la spire* » VALÉRY.

COQUILLARD [kɔkijaʀ] **n. m.** – 1628 ; *coquillar* 1455 ◇ de *coquille*
I HIST. Au Moyen Âge, Membre d'une bande de voleurs (qui portaient à leur collet une coquille comme les pèlerins). *Le procès des Coquillards.*
II (XIXᵉ) POP. VX Œil. — LOC. *S'en tamponner* le coquillard.*
▪ HOM. Coquillart.

COQUILLART [kɔkijaʀ] **n. m.** – 1723 ; « qui porte une coquille » XVIᵉ ◇ de *coquille* ▪ MINÉR. Calcaire renfermant des coquilles fossiles.
▪ HOM. Coquillard.

COQUILLE [kɔkij] **n. f.** – 1262 ; *corquille* v. 1170 ◇ du sens ancien de « mollusque » (milieu XIIIᵉ), du latin d'origine grecque *conchylium*, croisé avec *coccum* « kermès » → coque
I ▪ **1** Enveloppe calcaire qui recouvre le corps de la plupart des mollusques. ➤ **coque, coquillage,** VX **écaille,** 1**test ; exosquelette.** *Mollusques à coquille.* ➤ **amphineures, céphalopodes, gastéropodes, lamellibranches.** *Coquille des testacés, des crustacés.* ➤ **carapace, cuticule.** *La coquille spiralée des gastéropodes. Charnière, opercule des coquilles bivalves des lamellibranches. La limace est dépourvue de coquille.* — FIG. *Rentrer dans sa coquille* (comme l'escargot) : se replier sur soi. « *Dès qu'il y avait du monde autour, gringalet épouvanté, je me rétractais dans ma coquille* » P. BAILLY. *Sortir de sa coquille. Une coquille vide* : une apparence sans réel contenu. ✦ **COQUILLE SAINT-JACQUES** (appelée ainsi parce que les pèlerins de Saint-Jacques-de-Compostelle en fixaient une valve à leur manteau et à leur chapeau) : mollusque bivalve du genre peigne*, comestible, très recherché, dont la coquille en forme d'éventail est cannelée de côtes rayonnantes très marquées, de section arrondie. — Le mollusque lui-même. *Coquilles Saint-Jacques à la provençale. La noix et le corail* d'une coquille Saint-Jacques.* ELLIPT **n. f. inv.** *Des Saint-Jacques.* ▪ **2** Motif ornemental représentant une coquille. *Coquille de bénitier, de fontaine* : vasque en forme de coquille. Petit ornement en quart-de-rond. *Stèle, fronton orné d'une coquille.* « *des volutes rococo, des fioritures, des coquilles* » VIALATTE. ▪ **3** Objet creux évoquant une coquille, un coquillage. ✦ *Coquille d'épée* : collerette concave qui protège la main, près de la garde. « *une arme lourde et grossière, à la garde en forme de coquille énorme enveloppant toute la main* » TOURNIER. ✦ *Coquille d'escalier* : le dessous, en forme d'hélice (➤ **colimaçon**). ✦ Récipient creux. *Coquille à hors-d'œuvre.* — PAR MÉTON. Plat servi dans une coquille Saint-Jacques, un ramequin. *Des coquilles de poisson.* — *Coquille de beurre* : noix de beurre moulée en forme de coquille. ✦ MÉD. Plâtre amovible moulant le torse. ✦ SPORTS DE COMBAT Appareil de protection du bas ventre (hommes). ✦ *Format coquille* (à cause du filigrane) : format 44 × 56.
II PAR ANAL. ▪ **1** Enveloppe calcaire des œufs d'oiseaux et de reptiles (tend à remplacer *coque*). *Poussin qui brise sa coquille. La coquille de cet œuf est fêlée. Jeter les coquilles vides.* — ADJT INV. **COQUILLE D'ŒUF :** d'un blanc à peine teinté. *Des murs coquille d'œuf.* ▪ **2** Enveloppe dure (des noix, noisettes...). ➤ **coque** (plus cour.). FIG. **COQUILLE DE NOIX :** petit bateau, barque. *Il « s'embarque sur la même coquille de noix »* BALZAC.
III (1723) Faute* typographique, lettre substituée à une autre. *Épreuve pleine de coquilles. Corriger une coquille.*

COQUILLETTE [kɔkijɛt] **n. f.** – début XXᵉ ; « petite coquille » XIIIᵉ ◇ de *coquille* ▪ AU PLUR. Pâtes alimentaires en forme de petit coude. *Coquillettes au beurre.*

COQUILLIER, IÈRE [kɔkije, jɛʀ] ou **COQUILLER, ÈRE** [kɔkije, ɛʀ] **adj.** et **n. m.** – 1752 ; « en forme de coquille » 1571 ◇ de *coquille* ▪ **1** MINÉR. Qui contient de nombreuses coquilles fossiles. *Calcaires coquilliers.* ➤ **coquillart.** ▪ **2** (XXᵉ) TECHN. Qui concerne les coquillages comestibles. *L'industrie coquillière.* ➤ **conchyliculture.** — **n. m.** *Chalutier-coquillier.* ▪ **3 n. m.** (1743) Collection de coquilles.

COQUIN, INE [kɔkɛ̃, in] **n.** et **adj.** – XIIᵉ « gueux, mendiant » ◇ origine inconnue ; p.-ê. du latin *coquinus* « de la cuisine », de *coquistro* ou dérivé de *coq* ▪ **1** VX Personne vile, capable d'actions blâmables. ➤ **bandit, canaille, scélérat.** *C'est un fieffé coquin. Les copains et les coquins* (en politique) [➤ **s'acoquiner**]. ▪ **2** VIEILLI (t. d'injure) ➤ **bandit, gredin, vaurien ;** VX **faquin, fripon, gueux, maraud, pendard ;** RÉGION. 2**charrette.** « *C'est mon coquin de fils qui aura mis la main dessus* » DANCOURT. ▪ **3** MOD. Personne qui a de la malice, de l'espièglerie. *Petit coquin !* ➤ **bandit, brigand, chenapan, garnement,** RÉGION. **snoreau. COQUIN DE...,** qualifie ce qui est jugé comme malicieux (avec idée de séduction ou de tromperie). « *ses coquins d'yeux noirs* » SAND. LOC. VIEILLI (sud de la France) *Coquin de sort !* exprime l'étonnement, l'admiration. ✦ **adj.** (ENFANTS) *Cette petite fille est bien coquine.* ➤ **espiègle, malicieux, polisson.** ▪ **4 adj.** (CHOSES) Grivois, leste. *Une histoire coquine.* — Érotique. *Lingerie coquine.* ➤ **sexy.** *Rencontre coquine.* ➤ **libertin, polisson.** ▪ **5** FAM. (au masc.) *Le coquin de qqn,* son amant. « *Un charcutier tout rose. Le coquin de maman* » QUENEAU. — **n. f.** VX Femme débauchée.

COQUINERIE [kɔkinʀi] **n. f.** – v. 1330 ◇ de *coquin* ▪ VX ou LITTÉR. Action de coquin. ➤ **canaillerie, friponnerie.** *Commettre des coquineries.* ✦ Caractère du coquin (1°). « *le péché, la coquinerie, la crapule* » SUARÈS.

1**COR** [kɔʀ] **n. m.** – *corn* 1080 (→ corne) ◇ latin *cornu*
I ▪ **1** Instrument à vent (formé à l'origine d'une corne évidée, percée) servant à faire des signaux, des appels. ➤ **corne, trompe.** *Le cor de Roland.* ➤ **olifant.** *Cor des Alpes,* dont les montagnards se servent pour appeler leurs troupeaux. ▪ **2** Instrument à vent en métal, contourné en spirale et terminé par une partie évasée. *Donner, sonner du cor* (➤ **corniste**). *Le pavillon, l'embouchure d'un cor. Cor de chasse* (lang. cour. ; les chasseurs disent *trompe*). « *J'aime le son du cor, le soir au fond des bois* » VIGNY. ✦ LOC. *Chasser à cor et à cri,* avec le cor et les chiens. — FIG. **À COR ET À CRI.** *Réclamer, demander, vouloir qqch. à cor et à cri,* en insistant bruyamment. ✦ MUS. Nom d'instruments à vent. *Cor d'harmonie* : instrument d'orchestre en ut, qui peut changer de tonalité (par corps de rechange). *Cor à piston* ou *cor chromatique,* en fa. — PAR EXT. Corniste. ▪ **3** Instrument à vent faisant partie des bois. **COR ANGLAIS :** hautbois* alto. — **COR DE BASSET :** clarinette basse.
II (v. 1375) PLUR. Ramifications des bois du cerf. ➤ **andouiller, bois, époi.** *Un cerf de dix cors.* ELLIPT *Le cerf dix cors a atteint sept ans. Un vieux dix cors* ou *dix-cors.*
▪ HOM. Corps.

2**COR** [kɔʀ] **n. m.** – 1573 ◇ spécialisation de sens de l'ancien français *cor(n)* « matière cornée » ▪ COUR. *Cor au pied* ou ABSOLT *cor* : petite tumeur bénigne dure et douloureuse siégeant en général au-dessus des articulations des phalanges des orteils. ➤ **callosité, durillon, oignon.** *Cor entre les doigts de pied.* ➤ **œil-de-perdrix.** *Soigner un cor par excision, avec un coricide, chez un pédicure.*

COR- ➤ **CON-**

CORACOÏDE [kɔʀakɔid] **adj.** – 1541 ◇ du grec *korakoeidês* « semblable à un corbeau » ▪ ANAT. *Apophyse coracoïde,* de forme pointue, qui termine le bord supérieur de l'omoplate.

1**CORAIL, AUX** [kɔʀaj, o] **n. m.** – 1416 ; *coral* avant 1150 ◇ latin *corallium,* grec *korallion* ▪ **1** Animal pluricellulaire primitif *(cnidaires)* à orifice unique entouré de tentacules urticants, vivant le plus souvent en colonie arborescente (➤ **polype**). *Récif formé par les squelettes des coraux* (➤ **corallien**). ▪ **2** Le squelette calcaire coloré des polypes qui forment les récifs. *La grande barrière de corail, à l'est de l'Australie.* ➤ **madrépore.** — PAR EXT. Squelette de polype branchu, utilisé en bijouterie. *Corail blanc, rose, rouge. Un collier de corail.* ▪ **3** LITTÉR. *De corail* : vermeil. *Lèvres de corail.* — ADJT INV. *Couleur corail* : rouge orangé. *Lentilles corail.* ✦ *Serpent corail,* très venimeux, jaune et rouge. ▪ **4** Partie rouge (comestible) de la coquille Saint-Jacques et de certains crustacés (homard, langouste). *La noix et le corail.* ▪ HOM. Choraux (choral).

2**CORAIL** [kɔʀaj] **adj. inv.** – 1976 ◇ n. déposé ; de *co(nfort)* et *rail,* avec influence de 1*corail* ▪ *Voiture corail* : type de voiture de la S. N. C. F. sans compartiments, à couloir central (autre que celles du T. G. V.). *Des trains corail.* ELLIPT *Prendre le corail.*

CORAILLEUR, EUSE [kɔʀajœʀ, øz] **n.** – 1679 ◇ de *corail* ▪ Pêcheur de corail ; personne qui travaille le corail.

CORALLIAIRE [kɔʀaljɛʀ] **adj.** – 1898 n. m. pl. ◇ du latin *corallium* ▪ ZOOL. Constitué d'un polype formé par bourgeonnement. *Le nombre des ramifications d'un polype coralliaire est désigné par un préfixe* (*hexacoralliaire* par exemple).

CORALLIEN, IENNE [kɔʀaljɛ̃, jɛn] **adj.** – 1866 ◇ du latin *corallium* ▪ Formé de coraux. *Récif corallien,* dont la charpente est formée des squelettes de coraux associés à d'autres débris calcaires (algues, mollusques). ➤ **atoll, lagon ; madréporique.**

CORALLIFÈRE [kɔʀalifɛʀ] **adj.** – 1845 ◇ latin *corallium* et *-fère* ▪ DIDACT. Qui porte des coraux. *Bancs, îlots corallifères.*

CORALLINE [kɔRalin] **n. f.** – 1567 ◊ latin scientifique *corallina*, de *corallium* ■ Algue marine rouge buissonnante *(rhodophycées)*. *La coralline de Corse, très riche en iode, est un stimulant de la thyroïde.*

CORAN [kɔRɑ̃] **n. m.** – 1657 ; *Alcoran* XIVe ◊ mot arabe *al qur'an* « la lecture par excellence » ■ **LE CORAN :** le livre sacré des musulmans contenant la doctrine islamique. *Versets du Coran. Chapitres du Coran.* ➤ **sourate.** — FIG. LITTÉR. Livre de chevet. ➤ **bible.** « *Le recueil des bulletins de la Grande Armée et le Mémorial de Sainte-Hélène complétaient son coran* » STENDHAL.

CORANIQUE [kɔRanik] **adj.** – 1877 ◊ de *coran* ■ Qui a rapport au Coran. *Verset coranique.* ➤ **sourate.** *La loi coranique.* ➤ **islamique, musulman.** *École coranique,* où l'on enseigne le Coran. ➤ **médersa.**

CORBEAU [kɔRbo] **n. m.** – *corbiaus* XIIe ◊ dérivé en *-ellus* de l'ancien français *corp* ; latin *corvus* ■ **1** Oiseau de l'hémisphère Nord, au plumage noir ou gris *(passériformes)*, omnivore, d'une grande longévité. *Les diverses espèces de corbeaux* (➤ **choucas, corneille, freux**) *forment, avec les pies et les geais, la famille des corvidés. Cri du corbeau.* ➤ **crailler, croasser.** *Petit du corbeau.* ➤ **corbillat.** *Noir comme un corbeau :* très noir, très brun. *Couleur aile de corbeau.* « *Le Corbeau et le Renard* », *fable de La Fontaine.* « *Des bandes de corbeaux, quittant les lierres et les trous des ruines, descendaient sur les guérets* » CHATEAUBRIAND. — LOC. FIG *Être ravitaillé, desservi par les corbeaux :* être dans un endroit reculé, mal desservi par les transports. ■ **2** FAM. VIEILLI Prêtre. — Auteur de messages anonymes. ➤ **anonymographe.** « *Le Corbeau* », *film d'Henri Clouzot.* — Personne avide et sans scrupule. ➤ **rapace, requin.** « *Les Corbeaux* », *comédie d'Henri Becque.* ■ **3** ARCHIT. Pierre, pièce de bois ou de métal en saillie sur l'aplomb d'un parement, destinée à supporter un linteau, une corniche... (➤ **encorbellement**). « *étages en saillie soutenus par d'énormes corbeaux de pierre* » E. LE ROY.

CORBEILLE [kɔRbɛj] **n. f.** – v. 1160 ◊ bas latin *corbicula*, de *corbis* « panier »
I ■ **1** Panier léger. ➤ 2 **ciste ;** 2 **manne.** *Corbeille d'osier, de jonc, de vannerie. Corbeille formant berceau.* ➤ **couffin, moïse.** SPÉCIALT *Corbeille à ouvrage,* où l'on met un ouvrage (de couture, de broderie) en cours. *Corbeille à pain,* pour présenter le pain sur la table. *Corbeille à papier :* ustensile de bureau où l'on jette les papiers. — INFORM. Icone représentant une corbeille à papier dans laquelle on place les fichiers à détruire. ◆ Contenu d'une corbeille. *Une corbeille de fruits.* ◆ (1762) FIG. *Corbeille de mariage :* (VX) ensemble des présents offerts par le fiancé à sa fiancée. PAR EXT. Les cadeaux offerts aux nouveaux mariés. ■ **2** (1690) ARCHIT. Partie du chapiteau entre l'astragale et le tailloir qui, dans le chapiteau corinthien, rappelle une corbeille d'acanthes. ■ **3** (1798) Massif* de fleurs, rond ou ovale. ➤ **parterre.** *Rosiers pour corbeilles.* ■ **4** (1848) À la Bourse, Espace circulaire entouré d'une balustrade et réservé aux représentants des sociétés de Bourse. ➤ 1 **parquet.** ◆ Dans une salle de spectacle, Balcon immédiatement au-dessus de l'orchestre. ➤ **mezzanine.** *Place de corbeille.*
II Nom de certaines plantes. *Corbeille d'argent.* ➤ **ibéris, thlaspi.** *Corbeille d'or.* ➤ **alysse.**

CORBIÈRES [kɔRbjɛR] **n. m.** – 1935 ◊ de *Corbières,* nom d'une région du Languedoc ■ Vin, essentiellement rouge, des vignobles des Corbières.

CORBILLARD [kɔRbijaR] **n. m.** – 1778 ; *corbillat* « coche d'eau de Corbeil » XVIe ◊ de *Corbeil* ■ Voiture servant à transporter les morts jusqu'à leur sépulture, fourgon mortuaire. *Mettre un cercueil dans le corbillard. Draperies noires d'un corbillard. Cortège qui suit le corbillard.*

CORBILLAT [kɔRbija] **n. m.** – XVIe ◊ de *corbeau* ■ RARE Petit du corbeau.

CORBILLON [kɔRbijɔ̃] **n. m.** – *corbeillon* XIIIe ◊ de *corbeille* ■ VX Petite corbeille. *Le corbillon du pain bénit.* — (1663) FIG. Jeu de société où chacun doit répondre par une rime en *on* à la question « *Que met-on dans mon corbillon ?* ».

CORDAGE [kɔRdaʒ] **n. m.** – *cordaige* 1358 ◊ de *corde*
I Lien servant au gréement et à la manœuvre (de navires, de machines, d'engins). ➤ **corde ; brayer, guiderope, liure.** *Attacher, tirer, hisser avec un cordage.* ◆ MAR. Fils de caret tordus en torons. *Cordage de chanvre* (➤ **filin**), *de jute, de nylon, d'acier. Grosseurs de cordages* (➤ **bitord, câble, grelin, guinderesse, lusin**). *Cordage noir,* goudronné. *Cordage blanc. Garnir un cordage avec du fil, du filin,* etc. (➤ **congréer**). *Cordages réunis par une épissure. Cordage en patte-d'oie,* se terminant par plusieurs branches. *Cordage mobile.* ➤ **bout,** 1 **manœuvre.** *Partie libre* (« courante »), *fixe* (« dormante ») *d'un cordage. Amarrer, lover un cordage. Cordages à bord d'un navire :* amure, balancine, bosse, bouline, cargue, cravate, draille, drisse, drosse, 2 écoute, enfléchure, 1 erse, estrope, 1 étai, gambe, garcette, gerseau, hauban, haussière, laguis, marguerite, pantoire, ride, sous-barbe, suspente, trévire. *Cordage de traction* (➤ **agui, élingue, ralingue,** 2 **saisine**), *de maintien* (➤ **retenue,** 2 **sauvegarde**).
II ■ **1** (1535 ; *cordaige* 1265 ◊ de *corder*) Manière de mesurer du bois à la corde. ■ **2** (1936) Pose des cordes d'une raquette de tennis. — Ensemble de ces cordes. *Le cadre et le cordage d'une raquette.*

CORDE [kɔRd] **n. f.** – début XIe ◊ du latin *chorda,* d'abord au sens de « boyau » et de « corde (d'un instrument de musique) » puis de « lien »
I TRESSE DE FILS A. SENS GÉNÉRAL ■ **1** Lien formé par un assemblage de fils tordus ou tressés, relativement serrés et assez résistants (contrairement à la ficelle). ➤ **cordage, cordon.** *Corde souple, résistante. Petite corde.* ➤ **cordelette, ficelle.** *Grosse corde.* ➤ **câble.** *Corde de chanvre, de lin, de coton, de jute, de nylon. Lier, attacher, suspendre, tirer qqch. avec une corde. Attacher qqn avec une corde.* ➤ **ligoter.** *Accrocher, nouer une corde ; tendre une corde. Fabrication des cordes.* ➤ **corderie.** — *Corde servant à tirer des lignes droites au sol.* ➤ **cordeau.** *Corde à nœud coulant pour capturer les animaux sauvages.* ➤ **lasso.** *Corde pour mener un cheval.* ➤ 2 **longe.** *Corde que l'on porte en ceinture.* ➤ **cordelière, cordon.** ◆ SPÉCIALT *Mesurer du bois à la corde.* ➤ **corder.** PAR EXT. (1606) *Une corde de bois :* environ 4 stères. ◆ LOC. FIG. *Il pleut, il tombe des cordes :* il pleut très fort. ■ **2 LA CORDE :** matière faite de corde. *Tapis de corde. Semelles de corde.*
B. EMPLOIS SPÉCIAUX ■ **1** (milieu XIIe) *Corde d'arc, d'arbalète. Tendre, bander la corde d'un arc.* ◆ LOC. FIG. *Avoir plusieurs cordes à son arc*.* — *Tirer sur la corde :* abuser d'un avantage, de la patience d'une personne (cf. Tirer sur la ficelle*). ◆ (1690) MATH. Segment qui joint deux points d'un arc de courbe. ■ **2** (fin XIIe) Lien que l'on passe autour du cou de qqn pour le pendre (cf. FAM. Cravate de chanvre*). — PAR EXT. (1612) VX Supplice de la potence. ➤ **pendaison.** *Homme de sac* et de corde.* LOC. (1814) FAM. *Se mettre la corde au cou :* se marier. *Parler de corde dans la maison d'un pendu,* commettre un impair. *Il ne vaut pas la corde pour le pendre*.* ■ **3** (1675) Trame d'une étoffe, devenue visible par l'usure. *Vêtement qui montre la corde, usé jusqu'à la corde* (➤ 2 **râpé**). — FIG. (1828) *Un argument usé jusqu'à la corde.* ➤ **rebattu.** « *Ses plaisanteries, usées sur vingt générations, montraient la corde à en pleurer d'ennui* » VIALATTE. ■ **4** *Corde à linge :* fil sur lequel on met le linge à sécher. ➤ **étendage, étendoir.** — LOC. FAM. (Canada) *Passer la nuit sur la corde à linge :* passer une nuit blanche ou agitée. ■ **5** (1855, de la corde qui limitait intérieurement la piste d'un hippodrome) Partie de la piste située le long de sa limite intérieure. *Tenir la corde :* rester près de la corde ; FIG. être bien placé, avoir l'avantage dans une compétition. ◆ AUTOM. *Prendre un virage à la corde,* en serrant de très près le bord intérieur du virage (cf. Couper* un virage). ■ **6** (1538) Corde, fil ou câble sur lequel les acrobates évoluent. *Danseur de corde.* ➤ **funambule.** — LOC. *Être sur la corde raide,* dans une situation délicate. ◆ (1837) *Corde* (*à sauter,* RÉGION. *à danser*) : corde munie de poignées que l'on fait tourner au-dessus de la tête puis près du sol, en sautant à chacun de ses passages. *Fillette, boxeur qui saute à la corde.* « *cette petite fille tient à me faire admirer son agilité en faisant des pirouettes avec sa corde à danser* » D. LAFERRIÈRE. ◆ GYMN. *Corde lisse, corde à nœuds,* servant à grimper. *Échelle* de corde.* ◆ (1904) *Les cordes :* enceinte en cordes d'un ring. *Être envoyé dans les cordes.* LOC. FIG. *Envoyer qqn dans les cordes :* remettre à sa place (cf. Renvoyer dans ses buts*). ■ **7** (1868) Lien utilisé par les alpinistes pour s'attacher les uns aux autres et s'assurer contre les chutes. *Corde d'attache* (➤ **s'encorder ; cordée**), *de rappel*.*
II FIL TENDU QUI VIBRE (début XIIe) ■ **1** MUS. Corde vibrante de boyau, crin, fil métallique, élément sonore fondamental de certains instruments. *Instruments à cordes pincées* (clavecin, guitare, mandoline), *à cordes frottées et à archets* (alto, contrebasse, viole, violon, violoncelle), *à cordes frappées* (piano). *Corde filée,* renforcée par un fil métallique spiralé. *Corde sympathique,* en métal, qui vibre par résonance avec une corde frottée (cf. Viole* d'amour). *Corde la plus fine d'un violon* (➤ 1 **chanterelle**), *la plus grosse* (➤ 2 **bourdon**). ◆ (1903) AU PLUR. *Les cordes :* l'ensemble des instruments à archet de l'orchestre. « *un adagio où alternent les cordes et les bois* » TOURNIER. *Quatuor* à cordes.* ■ **2** *Les cordes d'une raquette de*

tennis. ➤ **cordage, tamis.** ▪ **3** (1797) FIG. Ce qui vibre, ce qui est sensible. *Faire vibrer, toucher la corde sensible :* parler à une personne de ce qui la touche le plus. « *Ces fous si étrangement raisonnables nous font rire en touchant les mêmes cordes en nous* » BERGSON.

III EN ANATOMIE ▪ **1** (1805) *Cordes vocales :* replis musculaires jumeaux situés de part et d'autre du larynx, dont la tension et les mouvements déterminent l'émission sonore. ◆ LOC. *Ce n'est pas dans mes cordes :* ce n'est pas de ma compétence. « *La vraie vie, c'est le travail et l'amour. L'amour n'est plus dans mes cordes* » F. GIROUD. ◆ (1752) *Corde du tympan :* nerf qui transmet les sensations du goût. ▪ **2** (fin XIXe) *Corde dorsale :* cordon cellulaire des vertébrés primitifs et première ébauche de la colonne vertébrale chez l'embryon. ➤ **notocorde.**

IV EN PHYSIQUE *Théorie des cordes :* théorie selon laquelle les particules qui constituent la matière seraient de minuscules filaments en état de vibration, les cordes. *La théorie des cordes tente de concilier la mécanique quantique et la relativité générale.*

CORDÉ, ÉE [kɔʀde] adj. – 1808 ◊ latin *cor, cordis* « cœur » ▪ Qui a la forme d'un cœur schématisé. *Coquillage cordé.* — BOT. *Feuille cordée de la violette,* dont la base est échancrée en cœur. ➤ **cordiforme.** ▪ HOM. Cordée, corder, cordés.

CORDEAU [kɔʀdo] n. m. – 1549 ; *cordel* v. 1165 ◊ de *corde* ▪ **1** Petite corde que l'on tend entre deux points pour obtenir une ligne droite. *Cordeau de jardinier. Aligner au cordeau un mur, une rangée d'arbres. Platebande tirée au cordeau.* ➤ 1 **droit, régulier, symétrique.** — LOC. FIG. *Au cordeau :* de façon nette et régulière. « *J'arrange au cordeau chaque mot* » D'ALEMBERT. « *un personnage tout aussi officiel mais aux traits et aux favoris un peu moins tirés au cordeau* » YOURCENAR. ▪ **2** Mèche d'une mine. *Cordeau Bickford. Cordeau détonant :* tube rempli de mélinite. ▪ **3** Ligne de fond pour la pêche fluviale.

CORDÉE [kɔʀde] n. f. – 1481 ◊ de *corde* ▪ **1** Ce qui peut être entouré d'une corde ; mesure que donne cette corde. *Une cordée de fagots.* ▪ **2** (1886) Groupe d'alpinistes attachés l'un à l'autre par la taille avec une corde, pour faire une ascension. *Premier de cordée :* celui qui mène la caravane. — FIG. « *Il n'est de camarades que s'ils s'unissent dans la même cordée* » SAINT-EXUPÉRY. ▪ **3** PÊCHE Petite ficelle attachée à une ligne de fond (➤ **cordeau**), et qui porte les hameçons. ▪ HOM. Cordé.

CORDELER [kɔʀdəle] v. tr. ⟨4 ; 5⟩ – 1512 ; *cordelé* 1350 ◊ de *cordel* → cordeau ▪ Tordre en forme de corde. ➤ **corder, cordonner, tordre, tortiller.** *Cordeler ses cheveux.*

CORDELETTE [kɔʀdəlɛt] n. f. – 1213 ◊ de *cordel* → cordeau ▪ Corde fine. ➤ **cordon.** ◆ *Cordelette (à nœuds) :* très ancien système de communication par des nœuds faits à des cordelettes. *Les cordelettes du* **quipou***. « *Les Chinois ne disposaient pour tout véhicule de leurs réflexions que de cordelettes* » CAILLOIS.

CORDELIER, IÈRE [kɔʀdəlje, jɛʀ] n. – 1249 ◊ de *cordelle* « petite corde », de *corde* ▪ Religieux, religieuse de l'ordre de Saint-François d'Assise (➤ **franciscain**) qui porte pour ceinture une corde à trois nœuds. — HIST. *Club des Cordeliers,* fondé par Danton, Marat et C. Desmoulins dans l'ancien couvent des Cordeliers de Paris (1790).

CORDELIÈRE [kɔʀdəljɛʀ] n. f. – fin XVe ◊ de *cordelier* ▪ **1** Corde à plusieurs nœuds que portent les cordeliers autour de leur taille. ◆ Gros cordon tressé servant de ceinture. *La cordelière de soie d'une robe de chambre.* — PAR EXT. Tout cordon. *Cordelière d'un abat-jour.* ▪ **2** ARCHIT. Moulure sculptée en forme de corde.

CORDER [kɔʀde] v. tr. ⟨1⟩ – v. 1165 ◊ de *corde* ▪ **1** Tordre, rouler en corde. ➤ **cordeler, cordonner, tortiller.** *Corder du chanvre, du crin, du tabac.* ▪ **2** Lier avec une corde. ➤ **élinguer.** *Corder une malle.* ➤ **cercler.** ◆ Mesurer en entourant d'une corde. *Corder du bois.* ▪ **3** Garnir de cordes (une raquette de tennis). ▪ **4** (Canada) FAM. Empiler, entasser (du bois). ▪ HOM. Cordé.

CORDERIE [kɔʀd(ə)ʀi] n. f. – 1239 ◊ du radical de *cordier* ▪ **1** Atelier, usine où l'on fabrique des cordes, cordages, ficelles. ▪ **2** Industrie de la fabrication des cordes et cordages. *Corderie métallique.* ➤ **câblerie.**

CORDÉS [kɔʀde] n. m. pl. – 1946 ◊ de *corde* (III, 2°) ▪ Embranchement des animaux à notocorde comprenant les vertébrés, les céphalocordés* et les tuniciers*. *Chez les cordés, la notocorde est accompagnée d'un cordon nerveux dorsal.* ▪ HOM. Cordé.

CORDI- ▪ Élément, du latin *cor, cordis* « cœur ».

CORDIAL, IALE, IAUX [kɔʀdjal, jo] adj. et n. m. – 1314 ◊ latin *cordialis,* de *cor* « cœur » ▪ **1** VIEILLI ou LITTÉR. Qui stimule le fonctionnement du cœur. ➤ **remontant, stimulant,** 1 **tonique.** « *des sels dont la puissance cordiale me ranima un peu* » MIRBEAU. ◆ n. m. (XVIIe) *Administrer un cordial à un malade.* PAR EXT. Boisson alcoolisée. *Vous prendrez bien un petit cordial.* — FIG. « *L'enthousiasme est un cordial* » HUGO. ▪ **2** (XVe) COUR. Qui vient du cœur. ➤ **affectueux, amical, bienveillant, chaleureux, sincère, spontané, sympathique.** *Accueil cordial. Sentiments cordiaux. Manières cordiales.* — HIST. *Entente* cordiale.* — *Une personne affectueuse et cordiale,* qui parle sincèrement et agit avec cœur. ▪ CONTR. Affaiblissant, débilitant. 1 Froid, indifférent, insensible. Antipathique, hostile.

CORDIALEMENT [kɔʀdjalmɑ̃] adv. – v. 1393 ◊ de *cordial* ▪ D'une manière cordiale, spontanée. *Il nous a reçus très cordialement. Cordialement vôtre* (formule d'amitié, en fin de lettre). — PAR ANTIPHR. *Haïr, détester qqn cordialement,* avec force, de tout cœur. ▪ CONTR. Froidement.

CORDIALITÉ [kɔʀdjalite] n. f. – v. 1450 ◊ de *cordial* ▪ Affection, bienveillance qui se manifeste avec simplicité. ➤ **chaleur, sympathie.** *La cordialité d'un accueil.* ▪ CONTR. Froideur, hostilité.

CORDIER [kɔʀdje] n. m. – 1240 ◊ de *corde* ▪ **1** Celui qui fabrique ou vend des cordes, des cordages. ▪ **2** MUS. Partie d'un instrument à cordes frottées où s'attachent les cordes.

CORDIFORME [kɔʀdifɔʀm] adj. – 1771 ◊ de *cordi-* et *-forme* ▪ DIDACT. En forme de cœur. ➤ **cordé.** — BOT. *Le prothalle cordiforme de la fougère.*

CORDILLÈRE [kɔʀdijɛʀ] n. f. – 1838 ; *cordillière* 1801 ; *cordeliere* 1611 ◊ espagnol *cordillera,* du radical de *corde* ▪ Chaîne de montagnes, en Amérique. *La cordillère des Andes.*

CORDITE [kɔʀdit] n. f. – 1890 ◊ mot anglais, de *cord* « corde » ▪ TECHN. Poudre explosive à base de nitrocellulose et de nitroglycérine.

CORDON [kɔʀdɔ̃] n. m. – milieu XIIe ◊ diminutif de *corde*

I PETITE CORDE ▪ **1** Corde fine, tordue, tressée ou tissée servant d'attache (vêtements, sacs, ameublement). ➤ **aiguillette, brandebourg, cordelière, cordonnet, dragonne, frange, ganse, lacs, lien, passepoil, soutache, tresse.** *Attacher, lier, nouer avec un cordon, avec des cordons. Faire passer un cordon dans une coulisse. Cordon de fil, de soie. Cordons d'un anorak, d'une paire de lunettes. Cordon de parapluie.* ➤ **dragonne.** — *Cordon de sécurité,* pour maintenir le public à distance. — LITURG. Longue cordelière dont le prêtre se ceint pour célébrer la messe. ◆ *Cordons d'une bourse*.* ◆ VX *Cordons de souliers.* ➤ **lacet.** LOC. (allus. biblique) *Il n'est pas digne de dénouer les cordons de ses souliers :* il est loin de l'égaler en mérite (cf. Il ne lui arrive pas à la cheville*). ◆ *Cordons de tirage des rideaux.* ▪ **2** (1754) ANCIENNT Petite corde permettant au concierge, au portier, d'ouvrir aux personnes qui veulent entrer ou sortir. *Cordon, s'il vous plaît !* ▪ **3** *Cordon Bickford.* ➤ **cordeau.**

II RUBAN (1617) Large ruban qui sert d'insigne aux membres de certains ordres. *Cette multitude « à qui un cordon en impose plus qu'un bon ouvrage »* D'ALEMBERT. *Grand cordon de la Légion d'honneur :* écharpe que porte le titulaire du grade de grand-croix. *Cordon bleu,* de l'ordre du Saint-Esprit. — FIG. (1814) **CORDON-BLEU** (voir ce mot).

III PAR ANALOGIE ▪ **1** (1754) **CORDON OMBILICAL,** qui rattache l'embryon au placenta. *Cicatrice du cordon ombilical.* ➤ **nombril.** ABSOLT *Sang de cordon,* contenant des cellules souches. *Couper le cordon ;* LOC. FIG. devenir autonome, adulte. ◆ *Cordon nerveux, médullaire. Cordon spermatique*.* ◆ Tendon saillant. — BOT. Filet qui joint l'ombilic de la graine au placenta. ➤ **funicule.** ▪ **2** (1666) Série de plusieurs choses alignées. ➤ **file, ligne, rangée.** ◆ *Cordon de troupes. Cordon d'agents de police.* « *Des carabiniers échelonnés en un cordon interminable* » LOTI. (1821) *Cordon sanitaire :* ligne de postes de surveillance établie aux limites d'un pays, d'une région où règne une maladie contagieuse, une épidémie. ▪ **3** (1611) Moulure décorative peu saillante. « *Les angles et les cordons de pierre à chaque étage sont de granit taillé en pointes de diamant* » BALZAC. ◆ Bord façonné d'une pièce de monnaie. ▪ **4** GÉOGR. *Cordon littoral :* bande de terre qui émerge à peu de distance d'une côte. *Lagune derrière un cordon littoral.*

CORDON-BLEU [kɔʀdɔ̃blø] n. m. – 1814 ◊ de *cordon* (II) et *bleu* ▪ **1** Cuisinier, cuisinière très habile. *Sa femme est un véritable cordon-bleu. Des cordons-bleus.* ▪ **2** Escalope garnie de jambon et de fromage fondu, puis panée. *Cordon-bleu de dinde.*

CORDONNER [kɔʀdɔne] **v. tr.** ‹ 1 › – v. 1210 ◊ de *cordon* ■ Tordre en cordon. ➤ **corder.** *Cordonner de la soie, des cheveux* (➤ **tresser**).

CORDONNERIE [kɔʀdɔnʀi] **n. f.** – 1532 ; *cordouannerie* 1236 ◊ de *cordonnier* ■ **1** Métier, commerce du cordonnier. — MOD. Industrie, commerce des chaussures en cuir. ➤ **chaussure.** ■ **2** Boutique, atelier du cordonnier. *Faire réparer ses chaussures à la cordonnerie, dans une cordonnerie.*

CORDONNET [kɔʀdɔnɛ] **n. m.** – 1515 ◊ de *cordon* ■ **1** Petit cordon, petite tresse. *Cordonnet servant de ganse.* SPÉCIALT (1754) Gros fil de soie, de coton, à trois brins servant à broder, à faire les boutonnières, etc. ■ **2** Marque empreinte sur la tranche d'une monnaie. ➤ **cordon, listel.**

CORDONNIER, IÈRE [kɔʀdɔnje, jɛʀ] **n.** – v. 1255 ; *cordoennier* début XIIIe ◊ de *cordoan, cordouan* «de Cordoue», ville célèbre pour ses cuirs, avec influence de *cordon* ■ **1** ANCIENNT Fabricant et marchand de chaussures. ➤ **bottier, chausseur, savetier.** PROV. *Les cordonniers sont toujours les plus mal chaussés**. ■ **2** MOD. Artisan qui répare, entretient les chaussures. ➤ ARG. **bouif.** *Le cordonnier ressemelle les souliers.*

CORDOPHONE [kɔʀdɔfɔn] **n. m.** – 1935 ◊ de *corde* et *-phone*, d'après l'allemand *Chordophon* (Hornbostel-Sachs, 1914) ■ MUS. Instrument de musique dans lequel le son est produit par la vibration d'une ou plusieurs cordes. *Le violon, le piano, la harpe sont des cordophones.*

CORÉ, CORÊ ➤ **KORÊ**

CORÉALISATEUR, TRICE [koʀealizatœʀ, tʀis] **n.** – 1974 ◊ de *co-* et *réalisateur* ■ Réalisateur qui travaille en collaboration avec d'autres réalisateurs (sur un projet). *Les coréalisateurs d'une émission, d'un film.*

CORÉEN, ENNE [kɔʀeɛ̃, ɛn] **adj.** et **n.** – 1797 ; *Corain* 1616 ◊ de *Corée* ■ De Corée. *Populations coréennes.* **n.** *Les Coréens.* — **n. m.** *Le coréen* : langue parlée en Corée.

CORÉGONES [kɔʀegɔn ; kɔʀegon] **n. m. pl.** – 1839 ◊ latin moderne, du grec *korê* «pupille» et *gonia* «angle» ■ Genre de poissons des lacs du nord de l'Eurasie et de l'Amérique *(salmonidés)*, très répandus et très appréciés pour leur chair maigre. ➤ **bondelle, féra, lavaret, 2 palée.**

CORELIGIONNAIRE [koʀ(ə)liʒjɔnɛʀ] **n.** – 1827 ◊ de *co-* et *religion* ■ Personne qui professe la même religion qu'une autre.

CORÉOPSIS [kɔʀeɔpsis] **n. m.** – 1798 ; *coreopse* 1805 ◊ du grec *koris* «punaise» et *opsis* «apparence» ■ Plante *(composées)* à fleurs richement colorées, dont les graines évoquent une punaise.

CORÉPRESSEUR [koʀepʀesœʀ] **n. m.** – 1988 ◊ de *répresseur* ■ GÉNÉT. Petite molécule qui se lie à une protéine régulatrice et déclenche la répression de la transcription* des gènes.

CORESPONSABLE [koʀɛspɔ̃sabl] **adj.** – 1965 ◊ de *co-* et *responsable* ■ Qui est responsable de qqch. conjointement avec d'autres personnes. — **n. f. CORESPONSABILITÉ.**

CORIACE [kɔʀjas] **adj.** – 1549 ; *corias* 1531 ◊ latin *coriaceus*, de *corium* «cuir» ■ **1** Qui est dur comme du cuir. ➤ 1 **ferme.** *Chair, viande coriace.* ➤ FAM. **carne, semelle.** ■ **2** FIG. Qui ne cède pas. ➤ **dur, tenace.** *Il est coriace en affaires. «L'air coriace et renfrogné»* GIDE. — **n.** *C'est un, une coriace.* ■ CONTR. 1 Mou, 2 tendre ; doux, souple.

CORIANDRE [kɔʀjɑ̃dʀ] **n. f.** – XIIIe ◊ grec *koriandron*, par le latin ■ Plante aromatique *(ombellifères)* appelée aussi *persil arabe*, dont on utilise les feuilles et dont le fruit séché est employé comme assaisonnement ainsi que dans la fabrication de liqueurs. *Coriandre en grains, moulue.*

CORICIDE [kɔʀisid] **n. m.** – 1868 ◊ de 2 *cor* et *-cide* ■ Préparation qu'on applique sur les cors* aux pieds, pour les détruire.

CORINDON [kɔʀɛ̃dɔ̃] **n. m.** – 1781 ; *corind* avant 1667 ◊ emprunté au tamoul *corundum* ■ Alumine* cristallisée, pierre très dure à usages industriels (➤ **émeri**) dont les variétés colorées de toutes les nuances, du blanc au bleu et au rouge, sont utilisées en joaillerie. ➤ **rubis, saphir.**

CORINTHIEN, IENNE [kɔʀɛ̃tjɛ̃, jɛn] **adj.** et **n.** – v. 1530 ◊ de *Corinthe*, ville grecque ■ **1** Relatif à Corinthe. — **n.** *Épîtres de saint Paul aux Corinthiens.* ■ **2** ARCHIT. *Ordre corinthien*, OU ELLIPT *le corinthien* : ordre d'architecture grecque, caractérisé par un chapiteau orné de deux rangs de feuilles d'acanthe entre lesquelles s'élèvent des volutes. — PAR EXT. *Colonne corinthienne, temple corinthien*, de style corinthien.

CORIUM [kɔʀjɔm] **n. m.** – 1987 ◊ mot-valise anglais, de *core* «noyau (du réacteur)» et *-ium*, de *uranium, plutonium*... ■ PHYS. NUCL. Magma hautement radioactif résultant de la fusion du cœur d'un réacteur nucléaire, constitué de combustible et de métaux fondus.

CORMIER [kɔʀmje] **n. m.** – v. 1160 ◊ de *corme* «fruit du cormier» ; latin populaire *corma*, mot gaulois ■ Sorbier* cultivé.

CORMORAN [kɔʀmɔʀɑ̃] **n. m.** – 1550 ; *cormorant* v. 1374 ; *cormare(n)g* XIIe ◊ ancien français *corp* «corbeau» et *marenc* «marin» ■ Oiseau palmipède côtier *(pélécaniformes)*, au cou et au bec allongés, aux ailes courtes, qui chasse sous l'eau. *«Les cormorans qui vont comme de noirs crieurs»* HUGO.

CORNAC [kɔʀnak] **n. m.** – 1685 ; *cornaca* 1637 ◊ emprunté au portugais *cornaca*, du cinghalais *kūrawanāyaka* ■ **1** Personne chargée des soins et de la conduite d'un éléphant. ■ **2** FIG. et FAM. Personne qui introduit, guide qqn (un personnage officiel, etc.). ➤ **cicérone, mentor.** *Servir de cornac à qqn.* ➤ **cornaquer.**

CORNAGE [kɔʀnaʒ] **n. m.** – 1781 ; «action de sonner du cor» 1394 ◊ de 1 *corner* ■ Râle que les chevaux, les ânes poussifs font entendre en respirant. ➤ **sifflage.** ♦ (1814) MÉD. Bruit qui se produit lors de l'inspiration en cas de rétrécissement de la glotte.

CORNALINE [kɔʀnalin] **n. f.** – 1538 ; *corneline* milieu XIIIe ◊ de *corne* ■ Variété de calcédoine* translucide rouge orangé, unie, utilisée en joaillerie.

CORNAQUER [kɔʀnake] **v. tr.** ‹ 1 › – 1857 ◊ de *cornac* ■ FAM. Servir de guide à (qqn). ➤ **accompagner, guider, 2 piloter.**

CORNARD [kɔʀnaʀ] **n. m.** – 1608 ; *cornair* «niais» v. 1275 ◊ de *corne* ■ FAM. et VIEILLI Celui dont la femme est infidèle. ➤ **cocu.**

CORNE [kɔʀn] **n. f.** – v. 1130 ◊ latin populaire *corna*, classique *cornua*, plur. de *cornu* ■ **1** Excroissance osseuse permanente recouverte d'un étui épidermique, sur la tête de certains mammifères. *Cornes frontales des bovidés, des antilopes et des girafes. Cornes nasales des rhinocéros. Cornes caduques des cervidés.* ➤ **bois.** *Qui a des cornes.* ➤ **encorné, longicorne.** *Transpercer à coups de corne.* ➤ **encorner.** *Taureau à cornes sciées, boulées.* — SPÉCIALT **BÊTES À CORNES** : bœufs, vaches, chèvres. — *Corne unique de la licorne**. — *Les cornes du diable, de Satan.* ♦ LOC. *Prendre le taureau par les cornes* : prendre de front les difficultés. VIEILLI *Faire, montrer les cornes à qqn*, se moquer de lui (en dirigeant vers lui deux doigts écartés évoquant une paire de cornes) (cf. Faire la nique*). *Hou, les cornes !* — FAM. *Avoir, porter des cornes* : être trompé (en parlant d'un mari, plus rarement d'une femme). ➤ **cocu, cornard.** ♦ FIG. **CORNE DE CERF** : le plantain. — **CORNES DE GAZELLE** : gâteau oriental aux amandes, en forme de croissant. ■ **2** (v. 1340) Substance compacte composée de cellules mortes imprégnées de kératine* (ongles, cornes, sabots, griffes, bec des oiseaux, fanons de baleine, écailles de tortue). *«Tu arraches la corne jusqu'au milieu de l'ongle, meurtrissant les endroits où elle s'attache à la chair»* PEREC. *Avoir de la corne sous les pieds. Dur comme de la corne* : très dur. *Rendre dur comme la corne.* ➤ **racornir.** — Substance résistante, légèrement élastique, tirée de la corne naturelle. *Peigne de corne. Boutons en corne. Couteaux à manche de corne.* ♦ **CORNE À CHAUSSURES** : chausse-pied (fait de corne, à l'origine). ■ **3** Objet fait d'une corne (1°) creuse. *Corne d'abondance**. *Corne servant de coupe.* ➤ **rhyton.** *Corne à poudre.* ♦ Instrument sonore. *Corne d'appel, de berger, de chasse.* ➤ **3 bouquin, 1 cor, cornet, trompe.** — PAR ANAL. (VIEILLI) Avertisseur* d'automobile formé d'une poire et d'un cornet de métal. *Donner un coup de corne.* ➤ **klaxon,** VIEILLI **trompe ; 1 corner.** MAR. *Corne de brume.* ■ **4** Appendice assimilé à une corne (1°). *Cornes d'un escargot, d'une limace*, les pédicules qui supportent les yeux. — *Vipère à cornes.* ➤ **céraste.** *Cornes de cerf-volant.* ■ **5** Angle saillant ou proéminence. *Cornes d'un chapeau.* ➤ **bicorne, tricorne.** *Poteau à la corne d'un champ.* ➤ **coin ; cornier.** *Les cornes de la lune. «Le jour était haut encore, quoiqu'un mince croissant montrât déjà sa corne pâle dans un ciel foncé»* BARBEY. — MAR. Vergue oblique. *La corne d'artimon.* — FORTIF. *Ouvrage à cornes.* — TECHN. *Cornes d'une enclume.* — ANAT. *Cornes du larynx, de l'os hyoïde. Corne dorsale* : aire de la moelle épinière. ♦ Pli fait au coin d'un papier, d'un carton (➤ **1 corner ; écorné**). *Faire une corne à une carte de visite, à la page d'un livre.*

CORNÉ, ÉE [kɔʀne] **adj.** – 1314 *tunique cornée* ◊ de *corne* (2°) ■ Constitué par de la corne. *Couche cornée.* — Dur comme de la corne.

CORNED-BEEF [kɔʀnɛdbif ; kɔʀnbif] **n. m.** /CORNEDBIF/ – 1716 ◊ mot anglais, de *corned* «salé» et *beef* «viande de bœuf» ■ ANGLIC. Viande de bœuf en conserve. ➤ FAM. **singe.** *Des corned-beefs.*

CORNÉE [kɔʀne] **n. f.** – 1314 ◊ latin *cornea*, de *tunica cornea*, de *cornu* «corne» ■ ANAT. Tunique antérieure et transparente de l'œil. ➤ **kérat(o)-.** *Altérations, anomalies de la cornée.* ➤ **albugo, leucome ; kératocône.** *Inflammation de la cornée.* ➤ **kératite.**

CORNÉEN, ENNE [kɔʀneɛ̃, ɛn] **adj.** – 1864 ◊ de *cornée* ■ ANAT. De la cornée. — *Lentilles cornéennes, verres cornéens :* verres optiques de contact*, qu'on applique sur la cornée.

CORNEILLE [kɔʀnɛj] **n. f.** – v. 1180 ◊ latin populaire °*cornicula*, de *cornix* ■ Oiseau du genre corbeau *(corvus)*, assez petit, à queue arrondie et plumage terne. ➤ **casse-noix, choucas, corbeau, freux,** RÉGION. **grole.** *Corneille mantelée, grise, cendrée. Corneille noire. La corneille craille, graille, croasse.* — FIG. *Bayer* aux corneilles.*

CORNÉLIEN, IENNE [kɔʀneljɛ̃, jɛn] **adj.** – 1764 ; *corneillien* 1657 ◊ de *Corneille* ■ **1** Relatif à l'œuvre de Pierre Corneille. *La tragédie cornélienne.* — FIG. Qui évoque ses héros, ses tragédies. *Un héros cornélien,* qui fait passer son devoir au-dessus de tout. ■ **2** Se dit d'une situation caractérisée par un conflit entre le sentiment et le devoir. *Un choix cornélien.* ➤ **dilemme.** *C'est cornélien !*

CORNEMENT [kɔʀnəmɑ̃] **n. m.** – 1549 ◊ de *corner* ■ **1** État des oreilles qui cornent. ➤ **bourdonnement.** ■ **2** *Cornement d'un tuyau d'orgue :* son qui peut se produire lorsque la soupape est mal fermée.

CORNEMUSE [kɔʀnəmyz] **n. f.** – v. 1300 ◊ de *cornemuser,* de *corner* et *muser* ■ Instrument à vent composé d'un sac de peau servant de réservoir d'air, dans lequel sont fixés plusieurs tuyaux sonores à anches, dont un, percé de trous, permet d'exécuter la mélodie. ➤ 1 **musette.** *Cornemuse bretonne* (➤ **biniou**), *écossaise. Jouer, sonner de la cornemuse.* — **n. CORNEMUSEUR, EUSE.**

1 **CORNER** [kɔʀne] **v.** ‹ 1 › – 1080 «sonner du cor» ◊ de *corne*

I ■ **1 v. intr.** Sonner d'une corne, d'une trompe. — VIEILLI *Automobiliste qui corne.* ➤ **avertir, klaxonner.** ■ **2 v. tr.** LOC. FAM. *Corner qqch. aux oreilles, dans les oreilles de qqn,* lui parler très fort, lui ressasser qqch. *La radio «nous cornait dans les oreilles que la France avait demandé l'armistice»* SARTRE. *Corner une nouvelle.* ➤ **claironner.** ■ **3** Faire un bruit sourd, prolongé. *Les oreilles me cornent.* ➤ **bourdonner, siffler, sonner, tinter.**

II (1829 ◊ de *corne,* 5°) **v. tr.** Plier en forme de corne ; relever un coin de. *Corner les pages d'un livre.*

2 **CORNER** [kɔʀnɛʀ] **n. m.** – 1897 ; «syndicat des spéculateurs» 1889 ◊ mot anglais «coin» ■ ANGLIC. ■ **1** SPORT Faute commise par un footballeur qui a envoyé le ballon derrière la ligne de but de son équipe. — Coup accordé à l'équipe attaquante à la suite de cette faute. *Le corner est tiré d'un angle du terrain.* **Recomm. offic.** ***coup de pied de coin.*** ■ **2** Espace réservé à une marque, à un créateur dans un grand magasin. **Recomm. offic.** ***emplacement promotionnel.***

CORNET [kɔʀnɛ] **n. m.** – XIIIe ◊ diminutif de *corn,* ancienne forme de 1 *cor* ■ **1** VX Petit cor ou petite trompe. *Cornet de vacher.* — (1836) MOD. *Cornet à pistons :* instrument analogue à la trompette, mais plus court (➤ **bugle**). *Jouer du cornet.* — PAR MÉTON. Personne qui joue du cornet. ➤ **cornettiste.** *Le cornet d'un orchestre de jazz New Orleans.* ◆ PAR EXT. Un des jeux de l'orgue. ■ **2** Objet en forme de corne ; récipient conique. *Cornet de papier :* papier roulé en forme de cône et susceptible de contenir qqch. *Cornet de dragées, de frites.* **(Est ; Suisse)** Sachet, poche (en papier, en plastique). — *Cornet de glace :* crème glacée dans une gaufrette roulée en cornet. — *Cornet à dés :* godet qui sert à agiter et à jeter les dés. ➤ **gobelet.** ◆ ANCIENNT *Cornet acoustique :* pavillon à l'usage des sourds. — **(Belgique, Suisse)** Récepteur téléphonique, combiné. ◆ ANAT. *Cornets du nez :* lames osseuses contournées des fosses nasales. ■ **3** LOC. FAM. *Se mettre qqch. dans le cornet :* manger.

CORNETTE [kɔʀnɛt] **n. f.** – après 1250 ◊ de *corne* ■ **1** Ancienne coiffure de femme. — MOD. Coiffure de certaines religieuses. ■ **2** (avant 1514) ANCIENNT Étendard de cavalerie. — **PAR MÉTON. n. m.** L'officier qui portait cet étendard. *Le cornette.* ■ **3** MAR. Long pavillon à deux pointes. ■ **4** Scarole d'une variété aux feuilles enroulées tendres et croquantes.

CORNETTISTE [kɔʀnetist] **n.** – 1866 ◊ de *cornet* ■ Joueur, joueuse de cornet* à pistons.

CORNFLAKES [kɔʀnflɛks] **n. m. pl.** – milieu XXe ◊ mot anglais américain, de *corn* «maïs» et *flake* «flocon» ■ ANGLIC. Flocons de maïs grillés et croustillants consommés avec du lait. — On écrit aussi *corn-flakes.*

CORNIAUD [kɔʀnjo] **n. m.** – 1929 ; *chien corniau* 1845 ; variante de *corneau* (1165) ◊ de *corn* «coin», ancienne forme de 1 *cor :* chien bâtard, fait au coin des rues ■ **1** Chien mâtiné. ■ **2** FAM. Imbécile, sot*. *Quel corniaud !* ➤ PLAIS. **cornichon.** — **adj. m.** *Il est un peu corniaud.*

1 **CORNICHE** [kɔʀniʃ] **n. f.** – 1524 ◊ italien *cornice ;* du latin *cornu* → corne ■ **1** Partie saillante qui couronne un édifice, destinée à protéger de la pluie les parties sous-jacentes. *La corniche, la frise, l'architrave forment l'entablement. Cimaise, claveau, modillon, ressaut, larmier d'une corniche. Console, cariatide soutenant une corniche.* — PAR EXT. Ornement en saillie sur un mur, un meuble, autour d'un plafond. *La corniche d'une armoire.* ■ **2** (1796) Saillie naturelle surplombant un escarpement. *Route de corniche.* — Route dominant un à-pic, surplombant un lac, la mer. *La petite, la moyenne et la grande Corniche de la Côte d'Azur.*

2 **CORNICHE** [kɔʀniʃ] **n. f.** – 1881 ◊ de *cornichon* (2°) ■ ARG. SCOL. Classe préparatoire à Saint-Cyr (➤ **cornichon**).

CORNICHON [kɔʀniʃɔ̃] **n. m.** – 1549 «petite corne» ◊ diminutif de *corne* ■ **1** Petit concombre cueilli avant maturité que l'on utilise comme condiment, conservé dans du vinaigre. *Bocal de cornichons.* — *Cornichons à la russe,* plus gros, aigres-doux. ➤ **malossol.** ■ **2** (1808) PLAIS. Niais, imbécile, que l'on dupe facilement. ➤ **corniaud.** *«Espèces de mufles, tas de marsupiaux, graine de cornichons !»* BLOY. ■ **3** (1858) ARG. SCOL. Élève de corniche (2).

CORNIER, IÈRE [kɔʀnje, jɛʀ] **adj.** – fin XIIe ◊ de *corn* «coin», ancienne forme de 1 *cor* ■ Qui est au coin, à l'angle. *Poteau cornier d'une charpente.*

CORNIÈRE [kɔʀnjɛʀ] **n. f.** – *cornere* «coin» 1170 ◊ de *corn* «coin», ancienne forme de 1 *cor* ■ **1** (1636) Rangée de tuiles pour l'écoulement des eaux à la jonction de deux combles. ■ **2** Profilé métallique en forme de L, de T ou de V. — Pièce en équerre qui renforce les angles d'un coffre, d'une presse d'imprimerie.

CORNILLON [kɔʀnijɔ̃] **n. m.** – 1845 ◊ de *corne* (1°) ■ ZOOL. Squelette de la corne des ruminants (prolongement du crâne).

CORNIQUE [kɔʀnik] **adj.** – 1869 ◊ du radical de *Corn(ouailles),* anglais *cornish* ■ De Cornouailles. *Légendes corniques.* — **n. m.** *Le cornique,* dialecte celtique.

CORNISTE [kɔʀnist] **n.** – 1821 ◊ de 1 *cor,* d'après le latin *cornu* ■ Joueur, joueuse de cor.

CORNOUILLE [kɔʀnuj] **n. f.** – 1680 ; *cornoille* 1538 ; ancien français *cornolle* XIIIe ◊ du latin *cornu* «cornouiller» → corne ■ RARE OU RÉGION. Fruit du cornouiller. *La cornouille est rouge et aigrelette.*

CORNOUILLER [kɔʀnuje] **n. m.** – 1680 ; *corgnollier* 1320 ◊ de *cornolle, cornouille* ■ Arbuste commun des bois et des haies *(cornacées). Cornouiller sanguin* ou *femelle,* le plus répandu, au feuillage d'automne rutilant, utilisé en tannerie. *Cornouiller mâle,* à fruits comestibles (➤ **cornouille**). *Manches d'outils en bois de cornouiller.*

CORNU, UE [kɔʀny] **adj.** – XIIe ◊ latin *cornutus* ■ **1** Qui a des cornes. *Bête cornue. Diable cornu.* ■ **2** VX *Raisons, idées cornues.* ➤ **biscornu.** ■ **3** Qui a la forme d'une corne, présente des saillies en forme de corne. *Blé cornu,* dont les épis présentent des ergots. ➤ **ergoté.**

CORNUE [kɔʀny] **n. f.** – 1575 ◊ de *cornu* ■ **1** CHIM. Récipient à col étroit, long et courbé, qui sert à distiller. *Le col, la panse d'une cornue.* ■ **2** TECHN. Four à distiller.

COROLLAIRE [kɔʀɔlɛʀ] **n. m.** /COROLAIRE/ – 1611 ; *corellaire* 1372 ◊ latin *corollarium* «petite couronne donnée comme gratification», d'où «don, supplément» ■ **1** LOG. Proposition dérivant immédiatement d'une autre. ◆ MATH. Conséquence directe d'un théorème déjà démontré. ■ **2** DIDACT. Conséquence, suite naturelle. *Avoir pour corollaire. Corollaire obligé.*

COROLLE [kɔʀɔl] **n. f.** /COROLE/ – 1749 ◊ latin *corolla,* de *corona* «couronne» ■ Ensemble des pétales d'une fleur. *Corolle dialypétale, gamopétale. Le calice et la corolle.* ➤ **périanthe.** ◆ PAR ANAL. *Une jupe en corolle,* évasée dans le bas.

CORON [kɔʀɔ̃] **n. m.** – 1877 ◊ mot du Nord et de l'Est, de l'ancien français *coron* «coin, bout d'un bâtiment» v. 1200 ; de *cor* «angle» ■ Ensemble d'habitations identiques des cités minières du Nord et de Belgique. *«au milieu des corons, des terrils, des chevalements de mines»* O. ROLIN.

CORONAIRE [kɔʀɔnɛʀ] **adj.** – 1560 ◊ latin *coronarius,* de *corona* ■ ANAT. Disposé en couronne. *Artères coronaires,* ELLIPT *les coronaires :* les deux artères qui, partant de l'aorte, irriguent le cœur (➤ **coronarien**). *Radio des coronaires* (*coronarographie* **n. f.**). *Grande veine coronaire* (du cœur). — D'une couronne (II, 3°). ■ **HOM.** Coroner.

CORONAL, ALE, AUX [kɔʀɔnal, o] **adj.** – 1314 ◊ latin *coronalis* ■ ASTRON. De la couronne solaire. *Éjections* de masse coronale. Trou* coronal.*

CORONARIEN, IENNE [kɔʀɔnaʀjɛ̃, jɛn] adj. – 1897 ◊ de *coronaire* ■ MÉD. Des artères coronaires. *Spasmes coronariens* (dans l'angine* de poitrine).

CORONARITE [kɔʀɔnaʀit] n. f. – 1897 ◊ du radical de *coronaire* et *-ite* ■ MÉD. Artérite des coronaires.

CORONAVIRUS [kɔʀɔnaviʀys] n. m. – v. 1970 ◊ du latin *corona* «couronne» et *virus* ■ VIROL. Genre de virus à ARN responsable d'infections respiratoires et digestives chez l'être humain et l'animal.

CORONELLE [kɔʀɔnɛl] n. f. – XIVe ◊ latin *corona* «couronne» ■ Serpent du genre couleuvre.

CORONER [kɔʀɔnɛʀ] n. m. – 1672 ◊ mot anglais, de l'anglo-normand «représentant de la Couronne», du latin *corona* → couronne. REM. En 1624, *coroner* est un mot anglais dans un texte français. ■ Officier de police judiciaire, dans les pays anglo-saxons. ■ HOM. Coronaire.

CORONILLE [kɔʀɔnij] n. f. – 1700 ◊ espagnol *coronilla* «petite couronne» ■ Plante aux fleurs disposées en ombelles axillaires à longs pédoncules *(papilionacées)*, qui pousse en Europe centrale et dans les pays méditerranéens.

CORONOGRAPHE [kɔʀɔnɔgʀaf] n. m. – 1941 (inventé en 1931) ◊ du latin *corona* et *-graphe* ■ ASTRON. Lunette pour étudier la couronne solaire.

COROSSOL [kɔʀɔsɔl] n. m. – fin XVIe ◊ du créole des Antilles ■ Gros fruit tropical, variété d'anone*, dont la peau est hérissée de pointes.

COROZO [kɔʀozo] n. m. – 1838 ◊ mot hispano-américain, du latin populaire °*carudium* «noyau» ■ Matière blanche tirée de la noix d'un palmier, appelée aussi *ivoire végétal. Boutons de corozo. Des corozos.*

CORPORAL, AUX [kɔʀpɔʀal, o] n. m. – début XIIIe ◊ latin ecclésiastique *corporale*, de *corpus* «corps» (de Jésus-Christ) ■ LITURG. CATHOL. Linge consacré, rectangulaire, que le prêtre étend sur l'autel au commencement de la messe pour y déposer le calice et la patène.

CORPORATIF, IVE [kɔʀpɔʀatif, iv] adj. – 1830 ◊ du radical de *corporation* ■ **1** Propre aux corporations. — *Esprit corporatif* : esprit* de corps. ■ **2** Qui a la structure d'une corporation. *Groupement corporatif.* — *Système corporatif,* fondé sur les corporations.

CORPORATION [kɔʀpɔʀasjɔ̃] n. f. – 1530 ◊ anglais *corporation* «réunion, corps constitué», du latin médiéval *corporari* «se former en corps» ■ **1** HIST. Association d'artisans, groupés en vue de réglementer leur profession et de défendre leurs intérêts. ➤ **communauté, confrérie, corps, interprofession, métier.** *Les maîtrises et les jurandes des corporations. Corporation de marchands.* ➤ **guilde, hanse.** ■ **2** COUR. L'ensemble des personnes qui exercent le même métier, la même profession. ➤ **corps, métier, ordre.** *Corporation de la boucherie. Corporation des notaires.*

CORPORATISME [kɔʀpɔʀatism] n. m. – 1911 ◊ du radical de *corporation* ■ **1** Doctrine qui considère les groupements professionnels du type des corporations comme une structure fondamentale de l'organisation économique et sociale. ■ **2** Esprit* de corps.

CORPORATISTE [kɔʀpɔʀatist] adj. et n. – 1934 ◊ du radical de *corporation* ■ Relatif au corporatisme. *Les intérêts corporatistes.* ◆ Adepte du corporatisme.

CORPOREL, ELLE [kɔʀpɔʀɛl] adj. – v. 1160 ◊ latin *corporalis* → corporal ■ **1** DIDACT. Qui a un corps. *Nature corporelle.* ➤ **matériel.** — DR. *Bien corporel* : chose matérielle. ■ **2** Relatif au corps humain. ➤ 1 **physique.** *Hygiène corporelle. Châtiment corporel. Besoin corporel.* ➤ **naturel.** «*Je ne dédaigne* [pas] *l'exercice corporel*» DUHAMEL. *Expression* corporelle. Art corporel.* ➤ **body art.** — PSYCHOL. *Schéma corporel* : représentation qu'une personne a de son corps. ■ CONTR. Incorporel, intellectuel, spirituel.

CORPORELLEMENT [kɔʀpɔʀɛlmɑ̃] adv. – fin XVe ; *corporeilment* v. 1180 ◊ de *corporel* ■ DIDACT. D'une manière corporelle. ➤ **matériellement, physiquement.** ■ CONTR. Spirituellement.

CORPS [kɔʀ] n. m. – fin IXe ◊ du latin *corpus*

I LE CORPS. PARTIE MATÉRIELLE DES ÊTRES ANIMÉS ■ **1** L'organisme humain, par opposition à l'esprit, à l'âme. ➤ **chair.** «*Le corps exprime toujours l'esprit dont il est l'enveloppe*» RODIN. *Souffrir dans son corps* (➤ 1 **physique, somatique**). LOC. *Se donner corps et âme* [kɔʀzeɑm] *à qqn, à qqch.,* tout entier, sans réserve. *Avoir l'âme chevillée* au corps. Une âme saine dans un corps sain* (cf. lat. *Mens sana in corpore sano*). *Être sain de corps et d'esprit.* ◆ (fin XIe) Le corps humain après la mort. ➤ **cadavre, dépouille.** *Levée* du corps. Mettre, porter un corps en terre. Il a légué son corps à la science. On a retrouvé le corps de la victime dans un bois.* LOC. *Pas de corps, pas de victime.* — (milieu XIIe) SPÉCIALT *Le corps et le sang du Christ.* ➤ **eucharistie.** ■ **2** Le corps considéré comme le siège des sentiments, des sensations, de la sensualité. (1863) LOC. *Être folle de son corps,* sensuelle, libertine. *Faire des folies de son corps. Avoir le diable* au corps. Faire commerce de son corps.* ➤ se **prostituer.** ■ **3** Organisme humain. *Étude du corps.* ➤ **anatomie, anthropologie, anthropométrie, physiologie.** *Les parties du corps : membres* (bras, avant-bras, main, cuisse, jambe, pied), *tête* (crâne, cou, face), *tronc* (épaule, buste, poitrine, sein, dos, thorax, hanche, ceinture, bassin, abdomen, ventre). ◆ Le corps, considéré dans sa globalité, SPÉCIALT dans son aspect extérieur, sa conformation, sans considération du visage. *La forme, les lignes du corps. Soins du corps.* ➤ **corporel.** *Crème pour le corps. Les attitudes, les gestes, les mouvements du corps. Trembler, frissonner de tout son corps. Avoir un beau corps* (cf. Être bien bâti, bien fait, FAM. bien fichu, bien foutu, bien gaulé, bien roulé). *Un corps d'athlète, de déesse. Corps bien proportionné. Un corps déformé. Exercice du corps.* ➤ **gymnastique.** — PSYCHOL. *L'image du corps* (cf. Schéma corporel*). — LOC. *N'avoir rien dans le corps* : être à jeun. *Un aliment qui tient au corps,* très nourrissant. *Pleurer toutes les larmes de son corps,* abondamment. *Travailler* qqn au corps.* ◆ loc. adv. (milieu XIIe) **CORPS À CORPS :** en serrant le corps de l'adversaire contre le sien, dans une lutte. *Combattre, lutter corps à corps.* — n. m. (1888) *Un corps à corps. Se jeter dans le corps à corps,* dans la mêlée, dans la bataille. — (1580) **À CORPS PERDU :** fougueusement, impétueusement. *Se lancer à corps perdu dans une entreprise.* ■ **4** SPÉCIALT (fin XIe) Le tronc, par opposition aux membres, à la tête. *Une grosse tête sur un petit corps. Les bras le long du corps. Entrer dans l'eau jusqu'au milieu du corps.* ➤ **mi-corps** (à). *Saisir qqn par le milieu du corps.* ➤ **bras-le-corps** (à). *Robe qui moule le corps.* ➤ **moulant.** *Vêtement près du corps,* très ajusté. ◆ PAR EXT. (milieu XIIe) Partie de certains vêtements qui recouvrent le corps au niveau du torse ou de la ceinture. ➤ **corsage, corselet, corset.** *Corps d'armure, de cuirasse.* ■ **5** (Dans des loc.) Personne, individu. (1680) *Garde* du corps.* — DR. *Contrainte* par corps. Séparation* de corps.* (fin XIIIe) *Prise* de corps.* — (1613) *À son corps défendant.* ➤ **défendre.** — FIG. *Il passerait sur le corps de tout le monde pour parvenir à ses fins. Il faudra me passer sur le corps.* ■ **6** (1680) LOC. *Avoir du corps,* se dit d'un vin (➤ **corsé**) qui donne à la bouche une sensation de plénitude (teneur en alcool, vinosité, tanin) ; d'un tissu, d'un papier assez serré, dense (opposé à *creux*) (cf. Avoir de la main*). (début XVIIIe, Fénelon) LOC. *Donner corps à une idée,* la rendre plus forte ou l'incarner. ◆ *Prendre corps* (➤ **forme,** 1 **tournure**) : prendre un aspect sensible, réel. *Projet qui prend corps.* ➤ se **concrétiser,** se **dessiner,** se **matérialiser,** se **préciser.** — **FAIRE CORPS :** adhérer, ne faire qu'un. FIG. *Faire corps avec une idée.* «*Mon problème est de retrouver le moment privilégié où mon œuvre a fait corps avec moi*» J. LAURENT.

II PARTIE PRINCIPALE DE QQCH. (XIIIe) ■ **1** Partie principale (d'une chose). LOC. *Navire perdu corps et biens* [kɔʀzebjɛ̃], complètement (le navire, les marchandises, les personnes). *Couler, sombrer, périr corps et biens. Le corps d'un bâtiment* (opposé à *aile, avant-corps*). (1590) *Corps de logis*. Le corps de ferme et les dépendances. — Corps de bibliothèque, d'armoire. Buffet deux-corps. Corps de pompe* : le cylindre. *Corps de chauffe d'une chaudière. Carburateur double-corps,* à deux diffuseurs*. ■ **2** CALLIGR. *Corps d'une lettre* : le trait principal qui dessine, qui forme la lettre. — (1528) TYPOGR. *Corps d'une lettre* : la dimension d'un caractère d'imprimerie (mesurée en points). *La force de corps d'un caractère. Texte composé en corps 9.* ■ **3** (1754) DR. *Le corps du délit*.*

III UN CORPS. OBJET MATÉRIEL. (XIIIe) ■ **1** (milieu XIIIe) *Corps céleste.* ➤ **astre.** ■ **2** (XVIe) Tout objet matériel caractérisé par ses propriétés physiques. *Volume, masse d'un corps. La chute des corps,* étudiée en mécanique. *La substance des corps.* ➤ **matière.** *Corps solide. Corps fluides* (liquides, gaz). «*Qui donc irait faire grief au physicien d'isoler la pesanteur des autres qualités des corps qu'il étudie et de négliger le parfum, la couleur*» PAULHAN. ◆ (1585) CHIM. *Corps simple.* ➤ **élément.** *Les atomes, les molécules d'un corps. Corps pur,* dont toutes les molécules sont identiques. *Corps pur composé.* ➤ **combinaison.** *États allotropiques* d'un corps. — Corps gras* : matière grasse. ➤ **graisse.** ◆ PHYS. **CORPS NOIR :** corps idéal absorbant totalement le rayonnement électromagnétique quelle que soit sa fréquence. ■ **3** Élément anatomique que l'on peut étudier isolément (organe, etc.). *Corps calleux*. Corps caverneux*. Corps jaune*. Corps strié*. Corps vitré*. Corps* *thyroïde.* ➤ 1 **glande.** — *Introduction d'un corps étranger* dans l'organisme.* ▪ **4** ALG. Anneau unitaire*. *Un corps possède au moins deux éléments, 0 et 1. Corps commutatif,* dont la multiplication est commutative.

IV **ENSEMBLE ORGANISÉ** (fin XIIIe) ▪ **1** Groupe formant un ensemble organisé sur le plan des institutions. ➤ **assemblée, association, communauté, compagnie,** 2 **ensemble, organe, société.** — (1585) *Le corps politique.* ➤ **état.** (1790) *Le corps électoral :* l'ensemble des électeurs. — *Les corps constitués*. Les grands corps de l'État :* le Conseil d'État, la Cour des comptes, l'inspection des Finances, la diplomatie, etc. ; les hauts fonctionnaires qui en font partie. ➤ **corpsard.** *Élève de l'E. N. A. qui sort dans les grands corps,* dans les premiers. *Corps de la magistrature.* ➤ **justice.** *Corps municipal.* ➤ **municipalité.** *Corps intermédiaires,* entre l'État et la population (administration territoriale, partis politiques, syndicats, associations...). ▪ **2** HIST. *Les corps du commerce et de l'industrie. Corps de marchands.* ➤ **communauté, corporation, métier.** ▪ **3** (1434) MOD. Compagnie, groupe organisé. (1817) *Le corps diplomatique*. Le corps enseignant*. Le corps médical*. Le corps des ingénieurs des Ponts et Chaussées. — Corps de métier :* ensemble organisé de personnes exerçant la même profession. SPÉCIALT *Corps de métier, corps d'état :* métiers du bâtiment. *Différents corps de métiers ont travaillé à la construction de cet immeuble.* — (1771) *Avoir l'esprit* de corps.* ▪ **4** (1469) MILIT. Unité administrativement indépendante (bataillon, régiment). *Rejoindre son corps. — Corps d'armée,* formé de plusieurs divisions. *Général de corps d'armée* (quatre étoiles). *Corps expéditionnaire*. Corps franc*.* ♦ *Corps de garde*.* ▪ **5** (1835) DANSE *Corps de ballet*.* ▪ **6** Recueil de textes, d'ouvrages. ➤ **corpus.** *Corps des lois.* ➤ 2 **ensemble.** — *Un corps de doctrines.* ➤ **système.**

▪ HOM. Cor.

CORPSARD [kɔʀsaʀ] n. m. – v. 1920 ◊ de *corps* et suffixe *-ard* ▪ FAM. Ingénieur polytechnicien qui a fait une école d'application (Mines, Ponts, etc.) et qui sert les grands corps techniques de l'État, la fonction publique. *Les corpsards sont choisis dans la botte*.*

CORPS-MORT [kɔʀmɔʀ] n. m. – 1732 «cadavre ; héritage» ; en ancien français (1309) ◊ de *corps* et *mort* ▪ MAR. Dispositif de mouillage attaché à un poste fixe. *S'amarrer à des corps-morts.*

CORPULENCE [kɔʀpylɑ̃s] n. f. – 1593 ; «dimension, taille (d'un objet, d'un animal)» avant 1350 ◊ latin *corpulentia,* de *corpus* «corps» ▪ **1** VIEILLI Grandeur et grosseur du corps humain. *Une personne de forte corpulence.* ▪ **2** MOD. Conformation d'une personne forte ou obèse. ➤ **embonpoint.** *Il est agile, pour un homme de sa corpulence. «De la corpulence, sans véritable obésité»* ROMAINS. ▪ CONTR. Maigreur.

CORPULENT, ENTE [kɔʀpylɑ̃, ɑ̃t] adj. – XVe ◊ latin *corpulens,* de *corpus* «corps» ▪ Qui est d'une forte corpulence. ➤ **étoffé, gras, gros*.** ▪ CONTR. 1 Maigre.

CORPUS [kɔʀpys] n. m. – 1863 ; «hostie» fin XIIe ◊ mot latin «corps» ▪ **1** DR. Recueil de pièces, de documents concernant une même discipline. *Corpus d'inscriptions latines et grecques.* ▪ **2** (1961) LING. Ensemble fini d'énoncés réels réuni en vue de l'étude d'un phénomène linguistique. *Corpus écrit, oral. Corpus fermé ; ouvert,* qui peut être augmenté.

CORPUSCULAIRE [kɔʀpyskylɛʀ] adj. – 1721 ◊ de *corpuscule* ▪ **1** PHILOS. VX Relatif aux corpuscules de matière. ▪ **2** MOD. PHYS. Qui a rapport aux corpuscules. *Physique nucléaire et corpusculaire.* ANCIENNT *Théorie corpusculaire de la lumière. Rayonnement corpusculaire,* constitué de particules alpha, bêta...

CORPUSCULE [kɔʀpyskyl] n. m. – 1555 ; «petit corps humain» 1495 ◊ latin *corpusculum* «atome» ▪ **1** PHILOS. VX Petite parcelle de matière (atome, molécule). ▪ **2** ANAT. Petit élément anatomique. *Corpuscules du tact.* ▪ **3** PHYS. VIEILLI ➤ **particule.**

CORRAL [kɔʀal] n. m. – 1868 ; *coural* 1668 ◊ hispano-américain *corral* ▪ Enclos où l'on parque le bétail (bœufs, taureaux), dans certains pays. *Des «centaines de bœufs que les cavaliers poussent dans le* corral*»* SIMENON. ▪ HOM. Choral, chorale.

CORRASION [kɔʀazjɔ̃] n. f. – 1900 ◊ du latin *corradere* «enlever en raclant» et suffixe d'après *éro(sion)* ▪ GÉOGR. Érosion éolienne par les grains de sable.

CORRECT, E [kɔʀɛkt] adj. – 1512 ◊ latin *correctus,* de *corrigere* → corriger ▪ **1** Qui respecte les règles, dans un domaine déterminé. *Phrase grammaticalement correcte. Plan correct d'un cadastre.* ▪ **2** Conforme aux usages, aux mœurs. ➤ **bienséant, convenable, décent.** *Soyez correct ! Une tenue correcte est de rigueur.* ▪ **3** Conforme à la morale, à la justice. *«Il était convenable, il était juste, il était correct de nous prévenir»* PÉGUY. *Il n'a pas été correct avec son frère. Correct en affaires, parfaitement correct.* ➤ **honnête, régulier, scrupuleux.** ♦ (v. 1990 ◊ calque de l'anglais américain *politically correct*) *Politiquement correct :* se dit d'un discours, d'un comportement d'où est exclu tout ce qui pourrait desservir socialement un groupe minoritaire. — SUBST. *Elle «aimait vivre aux États-Unis, protégée par ce politiquement correct que les beaux esprits européens dénonçaient en se gaussant»* P. CONSTANT. ▪ **4** Adapté à son objet. ➤ **normal, satisfaisant.** *Réglage correct.* ▪ **5** FAM. Qui n'est pas remarquable par sa qualité, sa valeur. ➤ **acceptable, honnête,** 2 **moyen, passable ;** FAM. **potable.** *Un salaire correct. Un hôtel modeste, mais correct.* ▪ **6** ANGLIC. (COUR. au Canada) en réponse ou avec le verbe *être. C'est correct :* ça va bien. ➤ **O. K.** *Elles «s'inquiétaient de savoir où vous étiez. Je vais aller leur dire que c'est correct, que vous êtes là»* M. LABERGE. ▪ CONTR. 1 Faux, incorrect, inexact, mauvais. Fautif, inconvenant, indécent, 2 négligé, ridicule.

CORRECTEMENT [kɔʀɛktəmɑ̃] adv. – 1402 ◊ de *correct* ▪ **1** Sans erreur. *Écrire, parler correctement.* ▪ **2** Conformément aux règles, aux usages considérés comme bons. *Agir ; s'habiller correctement. Tiens-toi correctement !* ➤ **convenablement, décemment** (cf. Comme il faut). ▪ **3** D'une manière acceptable, à peu près bonne. *Il est correctement payé.*

CORRECTEUR, TRICE [kɔʀɛktœʀ, tʀis] n. – *correcteres* début XIVe ; *corrector* 1275 relig. ◊ latin *corrector* ▪ **1** Personne qui corrige en relevant les fautes et en notant. *Correcteur indulgent, sévère. Le jury des correcteurs du baccalauréat.* ➤ **examinateur.** ▪ **2** (1531) Personne qui corrige les épreuves d'imprimerie. *«Un correcteur n'est jamais en repos. Sans cesse il réfléchit, doute, et surtout redoute de laisser passer la faute, l'erreur, le barbarisme»* J.-P. DUBOIS. *Chef-correcteur.* ▪ **3** n. m. Dispositif de correction. *Correcteur de tonalité.* ♦ AUTOMAT. *Correcteur P. I. D.* (utilisant les trois fonctions ***proportionnelle, intégrale*** et ***dérivée***) : circuit servant à améliorer les performances d'un asservissement. ♦ INFORM. *Correcteur (orthographique) :* logiciel destiné à la correction automatique de l'orthographe d'usage des textes. ➤ **vérificateur.** ♦ Produit permettant de corriger un document manuscrit ou dactylographié. ➤ **effaceur.** *Correcteur liquide.* ▪ **4** adj. Qui a pour but et résultat de corriger. *Roue correctrice, dispositif correcteur. — Verres* correcteurs des lunettes.*

CORRECTIF, IVE [kɔʀɛktif, iv] adj. et n. m. – 1371 ◊ latin médiéval *correctivus*

I adj. ▪ **1** Qui a le pouvoir de corriger. *Gymnastique corrective.* ▪ **2** *Substance corrective,* que l'on ajoute à un médicament pour en adoucir, en modifier l'action. — n. m. *Un correctif.*

II n. m. ▪ **1** Terme par lequel on atténue un propos. ➤ **adoucissement, atténuation.** ▪ **2** Antidote, contrepartie. *«La bonne humeur est ainsi le correctif de toute philosophie»* RENAN. ▪ **3** Correction apportée à un règlement, une procédure. ▪ **4** INFORM. Petit programme qui sert à corriger un défaut dans un logiciel ou un autre programme, ou bien à effectuer une mise à jour de ce logiciel ou de ce programme (recomm. offic.). ➤ **patch, retouche, rustine.**

▪ CONTR. Aggravant, excitant.

CORRECTION [kɔʀɛksjɔ̃] n. f. – XIIIe ◊ latin *correctio*

I Action de corriger. ▪ **1** VX Action de corriger, de changer en mieux, de ramener à la règle. ➤ **amélioration, amendement, perfectionnement, réforme.** *La correction des fautes, des abus. La correction des mœurs, des habitudes.* ♦ **MAISON DE CORRECTION :** ancien établissement chargé du redressement* des mineurs délinquants (remplacé par les centres d'éducation surveillée). ▪ **2** Changement que l'on fait à un ouvrage pour l'améliorer. ➤ **modification, rectification, reprise, retouche.** *Corrections de forme, de fond. Pièce de théâtre reçue à correction,* à condition que l'auteur y fasse certains changements. *Manuscrit chargé de corrections.* ➤ **biffure, rature, surcharge.** *Étude des variantes et des corrections.* ➤ **manuscriptologie.** ♦ TYPOGR. Indication des fautes de composition, des changements à effectuer sur une épreuve d'imprimerie. *Signes de correction. Corrections d'auteur.* — Exécution matérielle des changements indiqués sur épreuve. *Service de correction. La rédaction et la correction d'un journal.* ♦ Action de corriger des devoirs, les épreuves d'un examen, d'un concours. *La correction des copies. Correction et notation.* ▪ **3** Opération qui rend exact. *Correction d'une observation.* — MAR. *Correction des compas.* ➤ **régulation.** *Correction de dérive.* — TECHN. *Came, roue de correction, de compensation.* ▪ **4** (du sens I°) Châtiment corporel ; coups donnés à qqn. ➤ **punition ;** FAM. **danse, raclée, rossée, torchée, volée.** *Si tu n'es pas sage, tu vas* *recevoir une bonne correction !*

II (1680) ■ **1** Qualité de ce qui ne s'écarte pas des règles, de ce qui est correct. *Correction d'une traduction* (➤ **conformité, exactitude, fidélité, justesse**) ; *du langage, du style* (➤ **pureté**). ■ **2** Comportement correct (2°, 3°). *Être d'une parfaite correction.* ➤ **bienséance, décence, politesse.** *Correction en affaires.* ➤ **honnêteté, scrupule.** *J'ai refusé par correction.* « *La correction est une forme de la droiture* » SUARÈS.

■ CONTR. Aggravation ; récompense. Impolitesse, inconvenance, incorrection.

CORRECTIONNALISER [kɔʀɛksjɔnalize] v. tr. ‹1› – 1829 ◇ de *correctionnel* ■ DR. Poursuivre (un crime) devant le tribunal correctionnel en le qualifiant de délit. — n. f. **CORRECTIONNALISATION** [kɔʀɛksjɔnalizasjɔ̃].

CORRECTIONNEL, ELLE [kɔʀɛksjɔnɛl] adj. et n. f. – 1454 ◇ de *correction* ■ DR. Qui a rapport aux actes qualifiés de délits par la loi. *Peine correctionnelle* (emprisonnement, amende, travail d'intéret général...). *Tribunal de police correctionnelle* (opposé à *police criminelle* et à *simple police*), qui juge les délits. ♦ n. f. COUR. **LA CORRECTIONNELLE** : le tribunal correctionnel. *Passer en correctionnelle.* LOC. *Friser, frôler la correctionnelle* ; FIG. (SPORT, JEUX) être à la limite de la faute, de la pénalité.

CORREGIDOR [kɔʀeʒidɔʀ] n. m. /CORRÉGIDOR/ – 1655 ◇ mot espagnol, de *corregir* « corriger » ■ HIST. Premier magistrat d'une ville espagnole.

CORRÉLAT [kɔʀela] n. m. – avant 1949 ◇ de *corrélation* ■ DIDACT. Élément en relation avec un autre.

CORRÉLATIF, IVE [kɔʀelatif, iv] adj. – XIVe ◇ latin scolastique *correlativus* ■ **1** Qui est en corrélation, qui présente une relation logique avec autre chose. ➤ **correspondant, relatif.** — *Obligation corrélative*, dépendant de l'accomplissement d'une autre obligation. — *Mots, termes corrélatifs* : mots employés ensemble, qui servent à indiquer une relation entre deux membres de phrase. n. m. *Le corrélatif* : le premier de ces termes (ex. Autant [*corrélatif*] que [*relatif*]). ■ **2** Qui est dans une relation logique d'opposition. « *Les notions corrélatives de châtiment et de récompense* » CAMUS. ■ **3** Simultané. ➤ **concomitant.** — adv. **CORRÉLATIVEMENT**, 1660. ■ CONTR. Autonome, indépendant.

CORRÉLATION [kɔʀelasjɔ̃] n. f. – 1718 ; *correlacion* v. 1420 ◇ bas latin *correlatio* ■ **1** PHILOS. Rapport entre deux phénomènes (➤ **corrélat**) qui varient en fonction l'un de l'autre. ➤ **correspondance, interdépendance, réciprocité.** ♦ STATIST. *Coefficient de corrélation* : nombre mesurant le degré de dépendance de deux variables entre elles. ➤ **covariance.** ♦ PHYS. Dépendance mutuelle entre deux évènements, deux phénomènes décrits par deux variables. *Fonction de corrélation. Longueur de corrélation* : distance maximale à laquelle un atome d'un ensemble peut en influencer un autre. ■ **2** COUR. Lien, rapport réciproque. ➤ **dépendance, interaction, interdépendance, rapport.** *Y a-t-il une corrélation entre ces deux faits ?* Ne *s'emploie en corrélation avec* pas, plus, jamais. — adj. **CORRÉLATIONNEL, ELLE**, 1951. ■ CONTR. Autonomie, indépendance.

CORRÉLER [kɔʀele] v. tr. ‹6› – 1963 ◇ de *corrélation*, d'après l'anglais *to correlate* ■ STATIST. Établir une corrélation entre (deux phénomènes) ; être en corrélation avec (qqch.). p. p. adj. *Phénomènes faiblement corrélés.* ➤ **interdépendant.**

CORRESPONDANCE [kɔʀɛspɔ̃dɑ̃s] n. f. – XIVe ◇ du radical de *correspondant*, p. prés. de *correspondre*

I ■ **1** LOG. Rapport logique entre un terme donné (➤ **antécédent**) et un ou plusieurs termes (➤ **conséquent**) déterminés par le premier. ➤ **liaison, relation.** ♦ Opérateur* permettant d'associer les éléments d'un premier ensemble à ceux d'un second. *Correspondance univoque, biunivoque ; correspondance réciproque.* ➤ **application, fonction, rapport, réciprocité, relation ; courbe, dépendance, diagramme, liaison.** — *Théorie des correspondances*, suivant laquelle, dans l'univers composé de règnes analogues, chaque élément correspond à un élément d'un autre règne. « *Correspondances* », *sonnet de Baudelaire.* ■ **2** COUR. Rapport de conformité. ➤ **accord, affinité, analogie, conformité, corrélation, harmonie, ressemblance.** *Correspondance d'idées, de sentiments entre deux personnes.* ➤ **accord, communion, intimité,** 1 **union.** *Ils sont en parfaite correspondance d'idées.* ➤ **complicité.** *Correspondance, dans le temps, de deux évènements.* ➤ **simultanéité, synchronie.** — VIEILLI Accord entre personnes. « *Une harmonie et une correspondance parfaite entre un père et un précepteur* » ROUSSEAU. — *Correspondance des temps.* ➤ **concordance.** *Correspondance entre les parties d'un édifice, les plans, les lignes d'un tableau.* ➤ **équilibre, harmonie, proportion, symétrie.**

III (1675) ■ **1** Relation par écrit entre deux personnes ; échange de lettres. ➤ **courrier.** *Avoir, entretenir une correspondance avec qqn. Être en correspondance avec qqn* (cf. En relations épistolaires*). ➤ **écrire.** « *Une correspondance affectueuse, mais espacée* » MARTIN DU GARD. *Les règles de la correspondance commerciale.* — *Vente*, démarchage par correspondance* (➤ **mailing, publipostage**). *Cours par correspondance.* ➤ aussi **téléenseignement.** ♦ Les lettres qui constituent la correspondance. *Il reçoit une abondante correspondance.* ➤ **courrier.** *La correspondance de Madame de Sévigné, de Stendhal.* ♦ Dans un périodique, Rubrique où l'on publie des lettres, des communications. ➤ **courrier.** ♦ *Cahier, carnet de correspondance*, où sont consignées les notes d'un élève, les appréciations des professeurs et qui doit être transmis aux parents. ■ **2** (1843) Relation commode entre deux moyens de transport de même nature ou différents. ➤ **changement.** *Une navette assure la correspondance entre les deux aérogares.* — PAR MÉTON. Le moyen de transport qui assure cette liaison. *Attendre, rater la correspondance. Correspondance pour Paris, quai numéro deux.* — Station de métro où se croisent plusieurs lignes.

■ CONTR. Désaccord, discordance, opposition.

CORRESPONDANCIER, IÈRE [kɔʀɛspɔ̃dɑ̃sje, jɛʀ] n. – 1900 ◇ de *correspondance* ■ Employé(e) chargé(e) de la correspondance, dans une entreprise commerciale. ➤ **rédacteur.**

CORRESPONDANT, ANTE [kɔʀɛspɔ̃dɑ̃, ɑ̃t] adj. et n. – v. 1350 ◇ de *correspondre*

I adj. Qui a avec qqch. un rapport de conformité, de symétrie ; qui correspond à qqch. *Elle a un poste important et un salaire correspondant* (cf. En rapport). *Les éléments correspondants de deux séries, de deux systèmes.* ➤ **homologue.** *Rechercher le mot correspondant, dans une autre langue.* — GÉOM. *Angles correspondants*, formés par deux parallèles et une sécante et qui sont l'un interne, l'autre externe, du même côté de la sécante (et égaux).

II n. (1615) ■ **1** Personne avec qui l'on entretient des relations épistolaires. *Avoir des correspondants dans plusieurs pays. Cette élève a une correspondante anglaise. Un correspondant fidèle, régulier.* — Personne à qui on téléphone. *Le numéro de votre correspondant a changé.* ♦ COMM. Personne avec qui une personne, une société est en relation d'affaires et qui est chargée de la représenter. ■ **2** (1634) Personne employée par un journal, une agence de presse pour envoyer des nouvelles d'un lieu éloigné (➤ **envoyé,** 1 **reporteur, représentant**). *Correspondant à l'étranger. Correspondant local.* ➤ **localier.** *Correspondant spécial. De notre correspondant(e) permanent(e) à Washington.* ■ **3** Membre d'une société savante qui réside dans un autre lieu et n'assiste pas régulièrement aux séances. APPOS. *Membres correspondants de l'Institut.* ■ **4** (1781) Personne chargée de veiller sur un élève interne en dehors de l'internat. *Charles Bovary* « *avait pour correspondant un quincaillier qui le faisait sortir une fois par mois* » FLAUBERT.

■ CONTR. Antagoniste, dissemblable, opposé.

CORRESPONDRE [kɔʀɛspɔ̃dʀ] v. ‹41› – avant 1380 ◇ latin scolastique *correspondere*, de *respondere* → répondre

I v. tr. ind. **CORRESPONDRE À.** ■ **1** Être en rapport de conformité avec (qqch.), être conforme, se rapporter à. ➤ **s'accorder,** 1 **aller, s'harmoniser.** *L'an I de l'hégire correspond à l'an 622 de l'ère chrétienne. Ce chèque correspond à la somme que je vous dois. Cela ne correspond à rien.* ➤ **rimer.** — PRONOM. RÉCIPR. (1690) *Ces éléments, ces idées ne se correspondent pas*, ne correspondent pas les uns aux autres. ■ **2** Avoir un équivalent. *Cette tournure française correspond à ceci en anglais.* — PRONOM. (RÉCIPR.) *Éléments de deux ensembles qui se correspondent.* ■ **3** Être conforme à, satisfaire à. ➤ **répondre.** *Cela correspond à ses désirs. La production ne correspond pas aux besoins.*

II v. intr. (1669) ■ **1** Avoir des relations par lettres (avec qqn). *Nous avons cessé de correspondre.* ➤ **s'écrire.** *Correspondre avec qqn.* — *Correspondre par signes.* ■ **2** VIEILLI Présenter un moyen d'accès commun. ➤ **communiquer.** *Ces deux pièces correspondent.*

■ CONTR. Opposer (s').

CORRIDA [kɔʀida] n. f. – 1804 ◇ mot espagnol, de *correr* ■ **1** Course de taureaux* se déroulant dans les arènes. ➤ **novillada ; tauromachie.** *Des corridas. La pique, les banderilles, les passes, la mise à mort d'une corrida. Amateur de corrida.* ➤ **aficionado.** ■ **2** (1902) Dispute, lutte ; série de difficultés, agitation. ➤ **bagarre ; comédie.** *Quelle corrida !* « *Après, lui enlever sa robe, c'est évidemment la corrida* » P. LAPEYRE.

CORRIDOR [kɔridɔr] n. m. – 1611 ◊ de l'italien *corridore* «passage étroit entre un local et un autre», de *correre* «courir» ▪ **1** Passage couvert mettant en communication plusieurs pièces d'un même étage. ➤ **couloir, passage.** *Long, étroit corridor. Au fond du corridor, à droite.* ▪ **2** Délimitation géographique faisant communiquer une enclave avec l'extérieur. ➤ **couloir.** *Le corridor polonais* (1918-1939). ◆ *Corridor humanitaire**.

CORRIGÉ [kɔriʒe] n. m. – 1834 ◊ de *corriger* ▪ Devoir donné comme modèle. ➤ **modèle, 3 plan, solution.** *Recueil de corrigés.*

CORRIGEABLE [kɔriʒabl] adj. – XVIe, repris v. 1936 ; 1378 *corrigable* ◊ de *corriger* ▪ Qui peut être corrigé (2°, 3°, 4°). *Cette copie mal écrite n'est pas corrigeable. Un strabisme aisément corrigeable.* ➤ **remédiable.** *Un défaut corrigeable.*

CORRIGER [kɔriʒe] v. tr. ⟨3⟩ – 1268 ◊ latin *corrigere* «redresser», de *regere* → régir ▪ **1** Ramener à la règle (ce qui s'en écarte). ➤ **amender, redresser, réformer, relever, reprendre.** *Corriger les défauts, les vices de qqn. Corriger son mauvais caractère.* «*Nous essayons de nous faire honneur des défauts que nous ne voulons pas corriger*» LA ROCHEFOUCAULD. «*tous les crimes et* [...] *tous les vices que l'état social corrige ou dissimule*» FRANCE. ▪ **2** Supprimer (les fautes, les erreurs) ; rendre meilleur (un texte, un discours) en supprimant les fautes. *Corriger un manuscrit. Corriger complètement un livre.* ➤ **refondre, remanier, reprendre, réviser, revoir.** *Corriger un texte en biffant, en modifiant.* «*Corrige les mots bêtes, les redites, les fautes de français*» SAND. — p. p. adj. *Édition revue et corrigée.* ◆ TYPOGR. *Corriger des épreuves d'imprimerie.* ➤ **correction** (I, 2°) **; correcteur.** ◆ Relever les fautes de (qqch.) en vue de donner une appréciation, une note. *Corriger des copies, une dictée.* ▪ **3** Rendre exact ou plus exact. ➤ **rectifier.** *Corriger une observation, une hypothèse. Corriger le tir**. — p. p. adj. *Données statistiques corrigées des variations saisonnières.* — MAR. *Corriger la route d'un bâtiment* : rectifier les erreurs provenant de la dérive. ▪ **4** Rendre normal ce qui ne l'est pas. *Corriger la vue de qqn par des verres de contact. Elle* «*hurle au lieu de parler à cause d'une surdité qu'elle refuse de corriger*» A. DESARTHE. *Corriger un défaut physique par la chirurgie esthétique. Corriger une mauvaise posture, une vilaine démarche.* ➤ **améliorer, rectifier, remédier** (à). *Pour corriger les imperfections du teint.* ➤ **supprimer.** ▪ **5** Ramener à la mesure (qqch. d'excessif) par une action contraire. ➤ **adoucir, atténuer, compenser, équilibrer, neutraliser, pallier, réparer, tempérer.** *Corriger l'injustice du sort. Corriger l'effet d'une parole trop dure* (➤ **correctif**). «*La beauté de son regard corrigeait cet excès de grâce*» HUGO. ▪ **6** VIEILLI Ramener (qqn) à la règle ; traiter avec sévérité pour supprimer les défauts (➤ **punir, réprimander**). «*Il n'appartient qu'à elle* [la religion] *et d'instruire et de corriger les hommes*» PASCAL. — MOD. *Corriger qqn d'un défaut. On n'a pu l'en corriger.* ➤ **incorrigible.** PRONOM. *Il s'est corrigé de sa paresse.* ➤ se **défaire,** se **guérir.** ◆ Infliger un châtiment corporel, donner des coups. ➤ **battre ; correction.** ▪ CONTR. Altérer, corrompre, gâter, pervertir. Aggraver, envenimer, exciter. Épargner, récompenser.

CORROBORATION [kɔrɔbɔrasjɔ̃] n. f. – 1286 ◊ bas latin *corroboratio* ▪ RARE Action de corroborer ; son résultat. ➤ **confirmation.**

CORROBORER [kɔrɔbɔre] v. tr. ⟨1⟩ – 1389 ◊ latin *corroborare*, racine *robur* «force» ▪ Donner appui, ajouter de la force à (une idée, une opinion). ➤ **appuyer, confirmer, renforcer.** *Cela vient corroborer mon opinion. Indices qui corroborent les soupçons.* «*Elle n'avait pas fait une action* [...] *qui ne corroborât ce jugement qu'il avait porté sur elle*» BOURGET. ▪ CONTR. Démentir, infirmer.

CORRODANT, ANTE [kɔrɔdɑ̃, ɑ̃t] adj. – 1377 ◊ de *corroder* ▪ Qui a la propriété de corroder. *Substance corrodante.* ➤ **corrosif.** — n. m. *Les acides sont des corrodants.*

CORRODER [kɔrɔde] v. tr. ⟨1⟩ – 1314 ◊ latin *corrodere*, de *rodere* → ronger ▪ Détruire lentement, progressivement, par une action chimique. ➤ **attaquer, consumer, désagréger, ronger.** *Les acides corrodent les métaux* (➤ **corrosif**). ◆ FIG. Détériorer, user. *L'inquiétude corrode l'âme.* ➤ **miner, ronger.**

CORROI [kɔrwa] n. m. – *conrei* «soin» 1135 ◊ déverbal de *corroyer* ▪ Préparation donnée à une substance battue, étirée et foulée. — SPÉCIALT Préparation donnée au cuir. ➤ **apprêt, corroyage.**

CORROIERIE [kɔrwari] n. f. – *couroierie* 1247 ◊ de *corroyer* ▪ **1** Industrie du corroyeur. ➤ **corroyage.** ▪ **2** Atelier, usine où l'on corroie des cuirs.

CORROMPRE [kɔrɔ̃pr] v. tr. ⟨41⟩ – 1160 ◊ latin *corrumpere* → rompre

I (v. 1260) ▪ **1** VIEILLI Altérer en décomposant. *La chaleur corrompt la viande.* ➤ **avarier, décomposer, gâter, pourrir, putréfier.** «*Des marécages qui corrompaient l'air*» RAYNAL. ➤ **empoisonner, infecter, vicier.** ▪ **2** LITTÉR. Altérer, gâter, troubler (un sentiment heureux). «*Rien ne corrompit la joie de Landry*» SAND. ◆ Altérer en éloignant d'un état premier, jugé meilleur. *L'usage corrompt certains mots.* «*la multiplication des ouvrages médiocres corrompt le goût*» CONDORCET. PRONOM. «*L'amour humain s'altère, se corrompt et meurt*» MAURIAC.

II (MORAL) ▪ **1** Altérer (ce qui est sain, honnête) dans l'âme. ➤ **avilir, dénaturer, dépraver, pervertir, souiller, tarer ; corruption.** *Corrompre la jeunesse.* ➤ **perdre, séduire.** «*Afin de le corrompre* [le peuple], *on le peint corrompu*» P.-L. COURIER. — ABSOLT «*Le plaisir de corrompre est un de ceux qu'on a le moins étudié*» GIDE. ▪ **2** (1283) Engager (qqn) par des dons, des promesses ou par la persuasion à agir contre sa conscience, son devoir. ➤ **acheter, circonvenir, gagner, soudoyer, stipendier, suborner** (cf. Graisser* la patte). *Corrompre un témoin en lui proposant de l'argent.* «*Ceux que l'on peut corrompre ne valent jamais d'être corrompus*» MIRABEAU.

▪ CONTR. Assainir, purifier ; améliorer, corriger, perfectionner.

CORROMPU, UE [kɔrɔ̃py] adj. – de *corrompre* ▪ **1** VX Altéré, en décomposition. ▪ **2** FIG. *Goût, jugement corrompu.* ➤ **1 faux, mauvais.** ◆ (Moral) plus cour. *Une jeunesse corrompue.* ➤ **dépravé, dissolu.** «*La nature des hommes est corrompue et déchue de Dieu*» PASCAL. ➤ **1 bas, mauvais, vil.** «*La société était corrompue et impudente*» SAND. ▪ **3** Qu'on a corrompu, qu'on peut corrompre (II, 2°). ➤ **pourri, prévaricateur,** FAM. **ripou, vénal, vendu.** *Des dirigeants corrompus. Juge corrompu.* ▪ CONTR. 1 Frais. Pur, vertueux ; intègre.

CORROSIF, IVE [kɔrozif, iv] adj. – XIIIe ◊ latin médiéval *corrosivus*, famille de *corrodere* → corroder ▪ **1** Qui corrode ; qui a la propriété de corroder. ➤ **brûlant, 1 caustique, mordant.** *Les acides sont corrosifs. Antiseptique corrosif.* — n. m. *Un corrosif* : une substance corrosive. ▪ **2** FIG. Qui attaque avec violence. ➤ **destructif.** *Une œuvre corrosive.* ➤ **acerbe, 1 caustique, virulent.** *Un humour corrosif.* ➤ **subversif.**

CORROSION [kɔrozjɔ̃] n. f. – v. 1300 ◊ latin *corrosio* ▪ Action de corroder ; son résultat. ➤ **brûlure, désagrégation, destruction, 2 usure ; rouille.** *Corrosion par un acide.* — GÉOL. Dissolution produite par les eaux de ruissellement. ➤ **érosion, ravinement ; karst.**

CORROYAGE [kɔrwajaʒ] n. m. – 1761 ; *courreage* 1432 ◊ de *corroyer* ▪ **1** Ensemble des opérations que l'on fait subir aux cuirs après le tannage pour les assouplir. ▪ **2** Soudure ou forgeage à chaud de barres, de tôles métalliques. ▪ **3** Action de dégrossir le bois avant le façonnage.

CORROYER [kɔrwaje] v. tr. ⟨8⟩ – *conroyé* 1371 ◊ de l'ancien français *conreer* «arranger, apprêter» (fin XIe), du latin populaire *conredare*, emprunté au gotique *garedan* «prévoir», de *reþs* «provision» → arroi ▪ TECHN. Préparer (qqch.). ▪ **1** *Corroyer le cuir*, l'apprêter. ➤ **hongroyer.** *Peaux corroyées.* ▪ **2** (1674) Forger ensemble ou souder à chaud (du métal). ▪ **3** Dégrossir (du bois) au rabot.

CORROYEUR [kɔrwajœr] n. m. – *coureeres de cuir* 1260 ◊ de *corroyer* ▪ Ouvrier qui corroie les cuirs.

CORRUPTEUR, TRICE [kɔryptœr, tris] n. et adj. – 1531 ◊ latin *corruptor* → corrompre ▪ **1** VX Personne qui altère ce qu'il y a de sain, d'honnête. «*Un lâche, un corrupteur, un traître l'a séduite*» DUCIS. ➤ **séducteur.** — MOD. Personne qui soudoie, achète qqn. *Le corrupteur et les témoins corrompus ont été punis.* ▪ **2** adj. LITTÉR. Qui corrompt moralement. ➤ **malfaisant, nuisible.** *Des spectacles corrupteurs.* «*la force corruptrice des pierreries et de l'or*» GAUTIER.

CORRUPTIBLE [kɔryptibl] adj. – 1267 ◊ latin *corruptibilis* ▪ **1** VX ou DIDACT. Qui peut être corrompu. *Matière corruptible.* ➤ **biodégradable, décomposable, putrescible.** ▪ **2** *Personne corruptible.* ➤ **vénal.** «*Des juges ignorants et corruptibles*» LESAGE. ▪ CONTR. Incorruptible.

CORRUPTION [kɔrypsjɔ̃] n. f. – v. 1130 ◊ latin *corruptio*, de *corrumpere* → corrompre ▪ **1** (1170) VIEILLI Altération de la substance par décomposition. ➤ **décomposition, pourriture, putréfaction.** ▪ **2** LITTÉR. Altération du jugement, du goût, du langage. ➤ **corrompre** (I, 2°). ▪ **3** Le fait de corrompre moralement ; état de ce qui est corrompu. ➤ **avilissement, dépravation, gangrène, perversion, souillure, vice.** *Corruption des mœurs.* ➤ **dérèglement, dissolution.** «*Les hommes sont tous pareils, enragés de vice et de corruption*» DAUDET. DR. *Corruption de mineur.* ▪ **4** Emploi de moyens condamnables (➤ **bakchich, dessous-de-table, pot-de-vin, rétrocommission**) pour faire agir qqn contre son devoir, sa conscience ; fait de se laisser corrompre. *Tentative de corruption. La corruption électorale est un délit.*

Condamné pour corruption de fonctionnaires. ➤ **prévarication.** *Être convaincu de corruption. Corruption active, passive.* ■ CONTR. Assainissement, purification. Amélioration, correction, édification, moralisation, perfectionnement, pureté.

CORSAGE [kɔʀsaʒ] **n. m.** – avant 1778 ; «buste» v. 1150 ◊ de l'ancien français *cors* → corps ■ Vêtement féminin de tissu qui recouvre le buste. ➤ 2 **blouse, caraco,** VX **casaquin, chemisette, chemisier, guimpe.** *Corsage d'un costume régional. Corsage à manches courtes, à manches longues, sans manches. Corsage montant, décolleté* (➤ **bustier**). *Corsage en soie.* ◆ *Corsage d'une robe.* ➤ **haut.**

CORSAIRE [kɔʀsɛʀ] **n. m.** – 1477 ; *cursaire* 1443 ◊ italien *corsaro* ; bas latin *cursarius,* de *cursus* «cours» ■ **1** ANCIENNT Navire armé en course par des particuliers, avec l'autorisation du gouvernement. — Le capitaine qui commandait ce navire. *Jean Bart, Surcouf sont de célèbres corsaires.* ◆ **adj.** *Bateau corsaire.* — LOC. *La cité corsaire :* Saint-Malo. ■ **2** Aventurier, pirate. ➤ **boucanier, flibustier.** — SPÉCIALT *Les corsaires barbaresques.* ◆ *Pantalon corsaire :* pantalon court (au-dessous du genou) et moulant. — **n. m.** *Un corsaire.*

CORSE [kɔʀs] **adj.** et **n.** – 1684 ◊ de *Corse,* n. d'une île de la Méditerranée ■ De Corse. *Populations corses. Le maquis corse. Vendetta corse. Fromage corse.* ➤ **brocciu.** ◆ **n.** *Les Corses.* — **n. m.** *Le corse :* langue romane méridionale, proche du toscan, parlée en Corse.

CORSÉ, ÉE [kɔʀse] **adj.** – 1767 ◊ de *corser* ■ **1** *Vin corsé,* qui est riche en tanins et en alcool. ■ **2** Relevé, épicé. *Une sauce très corsée.* ■ **3** Dur, compliqué. ➤ **trapu.** *C'est corsé, ce problème.* — *Une histoire corsée,* scabreuse. ➤ 1 **salé.**

CORSELET [kɔʀsəlɛ] **n. m.** – après 1250 «petit corps» ◊ de l'ancien français *cors* → corps ■ **1** (1562) ANCIENNT Cuirasse légère. ■ **2** (1533) Vêtement féminin (costumes régionaux) qui serre la taille et se lace sur le corsage. ■ **3** (1546) SC. NAT. Partie antérieure du thorax, chez les coléoptères, les hémiptères et les orthoptères. ➤ **prothorax.**

CORSER [kɔʀse] **v. tr.** ‹1› – v. 1860 ◊ repris du moyen français *corser* 1572 ; *courser* «prendre au corps» 1455 ; de *cors* → corps ■ **1** Donner du corps, de la consistance à. *Corser du vin,* en y ajoutant de l'alcool. ■ **2** FIG. *Corser l'action d'une pièce, l'intrigue d'un drame,* la renforcer, en accroître l'intérêt. — PRONOM. *L'affaire, l'histoire se corse,* elle se complique, devient plus importante, plus intéressante. ■ CONTR. Affaiblir, édulcorer.

CORSET [kɔʀsɛ] **n. m.** – 1789 ; «courte veste, corsage» fin XIIe ◊ de *corps* ■ **1** ANCIENNT Gaine baleinée et lacée, en tissu résistant, qui serre la taille et le ventre des femmes. ➤ **ceinture, gaine.** *Baleines de corset.* — LOC. MÉTAPH. *Corset de fer,* ce qui enserre, opprime. ◆ *Corset orthopédique, médical,* qui maintient l'abdomen, le thorax ou redresse la colonne vertébrale. ➤ **lombostat.** ■ **2** Pièce de certains costumes régionaux qui se lace sur le corsage. *Corset de velours des Alsaciennes.* ➤ **corselet.**

CORSETER [kɔʀsəte] **v. tr.** ‹5› – 1842 ◊ de *corset* ■ **1** RARE Revêtir d'un corset. ■ **2** FIG. Donner un cadre rigide à. — **p. p. adj.** (plus cour.) Enserré dans un cadre rigide. ➤ **guindé, raide.** *Il est un peu corseté* (cf. Collet* monté). *«ma liberté de ton, ça fascinait dans les milieux corsetés»* K. TUIL.

CORSETIER, IÈRE [kɔʀsətje, jɛʀ] **n.** – 1842 au fém. ◊ de *corset* ■ Personne qui fait ou vend des corsets.

CORSO [kɔʀso] **n. m.** – 1846 ◊ italien *corso* «avenue» → cours ■ Défilé de chars, lors d'une fête. *Des corsos fleuris.*

CORTÈGE [kɔʀtɛʒ] **n. m.** – 1622 ◊ italien *corteggio,* de *corteggiare,* de *corte* ■ **1** Suite de personnes qui en accompagnent une autre pour lui faire honneur dans une cérémonie. ➤ **escorte, suite.** *Cortège entourant un haut personnage.* ➤ **appareil, état-major.** *Cortège funèbre.* ➤ **convoi.** — *Se former en cortège.* ■ **2** Groupe organisé qui avance. ➤ **défilé, procession.** *Le cortège des manifestants.* ■ **3** MÉTAPH. et LITTÉR. Suite. *«Et quand la nuit, guidant son cortège d'étoiles»* LAMARTINE. ◆ PHYS. *Cortège électronique :* ensemble des électrons d'un atome.

CORTÈS [kɔʀtɛs] **n. f. pl.** – 1519 ◊ espagnol *cortes,* plur. de *corte* «cour» ■ **LES CORTÈS :** assemblée représentative en Espagne et au Portugal. — SPÉCIALT Parlement espagnol formé de deux Chambres.

CORTEX [kɔʀtɛks] **n. m.** – 1896 ◊ mot latin «écorce» ■ **1** ANAT. Partie externe périphérique de certains organes. *Cortex cérébral, rénal.* ABSOLT *Le cortex :* l'écorce cérébrale. ➤ **cortical ;** aussi **néocortex.** *Cortex surrénal.* ➤ **corticosurrénale.** — HISTOL. *Cortex de la racine et de la tige des plantes vasculaires.* ■ **2** BIOL. Couche périphérique de la paroi de certains protozoaires.

CORTICAL, ALE, AUX [kɔʀtikal, o] **adj.** – fin XVe ◊ du latin *cortex, icis* «écorce» ■ **1** BOT. Qui appartient à l'écorce. *Couches corticales.* ■ **2** ANAT. *Substance corticale du cerveau :* substance externe et grise qui enveloppe la substance blanche. ➤ **cortex.** *Cellules corticales.* ■ **3** (XXe) *Hormones corticales,* sécrétées par la corticosurrénale.

CORTICOÏDES [kɔʀtikɔid] **n. m. pl.** – 1946 ◊ du latin *cortex, icis* et *-oïde* ■ BIOCHIM. Hormones stéroïdes produites par le cortex surrénal animal et humain. ➤ **cortisol, cortisone, hydrocortisone ; androgène.** — CHIM. Produit similaire obtenu par synthèse. *Les corticoïdes sont anti-inflammatoires* (➤ **corticothérapie**).

CORTICOSTÉROÏDES [kɔʀtikosteʀɔid] **n. m. pl.** – 1951 ; allemand *Cortico-Steroide* (1947) ◊ du radical de *cortex* et *stéroïde* ■ Corticoïdes*.

CORTICOSURRÉNAL, ALE, AUX [kɔʀtikosy(ʀ)ʀenal, o] **n. f.** et **adj.** – 1929 ◊ du radical de *cortex* et *surrénale* ■ **1** ANAT. Périphérie de la glande surrénale. ■ **2** **adj.** BIOCHIM. *Hormones corticosurrénales.* ➤ **corticoïdes.** *Insuffisance corticosurrénale.*

CORTICOTHÉRAPIE [kɔʀtikoteʀapi] **n. f.** – 1952 ◊ de *cortex, icis* et *thérapie* ■ MÉD. Emploi thérapeutique des hormones corticosurrénales, notamment la cortisone.

CORTICOTROPHINE [kɔʀtikotʀɔfin] **n. f.** – milieu XXe ◊ de *corticotrophique* «(hormone) qui stimule le cortex surrénal», du radical de *cortex* et *trophique* ■ BIOCHIM. ACTH.

CORTINAIRE [kɔʀtinɛʀ] **n. m.** – 1816 ◊ de *cortine* «membrane de certains champignons», latin *cortina* ■ Champignon à lamelles *(basidiomycètes)* très répandu dans les forêts. *Cortinaire de Berkeley,* comestible. *Cortinaire couleur de rocou,* ou *cortinaire des montagnes,* mortellement toxique.

CORTISOL [kɔʀtizɔl] **n. m.** – 1961 ◊ de *cortisone* et *-ol* ■ BIOCHIM. Hormone corticosurrénale qui intervient dans de nombreux métabolismes. ➤ **hydrocortisone.** *Le cortisol favorise la néoglucogenèse.*

CORTISONE [kɔʀtizɔn] **n. f.** – 1950 ◊ mot anglais, de *corti(co)s(ter)one* ■ Hormone du cortex surrénal, impliquée dans la réponse au stress et employée en thérapeutique. *«un embonpoint maladif où se reconnaissaient les effets de la cortisone : cou de buffle, adiposité du tronc»* J.-CH. RUFIN.

CORTON [kɔʀtɔ̃] **n. m.** – 1819 ◊ de *Aloxe-Corton* ■ Vin renommé de Bourgogne.

CORUSCANT, ANTE [kɔʀyskɑ̃, ɑ̃t] **adj.** – 1507, repris XIXe ◊ latin *coruscans* ■ VX Brillant*, éclatant. *«un arc-en-ciel plus vaste et plus coruscant que la nature seule n'en peut créer»* TOURNIER.

CORVÉABLE [kɔʀveabl] **adj.** – 1704 ◊ de *corvée* ■ HIST. Assujetti à la corvée. *Taillable* et corvéable à merci.* — SUBST. *Les corvéables.*

CORVÉE [kɔʀve] **n. f.** – XIIe *corovée ;* VIIIe-IXe *corvada* ◊ bas latin *corrogata (opera)* «(travail) obligatoire dû au seigneur», de *corrogare* «convoquer ensemble» ■ **1** DR. ANC. Travail gratuit que les serfs, les roturiers devaient au seigneur. *Astreint à la corvée.* ➤ **corvéable.** ■ **2** (v. 1460) FIG. Obligation ou travail pénible et inévitable. *Quelle corvée ! Les corvées domestiques, ménagères :* les travaux du ménage. *Faire toutes les corvées.* PAR EXT. Obligation qui déplaît. *Ce cocktail, c'est une vraie corvée !* ■ **3** (1835) Travail que font à tour de rôle les hommes d'un corps de troupe, les membres d'une communauté. ➤ **besogne, service,** 1 **travail.** *Être de corvée. Homme de corvée. Corvée d'eau, de patates.* ■ **4** (Suisse, Canada) Travail collectif, volontaire et bénévole, pour aider un voisin, un ami en difficulté.

CORVETTE [kɔʀvɛt] **n. f.** – 1476 ◊ moyen néerlandais *corver* «bateau chasseur» ■ **1** MAR. ANCIENNT Navire de guerre intermédiaire entre le brick et la frégate. — LOC. *Capitaine* de corvette.* ■ **2** Petit bâtiment d'escorte utilisé pendant la Seconde Guerre mondiale dans la lutte contre les sous-marins.

CORVIDÉS [kɔʀvide] **n. m. pl.** – 1834 ◊ du latin *corvus* «corbeau» ■ Famille d'oiseaux *(passériformes)* assez grands, comprenant les corbeaux, les pies, les geais.

CORYBANTE [kɔʀibɑ̃t] **n. m.** – 1512 ; *coryban* v. 1375 ◊ grec *korubas, antos* ■ Dans l'Antiquité, Prêtre de la déesse Cybèle.

CORYMBE [kɔʀɛ̃b] **n. m.** – XVe ◊ grec *korumbos* «sommet» ■ BOT. Inflorescence dans laquelle les pédicelles (de longueur inégale) s'élèvent en divergeant de sorte que leurs fleurs se trouvent sur un même plan. ➤ **ombelle.** *Les corymbes des fleurs de poirier, de sureau.*

CORYPHÉE [kɔʀife] n. m. – 1556 ◊ grec *koruphaios*, de *koruphê* «tête» ■ DIDACT. ■ **1** Chef du chœur dans les pièces du théâtre antique. ■ **2** Personne qui tient le premier rang dans un parti, une secte, une société. ➤ **chef, guide.** ■ **3** DANSE Quatrième et avant-dernier des cinq échelons dans le corps de ballet de l'Opéra de Paris.

CORYZA [kɔʀiza] n. m. – *corysa* 1655 ; *corise* v. 1370 ◊ grec *koruza* «écoulement nasal» ■ MÉD. Inflammation de la muqueuse des fosses nasales (rhume de cerveau).

COSAQUE [kɔzak] n. m. – 1578 ◊ russe *kosak* ■ Cavalier de l'armée russe. — LOC. FIG. *À la cosaque :* brutalement.

COSÉCANTE [kosekɑ̃t] n. f. – 1708 ◊ de *co-* et *sécante* ■ Fonction trigonométrique, l'inverse du sinus* (notée *cosec*).

COSIGNATAIRE [kosiɲatɛʀ] n. et adj. – 1849 ◊ de *co-* et *signataire* ■ Une des personnes qui signent en commun un acte. *Les cosignataires d'un contrat, d'une pétition.* — adj. *Les puissances cosignataires d'un traité.*

COSIGNER [kosiɲe] v. tr. ‹1› – 1973 ◊ de *co-* et *signer* ■ Signer avec d'autres (un texte, une œuvre).

COSINUS [kosinys] n. m. – *co-sinus* 1717 ◊ de *co-* et *sinus* ■ Fonction trigonométrique faisant correspondre à l'angle de deux axes la mesure de la projection orthogonale sur l'un, d'un vecteur unitaire porté par l'autre ; sinus* de l'angle complémentaire. *Cosinus de l'angle* θ (noté *cos* θ).

COSMÉTIQUE [kɔsmetik] adj. et n. – 1555 ◊ grec *kosmêtikos* «relatif à la parure», de *kosmos*

I adj. et n. ■ **1** adj. Qui est propre aux soins de beauté. — n. m. (surtout au plur.) *Les cosmétiques :* les produits de beauté. ■ **2** n. m. (milieu XIXe ; «fard» 1690) VIEILLI Produit servant à fixer et à lustrer la chevelure. ➤ **brillantine, gel, laque, 1 mousse.** ■ **3** n. f. Partie de l'hygiène qui concerne les produits de soin et de beauté. *Cosmétique naturelle, végétale, marine.*

II adj. (de l'angl. *cosmetic*) Qui ne modifie que la forme, sans toucher à l'essentiel. *Réforme cosmétique. Modifications cosmétiques.* ➤ **1 mineur, superficiel, symbolique.**

COSMÉTIQUER [kɔsmetike] v. tr. ‹1› – 1876 ◊ de *cosmétique* ■ Enduire de cosmétique (2°). p. p. adj. *«Sa forte moustache blonde très cosmétiquée»* DAUDET.

COSMÉTOLOGIE [kɔsmetɔlɔʒi] n. f. – 1845 ◊ de *cosmét(ique)* et *-logie* ■ Étude de ce qui a trait aux produits cosmétiques (composition, fabrication et mode d'emploi). — n. (1896) **COSMÉTOLOGUE.**

COSMIQUE [kɔsmik] adj. – 1390 ◊ grec *kosmikos*, de *kosmos* ■ **1** PHILOS. De l'univers matériel. *Les espaces cosmiques.* ■ **2** (1863) Du monde extraterrestre (➤ **cosmos**). *Les corps cosmiques.* ➤ **astral.** *Vaisseau cosmique.* ➤ **spatial.** ◆ ASTRON., PHYS. *Rayonnement cosmique* (ou *rayons cosmiques*), constitué de particules très rapides (hadrons, leptons, photons) qui traversent l'atmosphère et frappent la surface de la Terre.

COSMODROME [kɔsmodʀom] n. m. – 1961 ◊ de *cosmos* (2°), d'après *aérodrome* ■ Base de lancement d'engins* spatiaux (en U. R. S. S. puis en Russie).

COSMOGONIE [kɔsmɔgɔni] n. f. – 1585 ◊ grec *kosmogonia* ■ Théorie (scientifique ou mythique) expliquant la formation de l'univers, ou de certains objets célestes. — adj. **COSMOGONIQUE,** 1796.

COSMOGRAPHIE [kɔsmɔgʀafi] n. f. – 1512 ◊ grec *kosmographia* ■ Astronomie de position, géométrique et descriptive. — adj. **COSMOGRAPHIQUE.**

COSMOLOGIE [kɔsmɔlɔʒi] n. f. – 1582 ◊ grec *kosmologia* ■ Théorie (philosophique ou scientifique) de la formation ➤ **cosmogonie** et de la nature de l'univers. — (milieu XXe ◊ anglais *cosmology*) Théorie générale de la matière dans l'espace-temps ➤ **astrophysique.** — adj. **COSMOLOGIQUE.**

COSMOLOGISTE [kɔsmɔlɔʒist] n. – 1759 ◊ de *cosmologie* ■ Spécialiste de la cosmologie. — On dit aussi *cosmologue.*

COSMONAUTE [kɔsmɔnot] n. – 1961 ◊ de *cosmos* (2°), d'après *astronaute* ■ Voyageur de l'espace, occupant d'un véhicule spatial. ➤ **astronaute, spationaute.** — REM. Le mot s'emploie surtout en parlant des expéditions spatiales soviétiques puis russes.

COSMOPOLITE [kɔsmɔpɔlit] adj. – 1560 ◊ grec *kosmopolitês* «citoyen (*politês*) du monde (*kosmos*)» ■ **1** VIEILLI Qui vit indifféremment dans tous les pays, s'accommode de tous. SUBST. *«Paris est la ville du cosmopolite»* BALZAC. — PAR EXT. *Une existence cosmopolite.* ■ **2** MOD. Qui comprend des personnes de tous les pays ; qui subit des influences de nombreux pays (opposé à *national*). *Ville cosmopolite.* ■ **3** DIDACT. Qui a une répartition géographique très large. *Animal, plante cosmopolite.*

COSMOPOLITISME [kɔsmɔpɔlitism] n. m. – 1823 ; *cosmopolisme* 1739 ◊ de *cosmopolite* ■ **1** Disposition à vivre en cosmopolite (1°). ■ **2** Caractère d'un lieu, d'une réunion cosmopolite (2°).

COSMOS [kɔsmos] n. m. – 1847 ◊ grec *kosmos* «bon ordre ; ordre de l'univers», souvent opposé à *chaos*, et auquel correspond le latin *mundus* → monde ■ **1** PHILOS. L'univers considéré comme un système ordonné. *Pythagore opposait le Cosmos, lieu de l'ordre, à l'Ouranos, lieu du devenir et du changement.* — MOD. L'univers, dans toutes ses dimensions et ses aspects. ■ **2** (d'après le russe) Espace extraterrestre. *Envoyer une fusée dans le cosmos* (➤ **cosmodrome, cosmonaute**).

COSPLAY [kɔsplɛ] n. – 1996 ◊ mot-valise anglais (1993), de *cos(tume)* et *play* «jeu», d'après le japonais ■ ANGLIC. n. m. Pratique qui consiste à incarner un personnage de fiction (manga, film d'animation, jeu vidéo, etc.). ◆ n. Personne qui pratique le cosplay. *Défilé de cosplays. Une cosplay japonaise.* ◆ n. m. Rassemblement de cosplays. — Recomm. offic. *costumade.*

COSSARD, ARDE [kɔsaʀ, aʀd] n. et adj. – 1898 ◊ p.-ê. de *cossu* ■ FAM. VIEILLI Paresseux. ➤ **flemmard.** *Quel cossard !* ■ CONTR. Travailleur.

1 **COSSE** [kɔs] n. f. – v. 1225 ◊ latin populaire °*coccia*, classique *cochlea* «coquille d'escargot» ■ **1** Enveloppe qui renferme les graines de certaines légumineuses. ➤ **gousse.** *Cosse de haricots, de fèves, de pois. Ôter les graines de la cosse.* ➤ **écosser.** ■ **2** ÉLECTR. Anneau métallique, à l'extrémité d'un conducteur, destiné à être fixé sur une borne. *Les cosses de la batterie d'une voiture.*

2 **COSSE** [kɔs] n. f. – 1899 ◊ de *cossard* ■ FAM. VIEILLI Paresse. ➤ **flemme.** *Il a une de ces cosses ! «dans mon milieu et ma famille, la cosse c'est mal vu»* ERNAUX.

COSSETTE [kɔsɛt] n. f. – fin XVe ◊ de 1 *cosse* ■ **1** VX Petite cosse. ■ **2** TECHN. Lamelle de betterave à sucre, de racine de chicorée.

COSSIN [kɔsɛ̃] n. m. – 1909, d'abord «homme impropre au travail» ◊ origine obscure ■ (Canada) FAM. ■ **1** Babiole, petit objet de peu de valeur. ➤ **bébelle.** *«J'ai entendu dire que les vieux cossins sont devenus bien à la mode en ville»* Y. BEAUCHEMIN. ◆ PAR EXT. Objet de mauvaise qualité. ■ **2** Chose quelconque, qu'on ne peut ou ne veut pas nommer. *À quoi peut servir ce cossin !* ■ **3** AU PLUR. Affaires, effets personnels. *Ramasse tes cossins !*

COSSU, UE [kɔsy] adj. – 1378 ◊ p.-ê. de *fèves cossues*, dont les *cosses* sont gonflées de graines ■ Qui a une large aisance. ➤ **riche.** *Bourgeois cossu.* — PAR EXT. Qui dénote l'aisance, l'opulence. *La demeure cossue d'un notable.* ■ CONTR. Pauvre.

COSSUS [kɔsys] n. m. – 1798 ◊ mot latin ■ Grand papillon nocturne *(lépidoptères)* aux ailes brunes dont la chenille ronge le bois. ➤ **gâte-bois.**

COSTAL, ALE, AUX [kɔstal, o] adj. – 1550 ◊ du latin *costa* «côte» ■ ANAT. Relatif aux côtes. *Muscles costaux. Région costale.* ■ HOM. Costaud.

COSTARD [kɔstaʀ] n. m. – 1926 «costume de forçat» ◊ de *costume* et *-ard* ■ FAM. Costume d'homme. — FIG. *Tailler* un costard à qqn.*

COSTAUD, AUDE [kɔsto, od] adj. et n. – 1884 ; *costeau* avant 1806 ◊ de *côte*, littéralt «homme qui a de fortes côtes» ■ FAM. ■ **1** Fort*, robuste. ➤ **balèze, maous, mastard ;** RÉGION. **castard.** *Un homme costaud. Elles sont rudement costaud* (inv.), ou *costaudes.* — n. *Un gros costaud. Une costaud* ou *costaude. «quelques carrures de costauds»* ROMAINS. ■ **2** Qui a de vastes connaissances. ➤ **calé, 1 fort, fortiche, trapu.** *Il est costaud en maths.* ■ **3** (CHOSES) Solide, résistant. *C'est costaud, ça ne se déchirera pas.* SUBST. *C'est du costaud !* ➤ **solide.** ■ CONTR. Fluet. Faible, fragile. ■ HOM. Costaux (costal).

COSTIÈRE [kɔstjɛʀ] n. f. – 1869 ; ancien français *costiere* «côté» v. 1200 ◊ de l'ancien français *coste* «côte» ■ TECHN. Vide pratiqué dans le plancher d'une scène de théâtre pour le passage et la disposition des décors.

COSTUME [kɔstym] n. m. – 1747 ; autre sens 1662 ◊ italien *costume* «coutume» ■ **1** Vêtement habituel particulier à un pays, une époque, une condition. ➤ **accoutrement,** VX **équipage, habillement, habit, vêtement.** *Costumes nationaux. Costume régional porté à l'occasion d'une fête.* ◆ Pièces d'habillement qui constituent un ensemble. ➤ **vêtement ; tenue.** *Costume d'apparat, de cérémonie.* VIEILLI ou RÉGION. (Suisse, Canada) *Costume de bain.* ➤ **maillot.** — *Costumes de scène,* au théâtre, au cinéma. ABSOLT *Le décor et les costumes sont très réussis.*

Répéter une pièce en costume. — Bal en costume. ➤ **costumé ; déguisement.** — LOC. FAM. *En costume d'Adam, d'Ève* : tout(e) nu(e). ◆ FIG. Rôle, fonction. *Il n'a pas la carrure pour endosser le costume de ministre.* ▪ **2** COUR. Vêtement d'homme composé d'une veste, d'un pantalon et parfois d'un gilet. ➤ 2 **complet,** FAM. **costard.** — *En costume-cravate. Costume de ville, de sport. Costume tailleur* (VIEILLI). ➤ **tailleur.** — LOC. FAM. *Tailler* un costume à qqn.*

COSTUMÉ, ÉE [kɔstyme] **adj.** – 1787 ◇ de *costume* ▪ Vêtu d'un déguisement, d'un costume de théâtre. ➤ **déguisé.** ◆ *Bal costumé,* où les danseurs sont costumés.

COSTUMER [kɔstyme] **v. tr.** ⟨1⟩ – 1792 ◇ de *costumé* ▪ Revêtir d'un costume, d'un déguisement. ➤ **habiller, vêtir ; déguiser.** *Costumer un singe.* PRONOM. *Elle s'est costumée en Pierrot.*

COSTUMIER, IÈRE [kɔstymje, jɛʀ] **n.** – 1799 ◇ de *costume* ▪ Personne qui fait, vend ou loue des costumes de scène, qui s'occupe des costumes d'une représentation.

1 **COSY** [kozi] **adj.** – 1910 ; n. m. «enveloppe de théière» 1904 ◇ mot anglais «confortable» ▪ ANGLIC. Confortable, agréable. *Un endroit cosy.* ➤ **douillet.** *Des intérieurs cosys* **ou** *cosy* **(inv.).** *«Elle avait allumé une bougie [...] pour créer une atmosphère cosy»* V. DESPENTES. ➤ **chaleureux.**

2 **COSY** [kozi] **n. m.** – 1946 ; *cosy-corner* 1906 ◇ anglais *cosy corner* «coin confortable» → 1 cosy ▪ ANGLIC. VX Divan muni d'une étagère et que l'on place généralement dans l'encoignure d'une pièce. *Des cosys.*

COTANGENTE [kotɑ̃ʒɑ̃t] **n. f.** – 1721 ◇ latin *cotangens, entis* → tangent ▪ MATH. Fonction trigonométrique (notée *cotg*) inverse de la tangente. *Cotangente hyperbolique* (notée *coth*), inverse de la tangente hyperbolique.

COTATION [kɔtasjɔ̃] **n. f.** – 1929 ; *quottation* «annotation» 1527 ◇ de *coter* ▪ Détermination du prix auquel se fait une transaction. ◆ BOURSE Inscription à la cote* du cours constaté pour une valeur mobilière. *Cotation à la criée, en continu.* ◆ COMM. Calcul, proposition de prix pour le transport de marchandises. *Cotation du fret international.*

COT COT [kɔtkɔt] **interj.** – v. 1525 *coc coc* ◇ onomat. ▪ Onomatopée qui imite le gloussement, le caquètement de la poule. — **n. m. inv.** *Les cot cot de la poule.*

COTE [kɔt] **n. f.** – 1390 ◇ latin médiéval *quota,* de *quota pars* «part qui revient à chacun» ▪ **1** Montant d'une cotisation, d'un impôt demandé à chaque contribuable. ➤ **contribution.** *Cote mobilière, foncière.* ◆ LOC. FIG. *Cote mal taillée* : compromis qui ne satisfait personne. *Accepter une cote mal taillée.* ▪ **2** (v. 1600) Marque servant à un classement. *Pièce sous la cote A, B, 3, 4.* — Document, dossier portant cette marque. *Cotes composant un dossier de plaidoirie.* ▪ **3** (1784) Constatation officielle des cours (d'une valeur, d'une monnaie) qui se négocient par l'intermédiaire d'agents qualifiés (SPÉCIALT en Bourse). ➤ **change, cotation, cours.** *La cote de l'Argus,* pour le marché des voitures. — PAR EXT. *Cote officielle* **ou** *cote* : tableau indicateur des cours officiels. *Valeurs admises à la cote de la Bourse. Actions inscrites à la cote. Marché hors cote* ; SUBST. *le hors-cote.* ▪ **4** (1877) Estimation. *Cote d'un cheval* : estimation de la valeur de l'animal, de ses chances de victoire. — *La cote d'un devoir.* ➤ **note.** LOC. VIEILLI *Cote d'amour* : appréciation d'un candidat, basée sur une estimation de sa valeur morale, sociale. *Cote de popularité* : résultat d'un sondage d'opinion sur la popularité d'une personne. ➤ **indice.** LOC. *Avoir la cote* : être apprécié, estimé. *Avoir la cote auprès de qqn.* FAM. *Avoir une cote d'enfer* : être très apprécié. ▪ **5** Troisième coordonnée d'un repère cartésien ; chiffre indiquant une dimension (en géométrie descriptive), un niveau (en topographie). *Pièce usinée aux cotes requises. La cote 206* : le point qui, sur la carte, est coté 206. ➤ **altitude.** *«S'efforcer de parvenir à la cote moins huit cents»* CAMUS. ◆ *Cote d'alerte* : niveau d'un cours d'eau au-delà duquel commence l'inondation ; FIG. point critique. ▪ HOM. Cotte, kot.

CÔTE [kot] **n. f.** – v. 1160 *coste* ◇ latin *costa*

I OS, PARTIE SAILLANTE ▪ **1** Os plat du thorax, de forme courbe, qui s'articule sur la colonne vertébrale et le sternum. ➤ **costal.** *Les douze paires de côtes,* délimitant la cage thoracique. *Côtes vraies* ou *côtes sternales* : les sept premières à partir du haut. *Fausses côtes,* qui s'articulent par leur cartilage sur le cartilage costal de la côte supérieure. *Côtes flottantes* : les deux dernières paires, qui ne sont attachées qu'à la colonne vertébrale. *Artères et nerfs des côtes.* ➤ **intercostal.** *Côte fêlée.* ◆ LOC. *On lui voit les côtes ; on lui compterait les côtes* : il, elle est très maigre. — FAM. et VIEILLI *Avoir les côtes en long* : être paresseux. — *Se tenir les côtes* : rire très fort. *«Au milieu de la rue, les familles se tenaient les côtes de rire»* CALAFERTE. *Caresser les côtes* : battre. — *La côte d'Adam* : la côte de laquelle Dieu forma Ève, selon la Genèse. *Elle «ne parvenait pas à savoir si, oui ou non, il manquait une côte aux garçons, celle que Dieu, l'enlevant à Adam, avait changée en femme»* CLANCIER. ▪ **2** Morceau de viande qui accompagne cet os. *Côte de porc, de veau, de mouton, d'agneau.* ➤ **côtelette.** *Côte de bœuf* (➤ **entrecôte**). *Côtes premières. Côtes découvertes.* ➤ **carré.** *Plat de côtes,* ou *plates côtes* : partie plate des côtes du bœuf. *«Un achat de plates côtes lié à un projet de pot-au-feu»* BLONDIN. *Côtes doubles* : deux côtes d'agneau non séparées mais étalées symétriquement par rapport à l'os. *Côte parisienne* : tendron de veau, coupé comme une côte, à griller ou à poêler. ABUSIVEMENT *Côtes (de) gigot* : tranches avec os. ▪ **3** (XIIIe ◇ de *coste* «côté du corps») **CÔTE À CÔTE :** l'un à côté de l'autre. *Marcher côte à côte. «gravées sur sa tombe, deux dates côte à côte»* GIRAUDOUX. ▪ **4** (1530 «ridelle») Saillie qui orne une surface concave ou convexe. *Les côtes d'une voûte, d'une coupole.* — Listel qui sépare les cannelures d'une colonne. ◆ Grosse nervure d'une feuille. *Côte de bette, de salade.* — Division naturellement marquée sur certains fruits. *Côte de melon.* ◆ Rayure saillante d'un tissu, d'un tricot. *Velours à côtes.* ➤ **côtelé, milleraie.** *Il «faisait aller les revers de sa main sur les côtes du velours, comme s'il eût caressé le dos d'un chat...»* POULAILLE. *Le point de côtes au tricot. Tricot à grosses côtes. Bord* côtes.*

II PENTE ▪ **1** (v. 1150) Pente qui forme l'un des côtés d'une colline. ➤ **coteau.** Coteau planté de vignes. *Les côtes du Rhône* (➤ **côtes-du-rhône**), *de Provence.* ◆ GÉOGR. ➤ **cuesta.** ▪ **2** Route en pente. ➤ **montée, pente, raidillon.** *Monter, descendre la côte.* — **(Opposé à** *descente***)** *La côte est raide.* ➤ FAM. **grimpette.** *Démarrage en côte. À mi-côte* : au milieu d'une côte.

III RIVAGE ▪ **1** (1530) Rivage de la mer. ➤ **bord, littoral.** *Côte sablonneuse.* ➤ 1 **grève,** 2 **plage.** *Côte escarpée.* ➤ **falaise.** *Côte sauvage. Route qui longe la côte.* ➤ 1 **corniche.** *La côte bretonne.* — *La Côte d'Azur* : le littoral méditerranéen français entre Cassis et Menton. *Région Provence-Alpes-Côte d'Azur (PACA).* ABSOLT *Passer ses vacances sur la Côte.* — *Le département des Côtes-d'Armor. La Côte d'Argent* (Atlantique), *d'Émeraude, la Côte fleurie* (Manche)... ▪ **2** Partie de la mer aux approches de la terre. *Côte dangereuse. Navire qui fait côte,* qui est jeté à la côte. ▪ **3** LOC. FIG. *Être à la côte,* sans ressources, sans argent.

COTÉ, ÉE [kɔte] **adj.** – 1869 «admis en Bourse» ◇ de *coter* ▪ **1** (1888) Qui a une bonne cote, qui a la cote (4°). ➤ **estimé.** *Peintre très coté.* ▪ **2** *Coté en Bourse* : dont le cours résulte des transactions enregistrées à la Bourse des valeurs. *Valeur cotée en Bourse,* qui figure à la cote officielle. ◆ *Véhicule coté à l'Argus,* dont la valeur est donnée par l'Argus. *Cette voiture n'est plus cotée.* ▪ **3** (1922) Caractérisé par des cotes (5°). *Croquis coté.* ▪ HOM. Koter ; poss. côté.

CÔTÉ [kote] **n. m.** – fin XIe ◇ du latin populaire *costatum,* famille de *costa* → côte

I EN EMPLOI LIBRE ▪ **1** Région des côtes (de l'aisselle à la hanche). ➤ **flanc.** *Recevoir un coup dans le côté. «Il a deux trous rouges au côté droit»* RIMBAUD. *Point* de côté.* ◆ La partie droite ou gauche de tout le corps. *Se coucher sur le côté.* ◆ *À mes (vos, ses) côtés* : près de moi (vous, lui) (cf. À côté de moi, ci-dessous II, 4°). *«son sommeil qui la surprenait parfois sur l'herbe, à mes côtés»* MAURIAC. ▪ **2** (milieu XIIIe) (CHOSES) Partie qui est à droite ou à gauche (➤ **latéral**). *Le milieu et les côtés. Monter dans une voiture par le côté passager. Les côtés de la route.* ➤ **bas-côté.** *Les côtés d'un navire.* ➤ **bord, flanc ; bâbord, tribord.** *Côté sous le vent.* ◆ Partie **(qualifiée).** *Côté ombre, côté soleil.* THÉÂTRE *Côté cour, côté jardin* : les côtés droit, gauche de la scène (vus de la salle). — *Côté piste, côté avions* (sur un aérodrome). ◆ **(Après de)** *Mettez-vous de ce côté, de l'autre côté. Il habite de l'autre côté de la rue,* en face. *De l'autre côté de la barrière*. De chaque côté* (cf. De part* et d'autre). ▪ **3** (XIIIe) Limite extérieure d'une figure, d'un corps. ➤ **face, ligne,** 1 **pan.** *Côtés d'un secteur angulaire, d'un polygone,* les demi-droites qui les limitent. *Figure à n côtés. Les côtés d'un polyèdre.* ➤ **face.** — *Le bon, le beau côté d'une étoffe.* ➤ **endroit.** *Le mauvais côté.* ➤ 2 **envers.** *Côté pile, côté face d'une pièce de monnaie.* ➤ **avers, revers.** *Les deux côtés d'une feuille de papier.* ➤ **recto, verso.** *Le côté ensoleillé du flanc d'une montagne.* ➤ **versant.** ▪ **4** (XVIIe) ABSTRAIT Manière dont les choses se présentent. ➤ **aspect.** *Les bons et les mauvais côtés d'une entre-*

prise (cf. Le pour et le contre*). *Prendre une chose par le bon côté, du bon côté,* avec optimisme. «*le côté simple et naturel des choses ne se révèle à moi qu'après tous les autres*» GAUTIER. «*le côté fleur bleue de ses états d'âme*» A. JARDIN. — *Les bons côtés de qqn.* ➤ **qualité.** *Les petits côtés de qqn.* ➤ **défaut, petitesse, travers.**

II PRÉCÉDÉ D'UNE PRÉPOSITION ▪ **1** (Après *de*) ➤ **endroit, partie, 1 point.** *De ce côté-ci ; de ce côté-là :* par ici, par là. — *De tout côté, de tous côtés :* de toute part, partout. *Courir de tous côtés,* çà et là. *De côté et d'autre,* par-ci, par-là. ▪ **2 DU CÔTÉ DE** (sens concret) : dans la direction de (avec mouvement) ou aux environs de. *Il est parti du côté opposé au vôtre.* «*De quel côté porter mes pas ?*» MOLIÈRE. «*Du côté de chez Swann*», *roman de Proust.* — *Se placer du côté de la fenêtre.* ➤ **près** (de). ♦ (sens abstrait) *De mon côté :* quant à moi ; pour ma part. *De mon côté, j'essaierai de vous aider.* «*Ton père aura réfléchi de son côté et toi du tien, et peut-être vous entendrez-vous mieux*» DUMAS FILS. — FAM. *De ce côté, il n'a rien à craindre,* dans ce domaine (cf. À cet égard*). **CÔTÉ** suivi d'un nom sans article En ce qui concerne, se rapporte à... *Côté argent, tout va bien.* ➤ **question.** «*Côté caisse, vous avez fait fortune au point que votre roi se vit contraint de vous réduire à la misère*» AUDIBERTI. — LOC. *D'un autre côté :* en envisageant différemment la question (cf. Par ailleurs). — SPÉCIALT (début XVe) ➤ **1 parti ; camp.** «*la guerre peut être juste de deux côtés à la fois*» BENDA. *Comptez sur lui, il est de votre côté. Les torts sont de mon côté.* LOC. *Mettre les rieurs* de son côté.* — (fin XIIIe) ➤ **parenté, ligne.** *Parent du côté du père, du côté maternel.* ▪ **3** loc. adv. (1690) **DE CÔTÉ.** De biais, de travers. *Marcher de côté. Tournez-vous de côté.* «*Un jeune homme frétillant, le feutre posé de côté sur la tête*» MAC ORLAN. — Sur le côté. *Se jeter de côté :* faire un écart. — À l'écart ou en réserve. (1787) *Laisser de côté.* ➤ **négliger, oublier.** *Je vous mets ce livre de côté.* ➤ **réserver.** *Mettre de l'argent de côté.* ➤ **économiser.** ELLIPT *Mettre de côté.* «*Il était venu en sabots à Paris et il avait toujours mis de côté, alors même qu'il ne gagnait que cent francs par mois*» HUYSMANS. ▪ **4** loc. adv. (1580) **À CÔTÉ :** à une distance proche. *Il habite à côté, tout à côté,* tout près. *La maison à côté, les gens d'à côté.* ➤ **proche, voisin.** LOC. FAM. *C'est pas la porte à côté :* c'est loin. — *Passons à côté,* dans la pièce voisine. — *Le coup est passé à côté,* et ELLIPT *À côté !* ➤ **raté.** FIG. *Passer à côté :* échouer, manquer une occasion. «*L'intention, ou la volonté personnelle, de créer un mythe, est la plus sûre façon de passer à côté*» GRACQ. ♦ *Un à-côté.* ➤ **à-côté.** ♦ loc. prép. (1690) **À CÔTÉ DE.** ➤ **auprès** (de), **contre, près** (de). *Marcher à côté de qqn* (cf. Aux côtés de, ci-dessus I, 1°). *Le salon est à côté de la salle à manger.* — (ABSTRAIT) *Vos ennuis ne sont pas graves à côté des miens* (cf. En comparaison de). LOC. FAM. *À côté de ça :* malgré cela, en revanche. — *Passer à côté d'une difficulté,* ne pas la voir. *Vous êtes resté à côté de la question,* hors du sujet. FAM. *Être à côté de ses pompes*, de la plaque*.*

▪ CONTR. Dos, poitrine. Centre, milieu. ▪ HOM. poss. Coté, coter.

COTEAU [kɔto] n. m. – *couteau* 1599 ♦ de l'ancien français *coste* → côte ▪ **1** Petite colline. ➤ **colline, monticule.** *Au pied du coteau. Les flancs, les versants d'un coteau.* ▪ **2** Versant, pente d'une colline. *Les coteaux du Beaujolais.* ▪ HOM. poss. Koto.

CÔTELÉ, ÉE [kot(ə)le] adj. – *costelé* XIIe ♦ de *côte* ▪ Qui présente des côtes. *Étoffe, velours côtelé,* à côtes. — *Tomate côtelée.*

CÔTELETTE [kotlɛt ; kɔtlɛt] n. f. – *costelette* 1393 ♦ de *côte* ▪ **1** Côte des animaux de boucherie de taille moyenne (mouton, porc). *Côtelette grillée. Côtelettes d'agneau* (➤ **carré**), *de porc. Manche de côtelette. Côtelettes découvertes,* sous l'épaule. ▪ **2** FAM. Côte (humaine). «*la foule s'en brisait les côtelettes*» QUENEAU.

COTER [kɔte] v. ‹1› – XVe ♦ de *cote*

I v. tr. ▪ **1** Marquer d'une cote (les pièces d'un dossier, les pages d'un registre). ➤ **cote** (2°) ; **noter, numéroter.** ▪ **2** (1832) Indiquer le cours de (une valeur, une marchandise). ➤ **cote** (3°) ; **estimer, évaluer.** *Coter la rente, le change. Coter le certain*, l'incertain*. Coter une valeur en Bourse.* ➤ **coté.** ♦ *Coter un devoir d'élève.* ➤ **noter.** ♦ RARE Faire plus ou moins de cas de (qqn, qqch.). ➤ **apprécier, estimer ; coté.** ▪ **3** Marquer des mesures sur (un plan, une carte). *Coter une carte géographique :* indiquer les cotes de niveau. *Coter un dessin industriel.* ➤ **cote** (5°).

II v. intr. Atteindre, avoir (telle cote). *Sa voiture cote cinq mille euros à l'Argus. Le lingot a coté tant.*

▪ HOM. Coté, koter ; poss. côté.

COTERIE [kɔtʀi] n. f. – 1660 ; «association de paysans» 1611 ; de *cotier* (XIIIe) ♦ racine germanique *kote* «cabane» ; cf. *cottage* ▪ PÉJ. Réunion de personnes soutenant ensemble leurs intérêts. ➤ **association, 2 bande, caste, chapelle, clan, clique, secte, tribu.** *Coterie dirigée contre un personnage important.* ➤ **cabale, camarilla.** *Coterie secrète.* ➤ **mafia.** *Coterie littéraire, politique.* «*Les écoles, les coteries ne sont autre chose que des associations de médiocrités*» DELACROIX.

CÔTES-DU-RHÔNE [kotdyʀon] n. m. inv. – date inconnue ♦ de *côte* et *Rhône* ▪ Vin des Côtes du Rhône. *Un verre de côtes-du-rhône.*

COTHURNE [kɔtyʀn] n. m. – v. 1500 ♦ latin *cothurnus,* grec *kothornos* ▪ **1** DIDACT. Chaussure montante à semelle très épaisse, portée par les comédiens du théâtre antique. ▪ **2** LITTÉR. *Le cothurne,* symbole du genre tragique (opposé à *socque, brodequin*).

COTICE [kɔtis] n. f. – *costice* 1213 ♦ probablt de °*(bande) costice* «ruban» ; de *coste* «côte ; pièce en longueur» ▪ BLAS. Bande étroite traversant diagonalement l'écu.

COTIDAL, ALE, AUX [kɔtidal, o] adj. – 1872 ♦ mot anglais, de *co-* et *tidal* «de la marée» ▪ GÉOGR. *Ligne, courbe cotidale,* passant par les points où la marée a lieu à la même heure.

CÔTIER, IÈRE [kotje, jɛʀ] adj. – 1376 ♦ de *côte* ▪ Qui est relatif aux côtes, au bord de la mer. *Navigation côtière.* ➤ **bornage, cabotage.** *Bateau côtier,* et SUBST. *un côtier.* — *Fleuve côtier,* dont la source est proche de la côte. *Région côtière.*

COTIGNAC [kɔtiɲak] n. m. – 1530 ; *coudoignac* 1398 ♦ provençal *codonat,* de *codonh* «coing» ▪ Confiture, pâte de coings.

COTILLON [kɔtijɔ̃] n. m. – 1461 ♦ de *cotte* ▪ **1** ANCIENNT Jupon. «*Cotillon simple et souliers plats*» LA FONTAINE. VIEILLI LOC. *Aimer, courir le cotillon :* rechercher la compagnie des femmes (cf. Courir le jupon*). ▪ **2** (fin XVIIe «sorte de contredanse») Divertissement composé de danses et de jeux avec accessoires (chapeaux, serpentins, confettis, etc.) et qui clôt le bal. *Objets pour bals et cotillons* (cf. Farces* et attrapes). ▪ **3** AU PLUR. Les accessoires de cotillon. *Réveillon, cotillons compris.*

COTINGA [kɔtɛ̃ga] n. m. – 1765 ♦ probablement du tupi *cutinga* ▪ Oiseau d'Amérique du Sud *(passériformes),* au plumage richement coloré.

COTISANT, ANTE [kɔtizɑ̃, ɑ̃t] adj. et n. – 1910 ♦ de *cotiser* ▪ Qui verse une cotisation. *Personnes cotisantes.* — n. *Un(e) cotisant(e).*

COTISATION [kɔtizasjɔ̃] n. f. – 1515 ♦ de *cotiser* ▪ **1** RARE Collecte d'argent. ➤ **se cotiser.** *Souscrire à une cotisation.* ▪ **2** (XVIIIe) Somme à verser par les membres d'un groupe en vue des dépenses communes (➤ **quote-part**) ; action de verser cette somme. *Cotisation syndicale. Cotisation à une association, à une mutuelle. Le montant de la cotisation. Payer, verser, envoyer sa cotisation.* — SPÉCIALT *Cotisation de Sécurité sociale :* cotisation assise sur le salaire de chaque assuré* social, versée par son employeur et par lui-même à la Sécurité sociale. *Cotisation salariale, patronale.*

COTISER [kɔtize] v. ‹1› – 1549 ; *cotiser qqn* 1513 ♦ de *cote*

I v. pron. **SE COTISER.** Contribuer, chacun pour sa part, à réunir une certaine somme en vue d'une dépense commune. *Elles se sont cotisées pour lui offrir un cadeau d'anniversaire.*

II v. intr. **COTISER.** *Ils ont tous cotisé :* ils se sont cotisés. *As-tu cotisé pour le cadeau ?* ♦ Verser une somme régulière (➤ **cotisation**), à un organisme, à une organisation, en échange des avantages qu'ils garantissent. *Cotiser à un club. Cotiser à la Sécurité sociale.*

COTON [kɔtɔ̃] n. m. – 1160 ♦ italien *cotone ;* de l'arabe *qutun* ▪ **1** Matière végétale faite des filaments soyeux qui entourent les graines du cotonnier. *Cueillette du coton. Coton d'Égypte.* ➤ **jumel.** *Balle de coton égrené. Industrie* (filature, tissage) *du coton. Machine à filer le coton.* ➤ **jenny.** *Coton cardé. Tissu de coton* (batiste, calicot, cellular, coutil, cretonne, éponge, finette, futaine, linon, lustrine, madapolam, nansouk, oxford, percale, pilou, piqué, plumetis, satinette, tarlatane, vichy, voile, zéphyr). ➤ **cotonnade.** *Velours, voile, gabardine, tricot, jersey de coton.* ♦ Étoffe de coton. *Matelas, couverture de coton. Chemise de coton. Nappe en fil et coton.* ♦ Fil de coton. *Coton à broder, à repriser. Coton mercerisé*, perlé*.* ▪ **2** Plante fournissant cette matière. ➤ **cotonnier.** *Champ de coton.* ▪ **3 COTON HYDROPHILE,** dont on a éliminé les substances grasses et résineuses, utilisé pour les soins. ➤ **ouate.** Morceau de coton. *Mettre un coton sur une plaie. Coton à démaquiller.* ▪ **4** LOC. FIG. *Élever un enfant dans du coton,* en l'entourant de soins excessifs. «*Cette éducation ridicule dans du coton*» SARRAUTE. (1846) *Filer un mauvais coton :* être dans une situation dangereuse (au physique : santé ; ou au moral : situation, réputation). *Avoir les jambes* en coton.* ■ **5** APPOS. (1890 ◊ des loc. *jeter un vilain coton* «se cotonner», *filer un mauvais coton*) FAM. Difficile*, ardu. *C'est coton, ce problème ! Des problèmes cotons* ou *coton* (inv.).

COTONÉASTER [kɔtɔneastɛʀ] n. m. – 1955 ◊ latin moderne, de *cotoneum* «coing» et suffixe *-aster* «semblable à» ■ BOT. Sous-arbrisseau *(rosacées)* à port étalé ou rampant, cultivé comme espèce ornementale pour ses baies rouges décoratives. ➤ aussi **buisson-ardent.**

COTONNADE [kɔtɔnad] n. f. – 1615 «charpie» ◊ de *coton* ■ Étoffe fabriquée avec du coton. *Robe de cotonnade.*

COTONNER (SE) [kɔtɔne] v. pron. ‹1› – XIIIe ◊ de *coton* ■ Se couvrir d'un léger duvet ressemblant aux filaments de coton. *Lainage qui se cotonne.*

COTONNEUX, EUSE [kɔtɔnø, øz] adj. – 1552 ◊ de *coton* ■ **1** Couvert d'un duvet. *Feuille, tige cotonneuse.* ➤ **duveté, tomenteux.** — Semblable à de la ouate. *«des nuages cotonneux»* GAUTIER. ➤ **moutonné.** ■ **2** Mou et fade et sans jus. *Fruit cotonneux.* ■ **3** PAR EXT. Assourdi, feutré. *Bruit cotonneux.* ➤ **sourd.** *«l'atmosphère feutrée, cotonneuse»* ROBBE-GRILLET.

COTONNIER, IÈRE [kɔtɔnje, jɛʀ] n. et adj. – *cottonier* 1542 ◊ de *coton* ■ **1** n. m. Arbrisseau des régions tropicales *(malvacées)*, à grandes feuilles palmées et à fleurs blanches dont la graine est entourée de longs poils (➤ **coton**). ■ **2** adj. (1837) Qui a rapport au coton. *Syndicat cotonnier. Industrie, coopérative cotonnière.* ■ **3** (1853) Ouvrier, ouvrière qui travaille le coton.

COTON-POUDRE [kɔtɔ̃pudʀ] n. m. – 1847 ◊ de *coton* et *poudre* ■ Explosif formé de nitrocellulose. ➤ **fulmicoton.** *Des cotons-poudres.*

COTON-TIGE [kɔtɔ̃tiʒ] n. m. – 1978 ◊ nom déposé, de *coton* et *tige* ■ Bâtonnet dont les deux extrémités sont recouvertes de coton, pour nettoyer les oreilles, le nez. *Des cotons-tiges.*

CÔTOYER [kotwaje] v. tr. ‹8› – XIIe ◊ de *côte* ■ **1** VX Aller côte à côte avec. *Côtoyer une armée.* — MOD. *Côtoyer qqn* : avoir des relations assez fréquentes avec qqn. PRONOM. *Ils se côtoient tous les jours.* ■ **2** Aller le long de. ➤ **border, longer.** *Côtoyer la rivière.* ■ **3** FIG. Être à côté de, être proche de. ➤ **frôler ; coudoyer.** *«l'extrême richesse côtoyait souvent l'extrême pauvreté»* SAUVY. *Cela côtoie le ridicule.* ➤ **friser.**

COTRE [kɔtʀ] n. m. – 1834 ◊ anglais *cutter* «qui coupe (l'eau)» ■ Petit navire à un seul mât.

COTRET [kɔtʀɛ] n. m. – 1623 ; *costerais* 1298 ◊ de *coste* → côte ■ VX Petit fagot de bois court et de grosseur moyenne. — VIEILLI LOC. *Être sec comme un cotret*, très maigre.

COTRIADE [kɔtʀijad] n. f. – 1898 ; *cotériade* 1877 ◊ du breton *kaoteriad* «contenu d'un chaudron *(kaoter)*», traduction de *chaudrée* ■ RÉGION. (Bretagne, Vendée) Soupe de poissons préparée avec des oignons et des pommes de terre. ➤ **chaudrée.**

COTTAGE [kɔtɛdʒ ; kɔtaʒ] n. m. – 1754 ◊ mot anglais → coterie ■ **1** Petite maison de campagne élégante, de style rustique. ➤ RÉGION. **chalet.** *«une pelouse rase et soignée, un cottage de briques rouges»* GRACQ. ■ **2** (v. 1980 ◊ n. déposé ; de *cottage cheese*) Fromage blanc à gros caillots, légèrement salé.

COTTE [kɔt] n. f. – 1155 ◊ francique °*kotta* ■ **1** ANCIENNT Tunique. ♦ *Cotte d'armes* : casaque qui se mettait sur la cuirasse. *Cotte de mailles* : armure défensive à mailles métalliques. ➤ **haubert.** ■ **2** VX Jupe courte, plissée à la taille. *Petite cotte de dessous.* ➤ **cotillon.** *«elle relevait sa jupe, et ses cottes de futaine noire»* SUARÈS. ■ **3** VIEILLI Vêtement de travail, pantalon montant sur la poitrine. ➤ **bleu, combinaison, salopette.** *«Pour le chantier, il te faut une cotte à bretelles»* TOURNIER. ■ HOM. Cote, kot.

COTUTEUR, TRICE [kotytœʀ, tʀis] n. – XVIe ◊ de *co-* et *tuteur* ■ DR. Personne chargée avec une autre de la tutelle d'un mineur.

COTYLE [kɔtil] n. m. ou (rare) f. – 1541 ◊ grec *kotulê* ■ ANAT. Cavité profonde de l'os iliaque dans laquelle se loge la tête du fémur. ➤ **cotyloïde.**

COTYLÉDON [kɔtiledɔ̃] n. m. – 1534 ; *cotillidones* 1314 ◊ grec *kotulêdon* «creux, cavité» → cotyle ■ **1** EMBRYOL. VX Chacun des segments polygonaux, délimités par des cloisons, à la surface utérine du placenta humain ou animal. ■ **2** (XVIIIe) BOT. Feuille primordiale de l'embryon des spermaphytes. *Le nombre des cotylédons varie de un* (➤ **monocotylédone**) *à deux* (➤ **dicotylédone**) *chez les angiospermes, de dix à douze chez les gymnospermes.*

COTYLOÏDE [kɔtilɔid] adj. – 1704 ◊ de *cotyle* ■ ANAT. En forme de cupule. *Cavité cotyloïde de l'os iliaque.* ➤ **cotyle.**

COU [ku] n. m. – *col* XIe ◊ latin *collum* ■ **1** Partie du corps (de certains vertébrés) qui unit la tête au tronc. ➤ VX **col.** *Le cou de la girafe. Prendre un chat par la peau du cou. «Le héron au long bec emmanché d'un long cou»* LA FONTAINE. ♦ (Humains) *Devant* (➤ **gorge**), *arrière* (➤ **nuque**) *du cou. Relatif au cou.* ➤ **cervical.** *Vertèbres du cou* (atlas, axis). *Artères* (carotide), *veines* (jugulaire), *glandes* (thymus, thyroïde) *du cou. Cartilage saillant du cou.* ➤ 1 **pomme** (d'Adam). *Douleur dans le cou.* ➤ **torticolis.** — *Avoir un long cou. Cou engoncé dans les épaules.* LOC. *Cou de taureau*, large, puissant. *Cou de cygne*, long, souple. — *«La chair de leurs cous blancs brodés de mèches folles»* RIMBAUD. — Partie du vêtement qui entoure le cou. ➤ **col, collerette, encolure.** *Robe qui dégage le cou.* ➤ **décolleté.** *Pull ras* du cou* (➤ 3 **ras**). *Mettre une écharpe* (➤ **cache-col**), *nouer une cravate autour du cou. Avoir un bijou au cou.* ➤ **chaîne, collier.** ♦ LOC. *Sauter, se jeter, se pendre au cou de qqn*, l'embrasser avec effusion. *Serrer le cou de, à qqn.* ➤ **étrangler ;** FAM. 1 **kiki.** *Tordre le cou* : donner la mort par strangulation. *Tordre le cou à un poulet. Mettre à qqn la corde au cou*, le pendre. *Se mettre la corde* au cou. Couper le cou à* : trancher la tête. ➤ **décapiter ; décollation.** *Se rompre, se casser le cou* : se blesser grièvement en tombant ; perdre ses avantages (➤ **casse-cou**). — *Laisser à qqn la bride* sur le cou.* — *Prendre ses jambes à son cou* : faire de grandes enjambées en courant ; se sauver au plus vite. *«Pense un peu ! Un contre mille !... Salut !... Mes jambes à mon cou !»* CÉLINE. — (XVe) *Jusqu'au cou* : complètement. *Endetté jusqu'au cou.* ■ **2** PAR ANAL. *Le cou d'une bouteille, d'une cruche.* ➤ **col, goulot.** — LOC. FAM. *Casser le cou à une bouteille*, la boire. ■ **3** *Cou-rouge* : le rouge-gorge. *Cou-tors* : le torcol. ■ HOM. Coup, coût.

COUAC [kwak] n. m. – 1800 ; *quac*, évoquant un bruit sec, XIIIe ◊ onomat. ■ **1** Son faux et discordant. ➤ **canard.** *Trompette qui fait un couac. Des couacs.* ■ **2** FIG. Maladresse, difficulté (cf. Fausse note).

COUARD, COUARDE [kwaʀ, kwaʀd] adj. – *cuard* 1080 «qui a la queue basse» ◊ de *cöe* «queue» ■ LITTÉR. OU RÉGION. Qui est lâche, peureux*. ➤ **capon, poltron.** *«Je hais l'idéalisme couard, qui détourne les yeux des misères de la vie»* R. ROLLAND. — n. *C'est un vrai couard.* ■ CONTR. Courageux.

COUARDISE [kwaʀdiz] n. f. – *cuardise* 1080 ◊ de *couard* ■ VX Caractère d'une personne qui est couarde. ➤ **lâcheté, poltronnerie.**

COUCHAGE [kuʃaʒ] n. m. – 1657 ◊ de 1 *coucher* ■ **1** Action de coucher, de se coucher. *Le couchage des enfants. Le couchage des troupes.* ■ **2** ...*de couchage* : qui sert au coucher. *Matériel de couchage.* ➤ **literie.** *Sac* de couchage.* ➤ **duvet.** *Campeurs dans leurs sacs de couchage.* ■ **3** TECHN. Application d'une ou plusieurs couches d'enduit à la surface (d'un papier) lors de sa fabrication (➤ **couché**).

COUCHAILLER [kuʃaje] v. intr. ‹1› – 1926 ◊ de 1 *coucher* ■ FAM. et PÉJ. Avoir des relations sexuelles occasionnelles. ➤ 1 **coucher** (II, 3°).

COUCHANT, ANTE [kuʃɑ̃, ɑ̃t] adj. et n. m. – XIIe ◊ de *coucher* ■ **1** (XIIe) *Soleil couchant*, près de disparaître sous l'horizon. *Les clochers «que le soleil couchant ensanglantait de ses feux»* CHATEAUBRIAND. ♦ n. m. (1265) Le côté de l'horizon où le soleil se couche (opposé à *levant*). ➤ **occident, ouest, ponant.** Son aspect. *«Au couchant rouge encore»* SUARÈS. ■ **2** **CHIEN COUCHANT** : chien d'arrêt qui se couche sur le ventre quand il flaire le gibier. LOC. *Faire le chien couchant* : être servile.

COUCHE [kuʃ] n. f. – 1575 ; *culche* 1170 ◊ de 1 *coucher*

I ■ **1** VX ou POÉT. Lit. *Partager la couche de qqn. La couche nuptiale. «Je me confonds à la douce chaleur de ma couche»* VALÉRY. ■ **2** (1505) Garniture de tissu ou garniture jetable dont on enveloppe les fesses des bébés tant qu'ils ne sont pas propres. ➤ **lange, pointe.** *Emmailloter un bébé dans ses couches. Salir ses couches. Couche absorbante, à fronces.* ➤ **change.** *Des couches-culottes.* ■ **3** (1552) AU PLUR. **COUCHES** : alitement de la femme qui accouche, enfantement. ➤ **accoucher.** *Être en couches. Couches laborieuses, pénibles. Suites de couches.* — *Relever de couches* : se rétablir après l'accouchement. ➤ **relevailles.** — *Retour de couches* : première menstruation après l'accouchement. ♦ *Fausse couche* (voir ce mot).

II ■ **1** Substance plus ou moins épaisse étalée sur une surface. ➤ **croûte, enduit, pellicule.** *Une épaisse couche de neige. Couche de peinture, de vernis. Passer la deuxième couche* (de peinture). *Couche d'apprêt* (➤ **sous-couche**), *de finition. Couche d'argent, d'or, de platine.* ➤ **argenture, dorure, platinage.** *Couche de fond de teint, de poudre. Une couche de poussière, de crasse. Étaler une couche de beurre sur une tartine.* ♦ LOC. FAM. *Avoir, en tenir une couche* : être stupide. *En rajouter, en remettre* *une couche :* insister lourdement, surenchérir (cf. En remettre une louche*). ▪ **2** (1529) HORTIC. Carré de fumier mêlé à de la terre pour favoriser la croissance de certaines plantes. ➤ **planche, semis.** *Châssis de couche. Champignons de couche,* cultivés (par opposition aux champignons des bois, des prés). ▪ **3** Disposition d'éléments en zones superposées. ➤ **lit ; multicouche.** — GÉOL. *Couche géologique* ou *stratigraphique :* ensemble de sédiments compris entre deux plans à peu près parallèles. ➤ **strate.** *« des couches de terrain tantôt plissées comme une collerette tuyautée, tantôt interrompues par une gigantesque cassure »* ALAIN. *Couche de faible épaisseur.* ➤ **assise, horizon, lit, niveau.** *Couche de passage,* entre deux couches de faciès différents. *Couche de calcaire, d'argile.* ♦ CHIM. *Double couche,* formée d'ions de signe contraire et de molécules d'eau entourant un ion en solution. ♦ *Les couches concentriques de l'atmosphère. La couche d'ozone*.* ▪ **4** FIG. Ensemble de personnes ayant des caractères communs. ➤ **catégorie, classe.** *Les couches sociales.* ▪ **5** PHYS. Niveau caractérisant l'état d'un certain nombre d'électrons liés à un noyau. ▪ **6** INFORM. *Couche de logiciel :* niveau de programmation d'un système informatique.

III ▪ **1** (1680 *couche de fusil*) **PLAQUE DE COUCHE** *d'un fusil :* semelle de la crosse. ▪ **2 ARBRE DE COUCHE :** pièce de transmission dans un moteur.

COUCHÉ, ÉE [kuʃe] **adj.** – de 1*coucher* ▪ **1** Étendu sur un lit, et PAR EXT. sur quoi que ce soit. *Couché sur le dos, sur le ventre.* ➤ **décubitus.** *Être couché dans son lit, sur le tapis, dans le foin... Être couché sur un brancard. Rester couché. Toujours couché* (➤ **grabataire**). *Être couché à terre, inanimé.* ➤ **gésir.** *Être couché en chien* de fusil. — Animal couché,* sur le flanc. ▪ **2** Courbé, incliné, penché ou placé à l'horizontale. *Blés couchés. Écriture couchée. Cycliste couché sur son guidon. Planche à voile couchée sur l'eau.* — COUT. *Pli* couché.* ▪ **3** (1907) *Papier couché :* papier enduit d'une fine couche de plâtre, de kaolin (pour la reproduction d'illustrations). ➤ **glacé. n. m.** *Du couché.* ▪ **4 interj.** *Couché !* ordre donné à un chien de se coucher. *Au pied, couché !* ▪ CONTR. Debout. Vertical.

1**COUCHER** [kuʃe] **v.** ‹1› – fin XIe, comme verbe pronominal ◊ du latin *collocare* « placer horizontalement » et « se coucher », qui a également donné *colloquer. Collocare* fait partie de la famille de *locus* → 1lieu

I ~ v. tr. ▪ **1** (milieu XIIe) **COUCHER qqn.** Mettre (qqn) au lit. *Coucher un enfant.* — PAR EXT. (FAM.) *Je ne peux pas vous coucher :* je ne peux pas vous offrir de lit. ➤ **héberger, loger.** ♦ (fin XIe) Allonger, étendre. *On coucha le blessé au bord de la route.* ▪ **2** (fin XIVe) **COUCHER qqch.** Rapprocher de l'horizontale, mettre à l'horizontale (ce qui est naturellement vertical). ➤ **courber, incliner, pencher.** *Coucher une échelle le long d'un mur. « Le violoniste couchant la joue sur son violon »* ROMAINS. *« Le vent couchait la pluie presque horizontalement, comme des épis de blé »* RENARD. *Coucher des bouteilles de vin.* ♦ LOC. **COUCHER EN JOUE.** *Coucher un fusil en joue,* l'ajuster à l'épaule et contre la joue pour tirer. ➤ **épauler.** PAR EXT. (1649) *Coucher qqn en joue,* le viser. ▪ **3** (1573, en peinture) TECHN. Étendre en couche. *Coucher de l'or.* ▪ **4** FIG. (fin XIIIe) Mettre par écrit. ➤ **consigner, inscrire,** 1**porter.** *Coucher une clause dans un acte, un nom sur une liste. Coucher qqn sur son testament.*

II ~ v. intr. (XIe) ▪ **1** S'étendre pour prendre du repos. ➤ **dormir.** *Coucher dans un lit, sur un matelas, par terre. Coucher à plat, sans oreiller. Coucher tout habillé. Chambre à coucher.* — SPÉCIALT *Allez coucher ! va coucher !,* se dit à un chien que l'on veut calmer, éloigner. ▪ **2** Loger, passer la nuit. ➤ **dormir.** *Coucher chez des amis, à l'hôtel. Coucher hors de chez soi* (➤ **découcher**). LOC. FAM. *Un nom à coucher dehors,* difficile à prononcer et à retenir. — *Coucher sous la tente. Coucher sous les ponts, à la belle étoile*.* ▪ **3** *Coucher avec qqn,* partager son lit, sa chambre avec lui. FAM. Avoir des relations sexuelles avec qqn. *Elle couche avec lui. Ils couchent ensemble.* (1539) ABSOLT *Coucher :* avoir des relations sexuelles, une vie sexuelle. ➤ FAM. 1**baiser.** *« Tout le monde couche, non ? »* ARAGON.

III ~ v. pron. SE COUCHER ▪ **1** (fin XIe) Se mettre dans la position allongée. *Se coucher par terre.* — SPÉCIALT Se mettre au lit (pour se reposer, dormir). ➤ **s'allonger, s'étendre ;** POP. se **pagnoter,** se **pieuter** (cf. FAM. Aller au dodo). *C'est l'heure de se coucher. Malade, il a dû se coucher.* ➤ **s'aliter.** *Elle s'est toujours couchée tôt* (➤ **couche-tôt**), *tard* (➤ **couche-tard**). FAM. *Se coucher comme les poules,* de très bonne heure. — PROV. *Comme on fait son lit on se couche :* il faut subir les conséquences de ses actes. ▪ **2** (fin XIe) S'allonger, s'étendre. *Elle s'est couchée dans l'herbe.* — S'étendre, se courber (sur qqch.). *Les rameurs se couchent sur les avirons.* — (Animaux) Se mettre sur le flanc ou le ventre. *Chien qui se couche à la chasse :* chien couchant*. ♦ FAM. (Personnes) *Se coucher devant... :* renoncer par peur, par lâcheté. ➤ **s'aplatir, ramper.** ▪ **3** (CHOSES) *Le navire se couche sur le flanc.* ➤ se **renverser.** *« Elle lâcha la bicyclette qui se coucha sur le côté dans un bruit de ferraille »* MANCHETTE. — Tomber, s'affaisser. *Le mât s'est couché.* ♦ (fin XIe) (SOLEIL, ASTRES) Descendre sous l'horizon. ➤ **couchant,** 2**coucher.** *Le soleil s'est couché.*

▪ CONTR. 1Lever ; dresser.

2**COUCHER** [kuʃe] **n. m.** – 1694 ; *couchier* 1285 ◊ de 1*coucher* ▪ **1** Action de se coucher. *C'est l'heure du coucher. « au coucher des oiseaux »* COLETTE. — HIST. *Le coucher du roi,* cérémonie qui précédait son coucher. *Le petit coucher.* ▪ **2** Le fait de coucher dans un lieu. *Il ne paya rien pour son coucher.* ➤ **gîte.** *Le coucher et la nourriture.* ➤ **logement.** ▪ **3** (1564) Moment où un astre descend et se cache sous l'horizon. *Coucher héliaque*. Au coucher du soleil.* ➤ **crépuscule ; couchant.** *Un coucher de soleil ;* PEINT. tableau qui représente le coucher du soleil. ▪ CONTR. 2Lever.

COUCHERIE [kuʃʀi] **n. f.** – 1760 ◊ de 1*coucher* ▪ FAM. et PÉJ. Rapports sexuels. *« des liaisons sans amitié et des coucheries sans amour »* CHAMFORT.

COUCHE-TARD [kuʃtaʀ] **n. inv.** – 1971 ◊ de 1*coucher* et *tard* ▪ FAM. Personne qui se couche habituellement tard. ➤ **noctambule, nuitard.** *« aux couche-tard faisant la grasse matinée s'opposait le petit peuple des lève-tôt »* SABATIER. ▪ CONTR. Couche-tôt.

COUCHE-TÔT [kuʃto] **n. inv.** – 1870 ◊ de 1*coucher* et *tôt* ▪ FAM. Personne qui se couche habituellement de bonne heure. *Ce sont des couche-tôt.* ▪ CONTR. Couche-tard.

COUCHETTE [kuʃɛt] **n. f.** – 1374 ◊ de *couche* ▪ **1** Petit lit. *« deux couchettes d'enfant, sans matelas »* FLAUBERT. ▪ **2** MAR. Lit de bord escamotable. ➤ **bannette.** *Cabine à un lit et une couchette.* — CH. DE FER Banquette d'un compartiment aménagée pour pouvoir dormir. *Compartiment à couchettes* (différent de la voiture-lits). *Réserver une couchette de seconde.*

COUCHEUR, EUSE [kuʃœʀ, øz] **n.** – XVIe ◊ de 1*coucher* ▪ LOC. **MAUVAIS COUCHEUR :** personne de caractère difficile. ➤ **hargneux, querelleur.** *« il a l'air d'un mauvais coucheur, rageur comme un prophète de l'Ancien Testament »* GREEN.

COUCHIS [kuʃi] **n. m.** – 1694 ◊ de *coucher* « étaler » ▪ TECHN. ▪ **1** Lit de sable et de terre sur lequel on dispose un pavage. ▪ **2** *Couchis de lattes d'un plancher.* ➤ **lattis.**

COUCHOIR [kuʃwaʀ] **n. m.** – 1680 ◊ de 1*coucher* ▪ TECHN. Palette du doreur pour coucher l'or.

COUCI-COUÇA [kusikusa] **loc. adv.** /COUCICOUÇA **adv.**/ – 1848 ◊ altération de *comme ci, comme ça ; couci-couci* 1649, italien *così così* « ainsi ainsi » ▪ FAM. À peu près, ni bien ni mal. *Comment allez-vous ? Couci-couça.*

COUCOU [kuku] **n. m.** et **interj.** – fin XIIe ◊ latin *cuculus,* onomat. ; cf. *cocu*

I n. m. ▪ **1** Oiseau grimpeur *(cuculiformes),* de la taille d'un pigeon, au plumage gris cendré barré de noir, à longue queue et ailes pointues. *La femelle du coucou pond ses œufs dans le nid des bruants, des bergeronnettes, des fauvettes.* — LOC. *Maigre comme un coucou,* très maigre. ▪ **2** (1835) *Pendule à coucou :* pendule dont les heures sont marquées par l'apparition d'un oiseau, avec imitation du cri du coucou. ELLIPT *Des pendules « imitées des coucous suisses et qui saluaient les heures et les demi-heures par la sortie précipitée et gloussante d'un petit oiseau de bois »* TOURNIER. — FAM. *Être remonté* comme un coucou.* ▪ **3** (1606) Primevère sauvage, à haute tige et fleurs jaunes. — Narcisse des bois ➤ **jonquille.** ▪ **4** (v. 1800) VX Ancienne voiture publique à deux roues. MOD. Petit avion. *Les vieux coucous de la guerre de 14. Prendre un coucou à hélice.*

II interj. (XVIIe) Cri des enfants qui jouent à cache-cache, de qqn qui annonce son arrivée inattendue. *Coucou, me voilà !*

COUCOUGNETTES [kukuɲɛt] **n. f. pl.** – relevé en 1993 ◊ probablement de l'occitan (provençal, languedocien) *coucou(n)* « œuf » ou de *coucougneyro* « ovaire » (Castres) avec changement de suffixe ▪ FAM. Testicules. ➤ **couille, roubignoles, roupettes, roustons.**

COUCOUMELLE [kukumɛl] **n. f.** – 1816 ◊ provençal moderne *coucoumèlo* ▪ RÉGION. Oronge blanche.

COUDE [kud] **n. m.** – v. 1390 ; *cote* v. 1165 ◊ latin *cubitus* ▪ **1** Partie du membre supérieur située en arrière de l'articulation du bras et de l'avant-bras, saillante lorsque l'avant-bras est fléchi. — ANAT. Partie du membre supérieur correspondant à l'articulation entre le bras et l'avant-bras. *Le coude et la* *saignée** *du bras. Du coude.* ➤ **cubital.** *Luxation du coude. Synovite du coude* (➤ **tennis-elbow**). *S'appuyer sur le coude.* ➤ **s'accouder.** *Mettre ses coudes sur la table.* — LOC. *Coudes au corps* : les coudes serrés contre les flancs. *Courir coudes au corps. Donner un coup de coude à qqn, pousser qqn du coude pour l'avertir.* — *Plonger les mains dans l'eau jusqu'au coude.* ◆ LOC. FAM. *Se fourrer le doigt** *dans l'œil jusqu'au coude. Lever le coude* : boire beaucoup. — **L'HUILE DE COUDE :** l'énergie. *Mettre de l'huile de coude pour parvenir à un résultat.* — *Ne pas se moucher** *du coude.* — **SOUS LE COUDE :** en attente. *Garder un dossier sous le coude.* ◆ **loc. adv. COUDE À COUDE :** très proche l'un de l'autre. *Travailler coude à coude*, côte à côte. — **n. m. inv.** *Des coude-à-coude fraternels.* ◆ FIG. *Se serrer, se tenir les coudes* : s'entraider, être solidaire. *« Un prêté pour un rendu. On se tient les coudes dans la famille »* R. DEBRAY. ◆ *Jouer des coudes*, pour se frayer un passage à travers la foule. FIG. Manœuvrer aux dépens des autres. *« une société où, pour s'avancer, il fallait jouer des coudes »* FRANCE. ▪ **2** Partie de la manche d'un vêtement, qui recouvre le coude. *Veste trouée, lustrée aux coudes.* ▪ **3** (1611) Angle saillant (d'un objet cylindrique allongé). ➤ **angle, saillie.** *Coude d'un tuyau. Arbre de transmission à deux coudes.* — **(D'une voie)** *Coudes d'une rivière.* ➤ **détour, méandre ;** RÉGION. 1 **croche.** *La route fait un coude.* ➤ **courbe,** 2 **tournant.** ◆ Élément de tuyauterie servant à raccorder deux tuyaux en formant un angle. *Un coude de 90°, de 60°.*

COUDÉE [kude] **n. f.** – 1850 ; *couldée* 1530 ; *codee* XIIIe ◊ de *coude* ▪ **1** MÉTROL. Ancienne unité de mesure de longueur, valant environ 50 cm. *« un rouleau de parchemin long de vingt coudées »* CLAUDEL. — LOC. FIG. *Dépasser qqn de cent coudées*, lui être bien supérieur. ▪ **2** (1580) *Avoir les coudées franches*, la liberté d'agir. *« Elle veut garder les coudées franches pour choisir exactement l'instant de son annonce »* C. MILLET.

COU-DE-PIED [kud(ə)pje] **n. m.** – XIIe ◊ de *cou* et *pied* ▪ Partie antérieure et supérieure du pied, entre la cheville et la base des os métatarsiens. *Des cous-de-pied.* ▪ **HOM.** Coup (de pied).

COUDER [kude] **v. tr.** (1) – 1601 ; *colder* 1493 ◊ de *coude* ▪ Plier en forme de coude. *Couder une barre de fer.* — **p. p. adj.** *Tuyau, levier coudé.* ➤ **aussi géniculé.** ▪ **CONTR.** Redresser.

COUDIÈRE [kudjɛʀ] **n. f.** – 1898 ◊ de *coude* ▪ Dispositif protégeant le coude, dans certains sports. ➤ **protège-coude.** *Mettre ses coudières et ses genouillères pour faire de la planche à roulettes.*

COUDOIEMENT [kudwamɑ̃] **n. m.** – 1832 ◊ de *coudoyer* ▪ Action de coudoyer, contact. *« les coudoiements familiers vous donnent seulement l'illusion de la fraternité humaine »* MAUPASSANT.

COUDOYER [kudwaje] **v. tr.** (8) – 1595 ◊ de *coude* ▪ **1** VX Heurter (qqn) du coude. MOD. Passer près de. ➤ **frôler.** *Coudoyer des inconnus dans la foule.* ▪ **2** FIG. Être en contact avec. ➤ **côtoyer.** *« il n'est idée ni phrase "reçue" où la bêtise ne coudoie la méchanceté »* PAULHAN.

COUDRAIE [kudʀɛ] **n. f.** – XIIe ◊ de *coudre* « coudrier » ▪ Terrain planté de coudriers. ➤ **noiseraie.**

COUDRE [kudʀ] **v. tr.** (48) – v. 1160 *coldre* ◊ latin populaire °*cosere*, classique *consuere* ▪ **1** Faire tenir (un tissu, une étoffe) au moyen de points réalisés à l'aide d'un fil passé dans une aiguille. *Coudre un ourlet ; coudre un bouton à un vêtement. Coudre deux morceaux de tissu. Coudre ce qui était décousu.* ➤ **recoudre ; raccommoder, rapiécer, ravauder.** ◆ *Coudre une robe, un vêtement*, en assembler les éléments par des coutures. ➤ **monter ; bâtir, faufiler, ourler, surfiler, surjeter ; couture.** — **p. p. adj.** *Vêtement cousu à la main.* ➤ **cousu.** *Coudre un ornement sur une veste.* — ABSOLT *Savoir coudre. Personnes dont le métier est de coudre.* ➤ **couturière ; tailleur.** *Coudre à la main ; à la machine* (➤ **piquer**). *Coudre à grands points, à petits points. Elle était en train de coudre. Dé, aiguille, fil à coudre.* — *Machine** *à coudre.* ▪ **2** TECHN. Assembler par un fil. *Coudre les cahiers d'un livre.* ➤ **brocher.** *Coudre une semelle.* ➤ **piquer.** — CHIR. *Coudre une plaie*, la fermer au moyen d'un fil. ➤ **recoudre, suturer.** ▪ **CONTR.** Découdre.

COUDRIER [kudʀije] **n. m.** – 1555 ; *couldrier* 1503 ◊ latin populaire °*colurus* ▪ Noisetier*. *La baguette de coudrier du sourcier. Plantation de coudriers.* ➤ **coudraie.**

COUENNE [kwan] **n. f.** – *coenne* v. 1265 ; *coäne* v. 1210 ◊ latin populaire °*cutinna* ; de *cutis* « peau » ▪ **1** Peau de porc, flambée et raclée. *La couenne du lard.* ▪ **2** MÉD. Altération de la peau, d'une membrane ayant l'aspect d'une croûte. ▪ **3** FAM. et VIEILLI Personne maladroite et sotte. *Quelle couenne !* ▪ **4** (Suisse ; prononcé [kwɛn]) Croûte du fromage.

COUENNEUX, EUSE [kwanø, øz] **adj.** – 1743 ; *coeneux* 1611 ◊ de *couenne* ▪ **1** Qui ressemble à la couenne. ▪ **2** MÉD. Qui est couvert d'une couenne (2°). *Angine couenneuse.* ➤ **membraneux.**

1 **COUETTE** [kwɛt] **n. f.** – *coute* XIIe ◊ latin *culcita* « oreiller » → courtepointe ▪ **1** VX OU RÉGION. Lit de plumes. *Coucher sur une couette.* ▪ **2** Sorte de grand édredon tenant lieu de couverture que l'on peut mettre dans une housse amovible. ➤ RÉGION. **duvet.** *Couette en duvet d'oie, de canard. Housse de couette.* ▪ **3** (XVIIe) TECHN. Pièce de métal sur laquelle pivote un arbre. ➤ **crapaudine.** — AU PLUR. Pièces sur lesquelles glisse un navire pendant son lancement.

2 **COUETTE** [kwɛt] **n. f.** – XIIIe ◊ diminutif de l'ancien français *coue* « queue » ▪ **1** VX Petite queue. ▪ **2** MOD. Mèche ou touffe de cheveux retenue par une barrette, un lien de chaque côté de la tête. *Elle s'est fait des couettes.*

COUFFIN [kufɛ̃] **n. m.** – fin XVe ◊ de l'ancien occitan *coffin*, du latin d'origine grecque *cophinus* « panier, corbeille » → coffre ▪ **1** RÉGION. Grand cabas. ▪ **2** Corbeille à anses servant de berceau. ➤ **moïse.**

COUFIQUE [kufik] **adj.** – 1845 ◊ de *Coufa, Kûfa*, ville d'Irak ▪ *Écriture coufique*, dont se servaient les Arabes avant le quatrième siècle de l'hégire. — On écrit parfois *kufique.*

COUFLE [kufl] **adj.** – fin XVe, dans le Dauphiné ◊ du dialectal *couflar* « gorger de nourriture », du latin *conflare* « gonfler » ▪ RÉGION. **(Lyonnais, Dauphiné, Languedoc)** FAM. ou POP. Qui ressent un ballonnement dû à l'excès de nourriture ; ivre.

COUGAR [kugaʀ] **n. f.** – 2010 ◊ mot anglais. ▪ Femme quadragénaire ou quinquagénaire qui recherche et séduit des hommes beaucoup plus jeunes qu'elle. ➤ **couguar** (II). *« sa sensualité non parfaitement éteinte la pousserait à rechercher la compagnie de jeunes gens, elle deviendrait ce qu'on appelait dans ma jeunesse une cougar »* HOUELLEBECQ.

COUGUAR [kugaʀ ; kugwaʀ] ou **COUGOUAR** [kugwaʀ] **n. m.** et **f.** – 1761 ◊ portugais *cucuarana*, du tupi *susuarana*, d'après *jaguar*.

I n. m. Puma.

II *Femme couguar* ou **n. f.** *une couguar.* ➤ **cougar.**

COUIC [kwik] **interj.** – 1809 ◊ onomat. ▪ **1** Onomatopée imitant un petit cri, un cri étranglé. — PAR EXT. Mot qui exprime une action rapide, une mort violente, le fait de tordre le cou. *« La serine est partie et le mâle a attrapé la cerise : couic, terminé »* FERNIOT. — FAM. *Faire couic* : mourir de mort violente. ▪ **2** FAM. *J'y comprends que couic*, rien. ➤ 2 **dalle** (que). ▪ **HOM.** Quick.

COUILLE [kuj] **n. f.** – *coille* v. 1178 ◊ latin *coleus* ▪ VULG. et FAM. ▪ **1** Testicule. *« mes couilles, j'ai bien le droit de [...] les mettre en avant »* GENET. — LOC. FIG. *Avoir des couilles (au cul)*, du courage. *« ma mère disait d'elle J'ai des couilles moi, je me laisse pas faire »* É. LOUIS. *Couille molle* : homme lâche, sans courage. *Casser** *les couilles à qqn*, l'importuner. *S'en battre les couilles* : s'en moquer (cf. S'en battre l'œil, s'en cogner). *« personne n'en avait rien à foutre, les juges, la greffière, les avocats, la proc, tout le monde s'en battait les couilles, à fond »* V. RAVALEC. *Tenir qqn par les couilles*, l'empêcher d'agir par un moyen de pression, tenir à sa merci. *Elle le « tenait par les couilles pour une histoire de mineurs »* DJIAN. *Partir, se barrer en couille(s)* : se gaspiller, ne pas aboutir ; péricliter (cf. Partir en sucette). *« Cette boîte part en couille parce que ce tocard croit n'importe quel baratineur ! »* PENNAC. *Se faire des couilles en or* : gagner beaucoup d'argent. ▪ **2** *Une couille* : une erreur, un ennui. *« Il m'arrive une vraie couille, elle a fait »* DJIAN. *Il y a une couille (dans le potage, dans le pâté)* : il y a un problème quelque part, une difficulté imprévue.

COUILLON, ONNE [kujɔ̃, ɔn] **n.** – *coyon* 1592 ; *coillon* « testicule » XIIIe ◊ latin *coleus* → couille ▪ FIG., TRÈS FAM. Imbécile. ➤ **con.** *Quel pauvre couillon ! Faire le couillon.* — **adj.** *« Faut être couillon pour jouer un nom pareil »* QUENEAU. ◆ RÉGION. **(Midi)** apostrophe non injurieuse. *Eh ! couillon ! comment vas-tu ?*

COUILLONNADE [kujɔnad] **n. f.** – 1791 ; *coyonnade* 1592 ◊ de *couillon* ▪ TRÈS FAM. Bêtise*, imbécillité, acte ou parole de couillon. ➤ **connerie.** *Il a encore fait, dit une couillonnade. C'est de la couillonnade.*

COUILLONNER [kujɔne] **v. tr.** (1) – 1656 ◊ de *couillon* ▪ FAM. Tromper, duper*. *Se faire couillonner.* — **p. p. adj.** *« pauvre papa, empoisonné par ses souvenirs de Verdun et une fois de plus couillonné »* J.-L. BORY.

COUILLU, UE [kujy] **adj.** – 1979 ◊ de *couille*. REM. Le mot s'est employé au sens de « non châtré » (fin XIIIe à fin XVIIe) ▪ TRÈS FAM. Courageux, audacieux. *Une prise de position couillue. C'est couillu de sa part.*

COUINEMENT [kwinmɑ̃] **n. m.** – milieu XIXe ◊ de *couiner* ■ **1** Cri bref et aigu (de certains mammifères : lièvre, lapin...). *Couinements de souris.* ■ **2** (1859) Grincement aigu. *Le couinement d'une porte.*

COUINER [kwine] **v. intr.** ‹ 1 › – 1867 ◊ onomat. ■ FAM. ■ **1** Pousser de petits cris (➤ **couinement**). *Souris qui couine.* — PAR EXT. (PERSONNES) *Arrête de couiner !* ➤ **piailler.** ■ **2** Grincer. *Porte qui couine.*

COULAGE [kulaʒ] **n. m.** – fin XVIe ◊ de *couler* ■ **1** (XIXe) Action de couler (II, 1°). VX *Coulage de la lessive.* ➤ **blanchissage.** — MOD. *Le coulage d'une statue, d'un métal en fusion. Coulage et moulage du verre.* — Technique de façonnage des céramiques, consistant à verser une barbotine* sur un moule en plâtre. ■ **2** (1837) FIG. Perte due au gaspillage, au vol. *Tenir compte du coulage dans une entreprise.*

1 **COULANT, ANTE** [kulɑ̃, ɑ̃t] **adj.** – XIIe ◊ de *couler* (II, 2°) ■ **1** VX Qui glisse. ➤ **coulissant.** (1690) MOD. **NŒUD COULANT,** formant une boucle qui se resserre quand on tire. ■ **2** (1527) Qui coule facilement. *Un vin coulant,* léger et agréable à boire. — *Camembert coulant,* très fait. ■ **3** (1559) FIG. Qui semble se faire aisément, sans effort. ➤ **agréable, aisé, facile.** *Style coulant.* ➤ **fluide.** ■ **4** FAM. Accommodant, facile. *Le contremaître est plutôt coulant.* ➤ **indulgent.** ■ CONTR. Serré. Difficile. Sévère.

2 **COULANT** [kulɑ̃] **n. m.** – 1689 ◊ de *couler* ■ **1** Pièce qui coulisse le long de qqch. ➤ **anneau.** *Coulant d'une ceinture.* ➤ **passant.** ■ **2** BOT. Rejeton d'une plante rampante. ➤ **stolon.**

1 **COULE** [kul] **n. f.** – 1180 ◊ latin *cuculla* → cagoule ■ DIDACT. Vêtement à capuchon porté par certains religieux. ■ HOM. Cool.

2 **COULE (À LA)** [alakul] **loc. adj.** – 1864 ◊ de *couler* ■ FAM. Au courant, averti (➤ **affranchi**) ; qui connaît bien son affaire. *Un type à la coule.*

COULÉ [kule] **n. m.** – XIIIe ◊ de *couler* ■ **1** MUS. Passage sans interruption d'une note à l'autre. ➤ **liaison.** *Le coulé s'indique par une courbe horizontale* (⌒) *surmontant les deux notes.* ■ **2** (1762) Pas de danse glissé. ■ **3** (XIXe) BILLARD Coup par lequel une bille doit en toucher une autre de manière à pouvoir la suivre.

COULÉE [kule] **n. f.** – 1611 ◊ de *couler* ■ **1** (1845) Action de jeter en moule. *La coulée d'un métal. Surveiller la coulée.* — Masse de matière en fusion que l'on verse dans un moule. *Trou de coulée.* ■ **2** Action de s'écouler ; son résultat. *Une coulée de lave.* ➤ **flot.** *Coulée de boue, de neige.* ■ **3** Sentier étroit par lequel le cerf gagne son réduit. — PAR EXT. Petit chemin. *« il y a des coulées tout le long des berges »* BERNANOS. — *Coulée verte :* promenade qui traverse une ville. ■ **4** Ton qui forme une tache dominante dans un tableau. *Une coulée de bleu.*

COULEMELLE [kulmɛl] **n. f.** – v. 1600 ◊ latin *columella* ■ COUR. Lépiote* élevée (champignon).

COULER [kule] **v.** ‹ 1 › – milieu XIIe ◊ du latin *colare* « filtrer », sens que l'on retrouve dans *percolateur* ou *colature,* mots de la même famille

I ~ v. intr. A. (LE SUJET EST UN LIQUIDE) ■ **1** Se déplacer, se mouvoir naturellement. ➤ **s'écouler, fluer.** *Couler à flots. Couler doucement* (➤ 1 **filet**), *goutte à goutte* (➤ **goutter**). *Le sang coule dans les veines.* ➤ **circuler.** *Eau qui coule d'une source.* ➤ **jaillir.** *Rivière qui coule vers un fleuve* (➤ **affluer, confluer**). *La Seine coule à Paris.* ➤ **arroser, traverser.** *Eau qui coule d'un robinet, d'un tonneau.* ➤ **dégouliner, dégoutter,** se **déverser,** se **répandre.** *Couler fort, à flots.* ➤ **gicler, ruisseler ;** FAM. **pisser.** ■ **2** (milieu XVe) (Liquides organiques) S'échapper au-dehors. *Laisser couler ses larmes :* épancher ses pleurs. *La sueur lui coule sur le front.* ➤ 1 **tomber.** *Sang qui coule d'une blessure.* — FIG. *Faire couler le sang :* être la cause d'une guerre, d'un massacre. *Le sang a coulé :* il y a eu des blessés ou des morts. — FIG. *Cette histoire a fait couler beaucoup d'encre,* on a beaucoup écrit là-dessus. ♦ Devenir liquide. *Fromage qui coule,* dont la pâte molle se répand (➤ 1 **coulant**). *La bougie coule.* ■ **3** LITTÉR. *Le temps coule.* ➤ **s'écouler, filer, fuir, glisser, passer.** *« L'homme n'a point de port, le temps n'a point de rive ; Il coule, et nous passons ! »* LAMARTINE. ■ **4** LOC. **COULER DE SOURCE :** venir naturellement, être la conséquence normale. ➤ **découler.** *Ça coule de source.* ■ **5** (1611) Avorter à la floraison (arbres fruitiers, vigne).

B. (LE SUJET EST UN CONTENANT) (XVe) Laisser échapper un liquide. *Tonneau qui coule de toutes parts.* ➤ **fuir,** se **vider.** *Stylo qui coule,* qui laisse échapper l'encre. — *Avoir le nez qui coule,* duquel s'écoule de la morve.

C. (LE SUJET EST UN BATEAU, UNE PERSONNE) (1572) Ne pas pouvoir rester à la surface de l'eau, s'enfoncer. ➤ RÉGION. 1 **caler.** *Le navire a coulé à pic.* ➤ **sombrer.** *Canot qui ne coule pas* (➤ **insubmersible**). *Le nageur a coulé.* ➤ se **noyer.** *« les naufragés qui coulent dans les eaux noires et profondes »* LOTI. — FIG. Aller à sa perte. *Le régime coule. « Faut pas que je me laisse aller, faut pas que je coule ! »* V. RAVALEC.

II ~ v. tr. ■ **1** (fin XIIe) Jeter dans le moule (une matière en fusion). ➤ **mouler.** *Couler de la cire, du bronze.* — *Couler du béton :* remplir un coffrage de béton frais. — PAR EXT. *Couler une dalle de béton.* — PAR MÉTAPHORE *Couler sa pensée dans les mots,* la mettre en forme (comme dans un moule). ♦ SPÉCIALT Faire fondre (un métal). *Couler une bielle,* faire fondre l'alliage dont elle est chemisée et sans lequel elle ne peut fonctionner. *« un vieux moteur déglingué aux bielles coulées »* DURAS. ■ **2** (XIIIe ◊ cf. *coulisse*) Faire passer, transmettre discrètement. *Couler un mot à l'oreille de qqn. Il lui a coulé un regard complice.* ♦ BILLARD *Couler une bille.* ➤ **coulé.** ■ **3** (fin XVe) Passer (une période de temps). *Couler une vie heureuse, des jours heureux.* ➤ **passer.** — FAM. *Se la couler douce :* mener une vie heureuse, sans complication (cf. Ne pas s'en faire). ■ **4** Faire sombrer (un navire). *Couler un navire en le torpillant. Couler volontairement son propre navire.* ➤ se **saborder.** ♦ FIG. Ruiner (qqn, une entreprise). *« c'est vrai qu'avec vos grèves vous risquez bien de les couler, les fabriques »* CLANCIER. — Perdre dans l'estime d'autrui. ➤ **discréditer.** *« Enfin ils se dévoilent. Ils sont coulés, fiston »* ANOUILH.

III ~ v. pron. SE COULER (milieu XIIe) Passer d'un lieu à un autre, sans faire de bruit. ➤ se **glisser.** — *Se couler dans son lit. Se couler adroitement dans la foule.* ➤ se **faufiler.** *Les cambrioleurs se sont coulés furtivement dans la maison.* ➤ **s'introduire, pénétrer.**

COULEUR [kulœʀ] **n. f.** – fin XIe ◊ du latin *color,* famille de *celare* « cacher », la couleur étant ajoutée pour dissimuler l'aspect réel d'un objet → celer

I LA COULEUR ■ **1** Caractère d'une lumière, de la surface d'un objet (indépendamment de sa forme), selon l'impression visuelle particulière qu'elles produisent *(une couleur, les couleurs)* ; propriété que l'on attribue à la lumière, aux objets, de produire une telle impression *(la couleur). La couleur, les couleurs d'un objet.* ➤ **coloris, nuance, teinte,** 2 **ton ; -chrome, chromo-.** *Couleur claire ; foncée, sombre ; franche, vive ; criarde, crue, flashy, voyante. Couleur tendre, pâle, délavée, passée, fanée. Couleur tirant sur le bleu. Couleur changeante* (moirure, reflet). *D'une seule couleur.* ➤ **monochrome, uni, unicolore ; camaïeu.** *De deux, de trois couleurs.* ➤ **bicolore, tricolore.** *De plusieurs couleurs.* ➤ **multicolore, polychrome ; bariolé, bigarré, chamarré, chiné, diapré, jaspé, moucheté, panaché.** — *La couleur d'une pierre précieuse, des cheveux, des poils, des plumes, des yeux. « Les parfums, les couleurs et les sons se répondent »* BAUDELAIRE. — Avec un nom en appos. *De la lingerie couleur chair.* ♦ PHYSIOL. Sensation traduisant l'impression reçue par l'œil humain lorsqu'il reçoit de l'énergie électromagnétique dont les longueurs d'onde sont comprises entre 400 et 800 nanomètres (lumière visible). *Couleur d'un rayonnement.* ➤ **chromatisme.** *La lumière blanche* (solaire) *est décomposée par le prisme en couleurs spectrales* (violet, indigo, bleu, vert, jaune, orangé, rouge). *Les couleurs de l'arc-en-ciel. Couleurs fondamentales, primaires :* jaune, rouge et bleu. *Couleurs complémentaires*. Couleurs chaudes* (jaune, orangé, rouge), *froides* (bleu, vert). ♦ LOC. *Juger d'une chose comme un aveugle* des couleurs. Des goûts* et des couleurs.* ♦ Aspect d'une surface (quant à la couleur). *La couleur d'un vêtement. Une voiture de couleur rouge.* — LOC. *Un manteau couleur de muraille*.* ♦ PHYS. Propriété caractérisant les quarks*. ■ **2** (fin XIVe) **LES COULEURS (de qqn, qqch.).** Vêtements de couleur déterminée. SPÉCIALT *Porter les couleurs d'une dame,* inclure dans son costume les couleurs qu'elle affectionne. — COURSES *Les jockeys portent les couleurs d'une écurie.* SPORT *Les couleurs d'un club sportif.* ♦ *Couleurs du blason.* ➤ **émail ; azur, gueules, pourpre,** 2 **sable, sinople ; hermine, vair ; contre-hermine, contre-vair.** ■ **3** Les zones colorées d'un drapeau. *Les couleurs nationales de l'Italie. Les couleurs françaises, les trois couleurs :* bleu, blanc, rouge (➤ **tricolore**). *Bateau arborant les couleurs de son pays.* — MILIT. *Les couleurs.* ➤ **drapeau, pavillon.** *Envoyer, hisser ; amener les couleurs.* ■ **4** (1694) Chacune des quatre marques, aux cartes. ➤ **carreau, cœur,** 1 **pique, trèfle.** *Avoir des quatre couleurs dans son jeu.* — SPÉCIALT ➤ **atout.** *Jouer dans la couleur.* — LOC. *Annoncer la couleur :* proposer aux autres joueurs une couleur qui servira d'atout. FIG. Dévoiler ses intentions. ■ **5** (fin XIe) Teinte naturelle (de la peau humaine). ➤ **carnation,** 1 **teint.** *Avoir des couleurs :* avoir bonne mine. *Prendre des couleurs,* un léger hâle (ou un coup de soleil). *Reprendre des couleurs ;* FIG.

s'améliorer. *Après une chute vertigineuse, la Bourse a repris des couleurs.* — *Être* **HAUT EN COULEUR :** avoir un teint très coloré ; FIG. être pittoresque, truculent. — (milieu XVIe) *Changer de couleur,* par émotion, colère. *Passer par toutes les couleurs.* ➤ **blêmir, pâlir, rougir, verdir.** — (1779 *gens de couleur*) *Homme, femme* **DE COULEUR,** qui n'est pas blanc (se dit surtout des Noirs). « *des gens de couleur, des Jamaïcains, des Noirs du Ghana, du Nigeria, du sud du Soudan* » LE CLÉZIO. ▪ **6** Teinte, coloris employés dans un tableau. *Le fondu des couleurs. Couleurs contrastées, opposées ; dégradées. Gamme, harmonie de couleurs.* ➤ **palette.** « *Les couleurs ont une beauté propre qu'il s'agit de préserver comme en musique on cherche à préserver les timbres* » MATISSE. ◆ (1699) **COULEUR LOCALE :** couleur propre à chaque objet, indépendamment de la couleur générale du tableau, de la distribution des lumières et des ombres. — FIG. (1771) Ensemble des traits extérieurs caractérisant les personnes et les choses dans un lieu, dans un temps donné. *Une scène qui fait très couleur locale.* ➤ **pittoresque, typique.**

II UNE COULEUR (XIIe) Toute couleur autre que blanc, noir ou gris ; SPÉCIALT Couleur vive. *Aimer la couleur, les couleurs. Sans couleur.* ➤ **incolore.** *Vêtements noirs ou de couleur.* PAR EXT. Tissu, linge de couleur. *Laver le blanc et la couleur séparément.* ◆ **EN COULEUR** (opposé à *en noir et blanc*). *Photo, carte postale, film en couleur. Télévision en couleur. Mettre en couleur un film noir et blanc.* ➤ **coloriser.** APPOS. inv. *Des téléviseurs couleur.*

III SUBSTANCE COLORANTE (milieu XIIIe) Substance que l'on applique sur un objet pour produire la sensation de couleur. ➤ **colorant, pigment ; peinture, teinture ; aquarelle, badigeon, enduit, fard, gouache, lavis, 2 pastel.** *Couleurs végétales, animales. Couleurs délayées, à l'huile, à l'eau, à la colle.* — RÉGION. (Paris) *Marchand de couleurs.* ➤ **droguiste.** — PEINT. *Broyer, préparer les couleurs. Couleurs en tube. Tube de couleur. Crayon de couleur. Boîte de couleurs.* — *Appliquer, étaler la couleur.* ➤ **colorer, peindre.** ◆ SPÉCIALT (terme de coiffure) *Faire une couleur :* appliquer une teinture ou un décolorant (➤ **coloration**) sur les cheveux. *Se faire faire une couleur chez le coiffeur.*

IV ASPECT, APPARENCE ▪ **1** (fin XIIIe) Aspect produisant une impression comparable à celle que la couleur donne aux yeux. *Exposer qqch. sous des couleurs trompeuses, flatteuses. La couleur d'un style.* ➤ **2 brillant, éclat, force, véracité, vivacité.** *Style sans couleur,* terne. *Description pleine de couleur.* — *La couleur sonore d'un morceau.* ▪ **2** Apparence, aspect particulier (selon les circonstances). *Brusquement, le récit prend une couleur tragique.* — *La couleur du temps :* la nature des circonstances. ▪ **3** (1794) Caractère propre à une opinion. *La couleur politique d'un journal.* ➤ **tendance.** ▪ **4** VX Apparence, raison fallacieuse que l'on donne à une chose, à une action pour la déguiser. ➤ **motif, 2 prétexte, raison.** — loc. prép. **SOUS COULEUR DE :** avec l'apparence de, sous prétexte de. *Attaquer sous couleur de se défendre.* ▪ **5** FAM. *La couleur de qqch.,* son apparence. *Son argent, je n'en ai jamais vu la couleur,* je n'en ai rien vu. ◆ *En voir de toutes les couleurs :* subir toutes sortes de choses désagréables. « *il en avait trop vu et de toutes les couleurs* » SIMENON. *Il lui en a fait voir de toutes les couleurs.*

COULEUVRE [kulœvʀ] **n. f.** – fin XIIe ◇ latin populaire °*colobra,* classique *colubra* ▪ **1** Serpent non venimeux *(colubridés)* dont les nombreuses espèces sont répandues dans le monde entier. ➤ **nasique.** *Couleuvre à collier* ou *serpent d'eau. Couleuvre vipérine. Couleuvre lisse.* ➤ **coronelle.** *Couleuvre d'Esculape.* « *une tête noire, un collier jaune, ce n'est qu'une couleuvre d'eau* » GENEVOIX. *Petit de la couleuvre* (ou **COULEUVREAU n. m.,** 1572). ▪ **2** LOC. *Paresseux comme une couleuvre,* très paresseux. *Glisser* comme une couleuvre.* ◆ *Avaler des couleuvres :* subir des affronts sans protester ; croire n'importe quoi.

COULEUVRINE [kulœvʀin] **n. f.** – 1688 ; *coulouvrine* fin XIVe ◇ de *couleuvre* ▪ Ancien canon dont le tube était long et effilé. « *Voilà vos longues couleuvrines Qui soufflent du feu sur mes eaux !* » HUGO.

COULIS [kuli] **adj. m.** et **n. m.** – 1393 ; *couleis* 1256 ◇ de *couler*

I adj. m. VENT COULIS : air qui se glisse par les ouvertures ; courant d'air.

II n. m. (XIIe) ▪ **1** Sauce résultant de la cuisson concentrée de substances alimentaires passées au tamis. *Coulis de tomates. Coulis d'écrevisses.* ➤ **bisque.** — Purée de fruits crus pour napper un entremets. *Un, du coulis de framboises.* ▪ **2** TECHN. Plâtre, mortier, métal fondu qu'on fait couler dans les joints pour les garnir.

▪ HOM. Coolie.

COULISSANT, ANTE [kulisɑ̃, ɑ̃t] **adj.** – 1928 ◇ de *coulisser* ▪ Qui glisse sur des coulisses. *Porte coulissante.*

COULISSE [kulis] **n. f.** – 1754 ; *coulice* 1289 ◇ de *coulis* « qui glisse » ▪ **1** Support à rainure le long de laquelle une pièce mobile peut glisser. ➤ **glissière.** *Réparer la coulisse. Fenêtre, porte, placard à coulisse.* — Le panneau qui glisse sur la rainure. *Ouvrir, fermer une coulisse.* — TECHN. Organe en forme de glissière. *Pièce glissant sur une coulisse.* ➤ **curseur.** LOC. *Pied* à coulisse.* — SPÉCIALT Organe servant à renverser la vapeur, sur une machine. — *Trombone* à coulisse.* ◆ (1802) COUT. Ourlet ou rempli qu'on fait à un vêtement, une étoffe, pour y passer un cordon, une tringle. ◆ FIG. *Faire des yeux en coulisse :* laisser glisser le regard obliquement, à la dérobée. *Un regard en coulisse* (cf. De biais, en coin). ▪ **2** (1694) Rainure le long de laquelle glissent les châssis des décors. ◆ *La coulisse, les coulisses :* partie d'un théâtre située sur les côtés et en arrière de la scène, derrière les décors, et qui est cachée aux spectateurs. *Le machiniste, l'électricien sont dans les coulisses.* — FIG. *Se tenir dans la coulisse :* se tenir caché, ne pas se laisser voir. *Les coulisses de la politique.* ➤ **2 dessous, 2 secret.** ▪ **3** (1825) BOURSE VX Le marché des valeurs qui ne sont pas admises à la cote officielle, et où des courtiers font office d'agents de change (➤ **coulissier**).

COULISSEAU [kuliso] **n. m.** – fin XVe ◇ de *coulisse* ▪ TECHN. Petite coulisse. — Pièce qui se déplace dans une coulisse. *Coulisseau d'ascenseur.*

COULISSER [kulise] **v.** ‹ 1 › – 1671 ◇ de *coulisse* ▪ **1 v. tr.** Garnir de coulisses. *Coulisser un rideau, un tiroir.* — **p. p. adj.** *Jupe coulissée.* ▪ **2 v. intr.** Glisser sur coulisses. *Porte qui coulisse.* ➤ **coulissant.** *Faire coulisser un panneau mobile.*

COULISSIER [kulisje] **n. m.** – 1815 ◇ de *coulisse* ▪ ANCIENNT Courtier qui s'occupait des transactions boursières, hors du parquet des agents de change.

COULOIR [kulwaʀ] **n. m.** – 1378 « ce qui sert à faire couler » ; *coledoir* XIIe ◇ de *couler* « glisser » ▪ **1** Passage étroit et long, servant de dégagement pour aller d'une pièce à l'autre, d'un lieu à l'autre. ➤ **corridor, galerie, passage.** « *Le long couloir mal éclairé était désert, les portes closes des deux côtés* » SIMENON. *Les couloirs du métro.* ◆ *Les couloirs d'une assemblée politique. Conversations, intrigues de couloir,* qui ont lieu autour de la salle des séances. *Bruits de couloir :* informations officieuses dont on ignore la source. ➤ **rumeur.** ◆ *Couloir d'un wagon de chemin de fer. Un coin couloir* (opposé à *fenêtre*). *Les couloirs d'un navire.* ➤ **coursive.** ◆ FIG. (Afrique noire) Protection permettant d'obtenir un avantage. ➤ FAM. **piston.** — LOC. *Faire couloir, faire le(s) couloir(s) :* chercher à obtenir un passe-droit, une faveur, un avantage indu (➤ **lobby**). ◆ (anglais américain *death row*) *Couloir de la mort :* section d'une prison où sont incarcérés les détenus condamnés à mort. — Régime de haute sécurité réservé à ces détenus. ▪ **2** Passage étroit (➤ **canal, conduit**). *Couloir où passe le film dans un appareil de projection.* ▪ **3** GÉOGR. Dépression allongée. ➤ **détroit, goulet.** *Le couloir rhodanien. Fleuve encaissé dans un profond couloir.* ➤ **gorge.** — Ravin à flanc de montagne. *Couloir d'avalanche.* ▪ **4** Zone étroite et allongée servant de passage à certains véhicules. *Couloir aérien :* itinéraire qu'un avion est obligé de suivre (pour éviter les collisions). *Couloir de navigation.* ➤ **rail.** *Couloir d'autobus :* partie de la chaussée réservée aux autobus et aux taxis. ◆ *Couloir humanitaire*.* ▪ **5** TENNIS Une des deux bandes situées de part et d'autre du rectangle formant la partie médiane du court. *Les couloirs ne sont utilisés que dans le double.* — SKI Figure d'un slalom, comprenant 2, 3 ou 4 portes horizontales. — SPORT Bande longitudinale d'une piste d'athlétisme, réservée à un seul coureur dans les courses de vitesse. *Le couloir extérieur, intérieur.* ➤ **corde.** — Espace de nage, délimité par des flotteurs. ➤ **ligne** (d'eau). « *Des nageurs la frôlaient, ils crawlaient* [...]*,tenaient tout le couloir* » C. GALLAY.

COULOMB [kulɔ̃] **n. m.** – 1881 ◇ de *Coulomb,* n. pr. ▪ MÉTROL. Unité SI de mesure de quantité d'électricité et de charge électrique (SYMB. C), égale à la quantité d'électricité transportée en 1 seconde par un courant de 1 ampère. — *Coulomb par kilogramme :* unité de mesure d'exposition de rayonnement (SYMB. C/kg) correspondant à une charge de 1 coulomb produite dans 1 kilogramme d'air.

COULOMMIERS [kulɔmje] **n. m.** – 1894 ◇ nom de ville ▪ Fromage de lait de vache à pâte molle et à croûte fleurie.

COULPE [kulp] **n. f.** – v. 1460 ; *colpe* 861 ◇ latin *culpa* → coupable ▪ VX Péché. MOD. LOC. **BATTRE SA COULPE :** témoigner son repentir ; s'avouer coupable (cf. Faire son mea-culpa).

COULURE [kulyʀ] **n. f.** – 1331 ; *coleüre* XIIIe ◊ de *couler* ▪ **1** Mouvement d'un liquide qui s'écoule, et PAR EXT. Traînée d'une matière molle qui a coulé. *Coulures de bougie, de peinture.* — (1690) TECHN. Partie du métal en fusion qui coule à travers les joints du moule, pendant la fonte. ▪ **2** Accident qui empêche la fécondation de la fleur, le plus souvent en faisant couler le pollen. ➤ **avortement.** *Coulure de la vigne* (➤ **millerandage**).

COUMARINE [kumaʀin] **n. f.** – 1836 ◊ de *coumarou,* nom d'arbre, 1614 ; mot de la Guyane ▪ DIDACT. Substance odorante extraite de la fève tonka*. *La coumarine est utilisée en parfumerie et en savonnerie.*

COUNTRY [kuntʀi] **n. f.** ou **m.** et **adj.** – *country-music* 1972 ◊ mot anglais «campagne» ▪ ANGLIC. Musique américaine populaire dérivée du folklore blanc du sud-ouest des États-Unis. ➤ **folk.** — **adj.** *Des guitaristes countrys* ou *country* (inv.).

COUP [ku] **n. m.** – fin IXe ◊ du latin *colpus*

I CE QUI FRAPPE, HEURTE ▪ **1** Mouvement par lequel un corps vient en heurter un autre ; impression (ébranlement, bruit...) produite par ce qui heurte. ➤ **choc*, heurt.** *Coup sec, violent. Coup très léger, petit coup. Donner un coup de poing sur la table, un coup de coude à qqn. Frapper les trois* coups* (au théâtre). *Se donner un coup contre un meuble.* ➤ **se cogner.** ▪ **2** Choc brutal que l'on fait subir (à qqn) pour faire mal. *Donner un coup, des coups.* ➤ **battre, frapper,** 2**taper.** *Recevoir, prendre* (FAM.) *un coup sur la tête. En venir aux coups ; se donner, échanger des coups :* se battre. ➤ **bataille, rixe ;** FAM. **bagarre, castagne.** *Rendre coup pour coup. Rouer, bourrer qqn de coups* (cf. Rosser, passer à tabac*, tabasser). *Frapper qqn à coups redoublés. Une avalanche, une grêle de coups.* ➤ 1**claque, gifle*, horion,** 2**tape ;** FAM. et POP. **bourre-pif, châtaigne, gnon, jeton,** 1**marron, pain, ramponneau,** 1**taloche, tarte, torgnole.** *Volée* de coups. Il a été condamné pour coups et blessures.* ➤ **sévices** (cf. aussi Mauvais traitements*, voies* de fait). *Marque de coup.* ➤ **bleu, bosse, contusion, meurtrissure.** *Être noir de coups.* LOC. *Le coup du lapin*. Le coup du père* François.* — *Coup de poing, de pied*, de tête,* FAM. *de boule,* donné avec le poing, le pied, la tête (➤ **pied, poing ; coup-de-poing**). *Coup de bâton* (➤ **bastonnade**), *de botte, de fouet. Coups sur les fesses* (➤ **fessée**), *sur l'œil* (➤ FAM. **coquard**). SPORT (ARTS MARTIAUX) ➤ **atémi.** *Coups de poing, en boxe*. Coups autorisés et coups défendus.* — LOC. *Coup bas,* donné plus bas que la ceinture ; FIG. procédé déloyal. — LOC. *Compter* les coups.* ◆ (Coups donnés par les animaux) *Coup de bec, de corne, de griffe, de patte, de pied, de queue, de sabot.* FIG. *Coup de pied en vache*.* ◆ Geste par lequel on tente de blesser l'adversaire à l'arme blanche. *Coup d'épée, de sabre.* ➤ 3**botte, estocade.** *Coup de poignard, de couteau.* (1585) *Coup fourré*.* ◆ LOC. *Coup de bambou*, de barre*, de bec*, de boutoir*, de dent*, de fouet*, de griffe*, de masse*, de massue*, de patte*, de tête*.* ▪ **3** (milieu XVe) Décharge d'une arme à feu ; ses effets (action du projectile). *Coup de feu.* ➤ **décharge, détonation.** *Coups de canon, de fusil.* ➤ **canonnade, fusillade,** 1**salve, tir.** *Tirer des coups de fusil.* ➤ **tirer ; canarder.** *Le coup est parti. Révolver à six coups.* «*Le coup passa si près que le chapeau tomba*» HUGO. «*Une flamme rougeâtre éclaira les étangs. Un coup de feu partit, un coup long chargé d'étincelles*» BOSCO. LOC. FAM. *Tirer un, son coup :* faire l'amour de façon expéditive (en parlant d'un homme). — PAR EXT. Partenaire sexuel. *Un bon, un mauvais coup.* «*C'était un très bon coup, me confia-t-elle un mois plus tard en rentrant, sa valise sous le bras, un coup d'anthologie*» G. DELACOURT. *Un coup d'un soir,* sans lendemain. — CHASSE **COUP DOUBLE :** coup qui tue deux pièces de gibier. ➤ **doublé.** LOC. *Faire coup double :* obtenir un double résultat par un seul effort. — *Avoir un coup dans l'aile*, dans les carreaux.* ▪ **4** FIG. (milieu XIIIe) Acte, action qui frappe qqn. ➤ **attaque, atteinte ; blessure.** *Le «coup au cœur que j'ai ressenti, à mon premier voyage, devant le sommet du Mont Blanc naviguant au-dessus des nuages»* GRACQ. LITTÉR. «*À l'honneur de tous deux il porte un coup mortel*» CORNEILLE. — LOC. *Frapper*, porter* un grand coup. La crise a porté un coup terrible à l'économie. Donner le dernier coup, le coup décisif, le coup de grâce*.* ➤ **abattre, anéantir.** FAM. **TENIR LE COUP :** résister à la fatigue, à des attaques, à des soucis. ➤ **supporter. ACCUSER LE COUP :** montrer qu'on est affecté par une attaque de l'adversaire. **EN PRENDRE UN COUP :** être atteint au moral ou au physique. *Prendre un coup de vieux*, un coup de jeune.* — *Coup du destin, du sort. Coup de Trafalgar :* accident désastreux. FAM. **COUP DUR :** accident, ennui grave, pénible. ➤ FAM. 1**pépin, tuile.** — *Sale coup pour la fanfare !* ◆ **SOUS LE COUP DE :** sous la menace, l'action, l'effet de. *Tomber sous le coup de la loi. Être sous le coup d'une condamnation.* ➤ **encourir.** ▪ **5** Bruit d'un choc, d'un coup. *Entendre un coup sec. Coups de cymbale, de gong. Les douze coups de midi.* LOC. *Sur le coup de midi :* midi sonnant ; PAR EXT. vers midi. — FAM. *Sur les coups de midi.* «*Je suis sorti de l'hôpital sur les coups de 10 heures du matin*» DJIAN.

II MOUVEMENT (souvent dans COUP DE + nom). ▪ **1** Mouvement de telle ou telle partie du corps de l'être humain ou d'un animal (non destiné à frapper). *Coup d'aile* (➤ **battement**), *de collier*. Coup de coude, de genou, de reins, de langue.* — (Organes de la voix, produisant un son). *Coup de gosier* d'un chanteur.* LOC. *Coup de gueule*.* ➤ **cri, engueulade.** — *Coup d'œil* :* regard bref. ◆ FIG. *Coup de main, d'épaule, de pouce.* ➤ 1**aide, appui, secours.** (1801) *Donner un coup de main à qqn.* **COUP DE MAIN :** attaque exécutée à l'improviste, avec hardiesse et promptitude. ▪ **2** (Le plus souvent qualifié) Mouvement d'un objet, d'un outil qu'on manie, d'un instrument. *Coup d'archet. Coup de crayon. Coup de filet* (du pêcheur). *Coup de bistouri* (du chirurgien). *Coup de hache, de pioche. Coup de marteau, de massue ; coup de barre** (aussi FIG.). *Coup de frein. Coup de volant. Coup d'accélérateur ;* FIG. impulsion. (1634) *Coup de chapeau** (➤ **salut**). — *Coup de fil, coup de téléphone.* LOC. FAM. *Avoir un bon coup de fourchette*.* — (Sans compl.) *En mettre,* (FAM.) *en fiche, en foutre un coup, un bon coup :* travailler dur. ◆ (Désignant une opération rapide). *Coup de balai, de brosse, de chiffon, d'éponge, de torchon :* nettoyage rapide avec le balai, etc. (aussi FIG.). — *Coup de fer :* repassage rapide. *Donner un coup de peinture :* peindre sommairement. *Se donner un coup de peigne :* se recoiffer rapidement. ◆ **À COUP(S) DE :** à l'aide de. *Il se maintient à coup de médicaments. Traduire un texte à coups de dictionnaire.* ◆ Bref effet sonore (cf. ci-dessus I, 5°). *Coup de sifflet, de sonnette.* ▪ **3** (début XIIIe) Action brusque, soudaine ou violente d'un élément, du temps ; impression qu'elle produit. *Coup de chaleur, de foudre*, de froid*.* — *Coup de soleil*.* MÉTÉOR. *Coup de vent :* vent de force 8 (échelle de Beaufort). *Arriver, repartir en coup de vent*.* — MAR. *Coup de roulis, de tangage. Coup de mer :* grosse vague passant par-dessus le bateau. *Coup de chien :* tempête subite. ▪ **4** (XIIIe) Le fait de lancer (les dés) ; action d'un joueur (aux échecs, aux dames, dans les jeux de hasard et d'adresse). *Un coup pour rien*. Jouer sa fortune sur un coup de dés.* «*Un coup de dés, jamais, n'abolira le hasard*» MALLARMÉ. *Avoir un coup d'avance (sur son adversaire) ;* FIG. devancer un concurrent. «*Il faut toujours avoir un coup d'avance.* [...] *Il faut innover*» V. DESPENTES. — (BILLARD, CARTES, TENNIS) *Coup adroit. Le coup est bien joué.* TENNIS **COUP DROIT,** qui consiste à frapper la balle avec la face de la raquette, après rebond (opposé à *volée, revers*). ➤ 1**drive.** — (FOOTBALL, RUGBY) *Coup franc*. Coup d'envoi*.* — *Réussir un beau coup. Marquer* le coup.* PAR ANAL. *Coup de Bourse.* — *Avoir, attraper le coup pour... :* être habile à, posséder l'art de. ➤ 3**tour,** 1**truc.** — *Rattraper le coup :* réparer une erreur, une maladresse. — *Discuter* le coup.* — *Valoir* le coup.* ▪ **5** (fin XIVe) Quantité (d'air, de liquide) absorbée en une fois. *Inspirer, expirer un grand coup. Boire un coup de trop.* FAM. *Je te paye un coup, le coup* (de vin), *un coup à boire. Le coup de l'étrier*.*

III ACTION ▪ **1** (fin XIe) Action subite et hasardeuse. (Qualifié) *Coup de chance :* action réussie par hasard, PAR EXT. hasard heureux. FAM. *Coup de bol, de pot. Coup de baguette magique.* — *Coup d'audace. Coup de poker. Coup de génie. Coup d'essai. Coup de maître.* «*Mes pareils à deux fois ne se font point connaître, Et pour leurs coups d'essai veulent des coups de maître*» CORNEILLE. (Sans compl.) *Tenter, risquer le coup. Réussir, manquer son coup. Réussir un beau coup. Un coup fumant. Un beau coup de pub. Un coup médiatique.* — *Coup d'État*.* (1743) *Coup de théâtre*.* ◆ Action jugée malhonnête. *Mauvais coup. Manigancer, préparer son coup. Le coup était prémédité, préparé. Faire un coup à qqn. C'est lui qui a fait le coup. Tous les coups sont permis. Faire les quatre cents coups :* faire beaucoup de bêtises, d'excès, mener une vie de débauche. *Être aux cent* coups. Manquer, rater son coup. Être sur un coup :* avoir une bonne affaire en vue. FAM. *Il a été bon sur ce coup-là,* à cette occasion. *Faire à qqn le coup de,* le tromper en simulant une situation. *Il lui a fait le coup de la panne.* — (Qualifié) *Coup monté.* (1803) *Un coup de Jarnac,* imprévu mais loyal ; ABUSIVEMENT perfide, déloyal. *Un coup tordu. Un coup bas.* — LOC. FAM. **ÊTRE DANS LE COUP.** *Être, mettre dans le coup :* participer, faire participer à l'action ; FIG. être, mettre au courant (de ce qu'il faut savoir) ; être au courant des idées à la mode (cf. Être à la page, branché, dans la course*, dans le vent*, in). *Il n'est plus dans le coup* (cf. Être hors circuit, sur la touche). — *Être hors du coup :* ne pas être concerné, ne pas s'intéresser à (qqch.). ▪ **2** Action subite et irraisonnée. *Coup de folie, de désespoir. Coup de cœur*.* ▪ **3** (XIIIe) Au sens de «fois» dans des loc. *Du premier coup.* (début

XIVe) *D'un seul coup (d'un seul), tout d'un coup. Pour le coup :* cette fois-ci. *«Pour le coup, la colère lui donnait le ton de la fermeté»* STENDHAL. *À tous les coups, à tous coups :* chaque fois, à tout propos, toujours. *À tous les coups l'on gagne ! Du même coup :* par la même action, à la même occasion. *Ce coup-ci, c'est le bon.* — VX ou RÉGION. *Encore un coup :* encore une fois. — FAM. *Du coup :* à cause de cela, de ce fait. ▪ **4** Action rapide, faite en une fois (dans des loc.). FAM. **UN BON COUP :** une fois pour toutes, une bonne fois. *«Il ne cessait de ricaner, ne pensant qu'à rigoler un bon coup»* COSSERY. **COUP SUR COUP :** sans interruption, l'un après l'autre, successivement. *«Tant de malheurs qui arrivaient coup sur coup»* BOSSUET. **AU COUP PAR COUP,** se dit d'une opération, d'une politique menée par une suite d'actions séparées. *Régler les problèmes au coup par coup,* par des actions ponctuelles. — **SUR LE COUP :** immédiatement. *Il est mort sur le coup. Sur le coup, je n'ai pas compris.* — **APRÈS COUP :** plus tard, après. *«Quelques mots auxquels je n'ai réfléchi qu'après coup»* ROUSSEAU. — **À COUP SÛR :** sûrement, infailliblement. *Il est à coup sûr l'auteur de cette plaisanterie.* — **TOUT D'UN COUP ; TOUT À COUP :** brusquement, soudain. *«L'amour, croyait-elle, devait arriver tout à coup avec de grands éclats et des fulgurations»* FLAUBERT.

▪ HOM. Cou, coût.

COUPABLE [kupabl] adj. et n. – 1667 ; *corpable* 1172 ◊ latin *culpabilis,* racine *culpa* → coulpe ▪ **1** Qui a commis une faute, une infraction. ➤ **fautif.** (Surtout attribut) *Être coupable d'un délit* (➤ **délinquant**), *d'un crime* (➤ **criminel**). *Se rendre coupable d'une faute. S'avouer coupable* (➤ **mea-culpa**). *L'accusé est reconnu, déclaré coupable. Plaider coupable :* reconnaître la culpabilité de l'accusé, mais essayer de l'atténuer. *Non coupable :* innocent. *Plaidez-vous coupable, ou non coupable ?* ◆ PAR EXT. Responsable* d'une mauvaise situation. *Être coupable envers qqn, coupable de* (et inf.). *C'est la presse qui est coupable. Il n'y est pour rien, je suis seul coupable. Se sentir coupable.* ➤ **culpabiliser.** ▪ **2** (Actions, pensées, désirs) ➤ **blâmable, condamnable, délictueux, fautif, pendable, punissable, répréhensible.** *Commettre une action coupable. Desseins, désirs, pensées coupables.* ➤ **honteux, inavouable, indigne, infâme, mauvais.** *Un amour coupable.* ➤ **illégitime, illicite.** *Il a envers ses enfants une faiblesse coupable.* ▪ **3** n. Personne qui est coupable (1°). *Rechercher, trouver les coupables. Il lui faut un coupable. Le coupable idéal. Le coupable et ses complices. «il vaut mieux hasarder de sauver un coupable que de condamner un innocent»* VOLTAIRE. ◆ PAR EXT. Personne responsable d'une mauvaise situation. *C'est lui, le grand coupable.* ➤ **responsable.**

▪ CONTR. Innocent.

COUPAGE [kupaʒ] n. m. – 1364 «action de couper» ◊ de *couper* ▪ (1835) TECHN. Action de mélanger des liquides différents. *Le coupage de l'alcool. Vins de coupage.* — Le mélange.

COUPAILLER [kupaje] v. tr. ⟨1⟩ – 1870 ◊ de *couper* ▪ Couper maladroitement, irrégulièrement. — On dit aussi **COUPASSER** [kupase].

COUPANT, ANTE [kupɑ̃, ɑ̃t] adj. – 1538 ◊ de *couper* ▪ **1** Qui coupe. ➤ **aigu, tranchant.** *Incisives coupantes. Lame coupante. Herbe coupante.* GÉOM. *Plan coupant.* ➤ **sécant.** ◆ SUBST. *Le coupant :* le fil d'un instrument tranchant. ▪ **2** FIG. Autoritaire. *Ton coupant.* ➤ 1 **bref, cassant, incisif, tranchant.** *«une voix coupante de monsieur qui ne se trompe jamais»* SARTRE. ▪ CONTR. Contondant.

COUP-DE-POING [kud(ə)pwɛ̃] n. m. – 1783 ◊ de *coup* et *poing* ▪ **1** Arme de main, masse métallique percée pour le passage des doigts. *Coup-de-poing américain.* ◆ FIG., EN APPOS. *Une politique coup-de-poing,* qui procède d'une manière violente et soudaine. *Opération coup-de-poing :* opération de police soudaine et inattendue. *Des reportages coups-de-poing.* ▪ **2** PALÉONT. Silex taillé pour servir d'arme. ➤ **biface.** *Des coups-de-poing.*

1 **COUPE** [kup] n. f. – XIIe ◊ latin *cuppa* → cuve ▪ **1** Récipient à boire plus large que profond, reposant sur un pied. *Coupe d'argent, de cristal. Coupe antique. Coupe de vin, de ciguë. Coupe rituelle.* ➤ **calice, ciboire,** 1 **vase ; patère.** *La coupe du Graal.* — LOC. *Il y a loin de la coupe aux lèvres,* d'un plaisir projeté à sa réalisation. *La coupe est pleine,* je ne supporterai rien de plus, cela suffit (cf. La mesure est comble*, FAM. ras* le bol). — Contenu de la coupe. LOC. *Boire la coupe jusqu'à la lie*.* ◆ **COUPE À CHAMPAGNE,** verre de cette forme. *Coupes et flûtes à champagne.* — Son contenu. *Encore une coupe !* ▪ **2** Récipient hémisphérique sur pied, individuel, plus ou moins haut. ➤ **coupelle, jatte.** *Une coupe de glace, de fruits mélangés, de crème, de compote. Caviar servi dans une coupe.* — Grand récipient de même forme pour présenter les fruits, les entremets. ➤ **compotier.** ◆ *En forme de coupe :* hémisphérique. FIG. *Il fit une coupe avec ses deux mains.* ◆ *Coupe menstruelle :* protection féminine en forme de coupe souple que l'on place dans le vagin pour recueillir le flux menstruel. ▪ **3** (1872) Prix qui récompense le vainqueur d'une compétition sportive, d'un championnat. *Gagner, remporter la coupe.* — La compétition elle-même. *La coupe Davis* (tennis). *Coupe de France de football.*

2 **COUPE** [kup] n. f. – 1283 ◊ de *couper*

I **ACTION DE COUPER** ▪ **1** (v. 1375) Action de couper, de tailler. *Étoffe dure à la coupe,* qui résiste aux ciseaux. *Hauteur de coupe d'une tondeuse à gazon.* ◆ loc. adv. **À LA COUPE.** *Fromage, beurre, terrine vendus à la coupe,* coupés à la demande du client lors de l'achat. ◆ TECHN. Opération par laquelle un outil tranchant enlève des morceaux (➤ **copeau**) d'une pièce à usiner. *Angle de coupe. Outil de coupe.* ▪ **2** SYLV. Action d'abattre des arbres, dans une forêt. Étendue de forêt à abattre. *Coupe dans une forêt communale.* ➤ **affouage.** *Choix des arbres à conserver dans une coupe.* ➤ **balivage, réserve.** — **COUPE SOMBRE** ou *coupe d'ensemencement :* opération qui consiste à n'enlever qu'une partie des arbres pour permettre l'ensemencement de nouveaux arbres. FIG. Suppression importante. *On a fait une coupe sombre dans le personnel de l'entreprise :* on a licencié beaucoup d'employés. — **COUPE CLAIRE,** qui éclaircit la coupe sombre et donne de la lumière aux jeunes arbres. FIG. Suppression encore plus importante que la coupe sombre. — **COUPE RÉGLÉE :** abattage périodique d'une portion de bois déterminée. *Mettre un bois en coupe réglée.* FIG. *Mettre en coupe réglée :* imposer indûment des prélèvements périodiques, des sacrifices onéreux. *«mettant le pays en coupe réglée et encourageant tous les brigandages pourvu qu'il touche sa commission»* E. CARRÈRE. ▪ **3** (1640) Manière dont on taille l'étoffe, le cuir, pour en assembler les pièces. *Suivre des cours de coupe. Tout est dans la coupe.* — *De* (et adj.) *coupe. Vêtement de bonne coupe. Manteau de coupe sobre.* ▪ **4** *Coupe (de cheveux) :* action de tailler la chevelure. ➤ 1 **taille.** *Coupe aux ciseaux, au rasoir. Une coupe et un shampoing. Coupe au bol*, au carré*. Coupe de transformation, d'entretien.* ▪ **5** *Coupe (budgétaire) :* réduction du budget. ▪ **6** TECHN. *Plan* de coupe.*

II **RÉSULTAT D'UNE COUPE** ▪ **1** Ce qui est coupé. *Vendre une coupe de bois. Coupe de tissu.* ➤ **coupon.** ▪ **2** FIG. Contour, forme. ➤ **découpe.** *«cette coupe de visage que l'ampleur du menton rend presque carrée»* BALZAC. ▪ **3** Endroit où une chose a été coupée. ➤ **tranche.** *La coupe d'un tronc d'arbre scié.* ◆ *Coupe optique :* section mince d'un objet destinée à l'observation au microscope. *Coupe cytologique, histologique. Coupe longitudinale, transversale.* ▪ **4** (1681) Représentation graphique, dessin (d'un objet qu'on suppose coupé par un plan). *Coupe d'un navire. Coupe verticale d'une maison. Coupe axiale d'une fusée. Coupe d'une fleur, d'un organe. Coupe perpendiculaire.* ➤ **profil, section.** *Coupe en long, en travers.* — *Plan en coupe.* ▪ **5** (XVIe) Distribution des repos dans la phrase. *La coupe d'un vers.* ➤ **césure.** *Un code «interdit les rencontres des voyelles, détermine la place des repos et des coupes»* CAILLOIS. — *Coupe d'un mot en fin de ligne. Coupe syllabique, étymologique. Mauvaise coupe.*

III **AUX CARTES** ▪ **1** (1675) Division d'un jeu de cartes en deux paquets. ◆ LOC. FIG. *Être, se trouver* **SOUS LA COUPE de qqn :** être le premier à jouer, après le joueur qui a coupé ; FIG. être dans la dépendance de qqn. *Tomber sous la coupe de qqn.* ▪ **2** Absence de carte dans une des couleurs, permettant de couper (I, 3°). ➤ **chicane.** *Avoir une* (ou *la*) *coupe à cœur.*

1 **COUPÉ** [kupe] n. m. – 1660 ◊ de *couper* ▪ **1** ANCIENNT Compartiment de diligence. *«Dans le coupé d'une vieille diligence de campagne»* LOTI. — MOD. *Coupé automobile* ou *coupé :* voiture à deux portes, quatre vitres et quatre places. ➤ VX **coach.** *Coupé décapotable.* ▪ **2** VX Pas de danse.

2 **COUPÉ, ÉE** [kupe] adj. et n. m. – de *couper* ▪ **1** Tranché, sectionné. *Blés coupés. Cheveux coupés. Coupé en tranches. Pain coupé. Fleurs coupées et fleurs en pot.* — *Animal coupé,* châtré. *«un étalon non coupé qui piaffe»* A. JENNI. ◆ ARCHIT. *Pan coupé :* surface qui remplace l'angle à la rencontre de deux pans de mur. ▪ **2** Qui a telle coupe (vêtement). *Une veste bien coupée.* ▪ **3** Divisé, interrompu. *Mot mal coupé. Route coupée.* ➤ **barré.** ◆ BLAS. *Écu coupé,* divisé par le milieu horizontalement. n. m. Cette division. *Le coupé et le parti.* ▪ **4** *Balle coupée,* frappée de telle sorte qu'elle rebondisse anormalement. ▪ **5** Mêlé d'un autre liquide. *Boire son vin coupé d'eau.*

COUPE-CHOU [kupʃu] **n. m.** – 1831 ; *frère coupechou* 1350 ◊ de *couper* et *chou* ▪ FAM. Sabre court. *Des coupe-choux.*

COUPE-CIGARE [kupsigaʀ] **n. m.** – 1869 ◊ de *couper* et *cigare* ▪ Instrument pour couper les bouts des cigares, avant de les fumer. *Des coupe-cigares.*

COUPE-CIRCUIT [kupsiʀkɥi] **n. m.** – 1890 ◊ de *couper* et *circuit* ▪ Appareil qui interrompt un circuit électrique par la fusion d'un de ses éléments (➤ **fusible**) lorsque le courant est trop important, en cas de court-circuit, etc. ➤ **plomb.** *Des coupe-circuits.*

COUPÉ-COLLÉ ➤ **COUPER-COLLER**

COUPE-COUPE [kupkup] **n. m. inv.** /COUPECOUPE **n. m.**/ – 1895 ◊ de *couper* ▪ Sabre pour couper les branches, ouvrir une voie dans la forêt vierge. ➤ **machette.** *Des coupe-coupe.*

COUPÉE [kupe] **n. f.** – 1783 ◊ de *couper* ▪ MAR. Ouverture dans la muraille d'un navire, qui permet l'entrée ou la sortie du bord. *Échelle de coupée. Être reçu à la coupée.*

COUPE-FAIM [kupfɛ̃] **n. m.** – date inconnue ◊ de *couper* et *faim* ▪ Substance médicamenteuse qui provoque une diminution de l'appétit. ➤ **anorexigène.** *Prendre des coupe-faim* (inv.) ou *des coupe-faims.*

COUPE-FEU [kupfø] **n. m.** – 1882 ◊ de *couper* et 1*feu* ▪ **1** Espace libre ou obstacle artificiel destiné à interrompre la propagation des incendies (forêts, etc.). *Des coupe-feux.* ➤ **pare-feu.** APPOS. *Des portes, des tranchées coupe-feux* ou *coupe-feu* (inv.). ▪ **2** INFORM. ➤ **pare-feu.**

COUPE-FILE [kupfil] **n. m.** – 1869 ◊ de *couper* et *file* ▪ Carte officielle de passage, de priorité. ➤ 3**passe.** *Coupe-file d'un journaliste. Des coupe-files.* — PAR EXT. Billet donnant un accès prioritaire à une manifestation. APPOS. *Des billets coupe-files.*

COUPE-GORGE [kupgɔʀʒ] **n. m.** – XIIIe ◊ de *couper* et *gorge* ▪ Lieu, passage dangereux, fréquenté par des malfaiteurs. *Cette impasse est un vrai coupe-gorge. Des coupe-gorges.*

COUPE-JARRET [kupʒaʀɛ] **n. m.** – *coupe-jaret* 1587 ◊ de *couper* et *jarret* ▪ VX ou PLAISANT Bandit, assassin. *Des coupe-jarrets.*

COUPE-LÉGUME [kuplegym] **n. m.** – 1834 ◊ de *couper* et *légume* ▪ Instrument servant à couper les légumes en menus morceaux. *Des coupe-légumes.* — On écrit aussi *un coupe-légumes* (inv.).

COUPELLATION [kupelasjɔ̃] **n. f.** – 1771 ◊ de *coupeller* « mettre à la coupelle », de *coupelle* ▪ TECHN. Opération par laquelle on isole l'or, l'argent contenu dans un alliage au moyen de la coupelle (séparation du mélange liquide par oxydation).

COUPELLE [kupɛl] **n. f.** – 1431 ◊ de 1*coupe* ▪ **1** Petite coupe. ▪ **2** TECHN. Creuset fait avec des os calcinés utilisé pour la coupellation. *Or, argent de coupelle,* épuré à la coupelle.

COUPE-ONGLE [kupɔ̃gl] **n. m.** – 1929 ◊ de *couper* et *ongle* ▪ Pince pour couper les ongles. *Des coupe-ongles.*

COUPE-PAPIER [kuppapje] **n. m.** – 1842 ◊ de *couper* et *papier* ▪ Instrument (lame de bois, d'os, de corne, de métal) servant à couper le papier. *Couper les pages d'un livre avec un coupe-papier. Des coupe-papiers.*

COUPER [kupe] **v.** ⟨1⟩ – milieu XIIe ◊ de *coup, couper* signifiant littéralement « séparer par un *coup* »

I ~ **tr. dir.. A.** INTERVENIR SUR QQCH. AVEC UN OBJET TRANCHANT ▪ **1** Diviser (un corps solide) avec un instrument tranchant. *Couper qqch. avec un couteau, des ciseaux, une hache, un cutter, un rasoir. Couper du papier au massicot, du métal à la pince. Couper une ficelle, un lien. Couper droit, en biais. Couper les pages d'un livre avec un coupe-papier.* LOC. *Un brouillard à couper au couteau,* très dense. *Fil* à couper le beurre.* — *Couper la gorge, le cou à qqn.* ➤ **trancher.** — **COUPER EN...** Diviser en (morceaux de telle forme). *Couper qqch. en morceaux* (➤ **morceler**), *en tranches* (➤ **émincer, escaloper, trancher**). *Saucisson coupé en rondelles.* — Diviser en (fractions, parts). *Couper un gâteau en six.* ➤ **fractionner, partager.** *Couper une baguette de pain, un comprimé, un fruit en deux.* LOC. *Couper les cheveux* en quatre.* ◆ (1539) Diviser, débiter en morceaux. *Couper du bois pour l'hiver* (➤ **fendre, scier, tronçonner**), *couper un stère de bois. Couper la viande, la volaille.* ➤ **découper, dépecer.** *Couper le pain, du pain. Couper qqch. gros, menu.* ➤ **hacher.** *Jambon coupé fin,* en tranches fines. ▪ **2** Prendre, former (un morceau) en séparant avec un instrument tranchant. *Couper un morceau de pain, une tranche de viande.* ➤ 1**lever, prélever.** *Couper des tartines, des quartiers de pomme. Tranche mal coupée. Je vous coupe une autre tranche ?* ◆ (1679) Préparer les morceaux à assembler pour faire (un vêtement, un sac, etc.). *Couper une robe.* ➤ **tailler ;** 2**coupe ; coupeur, couturier.** *Couper une jupe avec un patron*. Jupe coupée en biais. Couper et coudre.* ▪ **3** Enlever (qqch. qui tient à un ensemble) avec un instrument tranchant. *Couper un arbre* (➤ **abattre**). *Couper la cime* (➤ **écimer, étêter**), *les branches* (➤ **ébrancher, élaguer, émonder, tailler**). *Couper l'arbre* pour avoir le fruit. Couper l'herbe, les foins* (➤ **faucher**), *les blés* (➤ **moissonner**), *les cannes à sucre. Couper de l'herbe. Couper des fleurs pour faire un bouquet.* ◆ (milieu XIIe) *Couper un membre, un organe à qqn.* ➤ **amputer, mutiler ; -ectomie.** *Couper la tête à qqn.* ➤ **décapiter, guillotiner ; décollation.** LOC. FIG. *Couper bras* et jambes. En donner sa main, sa tête à couper :* en être sûr, en avoir la conviction (cf. En mettre sa main au feu*). — *Couper les organes de la reproduction.* ➤ **castrer, châtrer.** PAR MÉTON. *Couper un chat,* le castrer. ◆ ABSOLT, LOC. *Couper dans le vif :* tailler, trancher dans la chair vive pour extirper un mal ; FIG. prendre des mesures énergiques pour régler une affaire. ◆ Tailler (une production du corps qui se renouvelle). *Se couper les ongles, la barbe. Couper les cheveux* (de, à qqn). ➤ 2**coupe.** *Elle s'est fait couper les cheveux chez son coiffeur. Couper ras.* ➤ **raser, tondre.** ▪ **4** Blesser, faire une entaille. *Elle s'est coupé le doigt :* elle s'est fait une coupure au doigt. *Cet enfant a coupé son frère à la main.* ▪ **5** Donner une impression de coupure à (une partie du corps, la peau). *Le froid coupe les mains, les lèvres.* ➤ **gercer.** *Bise qui coupe le visage.* ➤ 2**cingler, fouetter.**

B. INTERROMPRE (CE QUI EST CONTINU) ▪ **1** Diviser en plusieurs parties. ➤ **fractionner, partager, scinder, tronçonner.** *Ligne sécante qui coupe une surface. Couper une pièce par une cloison. Fossés, talus, haies qui coupent les champs.* ➤ **morceler.** *Couper un mot pour passer à la ligne.* — LOC. *Couper un virage,* en roulant près du bord intérieur (cf. Prendre un virage à la corde*). ◆ Séparer, isoler. *Ses activités l'ont coupé de ses amis.* — *Être coupé du monde, de la réalité.* ▪ **2** Passer au milieu, au travers de (qqch.). ➤ **traverser.** *Ce chemin en coupe un autre.* ➤ **croiser ; intersection.** ABSOLT *Couper à travers champs :* passer par le plus court chemin. *« il m'a paru avantageux de couper par le bois au lieu de suivre le sentier caillouteux »* BERGOUNIOUX. ▪ **3** Enlever (une partie d'un texte, d'une scène de film). *Couper certains passages dans un discours.* ➤ **retrancher.** *Les scènes trop violentes ont été coupées au montage.* ➤ **censurer.** ◆ INFORM. Enlever (une portion de texte, une image) (➤ **couper-coller**). ▪ **4** (milieu XVe) Interrompre (une action, un discours). *Couper sa journée par une sieste, en faisant la sieste.* ➤ **entrecouper.** *Publicités qui coupent un film* (➤ FAM. **saucissonner**). — *Couper une communication téléphonique.* ➤ **interrompre.** ABSOLT *Nous avons été coupés. « Ne t'étonne pas si ça coupe, je t'appelle d'une cabine pourrie »* Y. QUEFFÉLEC. — *Couper la parole à qqn* (➤ **ôter, retirer**). — Interrompre (qqn). *« Si vous trouvez que je divague, allez-y carrément, coupez-moi ! »* GENEVOIX. — FAM. *Couper le sifflet*, la chique*.* (1803) *Ça te la coupe ! :* ça t'étonne. *Ça m'a coupé l'appétit.* — *Couper la fièvre,* la faire tomber. *Couper le souffle*, la respiration.* — *Couper ses effets* (à qqn).* ▪ **5** Arrêter, barrer. *Couper le chemin à qqn,* passer devant lui. *Un vélo m'a coupé la route. Couper la retraite à l'ennemi. Couper les ponts*. Toutes les routes sont coupées.* ◆ FIG. *Couper les vivres à qqn,* ne plus lui donner d'argent. *Il dit « qu'il n'a rien fait et que son père lui a coupé les vivres »* DURAS. — *Couper le mal à la racine*.* ▪ **6** Interrompre le passage de. *Couper l'eau, l'électricité ; le courant. Couper le contact, les gaz. « la télévision où l'image défile, mais dont Blandine a coupé le son »* BAZIN. *Coupez ! :* arrêtez la prise de vues, la prise de son.

C. MODIFIER LA STRUCTURE (DE QQCH.) ▪ **1** (XVe) Mélanger à un autre liquide. ➤ **coupage.** *Couper son vin,* l'additionner d'eau. ➤ **mouiller.** ▪ **2** (1637 au jeu de paume) *Couper une balle* (au tennis, au tennis de table), la renvoyer en lui donnant un effet ralentissant sa course et déviant son rebond. ▪ **3** (1606) *Couper un jeu de cartes,* le diviser en deux paquets. ➤ 2**coupe.** ABSOLT *Battre et couper. C'est à toi de couper.* — Prendre avec l'atout quand une autre couleur est demandée (➤ **surcouper**). *Je coupe le carreau ;* ELLIPT *Je coupe. Couper à carreau. « Belote ! Rebelote ! Je coupe du neuf »* SIMENON.

II ~ **tr. ind..** ▪ **1** (1861) FAM. **COUPER À.** ➤ **éviter.** *Couper à une corvée,* y échapper. *Il n'y coupera pas. « il était tenu à l'œil et au moindre écart il n'y couperait pas, dit le juge »* CH. ROCHEFORT. ▪ **2** LOC. *Couper court* à qqch.*

III ~ **v. intr.** (1539) Être coupant, tranchant. *Les éclats de verre coupent. Ce couteau ne coupe pas, coupe mal.*

IV ~ **v. pron. SE COUPER** ▪ **1** (RÉFL.) Se blesser avec un instrument tranchant. ➤ **s'entailler ; coupure.** *Elle s'est coupée au doigt, à la main. Se couper en se rasant.* FIG. *Il se couperait en quatre pour lui :* il lui est entièrement dévoué. ▪ **2** (PASS.)

Être coupé. *Cette viande est très tendre, elle se coupe facilement.* ◆ **SE COUPER DE :** perdre le contact avec. *Il s'est coupé de ses amis. Se couper des réalités.* ■ **3** Être sécant, s'entrecroiser. *Ces deux routes se coupent avant le village.* ■ **4** (1535) Se contredire par inadvertance après avoir menti, laisser échapper ce qu'on voulait cacher. ➤ se **trahir.** «*en mentant prudemment, avec la crainte de se couper*» DRIEU LA ROCHELLE.
■ CONTR. Lier, rassembler, réunir. Rapprocher, unir.

COUPE-RACINE [kupʀasin] **n. m.** – 1832 ◇ de *couper* et *racine* ■ Instrument servant à trancher les racines. ➤ **rhizotome.** *Des coupe-racines.*

COUPER-COLLER [kupekɔle] **n. m. inv.** – 1985 ◇ de *couper* et *coller* ■ INFORM. Opération consistant à sélectionner un élément (portion de texte, image) d'un document, et à le déplacer pour l'insérer à un autre endroit du même document ou dans un autre, grâce à un logiciel de traitement de texte. *Des couper-coller.* — On écrit aussi *coupé-collé, des coupés-collés.*

COUPERET [kupʀɛ] **n. m.** – XVIe ; *couperés* «coutelas» 1328 ◇ de *couper* ■ **1** Couteau à large lame pour trancher ou hacher la viande. ➤ **hachoir.** *Couperet de boucher, de cuisine.* ■ **2** Lame de la guillotine. *Mourir, finir sous le couperet,* sur l'échafaud. ◆ FIG. *Être sous le couperet de...,* menacé par. — EN APPOS. *Date couperet :* dernier délai (cf. Date butoir*). *Des dates couperets. Match couperet,* décisif. ■ **3** TECHN. Outil d'acier pour couper les filets d'émail.

COUPEROSE [kupʀoz] **n. f.** – v. 1280 ; *couppe rose* 1478 ◇ p.-ê. latin médiéval *cupri rosa* «rose de cuivre» ■ **1** VX Sulfate. *Couperose blanche* (de zinc), *bleue* (de cuivre), *verte* (de fer). ■ **2** (1530) Inflammation chronique des glandes cutanées de la face, caractérisée par des rougeurs dues à la dilatation des vaisseaux. «*des traces de couperose aux pommettes et aux ailes du nez*» ROMAINS.

COUPEROSÉ, ÉE [kupʀoze] **adj.** – XVe ◇ de *couperose* ■ Atteint de couperose. *Teint, visage couperosé.*

COUPEUR, EUSE [kupœʀ, øz] **n.** – *coupeeur* v. 1230 ◇ de *couper* ■ **1** Personne dont la profession est de couper les vêtements. ➤ **tailleur.** *Une habile coupeuse. Coupeur en peausserie, en ganterie.* — Ouvrier découpant les tôles à la cisaille. ◆ Personne qui coupe les grappes pendant la vendange. *Les coupeurs et les porteurs.* ■ **2** *Coupeur de :* personne qui coupe (qqch.). *C'est un coupeur de cheveux* en quatre.* ➤ **chicanier, ergoteur.** *Les Jivaros, chasseurs et coupeurs de têtes de l'Amazonie.* ◆ *Coupeur de route :* membre d'un groupe armé agressant les automobilistes sur les routes, en Afrique subsaharienne.

COUPE-VENT [kupvɑ̃] **n. m.** – 1893 ◇ de *couper* et *vent* ■ **1** Dispositif en angle aigu, placé à l'avant des locomotives pour réduire la résistance de l'air. FAM. *Avoir un profil, un nez en coupe-vent.* ■ **2** Vêtement léger et imperméable dont le tissu protège contre le vent. *Des coupe-vents* ou *des coupe-vent* (inv.) *en nylon.* ■ **3** Brise-vent. «*Ils ont tout de suite planté des coupe-vent rayés bleu et blanc sur la plage, et cela leur fait comme un camp retranché*» M. SIZUN.

COUPLAGE [kuplaʒ] **n. m.** – 1754 «partie d'un train de bois» ◇ de *coupler* ■ Fait de coupler ; son résultat. *Le couplage de la recherche et de l'industrie.* ◆ TECHN. Assemblage mécanique permettant de transmettre un mouvement, une force. ➤ **accouplement.** ◆ Mode d'association de générateurs électriques. *Couplage en série, en parallèle de dynamos, d'alternateurs.* ◆ Interaction entre deux ou plusieurs oscillateurs. — Interaction entre deux systèmes physiques. *Couplage de deux circuits. Couplage électronique. Couplage par induction.*
■ CONTR. Découplage.

COUPLE [kupl] **n. m.** et **f.** – milieu XIIe *cople* ◇ latin *copula* «lien, chaîne»

I **n. f.** ■ **1** VÉN. Lien servant à attacher ensemble deux ou plusieurs animaux de même espèce. ■ **2** VX ou RÉGION. Deux choses de même espèce. «*une bonne couple de soufflets*» Mme DE SÉVIGNÉ. «*Viens chercher une couple de couvertures, si tu as froid*» R. DUCHARME.

II **n. m.** ■ **1** (XIIe) Deux personnes, souvent un homme et une femme, réunies dans une activité. *Un couple de patineurs. Former un beau couple. Couple bien, mal assorti. Danses de couple.* «*Les danses s'interrompirent, les couples se dénouaient*» JALOUX. ◆ SPÉCIALT Deux personnes unies par des relations sentimentales, physiques. «*Cette chose plus compliquée et plus confondante que l'harmonie des sphères : un couple*» GRACQ. *Un jeune couple, un couple de jeunes mariés.* ➤ **ménage.** *Couple sans enfant. Couple mixte*. Couple homosexuel. Vivre en couple. Ils sont en couple.* ◆ *Un couple de pigeons, de perruches,* le mâle et la femelle. — *Couple cavalier-cheval* (sports équestres). ■ **2** RÉGION. (au sens I) *Un couple d'heures :* deux heures. ■ **3** (1643) MAR. Chacun des éléments de la charpente d'un navire, allant de la quille aux barrots de pont et auxquels le bordé est ajusté. ➤ **membrure.** LOC. *S'amarrer à couple,* bord à bord. *Maître*-couple.* ■ **4** (1827) PHYS. Ensemble de deux forces parallèles égales et opposées appliquées en deux points d'un solide. *Un couple appliqué à un solide tend à le faire tourner. Moment* d'un couple. Couple moteur :* moment du couple produisant la rotation de l'arbre d'un moteur. ◆ *Couple thermoélectrique* ou *couple.* ➤ **thermocouple.** ◆ AUTOM. *Couple conique :* accouplement* réducteur à pignon et couronne coniques qui transmet le couple moteur aux roues. ■ **5** MATH. Ensemble de deux objets mathématiques noté *(x, y)* qui constituent l'ensemble E = {{x}, {x, y}}. ◆ Torseur* dont la résultante est nulle et dont le moment* est indépendant du système de référence.

COUPLÉ [kuple] **n. m.** – 1949 ◇ marque déposée, de *coupler* (2°) ■ TURF Mode de pari où l'on parie sur deux chevaux (cf. Tiercé). *Couplé gagnant, placé.*

COUPLER [kuple] **v. tr.** ⟨1⟩ – *cupler* 1173 ◇ latin *copulare* «réunir» ■ **1** VÉN. Attacher avec une couple. — **p. p. adj.** *Chiens couplés.* ■ **2** Assembler deux à deux. ➤ **accoupler.** *Coupler des roues de wagon.* — **p. p. adj.** *Bielles couplées. Pari couplé.* ➤ **couplé.** MAR. *Coupler deux bateaux, deux péniches.* ■ **3** Relier entre eux (des circuits électriques). ➤ **connecter.** *Coupler deux ordinateurs. Coupler une imprimante à un système.* — **p. p. adj.** *Circuits couplés,* reliés par induction.

COUPLET [kuplɛ] **n. m.** – fin XIIIe ◇ de l'ancien français *couple* «couplet», de l'ancien occitan *cobla,* latin *copula* → couple et copule ■ **1** Chacune des parties d'une chanson comprenant généralement un même nombre de vers, et séparées par le refrain. ➤ **stance, strophe.** *Chanson de deux, trois couplets.* ◆ PLUR. Chanson. *Faire des couplets satiriques. Des couplets de circonstance.* ■ **2** Propos répété, ressassé. ➤ **refrain.** *Il nous a ressorti son couplet sur la décadence des mœurs.*

COUPLEUR [kuplœʀ] **n. m.** – 1890 ◇ de *coupler* ■ TECHN. Dispositif d'accouplement, de couplage. *Coupleur hydraulique, magnétique.* ◆ INFORM. *Coupleur acoustique.*

COUPOIR [kupwaʀ] **n. m.** – 1690 ◇ de *couper* ■ TECHN. Outil servant à couper des corps durs.

COUPOLE [kupɔl] **n. f.** – 1666 ◇ italien *cupola ;* latin *cupula* «petite cuve» ■ **1** Voûte hémisphérique d'un dôme surmontant un édifice. ➤ 2 **dôme.** *Coupole à pendentifs*, sur trompes*. La coupole de Saint-Pierre de Rome. La lanterne d'une coupole. La coupole (de l'Institut) :* l'Institut de France. *Être reçu sous la Coupole,* à l'Académie française. ◆ *Coupole d'un observatoire*.* ■ **2** MILIT. Tourelle cuirassée surmontée d'une calotte.

COUPON [kupɔ̃] **n. m.** – v. 1223 ◇ de *couper* ■ **1** Fin d'une pièce d'étoffe. *Coupons en solde.* — Pièce d'étoffe roulée. ■ **2** FIN. Feuillet que l'on détache d'un titre et sur la présentation duquel l'établissement émetteur paye les intérêts, les dividendes. *Coupon de rente, d'action.* ■ **3** Carte correspondant à l'acquittement d'un droit. *Coupon d'une carte de transport.* ➤ **ticket.** ■ **4** (1911) **COUPON-RÉPONSE :** partie d'une annonce publicitaire à découper que l'on remplit et que l'on envoie à l'annonceur (➤ **couponnage**). *Des coupons-réponse.*

COUPONNAGE [kupɔnaʒ] **n. m.** – 1972 ◇ de *coupon,* par l'anglais *couponing* ■ COMM. Promotion d'un produit ou d'un service grâce à l'utilisation de coupons-réponse. — On emploie aussi **COUPON(N)ING** [kupɔniŋ] **n. m.**

COUPURE [kupyʀ] **n. f.** – 1850 ; *copeure* 1279 ◇ de *couper* ■ **1** Blessure faite par un instrument tranchant. *Coupure au doigt, au visage.* ➤ **balafre, entaille, estafilade, incision, taillade.** *Se faire une coupure :* se couper. ■ **2** Ouverture (crevasse, fossé) qui sépare, fait obstacle. ➤ 1 **brèche, fossé, fracture.** ■ **3** (ABSTRAIT) Séparation nette, brutale. ➤ **cassure, fossé, rupture.** *Il sentit* «*la coupure entre son passé et l'avenir*» MARTIN DU GARD. ➤ **hiatus, solution** (de continuité). ◆ ALG. Partition de l'ensemble des nombres rationnels en deux classes disjointes permettant de définir un nombre rationnel ou irrationnel. *La coupure entre les nombres rationnels positifs dont le carré est inférieur ou supérieur à 3 définit le nombre irrationnel : racine carrée de 3.* ■ **4** Suppression d'une partie d'un ouvrage, d'une pièce de théâtre, d'un film. ➤ **suppression ; censure.** «*peut-être quelques coupures au second acte seraient-elles nécessaires pour arriver moins lentement à l'action*» SAINTE-BEUVE. ■ **5** *Coupures de journaux, de presse :* articles découpés (➤ **press-book**). ■ **6** (1791) Billet de banque. *Une coupure de dix euros. Payer en petites coupures.* ■ **7** Interruption (du courant électrique, du gaz, de l'eau). ➤ aussi **microcoupure.** *Il y aura une coupure de deux à cinq heures. — Coupure publicitaire :* interruption d'une émission de télévision, de radio, par des publicités. ➤ **saucissonnage.** — FAM. *La coupure du déjeuner.* ➤ **pause.** *«la grande coupure de l'été»* (Télérama, 1993). ■ CONTR. Addition. Unité. Continuité.

COUQUE [kuk] **n. f.** – 1790 ◊ néerlandais *koek* → cake ■ RÉGION. **(Nord, Belgique)** ■ **1** Pain d'épice. *La couque de Dinant. Couque au miel. «Du bas en haut des vitrines s'étagent des couques grasses de miel, certaines fourrées de fruits confits multicolores»* SIMENON. ■ **2** Brioche. *Couque suisse :* brioche aux raisins nappée d'un glaçage au sucre.

COUR [kuʀ] **n. f.** – début XIe ◊ du latin du VIe *curtis,* de *cohors, cohortis* «enclos», à l'origine de *cohorte.* Écrit d'abord *cort, curt,* le mot perd le *-t* final au XIVe s. Empruntée par l'anglais au XIIe s., la forme avec *-t* se retrouve dans *court* n. m. «terrain de tennis»

I ESPACE Espace découvert, clos de murs ou de bâtiments et dépendant d'une habitation. *Cour d'honneur d'un château. La cour intérieure d'une maison.* ➤ **patio ;** ANTIQ. **atrium, péristyle.** *Cour d'un monastère.* ➤ **cloître.** *Au fond de la cour. Cour d'immeuble. Appartement sur rue et cour. Fenêtre sur cour. Petite cour.* ➤ **courée, courette.** THÉÂTRE *Côté* cour* **(opposé à *côté jardin*).** — *Cour d'une école, cour de récréation. Les enfants jouent dans la cour.* LOC. *Jouer, passer dans la cour des grands,* accéder à un niveau supérieur, être admis dans un domaine réservé. *Jouer dans la même cour :* intervenir dans un domaine similaire, mener des actions comparables. ◆ *Cour de ferme.* ➤ aussi **bassecour.** ◆ ANCIENNT Rue en cul-de-sac. *La Cour des Miracles,* quartier des truands, des voleurs. *«cette redoutable Cour des Miracles, où jamais honnête homme n'avait pénétré à pareille heure»* HUGO. FIG. *C'est la cour des miracles,* un lieu sordide, malfamé. ◆ **(Belgique, Luxembourg)** VIEILLI *Aller à la cour,* aux toilettes.

II RÉSIDENCE, ENTOURAGE D'UN SOUVERAIN (début XIe) ■ **1** Résidence du souverain et de son entourage. *Les nobles qui vivaient à la cour. Dame d'honneur à la cour. La noblesse de cour,* qui vivait près du souverain **(par oppos. à *la noblesse provinciale*).** ■ **2** (fin XIe) L'entourage du souverain. *La cour de Louis XIV. Gens de cour.* ➤ **courtisan.** *«l'éclat d'une cour tient avant tout à son luxe, c'est-à-dire à l'abondance des parures insolites de la table, du corps et de l'esprit»* DUBY. ◆ VX LOC. *La cour du roi Pétaud* (latin *peto* «je demande»), allusion à l'époque où les mendiants se nommaient un roi qui n'avait guère d'autorité sur ses sujets. ➤ **pétaudière.** ■ **3** Le souverain et ses ministres. — LOC. *Être bien* **EN COUR :** être bien vu d'une personne influente. ◆ Le gouvernement du souverain. *Bonaparte «venait de faire des arrangements avec la cour de Rome»* CHATEAUBRIAND. ■ **4** (1690) Cercle de personnes empressées autour d'une autre en vue d'obtenir ses faveurs. *Une cour d'admirateurs.* ➤ **cercle, clientèle, cortège, suite.** *«Une petite cour de fidèles l'entourait et ponctuait ses phrases de rires enchantés»* TOURNIER. *La cour d'une personne puissante.* ◆ (1539) LOC. **FAIRE LA COUR à qqn,** chercher à obtenir ses faveurs, à s'en faire bien voir. *«Le mérite ne suffisait pas. Il fallait savoir faire sa cour»* R. GUÉRIN. ➤ **courtiser.** — (1651) *Faire la cour à une femme,* se montrer assidu, chercher à lui plaire (cf. Conter fleurette* ; FAM. faire du gringue*, du plat*). *«il me fit la cour, une cour timide et profondément tendre»* MAUPASSANT. *«il lui aurait volontiers fait un doigt de cour»* BEAUVOIR.

III ASSEMBLÉE, TRIBUNAL ■ **1** (début XIIe) HIST. Assemblée des vassaux du roi. ➤ **conseil (du roi), parlement.** *Cour de parlement :* section judiciaire de la cour du roi. *Cour plénière :* réunion de tous les vassaux du roi. — *Cour des aides*.* ■ **2 COUR D'AMOUR :** société provençale de personnes des deux sexes qui traitait et jugeait des questions de galanterie. ■ **3** (1549) MOD. Tribunal. *Avocat à la Cour. Messieurs, la Cour !,* expression par laquelle on annonce l'entrée des magistrats dans l'enceinte du tribunal. ◆ **COUR D'APPEL :** juridiction permanente du second degré, chargée de juger les appels formés contre les décisions rendues par les juridictions inférieures. *La jurisprudence des cours d'appel. — La cour d'assises*. — La Cour de cassation*.* ◆ **LA COUR DES COMPTES :** corps administratif chargé de contrôler l'observation des règles de la comptabilité publique dans l'exécution des budgets. *Conseiller maître, conseiller référendaire, auditeur à la Cour des comptes.* ◆ *La cour martiale*. La Haute Cour (de justice), la Cour de justice de la République :* tribunaux composés de parlementaires, chargés de juger le président de la République et les ministres en cas de faute très grave commise dans l'exercice de leurs fonctions. ◆ *La Cour pénale internationale,* chargée de juger les crimes contre l'humanité, les crimes de guerre et de génocide. — *La Cour suprême*.*

■ HOM. Courre, cours, court.

COURAGE [kuʀaʒ] **n. m.** – XIIIe ; *curage* 1050 ◊ de *cur,* variante ancienne de *cœur* ■ **1** VX Force morale ; dispositions du cœur. ➤ **cœur, sentiment.** *«Détrompez son erreur, fléchissez son courage»* RACINE. ■ **2** Ardeur, énergie dans une entreprise. *Je n'ai pas le courage de me lever si tôt. Entreprendre qqch. avec courage. S'armer de courage. Donner, redonner du courage à qqn,* l'encourager, lui remonter le moral. — *Perdre courage.* ➤ **abandonner,** se **décourager.** ■ **3** COUR. Fermeté devant le danger, la souffrance physique ou morale. ➤ **bravoure, cran, stoïcisme.** *Courage physique. Combattre, se battre avec courage.* ➤ **héroïsme, vaillance.** *Un courage téméraire.* ➤ **audace, hardiesse, intrépidité, témérité.** *Faire preuve de courage, d'un grand courage. «Le courage nourrit les guerres, mais c'est la peur qui les fait naître»* ALAIN. ◆ *N'écouter que son courage.* LOC. *Prendre son courage à deux mains :* se décider malgré la difficulté, la peur, la timidité. *Avoir le courage de ses opinions,* les assumer, les manifester. — *Bon courage !* exhortation à l'action, à une attitude forte, à supporter qqn ou qqch. *Courage !* tenez bon. ◆ (ALLUS.) *Mère* Courage.* ■ **4** *Le courage de faire qqch. :* la volonté plus ou moins cruelle. ➤ **dureté.** *Le courage de dire non. Je n'ai pas le courage de lui refuser cette aide.* ■ CONTR. Faiblesse, lâcheté, poltronnerie.

COURAGEUSEMENT [kuʀaʒøzmɑ̃] **adv.** – *corajeusement* 1213 ◊ de *courageux* ■ D'une manière courageuse. *Il l'a défendu courageusement.* ➤ **bravement.** *Répondre courageusement.* ➤ **fermement, résolument.** *Supporter courageusement l'infortune.* ➤ **vaillamment.** ■ CONTR. Lâchement.

COURAGEUX, EUSE [kuʀaʒø, øz] **adj.** – *corajos* v. 1160 ◊ de *courage* ■ **1** Qui a du courage ; qui agit malgré le danger ou la peur. ➤ **brave, 1 fort, résolu, stoïque, vaillant, valeureux ; audacieux, casse-cou, héroïque, indomptable, intrépide, téméraire ;** FAM. **gonflé.** *«Il était naturellement courageux [...] comme tant de timides»* MALRAUX. ◆ Qui a du courage (2°), de l'énergie. ➤ **énergique.** *Femme très courageuse* (cf. Mère* Courage). *Je ne me sens pas très courageuse ce matin.* ➤ **travailleur.** ■ **2** Qui nécessite du courage. *Attitude, conduite courageuse. Une prise de position courageuse.* ➤ **2 crâne, hardi.** *C'est assez courageux de sa part.* ➤ FAM. **couillu.** ■ CONTR. Faible, lâche, peureux, poltron. Craintif, timide, timoré.

COURAILLER [kuʀaje] **v. intr.** ‹ 1 › – 1732 ◊ de *courir* ■ **RARE OU RÉGION. (Canada)** ■ **1** Courir en tous sens. ■ **2** FAM. Courir les femmes, rechercher les aventures amoureuses. ➤ **cavaler, draguer.**

COURAILLEUR [kuʀajœʀ] **ou COURAILLEUX, EUSE** [kuʀajø, øz] **n.** – 1860 ; «enfant qui court partout» 1845 ◊ de *courailler* ■ VX ou RÉGION. **(Canada)** FAM. Personne qui recherche des aventures amoureuses multiples. ➤ **coureur** (4°).

COURAMMENT [kuʀamɑ̃] **adv.** – *curranment* XIIe ◊ de 1 *courant* ■ **1** Sans difficulté, avec aisance, naturel. ➤ **aisément, facilement.** *Lire et écrire couramment. Parler couramment une langue étrangère.* ■ **2** D'une façon habituelle, ordinaire. ➤ **communément, généralement, habituellement, ordinairement.** *Ce mot s'emploie couramment. Cela se fait, se dit couramment.* ■ CONTR. Difficilement, 2 mal. Rarement.

1 **COURANT, ANTE** [kuʀɑ̃, ɑ̃t] **adj.** – XIe ◊ de *courir* ■ **1** Qui court. *Chien* courant.* ◆ *Eau courante.* ➤ 2 **courant.** SPÉCIALT Eau distribuée par tuyaux. *Chambre, appartement avec l'eau courante.* ◆ PAR EXT. (1829) **MAIN COURANTE :** rampe parallèle à celle de l'escalier, et fixée au mur. — *Main courante :* registre sur lequel on inscrit rapidement et au fur et à mesure des opérations commerciales (dans un commerce, une banque), des faits, des évènements (dans un commissariat). ◆ *Titre* courant.* ◆ MAR. *Manœuvres* courantes.* ■ **2** Qui est présent, qui s'écoule au moment où l'on parle. ➤ **actuel.** *L'année courante* (cf. En cours). COMM. *Le cinq, le dix courant :* le cinq, le dix de ce mois. *Fin courant :* la fin du mois (cf. 2 Courant, 5°). ◆ *Les affaires courantes* **(opposé à *affaires extraordinaires*).** *Expédier les affaires courantes.* ■ **3** Qui a cours d'une manière habituelle. ➤ **banal, commun, habituel, normal, ordinaire, usuel.** *Le langage courant. «c'est un mot tout simple, bien connu, un mot dont on dit qu'il est "courant"»* SARRAUTE. *C'est une réaction courante en pareil cas.* ➤ **classique.** — *C'est monnaie* courante.* ◆ SUBST. *Le courant :* le quotidien. *«Pour le courant, je me suffis»* D. BOULANGER. ■ **4 COMPTE COURANT :** compte ouvert entre deux personnes physiques ou morales qui conviennent de transformer leurs créances et leurs dettes réciproques en articles de débit et de crédit dont le solde sera seul exigible (cf. Compte à vue). *Compte courant bancaire,* entre un client et sa banque. *Compte courant postal (C. C. P.).* ■ **5** ÉCON. **(opposé à *constant*)** *Prix courant,*

constaté à la date considérée. *Évaluer la consommation annuelle à prix courant, en francs, en euros courants.* ■ CONTR. Dormant, stagnant. Extraordinaire, inhabituel, rare.

2 **COURANT** [kuʀɑ̃] n. m. – début XIIIe ◇ de *courir* ■ **1** Mouvement de l'eau, d'un liquide. *Le courant de l'eau.* ➤ **fil ; cours ; rhéo-.** *Un courant rapide, impétueux, dangereux* (➤ **rapide, torrent**). *Être entraîné par le courant. Suivre, remonter le courant. Nager contre le courant.* ➤ **contre-courant.** LOC. *Remonter le courant* : réagir contre une difficulté, s'en sortir. ♦ *Les courants marins, sous-marins. Le Gulf Stream, courant maritime chaud de l'Atlantique. Courant alternatif* ou *courant de marée.* ■ **2 COURANT D'AIR.** ➤ **bouffée, vent.** *Être en plein courant d'air.* « *J'ai horreur des courants d'air. Vous n'auriez pas un paravent ?* » SAINT-EXUPÉRY. LOC. FAM. *Se déguiser en courant d'air* : s'esquiver sans être vu. — MÉTÉOR. *Courants atmosphériques* (de conduction, de convection, etc.). *Courants ascendants. Courant d'altitude* : recomm. offic. pour *jet-stream.* ■ **3** (1788) **COURANT** *(électrique)* : déplacement d'électricité dans un conducteur. ➤ **électricité,** FAM. **jus.** *Courant continu, alternatif* (➤ aussi **onduleur**). *Fréquence, intensité d'un courant.* ➤ **ampérage.** *Courant de basse, haute tension. Courant monophasé, triphasé* (➤ **force**), *polyphasé. Courant porteur*. Courant de saturation*. Courant de polarisation*. Couper, rétablir, inverser le courant. Coupure, panne de courant. Prise* de courant.* — LOC. FAM. *Le courant passe* : une entente s'établit (entre deux ou plusieurs personnes). ■ **4** (XIXe) Déplacement orienté. *Courant de populations* (émigration, immigration). — (ABSTRAIT) *Les courants de l'opinion.* ➤ **mouvement.** *Un courant de pensée, d'idées. Parti politique divisé en plusieurs courants.* ➤ **tendance.** « *déterminer un courant historique* » BLOY. ➤ **évolution.** ■ **5** Cours de (une durée). *Le courant de la semaine. Il a écrit dans le courant du mois.* — Emploi prép. *Il viendra courant mai,* au cours du mois de mai. ➤ 3 **pendant.** ■ **6** (1780) **AU COURANT** : informé (cf. Au fait de). *Mettre, tenir qqn au courant de qqch.* ➤ **avertir, briefer, renseigner** (sur). *Se mettre, se tenir au courant* : s'informer* de l'état d'une question, d'une situation. *Est-ce qu'il est au courant ?* ➤ 1 **savoir.** ■ **7** *Au courant de la plume* (en écrivant) : sans effort, spontanément (cf. Au fil de).

COURANTE [kuʀɑ̃t] n. f. – XIVe ◇ de *courir* ■ **1** FAM. Diarrhée. ■ **2** (1515) MUS. Danse française sur un air à trois temps. *La courante ouvrait le bal à la cour de Louis XIV.* ♦ Cet air, en vogue au XVIIe s. et utilisé dans la suite* instrumentale au XVIIIe s. *Courantes des suites de Couperin, de Bach.*

COURBARIL [kuʀbaʀil] n. m. – 1640 ◇ mot des Caraïbes, d'origine inconnue ■ Arbre des régions tropicales *(césalpiniacées)* dont le bois est utilisé en ébénisterie et la résine (*courbarine* n. f.) pour la fabrication des vernis.

COURBATU, UE ou **COURBATTU, UE** [kuʀbaty] adj. – 1452 ; d'un cheval, *quor batu* milieu XIIIe ◇ de *court* et *battu* « battu à bras raccourcis » ■ LITTÉR. Qui ressent une lassitude extrême dans tout le corps. ➤ **courbaturé, moulu.** *Fourbu et courbatu.* — La graphie *courbattu* avec 2 *t,* d'après *battre,* est régulière.

COURBATURE ou **COURBATTURE** [kuʀbatyʀ] n. f. – 1588 ◇ de *courbatu* ■ Sensation de fatigue douloureuse due à un effort musculaire prolongé ou à un état fébrile. ➤ **lassitude.** *Ressentir une courbature dans les membres, le dos. Être plein de courbatures.* ➤ **courbatu, courbaturé.** « *le sommeil secoué des wagons avec des douleurs dans la tête et des courbatures dans les membres* » MAUPASSANT. — La graphie *courbatture* avec 2 t, d'après *battre,* est régulière.

COURBATURER ou **COURBATTURER** [kuʀbatyʀe] v. tr. ⟨1⟩ – 1835 ◇ de *courbature* ■ Donner une courbature à. ➤ **ankyloser.** *La gymnastique l'a courbaturé.* — p. p. adj. (v. 1840). ➤ **courbatu.** « *Il était courbaturé après ces quelques heures d'insomnie* » MAUPASSANT. — La graphie *courbatturer* avec 2 *t,* d'après *battre,* est régulière. ■ CONTR. Délasser, détendre, 1 reposer.

COURBE [kuʀb] adj. et n. f. – 1699 ; *corbe* milieu XIIIe ◇ latin *curvus* ■ **1** adj. Qui change de direction sans former d'angles ; qui n'est pas droit. ➤ **arqué, arrondi, bombé, busqué, cambré, cintré, circulaire, contourné, courbé, enroulé, galbé, incurvé, infléchi, ondulé, onduleux, rebondi, recourbé, renflé, rond, sinueux, tordu,** 1 **tors, voûté ;** VX, RÉGION. 1 **croche ; curv(i)-.** « *l'océan et ses longues vagues courbes* » CHARDONNE. ♦ GÉOM. Qui a les caractères d'une courbe géométrique. *Ligne, surface courbe. Formé de lignes courbes.* ➤ **curviligne.** *Espace* courbe.* ■ **2** n. f. (fin XVIIe ; « branche tordue » XIIe ; sens techn. XIVe) Ligne courbe. *Courbes décoratives.* ➤ **arabesque,** 1 **arc, boucle, feston, spirale, volute.** *La courbe des sourcils.* ➤ **courbure.** « *Le dos divin après la courbe des épaules* » RIMBAUD. *La route fait une courbe.* ➤ **coude,** 2 **tournant, virage.** *Les courbes d'un cours d'eau.* ➤ **méandre, ondulation, sinuosité ;** RÉGION. 1 **croche.** ♦ MATH. Ligne de forme quelconque (ne comportant aucun segment de droite). *Courbe algébrique* : variété algébrique de dimension 1. *Courbe paramétrée* : variété différentielle de dimension 1. *Courbe plane,* dont tous les points sont situés dans le même plan. *Courbe gauche,* dont tous les points ne sont pas dans le même plan. *Courbe représentant une fonction. Équation d'une courbe. Courbe du deuxième degré.* ➤ **cercle, conique.** *Courbe du troisième degré.* ➤ **cubique.** *Axe, courbure, discontinuité, extremum, foyers, orientation, point d'inflexion, sommet d'une courbe. Normale, tangente à une courbe. Courbe dont une portion est semblable à la courbe entière.* ➤ **fractal.** *Courbe définie à partir d'une autre courbe* (➤ **développante, polaire**), *comme l'intersection de deux surfaces* (➤ **équation**), *comme solution d'équations différentielles (courbes intégrales*).* ♦ Ligne représentant la loi, l'évolution d'un phénomène (➤ **graphique ; -gramme**). *Courbe de température. Courbe de la production, des salaires, des prix. Courbe en cloche, courbe de Gauss.* ♦ GÉOGR. *Courbe de niveau* : ligne qui joint tous les points d'une même altitude (➤ **isohypse**). *Les courbes de niveau permettent la représentation du relief sur les cartes.* — MAR. *Courbe loxodromique*.* ■ CONTR. 1 Droit, rectiligne. Droite.

COURBÉ, ÉE [kuʀbe] adj. – de *courber* ■ Rendu ou devenu courbe. *Un vieillard courbé.* ➤ **cassé.** « *Ils fuyaient tout courbés, rasant le sol* » LOTI.

COURBEMENT [kuʀbəmɑ̃] n. m. – 1478 ◇ de *courber* ■ RARE Action de courber ; fait de se courber.

COURBER [kuʀbe] v. tr. ⟨1⟩ – XIIe ◇ latin *curvare* ■ **1** Rendre courbe (ce qui est droit). ➤ **arquer, arrondir,** 1 **bomber, cintrer, couder, fléchir, gauchir, gondoler, incurver, infléchir, pencher, plier, recourber, replier, tordre, voûter.** *Courber une branche. Courber au feu une barre de fer.* ■ **2** Pencher en abaissant. *La vieillesse l'a courbé. Courber le front, la tête sur un livre.* ➤ **incliner.** *Il « incline devant Dieu des épaules que, le reste du temps, le labour courbe vers la terre »* SUARÈS. — FIG. *Courber la tête, le front,* en signe de soumission. ➤ **céder, obéir,** se **soumettre.** *Refuser de courber la tête devant une autorité.* ALLUS. HIST. *Courbe la tête, fier Sicambre. Courber l'échine*.* ■ **3** RÉGION. et FAM. Manquer (l'école, la classe, un cours). ➤ **sécher.** ■ **4** INTRANS. Devenir courbe. ➤ **ployer.** *Courber sous le poids, le faix.* ■ **5 SE COURBER** v. pron. Être, devenir courbe. — (CHOSES) *La cataracte « se courbe en fer à cheval »* CHATEAUBRIAND. — (PERSONNES) Se baisser. « *Il entra, obligé de se courber en deux comme un gros ours* » LOTI. — SPÉCIALT *Se courber pour saluer.* ➤ **s'incliner ; courbette.** *Se courber en signe d'humiliation.* ➤ se **prosterner.** — FIG. et LITTÉR. Se soumettre. ■ CONTR. Dresser, raidir, redresser. Relever (se).

COURBETTE [kuʀbɛt] n. f. – 1558 ◇ de *courber* ■ **1** MANÈGE Figure dans laquelle le cheval lève et fléchit les deux membres antérieurs sous le ventre. *Les croupades et les courbettes.* ■ **2** Action de s'incliner exagérément, avec une politesse obséquieuse. ➤ **révérence, salut.** « *les courbettes forcenées de la politesse chinoise* » BODARD. — LOC. *Faire des courbettes à, devant qqn* : donner des marques serviles de déférence, de soumission. ➤ **bassesse, platitude.**

COURBURE [kuʀbyʀ] n. f. – *corveure* XVe ◇ de *courber* ■ **1** Forme de ce qui est courbe. *Courbure d'une ligne, d'une surface.* ➤ **arrondi, cambrure, cintrage, galbe, inflexion.** *Courbure rentrante* (➤ **concavité**), *sortante* (➤ **convexité**). *Courbure en S.* ➤ **méandre, sinuosité.** *La courbure d'une voûte.* ➤ **voussure.** « *la courbure de la terre, qui seule empêchait de voir au-delà* » LOTI. ♦ MATH. *La courbure d'une droite est nulle, celle d'un cercle et celle d'une hélice sont constantes. Lignes de courbure. Courbure géodésique d'une surface. Cercle de courbure* : cercle osculateur*. ♦ PHYS. *Courbure d'un rayon lumineux* : déviation de la lumière dans un champ de gravitation. *Courbure de l'espace-temps* : configuration de l'espace-temps dépendant de la présence de matières et de leur masse. ■ **2** Partie, chose courbe. *La courbure des reins.* ■ CONTR. Raideur.

COURCAILLET [kuʀkajɛ] n. m. – v. 1460 ◇ de *courcailler* → carcailler ■ **1** Cri de la caille. ■ **2** Appeau imitant ce cri.

COURÉE [kuʀe] n. f. – 1845 ◇ de *cour* ■ RÉGION. (Nord, Flandres) Petite cour commune à plusieurs immeubles dans les quartiers pauvres. « *le labyrinthique entrelacs de petites rues et de courées, de places et de terrains vagues formant le tissu de la ville* [Roubaix] » J.-C. BAILLY.

COURETTE [kuʀɛt] n. f. – 1797 ◇ de *cour* ■ Petite cour.

COUREUR, EUSE [kuʀœʀ, øz] n. – fin XIIe ◇ de *courir* ■ **1** Personne, animal qui court. *Un coureur rapide, infatigable.* — n. m. pl. **COUREURS** : ordre d'oiseaux aux ailes rudimentaires, aux pattes puissantes. ➤ **autruche, casoar, dronte, émeu, nandou ; ratites.** adj. *Les oiseaux coureurs.* ▪ **2** SPORT Personne qui participe à une course sportive. *Coureur à pied.* ➤ aussi **joggeur, runneur.** *Une coureuse de fond, de demi-fond. Coureur de 110 mètres haies. Coureur de haies :* recomm. offic. pour *hurdler.* — *Coureur cycliste : coureur sur piste, sur route* (➤ **pistard, 2 routier**). LOC. FAM. *Baisse la tête, t'auras l'air d'un coureur.* — *Coureur automobile, motocycliste.* ▪ **3 COUREUR DE.** VX Personne qui parcourt (un lieu). **COUREUR DES BOIS** (VX *de bois*) : chasseur et trappeur, en Amérique du Nord. — MOD. Personne qui fréquente habituellement (un lieu), qui recherche (qqch.). *« Un coureur de tavernes et de mauvais lieux »* ROUSSEAU. *Coureur de dot.* ▪ **4 n.** Personne à la recherche de multiples aventures amoureuses. ➤ **débauché, dévergondé, dragueur ;** RÉGION. **courailleur.** *C'est un coureur de jupons, de filles,* ABSOLT *c'est un coureur. « Un caprice de l'écrivain transforme ma mère en petite coureuse disons-le : en pute »* F. WEYERGANS. — **adj.** *Il est très coureur.* ➤ **cavaleur, volage.**

COURGE [kuʀʒ] **n. f.** – après 1350 ◊ latin *cucurbita* → courgette, gourde ▪ **1** Plante potagère *(cucurbitacées)* cultivée pour ses fruits. ➤ **butternut** (ANGLIC.), **chayote, citrouille, courgette, doubeurre, giraumont, luffa, pâtisson, potimarron, potiron ; péponide.** ▪ **2** Le fruit de la courge. *Courge à potages. Courge calebasse.* ➤ **calebassier, gourde.** ▪ **3** FAM. Imbécile. ➤ **gourde.** *Quelle courge !*

COURGETTE [kuʀʒɛt] **n. f.** – 1929 ◊ de *courge* ▪ Fruit d'une variété de courge, vert et de forme oblongue, consommé cuit comme légume. *Courgette fleur,* cueillie très petite. *Courgettes farcies.*

COURIR [kuʀiʀ] **v.** ⟨11⟩ – fin XIe ◊ du latin *currere,* qui a abouti au français *courre* (fin XIe), remplacé par *courir* à la fin du XIIIe, mais conservé dans *(chasse à) courre* → courre

I ~ v. intr. A. (ÊTRES ANIMÉS) ▪ **1** Aller, se déplacer rapidement par une suite d'élans, en reposant alternativement le corps sur l'une puis l'autre jambe (ou patte) et d'un train plus rapide que la marche. ➤ **course ; filer, foncer, galoper, trotter ; bondir, s'élancer ;** FAM. **calter, cavaler, 1 droper, pédaler, tracer, tricoter** (cf. Jouer des flûtes ; avoir le feu au derrière, le diable à ses trousses ; prendre ses jambes à son cou*). *Courir à toutes jambes, ventre à terre, tête baissée. Courir à perdre haleine, comme un dératé, comme un lapin, un zèbre. Courir à fond de train.* PROV. *« Rien ne sert de courir, il faut partir à point »* LA FONTAINE. *Courir pour s'enfuir.* ➤ **détaler ;** FAM. **se carapater.** *Courir pour garder la forme.* ➤ **jogger.** *Cours le prévenir.* — *Courir au-devant de qqn. Courir après qqn,* pour le rattraper. ➤ **poursuivre.** — FIG. *Le voleur court toujours, court encore,* n'a pas été arrêté. ▪ **2** SPÉCIALT Disputer une épreuve de course. *Courir dans une compétition d'athlétisme, dans un marathon.* ◆ *Faire courir un cheval.* ➤ **engager.** ▪ **3** (milieu XIIe) Aller vite, sans précisément courir. ➤ **se démener, se dépêcher, s'empresser, se hâter, se précipiter, se presser.** *Ce n'est pas la peine de courir, nous avons le temps. « Va, cours, vole, et nous venge »* CORNEILLE. — *Faire qqch. en courant,* à la hâte, précipitamment. ◆ Aller rapidement (quelque part) ; atteindre qqch. le plus vite possible. *Je prends ma voiture et je cours chez vous ; j'y cours.* ➤ **accourir.** *Les gens courent à ce spectacle* (➤ **affluer ; couru**). *Courir à sa perte, à la faillite, à l'échec.* Sans compl. Se hâter pour aller quelque part. *Ce spectacle fait courir tout Paris.* ➤ **attirer.** — FAM. **COURIR APRÈS qqn,** le rechercher avec assiduité. ➤ **importuner, presser** (cf. ci-dessous II, 6°). SPÉCIALT Poursuivre qqn de ses assiduités. *« Une femme est comme votre ombre ; courez après, elle vous fuit ; fuyez-la, elle court après vous »* MUSSET. — *Courir après qqch. Courir après les honneurs.* — FAM. *Les huîtres, je ne cours pas après,* je n'aime pas tellement cela. ◆ (milieu XIIe) (Semi-auxiliaire, suivi de l'inf.) *Je cours acheter du pain.* ◆ ABSOLT *Il vaut mieux tenir que courir* (cf. Un tiens vaut mieux que deux tu l'auras). FAM. *Tu peux toujours courir !,* attendre (se dit d'un souhait qui ne se réalisera pas, ou pour refuser qqch.). ➤ **se brosser, se fouiller.**

B. (CHOSES) ▪ **1** (fin XIe) Se mouvoir avec rapidité. *« De grandes ombres noires [...] couraient sur les eaux vertes »* MAUROIS. ➤ **glisser.** *L'eau qui court.* ➤ **couler, s'écouler ; 2 courant.** *Faire courir, laisser courir sa plume sur le papier :* écrire au fil de la plume. ▪ **2** (Navire) Faire route. ➤ **1 cingler, filer.** *Courir à terre, au large. Courir largue, vent arrière. « Nous courûmes ainsi jusqu'à cinq heures du matin, et alors nous reprîmes notre route [...] pour aller reconnaître cette terre »* BOUGAINVILLE. ▪ **3** (milieu XIIIe) Être répandu, passer de l'un à l'autre. ➤ **circuler, se communiquer, se propager, se répandre.** *Le bruit court que... :* on dit que... *« l'horrible fou dont le bruit courait qu'il s'était échappé d'un asile »* Y. QUEFFÉLEC. *Faire courir une nouvelle.* ➤ **colporter.** IMPERS. *Il court un bruit sur elle.* ▪ **4** Suivre son cours, se passer (temps). ➤ **continuer, passer.** *L'année, le mois qui court* (cf. En cours*). *Par les temps qui courent :* dans la conjoncture actuelle. ➤ **actuellement.** — SPÉCIALT *L'intérêt de cette rente court à partir de tel jour,* est compté à partir de ce jour. ◆ FAM. *Laisser courir :* laisser faire, laisser aller (cf. Laisser tomber, pisser). *« Laissons courir, comme vous dites, vous autres marins »* J. VERNE. ▪ **5** S'étendre, se prolonger au long de qqch. *Le chemin court le long de la berge.* — *Faire courir une plante sur un mur,* la laisser se développer. *« des jardiniers faisaient courir des clématites sur de fines armatures de bambous »* MIRBEAU.

II ~ v. tr. ▪ **1** (milieu XIIIe) Poursuivre à la course, chercher à attraper. CHASSE *Courir le cerf, le sanglier.* ➤ **courre.** *Courir deux lièvres* à la fois.* ▪ **2** SPORT Participer à (une épreuve de course). ➤ **disputer.** *Courir le cent mètres. Courir une régate. Ce cheval a couru le grand prix.* ◆ PRONOM. *Le tiercé se court aujourd'hui à Enghien.* ◆ ABSOLT *Il court en Formule 1.* ▪ **3** (1585) Rechercher avec ardeur, empressement. ➤ **chercher, poursuivre, rechercher.** *Courir les honneurs. Courir le cachet*.* ▪ **4** (milieu XVIe) Aller au devant de, s'exposer à. *Courir les aventures.* ◆ *Courir un danger,* y être exposé. *Courir le risque de. C'est un risque à courir. Courir sa chance.* ➤ **essayer, tenter.** ▪ **5** (début XIIIe) Parcourir, sillonner. *Courir la ville, les rues. Courir les bois, la campagne.* ➤ **battre.** *Courir le monde.* ➤ **voyager ; globe-trotteur.** — LOC. FIG. *Courir les rues :* être répandu, banal, commun. *« Ça court les rues, les grands cons »* (M. AUDIARD, « Le cave se rebiffe », film). ▪ **6** (1547) Fréquenter assidûment. ➤ **hanter.** *Courir les magasins.* ➤ **1 faire.** — *Courir les filles,* (VX) *la gueuse* ; courir le jupon,* VIEILLI *le cotillon.* ➤ **coureur** (4°). — ABSOLT *Son mari a tendance à courir.* ➤ FAM. **courailler ; coureur.** — VIEILLI *Courir le guilledou*, la prétentaine*,* FAM. et RÉGION. *la galipote.* ▪ **7** FAM. *Il commence à me courir (sur le haricot, sur le système),* à m'énerver. *« Manifestement, cette conversation commençait à lui courir sur l'haricot »* L. MALET. *Il commence à me courir, celui-là !*

COURLIS [kuʀli] **n. m.** – *corlys* 1555 ; *courlieu* XIIIe ◊ origine inconnue, p.-ê. mot expressif ▪ Oiseau échassier migrateur *(charadriiformes),* à long bec courbe, qui vit près de l'eau. *Courlis cendré :* bécasse de mer.

COURONNE [kuʀɔn] **n. f.** – v. 1340 ; 1080 *corone, curune ;* v. 1000 *corona* ◊ latin *corona,* probablt emprunté au grec *korônê* « corneille » puis « objet courbe »

I ORNEMENT CIRCULAIRE DESTINÉ À CEINDRE LA TÊTE ▪ **1** Cercle (de fleurs, de feuillages), qu'on met autour de la tête comme parure ou marque d'honneur. *Couronne de laurier. Couronne de fleurs d'oranger,* que portaient les jeunes filles qui se mariaient. *Tresser des couronnes au vainqueur.* ◆ Dans l'Antiquité romaine, Signe de mérite militaire ou civique. *Couronne triomphale. Couronne civique.* ◆ FIG. et LITTÉR. Récompense, signe d'honneur. *Donner, décerner une couronne à qqn.* ▪ **2** Cercle de métal qu'on met autour de la tête comme insigne d'autorité, de dignité, de noblesse. ➤ **diadème, tiare.** *Fleurons* d'une couronne. Couronne de prince ; de duc, ducale ; de baron* (➤ **tortil**). *Couronne fermée,* dont le cercle est surmonté d'ornements qui couvrent la tête. *Seules les couronnes royale et impériale sont fermées. La triple couronne :* la tiare du pape. ➤ **trirègne.** ◆ BLAS. *Couronne héraldique :* ornement extérieur de l'écu. ◆ ÉVANG. *La couronne d'épines,* que l'on mit par dérision à Jésus-Christ qui s'était appelé roi des Juifs. *Les génies « portent toutes les couronnes, y compris celle d'épines »* HUGO. ▪ **3** La puissance, la dignité royale, impériale. ➤ **royauté, souveraineté.** *Donner la couronne à qqn.* ➤ **couronner.** *Aspirer, prétendre à la couronne. Héritier présomptif de la couronne. Le trésor ; les joyaux, les perles de la couronne. Le domaine* de la couronne.* — *Discours de la couronne,* prononcé par le souverain à l'ouverture d'une session législative. ◆ État gouverné par un roi, un empereur. ➤ **empire, maison, monarchie, royaume.** *La couronne de France, d'Angleterre.* ◆ (Canada) *La Couronne :* le pouvoir suprême de l'État canadien. *Procureur de la Couronne,* ministère public. *Société de la Couronne,* d'État.

II CE QUI RAPPELLE LA FORME D'UNE COURONNE ▪ **1** VIEILLI Tonsure cléricale. — PAR EXT. *« une couronne de cheveux qui couraient d'une oreille à l'autre par-derrière la tête »* DEL AMO. ▪ **2** *En couronne :* en cercle. *Greffe, taille en couronne. Veines en couronne* (➤ **coronaire**). — *Brioche, pain en couronne.* ▪ **3** Objet circulaire ; ensemble de choses disposées en cercle, en anneau. *Couronne funéraire, mortuaire. Ni fleurs ni couronnes,* se dit pour une cérémonie, un enterrement très simple. *« la zone des concessions à peine trentenaires, des mal-enfouis, prolétariat des ombres, sans fleurs, ni couronnes, ni épitaphes parfois »* BLONDIN. ◆ Pain en forme d'anneau.

◆ TECHN. *Couronne de lumière,* servant à porter des lampes (dans une église). — MAR. Cercle métallique entourant le cabestan. ➤ **barbotin.** — MÉCAN. Pignons dentés en forme de couronne. *Couronne d'embrayage. Couronne de différentiel.* — Trépan annulaire pour forage. ◆ BOT. Réunion des appendices qui surmontent la gorge de la corolle ou du périanthe. *La couronne des narcisses et des jonquilles.* ◆ ANAT. Partie de la dent recouverte d'émail qui sort de la gencive. *Base de la couronne.* ➤ **collet.** — (1846) COUR. Capsule prothétique en céramique, porcelaine ou métal dont on entoure une dent abîmée pour la consolider, ou une dent saine pour y fixer un bridge. ➤ **jaquette.** — VÉTÉR. Partie située entre le paturon et le sabot. ◆ Zone géographique concentrique. SPÉCIALT Ensemble des départements de l'Île-de-France, disposés en cercle autour de Paris. *Les villes de la petite couronne, de la grande couronne* (cf. Proche, grande banlieue*). ▪ **4** (XVIe) Ce qui entoure d'un cercle lumineux. ➤ **anneau, auréole, halo, nimbe.** ◆ (1858) ASTRON. *Couronne solaire :* atmosphère extrêmement chaude et très peu dense qui forme un halo irrégulier autour du Soleil (➤ **coronal**). *La couronne solaire s'observe avec un coronographe*.* ▪ **5** Cime, tête d'un arbre. ▪ **6** LITTÉR. Ce qui entoure en ornant (➤ **couronner,** II, 2°). *Une couronne de verdure.*

III MONNAIE Unité monétaire du Danemark, de l'Islande, de la Norvège, de la Suède et de la République tchèque.

COURONNÉ, ÉE [kuʀɔne] **adj.** – de *couronner* ▪ **1** Qui porte une couronne. *Les têtes couronnées :* les souverains, souveraines, princes et princesses. — Qui a reçu un prix. *Lauréat, ouvrage couronné* (par un jury). ▪ **2** Qui a une plaie circulaire au genou. *Cheval couronné.* — PAR EXT. *Genou couronné,* qui porte les traces d'une chute. *« J'avais les genoux couronnés, comme quand je me cassais la figure, gamine, en patins à roulettes »* G. LEROY.

COURONNEMENT [kuʀɔnmɑ̃] **n. m.** – 1559 ; *coronement* v. 1165 ◇ de *couronner* ▪ **1** Cérémonie au cours de laquelle on couronne un souverain. ➤ 1 **sacre.** *Le couronnement d'un roi, d'un empereur. Les fêtes du couronnement.* ▪ **2** Ce qui termine et orne le sommet (d'un édifice, d'un meuble). *Couronnement d'un édifice* (➤ 1 **comble**), *d'un meuble* (➤ 1 **corniche**), *d'une colonne* (➤ **chapiteau**), *d'un mur* (➤ **entablement**), *d'un toit* (➤ 1 **pignon**). ▪ **3** FIG. Ce qui achève, rend complet. ➤ **accomplissement, achèvement, perfection.** *Ce succès fut le couronnement de sa carrière. « La musique est le couronnement, la suprême fleur des arts »* MICHELET. ▪ **4** Taille en forme de couronne. ◆ Lésion d'un cheval couronné. ▪ CONTR. Abdication, déposition. Commencement, début.

COURONNER [kuʀɔne] **v. tr.** ‹1› – 1393 ; *coroner* Xe ◇ latin *coronare,* de *corona*

I ▪ **1** Ceindre, coiffer d'une couronne. *Couronner une jeune fille de fleurs.* — SPÉCIALT Ceindre d'une couronne en signe de distinction honorifique, de récompense. *Les Anciens couronnaient les vainqueurs des jeux.* ◆ (1680) Décerner un prix, une récompense à (qqn). *Couronner le lauréat.* — *Couronner un livre. Ouvrage couronné par l'Académie française.* ▪ **2** Proclamer (qqn) souverain en ceignant d'une couronne. ➤ **sacrer.** *Le jour où le roi fut couronné* (➤ **couronnement**).

II ▪ **1** (Sujet chose) Orner, entourer (la tête) comme fait une couronne (➤ **coiffer ; auréoler**). *Un bandeau, un diadème couronnait son front.* ➤ **ceindre.** *« la blancheur de ses cheveux couronnait, comme un diadème, son front jeune »* MARTIN DU GARD. ▪ **2** LITTÉR. Entourer, ceindre comme d'une couronne. PRONOM. *« les sommets se couronnent avec gravité de chênes verts »* FROMENTIN. — *« Salut ! bois couronnés d'un reste de verdure ! »* LAMARTINE. ▪ **3** (XVIe) LITTÉR. Achever en complétant, en rendant parfait. *Son entreprise a été couronnée de succès. « Ceux dont une honorable vieillesse couronne une vie sans reproches »* ROUSSEAU. ➤ **accomplir, achever, conclure, parachever, parfaire.** IRON. *Et pour couronner le tout, il arrive en retard.* ▪ **4** Tailler (un arbre) en couronne. ▪ **5** Blesser au genou. *« après avoir couronné son poney, il s'était creusé aux genoux deux plaies »* GIRAUDOUX. PRONOM. *Il s'est couronné en tombant.* ▪ CONTR. Découronner. Détrôner, renverser. — Commencer.

COURRE [kuʀ] **v. tr.** ‹inf. seult› – 1225 ◇ ancienne forme de *courir* ▪ **1** VÉN. Poursuivre (une bête). ➤ **chasser, courir, poursuivre.** *« M. le duc préfère courre la bête noire »* GENEVOIX. ▪ **2** COUR. *Chasse à courre,* qui se fait avec les chiens courants et à cheval. ➤ **équipage, vénerie.** *Chasser à courre.* ▪ HOM. Cour, cours, court.

COURRIEL [kuʀjɛl] **n. m.** – v. 1990 au Québec ◇ de *courri(er)* et *él(ectronique)* ▪ Message échangé entre ordinateurs connectés à un réseau informatique ; courrier électronique. ➤ **e-mail** (anglic.). *Envoyer un courriel. Recevoir du courriel.* ◆ Adresse électronique. *Annuaire des courriels.*

COURRIER [kuʀje] **n. m.** – 1464 ; *corier* début XIVe ◇ italien *corriere,* de *correre* → courir ▪ **1** ANCIENNT Celui qui précédait les voitures de poste pour préparer les relais. Le préposé qui portait les lettres en malle-poste. *L'affaire du courrier de Lyon.* — Porteur de dépêches. ➤ **estafette, messager.** *Dépêcher, envoyer un courrier.* — FIG. et LITTÉR. Personne qui porte une nouvelle. ➤ **avant-courrier, messager.** ▪ **2** MOD. Transport des dépêches, des lettres, des journaux. ➤ 2 **poste.** *Courrier maritime, aérien.* APPOS. *Avion long-courrier, moyen-courrier* (➤ **ces mots**). *« Courrier Sud »,* œuvre de Saint-Exupéry. *Je vous réponds par retour* du courrier.* ◆ INFORM. *Courrier électronique :* ensemble des techniques de la bureautique destinées à l'échange d'informations par l'intermédiaire d'un réseau informatique de communication. ➤ **fax, messagerie, télécopie.** — SPÉCIALT Système permettant l'échange de messages par l'intermédiaire d'un réseau informatique ; ce type de message. ➤ **courriel, e-mail** (ANGLIC.). ▪ **3** (XVIIIe) Ensemble des écrits adressés à qqn (lettres, cartes, imprimés, etc.), envoyés ou à envoyer. *Le courrier est arrivé. Je passe prendre mon courrier. Il trouva leur lettre au courrier du matin, au courrier. Le facteur distribue le courrier. Système de distribution rapide du courrier.* ➤ **cedex.** *Faire adresser, suivre son courrier chez... Poster le courrier. Ouvrir, lire son courrier. Faire son courrier.* ➤ **correspondance.** *Répondre à son courrier.* ▪ **4** (1631) Titre de certains journaux. *Le Courrier de l'Ouest.* ◆ Article, chronique d'un journal. *Courrier des lecteurs. Courrier de la Bourse. Courrier littéraire. Courrier du cœur,* où les lecteurs font part de leurs problèmes et demandent des conseils.

COURRIÉRISTE [kuʀjeʀist] **n.** – 1857 ◇ de *courrier* (4°) ▪ Journaliste qui fait la chronique, le courrier. ➤ **chroniqueur.** *Courriériste théâtral. « La courriériste des journaux féminins pour le cœur »* BARTHES.

COURROIE [kuʀwa] **n. f.** – 1268 ; *curreie* 1080 ◇ latin *corrigia* ▪ Bande étroite d'une matière souple et résistante servant à lier, attacher. *Courroie de cuir, de tissu.* ➤ **attache, lanière, sangle.** *Boucler, nouer, serrer une courroie. Courroie que l'on passe sur l'épaule pour porter qqch.* ➤ **bandoulière, bretelle, bricole.** *« Ils soulèvent leur boîte à outils, passent la courroie à leur épaule, haussent l'épaule pour rajuster la courroie »* SARRAUTE. *Courroies du harnais.* ➤ **étrivière,** 2 **longe, mancelle, martingale, porte-étrier, rêne, sous-ventrière.** ◆ Bande souple, fermée sur elle-même, destinée à transmettre un mouvement de rotation d'une poulie à une autre. *Courroie de transmission ;* FIG. moyen, personne servant d'intermédiaire. *Courroie de ventilateur* (d'une automobile).

COURROUCER [kuʀuse] **v. tr.** ‹3› – *corocier* v. 1050 ◇ bas latin °*corruptiare,* de *corrumpere* « aigrir » ▪ LITTÉR. Mettre en colère, irriter. ➤ **courroux.** PRONOM. *« C'est contre le péché que son cœur se courrouce »* MOLIÈRE. — **p. p. adj.** *Avoir un air courroucé.* ➤ **furieux.** ▪ CONTR. Apaiser, calmer, pacifier, rassurer.

COURROUX [kuʀu] **n. m.** – *corropt* Xe ◇ de l'ancien français *corrocier* → courroucer ▪ LITTÉR. Irritation véhémente contre un offenseur. ➤ **colère, emportement, fureur.** *S'abandonner au courroux. « Le sort, les démons, et le Ciel en courroux »* MOLIÈRE. — FIG. et POÉT. *« Comme Neptune de son trident apaise les flots en courroux »* FÉNELON. ▪ HOM. Kuru.

COURS [kuʀ] **n. m.** – fin XIIe ◇ du latin *cursus,* famille de *currere* → courre. Le mot apparaît en français au sens d'« action de courir » à la fin du XIe mais est remplacé, en ce sens, par *course* au début du XIIIe s.

I MOUVEMENT DE L'EAU ▪ **1** (fin XIIe) Écoulement continu de l'eau (des fleuves, des rivières, des ruisseaux). *Cours rapide, impétueux.* ➤ 2 **courant.** *Arrêter, barrer, détourner le cours d'une rivière. Descendre, remonter le cours d'un fleuve. Cours supérieur, inférieur d'un fleuve.* ◆ LOC. (fin XVIIe) *Donner cours, libre cours à ses larmes,* les laisser couler. *Donner libre cours à sa fureur, à sa douleur, à sa joie,* ne plus la contenir. ➤ **exprimer, manifester,** littér. **exhaler.** ▪ **2** (fin XVe-début XVIe) **COURS D'EAU :** eau courante concentrée dans un chenal. ➤ **fleuve, oued, rivière, ruisseau, torrent.** *Science des cours d'eau.* ➤ **potamologie.** *Cours d'eau qui se jette dans un autre.* ➤ **affluent.** *Cours d'eau navigable, flottable. Canal parallèle à un cours d'eau.*

II ÉVOLUTION DANS LE TEMPS ▪ **1** (fin XIIe) Mouvement réel ou apparent (d'un astre). ➤ **course.** *Le cours du Soleil, de la Lune.* ▪ **2** (fin XIIe) Suite continue dans le temps. ➤ **déroulement, développement, enchaînement, succession, suite.** *Le cours des saisons. Le cours de la vie.* ➤ **durée.** *Le cours des évènements. Le cours que prend une affaire.* ➤ 1 **tournure.** — *Dans le cours* *de l'ouvrage.* ➤ 2 **courant.** *Suivre son cours :* évoluer normalement. *Les choses suivent leur cours. « Le temps nous engloutit et continue tranquillement son cours »* CHATEAUBRIAND. *« Ils ont dessein de changer le cours de l'histoire ou d'y mettre fin »* CAILLOIS. ♦ **AU, EN COURS (DE).** ➤ **durant,** 3 **pendant.** *Au cours de sa carrière ; en cours de carrière. Au cours de la conversation* (cf. Dans le courant* de). — *En cours de route*.* ♦ loc. adj. **EN COURS.** ➤ **actuel,** 1 **courant,** 1 **présent.** *L'année en cours. Les affaires en cours.* ♦ **EN COURS DE** (et n. d'action) : en train* d'être (et v. d'action). *L'appartement est en cours d'aménagement,* en train d'être aménagé. *Un objet en cours de fabrication.*

III FLUCTUATION D'UNE VALEUR ▪ **1** (fin XIVe) Circulation régulière (d'une marchandise, d'une valeur), pour un montant déterminé. *Cours légal, forcé.* — PAR EXT. (1602) Prix auquel sont négociées des marchandises, des valeurs. ➤ **cote, parité, prix, taux.** *Le cours du dollar, de l'euro. Acheter, vendre au cours du marché, de la place, de la Bourse. Au cours du jour,* et ABSOLT *au cours. Cours du change. Les cours sont en baisse. « la baisse se produit infailliblement chaque fois que les cours montent trop »* ZOLA. ▪ **2** (1671) **AVOIR COURS :** avoir valeur légale. *Les francs n'ont plus cours.* FIG. Être reconnu, utilisé. *Ces usages n'ont plus cours.* ➤ **exister.**

IV CE QUI A TRAIT AUX ÉTUDES, À L'ENSEIGNEMENT ▪ **1** (milieu XIVe) Enseignement suivi (sur une matière déterminée). PAR EXT. (1694) L'une des leçons. ➤ **conférence, leçon.** *Cours de chimie, d'algèbre, de littérature. Cours de musique, de piano, de danse. Cours de conduite. J'ai un cours de physique, ce matin.* ABSOLT *Donner, faire un cours.* ➤ **classe.** *Suivre un cours en Sorbonne. Cours par correspondance, radiodiffusé. Cours en ligne,* sur Internet. ➤ ANGLIC. **mooc.** *Cours du soir :* enseignement pour adultes après leurs heures de travail. *Cours particulier,* pour un seul élève. *Cours de rattrapage, de soutien. Cours magistral :* conférence donnée par un professeur. ▪ **2** (1887) Degré des études suivies. *Cours préparatoire*, élémentaire*, moyen*. « On m'avait confié la petite classe, non pas la plus petite mais le cours élémentaire »* P. MICHON. ♦ (1882) Établissement scolaire, généralement privé. *Cours privé. Cours de danse.* ▪ **3** SPÉCIALT (1606) Livre reproduisant les leçons d'un cours. ➤ 2 **manuel, traité.** *Cours polycopié.* — Notes prises pendant un cours. *Il m'a prêté son cours d'espagnol.*

V AU LONG COURS (1690 ◊ de l'ancien français *cours* « voyage en mer » début XIIe) *Voyage au long cours :* longue traversée. *Capitaine au long cours,* qui commande un navire qui navigue au long cours (➤ **long-courrier**).

VI AVENUE (1623 ◊ de l'italien *corso* → corso) Avenue servant de promenade. *Le Cours-la-Reine* (à Paris) ; *le cours Mirabeau* (à Aix).

▪ HOM. Cour, courre, court.

COURSE [kuʀs] n. f. – début XIIIe ◊ féminin de *cours*

I LA COURSE, LES COURSES ▪ **1** Action de courir ; mode de locomotion dans lequel les phases d'appui unilatéral sont séparées par un intervalle. ➤ **courir.** *Faire la course avec qqn. Rattraper, distancer qqn à la course. Course rapide.* ➤ **galopade.** *Au pas de course :* en courant. *S'arrêter en pleine course.* — LOC. *Être* **À BOUT DE COURSE,** épuisé. *« Elle n'en pouvait plus, à bout de course, recrue de fatigue »* MAURIAC. ▪ **2** (1538) Épreuve de vitesse ; compétition sur une distance, un parcours donné. *Course à pied.* ➤ ANGLIC. **cross, footing, jogging, running.** *Course sur cent mètres, de cent mètres* (cf. Un cent mètres). *Courses de vitesse* (100 m, 200 m, 400 m). ➤ **sprint.** *Course de demi-fond, de fond* (➤ **marathon, semi-marathon**), *de grand fond. Course en terrain varié.* ➤ **cross-country.** *Course d'orientation*, de relais*.* ♦ (1700) *Course de chevaux.* ➤ **critérium, omnium ; réunion.** *Course de plat. Course d'obstacles.* ➤ **steeple-chase.** *Course de trot. Course attelée* (➤ **sulky**). — AU PLUR. **LES COURSES.** *Champ de courses.* ➤ **hippodrome, turf.** *Aller aux courses. Jouer, parier aux courses.* ➤ **pari ; couplé, quarté, quinté, tiercé ; bookmaker.** *Écurie de courses. Le résultat* des courses.* — *Course de lévriers* (➤ **cynodrome**). — *Course cycliste. Course sur piste, sur route. Course contre la montre*. Course sur un circuit* (➤ 3 **tour**). — *Courses de motos. Courses d'automobiles* (➤ **formule**). *Course de côte.* — *Course de voiliers.* ➤ **régate.** *Course au large.* ♦ **DE COURSE :** que l'on destine à la course. *Cheval de course. Vélo, voiture, moto de course.* ➤ **dragster.** ▪ **3** FIG. Progression rapide dans une lutte entre rivaux. *La course aux armements. La course au pouvoir.* LOC. FAM. **ÊTRE DANS LA COURSE :** être au courant, savoir ce qu'il faut faire, ce qui se fait (cf. Dans le coup). ➤ **branché.** *Faire la course en tête :* dominer ses concurrents. *Candidat qui fait la course en tête dans les sondages. Rester dans la course. Il n'est plus dans la course* (cf. Il est dépassé, hors circuit, out). ♦ FAM. Succession rapide de tâches à accomplir. *C'est tous les matins la course pour arriver à l'heure.* ➤ **bousculade,** FAM. **cavalcade.** ▪ **4** (1654 ◊ pour traduire l'espagnol *corrida*) *Course de taureaux.* ➤ **corrida.** — *Course landaise*. Course camarguaise :* course de taureaux se déroulant dans une arène et dont le but consiste à enlever les attributs (cocardes, etc.) du taureau (➤ **raseteur**).

II UNE COURSE, DES COURSES (1606) ▪ **1** Action de parcourir un espace. ➤ **déplacement, parcours, trajet.** *Prix, tarif de la course* (en taxi). ♦ *Faire une longue course en montagne.* ➤ **excursion,** 2 **marche, randonnée.** (1796) ALPIN. Ascension et descente du retour. *Course avec guide, sans guide.* ➤ **ascension ; hivernale.** ▪ **2** Suisse Excursion, voyage organisé. *Aller en course d'école.* — Déplacement. *Simple course,* aller simple. *Il fait les courses en train :* il va à son travail en train. ▪ **3** (1690) VIEILLI Allée et venue d'un commissionnaire. *Garçon de courses.* ➤ 2 **coursier.** *Envoyer qqn en course(s).* ♦ MOD. **LES COURSES :** action d'acheter ce qui est nécessaire à la vie quotidienne (alimentation, etc). *La liste des courses. Faire les, ses courses.* ➤ **achat, commission ; chalandage,** RÉGION. 2 **magasinage, shopping** (cf. RÉGION. Faire son épicerie). AU SING. *Avoir une course à faire.* — PAR EXT. FAM. Ce que l'on a acheté. *Ranger les courses.* ▪ **4** MAR. Action de parcourir le pays, la mer, pour faire du pillage. ➤ **incursion.** *Guerre de course. Faire la course* (➤ **corsaire**). ▪ **5** FIG. (CHOSES) Déplacement plus ou moins rapide. ➤ **cours.** *La course d'un projectile. La course des nuages dans le ciel. « Pourquoi suspendre la course de ma main sur ce papier ? »* COLETTE. — LITTÉR. *La course du temps, des jours.* ➤ **fuite, succession, suite.** ▪ **6** (1676) TECHN. Mouvement d'un organe mécanique. *Course rectiligne d'un piston.* ➤ **va-et-vient.** *La course de la pédale de frein. À mi-course. À bout de course.* **FIN DE COURSE :** valeur limite de la course d'un organe mécanique. *Détecteur de fin de course.* FIG. FAM. *En fin de course,* proche de la fin (cf. Au bout du rouleau*). *Un parti en fin de course. « Il est en fin de course, Mouezy-Éon. Il fatigue »* ECHENOZ.

▪ CONTR. Arrêt, immobilité.

COURSER [kuʀse] v. tr. ⟨1⟩ – 1843 ◊ de *course* ▪ FAM. Poursuivre à la course. — FAM. Suivre. *Elle s'est fait courser par deux garçons.*

1 **COURSIER** [kuʀsje] n. m. – XIIe ◊ de l'ancien français *cors* « allure rapide » ▪ LITTÉR. Grand et beau cheval de bataille, de tournoi. *« J'aimais les fiers coursiers, aux crinières flottantes »* HUGO.

2 **COURSIER, IÈRE** [kuʀsje, jɛʀ] n. – fin XIXe ◊ de *course* ▪ Personne chargée de faire les courses, de porter un colis, un pli à son destinataire. ➤ **chasseur, commissionnaire.** *Je vous envoie un coursier.*

COURSIVE [kuʀsiv] n. f. – 1829 ; *courcive* 1687 ; *coursie* 1495 ◊ italien *corsia,* latin médiéval *cursivus* ▪ MAR. Couloir étroit à l'intérieur d'un navire.

COURSON [kuʀsɔ̃] n. m. et **COURSONNE** [kuʀsɔn] n. f. – 1537 (vigne), –1863 ◊ de *(a)corcier* « raccourcir » ▪ ARBOR. Branche d'arbre fruitier taillée court pour que la sève s'y concentre.

1 **COURT, COURTE** [kuʀ, kuʀt] adj. et adv. – fin XIe ◊ du latin *curtus* « écourté » et « incomplet, insuffisant »

I ~ adj. ▪ **1** Qui a peu de longueur d'une extrémité à l'autre (relativement à la taille normale ou par comparaison avec une autre chose). *Herbe courte.* ➤ 3 **ras.** *Avoir les cheveux courts. Robe courte. Chemise à manches courtes. Rendre court, plus court* (➤ **écourter, raccourcir**). *Nez court* (➤ **petit**). *Jambes courtes. « C'était un gros petit homme, chauve, court de bras, de jambes, de cou, de nez, de tout »* MAUPASSANT. ➤ **courtaud.** — *La ligne droite est le plus court chemin d'un point à un autre. Aller par le plus court chemin.* ➤ 1 **direct ; raccourci.** ABSOLT (SUBSTANT.) *Prendre le plus court, au plus court.* — LOC. *Tirer à la courte paille*. Faire la courte échelle* à qqn.* — *Avoir la vue courte :* ne pas voir de loin (➤ 1 **bas**) ; FIG. manquer de prévoyance, de sagacité. *Un homme à courtes vues,* borné, obtus. ▪ **2** (œuvres) Qui a peu d'ampleur, est peu développé. *Livre, récit, roman très court.* ➤ 1 **bref, laconique, rapide.** *Exposé court mais complet.* ➤ **concis*, dense.** *Phrases courtes.* ♦ PAR EXT. FAM. Insuffisant. ➤ **sommaire.** *Vingt euros, c'est un peu court.* ➤ **juste.** ▪ **3** (milieu XIIe) Qui a peu de durée. ➤ 1 **bref, éphémère, fugace, fugitif, passager, provisoire, temporaire, transitoire.** *Les jours de l'hiver sont courts. « La vie est courte, mais l'ennui l'allonge »* RENARD. *Un court moment. Avoir un court entretien. Un court métrage*. Les délais sont trop courts.* PROV. *Les plaisanteries les plus courtes sont les meilleures.* — (1532) *Avoir la mémoire courte :* oublier vite. ▪ **4** (milieu XIIe) Qui est rapproché dans le temps. *À court terme, à courte échéance :* dans un avenir rapproché. *Des projets à court terme. Crédit à court terme.* ▪ **5** LITTÉR. Prompt, rapide. *Le plus court expédient.*

*Courte honte**. ▪ **6** Qui est de fréquence rapide. *Un rythme court. Avoir l'haleine, la respiration courte, le souffle court* : s'essouffler facilement et très vite. — *Ondes* courtes* (opposé à *moyennes, longues*).

II ~ adv. (début XIIIe) ▪ **1** D'une manière courte ou de manière à rendre court. *Avoir les cheveux coupés court. Elle s'habille très court.* — *Faire court* : abréger. ▪ **2** LOC. **COUPER COURT** *à qqch.*, l'interrompre au plus vite. *Couper court à un entretien, à la discussion. «Mon départ était le seul moyen de couper court à cette intrigue sans issue»* GAUTIER. — *Pendre* qqn haut et court.* — **TOURNER COURT :** opérer un brusque changement de direction. FIG. S'arrêter brusquement dans son développement. *Le projet a tourné court.* — *Demeurer, rester, se trouver court* : manquer d'idées, d'à-propos. *Demeurer court devant les objections, les arguments.* ➤ **coi.** *«Gaspard se trouva tout à fait désorienté et resta court au beau milieu de son histoire»* A. DHÔTEL. ▪ **3 TOUT COURT :** sans rien d'autre. *Appelez-moi Jean, tout court.* ▪ **4 DE COURT.** *Prendre qqn de court*, à l'improviste ; ne pas lui laisser de temps pour agir. *Il a été pris de court et n'a rien répondu* (cf. supra Demeurer court). ▪ **5** (1862) **À COURT DE :** sans. *Être à court d'argent*, en manquer. ELLIPT *Être à court* (cf. Être à sec). *Être à court d'arguments, d'idées. Jamais à court d'inspiration.*

▪ CONTR. Allongé, grand, long ; durable, prolongé. ▪ HOM. Cour, courre, cours.

2**COURT** [kuʀ] **n. m.** – 1880 ◇ mot anglais, de l'ancien français *court* «cour» ▪ Terrain aménagé pour le tennis. *Court en terre battue, en quick. Court central** (II).

COURTAGE [kuʀtaʒ] **n. m.** – *courratage* 1248 ◇ de *courtier* ▪ **1** Profession du courtier. *Faire le courtage maritime, le courtage du vin. Faire du courtage en librairie. Courtage en valeurs mobilières. Vendre un produit par courtage.* ▪ **2** Commission rémunérant les services d'un courtier. — Rémunération d'un agent de change.

COURTAUD, AUDE [kuʀto, od] **adj.** – 1439 ◇ de 1*court* ▪ **1** TECHN. *Chien courtaud*, à qui l'on a coupé la queue et les oreilles. *Cheval courtaud*, à qui on a coupé la queue (➤ **courtauder**). **n. m.** *Un courtaud.* ▪ **2** COUR. De taille courte, épaisse.

COURTAUDER [kuʀtode] **v. tr.** ⟨1⟩ – 1718 ◇ de *courtaud* ▪ Rendre courtaud (un cheval, un chien). — **p. p. adj.** *Cheval courtaudé.*

COURT-BOUILLON [kuʀbujɔ̃] **n. m.** – 1604 ◇ de 1*court* et *bouillon* ▪ Bouillon composé d'eau, de vin blanc et d'épices dans lequel on fait cuire du poisson. *Faire cuire une carpe au court-bouillon. Des courts-bouillons.* — LOC. FAM. *Se mettre la rate au court-bouillon* : se faire du souci.

COURT-CIRCUIT [kuʀsiʀkɥi] **n. m.** – 1858 ◇ de 1*court* et *circuit* ▪ ÉLECTR. Mise en relation de deux points à potentiel différent (par un conducteur de résistance négligeable). *Faire un court-circuit. Panne due à un court-circuit.* — COUR. Accident (interruption du courant par fusion des plombs) qui résulte d'un court-circuit. ➤ FAM. **court-jus.** *Début d'incendie dû à un court-circuit. Des courts-circuits.*

COURT-CIRCUITAGE [kuʀsiʀkɥitaʒ] **n. m.** – 1975 ◇ de *court-circuiter* ▪ FAM. Action de court-circuiter (2°). *Le court-circuitage de la justice. Des courts-circuitages.*

COURT-CIRCUITER [kuʀsiʀkɥite] **v. tr.** ⟨1⟩ – 1905 au p. p. ◇ de *court-circuit* ▪ **1** Mettre en court-circuit. ➤ **shunter** ANGLIC. ▪ **2** FIG. et FAM. Laisser de côté (un intermédiaire normal) en passant par une voie plus rapide, prendre de vitesse. ➤ **court-circuitage.** *Court-circuiter la hiérarchie. L'insurrection «devrait court-circuiter les élections bidons»* R. DEBRAY.

COURTEPOINTE [kuʀtəpwɛ̃t] **n. f.** – fin XIIe ◇ de l'ancien français *coute* «lit de plumes» et p. p. de *poindre* «piquer» ▪ Couverture de lit ouatée et piquée. ➤ 1**couette, couvre-pied ; dessus-de-lit.**

COURTIER, IÈRE [kuʀtje, jɛʀ] **n.** – 1538 ; *corretier* 1241 ◇ de l'ancien français *corre* «courir» ▪ **1** DR. COMM. Personne dont la profession est de servir d'intermédiaire entre deux parties contractantes dans des transactions commerciales, financières (➤ **broker,** ANGLIC.), immobilières. ➤ 2**agent, commissionnaire, placier, représentant, V. R. P.** *Courtier d'assurances.* ◆ Personne qui vend en prenant contact avec la clientèle (➤ **courtage**). *Courtier en vins.* ◆ VX *Courtiers en valeurs mobilières* : intermédiaires qui jouaient le rôle d'agents* de change pour les valeurs non admises à la cote officielle. ➤ **coulissier.** ▪ **2** FIG. et VX Intermédiaire, entremetteur. *«les courtiers de galanterie»* LESAGE.

COURTILIÈRE [kuʀtiljɛʀ] **n. f.** – 1762 ; *courtilliere* 1493 ◇ de l'ancien français *courtillier* «jardinier» ou *courtil* «petit jardin» ▪ Insecte fouisseur *(orthoptères)* appelé aussi *taupe-grillon*, qui fait des dégâts dans les cultures potagères.

COURTINE [kuʀtin] **n. f.** – Xe ◇ bas latin *cortina* «tenture» ▪ **1** VX Rideau de lit. *«les courtines de son lit étaient closes»* SAND. — LITURG. Tenture disposée derrière un autel. ◆ Tenture de porte. ▪ **2** (XVIe) FORTIF. Mur rectiligne, compris entre deux bastions. *«j'avais en perspective les créneaux de la courtine opposée»* CHATEAUBRIAND.

COURTISAN, ANE [kuʀtizɑ̃, an] **n. m.** et **adj.** – 1472 ◇ italien *cortigiano*, de *corte* «cour»

I n. m. ▪ **1** Personne qui est attachée à la cour, qui fréquente la cour d'un souverain, d'un prince. *«il avait la grâce, l'adresse et l'expérience d'un courtisan consommé»* MÉRIMÉE. ▪ **2** FIG. Personne qui cherche à plaire aux puissants, aux gens influents par des manières obséquieuses, flatteuses. ➤ **flatteur ; adulateur, louangeur, thuriféraire.** *Manières de courtisan.*

II adj. COURTISAN, ANE. *Un poète courtisan.* — RARE *Des manières courtisanes.*

▪ CONTR. 1 Hautain, indépendant.

COURTISANE [kuʀtizan] **n. f.** – 1547 ; *courtisanne* 1537 ; *courtisienne* v. 1500 ◇ italien *cortigiana*, de *corte* «cour» ▪ ANCIENNT ou LITTÉR. Femme entretenue, d'un rang social assez élevé. ➤ **hétaïre.** *Les courtisanes grecques Laïs, Phryné, Thaïs.* — PAR EXT. Demi-mondaine. ➤ 1**cocotte.** *«l'amour terrible, désolant et honteux, l'amour maladif des courtisanes»* BAUDELAIRE.

COURTISANERIE [kuʀtizanʀi] **n. f.** – *courtisannerie* 1560 ◇ de *courtisan* ▪ VIEILLI Conduite de courtisan. ➤ **adulation, flagornerie, flatterie.** — Conduite de courtisane. *«Thaïs, la jolie cadette [...] tomba dans la courtisanerie»* H. CALET.

COURTISER [kuʀtize] **v. tr.** ⟨1⟩ – 1557 ◇ italien *corteggiare*, de *corte* «cour» ▪ **1** Faire sa cour à (une personne influente) en vue d'obtenir quelque faveur. ➤ **aduler, flatter, louanger** (cf. Lécher* les bottes, faire du plat* à). *Courtiser les grands, les riches, les puissants.* — **Au p. p.** *«un jeune député de gauche, très courtisé»* FALLET. ▪ **2** Faire la cour à (une femme), chercher à plaire. ➤ RÉGION. **gosser.** *Il «eût souhaité qu'elle fût à la fin de son deuil, afin de pouvoir la courtiser et la faire danser»* SAND.

COURT-JOINTÉ, ÉE [kuʀʒwɛ̃te] **adj.** – 1661 ◇ de 1*court* (adv.) et *jointé* ▪ TECHN. Qui a le paturon court (cheval), les jambes courtes (faucon). *Des juments court-jointées.*

COURT-JUS [kuʀʒy] **n. m.** – v. 1914 ◇ de 1*court* et *jus* ▪ FAM. Court-circuit. *Des courts-jus.*

COURT MÉTRAGE ➤ **MÉTRAGE**

COURTOIS, OISE [kuʀtwa, waz] **adj.** – *corteis* v. 1130 ◇ de l'ancien français *court* «cour» ▪ **1** *Littérature, poésie courtoise*, pratiquée dans les cours seigneuriales et qui exaltait subtilement l'amour (➤ **troubadour**). *L'amour courtois*, défini et codifié par l'esprit de la chevalerie du Moyen Âge. ▪ **2** Qui parle et agit avec une civilité raffinée. ➤ **affable, aimable, civil, gracieux, honnête,** 1**poli.** *Une personne courtoise. «Les appréciations flatteuses des professionnels blasés mais courtois»* CHABROL. ◆ Qui manifeste de la courtoisie. *Une conversation courtoise. Une réclamation courtoise. Un refus courtois. «Il me convenait bien plutôt d'aborder de façon courtoise la dame»* FRANCE.

▪ CONTR. Discourtois, grossier, impoli.

COURTOISEMENT [kuʀtwazmɑ̃] **adv.** – *curteisement* v. 1100 ◇ de *courtois* ▪ D'une manière courtoise. *Répondre, s'adresser à qqn courtoisement.* ➤ **poliment.**

COURTOISIE [kuʀtwazi] **n. f.** – *curteisie* 1155 ◇ de *courtois* ▪ **1** Politesse raffinée. ➤ **affabilité, civilité, politesse.** *Visite de courtoisie. Donner une information avec courtoisie.* ▪ **2** (calque de l'anglais *courtesy car*) *Véhicule de courtoisie*, prêté par un garage au conducteur dont le véhicule est en réparation. — *Miroir* de courtoisie.*

COURT-TERMISME [kuʀtɛʀmism] **n. m.** – 1991 ◇ de *court terme* ▪ Politique caractérisée par une vision à court terme. — **adj.** et **n. COURT-TERMISTE,** 1992. *Des court-termistes.*

COURT-VÊTU, UE [kuʀvety] **adj.** – v. 1380 ◇ de 1*court* (adv.) et *vêtu* ▪ Dont le vêtement est court. *Des femmes court-vêtues.*

COURU, UE [kuʀy] **adj.** – 2e moitié XVIIe ◇ de *courir* ▪ **1** Recherché. *C'est un spectacle très couru.* ▪ **2** FAM. *C'était couru*, prévu. ➤ **certain, sûr.** *Le résultat est couru d'avance.*

1**COUSCOUS** [kuskus] **n. m.** – 1649 ; *coscosson* 1534 ◇ arabe *kouskous* ▪ **1** Semoule de blé dur. — FAM. *Pédaler* dans le couscous.* ▪ **2** Plat originaire du Maghreb, composé de semoule roulée en grains (➤ **graine**), servie avec de la viande ou du poisson, des légumes et des sauces piquantes (➤ **harissa**). *Manger le couscous, un couscous. Couscous au mouton.*

2**COUSCOUS** [kuskus] **n. m.** – 1908 ◊ de *coescoes,* mot des Moluques, par l'anglais (1880) ■ Petit mammifère arboricole *(marsupiaux)* d'Océanie, de la famille du phalanger*. *Le couscous tacheté de Nouvelle-Guinée.*

COUSCOUSSIER [kuskusje] **n. m.** – 1961 ◊ de 1*couscous* ■ Casserole double utilisée pour la cuisson du couscous.

COUSETTE [kuzɛt] **n. f.** – 1865 ◊ de *coudre* ■ VIEILLI ■ **1** FAM. Jeune apprentie couturière. ➤ **arpète, midinette** (cf. Petite main*). ■ **2** (1929) Petit étui contenant un nécessaire à couture.

COUSEUR, EUSE [kuzœʀ, øz] **n.** – *couseres* avant 1300 ◊ de *coudre* ■ TECHN. ■ **1** Personne qui coud. ♦ **n. f. COUSEUSE** Ouvrière qui coud les cahiers dans les ateliers de brochure. ➤ **brocheuse.** ■ **2** **n. f.** (1863) Machine à coudre industrielle. — Machine pour brocher les livres.

1**COUSIN, INE** [kuzɛ̃, in] **n.** – *cusin* 1080 ◊ latin *consobrinus* «cousin germain» ■ Descendant d'un frère ou d'une sœur par rapport aux descendants d'un frère, d'une sœur de l'un de ses parents. *Cousins germains*, issus de germains. Cousins au deuxième, au troisième degré ; petits-cousins. Cousin, cousine à la mode de Bretagne :* parent éloigné. *Des cousins éloignés. Réunion de cousins.* ➤ **cousinade.** *Mon cousin. Mon cher cousin. Je vous présente mon cousin Joseph. «Le Cousin Pons», «La Cousine Bette», romans de Balzac. Cousins par alliance.* — **adj.** *Ils sont un peu cousins.* ♦ *Mon cousin :* titre que le roi de France donnait à quelques hauts personnages. — LOC. PROV. *Le roi n'est pas son cousin :* il est très prétentieux.

2**COUSIN** [kuzɛ̃] **n. m.** – 1551 ◊ p.-ê. latin populaire °*culicinus,* de *culex* ■ Insecte diptère, une des espèces courantes de moustique*.

COUSINADE [kuzinad] **n. f.** – 1995 ◊ de 1*cousin* ■ Réunion festive de personnes descendant, à des degrés divers, d'un ancêtre commun, portant le même patronyme ou non. *La cousinade X,* de la famille X.

COUSINAGE [kuzinaʒ] **n. m.** – XIIe ◊ de 1*cousin* ■ VIEILLI Parenté entre cousins. — FAM. L'ensemble des parents, des cousins.

COUSINER [kuzine] **v. intr.** ‹1› – 1605 «être cousin» ◊ de 1*cousin* ■ Avoir des rapports familiers, bien s'entendre (avec qqn). — PAR EXT. (ABSTRAIT) Se rapprocher, avoir des points communs. *Des genres qui cousinent assez mal.*

COUSSIN [kusɛ̃] **n. m.** – *coissin* 1160 ◊ latin populaire °*coxinus* «coussin», de *coxa* «cuisse» ■ **1** Objet constitué d'une enveloppe de matière souple, cousue et remplie d'un rembourrage, servant à supporter quelque partie du corps. ➤ **carreau, coussinet, oreiller, traversin.** ♦ SPÉCIALT (plus cour.) *Les coussins d'un fauteuil, d'un canapé. Housse de coussin. Coussins moelleux, brodés ; de soie, de velours. Coussins d'un siège d'automobile.* ♦ (Belgique, Luxembourg) Oreiller. ■ **2** TECHN. Dispositif rappelant la forme ou la destination d'un coussin. ➤ **bourrelet, coussinet.** *Coussin d'un collier d'attelage,* la partie rembourrée. *Coussin d'air*. Coussin gonflable, coussin de sécurité :* recomm. offic. pour *airbag.* ♦ *Coussin (berlinois) :* ralentisseur (3o) suffisamment étroit pour permettre aux bus et aux deux-roues de circuler sans ralentir.

COUSSINET [kusinɛ] **n. m.** – v. 1285 ◊ de *coussin* ■ **1** Petit coussin. *«la paille qui sert de coussinet aux genoux des lavandières»* SAND. ■ **2** (1676) ARCHIT. Partie remplie d'un chapiteau ionique, qui s'enroule en volutes. ■ **3** (1863) TECHN. Pièce cylindrique creuse placée dans un support (palier) et qui soutient une extrémité du tourillon de l'arbre. *Coussinet en bronze, en alliage antifriction. Coussinet de tête de bielle.* — *Coussinet (de rail) :* pièce sur laquelle repose le rail. *«Maheu fit sauter des coussinets de fonte»* ZOLA. ■ **4** Zone cutanée de l'extrémité de la patte de certains mammifères, formée d'une épaisse couche de corne souple. *Les coussinets du chat. «Les coussinets mous du chameau glissaient sur les pavés»* TOURNIER.

COUSU, UE [kuzy] **adj.** – de *coudre* ■ **1** Joint par une couture. *Feuillets cousus et collés. Cousu à la main,* ELLIPT et FAM. *cousu main. Des gants cousus main.* — LOC. FAM. *C'est du cousu main,* de première qualité. *Du cousu-main :* une affaire facile, une entreprise qu'on est sûr de réussir. *Finesse, malice cousue de fil* blanc. Bouche* cousue. Être (tout) cousu d'or,* très riche. ■ **2** BLAS. *Pièce honorable cousue,* appliquée émail sur émail ou métal sur métal.

COÛT [ku] **n. m.** /COUT/ – *coust* 1530 ; *cost, cust* XIIe ◊ de *coûter* ■ Somme que coûte une chose. ➤ **montant, prix.** *Coût d'une marchandise, d'un service. Le coût de la vie augmente. Indice du coût de la vie. Coût, assurance, fret.* ➤ **C. A. F.** *Coût de production :* charges directes et indirectes d'obtention, de fabrication d'un produit (à l'exclusion des frais généraux). *Coût fixe,* indépendant des quantités produites. *Coût moyen, unitaire. Coût marginal*. Coût supplémentaire.* ➤ **surcoût.** *Compagnie aérienne à bas coût* (angl. *low cost*). ♦ FIG. ➤ **prix.** *Le coût d'une imprudence. Bon rendement à faible coût d'une règle, d'une réforme.* — PSYCHOL. *Coût généralisé d'une action,* temps, effort, soucis, etc. pour la mener à bien. ■ HOM. Cou, coup.

COÛTANT, ANTE [kutɑ̃, ɑ̃t] **adj.** /COUTANT, ANTE/ – 1679 ; *coustant* «coûteux» XIIIe ◊ de *coûter* ■ *Prix coûtant :* prix qu'une chose a coûté. *Revendre à, au prix coûtant,* sans bénéfice. *Valeur coûtante :* prix de revient. *Facturation à la minute coûtante.*

COUTEAU [kuto] **n. m.** – 1316 ; *coltel* 1130 ◊ latin *cultellus,* de *culter* → coutre ■ **1** Instrument tranchant servant à couper, composé d'une lame et d'un manche. *Couteau pointu. Manche de couteau en bois, en corne, en ivoire. La virole d'un couteau. Lame de couteau en acier. Fil, morfil, pointe, tranchant d'un couteau. Couteau qui coupe bien. Affûter, aiguiser, repasser les couteaux. La cuillère, la fourchette et le couteau.* ➤ 1**couvert.** *Fabrication des couteaux.* ➤ **coutellerie.** — LOC. *Visage en lame de couteau,* très émacié. *«Il avait un visage maigre, bleu, comme gelé de toujours, froid, de ceux qu'on appelle en lame de couteau»* H. CALET. *Brouillard à couper* au couteau.* FAM. *Avec sa bite* et son couteau.* ♦ *Couteau de poche* ou *couteau pliant,* dont la lame se replie dans le manche. ➤ **canif ; laguiole, opinel.** *Couteau suisse :* couteau pliant à plusieurs lames et divers outils (tirebouchon, ouvre-bouteille, etc.) ; FIG. objet, personne qui remplit plusieurs fonctions. — *Couteau de table. Couteau à scie.* ➤ **couteau-scie.** *Couteau à poisson, à fromage, à dessert. Couteau à beurre. Couteau à pain.* — *Couteau de cuisine. Grand couteau.* ➤ **coutelas, couperet.** *Couteau de boucher. «Au fond de l'étal courait une fente où s'enfonçait la collection de couteaux à découper, trancher, hacher»* A. REYES. *Couteau à légumes. Couteau électrique.* ♦ Cet instrument, utilisé comme arme blanche. ➤ **coutelas, poignard ;** FAM. **eustache,** POP. 2**schlass,** ARG. **surin.** *Couteau à cran d'arrêt. «pour un oui pour un non on n'avait pas le temps de dire ouf que le couteau était déjà ouvert dans sa main, il ne s'agissait pas de lui manquer de respect»* P. ÉMOND. *Se battre au couteau.* ♦ LOC. *Être à couteaux tirés,* en guerre ouverte. *Jouer du couteau :* se battre au couteau. *Coup de couteau. Enfoncer, plonger un couteau dans le ventre. Planter un couteau dans le dos à qqn ;* FIG. le trahir. *Remuer le couteau dans la plaie*. Mettre le couteau sous, sur la gorge*.* — LOC. FIG. **DEUXIÈME** ou **SECOND COUTEAU :** comparse, personnage de second plan. — SPÉCIALT *Couteau de chasse,* pour achever le cerf, le sanglier. ■ **2** Instrument à lame, outil coupant. *Couteau à papier :* lame de bois, d'ivoire pour couper les pages d'un livre, ouvrir une enveloppe (➤ **coupe-papier**). *Couteau mécanique de charcutier* (➤ **trancheuse**). *Couteau de boulanger. Couteau pour éplucher.* ➤ **économe, épluche-légume.** *Couteau à pierre,* de marbrier. *Couteau de vitrier,* à mastiquer, à démastiquer. *Couteau de peintre,* à reboucher, à enduire. ABSOLT Petite truelle d'artiste peintre. ➤ **spatule.** *Peindre au couteau.* ■ **3** PAR ANAL. *Couteau de balance :* arête du prisme triangulaire qui porte le fléau. ♦ (1754) *Manche de couteau* ou *couteau :* mollusque bivalve allongé *(lamellibranches)* qui s'enfonce verticalement dans le sable des plages. ➤ **solen.**

COUTEAU-SCIE [kutosi] **n. m.** – 1723 ◊ de *couteau* et *scie* ■ Couteau dont la lame porte des dents et qu'on utilise pour couper les aliments. *Des couteaux-scies.*

COUTELAS [kutlɑ] **n. m.** – *coutelasse* 1410 ◊ italien *coltellaccio,* ou du moyen français *coutel* ■ **1** VX Épée courte à un seul tranchant. ■ **2** MOD. Grand couteau à lame large et tranchante.

COUTELIER, IÈRE [kutəlje, jɛʀ] **n.** et **adj.** – 1160 ◊ de *couteau* ■ **1** Personne qui fabrique, vend des couteaux et autres instruments tranchants. ■ **2** **adj.** Relatif à la coutellerie. *L'industrie coutelière.*

COUTELLERIE [kutɛlʀi] **n. f.** – 1268 ◊ de *coutelier* ■ **1** Industrie, fabrication des couteaux et autres instruments tranchants ; produits de cette industrie. *Coutellerie fine. Coutellerie en ciseaux, rasoirs, en instruments de chirurgie.* — *Grosse coutellerie.* ➤ **taillanderie.** ■ **2** Lieu où l'on fabrique, où l'on vend la coutellerie. *Les coutelleries de Thiers.*

COÛTER [kute] **v.** ‹1› /COUTER/ – *coster* XIIe ◊ latin *constare* «être fixé», en latin populaire «avoir pour prix», de *stare*

I **v. intr.** et **tr. ind.** *Coûter à qqn.* ■ **1** Nécessiter le paiement de (une somme) pour être obtenu. ➤ **revenir, valoir.** *L'armoire coûte cinq cents euros. Ce que coûte une chose* (➤ **coût, montant, prix**). *Combien coûte cette voiture ? Qu'est-ce que cela coûte ? Ça coûte trois euros le kilo. Les cent mille euros que cette maison m'a coûté.* (REM. Le p. p. ne s'accorde pas quand il est précédé du compl. de prix.) *Ça coûte un prix fou. Coûter cher,* FAM. *coûter une blinde, coûter bonbon,* POP. *coûter chaud :* être cher, coûteux. ➤ FAM. **chiffrer, douiller.** LOC. FAM. *Coûter les yeux de la tête, la peau des fesses (du cul), un bras, un rein ;* **(Belgique)** *coûter un os, un pont :* être hors de prix, très cher. — FAM. *Ça coûtera ce que ça coûtera :* il faut le faire, peu importe le prix. ♦ ABSOLT, POP. Être cher. *L'hôtel, ça coûte.* ▪ **2** PAR EXT. Causer, entraîner des frais, des dépenses. « *L'affaire, au pis aller, ne coûtait plus rien* » ROMAINS. *Ça ne coûte rien :* ça n'engage à rien (cf. Ça ne mange* pas de pain). *Cette habitude lui coûte cher.* LOC. *Cela pourrait vous coûter cher,* vous attirer des ennuis, avoir des conséquences fâcheuses.

II (XIIe) FIG. ▪ **1** v. tr. Causer (une peine, un effort) pour se faire. ➤ **occasionner.** *Ce départ lui a coûté bien des larmes. Les efforts que ce travail lui a coûtés.* (REM. Le p. p. s'accorde quand il n'est pas précédé d'un compl. de prix.) ♦ Causer la perte de. ➤ **ôter, ravir.** *Cela lui coûte sa tranquillité. Coûter la vie :* faire mourir. « *Je coûtai la vie à ma mère, et ma naissance fut le premier de mes malheurs* » ROUSSEAU. ♦ IMPERS. *Je saurai maintenant ce qu'il en coûte. Il vous en coûtera la vie.* ▪ **2** v. intr. et tr. ind. Être pénible, difficile. ➤ **peser.** *Tout lui coûtait. Cela me coûte beaucoup d'y renoncer. Ça ne coûte rien d'essayer.* PROV. *Il n'y a que le premier pas qui coûte,* le plus difficile est de se décider, de commencer. ♦ IMPERS. *Il m'en coûte de vous l'avouer.* ▪ **3** loc. adv. **COÛTE QUE COÛTE :** à tout prix, quels que soient les efforts à faire, les peines à supporter. ➤ **absolument.** *Il faut réussir coûte que coûte.*

COÛTEUX, EUSE [kutø, øz] adj. /COUTEUX, EUSE/ – v. 1190 ◊ de *coûter* ▪ **1** Qui coûte cher ; qui cause de grandes dépenses. ➤ **cher*, onéreux.** *Les voyages sont coûteux. Objet d'un entretien peu coûteux.* ▪ **2** LITTÉR. Qui exige des sacrifices. Qui a des conséquences fâcheuses. ➤ **dangereux.** *Une expérience coûteuse.* ▪ **3** **COÛTEUX EN :** qui demande trop de. *Coûteux en temps, en énergie.* — adv. **COÛTEUSEMENT,** 1769 /couteusement/.
▪ CONTR. Économique, gratuit, marché (bon marché).

COUTIL [kuti] n. m. – *kentil* 1202 ◊ de *coute,* ancienne forme de 1*couette* ▪ Toile croisée et serrée, en fil ou coton. *Coutil utilisé comme toile à matelas. Pantalon de coutil.*

COUTRE [kutʀ] n. m. – *cultre* v. 1150 ◊ latin *culter,* d'origine inconnue → couteau ▪ AGRIC. Fer tranchant fixé à l'avant du soc de la charrue pour fendre la terre.

COUTUME [kutym] n. f. – *custume* fin XIe → costume ◊ latin populaire °*cosetudine,* class que *consuetudo, inis* «habitude» ▪ Façon d'agir établie par l'usage. ➤ **habitude, mœurs, tradition, usage.** ▪ **1** Dans une collectivité, Manière à laquelle la plupart se conforment. *Vieille, ancienne coutume.* ➤ **tradition.** *Coutume ancestrale, abandonnée. Coutume passagère.* ➤ 1**mode.** « *le mur qui tient enfermé selon la coutume saintongeaise le jardin et l'habitation* » CHARDONNE. *Les coutumes d'un peuple, d'une société, d'un pays. Les coutumes locales. Mœurs et coutumes des Lapons. Us* et coutumes.* ▪ **2** DR. Habitude collective d'agir, transmise de génération en génération. *La coutume est fondée sur la tradition et elle peut être transmise oralement. La coutume a force de loi. La coutume, source du droit.* VX *Pays de coutume.* ➤ **coutumier.** ♦ PAR EXT. Recueil de droit coutumier. ▪ **3** VX OU LITTÉR. ➤ **habitude.** « *La coutume est une seconde nature* » PASCAL. « *Les coutumes de l'esprit* » COCTEAU. MOD. LOC. PROV. *Une fois n'est pas coutume :* changer une fois sa manière de faire est une exception qui n'engage pas l'avenir ; faites une exception. — *Avoir coutume de* (et inf.) : être accoutumé à, avoir l'habitude de. *Il n'a pas coutume d'être en retard.* ♦ loc. adv. *De coutume* (surtout employé dans les compar.). ➤ **habituellement, ordinairement** (cf. À l'accoutumée, d'habitude, d'ordinaire). *Il est moins aimable que de coutume. Comme de coutume.* ▪ CONTR. Exception, innovation, nouveauté.

COUTUMIER, IÈRE [kutymje, jɛʀ] adj. et n. m. – v. 1160 ◊ de *coutume* ▪ **1** Qui a coutume de faire qqch. « *Je suis coutumière De payer toute la première* » LA FONTAINE. *Il lui fit un cadeau ; il en était coutumier.* LOC. *Être coutumier du fait :* avoir déjà fait la même chose (souvent critiquable, répréhensible). ▪ **2** Que l'on fait (subit) d'ordinaire en pareille circonstance. ➤ **habituel, ordinaire.** *Les travaux coutumiers. Les corvées coutumières et quotidiennes*.* ▪ **3** *Droit coutumier :* ensemble de règles juridiques que constituent les coutumes (opposé à *droit écrit*). *Pays de droit coutumier,* et ABSOLT *pays coutumier. Chef coutumier.* ▪ **4** n. m. (1396) Recueil des coutumes d'une province, d'un pays. « *plusieurs articles de nos codes et de nos coutumiers* » FRANCE. ▪ CONTR. Exceptionnel, inaccoutumé, inattendu.

COUTURE [kutyʀ] n. f. – *costure* 980 ◊ latin populaire °*consutura,* de *consuere* «coudre»

I ▪ **1** Action, art de coudre. *Faire de la couture. De petits travaux de couture. Boîte à couture,* pour ranger les fils, les aiguilles, la mercerie*. *Points* de couture pour assembler, pour froncer, pour border, pour raccommoder, pour orner.* ♦ Ouvrage de couture. *Elle est penchée sur sa couture.* ▪ **2** (1680 «atelier de couturière») Profession des personnes qui confectionnent des vêtements féminins. *Travailler, être dans la couture. Branches annexes de la couture.* ➤ **bonneterie, confection, lingerie,** 1**maille,** 1**mode, prêt-à-porter.** ♦ Profession de couturier. *Maison de couture :* entreprise qui emploie un personnel assez important à la confection de vêtements et d'accessoires féminins. *La haute couture parisienne :* les grands couturiers. ➤ **collection, création, griffe,** 1**mannequin, modèle, styliste.** APPOS. INV. *Un vêtement couture, haute couture* (par opposition à *de confection*). *Des robes couture. Des « volants bordés de biais pour faire "couture"* » DURAS.

II ▪ **1** Assemblage de deux morceaux d'étoffe, de tricot, de cuir, de fourrure par une suite de points exécutés avec du fil et une aiguille. ➤ **montage, raccord ; coudre.** *Coutures d'un vêtement, d'une chaussure, d'un rideau. Couture à la main, à la machine* (➤ **piqûre**). *Faire une couture à grands points.* ➤ **bâtir, faufiler.** *Couture apparente, couture sellier,* visible sur l'endroit de l'ouvrage. *Ouvrir une couture :* aplatir les dépassants de chaque côté de la piqûre. *Couture anglaise, couture plate* ou *rabattue* (qui dissimulent les dépassants). *Couture bord à bord.* ➤ **surjet.** ♦ LOC. FIG. *Examiner sur, sous toutes les coutures,* dans tous les sens, très attentivement. — *Battre qqn à plate(s) couture(s),* le vaincre d'une manière définitive. — *Le petit doigt sur la couture du pantalon :* dans la position respectueuse du soldat au garde-à-vous. *Leurs parents « adoptaient donc un profil bas et obéissaient aux moindres injonctions du personnel, le doigt sur la couture du pantalon* » TH. JONQUET. ▪ **2** PAR ANAL. (XIIIe) Cicatrice allongée. ➤ **balafre.** *Il a le visage marqué de plusieurs coutures.* ➤ **couturé.**

COUTURÉ, ÉE [kutyʀe] adj. – 1787 ◊ de *couturer* «coudre» XVe ▪ Marqué de cicatrices, balafré. *Visage, ventre tout couturé.*

COUTURIER [kutyʀje] n. m. – 1213 «tailleur» (→ couturière) ; repris 1874 ◊ de *couture*

I Personne qui dirige une maison de couture, crée des modèles, les fait présenter par des mannequins, et exécuter dans ses ateliers sur les commandes des clients. *Collection d'un couturier :* ensemble de modèles originaux et d'accessoires de mode présenté deux fois par an. *Coco Chanel fut un grand couturier.*

II adj. (v. 1560 ◊ du sens de «tailleur») *Muscle couturier,* ou n. m. *le couturier :* muscle fléchisseur de la jambe sur la cuisse et de la cuisse sur le bassin.

COUTURIÈRE [kutyʀjɛʀ] n. f. – *costuriere* v. 1200 ◊ de *couture* ▪ **1** Celle qui coud, qui exécute, à son propre compte, des travaux de couture. *Couturière à façon, à domicile.* ➤ **essayage, retouche.** *Machine à coudre, patron*, mannequin*, arrondisseur*, ciseaux de couturière.* ♦ SPÉCIALT Ouvrière d'une maison de couture. ➤ **coupeuse, essayeuse, finisseuse, première** (cf. Petite main*). *Jeune couturière.* ➤ **arpète, cousette, midinette.** ▪ **2** (de *répétition des couturières*) Dernière répétition d'une pièce de théâtre avant la générale* (où les couturières font les dernières retouches aux costumes). *La couturière, la générale et la première.*

COUVADE [kuvad] n. f. – 1807 ◊ de *couver* ▪ **1** ETHNOL. Coutume dans certaines sociétés selon laquelle les hommes participent symboliquement à la grossesse et à l'accouchement de leur femme. *Les rites de la couvade.* « *Conjurer la puissance féminine de fécondité* [...], *telle est l'entreprise de la couvade* » BAUDRILLARD. ▪ **2** Ensemble de signes évoquant la grossesse (nausées, prise de poids...), présenté par certaines personnes dont la compagne est enceinte.

COUVAIN [kuvɛ̃] n. m. – 1690 ; *couvin* XIVe ◊ de *couver* ▪ Amas d'œufs d'abeilles ou d'autres insectes. PAR EXT. Dans une ruche, Rayons qui contiennent les œufs et les larves.

COUVAISON [kuvɛzɔ̃] n. f. – 1542 ◊ de *couver* ▪ VIEILLI Temps pendant lequel les oiseaux couvent leurs œufs (➤ **incubation**).

COUVÉE [kuve] n. f. – *covede* fin XIe ◊ de *couver* ▪ **1** Ensemble des œufs couvés par un oiseau. ➤ **couver.** *Ces poussins sont de la même couvée.* ▪ **2** Les petits qui viennent d'éclore. ➤ **nichée.** Goupil « *détruisit dans les blés en herbe des couvées de perdrix et de cailles* » PERGAUD. ♦ LOC. *Être de la même couvée :* avoir la même origine, la même formation. *N'être pas né de la dernière couvée :* avoir de l'expérience, être averti (cf. N'être pas tombé de la dernière pluie*).

COUVENT [kuvɑ̃] n. m. – *covent, convent* «assemblée» XIIe ◊ latin *conventus* → conventuel ■ **1** Maison dans laquelle des religieux ou des religieuses vivent en commun. ➤ **communauté ; abbaye, béguinage, carmel, chartreuse ; cloître, monastère, prieuré, 2 trappe.** *Couvent de carmélites, de chartreux, de dominicains. Règle d'un couvent. Supérieur, Mère supérieure d'un couvent.* ➤ **prieur.** *Cloître, chapelle, parloir d'un couvent.* LOC. *Entrer au couvent* : se faire religieuse (cf. Prendre le voile*). ■ **2** Ensemble des membres de la communauté. ➤ **frère, moine, religieux, sœur.** *Tout le couvent s'assembla.* ■ **3** (XVIIIe) Pensionnat de jeunes filles dirigé par des religieuses. *Jeune fille élevée au couvent.*

COUVENTINE [kuvɑ̃tin] n. f. – fin XIXe ◊ de *couvent* ■ Religieuse qui vit dans un couvent. ◆ (1913) Jeune fille élevée dans un couvent.

COUVER [kuve] v. ‹1› – fin XIIe ◊ latin *cubare* «être couché»

I v. tr. ■ **1** (Oiseaux) Se tenir pendant un certain temps sur (des œufs) pour les faire éclore. ➤ **couvaison, couvée ; incuber.** *Couvoir, nichoir, nid où l'oiseau couve ses œufs.* — ABSOLT *«Elle bâtit un nid, pond, couve et fait éclore»* LA FONTAINE. ■ **2** FIG. *Couver qqn*, l'entourer de soins attentifs. *Mère qui couve ses enfants.* ➤ **surprotéger.** *Il a été trop couvé* (cf. Élevé dans du coton*). — LOC. (1690) *Couver des yeux* : regarder avec tendresse ou convoitise. ■ **3** (XIIIe) Entretenir, nourrir, préparer mystérieusement, sourdement. *Couver des projets de vengeance.* ➤ **tramer.** ■ **4** *Couver (une maladie)* : porter en soi les germes de (➤ **incubation**). *Je couve la grippe.*

II v. intr. (XIIe) Être entretenu sourdement jusqu'au moment de se découvrir, de paraître. *Le feu couve sous la cendre.* — FIG. Être à l'état latent, prêt à éclater. *«En Vendée, le fanatisme religieux, qui couvait depuis deux ans, éclata»* JAURÈS.

■ HOM. *Couvèrent* : couvert ; *couverai* : couvrais (couvrir).

COUVERCLE [kuvɛʀkl] n. m. – v. 1160 ◊ latin *cooperculum*, de *cooperire* «couvrir» ■ **1** Partie d'un récipient, pièce mobile qui s'adapte à l'ouverture pour le fermer. *Couvercle d'une boîte, d'un coffre, d'une valise. Couvercle à charnière. Lever, soulever, mettre, visser, dévisser le couvercle. Le couvercle d'un plat* (couvre-plat), *d'une soupière, d'un pot de confiture. Couvercle de marmite, de faitout, d'autocuiseur.* ■ **2** Instrument de cuisine arrondi métallique, muni d'un bouton central ou d'un manche, pour couvrir* ce qui cuit. *Mettre un couvercle sur une casserole.* ■ **3** MÉCAN. Fermeture du piston vers le haut (opposé à *fond*).

1 **COUVERT** [kuvɛʀ] n. m. – XIIe «logement, retraite» ◊ p. p. subst. de *couvrir*

I Ce qui couvre. ■ **1** (XVIe) TECHN. Couverture* du toit. *Réparer le couvert.* ■ **2** VIEILLI Logement où l'on est protégé des intempéries. *Il leur faut édifier «des cités de fortune, s'assurer à tout prix le couvert»* DUHAMEL. LOC. *Le vivre et le couvert* : la nourriture et l'abri. ■ **3** (1285) Abri, ombre que donne le feuillage. ➤ **abri, ombrage.** *«Ils avaient pénétré sous le couvert des pins»* MAURIAC. ■ **4** loc. prép. **À COUVERT DE ;** loc. adv. **À COUVERT :** dans un lieu où l'on est couvert, protégé. ➤ **abri** (à l'abri). *À couvert de la pluie. À couvert de l'ennemi. Se mettre à couvert.* ➤ **s'abriter,** se **garantir,** se **protéger,** se **réfugier.** *«M. Poincaré tient surtout à mettre notre responsabilité à couvert»* MARTIN DU GARD. ➤ **dégager.** — COMM. *Être à couvert* : avoir des garanties sûres. ■ **5** loc. prép. (1669) **SOUS LE COUVERT DE :** sous l'adresse, le nom de qqn, en parlant d'un envoi ; FIG. sous la responsabilité ou la garantie de (qqn) ; sous l'apparence, le prétexte de (qqch.). *«Chargé, sous le couvert d'une mission très restreinte, de surveiller les pourparlers»* MADELIN.

II (v. 1570) Tout ce dont on couvre la table, la nappe pour le repas. *Mettre, dresser le couvert* : disposer le couvert, la nappe, les assiettes, verres, serviettes, fourchettes, cuillères et couteaux (cf. Mettre la table*). *«Sur un tapis de Turquie Le couvert se trouva mis»* LA FONTAINE. — LOC. FIG. et FAM. *Remettre le couvert* : refaire, recommencer qqch. ; réitérer l'acte sexuel. *«Peut-être, en Alsacien, savait-il que la victoire était provisoire et qu'un jour on allait remettre le couvert»* P. DEVILLE. ◆ SPÉCIALT (1616) Les ustensiles de table à l'usage de chaque convive. *Une table de douze couverts. Ajouter un couvert pour un arrivant. Retenir deux couverts au restaurant.* ➤ **place.** *Avoir toujours son couvert mis chez qqn*, être certain d'y être toujours reçu. ◆ La cuillère, la fourchette et le couteau. ➤ RÉGION. **service(s).** *Couvert d'argent. Une douzaine de couverts. Couverts à poisson, à dessert. Couvert de camping. Écrin à couverts.* ➤ **ménagère** (2 ménager, I).

2 **COUVERT, ERTE** [kuvɛʀ, ɛʀt] adj. – de *couvrir* ■ Qu'on a couvert. ■ **1** Qui a un vêtement. *Bien couvert ; chaudement couvert. Elle était couverte d'un grand châle. «Le paysan est vieux, trapu, couvert de haillons»* SAND. ➤ **vêtu.** ◆ SPÉCIALT Qui a un chapeau sur la tête. *Restez couvert* : gardez votre chapeau. ■ **2** Qui a sur lui (qqch.). *«Je l'ai vu, tout couvert de sang et de poussière»* CORNEILLE. *Sol couvert de détritus.* ➤ **jonché.** *Les bus «peinturlurés, couverts d'inscriptions comme un mur d'affiches»* ROMAINS. PÉJ. ➤ **constellé, criblé.** *Jupe couverte de taches. Visage couvert de boutons, de cicatrices.* ➤ **plein** (de). ◆ *Ciel couvert* (de nuages). ➤ **bouché, nuageux.** *Allée couverte*, taillée en berceau. *Piscine couverte.* ■ **3** Caché. *Visage couvert d'un masque.* FIG. et VX Dissimulé, secret. *Un «ennemi couvert»* RACINE. ◆ MOD. loc. adv. **À MOTS COUVERTS,** qui cachent un sens différent de celui qu'ils expriment. ➤ **allusif.** *Vous le lui direz à mots couverts*, en termes voilés. ■ **4** FIG. Abrité, protégé par qqn. *Il est couvert par son ministre. Être couvert contre le vol.* ➤ **assurer.** *De toute façon, vous êtes couvert par l'assurance.* ■ CONTR. 1 Découvert, ouvert.

COUVERTE [kuvɛʀt] n. f. – 1752 ◊ de *couvrir* ■ TECHN. Émail dont est revêtue la faïence, la porcelaine, et qui est composé de substances facilement vitrifiables. *On peint sur la couverte.*

COUVERTURE [kuvɛʀtyʀ] n. f. – milieu XIIe au sens I, 2° ◊ dérivé d'une forme de *couvrir*, mais influencé également par le latin *coopertura* «couverture, voile»

I OBJET QUI COUVRE, RECOUVRE ■ **1** (fin XIIe) Ce qui forme la surface extérieure du toit d'un bâtiment. ➤ 1 **couvert** (I, 1°). *Couverture en tuiles, en ardoises. Couvreur qui pose, répare la couverture. La charpente et la couverture.* ➤ **toiture.** ■ **2** (milieu XIIe) Pièce de toile, de drap, qu'on dresse ou qu'on étend pour recouvrir. *Couverture protégeant des marchandises.* ➤ **bâche.** *Couverture de cheval*, dont on recouvre un cheval après une course. *Couverture de voyage.* ➤ 2 **plaid.** ◆ COUR. Pièce de laine qu'on place sur les draps, qu'on borde sous le matelas, et qui recouvre le lit, destinée à tenir chaud quand on dort. ➤ aussi 1 **couette.** *Couverture piquée, matelassée, en patchwork. Le lit avec «ses quatre oreillers, ses épaisseurs de couvertures, son édredon»* ZOLA. *Couverture servant de dessus-de-lit.* ➤ **couvre-lit.** *Bien au chaud sous les couvertures.* — *Couverture chauffante*, munie d'un dispositif électrique chauffant. — LOC. FIG. *Amener, tirer la couverture à soi* : s'approprier le mérite, la meilleure ou la plus grosse part d'une chose. ■ **3** (fin XIVe) Partie qui recouvre les pages d'un livre, d'un cahier. *Couverture cartonnée, toilée. Couverture brochée. «Voir paraître un livre sous la fameuse couverture blanche a été l'ambition de la plupart des jeunes écrivains depuis vingt-cinq ans»* M. SACHS. *Première, quatrième* (face) *de couverture. Les «"quatrièmes de couverture" (ces pathétiques exhortations à lire qu'on colle au dos des livres)»* PENNAC. *Couverture d'un magazine. Chef d'État dont la photo est en couverture, fait la couverture d'un hebdomadaire.* — ABRÉV. **COUV** [kuv]. ■ **4** Enveloppe dont on recouvre un livre (➤ **couvre-livre, jaquette**), un cahier (➤ **protège-cahier**), pour le protéger. ■ **5** GÉOGR. Revêtement superficiel du sol. *Couverture alluviale, détritique. Couverture végétale.* ➤ 1 **couvert.** ■ **6** MÉTÉOROL. *Couverture nuageuse* : masse des nuages qui rendent le ciel plus ou moins couvert. *Une importante couverture nuageuse.*

II CE QUI SERT À CACHER, À PROTÉGER ■ **1** (du sens de «dissimulation», milieu XIIe) Affaire, commerce servant à dissimuler une activité critiquable ou secrète. *Son affaire d'import-export lui sert de couverture.* ➤ **paravent.** *«À première vue, une petite couverture de marchand de sodas, articles de caves et laveur de bouteilles»* J. AMILA. ■ **2** Ce qui sert à couvrir, protéger. *Troupes de couverture*, chargées de défendre une zone. — *Couverture sociale* : protection dont bénéficie un assuré social. *Couverture maladie universelle (CMU)*, permettant l'accès gratuit aux soins pour les personnes les plus défavorisées, en France. — Zone de protection. ➤ **tampon.** ◆ MILIT. *Couverture aérienne* : ensemble des moyens mis en œuvre pour protéger une zone d'attaque aérienne. *Couverture atomique.* ➤ **parapluie.** — *Couverture radar* : zone explorée par un radar. TÉLÉCOMM. *Couverture d'un émetteur* : zone dans laquelle la réception est assurée. ■ **3** (1826) FIN. Garantie visant à assurer le paiement d'une dette. ➤ **caution, gage, provision.** — *Couverture en Bourse, couverture monétaire.* ➤ **convertibilité.** ◆ Fait de couvrir, de compenser un risque. ➤ **compensation, contrepartie.** *Couverture du risque de variation des taux* (d'intérêt). — *Taux de couverture* : rapport de la valeur des exportations à celle des importations.

III TERME DE PRESSE Le fait d'assurer l'information d'un évènement, pour un journaliste, un média. *La couverture médiatique d'un festival, d'une catastrophe. Ce film «bénéficie* *d'une couverture médiatique énorme, de critiques unanimement enthousiastes»* PH. DELERM.

COUVEUSE [kuvøz] **n. f.** – 1542 ◊ de *couver* ■ **1** Poule qui couve. *Une bonne couveuse.* ◆ PAR EXT. *Mère* couveuse.* ■ **2** (1838) *Couveuse artificielle* : sorte d'étuve où l'on fait éclore les œufs. ➤ **couvoir, incubateur.** ◆ PAR ANAL. Enceinte stérile permettant de maintenir à une température constante les nouveau-nés fragiles. ➤ **incubateur.** *Mettre un prématuré en couveuse.* ■ **3** *Couveuse (d'entreprises)* : incubateur (3°).

COUVOIR [kuvwaʀ] **n. m.** – 1564 ◊ de *couver* ■ AGRIC. Local où se fait l'incubation des œufs (naturelle ou par couveuse).

COUVRANT, ANTE [kuvʀɑ̃, ɑ̃t] **adj.** – 1901 ◊ de *couvrir* ■ **1** Qui couvre, protège. *« Or rien ne peut se faire d'efficace à cet égard* [...] *tant que la masse couvrante, la jetée protectrice, ne sera pas construite»* LYAUTEY. ■ **2** Qui couvre, recouvre sans aucune transparence. *Peinture couvrante. Fond de teint, vernis couvrant.* ■ CONTR. Transparent.

COUVRE-CHAUSSURE [kuvʀəʃosyʀ] **n. m.** – 1914 ◊ de *couvrir* et *chaussure* ■ (Canada) Protection imperméable portée pardessus les souliers. ➤ **caoutchouc, 1 claque.** *Des couvre-chaussures.*

COUVRE-CHEF [kuvʀəʃɛf] **n. m.** – XIIe ◊ de *couvrir* et *chef* «tête» ■ PAR PLAIS. Ce qui couvre la tête. ➤ **chapeau, coiffure.** *Un curieux couvre-chef. Des couvre-chefs.*

COUVRE-FEU [kuvʀəfø] **n. m.** – 1260 ◊ de *couvrir* et 1 *feu* ■ **1** Signal qui indique l'heure de rentrer chez soi et parfois d'éteindre les lumières. *Des couvre-feux.* ■ **2** Mesure de police interdisant de sortir le soir après une heure fixée (en temps de guerre ou lorsque l'état d'urgence est décrété). *Décréter, lever le couvre-feu.*

COUVRE-JOINT [kuvʀəʒwɛ̃] **n. m.** – 1845 ◊ de *couvrir* et 2 *joint* ■ Ce qui recouvre et cache les joints dans les ouvrages de maçonnerie ou de menuiserie. *Poser des couvre-joints.*

COUVRE-LIT [kuvʀəli] **n. m.** – 1863 ◊ de *couvrir* et *lit* ■ Pièce d'étoffe, couverture légère servant de dessus-de-lit. ➤ **1 jeté** (de lit). *Des couvre-lits assortis aux rideaux.*

COUVRE-LIVRE [kuvʀəlivʀ] **n. m.** – 1936 ◊ de *couvrir* et 1 *livre* ■ Ce qui sert à recouvrir un livre. ➤ **couverture,** RÉGION. **fourre, liseuse.** *Des couvre-livres.*

COUVRE-OBJET [kuvʀɔbʒɛ] **n. m.** – début XXe ◊ de *couvrir* et *objet* ■ TECHNOL. Mince lame de verre servant à recouvrir les objets placés sur un porte-objet que l'on observe au microscope. ➤ **lamelle.** *Des couvre-objets.* — **adj.** *Une lame couvre-objet.*

COUVRE-PIED [kuvʀəpje] **n. m.** /COUVREPIED/ – 1696 ◊ de *couvrir* et *pied* ■ Dessus-de-lit molletonné. ➤ RÉGION. **douillette.** *Des couvre-pieds.*

COUVRE-PLAT [kuvʀəpla] **n. m.** – 1688 ◊ de *couvrir* et *plat* ■ Couvercle ou cloche dont on recouvre un plat. ➤ **dessus-de-plat.** *Des couvre-plats.*

COUVRE-SOL [kuvʀəsɔl] **adj.** et **n. m.** – 1977 ◊ de *couvrir* et 1 *sol* ■ *Plante couvre-sol,* qui tapisse le sol, qui se développe en s'étalant sans croître en hauteur. *Des plantes couvre-sols* ou *couvre-sol* (inv.). — **n. m.** *Le lierre, le millepertuis sont des couvre-sols* ou *des couvre-sol* (inv.).

COUVREUR, EUSE [kuvʀœʀ, øz] **n.** – début XIIIe ◊ de *couvrir* ■ Ouvrier qui fait ou répare les toitures des maisons. ➤ RÉGION. **ardoisier.** *Le couvreur fixe les ardoises, les tuiles sur les voliges. Échelle de couvreur,* posée sur la pente du toit.

COUVRIR [kuvʀiʀ] **v.** ‹18› – début XIe aux sens I, 2° et 4° ◊ du latin *cooperire,* famille de *operire* «couvrir»

I ~ **v. tr. A.** REVÊTIR POUR CACHER, ORNER OU PROTÉGER ■ **1** (fin XIIe) Garnir (un objet) en disposant qqch. dessus. ➤ **recouvrir.** *Couvrir un plat avec un couvercle. Couvrir un lit d'un dessus-de-lit, d'un couvre-pied* (➤ **couverture**). *Couvrir un toit d'ardoises, de tuiles* (➤ **couvreur**). *Couvrir des marchandises avec une bâche.* ➤ **bâcher.** *Couvrir un mur de peinture. Couvrir un livre* (➤ **couvre-livre**). *Couvrir un fauteuil d'une housse.* ➤ **envelopper.** — JEU *Couvrir une carte* : mettre une carte sur une autre, ou de l'argent sur sa carte. ◆ (CHOSES) Être disposé sur. *Housse qui couvre un canapé. «la toile qui couvrait son corps était si souple et si diaphane»* GAUTIER. ■ **2** (milieu XIIe) Parsemer, garnir d'une grande quantité de choses. *Couvrir une tombe de fleurs. Couvrir un mur de graffitis.* FIG. (1657) *Couvrir qqn de boue*, d'opprobre. Elle couvre ses enfants de caresses, de baisers. Son mari la couvre de cadeaux.* ➤ **combler.** *On l'a couvert de huées, d'injures.* ➤ **accabler.** ◆ (début XIe) (CHOSES) Être éparpillé, répandu sur. *Les feuilles mortes couvrent le sol.* ➤ **joncher.** *L'eau montait et couvrait les champs.* ➤ **inonder, submerger.** ■ **3** Habiller chaudement. *Couvrir un enfant.* ➤ RÉGION. **abrier.** ■ **4** (début XIe) Cacher en mettant qqch. par-dessus, autour. *Couvrir son corps, sa nudité d'un vêtement. Couvrir d'un voile.* ➤ **1 voiler.** *«Couvrez ce sein que je ne saurais voir»* MOLIÈRE. *Couvrir son jeu* : tenir ses cartes de telle sorte que les autres joueurs ne puissent les voir. ◆ FIG. (fin XIIe) *«Il faut bien couvrir le vice d'une apparence agréable, autrement il ne plairait pas»* LESAGE. *«Non, vous voulez en vain couvrir son attentat»* RACINE. — (CHOSES) *Masque, voile qui couvre un visage.* ➤ **dissimuler, masquer.** *Cela couvre un mystère, une énigme.* ➤ **cacher.** ◆ PAR EXT. (1835) *Couvrir la voix de qqn.* ➤ **dominer, étouffer.** *«La rumeur des écluses couvre mes pas»* RIMBAUD.

B. PROTÉGER, GARANTIR ■ **1** Assurer la défense, la protection de. ➤ **garantir, protéger.** *Couvrir qqn de son corps* (cf. Faire un rempart* de son corps à qqn). *Couvrir ses arrières. Une forte armée couvre les frontières. Le pavillon* couvre la marchandise.* ◆ Protéger la sortie ou la fuite de (qqn) avec une arme à feu. *Vas-y, je te couvre !* ■ **2** Abriter (qqn) par son autorité, sa protection. *Ce chef couvre toujours ses subordonnés* (➤ **justifier**). *«Il couvrait encore sa complice»* BALZAC. *Il cherche à la couvrir.* ■ **3** COMM., FIN. Donner une couverture* financière à (qqn). ➤ **assurer, garantir, payer.** *Prière de nous couvrir par chèque.* — (Compl. chose) *Dépôt versé pour couvrir une opération à terme.* ➤ **couverture** (II, 3°). *Cette somme ne couvrira même pas mes frais de déplacement.* ➤ **rembourser.** — *Couvrir un emprunt, une souscription,* souscrire la somme demandée. — *Couvrir une enchère*.* ➤ **surenchérir.**

C. PARCOURIR, S'ÉTENDRE SUR UN ESPACE ■ **1** (1921) Parcourir (une distance). *«Ces 2 300 premiers kilomètres, couverts en un temps record»* TOURNIER. ■ **2** S'étendre sur (une période, une surface). *Cet ouvrage couvre tout le XXe siècle.* ➤ **embrasser, englober.** ◆ TÉLÉCOMM. Assurer une réception correcte dans (une zone). *Cet émetteur couvre un vaste secteur.* ➤ **arroser.** ■ **3** (anglais *to cover*) Assurer l'information concernant (un évènement, un fait d'actualité). *Les journalistes qui couvrent la réunion au sommet. «Du Liban à l'Afghanistan, cette fille a couvert nos pires guerres»* PENNAC. — *Évènement couvert par les médias.* ➤ **médiatisé.**

D. S'ACCOUPLER AVEC LA FEMELLE (ANIMAUX) (fin XIVe) ➤ **s'accoupler, monter, saillir, servir.** *Faire couvrir une jument, une chienne.*

II ~ **v. pron. SE COUVRIR** ■ **1** S'envelopper d'un vêtement. ➤ **s'habiller,** se **vêtir ; s'emmitoufler ;** RÉGION. **s'abrier.** *Couvre-toi bien.* ◆ ABSOLT Remettre son chapeau après avoir salué. ➤ **2 couvert.** ◆ FIG. *Se couvrir de gloire, de ridicule.* ■ **2** Se remplir. *La place se couvrit de curieux. Le ciel s'est couvert de nuages.* ABSOLT *Le ciel se couvre.* ➤ **s'assombrir, s'obscurcir.** FIG. *L'horizon se couvre* : des difficultés, des évènements graves se préparent. ■ **3** Se protéger, dégager sa responsabilité (cf. Ouvrir le parapluie*). *Il a dit cela pour se couvrir.*

■ CONTR. Découvrir, dégager, dégarnir, dévoiler. ■ HOM. *Couvert* : couvèrent ; *couvrais* : couverai (couver).

COVALENCE [kovalɑ̃s] **n. f.** – 1920 ◊ de *co-* et *valence* ■ CHIM., PHYS. *Covalence d'un atome,* le nombre de ses électrons célibataires. *La covalence de l'oxygène est 2. Liaison de covalence,* dans laquelle une orbitale moléculaire est occupée par deux électrons, venant chacun d'un des deux atomes liés par un doublet de liaison. *Covalence de coordination,* dont les deux électrons viennent du même atome. ➤ **valence.**

COVALENT, ENTE [kovalɑ̃, ɑ̃t] **adj.** – milieu XXe ◊ de *covalence* ■ SC. Relatif à la covalence. *Liaison covalente,* de covalence*. *«Les liaisons covalentes* [...] *sont dues à la mise en commun d'orbitales électroniques entre deux ou plusieurs atomes»* J. MONOD.

COVARIANCE [kovaʀjɑ̃s] **n. f.** – 1921 ◊ de *co-* et *variance* ■ MATH. *Covariance de deux variables aléatoires* : moyenne des produits de deux variables centrées sur leurs espérances mathématiques et servant à définir leur coefficient de corrélation*.

COVARIANT, IANTE [kovaʀjɑ̃, jɑ̃t] **adj.** – 1932 ◊ de *co-* et *variant,* p. prés. de *varier* ■ MATH., PHYS. *Composantes covariantes d'un vecteur sur une base,* projections orthogonales d'un vecteur sur cette base. *Si la base est orthonormée, les composantes covariantes coïncident.* ➤ **coordonnées.**

COVELLINE [kɔvelin] **n. f.** – 1869 ◊ de *Covelli,* n. pr., par l'anglais (1850) ■ MINÉR. Sulfure naturel de cuivre (CuS), l'un des principaux minerais de cuivre.

COVENANT [kov(ə)nɑ̃] **n. m.** – 1754 ; hapax 1652 ◊ mot anglais, de l'ancien français *covenant* (1160) ■ HIST. ANGL. Pacte, convention. *Le covenant de 1588 entre les presbytériens d'Écosse.*

COVENDEUR, EUSE [kovɑ̃dœʀ, øz] n. – 1673 ◊ de *co-* et *vendeur* ▪ DR. Personne qui vend une chose conjointement avec une autre personne.

COVER-GIRL ou **COVERGIRL** [kɔvœʀgœʀl] n. f. – 1946 ◊ anglais américain *cover-girl,* de *cover* «couverture» et *girl* «fille» ▪ ANGLIC. Jeune fille, jeune femme qui pose pour les photographies de magazines. ➤ **modèle, pin-up.** *Des cover-girls, des covergirls.*

COVOITURAGE [kovwatyʀaʒ] n. m. – 1981 ◊ de *co-* et *voiturage* ▪ Utilisation d'un même véhicule particulier par plusieurs personnes s'organisant pour effectuer le même trajet. *Le covoiturage en zone urbaine diminue le taux de pollution.* — *Proposer, chercher un covoiturage,* une place disponible dans un véhicule.

COVOITURER [kovwatyʀe] v. intr. ‹1› – 1989 au Canada ◊ de *covoiturage* ▪ Pratiquer le covoiturage. *Covoiturer avec des collègues.*

COVOITUREUR, EUSE [kovwatyʀœʀ, øz] n. – 1986 au Canada ◊ de *covoiturage* ▪ Personne qui pratique le covoiturage.

COVOLUME [kovɔlym] n. m. – 1867 ◊ de *co-* et *volume* ▪ PHYS. Différence entre le volume molaire et le volume effectivement occupé par les molécules.

COW-BOY ou **COWBOY** [kobɔj ; kaobɔj] n. m. – 1886 ◊ mot anglais «vacher» ▪ Gardien de troupeaux de bovins, dans les ranchs de l'ouest des États-Unis, personnage essentiel de la légende de l'Ouest. *«l'âge où l'on joue aux cowboys, ils ont huit ans»* PH. JAENADA. *Les cow-boys et les Indiens. Film de cow-boys.* ➤ **western.** *Chapeau de cow-boy.* ➤ **stetson.**

COWORKING [kowœʀkiŋ] n. m. – 2008 ◊ mot anglais, de *co-* et *to work* «travailler» ▪ ANGLIC. Fait, pour des professionnels indépendants, de partager un même espace de travail. *Espace de coworking* (cf. Espace de travail partagé*). — Recomm. offic. *cotravail.*

COW-POX n. m. inv. ou **COWPOX** [kaopɔks ; kopɔks] n. m. – v. 1828 ◊ anglais *cow* «vache» et *pox* «variole» ▪ Éruption qui se manifeste sur les trayons des vaches et qui contient le virus qui préserve de la variole. ➤ **vaccine.**

COX [kɔks] n. f. – attesté 1991 ◊ mot anglais, de *Cox's orange pippin* «reinette orange de Cox» (1860), d'un n. de personne ▪ Pomme à couteau, d'une variété à chair juteuse et acidulée. *Cox orange. Des cox.*

COXAL, ALE, AUX [kɔksal, o] adj. – 1811 ◊ du latin *coxa* «hanche» ▪ ANAT. Relatif à la hanche. *Os coxal.* ➤ **iliaque.**

COXALGIE [kɔksalʒi] n. f. – 1823 ◊ du latin *coxa* «hanche» et du grec *algos* «douleur» ▪ MÉD. Douleur ou maladie de la hanche ; tuberculose de l'articulation de la hanche (articulation *coxofémorale* [kɔksofemɔʀal]).

COXALGIQUE [kɔksalʒik] adj. – 1863 ◊ de *coxalgie* ▪ MÉD. Relatif à la coxalgie. ♦ Atteint de coxalgie. — SUBST. *Un, une coxalgique.*

COXARTHROSE [kɔksaʀtʀoz] n. f. – 1959 ◊ du latin *coxa* «hanche» et *arthrose* ▪ PATHOL. Arthrose de la hanche.

COYAU [kɔjo] n. m. – *coiel, coiaux* 1304 ◊ de *coe* ancienne forme de *queue* ▪ CHARPENT. Pièce de bois placée horizontalement sous l'arêtier d'un comble.

COYOTE [kɔjɔt] n. m. – avant 1864 ◊ aztèque *coyotl* ▪ Mammifère carnivore d'Amérique du Nord, voisin du chacal *(canidés). Coyote des prairies, du désert.*

C. Q. F. D. Abrév. de *ce qu'il fallait démontrer*.*

CRABE [kʀɑb] n. m. – début XIIe ◊ mot normanno-picard, du moyen néerlandais *krabbe,* pour le picard (au fém.), et du norrois *krabbi,* pour le normand (au masc.). Le féminin est courant jusqu'au XVIIIe. ▪ **1** Arthropode des eaux continentales *(crustacés),* à cinq paires de pattes. ➤ **brachyoure ; araignée** (de mer), **étrille,** 2 **tourteau ;** RÉGION. **favouille.** *La carapace, les pinces* du crabe. Crabe des neiges. Crabe de terre.* ➤ RÉGION. **matoutou.** *Crabe royal,* de très grande taille, répandu dans les eaux froides. — CUIS. *Crabe farci. Cocktail de crabe. Bâtonnets de surimi* aromatisés au crabe.* — LOC. FIG. *Marcher en crabe,* de côté. *«Quarante-trois ans qu'il allait en crabe, de dérives lointaines en diagonales quantiques»* C. FÉREY. *Panier de crabes :* milieu dont les membres cherchent à se nuire, à se déchirer. FAM. *Un vieux crabe :* un vieil homme têtu. ♦ ASTRON. *Nébuleuse du Crabe :* nuage de gaz (en forme de crabe) éjecté par une supernova qui explosa en 1054. ▪ **2** (la constellation du Cancer figurant un crabe) FAM. Cancer (2°). *«un crabe cramponné à son côlon»* TH. JONQUET.

CRABIER [kʀɑbje] n. m. – 1695 ◊ de *crabe* ▪ Héron qui se nourrit de crabes. *Le crabier vert des marais.*

CRABOT [kʀabo] n. m. – 1929 ◊ du radical germanique °*krappa* «crampon, crochet» ▪ TECHN. Dent d'un embrayage à griffes ; accouplement de deux pièces mécaniques (arbres, etc.) par saillies et rainures. — On dit aussi **CLABOT.**

CRABOTAGE [kʀabɔtaʒ] n. m. – 1929 ◊ de *crabot* ▪ Embrayage par crabot*, utilisé dans certains véhicules pour obtenir un rapport entre le moteur et les roues, donnant plus de puissance à ces dernières ; ce rapport (cf. Prise* directe). *«Les roues patinent, puis calent. Le chauffeur passe le crabotage»* BORNICHE. — On dit aussi **CLABOTAGE.**

CRAC [kʀak] interj. – 1492 ◊ onomat. → craquer ▪ Mot imitant un bruit sec (choc, rupture), ou évoquant un évènement brusque. *«La corde se rompt : crac, pouf, il tombe à terre»* LA FONTAINE. ▪ HOM. Crack, craque, krach, krak.

CRACHAT [kʀaʃa] n. m. – 1260 ◊ de *cracher* ▪ **1** Salive, mucosité rejetée par la bouche. ➤ **expectoration ;** POP. **glaviot,** FAM. 1 **graillon, mollard.** *«Le crachat s'est écoulé lentement sur mon visage, jaune et épais»* É. LOUIS. ▪ **2** (v. 1820) VX et FAM. Décoration d'un grade supérieur. *«Les Dignitaires s'étageaient, couverts de rubans, de crachats et de plaques honorifiques»* TAILHADE.

CRACHÉ [kʀaʃe] adj. inv. – milieu XVe ◊ de *cracher* ▪ loc. adj. FAM. **TOUT CRACHÉ** (apr. un n., un pron.) : très ressemblant. *C'est son père tout craché. C'est elle tout craché :* on la reconnaît bien là. — (Sans *tout*) *C'est son père craché. Son portrait craché.*

CRACHEMENT [kʀaʃmɑ̃] n. m. – XIIIe ◊ de *cracher* ▪ **1** Action de cracher. ➤ **expectoration.** *Crachement de sang.* ➤ **hémoptysie.** ▪ **2** (1859) FIG. Projection de gaz, de vapeurs, d'étincelles. *Crachement de flammes.* ▪ **3** Crépitement d'un haut-parleur, d'un vieux disque. ➤ **crachotement.**

CRACHER [kʀaʃe] v. ‹1› – début XIIe ◊ latin populaire °*craccare,* du radical onomat. *krakk-*

I v. intr. ▪ **1** Projeter de la salive, des mucosités (➤ **crachat**) de la bouche. ➤ **crachoter, expectorer.** *Cracher par terre. Défense de cracher. «Ils se tapèrent dans la main, crachèrent de côté pour indiquer que l'affaire était faite»* MAUPASSANT. ▪ **2** FIG. et FAM. *Cracher sur qqch. :* exprimer un violent mépris. *Il ne crache pas sur l'argent,* il l'aime bien. *Cracher sur qqn.* ➤ **calomnier, insulter, outrager.** LOC. *Cracher à la face* de qqn. Cracher dans la soupe*.* ▪ **3** FAM. Débourser de l'argent, payer. ➤ **casquer.** *«le premier impôt sur le revenu pour faire cracher les riches»* P. DEVILLE. *Cracher au bassinet*.* ▪ **4** *Cette plume, ce stylo crache,* l'encre en jaillit et éclabousse le papier. ➤ **baver.** ▪ **5** Émettre des crépitements. *Haut-parleur, radio qui crache.* ➤ **crachoter.**

II v. tr. ▪ **1** Rejeter (qqch.) par la bouche. *Cracher du sang. Cracher un noyau.* — LOC. *Cracher ses poumons*.* ▪ **2** FIG. *Cracher des injures.* ➤ **proférer.** *«Il cracha sur moi toutes les malédictions des prophètes»* FLAUBERT. LOC. *Cracher le morceau*.* ▪ **3** Émettre en lançant. *Volcan qui crache de la lave. Dragon qui crache du feu, des flammes.*

▪ HOM. Crasher.

CRACHEUR, EUSE [kʀaʃœʀ, øz] adj. et n. – 1538 ◊ de *cracher* ▪ RARE Qui crache beaucoup. — *Cracheur de feu, de flammes :* bateleur qui s'emplit la bouche d'une matière inflammable qu'il rejette en soufflant sur une torche.

CRACHIN [kʀaʃɛ̃] n. m. – 1880 ◊ mot dialectal de l'Ouest ; de *cracher* ▪ Pluie fine et serrée.

CRACHINER [kʀaʃine] v. impers. ‹1› – 1908 ◊ de *crachin* ▪ Faire du crachin. *Il commence à crachiner.* ➤ **bruiner, pleuvioter.**

CRACHOIR [kʀaʃwaʀ] n. m. – 1548 ◊ de *cracher* ▪ Petit récipient muni d'un couvercle dans lequel on peut cracher. ♦ LOC. FAM. *Tenir le crachoir :* parler sans arrêt. — *Tenir le crachoir à qqn,* l'écouter sans pouvoir placer un mot.

CRACHOTEMENT [kʀaʃɔtmɑ̃] n. m. – 1694 ◊ de *crachoter* ▪ Action, fait de crachoter.

CRACHOTER [kʀaʃɔte] v. intr. ‹1› – 1660 ; *cracheter* 1578 ◊ de *cracher* ▪ Cracher souvent et peu. ♦ Émettre des crépitements (➤ **cracher,** I, 5°). *Haut-parleur, radio qui crachote.*

CRACHOUILLER [kʀaʃuje] v. tr. et intr. ‹1› – 1924 ◊ de *cracher* et suffixe péjoratif ▪ FAM. ➤ **crachoter.** *J'émergeai, «crachouillant une eau qui sentait le roui»* BAZIN.

1 **CRACK** [kʀak] n. m. – 1854 ◊ mot anglais «fameux», de *to crack* «craquer, se vanter» ▪ **1** Poulain préféré, dans une écurie de course. ▪ **2** FAM. *C'est un crack,* un sujet remarquable. ➤ **as, champion.** *C'est un crack en mathématiques.* ▪ HOM. Crac, craque, krach, krak.

2 **CRACK** [kʀak] **n. m.** – 1986 ◇ mot anglais américain «coup de fouet», de *crack* «fameux» ou de *to crack* «écraser, casser» ■ Dérivé fumable de la cocaïne, très concentré, se présentant sous forme de cristaux, et violemment toxique.

CRACKER [kʀakœʀ ; kʀakɛʀ] ou **CRACKEUR** [kʀakœʀ] **n. m.** – début XIXe, repris 1962 ◇ anglais *cracker*, de *to crack* «craquer» ■ ANGLIC. Petit biscuit* salé et croustillant. *Des crackers au fromage.*

CRACKEUR, EUSE [kʀakœʀ, øz] **n.** ou **CRACKER** [kʀakœʀ] **n. m.** – 1989 ◇ mot anglais, de *to crack* «briser» ■ ANGLIC. Personne qui force le système de sécurité d'un réseau informatique avec une intention criminelle. *Crackeurs et hackeurs.* — Recomm. offic. *pirate.*

CRACKING [kʀakiŋ] **n. m.** – 1922 ◇ mot anglais, de *to crack* «briser» ■ ANGLIC. Craquage (recomm. offic.).

CRACRA [kʀakʀa] **adj.** – 1916 ◇ de *crasseux* ■ FAM. Crasseux. ➤ **crado.** *Des bottes cracras.* (Parfois inv.) *«Il y a des séminaristes qui sont singulièrement cracra»* QUENEAU.

CRADINGUE [kʀadɛ̃g] **adj.** – 1953 ◇ de *crado* et suffixe péj. *-ingue* ■ FAM. Très sale*. ➤ **crado.** *Une plage cradingue.*

CRADO [kʀado] ou **CRADOQUE** [kʀadɔk] **adj.** – 1935 ◇ de *crasseux* ■ FAM. Très sale*, crasseux. ➤ **cracra, cradingue, craspec.** *Elles sont vraiment crados !* — ABRÉV. **CRADE,** 1978. *Des fringues crades.*

CRAIE [kʀɛ] **n. f.** – *crée* début XIVe ; *creide* XIe ◇ latin *creta* «argile» ■ **1** Roche sédimentaire marine, calcaire, composée à 90 % au moins de carbonate de calcium, à grain fin, blanche, poreuse, tendre et friable. *Terrain formé de craie.* ➤ **crayeux.** *Âge de la craie.* ➤ **crétacé.** *Craie de Briançon.* ➤ **stéatite, talc.** *Falaises de craie.* ■ **2** Calcaire réduit en poudre et moulé (en bâtons) pour écrire, tracer des signes. *Bâton de craie pour écrire au tableau noir. Craie de tailleur, de charpentier,* pour tracer des traits sur le tissu, le bois. — Bâtonnet de craie (pour écrire). *Boîte de craies de couleur.* ■ HOM. Crêt.

CRAIGNOS [kʀɛɲos] **adj.** – 1967 ◇ de *craindre* ■ FAM. Qui craint (II). ➤ **minable, moche.**

CRAILLER [kʀaje] **v. intr.** ‹1› – XVIe ◇ onomat. ■ DIDACT. Crier, en parlant de la corneille. ➤ **croasser.** — TRANS. *«la corneille crailla un adieu sec»* C. MARTINEZ.

CRAINDRE [kʀɛ̃dʀ] **v.** ‹52› – v. 1275 *creindre* ; v. 1130 *criendre* ; 1080 *crendre* ; v. 1000 *criembre* ◇ latin *tremere* «trembler», altéré en °*cremere*

I v. tr. ■ **1** Envisager (qqn, qqch.) comme dangereux, nuisible, et en avoir peur. ➤ **appréhender, redouter.** *Il ne craint pas la mort. Craindre le ridicule, les responsabilités. Il ne viendra pas, je le crains. C'est à craindre. On craint le pire. Ne craignez rien. «Il ne craignait ni les remords, ni la honte, mais il craignait la police»* MAC ORLAN. — *Il sait se faire craindre. «"Qu'ils me haïssent, pourvu qu'ils me craignent !" c'est bien un mot d'ambitieux»* ALAIN. *Craindre son père, Dieu* (➤ **respecter, révérer**). *«Je crains Dieu, cher Abner, et n'ai point d'autre crainte»* RACINE. — LOC. *Il ne craint ni Dieu ni diable* : il n'a peur de rien. — ABSOLT *Craindre pour la vie de qqn.* ➤ **trembler.** ■ **2 CRAINDRE QUE** (suivi du subj. et de *ne* explétif, dans une affirmation). *Je crains qu'il ne soit mort. «Comme s'il craignait qu'un feuillet* [de la lettre] *ne s'en échappât»* CHARDONNE. IMPERS. *Il est à craindre que cela ne se reproduise.* — (Sans *ne*, rare) *«Elle le croyait malade et craignait qu'il le devînt davantage»* FRANCE. — (Interrog., négation) *Craignez-vous qu'il vienne ? «Tu ne crains pas qu'il n'envoie des échos aux journaux»* PAGNOL. — FAM. *Ça ne craint rien !* il n'y a guère de chances que... *Au cas où il serait élu... Ça ne craint rien !* (cf. FAM. Ça ne risque pas). ■ **3 CRAINDRE DE** (et l'inf.). (cf. Avoir peur de). *Il craint d'être découvert.* ◆ *Je ne crains pas d'affirmer que...* : je n'hésite pas à affirmer que. ■ **4** Être sensible à. *Cet arbre craint le froid,* le froid lui est nuisible. — ELLIPT *«Craint l'humidité, la chaleur»,* formule qu'on inscrit sur l'emballage d'une marchandise périssable.

II v. intr. FAM. *Ça craint :* c'est insuffisant, minable, sans intérêt. ➤ **craignos.** *«Ils n'insistent pas pour me serrer la main, c'est sûr, un bidasse, ça craint»* GAVALDA. ◆ IMPERS. *Ça craint :* c'est dangereux, risqué. *Ça craint d'y aller la nuit. «c'est malfamé, dit-on, ça craint, c'est sale, pas éclairé»* KERANGAL.

■ CONTR. Affronter, braver, désirer, espérer, mépriser, oser, rechercher, souhaiter.

CRAINTE [kʀɛ̃t] **n. f.** – *criente* XIIIe ◇ de *craindre* ; a remplacé *crieme,* de *criembre* → craindre ■ **1** Sentiment par lequel on craint (qqn ou qqch.) ; appréhension inquiète. ➤ **angoisse, anxiété, appréhension, effroi, émoi, épouvante, frayeur,** FAM. **frousse, inquiétude, obsession, peur*, terreur, trac.** *«L'espérance et la crainte sont inséparables»* LA ROCHEFOUCAULD. *«un trouble mêlé de désirs et de craintes»* FRANCE. *Crainte morbide.* ➤ **phobie.** *Vivre dans la crainte. Inspirer de la crainte à qqn. Soyez sans crainte à ce sujet. Vous pouvez parler sans crainte. La crainte qu'il ne vienne, qu'il ne vienne pas. N'ayez crainte : il viendra. Il se vengera, n'ayez crainte !* (menace). — *La crainte du châtiment, du gendarme. Crainte de Dieu.* AU PLUR. *Il a dissipé toutes mes craintes. Cet évènement confirme nos craintes.* ■ **2 loc. prép. DANS LA CRAINTE DE ; PAR CRAINTE DE ; CRAINTE DE** devant un n. de chose ou un inf. *Dans la crainte d'un échec, d'échouer, qu'il n'échoue. «Les persécutés redoutaient de voir leurs amis, crainte de les compromettre»* CHATEAUBRIAND. ◆ **loc. conj. DE CRAINTE QUE** suivi du subj. (suivi ou non de *ne* explétif). *De crainte qu'on (ne) vous entende.* ■ CONTR. Audace, bravoure, courage, décision, désir, souhait.

CRAINTIF, IVE [kʀɛ̃tif, iv] **adj.** – *craintis* 1372 ◇ de *crainte* ■ Qui est sujet à la crainte (occasionnellement ou, surtout, habituellement). ➤ **angoissé, anxieux, peureux, timoré.** *Enfant craintif. Caractère, naturel craintif.* ➤ **frileux, inquiet, timide.** *«apprivoiser les animaux, surtout ceux qui sont craintifs et sauvages»* ROUSSEAU. ◆ Qui manifeste de la crainte. *Approcher d'un air craintif.* ■ CONTR. Assuré, audacieux, brave, courageux, décidé, résolu.

CRAINTIVEMENT [kʀɛ̃tivmɑ̃] **adv.** – 1420 ◇ de *craintif* ■ D'une manière craintive. *Agir, parler craintivement.*

CRAMBE [kʀɑ̃b] **n. m.** – 1545 ◇ latin *crambe,* grec *krambê* «chou» ■ BOT. Plante *(crucifères)* cultivée pour ses pétioles comestibles, appelée aussi *chou marin.*

CRAMER [kʀame] **v.** ‹1› – 1823, en français régional de Gascogne ◇ de l'ancien occitan *cramar,* du latin *cremare* «brûler» → crématoire ■ FAM. ■ **1 v. tr.** Brûler légèrement. *Cramer un rôti. Cramer du linge en le repassant.* ➤ **roussir.** INTRANS. *Les carottes ont cramé.* ➤ **attacher.** SUBST. *Ça sent le cramé.* ■ **2 v. intr.** Brûler* complètement, se consumer. *Toute la bicoque a cramé.*

CRAMINE [kʀamin] **n. f.** – 1861 ◇ de *kramena,* mot dialectal, famille du latin *cremare* «brûler» → crémation ■ (Suisse) FAM. Froid intense, qui brûle la peau. *«cette méchante cramine qui s'immisce sous vos habits»* (Le Matin, 2015).

CRAMIQUE [kʀamik] **n. m.** – 1831 ◇ de *cramiche* (1380), de la formule latine *crede mihi* «crois en moi» dite en distribuant le pain bénit aux personnes qui n'avaient pas communié ■ RÉGION. (Nord, Belgique, Luxembourg) Pain au lait et au beurre, garni de raisins de Corinthe.

CRAMOISI, IE [kʀamwazi] **adj.** – *cremosi* fin XIIIe ◇ de l'arabe *qirm'zi* «rouge de kermès», par l'intermédiaire d'une langue romane, et de même origine que *kermès, alkermès* et *carmin* ■ **1** Qui est d'une couleur rouge foncé, tirant sur le violet. *«une chape de velours cramoisi, violet»* HUYSMANS. ■ **2** Très rouge (teint, peau). *Teint cramoisi. Devenir cramoisi* (d'émotion, de honte, de dépit).

CRAMPE [kʀɑ̃p] **n. f.** – *cramp* adj. XIIIe ; *cranpe* début XIIe ◇ francique °*kramp* ; cf. allemand *Krampf* → crampon ■ **1** Contraction douloureuse, involontaire et passagère d'un muscle ou d'un groupe de muscles. *Nageur qui a une crampe au mollet.* ◆ *Crampe d'estomac :* douleur gastrique due à une contracture des muscles de la paroi de l'estomac. ■ **2** VULG. Érection. LOC. *Tirer sa crampe :* faire l'amour, jouir (homme). *«il préfère tirer sa crampe devant son écran qu'avec sa meuf»* V. DESPENTES.

CRAMPILLON [kʀɑ̃pijɔ̃] **n. m.** – 1949 ◇ de *crampon* ■ TECHN. Clou recourbé à deux pointes parallèles. ➤ **cavalier.**

CRAMPON [kʀɑ̃pɔ̃] **n. m.** – 1269 ◇ francique °*krampo* «crochet», de °*kramp* → crampe ■ **1** TECHN. Pièce de métal recourbée, servant à saisir, attacher, assembler. ➤ **agrafe, crochet, grappin, griffe, harpon.** *Pierres jointes par des crampons.* ■ **2** (1611) Bout recourbé des fers d'un cheval. *Crampons d'un cheval ferré à glace.* ◆ *Chaussures à crampons :* chaussures de sport munies de clous, de petits cylindres de cuir, caoutchouc, etc., destinés à empêcher de glisser. — ALPIN. Pièce à pointes que l'on fixe provisoirement sous les talons des chaussures. *Crampons à dix pointes.* ■ **3** (1835) Racine adventive de fixation. *Les crampons du lierre.* ■ **4** (1858) FAM. Personne importune* et tenace. ➤ FAM. **glu,** RÉGION. **teigne** (cf. Pot de colle*). *Quel crampon !* **adj.** (inv. en genre) *Elles sont crampons.* ➤ **collant.**

CRAMPONNEMENT [kʀɑ̃pɔnmɑ̃] **n. m.** – 1873 ◇ de *cramponner* ■ Action de cramponner, de se cramponner. *«une certaine obstination, certaine force de cramponnement qui me retenait secrètement de lâcher prise»* GIDE.

CRAMPONNER [kʀɑ̃pɔne] **v. tr.** ‹1› – 1428 ◇ de *crampon* ■ **1** TECHN. Fixer*, retenir, saisir avec un crampon. *Cramponner les pierres d'un mur.* ■ **2** FIG. Fixer, retenir avec force. ◆ FAM. *Cramponner qqn.* ➤ **importuner, retenir ;** FAM. **coller.** *«telle femme* *dont nous ne dirons pas qu'elle nous aime mais qu'elle nous cramponne»* PROUST. ▪ **3** COUR. **SE CRAMPONNER** v. pron. S'accrocher, s'attacher comme par un crampon. *«La joubarbe se cramponne dans le ciment»* CHATEAUBRIAND. ♦ Se tenir* fermement. ➤ **s'accrocher, s'agripper,** se **retenir.** *Se cramponner au bras, au cou de qqn. «Elle soufflait l'alcool et se cramponnait pour ne pas tomber»* BLOY. ♦ FIG. *Se cramponner à une idée, à un espoir. «Le Petit Chose ne veut pas mourir. Il se cramponne à la vie, au contraire, et de toutes ses forces»* DAUDET. ABSOLT *Cramponne-toi, ça va être dur !* ▪ **4** p. p. adj. BLAS. *Croix cramponnée,* dont les extrémités sont représentées munies de crampons. ▪ CONTR. Arracher, défaire, 1 détacher, séparer. 1 Lâcher, laisser.

CRAMPONNET [kʀɑ̃pɔnɛ] n. m. – 1611 ◊ de *crampon* ▪ TECHN. Pièce de métal où se déplace le pêne d'une serrure.

CRAN [kʀɑ̃] n. m. – fin XIIIe ; *cren* XIe ◊ déverbal de *créner*
I ▪ **1** Entaille faite à un corps dur et destinée à accrocher, à arrêter qqch. ➤ 1 **coche, encoche, entaille.** *Les crans et les dents d'une crémaillère. Munir de crans.* ➤ **cranter.** *Hausser d'un cran les taquets d'une étagère.* ♦ (1672) FIG. ➤ **degré.** *Monter, hausser ; baisser d'un cran :* passer à qqch. de supérieur, d'inférieur (➤ **augmenter, diminuer**). *Avancer, monter d'un cran dans une situation. Un cran plus haut, plus bas.* ▪ **2** SPÉCIALT Entaille où s'engage la tête de gâchette d'une arme à feu. *Crans de l'abattu, de l'armé, de sûreté.* ♦ *Couteau à cran d'arrêt :* couteau pliant dont la lame ne peut se replier que par l'action d'un mécanisme. ABUSIVT Couteau dont l'ouverture de la lame est commandée par un mécanisme. *Voyou armé d'un couteau à cran d'arrêt.* — ELLIPT Ce couteau. *«Un cran d'arrêt que je brandissais assez facilement»* V. DESPENTES. ▪ **3** Entaille servant de repère. *Cran de mire* (d'une arme à feu). *L'œilleton a le même usage que le cran de mire.* — IMPRIM. Entaille faite sur le côté d'une lettre pour que le compositeur puisse la placer dans le bon sens. *Le côté du cran.* ▪ **4** Trou servant d'arrêt dans une sangle, une courroie. *Serrer sa ceinture d'un cran.* ▪ **5** Ce qui forme comme une entaille, un repli. — GÉOGR. *Le cran d'Escalles* (dépression d'une falaise). — COUR. Forme ondulée donnée aux cheveux. *Le coiffeur lui a fait un cran.* ➤ **cranter.**
II (ABSTRAIT) ▪ **1** (v. 1900) FAM. ➤ **audace, courage, énergie ;** FAM. **culot, estomac.** *Il a du cran. Elle ne manque pas de cran. Avoir le cran de refuser.* ▪ **2** (1880) *Être à cran,* prêt à se mettre en colère. ➤ **exaspéré** (cf. À bout de nerfs*).

CRANBERRY [kʀanbeʀi] n. f. – 2003 ◊ mot anglais (1647) ▪ ANGLIC. Canneberge. ➤ RÉGION. **atoca.** *Jus de cranberry. Des cranberrys.*

1 **CRÂNE** [kʀɑn] n. m. – *cran* 1314 ◊ latin médiéval *cranium,* grec *kranion* ▪ **1** Boîte osseuse renfermant l'encéphale, et SPÉCIALT ensemble des os de la tête (à l'exclusion de la mandibule). *Les os du crâne* (occipital, sphénoïde, temporal, pariétal, frontal, ethmoïde) *et ceux de la face*. Os surnuméraires du crâne.* ➤ **wormien.** *Forme du crâne.* ➤ **brachycéphale, dolichocéphale ; -céphale, crani(o)-.** — *Se briser, se fendre le crâne. Fracture du crâne. Chirurgie du crâne.* ➤ **craniectomie, trépanation ; endocrânien.** ▪ **2** COUR. Tête, sommet de la tête (d'un être humain). *Crâne chauve, pelé.* ➤ FAM. **caillou.** FAM. *Avoir mal au crâne.* ➤ **céphalée, migraine.** — LOC. FIG. *N'avoir rien dans le crâne,* dans la tête (cf. Tête sans cervelle). *Enfoncer, mettre qqch. dans le crâne à qqn,* lui faire comprendre péniblement qqch. *Enfonce-toi ça dans le crâne ! Bourrer* le crâne à qqn. Bourrage* de crâne.*

2 **CRÂNE** [kʀɑn] adj. – 1787 ◊ de 1 *crâne* ▪ VIEILLI Qui a, qui montre du courage, de la bravoure. *Un air crâne.* ➤ **brave, courageux, décidé.** ▪ CONTR. Peureux, poltron.

CRÂNEMENT [kʀɑnmɑ̃] adv. – 1833 ◊ de 2 *crâne* ▪ VIEILLI D'une manière crâne. ➤ **bravement, courageusement.** *Il fit face crânement. Le torse crânement bombé.* ➤ **fièrement.**

CRÂNER [kʀɑne] v. intr. ‹1› – 1845 ◊ de 2 *crâne* ▪ FAM. Affecter la bravoure, le courage, la décision. ➤ **fanfaronner, plastronner, poser** (cf. FAM. Jouer les durs, se la jouer, se la péter, se la raconter). *Je ne crânais pas* (cf. Je n'en menais* pas large). — PAR EXT., PÉJ. Prendre un air fat, vaniteux. ➤ **frimer.** *Il crâne sur sa moto neuve* (cf. La ramener, rouler des mécaniques*). ▪ CONTR. Trembler ; dégonfler (se).

CRÂNERIE [kʀɑnʀi] n. f. – 1784 ◊ de 2 *crâne* ▪ VIEILLI Manière d'agir d'une personne qui tient à montrer du courage. ➤ **audace, bravade, fierté.** *«Le regard était droit, flambant de crânerie»* MARTIN DU GARD. ▪ CONTR. Poltronnerie.

CRÂNEUR, EUSE [kʀɑnœʀ, øz] n. et adj. – 1862 ◊ de 2 *crâne* ou de *crâner* ▪ FAM. Personne qui crâne. ➤ **prétentieux*, vaniteux ;** FAM. **bêcheur, frimeur, ramenard.** *Faire le crâneur.* ➤ **fanfaron*, faraud, malin.** adj. *Elle est un peu crâneuse.* ▪ CONTR. Simple ; modeste.

CRANIECTOMIE [kʀanjɛktɔmi] n. f. – 1890 ◊ de *crani(o)-* et *-ectomie* ▪ MÉD. Détachement chirurgical d'un volet du crâne. — On dit aussi **CRANIOTOMIE.**

CRÂNIEN, IENNE [kʀɑnjɛ̃, jɛn] adj. – 1824 ◊ de 1 *crâne* ▪ Qui a rapport au crâne. *Boîte crânienne. Capacité crânienne. Voûte crânienne. Os crâniens. Nerfs crâniens,* qui partent de l'encéphale.

CRANI(O)– ▪ Élément, du grec *kranion* «crâne».

CRANIOLOGIE [kʀanjɔlɔʒi] n. f. – 1807 ◊ de *cranio-* et *-logie* ▪ Étude du crâne humain sous tous ses aspects (forme, structure, développement).

CRANIOTOMIE ➤ **CRANIECTOMIE**

CRANTER [kʀɑ̃te] v. tr. ‹1› – 1933 ; *craner* 1845 ◊ de *cran* ; cf. *créner* ▪ TECHN. Pratiquer des crans à. *Cranter une roue, un pignon.* ABSOLT *Ciseaux à cranter.* p. p. adj. *Roue crantée.* ♦ Faire des crans (à la chevelure). p. p. adj. *Mèche crantée.* — adj. **CRANTEUR, EUSE.** *Couteau cranteur, lame cranteuse.*

CRAPAHUTER [kʀapayte] v. intr. ‹1› – 1939 ; argot de Saint-Cyr «faire de la gymnastique» ◊ de *crapaud* prononcé [kʀapay], d'abord «appareil de gymnastique» (1889), puis «marche ; exercice» (1939) ; d'après *chahuter* ▪ FAM. Marcher, progresser dans un terrain accidenté, difficile.

CRAPAUD [kʀapo] n. m. – *crapot, crapaut* 1180 ◊ germanique °*krappa* «crochet» (→ agrafe) ▪ **1** Amphibien anoure insectivore *(pipidés)* à peau lâche et verruqueuse, à tête large. *Crapaud accoucheur.* ➤ **alyte.** *Crapaud-buffle,* au puissant coassement. *Des crapauds-buffles. Crapaud enfoui dans la terre meuble.* ➤ **pélobate, pélodyte.** *Jeune crapaud.* ➤ **têtard.** *Le crapaud coasse. «Les crapauds, par tout l'horizon, lançaient leur note métallique et courte»* MAUPASSANT. *Laid comme un crapaud :* très laid. — LOC. PROV. *La bave du crapaud n'atteint pas la blanche colombe* (à qqn qui vous insulte). ▪ **2** PAR ANAL. Se dit de certains animaux remarquables par leur laideur. *Crapaud de mer.* ➤ **baudroie, scorpène.** ▪ **3** (1847) FAM. VIEILLI Gamin. ▪ **4** Défaut dans un diamant, une pierre précieuse. — Affût de mortier plat et sans roues. ➤ **crapouillot.** ▪ **5** COUR. (APPOS.) *Fauteuil crapaud,* bas et ramassé. *Des fauteuils crapauds* ou *crapaud* (inv.). — *Piano crapaud,* ELLIPT *un crapaud :* petit piano à queue (cf. Quart de queue*).

CRAPAUDINE [kʀapodin] n. f. – 1235 ◊ de *crapaud* ▪ **1** Pierre précieuse provenant de la pétrification des dents fossiles d'un poisson (on la croyait extraite de la tête du crapaud). ▪ **2** (1606) TECHN. Godet de métal dans lequel entre le gond d'une porte. ➤ 1 **couette** (3°). — Pivot d'un arbre vertical. ♦ (1762) Plaque ou grille qui arrête les ordures, les animaux à l'entrée d'un bassin, d'un réservoir, d'une gouttière. ▪ **3** BOT. Plante annuelle de la garrigue *(labiées),* laineuse, à fleurs rosées, commensale du romarin. ▪ **4** CUIS. *Poulet, pigeon (en, à la) crapaudine,* ouvert en long et aplati avant d'être grillé.

CRAPAUDUC [kʀapodyk] n. m. – 1985 ◊ de *crapaud* et *-duc* ▪ Buse passant sous une route, pour permettre le passage des batraciens.

CRAPETTE [kʀapɛt] n. f. – fin XIXe ◊ origine inconnue ▪ Jeu de cartes à deux consistant à poser toutes ses cartes sur le tapis suivant des règles très précises.

CRAPOTER [kʀapɔte] v. intr. ‹1› – v. 1980 ◊ de *crapaud* ▪ FAM. Tirer sur une cigarette sans vraiment fumer, sans avaler la fumée.

CRAPOTEUX, EUSE [kʀapɔtø, øz] adj. – date inconnue (attesté 1965) ◊ de *crasseux* et élément obscur ▪ FAM. Sale. ♦ Sordide, glauque. *«une sorte de bar crapoteux, en sous-sol»* E. CARRÈRE.

CRAPOUILLOT [kʀapujo] n. m. – 1880 ◊ de *crapaud* «canon trapu» ▪ Petit mortier de tranchée utilisé pendant la guerre de 14-18.

CRAPULE [kʀapyl] n. f. – début XIVe ◊ latin *crapula* «ivresse» ▪ **1** VX Débauche grossière. *«L'ivrognerie et la crapule gâtent l'esprit»* RACINE. ▪ **2** VIEILLI *La crapule :* les personnes qui ont des mœurs dissolues et malhonnêtes. ➤ **canaille, pègre.** *«Il a le malheur [...] de se complaire parmi la crapule»* GONCOURT. ▪ **3** MOD. Individu très malhonnête. ➤ **bandit, canaille, escroc, truand, voleur.** *Son associé était une crapule. C'est crapule et compagnie.* adj. *Un air crapule.* ➤ **voyou.** ▪ CONTR. Honnête.

CRAPULERIE [kʀapylʀi] n. f. – 1854 ◊ de *crapule* ▪ Malhonnêteté et bassesse. ➤ **canaillerie.** — Action crapuleuse.

CRAPULEUX, EUSE [krapylø, øz] adj. – 1495 ◊ de *crapule* ■ **1** VIEILLI Qui se plaît, qui vit dans la crapule (1°). ➤ **débauché, vicieux.** ♦ MOD. *Sieste crapuleuse,* consacrée à des ébats érotiques. ■ **2** LITTÉR. Qui est relatif à la crapule. « *les débauches nocturnes et les fêtes crapuleuses de la cour* » DIDEROT. — COUR. *Un crime crapuleux,* ayant l'intérêt, l'argent pour mobile. — adv. **CRAPULEUSEMENT,** 1781.

CRAQUAGE [kraka3] n. m. – 1921 ◊ de *craquer*
I (pour traduire l'anglais *cracking*) TECHN. Procédé de traitement des hydrocarbures pétroliers à haute température, visant à accroître la proportion des produits légers par scission des molécules de produits lourds. Recomm. offic. pour *cracking. Craquage thermique, catalytique.* ➤ **hydrocraquage, vapocraquage.**
II FAM. ■ **1** Défaillance nerveuse. *Le craquage d'un employé en pleine réunion.* ■ **2** Fait de céder brusquement (à une envie, un besoin). *Craquage pendant un régime.*

CRAQUANT, ANTE [krakã, ãt] adj. – 1840 ◊ de *craquer* ■ **1** Qui craque, fait crac. *Biscuits craquants.* ➤ 2 **croquant, croustillant ; cracker, craquelin.** ■ **2** (1966) FAM. Qui fait craquer (4°). *Une petite robe craquante.* ➤ **tentant.** *Un gamin craquant,* mignon, adorable. ➤ **irrésistible** (cf. Il est trop*). « *Elle a ce sourire gêné qui la rend si craquante et donne envie de la serrer dans ses bras* » C. ADERHOLD.

CRAQUE [krak] n. f. – 1802 ◊ de *craquer* « mentir » (1649) ■ FAM. Mensonge par exagération. ➤ **hâblerie.** *Il nous a raconté des craques.* ■ HOM. Crac, crack, krach, krak.

CRAQUELAGE [krakla3] n. m. – 1863 ◊ de *craqueler* ■ TECHN. Opération par laquelle on obtient la porcelaine craquelée.

CRAQUÈLEMENT [krakɛlmã] n. m. – *craquellement* 1882 ◊ de *craqueler* ■ État de ce qui est craquelé. Apparition de craquelures. — FIG. « *le craquèlement des armures et la personne qui s'y révèle* » PH. BESSON. — On écrit aussi *craquellement.*

CRAQUELER [krakle] v. tr. ‹4 /5/› – 1761 ◊ de *craquer* ■ **1** Fendiller (une surface polie). *Craqueler de la porcelaine, une poterie.* p. p. adj. *Émail craquelé,* présentant un fin réseau de fissures. *Poterie craquelée.* ■ **2** PAR ANAL. *Le gel a craquelé le sol.* « *Le chemin craquelé par la chaleur* » JAMMES. *Tableau craquelé.* PRONOM. *La terre se craquelle sous l'effet de la sécheresse.* ■ CONTR. Glacer, 1 lisser.

CRAQUELIN [kraklɛ̃] n. m. – 1265 ◊ moyen néerlandais *crakeline* ■ Biscuit dur qui craque sous la dent.

CRAQUELURE [kraklyr] n. f. – 1857 ◊ de *craqueler* ■ Fendillement du vernis, de l'émail d'une porcelaine, d'un tableau. *Réseau de craquelures.* — PAR ANAL. « *le soleil accusait les craquelures du cuir* » BECKETT.

CRAQUEMENT [krakmã] n. m. – 1553 ◊ de *craquer* ■ Bruit sec (d'une chose qui se rompt, éclate, etc.). ➤ **crac.** *Le craquement d'un plancher, d'une branche qui casse. On entend des craquements sinistres.*

CRAQUER [krake] v. ‹1› – 1544 ◊ radical onomat. *crac*
I v. intr. ■ **1** Produire un bruit sec. « *Le bois mort craque sous les pieds* » SAND. *Le feu de bois craque.* ➤ **craqueter.** *Pain qui craque sous la dent.* ➤ **croquer ; craquant.** *Vieux meuble, plancher qui craque. Disque qui craque.* ➤ 2 **grésiller.** *Faire craquer ses doigts,* en tirant sur les articulations. SPÉCIALT *Faire craquer une allumette,* et TRANS. *craquer une allumette,* en la frottant. ■ **2** PAR EXT. Céder, lâcher soudainement. ➤ se **déchirer,** se **défaire.** *Les coutures ont craqué sous l'effort. Son collant a craqué.* ➤ **filer.** LOC. **PLEIN À CRAQUER :** rempli jusqu'aux limites. *La salle était pleine à craquer.* ■ **3** (1718) Être ébranlé, menacer ruine. *Le ministère craque. Projet qui craque.* ➤ **échouer, s'écrouler.** ■ **4** SPÉCIALT *Ses nerfs ont craqué :* il a eu une défaillance nerveuse, il n'en peut plus. — PAR EXT. (PERSONNES) *Elle est surmenée et sur le point de craquer.* ➤ **s'effondrer.** *Je craque !* ♦ FAM. Céder brusquement (à une envie, un besoin). ➤ **succomber.** *On a craqué pour ce voyage. Resservez-moi un peu de votre foie gras, je craque !* — S'attendrir. ➤ **fondre ; craquant.** « *il s'est mis debout dans son lit, il a dit "Nanie !" ça m'a fait craquer, il est tellement beau ce petit bout !* » M. WINCKLER.
II v. tr. (1967 ◊ adaptation de l'anglais *to crack*) ■ **1** TECHN. Traiter (un produit pétrolier) par craquage*. ■ **2** INFORM. Forcer la protection de (un produit ou un système). *Craquer des logiciels.* ➤ **déplomber, pirater ; crackeur.** « *Nul ne pouvait nous percer à jour contre notre gré, violer nos secrets, craquer nos codes* » VAN CAUWELAERT.

CRAQUÈTEMENT [krakɛtmã] n. m. – 1568 ◊ de *craqueter* ■ Action de craqueter. ■ **1** MÉD. Spasme de la mâchoire qui fait crisser, claquer les dents. ■ **2** (1843) Cri de la cigogne, de la grue. ♦ Bruit de la cigale dû au frottement de ses élytres. — On écrit aussi *craquettement.*

CRAQUETER [krakte] v. intr. ‹4 /5/› – 1538 ◊ diminutif de *craquer* ■ **1** Produire des craquements répétés. *Le sel craquette dans le feu.* ■ **2** Crier, en parlant de la cigogne (➤ **claqueter**), de la grue. ♦ Émettre son bruit, en parlant de la cigale. ➤ **striduler ; craquètement.**

CRASE [kraz] n. f. – 1613 ◊ grec *krasis* « mélange » ■ **1** GRAMM. GR. Contraction de syllabes (finale et initiale de deux mots joints) ex. kago, pour kaï et ego. ■ **2** MÉD. *Crase sanguine :* étude des propriétés coagulantes du sang. — VIEILLI Composition des humeurs* organiques. ➤ **dyscrasie.**

CRASH [kraʃ] n. m. – 1956 ◊ « atterrissage en catastrophe » ◊ mot anglais « accident ; faillite », de *to crash* « s'écraser » ■ ANGLIC. ■ **1** Écrasement au sol (d'un avion). *Des crashs.* On emploie aussi le pluriel anglais *des crashes.* — Recomm. offic. *écrasement.* ■ **2** (influence de *krach,* de même origine) Chute brutale et soudaine (de valeurs). *Un crash du dollar. Crash boursier.* ➤ **krach.** ■ **3** INFORM. Détérioration du disque dur entraînant la perte des données enregistrées. *Plantage et crash.*

CRASHER (SE) [kraʃe] v. pron. ‹1› – milieu XXe ◊ de *crash* ■ ANGLIC. S'écraser au sol (engin aérien). ■ HOM. Cracher.

CRASH TEST [kraʃtɛst] n. m. – 1989 ◊ de *crash* et 2 *test* ■ ANGLIC. Ensemble d'essais de chocs réalisés en laboratoire sur des véhicules, afin d'en tester les réactions en cas d'accident. *Des crash tests.* — Recomm. offic. *essai de choc.*

CRASPEC [kraspɛk] adj. – 1948 ◊ dérivé argotique de *crasseux* ■ POP. Très sale*, crasseux. ➤ **crado.** *Des peignes craspecs.*

CRASSANE [krasan] n. f. – 1690 *crasane* ◊ p.-ê. de *Crazannes,* village de Saintonge ■ Poire de forme arrondie, gris jaune, à chair ferme et acidulée.

1 **CRASSE** [kras] adj. f. – v. 1176 ◊ latin *crassus* « épais, gras » ■ **1** HIST. MÉD. *Humeur crasse,* épaisse, visqueuse. ■ **2** MOD. FIG. *Ignorance crasse,* grossière, dans laquelle on se complaît. ➤ **grossier, lourd.** *Il est d'une ignorance crasse.* « *une incompétence crasse et définitive* » P. MERTENS.

2 **CRASSE** [kras] n. f. – XIVe ◊ de 1 *crasse*
I ■ **1** Couche de saleté qui se forme sur la peau, le linge, les objets. ➤ **ordure, saleté.** *Mains couvertes de crasse. La crasse du linge sale. Couvrir de crasse.* ➤ **encrasser.** *Enlever la crasse :* laver, décrasser, curer. « *Il est sale avec lyrisme. Il a l'air de suer la crasse, de la produire, de la sécréter* » DUHAMEL. ■ **2** TECHN. Scorie d'un métal en fusion (➤ **crassier**). — Résidus des métaux quand on les frappe sur l'enclume.
II (1843 ; « défaut de politesse » 1826) FAM. *Faire une crasse à qqn,* une indélicatesse. ➤ **méchanceté, saleté, vacherie** (cf. Jouer un sale tour, un tour de cochon).
■ CONTR. Propreté.

CRASSEUX, EUSE [krasø, øz] adj. – XIIIe ◊ de 2 *crasse* ■ Qui est couvert de crasse, très sale. ➤ **malpropre, sale* ;** FAM. **crado.** *Cheveux, peigne crasseux. Une chemise crasseuse. Un escalier crasseux et puant.* ■ CONTR. Impeccable.

CRASSIER [krasje] n. m. – 1754 ◊ de 2 *crasse* ■ Amoncellement des scories de hauts-fourneaux. ➤ **terril.**

-CRATE, -CRATIE ■ Suffixes, du grec *kratos* « force, puissance » : *aristocrate, monocratie.*

CRATÈRE [kratɛr] n. m. – XVe ◊ latin *crater,* grec *kratêr* ■ **1** Vase antique à deux anses, en forme de coupe, dans lequel on mêlait le vin et l'eau. ■ **2** (1570) Ouverture plus ou moins circulaire créée par une éruption volcanique, et par laquelle s'échappent des matières en fusion (fumerolles, laves, cendres, blocs et bombes volcaniques). *Cratère central d'un grand volcan,* remodelé à chaque éruption (➤ **caldeira**). *Lac de cratère,* dans un cratère éteint. ♦ PAR EXT. Vaste trou naturel. *Cratère creusé par une météorite. Cratère lunaire. Cratères d'une planète.* — *Cratère de bombe,* formé par sa chute. ■ **3** TECHN. Ouverture pratiquée à la partie supérieure d'un fourneau de verrier.

CRATERELLE [kratrɛl] n. f. – 1846 ◊ latin des botanistes *craterella,* diminutif de *crater* → cratère ■ Champignon *(basidiomycètes)* comestible en forme d'entonnoir, de couleur noire, appelé couramment *trompette*-de-la-mort.*

CRATÉRIFORME [kraterifɔrm] adj. – 1834 ◊ de *cratère* et *-forme* ■ DIDACT. En forme de cratère, de coupe.

CRAVACHE [kʀavaʃ] **n. f.** – 1756, aussi *gravache* ◇ de l'allemand *Karbatsche,* du turc *qyrbâtch* «fouet de cuir», par l'intermédiaire du polonais ou du tchèque ■ Badine flexible généralement terminée par une mèche, et dont se servent les cavaliers. ➤ **jonc,** 1 **stick.** *Coup de cravache.* — **loc. adv.** *À la cravache :* brutalement. *Mener qqn à la cravache* (cf. À la baguette).

CRAVACHER [kʀavaʃe] **v.** ‹1› – 1834 ◇ de *cravache* ■ **1 v. tr.** Frapper à coups de cravache. *Cravacher un cheval.* — ABSOLT Forcer son cheval à aller vite. *Il a fini la course en cravachant.* ■ **2 v. intr.** FIG. et FAM. Travailler d'arrache-pied pour atteindre le but qu'on s'est proposé. *Cravacher dur. Il va falloir cravacher pour respecter les délais.*

CRAVATE [kʀavat] **n. f.** – 1651 «bande de linge que les cavaliers *croates* portaient autour du cou» ◇ forme francisée de *Croate* ■ **1** (XVIIe) Bande d'étoffe, généralement étroite et longue, que les hommes nouent autour de leur cou. ➤ **lavallière.** *Cravate foulard.* ■ **2** COUR. Bande (d'étoffe, de matière souple) qui se passe sous le col de chemise et se noue par-devant. ➤ **régate.** *Il aime mieux les nœuds papillon que les cravates. Porter la cravate. En costume*-cravate. Cravate de soie, de laine, de cuir. Nœud de cravate. Épingle de cravate. Fixe cravate. Cravate club*.* — LOC. FAM. *S'en jeter un* (un verre) *derrière la cravate.* ➤ 1 **boire.** ■ **3** Bande d'étoffe, insigne de haute décoration. *Cravate de commandeur de la Légion d'honneur.* ◆ PLAISANT *Cravate de chanvre*.* ■ **4** PAR ANAL. *La cravate d'un drapeau :* ornement de soie brodée qu'on attache au haut d'une lance, à la hampe d'un drapeau. — MAR. Cordage qui entoure un mât, une ancre. ■ **5** LUTTE Coup par lequel on essaye de faire subir au menton de l'adversaire un mouvement de torsion (➤ **cravater**). — Coup illicite au rugby, par lequel un joueur arrête un adversaire en le frappant au cou avec le bras tendu.

CRAVATER [kʀavate] **v. tr.** ‹1› – 1823 ◇ de *cravate* ■ **1** Entourer d'une cravate. — **p. p. adj.** *Il est toujours cravaté :* il porte toujours une cravate. *Cravaté de bleu.* ■ **2** Attaquer (qqn) en le prenant et en le serrant par le cou. ■ **3** FAM. Prendre, attraper (qqn). *La police a cravaté le voleur.*

CRAVE [kʀav] **n. m.** – 1606 ◇ même radical que *cravan* «oie sauvage», p.-ê. d'origine gauloise ■ ZOOL. Oiseau grégaire des montagnes, de la taille du choucas, au plumage noir, au bec et aux pattes rouges.

CRAWL [kʀol] **n. m.** – 1905 ◇ mot anglais, de *to crawl* «ramper» ■ Nage rapide qui consiste en un battement continu des jambes et une rotation alternative des bras. *Nager le crawl.*

CRAWLER [kʀole] **v. intr.** ‹1› – 1931 ◇ de *crawl* ■ Nager le crawl. *Dos crawlé :* crawl nagé sur le dos.

CRAWLEUR, EUSE [kʀolœʀ, øz] **n.** – 1932 *crawler* ◇ de *crawl* ■ Nageur, nageuse de crawl. *Une bonne crawleuse.*

CRAYEUX, EUSE [kʀɛjø, øz] **adj.** – XIIIe ◇ de *craie* ■ Qui est de la nature de la craie. *Terrain, sol crayeux. Marne crayeuse.* ◆ Qui est de la couleur de la craie. *Blanc crayeux. Il a un teint crayeux.*

CRAYON [kʀɛjɔ̃] **n. m.** – 1704 ; *créon* XVIe ; *croion* «sol crayeux» 1309 ◇ de *craie* ■ **1** (1528 *créon*) Petit morceau de divers minerais (d'abord la craie) propre à écrire, à dessiner. ➤ **charbon, fusain, graphite,** 2 **pastel, plombagine.** *Dessin aux deux crayons,* au fusain et à la sanguine*. *Crayon d'ardoise. Crayon lithographique.* ■ **2** COUR. Petite baguette, généralement en bois, servant de gaine à une longue mine (le *crayon,* 1°). *Crayon à papier.* RÉGION. *Crayon de bois, crayon gris. Crayon noir* ou *crayon Conté. Crayon gras, sec. Crayon gomme,* dont l'extrémité opposée à la mine se termine par une gomme. *Écrire, dessiner au crayon.* ➤ **crayonner.** «*J'écrivais au crayon, j'aimais la bonne odeur quand sortaient du taille-crayon les collerettes dentelées*» J.-L. TRASSARD. *Tailler un crayon* (➤ **taille-crayon**). *Boîte de crayons de couleur.* LOC. *Avoir un bon coup de crayon :* savoir dessiner (cf. Coup de patte*). — *Crayon en métal,* dont la mine est guidée automatiquement. ➤ **stylomine.** — PAR EXT. *Crayon à bille :* stylo* à bille. *Crayon feutre*.* ■ **3** (1833) Bâtonnet. *Crayon hémostatique. Crayon de nitrate d'argent,* servant aux cautérisations. — *Crayon à lèvres, à sourcils, pour le maquillage. Crayon khol.* ■ **4** INFORM. *Crayon optique.* ➤ **photostyle.** ■ **5** Dessin fait au crayon, et SPÉCIALT Portrait. *Les crayons de cet artiste sont très recherchés.*

CRAYONNAGE [kʀɛjɔnaʒ] **n. m.** – 1790 ◇ de *crayonner* ■ Action de crayonner ; son résultat. *Des crayonnages informes.*

CRAYONNER [kʀɛjɔne] **v. tr.** ‹1› – 1584 ◇ de *crayon* ■ **1** Dessiner, écrire avec un crayon (2°), avec du crayon (le plus souvent de façon sommaire). *Crayonner des notes, un croquis.* ➤ **tracer.** «*Ces gribouillages, qu'on crayonne distraitement pendant qu'on écoute quelqu'un*» ROMAINS. ➤ **gribouiller, griffonner.** ■ **2** Marquer les grandes lignes, les traits essentiels de. ➤ **ébaucher, esquisser.** — **p. p. adj.** *Croquis crayonné* et SUBST. **UN CRAYONNÉ :** projet graphique à l'état d'ébauche, esquisse pour une illustration. *L'illustrateur a apporté des crayonnés.* ➤ ANGLIC. **rough.**

CRÉ ➤ 1 **SACRÉ**

CRÉANCE [kʀeɑ̃s] **n. f.** – fin XIe ◇ de *creire,* ancienne forme de *croire,* ou latin populaire °*credentia* ■ **1** VX Le fait de croire en la vérité de qqch. ➤ **croyance, foi.** «*Ils croyaient cela* [...] *d'une créance indéracinable*» PÉGUY. — VIEILLI *Trouver créance :* être cru. *Donner créance à une chose,* la rendre croyable, vraisemblable. ➤ **crédibiliser.** *Donner, ajouter créance :* donner, ajouter foi. *Témoignage qui mérite créance,* d'être cru. ➤ **crédibilité.** «*Les récits de Marco Polo* [...] *méritent notre créance*» BAUDELAIRE. ■ **2** VX Confiance qu'une personne inspire. «*Perdre toute créance dans les esprits*» PASCAL. ➤ **crédibilité.** — MOD. *Lettre* de créance.* ■ **3** (XIIe, repris 1700) MOD. Droit en vertu duquel une personne (➤ **créancier**) peut exiger de qqn (➤ 1 **débiteur**) qqch., et SPÉCIALT une somme d'argent. ➤ **gage, hypothèque, nantissement, obligation, sûreté.** *Créance certaine,* dont la validité ne fait pas de doute. *Créance douteuse,* dont le recouvrement n'est pas assuré. *Créance alimentaire. Créance hypothécaire, privilégiée, chirographaire. Créance exigible,* dont l'exécution peut être réclamée actuellement. *Créance liquide,* dont le chiffre est exactement déterminé. *Avoir une créance sur qqn. Gestion des créances.* ➤ **affacturage, contentieux.** — PAR EXT. Le titre établissant la créance. ■ CONTR. Méfiance, scepticisme. Dette.

CRÉANCIER, IÈRE [kʀeɑ̃sje, jɛʀ] **n.** – v. 1170 ◇ de *créance* ■ Titulaire d'une créance ; personne à qui il est dû de l'argent. *Saisie par créancier,* saisie*-arrêt. *Créancier à terme. Classement, collocation, ordre des créanciers. Créancier privilégié, chirographaire.* — *Être poursuivi par ses créanciers. Payer ses créanciers.* «*Je suis bourrelé de remords et de créanciers*» HUGO. **adj.** *Les nations créancières de dettes de guerre.* ■ CONTR. 1 Débiteur.

CRÉATEUR, TRICE [kʀeatœʀ, tʀis] **n.** et **adj.** – *creatur* 1119 ◇ latin *creator* ■ **1 n. m.** RELIG. Celui qui crée, qui tire qqch. du néant. ➤ **dieu ; démiurge.** *Le créateur du ciel et de la terre.* ABSOLT *Le Créateur et les créatures.* — **adj.** *Divinité créatrice. Il tenait* «*l'existence d'un principe créateur pour assez probable*» FRANCE. ■ **2** L'auteur d'une chose nouvelle. ➤ **auteur, fondateur, inventeur, novateur, père, promoteur.** *Le créateur, la créatrice d'un genre littéraire, d'une théorie scientifique, d'une œuvre artistique.* ◆ SPÉCIALT *Le créateur, la créatrice d'un rôle,* le premier, la première interprète. ◆ ABSOLT *Un créateur :* celui qui crée, en art (opposé à *imitateur, suiveur,* etc.). «*Je relis Corneille ; c'est un créateur*» VOLTAIRE. *Créateur de villes, d'empires.* ➤ **architecte, bâtisseur, constructeur, pionnier.** — *Créateur, créatrice* (de mode), qui crée des vêtements. ➤ **couturier, styliste.** ■ **3** COMM. *Le créateur d'un produit.* ➤ **producteur.** *La maison X... est la créatrice exclusive de ce modèle.* ■ **4 adj.** Qui crée, invente. *Esprit créateur.* ➤ **créatif, inventif.** *Imagination créatrice.* «*L'Évolution créatrice*», de Bergson. «*Ta mémoire et tes sens ne seront que la nourriture de ton impulsion créatrice*» RIMBAUD. ■ CONTR. Destructeur.

CRÉATIF, IVE [kʀeatif, iv] **adj.** et **n.** – XIVe terme de médecine ◇ du radical de *création ;* repris v. 1960, d'après l'anglais *creative* ■ **1** Qui est d'esprit inventif, qui a de la créativité*. *Personne créative. Génie créatif.* ➤ **créateur.** — Qui favorise la création. *Entreprise créative.* ➤ **innovant.** *Loisirs créatifs :* activités manuelles, petit bricolage pour créer des objets de décoration, des bijoux, des accessoires. ■ **2 n.** (1978) Créateur, créatrice dans le domaine commercial. ➤ **concepteur,** RÉGION. **idéateur.** *Les créatifs et les commerciaux d'une agence de publicité.*

CRÉATINE [kʀeatin] **n. f.** – 1823 ◇ du grec *kreas, kreatos* «chair» ■ BIOCHIM. Composé azoté, présent naturellement dans l'organisme, qui joue un rôle essentiel dans la contraction musculaire. *La créatine développe la masse musculaire (dopage).*

CRÉATININE [kʀeatinin] **n. f.** – 1863 ◇ de *créatine* ■ BIOCHIM. Déchet azoté dérivé de la créatine, non réabsorbé par le rein, dont la mesure dans l'urine est utilisée pour évaluer la fonction rénale. *Clairance de la créatinine.*

CRÉATION [kʀeasjɔ̃] **n. f.** – v. 1200 ◇ latin *creatio* ■ **1** RELIG. Action de donner l'existence, de tirer du néant. *La création du monde, de l'univers,* et ABSOLT *la Création :* le fait par lequel le monde a acquis l'existence, si l'on admet qu'il a commencé dans le temps. *Récit de la Création, dans la religion chrétienne.* ➤ **genèse.** *Depuis la création du monde.* ➤ **commencement, origine.** *« L'idée de création, l'idée sous laquelle on conçoit que, par un simple acte de volonté, rien devient quelque chose »* ROUSSEAU. ▪ **2** L'ensemble des choses créées ; le monde, considéré comme créé. ➤ **monde, nature, univers.** *Toutes les plantes de la création,* de la Terre. ▪ **3** Action de faire, d'organiser une chose qui n'existait pas encore. ➤ **conception, élaboration, invention.** *Création d'une société, d'un comité.* ➤ **fondation, formation.** *Création de nouveaux emplois. Ils font partie de l'entreprise depuis sa création.* ➤ **commencement, début.** *Création d'idées nouvelles.* ➤ **apparition, naissance, survenance.** *Création d'un nouveau produit. Création monétaire, de monnaie.* ◆ SPÉCIALT Le fait de créer une œuvre (art, littér.). *« De toutes les écoles de la patience et de la lucidité, la création est la plus efficace »* CAMUS. ◆ *La création d'un rôle,* sa première interprétation, au théâtre. PAR EXT. (1849) *Création d'une pièce, d'un spectacle :* première (ou nouvelle) mise en scène. *Création d'une œuvre musicale,* sa première interprétation publique. ▪ **4** Ce qui est créé. *Les plus belles créations humaines. Les créations de l'art.* ➤ **œuvre ; ouvrage.** *Une création originale, géniale. Ce mot est une création savante.* ◆ COMM. Nouvelle fabrication ; modèle inédit. *« toutes les dernières créations de vos grands couturiers »* LOTI. ▪ **5** PHYS. *Création de paires.* ➤ **matérialisation.** *Création d'entropie.* ▪ CONTR. Abolition, anéantissement, destruction. Contrefaçon, copie, imitation. Néant.

CRÉATIONNISME [kʀeasjɔnism] n. m. – milieu XIXe ◇ de *création* ▪ DIDACT. Doctrine de la création des espèces. ➤ **fixisme.** *« le créationnisme de la Genèse »* J. ROSTAND. — adj. et n. **CRÉATIONNISTE,** 1869. ▪ CONTR. Évolutionnisme, transformisme.

CRÉATIQUE [kʀeatik] n. f. – 1973 ◇ du radical de *créativité* et *-ique,* d'après *informatique* ▪ DIDACT. Ensemble des techniques de stimulation de la créativité (notamment dans le secteur économique tertiaire). ➤ **brainstorming.**

CRÉATIVITÉ [kʀeativite] n. f. – 1946 ◇ de *créatif* ▪ Pouvoir de création, d'invention. ➤ **inventivité.** *La créativité des enfants. Techniques de développement de la créativité.* ➤ **créatique.**

CRÉATURE [kʀeatyʀ] n. f. – v. 1050 ◇ latin *creatura* ▪ **1** Être qui a été créé, tiré du néant. *Créatures animées, inanimées. « Cette espèce bizarre de créatures qu'on appelle le genre humain »* FONTENELLE. ◆ PAR EXT. *Une créature étrange, un martien.* ➤ **extraterrestre.** ▪ **2** *Créature humaine :* être humain. *« Toute créature humaine est un être différent en chacun de ceux qui la regardent »* FRANCE. ◆ LITTÉR. *Une créature :* un être humain. ➤ **1 personne.** *« des types, des créatures figées dans un métier, dans un vice, dans une manie »* MAURIAC. — (Avec un adj. fém.) Femme. *Une belle, une charmante créature. Une créature de rêve.* ▪ **3** (XVIIe) PÉJ. et VX ➤ **traînée.** ▪ **4** (XVIe ◇ emprunté à l'italien) FIG. Personne qui tient sa fortune, sa position de qqn à qui elle est dévouée. ➤ **favori, protégé.** *C'est une créature du ministre, du dictateur.* ▪ CONTR. Auteur, créateur. Dieu.

CRÉCELLE [kʀesɛl] n. f. – *cresselle* 1175 ◇ probablt latin populaire °*crepicella,* classique *crepitacillum* « claquette », de *crepitare* « craquer » ▪ **1** Moulinet de bois formé d'une planchette mobile qui tourne bruyamment autour d'un axe (instrument liturgique ; jouet, etc.). *Bruit de crécelle,* sec et aigu. — FIG. *« la crécelle infatigable du grillon »* FRANCE. ▪ **2** FIG. *Voix de crécelle,* aiguë, désagréable. ◆ Personne bavarde et à la voix désagréable. *Quelle crécelle !*

CRÉCERELLE [kʀes(ə)ʀɛl] n. f. – *cresserelle* 1120 ◇ de *crécelle* ▪ Petit rapace diurne très répandu. APPOS. *« Quelque petit rapace, un émouchet, un faucon crécerelle »* BOSCO. *Des faucons crécerelles.*

CRÈCHE [kʀɛʃ] n. f. – 1150 ◇ francique °*kripja* ▪ **1** VX et LITTÉR. Mangeoire pour les bestiaux. ➤ **auge, râtelier.** *Les crèches d'une bergerie.* ◆ ABSOLT, COUR. La crèche où Jésus fut placé à sa naissance, dans l'étable de Bethléem, selon la tradition de Noël*. — PAR EXT. Représentation de l'étable de Bethléem et de la Nativité. *Les personnages de la crèche.* ➤ **2 santon.** *L'âne et le bœuf de la crèche.* ▪ **2** (1867) Établissement destiné à recevoir dans la journée les enfants de moins de trois ans dont les parents travaillent. ➤ **garderie, pouponnière ; halte-garderie.** *Déposer son bébé à la crèche. Crèche municipale. Crèche parentale,* gérée par les parents. ▪ **3** (1905 ◇ « lit » 1793) VX et FAM. Chambre*, maison. ➤ **crécher.**

CRÉCHER [kʀeʃe] v. intr. ⟨6⟩ – 1921 ◇ de *crèche* ▪ FAM. Habiter, loger. *« Il demanda : Où c'est que je vais crécher, cette nuit ? »* SARTRE.

CRÉDENCE [kʀedɑ̃s] n. f. – 1519 ; « croyance » v. 1360 ◇ italien *credenza* « confiance », dans la loc. *fare la credenza* « faire l'essai » (des mets, des boissons) ▪ **1** Buffet de salle à manger dont les tablettes superposées servent à poser les plats, la verrerie. ➤ **2 desserte, dressoir.** ▪ **2** LITURG. CATHOL. Console sur laquelle on dépose les burettes, le bassin servant pour la messe.

CRÉDIBILISER [kʀedibilize] v. tr. ⟨1⟩ – 1978 ◇ de *crédible* ▪ Rendre crédible. *Crédibiliser qqn,* faire qu'il mérite d'être cru. *Crédibiliser des paroles, des projets,* faire qu'on y croie, rendre possible, vraisemblable. *Ces bons résultats crédibilisent notre stratégie.* ▪ CONTR. Décrédibiliser.

CRÉDIBILITÉ [kʀedibilite] n. f. – 1651 ◇ latin *credibilitas,* de *credere* « croire » ▪ Ce qui fait qu'une personne, une chose mérite d'être crue. *La crédibilité de qqn.* ➤ aussi **créance, crédit** (I, 1°), **fiabilité.** *« nous n'avions encore aucune crédibilité aux yeux du corps médical »* J. TESTART. *« La crédibilité est l'une des qualités nécessaires au roman »* MAUROIS. ➤ **vraisemblance.** ▪ CONTR. Impossibilité, incrédibilité, invraisemblance.

CRÉDIBLE [kʀedibl] adj. – XVe, repris v. 1965 ◇ de *crédibilité,* d'après l'anglais *credible* ▪ ANGLIC. Qui est digne de confiance, mérite d'être cru. *Personne crédible. Il n'est pas crédible.* ➤ **fiable.** *Nouvelle de source crédible. Histoire crédible.* ➤ **croyable, plausible, vraisemblable.**

CRÉDIRENTIER, IÈRE [kʀediʀɑ̃tje, jɛʀ] n. et adj. – 1877 ◇ de *crédit* et *rentier* ▪ DR. Créancier d'une rente constituée en perpétuel ou en viager. ▪ CONTR. Débirentier.

CRÉDIT [kʀedi] n. m. – 1481 ◇ latin *creditum,* de *credere* « croire »

I CONFIANCE, INFLUENCE ▪ **1** VX Confiance qu'inspire qqn ou qqch. *« Des gens à qui l'on peut donner quelque crédit »* MOLIÈRE. — MOD. *Accorder, donner crédit à un bruit, une rumeur,* y ajouter foi, y croire. ➤ **créance.** **FAIRE CRÉDIT À (qqn, qqch.) :** se fier à, compter sur. *Le « médecin qui fait crédit à la nature et à la fièvre plus qu'à ses remèdes »* CHARDONNE. ▪ **2** LITTÉR. Influence dont jouit une personne ou une chose auprès de qqn, par la confiance qu'elle inspire. ➤ **2 ascendant, autorité, empire, influence, 2 pouvoir.** *User de son crédit auprès de qqn. Jouir d'un grand crédit auprès de qqn.* ➤ **faveur.** *Perdre tout crédit.* ➤ se **discréditer.** *Une incapacité « de jauger son crédit dans le cœur et l'esprit d'autrui »* GIDE. *Il faut dire, à son crédit, qu'il a été honnête. « Ce lourd bagage de vertus sincères me sera compté, j'en ai peur, plutôt à charge qu'à crédit »* CÉLINE. — *Cette opinion acquiert du crédit dans le milieu patronal, parmi les dirigeants.* ➤ **force, importance.**

II CONFIANCE DANS LA SOLVABILITÉ DE QQN (emprunté à l'italien) ▪ **1** LOC. **À CRÉDIT :** sans exiger de paiement immédiat (opposé à *au comptant*). *Vendre, acheter, vente, achat à crédit,* à terme, à tempérament (➤ **s'endetter**). ◆ **FAIRE CRÉDIT À (qqn) :** ne pas exiger un paiement immédiat. *La maison ne fait pas crédit.* ◆ **CARTE DE CRÉDIT :** carte magnétisée qui permet à son titulaire d'obtenir des biens, des services sans paiement immédiat. *Carte de crédit utilisée pour le retrait d'espèces* (➤ **billetterie, monétique**). *Régler ses achats avec une carte de crédit. « J'utilise ma carte de crédit : mon compte n'est débité que le 30 du mois suivant, ça me laisse une marge »* D. DECOIN. ▪ **2** Opération par laquelle une personne met une somme d'argent à la disposition d'une autre ; PAR EXT. cette somme. ➤ **2 prêt ; avance.** *Établissement de crédit.* ➤ **banque.** *Crédit bancaire. Ouverture de crédit :* engagement de prêt. *Crédit agricole, commercial, foncier, hôtelier, industriel, maritime. Crédit garanti par gage, hypothèque (crédit hypothécaire*), caution. Crédit solidaire.* ➤ **microcrédit.** *Crédit à long, moyen, court terme. Prendre, avoir un crédit sur dix ans. Crédit-relais.* ➤ **relais.** *Coût, prix du crédit.* ➤ **intérêt.** *Crédit gratuit,* remboursable sans intérêts. *Crédit-épargne. Ligne* de crédit. Instruments de crédit ; lettre de crédit.* ➤ **accréditif, titre, valeur ; effet** (de commerce) ; **billet, warrant.** *Crédit croisé.* ➤ **swap** (ANGLIC.). *Crédit mobilisable. Crédit documentaire :* contrat par lequel un banquier accepte de régler le prix d'une marchandise au vendeur contre remise de documents attestant la livraison. *Crédit à la consommation. Crédit permanent* (ou *renouvelable*) : recomm. offic. pour *crédit révolving*. Crédit d'impôt.* ➤ **2 avoir** (fiscal). *Société de crédit différé,* pour l'acquisition d'un logement neuf. — ELLIPT Établissement de crédit. *Le Crédit foncier de France,* qui consent des prêts sur immeubles. *Crédit municipal,* qui prête sur gages (➤ **mont-de-piété**). ▪ **3** (1845) FIN. Sommes allouées sur un budget pour un usage déterminé. ➤ **enveloppe.** *Crédits budgétaires. Vote des crédits. Crédits extraordinaires.* ▪ **4** COMPTAB. Partie d'un compte où sont inscrites les sommes remises ou payées à la personne qui tient le compte. ➤ **2 avoir.** *Balance du crédit et du débit. Porter une*

somme au crédit de qqn. La colonne du crédit sur un relevé de compte. ▪ **5** (1971 ◇ mot anglais américain) Unité* de valeur affectée à un module d'enseignement, dans l'enseignement universitaire. *Pour obtenir la licence, 180 crédits sont nécessaires.*
▪ CONTR. Discrédit. Défiance, méfiance. — Emprunt. 2 Débit, doit.

CRÉDIT-BAIL [kʀedibaj] **n. m.** – 1966 ◇ de *crédit* et *bail* ▪ ÉCON. Forme de location portant sur un bien dont le locataire peut, aux termes du contrat, devenir propriétaire (recomm. offic.). ➤ **leasing** (ANGLIC.). *Acheter des locaux en crédit-bail. Des crédits-bails.*

CRÉDITER [kʀedite] **v. tr.** ‹1› – 1671 ◇ de *crédit* ▪ **1** Rendre (qqn) créancier d'une certaine somme que l'on porte au crédit de son compte. — PAR EXT. *Créditer un compte de telle somme.* ▪ **2** FIG. *Créditer qqn de qqch.,* lui en reconnaître le mérite, porter à son actif. *On peut le créditer d'une bonne gestion.*
▪ CONTR. 2 Débiter.

CRÉDITEUR, TRICE [kʀeditœʀ, tʀis] **n.** – 1723 ; «créancier» XIIIe ◇ de *crédit* ▪ Personne qui a des sommes portées à son crédit. — **adj.** *Compte créditeur. Solde créditeur d'un bilan.* ▪ CONTR. 1 Débiteur.

CREDO [kʀedo] **n. m. inv.** – v. 1190 ◇ mot latin «je crois», par lequel commence le symbole des apôtres ▪ **1** RELIG. Symbole des apôtres, contenant les articles fondamentaux de la foi catholique. *Dire, chanter le Credo. Des Credo.* — PAR EXT. *Le credo d'une religion.* ▪ **2** PAR EXT. (1771) Principes sur lesquels on fonde son opinion, sa conduite. ➤ **foi, principe, règle.** *Exposer son credo politique. Des credo.* — En ce sens, on peut aussi écrire *un crédo, des crédos.*

CRÉDULE [kʀedyl] **adj.** – 1393 ◇ latin *credulus,* de *credere* «croire» ▪ Qui croit trop facilement ; qui a une confiance aveugle en ce qu'il entend ou lit. ➤ **candide, confiant, 1 naïf, simple ;** FAM. **gobeur, 2 gogo, jobard.** «*C'est d'ailleurs le propre de l'amour de nous rendre à la fois plus défiants et plus crédules*» PROUST.
▪ CONTR. Défiant, incrédule, méfiant, sceptique, soupçonneux.

CRÉDULITÉ [kʀedylite] **n. f.** – fin XIIe ◇ latin *credulitas* → crédule ▪ Grande facilité à croire sur une base fragile. ➤ **candeur, confiance, jobardise, naïveté.** *Un charlatan qui exploite la crédulité, abuse de la crédulité du public.* «*un être facile à tromper, et qu'elle méprisait pour sa crédulité*» FRANCE. ▪ CONTR. Incrédulité, méfiance, scepticisme.

CRÉER [kʀee] **v. tr.** ‹1› – 1155 *creer ;* 1119 *crier* ◇ latin *creare* ▪ **1** RELIG. Donner l'être, l'existence, la vie à ; tirer du néant. ➤ **1 faire, former.** *Dieu créa le ciel et la terre.* ▪ **2** Faire, réaliser (qqch. qui n'existait pas encore). ➤ **composer, concevoir, élaborer, imaginer, inventer, produire.** *Créer une théorie, un style. Créer une chanson. Romancier qui crée des personnages. Créer des formes, des objets.* «*On ne triomphe du temps qu'en créant des choses immortelles*» CHATEAUBRIAND. — PRONOM. «*La situation doit se créer peu à peu*» ROMAINS. LOC. PROV. *Rien ne se crée, rien ne se perd, tout se transforme.* — ABSOLT *L'artiste, le poète créent. La joie de créer.* «*Créer, aussi, c'est donner une forme à son destin*» CAMUS. ◆ *Créer une entreprise.* ➤ **constituer, établir, fonder, instituer, monter, organiser.** *Créer une ville* (➤ **bâtir, construire*, édifier, élever**), *un empire. Cette industrie a créé de nombreux emplois. Créer un poste.* — Nommer à un nouvel emploi. *Créer un juge assesseur. Le pape crée les cardinaux.* — (1776) *Créer un rôle, une œuvre musicale,* en être le premier interprète. *Créer un spectacle,* l'organiser, le mettre en scène. *Créer l'évènement*.* ▪ **3** Être la cause de. ➤ **1 causer, engendrer, occasionner, produire, provoquer, susciter.** *Le capitalisme* «*ne se conforme pas aux besoins : il les a presque tous créés*» CHARDONNE. *Cela va créer un précédent. Mes enfants me créent du souci.* ➤ **donner.** — LOC. *La fonction crée l'organe.* ◆ **SE CRÉER (qqch.) :** susciter pour soi-même. *Elle s'est créé tout un univers.* — *Se créer une clientèle, une réputation.* ➤ **se constituer, se faire.** ▪ **4** COMM. Fabriquer ou mettre en vente (un produit nouveau). *Créer un modèle de haute couture. La maison X... a créé et lancé ce produit.* ◆ PAR EXT. (PERSONNES) *Elle a été créée de toutes pièces par la pub, les médias.* ➤ **fabriquer.**
▪ CONTR. Abolir, abroger, anéantir, annihiler, détruire.

CRÉMAILLÈRE [kʀemajɛʀ] **n. f.** – 1549 ; *carmeillière* XIIIe ◇ de l'ancien français *cramail,* de même sens, du latin *cremaculus,* d'après le grec *kremastêr* «suspenseur» ▪ **1** Tige de fer munie de crans qui permettent de la fixer à différentes hauteurs dans une cheminée et d'un crochet pour y suspendre une marmite. *Une cheminée* «*laissait pendre à une crémaillère, une marmite*» LAMARTINE. — LOC. FIG. *Pendre la crémaillère :* fêter son installation dans un nouveau logement. *(Pendaison de) crémaillère :* fête organisée à cette occasion. *La semaine où ils* «*avaient emménagé, ils avaient organisé une grande crémaillère*» K. TUIL. ▪ **2** (1680) TECHN. Pièce munie de crans, qui permet de relever ou de baisser une partie mobile. *Crémaillères d'une bibliothèque à rayons mobiles.* — SPÉCIALT Tige rectiligne à crans qui s'engrènent dans une roue dentée pour transformer un mouvement de rotation continu en un mouvement rectiligne continu, ou inversement. *Cric à crémaillère. Automobile avec direction à crémaillère. Tramway, funiculaire à crémaillère,* à rail denté pour les très fortes pentes. ▪ **3** FIG. FIN. *Parités à crémaillère :* parités de change susceptibles d'être révisées par des modifications successives de faible amplitude.

CRÉMANT [kʀemɑ̃] **n. m.** – 1846 ◇ de *crémer* ▪ Vin pétillant à mousse légère. *Crémant d'Alsace.*

CRÉMATION [kʀemasjɔ̃] **n. f.** – XIIIe, rare avant 1823 ◇ latin *crematio,* de *cremare* «brûler» ▪ Action de brûler le corps des morts. ➤ **incinération ; crématorium.**

CRÉMATISTE [kʀematist] **n.** – 1960 ◇ du latin *crematio* ou du radical de *crémation* ▪ Adepte de la crémation. — **adj.** *Mouvement crématiste.*

CRÉMATOIRE [kʀematwaʀ] **adj.** – 1879 ◇ du latin *crematum,* supin de *cremare* «brûler» ▪ Qui a rapport à la crémation. *Four crématoire,* où l'on réduit les corps en cendres. — **n. m.** *La fumée des crématoires.* REM. Le mot évoque généralement les camps d'extermination nazis.

CRÉMATORIUM [kʀematɔʀjɔm] **n. m.** – 1882 ◇ latin *crematorium,* de *cremare* → crématoire ▪ Lieu où l'on incinère les morts, dans un cimetière. *Des crématoriums.* — On écrit aussi *un crematorium, des crematoriums.* — REM. Terme plus technique et plus neutre que *crématoire.*

CRÈME [kʀɛm] **n. f. et adj.** – *cresme* 1261 ; *craime* fin XIIe ◇ latin populaire d'origine gauloise *crama,* croisé avec *chrisma* → chrême ▪ **1** Matière grasse du lait dont on fait le beurre. *Crème fraîche. Pot de crème. Crème fleurette. Crème épaisse. Crème allégée. Sauce normande à la crème. Séparer la crème du lait.* ➤ **écrémer.** — **CRÈME FOUETTÉE** ou **CRÈME CHANTILLY.** ➤ **chantilly.** ▪ **2** FIG. et FAM. *C'est la crème des hommes,* le meilleur des hommes (➤ **bonasse**). — *Il fréquente des gens douteux : ce n'est pas la crème.* ➤ **gratin** (cf. Le dessus* du panier). ▪ **3** (1802) Entremets composé ordinairement de lait et d'œufs. *Crème pâtissière. Crème anglaise. Crème renversée. Crème catalane, crème brûlée*. Crème caramel. Crème au beurre. Tarte* à la crème. Chou à la crème. Crème glacée*. Crème dessert. Crème au chocolat* (➤ **2 ganache**), *au café.* — *Crème de marrons :* purée de marrons sucrée et onctueuse. ◆ Potage onctueux. *Crème d'asperges, de volailles.* ➤ **velouté.** ◆ (1760) Liqueur de consistance sirupeuse. *Crème de banane, de menthe.* ▪ **4** Préparation cosmétique pour la toilette et les soins de la peau. *Crème à raser. Crème de beauté. Tube de crème. Crème de jour, de nuit. Crème hydratante. Crème antiride. Crème solaire. Fard crème et fard poudre*.* ◆ PHARM. *Crème (dermique) :* préparation molle, moins grasse que la pommade, renfermant une importante quantité d'eau, utilisée comme excipient pour divers produits médicamenteux. ◆ Produit d'entretien à base de cire ou d'oléine (➤ **pâte**). *Crème pour chaussures.* ➤ **cirage.** — *Crème à récurer.* ▪ **5** ADJT INV. D'une couleur blanche légèrement teintée de jaune. *Des gants crème.* ▪ **6** (1898) APPOS. INV. **CAFÉ CRÈME** ou **n. m. UN CRÈME :** café additionné d'un peu de crème (plus souvent de lait). *Deux cafés crème ! Un grand crème et des croissants.* ▪ HOM. Chrême.

CRÉMER [kʀeme] **v. intr.** ‹6› – 1580 ◇ de *crème* ▪ **1** RARE Se couvrir de crème, en parlant du lait. — **p. p. adj.** CUIS. *Crémé, ée,* où il entre un peu de crème fraîche. *Sauce crémée.* ▪ **2** PAR ANAL. *Mousse qui crème* (➤ **crémant**).

CRÉMERIE [kʀɛmʀi] **n. f.** /CRÈMERIE/ – 1845 ◇ de *crème* ▪ Magasin où l'on vend des produits laitiers, des œufs. ➤ **beurrerie, laiterie ; fromager.** ◆ ANCIENNT Petit restaurant bon marché (où l'on vendait à l'origine des produits laitiers). — LOC. FAM. PÉJ. *Changer de crémerie :* quitter un lieu, un établissement pour aller ailleurs. «*On s'emmerde ici... Si on allait dans une autre crémerie ?*» MAUROIS.

CRÉMEUX, EUSE [kʀemø, øz] **adj.** – 1572 ◇ de *crème* ▪ **1** Qui contient beaucoup de crème. *Lait crémeux.* ▪ **2** Qui a la consistance, l'aspect de la crème. *Couleur d'un blanc crémeux.*

CRÉMIER, IÈRE [kʀemje, jɛʀ] **n.** – 1762 ◇ de *crème* ▪ Commerçant(e) qui vend des produits laitiers et des œufs. ➤ **B. O. F., fromager, 1 laitier ;** VX **beurrier.**

CRÉMONE [kRemɔn] **n. f.** – 1724 ◊ p.-ê. du radical de *crémaillère* ou du n. d'une ville italienne ■ Espagnolette composée d'une tige de fer verticale qu'on hausse ou qu'on baisse en faisant tourner une poignée. *« La crémone n'est pas fermée, les deux battants sont seulement poussés »* ROBBE-GRILLET.

CRÉNEAU [kReno] **n. m.** – *crenel* 1154 ◊ de *cren* → cran

I ■ **1** Ouverture pratiquée à intervalles réguliers au sommet d'un rempart, d'une tour, et qui servait à la défense. *Merlons et embrasure du créneau. Château, mur à créneaux.* ➤ **crénelé.** ■ **2** Ouverture d'un parapet de tranchée, d'une muraille, pour viser et tirer. ➤ **meurtrière.** — LOC. FIG. *Monter au créneau* : s'engager personnellement dans une action, une lutte (cf. Monter au filet, en ligne, RÉGION. aux barricades).

II (milieu XXe) ■ **1** Espace disponible entre deux espaces occupés. *Créneau entre deux voitures en stationnement.* ◆ Manœuvre pour se garer le long d'un trottoir entre deux voitures, que l'on effectue en marche arrière. *Faire un créneau. Rater son créneau.* ■ **2** (ABSTRAIT) COMM. Partie d'un marché* (III) sur lequel la concurrence est faible. ➤ **segment.** *Créneaux commerciaux. Un créneau porteur. « il y avait un créneau à prendre : les petits boulots nettoyés en cinq sec et payés en liquide »* DJIAN. ◆ Intervalle de temps disponible. *J'ai un créneau vers quinze heures.* ➤ **trou.** — SPÉCIALT (AUDIOVIS.) Temps d'antenne réservé à une diffusion. *Créneaux réservés aux grandes formations politiques.* — AÉRONAUT. *Créneau de lancement* : temps pendant lequel on peut lancer un engin dans de bonnes conditions. ➤ **fenêtre.**

CRÉNELAGE [kRen(ə)laʒ] **n. m.** /CRÈNELAGE/ – 1723 ◊ de *créneler* ■ TECHN. Cordon, sur l'épaisseur d'une pièce de monnaie, d'une médaille. ➤ **grènetis.**

CRÉNELÉ, ÉE [kRen(ə)le] **adj.** /CRÈNELÉ, ÉE/ – 1160 ◊ de *créneler* ■ **1** Garni de créneaux. *Mur crénelé.* ◆ BLAS. *Pièce crénelée*, garnie de créneaux tournés vers le haut (opposé à *bastillé*). ■ **2** SC. NAT. Dont le bord est découpé. *Feuille crénelée.*

CRÉNELER [kRen(ə)le] **v. tr.** ‹4 /5/› /CRÈNELER ‹5›/ – v. 1160 ◊ de *créneau* ■ **1** Munir de créneaux. *Créneler une muraille, un parapet.* ■ **2** Entailler en disposant des crans. ➤ **denteler.** *Créneler une roue pour un engrenage.* — *Créneler une pièce de monnaie* : faire un cordon sur son épaisseur.

CRÉNELURE [kRen(ə)lyR] **n. f.** /CRÈNELURE/ – XIVe ◊ de *créneler* ■ Découpure en forme de créneaux. ➤ **dentelure.** *Crénelures de la feuille de chêne.*

CRÉNER [kRene] **v. tr.** ‹6› – 1754 ; « entailler, couper » XIe ◊ p.-ê. du latin *crena* par le gaulois °*crinare* ■ IMPRIM. Évider la partie qui déborde le corps d'une lettre. — Marquer d'un cran, d'une entaille (la tige d'une lettre). — **n. m. CRÉNAGE.**

CRÉOLE [kReɔl] **n. et adj.** – 1670 ◊ altération de *criolle, criollo, a* 1643 ; espagnol *criollo*, du portugais *crioulo* « serviteur nourri dans la maison », de *criar* « nourrir » ■ **1** Personne d'ascendance européenne née dans une des anciennes colonies intertropicales, notamment les Antilles (➤ **béké**). *Un, une créole.* — **adj.** *Un planteur créole.* ◆ PAR EXT. Toute personne née dans ces territoires. *Créoles d'origine africaine.* ■ **2 adj.** Des pays tropicaux à colonisation blanche et esclavage noir. *Pays créole. Parlers créoles.* ◆ **n. f.** ou **adj.** *Riz (à la) créole* : cuit à l'eau, séché et accompagné soit de fruits, soit de poivrons et de tomates. ■ **3 n. m.** LING. Système linguistique mixte provenant du contact d'une langue indoeuropéenne (français, espagnol, portugais, anglais, néerlandais) avec des langues indigènes ou importées (Antilles) et devenu langue maternelle d'une communauté. *Créole, pidgin, sabir. Le créole d'Haïti, de la Guadeloupe, de la Martinique, de la Réunion, de la Guyane,* à base française. *Les créoles anglais de la Jamaïque, de la Barbade. Créole portugais de Guinée-Bissau, du Cap-Vert. Parler, apprendre le créole. Grammaire du créole mauricien. Conte en créole.* — **adj.** *Locutions créoles. Vocabulaire créole.* ■ **4 n. f.** Grand anneau d'oreille. *Une paire de créoles en or.*

CRÉOLISATION [kReɔlizasjɔ̃] **n. f.** – 1975 ◊ de *créoliser* ■ LING. Processus par lequel un pidgin, une langue se créolise. — FIG. *« À la suite d'Édouard Glissant, je crois que l'avenir est à la créolisation du monde et que le mythe d'une purification de race est une aberration scientifique tout autant qu'un non-sens historique »* R. FRYDMAN.

CRÉOLISER [kReɔlize] **v. tr.** ‹1› – 1838 v. pron. ◊ de *créole* ■ LING. Donner à (un usage de la langue) des caractères d'un créole *« Il ne s'agit pas de créoliser le français, mais d'explorer l'usage responsable [...] qu'en pourraient avoir les Martiniquais »* GLISSANT. — PRONOM. (plus cour.) *Langue qui se créolise.* — **p. p. adj.** *Langue créolisée.*

CRÉOLITÉ [kReɔlite] **n. f.** – 1976 ◊ de *créole* ■ DIDACT. Appartenance à la communauté créole. *« Ainsi naît peu à peu l'esprit créole, la créolité »* R. CONFIANT.

CRÉOSOTE [kReɔzɔt] **n. f.** – 1832 ◊ grec *kreas* « chair » et *sôzein* « conserver » ■ Mélange huileux de phénols et de crésols obtenu par distillation des goudrons du bois (hêtre, bouleau) qu'il protège des parasites. *Injection de créosote dans des poteaux. La créosote dégagée par la combustion du bois contribue à la fumaison des viandes et poissons.*

CRÊPAGE [kRɛpaʒ] **n. m.** – 1723 ◊ de *crêper* ■ **1** Apprêt d'une étoffe pour en faire un crêpe. ■ **2** (1877) FAM. *Crêpage de chignon**. ◆ (1887) Action de crêper (I) les cheveux. ■ CONTR. Décrêpage.

1 **CRÊPE** [kRɛp] **n. f.** – XIIIe ; *cresp* adj. XIIe ◊ latin *crispus* « frisé » ■ Fine galette faite d'une pâte liquide composée de lait, de farine et d'œufs, que l'on a fait frire, saisir dans une poêle ou sur une plaque (➤ **billig, crêpière**). *Crêpe bretonne. Crêpes de froment, de sarrasin.* ➤ **galette.** *Crêpe épaisse.* ➤ **blini, matefaim, pancake ;** RÉGION. **flognarde.** *Crêpe flambée. Crêpe Suzette,* au jus d'orange et Grand Marnier, flambée. *Crêpes dentelle**. *Faire des crêpes à la Chandeleur. Faire sauter des crêpes. « Il parle des crêpes que Caroline leur avait appris à faire, des crêpes de grand chef qu'on envoie en l'air et qu'on attrape à la volée »* N. APPANAH. ◆ LOC. *S'aplatir comme une crêpe* : se soumettre lâchement. *Retourner qqn comme une crêpe,* lui faire changer brutalement d'opinion.

2 **CRÊPE** [kRɛp] **n. m.** – 1357 ◊ de l'adj. *cresp* → 1 crêpe ■ **1** Tissu serré de soie, de laine fine, auquel on fait subir un certain apprêt suivi d'une compression. *Crêpe de soie,* dont les fils de chaîne sont très tordus. *Crêpe de Chine. Crêpe Georgette* (ou *georgette*), souple, transparent. *Crêpe satin. Robe drapée de crêpe, en crêpe.* ◆ Morceau de crêpe noir, que l'on porte en signe de deuil. *Voile de crêpe.* ABSOLT *Porter un crêpe,* à la coiffure, au revers de la veste, en brassard. *« il avait gardé à son chapeau le crêpe de l'enterrement de Jacques »* GIRAUDOUX. ■ **2** Latex de caoutchouc coagulé et séché, servant à faire des semelles de chaussure. *Chaussures à semelles de crêpe,* APPOS. INV. *à semelles crêpe.*

CRÊPELÉ, ÉE [kRɛple] **adj.** – *crespelé* XVIe ; *crêpelu* 1560 ◊ de *crêper* ■ Frisé à très petites ondulations (cheveux). ➤ **crépu.** *« Tes cheveux crespelés* [sic], *ta peau de mulâtresse »* BAUDELAIRE.

CRÊPELURE [kRɛplyR] **n. f.** – 1569 ◊ de *crêpeler* ■ RARE Frisures à très petites ondulations.

CRÊPER [kRepe] **v. tr.** ‹1› – attesté 1523 (cf. *crespeure* [v. 1377]) ◊ latin *crispare* « friser »

I Donner une frisure très serrée à (la chevelure). ➤ **crépu.** — Peigner (les cheveux) de la pointe vers la racine de manière à leur donner du volume. *Des cheveux crêpés.* ◆ FIG. FAM. *Se crêper le chignon**.

II TECHN. Préparer le crêpe en faisant subir une torsion à la chaîne. *Crêper une étoffe.*

■ CONTR. Décrêper.

CRÊPERIE [kRɛpRi] **n. f.** – 1929 ◊ de 1 *crêpe* ■ Local où l'on fait, où l'on consomme des crêpes. *Crêperie bretonne. Restaurant-crêperie.*

CRÉPI [kRepi] **n. m.** – 1528 ◊ de *crépir* ■ Enduit non lissé de plâtre, de ciment, souvent teinté, dont on revêt un mur. *Crépi à la chaux. Crépi intérieur, extérieur. Maison en crépi rose.*

CRÉPIDULE [kRepidyl] **n. f.** – 1801 ◊ latin scientifique *crepidula,* du latin « petite sandale *(crepida)* », du grec *crêpis* « chaussure d'homme » ■ Gastéropode marin à coquille ovale, également appelé *berlingot de mer. La crépidule prolifère sur les côtes bretonnes.*

CRÊPIER, IÈRE [kRepje, jɛR] **n.** – 1863 fém. ◊ de 1 *crêpe* ■ **1** Personne qui fait et vend des crêpes. ■ **2 n. f.** Appareil à plaques chauffantes sur lesquelles on fait des crêpes ; poêle très plate, pour faire des crêpes.

CRÉPINE [kRepin] **n. f.** – 1390 ; *crespine* « collerette » 1265 ◊ de 2 *crêpe* ■ **1** Frange de passementerie ouvragée. *« des crépines et des franges d'or »* SAINT-SIMON. ■ **2** (XIVe) Membrane graisseuse et transparente (épiploon) qui enveloppe les viscères du veau, du porc, utilisée en cuisine. ➤ **toilette.** *Saucisse enveloppée dans de la crépine.* ➤ **crépinette.** ■ **3** Tôle perforée servant à arrêter les corps étrangers à l'ouverture d'un tuyau.

CRÉPINETTE [kRepinɛt] **n. f.** – 1740 ; « ouvrage de passementerie » 1265 ◊ de *crépine* ■ Saucisse plate entourée d'un morceau de crépine. ➤ RÉGION. **atriau.**

CRÉPIR [kʀepiʀ] **v. tr.** ‹2› – XIVe «rendre (la surface du mur) grenue»; *crespir* «friser» fin XIIe ◇ de l'ancien adj. *cresp* → 1crêpe ▪ Garnir (un mur) d'un crépi (➤ **rustiquer ; recrépir**). *Crépir un mur. «Le mur du jardin était crépi à chaux et à sable»* SAND. ◆ *Crépir le cuir,* en faire venir le grain. ▪ CONTR. Décrépir.

CRÉPISSAGE [kʀepisaʒ] **n. m.** – 1611 ◇ de *crépir* ▪ Action de crépir un mur. *Crépissage à la truelle.* ◆ État d'une surface crépie (ou *crépissure* **n. f.**).

CRÉPITATION [kʀepitasjɔ̃] **n. f.** – 1560 ◇ bas latin *crepitatio* ▪ **1** VIEILLI ou LITTÉR. Fait de crépiter ; bruit de ce qui crépite. ➤ **crépitement.** *Crépitation du feu. «Mille crépitations inusitées font ressembler les arbres à des êtres animés»* SAND. ▪ **2** MÉD. *Crépitation osseuse* : bruit que font entendre les fragments d'un os fracturé quand ils frottent l'un contre l'autre. — (1833) *Crépitation pulmonaire* : bruit produit par l'air dans les alvéoles du poumon dans certains états pathologiques (pneumonie, œdème aigu).

CRÉPITEMENT [kʀepitmɑ̃] **n. m.** – 1866 ◇ de *crépiter* ▪ COUR. Crépitation. *Le crépitement du feu.* ➤ **craquement.** *«Le crépitement régulier d'une mitrailleuse»* DORGELÈS.

CRÉPITER [kʀepite] **v. intr.** ‹1› – XVe, rare avant XVIIIe ◇ latin *crepitare* ▪ Faire entendre une succession de bruits secs. *Le feu crépite.* ➤ **craquer, 2grésiller, pétiller.** *L'huile crépite sur le feu. Les applaudissements crépitaient.*

CRÉPON [kʀepɔ̃] **n. m.** – *crespon* v. 1550 ◇ de 2*crêpe* ▪ Crêpe de coton épais. *Peignoir de crépon.* — APPOS. *Papier crépon* : papier gaufré décoratif. *Pot de fleurs entouré de papier crépon. Des «rouleaux de papier crépon, ce papier fin et gaufré qui prend les plis et adopte les couleurs les plus franches»* H. GUIBERT.

CRÉPU, UE [kʀepy] **adj.** – 1175 ◇ de 2*crêpe* ▪ *Cheveux crépus,* qui présentent une frisure naturelle très fine et très serrée et ont beaucoup de volume.

CRÉPUSCULAIRE [kʀepyskylɛʀ] **adj.** – 1705 ◇ de *crépuscule* ▪ **1** LITTÉR. Du crépuscule (2°). *Lumière, lueur crépusculaire. «Un jour crépusculaire où certaines nuances prennent plus d'éclat»* CHARDONNE. ▪ **2** *Animaux crépusculaires,* qui ne sortent qu'au crépuscule. *Les papillons crépusculaires.*

CRÉPUSCULE [kʀepyskyl] **n. m.** – hapax XIIIe «aube» ◇ latin *crepusculum,* de *creperus* «douteux» ▪ **1** VX Lueur qui précède le lever du soleil. ➤ 1**aube, aurore.** *«C'était l'heure où le jour chasse le crépuscule»* HUGO. ◆ MOD., LITTÉR. *Le crépuscule du matin.* ▪ **2** (1596) Lumière incertaine qui succède immédiatement au coucher du soleil. ➤ **brune ;** RÉGION. **brunante ; déclin, tombée** (du jour). *Au crépuscule, à l'heure du crépuscule* : à la nuit tombante (cf. Entre chien et loup). ➤ **crépusculaire.** *«Le crépuscule encor jette un dernier rayon»* LAMARTINE. *«Le crépuscule se faisait nuit»* MAURIAC. ▪ **3** FIG. et LITTÉR. Déclin, fin. *Le crépuscule d'un empire.* ➤ **décadence.** *Le crépuscule de la vie.* ➤ **vieillesse.** *«Les Chants du crépuscule», recueil de poèmes de Victor Hugo. «Le Crépuscule des Dieux», opéra de Wagner.*

CRESCENDO [kʀeʃɛndo ; kʀeʃɛ̃do] **adv.** et **n. m.** – 1775 ◇ mot italien «en croissant», de *crescere* «croître» ▪ **1** MUS. En augmentant progressivement l'intensité sonore. ➤ **rinforzando.** *Passage exécuté crescendo.* ADJT INV. *Des passages crescendo.* — **n. m.** *Des crescendos. Le crescendo est marqué par le signe* <. ▪ **2** PAR ANAL. En augmentant, en croissant. *Sa maladie, sa mauvaise humeur vont crescendo.* — **n. m.** ➤ **amplification, hausse, montée.** *«le crescendo naturel qu'on observe toujours dans de telles agitations»* MICHELET. ▪ CONTR. Décrescendo.

CRÉSOL [kʀezɔl] **n. m.** – 1866 ◇ de *cré(o)s(ote)* et *-ol* ▪ CHIM. Chacun des trois phénols dérivés du toluène et utilisés comme désinfectants (notamment le *crésyl* [kʀezil] n. déposé).

CRESSON [kʀesɔ̃ ; kʀəsɔ̃] **n. m.** – 1130 ◇ francique °*kresso* ; cf. allemand *Kresse,* avec influence de *croître* ▪ **1** Plante herbacée vivace, à tige rampante et à feuilles découpées en lobes arrondis *(crucifèracées),* cultivée pour ses parties vertes comestibles à goût piquant. *Cresson de fontaine,* qui pousse dans les mares et les ruisseaux. *Culture du cresson de fontaine dans des cressonnières. Salade de cresson. Soupe au cresson.* ▪ **2** PAR ANAL. *Cresson alénois.* ➤ **nasitort, passerage.** — *Cresson des prés* (ou *cressonnette* **n. f.**). ➤ **cardamine.**

CRESSONNIÈRE [kʀesɔnjɛʀ] **n. f.** – 1274 ◇ de *cresson* ▪ Lieu baigné d'eau où l'on cultive le cresson.

CRÊT [kʀɛ] **n. m.** – XIIIe, repris XXe, en géogr. ◇ mot région. du Jura → crête ▪ Escarpement rocheux qui borde une combe. *Le crêt de la Neige, point culminant du Jura.* ▪ HOM. Craie.

CRÉTACÉ, ÉE [kʀetase] **adj.** et **n. m.** – 1735 ◇ latin *cretaceus,* de *creta* «craie» ▪ **1** VX Qui contient de la craie. ➤ **crayeux.** ▪ **2** Qui correspond à une période géologique de la fin du secondaire, au cours de laquelle se sont formés (notamment) les terrains à craie. *Terrains crétacés, couches crétacées.* ◆ **n. m.** *Le crétacé. Reptiles fossiles du crétacé. Le crétacé inférieur,* le plus ancien.

CRÊTE [kʀɛt] **n. f.** – *creste* XIIe ◇ latin *crista,* correspondant à l'ancien occitan *cresta* ▪ **1** Excroissance charnue, rouge, dentelée, sur la tête de certains gallinacés. *Crête de coq.* ◆ Excroissance sur la tête de certains oiseaux, sur la tête et le dos de certains amphibiens. *Crête d'un iguane.* ◆ PAR ANAL. Ornement suivant la partie supérieure de l'arrondi (d'un casque). PAR EXT. *La crête d'un punk,* cheveux dressés selon cette forme. ▪ **2** (v. 1200) Ligne de faîte d'une montagne. *Chemin, route de crête. «Les sommets dont les crêtes dessinaient une immense ligne dentelée»* MAUPASSANT. — Sommet d'un mur, d'une construction (➤ **parapet**). *«Il vit sur la crête du rempart un gros pigeon»* FLAUBERT. *Crête d'un toit* : les tuiles, les ardoises faîtières. ➤ **faîte.** ◆ GÉOGR. Ligne de partage des eaux. ▪ **3** ANAT. Partie saillante et allongée. *La crête du tibia. Crêtes sourcilières.* ➤ **arcade.** ◆ SC. Valeur maximale (représentée par un sommet sur un graphique). ▪ **4** COUR. Arête supérieure d'une vague, d'une lame (opposé à *creux*). *Des vagues aux crêtes frangées d'écume. «la vague la mieux formée, celle dont la crête sera haute sans être trop pointue»* KERANGAL. *Crêtes qui déferlent.*

CRÊTÉ, ÉE [kʀete] **adj.** – *cresté* XIIe ◇ de *crête* ▪ ZOOL. Qui porte une crête. *Coq bien crêté.* — *Un casque crêté.*

CRÊTE-DE-COQ [kʀɛtdəkɔk] **n. f.** – 1611 ◇ de *crête, de* et 1*coq* ▪ **1** Nom courant de plusieurs plantes (sainfoin, rhinanthe) à feuilles dentelées. ▪ **2** (1834) Verrue génitale, IST liée au papillomavirus. ➤ **condylome.** *Des crêtes-de-coq.*

CRÉTELLE [kʀetɛl] **n. f.** – 1786 ◇ de *crête* ▪ Graminée fourragère. *La crételle des prés.*

CRÉTIN, INE [kʀetɛ̃, in] **n.** – 1750 ◇ valaisan *crétin,* var. de *chrétien* «innocent» ▪ **1** MÉD. Personne atteinte de crétinisme. ▪ **2** COUR. Personne stupide. ➤ **idiot, imbécile.** *Quel crétin !* ➤ **andouille, patate.** *Bande de crétins !* — **adj.** *Il est vraiment crétin.* ➤ **bête*, stupide.** *Ça alors, c'est crétin !* ➤ **con.**

CRÉTINERIE [kʀetinʀi] **n. f.** – 1860 ◇ de *crétin* ▪ Action de crétin (2°). ➤ **bêtise*,** FAM. **connerie, sottise.** — Caractère du crétin. *Il est d'une crétinerie !* ➤ **crétinisme.**

CRÉTINISANT, ANTE [kʀetinizɑ̃, ɑ̃t] **adj.** – 1870 ◇ de *crétiniser* ▪ Qui rend bête, qui crétinise. ➤ **abêtissant.** *Une lecture, une émission télévisée crétinisante.*

CRÉTINISATION [kʀetinizasjɔ̃] **n. f.** – 1870 ◇ de *crétiniser* ▪ Action de crétiniser. ➤ **abêtissement.** *Crétinisation des masses.*

CRÉTINISER [kʀetinize] **v. tr.** ‹1› – 1834 ◇ de *crétin* ▪ Rendre crétin (2°). ➤ **abêtir, abrutir.** *Ce milieu l'a crétinisé.* ▪ CONTR. Éveiller.

CRÉTINISME [kʀetinism] **n. m.** – 1784 ◇ de *crétin* ▪ **1** MÉD. Déficience mentale et physique en rapport avec une insuffisance thyroïdienne, et souvent accompagnée de goitre. ➤ **myxœdème.** *Crétinisme congénital. Crétinisme endémique,* dû à une carence en iode. *Le crétinisme a été éradiqué dans de nombreux pays.* ▪ **2** COUR. Grande bêtise. ➤ **crétinerie, idiotie, imbécillité, sottise, stupidité.** *Le crétinisme ambiant.*

CRÉTOIS, OISE [kʀetwa, waz] **adj.** et **n.** – v. 1165 ◇ de *Crète,* latin *Creta* ▪ De l'île de Crète. *Art crétois antique. Régime* crétois.* **n. m.** *Le crétois* : langue parlée dans la Crète antique.

CRETONNE [kʀətɔn] **n. f.** – 1723 ◇ p.-ê. de *Creton,* village de l'Eure ▪ Toile de coton très forte. *Housse en cretonne. «Les deux fenêtres et leurs rideaux de cretonne à fleurs»* CHARDONNE.

CRETONS [kʀətɔ̃] **n. m. pl.** – début XIIe ◇ du néerlandais *kerte* «entaille» ▪ RÉGION. ▪ **1** (Nord) Résidus de lard fondu. ➤ **fritons, grattons, greubons, rillettes, rillons.** (Champagne, Ardennes, Lorraine) Dés de poitrine de porc. ▪ **2** (Canada) Pâté à base de viande de porc ou de veau hachée, assaisonnée avec des oignons. *Sandwich aux cretons.*

CREUSEMENT [kʀøzmɑ̃] **n. m.** – 1611 ; *crousement* 1287 ◇ de *creuser* ▪ Action de creuser. FIG. *Le creusement des inégalités, du déficit.* ➤ **accentuation, augmentation.**

CREUSER [kʀøze] **v.** ‹1› – *croser* 1190 ◇ de *creux*
I **v. tr.** ▪ **1** Rendre creux en enlevant de la matière. ➤ **évider, trouer.** *La mer creuse les falaises.* ➤ **affouiller,** 1**caver.** — Faire un trou, des trous en profondeur dans. *Creuser la terre* (➤ **défoncer, excaver, forer, piocher**) *pour chercher* (➤ **fouiller,**

fouir). ◆ LOC. *Se creuser la tête, la cervelle* : faire un grand effort de réflexion, de mémoire. *« Les idées me manquent, j'ai beau me creuser la tête, il n'en jaillit rien »* FLAUBERT. ABSOLT, FAM. *Se creuser* : réfléchir intensément. ▪ **2** (1869) FIG. VIEILLI *Creuser l'estomac* : donner faim. ABSOLT, MOD. *Le grand air, ça creuse.* ▪ **3** Donner une forme concave à. *Creuser la taille.* ➤ **cambrer.** *Creuser un décolleté.* ➤ **échancrer.** *La maladie lui a creusé les joues, les yeux.* **p. p. adj.** *Visage creusé de rides,* aux rides profondes. ➤ **sillonné.** ▪ **4** FIG. Approfondir. *Creuser une idée ; c'est une idée à creuser. « Ne creusez pas trop les consciences. Vous trouveriez souvent au fond de la sévérité l'envie, au fond de l'indulgence la corruption »* HUGO.

II v. tr. ▪ **1** Faire (qqch.) en enlevant de la matière. *Creuser un trou dans la terre. Creuser une fosse, une tranchée, un sillon, un canal. Fleuve qui creuse son lit. Creuser un tunnel* (➤ **ouvrir**), *un puits* (➤ **foncer, forer**). *« Un animal paresseux, dans les bois les plus sombres, et qui s'y creuse une demeure souterraine »* BUFFON. ◆ LOC. FIG. *Creuser sa fosse, sa tombe avec les dents* : risquer sa vie en se nourrissant trop ou mal. — *Creuser son sillon* : poursuivre son œuvre avec persévérance. ▪ **2** FIG. Rendre plus important (ce qui sépare deux choses, deux personnes). *Creuser l'écart.* ➤ **accentuer.** *Creuser un abîme entre deux personnes.* ➤ **désunir, séparer.**

III SE CREUSER v. pron. ▪ **1** Affecter une forme creuse. *Ses joues se creusent. Elle plonge et sa taille se creuse.* ▪ **2** Se former (trou), devenir plus profond. *Une vilaine plaie qui se creuse. — La mer se creuse,* devient mauvaise. — (cf. aussi I, 1°). ◆ FIG. *Abîme qui se creuse entre deux personnes.*

IV v. intr. Faire, approfondir un trou. *Creuser dans la terre. Il faut creuser plus profond, plus loin. « Plus on creuse avant dans son âme, plus on ose exprimer une pensée très secrète, plus on tremble lorsqu'elle est écrite »* STENDHAL. FAM. *Pour la culture, il ne faut pas trop creuser* : il a une culture superficielle (➤ **gratter**).

▪ CONTR. 1 Bomber, combler.

CREUSET [kʀøzɛ] **n. m.** – 1514 ◊ altération de l'ancien français *croisuel* « lampe », gallo-roman °*croseolus,* par attraction de *creux* et changement de suffixe ▪ **1** Récipient qui sert à faire fondre ou calciner certaines substances et qu'on utilise en chimie, dans l'industrie. ➤ **coupelle.** *Creuset en terre, en porcelaine, en platine, en plombagine, en graphite. Creuset de verrerie,* destiné à recevoir le verre fondu. *Épurer au creuset. Mélanger des corps dans un creuset.* ▪ **2** FIG. Lieu où diverses choses se mêlent, se fondent. *« Le théâtre est un creuset de civilisation. C'est un lieu de communion humaine »* HUGO. *Le creuset américain.* ➤ **melting-pot.** ◆ LITTÉR. Moyen d'épuration. *Le creuset du temps, de la souffrance.* ➤ **épreuve.** *« Ton âme généreuse Qui s'épurait encore au creuset du malheur »* VOLTAIRE. ▪ **3** SPÉCIALT Partie inférieure d'un haut-fourneau où se trouve le métal en fusion.

CREUX, CREUSE [kʀø, kʀøz] **adj.** et **n.** – 1265 ; *crues* XIIe ◊ latin populaire °*crossus,* °*crosus* ; d'origine gauloise

I ~ adj. ▪ **1** Qui est vide à l'intérieur. ➤ **évidé, vide.** *Tige creuse, arbre creux. Os creux. Balle, statuette creuse. Fibre creuse. Dent creuse,* trouée par une carie. — LOC. FAM. *Il n'y a pas de quoi se boucher une dent creuse* : il n'y a presque rien à manger. — *Ventre, estomac creux,* vide. *Avoir l'estomac creux* : avoir faim. *Avoir le nez creux* : avoir du flair, deviner. ◆ *Un son creux,* celui d'un objet creux sur lequel on frappe. **adv.** *Sonner creux.* ▪ **2** Qui offre peu de matière. *Tissu creux,* dont le tissage est lâche. *Viande* creuse.* ◆ *Période, saison, heures creuses,* pendant lesquelles les activités sont ralenties. *Heures creuses et heures de pointe.* ▪ **3** Vide de sens. *Paroles creuses.* ➤ **futile, vain.** *Discours, texte creux.* ➤ **logomachie, verbiage.** *Raisonnement creux,* peu solide. ➤ **faible, inconsistant.** *« les lettres, privées des sciences, sont creuses, car la science est la substance des lettres »* FRANCE. *« Les mots sonores sont aussi les plus creux »* GIDE. ➤ **insignifiant.** ▪ **4** Qui représente une courbe rentrante, une concavité. *Surface creuse.* ➤ **concave, rentrant.** *Assiette creuse,* profonde, qui peut contenir des liquides. *Pli creux,* qui forme un creux en s'ouvrant. *Mer creuse,* qui se creuse en longues et hautes lames. — PAR EXT. *Chemin creux,* enfoncé, en contrebas. ➤ **encaissé.** *Visage creux, joues creuses.* ➤ **amaigri,** 1 **maigre.** *Yeux creux.* ➤ 2 **cave, cerné.**

II ~ n. m. ▪ **1** Vide intérieur dans un corps. ➤ **cavité, enfoncement, trou.** *Se cacher dans un creux du sol.* ➤ **dépression.** *« ces creux d'arbres, ces tunnels sous le feuillage »* LE CLÉZIO. *Sonner le creux* : produire le son d'un objet creux frappé. ◆ LOC. *Avoir un creux (à l'estomac)* : avoir faim. *Un biscuit pour les petits creux. — Avoir un bon creux,* une voix de basse profonde, bien timbrée. ▪ **2** FIG. Période d'activité ralentie. *Période de creux. Le creux du vendredi, des vacances. Ménager un creux dans la semaine.* ▪ **3** Partie concave. ➤ **concavité.** *Présenter des creux et des bosses. Dans le creux de la main,* le milieu de la paume. LOC. FIG. *Manger dans le creux de la main de qqn,* lui être soumis. *Creux de l'épaule. Au creux des reins. Creux de l'estomac* : partie du buste au-dessous du sternum. *Dans le creux de l'oreille*.* ◆ *Le creux d'une vague.* LOC. FIG. *Être dans le creux de la vague,* au plus bas de son succès, de sa réussite. — MAR. Profondeur entre deux lames, de la crête à la base. *Mer d'un mètre de creux.* ▪ **4** loc. adv. **EN CREUX :** selon une forme concave, évidée. *Gravure en creux.* ➤ **taille-douce.** — FIG. De façon indirecte. ➤ **indirectement.** *Faire un portrait en creux. Lecture en creux* (cf. Entre les lignes*).

III ~ n. f. Huître à coquille creuse. *Des creuses de Bretagne.*

▪ CONTR. Plein. 1 Plat. Convexe, bombé, renflé. — Aspérité, bosse, proéminence, relief, saillie.

CREVAISON [kʀəvɛzɔ̃] **n. f.** – 1856 ; hapax XIIIe ◊ de *crever* ▪ **1** Action de crever ; son résultat. *Crevaison d'un pneu de bicyclette, d'un ballon.* ➤ **éclatement.** *Réparer une crevaison.* ▪ **2** VIEILLI, POP. Mort*. ➤ FAM. **crève.**

CREVANT, ANTE [kʀəvɑ̃, ɑ̃t] **adj.** – 1883 ; « qui ennuie » 1857 ◊ de *crever* ▪ FAM. ▪ **1** Qui fait crever, mourir de fatigue. ➤ **épuisant, éreintant, tuant.** *C'est un boulot crevant.* ▪ **2** Qui fait crever, éclater de rire. ➤ **désopilant, drôle*.** *Il est crevant quand il imite son patron.* ▪ CONTR. Reposant. Triste.

CREVARD, ARDE [kʀəvaʀ, aʀd] **n.** et **adj.** – 1907 ; « moribond » 1861 ◊ de *crever* ▪ FAM. ▪ **1** Personne en mauvaise santé. ▪ **2** (1939) Personne qui a toujours faim. *« Les crevards ! Ils ne laissaient rien perdre »* R. GUÉRIN. ▪ **3** Personne avide, égoïste. *Fais pas ton crevard !* ➤ **radin.**

CREVASSE [kʀəvas] **n. f.** – v. 1150 ◊ latin populaire °*crepacia,* de *crepare* → crever ▪ **1** Fente profonde à la surface d'une chose. ➤ **fente, fissure.** *Crevasse d'un mur.* ➤ **lézarde.** *Crevasse dans le sol.* ➤ **anfractuosité, cassure, craquelure,** 2 **faille.** *« La terre était toute fendillée par des crevasses, qui faisaient, en la divisant, comme des dalles monstrueuses »* FLAUBERT. ◆ SPÉCIALT Cassure étroite et profonde dans un glacier. *Tomber dans une crevasse.* ▪ **2** Fissure enflammée de la peau ou au pourtour des orifices naturels (bouche, anus). ➤ **engelure, gerçure.** *Avoir des crevasses aux mains. Crevasses du sein dues à l'allaitement.*

CREVASSER [kʀəvase] **v. tr.** ⟨1⟩ – fin XIVe ◊ de *crevasse* ▪ Faire des crevasses sur, à (qqch.). *Le froid crevasse le sol, les mains.* ➤ **craqueler, fendiller, fendre, fissurer, gercer,** 1 **lézarder. SE CREVASSER v. pron.** *Le sol, le mur se crevasse.* — **p. p. adj.** *Sol crevassé.*

CRÈVE [kʀɛv] **n. f.** – 1902 ◊ de *crever* ▪ FAM. La mort. — *Attraper la crève* : attraper du mal, SPÉCIALT prendre froid. *Avoir la crève, une bonne crève* (rhume, grippe).

CREVÉ, ÉE [kʀəve] **adj.** et **n. m.** – de *crever* ▪ **1** Qui a crevé, présente une déchirure, un trou, une crevaison. *Pneu crevé. « Je m'en allais, les poings dans mes poches crevées »* RIMBAUD. ▪ **2** Mort (animal, plante). *Un chien crevé.* — (PERSONNES ; d'ab. fam.) POP. *« J'aime mieux te voir crevée que de te voir à un autre »* MOLIÈRE. ▪ **3** FAM. Très fatigué*. ➤ 2 **naze.** *Je suis complètement crevé.* ▪ **4 n. m.** (XVIIe) Fente aux manches qui laisse apercevoir la doublure, ornement à la mode sous François Ier. *« Elle parvint à faire apparaître en crevé [...] des doublures de satin »* C. MARTINEZ.

CRÈVE-CŒUR [kʀɛvkœʀ] **n. m.** – *crievecuer* XIIe ◊ de *crever* et *cœur* ▪ Peine profonde mêlée de regret. ➤ **désappointement, peine, supplice.** *« Quel crève-cœur ça devait être pour ce pauvre homme de quitter toutes ces choses »* DAUDET. *« Le Crève-Cœur »,* recueil de poèmes d'Aragon. *Des crève-cœurs.* ▪ CONTR. Joie, soulagement.

CRÈVE-LA-FAIM [kʀɛvlafɛ̃] **n. inv.** – 1870 ◊ de *crever* et *faim* ▪ FAM. Personne miséreuse qui ne mange pas à sa faim.

CREVER [kʀəve] **v.** ⟨5⟩ – v. 1000 ◊ latin *crepare* « craquer »

I v. intr. (XIIe) ▪ **1** S'ouvrir en éclatant, par excès de tension. ➤ **éclater.** *Nuage qui crève. Bulle qui crève. Sac trop plein qui risque de crever.* ➤ **péter.** *Abcès qui crève.* ➤ **percer.** — *Faire crever du riz,* le faire gonfler à l'eau bouillante jusqu'à ce que les grains s'ouvrent. ◆ SPÉCIALT *Le pneu de sa bicyclette, de sa voiture a crevé* (➤ **crevaison**), la chambre à air a été percée et s'est dégonflée. — (Sujet personne) Avoir une crevaison. *Il a roulé six mois sans crever* (➤ **increvable**). ▪ **2** PAR EXT. **CREVER DE...** Être sur le point d'éclater ; être trop gonflé, trop plein de. *Crever d'embonpoint, de graisse.* — FIG. *Crever d'orgueil, de jalousie, de dépit. C'est à crever de rire,* à éclater de rire. ➤ **crevant.** ▪ **3** PAR EXT. (XIIIe) Mourir (animaux, plantes).

Arrosez cette plante, ou elle crèvera. Il a laissé crever un arbuste. — (PERSONNES ; fam. jusqu'au XVIIIe) POP. *Il va crever.* ➤ **mourir***. *Crever à l'hôpital. « C'est l'heure de payer ton terme, ou d'aller crever dans la rue »* BLOY. — FAM. *Il fait une chaleur à crever. Crever de froid, d'ennui. Crever de faim, crever la faim :* mourir de faim, être dans la misère (➤ **crève-la-faim**). POP. *La crever :* avoir très faim. *Je la crève* (cf. Je la saute*).

II v. tr. ▪ 1 Faire éclater (une chose gonflée ou tendue). *Crever un pneu en le perçant.* ➤ **déchirer, percer,** FAM. **péter.** *Crever un ballon, un tambour, le sac d'un papier d'emballage. Crever les yeux à qqn.* ➤ **éborgner.** ▪ 2 LOC. FIG. *Crever les yeux :* être bien en vue, tout proche ; PAR EXT. être évident. ➤ **sauter** (aux yeux). *Il l'aime, ça crève les yeux. — Crever l'abcès*. Crever le cœur :* faire de la peine. ➤ **crève-cœur.** *Crever l'écran*. Crever le plafond*.* ▪ 3 POP. Tuer. *Je vais le crever !* ▪ 4 (début XVIIe) Exténuer par un effort excessif. *Crever un cheval.* — (personnes 1680) FAM. *Ce travail vous crève.* ➤ **épuiser, éreinter, fatiguer*, tuer ;** FAM. **claquer.** *« Je me crevais la santé à faire du commerce »* AYMÉ. — PRONOM. *Se crever au travail.*

CREVETTE [kʀəvɛt] n. f. – 1530 ◇ forme normande de *chevrette* ▪ 1 Petit crustacé marin, ou d'eau douce (➤ **gammare**), décapode, dont certaines espèces sont comestibles. ➤ 2 **bouquet, gambas, salicoque, scampi.** *Crevette grise* (➤ **boucaud**), *rose. Filet à crevettes.* ➤ **crevettier.** *Éplucher, manger des crevettes. Crevettes décortiquées. Crevettes congelées.* ▪ 2 FIG. et FAM. Personne menue. *« son allure de crevette, sa timidité maladive »* O. ADAM.

CREVETTIER [kʀəvetje] n. m. – 1877 ; *crevettière* 1863 ◇ de *crevette* ▪ 1 Filet pour la pêche à la crevette. ➤ **haveneau, truble.** ▪ 2 Bateau qui fait la pêche à la crevette.

CRI [kʀi] n. m. – *criz* X^e ◇ de *crier* ▪ 1 Son perçant émis avec violence par la voix. *Jeter, pousser des cris.* ➤ **crier.** *« ce nouveau-né va respirer, et sa respiration autonome commence par un cri »* F.-B. MICHEL. *Pousser son premier cri :* naître, voir le jour. *Cri primal*. Pousser des cris de paon*. Un long cri. Étouffer un cri. Cri aigu, déchirant, strident ; étouffé, inarticulé, plaintif, sourd. Cri de surprise, de joie, de triomphe ; de fureur, de colère* (➤ FAM. **gueulante**), *de douleur, de désespoir* (➤ **couinement, gémissement, glapissement, grognement, hurlement, plainte**). *« Tu es cri. Comme ce célèbre tableau de Munch dont le cri universel semble déverser tout le malheur, toute la souffrance du monde »* N. CHÂTELET. ▪ 2 Parole(s) prononcée(s) très fort, sur un ton aigu. ➤ **éclat** (de voix). *Cri d'alarme, d'appel, de détresse. Cri de guerre. Cris de dispute, de protestation, d'indignation.* ➤ **braillement, clameur, criaillement, criaillerie, exclamation, gueulement, haro, huée, tollé, vocifération.** — *Cris d'approbation.* ➤ **acclamation,** 2 **bis, bravo, hourra, ovation, vivat.** — SPÉCIALT Annonce des marchands ambulants. *« Dans les grandes artères retentissaient les cris des vendeurs de journaux »* MARTIN DU GARD. — LOC. *Jeter, pousser les hauts cris :* protester véhémentement. *À cor* et à cri.* ♦ FIG. (1892) FAM. *Le dernier cri de la mode,* sa toute dernière nouveauté. *Ce téléphone est du dernier cri. Un modèle dernier cri.* ▪ 3 PAR EXT. Opinion manifestée hautement. *Les cris des opprimés. Un cri unanime.* LOC. *C'est le cri du cœur,* l'expression non maîtrisée d'un sentiment sincère. ▪ 4 DIDACT. Son émis par la voix des animaux variant avec les espèces. *Cri et bruit des animaux. Le cri du chat est le miaulement. Pousser son cri.* REM. Se dit surtout des oiseaux, ou des animaux dont le cri spécifique n'a pas de nom. *Les hirondelles « lançaient leur cri comme une fusée »* LOTI. *Le cri de la chouette.* ▪ 5 PAR ANAL. Bruit aigre, crissement*. ▪ CONTR. Chuchotement, murmure.

CRIAILLEMENT [kʀijɑjmɑ̃] n. m. – 1611 ◇ de *criailler* ▪ Action de criailler ; cri désagréable. *« le criaillement d'un oiseau, qui [...] se hasardait à gazouiller »* PROUST.

CRIAILLER [kʀijɑje] v. intr. ⟨1⟩ – 1555 ◇ de *crier* ▪ 1 Crier sans cesse, se plaindre fréquemment et d'une façon désagréable. ➤ **brailler, piailler, rouspéter.** ▪ 2 Crier (oie, perdrix, faisan, paon, pintade).

CRIAILLERIE [kʀijɑjʀi] n. f. – v. 1580 ◇ de *criailler* ▪ Plainte, cri répété et désagréable sur des sujets anodins. ➤ **protestation, querelle, récrimination.** *« Ce qui nourrit les criailleries des enfants, c'est l'attention qu'on y fait »* ROUSSEAU.

CRIANT, CRIANTE [kʀijɑ̃, kʀijɑ̃t] adj. – 1677 ◇ de *crier* ▪ Qui fait protester. *Injustice criante.* ➤ **choquant, révoltant.** ♦ Très manifeste. *Une absence criante de moyens.* ➤ **évident.** *« La fin de Candide est pour moi la preuve criante d'un génie de premier ordre »* FLAUBERT.

CRIARD, CRIARDE [kʀijaʀ, kʀijaʀd] adj. – 1495 ◇ de *crier* ▪ 1 Qui crie (1° et 2°) désagréablement. *Un enfant criard.* ➤ FAM. **braillard,** 2 **gueulard.** ▪ 2 Aigu et désagréable. *Sons criards. Voix criarde.* ➤ **discordant, glapissant, perçant.** ▪ 3 PAR ANAL. Qui heurte la vue. *Couleur criarde,* trop vive. ➤ **flashy.** *Des filles « traînaient sur les frais gazons le mauvais goût criard de leurs toilettes »* MAUPASSANT. ➤ **tapageur.** ▪ CONTR. Silencieux. Agréable, harmonieux. Sobre.

CRIBLAGE [kʀiblaʒ] n. m. – 1573 ◇ de *cribler* ▪ Action de passer au crible. ➤ **calibrage, triage.** *Le criblage du grain.* — Triage mécanique du minerai par grosseur des morceaux. — MICROBIOL. Technique d'identification et de sélection de micro-organismes selon leurs propriétés.

CRIBLE [kʀibl] n. m. – fin XIIIe ◇ latin populaire *criblum,* classique *cribrum,* de *cernere* ▪ 1 Instrument percé d'un grand nombre de trous, et qui sert à trier des objets de grosseur inégale. ➤ **claie, grille, passoire, sas, tamis.** *Passer au crible.* ➤ **cribler.** *Crible mécanique.* ➤ **calibreuse, trieuse.** ▪ 2 FIG. *Passer une idée, une opinion au crible,* l'examiner avec soin, pour distinguer le vrai du faux, le bon du mauvais. *Au crible de :* à la lumière de, du point de vue de. *Le critique « peut soumettre les faits au crible de son analyse »* DANIEL-ROPS. ▪ 3 MATH. Algorithme qui donne la liste des nombres entiers inférieurs à un nombre donné et doués d'une propriété précise.

CRIBLER [kʀible] v. tr. ⟨1⟩ – XIIIe ◇ latin populaire *criblare,* classique *cribrare* ▪ 1 Passer au crible. ➤ **sasser, tamiser, trier.** *Cribler du charbon. Cribler des fruits.* ➤ **calibrer.** ▪ 2 Percer de trous, comme un crible. *Cribler une cible de flèches. Corps criblé de balles.* — BOT. *Tube* criblé.* ♦ Couvrir, parsemer. *Visage criblé de taches de rousseur.* ♦ FIG. *Être criblé de dettes,* en avoir beaucoup. ➤ **accabler.** *Cribler qqn d'injures, de critiques.* ➤ **accabler, couvrir.** ▪ CONTR. Mélanger, mêler.

CRIBLEUR, EUSE [kʀiblœʀ, øz] n. – 1561 ◇ de *cribler* ▪ 1 TECHN. Personne qui crible. ▪ 2 n. f. (1878) Machine à cribler. ➤ **crible.**

CRIC [kʀik] n. m. – 1447 ◇ p.-ê. moyen allemand *kriec, krich* ▪ Appareil à crémaillère et à manivelle permettant de soulever à une faible hauteur certains fardeaux très lourds. ➤ **treuil ; cabestan, levier, vérin.** *Cric à manivelle. Cric hydraulique. Cric d'automobile.* ▪ HOM. Crique, kriek.

CRIC-CRAC [kʀikkʀak] interj. – v. 1500 ◇ onomat. ▪ Exprime un bruit sec et soudain, une action très rapide. *Cric-crac ! L'os fut remis aussitôt en place.*

CRICKET [kʀikɛt] n. m. – 1728 ◇ mot anglais « bâton » ▪ Sport d'équipe britannique, qui se pratique avec des battes de bois et une balle. *Terrain, match de cricket. Le baseball américain dérive du cricket.*

CRICOÏDE [kʀikɔid] adj. – XVIIIe ◇ grec *krikoeidês,* de *krikos* « anneau » ▪ ANAT. En forme d'anneau. *Cartilage cricoïde,* et n. m. *le cricoïde :* anneau cartilagineux qui occupe la partie inférieure du larynx.

CRICRI n. m. ou **CRI-CRI** [kʀikʀi] n. m. inv. – XVIe ◇ onomat. ▪ Bruit que le grillon, la cigale font avec leurs élytres. ♦ PAR EXT. FAM. Grillon. *Des cricris, des cri-cri.*

CRIÉE [kʀije] n. f. – 1130 ◇ de *crier* ▪ 1 *Vente à la criée* et ELLIPT *Criée :* vente publique aux enchères de biens meubles ou immeubles (➤ **enchère**). *Arrivage de poisson pour la vente à la criée. « Hier, au marché, vente à la criée de viande d'hippopotame »* GIDE. — BOURSE *Cotation à la criée.* — *Chambre des criées. Audience des criées.* ▪ 2 Lieu où l'on vend le poisson à la criée. *La criée du port.*

CRIER [kʀije] v. ⟨7⟩ – v. 1000 ◇ latin populaire °*critare,* classique *quiritare* « appeler, protester »

I v. intr. ▪ 1 Jeter un ou plusieurs cris. ➤ **beugler, brailler, bramer, s'égosiller, s'époumoner, glapir, gueuler, hurler.** *Bébé qui crie.* ➤ **pleurer, vagir.** *Crier de douleur. Crier comme un fou, un damné, comme un putois, un veau, un sourd :* crier très fort. *Crier à tue-tête. Il crie comme si on l'écorchait.* ♦ Pousser son cri (animaux et SPÉCIALT oiseaux). *« L'oiseau crie ou chante »* VALÉRY. ▪ 2 Parler fort, élever la voix au cours d'une conversation, d'une discussion. ➤ **brailler, criailler, gueuler, hurler, vociférer.** *« On peut discuter sans hurler. D'ordinaire on ne crie que quand on a tort »* GIDE. ▪ 3 Manifester son mécontentement à qqn sur un ton élevé. ➤ **criailler, se fâcher, gronder, invectiver, protester, se récrier, tempêter.** *Crier contre qqn,* (POP.) *après qqn. Tes parents vont crier.* — PAR EXT. **CRIER À...** *Crier à l'oppression, au scandale, à l'injustice* (➤ **dénoncer**), *au miracle*.* ▪ 4 (CHOSES) Produire un bruit aigre, désagréable. ➤ **couiner, crisser, gémir, grincer.** *Les gonds de la porte, l'essieu de la roue crient.*

II v. tr. ▪ 1 Dire d'une voix forte. ➤ **gueuler, hurler.** *Crier des*

injures à qqn. Crier un ordre. — (Avec le style direct) *Crier Au secours ! Crier victoire*. Crier au loup*. Crier vengeance. Sans crier gare*. Crier grâce*.* (Avec l'inf.) *Il lui cria de se taire.* (Avec *que* et l'indic., le condit.) «*Je l'ai vu courir comme un fou. Il a crié qu'il allait manquer son train*» CHARDONNE. ♦ FIG. Faire hautement connaître. *Crier la vérité, son innocence.* ➤ **affirmer, clamer, proclamer**. *Crier une nouvelle, un secret sur les toits.* ➤ **claironner, divulguer, ébruiter, publier, répandre, trompeter.** *N'allez pas le crier sur les toits.* ■ **2** Annoncer à haute voix sur la voie publique pour vendre (➤ **crieur**). «*Des camelots traversaient le carrefour en criant des éditions spéciales*» MARTIN DU GARD. DR. *Crier des meubles,* les vendre à la criée. *Crier une vente.* ■ **3** LOC. *Crier famine, crier misère,* s'en plaindre. «*Elle alla crier famine Chez la fourmi sa voisine*» LA FONTAINE. ♦ (1909) (Canada) FAM. *Faire qqch. en criant ciseau, en criant lapin,* très rapidement et facilement.
■ CONTR. Chuchoter.

CRIEUR, CRIEUSE [kʀijœʀ, kʀijøz] n. – XIIe *crieur public* ◇ de *crier* ■ Marchand(e) ambulant(e) qui annonce en criant les nouvelles, sa marchandise. «*Les aboiements des crieurs de journaux*» MARTIN DU GARD. — ANCIENNT *Crieur public* : personne chargée d'annoncer à haute voix des proclamations publiques.

CRIME [kʀim] n. m. – XIIe ; 1174 *crimene* ; 1170 *crimne* ◇ latin juridique *crimen* «décision judiciaire» puis «accusation» ■ **1** SENS LARGE Manquement très grave à la morale, à la loi. ➤ **attentat, 1 délit, faute, 1 forfait, infraction, 3 mal, péché.** *Crime contre nature.* «*L'intérêt que l'on accuse de tous nos crimes, mérite souvent d'être loué de nos bonnes actions*» LA ROCHEFOUCAULD. «*Ô Liberté, que de crimes on commet en ton nom !*» Mme ROLAND. ■ **2** DR. Infraction que les lois punissent d'une peine criminelle (réclusion ou détention criminelles de 10 ans au moins). *Crimes, délits et contraventions. Les crimes sont jugés par la cour d'assises*. Être jugé coupable d'un crime. Crime contre la chose publique. Crime de lèse*-majesté. Crime contre la sûreté de l'État.* ➤ **attentat, complot, espionnage, trahison.** *Crimes contre les particuliers.* ➤ **assassinat, empoisonnement, meurtre, viol.** *Crimes et sévices*. Crime contre les mœurs.* ➤ **attentat.** *Crime contre les propriétés.* ➤ **2 vol ; escroquerie, fraude.** *Crime informatique.* ➤ **cybercrime.** LOC. *Le syndicat du crime ; le crime organisé.* ➤ **mafia.** ♦ DR. INTERNAT. *Crime international* : grave violation du droit des gens susceptible de donner lieu à une répression collective, un procès (➤ **1 délit**). COUR. *Crimes de guerre, de génocide*. Crimes contre l'humanité.* ➤ **déportation, extermination, génocide, holocauste.** *Crimes d'esclavage et de servitude.* ■ **3** COUR. Assassinat, meurtre (dans ce sens parfois *crime de sang,* pour préciser). ➤ **2 homicide ; féminicide, 1 fratricide, 2 infanticide, 2 matricide, néonaticide, 2 parricide.** *Ce n'est pas un accident, c'est un crime. L'arme du crime. Victime d'un crime. Crime crapuleux, passionnel. Crime d'honneur. Crime avec, sans préméditation. Crime parfait,* dont l'auteur ne peut être découvert. «*Il aurait donc semblé que le crime avait eu le vol pour mobile*» ZOLA. *Les crimes d'un roman noir, d'un polar, d'un film d'horreur*.* PROV. *Le crime ne paie pas.* LOC. *Cherchez à qui profite le crime* (vous aurez le coupable). ■ **4** PAR EXAGÉR. Action blâmable que l'on grossit. *C'est un crime d'avoir abattu de si beaux arbres.* «*Il vous fait un crime des choses les plus innocentes*» FÉNELON. ■ CONTR. Exploit, prouesse.

CRIMINALISER [kʀiminalize] v. tr. ⟨1⟩ – 1584 «incriminer» ◇ du latin *criminalis* «criminel» ■ DR. Faire passer de la juridiction civile ou correctionnelle à la juridiction criminelle. *Criminaliser une affaire.* ♦ Ériger en crime (un délit). ■ CONTR. Décriminaliser.

CRIMINALISTE [kʀiminalist] n. – 1660 ◇ du latin *criminalis* «criminel» ■ DR. Juriste spécialisé(e) dans le droit criminel. ➤ **pénaliste.**

CRIMINALISTIQUE [kʀiminalistik] n. f. et adj. – 1907 ◇ de *criminaliste* ■ DR. Science étudiant les techniques de recherche de la preuve des crimes et de leurs auteurs et les procédés d'investigation policière propres à les mettre en pratique. *Laboratoire de criminalistique.* ♦ adj. *Enquête criminalistique.*

CRIMINALITÉ [kʀiminalite] n. f. – 1539 ◇ du latin *criminalis* «criminel» ■ **1** RARE Caractère de ce qui est criminel. ■ **2** Ensemble des actes criminels dont on considère la fréquence et la nature, l'époque et le pays où ils sont commis, leurs auteurs. *Régression de la criminalité. Petite criminalité.* ➤ **délinquance.** *Criminalité internationale. Criminalité informatique.* ➤ **cybercriminalité.** *Criminalité financière, économique, d'entreprise. Science de la criminalité.* ➤ **criminologie.**

CRIMINEL, ELLE [kʀiminɛl] adj. et n. – 1080 ◇ latin *criminalis,* de *crimen* «crime» ■ **1** Qui est coupable d'une grave infraction à la morale, à la loi. *Criminel devant Dieu et devant les hommes.* PAR EXT. *Desseins criminels. Dans une criminelle intention. Un incendie criminel. Avortement criminel,* pratiqué en dehors de l'I. V. G. — FAM. PAR EXAGÉR. *C'est criminel d'attacher ce chien, de jeter ce vin.* ■ **2** n. DR. Personne qui est coupable d'un crime (2°). ➤ **coupable, incendiaire, malfaiteur, meurtrier, violeur, voleur.** *Le criminel et ses complices. Criminel de guerre,* qui commet des atrocités au cours d'une guerre. — FAM. (PAR EXAGÉR.) Coupable (d'une faute, d'une sottise). *Voilà le criminel.* ■ **3** n. COUR. Personne coupable de meurtre. ➤ **assassin*.** *Le criminel a laissé des indices ; est en fuite. Condamnation, exécution d'un criminel.* ■ **4** DR. Relatif aux actes délictueux et à leur répression (➤ **pénal**). *Droit criminel.* VX *Code d'instruction criminelle* : code pénal. — *Juridiction criminelle.* ➤ **assises** (cour d'assises). *Être condamné à la réclusion criminelle à perpétuité. Brigade criminelle,* ELLIPT *la criminelle* (FAM. *la Crim[e]*). n. m. Juridiction criminelle. *Avocat au criminel. Poursuivre qqn au criminel.* ■ CONTR. Innocent, juste, légitime, vertueux.

CRIMINELLEMENT [kʀiminɛlmɑ̃] adv. – XIIIe ◇ de *criminel* ■ **1** D'une manière criminelle. *Agir criminellement.* ■ **2** DR. Devant une juridiction criminelle. *Poursuivre qqn criminellement.*

CRIMINOGÈNE [kʀiminɔʒɛn] adj. – v. 1950 ◇ du latin *crimen, inis* «crime» et *-gène* ■ Qui contribue à l'extension de la criminalité, à la propagation du crime. *Facteurs criminogènes. Milieu criminogène.*

CRIMINOLOGIE [kʀiminɔlɔʒi] n. f. – 1890 ◇ du latin *criminalis* et *-logie* ■ Science de la criminalité ; étude des causes naturelles, individuelles et sociales, des manifestations et de la prévention du phénomène criminel.

CRIMINOLOGUE [kʀiminɔlɔg] n. – 1957 ; *criminologiste* 1933 ◇ de *criminologie* ■ Spécialiste de criminologie.

CRIN [kʀɛ̃] n. m. – XIIe ◇ latin *crinis* «cheveu» ■ **1** Poil long et rude qui pousse au cou (➤ **crinière**) et à la queue de certains animaux, spécialement des chevaux. «*pendus aux crins de nos chevaux*» FROMENTIN. ■ **2** Ce poil utilisé à divers usages. *Crin plat,* employé pour les balais, les pinceaux, les archets et les cordes d'instruments de musique. *Crin de ligne pour pêcher.* — *Étoffes de crin.* ➤ **cilice ; crinoline, 1 étamine.** *Rembourrage de crin. Matelas, oreiller de crin. Gant* de crin.* ■ **3** PAR ANAL. *Crin végétal* : fibre tirée de certains végétaux (agave, palmier [nain], phormion, tampico, tillandsie), préparée pour remplacer le crin animal. ■ **4** (1840 ◇ du cheval qui a tous ses crins) FIG. *À tous crins* : complet, énergique. *Révolutionnaire à tous crins* ou *à tout crin,* à toute épreuve. ♦ *Être comme un crin,* revêche, de mauvaise humeur.

CRINCRIN [kʀɛ̃kʀɛ̃] n. m. – 1661 ◇ onomat. ■ FAM. Mauvais violon. «*on entendait toujours le crincrin du ménétrier qui continuait à jouer dans la campagne*» FLAUBERT.

CRINIÈRE [kʀinjɛʀ] n. f. – 1556 ◇ de *crin* ■ **1** Ensemble des crins qui garnissent le cou de certains animaux. *Crinière du lion, du cheval.* «*il secoua la tête comme un fauve qui veut faire bouffer sa crinière*» TOURNIER. ♦ PAR EXT. *Crinière d'un casque* : touffe de crins fixés à l'apex du casque et qui sert d'ornement. ■ **2** FAM. Chevelure abondante. «*Ce nouvel Adonis, à la blonde crinière*» BOILEAU. *Quelle crinière !* (admiratif).

CRINOÏDES [kʀinɔid] n. m. pl. – 1823 ◇ grec *crinoeides* «en forme de lis» ■ ZOOL. Classe d'échinodermes marins, munis de cirres, dont certaines espèces abyssales sont fixées par un pédoncule. — Au sing. *L'encrine est un crinoïde.*

CRINOLINE [kʀinɔlin] n. f. – 1829 ◇ italien *crinolino,* de *crino* «crin» et *lino* «lin» ■ **1** VX Étoffe à trame de crin. ■ **2** PAR EXT. (1856) Armature de baleines et de cercles d'acier flexibles, que les femmes portaient sous leur jupe pour la faire bouffer. ➤ **panier.** *Robe à crinoline. Les femmes* «*imitant toutes, à l'envi, l'impératrice Eugénie* [...] *balançant leurs crinolines énormes*» FRANCE.

CRIOCÈRE [kʀijɔsɛʀ] n. m. – 1762 ◇ du grec *krios* «bélier» et *kéras* «corne» ■ ZOOL. Insecte coléoptère *(chrysomélidés),* dont la larve est nuisible aux plantes. *Le criocère de l'asperge, du lis.*

1 **CRIQUE** [kʀik] n. f. – 1336 en normand ◇ ancien scandinave *kriki* «crevasse» ■ Enfoncement du rivage où les petits bâtiments peuvent se mettre à l'abri. ➤ **anse, 1 baie, calanque.** *Une crique abritée.* ■ HOM. Cric, kriek.

2 **CRIQUE** [kʀik] n. f. – 1897 ◇ peut-être d'un radical *krikk-,* les bords étant craquants ■ Galette de pommes de terre râpées.

CRIQUET [kʀikɛ] n. m. – fin XIIe ◇ onomat. ■ Insecte volant et sauteur, herbivore *(orthoptères acridiens),* de couleur grise ou brune, très vorace, appelé fréquemment et abusivement *sauterelle.* ➤ **locuste.** *Stridulation du criquet. Les criquets pèlerins se rassemblent en nuées pour voyager et dévorent la végétation sur leur passage. Lutte contre les criquets.* «*À perte de vue les champs étaient couverts de criquets, de criquets énormes, gros comme le doigt*» DAUDET.

CRISE [kʀiz] n. f. – 1478 ; *crisin* hapax XIVe ◇ latin des médecins *crisis,* grec *krisis* «décision» ■ **1** MÉD. Moment d'une maladie caractérisé par un changement subit et généralement décisif, en bien ou en mal. ➤ **phase** (critique). ◆ COUR. Accident qui atteint une personne en bonne santé apparente, ou aggravation brusque d'un état chronique. ➤ **accès, attaque, atteinte, poussée.** *Être pris d'une crise. Crise d'appendicite, d'asthme. Crise cardiaque. Crise d'épilepsie. Crise de foie.* «*Suivre, jour à jour, crise par crise, le rythme régulier et continu de l'aggravation*» MARTIN DU GARD. ■ **2** PAR EXT. Manifestation émotive soudaine et violente. *Crise de nerfs. Crise de fou rire. Piquer une crise de colère, de rage.* ELLIPT et FAM. *Piquer une crise, sa crise :* se mettre en colère. ➤ **criser** (cf. Faire un caca* nerveux). *Ma mère* «*affligea mon enfance par des accès de mélancolie et des crises de larmes*» FRANCE. «*Au sortir de ces aberrations, il tombait dans des crises de dégoût*» R. ROLLAND. — *Crise morale, religieuse. Crise d'identité, de conscience* (➤ **dilemme**). *Crise d'adolescence. Crise de la quarantaine. Traverser une crise.* ■ **3** (1690 ◇ par anal.) Phase grave dans l'évolution des choses, des évènements, des idées. ➤ **perturbation, rupture** (d'équilibre). *Période de crise.* ➤ **phase** (critique). *Crises économiques* (➤ **contraction, dépression, marasme, récession**). — *Crise politique. Crise du pouvoir. Crise ministérielle :* période pendant laquelle le ministère démissionnaire n'est pas remplacé par un nouveau. — *Crise diplomatique, internationale.* ➤ **tension ; conflit.** — *La crise du logement.* ➤ **pénurie.** — *Crise sociale.* «*La Crise de la conscience européenne*», de Hazard. ➤ **ébranlement, malaise,** 2**trouble.** *Crise de confiance.* — *Pays en crise. Économie en crise. Réunir un cabinet de crise. La crise est ouverte, s'est installée. Gérer la crise.* «*réunion de crise avec ses conseillers en communication*» K. TUIL. — ABSOLT Crise économique. *La crise américaine de 1929.* ➤ **dépression.** *La grande crise,* de 1929 à 1939. *Crise génératrice de chômage. Secteur sinistré, touché par la crise.* «*Le client se fait rare, c'est calme avec la crise*» ECHENOZ. *Sortir de la crise* (➤ **reprise**). *Entreprise qui ne connaît pas la crise.* ■ CONTR. Latence, rémission. Accalmie, 1calme, équilibre. Prospérité. Abondance, épanouissement.

CRISER [kʀize] v. intr. ‹1› – 1922 en Suisse romande ◇ de *crise* ■ FAM. Perdre le contrôle de ses nerfs, piquer sa crise*.

CRISPANT, ANTE [kʀispɑ̃, ɑ̃t] adj. – 1845 ◇ de *crisper* ■ Qui crispe, agace, impatiente. ➤ **agaçant, énervant, irritant.** *Une enfant crispante.* «*le crispant maniérisme de l'étoile, Marie Pickford*» GIDE.

CRISPATION [kʀispasjɔ̃] n. f. – 1743 ◇ de *crisper* ■ **1** Mouvement de contraction qui diminue la surface d'un objet et la plisse, la ride. *Crispation d'un morceau de cuir, sous l'action du feu.* ■ **2** MÉD. Contraction involontaire, brève et à peine perceptible, de certains muscles (signe de nervosité, d'émotion). ➤ **contraction, contracture, frisson, spasme, tétanie.** ■ **3** COUR. Mouvement d'agacement, d'impatience, d'irritation. *Donner des crispations à qqn.* ➤ **crispant.** ◆ Tension, conflit larvé. *Les crispations de l'opinion publique.* ■ CONTR. Décrispation, détente.

CRISPER [kʀispe] v. tr. ‹1› – v. 1650 ◇ latin *crispare* «friser, rider» → crêper ■ **1** Contracter en ridant la surface. ➤ **crispation ; convulser, rider.** *Le froid crispe la peau. Le feu crispe le parchemin.* — *Du papier crispé.* ■ **2** Contracter les muscles de. *Angoisse, douleur qui crispe le visage. Visage crispé.* PRONOM. *Sa figure se crispe.* — Se refermer, s'agripper convulsivement (mains). «*Sa main se crispa sur la mantille blanche dont elle avait voilé ses cheveux*» MARTIN DU GARD. *Poing crispé.* ◆ **p. p. adj.** FIG. Qui trahit un état de tension. *Style crispé. Sourire crispé.* ➤ **coincé, constipé.** *Humour crispé.* ■ **3** (1829) FIG. et FAM. Causer une vive impatience à (qqn). ➤ **agacer,** FAM. **gonfler, horripiler, impatienter, irriter.** *Il a le don de me crisper.* ➤ **crispant.** ■ CONTR. Décrisper, détendre ; apaiser.

CRISPIN [kʀispɛ̃] n. m. – 1799 ◇ nom d'un valet de comédie 1654 ; italien *Crispino* ■ **1** ANCIENNT Type de valet de comédie. *Jouer les crispins.* ■ **2** Manchette de cuir cousue à certains gants et destinée à protéger le poignet. *Gants à crispin d'escrimeur, de motocycliste, de bûcheron.*

CRISS ➤ **KRISS**

CRISSEMENT [kʀismɑ̃] n. m. – 1550 ◇ de *crisser* ■ Action de crisser. ➤ **grincement.** *Crissement d'ongles. Crissement de la craie sur le tableau.* «*le crissement soyeux des roues sur l'asphalte sec*» MARTIN DU GARD.

CRISSER [kʀise] v. intr. ‹1› – 1549 ◇ francique °*krisan* «craquer» ■ Produire un bruit aigu de frottement (objets durs et lisses). ➤ **grincer.** *Gravier qui crisse sous les pas.* ➤ **craquer.** *Écouter crisser les cigales.*

CRISTAL, AUX [kʀistal, o] n. m. – 1080 ◇ latin *crystallus,* grec *krustallos* «glace» ■ **1** Minéral naturel transparent et dur (semblable à la glace) ; SPÉCIALT Quartz hyalin. *Un morceau de cristal, de cristal de roche.* — *Cristal d'Islande.* ➤ **spath.** *Le cristal, symbole de pureté, de solidité.* «*Le style est comme le cristal ; sa pureté fait son éclat*» HUGO. ■ **2** (XIVe) Variété de verre limpide et incolore qui contient généralement du plomb. *Fabrication, travail du cristal.* ➤ **cristallerie.** *Cristal de Bohême, de Baccarat. Cristal taillé. Verres en cristal, de cristal.* — *Boule de cristal d'une voyante.* — *Le son clair du cristal heurté* (➤ **cristallin**). FIG. *Une voix de cristal,* claire, pure et sonore. «*Une voix frêle de vieillard, une voix revenue au cristal de l'enfance*» HUYSMANS. ◆ PLUR. *Les cristaux :* les objets de cristal. «*les cristaux de la table et* [...] *les verreries du grand lustre*» ROMAINS. ■ **3** FIG. et LITTÉR. Eau ou glace pure. «*Dans le cristal d'une fontaine*» LA FONTAINE. «*Les plus hautes cascades déroulent leur nappe de cristal*» PROUST. ■ **4** (XVIIe ◇ à cause de la ressemblance des sels cristallisés avec les roches naturelles : le *cristal* [1o] est formé de cristaux de silice pure) SC. Corps solide dont les atomes sont disposés selon des lois géométriques strictes (symétrie des systèmes cristallins*). ➤ **cristallisation, cristallogenèse ; microcristal.** *La maille d'un cristal. Cristal ionique, moléculaire. Cristal cubique, prismatique, orthorhombique, en aiguille. Cristal complexe.* ➤ **macle.** *Cristaux de feldspath, de calcite.* ÉLECTR. *Oscillateur à cristal.* ➤ **quartz.** — (1913) *Cristal liquide :* liquide biréfringent comme les cristaux. *Écran à cristaux liquides.* ➤ **LCD.** ◆ FIG. *Le Cristal-Rouge :* emblème de la Croix-Rouge, sans connotation religieuse (carré rouge reposant sur sa pointe, sur fond blanc). ■ **5** COUR. Élément des cristallisations de liquide (eau, etc.) qui se déposent sur une surface. «*Des cristaux de glace* [...] *fleurissaient les vitres des fenêtres*» FRANCE.

CRISTALLERIE [kʀistalʀi] n. f. – 1745 ◇ de *cristal* ■ **1** Fabrication d'objets en cristal. ➤ **gobeleterie, verrerie.** — Fabrique d'objets en cristal. ■ **2** Ensemble d'objets en cristal. *Cristallerie de Baccarat.*

CRISTALLIN, INE [kʀistalɛ̃, in] adj. et n. m. – *cieux cristallins* 1247 ◇ latin *crystallinus* ■ **1** (XVIe) Clair, transparent comme le cristal. ➤ **clair, limpide, pur, transparent.** *Eaux cristallines.* ◆ *Son cristallin,* aussi pur et clair que celui que rend le cristal (2o). «*d'une voix cristalline qui chantait sur les fins des mots*» HUYSMANS. ■ **2** n. m. (1680 ; *humeur cristalline* XIVe) **LE CRISTALLIN :** le plus important des milieux transparents de l'œil, formant «une lentille biconvexe placée en arrière de la pupille» (Testut). *L'accommodation, modification de la courbure du cristallin par le muscle ciliaire. Suivant la courbure du cristallin, l'œil est dit myope, hypermétrope, presbyte, astigmate. Opacification du cristallin.* ➤ 2**cataracte.** — n. f. pl. **CRISTALLINES :** protéines solubles du cristallin des vertébrés. ■ **3** (XVIIe) SC. Des cristaux (4o) ; relatif à un état solide où la disposition ordonnée des atomes *(réseau cristallin)* produit des formes géométriques définies (opposé à *amorphe*). *Systèmes cristallins :* catégories de classement des cristaux selon leurs éléments de symétrie (triclinique ; clinorhombique ou monoclinique ; orthorhombique ; ternaire ou rhomboédrique ; quadratique ; hexagonal ; cubique). *Optique cristalline :* étude de la propagation du rayonnement dans les milieux cristallins anisotropes. ➤ **biréfringence, interférence, polarisation, réfraction.** — *Roche cristalline,* formée de cristaux visibles à l'œil. *Le mica, le schiste sont des roches cristallines métamorphiques ; le granit, le porphyre, des roches cristallines magmatiques.* PAR EXT. *Massif cristallin.*

CRISTALLINIEN, IENNE [kʀistalinjɛ̃, jɛn] adj. – 1855 ◇ de *cristallin* ■ ANAT. Du cristallin (2o). *Astigmatisme cristallinien. Fibres cristalliniennes.*

CRISTALLISABLE [kʀistalizabl] adj. – 1836 ◇ de *cristalliser* ■ Susceptible de cristalliser. *Le sucre est cristallisable.*

CRISTALLISANT, ANTE [kʀistalizɑ̃, ɑ̃t] adj. – 1845 ◇ de *cristalliser* ■ **1** Qui est en cours de cristallisation. ■ **2** Qui provoque la cristallisation.

CRISTALLISATION [kʀistalizasjɔ̃] n. f. – 1651 ◊ de *cristalliser* ■ 1 SC. Phénomène par lequel un corps passe à l'état de cristaux. *Cristallisation naturelle, artificielle. Cristallisation par fusion* (ex. soufre), *par sublimation* (ex. iode), *par dissolution et évaporation* (ex. chlorure de sodium). ➤ **cristallogenèse.** *Cristallisation fractionnée.* ■ 2 (1741) Concrétion de cristaux. ➤ **arborisation.** *De belles cristallisations de quartz.* ■ 3 FIG. (v. 1792) LITTÉR. Action de se cristalliser, en parlant des sentiments, des idées. *Cristallisation des souvenirs. « Ce que j'appelle cristallisation, c'est l'opération de l'esprit, qui tire de tout ce qui se présente la découverte que l'objet aimé a de nouvelles perfections »* STENDHAL. ■ CONTR. Désagrégation, éparpillement.

CRISTALLISER [kʀistalize] v. ‹1› – 1620 ◊ de *cristal* ■ 1 v. tr. Faire passer (un corps) à l'état de cristaux. *Cristalliser un sel par dissolution.* ➤ **cristallisation.** — p. p. adj. *Du sucre cristallisé* (➤ **candi**). — PRONOM. *« Les sels dissous dans l'eau se cristallisent »* BUFFON. ◆ v. intr. (plus cour.) Passer à l'état cristallin. *Sel qui cristallise lentement. Le carbone cristallise selon le système hexagonal* (➤ **graphite**) *ou le système cubique* (➤ **diamant**). ■ 2 v. tr. (1845) FIG. et LITTÉR. Rassembler (des éléments épars) en un tout cohérent ; rendre fixe, stable (ce qui était fluide). ➤ **concrétiser, fixer, stabiliser.** *Les évènements ont brusquement cristallisé la menace de guerre. « La nécessité a ainsi cristallisé d'un coup un projet qui restait fluide »* ROMAINS. ◆ v. intr. Se préciser, prendre corps, en parlant de sentiments, d'idées. *« Toute sa vie sentimentale a cristallisé autour d'une image maternelle »* THIBAUDET. *« l'idée de la mort de leur enfant lentement cristallise »* KERANGAL. ■ CONTR. Désorganiser. Dissoudre.

CRISTALLISOIR [kʀistalizwaʀ] n. m. – 1845 ◊ de *cristalliser* ■ CHIM. Récipient en verre dans lequel on peut effectuer une cristallisation. PAR EXT. Récipient en verre à bords bas, utilisé dans les laboratoires.

CRISTALLITE [kʀistalit] n. f. – 1884 ◊ allemand *Kristallite* (1875) ; de *cristall(in)* et *-ite* ■ MINÉR. Élément microscopique cristallisé que l'on rencontre dans les roches éruptives. — Ensemble des cristaux élémentaires contenus dans la cellulose.

CRISTALLO- ■ Élément, du grec *krustallos* « cristal ».

CRISTALLOGENÈSE [kʀistaloʒənɛz] n. f. – 1961 « cristallogènie » ◊ de *cristallo-* et *genèse* ■ DIDACT. Formation d'un cristal.

CRISTALLOGÉNIE [kʀistalɔʒeni] n. f. – 1834 ◊ de *cristallo-* et *-génie* ■ Étude de la formation des cristaux, de la cristallogenèse.

CRISTALLOGRAPHIE [kʀistalɔgʀafi] n. f. – 1772 ◊ de *cristallo-* et *-graphie* ■ Science qui étudie les cristaux des minéraux, de substances organiques (protéines, acides nucléiques, etc.) en vue de déterminer leur structure tridimensionnelle. *Cristallographie de protéines par diffraction de rayons X.* — adj. **CRISTALLOGRAPHIQUE.**

CRISTALLOÏDE [kʀistalɔid] adj. et n. – 1541 ◊ de *cristal* et *-oïde* ■ 1 VIEILLI Qui ressemble à un cristal. ■ 2 n. f. (1707) Fine membrane enveloppant le cristallin (appelée aussi *capsule du cristallin*). ■ 3 n. m. Sel fortement dissocié, non visqueux en solution (opposé à *colloïde*). *La plupart des membranes semi-perméables laissent passer les cristalloïdes.*

CRISTALLOPHYLLIEN, IENNE [kʀistalɔfiljɛ̃, jɛn] adj. – 1863 ◊ de *cristallo-* et grec *phullon* « feuille » ■ GÉOL. ■ 1 VIEILLI Dont la structure est cristalline et feuilletée (roches). ➤ **métamorphique.** ■ 2 Se dit des terrains transformés par métamorphisme général.

CRISTE-MARINE [kʀist(ə)maʀin] n. f. – XVe *crete marine* ◊ par altération du latin *crista*, du grec *khrêtmos* « fenouil de mer » ■ Petite plante à feuilles charnues (*ombellifères*) qui pousse dans les fentes des rochers littoraux. ➤ **crithme, fenouil** (marin), **perce-pierre.** *Les feuilles de criste-marine se consomment confites au vinaigre. Des cristes-marines.* — On écrit aussi *christe-marine.*

CRITÈRE [kʀitɛʀ] n. m. – 1750 ◊ latin scolastique *criterium*, du grec *kritêrion*, de *krinein* « discerner » ■ 1 PHILOS. Caractère, signe qui permet de distinguer une chose, une notion, de porter sur un objet un jugement d'appréciation. ➤ VX **critérium** (cf. Trait pertinent). *Un critère sûr.* ■ 2 COUR. Ce qui sert de base à un jugement. *Son seul critère est son intérêt.* ➤ **référence.** *Le style n'est pas le seul critère pour juger de la valeur d'une œuvre. Un bon critère. Un critère subjectif. Comprendre les critères d'un choix. Recherche selon plusieurs critères* (➤ **multicritère**). — ABSOLT Preuve ou raison. *Ce n'est pas un critère.*

CRITÉRIUM [kʀiteʀjɔm] n. m. – v. 1633 ◊ → critère ■ 1 VX Critère. *« le seul critérium de la beauté d'un portrait »* MAUROIS. ■ 2 (1859) MOD. SPORT Épreuve sportive servant à classer, éliminer les concurrents. ➤ **compétition, épreuve, sélection.** *Critérium cycliste. Des critériums.* — HIPPISME *Le critérium des deux ans* (opposé à *omnium*).

CRITHME [kʀitm] n. m. – 1823 ◊ latin *crithmum*, grec *krethmon* ■ ➤ **criste-marine.**

CRITICAILLER [kʀitikaje] v. intr. ‹1› – 1907 ◊ de *critiquer* ■ FAM. Critiquer, blâmer sans raison ou pour le plaisir.

CRITICISME [kʀitisism] n. m. – 1827 ◊ de *critique* ■ PHILOS. Doctrine fondée sur la critique de la valeur de la connaissance. *Le criticisme de Kant.* — adj. **CRITICISTE,** 1838.

CRITICITÉ [kʀitisite] n. f. – v. 1960 ◊ de *critique* ■ PHYS. État d'un milieu ou d'un système critique. *Accident de criticité* : réaction nucléaire en chaîne involontaire et incontrôlée.

CRITIQUABLE [kʀitikabl] adj. – 1737 ◊ de *critiquer* ■ Qui mérite d'être critiqué. ➤ **attaquable, contestable, discutable.** *Son attitude est plus que critiquable, elle est blâmable, condamnable. Il est critiquable sur tous les plans, de tous les points de vue.* ■ CONTR. 1 Louable.

1 **CRITIQUE** [kʀitik] adj. – *cretique* 1372 ◊ bas latin *criticus*, grec *kritikos*, de *krinein* « juger comme décisif » ; cf. *crise* ■ 1 MÉD. Qui a rapport à une crise ; qui décide de l'issue d'une maladie. — *Jour, phase critique. La période critique de l'épidémie est maintenant passée. Le malade est dans un état critique.* ◆ VIEILLI *L'âge critique*, celui de la ménopause. ■ 2 (1762) Qui décide du sort de qqn ; qui amène un changement important. ➤ **décisif ; crucial.** *Se trouver dans une situation critique.* ➤ **dangereux, difficile, grave.** *Le moment, l'heure est critique.* ■ 3 SC. Qui caractérise le seuil extrême d'une discontinuité physique. *Point critique* : état limite entre l'état liquide et l'état gazeux. *Pression, température, volume critique. Masse critique* : masse minimale de matière fissile nécessaire à une réaction nucléaire en chaîne. — PAR EXT. Qui correspond à un seuil. *Point critique d'une maladie. Chemin* critique.*

2 **CRITIQUE** [kʀitik] n. et adj. – 1580 ◊ du latin *criticus* → 1 critique

I ~ n. f. **LA CRITIQUE, UNE CRITIQUE. EXAMEN EN VUE DE PORTER UN JUGEMENT A. JUGEMENT ESTHÉTIQUE** ■ 1 Art de juger les ouvrages de l'esprit, les œuvres littéraires, artistiques. *Critique et histoire littéraires. Critique dramatique, artistique, musicale, cinématographique. « La critique est aisée, et l'art est difficile »* DESTOUCHES. ■ 2 Jugement porté sur un ouvrage de l'esprit, sur une œuvre d'art. ➤ **analyse, appréciation, examen, jugement.** *Critique favorable, défavorable. Faire la critique d'une pièce de théâtre, d'un roman, d'un film, d'un ouvrage scientifique.* ➤ **compte rendu.** ◆ Article de presse portant un jugement sur une œuvre d'art. *Son livre a eu de bonnes, de mauvaises critiques.* — COLLECTIF *Film qui a eu une bonne critique.* ➤ **presse.** *« La critique, c'est comme de l'engrais, ça se jette, ça pourrit et à la fin c'est toujours productif à un endroit ou à un autre »* J. YANNE. ■ 3 (COLLECTIF) (1810) L'ensemble des personnes qui font la critique, des critiques (II). *La critique a bien accueilli ce roman. « S'en prendre à la critique quand elle nous éreinte est enfantin, car il faudrait également la contester quand elle nous approuve »* TRUFFAUT.

B. JUGEMENT INTELLECTUEL, MORAL ; EXAMEN DE LA VALEUR DE QQCH. OU QQN *Critique de la connaissance, de la vérité. La « Critique de la raison pure », ouvrage de Kant* (➤ **criticisme**). *Exercer une critique sévère sur soi-même.* ➤ **autocritique.** *Critique d'un texte*, quant à son contenu *(critique interne)*, à son origine *(externe). Critique historique. — Faire la critique de qqch.*

C. ACTION DE CRITIQUER SÉVÈREMENT ■ 1 (1663) Tendance de l'esprit à émettre des jugements sévères, défavorables. ➤ **attaque, blâme*, censure, condamnation, reproche.** *Prêter le flanc, donner prise à la critique* (➤ **critiquable**). *Faire la critique de* (➤ **procès**). *« L'expérience de la louange et de la critique, du doux et de l'amer »* VALÉRY. ■ 2 Jugement défavorable (cf. Remise en question*). *Une critique sévère, violente.* ➤ **diatribe, éreintement, vitupération.** *Critique spirituelle.* ➤ **épigramme, raillerie, satire.** *Critique systématique.* ➤ **dénigrement.** *Ne pas admettre, ne pas supporter la critique, les critiques. Critiques justes, fondées. Faire, formuler des critiques. Il n'a pas ménagé ses critiques.*

II ~ n. **UN CRITIQUE, UNE CRITIQUE** (1637) Personne qui juge des ouvrages de l'esprit, des œuvres d'art. Commentateur. *Critique littéraire, critique d'art, de cinéma. Elle est critique de cinéma. Une critique redoutée. Critique sévère* (➤ **censeur**). *« Ce ne sont pas les critiques qui font les livres »* BERNANOS.

III ~ **adj.** ▪ **1** (1667) Qui décide de la valeur, des qualités et des défauts des ouvrages de l'esprit, des œuvres d'art. *Considérations, jugements critiques.* ▪ **2** Qui examine la valeur logique d'une assertion, l'authenticité d'un texte. *Examen critique d'un texte. Annotations, notes critiques. Étude, bibliographie critique. Édition critique,* établie soigneusement après critique des textes originaux. *Appareil, apparat* critique.* ◆ **ESPRIT CRITIQUE,** qui n'accepte aucune assertion sans s'interroger d'abord sur sa valeur (cf. Doute méthodique, libre examen). *L'esprit critique d'un historien, d'un sociologue. Manquer d'esprit critique, de sens critique.* ◆ **loc. adv. D'UN ŒIL CRITIQUE :** en examinant les qualités et les défauts. ➤ **curieux, observateur, soupçonneux.** *Il détaillait son interlocuteur d'un œil critique.* ▪ **3** (1694) Qui critique (2°), est porté à critiquer. ➤ **négatif.** *Il s'est montré très critique. Être critique à l'égard de qqn, envers qqn.*

▪ **CONTR.** Crédulité, croyance, foi, naïveté. Admiration, apologie, approbation, compliment, éloge, flatterie, louange. — Admirateur. — Crédule, 1 naïf. Admiratif, complimenteur, élogieux, flatteur, laudatif. Constructif, 1 positif (esprit).

CRITIQUER [kritike] **v. tr.** ‹1› – 1611 ◇ de *critique* ▪ **1** Faire l'examen de (une œuvre d'art ou d'esprit) pour en faire ressortir les qualités et les défauts. ➤ **2 critique ; analyser, discuter, étudier, examiner, 1 juger.** ▪ **2** Émettre un jugement faisant ressortir les défauts de (qqn, qqch.). ➤ **attaquer, blâmer*, censurer, 2 chiner, condamner, contredire, décrier, dénigrer, déprécier, désapprouver, éreinter, étriller, réprouver ;** FAM. **allumer, arranger, 2 bêcher, clasher, criticailler, débiner, démolir, dézinguer, épingler, esquinter, flinguer, 2 taper (sur), torpiller.** *Critiquer qqn avec violence* (cf. Descendre* en flammes). *Critiquer injustement.* ➤ **calomnier.** *Critiquer le gouvernement* (cf. Trouver à redire*). *Critiquer tout le monde. Il a peur de se faire critiquer.* ▪ **CONTR.** Admirer, aduler, apprécier, approuver, féliciter, flatter, 1 louer, préconiser.

CRITIQUEUR, EUSE [kritikœr, øz] **n.** – v. 1590 ◇ de *critiquer* ▪ Qui critique (2°) volontiers. ▪ **CONTR.** Louangeur.

CROASSEMENT [krɔasmɑ̃] **n. m.** – 1549 ◇ de *croasser* ▪ Cri du corbeau, de la corneille. *« les corbeaux filaient au loin à tire-d'aile en poussant des croassements de rappel »* PERGAUD.

CROASSER [krɔase] **v. intr.** ‹1› – *croescer* XVe ◇ onomat. ▪ Crier, en parlant du corbeau, de la corneille. REM. Ne pas confondre avec *coasser.*

CROATE [krɔat] **adj.** et **n.** – 1540 ◇ de *Croatie* ▪ Relatif à la Croatie. — **n.** *Les Croates.* — **n. m.** *Le croate* : langue slave du groupe méridional, parlée en Croatie et en Bosnie-Herzégovine.

CROBARD ➤ **CROQUIS**

CROC [kro] **n. m.** – v. 1120 ◇ francique °*krok* ▪ **1** VX Instrument muni d'un ou de plusieurs crochets et qui sert à pendre qqch. ➤ **crochet, grappin.** *Croc de boucherie.* ▪ **2** TECHN. Longue perche ou instrument terminé par un crochet. *Croc de batelier.* ➤ **1 gaffe.** *Croc à fumier, à pommes de terre* (➤ **fourche**). *Croc de palan, de remorque.* ▪ **3** (v. 1650) Dent pointue de certains animaux (➤ **canine**). *Les crocs d'un chien. Donner un coup de croc* (➤ **mordre**). *Découvrir, montrer ses crocs. « un rictus découvrit ses crocs, éclatants sous les babines noirâtres »* GENEVOIX. — PAR EXT. FAM. Dent. LOC. FAM. *Avoir les crocs* : avoir très faim (cf. Avoir la dalle, avoir la dent). ◆ *Moustaches en croc,* recourbées vers le haut. *« L'autre superbement retrousse Le bout de sa moustache en croc »* GAUTIER.

CROC-EN-JAMBE [krɔkɑ̃ʒɑ̃b] **n. m.** – 1611 ; *croc de la jambe* 1554 ◇ de *croc* et *jambe* ▪ **1** VIEILLI Croche-pied. ➤ RÉGION. **jambette.** *Des crocs-en-jambe* [krɔkɑ̃ʒɑ̃b]. ▪ **2** FIG. Manière adroite et déloyale de supplanter qqn. *« tous ses collègues n'auront qu'une pensée, celle de lui faire un croc-en-jambe, de s'emparer de sa place »* DUHAMEL.

1 **CROCHE** [krɔʃ] **adj., adv.** et **n. m.** – 1520 ◇ de l'ancien français *croche* « crochet », de *croc*

I **adj.** VX ou RÉGION. (Canada, Louisiane) ▪ **1** Recourbé à son extrémité. ➤ **courbe, crochu.** *Nez croche.* ▪ **2** Tordu. *Une règle croche. « Sois pas surpris si mon écriture est toute croche »* LEMELIN. — LOC. *Avoir les yeux croches* : loucher. ▪ **3** FIG. Malhonnête, faux. *Des idées croches.*

II **adv.** (Canada) De travers. *Marcher croche. Se faire regarder croche.*

III **n. m.** (Canada) Ligne courbe. *La rivière fait un croche.* ➤ **coude, méandre, sinuosité.**

2 **CROCHE** [krɔʃ] **n. f.** – 1680 ; *crochuë* 1611 ◇ de 1 *croche* ou du subst. *croche* « crochet » (XIIIe) ; de *croc* ▪ Note de musique dont la durée vaut la moitié de celle de la noire, représentée, lorsqu'elle est isolée, par une noire dont la queue porte un crochet. *Double, triple, quadruple croche* : croche portant deux, trois, quatre crochets et valant la moitié, le quart, le huitième de la croche.

CROCHE-PIED [krɔʃpje] **n. m.** /CROCHEPIED/ – 1835 ◇ de *crocher* et *pied* ▪ Le fait d'accrocher au passage la cheville de qqn avec le pied, pour le faire tomber. ➤ **croc-en-jambe,** RÉGION. **jambette.** *Faire un croche-pied à qqn. Des croche-pieds.* — VAR. FAM. **CROCHE-PATTE** /crochepatte/.

CROCHER [krɔʃe] **v. tr.** ‹1› – fin XIIe *crochier* ◇ de *croc* ▪ **1** VX Accrocher. ◆ (Suisse) *Crocher un vêtement,* l'attacher. — Accrocher, fixer solidement. — ABSOLT FIG. *Crocher à son travail. On a dû crocher.* ▪ **2** MOD. MAR. Saisir avec un croc, un crochet. *Crocher un palan.* ABSOLT *L'ancre croche.* ➤ **se fixer, tenir.** ◆ Saisir fortement en serrant. ➤ **agripper.** *« je croche mes mains sur le plat-bord »* LOTI. ▪ **CONTR.** 1 Lâcher.

CROCHET [krɔʃɛ] **n. m.** – fin XIIe *crockes* (plur.) ◇ de *croc*

I ▪ **1** Pièce de métal recourbée, pour prendre ou retenir qqch. *Crochet de fer, d'acier. En forme de crochet.* ➤ **unciforme.** *Crochet de boucherie,* servant à suspendre la viande. ➤ **croc, pendoir.** *Crochet de bureau* : tige recourbée sur laquelle on enfile des feuilles. ➤ **pique-note.** *Crochets d'un attelage de wagons.* ▪ **2** Attache mobile servant à fixer, à maintenir qqch. ➤ **agrafe, croc, 1 patte.** *Clou à crochet.* ➤ **piton.** *Pendre un tableau à un crochet. Accrocher un plat sur un mur à l'aide d'un crochet.* ➤ **accroche-plat.** *Crochets d'un appareil dentaire.* ▪ **3** Instrument présentant une extrémité recourbée. *Crochet de chiffonnier* : bâton armé d'un croc. *Crochet de serrurier.* ➤ **passe-partout, rossignol.** *Ouvrir une porte à l'aide d'un crochet.* ➤ **crocheter.** *Crochet à bottes* (➤ **tire-botte**), *à boutons.* ◆ ANCIENNT (AU PLUR.) Châssis du portefaix (➤ **2 crocheteur**). — MOD. LOC. FAM. (1694) *Être, vivre aux crochets de qqn,* à ses frais (cf. À la charge de qqn). *Il vit à mes crochets.* ▪ **4** (1835) Tige dont la pointe recourbée retient le fil qui doit passer dans la maille. *Dentelle, couverture au crochet. Crochet de macramé.* PAR EXT. Travail exécuté à l'aide du crochet. *Faire du crochet. Points de crochet.* ▪ **5** ZOOL. Dent à extrémité recourbée. *Les crochets venimeux de la vipère.* — Pièce recourbée (insectes ; arachnides).

II PAR EXT. et FIG. ▪ **1** (1690 « accolade ») Signe graphique, ligne verticale aux deux extrémités à angle droit ([,]). *Transcription phonétique entre crochets.* ▪ **2** ARCHIT. Ornement en forme de feuille à extrémité recourbée. *Chapiteau à crochets.* ▪ **3** (1778) Détour brusque ; changement de direction qui allonge l'itinéraire. *La route fait un crochet. Faire un crochet par Paris pour raccompagner qqn.* ▪ **4** (1907) Coup de poing où le bras replié frappe vers l'intérieur. *Envoyer un crochet du droit.*

CROCHETAGE [krɔʃtaʒ] **n. m.** – 1803 ◇ de *crocheter* ▪ Action de crocheter (une serrure).

CROCHETER [krɔʃte] **v. tr.** ‹5› – 1457 ◇ de *crochet* ▪ **1** Ouvrir (une porte, une serrure) avec un crochet. *« le bandit crochetant sa porte »* SAND. ▪ **2** VX Piquer avec un crochet. *Crocheter de vieux chiffons dans une poubelle.* ▪ **3** Confectionner (un ouvrage) au crochet.

1 **CROCHETEUR, EUSE** [krɔʃtœr, øz] **n.** – 1440 ◇ de *crocheter* ▪ **1** Personne qui crochète les serrures, qui force les portes en vue de voler. ▪ **2** Personne qui réalise un ouvrage au crochet. *Tricoteuses et crocheteuses.*

2 **CROCHETEUR** [krɔʃtœr] **n. m.** – 1455 ◇ de *crochet* ▪ ANCIENNT Celui qui portait des fardeaux avec des crochets. ➤ **portefaix, porteur.** *« Quand on lui demandait* [à Malherbe] *son avis de quelque mot français, il renvoyait ordinairement aux crocheteurs du Port-au-Foin, et disait que c'étaient ses maîtres pour le langage »* RACAN.

CROCHIR [krɔʃir] **v.** ‹2› – 1872 ◇ variante dialectale de *crocher* ▪ VX ou RÉGION. (Normandie ; Canada) ▪ **1** **v. tr.** Rendre croche, courbe. ➤ **courber, recourber, tordre.** *L'humidité a crochi la planche.* ➤ **gauchir.** — PRONOM. *Les branches se sont crochies.* ▪ **2** **v. intr.** Se déformer, devenir croche. *Le clou a crochi.*

CROCHU, UE [krɔʃy] **adj.** – fin XIIe ◇ de *croc* ▪ **1** Qui est recourbé en forme de crochet. ➤ **courbé, recourbé ;** VX, RÉGION. **1 croche.** *Bec crochu. Nez crochu.* ➤ **aquilin.** *Des mains, des doigts crochus.* — FIG. et FAM. *Avoir les mains crochues* : être cupide. *« L'Envie aux doigts crochus, au teint pâle et livide »* BEAUMARCHAIS. ▪ **2** PHILOS. *Les atomes crochus* : dans la philosophie de Démocrite, atomes qui s'accrochent les uns aux autres pour constituer les corps. LOC. FIG. *Avoir des atomes crochus avec qqn,* des affinités qui font naître la sympathie, l'attirance. *Ils n'ont pas d'atomes crochus.* ▪ **CONTR.** 1 Droit.

CROCODILE [kʀɔkɔdil] **n. m.** – 1538 ; *cocodrille* XIIe ◊ latin *crocodilus*, grec *krokodeilos* ■ **1** Grand reptile amphibien *(crocodiliens)* des rivières tropicales et équatoriales, au museau large et long (par opposition au gavial et à l'alligator) ; ABUSIVEMENT Tout reptile de l'ordre des crocodiliens*. *Crocodile du Nil. Le crocodile vagit.* ◆ LOC. FIG. *Larmes de crocodile :* larmes hypocrites pour émouvoir et tromper. ■ **2** Peau de crocodile traitée. *Sac en crocodile.* — ABRÉV. FAM. (1933) **CROCO** [kʀɔko]. *Un portefeuille en croco.* ■ **3** (1881) Appareil placé entre les rails d'une voie de chemin de fer pour donner un signal sonore au passage d'un convoi. ■ **4** PAR ANAL. *Pince crocodile :* pince à mâchoires dentées utilisée notamment pour établir une connexion électrique. *Des pinces crocodiles.*

CROCODILIENS [kʀɔkɔdiljɛ̃] **n. m. pl.** – 1817 ; adj. 1575 ◊ de *crocodile* ■ ZOOL. Ordre de reptiles à fortes mâchoires, à quatre courtes pattes et à la peau cuirassée d'écailles très dures. *Les crocodiliens comprennent les alligators, les caïmans, les crocodiles et les gavials.*

CROCUS [kʀɔkys] **n. m.** – 1372 ◊ mot latin ; grec *krokos* «safran» ■ Plante herbacée bulbeuse *(iridacées)* à floraison précoce. *Crocus printanier à fleurs blanches, mauves. Espèce de crocus cultivée.* ➤ **1 safran.**

CROIRE [kʀwaʀ] **v.** ‹44› – début XIe ◊ du latin *credere* «confier (en prêt)», «croire, penser» et «se fier à» → crédit, crédule

I ~ **v. tr. dir. CROIRE qqch., qqn** ■ **1** Tenir pour vrai ou véritable. ➤ **accepter, admettre.** *Croire une histoire, une nouvelle. Il croit tout ce qu'on lui raconte.* ➤ FAM. **avaler, gober ; crédule.** *Je crois ce que vous dites. Ne croyez rien de ce qu'il vous raconte. Je ne crois que ce que je vois. Il faut le voir pour le croire. À ce que je crois :* à mon avis, à ce qu'il me semble. *«Ce que la bouche s'accoutume à dire, le cœur s'accoutume à le croire»* BAUDELAIRE. PLAISANT *Qui l'eût cru ? — Faire croire qqch. à qqn.* ➤ **convaincre, persuader, prouver.** *C'est difficile à croire. On ne me fera pas croire cela. Je n'y crois pas une seconde.* ◆ (Sens fort) Donner son plein assentiment à une vérité ; avoir la certitude morale de. *«Nous savons bien que nous mourrons, mais nous ne le croyons pas»* BOURGET. ■ **2** (fin XIe) Tenir (qqn) pour sincère, véridique ; ajouter foi à ce qu'il dit. ➤ **se fier (à).** *Vous pouvez croire cette personne* (➤ **crédible**). *Croire qqn sur parole*. Tu me croiras si tu veux ; tu n'es pas obligé de me croire. Je ne te crois pas ! Crois-moi :* fais-moi confiance. — FAM. *Je vous crois ! Je te crois ! :* je pense comme vous, comme toi ; c'est évident ! (cf. Et comment ! tu parles) *«Je te crois que j'avais tout mon temps. Je n'avais nulle part où aller»* M. DESPLECHIN. ■ **3** (fin XIe) **EN CROIRE (qqch., qqn) :** s'en rapporter à. *Si vous m'en croyez, vous ne lui prêterez pas cet argent* (VIEILLI). — *S'il faut en croire la rumeur, à en croire les journaux. Si l'on en croit la presse, la crise est imminente. Je n'en crois rien :* c'est faux, c'est un mensonge. *Crois-en mon expérience. — Si j'en crois ce qu'on raconte.* — LOC. *Ne pas en croire ses yeux, ses oreilles :* avoir du mal à admettre l'évidence, douter du témoignage de ses sens. ■ **4 CROIRE QUE** (et l'indic.) : considérer comme vraisemblable ou probable. ➤ **considérer, estimer, se figurer, imaginer, 1 juger, 1 penser, présumer, supposer** (que). *Je crois qu'il est déjà parti. Je crois que oui, que non. Nous lui avons fait croire (laissé croire) que nous serions absents. J'ai tout lieu de croire qu'il a menti. Je ne crois pas qu'il viendra. Je ne croyais pas qu'il viendrait.* (avec le subj.) *«Je n'aurais jamais cru que l'on pût tant souffrir»* MUSSET. — LOC. *Croire que c'est arrivé :* s'imaginer qu'on a réussi. — *Surtout, n'allez pas croire, ne croyez pas que je sois jalouse. — Ne croyez-vous pas qu'il serait bon de lui en parler ?* ◆ *C'est à croire que, il faut croire que... :* il est probable que... *J'aime à croire que.* ➤ **espérer, souhaiter.** *Tout porte à croire que c'est vrai. — On croirait qu'il dort* (mais il ne dort pas). ➤ **1 dire, jurer.** *Je vous prie de croire qu'il n'a pas répliqué :* soyez certain que... ■ **5 CROIRE** (et l'inf.) : sentir, éprouver comme vrai (ce qui ne l'est pas absolument). ➤ **estimer, 1 juger, 1 penser.** *Il croyait arriver plus tôt. «J'ai cru sentir le temps s'arrêter dans mon cœur»* MUSSET. *«nous croyons être acteurs, nous ne sommes jamais que spectateurs»* MAUROIS. *Nous croyons vous avoir aperçus hier. On croit rêver*. Vous ne croyez pas si bien dire*.* ■ **6** (début XIIIe puis à nouveau début XVIIe) **CROIRE (qqn, qqch.)** (et attribut). ➤ **estimer, imaginer, supposer.** *Je le crois capable de tout. On l'a cru mort. Il se croit tout permis. Je le crois homme de parole.* ➤ **tenir** (pour). *«nous croyons les autres plus heureux qu'ils ne sont»* MONTESQUIEU. *On a cru cette entreprise au bord de la faillite.* ■ **7 SE CROIRE v. pron.** Se considérer comme ; s'imaginer être. ➤ **s'estimer.** *Il se croit plus malin que tout le monde. Tu te crois intelligent ? Elles se sont crues perdues. Où te crois-tu ?* (pour avoir une telle attitude). LOC. FAM. *Se croire sorti de la cuisse* de Jupiter. — Se croire qqn.* FAM. *Qu'est-ce qu'il se croit, celui-là !* (cf. Pour qui se prend-il ?). — FAM. (Sans compl.) Être prétentieux. *«Il était grand, brun, des yeux bleus, se tenait très droit, il se "croyait" un peu»* A. ERNAUX. — *On se croirait déjà en hiver :* on dirait que c'est déjà l'hiver.

II ~ **v. tr. ind. CROIRE À, EN** ■ **1** *Croire à une chose,* lui accorder son adhésion morale ou intellectuelle. *Croire au progrès, à l'astrologie. «L'homme est prêt à croire à tout, pourvu qu'on le lui dise avec mystère»* M. DE CHAZAL. ◆ SPÉCIALT (début XIe) Accorder par conviction son adhésion ; être persuadé de l'existence et de la valeur de (un dogme, un être religieux). *Croire à l'Évangile.* — LOC. *Ne croire ni à Dieu ni à diable. Croire en Dieu :* avoir la foi (➤ **credo**). FAM. *Croire au père Noël ;* FIG. être très naïf, se faire des illusions. ■ **2** Tenir pour réel, vraisemblable ou possible. *Il a cru à une erreur de votre part. Croire aux promesses de qqn.* ➤ **compter** (sur), **se fier** (à). *Je ne crois pas à l'efficacité de ce traitement. — Croire dur comme fer* à qqch. — Je vous prie de croire à, veuillez croire à mes sentiments les meilleurs :* formules de politesse à la fin d'une lettre. ■ **3** *Croire en (qqn),* avoir confiance en lui, s'en rapporter à lui. ➤ **compter** (sur), **se fier** (à). *J'ai toujours cru en lui. «Une sorte de chirurgie spirituelle tranche en nous toutes les raisons de croire en nous-mêmes»* GIONO.

III ~ **v. intr. CROIRE** (SENS FORT) ■ **1** (milieu XVe) Avoir une attitude d'adhésion intellectuelle. *Il croit sans comprendre.* ■ **2** (milieu XIIe) Avoir la foi religieuse (➤ **croyant**). *Ceux qui croient. «Croyez. Aimez. Ceci est toute la loi»* HUGO.

■ CONTR. Douter ; contester, démentir, discuter ; nier, protester.
■ HOM. *Crois :* croîs ; *cru :* crû (croître).

CROISADE [kʀwazad] **n. f.** – XVe ◊ réfection de *croisée* (XIVe) et *croisement* (XIIe), employés dans ce sens, d'après l'ancien provençal *crozata*, de l'espagnol *cruzada* ■ **1** HIST. Expédition entreprise au Moyen Âge par les chrétiens coalisés pour délivrer les Lieux saints qu'occupaient les musulmans (cf. Guerre* sainte). *Partir pour la croisade, en croisade. La deuxième croisade.* ■ **2** Tentative pour créer un mouvement d'opinion dans une lutte. ➤ **campagne.** *Croisade contre le tabagisme, en faveur de l'alphabétisation. Elle «qui avait tant prêché aux autres la croisade féministe»* LOTI.

CROISÉ, ÉE [kʀwaze] **adj. et n.** – 1559 «garni de croix» ◊ de *croiser*

I adj. ■ **1** Disposé en croix ; qui se croisent. *Bretelles croisées dans le dos. — Les jambes croisées. Rester les bras croisés ;* FIG. rester à ne rien faire. ◆ *Tissu croisé,* dont l'armure donne un effet de côtes obliques. **n. m.** *Du croisé de laine, de coton.* ◆ (Vêtements) Dont les bords croisent. *Veste croisée* (opposé à *droite*). ■ **2** FIG. *Rimes croisées :* rimes féminines et masculines qui alternent. *Vers croisés. — Mots* croisés.* ◆ *Feu(x), tir(s) croisé(s),* qui proviennent de divers points mais qui convergent vers le même objectif. — FIG. *Subir le feu croisé des questions. Être pris sous les feux croisés des journalistes.* ■ **3** Qui est le résultat d'un croisement, qui n'est pas de race pure. ➤ **hybride, mâtiné, métis, métissé ; bâtard.** *Race croisée.* — **n.** *Une croisée épagneul.*

II n. ■ **1 n. m.** (XIIe) Seigneur qui prenait la croix pour combattre les infidèles (➤ **croisade**). *L'armée des croisés.* ■ **2** FIG. Personne qui participe à une croisade (2o), qui s'engage pour une cause. *Les croisés de l'environnement.*

CROISÉE [kʀwaze] **n. f.** – v. 1348 ; «transept» XIIe ◊ de *croiser* ■ **1** (v. 1500) Point où deux choses se coupent (à angle droit ou presque). ◆ SPÉCIALT *Croisée des chemins, des routes :* carrefour, croisement de voies. FIG. *Être à la croisée des chemins,* à un moment de sa vie où il faut faire un choix. ◆ ARCHIT. *Croisée d'ogives*. Croisée du transept :* espace déterminé par le croisement du transept et de la nef. ■ **2** (1690 ; «montants de pierre en croix» 1508) Châssis vitré, ordinairement à battant, qui ferme une fenêtre. *Ouvrir, fermer la croisée.* — PAR MÉTON. LITTÉR. La fenêtre. *«Les branches et la pluie se jettent à la croisée de la bibliothèque»* RIMBAUD.

CROISEMENT [kʀwazmɑ̃] **n. m.** – 1539 ; «croisade» XIIIe ◊ de *croiser* ■ **1** Action de disposer en croix, de faire se croiser ; fait de se croiser ; disposition croisée. *Croisement des fils d'un tissu. Croisement des jambes.* ◆ Fait de passer l'un à côté de l'autre en sens contraire. *Le croisement de deux voitures sur une route. Feux de croisement.* ➤ **code.** ■ **2** Point où se coupent deux ou plusieurs voies. ➤ **carrefour, croisée, intersection.** *Croisement d'un chemin et d'un autre, avec un autre.* ABSOLT *Arrête-toi au croisement.* ■ **3** (1829) BIOL. Méthode de reproduction sexuée entre deux individus (animaux, plantes) de races, de variétés différentes (➤ **métissage**) ou d'espèces différentes (➤ **hybridation**). *Améliorer une race de bovins par des croisements sélectifs. Croisement en retour*.* ◆ *Croisement consanguin* (chez l'être humain) : union féconde entre individus apparentés. *«croisements d'hérédités ancestrales inconnues»* LOTI. ▪ 4 LING. Composition d'un mot par contamination ou télescopage de deux mots. ➤ **mot-valise.**

CROISER [kʀwaze] v. ‹1› – 1080 *cruisier* ◇ de *croix*

I v. tr. ▪ 1 Disposer (deux choses) l'une sur l'autre, en forme de croix. *Croiser les jambes. Croiser les doigts pour conjurer le sort. Croiser les bras,* les ramener sur la poitrine. *Se croiser les bras**. — PAR EXT. *Croiser un habit, une écharpe,* les disposer de manière que les côtés passent l'un sur l'autre. ◆ (1835) *Croiser le fer :* engager les épées ; se battre à l'épée. FIG. Entrer en lutte (avec qqn), s'opposer (à qqn). ▪ 2 (1660) Passer au travers de (une ligne, une route). ➤ **couper, traverser.** *La voie ferrée croise la route.* ▪ 3 Passer à côté de, en allant en sens contraire. *Train qui en croise un autre sur une double voie. Croiser qqn dans la rue.* ➤ **rencontrer.** ◆ PAR EXT. *Ma lettre a dû croiser la vôtre. — Regard qui en croise un autre.* ▪ 4 Opérer le croisement* (3°) de (deux variétés, deux races ou deux espèces différentes). ➤ **hybrider, mâtiner, métisser.** *Croiser deux races de chevaux, des plants de vigne. Croiser une race, une espèce avec une autre.*

II v. intr. ▪ 1 (1690) Passer l'un sur l'autre (en parlant des bords d'un vêtement). *Veste qui croise trop.* ▪ 2 MAR. Couper la route à un navire sur son avant. ◆ Aller et venir dans un même parage, en parlant d'un navire (➤ **croiseur, croisière**). *La flotte croise dans la Manche, au large.*

III SE CROISER v. pron. ▪ 1 Être ou se mettre en travers l'un sur l'autre. *Deux chemins qui se croisent à angle droit.* LOC. FAM. *Avoir les yeux qui se croisent,* un strabisme convergent. ➤ **loucher.** ▪ 2 Passer l'un à côté de l'autre en allant dans une direction différente ou opposée. *Trains qui se croisent. Nos lettres se sont croisées.* — PAR EXT. *Deux personnes qui se croisent,* se dit lorsqu'une personne arrive alors que l'autre est sur le point, ou vient de partir. ▪ 3 Se reproduire par croisement. *Le loup peut se croiser avec le chien.* ▪ 4 HIST. S'engager dans une croisade. *Saint Louis se croisa.*

CROISETTE [kʀwazɛt] n. f. – 1175 ◇ de *croix* ▪ 1 VX ou RÉGION. Petite croix. *Cap de la Croisette à Cannes.* ▪ 2 BOT. Espèce de gaillet.

CROISEUR [kʀwazœʀ] n. m. – 1690 ◇ de *croiser* ▪ Bâtiment de guerre doté de missiles, de plateformes pour hélicoptères, destiné à assurer des missions de surveillance et de protection. *Croiseur à propulsion nucléaire.*

CROISIÈRE [kʀwazjɛʀ] n. f. – 1678 ; «croisade» 1285 ◇ de *croiser* ▪ 1 MAR. Action de croiser, en parlant de navires de guerre qui surveillent des parages déterminés. ▪ 2 (1924) COUR. Voyage d'agrément effectué sur un paquebot, un navire de plaisance. *Faire une croisière en Grèce. Partir en croisière* (➤ **croisiériste**). ▪ 3 **ALLURE, RÉGIME, VITESSE DE CROISIÈRE :** la meilleure allure moyenne pour un navire ou un avion sur une longue distance ; FIG. rythme normal d'activité après une période d'adaptation. *Atteindre la, sa vitesse de croisière.* ▪ 4 *Missile de croisière* (par oppos. à *balistique*) : missile dont la longue phase propulsée permet un guidage très précis.

CROISIÉRISTE [kʀwazjeʀist] n. – 1974 ◇ de *croisière* ▪ 1 Touriste qui effectue une croisière. ▪ 2 Organisateur de croisières.

CROISILLON [kʀwazijɔ̃] n. m. – 1375 *croisellon* ◇ de *croix* ▪ 1 La traverse d'une croix. *Les deux croisillons inégaux de la croix de Lorraine.* — ARCHIT. Transept ; chacun des deux bras du transept. *Croisillon nord* ou *gauche.* ▪ 2 Barre qui partage une baie, un châssis de fenêtre en formant une croix avec un autre élément. ➤ **meneau.** — PLUR. Boiseries qui se croisent pour maintenir de petits carreaux, dans certaines fenêtres. *Fenêtre à croisillons.* ▪ 3 Signe constitué de quatre barres formant une croix (#), auquel on attribue un sens convenu. *Le croisillon des hashtags. Le croisillon est souvent confondu avec le dièse.*

CROISSANCE [kʀwasɑ̃s] n. f. – 1190 ◇ latin *crescentia,* de *crescere* ▪ 1 Le fait de croître, de grandir (organisme). ➤ **développement, poussée.** *Facteur, hormone de croissance* (➤ **auxine**). *Enfant en pleine croissance. Croissance rapide, hâtive. Retard de croissance. — Lait de croissance,* lait supplémenté pour les jeunes enfants. ▪ 2 (CHOSES) ➤ **accroissement, augmentation*, développement, expansion, progression.** *Croissance d'une ville. Croissance démographique. Entreprise en pleine croissance.* ➤ **essor.** *«la passion, à un certain point de sa croissance, nous tient»* MAURIAC. ◆ ÉCON. Accroissement à moyen et long terme de la production nationale, qui implique des changements structurels. ➤ **développement, expansion, progrès.** *Pôle de croissance. Croissance zéro,* limitée volontairement. *C'est «non pas seulement une croissance zéro comme l'avait proposé le club de Rome, mais une décroissance de la consommation des plus riches qui est nécessaire»* A. JACQUARD. — *Croissance négative.* ➤ **récession, recul.** ▪ CONTR. Atrophie, déclin, décroissance, décroissement, diminution. Dépression, récession, stagnation.

1 **CROISSANT** [kʀwasɑ̃] n. m. – XIIe «temps pendant lequel la Lune croît» ◇ de *croître* ▪ 1 Forme échancrée de la Lune pendant qu'elle croît et décroît. *Croissant de lune. Cornes du croissant.* ▪ 2 (1260) Forme arquée analogue à celle du croissant de lune. *Les cheveux «ramenés en croissants le long des tempes»* HUYSMANS. *Fer en croissant de la faucille.* ◆ SPÉCIALT Emblème de l'islam, de l'Empire turc. *La lutte de la croix et du croissant. — Le Croissant-Rouge :* équivalent de la Croix-Rouge en pays musulman. ◆ BLAS. Pièce héraldique. ▪ 3 (1863 ◇ d'après l'allemand *Hörnchen* «petite corne», nom donné à des pâtisseries, à Vienne, après la victoire sur les Turcs en 1683) COUR. Petite pâtisserie feuilletée, en forme de croissant. *Prendre un café et un croissant au petit-déjeuner. Croissant ordinaire, au beurre, aux amandes.*

2 **CROISSANT, ANTE** [kʀwasɑ̃, ɑ̃t] adj. – 1265 ◇ de *croître* ▪ Qui croît, s'accroît, augmente. ➤ **grandissant.** *Le nombre croissant de voitures. En nombre croissant. Une colère croissante.* ◆ MATH. *Fonction croissante,* qui varie comme sa variable. ▪ CONTR. Décroissant.

CROISSANTERIE [kʀwasɑ̃tʀi] n. f. – 1980 ◇ marque déposée, de 1 *croissant* ▪ Boutique, échoppe où l'on vend des croissants, de la viennoiserie.

CROÎT [kʀwa] n. m. /CROIT/ – XIIe *croiz* ◇ de *croître* ▪ AGRIC., DR. Augmentation d'un troupeau par les naissances annuelles. ▪ HOM. Croix.

CROÎTRE [kʀwatʀ] v. intr. ‹55› – 1080 *creistre* ◇ latin *crescere* ▪ 1 Grandir progressivement jusqu'au terme du développement normal, en parlant des êtres organisés. ➤ se **développer, pousser ; croissance.** *Les arbres croissent lentement. Le bois «qui a crû lentement est plus faible»* BUFFON. *Croître rapidement* (cf. Pousser comme un champignon*). — PROV. *Mauvaise herbe croît toujours,* se dit, par plaisanterie, des enfants qui grandissent beaucoup. ◆ LITTÉR. (des animaux, des personnes) ➤ **grandir.** *«Les bessons croissaient à plaisir sans être malades»* SAND. ALLUS. BIBL. *Croissez et multipliez.* — LOC. *Ne faire que croître et embellir,* se dit d'une chose qui augmente en bien, et IRON. en mal (➤ **empirer**). *«sa sottise tous les jours ne fait que croître et embellir»* MOLIÈRE. LITTÉR. *Croître en beauté, en sagesse :* devenir plus beau, plus sage en grandissant. ▪ 2 (CHOSES) Devenir plus grand, plus nombreux, plus intense. ➤ **augmenter*,** se **développer.** *Croître en nombre, en volume, en étendue.* ➤ **s'agrandir, s'étendre, gagner, grossir.** *«La rivière a crû, est crue»* (ACADÉMIE). *La production croît de 10 % par an. «Son exaltation ne cessa de croître»* MAC ORLAN. ➤ **s'accroître.** *Nos difficultés vont croissant.* ▪ 3 Pousser naturellement (végétaux). ➤ **venir.** *Les pays où croissent la vigne et l'olivier.* ▪ CONTR. Baisser, décliner, décroître, diminuer. ▪ HOM. *Crois :* crois ; *crû :* cru (croire).

CROIX [kʀwa] n. f. – début XIe ◇ du latin *crux, crucis* → crucial

I GIBET ▪ 1 Gibet fait d'un poteau et d'une traverse et sur lequel on attachait les condamnés pour les faire mourir, dans l'Antiquité romaine. *Le supplice infamant de la croix. Mettre, attacher, clouer qqn sur la croix, en croix* (➤ **crucifier**). ▪ 2 SPÉCIALT (fin XIe) Le gibet sur lequel Jésus-Christ fut mis à mort. *Jésus monta au Calvaire en portant sa croix. Descente, déposition de Croix :* thème de l'iconographie chrétienne. *Invention* de la sainte Croix.* (fin XIIIe) *Signe de (la) croix :* signe que font les catholiques romains en portant les doigts de la main droite au front, à la poitrine, puis à l'épaule gauche et à l'épaule droite. *Faire un signe de croix.* ➤ **se signer.** ◆ (1845) *Le chemin de la Croix :* le chemin que Jésus fit en portant sa croix jusqu'au Calvaire. *Un chemin de Croix :* les quatorze tableaux (➤ **station**) qui illustrent les scènes du chemin parcouru par Jésus portant sa croix. ➤ **passion.** *Faire le chemin de la Croix, un chemin de croix :* s'arrêter et prier devant chacun de ces tableaux. ◆ FIG. (1541, Calvin) Souffrance, épreuve pénible. ➤ **calvaire.** *Chacun a sa croix, porte sa croix ici-bas. «Je marchais vers ma croix, sans me retourner, empoigné par les créatures de l'ombre»* DJIAN. ◆ Symbole du christianisme. *La lutte de la croix et du croissant.* ➤ **croisade.** — (début XIIIe) *Prendre la croix.* ➤ se **croiser.** ▪ 3 Représentation symbolique de la croix de Jésus-Christ. ➤ **crucifix.** *Croix érigée sur un chemin.* ➤ **calvaire.** *Croix funéraire. Croix processionnelle.* — LOC. FAM. *Croix de bois, croix de fer (si je mens, je vais en enfer),* formule enfantine de serment. *C'est la croix et la bannière*.* ◆ Bijou en forme de croix. ➤ 1 **jeannette.** *Croix en or. Croix huguenote,* soutenant la colombe du Saint-Esprit.

II OBJET OU SYMBOLE EN FORME DE CROIX (fin XVIe) ■ **1** Symbole ou ornement en forme de croix. *Traverse, bras, branches d'une croix.* ➤ **croisillon.** *Croix potencée. Croix ansée* ou *égyptienne. Croix pattée,* à extrémités évasées. *Croix de Lorraine,* à double croisillon. *Croix grecque,* à branches égales. *Croix celte, occitane. Croix de Malte. Croix de Saint-André,* en X. *Croix de Saint-Antoine,* en T. ➤ **tau.** *Croix gammée* (➤ **svastika**). — *Croix latine,* dont la branche inférieure est plus longue que les trois autres. *Église en forme de croix latine.* ■ **2** (1680) Décoration de divers ordres de chevalerie. *La croix de Malte. La croix du Saint-Esprit.* «*Les hommes couverts de croix font penser à un cimetière*» PICABIA. — COUR. *Croix de la Légion d'honneur. La grand-croix :* la décoration la plus élevée de l'Ordre. *Être élevé à la dignité de grand-croix dans l'ordre de la Légion d'honneur.* — n. **GRAND-CROIX :** personne qui a la dignité la plus haute de l'Ordre. *Des grands-croix.* ◆ *Croix de guerre :* médaille conférée aux soldats qui se sont distingués à la guerre. ■ **3 CROIX ROUGE,** insigne de neutralité depuis la Convention de Genève de 1864. — *La Croix-Rouge :* organisation internationale à caractère humanitaire et apolitique. *Adressez vos dons à la Croix-Rouge. Le Comité international de la Croix-Rouge, à Genève (C. I. C. R.). Brassard, drapeau de la Croix-Rouge* (cf. Le Cristal*-Rouge, le Croissant*-Rouge). ■ **4** Ce qui par sa forme évoque une croix. *Point de croix :* point de broderie. ◆ SPÉCIALT (fin XIVe) Marque formée de deux traits croisés. *Le signe de l'addition et de la multiplication est une croix. Signer d'une croix.* «*Ils entrèrent dans le cabaret et posèrent, tous trois, leur croix devant témoins au bas de l'acte d'engagement*» MAC ORLAN. *Marquer qqch. d'une croix* (➤ 2 **cocher**). *Barrer d'une croix.* ➤ **annuler.** — FIG. (1851) FAM. *Faire une croix sur qqch.,* y renoncer définitivement. *Tu peux faire une croix dessus !* ◆ **loc. adv.** (milieu XIIe) **EN CROIX :** à angle droit ou presque droit (➤ **croiser, entrecroiser ; crucial, cruciforme, décussé**). *Les pétales des crucifères sont disposés en croix. Chemins qui se coupent en croix.* ➤ **croisement.** *Les bras en croix,* étendus à l'horizontale de chaque côté du corps. ■ **5** BOT. *Croix de Saint-Jacques :* espèce d'amaryllis. *Croix de Jérusalem* ou *de Malte :* espèce de lychnis. — ASTRON. *Croix du Sud :* constellation de l'hémisphère austral.
■ HOM. Croît.

CROLLE [kʀɔl] **n. f.** /CROLE/ – 1856 ◇ du flamand *krol,* de même sens ■ RÉGION. (Nord, Belgique) FAM. Boucle de cheveux frisés. *Des crolles anglaises.*

CROLLÉ, ÉE [kʀɔle] **adj.** et **n.** /CROLÉ, ÉE/ – 1856 ◇ de *crolle* ■ RÉGION. (Nord, Belgique) FAM. Bouclé, frisé. *Des cheveux tout crollés.* — **n.** *Une belle petite crollée.*

CROLLER [kʀɔle] **v. intr.** ‹1› /CROLER/ – 1856 ◇ de *crolle* ■ RÉGION. (Nord, Belgique) FAM. Boucler (des cheveux).

CROMESQUIS [kʀɔmɛski] **n. m.** – 1822 ◇ p.-ê. d'origine polonaise ■ CUIS. Boulette croustillante au cœur fondant, panée et frite. ➤ **aussi croquette.** *Cromesquis de brie. Cromesquis au foie gras.*

CROMLECH [kʀɔmlɛk] **n. m.** – 1785 ◇ mot anglais d'origine galloise, mot à mot «pierre courbe» ■ ARCHÉOL. Monument mégalithique composé de menhirs disposés en cercle ou en ellipse.

CROMORNE [kʀɔmɔʀn] **n. m.** – 1610 *cromehorne* ◇ allemand *Krummhorn* «cor courbe» ■ MUS. ■ **1** Ancien instrument à vent en bois, à anche double, en forme de tuyau recourbé. ■ **2** Jeu d'orgue à anche battante.

CROONER [kʀunœʀ] **n. m.** /CROONEUR, EUSE **n.**/ – 1946 ◇ mot anglais américain, de *to croon* «fredonner» ■ ANGLIC. Chanteur de charme.

1 **CROQUANT** [kʀɔkɑ̃] **n. m.** – 1603 ◇ origine inconnue ; p.-ê. du provençal °*croucant* «paysan», ou de *croquer* «détruire» ■ **1** PÉJ. Paysan ; rustre. ■ **2** (1608) HIST. Paysan révolté sous Henri IV et Louis XIII, dans le Sud-Ouest.

2 **CROQUANT, ANTE** [kʀɔkɑ̃, ɑ̃t] **adj.** et **n. m.** – 1620 ◇ de *croquer* ■ **1** Qui croque sous la dent, résiste et cède brutalement. *Cornichons croquants. Légumes cuits croquants* (➤ **al dente**). *Biscuits croquants* (➤ **craquant, croustillant**). ■ **2 n. m.** Biscuit allongé aux amandes, très dur. ➤ 1 **croquet.** ■ CONTR. 1 Mou.

CROQUE ➤ **CROQUE-MONSIEUR**

CROQUE AU SEL (À LA) [alakʀɔkosɛl] **loc. adv.** – 1695 ◇ de *croquer* et *sel* ■ Cru, et sans autre assaisonnement que du sel. *Manger des radis à la croque au sel.*

CROQUE-MADAME [kʀɔkmadam] **n. m. inv.** /CROQUEMADAME **n. m.**/ – 1948 ◇ de *croquer* et *madame,* d'après *croque-monsieur* ■ Croque-monsieur surmonté d'un œuf sur le plat.

CROQUEMBOUCHE [kʀɔkɑ̃buʃ] **n. m.** – 1845 ; *croqu'en-bouche* 1808 ◇ de *croquer, en* et *bouche* ■ Pâtisserie, pièce montée formée de petits choux à la crème caramélisés.

CROQUEMITAINE [kʀɔkmitɛn] **n. m.** – 1820 ◇ de *croquer* et *mitaine,* non identifié ■ Personnage imaginaire dont on menace les enfants pour les effrayer et s'en faire obéir (cf. Le père Fouettard*). *Va te coucher ou j'appelle le croquemitaine !* ◆ PLAISANT Personne très sévère qui fait peur à tout le monde. *Jouer les croquemitaines.* — On écrit aussi *un croque-mitaine, des croque-mitaines.*

CROQUE-MONSIEUR [kʀɔkməsjø] **n. m. inv.** /CROQUEMONSIEUR **n. m.**/ – 1918 ◇ de *croquer* et *monsieur* ■ Sandwich chaud fait de pain de mie grillé, avec du jambon et du fromage. *Elle avait commandé «des "croque-Monsieur" et des œufs à la crème»* PROUST. *Croque-monsieur surmonté d'un œuf.* ➤ **croque-madame.** — ABRÉV. FAM. **CROQUE.** *Des croques.*

CROQUEMORT [kʀɔkmɔʀ] **n. m.** – 1788 ◇ de *croquer* «faire disparaître» et 3 *mort* ■ FAM. Employé des pompes funèbres chargé du transport des morts au cimetière. *Des croquemorts.* ◆ *Avoir une figure, une tête de croquemort :* avoir un air triste, sinistre (cf. Une tête d'enterrement*). — On écrit aussi *un croque-mort, des croque-morts.*

CROQUENOT [kʀɔkno] **n. m.** – 1866 ◇ p.-ê. de *croquer* «craquer» ■ FAM. Gros soulier. ➤ **écrase-merde, godillot.**

CROQUER [kʀɔke] **v.** ‹1› – XIIIe *crokier* «frapper» ◇ du radical onomat. *krokk-,* exprimant un bruit sec

I v. intr. Faire un bruit sec, en parlant des choses que l'on broie avec les dents. ➤ **craquer.** *Carotte, fruit vert qui croque.* ➤ 2 **croquant.** «*J'aimerais mieux mordre le fer d'une pioche que de manger un haricot qui croque sous la dent*» RENARD.

II v. tr. ■ **1** (XVe) Broyer (qqch.) sous la dent, en produisant un bruit sec. *Croquer une dragée, une pomme. Pastille à laisser fondre dans la bouche sans la croquer.* INTRANS. ou ABSOLT *Chocolat à croquer* (**opposé à** *chocolat à cuire*). *Croquer dans une pomme,* mordre. ■ **2** VIEILLI Manger à belles dents, dévorer. *Chat qui croque une souris.* ◆ MOD. FIG. et FAM. *Croquer de l'argent :* dépenser beaucoup. ➤ **dilapider, dissiper, gaspiller.** *Croquer un héritage. Il croque un argent fou.* ➤ **claquer.** — ARG. *En croquer :* obtenir des avantages illégaux (indicateur, policier). «*Comme certains hommes politiques. Ils en croquent pour se faire une place au soleil*» IZZO. ■ **3** (p.-ê. de *croquer* «frapper») LOC. *Croquer le marmot*.* ■ **4** (1650) Prendre rapidement sur le vif (un site, un personnage) en quelques coups de crayon, de pinceau. ➤ **crayonner, dessiner, ébaucher ; esquisser ; croquis.** *Croquer une silhouette.* — LOC. FIG. *Personne jolie, mignonne à croquer,* très jolie. ELLIPT *Elle est à croquer avec ce manteau-là.* ◆ PAR ANAL. Décrire (qqch., qqn) à grands traits. *Croquer un personnage dans un livre.* ➤ **brosser, camper.**
■ CONTR. Fondre. Sucer.

1 **CROQUET** [kʀɔkɛ] **n. m.** – 1642 ◇ de *croquer* ■ RÉGION. Biscuit mince, sec et croquant, aux amandes. ➤ 2 **croquant.**

2 **CROQUET** [kʀɔkɛ] **n. m.** – 1835 ◇ mot anglais, du moyen français *croquet* «coup sec», de *croquer* «frapper» ■ Jeu qui consiste à faire passer des boules sous des arceaux au moyen d'un maillet, selon un trajet déterminé. *Jouer au croquet. Une partie de croquet.*

3 **CROQUET** [kʀɔkɛ] **n. m.** – v. 1935 ◇ var. de *crochet* ■ Petit galon décoratif formant des vagues, utilisé en couture.

CROQUETTE [kʀɔkɛt] **n. f.** – 1740 ◇ de *croquer* ■ **1** Préparation (de pâte, de hachis, de poisson...) qu'on fait frire dans l'huile après l'avoir panée. ➤ **aussi boulette, cromesquis.** *Croquettes de pommes de terre, de poulet* (➤ **nugget**). ■ **2** Petit disque de chocolat. ■ **3** Aliment industriel pour animaux, en forme de boulette sèche. *Croquettes pour chiens, pour chats.*

CROQUEUR, EUSE [kʀɔkœʀ, øz] **adj.** et **n.** – 1668 ◇ de *croquer* ■ Qui croque, mange avidement (qqch.). «*Un vieux renard* [...] *Grand croqueur de poulets*» LA FONTAINE. ◆ FIG. et FAM. *Une croqueuse de diamants :* une femme qui dilapide la fortune de ses amants.

CROQUIGNOLE [kʀɔkiɲɔl] **n. f.** – 1545 ◇ p.-ê. de *croquer* ■ Petit biscuit croquant.

CROQUIGNOLET, ETTE [kʀɔkiɲɔlɛ, ɛt] **adj.** – 1939 ; n. m. «pâtisserie» 1869 ◇ de *croquignole* ■ FAM. et SOUVENT IRON. Mignon. — On dit aussi *croquignolesque.*

CROQUIS [kʀɔki] **n. m.** – 1752 ◇ de *croquer* ■ **1** Esquisse rapide (le plus souvent au crayon, à la plume). ➤ **crayon, dessin, ébauche, esquisse ; croquer.** *Croquis à la plume. Carnet de*

croquis. PAR EXT. Dessin rapide complétant une explication. ➤ **schéma.** VAR. FAM. **CROBARD** [kʀɔbaʀ]. ▪ **2** TECHN. *Croquis coté.* ➤ **épure.**

CROSKILL [kʀɔskil] **n. m.** – 1890 ; *croskillage* 1877 ◇ du nom de l'inventeur ▪ AGRIC. Rouleau formé de disques dentés qui sert à briser les mottes de terre. ➤ **brise-motte.**

CROSNE [kʀon] **n. m.** – 1882 ◇ de *Crosne*, village de Seine-et-Oise (Essonne), où la plante fut acclimatée ▪ Plante *(labiées)* à tubercules comestibles, originaire du Japon. — Petit tubercule de cette plante, à goût voisin de celui du salsifis.

CROSS [kʀɔs] **n. m.** – 1892 ◇ de *cross-country* ▪ **1** Course à pied en terrain varié et difficile, avec des obstacles. *Faire du cross. Champion de cross.* ◆ Épreuve disputée sur un tel parcours. *Disputer les cross de la saison.* — FAM. Parcours fait en courant. ➤ **jogging.** ▪ **2** PAR EXT. Course de vélo, de moto en terrain accidenté. ➤ **cyclocross, motocross.** *Terrain de cross. Vélo de cross.* ➤ **bicross, vélo** (tout-terrain). ▪ HOM. Crosse, crosses.

CROSS-COUNTRY [kʀɔskuntʀi] **n. m.** /CROSSCOUNTRY/ – 1880 ◇ mot anglais, de *across* «à travers» et *country* «campagne» ▪ VIEILLI ➤ **cross** (1°). *Des cross-countrys.*

CROSSE [kʀɔs] **n. f.** – 1080 ◇ germanique °*krukja*, avec influence de *croc* ▪ **1** Bâton pastoral d'évêque ou d'abbé dont l'extrémité supérieure se recourbe en volute. *La mitre et la crosse sont les symboles de la dignité épiscopale.* ▪ **2** Bâton recourbé utilisé dans certains jeux pour pousser la balle. *Crosse de golf* (➤ 2 **club**), *de hockey.* ▪ **3** Extrémité recourbée. «*les crosses de fougères, feutrées d'un duvet délicat*» GENEVOIX. ◆ SPÉCIALT *Crosse d'un violon :* partie recourbée qui porte les chevilles. — *Crosse de piston :* extrémité de la tige. — ANAT. *Crosse de l'aorte.* — BOUCH. *Crosse de bœuf, de veau :* condyle fémoral. ▪ **4** Partie postérieure (d'une arme à feu portative). *Révolver à crosse de nacre. Appuyer la crosse du fusil contre l'épaule pour tirer. Assommer qqn à coups de crosse.* — LOC. FIG. *Mettre, lever la crosse en l'air :* refuser le combat ; se rendre. «*les gars du 109e qui marchaient en direction de la capitale la crosse en l'air, avec leur drapeau rouge, criant à bas la guerre*» J. ANGLADE. ▪ HOM. Cross, crosses.

CROSSÉ, ÉE [kʀɔse] **adj.** – XIIe ◇ de *crosse* ▪ RELIG. Qui a le droit de porter la crosse. *Abbé crossé et mitré.*

CROSSER [kʀɔse] **v. tr.** ‹1› – XIIIe ◇ de *crosse* ▪ RARE Pousser avec une crosse. *Crosser une balle, un palet.*

CROSSES [kʀɔs] **n. f. pl.** – 1881 ◇ de *crosser* «se plaindre» (1790) ; origine inconnue ▪ LOC. FAM. *Chercher des crosses à qqn,* lui chercher querelle. ➤ **noise.** ▪ HOM. Cross, crosse.

CROSSETTE [kʀɔsɛt] **n. f.** – 1537 ◇ de *crosse* ▪ AGRIC. Jeune branche (de vigne, de figuier, etc.) taillée en forme de crosse, pour faire des boutures.

CROSSFIT [kʀɔsfit] **n. m.** – 2006 ◇ *CrossFit*, marque déposée ; mot-valise anglais, de *cross (training)* «(entraînement) croisé» et *fit* → fitness ▪ ANGLIC. Activité sportive associant gymnastique, haltérophilie et endurance, pratiquée pour améliorer sa condition physique.

CROSSING-OVER [kʀɔsiŋɔvœʀ] **n. m. inv.** – 1926 ◇ mot anglais, de *to cross over* «se croiser en se recouvrant» ▪ ANGLIC. GÉNÉT. Enjambement* des chromosomes avec échange de segments entre deux chromatides et recombinaison des gènes. **Recomm. offic.** *enjambement.*

CROSSOPTÉRYGIENS [kʀɔsɔpteʀiʒjɛ̃] **n. m. pl.** – 1875 ◇ latin scientifique *crossopterygii*, du grec *krossos* «frange» et *pterux* (cf. *-ptère*) ▪ ZOOL. Sous-classe de poissons osseux très primitifs, représentée par des fossiles du primaire et du secondaire et par le cœlacanthe.

CROSSOVER [kʀɔsɔvœʀ] **n. m.** – 2001 ; autre sens 1976 ◇ mot anglais «croisement» ▪ ANGLIC. Véhicule de loisir à caisse autoporteuse, conçu sur un châssis de berline, à l'allure sportive. *Crossovers et SUV.* — **Recomm. offic.** *véhicule métis.*

CROTALE [kʀɔtal] **n. m.** – 1596 ◇ latin *crotalum*, grec *krotalon* ▪ **1** MUS. Castagnettes de la Grèce antique. «*au rythme de la flûte et d'une paire de crotales*» FLAUBERT. ▪ **2** (1804 ◇ latin scientifique) Serpent très venimeux *(vipéridés)*, dont la queue formée d'écailles creuses vibre avec un bruit de crécelle, d'où son nom de *serpent à sonnette.*

CROTON [kʀɔtɔ̃] **n. m.** – 1791 ◇ grec *kroton* «ricin» ▪ Arbuste tropical *(euphorbiacées)* à feuilles persistantes bordées de rouge. *Huile de croton,* extraite des graines toxiques.

CROTTE [kʀɔt] **n. f.** – fin XIIe ◇ probablt du francique °*krotta* ▪ **1** Fiente globuleuse de certains animaux. *Crottes de chèvre, de lapin. Crotte de cheval.* ➤ **crottin.** — FAM. Tout excrément solide. ➤ **étron.** *Crottes de chien. Faire sa crotte.* ➤ FAM. **caca.** «*Aux cabinets, ce petit saligaud pousse sa crotte de côté, par crainte des éclaboussures*» GIDE. ◆ FAM. (ENFANTIN) *Crotte ! Crotte de bique !* interjection par laquelle on manifeste son impatience, son dépit. ➤ 1 **flûte, zut ; merde.** *C'est de la crotte de bique,* une chose sans valeur. *Il ne se prend pas pour une crotte, pour de la crotte (de bique).* ◆ PAR EXT. *Crottes de nez :* mucosités nasales sèches et agglutinées. ▪ **2** (1635) VIEILLI Boue des chemins, des rues. ➤ **fange, saleté ; crotter.** ▪ **3** (v. 1900) *Crotte de, en chocolat :* bonbon rond de chocolat. ▪ **4** (Canada) FAM. *Fromage en crottes :* fromage frais de type cheddar présenté sous forme de caillé.

CROTTER [kʀɔte] **v.** ‹1› – fin XIIIe ◇ de *crotte* ▪ **1 v. tr.** VIEILLI Salir de crotte (2°), de boue. ➤ **maculer, souiller.** *Crotter un parquet avec des chaussures sales.* — PRONOM. «*Tenant son parapluie bien droit, il allait et venait au gré de sa fantaisie, sans crainte de se crotter*» SIMENON. — **p. p. adj.** *Un bas de pantalon tout crotté.* ➤ **sale*.** ▪ **2 v. intr.** FAM. Faire des crottes. *Elle ne l'avait* «*jamais vu manifester le besoin de boire ni de manger ni de pisser ou crotter*» M. NDIAYE. ▪ CONTR. Décrotter.

CROTTIN [kʀɔtɛ̃] **n. m.** – 1344 ◇ de *crotte* ▪ **1** Excrément des équidés, des ovins. «*les moineaux s'ébattaient en troupes pour picorer le crottin*» FRANCE. ▪ **2** Petit fromage de chèvre de forme arrondie, à saveur piquante. *Crottin de Chavignol. Crottin chaud sur canapé.*

CROUILLE [kʀuj] ou **CROUILLAT** [kʀuja] **n. m.** – 1917 ◇ arabe *khouya* «frère» ▪ POP. et PÉJ. (injure raciste) Maghrébin.

CROULANT, ANTE [kʀulɑ̃, ɑ̃t] **adj. et n.** – 1611 ; *crolant* «tremblant» XIIe ◇ de *crouler* ▪ **1** Qui menace ruine. *Des murs croulants.* ▪ **2 n.** (1944) FAM. Personne qui n'est plus jeune ; SPÉCIALT *les croulants :* les parents (cf. Les vieux). «*Ce n'est pas rigolo de se promener avec les croulants*» QUENEAU.

CROULE [kʀul] **n. f.** – 1863 ◇ de *crouler* «crier» (bécasses) XVIe ; «roucouler», de l'allemand *grillen* «crier» ; cf. *grelot* ▪ CHASSE Moment où les bécasses poussent leur cri, rappellent, à la tombée du jour. *Chasser le pigeon à la croule.* ◆ Chasse à la bécasse, lors du passage de printemps.

CROULER [kʀule] **v. intr.** ‹1› – *crodler, croller* «vaciller» XIe ◇ p.-ê. du latin populaire °*corrotulare* «faire rouler» ou de °*crotalare* «secouer» ▪ **1** (XIIIe) Tomber en s'affaissant (construction, édifice). ➤ **s'abattre, s'affaisser, s'ébouler, s'écrouler, s'effondrer.** *Cette maison menace de crouler. Masse de neige qui croule* (➤ **avalanche**). «*Une seule pierre arrachée de cet édifice, l'ensemble croule fatalement*» RENAN. — Plus cour. *Crouler sous* (qqch.) : être écrasé, s'affaisser sous le poids de. *L'arbre croule sous les fruits.* ◆ PAR EXAGÉR. *En ce moment, je croule sous le travail. — Salle de spectacle qui croule sous les applaudissements.* ▪ **2** FIG. S'effondrer. «*si la Société est telle que vous la dépeignez, il faut qu'elle croule !*» HUYSMANS. *Faire crouler un projet.* ➤ **échouer.** ▪ CONTR. Dresser, redresser, relever, résister, tenir.

CROUP [kʀup] **n. m.** – 1773 ◇ mot dialectal anglais, probablt d'origine onomatopéique ▪ VIEILLI Laryngite pseudomembraneuse, de nature diphtérique. *Cet enfant est mort du croup. — Faux croup :* spasme du larynx, bénin. ▪ HOM. Croupe.

CROUPADE [kʀupad] **n. f.** – 1642 ◇ de *croupe* ▪ ÉQUIT. Exercice consistant en une ruade avec extension des membres postérieurs dans le prolongement du corps, les antérieurs restant en appui sur le sol.

CROUPE [kʀup] **n. f.** – 1080 *crupe* ◇ francique °*kruppa* ▪ **1** Partie postérieure arrondie qui s'étend des hanches à l'origine de la queue de certains animaux (équidés). ➤ 2 **derrière, fesse.** «*Le cheval est tout entier dans sa croupe.* [...] *Tout chez lui part de la croupe, la ruade, comme l'essor et l'effort de traction*» TOURNIER. ◆ **EN CROUPE :** à cheval et sur la croupe, derrière la personne en selle. *Prendre qqn en croupe. Monter en croupe.* ▪ **2** (XIIe) FAM. Fesses, derrière (humain). ➤ **croupion, cul*.** *La croupe sur les talons.* ➤ **s'accroupir ; croupetons** (à). *Une croupe rebondie. Onduler de la croupe.* ▪ **3** (XIVe) Sommet arrondi (d'une colline, d'une montagne). ▪ **4** BÂT. Pan de toit de forme généralement triangulaire. ▪ HOM. Croup.

CROUPETONS (À) [akʀup(ə)tɔ̃] **loc. adv.** – fin XIIe *a coupeton* ◇ de *croupe* ▪ Dans une position accroupie. ➤ **s'accroupir.** *Avancer à croupetons.*

CROUPIER, IÈRE [kʀupje, jɛʀ] **n.** – 1797 ; «associé d'un joueur» 1690 ; *cavalier croupier* 1657 ◇ de *croupe* ▪ Employé(e) d'une maison de jeu, qui tient le jeu, paie et ramasse l'argent pour le compte de l'établissement. *Râteau de croupier.*

CROUPIÈRE [kʀupjɛʀ] **n. f.** – 1155 *crupiere* ◊ de *croupe* ▪ **1** Longe de cuir que l'on passe sous la queue d'un cheval, d'un mulet, et qui, fixée au bât, empêche celui-ci de remonter sur le garrot. ➤ **culeron.** ▪ **2** LOC. FIG. *Tailler des croupières à qqn,* lui susciter des difficultés, des embarras ; faire obstacle à ses projets. *« Je crains que Laurence ne nous taille encore des croupières ! »* BALZAC.

CROUPION [kʀupjɔ̃] **n. m.** – v. 1460 ◊ de *croupe* ▪ **1** Extrémité postérieure du corps (d'un oiseau), composée des dernières vertèbres et supportant les plumes de la queue (➤ **uropygial**). *Morceau délicat au-dessus du croupion d'une volaille.* ➤ **sot-l'y-laisse.** ▪ **2** FAM. et PÉJ. Le derrière humain. ➤ **croupe.** *Tortiller du croupion.* ▪ **3** (traduction de l'anglais *Rump Parliament*) HIST. APPOS. *Parlement croupion,* surnom donné au Long Parlement anglais, alors qu'après l'épuration de 1648, il n'était plus composé que de puritains. — PAR EXT. *Assemblée, parti croupion,* qui n'est plus qu'un résidu et n'est plus représentatif.

CROUPIR [kʀupiʀ] **v. intr.** ‹2› – 1549 ; *soi cropir* « s'accroupir » fin XIIe ◊ de *croupe* ▪ **1** (PERSONNES) Demeurer (dans un état pénible, méprisable). *Croupir dans la paresse, l'oisiveté, le vice.* ➤ **moisir, pourrir.** *Croupir en prison. Croupir dans l'ignorance, la médiocrité.* ➤ **s'encroûter.** *« C'est ainsi qu'ils vivaient, non ! qu'ils croupissaient ensemble, rivés au même fer, couchés dans le même ruisseau »* DAUDET. ▪ **2** (1545 au p. p.) Stagner et se corrompre (liquide). ➤ **se corrompre.** *Eau qui croupit au fond d'une mare. « au milieu des bas-fonds où croupissait un reste d'eau »* MAUPASSANT. — **p. p. adj.** *Eau croupie.* ◆ PAR EXT. Demeurer dans l'eau stagnante. ➤ **moisir, pourrir.** *Saletés qui croupissent dans une flaque.*

CROUPISSANT, ANTE [kʀupisɑ̃, ɑ̃t] **adj.** – 1550 ◊ de *croupir* ▪ Qui croupit. *Eaux croupissantes.* ➤ **stagnant.** — FIG. *Vie croupissante.* ➤ **inactif, improductif.**

CROUPISSEMENT [kʀupismɑ̃] **n. m.** – 1610 ◊ de *croupir* ▪ LITTÉR. (liquides) Action de croupir.

CROUPON [kʀupɔ̃] **n. m.** – 1723 ◊ ancien français *crepon* « croupe d'un animal » ▪ TECHN. Partie d'un cuir qui correspond au dos et à la croupe de l'animal (bœuf, vache).

CROUSTADE [kʀustad] **n. f.** – 1815 ; *à la croustade* 1656 ◊ p.-ê. de l'italien *crostata,* de *crosta* ▪ **1** Croûte feuilletée, garnie d'une préparation. *Croustade de fruits de mer.* ▪ **2** RÉGION. (Sud-Ouest) Gâteau rond à pâte feuilletée très fine, garni de pommes ou de poires. ➤ **pastis** (III).

CROUSTILLANT, ANTE [kʀustijɑ̃, ɑ̃t] **adj.** – 1751 sens 2° ◊ de *croustiller* ▪ **1** (1832) Qui croustille, craque sous la dent comme une croûte de pain frais. *Gaufrette croustillante* (➤ aussi 2 **croquant**). *Des frites croustillantes.* ▪ **2** FIG. Qui est amusant, léger, grivois. ➤ 1 **piquant.** *Une histoire croustillante. Ajouter des détails croustillants* (on a dit *croustilleux*). ▪ CONTR. 1 Mou.

CROUSTILLER [kʀustije] **v. intr.** ‹1› – 1869 ; « manger une croûte de pain » 1612 ◊ provençal *croustilha,* de *crousta* « faire croûte » ▪ Craquer légèrement sous la dent. *Des biscuits qui croustillent.* ➤ **croustillant.**

CROUSTILLES [kʀustij] **n. f. pl.** – 1973 ◊ de *croustiller* ▪ (Canada) Fines rondelles de pommes de terre frites. ➤ **chips.**

CROÛTE [kʀut] **n. f.** /CROUTE/ – XIe *croste* ◊ latin *crusta*

I ▪ **1** Partie extérieure du pain, durcie par la cuisson. *Manger la croûte et laisser la mie. Croûte de pain râpée.* ➤ **chapelure, panure.** — PAR EXT. (1740) *Des croûtes de pain :* des restes de pain, souvent secs et durcis. ➤ **croûton.** *« un homme qui trempait des croûtes de pain dans une fontaine »* LESAGE. ◆ LOC. FAM. (1878) *Casser la croûte, une croûte :* manger. ➤ **croûter ; casse-croûte** (cf. FAM. Casser la graine*). *Gagner sa croûte,* sa nourriture, sa vie (cf. Gagner son pain*, son bifteck*). ▪ **2** (1611) Pâte cuite qui entoure (un pâté, un vol-au-vent) (➤ **croustade**). *Pâté en croûte. Croûte de bouchée à la reine.* ▪ **3** CUIS. Plat qui comporte des croûtes de pain, des tranches de pâte cuite, etc. *Croûte au fromage, aux champignons.* ▪ **4** Partie superficielle du fromage (qui généralement ne se mange pas). ➤ RÉGION. **couenne.** *Fromage à croûte naturelle, lavée* (sans moisissures), *fleurie* (avec moisissures). *Retirer la croûte du gruyère.* ➤ **écroûter.**

II PAR EXT. (1314 méd.) ▪ **1** Partie superficielle durcie. ➤ **dépôt.** *Croûte calcaire dans une bouilloire.* ◆ Couche de terre durcie qui se forme à la surface du sol, en période de sécheresse. — GÉOL. *Croûte terrestre :* partie superficielle du globe. ➤ **écorce ; lithosphère.** *Croûte océanique, continentale.* ▪ **2** Lamelle irrégulière formée sur une lésion de la peau par dessèchement de sang, pus ou sérosité. ➤ 1 **escarre, squame ;** RÉGION. **gale.** *N'arrache pas la croûte, tu vas saigner.* ▪ **3** FIG. et RARE Ce qui recouvre superficiellement qqch. ➤ **couche.** *Une croûte de culture.* ➤ **vernis.** *« Une croûte d'ignorance et d'avarice »* MIRABEAU. ▪ **4** (1730 « tableau faux », puis « tableau noirci, encroûté ») FAM. Mauvais tableau. *Un « carton plein de croûtes sous le bras qu'il essayait de fourguer aux gogos »* P. BRUCKNER. ▪ **5** Côté chair d'un cuir coupé dans le sens de l'épaisseur (opposé à *fleur*). *Ceinture en croûte de cuir.* ▪ **6** (1844) FIG. et FAM. Personne bornée, encroûtée dans la routine. *C'est une vieille croûte.* ➤ **croûton.** *Quelle croûte !* ➤ **imbécile.**

CROÛTER [kʀute] **v.** ‹1› /CROUTER/ – 1879 ◊ de *(casser la) croûte* ▪ FAM. ▪ **1 v. intr.** Manger*. *« il n'a pas dû déjeuner pour mieux croûter ce soir à nos dépens »* QUENEAU. ▪ **2 v. tr.** *On n'a rien à croûter !*

CROÛTEUX, EUSE [kʀutø, øz] **adj.** /CROUTEUX, EUSE/ – 1377 ◊ de *croûte* ▪ Qui a des croûtes. — MÉD. *Eczéma croûteux.*

CROÛTON [kʀutɔ̃] **n. m.** /CROUTON/ – 1669 ◊ de *croûte* ▪ **1** Extrémité d'un pain long. ➤ **quignon.** *Manger le croûton.* ▪ **2** Petit morceau de pain sec. *Croûtons frottés d'ail.* ➤ **chapon.** *Épinards aux croûtons frits.* ▪ **3** FIG. et FAM. Personne arriérée, d'esprit borné. ➤ **croûte.** *« un vieux croûton comme vous ! »* AYMÉ.

CROUZET ➤ **CROZET**

CROWN-GLASS [kʀonglas] **n. m. inv.** – 1764 ◊ mots anglais « verre de couronne » ▪ OPT. Verre très transparent et peu dispersif servant à faire des lentilles d'optique.

CROYABLE [kʀwajabl] **adj.** – XIIe *credable* ◊ de *croire* ▪ (CHOSES) Qui peut ou doit être cru. *C'est à peine croyable, ce n'est pas croyable.* ➤ **crédible, imaginable, pensable, possible.** ▪ CONTR. Impensable, incroyable, inimaginable, invraisemblable.

CROYANCE [kʀwajɑ̃s] **n. f.** – 1361 ◊ réfection de *creance* (XIe) ; de *croire* ▪ **1** L'action, le fait de croire une chose vraie, vraisemblable ou possible. ➤ **certitude, confiance, conviction, foi.** *La croyance dans, en qqch. « la croyance qu'on pourra revenir vivant du combat »* PROUST. VX *« Puis-je à de tels discours donner quelque croyance ! »* CORNEILLE. ➤ **créance, crédit.** ◆ SPÉCIALT Le fait de croire (II, 1°). *Croyance en Dieu.* ➤ **foi.** *« La croyance dans l'absurdité de l'existence »* CAMUS. ▪ **2** Ce que l'on croit (SPÉCIALT en matière religieuse). *Croyances religieuses.* ➤ **conviction, foi.** *Respecter toutes les croyances.* ➤ **confession, dogme.** *« Une croyance est l'œuvre de notre esprit* [...] *Elle est humaine, et nous la croyons Dieu »* FUSTEL DE COULANGES. — *Croyances superstitieuses.* ➤ **superstition.** ▪ CONTR. Doute ; défiance, incroyance ; ignorance. Agnosticisme, scepticisme.

CROYANT, ANTE [kʀwajɑ̃, ɑ̃t] **adj. et n.** – 1190 *creanz* ◊ p. prés. de *croire* ▪ **1** Qui a une foi religieuse. ➤ **dévot, mystique, pieux, religieux.** *Il n'est plus croyant :* il a perdu la foi. *« Croyante, elle l'était bien un peu ; pratiquante plutôt »* LOTI. ▪ **2 n.** *Un croyant, une croyante.* ➤ **fidèle.** *Les vrais croyants.* ◆ SPÉCIALT *Les croyants :* nom que se donnent les musulmans. *Commandeur* des croyants.* ▪ CONTR. Agnostique, athée, incrédule, incroyant, infidèle, mécréant, sceptique.

CROZET [kʀozɛ] **n. m.** – fin XVe ◊ de l'ancien français *crozet* « petit creux », du latin *crosus* → creux ▪ RÉGION. (Alpes) au plur. Pâtes alimentaires de farine de froment et de sarrasin, coupées en petits carrés. *Gratin de crozets.* — VAR. *crouzet* (Haute-Provence).

C. R. S. [seɛʀɛs] **n. m.** – 1946 ◊ sigle de *Compagnie Républicaine de Sécurité* ▪ Policier membre d'une compagnie républicaine de sécurité*. *Des patrouilles de C. R. S.*

1 **CRU** [kʀy] **n. m.** – 1307 *creu* ◊ de *crû,* p. p. de *croître* ▪ **1** VX Ce qui croît dans une région ; la région elle-même. ◆ MOD. Vignoble. *Les grands crus de France. Crus classés du Bordelais. Vin de cru,* qui provient d'un seul vignoble. ◆ Vin produit par un terroir déterminé. *Servir un grand cru. Bouilleur* de cru.* ▪ **2** (1573) FIG. *De son (propre) cru :* de son invention propre. *Ce qu'il « raconterait de son cru »* ROMAINS. ▪ HOM. Crue.

2 **CRU, CRUE** [kʀy] **adj.** – 1165-70 ◊ latin *crudus* ▪ **1** Qui n'est pas cuit (aliment). *Oignons, abricots crus. Légumes qui se mangent crus.* ➤ **crudité** (cf. À la croque* au sel). *Viande hachée crue.* ➤ **tartare.** *Bifteck presque cru.* ➤ **bleu, saignant.** *Poisson cru* (➤ **chirashi,** 2 **maki, sashimi, sushi**). — *Lait cru,* non stérilisé. — FIG. *Vouloir avaler, manger qqn tout cru,* être furieux contre lui. — SUBST. *« Le Cru et le Cuit », ouvrage de Lévi-Strauss.* ◆ **loc. adv.** *À cru :* sans être cuit. *Beurre allégé utilisable à cru.* ▪ **2** (1260) Qui n'a pas subi de préparation, de modification (matière première). ➤ **brut.** *Chanvre, cuir, métal cru. Toile, soie crue.* ➤ **écru.** ▪ **3** (XIVe) RÉGION. (Nord, Est, Savoie ; Belgique, Suisse, Canada) (Temps) Froid et humide. *« Allumez quelques bûches, oui, car l'air est cru... »* SIMENON. *Il fait cru.* — SUBST. M. *« Il fera bientôt*

noir, le cru va tomber» TREMBLAY. ▪ **4** Que rien n'atténue. ➤ **brutal.** *Lumière crue. Couleur crue,* qui tranche violemment sur le reste. ➤ **criard, vif.** *«Le vert universel de la campagne n'est ni cru, ni monotone»* TAINE. ▪ **5** (XVe) Exprimé sans ménagement. ➤ 1 **direct.** *Réponse crue.* ➤ **brutal, désobligeant.** *Dire la chose toute crue. Faire une description crue.* ➤ **choquant, réaliste.** VIEILLI ➤ **libre, osé.** *Histoires, plaisanteries un peu crues. «il parlait volontiers, en termes crus, de ses attributs virils»* SIMENON. — **adv.** ➤ **crûment.** *Parler cru. Je vous le dis tout cru* (cf. Je ne mâche* pas mes mots). ▪ **6 loc. adv. À CRU :** en portant sur la chose même. *Construction à cru,* qui repose sur le sol, sans fondation. *Monter à cru,* sans selle (cf. VX À poil). ▪ CONTR. Cuit. Atténué, déguisé, tamisé, 1 voilé.

CRUAUTÉ [kʀyote] **n. f.** – XIIe *cruiauté, crüelté* ◊ latin *crudelitas,* de *crudelis* → cruel ▪ **1** Tendance à faire souffrir. ➤ **barbarie, dureté, férocité, inhumanité, méchanceté, sadisme, sauvagerie.** *Cruauté impitoyable, raffinée. La cruauté du tortionnaire. Cruauté envers, à l'égard de qqn. Traiter qqn, un animal avec cruauté. «le crime des crimes, qui est la cruauté»* SUARÈS. — *Cruauté mentale,* qui s'exerce sur le plan psychologique. ♦ Caractère de ce qui trahit cette tendance. *La cruauté d'un geste, d'un acte, d'une remarque* (cf. Remuer le fer dans la plaie*). ♦ Férocité (d'un animal). *«Nous avons renchéri sur la cruauté des bêtes féroces»* FRANCE. ▪ **2** VIEILLI *La cruauté d'une femme :* caractère d'une femme qui fait souffrir ceux qui l'aiment. ➤ **indifférence, insensibilité.** ▪ **3** (CHOSES) Caractère de ce qui est inexorablement nuisible. ➤ **dureté, hostilité, inclémence, rigueur, rudesse.** *La cruauté du sort, du destin. «la cruauté stupide de la mort»* LOTI. *«une nature hostile jusqu'à la cruauté»* MAC ORLAN. ▪ **4** *Une, des cruautés :* action cruelle. ➤ **atrocité.** *C'est une injustice et une cruauté.* — SPÉCIALT, VX *Les cruautés d'une femme.* ▪ CONTR. Bienveillance, bonté, charité, clémence, indulgence, pitié.

CRUCHE [kʀyʃ] **n. f.** – XIIIe ; *cruie* XIIe ◊ francique °*kruka* ▪ **1** Récipient, souvent de grès ou de terre, à col étroit, à large panse, à anse. ➤ **cruchon, pichet ;** et aussi **buire.** *Cruche vernissée. Cruche à eau. «La Cruche cassée», tableau de Greuze.* ♦ PROV. *Tant va la cruche à l'eau qu'à la fin elle se casse :* à s'exposer à un danger, on finit par le subir ; à trop exagérer, on finit par lasser. ♦ PAR MÉTON. Contenu d'une cruche. *Boire une cruche de cidre.* ▪ **2** (1633) FAM. Personne niaise, bête et ignorante. ➤ **gourde, imbécile.** *Quelle cruche, ce type !* — **adj.** *Avoir l'air cruche.*

CRUCHON [kʀyʃɔ̃] **n. m.** – XIIIe ◊ de *cruche* ▪ Petite cruche ; son contenu. *Boire un cruchon de vin.*

CRUCI- ▪ Élément, du latin *crux, crucis* «croix».

CRUCIAL, IALE, IAUX [kʀysjal, jo] **adj.** – 1560 ◊ du latin *crux, crucis* → croix ▪ **1** DIDACT. Fait en croix. *Incision cruciale.* ▪ **2** (du latin *experimentum crucis,* de F. Bacon, «expérience de la croix», par allus. aux poteaux indicateurs des carrefours) PHILOS. *Expérience cruciale,* qui permet de confirmer ou de rejeter une hypothèse, sert de critère. ➤ **décisif.** ▪ **3** (1911 ◊ repris à l'anglais) Fondamental, très important. ➤ 1 **capital,** 1 **critique, décisif, déterminant.** *Année, question cruciale. Point crucial.* ➤ **délicat.** *Moment crucial.*

CRUCIFÈRE [kʀysifɛʀ] **adj.** – 1690 ◊ latin chrétien *crucifer* ▪ **1** Qui porte une croix. *Colonne crucifère. Le nimbe crucifère du Christ.* ▪ **2 n. f. pl.** (1762) BOT. Famille de plantes dicotylédones, appelée auj. *brassicacées,* comprenant de nombreuses espèces annuelles dont les fleurs ont quatre pétales disposés en croix (ex. chou, colza, cresson, giroflée, navet, radis).

CRUCIFIÉ, IÉE [kʀysifje] **adj.** – de *crucifier* ▪ **1** Mis en croix. *«ils apercevaient sur une porte un hibou crucifié»* FLAUBERT. ♦ SUBST. *Le Crucifié :* Jésus-Christ. ▪ **2** FIG. Supplicié, torturé. *Un visage crucifié,* qui exprime la douleur, le tourment.

CRUCIFIEMENT [kʀysifimɑ̃] **n. m.** – 1175 ◊ de *crucifier* ▪ **1** Action de crucifier, supplice de la croix. *Le crucifiement de saint Pierre.* — ABSOLT Le crucifiement de Jésus. ➤ **crucifixion.** ▪ **2** RELIG. Pratique mortifiante, douleur, épreuve poussée à l'extrême. ➤ **martyre, mortification, supplice.** *Le crucifiement de la chair, de la volonté.*

CRUCIFIER [kʀysifje] **v. tr.** ⟨7⟩ – 1119 ◊ latin chrétien *crucifigere* «mettre en croix *(crux)*», d'après les verbes en *-fier* ▪ **1** Attacher (un condamné) sur la croix pour l'y faire mourir. *Jésus fut crucifié sur le Calvaire.* ▪ **2** RELIG., MYST. Faire souffrir intensément. ➤ **martyriser, mortifier, supplicier, torturer.** *«Nous devons crucifier en nous le vieil homme»* BOSSUET.

CRUCIFIX [kʀysifi] **n. m.** – XIIe *crocefis, crecefis* ◊ latin ecclésiastique *crucifixus,* p. p. de *crucifigere* → crucifier ▪ Croix sur laquelle est figuré Jésus crucifié. ➤ **christ.** *Un crucifix d'ivoire.*

CRUCIFIXION [kʀysifiksjɔ̃] **n. f.** – v. 1500 ◊ latin ecclésiastique *crucifixio, ionis,* de *crucifixum,* supin de *crucifigere* → crucifier ▪ Crucifiement de Jésus. — PAR EXT. Sa représentation en peinture, en sculpture... *«les crucifixions des Primitifs»* HUYSMANS.

CRUCIFORME [kʀysifɔʀm] **adj.** – 1754 ◊ de *cruci-* et *-forme* ▪ En forme de croix. *Plan cruciforme des églises. Tournevis cruciforme,* dont l'extrémité en forme de croix s'adapte aux têtes de vis munies de deux fentes perpendiculaires *(vis cruciforme).*

CRUCIVERBISTE [kʀysivɛʀbist] **n.** – 1955 ◊ de *cruci-* et latin *verbum* «mot» ▪ Amateur de mots croisés. ➤ **mots-croisiste.** *Cruciverbistes et verbicrucistes.*

CRUDITÉ [kʀydite] **n. f.** – 1398 «caractère indigeste», puis (XVIe) «état de ce qui n'est pas mûr» ◊ latin *cruditas* «indigestion» ▪ **1** (1596) RARE État de ce qui est cru, non cuit. ♦ COUR. (AU PLUR.) Légumes (ou plus rarement fruits) consommés crus. *Assiette de crudités. Crudités en salade. Apport en vitamines des crudités.* ▪ **2** (1754) FIG. *Crudité des couleurs, des ombres, de la lumière.* ➤ **brutalité.** *«Le ciel gardait sa crudité, tandis que la ville s'assombrissait»* LARBAUD. ▪ **3** (XVIIIe) Caractère cru (4°). *La crudité d'une description, d'une expression.* ➤ **brutalité, réalisme.** *«Michel-Ange décrit, avec une crudité singulière d'expressions, ses angoisses d'amour»* R. ROLLAND. ▪ CONTR. Douceur. Délicatesse, réserve.

CRUDIVORE [kʀydivɔʀ] **adj.** et **n.** – 1987 ◊ de *crudité* et *-vore* ▪ Qui ne mange que des aliments crus.

CRUE [kʀy] **n. f.** – *creue* XIIIe ◊ p. p. fém. de *croître* ▪ **1** Élévation du niveau dans un cours d'eau, un lac. *La crue des eaux.* ➤ **montée.** *Les crues périodiques du Nil. Crue centennale. Rivière en crue. Inondations dues aux crues. Apports d'alluvions par les crues.* ▪ **2** (1743) DIDACT. Croissance. *La crue d'une plante.* ▪ CONTR. Baisse (1°), décrue, étiage, 2 retrait. ▪ HOM. Cru.

CRUEL, CRUELLE [kʀyɛl] **adj.** – *crudel* Xe ◊ latin *crudelis,* de *crudus* (→ 2 cru), au fig. «qui aime le sang» ▪ **1** Qui prend plaisir à faire, à voir souffrir. ➤ **barbare, dur, féroce, impitoyable, inhumain, méchant, sadique,** 1 **sanguinaire, sauvage.** *Personne cruelle* (➤ 2 **boucher, bourreau, brute, cannibale, monstre, ogre, persécuteur, tigre, tortionnaire).** *Parents cruels.* ➤ **dénaturé, indigne.** *Être cruel avec les animaux. «Femme impure ! L'ennui rend ton âme cruelle»* BAUDELAIRE. ♦ Qui tue sans nécessité. *Le tigre est cruel.* ▪ **2** Qui dénote de la cruauté ; qui témoigne de la cruauté humaine. *Un mot cruel.* ➤ **féroce.** *Action, décision cruelle. Joie cruelle.* ➤ **mauvais.** ♦ *Bataille, guerre cruelle.* ➤ **acharné, sanglant.** *«La Révolution s'est montrée pour lui le plus cruel des régimes»* HUYSMANS. ▪ **3** LITTÉR. Qui fait souffrir par sa dureté, sa sévérité. ➤ **dur, implacable, inexorable, inflexible, intolérant, rigide, sévère.** *Père cruel.* VX *«C'est cette vertu même, à nos désirs cruelle»* CORNEILLE. ♦ VIEILLI *Femme cruelle,* insensible à l'amour qu'on lui porte. SUBST., VX *Lui «qui n'avait jamais rencontré de cruelle»* GAUTIER. ▪ **4** (CHOSES) Qui fait souffrir en manifestant une sorte d'hostilité. *Destin, sort cruel.* ➤ **implacable, inexorable.** *La vie «est souvent dure et parfois injuste et cruelle»* FRANCE. ♦ Qui fait souffrir, qui est l'occasion d'une souffrance. ➤ **affligeant, affreux, atroce, douloureux, dur, épouvantable, insupportable, pénible.** *Une peine, une perte cruelle. C'est une cruelle épreuve pour lui.* ➤ **malheureux, triste.** *Une longue et cruelle maladie.* ▪ CONTR. Bienveillant, bienfaisant, 1 bon, doux, humain, indulgent.

CRUELLEMENT [kʀyɛlmɑ̃] **adv.** – XIIe ◊ de *cruel* ▪ **1** D'une manière cruelle, féroce. ➤ **méchamment.** *Traiter qqn cruellement.* ➤ **brutalement, durement, rudement.** ▪ **2** D'une façon douloureuse, pénible. ➤ **douloureusement, durement, péniblement.** *Faire cruellement défaut. Souffrir cruellement.* ➤ **affreusement, atrocement.** ▪ CONTR. Doucement, humainement, tendrement.

CRUENTÉ, ÉE [kʀyɑ̃te] **adj.** – 1878 ; *cruenter* «ensanglanter» (XIVe) ◊ du latin *cruentus* «sanglant», de *cruor* «sang» ▪ MÉD. Qui saigne, qui a perdu son revêtement cutané. *Plaie cruentée,* imprégnée de sang, à vif.

CRUISER [kʀuzœʀ] **n. m.** /CRUISEUR/ – 1879 ◊ mot anglais «croiseur» ▪ ANGLIC. Petit yacht prévu pour naviguer en mer. *«des cruisers noirs au luxe sobre qui mouillent le long des plages»* KERANGAL.

CRUMBLE [kʀœmbœl] **n. m.** – 1987 ◊ mot anglais (1947), de *to crumble* «émietter» ▪ ANGLIC. Préparation à base de fruits (pommes, rhubarbe, fruits rouges...) recouverts d'une pâte sucrée à la consistance de sable grossier.

CRÛMENT ou **CRUMENT** [kRymɑ̃] **adv.** – *cruement* 1559 ◊ de 2*cru* ▪ **1** D'une manière crue (4°), sèche et dure, sans ménagement. ➤ **brutalement, durement, rudement, sèchement** (cf. Sans ambages*, tout net*). *Elles «se disaient crûment leurs moindres pensées sans prendre de détours dans l'expression»* BALZAC. ▪ **2** Avec une lumière crue. *Éclairer crûment un visage.* — La graphie *crument* sans accent circonflexe, comme dans *absolument, éperdument, résolument,* est régulière.

CRURAL, ALE, AUX [kRyRal, o] **adj.** – 1560 ◊ latin *cruralis,* de *crus, cruris* «jambe» ▪ ANAT. Qui appartient à la cuisse. *Nerf crural. Artère crurale ; arcade crurale.* ➤ **fémoral.** *Névralgie du nerf crural.* ➤ **cruralgie.**

CRURALGIE [kRyRalʒi] **n. f.** – 1971 ◊ du latin *crus, cruris* «jambe» et *-algie* ▪ MÉD. Douleur de la cuisse par névralgie du nerf crural.

CRUSTACÉ, ÉE [kRystase] **adj.** et **n. m.** – 1713 ◊ latin savant *crustaceus,* de *crusta* «croûte» ▪ **1** VX Recouvert d'une enveloppe dure. ▪ **2** **n. m. pl.** MOD. **LES CRUSTACÉS :** classe d'arthropodes généralement aquatiques qui possèdent deux paires d'antennes, un corps formé de segments munis chacun d'une paire d'appendices, à respiration branchiale. *Métamorphose des crustacés. Petits crustacés du plancton marin.* ➤ **krill.** *Crustacés inférieurs (entomostracés) :* daphnie, phyllopodes, cirripèdes (anatife, balane), copépodes. *Crustacés supérieurs (malacostracés) :* cloporte, crabe, crevette, écrevisse, homard, langouste, langoustine, pagure. **Au sing.** *Un crustacé.* ◆ COUR. Crustacé aquatique comestible. ➤ **crabe, crevette, écrevisse, homard, langouste, langoustine.** *Assiette de crustacés. Coquillages et crustacés* (cf. Fruits* de mer).

CRUZADO [kRuzado ; kRusado] **n. m.** – 1986 ◊ mot portugais, de *cruz* «croix» ▪ Ancienne unité monétaire du Brésil. *Des cruzados.*

CRUZEIRO [kRuzeRo ; kRuseJRo] **n. m.** – 1942 ◊ mot portugais, de *cruz* «croix» ▪ Ancienne unité monétaire du Brésil. *Des cruzeiros.*

CRYO- ▪ Élément, du grec *kruos* «froid» : *cryoconservation.*

CRYOCHIRURGIE [kRijoʃiRyRʒi] **n. f.** – 1969 ◊ de *cryo-* et *chirurgie* ▪ Utilisation du froid (azote liquide) en chirurgie.

CRYOCONDUCTEUR, TRICE [kRijokɔ̃dyktœR, tRis] **adj.** – 1975 ◊ de *cryo-* et *conducteur* ▪ ÉLECTROTECHN. Placé à basse température pour présenter une résistivité très faible. *Une bobine cryoconductrice placée à plus basse température peut devenir supraconductrice.*

CRYOCONSERVATION [kRijokɔ̃sɛRvasjɔ̃] **n. f.** – 1986 ◊ de *cryo-* et *conservation* ▪ BIOL. Conservation des tissus vivants, des ovules, des embryons, du sperme, aux cryotempératures*. ➤ **congélation.**

CRYOGÈNE [kRijɔʒɛn] **adj.** – 1903 ◊ de *cryo-* et *-gène* ▪ PHYS. Qui produit du froid. *Mélange cryogène,* d'eau et d'un sel soluble. ➤ **réfrigérant.**

CRYOGÉNIQUE [kRijɔʒenik] **adj.** – 1953 ◊ de *cryo-* et *-génique,* p.-ê. d'après l'anglais *cryogenic* (1902) ▪ PHYS. Relatif à la production du froid. *Fluide, vase cryogénique.* — **n. f. CRYOGÉNIE.**

CRYOGÉNISER [kRijɔʒenize] **v. tr.** ‹1› – 1991 ◊ de *cryogénie* ▪ Conserver à très basses températures (des tissus vivants) (➤ **cryoconservation**). — **n. f.** (1974) **CRYOGÉNISATION.**

CRYOLITHE ou **CRYOLITE** [kRijɔlit] **n. f.** – 1808 ◊ de *cryo-* et *-lithe* ▪ Fluorure naturel d'aluminium et de sodium, très fusible.

CRYOMÉTRIE [kRijɔmetRi] **n. f.** – v. 1900 ◊ de *cryo-* et *-métrie* ▪ PHYS. Mesure des températures de congélation.

CRYOPHYSIQUE [kRijofizik] **n. f.** – 1969 ◊ de *cryo-* et 2*physique,* p.-ê. d'après l'anglais *cryophysics* (1961) ▪ Physique des basses températures. *Expérience de cryophysique dans l'hélium liquide.*

CRYOSCOPIE [kRijɔskɔpi] **n. f.** – 1888 ◊ de *cryo-* et *-scopie* ▪ Partie de la physique qui étudie les lois de la congélation des solutions. ◆ Étude de l'abaissement de température des liquides par addition d'un soluté.

CRYOSTAT [kRijɔsta] **n. m.** – 1903 ◊ de *cryo-* et *-stat* ▪ PHYS. Récipient thermiquement isolé permettant de maintenir, pour une durée limitée, des produits à basse température.

CRYOTEMPÉRATURE [kRijotɑ̃peRatyR] **n. f.** – 1974 ◊ de *cryo-* et *température* ▪ TECHN. Température inférieure par convention à –153 degrés centigrades ou 120 degrés Kelvin.

CRYOTHÉRAPIE [kRijoteRapi] **n. f.** – 1907 ◊ de *cryo-* et *-thérapie* ▪ MÉD. Traitement local par l'application du froid. *Verrue traitée par cryothérapie.* ➤ **carboglace.**

CRYOTRON [kRijɔtRɔ̃] **n. m.** – 1968 ◊ mot anglais 1956, de *cryo-* et *(elec)tron* ▪ ÉLECTRON. Dispositif de commutation fondé sur la maintenance ou la disparition d'un état supraconducteur* en fonction d'un champ magnétique.

CRYOTURBATION [kRijotyRbasjɔ̃] **n. f.** – 1952 ◊ de *cryo-* et du latin *turbare* «troubler, altérer», d'après l'adj. allemand *kryoturbat* (1936) ▪ GÉOL. Modification du sol sous l'effet du gel, par solifluxion*.

CRYPTAGE [kRiptaʒ] **n. m.** – 1981 ◊ de *crypter* ▪ Opération par laquelle un message est rendu inintelligible à quiconque ne possède pas la clé permettant de retrouver la forme initiale. ➤ **chiffrage, chiffrement.** ◆ INFORM. Opération qui consiste à sécuriser l'accès à des données. ➤ **codage, encodage.** *Algorithme, clé, logiciel de cryptage.* ▪ CONTR. Décryptage.

CRYPTE [kRipt] **n. f.** – *cripte* XIVᵉ ◊ latin *crypta* ; cf. *grotte*

I Caveau souterrain servant de sépulcre dans certaines églises. ➤ **hypogée.** *La crypte de la basilique de Saint-Denis contient les restes des derniers Bourbons.* ◆ ARCHIT. Chapelle souterraine (souvent plus ancienne que l'église sous laquelle elle se trouve).

II ANAT. Cavité de forme irrégulière à la surface d'un organe. *Cryptes intestinales.*

CRYPTER [kRipte] **v. tr.** ‹1› – 1951 au p. p. «marqué de signes mystérieux» ◊ du grec *kruptos* «caché» ▪ Réaliser le cryptage de. *Crypter un message secret* (➤ **chiffrer, cryptographier**), *des données informatiques* (➤ **coder, encoder**), *une émission de télévision.* — **Au p. p.** *Fichier crypté.* — PAR EXT. (1984) *Chaîne de télévision cryptée,* nécessitant un décodeur pour être reçue en clair (cf. Chaîne à péage*). ▪ CONTR. Décrypter.

CRYPTIQUE [kRiptik] **adj.** – 1576 ◊ latin *crypticus,* du grec *kruptos* «caché»

I DIDACT. ▪ **1** Qui vit, se trouve dans les grottes. *«Palais cryptique»* GAUTIER. ▪ **2** ANAT. Qui a rapport aux cryptes des muqueuses. *Angine cryptique.*

II DIDACT. ou LITTÉR. Caché, secret. ➤ **occulte.** *Figure cryptique.* — PAR EXT. *Paroles cryptiques.* ➤ **énigmatique, obscur.** ◆ Qui vise au cryptage de l'énoncé. *La fonction cryptique de l'argot.*

CRYPTO- ▪ Élément, du grec *kruptos* «caché».

CRYPTOBIOSE [kRiptɔbjoz] **n. f.** – 1967 ◊ adaptation de l'anglais *cryptobiosis* (1959) ▪ BIOL. Vie latente d'un organisme qui n'offre pas de signes de vie. ➤ **anhydrobiose.** — **adj. CRYPTOBIOTIQUE.**

CRYPTOCOCCOSE [kRiptɔkɔkoz] **n. f.** – 1952 ◊ de *cryptococcus,* nom du champignon à l'origine de cette maladie, mot formé sur *crypto-* et *coccus* (→ -coque), et 2-*ose* ▪ MÉD. Infection due à un champignon, se manifestant le plus souvent par une méningite subaiguë. *La cryptococcose s'observe chez les sujets immunodéprimés, notamment les victimes du sida.*

CRYPTOCOMMUNISTE [kRiptokɔmynist] **adj.** et **n.** – 1949 ◊ de *crypto-* et *communiste* ; cf. anglais *crypto-communist* (1946), *crypto-fascist* (1937) ▪ VIEILLI Partisan occulte du communisme. — **n.** *«On accusait Dubreuilh tantôt d'être un cryptocommuniste, tantôt un suppôt de Wall Street»* BEAUVOIR.

CRYPTOGAME [kRiptɔgam] **adj.** et **n. m.** – 1783 ◊ de *crypto-* et *-game,* d'après *cryptogamie* (1749), latin des botanistes *cryptogamia* (1735, Linné) ▪ BOT. Se dit des plantes dont les organes reproducteurs sont peu apparents (➤ **spore**). *Les champignons sont des plantes cryptogames.* ◆ **n. m. pl.** *Les cryptogames :* un des deux embranchements du règne végétal (opposé à *phanérogames*). *Cryptogames vasculaires* (➤ **ptéridophytes**), *cellulaires* (➤ **thallophytes**).

CRYPTOGAMIQUE [kRiptɔgamik] **adj.** – 1811 ◊ de *cryptogame* ▪ VX Des plantes cryptogames. MOD. *Maladie cryptogamique :* affection parasitaire des végétaux provoquée par un champignon. *Produits contre les affections cryptogamiques.* ➤ **anticryptogamique.**

CRYPTOGÉNÉTIQUE [kRiptoʒenetik] **adj.** – 1909 ◊ de *crypto-* et *génétique* ▪ MÉD. Dont on ne connaît pas la cause. *Cirrhose, épilepsie cryptogénétique.* — On dit aussi *cryptogénique.*

CRYPTOGRAMME [kRiptɔgRam] **n. m.** – 1846 ◊ de *crypto-* et *-gramme* ▪ Message rendu inintelligible par une opération de chiffrement. *Déchiffrer un cryptogramme.* — *Cryptogramme visuel d'une carte de paiement :* code de sécurité constitué par les trois derniers chiffres présents au dos de la carte.

CRYPTOGRAPHIE [kRiptɔgRafi] **n. f.** – 1624 ; ◊ latin moderne *cryptographia* ; cf. *crypto-* et *-graphie* ▪ Procédé (signes conventionnels, modification de l'ordre, de la disposition des signes, remplacement des signes...) permettant de rendre un message inintelligible, de protéger des données. — adj. **CRYPTOGRAPHIQUE**, 1752. n. **CRYPTOGRAPHE.**

CRYPTOGRAPHIER [kʀiptɔgʀafje] v. tr. ‹7› – 1883 ◊ de *cryptographie* ■ Rendre (un message) inintelligible par une convention secrète. ➤ **chiffrer, crypter.**

CRYPTOLOGIE [kʀiptɔlɔʒi] n. f. – 1929 ◊ latin moderne *cryptologia* ; cf. *crypto-* et *-logie* ■ DIDACT. Étude, science (conception, analyse) des messages secrets, des cryptogrammes. ➤ **cryptographie.** *La cryptologie est utilisée pour vérifier et protéger les données et en sécuriser la transmission (commerce électronique...).* — adj. **CRYPTOLOGIQUE.**

CRYPTOMONNAIE [kʀiptomɔnɛ] n. f. – 2013 ; autre sens 1980 ◊ de *crypto-* et *monnaie*, d'après l'anglais *cryptocurrency* ■ Monnaie numérique en usage sur Internet, indépendante des réseaux bancaires et liée à un système de cryptage (➤ **blockchain**). *Le bitcoin est une cryptomonnaie.* — REM. On dit aussi *cryptodevise* (2013).

CRYPTORCHIDIE [kʀiptɔʀkidi] n. f. – 1891 ; *crypsorchis* 1855 ◊ de *crypto-* et du grec *orkhis* « testicule » ■ MÉD. Rétention pathologique des testicules dans l'abdomen.

CRYPTOSPORIDIOSE [kʀiptɔspɔʀidjoz] n. f. – 1940 ◊ de *cryptosporidium*, nom du parasite à l'origine de la maladie, de *crypto-* et *sporidium*, du latin *spora* « spore » ■ MÉD. Parasitose digestive due à un protozoaire responsable d'épisodes récidivants de diarrhée profuse. *La cryptosporidiose survient essentiellement chez les personnes immunodéprimées, notamment les victimes du sida.*

C. S. P. ou **CSP** [seɛspe] n. f. – après 1954 ◊ sigle ■ Catégorie socioprofessionnelle. *CSP+*, regroupant les cadres, chefs d'entreprise... *« sa cible dite de CSP+, c'est-à-dire des lecteurs plus éduqués, figurant parmi les plus hauts revenus »* FOTTORINO.

CTÉNAIRES [ktenɛʀ] n. m. pl. – 1929 ◊ du latin scientifique *ctenaria*, du grec *kteis, ktenos* « peigne » ■ Embranchement d'animaux pélagiques, transparents, à symétrie bilatérale, à organes locomoteurs en forme de palettes. Au sing. *Un cténaire.* — On dit aussi **CTÉNOPHORES** [ktenɔfɔʀ], 1839.

CUADRILLA [kwadʀija] n. f. – 1858 ; n. m. 1892 ◊ mot espagnol ■ TAUROM. Petite troupe de toréros (bandérilléros, picadors, péons, etc.) recrutés par le matador et formant équipe avec lui. ➤ **quadrille.** *« Un des meilleurs péons d'Espagne, de la cuadrilla de Bombita ! »* MONTHERLANT.

CUBAGE [kybaʒ] n. m. – 1783 ◊ de *cuber* ■ **1** TECHN. Évaluation d'un volume ; action de cuber. *Cubage à effectuer lors d'un déménagement.* ■ **2** COUR. Volume évalué. *Le cubage d'air d'une pièce.*

CUBATURE [kybatyʀ] n. f. – 1702 ◊ latin scientifique *cubatura*, de *cubus* « cube », d'après *quadratura* ■ GÉOM. Transformation (d'un volume) en un cube de volume égal. *Cubature d'une pyramide.*

CUBE [kyb] n. m. – v. 1360 ; adj. *nombres cubes* XIIIe ◊ latin *cubus*, grec *kubos* « dé à jouer » ■ **1** GÉOM. Solide à six faces carrées égales, hexaèdre* régulier. *Le cube est un parallélépipède rectangle dont toutes les arêtes sont égales. Volume d'un cube :* produit de trois facteurs égaux à la mesure de l'arête. *En forme de cube.* ➤ **cubique.** ♦ COUR. Objet cubique ou parallélépipédique. *« Ces blocs de ciment, ces cubes hideux »* SARRAUTE. *Cube de glace. Cube de fromage,* servi à l'apéritif. *Couper en cubes.* ➤ 1 **dé** ; RÉGION. **carreau.** — *Jeu de cubes :* ensemble de cubes en bois avec lesquels les enfants font des constructions. Ensemble de cubes dont chaque face est recouverte d'un morceau d'image qu'on peut recomposer. — *Cube de Rubik :* cube à 54 facettes de diverses couleurs (casse-tête). ■ **2** PAR APPOS. Se dit d'une mesure qui exprime le volume d'un corps (s'écrit ^{3} et se lit « cube »). *Mètre cube* (m^3), *centimètre cube* (cm^3). *Trois mètres cubes de sable. Salle de 120 m^3.* ➤ **cubage.** *Cylindrée de 1 500 cm^3.* — PAR EXT. *Gros cube :* moto de grosse cylindrée. *« décoiffées dans le vent des gros cubes »* NOURISSIER. ■ **3** MATH. *Cube d'un nombre :* produit de trois facteurs égaux à ce nombre. *Le cube de 2 est 8 ; a^3 est le cube de a. Élever au cube.* ➤ **cuber.** *Deux au cube* (2^3, ou deux puissance* trois). ■ **4** (1867) ARG. DES ÉCOLES Élève qui redouble la deuxième année de préparation à une grande école.

CUBÈBE [kybɛb] n. m. – XIIIe ◊ latin médiéval *cubeba*, arabe *kebâba* ■ Arbuste voisin du poivrier *(Piper cubeba)*, dont les fruits contiennent un principe médicinal.

CUBER [kybe] v. ‹1› – 1549 ◊ de *cube* ■ **1** v. tr. TECHN. Évaluer (un volume) en unités cubiques. ➤ **jauger, mesurer.** *Cuber des bois de construction.* — MATH. Élever au cube, à la puissance trois. *Cuber un nombre, un binôme.* ■ **2** v. intr. Avoir le volume de. *Cette citerne cube 200 litres. « Des files de sapins cubant leurs deux mètres »* BAZIN. ♦ FAM. ABSOLT Représenter une grande quantité. *Si vous évaluez les frais, vous verrez que ça cube.* ➤ **chiffrer.**

CUBERDON [kybɛʀdɔ̃] n. m. – 1969 ◊ p.-ê. du wallon *cu d'bourdon* (1942), d'origine inconnue ■ (Belgique) Bonbon de forme conique, contenant une gelée sucrée, traditionnellement à la framboise. — PAR ANAL. Cône de chantier.

CUBILOT [kybilo] n. m. – 1841 ◊ altération de l'anglais *cupilo, cupelow*, var. région. (Sheffield) de *cupola* « four à *coupole* », de l'italien ■ MÉTALL. Fourneau à creuset de métal pour la préparation de la fonte de seconde fusion.

CUBIQUE [kybik] adj. et n. f. – v. 1360 ◊ latin *cubicus*, grec *kubikos* → cube ■ **1** Du cube. *Forme cubique d'une caisse.* — Qui a la forme d'un cube (➤ **cuboïde**). *Maison cubique.* ♦ MINÉR. *Système cubique :* ensemble des formes de cristaux dérivées du cube (le réseau cristallin possède 4 axes ternaires). *Cristal cubique.* ♦ n. f. MATH. *Une cubique :* courbe plane ou gauche du troisième degré. ■ **2** ARITHM., ALG. *Racine cubique d'un nombre n :* nombre qui, élevé au cube (à la puissance 3), donne n. *La racine cubique de 8 est 2 ; la racine cubique de a est* $\sqrt[3]{a}$ ou $a^{\frac{1}{3}}$.

CUBISME [kybism] n. m. – 1908 ◊ de *cube* ■ École d'art, florissante de 1910 à 1930, qui se proposait de représenter les objets décomposés en éléments géométriques simples (rappelant le cube) sans restituer leur perspective. *Picasso, Braque, Juan Gris, peintres du cubisme.*

CUBISTE [kybist] adj. et n. – v. 1910 ◊ de *cubisme* ■ Qui a rapport au cubisme. *Peinture, toile cubiste.* — n. *Les cubistes.*

CUBITAINER [kybitɛnɛʀ] n. m. – 1959 ◊ marque déposée, de *cubi(que)* et *(con)tainer* ■ Récipient de plastique souple, approximativement cubique, servant au transport des liquides. *Du vin en cubitainer.* ABRÉV. FAM. **CUBI.** *Des cubis de cinq litres.*

CUBITAL, ALE, AUX [kybital, o] adj. – 1478 ◊ latin *cubitalis*, pris comme adj. de *coude* ■ ANAT. Qui appartient au cubitus ou au coude. *Nerf cubital, artère cubitale. Os cubital.* ➤ **cubitus.**

CUBITIÈRE [kybitjɛʀ] n. f. – 1845 ◊ du latin *cubitus* ■ Pièce de l'armure qui protégeait le coude. *« Des genouillères et des cubitières jaillissait une pointe d'acier »* GAUTIER.

CUBITUS [kybitys] n. m. – 1541 ◊ mot latin « coude » ■ Le plus gros des deux os de l'avant-bras dont l'extrémité supérieure s'articule avec l'humérus au niveau du coude. ➤ **ulna ;** aussi **radius.** *Fracture du cubitus.*

CUBOÏDE [kybɔid] n. m. – 1708 ; XVIe *cyboïde*, A. Paré ◊ du grec *kuboeidês* ■ ANAT. Os de la première rangée du tarse, situé du côté externe du cou-de-pied, en avant du calcanéum. ♦ adj. (1829) Qui a la forme d'un cube. ➤ **cubique.**

CUCUL [kyky] adj. – 1933 ◊ de *cul* ; cf. aussi *tutu* ■ FAM. ■ **1** Niais, un peu ridicule. *Il est cucul, ce film. Elles sont culculs. Cucul la praline* (renforcement plaisant). On écrit parfois *cucu.* ■ **2** n. m. (ENFANTIN) Derrière, fesses. *Panpan cucul !*

CUCULLE [kykyl] n. f. – 1308 ◊ latin ecclésiastique *cuculla* ■ DIDACT. Capuchon de moine.

CUCURBITACÉES [kykyʀbitase] n. f. pl. – 1721 ◊ du latin *cucurbita* « courge » ■ Famille de plantes dicotylédones gamopétales, à tiges rampantes ou volubiles, dont le fruit est une péponide. ➤ **citrouille, coloquinte, concombre, courge, melon, pastèque.** Au sing. *Une cucurbitacée.*

CUCURBITAIN ou **CUCURBITIN** [kykyʀbitɛ̃] n. m. – 1762, –1752 ; *cubitins* XIVe ◊ du latin *cucurbita* « courge » ■ ZOOL., MÉD. Chacun des anneaux du strobile d'un ténia qui, bourré d'œufs, rappelle par sa forme celle d'un pépin de citrouille et est rejeté hors de l'intestin.

CUCURBITE [kykyʀbit] n. f. – XIVe ◊ latin *cucurbita* « courge » ■ Partie inférieure de l'alambic, à panse renflée.

CUCUTERIE [kykytʀi] n. f. – v. 1920 ◊ de *cucul* ■ FAM. Niaiserie ridicule. *La cucuterie de sa conversation.* — Chose ridicule. *Aimer les cucuteries.* PARTIT. *C'est de la cucuterie.*

CUEILLAISON [kœjɛzɔ̃] n. f. – 1832 ◊ de *cueillir* ■ **1** LITTÉR. Action de cueillir (surtout fig.). *« La cueillaison d'un rêve »* MALLARMÉ. ■ **2** Époque où l'on cueille les fruits. ➤ **cueillette.** *Pendant la cueillaison des pêches.*

CUEILLETTE [kœjɛt] n. f. – XIIIe *cueilloite* ◊ latin *collecta*, p. p. de *colligere* → cueillir ■ **1** Action de cueillir. *La cueillette des cerises, des pommes, des olives. Cueillette manuelle, méca-*

nique du coton. ➤ **récolte.** *« Il court les bois et les collines pour la cueillette de ses plantes »* Bosco. ♦ PAR MÉTON. Les fleurs ou les fruits que l'on a cueillis. *Une belle cueillette.* ■ **2** Exploitation agricole où le consommateur cueille lui-même les produits qu'il achète (fruits, légumes, fleurs). ■ **3** Ramassage des produits végétaux comestibles, dans les groupes humains qui ne pratiquent pas la culture. *Ils vivent de pêche, de chasse et de cueillette.* ■ **4** MAR. *Navire chargé à la cueillette,* avec des marchandises de divers affréteurs.

CUEILLEUR, EUSE [kœjœʀ, øz] n. – 1303 ; « percepteur » 1272 ◊ de *cueillir* ■ **1** Personne qui cueille. *Des cueilleuses de fruits.* ■ **2** n. f. Machine qui permet de détacher mécaniquement les capsules du cotonnier.

CUEILLIR [kœjiʀ] v. tr. ‹ 12 › – avant 1150 *coillir* ; v. 1000 *coillit* 3e pers. « [il l'] emporta » ◊ latin *colligere* ■ **1** Détacher (une partie d'un végétal) de la tige, des racines. *Cueillir des fleurs. Cueillir les fruits.* ➤ **cueillette ; récolter.** *Cueillir des champignons.* ➤ **ramasser.** ■ **2** MÉTAPH. et FIG. Prendre. ➤ **moissonner, ramasser, récolter, recueillir.** *Cueillir des lauriers :* remporter des succès éclatants. *Cueillir un baiser.* ➤ **dérober.** *« Cueillez, cueillez votre jeunesse »* RONSARD. *« Je les cueille toutes maintenant dans mon souvenir, ces pensées »* PROUST. ■ **3** (1878) FAM. *Cueillir* (qqn), le prendre aisément au passage. *Cueillir un voleur,* l'arrêter*. ➤ **pincer.** *Il est venu nous cueillir à la gare.* ➤ **accueillir.** — LOC. *Cueillir qqn à froid,* le prendre au dépourvu, par surprise.

CUEILLOIR [kœjwaʀ] n. m. – 1322 ◊ de *cueillir* ■ Instrument consistant en un long bâton armé de cisailles pour couper les fruits des hautes branches. ♦ Corbeille de cueillette.

CUESTA [kwɛsta] n. f. – 1925 ◊ mot espagnol « côte » ■ GÉOGR. Plateau structural à double pente asymétrique. ➤ **côte.** *Des cuestas.*

CUICUI interj. et n. m. ou **CUI-CUI** [kɥikɥi] interj. et n. m. inv. – 1783 *cuit-cuit* ◊ onomat. ■ FAM. Pépiement d'oiseau. *Des cuicuis, des cui-cui.*

CUILLÈRE ou **CUILLER** [kɥijɛʀ] n. f. – XIIe ◊ latin *cochlearium* « ustensile à manger les escargots » ■ **1** Ustensile de table ou de cuisine formé d'un manche et d'une partie creuse, qui sert à transvaser ou à porter à la bouche des aliments liquides ou peu consistants. *Manche, cuilleron, dos de la cuillère. Cuillère d'argent. Cuillère en bois. Cuillère et fourchette assorties.* ➤ 1 **couvert.** *Cuillère à soupe. Cuillère à dessert,* ou *à entremets. Petite cuillère. Cuillère à café, à moka. Cuillère à moutarde. Cuillère à pot.* ➤ 2 **louche,** 2 **pochon** (cf. aussi ci-dessous, 3°). *Manger avec une cuillère, à la cuillère. — Biscuit* à la cuiller.* ♦ Contenu d'une cuillère. ➤ **cuillérée.** *Prenez une cuillère à café de ce sirop matin et soir.* — LOC. (lang. enfantin) *Une cuillère pour maman, une cuillère pour papa.* ■ **2** TECHN. Ustensile de forme analogue utilisé dans diverses professions. *Cuillère de verrier* (➤ 1 **casse**), *de plombier, d'ajusteur.* — Appât pour la pêche, formé d'une plaque de métal brillante, munie d'hameçons. *Pêcher à la cuillère* (ou *cuiller*). — Pièce qui maintient la goupille d'une grenade. *« Leurs propres grenades, dont la cuiller était dégagée »* MALRAUX. ■ **3** LOC. FAM. *Serrer la cuillère,* la main. ➤ 2 **louche, pince.** — *Être né avec une cuillère d'argent* dans la bouche.* — *Faire une chose en deux (trois, cinq) coups de cuillère à pot,* très vite, en un tour de main. *« les fanfarons qui avaient dit qu'en trois semaines et deux coups de cuillère à pot on aurait renvoyé les Boches chez eux »* PH. CLAUDEL. — *Être à ramasser à la petite cuillère :* être en piteux état. *« Je devais avoir l'air "d'être à ramasser à la cuillère" »* C. SIMON. — *Ne pas y aller avec le dos de la cuillère :* agir sans modération. — *En (petites) cuillères,* se dit d'une position sexuelle où les deux partenaires sont couchés sur le flanc, l'un derrière l'autre.

CUILLÉRÉE [kɥijeʀe] ou **CUILLERÉE** [kɥijʀe ; kɥijeʀe] n. f. – 1393 ◊ de *cuillère* ■ Contenu d'une cuillère. *Prendre une cuillérée de sirop. Ajouter une cuillérée à soupe de farine.* LOC. *Une cuillérée pour papa, pour maman,* formule d'encouragement à manger, adressée aux jeunes enfants.

CUILLERON [kɥijʀɔ̃] n. m. – 1352 ◊ de *cuiller* ■ Partie creuse, ovale ou ronde, qui est au bout du manche d'une cuillère.

CUIR [kɥiʀ] n. m. – v. 1170 ; 1080 *quir* ◊ latin *corium* ■ **1** VIEILLI ou PLAISANT Peau de l'être humain. *« Ils ont la tête rasée jusqu'au cuir »* LA BRUYÈRE. *« Il était de stature moyenne, nerveux, brun de poil et de cuir »* DUHAMEL. *Tanner* le cuir à qqn.* — MOD. *Le cuir chevelu :* la peau du crâne qui porte les cheveux. ■ **2** (XIIe) Peau des animaux séparée de la chair, tannée et préparée. ➤ **peau.** *Grain d'un cuir. Cuir lisse. Cuir souple. Cuir gras. Cuir de bœuf, de vache* (➤ **croupon, nubuck, vachette**), *de veau* (➤ 1 **box, vélin**), *de chèvre* (➤ **maroquin**), *de mouton* (➤ **basane,** 3 **chagrin**), *de reptiles* (➤ **crocodile, lézard, serpent**). — *Cuir brut* ou *cuir vert,* mis au tannage. *Cuir corroyé. Travail du cuir par les corroyeurs, fouleurs, tanneurs. Apprêter, chamoiser, chromer, écharner, fouler, gaufrer, greneler, lisser, vernir les cuirs. Croûte* de cuir. Cuir pleine fleur. Cuir suédé.* ➤ **daim.** *Cuir bouilli*. Cuir végétal,* tanné sans produit chimique, dans un bain à base d'écorce. — *Travail, commerce du cuir* (➤ **bourrelier, cordonnier, maroquinier, sellier**). *Semelles de cuir. Livre relié en cuir. Cuir artificiel.* ➤ **moleskine, skaï, synderme.** — *Cuir à rasoir :* bande de cuir pour donner le fil aux rasoirs. — *Rond de cuir.* ➤ **rond-de-cuir.** ♦ FAM. Vêtement de cuir ; SPÉCIALT blouson de cuir. ➤ **perfecto.** *Il a mis son cuir et pris sa moto.* ■ **3** Peau épaisse de certains animaux (dure comme le cuir, 2°). *« Le cuir d'un chameau de Tartarie »* BLOY. ■ **4** (1783) FIG. et FAM. Faute de langage qui consiste à lier les mots de façon incorrecte (ex. Les chemins de fer [z] anglais [leʃmɛ̃dfɛʀzɑ̃glɛ]). *Faire un cuir. Les velours et les cuirs.* ■ HOM. Cuire.

CUIRASSE [kɥiʀas] n. f. – 1417 ; *curasse* XIIIe ◊ ancien provençal *coirassa,* latin *coracea vestis* « vêtement de cuir » ■ **1** Partie de l'armure qui recouvre le buste. ➤ **armure, corselet, cotte.** *Cavalier portant la cuirasse.* ➤ **cuirassier.** *Le devant* (➤ **plastron**), *le dos* (➤ **dossière**) *de la cuirasse.* ♦ *Le défaut de la cuirasse :* l'intervalle entre le bord de la cuirasse et les pièces qui s'y joignent ; FIG. le point faible, le côté sensible, vulnérable de qqn ou de qqch. (cf. Le talon* d'Achille). *Chercher, trouver le défaut de la cuirasse.* ■ **2** FIG. Défense, protection. ➤ **carapace.** *Il est tendre, sous sa cuirasse ! « Une triple cuirasse de froideur indulgente, d'ordre poussé jusqu'aux minuties, et de politesse »* SUARÈS. ■ **3** MAR. Revêtement d'acier qui protège les navires de guerre contre l'effet des projectiles. ➤ **blindage ; cuirassé.** ■ **4** Tégument protecteur de certains animaux. ➤ **carapace,** 1 **test.** *Cuirasse écailleuse du tatou.*

CUIRASSÉ, ÉE [kɥiʀase] adj. et n. m. – 1611 ◊ de *cuirasse* ■ **1** Revêtu d'une cuirasse. — SPÉCIALT (1860) *Navire cuirassé. Croiseur cuirassé.* ♦ n. m. (1867) **UN CUIRASSÉ :** navire de guerre de gros tonnage, fortement blindé et armé d'artillerie lourde. *Coupoles, tourelles de cuirassé. Le cuirassé Potemkine.* ■ **2** FIG. Armé, bardé, endurci, protégé. ➤ **blindé.** *« Un homme sorti de si bas* [...] *était cuirassé contre les humiliations »* R. ROLLAND.

CUIRASSEMENT [kɥiʀasmɑ̃] n. m. – 1876 ◊ de *cuirasser* ■ Action de cuirasser un navire, un ouvrage fortifié. — PAR EXT. La cuirasse elle-même.

CUIRASSER [kɥiʀase] v. tr. ‹ 1 › – 1636 ◊ de *cuirasse* ■ Armer, revêtir d'une cuirasse. ➤ **armer,** 1 **barder, blinder.** ♦ **SE CUIRASSER** v. pron. Se revêtir d'une cuirasse. — FIG. *Se cuirasser contre* (qqch.) : se protéger contre (qqch.), se rendre insensible à (qqch.). ➤ **s'aguerrir, s'endurcir, se fortifier.** *Se cuirasser contre les affronts, les injures. « Quand on ne peut se soustraire à la douleur, on fait en sorte de se cuirasser contre elle »* DUHAMEL.

CUIRASSIER [kɥiʀasje] n. m. – 1577 *cuirachier* ◊ de *cuirasse* ■ **1** ANCIENNT Cavalier protégé par une cuirasse. ■ **2** MILIT. Soldat d'un régiment de cavalerie lourde. *Une charge de cuirassiers. Le cinquième cuirassiers,* (ANCIENNT) régiment de cuirassiers ; (MOD.) régiment de blindés.

CUIRE [kɥiʀ] v. ‹ 38 › – v. 1165 au p. p. ; v. 900 *coist* « (le corps) brûla, se consuma » ◊ latin populaire °*cocere,* classique *coquere*

I v. tr. ■ **1** (XIe) Rendre (un aliment) propre à l'alimentation par une forte chaleur qui transforme la consistance, le goût (➤ **cuisson**). *Cuire de la viande, des légumes. Cuire le pain. « Embrochez la bête, cuisez la bête, j'ai faim, moi ! »* JARRY. *Cuire des aliments sur un fourneau, une cuisinière, un réchaud. Cuire au four, au gril, à la broche, au bain-marie, au barbecue.* ➤ **frire,** 1 **griller, rôtir.** *Cuire sur le gaz, sur des plaques électriques, au micro-onde. Cuire à feu doux, à petit feu* (➤ **braiser**), *à feu vif* (➤ **revenir, rissoler, saisir**). *Ustensiles pour cuire les aliments ; art de les préparer, de les cuire.* ➤ **cuisine.** *Cuire à l'eau, à la vapeur. Cuire à l'étouffée, à l'étuvée. Salade à cuire, fruits à cuire,* qui ne peuvent être consommés que cuits. *Chocolat à cuire.* ■ **2** PAR EXT. Transformer (un corps quelconque) par l'action de la chaleur, dans un but déterminé. *Cuire une poterie* (cf. Terre* cuite). *Cuire la porcelaine.* ■ **3** LOC. FAM. *Être dur à cuire :* opposer une grande résistance. SUBST. *« Notre colonel, qui était ce qu'on nomme un dur à cuire »* VIGNY. ➤ **dur.**

II v. intr. ■ **1** Devenir propre à l'alimentation grâce à l'action de la chaleur. *Poulet prêt à cuire. Les pâtes doivent cuire dans beaucoup d'eau. Laisser cuire, faire cuire vingt minutes. Viande qui cuit dans son jus. La soupe cuit douce-*

ment, à petit feu. ➤ **frémir, frissonner, mijoter, mitonner.** *Cuire à gros bouillons.* ➤ **bouillir.** *Cuire trop fort.* ➤ **attacher, brûler ;** FAM. **cramer.** — *Va te faire cuire un œuf* !* ▪ **2** FIG. Être exposé à une grande chaleur. *« Paris cuisait au feu d'un dimanche d'août »* MARTIN DU GARD. FAM. *Cuire dans son jus,* et ABSOLT *cuire* : avoir très chaud. *Ouvrez les fenêtres, on cuit là-dedans !* ➤ **étouffer.** ▪ **3** Produire une sensation d'échauffement, de brûlure. ➤ **brûler.** *Les mains lui cuisent d'avoir pétri des boules de neige. Les yeux me cuisent.* ➤ **piquer.** PROV. *Trop gratter cuit, trop parler nuit.* ◆ LOC. *En cuire à qqn,* entraîner des ennuis pour lui. *Il pourrait vous en cuire. « Fais à ta tête, père Ubu, il t'en cuira »* JARRY.
▪ HOM. Cuir.

CUISANT, ANTE [kɥizɑ̃, ɑ̃t] **adj.** – 1160 ◇ p. prés. de *cuire*
I ▪ **1** RARE Qui produit une sensation douloureuse analogue à celle d'une brûlure. *Une blessure cuisante. Un froid cuisant.* ➤ **âpre, mordant.** ▪ **2** FIG. COUR. Qui provoque une douleur, une peine très vive. *Une déception, une défaite, une blessure cuisante.* ➤ **aigu, brûlant, douloureux, vif.** *Un cuisant échec. « L'amour est la cause de nos maux les plus cuisants »* FRANCE.
II (1690 ; « qui sert à cuire » 1324) RÉGION. Qui cuit facilement. *Des haricots cuisants.*
▪ CONTR. Adoucissant, doux.

CUISEUR [kɥizœʀ] **n. m.** – 1917 ; « ouvrier qui surveille la cuisson » 1270 ◇ de *cuire* ▪ Récipient où l'on fait cuire des aliments en grande quantité. ➤ **autocuiseur.** *Cuiseur à vapeur.*

CUISINE [kɥizin] **n. f.** – fin XIIe ◇ latin *cocina,* de *coquina,* de *coquere* « cuire » ▪ **1** Pièce dans laquelle on prépare et fait cuire des aliments pour les repas. *« Une petite cuisine d'une merveilleuse propreté : toute peinte, ripolinée ; le fourneau à gaz en émail »* BOSCO. *Cuisine d'une maison, d'un appartement.* APPOS. *Coin cuisine.* ➤ **kitchenette.** *Bloc cuisine.* ➤ **cuisinette.** *Des blocs cuisines* ou *cuisine* **(inv.).** *La cuisine* ou *les cuisines d'un restaurant, d'un château. Évier, lave-vaisselle, cuisinière, réfrigérateur d'une cuisine. Cuisine équipée. Table, buffet, chaises, éléments de cuisine. Le chef est en cuisine. Pièce attenante à la cuisine et réservée aux mêmes usages.* ➤ **arrière-cuisine, office, souillarde.** *Manger à la cuisine.* — *Cuisine américaine,* ouverte et séparée du séjour par un bar ou un comptoir. — FIG. *Parler un latin de cuisine,* approximatif. ◆ PAR EXT. *Cuisine roulante de l'armée. Cuisine d'un navire.* ➤ **coquerie.** *Cuisine de poupée.* ◆ PAR MÉTON. Ensemble d'éléments assortis composant le mobilier d'une cuisine. *Acheter une cuisine en kit.* ▪ **2** Préparation des aliments ; art d'apprêter les aliments. ➤ **culinaire** (art culinaire), **gastronomie.** *« La cuisine est le plus ancien des arts »* BRILLAT-SAVARIN. *Faire la cuisine, être en cuisine.* ➤ **cuisiner.** *Cuisine au beurre, à l'huile. Personne qui sait bien faire la cuisine.* ➤ **cordon-bleu.** *Livre, recettes de cuisine. Cuisine bourgeoise*. La cuisine française, chinoise, italienne. Cuisine fusion*. Nouvelle cuisine,* simple, légère et raffinée. *Cuisine moléculaire*.* — *Opérations de cuisine :* assaisonner, confire, cuire, découper, émincer, entrelarder, éplucher, farcir, flamber, fouetter, fourrer, frire, garnir, griller, larder, lier, mariner, parer, pocher, faire revenir, rôtir, saisir, faire sauter, etc. *Ustensiles de cuisine* (casseroles, poêles, cocotte, friteuse, etc.). *Batterie* de cuisine. Couteau de cuisine. Sel de cuisine :* sel gris ou gros sel. — SPÉCIALT La préparation des aliments consommés immédiatement (à l'exclusion de la pâtisserie, de la confiserie, des conserves). ◆ (XVIIIe) FIG. et FAM. Manœuvre, intrigue louche. ➤ **fricotage, magouille, tripatouillage.** *La cuisine électorale, parlementaire. « ils opéraient entre eux le partage. Je n'avais jamais vu une cuisine aussi répugnante »* H. CALET. ▪ **3** Aliments préparés consommés aux repas. ➤ **chère, nourriture, ordinaire, repas, table ;** FAM. 2 **bouffe, bouffetance, cuistance, frichti, fricot,** 2 **manger, popote.** *Amateur de bonne cuisine.* ➤ **gourmet.** *« chez César, tout de même, on mangeait une fameuse cuisine »* CARCO. *Cuisine grasse* (➤ 2 **graillon**), *légère, épicée. Cuisine médiocre, infecte.* ➤ **ragougnasse, ratatouille, tambouille.** ▪ **4** PAR EXT. Personnel qui travaille à la cuisine (➤ **brigade**). *Des commandes « reprises et hurlées par les cuisines »* DURAS.

CUISINÉ, ÉE [kɥizine] **adj.** – 1956 *plat cuisiné* ◇ de *cuisiner* ▪ Préparé selon les règles de la cuisine, SPÉCIALT Accommodé avec une sauce. *Des crudités et des plats cuisinés. Ce traiteur vend des plats cuisinés à réchauffer.*

CUISINER [kɥizine] **v.** ‹1› – XIIIe ◇ de *cuisine* ▪ **1 v. intr.** Faire la cuisine. *Elle cuisine bien.* ▪ **2 v. tr.** Préparer, accommoder. *Cuisiner de bons petits plats.* ◆ (1881) FIG. et FAM. *Cuisiner qqn,* l'interroger*, chercher à obtenir de lui des aveux par tous les moyens. *« On le questionne, on le cuisine : sans résultats »* MARTIN DU GARD.

CUISINETTE [kɥizinɛt] **n. f.** – 1936 ◇ diminutif de *cuisine* ▪ Partie d'une pièce utilisée comme cuisine (COUR. en Suisse et au Canada ; recomm. offic. pour *kitchenette**). *Une cloison « en accordéon séparait la cuisinette du studio proprement dit »* MANCHETTE. — Meuble intégrant dans un espace réduit les éléments de base d'une cuisine (réfrigérateur, plaques de cuisson, évier, placard).

CUISINIER, IÈRE [kɥizinje, jɛʀ] **n.** – v. 1200 ◇ de *cuisine* ▪ **1** Personne qui a pour métier de faire la cuisine. ➤ **chef,** 2 **coq, queux, rôtisseur, saucier ;** FAM. **cuistot.** *Toque de cuisinier. Tablier de cuisinière. Un bon, un mauvais cuisinier* (➤ **gargotier, gâte-sauce**). *Aide-cuisinier.* ➤ **marmiton.** *Des aides-cuisiniers.* ◆ PAR EXT. Personne qui fait la cuisine. *Elle est très bonne cuisinière.* ➤ **cordon-bleu.** ▪ **2 n. m.** (1690) VX Livre de cuisine.

CUISINIÈRE [kɥizinjɛʀ] **n. f.** – 1892 ; « rôtissoire » 1771 ◇ de *cuisinier* (1o) ▪ Fourneau de cuisine servant à chauffer, à cuire les aliments. *Cuisinière à charbon, à gaz* (➤ **gazinière**). *Cuisinière électrique. Four, brûleurs, plaques d'une cuisinière.*

CUISINISTE [kɥizinist] **n.** – 1982 ◇ de *cuisine* ▪ Professionnel(le) qui vend et installe le mobilier de cuisine.

CUISSAGE [kɥisaʒ] **n. m.** – XVIe ◇ de *cuisse* ▪ *Droit de cuissage :* FÉOD. droit qu'avait le seigneur de mettre la jambe dans le lit de la femme d'un serf pendant la nuit de noces, et, dans certaines localités, de passer cette nuit avec elle ; MOD. FAM. harcèlement* sexuel.

CUISSARD [kɥisaʀ] **n. m.** – 1642 ; *cuissart* 1571 ◇ de *cuisse* ▪ **1** Partie de l'armure qui couvrait la cuisse. ▪ **2** Culotte courte, collante, dont le fond est garni de peau. *Cuissard de cycliste.* ▪ **3** Baudrier (2o) n'enserrant que la taille et les cuisses.

CUISSARDE [kɥisaʀd] **n. f.** – 1894 *guêtre cuissarde* ◇ de *cuisse* ▪ Botte qui emboîte la cuisse jusqu'à l'aine. *Cuissardes de pêcheur, d'égoutier.* **adj.** *Bottes cuissardes.*

CUISSE [kɥis] **n. f.** – 1080 *quisse* ◇ latin *coxa* « hanche » puis « cuisse » ▪ **1** Partie du membre inférieur qui s'articule à la hanche et va jusqu'au genou. *De la cuisse.* ➤ **crural, fémoral.** *Os de la cuisse.* ➤ **fémur.** *L'aine sépare la cuisse de l'abdomen. Jupe qui recouvre les cuisses, qui arrive à mi-cuisse.* ◆ **(Animaux)** Partie proximale du membre postérieur. *Cuisse du cheval, du mouton* (➤ **gigot**). *Cuisse d'un bœuf.* ➤ **culotte,** 2 **quasi.** *Cuisse du cochon.* ➤ **jambon.** *Cuisse de chevreuil.* ➤ **cuissot,** 1 **gigue.** *Manger une cuisse de poulet* (➤ **pilon**), *de dinde* (➤ **gigolette**). *Cuisses de grenouille.* ▪ **2** LOC. FAM. (par allus. à Bacchus, enfermé dans la cuisse de Jupiter) *Se croire sorti de la cuisse de Jupiter :* se croire supérieur, être très orgueilleux. — **loc. adj.** VX ou PLAISANT *Cuisse de nymphe émue :* rose incarnadin. *« un pantalon collant cuisse de nymphe émue »* ARAGON.

CUISSEAU [kɥiso] **n. m.** – 1651 ◇ de *cuissot* ▪ **1** BOUCH. Partie du veau dépecé, du dessous de la queue au rognon. ▪ **2** ➤ **cuissot.**
▪ HOM. Cuissot.

CUISSETTES [kɥisɛt] **n. f. pl.** – 1945 ◇ de *cuisse* ▪ Suisse Culottes courtes de sport sans poche ni braguette. ➤ **flottant.** *Cuissettes de gymnastique.*

CUISSON [kɥisɔ̃] **n. f.** – XIIIe ◇ latin *coctio, onis,* de *coquere,* avec influence de *cuire* ▪ **1** Action de cuire ; préparation des aliments qui consiste à les cuire. *Cette viande demande une cuisson prolongée. Cuisson des sucres, des sirops. La cuisson du pain par le boulanger. Degré, temps de cuisson. Cuisson à la vapeur, en papillotes, au gril ; cuisson al dente. Plaques, table de cuisson. Terminal de cuisson :* lieu de cuisson et de vente de produits de boulangerie fabriqués industriellement. ▪ **2** Préparation de certaines substances par le feu. *Cuisson industrielle. Cuisson des briques, des poteries, de la porcelaine.* ➤ **cuite.** ▪ **3** Sensation analogue à une brûlure ; douleur cuisante.

CUISSOT ou **CUISSEAU** [kɥiso] **n. m.** – fin XIIe ◇ de *cuisse* ▪ **1** VX Cuissard d'armure. ▪ **2** MOD. Cuisse du gros gibier. *Cuissot de chevreuil, de sanglier.* ▪ HOM. Cuisseau.

CUISTANCE [kɥistɑ̃s] **n. f.** – 1912 ◇ de *cuisine,* p.-ê. d'après *becquetance* ▪ FAM. Cuisine (2o). *Faire la cuistance.*

CUISTOT [kɥisto] **n. m.** – 1894 ◇ de *cuistance* ▪ FAM. Cuisinier professionnel. *Le cuistot d'une cantine, d'une caserne. Chef cuistot.*

CUISTRE [kɥistʀ] **n. m.** – 1622 ◇ ancien français *quistre,* nominatif de *coistron* « marmiton », bas latin °*coquistro* « officier chargé de goûter les mets », de *coquere* ▪ LITTÉR. Pédant vaniteux et ridicule. *« Des cuistres qui prétendirent donner des règles pour écrire »* FRANCE. — **adj.** *Il, elle est un peu cuistre.*

CUISTRERIE [kɥistʀəʀi] n. f. – 1844 ◊ de *cuistre* ■ Pédantisme, procédés de cuistre. *« Vive la dissertation française, la cuistrerie n'est pas morte »* J.-R. BLOCH.

CUIT, CUITE [kɥi, kɥit] adj. – de *cuire* ■ **1** Qui a subi la cuisson avant d'être consommé (opposé à *2 cru*). *Salade cuite. Aliment cuit à point, bien cuit. Aliment trop cuit* (➤ 2 **brûlé, calciné** ; FAM. **cramé**). *Pâtes trop cuites* (➤ **collant**), *peu cuites* (➤ **al dente**). *Bœuf peu cuit.* ➤ **bleu, saignant.** *Des « truffes noires, que l'on mange cuites sous la cendre »* CHARDONNE. *Fromage à pâte pressée cuite* (type gruyère). — **VIN CUIT**, épaissi par évaporation d'une partie du moût. *Vin cuit servi comme apéritif.* — SUBST. *« Le Cru et le Cuit », de Cl. Lévi-Strauss.* ■ **2** Qui a subi la cuisson pour un usage particulier. *Terre cuite.* ■ **3** LOC. FIG. (1675 ; « ruiné » XVIe) *Être cuit* : être perdu, vaincu, battu. ➤ 1 **fait**, 2 **fichu.** *Les carottes* sont cuites.* ◆ *C'est du tout cuit* : c'est facile, réussi d'avance (cf. C'est dans la poche). *« Le juge semblait dire que c'était du tout cuit, mais le commissaire était moins optimiste »* SIMENON. ■ **4** (1660) FAM. Ivre*. *Il était cuit.*

CUITE [kɥit] n. f. – XIIIe ◊ de *cuit* ■ **1** TECHN. Cuisson de certaines substances. *Cuite de la porcelaine. Donner une seconde cuite* (recuire). ■ **2** (1864) FAM. Ivresse. ➤ **biture**, RÉGION. **brosse, caisse.** *Quelle cuite ! Tenir une sacrée cuite. Prendre une cuite,* s'enivrer. ➤ **se cuiter.** *« lendemain de cuite. Un état où le crâne tambourine »* PH. CLAUDEL (Cf. Gueule de bois*).

CUITER (SE) [kɥite] v. pron. ‹ 1 › – 1869 ◊ de *cuite* (2°) ■ FAM. Prendre une cuite, s'enivrer*. ➤ **se soûler.** *Se cuiter au champagne.* — Au p. p. *« ces vieux types désabusés, cuités à la bière dès le matin »* Y. HAENEL.

CUIT-VAPEUR [kɥivapœʀ] n. m. inv. – 1981 ◊ d'une forme de *cuire* et de *vapeur* ■ Appareil ménager qui permet de cuire les aliments à la vapeur. *Des cuit-vapeur électriques.*

CUIVRE [kɥivʀ] n. m. – 1160 ◊ latin °*coprium, cuprium,* classique *cyprium, æs cyprium* « bronze de Chypre »

I Corps simple (Cu ; n° at. 29 ; m. at. 63,546), métal brun-orangé, très malléable et ductile, très bon conducteur électrique. *Minerais de cuivre.* ➤ **cuprifère ; azurite, chalcopyrite, chalcosine, covelline, cuprite, malachite.** — PAR EXT. *Cuivre gris* : sulfure complexe à l'état natif. *Cuivre jaune.* ➤ **laiton.** *Alliages de cuivre.* ➤ **cuproalliage ; airain, argentan, bronze, chrysocale, constantan, laiton, maillechort, pacfung, tombac.** — *Oxydes de cuivre* : oxyde cuivreux (Cu_2O), oxyde cuivrique (CuO). *Le cuivre s'oxyde à l'air.* ➤ **vert-de-gris.** *Sulfate de cuivre* ($CuSO_4$) *employé en viticulture dans la bouillie bordelaise.* — *Cuivre étamé. Casseroles en cuivre. « Les cuves et les appareils de cuivre rouge ont une couleur riche »* CHARDONNE. *Clochette, cymbales en cuivre. Cuivre employé en bijouterie.* ➤ 2 **clinquant, paillon.** *Gravure sur cuivre.* ➤ **chalcographie.**

II PLUR. Objets en cuivre. ■ **1 LES CUIVRES** : ensemble d'instruments de cuisine, d'objets d'ornement en cuivre, en laiton (➤ **dinanderie**). *Astiquer, faire briller les cuivres.* FAM. *Faire les cuivres. « Il nous enseigna l'emploi du tripoli pour le polissage des cuivres »* FRANCE. ■ **2** Planches de cuivre gravées. *Acheter les cuivres des illustrations d'un livre.* ■ **3** Ensemble des instruments à vent en cuivre employés dans l'orchestre. ➤ **bugle, clairon,** 1 **cor, cornet, saxhorn, trombone, trompette,** 1 **tuba.** *Orchestre de cuivres.* ➤ **fanfare.**

CUIVRÉ, ÉE [kɥivʀe] adj. – 1783 ; « en cuivre » 1587 ◊ de *cuivre* ■ **1** Qui a la couleur rougeâtre du cuivre. *Reflets cuivrés. Blond cuivré.* ➤ **roux.** *Les Indiens d'Amérique ont la peau cuivrée.* ➤ aussi **bronzé.** ■ **2** Qui a un timbre éclatant comme un instrument de cuivre. *Voix cuivrée et chaude.*

CUIVRER [kɥivʀe] v. tr. ‹ 1 › – 1723 ◊ de *cuivre* ■ **1** TECHN. Recouvrir d'une couche de cuivre. — n. m. **CUIVRAGE.** *Cuivrage électrolytique.* ■ **2** Donner une teinte cuivrée à. *« La glace qui les mord, les soleils qui les cuivrent »* BAUDELAIRE.

CUIVREUX, EUSE [kɥivʀø, øz] adj. – 1571 ◊ de *cuivre* ■ **1** VX Qui contient du cuivre. *Alliage cuivreux.* ■ **2** MOD. CHIM. Se dit d'un composé de cuivre monovalent. *Oxyde cuivreux* (Cu_2O). ➤ **cuprite.**

CUIVRIQUE [kɥivʀik] adj. – 1834 ◊ de *cuivre* ■ CHIM. Composé de cuivre bivalent. *Sels cuivriques.*

CUL [ky] n. m. – v. 1179 ◊ latin *culus* ■ **1** FAM. Derrière humain. ➤ **arrière-train,** 2 **derrière, fesse ;** FAM. OU POP. 3 **baba,** 2 **boule, croupe, croupion, derche,** 1 **fessier, fondement, lune, panier, pétard, popotin, postérieur, train.** *Tomber sur le cul. Il en est resté sur le cul,* très étonné. *Renverser cul par-dessus tête.* ➤ **basculer, culbuter.** *Aller cul nu. Le cul à l'air. La raie du cul.* VULG. *Le trou du cul* : l'anus. — *Donner, recevoir des coups de pied au cul, dans le cul. Botter le cul à qqn.* — LOC. FIG. *Se taper* le cul par terre. Avoir des couilles* au cul. Coûter* la peau du cul. Avoir le cul entre deux chaises*. Parle à mon cul, ma tête est malade :* je ne t'écoute pas. *Avoir le feu* au cul. Être cul serré,* coincé, guindé. *Des dîners culs serrés. Avoir un balai, un parapluie dans le cul* : avoir l'air contraint, guindé. — *Lécher* le cul à qqn.* ➤ **lèche-cul.** — *Être comme cul et chemise*.* — *Dormir à l'auberge (à l'hôtel) du cul tourné* : être brouillé avec son conjoint et lui tourner le dos, au lit. *« ils se sont couchés fâchés et elle a dormi à l'hôtel du Cul Tourné »* GAVALDA. — VULG. *En avoir plein* le cul. L'avoir dans le cul* : être trompé, attrapé (cf. Être baisé*). *Avoir la tête dans le cul* : être mal réveillé, dans un état second (cf. Être dans le coaltar, dans le gaz). *Se bouger le cul* : s'activer, s'affairer. *Se sortir les doigts* du cul. Se casser le cul* : faire des efforts démesurés. *« On se troue le cul à apprendre un boulot et puis merde, la galère ! »* J. ALMIRA. *Ça me troue* le cul ! Péter plus haut que son cul* : « viser trop haut » (Académie). *Avoir du cul,* de la chance. EXCLAM. *Mon cul !* : non ; je m'en moque. *« Politesse mon cul, dit Zazie »* QUENEAU. — *Avoir le cul bordé de nouilles* : avoir beaucoup de chance. — *Tirer au cul* : travailler le moins possible sous de mauvais prétextes, en simulant. ➤ **tire-au-flanc.** (Canada) *Se pogner le cul* : perdre son temps, ne rien faire. ◆ Animaux (s'emploie, sans valeur triviale, dans des comp.) *Cul-doré, cul-brun* (bombyx), *cul-rouge* (pic épeiche), etc. ➤ **cul-blanc.** ■ **2** PAR EXT. *Faux cul* : tournure* que les femmes portèrent à diverses époques. — FIG. FAM. Hypocrite. *Ce type est un faux cul* (cf. Faux jeton*, faux derche*). ADJVT. *« Sourire aux compliments faux culs des collègues »* V. DESPENTES. ■ **3** FAM. L'amour physique, la sexualité. *Le cul et la bouffe.* ➤ **baise, sexe.** *Une histoire de cul.* ➤ **grivois, leste.** *Un film de cul.* ➤ **pornographique.** APPOS. *Un plan* cul.* LOC. (Antilles) *Faire boutique mon cul* : se prostituer. ■ **4** POP. t. d'injure. ➤ **crétin, idiot, imbécile.** *Quel cul !* adj. *Ce qu'il est cul ! Un peu cul.* ➤ **cucul.** ■ **5** PAR ANAL. (emploi non vulg.) Fond de certains objets. *Cul de bouteille, de verre, de pot.* ➤ aussi **cul-de-basse-fosse, cul-de-four, cul-de-lampe, cul-de-sac.** — LOC. *Faire cul sec,* (Belgique) *cul blanc* (en buvant) : vider le verre d'un trait. ■ **6** FAM. Arrière, partie arrière. *« ceux qui voulaient acheter du poisson étaient là, à attendre au cul des bateaux »* C. GALLAY. *Au cul du camion*. Voitures cul à cul* (dans un embouteillage) (cf. Parechoc contre parechoc). *Cul de bus* (emplacement publicitaire). *Gros-cul* (voir ce mot).
■ HOM. 1 Q.

CULASSE [kylas] n. f. – 1538 ◊ de *cul* ■ **1** Extrémité postérieure du canon d'une arme à feu. *Culasse d'un fusil, d'un canon. Charger par la culasse.* ■ **2** Partie supérieure du cylindre d'un moteur à combustion ou à explosion, dans laquelle les gaz sont comprimés. *Joint de culasse.* ■ **3** JOAILL. Partie inférieure d'une pierre précieuse.

CUL-BÉNIT [kybeni] n. m. – XXe ◊ de *cul* et *bénit* ■ FAM. Personne bigote. *Des culs-bénits.*

CUL-BLANC [kyblɑ̃] n. m. – 1555 ◊ de *cul* et *blanc* ■ Oiseau à croupion blanc tel que le traquet motteux, le pétrel. *Des culs-blancs.*

CULBUTAGE [kylbytaʒ] n. m. – 1853 ◊ de *culbuter* ■ **1** RARE Action de culbuter. ■ **2** AÉRONAUT. Mouvement incontrôlé (d'un engin spatial) autour de son centre de gravité.

CULBUTE [kylbyt] n. f. – 1538 ◊ de *culbuter* ■ **1** Tour qu'on fait en mettant la tête en bas et les jambes en haut, de façon à retomber de l'autre côté. ➤ **cabriole, galipette, roulade, roulé-boulé ;** RÉGION. **cumulet.** *Prendre appui sur les mains et la tête pour faire la culbute.* ◆ NATATION Manière de virer en se retournant sur soi-même. ■ **2** Chute* où l'on tombe brusquement à la renverse. ➤ **dégringolade.** ◆ LOC. FIG. *Faire la culbute* : tomber dans la ruine. *Ce banquier a fait la culbute.* ➤ **banqueroute, faillite, ruine.** *La culbute d'un ministère.* ➤ **chute.** — LOC. PROV. *« Au bout du fossé, la culbute ! Le monde va droit à la crise, à la catastrophe inévitable »* MARTIN DU GARD. ◆ FAM. COMM. *Faire la culbute* : revendre qqch. au double du prix d'achat.

CULBUTER [kylbyte] v. ‹ 1 › – *culebuter* 1480 ◊ de *cul* et *buter*

I v. intr. Faire une culbute (2°), tomber à la renverse. ➤ **basculer, dégringoler,** 1 **tomber.** *Voiture qui culbute.* ➤ 2 **capoter,** se **renverser, verser.** *Embarcation qui culbute.* ➤ **chavirer.**

II v. tr. ■ **1** Faire tomber brusquement (qqn). ➤ **renverser.** *« une gifle qui faillit encore le culbuter »* MAUPASSANT. VULG. *Culbuter une femme,* pour la posséder sexuellement. *« J'ai eu envie de la culbuter* [...]*, de la prendre debout contre la porte »* Y. HAENEL. ■ **2** Bousculer, pousser. *Culbuter l'ennemi.* ➤ **défaire, enfoncer,** 1 **repousser.** *Il a tout culbuté sur son passage.* ➤ **bouleverser, démolir.** ◆ FIG. ➤ **renverser,** 1 **repousser.** *Culbuter le ministère. « Une vérité d'accent qui culbute les objections »* GIDE.

CULBUTEUR [kylbytœʀ] **n. m.** – 1599 «acrobate» ◊ de *culbuter* ▪ **1** (1876 ; adj. 1860) Dispositif servant à faire basculer un récipient, un wagon, un levier. ➤ **basculeur.** SPÉCIALT *Culbuteur de wagonnets à benne mobile* : heurtoir. ▪ **2** (1907) Dans un moteur à explosion, Levier oscillant placé au-dessus des cylindres et agissant sur la queue d'une soupape pour en assurer l'ouverture ou la fermeture. *Les culbuteurs sont commandés par l'arbre à cames.*

CUL-DE-BASSE-FOSSE [kyd(ə)bɑsfos] **n. m.** – 1688 ; *cul de fosse* 1555 ◊ de *cul*, 1*bas* et *fosse* ▪ Cachot souterrain. «*Bonaparte m'aurait jeté dans un cul-de-basse-fosse pour le reste de ma vie*» CHATEAUBRIAND. *Des culs-de-basse-fosse.*

CUL-DE-FOUR [kyd(ə)fuʀ] **n. m.** – 1555 ◊ de *cul* et *four* ▪ ARCHIT. Voûte formée d'une demi-coupole (quart de sphère). *Abside romane voûtée en cul-de-four. Des culs-de-four.*

CUL-DE-JATTE [kyd(ə)ʒat] **n.** et **adj.** – 1640 ◊ de *cul* et *jatte* ▪ Personne privée de ses membres inférieurs, ou qui ne peut en faire usage. «*Il ne reste plus de héros après la guerre ; il ne reste que des boiteux, des culs-de-jatte*» GIONO.

CUL-DE-LAMPE [kyd(ə)lɑ̃p] **n. m.** – 1657 ; autre sens 1448 ◊ de *cul* et *lampe* ▪ ARCHIT. Ornement dont la forme rappelle le dessous d'une lampe d'église. *Cul-de-lampe servant de console, d'encorbellement. Des culs-de-lampe.* ◆ TYPOGR. Vignette gravée à la fin d'un chapitre et dont la forme triangulaire rappelle le fond des lampes d'églises. *Cul-de-lampe historié.*

CUL-DE-POULE [kyd(ə)pul] **n. m.** – *faire le cul-de-poule* 1660 ; XVIe «ulcère» ◊ de *cul* et *poule* ▪ **1 loc. adj.** *Bouche en cul-de-poule*, qui s'arrondit et se resserre en faisant une petite moue. «*Ce chapeau à la main et aux lèvres un sourire en cul-de-poule*» ALLAIS. ▪ **2** Récipient hémisphérique en métal, servant à monter les blancs en neige, mélanger les préparations pâtissières. *Des culs-de-poule.*

CUL-DE-SAC [kyd(ə)sak] **n. m.** – début XIIIe ◊ de *cul* et *sac* ▪ **1** Rue sans issue. ➤ **impasse.** «*Un dédale inextricable de ruelles, de carrefours et de culs-de-sac*» HUGO. — *Couloir, galerie se terminant en cul-de-sac.* ▪ **2** FIG. Carrière, entreprise sans issue, qui ne mène à rien.

CULÉE [kyle] **n. f.** – 1355 ◊ de *cul* ▪ Massif de maçonnerie destiné à contenir la poussée d'un arc, d'une arche, d'une voûte. *La culée d'un arcboutant.* ➤ **contrefort.** — SPÉCIALT Butée d'un pont.

CULER [kyle] **v. intr.** ⟨1⟩ – 1687 ; «frapper au cul» 1482 ◊ de *cul* ▪ MAR. Aller en arrière. ➤ **reculer.** *Nager à culer* : naviguer à reculons.

CULERON [kylʀɔ̃] **n. m.** – 1611 ◊ de *cul* ▪ Partie de la croupière sur laquelle repose la queue d'un cheval harnaché.

CULIÈRE [kyljɛʀ] **n. f.** – XIIIe ◊ de *cul* ▪ Sangle fixée à la croupe du cheval pour empêcher le harnais de glisser.

CULINAIRE [kylinɛʀ] **adj.** – 1546 ◊ latin *culinarius*, de *culina* «cuisine», de *coquere* ▪ Qui a rapport à la cuisine (2°). ➤ **gastronomique.** *Art culinaire. Préparations culinaires.*

CULMINANT, ANTE [kylminɑ̃, ɑ̃t] **adj.** – 1708 astron. ◊ latin *culminans* → culminer ▪ **1** Qui atteint sa plus grande hauteur. *Astre qui passe à son point culminant.* ▪ **2** (1835) Qui domine. *Point culminant d'une chaîne de montagnes.* ◆ FIG. *Le point culminant de qqch.* ➤ **apogée, climax,** 1**comble, faîte, maximum, sommet, summum, zénith.** «*La Convention est peut-être le point culminant de l'histoire*» HUGO. ▪ CONTR. 1Bas, inférieur.

CULMINATION [kylminasjɔ̃] **n. f.** – v. 1600 fig. ◊ latin *culminatio*, de *culminare* → culminer ▪ ASTRON. Passage d'un astre à son point culminant.

CULMINER [kylmine] **v. intr.** ⟨1⟩ – 1751 ◊ latin médiéval *culminare*, de *culmen* «sommet» ▪ **1** ASTRON. Passer sur le point le plus élevé au-dessus de l'horizon, en parlant d'un astre. *Étoile, planète qui culmine.* ▪ **2** Atteindre une hauteur élevée. *Montagne, pic qui culmine au-dessus des sommets voisins.* ➤ **dominer, surplomber.** — (fin XIXe) FIG. Atteindre son maximum, son point culminant. ➤ **plafonner.** *Salaire qui culmine à trois mille euros.* ▪ CONTR. Baisser, décliner, descendre.

CULOT [kylo] **n. m.** – 1319 «fond, sac» ◊ de *cul* ▪ **1** Partie inférieure de certains objets. ➤ **fond.** SPÉCIALT (1680) Partie inférieure d'une lampe d'église, d'un bénitier. ◆ Fond métallique. *Le culot de la cartouche contient la capsule. Culot d'obus, de bombe.* — COUR. Partie d'une lampe qui se fixe sur la douille. ➤ RÉGION. **socket.** *Culot à vis, à baïonnette.* — AUTOM. *Culot de bougie.* ▪ **2** (1690) Ce qui s'amasse au fond d'un récipient. ➤ **dépôt, résidu.** *Culot de centrifugation* : partie la plus dense d'un liquide qui se dépose. *Culot sanguin.* — Résidu métallique au fond d'un creuset. ◆ Résidu qui se forme au fond d'une pipe (➤ 2**culotter**). ◆ (XXe) GÉOL. *Culot volcanique* : ancienne cheminée remplie de lave, que l'érosion a épargnée et qui forme un piton. ▪ **3** VIEILLI Élève qui est le dernier de sa classe ; le dernier reçu à un concours. ▪ **4** (1879) FAM. Assurance effrontée. ➤ **aplomb, audace, effronterie, toupet.** *Quel culot ! Il ne manque pas de culot !* (cf. Ne pas manquer d'air*). *Il a un sacré culot.* ➤ **culotté.** «*Jamais nous n'aurions eu le "culot" de déranger nos aînés*» GIDE. *Y aller au culot.* ➤ **esbroufe.** ▪ CONTR. Haut. Sommet. Timidité, retenue.

CULOTTAGE ou **CULOTAGE** [kylɔtaʒ] **n. m.** – 1841 ◊ de *culotter* ▪ Action de culotter une pipe. «*le fourneau était irréprochable côté combustion et son culottage avait été soigné*» C. MINARD. ◆ État de ce qui est culotté, noirci.

CULOTTE [kylɔt] **n. f.** – 1593 ; *haut de chausses à la culotte* 1515 ◊ de *cul* ▪ **1** ANCIENNT Vêtement masculin de dessus qui couvre de la ceinture aux genoux (d'abord serré aux genoux) et dont la partie inférieure est divisée en deux éléments habillant chacun une cuisse (opposé à *pantalon* ; cf. Les sans-culottes). ➤ **haut-de-chausses, grègues.** ◆ MOD. Vêtement de forme analogue porté par les enfants et les sportifs (➤ **cycliste, flottant ;** RÉGION. **cuissettes**). *Porter des culottes courtes* (➤ **short ; bermuda**) ; FIG. être un jeune garçon. «*cette grâce qui était leur au temps des culottes courtes et des nattes dans le dos*» CLANCIER. *Les jambes, le fond d'une culotte. User ses fonds de culotte sur les bancs de l'école. Boutons de culotte.* — *Culotte de cheval**. ➤ **jodhpur.** *Culotte de golf.* ➤ **knickerbockers.** — ➤ aussi **jupe-culotte.** — VIEILLI *Culotte de peau*, que portaient autrefois les militaires. FIG. et PAR DÉNIGR. *Une vieille culotte de peau* : un militaire borné. ➤ **baderne.** *Culotte de cycliste.* ➤ **cuissard.** *La culotte et le maillot d'un joueur de rugby, de football.* LOC. *Marquer* à la culotte.* ◆ (Incluant les pantalons). *Acheter à un enfant des culottes longues.* ➤ **pantalon.** LOC. *Attraper qqn par le fond de la culotte. S'en moquer comme de sa première culotte*, complètement (cf. Comme de sa première chemise*). (Belgique) *Brûler* sa, ses culotte(s).* VULG. *Baisser, poser culotte*, pour faire ses besoins ; FIG. *baisser culotte* : se soumettre, avouer. — (1979) (Canada) FAM. *Se faire prendre les culottes baissées, les culottes à terre* : être pris au dépourvu, surpris dans une situation embarrassante. — FAM. *Trembler, faire dans sa culotte* : avoir très peur. «*À la guerre, j'ai peur, j'ai toujours peur, je tremble, je fais dans ma culotte*» GIONO. — LOC. FIG. et FAM. *C'est elle qui porte la culotte* : c'est elle qui commande dans le couple. «*Dans le ménage, c'était le mari qui portait les jupes et la femme les culottes*» PROUST. VULG. *N'avoir rien dans la culotte* : être impuissant ; FIG. être lâche (cf. N'avoir pas de couilles*). ▪ **2** Sous-vêtement féminin qui couvre le bas du tronc, avec deux ouvertures pour les jambes. ➤ 2**slip ;** RÉGION. **bobettes.** *Entrejambe d'une culotte. Gaine-culotte. Les bodys*, les collants forment culotte. Être en culotte et en soutien-gorge.* — SPÉCIALT (opposé à *slip, string*). Ce vêtement quand il couvre le haut des cuisses et monte jusqu'à la taille. ◆ *Culotte de bains* (hommes, enfants). ➤ **caleçon,** 2**slip.** — *Culotte de bébé. Couche-culotte.* ▪ **3** BOUCH. Partie de la cuisse du bœuf, de l'échine au filet. ▪ **4** (1842) FAM. Perte importante au jeu. *Prendre une culotte.* ➤ **déculottée.** ▪ **5** TECHN. Élément de tuyauterie dans lequel un conduit principal se subdivise en deux conduits de même section que lui. *Culotte simple, double.*

CULOTTÉ, ÉE ou **CULOTÉ, ÉE** [kylɔte] **adj.** – 1792, repris fin XIXe ◊ de *culot* (2°) ▪ FAM. Qui a du culot. ➤ **effronté,** FAM. **gonflé.** *Ils sont culottés.*

1**CULOTTER** [kylɔte] **v. tr.** ⟨1⟩ – 1792 p. p. ◊ de *culotte* ▪ Vêtir d'une culotte ; mettre une culotte à. *Culotter un bébé.* PRONOM. *Se culotter.* «*Votre majesté Est mal culottée*» (chans. du roi Dagobert). ▪ CONTR. Déculotter.

2**CULOTTER** ou **CULOTER** [kylɔte] **v. tr.** ⟨1⟩ – 1823 ◊ de *culot* ▪ **1** *Culotter une pipe*, laisser son fourneau, à force de la fumer, se couvrir d'une sorte de dépôt noir. — **p. p. adj.** «*une superbe pipe en écume admirablement culottée*» MAUPASSANT. ▪ **2** Noircir par l'usage, le temps. ➤ 3**patiner.** *Culotter des gants. Une théière culottée.*

CULOTTIER, IÈRE [kylɔtje, jɛʀ] **n.** – 1790 ◊ de *culotte* ▪ Personne qui confectionne des culottes, des pantalons.

CULPABILISANT, ANTE [kylpabilizɑ̃, ɑ̃t] **adj.** – 1963 ◊ de *culpabiliser* ▪ Qui donne un sentiment de culpabilité. *Tendances culpabilisantes.*

CULPABILISATION [kylpabilizasjɔ̃] **n. f.** – 1968 ◊ de *culpabiliser* ▪ Fait de culpabiliser* ; son résultat. ▪ CONTR. Déculpabilisation.

CULPABILISER [kylpabilize] **v.** ‹1› – 1946 ◊ du latin *culpabilis* ▪ **1 v. tr.** Donner un sentiment de culpabilité à. *Cette mort dont il se sent responsable le culpabilise. Essayer de culpabiliser qqn. Se sentir culpabilisé.* ▪ **2 v. intr.** Éprouver un sentiment de culpabilité. *Il culpabilise.* ▪ CONTR. Déculpabiliser.

CULPABILITÉ [kylpabilite] **n. f.** – 1791 ◊ du latin *culpabilis* → coupable ▪ **1** État d'une personne coupable. *Nier sa culpabilité. Établir la culpabilité d'un accusé. Culpabilité morale.* «*La culpabilité de l'humanité, presque chaque humain la porte*» GIRAUDOUX. ▪ **2** *Sentiment de culpabilité* : sentiment par lequel on se sent coupable, qu'on le soit réellement ou non (➤ **autopunition** ; cf. Mauvaise conscience*). «*Ma jalousie infantile a engendré à la mort de mon frère un sentiment de culpabilité*» BEAUVOIR. ▪ CONTR. Innocence.

CULTE [kylt] **n. m.** – 1570 var. *cult* ◊ latin *cultus*, p. p. de *colere* «adorer» ▪ **1** Hommage religieux rendu à une divinité, un saint personnage, ou un objet déifié. *Culte de Dieu, des saints* (*culte de latrie et de dulie*, RELIG. CATHOL.). *Rendre un culte à la divinité.* «*Le culte que Dieu demande est celui du cœur*» ROUSSEAU. — *Le culte de la cité, dans l'Antiquité ; le culte du feu, des morts.* «*Le culte du Démon n'est pas plus insane que celui de Dieu*» HUYSMANS. *Culte de la Raison, de l'Être suprême.* ▪ **2** Ensemble des pratiques réglées par une religion, pour rendre hommage à la divinité. ➤ **liturgie, office,** 1**pratique, rite, service.** *Ministre du culte.* ➤ **clergé ; curé, évêque, prêtre.** *Édifice consacré au culte.* ➤ **chapelle, église, mosquée,** 1**oratoire, sanctuaire, synagogue, temple.** *Instruments, cérémonies du culte. Le denier* du culte.* — *Culte catholique, protestant, musulman,* etc. *La liberté des cultes.* ▪ **3** SPÉCIALT et ABSOLT Service religieux protestant. *Assister au culte. Présider le culte.* ▪ **4** PAR EXT. Religion. ➤ **confession.** *Changer de culte.* ▪ **5** FIG. Admiration mêlée de vénération, que l'on voue à qqn ou à qqch. ➤ **adoration, amour, attachement, dévouement, vénération.** *Rendre, vouer un culte à qqn.* ➤ **honorer, vénérer.** *Proudhon* «*eut de tout temps pour sa mère un dévouement, un culte dont il ne trahissait que l'essentiel*» SAINTE-BEUVE. *Le culte de la personnalité*.* — *Avoir le culte de la patrie, de la justice, du passé, de la famille.* «*Elle m'initia au culte de la grâce et de la vénusté*» FRANCE. — *Avoir le culte de l'argent* (cf. Adorer le veau* d'or). — APPOS. Qui fait l'objet d'un culte, d'une admiration fanatique de la part d'une catégorie de la population. *Livre culte, acteur culte. Des films cultes.* ▪ CONTR. Indifférence. Haine.

CUL-TERREUX [kyterø] **n. m.** – 1869 ◊ de *cul* et *terreux* ▪ FAM. et PÉJ. Paysan. *Des culs-terreux.*

CULTISME [kyltism] **n. m.** – 1823 ◊ espagnol *cultismo*, du latin *cultus* «cultivé» ▪ HIST. LITTÉR. Affectation, préciosité du style, mise à la mode au début du XVIIe s. par certains écrivains espagnols. ➤ **gongorisme.**

CULTIVABLE [kyltivabl] **adj.** – 1308 ◊ de *cultiver* ▪ Qui peut être cultivé, produire des récoltes. *Terre cultivable.* ➤ **arable.** ▪ CONTR. Incultivable.

CULTIVAR [kyltivaʀ] **n. m.** – avant 1974 ◊ de *culti(vé)* et *var(iété)* ▪ AGRIC., BOT. Variété d'une espèce végétale obtenue artificiellement et cultivée.

CULTIVATEUR, TRICE [kyltivatœʀ, tʀis] **n.** – v. 1360 ◊ de *cultiver* ▪ **1** Personne qui cultive la terre, exploite une terre. ➤ **agriculteur*, exploitant, fermier, métayer, paysan, planteur, vigneron ;** RÉGION. **habitant.** *Un riche cultivateur. Les petits cultivateurs.* — **adj.** *Peuple cultivateur.* ▪ **2 n. m.** (1796) Machine aratoire, équipée de pointes, de disques ou de socs servant au labour superficiel. ➤ **chisel, herse, scarificateur.**

CULTIVÉ, ÉE [kyltive] **adj.** – 1538 ◊ de *cultiver* ▪ **1** Travaillé par la culture (cf. Mis en valeur). *Terres cultivées.* — Qu'on a fait pousser. *Plantes cultivées* (opposé à *sauvage*). ▪ **2** Qui a de la culture, une instruction bien assimilée. *Esprit cultivé.* ➤ **érudit, lettré.** *Des gens peu cultivés.* ▪ CONTR. Inculte.

CULTIVER [kyltive] **v. tr.** ‹1› – v. 1200 ◊ latin médiéval *cultivare*, de *cultus*, p. p. de *colere* «cultiver» ▪ **1** Travailler (la terre) pour lui faire produire des végétaux utiles aux besoins humains. ➤ 1**bêcher, défricher, fertiliser, labourer, planter, semer ; agriculture.** *Cultiver un champ, un lopin de terre.* «*des bras pour cultiver la terre, ensemencer les champs, récolter les moissons*» J. VERNE. PRONOM. (PASS.) *Cette terre se cultive facilement.* ▪ **2** Soumettre (une plante) à divers soins en vue de favoriser sa venue ; faire pousser, venir. ➤ 1**faire** (FAM. faire du blé), **soigner.** *Cultiver la vigne, des céréales.* ♦ (*cultiver les abeilles* 1869) Soigner, élever (certains animaux inférieurs ou fixés). «*Parmi les coquillages les plus goûtés, certains sont cultivés*» LAMBERT. ♦ BIOL. CELL. *Cultiver des cellules en laboratoire.* «*cultiver des fragments de tumeurs humaines*» J. ROSTAND. ▪ **3** (1538) FIG. Former par l'éducation, l'instruction. ➤ **développer, éduquer, former, perfectionner.** *Cultiver l'intelligence, les bonnes dispositions d'un enfant. Cultiver un goût, un don.* ▪ **4** FIG. S'intéresser à (qqch.), consacrer son temps, ses soins à. ➤ **s'adonner, s'intéresser.** LITTÉR. *Cultiver les sciences.* «*M. et Mme Dupin cultivèrent ensemble les lettres et la musique*» MAUROIS. — COUR. *Cultiver sa réputation, son image. Cultiver sa tristesse.* ➤ **entretenir.** «*Il aimait peu cultiver en lui les humeurs sombres et le soupçon*» ROMAINS. ▪ **5** Entretenir des relations amicales avec (qqn), souvent dans un but intéressé. *Cultiver ses relations.* ➤ **soigner.** *C'est une personne à cultiver, qu'il est prudent de cultiver. Odette* «*souhaitait qu'il cultivât des relations si utiles*» PROUST. ▪ **6 SE CULTIVER v. pron.** Cultiver son esprit, son intelligence. ➤ **apprendre, s'enrichir, s'instruire.** *Avoir le souci de se cultiver.*

CULTUEL, ELLE [kyltɥɛl] **adj.** – 1872 ◊ de *culte* ▪ Du culte ; relatif au culte. *Édifices cultuels. Associations cultuelles.*

CULTURAL, ALE, AUX [kyltyʀal, o] **adj.** – 1846 ◊ de 1*culture* ▪ Relatif à la culture des terres, du sol. *Procédés culturaux, façons culturales. Profil cultural* : caractères de la couche arable.

CULTURALISME [kyltyʀalism] **n. m.** – milieu XXe ◊ de *culturel* (2°), d'après l'anglais ▪ DIDACT. Doctrine sociologique qui considère l'influence du milieu culturel, des formes acquises de comportement sur l'individu. «*Le dialogue entre le biologisme et le culturalisme est plein d'enseignements pour la pathologie psychosomatique*» J. DELAY. — **adj.** et **n.** (1952) **CULTURALISTE.**

1**CULTURE** [kyltyʀ] **n. f.** – 1509 ; ancien français *couture* XIIe ◊ latin *cultura*

I ▪ **1** Action de cultiver la terre ; ensemble des opérations propres à tirer du sol les végétaux utiles à l'être humain et aux animaux domestiques. ➤ **agriculture.** *Culture d'un champ, d'un verger, d'une exploitation. Travaux de culture.* ➤ **agricole.** *Mettre une terre en culture* (opposé à *en jachère*). — *Pays de petite, de moyenne, de grande culture. Culture familiale.* — *Culture irriguée. Culture sèche. Culture mécanique.* ➤ **motoculture.** *Culture biologique. Culture en serre.* — *Culture hydroponique*.* ➤ **aquaculture.** ▪ **2** AU PLUR. Terres cultivées. *L'étendue des cultures.* «*Fermes, coteaux, cyprès, cultures, routes étroites*» BOSCO. ▪ **3** Action de cultiver (un végétal). ➤ **agrumiculture, arboriculture, céréaliculture, floriculture, horticulture, oléiculture, sylviculture, viticulture.** *Culture des céréales, de la vigne ; culture fruitière, culture maraîchère. Cultures tropicales. Culture hâtée, forcée.* ➤ **forçage.** *Culture intensive* ; culture extensive*. Cultures conventionnelles, transgéniques* (➤ **OGM**). — *Culture alterne* ou *rotation de culture.* ➤ **assolement.** *Culture d'un, de plusieurs produits.* ➤ **monoculture, polyculture.** ♦ PAR ANAL. Élevage de certains animaux fixés. *Culture des moules* (➤ **mytiliculture**), *des huîtres* (➤ **ostréiculture**), *des coquillages* (➤ **conchyliculture**). ➤ aussi **élevage*.** *Culture des moules sur bouchots.* — PAR EXT. *Perles* de culture.*

II (1878) BIOL. CELL. *Culture microbienne* (ou *bactérienne*) : méthode consistant à faire croître des micro-organismes en milieu approprié ; les micro-organismes ainsi obtenus. *Bouillon* de culture* (➤ aussi **hémoculture**). *Milieu* de culture* (agarose, gélose...). — *Culture de tissus, de cellules* : maintien en vie et multiplication de cellules provenant d'un fragment de tissu, obtenus artificiellement sur des milieux nutritifs adéquats (➤ **explant**). *Mettre des tissus en culture. Culture d'embryons in vitro.*

▪ CONTR. Friche, jachère.

2**CULTURE** [kyltyʀ] **n. f.** – v. 1550 ◊ de 1*culture* ▪ **1** (v. 1550) Développement de certaines facultés de l'esprit par des exercices intellectuels appropriés. PAR EXT. Ensemble des connaissances acquises qui permettent de développer le sens critique, le goût, le jugement. ➤ **connaissance, éducation, formation, instruction,** 2**savoir.** «*La culture, c'est ce qui reste quand on a tout oublié*» HERRIOT. *Une vaste, une solide culture* (➤ **cultivé**). *Culture livresque.* ➤ **érudition.** *Accès à la culture. Un esprit sans culture.* — (Dans un domaine particulier). *Culture philosophique, littéraire, scientifique, artistique. Culture classique.* ➤ **humanités.** *Culture générale,* dans les domaines considérés comme nécessaires à tous (en dehors des spécialités, des métiers). — *Maison de la culture. Ministre de la Culture.* — *Culture de masse,* diffusée au sein d'une société par les médias et correspondant à une idéologie. — *Culture et contre-culture, et sous-culture.* ▪ **2** Ensemble des aspects intellectuels propres à une civilisation, une nation. *La culture gréco-latine. Culture occidentale, orientale. La culture française. Échanges entre cultures différentes* (➤ **inter-**

culturel, transculturel ; multiculturel). ▪ 3 DIDACT. Ensemble des formes acquises de comportement, dans les sociétés humaines. ➤ culturel (2°) ; culturalisme. *Nature et culture.* COUR. *Culture d'entreprise. Culture d'un gouvernement.* ▪ 4 **CULTURE PHYSIQUE** : développement méthodique du corps par des exercices appropriés et gradués. ➤ culturisme, éducation (physique), gymnastique. *Faire de la culture physique.* ▪ CONTR. Ignorance, inculture.

CULTUREL, ELLE [kyltyʀɛl] adj. – 1907 ◇ de 2 culture ▪ 1 Qui est relatif à la culture, à la civilisation dans ses aspects intellectuels. ➤ aussi civilisationnel. *Les revendications culturelles des minorités ethniques. Révolution* culturelle. Identité culturelle. Relations culturelles. Attaché culturel auprès d'un gouvernement étranger. Mission culturelle de l'Unesco. Centre* culturel.* ◆ DR. *Exception culturelle* : statut particulier des produits culturels dans les échanges internationaux. — COUR. *Exception culturelle (française)* : importance de la production culturelle en France par rapport à d'autres pays européens. ▪ 2 (milieu XXe ◇ anglais *cultural*) DIDACT. Relatif aux formes acquises de comportement, et non pas à l'hérédité biologique. *Facteurs naturels et facteurs culturels* (cf. L'inné et l'acquis). *Milieu culturel.* — adv. **CULTURELLEMENT**, 1926.

CULTURISME [kyltyʀism] n. m. – 1950 ◇ de 2 culture ▪ Culture physique où l'on fait travailler certains groupes musculaires pour les développer de façon apparente. ➤ musculation ; FAM. gonflette. *Le culturisme se pratique avec des barres, poids et haltères* (cf. Soulever de la fonte*).

CULTURISTE [kyltyʀist] adj. et n. – 1910 ◇ de *culturisme* ▪ Qui concerne le culturisme. *Méthodes culturistes.* ◆ Qui pratique le culturisme. — n. *Un, une culturiste.*

CUMIN [kymɛ̃] n. m. – *comin* 1260 ◇ du latin *cuminum*, emprunté au grec *kuminon*, d'origine sémitique (cf. arabe *kammūn*, hébreu *kammōn*) ▪ 1 Plante aromatique originaire du Moyen-Orient *(ombellifères)* de saveur et d'odeur assez fortes, appelée aussi *faux anis. Cumin officinal.* — PAR ANAL. *Cumin des prés.* ➤ carvi. ▪ 2 Graines de carvi utilisées comme épice. *Munster au cumin.*

CUMUL [kymyl] n. m. – 1692 ◇ de *cumuler* ▪ Action de cumuler. DR. *Cumul d'actions* : fait d'exercer simultanément ou successivement plusieurs actions en justice, ayant rapport au même fait juridique. *Cumul des peines* : système théorique en vertu duquel, en cas de pluralité d'infractions, les peines encourues s'additionnent. *Le cumul ne s'applique en France qu'aux contraventions* (cf. Confusion* des peines). — *Cumul de fonctions, de mandats* : réunion en une même personne de plusieurs fonctions publiques ou mandats électifs et des traitements ou émoluments qui y sont attachés (cf. Double casquette*). *Cumul des activités* : exercice simultané de plusieurs activités professionnelles, à titre dépendant ou indépendant, dont l'une est souvent clandestine (cf. Travail* au noir). *Cumul des traitements, des rémunérations*, par une personne occupant ou ayant occupé plusieurs emplois. *Impossibilité de cumul* (➤ incompatibilité). ▪ CONTR. Indépendance, séparation. Non-cumul.

CUMULABLE [kymylabl] adj. – 1960 ◇ de *cumuler* ▪ Que l'on peut cumuler. *Mandats cumulables. Ces escomptes ne sont pas cumulables.*

CUMULARD, ARDE [kymylaʀ, aʀd] n. – 1821 ◇ de *cumuler* et *-ard* ▪ PÉJ. ▪ 1 Personne qui cumule des emplois, des avantages auxquels elle ne devrait pas avoir droit. ▪ 2 Élu(e) qui cumule des mandats. — adj. *Députés cumulards.*

CUMULATIF, IVE [kymylatif, iv] adj. – 1690 ◇ de *cumuler* ▪ DR. Qui porte sur plusieurs objets. *Donation cumulative.* ◆ Qui s'additionne ou se combine. *Assurances cumulatives.* BIOL. *Facteurs cumulatifs.* ÉCON. *Processus cumulatifs* : accroissement d'une grandeur par addition sur elle-même.

CUMULER [kymyle] v. tr. ⟨1⟩ – 1355 ◇ latin *cumulare* → combler ▪ 1 DR. Réunir en sa personne (plusieurs activités ou plusieurs avantages). *Cumuler des droits, dans une succession. Cumuler deux fonctions.* ➤ cumul. ◆ FIN. *Intérêts cumulés*, qui s'additionnent à eux-mêmes (➤ cumulatif). ◆ PAR EXT. Avoir à la fois. COUR. *Cumuler deux traitements. Cumuler les difficultés.* ABSOLT *Il cumule !* ▪ 2 (CHOSES) *Solution qui cumule plusieurs avantages, inconvénients.* ➤ réunir. ▪ CONTR. Dissocier, séparer.

CUMULET [kymylɛ] n. m. – 1853 ◇ du moyen néerlandais *tumelen* «se tourner» avec, peut-être, influence du français *cul* ▪ RÉGION. (Picardie ; Belgique) Culbute, roulade. *Faire des cumulets.* ➤ galipette.

CUMULONIMBUS [kymylonɛ̃bys] n. m. – 1891 ◇ de *cumulus* et *nimbus* ▪ MÉTÉOROL. Épaisse masse nuageuse à base sombre et à sommet bourgeonnant. *Les cumulonimbus déclenchent les averses de grêle et les orages.*

CUMULOSTRATUS [kymylostʀatys] n. m. – 1830 ◇ de *cumulus* et *stratus* ▪ MÉTÉOROL. ➤ stratocumulus.

CUMULOVOLCAN [kymylovɔlkɑ̃] n. m. – 1902 ◇ de *cumulus* et *volcan* ▪ GÉOL. Volcan dont la lave sort et se solidifie en formant un dôme. *Des cumulovolcans.*

CUMULUS [kymylys] n. m. – 1830 ◇ mot latin «amas» ▪ 1 MÉTÉOROL. Gros nuage clair à base horizontale plate et à sommet présentant des protubérances arrondies. *Les cumulus sont des nuages de beau temps.* ▪ 2 Chauffe-eau électrique en forme de gros cylindre. ➤ 1 ballon.

CUNÉIFORME [kyneifɔʀm] adj. – 1559 ◇ latin *cuneus* «coin» et *-forme* ▪ DIDACT. Qui a la forme d'un coin. ▪ 1 ANAT. *Os cunéiformes*, ou ELLIPT *les cunéiformes* : les trois os de la seconde rangée du tarse. ▪ 2 (1813) *Écriture cunéiforme*, ou ELLIPT *le cunéiforme* : écriture des Assyriens, des Mèdes, des Perses formée de signes en fers de lance ou en clous diversement combinés. *Caractères cunéiformes.*

CUNNILINGUS [kynilɛ̃gys] n. m. – *cunnilinctus* 1967 ◇ d'après le latin *cunnus* «con» et *lingere* «lécher» ▪ DIDACT. Pratique sexuelle qui met la bouche au contact des parties génitales féminines (➤ buccogénital ; fellation ; cf. Faire minette).

CUPCAKE [kœpkɛk] n. m. – 2007 ◇ mot anglais, de *cup* «coupe, godet» et *cake* «gâteau» ▪ ANGLIC. Petit gâteau individuel d'origine américaine, recouvert d'un glaçage souvent coloré.

CUPIDE [kypid] adj. – 1371 ◇ latin *cupidus*, de *cupere* «désirer» ▪ Qui est avide d'argent. ➤ âpre (au gain), avide, rapace. *Un homme d'affaires cupide.* PAR EXT. *Un regard, un geste cupide.* — adv. **CUPIDEMENT**, 1583. ▪ CONTR. Désintéressé, généreux.

CUPIDITÉ [kypidite] n. f. – 1398 ◇ latin *cupiditas* → cupide ▪ Désir indécent et mesquin de gagner de l'argent, de faire argent de tout. ➤ âpreté, avidité, convoitise, rapacité. *Cupidité dans les affaires.* — PAR EXT. «*La surprise des nourritures nouvelles excitait la cupidité des estomacs*» FLAUBERT. ▪ CONTR. Désintéressement, détachement, générosité.

CUPRI- ou **CUPRO-** ▪ Élément, du latin *cuprum* «cuivre».

CUPRIFÈRE [kypʀifɛʀ] adj. – 1834 ◇ de *cupri-* et *-fère* ▪ DIDACT. Qui renferme du cuivre. ➤ cuprique. *Terrain, minerai cuprifère.*

CUPRIQUE [kypʀik] adj. – 1845 ◇ du latin *cuprum* «cuivre» ▪ DIDACT. Qui est relatif au cuivre ; qui est de la nature du cuivre. *Bouillie cuprique. Protéine cuprique.*

CUPRITE [kypʀit] n. f. – 1869 ◇ du latin *cuprum* «cuivre» ▪ MINÉR. Oxyde cuivreux (Cu_2O) naturel, de couleur rouge.

CUPRO [kypʀo] n. m. – 1933 ◇ de *cuproammoniacal* ▪ Fibre textile artificielle obtenue par dissolution de la cellulose dans une liqueur cuproammoniacale. — Tissu à l'aspect soyeux, fabriqué avec cette fibre. *Doublure en cupro.*

CUPRO- ➤ CUPRI-

CUPROALLIAGE [kypʀoaljaʒ] n. m. – 1951 ◇ de *cupro-* et *alliage* ▪ TECHN. Alliage à base de cuivre.

CUPROAMMONIACAL, ALE, AUX [kypʀoamɔnjakal, o] adj. – 1890 ◇ de *cupro-* et *ammoniacal* ▪ *Liqueur cuproammoniacale* : dissolution ammoniacale d'oxyde cuivrique qui a la propriété de dissoudre la cellulose, utilisée pour l'imperméabilisation de certains corps (papier, voile).

CUPRONICKEL [kypʀonikɛl] n. m. – 1909 ◇ de *cupro-* et *nickel* ▪ Alliage de cuivre et de nickel.

CUPULE [kypyl] n. f. – 1611 ◇ latin *cupula* «petit tonneau», diminutif de *cupa* «tonneau» ▪ BOT. Assemblage soudé de bractées formant une coupe qui enserre en partie ou complètement certains fruits. *La cupule du gland, de la noisette, de la faine.*

CUPULIFÈRES [kypylifɛʀ] n. f. pl. – 1823 adj. ◇ de *cupule* et *-fère* ▪ BOT. Ordre de végétaux ligneux qui portent des cupules. *Le chêne, le hêtre, le noisetier sont des cupulifères.*

CURABLE [kyʀabl] adj. – XIIIe ◇ latin médiéval *curabilis*, de *curare* «soigner» ▪ Qui peut être guéri. ➤ guérissable, soignable. *Malade, maladie curable.* — n. f. **CURABILITÉ.** *La curabilité d'un cancer.* ▪ CONTR. Incurable.

CURAÇAO [kyʀaso] n. m. – 1790 ◇ nom d'une île des Antilles ▪ Liqueur faite avec de l'eau-de-vie, de l'écorce d'oranges amères et du sucre. *Cocktail au curaçao. Des curaçaos.*

CURAGE [kyʀaʒ] n. m. – 1328 ◊ de *curer* ■ **1** Action de curer ; son résultat. *Le curage du bassin a été mal fait.* ■ **2** CHIR. Évacuation du contenu d'une cavité naturelle ou pathologique à l'aide des doigts. — Excision de l'ensemble des éléments d'une région. *Curage ganglionnaire* (dans certains cancers). ➤ **curetage.**

CURAILLON ➤ **CURETON**

CURARE [kyʀaʀ] n. m. – 1758 ◊ mot caraïbe *k-urary* « là où il vient, on tombe » ■ Poison à action paralysante, extrait de diverses plantes du genre strychnos, utilisé par les peuplades de l'Amérique du Sud tropicale pour empoisonner leurs flèches, et en thérapeutique (anesthésie).

CURARISANT, ANTE [kyʀaʀizɑ̃, ɑ̃t] adj. et n. m. – 1890 n. ◊ de *curare* ■ MÉD. Se dit de toute substance qui agit, comme le curare, sur les nerfs moteurs. ➤ **paralysant.**

CURARISATION [kyʀaʀizasjɔ̃] n. f. – 1875 ◊ de *curare* ■ MÉD. Traitement par le curare ou les curarisants. ♦ Intoxication par le curare ou les agents curarisants.

CURATELLE [kyʀatɛl] n. f. – XIVe ◊ latin médiéval *curatela*, de *curatio*, d'après *tutela* → curateur ■ DR. Charge de curateur. ➤ **tutelle.** *Curatelle d'une succession vacante :* régime légal d'assistance des majeurs incapables*. ♦ HIST. ADMIN. Direction d'un service public (entretien des routes, etc.).

CURATEUR, TRICE [kyʀatœʀ, tʀis] n. – 1287 ◊ latin juridique *curator*, de *curare* « prendre soin de » ■ **1** DR. Personne qui est désignée par le juge des tutelles pour assister une personne majeure incapable (qui n'est pas le conjoint). *Curateur à succession vacante.* ➤ **curatelle.** *Curateur au ventre**. — *Curateur ad hoc*, nommé pour une affaire particulière. ♦ HIST. ADMIN. Fonctionnaire chargé d'une curatelle*. ■ **2** (anglais *curator*) Commissaire* d'exposition. « *un curateur plein d'avenir, que tous les musées s'arrachaient* » V. DESPENTES.

CURATIF, IVE [kyʀatif, iv] adj. – 1314 ◊ du latin *curare* « soigner » ■ Qui est propre à la guérison. ➤ **thérapeutique.** *Traitement curatif* (opposé à *préventif*).

CURATION [kyʀasjɔ̃] n. f. – 2011 ◊ mot anglais, du moyen français *curasion* « guérison » (XIIIe), latin *curatio, onis*, de *curare* « soigner » → 1cure ■ ANGLIC. DIDACT. ■ **1** Fait de concevoir et d'organiser une exposition artistique (➤ **curateur**). ■ **2** (anglais *data, content curation*) *Curation de données, de contenus :* sélection et mise en valeur de données, de contenus sur Internet.

CURCUMA [kyʀkyma] n. m. – 1559 ◊ mot espagnol, de l'arabe *kourkoum* « safran » ■ BOT. Grande herbe vivace *(zingibéracées)*, appelée aussi *safran des Indes*, dont le rhizome contient une matière colorante jaune (la *curcumine*) et entre dans la composition du curry.

1**CURE** [kyʀ] n. f. – fin XIe *n'en aveir cure* ◊ latin *cura* « soin » ■ **1** VX Soin, souci. MOD. LOC. *N'avoir cure d'une chose*, ne pas s'en soucier, ne pas en tenir compte. *Il « n'avait cure de ces dangers-là »* SAND. ■ **2** (XIIe) Traitement médical d'une certaine durée ; méthode thérapeutique particulière. ➤ **traitement.** « *je vois deux cures possibles ; elles ont la même valeur médicale* » MAUROIS. *Cure psychanalytique.* ➤ **analyse.** — COUR. *Cure (thermale) :* traitement dans une station thermale (➤ **saison**). *Faire une cure à Vichy* (➤ **curiste**). *Cure de thalassothérapie.* ■ **3** PAR EXT. (1850 *cure de romans*) Usage abondant que l'on fait temporairement de qqch. par hygiène, pour se soigner. *Une cure de sommeil, de repos. Une cure de fruits.*

2**CURE** [kyʀ] n. f. – XIIe ◊ latin *cura*, d'après *curé* ■ **1** Fonction de curé. *Demander, obtenir une cure.* ♦ (1789) Paroisse. *Une cure de village.* ■ **2** (1496) VIEILL Résidence du curé. ➤ **curial ; presbytère.**

CURÉ [kyʀe] n. m. – fin XIIIe ◊ latin ecclésiastique *curatus* « chargé d'une paroisse », de *curare* « prendre soin » ■ **1** Prêtre catholique placé à la tête d'une paroisse. ➤ **desservant.** *L'abbé X, curé de telle paroisse. Monsieur le curé. Prêtre chargé d'aider le curé.* ➤ **vicaire.** *Résidence du curé.* ➤ 2**cure, presbytère ; curial.** *Revenu d'un curé.* ➤ 1**casuel.** — *Jardin* de curé.* ■ **2** FAM. et PÉJ. Prêtre catholique. ➤ **abbé.** *Les curés :* le clergé. *Il a été élevé chez les curés*, dans une institution religieuse. ➤ **frère.** *Bouffer du curé :* être anticlérical. ■ HOM. Curée, curer.

CURE-DENT [kyʀdɑ̃] n. m. – 1416 ◊ de *curer* et *dent* ■ Petit instrument pointu pour se curer* les dents. « *Les hommes n'ont plus de tenue. À la terrasse des cafés ils réclament des cure-dents* » GIRAUDOUX.

CURÉE [kyʀe] n. f. – XVe ; *cuirée* v. 1360 ◊ de *cuir* « peau (du cerf) » ■ **1** VÉN. Portion de la bête que l'on donne aux chiens après l'avoir servie. *Donner la curée.* ♦ PAR EXT. Le fait de donner la curée ; le moment où on la donne. *Sonner la curée.* ■ **2** (XVIe) FIG. Ruée vers les places, le butin, etc., lors de la disgrâce, de la chute de qqn. *La curée des places. Se ruer à la curée.* ■ HOM. Curé, curer.

CURE-ONGLE [kyʀɔ̃gl] n. m. – 1893 ◊ de *curer* et *ongle* ■ Instrument pour nettoyer le dessous des ongles. *Des cure-ongles.*

CURE-OREILLE [kyʀɔʀɛj] n. m. – 1416 ◊ de *curer* et *oreille* ■ Instrument, petite spatule, pour se nettoyer l'intérieur de l'oreille. ➤ **coton-tige.** *Des cure-oreilles.*

CURE-PIPE [kyʀpip] n. m. – 1802 ◊ de *curer* et *pipe* ■ Instrument servant à gratter, à nettoyer les pipes. *Des cure-pipes.*

CURER [kyʀe] v. tr. ⟨1⟩ – XIIe « prendre soin de » ◊ latin *curare* ■ Nettoyer (qqch.) en raclant. *Curer un fossé, un canal. Curer un puits, une citerne. Outil servant à curer.* ➤ **curette.** — RÉGION. *Curer une casserole, un chaudron.* ➤ **récurer.** ♦ *Se curer les dents :* retirer au moyen d'un cure-dent, ou d'un objet analogue, les débris d'aliments coincés entre les dents. — *Se curer les oreilles :* retirer le cérumen sécrété dans le conduit de l'oreille externe. *Se curer les ongles.* ➤ **nettoyer.** ■ CONTR. Encrasser, salir. ■ HOM. Curé, curée.

CURETAGE [kyʀtaʒ] n. m. – fin XIXe *curettage* ◊ de *cureter* ■ **1** MÉD. Opération qui consiste à nettoyer avec une curette une cavité naturelle (utérus, cavité articulaire) ou pathologique (abcès), ou une plaie infectée. — COUR. Nettoyage de l'utérus après une fausse couche. ■ **2** Élimination de bâtiments vétustes et sans intérêt archéologique, dans une ville.

CURETER [kyʀte] v. tr. ⟨4 /5/⟩ – fin XIXe ◊ de *curette* ■ MÉD. Procéder au curetage de.

CURETON [kyʀtɔ̃] n. m. – 1916 ◊ diminutif de *curé* ■ PÉJ. Prêtre. — On dit aussi **CURAILLON.**

CURETTE [kyʀɛt] n. f. – 1415 ◊ de *curer* ■ **1** Outil muni d'une partie tranchante pour racler. ➤ **raclette, racloir.** ■ **2** MÉD. Instrument de chirurgie en forme de cuillère qui sert à effectuer les curetages.

CURIAL, IALE, IAUX [kyʀjal, jo] adj. – v. 1428 ◊ latin *curialis*, d'après 2*cure* ■ RARE Qui concerne la cure ou le curé. *La maison curiale.* ➤ **presbytère.**

1**CURIE** [kyʀi] n. f. – 1538 ◊ latin *curia* ■ **1** ANTIQ. ROM. Division de la tribu chez les Romains. *Romulus partagea le peuple romain en trois tribus, et chaque tribu en dix curies.* — Sénat de Rome, et PAR EXT. des villes municipales. ■ **2** (1863 ◊ italien *curia*) RELIG. Ensemble des administrations qui constituent le Saint-Siège de Rome, le gouvernement pontifical. *La curie romaine*, et ABSOLT *la curie.* ■ HOM. Curry.

2**CURIE** [kyʀi] n. m. – 1910 ◊ du nom de *Marie* et *Pierre Curie* ■ MÉTROL. Ancienne unité de mesure de l'activité d'un radionucléide (SYMB. Ci), correspondant au nombre de désintégrations par seconde de 1 gramme de radium, soit $3{,}7\ 10^{10}$ becquerels. ➤ **microcurie.** *Une bombe au cobalt de 1 000 curies.*

CURIETHÉRAPIE [kyʀiteʀapi] n. f. – 1919 ◊ de *Curie*, n. pr., et *-thérapie* ■ MÉD. Radiothérapie dans laquelle le radioélément (iridium, iode…) est placé au plus près de la zone à traiter. *Cancer de la prostate, du sein traité par curiethérapie.*

CURIEUSEMENT [kyʀjøzmɑ̃] adv. – 1559 ; « soigneusement » XIIe ◊ de *curieux* ■ **1** RARE Avec curiosité. ■ **2** COUR. D'une manière curieuse (II). ➤ **bizarrement, étrangement.** *Être curieusement habillé. Curieusement, il n'a donné aucune suite à sa demande.*

CURIEUX, IEUSE [kyʀjø, jøz] adj. et n. – v. 1125 ◊ latin *curiosus* « qui a soin de »

I (Toujours apr. le nom) ■ **1** VX Qui a soin, souci de qqch. ➤ **intéressé.** ■ **2** MOD. Qui est désireux (de voir, de savoir). *Curieux d'apprendre.* ➤ **avide.** *Je serais curieux de connaître votre opinion*, ça m'intéresserait. « *badaud insatiable et curieux de tout, assoiffé de musique, de théâtre, de lectures* » LECOMTE. (Sans compl.) **ESPRIT CURIEUX,** qui ne néglige aucune occasion de s'instruire. « *son intelligence était si curieuse qu'il m'adressait à chaque moment des questions* » FLAUBERT. ■ **3** COUR. (sans compl.) Qui cherche à connaître ce qui ne le regarde pas. ➤ **indiscret.** *Vous êtes trop curieux.* SUBST. *Petite curieuse !* ➤ **fouineur.** ■ **4** n. Personne qui s'intéresse à qqch. d'imprévu, d'inhabituel. *Un attroupement de curieux.* ➤ **badaud.** *Écarter, éloigner les curieux.* ♦ Personne qui s'intéresse aux objets rares, précieux. ➤ **amateur, collectionneur.** *Le cabinet, les collections d'un curieux.* « *moi qui suis un curieux, un fureteur* » PROUST.

II (1559) Av. ou apr. le nom ♦ (CHOSES) Qui pique la curiosité ; qui attire et retient l'attention. ➤ **amusant, bizarre*, singulier,**

surprenant. *Une curieuse tenue. C'est un cas curieux. Ce qui est curieux* (SUBST. *Le curieux de la chose*), *c'est que... Par une curieuse coïncidence. Des pièces curieuses ont enrichi sa collection.* ➤ **rare.** ◆ (PERSONNES) *Un curieux personnage.* ➤ 2**original.** *Regarder qqn comme une bête* curieuse.*
■ CONTR. Indifférent. 1 Discret. — Banal, commun, ordinaire, quelconque.

CURIOSITÉ [kyʀjozite] n. f. – *curioseté* fin XIIe ◇ latin *curiositas* «soin» **I** ■ **1** VX Soin, souci qu'on a de qqch. ➤ 1**cure.** ■ **2** MOD. Tendance qui porte à apprendre, à s'informer, à connaître des choses nouvelles. ➤ **appétit, soif** (de connaître). *Contenter, satisfaire, rassasier sa curiosité. Je vous demande cela par simple curiosité,* pour savoir, sans mauvaise intention. *Piquer, éveiller, exciter la curiosité. Curiosité intellectuelle.* ◆ **LA CURIOSITÉ DE (qqch.).** «*la curiosité douloureuse, inlassable que j'avais des lieux où Albertine avait vécu, de ce qu'elle avait pu faire*» PROUST. (Et l'inf.) *Il n'a même pas eu la curiosité de regarder la signature.* ■ **3** Désir de connaître les secrets, les affaires d'autrui. ➤ **indiscrétion.** *À l'abri de la curiosité.* LOC. PROV. *La curiosité est un vilain défaut. Il a été puni de sa curiosité.*
II (XVe) Chose curieuse (II) ; SPÉCIALT Objet recherché par les curieux, les amateurs. *Ce bâtiment est une des curiosités de la ville. Curiosité touristique.* ➤ **monument, site.** *Une curiosité de la nature.* ➤ **bizarrerie, singularité.** *Magasin, cabinet de curiosités.*
■ CONTR. Incuriosité, indifférence. Discrétion, réserve.

CURISTE [kyʀist] n. – 1899 ◇ de 1*cure* ■ Personne qui fait une cure thermale.

CURIUM [kyʀjɔm] n. m. – 1953 ◇ mot anglais (1946), de *Curie,* nom propre ■ PHYS., CHIM. Élément atomique artificiel, transuranien (Cm ; n° at. 96) fortement radioactif, de la famille des actinides*.

CURLING [kœʀliŋ] n. m. – 1792, répandu XXe ◇ mot anglais, de *to curl* «enrouler» ■ Sport d'hiver qui consiste à faire glisser un palet sur la glace.

CURRICULAIRE [kyʀikylɛʀ] adj. – v. 1970 ; autre sens 1921, attestation isolée ◇ anglais *curricular* (v. 1909), de *curriculum* ■ ANGLIC. DIDACT. Relatif à un curriculum (2°). *Réforme curriculaire.*

CURRICULUM VITÆ [kyʀikylɔmvite] ou **CURRICULUM** [kyʀikylɔm] n. m. – 1900 ◇ mots latins «course de la vie» ■ **1** Ensemble des indications fournies par une personne sur son état civil, sa formation, ses activités passées. *Joindre à sa lettre de demande d'emploi un curriculum vitæ, un curriculum. Des curriculum vitæ* (inv.) ou *des curriculums vitæ. Envoyer des curriculums.* ABRÉV. **C. V.** [seve]. *Adresser C. V. et prétentions à...* (dans une annonce). ■ **2** (anglais *curriculum* «programme scolaire») ANGLIC. DIDACT. *Curriculum :* programme décrivant le contenu et les objectifs d'un parcours éducatif. *Élaboration d'un curriculum.*

CURRY [kyʀi] n. m. – 1820 ◇ mot anglais, du tamoul → cari ■ Épice indienne composée de piment, de curcuma et d'autres épices pulvérisées. «*Puis du curry. Ni trop ni trop peu. Une poussière sensuelle embellissant de son or exotique le cuivre rosé des crustacés*» M. BARBERY. *Riz au curry.* — Mets préparé avec cette épice. *Un curry d'agneau, de volaille. Des currys à l'indienne.* ■ HOM. Curie.

CURSEUR [kyʀsœʀ] n. m. – 1562 ; «messager» XIVe ◇ latin *cursor* ■ TECHN. ■ **1** Petit index qui glisse dans une coulisse graduée pour effectuer un réglage. *Curseur d'une balance.* LOC. FIG. *Déplacer le curseur :* faire varier une quantité, une position personnelle. ■ **2** (1776) Fil qui traverse le champ d'un micromètre. ■ **3** INFORM. Marque mobile, sur un écran de visualisation, indiquant la place où va s'effectuer la prochaine opération.

CURSIF, IVE [kyʀsif, iv] adj. – *coursif* 1532 ◇ latin médiéval *cursivus,* de *currere* «courir» ■ **1** Qui est tracé à main courante. *Écriture cursive. Lettres cursives.* SUBST. *La cursive.* ➤ **anglaise.** *Écrire en cursive.* ■ **2** FIG. ➤ 1**bref, rapide.** *Lecture cursive,* faite rapidement, d'une seule traite. *Remarque cursive.*

CURSUS [kyʀsys] n. m. – 1968 ◇ mot latin «cours» ■ Ensemble des études universitaires dans une matière. *Le cursus médical en France dure au minimum sept ans. Faire un double cursus.*

CURULE [kyʀyl] adj. – XIVe ◇ latin *curulis* ■ ANTIQ. ROM. *Chaise curule :* siège d'ivoire réservé aux premiers magistrats de Rome. — PAR EXT. *Magistrats, édiles curules,* qui avaient droit à ce siège.

CURV(I)- ■ Élément, du latin *curvus* «courbe».

CURVILIGNE [kyʀviliɲ] adj. – 1613 ◇ de *curvi-* et *ligne ;* remplace *courbeline* (XVIe) ■ MATH. Qui est formé par des lignes courbes. ➤ **arrondi, courbe, incurvé.** *Polygone curviligne. Angle curviligne.* ◆ *Abscisse curviligne :* longueur d'un arc de courbe orientée, mesurée à partir d'un point de référence (notée ⌒). ◆ *Intégrale curviligne :* intégrale d'une fonction continue le long d'un arc de la courbe représentative de la fonction dans l'espace. ■ CONTR. 1 Droit. Rectiligne.

CURVIMÈTRE [kyʀvimɛtʀ] n. m. – 1874 ◇ de *curvi-* et *-mètre* ■ Instrument servant à mesurer la longueur d'une ligne courbe et notamment des sinuosités d'une carte.

CUSCUTE [kyskyt] n. f. – milieu XIIIe ◇ du latin médiéval *cuscuta,* de l'arabe *kušūṭ* emprunté au grec *kasutas* ■ Plante herbacée *(cuscutacées)* sans chloroplastes*, parasite, dont les tiges rouges s'enroulent autour des genêts, de la bruyère, de la luzerne.

CUSPIDE [kyspid] n. f. – 1829 ◇ latin *cuspis, idis* «pointe» ■ **1** BOT. Pointe aiguë d'un végétal. *Valvule à trois cuspides* (➤ **tricuspide**). ■ **2** ANAT. Chacune des pointes des molaires et des prémolaires, en contact avec celles de la dent opposée.

CUSSONNÉ, ÉE [kysɔne] adj. – 1823, en Gironde ◇ du dialectal *cussouna,* de *cussou* «charançon» et «ver qui ronge le bois», du latin *cossus* «ver de bois». Le mot est déjà relevé en ancien et moyen français (1396). ■ RÉGION. (Sud-Ouest) Attaqué par les vers (bois, meuble).

CUSTODE [kystɔd] n. f. – 1370 ◇ latin *custodia* «garde» ■ **1** RELIG. Boîte où le prêtre enferme l'hostie pour l'exposer, la transporter. ➤ **pyxide.** ■ **2** (1680 «accoudoir d'un carrosse») Panneau latéral arrière de la carrosserie d'une automobile. *Glaces de custode.*

CUSTOM [kœstɔm] n. m. – v. 1974 ◇ d'après l'anglais américain *custom motorcycle* «moto sur mesure» ■ ANGLIC. ■ **1** Véhicule de série (voiture, moto) personnalisé par des spécialistes. *Des customs.* ■ **2** Moto à large guidon, à selle basse, à fourche très inclinée, agrémentée de chromes et d'enjoliveurs. *Les «customs, au style très américain»* (Le Monde, 1999).

CUSTOMISATION [kœstɔmizasjɔ̃] n. f. – 2000 ◇ de *customiser* ■ Action de customiser, de personnaliser soi-même (un véhicule de série, un vêtement standard). «*La standardisation entraîne la customisation... c'est l'art d'être à la mode sans être dans le troupeau*» (Biba, 2000).

CUSTOMISER [kœstɔmize] v. tr. ⟨1⟩ – 1979 au p. p. ◇ anglais *to customize* ■ ANGLIC. Transformer en custom, personnaliser. — *Voiture customisée.* — **Recomm. offic.** ***personnaliser.***

CUTANÉ, ÉE [kytane] adj. – 1546 ◇ du latin *cutis* «peau» ■ ANAT. Qui appartient à la peau. ➤ **dermique, épidermique.** *Tissus cutanés. Affection, maladie cutanée.* ➤ **dermatose.**

CUTI [kyti] n. f. – 1946 ◇ abrév. de *cutiréaction* ■ Cutiréaction. *Faire une cuti à un enfant. Cuti positive, négative.* — LOC. *Virer sa cuti :* avoir pour la première fois une cutiréaction positive. FIG. et FAM. Changer radicalement de façon de vivre ou de penser, SPÉCIALT changer d'orientation sexuelle.

CUTICULE [kytikyl] n. f. – 1534 ◇ latin *cuticula* «petite peau» ■ **1** ZOOL. Tégument des arthropodes* formé de chitine et de protéines. ■ **2** BOT. Dépôt protecteur qui revêt la tige et les feuilles de certaines plantes et les rend luisantes. *Cuticule des feuilles de laurier, de chêne.* ■ **3** ANAT. Couche très mince de peau, membrane ou pellicule qui recouvre une structure anatomique. *Cuticule de l'émail dentaire, du poil. Les cuticules des ongles.*

CUTIRÉACTION [kytiʀeaksjɔ̃] n. f. – 1907 ◇ latin *cutis* «peau» et *réaction* ■ Test consistant à introduire dans la peau un produit (végétal ou animal, toxine bactérienne) auquel un sujet peut être sensibilisé et qui sert à déceler certaines maladies (tuberculose, par ex.) ou à identifier des allergènes. ➤ **cuti.** *Des cutiréactions. Cutiréaction positive* (➤ **primo-infection**). — On écrit aussi *une cuti-réaction, des cutis-réactions.*

CUTTER [kœtœʀ ; kytɛʀ] n. m. /CUTTEUR/ – 1979 ; *cutteur* 1971 ◇ mot anglais, de *to cut* «couper» ■ ANGLIC. Instrument tranchant à lame coulissante servant à couper le papier, le carton.

CUVAGE [kyvaʒ] n. m. – XIIIe ◇ de *cuver* ■ Séjour et fermentation du moût de raisin dans les cuves. ➤ **vinification.** *Foulage, cuvage et pressurage.* — On dit aussi **CUVAISON** n. f., 1842.

CUVE [kyv] n. f. – XIe ◇ latin *cupa* «grand vase à boire ; tonneau» ■ **1** Grand récipient de bois ou de maçonnerie utilisé pour la fermentation du raisin. ➤ **cuveau, cuvée.** *Cuve à vin. Retirer le moût des cuves.* ■ **2** Récipient de forme analogue, servant à divers usages industriels. *Cuve de teinturier, de blanchisseur.* ➤ **baille, baquet, échaudoir.** *Cuve à tanner.* — **(Intégré à un appareil)** *La cuve d'un lave-vaisselle, d'un réfrigérateur.* — *Papier de luxe à la cuve.* ◆ PHOTOGR. *Cuve à laver ; cuve à développement.* ➤ 1 **bac.** — CHIM. *Cuve à mercure. Colorant de cuve,* qui se fabrique à l'abri de l'oxygène de l'air. ■ **3** Réservoir. *Cuve à mazout.* ➤ **citerne.**

CUVEAU [kyvo] **n. m.** – XIIe ◇ de *cuve* ■ RÉGION. Petite cuve.

CUVÉE [kyve] **n. f.** – 1220 ◇ de *cuve* ■ **1** Quantité de vin qui se fait à la fois dans une cuve. *Ces tonneaux sont de la même cuvée. Vin de la première cuvée.* ■ **2** Produit de toute une vigne. *La cuvée 2005. Une bonne cuvée. Cuvée réservée.* — FIG. et FAM. *Bons résultats au bac de la cuvée 2006.*

CUVELAGE [kyvlaʒ] **n. m.** – 1756 ◇ de *cuveler* ■ TECHN. Revêtement destiné à rendre étanche ou à consolider un puits (de mine, de pétrole).

CUVELER [kyv(ə)le] **v. tr.** ⟨4 /5/⟩ – 1758 «blanchir le linge» ◇ de *cuve* ■ TECHN. Garnir d'un cuvelage.

CUVER [kyve] **v.** ⟨1⟩ – 1373 ◇ de *cuve* ■ **1 v. intr.** Séjourner dans la cuve pendant la fermentation. ➤ **cuvage.** *Faire cuver le vin.* ■ **2 v. tr.** FIG. et FAM. *Cuver son vin :* dissiper son ivresse en dormant, en se reposant. ➤ **digérer.** «*avant de les emmener cuver leur vin dans les locaux disciplinaires*» MAC ORLAN. ABSOLT «*seule la nuit à côté d'un mari qui cuvait*» J.-L. FOURNIER. — PAR ANAL. *On le laissa cuver sa colère,* se calmer.

CUVETTE [kyvɛt] **n. f.** – XIIe ◇ de *cuve* ■ **1** (1680) Récipient portatif large, peu profond, qui sert principalement à la toilette, à la vaisselle, à la lessive. ➤ **bassine.** *Une cuvette en plastique.* ■ **2** Partie d'un lavabo, des W.-C. qui contient l'eau. ◆ (1835) Petit récipient rempli de mercure où plonge un baromètre. — PAR EXT. Renflement de la partie inférieure du tube d'un baromètre. ■ **3** TECHN. Plaque de métal incurvée qui constitue le fond d'une montre. — *Cuvette d'un roulement à billes. Cuvette de percussion d'une culasse de fusil.* ◆ Minuscule dépression à la surface d'un disque optique (SYN. **microcuvette**). ■ **4** (fin XIXe) GÉOGR. Dépression fermée de tous côtés. ➤ **bassin, creux, dépression, doline, entonnoir.**

CUVIER [kyvje] **n. m.** – XIIe ◇ de *cuve* ■ ANCIENNT ou RÉGION. Cuve pour faire la lessive.

1 **CV** Abrév. de *cheval* fiscal.*

2 **C. V.** ➤ **CURRICULUM VITÆ**

CYAN [sjɑ̃] **n. m.** – 1950 ◇ mot anglais, du grec *kuanos* «bleu sombre» ■ TECHN. En photographie, en imprimerie, Couleur primaire bleu-vert qui absorbe la couleur rouge. ■ HOM. Sciant.

CYANAMIDE [sjanamid] **n. f.** – 1851 ◇ de *cyan(o)-* et *amide* ■ CHIM. Acide faible de formule HN=C=NH-. *Cyanamide calcique,* sel de calcium de cet acide, engrais lent très courant ($CaCN_2$).

CYANHYDRIQUE [sjanidrik] **adj.** – 1840 ◇ de *cyan(o)-* et *hydrique* ■ CHIM. *Acide cyanhydrique* (HCN), solution aqueuse de cyanure d'hydrogène. ➤ **nitrile, prussique.** *L'acide cyanhydrique est un poison violent.* ➤ **zyklon.**

CYAN(O)- ■ Élément, du grec *kuanos* «bleu sombre».

CYANOBACTÉRIES [sjanobakteri] **n. f. pl.** – XXe ◇ de *cyano-* et *bactérie* ■ BACTÉRIOL. Embranchement de bactéries photosynthétiques appelées autrefois *algues bleu-vert.* ➤ **cyanophycées.** — Au sing. *La spiruline est une cyanobactérie.*

CYANOGÈNE [sjanɔʒɛn] **n. m.** – 1815 ◇ de *cyano-* et *-gène* ■ CHIM. Gaz incolore toxique (C_2N_2) à odeur piquante.

CYANOPHYCÉES [sjanofise] **n. f. pl.** – 1885 ◇ de *cyano-* et du grec *phukos* «algue» ■ BACTÉRIOL. ■ **1** HIST. SC. Cyanobactéries. ■ **2** Classe unique de l'embranchement des cyanobactéries.

CYANOSE [sjanoz] **n. f.** – 1823 ◇ du grec *kuanos* «bleu» → cyan(o)- ■ MÉD. Coloration bleue, quelquefois noirâtre ou livide de la peau, produite par différentes affections (troubles circulatoires ou respiratoires). *Cyanose du nouveau-né.* ➤ **anoxie.** SPÉCIALT Maladie* bleue.

CYANOSER [sjanoze] **v. tr.** ⟨1⟩ – 1835 ◇ de *cyanose* ■ DIDACT. Marquer, colorer de cyanose. *Nouveau-né cyanosé.*

CYANURATION [sjanyrasjɔ̃] **n. f.** – 1907 ◇ de *cyanure* ■ TECHN. Extraction de l'or par dissolution dans une solution de cyanure de potassium et précipitation par le zinc.

CYANURE [sjanyr] **n. m.** – 1815 ◇ du radical de *cyanogène* et suffixe *-ure* ■ CHIM. Sel de l'acide cyanhydrique. ➤ **prussiate.** *Cyanure de potassium, de zinc, d'or. Cyanure d'hydrogène* (➤ **cyanhydrique**). ◆ COUR. Préparation au cyanure de potassium, poison violent. *Ils «portaient du cyanure dans la boucle plate de leur ceinture»* MALRAUX.

CYBER- ■ Élément tiré de *cybernétique* et employé dans des composés dans le contexte des réseaux de communication numériques (*cyberdélinquance* **n. f.**, *cyberpirate* **n.**, etc.).

CYBERATTAQUE [sibɛratak] **n. f.** – 1997 ◇ de *cyber-* et *attaque* ■ Acte de piratage informatique sur Internet. *Cyberattaque visant le site d'un ministère.*

CYBERCAFÉ [sibɛrkafe] **n. m.** – 1995 ◇ de *cyber-* et *café* ■ Café dans lequel des ordinateurs connectés à Internet sont mis à la disposition des consommateurs. *Bloguer, chater dans un cybercafé.* «*Elle marche longtemps avant de trouver un cybercafé, ils sont devenus rares maintenant que tout le monde a son propre micro-ordinateur portable*» V. DESPENTES.

CYBERCRIME [sibɛrkrim] **n. m.** – 1995 au Canada ◇ de *cyber-* et *crime* ■ Activité criminelle pratiquée par l'intermédiaire des réseaux informatiques. ➤ **cybercriminalité.**

CYBERCRIMINALITÉ [sibɛrkriminalite] **n. f.** – 1997 ◇ de *cyber-* et *criminalité* ■ Ensemble des délits et des actes criminels commis par l'intermédiaire des réseaux informatiques (➤ **cybercrime**). *Division de lutte contre la cybercriminalité (DLC).*

CYBERCULTURE [sibɛrkyltyr] **n. f.** – 1995 ◇ de *cyber-* et 2 *culture* ■ Culture développée et véhiculée par le biais d'Internet.

CYBERDÉFENSE [sibɛrdefɑ̃s] **n. f.** – 2001 ◇ de *cyber-* et 1 *défense* ■ Ensemble des moyens informatiques employés pour assurer la défense (d'un pays).

CYBERDÉPENDANCE [sibɛrdepɑ̃dɑ̃s] **n. f.** – 1998 ◇ de *cyber-* et *dépendance* ■ Dépendance (4°) liée à l'usage intensif d'Internet (jeux en ligne, réseaux sociaux...). — **adj.** et **n. CYBERDÉPENDANT, ANTE** [sibɛrdepɑ̃dɑ̃, ɑ̃t].

CYBERESPACE [sibɛrɛspas] **n. m.** – 1995 ◇ anglais américain *cyberspace* ■ Espace de communication créé par l'interconnexion mondiale des ordinateurs (➤ **Internet**) ; espace, milieu dans lequel naviguent les internautes. ➤ **cybermonde.** *Le «cyberespace où je peux, du bout de mon index, consulter toute la mémoire de l'humanité»* PENNAC.

CYBERGUERRE [sibɛrgɛr] **n. f.** – 1996 ◇ de *cyber-* et *guerre*, d'après l'anglais américain *cyberwar* (1993) ■ Agression électronique contre des systèmes informatiques perpétrée dans le but de les utiliser comme moyen de propagande et de désinformation ou de paralyser les activités vitales d'un pays.

CYBERHARCÈLEMENT [sibɛrarsɛlmɑ̃] **n. m.** – 1997 ◇ de *cyber-* et *harcèlement* ■ DIDACT. Harcèlement pratiqué par voie électronique, notamment sur les réseaux sociaux. *Le cyberharcèlement est puni par la loi.*

CYBERMONDE [sibɛrmɔ̃d] **n. m.** – 1995 ◇ de *cyber-* et *monde* ■ Cyberespace ; monde virtuel. *Naviguer dans les cybermondes.*

CYBERNAUTE [sibɛrnot] **n.** – 1995 ◇ de *cyber-* et *-naute* ■ Usager des réseaux de communication numériques. ➤ **internaute.**

CYBERNÉTICIEN, IENNE [sibɛrnetisjɛ̃, jɛn] **n.** – 1953 ◇ de *cybernétique* ■ Spécialiste de la cybernétique.

CYBERNÉTIQUE [sibɛrnetik] **n. f.** – 1948 ◇ anglais *cybernetics* «science du gouvernement» (1834) ; grec *kubernêtikê*, de *kubernan* ; cf. *gouverner* ■ Science constituée par l'ensemble des théories relatives au contrôle, à la régulation et à la communication dans l'être vivant et la machine. — **adj.** *Moyens cybernétiques.*

CYBERSÉCURITÉ [sibɛrsekyrite] **n. f.** – 1999 ◇ de *cyber-* et *sécurité* ■ Ensemble des moyens utilisés pour assurer la sécurité des systèmes et des données informatiques (d'un État, d'une entreprise, etc.).

CYBERSEXE [sibɛrsɛks] **n. m.** – 1993 au Canada ◇ de *cyber-* et *sexe* ■ Ensemble des activités et des contenus à caractère sexuel en lien avec les réseaux informatiques.

CYBORG [sibɔrg] **n.** – 1961 ◇ mot-valise anglais (1960), de *cyber-* et *organism* «organisme» ■ Personnage de science-fiction dont les capacités physiques sont décuplées par des éléments mécaniques, électroniques. «*durites bavotant de graisse et d'huile comme les artères sectionnées d'un cyborg*» ECHENOZ.

CYCAS [sikas] **n. m.** – 1803 latin scientifique ◇ du grec *koix, koikos* «palmier d'Égypte» ■ BOT. Plante gymnosperme *(cycadées)*, arbre ou arbuste exotique, à port de palmier.

CYCLABLE [siklabl] **adj.** – 1893 ◇ de *cycler* «faire du vélo», de 2*cycle* ■ Réservé aux bicyclettes et aux cyclomoteurs (voie). *Piste cyclable. Aménagements cyclables.*

CYCLAMEN [siklamɛn] **n. m.** – XIVe ◇ mot latin, du grec *kuklaminos* ■ Plante *(primulacées)* herbacée, vivace, à tubercules, à feuilles cordées, à fleurs roses, pourpres, blanches ou mauves très décoratives. *Cyclamen sauvage des montagnes.* — ADJT INV. De la couleur mauve propre à cette fleur. *Robes cyclamen.*

1 **CYCLE** [sikl] **n. m.** – 1534 ◇ latin *cyclus,* du grec *kuklos* ■ **1** Suite de phénomènes se renouvelant dans un ordre immuable sans discontinuité. *Le cycle des saisons, des heures.* ➤ **ronde.** *Le cycle liturgique. Cycle économique :* fluctuations de grande amplitude de grandeurs économiques. *Cycle de vie d'un matériau, d'une étoile, des insectes. Phases d'un cycle.* ■ **2** SC. Séquence de transformations d'un phénomène qui le ramène périodiquement à l'état initial. ➤ **boucle.** *Cycle de l'eau, du carbone.* ◆ PHYS., CHIM. *Cycle par seconde,* ou ABUSIVEMENT *cycle :* ancienne unité de mesure de fréquence. ➤ **hertz.** — *Cycle thermodynamique* ou *cycle de Carnot :* cycle réversible idéal des transformations dans une machine thermique. — *Cycle d'un moteur à explosion. Cycle à deux, à quatre temps**. ◆ *Cycle de Bethe :* série de réactions nucléaires dans les étoiles. ➤ **fusion.** ◆ BIOCHIM. *Cycle de l'acide citrique. Cycles de transformations métaboliques. Cycle de Krebs :* cycle des acides tricarboxyliques*. ◆ BIOL. CELL. *Cycle cellulaire :* cycle de reproduction d'une cellule, au cours duquel elle duplique son contenu et se divise (➤ **méiose, mitose**). ◆ PHYSIOL. *Cycle hormonal. Cycle menstruel* ou *ovarien**. *Cycle du sommeil.* ■ **3** AUTOMAT. Ensemble des étapes d'un programme (III, 1°). *Cycle court, long. Cycle de prélavage d'un lave-vaisselle.* ■ **4** Durée d'un phénomène périodique. ASTRON. *Cycle solaire, lunaire. Cycle d'une comète,* durée de sa trajectoire orbitale. ➤ **révolution.** ■ **5** (1839) LITTÉR. Série de poèmes épiques ou romanesques se déroulant autour d'un même sujet et où l'on retrouve plus ou moins les mêmes personnages. ➤ 2 **geste.** *Le cycle épique troyen. Les trois grands cycles du Moyen Âge :* antique, carolingien, breton. — PAR EXT. Ensemble de films d'un cinéaste autour d'une même thématique. *Le cycle* Comédies et Proverbes *d'Éric Rohmer.* ■ **6** (1902) *Cycle d'études. Cycle des apprentissages fondamentaux, des approfondissements. Premier cycle* (de la 6e à la 3e), *second cycle* (de la seconde au baccalauréat), dans l'enseignement secondaire. *Premier cycle* (➤ **licence**), *deuxième cycle* (➤ **magistère,** 2 **master**), *troisième cycle* (➤ **doctorat**), dans l'enseignement supérieur. *Thèse de troisième cycle.* ■ **7** CHIM. Chaîne d'atomes fermée sur elle-même. *Cycle benzénique. Cycles conjugués**. ■ **HOM.** Sicle.

2 **CYCLE** [sikl] **n. m.** – 1887 ◇ anglais *cycle* → 1 cycle ■ Tout véhicule à deux (ou trois) roues mû par la pression des pieds (➤ **célérifère, draisienne**) notamment sur des pédales (➤ **bicyclette, tandem, tricycle,** VX **vélocipède**) ou par un petit moteur (➤ **cyclomoteur, motocyclette, vélomoteur ;** cf. Deux roues*). «*le magasin de cycles qui me l'avait donnée en location* [ma bicyclette]» AYMÉ. — PAR EXT. Industrie du cyclisme.

CYCLIQUE [siklik] **adj.** – 1679 ; *écrivain cyclique* 1578 ◇ de 1*cycle* ■ **1** Relatif à un cycle astronomique, chronologique. *Comète cyclique,* dont l'orbite est elliptique. ■ **2** Qui se reproduit à intervalles réguliers. ➤ **périodique.** *Retour cyclique d'un phénomène.* — **adv.** *cycliquement.* ■ **3** LITTÉR. D'un cycle littéraire. *Poèmes cycliques.* — MUS. *Œuvre cyclique,* où un thème reparaît dans chaque mouvement. ■ **4** CHIM. *Molécule cyclique :* molécule organique qui forme une chaîne fermée. ➤ **alicyclique.** *Le benzène, molécule cyclique* (➤ **cyclohexane ; aussi hétérocycle**).

CYCLISATION [siklizasjɔ̃] **n. f.** – 1898 ◇ de *cycliser* ■ CHIM. Transformation d'une chaîne carbonée linéaire en un cycle fermé. *La cyclisation catalytique de l'hexane à haute température produit du benzène.*

CYCLISER [siklize] **v. tr.** ⟨1⟩ – 1907 v. pron. ◇ de *cyclique* ■ CHIM. Effectuer la cyclisation de. *Cycliser les alcanes par déshydrogénation.*

CYCLISME [siklism] **n. m.** – 1886 ◇ de 2*cycle* ■ Pratique de la bicyclette, du tandem. SPÉCIALT Sport de la bicyclette. *Cyclisme professionnel,* comportant des courses sur route et sur piste (➤ **vélodrome**).

CYCLISTE [siklist] **adj.** et **n.** – 1884 ◇ abrév. de *bicycliste* ■ **1** Qui concerne le sport de la bicyclette (➤ **cyclisme**). *Courses, coureurs, champions cyclistes* (cf. Les forçats de la route). ■ **2** **n.** Personne qui se déplace à bicyclette, ou qui pratique le sport de la bicyclette. ➤ **descendeur, grimpeur, pistard, poursuiteur, rouleur,** 2 **routier, sprinteur.** «*Un cycliste exceptionnel : bon grimpeur, vite au sprint, merveilleux au train*» PEREC. *La voiture a renversé un cycliste.* ■ **3** **n. f.** Chaussure plate lacée rappelant celle des coureurs cyclistes. ■ **4** **n. m.** Culotte collante arrivant au genou.

CYCLO-, -CYCLE ■ Éléments, du grec *kuklos* «cercle» : *bicycle, hémicycle, motocycle, cyclotourisme.*

CYCLOCROSS **n. m.** ou **CYCLO-CROSS** [siklokʀɔs] **n. m. inv.** – 1927 ; *cycle-cross* 1919 ◇ de *cyclo-* et *cross (-country)* ; cf. *motocross* ■ SPORT Épreuve de cyclisme en terrain accidenté.

CYCLOHEXANE [sikloɛgzan] **n. m.** – 1895 ◇ de l'élément *cyclo-,* de *cyclique,* et *hexane* ■ CHIM. Hydrocarbure cyclique saturé (C_6H_{12}), liquide incolore obtenu par hydrogénation du benzène et présentant deux conformations (chaise et bateau).

CYCLOHEXANONE [sikloɛgzanɔn] **n. f.** – 1894 ◇ de l'élément *cyclo-,* de *cyclique,* et *hexane* ■ CHIM. Cétone dérivée du cyclohexane. *La cyclohexanone est un produit de base de l'industrie du nylon.*

CYCLOÏDE [siklɔid] **n. f.** – 1638 ◇ du grec *kuklos* «cercle» ■ MATH. Courbe engendrée par un point d'un cercle roulant sans glisser sur une droite ou sur un autre cercle. — **adj.** **CYCLOÏDAL, ALE, AUX,** 1701.

CYCLOMOTEUR [siklomɔtœʀ] **n. m.** – 1939 ◇ de *cyclo-* et *moteur* ■ Véhicule motorisé à deux ou trois roues, de petite cylindrée (en France, moins de 50 cm³). ➤ **scooter ; vélomoteur.** ABRÉV. FAM. (avant 1970) **CYCLO.** — REM. Le terme générique est peu usité ; on désigne par le nom de marque (mobylette, solex, etc.).

CYCLOMOTORISTE [siklomɔtɔʀist] **n.** – v. 1950 ◇ de *cyclomoteur* ■ ADMIN. Personne qui roule en cyclomoteur. *Les motocyclistes et les cyclomotoristes.*

CYCLONE [siklon] **n. m.** – 1860 ◇ mot anglais, du grec *kuklos* «cercle» ■ **1** Bourrasque en tourbillon ; vent très violent. — MÉTÉOROL. Tempête caractérisée par le mouvement giratoire convergent et ascendant du vent autour d'une zone de basse pression où il a été attiré violemment d'une zone de haute pression. ➤ **hurricane, ouragan, tornade, tourbillon, typhon.** *Un violent cyclone a dévasté la côte Pacifique. Cyclone tropical,* qui se forme sur les mers tropicales. — *L'œil du cyclone :* zone de calme au centre du tourbillon. LOC. FIG. *Être dans l'œil du cyclone,* au centre des difficultés. ■ **2** La zone de basse pression elle-même (opposé à *anticyclone*). ➤ **dépression.** *Différence de pression entre le cyclone et l'anticyclone.* ➤ **gradient.** ■ **3** FIG. *Cette personne est un cyclone,* elle bouleverse tout. *Arriver comme un cyclone, en cyclone* (cf. En coup de vent, en trombe). «*Cyclone de hurlements et de gestes !*» TROYAT. ■ **4** TECHN. Appareil qui entraîne violemment dans un fluide des déchets, des particules, etc. SPÉCIALT Appareil de lavage des fines* de charbon. ■ **CONTR.** 1 Calme ; anticyclone.

CYCLONIQUE [siklonik] **adj.** – 1875 ◇ de *cyclone* ■ MÉTÉOROL. Relatif à un cyclone. *Système cyclonique.* ➤ **dépressionnaire.** ■ **CONTR.** Anticyclonique.

CYCLOPE [siklɔp] **n. m.** – XVe ; *ciclope* 1372 ◇ grec *kuklôps,* de *kuklos* «cercle» et *ôps* «œil» ■ **1** MYTH. GR. Géant n'ayant qu'un œil au milieu du front. *L'antre des cyclopes.* — FIG. *Travail de cyclope :* œuvre gigantesque (cf. Travail de titan*). ■ **2** MÉD. Être tératologique à œil unique. ■ **3** Petit crustacé d'eau douce *(copépodes).*

CYCLOPÉEN, ENNE [siklɔpeɛ̃, ɛn] **adj.** – 1808 ; *cyclopien* 1370 ◇ de *cyclope* ■ **1** Qui se rapporte aux cyclopes. *Les légendes cyclopéennes. Murs cyclopéens, constructions cyclopéennes :* enceinte et monuments de l'époque mycénienne. ■ **2** COUR. Énorme, gigantesque. ➤ **colossal, titanesque.** *Travail cyclopéen.* «*un formidable massif, un enchevêtrement de monts cyclopéens*» VAN DER MEERSCH.

CYCLOPOUSSE **n. m.** ou **CYCLO-POUSSE** [siklopus] **n. m. inv.** – 1966 ◇ de *cyclo-* et *pousse* (→ pousse-pousse) ■ Pousse-pousse tiré par un cycliste. ➤ **rickshaw, vélopousse.** *Des cyclopousses, des cyclo-pousse.* «*Les cyclo-pousse laissent le passage à l'engin pétaradant*» P. DEVILLE.

CYCLORAMEUR [sikloʀamœʀ] **n. m.** – 1936 ◇ de *cyclo-* et *rameur* ■ VIEILLI Tricycle d'enfant, dirigé avec les pieds et mû par la force des bras.

CYCLOSPORINE ➤ **CICLOSPORINE**

CYCLOSTOME [siklostom] **n. m.** – 1801 ◇ de *cyclo-* et grec *stoma* «bouche» ■ ZOOL. Vertébré aquatique très primitif, à squelette cartilagineux, dont la bouche ronde forme ventouse. *La lamproie est un cyclostome.*

CYCLOTHYMIE [siklotimi] **n. f.** – 1897 ◇ mot allemand (1882), du grec *kuklos* «cercle» et *thumos* «état d'esprit, humeur» ■ MÉD. Instabilité persistante de l'humeur, comportant des périodes d'excitation (instabilité, euphorie) et de dépression (apathie, mélancolie) (cf. Psychose maniaque* dépressive, trouble bipolaire*). *«je paniquais à nouveau. J'étais une montagne russe, ma cyclothymie m'épuisait»* D. FOENKINOS.

CYCLOTHYMIQUE [siklotimik] **adj.** et **n.** – 1907 ◇ de *cyclothymie* ■ MÉD. De la cyclothymie. ♦ Atteint de cyclothymie. ➤ **maniacodépressif.** — **n.** *Un, une cyclothymique.*

CYCLOTOURISME [sikloturism] **n. m.** – 1890 ◇ de *cyclo-* et *tourisme* ■ Tourisme à bicyclette. *La Fédération française de cyclotourisme.* — **adj.** et **n. CYCLOTOURISTE,** 1890.

CYCLOTRON [siklɔtʀɔ̃] **n. m.** – 1936 ◇ de *cyclo-* et *(élec)tron* ■ PHYS. Accélérateur* circulaire de particules (nucléons, ions lourds). *Cyclotrons permettant d'obtenir des énergies supérieures.* ➤ **synchrocyclotron, synchrotron.**

CYGNE [siɲ] **n. m.** – milieu XIIIe ◇ de l'ancien français *cisne* (fin XIIe), du latin d'origine grecque *cicinus, cycnus* ■ **1** Oiseau palmipède, grégaire, au plumage blanc et au long cou *(anatidés),* qui vit sur les eaux douces. *Cygne trompette, cygne sauvage, cygne domestique. Une blancheur de cygne :* une blancheur éclatante. — *Un cou* de cygne.* ♦ *Cygne noir* (d'Australie). ■ **2** LOC. (d'après la légende du chant merveilleux du cygne mourant) *Le chant du cygne :* le dernier chef-d'œuvre d'un artiste (avant sa mort). ♦ LITTÉR. (surnom) *Le cygne de Mantoue* (Virgile), *de Cambrai* (Fénelon). ■ **3** (1806) Duvet de cygne. *«des pantoufles en satin rose, bordées de cygne»* FLAUBERT. ■ **4** PAR ANAL. *Col de cygne :* tuyau ou tube recourbé. — *Bec de cygne :* robinet dont la forme évoque un bec de cygne. ■ HOM. Signe.

CYLINDRAGE [silɛ̃dʀaʒ] **n. m.** – 1765 ◇ de *cylindrer* ■ TECHN. Passage sous un cylindre ou entre deux cylindres. *Le cylindrage d'une étoffe.* ➤ **calandrage.** — Compression par un rouleau. *Cylindrage du macadam.*

CYLINDRE [silɛ̃dʀ] **n. m.** – 1606 ; *chilindre* XIVe ◇ latin *cylindrus,* grec *kulindros* ■ **1** MATH. Solide engendré par une droite qui se déplace parallèlement à elle-même en s'appuyant sur une courbe (directrice). *Cylindre de révolution,* dont la directrice est un cercle. *Hauteur du cylindre :* distance entre les deux courbes planes qui le limitent. *Directrice, génératrice du cylindre. Diamètre du cylindre.* ➤ **calibre.** *Volume du cylindre* (πR^2H). ➤ **cylindrée.** ■ **2** Rouleau employé pour soumettre certains corps à une pression uniforme. ➤ **1 meule, rouleau.** *Les «cylindres broyeurs qui triturent la pâte humide»* CHARDONNE. *Cylindre de laminoir. Cylindre à fouler, à lustrer, à moirer, à imprimer les étoffes ; cylindre d'une machine à repasser.* ➤ **2 calandre.** *Le cylindre d'un rouleau compresseur.* — *Cylindre-sceau.* ♦ (avant 1867) Enveloppe cylindrique, dans laquelle se meut le piston d'un moteur à explosion. *Machine à plusieurs cylindres.* ➤ **compound.** *Moteurs à deux cylindres opposés. Cylindres en ligne, en V. Chemise, soupapes d'un cylindre. Maître*-cylindre.* — (1914 ; n. m. 1906) FAM. *Une six cylindres :* une automobile à six cylindres. ■ **3** *Bureau à cylindre,* à abattant pivotant en forme de quart de cylindre. ■ **4** BIOL. Masse microscopique de substance protéique, qui se forme dans des tubes urinifères et en prend la forme. *Cylindres urinaires. Présence de cylindres dans les urines* OU **CYLINDRURIE, n. f.**

CYLINDRÉE [silɛ̃dʀe] **n. f.** – 1886 ◇ de *cylindre* (2°) ■ AUTOM. Volume engendré par la course des pistons dans les cylindres d'un moteur à explosion. *Voiture de 1 500 cm³ de cylindrée.* ELLIPT *Une grosse, une petite cylindrée.*

CYLINDRER [silɛ̃dʀe] **v. tr.** ‹1› – 1765 ◇ de *cylindre* ■ **1** Donner la forme d'un cylindre à. *Cylindrer du papier,* le mettre en rouleau. ■ **2** Faire passer sous un rouleau. *Cylindrer du linge, pour le fouler, le lustrer.* ➤ **calandrer.** *Cylindrer une route.*

CYLINDRIQUE [silɛ̃dʀik] **adj.** – 1596 ◇ de *cylindre* ■ Qui a la forme d'un cylindre (bobine, tambour, tube, etc.). *Colonne, tour cylindrique ; rouleau cylindrique. Récipient, boîte, étui cylindrique.*

CYMBALAIRE [sɛ̃balɛʀ] **n. f.** – 1762 ; *cinbalaire* XVe ◇ latin *cymbalaria* ■ BOT. Linaire à feuilles rondes lobées, à fleurs violettes.

CYMBALE [sɛ̃bal] **n. f.** – fin XIIe ◇ latin *cymbalum,* grec *kumbalon* ■ Chacun des deux disques de cuivre ou de bronze, légèrement coniques au centre, qui composent un instrument de musique à percussion. *Une paire de cymbales. Coup de cymbales. Cymbales charleston.*

CYMBALIER, IÈRE [sɛ̃balje, jɛʀ] **n.** – 1671 ◇ de *cymbale* ■ Musicien(ne) qui joue des cymbales. — On dit aussi **CYMBALISTE.**

CYMBALUM [sɛ̃balɔm] **n. m.** – 1887 ◇ du hongrois *czimbalom,* emprunté au latin *cymbalum* → cymbale, clavecin ■ Instrument à cordes d'acier tendues, frappées par de petits maillets, utilisé dans la musique populaire hongroise et introduit dans l'orchestre moderne au XXe siècle. ➤ **tympanon ; aussi santour.**

CYME [sim] **n. f.** – 1771 ◇ latin *cyma* «tendron de chou» ■ BOT. Type d'inflorescence avec un axe principal (distinct de la grappe, sans axe défini). ■ HOM. Cime.

CYMRIQUE ➤ **KYMRIQUE**

CYNÉGÉTIQUE [sineʒetik] **adj.** et **n. f.** – 1750 ◇ grec *kunêgetikos,* de *kunêgetein* «chasser avec une meute», de *kuôn, kunos* «chien» ■ DIDACT. Qui se rapporte à la chasse, SPÉCIALT à la chasse à courre. — **n. f.** *La cynégétique :* l'art de la chasse. *Traité de cynégétique.*

CYNIPS [sinips] **n. m.** – 1748 ◇ grec *kuôn, kunos* «chien» et *ips* «insecte rongeur» ■ Insecte hyménoptère parasite *(cynipidés)* qui forme sur les feuilles de chêne des galles sphériques (galle du Levant ou noix de galle).

CYNIQUE [sinik] **adj.** – XIVe ◇ latin *cynicus,* grec *kunikos* «du chien», de *kuôn, kunos* «chien» ■ **1** ANTIQ., PHILOS. Qui appartient à l'école philosophique d'Antisthène et de Diogène qui prétendait revenir à la nature en méprisant les conventions sociales, l'opinion publique et la morale communément admise. *L'école cynique.* — SUBST. *Les cyniques :* les philosophes cyniques. ■ **2** (XVIIe «impudent, effronté») COUR. Qui exprime ouvertement et sans ménagement des sentiments, des opinions qui choquent le sentiment moral ou les idées reçues, souvent avec une intention de provocation. ➤ **brutal, impudent.** *Un individu cynique,* et SUBST. *un cynique. Attitude, remarque cynique. «l'homme qui pense, s'il a de l'énergie et de la nouveauté dans ses saillies, vous l'appelez cynique»* STENDHAL. PAR EXT. *«une société cynique et féroce»* HUYSMANS. ■ CONTR. Conformiste, honteux, timide.

CYNIQUEMENT [sinikmɑ̃] **adv.** – 1537 ◇ de *cynique* ■ D'une manière cynique. ➤ **impudemment.** *Il avoue cyniquement qu'il souhaite la mort de son associé.* ■ CONTR. Honteusement.

CYNISME [sinism] **n. m.** – v. 1740 ◇ bas latin *cynismus,* grec *kunismos* → cynique ■ **1** PHILOS. Philosophie cynique ; doctrine des philosophes cyniques. ■ **2** (début XIXe «impudence») COUR. Attitude cynique. *«Je ne parle même pas de son cynisme [...], de son affectation d'immoralité»* ROMAINS. *Il répondit avec cynisme qu'il l'épousait pour son argent.* ➤ **brutalité, impudence.** ■ CONTR. Conformisme. Retenue, scrupule.

CYN(O)- ■ Élément, du grec *kuôn, kunos* «chien».

CYNOCÉPHALE [sinosefal] **adj.** et **n. m.** – 1372 ◇ latin *cynocephalus,* d'origine grecque ; cf. *cyno-* et *-céphale* ■ **1** DIDACT. À tête de chien, de chacal. *Anubis, dieu égyptien cynocéphale.* ■ **2** **n. m.** Singe à museau fortement allongé comme celui d'un chien. ➤ **babouin, 1 drill, hamadryas, mandrill.**

CYNODROME [sinodʀom] **n. m.** – v. 1938 ◇ de *cyno-* et *-drome* ■ Piste aménagée pour les courses de lévriers.

CYNOGLOSSE [sinoglɔs] **n. f.** – XVe ◇ latin scientifique, d'origine grecque ; cf. *cyno-* et *-glosse* ■ BOT. Plante des décombres *(borraginacées)* aux feuilles rugueuses et aux grappes de fleurs lie-de-vin, appelée aussi *langue-de-chien.*

CYNOPHILE [sinɔfil] **adj.** et **n.** – 1846 ◇ de *cyno-* et *-phile* ■ DIDACT. Qui aime les chiens. — MILIT. *Équipe, brigade cynophile,* qui emploie des chiens dressés.

CYNORHODON ou **CYNORRHODON** [sinɔʀɔdɔ̃] **n. m.** – 1688 ◇ grec *kunorodon,* proprt «rose de chien», c.-à-d. «plante contre les morsures de chien» ■ Réceptacle rouge renfermant les fruits (➤ **gratte-cul**) du rosier et de l'églantier. *Confiture de cynorhodon.* — On peut aussi écrire *cynorodon* (grec *kunorodon*).

CYPHOSCOLIOSE [sifoskɔljoz] **n. f.** – 1833 ◇ de *cyphose* et *scoliose* ■ MÉD. Déformation de la colonne vertébrale, associant les traits de la cyphose et de la scoliose.

CYPHOSE [sifoz] **n. f.** – 1752 ◇ grec *kuphôsis* «bosse» ■ MÉD. Déviation de la colonne vertébrale avec convexité postérieure. ➤ **bosse, gibbosité ; cyphoscoliose.**

CYPRÈS [sipʀɛ] **n. m.** – XIIe ◇ latin *cupressus,* du grec *kuparissos* ■ Conifère fusiforme *(cupressacées)* au feuillage persistant, vert sombre. *Cyprès de Provence, de Toscane. Rangée, allée de cyprès. «Sous les cyprès de mort, au coin du cimetière»* NELLIGAN. *«Les cyprès élevaient leurs quenouilles noires»* FRANCE. *Un meuble en bois de cyprès.*

CYPRIN [sipʀɛ̃] n. m. – 1783 ◇ latin *cyprinus*, grec *kuprinos* «carpe» ■ ZOOL. Poisson de la famille de la carpe *(cypriniformes)*. «*Les cyprins noirs, mous et dentelés comme des oriflammes*» MALRAUX. ◆ *Cyprin doré* : poisson rouge des aquariums. ➤ carassin (doré).

CYPRINE [sipʀin] n. f. – v. 1970 ◇ du latin *Cypris*, grec *Kupris*, surnom d'Aphrodite ■ DIDACT. Sécrétion vaginale, signe physique du désir sexuel. *Le «goût iodé de cette cyprine qui débordait jusque sur ses cuisses»* A. JENNI.

CYRARD ➤ SAINT-CYRIEN

CYRILLIQUE [siʀilik] adj. – 1832 ◇ de *Cyrille* ■ *Alphabet cyrillique* : l'alphabet slave, attribué à saint Cyrille de Salonique. *Le russe, l'ukrainien, le bulgare, le serbe s'écrivent en caractères cyrilliques.*

CYSTECTOMIE [sistɛktɔmi] n. f. – *cystotomie* 1617 ◇ de *cyst(o)-* et *-ectomie* ■ CHIR. Ablation de la vessie.

CYSTÉINE [sistein] n. f. – 1884 ◇ de *cystine* ■ BIOCHIM. Acide aminé soufré, constituant des protéines et jouant souvent un rôle catalytique dans les réactions enzymatiques.

CYSTICERQUE [sistisɛʀk] n. m. – 1812 ◇ latin scientifique, du grec *kustis* «vessie» et *kerkos* «queue» ■ ZOOL. Stade larvaire, enkysté, de certains cestodes* comme le ténia.

CYSTINE [sistin] n. f. – 1834 ◇ du grec *kustis* «vessie» ■ BIOCHIM. Forme oxydée de la cystéine faite de deux molécules de cet acide aminé, reliées par leurs atomes de soufre.

CYSTIQUE [sistik] adj. – 1560 ◇ du grec *kustis* «vessie» ■ ANAT. Relatif à la vésicule biliaire. *Canal cystique. Calculs cystiques.* ◆ Relatif à la vessie.

CYSTITE [sistit] n. f. – 1803 ; *cystitis* 1795 ◇ latin scientifique, du grec *kustis* «vessie» ■ Inflammation aiguë ou chronique de la vessie provoquant une miction douloureuse. *Crise de cystite aiguë.*

CYST(O)-, -CYSTE ■ Éléments, du grec *kustis* «vessie».

CYSTOGRAPHIE [sistɔgʀafi] n. f. – 1959, Garnier ◇ de *cysto-* et *-graphie* ■ Radiographie de la vessie. *Cystographie rétrograde*, pendant l'évacuation de l'urine.

CYSTOSCOPE [sistɔskɔp] n. m. – 1842 ◇ de *cysto-* et *-scope* ■ Instrument permettant d'examiner l'intérieur de la vessie.

CYSTOSCOPIE [sistɔskɔpi] n. f. – 1846 ◇ de *cysto-* et *-scopie* ■ Examen de la vessie au cystoscope.

CYSTOTOMIE [sistɔtɔmi] n. f. – 1617 ◇ de *cysto-* et *-tomie* ■ CHIR. Incision de la vessie.

-CYTE ■ Élément, du grec *kutos* «cavité, cellule» : *lymphocyte*.

CYTISE [sitiz] n. m. – 1507 *cythison* ◇ latin *cytisus*, d'origine grecque ■ BOT. Arbrisseau vivace *(papilionacées)*, aux fleurs en grappes jaunes. *Le genêt à balai est un cytise. Faux cytise.* ➤ anthyllis. ◆ COUR. Arbre ornemental à grappes jaunes, voisin de l'acacia. «*Un cytise, dans une encoignure, balance avec ravissement ses grappes d'or*» DUHAMEL.

CYTO- ■ Élément, du grec *kutos* «cavité, cellule».

CYTOBACTÉRIOLOGIQUE [sitobakteʀjɔlɔʒik] adj. – 1961 ◇ de *cyto-* et *bactériologique* ■ MÉD. Se dit d'une analyse d'urine comportant un examen macroscopique, une recherche d'éléments anormaux (cellules, cristaux) et de bactéries. *Examen cytobactériologique des urines* (ABRÉV. *E. C. B. U.*).

CYTOCHROME [sitokʀom] n. m. – 1929 ◇ adaptation de l'anglais *cytochrom* (1925) → cyto- et -chrome ■ BIOL. MOL. Pigment impliqué dans le transfert des électrons lors de la photosynthèse ou de la respiration cellulaire.

CYTODIAGNOSTIC [sitodjagnɔstik] n. m. – 1900 ◇ de *cyto-* et *diagnostic* ■ PATHOL. Diagnostic établi après examen au microscope de frottis ou de cellules provenant de liquides organiques.

CYTODIÉRÈSE [sitodjeʀɛz] n. f. – 1882 ◇ de *cyto-* et *diérèse* ■ BIOL. CELL. Séparation du cytoplasme d'une cellule, à la fin de la mitose ou de la méiose, consécutive à la division de son noyau.

CYTOGÉNÉTICIEN, IENNE [sitoʒenetisjɛ̃, jɛn] n. – XXe ◇ de *cyto-* et *généticien* ■ DIDACT. Spécialiste de la cytogénétique.

CYTOGÉNÉTIQUE [sitoʒenetik] n. f. – 1855 ◇ de *cyto-* et *génétique* ■ GÉNÉT. Branche de la génétique qui étudie la structure des chromosomes à l'état normal et pathologique, ainsi que les caractères ou maladies héréditaires qui en résultent.

CYTOKINE [sitokin] n. f. – 1970 ◇ de *cyto-* et grec *kinein* «bouger» ■ BIOCHIM. Glycoprotéine produite par certaines cellules du système immunitaire et agissant sur d'autres cellules du même système pour assurer la régulation de leur prolifération. ➤ interleukine, lymphokine. *L'interféron est une cytokine.*

CYTOKININE [sitokinin] n. f. – 1965 ◇ de *cyto-* et *kinine*, de l'anglais *kinin*, grec *kinein* «mouvoir» ■ BIOCHIM. Phytohormone impliquée dans l'organogenèse. *Balance hormonale entre auxine et cytokinine.*

CYTOLOGIE [sitɔlɔʒi] n. f. – 1888 ◇ de *cyto-* et *-logie* ■ SC. Étude de la cellule vivante, de ses structures (➤ histologie) et de son fonctionnement.

CYTOLOGIQUE [sitɔlɔʒik] adj. – 1900 ◇ de *cytologie* ■ BIOL. CELL. Relatif à la cytologie. *Examen cytologique.*

CYTOLOGISTE [sitɔlɔʒist] n. – 1897 ◇ de *cytologie* ■ BIOL. CELL. Spécialiste de la cytologie. «*la prodigieuse architecture de la cellule reproductrice, telle que nous la révèlent aujourd'hui l'observation des cytologistes et l'expérimentation des généticiens*» J. ROSTAND.

CYTOLYSE [sitɔliz] n. f. – 1905 ◇ de *cyto-* et *-lyse* ■ BIOL. Destruction d'une cellule vivante par dissolution des éléments dont elle est formée.

CYTOMÉGALOVIRUS [sitomegaloviʀys] n. m. – 1979 ◇ de *cyto-*, *mégalo-* et *virus* ■ VIROL. Virus à ADN de la famille de l'herpès, normalement peu ou pas pathogène pour l'être humain, mais pouvant provoquer des affections graves chez des sujets soumis à un traitement immunosuppresseur prolongé.

CYTOPLASME [sitɔplasm] n. m. – 1878 ◇ de *cyto-* et *(proto)plasme* ■ BIOL. CELL. Contenu de la cellule à l'exclusion du noyau, de structure très complexe, constitué du cytosol, du cytosquelette et des organites (mitochondries, vacuoles, granulations, lysosomes). ➤ endoplasme, protoplasme.

CYTOPLASMIQUE [sitɔplasmik] adj. – 1899 ◇ de *cytoplasme* ■ BIOL. CELL. Du cytoplasme. ➤ plasmique. *Hérédité* cytoplasmique.*

CYTOSINE [sitozin] n. f. – 1903 ◇ de *cyto-* et *-ine* ■ BIOCHIM. Base pyrimidique* présente dans l'ADN et dans l'ARN.

CYTOSOL [sitozɔl] n. m. – 1975 ◇ de *cyto-* et *-ol* ■ BIOL. Partie liquide du cytoplasme.

CYTOSQUELETTE [sitoskəlɛt] n. m. – 1977 ◇ de *cyto-* et *squelette* ■ BIOL. MOL. Squelette filamenteux formé dans le cytoplasme (➤ microtubule), assurant les rôles de soutien et de motilité de la cellule, et contrôlant sa forme.

CYTOTOXIQUE [sitotɔksik] adj. – 1904 ◇ de *cyto-* et *toxique* ■ BIOL. CELL. Toxique pour la cellule. — n. f. **CYTOTOXICITÉ**, avant 1970

CZAR ➤ TSAR

CZARDAS [gzaʀdas ; tsaʀdas] n. f. – 1885 ◇ mot hongrois ■ Danse hongroise, composée d'une partie lente et d'une partie rapide. — Musique sur laquelle elle se danse. *Les czardas de Brahms.*

D

1 **D** [de] **n. m. inv.** ▪ **1** Quatrième lettre et troisième consonne de l'alphabet : *d majuscule* (D), *d minuscule* (d). — PRONONC. Lettre qui, lorsqu'elle est prononcée, note l'occlusive dentale sonore [d] *(radis, sud).* REM. Le *d* s'assourdit en liaison : *un grand homme* [œ̃gʀɑ̃tɔm]. ▪ **2** (1916) FAM. *Le système D* : le système débrouille. ▪ **3** *2D, 3D* : deux dimensions, trois dimensions (➤ **tridimensionnel**). *Film en 3D.* — *Imprimante 3D,* pouvant produire de véritables objets. ▪ **HOM.** Dé, des.

2 **D** **abrév. et symboles** ▪ **1 D** [sɛ̃sɑ̃] **adj. numér. card.** Cinq cents, en chiffres romains ; cinq mille, s'il est surmonté d'un trait ($\bar{D}$), cinquante mille, de deux traits ($\bar{\bar{D}}$). ▪ **2** 𝔻 [de] **n. m. sing.** Ensemble des nombres décimaux. ▪ **3 D** [de] **n. m. inv.** La note *ré,* dans les notations anglo-saxonne et germanique. ▪ **4 D** [de] **n. m. inv.** Note indiquant un niveau insuffisant (dans un système de notation alphabétique). *Avoir un D en géographie.* ▪ **5 d** [desi] Déci-. *dm* : décimètre.

D' ➤ 1 et 2 **DE**

DA [da] **interj.** – XVIe ◊ contraction de *dis va,* double impératif ▪ VX ou PLAISANT *Oui-da !* oui bien sûr.

1 **DAB** ou **DABE** [dab] **n. m.** – 1827 ; «père, roi, maître» 1628 ◊ p.-ê. du latin *dabo* «je donnerai», par l'italien ▪ ARG. Père. — VX *Grand-dab, beau-dab* : grand-père, beau-père. — PAR EXT. *Les dabs* (ou *les dabes*) : les parents. ➤ **daron.**

2 **DAB** [dab] **n. m.** – 1987 ◊ acronyme ▪ Distributeur automatique de billets. ➤ **billetterie** (2°).

D'ABORD ➤ **ABORD** (II, 2°)

DA CAPO [dakapo] **loc. adv.** – 1705 ◊ loc. italienne «depuis le commencement» ▪ MUS. Locution indiquant qu'il faut reprendre le morceau depuis le début. *Reprise da capo.*

D'ACCORD ; D'AC ➤ **ACCORD**

DACRON [dakʀɔ̃] **n. m.** – 1951 ◊ nom déposé ; mot anglais américain d'origine inconnue, formé sur *nylon* ▪ Fibre textile synthétique (polyester) fabriquée sous licence américaine. ➤ **tergal.**

DACTYLE [daktil] **n. m.** – XIVe ◊ latin *dactylus,* du grec *daktulos* ▪ **1** VERSIF. Dans la poésie grecque et latine, Pied formé d'une syllabe longue suivie de deux brèves (par allus. aux doigts, qui ont une grande phalange et deux petites). ▪ **2** (XVIe) BOT. Graminée fourragère des régions tempérées.

-DACTYLE ▪ Élément, du grec *daktulos* «doigt» : *artiodactyles.*

DACTYLIQUE [daktilik] **adj.** – 1466 ◊ de *dactyle* ▪ VERSIF. Qui se rapporte au dactyle. *Hexamètre dactylique,* formé de dactyles ou de spondées, le cinquième pied étant toujours un dactyle, le dernier pied un spondée ou un trochée (➤ **spondaïque**) ; hexamètre dont le dernier pied est un dactyle.

DACTYLO [daktilo] **n.** – 1923 ◊ abrév. de *dactylographe, dactylographie* ▪ **1** Personne dont la profession est d'écrire ou de transcrire des textes, en se servant d'une machine à écrire, d'un logiciel de traitement de texte. ➤ **aussi claviste.** *Dactylo qui tape* une lettre, fait des fautes de frappe*. De bonnes dactylos. Dactylo qui connaît la sténographie.* ➤ **sténodactylo.** REM. Ce mot se rencontre plus souvent au féminin. — (En attribut) *Il, elle est dactylo.* ▪ **2 n. f.** Dactylographie. *Elle apprend la dactylo et la sténo.*

DACTYLO- ▪ Élément, du grec *daktulos* «doigt».

DACTYLOGRAPHE [daktilɔgʀaf] **n.** – fin XIXe ; 1873 «machine à écrire» ; 1832 «clavier pour les sourds et les aveugles» ◊ de *dactylo-* et *-graphe* ▪ VIEILLI Personne qui écrit ou transcrit des textes à la machine. ➤ **dactylo.**

DACTYLOGRAPHIE [daktilɔgʀafi] **n. f.** – v. 1900 ; «action de s'exprimer par le toucher» 1832 ◊ de *dactylographe* ▪ **1** Technique d'écriture mécanique, à la machine à écrire. ABRÉV. ➤ **dactylo.** ▪ **2** (v. 1957) Texte dactylographié. *La dactylographie d'un discours.*

DACTYLOGRAPHIER [daktilɔgʀafje] **v. tr.** ‹7› – 1907 ◊ de *dactylographie* ▪ Écrire en dactylographie. ➤ 2 **taper.** *Dactylographier une lettre* (➤ 1 **frappe**). — **p. p. adj.** *Texte dactylographié.* ➤ **tapuscrit.**

DACTYLOGRAPHIQUE [daktilɔgʀafik] **adj.** – v. 1900 ; autre sens 1843 ◊ de *dactylographie* ▪ Qui se rapporte à la dactylographie.

DACTYLOLOGIE [daktilɔlɔʒi] **n. f.** – 1797 ◊ de *dactylo-* et *-logie* ▪ Ensemble de signes faisant correspondre à chaque lettre de l'alphabet une configuration de la main. *La dactylologie forme un moyen de communication complémentaire à la langue des signes*.* — **adj. DACTYLOLOGIQUE.** *Alphabet dactylologique.*

DACTYLOSCOPIE [daktilɔskɔpi] **n. f.** – 1906 ◊ de *dactylo-* et *-scopie* ▪ DIDACT. Procédé d'identification par les empreintes digitales (anthropométrie judiciaire).

DADA [dada] **n. m.** – 1508 ◊ p.-ê. de *dia* ▪ **1** LANG. ENFANTIN Cheval. *À dada* : à cheval. ▪ **2** (1776 ◊ traduction de l'anglais *hobby horse*) FIG. et FAM. Sujet favori, idée à laquelle on revient sans cesse. ➤ **manie, marotte** (cf. Idée fixe*). *C'est son dada. Enfourcher* son dada.* ▪ **3** Dénomination adoptée par un mouvement artistique et littéraire révolutionnaire en 1916. *Le surréalisme est issu de Dada.* «*Dada naquit d'une révolte qui était commune à toutes les adolescences*» TZARA. — **ADJT INV.** *Le mouvement dada.* ➤ **dadaïsme.** *Les manifestes dada.*

DADAIS [dadɛ] **n. m.** – 1642 ; *dadée* 1585 ◊ onomat. ▪ Garçon niais et de maintien gauche. ➤ **niais, nigaud, sot ;** FAM. **flandrin.** *Qui est ce dadais ridicule ?* — (Plus souvent) *Grand dadais.* «*Allons donc, grand dadais, est-ce qu'on se tient comme cela !*» DIDEROT.

DADAÏSME [dadaism] n. m. – 1916 ◊ de *dada* ■ L'école, le mouvement dada. — n. et adj. **DADAÏSTE**, 1918.

DAGUE [dag] n. f. – début XIIIe «poignard» ◊ provençal *daga*, p.-ê. latin populaire °*daca* «épée de *Dacie*» ■ **1** Épée courte, que l'on portait au côté droit. ■ **2** VÉN. Défense de sanglier. ◆ Premiers bois en forme de petites cornes courbes et unies que portent les cerfs, les daims vers la deuxième année (➤ **daguet**).

DAGUERRÉOTYPE [dageʀeɔtip] n. m. – 1838 ◊ de *Daguerre*, nom de l'inventeur, et *-type* ■ Procédé primitif de la photographie, par lequel l'image de l'objet était fixée sur une plaque métallique. — L'instrument employé pour obtenir cette image. ◆ L'image. *Collection de daguerréotypes.*

DAGUET [dagɛ] n. m. – fin XVIe ◊ de *dague* ■ Jeune cerf ou jeune daim qui est dans sa deuxième année et dont les dagues poussent.

DAHIR [daiʀ] n. m. – 1929 ◊ mot arabe ■ Décret du roi du Maroc.

DAHLIA [dalja] n. m. – 1804 ◊ de *Dahl*, botaniste suédois ■ Plante ornementale *(composées)* à tubercules, dont les fleurs simples ou doubles ont des couleurs riches et variées ; sa fleur. *Dahlias pompons. Bouquet de dahlias.*

DAHU [day] n. m. – attesté régionalement au XIXe avec la variante *daru*, par croisement avec *garou* ◊ origine inconnue, p.-ê. d'une forme °*darrutu* ■ Animal imaginaire à l'affût duquel on poste une personne crédule dont on veut se moquer. *La chasse au dahu.*

DAIGNER [deɲe] v. tr. ⟨1⟩ – v. 900 *degnier* ◊ latin *dignari* «juger digne» ■ Consentir à (faire qqch.) soit en faveur d'une personne qui n'en paraît pas indigne, soit parce qu'on ne juge pas cette chose indigne de soi. ➤ **condescendre** (à). *Elle a daigné venir. Il n'a pas daigné répondre. Les excuses qu'il a daigné nous présenter. «je supplie votre majesté de daigner lire avec attention cet ouvrage»* VOLTAIRE. — IRON. Vouloir bien. *Daignerais-tu me passer ce livre ?* — (Dans une formule de politesse, à la fin d'une lettre) *Daignez agréer, M., l'expression de mes sentiments...*

DAIM [dɛ̃] n. m. – v. 1170 ◊ en concurrence avec *dain*, bas latin *damus*, classique *dama* ■ **1** Cervidé familier des parcs et bois d'Europe, aux andouillers élargis en palette et à la robe tachetée de blanc en été. *Jeune daim.* ➤ **daguet, faon.** *Femelle du daim.* ➤ **daine.** ■ **2** ANCIENNT Peau préparée de cet animal. ◆ MOD. Cuir suédé. *Chaussures de daim. Veste de daim. Sac en daim. Brosse à daim* (en métal, en caoutchouc).

DAÏMIO [daimjo] n. m. – 1863 ◊ mot japonais ■ Membre de l'aristocratie militaire qui, du IXe s. à la révolution de 1868, domina au Japon. *Les daïmios.* — On écrit aussi *daimyo, les daimyos.*

DAINE [dɛn] n. f. – 1387 ◊ de *daim* ■ RARE Femelle du daim.

DAÏQUIRI [dajkiʀi] n. m. – 1954, répandu v. 1973 ◊ mot anglais américain, du nom d'un quartier de Cuba ■ Cocktail fait de rhum blanc, de citron vert et de sucre. *Des daïquiris.*

DAIS [dɛ] n. m. – *dois* XVIe ; *deis* «table» v. 1165 ◊ latin *discus* «disque» ou «plateau» ■ **1** Ouvrage (de bois, de tissu) fixé ou soutenu de manière à ce qu'il s'étende comme un plafond au-dessus d'un autel ou de la place d'un personnage éminent (chaire, lit, trône). *Dais surmontant un lit.* ➤ **ciel ; baldaquin.** *Lambrequin* d'un dais. «Le trône du sultan est placé sous un dais rouge et or»* LOTI. ◆ FIG. *Un dais de feuillage.* ■ **2** RELIG. Pièce d'étoffe tendue, soutenue par de petits montants, sous laquelle on porte parfois le Saint-Sacrement en procession. ■ **3** Voûte saillante au-dessus d'une statue. ■ HOM. Dès, dey.

DAL (QUE) ➤ 2 **DALLE (QUE)**

DALAÏ-LAMA [dalailama] n. m. – 1699 ◊ mot mongol, de *dalaï* «océan» et *lama* mot tibétain → 2 lama ■ Souverain spirituel et temporel du Tibet, appelé aussi *grand lama.* ➤ 2 **lama.** *Les dalaï-lamas.*

DALEAU ➤ **DALOT**

DALLAGE [dalaʒ] n. m. – 1831 ◊ de *daller* ■ **1** Action de daller. ■ **2** Ensemble des dalles d'un pavement.

1 **DALLE** [dal] n. f. – 1319 ◊ mot normand, de l'ancien scandinave *daela* «gouttière» ■ **1** Plaque (de pierre dure, de marbre, etc.), destinée au pavement du sol, au revêtement. *Dalle de marbre, de ciment, de granit. Dalle funéraire* : pierre recouvrant une tombe. — TECHN. *Dalle flottante* : dalle de béton permettant de désolidariser le revêtement du sol de l'ossature d'un bâtiment. — PAR EXT. *Dalle de moquette.* — *Dalle de plafond*, destinée au revêtement des plafonds. ■ **2** Dispositif d'affichage d'un écran plat (ordinateur, téléviseur). *Dalle LCD. Dalle tactile.* ■ **3** (XVe) FAM. Gorge, gosier (dans des loc.). *Se rincer la dalle* : boire. (1881) *Avoir la dalle en pente* : aimer à boire. — *Avoir la dalle* : avoir faim (➤ **casse-dalle**). ■ **4** RÉGION. (Normandie) VIEILLI Évier en pierre. — (Sud-Ouest) Gouttière, chéneau.

2 **DALLE (QUE)** [kədal] loc. – 1884 ; *dail* 1829 argot ◊ p.-ê. de *daye dan daye* (1644) refrain de chanson ■ FAM. Rien. *N'y voir, n'y entraver que dalle.* ➤ **couic.** — On écrit parfois *que dal.*

DALLER [dale] v. tr. ⟨1⟩ – 1319 ◊ de 1 *dalle* ■ Revêtir de dalles (➤ **carreler**). *Daller une salle.* — p. p. adj. *Cuisine dallée. Sol dallé de marbre.*

DALLEUR [dalœʀ] n. m. – 1877 ◊ de *daller* ■ Ouvrier qui pose les dalles.

DALMATE [dalmat] adj. et n. – 1721 ◊ latin *dalmatius* ■ De Dalmatie. *La côte dalmate.* — n. *Les Dalmates.* — n. m. *Le dalmate* : langue romane qui était parlée en Dalmatie.

DALMATIEN, IENNE [dalmasjɛ̃, jɛn] n. – 1961 ◊ anglais américain *dalmatian* ■ Chien, chienne à poil ras, de taille moyenne, à robe blanche tachetée de noir ou de brun.

DALMATIQUE [dalmatik] n. f. – XIIe ◊ latin ecclésiastique *dalmatica* «blouse en laine de *Dalmatie*» ■ **1** ANCIENNT Riche tunique à manches amples et courtes des empereurs romains, de certains souverains et grands personnages. ■ **2** LITURG. Chasuble réservée aux diacres. — Ornement de soie porté par l'évêque sous la chasuble.

DALOT [dalo] n. m. – 1382 ◊ de *dalle* ■ **1** Trou dans la paroi d'un navire, au-dessus de la flottaison, pour l'écoulement des eaux. ■ **2** TECHN. Petit aqueduc en maçonnerie pratiqué dans un remblai pour l'écoulement des eaux. — La graphie *daleau* est rare.

DALTON [daltɔn] n. m. – 1973 ◊ de *Dalton*, n. pr., par l'anglais (1938) ■ MÉTROL. Unité de mesure de masse atomique (SYMB. Da), égale au douzième de la masse d'un atome de carbone ^{12}C, soit environ $1{,}66.10^{-27}$ gramme.

DALTONIEN, IENNE [daltɔnjɛ̃, jɛn] adj. et n. – 1827 ◊ de *Dalton* ■ Atteint de daltonisme. — n. *Un daltonien.*

DALTONISME [daltɔnism] n. m. – 1841 ◊ de *Dalton*, physicien anglais ■ Anomalie héréditaire de la vue, qui consiste dans l'absence de perception de certaines couleurs ou dans la confusion de couleurs (surtout rouge et vert). ➤ **achromatopsie, dyschromatopsie.**

DAM [dɑ̃ ; dam] n. m. – v. 1000 *damz* ; 842 *damno* ◊ latin *damnum* ■ **1** VX ➤ **dommage, préjudice.** ◆ MOD. LOC. LITTÉR. *Au dam, au grand dam de* (qqn), à son détriment. *«jouir de certains privilèges au grand dam et à la colère des non-nantis»* DUHAMEL. — PAR EXT. En suscitant le mécontentement de (qqn). *Il n'en fait qu'à sa tête, au grand dam de ses parents.* ■ **2** (1579) THÉOL. Châtiment des réprouvés, qui consiste à être éternellement privé de la vue de Dieu. ➤ **damnation.** *Peine du dam.* ■ CONTR. Avantage. ■ HOM. Dans, dent ; dame.

DAMAGE [damaʒ] n. m. – 1838 ◊ de *damer* ■ TECHN. Action de damer le sol ; son résultat. *Le damage de la neige, d'une piste de ski.*

DAMALISQUE [damalisk] n. m. – 1929 ; *damaliscus* 1902 ; *damalis* 1846 ◊ latin scientifique *damaliscus*, du grec *damalis* «génisse» ■ Antilope d'Afrique équatoriale, voisine du bubale, aux cornes en forme de lyre.

DAMAN [damɑ̃] n. m. – 1765 ◊ mot arabe ■ ZOOL. Petit mammifère ongulé *(hyraciens)* d'Afrique et du Proche-Orient ayant l'apparence d'une marmotte et vivant en petites bandes.

DAMAS [dama(s)] n. m. – 1532 «étoffe» ◊ de *Damas*, ville de Syrie ■ **1** Étoffe tissée dont le dessin apparaît à l'endroit en satin sur fond de taffetas et à l'envers en taffetas sur fond de satin. *Damas broché.* — PAR ANAL. Tout tissu dont les dessins brillants sur fond mat à l'endroit se retrouvent mats sur fond brillant à l'envers. *Linge de table en damas.* ➤ **damassé.** ■ **2** Acier d'alliage au beau moiré. ➤ **damassé.** — PAR EXT. (1820) Sabre dont la lame est recouverte de cet acier. ■ **3** ARBOR. Prunus utilisé comme porte-greffe.

DAMASQUINAGE [damaskinaʒ] n. m. – 1611 ◊ de *damasquiner* ■ **1** Art de damasquiner. *Damasquinage à l'or.* ■ **2** Travail, aspect de ce qui est damasquiné. — On dit aussi **DAMASQUINURE** n. f.

DAMASQUINER [damaskine] v. tr. ⟨1⟩ – 1537 ◊ de *damasquin* «de *Damas*» ■ Incruster dans (une surface métallique) un filet d'or, d'argent, de cuivre formant un dessin. — p. p. adj. *Acier damasquiné. Couteau à manche damasquiné.* — n. m. **DAMASQUINEUR,** 1558.

DAMASSÉ, ÉE [damase] adj. – fin XIVe ◊ de *damasser* ■ **1** Tissé comme le damas. *Nappe damassée.* — n. m. Étoffe de lin, de coton tissée comme le damas. ■ **2** *Acier damassé,* travaillé en damas ; moiré et présentant l'aspect du damas.

DAMASSER [damase] v. tr. ⟨1⟩ – 1386 ◊ de *damas* ■ Fabriquer en façon de damas.

DAMASSINE [damasin] n. f. – 1611 *damaisine* ; 1551 *dalmaisine* ◊ du latin *(pruna) damascena* «(prune) de Damas», avec changement de suffixe ■ (Suisse) ■ **1** Petite prune ronde de couleur rouge-violet. *Confiture de damassines.* ■ **2** Eau-de-vie tirée de ce fruit.

DAMASSURE [damasyʀ] n. f. – 1556 ◊ de *damasser* ■ Travail, aspect d'un tissu damassé.

1**DAME** [dam] n. f. – fin XIe ◊ du latin *domna,* de *domina* → demoiselle. La forme masculine *dominus* «maître» a été délaissée par le français au profit de *senior* (→ seigneur, sieur, sire), au contraire des autres langues romanes (→ dom, 2don)

I FEMME ■ **1** FÉOD. Titre donné à toute femme détentrice d'un droit de souveraineté ou de suzeraineté. *Haute et puissante dame. «La Dame de Monsoreau», roman d'Alexandre Dumas. Le chevalier et sa dame. «Ballade des Dames du temps jadis», de Villon.* PLAISANT *La dame de ses pensées.* ➤ **dulcinée.** ◆ POÉT. *Dame Nature, Dame Fortune. La Dame du Ciel :* la Sainte Vierge. ■ **2** (début XIIIe) VX ou HIST. Femme de haute naissance. *Une noble dame, une dame de haut lignage. Les dames de la cour. Les Dames de France :* les filles du roi de France. *Les dames du palais :* femmes de haute naissance remplissant une charge auprès d'une princesse royale. *Dame d'atour. Dame d'honneur.* ◆ MOD. *Grande dame :* femme de haute naissance. *Agir en grande dame,* avec noblesse. — PAR EXT. *Une grande dame du théâtre, de la chanson :* une artiste exceptionnelle. — *La première dame :* la femme, la compagne d'un chef d'État. *La première dame de France.* — *Dame d'œuvres* (VIEILLI), *dame de charité, dame patronnesse :* femme du monde qui se consacre à des œuvres de bienfaisance. — *Dame de compagnie*.* ■ **3** VIEILLI Femme mariée. — DR. *Le sieur X contre la dame Y.* ➤ **madame.** — POP. Femme, épouse. *«avec mon bon souv'nir à vot' dame»* SAN-ANTONIO. — FAM. *Ma petite dame, ma bonne dame. «Et la petite dame, comment elle se sent la petite dame ?»* DJIAN. ◆ Religieuse de certaines congrégations ; chanoinesse. ■ **4** Personne adulte du sexe féminin (usage poli, de bon ton). ➤ **femme.** *Une vieille dame. Un homme qui plaît aux dames. Qui est cette dame ? Coiffeur pour dames.* LOC. *La vieille dame du quai Conti :* l'Académie française. loc. adj. *De ces dames :* qui est tel vis-à-vis des femmes ; qui leur plaît, les concerne. *Le tombeur de ces dames. Le taxi de ces dames est arrivé.* — FAM. *Dame pipi*.* ■ **5** PLUR. *La finale dames* (opposé à *messieurs*), épreuve sportive féminine.

II UNE DES PIÈCES MAÎTRESSES DANS CERTAINS JEUX ■ **1** Aux échecs, Deuxième pièce en importance après le roi, qui se déplace d'un nombre indéterminé de cases selon les directions médianes et diagonales de l'échiquier. *«On n'annonce pas l'échec à la dame»* F. LE LIONNAIS. ➤ **reine.** ■ **2** (1508) *Jeu de dames* ou *les dames :* jeu qui se joue à deux, avec quarante pions, sur un damier de cent cases. *«un jeu de dames semblait attendre, aux cases noires et bistres, que deux silhouettes se profilent au-dessus pour y déplacer avec réflexion ses pièces rondes»* J. STÉFAN. *Jouer aux dames. Faire une partie de dames.* — (1562) Pion qui, parvenu sur la dernière rangée à partir de son camp, a été surmonté d'un autre et peut avancer, reculer, prendre en diagonale à toute distance. — *Aller à dame, faire une dame,* se dit, aux échecs et aux dames, d'un pion qui parvient sur la dernière rangée du damier opposée à son camp. ➤ **damer** (1°). ■ **3** Carte où est figurée une reine. *Dame de cœur, de carreau, de trèfle, de pique. Le roi l'emporte sur la dame, qui l'emporte sur le valet.*

III DAME BLANCHE Chouette effraie, au plumage blanc.

IV OBJET ■ **1** (1743) Hie de paveur (l'ouvrier la prend par les deux anses pour la soulever comme un danseur soulève sa danseuse). ➤ aussi **demoiselle ; damer** (2°). ■ **2** (1831) MAR. Creux pratiqué sur le bord d'une embarcation pour y encastrer l'aviron ; appareil servant à retenir ce dernier. ➤ **tolet.** *Dame de nage.*

■ HOM. Dam.

2**DAME** [dam] interj. – 1665 ◊ ancien français *tredame,* de *par Nostre Dame* ou de *damedieu* «Seigneur Dieu» ■ FAM. et RÉGION. Exclamation qui suppose, entre ce qui la précède et ce qui la suit, une relation logique (conséquence, cause, explication). ➤ **pardi** (cf. Ma foi). *Ils sont partis ? – Dame oui !*

DAME-D'ONZE-HEURES [damdɔ̃zœʀ] n. f. – 1846 ◊ de 1*dame* et *onze heures* ■ Ornithogale en ombelle dont les fleurs s'épanouissent vers onze heures du matin. *Des dames-d'onze-heures.*

DAME-JEANNE [damʒɑn] n. f. – 1694 ◊ de 1*dame* et *Jeanne,* emploi plaisant du prénom, par anal. de forme, p.-ê. par le provençal ■ Sorte de bonbonne. ➤ **jaquelin.** *«L'excellent vin du cru renfermé dans des dames-jeannes de la grandeur de trois bouteilles»* CHATEAUBRIAND.

DAMER [dame] v. tr. ⟨1⟩ – 1562 ◊ de 1*dame* ■ **1** (DAMES, ÉCHECS) Transformer (un pion) en dame*, ou en une figure de son camp. — ABSOLT *Pion qui dame,* qui parvient sur la dernière rangée. ◆ LOC. FIG. *Damer le pion à qqn,* l'emporter sur lui, le surpasser, répondre victorieusement à ses attaques. ■ **2** (1834) TECHN. Tasser (le sol : terre, pavés, béton, neige) avec une dame ou hie*, et PAR EXT. avec tout autre engin. *«Je la recouvrais de terre que je damais des deux pieds»* COLETTE. *Damer une piste de ski* (➤ **dameuse**).

DAMEUSE [damøz] n. f. – 1988 ; trav. publ. 1961 ◊ de *damer* 2° ■ Engin qui sert à damer la neige et à entretenir les pistes de ski.

DAMIER [damje] n. m. – 1529 ◊ de 1*dame* ■ **1** Plateau divisé en cent carreaux alternativement blancs et noirs (➤ **case**), sur lesquels on pousse les pions du jeu de dames. ➤ **tablier.** ■ **2** Surface divisée en carrés égaux, de couleur ou d'aspect différent. *Le damier des champs cultivés. «Il y avait là comme un damier blanc et noir de lumière et d'ombre, aux cases nettement coupées»* ZOLA. ➤ **échiquier.** ◆ Carreaux réguliers. *Drapeau en damier,* à carreaux noirs et blancs utilisé dans les courses automobiles. *Tissu en damier,* ou ABUSIVEMENT (par influence probable de *carreau*) *à damiers. Jupe à damiers.* ➤ **carreau.**

DAMNABLE [dɑnabl] adj. – v. 1180 ◊ de *damner* ■ VX Qui mérite la damnation ou qui peut la faire encourir. — Qui mérite la réprobation. *Coutumes damnables.* ➤ **condamnable.**

DAMNATION [dɑnasjɔ̃] n. f. – 1170 ◊ latin ecclésiastique *damnatio* ■ Condamnation aux peines de l'enfer ; ces peines. ➤ **châtiment, dam, supplice.** *«La Damnation de Faust», œuvre musicale de Berlioz. «Qu'importe l'éternité de la damnation à qui a trouvé dans une seconde l'infini de la jouissance ?»* BAUDELAIRE. — LOC. LITTÉR. *Enfer et damnation ! Mort et damnation !* imprécations de colère ou de désespoir. ■ CONTR. Salut.

DAMNÉ, ÉE [dɑne] adj. et n. – Xe ◊ de *damner* ■ **1** (Attribut ou apr. le nom) Condamné aux peines de l'enfer. — LOC. FAM. *Être l'âme damnée de qqn,* lui être dévoué jusqu'à encourir la damnation pour lui. — n. (1160) *Les damnés.* ➤ **réprouvé.** *Le supplice des damnés.* ➤ **dam,** 1**feu ; enfer.** *Souffrir comme un damné,* d'une manière abominable. FIG. *Debout, les damnés de la terre !* les exclus de la société (paroles de «L'Internationale»). ■ **2** (Av. le nom) FAM. Qui provoque la mauvaise humeur (obstacle, désagrément). ➤ **foutu, maudit,** 1**sacré, sale, satané.** *Cette damnée voiture est toujours en panne ! «Je crains que cet enfant-là ne prenne la fièvre si nous restons dans ce damné brouillard»* SAND. ■ CONTR. Élu ; béni, providentiel.

DAMNER [dɑne] v. tr. ⟨1⟩ – Xe ◊ latin ecclésiastique *damnare,* en latin classique «condamner» ■ **1** Condamner aux peines de l'enfer. *«Dieu aurait-il fait le monde pour le damner ?»* PASCAL. ■ **2** (CHOSES) Conduire à la damnation. *Damner son âme. «Vous avez commis plus de meurtres qu'il n'en faudrait pour damner tous les saints du Paradis»* JARRY. ◆ FAM. *Faire damner qqn,* le mettre dans une colère qui lui vaudrait d'être damné. ➤ **impatienter, tourmenter.** *Il ferait damner un saint.* ◆ PRONOM. *Se damner :* faire en sorte d'être damné. — FAM. *Se damner pour qqn, qqch. :* être prêt à tout pour qqn, qqch. (cf. Vendre son âme au diable). *Il se damnerait pour elle.* ■ CONTR. Sauver.

DAMOISEAU [damwazo] n. m. – *dameisel* v. 1135 ◊ latin populaire °*dom(i)nicellus,* diminutif de *dominus* «seigneur» ■ **1** ANCIENNT Titre du jeune gentilhomme qui n'était pas encore chevalier. ■ **2** PLAISANT Jeune homme qui fait le beau et l'empressé auprès des femmes.

DAMOISELLE [damwazɛl] **n. f.** – XIIIe ; *dameisele* fin IXe ◇ latin populaire *dom(i)nicella,* de *domina* «dame» ■ ANCIENNT Au Moyen Âge, Jeune fille noble ou femme d'un damoiseau. ➤ **demoiselle** (I).

DAN [dan] **n. m.** – 1944 ◇ mot japonais ■ Chacun des grades de la ceinture noire, dans les arts martiaux japonais et les sports de combat qui en dérivent. *Champion de judo, de karaté troisième dan.* — Sportif ayant un de ces grades. *Il est troisième dan.*

DANAÏDE [danaid] **n. f.** – 1808 ◇ nom mythologique, grec *Danaidês* ■ ZOOL. Genre de papillon diurne des tropiques, aux couleurs éclatantes.

DANCE [dɑ̃ns] **n. f.** – 1994 ; *modern dance* 1983 ◇ anglais *dance music* ■ ANGLIC. Style de musique pour danser, très rythmée, issue du disco.

DANCING [dɑ̃siŋ] **n. m.** – v. 1919 ◇ anglais *dancing-house* ■ VIEILLI Établissement public où l'on danse. ➤ **boîte, discothèque.**

DANDINEMENT [dɑ̃dinmɑ̃] **n. m.** – 1585 ◇ de *dandiner* ■ Action de se dandiner, mouvement qui en résulte. ➤ **balancement, déhanchement.** *Des dandinements de canard. «Le dandinement monotone d'une mule au trot»* LOTI.

DANDINER [dɑ̃dine] **v. tr.** ⟨1⟩ – v. 1500 ◇ de l'ancien français *dandin* «clochette» ■ **1** RARE Balancer gauchement d'un côté et de l'autre. *«Les filles dandinent leurs tailles serrées»* LOTI. ■ **2** COUR. **SE DANDINER v. pron.** Se balancer gauchement en étant debout. *«Le jovial petit homme se dandina de droite et de gauche sur l'hémisphéricité de sa base»* JARRY.

DANDINETTE [dɑ̃dinɛt] **n. f.** – 1866 ◇ de *dandiner* ■ Technique de pêche à la ligne où l'on attire le poisson par le va-et-vient d'un leurre. *Pêcher à la dandinette.* ◆ Ce leurre.

DANDY [dɑ̃di] **n. m.** – 1817 ◇ mot anglais d'origine inconnue ■ VIEILLI Homme qui se pique d'une suprême élégance dans sa mise et ses manières (type d'élégant du XIXe s.). *Des dandys.* On emploie aussi le pluriel anglais *des dandies. George Brummel, type du dandy. «Le dandy doit avoir un air conquérant, léger, insolent»* CHATEAUBRIAND. ◆ LITTÉR. Adepte du dandysme.

DANDYSME [dɑ̃dism] **n. m.** – 1830 ◇ de *dandy* ■ LITTÉR. Manières élégantes, raffinement, attitude morale (détachement, esthétisme non conformiste) du dandy. *«Le dandysme n'est pas* [...] *un goût immodéré de la toilette et de l'élégance matérielle»* BAUDELAIRE.

DANGER [dɑ̃ʒe] **n. m.** – 1340 ; *dangier* «domination, pouvoir sur» XIIe ◇ latin populaire *°dominiarium* «pouvoir de dominer», de *dominus* «maître» ■ Ce qui menace ou compromet la sûreté, l'existence de qqn ou de qqch. ; situation qui en résulte. ➤ **péril ; menace, risque.** *Danger de mort. Opération sans danger. Ce n'est pas sans danger.* — **EN DANGER.** *La patrie est en danger. Sa vie, ses jours sont en danger. Mettre en danger la réputation, les intérêts de qqn.* ➤ **compromettre.** *Espèces (animales) en danger,* exposées à un risque très élevé d'extinction à l'état sauvage. — *Courir un grave danger.* ➤ **s'exposer, risquer.** *Il y a du danger à passer par là. Signal de danger.* ➤ **alarme,** 1 **alerte.** *Attention, danger ! Aimer, mépriser, craindre le danger. Abri, refuge contre le danger. Échapper au danger. Le malade est hors de danger, il va s'en tirer.* — LOC. FAM. *Il n'y a pas de danger* (d'une chose qui n'arrivera sûrement pas). *Et s'il réussit ? Il n'y a pas de danger !* (cf. Ça m'étonnerait*). *Pas de danger qu'il revienne !* — *De tous les dangers :* où tout est à craindre. *L'année de tous les dangers.* ◆ *Un, les dangers. Un danger imminent. Éviter, fuir un danger. Le danger de qqch.,* constitué par qqch. *Les dangers du voyage.* ➤ **risque.** ◆ LOC. *Un danger public :* personne qui met autrui en danger par maladresse ou insouciance. *Au volant, c'est un danger public !* ◆ (1701) MAR. Tout obstacle (banc, récif...) qui menace la sûreté de la navigation. ■ CONTR. Sécurité, sûreté, tranquillité.

DANGEREUSEMENT [dɑ̃ʒʀøzmɑ̃] **adv.** – 1538 ◇ de *dangereux* ■ D'une manière dangereuse. *Être dangereusement blessé, malade.* ➤ **gravement, grièvement.** *Dangereusement menacé. Déséquilibrer dangereusement un budget. Vivre dangereusement,* dans le risque (souvent cité ironiquement).

DANGEREUX, EUSE [dɑ̃ʒʀø, øz] **adj.** – fin XIIe «difficile» ◇ de *danger* ■ **1** Qui constitue un danger, présente du danger, expose à un danger. ➤ **périlleux, redoutable ; dangerosité.** *Maladie dangereuse.* ➤ **grave.** *Poison dangereux. Produit dangereux.* ➤ **nocif, toxique.** *Chemin dangereux. Pente, tournant dangereux.* ➤ **traître.** *Sports dangereux.* LOC. FIG. *Vous vous engagez sur un terrain dangereux.* ➤ **brûlant, difficile, glissant.** — *Situation dangereuse.* ➤ 1 **critique ;** FAM. **casse-gueule.** *Dangereux pour l'avenir.* ➤ **menaçant, redoutable.** *Aventure, entreprise dangereuse.* ➤ **aventureux, hasardé, hasardeux, risqué, téméraire.** *Abus dangereux* (mention obligatoirement portée sur les paquets de cigarettes, en France). *Un jeu dangereux,* qui risque de mal finir. *Doctrines, lectures dangereuses.* ➤ **immoral, malsain, mauvais, pernicieux.** *Chose dangereuse à faire. Produit dangereux à manier.* IMPERS. *Il est dangereux de se pencher au dehors.* ■ **2** (PERSONNES) Qui a pouvoir de nuire, à qui on ne peut se fier. ➤ **méchant, redoutable.** *C'est un dangereux criminel. Vos concurrents sont peu dangereux.* ◆ (Animaux) Qui s'attaque aux humains (piqûre, morsure). *La vipère est dangereuse.* ■ CONTR. Avantageux, 1 bon, sûr. Inoffensif.

DANGEROSITÉ [dɑ̃ʒʀozite] **n. f.** – 1963 ◇ de *dangereux* ■ DIDACT. Caractère dangereux. *La dangerosité d'une maladie.* ➤ **danger.** ■ CONTR. Innocuité.

DANIEN, IENNE [danjɛ̃, jɛn] **adj.** et **n. m.** – 1846 ◇ du latin *Dania* «Danemark» ■ GÉOL. Relatif à l'étage le plus élevé du crétacé supérieur. — **n. m.** Cet étage lui-même.

DANOIS, OISE [danwa, waz] **adj.** et **n.** – XIIe ; *daneis* 1080 ◇ latin médiéval, du germanique *danisk* ■ **1** Du Danemark. *Bière danoise. Art de vivre danois.* ➤ **hygge.** ◆ **n.** *Un Danois, une Danoise.* ➤ aussi **viking.** — **n. m.** *Le danois :* langue nordique parlée au Danemark (et en Norvège jusqu'au XVIIIe s.). ■ **2 n. m.** (1811) Chien de garde, de grande taille, à tête allongée et à poil court, originaire du Danemark.

DANS [dɑ̃] **prép.** – *denz* adv. XIIe ; a remplacé *en* comme prép. ◇ latin populaire *de intus,* renforcement de *intus* «dedans» ■ Préposition indiquant la situation d'une personne, d'une chose par rapport à ce qui la contient (➤ **inter-, intra-**). ■ **1** Marque le lieu. *Objet rangé dans une boîte. Être dans Paris. Entrer dans sa chambre,* à l'intérieur de. *Monter dans une voiture.* ➤ 1 **en.** *S'asseoir dans un fauteuil. Lire dans un livre, dans un journal.* — Sur ; à. *Embrasser qqn dans le cou. Recevoir un coup de pied dans les fesses.* — *Apercevoir qqn dans la foule.* ➤ **parmi** (cf. Au milieu, au sein de). *Vivre dans ses meubles.* ◆ FIG. *Entrer dans un complot. Entrer dans une famille. Être dans l'enseignement. C'est dans ses projets* (cf. Faire partie* de). *Ce n'est pas dans ses goûts, ses idées. On trouve cette idée dans l'œuvre de Descartes,* et PAR EXT. *C'est dans Descartes.* ➤ **chez.** *On l'admire dans tout ce qu'il fait.* ➤ 1 **en.** *«C'est dans son impuissance que l'homme a trouvé le point d'appui, la prière»* HUGO. — LOC. *L'un dans l'autre**. ■ **2** Marque la manière. *Être dans une mauvaise position. Tomber dans la misère. «Une nymphe souriante dans tout l'éclat de sa blanche nudité»* GAUTIER. — *Agir dans les règles.* ➤ **selon** (cf. D'après). LITTÉR. *Dans la perfection.* ➤ **à.** *Maison construite dans tel style.* — *Dans l'attente, dans le but, dans l'espoir de. Mot pris dans tel sens.* ➤ **avec.** *«Adieu. – Dans quel dessein vient-elle de sortir ?»* RACINE. ■ **3** Marque le temps, indique un moment, une époque. ➤ **lors** (de), 3 **pendant.** *Cela lui arriva dans son enfance. Ce sera fait dans les délais convenus.* ➤ RÉGION. **endéans.** *Dans un premier temps.* ◆ Pour reporter à une date future (cf. D'ici). *Quand partez-vous ? Dans quinze jours :* quinze jours après celui-ci. *Repassez dans la semaine* (cf. Au cours* de). *Dans une minute, dans un instant :* bientôt. ■ **4 DANS LES** (marquant l'approximation). Un chiffre voisin de. *Cela coûte dans les deux cents euros.* ➤ **approximativement, environ** (cf. À peu près*). FAM. *Elle est dans tes âges.* — *Une robe dans les bleus.* ■ CONTR. Hors (de). ■ HOM. Dam, dent.

DANSABLE [dɑ̃sabl] **adj.** – 1845 ◇ de *danse* ■ Qui peut être dansé. *Cette musique n'est pas dansable.*

DANSANT, ANTE [dɑ̃sɑ̃, ɑ̃t] **adj.** – fin XVIIe ◇ p. prés. de *danser* ■ **1** Qui danse. *Un chœur dansant.* FIG. *Un reflet dansant de lumière.* ■ **2** Qui est propre à faire danser. *Musique dansante.* ■ **3** (1838) Pendant lequel on danse. *Soirée dansante. Thé dansant.*

DANSE [dɑ̃s] **n. f.** – v. 1172 ◇ de *danser* ■ **1** Action de danser. Suite de mouvements du corps volontaires, rythmés (le plus souvent au son de musique), ayant leur but en eux-mêmes et répondant à une esthétique. *Exécuter une danse. Musique de danse. Pas, figure de danse. Chaussons de danse.* ➤ **pointe, demi-pointe ; ballerine.** *Costume de danse.* ➤ **maillot, tunique, tutu.** *Cours de danse.* — *Danse exécutée par une personne* (➤ **danseur**), *un couple, un groupe de personnes.* — *Danse religieuse, danse rituelle (guerrière, de fécondité, de chasse). Danse profane. «Danser, c'est découvrir et recréer, surtout lorsque la danse est danse d'amour. C'est, en tout cas, le meilleur mode de connaissance»* SENGHOR. — *Danse tradition-*

nelle, folklorique : bourrée, farandole, olivettes, ronde, tambourin. *Danse russe,* que les hommes dansent accroupis. *Danse du ventre. Danses espagnoles* : fandango, flamenco, jota, paso doble, sardane, séguedille, zapatéado. *Danses grecques* (sirtaki), *hongroises* (czardas), *japonaises* (buto), *polynésiennes* (tamouré), *réunionnaises* (maloya, séga). *Danse rythmique, danse acrobatique,* qui participe de la gymnastique, de l'acrobatie. *Danse de salon. Danse sportive.* ◆ SPÉCIALT Art de la danse, un des beaux-arts. «*la Danse* [...] *n'est que l'action de l'ensemble du corps humain* [...] *transposée dans un monde, dans une sorte* d'espace temps, *qui n'est plus tout à fait le même que celui de la vie pratique*» VALÉRY. *Danse classique. Danse de caractère. Danse réglée. Danse figurée.* ➤ **ballet, chorégraphie, orchestique.** — *Personne chargée d'organiser la danse.* ➤ **chorège, chorégraphe, maître** (de ballet). ◆ Le fait de danser en société (➤ **danseur,** 3° ; **bal, boîte, dancing, discothèque, guinguette, rallye, sauterie, surprise-partie**). *Piste de danse. Orchestre de danse. Ouvrir la danse,* la commencer. *Danses anciennes* : allemande, bourrée, branle, cancan, chahut, contredanse, cotillon, courante, forlane, gaillarde, galop, gavotte, loure, mazurka, menuet, passe-pied, pavane, polka, quadrille, rigaudon, saltarelle, scottish, volte. *Danses modernes* : be-bop, biguine, boléro, boogie-woogie, bossanova, boston, breakdance, cake-walk, calypso, capoeira, charleston, chenille, fox-trot, java, jerk, lambada, mambo, one-step, paso doble, pogo, rock, rumba, salsa, samba, shimmy, ska, slow, smurf, swing, tango, twist, valse, zouk. *Championnat, marathon de danse.* ◆ *Danse sur glace* : discipline du patinage artistique. ■ **2** Musique sur laquelle on danse ou on peut danser. Musique inspirée d'un rythme de danse. *Suite* de danses. Les danses norvégiennes de Grieg.* ■ **3** LOC. FIG. *Entrer dans la danse* : entrer en action, participer à qqch. (cf. Entrer* en scène). PÉJ. *Mener la danse* : diriger une action collective (cf. Mener le bal*). ◆ VIEILLI, FAM. *Donner une danse à qqn,* lui administrer une correction. ■ **4** PAR ANAL. Série de mouvements rythmés qui évoquent la danse. *La danse des feuilles, des vagues. La danse des animaux à la saison des amours. Danse nuptiale.* ➤ **parade.** — (1754) *Danse de Saint-Guy* : chorée. ■ HOM. Dense.

DANSER [dɑ̃se] v. ‹1› – *dencier* v. 1170 ◇ p.-ê. du francique °*dintjan* «se mouvoir de-ci de-là», ou du latin populaire °*deantiare* «faire un mouvement vers l'avant», doublet de °*abantiare*

I v. intr. ■ **1** Exécuter une danse (➤ FAM. **gambiller, guincher**) ; se mouvoir avec rythme, en accord avec une musique, un type de mouvement réglé. «*Cette personne qui danse s'enferme, en quelque sorte, dans une durée qu'elle engendre*» VALÉRY. *Danser en mesure. Apprendre à danser.* ANCIENNT *Maître à danser* : professeur de danse. *Danser sur un air, une musique. Musique à danser,* VX *air à danser* : musique de danse. *Danser sur une scène. Elle danse à l'Opéra.* (En société). *Danser avec un cavalier, une cavalière.* ➤ **danseur,** 3°. — **FAIRE DANSER :** danser avec. *Faire danser une femme.* ➤ **inviter.** Jouer d'un instrument afin qu'on puisse danser. «*Quand on fera danser les couillons, tu ne seras pas à l'orchestre*» PAGNOL. ◆ LOC. *Faire danser l'anse* du panier. Empêcheur* de danser en rond. Danser devant le buffet*.* — *Ne pas savoir sur quel pied danser* : ne plus savoir que faire, hésiter. ■ **2** PAR ANAL. Se mouvoir, remuer d'une manière rythmée. *Flamme qui danse.* «*Plus léger qu'un bouchon, j'ai dansé sur les flots*» RIMBAUD. ◆ Donner l'impression de bouger. *Les mots dansaient devant ses yeux.*

II v. tr. Exécuter (une danse). *Danser la valse, une valse.* ➤ **valser.** *Danser un ballet.* PRONOM. (PASS.) *Le menuet ne se danse plus.*

DANSEUR, EUSE [dɑ̃sœʀ, øz] n. – fin XIIIe ◇ de *danser* ■ **1** Personne dont la profession est la danse. ◆ *Danseur, danseuse classique. Ordre hiérarchique des danseurs et danseuses de l'Opéra* : quadrille, coryphée, sujet, *première danseuse* et *premier danseur,* étoile. *Danseuse très jeune.* ➤ **rat.** *Danseuse de ballet.* ➤ **ballerine.** ◆ *Danseur, danseuse de corde.* ➤ **acrobate, fildeferiste, funambule.** ◆ *Danseuse orientale.* ➤ **almée, bayadère.** ◆ *Danseur à, de claquettes*. Danseuse de music-hall.* ➤ **girl.** *Danseuse de cabaret.* ➤ **entraîneuse, taxigirl.** *Danseur mondain,* qui a les mêmes fonctions que l'entraîneuse. ◆ (Au fém.) FIG. Chose à laquelle on consacre par plaisir beaucoup d'argent (par allus. aux riches bourgeois qui entretenaient des danseuses). *Son écurie de course, c'est sa danseuse.* ■ **2** PAR ANAL. (CYCLISME) **EN DANSEUSE :** en pédalant debout et en balançant le corps à droite et à gauche. «*il a dû se dresser en danseuse quand une colline s'est présentée, se balançant debout de gauche à droite en commençant de suer sur son engin*» ECHENOZ. ■ **3** Personne qui danse avec un ou une partenaire. ➤ **cavalier.** *Couples de danseurs qui évoluent sur la piste. Être bonne danseuse. Danseur qui dirige sa danseuse.*

DANSOTER ou **DANSOTTER** [dɑ̃sɔte] v. intr. ‹1› – 1648 ◇ de *danser* ■ FAM. Danser un peu.

DANTESQUE [dɑ̃tɛsk] adj. – 1828 ◇ de *Dante* ■ Qui a le caractère sombre et sublime de l'œuvre de Dante. *Poésie dantesque. Vision dantesque.* ➤ **effroyable.**

DAPHNÉ [dafne] n. m. – 1537 ◇ mot grec ■ BOT. Arbrisseau des terrains calcaires, à feuilles persistantes et floraison rose ou blanche. *Daphné sainbois*.* ➤ 2 **garou.**

DAPHNIE [dafni] n. f. – 1803 ◇ latin savant *daphnia,* du grec *daphnê* «laurier» ■ ZOOL. Petit crustacé *(cladocères)* à la carapace transparente, élément important du plancton animal. *Les daphnies servent de nourriture aux poissons d'aquarium.*

DARAISE [daʀɛz] n. f. – 1808 ◇ origine inconnue, p.-ê. gaulois °*doraton* «porte» ■ TECHN. Déversoir d'un étang.

DARBOUKA [daʀbuka] ou **DERBOUKA** [dɛʀbuka] n. f. – 1859, -1847 ◇ de l'arabe algérien *derbouka* ■ Tambour arabe fait d'une peau tendue sur l'extrémité pansue d'un tuyau de terre cuite, plus rarement de métal.

1 **DARD** [daʀ] n. m. – 1080 ◇ latin *dardus,* du francique °*darod* ■ **1** Ancienne arme de jet, composée d'une hampe de bois garnie à l'une de ses extrémités d'une pointe de fer. ➤ **lance,** 1 **pique.** — MAR. Petit harpon. ■ **2** ARCHIT. Ornement en forme de fer de lance, qui sépare les oves. ■ **3** (1668) Organe pointu et creux de certains animaux servant à piquer l'adversaire et à lui inoculer un venin. ➤ **aiguillon.** *Le dard de l'abeille, du scorpion.* ◆ PAR EXT. Langue pointue (inoffensive) des serpents. ■ **4** (1870) ARBOR. Rameau à fruits, très court, du poirier et du pommier.

2 **DARD** [daʀ] n. m. – *dars* 1197 ◇ latin médiéval *darsus* ■ Poisson d'eau douce d'Amérique du Nord *(perciformes),* proche des perches d'Europe. ➤ **chevesne.** — ABUSIVEMENT Vandoise.

DARDER [daʀde] v. tr. ‹1› – XVe ◇ de 1 *dard* ■ **1** VX Frapper avec un dard. MOD. Lancer (une arme, un objet) comme on ferait d'un dard (1°). «*Julien darda contre eux ses flèches*» FLAUBERT. ■ **2** COUR. Lancer (ce qui est assimilé à un dard, une flèche). ➤ **jeter,** 1 **lancer.** «*Le soleil dardait à plomb ses rayons poudreux*» NERVAL. «*Il darda sur son compagnon un regard tellement précis qu'Antoine se sentit rougir*» MARTIN DU GARD.

DARE-DARE [daʀdaʀ] adv. /DAREDARE/ – 1640 ◇ p.-ê. onomat. ■ FAM. Promptement, en toute hâte. ➤ **précipitamment, vite.** «*Si vous aviez à me proposer un meilleur sujet tout prêt pour cette semaine, je le prendrais dare-dare*» SAINTE-BEUVE.

DARIOLE [daʀjɔl] n. f. – 1292 ◇ altération de *doriole,* de *doré* ■ Flan léger au beurre et aux œufs.

DARIQUE [daʀik] n. f. – 1547 ◇ de *Darius,* roi des Perses ■ DIDACT. Monnaie d'or des anciens Perses.

DARJEELING [daʀ(d)ʒiliŋ] n. m. – 1989 ◇ mot anglais (1964), ellipse de *Darjeeling tea* «thé de Darjiling», ville du Bengale ■ Thé indien à l'arôme léger et délicat. *Une tasse de darjeeling.*

DARKNET [daʀknɛt] n. m. – 2003 ◇ mot anglais, de *dark* «sombre» et *net* → 3 Net ■ ANGLIC. Partie du réseau Internet accessible par des logiciels qui anonymisent les données des utilisateurs. *Trafic de drogue, d'armes sur les darknets.* — *Le darknet* ou *le Darknet* : l'ensemble des darknets. «*les imbéciles imaginent qu'on peut échanger des messages sans être repérables. Sélim avait imaginé passer par le darknet et s'était fait recevoir*» V. DESPENTES. — Recomm. offic. *internet clandestin.*

DARMSTADTIUM [daʀmstatjɔm] n. m. – 2003 ◇ du nom de la ville de *Darmstadt,* qui abrite le laboratoire où cet élément fut synthétisé ■ CHIM. Élément radioactif artificiel (Ds ; n° at. 110), appartenant à la même famille que le platine.

DARNE [daʀn] n. f. – 1528 ◇ breton *darn* «morceau» ■ Tranche de gros poisson. *Une darne de colin, de thon.*

DARON, ONNE [daʀɔ̃, ɔn] n. – 1725 arg. ; «patron» 1680 ◇ p.-ê. de l'ancien français *daru* «fort» ou croisement de 1 *baron* et de l'ancien français *dam* «seigneur, maître», du latin *dominus* → dom ■ FAM. Père, mère. *Mes darons* : mes parents. «*C'est une punition générale, tes darons pourront rien te reprocher*» V. DESPENTES.

DARSE [daʀs] n. f. – XVe ◇ génois *darsena,* arabe *dâr-sinâ'a* «maison de travail» ■ Bassin abrité, dans un port méditerranéen. *La grande darse de Toulon.* «*Dans cette darse où ni vent ni pluie n'agitaient une mer captive*» BOSCO.

DARTRE [daRtR] **n. f.** – fin XIVe ; *dertre* XIIIe ◇ bas latin *derbita,* mot gaulois ■ Desquamation de l'épiderme, accompagnée de rougeurs, de démangeaisons. ➤ **pityriasis.** — **adj. DARTREUX, EUSE.**

DARTROSE [daRtRoz] **n. f.** – 1901 ◇ de *dartre* ■ DIDACT. Maladie cryptogamique de la pomme de terre.

DARWINIEN, IENNE [daRwinjɛ̃, jɛn] **adj.** – 1867, par l'italien ◇ de *Darwin* ■ Relatif à la théorie de Darwin. ➤ **darwinisme.**

DARWINISME [daRwinism] **n. m.** – 1864, par l'allemand ◇ de *Darwin,* savant anglais 1809-1882 ■ Théorie exposée par Darwin (dans *De l'origine des espèces,* 1859) selon laquelle les espèces sont liées les unes avec les autres par un processus de descendance avec modification issu des lois de la sélection* naturelle, effet de la lutte pour la vie (➤ **évolutionnisme, transformisme**). *Darwinisme et lamarckisme.* ◆ PAR EXT. (anglais 1944) *Darwinisme social* : sélection naturelle dans les sociétés humaines.

DARWINISTE [daRwinist] **adj.** et **n.** – 1867, par l'allemand ◇ de *Darwin* ■ Qui soutient, défend le darwinisme.

DASYURE [dazjyR] **n. m.** – 1796 ◇ du grec *dasus* «velu» et *oura* «queue» ■ ZOOL. Petit mammifère océanien carnivore, à queue velue *(marsupiaux)* appelé aussi *chat marsupial.*

D. A. T. [deate] **n. m.** – 1987 ◇ sigle anglais de *Digital Audio Tape* «enregistrement magnétique audionumérique» ■ ANGLIC. Procédé d'enregistrement du son sous forme numérique sur un support magnétique. — Le lecteur enregistreur ou la cassette enregistrée selon ce procédé.

DATA [data] **n. f.** – 2002 ◇ mot anglais «données», pluriel du latin *datum* ■ ANGLIC. *La data* : les données numériques. ➤ **aussi big data.** *L'analyse, l'utilisation de la data en marketing.* — REM. On dit aussi *les datas* ou *les data* (inv.). ◆ SPÉCIALT Le volume de données numériques consultables ou téléchargeables sur son téléphone mobile. *Forfait incluant 30 gigas de data.*

DATABLE [databl] **adj.** – début XIXe ◇ de *dater* ■ Auquel on peut attribuer une date certaine. *Document aisément datable.* ■ CONTR. Indatable.

DATAGE [dataʒ] **n. m.** – 1961 ◇ de *dater* ■ Action de mettre une date sur un document. ➤ **datation** (1o).

DATAIRE [datɛR] **n. m.** – 1553 ◇ latin ecclésiastique *datarius* ■ RELIG. CATHOL. Officier du Vatican chargé de présider à l'expédition des dispenses, rescrits, etc. (➤ **daterie**).

DATATION [datasjɔ̃] **n. f.** – fin XIXe ◇ de *dater* ■ **1** Action de dater, de mettre la date (sur une pièce). *Datation et signature d'un acte de vente.* ➤ **datage.** ■ **2** Attribution d'une date. *Datation d'un fossile à l'aide du carbone 14. Méthodes de datation en archéologie. Datation absolue* (exprimée en années), *relative. Datation d'un texte. Datation d'un mot,* par sa première attestation*. — PAR EXT. Date attribuée.

DATCHA [datʃa] **n. f.** – 1843 *datscha* ◇ mot russe ■ Maison de campagne russe, aux portes d'une grande ville.

DATE [dat] **n. f.** – 1281 ◇ latin médiéval *data (littera)* «(lettre) donnée», premiers mots de la formule indiquant la date où un acte avait été rédigé ■ **1** Indication du jour du mois (➤ **quantième**), du mois et de l'année (➤ **millésime**) où un acte a été passé, où un fait s'est produit. *Date historique. Date anniversaire. Indiquer la date.* ➤ **dater.** *Date en chiffres, en lettres. Ticket portant la date et l'heure* (➤ **horodaté**). *Lettre sans date. À quelle date ?* quel jour ? *Chercher une date à l'aide d'un calendrier. En date du... À la date du... À date(s) fixe(s). Date postérieure* (➤ **postdate**), *antérieure* (➤ **antidate**) *à la date réelle.* LOC. *Prendre date* : fixer avec qqn la date d'un rendez-vous. *Date de naissance. Date d'un contrat. Date butoir*. Date de paiement d'un billet.* ➤ **échéance, terme.** *Date de valeur*.* ■ **2** L'époque, le moment où un évènement s'est produit ; indication de cette époque. ➤ **an, année, époque, moment, période, temps.** *Une grande date dans l'histoire du pays. Science des dates, de l'ordre des évènements.* ➤ **chronologie.** *Erreur de date. Date d'impression, de publication d'un ouvrage.* — LOC. *Une amitié de vieille date,* ancienne. *Ils se connaissent de longue date,* depuis longtemps. *Une connaissance de fraîche date,* récente. — *Faire date* : marquer un moment important, faire époque. — *Être le premier, le dernier en date* : être le premier, le dernier à avoir fait qqch. ■ HOM. Datte.

DATER [date] **v.** ‹1› – 1367 au p. p. ◇ de *date* ■ **1 v. tr.** Mettre la date sur (un écrit, un acte). *«Diderot ne datait jamais ses lettres»* ROUSSEAU. *Lettre datée du 8. Dater un contrat, un testament. Dater un document d'une fausse date.* ➤ **antidater, postdater.** — *Œuf daté (du jour de ponte).* ■ **2 v. tr.** Attribuer une date à (qqch.). *Dater l'apparition d'un mot, d'une pièce archéologique. Dater un fossile au carbone 14. «Comment dater, par exemple, un concept mathématique chez Leibniz ?»* M. SERRES. ◆ PASSIF *Être daté de...* — FIG. *C'est daté* : situé dans le passé, SPÉCIALT démodé. ■ **3 v. intr. DATER DE :** avoir commencé d'exister, avoir eu lieu (à telle époque). ➤ **remonter (à).** *Ce traité date du XVIIe siècle. Dater de loin* : s'être produit il y a longtemps. LOC. *Cela ne date pas d'hier* : ce n'est pas récent, c'est ancien. ◆ **loc. prép.** *À dater de* : à partir de (cf. À compter* de). *Votre salaire vous sera versé à dater d'aujourd'hui.* ■ **4 v. intr.** ABSOLT Faire date. ➤ **marquer.** *Cet évènement date dans sa vie,* il a de l'importance à ses yeux. ◆ Être démodé. *Costume qui date.*

DATERIE [datRi] **n. f.** – 1605 ◇ latin ecclésiastique *dataria* → dataire ■ RELIG. CATHOL. Office de dataire. — Chancellerie de la cour pontificale où s'expédient divers actes.

DATEUR, EUSE [datœR, øz] **adj.** et **n. m.** – 1929 ◇ de *dater* ■ **1** Qui sert à dater. *Tampon dateur. Horloge dateuse* (➤ **horodateur**). ■ **2 n. m. DATEUR :** tampon dateur. — (1969) Dispositif qui indique la date sur le cadran d'une montre.

1 **DATIF** [datif] **n. m.** – XIIIe ◇ latin *dativus (casus)* «(cas) attributif», de *dare* «donner» ■ GRAMM. Dans les langues à déclinaisons, Cas servant à marquer le complément d'attribution. *Mettre un nom, un adjectif au datif.* — *Datif éthique* : emploi du pronom personnel pour marquer l'intérêt à l'action que prend la personne qui parle (ex. Apprenez-moi cette leçon).

2 **DATIF, IVE** [datif, iv] **adj.** – 1437 ◇ latin *dativus,* de *dare* «donner» ■ DR. *Tuteur datif,* nommé par le conseil de famille.

DATION [dasjɔ̃] **n. f.** – 1272 ◇ latin *datio,* de *dare* «donner» ■ DR. Action de donner. *Dation de tuteur, de curateur. Dation de mandat.* — *Dation en paiement* : acte par lequel un créancier consent à recevoir en paiement de son débiteur une chose différente de celle qui lui est due. — SPÉCIALT *Dation d'œuvres d'art à un musée en paiement de droits de succession.* Les œuvres données. *La dation Picasso.*

DATTE [dat] **n. f.** – fin XIIe ◇ de l'ancien occitan *datil,* du latin d'origine grecque *dactylus* «doigt» (→ dactyle), à cause de la forme du fruit, par l'intermédiaire d'une langue romane ■ Fruit comestible du dattier. *Régime de dattes.* — Datte séchée, prête à être consommée. *Datte fourrée.* ■ HOM. Date.

DATTIER [datje] **n. m.** – *datier* v. 1230 ◇ de *datte* ■ Palmier élancé d'Afrique du Nord *(palmacées)* qui porte les dattes. PAR APPOS. *Des palmiers dattiers.*

DATURA [datyRa] **n. m.** – 1597 ◇ hindi *dhatura,* par le portugais ■ Plante toxique *(solanacées)* des régions chaudes et tempérées, originaire de l'Inde, dont plusieurs espèces sont utilisées comme narcotique (➤ **stramoine**) et comme plantes ornementales. *«des daturas ouvrent au soir leurs grands calices blancs»* LOTI.

DAUBE [dob] **n. f.** – *a la dobbe* «en marinade» 1571 ◇ de l'espagnol *adoba* (XIVe), de *adobar* «préparer», de l'ancien français *adober* «adouber» ■ **1** (Surtout dans *en daube*) Manière de faire cuire certaines viandes à l'étouffée dans un récipient fermé (➤ **daubière**). *Bœuf en daube.* — PAR EXT. La viande accommodée de cette manière. *Servir une daube.* ■ **2** FAM. Objet, réalisation de piètre qualité. *C'est de la daube, ce truc !* (cf. C'est nul).

1 **DAUBER** [dobe] **v.** ‹1› – 1507 ◇ probablement du sens ancien de «blanchir, crépir» (XIIIe), du latin *dealbare,* de même sens, famille de *albus* «blanc». Cf. *talocher, battre comme plâtre* ■ **1 v. tr.** VX ou LITTÉR. Railler, dénigrer (qqn) ; se moquer. *«On m'a dit qu'on va le dauber, lui et toutes ses comédies, de la belle manière»* MOLIÈRE. ■ **2 v. intr.** *Dauber sur qqn. «et tout le village à dauber comme quoi sans doute elle l'a bien cherché»* Y. QUEFFÉLEC. ■ **3 v. intr.** FAM. Sentir mauvais. *Ça daube, ici !* ➤ **cogner, fouetter.**

2 **DAUBER** [dobe] **v. tr.** ‹1› – 1803 ◇ de *daube* ■ CUIS. Accommoder (une viande) en daube.

DAUBEUR, EUSE [dobœR, øz] **adj.** et **n.** – 1650 ◇ de 1 *dauber* ■ **1** VX Qui se plaît à dauber les autres. ■ **2 n. m.** TECHN. Celui qui aide le forgeron à battre le fer.

DAUBIÈRE [dobjɛR] **n. f.** – 1829 ◇ de *daube* ■ CUIS. Ustensile muni d'un couvercle sur lequel on peut mettre des charbons allumés, et où l'on faisait cuire des viandes en daube. ➤ **braisière.**

1 **DAUPHIN** [dofɛ̃] **n. m.** – milieu XIIe ◇ du latin populaire *dalfinus,* du classique d'origine grecque *delphinus* → delphinidés ■ Mammifère aquatique carnivore *(cétacés),* dont la tête se prolonge en forme de bec armé de dents. *Dauphins marins, dauphins de rivière. «repiquer entre deux eaux comme un dauphin»* ARAGON. *L'intelligence, le langage des dauphins. Dressage des dauphins* (➤ **delphinarium**). ◆ Représentation schématisée de cet animal. *Bras de fauteuil à dauphins.* — SPÉCIALT Extrémité recourbée d'un tuyau de descente pluviale.

2 **DAUPHIN** [dofɛ̃] **n. m.** – 1420 ; titre de seigneur du Dauphiné XIIIe ◇ de *Dauphiné* ■ Héritier présomptif de la couronne de France. *Le Grand Dauphin :* le fils de Louis XIV. ◆ (1953) Successeur prévu par un chef d'État, une personnalité importante. *On dit que c'est son dauphin.*

DAUPHINE [dofin] **n. f.** – 1680 ◇ de *Dauphin* ■ **1** HIST. La femme du Dauphin. *Madame la Dauphine.* ■ **2** (1891) APPOS. INV. *Pommes dauphine :* boulettes de purée de pommes de terre et de pâte à chou, frites dans l'huile.

DAUPHINELLE [dofinɛl] **n. f.** – 1786 ◇ latin des botanistes *delphinium* (1694), du grec *delphinion* ■ Plante herbacée *(renonculacées)* aux hampes florales décoratives. ➤ **delphinium, pied-d'alouette.**

DAUPHINOIS, OISE [dofinwa, waz] **adj.** et **n.** – 1636 n. ◇ de *Dauphiné* ■ Du Dauphiné, province française. *Gratin* dauphinois.* **n.** *Les Dauphinois.*

DAURADE ➤ **DORADE**

DAVANTAGE [davɑ̃taʒ] **adv.** – 1530 ; *d'avantage* 1360 ◇ de 1*de* et *avantage* ■ **1** (Modifiant un verbe) Plus. *Il en voudrait davantage. Il n'en sait pas davantage. Il l'aime comme un frère, sinon davantage. — Bien davantage. Davantage encore.* ◆ Modifiant le pron. *le,* représentant un adj. *Son frère est intelligent, mais lui l'est davantage.* ■ **2** VIEILLI Plus longtemps. *Ne restez pas davantage. «Gardes, obéissez sans tarder davantage»* RACINE. ■ **3** VX ou LITTÉR. Le plus. *«Je ne sais qui de nous deux cette conversation oppressait davantage»* GIDE. ■ **4** VX ou LITTÉR. **DAVANTAGE DE :** plus de. *«Je n'aime plus que deux ou trois livres, à peine davantage de tableaux»* PROUST. ◆ MOD. **DAVANTAGE QUE :** plus que. *«La qualité des applaudissements importe bien davantage que leur nombre»* GIDE. *«Rien ne dérange davantage une vie que l'amour»* MAURIAC. ■ CONTR. Moins.

DAVIER [davje] **n. m.** – 1540 ; diminutif de l'ancien français *david* «outil de menuisier» ◇ de *David,* nom propre ■ TECHN. ■ **1** Outil de menuisier, de tonnelier, formé d'une barre de fer recourbée en crampon à l'une de ses extrémités. ■ **2** Pince à longs bras de leviers et à mors très courts (chirurgie osseuse, dentaire), servant notamment à l'extraction des dents. *«Dur et salutaire comme le davier du dentiste»* BALZAC.

DAZIBAO [da(d)zibao] **n. m.** – v. 1970 ◇ mot chinois ■ Journal mural chinois, souvent manuscrit, affiché dans les lieux publics. *Des dazibaos.*

D. B. O. [debeo] **n. f.** – 1970 ◇ sigle de *demande biochimique* ou *biologique en oxygène* ■ ÉCOL. Quantité de dioxygène nécessaire à la biodégradation des matières organiques contenues dans une eau. *D. B. O. 5 :* mesure effectuée en cinq jours.

D. C. A. [desea] **n. f.** – 1919 pour *défense contre aéronefs* ◇ sigle de *défense contre avions* ■ Défense antiaérienne. *Canon de D. C. A.*

D. C. O. [deseo] **n. f.** – v. 1972 ◇ sigle de *demande chimique en oxygène* ■ ÉCOL. Quantité de dioxygène absorbable par les matières oxydables présentes dans une eau.

D. D. T. [dedete] **n. m.** – v. 1945 ◇ sigle de *dichloro-diphényl-trichloréthane* ■ Insecticide organochloré utilisé en prophylaxie, polluant organique persistant. *Le D. D. T. est interdit en Europe depuis les années 1970.*

1 **DE** [də] **prép.** – milieu IXe ◇ du latin *de*
Mot invariable qui sert à établir des rapports variés entre deux mots ou groupes de mots. REM. *De* s'élide général en *d'* devant une voyelle ou un *h* muet, se contracte en *du* avec l'article *le,* et en *des* avec l'article *les.* ➤ 1 **des, du.**

I LE SENS EST ANALYSABLE A. APRÈS UN VERBE OU UN NOM. MARQUE L'ORIGINE CONCRÈTE OU ABSTRAITE (PARFOIS OPPOSÉ À À).
■ **1** Lieu, provenance *Venir de l'école. Ils arrivaient de partout. Sortir de chez soi. Pousse-toi de là. Aller de Paris à Marseille. L'avion de Berlin,* qui vient de Berlin (opposé à *l'avion pour...*). *D'où êtes-vous ? De Normandie, du Havre. «Des toits, des porches, des fenêtres, les insurgés tiraient»* MALRAUX. *Porcelaine de Sèvres. Un objet tomba de son sac.* — LOC. *De-ci de-là.* ➤ 1 **ci.** *De bouche à oreille*. De vous à moi*.* — ABSTRAIT *Savoir qqch. de source sûre. Se tirer d'embarras, d'affaire. Il faut sortir de là. De là à l'épouser...* ◆ SPÉCIALT Particule (nobiliaire ou non) qui relie le nom de famille au titre, à l'appellation ou au prénom. *Pierre de Ronsard, Jean de La Fontaine. Monsieur de Pourceaugnac. Le duc de Talleyrand.* REM. Avec le nom de famille seul, on ne garde la particule *de* que devant voyelle ou *h* muet : *d'Aubigné ; d'Harcourt ;* devant les noms d'une syllabe : *de Thou, de Gaulle* et lorsque celle-ci est contractée en *du* ou *des : du Bellay, des Périers.* Mais *La Fontaine, les frères Goncourt.* ■ **2** (milieu IXe) Temps À partir de (tel moment). *Du 1er janvier au 31 décembre. «ce n'est que d'aujourd'hui qu'elle s'est résolue à l'accepter»* MOLIÈRE. ◆ Durée Pendant. *Ne rien faire de la journée. Travailler de nuit. De mon temps.* ■ **3** (fin XIe) Origine figurée À cause de. *Être puni de ses fautes.* ➤ **pour.** *Mourir de faim. Pleurer de joie.* ➤ 1 **par.** — *Dommages de guerre.* — **adj.** *Blanc de peur ; heureux de voyager.* ◆ Amenant une proposition (verbe à l'indic. ou au subj.) *Nous sommes contrariés de ce qu'il fait, de ce qu'il fasse mauvais temps. «Ellénore éprouva quelque joie de ce que je paraissais plus tranquille»* CONSTANT. ➤ **parce que.** — Suivi de l'infinitif *Nous sommes heureux de vous connaître.* ◆ (fin XIe) Moyen, instrument ➤ **avec.** *Être coiffé d'un bonnet. Coup de bâton. «Tandis que de ses mains osseuses, elle égratigne son chapelet»* MUSSET. *Il fit non de la tête.* ■ **4** (XIIe) Manière *Citer de mémoire. Agir de concert. Accepter de grand cœur. De l'avis de tous.* ➤ **selon,** 2 **suivant.** ■ **5** Mesure *Avancer d'un pas. Retarder de cinq minutes. Gagner quinze euros de l'heure,* par heure. *«Il paya avec un billet de cent dollars»* MALRAUX. ◆ **DE... EN.** Marque l'intervalle. *Compter de dix en dix. Voyager de ville en ville. De temps en temps.* ◆ Dans une approximation **DE... À** *Elle pouvait avoir de quarante à quarante-cinq ans.* ➤ **entre.** ■ **6** (Introduit un nom de personne) Agents, auteurs *Les œuvres de Beckett. Le système de Taylor,* et ELLIPT *Le système Taylor.* — SPÉCIALT (voix passive) *Être aimé de sa femme. Se faire détester de tout le monde.* ➤ 1 **par.**

B. MARQUE DES RELATIONS D'APPARTENANCE, LA DÉTERMINATION ■ **1** (fin XIe) Appartenance *Le fils de Pierre* (cf. Son* fils). *La famille de notre ami. — Les livres de Pierre,* qui lui appartiennent. *Le style de Flaubert. Les feuilles des arbres. Le toit de la maison.* ■ **2** (fin IXe) Qualité, détermination *La couleur du ciel. Le prix d'une voiture. La valeur d'une idée. La bonté de Pierre. L'amour de Pierre (pour sa femme),* qu'il ressent pour elle. *L'amour de Pierre,* celui qu'on lui porte (cf. ci-dessous II, 1o). ■ **3** Matière *Pâté de foie. Sac de papier.* ➤ 1 **en.** *Tas de sable.* ■ **4** Genre, espèce *Objet de luxe. Couteau de cuisine. Robe de bal. — Regard de pitié, paroles de haine.* ■ **5** Contenu *Verre d'eau. Tasse de thé. Paquet de cigarettes.* — (Avec un collectif) *Troupeau de moutons. Collection de timbres.* ■ **6** Contenant (avec un article) Totalité de l'ensemble. *Les membres de l'assemblée ; les moutons d'un troupeau. Les cigarettes du paquet.* ◆ Partie d'un ensemble. *La moitié d'une somme. La plupart des gens. L'un de nous. Le seul de ses amis qui lui soit fidèle.* ➤ **entre, parmi.** VIEILLI *Il est de mes amis. Qui de nous deux ?* ◆ *Un des... plus** (et adj.). — SPÉCIALT (dans la construction du superlatif relatif) *Le plus grand des deux. La meilleure de toutes. Le moins bon de l'année.* ◆ Entre deux noms répétés (le plus souvent le second au plur.) Pour souligner la perfection, l'excellence. *L'as des as.* ➤ **entre, parmi.** *Le Cantique des cantiques* (calque de l'hébreu : «le grand cantique»). *Le fin du fin.* ■ **7** (Après un adj.) Limitation *Être rouge de figure :* avoir seulement la figure rouge. *Large d'épaules.*

II LA FONCTION GRAMMATICALE PRIME LE SENS (APRÈS UN VERBE, UN ADJ. OU UN NOM) ■ **1** Pour introduire l'objet d'une action, la destination. ◆ Apr. les v. trans. ind. *Se souvenir de qqn. Douter de la vérité. Parler de tout.* (REM. Ne pas confondre cette construction avec *manger de tout,* où *de* est un article partitif) ◆ (milieu Xe) Après les v. trans. employés indirectement *Ce que l'on pense de qqn.* ➤ **propos** (à propos de), 3 **sujet** (au sujet de). *Chapitre qui traite de la mode,* et ELLIPT *«De la mode»* (La Bruyère). ◆ Après le nom *La tonte des moutons. La pensée de la mort. Un abus de confiance.* ◆ (fin XIe) Après l'adj. *Être avide de richesse. Amoureux de la première venue.* ◆ Après un adv. *Indépendamment de cela. Avec beaucoup de patience.* ■ **2** APPOS. (après le nom) *La ville de Paris. Ce maladroit de Paul. Le mot de liberté* (ou le mot liberté). ■ **3** Attribut (avec les v. *traiter, qualifier*) *Il qualifie ce journal de tendancieux. Traiter qqn de menteur.* — LOC. *Comme* de juste.* — EMPHATIQUE *Ce ciel est d'un bleu ! C'est d'un ridicule !* — VIEILLI *Être de, que de :* être à la place de. *«Si j'étais de Philippe, je montrerais moins de patience»* F. AMBRIÈRE. ■ **4** (milieu XIIe) Devant un inf. (sujet) *Il est agréable de rester chez soi. C'est à nous d'y aller.* — Compl. d'objet d'un v. transitif *Cessez de parler. Je regrette de partir.* ◆ À valeur active (de narration) *Et les enfants de sauter* *et de crier* (se mirent à sauter et à crier). ▪ **5** Devant un adj., p. p. ou adv. ♦ Emploi facultatif *Nous avons trois jours de libres* (ou trois jours libres). *Encore un carreau de cassé* (ou un carreau cassé). — FAM. *Et de deux, et de trois...* (EMPHATIQUE, en comptant). ♦ Emploi obligatoire — Avec *en Il y en a deux de cassés.* — Avec *ne... que Il n'y a de beau que le vrai.* — Devant un adv. *Cinq minutes de plus.* — (début XIᵉ) Après un pronom indéfini *Quelques-uns seulement de blessés. Quoi de neuf ? rien de nouveau.*

2 **DE** [də], **DU** [dy] (pour *de le*), **DE LA** [d(ə)la], **DES** [de] (*de les*) art. partit. – XIIIᵉ ◊ de la prép. *de* ▪ Article précédant les noms de choses qu'on ne peut compter. ▪ **1** Devant un n. concret *Boire du vin. Couper du bois. Manger des épinards* (REM. dans *manger des gâteaux, des* est le plur. de *un*. ➤ 3 **des**). *« de la bonne encre et du bon papier »* GIDE. ▪ **2** Devant un n. concret nombrable auquel on donne la valeur d'une espèce *Manger du lapin. « Dans tout ancien professeur, il y a de l'apôtre »* BOURGET. ▪ **3** Devant un n. abstrait *Plus de peur que de mal. Jouer de la musique,* et PAR EXT. *Jouer du Rameau. C'est du Valéry.* REM. À la forme négative, l'article est omis. *Elle n'a pas perdu de temps. Vous n'avez pas d'excuses.* ▪ **4** VX *De* devant adj., remplaçant *du, de la. « Il faut manger de bon gros bœuf, de bon gros porc »* MOLIÈRE.

3 **DE** ➤ 3 **DES**

1 **DÉ** [de] n. m. – 1190 ◊ latin *datum* « pion de jeu », p. p. de *dare* « donner » ▪ **1** Petit cube dont chaque face porte de un à six points (souvent noirs sur fond blanc). *Lancer un dé, les dés. Dé pipé*. Cornet* à dés.* — *Les dés :* le jeu, les jeux de dés. *Jouer aux dés. Jeux de dés.* ➤ **backgammon,** 2 **jacquet, poker** (d'as), **quatre-cent-vingt-et-un, trictrac, yams, zanzi.** ♦ *Coup de dés :* affaire qu'on laisse au hasard. *« Un coup de dés jamais n'abolira le hasard »,* poème de Mallarmé. *« Celui qui a mis sa vie entière sur un coup de dé »* MUSSET. ♦ LOC. *Les dés sont jetés :* la résolution est prise et l'on s'y tiendra quoi qu'il advienne (cf. Le sort* en est jeté). *Les dés sont pipés*.* ▪ **2** Partie cubique d'un piédestal. — Cube de pierre placé sous un poteau, une colonne ; cheville ou tampon cubique, etc. ♦ (1806) CUIS. Petit morceau cubique. ➤ **cube ; brunoise.** *Couper des carottes, du lard, du fromage en dés.* ▪ HOM. 1 D, des.

2 **DÉ** [de] n. m. – *deel* XIVᵉ ◊ du latin populaire °*ditale* pour *digitale,* du classique *digitus* « doigt », altéré d'après 1 *dé* ▪ Petit étui cylindrique (de métal, de plastique...) à surface piquetée, destiné à protéger le doigt qui pousse l'aiguille. *Dé à coudre.* ♦ FAM. **DÉ À COUDRE :** verre à boire très petit. PAR MÉTON. Très petite quantité (de liquide).

DÉ-, DES-, DÉS- ▪ **1** Élément, du latin *dis-,* qui indique l'éloignement *(déplacer),* la séparation *(décaféiné),* la privation *(décalcifier),* l'action contraire *(décommander, défaire, démonter).* ▪ **2** Élément, du latin *de-,* à valeur intensive : *débattre, découper, détailler.*

D. E. A. [deøa] n. m. – 1964 ◊ sigle de *Diplôme d'études approfondies* ▪ Diplôme de troisième cycle, préalable à un doctorat. *Un D. E. A. de sociologie, d'économie monétaire. Les D. E. A. sont progressivement remplacés par des masters.* ➤ 2 **master.**

DEAD-HEAT [dɛd(h)it] n. m. /DEADHEAT/ – 1841 ◊ anglais *dead heat,* de *dead* « 2 mort » et *heat* « course » ▪ HIPPISME Dans une course de chevaux, Arrivée simultanée de deux ou plusieurs concurrents. — PAR EXT. Épreuve terminée par un dead-heat. *Des dead-heats.* — Recomm. offic. *ex aequo.*

DEAL [dil] n. m. – 1980 ◊ mot anglais « marché, contrat » ▪ ANGLIC. FAM. Marché, arrangement entre deux personnes, deux parties. *Faire, passer un deal. Voilà le deal !* — Recomm. offic. *accord, négociation, transaction.*

DEALER [dile] v. tr. ‹1› – v. 1980 ◊ anglais *to deal* « fournir » ▪ ANGLIC. FAM. ▪ **1** Trafiquer, revendre (de la drogue), à petite échelle. ▪ **2** Négocier. *Dealer un délai, une ristourne.*

DEALEUR, EUSE [dilœʀ, øz] n. ou **DEALER** [dilœʀ] n. m. – v. 1970 ◊ abréviation de l'anglais *drug dealer* ▪ ANGLIC. Revendeur de drogue.

DÉAMBULATEUR [deɑ̃bylatœʀ] n. m. – XXᵉ ◊ de *déambuler* ▪ Appareil formé d'un cadre léger et stable sur lequel les personnes atteintes de troubles de la locomotion peuvent prendre appui pour se déplacer. ➤ RÉGION. **marchette.** *« un filet de salive coulant au coin de ses lèvres paralysées par une attaque, marchant à tout petits pas appuyé sur un déambulateur »* C. CUSSET.

DÉAMBULATION [deɑ̃bylasjɔ̃] n. f. – 1492, repris v. 1870 ◊ latin *deambulatio* ▪ LITTÉR. ou DIDACT. Action de déambuler. ➤ 2 **marche, promenade.** — PSYCHIATR. Tendance à marcher, à errer sans cesse, sans but.

DÉAMBULATOIRE [deɑ̃bylatwaʀ] n. m. – 1530 « lieu de promenade » ; « parvis, cloître » repris milieu XIXᵉ ◊ latin *deambulatorium* ▪ ARCHIT. Galerie qui tourne autour du chœur d'une église et relie les bas-côtés.

DÉAMBULER [deɑ̃byle] v. intr. ‹1› – 1492, repris XIXᵉ ◊ latin *deambulare* ▪ Marcher sans but précis, selon sa fantaisie. ➤ **errer, flâner,** se **promener.** *« Nous devisions en déambulant au long des trottoirs »* DUHAMEL.

DÉBÂCLE [debɑkl] n. f. – 1690 ◊ de *débâcler* ▪ **1** Dans un cours d'eau gelé, Rupture de la couche de glace dont les morceaux sont emportés par le courant. ➤ **dégel ;** RÉGION. **bouscueil.** ▪ **2** Fuite soudaine (d'une armée). *Le front percé, ce fut la débâcle.* ➤ **débandade, déroute.** *Retraite qui s'achève en débâcle. « La Débâcle »,* roman de Zola (sur la défaite française de 1870). — Effondrement soudain. *C'est la débâcle pour son entreprise.* ➤ **faillite, ruine.** *La débâcle d'une fortune. Débâcle financière.* ➤ **krach.** ▪ CONTR. Embâcle.

DÉBÂCLER [debɑkle] v. ‹1› – 1415 ◊ de *dé-* et *bâcler* → bâcler ▪ **1** v. tr. VX Ouvrir (une porte, une fenêtre) en enlevant la bâcle*. ▪ **2** v. intr. En parlant d'une rivière, Dégeler brusquement, la glace se fractionnant avant d'être emportée par le courant. ➤ **débâcle.** *« comme une rivière qui débâcle, les larmes montent »* K. TUIL. ▪ CONTR. Bâcler.

DÉBAGOULER [debagule] v. ‹1› – 1547 ◊ de *dé-* et ancien français *bagouler* « parler inconsidérément » → bagou ▪ **1** v. intr. POP. et VX Vomir. ▪ **2** v. tr. FAM. VIEILLI Proférer (une suite de paroles, souvent désagréables). *« On va recommencer [...] à débagouler les mêmes inepties »* FLAUBERT.

DÉBÂILLONNER [debajɔne] v. tr. ‹1› – v. 1842 ◊ de *dé-* et *bâillonner* ▪ **1** Ôter le bâillon de (qqn). ▪ **2** FIG. Rendre la liberté d'expression à. *« Quand l'Italie sera-t-elle débâillonnée ? »* STENDHAL. ▪ CONTR. Bâillonner. Museler.

DÉBALLAGE [debalaʒ] n. m. – 1670 ◊ de *déballer* ▪ **1** Action de déballer ; son résultat. SPÉCIALT Commerce d'objets déballés et exposés pour être vendus. ➤ **étalage.** *Vente au déballage.* — PAR EXT. FAM. Accumulation de choses en désordre*. *Quel déballage !* ▪ **2** FAM. Aveu, confession sans retenue. *« À l'ère du tout dire et du tout communiquer, ceux qui n'envisagent pas le grand déballage comme une thérapie paraissent suspects »* É. CHERRIÈRE. ▪ CONTR. Emballage.

DÉBALLASTAGE [debalastaʒ] n. m. – 1974 ◊ de *dé-* et *ballastage* ▪ MAR. Vidange des ballasts. *Station portuaire de déballastage.*

DÉBALLER [debale] v. tr. ‹1› – 1480 ◊ de *dé-* et 2 *balle* ▪ **1** Sortir et étaler (ce qui était dans un contenant : caisse, paquet, colis). *Déballer des marchandises. Ouvrir sa valise et déballer ses affaires.* ▪ **2** FAM. Exposer (ce que l'on taisait). ➤ **confesser, dévoiler, s'épancher, s'ouvrir** (cf. Vider son sac*). *Il a tout déballé.* ▪ CONTR. Emballer. Taire.

DÉBALLONNER (SE) [debalɔne] v. pron. ‹1› – v. 1920 ◊ de *dé-* et *ballon,* dans *pneu ballon* ▪ FAM. et PÉJ. Reculer, par manque de courage, devant une action. ➤ se **dégonfler.** *Il « se déballonna complètement face à la caméra »* HOUELLEBECQ.

DÉBANALISER [debanalize] v. tr. ‹1› – 1930 ◊ de *dé-* et *banaliser* ▪ Rendre moins banal (un objet, un produit), faire qu'on le perçoive mieux. — n. f. **DÉBANALISATION.**

DÉBANDADE [debɑ̃dad] n. f. – 1559 ; de 2 *débander* ◊ d'après l'italien *sbandata* ▪ **1** (PERSONNES) Fait de se disperser rapidement et en tout sens. ➤ **débâcle, déroute, dispersion, fuite,** 1 **retraite, ruée.** *« ce fut une débandade folle avec des cris et des rires »* LOTI. ▪ **2** loc. adv. VIEILLI **À LA DÉBANDADE :** en se débandant ; PAR EXT. dans le désordre, la confusion. *« les masures bâties à la débandade le long de la route »* ZOLA. *Tout va à la débandade* (cf. À vau-l'eau). ▪ CONTR. Discipline, ordre.

1 **DÉBANDER** [debɑ̃de] v. ‹1› – fin XIIᵉ ◊ de *dé-* et *bander* ; cf. 1 *bande*
I v. tr. ▪ **1** Ôter la bande de. *On lui débanda les yeux.* ▪ **2** PRONOM. Se relâcher, se détendre. *Son arc s'est débandé.*
II v. intr. (1690) FAM. Cesser de bander, d'être en érection. — *Ça fait débander :* ça gâche le plaisir, le désir. ♦ Cesser d'être en action. *« il avait repris tout son souffle... Il débandait plus »* CÉLINE. — LOC. FIG. *Sans débander :* sans interrompre son effort.
▪ CONTR. Bander.

2 **DÉBANDER** [debɑ̃de] v. tr. ‹1› – v. 1559 ◊ de *dé-* et 2 *bande ;* d'après l'italien *sbandare* ▪ VX Mettre (une troupe) en désordre, disperser. LITTÉR. *« Ce n'était point de la troupe, mais des hordes débandées »* MAUPASSANT. ♦ MOD. **SE DÉBANDER** v. pron. Rompre

les rangs et se disperser. *L'armée se débanda devant l'ennemi. En se débandant* : à la débandade*. ■ CONTR. Former, rallier, rassembler.

DÉBAPTISER [debatize] v. tr. ‹1› – 1564 ◊ de *dé-* et *baptiser* ■ Priver (qqn) de son nom pour lui en donner un autre. ♦ PAR ANAL. *«le passage Tocanier fut débaptisé et reçut, avec le nom de Claude Tillier, la dignité de rue»* DUHAMEL. ■ CONTR. Baptiser.

DÉBARBOUILLAGE [debaʀbujaʒ] n. m. – 1588 ◊ de *débarbouiller* ■ Action de (se) débarbouiller ; nettoyage rapide. *«Les débarbouillages hâtifs avec le coin d'une serviette»* COLETTE.

DÉBARBOUILLER [debaʀbuje] v. tr. ‹1› – 1549 ◊ de *dé-* et *barbouiller* ■ **1** Nettoyer la figure de (qqn) pour enlever ce qui salit, ce qui barbouille. ➤ **laver.** *Débarbouiller un enfant.* PRONOM. *«Les matins pour se débarbouiller, il tirait un seau d'eau»* ALAIN-FOURNIER. ■ **2** (croisement avec *débrouiller*) FAM. Tirer d'affaire, d'embarras. *Laissez-le se débarbouiller tout seul.* ➤ se **dépêtrer.**

DÉBARBOUILLETTE [debaʀbujɛt] n. f. – 1925 ◊ mot canadien, de *débarbouiller* ■ (Canada) Petite serviette de toilette carrée, en tissu éponge (correspondant au gant* de toilette utilisé en France). ➤ **carré-éponge.** *Ils «avaient continué à se laver [...] avec une petite débarbouillette, penchés au-dessus de l'évier de la cuisine»* TREMBLAY.

DÉBARCADÈRE [debaʀkadɛʀ] n. m. – 1773 ; *débarcadour* 1687 ◊ de *débarquer*, d'après *embarcadère* ■ Lieu aménagé pour l'embarquement et le débarquement (des marchandises, des passagers...). ➤ **appontement, embarcadère, ponton, quai, wharf.**

DÉBARDER [debaʀde] v. tr. ‹1› – 1522 ◊ de *dé-* et *bard*, proprt «décharger d'un bard» ■ **1** MAR. Décharger (du bois ; PAR EXT. des marchandises) à quai. ■ **2** TECHN. Transporter (du bois) hors du lieu de la coupe. — Transporter (la pierre) hors de la carrière. — n. m. (1680) **DÉBARDAGE.** ■ CONTR. Charger.

DÉBARDEUR, EUSE [debaʀdœʀ, øz] n. – 1528 ◊ de *débarder* ■ **1** VIEILLI Personne qui décharge (et charge) un navire, une voiture. ➤ **docker, porteur.** ■ **2** n. m. (1845 «costume de débardeur» ; repris v. 1970) Tricot court, collant, sans col ni manches et très échancré, porté à même la peau. ➤ FAM. **marcel** ; RÉGION. **camisole, singlet.** ■ **3** TECHN. Ouvrier qui débarde (2°). *Débardeur forestier.* ■ **4** n. f. Machine qui ramasse (du bois, des produits agricoles) sur le lieu d'abattage, de récolte et les transporte vers le lieu de traitement. *Débardeuse de pommes de terre.*

DÉBAROULER [debaʀule] v. intr. ‹1› – 1890 ◊ du lyonnais *barouler*, «dévaler», famille du latin *rotella* «petite roue» → rouler ■ RÉGION. (Lyonnais, Sud-Est, Languedoc) Tomber en roulant. ➤ **débouler, dégringoler.**

DÉBARQUE [debaʀk] n. f. – 1945 ◊ déverbal de *débarquer* «descendre» ■ (Canada) FAM. Chute. *Une débarque en motoneige.* FIG. Échec. LOC. *Prendre une débarque* : tomber ; FIG. échouer, essuyer un revers. *Le parti a pris une débarque aux dernières élections.*

DÉBARQUÉ, ÉE [debaʀke] adj. et n. – fin XVIe ◊ de *débarquer* ■ **1** Qui est sorti d'un navire. *Marchandises débarquées.* — FIG. Qui vient d'arriver. *Il est tout frais débarqué de sa province.* ■ **2** n. *Un nouveau débarqué* : un nouveau venu. *Une nouvelle débarquée.*

DÉBARQUEMENT [debaʀkəmɑ̃] n. m. – 1583 ; *désembarquement* 1542 ◊ de *débarquer* ■ **1** Action de débarquer, de mettre à terre des passagers ou des marchandises (➤ **déchargement**). *Formalités de débarquement.* ■ **2** Action d'une personne qui débarque. *On l'a arrêté à son débarquement.* ■ **3** SPÉCIALT Opération militaire consistant à amener à terre un corps expéditionnaire embarqué et destiné à agir en territoire ennemi. ➤ **descente.** *Troupes de débarquement. Le débarquement allié sur les côtes normandes en 1944. «Décidément, le débarquement va avoir lieu : personne n'en doute plus. Et même les gaullistes qui n'y croyaient plus»* DRIEU LA ROCHELLE. ■ CONTR. Embarquement.

DÉBARQUER [debaʀke] v. ‹1› – 1564 ◊ de *dé-* et *barque*
I v. tr. ■ **1** Faire sortir (des personnes, des choses) d'un navire, mettre à terre. ➤ **décharger ; débarcadère, débarquement.** *Débarquer les passagers, les marchandises. Débarquer une cargaison de bois.* ➤ **débarder.** SPÉCIALT *Débarquer un corps expéditionnaire sur les côtes ennemies.* ■ **2** FIG. et FAM. Se débarrasser de (qqn). ➤ **congédier, destituer,** 1**écarter.** *Débarquer un ministre incapable. Il s'est fait débarquer.* ➤ FAM. **vider, virer.** *«Je peux être débarqué à chaque instant»* A. JENNI.
II v. intr. ■ **1** Quitter un navire, descendre à terre. *Tous les passagers ont débarqué à Marseille.* — PAR EXT. Descendre (d'un véhicule). *Débarquer du train, de l'avion.* — SPÉCIALT *L'ennemi n'a pas pu débarquer*, prendre pied. — LOC. VIEILLI *Les Anglais ont débarqué*, se dit d'une femme qui a ses règles. *«Quand les Anglais ont débarqué la première fois, elle ne m'avait rien dit, te voilà jeune fille, c'est tout»* ERNAUX. ■ **2** MAR. Cesser de faire partie de l'équipage d'un navire (se dit d'un marin). ■ **3** FAM. *Débarquer chez qqn* : arriver à l'improviste. *Il a débarqué à la maison avec sa famille, sans prévenir.* ■ **4** FIG. et FAM. Ignorer un fait récent, les circonstances d'une situation (comme si l'on rentrait d'un lointain voyage). *Il n'est au courant de rien, il débarque !*
■ CONTR. Embarquer.

DÉBARRAS [debaʀa] n. m. – 1789 ◊ de *débarrasser* ■ **1** FAM. Délivrance de ce qui embarrassait. *«Si je m'étais noyé, bon débarras pour moi et pour les autres !»* CHATEAUBRIAND. *Ouf, quel débarras !* ■ **2** (1810) Endroit où l'on remise les objets qui encombrent ou dont on se sert peu. ➤ RÉGION. **galetas.** *Petite pièce qui sert de débarras.* ■ CONTR. Embarras.

DÉBARRASSER [debaʀase] v. tr. ‹1› – 1584 ◊ de *dé-* et radical de *embarrasser* pour *désembarrasser*, d'après l'italien *sbarazzare* ■ **1** Dégager (qqch., un lieu) de ce qui embarrasse. *Débarrasser le chemin, la voie.* ➤ **déblayer, dégager, désencombrer, désobstruer.** *Débarrasser une pièce, un meuble des objets qui l'encombrent*, les enlever. — *Débarrasser la table.* ABSOLT *Vous pouvez débarrasser*, enlever le couvert de la table. ➤ 2**desservir.** ♦ (Le sujet désigne ce qui embarrasse) *Débarrasser le plancher**. ■ **2** Libérer (qqn) de ce qui pourrait embarrasser. *Débarrasser qqn de son sac, de son manteau.* PAR PLAIS. *Des voleurs l'ont débarrassé de son argent* (➤ **délester**). — *Débarrasser qqn d'un poids, d'une charge.* ➤ **décharger, délivrer, soulager.** *«je ne puis vous débarrasser de cette tumeur morale, comme je vous débarrasserais d'une tumeur physique»* MAUROIS. *Débarrasser qqn d'un souci en le tirant d'affaire* (cf. Tirer une épine* du pied). ■ **3 SE DÉBARRASSER** v. pron. *Se débarrasser d'un vêtement.* ➤ **ôter, quitter.** *Se débarrasser d'un objet encombrant ou inutile.* ➤ **abandonner,** se **défaire, jeter ;** FAM. **balancer, bazarder, virer.** *Comment s'en débarrasser ? Se débarrasser d'un cadavre. Se débarrasser d'une affaire.* ➤ **liquider, vendre.** *Se débarrasser d'un problème* (cf. Jeter aux orties*). *«la peine que nous avons à nous débarrasser d'une idée toute faite»* PAULHAN. ➤ **évacuer.** — *Se débarrasser de qqn* : éloigner, expulser un indésirable, ou PAR EUPHÉM. le faire mourir. *Se débarrasser d'un témoin gênant.* ➤ **éliminer.** *«En tournant sa masse d'armes, il se débarrassa de quatorze cavaliers»* FLAUBERT. ■ CONTR. Embarrasser, 1entraver, gêner.

DÉBARRER [debaʀe] v. tr. ‹1› – XIIe ◊ de *dé-* et *barrer* ■ **1** TECHN. ou RÉGION. Ôter la barre (ou les barres) de. *Débarrer une porte.* ■ **2** RÉGION. (Ouest, Canada) Ouvrir, déverrouiller (ce qui est fermé à clé). *Débarrer le coffre de l'auto.* ■ CONTR. Barrer.

DÉBAT [deba] n. m. – XIIIe ◊ de *débattre* ■ **1** Action de débattre une question, de la discuter. ➤ **contestation, discussion, explication, polémique.** *Débat houleux, passionné, orageux. «Il s'appliquait à ne pas passionner le débat»* MARTIN DU GARD. *Être en débat sur une question. Entrer dans le vif, dans le cœur du débat* : aborder le point le plus important ou le plus délicat du sujet. *Faire l'objet d'un débat.* (1987) LOC. *Faire débat* : susciter de vives discussions. ♦ Discussion organisée et dirigée. *Conférence suivie d'un débat. Débat sur la peine de mort. Débat télévisé.* ➤ **face-à-face, talk-show** (ANGLIC.). *Débat-spectacle* : recomm. offic. pour *talk-show.* — Après un n., en composition *Une conférence-débat. Émission-débat* : recomm. offic. pour *talk-show. Des dîners-débats.* ■ **2** FIG. Combat intérieur, psychologique, d'arguments qui s'opposent. *Débat intérieur. Débat de conscience.* ➤ 1**cas, dilemme.** ■ **3** AU PLUR. Discussion dans une assemblée politique. ➤ **séance.** *Débats parlementaires. Secrétaire des débats. Compte rendu des débats dans le Journal officiel.* ♦ DR. Procès. SPÉCIALT Phase du procès «qui débute par les plaidoiries des avocats et les conclusions du Ministère public et qui prend fin par la *clôture des débats* prononcée par le Président avant de rendre le jugement» (Capitant).

DÉBÂTER [debate] v. tr. ‹1› – 1474 ◊ de *dé-* et *bât* ■ Débarrasser (une bête de somme) de son bât. *Débâter un âne.* ■ CONTR. Bâter. ■ HOM. poss. *Débâte* : débattent ; *débâterai* : débattrai (débattre).

DÉBÂTIR [debatiʀ] v. tr. ‹2› – *desbatir* «détruire» XIIIe ◊ de *dé-* et *bâtir* ■ (1791) COUT. Découdre le bâti de. *Débâtir une jupe.* ■ HOM. poss. *Débâtis* : débattis (débattre).

DÉBATTEMENT [debatmɑ̃] **n. m.** – 1929 ◇ de *battement* ; l'ancien français *debattement* «action de battre» vient de *débattre* ■ MÉCAN. Amplitude maximale des mouvements d'un ensemble suspendu (châssis d'automobile, wagon...) par rapport à son train de roulement. *Débattement d'une suspension.* ◆ TECHN. Rayon d'ouverture d'une porte, d'une fenêtre.

DÉBATTEUR, EUSE [debatœʀ, øz] **n.** – 1896, répandu v. 1954 ◇ anglais *debater*, de *to debate* «débattre» ■ POLIT., JOURNAL. Orateur qui excelle aux débats, aux discussions publiques.

DÉBATTRE [debatʀ] **v.** ‹41› – XIe ◇ de *dé-* et *battre* ■ **1 v. intr.** VX ou RÉGION. (Canada) Battre fortement. *Le cœur me débat.* ➤ **palpiter.** ■ **2 v. tr.** (XIIIe) Examiner* contradictoirement (qqch.) avec un ou plusieurs interlocuteurs. *Débattre une question.* ➤ **agiter, délibérer** (de), **discuter ; débat.** *Ils ont débattu la chose entre eux ; ils l'ont longuement débattue. Débattre un prix.* ➤ **marchander.** *Débattre les conditions d'un pacte, d'un accord.* ➤ **négocier, traiter.** — «*Tout débattu, tout bien pesé*» LA FONTAINE. — ABSOLT «*Ils distinguent, débattent, jugent, critiquent*» SARTRE. — **DÉBATTRE DE** (par infl. de *discuter*). *Débattre du prix. Ils en ont débattu.* ■ **3 SE DÉBATTRE v. pron.** Lutter*, en faisant beaucoup d'efforts pour se défendre, résister, se dégager. ➤ **s'agiter,** se **démener.** *Se débattre comme un beau diable, comme un possédé, comme un forcené. Nageur qui se débat contre le courant. La victime s'est longtemps débattue.* ◆ FIG. *Se débattre contre les difficultés de la vie.* ➤ **batailler, battre,** se **colleter.** *Des jours «où l'on se débat en vain contre tout ce qui est bas et vil»* MAUROIS. ■ CONTR. Céder. ■ HOM. poss. *Débattent* : débâte ; *débattrai* : débâterai (débâter) ; *débattis* : débâtis (débâtir).

DÉBAUCHAGE [deboʃaʒ] **n. m.** – 1900 ◇ de *débaucher* ■ Fait de débaucher (I) des employés, des ouvriers. ➤ **licenciement.** ◆ PAR EXT. Le fait, pour un parti, d'intégrer un homme ou une femme politique d'un autre parti.

DÉBAUCHE [deboʃ] **n. f.** – 1499 ◇ de *débaucher* **A.** ■ **1** VIEILLI Usage excessif, jugé condamnable, de plaisirs sensuels. ➤ **désordre** (de la conduite), **inconduite.** *S'adonner à la débauche. Tomber dans la débauche. Compagnons de débauche. Lieu de débauche.* — *Débauche de table.* ➤ **beuverie, ribote, ripaille, soûlerie.** ◆ MOD. ; LITTÉR. ou IRON. Excès des plaisirs de la chair. ➤ **dépravation, dévergondage, dissolution, intempérance, libertinage, licence, luxure, vice.** *Débauche honteuse.* ➤ **stupre, turpitude.** «*dans la débauche, vous avez une âme qui se dégoûte de son propre corps*» MONTESQUIEU. LOC. *Vivre dans la débauche* (cf. Mener une vie de bâton* de chaise, faire la noce*, la bombe*). *Actes, partie de débauche.* ➤ **orgie.** «*Le grand plaisir du débauché, c'est d'entraîner à la débauche*» GIDE. — DR. ANC. *Incitation de mineurs à la débauche.* ■ **2** AU PLUR. VIEILLI Acte de débauche. ➤ **débordement, déportement,** 1 **écart** (de conduite).
B. FIG. ■ **1** Usage excessif et déréglé (de qqch.). ➤ **abus, excès, intempérance.** *L'auteur se livre à des débauches d'imagination.* ■ **2** *Une débauche de...* : profusion (de ce qui est surabondant et étalé). ➤ **étalage, luxe, orgie, surabondance.** *Une débauche de couleurs.*
C. RÉGION. (Ouest) (opposé à *embauche*) Cessation du travail quotidien. ■ CONTR. Frugalité, sobriété. Austérité, chasteté, décence, retenue, vertu. Modération.

DÉBAUCHÉ, ÉE [deboʃe] **adj.** et **n.** – 1539 ◇ de *débaucher* ■ LITTÉR. ou IRON. Qui vit dans la débauche. ➤ **corrompu, dépravé, dissolu, immoral.** «*Tel qui se flatte d'être corrompu et voleur n'est que débauché et fripon*» CHATEAUBRIAND. — **n.** Personne qui s'adonne sans retenue aux plaisirs de la sexualité (avec une idée d'excès, de vice). *Un débauché.* ➤ **coureur, libertin, noceur, viveur ;** FAM. **partouzard, trousseur** (de jupons). *Une débauchée.* ➤ **dévergondé.** ■ CONTR. Ascète, austère. Chaste, rangé, vertueux.

DÉBAUCHER [deboʃe] **v.** ‹1› – 1195 «disperser (des gens)» ◇ de *dé-* et p.-ê. *bauch* «poutre» (→ bau) ou région. *bauche* «maison»
I v. tr. (XVe, repris XIXe) Opposé à *embaucher* ■ **1** Détourner (qqn) d'un travail, d'une occupation, de ses engagements ; provoquer (qqn) à la défection, à la grève. *Débaucher un ouvrier, un employé.* «*dans l'espoir de débaucher quelques éléments intéressants du petit clan et de les agréger à son propre salon*» PROUST. ◆ SPÉCIALT Convaincre (qqn) de quitter son emploi pour rejoindre une autre équipe. *Débaucher un chercheur, un sportif.* ■ **2** Mettre à pied, faute de travail. ➤ **congédier, licencier, renvoyer*.**
II v. tr. (XVe) VIEILLI Détourner (qqn) de ses devoirs, l'entraîner à l'inconduite. ➤ **corrompre, dépraver, pervertir.** ◆ FAM. Détourner (qqn) de ses occupations ou de ses habitudes en lui proposant une distraction. *Se faire débaucher par un camarade.*
III v. intr. (1869, Saintonge) RÉGION. (Ouest) (opposé à *embaucher*) Cesser le travail quotidien. «*Moi excuse-moi mais j'débauche à cinq heures*» BÉGAUDEAU.
■ CONTR. Embaucher. Moraliser, redresser.

DÉBECTER [debɛkte] **v. tr.** ‹1› – *débéqueter* 1892 ; *débecqueter* «vomir» 1883 ◇ de *dé-* et *becter* ■ FAM. Dégoûter. «*le vichy-fraise me débecte*» QUENEAU. — PAR EXT. Déplaire. *Votre comportement me débecte. Ça me débecte.* ■ CONTR. Plaire.

DÉBENTURE [debɑ̃tyʀ] **n. f.** – 1856 ◇ de l'anglais *debenture*, famille du latin *debere* → 1 devoir ■ (Canada) FIN. Obligation non garantie. *Acheter des débentures.*

DÉBENZOLER [debɛ̃zɔle] **v. tr.** ‹1› – 1922 ◇ de *dé-* et *benzol* ■ TECHN. Traiter (le gaz de houille) pour en enlever le benzol. — **p. p. adj.** *Gaz débenzolé.* — **n. m.** (1922) **DÉBENZOLAGE.**

DÉBET [debɛ] **n. m.** – 1441 ◇ du latin *debet* «il doit» ■ FIN. Ce qui reste dû après l'arrêté d'un compte. *Le débet d'un compte.* — SPÉCIALT Dette envers l'État ou une collectivité publique. *Arrêt de débet. Mise en débet d'un comptable public par la Cour des comptes.*

DÉBILE [debil] **adj.** et **n.** – v. 1265 ◇ latin *debilis* ■ **1** VIEILLI Qui manque de force physique, d'une manière permanente. ➤ **chétif, faible, fragile, frêle, malingre.** *Un enfant débile.* ➤ **rachitique.** *Un vieillard débile.* ➤ **cacochyme, égrotant.** «*Un corps débile affaiblit l'âme*» ROUSSEAU. ■ **2** (ABSTRAIT) VIEILLI Sans aucune vigueur. ➤ **chancelant, faible, impuissant.** *Un courage débile.* «*L'esprit humain est débile ; il s'accommode mal de la vérité toute pure*» R. ROLLAND. ■ **3 n.** MÉD. VIEILLI *Un débile, une débile mental(e)* : personne atteinte de débilité* (3°). *Débiles légers, moyens, profonds.* ➤ **arriéré.** ■ **4** FAM. Imbécile*, idiot. *Mais tu es complètement débile !* ➤ **demeuré,** 1 **taré.** *Un film débile.* ➤ **bête*, nul.** ABRÉV. *C'est un déb !* [dɛb]. — **adv. DÉBILEMENT,** fin XVe. ■ CONTR. 1 Fort, vigoureux.

DÉBILITANT, ANTE [debilitɑ̃, ɑ̃t] **adj.** – 1581 ◇ de *débiliter* ■ Qui affaiblit. *Un climat débilitant.* ➤ **anémiant.** — FIG. Démoralisant. *Une atmosphère débilitante.* ■ CONTR. Revigorant, 1 tonique, vivifiant.

DÉBILITÉ [debilite] **n. f.** – XIIIe ◇ latin *debilitas* ■ **1** VX État d'une personne débile* (1°). ➤ **adynamie, asthénie, faiblesse.** «*ma santé est très mauvaise, et ma débilité de poitrine est revenue*» SAINTE-BEUVE. ■ **2** (ABSTRAIT) Extrême faiblesse. ➤ **incapacité, insuffisance.** «*La poésie n'est point une débilité de l'esprit*» FLAUBERT. ■ **3** (v. 1909) MÉD. VIEILLI *Débilité mentale* : déficience intellectuelle moyenne (âge mental de 7 à 10 ans). ➤ **arriération, retard.** ■ **4** FAM. Idiotie, ineptie. *Ce film est d'une rare débilité.* ■ CONTR. Force.

DÉBILITER [debilite] **v. tr.** ‹1› – 1308 ◇ latin *debilitare* ■ **1** Rendre débile* (1°), très faible. ➤ **affaiblir.** — ABSOLT «*il y a des eaux qui désencrassent, mais qui en même temps débilitent*» ROMAINS. — PRONOM. *Les alcooliques se débilitent.* ■ **2** Démoraliser. *Cet endroit le débilite.* ➤ **déprimer.** ■ CONTR. Fortifier, tonifier, vivifier.

DÉBILLARDER [debijaʀde] **v. tr.** ‹1› – 1752 ◇ de *dé-* et *billard* → 2 bille ■ TECHN. Couper (une pièce de bois) diagonalement.

DÉBINE [debin] **n. f.** – 1808 ◇ de *débiner* ■ FAM. et VIEILLI Misère. ➤ **pauvreté ;** FAM. **dèche, purée.** *Être, tomber dans la débine. Le récit «que lui faisait de sa vie de débine cet homme ravagé»* M. NDIAYE.

DÉBINER [debine] **v. tr.** ‹1› – 1790 ◇ p.-ê. de *biner* ; cf. *bêcher* ■ FAM. Décrier, dénigrer. — PRONOM. «*entre littérateurs, on peut s'aimer tout en se débinant*» RENARD.

DÉBINER (SE) [debine] **v. pron.** ‹1› – 1852 ◇ mot d'origine inconnue ■ FAM. et VIEILLI Se sauver, s'enfuir*, partir. *Son chien s'est débiné.*

DÉBIRENTIER, IÈRE [debiʀɑ̃tje, jɛʀ] **n.** – 1663 ◇ de *débit* et *rentier* ■ DR. Débiteur d'une rente. ■ CONTR. Crédirentier.

1 **DÉBIT** [debi] **n. m.** – 1565 ◇ de *débiter* ■ **1** Écoulement continu des marchandises par la vente au détail*. *Article d'un faible débit, d'un bon débit. Il y a beaucoup de débit dans cette boutique.* ■ **2** PAR MÉTON. Endroit où l'on écoule (une marchandise). *Débit de tabac.* ➤ **bureau.** *Débit de boissons.* ➤ 1 **bar, bistrot, café.** ■ **3** (1754 ◇ de 1 *débiter*, 1°) Opération par laquelle on débite (le bois). ➤ **débitage.** *Débit d'un chêne en planches.* ■ **4** (v. 1650 «fait de raconter») Manière d'énoncer, de réciter. ➤ **diction, élocution.** «*Le monotone débit des acteurs égalise le texte*» GIDE. ◆ Vitesse, rythme d'élocution. *Quel débit !* ➤ **faconde.** ■ **5** (1838) Volume de fluide écoulé en un point donné par unité de temps. *Le débit d'un robinet, d'une rivière, d'une source* (➤ **module**). *Débit horaire.* ◆ PHYSIOL. *Débit*

cardiaque : quantité de sang expulsée par le cœur (mesurée en litre/minute). ■ **6** (par anal. de 5e et ext. de 4e) Quantité fournie en un point donné par unité de temps. *Débit faible, élevé* (d'une voie de circulation, etc.). ➤ **capacité.** *Débit d'informations, de paroles.* ➤ **cadence.** — INFORM. *Débit d'un canal, d'un appareil :* mesure de ses performances en unités par seconde. *Réseau, connexion à haut débit.* ➤ **ADSL.**

2 **DÉBIT** [debi] n. m. – 1675 ◊ latin *debitum* «dette», de *debere* «devoir» ■ Compte des sommes dues par une personne à une autre. ➤ **doit.** *Mettre une dépense au débit de qqn,* la lui faire supporter. ♦ COMM. Enregistrement immédiat d'une vente. *Faites faire votre débit et passez à la caisse.* ♦ COMPTAB. Colonne d'un compte, à gauche du crédit*, où sont enregistrées les opérations représentant la destination, l'emploi des ressources (figurant au crédit*). *Inscrire, porter au débit. Différence entre le débit et le crédit.* ➤ 1 **balance,** 2 **solde.** ■ CONTR. Crédit ; 2 avoir.

DÉBITAGE [debitaʒ] n. m. – 1794 ◊ de 1 *débiter* ■ TECHN. Opération par laquelle on débite (du bois, etc.). ➤ 1 **débit** (3e).

DÉBITANT, ANTE [debitɑ̃, ɑ̃t] n. – 1730 ◊ de 1 *débiter* (2e) ■ VX Détaillant. ♦ MOD. Personne qui tient un débit. *Débitant de boissons* (➤ **bistrot, cafetier, mastroquet**), *de tabac* (➤ **buraliste**).

1 **DÉBITER** [debite] v. tr. ‹1› – 1387 ◊ de *dé-* et *bitte* ■ **1** Découper (du bois, ET PAR EXT. toute autre matière) en morceaux prêts à être employés. ➤ **diviser, partager.** *Débiter un arbre à la tronçonneuse. Scie à débiter. Débiter des plaques d'ardoises. Débiter un bœuf, un mouton.* — PASS. *«Des arbres furent choisis, abattus, ébranchés, débités en poutrelles, en madriers et en planches»* J. VERNE. — adj. **DÉBITABLE,** 1863. ■ **2** (1464) Écouler (une marchandise) par la vente au détail. ➤ **vendre ;** 1 **débit.** *«une affreuse baraque de planches où l'on débitait du genièvre aux mineurs»* BERNANOS. ■ **3** LITTÉR. Énoncer en détaillant. ➤ 1 **dire, raconter.** ♦ COUR. PÉJ. Dire à la suite (des choses incertaines, inopportunes). ➤ FAM. **débagouler, dégoiser.** *Débiter des lieux communs, des fadaises. Débiter des calomnies.* ➤ **déblatérer.** *«Je commençais à débiter mon mensonge en tremblant»* DAUDET. ♦ SPÉCIALT Dire en public (un texte déjà étudié). *Débiter sa plaidoirie, son sermon, un compliment.* ➤ **prononcer, réciter.** *Débiter avec emphase* (➤ **déclamer**), *avec monotonie* (➤ **psalmodier**). ♦ Dire mécaniquement et avec volubilité. *«Comme vous débitez tout cela d'une haleine ! On dirait que c'est une phrase apprise par cœur»* GAUTIER. ■ **4** (1838 ◊ du sens 2e) Fournir, faire s'écouler (un volume de fluide dans un temps donné). *Cette fontaine débite tant de m³ par seconde.* — PAR ANAL. *Le courant débité par la dynamo.* — PAR EXT. (1968) Permettre le passage en un temps donné de (une certaine quantité de personnes, de choses). *Péage autoroutier qui débite tant de voitures à l'heure.* — FAM. *Ça débite !* (cf. Ça dépote). ■ **5** (1838) Produire. *Cette usine débite deux cents voitures par jour.* ➤ 1 **sortir.**

2 **DÉBITER** [debite] v. tr. ‹1› – 1723 ◊ de 2 *débit* ■ Rendre (qqn) débiteur d'une certaine somme que l'on porte au débit de son compte. *Débiter qqn d'une somme.* — PAR EXT. *Débiter un compte de telle somme. Débiter un client, dans un magasin :* enregistrer la vente. — adj. **DÉBITABLE.** *Compte débitable.* ■ CONTR. Créditer.

1 **DÉBITEUR, TRICE** [debitœʀ, tʀis] n. – 1239 ◊ latin *debitor, debitrix* → 2 débiter ■ **1** Personne qui doit qqch. (SPÉCIALT de l'argent) à qqn. *Créancier et débiteur. Débiteur d'une somme prêtée, avancée.* ➤ **consignataire, dépositaire, emprunteur.** *Débiteur d'une rente.* ➤ **débirentier.** *Débiteur insolvable.* — adj. *Solde débiteur d'un compte* (dont le débit est supérieur au crédit). ■ **2** FIG. Personne qui a une dette morale. *Je serai toujours votre débitrice pour le service que vous m'avez rendu,* je vous en serai redevable. ➤ **obligé.** ■ CONTR. Créancier, créditeur, prêteur.

2 **DÉBITEUR, EUSE** [debitœʀ, øz] n. – 1611 ◊ de 1 *débiter* ■ **1** PÉJ. et VX Personne qui débite (des nouvelles, des sottises). *«grand débiteur de maximes et de morale»* SAINT-SIMON. ■ **2** (1793) VX Commerçant, détaillant. ➤ **débitant.** ■ **3** n. m. Ouvrier qui débite (du bois, etc.). *Les débiteurs d'une ardoisière.* ■ **4** TECHN. Appareil qui débite qqch. *Débiteuse pour le sciage du marbre.* — *Débiteur de caméra :* magasin qui débite la pellicule vierge.

3 **DÉBITEUR, EUSE** [debitœʀ, øz] n. – 1897 *débitrice* ◊ de 2 *débiter* ■ COMM. Dans un magasin, Employé(e) chargé(e) de débiter (2) les clients.

DÉBITMÈTRE [debimɛtʀ] n. m. – 1948 ◊ de 1 *débit* et *-mètre* ■ TECHN. Instrument pour mesurer le débit (5e).

DÉBLAI [deblɛ] n. m. – 1641 ◊ de *déblayer* ■ **1** Action de déblayer, et SPÉCIALT d'enlever les terres, les décombres pour niveler un terrain. ➤ **fouille, terrassement.** *Travaux de déblai. Talus en déblai.* ■ **2** PAR MÉTON. (souvent plur.) Les terres, les décombres enlevés. *Amas de déblais sur le côté de la route.* ■ CONTR. Remblai.

DÉBLAIEMENT [deblɛmɑ̃] n. m. – 1775 ◊ de *déblayer* ■ Opération par laquelle on déblaie (un lieu, un passage). ■ CONTR. Remblayage.

DÉBLATÉRER [deblateʀe] v. intr. ‹6› – 1798 ◊ latin *deblaterare* «criailler, bavarder» ■ Parler longtemps et avec violence (contre qqn, qqch.). ➤ **déclamer** (contre), **médire** (de), **vitupérer.** *«Ils déblatérèrent sur les ivrognes»* HUYSMANS. — ABSOLT *Il ne cesse de déblatérer.* — TRANS. *Déblatérer des injures.*

DÉBLAYAGE [deblɛjaʒ] n. m. – 1866 ◊ de *déblayer* ■ Action de déblayer (FIG.). *«Je suis dans la liquidation et dans le déblayage de nos affaires»* SAINTE-BEUVE.

DÉBLAYER [debleje] v. tr. ‹8› – *debloyer* 1388 ; *desblaer* «moissonner ; enlever le blé» XIIIe ◊ de *dé-* et *blé* ■ **1** Débarrasser (un endroit) de ce qui encombre, obstrue. ➤ **dégager.** *Déblayer le chemin.* — SPÉCIALT Aplanir par des travaux de terrassement (➤ **déblai**). *«Cinq terrassiers rejetaient les bonnes terres [...], déblayant un espace de dix-huit pieds»* BALZAC. ■ **2** FIG. LOC. *Déblayer le terrain :* faire disparaître les premiers obstacles avant d'entreprendre qqch. ➤ **aplanir, balayer, préparer.** *«Une fois le terrain déblayé, je m'en tirerai toujours»* MAURIAC. ♦ *Déblayer un travail :* trier, préparer. ■ **3** Retirer, enlever (ce qui encombre, gêne). *Déblayer des gravats. «le chasse-neige en déblayait aisément un mètre* [de neige]*»* ZOLA. ■ CONTR. Remblayer.

DÉBLOCAGE [deblɔkaʒ] n. m. – 1819 ◊ de *débloquer* ■ **1** Action de débloquer (qqch.). *Le déblocage des freins. Déblocage des crédits, des prix, des salaires.* — (1970) FIG. *Déblocage d'une situation politique, sociale.* ♦ (1951) PSYCHOL. Levée d'inhibitions affectives. ■ **2** FAM. Fait de débloquer (III). ■ CONTR. Blocage.

DÉBLOQUER [deblɔke] v. ‹1› – XVIe ◊ de *dé-* et 1 *bloquer*

I v. tr. ■ **1** VX Dégager du blocus ennemi. *Débloquer la ville, la place.* ■ **2** (1754) IMPRIM. Enlever et remplacer (une lettre bloquée). ■ **3** Remettre en marche (une machine, un rouage bloqué). ➤ **décoincer, dégripper.** — (PERSONNES) *Il faut débloquer cet enfant* (➤ **déblocage**). ■ **4** PAR EXT. Remettre en circulation, en vente, en exercice. *Débloquer des marchandises, des crédits* (➤ **dégeler**). *Débloquer un compte en banque.* — Libérer. *Débloquer les prix, les salaires.* ♦ (1963) FIG. Lever (les obstacles qui bloquent une situation).

II v. pron. Se dégager d'un blocage. — FIG. *La situation politique se débloque,* va pouvoir évoluer. *Le patient commence à se débloquer.*

III v. intr. (1915 ◊ du sens de «ouvrir, lâcher») FAM. ■ **1** Dire des sottises. ➤ **déraisonner*, divaguer ;** FAM. **déconner.** *Tu débloques complètement.* ■ **2** (CHOSES) Mal fonctionner. ➤ **déconner.** *Ma montre débloque.*

■ CONTR. 1 Bloquer. Assiéger. Geler.

DÉBOBINER [debɔbine] v. tr. ‹1› – 1886 ◊ de *dé-* et *bobine* ■ Dérouler (ce qui était en bobine). TECHN. Démonter les enroulements de (un dispositif électrique). ■ CONTR. Embobiner, rembobiner.

DÉBOGUER [debɔge] v. tr. ‹1› – 1983 ◊ anglais *to debug* ■ INFORM. Éliminer les anomalies de fonctionnement de (un programme) à l'aide d'un utilitaire (*débogueur* n. m.). — n. m. **DÉBOGAGE.**

DÉBOIRE [debwaʀ] n. m. – 1468 ◊ de *dé-* et 1 *boire* ■ **1** VX Arrière-goût désagréable laissé par une boisson. *Il «en avait encore le déboire à la bouche* [d'un médicament]*»* ROUSSEAU. ■ **2** (1559) FIG. et LITTÉR. Impression pénible laissée par l'issue fâcheuse d'un évènement dont on avait espéré mieux. ➤ **déception, déconvenue, désillusion.** *«ce que l'on appelle "expérience," n'est souvent que de la fatigue inavouée, de la résignation, du déboire»* GIDE. ■ **3** COUR. Évènement décevant, fâcheux. ➤ **échec, ennui, épreuve.** *Il a eu bien des déboires.* ■ CONTR. Réussite, satisfaction, succès.

DÉBOISAGE [debwazaʒ] n. m. – 1905 ◊ de *déboiser* ■ TECHN. Action de déboiser (2e). ■ CONTR. Boisage.

DÉBOISEMENT [debwazmɑ̃] n. m. – 1803 ◊ de *déboiser* ■ Action de déboiser (1e) ; son résultat. ➤ **déforestation.** *Le déboisement à outrance expose le sol aux phénomènes d'érosion.* ■ CONTR. Boisement, reboisement.

DÉBOISER [debwaze] v. tr. ‹1› – 1803 ◊ de *dé-* et *boiser* ■ **1** COUR. Dégarnir (un terrain) des bois qui le recouvrent. *Déboiser une colline.* PRONOM. *Montagnes qui se déboisent.* **p. p. adj.** *Montagnes déboisées.* ■ **2** TECHN. Défaire le boisage de (une galerie de mine). ■ CONTR. Boiser, reboiser.

DÉBOÎTEMENT [debwatmɑ̃] n. m. /DÉBOITEMENT/ – 1530 ◊ de *déboîter* ■ **1** Déplacement d'un os de son articulation. ➤ **désarticulation, dislocation, entorse, foulure, luxation.** ■ **2** (1869) Action de déboîter (II). *Déboîtement sans clignotant.*

DÉBOÎTER [debwate] v. ‹1› /DÉBOITER/ – 1545 ◊ de *dé-* et *boîte*
I v. tr. ■ **1** Faire sortir de ce qui emboîte. *Déboîter une porte,* la faire sortir de ses gonds. ➤ **démonter.** *Déboîter des tuyaux,* les séparer les uns des autres lorsqu'ils sont emboîtés. ➤ **disjoindre.** ■ **2** MÉD. Sortir (un os) de l'articulation. ➤ **démancher, désarticuler, disloquer, luxer.** *Chute qui déboîte l'épaule. Elle s'est déboîté l'épaule.* ➤ 1 **démettre.**
II v. intr. ■ **1** (1826 milit.) Sortir de sa place (dans une colonne) pour se porter sur le côté. — PAR EXT. (1935) Sortir d'une file (voiture). *Déboîter pour doubler. Déboîter sans prévenir.* ■ **2** FAM. Être puissant, efficace. *Une équipe qui déboîte. Ça déboîte !* ➤ **déménager.**
■ CONTR. Emboîter, remboîter.

DÉBONDER [debɔ̃de] v. tr. ‹1› – XVe ◊ de *dé-* et *bonde* ■ **1** Ouvrir en retirant la bonde. *Débonder une barrique, un réservoir.* — *Le tonneau s'est débondé.* « *comme diminue l'eau dans une baignoire débondée* » AYMÉ. ■ **2** FIG. VIEILLI *Débonder son cœur,* ou ABSOLT *débonder* : donner libre cours à des sentiments longtemps contenus. ➤ **éclater.** « *Le petit débonda son cœur. Il dit qu'il était laid* » R. ROLLAND. ◆ PRONOM. *Se débonder.* ➤ **s'épancher, s'ouvrir,** se **soulager.** « *subitement, il se débonda, épandant au hasard des mots, ses plaintes* » HUYSMANS.

DÉBONNAIRE [debɔnɛʀ] adj. – fin XIe ◊ de *de bonne aire* « de bonne race » → 2 aire ■ VIEILLI ou LITTÉR. D'une bonté poussée à l'extrême, un peu faible. ➤ **clément, indulgent, paternel.** *Humeur, attitude débonnaire.* ➤ **doux, pacifique, patient.** — COUR. *Un air débonnaire.* ➤ **bonasse, inoffensif.** « *cet air débonnaire des personnes âgées dont le temps a émoussé l'agressivité* » P. BRUCKNER. — adv. **DÉBONNAIREMENT.** ◆ SPÉCIALT, VIEILLI Qui tolère, supporte l'infidélité d'un conjoint. *Épouse, mari débonnaire.* ➤ **accommodant, complaisant, tolérant.** ■ CONTR. Cruel, dur, méchant, sévère, terrible.

DÉBONNAIRETÉ [debɔnɛʀte] n. f. – 1242 ◊ de *débonnaire* ■ LITTÉR. Caractère d'une personne débonnaire, de ce qui est débonnaire. ➤ **bénignité, bienveillance, bonté, faiblesse, indulgence, mansuétude.** « *Faudra-t-il que tout Verrières fasse des gorges chaudes sur ma débonnaireté !* » STENDHAL. ■ CONTR. Dureté, intransigeance, méchanceté, sévérité.

DÉBORD [debɔʀ] n. m. – 1556 ◊ de *déborder* ■ **1** RÉGION. Action de déborder, crue. ■ **2** Liseré qui dépasse le bord dans la doublure d'un vêtement. ➤ **dépassant, passepoil.**

DÉBORDANT, ANTE [debɔʀdɑ̃, ɑ̃t] adj. – 1869 ◊ de *déborder* ■ **1** Qui déborde. *Toiture débordante.* ■ **2** FIG. Qui se manifeste avec vigueur, abondance. *Joie débordante.* ➤ **expansif, exubérant.** *Imagination débordante.* ➤ **fécond, fertile.** *Être débordant de vie, de santé.* ➤ **pétulant, vif.** *Nature débordante,* qui se répand en gestes et en paroles. *Activité débordante.* « *je me sens expansif, fluide, abondant et débordant dans les douleurs fictives* » FLAUBERT. ◆ MILIT. *Mouvement débordant* (➤ **débordement**).

DÉBORDÉ, ÉE [debɔʀde] adj. – XVe ◊ de *déborder* ■ **1** RARE Dont l'eau est sortie. « *Quand un fleuve débordé s'avance, on peut élever les digues* » RENAN. ■ **2** FIG. et COUR. Submergé (par les occupations, le travail...). « *Il jouait le monsieur débordé de besogne* » COURTELINE. ABSOLT *Être débordé* (cf. FAM. Être sous l'eau*). ■ **3** Dépassé. *Ligne débordée par l'ennemi.* FIG. *Être débordé par les évènements.* ■ **4** (➤ **déborder,** II) Détaché du bord. *Drap débordé. Lit débordé.* PAR EXT. *Malade débordé.*
■ CONTR. Canalisé, 1 contenu. Inoccupé. Bordé.

DÉBORDEMENT [debɔʀdəmɑ̃] n. m. – XVe ◊ de *déborder* ■ **1** Action de déborder ; son résultat. *Débordement d'un torrent, d'un fleuve.* ➤ **crue, inondation.** « *le brusque débordement d'un liquide laissé trop longtemps sur le feu* » COURTELINE. — *Piscine à débordement,* qui se remplit en continu, l'eau qui déborde s'écoulant par un ou plusieurs côtés du bassin avant d'être réinjectée. ■ **2** Fait de se répandre en abondance. *Débordement de paroles, d'injures.* ➤ **bordée, déluge, flot, torrent.** *Débordement de joie, d'enthousiasme.* ➤ **déferlement, effusion, explosion.** *Débordement de vie, de sève.* ➤ **exubérance, surabondance.** « *un débordement de mâle tendresse* » FRANCE. ◆ AU PLUR. Excès, débauche. « *Pour ses débordements, j'en ai chassé Julie* » CORNEILLE. — Actes qui dépassent la mesure permise. *Débordements en marge de la manifestation.* ■ **3** Action de déborder l'ennemi. *Débordement sur la gauche. Manœuvre de débordement et d'encerclement* (cf. Mouvement tournant*). ■ **4** INFORM. Dépassement de la capacité de stockage des registres d'une unité de traitement, au cours d'une opération arithmétique ou logique.

DÉBORDER [debɔʀde] v. ‹1› – XIVe ◊ de *dé-* et *bord*
I v. intr. ■ **1** Répandre une partie de son contenu par-dessus bord. *Fleuve, rivière qui déborde à l'époque des crues. La baignoire déborde, ferme le robinet. Verre plein à déborder.* — LOC. FIG. *C'est la goutte d'eau qui fait déborder le vase,* la petite chose pénible qui vient s'ajouter au reste et qui fait qu'on ne supporte plus l'ensemble (cf. La coupe* est pleine). ◆ MÉTAPH. *Cœur qui déborde,* qui éprouve le besoin de s'épancher. « *le silence est pénible lorsque le cœur déborde* » GIDE. ◆ *Déborder de* : être plein, rempli (d'un sentiment, d'un principe qui s'exprime dans le comportement). *Déborder de vie, d'imagination, de tendresse, de reconnaissance.* ➤ **surabonder.** — *Ce texte déborde de fautes.* ➤ **fourmiller, regorger.** ■ **2** Se répandre par-dessus bord (contenu). ➤ **couler, s'échapper.** *L'eau a débordé du vase. Les eaux du fleuve ont débordé. Le lait monte et déborde.* ◆ FIG. *Faire déborder qqn,* le pousser à bout au point de le faire sortir de lui-même. ➤ se **déchaîner, éclater, exploser** (cf. Hors* de soi).
II v. tr. ■ **1** (1636) (CONCRET) Dépasser (le bord), aller au-delà de. ➤ **franchir.** « *le flot des maisons déborde, ronge, use et efface cette enceinte* » HUGO. ABSOLT *Déborder en coloriant.* — Être en saillie, avancer sur (qqch.). ➤ **empiéter.** *Cette maison déborde les autres,* dépasse l'alignement. ◆ (ABSTRAIT) S'étendre au-delà de. *Déborder le cadre de la question.* ➤ **dépasser.** ◆ *Déborder le front ennemi, l'aile droite.* ➤ **contourner, dépasser, tourner.** — *Déborder le service d'ordre.* ➤ **submerger.** ABSOLT. « *le virage nord s'énerve, faut pas que ça déborde, des noms d'oiseaux fusent* » KERANGAL. ■ **2** Détacher du bord. *Déborder un drap, une couverture,* les tirer du bord du lit, de dessous le matelas. — MAR. *Déborder une embarcation,* l'éloigner du bord du navire ou du quai où elle est accostée. ■ **3** Dégarnir de sa bordure. *Déborder une jupe.* — *Déborder un lit* : tirer les draps, les couvertures de dessous les bords du matelas. ➤ **défaire.** PAR EXT. *Déborder un malade, un enfant.* — PRONOM. *Se déborder en dormant.*
■ CONTR. Contenir. Border, reborder.

DÉBOSSELER [debɔs(ə)le] v. tr. ‹4 /5/› – 1807 ◊ de *dé-* et *bosseler* ■ TECHN. Supprimer les bosses de. *Débosseler une pièce d'argenterie, la portière d'une voiture accidentée.* — n. m. **DÉBOSSELAGE.**
■ CONTR. Bosseler, cabosser.

DÉBOSSELEUR, EUSE [debɔs(ə)lœʀ, øz] n. – 1982 ◊ de *débosseler* ■ (Canada) Ouvrier spécialisé dans la réparation des carrosseries automobiles. ➤ **carrossier,** 1 **tôlier.** *Peintre-débosseleur.*

DÉBOTTÉ [debɔte] n. m. – 1701 ◊ p. p. subst. de *débotter* ■ VX Moment où l'on se débotte. *Le débotté* (ou *le débotter*) *du roi.* — MOD. LOC. **AU DÉBOTTÉ :** au moment où l'on arrive, sans préparation. *Prendre qqn au débotté,* à l'improviste. *Il m'a reçu au débotté,* en arrivant. « *une nouvelle taxe que Florus décrète au débotté, parce qu'il a toujours besoin d'argent* » E. CARRÈRE.

DÉBOTTER [debɔte] v. tr. ‹1› – fin XIIe ◊ de *dé-* et 2 *botte* ■ Retirer les bottes de (qqn). — **SE DÉBOTTER** v. pron. Quitter ses bottes.
■ CONTR. Botter.

DÉBOUCHAGE [debuʃaʒ] n. m. – 1844 ◊ de 1 *déboucher* ■ Action de déboucher. *Le débouchage d'une bouteille. Débouchage d'un évier.* ➤ **débouchement.** ■ CONTR. Bouchage.

DÉBOUCHÉ [debuʃe] n. m. – 1718 ◊ de 2 *déboucher* ■ **1** Issue qui permet de passer d'un lieu resserré dans un lieu plus ouvert. *Débouché d'une vallée, d'un défilé. L'autobus* « *fit une longue station au débouché de la rue de Clichy* » AYMÉ. ■ **2** (1723) Voie, port qui assure l'écoulement d'un produit. « *le port de Dantzig, destiné à être le débouché économique de la Pologne* » MALET et ISAAC. ■ **3** PAR MÉTON. Lieu où on écoule, on vend, on exporte un produit (➤ **marché**). *Ce pays constitue un débouché considérable pour l'industrie automobile.* ◆ Possibilité de vendre un produit. *Sa production ne trouve pas de débouchés.* ■ **4** (XVIIIe) FIG. Accès à une profession, une situation, perspective d'emploi. *Débouchés d'un diplôme ; études sans débouché.* ■ CONTR. Barrière, impasse.

DÉBOUCHEMENT [debuʃmɑ̃] n. m. – 1740 ◊ de 1 *déboucher* ■ Action de déboucher (un passage ; un conduit). ➤ **désobstruction ; débouchage.**

1 **DÉBOUCHER** [debuʃe] v. tr. ‹1› – 1539 ◊ de *dé-* et 1*boucher* ▪ **1** Débarrasser de ce qui bouche. VX *« j'attends que tous ces Messieurs aient débouché la porte »* MOLIÈRE. ➤ **dégager, désobstruer.** — MOD. *Déboucher un tuyau, une pipe, un lavabo, un évier.* ▪ **2** Débarrasser de son bouchon. ➤ **ouvrir ; décapsuler.** *Déboucher une bouteille avec un tirebouchon, un décapsuleur.* ▪ CONTR. 1 Boucher, engorger, reboucher.

2 **DÉBOUCHER** [debuʃe] v. intr. ‹1› – 1640 ◊ de *dé-* et *bouche* ▪ **1** Passer d'un lieu resserré dans un lieu plus ouvert. **DÉBOUCHER DE..., DANS..., SUR...** *Déboucher d'un défilé dans la plaine, d'un sous-bois dans une clairière, d'une petite rue dans une grande artère. « Débouchant de la forêt de Villers-Cotterets, des centaines de chars* [...] *ouvrirent une brèche »* MAUROIS. *Bateau qui débouche d'un canal.* ➤ **débouquer.** ▪ **2** (VOIE, PASSAGE) Aboutir à un lieu ouvert ou à une artère plus large. ➤ **donner** (sur), 1 **tomber** (dans). *La rue « débouchait sur une place immense »* HUGO. ▪ **3** (v. 1954) FIG. Mener à, ouvrir (sur). ➤ **aboutir, conduire** (à). *« ces interminables discussions, ces réunions qui ne débouchent sur rien »* R. DEBRAY. *Études qui débouchent sur plusieurs professions.* ▪ CONTR. Engager (s').

DÉBOUCHEUR [debuʃœʀ] n. m. – 1964 ◊ de 1*déboucher* ▪ Produit utilisé pour déboucher un conduit.

DÉBOUCHOIR [debuʃwaʀ] n. m. – 1754 ◊ de 1*déboucher* ▪ Instrument qui sert à déboucher. *Débouchoir à ventouse.* ◆ TECHN. Outil de lapidaire.

DÉBOUCLER [debukle] v. tr. ‹1› – *desbocler* « enlever la bosse du bouclier » 1160 ◊ → boucle (I°) ▪ **1** Ouvrir la boucle de (qqch.) en dégageant l'ardillon. ➤ **dégrafer.** *« Geste classique, ils débouclèrent le ceinturon »* MAC ORLAN. ▪ **2** (1704) Défaire les boucles de cheveux de (qqn). ➤ **défriser.** *La pluie l'avait toute débouclée.* ▪ CONTR. Boucler.

DÉBOULÉ [debule] n. m. – 1870 ◊ p. p. subst. de *débouler* ▪ **1** CHORÉGR. Déplacement qui consiste à pivoter rapidement sur les pointes ou les demi-pointes et qui s'effectue en série. ▪ **2** SPORT Course, charge rapide et puissante. ◆ (CHASSE) *Le déboulé d'un lapin.* ▪ **3** loc. adv. **AU DÉBOULÉ** : à la sortie du gîte, du terrier. *Tirer un lapin au déboulé.*

DÉBOULER [debule] v. intr. ‹1› – 1793 « déguerpir » ◊ de *dé-* et 1*boule* ▪ **1** Tomber en roulant sur soi. ➤ RÉGION. **débarouler.** *La voiture a déboulé dans le ravin. « Les ordures déboulèrent de la boîte métallique et churent en trombe dans la poubelle »* QUENEAU. ▪ **2** FAM. Descendre précipitamment. *Débouler du premier étage.* — TRANS. *Débouler l'escalier.* ➤ **dégringoler, dévaler.** ◆ Arriver brusquement. *Il a déboulé chez eux sans prévenir.* ➤ **débarquer.** ▪ **3** CHASSE Fuir à toute allure après avoir surgi à l'improviste. *Ce lièvre a déboulé devant moi.* ➤ **déguerpir.**

DÉBOULONNAGE [debulɔnaʒ] n. m. – 1873 ◊ de *déboulonner* ▪ Action de déboulonner (1° et 2°) ; état de ce qui est déboulonné. On dit aussi **DÉBOULONNEMENT,** 1877.

DÉBOULONNER [debulɔne] v. tr. ‹1› – 1871 ◊ de *dé-* et *boulonner* ▪ **1** Démonter (ce qui était boulonné). *Déboulonner une pièce mécanique. La colonne Vendôme fut déboulonnée sous la Commune.* ▪ **2** FIG. et FAM. Déposséder (qqn) de sa place, de son poste (➤ **abattre, renverser ;** FAM. **démolir, vider**) ; détruire le prestige de (qqn), comme si on *déboulonnait* sa statue. *Un « journal humoristique ultra, créé pour déboulonner Jules Ferry »* GIDE. ▪ CONTR. Boulonner.

DÉBOUQUEMENT [debukmɑ̃] n. m. – 1505 ◊ de *débouquer* ▪ **1** MAR. Action de débouquer. ▪ **2** PAR MÉTON. Extrémité d'un canal ou d'une passe. ▪ CONTR. Embouquement.

DÉBOUQUER [debuke] v. intr. ‹1› – 1586 ◊ de *dé-* et *bouque* (v. 1400), du provençal *bouca* → bouche ▪ MAR. Sortir de l'embouchure d'un canal. ➤ 2 **déboucher.** ▪ CONTR. Embouquer.

DÉBOURBAGE [debuʀbaʒ] n. m. – 1838 ◊ de *débourber* ▪ TECHN. Action de débourber. — SPÉCIALT Lavage d'un minerai pour le débarrasser de son enveloppe argileuse ou boueuse.

DÉBOURBER [debuʀbe] v. tr. ‹1› – 1564 ◊ de *dé-* et *bourbe* ▪ **1** Débarrasser de sa bourbe. *Débourber un étang, un canal.* ➤ **curer, désenvaser, draguer.** ▪ **2** Retirer de la bourbe. *Débourber un tombereau.* ➤ **désembourber.** — FIG. et VIEILLI Tirer (qqn) d'un mauvais pas. ▪ CONTR. Embourber, enliser, envaser.

DÉBOURBEUR [debuʀbœʀ] n. m. – 1870 « ouvrier » ◊ de *débourber* ▪ TECHN. Appareil qui enlève la bourbe d'un minerai, la boue d'une racine.

DÉBOURGEOISÉ, ÉE [debuʀʒwaze] adj. – 1834 ◊ de *débourgeoiser* « défaire des manières bourgeoises » (1700), de *dé-* et *bourgeois* ▪ RARE Qui a perdu ses habitudes bourgeoises. *« Nous sommes des Rezeau débourgeoisés qui n'ont aucune envie de réintégrer la caste »* BAZIN. ▪ CONTR. Embourgeoisé.

DÉBOURRAGE [debuʀaʒ] n. m. – 1858 ◊ de *débourrer* (I) ▪ TECHN. ▪ **1** Action de débourrer (I). *Débourrage des peaux.* — *Débourrage mécanique des cardes,* leur nettoyage. — *Débourrage d'un cheval.* ▪ **2** Déchets provenant du travail de la laine.

DÉBOURREMENT [debuʀmɑ̃] n. m. – v. 1890 ◊ de *débourrer* (II) ▪ ARBOR. Éclosion des bourgeons (des plantes arbustives, et SPÉCIALT de la vigne).

DÉBOURRER [debuʀe] v. ‹1› – 1346, rare avant XVIIe ◊ de *dé-* et 1*bourre*

I v. tr. ▪ **1** Débarrasser de la bourre, du poil. *Débourrer le cuir.* ➤ 1 **dépiler, ébourrer.** ▪ **2** Débarrasser de ce qui bourre. *Débourrer une pipe,* en ôter le tabac. ➤ **vider.** *Débourrer une banquette. « il avait débourré les sabots avec un couteau »* L. MAUVIGNIER. ▪ **3** ÉQUIT. *Débourrer un jeune cheval,* l'habituer à être monté.

II v. intr. ARBOR. Sortir de la bourre, éclore (bourgeons). *La vigne débourre au printemps.*

▪ CONTR. Bourrer, rembourrer.

DÉBOURS [debuʀ] n. m. – 1599 ◊ de *débourser* ▪ (Souvent au plur.) Somme déboursée. ➤ **dépense,** 2 **frais.** *Les débours s'élèvent à deux cents euros.* — COMM., DR. Dépense avancée au profit d'un tiers. *Les débours font partie des dépens.* ▪ CONTR. Rentrée.

DÉBOURSEMENT [debuʀsəmɑ̃] n. m. – 1508 ◊ de *débourser* ▪ Action de débourser. *Le déboursement d'une somme* (➤ **débours**).

DÉBOURSER [debuʀse] v. tr. ‹1› – XIIIe ◊ de *dé-* et *bourse* ▪ Tirer de sa bourse, de son portefeuille, et PAR EXT. de son avoir (une certaine somme). ➤ **dépenser, payer, verser ;** FAM. **casquer, cracher,** 1 **lâcher.** *Obtenir une chose sans rien débourser, sans débourser un sou* (cf. Sans bourse* délier, gratis, à l'œil).

DÉBOUSSOLER [debusɔle] v. tr. ‹1› – 1961 ◊ de *dé-* et *boussole,* dans *perdre la boussole* ▪ FAM. Désorienter (qqn), faire qu'il ne sache plus où il en est. *Son échec l'a déboussolé. — Il est complètement déboussolé.* ➤ **désemparé,** FAM. **paumé.**

DEBOUT [d(ə)bu] adv. – 1530 ; « bout à bout » 1190 ◊ de *de-* et *bout* ▪ **1** (CHOSES) Verticalement ; sur l'un des bouts. ➤ 1 **droit** (cf. D'aplomb). *Mettre des livres debout* (opposé à *à plat*). *Un tonneau, une bouteille debout. Mettre du bois debout,* dans le sens des fibres. — LOC. *Mettre une affaire debout,* la mettre sur pied, l'organiser. ▪ **2** (PERSONNES) Sur ses pieds (opposé à *assis, couché*). *Se tenir, rester debout. « debout, planté comme un piquet, sans remuer ni pied ni patte »* ROUSSEAU. *Se mettre debout.* ➤ se **dresser,** se **lever.** *Les personnes debout. Voyager debout, faute de place où s'asseoir.* PAR EXT. *Places assises, places debout* (dans un moyen de transport en commun). — *La station debout.* — interj. *Debout !* levez-vous. *Debout là-dedans !* (formule milit.) : levez-vous ! FIG. *« Debout les morts ! À cet appel les blessés se redressent. Ils chassent l'envahisseur »* BARRÈS. ◆ Pas couché, levé. *Être debout à 6 heures du matin. Rester debout toute la nuit* : ne pas se coucher, rester éveillé. *Il va mieux, il est déjà debout,* guéri, rétabli (cf. Sur pied). — LOC. *Dormir debout* : éprouver un violent besoin de dormir au point de s'assoupir sans être couché. FIG. *Une histoire à dormir* debout.* — *Mourir debout,* en pleine activité, dans l'exercice de ses fonctions. ▪ **3** *Être debout* : se dresser, être en bon état (mur, construction) ; résister à la destruction. *Cette forteresse est encore debout.* ◆ **TENIR DEBOUT** : être solide. *Le toit est pourri mais les murs tiennent debout.* ◆ (PERSONNES) *Ne pas tenir debout* : être privé de force physique, être malade. *Ce vieillard ne tient pas debout.* — Être ivre. *Après deux verres, il ne tenait plus debout.* — (CHOSES) *Argument qui ne tient pas debout,* qui n'est pas cohérent, logique. *Théorie qui ne tient pas debout,* insoutenable. *Son projet ne tient pas debout* (cf. Tenir la route*). ▪ **4** adj. inv. DR. *Magistrature debout* : le ministère public, qui parle debout (par oppos. à *magistrature assise*). ▪ **5** loc. adv. et loc. adj. **VENT DEBOUT** : de face, avec l'étrave tournée dans la direction d'où vient le vent. *Naviguer vent debout.* ➤ **contraire.** *Virer de bord vent debout* (s'oppose à *virer vent arrière* ; virer lof* pour lof*). ◆ FIG. *Être vent debout (contre qqch., qqn)* : s'y opposer vivement. *Les syndicats sont vent debout contre cette décision.* ▪ CONTR. Assis, couché. Alité, malade. Détruit, renversé, ruiné.

DÉBOUTÉ [debute] n. m. – 1690 ◊ p. p. subst. de *débouter* ■ DR. Acte par lequel un plaideur est déclaré mal fondé en sa demande. ➤ 2 **rejet.**

DÉBOUTEMENT [debutmɑ̃] n. m. – 1846 ◊ de *débouter* ■ DR. Action de rejeter la demande (de qqn).

DÉBOUTER [debute] v. tr. ‹1› – XIIIe ; *deboter* «repousser» Xe ◊ de *dé-* et *bouter* ■ DR. Rejeter par jugement, par arrêt, la demande en justice de (qqn). *Le tribunal l'a débouté de sa demande. Débouter un plaideur de son appel. — Demandeur débouté.* SUBST. *Les déboutés du droit d'asile.*

DÉBOUTONNAGE [debutɔnaʒ] n. m. – 1904 ◊ de *déboutonner* ■ Action de (se) déboutonner. ■ CONTR. Boutonnage.

DÉBOUTONNER [debutɔne] v. tr. ‹1› – XVe ◊ de *dé-* et *boutonner* ■ **1** Ouvrir (un vêtement) en dégageant les boutons de leur boutonnière. ➤ **défaire ;** aussi **dégrafer,** 1 **détacher.** *Déboutonner son pardessus. Son gilet est déboutonné.* — LOC. FIG. *Rire à ventre déboutonné,* sans retenue (cf. À gorge déployée*). ■ **2** ESCR. *Déboutonner un fleuret,* en ôter le bouton, en vue de s'en servir comme d'une arme. ■ **3** v. pron. **SE DÉBOUTONNER :** défaire les boutons de ses vêtements. — FIG. Parler librement, sans réserve ; dire tout ce que l'on pense. ➤ **s'abandonner, s'ouvrir.** «*Il suffisait de les écouter parler, d'attendre qu'ils se déboutonnent et s'oublient*» M. DESPLECHIN. ■ CONTR. Boutonner.

DÉBRAGUETTER [debʀagete] v. tr. ‹1› – 1535 *desbraguetter* ◊ de *dé-* et *braguette* ■ FAM. Ouvrir la braguette de. PRONOM. *Se débraguetter.* ■ CONTR. Rebraguetter.

DÉBRAILLÉ, ÉE [debʀɑje] adj. et n. m. – v. 1508 ◊ de *dé-* et ancien français *braiel, brail ;* de *braie* ■ **1** Dont les vêtements sont en désordre, ouverts ou mal fermés. *Être tout débraillé.* — PAR EXT. *Tenue, mise débraillée.* ➤ 2 **négligé.** ■ **2** FIG. D'une liberté d'allure excessive ; sans tenue. *Des manières débraillées. Un air débraillé. Une allure débraillée. — Conversation débraillée,* libre, sans retenue. ■ **3** n. m. État de ce qui est débraillé. *Le débraillé de sa tenue.* ➤ **désordre, laisser-aller,** 1 **négligé.** *Se mettre en débraillé. Les genres «qui s'accommodent le mieux du débraillé dans la pensée et dans l'écriture»* CAILLOIS. ■ CONTR. Correct, décent, strict.

DÉBRAILLER (SE) [debʀɑje] v. pron. ‹1› – 1680 ; *débrailler* XVIe ◊ v. *débraillé* ■ FAM. Se découvrir la poitrine d'une manière indécente, en ouvrant ses vêtements. *Se débrailler en public.* — FIG. *La conversation se débraille,* perd toute retenue, toute décence.

DÉBRANCHEMENT [debʀɑ̃ʃmɑ̃] n. m. – 1890 ◊ de *débrancher* ■ Action de débrancher (des wagons ; un appareil électrique). ■ CONTR. Branchement.

DÉBRANCHER [debʀɑ̃ʃe] v. tr. ‹1› – 1890 ; *desbranchier* «faire descendre un oiseau de la *branche*» 1409 ◊ de *dé-* et *brancher* ■ **1** Séparer et trier (les wagons). ➤ **trier.** ■ **2** (XXe) ÉLECTR. Interrompre (un circuit) en supprimant une connexion, un branchement. ➤ **couper, déconnecter.** — COUR. Arrêter le fonctionnement de (un appareil électrique) en supprimant son alimentation. *Débrancher une lampe, un fer à repasser.* ■ **3** (Compl. personne) FAM. Détourner l'attention de (qqn). PRONOM. «*Les clichés s'enclenchaient, entrelardés de "Moi, je," et Jean se débrancha*» COURCHAY. ➤ **décrocher.** — INTRANS. Arrêter de parler, de ressasser, de s'agiter, etc. *Débranche, veux-tu !* ■ **4** (v. 1980) FAM. Interrompre les actes médicaux qui maintiennent artificiellement en vie (un malade incurable). *Un geste «comme pour demander d'être débranché et qu'on en finisse...»* SOLLERS. ■ CONTR. Brancher.

DÉBRAYAGE [debʀɛjaʒ] n. m. – 1860 ; *désembrayage* 1838 ◊ de *débrayer* ■ **1** Fait de débrayer. *La pédale d'embrayage et de débrayage. Double débrayage :* accélération au point mort entre deux débrayages, pour rétrograder. ■ **2** Cessation du travail ; mouvement de grève. *Débrayage du personnel.* ■ CONTR. Embrayage.

DÉBRAYER [debʀeje] v. ‹8› – 1865 ; *désembrayer* 1838 ◊ de *dés-* et *embrayer*

I v. tr. MÉCAN. Séparer (une pièce mobile) de l'arbre moteur. ABSOLT Interrompre la liaison entre une pièce, un mécanisme et l'arbre moteur. ◆ ABSOLT, COUR. (AUTOM.) Interrompre la liaison entre le moteur et les roues. *Débrayer, passer les vitesses et embrayer.*

II v. intr. (1937) Cesser le travail (dans une usine,...), notamment pour protester (cf. Faire grève, se mettre en grève). *Les ouvriers ont débrayé ce matin.*

■ CONTR. Embrayer.

DÉBRIDÉ, ÉE [debʀide] adj. – 1466 ◊ de *dé-* et *bride* ■ Sans retenue. ➤ **déchaîné, effréné.** *Imagination débridée. «la sensualité débridée, triomphante»* TAINE. ■ CONTR. 1 Contenu, discipliné, modéré, retenu.

DÉBRIDEMENT [debʀidmɑ̃] n. m. – 1604 ◊ de *débrider* ■ **1** Action de débrider. *Le débridement d'un cheval.* — PAR ANAL. *Procéder au débridement d'une plaie.* ■ **2** FIG. ➤ **déchaînement, libération.** «*Au déchaînement des forces de la matière correspond le débridement des instincts de violence*» DANIEL-ROPS. *Le débridement des mœurs.*

DÉBRIDER [debʀide] v. tr. ‹1› – 1549 ◊ de *dé-* et *brider* ■ **1** Ôter la bride à (un cheval, une bête de somme). ■ **2** PAR ANAL. Dégager (qqch.) de ce qui serre comme une bride. CHIR. *Débrider un organe,* sectionner la bride qui l'étrangle. *Débrider une hernie, une plaie. Débrider un abcès.* ➤ **inciser, ouvrir.** — CUIS. *Débrider une volaille,* couper les fils dont on l'a entourée pour la faire cuire. ■ **3** Modifier (un moteur) afin d'augmenter sa puissance. PAR EXT. *Débrider une moto.* ■ CONTR. Brider.

DÉBRIEFER [debʀife] v. tr. ‹1› – 1984 ◊ de l'anglais *to debrief* «faire un compte rendu» ■ ANGLIC. ■ **1** Interroger (qqn) à fond. ➤ **questionner ;** FAM. **cuisiner** (cf. Mettre sur la sellette*). ■ **2** Échanger des informations, des impressions avec (les membres d'un groupe, d'une équipe) à l'issue d'une réunion, d'une mission. *Débriefer les commerciaux.* — Faire le bilan de (une mission, une action). *Débriefer un match.* ■ CONTR. Briefer.

DÉBRIEFING [debʀifiŋ] n. m. – 1985 ◊ anglais *debriefing* ■ ANGLIC. ■ **1** Interrogatoire poussé. *Le débriefing d'un agent secret.* ■ **2** Réunion, mise au point collective entre personnes venant de participer à la même action, de vivre la même situation. *Séance de débriefing.* ABRÉV. **DÉBRIEF** [debʀif]. *Des débriefs.* Recomm. offic. *réunion-bilan.* ■ CONTR. Briefing.

DÉBRIS [debʀi] n. m. – 1549 ◊ de l'ancien verbe *débriser* (XIIe), de *dé-* et *briser* ■ **1** COUR. (rare au sing.) Reste d'un objet brisé, d'une chose en partie détruite. ➤ **fragment, morceau.** *Les débris d'un vase. Débris de bouteille.* ➤ **tesson.** *Débris de bois.* ➤ **copeau, sciure.** *Débris de métal, de vieilles machines.* ➤ **ferraille.** — SPÉCIALT ➤ **déchet, détritus, résidu.** «*D'un peu partout, des odeurs de débris, de balayures*» ROMAINS. ◆ Restes. *Les débris d'un repas, d'un plat.* ➤ **relief, rogaton.** *Les débris d'un navire naufragé.* ➤ **bris, carcasse, épave.** «*Comme aux débris épars d'un vaisseau submergé*» HUGO. ■ **2** LITTÉR. Restes (d'un mort). «*L'ange rassemblera les débris de nos corps*» LA FONTAINE. ➤ **cendres, ossements.** — VIEILLI Ruines (d'un édifice). *Carthage «Vit sur ses murs détruits Marius malheureux Et ces deux grands débris se consolaient entre eux»* DELILLE. ■ **3** (AU PLUR.) FIG. et LITTÉR. ➤ **reste.** *Les débris d'un État, d'un royaume, d'une institution. — Les débris d'une armée,* ce qui en reste après la défaite. *Réunir les débris de sa fortune, de son héritage.* ■ **4** FAM. et PÉJ. *Un vieux débris :* une personne âgée, décrépite. ➤ **croulant.**

DÉBROCHAGE [debʀɔʃaʒ] n. m. – 1842 ◊ de *débrocher* ■ Action de débrocher (un livre). ■ CONTR. Brochage.

DÉBROCHER [debʀɔʃe] v. tr. ‹1› – fin XIVe ◊ de *dé-* et *broche* ■ **1** Retirer de la broche (une volaille, une viande). ■ **2** (1842 ◊ de *brocher*) Défaire la brochure de (un livre). *Livre débroché.* ■ CONTR. Embrocher. Brocher.

DÉBROUILLAGE [debʀujaʒ] n. m. – 1855 ◊ de *débrouiller* ■ **1** Action de se débrouiller ; son résultat. ■ **2** Débrouillement.

DÉBROUILLARD, ARDE [debʀujaʀ, aʀd] adj. et n. – 1872 ◊ de *débrouiller* ■ FAM. Qui sait se débrouiller, se tirer facilement d'affaire. ➤ **adroit, habile, malin ;** FAM. **démerdard, roublard.** *Un garçon débrouillard.* — n. *C'est un, une débrouillard(e).* ■ CONTR. Empoté, gauche, maladroit.

DÉBROUILLARDISE [debʀujaʀdiz] n. f. – 1902 ◊ de *débrouillard* ■ Qualité d'une personne débrouillarde.

DÉBROUILLE [debʀuj] n. f. – 1855 ◊ de *débrouiller* ■ FAM. Art et pratique de se tirer d'affaire. ➤ **débrouillardise.** *Le système débrouille* (cf. Système D*).

DÉBROUILLEMENT [debʀujmɑ̃] n. m. – 1611 ◊ de *débrouiller* ■ Action de débrouiller, de démêler. *Le débrouillement d'une intrigue.*

DÉBROUILLER [debʀuje] v. tr. ‹1› – 1549 ◊ de *dé-* et *brouiller*

I ■ **1** Démêler (ce qui est embrouillé). ➤ **distinguer, séparer, trier.** *Débrouiller les fils d'un écheveau.* ➤ **démêler.** ■ **2** FIG. Tirer de la confusion ; tirer au clair. ➤ **débroussailler, éclaircir, élucider.** *Débrouiller un cas compliqué, les affaires de qqn.* «*J'aime passionnément le mystère, parce que j'ai toujours l'espoir de le débrouiller*» BAUDELAIRE. ▪ **3** FAM. *Débrouiller qqn,* lui apprendre à se tirer d'affaire, à *se débrouiller. Débrouiller un élève,* lui apprendre les rudiments.

II SE DÉBROUILLER v. pron. (1822) ▪ **1** Se tirer d'une situation confuse ou compliquée en y mettant de l'ordre. *Se débrouiller au milieu de difficultés.* ▪ **2** FAM. ABSOLT Se comporter habilement, se tirer d'affaire, d'embarras. ➤ FAM. **se débarbouiller, se dépatouiller** (cf. S'en sortir). *Apprendre à se débrouiller tout seul. Débrouillez-vous :* ne comptez pas sur une aide. ➤ FAM. **se démerder.** *Que chacun se débrouille avec ce qu'il a.* ➤ **s'arranger.** *Il sait se débrouiller.* ➤ **débrouillard.** — *Se débrouiller avec* (qqn, qqch.) : trouver un accord, un compromis avec. ➤ **s'arranger.** *Se débrouiller avec sa conscience.*
▪ CONTR. Brouiller, confondre, embrouiller, emmêler, mêler.

DÉBROUSSAILLAGE [debʀusajaʒ] **n. m.** – 1966 ◊ de *débroussailler* ▪ **1** Action de débroussailler ; son résultat. *Débroussaillage obligatoire des pinèdes.* — On dit aussi **DÉBROUSSAILLEMENT,** 1877. ▪ **2** FIG. Éclaircissement (de ce qui est confus). ➤ **débrouillement.**

DÉBROUSSAILLANT, ANTE [debʀusajɑ̃, ɑ̃t] **n. m. et adj.** – 1968 ◊ de *débroussailler* ▪ AGRIC. Agent chimique qui détruit les plantes ligneuses, destiné au débroussaillage. *Un débroussaillant.* — **adj.** *Un produit débroussaillant.*

DÉBROUSSAILLER [debʀusaje] **v. tr.** ‹1› – 1876 ◊ de *dé-* et *broussaille* ▪ Arracher, couper les broussailles de (un terrain). ➤ **défricher, dégager, éclaircir, essarter.** *Débroussailler un chemin de terre.* ABSOLT *Produits pour débroussailler.* ◆ FIG. Éclaircir (ce qui est confus). *Débroussailler une question difficile.* ➤ **débrouiller.**

DÉBROUSSAILLEUSE [debʀusajøz] **n. f.** – v. 1960 ; *gardes débroussailleurs* avant 1877 ◊ de *débroussailler* ▪ Machine à débroussailler qui coupe par le mouvement d'une lame ou d'un fil. *Débroussailleuse portable, à roues. Passer la débroussailleuse.*

DÉBROUSSER [debʀuse] **v. tr.** ‹1› – 1921 ◊ de *dé-* et 1*brousse* ▪ RÉGION. ▪ **1** (Afrique) Défricher (un terrain de brousse) pour le cultiver. ▪ **2** (Afrique noire, Nouvelle-Calédonie, Tahiti) Enlever les mauvaises herbes de (un terrain, un champ précédemment entretenu). ➤ **désherber.**

DÉBUCHÉ ou **DÉBUCHER** [debyʃe] **n. m.** – *débucher* 1740 ◊ du v. *débucher* ▪ **1** Moment où la bête chassée débuche. ▪ **2** Sonnerie de trompe quand la bête débuche. *Sonner le débuché.*

DÉBUCHER [debyʃe] **v.** ‹1› – *desbuschier* fin XIIe ◊ de *dé-* et *bûche* ; cf. *débusquer* ▪ **1 v. intr.** CHASSE Sortir du refuge, du bois, du taillis (gros gibier). ➤ 2**déboucher.** ▪ **2 v. tr.** Faire sortir (une bête) du bois. ➤ **débusquer.** «*pour débucher les lièvres, on battait du tambour*» FLAUBERT. — FIG. et LITTÉR. Chasser, déloger. ➤ **débusquer.** ▪ CONTR. Rembucher.

DÉBUDGÉTISATION [debydʒetizasjɔ̃] **n. f.** – 1953 ◊ de *dé-* et *budgétisation* ▪ ÉCON. Transfert de charges normalement supportées par le budget de l'État à un organisme disposant de ressources propres. *La débudgétisation des investissements.*

DÉBUDGÉTISER [debydʒetize] **v. tr.** ‹1› – 1953 ◊ de *dé-* et *budgétiser* ▪ ÉCON. Opérer la débudgétisation de.

DÉBUREAUCRATISER [debyʀokʀatize] **v. tr.** ‹1› – 1967 ◊ de *dé-* et *bureaucratiser* ▪ Faire disparaître la bureaucratie à l'intérieur de (une administration, un pays). — **n. f. DÉBUREAUCRATISATION,** 1958. ▪ CONTR. Bureaucratiser.

DÉBUSQUER [debyske] **v.** ‹1› – 1556 ◊ de *débucher,* d'après *embusquer*

I v. tr. ▪ **1** Chasser (le gibier) du bois où il s'est réfugié. ➤ **débucher.** *Il «frappait avec le bout de son fusil sur les ceps, comme pour débusquer un lièvre»* CHATEAUBRIAND. — «*Le sanglier débusqué fila*» MAUPASSANT. ▪ **2** Faire sortir (qqn) de sa position, de son refuge. ➤ **chasser, déloger.**

II v. intr. Sortir du bois (gibier). *Le lièvre a brusquement débusqué.*
▪ CONTR. Embusquer.

DÉBUT [deby] **n. m.** – 1642 «premier coup au jeu» ◊ de *débuter* ▪ **1** (1664) Commencement. *Le début d'un entretien, d'un discours, d'un livre.* ➤ **exorde** (cf. Entrée* en matière). *Le début d'une réunion.* ➤ **ouverture.** *Manquer le début du film. Le début d'une carrière, d'une activité.* — ABSOLT *Appointements de début. Du début.* ➤ **initial.** — *Le début du jour.* ➤ 1**aube, aurore, matin.** *Le début du mois. En début de semaine. Arriver début mai. Au début du siècle.* ◆ LOC. *Du début à la fin. C'est le début de la fin*.* — **AU DÉBUT.** ➤ **initialement.** *Tout au début, au tout début ; dès le début.* — **UN DÉBUT DE...** *Un début d'angine. Un début de haine, de passion.* ▪ **2** (1674) **LES DÉBUTS DE QQN,** ses premières apparitions à la scène. *Faire ses débuts à la Comédie-Française.* — Premières tentatives (dans une activité quelconque) (cf. Premiers pas*). *Faire ses débuts dans le monde* (➤ **débuter**). *Des débuts éblouissants.* — PAR EXT. *Les débuts du cinéma, de l'aviation.* ▪ CONTR. Clôture, conclusion, dénouement, 1 fin, terme.

DÉBUTANT, ANTE [debytɑ̃, ɑ̃t] **adj. et n.** – 1767 ◊ de *débuter* ▪ **1** Qui débute. *Un professeur débutant.* — **n.** Personne qui débute. ➤ **apprenti, commençant, novice.** *Débutants acceptés* (dans une offre d'emploi). ➤ **junior.** ▪ **2 n. f.** (1930 ◊ de l'anglais, lui-même du français) Jeune fille qui sort pour la première fois dans la haute société. — ABRÉV. FAM. ANGLIC. **DEB** [dɛb]. *Le bal des debs.* ▪ CONTR. Confirmé, expérimenté.

DÉBUTER [debyte] **v. intr.** ‹1› – 1640 «jouer le premier coup» ; 1549 «écarter une boule du but» ; 1547 «déplacer» ◊ de *dé-* et *but* ▪ **1** (1665) PERSONNES Faire ses premiers pas dans une activité, une carrière. ➤ **commencer.** *Débuter dans la vie.* «*Dans le crime il suffit qu'une fois on débute*» BOILEAU. — SPÉCIALT *Débuter dans le monde :* faire son entrée dans le monde. ◆ (1754) Commencer à paraître (sur la scène, à l'écran, etc.). ◆ TRANS. (emploi critiqué) Commencer (qqch.). «*Il débute son speech*» N. REY. ▪ **2** (CHOSES) Commencer. *Discours qui débute par une citation.* «*Le motif en notes détachées, par lequel débute l'allégro*» BERLIOZ. ▪ CONTR. Achever, conclure, finir, terminer.

DÉCA [deka] **n. m.** – v. 1960 ◊ abrév. de *décaféiné* ▪ FAM. Café décaféiné. *Du déca. Un déca :* une tasse de café décaféiné. *Un café et deux décas !* ▪ HOM. Decca.

DÉCA- ▪ MÉTROL. Préfixe du système international (SYMB. da), du grec *deka* «dix», qui multiplie par dix l'unité dont il précède le nom : *décaèdre, décalitre.*

DEÇÀ [dəsa] **adv.** – *de ça* XIIe ◊ de 1*de* et *ça* ▪ **1** VX De ce côté-ci (opposé à *delà*). *Aller deçà, delà,* de côté et d'autre, sans direction précise (cf. De-ci* de-là). «*les gens que j'ai rencontrés deçà et delà dans le monde*» LOTI. ▪ **2 loc. prép.** VX *Au-deçà de* [od(ə)sadə]. *Vérité* au-deçà des Pyrénées, erreur au-delà.* ◆ MOD. **EN DEÇÀ DE** [ɑ̃d(ə)sadə]. De ce côté-ci de. FIG. *Rester en deçà de la vérité,* ne pas l'atteindre (cf. En dessous de). *Vivre en deçà du seuil de pauvreté.* ▪ CONTR. Delà.

DÉCACHETER [dekaʃ(ə)te] **v. tr.** ‹4 /5/› – 1544 ◊ de *dé-* et *cacheter* ▪ Ouvrir (ce qui est cacheté). *Décacheter une lettre, un billet.* ➤ **ouvrir.** — **n. m. DÉCACHETAGE,** 1854. ▪ CONTR. Cacheter.

DÉCADAIRE [dekadɛʀ] **adj.** – 1793 ◊ de *décade* ▪ HIST. Qui se rapporte aux décades du calendrier républicain. *Mois décadaire.*

DÉCADE [dekad] **n. f.** – 1355 ◊ latin *decas, adis,* du grec *dekas, ados,* de *deka* «dix»

I ▪ **1** Période de dix jours. *Les mois grecs étaient divisés en décades.* — HIST. *La décade républicaine :* espace de dix jours qui remplaçait la semaine, dans le calendrier* républicain de 1793 (➤ **décadaire, décadi**). ▪ **2** Anglic. critiqué Période de dix ans. ➤ **décennie.** «*En ce temps (je parle de la dernière décade du XIXe siècle)*» DUHAMEL.

II Chacune des parties d'un ouvrage composée de dix livres ou chapitres. «*Les Décades*», *de Tite-Live.*

DÉCADENCE [dekadɑ̃s] **n. f.** – 1468 ; d'une construction 1413 ◊ latin médiéval *decadentia,* de *cadere* «tomber» ▪ Acheminement vers la ruine ; état de ce qui dépérit, périclite. ➤ **abaissement, affaiblissement, affaissement, chute, déchéance, déclin, décrépitude, dégénérescence,** 1**dégradation, dépérissement.** «*Considérations sur les causes de la grandeur des Romains et de leur décadence*», *ouvrage de Montesquieu.* «*Grandeur et décadence de César Birotteau*», *roman de Balzac. Être, tomber en décadence.* ➤ **baisser, déchoir.** «*chaque école poétique a ses phases, son cours, sa croissance, sa décadence*» SAINTE-BEUVE. «*toute décadence annonce une renaissance, une autre façon de voir, d'entendre, de s'exprimer, succédant à une mode dépassée*» GREEN. ◆ PAR MÉTON. Moment de l'histoire où a lieu cette dégradation. — SPÉCIALT Les derniers siècles de l'Empire romain. *Les mœurs dissolues, le syncrétisme de la décadence.*
▪ CONTR. Croissance, épanouissement, montée, progrès.

DÉCADENT, ENTE [dekadɑ̃, ɑ̃t] **adj.** et **n.** – 1516, repris au XIXe ◇ latin médiéval *decadens* → décadence ■ **1** Qui est en décadence. *Période, époque décadente. Art décadent. Monarchie décadente. Peuple décadent.* ■ **2** (v. 1882) *L'école décadente* : l'école littéraire pessimiste qui prépara le symbolisme. *Poètes décadents* : représentants de cette école. SUBST. *Les décadents tchèques.* — **n. m. DÉCADENTISME.**

DÉCADI [dekadi] **n. m.** – 1793 ◇ du grec *deka* «dix» et finale de *lundi, mardi,* etc. ■ HIST. Dixième jour de la décade* républicaine. *Le décadi était un jour chômé.*

DÉCAÈDRE [dekaɛdʀ] **adj.** et **n. m.** – 1783 ◇ de *déca-* et *-èdre* ■ **1** Qui a dix faces. ■ **2** **n. m.** Solide à dix faces. *Un décaèdre.*

DÉCAFÉINÉ, ÉE [dekafeine] **adj.** et **n. m.** – début XXe ◇ du v. *décaféiner* (1911), de *dé-* et *caféine* ■ Dont on a enlevé la caféine. *Café décaféiné.* ♦ **n. m.** Café (boisson) préparé à partir de café sans caféine. ➤ FAM. **déca.**

DÉCAGONAL, ALE, AUX [dekagɔnal, o] **adj.** – 1801 ◇ de *décagone* ■ DIDACT. Qui a la forme d'un décagone. *Figure décagonale. Prismes décagonaux.*

DÉCAGONE [dekagon ; dekagɔn] **n. m.** – 1652 ◇ de *déca-* et *-gone* ■ Polygone qui a dix angles et dix côtés. *Un décagone régulier.* **adj.** *Bassin décagone.*

DÉCAISSEMENT [dekɛsmɑ̃] **n. m.** – 1877 ◇ de *décaisser* ■ Action de décaisser (de l'argent) ; son résultat. ➤ **sortie.** *Décaissement de fonds. D'importants décaissements.* ■ CONTR. Encaissement.

DÉCAISSER [dekese] **v. tr.** ‹1› – 1680 ◇ de *dé-* et *caisse* ■ **1** Retirer (qqch.) d'une caisse. *Décaisser une plante,* pour la remettre en pleine terre. ■ **2** Tirer d'une caisse (une somme d'argent). ➤ **payer.** ■ CONTR. Encaisser.

DÉCALAGE [dekalaʒ] **n. m.** – 1845 ◇ de *décaler* ■ **1** Le fait de décaler (2°) dans l'espace, le temps ; écart temporel ou spatial. *Décalage des lignes de départ, sur une piste de stade. Un décalage de deux mètres, d'une semaine.* SPÉCIALT *Décalage horaire. Un décalage horaire de six heures entre Paris et New York. Syndrome du décalage horaire.* ➤ **jet-lag** (ANGLIC.). ■ **2** FIG. Manque de correspondance, défaut de concordance entre deux choses, deux faits. ➤ **désaccord, 1 écart, gap, rupture.** *Il y a un léger décalage entre leurs points de vue.* «*Un décalage, et comme une rupture des rapports* [...] *entre le mot et le sens, entre le signe et l'idée*» PAULHAN. ■ CONTR. Accord, adaptation, concordance, conformité.

DÉCALAMINER [dekalamine] **v. tr.** ‹1› – 1929 ◇ de *dé-* et *calamine* ■ TECHN. Ôter la calamine déposée sur les parois métalliques de (un cylindre, un piston, un moteur). — **n. m. DÉCALAMINAGE,** 1929.

DÉCALCIFIANT, IANTE [dekalsifjɑ̃, jɑ̃t] **adj.** – 1913 ◇ de *décalcifier* ■ Qui décalcifie. *Action décalcifiante d'une hormone.*

DÉCALCIFICATION [dekalsifikasjɔ̃] **n. f.** – 1873 ◇ de *décalcifier* ■ Diminution de la quantité de calcium (d'un tissu, d'un organe, d'un organisme). — ABSOLT Décalcification osseuse. *Faire de la décalcification.*

DÉCALCIFIER [dekalsifje] **v. tr.** ‹7› – 1911 ◇ de *dé-* et radical de *calcium* ■ Priver d'une partie de son calcium. *L'abus du citron décalcifie l'organisme.* — PRONOM. *Organisme qui se décalcifie.*

DÉCALCOMANIE [dekalkɔmani] **n. f.** – 1840 ◇ de *décalquer* et *-manie* ■ Procédé par lequel on transporte sur une surface à décorer des images dessinées sur un support de papier. *Faire de la décalcomanie.* — PAR EXT. Ces images. ➤ **transfert.**

DÉCALÉ, ÉE [dekale] **adj.** et **n.** – de *décaler* ■ **1** Qui est différent de ce que l'on attendait qu'il soit. *Un ton décalé.* ■ **2** **n.** (v. 1980) Personne qui ne suit pas les schémas de vie habituels. «*Depuis la crise, les publicitaires se tournent de plus en plus vers les "décalés," jeunes urbains en porte-à-faux avec une société de masse et ses normes institutionnelles*» (Libération, 1984). ➤ **individualiste, marginal, minoritaire ;** FAM. **déphasé.**

DÉCALER [dekale] **v. tr.** ‹1› – 1845 ◇ de *dé-* et 2 *caler* ■ **1** RARE Enlever la cale, les cales de (qqch.). *Décaler un meuble.* ■ **2** COUR. Déplacer un peu de la position normale. ➤ **avancer, reculer ; changer.** (Dans l'espace). *Décaler toutes les choses de deux rangées, en avant, en arrière.* — PRONOM. *Décalez-vous d'un rang.* ♦ (Dans le temps). *Décaler un horaire. Décaler d'une heure tous les trains. Décaler un rendez-vous.* ➤ **remettre, reporter.** **p. p. adj.** *Un rendez-vous décalé.*

DÉCALITRE [dekalitʀ] **n. m.** – 1795 ◇ de *déca-* et *litre* ■ MÉTROL. Unité de mesure de capacité (SYMB. dal), qui vaut dix litres. — PAR EXT. Récipient contenant un décalitre. *Un double décalitre.* — Son contenu. ➤ **boisseau.** *Un décalitre d'avoine.*

DÉCALOGUE [dekalɔg] **n. m.** – 1455 ◇ latin *decalogus,* du grec ■ Les dix commandements gravés sur des tables de pierre, que Dieu donna à Moïse sur le Sinaï. ➤ **1 loi.** *Les préceptes du décalogue.*

DÉCALOTTER [dekalɔte] **v. tr.** ‹1› – 1791 ◇ de *dé-* et *calotte* ■ **1** RARE Enlever la calotte de (qqch.). PAR ANAL. FAM. Enlever le bouchon de (une bouteille). ➤ **ouvrir.** ■ **2** *Décalotter le gland,* ou ABSOLT *décalotter* : découvrir le gland en faisant glisser le prépuce vers la base de la verge.

DÉCALQUAGE [dekalkaʒ] **n. m.** – 1870 ◇ de *décalquer* ■ Action de décalquer. *Le décalquage d'un dessin.* — Calque.

DÉCALQUE [dekalk] **n. m.** – 1837 ◇ de *décalquer* ■ Reproduction par décalquage (➤ **décalcomanie**). — FIG. «*donner un décalque musical d'une œuvre littéraire*» LICHTENBERGER. ➤ **imitation.**

DÉCALQUÉ, ÉE [dekalke] **adj.** – v. 1986 ◇ de *décalquer* ■ FAM. Qui est sous l'effet d'une drogue. ➤ **défoncé.** «*C'est un joint d'herbe sans tabac. Cinq minutes plus tard, je suis décalqué.*» P. BAILLY. ♦ PAR EXT. Très fatigué, épuisé.

DÉCALQUER [dekalke] **v. tr.** ‹1› – 1691 ◇ de *dé-* et *calquer* ■ **1** Reporter le calque de (qqch., dessin, tableau) sur un support (papier, toile, étoffe, etc.). ➤ **imprimer.** *Décalquer une carte de géographie.* ABSOLT *Papier à décalquer* (cf. Papier calque*, papier carbone*). ■ **2** FAM. Frapper (qqn). — Réprimander (qqn). «*il faut que j'y aille, là, sinon je vais me faire décalquer*» GAVALDA.

DÉCALVANT, ANTE [dekalvɑ̃, ɑ̃t] **adj.** – 1855 ◇ de *dé-* et latin *calvus* «chauve» ■ DIDACT. Qui rend chauve.

DÉCAMÈTRE [dekamɛtʀ] **n. m.** – 1795 ◇ de *déca-* et *mètre* ■ **1** MÉTROL. Unité de mesure de longueur (SYMB. dam), valant dix mètres. ■ **2** *Décamètre d'arpenteur* : chaîne d'arpenteur de dix mètres de longueur. — **adj. DÉCAMÉTRIQUE.**

DÉCAMPER [dekɑ̃pe] **v. intr.** ‹1› – v. 1550 ; *descamper* 1516 ◇ de *dé-* et *camper* ■ **1** VX OU PLAISANT Lever le camp. ■ **2** S'en aller précipitamment. ➤ **déguerpir, s'enfuir*, fuir,** se **sauver** (cf. Ficher le camp*). *Les squatteurs ont décampé pendant la nuit. Faire décamper qqn. Décampez d'ici !* — VIEILLI Partir (sans idée de fuite). «*Monsieur d'Hauteserre décampait au lever du soleil, il allait surveiller ses ouvriers*» BALZAC.

DÉCAN [dekɑ̃] **n. m.** – 1796 ◇ latin *decanus* ■ ASTROL. Chacune des trois dizaines de degrés comptées par chaque signe du zodiaque. *Le premier décan du Scorpion.*

DÉCANAL, ALE, AUX [dekanal, o] **adj.** – 1476 ◇ du latin *decanus* ■ DIDACT. Relatif au doyen, au décanat. *Arrêté décanal.*

DÉCANAT [dekana] **n. m.** – 1650 ◇ latin ecclésiastique *decanatus,* de *decanus* → doyen ■ DIDACT. Dignité, fonction de doyen. *Le décanat d'une église cathédrale. Le décanat d'une faculté.* — Durée de cette fonction.

DÉCANILLER [dekanije] **v. intr.** ‹1› – 1791 ◇ p.-ê. de *dé-* et lyonnais *canille* «jambe», de *canne* ■ FAM. S'enfuir*, partir.

DÉCANOÏQUE [dekanɔik] **adj.** – 1899 ◇ de *déca-* ■ CHIM. *Acide décanoïque* : acide gras saturé à dix atomes de carbone, présent dans les graisses naturelles et les huiles à l'état de glycéride. ➤ **caprique.**

DÉCANTATION [dekɑ̃tasjɔ̃] **n. f.** – 1680 ◇ latin des alchimistes *decanthatio,* de *décanter* ■ **1** Action de décanter ; son résultat. ➤ **clarification.** *Bassin de décantation.* — On dit aussi **DÉCANTAGE n. m.,** 1838. ■ **2** Action de décanter (FIG.), de tirer au clair. ➤ **éclaircissement.**

DÉCANTER [dekɑ̃te] **v.** ‹1› – 1701 ◇ latin des alchimistes *decanthare,* de *canthus* «bec de cruche» ■ **1** **v. tr.** Séparer par gravité (un liquide) des matières solides ou liquides en suspension, qu'on laisse déposer. ➤ **clarifier, épurer, purifier.** *Décanter du vin.* — ABSOLT *Ampoule à décanter* (verrerie de laboratoire). — PRONOM. *L'eau polluée se décante.* ♦ FIG. *Décanter ses idées* : se donner un temps de réflexion afin d'y voir plus clair. PRONOM. *Patiente, la situation va se décanter.* ■ **2** **v. intr.** Devenir plus clair, se clarifier. *Faire décanter du bordeaux.* ➤ **1 déposer.** ■ CONTR. Mélanger.

DÉCANTEUR, EUSE [dekɑ̃tœʀ, øz] **adj.** et **n. m.** – 1873 ◇ de *décanter* ■ Qui sert à décanter. — **n. m.** *Décanteurs d'une station d'épuration.*

DÉCAPAGE [dekapaʒ] **n. m.** – 1768 ◊ de *décaper* ■ Action de décaper ; son résultat. ➤ **décapement.** *Décapage chimique. Décapage mécanique,* à l'aide d'abrasifs. ➤ **grenaillage, ponçage.** *Eaux de décapage.*

DÉCAPANT, ANTE [dekapɑ̃, ɑ̃t] **adj.** et **n. m.** – 1929 n. m. ◊ de *décaper* ■ **1** Qui décape. *Produit décapant.* ◆ **n. m.** Substance chimique propre à décaper. *Un décapant puissant. Décapant mécanique.* ➤ **abrasif.** ■ **2** FIG. (1945) Qui supprime les vieilles habitudes, qui renouvelle. *Un humour décapant.* ➤ **corrosif.**

DÉCAPELER [dekap(ə)le] **v. tr.** ‹4 /5/› – 1783 ◊ de *dé-* et *capeler* ■ MAR. Dépouiller (les mâts, les vergues) de leur gréement.

DÉCAPEMENT [dekapmɑ̃] **n. m.** – 1885 ; «blanchiment (d'un cuir)» 1693 ◊ de *décaper* ■ TECHN. Décapage. *Le décapement d'une chaussée.*

DÉCAPER [dekape] **v. tr.** ‹1› – 1742 ; *deschaper* «ôter la chape» XVIe ◊ de *dé-* et *cape* ■ **1** Mettre à nu (une surface métallique) en enlevant les dépôts d'oxydes, de sels, les corps gras, etc. qui la couvrent. ➤ **décrocher, poncer.** *Décaper un cuivre à graver.* ◆ FIG. *«décaper la littérature de ses rouilles diverses, de ses croûtes»* QUENEAU. ■ **2** PAR EXT. Débarrasser (une surface) d'une couche de matière qui la couvre. *Décaper des boiseries peintes, un parquet sale.* ➤ **gratter.** SPÉCIALT (1898) *Décaper une chaussée,* en nettoyer la surface pour un nouveau revêtement.

DÉCAPEUR [dekapœʀ] **n. m.** – 1845 ◊ de *décaper* ■ **1** Ouvrier qui décape des métaux. ■ **2** *Décapeur thermique* : appareil qui souffle de l'air brûlant et provoque le ramollissement des couches de peintures afin de les enlever plus facilement.

DÉCAPEUSE [dekapøz] **n. f.** – 1931 ◊ de *décaper* ■ Engin de terrassement destiné à racler les surfaces. — **Recomm. offic. pour** ***scraper.***

DÉCAPITALISER [dekapitalize] **v. tr.** ‹1› – 1870 ◊ de *dé-* et *capitaliser* ■ **1** Retirer la valeur de capital à (des intérêts, des valeurs). ■ **2** Retirer tout ou partie du capital investi dans une entreprise. *Décapitaliser une entreprise.*

DÉCAPITATION [dekapitasjɔ̃] **n. f.** – 1392 ◊ de *décapiter* ■ Action de décapiter. ➤ **décollation.** *Être condamné à la décapitation.* ➤ **exécution.** ◆ FIG. *Décapitation de l'état-major.*

DÉCAPITER [dekapite] **v. tr.** ‹1› – 1320 ◊ latin médiéval *decapitare,* de *caput* «tête» ■ **1** Trancher la tête de (qqn). *«nous lui mettrions le cou sur un rail, de manière à ce que le premier train le décapitât»* ZOLA. *Décapiter un condamné à la hache, à la guillotine* (➤ **guillotiner**). — *Cadavre décapité. Statue décapitée.* ■ **2** PAR ANAL. *Décapiter un arbre,* lui enlever la partie supérieure. ➤ **découronner, écimer, étêter.** ■ **3** FIG. Détruire, éliminer ce qui est à la tête de (qqch.). ➤ **abattre.** *Décapiter un réseau. «ce fut lui* [Tallien] *qui décapita la Terreur»* M. DU CAMP.

DÉCAPODE [dekapɔd] **adj.** et **n. m.** – 1804 ◊ de *déca-* et *-pode* ■ ZOOL. ■ **1** Qui a cinq paires de pattes, dix pattes. *Mollusque décapode* : céphalopode à dix tentacules. *La seiche, le calmar sont décapodes.* ■ **2** **n. m.** Crustacé malacostracé ayant cinq paires de pattes ambulatoires (crabe, crevette, écrevisse, homard, langouste, etc.).

DÉCAPOLE [dekapɔl] **n. f.** – 1803 ◊ de *déca-* et grec *polis* «ville» ■ HIST. Association, groupe de dix villes. *La décapole alsacienne.*

DÉCAPOTABLE [dekapɔtabl] **adj.** – 1929 ◊ de *décapoter* ■ Qui peut être décapoté. *Voiture décapotable.* ➤ **cabriolet.** — **n. f.** *Une décapotable. Rouler en décapotable.*

DÉCAPOTER [dekapɔte] **v. tr.** ‹1› – 1929 ◊ de *dé-* et *capote* ■ Enlever ou ouvrir la capote (et PAR EXT. le toit mobile) de. *Décapoter sa voiture.* ➤ **découvrir.** — *Voiture décapotée.*

DÉCAPSULAGE [dekapsylaʒ] **n. m.** – 1929 ◊ de *décapsuler* ■ Action de décapsuler (une bouteille). ■ CONTR. Capsulage.

DÉCAPSULATION [dekapsylasjɔ̃] **n. f.** – 1904 ◊ de *dé-* et *capsule* ■ CHIR. Résection de la capsule d'un organe.

DÉCAPSULER [dekapsyle] **v. tr.** ‹1› – 1929 ◊ de *dé-* et *capsule* ■ **1** Enlever la capsule de. ➤ **ouvrir.** *Décapsuler une bouteille.* ■ **2** CHIR. Pratiquer la décapsulation de (un organe). *Décapsuler un rein.*

DÉCAPSULEUR [dekapsylœʀ] **n. m.** – 1929 ◊ de *décapsuler* ■ Ouvre-bouteille qui fait levier, pour enlever les capsules.

DÉCAPUCHONNER [dekapyʃɔne] **v. tr.** ‹1› – 1611 ◊ de *dé-* et *capuchon* ■ Ôter le capuchon de. *Décapuchonner un stylo.*

DÉCARBONATER [dekaʀbɔnate] **v. tr.** ‹1› – 1846 ◊ de *dé-* et *carbonate* ■ CHIM. Retirer l'acide carbonique de (un composé). — **p. p. adj.** *Chaux décarbonatée.*

DÉCARBONER [dekaʀbɔne] **v. tr.** ‹1› – 1997 ; autre sens fin XVIIIe ◊ de *dé-* et *carbone* ■ DIDACT. Réduire l'émission de carbone relative à (une activité). *Décarboner la production énergétique.* — **P. p. adj.** *Solutions durables et décarbonées.*

DÉCARBOXYLASE [dekaʀbɔksilɑz] **n. f.** – 1946 ◊ de *dé-* et *carboxylase* ■ BIOCHIM. Enzyme qui catalyse une décarboxylation. APPOS. *Lysine décarboxylase.* ■ CONTR. Carboxylase.

DÉCARBOXYLATION [dekaʀbɔksilasjɔ̃] **n. f.** – 1911 ◊ de *dé-* et *carboxyle* ■ CHIM. Perte d'un groupe carboxylique provenant d'un acide ou d'un sel organique. BIOCHIM. Cette action chimique catalysée par une enzyme.

DÉCARBURANT, ANTE [dekaʀbyʀɑ̃, ɑ̃t] **adj.** – v. 1870 ◊ de *décarburer* ■ TECHN. Qui a la propriété de décarburer.

DÉCARBURER [dekaʀbyʀe] **v. tr.** ‹1› – 1839 ◊ de *dé-* et *carbure* ■ TECHN. Enlever à (un métal) le carbone qu'il contient. *Décarburer la fonte,* pour la transformer en fer ou en acier. — **n. f. DÉCARBURATION,** 1834.

DÉCARCASSER (SE) [dekaʀkase] **v. pron.** ‹1› – 1821 ◊ de *dé-* et *carcasse* ■ FAM. Se donner beaucoup de peine pour parvenir à un résultat. ➤ **se démener,** RÉGION. **s'escagasser** (cf. Se donner du mal* ; FAM. se casser* le cul). *«Je peux bien me décarcasser à faire de l'ironie, elle n'a même pas l'air d'entendre»* COLETTE.

DÉCAROTTAGE [dekaʀɔtaʒ] **n. m.** – 1973 ◊ de *dé-* et *carotte* ■ TECHN. Démoulage d'une carotte* (4°).

DÉCARRELER [dekaʀle] **v. tr.** ‹4 /5/› – 1605 ◊ de *dé-* et *carreau* ■ Ôter les carreaux de. *Faire décarreler une cuisine.* ■ CONTR. Carreler, recarreler.

DÉCARTELLISATION [dekaʀtelizasjɔ̃] **n. f.** – 1945 ◊ de *dé-* et *cartel* ■ ÉCON., HIST. Dissolution de cartels de producteurs. *La décartellisation de l'industrie allemande, après la Seconde Guerre mondiale.* ■ CONTR. Cartellisation.

DÉCASYLLABE [dekasi(l)lab] **adj.** et **n. m.** – 1551 ◊ de *déca-* et *syllabe* ■ Qui a dix syllabes. *Vers décasyllabe.* — **n. m.** Vers de dix syllabes. *Poème écrit en décasyllabes.*

DÉCASYLLABIQUE [dekasi(l)labik] **adj.** – 1752 ◊ de *déca-* et *syllabique* ■ Qui a dix syllabes. *Vers décasyllabique.* ➤ **décasyllabe.**

DÉCATHLON [dekatlɔ̃] **n. m.** – 1912 ◊ de *déca-*, d'après *pentathlon* ■ Compétition d'athlétisme* regroupant dix épreuves disputées successivement par les mêmes athlètes.

DÉCATHLONIEN, IENNE [dekatlɔnjɛ̃, jɛn] **n.** – 1931 ; *décathlète* v. 1920 ◊ de *décathlon* ■ Athlète (souvent homme) pratiquant le décathlon.

DÉCATI, IE [dekati] **adj.** – 1846 sens pr. ◊ de *décatir* ■ FAM. Éprouvé par l'âge ; qui a perdu sa fraîcheur, sa beauté. ➤ **flétri.** *«des jeunes crevés et des ex-grandes dames décaties»* CENDRARS.

DÉCATIR [dekatiʀ] **v. tr.** ‹2› – 1753 ◊ de *dé-* et *catir* ■ **1** TECHN. Débarrasser (une étoffe) du lustre que lui ont donné les apprêts (opération du *décatissage* **n. m.,** 1815). ➤ **délustrer.** *Décatir un drap à la vapeur.* **adj.** et **n. DÉCATISSEUR, EUSE,** 1832. ■ **2** PRONOM. (1860) FIG. (PERSONNES) Perdre sa fraîcheur ; vieillir (➤ **décati**). ■ CONTR. Catir, lustrer.

DECAUVILLE [dəkovil] **n. m.** – fin XIXe ◊ nom de l'inventeur ■ Chemin de fer à voie étroite très employé dans les mines, les carrières.

DÉCAVAILLONNER [dekavajɔne] **v. tr.** ‹1› – 1872 ◊ de *dé-* et 1*cavaillon* ■ AGRIC. Labourer (les cavaillons*) avec une petite charrue appelée *décavaillonneuse* (**n. f.,** 1878).

DÉCAVÉ, ÉE [dekave] **adj.** et **n.** – 1819 ◊ de *décaver* ■ Qui a perdu sa cave, au jeu. *Joueur décavé.* — **n.** (1870) *Un décavé.* ◆ PAR EXT. Ruiné. *Il est complètement décavé.* — *Un air décavé,* défait, abattu.

DÉCAVER [dekave] **v. tr.** ‹1› – 1797 ◊ de *dé-* et 3*cave* ■ JEU Gagner toute la cave de (un joueur). *Décaver son adversaire en deux coups.* — **SE DÉCAVER v. pron.** Perdre sa cave, au jeu. — PAR EXT. Se ruiner.

DECCA [deka] **n. m.** – 1977 ◊ de *Decca,* nom de la firme britannique qui a mis au point ce dispositif ■ TÉLÉDÉTECT. Système de radionavigation* utilisé dans la marine et l'aviation, fondé sur l'interprétation du déphasage de signaux émis par un réseau de balises fixes. ■ HOM. Déca.

DÉCÉDER [desede] **v. intr.** ‹6› – fin XVe ◊ latin *decedere* «s'en aller» ■ Mourir* (PERSONNES). *Il est décédé depuis dix ans.* ➤ 2 **mort.** *Décédé le...* — **p. p. adj.** *De père et de mère décédés.* — REM. Employé surtout dans l'Administration ou par euphémisme, au passé composé et au participe passé.

DÉCELABLE [des(ə)labl] **adj.** – 1897 ◊ de *déceler* ■ Qui peut être décelé. ➤ **repérable.** *«des mutations individuellement non décelables»* J. MONOD.

DÉCÈLEMENT [desɛlmɑ̃] **n. m.** – 1546 ◊ de *déceler* ■ RARE Fait de déceler. ➤ **découverte.** ■ HOM. Descellement.

DÉCELER [des(ə)le] **v. tr.** ‹5› – 1188 ◊ de *dé-* et *celer* ■ **1** Découvrir, mettre en évidence (ce qui était celé, caché). ➤ **découvrir, dévoiler, révéler.** *Déceler un secret, une intrigue. «Ses pieds nus, ses genoux que la robe décèle»* VIGNY. *Déceler les intentions de qqn.* — *Déceler une fuite de gaz.* ➤ **détecter, repérer, trouver.** ■ **2** (CHOSES) Faire connaître, être l'indice de. ➤ **annoncer, dénoncer, indiquer, manifester, montrer, prouver, révéler, signaler, trahir.** *Cette végétation décèle la présence de carbonate de chaux dans le sol. «ce serrement de la gorge, ce spasme de la poitrine qui décèlent le désarroi produit dans notre système nerveux par un choc trop intense»* BOURGET. ■ CONTR. Cacher, celer. ■ HOM. *Décèle* : desselle (desseller), descelle (desceller).

DÉCÉLÉRATION [deseleʀasjɔ̃] **n. f.** – 1910 ◊ de *dé-* et *(ac)célération* ■ Accélération négative d'un mouvement, réduction de la vitesse d'un mobile. *«moi, dans la masse humaine compacte qui oscille au gré des accélérations et décélérations du train»* TOURNIER. ◆ FIG. Ralentissement d'un rythme de croissance, de hausse (prix, etc.). ■ CONTR. Accélération.

DÉCÉLÉRER [deseleʀe] **v. intr.** ‹6› – début XXe ◊ de *dé-* et *(ac)célérer* ■ Ralentir, réduire sa vitesse. *La fusée décélère en entrant dans l'atmosphère.* — (PERSONNES) Réduire la vitesse de son véhicule. *Décélérer avant de freiner.* ■ CONTR. Accélérer.

DÉCEMBRE [desɑ̃bʀ] **n. m.** – milieu XIIe ◊ latin *decembris (mensis)*, de *decem* «dix», dixième mois de l'ancienne année romaine ■ Le douzième et dernier mois de l'année (correspondait à *frimaire*, nivôse**). *Décembre a 31 jours. Le mois de décembre. Le 25 décembre.* ➤ **noël.** *Le 31 décembre* (cf. La Saint*-Sylvestre). *On est en décembre. Le coup d'État du 2 décembre. Des décembres glacés.*

DÉCEMBRISTE [desɑ̃bʀist] **n. m.** – 1889 ◊ de *décembre* ■ HIST. RUSSE Membre de la conspiration fomentée à Saint-Pétersbourg contre Nicolas Ier, en décembre 1825.

DÉCEMMENT [desamɑ̃] **adv.** – 1523 ◊ de *décent* ■ **1** D'une manière décente. *Se tenir, s'exprimer décemment.* ➤ **convenablement.** ■ **2** PAR EXT. ➤ **raisonnablement.** *Je ne pouvais pas, décemment, partir avant la fin.* ■ **3** D'une manière appropriée. *«l'on m'avait appris à réciter à peu près décemment les vers»* GIDE. ➤ **correctement.**

DÉCEMVIR [desɛmviʀ] **n. m.** – 1355 ◊ latin *decemvir*, de *decem* «dix» et *vir* «homme» ■ ANTIQ. ROM. Membre d'un collège composé de dix personnes. — Magistrat chargé d'administrer la justice en l'absence du préteur. — **adj. DÉCEMVIRAL, ALE, AUX.**

DÉCEMVIRAT [desɛmviʀa] **n. m.** – 1355 ◊ de *décemvir* ■ ANTIQ. Dignité de décemvir. — Période pendant laquelle Rome fut soumise au gouvernement des décemvirs. *Le décemvirat dura deux ans.*

DÉCENCE [desɑ̃s] **n. f.** – XIIIe ◊ latin *decentia*, de *decere* «convenir» ■ **1** Respect de ce qui touche les bonnes mœurs, les convenances (SPÉCIALT en matière sexuelle). ➤ **bienséance, honnêteté, pudeur.** *«elle parlait de tout, même devant des enfants, sans jamais blesser la décence»* ZOLA. *Garder une certaine décence. Être vêtu avec décence.* ■ **2** VIEILLI Respect des habitudes sociales (sans connotation sexuelle). *Vous pourriez avoir la décence de vous taire après ce que vous avez fait.* ➤ **politesse ; correction, tact.** ■ **3** MOD. Discrétion, retenue dans les relations humaines, sentimentales. *«une discrétion qui n'est que de la décence le retient»* GIDE. ➤ **réserve.** ■ CONTR. Effronterie, inconvenance, indécence, obscénité ; indiscrétion ; cynisme.

DÉCENNAL, ALE, AUX [desenal, o] **adj.** – 1540 ◊ latin *decennalis*, de *decem* «dix» et *annus* «année» ■ **1** Qui dure dix ans. *Garantie décennale.* ■ **2** Qui a lieu tous les dix ans. *Prix décennal.* — **n. f. pl.** *Les décennales* : fêtes instituées par les empereurs romains pour célébrer chaque dixième année de leur avènement.

DÉCENNIE [deseni] **n. f.** – 1888 ◊ de *décennal* ■ Période de dix ans. ➤ **décade** (critiqué).

DÉCENT, ENTE [desɑ̃, ɑ̃t] **adj.** – XVe ◊ latin *decens*, de *decere* → décence ■ **1** Qui est conforme à la décence (notamment en matière sexuelle). ➤ **bienséant, convenable.** *Une conduite peu décente. Tenue décente.* ➤ **chaste, pudique.** ■ **2** VIEILLI Qui a de la décence (2°), respecte les convenances. ➤ **modeste, réservé.** *«L'air décent est nécessaire partout»* VOLTAIRE. *«la société décente, où chacun sait tenir son quant-à-soi»* MUSSET. ➤ 1 **poli.** ■ **3** Acceptable, passable. ➤ **correct.** *Elle joue du piano d'une manière décente.* ➤ **décemment.** *Travail, salaire décent,* qui permet de vivre correctement, dans de bonnes conditions. *«L'agrégation lui assurerait une situation décente»* BEAUVOIR. ■ CONTR. Cynique, éhonté, incongru, inconvenant, incorrect, indécent, licencieux, malséant, obscène. ■ HOM. Descente.

DÉCENTRAGE [desɑ̃tʀaʒ] **n. m.** – 1876 ◊ de *décentrer* ■ Action de décentrer ; son résultat. — OPT. *Décentrage d'un objectif.* ➤ **décentrement.**

DÉCENTRALISATEUR, TRICE [desɑ̃tʀalizatœʀ, tʀis] **adj.** et **n.** – 1845 ◊ de *décentraliser* ■ Relatif à la décentralisation. *Politique décentralisatrice.* — **n.** *Les décentralisateurs* : les partisans de la décentralisation.

DÉCENTRALISATION [desɑ̃tʀalizasjɔ̃] **n. f.** – 1829 ◊ de *décentraliser* ■ Action de décentraliser ; son résultat. *Décentralisation et polycentrisme.* ➤ **régionalisation.** *Décentralisation administrative,* par laquelle la gestion administrative d'une région est remise à des autorités locales élues (et non à des agents nommés par le pouvoir central ➤ **déconcentration**). — *Décentralisation industrielle.* ➤ **délocalisation.** ■ CONTR. Centralisation.

DÉCENTRALISER [desɑ̃tʀalize] **v. tr.** ‹1› – 1827 ◊ de *dé-* et *centraliser* ■ **1** Rendre plus autonome (ce qui dépend d'un pouvoir central). — SPÉCIALT Donner le pouvoir de décision, dans la gestion administrative locale, à (des collectivités territoriales, des personnes publiques élues par les administrés). — **p. p. adj.** *En France, la commune, le département, la région sont des collectivités décentralisées.* ■ **2** Déplacer tout ou partie des services de (une société, une entreprise... située dans la capitale) en banlieue ou en province. ➤ **délocaliser, régionaliser.** *Société parisienne qui décentralise ses services.* — PRONOM. *Se décentraliser.* ■ CONTR. Centraliser.

DÉCENTRATION [desɑ̃tʀasjɔ̃] **n. f.** – 1845 ◊ de *décentrer* ■ DIDACT. Action de prendre comme point de référence un autre que soi-même ou que celui qui est pris habituellement. *«la "décentration" des observateurs occidentaux»* PIAGET.

DÉCENTREMENT [desɑ̃tʀəmɑ̃] **n. m.** – 1899 ◊ de *décentrer* ■ **1** OPT. Défaut d'alignement des centres des lentilles d'un appareil optique. ➤ **décentrage.** ◆ PHOTOGR. Action de décentrer un objectif afin que son axe ne soit pas au centre du cliché. *Appareil à décentrement.* ■ **2** RARE Décentration.

DÉCENTRER [desɑ̃tʀe] **v. tr.** ‹1› – 1845 ◊ de *dé-* et *centrer* ■ Déplacer le centre de. ➤ **excentrer.** — PRONOM. *Cet objectif se décentre en hauteur.* ◆ FIG. DIDACT. Changer le centre, le système de référence de (qqch.). *Décentrer sa vision du monde. «La psychanalyse décentre* [...] *la constitution du monde fantasmatique par rapport à la conscience»* RICŒUR. ➤ **déplacer.**

DÉCEPTIF, IVE [desɛptif, iv] **adj.** – 1378 ◊ latin *deceptivus*, de *decipere* → décevoir ; repris XXe sous l'influence de l'anglais *deceptive* ■ COMM. Propre à tromper, à décevoir. *Produit déceptif.*

DÉCEPTION [desɛpsjɔ̃] **n. f.** – XIXe ; «tromperie» XIIe ◊ latin *deceptio*, de *decipere* → décevoir ■ Fait d'être déçu ; sentiment pénible causé par un désappointement, une frustration. ➤ **déboire, déconvenue, désappointement, désenchantement, désillusion, mécompte.** *Causer, éprouver, ressentir une déception. «cette tristesse du retour qui ressemble à une grande déception»* GONCOURT. ◆ Ce qui déçoit. *Cet échec est une cruelle déception.* ➤ FAM. **douche.** *«ce visiteur encore inconnu* [...] *qui serait peut-être une déception»* ROMAINS. ■ CONTR. Contentement, satisfaction.

DÉCERCLER [desɛʀkle] **v. tr.** ‹1› – XIIe ◊ de *dé-* et *cercler* ■ TECHN. Enlever les cercles de (un tonneau, une cuve). ■ CONTR. Cercler.

DÉCÉRÉBRATION [deseʀebʀasjɔ̃] **n. f.** – 1925 ; au fig. 1902 ◊ de *décérébrer* ■ PHYSIOL. Action de décérébrer (un animal). — PAR EXT. Résultat de cette action ; état d'un animal décérébré.

DÉCÉRÉBRER [deseʀebʀe] **v. tr.** ‹6› – 1896 ◊ de *dé-* et latin *cerebrum* «cerveau» ■ **1** PHYSIOL. Enlever ou détruire l'encéphale de (un animal) ; sectionner le névraxe au niveau du mésencéphale. *Décérébrer une grenouille.* ■ **2** FIG. Priver d'intelligence, de raison. ➤ **décerveler.** — **p. p. adj.** *«des élites décérébrées»* CÉSAIRE.

DÉCERNER [desɛʀne] **v. tr.** ‹1› – 1318 ◇ latin *decernere* «décider, décréter» ■ **1** VX Décréter, ordonner juridiquement. ◆ MOD. DR. *Décerner un mandat d'arrêt, de dépôt.* ■ **2** (XVIe) COUR. Accorder à qqn (une récompense, une distinction). ➤ **accorder, adjuger, attribuer, donner.** *Décerner un prix, un diplôme à qqn.* ➤ **remettre.**

DÉCERVELAGE [desɛʀvəlaʒ] **n. m.** – 1898, Jarry ◇ de *décerveler* ■ Action de décerveler* ; son résultat. — FIG. Destruction des facultés de jugement d'une personne. ➤ **abêtissement, abrutissement** (cf. Lavage* de cerveau).

DÉCERVELER [desɛʀvəle] **v. tr.** ‹4 /5/› – XIIIe, repris v. 1888 par Jarry ◇ de *dé-* et *cervelle* ■ FAM. Faire sauter la cervelle de (qqn). ABSOLT *La machine à décerveler du père Ubu.* — FIG. Rendre stupide. ➤ **abrutir, décérébrer.** ABSOLT *« la télévision, insidieuse machine à décerveler »* LEIRIS.

DÉCÈS [desɛ] **n. m.** – fin XIe ◇ latin *decessus,* de *decedere* → décéder ■ DR. CIV. Mort (d'une personne). *Constatation du décès. Acte, certificat de décès. Faire-part de décès. Capital-décès* (➤ 2 **capital**). — COUR. *Fermé pour cause de décès.*

DÉCEVANT, ANTE [des(ə)vɑ̃, ɑ̃t] **adj.** – XIIe «trompeur» ◇ de *décevoir* ■ Qui déçoit. ■ **1** VX Qui séduit ou abuse par son apparence. ➤ **mensonger, trompeur.** *« Ai-je pu résister au charme décevant ? »* RACINE. ■ **2** MOD. Qui ne répond pas à ce qu'on espérait. ➤ **frustrant.** *Résultats décevants.* ➤ **insatisfaisant.** *Un voyage décevant. Un produit décevant.* ➤ **déceptif.** *Un candidat décevant.*

DÉCEVOIR [des(ə)vwaʀ] **v. tr.** ‹28› – XIIe ◇ latin *decipere* «tromper», de *capere* ■ **1** VX Tromper, séduire par une apparence engageante, par qqch. de spécieux. ➤ **abuser, attraper, leurrer.** ■ **2** (XVIe) MOD. LITTÉR. Ne pas répondre à (une attente). ➤ **frustrer.** *Décevoir la confiance, l'attente, les espérances de qqn.* ➤ **tromper.** ◆ (XIXe) COUR. Tromper (qqn) dans ses espoirs ; donner une impression moins agréable que l'impression attendue. ➤ **désappointer.** *Cet élève m'a déçu. J'ai été très déçu par ce voyage. « Venise avait déçu Jacques comme un décor gondolé à force de servir »* COCTEAU. *« Les objets ne déçoivent pas ; ils donnent toujours exactement le plaisir que l'on attend d'eux »* MAUROIS. ➤ **trahir.** ■ **3** (1866) (Suisse) *Décevoir en bien :* surprendre agréablement. *Il a été déçu en bien, il s'attendait à pire.* ■ CONTR. Contenter, enchanter, satisfaire. Répondre (à l'attente).

DÉCHAÎNÉ, ÉE [deʃene] **adj.** /DÉCHAINÉ, ÉE/ – avant 1475 ◇ de *déchaîner* ■ **1** Qui s'agite, se manifeste avec violence. *Les vents, les flots, les éléments déchaînés.* ➤ **démonté, furieux, impétueux.** *Passions déchaînées.* ➤ **débordant, débridé, effréné.** ■ **2** (PERSONNES) Très excité ; qu'on ne peut arrêter. *Cet enfant est déchaîné.* ■ CONTR. 2 Calme.

DÉCHAÎNEMENT [deʃɛnmɑ̃] **n. m.** /DÉCHAINEMENT/ – 1671 ◇ de *déchaîner* ■ Action de (se) déchaîner ; son résultat. *Le déchaînement des flots, de la tempête.* ➤ **fureur, violence.** — Manifestation violente d'un sentiment. ➤ **emportement, explosion, transport.** *Le déchaînement de la violence, de la haine, des passions politiques. « une effusion, un déchaînement de tendresse »* DUHAMEL. ◆ SPÉCIALT Fureur, emportement. *« le déchaînement général des hypocrites et des fanatiques contre la malheureuse philosophie »* D'ALEMBERT. ■ CONTR. Apaisement.

DÉCHAÎNER [deʃene] **v. tr.** ‹1› /DÉCHAINER/ – 1665 ; «délivrer des chaînes» XIIe (→ désenchaîner) ◇ de *dé-* et *chaîne* ■ **1** Donner libre cours à (une force). *Déchaîner la tempête. Déchaîner les passions, la jalousie.* ➤ **déclencher, exciter, provoquer, soulever.** *Déchaîner l'hilarité générale, l'enthousiasme d'une foule. « Et l'on déchaîne contre lui l'opinion publique »* BALZAC. ➤ **ameuter.** ■ **2 SE DÉCHAÎNER v. pron.** Se déclencher, commencer avec violence. *La tempête s'était déchaînée. « tous les bas instincts se déchaînant, les crimes se multipliaient »* MADELIN. ◆ (PERSONNES) Se mettre en colère, s'emporter. *Il s'est déchaîné contre les députés de la majorité. L'opinion publique se déchaîne.* ■ CONTR. Apaiser, calmer, contenir, maîtriser.

DÉCHANT [deʃɑ̃] **n. m.** – 1164 ◇ de *dé-* et *chant,* d'après le latin médiéval *discantus* ■ HIST. MUS. Mélodie en contrepoint qui était écrite au-dessus du plain-chant.

DÉCHANTER [deʃɑ̃te] **v. intr.** ‹1› – 1663 ; «exécuter le déchant» 1220 ◇ de *dé-* et *chanter* ■ (Surtout à l'inf.) Changer de ton ; rabattre de ses prétentions, de ses espérances, perdre ses illusions. *Il commence à déchanter, il finira par déchanter.*

DÉCHAPERONNER [deʃapʀɔne] **v. tr.** ‹1› – 1465 ◇ de *dé-* et *chaperon* ■ **1** CHASSE Enlever le chaperon de (un oiseau de proie). *Déchaperonner un faucon.* ■ **2** (1802) TECHN. Enlever le chaperon de (un mur). ■ CONTR. Chaperonner.

DÉCHARGE [deʃaʀʒ] **n. f.** – 1330 «déchargement» ◇ de *dé-* et *charge*

I ■ **1** VX Action de décharger (I). — MAR. ➤ **déchargement.** ■ **2** Lieu où l'on décharge. — (1690) MOD. *Décharge publique,* où l'on dépose, où l'on jette des ordures, des déblais. ➤ **dépôt, dépotoir.** *Décharge sauvage,* non autorisée. ■ **3** TECHN. (➤ **décharger,** I, 3°). *Tuyau de décharge,* par lequel s'écoule un trop-plein. ◆ TYPOGR. Feuille de papier destinée à absorber l'excès d'encre des caractères. ■ **4** (XVIIIe) FAM. Éjaculation. *« à l'instant de sa perfide décharge »* SADE. ■ **5** (1680) ARCHIT. Diminution de la charge (dans *de décharge*). *Voûte de décharge d'un pont. Arc de décharge.*

II (1365 ◇ de *décharger,* II) ■ **1** DR. Libération d'une obligation, d'une dette ; document qui atteste cette libération (➤ **quittance**). *Décharge de mandat. Décharge définitive,* par laquelle la Cour des comptes déclare quitte un comptable. *Porter une somme en décharge,* l'inscrire comme acquittée. — Acte portant une décharge. *Signer une décharge à qqn.* ■ **2** (Précédé de *à*) Fait de lever les charges qui pèsent sur un accusé. *Témoin à décharge,* qui dépose à l'appui de la défense. — PAR EXT. LOC. *À la décharge de qqn,* pour l'excuser. *Il faut dire à sa décharge qu'il n'était pas au courant.*

III (1677) ■ **1** Fait de décharger une arme à feu. SPÉCIALT Tir simultané de plusieurs armes. ➤ **bordée, fusillade,** 1 **salve.** *Les cavaliers passèrent « en faisant une décharge générale qui nous couvrit de poudre »* FROMENTIN. ■ **2** Brusque diminution d'un potentiel électrique, baisse de charge brutale. *Décharge électrique. Décharge atmosphérique.* ➤ 1 **foudre.** *Recevoir une décharge* (d'électricité). ➤ FAM. **châtaigne.** ◆ PAR ANAL. *« Le corps de l'enfant sillonné par des décharges nerveuses sautait sous les draps »* MARTIN DU GARD. *Décharge émotionnelle.* ➤ **abréaction.**

■ CONTR. Charge. Chargement.

DÉCHARGEMENT [deʃaʀʒəmɑ̃] **n. m.** – 1611 ; «action de s'acquitter d'une dette» fin XIIIe ◇ de *décharger* ■ **1** Action de décharger un navire, une voiture, une bête de somme, et PAR EXT. les marchandises. ➤ **débarquement.** *Commencer le déchargement d'une cargaison. Déchargement d'un wagon, des colis d'un wagon. Temps réservé au déchargement d'un navire.* ➤ **starie** (cf. Jours de planche*). ■ **2** (1845) *Déchargement d'une arme à feu :* action d'en retirer la charge, de la désarmer. *Le déchargement d'une mine.* ➤ **désamorçage.** ■ CONTR. Chargement.

DÉCHARGER [deʃaʀʒe] **v. tr.** ‹3› – *deschargier* fin XIIe ◇ de *dé-* et *charger*

I Enlever la charge de. ■ **1** Débarrasser de sa charge (une personne, un navire, une voiture, une bête de somme...). *Décharger un porteur de son fardeau. « On se préparait à décharger l'éléphant »* VOLTAIRE. *Décharger un wagon, un camion.* ◆ PAR EXT. Enlever (un chargement). ➤ **débarder, débarquer.** *Décharger des marchandises, du bois.* ABSOLT *Appareils de levage* pour décharger.* ◆ (1553) *Décharger une arme,* en enlever la charge. *Pistolet déchargé. — Décharger son arme sur, contre qqn.* ➤ **tirer.** *« ils déchargeaient leurs pistolets dans les portes »* SAND. — LITTÉR. VIEILLI *Décharger un regard.* ➤ 1 **décocher.** *Il « déchargea sur lui un regard foudroyant, capable d'assommer un buffle »* DAUDET. ■ **2** (1611) Diminuer le poids, le fardeau qui surcharge. *Décharger une poutre qui fléchit.* ➤ **soulager.** ■ **3** TECHN. Débarrasser d'un excès, d'un trop-plein. *Décharger un réservoir.* ◆ ABSOLT *Étoffe qui décharge,* qui perd sa couleur. ➤ **déteindre.** ◆ FAM. FIG. *Décharger sa rate, sa bile :* laisser libre cours à sa colère, à sa mauvaise humeur. *Décharger sa colère sur qqn.* ➤ **passer ;** se **défouler.** ■ **4** (1773) ÉLECTR. Diminuer la charge électrique de. *Décharger un accumulateur. — Les piles sont déchargées.*

II FIG. (1287) ■ **1** Débarrasser ou libérer (qqn) d'une charge, d'une obligation, d'une responsabilité. ➤ **dispenser, libérer.** *On m'a déchargé de cette corvée. Décharger un contribuable.* ➤ **exonérer.** ■ **2** Dispenser (qqn d'un travail), en le faisant soi-même. *« ses employés le déchargent de presque tout »* ROMAINS. — *Être déchargé d'un travail.* — **SE DÉCHARGER v. pron.** *Il s'est déchargé de certains travaux sur ses collaborateurs.* ■ **3** Libérer (qqn) d'une accusation, témoigner en faveur de. *Décharger un accusé.* ➤ **blanchir, disculper, innocenter, justifier.** ■ **4** *Décharger sa conscience :* avouer, se confesser. ➤ **libérer, soulager.** VX *Décharger son cœur :* s'épancher, se confier.

III **v. intr.** (1655) FAM. Éjaculer. *« Tu me laisses décharger au fond de toi aujourd'hui ? »* CH. ANGOT.

■ CONTR. Charger, surcharger. Aggraver, augmenter. Accuser, condamner.

DÉCHARNÉ, ÉE [deʃaʀne] **adj.** – XIIIe ◇ de *décharner* ■ **1** Qui n'a plus de chair. *Squelette décharné.* ■ **2** COUR. Très maigre. ➤ **amaigri, étique, squelettique.** *Visage décharné. Bras, doigts décharnés.* ◆ FIG. *« Une de ces collines décharnées qui bossuent les landes »* GAUTIER. ➤ **aride, désertique.** ■ **3** (1671) FIG. *Style* *décharné,* sans ampleur, sans ornement. ➤ **dépouillé.** ■ CONTR. Charnu, gras. Luxuriant, riche.

DÉCHARNER [deʃaʀne] v. tr. ‹1› – XIIe ◇ de *dé-* et *charn* → chair ■ VX ■ **1** Dépouiller de la chair. *Décharner un cadavre.* ■ **2** Amaigrir. *«Cette maladie l'a complètement décharné»* (ACADÉMIE). ◆ FIG. *La chenille du pin «avait même décharné les thuyas et les cyprès»* GIONO.

DÉCHAUMER [deʃome] v. tr. ‹1› – 1732 ◇ de *dé-* et *chaume* ■ Débarrasser (le sol) du chaume ou des plantes nuisibles qui l'envahissent par un labour superficiel. — n. m. (avant 1845) **DÉCHAUMAGE.**

DÉCHAUMEUSE [deʃomøz] n. f. – 1921 ; *déchaumeur* 1860 ◇ de *déchaumer* ■ Charrue légère polysoc ou cultivateur à disques pour déchaumer.

DÉCHAUSSAGE [deʃosaʒ] n. m. – 1838 ◇ de *déchausser* ■ Action de déchausser (2°) un arbre, une plante ; mise à nu des racines par la gelée à la surface du sol.

DÉCHAUSSÉ, ÉE [deʃose] adj. – 1225 ◇ de *déchausser* ■ **1** Qui n'a plus de chaussure(s). *Pied déchaussé.* SPÉCIALT *Carmes déchaussés.* ➤ **déchaux.** ■ **2** Qui s'est déchaussé (2°). *Dent déchaussée.* — *Mur déchaussé,* dont les fondations sont dégradées. *Arbre déchaussé.*

DÉCHAUSSEMENT [deʃosmɑ̃] n. m. – 1538 ◇ de *déchausser* ■ Le fait de se déchausser (mur ; dent) ; état de ce qui est déchaussé. *Soigner le déchaussement des dents.*

DÉCHAUSSER [deʃose] v. tr. ‹1› – *deschalcier* XIIe ◇ latin populaire °*discalceare* ■ **1** Enlever les chaussures de (qqn). *Déchausser un enfant.* PRONOM. *Déchaussez-vous, voici des chaussons. «Ici, c'est comme dans les mosquées ; on se déchausse en entrant»* GIDE. ◆ ABSOLT *Déchausser :* enlever ou perdre ses skis. *Elle est tombée et elle a déchaussé.* ■ **2** Dénuder, dégarnir à la base. — TECHN. *Déchausser un arbre, une plante,* en mettre à découvert le collet. *Déchausser la vigne. Déchausser un mur :* enlever la terre autour des fondations. — PRONOM. *Dent qui se déchausse,* qui n'est plus bien maintenue par la gencive dans l'alvéole dentaire, et bouge. ■ CONTR. Chausser. Butter.

DÉCHAUSSEUSE [deʃosøz] n. f. – 1888 ◇ de *déchausser* ■ AGRIC. Petite charrue pour déchausser les pieds de vigne.

DÉCHAUSSOIR [deʃoswaʀ] n. m. – 1387 ◇ de *déchausser* ■ AGRIC. Outil pour déchausser les arbres. ➤ **houe.**

DÉCHAUX [deʃo] adj. m. – XVIe ; *descaus* fin XIIe ◇ latin populaire °*discalceus,* altération de *discalceatus* «déchaussé» ■ RELIG. Relatif aux religieux qui ont les pieds nus dans des sandales. *Carmes déchaux.* ➤ **déchaussé.**

DÈCHE [dɛʃ] n. f. – 1835 ◇ probablt de *déchoir,* ou de *déchéance* ■ FAM. Manque d'argent, grande gêne. ➤ **débine, misère, pauvreté.** *Être dans la dèche. «elle et les siens, dans leur dèche, à se demander comment ils pourraient boucler le budget à la fin de chaque semaine»* LE CLÉZIO. *Quelle dèche ! C'est la dèche.*

DÉCHÉANCE [deʃeɑ̃s] n. f. – 1190 ◇ de *déchoir* ■ **1** Fait de déchoir ; état d'une personne qui est déchue. ➤ **abaissement, chute, décadence, déclin,** 1 **dégradation, disgrâce.** *La déchéance de l'être humain. La déchéance d'une civilisation, des mœurs. «Avec quoi l'homme se consolera-t-il d'une déchéance ? sinon avec ce qui l'a déchu»* GIDE. — *Déchéance physique :* dégradation de la condition physique d'un individu. ➤ **décrépitude.** *Déchéance intellectuelle. Avoir le sentiment de sa propre déchéance.* ■ **2** DR. Perte d'un droit ou d'une fonction, à titre de sanction. *Déchéance de l'autorité parentale. Déchéance de nationalité. Déchéance d'un droit ou d'une action à l'expiration d'un délai* (➤ **forclusion**). *Action en déchéance pour non-exploitation d'un brevet.* — PAR EXT. *Proclamer la déchéance d'un souverain.* ➤ **déposition, destitution.** ■ CONTR. Ascension, progrès, redressement.

DÉCHET [deʃɛ] n. m. – *déchié* 1283 ◇ *déchiet* XIVe, par confusion avec *il dechiet* «il déchoit» → déchoir ■ **1** Perte, diminution qu'une chose subit dans l'emploi qui en est fait. ➤ **déperdition, perte.** *Ce n'est pas cher, mais il y a du déchet,* une partie à jeter. — COMM. *Déchet de route, de freinte* (admis au cours d'un transport). ➤ **discale.** ■ **2** (Surtout au plur.) Ce qui reste d'une matière qu'on a travaillée. ➤ **chute, copeau, débris, épluchure, résidu, rognure, scorie.** *Déchets de fonte, d'étoffe, de viande. Déchets industriels qui polluent* une rivière* (➤ **pollution**). ■ **3** Résidu impropre à la consommation, inutilisable (et en général sale ou encombrant). ➤ **détritus.** *Des poubelles de déchets. Déchets ménagers* (➤ **ordure ; encombrant**), *déchets de jardin. Déchets biodégradables.* ➤ **biodéchet.** *Recyclage, valorisation des déchets* (➤ **déchèterie,** RÉGION. **écocentre ; rudologie**). *Déchets toxiques.* ◆ *Déchets radioactifs :* résidus de combustion dans les réacteurs nucléaires, contenant des substances radioactives dangereuses. *Le stockage des déchets nucléaires.* ◆ *Le zéro déchet,* mode de vie visant à réduire ses déchets, afin de minimiser son impact sur l'environnement. ■ **4** PHYSIOL. Résidu du métabolisme, partie non assimilée. *Déchets de la nutrition.* ■ **5** FIG. Personne déchue, méprisable. *C'est un déchet de l'humanité, un pauvre déchet.* ➤ **rebut.**

DÉCHÉTARIEN, IENNE [deʃetaʀjɛ̃, jɛn] n. et adj. – 2007 ◇ de *déchet,* sur le modèle de *végétarien* ■ Personne qui se nourrit d'aliments de rebut (grandes surfaces, restaurants, marchés), souvent pour des motifs idéologiques. *Déchétariens voulant lutter contre le gaspillage.* — adj. *Le mouvement déchétarien.*

DÉCHÈTERIE ou **DÉCHETTERIE** [deʃɛtʀi] n. f. – 1988 *déchetterie* (nom déposé) ◇ de *déchet* ■ Lieu aménagé pour accueillir et traiter des déchets toxiques ou recyclables. ➤ RÉGION. **écocentre.** *Les meubles destinés «aux deux brocanteurs qu'avait contactés mon frère, et à la déchetterie pour ce qui ne trouverait aucun preneur»* O. ADAM.

DÉCHIFFONNER [deʃifɔne] v. tr. ‹1› – 1870 ◇ de *dé-* et *chiffonner* ■ Remettre en état (ce qui est chiffonné). ➤ **défriper, défroisser.** ■ CONTR. Chiffonner.

DÉCHIFFRABLE [deʃifʀabl] adj. – 1609 ◇ de *déchiffrer* ■ Qui peut être déchiffré. *Écriture à peine déchiffrable.* ➤ **lisible.** ■ CONTR. Indéchiffrable.

DÉCHIFFRAGE [deʃifʀaʒ] n. m. – 1881 ◇ de *déchiffrer* ■ Action de déchiffrer. ➤ **déchiffrement.** — SPÉCIALT (1900) Fait de déchiffrer (de la musique). Exécution d'une œuvre à la première lecture.

DÉCHIFFREMENT [deʃifʀəmɑ̃] n. m. – 1553 ◇ de *déchiffrer* ■ Action de déchiffrer (une écriture, un message chiffré dont on connaît le code). *«les abréviations et les lettres effacées rendaient difficile le déchiffrement»* BOSCO. ➤ **décodage, lecture.**

DÉCHIFFRER [deʃifʀe] v. tr. ‹1› – XVe ◇ de *dé-* et *chiffre* ■ **1** Lire (ce qui est chiffré), traduire en clair. *Déchiffrer un message, une dépêche diplomatique. Déchiffrer un cryptogramme en trouvant la clé.* ➤ **décoder, décrypter.** ■ **2** Parvenir à lire, à comprendre (un texte, des signes écrits). *Champollion a déchiffré les hiéroglyphes.* — Lire (une écriture, des signes connus). *Écriture difficile à déchiffrer.* ■ **3** (1761) *Déchiffrer de la musique,* la lire à première vue (➤ **déchiffrage**). *Déchiffrer un morceau, une partition.* ABSOLT *Elle ne sait pas déchiffrer.* ■ **4** FIG. Comprendre* (ce qui était obscur, caché). ➤ **débrouiller, démêler, éclaircir, percer.** *Déchiffrer une intrigue. «Elle déchiffrait sur ma figure le dépit d'être dérangé»* MAURIAC. ➤ **déceler, découvrir.** ◆ *Déchiffrer qqn.* ➤ **deviner, expliquer, pénétrer.** *Un être difficile à déchiffrer.* ■ CONTR. Chiffrer. Obscurcir.

DÉCHIFFREUR, EUSE [deʃifʀœʀ, øz] n. – 1529 ◇ de *déchiffrer* ■ Personne qui déchiffre (qqch.). *Un bon déchiffreur de manuscrits.*

DÉCHIQUETAGE [deʃiktaʒ] n. m. – XIVe ◇ de *déchiqueter* ■ Action de déchiqueter ; état, forme de ce qui est déchiqueté.

DÉCHIQUETÉ, ÉE [deʃikte] adj. – *deschaquetay* 1348 ◇ de *déchiqueter* ■ En lambeaux ; arraché, en pièces. *On a retrouvé des corps déchiquetés après l'explosion.* BOT. Dont le bord est inégalement découpé. *Feuille déchiquetée.*

DÉCHIQUETER [deʃik(ə)te] v. tr. ‹4 /5/› – 1338 ◇ probablt ancien français *eschiqueté* «découpé en cases comme un échiquier» ■ **1** Déchirer irrégulièrement en petits morceaux, en lambeaux. ➤ **arracher, déchirer, dilacérer, lacérer, taillader, tailler.** *Déchiqueter une étoffe. Déchiqueter de la viande à belles dents.* ➤ **mordre.** ■ **2** FIG. Mettre en pièces (concret et abstrait). *«un impitoyable besoin d'analyser, de critiquer [...] qui lui faisait déchiqueter, mettre en pièces, son impératif moral»* R. ROLLAND. ■ **3** FAM. Au p. p. **DÉCHIQUETÉ, ÉE :** épuisé ; ivre.

DÉCHIQUETEUR [deʃik(ə)tœʀ] n. m. et **DÉCHIQUETEUSE** [deʃik(ə)tøz] n. f. – 1894, –1956 ; fig. 1529 ◇ de *déchiqueter* ■ TECHN. Appareil, machine à déchiqueter. *Un déchiqueteur, une déchiqueteuse de bureau pour la destruction de papiers.*

DÉCHIQUETURE [deʃik(ə)tyʀ] n. f. – 1534 ◇ de *déchiqueter* ■ Découpure, taillade. — SPÉCIALT *Déchiqueture d'une étoffe,* mauvaise entaille, mauvaise découpure.

DÉCHIRANT, ANTE [deʃiʀɑ̃, ɑ̃t] **adj.** – 1611, rare avant XVIIIe ◊ de *déchirer* ■ Qui déchire le cœur, qui émeut fortement. ➤ **douloureux.** *Spectacle déchirant.* ➤ **navrant, pathétique.** *Des cris déchirants. «deux notes plaintives se firent entendre. Elles devinrent déchirantes, humaines, inhumaines»* COCTEAU. *Adieux déchirants. «j'éprouvai la douleur déchirante et toute l'horreur de l'adieu sans retour»* CONSTANT. ■ CONTR. Gai, heureux.

DÉCHIREMENT [deʃiʀmɑ̃] **n. m.** – 1120 ◊ de *déchirer* ■ **1** Action de déchirer ; son résultat. *Le déchirement d'une étoffe. Bruit de déchirement.* — (1721) *Déchirement d'un muscle, d'une fibre.* ➤ **déchirure, lacération.** *Le taureau «mal habitué encore au déchirement lacérant des banderilles»* PEYRÉ. ■ **2** FIG. Grande douleur morale avec impression de rupture intérieure (notamment lors des séparations). ➤ **arrachement, 1 chagrin, souffrance.** *«le déchirement d'une première séparation»* ROUSSEAU. *«ils tenaient presque à tout : le sacrifice de chaque objet était un petit déchirement»* LOTI. ■ **3** Division brutale au sein d'une communauté. ➤ **désunion, discorde, division.** *Nation en proie à des déchirements.*

DÉCHIRER [deʃiʀe] **v. tr.** ‹1› – XIIe ◊ francique °*skerjan* «gratter»

I ~ **v. tr. A.** CONCRET ■ **1** Séparer brusquement en plusieurs morceaux (un tissu, un papier, etc.) par des tractions opposées, sans instrument tranchant. *Ouvrir un colis en déchirant l'emballage. Déchirer un chèque et en jeter les morceaux. Déchirer une lettre, une photo. Déchirer la page d'un livre.* ➤ **arracher.** *Déchirer en deux, en mille morceaux.* ➤ **déchiqueter.** *Déchirer un tissu dans le droit fil.* LOC. FIG. *Déchirer le voile* : découvrir la vérité. *Déchirer une affiche,* en arracher des lambeaux pour la rendre illisible. ➤ **lacérer.** — *Se déchirer un muscle* : se rompre les fibres musculaires au cours d'un effort trop brutal. ➤ FAM. **claquer ; déchirure.** PAR EXT. *Elle a été déchirée par un accouchement difficile.* — (Sujet chose) *La balle a déchiré le poumon. Les barbelés lui ont déchiré le bras.* ➤ **écorcher, égratigner, griffer, labourer, ouvrir.** ■ **2** Arracher une partie de, par accident. *Déchirer ses vêtements* (➤ **accroc**). *Tu vas déchirer le canapé ! — Veste froissée et déchirée au coude.* — FAM. *Vous êtes tout déchiré !* votre vêtement est déchiré.

B. ABSTRAIT ■ **1** Rompre violemment (le silence, l'obscurité) par un son éclatant, une lumière violente. *Sirène qui déchire l'air.* ➤ **fendre, percer, rompre, trouer.** *«Un coq ridicule déchira le silence* [...] *Il avait un cri furieux»* JAMMES. ➤ **briser.** *Un éclair déchira la nuit.* ■ **2** Causer une vive douleur physique à. ➤ **arracher, casser.** *Toux qui déchire la poitrine.* ♦ FIG. et FAM. *Un alcool qui déchire* (la tête). *Se déchirer (la tête)* : se mettre dans un état second (alcool, drogue). *«il rentrait à pas d'heures complètement déchiré»* O. ADAM. ➤ **cassé, défoncé, pété.** — *Ça déchire !* (cf. Ça arrache, ça décoiffe, ça déménage). ■ **3** FIG. Causer un déchirement moral à (qqn). ➤ **affliger, attrister, consterner, meurtrir, torturer, tourmenter** (cf. Arracher*, fendre* le cœur). *«celle que le remords déchire et que la honte écrase»* ROUSSEAU. *«On rêve peu à ceux qu'on a perdus, tant que leur perte nous déchire»* R. ROLLAND (➤ **déchirant**). ■ **4** Troubler par de tragiques divisions. ➤ **désunir, diviser, scinder.** *La guerre civile a déchiré le pays. — Un pays déchiré par les passions politiques. L'Église est déchirée par le schisme.* — (PERSONNES) *Être déchiré* : être douloureusement partagé entre deux sentiments contraires. ➤ **écartelé.** ■ **5** Critiquer, attaquer férocement (qqn) pour le détruire. ➤ **calomnier, diffamer, insulter, outrager.** *«Au dehors de l'assemblée, la presse le déchirait* [Mirabeau] *avec une étrange fureur»* HUGO. LOC. *Déchirer à belles dents.* ♦ FAM. (langage des jeunes) Réprimander avec force. *Se faire déchirer.* ➤ **engueuler.**

II ~ **v. pron. SE DÉCHIRER** ■ **1** Devenir déchiré, se fendre. *Sa robe s'est déchirée en s'accrochant* (➤ **déchirure**). *Le sac, l'emballage s'est déchiré.* ➤ **crever, se rompre.** ♦ PAR EXT. *«La nue se déchire et l'éclair trace un rapide losange de feu»* CHATEAUBRIAND. ♦ FIG. *Sentir son cœur se déchirer.* ■ **2** RÉCIPR. Se faire réciproquement du mal, de la peine avec violence et cruauté. *«C'est leur façon de s'aimer. On se déchire, on se rabiboche»* P. BAILLY. ➤ **s'entredéchirer.**

■ CONTR. Consoler, pacifier, réconcilier.

DÉCHIRURE [deʃiʀyʀ] **n. f.** – 1250 ◊ de *déchirer* ■ **1** Rupture, fente faite en déchirant. ➤ **accroc, éraillure, fente.** *Elle a fait une déchirure à sa robe. Recoudre, raccommoder une déchirure.* — PAR EXT. *Une déchirure dans la coque d'un bateau.* ■ **2** SPÉCIALT Rupture ou ouverture irrégulière dans les tissus, les chairs. *Déchirure musculaire.* ➤ **claquage.** *Épisiotomie* pratiquée pour éviter une déchirure du périnée. Une balle «avait dévié et fait le tour des côtes avec une déchirure hideuse»* HUGO. ➤ **blessure, éraflure, plaie.** ■ **3** FIG. Trouée. *«Une déchirure bleue s'ouvrait derrière la nuée»* ZOLA.

DÉCHLORURER [deklɔʀyʀe] **v. tr.** ‹1› – 1907 ◊ de *dé-* et *chlorure* ■ MÉD. Débarrasser des chlorures. **p. p. adj.** *Régime alimentaire déchloruré,* dépourvu de chlorure de sodium (SYN. COUR. **régime sans sel**).

DÉCHOIR [deʃwaʀ] **v.** ‹25 ; fut *je déchoirai* ou VX *je décherrai* ; pas d'impér. ni de p. prés.› – 1080 ◊ latin populaire °*decadere,* de *cadere* «tomber» ■ **1 v. intr.** VX ou LITTÉR. sauf à l'inf. et au p. p. **DÉCHOIR DE...** Tomber dans un état inférieur à celui où l'on était. ➤ **s'abaisser, 1 se dégrader, descendre, 1 tomber.** *Déchoir de son rang, de son poste.* ➤ **se déclasser, déroger, rétrograder.** *Il est déchu de ses privilèges.* ➤ **déposséder, priver ; déchéance.** ■ **2** ABSOLT Être rabaissé (moralement, socialement). *«ce singulier point d'honneur qui consiste à ne pas déchoir aux yeux de son public»* BALZAC. *La noblesse «se perd par le travail* [...] *Un métier fait déchoir»* HUGO. *Vous pouvez accepter cette offre sans déchoir.* ♦ Tomber dans la déchéance (matérielle, physique). *«l'idée de déchoir physiquement à ses yeux lui était quand même insupportable»* LOTI. ➤ **baisser, décliner.** ■ **3 v. intr.** (CHOSES) VIEILLI ➤ **décroître, diminuer.** *Sa popularité, sa fortune commence à déchoir, a beaucoup déchu.* ■ **4 v. tr. DÉCHOIR (qqn) DE (un droit),** l'en priver à titre de sanction. — Au **p. p.** *Père déchu de ses droits parentaux.* ■ CONTR. Élever (s'), monter, progresser.

DÉCHOQUAGE [deʃɔkaʒ] **n. m.** – *déchocage* 1982 ◊ de *choqué* → choquer (4°) ■ MÉD. Traitement d'urgence de l'état de choc (réanimation, perfusions, assistance respiratoire, stimulation cardiaque, etc.). *L'équipe de déchoquage.*

DÉCHRISTIANISER [dekʀistjanize] **v. tr.** ‹1› – 1792 ◊ de *dé-* et *christianiser* ■ Éloigner du christianisme (un pays, un groupe humain). — PRONOM. *Se déchristianiser.* — **p. p. adj.** *Dans un monde déchristianisé...* — **n. f. DÉCHRISTIANISATION,** 1877.

DÉCHRONOLOGIE [dekʀɔnɔlɔʒi] **n. f.** – 1958 ◊ de *dé-* et *chronologie* ■ DIDACT. Présentation qui ne tient pas compte de l'ordre chronologique. *Déchronologie dans le découpage d'un film.* ➤ **flash-back.**

DÉCHU, UE [deʃy] **adj.** – 1307 ◊ de *déchoir* ■ Qui n'a plus (une position supérieure, un avantage). *Prince déchu de son trône ;* ABSOLT *prince déchu.* ➤ **dépossédé ; détrôné.** *Père déchu de l'administration des biens de ses enfants mineurs* (➤ **déchéance**). ♦ Privé de l'état de grâce. *Ange déchu. «La concupiscence dont l'humanité déchue est pétrie»* MAURIAC.

DÉCI [desi] **n. m.** – 1901 ◊ abrév. de *décilitre* ■ En Suisse, Décilitre (de vin, surtout de vin blanc) pour la consommation. *«Je commandai trois décis, ce qui me fit trois verres, que je vidai coup sur coup»* RAMUZ.

DÉCI- ■ MÉTROL. Préfixe du système international (SYMB. d), du latin *decimus* «dixième», qui divise par dix l'unité dont il précède le nom : *décimètre* (dm).

DÉCIBEL [desibɛl] **n. m.** – 1932 ◊ de *déci-* et 2 *bel* ■ **1** MÉTROL. Unité de grandeur sans dimension (SYMB. dB), servant à l'expression logarithmique du rapport de deux puissances (acoustiques, électriques, etc.), notamment d'une puissance donnée par rapport à une puissance de référence. ■ **2** COUR. Unité servant à exprimer une puissance sonore par rapport au seuil conventionnel d'audibilité de 10^{-12} watt. *Un niveau sonore de 40 décibels.*

DÉCIDABILITÉ [desidabilite] **n. f.** – v. 1957 ◊ de *décidable* ■ LOG. Caractère d'un système décidable*.

DÉCIDABLE [desidabl] **adj.** – 1957 ◊ de *décider* ■ LOG. Se dit d'un système hypothéticodéductif dont on peut déterminer par un procédé effectif (cf. Méthode de décision*) qu'une proposition quelconque est démontrable. ➤ **résoluble.** — PAR EXT. Se dit des propositions elles-mêmes. *Questions décidables.* ■ CONTR. Indécidable.

DÉCIDÉ, ÉE [deside] **adj.** – 1725 ◊ de *décider* ■ **1** Qui n'hésite pas pour prendre un parti, pour décider ; qui a de la décision. ➤ **décider** (IV) **; déterminé, 1 ferme, hardi, résolu, volontaire.** *Une personne décidée.* — PAR EXT. *Un air décidé.* ➤ **2 crâne.** *Une allure décidée.* ■ **2** Arrêté par décision. *C'est une chose décidée, c'est chose décidée.* ➤ **2 arrêté, fixé, réglé, résolu.** ■ **3** PAR EXT. Qui n'est pas douteux (sentiments). ➤ **avéré, certain, 2 net.** *«Un goût décidé pour les ouvrages des anciens»* MONTESQUIEU. ■ CONTR. Hésitant, indécis, irrésolu, perplexe. 1 Incertain.

DÉCIDÉMENT [desidemɑ̃] **adv.** – 1762 ◊ de *décidé* ■ **1** VX D'une manière décidée. ➤ **résolument.** *«Je m'engageai décidément chez lui»* SADE. ■ **2** MOD. (adv. de phrase) En définitive. *Décidément, je n'ai pas de chance !* ➤ **manifestement.**

DÉCIDER [deside] v. tr. ‹1› – 1403 ◊ latin *decidere* «trancher», de *caedere*

I v. tr. dir. ■ **1** VX ou DIDACT. Porter un jugement, adopter une conclusion définitive sur (un point en litige). ➤ **régler, résoudre, trancher.** *Décider un point de droit.* ■ **2** MOD. Arrêter, déterminer (ce qu'on doit faire) ; prendre la décision (3°) de. ➤ **arrêter, fixer.** «*Quand les chirurgiens ont décidé l'amputation*» DUHAMEL. *Il n'a encore rien décidé.* — ABSOLT Prendre les décisions. «*C'est moi qui mène la barque, c'est moi qui décide*» MAURIAC. *Les cadres qui décident* (➤ **décideur**). *Décider à plusieurs.* ➤ **codécider.** — **DÉCIDER QUE.** *Il décide qu'il n'ira pas travailler.* «*L'assemblée décidait que l'échafaud serait dressé de nouveau sur la place de la Révolution*» FRANCE. ■ **3** Amener (qqn à agir). *Décider qqn à faire qqch.* ➤ **convaincre, entraîner, persuader, pousser.** *Décidez-le à accepter.* «*Il n'y a que cette raison-là qui puisse me décider à te quitter*» SAND.

II v. tr. ind. **DÉCIDER DE QQCH.** (PERSONNES) Disposer en maître par son action ou son jugement. *Le chef de l'État décide de la paix et de la guerre. L'arbitre décidera de la régularité des coups.* ➤ **arbitrer,** 1**juger.** *Laissez-nous en décider.* — (CHOSES) Déterminer, être la cause principale. «*Le hasard décide seul du sort des batailles*» FRANCE. «*Les actions les plus décisives de notre vie, je veux dire : celles qui risquent le plus de décider de tout notre avenir*» GIDE. ◆ **DÉCIDER DE** (et l'inf.) : prendre la résolution, la détermination de. *Ils ont décidé de partir, ils en ont décidé ainsi. Décidons de nous retrouver à huit heures.*

III **SE DÉCIDER** v. pron. ■ **1** (PASS.) Être tranché, résolu. *La question s'est décidée après une longue discussion.* ■ **2** *Se décider à* : prendre la décision de. ➤ **se déterminer, se résoudre.** *Se décider à une opération, à partir.* ■ **3** ABSOLT Prendre une décision. «*Il faut se décider, agir et se taire*» CONSTANT. *Allons, décidez-vous ! Elle n'arrive pas à se décider* (➤ **indécis**). ■ **4** *Se décider pour* : donner la préférence à. ➤ **choisir, opter, se prononcer.** *Elle s'est décidée pour la seconde solution.*

IV AU PASS. **ÊTRE DÉCIDÉ À :** avoir pris la décision de, être fermement déterminé à. ➤ **résolu.** *Il est décidé à partir. J'y suis décidé.* «*Une société secrète de gens décidés à tout*» ROMAINS. ➤ 1**prêt.** *Je suis bien décidé à ce qu'il parte.* ABSOLT *Quand tu seras décidé, tu me préviendras.*

■ CONTR. Hésiter.

DÉCIDEUR, EUSE [desidœr, øz] n. – 1969 ; adj. «péremptoire» 1784 ◊ de *décider*, probablt d'après l'anglais *decider* ■ Personne physique ou morale ayant le pouvoir de décision. ➤ **décisionnaire.** — adj. *Organisme décideur.*

DÉCIDU, UE [desidy] adj. – 1970 ◊ latin *decidua*, cf. *déciduale* ■ SC. Qui se détache et tombe selon un rythme saisonnier. *Feuilles décidues.* ➤ **caduc.** PAR EXT. *Forêt décidue.*

DÉCIDUAL, ALE, AUX [desidɥal, o] adj. et n. f. – 1929 ◊ du latin *decidua* «qui tombe», de *decidere*, de *cadere* ■ *Membrane déciduale*, ou n. f. *la déciduale* : partie de la muqueuse utérine qui est expulsée au cours du dernier temps de l'accouchement (avec le placenta). ➤ **caduque.**

DÉCIGRAMME [desigʀam] n. m. – 1795 ◊ de *déci-* et *gramme* ■ MÉTROL. Unité de mesure de masse (SYMB. dg), dixième partie du gramme.

DÉCILAGE [desilaʒ] n. m. – 1951 ◊ de *décile* ■ STATIST. Division d'un ensemble ordonné de données statistiques en dix classes d'effectif égal (➤ **décile,** 2°). — Calcul des déciles (1°).

DÉCILE [desil] n. m. – 1947 ◊ du latin *decem* ■ STATIST. ■ **1** Chacune des neuf valeurs de la variable au-dessous desquelles se classent respectivement 10 %, 20 %,... 90 % des éléments d'une distribution statistique. *Le 5e décile se confond avec la médiane.* ■ **2** Chacune des dix parties, d'effectif égal, d'un ensemble statistique ordonné. *Déciles, centiles et quartiles.* ➤ **quantile.**

DÉCILITRE [desilitʀ] n. m. – 1795 ◊ de *déci-* et *litre* ■ MÉTROL. Unité de mesure de capacité (SYMB. dl), dixième partie du litre.

DÉCILLER ➤ **DESSILLER**

DÉCIMAL, ALE, AUX [desimal, o] adj. et n. f. – 1746 ◊ de *décime* ■ Qui procède par dix ; qui a pour base le nombre dix. *Numération* décimale*, à base dix. *Nombre décimal*, pouvant s'écrire sous la forme d'une fraction dont le dénominateur est une puissance de dix. *3,25 est un nombre décimal. Ensemble des nombres décimaux relatifs* (𝔻). *Logarithmes* décimaux.* — *Système décimal* : système de poids et mesures dans lequel les multiples et les sous-multiples des unités sont des puissances décimales de ces unités (cf. Système métrique*). ◆ n. f. Chacun des chiffres placés après la virgule, dans un nombre décimal. *3,25 a deux décimales : 2 est la première, 5 la seconde décimale.* REM. Dans les pays anglo-saxons, les décimales suivent le point (3.25 ; $ 10,000.30). Cet usage se répand en France sous l'influence des affichages de calculettes et d'ordinateurs.

DÉCIMALISATION [desimalizasjɔ̃] n. f. – 1897 ◊ de *décimal* ■ DIDACT. Action de décimaliser. *La décimalisation du système monétaire britannique.*

DÉCIMALISER [desimalize] v. tr. ‹1› – 1895 ◊ de *décimal*, d'après l'anglais *to decimalize* ■ DIDACT. Appliquer le système décimal à (une mesure, un ensemble de mesures).

DÉCIMALITÉ [desimalite] n. f. – 1877 ◊ de *décimal* ■ DIDACT. Caractère décimal.

DÉCIMATION [desimasjɔ̃] n. f. – XVIe ; «dîme» XIIe ◊ latin *decimatio* ■ Dans l'Antiquité romaine, Action de décimer ; son résultat. *Ville condamnée à la décimation.*

DÉCIME [desim] n. f. et m. – XIIIe ◊ latin *decimus* «dixième» ■ **1** n. f. Sous l'Ancien Régime, Taxe perçue par le roi sur les revenus du clergé. *Contrôleur des décimes.* ■ **2** n. m. (1795) RARE Dixième partie du franc ; dix centimes. ◆ DR. FISC. Majoration d'un dixième (un décime par franc), sur un impôt, une amende fiscale.

DÉCIMER [desime] v. tr. ‹1› – XVe ◊ latin *decimare*, de *decem* «dix» ■ **1** Dans l'Antiquité romaine, Mettre à mort une personne sur dix, désignée par le sort. «*Comme il n'était pas possible de faire mourir tous les coupables, on les décimait par le sort*» ROLLIN. ■ **2** (1820) COUR. Faire périr un grand nombre de personnes dans (un ensemble). ➤ **détruire, exterminer.** *Épidémie, guerre qui décime une population, un pays, une armée.* — *Ils ont été décimés par la famine.*

DÉCIMÈTRE [desimɛtʀ] n. m. – 1793 ◊ de *déci-* et *mètre* ■ **1** MÉTROL. Unité de mesure de longueur (SYMB. dm), dixième partie du mètre. ■ **2** Règle graduée en centimètres et en millimètres, et mesurant un ou deux décimètres. *Un double décimètre.*

DÉCIMÉTRIQUE [desimetʀik] adj. – 1836 ◊ de *décimètre* ■ SC. Dont la longueur est de l'ordre du décimètre. *Ondes décimétriques.*

DÉCINTRAGE [desɛ̃tʀaʒ] n. m. – 1863 ◊ de *décintrer* ■ TECHN. Action de décintrer ; son résultat. *Décintrage d'une arcade.* — On dit aussi **DÉCINTREMENT,** 1798.

DÉCINTRER [desɛ̃tʀe] v. tr. ‹1› – 1680 ◊ de *dé-* et *cintrer* ■ TECHN. Dégarnir des cintres qui ont servi à la construction. *Décintrer une voûte, un arc.*

DÉCISIF, IVE [desizif, iv] adj. – 1413 ◊ latin *decisivus*, de *decidere* → décider ■ **1** (CHOSES) Qui décide. ➤ 1**capital, déterminant, important, prépondérant.** DR. *Jugement décisif* (➤ **décisoire**). *La pièce décisive d'un procès.* — Qui résout une difficulté, tranche un débat. ➤ **concluant, convaincant, irréfutable, péremptoire.** *Un argument décisif. Rien de décisif.* ◆ Qui conduit à un résultat définitif, capital. *Bataille décisive*, qui met fin au combat. *Le coup décisif*, qui décide de la victoire. ➤ **définitif, dernier.** *Échange décisif, manche décisive* (volley), *jeu décisif* (tennis) : recomm. offic. pour *tie-break. Intervention décisive. La compagnie de Jésus* «*eut une influence décisive sur l'éducation du clergé français*» RENAN. *Le moment décisif approche. Mots décisifs. Ces éléments* «*sont décisifs si on les craint, négligeables si on les dédaigne*» CAILLOIS. ■ **2** (PERSONNES) VX ➤ **décidé.** — PAR EXT. *Prononcer un ordre d'un ton décisif.* — adv. **DÉCISIVEMENT,** XVIe.

■ CONTR. Accessoire, négligeable. Hésitant.

DÉCISION [desizjɔ̃] n. f. – 1314 ◊ latin juridique *decisio* ■ **1** Action de décider (I, 1°), de juger un point litigieux. ➤ **délibération, jugement.** *Soumettre une question à la décision de qqn. La décision appartient à l'arbitre.* ➤ **arbitrage.** ■ **2** Jugement qui apporte une solution. ➤ **arrêt, conclusion, décret, édit, ordonnance, règlement, résolution, sentence, verdict.** *Décision judiciaire. Les décisions des tribunaux* (➤ **jurisprudence**). *Décision exécutoire*. Décision administrative, ministérielle. Les organes de décision d'une entreprise* (➤ **décisionnaire**). *Centre de décision. Le pouvoir de décision.* ◆ DR. CONSTIT. (en France) Acte unilatéral du président de la Ve République. ◆ DR. Acte juridique d'une institution de l'Union européenne, obligatoire pour son destinataire. — *Décision-cadre*, définissant l'objectif à atteindre obligatoirement mais laissant les États libres dans le choix des moyens. ■ **3** Fin de la délibération dans un acte volontaire de faire ou de ne pas faire une chose. ➤ **choix, conclusion, détermination,** 1**parti, résolution.** *Prendre une décision.* ➤ **décider.** *Revenir sur sa décision.*

Prendre la décision de ne plus fumer. Décision irrévocable. Ne pas hésiter à prendre une décision énergique (cf. Sauter* le pas, ne faire ni une* ni deux, trancher* dans le vif). *Obliger qqn à prendre une décision* (cf. Mettre au pied du mur*). *Aide à la décision.* ◆ SPÉCIALT, MATH. Choix du comportement optimal en fonction des informations disponibles. *Théorie de la décision et théorie des jeux.* ➤ **stratégie.** *Organes de décision :* ensemble des circuits d'un calculateur où s'élaborent les choix. — Choix entre deux termes d'une alternative qui peut s'exprimer dans un code binaire. ■ **4** Qualité qui consiste à ne pas s'attarder inutilement dans la délibération et à ne pas changer sans motif ce qu'on a décidé. ➤ **caractère, fermeté, volonté.** *Agir avec décision. Elle a beaucoup de décision* (➤ **décidé**). ■ **5** TECHN. (MILIT.) Document relatant des ordres. ■ **6** LOG. *Problème de la décision :* question de la décidabilité* d'un système. ■ CONTR. Hésitation, indécision.

DÉCISIONNAIRE [desizjɔnɛʀ] **n. et adj.** – v. 1980 ; XVIIIe adj., autre sens ◇ de *décision* ■ **1** Personne physique ou morale exerçant un pouvoir de décision. ➤ **décideur.** *Le rôle des décisionnaires.* ■ **2 adj.** Qui concerne la prise de décision. *Rôle décisionnaire d'un comité. Instance décisionnaire.*

DÉCISIONNEL, ELLE [desizjɔnɛl] **adj.** – 1964 ◇ de *décision* ■ DIDACT. De décision. *Pouvoir décisionnel. Informatique décisionnelle :* système d'outils exploitant et centralisant les données de l'entreprise en vue d'éclairer les décideurs.

DÉCISOIRE [desizwaʀ] **adj.** – XIVe ◇ latin *decisorius,* de *decidere* → décider ■ DR. Qui décide, entraîne la décision dans un procès. *Serment décisoire,* déféré par l'une des parties à l'adversaire pour en faire dépendre la solution du litige.

DÉCITEX [desitɛks] **n. m.** – 1956 ◇ de *déci-* et *tex* ■ MÉTROL. Unité courante de titrage d'un fil (SYMB. dtex), correspondant à la masse en grammes de 10 000 mètres de fil. *Le décitex a remplacé le denier.*

DÉCLAMATEUR, TRICE [deklamatœʀ, tʀis] **n.** – 1519 ◇ de *déclamer* ■ **1 n. m.** Dans l'Antiquité romaine, Rhéteur qui composait et déclamait des exercices oratoires. ■ **2** MOD. et PÉJ. Orateur emphatique qui dit des choses banales. — **adj.** « *Il est abstrait ou déclamateur* » LA BRUYÈRE.

DÉCLAMATION [deklamasjɔ̃] **n. f.** – XVe ◇ latin *declamatio* « exercice de la parole » ■ **1** Art de déclamer, art oratoire*. ➤ **éloquence.** *Professeur de chant et de déclamation.* « *La déclamation exige d'articuler parfaitement, de prononcer clairement et de dire juste* » JOUVET. ■ **2** PAR EXT. Emploi de phrases pompeuses, emphatiques (semblables à celles qu'un artiste déclame). *Tomber dans la déclamation.* ➤ **emphase, enflure.** « *Je ne parle pas de Lamartine dont la redondante déclamation est ennuyeuse* » L. DAUDET. ◆ VIEILLI Phrase pompeuse, emphatique, déclamée. « *Il entama ensuite de longues déclamations sur la gravité de mes nouveaux devoirs* » DAUDET.

DÉCLAMATOIRE [deklamatwaʀ] **adj.** – 1549 ◇ latin *declamatorius* « relatif à l'exercice de la parole » ■ Pompeux, emphatique. *Ton, style déclamatoire.* ■ CONTR. Naturel, sobre.

DÉCLAMER [deklame] **v.** ⟨1⟩ – 1542 ◇ latin *declamare* → clamer ■ **1 v. tr.** Réciter à haute voix en marquant, par les intonations qu'exige le sens, l'accent grammatical et l'accent oratoire. *Déclamer des vers* (➤ **scander**), *un poème, un discours.* — ABSOLT « *Il déclamait à tue-tête* » CHATEAUBRIAND. ◆ PÉJ. Dire (qqch.) sur le ton de la déclamation. ■ **2 v. intr. DÉCLAMER CONTRE.** LITTÉR. Parler avec violence (contre qqn ou qqch.). ➤ **invectiver, vitupérer.** « *Tandis que vous déclamez contre la fortune et ma négligence* » ROUSSEAU.

DÉCLARANT, ANTE [deklaʀɑ̃, ɑ̃t] **n.** – milieu XXe ◇ de *déclarer* ■ COMM. Personne (notamment commissionnaire, transitaire) qui établit une déclaration en douane.

DÉCLARATIF, IVE [deklaʀatif, iv] **adj.** – XIVe ◇ latin *declarativus* « qui manifeste » ■ **1** DR. Qui donne déclaration de qqch. *Jugement déclaratif d'absence. Acte, titre déclaratif.* ■ **2** GRAMM. *Verbe déclaratif,* qui énonce un jugement (ex. affirmer, annoncer, déclarer, juger). ■ **3** INFORM. En intelligence artificielle, Relatif à l'utilisation des connaissances sous forme de déclarations*, listes ou bases* de connaissance. *Programmation déclarative* (opposé à *procédural*).

DÉCLARATION [deklaʀasjɔ̃] **n. f.** – XIIIe ◇ latin *declaratio* ■ **1** Action de déclarer ; discours ou écrit par lequel on déclare. *Faire, prononcer, rédiger une déclaration. Selon sa propre déclaration :* selon ce qu'il a dit lui-même. ➤ **aveu,** 2 **dire, parole.** *Déclaration publique, solennelle, sous serment. Déclaration d'intention*. Déclaration de principes.* ➤ 2 **manifeste, proclamation, profession** (de foi). *Les déclarations d'un témoin* (➤ **révélation**). — *Déclaration des droits :* documents précédant une constitution, qui énonce les droits et libertés reconnus aux citoyens. *La Déclaration des droits de l'homme et du citoyen* (1789). ■ **2** Aveu qu'on fait à une personne de l'amour qu'on éprouve pour elle. *Une déclaration d'amour. Faire une (sa) déclaration à qqn ; des déclarations enflammées.* « *Il se torturait à découvrir par quel moyen lui faire sa déclaration* » FLAUBERT. ■ **3** Action de déclarer l'existence d'une situation de fait ou de droit ; affirmation orale ou écrite de cette action. *Déclaration de faillite. Déclaration d'utilité publique. Déclarations d'état civil* (décès, naissance), *de changement de domicile. Déclaration de vol.* — *Déclaration en douane* (➤ **dédouanement**). *Déclaration d'assurance. Déclaration de revenus imposables,* ou ABUSIVEMENT *déclaration d'impôts.* ➤ aussi **télédéclaration.** — PAR EXT. Imprimé servant à faire une déclaration. *Remplir, signer sa déclaration.* ◆ *Déclaration de guerre :* action de déclarer (la guerre), commencement des hostilités, dont un pays prend l'initiative. ■ **4** INFORM. Instruction non exécutable d'un programme permettant d'affecter une valeur à une variable, de réserver une zone mémoire, de définir un type de données, etc.

DÉCLARATOIRE [deklaʀatwaʀ] **adj.** – 1483 ◇ de *déclarer* ■ DR. Qui déclare, juridiquement. *Acte déclaratoire.*

DÉCLARÉ, ÉE [deklaʀe] **adj.** – XVIIe ◇ de *déclarer* ■ Qui se veut tel, s'est fait connaître comme tel (lorsque cet aveu n'est pas habituel). *Un raciste déclaré.* — *Être l'ennemi déclaré de qqn.* ➤ **juré.**

DÉCLARER [deklaʀe] **v. tr.** ⟨1⟩ – XIIIe ◇ latin *declarare*

I ■ **1** Faire connaître (un sentiment, une volonté, une vérité) d'une façon expresse, manifeste. ➤ **affirmer, annoncer, dévoiler, proclamer, publier, révéler, signaler, signifier.** *Déclarer son ignorance.* ➤ **avouer, reconnaître.** *Revenir sur ce qu'on a déclaré* (➤ **se rétracter**). — *Déclarer ses sentiments, ses intentions à qqn. Déclarer son amour* (➤ **déclaration,** 2°). — *Déclarer la guerre à un pays,* lui faire savoir qu'on commence les hostilités contre lui. ◆ (Avec attribut) *On l'a déclaré coupable. Déclarer la séance ouverte.* « *Il avait déclaré délicieux les premiers de ces chastes rendez-vous* » ROMAINS. — *Je le déclare mon héritier.* ◆ **DÉCLARER QUE** (avec l'indic.). ➤ **assurer, prétendre.** *Je déclare que je n'accepterai aucun compromis. Il a déclaré que c'était faux.* — Avec l'inf. *Elle a déclaré ne rien savoir.* ■ **2** Faire connaître (à une autorité) l'existence de (une chose, une personne, un fait). *Déclarer des marchandises à la douane,* les présenter à l'importation ou à l'exportation, afin de les libérer. ➤ **dédouaner.** *Vous n'avez rien à déclarer ?* — *L'employeur doit déclarer ses employés à la Sécurité sociale.* **p. p. adj.** *Employé non déclaré.* — *Déclarer ses revenus* (au fisc). ➤ **déclaration. p. p. adj.** *Revenus non déclarés.* — *Déclarer une naissance, un décès. Déclarer un enfant à la mairie.* — INFORM. Définir. *Déclarer une variable, une procédure.*

II SE DÉCLARER v. pron. ■ **1** Donner son avis. *Il ne veut pas se déclarer sur ce point.* ➤ **s'expliquer,** se **prononcer.** ◆ *Se déclarer pour, contre qqn, qqch. :* faire savoir qu'on prend parti pour, contre. *Je me déclare pour ce candidat.* ◆ (Avec attribut) Se dire (tel). *Il se déclare lésé dans cette affaire.* ◆ (1634) Déclarer son amour, faire sa déclaration. *Un amoureux timide qui n'ose se déclarer.* ■ **2** Commencer à se manifester (phénomène dangereux). *L'incendie s'est déclaré vers minuit. La grippe, la fièvre s'est déclarée.* ➤ **apparaître,** se **déclencher.**

DÉCLASSÉ, ÉE [deklɑse] **adj. et n.** – 1834 ◇ de *déclasser* ■ **1** RARE Qui n'appartient plus à sa classe sociale, mais à une classe inférieure. **n.** (1856) COUR. *Un déclassé, une déclassée.* ■ **2** SPORT Qu'on a déclassé. Qui est en compétition avec d'autres d'une classe inférieure. *Athlète, club déclassé.* ■ **3** CH. DE FER Dont on a modifié la classe. *Billet, wagon déclassé.* ■ **4** Qu'on a déclassé (2°). *Monument, hôtel déclassé.*

DÉCLASSEMENT [deklɑsmɑ̃] **n. m.** – 1836 ◇ de *déclasser*

I ■ **1** Action de déclasser, de se déclasser ; son résultat. « *quelqu'un qui choisissait ses fréquentations en dehors [...] de sa "classe" sociale, subissait à ses yeux un fâcheux déclassement* » PROUST. DR. ADMIN. Décision administrative par laquelle un bien ou un objet quitte la catégorie juridique soumise à un régime particulier, pour retomber dans le droit commun. ■ **2** Action de faire passer dans une classe inférieure ; résultat de cette action. *Déclassement d'un hôtel. Déclassement d'un billet de train.*

II Action de déranger ce qui est classé ; son résultat. *Le déclassement des livres gêne les recherches.*

DÉCLASSER [deklɑse] **v. tr.** ‹1› – 1813 «retirer de l'inscription maritime» ◊ de *dé-* et *classer*

I ■ **1** Faire sortir (qqn) de sa classe sociale, SPÉCIALT pour une classe inférieure. *« de tels gestes pouvaient vous déclasser aussi sûrement que de dire Messieurs-Dames »* J. ROLIN. PRONOM. *Se déclasser.* — SPORT Faire rétrograder dans le classement final d'une épreuve, pour pénaliser une faute. ■ **2** Faire passer (qqch.) dans une catégorie, une classe inférieure. *Déclasser un hôtel trop vétuste.* — **p. p. adj.** *Voiture de première déclassée.* ♦ *Déclasser un voyageur,* le faire passer dans une classe différente de celle qu'il avait d'abord choisie.

II Déranger (des objets classés). *Déclasser des papiers, des livres.* ➤ **déplacer, déranger.**

■ CONTR. Reclasser.

DÉCLASSIFIER [deklasifje] **v. tr.** ‹7› – XXe ◊ de *dé-* et *classifier,* d'après l'anglais *to declassify* ■ ANGLIC. Rendre accessible (ce qui était classé comme secret). *Déclassifier un document confidentiel et le rendre public. Déclassifier un système à usage militaire.* — **n. f. DÉCLASSIFICATION.** ■ CONTR. Classifier.

DÉCLAVETER [deklav(ə)te] **v. tr.** ‹4 /5/› – 1611 ◊ de *dé-* et *clavette* ■ TECHN. Défaire en enlevant les clavettes.

DÉCLENCHANT, ANTE [deklɑ̃ʃɑ̃, ɑ̃t] **adj.** – 1927 ◊ de *déclencher* ■ Qui provoque brusquement (un phénomène). *Les facteurs déclenchants de la migraine.*

DÉCLENCHEMENT [deklɑ̃ʃmɑ̃] **n. m.** – 1863 ◊ de *déclencher* ■ **1** Action de déclencher ; son résultat. *Le déclenchement du chien d'un fusil armé.* ■ **2** FIG. Le fait de déclencher, de se déclencher. *Le déclenchement des hostilités, d'une grève.*

DÉCLENCHER [deklɑ̃ʃe] **v. tr.** ‹1› – 1732 ◊ de *dé-* et *clenche* ■ **1** TECHN. Manœuvrer un dispositif capable de séparer deux pièces liées d'une machine (déclencheur, déclic) pour permettre le libre mouvement de l'une d'elles. — COUR. Faire fonctionner par l'intermédiaire d'un mécanisme relativement simple (un système plus complexe). *Déclencher la sonnerie d'une horloge. Déclencher l'alarme,* la faire sonner. PRONOM. *L'alarme s'est déclenchée par erreur.* ■ **2** (1899) FIG. Mettre en mouvement, déterminer brusquement (une action, un phénomène). ➤ **déterminer, entraîner, provoquer.** *« Toute punition, tout reproche déclenchaient en lui une crise dangereuse »* MAUROIS. *Déclencher l'offensive.* ➤ **commencer,** 1 **lancer.** *« S'il est facile de déclencher une révolution, il est difficile de l'arrêter dans ses excès »* MADELIN. *Déclencher un accouchement.* ➤ **provoquer.** — PRONOM. *L'attaque se déclencha.*

DÉCLENCHEUR, EUSE [deklɑ̃ʃœʀ, øz] **n. m.** et **adj.** – 1893 ◊ de *déclencher* ■ **1** TECHN. Pièce ou organe destiné à séparer des pièces enclenchées ou à déclencher un mécanisme. ➤ **déclic.** *Déclencheur souple d'un appareil photographique.* ■ **2** Ce qui déclenche (qqch.). *« le vin n'avait été qu'un déclencheur. En y repensant [...], je trouvai à sa violence des causes plus anciennes »* D. NOGUEZ. — **adj.** *Élément déclencheur.*

DÉCLÉRICALISER [dekleʀikalize] **v. tr.** ‹1› – 1873 ◊ de *dé-* et *clérical* ■ **1** VX Rendre moins clérical* (2°). ■ **2** (v. 1966) RELIG. Confier (une paroisse, un organisme) à des laïcs, quant aux services qui ne relèvent pas strictement du clergé.

DÉCLIC [deklik] **n. m.** – 1510 ◊ de l'ancien verbe *décliquer,* de *cliquer,* onomatopée ■ **1** Mécanisme de déclenchement. ➤ **déclencheur.** *Faire jouer un déclic. Chronomètre à déclic. Déclic à pince d'une sonnette.* ■ **2** Bruit sec produit par ce qui se déclenche. *Je n'ai pas entendu le déclic.* ■ **3** FAM. Déclenchement soudain (d'un processus psychologique). *« Plusieurs éléments parfaitement distincts concourent au déclic que le tableau opère dans l'imagination »* GRACQ.

DÉCLIN [deklɛ̃] **n. m.** – 1080 ◊ de *décliner* ■ État de ce qui diminue, commence à régresser. *Le déclin du jour.* ➤ **crépuscule.** *Le soleil est à son déclin.* ➤ **couchant.** *Être sur le déclin, sur, dans son déclin* (➤ **déclinant**). — *Le déclin de la vie, de l'âge.* ➤ **vieillesse.** *Au déclin de la vie. « Le commencement et le déclin de l'amour se font sentir par l'embarras où l'on est de se trouver seuls »* LA BRUYÈRE. — *Le déclin et la chute de l'Empire romain. Déclin d'une civilisation, d'un art.* ➤ **décadence.** *La théorie du déclin.* ➤ **déclinisme.** ■ CONTR. Épanouissement, essor, progrès.

DÉCLINABLE [deklinabl] **adj.** – v. 1325 ◊ du latin *declinabilis* ■ **1** GRAMM. Susceptible d'être décliné (I, 2°). ■ **2** COMM. Auquel on peut donner plusieurs formes. *Concept publicitaire facilement déclinable.* ■ CONTR. Indéclinable.

DÉCLINAISON [deklinɛzɔ̃] **n. f.** – 1220 ◊ de *décliner* ■ **1** HIST. PHILOS. Déviation spontanée des atomes *(« clinamen »),* dans la philosophie d'Épicure. ■ **2** ASTRON. Arc de méridien céleste compris entre un astre et l'équateur céleste. *La déclinaison d'un astre. La déclinaison et l'ascension droite :* les deux coordonnées équatoriales d'un astre. ■ **3** *Déclinaison magnétique :* angle existant, en un lieu et un temps donnés, entre la direction du nord géographique et celle du nord magnétique (➤ **isogone**). ■ **4** GRAMM. Ensemble des formes (➤ **désinence**) que prennent les noms, pronoms et adjectifs des langues à flexion, suivant les nombres, les genres et les cas. *Les cinq déclinaisons latines. Les noms de la seconde déclinaison. Déclinaison à quatre cas, à six cas.* ■ **5** COMM. Variante d'un produit de référence. *Les déclinaisons d'un parfum* (➤ **gamme**).

DÉCLINANT, ANTE [deklinɑ̃, ɑ̃t] **adj.** – 1690 ◊ de *décliner* ■ Qui est sur son déclin. *La lumière déclinante du soir. Forces déclinantes.*

DÉCLINATOIRE [deklinatwaʀ] **adj.** et **n. m.** – XIVe ◊ de *décliner* ■ **1** DR. Qui tend à faire déclarer incompétente la juridiction saisie par le demandeur. *Exceptions, moyens déclinatoires.* — **n. m.** *Élever un déclinatoire.* ■ **2 n. m.** Boussole d'arpenteur qui sert à orienter un plan par rapport à la direction nord-sud.

DÉCLINER [dekline] **v.** ‹1› – 1080 «détourner» ◊ latin *declinare*

I v. tr. ■ **1** DR. Prétendre incompétent pour statuer. *Décliner la compétence d'une juridiction, d'un juge.* ➤ **déclinatoire, renvoi.** — COUR. Repousser (ce qui est proposé, attribué). *Décliner une invitation, un honneur.* ➤ **refuser.** — *Décliner toute responsabilité.* ➤ **rejeter.** ■ **2** Donner à (un nom, un pronom, un adjectif) toutes ses désinences, suivant les nombres, les genres et les cas. ➤ **déclinaison.** *Décliner rosa, dominus.* — PRONOM. *Cet adjectif se décline à, selon, sur la 3e déclinaison.* ■ **3** (v. 1980) COMM. Donner plusieurs formes à (un produit). *Décliner un tissu en plusieurs couleurs.* — PAR EXT. *Décliner une gamme de parfums.* ■ **4** FIG. Dire à la suite. *Décliner ses nom, prénoms, titres et qualités.* ➤ **énumérer.**

II v. intr. ■ **1** ASTRON. S'éloigner de l'équateur de la sphère céleste, en parlant des astres. ♦ S'écarter du nord géographique, en parlant de l'aiguille aimantée (➤ **déclinaison**). ■ **2** COUR. Être dans son déclin. ➤ **baisser, diminuer*,** 1 **tomber.** *Le jour décline. « À mesure que l'année décline »* FROMENTIN. — *Malade dont les forces déclinent chaque jour.* ➤ **s'affaiblir, décroître.** *Son état va en déclinant.* ➤ **empirer.** *Sa santé décline.* — PAR EXT. *« D'instant en instant, Jean Valjean déclinait. Il baissait »* HUGO.

■ CONTR. Accepter. — Croître, épanouir (s'), progresser, rétablir (se).

DÉCLINISME [deklinism] **n. m.** – 1990 ; autre sens 1836 ◊ de *déclin* ■ DIDACT. Théorie selon laquelle un pays serait en déclin (économique, culturel, etc.). — **adj.** et **n. DÉCLINISTE,** 1993.

DÉCLIQUETER [deklik(ə)te] **v. tr.** ‹4 /5/› – 1754 ◊ de *dé-* et *cliquet* ■ TECHN. Dégager le cliquet de. *L'engrenage s'est décliqueté.* — **n. m. DÉCLIQUETAGE.**

DÉCLIVE [dekliv] **adj.** – XVIe ◊ latin *declivis,* de *clivus* «pente» ■ **1** Qui présente un plan incliné. *Terres déclives,* en pente. *La partie déclive d'un toit.* ■ **2** ANAT., MÉD. Qui indique le point le plus bas (d'un organe, d'une partie du corps, d'une lésion). *Drainer un abcès au point déclive.*

DÉCLIVITÉ [deklivite] **n. f.** – 1487 ◊ latin *declivitas* ■ **1** État de ce qui est en pente. *La déclivité d'un terrain.* ➤ **inclinaison, pente.** *En forte déclivité.* ■ **2** PAR EXT. Pente ; partie en pente. *Les déclivités d'une route.*

DÉCLOISONNEMENT [deklwazɔnmɑ̃] **n. m.** – 1963 ◊ de *décloisonner* ■ Action de décloisonner ; son résultat. *Le décloisonnement des connaissances, des matières* (➤ **transdisciplinaire**). ■ CONTR. Cloisonnement.

DÉCLOISONNER [deklwazɔne] **v. tr.** ‹1› – 1963 ; sens concret 1869 ◊ de *dé-* et *cloison* ■ Ôter des cloisons* (4°) administratives, économiques, psychologiques de (qqch.) pour faciliter la communication. *Décloisonner les apprentissages.* ■ CONTR. Cloisonner.

DÉCLORE [deklɔʀ] **v. tr.** ‹45› – 1080 ◊ de *dé-* et *clore* ■ VIEILLI Enlever la clôture de. *Déclore un champ.* ■ CONTR. Clore.

DÉCLOUER [deklue] **v. tr.** ‹1› – fin XIIe ◊ de *dé-* et *clouer* ■ Défaire (ce qui est cloué). *Déclouer une caisse pour l'ouvrir.* ■ CONTR. Clouer.

DÉCOCHAGE [dekɔʃaʒ] **n. m.** – 1929 ◇ de 2*décocher* ■ TECHN. Démoulage d'une pièce de fonderie par destruction du moule. *Sable de décochage.*

1 **DÉCOCHER** [dekɔʃe] **v. tr.** ‹1› – XIIe ◇ de *dé-* et 1*coche* ■ **1** Lancer avec un arc, une arme de trait. *Décocher une flèche.* — PAR EXT. Lancer par une brusque détente. *Décocher un coup à qqn.* ■ **2** FIG. Envoyer comme une flèche. *Décocher une méchanceté à qqn. La soubrette «lui avait décoché une œillade incendiaire»* GAUTIER. — **n. m. DÉCOCHEMENT,** 1550.

2 **DÉCOCHER** [dekɔʃe] **v. tr.** ‹1› – 1929 ◇ de *dé-* et 1*coche* ; cf. *descocheter* «ôter le sabot de la coche» ■ TECHN. Opérer le décochage de.

3 **DÉCOCHER** [dekɔʃe] **v. tr.** ‹1› – 2000 ◇ de *dé-* et 2*cocher* ■ *Décocher une case,* enlever le signe qui y figure. *Décochez la case «assurance» si vous ne voulez pas en bénéficier.* ■ CONTR. 2 Cocher.

DÉCOCTION [dekɔksjɔ̃] **n. f.** – XIIIe ◇ bas latin *decoctio,* de *coquere* «cuire» ■ **1** Action de faire bouillir dans l'eau (une substance) pour en extraire les principes solubles. *Décoction et infusion. Sauge en décoction.* ■ **2** Liquide ainsi obtenu. ➤ 1 **tisane.** *Décoction d'écorce de noyer servant à la teinture. Boire une décoction de queues de cerises.* — On dit aussi **DÉCOCTÉ n. m.** ■ **3** FAM. et PÉJ. Grande quantité.

DÉCODAGE [dekɔdaʒ] **n. m.** – 1959 ◇ de *décoder* ■ DIDACT. Action de décoder*. *Décodage du code génétique.* ➤ **traduction, transcription.** ■ CONTR. Codage, encodage.

DÉCODER [dekɔde] **v. tr.** ‹1› – 1959 ◇ de *dé-* et *code,* d'après l'anglais *to decode* ■ DIDACT. Traduire dans un autre code, en langage clair (un message formulé en code*). ➤ **déchiffrer, décrypter.** ◆ Analyser le contenu de (un message) selon le code partagé par l'émetteur et le récepteur. — SPÉCIALT, LING. Percevoir et comprendre (un message formé de signes). ➤ **comprendre*.** *Ce poème est difficile à décoder. — On peut décoder son comportement.* — INFORM. Traduire (une suite binaire) en sa valeur numérique ou alphanumérique. ■ CONTR. Coder, encoder.

DÉCODEUR [dekɔdœʀ] **n. m.** – v. 1968 ◇ de *décoder* ■ DIDACT. Système fonctionnel (appareil ou personne) effectuant un décodage*. *Décodeur stéréophonique.* COUR. Dispositif destiné à restituer en clair un signal de télévision crypté à l'émission. — LING. *Le locuteur est l'émetteur et l'encodeur du message, l'auditeur son récepteur-décodeur* (s'ils partagent le même code). ■ CONTR. Codeur, encodeur.

DÉCOFFRAGE [dekɔfʀaʒ] **n. m.** – 1948 ◇ de *décoffrer* ■ TECHN. Action de décoffrer. *Béton brut* de décoffrage.* ■ CONTR. Coffrage.

DÉCOFFRER [dekɔfʀe] **v. tr.** ‹1› – 1948 ; «sortir d'un coffre» 1225 ◇ de *dé-* et *coffrer* ■ TECHN. Enlever le coffrage de (un ouvrage en béton). *Décoffrer un pilier.* ■ CONTR. Coffrer.

DÉCOIFFER [dekwafe] **v. tr.** ‹1› – XIIIe ◇ de *dé-* et *coiffer* ■ **1** RARE Ôter ce qui coiffe, le chapeau de (qqn). *Se décoiffer.* ➤ **se découvrir.** — TECHN. *Décoiffer une fusée, un obus,* en enlever la coiffe. ■ **2** COUR. Déranger la coiffure, l'ordonnance des cheveux de (qqn). *Le vent l'a décoiffée.* ➤ **dépeigner.** *Être décoiffé. Le Tour reste «cette caravane qui décoiffe les filles, pétrifie les gendarmes et soulève les soutanes»* BLONDIN. ◆ (1984 ◇ d'une publicité de voiture rapide) FIG. FAM. Déranger*, causer une grande surprise à (qqn) [cf. Couper le souffle*]. ➤ **surprendre ;** FAM. **épater.** *Une pub qui décoiffe* (➤ **ébouriffant**). — **n. m.** (1891) **DÉCOIFFAGE** ou (1671) **DÉCOIFFEMENT.** ■ CONTR. Recoiffer.

DÉCOINÇAGE [dekwɛ̃saʒ] **n. m.** – 1931 ; *décoincement* 1870 ◇ de *décoincer* ■ Action de décoincer (2°) ; son résultat. ■ CONTR. Coincement.

DÉCOINCER [dekwɛ̃se] **v. tr.** ‹3› – 1863 ◇ de *dé-* et *coincer* ■ **1** TECHN. Enlever le coin* (1°) de ; ôter (un objet) de dessus un coin. ■ **2** Dégager (ce qui est coincé, bloqué). ➤ **débloquer, dégripper.** ■ **3** (1974) FAM. Détendre, mettre à l'aise (qqn) ; diminuer, lever les inhibitions de. *Son succès l'a un peu décoincé. Il n'y a qu'elle qui le décoince.* ➤ **dérider.** — PRONOM. *«D'après lui il fallait que je me décoince, décidément je ne savais pas m'amuser»* O. ADAM. ■ CONTR. Coincer.

DÉCOLÉRER [dekɔleʀe] **v. intr.** ‹6› – 1835 ; hapax début XVIe ◇ de *dé-* et *colère* ■ *Ne pas décolérer :* ne pas cesser d'être en colère. FIG. *«Le vent d'est s'était acharné après nous, et la mer ne décolérait pas»* DAUDET.

DÉCOLLAGE [dekɔlaʒ] **n. m.** – 1847 ◇ de *décoller* ■ **1** Action de décoller (I). ➤ **décollement.** ■ **2** Action de décoller, de quitter le sol. *Décollage d'un avion. Avion à décollage vertical (Adav).* ◆ (1961 ◇ d'après l'anglais américain *take off*) FIG. Démarrage économique ; fait de décoller (III, 3°). ■ CONTR. Recollage. Atterrissage. Stagnation.

DÉCOLLATION [dekɔlasjɔ̃] **n. f.** – 1227 ◇ latin juridique *decollatio,* de *collum* «cou» ■ Action de couper la tête (d'une personne). *La décollation de saint Jean-Baptiste.*

DÉCOLLEMENT [dekɔlmɑ̃] **n. m.** – 1635 ◇ de *décoller* ■ Action de décoller, état de ce qui est décollé. — MÉD. Séparation d'un organe, ou d'une partie d'organe, des régions anatomiques qui lui sont normalement adhérentes. *Décollement de la rétine.*

DÉCOLLER [dekɔle] **v.** ‹1› – 1382 ◇ de *dé-* et *coller*

I **v. tr. dir.** ■ **1** Détacher (ce qui est collé). *Décoller un timbre-poste, une vignette.* — PRONOM. *Affiche qui se décolle.* — **p. p. adj.** *Étiquette décollée. Oreilles décollées,* qui s'écartent de la tête. — MÉD. Ne plus adhérer. *La rétine s'est décollée.* ■ **2** FIG. et FAM. *Décoller qqn,* ne plus le coller, l'importuner. *Il ne nous a pas décollés une minute* (cf. Lâcher les baskets*).

II **v. tr. ind.** ■ **1** FAM. S'en aller, partir. *Il ne décolle pas d'ici. Pas moyen de le faire décoller.* ■ **2** Se détacher de... **(au pr. et au fig.).** ➤ **quitter.** *Skieur qui décolle du tremplin. L'avion décolle de la piste* (cf. ci-dessous III, 2°). ◆ SPORT Se détacher des autres concurrents dans une course, etc. *Le cycliste a décollé du peloton.* ■ **3** FIG. *Décoller de la réalité :* quitter le réel pour l'imaginaire (cf. ci-dessous III, 4°).

III **v. intr.** ■ **1** FAM. Maigrir. *Ce qu'il a décollé, depuis sa maladie !* ■ **2** (1907) Quitter le sol, en parlant d'un avion (**opposé à** *atterrir*). ➤ **s'envoler.** *L'avion de New York vient de décoller.* ■ **3** (1962 ◇ d'après l'anglais américain *to take off*) FIG. Prendre son essor économique ; sortir d'une phase de stagnation, du sous-développement. *«Un plan capable de faire "décoller" les économies africaines»* R. DUMONT. — PAR EXT. *Discipline, science qui décolle.* ■ **4** FIG. Quitter le réel pour l'imaginaire, sous l'effet de la drogue. *Il commence à décoller* (➤ 2 **planer**).

■ CONTR. Coller. Recoller. — Atterrir. Sombrer.

DÉCOLLETAGE [dekɔltaʒ] **n. m.** – 1835 ◇ de *décolleter* ■ Action de décolleter. ■ **1** AGRIC. *Décolletage des racines cultivées :* section au-dessus du collet. ■ **2** (1876) Action de décolleter (une robe), de se décolleter. *Un décolletage hardi.* — PAR EXT. Décolleté. *«La dentelle qui bordait le décolletage de sa robe»* COLETTE. ■ **3** (1907) TECHN. Fabrication de pièces métalliques tournées à partir de barres de métal (ou de couronnes de fil) et pouvant comporter des perçages, des filetages, des taraudages. ➤ **boulonnerie.**

DÉCOLLETÉ, ÉE [dekɔlte] **adj.** et **n. m.** – fin XVIIe ◇ de *décolleter* ■ **1** Qui laisse voir le cou et une partie de la gorge, du dos. *Robe décolletée devant, dans le dos.* ➤ **échancré.** PAR EXT. *Femme très décolletée.* ■ **2 n. m.** (1898) Échancrure d'un vêtement féminin par où passe la tête, dégageant le cou et une partie de la gorge, du dos. *Elle préfère les encolures montantes aux décolletés profonds. Décolleté plongeant. Décolleté rond, en pointe, en V ; décolleté carré, bateau. Être en grand décolleté* (avec une robe de soirée). — PAR EXT. (1922) Partie de la gorge et des épaules laissée nue par le décolleté. *Elle a un beau décolleté.* ■ CONTR. Montant.

DÉCOLLETER [dekɔlte] **v. tr.** ‹4 /5/› – 1265 ◇ de *collet* ■ **1** Laisser le cou, la gorge, les épaules de (une femme) à nu. *Cette robe la décollette trop.* — PRONOM. *Se décolleter :* porter un vêtement décolleté. ■ **2** (1700) Couper (un vêtement) de manière qu'il dégage le cou. ➤ **échancrer.** ■ **3** AGRIC. Couper la partie supérieure de (racines alimentaires) pour empêcher le développement du bourgeon. *Décolleter des betteraves.* ■ **4** TECHN. Travailler par décolletage* (3°). *Décolleter une vis.* ABSOLT *Tour à décolleter.*

DÉCOLLETEUR, EUSE [dekɔltœʀ, øz] **n.** – 1907 ◇ de *décolleter* ■ TECHN. ■ **1** Ouvrier, ouvrière qui fait du décolletage. ■ **2 n. f.** Machine à décolleter les racines. ◆ Machine-outil servant à décolleter.

DÉCOLONISATION [dekɔlɔnizasjɔ̃] **n. f.** – 1952 ◇ de *dé-* et *colonisation* ■ Cessation pour un pays de l'état de colonie ; processus par lequel une colonie devient indépendante (➤ **indépendance**). *La décolonisation de l'Inde, de l'Afrique.* — PAR EXT. (1963) Libération de groupes humains ou de secteurs socioéconomiques tenus dans un état de dépendance, de subordination. ■ CONTR. Colonisation.

DÉCOLONISER [dekɔlɔnize] **v. tr.** ‹1› – 1963 ◊ de *dé-* et *coloniser* ■ Permettre, effectuer la décolonisation de (un pays, un peuple colonisé, et PAR EXT. un groupe humain, un secteur socioéconomique considéré comme colonisé). *Décoloniser la province.* — **p. p. adj.** *Les pays décolonisés d'Afrique.* — SUBST. *Les décolonisés.* ■ CONTR. Coloniser.

DÉCOLORANT, ANTE [dekɔlɔʀɑ̃, ɑ̃t] **adj.** et **n. m.** – 1792 ◊ de *décolorer* ■ Qui décolore. — **n. m.** *L'eau de Javel est un décolorant. Décolorant pour les cheveux, à base d'eau oxygénée.* ■ CONTR. Colorant.

DÉCOLORATION [dekɔlɔʀasjɔ̃] **n. f.** – v. 1370 ◊ latin *decoloratio* ■ Action de décolorer, de se décolorer ; perte de la couleur. *Décoloration des cheveux.* — PAR EXT. Opération du coiffeur qui décolore les cheveux. *Se faire faire une décoloration.* ■ CONTR. Coloration, teinture.

DÉCOLORER [dekɔlɔʀe] **v. tr.** ‹1› – 1080 ◊ latin *decolorare* ■ **1** Altérer, effacer la couleur de. *Cette lessive décolore le linge.* ■ **2** SPÉCIALT *Décolorer les cheveux,* leur ôter leur couleur naturelle. ➤ **oxygéner ; décoloration.** *Cheveux décolorés.* ➤ **peroxydé.** — FAM. *Une blonde décolorée.* ■ **3 SE DÉCOLORER v. pron.** Perdre sa couleur. ➤ **déteindre,** se **faner, passer, ternir.** *Le papier peint s'est décoloré.* ■ CONTR. Colorer, teindre, teinter.

DÉCOMBRES [dekɔ̃bʀ] **n. m. pl.** – 1572 ; «action de *décombrer*» 1404 ◊ de *décombrer* «débarrasser de ce qui encombre», de *combre* → encombrer ■ Amas de matériaux provenant d'un édifice détruit. ➤ **gravats, ruine.** *Blessé enseveli sous les décombres. Plante qui croît dans les décombres.* ➤ **rudéral.**

DÉCOMMANDER [dekɔmɑ̃de] **v. tr.** ‹1› – milieu XIVe ◊ de *dé-* et *commander* ■ Annuler la commande de (une marchandise). *Décommander une voiture.* ◆ Différer ou supprimer (une invitation). *Décommander un repas,* PAR EXT. *des invités.* — *Se décommander :* annuler un rendez-vous. *Elle s'est décommandée à la dernière minute.*

DÉCOMMETTRE [dekɔmɛtʀ] **v. tr.** ‹56› – 1863 ◊ de *dé-* et *commettre* ■ MAR. Détordre (un cordage) pour en séparer les torons. ■ CONTR. Commettre.

DÉCOMMUNISER [dekɔmynize] **v. tr.** ‹1› – 1966 ◊ de *dé-* et *communisme* ■ Faire cesser d'être communiste. PRONOM. *Les pays de l'Est se décommunisent.* — **n. f. DÉCOMMUNISATION.**

DÉCOMPACTER [dekɔ̃pakte] **v. tr.** ‹1› – 1989 ◊ de *dé-* et *compacter* ■ INFORM. Décompresser (2°). — **n. m. DÉCOMPACTAGE.** ■ CONTR. Compacter, compresser, zipper.

DÉCOMPENSATION [dekɔ̃pɑ̃sasjɔ̃] **n. f.** – 1959 ◊ de *dé-* et *compensation* ■ MÉD. Faillite des mécanismes régulateurs à la suite de laquelle les troubles dus à une malformation, à une maladie provoquent des perturbations très graves dans l'organisme (ces perturbations étant normalement compensées). *Décompensation d'un diabète, d'une maladie cardiaque, d'une insuffisance respiratoire.*

DÉCOMPENSÉ, ÉE [dekɔ̃pɑ̃se] **adj.** – 1953 ◊ de *dé-* et *compensé* ■ MÉD. Se dit d'une affection organique dont les mécanismes physiologiques de compensation* ne suffisent plus à contrebalancer les effets. *Diabète décompensé.* ■ CONTR. Compensé.

DÉCOMPENSER [dekɔ̃pɑ̃se] **v. intr.** ‹1› – milieu XXe ◊ de *décompensation* ■ **1** MÉD. Être dans un état de rupture d'équilibre, de faillite des mécanismes régulateurs (➤ **décompensation**). ■ **2** FAM. Agir de façon inattendue, inhabituelle après avoir éprouvé une importante tension nerveuse. ➤ se **défouler.** *Décompenser après des épreuves de concours.*

DÉCOMPLEXÉ, ÉE [dekɔ̃plɛkse] **adj.** – de *décomplexer* ■ Libéré de ses inhibitions, de ses complexes. *Une adolescente décomplexée.* — *L'habitude «de la baise, des rapports urgents, décomplexés»* PH. BESSON. — PAR EXT. À l'aise. ➤ **décontracté.** ◆ FIG. Qui assume pleinement ses choix, ses idées. *La droite décomplexée. «arguments qu'il débitait à longueur de réunion, toute honte bue, parfaitement décomplexé»* O. ADAM. ■ CONTR. Complexé.

DÉCOMPLEXER [dekɔ̃plɛkse] **v. tr.** ‹1› – 1962 ◊ de *dé-* et *complexe* ■ FAM. Libérer de ses inhibitions, de ses complexes. ➤ **décoincer, décontracter, défouler.** *Décomplexer un timide. Invite-le, ça va le décomplexer !* — FIG. Libérer d'une gêne, d'un sentiment d'infériorité. ■ CONTR. Complexer, inhiber.

DÉCOMPOSABLE [dekɔ̃pozabl] **adj.** – 1790 ◊ de *décomposer* ■ Qui peut être décomposé (I°). *Polynôme décomposable.* ■ CONTR. Indécomposable, simple.

DÉCOMPOSER [dekɔ̃poze] **v. tr.** ‹1› – 1541 ◊ de *dé-* et *composer* ■ **1** SC. Diviser, séparer en éléments constitutifs. ➤ **désagréger, dissocier, diviser, séparer.** *Décomposer de l'eau par électrolyse. Le prisme décompose la lumière solaire en ses couleurs fondamentales. Décomposer une force, un mouvement.* MATH. *Décomposer un nombre en facteurs premiers.* — CHIM. Transformer (un composé) en molécules plus petites. *Décomposer l'eau par électrolyse.* ◆ FIG. Ramener (une conception abstraite) à ses éléments. ➤ **analyser, disséquer, dissocier, diviser, réduire, résoudre, scinder.** *«décomposer le problème total en des problèmes partiels de plus en plus simples»* C. BERNARD. ◆ Effectuer (un mouvement complexe) lentement afin de montrer les éléments. *Décomposer un pas de danse, un geste. «Décomposant sa chute, l'inscrivant au ralenti dans nos yeux»* GIRAUDOUX. ■ **2** Altérer chimiquement (une substance organique). ➤ **altérer, corrompre, gâter, putréfier.** *La chaleur décompose les matières animales.* PRONOM. *Cadavre qui se décompose.* ➤ **pourrir.** *Gibier qui commence à se décomposer.* ➤ **faisander.** ■ **3** Altérer passagèrement (les traits du visage). ➤ **altérer, troubler.** *La souffrance décompose ses traits.* PRONOM. *Son visage se décomposa de terreur.* **p. p. adj.** *Il est décomposé,* pâle et défait. ■ CONTR. Combiner, composer, synthétiser.

DÉCOMPOSEUR [dekɔ̃pozœʀ] **n. m.** – 1977 ◊ de *décomposer* ■ ÉCOL. Organisme (bactérie, ver, insecte, champignon...) qui vit dans le sol et se nourrit de matière organique (cadavres, excréments, débris végétaux), la dégradant en sels minéraux ou la transformant en humus. ➤ **détritivore.** *Le décomposeur, dernier maillon de la chaîne alimentaire.*

DÉCOMPOSITION [dekɔ̃pozisjɔ̃] **n. f.** – 1694 ◊ de *décomposer,* d'après *composition* ■ **1** Séparation (d'un corps, d'une substance) en ses éléments. ➤ **division, séparation.** *Décomposition chimique.* ➤ **analyse.** *Décomposition de la lumière par le prisme.* — MATH. *Décomposition d'une fraction rationnelle. Décomposition d'un nombre en facteurs premiers.* ◆ FIG. ➤ **analyse.** *La décomposition d'un raisonnement.* ■ **2** Altération d'une substance organique, chimique, ordinairement suivie de putréfaction. ➤ **biodégradation, corruption, pourriture.** *Cadavre en décomposition. État de décomposition avancée.* ◆ FIG. *La décomposition d'une société.* ➤ **désagrégation, désorganisation, dissolution.** *«Cette révolution-là, elle porterait dans l'œuf son germe de décomposition»* MARTIN DU GARD. ■ CONTR. Combinaison, composition, synthèse. Conservation.

DÉCOMPRESSER [dekɔ̃pʀese] **v.** ‹1› – 1966 ◊ de *dé-* et *compresser*

I v. tr. ■ **1** TECHN. Cesser ou diminuer la compression de ; réduire la pression de (un gaz). ➤ **décomprimer, détendre.** ■ **2** INFORM. Rendre à (un fichier compressé) sa taille normale. ➤ **décompacter, dézipper.**

II v. intr. FAM. Relâcher sa tension nerveuse, à la suite d'un effort intense. *Tu devrais décompresser.* ➤ se **détendre.**

■ CONTR. Compacter, compresser, zipper.

DÉCOMPRESSEUR [dekɔ̃pʀesœʀ] **n. m.** – 1904 ◊ de *dé-* et *compresseur* ■ TECHN. Appareil ramenant à la pression normale un gaz comprimé. — Soupape placée sur la culasse, diminuant la compression dans les cylindres d'un moteur à explosion. ■ CONTR. Compresseur.

DÉCOMPRESSION [dekɔ̃pʀesjɔ̃] **n. f.** – 1868 ◊ de *dé-* et *compression* ■ **1** Action de décomprimer ; cessation ou diminution de la compression, de la pression d'un gaz. ➤ **détente, dilatation, expansion.** *Robinet, soupape de décompression.* ◆ Réduction progressive de la pression, dans un caisson où travaille un plongeur, pour éviter un retour trop brutal à la pression atmosphérique normale. *Paliers de décompression. Accidents de décompression* (cf. Maladie des caissons*). *Chambre, sas de décompression.* ■ **2** MÉD. Technique destinée à réduire la pression anormale exercée sur un organe. *Décompression cardiaque,* par évacuation d'un épanchement liquidien du péricarde. ■ **3** INFORM. Opération consistant à décompresser un fichier. ■ CONTR. Compression.

DÉCOMPRIMER [dekɔ̃pʀime] **v. tr.** ‹1› – 1864 ◊ de *dé-* et *comprimer* ■ Faire cesser ou diminuer la compression de. *Décomprimer de l'air.* ➤ **décompresser.** ■ CONTR. Comprimer.

DÉCOMPTE [dekɔ̃t] **n. m.** – XIIe ◊ de *décompter* ■ **1** Ce qu'il y a à déduire sur une somme qu'on paie. ➤ **déduction, réduction.** *Mille euros de décompte. Faire le décompte :* calculer ce qu'il y a à rabattre. — FIG. et VX *Trouver, éprouver du décompte.* ➤ **déception, désillusion, mécompte.** ■ **2** Décomposition (d'une somme, d'un ensemble) en ses éléments. ➤ **compte** (I, 3°). *Le décompte des travaux effectués.* FIG. *La poésie populaire «ne s'est pas astreinte à la rime, ni au décompte syllabique»* THIBAUDET.

DÉCOMPTER [dekɔ̃te] v. ‹1› – XIIe ◊ de *dé-* et *compter* ▪ **1** v. tr. Déduire, rabattre d'une somme. ➤ **retrancher, soustraire.** *Je décompte les cent euros d'arrhes.* ▪ **2** v. intr. HORLOG. Sonner en désaccord avec l'heure qu'indiquent les aiguilles. *Pendule qui décompte.* ▪ CONTR. Ajouter.

DÉCONCENTRATION [dekɔ̃sɑ̃tʀasjɔ̃] n. f. – 1907 ◊ de *dé-* et *concentration* ▪ **1** ADMIN. Système dans lequel l'État délègue certains pouvoirs de décision à des agents ou organismes locaux qui sont soumis à l'autorité centrale. *Déconcentration et décentralisation**. ▪ **2** CHIM. Diminution de la concentration d'une substance. *La dilution d'un produit provoque sa déconcentration.* ▪ CONTR. Concentration, centralisation.

DÉCONCENTRER [dekɔ̃sɑ̃tʀe] v. tr. ‹1› – v. 1964 ◊ de *dé-* et *concentrer* ▪ **1** Provoquer la déconcentration* administrative de. *Déconcentrer l'autorité ministérielle.* ▪ **2** Diminuer la concentration de. *Déconcentrer une zone urbaine saturée.* ▪ **3** Cesser de concentrer (l'attention). *Déconcentrer son attention. Cette pause m'a déconcentré.* — PRONOM. *Se déconcentrer.* ▪ CONTR. Concentrer, centraliser. Fixer.

DÉCONCERTANT, ANTE [dekɔ̃sɛʀtɑ̃, ɑ̃t] adj. – milieu XIXe ◊ de *déconcerter* ▪ Qui déconcerte. ➤ **déroutant, embarrassant, surprenant.** *Ses réactions sont déconcertantes.* ➤ **bizarre, étonnant, imprévu, inattendu, incompréhensible, troublant.** *Nouvelles contradictoires et déconcertantes. Résultats déconcertants.* ➤ **décevant.** ▪ CONTR. Banal, rassurant.

DÉCONCERTER [dekɔ̃sɛʀte] v. tr. ‹1› – XVIe ; *desconcerter* XVe ◊ de *dé-* et *concerter* ▪ **1** LITTÉR. Empêcher la réalisation de (un projet). ➤ **déjouer.** « *un train à déconcerter toute espèce de poursuite* » BALZAC. ▪ **2** COUR. Faire perdre contenance à (qqn) ; jeter dans l'incertitude de ce qu'il faut faire, dire ou penser. ➤ **confondre, décontenancer, démonter, dérouter, désarçonner, désorienter, déstabiliser, embarrasser, interdire, surprendre, troubler.** *Il se laisse déconcerter facilement.* « *Cet homme timide, qu'un mot badin déconcertait, qu'un regard de femme faisait rougir* » ROUSSEAU. ▪ CONTR. Encourager, rassurer.

DÉCONDENSER [dekɔ̃dɑ̃se] v. tr. ‹1› – 1958 ◊ de *dé-* et *condenser* ▪ GÉNÉT. Donner une structure moins compacte à. *Décondenser les nucléosomes.* — PRONOM. *Les chromosomes se décondensent au cours de l'interphase.* — n. f. (1982) **DÉCONDENSATION** [dekɔ̃dɑ̃sasjɔ̃]. *Décondensation de la chromatine.*

DÉCONDITIONNEMENT [dekɔ̃disjɔnmɑ̃] n. m. – 1951 ◊ de *dé-* et *conditionnement* ▪ PHYSIOL. Méthode permettant de supprimer un réflexe conditionné par la mise en jeu de stimulus désagréables appliqués en même temps que ceux qui créent le conditionnement. — PAR EXT. Le fait de dégager progressivement d'une habitude. ▪ CONTR. Conditionnement.

DÉCONDITIONNER [dekɔ̃disjɔne] v. tr. ‹1› – 1904 ◊ de *dé-* et *conditionner* ▪ Soustraire aux effets d'un conditionnement* psychologique. ➤ **déprogrammer.** *Déconditionner un fumeur.* ▪ CONTR. Conditionner, intoxiquer.

DÉCONFIT, ITE [dekɔ̃fi, it] adj. – XIIIe ◊ de *déconfire* « défaire, battre » 1080, de *dé-* et *confire* « préparer » ▪ **1** VX Battu, défait. ▪ **2** FIG. Penaud, dépité. *Air déconfit, mine déconfite. Rester tout déconfit.* ▪ CONTR. Triomphant.

DÉCONFITURE [dekɔ̃fityʀ] n. f. – XIIe « défaite totale » ◊ de *déconfire* → déconfit ▪ **1** Échec, défaite morale. *La déconfiture d'un parti politique.* ▪ **2** Ruine financière entière. ➤ **banqueroute, faillite.** *La complète déconfiture d'un banquier. Être, tomber en déconfiture.* — DR. État d'un débiteur (qui n'est pas commerçant) hors d'état de payer ses créanciers. ➤ **cessation** (de paiement). « *en cas de faillite ou de déconfiture du débiteur* » (CODE CIVIL). ▪ CONTR. Succès, triomphe.

DÉCONGÉLATION [dekɔ̃ʒelasjɔ̃] n. f. – 1893 ◊ de *dé-* et *congélation* ▪ **1** Changement d'état physique d'un corps congelé, quand il est ramené à des températures supérieures à son point de congélation*. *Décongélation d'un terrain aquifère.* ▪ **2** Action de décongeler. *Décongélation d'aliments surgelés.* ▪ CONTR. Congélation.

DÉCONGELER [dekɔ̃ʒ(ə)le] v. tr. ‹5› – 1907 ◊ de *dé-* et *congeler* ▪ Ramener (un corps congelé) à une température supérieure à 0 °C. *Décongeler de la viande.* p. p. adj. *Ne pas congeler à nouveau un aliment décongelé.* ▪ CONTR. Congeler.

DÉCONGESTIF, IVE [dekɔ̃ʒɛstif, iv] adj. et n. m. – avant 1970 ◊ de *dé-* et *congestif* ▪ MÉD. Qui atténue ou fait disparaître une congestion. — n. m. *Un décongestif.*

DÉCONGESTION [dekɔ̃ʒɛstjɔ̃] n. f. – 1944 ◊ de *dé-* et *congestion* ▪ Action de décongestionner* (2°) ; résultat de cette action. — On dit aussi **DÉCONGESTIONNEMENT** n. m. ▪ CONTR. Congestion, encombrement, engorgement.

DÉCONGESTIONNER [dekɔ̃ʒɛstjɔne] v. tr. ‹1› – 1874 ◊ de *dé-* et *congestionner* ▪ **1** Faire cesser la congestion de. *Décongestionner les poumons. Inhalation pour décongestionner les fosses nasales.* ▪ **2** FIG. Faire cesser l'encombrement de. ➤ **dégager, désencombrer, désengorger.** *Décongestionner une rue en établissant un sens unique. On essaie de décongestionner le centre-ville.* ▪ CONTR. Congestionner.

DÉCONNADE [dekɔnad] n. f. – 1970 ◊ de *déconner* ▪ FAM. Fait de déconner (2°). *L'ambiance est à la déconnade.*

DÉCONNAGE [dekɔnaʒ] n. m. – 1896 ◊ de *déconner* ▪ FAM. Action, propos d'une personne qui fait, dit des bêtises. ➤ **bêtise,** FAM. **connerie.** « *Il n'écoutait pas un mot de leurs déconnages* » J. CAU.

DÉCONNECTER [dekɔnɛkte] v. ‹1› – 1943 ◊ de *dé-* et *connecter*, p.-ê. d'après l'anglais *to disconnect*

I ▪ **1** ÉLECTR. Supprimer la connexion* de (qqch.) dans un circuit électrique. ➤ **débrancher.** ▪ **2** FIG. (1968) Séparer. *Discours déconnecté de la réalité.* — ABSOLT, FAM. Faire une coupure, se détacher d'une occupation. *J'ai besoin de déconnecter.* — PASS. *Être déconnecté,* ne plus s'intéresser à qqch., ne plus être concerné.

II v. pron. **SE DÉCONNECTER.** Interrompre la connexion entre un ordinateur et un réseau informatique.

▪ CONTR. Brancher, connecter, relier.

DÉCONNER [dekɔne] v. intr. ‹1› – fin XIXe ◊ de *dé-* et *con* ▪ FAM. ▪ **1** Dire, faire des bêtises, des absurdités. ➤ **débloquer, déraisonner*.** « *Ce que je pouvais déconner, pardon, dire des bêtises, quand j'étais môme* » QUENEAU. *Il déconne à pleins tubes.* ▪ **2** Plaisanter. ➤ **blaguer, rigoler.** *Faut pas déconner avec ces choses-là ! Allez, assez déconné, soyons sérieux ! Arrête de déconner ! Sans déconner,* ABRÉV. (1978) *sans déc'* [sɑ̃dɛk] : sérieusement. ▪ **3** (CHOSES) Mal fonctionner. ➤ **débloquer.** *Ma montre déconne complètement.*

DÉCONNEUR, EUSE [dekɔnœʀ, øz] n. – 1912 ◊ de *déconner* ▪ FAM. Personne qui aime s'amuser, plaisanter. *Une sacrée déconneuse.*

DÉCONNEXION [dekɔnɛksjɔ̃] n. f. – 1954 ; *déconnection* 1951 ◊ de *dé-* et *connexion*, d'après l'anglais *deconnection* ▪ **1** PHYSIOL. Suppression d'une liaison organique. *Déconnexion neurovégétative* (par paralysie pharmacodynamique des centres nerveux). ▪ **2** ÉLECTR. Action de déconnecter, de se déconnecter ; son résultat. ➤ **débranchement.** ▪ **3** Séparation de choses connexes. ▪ CONTR. Connexion, liaison.

DÉCONSEILLER [dekɔ̃seje] v. tr. ‹1› – 1138 ◊ de *dé-* et *conseiller* ▪ Conseiller de ne pas faire. ➤ **détourner, dissuader.** *Déconseiller à qqn qqch., de faire qqch. On lui a déconseillé cet exercice. Je vous déconseille d'y aller. — C'est tout à fait déconseillé,* contre-indiqué. ▪ CONTR. 1 Conseiller, recommander.

DÉCONSIDÉRATION [dekɔ̃sideʀasjɔ̃] n. f. – 1792 ◊ de *dé-* et *considération* ▪ LITTÉR. Perte de la considération. ➤ **discrédit.** *Jeter la déconsidération sur qqn. Tomber dans la déconsidération. La déconsidération de qqn pour qqn, à l'égard de qqn.*

DÉCONSIDÉRER [dekɔ̃sideʀe] v. tr. ‹6› – 1790 ◊ de *dé-* et *considérer* ▪ Priver (qqn) de la considération, de l'estime. ➤ **discréditer, perdre ;** FAM. **couler.** *Ce scandale l'a déconsidéré.* — PRONOM. *Il se déconsidère par sa mauvaise conduite. — Il est complètement déconsidéré auprès de ses amis.* ➤ FAM. **grillé.**

DÉCONSIGNER [dekɔ̃siɲe] v. tr. ‹1› – 1870 ◊ de *dé-* et *consigner* ▪ **1** Affranchir de la consignation. *Déconsigner des troupes.* ▪ **2** (v. 1900) Retirer de la consigne. *Déconsigner une valise.* ▪ **3** Rembourser le prix de la consigne de (un emballage). *Déconsigner une bouteille.* ▪ CONTR. Consigner.

DÉCONSTRUCTION [dekɔ̃stʀyksjɔ̃] n. f. – 1792 ◊ de *déconstruire* ▪ Fait de déconstruire. *La déconstruction d'un viaduc.* — ABSTRAIT *La déconstruction d'un système social, d'une notion.* « *une déconstruction partielle du mythe* » R. GIRARD.

DÉCONSTRUCTIVISME [dekɔ̃stʀyktivism] n. m. – 1991 ; 1986 en littérature ◊ de *déconstruction* et de *constructivisme*, d'après l'anglais *deconstructivist (architecture)*, nom d'une exposition à New York (1988) ▪ Mouvement architectural, né à la fin des années 1980, qui remet en cause les codes de la tradition moderne (symétrie, fonctionnalité, gravité...), prônant une rupture avec la notion d'angle droit. — adj. et n. **DÉCONSTRUCTIVISTE.**

DÉCONSTRUIRE [dekɔ̃stʀɥiʀ] v. tr. ‹38› – 1798 ◇ de *dé-* et *construire* ▪ **1** Défaire entièrement ou partiellement (une construction). ➤ **démolir, détruire.** *Déconstruire une centrale nucléaire.* ➤ **démanteler.** ▪ **2** (ABSTRAIT) Défaire par l'analyse (ce qui a été construit). *Déconstruire un concept. Déconstruire les stéréotypes sexistes.* ▪ **3** PRONOM. Perdre ses structures. *Langue qui s'altère et se déconstruit.*

DÉCONTAMINATION [dekɔ̃taminasjɔ̃] n. f. – 1952 ◇ de *dé-* et *contamination* ▪ Action de décontaminer* ; son résultat. Élimination des agents responsables d'une contamination (radioactive, chimique...). ➤ **dépollution, désactivation.** *Décontamination microbiologique, chimique. Tenue de décontamination.* ▪ CONTR. Contamination. Pollution.

DÉCONTAMINER [dekɔ̃tamine] v. tr. ‹1› – 1952 ◇ de *dé-* et *contaminer* ▪ Éliminer les agents responsables de la contamination* de. *Décontaminer les victimes d'un accident industriel. Décontaminer une rivière polluée par des agents chimiques.* ➤ **dépolluer, désactiver.** ▪ CONTR. Contaminer. Polluer.

DÉCONTENANCER [dekɔ̃t(ə)nɑ̃se] v. tr. ‹3› – 1549 ◇ de *dé-* et *contenance* ▪ **1** Faire perdre contenance à (qqn). ➤ **déconcerter, démonter, désarçonner ; embarrasser, intimider.** *Il décontenance ses adversaires par son aplomb. Il est tout décontenancé.* ▪ **2 SE DÉCONTENANCER** v. pron. Perdre contenance. *Il se décontenance facilement. Il continua sa démonstration sans se décontenancer.* ➤ se **démonter.** ▪ CONTR. Encourager, rassurer.

DÉCONTRACTÉ, ÉE [dekɔ̃tʀakte] adj. – 1924 ◇ de *décontracter* ▪ **1** Relâché (muscle). ▪ **2** Détendu. *Restez décontracté.* ➤ **souple.** ▪ **3** FIG. Insouciant, à l'aise, sans crainte ni angoisse. ➤ ANGLIC. **cool, relax.** *Il est décontracté, un peu trop décontracté.* ◆ Qui marque de l'aisance, de la désinvolture. ➤ **dégagé, détendu*, libre.** *Allure, tenue décontractée. Conduite décontractée* (d'une voiture). — ABRÉV. *Décontract,* parfois *décontracte.* — ADVT *S'habiller décontracté.* ▪ CONTR. Contracté, tendu. Soucieux. Contraint, embarrassé, guindé.

DÉCONTRACTER [dekɔ̃tʀakte] v. tr. ‹1› – 1860 ◇ de *dé-* et *contracter* ▪ **1** Faire cesser la contraction musculaire de. ➤ **détendre, relâcher.** *Décontracter ses muscles.* ➤ **décrisper.** ▪ **2** FAM. *Décontracter qqn,* l'aider à se détendre. ◆ **SE DÉCONTRACTER** v. pron. (1942) Se détendre. ➤ se **relaxer.** *Décontractez-vous pour bien exécuter ce mouvement. Se décontracter avant un examen.* ▪ CONTR. 2 Contracter, crisper, raidir, 1 tendre.

DÉCONTRACTION [dekɔ̃tʀaksjɔ̃] n. f. – 1892 ◇ de *décontracter* ▪ **1** Relâchement du muscle succédant à la contraction. ➤ **relâchement.** ▪ **2** (1945) Détente du corps. ➤ **relaxation.** ▪ **3** FIG. Souplesse, naturel, désinvolture. *Il a répondu à l'examen avec beaucoup de décontraction.* ▪ CONTR. Contraction, raideur.

DÉCONVENTIONNEMENT [dekɔ̃vɑ̃sjɔnmɑ̃] n. m. – 1975 ◇ de *conventionnement* ▪ Fait, pour un médecin, un établissement de soins, de ne plus adhérer à la convention tarifaire conclue avec la Sécurité sociale. ▪ CONTR. Conventionnement.

DÉCONVENTIONNER [dekɔ̃vɑ̃sjɔne] v. tr. ‹1› – 1963, comme v. pron. ◇ de *convention* ▪ Rompre l'adhésion à la convention conclue entre un médecin ou un établissement de soins et la Sécurité sociale. *L'assurance maladie a déconventionné cet ophtalmologue.* — PRONOM. *Clinique qui se déconventionne.* — p. p. adj. *Médecin déconventionné.* ▪ CONTR. (du p. p. adj.) Conventionné.

DÉCONVENUE [dekɔ̃v(ə)ny] n. f. – 1822 ; «insuccès» XIIe ◇ de *dé-* et *convenu,* p. p. de *convenir* ▪ Désappointement causé par un insuccès, une mésaventure, une erreur. ➤ **déception, dépit, désillusion, humiliation.** *Éprouver une grande déconvenue.* «*Joseph sut dissimuler son amère déconvenue au public*» MADELIN. ▪ CONTR. Triomphe.

DÉCOR [dekɔʀ] n. m. – *decore* 1530 ◇ de *décorer* ▪ **1** Ce qui sert à décorer (un édifice, un intérieur). ➤ **décoration.** *Décor somptueux. Boudoir avec décor Louis XV. Un décor high-tech.* ◆ Dessin, motif. *Tissu à décor floral.* ▪ **2** Représentation figurée du lieu où se passe l'action (théâtre, cinéma, télévision). *Décor figuré, en trompe-l'œil. Décor simultané,* présentant simultanément tous les lieux de l'action (➤ **mansion**). *Les décors :* les éléments du décor de théâtre. ➤ **châssis, découverte,** 3 **ferme, frise, praticable, toile.** *Planter le décor. Changer de décor. Tournage en décor naturel.* — LOC. FIG. *Changement de décor :* changement de circonstances, évolution brusque d'une situation. *L'envers* du décor. Faire partie du décor :* passer inaperçu, jouer un rôle secondaire (cf. Faire partie des meubles). *Planter le décor :* préciser le contexte, les éléments (d'une situation). ▪ **3** PAR EXT. Aspect extérieur du milieu dans lequel se produit un phénomène, vit un être. ➤ **ambiance, atmosphère, cadre, environnement, milieu.** *Un décor champêtre. Un décor de verdure, de montagnes.* ➤ **paysage.** — LOC. FAM. *Aller, foncer, partir dans le(s) décor(s) :* quitter accidentellement la route.

DÉCORATEUR, TRICE [dekɔʀatœʀ, tʀis] n. – avant 1634 ; «celui qui honore» fin XVIe ◇ de *décorer* ▪ **1** Personne qui exécute ou dirige l'exécution des décors, pour un spectacle. *Décorateur de théâtre, de cinéma.* ▪ **2** (1812) Personne qui fait des travaux de décoration. *Décorateur sur porcelaine. Décorateur d'intérieurs, d'appartements.* ➤ **ensemblier** (cf. Architecte* d'intérieur). APPOS. *Peintre décorateur. Des tapissiers décorateurs.*

DÉCORATIF, IVE [dekɔʀatif, iv] adj. – v. 1465 ◇ de *décorer* ▪ **1** Destiné à décorer. *Peinture, sculpture décorative. Motifs décoratifs.* ➤ **ornemental.** — **ARTS DÉCORATIFS :** arts appliqués aux choses utilitaires, aussi nommés *arts appliqués, arts industriels* (ex. ameublement, costume, orfèvrerie, céramique, tapisserie, mosaïque). ➤ **design, esthétique** (industrielle). *L'école, le musée des Arts décoratifs.* FAM. *Les Arts déco* [aʀdeko]. *Style Art déco,* représenté par l'Exposition des Arts décoratifs de 1925. ▪ **2** Qui décore bien. *Plante décorative.* — FAM. (PERSONNES) Qui a une belle prestance. *Un invité décoratif.* ▪ **3** PÉJ. Agréable, mais accessoire, gratuit, peu important. *Un rôle purement décoratif.*

DÉCORATION [dekɔʀasjɔ̃] n. f. – 1463 ; «honneur» 1393 ◇ bas latin *decoratio,* de *decorare* → décorer ▪ **1** Action, art de décorer. ➤ **embellissement, ornementation.** *Décoration intérieure. L'ensemblier qui a effectué la décoration de son appartement.* — ABRÉV. FAM. (1980) **DÉCO** [deko]. *Revoir la déco.* ▪ **2** L'ensemble de ce qui décore, de ce qui sert à décorer. ➤ **ornement.** *Décoration florale d'une table. La décoration d'une église. Bien «destiné à l'utilité ou à la décoration publique»* (CODE PÉNAL). — AU PLUR. *Des décorations de Noël.* ▪ **3** (1740) Insigne d'un ordre honorifique. ➤ 2 **barrette, cordon, croix, étoile, médaille,** 1 **palme, plaque, rosette, ruban.** *Décorations civiles, militaires. Remise de décorations. Porter une décoration en sautoir, à la boutonnière. Une brochette de décorations* (cf. FAM. Batterie* de cuisine).

DÉCORDER [dekɔʀde] v. tr. ‹1› – 1549 ; *descorder* «tirer une flèche» XIIe ◇ de *dé-* et *corder* ▪ **1** TECHN. Défaire (une corde) en séparant les brins tordus. ➤ **décommettre.** ▪ **2** Détacher la corde de. *Décorder une malle. Décorder des bestiaux.* ◆ **SE DÉCORDER** v. pron. (1869) ALPIN. Se détacher de la cordée (opposé à *s'encorder*). ▪ CONTR. Corder.

DÉCORER [dekɔʀe] v. tr. ‹1› – XIVe ; «honorer» v. 1350 ◇ latin *decorare,* de *decus, oris* «ornement» ▪ **1** (Sujet personne) Pourvoir d'accessoires destinés à embellir, à rendre plus agréable. ➤ **agrémenter, embellir, enjoliver, orner,** 1 **parer.** *Décorer un appartement, une vitrine. Décorer un sapin de Noël avec des guirlandes, de guirlandes. Décorer un gâteau.* ◆ (Sujet chose) Agrémenter, embellir (un lieu). *Tableaux qui décorent un salon.* ▪ **2** FIG. Couvrir d'une apparence trompeuse et séduisante. ➤ **honorer,** 1 **parer, revêtir.** «*une de ces gentilhommières [...] que les villageois décorent du nom de château*» GAUTIER. ▪ **3** Attribuer, remettre à (qqn) une décoration, l'insigne d'un ordre, d'une distinction honorifique. *Décorer un soldat d'une médaille.* ➤ 1 **médailler.** — ABSOLT *Il va être décoré* (de la Légion d'honneur). — p. p. adj. «*un quidam se présente, bien mis, décoré même*» FLAUBERT. SUBST. *Un décoré.*

DÉCORNER [dekɔʀne] v. tr. ‹1› – XVIe ◇ de *dé-* et *corne* ▪ **1** RARE Dégarnir de ses cornes. — LOC. FAM. *Un vent à décorner les bœufs,* très fort. ▪ **2** Redresser (ce qui est corné). *Décorner la page d'un livre.*

DÉCORTICAGE [dekɔʀtikaʒ] n. m. – 1870 ◇ de *décortiquer* ▪ Opération par laquelle on dégage (un grain, une graine) de son enveloppe. *Décorticage du riz, des amandes.* — PAR EXT. *Le décorticage des crevettes.*

DÉCORTICATION [dekɔʀtikasjɔ̃] n. f. – 1747 ◇ latin *decorticatio*

I Action de décortiquer, de dépouiller de son écorce. *Décortication d'un arbre à la raclette.*

II MÉD. Séparation chirurgicale (d'un organe) et de son enveloppe fibreuse. *Décortication du cœur, du rein.* — SPÉCIALT Ablation totale ou partielle du cortex cérébral.

DÉCORTIQUER [dekɔʀtike] v. tr. ‹1› – 1826 ◇ latin *decorticare,* de *cortex, corticis* «écorce»

I ▪ **1** Dépouiller (une tige, une racine) de son écorce ; séparer (un fruit, une graine) de son enveloppe. *Décortiquer des arachides en coque.* — PAR EXT. Dépouiller (un crustacé) de sa carapace. *Décortiquer des langoustines.* — **p. p. adj.** *Crevettes décortiquées.* ■ **2** (1893) FIG. Analyser* à fond, minutieusement, pour expliquer, interpréter. ➤ **éplucher.** *Décortiquer un texte.*

II Priver (totalement ou partiellement) du cortex cérébral. **p. p. adj.** *Animal de laboratoire décortiqué.*

DÉCORUM [dekɔʀɔm] **n. m. sing.** – 1587 ◊ latin *decorum,* de *decere* «convenir» ■ Ensemble des règles qu'il convient d'observer pour tenir son rang dans une bonne société. ➤ **bienséance, cérémonial, protocole.** *Observer le décorum.* ◆ Apparat officiel. ➤ **étiquette.** *«faire régner l'étiquette et le décorum, endosser la soie et l'hermine»* MADELIN.

DÉCOTE [dekɔt] **n. f.** – 1952 ◊ de *dé-* et *cote* ■ **1** FISC. Abattement, réduction (d'impôt, de cotisation). *Impôt après décote.* ■ **2** (1969) FIN. Différence négative entre la valeur nominale d'un titre, la valeur officielle d'une monnaie, et son cours (sur le marché). ◆ FIG. *Décote d'un parti, d'un personnage politique :* baisse de popularité, perte de crédit. ■ **3** Minoration de la pension de retraite d'un assuré qui arrête de travailler sans avoir atteint la durée de cotisation nécessaire ou l'âge requis pour bénéficier d'une pension à taux plein. *Décote et surcote.*

DÉCOTER [dekɔte] **v. tr.** ⟨1⟩ – avant 1987 ◊ de *décote* ■ Faire baisser la cote de. — **Au p. p.** *Valeur, société décotée.*

DÉCOUCHER [dekuʃe] **v. intr.** ⟨1⟩ – 1564 ; pronom. «se lever» 1190 ◊ de *dé-* et 1 *coucher* ■ Coucher hors de chez soi ; rester absent une nuit entière (souvent dans un contexte érotique). ➤ RÉGION. **déloger.** *«Lantier n'était pas rentré. Pour la première fois, il découchait»* ZOLA.

DÉCOUDRE [dekudʀ] **v. tr.** ⟨48⟩ – XIIe ◊ de *dé-* et *coudre* ■ **1** Défaire (ce qui est cousu). *Découdre un bouton.* — **PRONOM.** *Semelle qui se découd.* — **p. p. adj.** ➤ **décousu.** ■ **2** VÉN. Déchirer le ventre de (un animal) par une blessure en long. ➤ **éventrer.** *Cerf qui découd un chien.* ◆ (1637) COUR. **EN DÉCOUDRE :** se battre*. *Il est toujours prêt à en découdre,* à en venir aux mains. *En découdre avec qqn.* ■ CONTR. Coudre.

DÉCOULER [dekule] **v. intr.** ⟨1⟩ – XIIe ◊ de *couler* ■ **1** VX OU LITTÉR. Couler peu à peu en s'échappant. ➤ **dégoutter, s'écouler.** *«Tout cela ne vaut pas le poison qui découle De tes yeux»* BAUDELAIRE. ■ **2** COUR. S'ensuivre par développement naturel. ➤ **se déduire, 1 dériver, émaner, procéder, provenir, résulter, venir** (de). *Les effets découlent d'une cause. Les conséquences qui en découlent.* ■ CONTR. 1 Causer, entraîner, provoquer.

DÉCOUPAGE [dekupaʒ] **n. m.** – 1497 *decoppaige* ◊ de *découper* ■ **1** Action de découper. *Procéder au découpage d'une volaille, d'un gâteau. Découpage de la viande.* ➤ **débitage, dépeçage, équarrissage.** *Le découpage d'une image en carton.* — TECHN. *Découpage des tôles à la cisaille, au burin. Découpage au chalumeau, au laser, à la presse.* ■ **2** Image, figure destinée à être découpée. *Acheter des découpages à un enfant.* — Figure découpée. *Faire des découpages.* ➤ aussi **kirigami, origami.** ■ **3** (1917 ; 1891 au théâtre) CIN. Division du scénario en séquences et plans. Le scénario ainsi détaillé. ■ **4** *Découpage territorial.* ➤ **zonage.** *Découpage électoral :* division (d'un territoire) en circonscriptions électorales. *Découpage électoral favorable à tel parti.*

DÉCOUPE [dekup] **n. f.** – 1868 ◊ de *découper* ■ **1** TECHN. Action de découper, de couper en morceaux déterminés. ◆ BOUCH. *Abattage et découpe du bœuf.* ➤ 2 **coupe.** — PAR EXT. *Découpes de volaille, de lapin :* morceaux vendus séparément. ◆ SYLVIC. Tronçonnage du bois abattu selon des normes de dimension, de qualité, etc. ■ **2** Action de découper (2°) du métal, du verre. *Atelier de découpe.* ■ **3** Morceau d'étoffe rapporté (sur un vêtement) à des fins décoratives. *Taille soulignée par des découpes.* ■ **4** *Vente à la découpe :* vente par appartements d'un immeuble par un investisseur.

DÉCOUPÉ, ÉE [dekupe] **adj.** – XIIIe ◊ de *découper* ■ **1** Qu'on a découpé (2°). *Journal découpé.* PAR EXT. *Clocher découpé à jour.* ◆ Dont les bords irréguliers présentent des entailles de forme aiguë, en dents de scie (➤ aussi **fractal**). *Côte découpée. Feuille découpée du platane.* ■ **2** (XVIe «extrait») Qu'on a découpé (3°), détaché aux ciseaux. *Article découpé.* ➤ **coupure.** *Papiers découpés et collés.* ➤ **collage.**

DÉCOUPER [dekupe] **v. tr.** ⟨1⟩ – 1190 «couper» ◊ de *couper* ■ **1** Diviser en morceaux, en coupant ou en détachant au bon endroit (une pièce de viande qu'on sert à table). *Découper un gigot, un poulet.* ABSOLT *Couteau, fourchette, planche à découper.* PAR EXT. Couper (une viande). *Découper un rosbif.* ➤ **trancher.** ■ **2** Couper régulièrement, suivant un contour, un tracé. *Découper une pièce de bois suivant un profil donné.* ➤ **chantourner.** ABSOLT *Scie à découper.* ■ **3** PAR EXT. Détacher avec des ciseaux (un contour, des figures). *Découper une figurine de carton. Découper un article dans un journal.* — ABSOLT *Découpez suivant le pointillé.* ◆ FIG. Détacher, montrer (un profil net). *«À l'horizon, les Alpilles découpent leurs crêtes fines»* DAUDET. ■ **4 SE DÉCOUPER v. pron.** *Le gigot peut se découper de deux manières.* ◆ *Se découper sur :* se détacher avec des contours nets de. *«Les feuillages immobiles se découpaient nettement sur le fond bleu du ciel»* BALZAC.

DÉCOUPEUR, EUSE [dekupœʀ, øz] **n.** – XIIIe *decauperes* ◊ de *découper* ■ TECHN. ■ **1** Ouvrier, ouvrière qui découpe. *Découpeur de bois de placage.* ■ **2 n. f.** Machine à découper le bois, les tissus ; à diviser la laine. ■ **3** CIN. Technicien, technicienne qui assure le découpage des scénarios.

DÉCOUPLAGE [dekuplaʒ] **n. m.** – milieu XXe ◊ de *dé-* et *couplage* ■ **1** ÉLECTRON. Élimination des perturbations produites par le couplage parasite de systèmes électroniques. *Découplage entre deux amplificateurs.* ■ **2** POLIT. Suppression du lien (économique, politique, stratégique...) entre deux pays, deux zones.

DÉCOUPLÉ, ÉE [dekuple] **adj.** – XIIIe ◊ de *découpler* ■ VX Qui a de l'aisance dans les mouvements. *«des enfants adroits et découplés»* ROUSSEAU. — (1690) MOD. *Bien découplé :* de belle taille, bien bâti. *«un garçon robuste, d'assez haute taille, bien découplé»* ROMAINS.

DÉCOUPLER [dekuple] **v. tr.** ⟨1⟩ – 1130 ◊ de *dé-* et *coupler* ■ **1** VÉN. Détacher (des chiens couplés) pour qu'ils courent après la bête. *Le veneur découple les chiens.* — **p. p. adj.** *Chiens découplés.* ABSOLT *Dès qu'on fut arrivé, on découpla.* ■ **2** ÉLECTRON. Réaliser le découplage de. ■ CONTR. Coupler.

DÉCOUPOIR [dekupwaʀ] **n. m.** – 1754 ◊ de *découper* ■ TECHN. ■ **1** Instrument pour découper (➤ **emporte-pièce**). ■ **2** Lame d'une machine à découper.

DÉCOUPURE [dekupyʀ] **n. f.** – XIVe ◊ de *découper* ■ **1** RARE Action de découper (une étoffe, du papier) ; son résultat. ➤ **découpage.** *Découpure fine, élégante, gracieuse.* ■ **2** État, forme de ce qui est découpé ; bord découpé. *Les découpures d'une guirlande, d'une broderie, d'une dentelle.* ➤ **feston.** *Les montagnes «se reflétaient avec leurs découpures renversées»* LOTI. ◆ Aspect découpé, échancrure. *Les découpures d'une côte rocheuse.*

DÉCOURAGEANT, ANTE [dekuʀaʒɑ̃, ɑ̃t] **adj.** – 1614 ◊ de *décourager* ■ Propre à décourager, à rebuter. ➤ **affligeant, décevant, démobilisateur, démoralisant, démotivant, déprimant, désespérant.** *Les premiers résultats sont décourageants. Nouvelle décourageante.* ◆ (PERSONNES) *Enfant décourageant par son inertie. Vous êtes décourageant.* ■ CONTR. Encourageant, réconfortant, stimulant.

DÉCOURAGEMENT [dekuʀaʒmɑ̃] **n. m.** – XIIe *descoragement* ◊ de *décourager* ■ État d'une personne qui est découragée ; perte du courage, de l'énergie. ➤ **abattement, accablement, cafard, démoralisation, déprime, désenchantement, écœurement.** *Se laisser aller au découragement. Renoncer par découragement. «cette crise de lassitude n'était pas une crise de découragement»* BARTHOU. ■ CONTR. Courage, énergie, espérance.

DÉCOURAGER [dekuʀaʒe] **v. tr.** ⟨3⟩ – XIIe *descoragier* ◊ de *dé-* et *courage* ■ **1** Rendre (qqn) sans courage, sans énergie ni envie d'action. ➤ **abattre, accabler, dégoûter, démonter, démoraliser, déprimer, désenchanter, écœurer, lasser, rebuter.** *Décourager qqn. Nouvelle, échec qui décourage.* — PRONOM. **SE DÉCOURAGER.** Perdre courage. *Il se décourage à la première difficulté.* — *Être découragé,* abattu, triste. ■ **2** *Décourager qqn de,* lui ôter l'envie, le désir de. ➤ **dégoûter** (de). *Vous m'avez découragé de travailler. Décourager qqn d'une entreprise hasardeuse.* ➤ **détourner, dissuader.** — (Sans compl. en *de*). *Le système d'alarme découragera les voleurs.* ■ **3** Diminuer, arrêter. *Il décourage les meilleures volontés. Décourager l'ardeur de qqn.* ➤ **refroidir ; démobiliser, démotiver ;** FAM. **doucher.** *Décourager toute tentative (de qqch.).* ➤ **prévenir.** *«Froid et hautain, il décourageait la familiarité»* MADELIN. ■ CONTR. Encourager, réconforter.

DÉCOURONNEMENT [dekuʀɔnmɑ̃] **n. m.** – 1863 ◊ de *découronner* ■ RARE Action de découronner.

DÉCOURONNER [dekuʀɔne] **v. tr.** ⟨1⟩ – 1160 ◊ de *dé-* et *couronner* ■ **1** Priver de la couronne. *La révolution découronna le roi.* — FIG. Priver de son prestige. *«De quel droit viennent-ils découronner nos gloires ?»* HUGO. ■ **2** FIG. Dépouiller de ce qui couronne ; enlever le sommet, la cime de. ➤ **décapiter.** *La tempête a découronné plusieurs arbres.* ■ CONTR. Couronner.

DÉCOURS [dekuʀ] **n. m.** – XIIe ◊ latin *decursus* « course sur une pente » ■ **1** ASTRON. VX Période de décroissement (de la Lune). ➤ **décroît.** *La lune est en décours. « les élagages au décours de la lune »* FLAUBERT. ■ **2** MÉD. Période de déclin (d'une maladie). *« J'étais fiévreux, bien que le mal fût dans le décours »* DUHAMEL.

DÉCOUSU, UE [dekuzy] **adj.** – XIIIe *descosu* ◊ de *découdre* ■ **1** Dont la couture a été défaite, s'est défaite. *Ourlet décousu. Doublure décousue.* ■ **2** FIG. Qui est sans suite, sans liaison. ➤ **incohérent, inconséquent.** *Conversation décousue,* sans suite* (cf. À bâtons* rompus). ♦ SUBST. *« Le décousu et l'absurdité de la rédaction »* MÉRIMÉE. ➤ **désordre, incohérence.** ■ CONTR. Cousu. Cohérent, 2 logique, suivi.

DÉCOUSURE [dekuzyʀ] **n. f.** – 1611 ◊ de *découdre* ■ **1** VX Partie décousue (d'une étoffe, d'un vêtement). *La décousure d'une manche.* ■ **2** VÉN. Blessure, plaie faite à un chien par le sanglier, le cerf. ➤ **dentée.**

1 **DÉCOUVERT, ERTE** [dekuvɛʀ, ɛʀt] **adj.** – de *découvrir* ■ **1** Qui n'est pas couvert par un vêtement. *Femme aux épaules découvertes. Avoir la tête découverte.* ➤ 1 **nu.** *« c'est une femme découverte et non une femme nue qui est indécente »* DIDEROT. ♦ LOC. FIG. *À visage découvert :* sans masque, sans détour. ➤ **franchement, ouvertement.** *« tant qu'on avance à grand visage découvert tous les coups sont permis »* CLIFF. ■ **2** (Plus général) Que rien ne couvre. *Allée découverte,* dont les arbres ne se rejoignent pas par le haut. *Terrain découvert* (➤ **esplanade**). *Lieu découvert.* ➤ **dénudé.** *Voiture découverte.* — BOUCH. *Côtes découvertes,* qui étaient cachées par un membre ou un muscle. ■ CONTR. 2 Couvert.

2 **DÉCOUVERT** [dekuvɛʀ] **n. m.** – 1387 ◊ de *découvrir* ■ **1** MILIT. Terrain découvert. *Atteindre un découvert.* ■ **2** (1690) FIN. Montant d'une dette, d'une dépense excédant les disponibilités du débiteur. *Le découvert d'un compte. Vous devez couvrir votre découvert sous huitaine. — Découvert de caisse.* ➤ **facilités** (de caisse). *Montant, coût du découvert autorisé. — Découvert budgétaire.* ➤ **déficit, impasse.** ♦ ASSURANCES Excédent de la valeur d'une chose assurée sur la valeur couverte par l'assurance.

3 **DÉCOUVERT (À)** [adekuvɛʀ] **loc. adv.** – XIIe ◊ de *découvrir* ■ **1** Dans une position qui n'est pas couverte, protégée. *Avancer à découvert en rase campagne. La mer laisse le rivage à découvert.* ■ **2** FIG. ➤ **clairement, franchement, ouvertement.** *Agir à découvert,* sans dissimulation, en toute franchise. *Montrer ses sentiments à découvert.* ■ **3** (1690) Sans couverture, sans contrepartie. *Opérer à découvert en Bourse,* sur des valeurs qu'on ne possède pas. — *Compte à découvert,* dont le solde est débiteur (cf. Dans le rouge*). *Être à découvert à la fin du mois.*

DÉCOUVERTE [dekuvɛʀt] **n. f.** – 1587 ; *descoverte* fin XIIe ◊ de *découvrir*

I ■ **1** Action de découvrir (ce qui était ignoré, inconnu, caché). *Faire une découverte. Une découverte accablante, capitale, fondamentale. « La découverte que l'oncle a faite du secret de notre mariage »* MOLIÈRE. *« La découverte que l'objet aimé a de nouvelles perfections »* STENDHAL. *Découverte d'un trésor.* ➤ **invention.** — *La découverte de l'Amérique par Christophe Colomb. Les grandes découvertes. Voyage de découverte.* ➤ **exploration, recherche, reconnaissance.** *Classe* de découverte.* ♦ **loc. adv. À LA DÉCOUVERTE :** dans le but d'explorer, de découvrir. *Aller, partir à la découverte.* ■ **2** SPÉCIALT Action de faire connaître un objet, un phénomène caché ou ignoré (mais préexistant). *Découverte archéologique, scientifique. La découverte de la radioactivité.* — IRON. *Faire une découverte :* réaliser soudainement ce que tout le monde savait. ➤ **trouvaille.** ■ **3** Action d'inventer (ce qui n'existait pas au préalable). ➤ **création, invention.** *« la découverte de la bombe atomique »* BROGLIE. *« depuis la découverte du télégraphe, le rôle des diplomates a considérablement perdu de sa valeur »* CLAUDEL. ■ **4** PAR MÉTON. L'objet de la découverte. *Publier une découverte. Montre-moi ta découverte.* ➤ **trouvaille.** — *Cet acteur est la découverte de l'année.* ➤ **révélation.**

II (1870) TECHN. Élément de décor (scénique, cinématographique) placé derrière une ouverture et simulant l'arrière-plan.

DÉCOUVREUR, EUSE [dekuvʀœʀ, øz] **n.** – XVIe ; « éclaireur ; explorateur » XIIIe ◊ de *découvrir* ■ Personne qui découvre. ➤ **inventeur, savant.** *Un découvreur de talents.* ➤ **défricheur.** — (D'un voyageur, d'un explorateur) *« si le Découvreur* [Colomb] *réussit dans sa merveilleuse entreprise »* ARAGON.

DÉCOUVRIR [dekuvʀiʀ] **v.** ‹ 18 › – milieu XIIe ◊ du latin *discooperire,* famille de *cooperire* → couvrir

I ~ **v. tr. A. ENLEVER CE QUI COUVRE, PROTÈGE** ■ **1** Dégarnir de ce qui couvre. *Découvrir une cocotte en ôtant le couvercle.* ➤ **ouvrir.** *Découvrir une voiture en rabattant la capote.* ➤ **décapoter.** ■ **2** (CHOSES) Laisser voir ; montrer. *Robe qui découvre le dos.* ➤ **dénuder.** *Le chien découvre ses crocs.* ■ **3** (1681) ABSOLT *La mer découvre,* elle se retire et laisse le rivage à sec. *« la surface des récifs découvrait en grande partie »* J. VERNE. ■ **4** Priver de ce qui protège. ➤ **exposer.** *Le retrait des troupes a découvert la frontière.* — ÉCHECS Dégager les pièces qui protègent (une pièce). *Découvrir imprudemment son roi.*

B. FAIRE CONNAÎTRE CE QUI EST CACHÉ (milieu XIIe) ➤ **dévoiler, divulguer, exposer, montrer, publier, révéler.** *Découvrir ses projets. Découvrir ce qu'on voulait cacher.* ➤ **se trahir.** — *Découvrir ses secrets, ses intentions.* ➤ **avouer, confesser.** *« Tu vois, Gil Blas, que je te découvre mon cœur* [...] *je t'ai choisi pour mon confident »* LESAGE. LOC. *Découvrir son jeu,* (CARTES) le montrer ; FIG. laisser connaître ses intentions.

C. VOIR CE QUI EST CACHÉ (1564) *Du haut de la colline, on découvre la mer.* — Commencer d'apercevoir ; apercevoir tout à coup. *Elle découvrit dans la foule quelqu'un qu'elle connaissait.*

D. ARRIVER À CONNAÎTRE (CE QUI ÉTAIT CACHÉ) (1580) ■ **1** Arriver à connaître (ce qui était resté caché ou ignoré). ➤ **trouver.** *Chercher à découvrir le mystère.* ➤ **deviner, pénétrer, percer.** *Découvrir un trésor, une mine, une source. L'enfant découvre le monde qui l'entoure. Le médecin a découvert une hépatite chez ce patient.* ➤ **déceler,** 1 **dépister, détecter.** *Il ne parviendra jamais à en découvrir la cause.* ➤ **apprendre, comprendre, connaître, saisir.** *Découvrir l'oiseau* rare.* ➤ FAM. **dégoter, dénicher.** — *Découvrir une qualité chez qqn, à qqn. J'ai découvert chez elle, en elle, je lui ai découvert un véritable talent. Chaque jour, elle se découvre une nouvelle maladie.* — *Découvrir que* (et l'indic.). ➤ **comprendre, trouver.** *Il avait découvert qu'elle mentait. — Les Vikings avaient découvert l'Amérique avant Christophe Colomb.* LOC. IRON. *Découvrir l'Amérique :* donner une banalité pour une découverte. ♦ SPÉCIALT SC. Établir et faire connaître l'existence de (un phénomène, un être qui était caché ou ignoré). ➤ **découverte.** *Découvrir un virus au microscope ; un astéroïde au télescope. Découvrir qqch. par l'observation, par le calcul.* — ABSOLT *« Découvrir, c'est mettre à sa juste place ce qui ne fut jamais complètement caché »* AUDIBERTI. ■ **2** Parvenir à connaître (ce qui était délibérément caché ou qqn qui se cachait). ➤ **surprendre.** *Découvrir un secret, la vérité.* ➤ **deviner.** *Découvrir un complot, une machination.* ➤ **éventer ; dénoncer.** *Découvrir le coupable.* ➤ **démasquer.** ♦ LOC. *Découvrir le pot* aux roses.*

II ~ **v. pron. SE DÉCOUVRIR** ■ **1** (début XIIIe) Ôter ce dont on est couvert (SPÉCIALT les vêtements). ➤ **se dénuder, se déshabiller, se dévêtir.** PROV. *En avril, ne te découvre pas d'un fil. — Le bébé s'est découvert en dormant.* ■ **2** (1564) Ôter son chapeau. *Il s'est découvert en entrant dans l'église.* ■ **3** Temps (1690) Devenir plus clair, moins couvert. *Le ciel se découvre.* ➤ **se dégager, s'éclaircir, s'éclairer.** ■ **4** S'exposer. *Ce boxeur se découvre trop.* ■ **5** Être découvert, se manifester au grand jour. *« ils passèrent environ un an avant que la chose se découvrît »* SAND. ■ **6** LITTÉR. Déclarer sa pensée. *Il se découvrit à ses amis.* ➤ **se confier, s'ouvrir.** ■ **7** Apprendre à se connaître. *« Quand on est enfant on se découvre, on découvre lentement l'espace de son corps »* VALÉRY. — (Suivi d'un adj.) *« Je me découvris impitoyable »* YOURCENAR. — (RÉCIPR.) *Ils se sont découverts à cette occasion.*

■ CONTR. Couvrir. Cacher, dissimuler.

DÉCRASSAGE [dekʀasaʒ] **n. m.** – v. 1900 ◊ de *décrasser* ■ Action de décrasser. — On dit aussi **DÉCRASSEMENT** [dekʀasmɑ̃], fin XVIIIe.

DÉCRASSER [dekʀase] **v. tr.** ‹ 1 › – 1476 ◊ de *dé-* et *crasse* ■ **1** Débarrasser (qqch., qqn) de la crasse. ➤ **désencrasser, laver, nettoyer.** *Décrasser un peigne, du linge. Décrasser des bougies de voiture. Se décrasser les ongles.* ♦ FIG. *« je me plonge avec délices dans l'antiquité. Cela me décrasse des temps modernes »* FLAUBERT. ■ **2** Débarrasser (qqn) de son ignorance, de sa grossièreté. ➤ **décrotter, dégrossir.** PRONOM. *« Nous étions de grands ignorants* [...], *quand ces Arabes se décrassaient »* VOLTAIRE. ■ CONTR. Encrasser ; salir.

DÉCRÉDIBILISER [dekʀedibilize] **v. tr.** ‹ 1 › – 1980 ◊ de *crédibiliser* ■ Rendre moins crédible. *Ces mesures décrédibilisent la politique du gouvernement.* — **n. f. DÉCRÉDIBILISATION.** ■ CONTR. Crédibiliser.

DÉCRÉDITER [dekʀedite] **v. tr.** ‹ 1 › – 1572 ◊ de *dé-* et *crédit* ■ VX Discréditer. *Ces écrits « que mes ennemis me prêtaient pour me décréditer et m'avilir »* ROUSSEAU.

DÉCRÉMENT [dekʀemɑ̃] n. m. – 1887 ◇ anglais *decrement*, latin *decrementum*, de *decrescere* ■ PHYS. *Décrément logarithmique* : mesure de l'amortissement d'une oscillation. ■ CONTR. Incrément.

DÉCRÊPAGE [dekʀɛpaʒ] n. m. – 1960 ◇ de *décrêper* ■ Traitement capillaire consistant à rendre lisses des cheveux crépus. ■ CONTR. Crêpage.

DÉCRÊPER [dekʀepe] v. tr. ⟨1⟩ – 1842 ◇ de *dé-* et *crêper* ■ Rendre lisses (des cheveux crêpés ou crépus) ; effectuer le décrêpage de. ■ CONTR. Crêper.

DÉCRÉPIR [dekʀepiʀ] v. tr. ⟨2⟩ – 1796 ◇ de *dé-* et *crépir* ■ Dégarnir du crépi. *Décrépir un mur lézardé.* — p. p. adj. *Façade décrépie.* ■ CONTR. Crépir. ■ HOM. *Décrépi* : décrépit.

DÉCRÉPISSAGE [dekʀepisaʒ] n. m. – 1857 ◇ de *décrépir* ■ RARE Action de décrépir. *Le décrépissage d'un mur.*

DÉCRÉPIT, ITE [dekʀepi, it] adj. – fin XIIᵉ *decrespie* ◇ latin *decrepitus* ■ 1 Qui est dans la décrépitude*, dans une extrême déchéance physique. ➤ usé, vieux. *Une vieille décrépite.* « *Un lion décrépit, goutteux, n'en pouvant plus* » LA FONTAINE. ■ 2 Dégradé par le temps, menaçant ruine. « *Ces fleurs parasites Que la pluie enracine aux parois décrépites* » LAMARTINE. ■ HOM. Décrépi (décrépir).

DÉCRÉPITATION [dekʀepitasjɔ̃] n. f. – 1641 ◇ de *crépitation* ■ SC. NAT. Éclatement ou fendillement de cristaux sous l'effet de la chaleur (par dilatation de l'eau qu'ils contiennent) ; bruit qui en résulte.

DÉCRÉPITUDE [dekʀepityd] n. f. – fin XIVᵉ ◇ de *décrépit* ■ 1 VIEILLI État de déchéance, de grand affaiblissement physique, qui provient d'une extrême vieillesse. ➤ sénilité ; caducité. ■ 2 (1836) MOD. ➤ décadence. *Tomber en décrépitude. Décrépitude d'un monde.* ➤ agonie. « *la décrépitude des vieilles institutions contre l'énergie des jeunes générations* » CHATEAUBRIAND. ■ CONTR. Jeunesse, vigueur.

DÉCRESCENDO [dekʀeʃɛndo ; dekʀeʃɛ̃do] adv. et n. m. – XVIIIᵉ ◇ italien *decrescendo* « en décroissant », de *decrescere* ■ MUS. En diminuant progressivement l'intensité d'un son. ➤ diminuendo. ADJT INV. *Passages décrescendo.* — n. m. *Un décrescendo. Des décrescendos.* ◆ FIG. En décroissant. *Sa réputation, son talent va décrescendo.* — On écrit aussi *decrescendo.* ■ CONTR. Crescendo.

DÉCRET [dekʀɛ] n. m. – 1190 ◇ latin *decretum* « décision, sentence », de *decernere* → décerner ■ 1 RELIG. Acte de l'autorité ecclésiastique. ◆ Recueil d'anciens canons des conciles, des constitutions des papes et des sentences des Pères, à la base du droit canon. ➤ décrétale. ■ 2 (1789) COUR. Acte administratif à portée générale (➤ règlement) ou individuelle, émanant du pouvoir exécutif. ➤ 1 arrêté ; ordonnance. *Prendre un décret. Par décret. Décret présidentiel. Décret pris après avis du Conseil d'État. Décret de naturalisation. Décret d'application, de promulgation d'une loi. Publication des décrets au Journal officiel.* — (1917) **DÉCRET-LOI :** décret qui, sous les IIIᵉ et IVᵉ Républiques, avait force de loi. *Des décrets-lois.* ■ 3 LITTÉR. Décision, volonté d'une puissance supérieure. *Se soumettre aux décrets de la Providence.* ➤ arrêt, décision, 1 loi, ordre. — *Se conformer aux décrets du bon goût.* ➤ diktat, oukase.

DÉCRÉTALE [dekʀetal] n. f. – v. 1260 ◇ latin *decretalis* « ordonné par décret » ■ HIST. DE LA RELIG. Lettre du pape, réglant une question de discipline ou d'administration. — AU PLUR. Recueil de ces lettres.

DÉCRÉTER [dekʀete] v. tr. ⟨6⟩ – XIVᵉ ◇ de *décret* ■ 1 VX Lancer un décret (1°) contre (qqn). ■ 2 DR. Ordonner par un décret. ➤ décider, ordonner, régler. *Décréter une nomination, la mobilisation.* ■ 3 Décider avec autorité. LITTÉR. *Il a décrété son renvoi.* — COUR. *Décréter que* (et l'indic.). *Il décréta que ce jour serait férié.* — PRONOM. « *la paix ne se décrète pas, [...] elle se conquiert* » MADELIN.

DÉCREUSAGE [dekʀøzaʒ] n. m. – 1791 ◇ de *décreuser* ■ TECHN. Action de décreuser. — On dit aussi *décreusement* (1700), *décruage* (1793), *décrusage* (1845).

DÉCREUSER [dekʀøze] v. tr. ⟨1⟩ – 1669 ◇ du provençal *descrusa*, de même origine que *décruer*, de *dé-* et *cru* « non préparé » ■ TECHN. Lessiver (un fil textile brut, dit *cru, écru*) avant tissage, teinture. — SPÉCIALT Lessiver (le fil de soie grège) pour le dépouiller de sa gaine de séricine (grès). — On dit aussi *décruer* ⟨1⟩ (1614), *décruser* ⟨1⟩ (1669).

DÉCRI [dekʀi] n. m. – XVᵉ ◇ de *décrier* ■ VX Perte de réputation, d'estime. ➤ défaveur, discrédit.

DÉCRIER [dekʀije] v. tr. ⟨7⟩ – XIIIᵉ ◇ de *dé-* et *crier* ■ LITTÉR. Attaquer, rabaisser dans sa réputation. ➤ calomnier, dénigrer, discréditer. *Décrier qqn, sa conduite.* « *un air de libertinage qui les décrie auprès des personnes raisonnables* » SAINTE-BEUVE. *Décrier l'œuvre de qqn.* ➤ critiquer, déprécier. — p. p. adj. Contesté, critiqué. *Une mesure très décriée. Zola* « *décrié injustement par ceux qui ne l'ont jamais lu* » DUHAMEL. ■ CONTR. Célébrer, louanger, 1 louer, prôner, vanter. ■ HOM. *Décrie* : décris ; *décrierai* : décrirai (décrire).

DÉCRIMINALISER [dekʀiminalize] v. tr. ⟨1⟩ – 1823 ◇ de *dé-* et *criminaliser* ■ DR. Ne plus retenir la qualification de crime pour (un acte, une activité). ➤ aussi dépénaliser, légaliser. — n. f. (1862) **DÉCRIMINALISATION.** ■ CONTR. Criminaliser.

DÉCRIRE [dekʀiʀ] v. tr. ⟨39⟩ – *descrire* 1160 ◇ latin *describere*, d'après *écrire* ■ 1 Représenter dans son ensemble, par écrit ou oralement. ➤ dépeindre, exposer, peindre, raconter, représenter, retracer. *Définir* et décrire. Décrire qqch. par le menu, en détail.* ➤ détailler. *Décrire une plante, un animal. Décrire un paysage à qqn. Décrivez-moi cet individu. Décrire comment les évènements se sont déroulés. Décrire la situation.* « *Journée délicieuse. J'en gâterais le plaisir en la décrivant* » STENDHAL. — ABSOLT *L'art de décrire.* ➤ description. ■ 2 Tracer ou suivre (une ligne courbe). *L'oiseau décrit des cercles. La route décrit une courbe.* — p. p. adj. *Trajectoire décrite par un projectile.* ■ HOM. *Décris* : décrie ; *décrirai* : décrierai (décrier).

DÉCRISPATION [dekʀispasjɔ̃] n. f. – 1946 ◇ de *dé-* et *crispation* ■ Fait de détendre (le climat politique ou social) ; état qui en résulte. ➤ détente. ■ CONTR. Crispation.

DÉCRISPER [dekʀispe] v. tr. ⟨1⟩ – 1790 ◇ de *dé-* et *crisper* ■ Décontracter (les muscles). ◆ Rendre moins tendu, moins crispé. — PRONOM. *L'atmosphère se décrispe.* ■ CONTR. Crisper.

DÉCROCHAGE [dekʀɔʃaʒ] n. m. – 1884 ◇ de *décrocher* ■ 1 Action, fait de décrocher. *Levier de décrochage.* ■ 2 MILIT. Mouvement de repli, de recul. ➤ désengagement. ◆ PAR EXT. Fait de décrocher, d'interrompre une activité, une relation. (1982 au Canada) *Décrochage (scolaire)* : absentéisme répété d'un jeune soumis à l'obligation scolaire ; interruption de la scolarité. ➤ RÉGION. abandon (scolaire). ◆ Baisse, recul (d'une valeur, d'une activité). *Le décrochage des prix.* ■ 3 ÉLECTRON. Interruption du fonctionnement (d'un oscillateur). — ÉLECTROTECHN. Arrêt du fonctionnement synchrone (d'une machine). RADIO Fait de décrocher (II, 3°). *Émettre en décrochage.* — AVIAT. Chute de la portance, due à un décollement d'air à l'extrados. — (1969) ASTRONAUT. Abandon d'une orbite (par un vaisseau spatial). *Décrochage de l'orbite lunaire.*

DÉCROCHEMENT [dekʀɔʃmɑ̃] n. m. – 1636 ◇ de *décrocher* ■ État de ce qui est décroché. *Décrochement de la mâchoire.* GÉOL. Faille dont les blocs se déplacent horizontalement.

DÉCROCHER [dekʀɔʃe] v. ⟨1⟩ – v. 1220 ◇ de *dé-* et *croc*

I v. tr. ■ 1 Détacher (ce qui était accroché). *Décrocher des rideaux.* ➤ 2 dépendre. *Décrocher un poisson de l'hameçon.* ◆ SPÉCIALT (1894) *Décrocher le téléphone* (opposé à *raccrocher*) : ôter le combiné de son support ; PAR EXT. prendre un appel téléphonique. ABSOLT « *Un déclic... On a décroché* » SARRAUTE. ◆ PAR EXAGÉR. *Bâiller, rire à se décrocher la mâchoire.* ◆ LOC. FIG. *Décrocher la timbale*, le coquetier*. Décrocher la lune*.* ■ 2 FIG. et FAM. Obtenir. *Décrocher le premier prix, le bac.* ■ 3 FIG. Détacher, séparer. — FIN. Dissocier une valeur d'une autre. *Décrocher le dollar de l'or.* — SPORT Distancer. *Il a décroché le peloton dans une échappée.* ➤ décoller (de). — ASTRONAUT. Faire quitter son orbite à (un vaisseau spatial).

II v. intr. ■ 1 MILIT. Rompre le contact ; se retirer. ➤ reculer, se replier. ◆ PAR EXT. FAM. Abandonner (une activité) ; renoncer à poursuivre un effort. *Le favori a décroché cent mètres avant l'arrivée. Cet exposé était si ennuyeux que j'ai décroché.* SPÉCIALT Abandonner ou suspendre son activité professionnelle, la fréquentation scolaire. *Élève qui décroche* (➤ décrocheur). « *Samuel décrochait à tous les niveaux — scolaire, mais pas seulement* » L. MAUVIGNIER. *Tu es crevé, tu devrais décrocher.* ➤ s'arrêter, décompresser, dételer. ◆ Cesser de se droguer. *Il a décroché depuis deux ans.* ■ 2 **DÉCROCHER DE :** se détacher de ; se désolidariser de. *Décrocher d'un parti politique.* ■ 3 (1954) RADIO En parlant d'un émetteur, Interrompre un relais pour diffuser ses propres émissions. ■ 4 AVIAT. Perdre la portance nécessaire à la sustentation. *L'avion décroche et descend en vrille.*

■ CONTR. Accrocher, raccrocher ; attacher, pendre.

DÉCROCHEUR, EUSE [dekʀɔʃœʀ, øz] **adj. et n.** – 1981 au Canada ◇ de *décrocher* ■ Qui quitte le système scolaire avant la fin de la scolarité obligatoire, sans avoir obtenu de diplôme. *Élève décrocheur.* — **n.** *Aider les décrocheurs.*

DÉCROCHEZ-MOI-ÇA [dekʀɔʃemwasa] **n. m. inv.** – 1842 ◇ de *décrocher, moi* et *ça* ■ FAM. Boutique de fripier. *Des «choses chères, portées comme si elles avaient été achetées au décrochez-moi-ça»* C. SIMON.

DÉCROISER [dekʀwaze] **v. tr.** ⟨1⟩ – XVIe *descroiser* ◇ de *dé-* et *croiser* ■ Faire cesser d'être croisé. *Décroiser les bras, les jambes. Décroiser les fils d'un métier.* — **n. m. DÉCROISEMENT.** ■ CONTR. Croiser.

DÉCROISSANCE [dekʀwasɑ̃s] **n. f.** – 1260 ◇ de *décroître*, d'après *croissance* ■ **1** État de ce qui décroît. ➤ **déclin, diminution***. *La décroissance de la natalité.* ■ **2** (1995) Projet politique remettant en cause la croissance économique, source d'inégalités sociales et d'atteintes à l'environnement. ■ CONTR. Croissance.

1 **DÉCROISSANT, ANTE** [dekʀwasɑ̃, ɑ̃t] **adj.** – 1276 ◇ de *décroître* ■ Qui décroît. *Par ordre décroissant. Vitesse décroissante. «des hauts, des bas, d'amplitude décroissante»* MAUROIS. ♦ MATH. *Fonction décroissante,* qui varie en sens contraire des valeurs de l'intervalle sur lequel elle est définie. ♦ *Lune décroissante,* qui entre dans son dernier quartier. ■ CONTR. 2 Croissant.

2 **DÉCROISSANT, ANTE** [dekʀwasɑ̃, ɑ̃t] **adj. et n.** – 2004 ◇ de *décroissance* ■ Partisan de la décroissance (2). ♦ Relatif à la décroissance. *«on y arrive ! Le discours décroissant. Il faut mettre la planète sous cloche, c'est ça ?»* C. ONO-DIT-BIOT.

DÉCROISSEMENT [dekʀwasmɑ̃] **n. m.** – v. 1200 *descroisement* ◇ de *décroître* ■ RARE Mouvement de ce qui décroît. ➤ **diminution.** *Décroissement de la Lune.* ➤ **décours, décroît.** *Décroissement d'une rivière.* ➤ **baisse, décrue.** ■ CONTR. Accroissement, augmentation, croissance.

DÉCROÎT [dekʀwa] **n. m.** /DÉCROIT/ – 1583 ; *decreis* «décadence» XIIe ◇ de *décroître* ■ ASTRON. VX Décroissement de la Lune, qui entre dans son dernier quartier. ➤ **décours.** *La Lune est dans, sur son décroît.*

DÉCROÎTRE [dekʀwatʀ] **v. intr.** ⟨55⟩ /DÉCROITRE/ – *descroistre* 1160 ◇ roman *discrescere* ■ Diminuer progressivement. ➤ **baisser, diminuer***. *Le niveau de la rivière décroît lentement. Les eaux ont décru, sont décrues* (➤ **décrue**). *Ses forces décroissent chaque jour.* ➤ **s'affaiblir, s'amoindrir.** *La fièvre décroît.* ➤ 1 **tomber.** *«Il la regarde s'éloigner. La silhouette décroît»* ROMAINS. ➤ **rapetisser.** *La tempête va décroissant. Décroître en violence, en nombre.* ■ CONTR. Accroître (s'), augmenter, croître, grandir.

DÉCROTTAGE [dekʀɔtaʒ] **n. m.** – 1789 ◇ de *décrotter* ■ Action de décrotter ; son résultat.

DÉCROTTER [dekʀɔte] **v. tr.** ⟨1⟩ – v. 1300 ◇ de *dé-* et *crotte* «boue» ■ **1** Nettoyer en ôtant la boue. *Décrotter des chaussures.* ■ **2** (1680) FIG. Débarrasser (qqn) de ses manières grossières. ➤ **décrasser, dégrossir.** ■ **3** (1807) VX Manger jusqu'à l'os. ■ CONTR. Crotter, salir.

DÉCROTTEUR [dekʀɔtœʀ] **n. m.** – 1611 ◇ de *décrotter* ■ **1** VX Celui qui fait métier de décrotter les chaussures. ➤ **cireur.** ■ **2** AGRIC. Machine pour nettoyer les racines, les tubercules.

DÉCROTTOIR [dekʀɔtwaʀ] **n. m.** – 1829 ; *descrottouer* «brosse» 1483 ◇ de *décrotter* ■ Lame de fer servant à décrotter les chaussures, à enlever la boue collée aux semelles. *«leur pied a buté dans un décrottoir»* ROMAINS. PAR EXT. Petite grille de caoutchouc, de métal, pour le même usage. ➤ **grattoir.**

DÉCRUAGE ➤ **DÉCREUSAGE**

DÉCRUE [dekʀy] **n. f.** – XVIe ◇ p. p. subst. de *décroître* ■ **1** Baisse du niveau des eaux (après une crue). *Amorce de décrue. Décrue d'un mètre en deux jours.* ■ **2** FIG. Décroissance, décroissement. ➤ **baisse, diminution***. *«la décrue progressive de la vitalité»* R. ROLLAND. ■ CONTR. Crue.

DÉCRUER ➤ **DÉCREUSER**

DÉCRUSAGE ; DÉCRUSER ➤ **DÉCREUSAGE ; DÉCREUSER**

DÉCRYPTAGE [dekʀiptaʒ] **n. m.** – 1962 ◇ de *décrypter* ■ Action de décrypter. ➤ **déchiffrement, décodage.** ♦ JOURNAL. Analyse (d'un fait de société, d'un sujet d'actualité). *L'émission propose un décryptage des marchés financiers.* — On dit aussi **DÉCRYPTEMENT,** 1929. ■ CONTR. Cryptage.

DÉCRYPTER [dekʀipte] **v. tr.** ⟨1⟩ – 1929 ◇ de *dé-* et grec *kruptos* «caché» ■ Traduire en clair (un message chiffré dont on ignore la clé). ♦ Restituer le sens de (un texte obscur, une langue inconnue,...). ➤ **déchiffrer, décoder.** *Décrypter l'actualité.* ■ CONTR. Crypter.

DÉÇU, UE [desy] **adj.** – XIVe ◇ de *décevoir* ■ **1** Qui n'est pas réalisé, qui ne répond pas à l'attente. *Un amour déçu. Espoirs déçus.* ■ **2** (PERSONNES) Qui a éprouvé une déception. ➤ **dépité, désappointé.** *«comme une femme déçue qui va pleurer»* ROMAINS. *Être déçu par qqch., qqn, de qqch. Il a l'air déçu de ses résultats.* — LOC. FAM. *Ne pas être déçu (du voyage)* : rencontrer les désagréments prévus (cf. Être servi). *«la vérité eh bien tu vas l'avoir, tu ne vas pas être déçu du voyage !»* É. REINHARDT. *On n'est pas déçus !* — **n.** *Les déçus du syndicalisme, de la politique, d'un parti.* ■ CONTR. Comblé, satisfait.

DÉCUBITUS [dekybitys] **n. m.** – 1747 ◇ latin *decubitus,* de *decumbere* «se mettre au lit» ■ DIDACT. Position du corps reposant sur un plan horizontal. *Être en décubitus dorsal, latéral. Escarres de décubitus.*

DÉCUIVRER [dekɥivʀe] **v. tr.** ⟨1⟩ – milieu XXe ◇ de *dé-* et *cuivre* ■ TECHN. Débarrasser (une surface) du cuivrage, d'un dépôt de cuivre (par dissolution, électrolyse). — **n. m. DÉCUIVRAGE.**

DE CUJUS [dekyʒys ; dekujus] **n. m. inv.** – XVIIIe ◇ abrév. de la loc. latine *de cujus successione agitur* «celui dont la succession est en question» ■ DR. Personne dont la succession est ouverte. *Les descendants du de cujus.*

DÉCULASSER [dekylase] **v. tr.** ⟨1⟩ – 1842 ◇ de *dé-* et *culasse* ■ TECHN. Enlever la culasse de (une arme à feu).

DÉCULOTTAGE [dekylɔtaʒ] **n. m.** – 1831 ◇ de *déculotter* ■ Action de déculotter, de se déculotter (au pr. et au fig.).

DÉCULOTTÉE [dekylɔte] **n. f.** – 1906 ◇ de *déculotter* ■ FAM. Défaite humiliante. ➤ 2 **pile, raclée.** *Prendre une déculottée au tennis. «C'est la dérouillée, [...] c'est la déculottée, la fessée !»* SARTRE.

DÉCULOTTER [dekylɔte] **v. tr.** ⟨1⟩ – 1739 ◇ de *dé-* et *culotter* ■ **1** Enlever la culotte, le pantalon de (qqn). *Déculotter un enfant.* ■ **2 SE DÉCULOTTER v. pron.** Enlever sa culotte, son pantalon. ♦ FIG. et FAM. Adopter une attitude servile, humiliante ; se soumettre (cf. Baisser son froc*). ■ CONTR. 1 Culotter.

DÉCULPABILISATION [dekylpabilizasjɔ̃] **n. f.** – 1966 ◇ de *déculpabiliser* ■ Action de déculpabiliser ; son résultat. ■ CONTR. Culpabilisation.

DÉCULPABILISER [dekylpabilize] **v. tr.** ⟨1⟩ – v. 1968 ◇ de *dé-* et *culpabiliser* ■ **1** Libérer (qqn) d'un sentiment de culpabilité. ■ **2** Ôter à (qqch.) son caractère de faute. *Déculpabiliser l'avortement.* ■ CONTR. Culpabiliser.

DÉCULTURATION [dekyltyʀasjɔ̃] **n. f.** – v. 1963 ◇ de *dé-* et *culture,* d'après *acculturation* ■ ETHNOL. Dégradation, perte de l'identité culturelle (d'un groupe ethnique). *Déculturation et acculturation.* — PAR EXT. Abandon, rejet de certaines normes culturelles.

DÉCUPLE [dekypl] **adj. et n. m.** – 1350 ◇ latin *decuplus,* de *decem* «dix» ■ RARE Qui vaut dix fois (la quantité désignée). *100 est décuple de 10.* ♦ **n. m.** *Le décuple* : une quantité décuple d'une autre. ■ CONTR. Dixième.

DÉCUPLEMENT [dekypləmɑ̃] **n. m.** – avant 1837 ◇ de *décupler* ■ Action de décupler ; son résultat. *Décuplement d'énergie.*

DÉCUPLER [dekyple] **v.** ⟨1⟩ – 1584 ◇ de *décuple*

I **v. tr.** ■ **1** Rendre dix fois plus grand. *Décupler une somme.* ■ **2** FIG. (1808) Augmenter considérablement. *La colère décuplait ses forces.*

II **v. intr.** Devenir dix fois plus grand. *Les exportations ont décuplé en deux ans.*

DÉCURION [dekyʀjɔ̃] **n. m.** – 1213 ◇ latin *decurio* ■ DIDACT. Dans l'Antiquité romaine, Chef d'un groupe de dix soldats ou de dix citoyens (**DÉCURIE n. f.,** 1549). ♦ Magistrat municipal.

DÉCURRENT, ENTE [dekyʀɑ̃, ɑ̃t] **adj.** – 1786 ◇ latin *decurrens* «qui court le long de» ■ BOT. Qui se prolonge au-delà du point d'insertion habituel. *Champignon à lamelles décurrentes sur le pied* (comme la girolle). *Feuilles décurrentes.*

DÉCUSCUTEUSE [dekyskytøz] **n. f.** – 1911 ◇ de *dé-* et *cuscute* ■ AGRIC. Trieur servant à débarrasser la semence des graines de cuscute.

DÉCUSSÉ, ÉE [dekyse] **adj.** – 1812 ◇ latin *decussatus* ■ SC. NAT. Disposé en croix. *Feuilles décussées* : feuilles opposées dont les paires se coupent à angle droit.

DÉCUVAGE [dekyvaʒ] n. m. – 1785 ◇ de *décuver* ■ TECHN. Action de décuver ; son résultat. ➤ **transvasement.** On dit aussi **DÉCUVAISON** n. f., 1845 ■ CONTR. Encuvage.

DÉCUVER [dekyve] v. tr. ‹1› – 1611 ◇ de *dé-* et *cuve* ■ TECHN. Mettre (le raisin, le vin) hors de la cuve. ■ CONTR. Encuver.

DÉDAIGNABLE [dedɛɲabl] adj. – XIIIe *desdaignable* ◇ de *dédaigner* ■ Surtout négatif. Qui ne mérite pas d'être pris en considération. *Cet avantage n'est pas dédaignable*, n'est pas à dédaigner. ■ CONTR. Appréciable, estimable.

DÉDAIGNER [dedeɲe] v. tr. ‹1› – début XIIe ◇ de *dé-* et *daigner* ■ 1 Considérer avec dédain ; repousser, rejeter avec mépris. ➤ **mépriser.** — PAR EXT. Négliger (cf. Faire fi*, faire bon marché* de). *«il ne faut dédaigner personne. Il ne faut jamais rien dédaigner. Les petites gens, les petits profits»* GIDE. *Il ne dédaigne pas un bon repas* (cf. FAM. Il ne crache pas sur...). *Ce n'est pas à dédaigner. Dédaigner les injures, les menaces*, n'en pas tenir compte. ➤ **ignorer.** *Dédaigner une offre.* ➤ **décliner, 1 repousser.** *Dédaigner les honneurs. — Des cadeaux dédaignés.* ■ 2 TRANS. IND. LITTÉR. **DÉDAIGNER DE** (et l'inf.). *Il dédaigne de répondre* : il ne daigne* pas répondre. *«Ils se voyaient condamnés pour ce qu'ils avaient omis ou dédaigné d'écrire»* CAILLOIS. ■ CONTR. Apprécier, 1 cas (faire cas de), considérer, désirer, estimer.

DÉDAIGNEUSEMENT [dedɛɲøzmɑ̃] adv. – 1220 *desdaingneusement* ◇ de *dédaigneux* ■ D'une manière dédaigneuse. *Regarder dédaigneusement qqn*, le toiser (cf. De haut* en bas). *Traiter dédaigneusement qqn.*

DÉDAIGNEUX, EUSE [dedɛɲø, øz] adj. – 1175 ◇ de *dédaigner* ■ 1 Qui a ou exprime du dédain. ➤ **altier, arrogant, distant, fier, 1 hautain, méprisant, sarcastique.** *C'est une personne dédaigneuse. Réponse dédaigneuse. Moue dédaigneuse. Un ton dédaigneux.* ➤ **condescendant, protecteur.** *«un air indifférent et dédaigneux»* PROUST. ➤ **supérieur.** ◆ SUBST. *Faire le dédaigneux.* ■ 2 LITTÉR. **DÉDAIGNEUX DE :** qui dédaigne, néglige, est peu soucieux* de. *Dédaigneux de plaire. Une âme «dédaigneuse des chocs et des accidents»* R. DE GOURMONT. ■ CONTR. Admiratif, respectueux, soucieux (de).

DÉDAIN [dedɛ̃] n. m. – 1160 *desdaing* ◇ de *dédaigner* ■ 1 Le fait de dédaigner ; mépris exprimé. ➤ **arrogance, hauteur, mépris.** *Un dédain hautain, ironique, narquois, railleur. Moue de dédain. Répondre avec dédain. Regarder avec dédain*, du haut de sa grandeur. ➤ **toiser.** *Sourire de dédain.* ➤ **dérision.** — *Avoir le plus complet dédain, n'avoir que du dédain pour qqn, qqch. «Son dédain pour la philosophie perçait à chaque mot ; c'était un perpétuel sarcasme»* RENAN. *«ce Yann, avec son dédain des filles, son dédain de l'argent, son dédain de tout»* LOTI. ■ 2 VX ou LITTÉR. *Les dédains* : les manifestations de dédain. *Il a supporté ses dédains.* ■ CONTR. Admiration, considération, déférence, estime, respect.

DÉDALE [dedal] n. m. – 1543 *dedalus* ◇ latin *Dœdalus*, grec *Daidalos*, nom du constructeur légendaire du labyrinthe de Crète ■ 1 Lieu où l'on risque de s'égarer à cause de la complication des détours. ➤ **labyrinthe.** *Errer dans un dédale de couloirs. Un «dédale inextricable de ruelles, de carrefours et de culs-de-sac, qui ressemble à un écheveau de fil brouillé par un chat»* HUGO. ➤ **lacis.** ■ 2 (ABSTRAIT) Ensemble de choses embrouillées. ➤ **complication, confusion, enchevêtrement.** *Le dédale administratif. «il s'égara dans un dédale d'incertitudes et de contradictions»* FRANCE.

DÉDALÉEN, ENNE [dedaleɛ̃, ɛn] adj. – 1832 ◇ de *dédale* ■ LITTÉR. Qui tient du dédale. ➤ **inextricable, labyrinthique.** *Réseau dédaléen de rues.*

DEDANS [dədɑ̃] prép., adv. et n. m. – XIe *dedenz* ◇ de *de* et *dans*

I ■ 1 prép. de lieu VX À l'intérieur de. ➤ **dans.** *«J'en voyais et dehors et dedans nos murailles»* RACINE. ■ 2 adv. de lieu MOD. À l'intérieur. ➤ **intérieurement.** *Vous attendrai-je dehors ou dedans ? L'enveloppe est vide, il n'y a rien dedans. «Un trésor est caché dedans»* LA FONTAINE. ◆ MILIT. *Mettre, foutre dedans* : mettre en prison, consigner. — FAM. *Mettre, ficher qqn dedans*, le tromper. *«je me suis trompé, fichu dedans, fourré le doigt dans l'œil»* C. SIMON. FAM. *Rentrer* dedans (qqch., qqn)* [cf. Rentrer dans le chou, le lard]. ■ 3 loc. adv. **LÀ-DEDANS** [lad(ə)dɑ̃] : à l'intérieur de ce lieu, en cet endroit. *Il est caché là-dedans. Il y a du vrai là-dedans*, dans cela. ◆ **DE DEDANS :** de l'intérieur. *Quand on vient de dedans, il fait plus froid encore.* ◆ **EN DEDANS :** à l'intérieur. *Cette villa est mieux en dehors qu'en dedans. Rire en dedans* (cf. Sous cape*). *Marcher les pieds en dedans*, les pointes tournées vers l'intérieur. — loc. prép. *En dedans de.*

II n. m. (1530 *le dedens*) ■ 1 Partie intérieure. ➤ **intérieur.** *Le dedans d'une maison, d'une boîte. Ce bruit vient du dedans. «Le drame d'Ibsen est héroïque par le dedans»* SUARÈS. — FIG. Âme, cœur (opposé à *corps, monde extérieur*). *«Rien du dedans n'éclairait les dehors de cette femme»* BARBEY. ■ 2 loc. adv. **AU-DEDANS** ou **AU DEDANS** [od(ə)dɑ̃] : à l'intérieur, dedans. ➤ **intérieurement.** *«Je sens un feu qui me brûle au dedans»* LA FONTAINE. — loc. prép. *Au-dedans de* ou *au dedans de* : à l'intérieur de. *«les sentiments gardés trop longtemps au dedans de nous»* BARBEY (cf. En notre for* intérieur).
■ CONTR. Dehors. 2 Extérieur.

DÉDIABOLISER [dedjabɔlize] v. tr. ‹1› – 1991 ◇ de *dé-* et *diaboliser* ■ Faire disparaître l'image diabolique, négative de. *Dédiaboliser les OGM.* — PRONOM. *Parti qui cherche à se dédiaboliser.* — n. f. (1989) **DÉDIABOLISATION.** ■ CONTR. Diaboliser.

DÉDICACE [dedikas] n. f. – XIVe ; *ducaze* «fête patronale» fin XIIe ; cf. *ducasse* ◇ latin ecclésiastique *dedicatio* «consécration», de *dedicare* → dédier ■ 1 LITURG. Consécration (d'une église, d'une chapelle) au culte divin. — Action de placer (une église) sous l'invocation d'un saint. — RELIG. JUD. Inauguration du Temple de Jérusalem. ■ 2 Consécration (d'un monument) à un personnage. PAR EXT. Inscription qui la relate. ■ 3 (1613) Hommage qu'un auteur fait de son œuvre à qqn, par une inscription imprimée en tête de l'ouvrage (➤ **dédier**). *Cet homme «qui mendiait dans des dédicaces adulatrices l'aumône des riches financiers»* LAMARTINE. — COUR. Formule manuscrite sur un livre, une photographie pour en faire hommage à qqn. ➤ **dédicacer ; envoi.** *Une dédicace amicale. Séance de dédicace à la sortie d'un livre.*

DÉDICACER [dedikase] v. tr. ‹3› – 1819 ◇ de *dédicace* ■ Dédier (un livre, une photographie) en y écrivant une dédicace. *L'auteur dédicacera son ouvrage.* — p. p. adj. *Exemplaire dédicacé. Disque dédicacé à un fan.*

DÉDICATAIRE [dedikatɛʀ] n. – 1890 ◇ du latin *dedicatio* → dédicace ■ Destinataire d'une dédicace (3°).

DÉDICATOIRE [dedikatwaʀ] adj. – 1542 ◇ du latin *dedicatio* → dédicace ■ Qui contient la dédicace imprimée d'un livre, d'un ouvrage d'art. *Épître dédicatoire.*

DÉDIÉ, IÉE [dedje] adj. – 1989 ◇ anglais *dedicated* ■ ANGLIC., ÉLECTRON., INFORM. Réservé et affecté à un usage particulier. *Serveur dédié. Touche dédiée* (d'un téléphone, d'un clavier).

DÉDIER [dedje] v. tr. ‹7› – 1131 ◇ latin ecclésiastique *dedicare* «consacrer», de *dicare* ■ 1 Consacrer au culte divin, mettre sous l'invocation d'un saint (une église, un autel). ➤ **consacrer ; dédicace.** *Hercule «dédia un temple à Jupiter»* RACINE. ■ 2 FIG. Mettre (une œuvre) sous le patronage de qqn, par une inscription imprimée ou gravée. ➤ **dédicacer.** *Dédier ses mémoires à ses petits-enfants.* ■ 3 PAR EXT. ➤ **consacrer, dévouer, offrir, vouer.** *Dédier ses efforts à l'intérêt public. «les deux cercles de l'enfer dédiés au mensonge»* SUARÈS. *Dédier une pensée à qqn.* ➤ **adresser, envoyer.** ■ HOM. *Dédie* : dédis ; *dédierai* : dédirai (dédire).

DÉDIFFÉRENCIATION [dedifeʀɑ̃sjasjɔ̃] n. f. – 1922 ◇ de *dé-* et *différenciation* ■ DIDACT. Évolution du plus complexe vers le plus simple ; retour à un état antérieur. ◆ BIOL. CELL. Perte (totale ou partielle) des caractères acquis par différenciation cellulaire. ■ CONTR. Différenciation.

DÉDIFFÉRENCIER (SE) [dedifeʀɑ̃sje] v. pron. ‹7› – 1920 ◇ de *dé-* et *différencier* ■ BIOL. CELL. En parlant d'une cellule, d'un tissu, Perdre tout ou partie de ses caractères spécifiques. *Certaines cellules cultivées* in vitro *se dédifférencient.* — p. p. adj. *Cellule dédifférenciée gardant son potentiel d'histogenèse.* ■ CONTR. Différencier (se).

DÉDIRE [dediʀ] v. tr. ‹37 sauf *dédisez*› – fin XIIe *desdire* ◇ de *dé-* et 1 *dire* ■ 1 v. tr. VX Désavouer les paroles, la conduite de (qqn). ➤ **contredire, démentir.** *Dédire qqn de qqch. «je n'ai pas osé l'en dédire»* MARIVAUX. ■ 2 **SE DÉDIRE** v. pron. MOD. Se rétracter, dire le contraire de ce que l'on a affirmé précédemment. ➤ **se contredire, se désavouer, revenir** (sur). *Se dédire d'une affirmation.* ABSOLT *«lorsqu'on a tort avec ses subalternes, on se garde surtout de se dédire»* P.-L. COURIER. — Ne pas tenir (ce qui a été affirmé, promis). *Se dédire d'une promesse, d'un engagement.* ➤ **manquer** (à), **révoquer ; se décommander.** *«Mais quand ce choix est fait, on ne s'en dédit plus»* CORNEILLE. — LOC. FAM. *Cochon qui s'en dédit*, formule qui accompagne un serment. ■ CONTR. Confirmer, engager (s'), maintenir, tenir (sa parole). ■ HOM. *Dédis* : dédie ; *dédirai* : dédierai (dédier).

DÉDIT [dedi] **n. m.** – *desdit* fin XIIe ◇ de *dédire* ▪ **1** RARE Action de se dédire ; révocation d'une parole donnée. ➤ **rétractation, révocation.** ▪ **2** DR. Faculté de ne pas exécuter son engagement ou d'en interrompre l'exécution (souvent moyennant une indemnité). *Clause de dédit. Frais de dédit. Abandonner les arrhes versées, en cas de dédit.* — COUR. PAR MÉTON. L'indemnité convenue. *Payer les deux cents euros de dédit.*

DÉDOMMAGEMENT [dedɔmaʒmɑ̃] **n. m.** – v. 1300 *desdamagement* ◇ de *dédommager* ▪ **1** Réparation d'un dommage. ➤ **compensation, indemnisation, réparation.** *Demander, obtenir une somme d'argent en dédommagement de qqch., à titre de dédommagement. Dix mille euros de dédommagement.* ▪ **2** Ce qui compense un dommage. ➤ **compensation, consolation, indemnité.** *«le châtiment de l'injustice et le dédommagement de la souffrance»* SAND. *«un dédommagement à leurs souffrances et à leur ruine»* BARBEY. *Il réclame des dédommagements pour ce préjudice.*

DÉDOMMAGER [dedɔmaʒe] **v. tr.** ‹3› – 1283 ◇ de *dé-* et *dommage* ▪ **1** Indemniser (qqn) d'un dommage subi. ➤ **indemniser, payer.** *Dédommager qqn d'une perte, d'un manque. «deux cents francs pour te dédommager des frais causés par le séjour d'Armand»* ARAGON. ▪ **2** Donner une compensation à (qqn). *Comment pourrai-je jamais vous dédommager ?* ➤ **remercier.** *Dédommager les victimes d'une tempête. — «Vous serez dédommagé de ces menues misères par l'affable hospitalité de vos hôtes»* DUHAMEL. ◆ PRONOM. *Se dédommager de ses pertes.*

DÉDORAGE [dedɔʀaʒ] **n. m.** – 1870 ◇ de *dédorer* ▪ TECHN. Action de dédorer ; son résultat. — On dit aussi **DÉDORURE n. f.**, 1863.

DÉDORÉ, ÉE [dedɔʀe] **adj.** – XVe ◇ de *dédorer* ▪ Qui a perdu sa dorure. *Un cadre dédoré.* — FIG. Qui a perdu de son lustre. *Aristocratie dédorée.* ▪ CONTR. Doré.

DÉDORER [dedɔʀe] **v. tr.** ‹1› – fin XIIIe ◇ de *dé-* et *dorer* ▪ Ôter la dorure de (qqch.). — **SE DÉDORER v. pron.** Perdre sa dorure, FIG. son lustre. ▪ CONTR. Dorer.

DÉDORURE ➤ **DÉDORAGE**

DÉDOUANEMENT [dedwanmɑ̃] **n. m.** – 1900 ◇ de *dédouaner* ▪ **1** Action de dédouaner (une marchandise) ; son résultat. *Certificat de dédouanement.* — On dit aussi **DÉDOUANAGE.** ▪ **2** FIG. Justification, réhabilitation. *Une tentative de dédouanement maladroite.*

DÉDOUANER [dedwane] **v. tr.** ‹1› – 1835 v. intr. ◇ de *dé-* et *douane* ▪ **1** Libérer (une marchandise) de ses obligations envers l'administration des douanes par certaines formalités (déclaration*, paiement de droits,...). — **p. p. adj.** *Voiture dédouanée.* ▪ **2** (1946) FIG. Relever (une personne physique ou morale) du discrédit dans lequel elle était tombée, la blanchir*. ➤ **racheter, réhabiliter.** *«Il y a un tas de crapules que vous dédouanez en douce»* BEAUVOIR. — PRONOM. *Il cherche à se dédouaner par sa gentillesse.*

DÉDOUBLAGE [dedublaʒ] **n. m.** – 1845 ◇ de *dédoubler* ▪ TECHN. ▪ **1** Action d'enlever un doublage, une doublure. ▪ **2** *Dédoublage de l'alcool,* action d'en abaisser le degré en ajoutant de l'eau.

DÉDOUBLEMENT [dedubləmɑ̃] **n. m.** – début XVIIIe ◇ de *dédoubler* ▪ **1** Action de dédoubler ; son résultat. *Le dédoublement d'une classe pléthorique, d'un train.* ▪ **2** PSYCHOL. *Dédoublement de la personnalité :* trouble qui se manifeste par la présence, chez le même sujet, de deux types de comportement, l'un normal et adapté, l'autre pathologique, présentant un caractère d'automatisme. *Le dédoublement du Dr Jekyll.* — COUR. Le fait d'avoir deux comportements différents, deux ensembles de traits de caractères. *Chaque homme «qui s'efforce vers un idéal nous offre un exemple de ce dédoublement»* GIDE.

DÉDOUBLER [deduble] **v. tr.** ‹1› – *desdoubler* 1429 ◇ de *dé-* et *doubler* ▪ **1** RARE Défaire (ce qui est double) en ramenant à l'unité. ▪ **2** (1611) Enlever la doublure de. *Dédoubler un manteau.* ▪ **3** COUR. Partager en deux. ➤ **diviser, séparer.** *Dédoubler un régiment. Dédoubler un cours surchargé. Dédoubler un brin de laine. — Dédoubler un train en période d'affluence,* en faire partir deux au lieu d'un. ◆ **SE DÉDOUBLER v. pron.** Être dédoublé ; se séparer en deux. *Ongles qui se dédoublent. Les montagnes «se dédoublaient par la base dans l'eau immobile»* LOTI. — PSYCHOL. Perdre l'unité de sa personnalité psychique (➤ **dédoublement**). — COUR. *Je ne peux pas me dédoubler,* être à deux endroits à la fois. *Faculté de se dédoubler.* ➤ **ubiquité.** ▪ CONTR. 1 Doubler.

DÉDRAMATISER [dedʀamatize] **v. tr.** ‹1› – 1965 ◇ de *dé-* et *dramatiser* ▪ Ôter à la représentation de (qqch.) le caractère dramatique ; réduire les proportions de. ➤ **dépassionner, minimiser.** *Dédramatiser le divorce.* — ABSOLT *Essayez de dédramatiser.* — **n. f. DÉDRAMATISATION.** ▪ CONTR. Dramatiser.

DÉDUCTIBILITÉ [dedyktibilite] **n. f.** – 1943 ◇ de *déductible* ▪ FIN. Caractère de ce qui est déductible. *Déductibilité fiscale. Plafond de déductibilité.*

DÉDUCTIBLE [dedyktibl] **adj.** – 1931 ◇ du latin *deductum* → déduire ▪ FIN. Qu'on peut déduire (d'un revenu, d'un bénéfice). *Charges déductibles du revenu.*

DÉDUCTIF, IVE [dedyktif, iv] **adj.** – 1842 ◇ latin *deductum,* de *deducere* → déduire ▪ PHILOS. Qui procède par déduction (II). ➤ **démonstratif, discursif ; hypothéticodéductif.** *Raisonnement déductif,* qui présente un caractère rigoureux et aboutit à une conclusion nécessaire (➤ **syllogisme**). *Méthode déductive.* ▪ CONTR. Inductif, intuitif.

DÉDUCTION [dedyksjɔ̃] **n. f.** – 1355 ◇ latin *deductio*

I Action de soustraire une somme d'une autre. ➤ **décompte, défalcation, retranchement, soustraction.** *Faire la déduction des sommes déjà payées. Déduction faite des arrhes versées. Somme qui entre, vient en déduction de...* — DR. FISC. Dans le calcul de la base imposable, Retranchement effectué dans des conditions particulières déterminées (➤ **abattement**). *Déduction forfaitaire pour frais professionnels.*

II (ABSTRAIT) ▪ **1** Procédé de pensée par lequel on conclut d'une ou de plusieurs propositions données *(prémisses*)* à une proposition qui en résulte, en vertu de règles logiques. ➤ **démonstration ; raisonnement, syllogisme.** *«La puissance de déduction qui fait le savant»* BALZAC. *«il me paraît bien difficile de séparer nettement l'induction et la déduction»* C. BERNARD. ◆ MATH. *Critère de déduction :* procédé qui permet, à partir d'énoncés démontrables, d'en construire de nouveaux. ➤ **inférence.** ▪ **2** COUR. Raisonnement partant d'une observation ; action de déduire, de conclure. *Vos déductions sont un peu hasardeuses.* ➤ **conclusion, induction.** *J'en ai conclu, par déduction, qu'il était plus âgé.* ➤ **recoupement.** ▪ CONTR. Induction ; intuition.

DÉDUIRE [dedɥiʀ] **v. tr.** ‹38› – fin XIe ◇ latin *deducere* «faire descendre», de *ducere*

I Retrancher (une certaine somme) d'un total à payer. ➤ **décompter, défalquer, retenir, soustraire.** *Déduire d'un compte les sommes déjà versées. Déduire ses frais. — Ça fait mille euros, remise déduite.*

II (XVIe) ▪ **1** VX Exposer en détail et suivant un ordre. ➤ **développer.** *«Il ne faut pas moins d'adresse à réduire un grand sujet, qu'à en déduire un petit»* CORNEILLE. ▪ **2** LOG. Conclure rigoureusement en partant de propositions prises pour prémisses. ➤ **démontrer.** *Déduire et induire. «quand l'expérimentateur déduira des rapports simples de phénomènes précis»* C. BERNARD. ◆ COUR. Conclure, décider ou trouver (qqch.) par un raisonnement, à titre de conséquence. *De ce que vous exposez, on peut déduire que...,* il ressort, il résulte que... *J'en déduis qu'il a réussi.* ➤ **inférer.** — PRONOM. *La solution se déduit naturellement de l'hypothèse.* ➤ **découler.** — **p. p. adj.** *«ses raisonnements irréprochablement déduits avaient l'expérience contre eux»* BERGSON. ▪ CONTR. Additionner, ajouter.

DÉDUIT [dedɥi] **n. m.** – 1160 ◇ de *déduire* «divertir, amuser», en ancien français ▪ VX Divertissement. Jeux amoureux.

DÉESSE [deɛs] **n. f.** – XIIe ◇ latin *dea* ▪ **1** Divinité féminine. *Vénus* (lat.), *Aphrodite* (gr.), *déesse de l'amour ; Minerve* (lat.), *Athéna* (gr.), *déesse de la sagesse. Isis, déesse égyptienne. Les déesses-mères.* LOC. *La déesse aux cent bouches :* la Renommée. ▪ **2** Personnage allégorique féminin. *La déesse de la Liberté. La déesse Raison.* ▪ **3** LOC. *Allure de déesse,* d'une grâce souveraine. — *Port de déesse,* majestueux et imposant. *Corps de déesse,* aux lignes parfaites. — FIG. *«cette sorte de déesse humaine, délicate, dédaigneuse, exigeante et hautaine»* MAUPASSANT.

DE FACTO [defakto] **loc. adv.** – 1870 ◇ mots latins «de fait» ▪ DR. De fait (par oppos. à *de jure*). Se dit d'une situation ou d'une autorité réellement établie, mais sans réalité légale. *Reconnaître un gouvernement de facto.* COUR. *Une coupe budgétaire qui réduit de facto l'ampleur du projet.* ➤ **ipso facto.**

DÉFAILLANCE [defajɑ̃s] **n. f.** – 1190 *défalance* ◇ de *défaillir* ▪ **1** VX État de ce qui fait défaut. ▪ **2** (1549) Diminution importante et momentanée des forces physiques. ➤ **faiblesse, malaise.**

Avoir une défaillance, un moment de défaillance. Tomber en défaillance : se trouver mal. ➤ **évanouissement, syncope.** ◆ MÉD. Insuffisance fonctionnelle d'un organe. ◆ (Au moral) *Défaillance de la volonté, de l'énergie.* ■ **3** Faiblesse, incapacité. *Devant la défaillance des pouvoirs publics. L'accident est dû à une défaillance mécanique, humaine* (➤ **erreur**). — INGÉN. État dans lequel une machine ne peut plus remplir complètement sa fonction. *Prévention et traitement des défaillances* (➤ 2 **maintenance**). ◆ LOC. *Sans défaillance* : sans défaut, qui agit ou fonctionne sans faiblesse. « *Une mémoire sans défaillance* » MAUROIS. ■ **4** DR. Non-exécution, au terme fixé, d'une clause contractuelle. — *Défaillance d'entreprise* : cessation de paiements. ■ CONTR. Énergie, fermeté, force, puissance, stabilité.

DÉFAILLANT, ANTE [defajɑ̃, ɑ̃t] adj. – 1130 ◇ de *défaillir* ■ **1** VX ou DR. Qui fait défaut, qui manque. *Ligne défaillante*, qui s'éteint faute d'héritiers. — Qui manque à comparaître en justice. *Témoin, accusé défaillant* (➤ **contumax**). ■ **2** (Des forces physiques ou morales) Qui s'affaiblit, décline, vient à manquer. ➤ **chancelant, faible, vacillant.** *Mémoire, raison défaillante.* ◆ (PERSONNES) Qui défaille. *Il « soutint jusqu'à la portière son amie pâle et encore défaillante »* MAUPASSANT. ■ CONTR. Comparant. 1 Ferme, 1 fort.

DÉFAILLIR [defajiʀ] v. intr. ‹13 ; fut. *je défaillirai* ou VX *je défaudrai*› – 1080 ◇ de *dé-* et *faillir* ■ **1** VX ou LITTÉR. Faire défaut, manquer. « *Son secours qui ne défaut point* » COLETTE. ■ **2** (XVIe) MOD. Perdre momentanément ses forces physiques, tomber en défaillance. ➤ **s'évanouir,** se **pâmer** (cf. Se trouver mal* ; FAM. tourner de l'œil* ; tomber dans les pommes*). *J'étais sur le point de défaillir. Défaillir de faim, d'effroi.* « *Elle défaillait, en proie à une syncope* » BOURGET. ■ **3** (CHOSES) S'affaiblir, décliner, diminuer. *Ses forces défaillent de jour en jour.* « *Toute la volonté défaille, toute pensée s'arrête* » MAUPASSANT. ■ **4** LITTÉR. Faiblir, manquer à son devoir. ➤ **faillir,** FAM. **flancher.** *J'accomplirai ma tâche sans défaillir.* ■ CONTR. Maintenir (se). Remonter (se). Augmenter, redoubler.

DÉFAIRE [defɛʀ] v. tr. ‹60› – *desfaire* 1080 ◇ de *dé-* et 1 *faire*

I v. tr. ■ **1** Réduire (ce qui était construit, assemblé) à l'état d'éléments. *Défaire une installation.* ➤ **démonter.** *Défaire un mur, une cloison.* ➤ **abattre, démolir, renverser.** *Défaire ce qui était assemblé, cloué, vissé.* ➤ **déclouer, dévisser.** *Défaire un nœud* (➤ **dénouer**), *un paquet* (➤ **ouvrir**). *Défaire une couture, un ourlet.* ➤ **découdre.** *Défaire son tricot. Défaire et refaire.* « *Femmes, éternelles Pénélopes, qui défont le jour ce qu'elles ont tissé la nuit* » MONTHERLANT. — (ABSTRAIT) « *Tout ce que l'un a fait, l'autre le peut défaire* » CORNEILLE. ■ **2** Supprimer l'ordre, l'arrangement de (qqch.). ➤ **déranger.** *Défaire sa valise, ses bagages*, en sortir le contenu. ➤ **déballer.** *Défaire son lit.* ➤ **ouvrir.** *Défaire son chignon.* ■ **3** Détacher, dénouer (les pièces d'un vêtement, d'un ajustement). *Défaire sa cravate, sa ceinture, les boutons, les agrafes.* ➤ **déboutonner, dégrafer.** ■ **4** VX ou LITTÉR. *Défaire* (qqn) *de* : délivrer de ce qui gêne. ➤ **débarrasser, délivrer.** « *Cette bataille qui défit Rome d'un tyran* » BOSSUET. ■ **5** LITTÉR. ou RÉGION. (Canada) Mettre en déroute. ➤ **battre*.** *Défaire une armée, un ennemi, une équipe.* ➤ **vaincre.**

II SE DÉFAIRE v. pron. ■ **1** Cesser d'être fait, arrangé, élaboré. *Attention, tes lacets se défont. Couture qui se défait. Ma coiffure s'est défaite.* — FIG. *Les destinées, les carrières se font et se défont.* ■ **2** Se débarrasser (de). *Se défaire de qqn.* ➤ **se dégager,** se **délivrer.** *Se défaire d'un importun, d'un fâcheux*, l'écarter, le renvoyer. *Se défaire d'un employé.* ➤ **congédier, licencier, renvoyer.** ◆ *Se défaire de qqch.* ➤ **abandonner,** se **débarrasser.** *Se défaire d'objets inutiles.* ➤ **jeter.** — *Défaites-vous* : ôtez votre manteau ; enlevez vos vêtements (médecin). — FIG. *Se défaire d'une manie.* ➤ se **corriger, perdre.** ◆ SPÉCIALT Se débarrasser (de qqch.) en vendant. ➤ **céder,** se **dessaisir,** se **séparer, vendre.** *Se défaire d'un bijou. Je ne veux pas m'en défaire, il me vient de ma mère.*

■ CONTR. 1 Faire ; assembler, construire, fabriquer, monter ; établir ; consolider. Attacher. — Tenir ; conserver, garder. ■ HOM. *Défis* : défie (défier).

DÉFAISANCE [defəzɑ̃s] n. f. – 1988 ◇ anglais *defeasance*, du français ■ COMPTAB. Opération financière réalisée par une société (le *défaiseur*) qui charge une entité juridique distincte (le *défaisé*) de liquider les actifs de mauvaise qualité, afin d'améliorer son bilan. *Structure, société de défaisance.*

DÉFAIT, AITE [defɛ, ɛt] adj. – 1185 ◇ de *défaire* ■ **1** CHOSES Qui n'est plus fait, arrangé. *Nœud défait. Cheveux défaits. Lit défait* (cf. En désordre). ■ **2** Qui semble épuisé. ➤ **abattu, amaigri, exténué.** *Visage défait*, pâle, décomposé. *Mine défaite.* ■ **3** Vaincu, mis en déroute. *Les débris d'une armée défaite.* ◆ (Canada) Battu, lors d'une élection. *Le candidat défait.*

■ CONTR. 1 Fait, ordre (en ordre). 1 Fort ; 1 gaillard. Vainqueur, victorieux. ■ HOM. Défet.

DÉFAITE [defɛt] n. f. – 1415 ; autre sens 1266 ; aussi « action de se débarrasser » et « excuse, mauvaise raison » XVIIe ◇ de *défaire* ■ **1** Échec subi par une armée ; perte d'une bataille. ➤ **échec, revers.** *Une défaite écrasante. Essuyer, subir une défaite. La défaite de Waterloo. Défaite qui se change en déroute.* ➤ **débâcle, débandade, fuite.** — Perte d'une guerre. *La défaite de 1871. Avant, après la défaite.* — *La défaite d'une équipe sportive.* ➤ FAM. 2 **pile,** 2 **piquette, raclée.** ■ **2** Échec. *Défaite électorale.* ➤ **déconfiture.** *Avouer sa défaite. Défaite humiliante, cuisante défaite.* ➤ **déculottée, dégelée, fessée, tannée.** « *Un homme d'action n'est pas déshonoré par une défaite* » ROMAINS. ■ **3** (Canada) FAM. Prétexte, excuse. *Ils ont trouvé une défaite pour ne pas venir.* ■ CONTR. Succès, triomphe, victoire.

DÉFAITISME [defetism] n. m. – 1915, mot forgé en français et en russe par un écrivain russe ◇ de *défaite* ■ **1** Attitude des personnes qui ne croient pas à la victoire et préconisent l'abandon de la lutte, la cessation des hostilités. *Guerre perdue par défaitisme.* ■ **2** FIG. Manque de confiance en soi d'une personne persuadée que ses projets sont voués à l'échec. ➤ **pessimisme.** « *prête à sombrer dans un amer défaitisme* » BEAUVOIR. ■ CONTR. Confiance, patriotisme, résistance.

DÉFAITISTE [defetist] adj. et n. – 1915 ; cf. *défaitisme* ◇ de *défaite* ■ **1** Relatif au défaitisme. *Propos défaitistes.* ◆ Partisan du défaitisme. « *Je ne suis pas défaitiste : je constate la défaite* » SARTRE. — n. *Les défaitistes.* ➤ **capitulard.** ■ **2** Pessimiste. ➤ **alarmiste.** *Ne sois pas si défaitiste !* n. *Une défaitiste qui joue perdant.* ■ CONTR. Patriote, résistant ; optimiste.

DÉFALCATION [defalkasjɔ̃] n. f. – 1307 ◇ latin médiéval *defalcatio*, de *defalcare* ■ Action de défalquer. ➤ **décompte, déduction.** *Défalcation faite des frais, il vous reste tant.*

DÉFALQUER [defalke] v. tr. ‹1› – 1384 ◇ latin médiéval *defalcare* « couper avec la faux » ■ Retrancher d'une somme, d'une quantité. ➤ **décompter, déduire.** *Défalquer ses frais d'une somme à payer.* ■ CONTR. Ajouter, augmenter.

DÉFANANT [defanɑ̃] n. m. – v. 1972 ◇ de *dé-* et *fane*, ou de *défaner* (dialectal XIXe) ■ AGRIC. Produit chimique destiné à la destruction des fanes de pommes de terre (opération du *défanage* n. m.).

DÉFATIGUER [defatige] v. tr. ‹1› – 1836 ◇ de *dé-* et *fatiguer* ■ Dissiper la fatigue ou l'impression de fatigue de. ➤ **délasser,** 1 **reposer.** *Une crème qui défatigue les jambes.* ➤ **décontracter, détendre.** « *J'ai pris une fumigation de sureau pour me défatiguer la voix* » M. DORVAL. PRONOM. *Se défatiguer en jouant.* — ABSOLT *Massages propres à défatiguer.* ■ CONTR. Fatiguer.

DÉFAUFILER [defofile] v. tr. ‹1› – 1823 ◇ de *dé-* et *faufiler* ■ COUT. Défaire (ce qui était faufilé). ■ CONTR. Faufiler.

DÉFAUSSE [defos] n. f. – 1961 ; de *défosse* 1949 ◇ de *se défausser* ■ JEU Fait de jouer des cartes que l'on estime inutiles ou dangereuses à conserver. — FIG. Fait de se décharger d'une responsabilité.

DÉFAUSSER [defose] v. tr. ‹1› – 1845 ◇ de *dé-* et *fausser* ■ TECHN. Redresser (ce qui a été faussé). *Défausser une clé.* ■ CONTR. Fausser.

DÉFAUSSER (SE) [defose] v. pron. ‹1› – 1792 ◇ de *dé-* et *faux* (*fausse carte*), ou *dé-* et *fausser* « tromper » ■ JEU Se débarrasser d'une carte inutile ou dangereuse à conserver. *Il s'est défaussé à trèfle, de l'as de carreau* (➤ **défausse**). *Contraindre l'adversaire à se défausser* (➤ **squeezer**). — FIG. Se décharger (d'une responsabilité, d'une corvée). *Se défausser d'un problème sur qqn.*

DÉFAUT [defo] n. m. – milieu XIIe ◇ de l'ancien participe passé de *défaillir* au sens de « manquer »

I MANQUE ■ **1** Absence de ce qui serait nécessaire ou désirable. ➤ **carence, faute,** 2 **manque, pénurie.** *Défaut d'harmonie, de proportion* (➤ **déséquilibre, discordance, disproportion**). *Défaut d'attention* (➤ **distraction, inattention**), *d'expérience* (➤ **inexpérience**), *de mémoire. Défaut d'organisation.* « *Il sentit que le défaut de maturité de leur esprit se trahissait dans tout ce qu'ils disaient* » LARBAUD. — DR. *Défaut de paiement.* ➤ **cessation, non-paiement.** ◆ **FAIRE DÉFAUT** : manquer. *Les forces m'ont fait défaut.* ➤ **abandonner, trahir.** *L'argent fait cruellement défaut.* ◆ SC. (opposé à *excès*) MATH. Différence en moins d'une quantité à une autre. *Total approché par défaut.* — FIG. « *Si je pèche par excès, ils pèchent par défaut* » CHATEAUBRIAND. — COUR. *Par défaut* : sans avoir spécifié à l'avance un choix particulier. *Imprimante configurée par défaut,* proposée à l'utilisateur en l'absence de choix spécifique de sa part. ◆ PHYS. *Défaut de masse* : différence entre le poids atomique d'un atome et son nombre de masse (positive quand le poids isotopique est supérieur au nombre de masse). ▪ **2** (1540) DR. Situation d'une partie qui, après avoir été convoquée devant une juridiction, ne constitue pas avocat, s'abstient d'accomplir les actes de la procédure dans les délais requis, ou ne se présente pas à l'audience. ➤ **contumace, défaillance ; défaillant.** *Défaut de comparution. Jugement par défaut.* ▪ **3** Endroit où qqch. se termine. *Le défaut de l'épaule.* — LOC. *Le défaut de la cuirasse, de l'armure* : le point faible. ▪ **4** loc. prép. **À DÉFAUT DE :** en l'absence de. ➤ **faute** (de) (cf. Au lieu* de). *À défaut de café, je prendrai du thé. «Il aurait trouvé dans ce travail, à défaut de joie, la paix de l'esprit»* FRANCE. ▪ **5 EN DÉFAUT.** VÉN. *Mettre les chiens en défaut,* leur faire perdre la piste. ➤ 2 **dépister.** — FIG. (1668) *Être en défaut* : manquer à ses engagements (➤ **faillir**) ou commettre une erreur (➤ **se tromper**). *Mettre, prendre, surprendre, trouver qqn en défaut,* en faute. *Une compétence jamais en défaut.*

II IMPERFECTION ▪ **1** (1561) Imperfection physique. ➤ **anomalie, difformité, malformation, tare** (*défaut* est plus faible que ces mots). *Défaut de conformation.* ➤ **vice.** *«Même les petits défauts de sa figure [...] donnent de l'attendrissement à l'homme qui aime»* STENDHAL. — *Défaut de prononciation*.* ▪ **2** (milieu XIVe) Détail irrégulier, partie imparfaite, défectueuse dans une matière ou un ouvrage. ➤ **défectuosité.** *Les défauts d'un tissu. Ce diamant a un léger défaut.* ➤ **crapaud,** 2 **jardinage.** *Pièce sans défaut. Défaut d'un acier, d'un alliage.* ➤ **paille.** *Défaut de construction.* ➤ **loup, malfaçon.** *Défaut d'un logiciel.* ➤ 2 **bogue.** *Défaut de fabrication. «Le vendeur est tenu de la garantie à raison des défauts cachés de la chose vendue»* (CODE CIVIL). — PHYS., CHIM. *Défaut cristallin* : région d'un cristal où la structure régulière est perturbée, soit par l'absence d'un atome de la maille (*défaut lacunaire* ➤ **trou**), soit par la présence d'une ou de plusieurs impuretés interstitielles. ▪ **3** (milieu XVIIe) (Opposé à *qualité*) Imperfection morale (moins grave que *vice*). ➤ **faiblesse, imperfection, travers.** *Avoir quelques défauts, de légers défauts.* ➤ **ridicule, travers.** *La curiosité est un vilain défaut. De gros, de petits défauts. Tout le monde a ses défauts. Défaut insupportable. «La fourmi n'est pas prêteuse : C'est là son moindre défaut»* LA FONTAINE. *«Un homme sans défauts est une montagne sans crevasse»* R. CHAR. ▪ **4** (1585) Ce qui est imparfait, insuffisant ou mauvais dans une œuvre, une activité. ➤ **imperfection ; déficience, faiblesse, faute, maladresse.** *Les défauts d'un film. Ce roman a les défauts de ses qualités.* — *Défauts d'une théorie, d'un système, d'une solution.* ➤ 2 **faille, inconvénient, insuffisance.** IRON. *Ça n'a qu'un défaut, c'est que...*
▪ CONTR. Abondance, excès. — Mérite, perfection, qualité, vertu. Avantage, mérite.

DÉFAVEUR [defavœʀ] n. f. – XVe ◊ de *dé-* et *faveur* ▪ Perte de la faveur, de l'estime ; disposition défavorable. ➤ **décri, discrédit, disgrâce.** *S'attirer la défaveur de l'opinion, du public.* ➤ **défiance, hostilité, inimitié.** *Personnage politique en défaveur.* ➤ **décote.** *Être en défaveur auprès de qqn. «j'étais indépendant, j'étais sans fortune et poète, triple titre à la défaveur»* VIGNY.
▪ CONTR. Faveur.

DÉFAVORABLE [defavɔʀabl] adj. – 1468 ◊ de *dé-* et *favorable* ▪ Qui est mal disposé à l'égard de qqn ou de qqch. *Jury défavorable à un candidat. Avis, opinion défavorable.* ➤ **hostile, opposé ; refus.** — Qui désavantage ou risque de désavantager. *Conditions, circonstances défavorables.* ➤ **adverse, contraire, désavantageux, mauvais, nuisible.** ▪ CONTR. Favorable.

DÉFAVORABLEMENT [defavɔʀabləmɑ̃] adv. – 1752 ◊ de *défavorable* ▪ D'une manière défavorable. *Être défavorablement impressionné* : avoir une mauvaise impression. ▪ CONTR. Favorablement.

DÉFAVORISÉ, ÉE [defavɔʀize] adj. et n. – 1964 ◊ de *défavoriser* ▪ Désavantagé sur le plan économique, social ou culturel. *Les milieux défavorisés.* ➤ **quart-monde.** *Les quartiers les plus défavorisés de la ville.* ➤ **déshérité, pauvre.** — n. (1968) *L'aide aux défavorisés.* ▪ CONTR. Nanti, privilégié.

DÉFAVORISER [defavɔʀize] v. tr. ‹1› – 1468 ◊ de *dé-* et *favoriser* ▪ Priver (qqn) d'un avantage (consenti à un autre ou qu'on aurait pu lui consentir). ➤ **désavantager,** 2 **desservir.** *Cette mesure, cette loi nous défavorise par rapport à nos concurrents.* ➤ **handicaper.** ▪ CONTR. Avantager, favoriser.

DÉFÉCATION [defekasjɔ̃] n. f. – 1660 *defœcation* ◊ latin *defæcatio* → déféquer ▪ **1** CHIM. Clarification (d'un liquide). ▪ **2** PHYSIOL. Expulsion des matières fécales (➤ **déféquer**).

DÉFECTIF, IVE [defɛktif, iv] adj. – fin XIVe ; «défectueux» fin XIIIe ◊ latin *defectivus,* de *deficere* «faire défaut» ▪ GRAMM. Se dit de verbes dont certaines formes de conjugaison sont inusitées (modes, temps, personnes). Choir, gésir, quérir *sont des verbes défectifs.*

DÉFECTION [defɛksjɔ̃] n. f. – 1680 ; «éclipse» XIIIe ◊ latin *defectio,* de *deficere* → défectif ▪ **1** Abandon (par qqn) d'une cause, d'un parti. ➤ **désertion.** *Défection générale, massive. On signale la défection de nombreux militants. Faire défection* : abandonner. *«il redoutait la trahison des uns et la défection des autres»* PÉGUY. ▪ **2** Fait de ne pas venir là où l'on était attendu. *Les défections ont été si nombreuses que l'excursion n'a pas pu avoir lieu.* ▪ CONTR. Fidélité. Ralliement.

DÉFECTUEUX, EUSE [defɛktɥø, øz] adj. – 1336 ◊ latin médiéval *defectuosus,* de *deficere* «faire défaut» ▪ **1** Qui n'a pas les qualités requises ; qui présente des imperfections, des défauts. ➤ **imparfait, insuffisant, mauvais.** *Machine défectueuse, outil défectueux. Raisonnement défectueux.* ➤ **boiteux, vicieux.** *Vue défectueuse.* ➤ **déficient.** *Orthographe, prononciation défectueuse.* ➤ **incorrect.** ▪ **2** DR. Qui manque des conditions, des formes requises. *Jugement défectueux.* — adv. **DÉFECTUEUSEMENT,** 1380. ▪ CONTR. Correct, exact, irréprochable, parfait.

DÉFECTUOSITÉ [defɛktɥozite] n. f. – XVe ◊ latin savant °*defectuositas,* de *defectuosus* → défectueux ▪ État de ce qui est défectueux. ➤ **imperfection, insuffisance, malfaçon.** *Produit refusé pour défectuosité.* — PAR EXT. ➤ **défaut.** *Les défectuosités d'un produit ; d'un raisonnement.*

DÉFENDABLE [defɑ̃dabl] adj. – 1265 ◊ de *défendre* ▪ Qui peut être défendu. *Cette position, cette ville n'est pas défendable sans artillerie.* — FIG. *La thèse qu'il soutient n'est pas défendable.* ➤ **soutenable.** *Cette conduite est défendable.* ➤ **justifiable** (cf. Ça se défend*). ▪ CONTR. Indéfendable.

DÉFENDEUR, DERESSE [defɑ̃dœʀ, dʀɛs] n. – XIIe ◊ de *défendre* ▪ DR. Personne contre qui une demande en justice est formée. *Défendeur en appel.* ➤ **intimé.** ▪ CONTR. Demandeur ; appelant.

DÉFENDRE [defɑ̃dʀ] v. tr. ‹41› – début XIe comme verbe pronominal ◊ du latin *defendere*

I PROTÉGER ▪ **1** (fin XIe) Aider, protéger (qqn, qqch.) contre une attaque en se battant. ➤ **secourir, soutenir.** *Défendre la patrie en danger. Défendre un allié contre l'envahisseur. «Il n'y a pas plus de frontières idéologiques qu'il n'y a de frontières territoriales à défendre. Il n'y a à défendre que la vie»* GIONO. *Défendre qqn au péril de sa vie. Défendre chèrement sa vie. Défendre sa peau.* ◆ SPÉCIALT *Défendre des couleurs, un titre* : lutter en compétition pour faire triompher l'équipe à laquelle on appartient, pour conserver son titre. *Les champions qui défendent les couleurs de leur pays.* ◆ LOC. **À SON CORPS DÉFENDANT** (en se défendant soi-même) **:** à contrecœur, malgré soi. *Il a accepté à son corps défendant.* ▪ **2** (fin XIe) Protéger (un lieu) par la force, les armes. ➤ **garder, interdire.** *Une division défend la frontière.* ➤ **couvrir** (I, B, 1°). *Défendre une position pied à pied.* ➤ **tenir.** — *Pays mal défendu.* ▪ **3** (1559) Soutenir (qqn, qqch.) contre les accusations, les attaques ; intervenir en faveur de. *Tu défends toujours ton fils. L'avocat a bien défendu son client.* ➤ **plaider** (pour). *Défendre un projet de loi devant l'Assemblée. «J'ai toujours défendu la société du côté où il y avait péril»* HUGO. *Défendre ses droits, ses intérêts* (cf. Faire valoir*). FAM. *Défendre son bifteck*.* — FIG. *Défendre sa réputation. Ils défendront leur opinion, leur parti* (➤ **militer ;** cf. Prendre fait et cause*, prendre parti*). *Défendre son point de vue, ses idées. Défendre ses privilèges, des avantages sociaux.* ▪ **4** (1908) (CHOSES) *Défendre de* : garantir, préserver, protéger contre. *Un vêtement qui défend du froid.*

II ENJOINDRE À (QQN) DE NE PAS FAIRE (QQCH.) (fin XIe) ➤ **interdire, prohiber, proscrire.** *Son père lui défend de sortir. Il défend qu'on fasse du bruit en sa présence. Défendre le sel à un malade. La loi, la religion défend le meurtre.* ➤ **condamner.** ◆ *Il est strictement défendu de fumer ; c'est défendu.* ➤ 1 **défense** (de). *L'alcool lui est défendu. «Tout ce qui n'est pas défendu par la loi [...] est du domaine de la liberté civile»* SIEYÈS. adj. *Le fruit défendu.*

III SE DÉFENDRE v. pron. ▪ **1** (début XIe) Résister à une attaque. ➤ **se battre, lutter, résister.** *Se défendre les armes à la main. Il s'est défendu comme un lion. Se défendre pied à pied* : disputer le terrain. *Se défendre en attaquant.* ➤ **riposter.** *«Quand on est en péril de mort toutes les armes sont bonnes pour se défendre»* CLAUDEL. ◆ (1920) FIG. et FAM. Être apte à faire qqch. (cf. Être à la hauteur). *Il se défend bien en affaires. «Oh !*

moi je me défends» GENET. ➤ se **débrouiller,** se **démerder.** *Se défendre face à la concurrence.* ▪ **2** Se justifier. *Se défendre contre une accusation.* ➤ **réfuter, répondre.** ◆ LITTÉR. Refuser d'admettre. ➤ **nier.** *Il se défend d'être raciste. Je ne m'en défends pas.* ▪ **3** (1843) (CHOSES) Se justifier, résister à la critique. *«Un seul mot d'ordre : l'ordre. Cela peut se défendre»* MAURIAC. ➤ **défendable.** FAM. *Ça se défend :* c'est cohérent, justifiable (cf. Tenir la route* ; tenir debout*). ▪ **4** (fin XIIe) (PERSONNES) **SE DÉFENDRE DE..., CONTRE... :** se protéger, s'abriter. ➤ **s'armer,** se **garantir,** se **prémunir,** se **préserver,** se **protéger.** *Se défendre du froid, de la pluie. Se défendre contre des microbes, une infection.* ◆ (fin XIIe) **SE DÉFENDRE DE... (et inf.).** ➤ **s'empêcher, s'interdire,** se **retenir.** *Il ne put se défendre de sourire. Il se défend de juger.* ➤ se **garder.** *«L'homme qui assiste son semblable se défend mal de devenir son ami»* COLETTE.

▪ CONTR. Attaquer. Accuser. Autoriser, ordonner, permettre.

DÉFENDS ➤ **DÉFENS**

DÉFENDU ➤ **DÉFENDRE**

DÉFENESTRATION [defənɛstʀasjɔ̃] **n. f.** – 1838 ◇ du latin *de-* et *fenestra* (dès 1620 en anglais) ▪ **1** Action de précipiter (qqn) d'une fenêtre, de le pousser dans le vide. *Assassinat par défenestration.* HIST. *La défenestration de Prague* (1618), épisode qui fut à l'origine de la guerre de Trente Ans (les conseillers du roi furent jetés par les fenêtres par les protestants). ▪ **2** MÉD. LÉGALE Chute d'une personne tombant d'une fenêtre située à un niveau élevé. ➤ **précipitation.**

DÉFENESTRER [defənɛstʀe] **v. tr.** ⟨1⟩ – 1863 ; «enlever les fenêtres» XVIe ◇ d'après *défenestration* ▪ Précipiter (qqn) d'une fenêtre. PRONOM. *Se défenestrer du 10e étage.* ➤ se **jeter,** 1 **tomber.**

DÉFENS ou **DÉFENDS** [defɑ̃] **n. m.** – XIIe *défens* ◇ latin *defensus,* p. p. de *defendere* ▪ **1** VX Défense. ▪ **2** *Bois en défens :* bois jeune, dont l'entrée est défendue aux bestiaux (ou bien, où les coupes sont interdites).

1 **DÉFENSE** [defɑ̃s] **n. f.** – milieu XIIe au sens juridique (I, 4°) ◇ du latin *defensa,* famille de *defendere* → défendre

I LE FAIT DE PROTÉGER ▪ **1** (fin XIIe) Action de défendre (un lieu) contre des ennemis. *La défense du pays.* ◆ Action de se défendre ou de défendre un lieu (combat individuel ou guerre). ➤ **résistance.** *Défense énergique, obstinée. Ligne, position de défense. Moyen, arme de défense.* ➤ **défensif.** *Ouvrage de défense.* ➤ **abri, fortification, retranchement.** ◆ Ensemble des moyens militaires utilisés pour défendre un pays. **DÉFENSE NATIONALE :** ensemble des moyens visant à assurer la sécurité et l'intégrité matérielle du territoire national contre les agressions de l'étranger (➤ aussi **dissuasion, guerre**). *Ministère de la Défense nationale. Secret*-défense.* (En France) *Journée défense et citoyenneté* (remplace la *journée d'appel de préparation à la défense*) : journée de conférences et de tests à laquelle doivent assister les jeunes gens âgés de 16 ans, organisée dans le cadre du service national. — *Défense contre avions :* ensemble des moyens de défense opposés aux attaques aériennes (artillerie, aviation d'interception, radar). ➤ **D. C. A.** — *Défense passive :* moyens de protection de la population civile contre les bombardements aériens. — *Défense informatique.* ➤ **cyberdéfense.** ▪ **2** SPORT (opposé à *attaque*) Technique par laquelle on se défend dans un combat. ➤ 1 **garde, parade.** *Ce boxeur a une bonne défense.* — Action, manière de défendre son camp, dans les jeux de ballon. *Jouer la défense, en défense.* ➤ **bétonner.** *Défense de zone, de ligne. Défense individuelle.* ➤ **marquage.** — (1901) Ensemble des joueurs (➤ **défenseur**) chargés de cette opération. *Renforcer la défense.* ▪ **3** Le fait de se défendre, de résister contre une agression. ➤ **autodéfense.** *La défense acharnée de la victime contre ses agresseurs. «Il s'avança vers elle. Elle eut un geste de défense. Son coude monta en protection de son visage»* J. VAUTRIN. *Armes de défense rapprochée.* ◆ DR. **LÉGITIME DÉFENSE :** fait justificatif enlevant son caractère illégal à un homicide ou à des coups et blessures volontaires lorsque l'acte en question a été commandé par la nécessité actuelle de se défendre ou de défendre autrui. *Invoquer la légitime défense.* — FIG. *Il n'a pas opposé de défense.* ➤ **résistance.** — FAM. *Ne pas avoir de défense, être sans défense :* être incapable de résister aux sollicitations, de répondre aux railleries. *Inutile de s'inquiéter pour lui, il a de la défense.* — LOC. PROV. *La meilleure défense est l'attaque.* ◆ PHYSIOL., IMMUNOL. *La défense de l'organisme :* les procédés naturels dont l'organisme dispose pour se protéger des agressions microbiennes, de l'infection. *Abaissement des défenses immunitaires* (immunodépression). ➤ **immunité,** 2 **rejet.** — PSYCHOL. *Instinct de défense. Réflexe de défense.* PSYCHAN. *Les défenses :* mécanismes inconscients *(mécanismes de défense)* par lesquels le moi repousse certains éléments affectifs, certaines pulsions. ▪ **4** Action de défendre qqn ou de se défendre contre une accusation. *Prendre la défense d'un enfant* (cf. Prendre son parti*, prendre fait* et cause pour lui). *Il n'a rien trouvé à dire pour sa défense,* pour se défendre, se justifier. ◆ (milieu XIIe) DR. Le fait de se défendre avant d'être jugé. *Les droits de la défense.* ➤ **défendeur.** *Système, ligne de défense. Un avocat célèbre assurera la défense de l'accusé. «Tout accusé jouira d'une liberté entière d'user de ses moyens naturels de défense»* CONDORCET. — PAR EXT. (1851) Représentation en justice des intérêts des parties. ➤ 1 **avocat, défenseur.** *La parole est à la défense* (opposé à *accusation*). ▪ **5** Action de soutenir (qqn, qqch.). ➤ **protection,** 1 **sauvegarde.** *La défense d'un idéal. La «Deffence* [défense] *et Illustration de la langue française», de J. du Bellay* (➤ **apologie**). *Prendre la défense des plus faibles, des opprimés. — La défense du pouvoir d'achat, des acquis sociaux, des droits de l'homme.* ▪ **6** TECHN. Dispositif destiné à protéger la coque d'un navire lors d'un accostage. *Pneus servant de défenses.* — Dispositif protecteur d'une côte, d'un ouvrage d'art exposés à la mer. *Défense du cap de la Hève.*

II LE FAIT DE DÉFENDRE (II), **D'INTERDIRE** (fin XIIe) ➤ **interdiction, prohibition.** *«On chargea le poète de chaînes. On l'accabla de défenses bizarres et on lui intima des prohibitions»* VALÉRY. VIEILLI *Faire défense à qqn de faire qqch.* ➤ **défendre** (II). MOD. *Défense de fumer ; défense d'afficher. Défense absolue, expresse de... Défense d'entrer sous peine d'amende.*

▪ CONTR. Agression, attaque, offensive. Abandon, désertion, fuite. — Autorisation, permission.

2 **DÉFENSE** [defɑ̃s] **n. f.** – XVIe ◇ de 1 *défense* «ce qui sert à se défendre» ▪ Dent saillante (incisive ou canine) de certains mammifères, généralement longue et recourbée. *Défenses du sanglier* (➤ **dague**), *du morse. La défense du narval. Défenses d'éléphant,* ou ABSOLT *défenses.*

DÉFENSEUR [defɑ̃sœʀ] **n.** – *defenseor* 1213 ; remplace *défendeur* au XVIe ◇ latin *defensor,* de *defendere* ▪ REM. Au féminin, on trouve aussi *défenseure* et parfois *défenseuse* (mal formé). ▪ **1** Personne qui défend qqn ou qqch. contre des agresseurs. ➤ **champion, protecteur, soutien.** *Les défenseurs d'une ville assiégée. Défenseur des faibles, des opprimés.* ➤ **redresseur** (de torts). *Défenseur de la veuve* et de l'orphelin :* avocat (IRON.). *«Liberté, liberté chérie Combats avec tes défenseurs»* («La Marseillaise»). ◆ *Défenseur de la foi :* titre décerné à Henri VIII par Léon X. ▪ **2** FIG. Personne qui soutient une cause, une doctrine. ➤ **apôtre,** 1 **avocat, champion, partisan, soutien, tenant.** *Défenseur d'une opinion. Elle fut la défenseur des droits de la femme.* ◆ *Le Défenseur des droits :* en France, autorité indépendante chargée de protéger les droits de l'enfant et des citoyens et de lutter contre les discriminations. ▪ **3** DR. Personne chargée de soutenir les intérêts d'une partie, devant le tribunal. ➤ 1 **défense** (I, 4°). *Donner un défenseur à un accusé.* ➤ 1 **avocat.** ▪ **4** SPORT Joueur chargé de la défense, dans les sports d'équipe. *Attaquants et défenseurs. Une solide défenseur.* ▪ CONTR. Agresseur, assaillant. Accusateur, adversaire. Attaquant.

DÉFENSIF, IVE [defɑ̃sif, iv] **adj.** et **n. f.** – XIVe ◇ latin médiéval *defensivus,* de *defendere*

I adj. Qui est fait pour la défense. *Armes défensives.* ➤ aussi **dissuasif.** *Système défensif. Guerre défensive.* FIG. *«Sans doute l'expression du regard demeurait-elle trop fermée, presque défensive»* ROMAINS. — **adv. DÉFENSIVEMENT,** 1834.

II n. f. Attitude de défense ; disposition à se défendre sans attaquer. ◆ (1557) *Être, se tenir, rester sur la défensive :* être prêt à répondre à toute attaque parce qu'on se sent à tort ou à raison menacé. ➤ se **méfier** (cf. Être sur ses gardes*, sur le qui-vive).

▪ CONTR. Agressif, offensif. — Attaque, offense.

DÉFÉQUER [defeke] **v.** ⟨6⟩ – 1573 ◇ latin *defæcare* «débarrasser de la lie», de *fæx* «lie» ▪ **1 v. tr.** CHIM. Opérer la défécation, le filtrage de. ➤ **clarifier, épurer, filtrer.** *Déféquer une liqueur par précipitation.* ▪ **2 v. intr.** PHYSIOL. Expulser les matières fécales ; aller à la selle. ➤ 1 **faire ;** FAM. **caca** (faire), RÉGION. **caguer,** VULG. **chier,** ARG. **tartir ; défécation.**

DÉFÈREMENT [defɛʀmɑ̃] **n. m.** – 1986 ◇ de *déférer* ▪ DR. Présentation (d'une personne) devant l'autorité judiciaire ou administrative compétente. *Déferement au parquet.*

DÉFÉRENCE [defeʀɑ̃s] **n. f.** – 1392 ◊ de *déférer* ▪ Considération respectueuse que l'on témoigne à qqn, souvent en raison de son âge ou de sa qualité. ➤ **respect.** *Traiter qqn avec déférence. Avoir de la déférence pour qqn. Marques de déférence. « Naturellement, la déférence ne doit pas devenir servilité » MAUROIS.* ▪ CONTR. Arrogance, insolence, irrespect.

DÉFÉRENT, ENTE [defeʀɑ̃, ɑ̃t] **adj.** – 1520 ◊ latin *deferens*, p. prés. de *deferre* → déférer

I DIDACT. Qui conduit vers l'extérieur. ANAT. *Les canaux déférents :* les canaux excréteurs des testicules.

II (1690) Qui a, qui témoigne de la déférence. ➤ **respectueux.** *Être, se montrer déférent envers, à l'égard de qqn. Attitude, réponse déférente. Ton déférent.*

▪ CONTR. Arrogant, effronté, insolent, irrespectueux.

DÉFÉRER [defeʀe] **v. tr.** ‹6› – 1541 ◊ latin *deferre* « porter », bas latin « faire honneur » ▪ **1** DR. Porter (une affaire), traduire (un accusé) devant l'autorité judiciaire compétente. *Déférer un coupable à la justice.* ➤ **citer, traduire.** *Déférer une affaire à un tribunal.* ➤ **saisir** (le tribunal). ▪ **2** VX Accorder (une dignité, un commandement) en vertu d'une autorité. ➤ **conférer, décerner.** ▪ **3** TRANS. IND. Céder (à qqn, à ses désirs) par respect. *Déférer à qqn* (VX), *au jugement, à la décision de qqn.* ➤ **acquiescer, céder, obéir, obtempérer,** se **soumettre** (cf. S'en rapporter, s'en remettre à). *« je déférai donc à son vœu » LECOMTE.* ▪ CONTR. Refuser, résister. ▪ HOM. Déferrer.

DÉFERLAGE [defɛʀlaʒ] **n. m.** – XVIIIe ◊ de *déferler* (1°) ▪ MAR. Action de déferler (une voile, un pavillon).

DÉFERLANT, ANTE [defɛʀlɑ̃, ɑ̃t] **adj.** et **n. f.** – 1897 ◊ de *déferler* ▪ **1** Qui déferle. *Vague déferlante.* FIG. *Les armées déferlantes de l'envahisseur.* ▪ **2** **n. f.** *Une déferlante :* une vague déferlante. FIG. *La déferlante de la photo numérique.*

DÉFERLEMENT [defɛʀləmɑ̃] **n. m.** – 1883 ◊ de *déferler* (2°) ▪ Action de déferler ; résultat de cette action. *Le déferlement des vagues sur les brisants.* — FIG. *Le déferlement des barbares en Gaule. Un déferlement d'enthousiasme, de haine.* ➤ 1 **vague.**

DÉFERLER [defɛʀle] **v.** ‹1› – 1678 ◊ de *dé-* et *ferler* ▪ **1** **v. tr.** MAR. Déployer (une voile, un pavillon). ➤ **déployer, larguer ; déferlage.** ▪ **2** **v. intr.** (1787) En parlant des vagues, Se briser en écume en roulant sur le rivage. PAR MÉTON. *« la mer très calme déferlait faiblement sur les galets de la grève » LOTI.* ◆ FIG. Se répandre avec une force irrésistible comme une vague. *Les manifestants déferlent sur la place. L'enthousiasme déferle.*

DÉFERRAGE [defeʀaʒ] **n. m.** – 1870 ; *déferrement* XIVe ◊ de *déferrer* ▪ Action de déferrer ; son résultat.

DÉFERRER [defeʀe] **v. tr.** ‹1› – début XIIe ◊ de *dé-* et *ferrer* ▪ Dégarnir (qqch.) du fer qui y avait été appliqué. *Déferrer une caisse, une porte,* enlever les ferrures. — (ÊTRES VIVANTS) *Déferrer un cheval,* lui retirer le fer ou les fers qu'il a aux sabots. VIEILLI *Déferrer un prisonnier,* le délivrer de ses chaînes. ▪ CONTR. Ferrer. ▪ HOM. Déférer.

DÉFERVESCENCE [defɛʀvesɑ̃s] **n. f.** – 1870 ◊ du latin *defervescere* « cesser de bouillonner » ▪ **1** CHIM. Diminution de l'effervescence. ▪ **2** (1872) MÉD. Chute progressive de la fièvre au cours d'une maladie aiguë, qui annonce la convalescence.

DÉFET [defɛ] **n. m.** – *defect* XIVe ◊ latin *defectus* « manque » ▪ Feuille superflue et dépareillée d'un ouvrage imprimé, que l'on conserve pour remplacer les feuilles abîmées ou égarées d'un même ouvrage. ▪ HOM. Défait.

DÉFEUILLER [defœje] **v. tr.** ‹1› – fin XIIIe ◊ de *dé-* et *feuille* ▪ VIEILLI Dépouiller de ses feuilles. ➤ **effeuiller.** PRONOM. *Arbres qui se défeuillent.* **p. p. adj.** *« La campagne, encore verte et riante, mais défeuillée en partie » ROUSSEAU.* — **n. f. DÉFEUILLAISON.** ➤ **défoliation.**

DÉFEUTRER [deføtʀe] **v. tr.** ‹1› – 1870 ◊ de *dé-* et *feutre* ▪ TECHN. Traiter (la laine cardée) par doublage et étirage afin d'obtenir un ruban régulier. *Le ruban défeutré est ensuite peigné.* — **n. m. DÉFEUTRAGE.**

DÉFI [defi] **n. m.** – 1575 ; « crainte » 1523 ◊ de *défier* ▪ **1** Action de défier, en combat singulier, à une compétition ; notification de cet acte. *Lancer, jeter un défi.* ➤ **défier, provoquer** (cf. Jeter le gant*). *Accepter, relever le défi.* ▪ **2** PAR EXT. Déclaration provocatrice par laquelle on signifie à qqn qu'on le tient pour incapable de faire une chose. *Adresser un défi à qqn.* — LOC. *Mettre qqn au défi de faire qqch. Je relève le défi* (➤ 3 **chiche** ; cf. Prendre qqn au mot*). ▪ **3** Refus de s'incliner, de se soumettre. ➤ **bravade, provocation.** *Un regard de défi. Je considère cet acte comme un défi à mon autorité. Un défi au danger. C'est un défi au bon goût.* ➤ **insulte.** *Des crackers « dont la teneur en sel, en graisses et en colorants constitue un véritable défi aux lois de la diététique » J. ROLIN.* ▪ **4** (v. 1965 ◊ d'après l'anglais) Obstacle extérieur ou intérieur qu'une civilisation doit surmonter dans son évolution. ➤ **challenge** (ANGLIC.). *« Dans les sociétés comme pour les hommes il n'y a pas de croissance sans défi » J.-J. SERVAN-SCHREIBER.* ▪ CONTR. Obéissance, respect, soumission.

DÉFIANCE [defjɑ̃s] **n. f.** – XVIe ; « défi » 1170 ◊ de *se défier* ▪ Sentiment d'une personne qui craint d'être trompée. ➤ **crainte, doute, méfiance, suspicion.** *Accueillir une nouvelle avec défiance.* ➤ **circonspection, réserve, scepticisme.** *Inspirer, éveiller la défiance, mettre en défiance* (cf. Mettre la puce* à l'oreille). *« Son attitude obséquieuse aurait suffi à me mettre en défiance » MAURIAC. Éprouver de la défiance pour qqn, à l'égard de qqn.* — *Vote de défiance,* de désapprobation. ▪ CONTR. Confiance.

DÉFIANT, IANTE [defjɑ̃, jɑ̃t] **adj.** – XVIe ◊ de *se défier* ▪ Qui est porté à se défier d'autrui. ➤ **circonspect, méfiant, soupçonneux.** *« C'est d'ailleurs le propre de l'amour de nous rendre à la fois plus défiants et plus crédules » PROUST.* — *Caractère défiant.* ▪ CONTR. Confiant.

DÉFIBRER [defibʀe] **v. tr.** ‹1› – 1876 ◊ de *dé-* et *fibre* ▪ TECHN. Dépouiller de ses fibres. *Défibrer la canne à sucre,* en séparer les fibres. *Défibrer le bois pour faire de la pâte à papier.* — **n. m. DÉFIBRAGE.**

DÉFIBREUR, EUSE [defibʀœʀ, øz] **n.** – 1877 ◊ de *défibrer* ▪ TECHN. ▪ **1** Ouvrier, ouvrière conduisant une machine à défibrer. ▪ **2** **n. m.** Machine à défibrer le bois.

DÉFIBRILLATEUR [defibʀijatœʀ ; defibʀi(l)latœʀ] **n. m.** – 1960 ◊ de *défibrillation* ▪ MÉD. Appareil électrique servant à réaliser une défibrillation*.

DÉFIBRILLATION [defibʀijasjɔ̃ ; defibʀi(l)lasjɔ̃] **n. f.** – v. 1960 ◊ de *dé-* et *fibrillation* ▪ MÉD. Intervention visant à rétablir un rythme cardiaque normal chez un patient atteint de fibrillation*.

DÉFICELER [defis(ə)le] **v. tr.** ‹4 /5/› – 1705 ◊ de *dé-* et *ficeler* ▪ Enlever la ou les ficelles qui attachent, entourent (un objet). *Déficeler un paquet.* ➤ **déballer, défaire.** ▪ CONTR. Ficeler.

DÉFICIENCE [defisjɑ̃s] **n. f.** – 1907 ◊ de *déficient* ▪ **1** Insuffisance physique, physiologique ou mentale. *Déficience cardiaque. Déficience intellectuelle.* ➤ **arriération** (mentale), **retard** (mental). *Déficience visuelle, auditive. La déficience est une cause de handicap. Déficience fonctionnelle. Déficience du système immunitaire.* ➤ **immunodéficience.** ▪ **2** Faiblesse, insuffisance. *« Proust n'est nullement aveugle aux déficiences des Guermantes » MAUROIS.* ➤ **limite.**

DÉFICIENT, IENTE [defisjɑ̃, jɑ̃t] **adj.** – 1290 ◊ latin *deficiens*, p. prés. de *deficere* « manquer » ▪ **1** Qui présente une déficience. *Organisme déficient. Intelligence déficiente.* ➤ **faible, insuffisant.** — **n.** *Les déficients auditifs, moteurs.* ➤ **handicapé.** *Déficients visuels.* ➤ **aveugle, malvoyant, non-voyant.** ▪ **2** Qui présente des insuffisances, des lacunes. *Une argumentation déficiente.*

DÉFICIT [defisit] **n. m.** – fin XVIIIe ; sens latin 1560 ◊ latin *deficit* « il manque », 3e pers. sing. de *deficere*, de *facere* ▪ **1** Dans un budget, Ce qui manque pour équilibrer les recettes et les dépenses. ➤ **dette,** RÉGION. **mali,** 2 **manque, perte.** *Un déficit de plusieurs millions. Déficit budgétaire.* ➤ 2 **découvert, impasse.** *Combler un déficit. Financer le déficit par l'emprunt. Le déficit chronique de la balance commerciale.* ◆ Situation financière qui résulte de ce manque. *L'État est en déficit. Le déficit de la Sécurité sociale.* ➤ FAM. **trou.** ▪ **2** Insuffisance des ressources par rapport aux besoins. ➤ **pénurie.** *Déficit énergétique. Un déficit en main-d'œuvre.* ▪ **3** MÉD. Manque qui déséquilibre. *Déficit hormonal. Déficit immunitaire. Déficit intellectuel très profond* (➤ **idiotie**), *profond* (➤ **imbécillité**), *moyen et léger* (➤ **débilité**). ▪ CONTR. Excédent. Bénéfice.

DÉFICITAIRE [defisitɛʀ] **adj.** – 1909 ◊ de *déficit* ▪ Qui se solde par un déficit. *Budget déficitaire.* ◆ Insuffisant. *Récolte déficitaire,* inférieure aux prévisions, aux besoins. PAR EXT. *Année déficitaire en blé, en fourrage.* ▪ CONTR. Bénéficiaire.

DÉFIER [defje] **v. tr.** ‹7› – 1080 *desfier* ◊ de *dé-* et *fier* ▪ **1** Inviter (qqn) à venir se mesurer comme adversaire. ➤ **provoquer.** *Défier qqn en combat singulier. Défier un ami aux échecs. Défier le tenant du titre* (➤ **challengeur**). ▪ **2** Mettre (qqn) au défi de faire qqch., en laissant entendre qu'on l'en croit incapable. *Je vous défie de faire mieux, je vous en défie.* ▪ **3** (CHOSES) N'être aucunement menacé par. *Des prix défiant toute concurrence. Défier le temps. «sa réputation défiait la calomnie»* BARBEY. ➤ **désamorcer, désarmer.** ▪ **4** FIG. Refuser de se soumettre à, ne pas craindre d'affronter. ➤ **braver.** *Défier l'autorité* (➤ **fronder**), *la mort, les dangers.* ➤ **narguer.** *Il l'a défié du regard. «il faut défier l'avenir si l'on ne veut pas être réduit à le redouter»* DUHAMEL. ■ CONTR. Céder (à). ■ HOM. *Défie* : défis (défaire).

DÉFIER (SE) [defje] v. pron. ‹7› – XVIe ◇ de *fier*, d'après latin *diffidere* ▪ LITTÉR. Avoir peu de confiance en ; être, se mettre en garde contre. ➤ **se garder, se méfier.** *«Les femmes se défient trop des hommes en général et pas assez en particulier»* FLAUBERT. *Se défier de soi-même* : manquer de confiance en soi, en ses capacités. ➤ **douter.** ■ CONTR. Fier (se).

DÉFIGURATION [defigyʀasjɔ̃] n. f. – 1877 ; «état de ce qui est défiguré» 1260 ◇ de *défigurer* ▪ RARE Action de défigurer (qqch.) ; état qui en résulte. *La défiguration d'une façade par des graffitis. La défiguration du projet de loi par trop d'amendements.* — RARE ➤ **défigurement.**

DÉFIGUREMENT [defigyʀmɑ̃] n. m. – 1897 ◇ de *défigurer* ▪ État d'une personne défigurée. *«Défigurement bizarre et triste»* BLOY.

DÉFIGURER [defigyʀe] v. tr. ‹1› – 1119 ◇ de *dé-* et *figure* «forme» ▪ **1** Altérer gravement l'aspect de (qqch.). ➤ **abîmer, enlaidir, gâter.** (Sujet personne) *Les promoteurs immobiliers ont défiguré le quartier.* — (Sujet chose) Altérer par sa présence l'aspect de (qqch.). *«Les usines défigurent la campagne comme une furonculose»* MORAND. *Littoral défiguré par les constructions, par le béton.* ◆ (d'après *figure* «visage») Abîmer le visage de (qqn) (➤ **défigurement**). *Il menaça de la défigurer au vitriol. Des victimes «défigurées par de hideuses blessures, sans plus qu'une moitié de visage»* GIDE. *Être défiguré par une cicatrice.* ▪ **2** FIG. (sujet personne) Donner une reproduction ou description fausse de. ➤ **déformer, dénaturer, transformer.** *Défigurer les faits, la vérité.* ➤ **altérer, caricaturer, travestir.** *Défigurer la pensée, les intentions de qqn.* ➤ **fausser, trahir ; défiguration.** *«orner la vérité par des fables, c'est en effet la défigurer»* ROUSSEAU. (Sujet chose) *Texte défiguré par une mauvaise traduction.* ■ CONTR. Embellir ; respecter, restituer.

DÉFILAGE [defilaʒ] n. m. – 1784 ◇ de 1 *défiler* ▪ TECHN. Opération qui consiste à mettre en charpie (des chiffons) lors de la fabrication de la pâte à papier. ➤ **effilochage.**

DÉFILÉ [defile] n. m. – 1643 ◇ de 2 *défiler* ▪ **1** Couloir naturel très encaissé et si étroit qu'on n'y peut passer qu'à la file (➤ **gorge, goulet,** RÉGION. **grau, passage**). *Défilé entre deux montagnes. Le défilé des Thermopyles. Surprendre l'ennemi à la sortie d'un défilé.* ▪ **2** (XVIIIe) Manœuvre des troupes qui défilent (➤ 2 **défiler**). *Assister au défilé du 14 Juillet.* ◆ PAR EXT. Déplacement régulier de personnes ou de véhicules disposés en file, en rang. ➤ **colonne, cortège, file.** *Défilé de chars fleuris.* ➤ **corso.** *Défilé religieux.* ➤ **procession.** *Défilé de manifestants. Défilé de mannequins.* PAR EXT. *Défilé de mode*.* — Succession. *Un défilé ininterrompu de visiteurs.* ◆ FIG. *«un éclatant défilé de souvenirs magnifiques»* MAUPASSANT.

1 **DÉFILEMENT** [defilmɑ̃] n. m. – 1785 ◇ de 1 *défiler* ▪ MILIT. Art d'utiliser les accidents de terrain pour se cacher de l'ennemi ; protection, mise à couvert. *Avec «un bon défilement, on doit tenir un certain temps»* P.-L. COURIER.

2 **DÉFILEMENT** [defilmɑ̃] n. m. – 1921 ; «défilé (2°)» 1843 ◇ de 2 *défiler* (3°) ▪ TECHN. Passage, déroulement continu à l'intérieur d'un appareil. *Vitesse de défilement d'un film à la projection, à la prise de vues. Défilement d'une bande magnétique.* ◆ INFORM. Fait de faire défiler (des informations) dans une fenêtre. *Curseur, barre de défilement. Bouton de défilement d'un téléphone portable.*

1 **DÉFILER** [defile] v. tr. ‹1› – XIIIe ◇ de *dé-* et *fil* ▪ **1** Défaire, détacher (une chose enfilée). *Défiler les perles d'un collier.* ▪ **2** TECHN. Défaire fil à fil. ➤ **effiler, effilocher.** *Défiler des chiffons* (➤ **défilage**). ▪ **3** MILIT. Disposer (des troupes, un ouvrage) de manière à les soustraire à la vue, au feu ennemi. ◆ **SE DÉFILER** v. pron. VIEILLI Se mettre à l'abri du feu ennemi (➤ 1 **défilement**). — (1860) FIG. et FAM. S'esquiver ou se récuser au moment critique. ➤ **se dérober ; défection.** *Je comptais sur eux, ils se sont tous défilés.* ■ CONTR. Enfiler. Exposer (s').

2 **DÉFILER** [defile] v. intr. ‹1› – 1648 ◇ de *dé-* et *filer* ▪ **1** Marcher en file. *Faire défiler des suspects devant les témoins.* ◆ Passer en colonne devant un chef militaire. *Défiler au pas de l'oie. Les troupes ont défilé musique en tête* (➤ **défilé**). ◆ Passer solennellement l'un derrière l'autre, lors d'une démonstration, d'une manifestation. *Les mannequins défilent. Manifestants qui défilent avec leurs pancartes. Défiler de la Bastille à la République.* ◆ Présenter sa collection de couture dans un défilé. *Créateur qui défile pour la première fois.* ▪ **2** PAR EXT. Se succéder sans interruption. *Les visiteurs avaient défilé toute la journée.* FIG. *«ce sont ces heures misérables qui défilent aujourd'hui devant mes yeux»* DAUDET. ▪ **3** Passer de manière continue. *Faire défiler une bande magnétique devant une tête de lecture* (➤ 2 **défilement**). — INFORM. *Faire défiler (des informations),* les déplacer verticalement (➤ ANGLIC. **scroller**) ou horizontalement dans la fenêtre.

DÉFILEUSE [defiløz] n. f. – 1846 ◇ de 1 *défiler* ▪ TECHN. Machine qui fait le défilage.

DÉFINI, IE [defini] adj. et n. m. – XVIIe ◇ de *définir* ▪ **1** Qui est défini (1°). *Concept bien défini.* — n. m. LOG. *Le défini* : le concept (représenté par un mot), qui est défini dans une définition. *«La définition doit s'appliquer à tout le défini et au seul défini»* GOBLOT. ◆ PAR EXT. *Mot défini,* accompagné de son ou de ses sens. ▪ **2** MATH. *Objet mathématique défini sur un intervalle, sur un espace,* qui n'existe que sur cet intervalle, sur cet espace. ▪ **3** ➤ **déterminé,** 1 **précis.** *Les mots, «des signes sonores affectés d'un sens défini»* CAILLOIS. *Avoir une tâche bien définie à remplir. Dans des proportions définies.* — GRAMM. *Article défini,* qui se rapporte (en principe) à un objet particulier, déterminé (*masc.* le, *fém.* la, *plur.* les). *Articles définis et indéfinis.* VIEILLI *Passé défini.* ➤ **parfait,** 1 **passé** (simple). ■ CONTR. Indéfini, indéterminé.

DÉFINIR [definiʀ] v. tr. ‹2› – 1425 ◇ latin *definire,* de *finire* «finir» ▪ **1** Déterminer par une formule précise (➤ **définition**) l'ensemble des caractères qui appartiennent à (un concept). *On définit un concept et on décrit* un objet. «La dissimulation n'est pas aisée à bien définir»* LA BRUYÈRE. *Définir un ensemble mathématique,* donner ses propriétés. ◆ PAR EXT. *Définir un mot,* donner son, ses sens. ▪ **2** PAR EXT. Caractériser (une chose, une personne particulière). *Une sensation difficile à définir.* ➤ **indéfinissable.** *Définir sa personnalité. Il l'a vite définie : une paresseuse.* ➤ **cerner.** ◆ v. pron. *Se définir comme* : se présenter comme. *Homme politique qui se définit comme un centriste. Comment vous définiriez-vous ?* ▪ **3** Préciser l'idée de. ➤ **déterminer, fixer, indiquer.** *Nous y parviendrons dans des conditions qui restent à définir. Dans les conditions définies par la loi. Définir une politique, une orientation économique, ses objectifs.*

DÉFINISSABLE [definisabl] adj. – fin XVIIe ◇ de *définir* ▪ Que l'on peut définir. *Sentiment difficilement définissable. Concept non définissable.* ➤ **primitif.** ■ CONTR. Indéfinissable.

DÉFINISSANT [definisɑ̃] n. m. – v. 1951 ◇ de *définir* ▪ DIDACT. ▪ **1** Second membre d'une définition (1°, 2°) ; énoncé servant à définir. *Équivalence sémantique entre le définissant et le défini.* ▪ **2** LING. Mot lexical qui fait partie d'une définition (2°). *Les définissants sont librement choisis par le lexicographe. Définissant qui classe.* ➤ **genre** (prochain), **hyperonyme, incluant.**

DÉFINITEUR [definitœʀ] n. m. – 1646 ◇ latin ecclésiastique *definitor* ▪ RELIG. Religieux choisi, dans certains ordres, pour assister le général ou le provincial dans l'administration de l'ordre.

DÉFINITIF, IVE [definitif, iv] adj. – XIIe ◇ latin *definitivus,* de *definire* → définir ▪ **1** Qui est fixé une fois pour toutes ; qui ne change plus. ➤ **déterminé,** 1 **fixe, irrémédiable, irrévocable.** *Les résultats définitifs d'un examen. Édition définitive d'une œuvre. Sa résolution, leur séparation est définitive.* — PAR EXT. Qui résout totalement un problème. *On a publié un article définitif sur cette question.* ◆ SUBST. M. *Le définitif* : ce qui ne sera plus changé. *Faire du définitif.* ▪ **2** loc. adv. **EN DÉFINITIVE :** après tout, tout bien considéré, en dernière analyse. ➤ **décidément, définitivement, finalement** (cf. Au bout du compte, en fin de compte, tout compte fait). *En définitive, ils ont préféré rester. «Créer, en définitive, est la seule joie digne de l'homme»* DUHAMEL. ■ CONTR. Momentané, provisoire, temporaire.

DÉFINITION [definisjɔ̃] n. f. – XIIe ◇ de *définir* ▪ **1** PHILOS. Opération mentale qui consiste à déterminer le contenu d'un concept en énumérant ses caractères ; résultat de cette opération sous la forme d'une proposition énonçant une équivalence entre un terme (➤ **défini**) et l'ensemble des termes connus qui l'explicitent. ◆ MATH. Convention logique a priori.

Domaine ou ensemble de définition d'une fonction, d'une relation : espace sur lequel ou ensemble des valeurs pour lesquelles la fonction, la relation existe. ▪ **2** Formule qui donne le sens d'une unité du lexique (mot, expression) et lui est à peu près synonyme. *Les définitions et les exemples d'un dictionnaire. Définitions et gloses, et traductions. Une définition exacte, approximative.* — PAR EXT. Formule qui permet de trouver un mot. *Définitions de mots croisés.* — **loc. adv.** *Par définition* : par suite d'une définition donnée et acceptée préalablement. «*L'inconscient, en effet, par définition est inconnaissable*» CAILLOIS. ▪ **3** Action de caractériser, de préciser une idée, une notion. ◆ THÉOL. Action de déterminer le sens d'un point de dogme ; résultat de cette action. *Les définitions des conciles.* ▪ **4** AUDIOVIS. Nombre de lignes, formées de pixels, qui constitue l'image reproduite par un écran. ➤ **linéature.** *La définition et la résolution. La télévision couleur classique a une définition de 625 lignes en Europe.* «*Les clichés étaient nets* [...] *d'une définition excellente malgré la distance*» HOUELLEBECQ. — *Haute définition* (ABRÉV. *HD*) : norme de vidéo numérique de qualité supérieure s'appliquant à l'ensemble des technologies et des équipements audiovisuels numériques. ➤ **HD.** *Télévision haute définition* (ABRÉV. *TVHD*) : télévision couleur au standard de 1 250 lignes, avec un son stéréophonique numérique.

DÉFINITIONNEL, ELLE [definisjɔnɛl] **adj.** – v. 1970 ◇ de *définition* ▪ DIDACT. Qui constitue une définition. ➤ **définitoire.** *Périphrase définitionnelle.* ➤ **définition.**

DÉFINITIVEMENT [definitivmɑ̃] **adv.** – 1558 ◇ de *définitif* ▪ **1** D'une manière définitive. ➤ **irrémédiablement, irrévocablement.** *Il est parti définitivement,* pour toujours. ▪ **2** Pour en finir. ➤ **décidément** (cf. En définitive, une fois* pour toutes). ▪ CONTR. Passagèrement, provisoirement, temporairement.

DÉFINITOIRE [definitwaʀ] **adj.** – v. 1961 ◇ de *définir,* d'après l'italien *definitorio* ▪ DIDACT. ➤ **définitionnel.** *Exemple définitoire.*

DÉFISCALISER [defiskalize] **v. tr.** ‹1› – 1932 ◇ de *fiscaliser* ▪ FIN. Ne pas ou ne plus soumettre à l'impôt. ➤ aussi **détaxer, exonérer.** *Défiscaliser les investissements privés.* — **n. f. DÉFISCALISATION,** 1961. ▪ CONTR. Fiscaliser.

DÉFLAGRANT, ANTE [deflagʀɑ̃, ɑ̃t] **adj.** – 1870 ◇ de *déflagrer* ▪ TECHN. Qui déflagre. *Matières déflagrantes.*

DÉFLAGRATEUR [deflagʀatœʀ] **n. m.** – 1834 ◇ de *déflagrer* ▪ TECHN. Appareil destiné à mettre le feu à des matières déflagrantes. ➤ **détonateur.**

DÉFLAGRATION [deflagʀasjɔ̃] **n. f.** – 1691 ◇ latin *deflagratio,* de *flagrare* «brûler» ▪ CHIM. Combustion rapide, semblable à une explosion mais dont le front de flamme se déplace à une vitesse inférieure à celle du son. *La déflagration d'un explosif.* ◆ COUR. Explosion. *La déflagration a cassé les carreaux* (➤ **blast**).

DÉFLAGRER [deflagʀe] **v. intr.** ‹1› – 1870 ◇ de *déflagration* ▪ CHIM., TECHN. S'enflammer en explosant.

1 **DÉFLATION** [deflasjɔ̃] **n. f.** – 1909 ◇ de l'allemand *Deflation* ; du latin *deflare* «enlever en soufflant» ▪ GÉOL. Entraînement éolien de matériaux fins et secs. *Rôle de la déflation dans le relief désertique. Cuvettes de déflation,* où se déposent les matériaux transportés par le vent.

2 **DÉFLATION** [deflasjɔ̃] **n. f.** – v. 1920 ◇ de l'anglais *deflation,* même sens, au pr. «dégonflement» ▪ ÉCON. **(opposé à *inflation*).** Diminution importante et durable des prix. *La déflation est un facteur de récession*.* — *Politique de déflation* : politique de lutte contre l'inflation, se traduisant par des mesures visant à la baisse de la demande globale (diminution de la masse monétaire, des dépenses publiques, augmentation de la pression fiscale). ➤ **désinflation.** ▪ CONTR. Inflation.

DÉFLATIONNISTE [deflasjɔnist] **adj. et n.** – 1938 ◇ de 2 *déflation* ▪ ÉCON. ▪ **1** Partisan d'une politique de déflation. ▪ **2** Qui se rapporte ou tend à la déflation. *Mesures déflationnistes. Politique économique déflationniste.* ▪ CONTR. Inflationniste.

DÉFLÉCHIR [defleʃiʀ] **v.** ‹2› – v. 1778 ; «se détourner» XIIIe ◇ du latin *deflectere,* d'après *fléchir* ▪ DIDACT. ▪ **1 v. tr.** Modifier la direction de. ➤ **dévier ; déflexion.** — **p. p. adj.** *Faisceau de particules défléchi.* ▪ **2 v. intr.** Changer de direction.

DÉFLECTEUR [deflɛktœʀ] **n. m.** – 1890 ◇ du latin *deflectere* «fléchir» ▪ **1** MAR. Appareil servant à déterminer la déviation des compas des navires. ▪ **2** (1921) TECHN. Appareil servant à changer la direction d'un courant gazeux. ▪ **3** (milieu XXe) COUR. Dispositif aérodynamique (béquet, aileron, volet...) destiné à modifier l'écoulement de l'air autour d'un véhicule. Recomm. offic. pour 1 *spoiler.* — Petit volet orientable d'une vitre de portière de voiture.

DÉFLEURAISON ➤ **DÉFLORAISON**

DÉFLEURIR [deflœʀiʀ] **v.** ‹2› – XIVe ◇ de *dé-* et *fleurir* ▪ LITTÉR. ▪ **1 v. intr.** Perdre ses fleurs (arbre) ; se faner (fleur). «*Je viens d'entendre choir sur la table voisine les pétales d'une rose qui n'attendait, elle aussi, que d'être seule pour défleurir*» COLETTE. — **p. p. adj.** «*un buisson d'aubépines défleuries*» PROUST. ▪ **2 v. tr.** Enlever, faire tomber les fleurs de (un végétal). ▪ CONTR. Refleurir. Fleurir.

DÉFLEXION [deflɛksjɔ̃] **n. f.** – 1754 ; *deflection* «mouvement tournant» XVIe ◇ du latin *deflectere* «détourner» ▪ DIDACT. et TECHN. ▪ **1** PHYS. Déviation de la trajectoire d'un rayonnement lumineux, d'une particule chargée. ➤ **diffraction, dispersion.** ▪ **2** MÉD. Position en extension. *La déflexion de la tête du fœtus durant l'accouchement* (normalement fléchie). ▪ **3** PSYCHAN. Détournement inconscient de l'attention (➤ **distraction**). ▪ **4** AVIAT. Changement de direction des filets d'air derrière un empennage.

DÉFLOQUER [deflɔke] **v. tr.** ‹1› – 1994 ◇ de *déflocage,* de *flocage* ▪ TECHN. Débarrasser (un bâtiment) des substances fibreuses, notamment l'amiante, appliquées par flocage. — **n. m. DÉFLOCAGE.**

DÉFLORAISON [deflɔʀɛzɔ̃] **n. f.** – 1863 ◇ de *déflorer, défleurir* ▪ LITTÉR. et BOT. Chute des fleurs. ➤ **défoliation.** — On dit aussi **DÉFLEURAISON,** 1802.

DÉFLORATION [deflɔʀasjɔ̃] **n. f.** – 1314 ◇ latin *defloratio* ▪ Action de déflorer (une fille vierge) ; rupture de l'hymen lors du premier rapport sexuel.

DÉFLORER [deflɔʀe] **v. tr.** ‹1› – XIIIe ◇ latin *deflorare* ▪ **1** VX Dépouiller (un végétal) de ses fleurs. ➤ **défleurir.** ◆ FIG. Enlever la fraîcheur, la nouveauté de. ➤ **gâter.** *Déflorer un sujet,* lui enlever de l'intérêt en le traitant d'une manière maladroite ou incomplète. «*Je craignais de déflorer les moments heureux que j'ai rencontrés, en les décrivant*» STENDHAL. ▪ **2** Faire perdre sa virginité à (une fille). ➤ FAM. **dépuceler.**

DÉFLUENT [deflyɑ̃] **n. m.** – v. 1956 ◇ de *défluer* «couler vers le bas» (vx), latin *defluere,* d'après *affluent, confluent* ▪ GÉOGR. Bras formé par diffluence* d'un cours d'eau, d'un glacier. *Les défluents d'un delta.*

DÉFLUVIATION [deflyvjasjɔ̃] **n. f.** – v. 1956 ◇ de *dé-* et radical du latin *fluvius* «fleuve» ▪ GÉOGR. Changement de lit d'un fleuve, ou d'un défluent, dans la plaine de niveau* de base. ➤ **diffluence, divagation.**

DÉFOLIANT, IANTE [defɔljɑ̃, jɑ̃t] **adj. et n. m.** – v. 1966 ◇ de l'anglais américain *defoliant* ▪ DIDACT. Qui provoque la défoliation. ◆ **n. m.** Produit chimique destiné à la défoliation. ➤ **herbicide.** *Territoires dévastés par les défoliants et le napalm.*

DÉFOLIATION [defɔljasjɔ̃] **n. f.** – 1801, Fourcroy ◇ du latin *defoliare* «défeuiller» ▪ **1** BOT. Chute périodique des feuilles chez les espèces à feuillage caduc. ➤ **défloraison.** ▪ **2** (v. 1966 ◇ d'après l'anglais américain) Destruction artificielle massive de la végétation, des feuilles d'arbres au moyen de défoliants.

DÉFOLIER [defɔlje] **v. tr.** ‹7› – v. 1966 ◇ du latin *defoliare* «défeuiller», d'après l'anglais américain *to defoliate* ▪ Provoquer la défoliation (2°) de.

DÉFONÇAGE [defɔ̃saʒ] **n. m.** – 1797 ◇ de *défoncer* ▪ Action de défoncer ; son résultat. ➤ **défoncement.** — AGRIC. Labour à grande profondeur (40 à 60 cm).

DÉFONCE [defɔ̃s] **n. f.** – v. 1972 ◇ de *se défoncer* ▪ FAM. (ARG. DE LA DROGUE) Perte de conscience ou délire éprouvé après l'absorption de drogue. ➤ **trip, voyage ; et aussi flash.** *Être en pleine défonce* (➤ 2 **planer**). ◆ Toxicomanie. «*une terre vrillée par la misère, la défonce et l'alcool*» KERANGAL.

DÉFONCÉ, ÉE [defɔ̃se] **adj.** – fin XVIe ◇ de *défoncer* ▪ **1** Brisé, abîmé par enfoncement. *Un sommier défoncé.* ▪ **2** Qui présente de grandes inégalités, de larges trous. *Route, chaussée défoncée.* ▪ **3** (PERSONNES) FAM. Sous l'effet d'une drogue. ➤ **camé, décalqué, shooté ;** RÉGION. **gelé.** *Il a l'air complètement défoncé, ce type.* — **n.** *Une bande de défoncés.* ➤ **drogué.**

DÉFONCEMENT [defɔ̃smɑ̃] **n. m.** – 1653 ◇ de *défoncer* ▪ Action de défoncer ; son résultat. «*un défoncement de terrain* [...] *qu'abritent quelques arbres*» GIDE.

DÉFONCER [defɔ̃se] **v. tr.** ‹3› – XIVe ◊ de *dé-* et *foncer*
I ▪ **1** TECHN. Enlever le fond de (une caisse, un tonneau). *Défoncer une caisse à coups de marteau.* ▪ **2** COUR. Briser, abîmer par enfoncement. *Défoncer une porte.* ➤ **enfoncer.** *Défoncer un siège, un sommier.* ➤ **éventrer.** *Défoncer la carrosserie d'une voiture.* ➤ **emboutir.** ▪ **3** Labourer profondément. — Creuser. *Un terrain vague « est défoncé par les excavateurs »* ROMAINS. ▪ **4** MÉCAN. Façonner à la défonceuse (une pièce de bois). ▪ **5** (v. 1969 argot de la drogue) FAM. Provoquer chez (qqn) l'état hallucinatoire recherché (en parlant d'un hallucinogène). *« cette substance blanche et chaude dont l'odeur la défonçait doucement »* KERANGAL. ◆ (ABSTRAIT) Époustoufler. ➤ **décoiffer.** *Ça me défonce, un truc pareil.* ▪ **6** FAM. Frapper (qqn). *Je vais le défoncer.* ◆ Réprimander (qqn). *Il s'est fait défoncer par son père.* ▪ **7** VULG. Posséder sexuellement. ➤ 1 **baiser*.**
II SE DÉFONCER v. pron. FAM. ▪ **1** Atteindre en se droguant un état d'ivresse hallucinatoire ou un état comparable, par d'autres moyens. *Se défoncer à l'héroïne.* ◆ PAR EXT. S'amuser. ➤ **s'éclater.** ▪ **2** (1965) Se donner du mal, ne pas ménager ses forces. ➤ **se démener.** *« Il se défonçait comme dix, sans relâche, la rage au ventre »* Y. KHADRA.

DÉFONCEUSE [defɔ̃søz] **n. f.** – 1855 ◊ de *défoncer* ▪ **1** AGRIC. Puissante charrue employée pour le défonçage. ▪ **2** MÉCAN. Machine-outil servant à l'usinage des pièces en bois. ▪ **3** TECHN. *Défonceuse portée* : engin de terrassement muni de griffes massives, destiné à défoncer profondément le sol (recomm. offic. pour *ripper*). ➤ **rippeur.** *Défonceuse tractée.*

DÉFORCER [defɔʀse] **v. tr.** ‹3› – *déforcir* 1360 ◊ de *dé-* et *force* ▪ (Belgique) Ébranler, affaiblir (qqn, qqch.). ▪ CONTR. Renforcer.

DÉFORESTATION [defɔʀɛstasjɔ̃] **n. f.** – 1877 ◊ anglais américain *deforestation* ▪ Action de détruire une forêt ; son résultat. *La déforestation de l'Amazonie* (➤ **déboisement**). On dit aussi **DÉFORESTAGE.** — **v. tr.** ‹1› **DÉFORESTER,** 1989. ABSOLT *« Nous avons déforesté. Nous avons vidé les lacs »* ORSENNA. ▪ CONTR. Reboisement, reforestation.

DÉFORMANT, ANTE [defɔʀmɑ̃, ɑ̃t] **adj.** – milieu XXe ◊ de *déformer* ▪ Qui déforme (1°). *Rhumatisme déformant* : polyarthrite. *« Des glaces déformantes reflètent en long et en large les passants »* BEAUVOIR.

DÉFORMATEUR, TRICE [defɔʀmatœʀ, tʀis] **adj.** – 1846 ◊ de *déformer*, d'après *formateur* ▪ LITTÉR. Qui déforme (2°). *Une interprétation déformatrice.*

DÉFORMATION [defɔʀmasjɔ̃] **n. f.** – 1374 ◊ latin *deformatio*, de *forma* « forme » ▪ **1** Action de déformer, de se déformer. Altération de la forme. — PHYS. *La déformation d'un solide, d'une roche par des contraintes mécaniques.* ➤ **aplatissement, cisaillement, distorsion, plissement.** *La déformation d'une image par anamorphose.* ◆ MÉD. Modification anormale et non congénitale de la forme (d'une partie du corps ou d'un organe). ➤ **difformité, infirmité.** *La déformation d'un orteil.* ▪ **2** (ABSTRAIT) Altération, falsification. *Votre compte rendu est une déformation de la pensée de l'auteur.* ➤ **défiguration.** — LOC. *Déformation professionnelle* : habitudes, manières de penser prises dans l'exercice d'une profession, et abusivement appliquées à la vie courante. ▪ CONTR. Redressement.

DÉFORMER [defɔʀme] **v. tr.** ‹1› – v. 1220 ◊ latin *deformare*, de *forma* « forme » ▪ **1** Altérer la forme de. ➤ **altérer, transformer.** *Déformer une pièce de bois, de fer.* ➤ **courber, distordre, gauchir, tordre.** *Le téléphone déforme la voix. Déformer ses chaussures en marchant. Corps déformé par l'obésité.* ➤ **bouffi.** ◆ PRONOM. *Se déformer* : perdre sa forme. *La planche s'est déformée sous le poids. Qui ne se déforme pas.* ➤ **indéformable.** ◆ **p. p. adj.** *« un veston déformé et taché »* MAURIAC. ➤ **avachi, fatigué.** ▪ **2** Altérer en changeant. *Déformer un fait en le racontant.* ➤ **défigurer, dénaturer.** *Vous déformez mes propos. Déformer la pensée de qqn.* ➤ **trahir.** ABSOLT *Un enseignement qui déforme plus qu'il ne forme.* — *Il est complètement déformé par son métier.* ➤ **déformation** (professionnelle). ▪ CONTR. Redresser, reformer.

DÉFOULEMENT [defulmɑ̃] **n. m.** – 1946 ; « foulage, reflux » XVe ◊ de *dé-* et *(re)foulement* (2°) ▪ PSYCHAN. Accession libératrice à la conscience de représentations liées à une pulsion et maintenues jusque-là dans l'inconscient. ➤ **abréaction, catharsis, décharge.** ◆ COUR. Fait de se défouler. *« Le théâtre, c'est une gigantesque entreprise de défoulement »* DANINOS. ▪ CONTR. Refoulement.

DÉFOULER [defule] **v. tr.** ‹1› – 1958 ◊ d'après *défoulement* ▪ FAM. ▪ **1** (CHOSES) Permettre, favoriser chez (qqn) la libération de l'agressivité, des pulsions ordinairement réprimées. ▪ **2** (PERSONNES) **SE DÉFOULER** v. pron. Se libérer des contraintes, des tensions (➤ **décompenser**) ; faire une dépense d'énergie vitale. *Se défouler en faisant du sport. Se défouler sur qqch., qqn.* ▪ CONTR. Contraindre (se).

DÉFOULOIR [defulwaʀ] **n. m.** – 1981 ◊ de *défouler* ▪ Lieu, activité où l'on se défoule. ➤ **exutoire.**

DÉFOURAILLER [defuʀaje] **v. intr.** ‹1› – 1950 ; XVIIIe « sortir de prison » ◊ p.-ê. de *fourreau* ▪ ARG. FAM. Sortir une arme à feu. ➤ **dégainer.** *« Le Texas Ranger qui défouraille plus vite que son ombre »* (Le Point, 1987).

DÉFOURNAGE [defuʀnaʒ] **n. m.** – 1876 ◊ de *défourner* ▪ TECHN. Action de défourner. — On dit aussi **DÉFOURNEMENT.**

DÉFOURNER [defuʀne] **v. tr.** ‹1› – *desforner* 1456 ◊ de *dé-* et *four* ▪ TECHN. Retirer du four. *Défourner du pain, des poteries.* ▪ CONTR. Enfourner.

DÉFOURNEUR, EUSE [defuʀnœʀ, øz] **n.** – 1905 ◊ de *défourner* ▪ TECHN. ▪ **1** Ouvrier, ouvrière qui assure les opérations de défournage. ▪ **2** **n. f.** Machine servant à défourner.

DÉFRAGMENTER [defʀagmɑ̃te] **v. tr.** ‹1› – 1998 ◊ de *dé-* et *fragmenter* ▪ INFORM. Réorganiser les fichiers dispersés sur (un support de données) pour en optimiser l'exploitation. *Défragmenter le disque dur.* — **n. f. DÉFRAGMENTATION.**

DÉFRAÎCHI, IE [defʀeʃi] **adj.** /DÉFRAICHI, IE/ – milieu XIXe ◊ de *défraîchir* ▪ Qui a perdu sa fraîcheur, qui n'a plus l'aspect, l'éclat du neuf. *Des vêtements défraîchis. « Leur élégance un peu fripée et défraîchie »* GAUTIER. ▪ CONTR. 1 Frais, pimpant.

DÉFRAÎCHIR [defʀeʃiʀ] **v. tr.** ‹2› /DÉFRAICHIR/ – 1856 ◊ de *dé-* et *frais* ▪ RARE Dépouiller de sa fraîcheur. ➤ **faner,** 1 **flétrir.** ◆ COUR. **SE DÉFRAÎCHIR** v. pron. Perdre sa fraîcheur, son aspect initial (couleur, étoffe, vêtement). *Les couleurs s'étaient défraîchies.* ➤ **pâlir, passer, ternir.** ▪ CONTR. Rafraîchir.

DÉFRAIEMENT [defʀɛmɑ̃] **n. m.** – milieu XIVe ◊ de *défrayer* ▪ Action de défrayer (1°). *Son entreprise lui accorde un défraiement pour ses voyages d'affaires.*

DÉFRANCHIR [defʀɑ̃ʃiʀ] **v. tr.** ‹2› – 1840 ◊ de *dé-* et radical de *affranchir* ▪ (Belgique) Faire perdre son assurance (à qqn). *Cet accident l'a défranchi.* — **p. p. adj.** *Un cavalier défranchi.* ▪ CONTR. Affranchir.

DÉFRAYER [defʀeje] **v. tr.** ‹8› – *deffroyer* 1378 ◊ de *dé-* et ancien français *frayer* « faire les frais » ▪ **1** Décharger (qqn) de ses frais. ➤ **indemniser, payer, rembourser.** *Être défrayé de tout. « Il fallut bien avouer l'état de mes finances. Merceret se chargea de me défrayer »* ROUSSEAU. ▪ **2** FIG. VIEILLI LOC. *Défrayer la conversation*, en faire tous les frais, soit par la part qu'on y prend, soit parce qu'on en est l'objet. — PAR EXT. Être le sujet essentiel ou unique de. *« Des aventures à défrayer un roman picaresque »* GONCOURT. — MOD. LOC. *Défrayer la chronique* : faire parler de soi, souvent en mal ; faire grand bruit. *Ce procès a défrayé la chronique.*

DÉFRICHEMENT [defʀiʃmɑ̃] **n. m.** – 1486 ◊ de *défricher* ▪ Action de défricher ; son résultat. *Les « grands défrichements néolithiques et médiévaux, qui prirent des siècles »* GRACQ. *Le défrichement des forêts, des landes.* ➤ **brûlis, déboisement, débroussaillage, essartage.** *Labour de défrichement.* — On dit aussi **DÉFRICHAGE.**

DÉFRICHER [defʀiʃe] **v. tr.** ‹1› – 1356 ◊ de *dé-* et *friche* ▪ Rendre propre à la culture (une terre en friche) en détruisant la végétation spontanée. ➤ RÉGION. **débrousser.** *Défricher une forêt* (➤ **déboiser**), *une lande* (➤ **débroussailler, essarter**). ◆ FIG. *Défricher un domaine, une science.* ➤ **déblayer, débrouiller, préparer.**

DÉFRICHEUR, EUSE [defʀiʃœʀ, øz] **n.** – 1541 ◊ de *défricher* ▪ Personne qui défriche. ➤ **pionnier.** — FIG. *Un défricheur de talents.* ➤ **découvreur.**

DÉFRIPER [defʀipe] **v. tr.** ‹1› – 1660 ◊ de *dé-* et *friper* ▪ Remettre en état (ce qui est fripé). ➤ **déchiffonner, défroisser.** *Défriper un vêtement en le mettant sur un cintre.* ▪ CONTR. Friper.

DÉFRISAGE [defʀizaʒ] **n. m.** – attesté 1975 ◊ de *défriser* ▪ Action de défriser les cheveux ; son résultat. ➤ **décrêpage.** — On dit aussi **DÉFRISEMENT,** 1836.

DÉFRISER [defʀize] v. tr. ‹1› – XVIIe ◊ de *dé-* et *friser* ■ **1** Défaire la frisure de. *Que l'on ne peut défriser.* ➤ **indéfrisable.** *Le coiffeur lui a défrisé les cheveux* (naturellement frisés). ➤ **décrêper.** ■ **2** (1790) FIG. et FAM. Déplaire à, contrarier, décevoir (en parlant d'un fait, d'une action). *« C'est quoi le problème ? Qu'est-ce qui vous défrise ? »* Y. QUEFFÉLEC. *Ça te défrise ?* ■ CONTR. Friser.

DÉFROISSABLE [defʀwasabl] adj. – 1964 ◊ de *défroisser* ■ Qui peut être aisément défroissé. *Tissu défroissable.*

DÉFROISSER [defʀwase] v. tr. ‹1› – 1911 ◊ de *dé-* et *froisser* ■ **1** Remettre en état (ce qui est froissé). ➤ **déchiffonner, défriper.** *« une enveloppe toute chiffonnée qu'elle défroissa, aplatit de deux tapes »* C. SIMON. ■ **2 SE DÉFROISSER** v. pron. *Cette robe ne se défroissera jamais.* — SPÉCIALT Se remettre en état (d'un organe froissé*). *Bientôt « ses côtes se défroisseraient, son genou s'assouplirait »* COURCHAY. ■ CONTR. Froisser.

DÉFRONCER [defʀɔ̃se] v. tr. ‹3› – XIIIe ◊ de *dé-* et *froncer* ■ Défaire (ce qui est froncé). ■ CONTR. Froncer.

DÉFROQUE [defʀɔk] n. f. – 1611 ; *defroc* 1540 ◊ de *défroquer* ■ **1** RELIG. Objets et vieux habits qu'un religieux laisse en mourant. *La défroque d'un moine appartient au Père abbé.* ■ **2** COUR. Vieux vêtements qu'on abandonne lorsqu'on les juge hors d'usage. ➤ **frusques, guenille, haillon, hardes.** — Vieux vêtements ou habillement bizarre. *Qu'est-ce que c'est que cette défroque ?*

DÉFROQUÉ, ÉE [defʀɔke] adj. – XVe ◊ de *se défroquer* ■ Qui a abandonné le froc, l'état ecclésiastique. *Des prêtres défroqués.* — SUBST. M. *Un défroqué.*

DÉFROQUER [defʀɔke] v. ‹1› – 1563 ◊ de *dé-* et *froc* ■ **1** v. tr. Faire quitter le froc, l'habit ecclésiastique à (un religieux). ■ **2 SE DÉFROQUER** v. pron. Abandonner l'état ecclésiastique. *Luther se défroqua.* ■ **3** v. intr. Se défroquer. *« Et je comprenais cet homme qui, étant entré dans les ordres, défroqua parce que sa cellule* [...] *donnait sur un mur »* CAMUS.

DÉFRUITER [defʀɥite] v. tr. ‹1› – 1803 ; *se deffruicter* « perdre ses fruits » 1232 ◊ de *dé-* et *fruit* ■ TECHN. Enlever le goût de fruit à. *Défruiter de l'huile d'olive.*

DÉFUNT, UNTE [defœ̃, œ̃t] adj. et n. – *defuns* 1243 ◊ latin *defunctus*, p. p. de *defungi* « accomplir sa vie » ■ LITTÉR. ■ **1** Qui est mort. ➤ **décédé,** 2 **mort.** *Sa défunte mère.* — VIEILLI ou RÉGION. *Défunt son frère.* ➤ 2 **feu.** ◆ n. *Les enfants de la défunte. Prière pour les défunts.* ■ **2** FIG. ➤ **disparu,** 3 **passé, révolu.** *Tradition défunte. « sentiments défunts, mystérieusement embaumés »* BAUDELAIRE. ■ CONTR. 2 Vivant.

DÉGAGÉ, ÉE [degaʒe] adj. – de *dégager* ■ **1** Qui n'est pas recouvert, encombré. *Ciel dégagé,* sans nuages. *Nuque, front dégagé,* que les cheveux laissent à nu. *Bien dégagé derrière les oreilles*.* *Vue dégagée,* large et libre. ■ **2** (1668) Qui a de la liberté, de l'aisance. *Démarche dégagée.* — *Un air, un ton dégagé.* ➤ **cavalier, désinvolte, léger, libre.** ■ CONTR. 2 Couvert. Emprunté, engoncé, gauche, gêné.

DÉGAGEMENT [degaʒmɑ̃] n. m. – 1465 ◊ de *dégager* ■ **1** Action de dégager (ce qui est en gage). *Dégagement d'effets déposés au mont-de-piété.* — FIG. *Dégagement d'une parole, d'une promesse :* action d'obtenir que la parole, la promesse soient rendues. ◆ SPÉCIALT (1958 polit.) Pour un État, Fait de se libérer d'engagements contractés envers un autre État. ➤ **désengagement.** ■ **2** Action de faire sortir, de libérer. *Dégagement des blessés ensevelis sous les décombres.* — ESCR. Action de dégager le fer. — MÉD. Dans un accouchement, Ensemble des processus qui permettent le passage du fœtus au niveau du détroit inférieur et de l'orifice vulvaire. *Dégagement de la tête.* ■ **3** Action de dégager ce qui embarrasse, obstrue. *Dégagement de la voie publique.* ➤ **déblaiement.** — SPORT Action de dégager la balle. *Dégagement au pied, au poing* (football). *Dégagement en touche* (rugby, football). ■ **4** Partie d'un appartement qui sert de passage, de communication d'une pièce à une autre. ➤ **corridor, couloir.** ◆ Espace libre. *Il y a un grand dégagement devant notre maison. Dégagement d'un véhicule au-dessus du sol* (garde au sol). — CH. DE FER *Voie de dégagement :* voie de garage. — *Itinéraire de dégagement.* ➤ **délestage.** ◆ Espace laissé libre pour le rangement (placard, réduit). ■ **5** Action de sortir, de se dégager. ➤ **émanation, production, sortie.** *Dégagement de gaz carbonique, de vapeur. Réaction chimique qui se fait avec dégagement de chaleur.* ■ CONTR. Engagement, dépendance ; absorption.

DÉGAGER [degaʒe] v. tr. ‹3› – fin XIIe ◊ de *gage* « ce qui est déposé en garantie »

I RENDRE LIBRE DE CE QUI GÊNE, RETIENT ■ **1** Retirer (ce qui avait été donné en gage, en hypothèque, en nantissement). *Dégager un bien hypothéqué.* — FIG. *Dégager sa parole,* la reprendre après l'avoir engagée. *Dégager sa responsabilité :* faire savoir qu'on ne se tient pas pour responsable, qu'on désapprouve. *Je dégage toute responsabilité dans cette affaire.* ➤ **décliner, rejeter.** ■ **2** (milieu XIIIe) Libérer (ce qui est engagé), en enlevant ce qui retient, enveloppe. *Dégager un bouton d'une boutonnière. Dégager un blessé d'une voiture accidentée, des décombres.* ➤ **délivrer, désincarcérer, tirer.** *Elle dégagea sa main.* ➤ **ôter, retirer.** — ESCR. *Dégager le fer,* et ABSOLT *dégager :* détacher son arme de celle de son adversaire et la passer à droite ou à gauche, au-dessus ou en dessous de celle-ci. — DANSE ; ABSOLT Faire glisser un pied sur le sol après avoir libéré la jambe correspondante du poids du corps. ◆ PAR EXT. (1718) (Vêtement) Rendre plus libre, donner de l'aisance à (une partie du corps). *Encolure qui dégage le cou.* ■ **3** Rendre disponible (une somme d'argent). *Dégager des crédits pour un projet gouvernemental.* ➤ **débloquer.** — *Entreprise qui dégage des bénéfices,* qui fait des bénéfices. ■ **4** (1821) Laisser échapper (un fluide, une émanation). ➤ **émettre, exhaler, produire, répandre.** *Les plantes dégagent du gaz carbonique. « la lourde chaleur d'un jour de juillet dégageait de tout le monde une odeur de bétail, un fumet de troupeau »* CALAFERTE. ◆ (Personnes) *Dégager qqch.,* avoir du charme, du charisme. ■ **5** Isoler (un élément, un aspect) d'un ensemble. *Dégagez les idées principales du texte.* ➤ **extraire, tirer.** *« C'est l'expérience qui dégagera les lois »* SAINT-EXUPÉRY.

II RENDRE LIBRE DE CE QUI ENCOMBRE, ENGAGE ■ **1 DÉGAGER (qqn) DE :** le soustraire à (une obligation). ➤ **affranchir, libérer.** *Dégager qqn de sa parole, de sa promesse,* lui rendre sa parole, sa promesse. ➤ **délier, relever.** *Dégager qqn d'une charge, d'une dette, d'une obligation.* ➤ **décharger, dégrever, dispenser, exonérer, soustraire.** ■ **2** Débarrasser (qqch., un espace) de ce qui encombre. *Dégagez la table, pour qu'on puisse écrire. Les forces de l'ordre ont dégagé la voie publique.* ➤ **déblayer, désencombrer.** FAM. (sujet personne) *Dégager la piste.* ABSOLT *Allons, dégagez !,* partez, circulez. *« j'en ai ras le bol de toi, tu peux te barrer d'ici j'en ai rien à foutre, allez dégage ! »* Y. QUEFFÉLEC (cf. Débarrasser le plancher*). — (CHOSES) *À dégager !,* à jeter. ◆ SPÉCIALT *Sirop qui dégage les bronches, gouttes qui dégagent le nez,* qui en évacuent les mucosités. ■ **3** Envoyer la balle le plus loin possible des buts, de la ligne de touche. *Dégager de la tête.* ■ **4** INTR. (1983) FAM. (PERSONNES) Avoir de l'allure, de l'aisance, de la vitalité. *Cette fille, elle dégage !* (CHOSES) Faire de l'effet. *Elle dégage, cette musique. Ça dégage !* (cf. Ça déménage !).

III SE DÉGAGER v. pron. ■ **1** Libérer son corps (de ce qui l'enveloppe, le retient). ➤ se **délivrer,** se **dépêtrer,** se **tirer.** *Le conducteur n'est pas parvenu à se dégager de sa voiture.* ➤ **s'extirper, s'extraire.** *Se dégager de ses liens, d'une étreinte. Faire des efforts pour se dégager.* ■ **2** Se libérer (d'une obligation). *Se dégager d'une promesse.* — Se libérer (d'une contrainte morale). *Se dégager d'habitudes néfastes.* — FAM. Se rendre libre de son temps. *Je vais essayer de me dégager en annulant mes rendez-vous.* ■ **3** (1670) Devenir libre de ce qui encombre. *La rue se dégage peu à peu. Le ciel se dégage,* les nuages, le brouillard s'en vont. ➤ se **découvrir, s'éclaircir.** *Mon nez se dégage.* ➤ 1 **déboucher.** ■ **4** Sortir (d'un corps). ➤ **émaner, s'exhaler,** se **répandre,** 1 **sortir.** *Émanations, odeur qui se dégagent d'un corps.* ◆ FIG. *« Cette légère rumeur qui se dégage toujours du silence de la foule »* HUGO. ■ **5** Se faire jour. *La vérité se dégage peu à peu.* ➤ **émerger,** se **manifester.** *Il se dégage de l'étude des faits que...* ➤ 1 **ressortir, résulter.**

■ CONTR. Engager, engoncer. Absorber. — Encombrer.

DÉGAGISME [degaʒism] n. m. – 2011, répandu 2017 ◊ de *dégager* II, 2° ■ FAM. Rejet de la classe politique en place, notamment lors d'une élection. *Députés victimes du dégagisme.*

DÉGAINE [degɛn] n. f. – 1611 ; « action de dégainer » XVIe ◊ de *dégainer* ■ **1** FAM. Tournure ridicule, bizarre. ➤ **allure.** *Quelle dégaine ! Il a une drôle de dégaine, une de ces dégaines !* ■ **2** ALPIN. Petit anneau placé entre deux mousquetons.

DÉGAINER [degene] v. tr. ‹1› – *deswainer* XIIIe ◊ de *dé-* et *gaine* ■ **1** Tirer (une arme blanche) de son fourreau, de sa gaine. *Dégainer une épée.* ◆ ABSOLT Mettre l'épée à la main pour se battre. — PAR EXT. Sortir son pistolet de l'étui. ➤ FAM. **défourailler.** *Il n'a pas eu le temps de dégainer, l'autre a dégainé le premier.* ■ **2** FIG. et FAM. Présenter comme une riposte. *Dégainer un argument massue.* ◆ ABSOLT Réagir rapidement. *« Les entreprises auront du mal à dégainer, pour sauver la croissance »* (Les Échos, 2007). *Dégainer le premier :* agir, réagir plus vite que son adversaire, que les autres (cf. Tirer plus vite que son ombre*). ▪ CONTR. Rengainer.

DÉGANTER [degɑ̃te] v. tr. ‹1› – 1330 ◊ de *dé-* et *gant* ▪ Ôter les gants de. *Déganter la main droite.* — PRONOM. *Se déganter :* ôter ses gants. — p. p. adj. *Main dégantée.* ▪ CONTR. Ganter.

DÉGARNIR [degaʀniʀ] v. tr. ‹2› – 1080 ◊ de *dé-* et *garnir* ▪ **1** Dépouiller, totalement ou en partie, de ce qui remplit, garnit. ➤ **vider.** *Dégarnir une vitrine. Dégarnir un compte en banque. — Dégarnir le centre d'une armée pour renforcer les ailes.* ▪ **2 SE DÉGARNIR** v. pron. Perdre une partie de ce qui garnit. *Après le spectacle, la salle se dégarnit rapidement.* ➤ **se vider.** — SPÉCIALT Perdre ses cheveux. *Il commence à se dégarnir. Ses tempes se dégarnissent.* p. p. adj. *«pas assez gros pour être gros, pas encore assez dégarni pour être vraiment chauve mais tout cela viendrait»* ECHENOZ. ➤ **chauve.** ▪ CONTR. Garnir, pourvoir.

DÉGÂT [degɑ] n. m. – 1207 ◊ de l'ancien verbe *degaster* «dévaster» → gâter ▪ Dommage résultant d'une cause violente. ➤ **4 casse, 1 dégradation, destruction, détérioration, dévastation, dommage ; méfait, ravage, ruine.** *La gelée, la grêle ont fait de grands dégâts dans les vignobles. Pillage avec dégâts.* ➤ **déprédation.** *Constater, estimer les dégâts, l'ampleur des dégâts. Il n'y a pas de victimes, seulement des dégâts matériels. Dégâts collatéraux*. Appartement assuré contre les dégâts des eaux.* — FAM. *Il y a du dégât.* — LOC. FIG. *Limiter les dégâts :* éviter le pire. *«Il s'agit de limiter les dégâts, de sauver ce qui peut encore être sauvé»* SARRAUTE. — *Bonjour les dégâts !* ▪ CONTR. Réparation.

DÉGAUCHIR [degoʃiʀ] v. tr. ‹2› – XVIe ◊ de *dé* et *gauchir* ▪ TECHN. Redresser (une pièce gauchie). — Rendre plane la surface de (une pierre, une pièce). SPÉCIALT Dresser une face, un chant de (une pièce de bois). ➤ **aplanir, 1 planer, raboter, redresser.** *Dégauchir une planche au rabot.* ▪ CONTR. Gauchir.

DÉGAUCHISSAGE [degoʃisaʒ] n. m. – 1838 ; *dégauchissement* 1513 ◊ de *dégauchir* ▪ TECHN. Action de dégauchir.

DÉGAUCHISSEUSE [degoʃisøz] n. f. – 1888 ◊ de *dégauchir* ▪ TECHN. Machine servant à dégauchir. *Machine servant à la fois de dégauchisseuse et de raboteuse.*

DÉGAZAGE [degɑzaʒ] n. m. – 1929 ◊ de *dégazer* ▪ TECHN. ▪ **1** Expulsion des gaz contenus dans une substance, un espace. *Le dégazage d'une galerie de mine grisouteuse.* ▪ **2** Extraction des hydrocarbures gazeux ou volatils contenus dans un produit pétrolier. ▪ **3** Ventilation d'une citerne à cargaison après son déchargement, d'une cuve à fioul, pour en éliminer les gaz explosifs. — ABUSIVEMENT Rejet à la mer d'hydrocarbures, de résidus pétroliers. ➤ **déballastage.**

DÉGAZER [degɑze] v. ‹1› – 1838 ◊ de *dé-* et *gaz*

I v. tr. Expulser les gaz contenus dans (un liquide, un solide). *Dégazer un tamis moléculaire par chauffage sous vide.* — ABSOLT *Magma qui dégaze lors d'une éruption volcanique.*

II v. intr. (v. 1971) Procéder au dégazage (3°). *Le pétrolier a dégazé en pleine mer et provoqué une marée noire.*

DÉGAZOLINAGE [degazɔlinaʒ] n. m. – 1948 ◊ de *dégazoliner* ▪ TECHN. Traitement destiné à extraire d'un gaz naturel les hydrocarbures condensables qu'il contient. *Dégazolinage par le froid.*

DÉGAZOLINER [degazɔline] v. tr. ‹1› – 1948 ◊ de *dé-* et *gazoline* ▪ TECHN. Traiter par dégazolinage (un gaz naturel). — p. p. adj. *Gaz sec, dégazoliné, expédié sur les centres de consommation.*

DÉGAZONNER [degɑzɔne] v. tr. ‹1› – 1863 ◊ de *dé-* et *gazon* ▪ Enlever le gazon de. *Dégazonner une pelouse.* — n. m. **DÉGAZONNEMENT** (1863), **DÉGAZONNAGE** (1922). ▪ CONTR. Gazonner.

DÉGEL [deʒɛl] n. m. – 1265 ◊ de *dégeler* ▪ **1** Fonte naturelle de la glace et de la neige, lorsque la température s'élève. *C'est le dégel. Brusque dégel d'un cours d'eau.* ➤ **débâcle.** — *Barrière* de dégel.* ▪ **2** (1834) FIG. Détente, adoucissement. *«Je me rappelle ce dégel de tout mon être sous ton regard»* MAURIAC. ▪ **3** Reprise de l'activité politique, économique, sociale, après une période de stagnation. ▪ **4** Fait de dégeler (I, 3°). ➤ **déblocage.** *Le dégel des salaires.* ▪ CONTR. Gel.

DÉGELÉE [deʒ(ə)le] n. f. – 1790 ◊ de *dégeler* ▪ FAM. Volée* (de coups). *Une dégelée de coups de bâton.* ◆ Cuisante défaite. *On a pris une dégelée.* ➤ FAM. **branlée, raclée.**

DÉGELER [deʒ(ə)le] v. ‹5› – *desgeler* 1213 ◊ de *dé-* et *geler*

I v. tr. ▪ **1** Faire fondre (ce qui est gelé ou figé), libérer de la glace. *Le soleil a dégelé la rivière. Dégeler une serrure, une tuyauterie.* — (Suisse) *Produits, sel à dégeler.* — FAM. Réchauffer. *Je n'arrive pas à me dégeler les pieds.* ▪ **2** *Dégeler qqn ; dégeler une assemblée,* lui faire abandonner sa froideur, sa réserve. ➤ **dérider ;** FAM. **décoincer.** *«Ma mère l'irritait beaucoup par les constants efforts qu'elle faisait pour le dégeler»* GIDE. — *Dégeler l'atmosphère d'une réunion,* la détendre, la réchauffer. — PRONOM. *Se dégeler :* sortir de sa réserve. *Elle s'est vite dégelée.* ➤ RÉGION. **se dégêner.** ▪ **3** Débloquer, remettre en circulation, en mouvement. *Dégeler des crédits, des dossiers en souffrance.* ▪ **4** (1963) Détendre, débloquer (une situation politique, sociale, psychologique, tendue). — PRONOM. *Les relations entre les deux pays se sont dégelées.*

II v. intr. Cesser d'être gelé. *Le lac commence à dégeler. — Faire dégeler un produit congelé.* ➤ **décongeler.** — IMPERS. *Il dégèle.*

▪ CONTR. Congeler, geler. Figer. 1 Bloquer.

DÉGÊNER [deʒene] v. tr. ‹1› – 1908 ◊ de *dé-* et *gêner* ▪ RÉGION. (Franche-Comté ; Canada) Mettre à l'aise. *Il «lui offrait de l'alcool pour la dégêner et la rendre moins prude»* M. LABERGE. — PRONOM. *Elle commence à se dégêner.* ➤ **se dégeler.** — p. p. adj. *Il peut être drôle et dégêné.* ▪ CONTR. Gêner, intimider.

DÉGÉNÉRATIF, IVE [deʒeneʀatif, iv] adj. – 1877 ◊ de *dégénérer* ▪ DIDACT. Qui se rapporte à la dégénérescence. *Rhumatisme dégénératif.* ➤ **arthrose.** *La maladie d'Alzheimer est une affection neurologique dégénérative.*

DÉGÉNÉRATION [deʒeneʀasjɔ̃] n. f. – XVe, rare avant début XVIIIe ◊ bas latin *degeneratio* «dégénération, dégénérescence» → dégénérer ▪ VX Le fait de perdre les qualités naturelles de sa race ; état qui en résulte. ➤ **dégénérescence.**

DÉGÉNÉRÉ, ÉE [deʒeneʀe] adj. et n. – 1753 ◊ de *dégénérer* ▪ **1** VX Qui a perdu les qualités de son espèce, de sa lignée. ▪ **2** MÉD. VIEILLI Qui est atteint d'anomalies congénitales graves, notamment psychiques, intellectuelles. — COUR. FAM. *Il est un peu dégénéré.* ➤ **1 taré.** ◆ n. (1891) VX ou PÉJ. *Un, une dégénéré(e).* ➤ **débile, idiot, imbécile.** ▪ **3** Qui a perdu ses caractères originels. PHYS. *État, niveau dégénéré.* ➤ **dégénérescence.**

DÉGÉNÉRER [deʒeneʀe] v. intr. ‹6› – 1361 ◊ latin *degenerare,* de *genus, generis* «race» ▪ **1** Perdre les qualités naturelles de son espèce, de sa lignée. ➤ **s'abâtardir.** *Espèce animale, plante qui dégénère.* — VX (PERSONNES) *«Les mariages entre parents qui peuvent affaiblir les faibles et les faire dégénérer»* MICHELET. SPÉCIALT Avoir moins de valeur, de vertu, que les personnes dont on est issu. ➤ **déchoir.** *Son fils a dégénéré.* ◆ PAR EXT. Perdre ses qualités. ➤ **s'avilir, 1 se dégrader, se dévaloriser, se pervertir.** *«Tout est bien sortant des mains de l'Auteur des choses, tout dégénère entre les mains de l'homme»* ROUSSEAU. ▪ **2** COUR. **DÉGÉNÉRER EN :** se transformer (en ce qui est pis). ➤ **tourner.** *Dispute qui dégénère en rixe. Son rhume dégénère en bronchite.* — ABSOLT *Il ne faudrait pas que cela dégénère,* que cela s'aggrave. *La conversation dégénère.* ➤ **s'égarer.** *«La soirée dégénérait. Certains, s'aidant d'alcool, avaient les yeux pleins de larmes»* QUIGNARD. ▪ CONTR. Améliorer, régénérer.

DÉGÉNÉRESCENCE [deʒeneʀesɑ̃s] n. f. – 1799 ◊ de *dégénérer* ▪ **1** VX Le fait de dégénérer (1°), de perdre les qualités de son espèce, de sa lignée. ▪ **2** FIG. Perte des qualités, état de ce qui se dégrade. *La dégénérescence d'une civilisation.* ➤ **décadence, déclin, 1 dégradation.** ▪ **3** (1857) MÉD. Modification pathologique (d'un tissu, d'un organe) avec perturbations de leurs fonctions. *Dégénérescence calcaire, colloïde, graisseuse, pigmentaire. Dégénérescence maculaire liée à l'âge (DMLA). Dégénérescence du tissu nerveux.* ▪ **4** VX *Dégénérescence mentale.* ➤ **idiotie, imbécillité.** ▪ **5** PHYS. *Dégénérescence des niveaux d'énergie :* coïncidence des niveaux appartenant à des états quantiques différents. ▪ **6** GÉNÉT. Propriété d'un code génétique redondant où plusieurs codons spécifient le même acide aminé. *La dégénérescence du code génétique n'est pas pathologique.* ▪ CONTR. Amélioration, progrès.

DÉGERMER [deʒɛʀme] v. tr. ‹1› – 1874 ◊ de *dé-* et *germe* ▪ Enlever le germe de. *Dégermer des pommes de terre, de l'orge.*

DÉGINGANDÉ, ÉE [deʒɛ̃gɑ̃de] adj. – fin XVIe ; *déhingander* «disloquer» 1546 ◊ ancien français *hinguer* «se diriger», croisé avec *ginguer* «gigoter» ▪ Qui est disproportionné dans sa haute taille et déséquilibré dans la démarche. *«un peu dégingandé, comme un enfant grandi trop vite, flexible, délicat»* GIDE. ▪ CONTR. Râblé, trapu.

DÉGIVRAGE [deʒivʀaʒ] n. m. – 1949 ◊ de *dégivrer* ▪ Action de dégivrer. *Réfrigérateur à dégivrage automatique. Procéder au dégivrage du parebrise.*

DÉGIVRER [deʒivʀe] v. tr. ‹1› – 1948 ◊ de *dé-* et *givre* ▪ Enlever le givre de. *Dégivrer un réfrigérateur. Dégivrer une vitre de voiture, les ailes d'un avion.*

DÉGIVREUR [deʒivʀœʀ] n. m. – 1939 ◊ de *dégivrer* ■ Appareil pour enlever le givre.

DÉGLAÇAGE [deglasaʒ] n. m. – 1890 ◊ de *déglacer* ■ Action de déglacer. — On trouve parfois *déglacement* n. m.

DÉGLACER [deglase] v. tr. ⟨3⟩ – 1442 ◊ de *dé-* et *glace* ■ **1** RARE Enlever la glace, le verglas de, sur. *Déglacer une route.* ■ **2** (1906) TECHN. *Déglacer du papier,* en enlever le lustre. ■ **3** CUIS. Mouiller les sucs de cuisson adhérant au fond de (un récipient) pour obtenir une sauce. *Déglacer une sauteuse, une poêle.* — ABSOLT *Déglacer au vinaigre, à la crème.* ■ CONTR. Glacer.

DÉGLACIATION [deglasjasjɔ̃] n. f. – 1911 ◊ de *dé* et *glaciation* ■ GÉOGR. Phase de récession d'un appareil glaciaire.

DÉGLINGUE [deglɛ̃g] n. f. – 1985 ◊ de *déglinguer* ■ FAM. État de ce qui est déglingué, et PAR EXT. mal entretenu, en mauvais état. — PAR EXT. Folie, loufoquerie.

DÉGLINGUER [deglɛ̃ge] v. tr. ⟨1⟩ – 1842 ◊ altération de *déclinquer,* de *clin* ■ FAM. Disloquer. ➤ **abîmer*, démantibuler, désarticuler, détraquer.** *Déglinguer un appareil.* — PRONOM. *Ce réveil se déglingue sans arrêt.* — p. p. adj. *Une bicyclette toute déglinguée.*

DÉGLUER [deglye] v. tr. ⟨1⟩ – 1538 ; *desgluer* 1213 ◊ de *dé-* et *glu* ■ LITTÉR. ou TECHN. Ôter de la glu, ôter la glu de. ➤ **désengluer.** ■ CONTR. Engluer.

DÉGLUTINATION [deglytinasjɔ̃] n. f. – 1929 ◊ de *dé-* et *(ag)glutination* ■ LING. Séparation d'éléments d'une même forme (ex. la griotte pour l'agriotte). ■ CONTR. Agglutination.

DÉGLUTIR [deglytiʀ] v. tr. ⟨2⟩ – 1832 ◊ bas latin *deglutire* «avaler», de *glutus* «gosier» ■ Faire franchir l'isthme du gosier à (la salive, des aliments). ➤ **avaler.** *«Il renverse le cou, la déglutit* [la baie] *avec effort ; son gosier se gonfle au passage»* GENEVOIX. ABSOLT *Action de déglutir.* ➤ **déglutition.**

DÉGLUTITION [deglytisjɔ̃] n. f. – 1560 ◊ du bas latin *deglutire* «avaler» ■ DIDACT. Action de déglutir ; mouvement par lequel on déglutit. *Déglutition primaire,* au cours de laquelle la langue s'appuie contre les incisives.

DÉGOBILLER [degɔbije] v. tr. ⟨1⟩ – 1611 ◊ de *dé-* et *gober* ■ FAM. ➤ **vomir.** *Dégobiller son repas.* ABSOLT *Il a envie de dégobiller.* ➤ **dégueuler, gerber.**

DÉGOISER [degwaze] v. ⟨1⟩ – XIVe ; «chanter» XIIIe ◊ de *dé-* et *gosier* ■ FAM. et PÉJ. ■ **1** v. tr. Débiter. *Dégoiser d'interminables discours. Qu'est-ce qu'il dégoise ?* ➤ 1 **dire.** ■ **2** v. intr. Parler. *Il n'a pas fini de dégoiser.*

DÉGOMMAGE [degɔmaʒ] n. m. – 1767 techn. ◊ de *dégommer* ■ **1** Action de dégommer. ■ **2** (1842) FAM. Destitution.

DÉGOMMER [degɔme] v. tr. ⟨1⟩ – 1653 ◊ de *dé-* et *gomme* ■ **1** Débarrasser (une chose) de la gomme dont elle est enduite. *Dégommer une enveloppe.* ■ **2** (1832) FAM. Destituer d'un emploi ; faire perdre une place à. ➤ **limoger, renverser,** FAM. **vider.** *Il «dégomma le champion»* QUENEAU. — Faire mieux que, surpasser. *Il a dégommé son copain.* ➤ **supplanter.** ■ **3** FAM. Tuer, assassiner (qqn) de manière violente. *Il s'est fait dégommer par la mafia.* ■ **4** FAM. Faire tomber, atteindre. *Dégommer trois pipes au stand de tir.* ■ CONTR. Gommer.

DÉGONFLAGE [degɔ̃flaʒ] n. m. – 1893 ◊ de *dégonfler* ■ **1** Action de dégonfler. ■ **2** (1929) FAM. Fait de se dégonfler (3°). *«Il y en a qui font les malins* [...] *mais au dernier moment, c'est le dégonflage»* AYMÉ.

DÉGONFLARD, ARDE [degɔ̃flaʀ, aʀd] n. – 1932 ◊ de *dégonflé* ■ FAM. Personne dégonflée, lâche*. ➤ **trouillard.**

DÉGONFLE [degɔ̃fl] n. f. – 1940 ◊ de *se dégonfler* (3°) ■ FAM. Le fait de se dérober, d'user de faux-fuyants au moment d'agir.

DÉGONFLÉ, ÉE [degɔ̃fle] adj. et n. – 1765 ◊ de *dégonfler* ■ **1** Qui est vidé de son air. *Ballon, matelas, bateau dégonflé. Pneu dégonflé,* à plat*. ■ **2** FAM. Sans courage, lâche*. — n. *«Il n'avait pas envie de passer pour un dégonflé»* AYMÉ. ➤ **dégonflard.**

DÉGONFLEMENT [degɔ̃fləmɑ̃] n. m. – 1790 ◊ de *dégonfler* ■ Le fait de perdre l'air, de se dégonfler ; son résultat. *Le dégonflement d'un ballon.* — FIG. *Le dégonflement des dépenses publiques, de la masse monétaire.* ■ CONTR. Gonflement, gonflage.

DÉGONFLER [degɔ̃fle] v. ⟨1⟩ – 1558 ◊ de *dé-* et *gonfler*

I v. tr. ■ **1** Faire cesser d'être gonflé. *Dégonfler un ballon, un matelas pneumatique.* PRONOM. *Le pneu s'est dégonflé.* — p. p. adj. *Un pneu dégonflé mais non crevé.* ■ **2** FIG. Dénoncer (des prétentions exagérées). *Dégonfler la propagande officielle.* — Rabaisser, minimiser (la portée de qqch.). *Dégonfler l'importance d'une nouvelle.* ◆ Ramener à de moindres proportions (ce qui avait été trop gonflé [4°]). *Dégonfler un budget, le chiffre du sondage. Dégonfler les prix.* ➤ **diminuer.**

II v. intr. Cesser d'être gonflé. *Avec les compresses, sa paupière a dégonflé.* ➤ **désenfler.**

III SE DÉGONFLER v. pron. ■ **1** FAM. Manquer de courage, d'énergie au moment d'agir. ➤ **se déballonner, flancher, mollir.** ■ **2** (CHOSES) Perdre de son importance, de son intensité. *Se dégonfler comme un soufflé. «Toute l'affaire se dégonfla. Le calme retomba sur la ville»* O. ADAM.

■ CONTR. Gonfler, regonfler. — Enfler.

DÉGORGEMENT [degɔʀʒəmɑ̃] n. m. – 1548 ◊ de *dégorger* ■ Action de dégorger, fait de se dégorger. ■ **1** Écoulement des liquides qui engorgeaient un canal, une cavité. ➤ **écoulement, épanchement, évacuation.** *Le dégorgement de la bile, un dégorgement de bile.* ■ **2** Le fait de vider, de se vider. *Dégorgement d'une gouttière, d'un canal, d'un égout.* ➤ **désengorgement.** ■ **3** (1690) TECHN. Traitement par lequel on débarrasse certaines matières premières des impuretés. *Dégorgement des laines, des cuirs.* ◆ Opération consistant à ôter le dépôt des vins préparés suivant la méthode champenoise. — On dit aussi (au sens 2° et 3°) **DÉGORGEAGE,** 1869. ■ CONTR. Engorgement.

DÉGORGEOIR [degɔʀʒwaʀ] n. m. – 1634 ◊ de *dégorger* ■ **1** Issue par laquelle un trop-plein se dégorge. ➤ **gargouille.** *Le dégorgeoir d'un étang.* ■ **2** TECHN. Outil de forgeron servant à couper et à façonner les pièces à chaud. ◆ Ciseau à bois servant à dégager les mortaises. ■ **3** Appareil destiné à retirer l'hameçon de la gorge d'un poisson. ■ **4** Endroit où l'on met à dégorger qqch.

DÉGORGER [degɔʀʒe] v. ⟨3⟩ – 1299 *se dégorger* ; «dire, exprimer ; chanter, parler» en ancien français ◊ de *dé-* et *gorge*

I v. tr. ■ **1** Faire sortir de soi (un liquide, etc.). ➤ **déverser, évacuer.** *Égout qui dégorge de l'eau sale.* FIG. *Cinq ou six rues «dégorgeaient à chaque instant de nouveaux flots de têtes»* HUGO. ■ **2** (1611) Vider de son trop-plein ; déboucher pour permettre de se vider. *Dégorger un évier, un égout.* ➤ **désengorger, purger.** ◆ ABSOLT *Tissu qui dégorge au lavage,* qui perd sa couleur. ➤ **décharger, déteindre.** ■ **3** TECHN. Débarrasser (qqch.) des matières étrangères. ➤ **laver, nettoyer, purifier.** *Dégorger du cuir.* — Pratiquer le dégorgement de (un vin mousseux).

II v. intr. (XVIe) ■ **1** Déborder, répandre son contenu de liquide. ➤ **se déverser.** *L'égout dégorge dans ce collecteur.* — FIG. *«La fureur d'Hérodias dégorgea en un torrent d'injures»* FLAUBERT. ■ **2** Rendre un liquide. *Faire dégorger des sangsues.* — CUIS. *Faire dégorger des escargots, des concombres,* leur faire rendre l'eau qu'ils contiennent. *Faire dégorger une cervelle, des ris de veau,* les faire tremper dans l'eau pour les débarrasser du sang, des impuretés.

III SE DÉGORGER v. pron. Épancher ses eaux. *Rivière qui se dégorge dans un fleuve. Réservoir qui se dégorge dans un bassin.* ➤ **se vider.**

■ CONTR. Absorber, 1 boucher, engorger, gorger, remplir.

DÉGOTER [degɔte] v. ⟨1⟩ – début XVIIe «déplacer la pierre appelée *go*» ◊ celte *gal* «caillou» → galet

■ On écrit aussi *dégotter.*

I v. tr. FAM. ■ **1** (XVIIIe) VX Déposséder (qqn) d'un poste, renvoyer. ➤ FAM. **dégommer.** ■ **2** MOD. ➤ **découvrir, trouver.** *Impossible de le dégoter nulle part. Où avez-vous dégoté ce bouquin ?* ➤ **dénicher.**

II v. intr. POP. et VIEILLI Avoir tel air, telle allure. *Elle dégote bien, mal.* ➤ **marquer.** ABSOLT *«Il dégote, Crouïa-Bey... ah ! qu'il est beau»* QUENEAU. ➤ **dégager.**

DÉGOULINADE [degulinad] n. f. – 1938 ◊ de *dégouliner* ■ FAM. Liquide qui dégouline, coule lentement ; sa trace. ➤ **coulure.** *Des dégoulinades de peinture, de confiture. Il y a des dégoulinades sur les murs.*

DÉGOULINEMENT [degulinmɑ̃] n. m. – 1884 ◊ de *dégouliner* ■ Le fait de dégouliner. *«le lent dégoulinement des dalots»* BOSCO.

DÉGOULINER [deguline] v. intr. ⟨1⟩ – 1737 région. de l'Ouest ◊ de *dé-* et 2 *goule* ■ Couler lentement, goutte à goutte ou en filet. *La sueur lui dégoulinait dans le dos. Peinture qui dégouline du pinceau. «sur son visage dégoulinent des gouttes d'eau de pluie ou des larmes»* QUENEAU.

DÉGOUPILLER [degupije] v. tr. ⟨1⟩ – 1749 ◊ de *dé-* et *goupille* ■ Enlever la goupille de. p. p. adj. *«Il soupesa sa première grenade, dégoupillée»* MALRAUX. ■ CONTR. Goupiller.

DÉGOURDI, IE [degurdi] adj. – 1611 ◊ de *dégourdir* ■ Qui n'est pas gêné pour agir ; habile et actif. *Il n'est pas très dégourdi.* ➤ **débrouillard, futé, malin.** — SUBST. *C'est un dégourdi.* IRON. *En voilà un dégourdi ! Quelle dégourdie !* ■ CONTR. Engourdi, gauche, gourd, gourde, maladroit.

DÉGOURDIR [degurdir] v. tr. ‹2› – XIIe ◊ de *dé-* et *gourd* ■ **1** Faire sortir de l'engourdissement. ➤ **désengourdir.** *« Cela vous réchauffera les pieds et dégourdira les jambes »* GAUTIER. *Se dégourdir les jambes en marchant.* ■ **2** VIEILLI *Dégourdir de l'eau,* la chauffer légèrement. ■ **3** FIG. Débarrasser (qqn) de sa timidité, de sa gêne. ➤ **délurer, déniaiser, dessaler.** ■ **4 SE DÉGOURDIR** v. pron. *Se dégourdir après deux heures de voiture.* ◆ FIG. *« Il allait avoir seize ans vers la fin d'août, il était temps pour lui de se dégourdir un peu »* LARBAUD. — n. m. **DÉGOURDISSAGE.** ■ CONTR. Engourdir.

DÉGOURDISSEMENT [degurdismɑ̃] n. m. – 1522 ◊ de *dégourdir* ■ Action de dégourdir* (1o) ; son résultat. *Le dégourdissement des doigts.* ■ CONTR. Engourdissement.

DÉGOÛT [degu] n. m. /DÉGOUT/ – 1560 ◊ de *dégoûter* ■ **1** Manque de goût, d'appétit, entraînant une réaction de répugnance. ➤ **anorexie, inappétence ; répugnance, répulsion.** *Être pris de dégoût. Avoir des haut-le-cœur, des nausées de dégoût. Il a un véritable dégoût pour la viande.* ➤ **phobie.** *Manger jusqu'au dégoût.* ➤ **indigestion, satiété.** *Moue de dégoût* (➤ **berk, fi, pouah**). *Ivich « fit une grimace de dégoût : – Que c'est mauvais, dit-elle »* SARTRE. ■ **2** (1636) Aversion que l'on éprouve pour qqch. ➤ **aversion, écœurement, éloignement, exécration, horreur, répugnance, répulsion.** *« Cela fait frissonner d'horreur ou soulever le cœur de dégoût »* DIDEROT. *« Le désir et le dégoût sont les deux colonnes du temple du Vivre »* VALÉRY. *Avoir du dégoût pour qqch. Prendre qqch. en dégoût. Le dégoût du travail, pour le travail, de travailler.* ◆ Aversion, répugnance physique ou morale (pour qqn). ➤ **haine, horreur.** *Il m'inspire un profond dégoût. « Un dégoût, une haine atroce de moi-même »* GIDE. ■ **3** Absence complète d'attrait (pour qqch.) ; fait de se désintéresser par lassitude. *« Le mal de René, c'est le dégoût de la vie, l'inaction et l'abus du rêve »* SAINTE-BEUVE. ➤ **désenchantement, lassitude, spleen.** ◆ VX Cessation du goût, du plaisir que procure qqch. *« Les amours meurent par le dégoût et l'oubli les enterre »* LA BRUYÈRE. ■ **4** Sentiment de répugnance ou de lassitude. *Ses goûts et ses dégoûts. « C'est dans l'absolue ignorance de notre raison d'être qu'est la racine de notre tristesse et de nos dégoûts »* FRANCE. ■ CONTR. Goût ; appétit, attrait, désir, envie, 1 plaisir

DÉGOÛTAMMENT [degutamɑ̃] adv. /DÉGOUTAMMENT/ – 1790 ◊ de *dégoûtant* ■ D'une manière dégoûtante. *Il mange dégoûtamment.* ➤ **salement.**

DÉGOÛTANT, ANTE [degutɑ̃, ɑ̃t] adj. /DÉGOUTANT, ANTE/ – 1642 ◊ de *dégoûter* ■ **1** Qui inspire du dégoût, de la répugnance, par son aspect extérieur. ➤ **déplaisant, écœurant, ignoble, immonde, infect, innommable, laid, repoussant, répugnant ;** FAM. **dégueulasse, dégueulatoire.** *Plat dégoûtant.* ➤ **immangeable.** *Une odeur dégoûtante.* ➤ **fétide, nauséabond.** *« Vous mettez des grenouilles dans vos poches ! Mais c'est dégoûtant ! »* FRANCE. *« C'est dégoûtant ici ; un coup de balai, s'il vous plaît ! »* COURTELINE. ➤ **sale*.** FAM. *Tu es sale, dégoûtant.* ■ **2** Qui inspire du dégoût par sa laideur morale. ➤ **abject, honteux, ignoble, odieux, révoltant.** *C'est dégoûtant, ce qu'il a fait là. C'est dégoûtant de faire cela. C'est un type dégoûtant, un dégoûtant personnage.* ◆ FAM. Grossier, scatologique ou obscène. *Raconter des histoires dégoûtantes.* ➤ **cochon, sale.** — SUBST. *Ce vieux dégoûtant.* ■ CONTR. Appétissant, désirable, propre, ragoûtant. Correct, propre (fig.), sérieux. ■ HOM. Dégouttant (dégoutter).

DÉGOÛTATION [degutasjɔ̃] n. f. /DÉGOUTATION/ – avant 1850 ◊ de *dégoûter* ■ FAM. ■ **1** Dégoût, répugnance. *Pousser « plusieurs "Pouah !" [...] en signe de dégoûtation »* COURTELINE. ■ **2** Extrême saleté. *Nettoyez votre chambre : c'est une dégoûtation.* ◆ FIG. Ce qui inspire du dégoût moral. *« Quinze ans de différence ! Est-ce que ce n'est pas une dégoûtation ! »* ZOLA.

DÉGOÛTÉ, ÉE [degute] adj. /DÉGOUTÉ, ÉE/ – v. 1380 ◊ de *dé-* et *goût* ■ **1** Qui éprouve facilement du dégoût (SPÉCIALT pour la nourriture). ➤ **délicat, difficile.** *Des convives dégoûtés.* SUBST. *Faire le dégoûté :* se montrer difficile (sans raison). *Prendre l'air, un air dégoûté :* manifester son dégoût. ◆ *Il n'est pas dégoûté :* il se contente de n'importe quoi ; FIG. il est sans scrupules, sans délicatesse. ELLIPT *Pas dégoûté !* ■ **2** Qui éprouve du dégoût, écœuré. *« L'horrible spectacle que peut donner à un homme dégoûté la foule humaine qui s'amuse »* MAUPASSANT. ■ **3 DÉGOÛTÉ DE :** qui n'a pas ou plus de goût pour. ➤ **blasé, déçu, 1 las.** *Dégoûté de la vie, de tout.* ■ HOM. Dégoutter.

DÉGOÛTER [degute] v. tr. ‹1› /DÉGOUTER/ – milieu XVIe *se dégoûter* ◊ de *dé-* et *goût* ■ **1** VX Ôter l'appétit à (qqn). *« Les mets les plus exquis le dégoûtent »* FÉNELON. ◆ MOD. Donner de la répugnance, du dégoût à (qqn). *Le lait me dégoûte.* ➤ FAM. **débecter.** *Être dégoûté par qqch.* ➤ **dégoûté.** ■ **2** Inspirer de la répugnance à (qqn) par son aspect. *Cet insecte me dégoûte.* ABSOLT *« Un homme mal habillé, sale, et qui dégoûte »* LA BRUYÈRE. ◆ Inspirer de l'aversion à (qqn) par sa laideur morale. ➤ **répugner, révolter.** *Ce genre de personnage me dégoûte. Sa lâcheté me dégoûte.* ■ **3 DÉGOÛTER DE.** VX Priver de tout attrait, de toute estime pour (qqch.). ➤ **éloigner.** *« La plupart des amis dégoûtent de l'amitié, et la plupart des dévots dégoûtent de la dévotion »* LA ROCHEFOUCAULD. ◆ MOD. Ôter l'envie de. *« Enfin c'était des travaux à dégoûter du travail »* BALZAC. *Elle a fini par me dégoûter du homard. Ça m'a dégoûté de continuer, d'être serviable.* ➤ **dissuader.** LOC. PLAIS. *Si vous n'aimez pas ça, n'en dégoûtez pas les autres !* ■ **4 SE DÉGOÛTER** v. pron. Prendre en dégoût. *Se dégoûter de qqch., de qqn.* ➤ **se lasser.** *Les « gens de petite origine qui se dégoûtent du milieu où ils sont nés »* COLETTE. ■ CONTR. Attirer, charmer, plaire, tenter ; supporter, tolérer. ■ HOM. Dégoutter.

DÉGOUTTER [degute] v. intr. ‹1› – v. 1120 ◊ de *dé-* et *goutte* ■ **1** Couler goutte à goutte. *La pluie dégoutte le long du mur.* ➤ **ruisseler.** *La sueur lui dégoutte du front.* ➤ **dégouliner, suinter, 1 tomber.** ■ **2** Laisser tomber goutte à goutte. *Cheveux qui dégouttent de pluie.* **p. prés. adj.** *Couteau dégouttant de sang.* ■ HOM. Dégoûter ; *dégouttant :* dégoûtant.

DÉGRADANT, ANTE [degradɑ̃, ɑ̃t] adj. – 1769 ◊ de *dégrader* ■ Qui abaisse moralement. ➤ **avilissant.** *Traitement inhumain et dégradant. Ces compromissions sont dégradantes.*

DÉGRADATEUR [degradatœr] n. m. – 1878 ◊ de *2 dégrader* ■ PHOTOGR. Cache servant à obtenir des images dégradées (➤ **2 dégrader**).

1 **DÉGRADATION** [degradasjɔ̃] n. f. – 1486 « dégradation ecclésiastique » ◊ bas latin *degradatio* ■ **1** Destitution infamante (d'une personne) d'un grade, d'une dignité. *Dégradation civique :* peine infamante réprimant certains crimes. *La dégradation civique a été remplacée en France en 1994 par l'interdiction* des droits.* — *Dégradation militaire,* qui entraîne la privation du grade et la déchéance personnelle (supprimée en France en 1965). ■ **2** (XVIe) RARE Le fait de s'abaisser moralement, de se dégrader. ➤ **avilissement, déchéance.** ■ **3** (1680) Détérioration (d'un édifice, d'une propriété, d'un site). ➤ **dégât, délabrement, dommage, mutilation.** *Le locataire est responsable des dégradations qu'il commet dans l'appartement qu'il occupe.* — DR. *Dégradation de monuments :* détérioration volontaire d'édifices ou monuments publics ou des objets d'utilité publique (➤ **vandalisme**). — *Dégradation de l'environnement,* son altération. ➤ **nuisance, pollution.** ◆ GÉOGR. Processus naturel ou provoqué, destructeur de l'équilibre d'un sol entre profil, végétation et milieu. ■ **4** Détérioration graduelle (d'une situation politique, économique ou sociale). *La dégradation du climat international.* — (Par modification d'un rapport) *Dégradation des termes de l'échange,* le prix des importations augmentant plus que celui des exportations. ■ **5** PHYS. *Dégradation de l'énergie :* transformation de l'énergie en formes de moins en moins utilisables (moins aptes à fournir du travail mécanique). *Dégradation de l'énergie mécanique en énergie calorifique.* ■ **6** BIOCHIM. Fragmentation (d'un composé complexe) en molécules plus petites. *Dégradation des protéines en acides aminés.* ■ CONTR. Réhabilitation. Amélioration. Réfection, réparation. Régénération (sol).

2 **DÉGRADATION** [degradasjɔ̃] n. f. – 1660 ◊ de *2 dégrader* et italien *digradazione* ■ **1** Affaiblissement graduel, continu (de la lumière, des couleurs). *« Une insensible dégradation du clair au moins clair et à l'obscur »* GIDE. ➤ **dégradé.** ■ **2** Passage progressif, continu.

DÉGRADÉ [degrade] n. m. – XIVe ◊ de *2 dégrader* ■ **1** Affaiblissement ou modification progressive d'une couleur, d'un éclairage. *Des effets de dégradé. Un dégradé de vert(s).* ◆ (XXe) CIN. Procédé par lequel on fait varier l'intensité lumineuse de l'image. ■ **2** Technique de coupe consistant à diminuer progressivement l'épaisseur des cheveux. *Une coupe en dégradé.*

1 **DÉGRADER** [degrade] v. tr. ‹1› – 1190 ◊ bas latin *degradare,* de *gradus* « degré » ■ **1** Destituer (qqn) d'une manière infamante de sa dignité, et MOD. de son grade. *Dégrader civiquement qqn ; dégrader publiquement un officier.* ■ **2** FIG. et LITTÉR. Faire perdre sa dignité, son honneur à (qqn). ➤ **avilir*, rabaisser.** ◆ **SE**

DÉGRADER v. pron. Déchoir, s'avilir. *Il se dégrade en acceptant ce compromis.* ▪ **3** Rabaisser (qqch.), en diminuer les qualités, réellement ou en esprit. ➤ **déformer, rabaisser, ridiculiser.** «*Nos arlequins de toute espèce imitent le beau pour le dégrader*» ROUSSEAU. ▪ **4** Détériorer (un édifice, une propriété, un objet). ➤ **abîmer*, endommager, mutiler.** «*actionner un dispositif de fermeture sans le forcer ni le dégrader*» (CODE PÉNAL). ◆ (Sujet chose) ➤ **affouiller, ronger, 1saper.** «*Les eaux dégradent toujours les rochers et mettent chez vous un peu de terre meuble*» BALZAC. ▪ **5** v. pron. **SE DÉGRADER.** (CHOSES) Perdre sa valeur, ses qualités. PHYS. *L'énergie se dégrade selon le principe de Carnot.* ➤ **1dégradation** (5°). ◆ COUR. (PERSONNES) Perdre ses qualités intellectuelles et morales. ➤ **baisser, 1tomber.** «*Comme c'est triste de voir les êtres qu'on chérit se dégrader peu à peu*» FLAUBERT. Se détériorer. *Sa mémoire, sa santé se dégrade d'année en année.* — Devenir négatif, empirer. *La situation s'est beaucoup dégradée.* ▪ CONTR. Réhabiliter. Améliorer, convertir, épanouir, réparer.

2**DÉGRADER** [degʀade] v. tr. ‹1› – 1651 ◇ italien *digradare*, racine *grado* «degré» ▪ **1** Affaiblir, diminuer progressivement (un ton, une couleur). ➤ **fondre.** *Dégrader les tons d'un tableau.* — p. p. adj. «*Les tons fondus et doucement dégradés, les ombres pénétrées de lumière*» TAINE. ▪ **2** Couper (les cheveux) selon la technique du dégradé. ➤ **effiler.**

DÉGRAFER [degʀafe] v. tr. ‹1› – 1564 ◇ de *dé-* et *agrafer* ▪ Défaire, détacher (ce qui est agrafé). *Dégrafer son corset. Dégrafer des papiers.* ABSOLT *Pince à dégrafer* (➤ **dégrafeur**). — **SE DÉGRAFER** v. pron. *Sa robe s'est dégrafée.* «*Elle se dégrafa un peu à cause de la chaleur*» ARAGON. ▪ CONTR. Agrafer, attacher.

DÉGRAFEUR [degʀafœʀ] n. m. – v. 1980 ◇ de *dégrafer* ▪ Instrument de bureau pour ôter les agrafes des feuilles agrafées. *Dégrafeur à griffes, à pince. Agrafeuse et dégrafeur.*

DÉGRAFFITAGE [degʀafitaʒ] n. m. – 1998 ◇ de *dégraffiter* (1998), de *dé-* et *graffiter* ▪ Opération qui consiste à remettre en état les surfaces graffitées, taguées.

DÉGRAISSAGE [degʀɛsaʒ] n. m. – 1754 ◇ de *dégraisser* ▪ **1** Action de dégraisser (3°); son résultat. ➤ **nettoyage.** ▪ **2** (1974) FAM. Allègement des frais (d'une entreprise), notamment par le licenciement du personnel. *Le dégraissage des effectifs d'une entreprise.*

DÉGRAISSANT, ANTE [degʀɛsɑ̃, ɑ̃t] adj. et n. m. – 1864 ◇ de *dégraisser* ▪ Qui dégraisse. — SPÉCIALT Qui enlève les taches de graisse ou la graisse. ➤ **détachant.**

DÉGRAISSER [degʀese] v. tr. ‹1› – XIIIe ◇ de *dé-* et *graisse* ▪ **1** Enlever la graisse de (un animal de boucherie). *Dégraisser un bœuf, un porc* (➤ **délarder**). ▪ **2** Débarrasser (qqch.) de la graisse qu'il contient. *Dégraisser un bouillon, une sauce.* ▪ **3** VIEILLI Nettoyer de ses taches de graisse. ➤ **laver, nettoyer.** *Donner un costume à dégraisser.* ➤ **2détacher.** ▪ **4** AGRIC. Dépouiller (la terre) de l'humus, de la terre grasse. ▪ **5** TECHN. *Dégraisser une pièce de bois,* la dégrossir. ➤ **démaigrir.** ▪ **6** (1974) FAM. Alléger les frais de, effectuer des économies sur (notamment en licenciant le personnel). *Dégraisser le budget, les effectifs d'une entreprise.* — ABSOLT *Il va falloir dégraisser.* ▪ CONTR. Graisser ; tacher.

DÉGRAS [degʀa] n. m. – 1723 ◇ de *dégraisser*, avec influence de *gras* ▪ TECHN. Mélange de corps gras et d'acide servant au traitement des cuirs et peaux.

DÉGRAVOIEMENT [degʀavwamɑ̃] n. m. – 1694 ◇ de *dégravoyer* ▪ TECHN. Action de l'eau qui sape une construction ou enlève les graviers.

DÉGRAVOYER [degʀavwaje] v. tr. ‹8› – 1694 ◇ de *dé-* et ancien français *gravois* → gravats ▪ **1** TECHN. Déchausser (un mur, une construction), en parlant de l'eau courante. ➤ **1dégrader, 1saper.** ▪ **2** (1845) Débarrasser (le lit d'un cours d'eau) des graviers.

DEGRÉ [dəgʀe] n. m. – fin XIe ◇ du latin *gradus*, qui a aussi donné *grade*, auquel a été ajouté probablt le *de-* de *degradare* → 1dégrader

I CONCRET LITTÉR. Marche (d'un escalier). *Degré de pierre, de marbre.* — *Les degrés d'une échelle.* ➤ **échelon.**

II ABSTRAIT CHACUN DES ÉTATS, DANS UNE SÉRIE D'ÉTATS RÉELS OU POSSIBLES A. CHACUNE DES POSITIONS DANS UNE HIÉRARCHIE, UN SYSTÈME DE VALEURS ▪ **1** (début XIIIe) Niveau, position dans un ensemble hiérarchisé. ➤ **échelon.** *Le degré de perfection d'une machine. Les degrés de l'échelle sociale.* ➤ **classe, niveau, position, rang.** *Le plus bas, le plus haut degré de la hiérarchie sociale. Parvenir au plus haut degré de la gloire, au sommet.* ◆ *Les degrés, à l'intérieur d'une profession.* ➤ **échelon, 1grade.** «*Ces artisans qui franchissent* [...] *les trois degrés d'apprentis, de compagnons, de maîtres*» HUYSMANS. ◆ *Le premier degré de l'enseignement* (maternelle et élémentaire) *et le second degré* (collège et lycée). ◆ *Degré de juridiction :* place d'un tribunal dans la hiérarchie judiciaire. ▪ **2** (fin XIVe) État, dans une évolution. ➤ **échelon, stade.** «*Ainsi que la vertu, le crime a ses degrés*» RACINE. «*Si la différence est de degré, s'il ne s'agit que de plus ou de moins*» CAILLOIS. ◆ *Le premier, le dernier, le plus haut degré de qqch.,* son état de développement. (1823) MÉD. *Brûlure du second degré. Être brûlé au premier degré.* ◆ LOC. *À (tel ou tel) degré.* «*Je suis très bon enfant jusqu'à un certain degré*» FLAUBERT. ➤ **1point.** *Au dernier degré. Il est avare au plus haut degré.* ➤ **extrêmement ; hyper-, super-.** «*Au degré d'exaltation où il était parvenu*» RENAN. ◆ loc. adv. **PAR DEGRÉ** ou **PAR DEGRÉS.** ➤ **graduellement, progressivement, successivement** (cf. Par échelons, par étapes, par paliers). *S'avancer par degrés vers un but.* ➤ **s'acheminer.** «*L'amour qui croît peu à peu et par degrés*» LA BRUYÈRE. ▪ **3** PAR EXT. État intermédiaire. ➤ **gradation, nuance.** «*Il est des degrés entre les pauvres comme entre les riches*» CHATEAUBRIAND. ▪ **4** Niveau d'interprétation. *Au premier degré :* à la lettre. *Prendre une plaisanterie au premier degré. Au second, au troisième degré :* à un autre niveau d'interprétation, incluant une distanciation, une métaphore, un jeu de mots. «*Le second degré se manifeste à un détour du texte par une nuance d'ambiguïté*» DUTOURD.

B. DANS UN SYSTÈME ORGANISÉ, ET SANS IDÉE DE HIÉRARCHIE, DE VALEUR ▪ **1** (début XIIIe) Proximité relative dans la parenté. *Degrés de parenté. Le fils et le père sont parents au premier degré ; le petit-fils et le grand-père, au second degré.* ▪ **2** GRAMM. *Degré de comparaison de l'adjectif, de l'adverbe :* forme qu'il prend pour indiquer l'intensité de la qualité ou de la modalité qu'il exprime (➤ **1positif ; comparatif ; superlatif**). ▪ **3** MATH. Exposant de la puissance à laquelle une variable se trouve élevée, dans un monôme. *Polynôme du troisième degré en x. Équation du premier, du second degré,* dont l'inconnue est à la première, à la seconde puissance. ➤ **quadratique ; biquadratique.** — PAR EXT. *Degré d'une courbe,* celui du polynôme servant à son équation algébrique. ▪ **4** TECHN. *Degré de fin d'une monnaie.* ➤ **titre.** — *Degré de liberté d'un système matériel :* nombre minimum de paramètres indispensables qui permettent de suivre ou de décrire l'état, la position ou le mouvement de ses points. *La glace en train de fondre n'a qu'un degré de liberté. Un ensemble de* n *mesures dont la moyenne est fixée, a* n–1 *degrés de liberté.*

III UNITÉ ▪ **1** (milieu XIIIe) MÉTROL. Unité de mesure d'angle plan (SYMB. °), qui vaut 1/180e de l'angle plat, ou 1/360e de l'angle plein (ou tour complet). ➤ aussi **1grade, radian.** *Angle de 360 degrés,* ou *angle plein. Angle de 180 degrés,* ou *angle plat. Angle de 90 degrés,* ou *angle droit. Il est recommandé de subdiviser le degré de manière décimale, plutôt que sexagésimale* (➤ **minute, 2seconde**). ◆ (1557) GÉOGR. *La longitude et la latitude d'un point à la surface de la Terre s'évaluent en degrés. Un arc de méridien vaut un degré quand l'angle au centre vaut un degré* (➤ **coordonnées**). ▪ **2** (1694) MUS. Distance de chacune des sept notes de la gamme diatonique* par rapport à la note de base. ➤ **dominante, médiante, sensible, 2tonique.** *Degrés conjoints,* séparés par un intervalle de seconde*. *Degrés disjoints,* séparés par une tierce ou tout intervalle plus grand. ▪ **3** (1685) SC. Chacune des divisions d'une échelle de mesure. *Diviser en degrés.* ➤ **graduer.** *Les degrés d'un baromètre.* ◆ COUR. Division d'une échelle de température. *Degré centigrade* (VIEILLI) ou *degré Celsius* (SYMB. °C) : centième partie de l'intervalle entre la température de la glace fondante (0°) et celle de l'eau bouillante (100°) sous la pression atmosphérique. — ABSOLT *Il fait trente degrés à l'ombre.* ◆ *Degré Fahrenheit* (SYMB. °F), mesure anglaise. *Le zéro Celsius correspond à 32 °F ; 100 °C égale 212 °F.* — *Degré absolu* (➤ **kelvin**). ◆ *Degré alcoolique d'une solution :* proportion d'alcool mesurée dans des conditions définies. ➤ **titre.** *Degré de concentration d'un alcool. Alcool à 90 degrés. Vin de 11 degrés.* ◆ *Degré zéro* de...*

DÉGRÉER [degʀee] v. tr. ‹1› – *désagréer* 1557 ◇ de *dé-* et *gréer* ▪ MAR. Dégarnir (un navire) de ses agrès, mâts supérieurs, vergues, manœuvres dormantes et courantes. ▪ CONTR. Gréer.

DÉGRESSIF, IVE [degʀesif, iv] adj. – 1903 ◇ du latin *degressus*, de *degredi* «descendre» ▪ Qui va en diminuant. *Tarif, taux dégressif.* — *Impôt dégressif,* dont le taux décroît à mesure que les revenus imposables diminuent. ▪ CONTR. Progressif.

DÉGRESSIVITÉ [degʀesivite] n. f. – 1941 ◇ de *dégressif* ▪ Caractère de ce qui est dégressif. *La dégressivité d'un impôt.*

DÉGRÈVEMENT [degʀɛvmɑ̃] n. m. – 1733 ◇ de *dégrever* ▪ Action de dégrever. *Loi portant dégrèvement d'impôt. Accorder un dégrèvement.* ➤ **décharge, réduction, remise ; exonération.**

DÉGREVER [degʀəve] v. tr. ‹5› – *degraver* «décharger», 1319, repris 1792 ◇ de *dé-* et *grever* ▪ Décharger de ce qui grève ; alléger, atténuer la charge fiscale de (une personne ; un produit). *Dégrever un contribuable.* ➤ **exempter, exonérer.** *«Le paysan veut être dégrevé, l'ouvrier veut des retraites»* RENARD. *Dégrever une industrie, un produit.* ▪ CONTR. Alourdir, grever.

DÉGRIFFÉ, ÉE [degʀife] adj. – 1965 ◇ de *dé-* et *griffe* ▪ Se dit d'un vêtement qui est vendu moins cher parce qu'il n'a plus sa griffe d'origine. ➤ **démarqué.** *Chaussures dégriffées.* — SUBST. *S'habiller en dégriffé.*

DÉGRINGOLADE [degʀɛ̃gɔlad] n. f. – 1804 ◇ de *dégringoler* ▪ FAM. Action de dégringoler ; son résultat. ➤ **chute*, culbute.** FIG. *La dégringolade d'une entreprise.* ➤ **décadence, ruine.** *La dégringolade des cours en Bourse.* ➤ **chute.**

DÉGRINGOLER [degʀɛ̃gɔle] v. ‹1› – *desgringueler* fin XVIe ◇ de *dé-* et ancien français *gringoler* (1583), de *gringole* «colline», du moyen néerlandais *crinc* «courbure» ▪ **1** v. intr. Descendre précipitamment, rouler de haut en bas. ➤ **rouler, 1 tomber.** *Dégringoler d'un toit, d'une pente. Il a dégringolé dans l'escalier.* ➤ **culbuter.** — FIG. *«Les affaires sont dans le marasme, la Bourse dégringole»* SARTRE. ◆ PAR EXT. S'étendre en pente raide. *«Un joli bois de pins dégringole devant moi jusqu'au bas de la côte»* DAUDET. ▪ **2** v. tr. FAM. Descendre très rapidement. *Dégringoler l'escalier, les étages.* ➤ **dévaler ;** FAM. **débouler.** ▪ CONTR. Grimper, monter, remonter.

DÉGRIPPANT [degʀipɑ̃] n. m. – 1970 ◇ de *dégripper* ▪ Produit destiné à faciliter le déblocage de pièces grippées.

DÉGRIPPER [degʀipe] v. tr. ‹1› – v. 1970 ◇ de *dé-* et *gripper* ▪ Faire cesser le grippage de (un mécanisme).

DÉGRISEMENT [degʀizmɑ̃] n. m. – 1823 ◇ de *dégriser* ▪ Action de dégriser. État d'une personne dégrisée. *Cellule de dégrisement d'un commissariat.*

DÉGRISER [degʀize] v. tr. ‹1› – 1775 ◇ de *dé-* et *gris* ▪ **1** Tirer (qqn) de l'état d'ivresse. ➤ **désenivrer, dessoûler.** PRONOM. *Il s'est vite dégrisé. «Il était dégrisé assurément ; car [...] ses yeux étaient clairs»* LOTI. ▪ **2** FIG. Détruire les illusions, l'enthousiasme, l'exaltation de (qqn). ➤ **désillusionner,** FAM. **doucher.** *Cet échec l'a dégrisé. Il «se trouve tout dégrisé de son courage de la veille»* NERVAL. ▪ CONTR. Enivrer, griser.

DÉGROSSER [degʀose] v. tr. ‹1› – *desgrosser* XIVe ◇ de *dé-* et *gros* ▪ TECHN. *Dégrosser un lingot d'or, d'argent,* le faire passer par la filière. ➤ **étirer.**

DÉGROSSIR [degʀosiʀ] v. tr. ‹2› – 1611 ◇ de *dé-* et *gros ;* d'après *grossir* ▪ **1** Travailler (qqch.) de manière à donner sa forme définitive, en enlevant le plus gros. ➤ **dégraisser** (5°), **délarder** (2°), **démaigrir.** *Dégrossir une pièce de bois. «Avant que le statuaire ait dégrossi son bloc de marbre»* DIDEROT. ➤ **épanneler.** ▪ **2** Donner les éléments essentiels de. ➤ **ébaucher.** *Dégrossir un travail, un ouvrage.* ➤ **débrouiller.** *La partie théorique «est pâteuse, pesante, mal dégrossie»* GIDE. ▪ **3** Donner à (qqn) des rudiments de formation, de savoir-vivre. *Dégrossir un élève.* ➤ **débrouiller.** PRONOM. *Il se dégrossit.* — **p. p. adj.** *«De petits rustres mal dégrossis, brutaux et canailles»* SARTRE. ▪ CONTR. Fignoler, finir. Abêtir.

DÉGROSSISSAGE [degʀosisaʒ] n. m. – 1799 ◇ de *dégrossir* ▪ Action de dégrossir ; résultat de cette action. — TECHN. Début de l'étirage au laminoir (➤ **dégrosser**). — On dit aussi **DÉGROSSISSEMENT,** 1578.

DÉGROUILLER (SE) [degʀuje] v. pron. ‹1› – 1898 ◇ de *dé-* et *se grouiller* ▪ FAM. (lang. scol.) Se dépêcher. ➤ **se grouiller, se magner.** *Dégrouille-toi !* — ABSOLT *Dégrouille !*

DÉGROUPAGE [degʀupaʒ] n. m. – 1998 ; autre sens 1978 ◇ de *dé-* et *groupage* ▪ TÉLÉCOMM. Opération qui met l'intégralité ou une partie des bandes de fréquences de la boucle* locale à la disposition des opérateurs de télécommunications. *Dégroupage total, partiel.*

DÉGROUPER [degʀupe] v. tr. ‹1› – 1935 ◇ de *dé-* et *grouper* ▪ **1** DIDACT. Diviser (des choses, des personnes groupées) en plusieurs groupes. — SPÉCIALT Répartir (des emplois) en plusieurs entrées de dictionnaire. — n. m. **DÉGROUPEMENT** (v. 1950). ▪ **2** TÉLÉCOMM. *Dégrouper une ligne téléphonique,* permettre son exploitation par plusieurs réseaux ou plusieurs opérateurs différents. — **p. p. adj.** *Ligne partiellement dégroupée.*

DÉGUENILLÉ, ÉE [deg(ə)nije] adj. – 1694 ◇ de *dé-* et *guenille* ▪ Vêtu de guenilles. ➤ **dépenaillé, haillonneux, loqueteux.** *«ce bel enfant si malpropre, si déguenillé»* SAND. — SUBST. *Une troupe de déguenillés.*

DÉGUERPIR [degɛʀpiʀ] v. ‹2› – début XIIe ◇ de *dé-* et ancien français *guerpir,* francique °*werpon* «jeter» ▪ **1** v. tr. DR. ANC. Abandonner la propriété, la possession de (un immeuble) pour se soustraire à une servitude. ➤ **délaisser.** *Déguerpir un héritage.* ▪ **2** v. intr. COUR. S'en aller précipitamment. ➤ **décamper, s'enfuir*, filer, fuir, se sauver.** *L'ennemi a déguerpi. «L'ordre a été reçu [...] de déguerpir ; de partir sans rien emporter»* GIDE. *Faites-les déguerpir* (➤ **chasser**). ▪ CONTR. Demeurer, installer (s'), rester.

DÉGUERPISSEMENT [degɛʀpismɑ̃] n. m. – *dégarpissement* 1308 ◇ de *déguerpir* ▪ **1** DR. ANC. Droit du débiteur de se soustraire à volonté aux poursuites de son créancier en lui abandonnant la chose grevée de gage ou d'hypothèque. ▪ **2** RARE Action de déguerpir.

DÉGUEULASSE [degœlas] adj. – 1867 ◇ de *dégueuler* ▪ FAM. Sale*, répugnant au physique ou au moral. ➤ **dégoûtant*.** *Ces cabinets sont dégueulasses ! C'est franchement dégueulasse ce qu'il a fait là.* ➤ **moche.** PAR EXT. *Un temps dégueulasse :* un très mauvais temps. ➤ **pourri.** *C'est un travail dégueulasse,* très mal fait. ➤ **salopé.** *C'est pas dégueulasse :* c'est très bon ; très réussi (cf. C'est pas cochon*). ABRÉV. FAM. **DÉGUEU** [degø]. *«Je suis un petit con, pas correct, dégueu»* R. FORLANI. — SUBST. *C'est un dégueulasse.* ➤ **salaud.** *Gros dégueulasse !* ➤ **cochon.**

DÉGUEULASSER [degœlase] v. tr. ‹1› – 1963 ◇ de *dégueulasse* ▪ FAM. Salir* énormément. ➤ **saloper.** *Tu as tout dégueulassé !* — PRONOM. *«On va se dégueulasser»* G. CONCHON.

DÉGUEULATOIRE [degœlatwaʀ] adj. – 1907 ◇ de *dégueuler* ▪ FAM. et VULG. Qui donne envie de vomir. ➤ **répugnant.**

DÉGUEULER [degœle] v. ‹1› – 1680 ; «parler» 1493 ◇ de *dé-* et *gueule* ▪ FAM. et VULG. Vomir. ➤ **dégobiller, gerber.**

DÉGUEULIS [degœli] n. m. – 1790 ◇ de *dégueuler* ▪ VULG. Ce qui est vomi. ➤ **vomissure.** *Dégueulis d'ivrogne.* — FIG. *«Un dégueulis de lumières criardes»* DÉON.

DÉGUISÉ, ÉE [degize] adj. – v. 1260 ◇ de *déguiser* ▪ **1** Revêtu d'un déguisement. ◆ FIG. *«Ce qui paraît générosité n'est souvent qu'une ambition déguisée»* LA ROCHEFOUCAULD. *Un meurtre déguisé (en accident, en suicide...).* ◆ DR. *Donation déguisée.* ▪ **2** LOC. *Fruits déguisés,* préparés au sucre, fourrés à la pâte d'amandes (dattes, pruneaux, cerises, etc.).

DÉGUISEMENT [degizmɑ̃] n. m. – fin XIIe ◇ de *déguiser* ▪ **1** Action de déguiser, fait de se déguiser. ➤ **travestissement.** ▪ **2** Ce qui sert à déguiser qqn. ➤ **costume.** *Un déguisement de carnaval.* ➤ **accoutrement, 2 travesti.** *Il était méconnaissable sous son déguisement. Un déguisement de princesse.* ➤ **panoplie.** *«Il ne reconnaissait jamais les femmes ; il disait que chaque robe nouvelle est un autre déguisement et qu'elles n'ont jamais fini de se travestir»* MAURIAC. ▪ **3** FIG. VX OU LITTÉR. Action de cacher, de modifier pour tromper. ➤ **artifice, dissimulation, fard, feinte.** *Parler sans déguisement,* ouvertement, franchement. *«Les hommes droits et simples qui agissent sans déguisement»* FÉNELON. ▪ CONTR. Franchise, sincérité, vérité.

DÉGUISER [degize] v. tr. ‹1› – fin XIIe ◇ de *dé-* et *guise* «manière d'être» ▪ **1** Vêtir (qqn) de manière à rendre méconnaissable. ➤ **accoutrer, affubler, costumer.** *Déguiser un homme en femme.* ➤ **travestir.** ▪ **2 SE DÉGUISER** v. pron. COUR. S'habiller de manière à être méconnaissable. ➤ **se travestir.** *Les enfants se déguisent pour une fête costumée. «Je m'étais déguisé en clochard»* ROMAINS. PÉJ. (Vêtement inhabituel, inapproprié). *Elle s'était déguisée en petite fille.* — *Se déguiser en courant* d'air.* ▪ **3** Modifier pour tromper. ➤ **cacher, camoufler, changer, dissimuler, maquiller.** *Déguiser sa voix au téléphone.* ➤ **contrefaire, dénaturer.** *Déguiser son écriture.* ▪ **4** (ABSTRAIT) LITTÉR. Cacher sous des apparences trompeuses. *Déguiser la vérité.* ➤ **arranger, couvrir.** *Ils «n'emploient les paroles que pour déguiser leurs pensées»* VOLTAIRE. *«une feinte indifférence sous laquelle je tâchai de déguiser mon énervement»* PROUST. ◆ VX Dissimuler. *«Seigneur, je ne vous puis déguiser ma surprise»* RACINE. *«Je ne puis déguiser que j'ai peine à vous suivre»* CORNEILLE. ABSOLT, VX *«Parle sans déguiser»* LA FONTAINE. ▪ CONTR. (du 3°) 1 Dire, montrer, reconnaître.

DÉGUN [degɛ̃] pron. indéf. – 1964 ◇ mot occitan, altération de l'ancien occitan *negun,* du latin *nec unus* «pas un» ▪ RÉGION. (Sud-Est) FAM. Personne, aucun être humain. *Il y a dégun dans les rues.*

Craindre dégun. «*Marseille ne s'est jamais laissé impressionner par dégun*» (Le Point, 2014).

DÉGURGITER [degyʀʒite] **v. tr.** ‹1› – 1839 ◊ de *dé-* et *(in)gurgiter* ■ Restituer intact (ce qu'on avait ingurgité). ➤ **régurgiter.** ♦ FIG. *Il dégurgite tout ce qu'il a appris, à son oral d'examen.* — **n. f. DÉGURGITATION.** ■ CONTR. Ingurgiter.

DÉGUSTATEUR, TRICE [degystatœʀ, tʀis] **n.** – 1793 ◊ du radical de *dégustation* ■ Personne dont le métier est de déguster les vins.

DÉGUSTATION [degystasjɔ̃] **n. f.** – 1519 ◊ latin *degustatio*, de *gustare* «goûter» ■ Action de déguster. *Dégustation de vins. Dégustation à l'aveugle,* sans connaître la nature précise du produit. *Dégustation de coquillages, d'huîtres. Menu dégustation* (échantillon de toutes les spécialités).

DÉGUSTER [degyste] **v. tr.** ‹1› – 1802 ◊ latin *degustare* ; cf. *dégustation* ■ **1** Goûter (un vin, une liqueur) pour juger de la provenance du produit, de la qualité. ■ **2** Boire ou manger avec grand plaisir. Apprécier (une boisson, un aliment). ➤ **savourer.** *Déguster un bon vin, un vieil alcool.* ➤ **siroter.** ♦ FIG. Se délecter, se régaler de (qqch.). *Déguster une journée de liberté.* ■ **3** FAM. *Déguster des coups* et ABSOLT *déguster.* ➤ **encaisser, prendre, supporter.** «*Si j'avais eu le malheur de rentrer sans rien, qu'est-ce que je dégustais !*» AYMÉ.

DÉHALER [deale] **v. tr.** ‹1› – début XVe ◊ de *dé-* et *haler* ■ MAR. Déplacer (un navire) au moyen de ses amarres. *Déhaler un navire hors d'une passe.* — PRONOM. «*Ils amenèrent des embarcations pour mouiller des ancres, essayer de se déhaler*» LOTI. — **n. m. DÉHALAGE.**

DÉHANCHÉ, ÉE [deɑ̃ʃe] **adj.** – XVIe ◊ de *dé-* et *hanche* ■ **1** Qui se déhanche (1°), se dandine. — **n. m.** SPORT Figure jambes jointes repliées d'un même côté (à droite ou à gauche). ■ **2** VÉTÉR. *Cheval déhanché,* dont la hanche est déplacée à la suite d'une fracture. ■ **3** Qui se déhanche (2°). «*Son corps est légèrement déhanché*» ROBBE-GRILLET.

DÉHANCHEMENT [deɑ̃ʃmɑ̃] **n. m.** – 1693 ◊ de *se déhancher* ■ **1** Mouvement d'une personne qui se déhanche (1°). «*Le déhanchement souple et vigoureux des grands coureurs*» LOTI. ■ **2** Position d'un corps qui se déhanche (2°). *Le déhanchement d'une statue.*

DÉHANCHER (SE) [deɑ̃ʃe] **v. pron.** ‹1› – 1555 ◊ de *dé-* et *hanche* ■ **1** Se balancer sur ses hanches en marchant. ➤ **se dandiner,** se **tortiller.** *Un diable d'homme «qui se déhanche en marchant avec des airs d'acrobate»* FROMENTIN. ■ **2** Faire reposer le poids du corps sur une hanche, l'autre étant légèrement fléchie. ➤ **hancher.**

DÉHARNACHER [dearnaʃe] **v. tr.** ‹1› – *desharnaquier* fin XIVe ; *desharnechier* «ôter les cordes qui serraient les voiles sur les vergues» v. 1155 ◊ de *dé-* et *harnacher* ■ Ôter le harnais de (un cheval). — **SE DÉHARNACHER v. pron.** (1845) FAM. et VIEILLI Se débarrasser de vêtements ou d'accessoires encombrants ou gênants. ■ CONTR. Harnacher.

DÉHISCENCE [deisɑ̃s] **n. f.** – 1798 ◊ de *déhiscent* ■ BOT. Ouverture d'organes déhiscents. *Déhiscence de l'anthère d'une étamine.* «*C'est l'époque de la déhiscence, le fruit s'ouvre et les graines sautent*» DUHAMEL. ■ CONTR. Indéhiscence.

DÉHISCENT, ENTE [deisɑ̃, ɑ̃t] **adj.** – 1798 ◊ latin des botanistes *dehiscens*, de *dehiscere* «s'ouvrir» ■ BOT. Se dit des organes clos (anthères, fruits) qui s'ouvrent d'eux-mêmes pour livrer passage à leur contenu. *Le colchique, l'iris, le pavot, le tabac ont des fruits déhiscents* (➤ **capsule, pyxide, silique**). ■ CONTR. Indéhiscent.

DEHORS [dəɔʀ] **prép., adv. et n. m.** – XIIe ; *defors* Xe ◊ bas latin *deforis*, de *foris* → fors ; hors

I ~ **prép.** et **adv.** ■ **1** **prép.** VX À l'extérieur de. ➤ **hors** (de). «*Dieu n'est ni dedans, ni dehors le monde*» FÉNELON. ■ **2** **adv.** MOD. À l'extérieur ; hors du lieu, de la chose dont il s'agit. *Ne restez pas dehors. Attendez-moi dehors. Aller dehors :* sortir. *Rester, coucher dehors,* à l'extérieur, en plein air, à la belle étoile. *Un nom à coucher* dehors. Je serai dehors toute la journée,* hors de chez moi. *On mangera dehors,* dans le jardin ; en ville, au restaurant. *Je n'ai pas mis le nez dehors :* je suis resté chez moi. — FIG. *Mettre, jeter* (et FAM. *ficher, flanquer, foutre*) *qqn dehors,* le chasser, congédier, renvoyer. ♦ ELLIPT *Dehors !* va-t'en, allez-vous en. *Allez, ouste, dehors !* (cf. Hors* d'ici, à la porte, du balai).

II ~ **n. m.** (XVIe) ■ **1** La partie extérieure, l'aspect extérieur. ➤ 2 **extérieur.** *Le dehors de cette boîte, de ce récipient.* «*Ce fond* [de verre] *astucieusement grossi pour le dehors, rétréci pour le dedans*» ROMAINS. ♦ L'extérieur, par rapport à un lieu (ville, pays). *Les bruits du dehors. Les ennemis du dehors et du dedans.* ■ **2** PAR EXT. **LE DEHORS,** et plus souvent **LES DEHORS :** l'apparence extérieure (de qqn). ➤ 2 **air, apparence, aspect.** *Un dehors aimable, gracieux. Sous des dehors timides, souriants.* ➤ **façade.** «*Assez pervers pour affecter les dehors d'une tendresse qu'il n'éprouvait pas*» FRANCE. ■ **3** DANSE, PATINAGE Mouvement en dehors, mouvement semi-circulaire vers l'extérieur.

III ~ **adv.** et **prép.** DANS DES LOCUTIONS (1169 *au dehors*) ■ **1** *De dehors, par-dehors :* de, par l'extérieur. ♦ **EN DEHORS :** vers l'extérieur. «*Les jambes molles ; les pieds en dehors*» ROMAINS. — DANSE *En dehors :* principe de la danse classique qui exige que les jambes soient tournées vers l'extérieur ; angle formé par les pieds tournés vers l'extérieur. SUBST. *Un en-dehors à 90°.* — **loc. prép. EN DEHORS DE :** hors de, à l'extérieur de. FIG. *C'est en dehors de la question* (cf. À côté de). *Se tenir en dehors d'un débat,* à l'écart. *En dehors de ça, il n'y a vraiment rien à dire* (cf. À l'exception de ça). — Hormis. *En dehors de toi, personne ne sait rien.* ■ **2** **loc. adv. AU-DEHORS** ou **AU DEHORS :** à l'extérieur. ➤ **extérieurement, loin.** «*Le tuyau destiné à conduire la fumée au-dehors*» J. VERNE. — Dans l'apparence extérieure. ➤ **extérieurement.** «*Homme auguste au dedans, ferme au dehors, ayant En lui toute la gloire*» HUGO. — **loc. prép. AU-DEHORS DE :** à l'extérieur de. *Au-dehors de ce pays.*

■ CONTR. Dans, dedans, intérieurement. — Fond, intérieur.

DÉHOTTER [deɔte] **v. intr.** ‹1› – 1906 ◊ de *dé-* et *hotte* ■ FAM. Partir, s'en aller.

DÉHOUILLER [deuje] **v. tr.** ‹1› – 1870 ◊ de *dé-* et *houille* ■ TECHN. Enlever entièrement la houille de. *Déhouiller une couche, un filon.*

DÉHOUSSABLE [deusabl] **adj.** – milieu XXe ◊ de *dé-* et 1 *housser* ■ Dont on peut enlever la housse. *Canapé, fauteuil déhoussable.*

DÉICIDE [deisid] **n.** et **adj.** – 1585 ◊ latin chrétien *deicida*, d'après *homicida* → 1 homicide ■ DIDACT. ■ **1** **n. m.** Meurtre de Dieu ; SPÉCIALT La crucifixion du Christ. ♦ PAR EXT. Suppression, destruction d'un culte, d'une religion. *Quelques révolutions ont «pratiqué le régicide et le déicide»* CAMUS. ■ **2** **n.** et **adj.** Meurtrier de Dieu. — PAR EXT. Destructeur de la religion, de la foi.

DÉICTIQUE [deiktik] **adj.** et **n. m.** – 1908 ◊ du grec *deiktikos* «démonstratif», de *deixis* «désignation» ■ LING. Qui sert à montrer, à désigner un objet singulier déterminé dans la situation. *Ceci est un mot déictique.* — **n. m.** *Les déictiques dépendent de l'instance du discours, de l'énonciation.*

DÉIFICATION [deifikasjɔ̃] **n. f.** – 1375 ◊ latin *deificatio* ■ Action de déifier ; son résultat. *La déification d'une idole.*

DÉIFIER [deifje] **v. tr.** ‹7› – 1265 ◊ latin *deificare* ■ **1** Considérer comme un dieu. ➤ **diviniser.** *Les Romains déifièrent la plupart de leurs empereurs.* ■ **2** Faire de (qqn, qqch.) l'objet d'un culte. ➤ **adorer, exalter, idolâtrer, vénérer.** «*J'ai bien vu un philosophe déifier aussi la gloire et diviniser ce fléau de Dieu*» CHATEAUBRIAND.

DÉISME [deism] **n. m.** – 1662 ◊ du latin *deus* → dieu ■ Position philosophique des personnes qui admettent l'existence d'une divinité, sans accepter de religion révélée ni de dogme. ➤ 1 **théisme.** *Un déisme panthéiste.* ■ CONTR. Athéisme.

DÉISTE [deist] **n.** – 1564 ◊ du latin *deus* → dieu ■ Personne qui professe le déisme. **adj.** *Certains philosophes français du XVIIIe siècle étaient déistes.* ➤ **théiste.**

DÉITÉ [deite] **n. f.** – 1119 ◊ latin chrétien *deitas*, de *deus* ■ LITTÉR. Divinité mythique ; dieu ou déesse. *Les déités grecques.*

DÉJÀ [deʒa] **adv.** – *des ja* 1265 ◊ de *des (dé-)* et ancien français *ja* «tout de suite», latin *jam* ; cf. *jadis, jamais* ■ **1** Dès l'heure présente, dès maintenant. *Il a déjà fini son travail. Il est déjà quatre heures. Vous pouvez déjà lire le début. C'est prêt ! – Déjà !* ♦ Dès lors, dès ce temps, en parlant du passé ou de l'avenir. *Il était déjà marié à ce moment-là. Quand il arriva, son ami était déjà parti. Demain il sera déjà parti.* — **loc. adv.** *D'ores et déjà.* ➤ 2 **or.** ■ **2** Auparavant, avant (cf. Une première fois*). *Je l'ai déjà rencontré ce matin. Tu me l'as déjà dit. C'est du déjà-vu.* ➤ 1 **vu.** ■ **3** FAM. Renforçant une constatation. *Ce n'est déjà pas si mal. C'est déjà bien.* — En fin de phrase, pour réitérer une question dont on a oublié la réponse. *Comment vous appelez-vous, déjà ?* ■ **CONTR.** Après, ensuite.

DÉJANTÉ, ÉE [deʒɑ̃te] adj. – 1983 ◊ de *déjanter* ■ FAM. Qui déjante (2°). ➤ **cinglé, fêlé.** *Il est complètement déjanté !* — (CHOSES) *Une comédie déjantée.*

DÉJANTER [deʒɑ̃te] v. ‹1› – 1611, repris v. 1945 ◊ de *dé-* et *jante* ■ **1** v. tr. Faire sortir (un pneu) de la jante. — PRONOM. *Son pneu s'est déjanté.* — *Pneu déjanté.* ♦ v. intr. Sortir de la jante. *Le pneu a déjanté.* ■ **2** v. intr. FAM. Devenir un peu fou, avoir un comportement anormal. ➤ **débloquer, dérailler.** *Il a déjanté. Elle déjante complètement.*

DÉJAUGER [deʒoʒe] v. intr. ‹3› – 1834 ◊ de *dé-* et *jauge* ■ MAR. S'élever sur l'eau au-dessus de la ligne de flottaison (navire). *L'hydroptère déjauge progressivement.* — *Péniche déjaugée de 1 m.*

DÉJÀ-VU ➤ 1 VU

DÉJECTION [deʒɛksjɔ̃] n. f. – 1538 ◊ latin des médecins *dejectio* «action de jeter dehors» ■ **1** MÉD. Évacuation des matières fécales par l'intestin. PLUR. (PLUS COUR.) Les matières évacuées. ➤ **excrément.** *Le guano est formé de déjections d'oiseaux.* ■ **2** GÉOL. Matières rejetées par les volcans. ➤ **projection.** ♦ GÉOGR. *Cône de déjection,* ou *déjections* : cône alluvionnaire déposé par un torrent.

DÉJETÉ, ÉE [deʒ(ə)te] adj. – XVIIe ◊ de *déjeter* ■ **1** Dévié de sa position normale. *Mur déjeté. Taille déjetée.* ■ **2** (milieu XXe) (PERSONNES) Déformé, abîmé, diminué physiquement (âge, maladie, travail, soucis, etc.). *Je l'ai trouvé bien déjeté.* ➤ **décati.** ■ **CONTR.** 1 Droit ; forme (en forme), sémillant.

DÉJETER [deʒ(ə)te] v. tr. ‹4› – 1660 ; «expulser» XIIe ◊ de *dé-* et *jeter* ■ Écarter de sa direction naturelle ; de sa position normale. ➤ **courber, déformer, dévier.** *Le vent a déjeté tous les arbres.* PRONOM. *Sa colonne vertébrale, sa taille s'est déjetée.* ■ **CONTR.** Redresser.

DÉJEUNATOIRE [deʒœnatwaʀ] adj. – 1712 ; répandu début XXIe ◊ de 1 *déjeuner,* d'après *dînatoire* ■ Où l'on déjeune ; qui sert de déjeuner. *Cocktail déjeunatoire.*

1 **DÉJEUNER** [deʒœne] v. intr. ‹1› – *desjeüner* «rompre le jeûne» fin XIIe ◊ latin populaire °*disjunare,* d'abord *disjejunare* ■ **1** Prendre le petit-déjeuner, le déjeuner du matin. *Ne pars pas sans déjeuner.* ■ **2** (A remplacé *dîner*). Prendre le repas du milieu de la journée. ➤ RÉGION. 1 **dîner.** *Nous avons déjeuné au restaurant. Inviter qqn à déjeuner. Il «déjeunait sur le pouce d'une carcasse, d'une tranche de confit froid»* MAURIAC. *Déjeuner d'un sandwich.*

2 **DÉJEUNER** [deʒœne] n. m. – XIIe ◊ de 1 *déjeuner*

I ■ **1** VIEILLI OU RÉGION. (Nord ; Belgique, Canada, Suisse, Congo, Burundi, Rwanda) Repas du matin. ➤ 1 **petit-déjeuner.** ■ **2** Repas pris au milieu du jour. ➤ RÉGION. 2 **dîner.** REM. *Déjeuner* a remplacé *dîner,* comme *dîner* a remplacé *souper. Déjeuner d'affaires. Déjeuner buffet.* ➤ **lunch.** *Déjeuner sur l'herbe.* ➤ **piquenique.** *Déjeuner-débat.* ■ **3** Ensemble des mets du déjeuner. ➤ **repas.** *Un bon déjeuner.*

II ■ **1** Ensemble formé par une grande tasse et sa soucoupe (pour le *petit-déjeuner*). *Un déjeuner de porcelaine.* ■ **2** FIG. **DÉJEUNER DE SOLEIL :** étoffe dont la couleur passe vite, et PAR ANAL. chose qui ne dure pas longtemps (objet, sentiment, résolution, entreprise).

DÉJOUER [deʒwe] v. ‹1› – XIIIe ; «cesser de jouer» 1119 ◊ de *dé-* et *jouer* ■ **1** v. tr. Faire échouer (le jeu, les manœuvres de qqn). ➤ **confondre, contrecarrer** (cf. Faire échec* à). *Déjouer un complot, un attentat.* — PAR EXT. Mettre en défaut. *Déjouer la surveillance de l'ennemi.* ➤ **tromper.** *Déjouer les plans d'un adversaire.* ■ **2** v. intr. SPCRT Mal jouer. *Le champion a déjoué.* ■ **CONTR.** Appuyer, seconder, soutenir.

DÉJUCHER [deʒyʃe] v. ‹1› – XIIIe ◊ de *dé-* et *jucher* ■ AGRIC. ■ **1** v. intr. Quitter le juchoir, en parlant d'une poule. ■ **2** v. tr. *Déjucher une poule,* lui faire quitter le juchoir.

DÉJUGER (SE) [deʒyʒe] v. pron. ‹3› – 1845 ; *déjuger qqn* «condamner» 1120 ◊ de *dé-* et *juger* ■ Revenir sur le jugement qu'on avait exprimé, sur le parti qu'on avait pris, changer d'avis. *Il n'a pas hésité à se déjuger.* ■ **CONTR.** Persévérer, persister.

DE JURE [deʒyʀe] loc. adj. et loc. adv. – fin XIXe ◊ mots latins «de droit» ■ DR. *Présomption juris et de jure* : présomption légale à laquelle on ne peut rien opposer. — *Reconnaissance de jure d'un gouvernement* (opposé à *de facto*).

DELÀ [dəla] prép. et adv. – 1175 ◊ de *de-* et *là*

I prép. ■ **1** VX Plus loin que. *«Porter delà les mers ses hautes destinées»* CORNEILLE. ■ **2** loc. prép. MOD. **PAR-DELÀ** (et subst.). *Par-delà les mers. Par delà le bien et le mal* (trad. de Nietzsche).

II adv. de lieu (dans des loc.) ■ **1** LITTÉR. **DEÇÀ, DELÀ :** de côté et d'autre. ➤ **deçà.** ■ **2** loc. adv. **PAR-DELÀ :** de l'autre côté. ■ **3** COUR. loc. adv. **AU-DELÀ** ou **AU DELÀ** [od(ə)la] : plus loin. ➤ aussi **au-delà.** *«La courbure de la terre qui seule empêchait de voir au delà»* LOTI. ♦ loc. prép. **AU-DELÀ DE** ou **AU DELÀ DE.** *S'en aller au-delà des mers.* FIG. *Ce que je vais vous dire est au-delà de tout ce que vous pouvez imaginer, de toute imagination. Au-delà de telle quantité, de telle somme* : quand on a dépassé cette quantité, cette somme. *«Au-delà de cette limite votre ticket n'est plus valable», roman de R. Gary.*
■ **CONTR.** Deçà. Dans. Moins.

DÉLABIALISER [delabjalize] v. tr. ‹1› – v. 1900 ◊ de *dé-* et *labialiser* ■ PHONÉT. Ôter le caractère labial à (un phonème labial). — PRONOM. **SE DÉLABIALISER :** perdre son caractère labial. — n. f. **DÉLABIALISATION.** ■ **CONTR.** Labialiser.

DÉLABRÉ, ÉE [delabʀe] adj. – 1726 ◊ de *délabrer* ■ **1** Qui est en ruine, en mauvais état. *Un «pauvre manoir délabré, effondré, tombant en ruine au milieu du silence et de l'oubli»* GAUTIER. ■ **2** FIG. En mauvais état, en mauvaise condition, très dégradé. *Santé délabrée. «Sans moi vos affaires [...] étaient fort délabrées»* MOLIÈRE. ■ **CONTR.** 1 Ferme, robuste, solide.

DÉLABREMENT [delabʀəmɑ̃] n. m. – 1689 ◊ de *délabrer* ■ **1** État de ce qui est délabré. ➤ **ruine ; 1 dégradation, vétusté.** *Le délabrement d'un édifice. Dans un état de grand délabrement.* ■ **2** FIG. Mauvais état. *Le délabrement de sa santé, de ses affaires.* ■ **CONTR.** Force, prospérité, solidité.

DÉLABRER [delabʀe] v. tr. ‹1› – 1561 au p. p. ◊ p.-ê. de l'ancien français *la(m)bel* «ruban» ■ **1** RARE Mettre (une chose) en mauvais état par usure, vétusté ou défaut d'entretien. ➤ **abîmer, 1 dégrader, détériorer.** *Le temps a complètement délabré cet édifice.* ♦ FIG. ➤ **gâter, ruiner.** *Délabrer sa santé par des excès.* ♦ PASS. *Être délabré.* ➤ **délabré.** ■ **2 SE DÉLABRER** v. pron. COUR. Devenir en mauvais état, menacer ruine. *La maison se délabre.* — FIG. *«Ma santé se délabre au point que [...] il faut que j'aille voir et consulter Tronchin»* ROUSSEAU.

DÉLABYRINTHER [delabiʀɛ̃te] v. tr. ‹1› – 1897 ◊ de *dé-* et *labyrinthe* ■ LITTÉR. Démêler, élucider. *Ces personnages «qui nous délabyrinthent nos sentiments»* ARTAUD.

DÉLACER [delase] v. tr. ‹3› – 1080 ◊ de *dé-* et *lacer* ■ **1** Desserrer ou retirer (une chose lacée). *Délacer ses chaussures.* ➤ **dénouer.** ■ **2** ANCIENNT Desserrer le corset, le corsage de (qqn). *«Voulez-vous que l'on vous délace ?»* MOLIÈRE. ■ **CONTR.** Lacer. ■ **HOM.** poss. Délasser.

DÉLAI [delɛ] n. m. – 1172 ◊ de l'ancien français *deslaier* «différer» ■ **1** Temps accordé pour faire qqch. *Délai bref, long. Respecter, tenir le délai, les délais. Travail exécuté dans le délai fixé. Être dans les délais* (cf. Dans les temps). *«au plus tôt, dans les meilleurs délais»* PEREC. *«D'après le barème des délais réglementaires, il devrait être grand-officier»* MONTHERLANT. — INFORM. *Délai d'attente* : temps de réponse maximal d'une unité. ♦ Temps nécessaire à l'exécution de qqch. *Délai d'allumage de combustibles. Délai de livraison.* ■ **2** Prolongation de temps accordée pour faire qqch. ➤ **prolongation, répit, sursis.** *Se donner un délai pour décider d'une chose ; s'accorder des délais par paresse* : renvoyer, remettre au lendemain, retarder. *Délai de réflexion.* ♦ **SANS DÉLAI :** sur-le-champ, tout de suite, sans attendre. *Immédiatement et sans délai. Il faut riposter sans délai.* ■ **3** Temps à l'expiration duquel on sera tenu de faire une certaine chose. *Accorder un délai de paiement. Vous devrez payer dans un délai de...* ♦ *Expiration du délai.* ➤ **échéance, terme** (cf. Date butoir*). *Dépasser le délai de huit jours. Dernier délai* : au plus tard. *Le 30, dernier délai.* — DR. *Délai de grâce,* accordé par les juges pour le paiement d'une dette, en considération de la position du débiteur et compte tenu de la situation économique. *Délai d'ajournement,* donné au défenseur pour comparaître en justice. — *Délai de préavis* ou *délai-congé* : délai que doivent respecter employeur et employé, locataire et propriétaire, entre la dénonciation d'un contrat et sa cessation effective. *Des délais-congés.* — *Délai franc,* qui ne comprend ni le jour du point de départ ni le jour d'expiration. — *Délai de carence,* durant lequel un salarié en arrêt de travail ne perçoit pas les indemnités de la Sécurité sociale. — COUR. **À BREF DÉLAI :** dans un avenir très proche.

DÉLAINAGE [delɛnaʒ] **n. m.** – 1886 ◇ de *délainer* ■ TECHN. Opération consistant à enlever la laine des peaux de moutons, de chèvres. *L'industrie du délainage.*

DÉLAINER [delene] **v. tr.** ‹1› – 1886 ; «retirer la laine d'une greffe» 1863 ; *deslané* «privé de sa laine» 1226 ◇ de *dé-* et *laine* ■ TECHN. Enlever la laine de (peaux de moutons, de chèvres), de sorte qu'elle soit utilisable par l'industrie textile.

DÉLAISSÉ, ÉE [delese] **adj.** – XIIe ◇ de *délaisser* ■ **1** (PERSONNES) Laissé sans secours, sans affection. *Enfant délaissé, épouse délaissée. Mourir délaissé.* ➤ **abandonné.** ◆ Dont on ne s'occupe pas, qu'on néglige. *«Elle se souvenait d'avoir été une enfant malheureuse et délaissée»* SAND. ■ **2** (CHOSES) Abandonné. *Une profession un peu délaissée.*

DÉLAISSEMENT [delɛsmɑ̃] **n. m.** – 1274 ◇ de *délaisser* ■ **1** RARE Action de délaisser, fait d'être délaissé. ➤ **abandon, désertion.** *«Jésus au milieu de ce délaissement universel»* PASCAL. — DR. *Délaissement parental.* ◆ DR. Abandon de la possession, obligation de subir une expropriation. ➤ **cession, déguerpissement** (1°), **renonciation.** *Délaissement d'un héritage. Délaissement par hypothèque.* ■ **2** État d'une personne abandonnée, délaissée, sans appui ni secours. ➤ **isolement.** *Être dans un grand délaissement. «Une impression horrible d'isolement, de délaissement»* MAUPASSANT. ■ CONTR. 1 Aide, appui, secours, soutien.

DÉLAISSER [delese] **v. tr.** ‹1› – début XIIe ◇ de *dé-* et *laisser* ■ **1** Laisser (qqn) sans secours ou sans affection. ➤ **abandonner.** *Il savait «qu'il y avait une personne pour laquelle Landry le délaissait»* SAND. ➤ **laisser, quitter ;** FAM. 1 **lâcher.** *Délaisser qqn en ne s'en occupant pas.* ➤ se **désintéresser, négliger.** *Ceux qu'on délaisse. Il est délaissé de tous.* ■ **2** Abandonner (une activité). *Délaisser un travail ennuyeux. Délaisser les sciences pour les lettres.* ➤ **déserter.** *Profession délaissée par les jeunes.* ■ **3** DR. Renoncer à la possession de (qqch.). *Délaisser un héritage.* ■ CONTR. Conserver, garder. Aider, entourer, secourir.

DÉLAITER [delete] **v. tr.** ‹1› – 1826 ◇ de *dé-* et *lait* ■ TECHN. Débarrasser (le beurre) du petit lait qu'il contient. — **n. m. DÉLAITAGE.** *Délaitage et malaxage du beurre.*

DÉLAITEUSE [delɛtøz] **n. f.** – 1890 ◇ de *délaiter* ■ TECHN. Machine qui sert à délaiter.

DÉLARDER [delaʀde] **v. tr.** ‹1› – 1690 ◇ de *dé-* et *lard* ■ **1** Enlever le lard de (un porc). ➤ **dégraisser.** CUIS. Dégarnir (un morceau lardé, ou piqué) de ses lardons. ■ **2** TECHN. Diminuer l'épaisseur de ; enlever l'arête vive de (➤ **dégraisser,** 5°). *Délarder une pierre, une pièce de bois.* — **n. m. DÉLARDEMENT,** 1676. ■ CONTR. Larder.

DÉLASSANT, ANTE [delasɑ̃, ɑ̃t] **adj.** – v. 1860 ◇ de *délasser* ■ Qui délasse le corps ou l'esprit. *Un exercice délassant, une promenade délassante.* ➤ **relaxant, reposant.** *Une lecture délassante.* ➤ **amusant, distrayant, récréatif.** ■ CONTR. Fatigant.

DÉLASSEMENT [delɑsmɑ̃] **n. m.** – v. 1612 ◇ de *délasser* ■ **1** Le fait de se délasser, physiquement ou intellectuellement. ➤ **détente, loisir, récréation, repos.** *Avoir besoin de délassement. «Un changement d'ouvrage est un véritable délassement»* ROUSSEAU. ■ **2** Ce qui délasse. ➤ **amusement, distraction, divertissement.** *La lecture, la musique sont des délassements.* ■ CONTR. Fatigue. 1 Travail.

DÉLASSER [delɑse] **v. tr.** ‹1› – v. 1460 ◇ de *dé-* et *las* ; cf. *lasser* ■ Tirer (qqn) de l'état de lassitude, de fatigue. ➤ **défatiguer, détendre,** 2 **relaxer,** 1 **reposer.** *«Semblable au voyageur délassé par un bain»* BALZAC. *Écouter de la musique délasse l'esprit. Sa gaieté nous délasse.* ➤ **changer, distraire, divertir.** *«La rêverie me délasse et m'amuse, la réflexion me fatigue et m'attriste»* ROUSSEAU. — ABSOLT *La lecture délasse.* ◆ **SE DÉLASSER v. pron.** Se reposer en se distrayant. ■ CONTR. Fatiguer, lasser. ■ HOM. poss. Délacer.

DÉLATEUR, TRICE [delatœʀ, tʀis] **n.** – 1539 ◇ latin *delator,* de *deferre* «dénoncer», p. p. *delatus* ■ Personne qui dénonce pour des motifs méprisables. ➤ **dénonciateur, mouchard*, traître. adj.** RARE *«Son art de tronquer les textes de ses adversaires, sa manie délatrice»* REVEL.

DÉLATION [delasjɔ̃] **n. f.** – 1549 ◇ latin *delatio* ; cf. *délateur* ■ Dénonciation inspirée par des motifs méprisables. ➤ **calomnie, dénonciation, médisance.** *Faire une délation.* ➤ **dénoncer*, trahir, vendre.** *Développer «comme font toutes les dictatures, un ignoble esprit de délation et de discorde»* DUHAMEL.

DÉLAVAGE [delavaʒ] **n. m.** – 1818 ◇ de *délaver* ■ TECHN. Action de délaver.

DÉLAVÉ, ÉE [delave] **adj.** – XVIe ◇ de *délaver* ■ **1** Dont la couleur est, ou semble trop étendue d'eau. ➤ **décoloré, fade, pâle.** *Le ciel est d'un bleu délavé. «Le bleu délavé de ses yeux froids»* JALOUX. — *Un ciel délavé.* ◆ Éclairci à l'eau de Javel. *Jeans délavés.* ■ **2** Qui a été trempé, imbibé d'eau. *Terre délavée.* ■ CONTR. Soutenu. Sec.

DÉLAVER [delave] **v. tr.** ‹1› – v. 1585 ; «purifier» 1398 ; «salir» XIIIe ◇ de *dé-* et *laver* ■ **1** Enlever ou éclaircir avec de l'eau (une couleur étendue sur du papier). ➤ **laver.** ■ **2** VX ou DIDACT. Imbiber d'eau. ➤ 1 **détremper.** *L'inondation a délavé les terres.*

DÉLAYAGE [delɛjaʒ] **n. m.** – 1836 ◇ de *délayer* ■ **1** Action de délayer. On dit aussi **DÉLAYEMENT** [delɛjmɑ̃], 1549. *Délayage de la farine dans de l'eau, du lait ; avec de l'eau, du lait.* — État de ce qui est délayé ; ce qui est délayé. ■ **2** (1870) FIG. et FAM. Le fait d'exposer trop longuement ; exposé délayé. *Faire du délayage. Il n'y a que du délayage, dans ce devoir de littérature.* ➤ **longueur, remplissage, verbiage.** *«rien que du délayage d'élève qui écoute mal un prof chiant»* M. ROSTAIN. ■ CONTR. Brièveté, concision, laconisme.

DÉLAYÉ, ÉE [deleje] **adj.** – 1805 ◇ de *délayer* ■ FIG. Diffus, prolixe. *Pensée délayée dans un texte interminable.* SUBST. *C'est du délayé.* ■ CONTR. Concis, dense.

DÉLAYER [deleje] **v. tr.** ‹8› – XIIIe ◇ latin populaire °*delicare,* de *deliquare* «clarifier, transvaser» ■ **1** Détremper (une substance) dans un liquide. ➤ **diluer, dissoudre, étendre, fondre.** *Délayer de la farine dans de l'eau pour faire une pâte. Délayer de la peinture avec de l'essence. Délayer une substance à chaud, à froid. — Délayer de la chaux* (➤ **couler**), *du plâtre, du mortier* (➤ **gâcher**). ■ **2** (1766) FIG. Exposer trop longuement, de manière diffuse. *Délayer une pensée, une idée, un discours.* ➤ 1 **noyer, paraphraser** (cf. FAM. Allonger la sauce*, mettre de la sauce). — *Un récit trop délayé.*

DELCO [dɛlko] **n. m.** – 1931 ◇ marque déposée, acronyme de *Dayton Engineering Laboratories Company* ■ Système d'allumage (➤ **allumeur**) d'un moteur à explosion, utilisant une bobine d'induction ; cette bobine. *Tête de delco.*

DÉLÉATUR n. m. ou **DELEATUR** [deleatyʀ] **n. m. inv.** – 1797 ◇ latin *deleatur* «qu'il soit effacé» ■ TYPOGR. Signe ressemblant à un delta grec minuscule (δ) et servant à indiquer sur les épreuves d'imprimerie qu'il faut supprimer qqch. *Des déléaturs, des deleatur.*

DÉLÉATURER [deleatyʀe] **v. tr.** ‹1› – 1914 ◇ de *déléatur* ■ RARE Supprimer par un déléatur. *«La préface que j'avais écrite pour les Caves, et que j'ai déléaturée sur épreuves»* GIDE.

DÉLÉBILE [delebil] **adj.** – 1819 ◇ latin *delebilis,* de *delere* «détruire» ■ RARE Qui peut s'effacer. *Encre délébile.* ■ CONTR. Indélébile, ineffaçable.

DÉLECTABLE [delɛktabl] **adj.** – 1170 ◇ latin *delectabilis* ; a remplacé *délitable* ■ LITTÉR. Qui délecte, qui est très agréable. ➤ **délicieux, exquis.** *Mets délectable.* ➤ **délicat,** 1 **friand, savoureux.** *Délectable à, pour qqn. «la fraîcheur du soir nous était délectable»* GIDE. ■ CONTR. Mauvais.

DÉLECTATION [delɛktasjɔ̃] **n. f.** – v. 1120 ◇ latin *delectatio* ■ **1** Plaisir que l'on savoure. ➤ **délice, jouissance, volupté.** *Déguster un plat raffiné avec délectation. «Une délectation infinie l'envahissait, plaisir tout mêlé d'amertume»* FLAUBERT. *Délectation malsaine. Éprouver de la délectation à faire qqch.* ■ **2** RELIG. Plaisir qu'on prend à faire qqch. *«La délectation victorieuse de la grâce»* MAURIAC. ➤ **ravissement.** ◆ **DÉLECTATION MOROSE :** sentiment agréable qu'éprouve celui qui se complaît dans une tentation. ➤ **complaisance.** ■ CONTR. Dégoût.

DÉLECTER [delɛkte] **v. tr.** ‹1› – 1340 ◇ latin *delectare* ; a remplacé *delitier, deliter* (v. 1120) ■ **1** VX ou LITTÉR. Remplir (qqn) d'un plaisir savouré avec délices. ➤ **charmer, flatter,** 2 **régaler, réjouir.** *«Ce qui délectait ainsi mon jeune précepteur, c'était le spectacle même du jeu de la vie»* FROMENTIN. ■ **2 SE DÉLECTER v. pron.** (v. 1361) COUR. Prendre un plaisir délicieux (à qqch.). ➤ 1 **goûter, savourer ;** se **plaire** (à) ; **jouir,** se **régaler,** se **réjouir,** se **repaître** (de). *Se délecter de qqch. Je m'en délecte à l'avance. «Quand je rêve [...] je me délecte assez souvent de ce dont ma veille sagement se prive»* COLETTE. *Se délecter à faire, à envisager qqch.* ■ CONTR. Dégoûter. Détester.

DÉLÉGANT, ANTE [delegɑ̃, ɑ̃t] **n.** – 1846 ◇ latin *delegans,* p. prés. de *delegare* «déléguer» ■ DR. Personne qui délègue (opposé à *délégataire*).

DÉLÉGATAIRE [delegatɛʀ] **n.** – 1831 ◊ de *déléguer*, d'après *légataire* ■ DR. Personne à qui l'on délègue une chose (opposé à *délégant*).

DÉLÉGATION [delegasjɔ̃] **n. f.** – XIIIe ◊ de *delegatio* «procuration» **I** ■ **1** Commission qui donne à qqn le droit d'agir au nom d'un autre. ➤ **mandat, procuration, représentation.** *Personne qui agit par délégation, en vertu d'une délégation.* ➤ **délégué.** ◆ ANCIENNT Emploi de maître auxiliaire de l'enseignement, non titulaire. *«Quelques leçons particulières, une délégation au lycée Victor-Duruy»* BEAUVOIR. ■ **2** Acte par lequel on délègue qqn. ➤ **députation, mandat.** ■ **3** (CHOSES) Attribution, transmission pour un objet déterminé. *Donner une délégation de pouvoir à qqn.* ◆ DR. Acte par lequel une première personne (➤ **délégant**) en prie une autre (➤ **délégataire**) d'accepter comme débiteur une troisième personne (➤ **délégué**) qui consent à s'engager envers elle. *Délégation d'une créance.* — PAR EXT. Acte par lequel on transmet une créance ; titre de cette créance. *«une délégation de cent mille francs sur les cent mille écus qui restent à payer»* BALZAC. *Délégation de solde* (des militaires à leur famille).

II (1878) Ensemble des personnes déléguées. *Faire partie d'une délégation. Réunir, envoyer une délégation. Aller au ministère en délégation. Recevoir une délégation de grévistes. Le président d'une délégation.* — SPÉCIALT Assemblée délibérante. (XXe) *Délégation spéciale* : commission administrative chargée d'administrer temporairement une commune. — Organisme chargé de l'étude de questions techniques. *Délégation à l'aménagement du territoire et à l'action régionale (DATAR).*

DÉLÉGITIMER [deleʒitime] **v. tr.** ‹1› – v. 1980 ◊ de *légitime* ■ Mettre hors la loi, rendre illégitime. *Délégitimer un parti, les thèses d'un parti.* — **n. f. DÉLÉGITIMATION.** ■ CONTR. Légitimer.

DÉLÉGUÉ, ÉE [delege] **n.** – v. 1534 ; XIVe adj. ◊ de *déléguer* ■ **1** Personne qui a commission* de représenter les intérêts d'une personne, d'un groupe, avec éventuellement pouvoir d'agir. ➤ **commissaire, 1 émissaire, envoyé, mandataire, porte-parole, représentant.** *Nommer, désigner, élire un délégué. Délégué à un congrès international. Délégués du personnel. Délégué(e) syndical(e). Délégué(e) de classe* : représentant(e) des élèves d'une classe. ◆ VIEILLI *Délégué à une assemblée.* ➤ **député, 2 parlementaire.** ■ **2** Personne chargée d'exercer une fonction administrative à la place d'un titulaire. — **adj.** *Ministre délégué auprès du Premier ministre.* — (1966) En France, *Délégué(e) militaire départemental(e),* chargé(e) de représenter le général commandant la division militaire, dans l'exercice de certaines fonctions (remplace l'ancien commandant de subdivision). ■ CONTR. Commettant ; mandant, titulaire.

DÉLÉGUER [delege] **v. tr.** ‹6› – début XIVe ◊ latin *delegare* ; cf. *léguer* ■ **1** Charger (qqn) d'une fonction, d'une mission, en transmettant son pouvoir. ➤ **commettre, députer, envoyer, mandater.** *Déléguer un représentant à une assemblée.* ◆ Charger (qqn) d'accomplir envers un autre une obligation qu'il avait envers vous. *Déléguer un débiteur.* ➤ **délégation** (I, 3o). ■ **2** Transmettre, confier (une autorité, un pouvoir) pour un objet déterminé. *Déléguer son autorité, son pouvoir, sa compétence à qqn. Déléguer une tâche.* ABSOLT *Il faut savoir déléguer.*

DÉLESTAGE [delɛstaʒ] **n. m.** – 1681 ◊ de *délester* ■ Action de délester. *Itinéraire de délestage.* ➤ **dégagement.** ◆ Coupure de courant momentanée. ■ CONTR. Chargement, lestage.

DÉLESTER [delɛste] **v. tr.** ‹1› – 1681 ; *delaster* 1593 ◊ de *dé-* et *lest* ■ **1** Décharger de son lest. ➤ **alléger.** *Délester un navire, un aérostat, une fusée spatiale.* ■ **2** Débarrasser d'une charge. ➤ **décharger.** *«Elle portait un panier de bûches. Il s'empressa de la délester»* MARTIN DU GARD. — Vider de son contenu. *«le tube délesté de ses pilules amères»* PEREC. — PRONOM. (fin XIXe) FAM. *Se délester.* ◆ (1870) FIG. et IRON. Voler*. *Des escrocs l'ont délesté de ses économies.* ■ **3** (XXe) ÉLECTR. Opérer une coupure de courant momentanée dans certains secteurs afin de diminuer la charge de (un réseau). ■ **4** Décongestionner la circulation en fermant momentanément l'accès à (une route principale), en mettant en place des déviations (➤ **délestage**). ■ CONTR. Charger, lester.

DÉLÉTÈRE [deletɛʀ] **adj.** – 1538 ◊ grec *dêlêtêrios* «nuisible» ■ **1** Qui met la santé, la vie en danger. *Action délétère d'un produit.* — COUR. *Miasmes délétères. Gaz délétère.* ➤ **asphyxiant, irrespirable, nocif, toxique.** ■ **2** (1863) FIG. et LITTÉR. Néfaste, nuisible. *«une trace du passage de Vintras et de son action délétère sur la paix publique»* BARRÈS. ■ CONTR. 1 Sain, salubre.

DÉLÉTION [delesjɔ̃] **n. f.** – 1961 ◊ anglais *deletion* «suppression», du latin *deletio* ■ GÉNÉT. Perte d'un fragment d'ADN, pouvant aller d'une seule paire de bases* à un gène ou à un grand fragment de chromosome, constituant une cause possible de mutation. *Délétion d'un gène.*

DÉLIBÉRANT, ANTE [delibeʀɑ̃, ɑ̃t] **adj.** – 1690 ◊ de *délibérer* ■ Qui délibère (opposé à *consultatif*). *Assemblée délibérante.*

DÉLIBÉRATIF, IVE [delibeʀatif, iv] **adj.** – v. 1327 ◊ latin *deliberativus* ■ Qui a qualité pour voter, décider dans une délibération (opposé à *consultatif*). ➤ **décisif.** *Avoir voix délibérative dans une assemblée.*

DÉLIBÉRATION [delibeʀasjɔ̃] **n. f.** – XIIIe ◊ latin *deliberatio* ■ **1** Action de délibérer avec d'autres personnes. ➤ **conseil, débat, discussion, examen.** *Mettre une question en délibération. Décision prise après délibération* (➤ **résolution**). — AU PLUR. *Les délibérations d'une assemblée, d'un jury. D'interminables délibérations.* ■ **2** Examen conscient et réfléchi avant de décider s'il faut accomplir ou non un acte conçu comme possible. ➤ **réflexion.** *Décision prise après mûre délibération. Sans délibération* : sans réfléchir. *«Il s'imaginait qu'on choisit la personne qu'on aime après mille délibérations»* PROUST.

DÉLIBÉRATOIRE [delibeʀatwaʀ] **adj.** – 1863 ◊ de *délibérer* ■ DIDACT. Relatif à la délibération. *Examen délibératoire.*

DÉLIBÉRÉ, ÉE [delibeʀe] **adj.** et **n. m.** – 1451 ◊ de *délibérer* ■ **1** Qui a été délibéré. ➤ **conscient, intentionnel, réfléchi, volontaire, voulu.** *«Ne sois jamais insolent que par volonté délibérée»* ALAIN. — *De propos délibéré* : exprès, à dessein. ➤ **délibérément ; préméditê.** ■ **2** PAR EXT. Qui a, qui manifeste de la décision, de la résolution. ➤ **assuré, décidé.** *«Faisant appel à tout mon courage, j'entrai dans notre chambre d'un air délibéré»* DAUDET. ■ **3** **n. m.** (1655) DR. Phase de l'instance au cours de laquelle les magistrats se concertent avant de rendre leur décision. *Mettre une affaire en délibéré. Mise en délibéré. Secret du délibéré.* ■ CONTR. Involontaire ; contraint, gauche.

DÉLIBÉRÉMENT [delibeʀemɑ̃] **adv.** – 1386 ◊ de *délibéré* ■ Après avoir délibéré, réfléchi. ➤ **consciemment, intentionnellement, volontairement.** *C'est délibérément que nous acceptons cette responsabilité. Renoncer délibérément à qqch. Il l'a bousculé délibérément.* ■ CONTR. Involontairement.

DÉLIBÉRER [delibeʀe] **v.** ‹6› – XIIIe ◊ latin *deliberare*

I **v. intr.** ■ **1** Discuter avec d'autres personnes en vue d'une décision à prendre. ➤ se **consulter** (cf. Tenir conseil*). *Les membres du jury se retirent pour délibérer.* ➤ **délibération.** *Délibérer à huis clos.* ■ **2** LITTÉR. Réfléchir sur une décision à prendre, peser le pour et le contre. ➤ **réfléchir.** *Il a longuement délibéré avant d'accepter.* ➤ **hésiter, tergiverser.**

II **v. tr. ind. DÉLIBÉRER DE, SUR :** décider par un débat, une délibération. ➤ **décider.** *«Les chefs de famille délibéraient entre eux des affaires publiques»* ROUSSEAU. *«J'ai délibéré avec eux sur les façons de vous encercler»* ROMAINS. VX ou LITTÉR. (avec l'inf.) *«Le gouvernement délibérait de fuir»* MADELIN.

DÉLICAT, ATE [delika, at] **adj.** – 1492 ◊ latin *delicatus* → 1 délié ■ **1** LITTÉR. Qui plaît par la qualité, la douceur, la finesse. *Parfum délicat. Couleur, teinte délicate. Nourriture, cuisine délicate.* ➤ **2 fin, raffiné.** *Des plaisirs délicats.* ➤ **recherché.** ■ **2** (1580) Dont l'exécution, par son adresse, sa finesse, fait apprécier les moindres nuances. ➤ **élégant, gracieux, joli, mignon.** *Dentelle délicate.* — PAR EXT. *Le toucher délicat d'un pianiste.* ➤ **léger.** *La touche délicate d'un peintre.* ■ **3** (XVIe) Que sa finesse rend sensible aux moindres influences extérieures. ➤ **2 fin, fragile, sensible.** *Peau, fleur délicate.* ■ **4** (PERSONNES) Qui est sujet à des troubles légers de santé. *Enfant délicat,* fragile. — *Être de santé délicate.* ■ **5** (1580) Dont la subtilité, la complexité rend l'appréciation, la compréhension ou l'exécution difficile. ➤ **difficile, embarrassant, épineux, malaisé.** *Problème délicat, question délicate.* ➤ **complexe, compliqué, subtil.** *La nuance est si délicate qu'elle risque de vous échapper. S'engager dans une entreprise délicate.* ➤ **dangereux, périlleux, scabreux.** *Une situation délicate. Opération chirurgicale délicate.* — *Il est délicat d'en parler maintenant. C'est un peu délicat à évoquer devant lui.* ■ **6** (PERSONNES) Qui apprécie les moindres nuances ; qui est doué d'une grande sensibilité. ➤ **1 délié, 2 fin, pénétrant, raffiné, sensible, subtil.** *Lecteur délicat. Des esprits délicats.* ■ **7** Que sa grande sensibilité rend difficile à contenter. ➤ **exigeant.** *Pour un public un peu délicat. Il ne faut pas être si délicat.* ➤ **difficile*.** ◆ SUBST. *Faire le délicat, la délicate. «Les délicats sont malheureux. Rien ne saurait les satisfaire»* LA FONTAINE. ■ **8** Qui est doué d'une grande sensibilité morale dans les relations avec autrui.

➤ **probe, scrupuleux.** *Il est peu délicat en affaires. Un ami délicat et réservé.* ◆ PAR EXT. Qui dénote de la délicatesse. *C'est une attention délicate de sa part. Le procédé n'est guère délicat.* ■ CONTR. Grossier. Robuste. Facile, simple. Balourd, épais. Indélicat, vulgaire.

DÉLICATEMENT [delikatmɑ̃] adv. – 1373 ◇ de *délicat* ■ D'une manière délicate. ■ **1** Avec finesse et précision. *Objet délicatement ciselé.* ➤ **finement.** ■ **2** Avec douceur et légèreté, sans appuyer. ➤ **légèrement.** *Saisir délicatement un papillon par les ailes. Effleurer délicatement.* ■ **3** D'une manière raffinée, recherchée. ➤ **élégamment, subtilement.** *« En fait d'amour, on fait très délicatement des choses fort grossières »* MARIVAUX. ■ **4** LITTÉR. Avec délicatesse morale. *Il a délicatement refusé cette faveur.* ■ CONTR. Grossièrement. Brutalement. Lourdement. Indélicatement.

DÉLICATESSE [delikatɛs] n. f. – 1539 ◇ de *délicat*, p.-ê. d'après l'italien *delicatezza* ■ **1** LITTÉR. Qualité de ce qui est délicat (I°). ➤ **agrément, douceur, finesse, recherche.** *La délicatesse d'un coloris. Délicatesse des traits d'un visage.* ➤ **joliesse.** ■ **2** Finesse et soin dans l'exécution. ➤ 2 **adresse, élégance, habileté, raffinement.** *Travail exécuté avec délicatesse.* ◆ Légèreté et précision dans la prise, le toucher. *Saisir un objet fragile avec délicatesse.* ➤ **délicatement.** *« Philippe la prit dans ses bras avec cette délicatesse qui révèle la force »* FRANCE. ■ **3** Caractère de ce qui est fin, ténu, fragile. ➤ **finesse, ténuité.** *La délicatesse et la blancheur de sa peau.* ■ **4** Fragilité d'une personne délicate. ■ **5** VIEILLI Caractère de ce qui est délicat (5°), difficile. ➤ **complexité, difficulté, finesse, subtilité.** *« Des personnes qui soient capables de sentir les délicatesses d'un art »* MOLIÈRE. *Cette affaire est d'une délicatesse qui commande la plus grande prudence.* — LOC. *Être en délicatesse avec qqn* : avoir à se plaindre de lui ; être dans une situation délicate avec lui. ■ **6** Aptitude à sentir, à juger finement. ➤ **sensibilité.** *Délicatesse de goût, de jugement.* ◆ Qualité de ce qui est senti, pensé, fait ou exprimé d'une manière délicate. ➤ **élégance, finesse.** *Délicatesse du langage, du style.* ■ **7** RARE Caractère d'une personne difficile à contenter. ■ **8** Sensibilité morale dans les relations avec autrui, juste appréciation de ce qui peut choquer, peiner. ➤ **discrétion, tact ; scrupule.** *Se taire par délicatesse. Manque de délicatesse.* — PAR EXT. Qualité d'une action, d'une pensée qui en témoigne. *La délicatesse de ses manières, de ses procédés.* ◆ *Une, des délicatesses* : attentions délicates. ➤ **amabilité, gentillesse, prévenance.** *Avoir des délicatesses envers qqn. « Elle avait des attentions, des petits soins, des délicatesses pour moi »* MAUPASSANT. ■ CONTR. Grossièreté, laideur. Lourdeur, maladresse. Robustesse ; brutalité. Facilité, simplicité. Vulgarité. Brutalité, indélicatesse.

DÉLICE [delis] n. m. (au plur. n. f.) – 1120 ◇ latin *delicium*

I n. f. pl. (latin *deliciæ*) **DÉLICES** LITTÉR. Plaisir qui ravit, transporte. ➤ **blandice,** 2 **charme, jouissance,** 1 **plaisir.** *Les délices de l'amour, de la campagne. Lieu de délices.* ➤ **eldorado.** *Le jardin des délices.* ➤ **éden, paradis.** *« L'imagination m'apportait des délices infinies »* NERVAL. *« Je regardais avec délices les étoiles »* MAUPASSANT. *Faire ses délices de qqch.*, y prendre un grand plaisir. ➤ **se délecter.** — LOC. *Les délices de Capoue* : délices où l'on s'amollit, par allusion aux quartiers d'hiver qu'Hannibal prit à Capoue après la victoire de Cannes et qui amollirent son armée.

II n. m. (latin *delicium*) ■ **1** Plaisir vif et délicat. ➤ **félicité, joie.** *« À cette heure-là, en été, manger des mûres est un délice »* BOSCO. *Un délice pour l'esprit, pour les sens. Quel délice de vivre ici !* ■ **2** Chose délicieuse. *Ce rôti est un délice, un vrai délice.* ➤ **régal.**

■ CONTR. Horreur, supplice.

DÉLICIEUSEMENT [delisjøzmɑ̃] adv. – v. 1265 ◇ de *délicieux* ■ D'une manière délicieuse, extrêmement agréable. *Il fait délicieusement bon. Être délicieusement ému.* ◆ (1674) D'une manière charmante. *Jouer délicieusement du piano.* ■ CONTR. Affreusement, horriblement. Désagréablement.

DÉLICIEUX, IEUSE [delisjø, jøz] adj. – v. 1190 ◇ latin *deliciosus* ■ **1** Qui est extrêmement agréable, procure des délices. ➤ **agréable, exquis.** *Impression, sensation délicieuse.* ➤ **divin, merveilleux.** — PAR EXT. (1695) ➤ **charmant.** *Robe, toilette délicieuse. Une femme délicieuse.* ■ **2** SPÉCIALT Très agréable au goût, aux sens. ➤ **délectable, délicat, exquis.** *Un plat délicieux. Un délicieux parfum.* — *Lactaire* délicieux.* ■ CONTR. Affreux, horrible, mauvais ; déplaisant. Insipide.

DÉLICTUEL, ELLE [deliktɥɛl] adj. – XXe ◇ du latin *delictum* « délit » ■ DIDACT. Qui se rapporte à un fait illicite causant un dommage à autrui. *Faute délictuelle. Responsabilité délictuelle. Un acte de nature délictuelle.* ➤ **délictueux.**

DÉLICTUEUX, EUSE [deliktɥø, øz] adj. – 1863 ◇ de *délit*, sur le latin *delictum* ■ DR. Qui a le caractère d'un délit et est réprimé par le droit pénal. *Fait délictueux.* ■ CONTR. Légal, licite.

1 **DÉLIÉ, IÉE** [delje] adj. et n. m. – 1181 ◇ adaptation du latin *delicatus*, avec influence de *délier* ■ **1** LITTÉR. Qui est d'une grande minceur, d'une grande finesse. ➤ 2 **fin,** 2 **grêle,** 1 **menu, mince.** *Fil délié. Taille déliée.* ➤ **élancé, mince, souple, svelte.** ◆ n. m. (1706) COUR. **UN DÉLIÉ :** la partie fine et déliée d'une lettre (opposé à *plein*). *Les pleins et les déliés d'une écriture à la plume. Écrire avec des pleins et des déliés.* ■ **2** (1580) FIG. *Un esprit délié*, qui a beaucoup de pénétration. ➤ 2 **fin, pénétrant, subtil.** ■ CONTR. Épais, gros, lourd.

2 **DÉLIÉ, IÉE** [delje] adj. et n. m. – 1611 ◇ de *délier* ■ **1** Qui n'est plus lié. *Cordons déliés.* ■ **2** FIG. Qui a une grande agilité. *Ce pianiste a les doigts déliés.* — n. m. *Avoir un bon délié.* — LOC. (1688) *Avoir la langue déliée* : avoir une grande facilité d'élocution, être bavard. ■ CONTR. Lié. Embarrassé, malhabile.

DÉLIEMENT [delimɑ̃] n. m. – 1596 ; théol. 1190 ◇ de *délier* ■ RARE Action de délier ; son résultat.

DÉLIER [delje] v. tr. ‹7› – v. 1160 ◇ de *dé-* et *lier* ■ **1** Dégager de ce qui lie. ➤ 1 **détacher.** *Délier un fagot, une gerbe. Délier les mains d'un prisonnier.* ➤ **libérer.** ■ **2** Défaire le nœud de. ➤ **dénouer.** *Délier une corde, des rubans.* LOC. *N'être pas digne de délier le cordon* des souliers de qqn.* ◆ LOC. (1690) *Sans bourse délier* : sans rien payer. ➤ **gratis.** — LOC. FIG. (1656) *Délier la langue de qqn*, le faire parler. *Le vin lui a délié la langue.* PRONOM. *Les langues se délient.* ■ **3** FIG. Libérer d'un engagement, d'une obligation. ➤ **affranchir, dégager, délivrer, libérer, relever.** *Délier qqn d'une promesse.* — PRONOM. *Se délier d'un serment*, reprendre sa parole. ◆ RELIG. *Délier un fidèle d'un péché.* ➤ **absoudre.** ■ CONTR. Lier ; attacher.

DÉLIGNIFIER [deliɲifje] v. tr. ‹7› – 1960 ◇ de *dé-* et *lignifier* ■ TECHN. Traiter (le bois, les fibres végétales lignifiées) en supprimant la lignine. — n. f. **DÉLIGNIFICATION.**

DÉLIMITATION [delimitasjɔ̃] n. f. – 1773 ◇ latin *delimitatio* ■ Action de délimiter ; son résultat. *Délimitation des frontières.* ➤ **démarcation.** *Procéder à la délimitation de deux propriétés.* ➤ **bornage.** ◆ FIG. *« La délimitation réelle, de ce qui est vrai d'avec ce qui est faux »* PÉGUY.

DÉLIMITER [delimite] v. tr. ‹1› – 1773 ◇ latin *delimitare* ■ **1** (Sujet personne) Déterminer en traçant les limites. ➤ **limiter, marquer.** *Délimiter la frontière entre deux États.* — (Sujet chose) Former la limite de. ➤ **borner.** *Clôtures qui délimitent une propriété.* ■ **2** (1863) FIG. Caractériser en fixant les limites. *Délimiter les attributions d'un délégué, d'une commission.* ➤ **définir.** *Délimiter son sujet.* ➤ **circonscrire, restreindre.** — *Des attributions bien délimitées.* ➤ **déterminé.** ■ CONTR. Élargir ; déborder.

DÉLIMITEUR [delimitœʀ] n. m. – 1968 ◇ de *délimiter* ■ INFORM. Caractère (I) qui limite une suite de caractères et qui n'en fait pas partie.

DÉLINÉAMENT [delineamɑ̃] n. m. – 1835 ; hapax 1560 ◇ de *délinéer*, d'après *linéament* ■ DIDACT. Contour, ligne, tracé. *« Les délinéaments de notre main »* LAMARTINE.

DÉLINÉAMENTER [delineamɑ̃te] v. tr. ‹1› – 1928 ◇ de *délinéament* → délinéer ■ DIDACT. Tracer les contours, les linéaments de (qqch.). ➤ **dessiner.** *« les couloirs étrangement délinéamentés »* PROUST.

DÉLINÉARISÉ, ÉE [delineaʀize] adj. – 1989 ◇ de *linéaire* ■ LING. Dont les lettres ne sont pas alignées. *L'abréviation « Mlle » est délinéarisée.* ■ CONTR. Aligné.

DÉLINÉER [delinee] v. tr. ‹1› – 1846 ◇ latin *delineare* « esquisser », de *linea* « ligne » ■ DIDACT. Tracer d'un trait le contour de. *« Une robe d'étoffe épaisse et souple qui la délinéait »* HUYSMANS.

DÉLINQUANCE [delɛ̃kɑ̃s] n. f. – 1926 ◇ de *délinquant* ■ Conduite caractérisée par des délits répétés, considérée surtout sous son aspect social. ➤ **criminalité.** *Rapport de la délinquance et de l'alcoolisme. Délinquance juvénile. Délinquance routière. Délinquance financière, informatique. Délinquance en col* blanc.* — *La grande, la petite délinquance.*

DÉLINQUANT, ANTE [delɛ̃kɑ̃, ɑ̃t] n. et adj. – XIVe ◇ p. prés. du v. *délinquer* (vx), latin *delinquere* « commettre une faute » ■ Personne contrevenant à une règle de droit pénal, qui s'expose, de ce fait, à des poursuites. ➤ **coupable.** *Délinquant primaire* : personne qui commet un premier délit (opposé à *récidiviste*). ➤ **primodélinquant.** *Les jeunes délinquants.* — adj. (1945) *L'enfance délinquante.*

DÉLIQUESCENCE [delikesɑ̃s] **n. f.** – 1757 ◊ de *déliquescent* ■ **1** DIDACT. Propriété qu'ont certaines substances solides de se liquéfier lentement par absorption progressive de l'humidité atmosphérique. ➤ **liquéfaction.** État qui en résulte. ■ **2** (1877) FIG. et COUR. Décadence complète ; perte de la force, de la cohésion. ➤ **décomposition, décrépitude, ruine.** *Tomber en déliquescence. Régime, société en complète déliquescence.* « *Déliquescence de l'Occident bourgeois* » CURTIS.

DÉLIQUESCENT, ENTE [delikesɑ̃, ɑ̃t] **adj.** – 1773 ◊ latin *deliquescens,* de *deliquescere* « se liquéfier » ■ **1** DIDACT. Qui peut se liquéfier par déliquescence. *Sel déliquescent.* ■ **2** FIG. et COUR. En complète décadence. ➤ **décadent.** *Mœurs déliquescentes. Auteur déliquescent.* « *Toutes ces subtilités de mandarin déliquescent me semblent bien vaines* » PROUST. ■ **3** FAM. ➤ **décrépit, gâteux, ramolli.** *Il est bien déliquescent.*

DÉLIRANT, ANTE [delirɑ̃, ɑ̃t] **adj.** – 1789 ◊ de *délirer* ■ **1** Qui présente les caractères du délire. *Fièvre délirante. Idées délirantes,* celles qu'ont les malades en délire. ➤ **désordonné, extravagant.** « *les pensées à moitié délirantes qui me viennent dans les dépressions de la solitude* » H. THOMAS. *Bouffée délirante aiguë.* — PAR EXT. *Un malade délirant.* — SUBST. *Un délirant.* ■ **2** FIG. Qui manque de mesure, très exubérant. *Cet écrivain a une imagination délirante.* ➤ **déréglé, effréné, extravagant, fou.** « *Les explosions d'une joie presque délirante* » MADELIN. *Un public délirant (d'enthousiasme).* ➤ **frénétique.** ■ **3** Totalement déraisonnable, sans rapport avec la réalité. *Exiger cela, c'est délirant !* (cf. C'est du délire). ♦ FAM. (intensif) Extraordinaire. ➤ **dément, dingue, fou.**

DÉLIRE [delir] **n. m.** – 1537 ◊ latin *delirium* ■ **1** État d'une personne caractérisé par une perte du rapport normal au réel et un verbalisme qui en est le symptôme, pouvant être provoqué par une cause physiologique (fièvre, intoxication, etc.) ou physique. ➤ **confusion** (mentale), **divagation, égarement.** *Accès, bouffées de délire.* MÉD. *Délire onirique. Délire alcoolique.* ➤ **delirium tremens.** *Délire de persécution* (➤ **paranoïa**), *d'interprétation, de revendication* (➤ **quérulence**), *de possession* (➤ **possession ; démonomanie, lycanthropie, zoopathie**). *Délire hallucinatoire.* ➤ **hallucination.** *Délire collectif. Délire aigu, chronique, mélancolique, érotomaniaque, obsidional*.* ■ **2** (avant 1709) Agitation, exaltation causée par les émotions, les passions, les sensations violentes. ➤ **exultation, frénésie, surexcitation, transport.** « *Le délire d'une imagination échauffée* » ROUSSEAU. « *Cet amour paternel allait jusqu'au délire* » BALZAC. — VIEILLI *Délire poétique.* ➤ **inspiration.** ♦ Enthousiasme exubérant, qui passe la mesure. *Foule en délire. Quand il apparut en scène, ce fut le délire.* « *Si j'agite ma main vers des enfants, c'est un délire, des trépignements frénétiques* » GIDE. ■ **3** FAM. Chose excessive, déraisonnable. ➤ **délirant** (3°). *Ces prix, c'est du délire !* ♦ Intensif Chose extraordinaire. ■ CONTR. Lucidité, 1 sens (bon sens).

DÉLIRER [delire] **v. intr.** ‹1› – 1772 ◊ latin *delirare* « sortir du sillon », de *lira* « sillon » ■ **1** Être en proie à une émotion qui trouble l'esprit. *Délirer de joie.* ■ **2** (1870) Avoir le délire. ➤ **divaguer.** *Le malade délire. Délirer de fièvre.* — PAR EXT. FAM. *Il délire !* ➤ **dérailler, déraisonner*.** ■ **3** Fantasmer, s'exalter (sur qqch.). « *Et moi qui délirais, l'autre nuit, sur la civilisation méditerranéenne !* » LE CLÉZIO.

DELIRIUM TREMENS [delirjɔmtremɛ̃s] **n. m. inv., DÉLIRIUM n. m.** ou **DELIRIUM** [delirjɔm] **n. m. inv.** – 1819 ◊ emprunté à l'anglais, des mots latins « délire tremblant » ■ DIDACT. Délire aigu accompagné d'agitation et de tremblement et qui est particulier aux alcooliques. *Un accès de delirium tremens. Des delirium tremens. Des déliriums, des delirium.*

1 **DÉLIT** [deli] **n. m.** – *delict* début XIVe ◊ latin *delictum,* de *delinquere* → délinquant

I Acte illicite (en général). ➤ **faute,** 1 **forfait.** *Commettre un délit. Délit contre la société, contre la morale.* ➤ **manquement.** — DR. *Délit* ou *délit civil :* fait illicite d'où naît un dommage. « *les réparations ou dépens auxquels il avait été condamné pour des délits* » (CODE CIVIL). — SPÉCIALT Fait illicite intentionnel (opposé à *quasi-délit*).

II ■ **1** Fait prohibé ou dont la loi prévoit la sanction par une peine correctionnelle* et qui n'est pas justifié par l'exercice d'un droit. ➤ **contravention, crime, infraction.** *Coupable de délit.* ➤ **délinquant.** *Acte constituant un délit.* ➤ **délictueux.** — *Délit de droit commun. Délit politique. Délit d'initié*,* dans les opérations boursières. *Délit fiscal. Délit de presse. Délit d'audience.* — *Délit de fuite.* ♦ *Le corps du délit :* le fait matériel qui constitue le délit, indépendamment des circonstances, et PAR EXT. l'objet qui constitue le délit et sert à le constater. ♦ **FLAGRANT DÉLIT :** infraction qui est en train ou qui vient de se commettre. ➤ ARG. **flag.** *Flagrant délit d'adultère.* LOC. FIG. *Prendre, surprendre qqn en flagrant délit,* prendre sur le fait, alors qu'il commet un acte blâmable ou regrettable (cf. La main dans le sac*). « *Les gens qu'on honore ne sont que des fripons qui ont eu le bonheur de n'être pas pris en flagrant délit* » STENDHAL. — PAR EXT. *Je vous prends en flagrant délit de contradiction.* ■ **2** (Sens restreint) DR. *Délit* ou *délit correctionnel :* infraction que les lois punissent de peines correctionnelles (opposé à *contravention* et à *crime*).

2 **DÉLIT** [deli] **n. m.** – 1694 ◊ de *déliter* ■ TECHN. ■ **1** MAÇONN. Position d'une pierre dans un sens différent de celui du lit. ■ **2** (1754) Fente, joint, veine dans une pierre qui suit le sens de ses couches de stratification. *Délits d'un bloc d'ardoise.*

DÉLITAGE [delitaʒ] **n. m.** – 1846 ◊ de *déliter* ■ TECHN. ■ **1** Action de changer la litière des vers à soie. ■ **2** (1818) Action de déliter les pierres. ➤ **délitement.**

DÉLITEMENT [delitmɑ̃] **n. m.** – 1907 ◊ de *déliter* ■ Délitage. « *le délitement des pierres provoqué par les ronces et les lichens* » TOURNIER. — FIG. Fait de se déliter, de se désagréger. « *un processus de délitement du tissu social* » (Le Monde, 2007).

DÉLITER [delite] **v. tr.** ‹1› – XIVe pronom. ◊ de *dé-* et *lit* ■ **1** MAÇONN. Poser (une pierre) en délit. ■ **2** Diviser (une pierre) dans le sens des couches de stratification. ➤ **cliver.** *Déliter un bloc d'ardoise.* — *Bloc délité.* ■ **3** *Déliter les vers à soie,* changer les feuilles de mûrier qui leur servent de litière. ■ **4 SE DÉLITER v. pron.** DIDACT. Se désagréger en absorbant l'humidité. *La chaux se délite.* ➤ 2 **délitescence.** — Se défaire par couches, par feuilles. *Poisson qui se délite à la cuisson.* ♦ FIG. et LITTÉR. ➤ **se décomposer, se désagréger.** « *Et maintenant que le cénacle de ses fidèles s'est délité sous l'action du temps* » BARRÈS.

1 **DÉLITESCENCE** [delitesɑ̃s] **n. f.** – 1503 ◊ latin *delitescere* « se cacher » ■ MÉD. Disparition rapide d'une tumeur, d'une éruption (sans qu'elle se reproduise sur un autre point du corps, comme dans la métastase*).

2 **DÉLITESCENCE** [delitesɑ̃s] **n. f.** – 1834 ◊ de *délitescent* ■ DIDACT. Action par laquelle un corps se délite. ➤ **désagrégation.** *Délitescence de la chaux.*

DÉLITESCENT, ENTE [delitesɑ̃, ɑ̃t] **adj.** – XIXe ◊ de *déliter* ■ DIDACT. Qui a la propriété de se déliter.

DÉLIVRANCE [delivrɑ̃s] **n. f.** – XIIe « accouchement » ◊ de *délivrer* ■ **1** VIEILLI Action de rendre libre, de délivrer ; son résultat. ➤ **libération.** *La délivrance d'un prisonnier. Délivrance d'un pays occupé.* ■ **2** FIG. Fin d'une gêne, d'un mal, d'un tourment ; impression agréable qui en résulte. ➤ **soulagement.** *Sa mort a été une délivrance.* « *Tu ne peux imaginer cette délivrance après l'aveu, après le pardon [...] une sorte de desserrement délicieux* » MAURIAC. ■ **3** Dernière phase de l'accouchement correspondant à l'expulsion du placenta, après la sortie du fœtus (➤ **délivre**). — PAR EXT. Accouchement. « *Quand approcha le temps de sa délivrance, elle partit pour Paris avec son mari* » MAUROIS. ■ **4** ADMIN. Action de délivrer, de remettre (qqch. à qqn). ➤ **livraison, remise.** *Délivrance d'un certificat, d'un passeport. Délivrance des billets.* DR. « *La délivrance est le transport de la chose vendue en la puissance et possession de l'acheteur* » (CODE CIVIL). ■ CONTR. Captivité, détention.

DÉLIVRE [delivr] **n. m.** – 1606 ; autre sens 1305 ◊ de *délivrer* ■ MÉD. VIEILLI Le placenta et les membranes fœtales expulsés après la sortie du fœtus. ➤ **arrière-faix.** « *le délivre tomba bruyamment dans le seau qu'on avait préparé* » C. MARTINEZ.

DÉLIVRER [delivre] **v. tr.** ‹1› – XIe ◊ bas latin *deliberare,* de *dé-* et latin classique *liberare* « mettre en liberté », d'après *livrer*

I ■ **1** Rendre libre. ➤ **libérer.** *Délivrer un prisonnier enchaîné. Délivrer un captif en payant une rançon.* ➤ **racheter.** *Délivrer un animal pris au piège.* ■ **2** *Délivrer qqn de,* le dégager de (pour le libérer). *Délivrer un captif de ses chaînes.* — FIG. Rendre libre en écartant, en supprimant. ➤ **débarrasser, libérer.** *Délivrer qqn d'un importun, d'un rival. Délivrer qqn d'une maladie* (➤ **guérir**), *d'un péril ; d'une obligation ; d'une crainte. Tu m'as délivré d'un grand poids.* ➤ **soulager.** ■ **3** PRONOM. Se libérer, se dégager de. *Parvenir à se délivrer de ses liens.* FIG. « *Elle suffoque, sans arriver à se délivrer par un sanglot* » ROMAINS. — « *ces idées obsédantes dont je n'arrivais que rarement à me sentir délivré* » DUHAMEL.

II (XIIIe) ■ **1** Remettre (qqch.) à qqn ; mettre qqn en possession de (un bien). ➤ **livrer, remettre.** *Délivrer un brevet, un certificat, un reçu. Le médecin délivre une ordonnance.* ■ **2** PRONOM. (PASS.) Être délivré. *Le bureau où se délivrent les*

passeports. ▪ **3** ANGLIC. TECHN. Émettre, fournir. *Générateur qui délivre une tension sinusoïdale.*
▪ **CONTR.** Détenir, emprisonner, enchaîner. — Garder.

DÉLIVREUR [delivʀœʀ] **n. m.** – 1734 ; «libérateur, défenseur» en ancien français ◊ de *délivrer*
I RARE Personne qui délivre (qqch.). VX Domestique chargé de donner l'avoine aux chevaux dans un manège.
II TECHN. Dans les machines à carder, Appareil distribuant la matière à travailler. *Délivreurs supérieur, inférieur* : cylindres placés à la sortie de tout dispositif d'étirage. — EN APPOS. *Cylindres délivreurs* ou *étireurs.*

DÉLOCALISATION [delɔkalizasjɔ̃] **n. f.** – 1863 ◊ de *délocaliser* ▪ Action de délocaliser ; son résultat. *La délocalisation d'une entreprise.* — CHIM. *Délocalisation des électrons pi,* leur permettant de se déplacer à l'intérieur d'une molécule.

DÉLOCALISÉ, ÉE [delɔkalize] **adj.** – 1949 ◊ de *délocaliser* ▪ CHIM. Caractérise les électrons d'une liaison pi, qui sont capables de se déplacer dans une molécule.

DÉLOCALISER [delɔkalize] **v. tr.** ‹1› – 1863 ◊ de *dé-* et *localiser* ▪ Changer l'emplacement, le lieu d'implantation de (une activité). ➤ **décentraliser, déplacer, transférer.** — SPÉCIALT ABSOLT Implanter une unité de production à l'étranger (où la main-d'œuvre est moins coûteuse le plus souvent) et réimporter sa production.

DÉLOGEMENT [delɔʒmɑ̃] **n. m.** – 1538 ; sens milit. XIVe ◊ de *déloger* ▪ **1** VX Action de déménager. ➤ **déménagement.** ▪ **2** Action de déloger* (2°).

DÉLOGER [delɔʒe] **v.** ‹3› – XIIIe ; *deslogier* fin XIIe ◊ de *dé-* et *loger* ▪ **1 v. intr.** VIEILLI Quitter brusquement son logement, sa place, pour aller s'établir ailleurs. ➤ **déguerpir, déménager, 1 partir** (cf. Plier* bagage). *Déloger de chez soi. Délogez de là !* ➤ **décamper, filer.** ✦ (Belgique) Découcher. ▪ **2 v. tr.** (1657) Faire sortir (qqn) du lieu qu'il occupe. ➤ **chasser, expulser,** FAM. **vider.** *Déloger un locataire.* — PAR EXT. *On délogea l'ennemi de ses positions. Déloger un lièvre de son terrier.* ➤ **débusquer.** — *Déloger qqch.,* faire quitter, extraire. *Brosse à dents qui déloge les débris d'aliments.* ▪ **CONTR.** Installer.

DÉLOT [delo] **n. m.** – 1530 ◊ diminutif de *2 dé* ▪ TECHN. Doigtier de cuir de calfat ou de dentellière.

DÉLOYAL, ALE, AUX [delwajal, o] **adj.** – XVe ; *desleal, desloial* v. 1175 ◊ de *dé-* et *loyal* ▪ Qui n'est pas loyal. ➤ **1 faux, félon, fourbe, hypocrite, malhonnête, perfide, traître, trompeur.** *Adversaire déloyal. Contradicteur déloyal.* ➤ **captieux, chicaneur.** *Ami déloyal.* ➤ **infidèle.** *Être déloyal envers un parti, une cause.* ➤ **renégat, traître.** ✦ Qui dénote un manque de loyauté, de bonne foi. *Procédé déloyal. Concurrence déloyale.* — BOXE *Coups déloyaux,* qui atteignent l'adversaire au-dessous de la ceinture, et qui sont interdits par les règlements (coups bas).

DÉLOYALEMENT [delwajalmɑ̃] **adv.** – 1487 ; *desloiaument* fin XIIe ; *desleialment* 1170 ◊ de *déloyal* ▪ RARE D'une manière déloyale. ➤ **perfidement.** *Agir déloyalement.* ▪ **CONTR.** Correctement, loyalement.

DÉLOYAUTÉ [delwajote] **n. f.** – XIVe ; *desleauté* XIIe ◊ de *loyauté* ▪ **1** Manque de loyauté, de bonne foi. ➤ **fausseté, félonie, fourberie, hypocrisie, malhonnêteté, perfidie, traîtrise.** *Faire acte de déloyauté.* — PAR EXT. *La déloyauté d'un procédé.* ▪ **2** Action déloyale. *C'est une déloyauté.* ➤ **trahison.**

DELPHINARIUM [dɛlfinaʀjɔm] **n. m.** – 1985 ◊ du latin *delphinus* «dauphin», sur le modèle de *aquarium* ▪ Lieu réservé à l'élevage et à la présentation au public de dauphins et d'autres mammifères marins. *Des delphinariums.*

DELPHINIDÉS [dɛlfinide] **n. m. pl.** – 1846 ◊ du latin *delphinus* «dauphin» ▪ ZOOL. Famille de cétacés carnivores *(odontocètes),* dépourvus de fanons (ex. dauphin, marsouin, orque).

DELPHINIUM [dɛlfinjɔm] **n. m.** – 1694 ◊ grec *delphinion* «dauphinelle» ▪ BOT. Plante herbacée *(renonculacées)* dont une espèce (dauphinelle, pied-d'alouette) est cultivée pour ses hampes florales bleues, roses ou blanches. *Des delphiniums.*

DELTA [dɛlta] **n. m.** – *delta du Nil* XIIIe ◊ de *delta* «lettre grecque»
I n. m. inv. Quatrième lettre de l'alphabet grec (Δ, δ), correspondant au *d. En forme de delta.* ➤ **deltoïde, triangulaire.** *Aile en delta,* (marque déposée) *aile delta.* ➤ **deltaplane.** ✦ **adj. inv.** PHYS. *Rayon delta* : trajectoire ionisante d'un électron éjecté d'un atome par une autre particule chargée en mouvement.
II (Par anal. de forme) Dépôt d'alluvions émergeant à l'embouchure d'un fleuve et la divisant en bras de plus en plus ramifiés. *Le delta a sa pointe en amont. La formation des deltas. Le delta du Nil, du Mississippi. La Camargue se trouve dans le delta du Rhône.*

DELTAÏQUE [dɛltaik] **adj.** – 1851 ◊ de *delta* ▪ GÉOGR. Qui a rapport à un delta. *Plaine deltaïque. Le riz, culture deltaïque.*

DELTAPLANE [dɛltaplan] **n. m.** – 1974 ◊ n. déposé, de *(aile) delta* et *2 planer* ▪ Aile utilisée pour le vol libre, formée d'une toile synthétique tendue sur une armature tubulaire triangulaire. — Sport pratiqué avec cet engin ➤ **deltiste, libériste.**

DELTISTE [dɛltist] **n.** – 1989 ◊ de *(aile) delta* ▪ Personne qui pratique le deltaplane. ➤ **libériste.** *Une bonne deltiste.*

DELTOÏDE [dɛltɔid] **adj.** et **n. m.** – 1560 ◊ grec *deltoeidês* «en forme de delta» ▪ ANAT. *Muscle deltoïde* ou **n. m.** *le deltoïde* : muscle triangulaire de l'épaule qui relie l'humérus à la clavicule et à l'omoplate, qui éloigne le bras du thorax, latéralement, en avant et en arrière.

DELTOÏDIEN, IENNE [dɛltɔidjɛ̃, jɛn] **adj.** – 1846 ◊ de *deltoïde* ▪ ANAT. Qui se rapporte au muscle deltoïde. *Artère deltoïdienne. Ligament deltoïdien.*

DÉLUGE [delyʒ] **n. m.** – 1175 ◊ latin *diluvium* «inondation» ▪ **1** RELIG., MYTH. Cataclysme consistant en des précipitations continues submergeant la Terre. *Mythe mésopotamien du déluge.* ABSOLT Le *Déluge* (dans la Bible). *L'arche de Noé échappa au Déluge.* — LOC. FIG. *Remonter au déluge, être d'avant le déluge* : être très ancien, et FAM. démodé. ➤ **désuet, suranné ; antédiluvien.** *Après moi (nous) le déluge !* se dit d'une catastrophe postérieure à sa propre mort, dont on se moque ; PAR EXT. se dit lorsqu'on profite du présent, sans souci du lendemain. ▪ **2** Pluie très abondante, torrentielle. ➤ **averse, 1 cataracte, trombe ; diluvien.** *«Au bout de six jours de déluge, la pluie diminua d'intensité»* BOSCO. — PAR ANAL. *Un déluge de larmes.* ➤ **flot, torrent.** *Un déluge de feu, de flèches* (➤ **pluie**). *Déluge de paroles, de louanges, de compliments.* ➤ **avalanche, déferlement, flux.** *Il cachait «sous un déluge de lieux communs son incapacité»* BALZAC.

DÉLURÉ, ÉE [delyʀe] **adj.** – 1790 ◊ forme dialectale de *déleurré* «qui ne se laisse plus prendre au *leurre*» ▪ Qui a l'esprit vif et avisé, qui est habile à se tirer d'embarras. ➤ **dégourdi, éveillé, futé, malin.** *Un enfant déluré.* — *Air déluré.* ➤ **dégagé, éveillé, malin, vif.** ✦ PÉJ. D'une hardiesse excessive, provocante. ➤ **effronté, hardi.** *Une gamine délurée.* ▪ **CONTR.** Empoté, endormi, niais.

DÉLURER [delyʀe] **v. tr.** ‹1› – 1870 ◊ dialectal pour *déleurrer* «détromper» ; cf. *déluré* ▪ RARE Rendre vif, éveillé, malin, débrouillard. ➤ **dégourdir, déniaiser.**

DÉLUSTRAGE [delystʀaʒ] **n. m.** – 1929 ◊ de *délustrer* ▪ TECHN. Opération consistant à délustrer (un tissu, un vêtement). ▪ **CONTR.** Lustrage.

DÉLUSTRER [delystʀe] **v. tr.** ‹1› – 1680 ◊ de *dé-* et *2 lustre* ▪ TECHN. Enlever le lustre, le brillant de (un tissu neuf ou usé). ➤ **décatir.** *Porter «ses costumes au teinturier pour les faire détacher, nettoyer, délustrer»* SARRAUTE. ▪ **CONTR.** Lustrer.

DÉLUTER [delyte] **v. tr.** ‹1› – 1666 ◊ de *dé-* et *lut* ▪ TECHN. Ôter le lut de. *Déluter un vase.* ✦ PAR EXT. Ôter le coke de. *Déluter des cornues* — **n. m. DÉLUTAGE.** ▪ **CONTR.** Luter.

DÉMAGNÉTISATION [demaɲetizasjɔ̃] **n. f.** – 1870 ◊ de *démagnétiser* ▪ SC., TECHN. ▪ **1** Action de démagnétiser. ➤ **désaimantation.** ▪ **2** (v. 1945) Dispositif de protection des navires contre les mines magnétiques. ▪ **CONTR.** Aimantation.

DÉMAGNÉTISER [demaɲetize] **v. tr.** ‹1› – 1866 ◊ de *dé-* et *magnétiser* ▪ SC., TECHN. Supprimer le caractère magnétique, l'aimantation de. ➤ **désaimanter. p. p. adj.** *Ticket de métro, carte de crédit démagnétisés.* ▪ **CONTR.** Aimanter, magnétiser.

DÉMAGO ➤ **DÉMAGOGUE**

DÉMAGOGIE [demagɔʒi] **n. f.** – 1791 ; *démagogisme* n. m. 1796 ◊ grec *dêmagôgia,* de *dêmos* «peuple» et *agein* «conduire, guider» ▪ **1** Politique par laquelle on flatte, on exploite les sentiments, les réactions des masses. *Agir par démagogie.* ▪ **2** État politique dans lequel la multitude commande au pouvoir. *Démagogie et démocratie*. «La démagogie s'introduit quand, faute de commune mesure, le principe d'égalité s'abâtardit en principe d'identité»* SAINT-EXUPÉRY.

DÉMAGOGIQUE [demagɔʒik] **adj.** – 1790 ◊ grec *dêmagôgikos* ▪ Qui appartient à la démagogie, relève de la démagogie. *Politique, discours, mesure démagogique.*

DÉMAGOGUE [demagɔg] **n.** – 1790 ; 1361-1688 sens grec ◊ grec *dêmagôgos* «meneur de peuple *(dêmos)*, chef d'un parti populaire» ■ Personne qui flatte les masses pour gagner et exploiter leur faveur. *Le démagogue est le pire ennemi de la démocratie.* — **adj.** *Orateur, politicien démagogue.* — ABRÉV. FAM. (1972) **DÉMAGO** [demago] **adj.** et **n.** *Quels démagos ! Des politiciens démagos.*

DÉMAIGRIR [demegʀiʀ] **v.** ‹2› – 1676 ◊ de *dé-*, au sens d'accomplissement, et *maigrir* ■ **1 v. tr.** TECHN. Rendre moins épais. ➤ **amincir, dégraisser, dégrossir.** *Démaigrir un tenon.* ■ **2 v. intr.** GÉOGR. *Une plage peut perdre des sédiments et démaigrir.* ➤ **démaigrissement.**

DÉMAIGRISSEMENT [demegʀismɑ̃] **n. m.** – 1676 ◊ de *démaigrir* ■ **1** TECHN. Action de démaigrir ; son résultat. ➤ **amincissement.** Partie ainsi enlevée au bois, à la pierre. ■ **2** GÉOGR. Perte de sable qu'une plage subit par l'action des courants marins.

DÉMAILLAGE [demɑjaʒ] **n. m.** – 1906 ◊ de *démailler* ■ Action de démailler ; son résultat. ■ **CONTR.** Remmaillage.

DÉMAILLER [demɑje] **v. tr.** ‹1› – 1080 ◊ de *dé-* et 1*maille* ■ **1** Défaire en rompant les mailles. PRONOM. *Son collant s'est démaillé.* ➤ **filer.** ■ **2** (1907) MAR. Défaire (une chaîne) en séparant les maillons. ■ **CONTR.** Remmailler.

DÉMAILLOTER [demajɔte] **v. tr.** ‹1› – 1276 ◊ de *dé-* et *maillot* ■ VIEILLI Débarrasser (un enfant) du maillot. «*il démaillota l'enfant et le regarda dans tous les sens*» MAUROIS. ◆ PAR EXT. Dégager de ce qui entoure. *Démailloter une momie.* ■ **CONTR.** Emmailloter.

DEMAIN [d(ə)mɛ̃] **adv.** et **n. m.** – XIIe ◊ latin *de mane* «à partir du matin» → aussi lendemain ; après-demain

I Le jour suivant immédiatement celui où l'on parle, ou celui où est censée parler la personne dont on rapporte les paroles. ■ **1 adv.** *Attendez demain. Je dois le voir demain. Demain matin. Demain dans la matinée, à la première heure.* «*Demain, dès l'aube, à l'heure où blanchit la campagne, je partirai*» HUGO. ◆ LOC. *Demain il fera jour :* rien ne presse d'agir aujourd'hui. «*je ne fais plus rien de la journée. Demain il fera jour*» MÉRIMÉE. — *Demain on rase gratis,* se dit pour souligner l'inanité d'un espoir, d'une promesse. *Ce n'est pas demain que :* le jour est loin où. *Ce n'est pas demain que l'on m'y reprendra.* FAM. *C'est pas demain la veille :* ce n'est pas pour bientôt. ■ **2** Nominal *Demain est jour férié. Vous avez demain, tout demain, pour réfléchir.* — Apr. une prép. **À DEMAIN :** nous nous reverrons demain. *Au revoir, à demain, à demain soir !* PROV. *Il ne faut pas remettre à demain ce qu'on peut faire le jour même. Restez jusqu'à demain.* — *D'ici à demain, d'ici demain le temps peut changer. À partir de demain. Demain en huit*. C'est pour demain. Je le ferai dès demain. Quel est le programme de demain ?* PAR EXAGÉR. *Je ne vais pas t'attendre jusqu'à demain,* très longtemps (cf. Pendant cent sept* ans). FAM. *C'est pour aujourd'hui* ou pour demain ?* — Bientôt. *Ce n'est pas pour demain.* «*tu peux dormir tranquille. Elle n'est pas pour demain, ta Révolution !*» R. ROLLAND.

II PAR EXT. Dans un avenir plus ou moins proche. ■ **1 adv.** Plus tard. «*Aujourd'hui dans le trône, et demain dans la boue*» CORNEILLE. ■ **2** Nominal L'avenir. «*De quoi demain sera-t-il fait ?*» HUGO. *Le monde de demain.* ➤ **futur.** — **n. m.** LITTÉR. «*une France qui regarde déjà vers les demains prestigieux !*» AYMÉ.

■ **CONTR.** Aujourd'hui, hier. — 1 Présent, 1 passé.

DÉMANCHEMENT [demɑ̃ʃmɑ̃] **n. m.** – 1611 ◊ de *démancher* ■ RARE Action de démancher ; son résultat.

DÉMANCHER [demɑ̃ʃe] **v.** ‹1› – 1549 ; au p. p. *desmangie* XIIIe ◊ de *dé-* et *manche* ■ **1 v. tr.** Séparer de son manche. *Démancher une hache.* — *Outil démanché.* ■ **2** (avant 1559) FAM. Démettre, disloquer. *Se démancher le cou pour apercevoir qqch.* ■ **3** (1798) **v. intr.** MUS. Déplacer la main gauche le long du manche d'un instrument à cordes, PAR EXT. le long de la touche. — SUBST. *Le démanché :* le jeu dans lequel on démanche. ■ **4** (1808) **SE DÉMANCHER v. pron.** Se donner beaucoup de mal (pour organiser qqch.). ➤ **se démener, se remuer** (cf. Se mettre en quatre*). *Il se démanche pour nous faire plaisir.* ■ **CONTR.** (du 1°) Emmancher.

DEMANDE [d(ə)mɑ̃d] **n. f.** – 1190 ◊ de *demander*

I ■ **1** Action de demander, de faire connaître à qqn ce qu'on désire obtenir de lui. ➤ **désir, souhait.** *Faire une demande à qqn.* «*leur première volonté, leur première demande [...] c'est la paix*» ROMAINS. *Humble demande.* ➤ **imploration, prière,** 1 **quête, requête, supplique.** *Demande pressante.* ➤ **instance, sollicitation.** *Demande impérative.* ➤ **commandement, exigence, injonction, ordre,** 1 **sommation.** *Demande faite avec insistance.* ➤ **réclamation, revendication.** *Demande d'emploi.* ➤ **candidature.** *Demande de crédits, d'information. Demande affective.* — *Adresser, faire, formuler, présenter une demande.* — *Satisfaire une demande. Répondre favorablement à une demande. Faire qqch. sur la demande, à la demande de qqn. À la demande générale.* ◆ Écrit exprimant une demande. ➤ **pétition, placet.** *Rédiger, adresser, poster une demande.* ◆ **EN DEMANDE :** demandeur. *Être en demande d'asile.* — (Sujet chose) En attente. *Projets financés ou en demande de financement.* — (Canada) Recherché, demandé. *Emplois, professions en demande.* ◆ **À LA DEMANDE :** selon le besoin (d'une personne). *Allaitement d'un nourrisson à la demande.* ■ **2** *Demande en mariage :* démarche par laquelle un homme, sa famille demande une jeune fille en mariage à ses parents. *Son père était venu faire la demande en mariage,* et ABSOLT *la demande.* — PAR EXT. Fait de proposer à qqn de l'épouser. ■ **3** COMM. Commande. *Livrer sur demande.* — *Vidéo à la demande (VOD ;* anglais *video on demand) :* mode de diffusion permettant à un utilisateur de voir une vidéo quand il le souhaite en payant la séance. ◆ L'ensemble des commandes ; la quantité des biens ou services demandés par les acheteurs. *Il y a eu une grosse demande de fioul cet hiver. Faire face à la demande.* ◆ ÉCON. Quantité d'un bien ou d'un service pour laquelle il y a des acquéreurs à un prix donné. *La loi de l'offre et de la demande.* ■ **4** DR. Initiative par laquelle un plaideur soumet une prétention à la justice et introduit ainsi une instance. *Demande en justice. Plaideur irrecevable en sa demande. Qui concerne une demande.* ➤ **rogatoire.** *Former une demande en divorce, en dommages-intérêts.* — *Demande principale,* portant sur le fond du litige. *Demande accessoire,* conséquence de la demande principale. *Demande additionnelle, alternative, connexe, nouvelle, préjudicielle, reconventionnelle. Demande subsidiaire,* formée à titre éventuel au cas où la demande principale ne serait pas admise. *Demande en renvoi* (devant un autre tribunal). ■ **5** CARTES Annonce par laquelle on s'engage à réaliser un contrat au bridge. ■ **6** SC. Ce qui est requis, exigé, dans un processus. ➤ **D. B. O., D. C. O.**

II VIEILLI Action de demander, de chercher à savoir. ➤ **question.** «*Croyez-vous que l'habit m'aille bien ? – Belle demande !*» MOLIÈRE. MOD. *Faire les demandes et les réponses.*

■ **CONTR.** Réponse. Offre.

DEMANDÉ, ÉE [d(ə)mɑ̃de] **adj.** – 1690 ◊ de *demander* ■ COMM. Qui fait l'objet d'une forte demande. *C'est une couleur très demandée cet hiver,* à la mode, en vogue.

DEMANDER [d(ə)mɑ̃de] **v. tr.** ‹1› – début XIe ◊ du latin *demandare,* famille de *mandare* → mander

I RÉCLAMER ■ **1** Faire connaître à qqn (ce qu'on désire obtenir de lui) ; exprimer (un désir, un souhait) de manière à en provoquer la réalisation. *Demander qqch. à qqn. Il lui a demandé du feu. Demander la parole. Demander une faveur.* ➤ **implorer, prier, supplier ; quémander, quêter, solliciter.** *Demander son dû avec force, insistance.* ➤ **prétendre** (à), **réclamer, requérir, revendiquer.** — *Demander à qqn sa protection. Demander aide, assistance, secours. Demander un emploi, un poste.* ➤ **briguer, postuler.** *Demander l'aumône, la charité.* ➤ **mendier.** — (Sans compl.) FAM. *Il n'y a qu'à demander ! :* rien de plus facile. — SPÉCIALT Indiquer (la somme que l'on veut obtenir). *Il demande tant de l'heure, tant par mois. Combien demandez-vous pour ce vase ancien ? Il en demande trop.* — *Demander la permission, l'autorisation de faire qqch. Demander grâce*. Demander pardon :* présenter ses excuses. *Demander réparation d'un affront. Ne pas demander son reste*.* PROV. *Qui ne demande rien n'a rien.* ◆ (fin XIIe) ABSOLT «*J'eus pourtant besoin de tout, mais réfractaire au "quiconque demande reçoit," je ne demandais pas*» COLETTE. ◆ **DEMANDER À** (et inf. ; les deux verbes ont le même sujet). ➤ **désirer, souhaiter.** *L'accusé demande à être entendu. Je demande à voir,* je n'y croirai qu'après l'avoir vu, constaté. *Le chien demande à sortir.* **NE DEMANDER QU'À :** désirer uniquement, être prêt à. *Je ne demande qu'à vous croire.* ◆ **DEMANDER (À qqn) DE** (et inf. Les deux verbes n'ont pas le même sujet). ➤ **commander, enjoindre, ordonner,** 1 **sommer.** *Je vous demande de me répondre, de partir. Personne ne t'a demandé de rester.* ◆ **DEMANDER QUE** (et subj.). *Je demande que vous m'écoutiez.* — (Fautif) *Demander à ce que...* ■ **2** DR. Réclamer par une demande en justice. ➤ **requérir.** *Demander des dommages-intérêts.* ■ **3** (1547) Vouloir, avoir envie de. ➤ **désirer, rechercher, souhaiter.** *Avoir la paix, c'est tout ce que je demande.* «*être en bonne santé, se distraire quand on s'ennuie [...] Que demander de plus ?*» CALAFERTE. ◆ **NE PAS DEMANDER MIEUX QUE :** consentir volontiers ; être content, ravi. *Je ne demande pas mieux que de l'aider. Je* *ne demande pas mieux qu'il vienne.* ▪ **4** Prier de donner, d'apporter (qqch.). ➤ **réclamer.** *Demander un article à un commerçant* (➤ **commander**). *Demander la note, l'addition. Demander un taxi. L'agent lui a demandé ses papiers.* ▪ **5** Faire venir, faire chercher (qqn). *Demander un médecin. On vous demande au téléphone.* ◆ Faire savoir qu'on a besoin de (qqn). *On demande une vendeuse expérimentée.* ➤ **rechercher ; embaucher, engager.** ◆ SPÉCIALT *Demander qqn en mariage, demander la main de qqn* : déclarer qu'on souhaite l'épouser. ▪ **6** (fin XIIe) Exiger, requérir (un effort) de qqn. ➤ **attendre** (de). *Tu lui en demandes beaucoup. Demander à qqn plus qu'il n'en peut faire.* — FAM. *Il ne faut pas trop lui en demander. On ne t'en demandait pas tant.* « *Je demande trop aux femmes et je n'obtiens rien* » H.-P. ROCHÉ. ◆ (Compl. chose) « *On ne demandait pourtant pas beaucoup de la vie* » GIDE. *Je demande toute votre attention.* ▪ **7** (fin XIIIe) (CHOSES) Avoir pour condition de succès, de réalisation. ➤ **exiger, nécessiter, réclamer, requérir.** *Votre proposition demande réflexion. Le voyage demande trois heures.* ➤ **prendre.** *Ce travail demande beaucoup de soin.* — *Demander à* (et inf.). *L'information demande à être vérifiée.*

II INTERROGER ▪ **1** (début XIe) Essayer de savoir, de connaître (en interrogeant qqn). ➤ **s'enquérir, s'informer, se renseigner.** *Demander son chemin. Il m'a demandé mon adresse. Je vous demande comment vous vous appelez. Il ne faut pas demander pourquoi* : c'est évident. *Il lui a demandé si, quand elle viendrait. Il ne m'a pas demandé mon avis.* FAM. *Je ne te demande pas l'heure qu'il est* : mêle-toi de ce qui te regarde (cf. On ne t'a pas sonné). — *Si on te le demande, tu diras que tu n'en sais rien.* ◆ FAM. *Je vous, je te (le) demande ;* (1790) *je vous demande un peu !,* fausse interrogation exprimant la réprobation. « *Je vous demande un peu, des gens qui se permettent d'avoir du génie sans consulter l'humanité : des Michel-Ange, des Titien...* » ZOLA. ◆ En incise *Quand partez-vous ? demanda-t-il ?* ▪ **2** (fin XVe) **SE DEMANDER** v. pron. Se poser une question à soi-même. *Je me demande où il est, ce qu'il fait.* ➤ **chercher.** « *Il y a des femmes dont on se demande si elles s'intéressent à l'amour. D'autres par contre le portent sur leur visage* » (TRUFFAUT, « L'Homme qui aimait les femmes », film). *Elle se demande si elle va accepter.* ➤ **hésiter, s'interroger, se tâter.** *On se demande pourquoi il a agi ainsi.* ➤ **ignorer.** FAM. *C'est à se demander s'il a toute sa raison.*
▪ CONTR. Obtenir, prendre, recevoir. Décommander. — Répondre.

DEMANDEUR, EUSE [d(ə)mɑ̃dœʀ, øz] n. – 1283 ◇ de *demander* ▪ **1** VX Personne qui demande qqch., qui demande fréquemment. « *La vue d'un demandeur lui donne des convulsions* [à l'Avare] » MOLIÈRE. ➤ **quémandeur, solliciteur.** ◆ MOD. *Demandeur d'asile* (politique). ➤ **réfugié.** *Demandeur d'emploi* : personne inscrite à l'Agence nationale pour l'emploi. ➤ **chômeur, sans-emploi.** — adj. *Dans cette affaire, je ne suis pas demandeur.* ▪ **2** DR. *Demandeur, demanderesse* [d(ə)mɑ̃dʀɛs]. Plaideur qui a l'initiative du procès. ➤ **demande** (I, 2°) ; **plaignant.** *Demandeur en appel.* ➤ **appelant.** ▪ CONTR. Défendeur, intimé.

DÉMANGEAISON [demɑ̃ʒɛzɔ̃] n. f. – 1492 ◇ de *démanger* ▪ **1** Sensation qu'on éprouve au niveau de l'épiderme, et qui incite à se gratter. ➤ **irritation, prurit.** *Démangeaison agréable.* ➤ **chatouillement.** « *se grattant soudain, parce qu'elle aurait une démangeaison* » ROMAINS. *Calmer une démangeaison.* ▪ **2** (1762) FIG. et FAM. *Une démangeaison de* (et inf.) : une envie, un désir irrépressible de. ➤ **prurit.** « *cette démangeaison de parler qui vide parfois le cœur des gens solitaires* » ZOLA.

DÉMANGER [demɑ̃ʒe] v. intr. ‹3› – fin XIIIe ; « ronger » (vermine, corrosif, maladie) v. 1227 ◇ de *dé-*, au sens d'accomplissement et 1 *manger* ▪ **1** (Le sujet désigne une partie du corps) Faire ressentir une démangeaison. *Le bras, la jambe lui démange.* — TRANS. *Sa plaie le démangeait.* ➤ **gratter, grattouiller.** ▪ **2** PAR MÉTAPH. *Le poing, la main lui démange* : il a grande envie de frapper, de se battre. — *La langue lui démange* : il a envie de parler. « *Ursule à qui la langue démangeait d'avoir à répandre cette nouvelle* » BALZAC. ◆ FAM. TRANS. Causer une envie irrépressible. *Ça me démange de lui dire son fait.* « *j'en mourais d'envie* [...] *ça me démangeait* » SARRAUTE.

DÉMANTÈLEMENT [demɑ̃tɛlmɑ̃] n. m. – 1576 *desmantellement* ◇ de *démanteler* ▪ Action de démanteler ; son résultat. ➤ **anéantissement, destruction.** « *le torpillage du porte-avions (faisant ainsi l'économie de son démantèlement)* » J. ROLIN. *Le démantèlement d'une centrale nucléaire.* — FIG. *Le démantèlement d'un réseau de trafiquants.*

DÉMANTELER [demɑ̃t(ə)le] v. tr. ‹5› – 1563 ◇ de *dé-* et ancien français *manteler,* de *mantel* « manteau » ▪ **1** Démolir les murailles, les fortifications de. ➤ **abattre, détruire, raser.** *Démanteler un fort.* — PAR EXT. « *la corniche toute démantelée par l'infiltration des eaux pluviales* » GAUTIER. ◆ Déconstruire méthodiquement. *Démanteler une centrale nucléaire.* ▪ **2** (1846) FIG. Abattre, détruire. *Démanteler un réseau d'espionnage.* ➤ **anéantir, désorganiser.** « *les services de renseignement occidentaux démantelaient des cellules islamistes* » TH. JONQUET.
▪ CONTR. Fortifier, reconstruire.

DÉMANTIBULER [demɑ̃tibyle] v. tr. ‹1› – 1640 ; *desmandibuler* « rompre la mâchoire » 1611 ◇ de *dé-* et *mandibule* ▪ FAM. Démolir de manière à rendre inutilisable ; mettre en pièces. ➤ **casser, déglinguer, démonter, disloquer.** *Démantibuler un meuble.* — p. p. adj. *Une poupée toute démantibulée.* ▪ CONTR. Arranger, réparer.

DÉMAQUILLAGE [demakijaʒ] n. m. – 1913 ◇ de *démaquiller* ▪ Action de démaquiller, de se démaquiller. ▪ CONTR. Maquillage.

DÉMAQUILLANT, ANTE [demakijɑ̃, ɑ̃t] adj. et n. m. – 1950 ◇ de *démaquiller* ▪ Qui sert à démaquiller. *Lait démaquillant, crème démaquillante.* ◆ n. m. *Un démaquillant pour les yeux.*

DÉMAQUILLER [demakije] v. tr. ‹1› – avant 1892 théâtre ; 1836 argot « défaire » ◇ de *dé-* et *maquiller* ▪ Enlever le maquillage, le fard de. *Démaquiller un acteur. Démaquiller ses yeux.* ABSOLT *Coton à démaquiller.* — PRONOM. *Se démaquiller.*

DÉMARCAGE [demaʀkaʒ] n. m. – 1870 ◇ de *démarquer* ▪ On écrit aussi *démarquage* (1877). ▪ **1** Action de démarquer (I, 2°) ; son résultat. *Ce livre n'est qu'un démarcage grossier.* ▪ **2** Démarque (1°). ▪ **3** SPORT Action de démarquer (I, 4°).

DÉMARCATIF, IVE [demaʀkatif, iv] adj. – 1863 ◇ de *démarcation* ▪ DIDACT. Qui sert à limiter ; qui sert de démarcation. *Signe démarcatif.*

DÉMARCATION [demaʀkasjɔ̃] n. f. – 1700 ◇ p.-ê. espagnol *demarcacion,* de *demarcar* « marquer » → démarquer ▪ **1** Action de limiter ; ce qui limite. ➤ **délimitation, frontière, limitation, séparation.** « *ne pas reconnaître de frontière fixe, de démarcation absolue, entre la terre et l'océan* » PROUST. *Ligne de démarcation* : frontière. *La ligne de démarcation,* qui, de 1940 à 1942, délimitait en France la zone occupée par les Allemands et la zone libre. — *Collant sans démarcation,* dont la texture est identique sur toute la longueur. ▪ **2** Séparation tranchée entre deux choses. ➤ **limite.** « *Cette ligne de démarcation entre l'être et le non-être, je m'applique à la tracer partout* » GIDE.

DÉMARCHAGE [demaʀʃaʒ] n. m. – 1934 ◇ de *démarche* ▪ Activité commerciale qui consiste à solliciter la clientèle à son domicile. ➤ **porte-à-porte ; courtage, prospection, vente.** *Démarchage par téléphone* (➤ **téléprospection**), *par correspondance* (➤ **mailing, publipostage**).

DÉMARCHE [demaʀʃ] n. f. – XVe ◇ de l'ancien verbe *démarcher* « fouler aux pieds » (v. 1120), de *dé-* (intensif) et *marcher* ▪ **1** Manière de marcher. ➤ **allure, 2 marche, 1 pas.** *Démarche assurée, altière, raide, nonchalante.* « *comparant sa démarche engourdie aux foulées élastiques de son fils* » MARTIN DU GARD. ▪ **2** (ABSTRAIT) Manière d'agir. ➤ **attitude, comportement, conduite.** « *l'allure, la démarche, les comportements, les frissons de cette humanité* » DUHAMEL. ◆ Manière de progresser. *La démarche de la pensée, du raisonnement.* ➤ **chemin, cheminement.** *Démarche intellectuelle.* ▪ **3** (1671) Tentative auprès de qqn pour réussir une entreprise, mener à bien une affaire. ➤ **demande, requête, sollicitation.** *Faire des démarches à la préfecture, auprès de qqn. Démarches occultes, malhonnêtes.* ➤ **agissements, intrigue, tractation.** *Démarche infructueuse. Succès d'une démarche.* « *effaré à l'idée des démarches à faire pour se procurer un permis* » DAUDET. « *La démarche que je tente auprès de vous est de mon initiative pure* » ROMAINS.

DÉMARCHER [demaʀʃe] v. tr. ‹1› – 1938 ◇ de *démarche* ▪ COMM. Effectuer le démarchage* pour un produit auprès de (qqn). *Démarcher un client.* ABSOLT *Cette société démarche.*

DÉMARCHEUR, EUSE [demaʀʃœʀ, øz] n. – 1911 ◇ de *démarche* ▪ Personne chargée de faire des démarches. SPÉCIALT Employé(e) d'une maison financière, chargé(e) de placer des valeurs. ◆ (1955) Vendeur, vendeuse qui pratique le démarchage. ➤ **courtier, représentant.** « *Des démarcheurs visitent les pauvres et les persuadent* » AYMÉ. *Démarcheur par téléphone.* ➤ **2 téléopérateur, téléprospecteur.**

DÉMARIER [demaʀje] v. tr. ‹7› – *desmarier* XIIIe ◇ de *dé-* et *marier* ▪ **1** VX Séparer juridiquement (des époux). PRONOM. « *elle prend le parti de se démarier, plutôt que de passer le reste de sa vie avec un homme qu'elle hait* » Mme DE SÉVIGNÉ. ➤ **divorcer.** ▪ **2** AGRIC.

Éclaircir (un semis) en arrachant certains plants. *Démarier des betteraves.*

DÉMARQUAGE ➤ **DÉMARCAGE**

DÉMARQUE [demaʀk] **n. f.** – 1732 ◊ de *démarquer* ■ **1** JEUX Partie où l'un des joueurs diminue le nombre de ses points d'une quantité égale à celle des points marqués par l'adversaire. ■ **2** (1898) COMM. Le fait de démarquer des marchandises, de les mettre en solde. *Démarque avant inventaire. Un pantalon « acheté la semaine dernière en solde, deuxième démarque »* ECHENOZ. ♦ *Démarque inconnue* : différence entre l'existant et le stock théorique due aux vols, aux erreurs, à la casse. ➤ **coulage.**

DÉMARQUER [demaʀke] **v.** ‹ 1 › – 1553 ◊ de *dé-* et *marque*

I v. tr. ■ **1** Priver (qqch.) de la marque indiquant le possesseur. *Démarquer du linge. Démarquer de l'argenterie.* ■ **2** (1866) FIG. Modifier légèrement (une œuvre) de manière à dissimuler l'emprunt. ➤ **copier, plagier.** — PAR EXT. *Démarquer un auteur étranger* ■ **3** COMM. Baisser le prix de vente de (un article) ; priver (un article) de sa marque d'origine et le vendre moins cher. ➤ 2 **solder.** — **p. p. adj.** *Robe démarquée.* ➤ **dégriffé.** ■ **4** SPORT Libérer (un joueur) du marquage adverse. *« l'avant, démarqué pour un instant, change de pied »* J. PRÉVOST. PRONOM. (1909) *Se démarquer.* ■ **5 v. pron.** (1963 du sens précédent) Prendre ses distances par rapport à qqn ; tenter de se distinguer avantageusement de lui. *Se démarquer d'un adversaire politique, de son milieu.*

II v. intr. Ne plus présenter dans la dentition les marques permettant d'apprécier l'âge, en parlant d'un cheval.

DÉMARQUEUR, EUSE [demaʀkœʀ, øz] **n.** – 1867 ◊ de *démarquer* (I, 2°) ■ Copiste, plagiaire. *« une incontestable dextérité de copiste et de démarqueur »* BLOY.

DÉMARRAGE [demaʀaʒ] **n. m.** – 1702 ◊ de *démarrer* ■ **1** MAR. (VX) Action de démarrer. *Démarrage d'un navire.* ■ **2** COUR. Le fait de démarrer, de partir (VÉHICULES). *Le démarrage d'une voiture. Démarrage en trombe. Faire un démarrage en côte.* — SPORT (en parlant d'un coureur) *Un démarrage foudroyant.* ♦ (milieu XXe) FIG. ➤ 1 **départ, réussite.** *Le démarrage d'une entreprise, d'une campagne électorale. Démarrage économique.* ➤ **décollage.** ■ CONTR. Amarrage ; arrêt.

DÉMARRER [demaʀe] **v.** ‹ 1 › – 1491 v. pron. « rompre ses amarres (navire) » ◊ de *dé-* et ancien français *marrer* → amarrer

I v. tr. ■ **1** (1572) MAR. Larguer les amarres de (un navire). *Démarrer une embarcation.* ■ **2** Mettre en marche, en mouvement. ➤ 1 **lancer.** *Démarrer une moto au kick, une voiture à la manivelle* (cf. ci-dessous II, 3° faire démarrer). ■ **3** FAM. ➤ **commencer, entreprendre.** *Démarrer un travail.*

II v. intr. ■ **1** (1546) MAR. Rompre ses amarres, quitter le port. *« le paquebot venait de démarrer »* MARTIN DU GARD. ■ **2** (1622) FIG. *Démarrer de* : quitter. *Il ne veut pas démarrer de son projet.* ➤ **démordre.** ■ **3** (fin XIXe) COUR. Commencer à fonctionner, à rouler. *Le moteur a démarré au quart de tour*. La voiture ne veut pas démarrer.* ➤ 1 **partir.** *Faire démarrer une voiture* (cf. ci-dessus I démarrer une voiture). *Démarrer en trombe, au feu vert.* — *L'ordinateur met du temps à démarrer.* ♦ SPORT Accélérer brusquement pour distancer ses concurrents. ■ **4** (1933) FIG. Se mettre à marcher, réussir. *Son affaire commence à démarrer. Ça démarre lentement.* ➤ 1 **partir.** ♦ FAM. ➤ **commencer, débuter.** *La réunion n'a pas encore démarré. Un film qui démarre fort.*

■ CONTR. Amarrer. Demeurer, rester ; arrêter (s'), mouiller, 1 stopper.

DÉMARREUR [demaʀœʀ] **n. m.** – 1908 ◊ de *démarrer* ■ Appareil servant à mettre en marche un moteur (à explosion ou à réaction). *La clé de contact actionne le démarreur.*

DÉMASCLER [demaskle] **v. tr.** ‹ 1 › – 1876 ◊ provençal *desmascla*, proprt « émasculer » ■ TECHN. Retirer (du chêne-liège) la première écorce, ou liège mâle, de peu de valeur. — **n. m. DÉMASCLAGE.**

DÉMASQUER [demaske] **v. tr.** ‹ 1 › – 1554 ◊ de *dé-* et *masque* ■ **1** Enlever le masque de (qqn). ■ **2** (1680) FIG. et COUR. Faire connaître (qqn) pour ce qu'il est sous ses apparences trompeuses. ➤ **confondre, découvrir, dévoiler** (cf. Lever, arracher le masque*). *Démasquer un imposteur.* PRONOM. *Il s'est enfin démasqué* : il s'est montré sous son vrai jour. ■ **3** MILIT. *Démasquer une batterie,* la découvrir et la mettre en état de tirer. FIG. COUR. *Démasquer ses batteries* : dévoiler ses intentions secrètes, ses plans (cf. Découvrir* son jeu). ■ CONTR. Masquer. Cacher, dissimuler.

DÉMASTIQUER [demastike] **v. tr.** ‹ 1 › – 1699 ◊ de *dé-* et *mastic* ■ TECHN. Débarrasser (qqch.) du mastic. — **n. m. DÉMASTICAGE,** 1863. ■ CONTR. 2 Masticuer.

DÉMÂTAGE [demataʒ] **n. m.** – 1783 ◊ de *démâter* ■ MAR. Action de démâter ; fait d'être démâté.

DÉMÂTER [demate] **v.** ‹ 1 › – 1479 *desmater* ◊ de *dé-* et *mât* ■ MAR. ■ **1 v. tr.** Priver (un navire) de ses mâts. *Démâter un navire à coups de canon. Bateau démâté par la tempête.* ■ **2 v. intr.** Perdre ses mâts. *Le navire risquait de démâter.* ■ CONTR. Mâter.

DÉMATÉRIALISATION [dematerjalizasjɔ̃] **n. f.** – 1869 ◊ de *dématérialiser* ■ **1** Action de rendre immatériel, fait de devenir immatériel. ■ **2** (avant 1927) PHYS. Transformation des particules matérielles (d'un corps) en énergie. ➤ **annihilation.** ■ **3** Suppression du support matériel tangible. *La dématérialisation des dossiers grâce à l'informatique. Dématérialisation de la monnaie, des titres.*

DÉMATÉRIALISER [dematerjalize] **v. tr.** ‹ 1 › – 1808 ; « séparer une essence des matières grossières » 1773 ; « civiliser » 1759 ◊ de *dé-* et *matériel* ■ **1** Rendre immatériel*. — Donner un aspect irréel à. — **p. p. adj.** Qui n'a plus d'existence matérielle. *« Pourquoi ne pas admettre que flottaient dans l'espace des êtres dématérialisés, cherchant à s'exprimer ? »* MAUROIS. ■ **2** (milieu XXe) PHYS. Détruire les particules matérielles de (un corps). ➤ **dématérialisation.** ■ **3** Priver de support matériel tangible (une valeur). *Valeurs mobilières dématérialisées.* ■ **4** INFORM. Traiter (des données) sous forme numérique sans avoir recours à un support matériel. *Dématérialiser des documents, des factures.* — **p. p. adj.** *Musique dématérialisée mise en ligne.*

D'EMBLÉE ➤ **EMBLÉE (D')**

DÈME [dɛm] **n. m.** – 1808 ◊ grec *dêmos* « peuple » ■ DIDACT. Division territoriale et unité administrative dans l'Antiquité grecque.

DÉMÉCHAGE [demeʃaʒ] **n. m.** – milieu XXe ◊ de *dé-* et 1 *mèche* ■ MÉD. Action de retirer une mèche. *Procéder au déméchage d'une plaie, d'une dent infectée.*

DÉMÉDICALISER [demedikalize] **v. tr.** ‹ 1 › – 1974 ◊ de *médicaliser* ■ Ôter le caractère médical à (qqch.). *« La mort fait partie de la vie, certes, mais elle ne peut être complètement démédicalisée »* B. KOUCHNER. *Démédicaliser un produit pharmaceutique, la diététique. — Produits démédicalisés.* — **n. f. DÉMÉDICALISATION,** (1974). ■ CONTR. Médicaliser.

DÉMÊLAGE [demɛlaʒ] **n. m.** – 1836 ◊ de *démêler* ■ **1** Action de démêler ; son résultat. *Un après-shampoing facilitant le démêlage des cheveux.* ➤ **démêlant.** ■ **2** TECHN. Le fait d'orienter les fibres textiles. ■ **3** TECHN. Mélange d'eau chaude et de malt (brasserie).

DÉMÊLANT [demɛlɑ̃] **n. m.** – v. 1980 ◊ de *démêler* ■ Produit que l'on applique sur les cheveux pour en faciliter le démêlage.

DÉMÊLÉ [demele] **n. m.** – 1474 ◊ de *démêler* ■ Conflit né d'une opposition entre deux parties. ➤ **différend, dispute*.** *Ils ont eu un démêlé à propos d'héritage.* — Souvent plur. Difficulté qui en résulte. *Avoir des démêlés avec qqn, avec la justice. Démêlés financiers, conjugaux.* ■ CONTR. Accord, entente.

DÉMÊLEMENT [demɛlmɑ̃] **n. m.** – 1519 ◊ de *démêler* ■ **1** VX Action de démêler. ➤ **démêlage.** ■ **2** LITTÉR. Dénouement (d'une intrigue). Action de débrouiller (ce qui est confus).

DÉMÊLER [demele] **v. tr.** ‹ 1 › – XIIe ◊ de *dé-* et *mêler* ■ **1** Séparer (ce qui était emmêlé). *Il « m'aidait à démêler ma ligne quand elle se trouvait prise dans les ronces »* DUHAMEL. — SPÉCIALT *Démêler les cheveux de qqn avant de le coiffer.* ➤ **peigner ; démêlage, démêlant.** *Démêler à la brosse, au démêloir.* ■ **2** (ABSTRAIT) Débrouiller, éclaircir (une chose compliquée). *Démêler une intrigue.* ➤ **dénouer ; démêlement.** *Que l'on ne peut démêler.* ➤ **inextricable.** *Ils veulent « démêler les confusions où s'embrouillent les esprits superficiels »* RENAN. — VX *« Démêlez la vertu d'avec ses apparences »* MOLIÈRE. MOD. *Démêler le vrai du faux.* ➤ **discerner, distinguer.** ■ **3** LITTÉR. *Avoir qqch. à démêler avec qqn,* à discuter, à débattre (➤ **démêlé**). ■ **4** PRONOM. (RÉFL.) VIEILLI Se tirer d'une difficulté. ➤ **se débrouiller, se sortir, se tirer.** *« il fallait la maturité de César pour se démêler de tant d'intrigues »* VOLTAIRE. ■ CONTR. Brouiller, embrouiller, emmêler, mélanger, mêler.

DÉMÊLOIR [demɛlwaʀ] **n. m.** – 1771 ◊ de *démêler* ■ VX Peigne à dents espacées servant à démêler les cheveux. — (1802) Instrument servant à démêler.

DÉMÊLURES [demelyʀ] **n. f. pl.** – 1877 ◊ de *démêler* ■ Petite touffe de cheveux enlevés en les démêlant. ➤ **peignures.**

DÉMEMBREMENT [demɑ̃bʀəmɑ̃] **n. m.** – v. 1265 ◇ de *démembrer* ■ Action de démembrer (2°) ; son résultat. ➤ **division, lotissement, morcellement, partage, séparation.** *Le démembrement d'une province, d'une commune. Le démembrement de la propriété agricole. Démembrements et remembrements.* ■ CONTR. Remembrement, unification.

DÉMEMBRER [demɑ̃bʀe] **v. tr.** ‹1› – *desmembrer* 1080 ◇ de *dé-* et *membre* ■ **1** RARE Arracher les membres de (un corps). *« On écorche, on taille, on démembre Messire loup »* LA FONTAINE. ■ **2** (fin XIIe) FIG. Diviser en parties (ce qui forme un tout, ce qui devrait rester entier). ➤ **découper, morceler, partager.** *Démembrer un domaine, une grande propriété. « La paix, qui fut le célèbre traité de Verdun, démembra l'Empire »* BAINVILLE. ➤ **disloquer.** ■ CONTR. Rassembler, remembrer, unifier.

DÉMÉNAGEMENT [demenaʒmɑ̃] **n. m.** – 1611 ◇ de *déménager* ■ Action de déménager ; son résultat. *Préparer son déménagement* (cf. Faire ses cartons). *Entreprise de déménagement. Cadre, caisses, fourgon, voiture, camion de déménagement. Formalités à accomplir lors d'un déménagement.* LOC. PROV. *Deux déménagements valent un incendie.* ◆ PAR MÉTON. Le mobilier déménagé. *Votre déménagement est arrivé.* ■ CONTR. Emménagement.

DÉMÉNAGER [demenaʒe] **v.** ‹3› – 1611 ; *desmanagier* « porter hors de la maison » milieu XIIIe ◇ de *dé-* et *ménage*

I **v. tr.** Transporter (des objets) d'un logement dans un autre. *Déménager tous ses meubles. Déménager ses livres.* — (1764) Enlever les meubles de. ➤ **vider.** *On déménage le studio.*

II **v. intr.** ■ **1** (1668) Changer de logement. *Nous déménageons à la fin de l'année.* — LOC. *Déménager à la cloche* de bois.* ◆ FAM. *Faire déménager qqn,* le faire sortir du lieu où il est, le chasser. ■ **2** (*déménager la tête* 1798) FAM. ➤ **déraisonner*.** *Tu déménages !* ■ **3** FIG. et FAM. Susciter l'enthousiasme, l'intérêt en bousculant, en excitant. ➤ FAM. **décoiffer.** *Ça déménage ! Sur scène, ils déménagent !*
■ CONTR. Emménager, installer (s').

DÉMÉNAGEUR, EUSE [demenaʒœʀ, øz] **n.** – 1852 ◇ de *déménager* ■ **1** Personne dont le métier est de faire des déménagements. *« tout était en désordre, des déménageurs clouaient des caisses, vidaient des meubles »* DABIT. *Une carrure de déménageur,* solide, impressionnante. ■ **2** **n. f.** (Suisse) Camion de déménagement.

DÉMENCE [demɑ̃s] **n. f.** – 1381 ◇ latin *dementia* → dément ■ **1** VIEILLI Ensemble des troubles mentaux graves. ➤ **aliénation, folie*.** *« la démence de ce fou de Corinthe, convaincu que le soleil était uniquement fait pour l'éclairer – lui seul »* GONCOURT. *Sombrer dans la démence.* ■ **2** PAR EXT. Conduite extravagante. ➤ **aberration, délire, égarement, folie, inconscience.** *C'est de la démence, de la pure démence d'agir ainsi.* ◆ FAM. (au sens de l'intensif *dément*) *Ce festival rock, c'était de la démence !* ■ **3** PSYCHIATR. Déchéance progressive et irréversible des activités psychiques, mentales. *Démence sénile. Démence vasculaire, neurodégénérative.* ◆ *Démence précoce, juvénile :* ensemble de troubles mentaux très graves qui altèrent la structure mentale, survenant avant 65 ans. *L'alcool, principale cause de démence précoce. Démence paranoïde.* ■ CONTR. Équilibre, raison.

DÉMENER (SE) [dem(ə)ne] **v. pron.** ‹5› – v. 1130 ; *démener* « agiter » 1080 ◇ de *mener* ■ **1** S'agiter violemment. ➤ **s'agiter,** se **débattre,** se **remuer.** *Se démener comme un beau diable*.* ■ **2** (v. 1530) FIG. Se donner beaucoup de peine pour parvenir à un résultat. ➤ se **décarcasser,** se **démancher,** se **dépenser,** se **remuer.** *Il se démène pour trouver un logement.*

DÉMENT, ENTE [demɑ̃, ɑ̃t] **adj.** et **n.** – XVe, rare avant XIXe (1863) ◇ latin *demens,* racine *mens* « esprit » ■ **1** VIEILLI Qui est dans un état de démence. ➤ **aliéné, fou*.** — **n.** *Les déments sont pénalement irresponsables.* ■ **2** (rare avant XIXe ; hapax fin XVe) PAR EXT. Déraisonnable, extravagant, insensé. *« n'importe quel motif généreux, crapuleux, utopique ou dément »* ABELLIO. — FAM. (intensif) Extraordinaire. ➤ **délirant, dingue, fou.** *Une soirée démente. Elle a une mémoire, c'est dément.* ■ **3** (1863) PSYCHIATR. Atteint de démence (3°). **n.** *Les déments.*

DÉMENTI [demɑ̃ti] **n. m.** – XVe ◇ p. p. de *démentir* ■ Action de démentir ; ce qui dément qqch. ➤ **contradiction, dénégation, déni, désaveu.** *Apporter, opposer un démenti formel à une nouvelle, à une accusation. Publier un démenti officiel. Son témoignage est resté sans démenti.* — (1863) Ce qui va à l'encontre de, est en opposition avec. *« Aussi la nature donne-t-elle à chaque pas des démentis à toutes vos lois »* BALZAC. ■ CONTR. Attestation, confirmation, ratification.

DÉMENTIEL, IELLE [demɑ̃sjɛl] **adj.** – 1883 ◇ de *démence* ■ **1** VIEILLI De la démence (1°). ■ **2** PAR EXT. Excessif jusqu'à l'absurdité. ➤ **démesuré, déraisonnable, fou*.** *Un projet, un programme démentiel.* ◆ FAM. (intensif) Extraordinaire. ➤ **délirant, dingue.** *Un concert démentiel.* ■ **3** PSYCHIATR. De la démence (3°) ; relatif aux déments (3°).

DÉMENTIR [demɑ̃tiʀ] **v. tr.** ‹16› – 1080 ◇ de *dé-* et *mentir* ■ **1** Contredire (qqn) en prétendant qu'il ou elle n'a pas dit la vérité. ➤ **contredire, dédire, désavouer.** *Démentir formellement un témoin. « N'allez pas nous démentir, Bazile, en disant qu'il n'est pas votre élève »* BEAUMARCHAIS. ■ **2** Prétendre (qqch.) contraire à la vérité. ➤ **nier.** *Démentir un bruit, une nouvelle, un témoignage, un écrit. « Ne démentez rien de ce que je dirai »* SAND. ■ **3** (1580) Contredire par sa propre conduite, par ses actes. *« la honte d'être si peu conséquent à moi-même, de démentir si tôt et si haut mes propres maximes »* ROUSSEAU. ◆ (CHOSES) Aller à l'encontre de. ➤ **contredire, infirmer.** *Ses actes démentent ses paroles. Elle avait « des traits d'une excessive douceur, que ne démentait pas la belle nuance grise de ses yeux »* BALZAC. ◆ LITTÉR. Décevoir, tromper. *« L'événement n'a point démenti mon attente »* RACINE. ◆ **v. pron.** (v. 1175) **NE PAS SE DÉMENTIR :** ne pas cesser de se manifester. *Son succès ne se dément pas. Une passion qui ne s'est jamais démentie.*
■ CONTR. Affirmer, appuyer, attester, certifier, confirmer, ratifier.

DÉMERDARD, ARDE [demɛʀdaʀ, aʀd] **n.** et **adj.** – 1916 ◇ de *se démerder* et *-ard* ■ FAM. Personne qui sait se tirer habilement d'affaire. ➤ **débrouillard, malin ;** PÉJ. **combinard.** — **adj.** *« une copine démerdarde qui dès le lendemain me trouve une place »* QUENEAU.

DÉMERDE [demɛʀd] **n. f.** – v. 1930 ◇ de *se démerder* ■ FAM. Attitude, qualité d'une personne qui sait se tirer d'affaire. ➤ **débrouillardise.** — **adj.** TRÈS FAM. *Le système démerde* (ou *débrouille*). *Un type démerde,* démerdard.

DÉMERDER (SE) [demɛʀde] **v. pron.** ‹1› – v. 1900 ◇ de *dé-* et *merde* « ennuis » ■ FAM. Se débrouiller. *Se démerder tout seul. Ça ne me regarde pas, démerdez-vous ! Il se démerde bien :* il s'en sort bien, il réussit. *« Il était temps qu'il se démerde pour gagner sa croûte »* QUENEAU.

DÉMÉRITE [demeʀit] **n. m.** – XIVe ◇ de *démériter,* ou de *dé-* et *mérite* ■ LITTÉR. Ce qui fait que l'on démérite, que l'on attire sur soi la désapprobation, le blâme. *Où est son démérite dans cette affaire ?* ➤ **faute, tort.** *« il n'y a nul démérite à être dernier »* MONTHERLANT. ■ CONTR. Mérite.

DÉMÉRITER [demeʀite] **v. intr.** ‹1› – 1524 au sens 2° ◇ de *dé-* et *mérite* ■ **1** (1636) Agir de manière à encourir le blâme, la désapprobation (de qqn). VX *Démériter de qqn,* perdre son estime. — MOD. *Démériter auprès de qqn, aux yeux de qqn. L'« idée de démériter dans votre esprit m'effraie et me fait peine »* SAINTE-BEUVE. — ABSOLT *Il n'a jamais démérité. En quoi a-t-il démérité ?* ■ **2** THÉOL. Agir de manière à encourir un châtiment divin, la perte de la grâce. ■ CONTR. Mériter.

DÉMESURE [dem(ə)zyʀ] **n. f.** – v. 1131 ; rare entre XVIIe (1660) et début XIXe (1826) ◇ de *dé-* et *mesure* ■ Manque de mesure, exagération des sentiments ou des attitudes. ➤ **excès, hubris, outrance.** *« Cette démesure* [de Bonaparte] *qui répugne tant à un Talleyrand »* MADELIN. *La démesure de ses projets.* ➤ **gigantisme.**
■ CONTR. Mesure, modération, pondération.

DÉMESURÉ, ÉE [dem(ə)zyʀe] **adj.** – 1080 ◇ de *dé-* et *mesuré* ■ **1** Qui dépasse la mesure ordinaire. ➤ **énorme, immense.** *Une taille démesurée. Un empire démesuré.* ➤ **colossal, gigantesque.** ■ **2** (ABSTRAIT) D'une très grande importance, très intense ; très grand (cf. Sans borne). ➤ **énorme, exagéré, excessif, exorbitant, extraordinaire, gigantesque, illimité, immense, infini, surdimensionné.** *Orgueil démesuré. Il a des prétentions démesurées.*
■ CONTR. Mesuré, modéré, 1 moyen, ordinaire, petit, raisonnable.

DÉMESURÉMENT [dem(ə)zyʀemɑ̃] **adv.** – 1080 ◇ de *démesuré* ■ D'une manière démesurée. ➤ **énormément, excessivement, immensément.** *« les bougies démesurément longues dont on se sert en Norvège »* BALZAC. *« Elle s'exagérait démesurément mes bonnes qualités »* FRANCE.

1 **DÉMETTRE** [demɛtʀ] **v. tr.** ‹56› – 1538 ; « ôter, emporter » XIIIe ◇ de *dé-* et *mettre* ■ Déplacer (un os, une articulation). ➤ **disloquer, luxer ;** FAM. **démancher.** *« Il lui a démis le poignet »* Mme DE SÉVIGNÉ. *Elle s'est démis l'épaule.* ■ CONTR. Remettre.

2 **DÉMETTRE** [demɛtʀ] **v. tr.** ‹56› – v. 1220 *demetre ;* pronom. 1155 ◇ latin *dimittere* « congédier, renvoyer de » ■ **1** Retirer (qqn) d'un emploi, d'un poste, d'une charge. ➤ **casser, chasser, déplacer,**

destituer, relever, révoquer. *Démettre qqn de son emploi, de ses fonctions.* ▪ **2** (1835) DR. ➤ **débouter.** *Démettre qqn de son appel.* ▪ **3 SE DÉMETTRE** v. pron. Quitter ses fonctions (volontairement ou sous une contrainte). ➤ **abandonner, abdiquer, démissionner, 1partir, quitter.** *Se démettre de ses fonctions. « il faudra se soumettre ou se démettre »* GAMBETTA. — FIG. *« J'accepterai tout ce que vous voudrez, sauf de me démettre de ce qui est ma fonction d'homme »* MARTIN DU GARD. ➤ **abandonner, renoncer** (à). ▪ CONTR. Remettre, replacer. Accepter, garder, rester.

DÉMEUBLER [demœble] v. tr. ⟨1⟩ – 1549 ; *desmobler* « dépouiller de ses biens » XIIIe ◇ de *dé-* et *meuble* ▪ Dégarnir (une pièce, une maison) de ses meubles. ➤ **déménager, vider. p. p. adj.** *« Il se sentit triste comme une maison démeublée »* FLAUBERT. ➤ **vide.** ▪ CONTR. Meubler, remeubler.

DEMEURANT (AU) [od(ə)mœʀɑ̃] loc. adv. – v. 1464 ◇ de *au* et p. prés. de *demeurer* ▪ LITTÉR., DIDACT. Pour ce qui reste (à dire) ; en ce qui concerne le reste ; tout bien considéré (cf. Au fond, au reste, en somme, par ailleurs). *Au demeurant, je ne suis pas concerné* (cf. Après* tout). *Panurge, « malfaisant, pipeur, buveur, batteur de pavés, [...] au demeurant le meilleur fils du monde »* RABELAIS.

DEMEURE [d(ə)mœʀ] n. f. – XIIe ◇ de *demeurer*

I VX ou LOC. ▪ **1** VX Le fait de demeurer, de tarder. ➤ **délai, retard.** *« Voyons donc ce que c'est, sans plus longue demeure »* CORNEILLE. ◆ MOD. LOC. *Il y a* **PÉRIL EN LA DEMEURE :** il peut être dangereux d'attendre, il faut agir vite. *Il n'y a pas péril en la demeure :* ce n'est pas urgent, rien ne presse. ▪ **2** loc. adv. (fin XVIIe) **À DEMEURE :** en permanence, d'une manière stable. *S'installer à demeure à la campagne.* ▪ **3** loc. adj. (XIIIe) **EN DEMEURE** DR. Responsable de l'inexécution de son obligation. COUR. (avec *mettre, mise*) *Mise en demeure :* obligation faite au débiteur de se libérer. ➤ **commandement, 1sommation.** *Mettre un débiteur en demeure.* — PAR EXT. *Mettre qqn en demeure de* (et l'inf.). ➤ **enjoindre, exiger, ordonner, signifier, 1sommer.** *C'est une véritable mise en demeure.* ➤ **ultimatum ; comminatoire.**

II ▪ **1** (milieu XVIe) VIEILLI ou LITTÉR. Lieu construit dans lequel on vit. ➤ **domicile, foyer, gîte, habitation, logement, logis, maison, résidence, séjour.** *« on dirait qu'il se contente de la plus fragile demeure : baraque de planches ou cabane de roseau »* CAILLOIS. — MOD. Maison (généralement belle ou importante). *Une demeure seigneuriale.* ➤ **1château.** ▪ **2** FIG. et LITTÉR. *La dernière demeure.* ➤ **tombeau.** *Accompagner qqn à sa dernière demeure.*

DEMEURÉ, ÉE [d(ə)mœʀe] adj. et n. – début XXe ◇ de *demeurer* ▪ Intellectuellement retardé. ➤ **arriéré, attardé, imbécile*, innocent** (cf. Simple* d'esprit). *« c'est une espèce d'"innocente," de crétine, de "demeurée" »* PROUST. — FAM. Inintelligent. ➤ **bête*, débile.** *« Était-elle tout à fait sotte ? ou un peu demeurée ? »* BEAUVOIR.

DEMEURER [d(ə)mœʀe] v. intr. ⟨1⟩ – fin XIe *demurer, demorer* ◇ latin *demorari* « rester, s'arrêter ; retarder, retenir » ▪ **1** VIEILLI ou LITTÉR. S'arrêter, rester en un lieu. ➤ **rester.** *« Demeurez au logis, ou changez de climat »* LA FONTAINE. *On l'a retenu, il a demeuré* (VX), *il est demeuré plus longtemps qu'il ne pensait. « Il était demeuré là jusqu'à la nuit noire »* BOURGET. ◆ MOD. *Il ne peut pas demeurer en place, en repos,* rester tranquille. ➤ **tenir.** — FIG. *« Nous y sentions surtout certain besoin de ne pas demeurer en reste, en arrière, à l'écart »* GIDE. ◆ FIG. **EN DEMEURER LÀ :** ne pas donner suite à une affaire (cf. En rester là). — (CHOSES) *Les choses en demeurèrent là.* ▪ **2** LITTÉR. Passer du temps (à). ➤ **rester, tarder.** *Demeurer longtemps à table, à sa toilette.* ➤ **s'attarder.** *Demeurer longtemps à écrire.* VX *« je n'ai demeuré qu'un quart d'heure à le faire »* MOLIÈRE. ▪ **3** (Avec l'auxil. *avoir*) Habiter, faire sa demeure (dans un lieu). ➤ **habiter, loger, résider, 1vivre ;** FAM. **crécher, percher.** *Nous avons demeuré à Lausanne pendant plusieurs années. Demeurer (dans la) rue Molière, (sur le) boulevard de la Gare, numéro 12, au (numéro) 12. Une parente « qui lui offre de venir demeurer avec elle »* SAND. ▪ **4** (CHOSES) Continuer d'exister. ➤ **durer,** se **maintenir, persister, rester, subsister.** *« ces heures divines qui demeurent au fond de notre mémoire »* BARRÈS. *« Rien ne demeure plus des jours de grandes vacances »* JAMMES. ◆ IMPERS. *Il n'en demeure pas moins que* (et l'indic.) : il reste* que. — (Avec l'inf.) LITTÉR. *« si l'on méprise tout, que demeure-t-il à célébrer ? »* CAILLOIS. ▪ **5** (Avec l'auxil. *être*) Continuer à être (dans un état, une situation). — (PERSONNES) *Ils sont demeurés longtemps sans secours.* — Avec un attribut *« Les hommes naissent et demeurent libres et égaux en droits »* (DÉCLARATION DES DROITS DE L'HOMME). *Il est demeuré court*. J'en demeure d'accord* avec vous.* — (CHOSES) *La porte est demeurée fermée. « Et l'Agora demeura vide »* LOUŸS. ▪ **6** (CHOSES) VIEILLI **DEMEURER À (qqn) :** rester la propriété de. *Cette maison lui est demeurée de ses parents.* ▪ CONTR. 1Partir, 1sortir. Changer, quitter. Disparaître.

DEMI, IE [d(ə)mi] adj., adv. et n. – fin XIe ◇ latin populaire °*dimedius*, réfection du latin classique *dimidius*, d'après *medius*

I ~ adj. Qui est la moitié d'un tout. ◆ Précédant un nom et avec un trait d'union, *demi* est invariable ➤ **demi-.** ◆ **ET DEMI** (apr. un n.) : et la moitié. *Une douzaine et demie* (une douzaine et une demi-douzaine). *Il a trois ans et demi. Un centimètre et demi. Deux heures et demie. Il est minuit et demi. À midi et demi. Deux fois et demie plus cher.* — FIG. (VX) Plus grand encore. PROV. *À trompeur, trompeur* et demi. À malin, malin* et demi.*

II ~ adv. (XIIIe) Devant un adj., un p. p. ou un n. exprimant une qualité, auquel il est rattaché par un trait d'union. *Boîte demi-pleine, demi-remplie,* à moitié. ➤ **mi-.** *Lait demi-écrémé. « Un amateur de jardinage, Demi-bourgeois, demi-manant »* LA FONTAINE. ➤ **demi-,** et comp. — PAR EXT. À peu de chose près. ➤ **presque.** *« les réverbères agités, dont la lumière demi-éteinte vacillait »* CHATEAUBRIAND.

III ~ n. ▪ **1** (n. m. 1690 ; n. f. v. 1190) La moitié d'une unité. ➤ **moitié.** *Un demi* ou *0,5* ou *1/2. Trois demis.* — La moitié d'un objet, d'une quantité. *Vous prenez une baguette ? – Non, une demie seulement,* une demi-baguette. *Une demie de bordeaux,* une demi-bouteille. ▪ **2** n. m. (1900) Verre de bière (qui contenait à l'origine un demi-litre, un quart aujourd'hui) ; son contenu. *Prendre un demi. Des demis pression. « Je boirais bien un autre demi, mais pas panaché, un vrai demi de vraie bière »* QUENEAU. ▪ **3** n. f. (avant 1450) Une demi-heure (après une heure quelconque). *Nous partirons à la demie. Il est la demie passée. Il faut « que la demie de sept heures ait sonné »* COLETTE. ▪ **4** n. m. (1900) SPORT Joueur placé entre les arrières et les avants. *Demi défensif au football. Demi-centre* (cf. Milieu* de terrain). — *Demi d'ouverture* ; demi de mêlée,* qui lance le ballon dans la mêlée, au rugby. ▪ **5** (Polynésie) Métis. *Les demis et les popaas.*

IV ~ loc. adv. **À DEMI** (1534) À moitié. Devant un adj. ou un p. p. ➤ **mi-, semi-.** *À demi nu. Porte à demi ouverte.* — PAR EXT. ➤ **partiellement, presque.** *« Brave qui n'est pas bon n'est brave qu'à demi »* HUGO. ◆ Apr. un v. *Ouvrir un tiroir à demi. Je ne le crois qu'à demi.* — PAR EXT. *Faire qqch. à demi.* ➤ **imparfaitement.** *Elle ne fait pas les choses à demi* (cf. À moitié). *« ceux qui font les révolutions à demi ne font que creuser leurs tombeaux »* SAINT-JUST.

▪ CONTR. 1Complet ; entier, un. — 1Complètement, totalement.

DEMI- ▪ Élément inv., de l'adj. *demi,* qui désigne la division par deux *(demi-douzaine)* ou le caractère incomplet, imparfait *(une demi-conscience).* ➤ **semi-.**

DEMIARD [dəmjaʀ] n. m. – 1741 ◇ du latin *dimidius* « demi » ▪ (Canada) MÉTROL. Unité de mesure de capacité pour les liquides, valant la moitié d'une chopine* ou le quart d'une pinte* (soit 0,284 litre). *« je me casse deux œufs dans un bol de bonne grandeur, je vide dedans un demiard de crème douce »* GUÈVREMONT.

DEMI-BAS [d(ə)mibɑ] n. m. inv. – fin XVIe ◇ de *demi-* et *2bas* ▪ Bas qui ne monte qu'à mi-jambe ; chaussette montante. ➤ **chaussette, mi-bas.**

DEMI-BOTTE [d(ə)mibɔt] n. f. – 1820 ◇ de *demi-* et *2botte* ▪ Botte qui ne monte qu'à mi-mollet. ➤ **boots.** *Des demi-bottes.*

DEMI-BOUTEILLE [d(ə)mibutɛj] n. f. – 1734 ◇ de *demi-* et *bouteille* ▪ Petite bouteille contenant environ 37 cl. ➤ RÉGION. **2fillette.** *Des demi-bouteilles de bourgogne, de bordeaux.* — (Souvent abrégé en *une demie* suivi du cru, de la marque) *Une demie Badoit, une demie Château-Margaux.*

DEMI-BRIGADE [d(ə)mibʀigad] n. f. – 1793 ◇ de *demi-* et *brigade* ▪ HIST. Régiment français des premières guerres de la Révolution. ◆ MOD. Réunion de deux ou trois bataillons sous les ordres d'un colonel. *Des demi-brigades.*

DEMI-CERCLE [d(ə)misɛʀkl] n. m. – 1538 ; *demy cercle* v. 1327 ◇ de *demi-* et *cercle* ▪ Moitié d'un cercle limitée par le diamètre (180 degrés). *Des demi-cercles. Table en demi-cercle.* ➤ **demi-lune.** *Gradins en demi-cercle.* ➤ **hémicycle.**

DEMI-CIRCULAIRE [d(ə)misiʀkylɛʀ] adj. – 1690 ◇ de *demi-cercle* et *circulaire* ▪ En forme de demi-cercle. *Table demi-circulaire.* ➤ **demi-lune.** ANAT. *Canaux demi-circulaires.* ➤ **semi-circulaire.**

DEMI-CLÉ ou **DEMI-CLEF** [d(ə)mikle] n. f. – 1694 ◇ de *demi-* et *clé, clef* ▪ MAR. Nœud d'un cordage qui consiste à faire passer le brin libre sous le brin tendu autour de l'objet attaché. *Des demi-clés, des demi-clefs.*

DEMI-COLONNE [d(ə)mikɔlɔn] **n. f.** – 1690 ◊ de *demi-* et *colonne* ▪ ARCHIT. Colonne engagée de la moitié de son diamètre. *Façade ornée de demi-colonnes.*

DEMI-DEUIL [d(ə)midœj] **n. m.** – 1758, au sens 2° ◊ de *demi-* et *deuil* ▪ **1** ANCIENNT Deuil moins sévère que le grand deuil (noir, blanc, gris, violet, mauve). *Des demi-deuils.* ▪ **2** (1867 ; *côtelette de veau en demi-deuil* 1758) CUIS. *Poularde demi-deuil,* servie avec une sauce blanche aux truffes noires.

DEMI-DIEU [d(ə)midjø] **n. m.** – XIIIe ; latin *semideus* ◊ de *demi-* et *dieu* ▪ Personnage mythologique issu d'une mortelle et d'un dieu, d'une déesse et d'un mortel, ou divinisé pour ses exploits. ➤ **héros.** *Des demi-dieux.* — FIG. Personnage que l'on traite presque comme un dieu.

DEMI-DOUZAINE [d(ə)miduzɛn] **n. f.** – 1456 *demye douzaine* ◊ de *demi-* et *douzaine* ▪ Moitié d'une douzaine ou six unités. *Trois demi-douzaines d'huîtres.* — Approximativement six éléments (personnes ou choses) de même nature. *Une demi-douzaine d'amis.*

DEMI-DROITE [d(ə)midʀwat] **n. f.** – 1922 ◊ de *demi-* et *droite* ▪ MATH. Portion de droite limitée par un point appelé *origine. La demi-droite* Ox. *Des demi-droites.*

DEMIE ➤ **DEMI**

DÉMIELLER [demjele] **v. tr.** ⟨1⟩ – 1771 ◊ de *dé-* et *miel* ▪ Enlever le miel de (la cire).

DEMI-ENTIER, IÈRE [d(ə)miɑ̃tje, jɛʀ] **adj.** – XXe ◊ de *demi-* et *entier* ▪ PHYS. Se dit d'un nombre égal à la moitié d'un nombre impair. *Valeur demi-entière du spin d'une particule quantique.* — **n. m.** *Des demi-entiers.*

DEMI-ESPACE [d(ə)miɛspas] **n. m.** – XXe ◊ de *demi-* et *espace* ▪ MATH. Partie d'un espace divisé en deux. *Les demi-espaces d'un plan affine sont des demi-plans.*

DEMI-FIN, FINE [d(ə)mifɛ̃, fin] **adj.** – 1834 ◊ de *demi-* et *2fin* ▪ COMM. Intermédiaire entre gros et fin. ➤ **mi-fin.** *Petits-pois demi-fins. Aiguilles demi-fines.* ◆ TECHN. Qui contient la moitié de son poids d'alliage. *Bijouterie demi-fine.* — **n. m.** (1870) Alliage d'or. *Bracelet en demi-fin.*

DEMI-FINALE [d(ə)mifinal] **n. f.** – 1898 ◊ de *demi-* et *finale* ▪ Avant-dernière épreuve d'une coupe, d'une compétition, à l'issue de laquelle sont sélectionnés les participants de la finale*. *Notre équipe a remporté la demi-finale. Aller en demi-finale. Des demi-finales.*

DEMI-FINALISTE [d(ə)mifinalist] **n.** – 1907 *semi-finaliste* ◊ de *demi-finale* ▪ Personne, équipe admise à participer à une demi-finale. *Les demi-finalistes d'un tournoi de tennis, d'un tournoi d'échecs. Demi-finalistes disputant la petite finale*.*

DEMI-FOND [d(ə)mifɔ̃] **n. m.** – 1897 ◊ de *demi-* et *fond* ▪ SPORT *Course de demi-fond,* de moyenne distance (entre 800 et 3 000 m), par opposition aux courses de fond, de grand fond et aux courses de vitesse.

DEMI-FRÈRE [d(ə)mifʀɛʀ] **n. m.** – 1350 ◊ de *demi-* et *frère* ▪ Frère par le père ou la mère seulement. *Demi-frère de même père* (frère consanguin), *de même mère* (frère utérin). *Ses demi-frères.*

DEMI-GROS [d(ə)migʀo] **n. m. inv.** – 1754 ◊ de *demi-* et *gros* ▪ Commerce intermédiaire entre la vente en gros et la vente au détail. *Maison, commerçant qui fait le demi-gros* (*demi-grossiste* **n.,** 1955). *Vente en demi-gros.*

DEMI-HEURE [d(ə)mijœʀ ; dəmjœʀ] **n. f.** – 1610 ◊ de *demi-* et *heure* ▪ Moitié d'une heure ou trente minutes. *Attendez une demi-heure. Il passe un autobus toutes les demi-heures.* ➤ **demi.**

DEMI-JOUR [d(ə)miʒuʀ] **n. m.** – avant 1704 ◊ de *demi-* et *jour* ▪ Clarté faible comme celle de l'aube ou du crépuscule. ➤ **crépuscule, pénombre.** « *Un demi-jour rougeâtre tombant de haut ne formait plus qu'une sorte de brouillard lumineux* » FROMENTIN. *Des demi-jours* ou *des demi-jour* (**inv.**).

DEMI-JOURNÉE [d(ə)miʒuʀne] **n. f.** – 1395 *demy journée* ◊ de *demi-* et *journée* ▪ Moitié d'une journée, matinée ou après-midi. *Des demi-journées de travail. Location de parasols pour la demi-journée, à la demi-journée.*

DÉMILITARISATION [demilitaʀizasjɔ̃] **n. f.** – fin XIXe ◊ de *démilitariser* ▪ Action de démilitariser. *Procéder à la démilitarisation d'un pays.* ➤ **désarmement.** ▪ CONTR. Armement, militarisation.

DÉMILITARISER [demilitaʀize] **v. tr.** ⟨1⟩ – 1871 ◊ de *dé* et *militariser* ▪ Priver (une collectivité, un pays, une zone) de sa force militaire. ➤ **désarmer.** « *Le traité de Versailles avait démilitarisé la rive gauche du Rhin* » BAINVILLE. ▪ CONTR. Militariser ; armer.

DEMI-LITRE [d(ə)militʀ] **n. m.** – 1795 ◊ de *demi-* et *litre* ▪ Moitié d'un litre. Bouteille, récipient contenant un demi-litre. *Des demi-litres.*

DEMI-LONGUEUR [d(ə)milɔ̃gœʀ] **n. f.** – 1829 ◊ de *demi-* et *longueur* ▪ SPORT *Gagner d'une demi-longueur,* de la moitié de la longueur du cheval, du bateau, dans une course. *Des demi-longueurs.*

DEMI-LUNE [d(ə)milyn] **n. f.** – 1553 ◊ de *demi-* et *lune* ▪ **1** FORTIF. Ouvrage extérieur, autrefois demi-circulaire, aujourd'hui triangulaire. *Des demi-lunes.* ▪ **2** Espace en forme de demi-cercle devant un bâtiment, une entrée, à un carrefour. ▪ **3** AU PLUR. Lunettes équipées de verres très étroits laissant libre le champ de vision supérieur. « *La voilà qui chausse ses demi-lunes et inspecte l'objet du délit sous toutes les coutures* » GAVALDA. ▪ **4** **adj. inv.** (1925) Demi-circulaire (meubles). *Table, commode demi-lune.*

DEMI-MAL, MAUX [d(ə)mimal, mo] **n. m.** – 1773 ◊ de *demi-* et *3mal* ▪ Inconvénient moins grave que celui qu'on prévoyait. *Est-il blessé ? – Non, il n'y a que demi-mal. Ce ne sont que des demi-maux.*

DEMI-MESURE [d(ə)mim(ə)zyʀ] **n. f.** – 1768 ; hapax 1580 ◊ de *demi-* et *mesure* ▪ **1** TECHN. Moitié d'une mesure. *Une demi-mesure de graines.* ▪ **2** COUR. Moyen insuffisant, provisoire, transitoire. ➤ **compromis.** « *les ruses, les mensonges, les trahisons, les demi-mesures qui dans le danger de la patrie sont l'équivalent de la trahison* » JAURÈS. *C'est tout ou rien : il a horreur des demi-mesures.* ▪ **3** (milieu XXe) Confection de costumes d'homme d'après les mesures principales. *S'habiller en demi-mesure.* ➤ **mesure** (sur-mesure).

DEMI-MONDAIN, AINE [d(ə)mimɔ̃dɛ̃, ɛn] **adj.** et **n.** – 1866 n. f. ◊ de *demi* et *mondain* ▪ **1** Du demi-monde. — **n.** « *ces demi-mondains ou parasites qu'il avait ramassés dans ses nuits de beuverie* » G. LEROY. ▪ **2** **n. f.** ANCIENNT Femme de mœurs légères. ➤ **courtisane.** *Des demi-mondaines.*

DEMI-MONDE [d(ə)mimɔ̃d] **n. m.** – 1789 ◊ de *demi-* et *monde* ▪ ANCIENNT Société de femmes légères, de mœurs équivoques, et de ceux qui les fréquentent. *Les demi-mondes de la Belle Époque.*

DEMI-MORT, MORTE [d(ə)mimɔʀ, mɔʀt] **adj.** – 1549 ; *à demi mort* 1538 ◊ de *demi-* et *2mort* ▪ LITTÉR. À moitié mort, très mal en point. *Elles sont demi-mortes de froid,* à demi mortes de froid.

DEMI-MOT [d(ə)mimo] **n. m.** – 1654 ◊ de *demi-* et *mot* ▪ **1** LITTÉR. Mot choisi dans le dessein d'atténuer une expression trop brutale (➤ **euphémisme**) ou de dissimuler sa pensée. « *Après avoir cherché des demi-mots pour mitiger l'annonce fatale* » STENDHAL. ▪ **2** **loc. adv.** (1538) COUR. **À DEMI-MOT** [ad(ə)mimo] : sans qu'il soit nécessaire que tout soit exprimé. *Comprendre une lettre à demi-mot* (cf. Entre les lignes*).

DÉMINAGE [deminaʒ] **n. m.** – v. 1945 ◊ de *déminer* ▪ Opération par laquelle on démine un terrain. *Le déminage des plages, après la guerre.*

DÉMINER [demine] **v. tr.** ⟨1⟩ – 1948 ◊ de *dé-* et *2mine* ▪ **1** Débarrasser (un terrain, une zone, une partie de la mer) des mines qui en interdisent l'accès, des engins explosifs qui s'y trouvent. ▪ **2** FIG. Débarrasser de ce qui gêne, de ce qui présente un danger. *Déminer un dossier sensible.* ➤ **désamorcer.**

DÉMINÉRALISATION [demineʀalizasjɔ̃] **n. f.** – 1890 ◊ de *déminéraliser* ▪ **1** MÉD. Élimination excessive des substances minérales nécessaires à l'organisme (chez les vieillards, certains malades). *Déminéralisation par élimination du calcium.* ➤ **décalcification.** ▪ **2** (1956) TECHN. Élimination des sels minéraux contenus dans l'eau. ➤ **adoucissement.**

DÉMINÉRALISER [demineʀalize] **v. tr.** ⟨1⟩ – fin XIXe ◊ de *dé-* et *minéral,* d'après *minéraliser* ▪ **1** MÉD. Faire perdre les sels minéraux à (l'organisme). — PRONOM. *Son organisme se déminéralise.* ▪ **2** (1966) CHIM. Éliminer les sels minéraux de (l'eau), sans la chauffer. ➤ **adoucir.** — **p. p. adj.** *Eau déminéralisée.*

DÉMINEUR, EUSE [deminœʀ, øz] **n.** – v. 1945 ◊ de *déminer* ▪ **1** Technicien(ne) du déminage. *Les démineurs ont fait exploser le colis suspect.* ▪ **2** FIG. Personne qui met fin à un conflit, à une situation problématique.

DEMI-PAUSE [d(ə)mipoz] n. f. – 1705 ◊ de *demi-* et *pause* ■ MUS. Silence qui équivaut à la moitié d'une pause (égal à une blanche) et qui est représenté par un petit trait sur la troisième ligne de la portée. *Des demi-pauses.*

DEMI-PENSION [d(ə)mipɑ̃sjɔ̃] n. f. – 1690 ◊ de *demi-* et *pension* ■ **1** Pension partielle, dans laquelle on ne prend qu'un repas. *Prendre la demi-pension dans un hôtel. Des demi-pensions.* ■ **2** (Opposé à *externat, internat*) Régime scolaire où l'élève prend son repas de midi sur place. *Payer la demi-pension par trimestre.*

DEMI-PENSIONNAIRE [d(ə)mipɑ̃sjɔnɛʀ] n. – 1798 ◊ de *demi-pension* et *pensionnaire* ■ Élève qui prend les repas de midi dans un établissement scolaire (opposé à *externe, interne*). *Des demi-pensionnaires.*

DEMI-PIÈCE [d(ə)mipjɛs] n. f. – 1723 ◊ de *demi-* et *pièce* ■ **1** La moitié d'une pièce d'étoffe sortant de la fabrique. ■ **2** Fût de vin d'environ 110 litres. *Des demi-pièces.*

DEMI-PLACE [d(ə)miplas] n. f. – 1840 ◊ de *demi-* et *place* ■ RARE Place à moitié prix (transports, spectacles) dont bénéficient certaines catégories de personnes. ➤ **demi-tarif.** *Prenez deux demi-places et une place entière.*

DEMI-PLAN [d(ə)miplɑ̃] n. m. – 1922 ◊ de *demi-* et *plan* ■ Portion de plan limitée par une droite de ce plan. *Des demi-plans* (➤ aussi **demi-espace**).

DEMI-POINTE [d(ə)mipwɛ̃t] n. f. – 1935 ◊ de *demi-* et *pointe* ■ **1** CHORÉGR. Position du pied soulevé reposant sur les phalanges à plat, comme lorsqu'on marche sur la pointe des pieds (➤ **pointe**). *Elle réussit bien les demi-pointes.* ■ **2** *Demi-pointes* : chaussons souples utilisés par les danseurs.

DEMI-PORTION [d(ə)mipɔʀsjɔ̃] n. f. – 1915 ◊ de *demi-* et *portion* ■ FAM. et PÉJ. Personne petite, insignifiante (qui n'aurait droit qu'à la moitié d'une portion ou d'un repas). *Des demi-portions. Va donc, eh, demi-portion !*

DEMI-PRODUIT [d(ə)mipʀɔdɥi] n. m. – 1929 ◊ de *demi-* et *produit* ■ ÉCON. Produit qui doit subir un nouveau traitement avant d'être utilisé ; produit semi-fini. *Des demi-produits.* ➤ **semi-produit.**

DEMI-QUART [d(ə)mikaʀ] n. m. – 1606 *demy quart* ◊ de *demi-* et *quart* ■ Moitié d'un quart de livre, soit 62,5 g. *Des demi-quarts de beurre.*

DEMI-QUEUE [d(ə)mikø] adj. et n. m. – 1929 ; « tonneau » 1606 ◊ de *demi-* et *queue* ■ *Piano demi-queue,* de grandeur intermédiaire entre le piano à queue et le quart de queue. — n. m. *Jouer sur un demi-queue. Des demi-queues.*

DEMI-RÉACTION [d(ə)mireaksjɔ̃] n. f. – 1909 ◊ de *demi* et *réaction* ■ CHIM. Réaction chimique consommant ou produisant des électrons, observée sur l'une des deux électrodes d'une pile ou d'une électrolyse. *Les demi-réactions d'oxydoréduction.*

DEMI-RELIURE [d(ə)miʀəljyʀ] n. f. – 1829 ◊ de *demi-* et *reliure* ■ Reliure où seul le dos du livre est en peau, les plats étant recouverts de papier ou de tissu. *Des demi-reliures.*

DEMI-RONDE [d(ə)miʀɔ̃d] adj. f. et n. f. – 1764 ◊ de *demi-* et *rond,* adj. ■ TECHNOL. *Lime demi-ronde* ou *une demi-ronde* : lime dont une face est plate et l'autre arrondie. *Des demi-rondes.*

DÉMIS, ISE [demi, iz] adj. – 1580 « détruit » ◊ de 1*démettre* ■ Déplacé, luxé (os, articulation). *Remettre en place un poignet démis.*

DEMI-SAISON [d(ə)misɛzɔ̃] n. f. – 1842 ◊ de *demi-* et *saison* ■ L'automne ou le printemps. *Vêtement de demi-saison,* ni trop léger, ni trop chaud. *Pendant les demi-saisons.*

DEMI-SANG [d(ə)misɑ̃] n. m. – 1836 ◊ de *demi-* et *sang* ■ Cheval issu de reproducteurs dont un seul est de pur sang (opposé à *pur-sang*). ➤ **cob.** *Des demi-sang* (inv.) ou *des demi-sangs.*

DEMI-SEL [d(ə)misɛl] adj. inv. et n. m. – 1842 *porc au demi-sel* ◊ de *demi-* et *sel*

I adj. inv. Qui n'est que légèrement salé. *Beurre demi-sel.* — *Fromage demi-sel,* et SUBST. (1929) *un demi-sel* : fromage frais de vache, légèrement salé et d'une pâte homogène. *Des fromages demi-sel.*

II n. m. (1894 « homme qui exerce un métier régulier mais vit aussi de proxénétisme » ◊ de *(beurre) demi-sel,* proprt « ni salé, ni pas salé ») ARG. et PÉJ. Homme, garçon qui affecte d'être du milieu sans se comporter comme le milieu l'exige. *Des demi-sel* (inv.) ou *des demi-sels.* « *je l'ai pris longtemps pour un gars d'aventure, mais c'est rien qu'un demi-sel* » CÉLINE. — PAR EXT. Lâche.

DEMI-SŒUR [d(ə)misœʀ] n. f. – 1424 *demie-sœur* ◊ de *demi-* et *sœur* ■ Sœur par le père ou par la mère seulement (➤ **demi-frère**). *Il a deux demi-sœurs.*

DEMI-SOLDE [d(ə)misɔld] n. f. et m. – 1720 ◊ de *demi-* et 1*solde* ■ **1** n. f. Solde réduite d'un militaire en non-activité. *Des demi-soldes.* ■ **2** n. m. inv. Militaire qui touche une demi-solde (SPÉCIALT soldat de l'Empire, sous la Restauration). *Des demi-solde.*

DEMI-SOMMEIL [d(ə)misɔmɛj] n. m. – 1697 ◊ de *demi-* et *sommeil* ■ État intermédiaire entre le sommeil et l'état de veille. ➤ **somnolence.** *Des demi-sommeils. Être dans un demi-sommeil.*

DEMI-SOUPIR [d(ə)misupiʀ] n. m. – 1611 ◊ de *demi-* et *soupir* ■ MUS. Silence dont la durée est égale à la moitié d'un soupir (équivalant à une croche), représenté par un signe en forme de 7 sur la troisième ligne de la portée. *Des demi-soupirs.*

DÉMISSION [demisjɔ̃] n. f. – 1338 ◊ latin *demissio* « action d'abaisser », pour servir de dérivé à *démettre* ■ **1** Acte par lequel on se démet d'une fonction, d'une charge, d'une dignité ; rupture, par le salarié, de son contrat de travail. *Donner, reprendre sa démission.* ABRÉV. FAM. **DÉM** [dɛm]. *Filer, cloquer sa dém.* — *Lettre de démission. Préavis de démission. Accepter, recevoir la démission de qqn. Démission collective d'une assemblée.* — *Démission !* cri hostile à l'adresse d'un personnage politique, d'un responsable. ■ **2** FIG. Acte par lequel on renonce à qqch. ; attitude de fuite devant les difficultés. ➤ **abandon, abdication, renonciation.** « *à votre âge, on ne donne pas ainsi sa démission de toute activité dans la vie* » SAINTE-BEUVE. *La démission des parents.* « *Les grandes personnes ont des solutions pour couvrir leur démission, cela s'appelle pensionnat, internat* » P. CONSTANT. ■ CONTR. Maintien.

DÉMISSIONNAIRE [demisjɔnɛʀ] n. et adj. – XVIIIe ◊ de *démission* ■ **1** Personne qui vient de donner sa démission. — adj. *Ministre démissionnaire.* ■ **2** adj. FIG. Qui a une attitude de démission (2°). *Parents démissionnaires.*

DÉMISSIONNER [demisjɔne] v. intr. ‹1› – 1793 ◊ de *démission* ■ **1** Donner sa démission, résigner ses fonctions. ➤ 2**se démettre, se retirer.** *Démissionner de son poste.* ♦ TRANS. IRON. *On l'a démissionné* : on l'a renvoyé. ■ **2** FIG. et FAM. Renoncer à qqch. ➤ **abandonner, renoncer.** *Si je ne réussis pas du premier coup, je démissionne.* ■ **3** FIG. Ne plus exercer ses responsabilités. *Parents trop faibles qui démissionnent* (➤ **démissionnaire**).

DEMI-TARIF [d(ə)mitaʀif] n. m. – 1890 ◊ de *demi-* et *tarif* ■ Tarif réduit* de moitié. *Place* (➤ **demi-place**), *billet, abonnement à demi-tarif. Payer demi-tarif.* — adj. *Des billets demi-tarifs* ou *demi-tarif* (inv.). ♦ Billet à demi-tarif. *Deux demi-tarifs.*

DEMI-TEINTE [d(ə)mitɛ̃t] n. f. – 1651 ◊ de *demi-* et *teinte* ■ **1** Teinte qui n'est ni claire ni foncée. *Peinture exécutée en demi-teintes.* — FIG. *En demi-teinte,* mélangé, incertain, peu affirmé. *Bilan en demi-teinte,* ni bon ni mauvais. ■ **2** Sonorité adoucie. *Chanter en demi-teinte.* ■ **3** Ton nuancé, manière discrète. *Un portrait tout en demi-teintes.* « *son entêtement à parler en demi-teintes et à ne jamais répondre directement aux questions* » TOURNIER.

DEMI-TIGE [d(ə)mitiʒ] n. f. – 1732 ◊ de *demi-* et *tige* ■ ARBOR. Arbre fruitier dont on a arrêté la croissance. *Des demi-tiges.*

DEMI-TON [d(ə)mitɔ̃] n. m. – 1627 ◊ de *demi-* et 2*ton* ■ MUS. Le plus petit intervalle du système tempéré qui correspond à un douzième d'octave. *Demi-ton diatonique,* formé par deux notes portant des noms différents (ex. sol - la bémol). *Demi-ton chromatique,* formé par deux notes portant le même nom (ex. mi bémol - mi). *Signe d'altération qui hausse* (➤ **dièse**), *abaisse* (➤ **bémol**) *une note d'un demi-ton. Des demi-tons.*

DEMI-TOUR [d(ə)mituʀ] n. m. – 1536 ◊ de *demi-* et 3*tour* ■ **1** Moitié d'un tour que l'on fait sur soi-même. *Des demi-tours. Demi-tour à droite ; demi-tour, droite !* ■ **2** PAR EXT. *Faire demi-tour* : retourner sur ses pas, sur son chemin (cf. Tourner les talons*).

DÉMIURGE [demjyʀʒ] n. m. – 1803 ; *demiourgon* 1546 ◊ latin *demiurgus,* grec *dêmiourgos* « architecte », de *dêmos* « peuple » et *ergon* « travail » ■ **1** PHILOS. ANC. Le dieu architecte de l'Univers, pour les Platoniciens. ■ **2** LITTÉR. Créateur, animateur d'un monde. « *Le publicitaire est-il le démiurge de la société moderne ?* » H. LEFEBVRE. — adj. **DÉMIURGIQUE.**

DEMI-VIE [d(ə)mivi] **n. f.** – avant 1970 ◊ de *demi-* et *vie* ■ PHYS. Temps que met une grandeur qui suit une loi exponentielle décroissante pour arriver à la moitié de sa valeur initiale. *Demi-vie d'une substance radioactive.* ➤ **période** (radioactive). *Des demi-vies.*

DEMI-VIERGE [d(ə)mivjɛʀʒ] **n. f.** – 1894, M. Prévost ◊ de *demi-* et *vierge* ■ VIEILLI Jeune fille encore vierge de mœurs très libres. *Des demi-vierges.*

DEMI-VOLTE [d(ə)mivɔlt] **n. f.** – 1678 ◊ de *demi-* et *volte* ■ ÉQUIT. Mouvement dans lequel le cheval opère un demi-tour suivi d'une oblique. *Des demi-voltes. Demi-volte renversée :* oblique suivie d'un demi-tour.

DÉMIXTION [demikstjɔ̃] **n. f.** – 1928 ◊ de *dé-* et *mixtion* ■ PHYS. Séparation des phases d'un mélange.

DÉMOBILISABLE [demɔbilizabl] **adj.** – avant 1922 (sans doute 1914-1918) ◊ de *démobiliser* ■ Qui doit être démobilisé. ■ CONTR. Mobilisable.

DÉMOBILISATEUR, TRICE [demɔbilizatœʀ, tʀis] **adj.** – attesté 1930 ◊ de *démobiliser* ■ **1** MILIT. Où l'on procède à la démobilisation. *Un centre démobilisateur.* ■ **2** (v. 1963) FIG. POLIT. Qui est propre à démobiliser. *L'attitude du syndicat a eu un effet démobilisateur sur la base.* ➤ **démotivant.**

DÉMOBILISATION [demɔbilizasjɔ̃] **n. f.** – 1870 ◊ de *démobiliser* ■ **1** Action de démobiliser. *Procéder à la démobilisation générale.* ■ **2** (v. 1962) FIG. POLIT. Fait de démobiliser (les masses, l'opinion) ; effet qui en résulte. *La démobilisation de l'opinion.* ■ CONTR. Mobilisation.

DÉMOBILISER [demɔbilize] **v. tr.** ‹1› – avant 1870 ; dr. 1826 ◊ de *dé-* et *mobiliser* ■ **1** Rendre à la vie civile (des troupes mobilisées). *Les soldats sont démobilisés à la cessation des hostilités.* **p. p. adj.** *Soldats démobilisés. Armée démobilisée.* SUBST. *Un démobilisé.* ◆ ABSOLT *La France démobilise.* ■ **2** FIG. (1963) POLIT. Priver (les militants, les masses) de toute combativité, cesser ou empêcher de mobiliser pour la défense d'une cause. ➤ **démotiver.** ■ CONTR. Appeler, mobiliser.

DÉMOCRATE [demɔkʀat] **n. et adj.** – v. 1550 en parlant de l'Antiquité ; repris en 1785 ◊ de *démocratie*, d'après *aristocrate* ■ **1** Partisan de la démocratie, de ses principes et de ses institutions. *Un, une démocrate convaincu(e). Un démocrate exigeant, sans aucune démagogie*.* — **adj.** *Un esprit démocrate* (➤ **républicain**). *« J.-J. Rousseau, philosophe démocrate et libre penseur »* VILLEMAIN. ■ **2** **adj.** (1825) *Le parti démocrate :* l'un des deux grands partis politiques américains (opposé à *Parti républicain*). *Électeur démocrate.* — **n.** Membre, électeur de ce parti. *Les démocrates et les républicains.* ■ CONTR. Aristocrate, monarchiste ; fasciste.

DÉMOCRATE-CHRÉTIEN, IENNE [demɔkʀatkʀetjɛ̃, jɛn] **n. et adj.** – 1901 ◊ de *démocrate* et *chrétien* ■ POLIT. Membre, partisan de la démocratie* chrétienne. *Des démocrates-chrétiens.* **adj.** *Les partis démocrates-chrétiens.*

DÉMOCRATIE [demɔkʀasi] **n. f.** – 1370 en parlant de l'Antiquité ; repris en 1791 ◊ grec *dêmokratia*, de *dêmos* « peuple » ■ **1** Doctrine politique d'après laquelle la souveraineté doit appartenir à l'ensemble des citoyens ; organisation politique (souvent, la république) dans laquelle les citoyens exercent cette souveraineté. *La démocratie antique, grecque. La démocratie repose sur le respect de la liberté et de l'égalité des citoyens.* — *Démocratie directe,* où le peuple exerce directement sa souveraineté. *Démocratie participative,* où le peuple participe à la concertation et aux décisions. *Démocratie représentative,* où le peuple élit des représentants. *« Le suffrage universel est donc la démocratie elle-même »* LAMARTINE. *Démocratie électorale et démocratie d'opinion. Démocratie parlementaire, présidentielle. Démocratie socialiste ; libérale.* — *Démocratie chrétienne,* inspirée par la morale sociale chrétienne et SPÉCIALT (1901) forme d'action politique démocratique définie par la papauté ; partis politiques qui la défendent. ■ **2** État pourvu d'institutions démocratiques ; État organisé suivant les principes de la démocratie. *Être en démocratie. Les démocraties libérales. Les démocraties populaires :* régimes à parti unique, d'inspiration marxiste, plus ou moins inféodés à l'URSS, supprimés pour la plupart en 1990. ■ CONTR. Aristocratie, monarchie, oligarchie ; fascisme, totalitarisme.

DÉMOCRATIQUE [demɔkʀatik] **adj.** – 1370 en parlant de l'Antiquité ; repris au XVIIIe ◊ grec *dêmokratikos* → démocratie ■ **1** Qui appartient à la démocratie (doctrine ou organisation politique). *Principes, théories démocratiques.* ➤ **égalitaire.** *Institutions démocratiques. République démocratique. Régime démocratique. Les pays démocratiques.* ■ **2** Conforme à la démocratie ; aux intérêts du peuple. *Esprit démocratique. Loi démocratique.* ◆ Respectueux de la volonté, de la liberté de chacun. *Après un vote démocratique, on décida de l'emploi du temps.* ■ **3** RARE Du peuple ; qui n'est pas de l'aristocratie. ➤ **commun, plébéien.** *« les poètes classiques usaient d'une langue démocratique, celle de tout le monde »* AYMÉ. ■ CONTR. Aristocratique, monarchique, oligarchique ; antidémocratique, fasciste.

DÉMOCRATIQUEMENT [demɔkʀatikmɑ̃] **adv.** – 1568 ◊ de *démocratique* ■ D'une façon démocratique. *Président démocratiquement élu au suffrage universel.*

DÉMOCRATISATION [demɔkʀatizasjɔ̃] **n. f.** – 1797 ◊ de *démocratiser* ■ Action de démocratiser ; son résultat.

DÉMOCRATISER [demɔkʀatize] **v. tr.** ‹1› – 1792 ; « être en démocratie » avant 1382 ◊ du radical de *démocratie* ■ **1** Introduire la démocratie dans. *Démocratiser un pays, des institutions.* ■ **2** Rendre accessible, populaire. *Démocratiser le luxe.* — PRONOM. *Ce sport se démocratise.* ➤ **populariser, vulgariser.**

DÉMOCRATURE [demɔkʀatyʀ] **n. f.** – 1987 ◊ mot-valise, de *démocra(tie)* et *(dict)ature* ■ DIDACT. Régime politique mêlant des apparences démocratiques et un exercice autoritaire du pouvoir. *« il est grotesque d'appeler cette démocratie-là dictature [...]. Appelons-la donc démocrature, ou démocratie noyautée. »* REVEL.

DÉMODÉ, ÉE [demɔde] **adj.** – 1827 ◊ de *dé-* et 1 *mode* → démoder ■ Qui n'est plus à la mode. *Vêtement, objet démodé.* ➤ **désuet, suranné, vieillot** (cf. Passé de mode). *Prénom démodé.* ➤ 2 **rétro.** ◆ *Théories, procédés démodés.* ➤ **archaïque, dépassé, obsolète, périmé.** ◆ (PERSONNES) ➤ FAM. 2 **ringard.** *« Le moyen d'avoir raison dans l'avenir est, à certaines heures, de savoir se résigner à être démodé »* RENAN. ■ CONTR. 1 Mode (à la). Avant-garde (d').

DÉMODER [demɔde] **v. tr.** ‹1› – 1856 ◊ de *dé-* et 1 *mode* ■ RARE Mettre hors de mode. — **SE DÉMODER v. pron.** COUR. Passer de mode, n'être plus à la mode. *Ces robes se sont démodées rapidement.* ➤ **démodé.**

DÉMODEX ou **DEMODEX** [demɔdɛks] **n. m.** – 1865 ◊ latin moderne *demodex*, du grec *dêmos* « graisse » et *dex* « ver » ■ ZOOL. Petit arachnide *(acariens)* parasite des orifices des follicules pilosébacés du visage.

DÉMODULATEUR [demɔdylatœʀ] **n. m.** – 1953 ◊ de *dé-* et *modulateur* ■ ÉLECTRON. Dispositif opérant une démodulation (➤ **syntoniseur, tuner**). *Modulateur démodulateur.* ➤ **modem.**

DÉMODULATION [demɔdylasjɔ̃] **n. f.** – v. 1930 ◊ de *dé-* et *modulation* ■ ÉLECTRON. Opération destinée à extraire l'information (le signal modulant) contenue dans un signal modulé. *Démodulation de phase, de fréquence, d'amplitude* (➤ **détecteur**). ■ CONTR. Modulation (3°).

DÉMODULER [demɔdyle] **v. tr.** ‹1› – 1953 ◊ de *dé-* et *moduler* ■ ÉLECTRON. Extraire l'information contenue dans (un signal modulé). ■ CONTR. Moduler (3°).

DÉMODULOMÈTRE [demɔdylɔmɛtʀ] **n. m.** – 1973 ◊ de *démoduler*, d'après *modulomètre* ■ ÉLECTRON. Appareil servant à mesurer les caractéristiques de la modulation d'un signal modulé.

DÉMOGRAPHE [demɔgʀaf] **n.** – 1861 ◊ de *démographie* ■ Spécialiste de la démographie.

DÉMOGRAPHIE [demɔgʀafi] **n. f.** – 1855 ◊ grec *dêmos* « peuple » et *-graphie* ■ **1** Étude statistique des collectivités humaines. *« Éléments de statistique humaine, ou Démographie comparée »,* de Guillard (1855). *Tables de mortalité, natalité, nuptialité, divortialité données par la démographie.* ◆ (1972) Étude quantitative des populations humaines ou animales et de leurs variations. ■ **2** PAR MÉTON. État quantitatif d'une population. *La démographie galopante des pays en voie de développement.*

DÉMOGRAPHIQUE [demɔgʀafik] **adj.** – 1861 ◊ de *démographie* ■ **1** Qui appartient à la démographie ; qui est envisagé sous l'aspect de la démographie. *Bilan démographique.* ■ **2** De la population (du point de vue du nombre). *Poussée démographique.*

DEMOISELLE [d(ə)mwazɛl] **n. f.** – *damisele* 1080 ; *domnizelle* fin IXe ◊ latin populaire *domnicella*, de *domina* « dame »

I ANCIENNT Jusqu'au XVIIIe s., Jeune fille noble ou femme mariée de petite noblesse. ➤ 1 **dame.** *« Ah ! qu'une femme Demoiselle est une étrange affaire »* MOLIÈRE.

II (1690) MOD ▪ **1** Femme célibataire (➤ **mademoiselle**). *Rester demoiselle.* ➤ **fille.** *La pension est dirigée par deux demoiselles* (cf. Vieille fille). ◆ COURTOIS ou IRON. Jeune fille. *Quand ces demoiselles voudront bien m'écouter. Ces demoiselles se croient tout permis.* ◆ RÉGION. *Votre demoiselle* : votre fille. ▪ **2** (XIXe) **DEMOISELLE D'HONNEUR :** jeune fille attachée à la personne d'une souveraine. PAR ANAL. Jeune fille ou petite fille qui accompagne la mariée. *Les demoiselles d'honneur et les garçons d'honneur ouvrent le cortège derrière les mariés.* ◆ *Demoiselle de compagnie**. ▪ **3** VIEILLI Personne (mariée ou non) attachée à un établissement. *Mme Folantin «devint demoiselle de magasin, puis caissière»* HUYSMANS. *«les servantes toujours irritées du Mystère, les ombrageuses prêtresses de l'Invisible, les Demoiselles du téléphone!»* PROUST.

III FIG. ▪ **1** (1665) Libellule. *«La verte demoiselle aux ailes bigarrées»* HUGO. ◆ Insecte apparenté à la libellule *(odonates)* mais dont les ailes, au repos, sont repliées sur le dos. ▪ **2** ZOOL. *Demoiselle de Numidie.* ➤ **grue.** ▪ **3** TECHN. Outil de paveur. ➤ 2**dame, hie.** ▪ **4** Pièce de bois tourné qui sert à ouvrir les doigts des gants neufs.

DÉMOLIR [demɔliʀ] v. tr. ⟨2⟩ – 1458 ◊ latin *demoliri,* de *moles* «masse»

I DÉMOLIR QQCH. ▪ **1** Défaire (une construction) en abattant, en faisant tomber. ➤ **abattre, démanteler, détruire, raser, renverser.** *Démolir un mur, un bâtiment.* ➤ aussi **déconstruire.** *Démolir un vieux quartier pour faire de nouvelles constructions.* ABSOLT *Permis de démolir.* — PAR ANAL. *«en démolissant avec quatre balles une pyramide de cinq boîtes de conserves vides»* QUENEAU. — PAR EXAGÉR. *Une vieille bicoque toute démolie.* ▪ **2** FIG. Détruire entièrement. *Démolir une doctrine, un système. Démolir l'autorité, l'influence, le crédit de qqn.* ➤ **détruire,** 1**saper, supprimer.** *Démolir le moral de qqn. «La science avait démoli sa foi»* HUGO. ▪ **3** Mettre (qqch.) en pièces; rendre inutilisable. ➤ **abîmer*, casser, détraquer ;** FAM. **bousiller, déglinguer, démantibuler, dézinguer, exploser.** *Ce chauffard a démoli ma voiture. Cet enfant démolit tous ses jouets. Ces vandales ont tout démoli!* ➤ **vandaliser.** — *Ses jouets sont tout démolis.* ◆ Mettre en mauvais état. ➤ FAM. **esquinter.** *Médicament qui démolit l'estomac.*

II DÉMOLIR QQN FAM. ▪ **1** Mettre hors de combat, en frappant. ➤ **battre** (cf. FAM. Abîmer le portrait*, arranger, casser la gueule, rentrer dedans, etc.). *Démolir qqn dans une rixe. Se faire démolir.* ▪ **2** Affaiblir physiquement ou moralement. ➤ **abattre, anéantir, détruire.** *Les épreuves l'ont démoli.* ▪ **3** Ruiner le crédit, la réputation, l'influence de (qqn). ➤ **perdre, ruiner.** *Démolir un concurrent* (cf. Casser les reins*). *La presse l'a démoli.* ➤ **descendre, éreinter.**

▪ CONTR. Bâtir, construire, reconstruire ; créer, élaborer. Arranger, réparer.

DÉMOLISSAGE [demɔlisaʒ] n. m. – 1882 ◊ de *démolir* ▪ Action de démolir (surtout II). *Le démolissage d'un écrivain dans un article.* ➤ **éreintement.**

DÉMOLISSEUR, EUSE [demɔlisœʀ, øz] n. – 1547, rare avant XVIIIe ◊ de *démolir* ▪ **1** Personne qui démolit un bâtiment. *Une équipe de démolisseurs.* ▪ **2** FIG. Personne qui démolit une idée, une doctrine. ➤ **destructeur.** ▪ CONTR. Constructeur. Bâtisseur.

DÉMOLITION [demɔlisjɔ̃] n. f. – XIVe ◊ latin *demolitio* ▪ **1** Action de démolir (une construction). *La démolition des taudis a commencé. Chantier de démolition. Entreprise de démolition. Maison en démolition.* ◆ FIG. Destruction. *«Toute synthèse nouvelle sort d'une analyse critique préliminaire : une phase de démolition la précède et la prépare»* É. LE ROY. ➤ **déconstruction.** ▪ **2** PLUR. Matériaux des constructions démolies. ➤ **décombres, éboulis, gravats, ruine.** *Déblayer les démolitions.* ▪ CONTR. Construction, reconstruction.

DÉMON [demɔ̃] n. m. – 1546 ◊ du latin ecclésiastique *dæmon* emprunté au grec *daimôn* «génie protecteur, dieu». Cette forme s'est substituée à *demoygne* (début XIVe), du latin *daemonium* «petit démon».

I ▪ **1** (XVIe) MYTH. Être surnaturel, bon ou mauvais, inspirateur de la destinée d'une personne, d'une collectivité. ➤ **dieu, esprit, génie.** — *Le démon familier de Socrate* : génie, voix qui, selon Socrate, lui dictait toutes ses résolutions. ▪ **2** VX ou LITTÉR. Puissance, force spirituelle ; inspiration. *C'est son mauvais démon, son démon familier. «Cette sinistre puissance : le démon de la solitude»* MICHELET. ◆ LOC. FIG. **LES VIEUX DÉMONS :** les tentations qu'on croyait disparues, les sujets anciens de discorde, de peur. *Réveiller, faire ressurgir les vieux démons. «Et surtout l'abandon de l'Afrique à ses vieux démons, paludisme, dysenterie, famine»* LE CLÉZIO.

II COUR. (terminologie relig. jud. et chrét.) ▪ **1** Ange déchu, révolté contre Dieu, et dans lequel repose l'esprit du mal. ➤ **diable ; incube, succube.** *Évocation des démons par la magie, l'occultisme. Des «démons* [...] *erraient autour des solitaires, afin de les induire en tentation»* FRANCE. ▪ **2 LE DÉMON :** Satan, prince des démons, chef des anges révoltés contre Dieu. *Le démon, appelé aussi Belzébuth, Lucifer.* ➤ **malin, maudit, mauvais, tentateur** (cf. Esprit* du mal, prince des ténèbres*). *Le démon tenta Ève sous la forme du serpent. Être habité, possédé du démon.* ➤ **démoniaque.** *«La culture positive de Vincent le retenait de croire au surnaturel ; ce qui donnait au démon de grands avantages»* GIDE. ▪ **3** (1653) Personne néfaste, méchante. *Cette femme est un vrai démon* (➤ **furie, harpie**). — PAR EXT. *Ce garçon est un petit démon,* il est très espiègle. ➤ **diable.** ▪ **4 LE DÉMON DE :** personnification d'une mauvaise tentation, d'un défaut. *Le démon du jeu ; de la curiosité.* — *Le démon de midi* (Bible) : tentation de nature affective et sexuelle qui s'empare des humains vers le milieu de leur vie.

DÉMONDIALISATION [demɔ̃djalizasjɔ̃] n. f. – 1965 ◊ de *dé-* et *mondialisation* ▪ DIDACT. Réorganisation de l'économie internationale s'opposant à la mondialisation libérale. *Militer pour la démondialisation.* ▪ CONTR. Mondialisation.

DÉMONE [demɔn] n. f. – début XIXe ; n. m. 1365 ◊ de *démon* ▪ LITTÉR. Démon, génie femelle. *«ma démone, comme un mauvais génie, se replongea dans l'abîme»* CHATEAUBRIAND.

DÉMONÉTISATION [demɔnetizasjɔ̃] n. f. – 1793 ◊ de *démonétiser* ▪ **1** Action de démonétiser. ▪ **2** FIG. Discrédit.

DÉMONÉTISER [demɔnetize] v. tr. ⟨1⟩ – 1793 ◊ de *dé-* et latin *moneta* «monnaie» ▪ **1** Retirer (une monnaie) de la circulation. *Démonétiser les pièces d'or.* ▪ **2** FIG. Ne plus apprécier la valeur de (qqch., qqn). *Démonétiser qqn.* ➤ **déprécier, discréditer.** *Sa théorie est un peu démonétisée.*

DÉMONIAQUE [demɔnjak] adj. et n. – v. 1230 ◊ latin ecclésiastique *dœmoniacus* ▪ **1** adj. et n. Possédé du démon. *«la guérison d'un démoniaque, faite par l'invocation du nom de Jésus»* PASCAL. ▪ **2** adj. Digne du démon, d'un démon. ➤ **diabolique, satanique.** *Rire démoniaque. Une action d'un machiavélisme démoniaque.* — PAR EXT. *Une habileté démoniaque.*

DÉMONISME [demɔnism] n. m. – XVIIIe ◊ de *démon* ▪ DIDACT. Croyance aux démons (I), aux génies. *Le démonisme dans le christianisme médiéval.*

DÉMONOLOGIE [demɔnɔlɔʒi] n. f. – 1600 ◊ de *démon* et *-logie* ▪ DIDACT. (SC. OCCULTES, MYTH. et RELIG.). Étude du démon, des démons.

DÉMONOMANIE [demɔnɔmani] n. f. – 1625 ; 1580 «recherche enragée du diable» ◊ de *démon* et *-manie* ▪ PSYCHOL. VIEILLI Délire dans lequel le malade se croit possédé par les démons.

DÉMONSTRATEUR, TRICE [demɔ̃stʀatœʀ, tʀis] n. – 1606 ◊ latin *demonstrator* ▪ **1** Personne qui démontre, enseigne un procédé, le fonctionnement d'un mécanisme. FIG. *L'art n'est «pas un démonstrateur invincible»* SAND. ▪ **2** (1965) COUR. Personne qui montre le fonctionnement d'un appareil, les avantages d'un produit pour en faire la publicité et tenter de le vendre. *«avec sa voix de phonographe et son sourire de démonstrateur qui s'excuse de vous déranger»* C. SIMON. ◆ TECHN. Dans l'industrie, Personne chargée d'appliquer à titre d'exemple les normes exigées des ouvriers.

DÉMONSTRATIF, IVE [demɔ̃stʀatif, iv] adj. – v. 1327 ◊ latin *demonstrativus* ▪ **1** Qui démontre, sert à démontrer. ➤ **apodictique.** *Argument démonstratif. Preuve, raison démonstrative.* ➤ **convaincant.** ▪ **2** Qui sert à montrer. RHÉT. *Genre démonstratif* : celui des trois genres d'éloquence qui a pour objet la louange ou le blâme. ◆ GRAMM. *Adjectif démonstratif,* qui sert à montrer la personne ou la chose désignée par le nom auquel il est joint. ➤ **déictique.** *Formes de l'adjectif démonstratif.* ➤ 1**ce.** — *Pronom démonstratif,* qui désigne un être, un objet, représente un nom, une idée. ➤ 2**ce ; celui ; ceci, cela,** 1**ça.** — SUBST. *Les démonstratifs.* ▪ **3** (1789) (PERSONNES) Qui manifeste vivement ses sentiments éprouvés. ➤ **communicatif, expansif, exubérant, ouvert.** *Une personne démonstrative. Enfant peu démonstratif.* ▪ CONTR. 1 Froid, renfermé, réservé, taciturne.

DÉMONSTRATION [demɔ̃stʀasjɔ̃] n. f. – début XIIIe «action de montrer» ; a remplacé *demostraison* ◊ latin *demonstratio,* de *demonstrare* ▪ **1** (v. 1155) Opération mentale qui établit une vérité (preuve, induction). *Démonstration par l'absurde.* ➤ **preuve.** ◆ LOG. (opposé à *preuve*) Raisonnement déductif destiné à établir la vérité d'une proposition à partir de prémisses considérées comme vraies. ➤ **déduction.** — MATH. *Démonstration formelle d'un énoncé* (prédicat, proposition) : suite finie d'énoncés dont le premier est un axiome* et chacun des suivants est obtenu à partir du précédent par une déduction logique. ◆ Ce qui sert à démontrer. ➤ **preuve ; argument, justification.** *Les faits sont la meilleure démonstration de ce que j'avance.* ▪ **2** Action de montrer, d'expliquer par des expériences les données d'une science, le fonctionnement d'un appareil. *Le professeur de chimie a fait une démonstration.* ◆ SPÉCIALT *Démonstration faite par un vendeur* (➤ **démonstrateur**). *Matériel en démonstration.* — ABRÉV. FAM. **DÉMO** [demo]. ▪ **3** (Souvent au plur.) Signes extérieurs volontaires qui manifestent les dispositions, les intentions, les sentiments. ➤ **étalage, manifestation,** 1 **marque, protestation, témoignage ; démonstratif** (3°). *Des démonstrations de joie, d'amitié. « une démonstration de tendresse qui ne lui ressemblait pas, elle si réservée d'ordinaire »* M. NDIAYE. ▪ **4** Manœuvre de forces armées destinée à intimider l'ennemi ou à lui donner le change. *Démonstration terrestre, aérienne, navale. Une démonstration impressionnante.*

DÉMONSTRATIVEMENT [demɔ̃stʀativmɑ̃] adv. – 1282 ◇ de *démonstratif* ▪ DIDACT. D'une manière démonstrative et convaincante. *Prouver démonstrativement qqch.*

DÉMONTABLE [demɔ̃tabl] adj. – 1870 ◇ de *démonter* ▪ Que l'on peut démonter (3°) ; qui est fabriqué de manière à pouvoir être démonté et remonté facilement. *Baraquement, rayonnage, jouet démontable. Pièces anatomiques démontables.* ➤ **clastique.** ▪ CONTR. Indémontable.

DÉMONTAGE [demɔ̃taʒ] n. m. – 1838 ◇ de *démonter* ▪ Action de démonter (3°). *Le démontage des pièces d'un mécanisme.* ▪ CONTR. Montage.

DÉMONTÉ, ÉE [demɔ̃te] adj. – de *démonter* ▪ **1** *Cavalier démonté,* jeté à bas ou privé de sa monture. ▪ **2** Dont on a démonté les éléments en pièces détachées. ▪ **3** *Mer démontée,* agitée par la tempête. ➤ **agité, déchaîné, houleux.** ▪ CONTR. (du 3°) 2 Calme.

DÉMONTE-PNEU [demɔ̃t(ə)pnø] n. m. – 1901 ◇ de *démonter* et *pneu* ▪ Levier destiné à retirer un pneumatique de sa jante. *Des démonte-pneus.*

DÉMONTER [demɔ̃te] v. tr. ‹1› – *desmonter* fin XIIe ◇ de *dé-* et *monter* ▪ **1** Jeter (qqn) à bas de sa monture. ➤ **désarçonner.** *Le cheval a démonté son cavalier.* ▪ **2** FIG. Étonner au point de faire perdre l'assurance. ➤ **déconcerter, décontenancer, interloquer, renverser.** *« L'aplomb de ce petit me démontait »* GIDE. PRONOM. *Elle ne s'est pas démontée pour si peu. Une attitude qui démonte.* ▪ **3** Défaire (un tout, un assemblage) en séparant les éléments. ➤ **désassembler.** *Démonter un échafaudage, une machine, une pendule. Démonter un pneu* (➤ **démonte-pneu**). FIG. *« Douter, c'est démonter et remonter les idées comme des rouages »* ALAIN.

DÉMONTRABLE [demɔ̃tʀabl] adj. – *demonstrable* v. 1265 ◇ de *démontrer* ▪ Qui peut être démontré. *Proposition démontrable* (➤ **décidable**). — MATH. *Énoncé démontrable,* qui possède une démonstration formelle. ▪ CONTR. Indémontrable.

DÉMONTRER [demɔ̃tʀe] v. tr. ‹1› – XVIe ; *demostrer* « montrer » XIIe ; *demonstrer* Xe ◇ latin *demonstrare* « montrer, démontrer » ▪ **1** Établir la vérité de (qqch.) d'une manière évidente et rigoureuse. ➤ **établir, prouver ; démonstration.** *Démontrer une proposition, un théorème. Démontrer par des arguments convaincants.* — FAM. *Démontrer par a* plus b. Ce n'est plus à démontrer :* on le sait, c'est admis. PRONOM. *« L'infini des Nombres existe et ne se démontre pas »* BALZAC. ◆ LOG. Prouver par démonstration (déduction). LOC. *Ce qu'il fallait démontrer :* la chose à prouver (ABRÉV. C. Q. F. D. [sekyɛfde]). ▪ **2** (Sujet chose) Fournir une preuve de, faire ressortir. ➤ **établir, indiquer, montrer, prouver, révéler.** *Ces faits démontrent la nécessité d'une réforme, qu'une réforme est nécessaire.*

DÉMORALISANT, ANTE [demɔʀalizɑ̃, ɑ̃t] adj. – 1863 ◇ de *démoraliser* ▪ Qui démoralise. ▪ **1** LITTÉR. Qui rend immoral. *« Des maximes décadentes et démoralisantes »* CAILLOIS. ▪ **2** (XXe) COUR. Qui est de nature à décourager. *Un échec démoralisant. C'est un peu démoralisant.* ➤ **décourageant, démotivant, déprimant.** ▪ CONTR. Moralisateur. Encourageant, réconfortant.

DÉMORALISATEUR, TRICE [demɔʀalizatœʀ, tʀis] adj. – 1797 ◇ de *démoraliser* ▪ LITTÉR. ▪ **1** Qui pousse à l'immoralité. ➤ **corrupteur.** ▪ **2** (XXe) Qui tend à décourager. *Propagande démoralisatrice.* ➤ **défaitiste.**

DÉMORALISATION [demɔʀalizasjɔ̃] n. f. – 1796 ◇ de *démoraliser* ▪ **1** VX OU LITTÉR. Action de démoraliser ; perte du sens moral. *« Toutes ces pratiques odieuses, qui manifestent la démoralisation d'une société »* DUHAMEL. ▪ **2** (1831) Action de donner mauvais moral, d'enlever le courage. *La démoralisation des militants.* ➤ **découragement, démotivation.** ▪ CONTR. Moralisation. Encouragement, exaltation.

DÉMORALISER [demɔʀalize] v. tr. ‹1› – 1795 ◇ de *dé-* et *moral* ▪ **1** VX OU LITTÉR. Enlever le sens moral à ; rendre immoral. ➤ **corrompre.** *« Celui qui démoralise un peuple peut être l'auteur direct des désastres qui peuvent arriver à ce peuple »* PÉGUY. ▪ **2** (1800) Ôter le moral, le courage à. ➤ **abattre, décourager, démonter, démotiver, déprimer, désorienter.** *Propagande défaitiste qui démoralise l'armée.* PRONOM. *Les porteurs de l'expédition « se démoralisent et s'encouragent à l'insoumission »* GIDE. — *Ils sont complètement démoralisés.* ▪ CONTR. Moraliser ; édifier. Encourager, exhorter, galvaniser, remonter.

DÉMORDRE [demɔʀdʀ] v. tr. ind. ‹41› – XIVe « cesser de mordre » ◇ de *dé-* et *mordre* ▪ **DÉMORDRE DE** (surtout nég.) : renoncer à. ➤ **abandonner, renoncer.** *Il va bien finir par en démordre. Ne pas démordre de son avis. Il prit « la résolution de s'enfuir la nuit suivante, et rien ne put l'en faire démordre »* ROUSSEAU. *Il ne voulait pas en démordre. Il n'en démordra pas :* il est très entêté (cf. Lâcher prise*).

DÉMOTIQUE [demɔtik] adj. et n. – avant 1822 ; « démocratique » v. 1361 ◇ grec *dêmotikos,* de *dêmos* « peuple » ▪ DIDACT. ▪ **1** Se dit de la langue parlée et de l'écriture cursive vulgaire des anciens Égyptiens (simplification de l'écriture hiératique). — n. m. *Le démotique.* ▪ **2** Relatif au grec moderne courant, parlé. — n. f. *La démotique :* le grec moderne courant. ➤ **romaïque.**

DÉMOTIVANT, ANTE [demɔtivɑ̃, ɑ̃t] adj. – 1984 ◇ de *démotiver* ▪ Qui démotive. ➤ **décourageant.** *Un refus démotivant.* ▪ CONTR. Incitatif, motivant.

DÉMOTIVATION [demɔtivasjɔ̃] n. f. – début XXe ◇ de *démotiver,* d'après *motivation* ▪ **1** LING. État d'un mot démotivé*. ▪ **2** Action de démotiver (qqn) ; fait d'être démotivé. ➤ **démoralisation.** *La démotivation du personnel d'une entreprise.* ▪ CONTR. Motivation.

DÉMOTIVÉ, ÉE [demɔtive] adj. – XXe ◇ de *dé-* et *motivé* ▪ **1** LING. Se dit d'un mot complexe (dérivé, composé) qui n'a plus de motivation* (dont les éléments et leur sens ne sont plus perçus : ex. courage, de cœur), ou d'un mot qui devient homonyme d'un autre auquel il n'est plus raccroché par le sens. ▪ **2** Qui a perdu toute motivation ; découragé, démoralisé. *Le personnel est complètement démotivé.*

DÉMOTIVER [demɔtive] v. tr. ‹1› – milieu XXe ◇ de *dé-* et *motiver* ▪ Faire perdre à (qqn) toute motivation, toute envie ou toute raison de continuer un travail, une action. ➤ **démobiliser, démoraliser.** *Politique salariale qui démotive les cadres.*

DÉMOUCHETER [demuʃte] v. tr. ‹4 /5/› – 1838 ◇ de *dé-* et *moucheté* ▪ Dégarnir (un fleuret) de sa mouche. p. p. adj. *Se battre à fleuret démoucheté.* ▪ CONTR. Moucheter.

DÉMOULAGE [demulaʒ] n. m. – 1838 ◇ de *démouler* ▪ Action de démouler. *Procéder au démoulage d'un gâteau.*

DÉMOULER [demule] v. tr. ‹1› – 1765 ; « disloquer » 1534 ◇ de *dé-* et 1 *moule* ▪ Retirer du moule. *Démouler une statue en plâtre.* — p. p. adj. *Un gâteau mal démoulé.* ▪ CONTR. Mouler.

DÉMOULEUR [demulœʀ] n. m. – 1973 ◇ de *démouler* ▪ Dispositif permettant de démouler.

DÉMOUSTICATION [demustikasjɔ̃] n. f. – 1963 ◇ de *démoustiquer* ▪ Élimination des moustiques et de leurs larves. *La démoustication du littoral.*

DÉMOUSTIQUER [demustike] v. tr. ‹1› – 1951 ◇ de *dé-* et *moustique* ▪ Débarrasser (un lieu) des moustiques.

DÉMULTIPLEXAGE [demyltiplɛksaʒ] n. m. – v. 1975 ◇ de *dé-* et *multiplexage* ▪ TÉLÉCOMM., INFORM. Opération consistant à distribuer sur plusieurs voies des signaux regroupés par multiplexage*.

DÉMULTIPLICATEUR, TRICE [demyltiplikatœʀ, tʀis] adj. et n. m. – 1929 ◇ de *démultiplier,* d'après *multiplicateur* ▪ TECHN. Qui démultiplie. *Organe démultiplicateur.* ◆ n. m. MÉCAN. Système de transmission qui assure une réduction de vitesse avec une augmentation de force par couple*. *Moteur à démultiplicateur.*

DÉMULTIPLICATION [demyltiplikasjɔ̃] **n. f.** – 1927 ◊ de *démultiplier*, d'après *multiplication* ■ **1** Rapport de réduction de vitesse. *La démultiplication des pignons d'une boîte de vitesses.* ■ **2** FIG. Fait de démultiplier (2°) ; son résultat.

DÉMULTIPLIER [demyltiplije] **v. tr.** ‹7› – 1929 ◊ de *dé-* et *multiplier* ■ **1** Réduire la vitesse de (un mouvement transmis). *Pignons démultipliés.* ■ **2** FIG. Augmenter l'effet de (qqch.) en multipliant les moyens employés.

DÉMUNIR [demyniʀ] **v. tr.** ‹2› – 1564 ◊ de *dé-* et *munir* ■ Priver (qqn, qqch.) d'une chose essentielle. ➤ **dégarnir, dépouiller.** *Je ne veux pas vous démunir de vos provisions. Se laisser démunir de ses chances.* — PRONOM. *Il a refusé de se démunir de son passeport.* ➤ se **dessaisir.** ◆ COUR. **au p. p.** *Être démuni, complètement démuni (d'argent),* ne pas en disposer. ➤ FAM. **désargenté, fauché** (cf. Être à court* d'argent). — *Être démuni de tout.* ➤ **dénué ; manquer.** *Les plus démunis,* qui n'ont pas le minimum vital. ➤ **misérable.** SUBST. *Des « affaires où il y a des puissants et des démunis, des faibles et des forts »* E. CARRÈRE. — FIG. *« Ces quêtes misérables qui laissent plus inassouvi, plus démuni qu'avant »* SARRAUTE.

DÉMUSELER [demyz(ə)le] **v. tr.** ‹4 /5/› – avant 1791 ◊ de *dé-* et *museler* ■ Dégager, libérer (un animal) de sa muselière. *Démuseler un chien de garde.* ■ CONTR. Museler.

DÉMUTISER [demytize] **v. tr.** ‹1› – 1895 ◊ de *dé-* et latin *mutus* « muet » ■ DIDACT. Amener (qqn) à produire et maîtriser ses émissions vocales. *Démutiser un sourd, un aphasique.* — **n. f. DÉMUTISATION.**

DÉMYÉLINISER [demjelinize] **v. tr.** ‹1› – 1920 au p. p. ◊ de *dé-* et *myéline* ■ MÉD. Détruire ou endommager la myéline qui entoure (la fibre nerveuse). *Cellules nerveuses démyélinisées.* — **n. f. DÉMYÉLINISATION,** 1920.

DÉMYSTIFIANT, IANTE [demistifjɑ̃, jɑ̃t] **adj.** – v. 1960 ◊ de *démystifier* ■ Qui démystifie. *Analyse démystifiante.* ■ CONTR. Mystifiant.

DÉMYSTIFICATEUR, TRICE [demistifikatœʀ, tʀis] **n.** – 1958 ◊ de *démystifier*, d'après *mystificateur* ■ Personne qui démystifie. — **adj.** *Action démystificatrice.* ➤ **démystifiant.** ■ CONTR. Mystificateur.

DÉMYSTIFICATION [demistifikasjɔ̃] **n. f.** – 1945 ◊ de *démystifier* ■ Opération par laquelle une mystification collective est dévoilée, et ses victimes détrompées. *La démystification d'un public trop crédule* (cf. Démythification). ■ CONTR. Mystification.

DÉMYSTIFIER [demistifje] **v. tr.** ‹7› – 1948 ◊ de *dé-* et *mystifier* ■ **1** Détromper (les victimes d'une mystification collective, d'un mythe). *« Peuple, tu es mystifié. Tu seras démystifié »* IONESCO. ■ **2** Priver de son mystère, de son attrait en montrant sous son vrai jour. ➤ **banaliser, démythifier, désacraliser.** — PRONOM. *« dans les grands États la politique se démystifie »* G. BOUTHOUL. ■ CONTR. Mystifier.

DÉMYTHIFICATION [demitifikasjɔ̃] **n. f.** – 1961 ◊ de *démythifier* ■ DIDACT. Action de démythifier (cf. Démystification).

DÉMYTHIFIER [demitifje] **v. tr.** ‹7› – 1959 ◊ de *dé-* et *mythe*, d'après *démystifier* ■ DIDACT. Supprimer en tant que mythe. ➤ **désacraliser.** *Démythifier une notion, un acteur. L'ordinateur a été démythifié par sa large diffusion.* ➤ **démystifier.** ■ CONTR. Mythifier.

DÉNASALISATION [denazalizasjɔ̃] **n. f.** – 1906 ◊ de *dénasaliser* ■ PHONÉT. Passage d'un phonème nasal au phonème oral correspondant (ex. plein [plɛ̃] et en plein air [ɑ̃plɛnɛʀ]). ■ CONTR. Nasalisation.

DÉNASALISER [denazalize] **v. tr.** ‹1› – 1838 ◊ de *dé-* et *nasal* ■ Rendre (un phonème nasal) oral. — PRONOM. **SE DÉNASALISER :** perdre son caractère nasal. *« Bon » se dénasalise en liaison* (ex. un bon avocat). ■ CONTR. Nasaliser.

DÉNATALITÉ [denatalite] **n. f.** – 1918 ◊ de *dé-* et *natalité* ■ DIDACT. Diminution des naissances. ➤ **dépopulation.**

DÉNATIONALISATION [denasjɔnalizasjɔ̃] **n. f.** – 1848 ◊ de *dénationaliser* ■ **1** VIEILLI Action de dépouiller du caractère national. ■ **2** (milieu XXe) MOD. Action de dénationaliser une entreprise. ➤ **privatisation.** ■ CONTR. Nationalisation.

DÉNATIONALISER [denasjɔnalize] **v. tr.** ‹1› – 1808 ◊ de *dé-* et *nationaliser* ■ **1** VIEILLI Faire perdre le caractère national à (qqch.). — PRONOM. *Se dénationaliser :* perdre sa nationalité, le sentiment national. *« le caractère du Français se dénationalise à l'étranger »* GONCOURT. ■ **2** (1918) Restituer à la propriété privée (une entreprise nationalisée). ➤ **désétatiser, privatiser.** *Dénationaliser les banques.* ■ CONTR. Nationaliser.

DÉNATTER [denate] **v. tr.** ‹1› – 1680 ◊ de *dé-* et *natter* ■ Défaire les nattes de. *Dénatter ses cheveux.* ■ CONTR. Natter.

DÉNATURALISER [denatyʀalize] **v. tr.** ‹1› – 1743 ; « faire changer de naturel » 1578 ◊ de *dé-* et *naturaliser* ■ DR. Priver des droits acquis par naturalisation. — **n. f. DÉNATURALISATION,** 1834. ■ CONTR. Naturaliser.

DÉNATURANT, ANTE [denatyʀɑ̃, ɑ̃t] **adj.** – 1873 ◊ de *dénaturer* ■ Qui dénature. *Produit dénaturant.* — **n. m.** *Un dénaturant du fioul domestique.*

DÉNATURATION [denatyʀasjɔ̃] **n. f.** – 1846 chim. ◊ de *dénaturer* ■ **1** DIDACT. Action de dénaturer une substance, d'en changer les caractéristiques. *La dénaturation des protéines.* — SPÉCIALT Changement de structure des polymères biologiques, détruisant leur configuration native. *Dénaturation d'acides nucléiques.* ■ **2** TECHN. Ajout de substances rendant impropre à l'alimentation. *La dénaturation de l'alcool, du sel, du sucre.*

DÉNATURÉ, ÉE [denatyʀe] **adj.** – XIIIe ◊ de *dénaturer* ■ **1** Qui a subi la dénaturation. *Alcool, sel, sucre dénaturé.* ■ **2** Altéré jusqu'à perdre les caractères considérés comme naturels, chez l'être humain. *Goûts dénaturés.* ➤ **dépravé, pervers.** — *Mœurs dénaturées.* ➤ **dépravation.** ◆ *Parents dénaturés,* qui contreviennent aux devoirs normaux à l'égard des enfants. ➤ **indigne.** *« L'abandon de ses enfants la fit regarder comme une mère dénaturée »* CONSTANT.

DÉNATURER [denatyʀe] **v. tr.** ‹1› – fin XIIe ◊ de *dé-* et *nature* ■ **1** RARE Changer, altérer la nature de (qqch.). ➤ **altérer, vicier.** *« Un fût plein, que le printemps moisi dénature et qui de vin tourne en vinaigre »* COLETTE. ◆ TECHN. Faire subir la dénaturation (2°) à ; rendre impropre à l'alimentation. ■ **2** (ABSTRAIT) Changer la nature de, donner une fausse apparence à. *Dénaturer un fait, un évènement.* ➤ **déformer, fausser.** *Dénaturer la pensée, les paroles, les écrits de qqn,* par une fausse interprétation. ➤ **contrefaire, défigurer, déformer, travestir.** *Ses opinions ont été dénaturées par le journal.*

DÉNAZIFIER [denazifje] **v. tr.** ‹7› – 1945 ◊ de *dé-* et *nazi* ■ Débarrasser des influences nazies. — **n. f. DÉNAZIFICATION.**

DENDRITE [dɑ̃dʀit ; dɛ̃dʀit] **n. f.** – 1732 ◊ du grec *dendritês* « qui concerne les arbres », de *dendron* « arbre » ■ **1** MINÉR. Arborisation formée par de fins cristaux en agrégats ramifiés. *Dendrites brunes formées d'oxydes de fer et de manganèse.* ■ **2** (1893) ANAT. Ramification arborescente du neurone* qui conduit l'influx nerveux vers l'intérieur des cellules.

DENDRITIQUE [dɑ̃dʀitik ; dɛ̃dʀitik] **adj.** – 1807 ◊ de *dendrite* ■ **1** MINÉR., ANAT. Qui présente des dendrites. *Cellules dendritiques.* ■ **2** GÉOGR. Se dit d'un réseau fluvial très dense, ramifié régulièrement.

DENDRO- ■ Élément, du grec *dendron* « arbre ». ➤ **-dendron.**

DENDROCHRONOLOGIE [dɛ̃dʀokʀɔnɔlɔʒi ; dɑ̃dʀo-] **n. f.** – milieu XXe ◊ de *dendro-* et *chronologie* ■ DIDACT. Méthode de datation des évènements passés ou des changements climatiques par l'étude des anneaux de croissance des troncs d'arbres.

DENDROGRAMME [dɛ̃dʀɔgʀam ; dɑ̃dʀɔ-] **n. m.** – v. 1968 ◊ de *dendro-* et *-gramme* ■ PHYLOG. Schéma arborescent exprimant des liens entre taxons.

DENDROLOGIE [dɛ̃dʀɔlɔʒi ; dɑ̃dʀɔ-] **n. f.** – 1641 ◊ de *dendro-* et *-logie* ■ DIDACT. Partie de la botanique qui étudie les arbres. — **n. DENDROLOGISTE, DENDROLOGUE.**

-DENDRON ■ Élément, du grec *dendron* « arbre » : *rhododendron.* ➤ **dendro-.**

DÉNÉBULATEUR [denebylatœʀ] **n. m.** – 1973 ◊ de *dénébuler* ■ TECHN. Appareil utilisé pour dissiper le brouillard.

DÉNÉBULATION [denebylasjɔ̃] **n. f.** – 1960 ◊ de *dénébuler* ■ TECHN. Action de dissiper le brouillard (notamment sur un aéroport). — On dit aussi **DÉNÉBULISATION,** 1967.

DÉNÉBULER [denebyle] **v. tr.** ‹1› – 1973 ◊ de *dé-* et radical latin *nebula* « brouillard », cf. *nébuleux* ■ TECHN. Dissiper artificiellement le brouillard de (un lieu). *Dénébuler les pistes d'un aéroport.* On dit aussi **DÉNÉBULISER** ‹1›, 1959.

DÉNÉGATION [denegasjɔ̃] **n. f.** – XIVe ◆ latin *denegatio* ■ **1** Action de dénier (qqch.) ; paroles de déni. ➤ **contestation, démenti, déni, désaveu, négation.** *Signe, geste de dénégation. Malgré ses dénégations, on le crut coupable. «Mr. Pitkin bat des paupières et remue la tête en signe de dénégation»* DUHAMEL. ■ **2** DR. Refus de reconnaître l'exactitude d'un fait allégué ou d'une assertion avancée par l'adversaire, au cours d'une instance. *Dénégation d'écriture :* refus du défendeur de se reconnaître l'auteur d'une écriture, d'une signature. ■ **3** PSYCHAN. Refus de reconnaître comme sien un désir, un sentiment jusque-là refoulé, mais que le sujet parvient à formuler. ■ CONTR. Aveu, reconnaissance.

DÉNÉGATOIRE [denegatwaʀ] **adj.** – 1846 ◆ de *dénégation* ■ DR. Qui a le caractère de la dénégation. ■ CONTR. Approbatif.

DÉNEIGEMENT [denɛʒmɑ̃] **n. m.** – 1951 ◆ de *déneiger* ■ Déblaiement de la neige qui bloque une piste, une route, une voie ferrée.

DÉNEIGER [deneʒe] **v. tr.** ⟨3⟩ – 1905 au p. p. ; «fondre» (en parlant de la neige) 1558 ◆ de *dé-* et *neige* ■ Débarrasser (un lieu, en particulier une voie de communication) de la neige. — **p. p. adj.** *Route déneigée,* où la neige a été déblayée. ■ CONTR. Enneigé.

DÉNEIGEUSE [denɛʒøz] **n. f.** – 1988 au Canada ◆ de *déneiger* ■ Engin motorisé pour retirer la neige des routes, des trottoirs... ➤ **chasse-neige, souffleuse.** *«dans la rue, les déneigeuses soufflaient sur les côtés la couche fraîche tombée pendant la nuit»* J.-P. DUBOIS.

DÉNERVATION [denɛʀvasjɔ̃] **n. f.** – 1959 ◆ de *dénerver* ■ CHIR. Énervation (2°).

DÉNERVER [denɛʀve] **v. tr.** ⟨1⟩ – 1869 ; chir. XVe ◆ de *dé-* et *nerf* ■ BOUCH. Enlever les nerfs de (une pièce de viande). — PAR EXT. (impropre) *Foie gras dénervé,* dont on a ôté le réseau veineux.

DENGUE [dɛ̃g] **n. f.** – 1828 ◆ mot anglais, du swahili *dinga* «attaque, crampe» ■ Arbovirose des régions tropicales, subtropicales et méditerranéennes, transmise par la piqûre des moustiques (➤ **aédès**), caractérisée par un état fébrile soudain, des douleurs musculaires et articulaires donnant une démarche raide. ■ HOM. Dingue.

DÉNI [deni] **n. m.** – XIIIe ◆ de *dénier* ■ **1** VX OU LITTÉR. Action de dénier. ➤ **dénégation.** *«il exprime ses plus injustifiables dénis avec [...] une telle conviction»* GIDE. ■ **2** DR. **DÉNI DE JUSTICE :** refus de la part d'un juge de remplir un acte de sa fonction. — COUR. *Déni (de justice) :* refus de rendre justice à qqn, d'être équitable envers lui. ➤ **injustice.** *«je souffre du déni de certains. Oui, cette obstination dans le refus, la volontaire incompréhension, la haine»* GIDE. ■ **3** PSYCHAN. *Déni (de la réalité) :* ensemble des mécanismes qui consistent à refouler ou exclure de la conscience les représentations déplaisantes ou intolérables pour le sujet. ➤ **scotomisation.** *«quatre-vingt-cinq pour cent des pédophiles sont dans le déni. Pour préserver l'estime de soi»* POSTEL. — PSYCHOPATHOL. *Déni de grossesse :* fait, pour une femme enceinte, de ne pas avoir conscience de son état. ■ CONTR. Acceptation, attestation, aveu, reconnaissance.

DÉNIAISER [denjeze] **v. tr.** ⟨1⟩ – 1549 «tromper» ◆ de *dé-* et *niais* ■ **1** VIEILLI OU RÉGION. (Canada) Rendre (qqn) moins niais, moins gauche. ➤ **débrouiller, dégourdir, dégrossir ;** RÉGION. **dégêner.** *Ce voyage l'a un peu déniaisé.* — PRONOM. *«Afin de me déniaiser, je suis résolu de voir un peu le monde»* VOITURE. ■ **2** *Déniaiser un jeune homme, une jeune fille,* lui faire perdre son innocence, sa virginité. ➤ **dessaler.** — **p. p. adj.** *«La Merceret, plus jeune et moins déniaisée que la Giraud, ne m'a jamais fait des agaceries aussi vives»* ROUSSEAU.

DÉNICHER [deniʃe] **v.** ⟨1⟩ – XIIIe ; *desnichier* 1131 ◆ de *dé-* et *nicher*
I **v. tr.** ■ **1** Enlever d'un nid (les oiseaux, les œufs). ◆ FIG. Faire sortir (qqn) de sa cachette. *On finira bien par le dénicher.* ■ **2** FAM. Découvrir à force de recherches. ➤ **découvrir, trouver.** *Dénicher un appartement, une situation* (à qqn, pour qqn). ➤ FAM. **dégoter.** *«Je dénichai et lus en cachette des articles de médecine»* DUHAMEL. *Où as-tu déniché ça ?*
II **v. intr.** VX Se retirer avec précipitation. ➤ **s'enfuir,** 1 **partir, se sauver.** *«vous dénicherez à l'instant de la ville»* MOLIÈRE.

DÉNICHEUR, EUSE [deniʃœʀ, øz] **n.** – 1623 ◆ de *dénicher* ■ **1** Personne qui enlève les oiseaux de leur nid. ■ **2** (1863) FIG. Personne qui sait découvrir (des objets rares). *C'est un grand dénicheur de bibelots, de livres rares.*

DÉNICOTINISER [denikɔtinize] **v. tr.** ⟨1⟩ – 1878 ◆ de *dé-* et *nicotine* ■ Retirer la nicotine de. *Dénicotiniser du tabac.* — **p. p. adj.** *Cigarettes dénicotinisées.* — **n. f. DÉNICOTINISATION.**

DÉNICOTINISEUR [denikɔtinizœʀ] **n. m.** – v. 1960 ◆ de *dénicotiniser* ■ Filtre qui retient une partie de la nicotine du tabac.

DENIER [dənje] **n. m.** – v. 1175 ◆ latin *denarius,* de *deni* «dix par dix» ■ **1** Dans l'Antiquité, Monnaie romaine, d'argent, valant d'abord dix, puis seize as. *Les trente deniers de Judas.* ■ **2** Ancienne monnaie française, valant la deux cent quarantième partie de la livre (et le douzième d'un sou). FAM. VX *N'avoir pas un denier,* pas d'argent. ➤ **sou.** *La commune «pourra payer ses contributions sans qu'il en coûte un denier aux habitants»* BALZAC. — ANCIENNT Intérêt d'une somme d'argent, d'un capital. *Argent placé au denier 20,* à intérêt du vingtième (5 %). ■ **3** (*denier à Dieu* XVe ; «contribution pour des œuvres de charité» v. 1283 ; *denier de saint Pierre* v. 1190) Somme versée en tribut. — (1906) **DENIER DU CULTE :** somme d'argent versée chaque année par les catholiques au curé de leur paroisse pour subvenir aux besoins du culte. ➤ RÉGION. **dîme.** ■ **4** (1273) PLUR. (en loc.) **DE SES DENIERS :** avec son propre argent. *Je l'ai payé de mes deniers, de mes propres deniers.* ◆ *Les* **DENIERS PUBLICS :** les revenus de l'État. — *Comptabilité en deniers,* qui retrace les opérations en monnaie (opposé à *comptabilité matières*). ■ **5** MÉTROL. Ancienne unité de titrage des fils ou des fibres, correspondant à la masse en grammes de 9 000 mètres de fil. *Collant de vingt deniers.*

DÉNIER [denje] **v. tr.** ⟨7⟩ – v. 1160 ◆ latin *denegare,* de *negare* → nier ■ **1** VX Refuser de reconnaître comme vrai (un fait, une assertion). ➤ **contester, nier.** ◆ MOD. Refuser de reconnaître comme sien. *Il dénie sa faute, sa responsabilité.* ■ **2** Refuser injustement d'accorder. *Dénier qqch. à qqn. «nous ne voulons donc pas dénier aux artistes le droit de sonder les plaies de la société»* SAND. ■ CONTR. Avouer, confirmer. Donner.

DÉNIGRANT, ANTE [denigʀɑ̃, ɑ̃t] **adj.** – 1747 ◆ de *dénigrer* ■ Qui dénigre (CHOSES). *«le scepticisme dénigrant et stérile»* PASTEUR. ■ CONTR. Laudatif.

DÉNIGREMENT [denigʀəmɑ̃] **n. m.** – 1527 ◆ de *dénigrer* ■ Action de dénigrer. ➤ **attaque,** 2 **critique, détraction, médisance.** *«la malveillance et le dénigrement sont les deux caractères de l'esprit français»* CHATEAUBRIAND. *Une campagne de dénigrement. Dénigrement systématique.* ◆ RARE Parole de dénigrement. *«De tels dénigrements, au lieu de m'accabler, m'exaltent»* GIDE. ◆ **PAR DÉNIGREMENT.** *Ce mot ne s'emploie plus aujourd'hui que par dénigrement,* péjorativement. ■ CONTR. Éloge, louange.

DÉNIGRER [denigʀe] **v. tr.** ⟨1⟩ – 1358 ◆ latin *denigrare* «noircir» ■ S'efforcer de noircir, de faire mépriser (qqn, qqch.) en attaquant, en niant les qualités. ➤ **attaquer, calomnier, critiquer*, décrier, déprécier, discréditer, médire** (de), **rabaisser ;** FAM. **débiner, déblatérer** (contre). *«J'ai loué des sots, j'ai dénigré les talents»* VOLTAIRE. ■ CONTR. Approuver, 1 louer, vanter.

DÉNIGREUR, EUSE [denigʀœʀ, øz] **n. et adj.** – 1773 ◆ de *dénigrer* ■ RARE Personne qui dénigre. ➤ **contempteur, détracteur.** — **adj.** *Esprit dénigreur.* ■ CONTR. Admirateur.

DENIM [dənim] **n. m.** – avant 1973 ◆ mot anglais américain, du nom de la ville de Nîmes ■ ANGLIC. Tissu sergé servant à fabriquer les jeans. ➤ **jean.**

DÉNITRIFICATION [denitʀifikasjɔ̃] **n. f.** – 1922 ◆ de *dé-* et *nitrification* ■ SC. Phénomène par lequel une substance se dénitrifie. ◆ Décomposition des nitrates dans le sol (par l'action bactérienne).

DÉNITRIFIER [denitʀifje] **v. tr.** ⟨7⟩ – 1908 ◆ de *dé-* et *nitrifier* ■ SC. Retirer l'azote de (une substance, un sol).

DÉNIVELÉ **n. m.** ou **DÉNIVELÉE** **n. f.** [deniv(ə)le] – 1950 ◆ de *déniveler* ■ TECHN. Différence de niveau, d'altitude entre deux points. ➤ **dénivellation** (2°). *Cent mètres de dénivelé.*

DÉNIVELER [deniv(ə)le] **v. tr.** ⟨4 /5/⟩ – 1845 ◆ de *dé-* et *niveler* ■ Faire cesser d'être de niveau. *Déniveler un terrain, un jardin.* ■ CONTR. Niveler.

DÉNIVELLATION [denivelasjɔ̃] **n. f.** – 1845 ◆ de *déniveler* ■ **1** Action de déniveler ; son résultat. *La dénivellation d'une route.* ■ **2** Différence de niveau (➤ **dénivelé**). *Les dénivellations d'une région montagneuse.* ➤ **inégalité.** *Une dénivellation de cent mètres.* — On dit aussi **DÉNIVELLEMENT n. m.** /denivèlement/.

DÉNOMBRABLE [denɔ̃bʀabl] **adj.** – XIIIe «innombrable» ◆ de *dénombrer* ■ Qu'on peut dénombrer, compter. ➤ **nombrable.** — MATH. *Ensemble dénombrable :* ensemble équipotent à une partie de l'ensemble ℕ des entiers naturels. *Le corps* ℝ *des nombres réels est infini mais pas dénombrable.* ■ CONTR. Innombrable.

DÉNOMBREMENT [denɔ̃bʀəmɑ̃] **n. m.** – 1329 ◊ de *dénombrer* ■ Action de dénombrer (des personnes, des choses) ; son résultat. ➤ **comptage, compte, énumération, inventaire, recensement.** *Dénombrement d'une population. Méthodes de dénombrement en statistique.*

DÉNOMBRER [denɔ̃bʀe] **v. tr.** ‹1› – XIIe ◊ latin *dinumerare*, d'après *nombrer* ■ Faire le compte de ; énoncer (chaque élément) en comptant. ➤ **compter, énumérer, inventorier, recenser.** *Dénombrer les habitants d'une ville. On a dénombré dix morts dans cet accident.*

DÉNOMINATEUR [denɔminatœʀ] **n. m.** – 1484 ◊ latin *denominator* ■ MATH. Terme situé sous la barre de fraction, qui indique le diviseur. *Numérateur et dénominateur. Réduire des fractions au même dénominateur.* ♦ *Dénominateur commun*, obtenu en réduisant plusieurs fractions au même dénominateur, correspondant au plus petit commun multiple* de leurs dénominateurs. — FIG. Élément commun à des choses, des phénomènes ou des personnes.

DÉNOMINATIF, IVE [denɔminatif, iv] **adj.** – XVe ◊ bas latin *denominativus* «dérivé» ■ GRAMM. Qui sert à nommer, à désigner. *Terme dénominatif.* — **n. m.** *Les dénominatifs.*

DÉNOMINATION [denɔminasjɔ̃] **n. f.** – 1377 *denominacion* ◊ latin *denominatio* ■ Désignation (d'une personne ou d'une chose) par un nom. ♦ Nom affecté à une chose. ➤ **appellation, désignation.** *Comprendre plusieurs choses sous une même dénomination. «Il faut donner une dénomination nouvelle aux départements»* MIRABEAU. ♦ *Dénomination commune internationale (D. C. I.)* : nom (distinct de la marque déposée) par lequel une préparation pharmaceutique est désignée dans la communauté scientifique internationale.

DÉNOMMER [denɔme] **v. tr.** ‹1› – XIIe ◊ latin *denominare* ■ **1** DR. Nommer (une personne) dans un acte. ➤ **nommer.** *Le jugement dénomme deux témoins.* — **p. p. adj.** *Le dénommé X.* ■ **2** Donner un nom à (une personne, une chose). ➤ **appeler, nommer.** **p. p. adj.** *C'est un dénommé Dupont qui a gagné.* ➤ **certain.** — PAR EXT. Renvoyer à (un objet, une classe d'objets) par le sens. ➤ **désigner.** *«Les termes qui les dénomment* [les objets]*»* JOUBERT.

DÉNONCER [denɔ̃se] **v. tr.** ‹3› – *denuntier* 1190 ◊ latin *denuntiare* «faire savoir», de *nuntius* «messager» ■ **1** VX Faire savoir officiellement. ➤ **annoncer.** — DR. Donner avis de (un acte de procédure) à des tiers. ♦ MOD. Annoncer la rupture de. ➤ **annuler, rompre.** *Dénoncer un traité, un contrat, une convention.* ■ **2** COUR. Faire connaître (une chose répréhensible). *Dénoncer un crime, des abus. «L'homme peut s'autoriser à dénoncer l'injustice totale du monde et revendiquer alors une justice totale»* CAMUS. ♦ PAR EXT. Signaler (qqn) comme coupable. ➤ **accuser, livrer, trahir, vendre ;** FAM. **balancer, donner, moucharder.** *Dénoncer qqn à la police.* ➤ ARG. **fourguer.** *Dénoncer ses complices. Être dénoncé par qqn.* PRONOM. *Il s'est dénoncé à la police.* ➤ **se livrer.** ■ **3** (Sujet chose) LITTÉR. Faire connaître, révéler (qqch.). FIG. ➤ **annoncer, dénoter, indiquer, montrer, trahir.** *«tout chez Gabrielle Darras dénonçait une personne de la haute bourgeoisie française»* BOURGET. ■ CONTR. Cacher, taire. Confirmer.

DÉNONCIATEUR, TRICE [denɔ̃sjatœʀ, tʀis] **n.** – 1328 ◊ latin *denuntiator* → dénoncer ■ Personne qui dénonce à une autorité (police, etc.). ➤ **délateur, indicateur, mouchard,** LITTÉR. **sycophante ;** FAM. 2**balance,** ARG. **mouton.** — **adj.** *Lettre dénonciatrice.* ♦ Personne qui attaque en révélant. *Le dénonciateur des injustices.*

DÉNONCIATION [denɔ̃sjasjɔ̃] **n. f.** – v. 1260 ◊ latin *denuntiatio* → dénoncer

I ■ **1** VX Action de dénoncer, de faire savoir officiellement. ➤ **avis.** ■ **2** Annonce de la fin d'un accord. ➤ **annulation, rupture.** *Dénonciation d'un traité, d'un armistice.* ■ **3** DR. Signification extrajudiciaire d'un acte à une personne qui y a intérêt.

II Action de dénoncer (une mauvaise action). PAR EXT. Action de dénoncer (qqn). ➤ **accusation, délation, trahison ;** FAM. **cafardage.** *Dénonciation calomnieuse. Être arrêté sur dénonciation. «fourré à la Bastille sur la dénonciation d'un Jésuite»* VOLTAIRE. — Déclaration, écrit qui dénonce. *La dénonciation n'était pas signée.*

DÉNOTATIF, IVE [denɔtatif, iv] **adj.** – 1972 ◊ de *dénotation* ■ LING. Relatif à la dénotation. *Fonction dénotative du langage.* ➤ 2**référentiel.** *Sens dénotatif et sens connotatif*.*

DÉNOTATION [denɔtasjɔ̃] **n. f.** – v. 1420 ◊ latin *denotatio* «indication», de *dénoter* ■ **1** Le fait de dénoter ; ce qui dénote. ■ **2** LOG. Désignation en extension ; classe des objets possédant les mêmes caractéristiques et auxquels peut renvoyer un concept (opposé à *connotation*). ■ **3** (v. 1960) LING. Élément invariant et non subjectif de signification (opposé à *connotation*). ➤ **désignation, référence.**

DÉNOTER [denɔte] **v. tr.** ‹1› – v. 1160 ◊ latin *denotare* ■ **1** (Sujet chose) Indiquer, désigner par quelque caractéristique. ➤ **annoncer, dénoncer, marquer, montrer, révéler, signifier, supposer.** *Son attitude dénote un certain courage. Toutes ces peintures «dénotaient de la façon la plus évidente, pour un œil exercé, la plus belle période de l'art égyptien»* GAUTIER. ■ **2** LOG. Désigner en extension. ■ **3** (v. 1960) LING. Signifier par dénotation (opposé à *connoter*).

DÉNOUEMENT [denumɑ̃] **n. m.** – 1580 *desnouement de la langue* ◊ de *dénouer* ■ **1** (1636) Ce qui termine, dénoue une intrigue, une action théâtrale (cf. Le nœud* de l'action). ➤ **achèvement, conclusion, épilogue,** 1**fin, solution, terme.** *Dénouement imprévu. Dénouement heureux.* ➤ **happy end.** *«personne ne peut deviner le dénouement de cette tragédie»* VOLTAIRE. ■ **2** COUR. Ce qui dénoue une affaire difficile ; la manière dont elle se termine. ➤ **issue.** *Un dénouement inattendu ; un tragique dénouement. Brusquer le dénouement.* ■ CONTR. Commencement, début, exposition.

DÉNOUER [denwe] **v. tr.** ‹1› – XIIe ◊ de *dé-* et *nouer* ■ **1** Défaire (un nœud, une chose nouée). ➤ **délier,** 1**détacher.** *Dénouer une ficelle, un ruban. Dénouer des lacets de chaussures.* ➤ **défaire.** *Dénouer les fils d'un écheveau.* — **p. p. adj.** *Porter les cheveux dénoués*, défaits, libres. ♦ PRONOM. (PASS.) Se défaire. *Ces lacets se dénouent sans cesse. «Les beaux cheveux se sont dénoués»* ROMAINS. ■ **2** FIG. et VX Délier. *Dénouer la langue* (à qqn) : faire parler. ■ **3** (1549) Démêler, éclaircir (une difficulté, une intrigue). ➤ **démêler, éclaircir, résoudre.** *«le drame qui dénoua cette double existence»* BALZAC. PRONOM. *«La passion, comme le drame, vit de combat et se dénoue par la mort»* SUARÈS. ■ CONTR. Nouer, renouer ; attacher, lier.

DE NOVO [denovo] **loc. adv.** – 1939 ◊ loc. latine «de nouveau» ■ SC. De manière spontanée. *«Une cellule n'apparaît jamais de novo»* J. ROSTAND.

DÉNOYAUTAGE [denwajotaʒ] **n. m.** – 1929 ◊ de *dénoyauter* ■ **1** Action de dénoyauter (un fruit). ➤ **énucléation.** ■ **2** FIG. ÉCON. Opération qui consiste à recomposer le noyau dur (d'une société) sur une base économique et non plus politique. *Le dénoyautage des entreprises privatisées.*

DÉNOYAUTER [denwajote] **v. tr.** ‹1› – 1922 ◊ de *noyau* ■ **1** Séparer (un fruit) de son noyau. ➤ **énucléer.** *Dénoyauter des prunes, des olives. Appareil à dénoyauter* (**DÉNOYAUTEUR n. m.**). — **p. p. adj.** *Olives dénoyautées.* ■ **2** FIG. ÉCON. Soumettre (une entreprise) au dénoyautage.

DÉNOYER [denwaje] **v. tr.** ‹8› – 1948 ◊ de *dé-* et *noyer* ■ TECHN. Dégager (une galerie, une mine noyée). *Dénoyer une mine.* — **n. m. DÉNOYAGE.**

DENRÉE [dɑ̃ʀe] **n. f.** – XIIIe ; *denerée* XIIe ◊ de *denier*, «marchandise de la valeur d'un denier» ■ Produit comestible servant à l'alimentation de l'être humain ou du bétail. ➤ **aliment, comestible, subsistance,** 2**vivre.** *Cette épicerie vend les denrées de consommation courante. Conservation des denrées périssables.* — *Denrées alimentaires*, destinées à l'alimentation humaine. ➤ **provision.** — FIG. *Une denrée rare* : une chose, une qualité précieuse qui se rencontre rarement. ➤ **rareté.**

DENSE [dɑ̃s] **adj.** – fin XIVe ◊ latin *densus* «épais» ■ **1** Qui est compact, épais. *Brouillard dense.* ➤ **impénétrable.** *Le feuillage dense des arbres.* ➤ **abondant, serré, touffu.** ♦ *Une foule dense*, nombreuse et rassemblée. *Circulation très dense.* ■ **2** (ABSTRAIT) Qui renferme beaucoup d'éléments en peu de place (paroles, écrits). *Un texte dense. Style dense.* ➤ **concis*, condensé, ramassé.** ■ **3** (1671) PHYS. Qui a telle masse relativement au volume. ➤ **lourd ; densité.** *Le plomb est un métal très dense. L'hydrogène est moins dense que l'air.* ■ CONTR. Clair, clairsemé, léger, rare. ■ HOM. Danse.

DENSÉMENT [dɑ̃semɑ̃] **adv.** – 1872 ◊ de *dense* ■ RARE D'une manière dense. *Pays densément peuplé.*

DENSIFICATION [dɑ̃sifikasjɔ̃] **n. f.** – 1937 ◊ de *densifier*

I TECHN. Action de densifier (le bois).

II (1972) DÉMOGR., GÉOGR. Augmentation de la densité (de la population, de l'habitat).

DENSIFIER [dɑ̃sifje] **v. tr.** ‹7› – 1896 ◊ de *dense*

I TECHN. Augmenter la densité (du bois) en le soumettant à de grandes pressions sur toute sa surface. **p. p. adj.** *Hêtre*

densifié.

II **v. intr. et tr.** (1970) DÉMOGR., GÉOGR. Augmenter en densité. PRONOM. *La population se densifie.*

DENSIMÈTRE [dɑ̃simɛtʀ] **n. m.** – 1865 ◊ de *dense* et *-mètre* ■ TECHN. Instrument de mesure des densités des liquides. ➤ **alcoomètre, aréomètre, pèse-acide.**

DENSIMÉTRIE [dɑ̃simetʀi] **n. f.** – 1877 ◊ de *densimètre* ■ DIDACT. Technique des mesures de densité. — **adj. DENSIMÉTRIQUE,** 1877.

DENSITÉ [dɑ̃site] **n. f.** – fin XIVe *dempsité* ◊ latin *densitas* « épaisseur » ■ **1** Qualité de ce qui est dense. ➤ **compacité, épaisseur.** *La densité d'un brouillard, d'une fumée.* — (XXe) *Densité de population :* nombre moyen d'habitants par unité de surface (par km²). ◆ ARTILL. *Densité d'un tir.* ■ **2** (XVIIe) PHYS. Rapport entre la masse volumique d'un corps et celle d'un autre corps servant de référence (l'eau pour un liquide ou un solide, l'air pour un gaz). *La densité de l'eau varie avec sa température ; à 4 °C, sa densité est 1. La densité du fer est 7,8.* — PAR COMPAR. *Le lac « a la densité du mercure, son éclat mort »* MARTIN DU GARD. ■ **3** ÉLECTR. *Densité de courant :* intensité de courant par unité de surface, de volume d'un conducteur. — PHYS., PHOTOGR. *Densité optique,* caractérisant le noircissement de la plaque photographique. ◆ ÉCON. *Densité de valeurs :* évaluation des risques de réassurance, d'après les risques antérieurement couverts dans une zone ou un territoire déterminé.

DENSITOMÉTRIE [dɑ̃sitɔmetʀi] **n. f.** – 1932 ◊ de *densitomètre,* appareil permettant de mesurer la *densité* ■ Mesure de la densité optique d'une substance, d'un milieu. ➤ **densimétrie.** MÉD. *Densitométrie osseuse.* ➤ **ostéodensitométrie.**

DENT [dɑ̃] **n. f.** – fin XIe ◊ du latin *dens, dentis*

I **PARTIE DU CORPS A. ORGANE** ■ **1** (Chez l'être humain) Un des organes de la bouche, de couleur blanchâtre, durs et calcaires, implantés sur le bord libre des deux maxillaires. ➤ ARG. **ratiche.** *Ensemble des dents* (32). ➤ **dentition, denture ; canine, incisive,** 1**molaire, prémolaire ; odont(o)-.** *Mâcher, mordre, déchirer avec les dents. Les dents du haut, du bas, du fond. Couronne, collet, racine ; émail, cément, ivoire, pulpe des dents.* (début XIVe) *Dents de lait :* les premières dents destinées à tomber vers l'âge de six ans. *Dents de sagesse :* les quatre troisièmes molaires qui apparaissent plus tardivement. *Bébé qui fait, perce ses dents,* dont les dents commencent à pousser. *Se casser une dent. Perdre ses dents. Bouche sans dents.* ➤ **édenté.** — *Dents bien rangées. Avoir toutes ses dents. Dents blanches, éclatantes. Des petites dents.* ➤ **quenotte.** *Dans ses mâchoires ouvertes, « je vis briller des dents pareilles à des crocs de carnassiers »* FROMENTIN. *Dents de lapin**. *« Elle a des petites dents pointues. Avec les deux du milieu en haut très écartées. Les dents du bonheur, ça s'appelle »* R. FORLANI. — *Se laver les dents* (➤ **dentifrice**). *Brosse à dents. Se nettoyer, se curer les dents.* ➤ **cure-dent, hydropulseur.** *Dent creuse.* — *Maladie des dents.* ➤ **carie, pyorrhée.** *Dent barrée**. *Dent gâtée, cariée.* ➤ **chicot.** *Dent qui bouge, qui se déchausse. Mal, rage de dents. Avoir mal aux dents. Se faire détartrer, soigner les dents chez le dentiste. Se faire plomber, obturer, dévitaliser, arracher une dent. Dents artificielles, fausses dents.* ➤ **appareil, prothèse ;** 2**bridge, couronne, dentier, jaquette.** *Dent en or, dent sur pivot. Malposition des dents* (➤ **orthodontie**). ■ **2** (Chez les animaux) *Les dents d'un chien, du loup* (➤ **croc**), *du sanglier* (➤ **broche, dague**), *de l'éléphant, du narval* (➤ 2**défense**). — *Dents carnassières**. *Dents des requins.* PAR MÉTAPH. *Les dents de la mer.* — ZOOL. Tige calcaire de la mâchoire de l'oursin. ◆ LOC. PROV. *Quand les poules** *auront des dents.*

B. LOCUTIONS *Se faire les dents :* aiguiser ses dents, en parlant des rongeurs ; FIG. s'entraîner, s'aguerrir. — (1548) *Serrer les dents,* en pressant la mâchoire inférieure contre la mâchoire supérieure. *« Il serre les dents si fort que ses tempes et les muscles de son cou ont mal, et il sent les larmes qui, malgré lui, coulent de ses yeux »* LE CLÉZIO. FIG. Concentrer son énergie, s'apprêter à un dur effort, à supporter une chose désagréable. — *Prendre le mors** *aux dents.* — *Ne pas desserrer les dents :* se taire obstinément. *Grincer** *des dents.* — (Allus. bibl.) *Des pleurs** *et des grincements de dents.* — *Claquer des dents de froid, de peur, de fièvre.* — *Montrer les dents à qqn* (comme pour mordre). ➤ **menacer.** *Se casser les dents sur qqch. :* échouer en raison d'une difficulté, d'une résistance (cf. Tomber sur un os*). — *Avoir, garder une dent contre qqn,* de la rancune, du ressentiment. *« un homme* [le dentiste] *contre lequel – c'est le cas de le dire – j'avais une dent »* BERGSON. — *Avoir la dent dure :* être très sévère, dur dans la critique. — *Mentir comme un arracheur** *de dents.* ◆ FAM. *Avoir la dent :* avoir faim (cf. Avoir les crocs). *J'ai une de ces dents !* — *Avoir les dents longues,* FAM. *les dents qui rayent le parquet :* être très ambitieux. *« Il avait les dents aussi longues qu'une tondeuse à gazon, la réputation d'un arriviste furieux »* T. TOPIN. VULG. *Avoir les dents du fond qui baignent :* être soûl ; avoir envie de vomir. ◆ (1532) **À BELLES DENTS, À PLEINES DENTS.** *Mordre à belles dents.* FIG. *Déchirer qqn à belles dents.* ➤ **calomnier, critiquer, médire.** *Croquer la vie à pleines dents.* ◆ **DU BOUT DES DENTS :** sans mordre franchement, sans appétit. *Manger du bout des dents* (➤ **chipoter, pignocher**). FIG. (début XIVe) Avec réticence, à contrecœur. *Accepter du bout des dents. « Un Adonis s'admire autant qu'il vous admire... il aime du bout des dents »* E. SUE. ◆ **COUP DE DENT :** morsure ; FIG. critique acerbe. ◆ (1690) **SOUS LA DENT.** *N'avoir rien à se mettre sous la dent,* rien à manger. *Il mange tout ce qui lui tombe sous la dent.* ◆ **DANS LES DENTS.** *Envoyer (qqch.) dans les dents à qqn,* le lui dire sans détours. *« ses adversaires le lui renverront toujours dans les dents »* MORDILLAT. *Prends ça dans les dents* (cf. Dans les gencives). *Et pan* (ou *vlan*) *! dans les dents !* (pour se réjouir du malheur des autres) (cf. Bien envoyé, et toc). ◆ **ENTRE LES DENTS.** *Tenir un cigare entre les dents.* — (milieu XIIe) *Grommeler, murmurer, parler, répondre entre ses dents,* peu distinctement, sans ouvrir la bouche (cf. Dans sa barbe). ◆ (milieu XVIe) *Être armé** *jusqu'aux dents.* ◆ **SUR LES DENTS.** *Être sur les dents :* être sur le qui-vive ; très occupé, surmené. ◆ LOC. (allus. bibl.) *Œil** *pour œil, dent pour dent* (cf. La loi du talion*).

II **OBJET POINTU, FORME POINTUE** ■ **1** (fin XIIe) Découpure pointue ; saillant de cette découpure. ➤ **indentation ; dentelé.** *Les dents d'un timbre. Les dents de la feuille de châtaignier.* ■ **2** TECHN. Gros clou servant à fixer une charpente. — COUR. Chacun des éléments allongés et pointus d'un instrument, d'une pièce de mécanisme. *Les dents d'une herse, d'un râteau. Les dents d'une fourchette.* ➤ **fourchon.** *Fourche à trois dents.* — *Les dents d'une scie.* LOC. *En dents de scie**. (début XIVe) *Dents d'une roue, d'un pignon.* ➤ **alluchon,** 1**came, cran, denté, denture.** *Peigne auquel il manque des dents.* ➤ **édenté.** ■ **3** Sommet d'une montagne formant une découpure aiguë. ➤ **aiguille, crête,** 4**pic.** *La Dent du Midi.*

■ **HOM.** Dam, dans.

1**DENTAIRE** [dɑ̃tɛʀ] **n. f.** – 1572 ◊ latin *dentaria* « jusquiame », remède contre le mal de dents ■ Plante herbacée *(cruciféracées),* vivace, à tige souterraine, qui croît dans les bois des régions montagneuses.

2**DENTAIRE** [dɑ̃tɛʀ] **adj.** – 1541 ◊ latin *dentarius* ■ Qui est relatif aux dents. *Abcès, carie dentaire. Formule dentaire,* indiquant schématiquement le nombre de dents de chaque sorte pour chaque espèce de mammifères. *Articulé** *dentaire. Pulpe** *dentaire.* — *Plaque dentaire :* pellicule acide qui attaque l'émail des dents et joue un rôle dans la formation de la carie dentaire. *Film** *dentaire.* ◆ *Chirurgie dentaire. Soins dentaires. Prothèse dentaire.* — *École dentaire,* où l'on forme les dentistes. ELLIPT *Faire dentaire.*

DENTAL, ALE, AUX [dɑ̃tal, o] **adj.** – 1503 ◊ de *dent* ■ **1** VX Qui est relatif aux dents. ➤ 2**dentaire.** ■ **2** (1690) *Consonnes dentales,* qui se prononcent en appliquant la langue contre les incisives supérieures. *D* [d], *T* [t] *sont des consonnes dentales,* ou **n. f.** *des dentales.*

DENT-DE-LION [dɑ̃dəljɔ̃] **n. f.** – 1596 ◊ calque du latin médiéval *dens leonis* ■ Pissenlit. *Des dents-de-lion.*

DENT-DE-LOUP [dɑ̃d(ə)lu] **n. f.** – 1676 « sorte de clou » ◊ de *dent* et *loup* ■ MÉCAN. Accouplement rudimentaire utilisant des dents inclinées de telle sorte que l'entraînement ne s'effectue que dans un sens. *Des dents-de-loup.*

DENTÉ, ÉE [dɑ̃te] **adj.** – v. 1120 ◊ de *dent* ■ **1** SC. NAT. Pourvu de dents (opposé à *édenté*). ■ **2** FIG. Dont le bord présente des saillies pointues, aiguës. *Roue dentée.* ➤ 2**pignon.** *Feuille dentée.*

DENTÉE [dɑ̃te] **n. f.** – avant 1559 ; « coup sur les dents » XIIe ◊ de *dent* ■ VÉN. Coup de dent donné par le chien au gibier. ◆ Coup des défenses du sanglier (➤ **décousure**).

DENTELAIRE [dɑ̃t(ə)lɛʀ] **n. f.** – 1744 ◊ latin des botanistes *dentelaria,* de *dens, dentis* → dent ■ BOT. Plante de rocaille *(plombaginacées)* à fleurs bleues, dont la racine était utilisée contre le mal de dents.

DENTELÉ, ÉE [dɑ̃t(ə)le] **adj.** – 1545 ◊ de *denteler* ■ **1** Qui présente des dents, des indentations. *Timbre dentelé.* — BOT. *Feuille dentelée.* — BLAS. *Pièces dentelées.* — PAR EXT. *Côte dentelée.*

➤ **découpé.** ▪ **2** ANAT. *Muscle dentelé,* qui s'attache aux côtes. SUBST. MASC. *Le grand dentelé :* le muscle abaisseur de l'omoplate. *«Sous les flancs bien enveloppés* [...], *on devine les dentelés et les côtes»* GAUTIER. ▪ CONTR. 1 Lisse.

DENTELER [dɑ̃t(ə)le] v. tr. ‹4 /5/› – 1584 ◊ de *dentele* «petite dent» → dentelle ▪ Découper le bord de (qqch.) en forme de petites dents. ➤ **créneler.** *Machine à denteler.* — PRONOM. *«ici le roc s'est dentelé comme une scie»* BALZAC.

DENTELIER, IÈRE ➤ **DENTELLIER, IÈRE**

DENTELLE [dɑ̃tɛl] n. f. – 1549 ; «petite dent» XIVᵉ ◊ de *dent* ▪ **1** Tissu très ajouré sans trame ni chaîne, orné de dessins opaques variés, et qui présente généralement un bord en forme de dents. ➤ **guipure.** *Dentelle de coton, de soie, de nylon. Réseau, fond* ou *champ d'une dentelle :* la partie uniforme, par opposition aux *motifs. Col, jabot, robe de, en dentelle.* ◆ *Porter des dentelles,* des garnitures en dentelle. *«une robe de soie noire, assez décolletée, avec* [...] *des dentelles, des guipures»* ROMAINS. *La guerre* en dentelles.* ◆ *Dentelle à la main, à l'aiguille. Variétés de dentelle à l'aiguille :* point coupé, point de Venise, point Renaissance, point d'Alençon. *La dentelle aux fuseaux se fait avec un petit métier portatif* (➤ **carreau, tambour**), *des fuseaux, un carton piqueté selon le dessin à obtenir et des épingles pour maintenir les fils. Variétés de dentelle au fuseau :* blonde, chantilly, malines, valenciennes. *Dentelle au crochet, à la machine. Dentelle mécanique.* — LOC. FAM. *Ne pas faire dans la dentelle :* travailler, agir sans aucun raffinement, sans délicatesse. *«Meubles renversés, éventrés, lames de parquet arrachées, ils n'avaient pas fait dans la dentelle»* J. SAUCIER. ▪ **2** Ce qui rappelle la dentelle par l'aspect ajouré, la finesse. *Dentelle de papier,* pour l'emballage de la confiserie. *«L'architecture élégante et raffinée fait de la pierre une dentelle»* TAINE. *«la dentelle rousse des fougères»* LOTI. — APPOS. INV. *Crêpe dentelle :* biscuit constitué d'une très fine crêpe roulée et séchée au four. *Des crêpes dentelle.* ◆ Vignette utilisée en typographie.

DENTELLERIE [dɑ̃tɛlʀi] n. f. – 1870 ◊ de *dentelle* ▪ RARE Fabrication, commerce de la dentelle. ◆ PAR EXT. Ouvrage en dentelle.

DENTELLIER, IÈRE ou **DENTELIER, IÈRE** [dɑ̃təlje, jɛʀ] n. et adj. – 1647, n. f. ◊ de *dentelle* ▪ **1** Personne qui fait de la dentelle (rare au masc.). *«La Dentellière», tableau de Vermeer. «des mains de dentellière* [...] *façonnées pour un travail lent et ingrat»* A. DESARTHE. — LOC. *Un travail de dentellière,* délicat et minutieux. ▪ **2** n. f. (1700) Machine à confectionner la dentelle. ▪ **3** adj. (1864) *Industrie dentellière,* de la dentelle. — La graphie *dentelier, ière* avec un seul *l* est en accord avec la prononciation.

DENTELURE [dɑ̃t(ə)lyʀ] n. f. – 1467 ◊ de *dentele* «petite dent» → dentelle ▪ **1** Découpure en forme de dents. *Dentelure des timbres de collection* ➤ **odontomètre.** — ARCHIT. Ouvrage dentelé (➤ **crénelure**). ▪ **2** BOT. Dents fines des bords d'une feuille. ▪ **3** Sommet en dents de scie. *Les montagnes «découpaient sur le ciel pur leurs dentelures calcaires»* GAUTIER.

DENTICULE [dɑ̃tikyl] n. m. – 1545 ◊ latin *denticulus,* de *dens* ▪ **1** ARCHIT. Ornement en forme de dent. *Les denticules d'une corniche corinthienne.* ▪ **2** (1864) MÉD. Petite dent surnuméraire, accolée à une dent normale ou située entre deux dents.

DENTICULÉ, ÉE [dɑ̃tikyle] adj. – 1848 ; blas. 1690 ◊ de *denticule* ▪ ARCHIT. Qui est garni de denticules. *«le pignon denticulé en marches d'escalier»* GAUTIER.

DENTIER [dɑ̃tje] n. m. – 1624 ; «mâchoire» fin XVIᵉ ◊ de *dent* ▪ **1** Prothèse amovible remplaçant tout ou partie des dents. ➤ **appareil,** FAM. **râtelier.** ▪ **2** (1857) TECHN. Ensemble des dents (d'une machine) ; pièce mécanique qui supporte des dents. ➤ **denture** (2°).

DENTIFRICE [dɑ̃tifʀis] n. m. – 1560 ◊ latin *dentifricium,* de *dens, dentis* «dent» et *fricare* «frotter» ▪ Préparation propre à nettoyer et à blanchir les dents. *Tube de dentifrice. Dentifrice au fluor.* — APPOS. INV. *Pâte, poudre, eau dentifrice.*

DENTINE [dɑ̃tin] n. f. – 1855 ◊ de *dent* ▪ ANAT. Ivoire des dents.

DENTIROSTRE [dɑ̃tiʀɔstʀ] adj. – 1808 «passereaux à bec dentelé» ◊ latin *dens, dentis* «dent» et *-rostre* ▪ ZOOL. Dont la mandibule supérieure est échancrée. *De nombreux passereaux sont dentirostres.*

DENTISTE [dɑ̃tist] n. – 1728 ◊ de *dent* ▪ **1** n. m. ANCIENNT Praticien qui soigne les dents. *Les barbiers-chirurgiens ont fait longtemps office de dentistes* (cf. Arracheur* de dents). ▪ **2** MOD. Personne diplômée légalement autorisée à soigner les dents, à effectuer des interventions chirurgicales dentaires (en Suisse, au Luxembourg, *médecin-dentiste ;* en France, *chirurgien-dentiste*), ET PAR EXT. à traiter les maladies de la bouche et des mâchoires (➤ **orthodontiste, stomatologue**). *Aller chez le dentiste. Aller chez son (sa) dentiste. Elle est chirurgien-dentiste. Une chirurgien-dentiste. Des chirurgiens-dentistes. Cabinet de dentiste. La fraise, la roulette, le davier du dentiste.*

DENTISTERIE [dɑ̃tistəʀi] n. f. – 1889 ◊ de *dentiste* ▪ DIDACT. Étude et pratique des traitements médicaux et chirurgicaux des dents. ➤ **odontostomatologie ;** aussi **denturologie.**

DENTITION [dɑ̃tisjɔ̃] n. f. – 1754 ◊ latin *dentitio* ▪ **1** DIDACT. Formation et éruption des dents depuis la première enfance jusqu'à la fin de l'adolescence. *Les deux dentitions de l'être humain.* ▪ **2** COUR. Ensemble des dents. ➤ **denture.** *Avoir une bonne dentition.*

DENTO- ▪ Élément, du latin *dens, dentis* «dent» : *dento-osseux, dentofacial.*

DENTURE [dɑ̃tyʀ] n. f. – 1276 ◊ de *dent* ▪ **1** LITTÉR. et DIDACT. Ensemble des dents (d'une personne, d'un animal). ➤ **dentition.** *«les petites tares physiologiques, comme la mauvaise denture ou la myopie»* J. ROSTAND. ▪ **2** (1752) TECHN. Ensemble des dents (d'une roue dentée, d'une scie). ▪ **3** (XXᵉ) CHIR. DENT. Appareillage dentaire.

DENTUROLOGIE [dɑ̃tyʀɔlɔʒi] n. f. – 1973 ◊ de *denture* et *-logie* ▪ (Canada) Discipline qui traite la fabrication, la pose et l'entretien des prothèses dentaires amovibles. — n. **DENTUROLOGISTE** (1973) ou **DENTUROLOGUE** (1981).

DÉNUCLÉARISATION [denykleaʀizasjɔ̃] n. f. – v. 1957 ◊ de *dénucléariser* ▪ DIDACT. Action de dénucléariser ; son résultat. *Traité de dénucléarisation.*

DÉNUCLÉARISER [denykleaʀize] v. tr. ‹1› – v. 1957 ◊ de *dé-* et *nucléaire* ▪ DIDACT. Diminuer ou interdire la fabrication et le stockage des armes nucléaires dans (un pays, une région). ➤ **désatomiser.** *Démilitariser et dénucléariser la planète.* — p. p. adj. *Zone dénucléarisée.*

DÉNUDATION [denydasjɔ̃] n. f. – 1374 ◊ bas latin *denudatio* ▪ Action de dénuder. — MÉD. Action de mettre à nu un organe, un tissu, une dent, un nerf, un vaisseau, par incision ou par opération ; état qui en résulte. ◆ COUR. État d'un arbre dépouillé de son écorce, de son feuillage.

DÉNUDÉ, ÉE [denyde] adj. – début XIXᵉ ◊ de *dénuder* ▪ Mis à nu ; dépouillé (de ce qui recouvre). *Arbre dénudé. Crâne dénudé,* dégarni. *«les longs espaces dénudés qu'on appelle le Désert d'Ermenonville»* NERVAL. *Fil électrique dénudé,* dépourvu de gaine isolante.

DÉNUDER [denyde] v. tr. ‹1› – 1120, repris 1790 ◊ latin *denudare* ▪ Mettre à nu ; dépouiller (qqch.) de ce qui recouvre, revêt. ➤ **découvrir, dépouiller.** *Une robe qui dénude le dos, les bras.* PRONOM. Se déshabiller, se dévêtir. ◆ TECHN. *Dénuder un câble sous gaine.* ▪ CONTR. Couvrir, recouvrir ; garnir.

DÉNUÉ, ÉE [denɥe] adj. – 1370 ◊ de *dénuer* ▪ **1 DÉNUÉ DE.** ➤ **démuni, dépouillé, dépourvu, privé** (de). *Être dénué de tout.* ➤ **manquer.** — (ABSTRAIT) *Il est dénué de tact, de bon sens, de scrupules, d'imagination.* ➤ **sans.** *Des paroles dénuées de sens, de fondement. Ce livre est absolument dénué d'intérêt.* ▪ **2** VX Pauvre, misérable. *«Cet hospice, destiné aux vieillards indigents* [...] *aux femmes dénuées au moment de leurs couches»* BALZAC.

DÉNUEMENT ou **DÉNÛMENT** [denymɑ̃] n. m. /DÉNUMENT/ – 1374 *desnuement* ◊ de *dénuer* ▪ État d'une personne qui est dénuée du nécessaire. ➤ **besoin, indigence, misère, pauvreté.** *Être dans un grand dénuement. «ne plus posséder d'argent, ce n'est qu'une des étapes du dénûment»* COLETTE. — FIG. *Un grand dénuement moral.* ▪ CONTR. Abondance, richesse.

DÉNUER (SE) [denɥe] v. pron. ‹1› – XIIᵉ v. tr. ◊ latin *denudare* → dénuder ▪ LITTÉR. Se priver. *Il s'est dénué de tout pour nourrir ses enfants.*

DÉNUTRI, IE [denytʀi] adj. – 1961 ◊ de *dénutrition* ▪ MÉD. Atteint de dénutrition. *Malades dénutris.* — n. *Un dénutri, une dénutrie.*

DÉNUTRITION [denytʀisjɔ̃] **n. f.** – 1859 ◇ de *dé-* et *nutrition* ■ MÉD. Ensemble de troubles caractérisant une insuffisance, une carence importante d'éléments nutritifs, avec prédominance de la désassimilation sur l'assimilation. ➤ **malnutrition.** *Souffrir de dénutrition.*

DÉODORANT, ANTE [deɔdɔʀɑ̃, ɑ̃t] **n. m.** et **adj.** – 1955 ◇ anglais *deodorant* ■ ANGLIC. Désodorisant contre les odeurs corporelles. *Déodorant en bombe, en stick.* ABRÉV. FAM. **DÉO.** *Mettre du déo. Les déos pour hommes.* — **adj.** *Lotion déodorante.*

DÉONTIQUE [deɔ̃tik] **adj.** – 1953 ◇ anglais *deontic,* du grec → déontologie ■ DIDACT. Qui constitue une obligation, une nécessité, un devoir. *Les signaux routiers d'interdiction et d'obligation sont déontiques.*

DÉONTOLOGIE [deɔ̃tɔlɔʒi] **n. f.** – 1823 ◇ formé sur le grec *deon, ontos* «devoir» et *-logie,* par l'anglais *deontology* ■ DIDACT. ■ **1** Théorie des devoirs, en morale. ■ **2** Ensemble des devoirs qu'impose à des professionnels l'exercice de leur métier. ➤ aussi **éthique.** *Code de déontologie des médecins. Cottard «par* déontologie *s'abstenait de critiquer ses confrères»* PROUST. — PAR EXT. *«rien qu'on pût tirer sans enfreindre grossièrement la déontologie de la chasse»* TOURNIER.

DÉONTOLOGIQUE [deɔ̃tɔlɔʒik] **adj.** – 1834 ◇ de *déontologie* ■ DIDACT. De la déontologie. *Règles déontologiques d'une profession.*

DÉONTOLOGUE [deɔ̃tɔlɔg] **n.** – 1834 ◇ de *déontologie* ■ DIDACT. Spécialiste de déontologie. *Déontologue financier.* ♦ Personne chargée de définir les règles de déontologie d'une entreprise ou d'un organisme et de veiller à leur respect.

DÉPAILLER [depɑje] **v. tr.** ‹1› – 1862 ; «épuiser les champs» 1758 ◇ de *dé-* et *paille* ■ Dégarnir de sa paille. PRONOM. *Cette chaise se dépaille.* — *Siège dépaillé.* — **n. m. DÉPAILLAGE,** 1864. ■ CONTR. Empailler, 2 pailler, rempailler.

DÉPALISSER [depalise] **v. tr.** ‹1› – 1690 ◇ de *dé-* et *palisser* ■ TECHN. Défaire le palissage de. ■ CONTR. Palisser.

DÉPANNAGE [depanaʒ] **n. m.** – 1918 ◇ de *dépanner* ■ **1** Réparation de ce qui était en panne. *Dépannage d'une voiture par le garagiste. Dépannage à domicile, en atelier.* ■ **2** Action de tirer (qqn) d'embarras en rendant un service.

DÉPANNER [depane] **v. tr.** ‹1› – 1922 ◇ de *dé-* et 1 *panne* ■ **1** Réparer (un mécanisme en panne). *Dépanner une voiture, un appareil de télévision.* — PAR EXT. *Un mécanicien est venu nous dépanner.* ■ **2** FAM. Tirer (qqn) d'embarras, notamment en prêtant de l'argent. *Peux-tu me dépanner jusqu'au 30 ?*

DÉPANNEUR, EUSE [depanœʀ, øz] **n.** – 1916 ◇ de *dépanner* ■ **1** Professionnel(le) (mécanicien, électricien, etc.) chargé(e) de dépanner. *Dépanneur de machines à laver.* ➤ **réparateur.** — **adj.** Qui dépanne. ■ **2** **n. m.** (1972) **(Canada)** Épicerie qui reste ouverte au-delà des heures d'ouverture des autres commerces. *«chercher de la bière chez le dépanneur»* Y. BEAUCHEMIN.

DÉPANNEUSE [depanøz] **n. f.** – 1929 ◇ de *dépanner* ■ Voiture de dépannage qui peut remorquer, en les soulevant ou en les chargeant, les automobiles en panne.

DÉPAQUETAGE [depak(ə)taʒ] **n. m.** – 1811 ◇ de *dépaqueter* ■ RARE Action de dépaqueter.

DÉPAQUETER [depak(ə)te] **v. tr.** ‹4 /5/› – 1487 *despacqueter* ◇ de *dé-* et *paquet* ■ Défaire (un paquet) ; retirer (le contenu) d'un paquet. ➤ **ouvrir ; déballer.** ■ CONTR. Empaqueter.

DÉPARAFFINAGE [depaʀafinaʒ] **n. m.** – 1932 ◇ de *dé-* et *paraffine* ■ TECHN. Extraction de la paraffine du pétrole brut.

DÉPARASITER [depaʀazite] **v. tr.** ‹1› – avant 1970 ◇ de *dé-* et *parasiter* ■ **1** Débarrasser (un objet, un individu, un local) des parasites qui l'infestent. ■ **2** Éliminer les parasites radioélectriques de. *Autoradio déparasité.*

DÉPAREILLÉ, ÉE [depaʀeje] **adj.** – 1718 ◇ de *dépareiller* ■ **1** Qui n'est pas complet (collection, série) ; composé d'éléments qui ne sont pas assortis. *Un service de verres dépareillé.* ■ **2** Qui n'est plus avec les autres objets qui formaient une paire, une collection. *Un volume dépareillé des œuvres complètes de Hugo. Un gant dépareillé.* ■ **3** (1880) **(Canada)** Hors du commun, sans pareil. *Une cuisinière dépareillée.* ➤ **exceptionnel, extraordinaire, incomparable.** ■ CONTR. 1 Complet ; assorti.

DÉPAREILLER [depaʀeje] **v. tr.** ‹1› – 1680 ; *désappareiller* 1606 ; *despareiller* fin XIIe ◇ de *dé-* et *pareil* ■ Rendre incomplet (un ensemble, une série de choses assorties ou semblables). ➤ **déparier, désassortir.** *Un domestique «avait cassé un verre à pied et dépareillé une de ses douzaines»* STENDHAL. ■ CONTR. 2 Appareiller, apparier, assortir.

DÉPARER [depaʀe] **v. tr.** ‹1› – avant 1678 ; *despare* «dégarnir de ce qui pare» XIIe ◇ de *dé-* et 1 *parer* ■ Nuire à la beauté, au bon effet de. ➤ **enlaidir.** *Cette construction dépare le paysage. «toute parure lui nuit, tout ce qui la cache la dépare»* LACLOS. — FIG. Gâter (surtout au négatif). *Cette pièce ne déparerait pas sa collection.* ■ CONTR. Agrémenter, décorer, embellir. Cadrer, convenir.

DÉPARIER [depaʀje] **v. tr.** ‹7› – 1393 ◇ de *dé-* et *parier* «apparier» ■ **1** RARE Séparer (deux choses qui forment une paire). ➤ **dépareiller.** *Déparier des gants, des souliers.* ■ **2** Séparer (un couple d'animaux). ➤ **désapparier.** ■ CONTR. Apparier, assortir.

DÉPARLER [depaʀle] **v. intr.** ‹1› – 1768 ; «médire de, blâmer» v. tr. v. 1160 ◇ de *dé-* et *parler* ■ VIEILLI ou RÉGION. (sud de la France ; Québec, Antilles, Haïti) Parler à tort et à travers, sans discernement ; bafouiller, divaguer. *«Allons, tu déparles, tu dis des bêtises !»* PAGNOL.

1 **DÉPART** [depaʀ] **n. m.** – 1213 ◇ de l'ancien français *départir* «s'en aller» ■ **1** Action de partir. *Départ en voyage, en promenade. Fixer son départ, le jour, l'heure du départ. Préparatifs de départ. Être sur le départ,* prêt à partir. *Le jour de notre départ pour Paris. Départ d'un avion* (➤ **décollage, envol**), *d'un bateau* (➤ 1 **appareillage, partance**). *«C'était toujours les premiers départs sur les mers. La séparation d'avec la terre s'était toujours faite dans la douleur et le même désespoir, mais ça n'avait jamais empêché les hommes de partir»* DURAS. *Tableau des départs et des arrivées* (dans les gares, les aéroports). *Le départ du courrier.* ♦ *Départ pour l'armée, pour la guerre. Le chant du départ.* ■ **2** SPORT *Ligne de départ. Cales, bloc de départ.* ➤ **starting-block** (ANGLIC.). *Signal du départ.* ➤ 2 **go.** *Starter qui donne le départ. Manquer le départ. Faux départ. Prendre le départ* ; FIG. ➤ **démarrer.** *Prendre un bon, un mauvais départ dans la vie. Départ foudroyant. Prendre un nouveau départ.* ➤ **rebondir, redémarrer.** ■ **3** Le lieu d'où l'on part. *Départ des grandes lignes. Quai de départ.* APPOS. INV. *Case* départ.* ■ **4** Le fait de quitter un lieu, une situation, de partir*. *Exiger le départ d'un fonctionnaire, d'un employé.* ➤ **démission, licenciement, renvoi.** *Plan de départs volontaires (PDV). Depuis son départ à la retraite, en retraite. Pot de départ. «Pour son dernier jour, on avait organisé un grand pot de départ au siège»* D. FOENKINOS. ■ **5** FIG. Commencement (d'une action, d'une série, d'un mouvement). ➤ **commencement, début, origine.** *«Le gaz sulfureux empêche le départ de la fermentation du vin dans la cuve»* ROMAINS. — LOC. *Au départ* : au début. *Nous n'avions pas prévu cela au départ. Dès le départ. De départ :* initial. *L'idée de départ. Postulat de départ. Salaire de départ.* ♦ TECHN. *Signal de départ :* signal sonore ou visuel indiquant le commencement d'un enregistrement. ♦ *Le point de départ d'une intrigue, d'un complot. Point de départ d'un sujet à développer, d'une ligne de conduite. Le point de départ d'un phénomène.* ➤ **épicentre.** ■ CONTR. Arrivée, retour ; aboutissement, 1 fin.

2 **DÉPART** [depaʀ] **n. m.** – XIIIe ◇ de *départir* «partager» ■ LOC. *Faire le départ entre* (deux choses abstraites) : séparer, distinguer nettement. VIEILLI *Faire le départ du bien et du mal.*

DÉPARTAGER [depaʀtaʒe] **v. tr.** ‹3› – 1690 ◇ de *dé-* et *partager* ■ **1** Faire cesser le partage égal (des voix, des suffrages) par un suffrage nouveau qui établit une majorité. *Départager les votes.* ■ **2** PAR EXT. Choisir entre (des opinions, des méthodes, des personnes). ➤ **arbitrer.** *Venez nous départager. Question subsidiaire pour départager les ex æquo.* ■ **3** LITTÉR. Faire le départ entre, séparer. *«un filet haut tendu qui départage les deux camps»* GIDE. *«le besoin de juger, de départager les bons et les méchants»* SIEGFRIED.

DÉPARTEMENT [depaʀtəmɑ̃] **n. m.** – XVIe ; «action de partager» v. 1180 ◇ de *départir* ■ **1** Chacune des parties de l'administration des affaires de l'État dont s'occupe un ministre. *Département ministériel.* ➤ **ministère.** *Département de l'Intérieur, des Affaires étrangères.* ♦ Unité administrative ayant la responsabilité d'une activité, d'un domaine. *Département des antiquités au musée du Louvre. Département de linguistique d'une université.* ■ **2** Division administrative de certains pays. En Suisse, Subdivision du pouvoir exécutif, fédéral ou cantonal. — Au Canada, Grand service de l'administration. ♦ *Département d'État* (angl. *Department of State*), ministère des Affaires étrangères des États-Unis. ■ **3** (1765) Division administrative du territoire français placée sous l'autorité d'un préfet et administrée par un conseil départemental. *Le département du Var, du Pas-de-Calais. Départe-*

ments métropolitains. Départements et régions d'outre-mer (D. O. M. et *R. O. M.). Chef-lieu du département.* ➤ **préfecture.** *Subdivisions du département.* ➤ **arrondissement, canton, commune.** *Commun à plusieurs départements.* ➤ **interdépartemental.**

DÉPARTEMENTAL, ALE, AUX [depaʀtəmɑ̃tal, o] **adj.** – 1790 ◊ de *département* ■ Qui appartient au département. *Commission départementale,* qui contrôle l'action préfectorale. *Élections départementales,* servant à élire pour six ans les représentants du département. — *Route départementale,* et **n. f.** *une départementale.*

DÉPARTEMENTALISER [depaʀtəmɑ̃talize] **v. tr.** ‹1› – milieu xxe ◊ de *département,* d'après *étatiser, nationaliser* ■ ADMIN. ■ **1** Donner à (une ancienne colonie, un territoire) le statut de département* (3°). ■ **2** (1972) Attribuer aux départements une compétence qui relevait antérieurement de l'État ou d'une autre collectivité publique. — **n. f. DÉPARTEMENTALISATION,** (1930).

DÉPARTIR [depaʀtiʀ] **v. tr.** ‹16› – 1080 ◊ de 2*partir* ■ **1** LITTÉR. Attribuer en partage (une tâche, une faveur). ➤ **accorder, distribuer, impartir.** *« les dons que le ciel leur avait départis »* ROUSSEAU. ■ **2 SE DÉPARTIR v. pron.** (xvie) Se séparer (de), abandonner (surtout une attitude). ➤ **renoncer** (à). *Se départir de son calme. « une sorte de bonhomie cordiale, dont elle ne se départait point, décourageait l'ironie »* GIDE. — *« un voile dont elle ne se départait que dans ses appartements »* TOURNIER. ➤ 1**sortir** (de). ■ CONTR. Conserver, garder.

DÉPARTITEUR, TRICE [depaʀtitœʀ, tʀis] **n.** – 1870 ◊ de *départir* ■ DIDACT. Personne qui départit. — DR. APPOS. *Juge départiteur,* chargé de présider l'audience ouverte dans le but de départager les conseillers prud'hommes. *Juridiction départitrice.*

DÉPASSANT [depɑsɑ̃] **n. m.** – 1922 ◊ de *dépasser* ■ COUT. Ornement qui dépasse la partie du vêtement à laquelle il est adapté.

DÉPASSÉ, ÉE [depɑse] **adj.** – 1690 ◊ de *dépasser* ■ **1** Qu'un rival a dépassé, dont le but a été mieux atteint, mieux réalisé par un autre. *Vous êtes dépassé dans ce domaine.* ➤ **battu.** ■ **2** Qui n'a plus cours, parce qu'on a trouvé mieux depuis. *Une théorie dépassée.* ➤ **caduc, démodé, obsolète, périmé.** ■ **3** Qui ne peut plus maîtriser la situation. ➤ **débordé, noyé** (cf. FAM. À la ramasse). *Il est complètement dépassé. Être dépassé par les évènements.* ■ CONTR. Actuel, nouveau.

DÉPASSEMENT [depɑsmɑ̃] **n. m.** – 1856 ◊ de *dépasser* ■ **1** Action de dépasser. *Le dépassement des véhicules est interdit dans cette agglomération.* ABSOLT, COUR. *Dépassement dangereux.* ◆ ÉCOL. *Le jour du dépassement :* le jour de l'année où sont épuisées les ressources naturelles produites annuellement par la Terre. ■ **2** COMPTAB. Somme excédentaire sur un budget, un devis, un compte. *Dépassement de crédit. Médecin qui pratique le dépassement d'honoraires.* ■ **3** (1910) Action de se dépasser (6°). *« L'idée de dépassement, d'accomplissement, ou, pour les chrétiens, de rédemption »* DANIEL-ROPS.

DÉPASSER [depɑse] **v. tr.** ‹1› – xiie ◊ de *passer* ■ **1** Laisser en arrière, derrière soi en allant plus vite. ➤ **devancer, distancer,** 1**doubler, passer ;** FAM. **gratter,** 1**griller.** *Véhicule qui dépasse un cycliste.* ABSOLT *Il est interdit de dépasser sur ce pont.* — PRONOM. *Les coureurs cherchent à se dépasser,* à passer l'un devant l'autre. ■ **2** (1691) Aller plus loin que (qqch.). *Dépasser l'endroit où il fallait s'arrêter. Dépasser un cap.* — *Coma* dépassé.* ■ **3** (1835) Aller plus loin en quantité ; être plus long, plus haut, plus grand que. *Dépasser qqn de la tête,* être plus grand que lui d'une tête. FIG. *Dépasser qqn de cent coudées*.* — *Maison qui dépasse l'alignement.* ➤ **déborder, mordre** (sur), **saillir,** 1**sortir** (de). *Le devis ne dépassera pas mille euros.* ➤ **excéder.** *Dépasser le temps imparti. Un entretien qui dépasse dix minutes. « La mortalité a dépassé les prévisions les plus pessimistes »* GIDE. — INTRANS. ou ABSOLT *Sa jupe dépasse un peu de son manteau ; elle dépasse.* ■ **4** (1803) Être plus, faire plus que (un autre) dans un domaine. *Dépasser qqn en violence, en cruauté.* ➤ **devancer, surpasser ;** FAM. **enfoncer.** *« S'il avait eu ce don-là, Hugo aurait dépassé Shakespeare »* FLAUBERT. *L'élève a dépassé le maître.* ■ **5** (fin xviiie) Aller au-delà de (certaines limites). ➤ **excéder, outrepasser.** *Dépasser les instructions reçues. Dépasser ses attributions en empiétant sur celles d'autrui. Dépasser les bornes, les limites de la bienséance :* exagérer, aller trop loin. ➤ **franchir, passer.** *Cela dépasse la mesure* (cf. C'est un comble). *Cela dépasse l'entendement.* — Aller au-delà de (ce qui était attendu, prévu). *Les mots ont dépassé sa pensée. Le succès a dépassé notre attente, nos espérances. La réalité* dépasse la fiction.* — Aller au-delà de (ce qui est possible ou imaginable). *Cela dépasse mes forces, mes moyens, ma compétence. « Le désintéressement, l'incapacité pratique de ces braves gens dépassaient toute imagination »* RENAN. ABSOLT *Cela le dépasse,* c'est trop difficile pour lui ; il ne peut l'imaginer, l'admettre. ➤ **dérouter, étonner.** ■ **6 v. pron. (réfl.)** Faire effort pour sortir de soi-même, vers une transcendance. *« Les plus grands efforts de l'homme pour se dépasser sont vains si, au delà de soi-même, c'est encore soi qu'il recherche, et non une réalité supérieure »* DANIEL-ROPS. ■ **7** (PASS.) *Être dépassé par les évènements.* ➤ **dépassé** (3°).

DÉPASSIONNER [depasjɔne] **v. tr.** ‹1› – 1804 pronom. ; « éteindre la passion de qqn » xvie ◊ de *dé-* et *passionner* ■ Rendre moins passionné, plus objectif (une discussion, un débat, une question). *Dépassionner le débat.* ➤ **calmer** (le jeu).

DÉPATOUILLER (SE) [depatuje] **v. pron.** ‹1› – *se despatoüiller* 1640 ◊ de *patouiller* ■ FAM. Se dépêtrer d'une situation embarrassante. ◆ FIG. et COUR. Se débrouiller. ➤ se **démerder.**

DÉPATRIER [depatʀije] **v. tr.** ‹7› – 1855 région. « expatrier » ◊ de *dé-* et *patrie* ■ LITTÉR. Priver (qqn) de patrie, en faire un sans-patrie. — PRONOM. *« L'homme peut s'expatrier, mais il ne peut pas se dépatrier »* MARTIN DU GARD.

DÉPAVAGE [depavaʒ] **n. m.** – 1832 ◊ de *dépaver* ■ Action de dépaver. *Le dépavage d'une rue.* ■ CONTR. Pavage.

DÉPAVER [depave] **v. tr.** ‹1› – 1355 ◊ de *dé-* et *paver* ■ Dégarnir de pavés. *Dépaver une rue.* ■ CONTR. Paver.

DÉPAYSANT, ANTE [depeizɑ̃, ɑ̃t] **adj.** – 1913 ◊ de *dépayser* ■ Qui dépayse. *Un séjour dépaysant.*

DÉPAYSÉ, ÉE [depeize] **adj.** – *despaisié* xiiie ◊ de *dépayser* ■ Mal à l'aise, par changement de décor, de milieu, d'habitudes. ➤ **perdu.** *Je me sens toujours dépaysé dans ce nouveau quartier.*

DÉPAYSEMENT [depeizmɑ̃] **n. m.** – xvie ◊ de *dépayser* ■ **1** VX Action d'exiler. ■ **2** MOD. État d'une personne dépaysée. ◆ (1834) Changement agréable d'habitudes. *Rechercher le dépaysement.* ■ **3** DR. Renvoi (d'une affaire) devant une autre juridiction. *Requête en dépaysement.*

DÉPAYSER [depeize] **v. tr.** ‹1› – v. 1200 ◊ de *dé-* et *pays* ■ **1** VX Faire changer de pays, de lieu, de milieu. ➤ **déraciner, exiler.** *« on ne les dépayserait pas impunément [...] c'est qu'ils aiment ce sol arrosé de leurs sueurs »* SAND. ■ **2** (1690) MOD. Mettre mal à l'aise par changement de décor, de milieu, d'habitudes. ➤ **déconcerter, dérouter, désorienter ; dépaysé.** *Environnement qui dépayse.* ■ **3** DR. Dessaisir un tribunal de (une affaire) pour la renvoyer devant une autre juridiction.

DÉPEÇAGE [depəsaʒ] **n. m.** – 1842 ◊ de *dépecer* ■ Action de dépecer. *Le dépeçage d'un mouton.* — On trouve aussi au fig. **DÉPÈCEMENT** [depɛsmɑ̃].

DÉPECER [depəse] **v. tr.** ‹3 et 5› – 1080 ◊ de *pièce* ■ Mettre en pièces, en morceaux (un animal). *« la pose pacifique des lions lorsqu'ils dépècent leur proie »* FLAUBERT. *Boucher qui dépèce un bœuf.* ➤ **couper,** 1**débiter, découper.** ◆ FIG. *Dépecer un territoire.* ➤ **démembrer.**

DÉPECEUR, EUSE [depəsœʀ, øz] **n.** – 1752 ; *despecierre* xiiie ◊ de *dépecer* ■ Personne qui dépèce.

DÉPÊCHE [depɛʃ] **n. f.** – 1671 ; « lettre patente » 1464 ◊ de *dépêcher* ■ **1** Lettre concernant les affaires publiques. *Une dépêche diplomatique.* ■ **2** Communication transmise par voie rapide. ➤ **avis, lettre, message, missive.** *Anciens porteurs de dépêches.* ➤ **courrier, estafette.** *Dépêche chiffrée.* — (1800) *Dépêche télégraphique,* et ABSOLT *dépêche.* ➤ **câble, câblogramme, télégramme, télex.** *« quand je reçois une dépêche, je ne peux pas l'ouvrir sans un frisson de terreur »* DAUDET. *Dépêche d'agence. Dépêche qui tombe sur le téléscripteur. Salle, bureau des dépêches :* **recomm. offic. pour** *desk.*

DÉPÊCHER [depeʃe] **v. tr.** ‹1› – fin xve ; *despescher* autre sens, xiiie ◊ de *dé-* et radical de *empêcher* ■ **1** Envoyer (qqn) en hâte pour exécuter une mission. ➤ **expédier.** *Dépêcher un messager. Il m'a dépêché auprès de vous pour avoir votre réponse. Le quotidien a dépêché une journaliste sur place.* ■ **2 SE DÉPÊCHER v. pron.** (1490) COUR. Se hâter, faire vite. ➤ **s'empresser,** se **hâter,** se **presser ;** FAM. se **dégrouiller,** se **grouiller,** se **manier, speeder** (cf. Faire fissa*). *Il s'est dépêché de finir. Dépêchez-vous.* ■ CONTR. Lambiner, traîner.

DÉPEIGNER [depeɲe] **v. tr.** ‹1› – fin xixe ; hapax xive ◊ de *dé-* et *peigner* ■ Déranger l'arrangement des cheveux de (qqn). ➤ **décoiffer, écheveler.** *Le vent la dépeignait.* (PASS.) *Être dépeigné.* ■ CONTR. Peigner. ■ HOM. *Dépeignez :* dépeignez (dépeindre).

DÉPEINDRE [depɛ̃dʀ] v. tr. ‹52› – XVIe «peindre» ; hapax milieu XIIIe ◇ latin *depingere*, d'après *peindre* ■ Décrire et représenter par le discours. ➤ **brosser, décrire, évoquer, peindre, représenter.** *Il est bien tel qu'on me l'a dépeint. Dépeindre une scène.* ➤ **raconter.** ■ HOM. *Dépeignez* : dépeignez (dépeigner).

DÉPENAILLÉ, ÉE [dep(ə)naje] adj. – 1546 ◇ d'un dérivé de *pan* «morceau d'étoffe» ■ Qui est en lambeaux, en loques. *«son drapeau dépenaillé tourné à la loque déteinte»* COURTELINE. ◆ Qui est en haillons ; dont la mise est très négligée. ➤ **déguenillé, haillonneux ; débraillé.** *«tout dépenaillé, pieds nus, jambes nues, la chemise en lambeaux»* LOTI.

DÉPÉNALISATION [depenalizasjɔ̃] n. f. – 1975 ◇ de *dépénaliser* ■ DR. Action de dépénaliser ; son résultat. *La dépénalisation de l'euthanasie.*

DÉPÉNALISER [depenalize] v. tr. ‹1› – milieu XXe ◇ de *dé-* et *pénal* ■ DR. Soustraire (une infraction, une action) à la sanction du droit pénal. *Faut-il dépénaliser le cannabis ?*

DÉPENDAMMENT [depɑ̃damɑ̃] adv. – 1671 ◇ de *dépendant* ■ RARE (COUR. au Canada) Selon, suivant. loc. prép. *Dépendamment de la température* (cf. En fonction de). loc. conj. *Dépendamment que vous êtes marié ou non.* ■ CONTR. Indépendamment.

DÉPENDANCE [depɑ̃dɑ̃s] n. f. – 1339 ◇ de 1 *dépendre* ■ **1** Rapport qui fait qu'une chose dépend d'une autre. ➤ **corrélation, enchaînement, interdépendance, liaison, solidarité.** *«je sens, entre tous les faits que m'offre la vie, des dépendances si subtiles qu'il me semble toujours qu'on n'en saurait changer un seul sans modifier tout l'ensemble»* GIDE. ■ **2** (1474) Terre, bâtiment dépendant d'un domaine, d'un bien immeuble. *Dépendances d'un hôtel, d'un château.* ➤ 2 **annexe, communs.** *«immeuble composé d'un vaste bâtiment, de nombreuses dépendances et de plusieurs hectares de terrain»* ROMAINS. ■ **3** (1636) Le fait pour une personne de dépendre de qqn ou de qqch. ➤ **asservissement, assujettissement, chaîne, esclavage, obédience, obéissance, servitude, soumission, subordination, sujétion, vassalité.** *La dépendance de qqn par rapport à qqn ou qqch. L'état de dépendance du nouveau-né. Mettre, tenir dans la dépendance. Être dans la dépendance, sous la dépendance de qqn.* ➤ 2 **coupe, empire, joug.** *Dépendance envers, à l'égard de qqn. Dépendance financière, psychologique. «il est tombé dans la dépendance d'un jeune homme sans moralité»* BALZAC. — *La dépendance d'un fief par rapport à un suzerain* (➤ **mouvance**). ◆ ABSOLT État d'une personne (malade, handicapée, âgée) qui ne peut accomplir seule les tâches de la vie quotidienne. *Dépendance et perte d'autonomie.* ■ **4** État résultant de la consommation répétée d'une substance psychoactive, qui se caractérise par le besoin de continuer la prise et d'augmenter les doses. ➤ **accoutumance, addiction, pharmacodépendance, toxicodépendance.** *Dépendance à la morphine, au tabac, à l'alcool. Dépendance physique, psychique.* ◆ PAR EXT. *Dépendance au jeu, aux jeux en ligne* (➤ **cyberdépendance**). ■ CONTR. Indépendance. Autonomie, liberté.

DÉPENDANT, ANTE [depɑ̃dɑ̃, ɑ̃t] adj. – 1355 ◇ de 1 *dépendre* ■ Qui dépend de qqn ou de qqch. ➤ **soumis, subordonné, tributaire.** *Ces deux choses sont dépendantes l'une de l'autre.* ➤ **interdépendant.** *Être dépendant de qqn. «nous sommes dépendants d'un produit ou d'un être dès lors qu'il nous procure une chose et son contraire, c'est-à-dire le plus grand plaisir et la plus grande souffrance»* P. MÉROT. *Personne dépendante*, qui nécessite une assistance constante, qui n'a pas son autonomie. *Établissement d'hébergement pour personnes âgées dépendantes (EHPAD* [epad]*).* — *Drogué dépendant.* ➤ **addict ;** FAM. **accro.** ■ CONTR. Autonome, indépendant, libre.

DÉPENDEUR, EUSE [depɑ̃dœʀ, øz] n. – 1260 ◇ de 2 *dépendre* ■ RARE Personne qui dépend (ce qui est pendu). LOC. FAM., VIEILLI *Un (grand) dépendeur d'andouilles* : un homme très grand et un peu niais.

1 **DÉPENDRE** [depɑ̃dʀ] v. tr. ind. ‹41› – 1160 ◇ latin *dependere* «pendre de», d'où «se rattacher à», de *pendere* ■ **1 DÉPENDRE DE :** ne pouvoir se réaliser sans l'action ou l'intervention (d'une personne, d'une chose). ➤ **procéder, provenir, résulter.** *L'effet, la conséquence dépend de la cause.* ➤ **découler.** *Termes corrélatifs*, interdépendants*, qui dépendent les uns des autres. L'issue de la bataille dépend de cette manœuvre.* ➤ 1 **reposer** (sur). *Sa venue dépend de vous.* ◆ IMPERS. *Comment vas-tu ? – Cela dépend des jours. Si cela ne dépendait que de moi !* je le ferais volontiers si c'était en mon pouvoir. ➤ **tenir** (à). *Cela dépend des circonstances, des conditions* (➤ **conditionnel**). ELLIPT *Est-ce que tu viendras ? – Ça dépend* : peut-être. — FAM. *Ça dépend où, comment. Ça dépend lequel.* — *Il dépend de qqn de* (et l'inf.) ou *que* (et le subj.). *«Il dépend de vous que la peine de mort soit abolie de fait»* HUGO. ➤ **appartenir.** ■ **2** PAR EXT. (1459) Faire partie (de qqch.). ➤ **appartenir.** *Ce parc dépend de la propriété.* FÉOD. *Terre qui dépend d'un fief. Territoires qui dépendent de la France. Dépendre de telle juridiction, de telle administration.* ➤ **relever,** 2 **ressortir.** ■ **3** (XVIe) Être sous l'autorité, la domination, l'emprise. *Ne dépendre de personne, ne dépendre que de soi* (cf. Être son maître*). *Étudiant qui dépend encore de ses parents. Pays qui dépend économiquement d'un autre.* ■ CONTR. Affranchir (s'), libérer (se).

2 **DÉPENDRE** [depɑ̃dʀ] v. tr. ‹41› – XIIe ◇ de *dé-* et *pendre* ■ Retirer (ce qui est pendu). ➤ **décrocher,** 1 **détacher.** *Dépendre un tableau.* — *Dépendre une personne* (qui s'est pendue). ■ CONTR. Accrocher, pendre, suspendre.

DÉPENS [depɑ̃] n. m. pl. – 1306 ; *despens* «dépense» 1175 ◇ latin *dispensum*, de *dispendere* «peser en distribuant», d'où «partager», de *pendere* ■ **1 AUX DÉPENS DE (qqn) :** en faisant payer, supporter la dépense par (cf. Sur le compte de, aux frais de). *Vivre aux dépens d'autrui* (➤ **parasite**). *Je l'ai hébergé et il vit à mes dépens* (cf. À ma charge, à mes crochets). *«Apprenez que tout flatteur Vit aux dépens de celui qui l'écoute»* LA FONTAINE. — FIG. En faisant subir un dommage (à qqn) (cf. Au détriment de). *«Tout bonheur me paraît haïssable qui ne s'obtient qu'aux dépens d'autrui»* GIDE. *S'amuser, rire aux dépens de qqn*, en faire un objet de dérision ou de blâme. — *Apprendre, savoir qqch. à ses dépens*, par une expérience cuisante. *«tout ce que je sais, je l'ai appris à mes dépens»* LOTI. ◆ *Aux dépens de* (qqch.) : en sacrifiant qqch. (cf. Au détriment, au prix de). *Les fruits se développent aux dépens des fleurs. «Je défendrai sa vie aux dépens de mes jours»* RACINE. ■ **2** (XVIIe) DR. Frais judiciaires afférents aux instances, actes et procédures d'exécution. *Être condamné aux dépens. Payer les dépens. Compensation* des dépens. «Je perds ma cause avec dépens, Estimés environ cinq à six mille francs»* RACINE. ■ CONTR. Avantage, bénéfice.

DÉPENSE [depɑ̃s] n. f. – *despanse* 1175 ◇ latin *dispensa*, p. p. fém. de *dispendere* → dépens

I ACTION DE DÉPENSER ■ **1** Emploi d'argent, spécialement à des fins autres que le placement. ➤ 2 **frais.** *Une dépense de deux cents euros. Faire, engager une dépense pour un achat*, et ELLIPT *faire la dépense d'un meuble. Dépense utile ; dépense somptuaire*, voluptuaire* ; grosse, folle dépense. «l'objet que nous désirons le plus ardemment est le plus susceptible de nous entraîner vers de folles dépenses et de nous ruiner»* G. BATAILLE. *Dépense excessive.* ➤ **folie, prodigalité.** *Dépense imprévue.* ➤ **extra** (cf. Faux frais*). *Dépense du ménage. Les dépenses de loisir, de santé d'une population.* ➤ **consommation.** *Dépense en capital.* ➤ **investissement.** *Dépense à laquelle on contribue.* ➤ **contribution, cotisation,** 1 **écot, participation, quote-part.** *Argent de poche, pour les menues dépenses.* — *Faire face à une dépense.* ➤ **payer.** *Couvrir une dépense* : fournir une somme équivalente. *Équilibrer dépenses et revenus* (cf. Joindre les deux bouts*). *Avoir l'initiative de la dépense* (cf. Tenir les cordons de la bourse*). *Goût des dépenses.* ➤ **dissipation, luxe, prodigalité.** *Pousser qqn à la dépense. Qui entraîne de grandes dépenses.* ➤ **coûteux, dispendieux, onéreux.** *Regarder à la dépense* : être économe, regardant. *Il ne regarde pas à la dépense. «Elle n'avait pas regardé à la dépense, question rouge à lèvres. Il y avait de quoi barbouiller une entrée de métro»* T. TOPIN. ◆ COMPTAB. Sortie d'argent (➤ **débours, décaissement, sortie**) et PAR EXT. Compte sur lequel est portée la dépense. *Colonne des dépenses.* ➤ 2 **débit.** *Excédent des dépenses sur les recettes.* ➤ **déficit, perte, trou.** ◆ FIN. *Dépenses publiques*, faites par les collectivités publiques. ➤ **charge, finance ; budget.** ◆ ÉCON. *Dépense nationale* : agrégat* mesurant la somme des dépenses de consommation des ménages et des administrations, des investissements (formation brute de capital fixe) pour l'ensemble d'un pays au cours d'une année. ■ **2** FIG. Usage, emploi (de qqch.). *Dépense de temps. Dépense physique ; dépense de forces ; dépense nerveuse, énergétique.* ◆ PAR EXT. TECHN. Quantité d'une matière consommée. ➤ **consommation.** *Dépense de chaleur, de combustible.*

II LIEU, PIÈCE ■ **1** (fin XIIIe ; «cellier» v. 1180) VIEILLI Dans un établissement, une communauté, Lieu où l'on reçoit et où l'on distribue les objets en nature, où se fait le paiement des gens de service et des fournisseurs. ➤ **office.** ■ **2** (fin XIIe) VX ou RÉGION. (notamment au Canada) Lieu où l'on range les provisions destinées à la table, dans une maison. *«Ces pommes étaient au fond d'une dépense»* ROUSSEAU.

■ CONTR. Économie, gain, revenu. Crédit, recette, rentrée.

DÉPENSER [depɑ̃se] v. tr. ⟨1⟩ – XIIIe ◇ de *dépense* ■ **1** Employer de l'argent. *Dépenser une somme. Dépenser tant par mois. Ne pas dépenser un sou.* ➤ **débourser.** *Dépenser beaucoup, sans compter* (cf. Vivre sur un grand pied*, comme un prince*, faire le grand seigneur*, mener grand train*). *Dépenser inconsidérément, trop.* ➤ **dilapider, dissiper, flamber, gaspiller** (cf. Brûler la chandelle* par les deux bouts, jeter l'argent par les fenêtres*). «*Le père dépense au cabaret tout son avoir*» LOTI. *Dépenser son argent à des futilités.* ➤ FAM. **claquer.** ABSOLT «*Les uns dépensaient, les autres gagnaient*» BAUDELAIRE. PRONOM. (PASS.) *L'argent se dépense facilement.* ■ **2** (1907) Consommer (une certaine quantité d'énergie) pour un moteur, un appareil, un véhicule. ➤ **consommer, user.** *Cette voiture dépense peu d'essence.* — «*il dépensait un stère de bois, et lésinait sur une allumette*» R. ROLLAND. ■ **3** FIG. Employer (son temps, ses efforts). *Dépenser maladroitement ses forces.* ➤ **gaspiller.** *Dépenser des trésors d'ingéniosité pour parvenir à ses fins.* ➤ **déployer, prodiguer.** «*La faute des hommes supérieurs est de dépenser leurs jeunes années à se rendre dignes de la faveur*» BALZAC. — LOC. *Dépenser sa salive**. ■ **4 SE DÉPENSER** v. pron. réfl. Faire des efforts. ➤ **se démener ;** FAM. **se décarcasser.** *Se dépenser physiquement* : se donner beaucoup de mouvement. *Il se dépense sans compter* : il ne ménage pas sa peine, il se donne beaucoup de mal. ➤ **se fatiguer.** «*ils se dépensent en bravades grossières, par orgueil désespéré*» MAURIAC. ■ CONTR. Amasser, économiser, épargner. 1 Ménager.

DÉPENSIER, IÈRE [depɑ̃sje, jɛʀ] n. et adj. – v. 1131 ◇ de *dépense* ■ **1** VX Personne qui tient la dépense dans une communauté. ➤ **économe.** *La dépensière d'un couvent.* ■ **2** adj. (XVIe) MOD. Qui aime dépenser, qui dépense excessivement. *Une personne dépensière.* n. *C'est un grand dépensier.* ➤ **dissipateur, gouffre, prodigue** (cf. FAM. Panier* percé). ■ **3** FIG. et LITTÉR. *Dépensier de* : qui dépense (3°). «*les hommes, qui sont si follement dépensiers de leur sang, sont avares de leur intelligence*» DANIEL-ROPS. ■ CONTR. Avare, économe.

DÉPERDITION [depɛʀdisjɔ̃] n. f. – 1314 ◇ de *deperdere*, d'après *perdition* ■ **1** SC. Destruction graduelle ou perte d'une partie des molécules. *Opération chimique qui se fait sans déperdition de substance.* ■ **2** (1823) COUR. Perte progressive. *Déperdition de chaleur, de lumière, d'électricité, de force.* ➤ **diminution, perte.** — FIG. *Déperdition de forces au cours d'une maladie.* ➤ **affaiblissement, dépérissement, épuisement.** ■ CONTR. Augmentation, recrudescence.

DÉPÉRIR [depeʀiʀ] v. intr. ⟨2⟩ – 1235 ◇ latin *deperire* → périr ■ **1** S'affaiblir par consomption graduelle. *Cet enfant dépérit faute de grand air, de soins, d'affection.* ➤ **s'affaiblir, s'anémier, se consumer, languir.** — *Plante qui dépérit faute d'arrosage, de soleil,* qui perd sa vigueur, se dessèche. ➤ **s'atrophier, s'étioler, se faner.** — PAR EXT. *Sa santé dépérit peu à peu.* ➤ **s'altérer, se délabrer, se détériorer.** «*je sens dépérir mes forces et mes facultés*» BALZAC. ■ **2** FIG. S'acheminer vers la ruine, la destruction. ➤ **mourir.** *Affaire qui dépérit,* qui va à la faillite. ➤ **péricliter.** «*Si l'Europe doit voir périr ou dépérir sa culture*» VALÉRY. ■ CONTR. Développer (se), épanouir (s').

DÉPÉRISSANT, ANTE [depeʀisɑ̃, ɑ̃t] adj. – avant 1832 ◇ p. prés. de *dépérir* ■ LITTÉR. Qui dépérit. *Arbre dépérissant.*

DÉPÉRISSEMENT [depeʀismɑ̃] n. m. – début XVIe ◇ de *dépérir* ■ **1** DIDACT. État de ce qui dépérit. *État de dépérissement d'une personne.* ➤ **affaiblissement, amaigrissement, anémie, épuisement, langueur.** *Dépérissement d'une plante.* ➤ **étiolement.** ■ **2** FIG. Fait d'aller vers la destruction, la ruine. ➤ **décadence, diminution, ruine.** «*le système d'instruction publique* [...] *responsable du dépérissement de l'esprit scientifique*» RENAN. ■ CONTR. Accroissement, développement, épanouissement. Essor.

DÉPERLANT, ANTE [depɛʀlɑ̃, ɑ̃t] adj. et n. m. – 1989 ◇ de *déperler* «couler en formant de petites gouttes arrondies», famille de *perle* ■ Se dit d'une surface, d'un tissu traité de manière que l'eau glisse en formant des gouttes, sans pénétrer. *Toile déperlante. Traitement déperlant.* — n. f. (1973) **DÉPERLANCE.**

DÉPERSONNALISATION [depɛʀsɔnalizasjɔ̃] n. f. – 1898 ◇ de *dépersonnaliser* ■ **1** LITTÉR., DIDACT. Action d'ôter la personnalité de, de rendre impersonnel ; état qui en résulte. «*cette dépersonnalisation poétique qui me fait ressentir les joies et les douleurs d'autrui*» GIDE. ■ **2** PSYCHIATR. Impression de ne plus être soi-même, en tant que personne physique et personnalité psychique, fréquente dans de nombreux états délirants (notamment dans la schizophrénie). ■ **3** (avant 1957) Action d'enlever une empreinte personnelle trop apparente (à qqch.). ■ CONTR. Personnalisation.

DÉPERSONNALISER [depɛʀsɔnalize] v. tr. ⟨1⟩ – 1848 ◇ de *dé-* et *personnel* ■ LITTÉR., DIDACT. ■ **1** Ôter la personnalité à ; rendre impersonnel. p. p. adj. *Colonisé dépersonnalisé.* — (v. 1960) Rendre banal, anonyme. *Dépersonnaliser la politique, le pouvoir, un conflit.* ■ **2 SE DÉPERSONNALISER** v. pron. (1891) Perdre, abandonner sa personnalité. — (v. 1967) Devenir banal, anonyme. *La sexualité se dépersonnalise.* ■ CONTR. Affirmer (s'), personnaliser.

DÉPÊTRER [depetʀe] v. tr. ⟨1⟩ – v. 1300 ◇ de *dé-* et *(em)pêtrer*
I v. tr. ■ **1** VX Dégager les pieds de (un animal) d'une entrave. — MOD. Dégager (une personne, un animal) de ce qui l'empêche de se mouvoir. ➤ **débarrasser, extirper, tirer.** *Dépêtrer qqn des ronces.* ■ **2** FIG. Dégager d'un embarras, d'une difficulté. ➤ 1 **sortir, tirer.** *Dépêtrer qqn d'une mauvaise affaire.* «*pour le dépêtrer d'un engagement si dangereux*» Mme DE SÉVIGNÉ.
II v. pron. (1538) Se tirer (d'une situation), se dégager (de qqn). «*il ne pourrait se dépêtrer de cette eau bourbeuse*» MAURIAC. ➤ **se déprendre, se désengluer.** — FIG. *Se dépêtrer des difficultés.* ➤ **se délivrer.** PAR EXT. *Se dépêtrer de qqn,* s'en débarrasser. ■ CONTR. Empêtrer, 1 entraver. Embarrasser, encombrer.

DÉPEUPLÉ, ÉE [depœple] adj. – 1471 ◇ de *dépeupler* ■ Qui a perdu ses habitants. *Village dépeuplé.* ➤ **abandonné,** 1 **désert.** ♦ FIG. ➤ **vide.** «*Un seul être vous manque, et tout est dépeuplé !*» LAMARTINE. ■ CONTR. Peuplé, surpeuplé.

DÉPEUPLEMENT [depœpləmɑ̃] n. m. – 1584 ; «dévastation» 1559 ◇ de *dépeupler* ■ Action de dépeupler, de se dépeupler ; son résultat. *Dépeuplement d'un pays.* ➤ **dépopulation.** *Le dépeuplement des campagnes.* ➤ **déruralisation.** ♦ PAR ANAL. (ANIMAUX) *Dépeuplement d'une forêt, d'un étang.* — PAR EXT. *Le dépeuplement d'une forêt* : la coupe des arbres. ➤ **déboisement.** ■ CONTR. Repeuplement.

DÉPEUPLER [depœple] v. tr. ⟨1⟩ – 1431 ; «ravager» 1343 ◇ de *peupler* ■ **1** Dégarnir d'habitants (une région, une agglomération). *La famine, les épidémies ont dépeuplé le pays.* — PRONOM. *Pays qui se dépeuple et vieillit.* ➤ aussi **se désertifier.** ■ **2** PAR ANAL. Dégarnir (un lieu) d'animaux qui y vivent naturellement. *Dépeupler un étang, une chasse.* — PRONOM. *Garenne qui se dépeuple.* — Dégarnir de plants. *Dépeupler une forêt.* ➤ **éclaircir.** ■ **3** PAR EXT. Vider provisoirement (un endroit) de ses occupants. *L'entrée des troupes d'occupation avait dépeuplé les rues.* PRONOM. *La salle se dépeuple après le concert.* ■ CONTR. Peupler, repeupler.

DÉPHASAGE [defazaʒ] n. m. – 1929 ◇ de *déphaser* ■ **1** PHYS. Différence de phase entre deux phénomènes alternatifs de même fréquence. *Calculer le déphasage entre le courant et la tension. Déphasage positif* : avance de phase. *Déphasage négatif* : retard de phase. ■ **2** (1950) FIG., FAM. Fait d'être déphasé (2°). ➤ **décalage.** *Ce parti est en déphasage avec la population.*

DÉPHASÉ, ÉE [defaze] adj. – milieu XXe ◇ de *dé-* et *phase* ■ **1** PHYS. Qui présente une différence de phase avec une autre grandeur alternative de même fréquence. ■ **2** (1957) FIG., FAM. Qui n'est pas en accord, en harmonie avec la réalité présente. ➤ **décalé.** *Se sentir déphasé.* ➤ **désorienté.**

DÉPHASER [defaze] v. tr. ⟨1⟩ – 1948 ◇ de *dé-* et *phase* ■ **1** PHYS. Produire le déphasage de. ■ **2** FIG. Provoquer chez (qqn) un décalage par rapport à l'évolution d'un milieu, d'une situation. *Un long séjour à l'étranger risquerait de le déphaser. Être déphasé par...* ➤ **déphasé.**

DÉPHOSPHORATION [defɔsfɔʀasjɔ̃] n. f. – 1875 ◇ de *dé-* et *phosphore* ■ TECHN. Opération métallurgique par laquelle on élimine le phosphore de la fonte et de l'acier.

DÉPHOSPHORER [defɔsfɔʀe] v. tr. ⟨1⟩ – 1891 ; p. p. 1875 ◇ de *dé-* et *phosphore* ■ TECHN. Éliminer le phosphore présent dans (une matière). *Déphosphorer la fonte.*

DÉPHOSPHORYLATION [defɔsfɔʀilasjɔ̃] n. f. – 1938 ◇ de *dé-* et *phosphorylation* ■ BIOCHIM. Perte d'un résidu phosphoryle* sous l'action d'enzymes spécifiques.

DÉPIAUTER [depjote] v. tr. ⟨1⟩ – 1834 en picard ; *dépiotter* début XIXe ◇ de *piau*, forme dialectale de *peau* ■ FAM. Dépouiller (un animal) de sa peau. ➤ **écorcher.** *Dépiauter un lapin.* ♦ PAR EXT. Débarrasser de ce qui recouvre comme une peau (papier, etc.). *Dépiauter des bonbons. Dépiauter un fruit.* ➤ **éplucher.** — FIG. Éplucher (un texte).

DÉPIGEONNAGE [depiʒɔnaʒ] n. m. – 1964 ◇ de *dé-* et *pigeon* ■ Opération destinée à débarrasser les grandes villes des pigeons. *Le dépigeonnage de Paris.*

DÉPIGMENTATION [depigmɑ̃tasjɔ̃] **n. f.** – 1873 ◇ de *dé-* et *pigment* ■ BIOL., MÉD. Perte ou suppression du pigment* (1°) d'un tissu, notamment de la peau. *Dépigmentation totale.* ➤ **albinisme.** «*une dépigmentation d'origine nerveuse qui, dès que le soleil augmentait l'intensité de ses UV, couvrait mon visage de larges taches blanches sur fond rouge*» VAN CAUWELAERT.

DÉPILAGE [depilaʒ] **n. m.** – 1842 ◇ de 1 *dépiler* ■ TECHN. Action de dépiler les peaux. ➤ **débourrage.**

DÉPILATION [depilasjɔ̃] **n. f.** – XIIIe ◇ de 1 *dépiler* ■ DIDACT. Action de dépiler (➤ **épilation**). ♦ Chute des poils. *Dépilation saisonnière chez les mammifères.*

DÉPILATOIRE [depilatwaʀ] **adj.** et **n. m.** – 1390 ◇ de 1 *dépiler* ■ Qui fait tomber, supprime les poils (➤ **épilatoire**). *Crème dépilatoire,* et **n. m.** *un dépilatoire* : produit cosmétique qui, par une action chimique, détruit le poil (sans attaquer la racine).

1 **DÉPILER** [depile] **v. tr.** ‹1› – 1538 ◇ latin *depilare,* de *pilus* «poil» → épiler ■ **1** MÉD. Provoquer la chute des poils, des cheveux de (qqn). ■ **2** TECHN. Enlever les poils de (une peau) en raclant avec un couteau rond avant de la tanner. ➤ **débourrer.**

2 **DÉPILER** [depile] **v. tr.** et **intr.** ‹1› – 1816 ◇ de *dé-* et 1 *pile* ■ TECHN. Abattre les piliers de houille qu'on a laissés dans une couche épaisse pour soutenir le ciel de la couche pendant l'extraction. — **n. m. DÉPILEMENT,** 1816.

DÉPIQUAGE [depikaʒ] **n. m.** – 1785 ◇ de 2 *dépiquer* ■ AGRIC. Action d'égrener (les épis des céréales) en foulant, roulant ou battant. *Le battage mécanique a remplacé le dépiquage.*

1 **DÉPIQUER** [depike] **v. tr.** ‹1› – 1835 ; «piquer» XIIIe ◇ de *dé-* et *piquer* ■ **1** COUT. Défaire les piqûres de (une étoffe). ➤ **découdre.** *Dépiquer une jupe.* ■ **2** (1863) AGRIC. Ôter (un plant) d'une couche pour le repiquer en pleine terre. *Dépiquer des plants de laitue.*

2 **DÉPIQUER** [depike] **v. tr.** ‹1› – 1785 ◇ provençal moderne *depica,* altération de *despiga,* de *espigo* «épi» ■ AGRIC. Égrener les épis de (une céréale). ➤ **battre.** *Dépiquer le blé, le riz.*

DÉPISTAGE [depistaʒ] **n. m.** – 1922 ◇ de 1 *dépister* ■ **1** Action de dépister (qqn, qqch.). *Dépistage d'un malfaiteur.* ■ **2** PLUS COUR. Recherche (d'une infection, d'une maladie). *Dépistage et prévention. On pratique la cuti pour le dépistage de la tuberculose. Centre de dépistage anonyme du sida. Test de dépistage. Dépistage génétique* ou *test de prédisposition génétique. Dépistage prénatal, précoce.*

1 **DÉPISTER** [depiste] **v. tr.** ‹1› – 1560 ◇ de *piste* ■ **1** Découvrir (le gibier) en suivant sa piste. *Dépister un sanglier.* ♦ PAR ANAL. Retrouver (qqn) en suivant sa trace. ➤ **découvrir, rattraper, retrouver.** *Dépister un criminel en fuite.* «*On n'a pas encore importé en Turquie le commissaire de police français, qui vous dépiste en trois heures*» LOTI. ■ **2** FIG. (1896) Rechercher systématiquement et découvrir (ce qui est peu apparent, ce qu'on dissimule). ➤ **déceler, découvrir, repérer.** *Dépister une maladie. Dépister la maltraitance.* — PAR EXT. *Dépister les patients à risques.* «*toujours attentifs à dépister quelque ruse chez le partenaire*» DUHAMEL.

2 **DÉPISTER** [depiste] **v. tr.** ‹1› – 1828 ◇ de *piste* ■ Détourner (un animal, qqn) de la piste, mettre en défaut (cf. Donner le change*). *Dépister la police.* ➤ **semer.** «*une ruse destinée à dépister les soupçons*» PROUST. ➤ **déjouer.**

DÉPIT [depi] **n. m.** – v. 1170 «colère» ; après 1150 *despit* «mépris» ◇ latin *despectus* «mépris» ■ **1** Chagrin mêlé de colère, dû à une déception personnelle, un froissement d'amour-propre. ➤ **aigreur, amertume, désappointement, ressentiment, vexation.** *Avoir, éprouver du dépit.* ➤ **enrager, rager.** *Concevoir du dépit de qqch. La réussite de son rival lui cause du dépit.* ➤ **jalousie, rancœur ; dépiter.** «*Le dépit est le moteur des faibles*» C. M. CLUNY. *Faire qqch. par dépit. Pleurer, se ronger, mourir, crever de dépit.* «*Je vois bien, Marie, que je te déplais* [...] *dit Germain avec dépit*» SAND. — *Dépit amoureux* : déception provoquée par la froideur qu'on croit découvrir chez la personne aimée. ■ **2** **loc. prép.** (*dépit* au sens ancien de «mépris») **EN DÉPIT DE :** sans tenir compte de. ➤ **malgré, nonobstant.** *Il a agi en dépit de mes conseils.* — **EN DÉPIT DU BON SENS :** très mal. ➤ **absurdement** (cf. N'importe* comment). *Cette affaire est dirigée en dépit du bon sens. Agir en dépit du bon sens.* ■ CONTR. Joie, satisfaction. Conformément (à), grâce (à).

DÉPITÉ, ÉE [depite] **adj.** – XVIIe ◇ de *dépiter* ■ Qui éprouve du dépit. ➤ **contrarié, désappointé.** «*un peu dépitées du mépris que Landry paraissait faire d'elles*» SAND. *Il est tout dépité. Un amant dépité.* — PAR EXT. Qui montre du dépit. *Un air dépité.* ■ CONTR. Comblé.

DÉPITER [depite] **v. tr.** ‹1› – v. 1450 ; «mépriser» v. 1200 ◇ de *dépit* ■ Causer, donner du dépit à (qqn). ➤ 1 **chagriner, contrarier, décevoir, désappointer, froisser, vexer.** *Son récent échec au concours l'a dépité.* — PRONOM. *Se dépiter* : éprouver, concevoir du dépit. «*je me dépitai de telle sorte contre l'ingratitude du siècle*» MOLIÈRE. ■ CONTR. Combler, contenter, satisfaire ; réjouir (se).

DÉPLACÉ, ÉE [deplase] **adj.** – 1701 ◇ de *déplacer* ■ **1** Qui n'est pas à sa place, qui est dérangé. *Meuble, livre déplacé.* ■ **2** FIG. Qui n'est pas dans le lieu, dans la situation qui convient. ➤ **inopportun, malvenu.** *Sa présence à la cérémonie était déplacée. Un enthousiasme assez déplacé.* «*Tu compromets ta carrière pour un scrupule honorable, mais déplacé*» CHARDONNE. ♦ (1752) Qui manque aux convenances, qui est de mauvais goût. ➤ **choquant, incongru, inconvenant, incorrect, insolent, malséant, scabreux.** *Tenir des propos déplacés. Sa remarque est tout à fait déplacée. Démarche, intervention, question déplacée.* ■ **3** (v. 1945 ◇ anglais *displaced person*) **PERSONNE DÉPLACÉE,** qui a dû quitter son pays lors d'une guerre, d'un changement de régime politique. ➤ **apatride, réfugié.** — **n.** *Un camp de déplacés.* ■ **4** FIN. Hors place*. *Effet déplacé,* présenté hors de son lieu d'encaissement. ■ CONTR. (du 2°) Adéquat, bienvenu, opportun.

DÉPLACEMENT [deplasmɑ̃] **n. m.** – XVIe ◇ de *déplacer* ■ Action de déplacer, de se déplacer ; résultat de cette action. ■ **1** Mouvement qui fait passer un objet d'une place à une autre ; d'un lieu à un autre. *Déplacement d'un meuble. Déplacement d'air.* ➤ 2 **courant** (d'air). — MÉD. *Déplacement d'un organe* (qui a accidentellement quitté sa position normale). ➤ **descente, prolapsus, rétroversion.** *Déplacement d'une vertèbre.* ➤ **déboîtement.** ■ **2** MAR. *Déplacement d'un navire* : le poids du volume d'eau dont un navire tient la place lorsqu'il flotte. *Croiseur de 10 000 tonnes de déplacement.* ■ **3** Action de déplacer (qqn), de faire changer de poste. *Déplacement d'un fonctionnaire.* ➤ **changement, détachement, mutation.** — Action de faire vivre ailleurs (un groupe humain). ■ **4** Action de se déplacer (PERSONNES), d'aller d'un lieu à un autre. «*je commence à trouver tout déplacement pénible, et j'en suis pour le repos final*» SAINTE-BEUVE. *Moyen de déplacement.* ➤ **locomotion.** *Déplacements incessants.* ➤ **pérégrination.** *Déplacement d'une région à une autre.* ➤ **exode, migration.** — LOC. FAM. *Ça vaut le déplacement* : cela mérite qu'on vienne voir. ♦ SPÉCIALT, COUR. Voyage auquel oblige un métier, une charge (soit entre le domicile et le lieu de travail, soit entre lieux de travail). *Être en déplacement professionnel. Frais, indemnités de déplacement.* ➤ **mission.** ♦ FIG. Changement de position. *Un déplacement à gauche de l'électorat.* ■ **5** GÉOM. Transformation (telle que la translation, la rotation) conservant l'égalité des figures. ➤ **isométrie.** ♦ CHIM. Réaction par laquelle un atome se substitue à un autre dans une molécule ou un ion. ■ **6** (1907) PSYCHAN. Transfert total ou partiel, par voies associatives, de l'énergie psychique investie dans une représentation sur une autre (objet phobique, substitut, formations de l'inconscient). *Libre déplacement* : mobilité de l'énergie investie, spécifique des processus inconscients. ■ CONTR. Immobilité, maintien.

DÉPLACER [deplase] **v. tr.** ‹3› – 1404 ◇ de *dé-* et *place*

I **v. tr.** ■ **1** Changer (qqch.) de place. *Déplacer des objets.* ➤ **bouger, déménager.** *Déplacer qqch. d'un endroit à un autre. Déplacer un objet avec précaution.* ➤ **manipuler.** *Déplacer en transportant, en poussant, en tirant, en soulevant.* ➤ **manutentionner.** *Déplacer ce qui était en ordre.* ➤ **déranger, intervertir.** «*Je hais le mouvement qui déplace les lignes*» BAUDELAIRE. — *Déplacer des montagnes*. — Se déplacer une vertèbre.* ➤ **déplacement.** ♦ SPÉCIALT *Navire qui déplace 1 000 tonnes d'eau.* ➤ **déplacement.** ♦ FIG. *Déplacer la question, le problème* : changer le point sur lequel porte la difficulté. «*C'est déplacer la question, non la résoudre*» GIDE. ■ **2** Faire changer (qqn) de poste. *Déplacer un fonctionnaire.* ➤ 1 **détacher,** 2 **muter.** Faire changer (un groupe) de lieu, de pays. ■ **3** Faire venir, attirer à soi (de nombreuses personnes). *Chanteur, évènement qui déplace les foules.*

II **SE DÉPLACER** **v. pron.** ■ **1** (CHOSES) Changer de place. *L'air se déplace des régions de haute pression à celles de basse pression.* ■ **2** (Êtres vivants) Quitter sa place. ➤ **bouger, circuler,** se **déranger.** *Défense de se déplacer pendant les cours. Sans se déplacer* : en restant sur place. *Il ne s'est même pas déplacé pour le mariage de sa sœur.* ➤ **venir.** *Médecin, pédiatre qui se déplace,* qui fait des visites à domicile. ♦ Changer de place, de lieu. ➤ **avancer, marcher,** se **mouvoir ; ambulant.** «*l'aisance rythmée de son pas, qui lui donnait l'air de danser dès qu'elle*

se déplaçait» MARTIN DU GARD. *Les poissons se déplacent à l'aide de nageoires.* — Voyager ; SPÉCIALT Faire un déplacement. *Il ne se déplace qu'en avion.*
■ CONTR. Laisser, maintenir, remettre, replacer, rétablir. Rester (en place).

DÉPLAFONNEMENT [deplafɔnmɑ̃] n. m. – 1967 ◇ de *dé-* et *plafonnement* ■ ADMIN. Suppression du plafond* (d'un crédit, d'une cotisation). *Déplafonnement des bases de cotisations* (à la Sécurité sociale). ■ CONTR. Plafonnement.

DÉPLAFONNER [deplafɔne] v. tr. ⟨1⟩ – 1966 ◇ de *dé-* et *plafonner* ■ ADMIN. Opérer le déplafonnement de. *Déplafonner une allocation.* ■ CONTR. Plafonner.

DÉPLAIRE [deplɛʀ] v. tr. ⟨54⟩ – 1160 ◇ latin populaire °*displacere*, de *placere* «plaire»
I v. tr. ind. ■ **1** Ne pas plaire ; causer du dégoût, de l'aversion (à qqn, à un groupe...). ➤ **dégoûter.** *Cet aliment me déplaît /déplait/ .* ➤ **répugner.** *Œuvre, style qui déplaît au public.* ➤ **rebuter, ennuyer.** — ABSOLT *«Ce qui plaît aujourd'hui déplaît en peu de jours»* SAINT-ÉVREMOND. — IMPERS. *Il me déplaît d'agir ainsi :* il m'est désagréable, pénible... ➤ **coûter.** ♦ *Personne qui déplaît.* ➤ **antipathique.** *Il me déplaît souverainement. «Je crus m'apercevoir* [...] *que je ne lui déplaisais pas»* ROUSSEAU. — PRONOM. (RÉCIPR.) *Ils se sont déplu dès leur première rencontre.* (RÉFL.) RARE *Je me déplais dans cette robe.* ■ **2** Causer une irritation passagère (à qqn). ➤ **blesser, choquer, contrarier, fâcher, froisser, gêner, importuner, indisposer, offenser, offusquer, peiner, vexer.** *Cette décision me déplaît au plus haut point. «J'étais plus fâché de déplaire que d'être puni»* ROUSSEAU. *«voilà Landry qui a tant de chagrin de vous avoir déplu»* SAND. ■ **3** LOC., ELLIPT *Ne vous déplaise, ne vous en déplaise, n'en déplaise à... :* que cela ne vous déplaise pas, ne vous contrarie pas. *«Je chantais, ne vous déplaise»* LA FONTAINE. IRON. *Ne vous en déplaise :* quoi que vous en pensiez, que cela vous plaise ou vous déplaise. *N'en déplaise à son mari, à son orgueil.* ➤ **malgré** (cf. En dépit de). *«Moi, n'en déplaise à ces messieurs, je suis de ceux pour qui le superflu est le nécessaire»* GAUTIER.
II v. pron. Ne pas se trouver bien (là où l'on est). *Elle s'est déplu dans cette maison. Se déplaire à la campagne.*
■ CONTR. Plaire, séduire ; ravir. — Aimer (s'), plaire (se).

DÉPLAISANT, ANTE [deplɛzɑ̃, ɑ̃t] adj. – 1190 aussi «mécontent» ◇ de *déplaire* ■ **1** Qui ne plaît pas. ➤ **désagréable* ; dégoûtant*, répugnant.** *Un endroit très déplaisant. Personne déplaisante.* ➤ **disgracieux ; antipathique.** *«tu n'es pas si vilaine* [...]. *Il y en a de bien plus déplaisantes que toi»* SAND. ■ **2** Qui contrarie. ➤ **agaçant, contrariant, désagréable*, gênant, pénible.** *Bruit déplaisant. Réflexion déplaisante.* ➤ **désobligeant.** *Manières déplaisantes.* ■ CONTR. Agréable, aimable, attrayant, charmant, plaisant.

DÉPLAISIR [deplezir] n. m. – XIIIe ◇ de *plaisir* ■ **1** VX Chagrin, peine. *«je vois, sous une apparente sérénité, les déplaisirs cachés qui t'assiègent»* ROUSSEAU. ■ **2** MOD. Impression désagréable (surtout en compl. de manière). ➤ **amertume, contrariété, mécontentement.** *À mon grand déplaisir, je m'aperçus qu'il était parti. C'est avec déplaisir que... Il fait ce travail sans déplaisir.*
■ CONTR. 1 Plaisir, satisfaction.

DÉPLANIFICATION [deplanifikasjɔ̃] n. f. – 1966 ◇ de *dé-* et *planification* ■ ÉCON. Suppression de la planification ou du dirigisme. ■ CONTR. Planification.

DÉPLANTATION [deplɑ̃tasjɔ̃] n. f. – 1731 ◇ de *déplanter* ■ Action de déplanter. *Les déplantations d'hiver.* — On dit aussi **DÉPLANTAGE** n. m., 1892.

DÉPLANTER [deplɑ̃te] v. tr. ⟨1⟩ – 1306 ◇ de *dé-* et *planter* ■ **1** Ôter (une plante) de terre pour planter ailleurs. *Déplanter de jeunes plants pour les repiquer.* ➤ 1 **dépiquer.** — PAR EXT. Retirer (ce qui est enfoncé en terre). *Déplanter un piquet.* ■ **2** Dégarnir de ce qui est planté. *Déplanter un massif.* ■ **3** INFORM. Remettre (un ordinateur) en route après un plantage. ■ CONTR. Planter, replanter.

DÉPLANTOIR [deplɑ̃twaʀ] n. m. – 1567 ◇ de *déplanter* ■ AGRIC. Outil en forme de truelle avec lequel on déplante les végétaux de petite taille.

DÉPLÂTRER [deplɑtʀe] v. tr. ⟨1⟩ – 1601 ◇ de *plâtrer* ■ Ôter le plâtre de. *Déplâtrer un mur.* ♦ CHIR. *Déplâtrer un membre,* le libérer du plâtre qui le soutenait. — n. m. **DÉPLÂTRAGE,** 1836.

DÉPLÉTION [deplesjɔ̃] n. f. – 1736 ◇ latin *depletio* ■ **1** SC. Diminution de la quantité (de qqch.). *«Si le nombre de cétacés capturés annuellement reste très élevé, il tend néanmoins à diminuer par suite de la déplétion des stocks»* J. DORST. — MÉD. Diminution ou disparition d'un liquide, SPÉCIALT de sang, accumulé dans un organe ; état d'épuisement qui en résulte. — (1960) GÉOL. Dépréciation d'un gisement de pétrole résultant de son exploitation. ■ **2** (1973) ASTRON., PHYS. Hétérogénéité d'un astre se traduisant par une diminution locale de son champ de gravitation. ■ CONTR. Augmentation ; réplétion.

DÉPLIAGE [deplijaʒ] n. m. – 1836 ◇ de *déplier* ■ Action de déplier. *Le dépliage d'un journal.* — On dit aussi **DÉPLIEMENT,** 1549.

DÉPLIANT, IANTE [deplijɑ̃, ijɑ̃t] n. m. et adj. – 1876 ◇ de *déplier* ■ **1** VX Album d'images qui se déplient. ♦ MOD. Feuille, page d'un format plus grand que celui du livre où elle est insérée et qu'on déplie pour consulter. *Dépliant chronologique d'un livre d'histoire.* — (1946) Prospectus plié plusieurs fois. *Les volets d'un dépliant. Dépliant publicitaire.* ■ **2** adj. Qui se déplie. ➤ **pliant.** *Canapé dépliant formant lit.* ➤ **convertible, transformable.**

DÉPLIER [deplije] v. tr. ⟨7⟩ – 1538 ◇ de *dé-* et *plier* ■ Étendre, défaire (ce qui était plié). ➤ **déployer.** *Déplier une serviette. Déplier une carte routière. Déplier ses jambes.* ➤ **allonger.** ♦ PAR EXT. *Déplier sa marchandise,* la sortir, l'étaler pour la montrer. ➤ **déballer.** ♦ **SE DÉPLIER** v. pron. S'étendre. *Feuille qui se déplie en sortant du bourgeon. Le parachute se déplie pendant le saut.* ➤ **s'ouvrir.** — (PASS.) *Canapé qui se déplie pour faire un lit.* ■ CONTR. Plier.

DÉPLISSAGE [deplisaʒ] n. m. – 1836 ◇ de *déplisser* ■ Action de déplisser.

DÉPLISSER [deplise] v. tr. ⟨1⟩ – 1606 ◇ de *plisser* ■ Défaire les plis de (une étoffe, un vêtement). PRONOM. *Cette jupe se déplisse facilement.* — Défaire des faux plis à (une étoffe, un papier...). ➤ **défriper, défroisser.** ■ CONTR. Plisser.

DÉPLOIEMENT [deplwamɑ̃] n. m. – 1538 ◇ de *déployer* ■ **1** Action de déployer ; état de ce qui est déployé. ➤ **extension, ouverture ; dépliage, déroulement.** *Le déploiement des voiles.* ➤ **déferlage.** *Manœuvre de déploiement d'une armée.* ■ **2** Large mise en œuvre. *Un déploiement de courage, d'énergie, d'adresse.* ➤ **démonstration, dépense.** — Mise en œuvre (d'un nouveau système), diffusion (d'un logiciel) auprès des utilisateurs. ♦ (Souvent péj.) Fait de montrer sans retenue. *Un déploiement de richesses.* ➤ **étalage, exhibition, ostentation.** *Un déploiement d'amabilité inaccoutumé.* — *«un déploiement insolite d'appareil militaire»* MADELIN.

DÉPLOMBAGE [deplɔ̃baʒ] n. m. – 1842 ◇ de *déplomber* ■ TECHN. Action d'enlever un sceau de plomb. *Déplombage d'un compteur électrique, d'une malle.* ♦ Action de déplomber une dent. ♦ FIG. Action de déplomber (un système informatique).

DÉPLOMBER [deplɔ̃be] v. tr. ⟨1⟩ – 1838 ◇ de *dé-* et *plomber* ■ TECHN. Dégarnir du sceau de plomb. *Déplomber un colis.* ♦ Ôter le plombage de. *Déplomber une dent.* ♦ INFORM. Décoder et annuler les sécurités de (un système informatique protégé).

DÉPLORABLE [deplɔʀabl] adj. – XVe ◇ de *déplorer* ■ **1** VX Qui est à plaindre. ➤ **malheureux, pitoyable.** ♦ MOD. (CHOSES) Qui mérite d'être déploré, qui afflige. ➤ **affligeant, attristant, navrant, pénible, triste.** *Situation, fin déplorable. On nous l'a ramené dans un état déplorable.* ➤ **lamentable, piteux.** ■ **2** COUR. Très regrettable. ➤ **désastreux, fâcheux.** *Incident, initiative, contretemps déplorable. Le monde «calomnie avec une déplorable facilité»* MAUPASSANT. ➤ **blâmable.** *«Il est déplorable que la Révolution française ait eu de si maladroits accoucheurs»* HUGO. ■ **3** (1803) Très mauvais*. ➤ **détestable, exécrable, lamentable.** *Goût, exemple, tenue, conduite, gestion déplorable. «Cette déplorable façon de gouverner»* SAINT-SIMON. *Déplorable par son insuffisance. Avoir des notes déplorables.* — PAR EXT. *Un acteur déplorable.* ➤ **nul** (cf. Au-dessous* de tout). ■ CONTR. Enviable ; béni, inespéré. Excellent, remarquable.

DÉPLORABLEMENT [deplɔʀabləmɑ̃] adv. – 1610 ◇ de *déplorable* ■ LITTÉR. D'une manière déplorable. *Il se conduit déplorablement.* ➤ **lamentablement,** 2 **mal.**

DÉPLORATION [deplɔʀasjɔ̃] n. f. – v. 1499 ◇ du latin *deploratio* «plainte, lamentation», de *deplorare* → déplorer ■ DIDACT. ou LITTÉR. Fait de manifester de la douleur, de la compassion, de pousser des lamentations. *«c'est une vaste déploration, un larmoiement de cette terre souffrante»* TOURNIER. ♦ SPÉCIALT Œuvre littéraire, artistique qui manifeste la douleur. *«La Déploration du Christ»,* de Botticelli.

DÉPLORER [deplɔʀe] v. tr. ⟨1⟩ – XIIe ◇ latin *deplorare* ■ **1** LITTÉR. Pleurer sur, s'affliger à propos de (qqn ou qqch.). *Déplorer les malheurs de qqn.* ➤ **compatir** (à) (cf. Avoir pitié* de). *Déplorer la perte de qqn.* ➤ **pleurer.** *Déplorer les malheurs du* *temps.* ➤ se **lamenter.** ▪ **2** COUR. Regretter beaucoup. *Déplorer un évènement. Déplorer de* (et inf.), *que* (et subj.). *« Combien je déplore, monsieur, d'avoir à vous gâter [...] les illusions où vous vous complaisez ! »* COURTELINE. *Tous déplorent qu'il ait échoué. On doit déplorer, il est à déplorer que... — On déplore cent deux victimes dans cette catastrophe aérienne.* ▪ CONTR. Féliciter (se), réjouir (se).

DÉPLOYER [deplwaje] v. tr. ‹8› – XIIe ◇ de *dé-* et *ployer* ▪ **1** Développer dans toute son extension (une chose qui était pliée). *Il « déploie un ample mouchoir et se mouche à grand bruit »* LA BRUYÈRE. *Déployer les voiles d'un bateau.* ➤ **déferler,** 1**tendre.** *L'oiseau déploie ses ailes.* ➤ **étendre, ouvrir.** *Déployer une carte, une étoffe.* ➤ **déplier, dérouler.** *Déployer un drapeau.* ➤ **arborer.** PRONOM. *Drapeau qui se déploie au vent.* ♦ LOC. (1548) *Rire à gorge déployée :* rire aux éclats, d'un rire qui gonfle la gorge. ▪ **2** PAR EXT. Disposer sur une plus grande étendue. *Déployer un assortiment d'outils, de bijoux,* les étaler sur la table. — SPÉCIALT (1538) *Déployer des troupes, une armée.* PRONOM. *Troupes qui se déploient pour combattre.* PAR ANAL. *Le cortège se déploie.* — Diffuser (un nouveau système, un nouveau logiciel) auprès des utilisateurs. ▪ **3** (XVIe, XVIIe) FIG. Montrer dans toute son étendue. *Déployer ses richesses, tous ses atours.* ➤ se **pavaner.** *Déployer tout un cérémonial.* ➤ **exhiber, montrer ; étalage** (cf. Faire parade*). — *Déployer un grand courage, toute son énergie, des trésors d'ingéniosité.* ➤ **employer, manifester, prodiguer, user** (de). *« Conquis par les allures cordiales de Napoléon, qui [...] déploya, en ces instants, toutes ses ressources de séduction »* MADELIN. ▪ CONTR. Ployer ; plier, replier, rouler ; cacher, mesurer.

DÉPLUMÉ, ÉE [deplyme] adj. – de *déplumer* ▪ **1** Qui a perdu des plumes, ses plumes. ▪ **2** (fin XVIe) FAM. Qui perd ses cheveux. *Crâne déplumé.* ➤ **chauve.** *« Un homme entre deux âges, grisonnant et déplumé »* DAUDET.

DÉPLUMER [deplyme] v. tr. ‹1› – 1265 ◇ de *dé-* et *plume* ▪ **1** RARE Dépouiller de ses plumes (un oiseau vivant). ▪ **2** v. pron. **SE DÉPLUMER.** Perdre ses plumes naturellement. *Les oiseaux se déplument au moment de la mue.* ♦ (1864) FAM. Perdre ses cheveux. *Il commence à se déplumer.*

DÉPOÉTISER [depɔetize] v. tr. ‹1› – 1810 ◇ de *dé-* et *poétiser* ▪ Priver de tout caractère poétique. *« une technicité qui n'est pas sans dépoétiser le sujet »* R. PINGET. ▪ CONTR. Poétiser.

DÉPOINTER [depwɛ̃te] v. tr. ‹1› – 1864 ; *despointier* 1226 « altérer » une règle ◇ de *dé-* et *point, pointer* ▪ ARTILL. Déplacer (une pièce) de sa position de pointage. ▪ CONTR. 1Pointer.

DÉPOITRAILLÉ, ÉE [depwatʀɑje] adj. – 1876 ◇ de *dé-* et *poitrail* ▪ FAM. Qui porte un vêtement largement ouvert sur la poitrine. ➤ **débraillé.** — v. pron. ‹1› **SE DÉPOITRAILLER,** 1879.

DÉPOLARISANT, ANTE [depɔlaʀizɑ̃, ɑ̃t] adj. et n. m. – 1815 ◇ de *dépolariser* ▪ PHYS. Qui dépolarise. n. m. Substance oxydante qui entoure l'électrode positive d'une pile et supprime (ou réduit) la polarisation.

DÉPOLARISATION [depɔlaʀizasjɔ̃] n. f. – 1811 ◇ de *dépolariser* ▪ **1** OPT. Résolution de la lumière polarisée. ▪ **2** PHYS. Processus inverse de la polarisation, tendant à annuler la force contre-électromotrice. *Les corps oxydants* (oxygène, bioxyde de manganèse) *permettent la dépolarisation d'une pile.* ▪ **3** PHYSIOL. Diminution de la différence de potentiel (de la tension électrique) entre deux points de tissu vivant ou entre les deux faces, interne et externe, d'une membrane vivante. ▪ **4** FIG. Phénomène inverse de la polarisation. *La dépolarisation de l'opinion.* ▪ CONTR. Polarisation.

DÉPOLARISER [depɔlaʀize] v. tr. ‹1› – 1811 ◇ de *dé-* et *polariser* ▪ PHYS. Supprimer la polarisation de. *Dépolariser un barreau aimanté.*

DÉPOLIR [depɔliʀ] v. tr. ‹2› – 1613 ◇ de *dé-* et *polir* ▪ TECHN. Enlever le poli, l'éclat de. *Dépolir l'or, l'argent.* ➤ **amatir.** PRONOM. *Cette glace se dépolit peu à peu.* ➤ se **ternir.** ♦ p. p. adj. COUR. **VERRE DÉPOLI :** verre translucide.

DÉPOLISSAGE [depɔlisaʒ] n. m. – 1809 ◇ de *dépolir* ▪ TECHN. Action de dépolir ; son résultat. *Le dépolissage du cristal.* — On dit aussi **DÉPOLISSEMENT,** 1838.

DÉPOLITISATION [depɔlitizasjɔ̃] n. f. – 1944 ◇ de *dépolitiser* ▪ Action de dépolitiser ; son résultat. *La dépolitisation des syndicats.* ▪ CONTR. Politisation.

DÉPOLITISER [depɔlitize] v. tr. ‹1› – 1939 ◇ de *dé-* et *politiser* ▪ Ôter tout caractère politique à. *Dépolitiser le débat pour aboutir à un accord.* ♦ Faire cesser de s'intéresser à la politique. p. p. adj. *Une jeunesse dépolitisée.* ▪ CONTR. Politiser.

DÉPOLLUANT, ANTE [depɔlɥɑ̃, ɑ̃t] adj. et n. m. – 1985 ◇ de *dépolluer* ▪ Capable de supprimer ou de réduire la pollution. *Produits, agents dépolluants. Chimie dépolluante.* — n. m. *Répandre un dépolluant sur une nappe d'hydrocarbures.*

DÉPOLLUER [depɔlɥe] v. tr. ‹1› – v. 1970 ◇ de *dé-* et *polluer* ▪ Diminuer ou supprimer la pollution de (un lieu). ➤ **épurer.** *Dépolluer un lac.* ▪ CONTR. Polluer.

DÉPOLLUTION [depɔlysjɔ̃] n. f. – 1961 ◇ de *dé-* et *pollution* ▪ Action de dépolluer ; son résultat. ➤ **épuration, éco-industrie.** *La dépollution des eaux.* ▪ CONTR. Pollution.

DÉPOLYMÉRISER [depɔlimeʀize] v. tr. ‹1› – 1906 ◇ de *dé-* et *polymériser* ▪ CHIM. Transformer (un polymère) en un ou des composés chimiques plus simples (en général, des monomères). — n. f. **DÉPOLYMÉRISATION.**

DÉPONENT, ENTE [depɔnɑ̃, ɑ̃t] adj. et n. m. – fin XIIIe ◇ latin *deponens* ▪ Se dit d'un verbe latin à forme passive et sens actif. *Conjugaison déponente.* — n. m. *Un déponent.*

DÉPOPULATION [depɔpylasjɔ̃] n. f. – v. 1361 ◇ latin *depopulatio* ▪ Action de se dépeupler, par excédent des décès sur les naissances ; état d'un pays dépeuplé. ➤ **dépeuplement.** ▪ CONTR. Repopulation.

1**DÉPORT** [depɔʀ] n. m. – 1765 ; « amusement » XIIe ◇ de *déporter* ▪ DR. Démission d'un arbitre.

2**DÉPORT** [depɔʀ] n. m. – 1852 ◇ de *dé-*, d'après *report* ▪ **1** BOURSE Somme payée aux prêteurs de titres, par les vendeurs à terme qui reportent* (1, II, 2°) leur position quand, sur une valeur, apparaît un excédent des ventes reportées sur les achats. *Cotation d'un déport. Taux de déport.* ▪ **2** FIN. Somme à déduire du prix des devises achetées à terme, lorsque le cours du comptant est supérieur à celui du terme. ➤ **décote.** ▪ **3** (1973) TÉLÉCOMM. Transmission des informations provenant des radars. ▪ CONTR. Report.

DÉPORTANCE [depɔʀtɑ̃s] n. f. – 1973 ◇ de *dé-* et *portance* ▪ TECHN. Portance* aérodynamique négative (d'un avion). *Utilisation de la déportance lors de l'atterrissage.*

DÉPORTATION [depɔʀtasjɔ̃] n. f. – 1455 ◇ latin *deportatio* ▪ **1** DR. Peine politique afflictive et infamante qui consistait dans le transport définitif du condamné hors du territoire continental français. ➤ **exil, relégation.** *La déportation a été remplacée en 1960 par la détention criminelle.* ▪ **2** (v. 1942) COUR. Internement dans un camp de concentration à l'étranger. *Les Nazis organisèrent la déportation des Juifs, des résistants en Allemagne* (➤ **déporté**). *Il est mort en déportation.*

DÉPORTÉ, ÉE [depɔʀte] adj. et n. – 1791 ; 1835 n. ◇ de *déporter* ▪ **1** Qui a subi la peine de la déportation. — n. *« vous êtes joliment délicats pour bêcher et piocher comme font les déportés à Cayenne »* VIGNY. ▪ **2** (v. 1942) Interné à l'étranger dans un camp de concentration (spécialement, un camp nazi). n. *Camp de déportés. La plupart des déportés furent exterminés. Ancien déporté et prisonnier de guerre.*

DÉPORTEMENT [depɔʀtəmɑ̃] n. m. – 1636 ; autre sens XIIIe ◇ de *déporter* ▪ **1** AU PLUR. VIEILLI Écarts de conduite, excès. ➤ **débauche, débordement.** *« des femmes que leurs passions et leurs déportements ont rendues illustres : Médée, Didon, Phèdre »* LARBAUD. ▪ **2** (XXe) Le fait d'être déporté, en parlant d'un véhicule. *Violent déportement.* ➤ 1**écart, embardée.**

DÉPORTER [depɔʀte] v. tr. ‹1› – fin XIIIe pronom. ; « s'amuser » XIIe ◇ latin *deportare* « emporter »

I v. pron. DR. Se récuser. *Juge qui se déporte.*

II ▪ **1** (1791 ◇ d'après le latin *deportare* « exiler ») Infliger la peine de déportation à. *Déporter les auteurs d'un attentat.* ▪ **2** (v. 1942) Envoyer à l'étranger dans un camp de concentration. *Les Juifs furent déportés par centaines de milliers en Allemagne.*

III (début XXe) Dévier de sa direction, entraîner hors de sa route, de sa trajectoire. ➤ **dévier.** *Le vent l'a déporté sur le bas-côté de la route.*

▪ CONTR. Rapatrier.

DÉPOSANT, ANTE [depozɑ̃, ɑ̃t] n. – 1392 ◇ de *déposer* ▪ **1** DR. Personne qui fait une déposition en justice. ▪ **2** (1636) Personne qui fait un dépôt d'argent. *Le nombre des déposants à la Caisse d'épargne. Les déposants d'une banque.*

DÉPOSE [depoz] n. f. – 1836 ; *déposage* n. m. 1750 ◊ de 2*déposer* ■ 1 TECHN. Action de déposer, de défaire ce qui a été fixé. *Effectuer, faire la dépose d'un châssis, d'une serrure.* ■ 2 Fait de déposer (qqn). *Dépose en hélicoptère des skieurs sur les pistes.*

1 **DÉPOSER** [depoze] v. tr. ‹1› – XIIe ◊ latin *deponere*, d'après *poser*
I Dépouiller (qqn) de l'autorité souveraine. ➤ **destituer.** *Déposer un roi, un empereur* (➤ **détrôner**), *un pape.*
II ■ 1 Poser (une chose que l'on portait). *Déposer un fardeau. Défense de déposer des ordures. Déposer une gerbe sur une tombe.* ➤ **mettre,** 1 **placer.** ◆ LOC. FIG. ➤ **abandonner.** *Déposer les armes*. Déposer la couronne, le pouvoir :* abdiquer. ➤ 2 **se démettre.** — *Déposer un baiser sur le front de qqn.* ■ 2 PAR EXT. Laisser (qqn) quelque part, après l'y avoir conduit. *Je vous déposerai devant chez vous, au cinéma.* ■ 3 (1798) LIQUIDES Laisser aller au fond (les parties solides en suspension). *Les crues déposent du limon.* ABSOLT *Cette liqueur dépose.* ➤ **se décanter, précipiter.** ◆ PRONOM. *Laisser reposer du vin pour que la lie se dépose.* — PAR EXT. *La poussière se dépose sur les meubles.* ■ 4 Mettre (qqch.) en lieu sûr, en dépôt. ➤ **confier, mettre, remettre.** *Déposer ses bagages à la consigne. Déposer des marchandises à l'entrepôt, en consignation.* ➤ **consigner, emmagasiner, entreposer.** *Déposer de l'argent à la banque.* ➤ **verser ; dépôt.** ◆ Sans compl. ind. Faire enregistrer. *Il vient déposer de l'argent. Déposer une pétition, un projet de loi. Déposer une marque de fabrique.* — **p. p. adj.** *Marque* déposée* (➤ **dépôt**). ◆ DR. *Déposer une plainte en justice* (cf. Porter* plainte). — DR. COMM. *Déposer son bilan :* se déclarer en état de cessation* de paiements. *Commerçant, entreprise qui dépose son bilan.* ■ 5 INTRANS. Déclarer ce que l'on sait d'une affaire. *Être appelé à déposer.* ➤ **témoigner.** *Déposer contre* (➤ **charger**), *en faveur de qqn.*
■ CONTR. Nommer. — Charger. Retirer.

2 **DÉPOSER** [depoze] v. tr. ‹1› – 1836 ◊ de *dé-* et *poser* ■ Ôter (ce qui a été posé à une place déterminée). ➤ **enlever, ôter.** *Déposer un tableau, des rideaux* (➤ **dépose**).

DÉPOSITAIRE [depozitɛʀ] n. – XIVe ◊ latin juridique *depositarius* ■ 1 Personne à qui l'on confie un dépôt. *Être le dépositaire d'un trésor, d'une lettre.* ◆ Commerçant(e) qui vend des marchandises qui lui ont été confiées par un déposant. ➤ **stockiste.** *Dépositaire exclusif.* ➤ **concessionnaire.** ■ 2 FIG. Personne qui reçoit, possède qqch. ➤ **gardien.** *Faire de qqn le dépositaire d'un secret.* ➤ **confident.** *L'homme «dépositaire du vrai, cloaque d'incertitude et d'erreurs»* PASCAL. — DR., ADMIN. *Dépositaire de l'autorité publique :* agent qui détient et exerce des pouvoirs de puissance publique. *Dépositaire public :* fonctionnaire ou officier ministériel chargé de la gestion d'un dépôt public ou du maniement de deniers, de valeurs mobilières.

DÉPOSITION [depozisjɔ̃] n. f. – XIIe ◊ latin juridique *depositio* ■ 1 Déclaration sous la foi du serment (d'un témoin en justice). ➤ **témoignage.** *Faire, signer sa déposition. Recueillir une déposition. Lire au témoin sa déposition* (➤ **récoler**). *«Les lois qui font périr un homme sur la déposition d'un seul témoin sont fatales à la liberté»* MONTESQUIEU. ■ 2 (1467) RARE Action de déposer un souverain. ➤ **déchéance, destitution.** *«On préparait à Stamboul la déposition du sultan Mourad, et le sacre d'Abd-ul-Hamid»* LOTI. ■ 3 (1836) ARTS *Déposition de croix :* représentation du corps de Jésus-Christ après la descente de croix.
■ CONTR. Investiture.

DÉPOSITOIRE [depozitwaʀ] n. m. – 1828 ; 1559 autre sens ◊ latin médiéval *depositorium*, de *deponere* «déposer» ■ Chambre funéraire destinée à recevoir le corps mis en bière avant l'inhumation ou la crémation. *La levée du corps aura lieu au dépositoire de l'hôpital.*

DÉPOSSÉDER [depɔsede] v. tr. ‹6› – 1461 ◊ de *dé-* et *posséder* ■ Priver (qqn) de la possession (d'une chose). ➤ **dépouiller, dessaisir, frustrer, priver ; spolier.** *Déposséder qqn de ses biens, de sa charge. Il a été injustement dépossédé de sa place* (➤ **évincer, supplanter**). — **p. p. adj.** *Roi dépossédé.* ➤ **déchu.**
■ CONTR. Donner, rendre.

DÉPOSSESSION [depɔsesjɔ̃] n. f. – 1690 ◊ de *déposséder*, d'après *possession* ■ DIDACT. Action de déposséder ; son résultat.

DÉPÔT [depo] n. m. – *depost* XIVe ◊ latin juridique *depositum* ■ 1 Action de déposer. *Le dépôt d'une gerbe sur une tombe.* ◆ SPÉCIALT Action de confier à la garde de qqn, de placer dans un lieu sûr. ➤ **remise.** *Dépôt d'un manteau au vestiaire. Dépôt d'un testament chez un notaire.* — *En dépôt. Mettre, laisser qqch. en dépôt.* — COUR. ➤ **versement.** *Dépôt bancaire ;* ABSOLT *dépôt. Faire un dépôt en espèces. Banque de dépôt et d'escompte.* — *Dépôt de marques de fabrique,* qui entraîne la protection légale des marques dites *déposées.* — **DÉPÔT LÉGAL :** fait de remettre aux agents de l'État des exemplaires de toute production littéraire ou artistique destinés aux collections nationales. ◆ DR. Contrat par lequel on reçoit la chose d'autrui, à la charge de la garder et de la restituer en nature. *Dépôt judiciaire d'une chose contentieuse* (➤ **séquestre**). ◆ *Dépôt de bilan*.* ■ 2 Ce qui est confié au dépositaire pour être gardé et restitué ultérieurement. *Confier un dépôt à qqn. Dépôts bancaires :* les fonds déposés en banque. — DR. Ce qui sert de garantie. ➤ **cautionnement, consignation, couverture, gage, garantie, provision.** *Caisse* des dépôts et consignations.* ◆ FIG. et LITTÉR. *La nature «respectée comme un dépôt sacré dont nous ne sommes que les usufruitiers temporaires et que nous devons transmettre intact à nos successeurs»* TH. MONOD. ■ 3 Lieu où l'on dépose certaines choses. *Dépôt d'ordures.* ➤ **dépotoir.** *Dépôt d'armes. Dépôt de pain :* lieu (souvent une épicerie) où l'on vend du pain fabriqué ailleurs. — *Dépôt de marchandises.* ➤ **entrepôt, magasin, stock.** *Dépôts de carburants.* n. m. **DÉPÔT-VENTE :** magasin dans lequel des particuliers déposent ce qu'ils veulent vendre. *Mettre un meuble, un manteau en dépôt-vente. Des dépôts-ventes.* ◆ Lieu où l'on laisse les locomotives, les tramways, les autobus. ➤ **garage.** *Rentrer au dépôt.* ◆ (1814) Prison où sont gardés les prisonniers de passage. *Mandat de dépôt :* ordre du juge d'instruction pour faire incarcérer un prévenu. *Conduire un prévenu au dépôt. «il est encore au dépôt de l'île de Ré ; on retarde autant que possible son départ pour Cayenne»* G. DARIEN. ■ 4 Particules solides qui se déposent au fond d'un liquide trouble au repos. ➤ **boue.** *Dépôt dans un liquide où se fait une précipitation chimique.* ➤ 2 **précipité.** *Dépôt dans une chaudière à vapeur.* ➤ **incrustation, tartre.** *Ce vin a du dépôt.* ➤ **lie.** — PAR ANAL. *Dépôt de calamine sur une bougie.* ◆ GÉOL. Couche de matières minérales laissée à la surface du globe par les eaux, l'érosion. ➤ **lit ; alluvion, falun,** 1 **limon, sédiment ; drift, moraine.** ■ CONTR. 2 Retrait.

DÉPOTAGE [depɔtaʒ] n. m. – 1836 ◊ de *dépoter* ■ Action de dépoter ; son résultat. *Le dépotage d'une plante.* — On dit aussi **DÉPOTEMENT,** 1838.

DÉPOTER [depɔte] v. tr. ‹1› – 1613 ◊ de *dé-* et *pot* ■ 1 Changer (un liquide) de vase. ➤ **transvaser.** *Dépoter du vin.* ■ 2 (1690) Ôter (une plante) d'un pot pour la replanter. ➤ **transplanter.** *Dépoter un géranium.* ■ 3 FAM. Changer de contenant. — TRANSPORTS Vider (un conteneur, une citerne) de son contenu. ■ 4 FIG. et FAM., intrans. Déployer une grande activité, être efficace. *Son équipe, elle dépote. Ça dépote !* (cf. Ça déménage !). ■ CONTR. Empoter.

DÉPOTOIR [depɔtwaʀ] n. m. – 1836 ◊ de *dépoter* ■ 1 Lieu destiné à recevoir les matières de vidange. ➤ **vidoir.** — TECHN. Usine où l'on traite les matières excrémentielles provenant des vidanges. *Engrais, ammoniac extraits dans un dépotoir.* ■ 2 COUR. (influence de *déposer, dépôt*) Lieu public où l'on dépose des ordures. *«un terrain vague que toute la rue utilisait comme dépotoir»* MAC ORLAN. ➤ **décharge, voirie.** ■ 3 FIG. et FAM. Endroit où l'on met des objets de rebut. *Mon bureau n'est pas un dépotoir !* ◆ PAR EXT., PÉJ. Endroit où sont reléguées les personnes indésirables (souvent en appos.). *Banlieues dépotoirs. Service, classe dépotoir.*

DÉPOUILLE [depuj] n. f. – v. 1170 *despuille* «vêtement laissé» ; v. 1120 *despuelles* «butin» ◊ de *dépouiller*
I ■ 1 (1573) Peau enlevée à un animal. *Dépouille d'un lion.* — SPÉCIALT Peau que les serpents et certains insectes perdent lors de leur mue. ➤ **exuvie, mue.** — PAR ANAL. (végétal) Branches d'arbres coupées. Feuilles tombées. *Des «enfants qui se partageaient la dépouille des palmiers»* NERVAL. Centre de l'épi de maïs dont on a détaché les grains. ■ 2 (1550) FIG. et LITTÉR. *Dépouille (mortelle) :* le corps humain après la mort. ➤ **cadavre.** ■ 3 MÉD. *Forme de dépouille :* taille donnée à la dent qui doit recevoir une couronne. ◆ BÂT., MATÉR. Angle que l'on donne aux flancs d'une forme, d'un moule, d'un coffrage pour en faciliter le démoulage. ◆ MÉCAN. *Dépouille* ou *angle de dépouille :* angle que forme avec la surface usinée la surface d'attaque de l'outil de coupe.
II (*despueilles* v. 1120) **DÉPOUILLES** ■ 1 Ce qu'on enlève à l'ennemi sur le champ de bataille. ➤ **trophée.** *Dépouilles opimes*.* PAR EXT. *S'arracher les dépouilles d'un mourant,* se disputer les dignités, les fonctions, les biens qui lui appartiennent. ■ 2 (anglais américain *Spoil System*) POLIT. *Système des dépouilles :* aux États-Unis, pratique qui consiste à se par-

tager, après une victoire électorale, les principaux postes administratifs, aux dépens du parti vaincu.

DÉPOUILLÉ, ÉE [depuje] adj. – de *dépouiller* ■ **1** (1519) Sans aucun ornement. ➤ **sévère, sobre.** *Style dépouillé.* ➤ **concis*.** *Ce livre « était aussi dépouillé qu'un constat »* GIDE. ■ **2** *Vin dépouillé,* débarrassé des particules solides en suspension, décanté. — Qui a perdu sa richesse en alcool. *Les bordeaux « qui, sans être vieux, sont très dépouillés »* MAURIAC.

DÉPOUILLEMENT [depujmɑ̃] n. m. – 1190 « dépouille » ◇ de *dépouiller* ■ **1** (fin XVIIe « renoncement ») Action de priver qqn de ses biens ; état d'une personne dépouillée, privée de tout. ➤ **privation.** *Dépouillement volontaire par ascèse.* ➤ **détachement, renoncement.** *Vivre dans le dépouillement.* ◆ Fait d'être débarrassé du superflu, des ornements. ➤ **simplicité, sobriété.** *Un style d'un grand dépouillement.* ➤ **dépouillé.** ■ **2** (1723) Examen minutieux (de documents). *Dépouillement d'un texte, d'une correspondance, d'un rapport. « le dépouillement des auteurs classiques »* LITTRÉ. — *Dépouillement des votes :* ensemble des opérations pour l'établissement des résultats du scrutin. *Procéder au dépouillement du scrutin.*

DÉPOUILLER [depuje] v. tr. ‹1› – *despoillier* XIIe ◇ latin *despoliare,* racine *spolia* → spolier

I ENLEVER A. ENLEVER CE QUI COUVRE ■ **1** (XIIIe « quitter sa vieille peau ») Enlever la peau de (un animal). ➤ **écorcher ;** FAM. **dépiauter.** *Dépouiller un lièvre, une anguille. « C'est fou, un lapin qu'on dépouille. Ça se retourne comme un gant à vaisselle. Au début, ça colle un peu. Puis ça vient d'un coup »* A. DE LIBERA. — p. p. adj. *Bœuf tué et dépouillé.* ■ **2** Dégarnir (qqn, qqch.) de ce qui couvre. ➤ **dégager, dégarnir, dénuder.** *Dépouiller qqn de ses vêtements,* les lui enlever. ➤ **déshabiller, dévêtir.** *Dépouiller un poisson de ses écailles* (➤ 1 **écailler**), *un arbre de ses branches* (➤ **ébrancher**). *« Les petits bois ombreux frissonnent sous le vent qui les dépouille »* BARRÈS. ➤ **défeuiller.** *Arbre dépouillé de ses feuilles.* ➤ **dénudé.**
B. ENLEVER QQCH. À QQN (1487) Déposséder (qqn) en lui enlevant ce qu'il a. *Ils l'ont dépouillé de son blouson. Des voleurs l'ont dépouillé.* ➤ **dévaliser,** 2 **voler* ;** FAM. **plumer, tondre.** — Priver (qqn) de ses biens, de ses revenus. ➤ **priver, spolier.** *« Jacques ne voudrait pas dépouiller les enfants de sa sœur »* SAND. *Dépouiller qqn de ses droits* (➤ **déposséder, déshériter**). ◆ FIG. Enlever à (qqch.) un de ses caractères, son contexte. *« une intelligence qui dépouillait toujours les choses de leur valeur secrète »* MARTIN DU GARD. — p. p. adj. *Une originalité dépouillée d'affectation.*

II ABANDONNER ■ **1** (XIIe fig.) LITTÉR. Abandonner, ôter (ce qui couvre). ➤ **arracher, enlever, quitter, perdre, retirer.** *« Graziella avait dépouillé ses vêtements de lourde laine »* LAMARTINE. *« un insecte dépouille sa dernière enveloppe larvaire »* DUHAMEL. ■ **2** FIG. et LITTÉR. ➤ **renoncer** (à). *Dépouiller l'orgueil.* MÉTAPH. *« Dépouiller de plus en plus la matière, revêtir de plus en plus l'esprit »* HUGO. — LOC. RELIG. *Dépouiller le vieil homme :* se défaire des inclinations de la nature corrompue.

III ANALYSER, EXAMINER (UN DOCUMENT) (1690) *Dépouiller son courrier. Dépouiller un livre,* et PAR EXT. *un auteur,* le lire en prenant des notes. — *Dépouiller un scrutin :* faire le compte des suffrages après le vote.

IV SE DÉPOUILLER v. pron. ■ **1** Ôter. *Se dépouiller de ses vêtements.* ◆ Perdre. *Les arbres se dépouillent de leur feuillage.* ABSOLT *« ses dernières feuilles tombaient comme mes années ; sa cime se dépouillait comme ma tête »* CHATEAUBRIAND. ■ **2** Se défaire (de), abandonner. *Elle s'est dépouillée de tous ses biens, en faveur d'une association.* — FIG. *Se dépouiller de son orgueil, de ses illusions.* ➤ **perdre.** *Ne jamais se dépouiller de sa réserve.* ➤ **se départir.** *« Je cherche à me dépouiller de mes affections et à n'être qu'un froid philosophe »* STENDHAL. ➤ **renoncer** à. *Être dépouillé de tout préjugé.* ➤ **dénué.**
■ CONTR. Garnir, revêtir. Mettre, revêtir. Garder.

DÉPOURVU, UE [depuʀvy] adj. – *desporveu* 1190 ◇ de *dé-* et *pourvu ; dépourvoir* (vx), 1530 ■ **1 DÉPOURVU DE :** qui n'a pas de. ➤ **sans.** *Fleur dépourvue de corolle. Dépourvu d'ornement.* ➤ 1 **nu.** *Dépourvu de qualités.* ➤ **dénué.** *Une personne non dépourvue de charme. Elle n'est pas dépourvue de talent. Dépourvu d'argent, de ressources,* ou ABSOLT *dépourvu,* démuni*. *Acte dépourvu de méchanceté.* ➤ **exempt, pur.** — **ÊTRE DÉPOURVU DE...** ➤ **manquer** (de). *Les personnes qui ont des diplômes et celles qui en sont dépourvues.* ABSOLT, VX *Être dépourvu,* dans le besoin. *La cigale « Se trouva fort dépourvue Quand la bise fut venue »* LA FONTAINE. ■ **2** loc. adv. (1559) **AU DÉPOURVU.** VX Dans un moment où l'on manque des ressources nécessaires. — MOD. *Prendre qqn au dépourvu,* sans qu'il soit préparé, averti (cf. À l'improviste, de court). *Sa répartie m'a prise au dépourvu. « Il me fera peut-être, au dépourvu, des questions scabreuses »* ROUSSEAU. ■ CONTR. Doté, muni, nanti.

DÉPOUSSIÉRAGE [depusjeʀaʒ] n. m. – 1908 ◇ de *dépoussiérer* ■ Opération par laquelle on dépoussière.

DÉPOUSSIÉRER [depusjeʀe] v. tr. ‹6› – 1908 ◇ de *dé-* et *poussière* ■ **1** Débarrasser de sa poussière (un lieu, une pièce, une chose) par des moyens mécaniques. *Dépoussiérer un appartement, un tapis.* ■ **2** FIG. Rajeunir, rénover. *Dépoussiérer un service, une administration.* ■ CONTR. Empoussiérer.

DÉPOUSSIÉREUR [depusjeʀœʀ] n. m. – 1927 ◇ de *dépoussiérer* ■ TECHN. Appareil ou dispositif qui absorbe les poussières, notamment à l'intérieur des machines. *Dépoussiéreurs centrifuges (hydrauliques, mécaniques, électrostatiques) d'une centrale thermique.*

DÉPRAVANT, ANTE [depʀavɑ̃, ɑ̃t] adj. – avant 1836 ◇ de *dépraver* ■ LITTÉR. Qui déprave.

DÉPRAVATION [depʀavasjɔ̃] n. f. – XVe ; cf. *dépravité* (1786) ◇ latin *depravatio* ■ **1** LITTÉR. Attitude dénuée de sens moral et de sensibilité morale. État d'une personne dépravée, de ce qui est dépravé. ➤ **avilissement.** *« Les vices partent d'une dépravation du cœur »* LA BRUYÈRE. — (1532) *Dépravation des mœurs :* abaissement de la moralité. ➤ **débauche.** — *Dépravation (sexuelle).* ➤ **perversion.** ■ **2** VIEILLI Déviation contraire à la nature, à la norme sociale. *La dépravation du goût.* ➤ **altération, corruption.**

DÉPRAVÉ, ÉE [depʀave] adj. – XIIIe « altéré » ◇ de *dépraver* ■ **1** VIEILLI Corrompu moralement. *Mœurs dépravées. « C'est dans les siècles les plus dépravés qu'on aime les leçons de la morale la plus parfaite »* ROUSSEAU. ◆ (XIXe) *Personne dépravée,* et SUBST. *un, une dépravé(e) :* personne dénuée de sens moral, de sensibilité éthique. — (XXe) MOD. Personne qui a des goûts dépravés, notamment dans le domaine sensuel, érotique. ■ **2** Altéré, faussé (en parlant d'un goût). ➤ **perverti.** *« Le goût dépravé dans les aliments est de choisir ceux qui dégoûtent les autres hommes »* VOLTAIRE. — Qui n'est pas conforme à la nature. *« l'homme qui médite est un animal dépravé »* ROUSSEAU.
■ CONTR. Vertueux.

DÉPRAVER [depʀave] v. tr. ‹1› – 1212 « altérer » ◇ latin *depravare* « tordre, corrompre », de *pravus* « mauvais » ■ **1** (1580) Amener (qqn) à désirer le mal, à s'y complaire. ➤ **corrompre, pervertir.** *Dépraver un adolescent. Les mauvais exemples l'ont dépravé.* — PAR EXT. VIEILLI ou LITTÉR. Rendre (une habitude, une pratique, une coutume) moralement mauvaise. *« tu dépraves l'institution du mariage »* BALZAC. ➤ 1 **dégrader, profaner, ravaler.** ■ **2** VX ou LITTÉR. (sujet chose) Altérer, faire dévier de la norme. *Dépraver le jugement, le goût.* ➤ **corrompre, fausser, gâter, vicier.**

DÉPRÉCATION [depʀekasjɔ̃] n. f. – 1120 ◇ latin *deprecatio* ■ RELIG. Prière faite avec soumission, pour détourner un malheur, pour obtenir le pardon d'une faute.

DÉPRÉCIATEUR, TRICE [depʀesjatœʀ, tʀis] n. – 1705 ◇ de *déprécier* ■ Personne qui déprécie (2°). ➤ **contempteur, détracteur.**

DÉPRÉCIATIF, IVE [depʀesjatif, iv] adj. – 1908 ◇ de *déprécier* ■ LING. Qui déprécie, tend à déprécier. ➤ **péjoratif.** *Le suffixe* -ard *a une valeur dépréciative. « si le terme de mise en scène a pris avec l'usage ce sens dépréciatif »* ARTAUD. ■ CONTR. Laudatif, mélioratif.

DÉPRÉCIATION [depʀesjasjɔ̃] n. f. – 1771 ◇ de *déprécier* ■ Action de déprécier, de se déprécier ; état de ce qui est déprécié. *Dépréciation des marchandises, de l'or, de l'argent.* ➤ **avilissement, baisse, décote, dévalorisation.** *L'inflation entraîne la dépréciation de la monnaie.* ➤ **érosion** (monétaire). — FIG. *« la dépréciation inévitable que subirait la jeune personne après le bruit d'une pareille affaire »* MAUPASSANT. ■ CONTR. Hausse, revalorisation.

DÉPRÉCIER [depʀesje] v. tr. ‹7› – 1762 ◇ latin *depretiare,* de *pretium* « prix »

I v. tr. ■ **1** Diminuer la valeur, le prix de. *Déprécier une marchandise.* ➤ **avilir.** *Déprécier en dégradant, en détériorant. Immeuble déprécié par la proximité d'une usine.* — FIG. *Défauts qui déprécient un caractère, un ouvrage.* ➤ **abîmer, dévaloriser.** *Déprécier le mérite de qqn.* ➤ **minimiser.** ■ **2** Exprimer un jugement négatif sur la valeur de (qqch., qqn) ; chercher à déconsidérer. ➤ **critiquer, décrier, dénigrer, dépriser, discréditer, méjuger, mépriser, mésestimer, rabaisser, ravaler ;** FAM. **débiner.** *« Les enfants ont toujours une tendance soit à déprécier, soit à* *exalter leurs parents»* PROUST. *Déprécier qqn par incompréhension, ignorance, rivalité. Déprécier l'œuvre, les méthodes d'un confrère.*

II SE DÉPRÉCIER v. pron. ▪ **1** Perdre de sa valeur. *Cet article se déprécie en ce moment.* ➤ **baisser, diminuer.** — SPÉCIALT *Monnaie qui se déprécie,* dont le pouvoir d'achat baisse (➤ **se dévaloriser**). ♦ FIG. *«Mes punitions, à force d'être prodiguées, se déprécièrent»* DAUDET. *Un plaisir qui se déprécie avec l'habitude.* ▪ **2** Émettre sur soi-même (RÉFL.) ou émettre réciproquement des jugements défavorables. *Il a la manie de se déprécier. Ils se déprécient mutuellement, réciproquement.*
▪ CONTR. Valoriser ; apprécier ; admirer, estimer, surestimer, vanter.

DÉPRÉDATEUR, TRICE [depʀedatœʀ, tʀis] n. et adj. – v. 1285 ♦ bas latin *depraedator,* de *praeda* «proie» ▪ LITTÉR. Personne qui commet des déprédations. *Les déprédateurs des deniers publics.* — adj. (1768) *Ministre déprédateur. «les nations déprédatrices et conquérantes»* MARMONTEL. ▪ CONTR. Bienfaiteur, protecteur. Intègre.

DÉPRÉDATION [depʀedasjɔ̃] n. f. – 1308, rare avant XVIIe ♦ bas latin *depraedatio,* de *praeda* «proie» → prédateur ▪ **1** Vol ou pillage accompagné de dégâts. *Déprédations commises par des émeutiers, des envahisseurs.* ➤ **dévastation, saccage.** ♦ (1950) ABUSIVEMENT Dommage matériel causé aux biens d'autrui, aux biens publics. ➤ 1**dégradation, destruction, détérioration ; vandalisme.** *Les déprédations causées par des vandales.* ▪ **2** (1690) Exaction, acte malhonnête commis dans l'administration, la gestion de qqch. ➤ **détournement, dilapidation, malversation, prévarication.** *Déprédation des biens de l'État, des biens d'un pupille.* ▪ **3** (XVIIIe) DIDACT. Exploitation de la nature sans souci de pourvoir au renouvellement de ce qu'on détruit (plantes ou animaux). *Certaines pollutions aboutissent à des déprédations irréversibles.*

DÉPRENDRE (SE) [depʀɑ̃dʀ] v. pron. ‹58› – XIVe ; au p. p. «dénué» v. 1160 ♦ de *dé-* et *prendre* ▪ LITTÉR. (ABSTRAIT) Se dégager (de ce qui retient ou immobilise). ➤ **se dégager,** 1**se détacher ; déprise.** *Se déprendre d'une personne, d'une habitude, des liens d'un attachement.* ▪ CONTR. Attacher (s'). Éprendre (s').

DÉPRESSIF, IVE [depʀesif, iv] adj. – rare avant 1856 ♦ de *dépress(ion)* ▪ **1** VX Qui enfonce, abaisse. ▪ **2** FIG. Qui abat. *Fièvre dépressive.* ▪ **3** Relatif à la dépression (3°). *États dépressifs cycliques.* ➤ **cyclothymie.** ♦ Sujet à la dépression nerveuse. ➤ **déprimé.** *Un tempérament dépressif.* — n. *Un dépressif. «cette pauvre dépressive toujours en train de sombrer, toujours inconsolable»* L. MAUVIGNIER. ▪ CONTR. Exaltant, remontant.

DÉPRESSION [depʀesjɔ̃] n. f. – 1314 ♦ latin *depressio* «enfoncement», de *depressus,* p. p. de *deprimere* → déprimer ▪ **1** Abaissement, enfoncement (produit par une pression de haut en bas ou par toute autre cause). ➤ **affaissement.** *La légère dépression d'un plancher.* — PAR EXT. Concavité. ➤ **creux.** *Dépression du crâne.* — GÉOGR. Partie effondrée de la surface du globe située au-dessous du niveau de la mer et généralement occupée par elle. ➤ **bassin, cuvette, fosse.** ▪ **2** MÉTÉOR. *Dépression (barométrique) :* abaissement de la colonne de mercure dans le baromètre, par suite d'une diminution de la pression atmosphérique. — Zone de basse pression atmosphérique. *Dépression atmosphérique* ou *cyclonique.* ➤ **cyclone ; dépressionnaire.** ABSOLT *Une dépression centrée sur le nord des îles Britanniques. La dépression se creuse, se comble.* ▪ **3** (1851) *Dépression* ou *dépression nerveuse :* état mental pathologique caractérisé par une tristesse intense, une perte d'intérêt et d'estime de soi, de l'anxiété. ➤ **asthénie, mélancolie, neurasthénie.** *«elle a ses moments de dépression, ses crises de larmes»* SARRAUTE. *Faire une dépression, être en dépression.* ➤ **dépressif.** *Dépression bipolaire* (➤ **maniacodépressif**) ; *unipolaire,* sans épisode maniaque. *Dépression postnatale.* ➤ **babyblues.** *Déprime ou dépression ?* ▪ **4** (milieu XXe) ANGLIC. Crise économique caractérisée par le fléchissement de la consommation, la chute des cours, la baisse de la production et des prix, la montée du chômage. ➤ **crise, récession.** *La dépression des années 30.* ▪ CONTR. Élévation, éminence, soulèvement ; anticyclone. Euphorie, exaltation, excitation.

DÉPRESSIONNAIRE [depʀesjɔnɛʀ] adj. – 1941 ♦ de *dépression* ▪ MÉTÉOR. Qui est le siège d'une dépression atmosphérique. *Zone dépressionnaire.* ➤ **cyclonique.** ▪ CONTR. Anticyclonique.

DÉPRESSURISATION [depʀesyʀizasjɔ̃] n. f. – 1950 ♦ de *dépressuriser* ▪ AÉRONAUT. Chute (volontaire ou accidentelle) de la pression interne normale (d'un avion, d'un engin spatial).

DÉPRESSURISER [depʀesyʀize] v. tr. ‹1› – v. 1966 ♦ de *dé-* et *pressuriser* ▪ AÉRONAUT. Faire perdre à (un avion, un véhicule spatial) la pression interne normale obtenue par pressurisation*. ▪ CONTR. Pressuriser.

DÉPRIMANT, ANTE [depʀimɑ̃, ɑ̃t] adj. – 1787 ♦ de *déprimer* ▪ Qui déprime (2°). — Au physique *Climat déprimant.* ➤ **affaiblissant, débilitant.** Au moral COUR. *Atmosphère morne et déprimante.* ➤ **plombant.** *Une nouvelle déprimante.* ➤ **démoralisant.**
▪ CONTR. Remontant.

DÉPRIME [depʀim] n. f. – 1973 ♦ de *déprimer* ▪ FAM. État d'abattement plus ou moins profond, coup de cafard passager. ➤ **asthénie, cafard, mélancolie, neurasthénie, spleen ;** FAM. **blues, flip ;** RÉGION. **fiu.** *Un petit coup de déprime. Être en pleine déprime. Déprime ou dépression ?* — FIG. *En ces temps de déprime économique.*

DÉPRIMÉ, ÉE [depʀime] adj. et n. – de *déprimer* ▪ **1** Incurvé, enfoncé. *Sol déprimé. Front déprimé, fontanelle déprimée,* présentant une concavité. ▪ **2** (1883) VX Affaibli. *Santé déprimée.* — FIG. MOD. *L'économie, la Bourse est déprimée. Marchés déprimés.* ▪ **3** (PERSONNES) Abattu, découragé. ➤ **démoralisé, mélancolique, triste ;** FAM. **cafardeux.** ♦ SPÉCIALT Atteint de dépression (3°). *Soigner une personne déprimée par des antidépresseurs.* n. (1897) *Un(e) déprimé(e).*

DÉPRIMER [depʀime] v. tr. ‹1› – 1355 ♦ latin *deprimere* «presser de haut en bas» ▪ **1** Abaisser ou incurver par une pression. ➤ **affaisser, enfoncer.** *Le choc lui a déprimé le crâne.* — PRONOM. Se creuser. ▪ **2** FIG. Affaiblir physiquement ou (COUR.) moralement. *Cette nouvelle l'a complètement déprimé.* ➤ **abattre, décourager,** RÉGION. **déforcer, démoraliser ; dépression.** *«Les questions d'argent qui m'exaltaient naguère me dépriment aujourd'hui»* GIDE. *Je l'ai trouvé très déprimé.* ▪ **3** INTRANS. FAM. Être abattu, démoralisé. ➤ FAM. 2**flipper** (cf. Être dans le trente-sixième dessous*). ♦ FIG. (CHOSES) Être marqué par la morosité. *La Bourse déprime.* ▪ CONTR. 1Bomber. Remonter, revigorer ; exalter, réjouir.

DÉPRISE [depʀiz] n. f. – 1967 ♦ de *se déprendre* ▪ DIDACT. Action de se déprendre (FIG.). *«J'ai appelé dessaisissement ou déprise le mouvement [...] auquel me contraint la systématique freudienne»* RICŒUR.

DÉPRISER [depʀize] v. tr. ‹1› – v. 1361 ; *desprisier* v. 1175 ♦ de *dé-* et *priser* ▪ LITTÉR. Apprécier au-dessous de son prix, de sa valeur. ➤ **déprécier, mésestimer, sous-estimer.** *Dépriser l'œuvre de qqn, dépriser un auteur. «Ce poète déprise les mots»* VALÉRY.
▪ CONTR. Surestimer.

DE PROFUNDIS [depʀɔfɔ̃dis] n. m. inv. – XVIe ♦ mots latins «des profondeurs» ▪ Le sixième des sept psaumes de la Pénitence, qui commence par ces mots, et que les chrétiens disent dans les prières pour les morts. *Chanter le, un De profundis.*

DÉPROGRAMMATION [depʀɔgʀamasjɔ̃] n. f. – 1984 ♦ de *déprogrammer* ▪ Suppression (d'une émission, d'un spectacle) du programme prévu. *La déprogrammation d'une émission de télévision.*

DÉPROGRAMMER [depʀɔgʀame] v. tr. ‹1› – v. 1950 ♦ de *dé-* et *programme* ▪ **1** Supprimer d'un programme (ce qui était prévu). *Déprogrammer une émission, un concert.* ▪ **2** TECHN. Modifier ou supprimer la programmation de (un automatisme). — FIG. (PERSONNES) *«déprogrammer son psychisme au moyen d'électrochocs»* M. DUGAIN.

DÉPROLÉTARISER [depʀɔletaʀize] v. tr. ‹1› – 1961 ♦ de *dé-* et *prolétariser* ▪ DIDACT. Faire perdre les caractères du prolétariat à (un milieu, un groupe social). — n. f. **DÉPROLÉTARISATION.**
▪ CONTR. Prolétariser.

DÉPROTÉGER [depʀɔteʒe] v. tr. ‹6 et 3› – fin XXe ♦ de *dé-* et *protéger* ▪ INFORM. Ôter la protection de. *Déprotéger un fichier.*

DÉPUCELER [depys(ə)le] v. tr. ‹4 /5/› – XIIe ♦ de *dé-* et *pucelle* ▪ FAM. Faire perdre sa virginité, son pucelage à (qqn). *Dépuceler une jeune fille.* ➤ **déflorer.** *Être dépucelée.* — PRONOM. *«l'adresse du bordel où il se dépucellera»* TOURNIER. — n. m. **DÉPUCELAGE,** 1580.

DEPUIS [dəpɥi] prép. – XIIe ♦ de *de* et *puis*
▪ À partir de.

I Temps ▪ **1** À partir de (un moment passé). *Depuis le 15 mars :* à partir du quinze mars jusqu'à aujourd'hui. *Depuis le matin jusqu'au soir.* ➤ 1**de** (du matin au soir). *Depuis quand êtes-vous là ? – Depuis mardi.* IRON. *Depuis quand est-il permis d'entrer sans frapper ?* — *Depuis lors :* depuis ce moment-là. — **adv.** *Nous l'avons vu dimanche, mais pas depuis.* ◆ PAR EXT. À partir d'une époque, d'un évènement passé. *Depuis la Révolution. Depuis sa mort.* — PAR EXT. *« Les plus grands penseurs, depuis Aristote »* BERGSON. **loc. conj. DEPUIS QUE.** *Nous sommes sans nouvelles depuis qu'il est parti.* — **adv.** *Il est parti après la guerre et nous ne l'avons pas revu depuis* (cf. Par la suite). *Depuis, nous sommes inquiets.* ▪ **2** Pendant la durée passée qui sépare du moment dont on parle. *On vous cherche depuis dix minutes :* il y a dix minutes qu'on vous cherche. *Nous ne nous sommes pas vus depuis des siècles, depuis une éternité.* ➤ **voilà.** *Depuis combien de temps êtes-vous là ? Depuis longtemps, depuis toujours. Depuis peu :* dernièrement, récemment. — EMPHAT. *Depuis le temps que...* il y a si longtemps. *Depuis le temps que je me fatigue à te le dire.*

II Espace ▪ **1 DEPUIS... JUSQU'À :** de (tel endroit) à (tel autre). ➤ 1 **de.** *Les Pyrénées s'étendent depuis l'Atlantique jusqu'à la Méditerranée. Depuis le haut jusqu'en bas :* de haut en bas. ▪ **2** (XXe) **DEPUIS, employé seul, marque la provenance avec une idée de continuité.** ➤ 1 **de, dès** (II). *« La famille, depuis le perron, nous observait »* MAURIAC. Abusivt, pour *de. Transmis depuis Marseille.*

III (hapax v. 1360) PAR ANAL. **DEPUIS... JUSQU'À,** exprime une succession ininterrompue dans une série. *Depuis le premier jusqu'au dernier, depuis le début jusqu'à la fin. « Depuis Madame Rivals jusqu'à la vieille servante, tout le monde »* DAUDET.

▪ **CONTR.** Jusque ; auparavant.

DÉPULPER [depylpe] **v. tr.** ‹1› – 1869 ◇ de *dé-* et *pulpe* ▪ TECHN. ▪ **1** Réduire en pulpe (des betteraves, etc.). ▪ **2** (1948) Ôter la pulpe de. — **p. p. adj. DÉPULPÉ, ÉE** Dont on a ôté la pulpe. — SPÉCIALT, en parlant de la pulpe dentaire. *Dents dépulpées.*

DÉPURATIF, IVE [depyʀatif, iv] **adj. et n. m.** – 1792 ◇ de *dépurer* ▪ Qui purifie l'organisme, en favorisant l'élimination des toxines, des déchets organiques. ➤ **diaphorétique, diurétique, purgatif, sudorifique.** *La bourrache, plante dépurative.* ◆ **n. m.** *Un dépuratif.*

DÉPURATION [depyʀasjɔ̃] **n. f.** – 1265 ◇ de *dépurer* ▪ DIDACT. Action de dépurer ; son résultat.

DÉPURER [depyʀe] **v. tr.** ‹1› – XIIIe ◇ latin *depurare,* de *purus* « pur » ▪ DIDACT. Rendre plus pur. ➤ **épurer, purifier.** *Dépurer le sang. Dépurer un métal.*

DÉPUTATION [depytasjɔ̃] **n. f.** – 1433 ◇ bas latin *deputatio* « délégation » ▪ **1** Envoi d'une ou plusieurs personnes chargées d'un message, d'une mission. ➤ **ambassade, délégation, mission.** — PAR EXT. Ensemble des personnes envoyées en députation. *Une députation de six personnes.* ▪ **2** (1789) Fonction de député (SPÉCIALT en parlant du mandat parlementaire et représentatif). ➤ **mandat.** *Candidat à la députation.*

DÉPUTÉ, ÉE [depyte] **n.** – 1369 ◇ latin *deputatus* « représentant de l'autorité » ▪ **1** Personne qui est envoyée (par une nation, une assemblée, un souverain) pour remplir une mission particulière. ➤ **ambassadeur, délégué, envoyé, légat, mandataire, représentant.** *Envoyer un député en mission auprès d'un gouvernement.* ▪ **2** Personne qui est nommée, généralement par élection, pour faire partie d'une assemblée délibérante. ➤ **représentant.** *Les députés du clergé, de la noblesse et du tiers état aux états généraux. Les députés au Bundestag.* — (1789) En France, Personne élue pour faire partie de la chambre législative de la nation. ➤ **élu,** 1 **parlementaire.** *L'élection des députés. La Chambre des députés* ou *Assemblée nationale. Réunion des députés et des sénateurs.* ➤ **parlement.** *L'irresponsabilité, l'inviolabilité des députés* (cf. Immunité* parlementaire). *Suppléant d'un député. Madame la députée* ou *Madame le député. Député-maire :* député qui est aussi maire. *Les députés-maires.* — *Député au Parlement européen.* ➤ **eurodéputé.**

DÉPUTER [depyte] **v. tr.** ‹1› – v. 1265 ◇ latin *deputare* « tailler », par ext. « assigner, estimer », avec influence de *député* ▪ Envoyer (qqn) comme député (1o). ➤ **déléguer, envoyer, mandater.** *Députer un ambassadeur. Députer des représentants à une assemblée.*

DÉQUALIFICATION [dekalifikasjɔ̃] **n. f.** – 1965 ◇ de *dé-* et *qualification* ▪ **1** DIDACT., ADMIN. Fait, pour quelqu'un, d'occuper une fonction, un poste au-dessous de sa qualification professionnelle. ▪ **2** DR. Nouvelle qualification (d'une infraction pénale).

DÉQUALIFIÉ, IÉE [dekalifje] **adj.** – XXe ◇ de *déqualifier* ▪ ADMIN. Employé à un niveau de technicité trop faible. *Main-d'œuvre déqualifiée.* — PAR EXT. De peu de technicité. *Travail déqualifié.*

DÉQUALIFIER [dekalifje] **v. tr.** ‹7› – 1977 ◇ de *dé-* et *qualifier* ▪ **1** DIDACT. Employer (une personne) à un niveau de qualification inférieur à celui qu'elle possède (➤ **sous-employer**), ou à un niveau de qualification très faible. *Automatisation qui conduit à déqualifier les travailleurs.* ▪ **2** DR. Donner à (une infraction pénale) une nouvelle qualification, inférieure à celle retenue initialement. *Déqualifier une infraction de crime en délit.* ➤ **disqualifier ; correctionnaliser, décriminaliser.** — *Viol déqualifié en agression sexuelle* (passible d'une peine moins lourde).

DER [dɛʀ] **n.** – 1920 ; adj. 1835 ◇ abrév. de *dernier* ▪ FAM. Dernier. *« Viens chez moi boire le der »* FALLET. — SPÉCIALT *La der des ders :* la guerre après laquelle il n'y en aura plus. — *Dix de der :* les dix points que donne la dernière levée à la belote.

DÉRACINEMENT [deʀasinmɑ̃] **n. m.** – XVe ◇ de *déraciner* ▪ **1** Action de déraciner (1o) ; état de ce qui est déraciné. ➤ **arrachement.** *Le déracinement des arbres.* — FIG. *Déracinement d'un préjugé.* ➤ **extirpation.** ▪ **2** Action de déraciner (2o), état des gens déracinés. *Le déracinement des populations arrachées à leur pays d'origine.* ➤ **déportation, exil, expatriation.**
▪ **CONTR.** Enracinement.

DÉRACINER [deʀasine] **v. tr.** ‹1› – 1243 ◇ de *dé-* et *racine* ▪ **1** Arracher (ce qui tient au sol par des racines). *La tempête a déraciné plusieurs arbres.* — FIG. ➤ **détruire, extirper.** *« Un amour monstrueux, inavouable, et que pourtant l'on ne peut déraciner de son cœur »* GAUTIER. ➤ **indéracinable.** ▪ **2** (fin XIXe) Arracher (qqn) de son pays d'origine, de son milieu habituel. ➤ **déporter, exiler, expatrier.** P. P. SUBST. *« Les Déracinés », roman de Barrès.* ▪ **CONTR.** Enraciner ; enfoncer.

DÉRADER [deʀade] **v. intr.** ‹1› – 1529 ◇ de *dé-* et *rade* ▪ MAR. Quitter une rade, contraint par la tempête.

DÉRADICALISER [deʀadikalize] **v. tr.** ‹1› – 1874 ; répandu début XXIe ◇ de *dé-* et *radicaliser* ▪ Rendre moins radical. ◆ Faire abandonner à (qqn) une doctrine radicale. — PRONOM. *Jeunes qui se déradicalisent.* — **n. f. DÉRADICALISATION** (1928). ▪ **CONTR.** Radicaliser.

DÉRAGER [deʀaʒe] **v. intr.** ‹3› – 1870 ◇ de *dé-* et *rage* ▪ RARE Sortir de sa colère. ➤ **décolérer.** *Ne pas dérager.* ▪ **CONTR.** Enrager.

DÉRAIDIR [deʀediʀ] **v. tr.** ‹2› – 1604 ; réfl. 1559 ◇ de *dé-* et *raidir* ▪ Faire cesser d'être raide. ➤ **assouplir, dégourdir.** *Déraidir ses membres.* — (1798) FIG. Adoucir, rendre plus malléable. *Déraidir un caractère.* — PRONOM. *« Dans le vestibule, il se déraidit, allant jusqu'à m'aider à mettre ma veste »* BAZIN.
▪ **CONTR.** Raidir ; endurcir.

DÉRAILLEMENT [deʀɑjmɑ̃] **n. m.** – 1839 ◇ de *dérailler* ▪ **1** Fait de dérailler ; accident de chemin de fer au cours duquel le train quitte ses rails. ▪ **2** (1870) FIG. Action ou fait de dérailler (2o), de sortir du bon sens. *« Le déraillement presque immédiat des pensées et des sensations. Je déraille. Mes images déraillent »* H.-F. REY.

DÉRAILLER [deʀɑje] **v. intr.** ‹1› – *derayer* 1838 ◇ de *dé-* et *rail* ▪ **1** Sortir des rails, en parlant d'un wagon, d'un train. *Faire dérailler un train. Les wagons ont déraillé.* — Sortir du pignon, en parlant d'une chaîne de vélo. ▪ **2** (1858) FIG. Aller de travers. *« Son geste déraillait, cherchait la carafe ailleurs que sur la chaise »* COCTEAU. ◆ FAM. S'écarter du bon sens. ➤ **déraisonner*, divaguer.** *« c'était moi qui étais devenu fou, et qui déraillais »* H. GUIBERT.

DÉRAILLEUR [deʀɑjœʀ] **n. m.** – 1911 ◇ de *dérailler* ▪ Dispositif permettant de faire passer la chaîne d'une bicyclette sur un autre pignon, en faisant sortir la chaîne du premier pignon. *Le levier d'un dérailleur. Dérailleur à trois, quatre vitesses.* ➤ **braquet** (cf. Changement de vitesse*). ◆ CH. DE FER Dispositif permettant de faire passer un wagon d'une voie à l'autre.

DÉRAISON [deʀɛzɔ̃] **n. f.** – *desraison* v. 1175 ◇ de *dé-* et *raison* ▪ VX ou LITTÉR. Manque de raison dans les paroles, la conduite. ➤ **démence, folie, inconséquence.** ▪ **CONTR.** Raison.

DÉRAISONNABLE [deʀɛzɔnabl] **adj.** – début XIVe ; *desraisnable* XIIIe ◇ de *dé-* et *raisonnable* ▪ Qui n'est pas raisonnable. ➤ **absurde, excessif, insensé, irrationnel.** *Conduite déraisonnable. Décision déraisonnable.* ➤ **irréfléchi.** *« Les femmes inspirent l'amour, bien qu'il soit déraisonnable de les aimer »* FRANCE. *C'est tout à fait déraisonnable. Il serait déraisonnable d'insister.* ▪ **CONTR.** Raisonnable ; normal, sensé.

DÉRAISONNABLEMENT [deʀɛzɔnabləmɑ̃] **adv.** – XIVe ◊ de *déraisonnable* ■ D'une manière déraisonnable. *Se conduire déraisonnablement.* ■ CONTR. Raisonnablement.

DÉRAISONNER [deʀɛzɔne] **v. intr.** ‹1› – *desresonner* XIIIe ; repris 1740 ◊ de *déraison* ■ LITTÉR. Tenir des propos dépourvus de raison, de bon sens. ➤ **délirer, divaguer, extravaguer, radoter ;** FAM. **débloquer, déconner, déjanter, déménager, dérailler, triper.** *Vous déraisonnez !* — **n. m.** VX **DÉRAISONNEMENT.**

1 **DÉRAMER** [deʀame] **v. intr.** ‹1› – 1956 ; on disait *contre-ramer* ◊ de *dé-* et 1 *rame* ■ RÉGION. Manœuvrer les rames à contresens ; avancer en poussant sur les rames au lieu de tirer.

2 **DÉRAMER** [deʀame] **v. tr.** ‹1› – avant 1977 ◊ de *dé-* et 3 *rame* ■ Manipuler (une rame de papier) dans le but d'aérer et de décoller les feuilles.

DÉRANGEANT, ANTE [deʀɑ̃ʒɑ̃, ɑ̃t] **adj.** – 1884 ◊ de *déranger* ■ Qui dérange, provoque un malaise moral, une remise en question. *Des propos dérangeants.* ➤ **malaisant.** *Un auteur dérangeant.*

DÉRANGEMENT [deʀɑ̃ʒmɑ̃] **n. m.** – 1636 ◊ de *déranger* ■ **1** Mise en désordre. ➤ **bouleversement, chambardement, désorganisation, remue-ménage.** *Causer du dérangement dans les papiers, les affaires de qqn.* ■ **2** État de ce qui est dérangé. Désordre dans les affaires, dans l'état d'une fortune. ➤ **perturbation.** — VIEILLI *Dérangement d'esprit* (➤ **déséquilibre**), *de conduite* (➤ **dérèglement**). ■ **3** SPÉCIALT Action de déranger qqn, d'introduire un changement dans ses occupations, ses habitudes. ➤ **gêne,** 2 **trouble.** *Excusez-nous du dérangement* (que nous causons). « *Je le ferais déposer chez vous* [ce livre], *ce qui vous épargnerait un nouveau dérangement* » ROMAINS. ■ **4** HIST. *Le grand dérangement :* l'expulsion, la déportation des Acadiens par les Anglais, au XVIIIe s. ■ **5** (1835) RARE Dérèglement (d'un mécanisme, d'une machine). — COUR. *La ligne* (téléphonique) *est en dérangement.* ■ CONTR. Ordre, rangement.

DÉRANGER [deʀɑ̃ʒe] **v. tr.** ‹3› – 1596 ; *desrengier* 1080 ◊ de *dé-* et *rang* ■ **1** Déplacer de son emplacement assigné ; mettre en désordre (ce qui était rangé). ➤ **bouleverser, chambarder, déplacer, désorganiser.** *Déranger des papiers, les livres d'une bibliothèque.* ➤ **déclasser.** *Tout déranger en fouillant. Ne dérangez pas mes affaires.* ➤ **bouger,** 1 **toucher** (à). ■ **2** Changer de manière à troubler le fonctionnement, l'action de (qqch.). *L'orage a dérangé le temps* (RARE). ➤ **détraquer.** — COUR. « *Son chagrin lui dérange quelquefois l'esprit* » VOLTAIRE. *Il a le cerveau, l'esprit un peu dérangé.* ➤ **troublé.** — *Ce repas lui a dérangé l'estomac. Avoir l'estomac dérangé.* ♦ Troubler (qqn) dans sa façon d'être, de penser. « *l'empire du luxe, avec la connivence de l'État, achète et revend des millions d'euros des œuvres qui ne dérangent personne* » GAROUSTE. — ABSOLT « *Il dirait des vérités inconnues, de celles qui dérangent et donc servent* » ORSENNA (➤ **dérangeant**). ■ **3** VX Détourner (qqn) du droit chemin ; faire cesser d'être rangé. ➤ **dévoyer, pervertir.** « *cette jeune fille qui vous dérange, qui fait que vous manquez à votre parole* » MARIVAUX. — PRONOM. « *Un jeune gars qui peut se déranger,* [...] *devenir un mauvais garnement* » SAND. ■ **4** (1740) COUR. Gêner (qqn) dans son travail, ses occupations. ➤ **distraire, ennuyer*, gêner, importuner, troubler ;** RÉGION. **achaler, encoubler** (cf. Arriver comme un chien dans un jeu de quilles*, comme un cheveu* sur la soupe). *Excusez-moi de vous déranger, si je vous dérange. Vous ne me dérangez jamais. Vous pouvez fumer ; ça ne me dérange pas.* « *Jamais nous n'aurions eu le "culot" de déranger nos aînés pour leur faire lire de maladroits essais et solliciter d'eux des conseils* » GIDE. — PRONOM. (fin XVIIe) **SE DÉRANGER :** quitter sa place ; modifier ou interrompre ses occupations, son travail. « *Je ne me suis pas dérangée pour de l'argent, et si j'ai pris la peine de venir vous soigner, ce n'est pas pour être mal reçue* » SAND. *Ne vous dérangez pas pour moi.* ■ CONTR. Arranger, classer, ordonner, organiser, 1 ranger ; ajuster, régler.

DÉRAPAGE [deʀapaʒ] **n. m.** – 1832 ◊ de *déraper*

I ■ **1** Le fait de déraper ; son résultat. *Faire un dérapage sur une route mouillée. Un dérapage contrôlé.* ■ **2** (1939) Glissement latéral volontaire du skieur. ■ **3** AVIAT. Virage exécuté avec l'inclinaison suffisante pour que l'avion dérape vers l'extérieur (opposé à *glissement, glissade sur l'aile*).

II (1926) FIG. Fait de déraper* (II) ; changement imprévu et incontrôlé d'une situation. *Le dérapage des prix.* ➤ **dérive.** ♦ *Dérapages verbaux :* propos incontrôlés.

DÉRAPER [deʀape] **v. intr.** ‹1› – 1739 mar. ; *desrapper* « arracher » début XVIIe ◊ provençal *derapa,* de *rapar* « saisir », du germanique °*hrapon*

I ■ **1** MAR. En parlant d'une ancre, Quitter prise sur le fond et laisser dériver le navire. — Chasser sur l'ancre. *Navire qui dérape.* ■ **2** (fin XIXe) COUR. Glisser sur le sol, en parlant des roues (d'une automobile, d'une bicyclette). ➤ **chasser, glisser,** 2 **patiner, riper.** *Il a dérapé et fait un tête-à-queue. Ces pneus empêchent de déraper.* ➤ **antidérapant.** ■ **3** (milieu XXe) TECHN. Effectuer un dérapage* (I, 3°).

II FIG. ■ **1** Effectuer un mouvement imprévu, incontrôlé (dans le domaine intellectuel, psychique). *La conversation a dérapé.* — (PERSONNES) S'écarter brusquement de la norme, de l'habitude. ■ **2** (v. 1965) Échapper au contrôle des dirigeants, surtout en économie ; s'écarter des prévisions, de normes établies. *La consommation, la demande dérape.*

DÉRASER [deʀɑze] **v. tr.** ‹1› – 1870 ; *desraser* « raser » 1527 ◊ de *dé-* et *ras* ■ TECHN. Abaisser le niveau, enlever le sommet de. *Déraser un mur.* — **n. m. DÉRASEMENT,** 1876.

DÉRATÉ, ÉE [deʀate] **n.** – 1750 ; adj. « gai, rusé, fin » 1743 ◊ de *dérater* (1535) « enlever la *rate* » (pour supprimer la bile noire ; pour faire courir plus vite les chevaux) ■ LOC. *Courir (partir, filer...) comme un dératé,* très vite.

DÉRATISATION [deʀatizasjɔ̃] **n. f.** – 1906 ◊ de *dé-* et *rat* ■ Action de dératiser ; son résultat. *Dératisation d'un immeuble.*

DÉRATISER [deʀatize] **v. tr.** ‹1› – 1908 ◊ de *dé-* et *rat* ■ Débarrasser (un lieu) des rats. *Dératiser une cave.*

DÉRAYER [deʀeje] **v.** ‹8› – 1836 ; *desrayer* « perdre ses rayons » (roue) 1694 ◊ de *dérayure,* d'après *rayer*

I v. tr. ■ **1** AGRIC. Tracer le dernier sillon de (un champ, une planche de labour) formant la séparation. ■ **2** TECHN. Amincir (une peau) lors du corroyage*. ➤ **drayer.**

II v. intr. AGRIC. Quitter le sillon ; s'arrêter de labourer.

DÉRAYURE [deʀejyʀ] **n. f.** – *deraïure* 1680 ◊ de *dé-* et *rayure* ■ AGRIC. Sillon ou raie qui sépare deux champs labourés et qui sert aussi à l'écoulement des eaux.

DERBOUKA ➤ **DARBOUKA**

DERBY [dɛʀbi] **n. m.** – 1829 ◊ mot anglais, du nom de lord *Derby* qui organisa cette course, en 1780 ■ **1** Grande course de chevaux qui a lieu chaque année à Epsom, en Angleterre. *Le derby d'Epsom.* — *Derby français :* course de chevaux qui a lieu en France, à Chantilly. ■ **2** (1894) Chaussure dont les quartiers sont lacés. *Des derbys.* ■ **3** (1914 en anglais) Rencontre sportive entre deux villes voisines.

DERCHE [dɛʀʃ] **n. m.** – 1906 ◊ de *der,* abrév. de *derrière* ■ ARG. Derrière. ➤ **cul*.** — LOC. *Faux derche :* hypocrite (cf. Faux cul*, faux jeton*). — On dit aussi **DERGE** et **DERGEOT** [dɛʀʒo].

DÉRÉALISANT, ANTE [deʀealizɑ̃, ɑ̃t] **adj.** – 1951 ◊ de *déréaliser* ■ Qui déréalise. *Esthétisation déréalisante.*

DÉRÉALISER [deʀealize] **v. tr.** ‹1› – début XXe ◊ de *déréel,* d'après *réaliser* ■ DIDACT. Faire perdre le caractère du réel, les rapports normaux avec le réel à (qqch.). « *Le jeu, en déréalisant notre vie, achevait de nous convaincre qu'elle ne nous contenait pas* » BEAUVOIR. — **n. f. DÉRÉALISATION.**

DERECHEF [dəʀəʃɛf] **adv.** – 1160 ◊ de *de-, re-* et *chef* ■ VX ou LITTÉR. Une seconde fois ; encore une fois. *Il le remercia derechef.*

DÉRÉEL, ELLE [deʀeɛl] **adj.** – avant 1939 (traduction de Bleuler) ◊ de *dé-* et *réel* ■ DIDACT. Qui est détaché du réel, n'est plus en accord avec lui. *Pensée déréelle.* ➤ **autistique ; déréistique.**

DÉRÉFÉRENCER [deʀefeʀɑ̃se] **v. tr.** ‹3› – 1991 ◊ de *dé-* et *référencer* ■ **1** Supprimer (un produit, une marque) de l'assortiment d'un magasin, d'une enseigne. *Grande surface qui déréférence une ligne de produits.* ■ **2** Supprimer (un contenu) dans les résultats d'un moteur de recherche. *Déréférencer un site.* — **n. m.** (1987) **DÉRÉFÉRENCEMENT.** ■ CONTR. Référencer.

DÉRÉGLÉ, ÉE [deʀegle] **adj.** – 1538 « démesuré » ; *desreglé* « qui ne suit plus la règle » fin XVe ◊ de *dérégler* ■ **1** (1694) Dont l'ordre, le fonctionnement a été troublé. *Mécanisme déréglé. Appétit, estomac déréglé.* ➤ **dérangé.** *Pouls déréglé.* ➤ **irrégulier.** ■ **2** Hors de la règle, de l'équilibre (intellectuel, moral, etc.). *Vie déréglée. Mœurs déréglées.* ➤ **désordonné, libertin.** « *Elle disciplinait ma vie mal réglée, ou plutôt déréglée* » FROMENTIN. ♦ Excessif, démesuré. *Imagination déréglée.* « *Cette exubérance fastueuse et déréglée de création musicale* » R. ROLLAND. ■ CONTR. Raisonnable, réglé, sage.

DÉRÈGLEMENT [deʀɛgləmɑ̃] **n. m.** – fin XVIe ; *desriglement* 1450 ◊ de *dérégler* ■ État de ce qui est déréglé. ■ **1** (1640) Désordre, dérangement du fonctionnement. ➤ **bouleversement, déran-**

gement, détraquement. *Le dérèglement d'une machine, d'un mécanisme. — Le dérèglement climatique.* ◆ *Le dérèglement de l'esprit.* ➤ **déséquilibre.** ▪ **2** (XVIe) VIEILLI Le fait de s'écarter des règles de la morale, de l'équilibre et de la mesure. ➤ **désordre, licence.** « *Ceux qui sont dans le dérèglement disent à ceux qui sont dans l'ordre que ce sont eux qui s'éloignent de la nature* » PASCAL. ▪ **3** VIEILLI Acte qui témoigne d'une vie déréglée. *Des libertins,* « *après avoir scandalisé le monde par leurs dérèglements* » LESAGE. ▪ CONTR. Règle ; arrangement, mesure, ordre.

DÉRÉGLEMENTATION [deʀɛgləmɑ̃tasjɔ̃] **n. f.** /DÉRÈGLEMENTATION/ – 1982 ◇ de *dé-* et *réglementation* ▪ Fait d'alléger, de supprimer une réglementation existante dans un secteur. ➤ **dérégulation.** *La déréglementation des marchés financiers internationaux.* ◆ Fait de laisser sans réglementation.

DÉRÉGLEMENTER [deʀɛgləmɑ̃te] **v. tr.** ⟨1⟩ /DÉRÈGLEMENTER/ – v. 1980 ◇ de *dé-* et *réglementer* ▪ Soustraire à la réglementation. ➤ **déréguler.** *Déréglementer un secteur d'activité.*

DÉRÉGLER [deʀegle] **v. tr.** ⟨6⟩ – 1636 ; *desreigler* 1280 ◇ de *dé-* et *régler* ▪ **1** Faire que (une chose) ne soit plus réglée ; mettre en désordre. ➤ **bouleverser, déranger, détraquer, troubler.** *L'orage a déréglé le temps. Dérégler un mécanisme délicat, une montre* (➤ **déréglé**). FIG. « *Les poisons de la fatigue ont vite fait de dérégler la fragile mécanique de l'âme* » DUHAMEL. — PRONOM. *L'horloge s'est déréglée.* ▪ **2** (1690) Troubler l'ordre moral de. *Dérégler les mœurs, la conduite de qqn.* ▪ CONTR. Régler ; arranger, 1 ranger, réparer.

DÉRÉGULATION [deʀegylasjɔ̃] **n. f.** – 1899 ◇ de *dé-* et *régulation* ▪ **1** Perturbation du fonctionnement (de qqch.). *Dérégulation du système endocrinien.* ▪ **2** Action de supprimer certains des règlements qui encadrent une activité. ➤ **déréglementation.** *Dérégulation des transports aériens.* ▪ CONTR. Régulation.

DÉRÉGULER [deʀegyle] **v. tr.** ⟨1⟩ – 1973 au p. p. ◇ de *dé-* et *réguler* ▪ **1** DIDACT. Perturber la régulation, le fonctionnement correct de. — PHYSIOL. *Gène qui dérégule le cycle cellulaire.* ▪ **2** Supprimer ou assouplir le règlement encadrant (un secteur économique, une profession). ➤ **déréglementer.** *Déréguler les transports.* ▪ CONTR. Réguler.

DÉRÉISTIQUE [deʀeistik] **adj.** – XXe ◇ allemand *dereistisch,* du latin *de re* « en s'éloignant de la chose réelle » ▪ PSYCHIATR. Se dit du mode de pensée dominé par l'imagination, fréquent chez les schizophrènes. ➤ **déréel.**

DÉRÉLICTION [deʀeliksjɔ̃] **n. f.** – XVIe ◇ latin *derelictio* ▪ RELIG. État d'une personne qui se sent abandonnée, isolée, privée de tout secours divin. ➤ **délaissement.** ▪ CONTR. 1 Aide, consolation.

DÉREMBOURSEMENT [deʀɑ̃buʀsəmɑ̃] **n. m.** – v. 1985 ◇ de *dé-* et *remboursement* ▪ Arrêt du remboursement (d'un médicament, d'un traitement) par la Sécurité sociale. *Menaces de déremboursement des cures.*

DÉREMBOURSER [deʀɑ̃buʀse] **v. tr.** ⟨1⟩ – v. 1985 ◇ de *dé-* et *rembourser* ▪ Cesser de rembourser (un médicament, un traitement). *Dérembourser certaines spécialités.*

DÉRESPONSABILISATION [deʀɛspɔ̃sabilizasjɔ̃] **n. f.** – 1977 ◇ de *déresponsabiliser* ▪ Fait de déresponsabiliser. *Déresponsabilisation du personnel d'une entreprise.*

DÉRESPONSABILISER [deʀɛspɔ̃sabilize] **v. tr.** ⟨1⟩ – v. 1960 ◇ de *dé-* et *responsable* ▪ Ôter toute responsabilité à (qqn). « *Il t'infantilise, Bénédicte. Ça te déresponsabilise qu'on te donne tes médicaments à la becquée* » É. REINHARDT. Surtout pass. et p. p. *Des employés déresponsabilisés.*

DERGE, DERGEOT ➤ **DERCHE**

DÉRIDAGE [deʀidaʒ] **n. m.** – 1972 ◇ de *dé-* et *ride* ▪ CHIR. Traitement esthétique chirurgical qui consiste à retendre la peau du visage pour faire disparaître les rides et autres traces de vieillissement. ➤ **lifting** (ANGLIC.).

DÉRIDER [deʀide] **v. tr.** ⟨1⟩ – 1572 ; « enlever les rides de » 1539 ◇ de *dé-* et *ride* ▪ Rendre moins soucieux, moins triste (qqn), comme si on enlevait les rides du front. *Il est difficile à dérider ; rien ne le déride.* ➤ **égayer, réjouir.** ◆ **SE DÉRIDER v. pron.** Sourire ; rire. *Il ne s'est pas déridé de la soirée.* ▪ CONTR. Attrister, 1 chagriner.

DÉRISION [deʀizjɔ̃] **n. f.** – XIIIe ◇ bas latin *derisio,* de *deridere* « se moquer de » ▪ **1** Mépris qui incite à rire, à se moquer de (qqn, qqch.). ➤ **dédain, ironie, mépris, persiflage, raillerie, 1 risée, sarcasme.** *Dire qqch. par dérision. Rire, gestes de dérision. Parler de qqch. avec dérision.* « *Le ton dominant de l'institution était la dérision de toute sensiblerie et l'exaltation des plus rudes vertus* » LARBAUD. **TOURNER EN DÉRISION :** se moquer d'une manière méprisante de. ▪ **2** Chose insignifiante, dérisoire. *Deux euros ! c'est une dérision.* ▪ CONTR. Considération, déférence, estime, respect.

DÉRISOIRE [deʀizwaʀ] **adj.** – v. 1327 ◇ bas latin *derisorius,* de *deridere* « se moquer de » ▪ **1** VX Qui est dit ou fait par dérision ; méprisant, moqueur. *Ton dérisoire.* ▪ **2** (1862) MOD. Qui est si insuffisant que cela semble une moquerie. ➤ **ridicule ; insignifiant, minime, piètre.** *Un salaire dérisoire.* ▪ **3** Qui mérite d'être tourné en ridicule. « *Une pitié lui venait au cœur devant ce dérisoire ennemi* » GENEVOIX. « *Aucune objection, aucun adversaire ne lui semblait négligeable ou dérisoire* » MONDOR. ▪ CONTR. Respectueux ; important.

DÉRISOIREMENT [deʀizwaʀmɑ̃] **adv.** – 1468 ◇ de *dérisoire* ▪ LITTÉR. D'une manière dérisoire (2°).

DÉRIVABLE [deʀivabl] **adj.** – 1904 ◇ de 1 *dériver* ▪ Qui peut être dérivé. — MATH. *Fonction dérivable en un point,* qui admet une dérivée en ce point. *Fonction dérivable sur un intervalle de son domaine de définition.*

DÉRIVANT, ANTE [deʀivɑ̃, ɑ̃t] **adj.** – 1765 ◇ de 2 *dériver* ▪ PÊCHE *Filet dérivant :* filet maintenu par des flotteurs, qui dérive au gré du vent et des courants sans toucher le fond.

DÉRIVATIF, IVE [deʀivatif, iv] **adj. et n. m.** – XVe ◇ latin *derivatus,* de *rivus* « ruisseau » ▪ **1** Qui opère une dérivation. ANC. MÉD. Révulsif. ◆ LING. *Suffixe dérivatif,* formant des dérivés. ▪ **2 n. m.** (1810) COUR. Ce qui permet de détourner l'esprit de ses préoccupations. ➤ **distraction, divertissement, exutoire.** « *Pourquoi avez-vous pris comme dérivatif à votre douleur la culture des muscles ?* » LOTI.

1 **DÉRIVATION** [deʀivasjɔ̃] **n. f.** – 1314 ◇ latin *derivatio,* de *rivus* ▪ **1** Action de dériver (l'eau, un cours d'eau). ➤ **détournement.** *Barrage pour la dérivation des eaux. Canal de dérivation.* ◆ Partie dérivée d'un cours d'eau. « *L'entretien des dérivations, des rigoles et des canaux* » A. DEMANGEON. ◆ PAR ANAL. Action de dériver de son cours naturel, l'écoulement de (un flux). SPÉCIALT Action de dériver la circulation routière aux heures de pointe. ➤ aussi **délestage.** — PAR EXT. Voie de circulation vers laquelle sont dérivées les voitures en cas de besoin. ➤ **déviation.** ◆ PSYCHOL. Détournement de forces psychiques de leur voie naturelle. ▪ **2** Procédé de formation de mots nouveaux (morphologie) par ajout d'affixes* à un mot appelé *base. Dérivation et composition*. Dérivation suffixale, préfixale.* — PAR EXT. *Dérivation régressive, par suppression de suffixe* (chant, de chanter ; cf. Déverbal). ◆ VIEILLI *Dérivation impropre,* qui se fait sans modification de forme, par changement de catégorie (le moi, *du pronom* moi ; le pourquoi, *de l'adverbe* pourquoi). ▪ **3** MÉD. Déviation du sang ou d'un liquide organique hors de leur circuit habituel. *Dérivation du liquide céphalorachidien en cas d'hypertension intracrânienne.* ▪ **4** MATH. Recherche de la dérivée d'une fonction. ▪ **5** (1837) ÉLECTR. Communication entre deux points d'un circuit, au moyen d'un second conducteur (montage en parallèle*). ➤ **court-circuit, shunt.** *Circuits en dérivation :* circuits électriques ou magnétiques bifurqués entre lesquels le courant ou le flux magnétique se partage. — TECHN. Dédoublement d'un circuit de fluide. — Dispositif permettant d'envoyer un fluide dans une direction déterminée.

2 **DÉRIVATION** [deʀivasjɔ̃] **n. f.** – 1690 ◇ de 2 *dériver* ▪ **1** MAR., AVIAT. Action de dériver, sous la poussée du vent, d'un courant. ➤ **dérive.** ▪ **2** ARTILL. Action de s'écarter de sa trajectoire, sous l'influence de sa rotation ou de la résistance de l'air. *Correction de dérivation* (➤ **dérive,** 3°).

DÉRIVE [deʀiv] **n. f.** – 1628 ◇ de 2 *dériver* ▪ **1** Déviation d'un navire, d'un avion par rapport à sa route, sous l'effet des vents ou des courants. ➤ 2 **dérivation.** *Angle de dérive. Dérive sur bâbord, sur tribord.* — MAR. *Navire en dérive,* désemparé et emporté au gré des vents et des courants. — COUR. **À LA DÉRIVE :** en dérivant. *Bois flottant à la dérive.* FIG. *Entreprise qui va à la dérive,* qui n'est plus guidée, conduite. ➤ **à vau-l'eau.** *Être, aller à la dérive :* se laisser conduire par les évènements. « *Gise, qui se sentait aller à la dérive, se reprend aussitôt* » MARTIN DU GARD. — MAR. *Pêche à la dérive,* pratiquée sur une embarcation qui n'est pas au mouillage. ◆ (1924) *Dérive des continents :* théorie de Wegener (élaborée en 1912) selon laquelle les continents flotteraient à la surface d'une masse visqueuse. ➤ **mobilisme, tectonique** (des plaques).

— *Dérive littorale* : transport de sédiments sous l'action d'une houle oblique au rivage. ▪ **2** Dispositif qui empêche un navire, un avion de dériver. Aileron vertical mobile, immergé (navire) *Puits* de dérive.* Gouvernail de direction (avion). *Appareil à double dérive* (➤ **empennage**). ▪ **3** ARTILL. Distance dont il faut déplacer la hausse d'un canon pour corriger la déviation. *Lecture de la dérive sur l'appareil de pointage.* ▪ **4** SC. Variation lente et continue (d'une grandeur). — ÉLECTR. Variation dans le temps des caractéristiques électriques d'un montage. *Dérive des paramètres.* ▪ **5** GÉNÉT. *Dérive génétique* : évolution aléatoire du génome d'une espèce au cours de la succession des générations. ▪ **6** Déviation progressive d'un processus, due à un manque de contrôle. *Dérive politique. «la dérive présidentialiste du régime»* REVEL. *Dérive dans l'application d'une règle.* ➤ **dérapage.** *Dérive du chômage,* augmentation incontrôlée.

1 **DÉRIVÉ, ÉE** [deʀive] adj. – XIVe ◇ de 1*dériver* ▪ **1** Qui provient d'une dérivation. ➤ 2 **dérivé.** *Mot dérivé.* — CHIM. *Corps dérivé.* ◆ MATH. *Nombre dérivé, fonction dérivée.* ➤ **dérivée.** ▪ **2** ÉLECTR. *Courant dérivé,* traversant une ou plusieurs dérivations. ▪ **3** AUTOMAT. *Correcteur dérivé* : circuit destiné à améliorer les performances d'un asservissement par utilisation d'un filtre passe-haut*. ▪ **4** DR. *Droit dérivé* : droit sur la cession de produits procédant indirectement de l'exploitation d'une marque. *Produit dérivé* (donnant lieu à ce type de droits) ; COUR. produit utilisant une marque ou un graphisme connu et protégé. *Les produits dérivés d'un film, d'une bande dessinée.*

2 **DÉRIVÉ** [deʀive] n. m. – 1780 ◇ de 1*dérivé* ▪ **1** Mot dérivé. ➤ 1 **dérivation** (2°), **déverbal, déverbatif.** *Dérivés et composés.* ▪ **2** Produit dérivé. *Les dérivés de la houille.* SPÉCIALT CHIM. Substance complexe obtenue en ajoutant un ou des atomes à une molécule plus simple, en conservant la structure de base. *L'éthanol est un dérivé de l'éthane.* ▪ **3** MATH. *Dérivé d'un ensemble,* ensemble de ses points d'accumulation.

DÉRIVÉE [deʀive] n. f. – 1839 ◇ de 1*dériver* ▪ MATH. *Dérivée en un point d'une fonction d'une variable* (ou *nombre dérivé*) : limite vers laquelle tend le rapport de l'accroissement de cette fonction à l'accroissement de la variable lorsque celui-ci tend vers zéro. *Dérivées successives, partielles, logarithmiques, géométriques. La dérivée d'une fonction en un point est égale à la pente de la tangente au point correspondant de la courbe qui représente cette fonction. Dérivée à droite (à gauche) d'une fonction. Dérivée* (ou *fonction dérivée*) *d'une fonction* : fonction qui associe aux valeurs de la variable les nombres dérivés correspondants.

1 **DÉRIVER** [deʀive] v. tr. ⟨1⟩ – 1120 ◇ latin *derivare,* de *rivus* «ruisseau»

I v. tr. dir. ▪ **1** Détourner (des eaux) de leur cours pour leur donner une nouvelle direction. ➤ **détourner, dévier.** *Dériver un cours d'eau, les eaux d'une source.* ◆ FIG. *Les autres «sur lesquels on dérive son mécontentement»* BARUK. ▪ **2** GRAMM. Tirer par dérivation (➤ 2 **dérivé**). *Dériver un nom d'un verbe.* ▪ **3** (1870) MATH. *Dériver une fonction,* calculer sa dérivée*.

II DÉRIVER (DE) v. tr. ind. Avoir son origine dans. ➤ **provenir.** *Mot qui dérive de l'arabe, du grec, du latin.* ➤ **venir** (de). *«Ces froides justices qui font dériver les conséquences des principes»* CHATEAUBRIAND. *«rien d'excellent ne peut dériver de l'expérience d'autrui»* VALÉRY. ➤ **découler, émaner.**

2 **DÉRIVER** [deʀive] v. intr. ⟨1⟩ – 1578 ◇ de l'anglais *to drive,* par croisement avec 1*dériver* ▪ **1** S'écarter de sa direction, en parlant d'un navire (➤ **dérive**). PAR ANAL. *Avion qui dérive.* — *Sa politique commence à dériver dangereusement.* ➤ **dérive** (6°). ▪ **2** (PERSONNES) S'abandonner, être sans volonté, sans énergie. *«Je n'ai fait que chercher le plaisir en dérivant dans la solitude, la souffrance, la culpabilité, la peur»* J. ATTALI.

3 **DÉRIVER** [deʀive] v. tr. ⟨1⟩ – XIIIe-XIVe ◇ de *dé-* et *river* ▪ TECHN. Défaire (ce qui est rivé).

DÉRIVEUR [deʀivœʀ] n. m. – 1864 ◇ de 2*dériver* ▪ **1** Voile de mauvais temps. ▪ **2** Voilier* muni d'une dérive. *Dériveur de compétition.*

DERMABRASION [dɛʀmabʀazjɔ̃] n. f. – 1976 ◇ mot anglais (1954), du grec *derma* «peau» (→ derme) et anglais *abrasion* «abrasion» ▪ Abrasion mécanique de l'épiderme dans un but thérapeutique ou esthétique. *Traitement des rides, des cicatrices par dermabrasion.*

DERMATITE [dɛʀmatit] ou **DERMITE** [dɛʀmit] n. f. – 1823, -1838 ◇ latin des médecins *dermatitis,* grec *derma* et *-itis,* cf. *-ite* ▪ MÉD. Inflammation de la peau. *Les «dermites professionnelles qu'on observe chez les tanneurs, les droguistes ou les graveurs»* TOURNIER.

DERMATO-, DERM(O)- ▪ Éléments, du grec *derma, dermatos* «peau».

DERMATOGLYPHES [dɛʀmatɔglif] n. m. pl. – 1957 *dermatoglyphe palmaire* ◇ de *dermato-* et grec *gluphê* «entaille» ▪ DIDACT. Sillons des doigts et de la paume de la main, qui donnent les empreintes digitales et palmaires.

DERMATOLOGIE [dɛʀmatɔlɔʒi] n. f. – 1832 ◇ de *dermato-* et *-logie* ▪ Partie de la médecine qui étudie et soigne les maladies de la peau. *Service de dermatologie d'un hôpital.* ABRÉV. FAM. (1965) **DERMATO.**

DERMATOLOGIQUE [dɛʀmatɔlɔʒik] adj. – 1835 ◇ de *dermatologie* ▪ **1** Qui concerne la dermatologie. *Laboratoire dermatologique.* ▪ **2** *Pain dermatologique sans savon,* pour la toilette des peaux sensibles.

DERMATOLOGUE [dɛʀmatɔlɔg] n. – 1838 ; *dermatologiste* 1839 ◇ de *dermatologie* ▪ Spécialiste de dermatologie. — ABRÉV. FAM. **DERMATO.** *Elles sont dermatos.*

DERMATOMYCOSE [dɛʀmatomikoz] n. f. – 1928 ◇ de *dermato-* et *mycose* ▪ MÉD. Dermatophytose.

DERMATOPHYTOSE [dɛʀmatɔfitoz] n. f. – 1971 ◇ de *dermatophyte* (de *dermato-* et *-phyte*) et 2 *-ose* ▪ MÉD. Terme générique désignant les maladies de la peau causées par des champignons parasites *(dermatophytes).* ➤ **dermatomycose.**

DERMATOSE [dɛʀmatoz] n. f. – 1832 ◇ latin des médecins *dermatosis,* du grec *derma* «peau» ▪ MÉD. Maladie de la peau inflammatoire (➤ **dermatite**) ou non. ➤ aussi **pemphigus.** *«d'inhabituelles traînées rougeâtres évoquant une espèce d'eczéma, une dermatose ou quelque chose»* ECHENOZ.

DERME [dɛʀm] n. m. – 1611 ◇ grec *derma* «peau» ▪ ANAT. Couche profonde de la peau, recouverte par l'épiderme* et formée de tissu conjonctif. *Face superficielle du derme,* hérissée de papilles. ➤ **chorion.** *Partie profonde du derme.* ➤ **hypoderme.** *Piqûre faite sous le derme* (sous-cutanée).

-DERME, -DERMIE ▪ Éléments, du grec *derma* «peau» : *épiderme, pachyderme.*

DERMESTE [dɛʀmɛst] n. m. – 1775 ◇ latin des zoologistes, du grec *derma* «peau» et *esthein* «manger» ▪ ZOOL. Insecte coléoptère *(dermestidés)* dont les larves vivent de matières animales desséchées.

DERMIQUE [dɛʀmik] adj. – 1837 ◇ de *derme* ▪ ANAT. Du derme. *Tissu dermique.*

DERMITE ➤ **DERMATITE**

DERMO- ➤ **DERMATO-**

DERMOGRAPHE [dɛʀmɔgʀaf] n. m. – 1993 ; autre sens 1851 ◇ marque déposée ; de *dermo-* et *-graphe* ▪ Appareil électrique servant à réaliser des tatouages.

DERMOGRAPHISME [dɛʀmɔgʀafism] n. m. – 1928 ; *dermographie* 1897 ◇ de *dermo-* et *graphisme* ▪ MÉD. Réaction excessive de la peau qui rougit et se tuméfie à l'endroit où l'on exerce un léger frottement avec une pointe émoussée.

DERMOPHARMACIE [dɛʀmofaʀmasi] n. f. – milieu XXe ◇ de *dermo-* et *pharmacie* ▪ Ensemble des produits de cosmétologie ou d'hygiène corporelle présentés comme possédant des propriétés thérapeutiques et vendus en pharmacie.

DERMOTROPE [dɛʀmɔtʀɔp] adj. – 1948 ◇ de *dermo-* et *-trope* ▪ DIDACT. Se dit de substances, microbes, etc., se fixant électivement sur la peau et les muqueuses.

DERNIER, IÈRE [dɛʀnje, jɛʀ] adj. et n. – début XIIIe ◇ de l'ancien français *derrain,* du latin populaire *deretranus,* famille de *retro* (→ 1 derrière), d'après *premier*

I SENS TEMPOREL, SPATIAL **A.** APRÈS LEQUEL IL N'Y EN A PAS D'AUTRE ▪ **1** adj. (av. le n.) Qui vient après tous les autres. *Décembre est le douzième et dernier mois de l'année. Dernier train. Dernière édition* (de la journée). ELLIPT *«Le type brandissait des journaux en murmurant : "Paris-Soir, dernière"»* SARTRE. *Dernières nouvelles. Aux dernières nouvelles, il est promu. Être à sa dernière heure ; rendre le dernier soupir. À la dernière extrémité.* ➤ **extrême, ultime.** *Dernière chance, dernière* *carte. — En dernière page.* ➤ **final.** *La dernière marche d'un escalier. Le dernier étage. La dernière maison avant la sortie du village. — Faire une chose pour la dernière fois. Ce n'est pas la première fois et ce ne sera pas la dernière. Lire un livre jusqu'à la dernière page. Mettre la dernière main* à un ouvrage. Dépenser jusqu'à son dernier sou. Prenons un dernier verre.* ELLIPT *Juste un petit dernier ! Faire un dernier effort.* ➤ **suprême.** *— Avoir le dernier mot*. En dernière analyse*, en dernier lieu*, en dernier ressort*. — La dernière minute,* celle après laquelle le temps accordé est écoulé. *Arriver au dernier moment.* ◆ (Apr. le n.) *Jugement dernier.* ◆ (Attribut) *Il est dernier, il est arrivé bon dernier.* ▪ **2** NOMINAL *Marcher le dernier* (cf. Clore, fermer la marche ; serre-file). *C'est le dernier de la file. Il est parmi les cinq derniers. Les premiers seront les derniers* (allus. bibl.). *Être le dernier de la classe,* celui auquel on a décerné la dernière place. *Le dernier d'une famille, le petit dernier.* ➤ **benjamin, dernier-né.** *Le tout dernier. Ils ont été tués jusqu'au dernier. « Le Dernier des Mohicans », roman de F. Cooper. « Une guerre est toujours la dernière des guerres »* GIRAUDOUX (cf. FAM. La der* des ders). *— Le dernier de mes soucis.* ➤ **cadet.** ▪ **3** loc. adv. **EN DERNIER :** à la fin, après tous les autres. *Je m'occuperai de lui en dernier. Être servi en dernier.*

B. PROCHE DANS LE TEMPS ▪ **1** Qui est le plus proche du moment présent. ➤ **récent.** *Ces derniers temps. Nouvelles de la dernière heure. La dernière guerre. Son dernier film vient de sortir. S'habiller à la dernière mode ; c'est le dernier cri*.* — NOMINAL *Le dernier en date.* — LOC. *Il n'est pas né de la dernière pluie*.* ◆ (NOMINAL) *Oui, répondit ce dernier,* celui dont on vient de parler. — FAM. *Tu ne connais pas la dernière !* se dit à qqn pour le mettre au courant d'un évènement qui vient de se produire. *L'an dernier, l'année dernière, mercredi dernier.* ➤ 3 **passé.** ▪ **2** Précédent. *Le dernier propriétaire est parti à l'étranger. Le dernier détenteur du record était russe.*

II SENS QUALITATIF EXTRÊME ▪ **1** Le plus haut, le plus grand. *Au dernier point, au dernier degré. Protester avec la dernière énergie. C'est de la dernière grossièreté ! C'est du dernier chic.* VX ou LITTÉR. *« On dit qu'avec Bélise il est du dernier bien »* MOLIÈRE. *« Se permettre une réflexion pareille* [...] *était peut-être du dernier goujat »* ROMAINS. ▪ **2** Le plus bas, le pire. *Une marchandise de dernière qualité, de dernier choix, de dernier ordre.* — NOMINAL *C'est le dernier des imbéciles. « On la traite comme la dernière des dernières »* RENARD. ◆ RÉGION. (Belgique) FAM. *Le dernier de tout :* le comble, la fin de tout.

▪ CONTR. Initial, premier. Futur, prochain.

DERNIÈREMENT [dɛʀnjɛʀmɑ̃] adv. – 1294 ◇ de *dernier* ▪ Depuis peu de temps, ces derniers temps. ➤ **récemment.** *Il est venu nous voir tout dernièrement.*

DERNIER-NÉ [dɛʀnjene], **DERNIÈRE-NÉE** [dɛʀnjɛʀne] n. – 1691 ◇ de *dernier* et *né* ▪ Enfant qui, dans une famille, est né(e) en dernier. ➤ **benjamin, cadet, dernier.** *« Elle donne ce petit nom d'amour* [Poil de Carotte] *à son dernier-né »* RENARD. *Les derniers-nés, les dernières-nées.* — (1694) (CHOSES) Le plus récent, le dernier modèle. *La dernière-née d'une marque de voitures.*

▪ CONTR. Aîné.

DERNY [dɛʀni] n. m. – 1938 ◇ nom de l'inventeur ▪ Cyclomoteur employé naguère pour entraîner les coureurs cyclistes, dans certaines courses. *Course derrière derny. Des dernys.*

DÉROBADE [deʀɔbad] n. f. – 1880 ; *à la dérobade* 1549 ◇ de *dérober* ▪ **1** ÉQUIT. Action de se dérober, en parlant d'un cheval. ▪ **2** Action de s'échapper, de fuir, de reculer devant une obligation, un engagement. ➤ **échappatoire, faux-fuyant, pirouette, reculade.** *« Rien ne m'est plus difficile qu'un geste qui peut paraître une dérobade »* GIDE.

DÉROBÉ, ÉE [deʀɔbe] adj. – 1603 ◇ de *dérober* ▪ **1** (1603) *Escalier dérobé, porte dérobée,* qui permet de sortir d'une maison ou d'y entrer sans être vu. ➤ 1 **secret.** ▪ **2** (1864) AGRIC. *Culture dérobée :* culture de quelques semaines pratiquée dans l'intervalle des cultures principales.

DÉROBÉE (À LA) [aladeʀɔbe] loc. adv. – 1549 ◇ de *dérober,* au p. p. ▪ En cachette et secrètement. ➤ **furtivement, subrepticement.** *Regarder qqn à la dérobée* (opposé à *en face*).

DÉROBEMENT [deʀɔbmɑ̃] n. m. – v. 1200 « larcin » ◇ de *se dérober* ▪ MÉD. *Dérobement des jambes :* impression que l'on a de n'être plus porté par ses jambes. ◆ MAR. *Dérobement d'un sous-marin,* son immersion par plongée.

DÉROBER [deʀɔbe] v. tr. ‹1› – fin XIIe ◇ de l'ancien français *rober* « piller », du germanique *raubôn,* comme l'allemand *rauben* « voler » → robe

I v. tr. ▪ **1** LITTÉR. S'emparer furtivement de (ce qui appartient à autrui). ➤ 2 **voler.** *Dérober une montre, un bijou, un vêtement à qqn. — Receler des objets dérobés.* ▪ **2** FIG. et VIEILLI Obtenir (qqch.) par des moyens peu honnêtes. ➤ **extorquer, prendre.** *Dérober un secret.* ➤ **surprendre.** *Dérober un baiser :* embrasser qqn par surprise. ➤ **prendre,** 2 **voler*.** ▪ **3** (CHOSES) Empêcher de voir, masquer à la vue. ➤ **cacher, dissimuler, masquer,** 1 **voiler.** *Ce mur dérobe la vue. Dérober qqch. à la vue de qqn, aux regards. La fumée nous dérobe le paysage.* — ABSTRAIT *« Le plus grand danger des idées c'est de nous dérober souvent le spectacle des réalités »* DUHAMEL. ▪ **4** LITTÉR. Cacher ou éloigner de qqn. ➤ **enlever, ôter, retirer, soustraire.** *« Son regard rencontre rarement le mien, que je dérobe »* COLETTE. *« Elle voulut m'embrasser, mais je dérobai mon front »* MAURIAC.

II SE DÉROBER v. pron. ▪ **1** (XVIe) **SE DÉROBER À :** éviter d'être vu, pris par (qqn). ➤ **échapper,** se **soustraire.** *Se dérober aux regards.* ➤ se **cacher,** se **dissimuler.** *« Elle exige qu'au lieu de se dérober à la police, il aille à sa rencontre »* ROMAINS. ➤ **éviter, fuir.** ◆ FIG. *Se dérober à son devoir, à ses obligations, à son travail ; s'y dérober.* ➤ **manquer** (à). *« Je me dérobe au travail, commence à la fois six livres »* GIDE. *« Elle avait compris la question et ne s'y dérobait pas »* MARTIN DU GARD. ➤ **éluder, esquiver.** ◆ ABSOLT Éviter de répondre, de réagir, d'agir. ➤ FAM. 1 se **défiler.** *« Plus le Conseil de la Commune se dérobe, plus les hommes d'action le pressent »* JAURÈS. ▪ **2** ABSOLT S'éloigner, s'écarter de qqn. ➤ se **dégager,** se **refuser,** se **retirer.** *« Il lui prit le bras comme jadis. Elle ne se dérobait pas, ne marquait aucun refus, aucun recul »* ROMAINS. ◆ SPÉCIALT (cheval) Faire un écart pour éviter l'obstacle à franchir. ▪ **3** (CHOSES) *Se dérober sous :* s'effondrer. ➤ **manquer.** *Elle « croyait sentir les tapis, le parquet se dérober sous ses genoux »* LOTI. *« Il était tellement tremblant que ses genoux se dérobaient sous lui »* STENDHAL.

▪ CONTR. Rendre, restituer. Livrer, montrer. — Affronter.

DÉROCHAGE [deʀɔʃaʒ] n. m. – 1838 ◇ de *dérocher* ▪ TECHN. Action de dérocher un métal. ➤ **décapage.**

DÉROCHEMENT [deʀɔʃmɑ̃] n. m. – 1890 ; *desrochement* « démolition » 1472 ◇ de *dérocher* ▪ TECHN. Action de dérocher le lit d'une rivière, un terrain.

DÉROCHER [deʀɔʃe] v. ‹1› – *desrochier* XIIe ◇ de *dé-* et *roche*

I v. intr. (XIIe, repris 1899) ALPIN. Lâcher prise et tomber d'une paroi rocheuse. ➤ **dévisser.** — Plus cour. **SE DÉROCHER** v. pron. (1879).

II v. tr. TECHN. ▪ **1** (1671) Nettoyer la surface de (un métal) des corps gras, des oxydes. ➤ **décaper ; dérochage.** ABSOLT *Dérocher au moyen de borax, d'acide sulfurique.* ▪ **2** Dégager (un chenal, le lit d'une rivière, un terrain) des rochers qui encombrent. ➤ **dérochement.**

DÉROCTAGE [deʀɔktaʒ] n. m. – 1960 ◇ de *dé-* et radical bas latin *rocc-* « pierre », d'après le français régional *rocter* ▪ TECHN. Action de briser de gros blocs de pierre (destinés à être concassés). *Déroctage sous-marin.*

DÉRODER [deʀɔde] v. tr. ‹1› – 1870 ◇ de *dé-* et latin *rodere* « ronger » ▪ ARBOR. Éclaircir (une forêt) en abattant les arbres qui dépérissent, les souches. *Déroder une coupe.*

DÉROGATION [deʀɔgasjɔ̃] n. f. – 1408 ◇ latin *derogatio* ▪ Le fait de déroger à une loi, à une convention, à une règle. ➤ **infraction, manquement, violation.** *« la dérogation aux lois d'hérédité commise par la Révolution de Juillet »* RENAN. *Être admis par dérogation. Obtenir une dérogation.* ➤ **dispense.** ▪ CONTR. Conformité, observance.

DÉROGATOIRE [deʀɔgatwaʀ] adj. – 1341 ◇ latin *derogatorius* ▪ DR. Qui contient, qui constitue une dérogation. ➤ **contraire.** *Acte dérogatoire, clause dérogatoire au droit commun.* — COUR. *« il s'efforçait de me faire ressentir à quel point cette entrevue était dérogatoire à ses principes »* M. DUGAIN. ▪ CONTR. Conforme.

DÉROGER [deʀɔʒe] v. tr. ind. ‹3› – 1361 ◇ latin *derogare,* de *rogare* « demander » ▪ **1** DR. **DÉROGER À :** ne pas observer (une loi, une règle), ne pas appliquer (une règle, une convention). ➤ **contrevenir.** *Déroger à la loi.* ➤ **enfreindre.** *« On ne peut déroger, par des conventions particulières, aux lois qui intéressent l'ordre public »* (CODE CIVIL). ➤ **transgresser, violer.** ▪ **2** ANCIENNT *Déroger à noblesse,* et ABSOLT *déroger :* perdre les privilèges de la noblesse par l'exercice d'une profession incompatible avec elle. n. f. **DÉROGEANCE** [deʀɔʒɑ̃s], 1460. ▪ **3** LITTÉR. Manquer (à sa situation sociale, à ses principes, aux conventions...) par un comportement qui en est indigne. *Déroger à son rang, à ses convictions.* ➤ **manquer.** ◆ ABSOLT ➤ **s'abaisser, condescendre, déchoir.** *Il croirait déroger en faisant ce métier. « Elle savait très bien voir les petites gens* *sans déroger»* CHATEAUBRIAND. ■ CONTR. Conformer (se conformer à), obéir (à), observer, respecter, suivre ; garder, tenir (son rang).

DÉROUGIR [deʀuʒiʀ] v. intr. ‹2› – 1636 ; *desrougir* début XIIIe ◇ de *dé-* et *rougir* ■ Perdre sa couleur rouge (personne, partie du corps, chose). *« Votre nez dérougira tout seul en cinq minutes »* DUTOURD. — FIG. et RÉGION. (Canada) *Ça ne dérougit pas !* le travail, l'activité ne diminue pas (dans une période de pointe). *« On n'a pas dérougi, injure sur injure. Une mitraille ! »* R. DUCHARME. ■ CONTR. Rougir.

DÉROUILLÉE [deʀuje] n. f. – 1926 ◇ de *dérouiller* (2°) ■ FAM. Action de battre ; fait d'être battu. ➤ **volée***. *Prendre, recevoir une dérouillée, la dérouillée.*

DÉROUILLER [deʀuje] v. tr. ‹1› – 1565 ; *desroiller* v. intr. 1196 ◇ de *dé-* et *rouille* ■ **1** RARE Débarrasser de sa rouille. *Dérouiller un canon de fusil.* ◆ FIG. (fin XVIe) FAM. COUR. **en parlant d'une faculté physique ou intellectuelle.** ➤ **dégourdir.** *Dérouiller sa mémoire.* ➤ **réveiller.** — *Se dérouiller les jambes en marchant.* ■ **2** (1924) POP. ➤ **battre* ; dérouillée.** *Il s'est fait dérouiller. « À ton arrivée au dépôt, je serai là pour te dérouiller la gueule »* AYMÉ. ◆ INTRANS. Être battu, puni. *Qu'est-ce qu'il a dérouillé !* ➤ FAM. **déguster.** ■ CONTR. Rouiller.

DÉROULAGE [deʀulaʒ] n. m. – 1802 ◇ de *dérouler* ■ **1** Déroulement. ■ **2** TECHN. Détachage mécanique (d'une feuille de bois) à la surface d'une pièce cylindrique. *Le déroulage d'une bille. L'industrie du sciage et du déroulage* (➤ **contreplaqué, placage**).

DÉROULANT, ANTE [deʀulɑ̃, ɑ̃t] adj. – 1994 ◇ de *dérouler* ■ INFORM. *Menu déroulant :* menu qui s'affiche quand on clique dessus, faisant apparaître les différentes options ou fonctions sous forme de liste.

DÉROULÉ [deʀule] n. m. – 1946 ◇ de *dérouler* ■ Succession des étapes (d'un évènement, d'un processus...). ➤ **déroulement, enchaînement.** *Le déroulé des opérations.*

DÉROULEMENT [deʀulmɑ̃] n. m. – 1704 ◇ de *dérouler* ■ **1** Action de dérouler. *Déroulement d'un parchemin.* ➤ **développement.** *Déroulement d'un câble, d'une pelote de ficelle.* ■ **2** Le fait de se dérouler, de se déployer. *Le déroulement d'un film, d'une bande magnétique.* ➤ 2 **défilement.** *Déroulement des vagues sur la plage. « Dans le déroulement infini de sa lame »* BAUDELAIRE. ■ **3** FIG. (1859) Le fait de se succéder dans le temps. ➤ **déroulé, écoulement, enchaînement, succession, suite.** *Le déroulement de l'action, des faits, des évènements dans une pièce de théâtre, un film. Le déroulement de sa pensée* (cf. Le fil* de ses idées). ■ CONTR. Enroulement.

DÉROULER [deʀule] v. tr. ‹1› – 1538 ◇ de *dé-* et *rouler* ■ **1** Défaire, étendre (ce qui était roulé). ➤ **déployer, développer,** 1 **étaler.** *Dérouler une pièce d'étoffe, une bobine de fil.* ➤ **dévider.** *Dérouler un store, un plan.* — PRONOM. *Le serpent se déroule.* ◆ TECHN. Opérer le déroulage (2°) de (un bois). ■ **2** (CHOSES) Étaler sous le regard. *L'incendie « Déroule autour des mâts son ardente spirale »* HUGO. — PRONOM. *« Devant nous la Seine se déroulait, ondulante »* MAUPASSANT. ■ **3** FIG. Montrer, développer successivement. *Le film déroule son intrigue. Dérouler des souvenirs dans sa mémoire. « Je déroule toutes nos paroles, tous nos silences, nos regards, nos gestes »* COLETTE. ◆ v. pron. **SE DÉROULER :** prendre place dans le temps, en parlant d'une suite ininterrompue d'évènements, de pensées. ➤ **s'écouler, se passer.** *La scène s'est déroulée sous nos yeux. « Plus ce récit se déroulait, plus il semblait attacher nos simples auditeurs »* LAMARTINE. *La vie « se déroule, toujours pareille, avec la mort au bout »* MAUPASSANT. ■ **4** *Dérouler un fil de discussion,* en faire apparaître l'ensemble des messages à l'écran. ■ CONTR. Enrouler, rouler ; envelopper, replier. Arrêter (s').

DÉROULEUR [deʀulœʀ] n. m. – 1802 ◇ de *dérouler* ■ TECHN. Dispositif permettant l'enroulement et le déroulement d'une bande. *Dérouleur de bande magnétique. Dérouleur de papier d'aluminium dans une cuisine. Dérouleur de papier d'une imprimerie. — Dérouleur de ruban adhésif.* ➤ **dévidoir.**

DÉROULEUSE [deʀuløz] n. f. – 1911 ◇ de *dérouler* ■ TECHN. ■ **1** Dispositif sur lequel on enroule et déroule un câble, du fil téléphonique. ■ **2** Machine qui effectue le déroulage du bois. ➤ **raboteuse.**

DÉROUTANT, ANTE [deʀutɑ̃, ɑ̃t] adj. – 1846 ◇ de *dérouter* ■ Qui déroute (3°). ➤ **déconcertant.** *Une question déroutante,* inattendue. *Son attitude est déroutante ; il est déroutant.*

DÉROUTE [deʀut] n. f. – 1541 ◇ de l'ancien français *desroter* (→ dérouter), de *route* «bande d'hommes» ; cf. 1 *routier* ■ **1** Fuite désordonnée de troupes battues ou prises de panique. ➤ **débâcle, débandade.** *La déroute d'une armée. Mettre l'ennemi en déroute.* ➤ **défaire, enfoncer.** *« C'était un Espagnol de l'armée en déroute »* HUGO. *« Cette laborieuse retraite aurait pu se changer en déroute »* MÉRIMÉE. ■ **2** (1643) (ABSTRAIT) Confusion, désordre amenant un échec. *« Il y a des déroutes d'idées comme il y a des déroutes d'armées »* HUGO. — *« Ma belle sérénité du mois d'octobre est en déroute »* DUHAMEL. ■ **3** Échec, situation catastrophique. *Déroute électorale.* ■ CONTR. Résistance. Ordre.

DÉROUTEMENT [deʀutmɑ̃] n. m. – 1636 mar. ◇ de *dérouter* ■ Changement de la route prévue (navire, avion). *Déroutement par suite d'une avarie. Déroutement d'un avion sur Lyon. Déroutement criminel.* ➤ **détournement.** On dit aussi **DÉROUTAGE,** 1965. ◆ INFORM. Rupture du déroulement normal d'un programme déclenchée par un évènement interne. *Déroutement sur un débordement* de capacité.*

DÉROUTER [deʀute] v. tr. ‹1› – XIIIe ; *desroter* «s'enfuir» XIIe ◇ de *dé-* et *route* ■ **1** VX Égarer (qqn) de sa route. *« Quelque petite maison assez éloignée pour dérouter les importuns »* ROUSSEAU. ■ **2** MOD. Faire changer d'itinéraire, de destination (un avion, un navire). *Dérouter un avion sur un autre aérodrome. Les pirates de l'air nous ont déroutés.* ➤ **détourner.** — PRONOM. *Navire qui se déroute pour porter secours à des naufragés.* ■ **3** Rendre (qqn) incapable de réagir, de se conduire comme il faudrait. ➤ **confondre, déconcerter.** *Dérouter un candidat par des questions inattendues. « La musique déroute ceux qui ne la sentent point »* R. ROLLAND.

DERRICK [deʀik] n. m. – 1861 ◇ mot anglais, d'un nom propre ■ ANGLIC. Bâti métallique supportant le trépan qui sert à forer les puits de pétrole. *Les derricks.* — Recomm. offic. *tour* de forage.*

1 **DERRIÈRE** [dɛʀjɛʀ] prép. et adv. – *deriere* 1080 ◇ bas latin *de retro,* de *retro* «en arrière» ; *derrière,* sous l'influence de *derrain* → dernier ■ Du côté opposé au visage, à la face, au côté visible.

I prép. ■ **1** En arrière, au dos de (cf. Rétro-). *Derrière la maison, derrière le mur. Se cacher derrière qqn. Avoir les mains derrière le dos.* ➤ **dans.** *Cacher qqch. derrière soi. Il disparut derrière un rocher ; derrière le tournant.* ➤ **après.** — *Ses yeux brillent derrière ses lunettes.* ◆ FIG. *Derrière son apparente cordialité on devine de la haine.* — FAM. *Être toujours derrière le dos de qqn, derrière qqn,* surveiller tout ce qu'il fait. ◆ loc. prép. **DE DERRIÈRE ; PAR-DERRIÈRE.** *Il sortit de derrière la haie. Passez par-derrière cette maison.* — FIG. *Pensées, idées de derrière la tête :* arrière-pensées. ■ **2** À la suite de. *Marcher l'un derrière l'autre.* ➤ **après** (cf. À la queue* leu leu ; en file* indienne). *Il resta seul derrière la colonne.* ◆ FIG. *Laisser qqn loin derrière soi :* dépasser, surpasser. — *Être derrière qqn,* le soutenir, le suivre. *« Vous êtes notre candidat favori [...] Nous sommes à fond derrière vous »* M. DUGAIN. ■ **3** (Temporel) *La crise est derrière nous. Sa carrière est derrière lui,* appartient au passé. *« L'âge signifie que nos vies sont plutôt derrière que devant »* É.-E. SCHMITT.

II adv. ■ **1** Du côté opposé à la face, à l'endroit ; en arrière. *Vêtement qui se boutonne derrière. Il est resté derrière, loin derrière. — Mettre, tourner un vêtement sens devant derrière* (VIEILLI), *(le) devant derrière,* à l'envers. ■ **2** loc. adv. **PAR-DERRIÈRE :** par l'arrière, par le côté opposé au visage, à la face. *Attaquer, poignarder qqn par-derrière* (cf. Dans le dos). *Il dit du mal de lui par-derrière.*
■ CONTR. 1 Devant. 1 Avant (en avant), premier (en premier).

2 **DERRIÈRE** [dɛʀjɛʀ] n. m. – 1459 ◇ de 1 *derrière* ■ **1** Le côté opposé au devant, la partie postérieure. ➤ 2 **arrière, dos, fond, revers, verso.** *Le derrière d'une maison,* la partie opposée à la façade. *Il est logé sur le derrière de l'immeuble.* — PLUR. *Passer par les derrières.* — *Les roues de derrière.* ➤ 2 **arrière.** *Les pattes, le train de derrière.* ◆ *Porte de derrière,* pratiquée sur le derrière d'un bâtiment. ■ **2** AU PLUR. VIEILLI *Les derrières d'une armée :* les derniers corps d'une armée en mouvement ; le côté auquel l'armée tourne le dos. ➤ 2 **arrière.** *Protéger, assurer ses derrières.* ■ **3** Partie du corps (de l'être humain et de certains animaux) qui comprend les fesses et le fondement. ➤ FAM. **cul*,** ARG. **derche,** POP. 2 **fion.** *Il a un gros derrière. S'asseoir, tomber sur le derrière. Botter* le derrière.* ➤ FAM. **train.** *« M. le baron chassa Candide du château à grands coups de pieds dans le derrière »* VOLTAIRE. — *Avoir le feu* au derrière* (cf. Aux trousses). — REM. Dans tous les emplois de ce sens, *cul* est usuel.
■ CONTR. 2 Avant, 2 dessus, 2 devant, endroit, façade, face.

DÉRURALISATION [deʀyʀalizasjɔ̃] n. f. – 1972 ◇ de *dé-* et *rural* ■ DÉMOGR. Dépeuplement progressif des milieux ruraux.

DERVICHE [dɛʀviʃ] **n. m.** – 1653 ; *derviz, derviss* 1546 ◊ persan *dervich* «pauvre» ■ Religieux musulman appartenant à une confrérie, en Perse, Turquie, Syrie. *Derviche tourneur.* «*Des vieux derviches, avec leurs bonnets de mages, qui psalmodiaient en route*» LOTI.

1 **DES** [de] – de 1*de* et *les*, art. déf. au plur. ■ Article défini plur. contracté : *de les.* ➤ 1**de.** ■ HOM. 1 D, dé.

2 **DES** [de] – de 2*de* et *les* ■ Article partitif exprimant une partie d'une chose au pluriel. ➤ 2**de.**

3 **DES** [de] **art. indéf.** – XIIIe ◊ de 1 et 2*des* ; a remplacé *uns, unes* ■ Article indéfini, pluriel de UN, UNE. ■ **1 Devant un nom commun.** *Un livre, des livres.* «*des ambulanciers, qui portent des blessés couchés sur des civières*» MALRAUX. REM. Dans l'usage soutenu, *des* est remplacé par *de* devant un adj. *(elle a de petits pieds)* sauf si celui-ci fait corps avec le nom *(il mange des petits-pois).* ■ **2 Devant un nom propre (qui prend la valeur d'un genre)** «*Quand un pays a eu des Jeanne d'Arc et des Napoléon*» MAUPASSANT. ■ **3** FAM. **Devant un nom de nombre (même devant** ***un*****), avec une valeur emphatique.** *Il soulève des cinquante kilos comme un rien.* «*Il y a des endroits où vous avez jusqu'à des un mètre, un mètre cinquante d'eau*» ROMAINS.

DES- ou **DÉS-** ➤ **DÉ-**

DÈS [dɛ] **prép.** – 1080 ◊ latin populaire *de ex*, renforcement de *ex* «hors de»

I TEMPS ■ **1** Immédiatement, à partir de (un moment donné). ➤ **depuis.** *Dès cette époque, dès ce moment.* ➤ **déjà.** *Se lever dès l'aube. Dès maintenant, dès à présent.* ➤ **désormais.** «*Cueillez dès aujourd'hui les roses de la vie*» RONSARD. *Vous viendrez me voir dès mon retour. Dès l'abord* : immédiatement. ◆ (XXe) Dans l'ordre, la hiérarchie (cf. À partir de). *Dès l'assistanat, le professeur est considéré comme membre du corps universitaire.* ■ **2 loc. adv. DÈS LORS :** dès ce moment, aussitôt. *Dès lors, il décida de partir.* – FIG. En conséquence. ➤ **conséquemment, donc.** *Il a fourni un alibi : dès lors on peut reconnaître son innocence.* ◆ **loc. conj. DÈS LORS QUE** (et l'indic.) : dès l'instant où, ET FIG. étant donné que, puisque. ■ **3 loc. conj. DÈS QUE** (et l'indic.) : aussitôt que. *Dès qu'il paraît. Dès qu'il viendra. Dès que je fus parti. Dès que vous voudrez.* «*J'appartiens à la tristesse, dès que ne m'accapare plus le travail*» GIDE.

II LIEU À partir de, depuis. *Dès l'entrée, dès la porte.* «*Dès le seuil, on entendait battre l'horloge*» M. ARLAND.

■ CONTR. 1 Avant ; après. ■ HOM. Dais, dey.

DÉSABONNEMENT [dezabɔnmɑ̃] **n. m.** – 1856 ◊ de *désabonner* ■ Action de désabonner, de se désabonner. ■ CONTR. Abonnement.

DÉSABONNER [dezabɔne] **v. tr.** ‹1› – 1840 ◊ de *dés-* et *abonner* ■ Faire cesser d'être abonné. *Veuillez me désabonner.* PRONOM. *Se désabonner.* ■ CONTR. Abonner.

DÉSABUSÉ, ÉE [dezabyze] **adj.** – milieu XVIIe ◊ de *dés-* et *abusé* ■ **1** VX ou LITTÉR. Détrompé. ■ **2** (1800) MOD. Qui a perdu ses illusions. *Un philosophe désabusé. — Attitude, expression, moue désabusée.* ➤ **déçu, désenchanté.** «*Le coup d'œil exact et désabusé du connaisseur à qui on montre un bijou faux*» PROUST. SUBST. *Les désabusés.* ■ CONTR. Enthousiaste, 1 naïf.

DÉSABUSEMENT [dezabyzmɑ̃] **n. m.** – 1674 ◊ de *désabuser* ■ LITTÉR. Action de désabuser, de se désabuser. ➤ **dégoût.** *Cette Nation «était, sur ce point, arrivée à un désabusement voisin du mépris»* MADELIN.

DÉSABUSER [dezabyze] **v. tr.** ‹1› – XVIe ◊ de *dés-* et *abuser* ■ VX ou LITTÉR. Tirer (qqn) de l'erreur, de l'illusion qui l'abuse. ➤ **désenchanter, désillusionner, détromper.** «*Je vois, je sais, je crois, je suis désabusée*» CORNEILLE. «*désabuser les Chrétiens de cette fausse idée*» PASCAL. ➤ **détourner.** ■ CONTR. Abuser, tromper.

DÉSACCENTUATION [dezaksɑ̃tɥasjɔ̃] **n. f.** – XXe ◊ de *désaccentuer* ■ ÉLECTRON. Opération destinée à rétablir les composantes spectrales d'un signal ayant préalablement subi une préaccentuation*.

DÉSACCENTUER [dezaksɑ̃tɥe] **v. tr.** ‹1› – XXe ◊ de *accentuer* ■ ÉLECTRON. Effectuer la désaccentuation de (un signal).

DÉSACCLIMATER [dezaklimate] **v. tr.** ‹1› – 1870 ◊ de *dés-* et *acclimater* ■ Faire cesser d'être acclimaté. ■ CONTR. Acclimater.

DÉSACCORD [dezakɔʀ] **n. m.** – 1160, repris XVIIIe ◊ de *dés-* et *accord* ■ **1** (PERSONNES) Le fait de n'être pas d'accord ; état de personnes qui s'opposent. ➤ **désunion, différend, discorde, dissension, dissentiment, fâcherie, inimitié, mésentente, mésintelligence, zizanie.** *Un léger désaccord* (➤ **divergence**) ; *un sérieux, un grave, un profond désaccord. Être, se trouver en désaccord avec qqn sur qqch. Le désaccord entre les époux les amena à se séparer, à divorcer. Désaccord entre deux partis.* ➤ **division, scission.** ■ **2** (CHOSES) Le fait de ne pas s'accorder, de ne pas aller ensemble. ➤ **contradiction, contraste, discordance, incompatibilité, opposition.** *Désaccord choquant, flagrant entre une théorie et les faits.* «*Ma condition d'écolier formait avec mes dispositions morales des désaccords si ridicules*» FROMENTIN. «*En désaccord avec son temps – c'est là ce qui donne à l'artiste sa raison d'être*» GIDE. ■ **3** ÉLECTRON. Écart entre la fréquence sur laquelle est réglé un appareil et la fréquence d'accord nécessaire. ■ CONTR. Accord. Harmonie.

DÉSACCORDÉ, ÉE [dezakɔʀde] **adj.** – XVe ◊ de *désaccorder* ■ **1** LITTÉR. Dont l'harmonie est rompue. «*Tout est désaccordé. Plus d'ensemble, plus d'unité, plus de beauté*» DIDEROT. ■ **2** Qui n'est plus accordé (instrument de musique). *Piano, instrument désaccordé.* ➤ 1**faux.** ■ CONTR. Harmonieux. Juste.

DÉSACCORDER [dezakɔʀde] **v. tr.** ‹1› – début XIVe ◊ de *dés-* et *accorder* ■ **1** RARE Mettre en désaccord. ➤ **brouiller, fâcher, opposer.** *Ce sont des questions d'intérêt matériel qui ont désaccordé leurs deux familles.* ■ **2** Détruire l'accord de (un instrument de musique). *La chaleur, l'humidité désaccordent les pianos.* — PRONOM. Perdre son accord. ■ **3** Rompre l'accord, l'harmonie de (un ensemble). PRONOM. «*Sur une route sonore s'accorde, puis se désaccorde pour s'accorder encore, le trot de deux chevaux*» COLETTE. ■ CONTR. Accorder, réconcilier.

DÉSACCOUPLER [dezakuple] **v. tr.** ‹1› – 1220 ◊ de *dés-* et *accoupler* ; cf. *découpler* ■ **1** VÉN. Séparer (des choses qui étaient par couples, par paires). *Désaccoupler des chiens de chasse.* ➤ **découpler.** ■ **2** (1857) TECHN. Supprimer une liaison mécanique, électrique entre (des éléments). ■ CONTR. Accoupler.

DÉSACCOUTUMANCE [dezakutymɑ̃s] **n. f.** – v. 1265 ◊ de *dés-* et *accoutumance* ■ LITTÉR. Action de se désaccoutumer (➤ **désadaptation**) ; perte d'une accoutumance*. *La désaccoutumance à une drogue, d'une drogue.* ➤ **désintoxication.** ■ CONTR. Accoutumance.

DÉSACCOUTUMER [dezakutyme] **v. tr.** ‹1› – fin XIIe ◊ de *dés-* et *accoutumer* ■ Faire perdre une coutume, une habitude à (qqn). ➤ **déshabituer.** *Il faut le désaccoutumer de mentir, de voler.* PRONOM. *Elle s'est désaccoutumée de fumer, du tabac.* ■ CONTR. Accoutumer, habituer.

DÉSACIDIFICATION [dezasidifikasjɔ̃] **n. f.** – 1870 ◊ de *dés-* et *acidification* ■ Action de désacidifier ; son résultat. *La désacidification des manuscrits anciens.* ■ CONTR. Acidification.

DÉSACIDIFIER [dezasidifje] **v. tr.** ‹7› – 1870 ◊ de *dés-* et *acidifier* ■ Supprimer l'acidité de (qqch.). *Désacidifier un vin.* ■ CONTR. Acidifier.

DÉSACIÉRER [dezasjeʀe] **v. tr.** ‹6› – 1842 ◊ de *dés-* et *aciérer* ■ TECHN. Supprimer l'aciérage de (un produit métallique). ■ CONTR. Aciérer.

DÉSACRALISATION [desakʀalizasjɔ̃] **n. f.** – 1934 ◊ de *désacraliser* ■ DIDACT. Action de désacraliser ; son résultat. «*Le mouvement de la désacralisation de la nature s'est accompagné de la recherche d'un nouveau sacré*» J. DUQUESNE. ■ CONTR. 1 Sacralisation.

DÉSACRALISER [desakʀalize] **v. tr.** ‹1› – 1949 ◊ de *dé-* et *sacral* ■ DIDACT. Dépouiller du caractère sacral, ne plus considérer comme sacré. — PAR EXT. Dépouiller (qqn, qqch.) du caractère respectable qu'on lui reconnaissait jusqu'alors. «*Le travail de l'écrivain serait désacralisé*» BARTHES. ➤ **démythifier.** ■ CONTR. Sacraliser.

DÉSACTIVATION [dezaktivasjɔ̃] **n. f.** – 1904 ◊ de *dés-* et *activation* ■ Opération visant à réduire ou à supprimer l'activité (d'une substance). *Désactivation d'une matière radioactive, d'une culture microbienne.* ➤ **décontamination.** ■ CONTR. Activation.

DÉSACTIVER [dezaktive] **v. tr.** ‹1› – 1905 ◊ de *dés-* et *activer* ■ **1** Supprimer l'activité de (une substance). ➤ **neutraliser.** *Produit désactivé.* — SPÉCIALT Débarrasser (un corps, un lieu) des éléments radioactifs qu'il renferme. *Désactiver un site, un réacteur.* ■ **2** Faire cesser le fonctionnement de. *Désactiver une carte électronique.* ■ CONTR. Activer.

DÉSADAPTATION [dezadaptasjɔ̃] **n. f.** – 1894 ◊ de *dés-* et *adaptation* ■ DIDACT. Perte de l'adaptation. ■ CONTR. Adaptation.

DÉSADAPTÉ, ÉE [dezadapte] **adj.** – 1926 ◊ de *désadapter* ■ DIDACT. Qui n'est plus adapté (à un milieu, une situation), par suite d'une évolution psychologique. ➤ **inadapté.** «*Un garçon solitaire, désadapté, paresseux*» SARTRE. ■ CONTR. Adapté.

DÉSADAPTER [dezadapte] **v. tr.** ‹1› – 1929 ◇ de *dés-* et *adapter* ▪ DIDACT. Faire cesser l'adaptation de. PRONOM. *Se désadapter d'un milieu.* ▪ CONTR. Adapter.

DÉSAÉRER [dezaere] **v. tr.** ‹6› – 1948 ◇ de *dés-* et *aérer* ▪ TECHN. Éliminer l'air de (une substance). *Désaérer du béton. — Du béton désaéré.* — **n. f. DÉSAÉRATION.**

DÉSAFFECTATION [dezafɛktasjɔ̃] **n. f.** – 1876 ◇ de *désaffecter* ▪ DR. Action de désaffecter (un immeuble). ▪ CONTR. 1 Affectation.

DÉSAFFECTÉ, ÉE [dezafɛkte] **adj.** – fin XIXe ◇ de *désaffecter* ▪ Qui n'est plus affecté (à un service public). *Église, école désaffectée.* — Qui a perdu sa destination première. *Léon avait baptisé la pièce voisine « "le laboratoire ;" c'était une salle de bains désaffectée »* MARTIN DU GARD.

DÉSAFFECTER [dezafɛkte] **v. tr.** ‹1› – 1876 ◇ de *dés-* et *affecter* ▪ DR. Faire cesser, changer l'affectation de (un immeuble). *Désaffecter une école, une caserne.* ▪ CONTR. 2 Affecter.

DÉSAFFECTION [dezafɛksjɔ̃] **n. f.** – 1787 ◇ de *dés-* et *affection* ▪ Perte de l'affection, de l'attachement que l'on éprouvait. ➤ **désamour, détachement.** *La désaffection du public pour le cinéma. La désaffection à l'égard d'une institution. « Les hommes souffrent parfois de la désaffection féminine »* LECOMTE. ▪ CONTR. Affection, attachement.

DÉSAFFECTIONNER (SE) [dezafɛksjɔne] **v. pron.** ‹1› – XVIIIe ◇ de *dés-* et *affectionner* ▪ VX Cesser d'avoir de l'attachement pour. *Se désaffectionner de qqn, de qqch.* ➤ 1 se **détacher.** ▪ CONTR. Attacher (s').

DÉSAFFILIER [dezafilje] **v. tr.** ‹7› – 1872 ◇ de *dés-* et *affilier* ▪ DIDACT. Faire cesser l'affiliation de. — PRONOM. Se retirer d'une affiliation. — **n. f. DÉSAFFILIATION.** ▪ CONTR. Affilier.

DÉSAGRAFER [dezagʀafe] **v. tr.** ‹1› – XVIIe ◇ de *dés-* et *agrafer* ▪ Enlever les agrafes de (qqch.). — Ouvrir en défaisant les agrafes. ➤ **dégrafer.** ▪ CONTR. Agrafer.

DÉSAGRÉABLE [dezagʀeabl] **adj.** – 1275 ◇ de *dés-* et *agréable* ▪ **1** (PERSONNES) Qui se conduit de manière à choquer, blesser, irriter les autres. *Il est très désagréable.* ➤ **acariâtre, agressif, antipathique, bourru, déplaisant, désobligeant, discourtois, impoli, insociable, méchant, pénible, revêche.** *Il est désagréable au possible.* ➤ **détestable, insupportable, odieux.** *Désagréable avec, envers qqn.* — (Attitudes) *Des paroles désagréables, désagréables pour, à l'égard de qqn.* ➤ **blessant, vexant.** ▪ **2** (CHOSES) Qui déplaît, donne du déplaisir. ➤ **déplaisant, mauvais, pénible.** *Une impression très désagréable.* ➤ **détestable.** *« J'eus une sorte de frisson désagréable »* MAUPASSANT. *Odeur, son, goût désagréable. Vin désagréable au goût. Ce n'est pas désagréable :* c'est assez bon. — *Nouvelle désagréable.* ➤ **contrariant, ennuyeux*.** *« Il est toujours désagréable de recevoir des lettres anonymes »* DUHAMEL. *Chose désagréable à voir, à entendre. Cela m'est désagréable.* ▪ CONTR. Aimable, charmant ; agréable, plaisant.

DÉSAGRÉABLEMENT [dezagʀeabləmɑ̃] **adv.** – XIVe ◇ de *désagréable* ▪ D'une manière désagréable. *Être désagréablement surpris.* ▪ CONTR. Agréablement.

DÉSAGRÉGATION [dezagʀegasjɔ̃] **n. f.** – 1798 ◇ de *désagréger* ▪ **1** Décomposition (de qqch., d'une substance) par la séparation de parties initialement agrégées. ➤ **effritement, morcellement, pulvérisation.** *Désagrégation d'une pierre friable.* ➤ **délitage.** ▪ **2** (ABSTRAIT) Destruction des principes de cohésion. ➤ **décomposition, désintégration, dislocation, écroulement.** *« une désagrégation redoutable, qui n'était pourtant pas une mise en poussière »* HUGO. *« la lente désagrégation d'un homme, d'une entreprise, d'une famille, d'une société »* SARTRE. *« les désagrégations continues de l'oubli »* PROUST. ◆ SPÉCIALT *Désagrégation mentale, psychique :* trouble de la synthèse mentale ; schizophrénie. ➤ **dissociation** (mentale). *Désagrégation de la personnalité, du moi.* ▪ CONTR. Agrégation, cohésion, force, solidité.

DÉSAGRÉGER [dezagʀeʒe] **v. tr.** ‹3 et 6› – 1798 ◇ de *dés-* et *agréger* ▪ **1** Décomposer (qqch.) en séparant les parties liées, agrégées. ➤ **dissoudre, pulvériser.** *« Comme les cases sont en torchis, l'eau désagrège le bas des murs »* GIDE. PRONOM. *Roche qui se désagrège.* ➤ se **déliter, s'effriter.** ▪ **2** (1860) FIG. Décomposer (qqch.) en détruisant la cohésion, l'unité. ➤ **disloquer, morceler.** *Désagréger les résistances.* ➤ **détruire.** *« En Angleterre une démolition insensible pulvérise et désagrège perpétuellement les lois et les coutumes »* HUGO. PRONOM. *Tout son système de défense s'est désagrégé.* ➤ **s'écrouler.** ▪ CONTR. Agglomérer, agréger.

DÉSAGRÉMENT [dezagʀemɑ̃] **n. m.** – 1642 ◇ de *dés-* et *agrément* ▪ **1** Déplaisir causé par une chose désagréable. ➤ **contrariété, déplaisir, mécontentement, peine.** *« Si je me reproche quelque chose, c'est de vous avoir causé du désagrément »* SAND. ▪ **2** *Un, des désagréments.* Chose désagréable. *Les petits désagréments de la grossesse.* ➤ **difficulté, ennui,** 1 **souci, tracas ;** FAM. **embêtement, emmerdement, empoisonnement.** ▪ CONTR. Agrément, 1 plaisir.

DÉSAIMANTATION [dezɛmɑ̃tasjɔ̃] **n. f.** – 1854 ◇ de *désaimanter* ▪ Action de désaimanter (un corps) ; son résultat. ➤ **démagnétisation.** *Désaimantation adiabatique :* méthode d'obtention de très basses températures (inférieures à 10^{-3} degré K) par refroidissement d'une substance paramagnétique.

DÉSAIMANTER [dezɛmɑ̃te] **v. tr.** ‹1› – 1854 v. pron. ◇ de *dés-* et *aimanter* ▪ TECHN. Supprimer l'aimantation, le champ magnétique de. ➤ **démagnétiser. p. p. adj.** *Une barre de fer désaimantée.* ▪ CONTR. Aimanter.

DÉSAISONNALISER [desɛzɔnalize] **v. tr.** ‹1› – 1972 ◇ de *dé-* et *saison,* d'après l'anglais *to deseasonalize* ▪ STATIST. Corriger (des éléments statistiques) pour éliminer les distorsions résultant des variations saisonnières. — **n. f. DÉSAISONNALISATION.**

DÉSAJUSTER [dezaʒyste] **v. tr.** ‹1› – 1611 ◇ de *dés-* et *ajuster* ▪ Déranger (ce qui était ajusté). *Désajuster sa coiffure.* ➤ **défaire.** *Désajuster une machine.* ➤ **dérégler.** — PRONOM. *Les engrenages se sont désajustés.* ▪ CONTR. Ajuster.

DÉSALIÉNER [dezaljene] **v. tr.** ‹6› – 1947 ◇ de *dés-* et *aliéner* ▪ DIDACT. Faire cesser l'aliénation de, libérer. *Vouloir désaliéner l'être humain.* — **n. f. DÉSALIÉNATION.** ▪ CONTR. Aliéner.

DÉSALIGNEMENT [dezaliɲmɑ̃] **n. m.** – 1842 ◇ de *désaligner* ▪ DIDACT. Action de désaligner ; perte ou absence d'alignement. *Désalignement des maisons d'une rue.* ◆ (milieu XXe) POLIT. Fait de ne plus se conformer à un système, à une orientation politique donnée. ▪ CONTR. Alignement.

DÉSALIGNER [dezaliɲe] **v. tr.** ‹1› – 1842 ◇ de *dés-* et *aligner* ▪ Détruire l'alignement de. — **DÉSALIGNÉ, ÉE p. p. adj.** Qui n'est pas à l'alignement ; qui a perdu l'alignement. *Maisons désalignées d'une rue ancienne.* ▪ CONTR. Aligner.

DÉSALINISATION [desalinizasjɔ̃] **n. f.** – 1979 ◇ de *salin* ▪ TECHN. Opération qui consiste à éliminer le sel contenu notamment dans l'eau de mer. ➤ **dessalement.** *Usine de désalinisation. Désalinisation par osmose inverse, par électrodialyse, par distillation.* — **v. tr.** ‹1› **DÉSALINISER.** ▪ CONTR. Salinisation.

DÉSALPE [dezalp] **n. f.** – 1897 ◇ déverbal de *désalper* ▪ (Suisse) Retour dans la vallée des troupeaux qui ont passé la belle saison dans les pâturages de haute montagne. *La fête de la désalpe.* ▪ CONTR. Inalpe.

DÉSALPER [dezalpe] **v. intr.** ‹1› – 1640 ◇ de *dés-* et *alper* « conduire le troupeau à l'alpage » ▪ (Suisse) Descendre les troupeaux de l'alpage à la fin de l'estivage.

DÉSALTÉRANT, ANTE [dezalterɑ̃, ɑ̃t] **adj.** – XVIIIe ◇ de *désaltérer* ▪ Qui désaltère. *Le thé est très désaltérant.*

DÉSALTÉRER [dezaltere] **v. tr.** ‹6› – 1549 ◇ de *dés-* et *altérer* ▪ **1** Apaiser la soif de (qqn). ➤ **abreuver.** *Désaltérer un malade, un blessé,* le faire boire. — PRONOM. *« Un agneau se désaltérait Dans le courant d'une onde pure »* LA FONTAINE. ➤ 1 **boire.** — ABSOLT *Une boisson sucrée ne désaltère pas.* ▪ **2** FIG. ➤ **combler, soulager.** *« Une soif de bonheur* [qui] *ne peut jamais être désaltérée ! »* MARTIN DU GARD. ➤ **étancher.** — PRONOM. *« ces yeux où l'âme se désaltère comme à une vive source d'amour »* BALZAC. ▪ CONTR. Altérer, assoiffer.

DÉSAMBIGUÏSER [dezɑ̃bigɥize] **v. tr.** ‹1› /DÉSAMBIGÜISER/ – milieu XXe ◇ de *dés-* et *ambigu* ▪ LING., LOG. Faire cesser l'ambiguïté de (un énoncé) en ne retenant qu'un seul sens. *Contexte qui désambiguïse une phrase, un mot.* — **n. f. DÉSAMBIGUÏSATION** /désambigüisation/.

DÉSAMIANTER [dezamjɑ̃te] **v. tr.** ‹1› – 1996 ◇ de *dés-* et *amiante* ▪ Débarrasser (un bâtiment) de l'amiante qu'il contient. ➤ aussi **défloquer.** — **n. m. DÉSAMIANTAGE.**

DÉSAMIDONNER [dezamidɔne] **v. tr.** ‹1› – 1961 ◇ de *dés-* et *amidon* ▪ TECHN. Enlever l'amidon de (un tissu, un vêtement). — **n. m. DÉSAMIDONNAGE.** ▪ CONTR. Amidonner.

DÉSAMINASE [dezaminaz] **n. f.** – 1960 ◇ de *désaminer* et *-ase* ▪ BIOCHIM. Enzyme qui catalyse une réaction de désamination.

DÉSAMINATION [dezaminasjɔ̃] **n. f.** – 1960 ◇ de *désaminer* ▪ BIOCHIM. Action de désaminer.

DÉSAMINER [dezamine] v. tr. ‹1› – 1960 ◊ de *dés-* et *(acide) aminé* ■ BIOCHIM. Enlever le groupe amine de (une molécule), par hydrolyse, oxydation ou réduction chimique ou enzymatique (➤ **désaminase**).

DÉSAMORÇAGE [dezamɔʀsaʒ] n. m. – 1863 ◊ de *désamorcer* ■ Action de désamorcer ; fait de se désamorcer. *Le désamorçage d'une pompe.* ■ CONTR. Amorçage.

DÉSAMORCER [dezamɔʀse] v. tr. ‹3› – 1863 ◊ de *dés-* et *amorcer* ■ **1** Enlever l'amorce de. *Désamorcer une bombe.* ■ **2** Interrompre le fonctionnement de (ce qui devait être amorcé). *Désamorcer un siphon.* — PRONOM. (PASS.) « *Un bruit de clapet de pompe qui se désamorce* » DRUON. ■ **3** (XXe) FIG. Enlever tout caractère menaçant à, neutraliser. *Désamorcer la polémique, le conflit.* ■ CONTR. Amorcer.

DÉSAMOUR [dezamuʀ] n. m. – 1846 ◊ de *dés-* et *amour* ■ LITTÉR. Cessation de l'amour. *Une liaison traversée de désamours.* — FIG. *Le désamour des citoyens vis-à-vis de la politique.* ➤ **désaffection.**

DÉSANNONCER [dezanɔ̃se] v. tr. ‹3› – 1978 ◊ de *dés-* et *annoncer* ■ RADIO Commenter la fin de la diffusion de (qqch.) à l'antenne. *Désannoncer une chanson,* citer le titre et l'interprète. « *entre deux disques qu'il annonçait et "désannonçait" – selon le jargon de la radio* » TOURNIER.

DÉSAPER [desape] v. tr. ‹1› – v. 1940 ◊ de *dé-* et *saper* ■ FAM. Déshabiller. PRONOM. *Se désaper pour se coucher.* ■ CONTR. Saper (se).

DÉSAPPARIER [dezapaʀje] v. tr. ‹7› – 1808 ◊ de *dés-* et *apparier* ■ Séparer (des animaux appariés, les deux éléments d'une paire). ➤ **déparier** (2°). PHYS. *Désapparier les deux électrons d'une paire.* ■ CONTR. Apparier.

DÉSAPPOINTÉ, ÉE [dezapwɛ̃te] adj. – 1761 ◊ anglais *disappointed* → désappointer ■ Qui n'a pas obtenu ce qu'il attendait ; dont les espérances sont trompées et qui en est déçu*. *Il est tout désappointé.* ♦ Qui montre de la déception. « *Il fronça le sourcil et se retourna d'un air désappointé* » SAND. ➤ **dépité.**

DÉSAPPOINTEMENT [dezapwɛ̃tmɑ̃] n. m. – 1783, de l'anglais ◊ XIVe « destitution » → désappointé ■ État d'une personne désappointée. *Cacher son désappointement.* ♦ Sensation éprouvée par une personne désappointée. ➤ **déception, déconvenue, dépit,** FAM. **douche.** « *Je n'en sentis pas moins, le rideau tombé, un désappointement que ce plaisir que j'avais tant désiré n'eût pas été plus grand* » PROUST. ■ CONTR. Contentement, satisfaction. Consolation.

DÉSAPPOINTER [dezapwɛ̃te] v. tr. ‹1› – 1761 ; hapax 1530 ◊ anglais *to disappoint* « décevoir », de l'ancien français *desappointer* « destituer » (XIVe), lui-même de *dés-* et *appointer* ■ Décevoir ; rendre désappointé. *Je ne voudrais pas vous désappointer. Cet échec l'a désappointé.* ■ CONTR. Contenter, satisfaire. Combler.

DÉSAPPRENDRE [dezapʀɑ̃dʀ] v. tr. ‹58› – 1290 ◊ de *dés-* et *apprendre* ■ LITTÉR. Oublier (ce qu'on a appris). *Il a désappris tout ce qu'il savait.* « *Je n'obtiens rien, et j'ai désappris d'exiger* » GIDE. ■ CONTR. Apprendre. Rappeler (se).

DÉSAPPROBATEUR, TRICE [dezapʀɔbatœʀ, tʀis] adj. – 1748 ◊ de *désapprouver,* d'après *approbateur* ■ Qui désapprouve, marque la désapprobation. ➤ **improbateur, réprobateur.** *Air, murmure, ton désapprobateur.* ■ CONTR. Approbateur.

DÉSAPPROBATION [dezapʀɔbasjɔ̃] n. f. – 1783 ◊ de *désapprouver,* d'après *approbation* ■ Action de désapprouver ; son résultat. ➤ **improbation, réprobation.** *Murmure de désapprobation. Marquer sa désapprobation.* ■ CONTR. Approbation, assentiment.

DÉSAPPROUVER [dezapʀuve] v. tr. ‹1› – 1535 ◊ de *dés-* et *approuver* ■ Juger d'une manière défavorable ; trouver mauvais. ➤ **blâmer*, critiquer, réprouver.** *Désapprouver un projet, une entreprise, une démarche. Il ne désapprouve pas que vous veniez.* « *Des sottises et des inepties que ma raison désapprouvait et que mon cœur désavouait* » ROUSSEAU. — ABSOLT *La foule désapprouva bruyamment.* ➤ **huer, protester, siffler.** ■ CONTR. Admettre, approuver.

DÉSAPPROVISIONNER [dezapʀɔvizjɔne] v. tr. ‹1› – 1798 ◊ de *dés-* et *approvisionner* ■ **1** Priver de son approvisionnement. ■ **2** Vider le magasin de (une arme à feu) de ses cartouches. *Désapprovisionner un pistolet.* ■ CONTR. Approvisionner.

DÉSARÇONNER [dezaʀsɔne] v. tr. ‹1› – XIIe ◊ de *dés-* et *arçon* ■ **1** Mettre (qqn) hors des arçons, jeter à bas de la selle. ➤ **démonter, vider.** « *Le premier chevalier qui courut contre lui le désarçonna* » VOLTAIRE. ■ **2** FIG. Confondre (qqn) dans une discussion, faire perdre son assurance à (qqn). ➤ **déconcerter, démonter, dérouter.**

DÉSARGENTÉ, ÉE [dezaʀʒɑ̃te] adj. – 1640 ; *flambeau désargenté* 1611 ◊ de *désargenter* ■ FAM. Qui n'a plus d'argent, est démuni d'argent. ➤ FAM. **fauché, raide.** *Je suis un peu désargenté en ce moment.* « *Les petits bourgeois désargentés* » BEAUVOIR. ■ CONTR. Argenté, riche.

DÉSARGENTER [dezaʀʒɑ̃te] v. tr. ‹1› – 1611 ◊ de *dés-* et *argenter* ■ **1** Dégarnir (un objet argenté) de la couche d'argent qui recouvre la surface. PRONOM. *Les couverts se désargentent à la longue.* ■ **2** FAM. et RARE Priver de son argent. *Ces dépenses m'ont un peu désargenté.* ➤ **désargenté.** ■ CONTR. Argenter, réargenter.

DÉSARMANT, ANTE [dezaʀmɑ̃, ɑ̃t] adj. – début XXe ◊ de *désarmer* (II, 2°) ■ Qui enlève toute sévérité, qui pousse à l'indulgence. *Une naïveté désarmante.* ➤ **attendrissant,** 2 **touchant.** *Elle est désarmante de sincérité.* « Sourire désarmant *est une expression qu'on rencontre encore dans certains romans* » HOUELLEBECQ.

DÉSARMÉ, ÉE [dezaʀme] adj. – 1080 ◊ de *désarmer*

I ■ **1** À qui on a enlevé les armes. *Des soldats désarmés.* ■ **2** Dont les effectifs militaires, les armements ont été supprimés. ➤ **démilitarisé.** *Pays désarmé.* ■ **3** MAR. *Flotte désarmée,* mise en réserve dans un port.

II Sans défense. « *il se sentait faible et désarmé devant elle* » DAUDET.

DÉSARMEMENT [dezaʀməmɑ̃] n. m. – 1594 ◊ de *désarmer* ■ **1** Action de désarmer. *Désarmement d'une garnison qui capitule. Désarmement d'une forteresse.* ♦ Réduction ou suppression des armements nationaux. *Désarmement progressif des grandes puissances. Conférences pour le désarmement nucléaire.* ➤ **dénucléarisation** (cf. Option* zéro). ■ **2** MAR. *Désarmement d'un navire :* mise en réserve d'un navire auquel on enlève les appareils de navigation et les approvisionnements. *Bassin de désarmement.* ■ CONTR. Armement, réarmement.

DÉSARMER [dezaʀme] v. tr. ‹1› – 1080 ; aussi « dépouiller, déshabiller » en ancien français ◊ de *dés-* et *armer*

I ■ **1** Enlever ses armes à (qqn). *Désarmer un malfaiteur.* — PRONOM. *L'écuyer aidait le seigneur à se désarmer,* à se débarrasser de son armure. ■ **2** Limiter ou supprimer les armements, les effectifs militaires de. *Désarmer un pays.* ➤ **démilitariser** ; et aussi **dénucléariser.** ABSOLT *Convention des grandes puissances pour désarmer.* ■ **3** (1674) MAR. *Désarmer un navire,* le garder en réserve, amarré dans un port, après avoir débarqué le personnel, le matériel. ➤ **déséquiper.** ABSOLT *On désarme dans tous les ports.* ■ **4** Faire cesser d'être à la position de l'armement. *Désarmer un fusil, un revolver,* soit en le déchargeant, soit en plaçant le cran de sûreté. *Désarmer une mine,* en ôtant le percuteur. ➤ **désamorcer.**

II (XVIIe) FIG. ■ **1** VX ou LITTÉR. Supprimer, rendre inefficace (un sentiment hostile). *Désarmer la haine.* « *Allez fléchir son cœur, désarmer son courroux* » A. CHÉNIER. ■ **2** MOD. Rendre moins sévère, pousser à l'indulgence. ➤ **adoucir, fléchir,** 1 **toucher.** *Sa candeur, son rire me désarment* (➤ **désarmant**). *Il était désarmé par tant d'inconscience.* ➤ **décontenancer.** ABSOLT « *Les injures révoltent, l'ironie fait rentrer les gens en eux-mêmes, la gaieté désarme* » VOLTAIRE. ■ **3** INTR. Céder, cesser (sentiment hostile, violent). « *il avait éveillé dans cette femme une haine qui ne désarmerait jamais* » MAURIAC.

■ CONTR. Armer.

DÉSARRIMAGE [dezaʀimaʒ] n. m. – 1836 ◊ de *désarrimer* ■ **1** TECHN. Déplacement ou glissement du chargement d'un navire, d'un véhicule de transport. ■ **2** Action de désarrimer. *Le désarrimage de deux engins spatiaux.*

DÉSARRIMER [dezaʀime] v. tr. ‹1› – 1736 ◊ de *dés-* et *arrimer* ■ **1** TECHN. Déranger ou détacher (les marchandises arrimées). ■ **2** Séparer (deux éléments fixés l'un à l'autre). ■ CONTR. Arrimer.

DÉSARROI [dezaʀwa] n. m. – milieu XVe ◊ de l'ancien français *desarroyer, desarreier* « mettre en désordre » → arroi ■ **1** VX Désorganisation complète. ➤ **confusion, désordre.** « *Je trouvai les chemins et les postes en grand désarroi* » SAINT-SIMON. ■ **2** (avant 1558) MOD. Trouble moral. ➤ **désordre,** 2 **trouble.** « *La surprise serait grande chez l'ennemi – partant, le désarroi* » MADELIN. « *un désarroi de sa volonté, dont il eut soudain honte* » BOURGET. ♦ *Être en plein désarroi, en grand désarroi.* ➤ **angoisse, détresse, égarement.** ■ CONTR. Ordre ; assurance, fermeté.

DÉSARTICULATION [dezaRtikylasjɔ̃] **n. f.** – 1813 ; *dearticulation* 1645 ◇ de *désarticuler* ■ **1** Action de désarticuler ; son résultat. *Désarticulation d'un membre.* ■ **2** FIG. et LITTÉR. Action de séparer des éléments ; perte de la cohésion. « *Jaurès compte sur la désarticulation budgétaire* » PÉGUY.

DÉSARTICULER [dezaRtikyle] **v. tr.** ‹ 1 › – 1778 ◇ de *dés-* et *articuler* **I** ■ **1** Faire sortir (un os) de son articulation. ➤ **déboîter, 1 démettre, disloquer.** *Genou désarticulé.* ■ **2** CHIR. Amputer dans l'articulation. *Désarticuler la cuisse.* ■ **3** Déboîter, disloquer (un assemblage). — *Désarticuler un cardan.* ➤ **démonter.** — PAR EXT. *Désarticuler une poupée, un jouet.* ■ **4** FIG. Faire perdre son unité à (un assemblage). *Désarticuler sa phrase, son raisonnement.* — « *Cette malheureuse gauche désarticulée, divisée* » MAURIAC.

II **v. pron. SE DÉSARTICULER.** ■ **1** Se déboîter. *L'os de l'épaule s'est désarticulé.* ■ **2** Perdre son unité. *Sa phrase se désarticule.* ■ **3** SPÉCIALT (PERSONNES) Plier les membres en assouplissant ses articulations de manière excessive ou anormale. *Un acrobate qui se désarticule.* ➤ **se contorsionner, se désosser.** — *Le corps désarticulé d'un contorsionniste.*

DÉSASSEMBLAGE [dezasɑ̃blaʒ] **n. m.** – 1846 ◇ de *désassembler* ■ TECHN., INFORM. Action de désassembler ou de se désassembler ; son résultat. ■ CONTR. Assemblage.

DÉSASSEMBLER [dezasɑ̃ble] **v. tr.** ‹ 1 › – XIIIe ◇ de *dés-* et *assembler* ■ **1** TECHN. Défaire (des pièces qui étaient assemblées). ➤ **désunir, disjoindre.** *Désassembler les montants d'un meuble.* ➤ **démonter.** ■ **2** INFORM. Retrouver le langage d'assemblage de (un programme) à partir du programme en langage machine. ■ CONTR. Assembler, monter.

DÉSASSIMILATION [dezasimilasjɔ̃] **n. f.** – 1834 ◇ de *désassimiler* ■ PHYSIOL. Phénomène par lequel les substances assimilées par un organisme vivant se transforment en produits qui en sont éliminés. ➤ **catabolisme.** ■ CONTR. Assimilation.

DÉSASSIMILER [dezasimile] **v. tr.** ‹ 1 › – 1836 ◇ de *dés-* et *assimiler* ■ DIDACT. ■ **1** Produire la désassimilation de. ■ **2** Priver de ses parties assimilables.

DÉSASSORTIMENT [dezasɔRtimɑ̃] **n. m.** – 1826 ; fig. 1689 ◇ de *désassortir* ■ RARE État de ce qui est désassorti. ■ CONTR. Assortiment.

DÉSASSORTIR [dezasɔRtiR] **v. tr.** ‹ 2 › – 1629 ◇ de *dés-* et *assortir* ■ **1** Priver (un ensemble de choses assorties) d'une partie de ses éléments. ➤ **dépareiller.** — **p. p. adj.** *Service désassorti.* « *Les meubles du séjour étaient rudimentaires, désassortis comme dans les maisons qu'on loue pour les vacances* » ECHENOZ. ■ **2** (1812) *Désassortir un marchand, un magasin,* le démunir de son assortiment de marchandises. ➤ **dégarnir.** ■ CONTR. Réassortir.

DÉSASTRE [dezastR] **n. m.** – 1546 ◇ italien *disastro,* de *disastrato,* astrol. « né sous une mauvaise étoile » → astre ■ **1** Évènement funeste, malheur très grave. Dégât, ruine qui en résulte. ➤ **calamité, cataclysme, catastrophe, fléau, malheur.** *Désastre irréparable. Provoquer un désastre. Désastre qui frappe une famille, un pays. Cette défaite fut un désastre* (➤ **débâcle**). « *Poème sur le désastre de Lisbonne* » (un terrible tremblement de terre), *de Voltaire.* « *Hitler, alors qu'il eût pu arrêter la guerre avant le désastre total, a voulu le suicide général* » CAMUS. ◆ PAR EXAGÉR. *Les enfants ont fait un véritable désastre dans le salon.* ➤ FAM. **carnage.** ■ **2** Échec complet, entraînant de graves conséquences. *Désastre financier, commercial.* ➤ **banqueroute, déconfiture, faillite, krach.** *Nous courons au désastre.* ■ **3** PAR EXAGÉR. Erreur, insuccès. ➤ **catastrophe ;** IRON. **bérézina.** *La représentation de cette pièce fut un désastre.* ➤ **four.** *Il réparait « les désastres causés par le goût triste et voyant de Mme Montessuy »* FRANCE. ■ CONTR. Aubaine, bénédiction, bonheur, réussite, succès.

DÉSASTREUSEMENT [dezastRøzmɑ̃] **adv.** – v. 1585 ◇ de *désastreux* ■ RARE D'une manière désastreuse.

DÉSASTREUX, EUSE [dezastRø, øz] **adj.** – fin XVIe ◇ italien *disastroso* → désastre ■ **1** VIEILLI Qui constitue un désastre. ➤ **catastrophique, funeste, tragique.** « *Ô nuit désastreuse ! Ô nuit effroyable !* » BOSSUET. ■ **2** MOD. Malheureux, mauvais ; fâcheux. *Des nouvelles désastreuses. Des notes désastreuses.* ➤ **affligeant, déplorable, désolant, épouvantable, lamentable, navrant.** *C'est désastreux pour l'avenir.* ■ CONTR. Favorable, heureux.

DÉSATOMISER [dezatɔmize] **v. tr.** ‹ 1 › – v. 1957 ◇ de *dés-* et *atome* ■ VIEILLI Priver (un pays, une région...) de tout armement atomique. ➤ **dénucléariser.** — **n. f. DÉSATOMISATION.**

DÉSAVANTAGE [dezavɑ̃taʒ] **n. m.** – 1290 ◇ de *dés-* et *avantage* ■ **1** Élément négatif dans un ensemble. *Cette situation présente quelques désavantages.* ➤ **désagrément, inconvénient.** ■ **2** Condition d'infériorité. *Le désavantage d'une position.* ◆ SPÉCIALT *Voir qqn à son désavantage,* le voir sous un jour défavorable. *Se montrer à son désavantage.* — *Tourner au désavantage de qqn,* le désavantager. ➤ **détriment, préjudice.** ■ CONTR. Avantage, bénéfice.

DÉSAVANTAGER [dezavɑ̃taʒe] **v. tr.** ‹ 3 › – 1507 ◇ de *désavantage* ■ Faire subir un désavantage à (qqn), mettre en désavantage. ➤ **défavoriser, pénaliser.** *Cette question désavantage le candidat. Désavantager un héritier au profit d'un autre.* ➤ **frustrer, léser.** — *Être désavantagé.* ■ CONTR. Avantager.

DÉSAVANTAGEUSEMENT [dezavɑ̃taʒøzmɑ̃] **adv.** – 1611 ◇ de *désavantageux* ■ D'une manière désavantageuse. ■ CONTR. Avantageusement.

DÉSAVANTAGEUX, EUSE [dezavɑ̃taʒø, øz] **adj.** – 1498 ◇ de *dés-* et *avantageux* ■ Qui cause ou peut causer un désavantage. ➤ **défavorable, pénalisant.** *Position désavantageuse pour qqn. Clause de contrat désavantageuse. Je sentais « que toute association inégale est toujours désavantageuse au parti faible »* ROUSSEAU. ■ CONTR. Avantageux.

DÉSAVEU [dezavø] **n. m.** – 1283 ◇ de *désavouer* et *aveu* ■ **1** Parole ou acte par lequel on désavoue ce qu'on a dit ou fait. ➤ **dénégation, palinodie, rétractation.** *Le désaveu public d'une opinion, d'une doctrine par qqn.* ➤ **apostasie, reniement.** ◆ DR. *Désaveu de paternité :* acte par lequel un mari dénie la paternité de l'enfant né de sa femme. ■ **2** Le fait de désavouer qqn. *Encourir le désaveu de ses chefs, de l'opinion.* ➤ **condamnation.** ■ CONTR. Aveu. Approbation, confirmation, reconnaissance.

DÉSAVOUER [dezavwe] **v. tr.** ‹ 1 › – 1265 ◇ de *dés-* et *avouer* ■ **1** Ne pas vouloir reconnaître pour sien. — (CHOSES) ➤ **nier, renier.** *Désavouer un ouvrage.* « *Plus je suis près de les désavouer* [mes paroles], *plus cassant, net et péremptoire est le ton de ma voix...* » GIDE. — (PERSONNES) *Désavouer un collaborateur.* VX « *Je le désavouerais pour frère ou pour époux* » CORNEILLE. ◆ DR. *Désavouer la paternité d'un enfant,* déclarer qu'on n'en est pas le père. *Désavouer un enfant.* ■ **2** Rétracter. *Désavouer une opinion qu'on avait soutenue. Désavouer les propos qu'on avait tenus.* ➤ **se dédire, dénoncer, revenir** (sur). ■ **3** Déclarer qu'on n'a pas autorisé (qqn) à agir comme il l'a fait. *Désavouer un mandataire, un ministre.* ■ **4** Refuser son approbation à (qqch., qqn). ➤ **désapprouver.** *Désavouer qqn, sa conduite.* ➤ **blâmer, condamner, réprouver.** « *Je répugne à désavouer les lois de mon pays, surtout devant un étranger* » DUHAMEL. — *Politicien désavoué par son parti.* ■ CONTR. Approuver, avouer, confirmer, reconnaître.

DÉSAXÉ, ÉE [dezakse] **adj.** et **n.** – fin XIXe ◇ de *désaxer* ■ Qui n'est pas dans son état normal. *Il est un peu désaxé.* — **n.** *C'est un désaxé.* ➤ **déséquilibré.** ■ CONTR. Équilibré.

DÉSAXER [dezakse] **v. tr.** ‹ 1 › – fin XIXe ◇ de *dés-* et *axe* ■ **1** Écarter, faire sortir de l'axe. *Désaxer un cylindre, une roue.* — **p. p. adj.** *Roue désaxée.* ■ **2** FIG. Faire sortir de l'état normal, habituel. ➤ **déséquilibrer, ébranler, égarer ; désaxé.** ■ CONTR. Axer. Adapter, équilibrer.

DESCELLEMENT [desɛlmɑ̃] **n. m.** – 1768 ◇ de *desceller* ■ Action de desceller. *Le descellement d'un cachet, d'une pierre.* ■ HOM. Décèlement.

DESCELLER [desele] **v. tr.** ‹ 1 › – fin XIIe ◇ de *dé-* et *sceller* ■ **1** Défaire (ce qui est scellé) en brisant le sceau, le cachet. ➤ **ouvrir.** *Desceller un acte.* ■ **2** Arracher, détacher (ce qui est fixé dans la pierre). *Desceller une grille.* ■ HOM. Desseller ; *descelle :* décèle (déceler).

DESCENDANCE [desɑ̃dɑ̃s] **n. f.** – 1283 ◇ de *descendre* ■ **1** VX Le fait de descendre d'une personne, d'une famille. ➤ **extraction, filiation.** *Ils sont de la même descendance.* ➤ **origine.** ■ **2** MOD. Ensemble des descendants de qqn. ➤ **génération, lignée, postérité, progéniture.** *La descendance de qqn.* « *se réjouir de voir naître un enfant, une descendance, de voir se perpétuer une lignée* » DEL AMO. *Cette personne a une nombreuse descendance.* DÉMOGR. *Descendance finale :* moyenne du nombre d'enfants mis au monde par une génération de femmes parvenant à 50 ans. ■ CONTR. Ascendance.

DESCENDANT, ANTE [desɑ̃dɑ̃, ɑ̃t] **adj.** et **n.** – v. 1260 ◇ de *descendre* ■ **1** Qui descend, est issu d'un ancêtre. *Ligne descendante* (opposé à *ascendante*). **n.** Personne qui est issue d'un ancêtre. ➤ **enfant, petits-enfants ; neveu ; descendance.** « *Ces* *deux descendants d'Ève et d'Adam, ces œuvres de vos mains, ô mon Dieu !»* BAUDELAIRE. *Descendant en ligne* directe.* ▪ **2** (XVIe) Qui descend (dans des expr.). *Marée descendante,* qui découvre le rivage. — ANAT. *Côlon descendant.* ▪ **3** Qui va du plus aigu au plus grave. *Intervalles descendants. Gamme descendante.* ▪ CONTR. 1 Ascendant, montant.

DESCENDERIE [desɑ̃dʀi] n. f. – 1758 ◊ de *descendre* ▪ TECHN. Galerie en pente (mines) ; plan incliné où l'on remonte des matériaux.

DESCENDEUR, EUSE [desɑ̃dœʀ, øz] n. – 1913 ◊ de *descendre* ▪ **1** SPORT Cycliste ou skieur, skieuse qui participe à une course de descente. — Spécialiste de la descente. *Descendeurs et slalomeurs.* ▪ **2** n. m. (1959) ALPIN. Ustensile qui, dans les descentes en rappel, évite le frottement de la corde contre le corps ; appareil permettant de se freiner.

DESCENDRE [desɑ̃dʀ] v. ‹41› – début XIe ◊ du latin *descendere,* famille de *scandere* «monter» → scander

I ~ **v. intr.** (AUXILIAIRE *ÊTRE*) **A.** (PERSONNES) ▪ **1** (fin XIe) Aller du haut vers le bas. *Descendre lentement, en marchant. Descendre en courant, en tombant.* ➤ **dégringoler, dévaler.** *Descendre d'un arbre, d'une montagne. Descendre dans la mine. Descendre* (d'un étage) *par l'ascenseur, par l'escalier.* — *Descendre dans la rue*. Descendre dans l'arène*.* — *Descendre en parachute.* ➤ **sauter.** — (début XIe) RELIG. *Descendre du ciel sur la terre. «Le troisième jour, Yahvé descendra aux yeux de tout le peuple»* (BIBLE). *Descendre aux enfers*.* ▪ **2** PAR ANAL. Aller vers le sud. *«Nous partons demain de Nogent, et nous descendons rapidement jusqu'à Arles et Marseille»* FLAUBERT. ◆ *Descendre en ville :* aller en ville. ▪ **3** PAR EXT. Loger, au cours d'un voyage. *Descendre chez des parents, des amis. L'hôtel où il est descendu.* ▪ **4** (fin XIe) **DESCENDRE DE...** Cesser d'être sur (une monture), d'être dans (un véhicule) ; en sortir (souvent en allant vers le bas). *Descendre de cheval, de bicyclette. «Les légionnaires descendirent des camions, par grappes»* MAC ORLAN. *Il est interdit de descendre du train en marche.* ➤ **sauter.** *Vous descendez à la prochaine* (station) ? — *Descendre à terre* (d'un navire...). *Les passagers sont descendus à terre à l'escale du Pirée.* ➤ **débarquer.** ▪ **5** SPÉCIALT (1559) Faire irruption (➤ **descente**). *Les Lombards descendirent en Italie.* ➤ **envahir.** ▪ **6** FIG. Aller vers ce qui est considéré comme plus bas. *Il est descendu bien bas !* ➤ 1 **tomber.** — LITTÉR. (VIEILLI) *Descendre en soi-même :* faire retour, réflexion sur soi. ➤ **rentrer.** *«Apprends à te connaître et descends en toi-même»* CORNEILLE. ◆ (1665) Quitter un rang, un poste élevé. *Descendre de haut.* ➤ **déchoir.** ▪ **7** *Descendre dans le détail, jusqu'aux détails :* examiner successivement des choses de moins en moins importantes ou générales.

B. (CHOSES) ▪ **1** (fin XIe) Aller de haut en bas. *Les impuretés du liquide descendent au fond du vase.* ➤ **se déposer.** *Les cours d'eau descendent vers la mer.* ➤ **couler.** *Le soleil descend sur l'horizon.* ➤ **baisser, se coucher.** *L'avion commence à descendre. «Sa pomme d'Adam montait et descendait comme un piston dans un cylindre»* MAC ORLAN. ◆ *La nuit descend,* elle s'établit en paraissant venir du haut (l'horizon restant clair au couchant). ➤ 1 **tomber.** *«Tu réclamais le Soir ; il descend ; le voici»* BAUDELAIRE. ▪ **2** (1671) S'étendre de haut en bas. *Son pardessus descend, lui descend jusqu'aux mollets.* ◆ PAR ANAL. (1823) Aller vers le sud. *L'autoroute qui descend à Marseille.* ▪ **3** (1690) Aller en pente. ➤ **incliner, pencher.** *Colline qui descend en pente douce. La rue descend à pic. Les jardins «descendent par étages, en obéissant aux chutes naturelles du terrain»* BALZAC. ▪ **4** Diminuer de niveau. ➤ **baisser.** *La marée, la mer descend.* ➤ **se retirer.** *Le thermomètre est descendu de quatre degrés depuis hier. «Il dit que c'était incroyable, terrifiant. Jamais il n'avait vu le baromètre descendre aussi bas, aussi vite»* LE CLÉZIO. ◆ PAR ANAL. *Les prix descendent.* ➤ **diminuer.** ◆ *Son, gamme qui descend de l'aigu au grave. Ma voix ne peut pas descendre plus bas.*

C. FIG. (PERSONNES) (milieu XIIe) Tenir son origine, être issu de. ➤ **venir** (de) ; **descendance.** *«Les Montesquiou descendent d'une ancienne famille* [...] *Ils descendent tellement qu'ils sont dans le quatorzième dessous»* PROUST. *«On dit souvent que l'Homme descend du Singe. Cette assertion n'a pas de sens précis»* J. ROSTAND.

II ~ **v. tr.** (AUXILIAIRE *AVOIR*) ▪ **1** Aller en bas, vers le bas de. *Descendre une rivière* (de l'amont vers l'aval), *des rapides en canot pneumatique* (➤ **rafting**). *Descendre un escalier quatre à quatre.* ➤ **débouler, dévaler.** — ALLUS. *«L'ai-je bien descendu ?»,* réplique de Cécile Sorel après la descente du grand escalier du Casino de Paris. ▪ **2** Porter de haut en bas. *«Des palans enlevaient des fardeaux, tandis que des grues descendaient des pierres»* CHATEAUBRIAND. *Descendre des vieux objets à la cave. Les déménageurs ont descendu les meubles du camion.* ◆ PAR EXT. (1735, Marivaux) FAM. Faire descendre (qqn). *Je vous descendrai en ville.* ➤ 1 **déposer.** ▪ **3** FAM. Consommer, boire (cf. Avoir une bonne descente*). *Descendre son verre d'un trait.* ▪ **4** (1830) FAM. Faire tomber ; abattre. *Descendre une perdrix en plein vol. La D. C. A. a descendu un avion. Descendre un malfaiteur d'un coup de révolver.* ➤ **tuer.** *Se faire descendre. «C'était un brave homme ; il a été descendu par un boulet à Waterloo»* VIGNY. — (1963) LOC. FAM. *Descendre en flammes :* critiquer, attaquer violemment. ➤ **éreinter.**

▪ CONTR. Grimper, monter. Dresser (se), élever (s'), hausser.

DESCENSEUR [desɑ̃sœʀ] n. m. – 1876 ◊ de *descendre,* d'après *ascenseur* ▪ TECHN. Dispositif utilisé pour faire descendre des objets. n. m. *Ascenseur-descenseur.*

DESCENTE [desɑ̃t] n. f. – 1304 ◊ de *descendre*

I MOUVEMENT DU HAUT VERS LE BAS **A.** (PERSONNES) ▪ **1** Action de descendre, d'aller d'un lieu élevé vers un autre plus bas. *La descente de qqn dans, à, vers* (un lieu). *Descente dans un puits, une mine, un gouffre. Descente rapide.* ➤ **chute, dégringolade.** *Descente aux enfers*. Descente en parachute.* ➤ **saut.** *Descente en skis, à vélo. Descente en slalom. Descente aux flambeaux. Il est meilleur en descente* (cycliste, skieur). ➤ **descendeur.** *Descente en rappel*. «La descente de ces rapides* [de l'Ohio] *n'est ni dangereuse, ni difficile»* CHATEAUBRIAND. — Fait de descendre (d'une monture, d'un véhicule). *À la descente du train :* en descendant du train. *«J'irai les prendre à leur descente d'omnibus, ou à une sortie de métro»* ROMAINS. ▪ **2** SPÉCIALT (XVIIe) Attaque, irruption brusque de troupes débarquées en territoire ennemi. ➤ **coup** (de main), **débarquement, incursion, raid.** *Descente sur une côte.* ◆ SPORT *Descente dans le camp adverse, vers les buts.* ◆ DR. *Descente de justice, de police :* recherche, perquisition. ➤ 1 **rafle.** *«la police avait fait une descente pour arrêter des juifs au marché aux Puces»* MODIANO. *Descente sur les lieux :* mesure d'instruction destinée à faire des constatations matérielles. *La police a fait une descente dans les locaux du journal.* — FAM. *Faire une descente dans le frigo.* ◆ PSYCHIATR. Phase dépressive succédant chez le toxicomane à la sensation aiguë de plaisir. *«Je déteste la coke et le speed, à cause des descentes, le lendemain»* V. DESPENTES.

B. (CHOSES) *Descente de la mer qui se retire.* ➤ **reflux.** *Avion qui commence sa descente pour se poser. Descente en vol plané.* ◆ MÉD. Déplacement de haut en bas (d'un organe). ➤ **chute, prolapsus, ptose.** *Descente de l'utérus.*

II FAIT DE PORTER EN BAS Action de déposer une chose, de la porter en bas. *Descente d'un tableau.* ➤ **décrochage, dépose.** *La descente d'une pièce de vin à la cave, de marchandises dans la cale.* ◆ *Descente de croix :* représentation de Jésus-Christ qu'on détache de la croix. ➤ **déposition.** *«La Descente de croix», de Rubens.*

III CE QUI DESCEND, VA VERS LE BAS ▪ **1** Chemin, pente par laquelle on descend. *La déclivité d'une descente. Descente rapide, vertigineuse. Descente douce. Freiner dans les descentes. Au bas de la descente.* ➤ **côte.** *La descente d'un garage.* ◆ Galerie de mine en pente. ➤ **descenderie.** ▪ **2** (1676) MAR. Passage muni d'échelle qui permet d'aller d'un pont à un autre, au-dessous du pont principal. — ARCHIT. Rampe d'escalier. — *Tuyau de descente :* tuyau d'écoulement des eaux. PAR MÉTON. *La descente reçoit l'eau du chéneau.* — *Descente d'antenne :* câble reliant une antenne située sur le toit au poste récepteur. ▪ **3** (1837) **DESCENTE DE LIT :** petit tapis sur lequel on pose les pieds en descendant du lit. ➤ **carpette.** ▪ **4** FIG. et FAM. *Avoir une bonne descente* (de gosier) : ingurgiter beaucoup. ➤ **descendre** (II, 3°) (cf. Avoir la dalle* en pente). *«ce qu'il avait d'abord pris pour une solide descente était en réalité de l'alcoolisme»* E. CARRÈRE.

▪ CONTR. Ascension, montée. Côte. ▪ HOM. Décente (décent).

DÉSCOLARISÉ, ÉE [deskɔlaʀize] adj. – 1978 ◊ de *dé-* et *scolariser* ▪ Qui a interrompu sa scolarité pendant la période de l'obligation scolaire, qui est en rupture scolaire. *Les jeunes déscolarisés. «Nous étions déscolarisées. Elle nous disait que nous ne méritions pas d'aller à l'école»* R. JAUFFRET. — n. *Les déscolarisés.* — n. f. **DÉSCOLARISATION.**

DESCRIPTEUR [dɛskʀiptœʀ] n. m. – 1464, repris 1779 ◊ latin *descriptor* → décrire ▪ **1** DIDACT. Celui qui décrit. *Cet écrivain a de grandes qualités de descripteur.* ▪ **2** SC. (INFORM.) Ensemble de signes, de format* codifié, servant à décrire de manière optimale un fichier, un lexique (➤ **mot**).

DESCRIPTIBLE [dɛskʀiptibl] adj. – 1845 ◊ probablt d'après *indescriptible* ■ RARE Qui peut être décrit. *Une émotion à peine descriptible.* ■ CONTR. Indescriptible.

DESCRIPTIF, IVE [dɛskʀiptif, iv] adj. et n. m. – XVe, repris 1787 ◊ du latin *descriptus,* p. p. de *describere* ■ 1 Qui décrit, qui évoque concrètement des objets réels. *Passages descriptifs d'un roman. Poésie descriptive. « Style descriptif : style scientifique. Le contraire même de la poésie »* M. JACOB. *Musique descriptive.* ■ 2 **GÉOMÉTRIE DESCRIPTIVE :** technique de représentation plane des figures de l'espace, inventée par Monge. ➤ 2 coupe, élévation, 2 plan, profil. ■ 3 Qui s'attache à décrire son objet, sur la base de faits observables. ◆ (1801) *Anatomie descriptive.* ◆ *Linguistique descriptive,* qui se donne pour objet les énoncés réalisés dans un corpus et se borne à la description structurale d'un état de langue (➤ synchronie), sans référence à son évolution, sans hypothèses intuitives, sans intentions normatives ➤ descriptivisme. ◆ ANTHROP. *Terme descriptif :* terme combinant plusieurs termes élémentaires pour décrire un lien de parenté (ex. frère de la mère de X pour oncle de X, en français). ■ 4 n. m. TECHN. Document qui décrit précisément au moyen de plans, schémas et légendes. ➤ 3 plan, schéma.

DESCRIPTION [dɛskʀipsjɔ̃] n. f. – 1160 ◊ latin *descriptio* ■ 1 Action de décrire, énumération des caractères (de qqch.). *Description orale, écrite. Faire, donner une, la description de qqch., de qqn. Description exacte, fidèle, précise. Description d'une personne.* ➤ portrait, signalement. *Description d'un évènement.* ➤ exposé. *« Tu sais que les belles choses ne souffrent pas de description »* FLAUBERT. *Description encyclopédique et définition**. — SPÉCIALT Inventaire sommaire. ■ 2 Dans une œuvre littéraire, Passage qui évoque la réalité concrète. *Alternance de descriptions et de narrations. Description vivante, pittoresque, monotone, banale.* ■ 3 (1690) DR. État de biens saisis ou inventoriés. ■ 4 (milieu XXe) LING. Représentation structurelle des constituants de la phrase, des morphèmes et des phonèmes.

DESCRIPTIVISME [dɛskʀiptivism] n. m. – milieu XXe ◊ de *descriptif,* d'après l'anglais américain *descriptivism* (Bloomfield, 1926) ■ LING. Linguistique descriptive* (par ex. distributionnelle).

DESDITS ➤ DIT

DÉSÉCHOUER [dezeʃwe] v. tr. ⟨1⟩ – 1835 ◊ de *dés-* et *échouer* ■ MAR. Remettre à flot (un navire échoué). ➤ renflouer. — n. m. **DÉSÉCHOUAGE.** ■ CONTR. Échouer.

DÉSECTORISER [desɛktɔʀize] v. tr. ⟨1⟩ – v. 1970 ◊ de *dé-* et *sectoriser* ■ ADMIN. Cesser d'organiser et de répartir par secteurs. *Désectoriser les collèges d'un département.* — n. f. **DÉSECTORISATION.**

DÉSÉGRÉGATION [desegʀegasjɔ̃] n. f. – 1964 ◊ de *dé-* et *ségrégation* ■ Suppression de la ségrégation* raciale, de ses effets. ■ CONTR. Ségrégation.

DÉSEMBOBINER [dezɑ̃bɔbine] v. tr. ⟨1⟩ – 1948 ◊ de *dés-* et *embobiner* ■ Dérouler (une bobine) ; défaire (ce qui était enroulé sur une bobine). ➤ débobiner. ■ CONTR. Embobiner.

DÉSEMBOURBER [dezɑ̃buʀbe] v. tr. ⟨1⟩ – 1690 ◊ de *dés-* et *embourber* ■ Faire sortir de la boue. *La charrette « est bien lourde à désembourber »* FLAUBERT.

DÉSEMBOURGEOISER [dezɑ̃buʀʒwaze] v. tr. ⟨1⟩ – 1876 ◊ de *dés-* et *embourgeoiser* ■ Enlever le caractère bourgeois à (qqn). PRONOM. *Il s'est un peu désembourgeoisé.*

DÉSEMBOUTEILLER [dezɑ̃buteje] v. tr. ⟨1⟩ – 1924 ◊ de *dés-* et *embouteiller* ■ Faire cesser l'embouteillage de (une route, une ligne téléphonique). ➤ décongestionner, désencombrer. ■ CONTR. Embouteiller (3o).

DÉSEMBUER [dezɑ̃bɥe] v. tr. ⟨1⟩ – milieu XXe ◊ de *dés-* et *embuer* ■ Ôter la buée de (une vitre). — n. m. (1970) **DÉSEMBUAGE.**

DÉSEMPARÉ, ÉE [dezɑ̃paʀe] adj. – fin XIVe ◊ de *désemparer* ■ 1 *Navire désemparé,* qui a subi des avaries l'empêchant de manœuvrer. ■ 2 Qui ne sait plus où il en est, qui ne sait plus que dire, que faire. ➤ déconcerté, décontenancé, désarmé. *Il est tout désemparé depuis qu'elle est partie. « Un gouvernement désemparé, qui ne sait répondre aux questions qu'en levant les bras au ciel »* ROMAINS.

DÉSEMPARER [dezɑ̃paʀe] v. tr. ⟨1⟩ – 1364 « démanteler » ◊ de *dés-* et *emparer* « fortifier » ■ 1 (1694) MAR. Mettre (un navire) hors d'état de servir. *Désemparer un bâtiment ennemi.* ■ 2 VX Abandonner (un endroit). ◆ MOD. INTRANS. **SANS DÉSEMPARER :** sans s'interrompre, sans arrêt*. *Ils ont travaillé la nuit entière sans désemparer* (cf. FAM. Sans débander).

DÉSEMPLIR [dezɑ̃pliʀ] v. ⟨2⟩ – 1190 ◊ de *dés-* et *emplir* ■ 1 v. tr. RARE Vider en partie. — PRONOM. *La salle se désemplit peu à peu.* ■ 2 v. intr. (à la forme négative) *Ne pas désemplir :* être constamment plein (lieu). *La boutique ne désemplit pas.* ■ CONTR. Emplir.

DÉSENCADRER [dezɑ̃kadʀe] v. tr. ⟨1⟩ – 1870 ◊ de *dés-* et *encadrer* ■ Enlever le cadre de. *« Vous désencadrerez la glace de l'armoire »* GIRAUDOUX. — *Tableau désencadré.* — On dit aussi **DÉCADRER,** 1809. ◆ FIG. *Désencadrer le crédit.* — n. m. **DÉSENCADREMENT.** ■ CONTR. Encadrer.

DÉSENCERCLEMENT [dezɑ̃sɛʀkləmɑ̃] n. m. – 1917 ; autre sens 1910 ◊ de *dés-* et *encerclement* ■ *Grenade de désencerclement :* grenade à main, arme non létale utilisée par les forces de l'ordre pour disperser une foule qui les encercle.

DÉSENCHAÎNER [dezɑ̃ʃene] v. tr. ⟨1⟩ /DÉSENCHAINER/ – XVIe ◊ de *dés-* et *enchaîner* ■ Débarrasser, délivrer de ses chaînes. — REM. *Déchaîner* ne se dit plus dans ce sens. ■ CONTR. Enchaîner.

DÉSENCHANTEMENT [dezɑ̃ʃɑ̃tmɑ̃] n. m. – 1554 ◊ de *désenchanter* ■ 1 VX Action de désenchanter, de faire cesser le charme. ■ 2 (1803) MOD. État d'une personne qui a perdu ses illusions, qui a été déçue. ➤ déception, dégoût, désillusion. *« Un goût d'amertume, une sensation de désenchantement »* MAUPASSANT. ■ CONTR. Enchantement. Enthousiasme, joie.

DÉSENCHANTER [dezɑ̃ʃɑ̃te] v. tr. ⟨1⟩ – 1260 ◊ de *dés-* et *enchanter* ■ 1 VX ou LITTÉR. Rompre l'enchantement, faire cesser le charme de. ◆ (1802) *Désenchanter qqn,* le faire revenir de ses illusions. ➤ décevoir, désappointer, désillusionner. ■ 2 COUR., AU P. P. Qui a perdu son enthousiasme, ses illusions. ➤ blasé, déçu, 1 las. *Il est désenchanté de tout. Un sourire « tristement tendre, céleste et désenchanté »* PROUST. SUBST. *« Les Désenchantées », de Loti.* ■ CONTR. Charmer, émerveiller, enchanter, enthousiasmer.

DÉSENCLAVER [dezɑ̃klave] v. tr. ⟨1⟩ – 1870 ◊ de *dés-* et *enclaver* ■ Faire cesser d'être enclavé, d'être une enclave. — (1935) Rompre l'isolement de (une région, une ville) par l'amélioration des communications maritimes, aériennes, routières, téléphoniques, etc. — PRONOM. *La région s'est désenclavée.* — n. m. **DÉSENCLAVEMENT.** ■ CONTR. Enclaver.

DÉSENCOMBREMENT [dezɑ̃kɔ̃bʀəmɑ̃] n. m. – 1845 ◊ de *désencombrer* ■ Action de désencombrer ; son résultat. ■ CONTR. Encombrement.

DÉSENCOMBRER [dezɑ̃kɔ̃bʀe] v. tr. ⟨1⟩ – fin XIIe ◊ de *dés-* et *encombrer* ■ Faire cesser d'être encombré. *« La nécessité de désencombrer la voie publique des immondices »* BLOY. *Désencombrer un central téléphonique.* ➤ désembouteiller. — PRONOM. *Se désencombrer* (de qqch.). ■ CONTR. Encombrer.

DÉSENCRAGE [dezɑ̃kʀaʒ] n. m. – 1966 ◊ de *désencrer,* de *dés-* et *encrer* ■ TECHN. Élimination de l'encre d'imprimerie extraite (du papier recyclable).

DÉSENCRASSER [dezɑ̃kʀase] v. tr. ⟨1⟩ – 1929 au p.p. ◊ de *dés-* et *encrasser* ■ Enlever la crasse de. *Désencrasser un conduit.* ➤ décrasser. — FIG. *Désencrasser le langage, les esprits.* ■ CONTR. Encrasser.

DÉSENDETTEMENT [dezɑ̃dɛtmɑ̃] n. m. – 1985 ◊ de *dés-* et *endettement* ■ ÉCON. Le fait de se désendetter ; son résultat.

DÉSENDETTER (SE) [dezɑ̃dete] v. pron. ⟨1⟩ – 1900 ◊ de *dés-* et *endetter* ■ ÉCON. Réduire la charge de sa dette.

DÉSÉNERVER [dezenɛʀve] v. tr. ⟨1⟩ – 1907 ◊ de *dés-* et *énerver* ■ Faire cesser (qqn) d'être énervé. ➤ calmer, détendre. PRONOM. *Il commence à se désénerver.* — *Être désénervé.*

DÉSENFLER [dezɑ̃fle] v. ⟨1⟩ – 1138 ◊ de *dés-* et *enfler* ■ 1 v. tr. Faire diminuer ou disparaître l'enflure de. *Désenfler une cheville foulée.* — PRONOM. *Sa joue s'est désenflée.* ■ 2 v. intr. Cesser d'être enflé. *Sa joue commence à désenfler.* — REM. S'emploie avec l'auxil. *avoir* pour exprimer l'action, *être* pour exprimer le résultat de l'action. ■ CONTR. Enfler.

DÉSENFUMER [dezɑ̃fyme] v. tr. ⟨1⟩ – 1845 ◊ de *dés-* et *enfumer* ■ Chasser la fumée de. *Désenfumer une pièce.* — n. m. **DÉSENFUMAGE.** ■ CONTR. Enfumer.

DÉSENGAGEMENT [dezɑ̃gaʒmɑ̃] n. m. – 1465 dr. ◊ de *désengager* ■ Action de (se) désengager. *Politique de désengagement* (d'une alliance). ■ CONTR. Engagement.

DÉSENGAGER [dezɑ̃gaʒe] v. tr. ⟨3⟩ – 1462 ◇ de *dés-* et *engager* ■ Faire cesser d'être engagé ; retirer d'un engagement. PRONOM. *Se désengager d'une obligation.*

DÉSENGLUER [dezɑ̃glye] v. tr. ⟨1⟩ – 1627 ◇ de *dés-* et *engluer* ■ RARE Faire cesser d'être englué. ➤ **dégluer.** *Désengluer un oiseau.* — PRONOM. FIG. Se dégager (d'une contrainte, de ce qui retient). ➤ se **dépêtrer*.** *Se désengluer de ses habitudes. «cet embarras méfiant dont aucun de nous n'arrive à se désengluer vraiment»* F. AUBENAS.

DÉSENGORGEMENT [dezɑ̃gɔʀʒəmɑ̃] n. m. – 1838 ◇ de *désengorger* ■ Action de désengorger ; fait d'être désengorgé. *Le désengorgement d'un conduit.* ➤ **dégorgement.** — *Le désengorgement du réseau routier.* ■ CONTR. Engorgement.

DÉSENGORGER [dezɑ̃gɔʀʒe] v. tr. ⟨3⟩ – 1825 ◇ de *dés-* et *engorger* ■ Faire cesser d'être engorgé. *Désengorger un tuyau.* ➤ **dégorger.** — *Désengorger les routes.* ■ CONTR. Engorger.

DÉSENGOURDIR [dezɑ̃guʀdiʀ] v. tr. ⟨2⟩ – milieu XVIᵉ ◇ de *dés-* et *engourdir* ■ Dégourdir*. ■ CONTR. Engourdir.

DÉSENGRENER [dezɑ̃gʀəne] v. tr. ⟨5⟩ – fin XVIIIᵉ ◇ de *dés-* et *engrener* ■ TECHN. Faire cesser d'être engrené.

DÉSENIVRER [dezɑ̃nivʀe] v. ⟨1⟩ – 1170 ◇ de *dés-* et *enivrer* ■ LITTÉR. ■ **1** v. tr. Faire cesser (qqn) d'être ivre. *L'air pur le désenivra.* ➤ **dégriser, dessoûler.** ■ **2** v. intr. Cesser d'être ivre. *Il ne désenivre pas.* ■ CONTR. Enivrer.

DÉSENNUYER [dezɑ̃nɥije] v. tr. ⟨8⟩ – *se désennuyer* début XVᵉ ◇ de *dés-* et *ennuyer* ■ LITTÉR. Faire cesser l'ennui de. ➤ **amuser, délasser, distraire, divertir.** *Désennuyer qqn. «Espionner désennuie de servir»* HUGO. ABSOLT *Occupation, lecture qui désennuie.* — PRONOM. *«Afin de se désennuyer, Frédéric changeait de place»* FLAUBERT. ■ CONTR. Ennuyer.

DÉSENRAYER [dezɑ̃ʀeje] v. tr. ⟨8⟩ – 1694 ◇ de *dés-* et *enrayer* ■ TECHN. Réparer (une arme enrayée).

DÉSENSABLER [dezɑ̃sɑble] v. tr. ⟨1⟩ – 1694 ◇ de *dés-* et *ensabler* ■ Dégager (ce qui était ensablé). ■ CONTR. Ensabler.

DÉSENSIBILISATEUR [desɑ̃sibilizatœʀ] n. m. – 1953 ◇ de *désensibiliser* ■ DIDACT. Produit qui diminue la sensibilité d'une émulsion photographique.

DÉSENSIBILISATION [desɑ̃sibilizasjɔ̃] n. f. – 1924, au sens 2ᵒ ◇ de *désensibiliser* ■ DIDACT. ■ **1** PHOTOGR. Diminution de la sensibilité (d'une émulsion). ■ **2** MÉD. Diminution de la sensibilisation aux allergènes. ➤ **accoutumance** (2ᵒ). *Désensibilisation aux moisissures.* ■ **3** FIG. Action de rendre (qqn) moins sensible à (qqch.). *«un processus de désensibilisation [...] par l'endurcissement»* É. AJAR.

DÉSENSIBILISER [desɑ̃sibilize] v. tr. ⟨1⟩ – 1898 ◇ de *dé-* et *sensibiliser* ■ DIDACT. ■ **1** PHOTOGR. Diminuer la sensibilité de (une émulsion photographique). ■ **2** MÉD. Pratiquer une désensibilisation* (2ᵒ) sur (un organisme). *Désensibiliser une dent.* ➤ **dévitaliser.** — PRONOM. *Se désensibiliser à* : devenir insensible à, cesser d'être allergique à. ◆ PSYCHIATR. Faire devenir (qqn) insensible à l'agression, par un agent thérapeutique ou une psychothérapie. ■ **3** FIG. Rendre (qqn) moins sensible à (qqch.). *Désensibiliser l'opinion publique à, sur un problème.*

DÉSENSORCELER [dezɑ̃sɔʀsəle] v. tr. ⟨4 /5/⟩ – 1538 ◇ de *dés-* et *ensorceler* ■ Faire cesser d'être ensorcelé. ➤ **désenvoûter.** *L'exorciste l'a désensorcelé.* — FIG. Soustraire (qqn, qqch.) à une forte emprise.

DÉSENTOILAGE [dezɑ̃twalaʒ] n. m. – 1870 ◇ de *désentoiler* ■ Action de désentoiler ; son résultat.

DÉSENTOILER [dezɑ̃twale] v. tr. ⟨1⟩ – 1864 ◇ de *dés-* et *entoiler* ■ Enlever la toile, l'entoilage de. *Désentoiler un tableau et le rentoiler avant de le restaurer.* ■ CONTR. Entoiler.

DÉSENTORTILLER [dezɑ̃tɔʀtije] v. tr. ⟨1⟩ – 1611 au p. p. ◇ de *dés-* et *entortiller* ■ Détortiller*. ■ CONTR. Entortiller.

DÉSENTRAVER [dezɑ̃tʀave] v. tr. ⟨1⟩ – 1615 ◇ de *dés-* et *entraver* ■ Libérer (qqn, un animal) de ses entraves. ■ CONTR. 1 Entraver.

DÉSENVASER [dezɑ̃vɑze] v. tr. ⟨1⟩ – 1870 ◇ de *dés-* et *envaser* ■ **1** Débarrasser de la vase. *Désenvaser un bassin.* ■ **2** Faire sortir de la vase. ■ CONTR. Envaser.

DÉSENVENIMER [dezɑ̃v(ə)nime] v. tr. ⟨1⟩ – 1553 ◇ de *dés-* et *envenimer* ■ **1** Ôter le venin de. ■ **2** FIG. Rendre moins virulent, moins violent. *Désenvenimer une querelle.* ■ CONTR. Envenimer.

DÉSENVERGUER [dezɑ̃vɛʀge] v. tr. ⟨1⟩ – 1783 ◇ de *dés-* et *enverguer* ■ Déverguer*. ■ CONTR. Enverguer.

DÉSENVOÛTER [dezɑ̃vute] v. tr. ⟨1⟩ /DÉSENVOUTER/ – 1370 ◇ de *dés-* et *envoûter* ■ Délivrer d'un envoûtement. ➤ **désensorceler.** — n. m. (1370) **DÉSENVOÛTEMENT** /désenvoutement/. ➤ **envoûter.** ■ CONTR. Envoûter.

DÉSÉPAISSIR [dezepesiʀ] v. tr. ⟨2⟩ – 1572 ; *despaissir* XIVᵉ ◇ de *dés-* et *épaissir* ■ Rendre moins épais. *Désépaissir une sauce* (➤ **éclaircir**), *les cheveux.* ■ CONTR. Épaissir.

DÉSÉPARGNE [dezepaʀɲ] n. f. – v. 1980 ◇ de *dés-* et *épargne* ■ ÉCON. Transformation d'une épargne en consommation.

DÉSÉQUILIBRANT, ANTE [dezekilibʀɑ̃, ɑ̃t] adj. – 1960 ◇ de *déséquilibrer* ■ Qui déséquilibre. *Facteur déséquilibrant dans la vie d'une personne.* ➤ **déstabilisateur.** *«Nous nous félicitions d'avoir traversé sans encombre cette période déséquilibrante pendant laquelle Sandra s'était invitée dans notre vie»* M. DUGAIN. ■ CONTR. Équilibrant.

DÉSÉQUILIBRE [dezekilibʀ] n. m. – 1883 ◇ de *dés-* et *équilibre* ■ **1** Perte de l'équilibre, d'une position stable. ➤ **instabilité.** *Pile de livres en déséquilibre.* ◆ MÉD. Trouble de l'équilibre, pendant la marche ou la station debout. — PHYSIOL. Trouble de la régulation d'un système organique. *Un déséquilibre hormonal.* ■ **2** Absence d'égalité, d'harmonie entre. *Déséquilibre de forces, de valeurs.* ➤ **disparité.** *Il y a déséquilibre entre l'offre et la demande.* ➤ **distorsion, disproportion, inégalité.** ■ **3** État psychique qui se manifeste par l'impossibilité de mener une vie harmonieuse, par des difficultés d'adaptation, des changements d'attitude immotivés, des réactions asociales. *Déséquilibre mental, psychique.* ➤ **psychopathie ; déséquilibré.** ■ CONTR. Équilibre.

DÉSÉQUILIBRÉ, ÉE [dezekilibʀe] adj. – fin XIXᵉ ◇ de *déséquilibrer* ■ Qui n'a pas ou n'a plus son équilibre mental. *Il est un peu déséquilibré.* — n. *C'est un déséquilibré.* ➤ **désaxé, détraqué, instable, névrosé, psychopathe, sociopathe.**

DÉSÉQUILIBRER [dezekilibʀe] v. tr. ⟨1⟩ – 1860 ◇ de *dés-* et *équilibrer* ■ **1** Faire perdre l'équilibre à (qqch., qqn). *Le choc a déséquilibré le cycliste. Déséquilibrer un budget.* ■ **2** Causer un déséquilibre mental chez (qqn). *Cette séparation l'a complètement déséquilibré.* ■ CONTR. Équilibrer.

DÉSÉQUIPER [dezekipe] v. tr. ⟨1⟩ – 1732 ◇ de *dés-* et *équiper* ■ **1** MAR. Désarmer (un navire). ■ **2** Enlever l'équipement de. — PRONOM. *Il se tenait «avec son mousqueton toujours en bandoulière, sans même avoir le courage de se déséquiper»* C. SIMON. ■ CONTR. Équiper.

1 **DÉSERT, ERTE** [dezɛʀ, ɛʀt] adj. – 1080 aussi «inculte» ◇ latin *desertus* ■ **1** Sans habitants. *Île déserte.* ➤ **inhabité.** *Campagne déserte.* ➤ **désertique, désolé, sauvage.** *«À mesure qu'on approche de Port-Royal, le pays se fait plus désert»* SUARÈS. — Peu fréquenté. *Une plage déserte.* ■ **2** Privé provisoirement de ses occupants. ➤ **abandonné, dépeuplé, déserté, vide.** *Les rues sont désertes. «Notre-Dame est aujourd'hui déserte, inanimée, morte»* HUGO. *Le château «était désert, mais non abandonné»* GAUTIER. ■ CONTR. Habité, peuplé ; fréquenté, passant. Occupé, plein.

2 **DÉSERT** [dezɛʀ] n. m. – v. 1170 ◇ bas latin *desertum,* classique *deserta,* plur. de *desertus*

I ■ **1** VX Tout lieu inhabité. ◆ VIEILLI Lieu peu habité, peu fréquenté. *«fuir dans un désert l'approche des humains»* MOLIÈRE. ■ **2** MOD. Lieu dépeuplé. *«une ville de province est un désert sans solitude»* MAURIAC. *Désert médical* : région qui manque de médecins. — PAR EXT. Lieu écarté. *Il est allé vivre dans un vrai désert.* ➤ **bled, trou.** ■ **3** (ABSTRAIT) Solitude. ➤ **vide.** *«J'entre avec une secrète horreur dans ce vaste désert du monde»* ROUSSEAU. *Un désert culturel.* ➤ **néant.** ■ **4** LOC. *Prêcher (crier, parler) dans le désert,* sans être écouté (allus. à saint Jean Baptiste). — ALLUS. BIBL. *Traversée du désert* : longue période d'isolement forcé du pouvoir (pour un personnage politique, un parti), d'absence médiatique ou d'insuccès (pour un artiste, un sportif). *«De Gaulle n'a pas oublié les conditions dans lesquelles il a quitté les affaires de l'État en 1946, pour entamer une "traversée du désert" qui allait durer douze ans»* (Le Monde, 1969).

II Région très peu habitée dont les précipitations sont inférieures à l'évaporation ; SPÉCIALT cette région dans un climat chaud. *Avancée du désert.* ➤ **désertification.** *«Au sujet de l'avancée du désert [il] se demande si un jour, la République [...] ne sera pas dévorée par les sables»* DIABATÉ. *Désert aride du Sahara. Déserts semi-arides du Kalahari, d'Australie, de l'Arizona. Déserts tropicaux. Désert de Gobi. Déserts tempérés et froids.* ➤ **steppe, toundra.** *Désert de sable.* ➤ 1 **erg.** *Désert de* *pierres.* ➤ **hamada.** *Désert rocheux.* ➤ **reg.** *Point d'eau, végétation dans le désert.* ➤ **oasis.** *«Ce qui embellit le désert [...], c'est qu'il cache un puits, quelque part»* SAINT-EXUPÉRY. *Les mirages du désert. Nomades, caravanes de chameaux qui traversent le désert. Le vaisseau* du désert. «Là-bas dans le grand désert, les hommes peuvent marcher des jours, sans rencontrer une seule maison»* LE CLÉZIO. *Renard du désert :* fennec.

DÉSERTER [dezɛʀte] **v. tr.** ⟨1⟩ – 1080 ; «rendre un lieu désert» v. 1050 ◇ bas latin *desertare* ▪ **1** Abandonner (un lieu où l'on devrait rester). ➤ **abandonner, quitter.** *Déserter le domicile conjugal. Déserter son poste.* — *Village déserté par ses habitants.* ▪ **2** ABSOLT (XVIIe ◇ repris à l'italien) Abandonner l'armée sans permission. ➤ **désertion.** *Une bonne partie de l'armée a déserté. Des «jeunes soldats qui, à peine enrôlés, désertent et rejoignent ces réfractaires»* MADELIN. ▪ **3** FIG. Renier, trahir. *«Je comprends qu'on déserte une cause pour savoir ce qu'on éprouvera à en servir une autre»* BAUDELAIRE. ▪ **4** (CHOSES) Abandonner (qqn). *«Cette âme aimante que tout, sauf Dieu, désertait»* GIDE. ➤ **délaisser.** ▪ CONTR. Rester, revenir. Rallier, rejoindre.

DÉSERTEUR [dezɛʀtœʀ] **n. m.** – 1253 «celui qui part» ◇ de *déserter* ▪ **1** (XVIIe) Soldat qui déserte ou qui a déserté. ➤ **insoumis.** *Déserteur qui passe à l'ennemi.* ➤ **transfuge.** *Lois contre les déserteurs.* ▪ **2** FIG. et LITTÉR. Personne qui abandonne une foi, une cause. ➤ **apostat, renégat.** *«Je souriais en pensant à cette population secrète des déserteurs. Qu'on déserte un jour, un seul jour, me disais-je, et pour la vie on est un déserteur»* Y. HAENEL. REM. Au féminin on rencontre les formes *déserteuse* et *désertrice.* ▪ CONTR. Défenseur, fidèle.

DÉSERTIFICATION [dezɛʀtifikasjɔ̃] **n. f.** – 1910 ◇ de 2*désert* ▪ **1** GÉOGR., ÉCOL. Transformation d'une région en désert sous l'action de facteurs climatiques ou humains. *Lutte contre la désertification.* ▪ **2** FIG. Disparition de toute activité humaine dans une région peu à peu désertée.

DÉSERTIFIER (SE) [dezɛʀtifje] **v. pron.** ⟨7⟩ – 1975 ◇ de 2*désert* ▪ **1** Se transformer en désert (➤ **désertification**). ▪ **2** FIG. Perdre toute activité humaine en raison d'un dépeuplement. *Les campagnes se désertifient.*

DÉSERTION [dezɛʀsjɔ̃] **n. f.** – 1361 «abandon» ◇ latin *desertio* ▪ **1** (XVIIe) Action de déserter, de quitter l'armée sans autorisation (➤ **insoumission**). *Désertion en temps de paix, en temps de guerre. Désertion à l'étranger* (en quittant le pays) ; *désertion en présence de l'ennemi ; désertion à l'ennemi* (en passant dans l'armée ennemie). ➤ **trahison.** ▪ **2** Le fait d'abandonner (un lieu). *La désertion des campagnes par les populations.* ▪ **3** FIG. Action de déserter une cause, un parti. ➤ **abandon, reniement.** ▪ CONTR. Fidélité, ralliement.

DÉSERTIQUE [dezɛʀtik] **adj.** – fin XIXe ◇ de 2*désert* (II) ▪ **1** Qui appartient au désert. *Climat désertique. Plante désertique.* ▪ **2** Qui a certains caractères du désert. ➤ **aride, inculte.** *Région désertique.* ▪ CONTR. Fertile.

DÉSESCALADE [dezɛskalad] **n. f.** – v. 1960 ; *descalade* 1926 ◇ de *dés-* et *escalade* ▪ **1** DIDACT. Retour au calme après une escalade*, dans les domaines militaire, diplomatique, social, etc. ▪ **2** Descente (d'une montagne, d'un sommet). *Désescalade en rappel.*

DÉSESPÉRANCE [dezɛspeʀɑ̃s] **n. f.** – 1160, repris 1801 ◇ de *dés-* et *espérance* ▪ LITTÉR. État d'une personne qui n'a aucune espérance, qui a perdu foi, confiance. ➤ **désespoir.** *«une pénétrante expression de découragement et de désespérance»* FRANCE. ▪ CONTR. Espérance.

DÉSESPÉRANT, ANTE [dezɛspeʀɑ̃, ɑ̃t] **adj.** – 1671 ◇ de *désespérer* ▪ **1** LITTÉR. Qui jette dans le désespoir, qui désole. ➤ **désolant, navrant.** *«Que d'images effrayantes et désespérantes !»* BOURDALOUE. ▪ **2** COUR. Qui fait perdre espoir, qui lasse. ➤ **décourageant.** *Cet enfant est désespérant, nous n'en ferons jamais rien. C'est désespérant de le voir ainsi perdre son temps.* ▪ **3** Désagréable, fâcheux. *Il fait un temps désespérant. «l'auto n'avançait qu'avec une désespérante lenteur»* GIDE. ▪ CONTR. Consolant, encourageant, prometteur. Agréable.

DÉSESPÉRÉ, ÉE [dezɛspeʀe] **adj.** – v. 1170 n. ◇ de *désespérer* ▪ **1** Qui est réduit au désespoir. *«Il faut te dire que j'étais désespéré oui, dégoûté de tout»* DUHAMEL. ◆ SUBST. *«Ceux qui viennent au monde pauvres et nus sont toujours des désespérés»* VIGNY. *«Le Désespéré», roman de Léon Bloy.* — SPÉCIALT Suicidé. *On repêcha le corps du désespéré.* ▪ **2** PAR EXAGÉR. Désolé, fâché, navré. *Je suis désespéré de vous avoir fait attendre si longtemps.* ▪ **3** (1572) Qui exprime le désespoir. ➤ **triste.** *Regard, appel désespéré. «Les plus désespérés sont les chants les plus beaux»* MUSSET. ▪ **4** PAR EXT. Extrême ; dicté par le danger. *Tentative désespérée. «Chaque État épouvanté se tenait [...] constamment prêt à des mesures désespérées»* VIGNY. ▪ **5** Qui ne laisse aucune espérance. *La situation est grave mais pas désespérée. Le malade est dans un état désespéré,* il va mourir. *Un cas désespéré.* ▪ CONTR. Confiant, consolé, heureux.

DÉSESPÉRÉMENT [dezɛspeʀemɑ̃] **adv.** – avant 1549 ; *desesperement* v. 1180 ◇ de *désespéré* ▪ **1** De manière désespérée, avec désespoir. *«Il regrettait désespérément chaque soir les tendresses, les petits soins et les baisers»* MAUPASSANT. ◆ PAR EXT. Absolument, complètement. *Être désespérément seul. La salle restait désespérément vide.* ▪ **2** Avec acharnement, de toutes ses forces. *Résister désespérément.*

DÉSESPÉRER [dezɛspeʀe] **v.** ⟨6⟩ – v. 1155 ; var. *desperer* ◇ de *dés-* et *espérer*

I ▪ **1 v. tr. ind. DÉSESPÉRER DE :** perdre l'espoir en. *«Jamais on n'a douté de sa parole ni désespéré de sa clémence»* BOSSUET. *Désespérer de faire qqch. Nous désespérons de pouvoir jamais y aller. Il ne désespère pas de réussir un jour.* — LITTÉR. *Désespérer que...* et le subj. *Nous commençons à désespérer qu'il aille mieux. Je ne désespère pas qu'il réussisse, qu'il ne réussisse.* ▪ **2 v. intr.** Cesser d'espérer. *Il ne faut pas désespérer, tout s'arrangera.* ➤ se **décourager.**

II v. tr. ▪ **1** Réduire (qqn) au désespoir, affliger cruellement. ➤ **affliger,** 1 **chagriner, décourager, désoler.** *La mort de ses parents l'a désespéré.* ◆ Affliger, décevoir. ➤ **désoler, navrer.** *«Les gens qui m'aiment par intérêt me désespèrent»* DUHAMEL. ▪ **2** (avant 1778) Lasser, décourager. *«elle est d'une adresse à désespérer un diplomate»* BALZAC. ➤ **désespérant** (3°). ▪ **3 SE DÉSESPÉRER v. pron.** (v. 1175) S'abandonner au désespoir. ➤ se **désoler.** ▪ CONTR. Espérer. — Consoler, réconforter.

DÉSESPOIR [dezɛspwaʀ] **n. m.** – début XIIIe ; *desespeir* XIIe ◇ de *dés-* et *espoir* ▪ **1** Perte d'un espoir ou de tout espoir ; état d'une personne qui n'a plus d'espoir. ➤ **désespérance.** *Le savant «s'oublie dans les délices d'un calme désespoir»* FRANCE. *«La vérité sur la vie, c'est le désespoir»* VIGNY. LOC. *L'énergie du désespoir :* la force déployée lorsque tout est perdu. *Se défendre avec l'énergie du désespoir.* ▪ **2** (milieu XVIe) Affliction extrême et sans remède ; état d'une personne qui n'a pas d'espoir. ➤ **affliction,** 1 **chagrin, désolation, détresse.** *Se plonger, se jeter, sombrer dans le désespoir. S'abandonner au désespoir. «Ô rage, ô désespoir, ô vieillesse ennemie !»* CORNEILLE. *«Le désespoir a des degrés [...] De l'accablement on monte à l'abattement, de l'abattement à l'affliction, de l'affliction à la mélancolie»* HUGO. *Mettre, réduire qqn au désespoir.* ➤ **désespérer.** ◆ AU PLUR. *Les désespoirs :* les moments, les accès de désespoir. *«Je m'abîmais dans des désespoirs inexplicables»* CHATEAUBRIAND. ▪ **3** PAR EXAGÉR. Ce qui cause une grande contrariété. *Cet enfant est le désespoir, fait le désespoir de ses parents.* ◆ *Être au désespoir :* regretter vivement. *Je suis au désespoir de n'avoir pu vous rendre service.* ➤ **désespéré.** ▪ **4** *Faire le désespoir de qqn,* le contrarier en lui montrant une impossibilité. *«le poli de ses casseroles faisait le désespoir des autres servantes»* FLAUBERT. — *Le désespoir de* (qqn) : ce que qqn ne peut arriver à faire, à imiter, à réussir. *«Phryné, désespoir du pinceau d'Apelle et du ciseau de Praxitèle»* CHATEAUBRIAND. — LOC. *Désespoir des peintres :* la saxifrage, plante à fleurs délicates. ▪ **5 loc. adv.** (1835 dr.) *En désespoir de cause :* comme dernière tentative et sans grand espoir de succès. ▪ CONTR. Confiance, espérance, espoir, foi. Consolation, joie.

DÉSÉTATISER [dezetatize] **v. tr.** ⟨1⟩ – 1959 au p. p. ◇ de *dés-* et *étatiser* ▪ ÉCON., POLIT. Réduire la part de gestion et de financement de l'État dans (une entreprise, une industrie). ➤ aussi **dénationaliser, privatiser.** — **n. f. DÉSÉTATISATION.** ▪ CONTR. Étatiser.

DÉSEXCITATION [dezɛksitasjɔ̃] **n. f.** – 1959 ◇ de *dés-* et *excité* ▪ PHYS. Processus par lequel une molécule, un atome ou une particule perdent de l'énergie en passant d'un état excité à un état moins excité.

DÉSEXCITER [dezɛksite] **v. tr.** ⟨1⟩ – milieu XXe ◇ de *dés-* et *excité* ▪ PHYS. Provoquer la désexcitation de. ◆ **v. pron. SE DÉSEXCITER.** Subir la désexcitation.

DÉSEXUALISER [desɛksɥalize] **v. tr.** ⟨1⟩ – 1921 ; p. p. «qui a changé de sexe», fin XVIIIe ◇ de *dé-* et *sexualiser* ▪ PSYCHOL., PSYCHAN. Ôter le caractère sexuel à (un comportement, un sentiment, une interprétation). — **n. f. DÉSEXUALISATION,** 1926. ▪ CONTR. Sexualiser.

DÉSHABILLAGE [dezabijaʒ] **n. m.** – 1804 ◇ de *déshabiller* ▪ Action de déshabiller, de se déshabiller. *Le déshabillage des mannequins.*

DÉSHABILLÉ [dezabije] **n. m.** – 1627 ◇ de *déshabiller* ■ **1** Tenue légère que l'on porte chez soi dans l'intimité. *« le déshabillé le plus galant [...] : il ne laisse rien voir, et pourtant fait tout deviner »* LACLOS. *Recevoir qqn en déshabillé.* — FIG. VX *En déshabillé* : sans apprêt. *« Le déshabillé franc de ma pensée »* FLAUBERT. ■ **2** MOD. Vêtement féminin d'étoffe légère, plus luxueux que le peignoir ou la robe de chambre. ➤ 1 **négligé, saut-de-lit.** *« Un déshabillé de Chantilly noir, arachnéen »* MAUROIS.

DÉSHABILLER [dezabije] **v. tr.** ⟨1⟩ – fin XIVe ◇ de *dés-* et *habiller* ■ **1** Dépouiller (qqn) de ses vêtements. ➤ **dévêtir.** *Déshabiller un enfant pour le mettre au lit. — Déshabiller qqn du regard :* détailler qqn de façon insistante. *« il la déshabillait d'un regard connaisseur et sensuel »* SARTRE. ◆ LOC. *Déshabiller (saint) Pierre pour habiller (saint) Paul :* contracter une dette pour s'acquitter d'une autre, déplacer une difficulté pour en résoudre une autre. ■ **2** FIG. Mettre à nu. ➤ **découvrir, démasquer, dévoiler, montrer.** *« Quelle est l'essentielle fonction du poète comique à l'égard de l'homme ? C'est de le déshabiller »* FAGUET. ■ **3 SE DÉSHABILLER v. pron.** Enlever ses habits. ➤ **se dévêtir ;** FAM. **se désaper.** *Se déchausser et se déshabiller pour se coucher. Se déshabiller dans une cabine de bain. Se déshabiller sur scène* (➤ **effeuillage ; striptease**). ◆ SPÉCIALT Ôter les vêtements destinés à être portés au dehors (chapeau, manteau, gants, etc.). ➤ **se défaire.** *Se déshabiller au vestiaire.* ■ CONTR. Habiller, rhabiller.

DÉSHABITUER [dezabitɥe] **v. tr.** ⟨1⟩ – 1530 ; p. p. 1468 ◇ de *dés-* et *habituer* ■ Faire perdre une habitude à (qqn). ➤ **désaccoutumer.** *Déshabituer un enfant du biberon. « graves, pensifs et comme déshabitués de voir et d'entendre les autres hommes »* SAND. — **SE DÉSHABITUER v. pron.** Se défaire d'une habitude. *Se déshabituer des cigarettes, de fumer.* ■ CONTR. Accoutumer, habituer.

DÉSHERBAGE [dezɛʀbaʒ] **n. m.** – 1907 ◇ de *désherber* ■ Action de désherber.

DÉSHERBANT, ANTE [dezɛʀbɑ̃, ɑ̃t] **adj.** et **n. m.** – 1949 n. ◇ de *désherber* ■ Qui désherbe, fait mourir la mauvaise herbe. ➤ **herbicide.** *Poudre désherbante.* — **n. m.** *Un désherbant efficace.*

DÉSHERBER [dezɛʀbe] **v. tr.** ⟨1⟩ – 1874 ◇ de *dés-* et *herbe* ■ Enlever les mauvaises herbes de. ➤ **sarcler ;** RÉGION. **débrousser.** *Désherber les allées d'un parc, un potager.* ABSOLT *Le jardinier est en train de désherber.*

DÉSHÉRENCE [dezeʀɑ̃s] **n. f.** – 1285 ◇ de l'ancien français *hoir* « héritier » ■ DR. Absence d'héritiers pour recueillir une succession qui est en conséquence dévolue à l'État. *Succession en déshérence, qui tombe en déshérence.* ◆ LITTÉR. *En déshérence :* abandonné, oublié.

DÉSHÉRITÉ, ÉE [dezeʀite] **adj.** et **n.** – de *déshériter* ■ **1** Privé d'héritage. ■ **2** (PERSONNES) Privé d'avantages, de biens. *« Il se croit déshérité, trahi, abandonné de tous »* DUHAMEL. ◆ **n.** (1864) Personne désavantagée par la nature, les circonstances. *« Les plus déshérités plaisent quelquefois ; les plus séduisants échouent »* MAUROIS. *Aider les déshérités.* ➤ **défavorisé.** ■ **3** Défavorisé économiquement. *Un quartier déshérité. « le Nord déshérité : chômage, misère, terrils en déshérence »* E. CARRÈRE. ■ CONTR. Héritier ; comblé ; doué. Privilégié.

DÉSHÉRITER [dezeʀite] **v. tr.** ⟨1⟩ – v. 1160 ◇ de *dés-* et *hériter* ■ **1** Priver (qqn) de la succession à laquelle il peut prétendre. ➤ **exhéréder.** *Menacer un parent de le déshériter.* ■ **2** FIG. Priver des avantages naturels. ➤ **désavantager.** *La nature l'a bien déshérité.* ■ CONTR. Avantager, combler, gâter.

DÉSHONNÊTE [dezɔnɛt] **adj.** – XIIIe ◇ de *dés-* et *honnête* ■ VIEILLI Contraire à la pudeur, aux bienséances. ➤ **inconvenant, indécent, obscène.** *Gestes, paroles, pensées, propositions déshonnêtes.* ➤ **malhonnête,** FAM. **vilain.** *Histoire, livre déshonnête.* ➤ **grivois, licencieux.** — *« Il avait conduit son fils dans des lieux déshonnêtes »* FLAUBERT. ➤ **malfamé.** ■ CONTR. Convenable, décent, honnête.

DÉSHONNEUR [dezɔnœʀ] **n. m.** – 1080 ◇ de *dés-* et *honneur* ■ **1** *Le déshonneur.* Perte de l'honneur. ➤ **honte, ignominie, indignité, infamie, opprobre.** *« Le déshonneur est dans l'opinion des hommes, l'innocence est en nous »* DIDEROT. *Se suicider pour échapper au déshonneur. Il n'y a pas de déshonneur à avouer son échec. Tomber, vivre dans le déshonneur.* ■ **2** *Un déshonneur.* Ce qui cause le déshonneur. ➤ **honte.** *Souffrir un déshonneur. Obtenir réparation d'un déshonneur.* ■ CONTR. Honneur.

DÉSHONORANT, ANTE [dezɔnɔʀɑ̃, ɑ̃t] **adj.** – 1748 ◇ de *déshonorer* ■ Qui déshonore. *Conduite déshonorante.* ➤ **avilissant, honteux, infamant.** *Cela n'a rien de déshonorant.* ■ CONTR. Digne, honorable.

DÉSHONORER [dezɔnɔʀe] **v. tr.** ⟨1⟩ – 1190 ◇ de *dés-* et *honorer* ■ **1** Porter atteinte à l'honneur de (qqn). ➤ **avilir*, déconsidérer, discréditer, salir.** *Déshonorer qqn par des médisances, des calomnies.* ➤ **diffamer.** *Il a déshonoré sa famille. Cette action l'a déshonoré. « On accepte bien de souffrir, mais pas d'être déshonoré »* GIDE. — LOC. *Se croire déshonoré de faire qqch. :* répugner à un acte que l'on croit dégradant et qui ne l'est pas. *Il se croirait déshonoré de travailler de ses mains.* — ABSOLT *« Ce qui déshonore est funeste : un soufflet ne vous fait physiquement aucun mal, et cependant il vous tue »* CHATEAUBRIAND. *« Les honneurs déshonorent »* FLAUBERT. ■ **2** SPÉCIALT, VIEILLI (Par référence à la morale sexuelle traditionnelle). *Déshonorer une femme, une jeune fille,* la séduire, abuser d'elle. — *Déshonorer son mari,* le tromper. ■ **3** LITTÉR. Faire tort à (qqch.). ➤ **défigurer,** 1 **dégrader.** *« quittez ce lieu que vous déshonorez de votre ignoble présence ! »* COURTELINE. ➤ **souiller.** — *Déshonorer un édifice par des restaurations maladroites.* ➤ **abîmer, déparer.** *L'escalier de pierre « était déshonoré de poussière, de crachats et de feuilles de salade »* FRANCE. ■ **4 SE DÉSHONORER v. pron.** Perdre l'honneur, se couvrir d'opprobre. *« Les petites gens qui ont de l'honneur valent mieux que les grandes gens qui se déshonorent »* BALZAC. ■ CONTR. Exalter, glorifier, honorer.

DÉSHUILER [dezɥile] **v. tr.** ⟨1⟩ – 1863 ◇ de *dés-* et *huiler* ■ Enlever l'huile de. *Déshuiler la laine.* ➤ **dégraisser, dessuinter.** ■ CONTR. Huiler.

DÉSHUMANISER [dezymanize] **v. tr.** ⟨1⟩ – 1647 ◇ de *dés-* et *humaniser* ■ Faire perdre le caractère humain, la dignité humaine à (qqn, un milieu). *« Son silence même ajoutait à l'exception de son cas, le déshumanisait »* GENET. — **p. p. adj.** *« Je crois que je mourrai non de vieillesse, mais étouffé par ce monde déshumanisé »* MAURIAC. — **adj. DÉSHUMANISANT, ANTE ; n. f. DÉSHUMANISATION.** ■ CONTR. Humaniser.

DÉSHUMIDIFICATEUR [dezymidifikatœʀ] **n. m.** – 1927 ◇ de *déshumidifier* ■ Appareil destiné à réduire l'humidité de l'air d'une pièce.

DÉSHUMIDIFIER [dezymidifje] **v. tr.** ⟨7⟩ – 1899 ◇ de *dés-* et *humidifier* ■ Rendre moins humide. *Déshumidifier l'air d'une pièce.* ■ CONTR. Humidifier.

DÉSHYDRATATION [dezidʀatasjɔ̃] **n. f.** – 1844 ◇ de *déshydrater* ■ DIDACT. ■ **1** Opération par laquelle on déshydrate. ➤ **dessiccation, lyophilisation.** ■ **2** Fait de perdre une partie de son eau (se dit d'un organisme, d'un tissu organique). ■ CONTR. Hydratation.

DÉSHYDRATÉ, ÉE [dezidʀate] **adj.** – 1864 ◇ de *déshydrater* ■ Privé de son eau ou d'une partie de son eau. *Champignons déshydratés. Purée déshydratée en flocons. — Organisme déshydraté ; peau déshydratée.* ◆ FAM. Assoiffé. *Je suis complètement déshydraté.*

DÉSHYDRATER [dezidʀate] **v. tr.** ⟨1⟩ – 1864 ◇ de *dés-* et *hydrater* ■ **1** Enlever l'eau de. ➤ **dessécher, sécher.** *Déshydrater partiellement du gypse pour obtenir du plâtre. Déshydrater des légumes.* ➤ **lyophiliser ; déshydraté.** ■ **2 SE DÉSHYDRATER v. pron.** MÉD. Perdre l'eau nécessaire à l'organisme. *Les bébés et les personnes âgées se déshydratent rapidement.* ■ CONTR. Réhydrater.

DÉSHYDROGÉNATION [dezidʀɔʒenasjɔ̃] **n. f.** – 1829 ◇ de *déshydrogéner* ■ **1** CHIM. Action de déshydrogéner ; son résultat. ■ **2** BIOCHIM. Oxydation d'une molécule organique par départ de l'hydrogène, sous l'effet d'enzymes (*déshydrogénases* **n. f.**). ■ CONTR. Hydrogénation.

DÉSHYDROGÉNER [dezidʀɔʒene] **v. tr.** ⟨6⟩ – 1834, au p. p. ◇ de *dés-* et *hydrogène* ■ CHIM. Enlever l'hydrogène de. *Déshydrogéner un corps.* ■ CONTR. Hydrogéner.

DÉSHYPOTHÉQUER [dezipɔteke] **v. tr.** ⟨6⟩ – 1846 ◇ de *dés-* et *hypothéquer* ■ DR. Faire cesser d'être hypothéqué. ■ CONTR. Hypothéquer.

DÉSIDÉRABILITÉ [dezideʀabilite] **n. f.** – fin XIXe ; *désirabilité* 1883 ◇ du latin *desiderium* ■ ÉCON. Utilité économique.

DESIDERATA ou **DÉSIDÉRATAS** [dezideʀata] **n. m. pl.** /DÉSIDÉRATA **n. m.**/ – 1783 ◇ latin *desiderata,* plur. du neutre *desideratum* → désirer ■ **1** DIDACT. Lacune que présente une science, une institution, un livre, etc. *La neurologie a ses desiderata, ses désidératas.* REM. Le sing. DESIDERATUM [dezideʀatɔm] se rencontre encore dans la langue didactique. ▪ **2** COUR. Choses souhaitées. ➤ **désir, souhait, vœu.** *Veuillez nous faire connaître vos desiderata.* ➤ **condition, prétention, revendication.**

DESIGN [dizajn ; dezajn] **n. m.** – 1959 ◊ mot anglais «dessin, plan, esquisse» ▪ ANGLIC. Esthétique* industrielle appliquée à la recherche de formes nouvelles et adaptées à leur fonction (pour les objets utilitaires, les meubles, l'habitat en général). ➤ **stylisme** (recomm. offic.). *Design industriel. Spécialiste du design.* ➤ **designer.** *«ce chef-d'œuvre insurpassable de* design, *la coquille de l'œuf»* TOURNIER. — **adj. inv.** D'un esthétisme moderne et fonctionnel. *Des meubles design.*

DÉSIGNATIF, IVE [deziɲatif, iv] **adj.** – 1611 ◊ bas latin *designativus* ▪ Qui désigne, sert à désigner. ➤ **déictique.**

DÉSIGNATION [deziɲasjɔ̃] **n. f.** – XIVe, repris XVIIe ◊ latin *designatio* ▪ **1** Action de désigner. *Désignation d'une personne par son nom, son titre. Désignation des marchandises sur leur étiquette.* ▪ **2** Signe linguistique (d'une chose, d'un concept). *Tel mot, telle expression n'est pas une désignation courante de la chose.* ➤ **appellation, dénomination.** ▪ **3** Action de choisir, d'élire (qqn). ➤ **choix, élection, nomination.** *Désignation d'un délégué, d'un successeur.* ▪ CONTR. Révocation.

DESIGNER [dizajnœʀ ; dezajnœʀ] **n.** – 1952 ◊ de *design,* d'après l'anglais américain *designer* ▪ ANGLIC. Spécialiste du design. ➤ **créateur, dessinateur, styliste** (II). *Un designer de carrosseries.* — PAR EXT. Décorateur, décoratrice qui adopte le style «design». *Hôtel refait par une designer.*

DÉSIGNER [deziɲe] **v. tr.** ‹1› – 1377, rare avant XVIe ; *désiner* v. 1265 ◊ latin *designare,* de *signum* «signe»

I ▪ **1** Indiquer de manière à faire distinguer de tous les autres, par un geste, une marque, un signe. ➤ **marquer, montrer, signaler.** *Désigner un objet, un endroit du doigt, en le montrant. Cette allusion le désigne clairement. Désigner qqn par son nom, par un diminutif.* ➤ **appeler, dénommer, nommer.** ▪ **2 DÉSIGNER QQN À** *(l'attention, l'admiration,* etc.). ➤ **signaler.** *Désigner qqn à la vindicte* publique.* ▪ **3** Être le signe linguistique de. ➤ **dénommer, nommer, représenter, signifier.** *«Une institution est quelquefois expliquée par le mot qui la désigne»* FUSTEL DE COULANGES.

II ▪ **1** (1690) Choisir (qqn) pour une activité, un rôle, une dignité. ➤ **appeler, choisir, nommer.** *Désigner un rapporteur. Il a été désigné pour entreprendre les recherches. Désigner par un vote.* ➤ **élire.** *Désigner qqn pour représenter.* ➤ **déléguer.** — *Le président désigné a été investi. Son successeur désigné.* ▪ **2** (Sujet chose) ➤ **destiner (à), qualifier.** *Ses qualités le désignent pour ce rôle.* — *Il est tout désigné pour remplir ce rôle,* nul n'est plus qualifié que lui.

DÉSILICIAGE [desilisjaʒ] **n. m.** – 1959 ◊ de *dé-* et *silice* ▪ TECHN. Traitement des eaux industrielles pour en éliminer la silice.

DÉSILLUSION [dezi(l)lyzjɔ̃] **n. f.** – 1834 ◊ de *dés-* et *illusion* ▪ Perte d'une illusion. ➤ **déboire, déception, désappointement, désenchantement, mécompte.** *«J'ai rarement éprouvé des désillusions, ayant eu peu d'illusions»* FLAUBERT. *Quelle désillusion !* — *La désillusion :* le désillusionnement. ▪ CONTR. Illusion.

DÉSILLUSIONNEMENT [dezi(l)lyzjɔnmɑ̃] **n. m.** – 1828 ◊ de *désillusionner* ▪ LITTÉR. Action de faire perdre ses illusions à qqn ; fait d'être désillusionné, d'éprouver une désillusion.

DÉSILLUSIONNER [dezi(l)lyzjɔne] **v. tr.** ‹1› – 1828 p. p. ◊ de *dés-* et *illusionner* ▪ Faire perdre une illusion à (qqn). ➤ **décevoir, désappointer.** *Il a été bien désillusionné.* ▪ CONTR. Illusionner.

DÉSIMLOCKER [desimlɔke] **v. tr.** ‹1› – 1999 ◊ mot-valise, de *dé-, SIM* et de l'anglais *to unlock* «déverrouiller» ▪ Débloquer (un téléphone mobile verrouillé par un opérateur) afin de pouvoir l'utiliser sur le réseau d'un autre opérateur. — **n. m. DÉSIMLOCKAGE,** 1999.

DÉSINCARCÉRATION [dezɛ̃kaʀseʀasjɔ̃] **n. f.** – 1972 ◊ de *dés-* et *incarcération* ▪ TECHN. Dégagement des personnes prisonnières d'un véhicule accidenté ou d'un ascenseur. *Matériel de désincarcération.*

DÉSINCARCÉRER [dezɛ̃kaʀseʀe] **v. tr.** ‹6› – 1980 ◊ de *dés-* et *incarcérer* ▪ Procéder à la désincarcération de (qqn). *Les pompiers ont désincarcéré les victimes.*

DÉSINCARNÉ, ÉE [dezɛ̃kaʀne] **adj.** – 1891 ◊ de *dés-* et *incarné* ▪ **1** SPIRITISME Privé de son corps, de son enveloppe charnelle. *Âme désincarnée.* ▪ **2** COUR. Qui néglige ou méprise les choses matérielles (souvent iron.). *Un amour désincarné.* ➤ **platonique.**

DÉSINCARNER [dezɛ̃kaʀne] **v. tr.** ‹1› – v. 1922 ◊ de *désincarné* ▪ LITTÉR. RARE Faire cesser d'être incarné. *Désincarner un personnage.* — **SE DÉSINCARNER v. pron.** Se dégager de son enveloppe charnelle. — FIG. S'éloigner de la réalité. *«Tout son effort tend à se désincarner»* VAILLAND. ▪ CONTR. Incarner, réincarner (se).

DÉSINCRUSTANT, ANTE [dezɛ̃kʀystɑ̃, ɑ̃t] **n. m.** et **adj.** – 1878 ◊ de *désincruster* ▪ **1** TECHN. Mélange chimique (soude, chlorure de baryum, chaux) destiné à empêcher la formation des incrustations dans les chaudières, les radiateurs (➤ **détartrant**). ▪ **2 adj.** *Gommage désincrustant,* qui nettoie la peau.

DÉSINCRUSTATION [dezɛ̃kʀystasjɔ̃] **n. f.** – 1878 ◊ de *désincruster* ▪ TECHN. Action de désincruster (une chaudière, un radiateur). ➤ **détartrage.**

DÉSINCRUSTER [dezɛ̃kʀyste] **v. tr.** ‹1› – 1871 ◊ de *dés-* et *incruster* ▪ **1** TECHN. Nettoyer en débarrassant des incrustations, des dépôts. ➤ **détartrer.** ▪ **2** Nettoyer (la peau) en profondeur. ▪ CONTR. Entartrer ; encrasser.

DÉSINDEXER [dezɛ̃dɛkse] **v. tr.** ‹1› – 1985 ◊ de *dés-* et *indexer* ▪ ÉCON. Supprimer la relation entre la variation de (une valeur) et un indice déterminé. *Désindexer les salaires par rapport à l'inflation.* — **n. f. DÉSINDEXATION,** 1985. ▪ CONTR. Indexer.

DÉSINDUSTRIALISER [dezɛ̃dystʀijalize] **v. tr.** ‹1› – 1923 ◊ de *dés-* et *industrialiser* ▪ ÉCON. Réduire ou faire disparaître les activités industrielles de (un secteur économique, une région). — PRONOM. *Région qui se désindustrialise.* — **n. f. DÉSINDUSTRIALISATION,** 1954. ▪ CONTR. Industrialiser.

DÉSINENCE [dezinɑ̃s] **n. f.** – XIVe ◊ latin médiéval *desinentia,* de *desinere* «finir» ▪ **1** LING. Élément variable qui s'ajoute au radical, au thème pour produire les formes d'un paradigme (➤ **flexion, inflexion, terminaison**). *En latin, les cas des mots se distinguent par leur désinence. Désinences verbales.* ▪ **2** BOT. Manière dont certains organes se terminent.

DÉSINENTIEL, IELLE [dezinɑ̃sjɛl] **adj.** – 1803 ◊ de *désinence* ▪ LING. Qui est relatif aux désinences. *Le latin est une langue désinentielle,* qui présente des désinences.

DÉSINFECTANT, ANTE [dezɛ̃fɛktɑ̃, ɑ̃t] **adj.** et **n. m.** – 1803 ◊ de *désinfecter* ▪ **1** Qui sert à désinfecter. *Produit désinfectant.* ▪ **2 n. m.** (1820) *L'eau de Javel est un désinfectant. «Je détestais mon hôtel, son odeur de désinfectant et de dollars»* BEAUVOIR. — MÉD. Substance à propriétés antiseptiques, utilisée pour détruire les germes pathogènes.

DÉSINFECTER [dezɛ̃fɛkte] **v. tr.** ‹1› – 1556 ◊ de *dés-* et *infecter* ▪ Procéder à la désinfection de. ➤ **assainir, purifier, stériliser.** *Désinfecter la chambre d'un malade contagieux. Désinfecter une plaie, une blessure.* ▪ CONTR. Infecter.

DÉSINFECTION [dezɛ̃fɛksjɔ̃] **n. f.** – 1630 ◊ de *dés-* et *infection* ▪ Destruction momentanée des germes infectieux se trouvant hors de l'organisme, à la surface du corps. ➤ **antisepsie, asepsie, assainissement, stérilisation.** *Désinfection d'un thermomètre à l'alcool. Désinfection d'une salle d'hôpital, de vêtements.* ▪ CONTR. Infection.

DÉSINFLATION [dezɛ̃flasjɔ̃] **n. f.** – v. 1970 ◊ de *dés-* et *inflation* ▪ Réduction de l'inflation (distinct de 2 *déflation*). *Mener une politique de désinflation.* ▪ CONTR. Inflation.

DÉSINFORMATION [dezɛ̃fɔʀmasjɔ̃] **n. f.** – 1954 ◊ de *dés-* et *information* ▪ Utilisation des techniques de l'information, notamment de l'information de masse, pour induire en erreur, cacher ou travestir les faits. ➤ **intoxication.**

DÉSINFORMER [dezɛ̃fɔʀme] **v. tr.** ‹1› – 1959 ◊ de *dés-* et *informer* ▪ Informer de manière à cacher certains faits ou à les falsifier. *Publicité qui désinforme.*

DÉSINHIBER [dezinibe] **v. tr.** ‹1› – v. 1980 ◊ de *dés-* et *inhiber* ▪ Lever l'inhibition de (qqn). ➤ FAM. **décomplexer, décoincer.** *Une conduite désinhibée.* — **n. f.** (1927) **DÉSINHIBITION ; adj.** (1978) **DÉSINHIBITEUR, TRICE.** ▪ CONTR. Inhiber.

DÉSINSCRIRE (SE) [dezɛ̃skʀiʀ] **v. pron.** ‹39› – 1995 au p. p. ◊ de *dés-* et *inscrire* ▪ Résilier son abonnement, son inscription (à un forum de discussion, une lettre d'information, une liste de diffusion...). — **n. f. DÉSINSCRIPTION.**

DÉSINSECTISATION [dezɛ̃sɛktizasjɔ̃] **n. f.** – 1932 ◊ de *dés-* et *insecte* ▪ DIDACT. Destruction systématique des insectes (mouches, moustiques [➤ **démoustication**], punaises, cafards...). *Agents de désinsectisation* (tels que gaz sulfureux, pétrole et D. D. T.). ➤ **insecticide.**

DÉSINSECTISER [dezɛ̃sɛktize] v. tr. ‹1› – 1932 ◊ de *dés-* et *insecte* ■ DIDACT. Opérer la désinsectisation de. ➤ **démoustiquer.** *Désinsectiser des farines et des grains.*

DÉSINSERTION [dezɛ̃sɛʀsjɔ̃] n. f. – 1953 ◊ de *dés-* et *insertion* ■ **1** MÉD. Arrachement complet ou partiel de son point d'attache (d'un muscle, d'un ligament, d'un tendon...). *Désinsertion musculaire, prothéique.* ■ **2** Fait de cesser d'être inséré, intégré dans un groupe. *Désinsertion sociale, professionnelle.* ■ CONTR. Insertion.

DÉSINSTALLER [dezɛ̃stale] v. tr. ‹1› – 1987 ◊ de *dés-* et *installer* ■ INFORM. Supprimer (un logiciel) du disque dur où il était installé. — n. f. **DÉSINSTALLATION.** ■ CONTR. Installer.

DÉSINTÉGRATION [dezɛ̃tegʀasjɔ̃] n. f. – 1871 ◊ de *désintégrer* ■ **1** Action de désintégrer ; son résultat. ➤ **désagrégation, destruction.** ◆ PHYS. Transformation spontanée d'un noyau atomique par perte de masse. ➤ **fission, transmutation.** *Désintégration de la matière, spontanée* (➤ **radioactivité**) *ou provoquée.* ◆ GÉOL. Décomposition des roches sous l'influence d'agents atmosphériques. ➤ **altération, désagrégation.** ■ **2** FIG. Destruction complète.

DÉSINTÉGRER [dezɛ̃tegʀe] v. tr. ‹6› – 1878 ◊ de *dés-* et *intégrer* ■ **1** DIDACT. Défaire l'intégrité de (qqch.). ➤ **désagréger, détruire.** ■ **2** PHYS. Transformer (la matière) partiellement en énergie (➤ **radioactivité**). ■ **3** FIG. Détruire complètement. PRONOM. *« Dans sa tête, l'impression que quelque chose allait exploser, se désintégrer »* C. SIMON.

DÉSINTÉRESSÉ, ÉE [dezɛ̃teʀese] adj. – XVIe ◊ de *désintéresser* ■ **1** VX Qui n'a, qui ne porte aucun intérêt matériel ou moral à qqch. ➤ **indifférent.** *Être désintéressé du monde.* ➤ **détaché.** ■ **2** (1665) MOD. Qui n'agit pas par intérêt personnel. ➤ **altruiste, généreux.** *C'est une personne parfaitement désintéressée.* ◆ PAR EXT. *Attitude, conduite désintéressée. Donner un avis, un conseil désintéressé.* ➤ **bénévole, gratuit.** *« Je ne nie pas qu'il y ait, de par le monde, des actions nobles, généreuses, et même désintéressées »* GIDE. ◆ Qui ne répond pas à des considérations utilitaires. ➤ **gratuit.** *Recherches désintéressées de science pure.* ➤ **fondamental.** ◆ SUBST. *« le* bourgeois *a la haine du gratuit, du désintéressé »* GIDE. ■ **3** Objectif, impartial. *Le scepticisme « suppose un examen profond et désintéressé »* DIDEROT. ■ CONTR. Avare, avide, cupide, égoïste, intéressé, sordide.

DÉSINTÉRESSEMENT [dezɛ̃teʀɛsmɑ̃] n. m. – 1649 ◊ de *désintéresser* ■ **1** Détachement de tout intérêt personnel. ➤ **altruisme, détachement, générosité.** *Un total désintéressement. Agir avec désintéressement. « L'étude assidue de deux langues mortes est, dans un siècle sordide, preuve de désintéressement »* DUHAMEL. ■ **2** (1956) Action de désintéresser qqn. ➤ **compensation, dédommagement, indemnisation, réparation.** *Le désintéressement des créanciers.* ■ CONTR. Attachement, avidité, cupidité, intérêt.

DÉSINTÉRESSER [dezɛ̃teʀese] v. tr. ‹1› – 1552 ◊ de *dés-* et *intéresser* ■ **1** Rendre (qqn) étranger à une affaire en l'indemnisant ou en lui payant ce qui lui est dû. ➤ **contenter, dédommager, indemniser, payer.** *Désintéresser ses créanciers.* ■ **2** v. pron. (1690) **SE DÉSINTÉRESSER DE :** ne plus porter intérêt (à). *Se désintéresser de son travail.* ➤ **négliger.** *« Les crimes impunis dont l'opinion publique avait fini par se désintéresser »* MAC ORLAN. — *Il se désintéresse de son fils.* ■ CONTR. Intéresser, préoccuper (se).

DÉSINTÉRÊT [dezɛ̃teʀɛ] n. m. – 1831 ◊ de *se désintéresser*, d'après *intérêt* ■ LITTÉR. État de l'esprit qui se désintéresse de qqch., perd l'intérêt qu'il y prenait. ➤ **indifférence.** ■ CONTR. Intérêt.

DÉSINTERMÉDIATION [dezɛ̃tɛʀmedjasjɔ̃] n. f. – v. 1985 ◊ de *dés-* et *intermédiation* ■ Diminution du rôle des intermédiaires au profit des transactions directes entre clients et fournisseurs, entre investisseurs et débiteurs.

DÉSINTOXICATION [dezɛ̃tɔksikasjɔ̃] n. f. – 1922 ◊ de *dés-* et *intoxication* ■ **1** MÉD. Traitement qui a pour but de guérir une intoxication, et (COUR.) d'obtenir d'un alcoolique ou d'un toxicomane qu'il se désaccoutume progressivement de l'alcool ou des stupéfiants. *Cure de désintoxication* (➤ **sevrage**). — ABRÉV. FAM. **DÉSINTOX.** *Centre de désintox.* ■ **2** Action de désintoxiquer (2°, 3°). ■ CONTR. Intoxication.

DÉSINTOXIQUER [dezɛ̃tɔksike] v. tr. ‹1› – 1862 ◊ de *dés-* et *intoxiquer* ■ **1** Guérir (qqn) d'une intoxication. — SPÉCIALT Faire subir à (qqn) une cure de désintoxication. *Désintoxiquer un alcoolique, un toxicomane.* — **SE DÉSINTOXIQUER** v. pron. Suivre une cure de désintoxication. ■ **2** Débarrasser l'organisme de (qqn) de ses toxines (➤ **détoxication**). *Un bol d'air nous désintoxiquera.* ■ **3** FIG. *Désintoxiquer l'opinion.* ■ CONTR. Intoxiquer.

DÉSINVESTIR [dezɛ̃vɛstiʀ] v. tr. ‹2› – 1846 ; « cesser d'investir (d'un pouvoir) » 1829 ; v. pron. « se débarrasser » fin XVIe ◊ de *dés-* et *investir* ■ DIDACT., LITTÉR. Cesser d'investir. ■ **1** MILIT. *Désinvestir une place.* ■ **2** ÉCON. Réduire ou supprimer les investissements dans (une entreprise, un secteur, une région). ■ **3** INTRANS. PSYCHAN. Cesser d'investir (III, 2°). ◆ COUR. Cesser d'être motivé par. ■ CONTR. Investir.

DÉSINVESTISSEMENT [dezɛ̃vɛstismɑ̃] n. m. – 1846 ◊ de *désinvestir* ■ DIDACT. Action de désinvestir ; son résultat. ■ CONTR. Investissement.

DÉSINVOLTE [dezɛ̃vɔlt] adj. – fin XVIIe n. m. ◊ italien *disinvolto* ; espagnol *desenvuelto* « développé » ■ **1** Qui est à l'aise, dégagé dans ses attitudes, ses mouvements. ➤ **aisé, dégagé.** *Allure, élégance désinvolte.* ■ **2** (XXe) Qui fait montre d'une liberté un peu insolente, d'une légèreté excessive. *Il est un peu trop désinvolte dans son travail* (➤ **léger**), *avec ses supérieurs* (➤ **sans-gêne**). *« La façon désinvolte dont vous parlez de la mort de votre père, dans votre lettre, m'a outré »* MONTHERLANT. *Manières désinvoltes.* ➤ **cavalier,** FAM. **cool, effronté, insolent.** ■ CONTR. Maladroit. Déférent, sérieux.

DÉSINVOLTURE [dezɛ̃vɔltyʀ] n. f. – 1794 ◊ italien *disinvoltura* → désinvolte ■ Attitude, tenue, tournure désinvolte. ➤ **aisance, laisser-aller, liberté.** *Répondre avec désinvolture* (➤ **impertinence**). *Agir avec désinvolture.* ➤ **sans-gêne.** ■ CONTR. Retenue, rigueur, sérieux.

DÉSIR [deziʀ] n. m. – fin XIIe ◊ de *désirer* ■ **1** Tendance vers un objet connu ou imaginé ; prise de conscience de cette tendance. ➤ **appétence, appétit, aspiration, attirance, attrait, besoin, convoitise, envie, faim, goût, inclination, intention, passion, penchant, soif, souhait, tendance, tentation, visée, vœu.** *Agir selon ses désirs.* — *Désir fugitif, momentané.* ➤ **caprice, curiosité, fantaisie.** *Désir ardent, exaspéré, fou, impérieux, passionné. Exprimer, formuler un désir.* ➤ **souhait, vœu.** *Vos désirs sont pour nous des ordres. On cherche à satisfaire tous ses désirs, ses moindres désirs. « La possession d'une chose en donne des idées plus justes que le désir »* RIVAROL. — *Prendre ses désirs pour des réalités**. ◆ ABSOLT La force qui pousse à désirer. *« Même l'intelligence ne fonctionne pleinement que sous l'impulsion du désir »* CLAUDEL. ◆ **DÉSIR DE (qqch.).** *Un désir de changement.* — Suivi de l'inf. *Le désir de réussir, de commander :* l'ambition. *Désir de savoir :* curiosité. *Il brûle du désir de vous plaire. Le désir de bien faire.* ➤ **volonté,** 2**vouloir.** *« Ce désir de vivre qui renaît en nous chaque fois que nous prenons de nouveau conscience de la beauté et du bonheur »* PROUST. *Le désir d'être père, mère.* ■ **2** SPÉCIALT Tendance consciente et suscitée par qqn aux plaisirs sexuels ; ses manifestations physiques. *L'imagination « prend soin d'irriter les désirs, en prêtant à leurs objets encore plus d'attraits que ne leur en donna la nature »* ROUSSEAU. ➤ **concupiscence, libido.** — *Le désir. Éprouver du désir pour qqn.* ➤ **désirer.** *« Toute parole est en trop quand on a du désir, d'ailleurs parler l'annule — il n'y a pas de mots pour dire le désir »* C. LAURENS. *Éveiller, provoquer le désir.* ➤ **ardeur,** 1**feu, flamme, passion.** *« Le cœur est l'organe du désir* [...] *tel qu'il est retenu, enchanté, dans le champ de l'Imaginaire »* BARTHES. *Il n'y a plus de désir entre eux. « Le miracle de l'amour humain, c'est que, sur un instinct très simple, le désir, il construit les édifices de sentiments les plus complexes et les plus délicats »* MAUROIS. ■ **3** LITTÉR. L'objet du désir. *« Tous vos désirs, Esther, vous seront accordés »* RACINE. ■ CONTR. Dédain, indifférence, mépris, peur, répulsion.

DÉSIRABLE [deziʀabl] adj. – XIIe ◊ de *désirer* ■ **1** Qui mérite d'être désiré ; qui excite le désir. ➤ **appétissant, attrayant, enviable, intéressant, séduisant, souhaitable, tentant.** *« le seul progrès désirable consiste dans l'amélioration des âmes »* RENAN. ■ **2** Qui inspire un désir charnel. ➤ **affriolant,** FAM. **bandant, excitant.** *Femme très désirable* (cf. Bombe* sexuelle). *« Objectivement, c'était encore un homme tout à fait désirable »* DUTOURD. ■ CONTR. Indésirable, indifférent, repoussant.

DÉSIRANT, ANTE [deziʀɑ̃, ɑ̃t] adj. – date inconnue (fin XIXe) ◊ de *désirer* ■ Qui manifeste un désir. *« Nous* [les femmes] *sommes désirantes, traversées de pulsions brutales »* V. DESPENTES.

DÉSIRER [deziʀe] v. tr. ‹1› – fin XIe ◊ latin *desiderare* ■ **1** Tendre consciemment vers (ce que l'on aimerait posséder) ; éprouver le désir de. ➤ **aimer, ambitionner, aspirer (à), chercher, convoiter, demander, espérer, incliner** (vers), **prétendre (à), rechercher, rêver, souhaiter, soupirer** (après), 1**tendre** (à, vers). *Désirer ardemment qqch. Il ne désire pas le rencontrer.* ➤ **tenir** (à). *Que* *désirez-vous ?* (cf. Avoir envie* de). *Si vous le désirez* (cf. Si le cœur vous en dit*, si ça vous chante*). PROV. *Cœur qui soupire n'a pas ce qu'il désire.* «*Il ne faudrait* vouloir qu'une chose [...] *Mais moi, je désire tout ; alors je n'obtiens rien*» GIDE. — *Il ne désire rien de plus. N'avoir plus rien à désirer* : être comblé. — ABSOLT «*Désirer avec force, c'est presque posséder*» FRANCE. ◆ (Par courtoisie, dans le commerce) *Monsieur désire ? Vous désirez ?* ◆ **DÉSIRER QUE** et subj. *Elle désire qu'il vienne la voir.* «*Elle trouva qu'il n'avait pas assez d'esprit, et désira qu'il en eût davantage*» LA BRUYÈRE. ◆ VX ou LITTÉR. **DÉSIRER DE** et inf. «*Elles désirent de plaire*» LA BRUYÈRE. «*Jamais elle n'avait désiré si ardemment de vivre*» MAURIAC. MOD. (sans de) *Je désire m'entretenir avec vous.* ➤ 1 **vouloir.** ■ **2 LAISSER À DÉSIRER :** être incomplet, imparfait. *Ce travail laisse à désirer. Ses manières laissent beaucoup à désirer.* ■ **3 SE FAIRE DÉSIRER :** se montrer peu pressé de satisfaire le désir que les autres ont de nous voir (souvent iron.). «*Au revoir* [...] *et ne te fais pas trop désirer*» QUENEAU. ■ **4** SPÉCIALT Éprouver du désir (2°) pour. ➤ **convoiter.** *Elle le désire, mais ne l'aime pas.* «*C'est un vilain amant qu'un homme qui vous désire plus qu'il ne vous aime*» MARIVAUX. ■ **5** VX *Désirer qqch. à qqn* : souhaiter (du bien) à qqn. ➤ 1 **vouloir.** «*C'est le bien qu'à tous deux Polyeucte désire*» CORNEILLE. ■ CONTR. Craindre, dédaigner, mépriser.

DÉSIREUX, EUSE [deziʀø, øz] adj. – *desidros* fin XIe ◇ de *désirer* ■ Qui désire. VX *Être désireux de gloire, d'honneurs, de richesses.* ➤ **ambitieux.** *Désireux des biens d'autrui.* ➤ **envieux, jaloux.** ◆ MOD. *Désireux de* (et inf.) : qui veut, a envie de. «*Il se montre extraordinairement anxieux et désireux d'acquérir certaines qualités qui sont à l'opposé de sa nature*» GIDE. ■ CONTR. Dédaigneux ; indifférent, méprisant.

DÉSISTEMENT [dezistəmɑ̃] n. m. – avant 1547 ◇ de *désister* ■ **1** DR. Abandon volontaire (d'un droit, d'un avantage). ➤ **renoncement.** *Désistement d'action* : acte par lequel le demandeur renonce à son action en justice. ■ **2** Retrait de candidature à une élection. *Le désistement du candidat en faveur d'un allié mieux placé que lui.* ■ CONTR. Maintien.

DÉSISTER (SE) [deziste] v. pron. ‹ 1 › – 1358 ◇ latin *desistere* ■ **1** DR. Renoncer à (une poursuite, une action en justice). ➤ **abandonner,** se **départir, renoncer.** *Se désister d'une action.* ■ **2** ABSOLT Renoncer à une candidature. ➤ se **retirer.** SPÉCIALT, POLIT. Se retirer d'une élection. *Se désister en faveur de qqn.* ■ CONTR. Maintenir.

DESK [dɛsk] n. m. – milieu XXe ; autre sens 1866 ◇ mot anglais «bureau, pupitre» ■ ANGLIC. Secrétariat de rédaction (d'une agence de presse, d'un journal, d'une chaîne de télévision, d'une station de radio). *Un desk central.* — Recomm. offic. ***bureau, salle des dépêches.***

DESMAN [dɛsmɑ̃] n. m. – 1763 ◇ du suédois *desmanratta* «rat musqué» ■ ZOOL. Taupe aquatique d'eau douce au pelage court et velouté. *Desman des Pyrénées, de Russie.*

DÉSOBÉIR [dezɔbeiʀ] v. tr. ind. ‹ 2 › – 1265 ◇ de *dés-* et *obéir* ■ **DÉSOBÉIR À.** ■ **1** Ne pas obéir à (qqn), en refusant de faire ce qu'il commande ou en faisant ce qu'il défend. ➤ **s'opposer,** se **rebeller, résister,** se **révolter.** *Désobéir à ses parents, à ses chefs.* — ABSOLT *Ces enfants ont désobéi.* — (PASS.) LITTÉR. *La mère «ne souffrait pas que l'héritier fût désobéi en rien»* ROUSSEAU. ■ **2** PAR EXT. (compl. chose) *Désobéir à un ordre, à la loi.* ➤ **contrevenir ; enfreindre, transgresser, violer.** ■ CONTR. Obéir, respecter.

DÉSOBÉISSANCE [dezɔbeisɑ̃s] n. f. – 1283 ◇ de *désobéir* ■ **1** Action de désobéir. ➤ **indiscipline, insoumission, insubordination, rébellion, résistance, révolte.** *Désobéissance active, passive. Désobéissance civile* : refus de se soumettre à une loi jugée inique. «*La désobéissance* [...] *Sans elle, que feraient les enfants, les héros, les artistes ?*» (COCTEAU, «Le Testament d'Orphée», film). ■ **2** Habitude de désobéir. ➤ **indocilité.** «*Les marques qui dénoncent sur un enfant laissé seul la désobéissance et la dissipation*» GIRAUDOUX. ■ CONTR. Obéissance.

DÉSOBÉISSANT, ANTE [dezɔbeisɑ̃, ɑ̃t] adj. – 1283 ◇ de *désobéir* ■ Qui désobéit (ne se dit guère que des enfants, parfois des animaux). ➤ **indiscipliné, indocile, insubordonné.** *Enfant désobéissant.* ■ CONTR. Obéissant.

DÉSOBLIGEANCE [dezɔbliʒɑ̃s] n. f. – 1798 ◇ de *désobliger* ■ LITTÉR. Disposition à désobliger (qqn). *Son extrême désobligeance.* ■ CONTR. Obligeance.

DÉSOBLIGEANT, ANTE [dezɔbliʒɑ̃, ɑ̃t] adj. – 1618 ◇ de *désobliger* ■ Qui désoblige, froisse les autres ; peu aimable. ➤ **désagréable*.** *Il a été désobligeant envers nous. Faire une réponse, une remarque désobligeante.* ➤ **déplaisant.** ■ CONTR. Aimable, obligeant.

DÉSOBLIGER [dezɔbliʒe] v. tr. ‹ 3 › – 1564 ; «délier d'une obligation» 1307 ◇ de *dés-* et *obliger* ■ Indisposer (qqn) par des actions ou des paroles qui froissent l'amour-propre. ➤ **déplaire, froisser, indisposer, peiner, vexer.** *Vous me désobligeriez beaucoup en refusant.* «*Il est fort rare qu'on ne désoblige pas ceux qu'on raconte*» COCTEAU. ■ CONTR. Obliger.

DÉSOBSTRUCTION [dezɔpstʀyksjɔ̃] n. f. – 1832 ◇ de *désobstruer,* d'après *obstruction* ■ RARE Action de désobstruer ; son résultat. ◆ CHIR. Opération qui consiste à enlever d'une cavité ou d'un conduit les matières qui les bouchent. *La désobstruction d'un vaisseau* (on dit aussi *désoblitération*).

DÉSOBSTRUER [dezɔpstʀye] v. tr. ‹ 1 › – 1734 ◇ de *dés-* et *obstruer* ■ TECHN., MÉD. Débarrasser (qqch.) de ce qui obstrue, de ce qui bouche. ➤ 1 **déboucher, dégager, désencombrer, désengorger, vider.** *Désobstruer un passage, une conduite, un canal.* p. p. adj. *Fenêtres désobstruées.* ■ CONTR. Obstruer ; 1 boucher.

DÉSOCIALISATION [desɔsjalizasjɔ̃] n. f. – XXe ◇ de *dé-* et *socialisation* ■ **1** Le fait de supprimer la socialisation (2°) ; son résultat. *La désocialisation et la dénationalisation.* ■ **2** Le fait de ne plus vivre en société. *La désocialisation des détenus.*

DÉSOCIALISER [desɔsjalize] v. tr. ‹ 1 › – 1919 ◇ de *dé-* et *socialiser* ■ **1** Supprimer la socialisation (2°) de. ■ **2** Réduire ou supprimer les relations sociales de (qqn). p. p. adj. «*Par la pauvreté, il a été un enfant désocialisé, mais non déclassé : il n'appartenait à aucun milieu*» BARTHES.

DÉSODORISANT, ANTE [dezɔdɔʀizɑ̃, ɑ̃t] adj. et n. m. – 1889 ◇ de *désodoriser* ■ Qui désodorise, absorbe les mauvaises odeurs. *Une bombe désodorisante.* — n. m. *Désodorisant pour la toilette.* ➤ **déodorant.** «*L'endroit sent encore le désodorisant, cette odeur si fade de fougères chimiques*» J.-P. AMETTE.

DÉSODORISER [dezɔdɔʀize] v. tr. ‹ 1 › – 1890 ; *déodoriser* 1886 ◇ de *dés-* et radical latin *odor* → odeur ■ Dépouiller (un corps) de son odeur au moyen d'un traitement approprié ; enlever les mauvaises odeurs de (un lieu) au moyen d'une substance chimique, d'un produit parfumé. *Désodoriser la cuisine.*

DÉSŒUVRÉ, ÉE [dezœvʀe] adj. – 1692 ◇ de *dés-* et *œuvre* ■ **1** Qui n'exerce pas d'activité précise, par impossibilité matérielle ou psychologique. ➤ **inactif, inoccupé, oisif.** *Des gens désœuvrés.* — SUBST. (en génér. péj.) «*le désœuvré est frustré, s'ennuie, est à la recherche constante du mouvement qui lui manque*» KUNDERA. ■ **2** LITTÉR. Où aucune activité ne s'exerce. «*La fin d'un de ces après-midi tout à fait désœuvrés et très mornes*» BRETON. ■ CONTR. Actif, affairé, occupé.

DÉSŒUVREMENT [dezœvʀəmɑ̃] n. m. – 1748 ◇ de *désœuvré* ■ **1** État d'une personne désœuvrée. ➤ **inaction, inoccupation, oisiveté.** *Vivre dans le désœuvrement. Faire qqch. par désœuvrement,* pour passer le temps. «*Comme il n'avait aucun travail, son désœuvrement renforçait sa tristesse*» FLAUBERT. ■ **2** LITTÉR. Sentiment de malaise ou d'abattement qui accompagne l'absence d'activité. ■ CONTR. Activité, occupation.

DÉSOLANT, ANTE [dezɔlɑ̃, ɑ̃t] adj. – 1718 ◇ de *désoler* ■ **1** LITTÉR. Qui désole, qui cause une grande affliction. ➤ **affligeant, consternant, navrant.** *Nouvelle désolante. Spectacle désolant.* ■ **2** COUR. Qui contrarie. ➤ **contrariant, ennuyeux.** *Il fait bien mauvais temps, c'est désolant ! Il est désolant de paresse, de bêtise.* ■ CONTR. Consolant, réjouissant.

DÉSOLATION [dezɔlasjɔ̃] n. f. – XIIe ◇ bas latin *desolatio* ■ **1** LITTÉR. Action de désoler, de ravager (un pays) ; son résultat. ➤ **calamité, destruction, dévastation, ravage, ruine.** «*Ils pleuraient la mort de leurs proches et la désolation de leur pays*» FLÉCHIER. — ALLUS. BIBL. *L'abomination* de la désolation.* ■ **2** Extrême affliction. ➤ **affliction, consternation, détresse, peine.** *Cette nouvelle l'a plongé dans la désolation.* «*Le cri de la désolation absolue et de l'effroi*» HUYSMANS. ■ CONTR. Consolation.

DÉSOLÉ, ÉE [dezɔle] adj. – v. 1355 ◇ de *désoler* ■ **1** Inhabité et triste. ➤ 1 **désert.** «*Un endroit désolé, consumé de soleil*» FROMENTIN. ■ **2** LITTÉR. Affligé, éploré. *Une mère désolée. Avoir l'air désolé.* ■ **3** PAR EXAGÉR. COUR. *Être désolé* : regretter. *Je suis désolé de vous avoir fait attendre. Nous sommes désolés que vous n'ayez pu venir.* — ELLIPT *Désolée, je ne puis vous renseigner,* excusez-moi, je regrette. — (Pour atténuer l'expression de sa désapprobation, de son refus, de son mécontentement). *Désolé, mais vous avez tort. Navré, désolé, je n'irai pas.* ■ CONTR. Riant ; joyeux, réjoui ; ravi.

DÉSOLER [dezɔle] v. tr. ‹ 1 › – v. 1330 ◇ latin *desolare* «laisser seul», d'où «ravager» ■ **1** VX ou LITTÉR. Ruiner, transformer en solitude par des ravages. ➤ **dévaster, ravager, ruiner.** «*Les notices sur les* *fléaux qui ont désolé l'humanité, sur les dates fatidiques, sur l'an mil, la peste, les Huns»* GIRAUDOUX. ▪ **2** Causer une affliction extrême à. ➤ **affliger, attrister, consterner, navrer.** *Cet échec me désole.* PRONOM. (1692) *Elle se désole de ne pouvoir vous aider.* ▪ **3** PAR EXAGÉR. (➤ **désolé,** 3°) Contrarier. *Ce contretemps, ce retard me désole.* ➤ **ennuyer.** ▪ CONTR. Réjouir, ravir.

DÉSOLIDARISER [desɔlidaʀize] **v. tr.** ‹1› – 1879 ◇ de *dé-* et *solidariser* ▪ **1** RARE Rompre les liens de solidarité avec, entre. ➤ **désunir, diviser.** ▪ **2** TECHN. (compl. chose) Faire cesser d'être solidaire. ➤ **disjoindre, dissocier.** *Désolidariser le moteur de la transmission, d'avec la transmission.* ▪ **3** **v. pron.** **SE DÉSOLIDARISER.** COUR. Cesser d'être solidaire. *Se désolidariser de, d'avec ses collègues.* ➤ **abandonner,** FAM. 1 **lâcher, se séparer.** *«Je ne me désolidariserai pas d'une défaite qui, souvent, m'humiliera»* SAINT-EXUPÉRY. ➤ **désavouer.** ▪ CONTR. Unir, solidariser (se).

DÉSOPERCULER [dezɔpɛʀkyle] **v. tr.** ‹1› – 1878 ◇ de *dés-* et *opercule* ▪ APIC. Ouvrir les alvéoles de (en enlevant l'opercule avec le couteau spécial dit *désoperculateur* **n. m.**). *Rayon de miel désoperculé.*

DÉSOPILANT, ANTE [dezɔpilɑ̃, ɑ̃t] **adj.** – 1842 ; n. m. 1658 méd. ◇ de *désopiler* ▪ Qui fait rire de bon cœur. ➤ **comique, drôle*.** *Histoire, farce désopilante. — Cet acteur est désopilant.*

DÉSOPILER [dezɔpile] **v. tr.** ‹1› – 1542 «ouvrir» ◇ de *dés-* et ancien français *opiler* «obstruer» ; latin *oppilare* ▪ **1** MÉD. VX Désobstruer. — LOC. VIEILLI (1690) *Désopiler la rate* (de la bile noire) : réjouir (cf. Dilater la rate*). ▪ **2** ABSOLT. MOD. *Désopiler* : exciter la gaieté, faire rire, réjouir. ◆ PRONOM. *Se désopiler* : rire beaucoup.

DÉSORBITER [dezɔʀbite] **v. tr.** ‹1› – v. 1830 intr. ◇ de *dés-* et *orbite* ▪ **1** DIDACT. Faire sortir de son orbite. — PRONOM. (1853) Sortir de son orbite. **p. p. adj.** *Satellite désorbité. — Yeux désorbités.* ➤ **exorbité.** ▪ **2** (1881) FIG. Faire sortir (qqn) de son milieu, de ses habitudes.

DÉSORDONNÉ, ÉE [dezɔʀdɔne] **adj.** – v. 1220 ◇ de *dés-* et *ordonné* ▪ **1** (1538) Mal réglé, sans ordre. *Combat désordonné.* ➤ **confus, indistinct.** *Fuite désordonnée* (➤ **débandade**). *Mouvements désordonnés.* ▪ **2** (fin XIXe ; hapax XIVe) COUR. Qui manque d'ordre, ne range pas ses affaires. ➤ FAM. **bordélique.** *Maîtresse de maison négligente et désordonnée.* — SUBST. *C'est un désordonné.* ▪ **3** LITTÉR. Qui n'est pas conforme à la règle, à la morale, au bon ordre. *Conduite, vie désordonnée.* ➤ **agité, déréglé, dissolu.** *Imagination désordonnée.* ➤ **débridé, vagabond.** *Dépenses désordonnées.* ➤ **effréné, excessif.** ▪ CONTR. Ordonné, rangé. Moral ; modéré.

DÉSORDRE [dezɔʀdʀ] **n. m.** – 1377 «querelle» ◇ de *dés-* et *ordre* ▪ **1** (1530) Absence d'ordre. *Le désordre d'une pièce. Mettre du désordre quelque part. Quel désordre !* ➤ **capharnaüm, déballage, fatras, fouillis, pagaille ;** FAM. **bazar, binz, chantier, fourbi, souk ;** TRÈS FAM. **bordel, boxon, foutoir, merdier ;** RÉGION. **brol, cheni, margaille.** — **EN DÉSORDRE.** *Mettre qqch. en désordre.* ➤ **bouleverser, chambarder, déranger, désorganiser, embrouiller, emmêler, éparpiller, mélanger, mêler.** *Tout est en désordre.* ➤ **pêle-mêle,** 2 **sens** (dessus dessous). — *Tenue, cheveux en désordre.* — VX *Réparer le désordre de sa toilette* : se rajuster. — LOC. FAM. *C'est désordre. Ça fait désordre* : cela a une apparence désordonnée, ce n'est pas conforme aux normes, aux convenances. ◆ *Un savant désordre, un désordre voulu,* destiné à rompre la monotonie du décor, à donner du naturel. *«Quel désordre aimable : non un désordre d'abandon, mais le désordre intelligent qui marque une présence»* SAINT-EXUPÉRY. ◆ FIG. *Désordre des idées* : incohérence, manque de logique. ➤ **confusion.** *«Le désordre de ma pensée reflète le désordre de ma maison»* GIDE. — *Désordre dans les affaires publiques ou privées, dans l'administration, la gestion.* ➤ **désorganisation, gabegie, pagaille.** *«Le désordre universel, qui est comme la grande œuvre du monde moderne»* VALÉRY. ▪ **2** SPÉCIALT Trouble dans un fonctionnement. ➤ **altération, déséquilibre, perturbation,** 2 **trouble.** *Désordre fonctionnel, hormonal.* ▪ **3** (1535) LITTÉR. Absence de règle ; fait de ne pas respecter les règles, la morale. ➤ **dérèglement, dissipation, licence.** *Vivre dans le désordre* (cf. Faire les quatre cents coups*). ◆ Conduite déréglée, débauche. *«Les grands désordres jettent aux grandes dévotions»* ZOLA. ▪ **4** Absence d'ordre ou rupture de l'ordre, de la discipline dans un groupe, une communauté. ➤ **anarchie.** *Semer le désordre dans les rangs d'une armée. L'évacuation s'est faite sans le moindre désordre. Assemblée où règne le désordre* (➤ **pétaudière**). ▪ **5** Troubles *(les désordres)* ou ensemble de troubles *(le désordre)* qui interrompent la tranquillité publique, l'ordre social. ➤ **agitation, bagarre, émeute,** 2 **trouble.** *De graves désordres ont éclaté.* ▪ CONTR. Ordre, organisation. Cohérence.

DÉSORGANISATEUR, TRICE [dezɔʀganizatœʀ, tʀis] **adj.** et **n.** – 1792 ◇ de *désorganiser* ▪ Qui désorganise. *Principe désorganisateur.* ▪ CONTR. Organisateur.

DÉSORGANISATION [dezɔʀganizasjɔ̃] **n. f.** – 1764 ◇ de *désorganiser* ▪ Action de désorganiser ; son résultat. ➤ **désordre, destructuration,** 2 **trouble.** *Cette entreprise est en complète désorganisation. La désorganisation d'une administration, d'une armée.* ➤ **désagrégation.** ◆ PATHOL. Altération grave de la structure (d'un tissu ou d'un organe) pouvant entraîner la perte des fonctions. ▪ CONTR. Organisation.

DÉSORGANISER [dezɔʀganize] **v. tr.** ‹1› – 1764 ; p. p. v. 1570 ◇ de *dés-* et *organiser* ▪ Détruire l'organisation de. ➤ **déstructurer.** *Le cancer désorganise les tissus qu'il envahit.* ◆ FIG. ➤ **déranger, troubler.** *Désorganiser les plans de qqn.* ◆ PRONOM. *«Le régime féodal se désorganise, tandis que le régime monarchique n'est pas encore constitué»* SEIGNOBOS. ➤ **désagréger. p. p. adj.** *Le parti est désorganisé. Pays complètement désorganisé.* ▪ CONTR. Organiser.

DÉSORIENTATION [dezɔʀjɑ̃tasjɔ̃] **n. f.** – 1876 ◇ de *désorienter* ▪ RARE Action de désorienter ; son résultat. — MÉD. *Désorientation spatiotemporelle* : perte du sens de l'orientation dans l'espace et dans le temps. ▪ CONTR. Orientation.

DÉSORIENTÉ, ÉE [dezɔʀjɑ̃te] **adj.** – 1636 ◇ de *désorienter* ▪ (PERSONNES) Qui ne sait plus où il en est, ce qu'il doit faire. ➤ **dépaysé, embarrassé, hésitant, indécis, perdu ;** FAM. **déboussolé ;** RÉGION. **mêlé.** *«Désorienté, hébété, amputé de ses habitudes»* COURTELINE. *«Il était tout désorienté d'avoir gain de cause sans lutte»* MARTIN DU GARD. — *Personnes âgées désorientées.*

DÉSORIENTER [dezɔʀjɑ̃te] **v. tr.** ‹1› – 1617 ◇ de *dés-* et *orienter* ▪ **1** (1690) Faire cesser d'être orienté. *Désorienter une lunette astronomique.* — PAR EXT. Faire perdre la direction à suivre à. ➤ **égarer.** PRONOM. *«Il remonta le chemin jusqu'à la Croix-au-Lièvre, et il en fit le tour les yeux fermés pour se désorienter»* SAND. ▪ **2** (1617) Rendre (qqn) hésitant sur ce qu'il faut faire, sur le comportement à avoir. ➤ **déconcerter, embarrasser, troubler.** *Cette réforme désoriente les fonctionnaires.* ▪ CONTR. Orienter, rassurer.

DÉSORMAIS [dezɔʀmɛ] **adv.** – XIIe ◇ de *dès,* 2 *or* «maintenant» et *mais* «plus» ▪ À partir du moment actuel (s'emploie pour un comportement ou avec un attribut). ➤ **dorénavant** (cf. À l'avenir). *Désormais je ne l'écouterai plus. Les portes seront désormais fermées après 17 h.*

DÉSORPTION [desɔʀpsjɔ̃] **n. f.** – 1822 ◇ de *dé-* et *absorption* ▪ PHYS. Élimination de molécules de gaz ou de liquide préalablement adsorbées par la surface d'un solide. ▪ CONTR. Adsorption.

DÉSOSSÉ, ÉE [dezɔse] **adj.** – de *désosser* ▪ **1** Dont on a ôté les os. *Dinde désossée et farcie.* ▪ **2** PAR EXT. (1813) Dont les membres sont mous et souples, comme sans os. ➤ **désarticulé, disloqué.** SUBST. *Valentin le désossé, danseur représenté par Toulouse-Lautrec.* ◆ FIG. Sans charpente, sans rigidité. ➤ **lâche,** 1 **mou.** *«Un christianisme désossé en quelque sorte, sans charpente»* RENAN. ▪ CONTR. Rigide, solide.

DÉSOSSEMENT [dezɔsmɑ̃] **n. m.** – 1798 ◇ de *désosser* ▪ RARE Action de désosser, de se désosser.

DÉSOSSER [dezɔse] **v. tr.** ‹1› – v. 1350 ◇ de *dés-* et *os* ▪ **1** Ôter l'os, les os de. *Désosser une épaule de mouton.* — PAR ANAL. *Désosser un poisson,* en ôter les arêtes. ◆ PRONOM. FIG. ➤ **se désarticuler.** *Acrobate qui se désosse.* ▪ **2** FIG. Décomposer, analyser en détail. ➤ **décortiquer, disséquer, éplucher.** *Désosser un article.* ▪ **3** Mettre en pièces détachées. *«On rapporte la voiture à la cité, et on la désosse»* VAN CAUWELAERT.

DÉSOXY- ▪ Groupe préfixal, de *dés-* et *oxy-* pour *oxygène,* servant en chimie à former des mots désignant des substances définies par rapport au radical par l'élimination d'oxygène.

DÉSOXYGÉNER [dezɔksiʒene] **v. tr.** ‹6› – 1789 ◇ de *dés-* et *oxygène* ▪ DIDACT. Enlever tout ou partie de l'oxygène ou du dioxygène de (une substance). ➤ **réduire** (II, 5°). *Désoxygéner le vin. Le sang de la partie droite du cœur est désoxygéné.* ▪ CONTR. Oxygéner.

DÉSOXYRIBONUCLÉASE [dezɔksiʀibonykleaz] **n. f.** – 1967 ◇ de *désoxyribo(se)* et *nucléase* ▪ BIOCHIM. Enzyme qui catalyse l'hydrolyse des acides désoxyribonucléiques. — ABRÉV. COUR. **ADNase.** ➤ **ribonucléase.** On emploie aussi l'anglic. *DNAse.*

DÉSOXYRIBONUCLÉIQUE [dezɔksiʀibonykleik] **adj.** – 1955 ◇ de *désoxy-* et *ribonucléique* ■ BIOCHIM. *Acide désoxyribonucléique* : polymère en chaîne formé par la répétition de nucléosides semblables, constitués eux-mêmes d'une base, d'un sucre (➤ **désoxyribose**) et d'un groupe phosphate. ➤ **ADN.**

DÉSOXYRIBOSE [dezɔksiʀiboz] **n. m.** – 1955 ◇ de *désoxy-* et *ribose* ■ BIOCHIM. Ose de formule $C_5H_{10}O_4$, constituant de l'ADN, de structure analogue au ribose mais comportant, au niveau du deuxième atome de carbone, un atome d'hydrogène au lieu d'un groupement hydroxyle.

DESPÉRADO [dɛspeʀado] **n. m.** – 1881 ◇ anglais américain *desperado* (1647), emprunté à l'espagnol, famille du latin *desperare* « désespérer » ■ Hors-la-loi qui est prêt à tout, n'ayant plus rien à perdre. *Des despérados.* — On écrit aussi *desperado, des desperados.* « *Quelque desperado, proie du remords ou du spleen, vestige d'un âge romantique révolu* » BARTHES.

DESPOTE [dɛspɔt] **n. m.** – fin XIIe ◇ grec *despotês* « maître » ■ **1** Souverain qui gouverne avec une autorité arbitraire et absolue. ➤ **tyran.** *Gouverner en despote.* « *Le despote n'est le maître qu'aussi longtemps qu'il est le plus fort* » ROUSSEAU. — HIST. *Despote éclairé* : monarque absolu adepte de la philosophie des lumières, au XVIIIe siècle. ◆ Chef, gouvernant tyrannique. ➤ **dictateur.** ■ **2** FIG. Personne qui exerce une autorité tyrannique. *Cet enfant est un despote.* « *La vie familiale autour du génial despote* [Hugo] *ne devait pas être légère tous les jours* » HENRIOT. — **adj.** *Mari despote.* ➤ **despotique.**

DESPOTIQUE [dɛspɔtik] **adj.** – XIVe ◇ grec *despotikos* ■ **1** Qui est propre au despote. ➤ **tyrannique ; dictatorial.** *Souverain despotique.* « *Il y a trois espèces de gouvernements : le républicain, le monarchique et le despotique* » MONTESQUIEU. ➤ **arbitraire.** ■ **2** FIG. et LITTÉR. « *Vous avez sur ses vers un pouvoir despotique* » BOILEAU. Caractère *despotique,* très autoritaire. ■ CONTR. Libéral.

DESPOTIQUEMENT [dɛspɔtikmɑ̃] **adv.** – XIVe ◇ de *despotique* ■ D'une manière despotique. *Gouverner despotiquement.*

DESPOTISME [dɛspɔtism] **n. m.** – 1678 ◇ de *despote* ■ **1** Pouvoir absolu, arbitraire et oppressif du despote. *Despotisme oriental. Le despotisme de Napoléon.* — POLIT. *Despotisme éclairé* : doctrine politique des philosophes du XVIIIe s., selon laquelle le souverain doit gouverner selon les lumières de la raison. ◆ Forme de gouvernement dans lequel tous les pouvoirs sont réunis dans les mains d'un seul. ➤ **absolutisme, dictature, tyrannie.** *Combattre le despotisme.* « *Le pire de tous les despotismes, c'est le gouvernement militaire* » ROBESPIERRE. ■ **2** Autorité tyrannique. « *C'est de l'inique despotisme des pères que viennent les vices et les malheurs des enfants* » ROUSSEAU. ■ CONTR. Démocratie, libéralisme. Faiblesse.

DESQUAMATION [dɛskwamasjɔ̃] **n. f.** – 1732 ◇ du latin *desquamare,* de *squama* « écaille » ■ **1** MÉD. Élimination des couches superficielles de l'épiderme sous forme de petites lamelles (squames). ➤ **exfoliation, pellicule** (2°). *Desquamation consécutive à la scarlatine.* ■ **2** GÉOL. Enlèvement, chute de minces écailles rocheuses.

DESQUAMER [dɛskwame] **v.** ‹1› – 1836 ◇ latin *desquamare* ■ **1 v. intr.** MÉD. En parlant de la peau, Se détacher par squames, écailles. ➤ **s'exfolier, peler.** ■ **2 v. tr.** Débarrasser (l'épiderme) des cellules mortes. *Produit propre à desquamer la peau du visage* (gommage, peeling...). — PRONOM. *La peau se desquame après la scarlatine.*

DESQUELS, DESQUELLES ➤ **LEQUEL**

D. E. S. S. [deøɛsɛs] **n. m.** – 1974 ◇ sigle de *Diplôme d'études supérieures spécialisées* ■ Diplôme de troisième cycle qui sanctionne une formation appliquée de haute spécialisation, préparant à la vie professionnelle. *Préparer un D. E. S. S. de fiscalité communautaire. Les D. E. S. S. sont progressivement remplacés par des masters professionnels.* ➤ 2 **master.**

DESSABLEMENT [desɑbləmɑ̃] **n. m.** – 1937 ◇ de *dessabler* ■ **1** TECHN. Action de dessabler ; son résultat. On dit aussi **DESSABLAGE.** ■ **2** TECHN. Traitement des eaux usées consistant à en éliminer les matières minérales en suspension. ■ CONTR. Ensablement.

DESSABLER [desɑble] **v. tr.** ‹1› – 1765 « sortir du sable » ◇ de *des-* et *sable* ■ Ôter le sable de. ➤ **désensabler.** ■ CONTR. Ensabler.

DESSAISIR [deseziʀ] **v. tr.** ‹2› – 1155 ◇ de *des-* et *saisir* ■ **1** Enlever à (qqn, un groupe) son bien, ses responsabilités. *Dessaisir une société de ses propriétés.* — DR. *Dessaisir un tribunal d'une affaire.* ■ **2 v. pron.** (XIIIe) **SE DESSAISIR DE...** se déposséder volontairement de qqch. *Se dessaisir d'une lettre compromettante. Je ne peux, je ne veux pas m'en dessaisir.* ➤ **abandonner, céder, se défaire** (de), **donner, remettre, renoncer** (à).

DESSAISISSEMENT [desezismɑ̃] **n. m.** – 1609 ◇ de *dessaisir* ■ DR. Action de dessaisir, de se dessaisir. *Jugement de dessaisissement à l'égard d'un failli.* ◆ Action de se dessaisir (d'un état de conscience). ➤ **déprise.**

DESSALAGE [desalaʒ] **n. m.** – 1877 ◇ de *dessaler* ■ **1** VX Dessalement. ■ **2** MAR. Fait de chavirer (➤ **dessaler,** II).

DESSALEMENT [desalmɑ̃] **n. m.** – 1764 ◇ de *dessaler* ■ Action de dessaler (I, 1°) ; son résultat. *Le dessalement des eaux saumâtres.* ➤ **désalinisation.**

DESSALER [desale] **v.** ‹1› – 1393 ; *dessalé* XIIIe ◇ de *des-* et *saler*

I v. tr. ■ **1** Rendre moins salé ou faire cesser d'être salé. *Dessaler de la morue en la faisant tremper.* INTRANS. (1680) *Mettre des harengs à dessaler.* PRONOM. *L'eau de mer se dessale par distillation.* ■ **2** (1880) FIG. et FAM. Rendre moins niais, plus déluré. ➤ **dégourdir, déniaiser.** — PRONOM. *Il commence à se dessaler.* — **p. p. adj.** (1565) *Elle est bien dessalée.* ➤ **affranchi, dégourdi, déluré.**

II v. intr. (argot des plaisanciers 1935 ◇ de l'argot parisien « boire » v. 1830 ; « noyer » 1878 ; cf. *boire la tasse*) Se renverser (en parlant du bateau) ; renverser son bateau ➤ **chavirer ; dessalage** (2°).

■ CONTR. Saler. (Du p. p.) Empoté, niais.

DESSANGLER [desɑ̃gle] **v. tr.** ‹1› – 1530 ; *descengler* v. 1165 ◇ de *des-* et *sangle* ■ Enlever ou détendre les sangles de. *Dessangler un cheval.* PRONOM. *Le cheval s'est dessanglé.* ■ CONTR. Sangler.

DESSAOULER ➤ **DESSOÛLER**

DESSÉCHANT, ANTE [deseʃɑ̃, ɑ̃t] **adj.** – 1555 ◇ de *dessécher* ■ **1** Qui dessèche. *Vent desséchant.* ■ **2** (1870) FIG. Qui rend insensible. *Doctrines, études desséchantes.*

DESSÈCHEMENT [desɛʃmɑ̃] **n. m.** – 1478 ◇ de *dessécher* ■ **1** Action de dessécher ; état d'une chose desséchée. ➤ **déshydratation, dessiccation.** *Dessèchement de la peau. Dessèchement du sol, de la végétation.* ■ **2** VIEILLI Amaigrissement extrême. ■ **3** FIG. Perte de la faculté de s'émouvoir, de s'attendrir. ➤ **endurcissement, sclérose.** *Le dessèchement de l'esprit. Un grand dessèchement d'esprit.* « *Un dessèchement affreux du cœur* [...] *a entraîné l'oblitération de la conscience* » MADELIN. ■ CONTR. Humidification, hydratation. Fraîcheur, sensibilité.

DESSÉCHER [deseʃe] **v. tr.** ‹6› – *desechier* v. intr. 1170 ◇ de *des-* et *sécher* ■ **1** Rendre sec (ce qui contient naturellement de l'eau). ➤ **sécher.** *Chaleur, vent qui dessèche la végétation.* ➤ **brûler, calciner,** 1 **griller.** *Dessécher des plantes, des fruits.* ➤ **déshydrater ; dessiccation.** « *le froid desséchait la peau des visages et gerçait les lèvres* » MAC ORLAN. — **p. p. adj.** *Lèvres desséchées.* — PRONOM. *La peau se dessèche au soleil.* ■ **2** Rendre maigre. « *le vent de feu du désert l'avait desséché depuis longtemps* » GAUTIER. — *Un vieillard desséché.* ➤ **décharné, étique, squelettique.** ◆ PRONOM. Maigrir. FIG. et FAM. « *Elle n'était pas fille à se dessécher de chagrin* » SAND. ➤ **languir.** ■ **3** Rendre insensible, faire perdre à (qqn) la fraîcheur, la faculté de s'émouvoir. ➤ **endurcir, racornir.** « *Pas d'ironie ! Elle vous dessèche et dessèche la victime* » M. JACOB. ◆ PRONOM. « *J'ai peur de me dessécher à force de science* » FLAUBERT. ■ CONTR. Humidifier, hydrater, mouiller. Attendrir, émouvoir.

DESSEIN [desɛ̃] **n. m.** – 1544 ; *desseing* « dessin » jusqu'au XVIIIe ◇ de *desseigner* (→ dessiner), d'après l'italien *disegnare* ■ LITTÉR. Idée que l'on forme d'exécuter qqch. ➤ **but, détermination, intention, objet, projet, propos, résolution, visée, volonté, vue.** *Concevoir, réaliser, accomplir un dessein. Avoir des desseins secrets. Nourrir de noirs, de coupables desseins. Grands, vastes desseins.* « *les desseins de la Providence étant impénétrables* » CAMUS. ➤ **arrêt, voie.** — *Former le dessein de* (et inf.). — *Avoir des desseins sur* (qqn ou qqch.) : avoir des projets concernant (qqn ou qqch.). SPÉCIALT *Il a des desseins sur cette jeune fille* (cf. Avoir des vues* sur). ◆ **loc. adv. À DESSEIN :** intentionnellement, de propos délibéré. ➤ **délibérément,** 2 **exprès.** *Il l'a fait à dessein. C'est à dessein que je n'ai pas répondu.* **SANS DESSEIN :** sans intention précise, par hasard. — **loc. prép. À DESSEIN DE** (VX) **; DANS LE DESSEIN DE :** dans l'intention de, en vue de. ➤ **afin de, pour.** « *C'est peut-être à dessein de vous entretenir* » RACINE. ■ HOM. Dessin.

DESSELLER [desele] **v. tr.** ‹1› – XIIe ◇ de *des-* et *seller* ■ Ôter la selle de. *Desseller un cheval, un âne.* — *Cheval dessellé.* ■ CONTR. Seller. ■ HOM. Desceller ; *desselle* : décèle (déceler).

DESSERRAGE [desɛʀaʒ] n. m. – 1794 ◊ de *desserrer* ■ Action de desserrer. *Desserrage d'une vis. Coin de desserrage.* ■ CONTR. Serrage.

DESSERREMENT [desɛʀmɑ̃] n. m. – 1928 ◊ de *desserrer* ■ Le fait de se desserrer. *« Épanouissement de la poitrine ; desserrement des tempes »* ROMAINS.

DESSERRER [deseʀe] v. tr. ‹1› – XIIe ◊ de *des-* et *serrer* ■ 1 Relâcher (ce qui était serré). ➤ **défaire.** *Desserrer sa ceinture d'un cran. Desserrer une vis, un écrou* (➤ **dévisser**). *Desserrer sa prise, son étreinte.* — FIG. *Desserrer les cordons de sa bourse* (pour payer, pour débourser). ◆ PRONOM. Devenir moins serré. *L'écrou s'est desserré.* FIG. *L'étau se desserre* : les contraintes diminuent. ■ 2 (XIIIe, repris 1656) *Desserrer les dents, les lèvres* : ouvrir la bouche ; parler. *« Chaque fois qu'il desserre les dents, il a l'air de vous faire une grâce »* LOTI. — *Ne pas desserrer les dents* : ne rien dire. ➤ **se taire.** ■ CONTR. Serrer. ■ HOM. *Desserre* : dessers (desservir).

DESSERT [desɛʀ] n. m. – 1539 aussi « action de desservir la table » ◊ de 2*desservir* ■ 1 VX Dernier service d'un repas, comportant fromages, pâtisserie, fruits. *« Un dessert sans fromage est une belle à qui il manque un œil »* BRILLAT-SAVARIN. ■ 2 MOD. Mets sucré, fruits, pâtisserie servis après le fromage (en France). *Prendre un dessert, un fromage et un dessert.* FIG. *Fromage* et dessert. Priver un enfant de dessert. Vin de dessert. Fourchette, assiette à dessert.* — PAR EXT. Moment de la fin du repas. *Ils en sont au dessert. Venez après le dessert.*

1**DESSERTE** [desɛʀt] n. f. – XIIe ◊ de 1*desservir* ■ 1 VX Service (d'une cure, d'une chapelle) assuré par un prêtre (➤ **desservant**). ■ 2 (1838) Le fait de desservir (1, 2o) (une localité). ➤ **service.** *Desserte d'un port par voie ferrée. Un service de cars assure la desserte du village.* — *Chemin de desserte.*

2**DESSERTE** [desɛʀt] n. f. – fin XIXe ; « mets desservis » XIVe ◊ de 2*desservir* ■ Meuble où l'on met les plats, les couverts qui ont été desservis. ➤ **crédence, dressoir.** *Une table roulante* servait de desserte.* ◆ PAR EXT. *Desserte de bureau.*

DESSERTIR [desɛʀtiʀ] v. tr. ‹2› – 1751 ; *dessartir* « défaire » XIIe ◊ de *des-* et *sertir* ■ TECHN. Enlever (une pierre précieuse) de sa monture. *Dessertir un brillant de son chaton.* ■ CONTR. Sertir.

DESSERTISSAGE [desɛʀtisaʒ] n. m. – 1870 ◊ de *dessertir* ■ TECHN. Action de dessertir. ■ CONTR. Sertissage.

DESSERVANT [desɛʀvɑ̃] n. m. – 1322, rare avant XVIIIe ◊ de 1*desservir* ■ Ecclésiastique qui dessert une cure (➤ **curé**), une chapelle, une paroisse.

1**DESSERVIR** [desɛʀviʀ] v. tr. ‹14› – XIe ◊ latin *deservire* ■ 1 Assurer le service religieux de (une cure, une chapelle, une paroisse). ■ 2 (1859) Faire le service de (un lieu, une localité) en parlant d'une voie de communication, d'un moyen de transport. *Aucun train ne dessert ce village.* ➤ **passer** (par). *Un omnibus dessert toutes les gares de la ligne.* ➤ **s'arrêter** (à). — p. p. adj. *Ville bien desservie,* reliée aux autres par de nombreux moyens de transports. *Quartier mal desservi.* — *Être desservi par les corbeaux*.* ■ 3 PAR EXT. (1890) Donner dans, faire communiquer. *Couloir, entrée, hall qui dessert plusieurs pièces.* ■ HOM. *Dessers* : desserre (desserrer).

2**DESSERVIR** [desɛʀviʀ] v. tr. ‹14› – XIVe ◊ de *des-* et *servir* ■ 1 Débarrasser (une table) des plats, des couverts après un repas. *Desservir la table.* ABSOLT *Vous pouvez desservir.* ■ 2 (fin XVe) Rendre un mauvais service à (qqn). ➤ **nuire.** *Desservir qqn auprès de ses amis.* — PAR EXT. Faire obstacle à l'exécution de (qqch.). *Cela desservirait mes projets, mes intérêts.* ➤ **contrecarrer, gêner.** — (Comportement) Faire mal juger. *Une « promptitude de jugement qui lui fait honneur, mais qui la dessert »* BALZAC. PRONOM. *Il s'est desservi par sa franchise.* ■ CONTR. Servir. Appuyer, seconder.

DESSICCATEUR, TRICE [desikatœʀ, tʀis] n. m. et adj. – 1878 ; « bâtiment où on fait sécher les draps » 1817 ◊ de *dessiccation* ■ 1 TECHN. Appareil servant à déshydrater une substance ou à tenir divers produits à l'abri de l'humidité. ■ 2 adj. Qui sert à déshydrater, à éliminer l'humidité. *Le silicagel est un agent dessiccateur.*

DESSICCATIF, IVE [desikatif, iv] adj. – 1314 ◊ latin *desiccativus,* de *siccus* « sec » ■ Qui a la propriété de dessécher. — MÉD. Qui, appliqué sur une plaie, en absorbe le pus, les sérosités.

DESSICCATION [desikasjɔ̃] n. f. – XVIe ; hapax XIVe ◊ latin *desiccatio* ■ DIDACT. ■ 1 Action de dessécher (les gaz, les solides), opération par laquelle on les prive de l'humidité qu'ils renferment. ➤ **déshydratation, lyophilisation.** *La dessiccation des gaz par l'acide sulfurique, des solides par étuvage, séchage au four. Dessiccation des fruits, du lait* (lait en poudre). ■ 2 (1870) AGRIC. Perte de l'eau que renferme le sol. ➤ **dessèchement.** *La dessiccation des terres argileuses.* ■ CONTR. Hydratation, imbibition.

DESSILLER ou **DÉCILLER** [desije] v. tr. ‹1› – *déciller* XIIIe ◊ de *ciller,* ancien français « coudre les paupières d'un oiseau de proie pour le dresser », de *cil* ■ Séparer les paupières qui étaient jointes. **DESSILLER LES YEUX,** les ouvrir. — FIG. *Dessiller les yeux de qqn, à qqn,* l'amener à voir, à connaître ce qu'il ignorait ou voulait ignorer (cf. Ouvrir* les yeux). ➤ **désabuser, détromper, éclairer.** *« L'on commence à dessiller les yeux du peuple sur les superstitions »* VOLTAIRE. — PRONOM. S'ouvrir. *« Alors mes yeux se dessillèrent ; je sentis mon malheur »* ROUSSEAU. — La variante *déciller* est conforme à l'origine du mot, *cil.*

DESSIN [desɛ̃] n. m. – 1529 ◊ de *desseigner,* ancienne forme de *dessiner.* D'abord écrit *desseing* (1529), le mot prend sa forme actuelle à la fin du XVIIe s. (*dessin,* 1680)

I UN DESSIN ■ 1 Représentation ou suggestion des objets sur une surface, à l'aide de moyens graphiques. *Lignes, tracé d'un dessin. « Il y a dans les dessins d'enfants une liberté inouïe »* F. LÉGER. *Dessin rapide, esquissé.* ➤ **croquis, ébauche, esquisse, schéma.** *Dessin soigné, fignolé, léché. Mauvais dessin.* ➤ **gribouillage, griffonnage.** *Dessin sur la peau.* ➤ **tatouage.** ■ 2 PAR EXT. Œuvre d'art formée d'un ensemble de signes graphiques organisant une surface. *Perspective d'un dessin. Le modelé, le relief d'un dessin. Les dessins de Léonard de Vinci, de Degas. Une exposition de dessins. Le cabinet des dessins d'un musée.* — *Dessin à main levée. Dessin au trait, dessin ombré. Dessin à un crayon.* ➤ **crayon, fusain, sanguine.** *Dessin aux deux crayons*. Dessin au pinceau, à la plume ; à l'encre de Chine. Dessin lavé.* ➤ **lavis, sépia.** *Dessin gravé.* ➤ **gravure, pointe** (sèche). *Dessin linéaire.* — *Dessin imprimé. Tissu à dessins.* ➤ **motif.** *Dessin humoristique, accompagné d'une légende. Dessin publicitaire. Dessin de mode. Dessin stylisé servant de signe.* ➤ **pictogramme ; logo.** ◆ LOC. FAM. (1951) *Faire un dessin à qqn,* faire comprendre à force d'explications (cf. Mettre les points sur les i*). *« Quand une chose pareille a lieu en Haïti, les gens n'ont pas besoin qu'on leur fasse un dessin »* R. DEPESTRE. ■ 3 (1916) CIN. **DESSIN ANIMÉ** [desɛ̃anime] : film réalisé en partant d'une suite de dessins représentant les phases successives du mouvement d'un corps. ➤ **cartoon.** *Dessin animé japonais.* ➤ **manga.** — Branche de l'art, de l'industrie cinématographique relative à ce genre de films (cf. Cinéma d'animation*).

II LE DESSIN ■ 1 L'art qui enseigne et utilise la technique, les procédés propres à organiser une surface par des moyens graphiques. *Faire du dessin. Dessin et peinture. Atelier, école de dessin. Professeur, leçon de dessin. Il est doué pour le dessin. Carton, papier à dessin* (bristol, torchon). *Table, planche à dessin. « Le dessin n'est pas la forme, il est la manière de voir la forme »* DEGAS. *« Le dessin est la précision de la pensée »* MATISSE. ■ 2 (Opposé à *couleur*) Les éléments graphiques d'un tableau, d'une tapisserie, etc. *Le dessin d'une fresque.* ■ 3 (Souvent qualifié) Représentation linéaire, exacte et précise, de la forme des objets, dans un but scientifique, industriel ; technique de cette représentation. *Dessin graphique. Dessin géométrique. Dessin par projection* (➤ **projection, stéréographie**). — *Dessin industriel.* ➤ **épure ;** 2**relevé** (de plan). *Dessin de face, de profil, en élévation. Dessin coté.* ➤ **croquis.** *Dessin assisté par ordinateur (D. A. O.). Échelle d'un dessin.* — *Dessin d'architecture* (➤ 3**plan**).

III SENS FIGURÉS ■ 1 Plan d'ensemble, structure (d'un ouvrage). FIG. ➤ **canevas, conception,** 3**plan, projet.** *Le dessin général du roman.* ◆ MUS. *Dessin mélodique* : la disposition générale d'une phrase musicale. ■ 2 Aspect linéaire et décoratif des formes naturelles. ➤ **contour, délinéament, figure, forme, ligne.** *Le dessin d'un visage.* — Contour d'un objet, lignes d'un ornement. *Le dessin d'une fenêtre, d'une ferronnerie.*

■ HOM. Dessein.

DESSINATEUR, TRICE [desinatœʀ, tʀis] n. – 1664 ◊ de *dessin,* d'après l'italien *disegnatore* ■ 1 Personne qui possède une compétence particulière dans l'art du dessin ou qui pratique habituellement cet art. *Un bon dessinateur. Dessinateur humoriste* ou *dessinateur humoristique.* ➤ **caricaturiste.** *Dessinateur illustrateur de livres. Dessinatrice de mode.* ➤ **modéliste.** *Dessinateur de publicité.* ➤ **affichiste.** ◆ SPÉCIALT (v. 1778) Peintre chez qui la couleur est négligée ou subordonnée à la forme (opposé à *coloriste*). *Ingres est un grand dessinateur.* ■ 2 (1690) Personne qui fait des dessins industriels ou d'architecture ;

des dessins décoratifs pour tissus, papiers, etc. *Dessinateur industriel. Dessinateur en tissu, en bijouterie, etc. Dessinateur de meubles.* ➤ **designer, styliste.** ◆ *Dessinateur-cartographe* : spécialiste du dessin en cartographie. *Des dessinatrices-cartographes.*

DESSINÉ, ÉE [desine] adj. – de *dessiner* ■ **1** Représenté par le dessin, tracé. — *Bien dessiné* : dont la forme est nette et harmonieuse. *Un visage bien dessiné.* ■ **2** (1929) **BANDE DESSINÉE.** ➤ 1 **bande** (2°).

DESSINER [desine] v. tr. ⟨1⟩ – 1664 ; *desseigner, dessigner* 1459 ◇ altération de l'italien *disegnare*, d'après le latin *designare* ■ **1** Représenter ou suggérer par le dessin. *Dessiner un bateau, un paysage, des fruits, la mer.* ➤ **représenter, reproduire, tracer.** *Dessiner qqch. sur le vif, rapidement.* ➤ **crayonner, croquer, ébaucher, esquisser.** ◆ ABSOLT *Dessiner au crayon, à la plume, au pinceau, à la craie, au feutre. L'art de dessiner.* ➤ **dessin.** *Ne pas savoir dessiner. Mal dessiner.* ➤ **gribouiller, griffonner.** « *Il dessine de mémoire, et non d'après le modèle* » BAUDELAIRE. ◆ SPÉCIALT Traiter les formes d'un tableau, plutôt que la couleur. *Ce peintre dessine soigneusement. — Tableau bien dessiné.* ◆ TECHN. Représenter par le dessin graphique. *Dessiner un plan* (➤ **dresser,** 1 **lever**), *une maquette. Dessiner des costumes pour un film.* ■ **2** (1809 pron.) PAR ANAL. (sujet chose) Rendre apparents, faire ressortir les contours, le dessin de. ➤ **accuser, indiquer, souligner.** *Vêtement qui dessine les formes du corps.* ◆ Former (un dessin). ➤ **former, présenter, tracer.** *La côte dessine une suite de courbes.* « *Deux ou trois ibis* [...] *dessinaient leur silhouette grêle sur le bleu qui leur servait de fond* » GAUTIER. — v. pron. **SE DESSINER** : paraître avec un contour net. ➤ 1 **se détacher,** 1 **ressortir.** *Ombre qui se dessine sur un mur.* ➤ **se profiler.** *Un sourire se dessina sur ses lèvres.* (1864) FIG. *Projets qui commencent à se dessiner.* ➤ **se préciser** (cf. Prendre tournure*). ■ CONTR. Estomper.

DESSOLEMENT [desɔlmɑ̃] n. m. – 1700 ◇ de 2 *dessoler* ■ AGRIC. Action de dessoler un champ. ■ CONTR. Assolement.

1 **DESSOLER** [desɔle] v. tr. ⟨1⟩ – fin XIIe ◇ de *des-* et 1 *sole* ■ TECHN., VIEILLI Débarrasser de la sole, de la partie inférieure du sabot. *Dessoler un cheval.*

2 **DESSOLER** [desɔle] v. tr. ⟨1⟩ – 1357 ◇ de *dés(as)soler* ■ AGRIC. Changer l'ordre des cultures de (une terre).

DESSOUDER [desude] v. tr. ⟨1⟩ – 1165 ◇ de *des-* et *souder* ■ **1** Ôter la soudure de. — PRONOM. **SE DESSOUDER** : se défaire, en parlant de ce qui était soudé. ■ **2** ARG. Tuer*. ➤ 1 **buter, descendre.** ■ CONTR. Souder.

DESSOÛLER [desule] v. ⟨1⟩ /DESSOULER/ – 1845 ; *dessaouler* 1557 ◇ de *des-* et *soûler* ■ On trouve aussi la graphie *dessaouler.* ■ **1** v. tr. Tirer (qqn) de l'ivresse. ➤ **dégriser, désenivrer.** *Le froid l'a dessoûlé.* — PRONOM. « *la démarche incertaine et la tête malade pour s'être dessoûlé trop vite* » MAC ORLAN. ■ **2** v. intr. Cesser d'être soûl. *Il plongea « sa tête sous un robinet d'eau froide, comme pour dessoûler »* T. BENACQUISTA. *Ne pas dessoûler* : être toujours ivre. ■ CONTR. Soûler.

1 **DESSOUS** [d(ə)su] prép. et adv. – 1080 ◇ de 1 *de* et *sous*
■ Indique une position inférieure, dans l'espace ou métaphoriquement (opposé à *dessus*).

I prép. de lieu (VX, employé seul) ➤ **sous.** — MOD. **DE DESSOUS.** « *Jacques tira de dessous sa veste un énorme cahier rouge* » DAUDET. — **PAR-DESSOUS.** *Passer par-dessous la clôture.* — FIG. et FAM. *Par-dessous la jambe*.*

II adv. de lieu À la face inférieure, dans la partie inférieure. *Le prix du vase est marqué dessous. Bras* dessus bras dessous. Sens* dessus dessous.* — **PAR-DESSOUS** [pardəsu]. *Baissez-vous et passez par-dessous.* ◆ *En dessous* [ɑ̃d(ə)su] : sur, contre la face inférieure. *Soulevez ce livre, le billet est en dessous. Ça fuit par en dessous.* — FIG. *Rire, sourire en dessous, par en dessous,* en dissimulant son rire, son sourire (cf. Sous cape*). *Regarder en dessous, par en dessous,* sans lever franchement les yeux, sournoisement. *Agir en dessous,* hypocritement. — FAM. *Les voisins d'en dessous.* ➤ 2 **dessous.** — loc. prép. *En dessous de* : situé plus bas que ; inférieur à. *Des résultats en dessous de ses espérances.* ➤ 2 **dessous.** ◆ **CI-DESSOUS** [sid(ə)su] : sous ce qu'on vient d'écrire, plus loin, plus bas. ➤ **infra.** *Vous trouverez ci-dessous les indications nécessaires. Les renseignements ci-dessous.* ◆ **LÀ-DESSOUS** [lad(ə)su] : sous cet objet, cette chose. *Le chat s'est caché là-dessous.* — FIG. *Il a offert de m'aider : il y a qqch. là-dessous,* cela cache, cela dissimule qqch. (de surprenant ou de fâcheux) (cf. Il y a anguille* sous roche).
■ CONTR. 1 Sur ; 1 dessus, haut (en haut).

2 **DESSOUS** [d(ə)su] n. m. – 1393 ◇ de 1 *dessous* ■ **1** Face inférieure (de qqch.) ; ce qui est plus bas que qqch. *Le dessous des pieds.* ➤ 1 **plante.** *Le dessous des bras.* ➤ **aisselle.** — *Le dessous d'une assiette, d'une étoffe.* ➤ 2 **envers.** *L'étage du dessous.* ➤ **inférieur.** *Les gens du dessous sont bruyants* (cf. FAM. D'en dessous, d'au-dessous, d'en bas). *Vêtements de dessous,* qui se portent sous ceux que l'on voit. ➤ **sous-vêtement.** ■ **2 DESSOUS DE...** Nom de certains objets qui se placent sous qqch. (pour isoler, protéger). ➤ **dessous-de-bouteille, dessous-de-plat.** ◆ Nom donné à certaines choses cachées. *Le dessous des cartes, du jeu.* — La face cachée des choses. *On ne connaît pas souvent le dessous des cartes.* ◆ FIG. *Les dessous de la politique, de la finance.* ➤ 2 **secret.** — *Un dessous-de-table.* ➤ **dessous-de-table.** ■ **3** ABSOLT (1876) PLUR. **LES DESSOUS** : vêtements de dessous féminins (body, brassière, bustier, caraco, combiné, combinaison, culotte, guêpière, jupon, shorty, slip, soutien-gorge, string ; bas, collant, porte-jarretelle ; gaine ; camisole, corset). ➤ **linge, lingerie.** *Porter des dessous en dentelle.* « *la métaphysique un peu puérile qu'on avait échafaudée autour des bas et des dessous sombres contrastant avec une peau blanche* » J. STERNBERG. ■ **4** PEINT. *Le dessous* : la première couche de peinture d'une toile. ■ **5** *Les dessous du théâtre* : étages à plancher mobile disposés sous la scène. — LOC. FIG. *Être dans le troisième dessous, le trente-sixième dessous,* dans une très mauvaise situation ; très déprimé. ■ **6** FIG. *Avoir le dessous* : être dans un état d'infériorité dans une lutte, une discussion. ➤ **désavantage.** *Il finira par avoir le dessous.* ➤ **céder, perdre.** ■ **7** loc. adv. **AU-DESSOUS** [od(ə)su] : en bas. *Il n'y a personne au-dessous.* — Moins. *Vous en trouverez à cent euros et au-dessous.* — FIG. ➤ **inférieur.** « *jamais il* [Racine] *n'ira plus loin qu'Alexandre et qu'Andromaque. Bajazet est au-dessous* » Mme DE SÉVIGNÉ. ◆ loc. prép. **AU-DESSOUS DE** : plus bas que, en bas de (➤ **infra-, sous-, sub-**). *Jupe au-dessous du genou. Cinq degrés au-dessous de zéro.* ➤ **moins.** *Vendre, acheter un objet au-dessous de sa valeur.* SPÉCIALT Plus au sud ou en aval. *Valence est au-dessous de Lyon.* — FIG. Inférieur à. *Notre situation est au-dessous de la leur. Mettre qqn, qqch. au-dessous de* (qqn, qqch.), le juger inférieur. — *Être au-dessous de sa tâche, de son rôle,* n'être pas capable de l'assumer (cf. Ne pas être à la hauteur*, ne pas faire le poids*). — *Être au-dessous de tout* : n'être capable de rien, n'avoir aucune valeur (personne, œuvre). ➤ **nul.**
■ CONTR. 2 Dessus. Avantage, supériorité.

DESSOUS-DE-BOUTEILLE [d(ə)sud(ə)butɛj] n. m. inv. – 1827 ◇ de 2 *dessous* et *bouteille* ■ Petit support rond sur lequel on pose une bouteille pour éviter de tacher la nappe, la table. ➤ RÉGION. **sous-plat.** *Des dessous-de-bouteille.*

DESSOUS-DE-BRAS [d(ə)sud(ə)bʀɑ] n. m. inv. – 1838 ◇ de 2 *dessous* et *bras* ■ Cercle de tissu imperméable destiné à protéger les vêtements de la transpiration aux aisselles.

DESSOUS-DE-PLAT [d(ə)sud(ə)pla] n. m. inv. – 1888 ◇ de 2 *dessous* et *plat* ■ Support, plateau sur lequel on pose les plats pour éviter de brûler ou de tacher la nappe, la table. ➤ RÉGION. **sous-plat.**

DESSOUS-DE-TABLE [d(ə)sud(ə)tabl] n. m. inv. – 1892 ; « tapis » 1849 ◇ de 2 *dessous* et *table* ■ Argent que donne secrètement, illégalement, un acheteur au vendeur. ➤ **enveloppe.** *Des dessous-de-table.*

DESSUINTAGE [desɥɛ̃taʒ] n. m. – 1803 ◇ de *dessuinter* ■ TECHN. Action de dessuinter.

DESSUINTER [desɥɛ̃te] v. tr. ⟨1⟩ – 1826 ◇ de *des-* et *suint* ■ TECHN. Débarrasser du suint. ➤ **dégraisser, déshuiler.** *Dessuinter de la laine avant de la filer.*

1 **DESSUS** [d(ə)sy] prép. et adv. – *desur, desuz* XIe ◇ de 1 *de* et 1 *sur* ou *sus*
■ Indique une position supérieure, dans l'espace ou métaphoriquement (opposé à *dessous*).

I prép. de lieu (VX, employé seul) ➤ 1 **sur.** — MOD. **DE DESSUS.** *Ôtez-moi cela de dessus la table.* — **PAR-DESSUS** [pardəsy]. *Sauter par-dessus un obstacle. Lire par-dessus l'épaule de qqn. Jeter qqch., sauter par-dessus bord.* FIG. *Par-dessus tout* : spécialement, principalement. ➤ 1 **surtout.** *Je vous recommande par-dessus tout d'être prudent.* — LOC. FAM. *En avoir par-dessus la tête de* (qqch.) : ne plus pouvoir supporter, avoir assez de. *J'en ai par-dessus la tête de toutes ces comédies.* — *Par-dessus le marché*.* — *Par-dessus la jambe*.*

II adv. de lieu À la face supérieure (opposé à *dessous*), à la face extérieure (opposé à *dedans*). *Prenez l'enveloppe, l'adresse est marquée dessus. Ce siège est solide, vous pouvez vous asseoir*

dessus. — *Bras* dessus bras dessous.* — *Sens* dessus dessous.* ♦ Exprimant l'idée de contact. *Relevez votre robe, pour ne pas marcher dessus. Sauter, taper, tirer, tomber dessus. Ils nous sont tombés dessus.* — FIG. Tout contre. *Vous cherchez votre stylo et vous avez le nez dessus. Mettre le doigt dessus* : deviner. *Vous avez mis le doigt dessus. Mettre la main dessus.* ➤ **saisir ; trouver.** *Impossible de mettre la main dessus.* — **PAR-DESSUS.** *Sauter par-dessus.* — **EN DESSUS :** sur le dessus. *Tissu écossais en dessus et uni en dessous.* — **CI-DESSUS** [sid(ə)sy] : au-dessus de ce qu'on vient d'écrire, plus haut. *L'exemple ci-dessus. Reportez-vous ci-dessus.* ➤ **supra.** — **LÀ-DESSUS** [lad(ə)sy] : sur cela. *Écrivez là-dessus.* — FIG. À ce sujet. *Rien à redire là-dessus. Comptez*, compte là-dessus !* — Alors, sur ce. *Là-dessus, il nous quitta brusquement.*
■ CONTR. Sous ; 1 dessous ; 1 bas (en bas).

2 **DESSUS** [d(ə)sy] **n. m.** – XVIe ◇ de 1 *dessus* ■ **1** Face, partie supérieure (de qqch.) ; ce qui est plus haut que qqch. *Le dessus de la main, d'une table, d'une armoire. Le dessus d'un tissu.* ➤ **endroit.** *L'étage du dessus ; les voisins du dessus.* ➤ **haut** (d'en haut). FIG. *Le dessus du panier* : ce qu'il y a de meilleur (cf. La crème, la [fine] fleur, le gratin). ■ **2 DESSUS DE...** Nom de certains objets qui se placent sur qqch. (pour protéger, garnir). ➤ **dessus-de-lit, dessus-de-plat.** *Dessus de plateau, de buffet, de cheminée en tissu.* ■ **3** PAR EXT. *Dessus d'un théâtre* : étages au-dessus de la scène et dans lesquels peuvent remonter les décors. ♦ MUS. ANC. Registre vocal le plus haut (➤ **haute-contre, soprano, ténor**) ; instrument le plus aigu d'une famille. *Dessus de viole.* — Partie aiguë du clavier de l'orgue. ■ **4** FIG. *Avoir, prendre, reprendre le dessus.* ➤ **avantage, prééminence, supériorité.** *Avoir le dessus dans un combat, dans une discussion.* ➤ **gagner, triompher, vaincre.** « *Votre frère l'emporte et Phèdre a le dessus* » RACINE. — SPÉCIALT *Prendre, reprendre le dessus* (sur une douleur physique ou morale). ➤ **se relever,** se **remettre.** *Il a repris le dessus après son licenciement.* ■ **5 loc. adv. AU-DESSUS** [od(ə)sy] : en haut. *Les chambres sont au-dessus.* — SPÉCIALT Pour indiquer une supériorité nombrable. ➤ **plus.** *La température atteint 40° et au-dessus* (cf. Au-delà). *Donnez-moi la taille au-dessus.* — FIG. ➤ **meilleur, mieux.** *Il n'y a rien au-dessus.* ♦ **loc. prép. AU-DESSUS DE :** plus haut que, en haut de. ➤ **super-, sur-, sus-.** *L'avion est au-dessus de la Méditerranée. Jupe au-dessus du genou. Accrocher un tableau au-dessus du lit. Les enfants au-dessus de quinze ans ne sont pas admis.* ➤ **plus** (de plus de...). *Dix degrés au-dessus de zéro. Vendre au-dessus du cours.* — SPÉCIALT Plus au nord ou en amont. *L'Ain se jette dans le Rhône au-dessus de Lyon.* — FIG. ➤ **supérieur** (à). « *vous savez bien ce que vous êtes au-dessus des autres ; vous avez de la tête, du jugement* » Mme DE SÉVIGNÉ. *Être au-dessus de* (qqch.) : dominer une situation, être supérieur à ; mépriser. *Ces critiques ne le gênent pas, il est au-dessus de tout cela,* cela ne l'atteint pas, ne l'effleure pas. ■ CONTR. 2 Dessous. Désavantage, infériorité.

DESSUS-DE-LIT [d(ə)syd(ə)li] **n. m. inv.** – 1870 ◇ de 2 *dessus* et *lit* ■ Grand morceau d'étoffe, généralement adapté à la forme d'un lit, pour en recouvrir complètement la literie. *Des dessus-de-lit en velours, en soie.* ➤ **couvre-lit,** 1 **jeté** (de lit).

DESSUS-DE-PLAT [d(ə)syd(ə)pla] **n. m. inv.** – XXe ◇ de 2 *dessus* et *plat* ■ Couvercle dont on recouvre un plat. ➤ **couvre-plat.** *Des dessus-de-plat.*

DESSUS-DE-PORTE [d(ə)syd(ə)pɔʀt] **n. m. inv.** – 1653 ◇ de 2 *dessus* et *porte* ■ Décoration sculptée ou peinte au-dessus du chambranle d'une porte.

DÉSTABILISANT, ANTE [destabilizɑ̃, ɑ̃t] **adj.** – 1959 ◇ de *déstabiliser* ■ Qui déstabilise, fait perdre l'équilibre. ➤ **déséquilibrant, déstabilisateur.** *Des situations, des menaces déstabilisantes.* ■ CONTR. Équilibrant.

DÉSTABILISATEUR, TRICE [destabilizatœʀ, tʀis] **adj.** – v. 1970 ◇ de *déstabiliser* ■ Qui déstabilise. *Impact, rôle déstabilisateur.*

DÉSTABILISATION [destabilizasjɔ̃] **n. f.** – v. 1970 ◇ de *déstabiliser* ■ Modification d'un équilibre politique, économique, psychologique, qui compromet l'équilibre acquis. ■ CONTR. Affermissement.

DÉSTABILISER [destabilize] **v. tr.** ‹1› – 1838 ◇ de *dé-* et *stabiliser* ■ **1** Rendre moins stable (un pays, une politique, une situation). ➤ **ébranler.** *L'augmentation du prix des matières premières déstabilise l'économie des pays peu développés.* ■ **2** Rendre instable sur le plan psychique (qqn). ➤ **déséquilibrer, fragiliser.**

DÉSTALINISATION [destalinizasjɔ̃] **n. f.** – 1956 ◇ de *dé-* et *Staline* ■ Fait de rejeter les méthodes autoritaires propres à Staline et le « culte de la personnalité ». *Les premières mesures de déstalinisation en U. R. S. S. ont suivi le XXe Congrès du parti communiste* (février 1956). — **v. tr.** ‹1› **DÉSTALINISER.**

DESTIN [dɛstɛ̃] **n. m.** – 1160 « projet » ◇ de *destiner* ■ **1** Puissance qui, selon certaines croyances, fixerait de façon irrévocable le cours des évènements. ➤ **destinée, fatalité,** LITTÉR. **fatum, nécessité.** *La mythologie grecque faisait du destin une puissance supérieure aux dieux. Pour les chrétiens, la notion de providence* a remplacé celle de destin.* « *Je me livre en aveugle au destin qui m'entraîne* » RACINE. « *Les hommes ont inventé le destin, afin de lui attribuer les désordres de l'univers, qu'ils ont pour devoir de gouverner* » R. ROLLAND. *Destin aveugle, cruel, impitoyable.* ■ **2** Ensemble des évènements contingents (➤ **hasard, fortune**) ou non (➤ **fatalité**) qui composent la vie d'un être humain, considérés comme résultant de causes distinctes de sa volonté. ➤ **destinée, étoile, sort.** *On n'échappe pas à son destin !* (cf. C'était écrit, c'était fatal). *C'est le destin* (cf. Cela devait arriver). *Il eut un destin tragique,* une fin (ou une vie) tragique. *Tournant du destin.* ♦ PAR EXT. Ce qu'il adviendra de qqch. ➤ 1 **avenir, fortune, sort.** *Le destin d'un ouvrage littéraire. Le destin d'une civilisation.* ■ **3** Le cours de l'existence considéré comme pouvant être modifié par celui qui la vit. ➤ **existence, vie.** *Être responsable de son destin. Décider de son destin.* « *nous tissons notre destin, nous le tirons de nous comme l'araignée sa toile* » MAURIAC.

DESTINATAIRE [dɛstinatɛʀ] **n.** – 1829 ◇ de *destiner* ■ Personne à qui s'adresse un envoi. *Le destinataire d'un colis. L'adresse du destinataire. Remettre une lettre à son destinataire.* ♦ (milieu XXe) LING. Personne à qui s'adresse le message linguistique, le récepteur. ➤ **allocutaire, auditeur, interlocuteur.** ♦ (Greimas) Personnage du récit qui bénéficie des actions du sujet dans le schéma actanciel*. ■ CONTR. Expéditeur ; destinateur.

DESTINATEUR [dɛstinatœʀ] **n. m.** – milieu XXe ◇ de *destiner* ■ **1** LING. L'auteur du message linguistique. ➤ **émetteur, locuteur,** 3 **sujet** (parlant). ■ **2** (Greimas) Dans le schéma actanciel*, Personnage ou réalité à l'origine de l'action, force incitatrice. ■ CONTR. Destinataire.

DESTINATION [dɛstinasjɔ̃] **n. f.** – XIIe ◇ latin *destinatio* ■ **1** Ce pour quoi une personne ou une chose est faite. ➤ 1 **fin, finalité.** *La destination de l'être humain sur la terre.* ➤ **destinée, mission, vocation ; raison** (d'être). *Destination d'un édifice.* ➤ 1 **affectation.** *Cet appareil n'a pas d'autre destination.* ➤ **emploi, usage, utilisation.** *Destination d'une somme d'argent.* ➤ **imputation.** — DR. *Arme par destination* : objet qui, sans être une arme, peut être utilisé comme telle (ex. marteau). *Bien immeuble* par destination.* ■ **2** Lieu où l'on doit se rendre ; lieu où une chose est adressée. ➤ **but, direction.** *Partir pour une destination lointaine, inconnue.* — **À DESTINATION.** *Arriver, parvenir, être rendu à destination. Train, avion à destination de Marseille.* ■ CONTR. Origine, provenance.

DESTINÉE [dɛstine] **n. f.** – v. 1131 ◇ de *destiner* ■ **1** Puissance souveraine considérée comme réglant d'avance tout ce qui doit être. ➤ **destin** (1°), **fatalité.** « *quand les infortunés ne savent à qui s'en prendre de leurs malheurs, ils s'en prennent à la destinée, qu'ils personnifient* » ROUSSEAU. ■ **2** Destin particulier d'un être (➤ **destin,** 2° ; **sort**). *Il eut une heureuse, une malheureuse destinée. Tenir entre ses mains la destinée de qqn. Voici* « *des milliers de siècles que notre pauvre humanité accomplit sa destinée sur la terre* » MARTIN DU GARD. ♦ Ce à quoi une personne est destinée. ➤ **destination, vocation.** « *Mon père se faisait de l'âme humaine et de sa destinée une idée sublime* » FRANCE. « *C'est sa destinée d'être parfaitement aimé* » Mme DE SÉVIGNÉ. ♦ PAR EXT. Avenir, sort (de qqch.). *La destinée réservée à cette œuvre.* ■ **3** (1640) Vie, existence. ➤ **destin** (3°). *Choisir sa destinée.* LITTÉR. *Finir sa destinée* : mourir. *Unir sa destinée à qqn,* l'épouser.

DESTINER [dɛstine] **v. tr.** ‹1› – 1160 ◇ latin *destinare* ■ **DESTINER (qqn, qqch.) À.** ■ **1** VIEILLI Fixer la destinée de (qqn). ➤ **prédestiner, promettre.** *Destiner un jeune homme à une jeune fille.* « *Cette persuasion que nous avons trouvé l'être que la nature avait destiné pour nous* » CONSTANT. ■ **2** COUR. Fixer d'avance (pour être donné à qqn). ➤ **assigner, attribuer, garder, réserver.** *Je vous destine ce poste, cet emploi. Je ne sais quel accueil il me destine.* ➤ **préparer.** PAR EXT. *Cette remarque vous était destinée,* était pour* vous, vous concernait*. ■ **3** (milieu XVIe) Fixer d'avance (qqch.) pour être employé à un usage. ➤ 2 **affecter, appliquer, réserver.** *Je destine cette somme à l'achat d'un costume. Un édifice destiné au culte. Un titre destiné à éveiller* *la curiosité.* ▪ **4** (1580) Affecter (qqn) à un emploi, à une occupation, à un état. *« on destine mon élève au barreau »* ROUSSEAU. — PAR EXT. *Son talent le destine à une carrière brillante.* — **v. pron.** (plus cour.) *Il se destine à l'enseignement.*

DESTITUER [dɛstitɥe] **v. tr.** ‹ 1 › – XVe ; « écarter » 1322 ◊ latin *destituere* ▪ Priver (qqn) de sa charge, de sa fonction, de son emploi. ➤ **casser, congédier, 2 démettre, 1 déposer, licencier, limoger, renvoyer*, révoquer** (cf. Mettre à pied, à la retraite ; relever de ses fonctions). *Destituer un officier de son commandement.* ➤ **1 dégrader.** *Destituer un souverain.* ➤ **détrôner.** *Magistrat destitué de ses fonctions. Destituer le tuteur d'un enfant* (➤ **destitution**). ▪ CONTR. Nommer, réintégrer.

DESTITUTION [dɛstitysjɔ̃] **n. f.** – 1316 ◊ latin *destitutio* ▪ Action de destituer ; le fait d'être destitué. ➤ **déposition, disgrâce, licenciement, renvoi, révocation.** *La dégradation civique entraîne la destitution de toutes fonctions. — Destitution d'un officier.* ➤ **1 cassation, 1 dégradation.** — (XXe) DR. *Destitution de la tutelle,* par laquelle le conseil de famille décide de priver le tuteur de ses fonctions. ▪ CONTR. Nomination.

DÉSTOCKER [destɔke] **v. tr. et intr.** ‹ 1 › – 1947 ◊ de *dé-* et *stocker* ▪ ÉCON. Faire diminuer les stocks par leur mise en vente. *Des organismes « freinent la baisse des cours en stockant et modèrent la hausse en déstockant »* J.-P. COURTHÉOUX. — **n. m. DÉSTOCKAGE.** ▪ CONTR. Stocker.

DÉSTRESSER [destʀese] **v.** ‹ 1 › – 1990 ◊ de *dé-* et *stresser* ▪ **1 v. tr.** Supprimer le stress de (qqn). *Massage qui déstresse une personne nerveuse.* — PRONOM. *Elle jardine pour se déstresser.* ▪ **2 v. intr.** Perdre son stress, se calmer. *Apprendre à déstresser.*

DESTRIER [dɛstʀije] **n. m.** – 1080 ◊ ancien français *destre* « main droite » (→ dextre), le destrier étant conduit de la main droite par l'écuyer quand le chevalier ne le montait pas ▪ Cheval de bataille au Moyen Âge (opposé à *palefroi*). *« Ça, qu'on selle, Écuyer, Mon fidèle Destrier »* HUGO.

DESTROY [dɛstʀɔj] **adj.** – 1982 ◊ d'après l'anglais *to destroy* « ravager » ▪ FAM. Dans un état second (ivre, drogué). ➤ **cassé.** *Des types destroys* ou *destroy* (inv.). — *Look destroy,* à base de vêtements trop larges, déchirés ou usés.

DESTROYER [dɛstʀwaje ; dɛstʀɔjœʀ] **n. m.** – 1893 ◊ mot anglais, de *to destroy* « détruire » ▪ MAR. ▪ **1** VIEILLI Contre-torpilleur. *Destroyer d'escadre, d'escorte.* ▪ **2** Bâtiment de guerre de moyen tonnage, chargé notamment de missions d'escorte.

DESTRUCTEUR, TRICE [dɛstʀyktœʀ, tʀis] **n. et adj.** – 1420 ◊ latin *destructor* ▪ **1** Personne qui détruit. ➤ **démolisseur, dévastateur.** ▪ **2 n. m.** Objet, appareil dont la destination est de détruire. *Destructeur de papier. Destructeur d'insectes.* ▪ **3 adj.** Qui détruit. ➤ **destructif, ravageur.** *Fléau destructeur, guerre destructrice.* ➤ **meurtrier.** ◆ FIG. *Idée destructrice.* ➤ **subversif.** ▪ CONTR. Constructif, créateur.

DESTRUCTIBLE [dɛstʀyktibl] **adj.** – 1764 ◊ latin savant *destructibilis* ▪ Qui peut être détruit. *Matière destructible.* ▪ CONTR. Indestructible.

DESTRUCTIF, IVE [dɛstʀyktif, iv] **adj.** – 1372, rare avant XVIIe ◊ bas latin *destructivus* ▪ Qui a la vertu, le pouvoir de détruire (➤ **destructeur**). *Le pouvoir destructif d'un explosif.*

DESTRUCTION [dɛstʀyksjɔ̃] **n. f.** – début XIIe ◊ latin *destructio* ▪ Action de détruire ; son résultat. ▪ **1** Action de jeter bas, de faire disparaître (une construction). *Destruction d'une ville par un incendie, par les bombardements. Engins de destruction :* les armes. ◆ PAR EXT. Résultat de cette action. *Le pays a subi de terribles destructions.* ➤ **dégât, dévastation, dommage, ravage.** ▪ **2** Action d'altérer profondément (une substance). *Destruction des tissus organiques.* ➤ **décomposition, gangrène ; lyse.** ▪ **3** Action d'ôter la vie (à des êtres vivants). *Destruction d'une armée.* ➤ **anéantissement.** *Destruction d'un peuple.* ➤ **extermination, génocide, holocauste, massacre.** *Armes de destruction massive :* armes nucléaires, biologiques ou chimiques (➤ **N. B. C.**). ◆ *Destruction des insectes, des rats.* ➤ **désinsectisation, dératisation.** *Destruction d'une espèce.* ▪ **4** Action de faire disparaître (en démolissant, en mettant au rebut, etc.). ➤ **démolition.** *Destruction de titres, de papiers compromettants.* ▪ **5** Le fait de se dégrader jusqu'à disparaître. *Être voué à la destruction. Destruction d'un empire, d'une civilisation.* ➤ **écroulement, effondrement.** *« La fin même des choses, la ruine et la destruction par le temps »* FROMENTIN. ➤ **1 dégradation.** ▪ CONTR. Construction, création, édification.

DESTRUCTIVITÉ [dɛstʀyktivite] **n. f.** – 1842 ◊ de *destructif* ▪ MÉD., PSYCHIATR. Tendance pathologique à la destruction. *Destructivité à caractère collectif* (dans les révolutions, les guerres).

DÉSTRUCTURATION [destʀyktyʀasjɔ̃] **n. f.** – v. 1960 ◊ de *déstructurer* ▪ DIDACT. Action de déstructurer ; fait de se déstructurer ; état qui en résulte. PSYCHOL. *Déstructuration de la perception ; de la personnalité.* ▪ CONTR. Structuration.

DÉSTRUCTURER [destʀyktyʀe] **v. tr.** ‹ 1 › – 1940 au p. p. ◊ de *dé-* et *structurer* ▪ DIDACT. Faire disparaître la structure de (qqch.). — **p. p. adj.** Qui n'a pas de structure rigide. *Canapés déstructurés. Veste déstructurée,* très simple, sans entoilage. *Style déstructuré.* — **SE DÉSTRUCTURER v. pron.** Perdre sa structure. ▪ CONTR. Structurer.

DÉSUET, ÈTE [dezɥɛ ; desɥɛ, ɛt] **adj.** – 1891 ◊ latin *desuetus* ▪ Tombé en désuétude ; sorti des habitudes, du goût moderne. ➤ **archaïque, démodé, 3 passé** (de mode), **suranné, vieux.** *Coutume désuète. Expression désuète.* ➤ **obsolète, périmé.** *« sa politesse un peu désuète »* PROUST. *Il était sensible « au charme romantique et désuet des gravures »* MAUROIS. ➤ **vieillot.** ▪ CONTR. Moderne.

DÉSUÉTUDE [dezɥetyd ; desɥetyd] **n. f.** – 1596, rare avant XVIIIe ◊ latin *desuetudo* ▪ Abandon où est tombée une chose dont on a cessé depuis longtemps de faire usage (surtout dans *tomber en désuétude*). *« loi tombée en désuétude, mais dont l'observance subsistait dans les provinces où tout s'abolit lentement »* BALZAC. — SPÉCIALT (affaires) ➤ **obsolescence.** ▪ CONTR. Usage, vigueur (en).

DÉSULFITER [desylfite] **v. tr.** ‹ 1 › – 1910 ◊ de *dé-* et *sulfite* ▪ AGRIC. Débarrasser (les moûts, les vins) de l'anhydride sulfureux provenant du sulfitage. — **n. m. DÉSULFITAGE.**

DÉSULFURER [desylfyʀe] **v. tr.** ‹ 1 › – 1836 ◊ de *dé-* et *sulfure* ▪ CHIM., TECHN. Débarrasser (une substance) du soufre qu'elle contient. *Désulfurer la fonte.* — **n. f. DÉSULFURATION,** 1836.

DÉSUNI, IE [dezyni] **adj.** – 1694 ◊ de *désunir* ▪ **1** Séparé par un désaccord. *Famille, couple désuni.* ➤ **brouillé.** ▪ **2** *Cheval désuni,* dont le mouvement des membres antérieurs et postérieurs n'est pas synchrone. — *« C'est un beau cheval dont le pas est presque toujours désuni »* VOLTAIRE. ◆ SPORT Dont les mouvements ne sont plus coordonnés. *Coureur désuni après le saut d'une haie.* ▪ CONTR. Uni.

DÉSUNION [dezynjɔ̃] **n. f.** – 1479 ◊ de *désunir,* sur le modèle de *union* ▪ Désaccord entre personnes qui devraient être unies. ➤ **désaccord, division, mésentente.** *La désunion d'un couple, d'une famille. Semer, répandre la désunion dans un parti. Désunion entre plusieurs personnes.* ▪ CONTR. 1 Union.

DÉSUNIR [dezyniʀ] **v. tr.** ‹ 2 › – 1478 ◊ de *dés-* et *unir* ▪ **1** RARE Faire cesser l'union, la jonction de. ➤ **désassembler, 1 détacher, disjoindre, séparer.** *Désunir des planches.* — **v. pron.** *Se désunir,* se dit d'un athlète, d'un cheval dont les mouvements perdent leur coordination. ◆ Séparer (des personnes unies). *« S'il* [Polyeucte] *vous a désunis, sa mort va vous rejoindre »* CORNEILLE. ▪ **2** COUR. Faire cesser l'union morale ou affective, jeter le désaccord entre. *Désunir les membres d'une famille.* ➤ **brouiller.** *Désunir un couple. « Le sort pourra bien nous séparer, mais non pas nous désunir »* ROUSSEAU. ▪ CONTR. Unir, réunir.

DÉSYNCHRONISATION [desɛ̃kʀɔnizasjɔ̃] **n. f.** – 1898 ◊ de *désynchroniser* ▪ TECHN. Action de désynchroniser ; son résultat.

DÉSYNCHRONISER [desɛ̃kʀɔnize] **v. tr.** ‹ 1 › – milieu XXe ◊ de *dé-* et *synchroniser* ▪ TECHN. Faire cesser le synchronisme de..., faire que plusieurs éléments synchrones ne le soient plus. ▪ CONTR. Synchroniser.

DÉSYNDICALISATION [desɛ̃dikalizasjɔ̃] **n. f.** – 1978 ◊ de *syndicalisation* ▪ Baisse du taux de syndicalisation chez les salariés.

DÉTACHABLE [detaʃabl] **adj.** – 1845 ◊ de 1 *détacher* ▪ Qu'on peut détacher, isoler d'un ensemble. *Coupons, vignettes détachables.*

DÉTACHAGE [detaʃaʒ] **n. m.** – 1870 ◊ de 2 *détacher* ▪ Action d'enlever les taches. ➤ **dégraissage, nettoyage.**

DÉTACHANT, ANTE [detaʃɑ̃, ɑ̃t] **adj. et n. m.** – 1876 ◊ de 2 *détacher* ▪ Qui a la propriété d'enlever les taches. ➤ **nettoyant.** *Un produit détachant.* — **n. m.** *Un détachant.*

DÉTACHÉ, ÉE [detaʃe] **adj.** – XIIe ◊ de 1 *détacher* ▪ **1** Qui n'est plus attaché. *Lien, ruban détaché,* dénoué. — Séparé d'un tout. **PIÈCES DÉTACHÉES,** servant au remplacement des pièces usagées d'un mécanisme. *Marchand d'accessoires et de pièces détachées.* ▪ **2** (1640) Qui a ou qui exprime du détachement (1°). «*Peux-tu voir tant de pleurs d'un œil si détaché !*» CORNEILLE. ➤ **indifférent.** *Il répondit d'un ton détaché.* ➤ **désinvolte.** ▪ **3** MUS. *Notes détachées,* non liées aux autres. — **n. m.** *Faire un détaché.* ➤ 1**piqué, staccato.** ▪ **4** *Fonctionnaire détaché,* affecté provisoirement à d'autres fonctions que les siennes. ♦ *Travailleur, travailleuse détaché(e),* affecté(e) provisoirement dans un autre pays de l'Union européenne. — *Travail détaché.* ▪ CONTR. 1Attaché, noué ; passionné.

DÉTACHEMENT [detaʃmɑ̃] **n. m.** – *destachement* 1613 ◊ de 1*détacher* ▪ **1** Action de se détacher, état d'une personne qui s'est détachée. VX ou LITTÉR. «*Le détachement des plaisirs*» BOSSUET. ➤ **abandon, renoncement.** *Le détachement de soi, du monde* (RELIG.). ➤ **oubli.** ♦ MOD. (ABSOLT). ➤ **désintérêt, indifférence, insensibilité.** *Répondre, parler avec détachement, en affectant le détachement.* ➤ **désinvolture, insouciance.** «*Un détachement intérieur se faisait qui la déliait de lui*» FLAUBERT. ▪ **2** (1671) Petit groupe de soldats détachés du gros de la troupe pour un service spécial. *Commander un détachement. Détachement chargé de la surveillance* (➤ **patrouille**), *d'un convoi* (➤ **escorte**), *d'un coup de main* (➤ **commando**). ▪ **3** (XXe) ADMIN. Situation d'un fonctionnaire provisoirement affecté hors de son corps d'origine. *Demander son détachement. Être en détachement.* ▪ CONTR. Attachement.

1**DÉTACHER** [detaʃe] **v. tr.** ⟨1⟩ – *destachier* v. 1160 ◊ de *attacher,* par changement de préfixe ; de l'ancien français *tache* «agrafe»

I ~ **v. tr. A.** DÉFAIRE UN LIEN, D'UN LIEN ▪ **1** Dégager (qqn, qqch.) de ce qui attachait, de ce à quoi (qqn, qqch.) était attaché. ➤ **délier, dénouer.** *Détacher qqn.* ➤ **désenchaîner, libérer.** *Détacher une ceinture, des vêtements.* ➤ **déboucler, déboutonner, défaire, dégrafer, délacer.** *Détacher un cordage.* ➤ **larguer.** *Détacher ses cheveux.* — **DÉTACHER (qqch.) DE (qqch.) :** séparer en défaisant un lien. *Détacher une barque de ses amarres.* ♦ PAR EXT. Défaire (ce qui tient plusieurs choses attachées). *Détacher une épingle, une chaîne.* ▪ **2** Séparer, enlever (ce qui adhérait naturellement). *Détacher les pétales d'une fleur* (➤ **effeuiller**), *les feuilles d'un arbre* (➤ **défeuiller**). *Détacher de l'arbre un fruit, une fleur.* ➤ **cueillir.** ▪ **3** Enlever (un élément) d'un ensemble. *Détacher une feuille d'un bloc de papier.* ➤ **déchirer.** *Détacher un maillon, un chaînon d'une chaîne. Détacher une remorque, un wagon d'un convoi.* ➤ **décrocher, désarrimer.** *Détachez suivant le pointillé.* ➤ **découper.** ♦ (ABSTRAIT) *Détacher un pays, un domaine d'un autre.* ➤ **séparer.**

B. ÉLOIGNER ▪ **1** Écarter (qqn, qqch.) de ce avec quoi il était en contact. *Détacher les bras du corps.* ♦ VIEILLI Donner (un coup). ➤ 1**décocher.** *La mule pensait «au joli coup de sabot qu'elle allait lui détacher le lendemain matin»* DAUDET. ▪ **2** Détourner. *Ne pouvoir détacher ses yeux, ses regards, ses pensées, son attention de...* ➤ **détourner, distraire, éloigner.** — LITTÉR. *Les principes «qui détachent de la vie, de la fortune, de la gloire»* DIDEROT. ➤ **arracher, éloigner ; détachement** (1°). ▪ **3** Faire partir (qqn) loin d'autres personnes pour une mission. *Détacher qqn au-devant d'un hôte, en ambassade.* ➤ **déléguer, dépêcher, députer, envoyer.** ♦ *Détacher qqn à (qqn),* le lui envoyer. *Diderot «commença par me détacher Deleyre»* ROUSSEAU. ♦ Affecter provisoirement (un fonctionnaire) hors de son corps d'origine (➤ **détaché,** 4°, **détachement,** 3°). «*ne donnez pas votre démission, faites-vous seulement détacher de votre corps*» BALZAC.

C. METTRE EN RELIEF ▪ **1** Faire apparaître nettement sur un fond. ➤ **découper.** «*La lumière de la lune* [...] *détacha sur le ciel qui semblait noir le profil plus noir des branches*» PERGAUD. — TYPOGR. Distinguer par des caractères spéciaux. *Mettre une citation, une locution en italique pour la détacher* (du texte). ▪ **2** Ne pas lier. *Détacher ses lettres en écrivant. Détacher nettement les syllabes.* ➤ **articuler, marteler.** — MUS. *Détacher les notes,* les exécuter sans les lier. ➤ **piquer ; détaché,** 3°, **staccato.**

II ~ **v. pron. SE DÉTACHER** (XIIIe) ▪ **1** (CONCRET) Cesser d'être attaché. *Le chien s'est détaché.* ♦ Se séparer. *Fruits qui se détachent de l'arbre.* ➤ 1**tomber.** «*L'humidité filtrait à travers les pierres moisies de la voûte, et à intervalles égaux une goutte d'eau s'en détachait*» HUGO. ♦ SPORT *Coureur qui se détache du peloton* (en allant plus vite). ➤ **décrocher.** ▪ **2** Apparaître nettement en s'isolant d'un ensemble. «*Deux longues mèches se détachaient capricieusement des crépelures*» GAUTIER. ➤ **saillir,** 1**sortir.** ♦ Apparaître nettement comme en sortant d'un fond. ➤ se **découper,** se **dégager,** 1**ressortir, trancher.** «*Une figure de Benozzo Gozzoli, se détachant sur un fond verdâtre*» PROUST. ▪ **3** Ne plus être attaché par le sentiment, l'intelligence à. *Se détacher des plaisirs.* ➤ **délaisser,** se **désintéresser, renoncer.** *Ils se détachent l'un de l'autre :* ils s'aiment de moins en moins. «*Elle n'eut pas à se détacher n'ayant point connu d'attachement*» MAURIAC.
▪ CONTR. Attacher, rattacher ; assembler, fixer, joindre, lier, unir.

2**DÉTACHER** [detaʃe] **v. tr.** ⟨1⟩ – 1501 ◊ de *tache* ▪ Débarrasser d'une, de plusieurs taches. ➤ **dégraisser, nettoyer ; détachage.** *Donner au teinturier un costume à détacher.* ➤ **détacheur.** *Détacher un tissu au savon, à la benzine.* ▪ CONTR. Tacher.

DÉTACHEUR, EUSE [detaʃœʀ, øz] **n.** – 1680 ◊ de *détacher* ▪ **1** Personne qui détache, nettoie les vêtements. ➤ **teinturier.** *Ses vêtements «devaient être lavés ou envoyés chez le détacheur»* C. SIMON. ▪ **2 n. m.** Produit détachant. *Du détacheur.* APPOS. *Flacon détacheur,* contenant un produit détachant. *Crayons détacheurs.*

DÉTAIL [detaj] **n. m.** – XIIe *vendre à détail* ◊ de *détailler* ▪ **1** Le fait de livrer, de vendre ou d'acheter par petites quantités ce qu'on a acheté en gros. *Commerce, magasin de détail. Marchand qui fait le gros, le demi-gros et le détail* (➤ **détaillant**). *Prix de détail,* de la marchandise vendue au détail. — *Vente au détail. Acheter qqch. au détail.* ▪ **2** FIG. Action de considérer un ensemble dans ses éléments, un évènement dans ses particularités. *Relation d'un fait avec le détail des circonstances.* ➤ **énumération.** *Faire le détail d'un inventaire, d'un compte.* «*Pour bien savoir les choses, il faut en savoir le détail*» LA ROCHEFOUCAULD. ♦ Les éléments. *Se perdre dans le détail.* ➤ **accessoire** (cf. Se noyer* dans un verre d'eau). *Sans entrer dans le détail.* ➤ **détailler** (cf. En gros, grosso modo). — LOC. FAM. *Ne pas faire le (de) détail :* exécuter qqch., réussir sans vouloir s'attarder aux détails. — *Avoir l'esprit de détail :* être minutieux, tatillon. *Une question de détail.* ♦ **loc. adv. EN DÉTAIL :** dans toutes ses parties, toutes ses particularités. *Racontez-nous cela en détail* (cf. Par le menu). ▪ **3** MILIT. (dans l'expr. *de détail*) Service destiné à assurer la vie administrative (habillement, matériel, solde) d'une unité. *Officier de détail. Revue de détail :* inspection du matériel, de l'habillement, de l'administration d'une unité. ▪ **4** COUR. Élément non essentiel (d'un ensemble) ; circonstance particulière. ➤ **circonstance, élément, particularité.** *Petit détail ; détail sans importance, insignifiant.* ➤ **bagatelle, bêtise, broutille, vétille.** *Des détails pittoresques, savoureux. Négliger les détails, ne pas s'occuper, ne pas s'embarrasser des détails. Donner des détails sur qqch., au sujet de qqch.* ➤ **développer.** *Raconter une aventure dans ses moindres détails. Se noyer dans les détails.* «*Il dut lui donner mille détails de toute sorte, ces détails minutieux où se complaît la curiosité jalouse et subtile des femmes*» MAUPASSANT. *Travailler, soigner les détails* (dans une œuvre) : ciseler, fignoler, lécher. *Il y a quelques détails amusants, poétiques dans ce film.* ♦ *C'est un détail, ce n'est qu'un détail :* c'est une chose sans importance. ➤ **bricole, broutille.** ▪ CONTR. 2Ensemble. Gros (en gros).

DÉTAILLANT, ANTE [detajɑ̃, ɑ̃t] **n.** – 1649 ; a remplacé *détailleur* (XIIIe) ◊ de *détailler* ▪ Vendeur au détail (➤ **commerçant, débitant, marchand, vendeur**). *Détaillant en fruits et légumes. Le grossiste ou le demi-grossiste approvisionne le détaillant.* — PAR APPOS. *Marchand détaillant. Des producteurs détaillants.*

DÉTAILLER [detaje] **v. tr.** ⟨1⟩ – XIIe ◊ de *dé-* et *tailler* ▪ **1** Couper en morceaux. *Détaillez les carottes en rondelles.* ▪ **2** Vendre (une marchandise) par petites quantités, au détail. *Détailler une denrée, une marchandise achetée en gros. On ne détaille pas les lots.* ▪ **3** LITTÉR. Considérer, exposer (qqch.) avec toutes ses particularités. *Détailler son programme.* «*Après avoir détaillé les raisons d'espérance*» CHATEAUBRIAND. ➤ **énumérer.** — COUR. **au p. p.** *Récit détaillé.* ➤ **circonstancié.** *Exposé détaillé et complet sur une question,* minutieux, précis. ▪ **4** Examiner, analyser (qqn) dans les moindres détails. *Elle «se met à le détailler en femme qui connaît les hommes»* BODARD. ▪ CONTR. Schématique, sommaire.

DÉTALER [detale] **v. intr.** ⟨1⟩ – fin XVIe ; «retirer de l'étal» 1553 ◊ de *dé-* et *étal* ▪ S'en aller au plus vite. ➤ **décamper, déguerpir, s'enfuir*, filer.** *Détaler à toutes jambes, au triple galop. Il «détalait d'une telle vitesse que ses sandales lui donnaient la fessée»* FRANCE. ➤ **filer.**

DÉTARTRAGE [detaʀtʀaʒ] **n. m.** – 1870 ◊ de *détartrer* ▪ Élimination du tartre (d'un radiateur, d'un conduit, etc.). ♦ Action de détartrer les dents. ▪ CONTR. Entartrage.

DÉTARTRANT, ANTE [detaʀtʀɑ̃, ɑ̃t] **adj.** et **n. m.** – 1929 ◊ de *détartrer* ▪ Qui empêche ou diminue la formation de tartre dans les conduits, les chaudières, les radiateurs d'automobiles. ➤ **désincrustant.** *Substance détartrante.* — **n. m.** *Un détartrant.*

DÉTARTRER [detaʀtʀe] **v. tr.** ‹1› – 1870 ◊ de *dé-* et *tartre* ■ Débarrasser du tartre. ➤ **désincruster.** *Détartrer une chaudière, le radiateur d'un moteur. — Se faire détartrer les dents par ultrasons.* ■ **CONTR.** Entartrer.

DÉTARTREUR [detaʀtʀœʀ] **n. m.** – 1908 ◊ de *détartrer* ■ TECHN. Appareil servant à détartrer des tonneaux ou des chaudières à vapeur.

DÉTAXATION [detaksasjɔ̃] **n. f.** – 1863 ◊ de *détaxer* ■ Action de détaxer ; son résultat (➤ **exemption, exonération**). *Détaxation du carburant pour les transporteurs routiers.* ◆ Déduction appliquée au revenu imposable. *Accorder une détaxation.* ■ **CONTR.** Taxation.

DÉTAXE [detaks] **n. f.** – 1791 ◊ de *détaxer* ■ **1** DR. FISC. Réduction, suppression d'impôts indirects. ➤ **détaxation.** *La détaxe du carburant. — Marchandises vendues en détaxe à l'exportation,* facturées hors taxe. ■ **2** Remboursement d'une taxe d'un prix perçue à tort. *Détaxe postale.*

DÉTAXER [detakse] **v. tr.** ‹1› – 1845 ◊ de *dé-* et *taxer* ■ Réduire ou supprimer la taxe sur. *Détaxer une denrée, un produit.* **p. p. adj.** *Acheter des produits détaxés dans un aéroport.* ■ **CONTR.** Taxer.

DÉTECTER [detɛkte] **v. tr.** ‹1› – 1923 ◊ anglais *to detect* «découvrir» ■ Déceler l'existence de (un corps, un phénomène caché). *Détecter une fuite de gaz.* — PAR EXT. ➤ **déceler, découvrir.** *Détecter les faiblesses d'un adversaire.*

DÉTECTEUR, TRICE [detɛktœʀ, tʀis] **n. m.** et **adj.** – 1870 «pièce d'une serrure de sûreté» ◊ anglais *detector,* mot latin, de *detegere* «découvrir» ■ **1** Appareil servant à déceler, à révéler la présence d'un corps, d'un phénomène ou d'une grandeur physique (rayonnement, phénomène électrique, vibration, etc.). *Détecteur d'ondes :* appareil révélant le passage d'ondes électriques. *Détecteur de Branly* ➤ **cohéreur.** *Détecteur d'amplitude.* ➤ **démodulateur.** *Dispositifs détecteurs* (à valve, à diode, à vide, à semi-conducteur ; à cristal ➤ **galène**). ➤ **palpeur, senseur.** — TECHNOL. *Détecteur de fuite.* ◆ MILIT. *Détecteur de mines :* appareil fonctionnant par résonance magnétique, et que l'on utilise pour déceler les mines terrestres. ◆ PHYS. *Détecteur de particules.* ◆ TECHN. *Détecteur d'approche :* appareil servant à détecter l'approche de l'objet surveillé en provoquant une variation du champ électrique et à déclencher l'alarme. — *Détecteur d'incendie, de fumée. Détecteur de choc, d'ouverture ; détecteur volumétrique, détecteur de mouvement(s),* servant à détecter une présence animée (et à déclencher une alerte, actionner l'éclairage...). — *Détecteur de mensonge(s) :* appareil qui enregistre différents phénomènes végétatifs, l'hypothèse étant que leur variation révèle l'émotion du sujet lorsqu'il ment. ■ **2** Celui qui décèle, qui détecte. *Matelot, officier breveté détecteur.* LITTÉR. Celui qui découvre. «*Certains médecins sont des détecteurs, ils ne songent qu'au diagnostic*» DUHAMEL. *Un excellent détecteur de talents, de dirigeants* (cf. Chasseur* de têtes).

DÉTECTION [detɛksjɔ̃] **n. f.** – 1929 ◊ de l'anglais *to detect* → détecter ■ **1** Action de détecter. *Détection des gaz toxiques. Détection des mines de guerre, des nappes de pétrole. Détection sous-marine. Détection électromagnétique par radar. Appareil de détection* (➤ **détecteur**) *par rayon laser* (➤ **lidar**). — *Détection à distance.* ➤ **télédétection.** ■ **2** ÉLECTRON. Démodulation* d'amplitude.

DÉTECTIVE [detɛktiv] **n.** – 1871 ; *détectif* 1867 ◊ anglais *detective,* de *to detect* «découvrir», du latin *detegere* ■ **1** En Grande-Bretagne, Policier chargé des enquêtes, des investigations. *Les détectives de Scotland Yard.* ■ **2** *Détective (privé) :* personne chargée d'enquêtes policières privées. ➤ **privé ;** 1 **enquêteur.** *Détective chargé d'une filature. Agence de détectives privés.*

DÉTEINDRE [detɛ̃dʀ] **v.** ‹52› – *desteindre* 1220 ◊ de *teindre* ■ **1 v. tr.** Faire perdre sa couleur, sa teinture à. *Déteindre une étoffe au chlore. Le soleil déteint les tissus.* **p. p. adj.** *Étoffe déteinte.* ■ **2 v. intr.** (1636) Perdre sa couleur. ➤ **se décolorer, passer.** *Cette étoffe déteint facilement.* ➤ **décharger, dégorger.** *Chemise qui déteint au lavage.* ◆ **DÉTEINDRE SUR... :** communiquer une partie de sa couleur, de sa teinture à. *Cette gravure a déteint sur la page suivante.* ➤ **baver.** — (1845) FIG. Avoir de l'influence sur. ➤ **influencer, marquer ; influer.** *Elle a déteint sur lui.* «*Les époques déteignent sur les hommes qui les traversent*» BALZAC. ■ **HOM.** *Déteins :* détins (détenir).

DÉTELAGE [det(ə)laʒ] **n. m.** – 1836 ◊ de *dételer* ■ Action de dételer (une bête de trait). ■ **CONTR.** Attelage.

DÉTELER [det(ə)le] **v.** ‹4 /5/› – *desteler* fin XIIᵉ ◊ de *dé-* et *atteler* ■ **1 v. tr.** Détacher (une bête attelée). *Le cocher dételle son cheval.* ABSOLT *Faire deux étapes sans dételer.* — PAR EXT. *Dételer une voiture, une charrue,* dételer les bêtes qui la tiraient. ■ **2 v. intr.** (1845) FIG. Cesser de faire qqch. ➤ **s'arrêter, décrocher, se relâcher.** *Il a travaillé toute la journée sans dételer* (cf. FAM. Sans débander*). ◆ Se ranger*, adopter un mode de vie plus calme. «*Le baron Hulot d'Ervy passait pour s'être rangé, pour avoir dételé, selon l'expression du premier chirurgien de Louis XV*» BALZAC. ■ **CONTR.** Atteler.

DÉTENDEUR [detɑ̃dœʀ] **n. m.** – 1890 ◊ de *détendre* ■ TECHN. Appareil servant à détendre un gaz conservé sous pression, avant sa sortie. *Détendeur d'une bouteille d'air comprimé.* ◆ Système réfrigérant utilisant l'abaissement de température résultant de la détente d'un gaz.

DÉTENDRE [detɑ̃dʀ] **v. tr.** ‹41› – début XIIᵉ ◊ latin *detendere*

I ■ **1** Relâcher (ce qui était tendu). *Détendre un arc, un ressort* (➤ 1 **débander**). «*il contractait et détendait les jambes comme une grenouille de dissection*» MARTIN DU GARD. PRONOM. *Corde, ressort qui se détend brusquement.* ■ **2** Faire cesser l'état de tension de (cf. ci-dessous, 3°). *Ses plaisanteries ont détendu l'atmosphère. Sortons un peu, cela nous détendra.* ➤ **décontracter, désénerver.** *Détendre son esprit.* ➤ **relâcher.** ■ **3 v. pron.** (1870) **SE DÉTENDRE :** se laisser aller, se décontracter. *L'esprit se détend après un tel effort. Son visage se détend. Ces enfants ont besoin de se détendre.* ➤ **se délasser, se distraire, se reposer.** *Détendez-vous !* ➤ **déstresser, se relaxer.** ■ **4** (1907) PHYS. *Détendre un gaz,* en diminuer la pression (➤ **détente**). ■ **5** CHIM. Étendre ou diluer (une solution). ■ **6** CUIS. Assouplir (une pâte, un appareil) en ajoutant du liquide.

II (1501) VIEILLI Défaire, détacher (ce qui forme tenture). *Détendre un baldaquin.* ◆ PAR EXT. Dégarnir des tentures. «*Partout les salles étaient détendues*» CHATEAUBRIAND.

■ **CONTR.** 2 Contracter, raidir, 1 tendre. Comprimer. Attacher, poser.

DÉTENDU, UE [detɑ̃dy] **adj.** – XIIᵉ *carreau détendu* «flèche lancée» ◊ de *détendre* ■ **1** Qui n'est plus tendu. *Ressort détendu. Élastique détendu.* ➤ **lâche.** ■ **2** Dont la tension est relâchée. *Air, esprit détendu.* ➤ 2 **calme*, décontracté,** 1 **serein.** «*Ces visages détendus, abandonnés dans le sommeil*» DAUDET. *Une atmosphère, une ambiance détendue. Un climat détendu.* ■ **CONTR.** Tendu. Contracté, crispé ; agressif, conflictuel.

DÉTENIR [det(ə)niʀ] **v. tr.** ‹22› – 1176 ◊ de *tenir,* d'après le latin *detinere* ■ **1** Garder, tenir en sa possession. ➤ **garder, posséder ; détenteur.** *Détenir des objets en gage. Détenir illégalement qqch., détenir un objet volé.* ➤ **receler.** ◆ (ABSTRAIT) ➤ 1 **avoir, posséder.** *Détenir un secret. Détenir le pouvoir, la majorité.* «*Il détenait les moyens de leur fermer la bouche*» MAURIAC. *Détenir le record du monde.* ■ **2** Garder, retenir (qqn) en captivité (➤ **détention, détenu**). *Détenir un délinquant en prison.* ➤ **incarcérer.** *Détenir des otages.* ➤ **séquestrer.** ■ **CONTR.** Donner, laisser ; délivrer, libérer. ■ **HOM.** *Détins :* déteins (déteindre).

DÉTENTE [detɑ̃t] **n. f.** – 1386 ◊ de *détendre* ■ Action de détendre ; son résultat. ■ **1** Relâchement de ce qui est tendu. *Détente d'un arc, d'un ressort. Les* «*jambes et* [les] *pieds dont la détente énergique lancera tout l'homme en avant pour la course et pour le saut*» TAINE. ➤ **extension.** SPORT Capacité d'effectuer un mouvement rapide, puissant (se dit pour un athlète, au moment du saut, pour un lancer, etc.). *Il a une belle détente. Travailler en détente ou en force.* ■ **2** Dans les armes à feu, Pièce qui sert à faire partir le coup. *La détente du fusil est un levier coudé, qui sert à abaisser la tête de gâchette, libérant ainsi le chien et le percuteur. Appuyer sur la détente* (on dit abusivement *gâchette*). — LOC. FAM. *Être dur à la détente,* avare ; difficile à décider, à persuader ; lent à comprendre, à réagir. ■ **3** TECHN. Pièce d'une pendule, d'une horloge, qui déclenche la sonnerie. ➤ **déclic.** ■ **4** Expansion d'un fluide. *La détente isotherme d'un fluide fournit du travail mécanique, la détente adiabatique refroidit le fluide.* ◆ TECHN. Phases du cycle d'un moteur durant lesquelles le volume des gaz augmente et la pression diminue. ■ **5** Relâchement d'une tension intellectuelle, morale, nerveuse ; état agréable qui en résulte. *Détente après une crise.* ➤ **soulagement.** *Se ménager des moments de détente.* ➤ **décontraction, délassement, relâche, relaxation, répit, repos.** *Ces enfants ont besoin d'une détente* (➤ **distraction, récréation**). ◆ (après 1945) Diminution de la tension au cours d'un conflit. ➤ **décrispation.** *Détente internationale. Politique de détente. L'atmosphère est à la détente.* ■ **CONTR.** Contraction, crispation, distension, tension. Compression.

DÉTENTEUR, TRICE [detɑ̃tœʀ, tʀis] n. – 1320 ◊ latin juridique *detentor*, de *detinere* → détenir ■ Personne qui détient qqch. *Les détenteurs du pouvoir. Détenteur d'un objet volé.* ➤ **receleur.** *Détenteur d'armes, de munitions. « Un secret, bien gardé par ses détenteurs »* COLETTE. *Détenteur d'un titre.* ➤ **possesseur, propriétaire.** *La détentrice d'un titre* (➤ **tenant**), *d'un record* (➤ **recordman, recordwoman**). *Le détenteur du titre* (en boxe) *rencontrera un challengeur.* ◆ DR. *Tiers détenteur :* l'acquéreur d'un immeuble hypothéqué ou grevé d'un privilège, lorsqu'il n'est pas tenu personnellement au paiement de la dette.

DÉTENTION [detɑ̃sjɔ̃] n. f. – 1287, repris XVIe ◊ latin *detentio*, de *detinere* → détenir ■ **1** Le fait de détenir, d'avoir à sa disposition (qqch.). *Détention d'armes. Détention de titres.* ◆ DR. Fait d'avoir l'usage (d'une chose) sans en être ni s'en prétendre le possesseur. *Détention ou possession précaire d'un bien par un locataire, un créancier gagiste.* ■ **2** Action de détenir qqn ; état d'une personne détenue. ➤ **captivité, emprisonnement, enfermement, incarcération, réclusion.** *Centre de détention.* ➤ **prison.** ◆ DR. PÉN. *Détention (criminelle) :* peine criminelle qui prive de la liberté. *Arrestation et détention d'un criminel. Être en détention. Être condamné à dix ans de détention. Détention criminelle à perpétuité. Détention arbitraire, abusive.* ◆ *Détention provisoire :* incarcération d'une personne mise en examen pendant l'instruction préparatoire (ANCIENNT *détention préventive*). ■ CONTR. Abandon ; perte. Délivrance, libération.

DÉTENU, UE [det(ə)ny] adj. et n. – 1529 ◊ de *détenir* ■ Qui est maintenu en captivité. *Personne arbitrairement détenue.* ◆ n. ➤ **prisonnier, réclusionnaire.** *Détenu politique ; de droit commun. Mettre un détenu au secret.*

DÉTERGENT, ENTE [detɛʀʒɑ̃, ɑ̃t] adj. et n. m. – 1611 ; « qui nettoie (une plaie) », en médecine ancienne ◊ latin *detergens*, p. prés. de *detergere* « nettoyer » ■ **1** Qui nettoie en entraînant par dissolution les impuretés. ➤ **lessiviel.** ■ **2** n. m. (XXe) Substance organique possédant une extrémité hydrophile et une extrémité hydrophobe, ayant la propriété d'émulsifier les graisses et d'entraîner les impuretés, employée dans les processus de lavage ou de désinfection. ➤ **détersif, nettoyant.** *Détergent biodégradable.*

DÉTERGER [detɛʀʒe] v. tr. ‹3› – 1538 ◊ latin *detergere* « nettoyer » ■ TECHN. Enlever les souillures, les salissures de (une surface) en les dissolvant, par modification de leurs propriétés d'étalement, de mouillage, etc. — n. f. **DÉTERGENCE.** *Détergence et désinfection.*

DÉTÉRIORATION [deterjɔʀasjɔ̃] n. f. – XVe ◊ bas latin *deterioratio*, de *deterior* « pire » ■ **1** Action de détériorer, de se détériorer ; son résultat. ➤ **dégât, 1 dégradation, dommage, ruine.** *Détérioration d'un appareil, d'une machine. Détérioration de marchandises.* ➤ **avarie.** *Détérioration volontaire.* ➤ **sabotage ; vandalisme.** ■ **2** FIG. ➤ **abaissement, baisse, déclin.** *Détérioration des conditions de vie, de l'atmosphère politique.* ➤ **1 dégradation, pourrissement.** ■ **3** PSYCHIATR. *Détérioration mentale :* affaiblissement irréversible des facultés mentales. ■ CONTR. Amélioration.

DÉTÉRIORER [deterjɔʀe] v. tr. ‹1› – 1411 ◊ bas latin *deteriorare*, de *deterior* « pire » ■ **1** Mettre (une chose) en mauvais état, de sorte qu'elle ne puisse plus servir. ➤ **abîmer*, 1 dégrader, endommager ;** FAM. **amocher, esquinter,** RÉGION. **maganer.** *Détériorer un appareil, une machine.* ➤ **détraquer, saboter.** *L'humidité détériore les fresques.* PRONOM. *Se détériorer :* s'altérer. — *Du vieux matériel détérioré.* ➤ **usé.** ■ **2** FIG. *Détériorer sa santé par des excès.* ➤ **détruire, nuire** (à), **ruiner.** *Ces ignominies « risquent de détériorer sans remède l'humanité même »* PÉGUY. ➤ **corrompre, dépraver, pervertir.** — PRONOM. ➤ **dégénérer, se dégrader, se délabrer, dépérir.** *« cette mélancolie des gens qui ont été beaux, recherchés, aimés et qui se détériorent tous les jours »* MAUPASSANT. *La situation se détériore.* ➤ **empirer, se gâter, se pourrir.** ■ CONTR. Améliorer, réformer. Raccommoder, réparer, entretenir.

DÉTERMINABLE [detɛʀminabl] adj. – XVIIIe ; « déterminé » fin XIIe ◊ de *déterminer* ■ Qui peut être déterminé, précisé. *Grandeur déterminable.* ■ CONTR. Indéterminable.

DÉTERMINANT, ANTE [detɛʀminɑ̃, ɑ̃t] adj. et n. m. – avant 1662 ◊ de *déterminer*

I adj. ■ **1** Qui détermine (I°) ; qui sert à déterminer. ➤ **caractéristique.** *Motif déterminant. Cause déterminante.* ■ **2** Qui décide d'une chose ou d'une action. ➤ **essentiel, décisif, prépondérant.** *Ton rôle a été déterminant dans cette affaire.*

II n. m. ■ **1** (1877) GRAMM. VX Élément ajouté à un radical. ➤ **morphème.** — MOD. Mot qui en détermine un autre ; complément d'un déterminé (➤ **détermination,** I°). — (XXe) LING. Constituant du syntagme nominal (article, adjectif et complément du nom) ; SPÉCIALT Membre de la classe de morphèmes grammaticaux portant les marques du genre et du nombre du nom qu'ils actualisent (articles, adjectifs possessifs, démonstratifs, indéfinis, numéraux, interrogatifs...). ■ **2** MATH. Nombre défini par un algorithme sur une matrice carrée d'ordre *n*, introduit en vue de résoudre un système d'équations linéaires. ■ **3** Facteur déterminant (en général). — IMMUNOL. *Déterminants antigéniques :* sites particuliers d'un antigène, responsables de son affinité spécifique pour un anticorps.

DÉTERMINATIF, IVE [detɛʀminatif, iv] adj. – v. 1460 « qui détermine » ◊ de *déterminer* ■ **1** (fin XVIIe) GRAMM. Qui détermine, précise le sens d'un mot. *Adjectif déterminatif* (opposé à *qualificatif*) : déterminant qui introduit sous un aspect particulier le nom qu'il précède (adjectifs numéraux, possessifs, démonstratifs, indéfinis). SUBST. *Un déterminatif.* ◆ *Complément déterminatif* (d'un nom, d'un adjectif, d'un adverbe) : complément se subordonnant au nom, à l'adjectif, etc., le plus souvent par une préposition, pour en limiter l'extension (ex. un manteau *d'hiver* ; il est incapable *de cela*). ■ **2** LOG. *Proposition déterminative :* proposition incidente qui restreint le terme auquel elle se rapporte (opposé à *explicative*).

DÉTERMINATION [detɛʀminasjɔ̃] n. f. – XIVe ◊ latin *determinatio* ■ **1** Action de déterminer, de délimiter avec précision ; état de ce qui est déterminé. ➤ **caractérisation, définition, délimitation, fixation, limitation.** *Détermination de la longitude, de la latitude d'un lieu.* ➤ **estimation.** ◆ MATH. *Détermination d'une solution.* ➤ **1 calcul, résolution** (d'équation), **mesure** (d'un angle, d'une longueur). ◆ LING. Le fait de déterminer (un terme). SPÉCIALT Individualisation du substantif (précédé alors par un *déterminatif*). ■ **2** PHILOS. Relation entre deux éléments de connaissance, de telle façon que, de la connaissance du premier, il est possible de déterminer le second. *La détermination d'un phénomène* (soumis au *déterminisme**). *La détermination d'un acte humain, par le milieu.* ■ **3** COUR. Résultat psychologique de la décision. ➤ **intention, 1 parti, résolution.** *Sa détermination était bien arrêtée. « Je pris et rejetai mille déterminations, fis et défis mille plans »* DUHAMEL. ◆ Attitude d'une personne qui agit sans hésitation, selon les décisions qu'elle a prises. ➤ **décision, fermeté, résolution, ténacité, volonté.** *Agir avec détermination. Faire preuve de détermination.* ■ CONTR. Indétermination ; imprécision, 3 vague. Indécision, irrésolution.

DÉTERMINÉ, ÉE [detɛʀmine] adj. et n. m. – XIVe ◊ de *déterminer* ■ **1** Qui a été précisé, défini. ➤ **2 arrêté, certain, 1 précis.** *« il faut une quantité déterminée de force pour soulever un poids déterminé »* BALZAC. *Un objectif bien déterminé. Pour une durée déterminée.* ➤ **délimité.** — LING. *Substantif déterminé. Terme déterminé.* n. m. *Le déterminé et le déterminant.* ■ **2** Qui se détermine, se décide. ➤ **décidé, résolu.** *C'est une personne déterminée. Un air déterminé. Il est déterminé dans ses résolutions.* ➤ **1 ferme, inébranlable.** ■ **3** PHILOS. Soumis au déterminisme. *Phénomènes entièrement déterminés.* ■ CONTR. Indéfini, indéterminé. Hésitant, irrésolu. Aléatoire.

DÉTERMINER [detɛʀmine] v. tr. ‹1› – 1119 ◊ latin *determinare* « marquer les limites de » → terme ■ **1** Indiquer, délimiter avec précision, au terme d'une réflexion, d'une recherche. ➤ **caractériser, définir, délimiter, établir, évaluer, fixer, marquer, préciser, spécifier.** *Déterminer le sens d'un mot. Déterminer les détails d'une entreprise, d'une expédition.* ➤ **régler.** *L'heure du crime est difficile à déterminer.* ➤ **apprécier, calculer, estimer, évaluer, mesurer.** *Déterminer la cause de la panne.* ➤ **découvrir, détecter.** *Déterminer la nature d'une maladie.* ➤ **diagnostiquer.** — *Déterminer un emplacement.* ➤ **localiser, situer.** *Déterminer l'auteur d'un texte.* ➤ **identifier, rechercher.** ◆ PHILOS. *Déterminer un concept,* spécifier les caractères compréhensifs de ce concept. ➤ **caractériser, définir.** ◆ MATH. *Déterminer l'inconnue d'un problème, les racines d'une équation.* ◆ LING. *Terme* (➤ **déterminant, déterminatif**) *qui en détermine un autre* (➤ **déterminé**). *L'adjectif démonstratif détermine le nom.* ■ **2** Fixer par un choix. *Le lieu et l'heure de la réunion restent à déterminer.* ➤ **arrêter, décider, régler ; convenir.** ■ **3** Entraîner la décision volontaire de (qqn). ➤ **décider ; 1 amener, conduire, engager, entraîner, inciter, persuader, 1 porter, pousser.** *Déterminer qqn à l'action, à agir. Ses amis l'ont déterminé à partir. « rien ne le détermine à préférer les unes aux autres* [les idées], *il demeure donc dans la perplexité »* BUFFON. ◆ PRONOM. **SE DÉTERMINER À :** prendre la détermination, la décision de. ➤ **se décider, se résoudre, 1 vouloir.** *Il ne peut se déterminer à renoncer.* — PASSIF

Être déterminé à agir (➤ **déterminé**). ▪ **4** (CHOSES) Être la cause de ; être à l'origine de (un phénomène, un effet). ➤ 1 **causer ; 1 amener, conditionner, déclencher, entraîner, produire, provoquer.** *Causes qui déterminent une insurrection. Je crois « que les progrès de l'industrie déterminent à la longue quelque adoucissement dans les mœurs »* FRANCE. ♦ *Conditions qui déterminent l'action humaine* (➤ **déterminisme**). ▪ CONTR. (du 3°) Détourner, empêcher (de).

DÉTERMINISME [detɛrminism] n. m. – 1827 ♦ allemand *Determinismus* (fin XVIIIe) ▪ **1** Principe scientifique suivant lequel les conditions d'existence d'un phénomène sont déterminées, fixées absolument de telle façon que, ces conditions étant posées, le phénomène ne peut pas ne pas se produire. ➤ **causalité.** *« il y a un déterminisme absolu dans toutes les sciences »* C. BERNARD. — *Déterminisme psychologique. Déterminisme historique* ▪ **2** Doctrine philosophique suivant laquelle tous les évènements, et en particulier les actions humaines, sont liés et déterminés par la chaîne des évènements antérieurs. ▪ CONTR. Indéterminisme, hasard. Liberté.

DÉTERMINISTE [detɛrminist] adj. et n. – 1811 ♦ allemand *determinist* (1788) ▪ Qui est relatif au déterminisme. *Hypothèse déterministe. Philosophie déterministe.* ♦ Partisan du déterminisme.

DÉTERRAGE [deteraʒ] n. m. – 1888 ; « action de retirer de terre » 1874 ♦ de *déterrer* ▪ **1** AGRIC. Action de soulever de terre le soc d'une charrue. ▪ **2** (1911) Action de chasser certaines bêtes (renard, blaireau) dans leur terrier à l'aide d'un chien.

DÉTERRÉ, ÉE [detere] n. – de *déterrer* ▪ LOC. FAM. *Avoir un air, une mine, une gueule de déterré* : avoir mauvaise mine, un visage pâle, défait comme celui d'un cadavre. *Avoir l'air d'un déterré. « et le matin on se revoit avec des figures de déterrés »* FLAUBERT.

DÉTERREMENT [detɛrmɑ̃] n. m. – 1596 ♦ de *déterrer* ▪ Action de déterrer (un objet, un cadavre). *Déterrement d'un mort.* ➤ **exhumation.** ▪ CONTR. Enterrement.

DÉTERRER [detere] v. tr. ‹1› – v. 1160 ♦ de *dé-* et *terre* ▪ **1** Retirer de terre (ce qui s'y trouvait enfoui). *Déterrer un arbre, des pommes de terre.* ➤ **arracher.** *Déterrer un trésor. Déterrer la hache* de guerre. « Les hommes qui se faisaient tuer en déterrant des obus »* DUHAMEL. — SPÉCIALT *Déterrer un mort.* ➤ **exhumer.** ▪ **2** (XVIe) FIG. Découvrir (ce qui était caché). ➤ FAM. **dénicher.** *« je déterrai dans les archives de l'ambassade une lettre »* CHATEAUBRIAND. — Tirer de l'oubli. ➤ 1 **ressortir, ressusciter.** *« Elle enfouissait ses griefs et les déterrait des semaines après »* MAURIAC. ▪ CONTR. Enfouir, enterrer. Cacher.

DÉTERREUR, EUSE [deterœr, øz] n. – 1672 ♦ de *déterrer* ▪ **1** Personne qui déterre. *Un déterreur de cadavres.* ▪ **2** (1911) Chasseur pratiquant le déterrage* (2°).

DÉTERSIF, IVE [detɛrsif, iv] adj. et n. m. – 1538 ♦ latin *detersus*, p. p. de *detergere* → déterger ▪ **1** MÉD. VX Qui nettoie une plaie et en favorise la cicatrisation. ➤ **détergent, siccatif.** — n. m. FIG. *« Si encore la douleur était un antiseptique des délits futurs ou un détersif des fautes passées »* HUYSMANS. ▪ **2** MOD. Qui nettoie en dissolvant les impuretés. ➤ **détergent, nettoyant.** *Produit détersif* (savon, lessive, etc.). ➤ **lessiviel.** — n. m. *Un détersif puissant.*

DÉTERSION [detɛrsjɔ̃] n. f. – 1560 ♦ latin des médecins *detersio* ▪ **1** MÉD. Action de nettoyer (une plaie) au moyen de détersifs*. ➤ **désinfection.** ▪ **2** TECHN. Action d'un détersif (2°).

DÉTESTABLE [detɛstabl] adj. – 1308 ♦ latin *detestabilis* ▪ **1** VX Qu'on doit détester, haïr. ➤ **abominable, exécrable, haïssable, odieux.** *« On verra de David l'héritier détestable Abolir tes honneurs, profaner ton autel »* RACINE. ▪ **2** (1663) Très désagréable* ou très mauvais. ➤ **épouvantable.** *Quel temps détestable !* ➤ **affreux, vilain.** *Être d'une humeur détestable.* ➤ **exécrable.** *« Qui dit froid écrivain dit détestable auteur »* BOILEAU. — adv. **DÉTESTABLEMENT,** 1383. ▪ CONTR. Admirable, 1 louable. Agréable ; 1 bon.

DÉTESTATION [detɛstasjɔ̃] n. f. – XIVe ♦ latin *detestatio* ▪ **1** VX ou LITTÉR. Le fait de détester (qqn ou qqch.). ➤ **aversion, horreur.** *« Si vous voyiez l'horreur, la détestation, la haine qu'on a ailleurs pour le gouverneur »* Mme DE SÉVIGNÉ. ▪ **2** RELIG. *La détestation du péché.* ➤ **exécration.**

DÉTESTER [detɛste] v. tr. ‹1› – 1461 ♦ latin *detestari* « détourner en prenant les dieux à témoin » ▪ **1** VX Maudire. *« Tous accusent leurs chefs, tous détestent leur choix »* CORNEILLE. ▪ **2** (milieu XVIe) MOD. Avoir de l'aversion pour. ➤ **abhorrer, exécrer, réprouver.** *Détester le mensonge, les commérages,* les avoir en horreur. ♦ *Détester qqn.* ➤ **abominer, haïr** (cf. Ne pas pouvoir supporter*, souffrir qqn ; FAM. ne pas pouvoir voir [en peinture], encadrer qqn ; FAM. avoir qqn dans le nez, ne pas pouvoir sentir, blairer qqn). *« Allons, Marie, ne me déteste pas, je ne suis pas un méchant homme »* SAND. — PRONOM. (RÉFL.) *Je me déteste dans ce rôle.* (RÉCIPR.) *Ils se détestent.* ▪ **3** (1580) Ne pas pouvoir endurer, supporter. *Détester le bruit, le désordre. Elle déteste qu'on lui tienne tête. « Je déteste la cuisine à l'huile et j'exècre d'autant plus le lait que je le digère mal »* HUYSMANS. ♦ *Ne pas détester qqch.* : aimer assez, trouver agréable. *« il ne déteste pas l'excitation que donne au milieu de la matinée un verre de vin blanc, ou même un quinquina »* ROMAINS. ♦ *Détester faire* (LITTÉR. *de faire*) *qqch.* : avoir horreur de. *Il déteste attendre.* ▪ CONTR. Adorer, aimer.

DÉTHÉINÉ, ÉE [deteine] adj. – XXe ♦ de *dé-* et *théine* ▪ Dont on a enlevé la théine. *Thé déthéiné.*

DÉTIRER [detire] v. tr. ‹1› – milieu XIIe ♦ de *tirer* ▪ TECHN. Tirer pour étendre. *Détirer du linge.* ➤ **étirer.** — **SE DÉTIRER** v. pron. (1808) RARE Allonger ses membres fatigués, engourdis. ➤ **s'étirer.**

DÉTONANT, ANTE [detɔnɑ̃, ɑ̃t] adj. – 1729 ♦ de *détoner* ▪ Qui est susceptible de détoner. *Explosif détonant,* dont la vitesse de décomposition est supérieure au km/s. *Mélange détonant* : mélange de gaz capable de s'enflammer et de détoner ; FIG. ce qui peut entraîner des réactions violentes. — n. m. *Le fulminate d'argent est un détonant.*

DÉTONATEUR [detɔnatœr] n. m. – 1874 ♦ de *détoner* ▪ Dispositif destiné à provoquer la détonation d'un explosif. ♦ FIG. (v. 1966) Fait, évènement qui déclenche une action (militaire, politique, etc.). *Cette sanction a été le détonateur de la mutinerie* (cf. Mettre le feu aux poudres*).

DÉTONATION [detɔnasjɔ̃] n. f. – 1676 ♦ de *détoner* ▪ Bruit soudain et violent de ce qui détone. ➤ **déflagration, explosion.** *Détonation d'une bombe, d'un obus* (➤ **éclatement**). *Détonation d'une arme à feu. « Avant-hier, explosion dans le port ; c'est un cargo chargé de munitions qui saute. La plus forte détonation que j'aie entendue »* GIDE. — SC. Mécanisme par lequel se propagent à de très grandes vitesses certaines explosions (cf. Onde explosive).

DÉTONER [detɔne] v. intr. ‹1› – 1680 ♦ latin *detonare*, de *tonare* « tonner » ▪ Exploser avec bruit (par combustion rapide, réaction chimique violente, détente d'un gaz) et avec une grande vitesse de décomposition. *Faire détoner un mélange gazeux.* ▪ HOM. Détonner.

DÉTONIQUE [detɔnik] n. f. – 1973 ♦ de *détoner*, d'après l'anglais *detonics* ▪ CHIM., PHYS. Science qui a pour objet l'étude des composés explosifs.

DÉTONNER [detɔne] v. intr. ‹1› – 1611 ♦ de *ton*, au sens mus. ▪ **1** MUS. Sortir du ton. *« Les voix fausses et pointues des femmes faisaient détonner les voix grasses des hommes »* MAUPASSANT. ♦ COUR. Chanter faux. ▪ **2** FIG. Ne pas être dans le ton, ne pas être en harmonie avec un ensemble. *Il détonne dans ce milieu.* ➤ **trancher.** *Couleurs qui détonnent.* ➤ **jurer.** *Meuble qui détonne dans un décor. « Il y a, dans toute œuvre immense, des chapitres qui détonnent »* MAUROIS. ▪ CONTR. Accorder (s'), harmoniser (s'). ▪ HOM. Détoner.

DÉTORDRE [detɔrdr] v. tr. ‹41› – XIIe ♦ de *dé-* et *tordre* ▪ Remettre dans son premier état (une chose qu'on avait tordue). *Détordre du linge.* PRONOM. *Câble qui se détord.* — n. f. **DÉTORSION.** ▪ CONTR. Tordre.

DÉTORS, ORSE [detɔr, ɔrs] adj. – v. 1560, repris 1790 ♦ ancien p. p. de *détordre* ▪ TECHN. Qui n'est plus tors. *Fil détors, soie détorse.* ▪ CONTR. 1 Tors.

DÉTORTILLER [detɔrtije] v. tr. ‹1› – *destortoiller* XIIe ♦ de *dé-* et *tortiller* ▪ Défaire (ce qui est tortillé). ➤ **désentortiller.** *Détortiller une ficelle, des fils emmêlés.* ▪ CONTR. Tortiller.

DÉTOUR [detur] n. m. – *destor* « lieu écarté » XIIe ♦ de *détourner* ▪ **1** (XIIIe) Tracé qui s'écarte du chemin direct (voie, cours d'eau). ➤ **angle, boucle, coude, courbe, 2 tournant ; zigzag.** *La rivière fait un large détour.* ➤ **méandre, sinuosité.** *Le chemin fait plusieurs détours avant d'arriver au village.* ➤ **lacet.** *Au détour du chemin, du sentier,* à l'endroit où il tourne. ➤ 2 **tournant, virage.** — FIG. *Au détour d'une phrase, d'une conversation. « Ce qu'elle m'avait avoué un jour, par mégarde, au détour d'une histoire »* BARRÈS. ▪ **2** Action de parcourir un chemin plus long que le chemin direct qui mène au même point ; ce chemin. *Coupez par ici, cela vous évitera un détour. Le site vaut le détour.* FIG. *Ça vaut le détour* : c'est intéressant. *J'ai fait un détour pour vous dire bonjour.* ➤ **crochet.** *Détour obligatoire, dans la circulation.* ➤ **déviation.** ▪ **3** (*destour* « subterfuge » 1226) FIG. Moyen indirect de faire ou d'éluder qqch. ➤ **biais, faux-fuyant, ruse, subterfuge.** « *de blablas en détours, j'ai fini par arriver à mes fins* » GAVALDA. « *il se lança dans un long développement avec toutes sortes de distinguos et de détours* » ROMAINS. ➤ **circonlocution, périphrase.** *Pas tant de détours, au fait !* ➤ **histoire, phrase.** ♦ *Sans détour* : simplement, sans ambages, tout net. *Je vous le dis sans détour.* ▪ CONTR. Raccourci.

DÉTOURAGE [detuʀaʒ] **n. m.** – v. 1940 ◇ de *détourer* ▪ **1** TECHN. Opération par laquelle on donne à une pièce en cours d'usinage le contour exact imposé par le dessin. ▪ **2** GRAV., PHOTOGR. Délimitation du contour du sujet sur un cliché en effaçant le fond.

DÉTOURER [detuʀe] **v. tr.** ‹1› – v. 1940 ◇ de *dé-* et *tour* ▪ TECHN. Effectuer le détourage* de. *Cliché détouré.*

DÉTOURNÉ, ÉE [detuʀne] **adj.** – fin XIIIe ◇ de *détourner* ▪ **1** Qui n'est pas direct, qui fait un détour. *Sentier, chemin détourné.* ▪ **2** (v. 1660) FIG. Qui ne va pas droit au but, qui est indirect. *User de moyens détournés pour parvenir à ses fins.* ➤ **biais, détour*.** *Ce n'est que par faiblesse « qu'on prend des chemins détournés et qu'on a recours à la ruse »* FÉNELON. ▪ **3** (1718) Qui n'est pas exprimé directement. *Reproche détourné,* qui ne s'adresse pas directement à qqn, mais qui le concerne. *Allusion détournée.* ➤ **indirect.** ▪ CONTR. 1 Direct. 2 Franc.

DÉTOURNEMENT [detuʀnəmɑ̃] **n. m.** – 1538 ; hapax XIIIe *destournement* « endroit écarté » ◇ de *détourner* ▪ Action de détourner. ▪ **1** Action de changer le cours, la direction. *Détournement d'un cours d'eau.* ➤ 1 **dérivation.** ♦ (v. 1967) *Détournement d'avion* : action de contraindre l'équipage d'un avion de ligne à changer de destination. ➤ **déroutement ; piraterie** (aérienne). ▪ **2** (Belgique) Déviation de la circulation routière. *Emprunter le détournement.* ▪ **3** (1549) DR. Action de détourner frauduleusement à son profit des objets confiés en vertu d'un contrat. *Détournement de fonds, de valeurs, de titres.* ➤ **abus** (de confiance), **dissipation, malversation,** 2 **vol.** ♦ DR. ADMIN. *Détournement de pouvoir* : fait d'utiliser un pouvoir à une fin autre que celle pour laquelle il a été conféré. ♦ DR. COMM. *Détournement d'actif* : action de soustraire une partie de ses biens aux poursuites de ses créanciers (cas de banqueroute frauduleuse). ▪ **4** (1836) DR. *Détournement de mineur* : fait de soustraire une personne mineure aux personnes ayant autorité sur elle. ➤ **enlèvement, rapt.** — COUR. Atteinte sexuelle sur personne mineure (délit).

DÉTOURNER [detuʀne] **v. tr.** ‹1› – 1080 fig. ◇ de *dé-* et *tourner*

I ▪ **1** (XIVe) Changer la direction de (qqch.). *Détourner un cours d'eau.* ➤ 1 **dériver.** *Détourner un convoi de son itinéraire.* ➤ **dérouter, dévier.** PAR ANAL. *Les pirates de l'air ont détourné un airbus* (➤ **détournement**). — PRONOM. *Rivière qui se détourne de son cours.* FIG. « *Il y a des moments où notre destinée [...] se détourne soudain de sa ligne première* » CHATEAUBRIAND. ▪ **2** Changer le cours de. *Détourner la conversation. Détourner l'attention de qqn.* ➤ **distraire.** *Détourner les soupçons.* ➤ 1 **écarter, éloigner.** — SPÉCIALT *Détourner le sens d'un texte,* en donner une interprétation qui s'écarte du sens véritable. ➤ **altérer, dénaturer.** *Ce goût de confusion « qui les porte à détourner chaque objet de son usage »* ARAGON. ▪ **3** Écarter (qqn) du chemin à suivre. *Détourner qqn de sa route.* ➤ **dérouter.** PRONOM. *Se détourner de sa route par erreur.* ➤ **dévier, s'égarer,** se **fourvoyer.** ♦ FIG. *Détourner qqn d'une occupation, de son travail.* ➤ **arracher** (à), **déranger, distraire,** 1 **écarter, éloigner ;** FAM. **débaucher.** *Rien ne le détourne de son travail. Détourner qqn du droit chemin, du devoir.* ➤ **corrompre, pervertir.** *Détourner qqn d'un projet, d'une résolution,* l'y faire renoncer. ➤ **dissuader.** *M. Thiers « ne se laisse point détourner du but »* SAINTE-BEUVE.

II (1538) Tourner d'un autre côté pour éviter de voir ou d'être vu. *Détourner les yeux, ses regards, son visage.* « *Quand je les regardais, elles détournaient la tête* » FRANCE. ♦ **v. pron. SE DÉTOURNER.** *Se détourner pour se moucher.*

III (1380) DR. Se mettre sciemment dans l'impossibilité de restituer à son propriétaire (un objet confié par lui) ; en faire un usage ou un emploi différent de celui auquel il était destiné. ➤ **détournement** (2°). *Détourner des fonds.* ➤ **distraire, soustraire,** 2 **voler*.**

▪ CONTR. (du II) Encourager, inciter, pousser.

DÉTOX [detɔks] **adj.** – 2000 ; autre sens 1972 ◇ abréviation de *détoxifiant* → détoxifier ▪ *Régime détox,* qui vise à détoxifier l'organisme.

DÉTOXICATION [detɔksikasjɔ̃] **n. f.** – 1863 ◇ de *dé-* et *(in)toxication* ▪ PHYSIOL. Action de détoxiquer ; son résultat. ♦ Élimination des toxines par un organisme.

DÉTOXIFIER [detɔksifje] **v. tr.** ‹7› – 1954 ◇ de *dé-* et radical de *toxique* ▪ Supprimer les toxines de (l'organisme). *Régime qui détoxifie l'organisme* (➤ FAM. **détox**).

DÉTOXIQUER [detɔksike] **v. tr.** ‹1› – 1907 ◇ de *dé-* et *(in)toxiquer* ▪ PHYSIOL. Supprimer les effets nocifs, toxiques de (une substance). *Détoxiquer le venin d'un serpent pour s'en servir comme vaccin.*

DÉTRACTER [detʀakte] **v. tr.** ‹1› – 1372 ◇ de *détracteur* ▪ LITTÉR. et VIEILLI Chercher à rabaisser. ➤ **critiquer ; dénigrer, déprécier.** *Détracter les mérites de qqn.* ▪ CONTR. 1 Louer, vanter.

DÉTRACTEUR, TRICE [detʀaktœʀ, tʀis] **n.** – XIVe ◇ latin *detractor,* de *detrahere* « tirer en bas » ▪ Personne qui cherche à rabaisser le mérite de qqn, la valeur de qqch. ➤ **accusateur,** 2 **critique, dénigreur, dépréciateur.** *Les détracteurs d'un personnage politique, d'une doctrine.* ➤ **adversaire, ennemi.** *Un habile détracteur.* « *ces détracteurs d'un homme supérieur, si avides de chercher ses défauts* » CONDORCET. — **adj.** « *un fanatisme détracteur des vertus païennes* » DIDEROT. ▪ CONTR. Admirateur, partisan.

DÉTRACTION [detʀaksjɔ̃] **n. f.** – XIIe ◇ latin *detractio* « dénigrement » ▪ LITTÉR. et VIEILLI Action de rabaisser le mérite (de qqn), la valeur (de qqch.). ➤ 2 **critique, dénigrement.** *Détraction d'une personne, d'une doctrine.* ▪ CONTR. Apologie.

DÉTRAQUÉ, ÉE [detʀake] **adj.** et **n.** – XVIe ◇ de *détraquer* ▪ **1** Dérangé dans son fonctionnement. ➤ **déréglé, détérioré.** *Mécanisme détraqué.* ➤ **patraque.** ▪ **2** PAR ANAL. *Santé détraquée, estomac détraqué.* ♦ SPÉCIALT, FAM. *Avoir le cerveau détraqué.* ➤ **dérangé, troublé.** « *les feux follets de son imagination détraquée* » RENAN. — **n.** (fin XIXe) *C'est un détraqué.* ➤ **désaxé, déséquilibré, fou*.** *Un détraqué sexuel.* ▪ CONTR. Arrangé, réparé ; normal, 1 sain.

DÉTRAQUEMENT [detʀakmɑ̃] **n. m.** – fin XVIe ◇ de *détraquer* ▪ Action de détraquer ; fait de se détraquer ; état de ce qui est détraqué. ➤ **dérangement, dérèglement.** *Le détraquement d'un mécanisme.* — FIG. FAM. ➤ **désordre, désorganisation.** « *dans ce détraquement presque universel de la Société* » SAINTE-BEUVE.

DÉTRAQUER [detʀake] **v. tr.** ‹1› – XVIe ; « détourner de la piste » 1464 ◇ moyen français *trac* « trace, piste » → traquer ▪ **1** VX Déranger dans sa marche. MOD. Déranger dans son mécanisme, dans son fonctionnement. ➤ **abîmer*, dérégler, détériorer ;** FAM. **déglinguer.** *Détraquer un moteur.* — PRONOM. *Ma montre se détraque.* ▪ **2** PAR ANAL. FAM. *Se détraquer l'estomac. Se détraquer les nerfs, la santé, en abusant des tranquillisants.* FIG. et FAM. *Cela lui a détraqué le cerveau.* ➤ **brouiller, troubler.** — PRONOM. *Le temps se détraque,* se gâte. ▪ CONTR. Arranger, réparer.

1 **DÉTREMPE** [detʀɑ̃p] **n. f.** – 1304 ; « breuvage obtenu après délayage » 1231 ◇ de 1 *détremper* ▪ PEINT. Couleur délayée dans de l'eau additionnée d'un agglutinant (gomme, colle, œuf). *Peindre à la détrempe.* ➤ **tempera** (a). ♦ Ouvrage fait avec cette couleur. *Les détrempes* (cf. Peinture à la colle).

2 **DÉTREMPE** [detʀɑ̃p] **n. f.** – 1722 ◇ de 2 *détremper* ▪ TECHN. Opération par laquelle on enlève la trempe de l'acier.

1 **DÉTREMPER** [detʀɑ̃pe] **v. tr.** ‹1› – milieu XIIe ◇ bas latin *distemperare* « délayer » ▪ Amollir ou délayer en mélangeant avec un liquide. *Détremper des couleurs. Détremper de la chaux, du mortier.* — *Chemin détrempé,* très mouillé et amolli.

2 **DÉTREMPER** [detʀɑ̃pe] **v. tr.** ‹1› – 1692 ◇ de *dé-* et *tremper* ▪ TECHN. Faire perdre sa trempe à (l'acier). **p. p. adj.** *Acier détrempé.* ♦ FIG. et LITTÉR. Rendre plus faible. « *Ces deux années vécues dans une quiétude confortable l'avaient évidemment détrempé* » AYMÉ.

DÉTRESSE [detʀɛs] **n. f.** – *destrece* fin XIIe ◇ latin populaire °*districtia* « étroitesse », de *districtus,* p. p. de *distringere* « serrer » → étreindre ▪ **1** Sentiment d'abandon, de solitude, d'impuissance que l'on éprouve dans une situation difficile et angoissante (besoin, danger, souffrance). ➤ **affliction, désarroi, désespoir.** *Un sentiment de détresse, des cris de détresse.* « *Un jour de grande détresse à son comble / je franchirai les tonnerres du désespoir* » G. MIRON. « *une détresse accablante l'envahit, une sensation affreuse de solitude et d'impuissance* » GENEVOIX. *Une âme en détresse.* ▪ **2** Situation très pénible. ➤ **adversité, dénuement, disgrâce, indigence, infortune, malheur, misère.** *Être dans la détresse.* ➤ **besoin.** *La détresse des populations sinistrées.* « *la maigreur de ces gens, leur apparente détresse* » GIDE. ▪ **3** Situation périlleuse (d'un navire, d'un avion). ➤ **perdition.** *Signal, balise de détresse. Appel de détresse.* ➤ **S. O. S.** — *En détresse :* en perdition. *Avion en détresse.* ◆ *Feux de détresse :* feux de signalisation clignotant simultanément pour indiquer un danger (arrêt forcé, ralentissement brutal...) (recomm. offic.). ➤ **warning** (ANGLIC.). ■ **4** MÉD. Insuffisance aiguë perturbant une fonction vitale. *Détresse respiratoire, circulatoire.* ■ CONTR. Paix, quiétude, tranquillité. Bien-être, prospérité, sécurité.

DÉTRICOTER [detʀikɔte] **v. tr.** ‹1› – v. 1900 au p. p. ◇ de *dé-* et *tricoter* ■ Défaire (ce qui est tricoté). *Détricoter un rang, une manche.* — *Laine détricotée.* ◆ FIG. FAM. *Détricoter les acquis sociaux.* ■ CONTR. Tricoter.

DÉTRIMENT [detʀimɑ̃] **n. m.** – 1236 ◇ latin *detrimentum,* de *deterere* → détritus ■ VX Dommage, préjudice, tort. ◆ MOD. **À** *(mon, son...)* **DÉTRIMENT ; AU DÉTRIMENT DE :** au désavantage, au préjudice de. *« Comme Antipas jurait qu'il ferait tout pour l'Empereur, Vitellius ajouta : – "Même au détriment des autres ?" »* FLAUBERT. ■ CONTR. Avantage.

DÉTRITIQUE [detʀitik] **adj.** – 1834 ◇ de *détritus* ■ GÉOL. Qui est formé au moins partiellement de débris. *Roche sédimentaire détritique. Accumulations détritiques.* — Qui provient de la désagrégation d'une roche préexistante. *Minéral détritique.*

DÉTRITIVORE [detʀitivɔʀ] **adj. et n. m.** – 1966 ◇ de *détritus* et *-vore* ■ ÉCOL. Qui se nourrit de détritus, de débris organiques. ➤ **coprophage, décomposeur, nécrophage, saprophage.** *Poisson détritivore.*

DÉTRITUS [detʀity(s)] **n. m.** – 1753 ; a remplacé *détriment* ◇ latin *detritus* « broyé, usé », de *deterere* « user en frottant » ■ **1** GÉOL. VX Débris de roches (➤ **détritique**). ■ **2** (milieu XIXe ; d'abord didact.) MOD. Matériaux réduits à l'état de débris inutilisables. ➤ **rebut.** *Plage jonchée de détritus.* — COUR. Ordures, déchets. *Détritus ménagers. Recycler les détritus.* ◆ SPÉCIALT, MÉD. Déchet provenant de la nécrose d'un tissu à la suite d'un traumatisme ou d'une infection. ■ **3** GOLF Objet naturel non fixé au sol (feuille, brindille, pierre...).

DÉTROIT [detʀwa] **n. m.** – *destreit* « défilé » 1080 ◇ latin *districtus* → détresse ■ **1** (XVIe) Bras de mer entre deux terres rapprochées et qui fait communiquer deux étendues marines. ➤ **bras,** VX **1 manche ;** et aussi **chenal.** *Le pas de Calais, détroit entre la France et la Grande-Bretagne. Détroit du Bosphore, des Dardanelles. Détroit de Gibraltar.* ■ **2** (1834) ANAT. Chacun des deux rétrécissements normaux du bassin osseux. *Détroit supérieur,* qui sépare le grand du petit bassin. *Détroit inférieur :* ouverture inférieure du petit bassin.

DÉTROMPER [detʀɔ̃pe] **v. tr.** ‹1› – 1611 ◇ de *dé-* et *tromper* ■ Tirer (qqn) d'erreur. ➤ **démystifier, désabuser, désillusionner.** *Vous avez une opinion dont je veux vous détromper* (ACADÉMIE). *« les événements détrompent souvent mes prévisions »* DUHAMEL. ◆ **SE DÉTROMPER v. pron.** Revenir de son erreur. *Détrompez-vous :* n'en croyez rien (de ce que vous dites). ■ CONTR. Tromper.

DÉTROMPEUR [detʀɔ̃pœʀ] **n. m.** – v. 1970 ◇ de *détromper* ■ TECHN. Élément, indication permettant d'éviter une fausse manœuvre (inversion des pôles positif et négatif, etc.).

DÉTRÔNER [detʀone] **v. tr.** ‹1› – 1584 ◇ de *dé-* et *trône* ■ **1** Déposséder de la souveraineté, du trône. ➤ **chasser, 1 déposer, destituer.** *« Si l'homme a des tyrans, il les doit détrôner »* VOLTAIRE. — **p. p. adj.** *Un souverain détrôné.* ■ **2** FIG. Mettre fin à la prééminence de (qqn ou qqch.). ➤ **discréditer, éclipser, effacer, évincer, supplanter.** *Eugène Sue « a détrôné Balzac, il est lu partout »* SAINTE-BEUVE. *« La valse d'un coup d'aile a détrôné la danse »* MUSSET. ■ CONTR. Couronner.

DÉTROQUER [detʀɔke] **v. tr.** ‹1› – 1863 ◇ mot région. (Saintonge), de *troque, troche* « faisceau, bouquet » (1776) → troches ■ TECHN. Séparer (les jeunes huîtres) les unes des autres en les décollant au couteau. *Les huîtres sont détroquées puis étalées dans des parcs.* — **n. m. DÉTROQUAGE.**

DÉTROUSSER [detʀuse] **v. tr.** ‹1› – *destrosser* « défaire ce qui est troussé, empaqueté », d'où « dépouiller de ses bagages » XIIe ◇ de *dé-* et *trousser* ■ VX OU PLAISANT Dépouiller (qqn) de ce qu'il porte, en usant de la violence. ➤ **dévaliser, 2 voler*.** *Détrousser un passant, un voyageur.*

DÉTROUSSEUR [detʀusœʀ] **n. m.** – 1489 ◇ de *détrousser* ■ VX OU PLAISANT Celui qui détrousse. ➤ **voleur.**

DÉTRUIRE [detʀɥiʀ] **v. tr.** ‹38› – fin XIe *destruire* ◇ latin populaire °*destrugere,* classique *destruere* « démolir, abattre » ■ **1** Jeter bas, démolir (une construction). ➤ **abattre, déconstruire, raser, renverser, ruiner ; destruction.** *Détruire un bâtiment, un mur. Détruire les fondements d'un édifice.* ➤ **miner, 1 saper.** *« Le roi fit détruire jusqu'aux pierres et aux fondements matériels de Port-Royal »* SAINT-SIMON. *Détruire une ville par bombardement terrestre, aérien.* ➤ **bombarder.** *Détruire de fond en comble.* — *Ville détruite.* ■ **2** PAR EXT. Altérer jusqu'à faire disparaître. ➤ **anéantir, annihiler, supprimer ; s'autodétruire.** *Détruire une forêt par le feu.* ➤ **brûler, incendier** (cf. Réduire en cendres*). *Détruire en brisant, en écrasant.* ➤ **briser, broyer, casser, défoncer, démolir, pulvériser** (cf. Mettre en pièces*). *Les Russes décampèrent « détruisant tout sur leur route pour retarder au moins les Suédois »* VOLTAIRE. *Détruire une lettre, un document. Les substances caustiques, les acides détruisent les tissus organiques.* ➤ **attaquer, corroder, ronger.** *« Le temps qui détruit tout »* LA FONTAINE. ■ **3** Supprimer (un être vivant) en ôtant la vie. ➤ **tuer*.** *Détruire les insectes nuisibles, les parasites* (➤ **désinsectiser, déparasiter**). *Détruire les mauvaises herbes* (➤ **désherber**), *les ronces* (➤ **débroussailler**). *Un fléau, une épidémie qui détruit la population d'un village.* ➤ **exterminer.** *Une fusillade détruisit la moitié de la section.* ➤ **décimer, massacrer.** ◆ **SE DÉTRUIRE v. pron.** *Il a tenté de se détruire.* ➤ **se suicider, se tuer** (cf. Mettre fin* à ses jours). *« il se détruit avec l'alcool et la cigarette pour augmenter ses chances de raccourcir son existence »* M. DUGAIN. ■ **4** FIG. Défaire entièrement (ce qui est établi, organisé, élaboré). ➤ **anéantir, supprimer.** *Détruire un régime politique, social.* ➤ **abattre, renverser.** *Détruire la rébellion.* ➤ **étouffer, juguler.** *Détruire un usage, une institution.* ➤ **abolir, annuler.** *Détruire un argument, une théorie.* ➤ **démolir, éliminer, renverser.** *Cela détruit votre thèse.* ➤ **réfuter. v. pron.** *« On ne peut pas demander au capitalisme de se détruire soi-même »* MARTIN DU GARD. ◆ *Détruire une illusion.* ➤ **dissiper, enlever.** *Cette mésaventure détruisit tous ses espoirs. Détruire l'orgueil, les prétentions de qqn.* ➤ **abattre.** *« Soutenir la piété jusqu'à la superstition, c'est la détruire »* PASCAL. ■ **5** ABSOLT (opposé à *construire, créer, faire*) *« Pour vivre, il faut détruire »* BUFFON. *« Le besoin de détruire est encore plus puissant que l'espoir de construire »* MARTIN DU GARD. ■ **6 SE DÉTRUIRE v. pron. récipr.** Se détruire réciproquement ; avoir une action contraire. ➤ **se combattre, s'entredétruire,** se **nuire.** *« Le propre de tout ce qui est vraiment beau est de subsister en soi sans se détruire réciproquement et sans se nuire »* SAINTE-BEUVE. ■ CONTR. Bâtir, construire, édifier. Créer, 1 faire. Établir, fonder ; conserver.

DETTE [dɛt] **n. f.** – 1160 ◇ latin *debita,* plur. neutre devenu n. f. en latin populaire ; de *debere* « devoir » ■ Ce qu'une personne doit à une autre. ➤ **1 devoir.** ■ **1** Obligation pour une personne (➤ **1 débiteur**) à l'égard d'une autre (➤ **créancier**) de faire ou de ne pas faire qqch., et SPÉCIALT de payer une somme d'argent. *Capital* principal d'une dette :* somme constituant la dette (opposé à *intérêts*). *Contracter, faire des dettes* (en empruntant*). *Avoir des dettes.* ➤ **1 devoir, s'endetter.** *Être en dette avec qqn. « Elle avait plus de dettes qu'il n'y a de trous dans un crible »* SAND. *Être criblé, perdu de dettes. Payer, régler, rembourser une dette :* s'acquitter. ➤ **se désendetter.** PROV. *Qui paye ses dettes s'enrichit.* ANCIENNT *Prison pour dettes.* — *Annuités d'une dette. Échéance, exigibilité d'une dette. Dette à court, à moyen terme. Rééchelonnement* d'une dette. Garantie d'une dette* (gage, nantissement ; caution). *Reconnaissance de dette. Dette inscrite dans un compte.* ➤ **débet, 2 découvert, 3 droit, dû, 2 passif, 2 solde.** VX *Dette hypothécaire ; dette privilégiée.* — *Dette de jeu, dette d'honneur,* qu'on ne peut faire valoir en justice. *Remise de la dette :* fait pour le créancier de renoncer à ses droits. ■ **2** FIN. *Dette publique* ou *Dette de l'État :* ensemble des engagements financiers contractés par l'État (net des remboursements effectués). ➤ **emprunt.** *Le service* de la dette. La dette grecque. La dette de l'Espagne. La crise de la dette dans la zone euro.* — SPÉCIALT *Dette publique :* ensemble des obligations résultant d'engagements financiers contractés par l'État (➤ **emprunt**). *La dette extérieure comprend la dette commerciale* (ensemble des engagements contractés par un État auprès des banques étrangères) *et la dette politique* (concours des institutions monétaires internationales et avances consenties par les États étrangers). *Dette souveraine*.* — ANCIENNT *Dette perpétuelle,* dont le remboursement peut être indéfiniment différé sous réserve du paiement des intérêts. *Dette remboursable,* dont l'échéance est déterminée. *La dette remboursable comprend la dette à court terme ou dette flottante, la dette à long terme et la dette viagère. La dette à long terme forme, avec la dette perpétuelle, la dette consolidée.* ◆ ÉCON. INTERNAT. *Dette externe :* ensemble des engagements privés et publics d'un pays à l'égard de créanciers étrangers. *Dette nette :* la dette externe diminuée des avoirs et créances sur l'étranger. ▪ **3** FIG. Devoir qu'impose une obligation contractée envers qqn. ➤ **engagement, obligation.** *Acquitter une dette de reconnaissance. « C'est une dette de justice et d'amitié que je serai bien heureux de payer »* SAINTE-BEUVE. *Avoir une dette envers ses parents, envers qqn* (➤ 1 **débiteur**). — LITTÉR. *Payer sa dette à la justice, à la société :* purger sa peine. ▪ CONTR. Créance, crédit ; actif, 2 avoir.

DÉTUMESCENCE [detymesɑ̃s] **n. f.** – 1792 ◇ de *dé-* et *tumescence* ▪ MÉD. Diminution de volume (d'un organe enflé ; d'une tumeur) ; fin de la tumescence. ▪ CONTR. Tumescence.

D. E. U. G. [dœg ; døg] **n. m.** – 1973 ◇ acronyme de *Diplôme d'études universitaires générales* ▪ ANCIENNT Diplôme couronnant le premier cycle de l'enseignement supérieur. — Diplôme national (titre) de l'enseignement supérieur délivré après validation des deux premières années d'enseignement de la licence. *Un D. E. U. G. de droit.*

DEUIL [dœj] **n. m.** – *dueil* XVe ; *doel, duel* XIIe ; *dol* Xe ◇ bas latin *dolus*, de *dolere* « souffrir » ▪ **1** Douleur, affliction que l'on éprouve de la mort de qqn. *Sa mort fut un deuil cruel. Pays plongé dans le deuil* (➤ **endeuillé**). *Jour de deuil.* ◆ PSYCHAN. *Le travail du* (ou *de*) *deuil :* processus psychique par lequel une personne parvient à se détacher de la personne disparue, à donner du sens à cette perte. *« Le travail de deuil... Une succession d'actes : désenfouir, déterrer, pour revoir, une dernière fois, contempler le passé, le parcours accompli d'une vie »* N. CHÂTELET. — COUR. *Faire son deuil :* parvenir au terme de ce processus. ▪ **2** FIG. et LITTÉR. ➤ **affliction, tristesse.** *La nature est en deuil,* son aspect est désolé, lugubre, triste. *« une déception précoce, un deuil secret du cœur, leur a gâté l'univers »* FRANCE. — VX ou RÉGION. *Faire deuil à qqn,* lui faire de la peine, l'attrister, le contrarier. *« Me voir laisser de la nourriture dans l'assiette lui faisait deuil »* A. ERNAUX. ▪ **3** Mort d'un être cher. ➤ **perte.** *Il vient d'avoir plusieurs deuils dans sa famille.* ▪ **4** Signes extérieurs du deuil, consacrés par l'usage. *Journée de deuil national. Vêtements de deuil* (noirs, gris, violets, mauves, dans la civilisation occidentale). *Mettre une cravate noire en signe de deuil. Porter, prendre le deuil. « Dans ses vêtements comme dans son cœur, elle prit le grand deuil et ne le quitta jamais »* DAUDET. — FIG. *Il porte le deuil de ses illusions :* ses illusions sont mortes. — **EN DEUIL.** *Être en grand deuil, en demi-deuil* (➤ **demi-deuil**). *Il est en deuil de son frère.* FAM. *Avoir les ongles en deuil,* noirs, sales. ▪ **5** Temps durant lequel on porte le deuil. *« Ils la choisirent noire, Gaud n'ayant pas fini le deuil de son père »* LOTI. ▪ **6** VIEILLI ou RÉGION. (Nord) Obsèques. *Aller à un deuil.* — Cortège funèbre. *Mener, conduire le deuil.* ▪ **7** LOC. FAM. **FAIRE SON DEUIL DE qqch.,** y renoncer, se résigner à en être privé. *« il avait bien fallu qu'il s'inclinât, qu'il fît son deuil de ses projets »* COURTELINE. *Tu peux en faire ton deuil !*

DEUS EX MACHINA [deusɛksmakina ; deys-] **n. m. inv.** – 1845 ◇ mots latins « un dieu (descendu) au moyen d'une machine », au théâtre ▪ Au théâtre (et FIG. dans la vie courante), Personnage, évènement dont l'intervention peu vraisemblable apporte un dénouement inespéré à une situation sans issue ou tragique.

D. E. U. S. T. [dœst] **n. m.** – 1989 ◇ sigle de *Diplôme d'études universitaires scientifiques et techniques* ▪ Diplôme universitaire du premier cycle court professionnalisé, qui s'obtient en deux années de formation après le bac. *D. E. U. S. T. de délégué médical.*

DEUTÉRÉ, ÉE [døtere] **adj.** – 1946 ◇ de *deutérium* ▪ CHIM. Qui contient du deutérium. *Hydrocarbure deutéré. L'eau* lourde est de l'eau deutérée.*

DEUTÉRIUM [døterjɔm] **n. m.** – 1934 ◇ de *deutér(o)-* et *-ium* ▪ PHYS., CHIM. Isotope stable de l'hydrogène (D ; n° at. 1 ; m. at. 2), appelé aussi *hydrogène lourd,* et dont le noyau (➤ **deuton**) contient un proton et un neutron. *Le deutérium, composant de l'eau lourde* (D_2O).

DEUTÉR(O)- ▪ Élément, du grec *deuteros* « deuxième ».

DEUTÉROCANONIQUE [døterokanɔnik] **adj.** – 1732 ◇ de *deutéro-* et *canonique* ▪ THÉOL. Se dit des livres saints qui n'ont été considérés comme canoniques qu'après les autres. *Livres deutérocanoniques :* Tobit, Judith, la Sagesse, l'Ecclésiastique, Maccabées (I, II), Daniel et Esther (fragments).

DEUTON [døtɔ̃] **n. m.** – 1934 ◇ de *deutérium,* d'après *neutron* ▪ PHYS. Noyau de l'atome de deutérium (un proton et un neutron). — On dit aussi **DEUTÉRON.**

DEUX [dø] **adj. numér. inv.** et **n.** – début XIe ◇ du latin *duos,* forme de l'accusatif pluriel de *duo* → duo

I ~ adj. numér. card. — REM. On prononce [døz] devant un mot commençant par une voyelle ou un *h* muet, [dø] dans les autres cas. Nombre entier naturel équivalant à un plus un (2, II). ➤ **bi-, di-.** ▪ **1** Avec l'article défini, désignant un groupe déterminé de deux unités. *Les deux yeux* [ledøzjø]. *Les deux pôles.* ▪ **2** Avec ou sans déterm. *Qui comporte deux éléments.* ➤ **binaire ; ambi-, amph(i)-.** *Coexistence de deux principes* (➤ **dualisme**), *de deux éléments* (➤ **dualité**). *Deux fois plus.* ➤ **double.** *Deux choses semblables.* ➤ **couple, paire ; jumeau.** *Mesure à deux temps.* ELLIPT *Mesure à deux-quatre, à deux-huit :* mesure à deux temps, ayant une noire, une croche par temps. ◆ LOC. *De deux choses* l'une. Entre deux âges*. Entre deux feux*.* — **loc. adj.** (VULG.) *De mes deux* (testicules), s'emploie avec un nom par insulte, mépris, dérision. *Un intellectuel de mes deux* (cf. À la manque*). *« Billevesées, bagatelles et bibleries de mes deux »* QUENEAU. ◆ (En composition pour former un nombre) *Trente-deux. Deux cent dix.* ▪ **3** Emplois stylistiques Pour indiquer une multiplicité (opposé à *un seul*). ➤ **plusieurs.** LOC. *Deux poids, deux mesures*. Courir deux lièvres* à la fois.* PROV. *Un tiens* vaut mieux que deux tu l'auras.* ◆ (milieu XIIIe) (Pour indiquer la différence, la distance). ➤ **différent.** *« Ce ne sont pas les scrupules qui me gênent, bien entendu. Les scrupules et moi, ça fait deux »* G. DARIEN. ◆ (début XIIIe) (Pour indiquer un petit nombre). ➤ **quelque.** *« À moi, comte, deux mots »* CORNEILLE. *C'est à deux pas d'ici. Vous y serez en deux secondes. Faire qqch. en deux temps*, trois mouvements. Être à deux doigts* de...* ▪ **4** PRONOM. *Tous (les) deux. De ces trois livres, j'en ai lu deux. Un produit deux en un,* qui cumule deux fonctions. *À deux.* ➤ **binôme, duo, tandem.** *La vie à deux.* ➤ **couple.** *« Même dans l'amour, même en étant deux, on ne veut pas être deux, on veut rester seul »* MONTHERLANT. *Séparer en deux.* ➤ aussi **dicho-.** *Couper, plier en deux. Monter les marches deux à deux, deux par deux. En rang par deux. — Entre les deux :* ni ceci ni cela, à moitié. *« Fait-il chaud ou froid ? – Entre les deux ». Les deux font la paire*.* LOC. *Et de deux !* cela en fait déjà deux. *Jamais deux sans trois*. Quand (il) y en a pour deux, (il) y en a pour trois*. À nous deux :* faisons ce que nous avons à faire ensemble (menace). FAM. *Comme pas deux :* comme seule cette personne peut l'être. *Il est menteur comme pas deux.* ◆ DANSE *Pas de deux,* exécuté par deux danseurs.

II ~ adj. numér. ord. Deuxième. ▪ **1** (1665) *Acte II, scène 2. Jean-Paul II. Nombre à la puissance 2.* ➤ **carré.** *Le 2 avril* [lədøavril]. *Rendez-vous à 2 heures. Le numéro 2.* — Dans une suite d'adj. ord. *Il est arrivé deux ou troisième.* ▪ **2 n. m.** ou **f.** (fin XVIIe) (dans un système de subdivisions écrites) Objet, personne qui porte le numéro deux. *Le 2 est un jeudi* (jour). *Habiter (au) 2, rue de... Acheter du 2* (taille). *La note de la 2* (table, chambre). ▪ **3** ADVT (dans une énumération) *Un, il est idiot ; deux, il est méchant.* ➤ **deuxièmement, secundo.**

III ~ n. m. [dø] ▪ **1** (milieu XIIIe) Sans déterminant *Cinq et deux, sept. Nombre divisible par deux.* ➤ 2 **pair.** *Multiplier par deux.* ➤ 1 **doubler.** *Grouper deux par deux* (➤ **apparier, géminer, jumeler**). — (1690) LOC. *C'est clair comme deux et deux font quatre :* c'est simple et évident. FAM. *En moins de deux :* très vite. *Ne faire ni une ni deux :* se décider rapidement, sans tergiverser. *« Si Jean-Pierre me faisait ça, ça ferait ni une ni deux, je le quitterais sur-le-champ »* É. CHERRIÈRE. ▪ **2** Avec déterminant Le chiffre, le numéro 2. *Un deux arabe* [œdøarab], ou *un petit deux* (2). *Un deux romain,* ou *un grand deux* (II). — Note correspondant à deux points. *Avoir (un) 2 en histoire.* — Carte, face d'un dé, etc. marquée de deux signes. *Le deux de carreau. Le double deux.* ◆ SPÉCIALT. SPORT (AVIRON) Bateau à deux rameurs. *Deux barré, sans barreur.*

IV ~ adj. (par l'anglais) **2.0** [døpwɛ̃zero] ▪ **1** *Version 2.0 :* deuxième version (d'un produit informatique). *La version 2.0 d'un logiciel.* ▪ **2** *Web 2.0 :* deuxième génération de contenus web, basée sur la participation des utilisateurs (blogs, réseaux sociaux, wikis, etc.). ➤ **collaboratif, participatif.** ◆ PAR EXT. **loc. adj.** Qui utilise les nouvelles fonctionnalités d'Internet. *Le marketing 2.0.*

DEUXIÈME [døzjɛm] **adj. numér. ord.** et **n.** – XIVe ◇ de *deux* ▪ REM. La règle selon laquelle *deuxième* s'emploierait lorsque le nombre des objets dépasse deux, et *second* lorsqu'il n'y en aurait que deux, est selon Littré « tout arbitraire », mais observée cependant par certains puristes.

I adj. numér. ord. Qui suit le premier. ➤ **second ; deutér(o)-.** ▪ **1** (Où *second* est possible). *Le deuxième chapitre d'un livre. La deuxième fois.* ➤ 2 **bis.** *La Deuxième Guerre mondiale. La deuxième personne du singulier. Des places de deuxième* (ou plus cour. *seconde*) *classe. Le deuxième étage d'un immeuble* ou SUBST. *habiter au deuxième.* — (Dans une compétition) *Elle est arrivée deuxième.* — LOC. *Deuxième couteau*. Un deuxième souffle*.* ▪ **2** (Où *second* ne se dit pas). *Le IIe siècle après J.-C. Le Deuxième* (ou *2e*) *Bureau*. Soldat de deuxième classe*. La IIe* (ou *Deuxième*) *République* (1848-1852). — *Le IIe arrondissement* (de Paris, de Lyon...). ABSOLT *Il travaille dans le IIe* (ou *2e*). ▪ **3** (En composition pour former des adj. ord.) *Vingt-deuxième* [vɛ̃tdøzjɛm]. *Quatre-vingt-deuxième* [katʀəvɛ̃døzjɛm]. *Cent deuxième (102e).*

II n. ▪ **1** *Les deuxièmes de chaque rang.* ▪ **2** n. m. Le deuxième élément d'une charade. *Mon deuxième est une boisson.* ▪ **3** n. f. Deuxième vitesse d'un engin motorisé (cf. Second, III).

DEUXIÈMEMENT [døzjɛmmɑ̃] adv. – 1740 ◇ de *deuxième* ▪ En deuxième lieu (en chiffres : 2°). ➤ **secundo ;** FAM. **deuzio.**

DEUX-MÂTS [døma] n. m. – 1864 ◇ de *deux* et *mât* ▪ Navire à voile à deux mâts.

DEUX-PIÈCES [døpjɛs] n. m. – 1925 ◇ de *deux* et *pièce* ▪ **1** Ensemble féminin comprenant une jupe et une veste du même tissu, porté comme une robe. *Un deux-pièces en soie imprimée.* ▪ **2** Maillot de bain formé d'un slip et d'un soutien-gorge. ➤ **bikini.** ▪ **3** (v. 1950) Appartement de deux pièces (cf. F*2). *Louer un deux-pièces cuisine.*

DEUX-POINTS [døpwɛ̃] n. m. – 1572 ◇ de *deux* et *point* ▪ Signe de ponctuation, formé de deux points superposés (:), placé avant une explication, une énumération, une citation. *Deux-points, ouvrez les guillemets.*

DEUX-PONTS [døpɔ̃] n. m. – 1864 «navire à deux ponts» ◇ de *deux* et *pont* ▪ Avion gros-porteur possédant deux étages intérieurs.

DEUX-ROUES [døʀu] n. m. – v. 1960 ◇ de *deux* et *roue* ▪ ADMIN. Véhicule à deux roues, motorisé (➤ **cyclomoteur, moto, motocyclette, scooter, vélomoteur**), ou non (➤ **bicyclette, vélo, VTT**). *Circuler en deux-roues.*

DEUX-TEMPS [døtɑ̃] adj. et n. m. – 1959 ; mus. 1872 ◇ de *deux* et *temps* ▪ À deux temps* (pour un moteur à explosion). *Moteur deux-temps d'une mobylette.* n. m. *Carburant pour les deux-temps.*

DEUZIO [døzjo] adv. – 1862 ◇ de *deux,* d'après *primo, secundo, tertio...* ▪ FAM. Deuxièmement. ➤ **secondement.** *«D'abord [...] c'est pas vrai et, deuzio, i [ils] comprendront pas»* QUENEAU.

DÉVALER [devale] v. ‹1› – 1135 ◇ de *val* ▪ **1** v. intr. Descendre brutalement ou très rapidement. *Des «ânes chargés de sacs montant et dévalant le long des chemins»* DAUDET. *Rochers, laves qui dévalent de la montagne.* ➤ **rouler, 1tomber.** ◆ (1690) Être en pente raide. ➤ **descendre.** *«Le terrain dévale, en cet endroit, par une pente abrupte»* FLAUBERT. ▪ **2** v. tr. VX Transporter (qqch.) en bas ➤ **descendre.** *«Un sac que je remplissais de fruits et que je dévalais ensuite à terre avec une corde»* ROUSSEAU. — MOD. Descendre rapidement. ➤ FAM. **débouler, dégringoler.** *Dévaler l'escalier quatre à quatre. La voiture dévalait la pente à tombeau* ouvert.* ▪ CONTR. Monter, remonter.

DÉVALISER [devalize] v. tr. ‹1› – 1546 ◇ de *dé-* et *valise* ▪ Dépouiller (qqn) de tout ce qu'il a sur lui, avec lui. ➤ **2voler*.** *Des cambrioleurs l'ont entièrement dévalisé. Se faire dévaliser.* — PAR EXT. (1870) *Dévaliser une maison.* ➤ **cambrioler, piller.** FAM. *Dévaliser un magasin,* y faire de nombreux achats.

DÉVALOIR [devalwaʀ] n. m. – 1809 ◇ de *dévaler* ▪ Suisse ▪ **1** Glissoir à bois utilisant la pente dans une forêt. ▪ **2** VIEILLI Vide-ordures.

DÉVALORISANT, ANTE [devalɔʀizɑ̃, ɑ̃t] adj. – 1982 ◇ de *dévaloriser* ▪ Qui dévalorise, déprécie. *Appellation dévalorisante.* ▪ CONTR. Valorisant.

DÉVALORISATION [devalɔʀizasjɔ̃] n. f. – 1924 ◇ de *dévaloriser* ▪ **1** Diminution de la valeur d'échange (d'une monnaie, d'un produit). ➤ **dépréciation.** *L'inflation entraîne la dévalorisation (de la monnaie) et conduit à la dévaluation.* ▪ **2** (1955) FIG. Perte de valeur, de crédit, d'efficacité. *La dévalorisation de soi-même. La dévalorisation d'une politique.* ▪ CONTR. Valorisation, revalorisation.

DÉVALORISER [devalɔʀize] v. tr. ‹1› – 1925 ◇ de *dé-* et *valoriser* ▪ **1** Diminuer la valeur de, SPÉCIALT de (la monnaie nationale). ➤ **déprécier, dévaluer.** v. pron. *Monnaie qui se dévalorise.* — *Marchandise dévalorisée,* qui a perdu de sa valeur. ▪ **2** (1955) FIG. Déprécier. *Dévaloriser le talent. Dévaloriser qqn auprès de ses amis.* ➤ **dénigrer.** ▪ CONTR. Valoriser ; revaloriser, survaloriser.

DÉVALUATION [devalɥasjɔ̃] n. f. – 1928 ◇ anglais *devaluation,* d'après *évaluation* ▪ Diminution volontaire de la valeur officielle d'une monnaie nationale par rapport à l'or, aux monnaies étrangères. *Dévaluations de la livre sterling, du dollar. Dévaluation après une période d'inflation.* SPÉCIALT Diminution de la parité officielle d'une monnaie (dans un système de changes fixes). — FIG. Perte de valeur, de crédit. ▪ CONTR. Réévaluation.

DÉVALUER [devalɥe] v. tr. ‹1› – 1935 ; p. p. adj. 1903 ◇ anglais *to devaluate* (fin XIXe), d'après *évaluer* ▪ Effectuer la dévaluation de. *Dévaluer une monnaie pour corriger le déficit de la balance commerciale. Dévaluer une devise de 3 % par rapport au dollar.* — *Monnaie dévaluée.* — ABSOLT *Il faut dévaluer.* ◆ FIG. Dévaloriser. *Ses théories sont un peu dévaluées.* v. pron. *Ces idées à la mode se dévalueront très vite.* ➤ **se déprécier.** ▪ CONTR. Réévaluer.

DEVANAGARI [devanagaʀi] ou **NAGARI** [nagaʀi] n. f., (VX) n. m. et adj. inv. /DÉVANAGARI n. f. et adj./ – 1846 ◇ mot sanskrit, hindi, de *deva* «dieu» et *nâgari* «de la ville» ▪ DIDACT. Forme d'écriture du sanskrit demeurée usuelle. — adj. inv. *Alphabet devanagari. Caractères devanagari.*

DEVANCEMENT [d(ə)vɑ̃smɑ̃] n. m. – XIVe, repris XVIIIe ◇ de *devancer* ▪ Action de devancer ; son résultat. — (1876) MILIT. *Devancement d'appel :* accomplissement du service national avant l'âge fixé pour l'appel de sa classe. *Engagé volontaire par devancement d'appel.*

DEVANCER [d(ə)vɑ̃se] v. tr. ‹3› – XIIe ◇ de *devant,* d'après *avancer* ▪ **1** Être devant (d'autres qui avancent), laisser derrière soi. ➤ **dépasser, distancer, semer.** *Devancer un concurrent dans une course* (cf. Prendre l'avantage* ; gagner* de vitesse). ▪ **2** Être avant, quant au rang, au mérite, à la supériorité, dans la recherche commune du même but. ➤ **dépasser, 1primer, surpasser.** *Cet élève a devancé ses concurrents de plusieurs points au concours. Devancer tous ses rivaux.* ▪ **3** Aller au devant de. *Devancer la date d'un paiement.* — SPÉCIALT (1870) *Devancer l'appel :* accomplir son service militaire avant d'avoir l'âge d'y être appelé (➤ **devancement**). — (ABSTRAIT) *Devancer une objection. Devancer les désirs de qqn.* ➤ **prévenir.** ▪ **4** Être en avance sur (le temps, une époque, un évènement). ➤ **anticiper** (sur). *«Celui qui devance son siècle [...] doit s'attendre à peu de suffrages»* DIDEROT. ▪ **5** Arriver avant (qqn) dans le temps. ➤ **précéder.** *Nous vous avons devancés au rendez-vous.* — VX *Devancer l'aurore, le jour :* se lever avant l'aube. ▪ **6** Précéder (qqn) dans l'accomplissement d'une chose. *J'allais dire la même chose, mais vous m'avez devancé.* ▪ CONTR. Succéder, suivre.

DEVANCIER, IÈRE [d(ə)vɑ̃sje, jɛʀ] n. – v. 1260 ◇ de *devancer* ▪ Personne qui en a précédé une autre dans ce qu'elle fait. ➤ **prédécesseur.** *Marcher sur les traces de ses devanciers. Galilée fut le devancier de Newton.* ▪ CONTR. Successeur.

1**DEVANT** [d(ə)vɑ̃] prép. et adv. – XIe ; *davant* fin Xe ◇ de 1*de* et 1*avant*

I prép. **A.** prép. de lieu ▪ **1** Du même côté que le visage de (une personne), que la face, le côté visible ou accessible de (une chose). ➤ **face** (en face de), **vis-à-vis** (de). *Être devant un miroir, une porte, un mur. Regardez droit devant vous* (cf. En avant). *Se mettre devant qqn pour l'empêcher de passer.* — **DE DEVANT.** *«Ôtez-vous de devant mes yeux»* MOLIÈRE. ▪ **2** PAR EXT. En présence de (qqn). *Comparaître devant ses juges. Pleurer devant tout le monde. S'incliner devant qqn. Ne dites pas cela devant lui.* — DR. *Par-devant (le) notaire,* en sa présence. ◆ Dans une relation avec (qqch.). *Nous sommes tous égaux devant la loi.* ➤ **égard** (à l'égard de). *«cette sorte de malaise devant la misère d'autrui»* MAURIAC. ➤ **face** (à). — (Critiqué) Par rapport à. *Comment s'est-il comporté devant cette nouvelle ?* ▪ **3** Dans la direction qui est en face de (qqn, qqch.) ; à l'avant de. *Fuir devant celui qui vous poursuit. Aller droit devant soi. Ne pouvoir mettre un pied devant l'autre.* — LOC. *Avoir du temps, de l'argent devant soi :* ne pas être au bout du temps, des ressources dont on dispose. *On a toute la vie devant nous.*

B. prép. de temps VX ➤ 1**avant.** PROV. VIEILLI *La poule ne doit point chanter devant le coq.*

II adv. **A.** adv. de lieu Du côté du visage d'une personne, de la face d'une chose ; en avant. *Il marche devant* (cf. En tête*). *Vêtement qui se ferme devant. Passez devant :* passez le premier. — MAR. *Être vent devant :* présenter la proue du bâtiment au vent (cf. Vent debout*). loc. adv. *Sens* devant derrière. Mettre un pull devant derrière.* — **PAR-DEVANT** [paʀdəvɑ̃] : du côté qui est devant. *Voiture endommagée par-devant.*

B. adv. de temps VX ➤ **auparavant.** VIEILLI *Comme devant :* comme avant. *« les ailes de son moulin allaient toujours leur train comme devant »* DAUDET. MOD. PROV. *Être Gros-Jean comme devant :* se retrouver tel qu'on était auparavant, avoir été dupé. **CI-DEVANT.** ➤ 1 ci.
■ CONTR. 1 Derrière.

2 **DEVANT** [d(ə)vɑ̃] n. m. – fin XIe *debant* « giron » ◇ de 1 *devant* ■ **1** La partie qui est placée devant. *Chambres sur le devant. Le devant de la scène. « Elle avait occupé le devant de la scène à l'opéra de Mostaganem, elle chantait pour les colons »* LE CLÉZIO. *Les pattes de devant* (d'un animal). ➤ **antérieur.** *Roues de devant d'un véhicule,* roues avant*. — COUT. *Point de devant :* point le plus simple qui consiste à piquer dessus et dessous en avançant l'aiguille. — *Le devant d'une maison.* ➤ **façade.** *Devant d'un bateau* (➤ **proue**), *d'une voiture* (➤ 2 **avant**). *Le devant d'une chemise.* ➤ **plastron.** ■ **2** VÉN. *Prendre le devant, les devants :* rechercher la voie de la bête en avant de l'endroit où le défaut a lieu ; FIG. devancer* qqn ou qqch. pour agir avant ou l'empêcher d'agir. *Nous devons prendre les devants pour contrer la concurrence.* ■ **3** loc. prép. **AU-DEVANT DE** [od(ə)vɑ̃də] : à la rencontre de. *Nous irons au-devant de vous.* — FIG. *Aller au-devant du danger :* s'exposer témérairement. *Aller au-devant des désirs, des souhaits de qqn,* les combler avant qu'il les exprime. ➤ **prévenir.** ■ CONTR. 2 Arrière, 2 derrière, dos.

DEVANTURE [d(ə)vɑ̃tyʀ] n. f. – XIIIe « façade d'une maison » ◇ de *devant* ■ **1** (1811) Façade, revêtement du devant d'une boutique. *Repeindre la devanture d'un magasin.* ■ **2** PAR EXT. Étalage des marchandises, soit à la vitrine, soit dehors. ➤ **étalage, vitrine.** *Regarder les devantures des magasins. Marchandises en devanture.* ➤ 1 **montre.**

DÉVASTATEUR, TRICE [devastatœʀ, tʀis] n. et adj. – 1502, rare avant XVIIIe ◇ latin *devastator* ■ **1** RARE Personne qui dévaste. ➤ **destructeur, vandale.** ■ **2** adj. Qui dévaste. ➤ **ravageur.** *Torrent dévastateur. « je croyais ne pouvoir aimer que d'une manière sauvage, dévastatrice, à la Byron »* GIDE.

DÉVASTATION [devastasjɔ̃] n. f. – XIVe, rare avant 1690 ◇ latin *devastatio* ■ Action de dévaster (➤ **destruction, pillage, ravage**) ; son résultat (➤ **dégât, ruine**). *Les dévastations de la guerre. « l'état de dévastation où se trouvait son manoir »* GAUTIER.

DÉVASTER [devaste] v. tr. ‹1› – *devastar* X^e ; rare avant XVIIIe ◇ latin *devastare* « piller, ravager » ■ Ruiner (un pays) en détruisant systématiquement. ➤ **désoler, détruire, raser, ravager, ruiner.** *Les barbares dévastaient les pays qu'ils envahissaient. Les cultures ont été dévastées par la grêle. Les guerres ont dévasté cette région.* p. p. adj. *Provinces dévastées.* — FIG. *« l'amour dévaste les âmes où il règne »* CHATEAUBRIAND.

DÉVEINE [devɛn] n. f. – 1854 ◇ de *dé-* et *veine* ■ FAM. Malchance. *Être dans la déveine. Quelle déveine !* ➤ 2 **guigne, poisse.**
■ CONTR. Veine.

DÉVELOPPABLE [dev(ə)lɔpabl] adj. – 1799 ◇ de *développer* ■ Qui peut être développé. — MATH. *Fonction développable en série entière.* ➤ **développement.** *Surface développable :* surface réglée, engendrée à partir d'une droite, dont tous les points sont tangents à un même plan (ex. cône, cylindre).

DÉVELOPPANTE [dev(ə)lɔpɑ̃t] n. f. – 1675 ◇ de *développer* ■ GÉOM. *Développante d'une courbe :* courbe qui admet cette courbe comme développée.

DÉVELOPPATEUR [dev(ə)lɔpatœʀ] n. m. – 1899 ◇ de *développer* ■ PHOTOGR. Produit utilisé pour le développement photographique. *L'hydroquinone est un développateur pour clichés durs.* ➤ **révélateur.**

DÉVELOPPÉ [dev(ə)lɔpe] n. m. – 1883 ◇ de *développer* ■ **1** CHORÉGR. Mouvement d'une jambe repliée qui se déploie dans diverses élévations et directions. ■ **2** (1894) SPORT Mouvement par lequel l'athlète soulève en deux temps l'haltère qu'il doit tenir à bout de bras. ➤ **épaulé-jeté.**

DÉVELOPPÉE [dev(ə)lɔpe] n. f. – 1675 ◇ de *développer* ■ MATH. Enveloppe des normales à une courbe plane. *La développée d'un cercle est réduite au centre du cercle.*

DÉVELOPPEMENT [dev(ə)lɔpmɑ̃] n. m. – XVe, répandu XVIIe-XVIIIe ◇ de *développer*
A. (DANS L'ESPACE) ■ **1** RARE Action de donner toute son étendue à (qqch.). ➤ **déployer, dérouler.** *Le développement d'une pièce de tissu.* — (1694) GÉOM. Extension, sur un plan, de la surface d'un corps solide. ➤ **projection.** *Développement d'un cube. Développement d'une courbe.* — MATH. Écriture (d'une fonction) sous la forme d'une série entière, d'un polynôme. *Développement asymptotique, limité d'une fonction. Développement en base p d'un nombre écrit en base n.* ■ **2** (1886) COUR. Distance développée par un tour de pédale d'une bicyclette. *Braquet donnant un développement de 7 m.* — LOC. *Mettre le grand développement. « y en a toujours un qui fait sauter sa chaîne pour mettre le grand développement »* AUDIBERTI. FIG. Changer de rythme (cf. Changer de braquet*, passer la vitesse* supérieure). ■ **3** Action de développer (une pellicule photographique). *Développement et tirage.*
B. (DANS LE TEMPS) ■ **1** (1755) Action de se développer (organisme ; organe) ; évolution de ce qui se développe. ➤ **croissance, épanouissement.** *Développement d'un embryon* (➤ **embryogenèse**), *d'une graine, d'une plante. Développement embryonnaire*. Organisme arrêté, gêné dans son développement. Développement exagéré, insuffisant d'un organe.* ➤ **hypertrophie ; hypotrophie.** *Développement de germes pathogènes.* BIOL. Succession des évènements par lesquels un organisme arrive à maturité. ➤ **ontogenèse ; métamorphose.** *Biologie du développement :* discipline étudiant le développement embryonnaire ou post-embryonnaire chez les animaux et les plantes. ➤ **embryologie.** *Gène* du développement.* — (Moral) *Développement de l'intelligence.* ➤ **formation.** *Troubles envahissants du développement,* altérant certaines fonctions cognitives et affectant les capacités de communication (cf. Troubles du spectre de l'autisme). *Développement personnel. « mon développement intellectuel s'est fait et se continue par* saccades *pour ainsi dire »* I. EBERHARDT. ■ **2** Fait de prendre de l'extension, de progresser. ➤ **essor, progression.** *Développement d'une maladie.* ➤ **évolution.** *Développement des sciences.* ➤ **progrès.** — *Développement d'une affaire, d'une entreprise. Développement du commerce, de l'industrie, des technologies de pointe.* ♦ LOC. *Pays, région en voie de développement, en développement,* dont l'économie n'a pas atteint le niveau des pays industrialisés (les plus pauvres sont dits *moins avancés,* ou P. M. A.) (euphémisme créé pour remplacer *sous-développé**). *Aide au développement. Développement durable,* qui correspond aux besoins présents et ne compromet pas la satisfaction de ceux des générations futures. *Indice* (ou *indicateur*) *de développement humain (I. D. H.),* combinant les critères de longévité, d'éducation et de niveau de vie. ♦ *Développement d'une religion, d'un parti politique.* ➤ **expansion, extension, propagation, rayonnement.** ■ **3** AU PLUR. Suite, prolongement. *Les nouveaux développements d'une affaire.* ➤ **rebondissement.** ■ **4** (avant 1842) Exposition détaillée (d'un sujet). ➤ **exposé ; détail.** *L'introduction, le développement et la conclusion d'une dissertation. « il se lança dans un long développement »* ROMAINS. ➤ **tirade.** *Entrer dans des développements superflus.* ➤ **longueur.** — *Développement d'un thème musical.* ■ **5** (de l'anglais américain *development* « mise au point ») ANGLIC. Phase de l'élaboration (d'un produit, d'un matériel) qui suit sa conception et qui se termine à la réalisation des têtes de série. *Étude et développement d'un nouveau modèle de voiture, d'un logiciel. Recherche* (scientifique, technique) *et développement* (industriel) (ABRÉV. *R-D, R et D*). ■ CONTR. Enveloppement ; enroulement, repliement. — Déclin, régression. Résumé.

DÉVELOPPER [dev(ə)lɔpe] v. tr. ‹1› – fin XIIe ◇ de *des-* et de l'ancien français *voloper,* bas latin *faluppa* « balle de blé », avec influence de *volvere*

I ~ v. tr. ■ **1** RARE Enlever ce qui enveloppe (qqch.). ➤ **déballer, défaire.** ■ **2** RARE Étendre (ce qui est plié, enroulé). ➤ **déployer, dérouler,** 1 **étaler.** *Développer un coupon de tissu.* ♦ Donner toute son étendue à. ➤ **déployer, étendre** (cf. ci-dessous Se développer). *« l'animal développait sa langue pour l'enrouler peureusement autour de la main glacée de son nouveau maître »* J. VAUTRIN. ♦ (1694) GÉOM. Représenter sur un plan les diverses faces de (un solide). ➤ **projeter.** — (XVIIIe) MATH. ALG. *Développer une fonction, une série,* trouver les différents termes qu'elle renferme. *Développer une expression algébrique,* effectuer les opérations indiquées. — *Développer une formule chimique. Formule* développée.* ♦ *Vélo qui développe 7 mètres,* qui parcourt une distance de 7 mètres lorsque les pédales font un tour complet (➤ **développement**). — (1865 *faire développer l'image*) *Développer un cliché, une pellicule :* faire apparaître les images latentes au moyen de procédés chimiques (➤ **développateur, révélateur**). ■ **3** Faire croître ; donner de l'ampleur à. ➤ **accroître, amplifier, élargir.** *Développer le corps par des exercices physiques.* — p. p. adj. *Une musculature bien développée.* — *Développer l'intelligence d'un enfant. « Chaque art développe en nous quelques qualités nouvelles »* MICHELET. — p. p. adj. *Avoir un sens esthétique très développé.*

— *Entrepreneur qui développe son affaire,* lui donne de l'extension. ➤ **agrandir.** *Développer une industrie, l'économie.* — *Personne qui développe une maladie,* chez qui cette maladie s'installe et progresse. *Séropositif qui ne développe pas le sida.* ■ **4** (XIVe) Exposer en détail, étendre en donnant plus de détails. *Développer un argument, un plan, un chapitre. Développer sa pensée.* ■ **5** Assurer la conception et la fabrication de (un nouveau produit). *Marque qui développe une nouvelle ligne de vêtements.* — INFORM. *Développer un logiciel.* ➤ **développeur.**

II ~ v. pron. SE DÉVELOPPER A. (DANS L'ESPACE) ■ **1** Se déployer. *Armée qui se développe en ordre de bataille.* ■ **2** Se dérouler dans toute son étendue. *Les méandres du fleuve se développent dans la plaine.*

B. (DANS LE TEMPS) ■ **1** Suivre son cours en s'amplifiant. *Intrigue qui se développe. Raisonnement qui se développe logiquement.* ➤ **découler,** se **déduire.** ■ **2** (Êtres vivants) Croître, s'épanouir. ➤ **grandir,** se **multiplier, progresser, prospérer.** *Plante qui se développe.* ➤ **pousser ; fleurir, fructifier.** *Cet enfant se développe bien.* ➤ **pousser.** *« voyant sa fille se développer avec tant de charmes »* BERNARDIN DE SAINT-PIERRE. ➤ **s'épanouir,** se **former.** ■ **3** S'amplifier dans le temps. *« Une certaine tempérance morale est nécessaire pour que certains talents se développent »* TAINE. — Prendre de l'extension, de l'importance. *L'affaire s'est développée grâce à une augmentation de capital. Pays, économie qui se développe.* ➤ **progresser.** — Au p. p. *Pays développé,* industrialisé, économiquement avancé. — *Argots qui se développent dans certains milieux.* ➤ se **propager.**
■ CONTR. Envelopper ; enrouler ; atrophier, réduire, restreindre ; abréger, résumer. — Baisser, décliner, régresser.

DÉVELOPPEUR, EUSE [dev(ə)lɔpœʀ, øz] n. – 1947 ; *développeur d'idées* 1895 ◊ de *développer* ■ **1** PHOTOGR. Personne qui développe un film. ■ **2** INFORM. Personne qui écrit des logiciels ou fabrique des cartes électroniques. ➤ **concepteur.** *Développeur de jeux vidéos.*

1 **DEVENIR** [dəv(ə)niʀ] v. intr. ‹22› – 1080 ◊ latin *devenire* « arriver », bas latin « devenir » ■ Verbe d'état s'employant avec un attribut ■ **1** Passer d'un état à (un autre), commencer à être (ce qu'on n'était pas). ➤ **changer, évoluer,** se **transformer.** *Devenir vieux* (vieillir), *grand* (grandir), *plus petit* (rapetisser), *riche* (s'enrichir)... *Il est devenu riche et célèbre. Il devient fou. « Elle le croyait malade et craignait qu'il le devînt davantage »* FRANCE. *Devenir général, ministre. Elle est devenue sa femme.* — *L'entreprise devient prospère. La situation devenait difficile. La citrouille devint un carrosse. Devenir une source de désagrément.* ■ **2** Être dans un état, avoir un sort, un résultat particulier (dans les phrases interrogatives ou dubitatives). *Qu'allons-nous devenir ? J'ignore ce que tout ceci deviendra.* ➤ **donner,** 1 **être.** *Que deviendra sa fortune après sa mort ? Que sont devenues vos belles résolutions ?* — *Que voulez-vous devenir ?* quelle carrière voulez-vous suivre ? *« Que deviendrais-je sans le rire ? Il me purge de mes dégoûts. Il m'aère »* COCTEAU. ➤ 1 **faire.** *Qu'est devenue cette personne ?* où est-elle ? que fait-elle ? *Qu'étiez-vous donc devenu ? Nous vous cherchions depuis une heure. « il y a bien longtemps que je l'ai perdu de vue. Qu'est-il devenu, au fait ? »* SARRAUTE. *Qu'est devenu mon sac ?* où est-il passé ? ◆ FAM. *Que devenez-vous ? Qu'est-ce que tu deviens ?* se dit pour demander des nouvelles d'une personne qu'on n'a pas vue depuis quelque temps (cf. Comment ça va* ?). ■ **3** ABSOLT, PHILOS. Changer, évoluer. *« Nous sommes parce que nous devenons »* DANIEL-ROPS.
■ CONTR. Rester.

2 **DEVENIR** [dəv(ə)niʀ] n. m. – 1839 ◊ de 1 *devenir* ■ LITTÉR. Passage d'un état à un autre ; suite des changements. ➤ **changement.** *La conscience est en perpétuel devenir.* ➤ **évolution, mouvement.** *Philosophie du devenir.* ➤ **dynamisme.** *Le devenir du monde.* ➤ 1 **avenir, futur.** ■ CONTR. Immobilité, stabilité.

DÉVERBAL, AUX [devɛʀbal, o] n. m. – 1933 ◊ de *verbe* ■ LING. Nom formé à partir du radical d'un verbe (ex. portage de porter) et plus spécialt Nom dérivé qui est formé sans suffixe (ex. bouffe de bouffer). ➤ **déverbatif.**

DÉVERBATIF [devɛʀbatif] n. m. – 1908 ◊ de *verbe* ■ LING. Forme dérivée d'un verbe (ex. portage de porter) et plus SPÉCIALT Verbe dérivé d'un verbe.

DÉVERGONDAGE [devɛʀgɔ̃daʒ] n. m. – 1792 ◊ de *se dévergonder* ■ **1** Conduite dévergondée, relâchée. ➤ **débauche, immoralité, libertinage, licence, vice.** *« Il réfléchissait avec une affliction sincère au dévergondage de la jeunesse, au relâchement des mœurs »* MARTIN DU GARD. — *Un, des dévergondages :* action dévergondée ; SPÉCIALT comportement sexuel réprouvé. ■ **2** FIG. Excès, excentricité, écart fantaisiste (de la pensée). *Un dévergondage d'esprit, d'imagination. « l'oubli des saines doctrines et le dévergondage romantique »* GAUTIER. ■ CONTR. Austérité, sagesse ; mesure.

DÉVERGONDÉ, ÉE [devɛʀgɔ̃de] adj. – 1160 ◊ de *dé-* et de l'ancien français *vergonde,* var. de *vergogne* ■ Qui n'a pas de pudeur et ne respecte pas les règles de la morale sexuelle admise (traditionnellement, s'est surtout dit des femmes). ➤ **débauché, libertin, licencieux.** *Une gamine dévergondée. Jeunes gens dévergondés.* SUBST. (XVe) *Une dévergondée. Un jeune dévergondé.* ◆ PAR EXT. (CHOSES) *Vie dévergondée.* ■ CONTR. Austère, sage.

DÉVERGONDER (SE) [devɛʀgɔ̃de] v. pron. ‹1› – 1530 ; tr. XVe ◊ de *dévergondé* ■ Devenir dévergondé.

DÉVERGUER [devɛʀge] v. tr. ‹1› – 1654 ◊ de *dé-* et *vergue* ■ Enlever les vergues à. *Déverguer un navire.* ➤ **désenverguer.**
■ CONTR. Enverguer.

DÉVERNIR [devɛʀniʀ] v. tr. ‹2› – 1653 ◊ de *dé-* et *vernir* ■ Enlever le vernis de. *Dévernir une table, un tableau.* ■ CONTR. Vernir.

DÉVERNISSAGE [devɛʀnisaʒ] n. m. – 1849 ◊ de *dévernir* ■ Action de dévernir (un tableau). ■ CONTR. Vernissage.

DÉVERROUILLAGE [devɛʀujaʒ] n. m. – 1929 ◊ de *déverrouiller* ■ **1** Action de déverrouiller. ■ **2** Ouverture de la culasse (d'une arme à feu). ◆ *Le déverrouillage d'un dispositif de sécurité.* ■ CONTR. Verrouillage.

DÉVERROUILLER [devɛʀuje] v. tr. ‹1› – XVIe ; *desveroillier* v. 1160 ◊ de *dé-* et *verrouiller* ■ **1** Ouvrir en tirant le verrou. *Déverrouiller une porte.* ■ **2** (1948) *Déverrouiller une arme,* procéder au déverrouillage. ◆ Libérer (une partie mobile) d'un dispositif de verrouillage. *Déverrouiller le train d'atterrissage d'un avion.* ■ CONTR. Verrouiller.

DEVERS [dəvɛʀ] prép. – 1080 ◊ de *de* et *vers* ■ **1** VX Du côté de. ➤ 1 **vers.** ■ **2** loc. prép. DR. **PAR-DEVERS** [paʀdəvɛʀ] : par-devant. *Se pourvoir par-devers le juge.* — (1606) LITTÉR. En la possession de. *Avoir, garder des documents par-devers soi.*

DÉVERS [devɛʀ] n. m. – 1676 aussi adj. ◊ latin *deversus* « tourné vers le bas » ■ Inclinaison, pente (de qqch.). *Dévers d'une pièce de bois.* ◆ (1890) CH. DE FER Inclinaison transversale de la voie dans les courbes pour combattre la force centrifuge. — Relèvement du bord extérieur d'une route dans un virage.

DÉVERSEMENT [devɛʀsəmɑ̃] n. m. – 1797 ◊ de *déverser* ■ Action de verser un liquide ; de se déverser.

DÉVERSER [devɛʀse] v. tr. ‹1› – 1755 ◊ de *verser* ■ **1** Faire couler (un liquide d'un lieu dans un autre). ➤ **répandre, verser.** (Rare à l'actif) *Déverser l'eau d'une écluse dans un bassin.* — PRONOM. COUR. *L'eau se déverse dans le bassin.* ➤ **s'écouler,** se **jeter,** se **vider.** ■ **2** PAR EXT. Déposer, laisser tomber en versant. *Déverser du sable sur un chantier.* ➤ **décharger.** *Les avions ont déversé des tonnes de bombes sur l'objectif.* ■ **3** (1794) FIG. Laisser sortir, répandre en grandes quantités, à flots. *Chaque train déverse des flots de voyageurs. « les innombrables romans que la librairie française déverse chaque jour sur le marché des deux mondes »* GIDE. FIG. *Déverser sa bile, sa rancune, son mépris.* ➤ **épancher, répandre.** *« Des lettres où je déversais tous mes enthousiasmes de la journée, toutes mes haines, surtout ! »* MARTIN DU GARD. ■ CONTR. Retenir.

DÉVERSOIR [devɛʀswaʀ] n. m. – 1673 ◊ de *déverser* ■ Orifice par lequel s'écoule le trop-plein d'un canal, d'un réservoir. ➤ 2 **émissaire, évacuation,** 1 **vanne.** *Le déversoir d'un barrage, d'un étang* (➤ **bonde, daraise, décharge, évacuateur**). — *Déversoir d'orage.* — FIG. ➤ **exutoire, issue.** *« Vous êtes heureux, vous autres, les poètes, vous avez un déversoir dans vos vers »* FLAUBERT.

DÉVÊTIR [devetiʀ] v. tr. ‹20› – *desvestir* 1160 ◊ de *dé-* et *vêtir* ■ **1** Dépouiller (qqn) de tout ou partie de ses vêtements. ➤ **déshabiller ; dénuder.** *Dévêtir un enfant, un blessé.* ■ **2** v. pron. Enlever ses vêtements. *Elle s'est dévêtue.* — SPÉCIALT Ôter une partie de ses vêtements. *Se dévêtir quand il fait chaud.* ➤ se **découvrir.** ■ CONTR. Vêtir ; couvrir (se).

DÉVIANCE [devjɑ̃s] n. f. – 1968 ◊ de *déviant* ■ DIDACT. Caractère de ce qui dévie (FIG.), de ce qui s'écarte d'une norme. — PSYCHOL. Comportement qui échappe aux règles admises par la société. *Déviances sexuelles.* ➤ **paraphilie, perversion.**

DÉVIANT, IANTE [devjɑ̃, jɑ̃t] adj. et n. – 1923 ◊ du p. prés. de *dévier* ■ Qui dévie. *Position déviante du corps.* — FIG. *Opinion, attitude déviante* (par rapport à l'opinion communément reçue ou orthodoxe). *Comportements déviants.* — PSYCHOL. Dont le comportement s'écarte de la norme sociale admise. *«des individus déviants, dangereux pour la communauté»* É. LOUIS. n. *Déviant sexuel.* ➤ **pervers.**

DÉVIATEUR, TRICE [devjatœʀ, tʀis] adj. et n. m. – 1861 ◇ de *dévier,* d'après le bas latin *deviator* ■ **1** DIDACT. Qui produit une déviation. *Forces déviatrices s'exerçant sur un projectile.* ■ **2** n. m. (1904) TECHN. Dispositif permettant le freinage à l'atterrissage des avions à réaction par déviation des gaz éjectés.

DÉVIATION [devjasjɔ̃] n. f. – v. 1300 ◇ bas latin *deviatio*

I Action de dévier. ■ **1** Action de sortir de la direction normale ; son résultat. *Déviation d'un projectile,* son écart du plan de tir. ➤ 2 **dérivation.** *Déviation d'un navire, d'un avion.* ➤ **dérive.** — *Déviation de l'aiguille aimantée.* — *Déviation d'un rayon lumineux.* ➤ **déflexion, diffraction, réfraction.** — *Déviation d'un faisceau d'électrons.* ■ **2** Changement anormal de position dans le corps. *Déviation d'un organe, de l'utérus.* ➤ **inversion ; antéversion, rétroversion.** *Une déviation de la colonne vertébrale.* ➤ **déformation ; cyphose, lordose, scoliose.** ■ **3** FIG. Changement (considéré comme mauvais) dans une ligne de conduite ou de doctrine. ➤ **aberration,** 1 **écart ; déviationnisme.**

II ■ **1** Action de dévier (un projectile, un véhicule). *Déviation des véhicules pour cause de travaux.* ■ **2** (1874) Chemin que doivent prendre les véhicules déviés. ➤ 1 **dérivation,** RÉGION. **détournement.** *Flécher la déviation.*

DÉVIATIONNISME [devjasjɔnism] n. m. – 1952 ◇ de *déviation* ■ Attitude qui s'écarte de la doctrine, chez les membres d'un parti politique. ■ CONTR. Orthodoxie.

DÉVIATIONNISTE [devjasjɔnist] adj. – 1957 ◇ de *déviation* ■ Qui s'écarte de la doctrine du parti. — n. *Les déviationnistes de droite, de gauche.* ■ CONTR. Orthodoxe.

DÉVIDAGE [devidaʒ] n. m. – 1700 ◇ de *dévider* ■ Action de dévider. *«Attentif à maintenir l'écheveau bien tendu [...] et à guider le dévidage»* MARTIN DU GARD. ■ CONTR. Enroulement.

DÉVIDER [devide] v. tr. ⟨1⟩ – *desvuidier* fin XIe ◇ de *dé-* et *vider* ■ **1** Mettre en écheveau (le fil qui est sur le fuseau ou sur les bobines d'un métier à filer). *Dévider du fil.* ABSOLT *Machine à dévider.* ➤ **dévidoir ; rouet.** *«Assise auprès du feu, dévidant et filant»* RONSARD. — Mettre en pelote (un écheveau). PAR EXT. Dérouler. *Dévider une bobine de fil* (➤ **débobiner**). *Dévider un cordage.* ➤ **filer.** PRONOM. *«Tant l'écheveau du temps lentement se dévide !»* BAUDELAIRE. ■ **2** (1830) Faire passer entre ses doigts. *«Une des femmes, l'Irlandaise, dévidait éperdument son rosaire»* HUGO. LOC. FIG. VIEILLI *Dévider son chapelet, son écheveau :* raconter, débiter tout ce qu'on a à dire (cf. Vider son sac*). ■ CONTR. Enrouler, renvider, rouler.

DÉVIDEUR, EUSE [devidœʀ, øz] n. – XVe ; *desvoideur* v. 1380 ◇ de *dévider* ■ **1** Ouvrier, ouvrière qui dévide le fil, la laine, la soie. ■ **2** n. m. PÊCHE Moulinet à manivelle. ➤ **dévidoir.**

DÉVIDOIR [devidwaʀ] n. m. – XIIIe ◇ de *dévider* ■ **1** Instrument dont on se sert pour dévider. ➤ **aspe.** *«un grand dévidoir, dont les deux tourettes d'osier, mobiles, tendaient un écheveau de laine rouge»* ZOLA. *Dévidoir de cordier.* ➤ 1 **caret, touret.** — *Dévidoir de ruban adhésif.* ➤ **dérouleur.** ■ **2** Chariot à tambour pour enrouler des tuyaux d'arrosage. ➤ **enrouleur.** *Dévidoir de jardinier, de pompier.* — Treuil pour enrouler un câble (➤ **cabestan**). — PÊCHE Plioir à lignes. Grand moulinet à manivelle.

DÉVIER [devje] v. ⟨7⟩ – 1361, rare avant fin XVIIIe ◇ latin impérial *deviare,* de *via* «voie» **A.** v. intr. ■ **1** Se détourner, être détourné de sa direction, de sa voie. ➤ 1 **dériver.** *Le courant fit dévier le navire.* ➤ **déporter, dérouter.** *La balle a dévié.* ■ **2** Ne pas être droit. *Colonne vertébrale qui dévie.* ■ **3** v. tr. ind. **DÉVIER DE (qqch.) :** s'écarter de. ➤ **errer, obliquer.** *Dévier de son chemin.* ■ **4** FIG. *Dévier de ses principes. Il avait «trop réfléchi [...] pour que des "criailleries" le fissent dévier de son projet»* MADELIN. *La doctrine a dévié.* ➤ **changer, s'infléchir.**

B. v. tr. Écarter de la direction normale. *Dévier la circulation.* ➤ **détourner ; déviation.** *Milieu réfringent, prisme qui dévie les rayons lumineux.* ➤ **défléchir, réfracter.** ■ CONTR. Redresser, remettre (dans la voie). ■ HOM. *Dévierai :* dévirai (dévirer).

DEVIN, DEVINERESSE [dəvɛ̃, dəvin(ə)ʀɛs] n. – v. 1119 ◇ latin populaire °*devinus,* classique *divinus* ■ Personne qui prétend découvrir ce qui est caché, prédire l'avenir par des moyens qui ne relèvent pas d'une connaissance naturelle ou ordinaire. ➤ **divination ; astrologue,** 1 **augure, chaman, diseur** (de bonne aventure), 1 **mage, magicien, prophète, pythie, pythonisse, sibylle, sorcier, vaticinateur, visionnaire, voyant.** *Consulter un devin.* — LOC. FAM. *Je ne suis pas devin :* je ne peux pas savoir, deviner, prévoir cela.

DEVINABLE [d(ə)vinabl] adj. – 1846 ◇ de *deviner* ■ Qui peut être deviné. ➤ **prévisible.** ■ CONTR. Imprévisible.

DEVINER [d(ə)vine] v. tr. ⟨1⟩ – 1160 ◇ latin populaire °*devinare,* classique *divinare* ■ **1** RARE Révéler, comme fait un devin. ➤ **prédire, prophétiser.** ■ **2** COUR. Parvenir à connaître par conjecture, supposition, intuition. ➤ **découvrir, entrevoir, flairer, imaginer, pressentir, soupçonner, subodorer.** *Deviner un secret. Deviner la pensée, les intentions de qqn* (cf. Voir venir* [I, A] qqn). *Je devine où il veut en venir.* ➤ se **douter** (de), **voir.** *«Je m'épuisais en conjectures pour deviner quelle pouvait être cette occupation»* ROUSSEAU. *Deviner ce qui est sous-entendu dans un écrit, une parole.* ➤ **comprendre, interpréter** (cf. Lire entre les lignes*). *Devine qui vient dîner ce soir à la maison. Devine lequel, pourquoi...* — LOC. *Vous devinez le reste :* vous imaginez la suite. *Tu devines pourquoi, comment.* PAR EXT. LITTÉR. *Deviner qqn :* percer ses intentions, ses souhaits. *«Ton père me devina... c'était un homme [...] qui avait le coup d'œil juste»* LABICHE. ■ **3** Trouver le mot, la solution de (une énigme) (➤ **devinette**). *Œdipe devina l'énigme du Sphinx.* ➤ **résoudre, trouver.** *Je ne devine pas* (cf. Je donne ma langue au chat*). ■ **4** Parvenir à reconnaître grâce à l'intuition (ce qui est difficilement discernable par la vue). *Deviner un obstacle dans le brouillard.*

DEVINERESSE ➤ **DEVIN**

DEVINETTE [d(ə)vinɛt] n. f. – 1864 ◇ de *deviner* ■ Question dont il faut deviner (3°) la réponse. ➤ **charade, énigme, logogriphe, rébus.** *Poser, proposer une devinette.* — PLUR. Jeu où l'on pose des questions. ➤ aussi **quiz.** *Jouer aux devinettes.*

DÉVIRER [deviʀe] v. tr. ⟨1⟩ – 1594 ◇ de *dé-* et *virer* ■ MAR. Tourner en sens contraire (du sens normal au précédent). *Dévirer le cabestan.* ■ HOM. *Dévirai :* dévierai (dévier).

DÉVIRGINISER [deviʀʒinize] v. tr. ⟨1⟩ – 1829 ; *desvirgener* XIIIe ◇ de *vierge,* d'après *virginité* ■ LITTÉR. ou PLAISANT Faire perdre sa virginité à (une fille ; un garçon). ➤ **déflorer, dépuceler.**

DÉVIRILISER [deviʀilize] v. tr. ⟨1⟩ – 1808 ; «châtrer» 1585 ◇ de *dé-* et *viriliser* ■ PSYCHOL. Ôter au caractère et au comportement de (l'homme) sa virilité. ➤ **efféminer.** — n. f. **DÉVIRILISATION,** 1842. ■ CONTR. Masculiniser, viriliser.

DEVIS [d(ə)vi] n. m. – XIIIe ; «propos» XIIe ◇ de 1 *deviser* ■ État détaillé des travaux à exécuter avec estimation des prix. *Le devis d'un peintre, d'un imprimeur, d'un chirurgien-dentiste. Devis descriptif,* indiquant le détail des travaux, la nature des matériaux, les délais d'exécution. *Devis estimatif,* contenant l'évaluation des prix. *Demander, établir un devis. Envoyez-moi un, votre devis.*

DÉVISAGER [devizaʒe] v. tr. ⟨3⟩ – 1803 ; «défigurer» 1539 ◇ de *visage* ■ Regarder (qqn) avec attention, avec insistance. ➤ **fixer.** *Dévisager qqn d'une manière impertinente, indiscrète. «Comme les jeunes filles passaient le long de la grande cour ovale, [...] chacun de nous les dévisagea à son aise»* LARBAUD.

DEVISE [dəviz] n. f. – XVe «signe distinctif» ; XIe «division» ◇ de 1 *deviser*

I ■ **1** Formule qui accompagne l'écu dans les armoiries. *Devise inscrite dans un cartouche.* ➤ **légende.** — PAR EXT. Figure emblématique expliquée par une sentence, une légende. *La devise de Louis XIV.* ■ **2** (1668) Paroles exprimant une pensée, un sentiment, un mot d'ordre. *«Liberté, Égalité, Fraternité», devise de la République française.* ◆ PAR EXT. Règle de vie, d'action. *«Plutôt souffrir que mourir, C'est la devise des hommes»* LA FONTAINE.

II (1842) FIN. (AU PLUR.) Moyens de paiement libellés dans une monnaie étrangère. ➤ **eurodevise, xénodevise.** *Acheter, céder des devises sur le marché des changes. Les avoirs en devises de la Banque de France.* ➤ **réserves** (de change). — COUR. Monnaie d'un pays considérée par rapport aux monnaies d'autres pays. *Devise forte. Le dollar est une devise-clé. Inconvertibilité d'une devise. Prix des devises étrangères.* ➤ **change, parité.** *Cours officiel des devises. Spéculer sur une, des devises.* ◆ *Devise-titre :* en régime de contrôle des changes, devise cotée sur un marché financier propre aux opérations sur titres étrangers. *Des devises-titres.*

1 **DEVISER** [dəvize] v. intr. ⟨1⟩ – 1155 «raconter» ; 1119 «diviser» ◇ bas latin °*devisare,* altération de °*divisare,* de *dividere* «diviser» ■ LITTÉR. S'entretenir familièrement. ➤ **converser,** 1 **parler*.** *Deviser*

gaiement. Deviser de qqch. « Tout en devisant des uns et des autres, ils soupèrent copieusement » QUENEAU.

2 **DEVISER** [dəvize] v. tr. ‹ 1 › – 1999 ◊ de *devis* ■ Établir le devis de. — *Prestations devisées.*

DÉVISSABLE [devisabl] adj. – XXe ◊ de *dévisser* ■ Qu'on peut dévisser.

DÉVISSAGE [devisaʒ] n. m. – 1870 ◊ de *dévisser* ■ **1** Action de dévisser. *Outil qui facilite le dévissage des écrous.* ■ **2** ALPIN. Le fait de dévisser, de tomber. ♦ FIG. Baisse, chute brutale. *Le dévissage de la cote de popularité du ministre.*

DÉVISSÉ [devise] n. m. – 1899 ◊ p. p. subst. de *dévisser* ■ SPORT Mouvement exécuté avec un poids amené à l'épaule et élevé à la verticale, en inclinant le corps du côté opposé au poids. *« il lui donna quelques leçons d'arraché, de développé et de dévissé »* IKOR.

DÉVISSER [devise] v. ‹ 1 › – 1768 ◊ de *dé-* et *visser*

I v. tr. ■ **1** Défaire (ce qui est vissé). *Dévisser le bouchon d'un tube, le couvercle d'un bocal,* PAR EXT. *un tube, un bocal.* — FAM. *Dévisser son billard*.* ■ **2** LOC. FIG. et FAM. *Se dévisser la tête, le cou :* tourner la tête, le cou en forçant pour regarder vers l'arrière.

II v. intr. ■ **1** (1940) Lâcher prise et tomber (alpinisme). ➤ **dérocher.** *« mon pied tremble sur la prise qu'il faut quitter sans que j'arrive à trouver l'autre. Je pense : Je vais dévisser »* H. BAUCHAU. ♦ FIG. Chuter brutalement. *Le titre a dévissé.* ■ **2** FAM. S'en aller, partir. *Il n'a pas dévissé de toute l'après-midi.* ➤ **décoller.**

■ CONTR. Visser, revisser ; fermer.

DE VISU [devizy] loc. adv. – 1721 loc. jurid. ◊ mots latins ■ Après l'avoir vu, pour l'avoir vu. *Se rendre compte, vérifier de visu.*

DÉVITALISATION [devitalizasjɔ̃] n. f. – 1922 ◊ de *dévitaliser* ■ Action de dévitaliser. *Dévitalisation d'une dent à couronner. La dévitalisation entraîne l'insensibilisation.*

DÉVITALISER [devitalize] v. tr. ‹ 1 › – 1922 ◊ de *dé-* et *vital* ■ Retirer la pulpe dentaire, partie vivante de (une dent). ➤ **dépulper.**

DÉVITAMINÉ, ÉE [devitamine] adj. – 1948 ◊ de *dévitaminer* « faire perdre les vitamines », de *dé-* et *vitamine* ■ DIDACT. Dont on a enlevé les vitamines. *Substance dévitaminée.* — Qui a perdu ses vitamines. *Légumes dévitaminés par la cuisson.* ■ CONTR. Vitaminé.

DÉVITRIFICATION [devitrifikasjɔ̃] n. f. – 1803 ◊ de *dévitrifier* ■ TECHN. Action de dévitrifier ; son résultat. ■ CONTR. Vitrification.

DÉVITRIFIER [devitrifje] v. tr. ‹ 7 › – 1803 ◊ de *dé-* et *vitrifier* ■ TECHN. Ôter à (une substance, le verre) sa transparence par l'action prolongée de la chaleur. — p. p. adj. *Verre dévitrifié.* ➤ **vitrocéramique.** INTRANS. *Le verre commence à dévitrifier à partir de 900 °C.* ■ CONTR. Vitrifier.

DÉVOIEMENT [devwamɑ̃] n. m. – XIIe ◊ de *dévoyer* ■ **1** ARCHIT. Déviation, inclinaison (d'un tuyau de cheminée, de descente). ■ **2** COUR. Action de détourner (qqn) du droit chemin, (qqch.) de son but. ➤ **dérive, déviation, 1 écart, égarement.** *Le dévoiement de la justice, des institutions.*

DÉVOILEMENT [devwalmɑ̃] n. m. – 1606 ◊ de *dévoiler* ■ Action de dévoiler, de se dévoiler. — FIG. *Le dévoilement d'intentions secrètes.* ➤ **révélation.**

DÉVOILER [devwale] v. tr. ‹ 1 › – 1440 fig. ◊ de *dé-* et *voiler* ■ **1** (1556) Enlever le voile de (qqn), ce qui cache (qqch.). ➤ **découvrir.** *Dévoiler une statue que l'on inaugure.* — PRONOM. *Musulmane qui se dévoile.* — *Femme dévoilée.* ■ **2** FIG. Découvrir* (ce qui était secret). ➤ **révéler.** *Dévoiler ses intentions.* ➤ **1 dire, expliquer** (cf. Laisser voir*). *Le devin prétend dévoiler l'avenir* (➤ **prédire**). *Dévoiler un secret, un complot, un scandale. Dévoiler la fausseté, la perfidie de qqn.* ➤ **démasquer** (cf. Mettre à nu*). — PRONOM. Se montrer, se manifester, devenir connu. ➤ **apparaître, paraître.** *Le mystère se dévoile peu à peu.* ■ CONTR. Cacher, couvrir, 1 voiler. Taire.

1 **DEVOIR** [d(ə)vwaʀ] v. tr. ‹ 28 ; au p. p. *dû, due, dus, dues* › – milieu IXe puis début XIe au sens d'« être obligé de » (II, 1°) ◊ du latin *debere* → dette

I DEVOIR qqch. **À** qqn ■ **1** Avoir à payer (une somme d'argent), à fournir (qqch. en nature) à (qqn). *Il me doit mille euros. Je ne sais plus combien il me doit. Devoir encore qqch. à qqn* (cf. Être en reste*, I). *Payer, régler ce que l'on doit.* ➤ **se désendetter, rembourser ; dette.** *Il « ne leur devait rien, ni pour les dragées, ni pour les cafés, ni pour le taxi »* PEREC. *Personne qui doit de l'argent* (➤ **1 débiteur**), *à qui l'on doit* (➤ **créancier**). *L'argent qui m'est dû.* ➤ **dû.** — PAR MÉTON. *Devoir deux mois* (de loyer, etc.). — LOC. *Je lui (te, vous...) dois bien ça :* il mérite bien ça en retour. FAM. *Devoir une fière chandelle* à qqn.* ■ **2** (fin XIIe) Être redevable (à qqn ou à qqch.) de (ce qu'on possède). ➤ **tenir** (de). *Il lui doit sa situation. Il ne veut rien devoir à personne. Devoir son surnom à un trait de caractère. Devoir la vie à qqn,* avoir été sauvé de la mort par lui. *Les romantiques doivent beaucoup à J.-J. Rousseau. Ce plat doit son goût aux épices. Ne rien devoir au hasard.* PASS. *Être dû à :* avoir pour cause. ➤ **résulter** (de). *Le succès de la pièce est dû aux acteurs.* — (1784) **DEVOIR À** (qqn) **DE** (et inf.). *Je lui dois d'être en vie :* c'est grâce à lui que je suis en vie. ■ **3** (milieu XIIe) Être tenu à (qqch.) par la loi, les convenances, l'honneur, l'équité, la morale. *Avec les honneurs qui lui sont dus. Vous lui devez des égards, le respect. Je vous dois une explication, des excuses.*

II DEVOIR FAIRE qqch. ■ **1** (milieu IXe) Être dans l'obligation de (faire qqch.). ➤ **1 avoir** (à) (cf. Être tenu, obligé, contraint de ; il faut). *Il doit terminer ce travail ce soir. Il ne doit pas sortir pendant une semaine,* il n'y est pas autorisé. *Il a cru devoir refuser. Que devons-nous faire ? Vous auriez dû me prévenir. Tu devrais y aller :* ce serait bien que tu y ailles. *Ce sont des choses qu'on doit savoir* (cf. Être censé*). *Les choses ne doivent pas en rester là.* ♦ (Obligation morale). *Tu as agi comme tu devais agir,* et ELLIPT *comme tu le devais, comme tu devais. « les causes pour lesquelles on doit militer »* HOUELLEBECQ. ♦ (Obligation atténuée). *Je dois dire, avouer que je me suis trompé.* ■ **2** Être conduit nécessairement à. *Ce qui devait arriver arriva. Il a dû s'arrêter de fumer.* — (Fut. du passé) *Cela devait arriver :* j'avais prédit ce qui arrive. *Il devait mourir deux jours plus tard :* il est mort deux jours après celui dont je parle (cf. Il allait* mourir, il mourra). ■ **3** Avoir l'intention de. ➤ **1 penser.** *Nous devions l'emmener avec nous, mais il est tombé malade.* ■ **4** (fin XIe) (Marquant la vraisemblance, la probabilité, l'hypothèse). — (Dans le présent) *On doit avoir froid dans un tel pays,* je pense, je crois, je suppose qu'on y a froid (➤ **probablement**). *Il doit être grand maintenant et aller à l'école. Ils ne doivent pas apprécier.* (Au condit.) *Je devrais arriver ce soir.* — (Par politesse) *Vous devez vous tromper :* vous vous trompez, selon moi (cf. Il me semble* que vous vous trompez). — (Dans le passé) *Il ne devait pas être bien tard quand il est parti. Il a dû se tromper. Vous deviez normalement gagner. « une injuste prévention fait croire que celui qui a dû commettre le crime, l'a commis »* SADE. — (Dans le futur) *Il doit arriver dans cinq minutes,* il va arriver. ■ **5** (À l'imp. du subj.) LITTÉR. Quand même, quand bien même. *Dussé-je /dussɛ-ʒə/ y consacrer ma fortune. Dussent mille dangers me menacer.*

III SE DEVOIR v. pron. ■ **1** (RÉFL.) **SE DEVOIR À :** être obligé de se consacrer à. *Il se doit à ses enfants.* ♦ **SE DEVOIR DE** (et inf.). *Je me dois de le prévenir :* c'est mon devoir de le prévenir. ■ **2** (PASS. IMPERS.) *Comme il se doit :* comme il le faut, ou FAM. comme c'était prévu. *Le ministre a présidé la réunion, comme il se doit.*

■ HOM. *Durent :* durent (durer).

2 **DEVOIR** [d(ə)vwaʀ] n. m. – fin XIIe ◊ de 1 *devoir* ■ **1** *Le devoir.* L'obligation morale considérée en elle-même, et indépendamment de son application particulière. ➤ **obligation ; déontique, déontologie** (cf. Loi* morale). *Le sentiment du devoir. Agir par devoir,* au nom du devoir moral. *« Fidèle par tendresse, par devoir, par fierté »* COLETTE. *« Le devoir vient en nous quand notre cœur est sec, le devoir commence quand le désir s'interrompt »* A. FERNEY. *Un homme, une femme de devoir,* qui respecte l'obligation morale. ♦ **SE METTRE EN DEVOIR DE :** se disposer à, se préparer à. *« les vieilles commères se mirent en devoir de garder le foyer »* SAND. ■ **2** *Un, des devoirs.* Ce que l'on doit faire ; obligation éthique particulière, définie par le système moral que l'on accepte, par la loi, les convenances, les circonstances. ➤ **charge, fonction, obligation, office, responsabilité, tâche, 1 travail.** *Accomplir, faire, remplir, suivre son devoir. Les devoirs envers soi-même, envers son prochain. Assumer tous les devoirs d'un rôle, d'une charge. Devoir pénible.* ➤ **corvée.** *Il est de mon (ton, son...) devoir de* (et inf.). *Se faire un devoir de* (et inf.). *Son devoir lui commande d'agir ainsi. « publiez votre pensée. Ce n'est pas un droit, c'est un devoir »* P.-L. COURIER. *« la fidélité au serment passait encore pour un devoir ; aujourd'hui, elle est devenue si rare qu'elle est regardée comme une vertu »* CHATEAUBRIAND. — *Manquer, faillir, forfaire à son devoir. Négliger ses devoirs.* — LOC. *Devoir professionnel,* attaché à une profession. *Devoir conjugal*. Devoir de réserve*.* — *Les devoirs du citoyen.* SPÉCIALT *Faire son devoir*

de citoyen : voter*. *Les droits et les devoirs de chacun.* — *Les devoirs mondains.* ➤ **obligation.** ▪ **3** AU PLUR. ➤ **civilité, hommage, respect.** *Présenter ses devoirs à qqn. Aller rendre ses devoirs à qqn.* — LOC. *Rendre à qqn les derniers devoirs,* l'accompagner à sa dernière demeure (➤ **funérailles**). ▪ **4** (1720) *Un, des devoirs.* Exercice scolaire qu'un professeur fait faire à ses élèves. ➤ **composition, épreuve, interrogation** (écrite). *Il fait ses devoirs à l'étude, à la maison. Tu as fait tes devoirs et appris tes leçons ? Devoir sur table. Corriger des devoirs. Aide aux devoirs. Devoirs du soir. Devoirs de vacances.* ▪ CONTR. 3 Droit.

DÉVOISÉ, ÉE [devwaze] adj. – 1951 ◇ de *dé-* et *voisé* ▪ PHONÉT. *Consonne dévoisée,* qui a perdu son voisement. ➤ **assourdi.**

DÉVOLTER [devɔlte] v. tr. ⟨1⟩ – 1908 ◇ de *dé-* et *volt* ▪ TECHN. Diminuer le voltage de. *Dévolter un circuit.* — n. m. **DÉVOLTAGE,** 1908. ▪ CONTR. Survolter.

DÉVOLU, UE [devɔly] adj. et n. m. – 1355 ◇ latin *devolutus,* de *devolvere* «dérouler, faire passer à» ▪ **1** Acquis, échu par droit. *Succession dévolue à l'État, faute d'héritiers. Droits héréditaires dévolus au degré subséquent.* ➤ **dévolution.** — PAR EXT. Que l'on attribue (à). ➤ **attribué, réservé.** «*Voilà comment la récompense due au talent est dévolue à la nullité*» BALZAC. ▪ **2** n. m. (1549) DR. CAN. (ANCIENNT) *Bénéfice vacant par dévolu* : bénéfice dont la nomination était dévolue au Pape, par suite de l'incapacité, de l'indignité du possesseur. ◆ LOC. MOD. (1698) **JETER SON DÉVOLU SUR (qqn, qqch.)** : fixer son choix sur, manifester la prétention de l'obtenir. *Cinéaste qui jette son dévolu sur un acteur.* «*rarement il entrait une jolie fille au Prado sans qu'il jetât immédiatement son dévolu sur elle*» SIMENON.

DÉVOLUTIF, IVE [devɔlytif, iv] adj. – XVIe ◇ du latin *devolutus* ▪ DIDACT. Qui fait qu'une chose est dévolue à qqn.

DÉVOLUTION [devɔlysjɔ̃] n. f. – 1385 ◇ latin médiéval *devolutio* → dévolu ▪ DR. Passage de droits héréditaires au degré subséquent par renonciation du degré précédent, ou à une ligne par extinction de l'autre. *Dévolution successorale.* — *La guerre de Dévolution* (1667-1668), entreprise par Louis XIV au nom des droits de Marie-Thérèse sur les Pays-Bas.

DÉVON ou **DEVON** [devɔ̃] n. m. – 1907 ◇ anglais *devon,* du n. du comté de *Devonshire* ▪ PÊCHE Appât articulé ayant l'aspect d'un poisson, d'un insecte, etc., et qui est muni de plusieurs hameçons.

DÉVONIEN, IENNE [devɔnjɛ̃, jɛn] adj. et n. m. – 1848 ◇ anglais *devonian* (1837 en géol.) «du Devon», comté d'Angleterre où l'on commença à étudier ces terrains ▪ GÉOL. Qui appartient à la période géologique de l'ère primaire* allant du silurien au carbonifère. *Terrain dévonien, formation dévonienne.* — n. m. *Le dévonien,* cette période. *Développement des faunes et des flores terrestres au dévonien.*

DÉVORANT, ANTE [devɔʀɑ̃, ɑ̃t] adj. – XIVe ◇ de *dévorer* ▪ **1** VX Qui dévore (une proie). ➤ **vorace.** *Bêtes dévorantes.* — MOD. PAR EXT. *Une faim dévorante,* qui pousse à manger beaucoup. ➤ **avide.** — PAR MÉTAPH. «*La curiosité des jeunes âmes est dévorante et réclame sans cesse de nouveaux aliments*» DUHAMEL. ➤ **insatiable.** ▪ **2** LITTÉR. Qui consume, détruit. *Un feu dévorant.* ◆ FIG. *Passion dévorante.* ➤ **ardent, brûlant, dévastateur, dévorateur, ravageur.** «*les dévorantes douleurs de la jalousie*» BALZAC.

DÉVORATEUR, TRICE [devɔʀatœʀ, tʀis] adj. – fin XVe ; *dévorator* 1308 ◇ de *dévorer* ▪ LITTÉR. Qui dévore (7°). *Passion dévoratrice.* ➤ **dévorant.**

DÉVORER [devɔʀe] v. tr. ⟨1⟩ – 1120 ◇ latin *devorare* ▪ **1** Manger en déchirant avec les dents. *Le lion, le tigre dévore sa proie. Saturne dévora ses enfants.* ◆ PAR ANAL. Manger entièrement. *Les chenilles ont dévoré les feuilles du rosier.* — PAR EXAGÉR. *La vermine nous dévorait. Être dévoré par les moustiques.* ➤ FAM. **bouffer.** — PRONOM. «*les loups se dévorent entre eux*» FRANCE. ➤ **s'entredévorer.** ▪ **2** (PERSONNES) Manger* avidement, gloutonnement. ➤ **avaler, engloutir, engouffrer.** *Dévorer un poulet entier.* — ABSOLT «*Il dévorait comme un loup affamé*» MÉRIMÉE. ▪ **3** FIG. (1549) Lire avec avidité. «*il lit beaucoup, dévore livre après livre avec une avidité juvénile*» GIDE. ▪ **4** PAR MÉTAPH. *Dévorer* (qqn, qqch.) *des yeux* : regarder avec avidité (ce que l'on désire ardemment, ce qui intéresse passionnément). ➤ **convoiter, dévisager.** «*je dévorais d'un œil ardent les belles personnes*» ROUSSEAU. ▪ **5** Faire disparaître rapidement en consumant. ➤ **anéantir, consumer, détruire.** «*Nous crûmes l'un et l'autre que les flammes dévoraient l'édifice*» FRANCE. FIG. *Cela dévore tout mon temps.* ➤ **absorber, accaparer, prendre.** ▪ **6** Dépenser rapidement. ➤ **dilapider, dissiper.** «*L'héritier prodigue paye de superbes funérailles et dévore le reste*» LA BRUYÈRE. ➤ **gaspiller.** — Prendre avidement les richesses de. ➤ **piller.** *La Révolution* «*a livré la France aux hommes d'argent, qui depuis cent ans la dévorent*» FRANCE. ▪ **7** Faire éprouver une sensation pénible, un trouble violent à (qqn). ➤ **consumer, ronger, tourmenter.** *La soif, le mal qui le dévore.* «*L'impatience me dévorait : à tous les instants je consultais ma montre*» CONSTANT. — *Être dévoré de remords, de convoitise.*

DÉVOREUR, EUSE [devɔʀœʀ, øz] n. et adj. – XIIe ◇ de *dévorer* ▪ Personne qui dévore* (2°). *Dévoreurs de viande.* — FIG. «*cette dévoreuse de livres*» Mme DE SÉVIGNÉ. — Qui utilise en grand nombre, en grande quantité, consomme beaucoup. *Dévoreur de pellicule. Dévoreuse de crédits.* — adj. *Une activité dévoreuse de temps.*

DÉVOT, OTE [devo, ɔt] adj. et n. – 1190 ◇ latin ecclésiastique *devotus* «dévoué à Dieu» ▪ **1** Qui est sincèrement attaché à la religion et à ses pratiques. ➤ **fervent, pieux, pratiquant, religieux.** *Les personnes dévotes.* «*Ah ! pour être dévot, je n'en suis pas moins homme*» MOLIÈRE. *Être dévot à la Vierge, à la Croix.* «*Dévote jusqu'au fanatisme, elle passait dans les églises le plus clair de son temps*» JALOUX. ◆ n. (souvent péj.) ➤ **bigot, bondieusard.** *Une vieille dévote.* — VX *Faux dévot,* qui affecte hypocritement une dévotion outrée. ➤ **cafard, cagot, pharisien, tartufe.** ▪ **2** Qui a le caractère de la dévotion. ➤ **pieux.** «*Introduction à la vie dévote*», œuvre de saint François de Sales. — *Gestes, maintien dévots.* ➤ **onctueux.** ▪ CONTR. Athée, impie, incroyant.

DÉVOTEMENT [devɔtmɑ̃] adv. – v. 1138 ◇ de *dévot* ▪ VIEILLI D'une manière dévote. *Prier dévotement.*

DÉVOTION [devosjɔ̃] n. f. – 1160 ◇ latin ecclésiastique *devotio* → dévot ▪ **1** Attachement sincère et fervent à la religion et à ses pratiques. ➤ **ferveur, piété.** *Être plein de dévotion. État de dévotion mystique* (➤ **unitif**). *Lieu de dévotion* (➤ **pèlerinage**). *Objets de dévotion* (chapelet, croix, image pieuse, médaille, scapulaire). ➤ PÉJ. **bondieuserie.** LOC. *Être en dévotion,* en prière. ◆ FIG. Respect fervent, passionné. *Il l'écoutait avec dévotion.* ◆ PÉJ. *Être confit* en dévotion. Fausse dévotion* : dévotion simulée. ➤ **bigoterie, momerie, tartuferie.** ▪ **2** *Une, des dévotions.* Pratiques de dévotion. ➤ **culte, exercice** (spirituel), **prière.** *Faire ses dévotions* : remplir ses devoirs religieux, se confesser, communier, prier. ▪ **3** Culte particulier que l'on rend (à un saint, un lieu saint). *La dévotion à la Sainte Vierge.* ◆ FIG. Attachement, dévouement. ➤ **adoration, vénération.** «*J'aurai toujours pour vous, ô suave merveille, Une dévotion à nulle autre pareille*» MOLIÈRE. *Avoir une grande dévotion pour Racine, pour Rimbaud. Il lui parle avec une dévotion comique.* — LOC. *Être à la dévotion de qqn,* lui être tout dévoué. ▪ CONTR. Impiété. Indifférence.

DÉVOUÉ, ÉE [devwe] adj. – milieu XVIIe ◇ p. p. de *dévouer* ▪ Qui consacre tous ses efforts à servir qqn, à lui être agréable. *C'est l'ami le plus dévoué.* ➤ **fidèle, loyal, serviable, sûr.** *Serviteur dévoué.* ➤ **assidu, empressé, zélé.** — (Formules de politesse) *Votre dévoué, votre tout dévoué ; veuillez croire à mes sentiments dévoués,* formules par lesquelles on termine une lettre. ▪ CONTR. Égoïste, indifférent.

DÉVOUEMENT [devumɑ̃] n. m. – 1690 ◇ de *dévouer* ▪ **1** Action de sacrifier sa vie, ses intérêts (à une personne, une communauté, une cause). ➤ **abnégation, héroïsme, sacrifice** (cf. Don* de soi). *Le dévouement des Spartiates aux Thermopyles.* «*La vie n'a de prix que par le dévouement à la vérité et au bien*» RENAN. ▪ **2** COUR. Disposition à servir, à se dévouer pour qqn. ➤ **bienveillance, bonté.** *Soigner qqn avec beaucoup de dévouement.* ➤ **affection, amour, cœur.** *Besoin de dévouement. Dévouement pour une personne aimée. Un dévouement sans borne, absolu, aveugle, spontané. Dévouement à un parti.* ➤ **loyalisme.** *Vous pouvez compter sur mon entier dévouement.* ➤ **attachement.** ▪ CONTR. Égoïsme, indifférence.

DÉVOUER [devwe] v. tr. ⟨1⟩ – 1559 ◇ latin *devovere* ▪ **1** VX Vouer. ➤ **consacrer, offrir.** «*on dévouait aux Dieux infernaux quiconque passerait le Rubicon*» MONTESQUIEU. ▪ **2** **SE DÉVOUER** v. pron. *Se dévouer à* (VIEILLI) : se consacrer entièrement à. *Se dévouer corps et âme à qqn, à une noble cause.* — MOD. ABSOLT Faire une chose pénible (effort, privation) au profit d'une personne, d'une cause. ➤ se **sacrifier.** *Il est toujours prêt à se dévouer. Elle s'est dévouée pour le soigner.* FAM. *Personne ne veut aller chercher le pain ! Allons, dévoue-toi !* ◆ *Il est entièrement dévoué à sa cause. Être dévoué, tout dévoué à qqn.* ➤ **dévoué.**

DÉVOYÉ, ÉE [devwaje] **adj.** et **n.** – XIIe ◊ de *dévoyer* ▪ Qui est sorti du droit chemin, s'est dévoyé. *Jeune homme dévoyé.* ◆ **n.** *Un(e) jeune dévoyé(e)* : jeune homme, jeune fille qui a commis des actes répréhensibles (➤ **délinquant**).

DÉVOYER [devwaje] **v. tr.** ⟨8⟩ – 1155 intr. ◊ de *dé-* et *voie* ▪ LITTÉR. Détourner (qqn) du droit chemin, de la morale. ➤ **pervertir.** « *Ils accusaient sa liaison* [...] *de l'avoir "dévoyé," en attendant qu'il se "déclassât" complètement* » PROUST. — COUR. PRONOM. (RÉFL.) *Se dévoyer.* ➤ **dévoyé.**

DÉWATTÉ, ÉE [dewate] **adj.** – 1896 ◊ de *dé-* et *watt* ▪ ÉLECTROTECHN. ANCIENNT *Courant déwatté*, déphasé en quadrature avec la tension et ne fournissant pas de puissance. ➤ **réactif.**

DEXTÉRITÉ [dɛksteʀite] **n. f.** – 1504 ◊ latin *dexteritas*, de *dexter* → dextre ▪ Adresse manuelle ; délicatesse, aisance dans l'exécution de qqch. ➤ 2 **adresse, agilité, légèreté.** *Manier le pinceau avec dextérité. Il « saisit la bourse avec une dextérité d'escamoteur et la fit disparaître comme par enchantement »* GAUTIER. ◆ FIG. Adresse d'esprit pour mener une affaire à bien. ➤ **art, habileté, savoir-faire.** « *son incroyable dextérité à traiter les affaires les plus délicates* » BOSSUET. ▪ CONTR. Gaucherie, maladresse.

DEXTRALITÉ [dɛkstʀalite] **n. f.** – 1959 ◊ de *dextre* ▪ DIDACT. Le fait d'être droitier.

DEXTRE [dɛkstʀ] **n. f.** et **adj.** – 1080 ; adj. XIVe ◊ latin *dextera*, fém. de *dexter* « qui est à droite » ▪ **1** VX Le côté droit. ◆ VX OU PLAISANT Main droite. « *Pradonet et lui se serrent cordialement la dextre* » QUENEAU. ▪ **2** **adj.** ZOOL. *Coquille dextre*, enroulée dans le sens des aiguilles d'une montre à partir du sommet. ▪ CONTR. Sénestre ; gauche.

DEXTRINE [dɛkstʀin] **n. f.** – 1833 ◊ de *dextr(o)-* et *-ine* ▪ CHIM. Sucre complexe obtenu par la dessiccation ou l'hydrolyse acide de l'amidon. *Colle de dextrine.*

DEXTRINISATION [dɛkstʀinizasjɔ̃] **n. f.** – 1963 ◊ de *dextrine* ▪ CHIM., TECHN. Transformation en dextrine.

DEXTR(O)- ▪ Élément, du latin *dexter* « qui est à droite ».

DEXTROCARDIE [dɛkstʀokaʀdi] **n. f.** – 1901 ◊ de *dextro-* et *-cardie* ▪ MÉD. Déplacement du cœur vers la droite.

DEXTROGYRE [dɛkstʀoʒiʀ] **adj.** – 1864 ◊ de *dextro-* et *-gyre* ▪ CHIM. Qui dévie à droite le plan de la lumière polarisée. *La dextrine est dextrogyre. Cristal dextrogyre.* ▪ CONTR. Lévogyre.

DEXTRORSUM [dɛkstʀɔʀsɔm] **adj. inv.** et **adv.** /**adj.** et **adv.**/ – 1828 ◊ mot latin ▪ SC. Qui va dans le sens des aiguilles d'une montre (de gauche à droite). *Fil enroulé dextrorsum. Un escalier hélicoïdal dextrorsum. Des hélices dextrorsum.* ▪ CONTR. Sénestrorsum.

DEXTROSE [dɛkstʀoz] **n. m.** – 1878 ◊ de *dextr(o)-* et 1 *-ose* ▪ CHIM. Glucose.

DEY [dɛ] **n. m.** – 1613 ; *day* 1628 ◊ turc *dâi* « oncle », titre honorifique ▪ Ancien chef du gouvernement (d'Alger). *Les deys d'Alger gouvernèrent de 1671 à 1830.* ▪ HOM. Dais, dès.

DÉZINGUER [dezɛ̃ge] **v. tr.** ⟨1⟩ – 1903 ◊ de *dé-* et *zinc* fam. « machine (avion...) » ▪ ARG. FAM. ▪ **1** Démolir, mettre hors service. *Ils ont dézingué l'alarme !* ▪ **2** Critiquer sévèrement, mettre à mal. « *taper sur le gouvernement sans trop avoir l'air de dézinguer la majorité* » (Libération, 1997). ▪ **3** Tuer (qqn). *Il s'est fait dézinguer.*

DÉZIPPER [dezipe] **v. tr.** ⟨1⟩ – 1973 au Canada ◊ de *dé-* et *zipper* ▪ **1** Ouvrir la fermeture à glissière de (qqch.). *Dézipper son blouson.* — PRONOM. « *Il se dézippa sous un arrêt d'autocar* » GAVALDA. ▪ **2** INFORM. Décompresser (un fichier). ▪ CONTR. Zipper.

DÉZONAGE [dezonaʒ] **n. m.** – 1968 ; autre sens 1958 ◊ de *dé-* et *zonage* ▪ Suppression de la division (d'un territoire) en différentes zones. ▪ CONTR. Zonage.

DHEA [deaʃɑɑ] **n. f.** – 1959 ◊ sigle de *déhydroépiandrostérone* ▪ BIOCHIM. Hormone stéroïde sécrétée par les glandes surrénales, précurseur des hormones sexuelles. *Le taux de DHEA dans le sang décroît avec l'âge.*

DI- ▪ Élément, du grec *di-* « deux fois ».

DIA [dja] **interj.** – 1561 ; *diai* 1548 ◊ ancienne forme de *da* → da ▪ ANCIENNT Cri des charretiers pour faire aller leurs chevaux à gauche (opposé à *hue*). — MOD. *Aller, tirer à hue* et à dia.*

DIA- ▪ Élément, du grec *dia-* signifiant « séparation, distinction » *(diacritique)* ou « à travers » *(dialyse)*.

DIABÈTE [djabɛt] **n. m.** – *dizabete* XVe ◊ latin médiéval *diabetes*, grec *diabêtês* « qui traverse », à cause de l'émission surabondante d'urine ▪ **1** MÉD. État pathologique s'accompagnant d'une élimination excessive d'urine, avec soif intense. *Diabète insipide*, en rapport avec une perturbation hormonale de l'hypophyse. *Diabète sucré* (cf. infra 2°). *Diabète gras, maigre.* VIEILLI *Diabète bronzé.* ➤ **hémochromatose.** ▪ **2** COUR. Affection chronique liée à une sécrétion insuffisante d'insuline, entraînant une hyperglycémie et parfois une glycosurie. *Diabète insulinodépendant, non insulinodépendant. Diabète gestationnel.*

DIABÉTIQUE [djabetik] **adj.** – XIVe, rare avant XVIIIe ◊ de *diabète* ▪ Qui se rapporte au diabète et SPÉCIALT au diabète « sucré ». *Coma diabétique.* ◆ Qui est atteint du diabète. — **n.** *Un, une diabétique. Régime pour diabétiques. Diabétique insulinodépendant.*

DIABÉTOLOGUE [djabetɔlɔg] **n.** – 1963 ◊ de *diabète* et *-logue* ▪ DIDACT. Médecin spécialiste du diabète. — **n. f. DIABÉTOLOGIE.**

DIABLE [djɑbl] **n. m.** – début Xe ◊ du latin *diabolus* → diabolo

I PERSONNIFICATION DU MAL ▪ **1 UN, DES DIABLES.** Démon*, personnage représentant le mal, dans la tradition populaire chrétienne. *Oreilles pointues, cornes, pieds fourchus, longue queue des diables, souvent de couleur rouge, dans l'iconographie populaire. Gesticulations, grimaces, ricanements, cris des diables. Petit diable.* ➤ **diablotin.** « *Le Diable boiteux* », roman de Lesage. LOC. *Crier comme un diable*, très fort. ▪ **2 LE DIABLE :** le prince des démons ou des diables. ➤ **démon ; diabolique.** « *Le Diable et le Bon Dieu* », pièce de J.-P. Sartre. « *Nous nous efforçons de croire que tout ce qu'il y a de mauvais sur la terre vient du diable* » GIDE. *Chasser le diable* (➤ **exorciser**). ◆ LOC. *Ne craindre* ni Dieu ni diable. Ne croire ni à Dieu* ni à diable. Signer un pacte* avec le diable. Donner, vendre son âme au diable* : compromettre son salut par une action immorale. *Se faire l'avocat* du diable.* (milieu XIIIe) *Avoir le diable au corps* : faire le mal avec assurance ; déployer une activité passionnée, une énergie, une vivacité surhumaines. SPÉCIALT (sur le plan érotique) « *Le Diable au corps* », roman de Radiguet. *La beauté* du diable.* — *Faire le diable à quatre* (par allusion aux diableries à quatre personnages) : faire beaucoup de bruit ; se démener pour obtenir ou empêcher qqch. *S'agiter, se démener comme un (beau) diable*, avec une énergie extrême. FAM. *S'agiter comme un diable dans un bénitier*.* ◆ (1694) *Tirer le diable par la queue* : avoir peine à vivre avec de maigres ressources (cf. Ne pas pouvoir joindre les deux bouts*). — (Canada) *Sentir le diable* : sentir mauvais, puer. *Noir comme chez le diable* : très obscur (lieu). ◆ (1790) *C'est, ce serait bien le diable si...* : ce serait bien étonnant, extraordinaire si... « *C'est bien le diable si je ne trouve pas dans ce village un bistrot où je pourrais casser la croûte* » ROMAINS. — (Canada, Sénégal) *Ce n'est pas diable*, pas fameux, pas extraordinaire. ◆ VX OU PLAISANT *Que le diable l'emporte*, se dit de qqn dont on veut se débarrasser. — *Le diable m'emporte si...*, serment qui renforce l'idée exprimée. *Le diable m'emporte si j'y comprends un mot* : je n'y comprends rien. ▪ **3 AU DIABLE :** très loin. *Habiter au diable. Demeurer, être situé au diable vauvert* (allusion au château de Vauvert qui passait pour être hanté par le diable), ou *au diable vert.* — *Envoyer qqn au diable, à tous les diables, aux cinq cents diables*, le renvoyer, le repousser avec colère, impatience ou dureté. ➤ **rabrouer, rebuter,** FAM. **rembarrer** (cf. Envoyer paître, promener). *Allez au diable !* ELLIPT *Au diable les importuns !* ◆ (1735) **À LA DIABLE :** sans soin, de façon désordonnée. *Travail fait à la diable*, bâclé. « *Je tiens ce journal comme je peux, à la diable* » GREEN. — CUIS. *Sauce à la diable* : sauce au vin blanc épicée (poivre de Cayenne, moutarde). *Poulet, palette à la diable.* ◆ (1789) **DU DIABLE ; DE TOUS LES DIABLES :** extrême, excessif. *Il fait un froid, un vent du diable. Un vacarme de tous les diables.* ◆ (1665) **EN DIABLE :** très, terriblement. « *Ils sont orgueilleux en diable* » SEMBENE. — LOC. RÉGION. (Canada) *Être en diable*, en colère, furieux. ▪ **4 interj.** (milieu XIIe) Exclamation qui marque la surprise, l'étonnement admiratif ou indigné. ➤ **diantre.** *Diable ! C'est un peu cher. Où diable est-il caché ?* — *Que diable...* « *Que diable allait-il faire dans cette galère ?* » MOLIÈRE. « *Eh ! je n'en mourrai pas, que diable !* » COLETTE.

II PERSONNE, CHOSE COMPARÉE À UN DIABLE ▪ **1** Enfant vif, emporté, turbulent, insupportable. ➤ **diablotin.** « *Un bon petit diable* », *livre de la comtesse de Ségur.* **adj.** (1692) *Il est bien diable, un peu diable.* ➤ **turbulent.** ▪ **2** (1611) (En bonne part) *Un* **PAUVRE DIABLE :** homme malheureux, pauvre, pitoyable. ➤ **malheureux, misérable.** *Une bande de pauvres diables.* ◆ *Un* *bon diable :* un brave homme. ➤ **bougre.** — *Un grand diable.* ▪ **3 DIABLE DE** (valeur d'adj.). Bizarre, singulier ou mauvais. ➤ **drôle.** *Un diable d'homme. Une diable d'affaire.* «*cette diable de fille-là*» MÉRIMÉE.

III OBJET ▪ **1** (1764) Petit chariot à deux roues qui sert à transporter des caisses, des sacs, etc. «*Des diables à la gare de Dunkerque, des wagonnets à Lens, des chariots à Anzin, j'ai fait que ça toute ma vie*» SARTRE. ▪ **2** Filet fixe pour pêcher le hareng l'hiver. ▪ **3** (1835) Jouet formé d'une boîte, de laquelle surgit, grâce à un ressort, un petit diable. ▪ **4** Ustensile de cuisine formé de deux poêlons en terre poreuse pour cuire les aliments sans addition d'eau ni de matières grasses.

IV DIABLE DE MER (1552) Appellation de poissons cornus ou effrayants (lotte, raie manta, rascasse).

DIABLEMENT [djɑbləmɑ̃] **adv.** – XVIe ◊ de *diable* ▪ FAM. Très. ➤ **bougrement, drôlement, rudement, terriblement.** *Ce travail est diablement difficile. Il est diablement fort sur ce sujet.* «*madame Sévère trouva qu'il était diablement beau garçon*» SAND.

DIABLERIE [djɑbləʀi] **n. f.** – XIIIe ◊ de *diable* ▪ **1** Sorcellerie qui fait intervenir le diable. ➤ **maléfice, sortilège.** ▪ **2** VX Intrigue, machination secrète et dangereuse. ▪ **3** MOD. Parole, action pleine de turbulence, de malice. *Ces enfants ne cessent d'inventer mille diableries pour se distraire.* ➤ **espièglerie.** ▪ **4** HIST. LITTÉR. Mystère* dans lequel des diables sont en scène. *Diablerie à quatre personnages* (cf. Diable* à quatre).

DIABLESSE [djɑblɛs] **n. f.** – v. 1320 ◊ de *diable* ▪ **1** Diable femelle. ➤ **démone, succube.** ▪ **2** FIG. et VX Femme acariâtre, méchante et rusée. «*une diablesse qui te rembarre*» MOLIÈRE. ◆ PAR EXT. (XXe) Femme très active, remuante, pétulante.

DIABLOTIN [djɑblɔtɛ̃] **n. m.** – 1534 ◊ de *diable* ▪ **1** Petit diable ; lutin maléfique. *Le diable escorté de diablotins.* ▪ **2** FIG. Jeune enfant très espiègle. ➤ **diable,** II, 2°. *Qu'est-ce que ces diablotins ont encore manigancé ?* ▪ **3** (1877) Petit pétard enroulé dans une papillote avec un bonbon et une devise. ▪ **4** Larve de l'empuse*.

DIABOLIQUE [djabɔlik] **adj.** – XIIIe ; «inspiré par le diable» v. 1180 ◊ latin ecclésiastique *diabolicus,* grec *diabolikos* ▪ **1** Qui tient du diable. *Pouvoir diabolique.* ➤ **démoniaque.** SUBST. «*Les Diaboliques*», *nouvelles de Barbey d'Aurevilly.* ▪ **2** Qui rappelle les attributs physiques ou moraux du diable. *Un sourire, un visage diabolique.* ➤ **méchant, sarcastique.** *Invention, machination diabolique,* pleine de ruse et de méchanceté. ➤ **infernal, méphistophélique, pernicieux, pervers, satanique.** «*les mille ressources diaboliques et les inventions quelquefois cruelles de leur enfantine méchanceté*» MAC ORLAN. *Un personnage diabolique.* ➤ **démoniaque.** *Le diabolique docteur Moriarty, ennemi de Sherlock Holmes.* ▪ CONTR. 1 Angélique, divin.

DIABOLIQUEMENT [djabɔlikmɑ̃] **adv.** – 1482 ◊ de *diabolique* ▪ D'une manière diabolique. *Il a agi diaboliquement.*

DIABOLISER [djabɔlize] **v. tr.** ⟨1⟩ – *diabolisé* XVIe ◊ de *diabolique* ▪ LITTÉR. Transformer en diable. — Faire passer pour diabolique, présenter sous un jour défavorable. *Diaboliser une idéologie.* «*l'ennemi, diabolisé au maximum afin de galvaniser les troupes prêtes au combat*» M. ONFRAY. — **n. f. DIABOLISATION**

DIABOLO [djabɔlo] **n. m.** – 1906 ◊ de *diable,* d'après l'italien *diavolo*
I Jouet comprenant une bobine formée de deux cônes opposés par le sommet, et deux baguettes reliées par une ficelle que l'on tend plus ou moins sous la bobine pour la lancer et la rattraper.
II (1945) Boisson, mélange de limonade et d'un sirop. *Des diabolos menthe.*

DIACÉTYLMORPHINE [diasetilmɔʀfin] **n. f.** – 1929 ◊ de *di-, acétyle* et *morphine* ▪ CHIM. Dérivé de la morphine. ➤ 2 **héroïne.** On dit aussi **DIAMORPHINE** [djamɔʀfin], 1953.

DIACHRONIE [djakʀɔni] **n. f.** – 1908, Saussure ◊ de *dia-* et grec *khronos* «temps» ▪ LING. Évolution des faits linguistiques dans le temps. *La diachronie est une succession de synchronies. Raisonner en diachronie.*

DIACHRONIQUE [djakʀɔnik] **adj.** – 1908, Saussure ◊ de *diachronie* ▪ LING. De la diachronie. ➤ **historique.** *Étude diachronique d'un mot.*

DIACHYLON [djakilɔ̃] **n. m.** – 1621 ; *emplastre dyaquilon* 1314 ◊ latin des médecins, du grec *dia khulôn* «au moyen de sucs» ▪ PHARM. VX ou RÉGION. (Canada [dijaʃilɔ̃]) Emplâtre agglutinant employé comme résolutif. *Toile enduite de diachylon.* ➤ **sparadrap.**

DIACIDE [diasid] **n. m.** et **adj.** – 1948 ◊ de *di-* et *acide* ▪ CHIM. Acide minéral pouvant céder deux atomes d'hydrogène à une base. *L'acide sulfurique est un diacide.* — Molécule organique ayant deux fonctions acide −COOH (ex. acide oxalique).

DIACLASE [djaklɑz] **n. f.** – 1879 ; en minér. 1870 ◊ grec *diaklasis* «brisure *(clase)* en deux» ▪ GÉOL. Fissure d'une roche ou d'un terrain sans déplacement des deux blocs.

DIACODE [djakɔd] **n. m.** – 1721 ; *dyacodion* 1256 ◊ latin des médecins *diacodion,* du grec *dia kôdeion* «au moyen de têtes de pavot» ▪ MÉD. Sirop calmant à base d'opium. APPOS. *Sirop diacode.*

DIACONAL, ALE, AUX [djakɔnal, o] **adj.** – 1495 ◊ latin ecclésiastique *diaconalis* ▪ Qui a rapport aux diacres (2°), au diaconat. *Ornements diaconaux. Ordination diaconale.*

DIACONAT [djakɔna] **n. m.** – 1495 ◊ latin ecclésiastique *diaconatus* ▪ Le second des ordres majeurs dans l'Église catholique, le premier dans celle des orthodoxes. ◆ Dignité, fonction de diacre. *Conférer le diaconat. Diaconat permanent.*

DIACONESSE [djakɔnɛs] **n. f.** – 1610 ; *dyaconisse* XIVe ◊ latin ecclésiastique *diaconissa* ▪ **1** HIST. Fille ou veuve qui, dans l'Église primitive, recevait l'imposition des mains et était chargée de certaines fonctions ecclésiastiques. ▪ **2** MOD. Femme protestante vivant en communauté et se consacrant à des œuvres de charité.

DIACOUSTIQUE [djakustik] **n. f.** – 1732 ◊ de *dia-* et *acoustique* ▪ Partie de l'acoustique qui concerne la réfraction des sons.

DIACRE [djakʀ] **n. m.** – v. 1283 ; *diacne* v. 1170 ◊ latin ecclésiastique *diaconus,* grec *diakonos* «serviteur» ▪ **1** ANCIENNT Dans l'Église primitive, Titre donné aux fidèles chargés de la distribution des aumônes. *Saint Étienne, l'un des premiers diacres.* — *Chef du collège des diacres.* ➤ **archidiacre.** *Cardinal-diacre,* qui fait partie du Sacré Collège. *Les cardinaux-diacres.* ◆ (1877) Chez les protestants, Laïc qui a la charge des aumônes. ▪ **2** Clerc qui a reçu le diaconat à titre permanent ou transitoire (avant la prêtrise). ➤ **diaconal, diaconat.** *Étole, dalmatique du diacre. Diacre permanent marié.*

DIACRITIQUE [djakʀitik] **adj.** – 1635 ◊ grec *diakritikos* «qui distingue» ▪ Qui sert à distinguer, à caractériser. — *Signe diacritique :* signe graphique (point, accent, cédille) portant sur une lettre ou un signe phonétique, et destiné à en modifier la valeur ou à empêcher la confusion entre homographes. *Les accents des mots* à, dû, où, *sont des signes diacritiques. Signes diacritiques des langues arabe, hébraïque.* **n. m.** *Les diacritiques.*

DIADÈME [djadɛm] **n. m.** – 1180 ◊ latin *diadema,* grec *diadêma* ▪ **1** Riche bandeau qui, dans l'Antiquité, était l'insigne du pouvoir monarchique. *Ceindre le diadème.* FIG. La dignité royale ou impériale. ▪ **2** Bijou féminin en forme de couronne, de cercle qui ceint le front. *Un diadème de perles.* — Disposition des cheveux autour de la tête, du front. *Tresses en diadème. Elle avait au-dessus de son front* «*un magnifique diadème de cheveux*» BALZAC. ▪ **3** (1864) APPOS. *Épeire diadème :* épeire qui porte une triple croix blanche sur l'abdomen. *Des épeires diadèmes.*

DIADOQUE [djadɔk] **n. m.** – 1900 ◊ grec *diadokhos* «successeur» ▪ HIST. Nom donné aux généraux d'Alexandre qui se disputèrent son empire à sa mort. ◆ MOD. Titre porté par le prince héritier de Grèce.

DIAGNOSE [djagnoz] **n. f.** – 1669 ◊ latin *diagnosis* «discernement» ▪ **1** MÉD. VIEILLI Connaissance qui s'acquiert par l'observation des signes diagnostiques. ▪ **2** (1858) BIOL. Détermination, description des caractéristiques et identification (d'une espèce animale ou végétale). *Linné est* «*un nomenclateur, un faiseur de diagnoses*» J. ROSTAND.

DIAGNOSTIC [djagnɔstik] **n. m.** – 1732 ◊ de *diagnostique* ▪ Détermination (d'une maladie, d'un état) d'après ses symptômes et l'examen clinique du patient (➤ **cytodiagnostic, électrodiagnostic, radiodiagnostic, sérodiagnostic ; sémiologie**). *Poser, établir un diagnostic.* ➤ **diagnostiquer.** *Diagnostic clinique. Un diagnostic de grossesse. Erreur de diagnostic.* «*nonobstant pronostics et diagnostics, la nature s'était amusée à sauver le malade à la barbe du médecin*» HUGO. *Diagnostic génétique.* «*Les techniques aujourd'hui incriminées – diagnostic prénatal (DPN) et surtout diagnostic préimplantatoire (DPI)* [...] *– peuvent-elles avoir un aspect eugéniste ?*» R. FRYDMAN. — *Diagnostics immobiliers,* visant à informer l'acheteur ou le locataire sur certains aspects du logement (plomb, amiante, termites, installations...). *Diagnostic de perfor-*

mance énergétique (DPE), réalisé sur un bien immobilier, faisant apparaître la quantité d'énergie consommée et des recommandations destinées à améliorer cette performance. ♦ FIG. Prévision, jugement tiré de l'analyse de signes. *« établir un diagnostic, grâce à une analyse politique objective »* MAURIAC. ■ HOM. Diagnostique.

DIAGNOSTIQUE [djagnɔstik] **adj.** – 1584 ◊ grec *diagnôstikos* « apte à reconnaître » ■ MÉD. Qui permet de déterminer une maladie. *Imagerie diagnostique.* ■ HOM. Diagnostic.

DIAGNOSTIQUER [djagnɔstike] **v. tr.** ‹1› – 1832 ◊ de *diagnostique* ■ Reconnaître en faisant le diagnostic. *Diagnostiquer une typhoïde.* ♦ FIG. (XXe) Discerner ou déceler d'après des signes. *Diagnostiquer une crise économique.*

DIAGNOSTIQUEUR, EUSE [djagnɔstikœʀ, øz] **n.** – 1878 ◊ de *diagnostiquer* ■ **1** Médecin qui établit des diagnostics. *« À ce grand savant, à ce diagnostiqueur infaillible »* DAUDET. — On trouve aussi **DIAGNOSTICIEN, IENNE,** 1886. ■ **2** Professionnel(le) qui effectue des diagnostics immobiliers. *Diagnostiqueur certifié.*

DIAGONAL, ALE, AUX [djagɔnal, o] **adj.** – XIIIe ◊ bas latin *diagonalis* ; de *diagonus*, grec *diagônios* « ligne tracée d'un angle à l'autre » ■ GÉOM. Qui joint deux sommets (d'une figure) qui n'appartiennent pas au même côté, à la même face. *Ligne diagonale.* ➤ **diagonale.** *Arcs diagonaux.* ♦ MATH. *Matrice diagonale :* matrice carrée dont les éléments situés hors de la diagonale principale sont nuls.

DIAGONALE [djagɔnal] **n. f.** – 1546 ◊ de *diagonal* ■ **1** Ligne diagonale. *Les diagonales d'un polygone, d'un rectangle, d'un carré. La diagonale du fou aux échecs. Une pyramide n'a pas de diagonale. Tracer, mener les diagonales. Nous plierons « par la diagonale les deux moitiés du carré »* ROUSSEAU. — *Prendre un tissu dans le sens de la diagonale.* ➤ **biais.** ■ **2** **loc. adv. EN DIAGONALE :** en biais, obliquement. *Traverser une rue en diagonale.* — FIG. *Lire en diagonale :* lire très rapidement, parcourir.

DIAGONALEMENT [djagɔnalmɑ̃] **adv.** – 1567 ; *dyagonellement* 1503 ◊ de *diagonale* ■ En diagonale.

DIAGRAMME [djagʀam] **n. m.** – 1584 ◊ grec *diagramma* « dessin » ■ **1** Tracé géométrique sommaire des parties d'un ensemble et de leur disposition les unes par rapport aux autres. ➤ **croquis,** 3 **plan, schéma.** *Diagramme floral :* représentation schématique en coupe axiale de la disposition des pièces d'une fleur. ■ **2** Représentation graphique du déroulement et des variations (d'un ou de plusieurs phénomènes) ou du fonctionnement (d'un ensemble). ➤ **courbe, graphique.** *Diagramme de la fièvre, de la natalité, du chiffre des importations. Diagramme en arbre*, en bâtons*. Diagramme semi-circulaire.* ➤ FAM. **camembert.** ♦ *Diagramme d'Euler-Venn :* représentation graphique d'ensembles par des courbes fermées, dont les points intérieurs sont les éléments de l'ensemble. ➤ FAM. **patate.** *Diagramme sagittal.*

DIAGRAPHE [djagʀaf] **n. m.** – 1831 ◊ de *dia-* et *-graphe*, d'après *diagramme* ■ SC. Instrument qui permettait de reproduire l'image d'un objet, par le principe de la chambre claire.

DIAGRAPHIE [djagʀafi] **n. f.** – 1845 ◊ de *dia-* et *-graphie* ■ **1** VX Art de dessiner au moyen d'un diagraphe. ■ **2** (1961) GÉOL. Mesure et enregistrement d'un des paramètres géophysiques des formations traversées par un sondage. *Diagraphies de porosité.*

DIALCOOL [dialkɔl] **n. m.** – 1948 ◊ de *di-* et *alcool* ■ CHIM. Composé possédant deux fonctions alcool. ➤ **diol, glycol.**

DIALECTAL, ALE, AUX [djalɛktal, o] **adj.** – 1870 ◊ de *dialecte* ■ D'un dialecte. *Variantes dialectales d'un mot. Délimitation d'aires dialectales* (➤ **isoglosse**). *Particularité dialectale* ou **DIALECTALISME n. m.**

DIALECTE [djalɛkt] **n. m.** – 1550 ◊ latin *dialectus*, grec *dialektos* ■ Forme régionale d'une langue considérée comme un système linguistique en soi. ➤ 2 **parler, patois.** *Les dialectes de la Grèce antique* (attique, dorien, éolien, ionien). *Les dialectes normand, picard. Étude des dialectes.* ➤ **dialectologie.** SPÉCIALT Système linguistique qui n'a pas le statut de langue officielle ou nationale, à l'intérieur d'un groupe de parlers.

DIALECTICIEN, IENNE [djalɛktisjɛ̃, jɛn] **n.** – fin XIIe ◊ de *dialectique*, d'après le latin *dialecticus* ■ Personne qui emploie les procédés de la dialectique dans ses raisonnements. ➤ **logicien.** *« Le sophiste se contente des apparences, le dialecticien de la preuve »* JOUBERT. *Jaurès « apparaissait comme un dialecticien merveilleux »* PÉGUY.

DIALECTIQUE [djalɛktik] **n. f.** et **adj.** – 1160 adj. ◊ latin *dialectica*, grec *dialektikê* « art de discuter »

I **n. f.** (XIIe) ■ **1** Ensemble des moyens mis en œuvre dans la discussion en vue de démontrer, réfuter, emporter la conviction (➤ **argumentation,** 1 **logique, raisonnement**). *Une dialectique rigoureuse, implacable, subtile, spécieuse. « il s'était fait un peu la façon de penser du peuple. Il en avait la dialectique lente, le bon sens raisonneur »* R. ROLLAND. ■ **2** PHILOS. Dans Platon, Art de discuter par demandes et réponses. ➤ **dialogue, maïeutique.** ♦ Au Moyen Âge, Logique formelle (opposé à *rhétorique*). ♦ Chez Kant, Logique de l'apparence. ■ **3** SPÉCIALT D'après Hegel, Marche de la pensée reconnaissant le caractère inséparable des propositions contradictoires (thèse et antithèse), que l'on peut unir dans une catégorie supérieure (synthèse*). *La dialectique hégélienne.* ♦ Dynamisme de la matière, qui évolue sans cesse (de la même manière que l'Esprit chez Hegel). *« la dialectique* [chez Marx] *est considérée sous l'angle de la production et du travail, au lieu de l'être sous l'angle de l'esprit »* CAMUS.

II **adj.** (1802) ■ **1** Qui opère par la dialectique (de la pensée). *Méthode dialectique. Marche dialectique de la pensée. Le matérialisme* historique et dialectique de Marx. « Critique de la raison dialectique »,* de Sartre. ■ **2** *Réalité, matière dialectique,* qui procède selon les catégories hégéliennes ou marxiennes.

DIALECTIQUEMENT [djalɛktikmɑ̃] **adv.** – 1549 ◊ de *dialectique* ■ DIDACT. D'une manière dialectique ; en employant les procédés de la dialectique.

DIALECTISER [djalɛktize] **v. tr.** ‹1› – 1938 v. pron. ◊ de *dialectique* ■ DIDACT. Faire évoluer par un processus dialectique. *Dialectiser des contradictions.*

DIALECTOLOGIE [djalɛktɔlɔʒi] **n. f.** – 1881 ◊ de *dialecte* et *-logie* ■ LING. Étude linguistique des dialectes et des patois, faite par les *dialectologues.* — **adj.** (1882) **DIALECTOLOGIQUE.**

DIALOGIQUE [djalɔʒik] **adj.** – XVIe ◊ latin *dialogicus*, grec *dialogikos* ■ DIDACT. Qui est en forme de dialogue. *Écrits dialogiques de Platon.*

DIALOGUE [djalɔg] **n. m.** – *dialoge* v. 1200 ; repris 1580 ◊ latin *dialogus*, grec *dialogos*, de *dia-* « à travers, au-delà », racine *logos* « parole » REM. Étymologiquement, le mot ne se réfère pas seulement à une dualité, mais à une pluralité. ■ **1** Entretien entre deux ou plusieurs personnes. ➤ **colloque, conversation, tête-à-tête.** *Dialogue vif, animé. Dialogue de sourds*.* — *Dialogue en ligne :* **recomm. offic.** pour l'anglic. 2 *chat.* ♦ SPÉCIALT *Le dialogue.* Contact et discussion entre deux parties à la recherche d'un accord, d'un compromis. ➤ **concertation, négociation, pourparler.** *Établir, rompre, renouer le dialogue. C'est un homme de dialogue. Rétablir le dialogue social,* entre le patronat et les salariés. *Le dialogue Nord-Sud* (entre pays riches et pays pauvres). ■ **2** Ensemble des paroles qu'échangent les personnages d'une pièce de théâtre, d'un film, d'un récit ; manière dont l'auteur fait parler ses personnages. *« Platon n'écrit pas en vers et joue de la plus souple des formes d'expression, qui est le dialogue »* VALÉRY. *Postsynchronisation des dialogues d'un film.* ■ **3** Ouvrage littéraire en forme de conversation (➤ **dialogique**). *Les dialogues de Platon.* ■ **4** INFORM. Échange d'informations entre deux éléments d'un système informatique. *Dialogue homme-machine :* ensemble des échanges entre l'ordinateur et l'utilisateur (➤ **interactivité ; conversationnel**). ■ CONTR. Monologue.

DIALOGUER [djalɔge] **v.** ‹1› – 1717 ◊ de *dialogue* ■ **1** **v. intr.** Avoir un dialogue (avec qqn). ➤ **converser, s'entretenir,** 1 **parler.** *Nous ne refusons pas de dialoguer.* ➤ **négocier.** FIG. *« Un écho dialogue avec l'écho voisin »* HUGO. ♦ *Dialoguer avec un ordinateur,* l'exploiter en mode conversationnel. ■ **2** **v. tr.** Mettre en dialogue. *Dialoguer un roman pour le porter à l'écran.* — *« ces pièces* [Électre et Rhadamiste] *étant mal dialoguées et mal écrites »* VOLTAIRE.

DIALOGUISTE [djalɔgist] **n.** – 1934 ; *dialogiste* XVIe ◊ de *dialogue* ■ Auteur du dialogue (d'un film, d'une émission, d'une série télévisée). *Le scénariste et le dialoguiste.*

DIALYPÉTALE [djalipetal] **adj.** et **n. f.** – 1845 ◊ grec *dialuein* « séparer » et *pétale* ■ BOT. ■ **1** Dont la corolle est faite de pétales séparés (opposé à *gamopétale*). *Fleur dialypétale.* ■ **2** **n. f. pl. LES DIALYPÉTALES.** Sous-classe d'angiospermes dont les pétales de la corolle peuvent se détacher séparément. — Au sing. *Une dialypétale.*

DIALYSE [djaliz] **n. f.** – 1823 chir. ; 1750 gramm. ◊ grec *dialusis* «séparation» ■ **1** CHIM. Séparation de substances dissoutes de poids moléculaire différent, par diffusion à travers une membrane semi-perméable. ■ **2** MÉD. *Dialyse (péritonéale)* : méthode d'élimination mécanique des impuretés diffusibles du sang, lors de l'insuffisance rénale. ➤ **hémodialyse ; rein** (artificiel). *Vivre sous dialyse. Être en dialyse. Dialyse à domicile.*

DIALYSER [djalize] **v. tr.** ‹1› – 1864 ◊ de *dialyse* ■ SC. Opérer la dialyse de (une substance). PAR EXT. *Dialyser un malade.* — **p. p. adj.** *Malade dialysé.* SUBST. *Les dialysés.*

DIALYSEUR [djalizœʀ] **n. m.** – 1864 ◊ de *dialyser* ■ SC. Dispositif pour effectuer la dialyse.

DIAM ➤ **DIAMANT**

DIAMAGNÉTIQUE [djamaɲetik] **adj.** – 1846 ◊ de *dia-* et *magnétique* ■ PHYS. Qui possède la propriété de diamagnétisme.

DIAMAGNÉTISME [djamaɲetism] **n. m.** – 1849 ◊ de *dia-* et *magnétisme* ■ PHYS. Propriété d'une substance dont l'aimantation est colinéaire au champ magnétique inducteur et de sens opposé.

DIAMANT [djamɑ̃] **n. m.** – fin XIIᵉ ◊ du bas latin *diamas, antis*, forme peut-être issue d'un latin *adimas* (→ 1 aimant), du classique *adamas, adamantis* (→ adamantin) d'origine grecque, d'après les mots grecs en *dia-* ■ **1** Pierre précieuse, la plus brillante et la plus dure de toutes, le plus souvent incolore. CHIM., MINÉR. Forme cristalline et allotropique du carbone pur à indice de réfraction et pouvoir de dispersion très élevés. *Le diamant raye tous les corps sans être rayé. Variétés de diamant.* ➤ **bort, carbonado.** *Poudre de diamant.* ➤ **égrisée.** *Diamant jaune* (➤ 2 **jargon**). *Qui rappelle le diamant.* ➤ **adamantin, diamantin.** *Faux diamant.* ➤ **strass, zircon.** *Diamant synthétique. — Mines de diamant* (➤ **kimberlite**). *Diamant brut. Diamantaire, lapidaire qui taille les diamants* (➤ **brillanter, cliver, facetter, tailler**). *Diamant taillé en brillant, en navette, en rose. Facettes, table d'un diamant. L'éclat, les feux d'un diamant. Un diamant d'une belle eau**. *Diamant de deux carats. Défauts d'un diamant.* ➤ **crapaud, gendarme,** 2 **jardinage.** — *Diamant monté seul.* ➤ **solitaire.** *Bijou, parure, rivière de diamants.* «*les blanches scintillations des diamants qui tremblaient en aigrettes dans les chevelures*» FLAUBERT. FAM. *Une croqueuse* de diamants.* ABRÉV. FAM. (1901) **DIAM** [djam]. *Des diams.* ◆ PAR MÉTAPH. *Le diamant noir* : la truffe. ■ **2** TECHN. Instrument au bout duquel est sertie une pointe de diamant et qui sert à couper le verre, les glaces. *Diamant de vitrier, de miroitier.* «*la vitre qu'une main rompait d'un diamant silencieux*» MAURIAC. ◆ Pointe de lecture des disques microsillons. *Saphirs et diamants.* «*Elle s'applique à poser le diamant dans les premières rainures du 45 tours*» M. DARRIEUSSECQ. ■ **3** FIG. et POÉT. Ce qui brille, étincelle. «*Le gel cède à regret ses derniers diamants*» VALÉRY. ■ **4** ARCHIT. *Pointes de diamant* : pierre, bois taillés de manière à présenter des saillies de forme pyramidale. *Bossage à pointes de diamant.*

DIAMANTAIRE [djamɑ̃tɛʀ] **adj.** et **n.** – 1625 sens 2° ◊ de *diamant* ■ **1** (1838) TECHN. Qui a l'éclat du diamant. *Pierre diamantaire.* ■ **2** **n.** COUR. Personne qui taille ou vend des diamants. ➤ **joaillier, lapidaire.** *Les diamantaires d'Anvers.*

DIAMANTÉ, ÉE [djamɑ̃te] **adj.** – 1782 ◊ de *diamant* ■ **1** Garni de diamants. ➤ **endiamanté.** PAR PLAIS. «*une main tendue* [...] *copieusement diamantée*» QUENEAU. ■ **2** (1827) TECHN. Garni de poudre de diamant (outil de coupe ou d'abrasion). *Scie, meule diamantée.*

DIAMANTER [djamɑ̃te] **v. tr.** ‹1› – 1800 ◊ de *diamanté* ■ **1** Orner, couvrir (qqn) de diamants. ■ **2** Faire briller comme un diamant.

DIAMANTIFÈRE [djamɑ̃tifɛʀ] **adj.** – 1856 ◊ de *diamant* et *-fère* ■ Qui contient du diamant. *Sable, gisement diamantifère* (➤ **kimberlite**).

DIAMANTIN, INE [djamɑ̃tɛ̃, in] **adj.** – XVIᵉ ◊ de *diamant* ■ DIDACT. Qui a l'éclat ou la dureté du diamant. ➤ **adamantin.**

DIAMÉTRAL, ALE, AUX [djametʀal, o] **adj.** – XIIIᵉ ◊ de *diamètre* ■ Qui appartient au diamètre. *Ligne diamétrale. Plans diamétraux.* FIG. *Opposition diamétrale*, absolue, totale.

DIAMÉTRALEMENT [djametʀalmɑ̃] **adv.** – XIVᵉ ◊ de *diamétral* ■ **1** Selon le diamètre. *Les deux pôles sont diamétralement opposés.* ■ **2** (1588) COUR. *Diamétralement opposés.* ➤ **absolument, entièrement, radicalement.** *Opinions, intérêts diamétralement opposés.*

DIAMÈTRE [djamɛtʀ] **n. m.** – XIIIᵉ ◊ latin *diametrus*, grec *diametros* ■ **1** Ligne droite qui passe par le centre (d'un cercle, d'une sphère). *Rapport de la circonférence au diamètre.* ➤ **pi.** *Demi-diamètre.* ➤ 1 **rayon.** *Le diamètre de la Terre.* GÉOM. *Diamètre d'une courbe* : le lieu rectiligne des milieux des cordes parallèles à une direction donnée. ■ **2** La plus grande largeur ou grosseur (d'un objet cylindrique ou arrondi). *Le diamètre d'un arbre. Un tronc de deux mètres de diamètre. Diamètre d'un tube.* ➤ **calibre.** ■ **3** ASTRON. *Diamètre apparent d'un astre*, angle sous lequel on le voit.

DIAMIDE [diamid ; djamid] **n. m.** – 1898 ◊ de *di-* et *amide* ■ CHIM. Corps ayant deux fonctions amide*.

DIAMINE [diamin ; djamin] **n. f.** – 1877 ◊ de *di-* et *amine* ■ CHIM. Corps ayant deux fonctions amine*.

DIAMINOPHÉNOL [diaminofenɔl ; dja-] **n. m.** – 1933 ; *diamidophénol* 1877 ◊ de *di-*, *amine* et *phénol* ■ CHIM. Molécule cristallisée incolore $C_6H_3(OH)(NH_2)_2$, dont le chlorhydrate est utilisé comme révélateur photographique et entre dans la composition des teintures capillaires.

DIAMORPHINE ➤ **DIACÉTYLMORPHINE**

DIANE [djan] **n. f.** – 1555 ◊ italien *diana* ; racine *dia* «jour» ■ VX ou LITTÉR. Batterie de tambour, sonnerie de clairon ou de trompette pour réveiller les soldats, les marins. ➤ 1 **réveil.** *Battre, sonner la diane.* «*La diane chantait dans les cours des casernes*» BAUDELAIRE.

DIANTRE [djɑ̃tʀ] **interj.** – 1534 ; n. m. 1524 ◊ altération euphémique de *diable* ■ VIEILLI Juron, exclamation qui marque l'affirmation, l'imprécation, l'admiration, l'étonnement. ➤ **diable.** *Diantre que c'est cher ! Dépêchez-vous, que diantre !* «*comment diantre se trouvait-il que Tartarin de Tarascon n'eût jamais quitté Tarascon ?*» DAUDET. — **adv.** VIEILLI **DIANTREMENT,** 1596.

DIAPASON [djapazɔ̃] **n. m.** – début XIIᵉ, rare avant XVIIᵉ ◊ mot latin «octave», grec *dia pasôn (khordôn)* «par toutes (les cordes)» ■ **1** MUS. Étendue des sons que parcourt une voix ou un instrument, du plus grave au plus élevé. ➤ **registre.** ■ **2** Son de référence (la_3) utilisé pour l'accord des voix et des instruments. *Le diapason a été fixé à 440 Hz en 1939. Mettre un instrument au diapason*, l'accorder. ■ **3** (avant 1705) FIG. Degré auquel se trouvent, à un moment donné, les dispositions d'une personne, d'un groupe. ➤ **niveau,** 2 **ton.** — (Surtout *au, à un diapason*) *Il n'est plus au diapason* (de la situation). *Être, se mettre au diapason de qqn*, se conformer, s'adapter à sa manière de voir, de sentir. *Ils sont au même diapason* (cf. Sur la même longueur d'onde*). *Les enfants avaient «monté leurs sentiments à un diapason tel qu'il leur était impossible de les y maintenir dans la réalité»* R. ROLLAND. ■ **4** (1819) COUR. Instrument métallique, en forme de fourche à deux branches, qui donne le *la* lorsqu'on le fait vibrer en le frappant. «*mon oreille exercée, comme le diapason d'un accordeur*» PROUST. ◆ Petit instrument à vent en forme de sifflet qui sert au même usage.

DIAPÉDÈSE [djapedɛz] **n. f.** – 1560 ◊ grec *diapêdêsis*, de *pêdân* «jaillir» ■ MÉD. Migration des leucocytes à travers la paroi des capillaires, lors d'un processus inflammatoire.

DIAPHANE [djafan] **adj.** – *dyaphane* 1377 ◊ grec *diaphanês* «transparent» ■ **1** Qui laisse passer à travers soi les rayons lumineux sans laisser distinguer la forme des objets (à la différence de ce qui est *transparent*). ➤ **translucide.** ■ **2** LITTÉR. et FIG. Pâle, qui laisse apparaître les veines. *Teint, peau diaphane. Des mains diaphanes*, pâles et délicates. ■ CONTR. Obscur, opaque.

DIAPHANÉITÉ [djafaneite] **n. f.** – 1552 ◊ de *diaphane* ■ LITTÉR. Caractère de ce qui est diaphane.

DIAPHANOSCOPIE [djafanɔskɔpi] **n. f.** – 1908 ◊ de *dia-*, grec *phainein* «briller» (cf. *diaphane*) et *-scopie* ■ MÉD. Procédé qui consiste à éclairer certaines parties du corps (SPÉCIALT les sinus de la face) pour les examiner par transparence. ➤ **diascopie.**

DIAPHONIE [djafɔni] **n. f.** – 1953 ; XIIᵉ mus. ◊ du grec *diaphônia* «discordance» ■ TECHN. Défaut dans la transmission ou la restitution d'un signal, dû à un transfert d'énergie d'un signal sur un autre. *Le taux de diaphonie s'évalue en décibels.*

DIAPHORÈSE [djafɔʀɛz] **n. f.** – 1741 ◊ grec *diaphorêsis* ■ MÉD. RARE Transpiration abondante.

DIAPHORÉTIQUE [djafɔʀetik] adj. – 1575 ; *diaforétique* 1372 ◇ grec *diaphoretikos* → diaphorèse ■ MÉD. Qui active la transpiration. ➤ **sudorifique.** *Médicament diaphorétique.* — n. m. *Un diaphorétique.*

DIAPHRAGMATIQUE [djafʀagmatik] adj. – 1560 ◇ de *diaphragme* ■ ANAT. Qui a rapport au diaphragme (1°). ➤ **phrénique.**

DIAPHRAGME [djafʀagm] n. m. – 1314 ◇ latin des médecins, d'origine grecque *diaphragma* «séparation, cloison» ■ **1** ANAT. Muscle large et mince qui sépare le thorax de l'abdomen. *Hoquet provoqué par de brusques contractions du diaphragme. Les piliers du diaphragme. Nerf du diaphragme.* ➤ **phrénique.** ♦ Plan musculaire et aponévrotique représentant une séparation transversale au niveau d'une région déterminée. *Diaphragme pelvien.* — BOT. Cloison transversale qui sépare un fruit capsulaire en plusieurs loges. ■ **2** MÉD. Préservatif féminin formé d'un dôme de caoutchouc destiné à recouvrir la partie du col de l'utérus qui fait saillie au fond du vagin. ➤ **pessaire.** ■ **3** ARCHIT. *Mur diaphragme :* mur transversal de soutien, entre deux travées (dans certaines églises romanes). ■ **4** Membrane vibrante (d'appareils acoustiques). *Diaphragme de haut-parleur, de microphone, de phonographe.* ■ **5** (fin XIXᵉ photogr. ; 1690 opt.) Disque opaque percé d'une ouverture réglable, pour faire entrer plus ou moins de lumière. *Le diaphragme d'un appareil photographique. Diaphragme (à) iris,* formé de lamelles. *Faire varier l'ouverture du diaphragme en fonction de la lumière.*

DIAPHRAGMER [djafʀagme] v. ‹1› – 1877 opt. ◇ de *diaphragme* (5°) ■ **1** v. tr. VIEILLI PHYS. Munir (un appareil d'optique) d'un diaphragme. ■ **2** v. intr. MOD. Régler l'ouverture du diaphragme. *Diaphragmer à huit.*

DIAPHYSE [djafiz] n. f. – XVIᵉ ◇ grec *diaphusis* «séparation naturelle, interstice» ■ ANAT. Tronçon moyen (d'un os long). *Diaphyse du fémur.* — adj. **DIAPHYSAIRE,** 1870.

DIAPORAMA [djapɔʀama] n. m. – v. 1965 ◇ de *diapositive* et *-orama* ■ Spectacle de projection sonorisée de diapositives. ♦ PAR EXT. Diffusion séquentielle d'images numériques (sur un écran). *Cliquez pour lancer le diaporama.*

DIAPOSITIVE [djapozitiv] n. f. – 1892 ; d'abord *diapositif, ive* adj. ◇ de *dia-* et *positif* ■ (répandu v. 1950) COUR. Tirage photographique positif destiné à la projection. *Passer, projeter des diapositives en couleurs. Classeur, projecteur pour diapositives. Collection de diapositives.* ➤ **diathèque.** — ABRÉV. FAM. (avant 1950) **DIAPO,** (Belgique, Luxembourg) **DIA** [dija]. *Conférence avec projection de diapos.* ➤ **diaporama.**

DIAPRÉ, ÉE [djapʀe] adj. – XIVᵉ ◇ de *diaprer* ■ De couleur variée et changeante. *Étoffe diaprée.* ➤ **chatoyant.** *Papillon diapré. «nous nous éprenions de ce grand pays monotone, de son vide diapré, de son silence»* GIDE. ■ CONTR. Uni.

DIAPRER [djapʀe] v. tr. ‹1› – *dyasprer* XIIIᵉ ◇ de l'ancien français *diaspre* «drap à ramages», du latin médiéval *diasprum,* altération de *jaspis* → jaspe ■ LITTÉR. Nuancer, parer de couleurs variées. ♦ Orner de façon brillante. *«que toute chose s'irise, que toute beauté se revête et se diapre de mon amour»* GIDE.

DIAPRURE [djapʀyʀ] n. f. – *diapreure* 1360 ◇ de *diaprer* ■ LITTÉR. Aspect diapré ; chatoiement, variété des couleurs.

DIARISTE [djaʀist] n. – 1954 ◇ anglais *diarist* ■ ANGLIC. Auteur d'un journal intime. *«Les diaristes seraient donc en augmentation»* (Libération, 1996).

DIARRHÉE [djaʀe] n. f. – 1568 ; *diarrie* 1372 ◇ latin des médecins *diarrhœa,* grec *diarrhoia* «écoulement» ; cf. *-rr(h)ée* ■ Évacuation fréquente de selles liquides. ➤ 1 **colique ;** POP. ou VULG. **chiasse, courante,** 2 **foire.** *Douleur accompagnant la diarrhée.* ➤ 1 **colique.** *Avoir la diarrhée. Diarrhée du voyageur.* ➤ **tourista.** ■ CONTR. Constipation.

DIARRHÉIQUE [djaʀeik] adj. et n. – 1835 ; *diarroïque* 1827 ◇ de *diarrhée* ■ MÉD. Qui a rapport à la diarrhée. *Selles diarrhéiques.* ♦ Qui est atteint de diarrhée. *Malade diarrhéique.* — n. *Un, une diarrhéique.*

DIARTHROSE [djaʀtʀoz] n. f. – 1561 ◇ grec *diarthrôsis,* de *arthron* «articulation» ■ ANAT. Articulation mobile qui permet aux os des mouvements étendus. *Capsule articulaire, cartilages, synovie d'une diarthrose* (ex. genou).

DIASCOPE [djaskɔp] n. m. – 1940 ◇ de *dia-* et *-scope* ■ **1** TECHN. Instrument d'optique utilisé dans les engins blindés. ➤ **périscope.** ■ **2** MÉD. Appareil comportant une plaque de verre, utilisé pour l'examen des lésions superficielles de la peau. ■ **3** (1961) TECHN. Appareil de projection pour les diapositives et les documents transparents. ➤ **épidiascope.**

DIASCOPIE [djaskɔpi] n. f. – 1961 ◇ de *dia-* et *-scopie* ■ **1** DIDACT. Projection de documents transparents. ■ **2** MÉD. ➤ **diaphanoscopie.**

DIASPORA [djaspɔʀa] n. f. – 1909 ◇ mot grec «dispersion» ■ HIST. RELIG. Dispersion à travers le monde antique des Juifs exilés de leur pays. — PAR EXT. (1949) Dispersion (d'une communauté) à travers le monde ; ensemble des membres dispersés. *Les diasporas arménienne, libanaise, chinoise. «revoir les amis de la diaspora éclatée aux quatre coins du globe»* PUÉRTOLAS.

DIASTASE [djastɑz] n. f. – 1814 ; «luxation» 1752 ◇ grec *diastasis* «séparation» ■ BIOCHIM. VX Catalyseur protéique. ➤ **enzyme.** — Enzyme provoquant l'hydrolyse de l'amidon. ➤ **amylase.**

DIASTASIQUE [djastɑzik] adj. – 1868 ◇ de *diastase* ■ BIOCHIM. VX Relatif à la diastase. *Action diastasique de la ptyaline.*

DIASTÉRÉO-ISOMÈRE [djastereoizɔmɛʀ] n. m. – 1932 ◇ de *dia-, stéréo-* et *isomère* ■ CHIM. Chacun des deux stéréo-isomères qui contient au moins deux atomes chiraux, et qui n'est pas un énantiomère. *Des diastéréo-isomères.*

DIASTOLE [djastɔl] n. f. – 1541 ; gramm. v. 1340 ◇ grec *diastolê* «dilatation» ■ PHYSIOL. Phase de dilatation du cœur et des artères qui alterne avec la phase de contraction ou *systole.*

DIASTOLIQUE [djastɔlik] adj. – 1546 ◇ de *diastole* ■ PHYSIOL. Relatif à la diastole. *Souffle diastolique. Bruit diastolique du cœur :* le second bruit du cœur qui correspond à la fin de la systole et au début de la diastole.

DIATHÈQUE [djatɛk] n. f. – 1971 ◇ de *dia(positive)* et *-thèque* ■ TECHN. Collection de diapositives. — Meuble ou pièce où sont conservées des diapositives.

DIATHERMANE [djatɛʀman] adj. – 1833 ◇ de *dia-* et grec *thermainein* «chauffer» ■ PHYS. Qui transmet le rayonnement calorifique. *Le mica est diathermane.* — On dit aussi **DIATHERME** (1929) et **DIATHERMIQUE** (1855).

DIATHERMIE [djatɛʀmi] n. f. – 1922 ◇ allemand *Diathermie ;* cf. *dia-* et *-thermie* ■ MÉD. Méthode thérapeutique qui utilise des courants électriques alternatifs de haute fréquence pour échauffer les tissus *(diathermie médicale)* ou pour les détruire *(diathermie chirurgicale).* ➤ **électrocautère, électrocoagulation.**

DIATHÈSE [djatɛz] n. f. – 1560 ◇ grec *diathesis* «disposition» ■ MÉD. Disposition générale d'une personne à être atteinte, simultanément ou successivement, par des affections présumées de même étiologie, mais avec des manifestations différentes. ➤ **prédisposition, terrain.** *Diathèse arthritique.* ➤ **arthritisme.** *Idiosyncrasies et diathèses.*

DIATHÉSIQUE [diatezik] adj. – 1855 ◇ de *diathèse* ■ MÉD. Qui se rapporte à la diathèse. *Affection diathésique.*

DIATOMÉE [djatɔme] n. f. – 1834 ◇ grec *diatomos* «coupé en deux» ■ Algue unicellulaire microscopique dont l'enveloppe siliceuse se compose de deux valves emboîtées. *Les diatomées contribuent à former le plancton végétal. Diatomées fossiles.* ➤ **diatomite, kieselguhr, tripoli.**

DIATOMIQUE [diatɔmik] adj. – 1866 ◇ de *di-* et *atomique* ■ CHIM. Dont la molécule est formée de deux atomes. *Le dioxygène* (O_2) *est un gaz diatomique.*

DIATOMITE [djatɔmit] n. f. – 1948 ◇ de *diatomée* ■ MINÉR. Roche constituée par des débris de diatomées, employée industriellement pour ses propriétés absorbantes et abrasives. ➤ **tripoli.**

DIATONIQUE [djatɔnik] adj. – XIVᵉ ◇ latin *diatonicus,* grec *diatonikos,* de *dia* «par» et *tonos* «ton» ■ MUS. *Échelle, gamme diatonique :* échelle naturelle, formée de tons et demi-tons qui se succèdent par degrés conjoints (opposé à *chromatique*). *Demi-ton diatonique.* ➤ **demi-ton.** — adv. **DIATONIQUEMENT,** 1587.

DIATRIBE [djatʀib] n. f. – 1734 ; «dissertation critique» 1558 ◇ latin *diatriba,* grec *diatribê* «discussion d'école» ■ Critique amère, violente, le plus souvent sur un ton injurieux. ➤ **attaque, factum, libelle, pamphlet, satire.** *Se lancer dans une longue diatribe contre qqn. «Il mêle à la violence de ses diatribes une pitié indulgente»* PROUST. ■ CONTR. Apologie, éloge.

DIAULE [diol ; djol] n. f. – 1776 ◇ du grec *dis* «deux» et *aulos* «flûte» ■ Flûte double des Grecs de l'Antiquité. APPOS. *Flûtes diaules.* — Air joué avec cet instrument.

DIAZOÏQUE [diazɔik ; dja-] **adj. et n. m.** – 1870 ◊ de *di-* et radical de *azote* ■ CHIM. Se dit de composés doublement azotés (formule RN=NR′) utilisés dans la fabrication des colorants.

DIAZOTE [diazɔt] **n. m.** – 1977 ◊ de *di-* et *azote* ■ CHIM. Corps simple (N_2), gaz incolore, inodore, chimiquement peu actif. *L'atmosphère est composée à 4/5 de diazote.* ➤ **azote.**

DIBASIQUE [dibazik] **adj.** – 1960 ◊ de *di-* et *basique* ■ CHIM. Qui possède deux fonctions base.

DIBROME [dibʀom] **n. m.** – 1995 ◊ de *di-* et 2*brome* ■ CHIM. Corps simple (Br_2), liquide rougeâtre volatil, dégageant des vapeurs suffocantes, toxiques, qu'on extrait des eaux marines et des gisements salins. *Eau de dibrome* (réactif des doubles liaisons). ➤ 2 **brome.**

DIBROM(O)- ■ Préfixe, de *di-* et 2*brome,* indiquant en chimie la présence de deux atomes de brome dans une molécule.

DICASTÈRE [dikastɛʀ] **n. m.** – 1791 ◊ grec *dikastêrion* « cour de justice » ■ **1** DR. CAN. Subdivision de la curie romaine. ■ **2** RÉGION. (Suisse) Subdivision d'une administration communale. *Dicastère des travaux publics.* ➤ **département, direction.**

DICÉTO- ■ Préfixe, de *di-* et *acétone,* indiquant en chimie la présence de deux fonctions cétone dans une molécule.

DICHLORE [diklɔʀ] **n. m.** – 1995 ◊ de *di-* et *chlore* ■ CHIM. Corps simple (Cl_2), gaz jaune verdâtre d'odeur suffocante. ➤ **chlore.** *L'eau de Javel est préparée industriellement par réaction entre le dichlore et la soude.*

DICHLOR(O)- ■ Préfixe, de *di-* et *chlore,* indiquant en chimie la présence de deux atomes de chlore dans une molécule.

DICHLORURE [diklɔʀyʀ] **n. m.** – 1970 *dichlorure d'acides* ◊ de *di-* et *chlorure* ■ CHIM. Composé dont la molécule renferme deux atomes de chlore. ➤ **bichlorure.**

DICHO- ■ Élément, du grec *dikho-,* de *dikha* « en deux », de *dis* « deux fois ».

DICHOGAME [dikɔgam] **adj.** – 1845 ◊ de *dicho-* et *-game* ■ BOT. Se dit des fleurs hermaphrodites dont les étamines et les pistils ne parviennent pas à maturité en même temps, ce qui empêche l'autofécondation. — **n. f.** (1831) **DICHOGAMIE.**

DICHOTOME [dikɔtɔm] **adj.** – 1752 ◊ grec *dikhotomos,* de *dikha* « en deux parties » ; cf. *-tome* ■ **1** ASTRON. VIEILLI *Lune dichotome,* à moitié éclairée par le Soleil. ■ **2** (1787) BOT. Qui se divise par bifurcation. *Tige dichotome du gui.*

DICHOTOMIE [dikɔtɔmi] **n. f.** – 1750 ◊ grec *dikhotomia* ■ **1** ASTRON. VX Phase de la Lune pendant laquelle une seule moitié de son disque est visible. ■ **2** (1803) BOT. Mode de ramification par divisions successives en deux branches. ➤ **bifurcation.** ■ **3** (1907) MÉD. Partage illicite d'honoraires entre le médecin traitant et un de ses confrères. ■ **4** Division, subdivision binaire (entre deux éléments qu'on sépare nettement et qu'on oppose). — PAR EXT. Opposition binaire d'éléments abstraits complémentaires. *La dichotomie saussurienne* synchronie/diachronie. *Tri par dichotomie,* où les éléments sont rangés par couple*.

DICHOTOMIQUE [dikɔtɔmik] **adj.** – 1833 ◊ de *dichotomie* ■ **1** BOT. Qui se divise par bifurcation. ■ **2** DIDACT. Qui procède par divisions et subdivisions binaires*. *Méthode, classification dichotomique.* — (1968) PSYCHOL. *Test dichotomique,* qui ne permet que les réponses *oui, non.*

DICHROÏQUE [dikʀɔik] **adj.** – 1858 ◊ de *dichroïsme* ■ PHYS. Qui présente des phénomènes de dichroïsme. *Miroir dichroïque.*

DICHROÏSME [dikʀɔism] **n. m.** – 1824 ◊ anglais *dichroism,* grec *dikhroos* « de deux couleurs » ■ PHYS. (OPT.) Propriété de certaines substances de présenter une coloration différente selon les conditions d'observation, l'absorption des rayons lumineux variant avec l'orientation, l'épaisseur du corps.

DICHROMATE [dikʀɔmat] **n. m.** – 1862 *dichromate potassique* ◊ de *di-* et *chromate* ■ CHIM. Ion $Cr_2O_7^{\ 2-}$, contenant deux atomes de chrome ; sel formé de cet ion. ➤ **bichromate.**

DICHROMATIQUE [dikʀɔmatik] **adj.** – 1853 ◊ de *di-* et grec *khrôma, atos* « couleur » ■ DIDACT. Qui présente deux couleurs à la fois.

DICLINE [diklin] **adj.** – 1798 ◊ de *di-* et grec *klinê* « lit » ■ BOT. Dont les fleurs ne sont pas exclusivement bisexuées. *Les plantes diclines.*

DICO ➤ **DICTIONNAIRE**

DICOTYLÉDONE [dikɔtiledɔn] **adj. et n. f.** – 1783 ◊ de *di-* et *cotylédon* ■ BOT. Dont l'embryon a deux cotylédons. ♦ **n. f. pl.** Classe de végétaux supérieurs dont l'embryon possède deux cotylédons. *Les monocotylédones et les dicotylédones constituent les angiospermes*.* — **Sing.** *Une dicotylédone.*

DICOUMAROL [dikumaʀɔl] **n. m.** – milieu XXe ◊ de *di-, coumarine* et *-ol* ■ BIOCHIM. Composé chimique extrait du mélilot ou obtenu par synthèse, employé comme anticoagulant. — On dit aussi **DICOUMARINE n. f.**

DICROTE [dikʀɔt] **adj. m.** – 1752 ◊ grec *dikrotos,* de *di-* et *krotos* « bruit » ■ MÉD. *Pouls dicrote,* marqué par deux pulsations pour chaque battement cardiaque.

DICTAME [diktam] **n. m.** – 1548 ; *ditan* XIIe ◊ latin *dictamnum,* grec *diktamnon* ■ **1** BOT. Plante aromatique *(labiées)* aux feuilles laineuses. *Dictame fraxinelle. Dictame de Crète,* aux propriétés vulnéraires. ■ **2** FIG. POÉT. ➤ **adoucissement, baume.** « *Tous les dictames saints qui calment la souffrance* » HUGO.

DICTAPHONE [diktafɔn] **n. m.** – 1935 ◊ n. déposé, de *dicter* et *-phone* ■ Magnétophone qui sert notamment à dicter le courrier.

DICTAT ➤ **DIKTAT**

DICTATEUR, TRICE [diktatœʀ, tʀis] **n.** – 1213 ◊ latin *dictator* ■ **1 n. m.** ANTIQ. ROM. Magistrat extraordinaire nommé dans les circonstances critiques avec un pouvoir illimité (pour six mois, en principe). *César, dictateur à vie.* ■ **2** MOD. Personne qui, après s'être emparée du pouvoir, l'exerce sans contrôle. ➤ **autocrate, despote, tyran ; dictature,** 2°. « *Le dictateur demeure enfin seul possesseur de la plénitude de l'action. Il absorbe toutes les valeurs dans la sienne, réduit aux siennes toutes les vues* » VALÉRY. *Dictateur fasciste, communiste.* — FIG. *Faire le dictateur.* ➤ **despote, tyran.** *Ton, allure de dictateur.* ➤ **dictatorial.**

DICTATORIAL, IALE, IAUX [diktatɔʀjal, jo] **adj.** – 1777 ◊ de *dictateur,* d'après *sénatorial* ■ Qui appartient au dictateur, qui a rapport à la dictature. *Pouvoirs dictatoriaux. Régime dictatorial.* ➤ **autoritaire.** — FIG. *Ton dictatorial.* ➤ **impérieux.**

DICTATORIALEMENT [diktatɔʀjalmɑ̃] **adv.** – 1869 ◊ de *dictatorial* ■ DIDACT. À la manière d'un dictateur.

DICTATURE [diktatyʀ] **n. f.** – fin XIIIe ◊ latin *dictatura* ■ **1** ANTIQ. ROM. Magistrature extraordinaire, la plus élevée de toutes chez les Romains. *Les proscriptions sous les dictatures de Marius, de Sylla.* ■ **2** (1789) MOD. Régime politique autoritaire établi par un individu, une assemblée, un parti, un groupe social. ➤ **absolutisme, autocratie, totalitarisme ;** aussi **démocrature.** *Instaurer la dictature dans un pays. Dictature personnelle.* ➤ **dictateur.** *Vivre sous la dictature de qqn. La dictature de Cromwell, de la Convention. Dictature militaire.* ➤ **caporalisme, césarisme.** « *Les Jacobins avaient eu plus d'un an de dictature illimitée* » MICHELET. — *Dictature fasciste, nazie.* ➤ **fascisme, nazisme.** « *Il est remarquable que la dictature soit à présent contagieuse, comme le fut jadis la liberté* » VALÉRY. ♦ HIST. *Dictature du prolétariat :* stade politique devant mener à la société sans classe, dans le marxisme-léninisme (doctrine abandonnée avec la déstalinisation). ■ **3** (avant 1741) FIG. Pouvoir absolu, suprême. *Dictature littéraire.* ➤ **tyrannie ; autoritarisme, despotisme.** « *Toute la philosophie de cette dictature industrielle et commerciale aboutit à ce dessein impie : imposer à l'humanité des besoins, des appétits* » DUHAMEL.
■ CONTR. Anarchie, démocratie.

DICTÉE [dikte] **n. f.** – 1680 ◊ p. p. fém. de *dicter* ■ **1** Action de dicter. *La dictée d'un texte à un secrétaire. Écrire, prendre sous la dictée (de qqn).* — FIG. *Agir, parler sous la dictée des circonstances, des évènements.* « *Leurs leçons de bonté et de moralité, qui me semblaient la dictée même du cœur et de la vertu* » RENAN. ■ **2** SPÉCIALT Exercice scolaire consistant en un texte lu par l'enseignant et que les élèves s'efforcent d'écrire avec l'orthographe correcte. ➤ aussi **autodictée.** PAR EXT. Ce texte, sa transcription. *Dictée d'écolier. Faire une dictée. Relire, corriger la dictée. Faire deux fautes dans, à sa dictée. Concours, championnat de dictées.* ♦ *Dictée musicale :* exercice consistant à noter des phrases musicales au fur et à mesure qu'on les entend.

DICTER [dikte] **v. tr.** ⟨1⟩ – XVe ; *ditier* XIIe ◊ latin *dictare,* de *dicere* « dire » ■ **1** Dire (qqch.) à haute voix en détachant les mots ou les membres de phrases, pour qu'une autre personne les écrive au fur et à mesure. *Dicter aux élèves le sujet d'une* *dissertation, l'énoncé d'un problème. Dicter une lettre à sa secrétaire. Dicter ses instructions, son courrier* (➤ **dictaphone**). *Système permettant de noter rapidement ce qui est dicté.* ➤ **sténographie, sténotypie.** ▪ **2** Indiquer en secret, à l'avance, à qqn (ce qu'il doit dire ou faire). *Dicter à qqn la conduite qu'il doit tenir* (cf. Faire la leçon* à qqn). *Son attitude, ses réponses lui ont été dictées.* ➤ **souffler, suggérer.** ◆ (Sujet chose) ➤ **inspirer, provoquer.** *L'attitude de nos adversaires dictera la nôtre.* ➤ **commander, conditionner, décider** (de). « *Quel chagrin t'a dicté cette parole amère* » MUSSET. ▪ **3** Stipuler et imposer. ➤ **prescrire, régler.** *Dicter la paix,* en décider les conditions sans admettre que l'adversaire les discute. *Dicter sa loi, ses conditions* (➤ **diktat, oukase**). ▪ CONTR. Exécuter, obéir (à), suivre.

DICTION [diksjɔ̃] **n. f.** – XIIe « expression » ◇ latin *dictio,* de *dicere* ▪ **1** VX Manière de dire, quant au choix et à l'agencement des mots. ➤ **style.** ▪ **2** (1549) MOD. Manière de dire, de débiter un discours, des vers, etc. ➤ 1 **débit, élocution.** *Professeur de diction. Diction théâtrale.* « *Il avait une diction très nette et chantante* » ROMAINS. « *Quant à la diction, mère de la Poésie, j'observe que le français, bien parlé, ne chante presque pas* » VALÉRY.

DICTIONNAIRE [diksjɔnɛʀ] **n. m.** – v. 1501 « dictionnaire bilingue » ◇ latin médiéval *dictionarium,* de *dictio* « action de dire » ▪ **1** Recueil d'unités signifiantes de la langue (mots, termes, éléments...) rangées dans un ordre convenu, qui donne des définitions, des informations sur les signes. ABRÉV. FAM. (1885) **DICO** [diko]. *Des dicos. Dictionnaire alphabétique ; dictionnaire conceptuel, dictionnaire de caractères chinois par clés. Consulter un dictionnaire.* « *il faut se figurer les usages nombreux et ordinaires du dictionnaire. On y cherche le sens des mots, la génération des mots, l'étymologie des mots* » BAUDELAIRE. *Chercher un mot dans le dictionnaire. Ce n'est pas dans le dictionnaire. Entrer dans le dictionnaire.* — *Liste des mots d'un dictionnaire.* ➤ **nomenclature.** *Dictionnaire ne donnant que les mots principaux* (➤ **lexique, vocabulaire**), *les mots difficiles ou peu connus* (➤ **glossaire**). *Entrée, article d'un dictionnaire.* ◆ *Dictionnaire général. Dictionnaire de langue,* donnant des renseignements sur les mots de la langue commune et leurs emplois. « *qu'est-ce qu'un dictionnaire ? C'est un grenier à mots avec pour chaque mot son mode d'emploi* » TOURNIER. *Technique de la confection des dictionnaires.* ➤ **lexicographie.** *Les séances du dictionnaire à l'Académie française. Rédaction, mise à jour, révision d'un dictionnaire.* « *L'usage contemporain est le premier et principal objet d'un dictionnaire* » LITTRÉ. *Macrostructure, microstructure d'un dictionnaire. Définitions, exemples, citations, renvois d'un dictionnaire. Dictionnaire illustré.* — *Dictionnaire encyclopédique,* contenant des renseignements sur les choses, les idées désignées par les mots, et traitant les noms propres. ➤ **encyclopédie.** ◆ *Dictionnaire bilingue,* qui donne la traduction d'un mot d'une langue dans une autre en tenant compte des sens, des emplois. *Dictionnaire français-anglais, latin-français. Traduire à coups de dictionnaire.* ◆ *Dictionnaires spéciaux. Dictionnaires thématiques.* — *Dictionnaire des synonymes, antonymes, homonymes ; dictionnaire analogique, étymologique, orthographique. Dictionnaire de locutions, de proverbes. Dictionnaire de rimes, de prononciation. Dictionnaire de mots croisés.* — (Langues spéciales) *Dictionnaire de la philosophie, de la médecine.* ➤ **terminologie, vocabulaire.** *Dictionnaire de l'argot, d'argot.* « *Dictionnaire de la musique* », *de J.-J. Rousseau. Dictionnaire des conventions, des signaux.* ➤ **code, répertoire.** — *Dictionnaire d'un auteur.* ➤ **lexique.** *Dictionnaire des mots employés dans la Bible.* ➤ **concordance.** — Recueil de noms propres, de faits, de jugements non systématique, présenté comme un dictionnaire. « *Le Dictionnaire des idées reçues* », *de Flaubert.* ◆ *Dictionnaire informatisé, électronique,* édité sur CD-ROM ou DVD. ◆ Série des unités lexicales codifiées (mots, locutions) mise en mémoire dans une machine à traduire. ▪ **2** *Le dictionnaire d'une époque, d'une personne,* la somme des mots qu'elle emploie. ➤ **vocabulaire.** ▪ **3** FIG. Personne qui sait tout. *C'est un vrai dictionnaire, un dictionnaire vivant !* ➤ **bibliothèque, encyclopédie.**

DICTIONNAIRIQUE [diksjɔnɛʀik] **adj.** et **n. f.** – 1843 ◇ de *dictionnaire* ▪ DIDACT. ▪ **1 adj.** Qui concerne le dictionnaire. ▪ **2 n. f.** Science de l'élaboration des dictionnaires.

DICTIONNARISTE [diksjɔnaʀist] **n.** – 1694 ◇ de *dictionnaire* ▪ DIDACT. Auteur de dictionnaires. ➤ **lexicographe.**

DICTON [diktɔ̃] **n. m.** – 1541 ◇ latin *dictum* « sentence », du p. p. de *dicere* ▪ Sentence passée en proverbe. ➤ 1 **adage, aphorisme, maxime.** « *tous les jolis dictons, proverbes ou adages, dont nos paysans de Provence passementent leurs discours* » DAUDET.

-DIDACTE ▪ Élément, du grec *didaskein* « enseigner » : *autodidacte.*

DIDACTICIEL [didaktisjɛl] **n. m.** – 1979 ◇ de *didactique* et *logiciel* ▪ INFORM. Logiciel* à fonction pédagogique. ➤ aussi **tutoriel.**

DIDACTIQUE [didaktik] **adj.** et **n. f.** – 1554 ◇ grec *didaktikos,* de *didaskein* « enseigner » ▪ **1** Qui vise à instruire, qui a rapport à l'enseignement. *Ouvrages didactiques. Un exposé didactique.* — HIST. *Le genre didactique :* genre littéraire où l'auteur s'efforce d'instruire sous une forme agréable et poétique. « *L'Art poétique* » *d'Horace appartient au genre didactique.* ▪ **2** MOD. Qui appartient à l'usage des sciences et des techniques, à une langue de spécialité. *Terme didactique,* inusité dans la langue courante (ABRÉV. dans cet ouvrage : DIDACT.). ▪ **3 n. f.** Théorie et méthode de l'enseignement. ➤ **pédagogie.** *La didactique des langues.*

DIDACTIQUEMENT [didaktikmɑ̃] **adv.** – 1754 ◇ de *didactique* ▪ D'une manière didactique.

DIDACTISME [didaktism] **n. m.** – v. 1860 ◇ de *didactique* ▪ Caractère didactique (souvent péj.).

DIDACTYLE [didaktil] **adj.** – 1775 ◇ de *di-* et *-dactyle* ▪ ZOOL. Qui a deux doigts. *Le paresseux didactyle.*

DIDASCALIE [didaskali] **n. f.** – 1688 ◇ grec *didaskalia* « enseignement » ▪ **1** ANTIQ. GR. Instructions du poète dramatique à ses interprètes. ▪ **2** MOD. DIDACT. Indication de jeu dans une œuvre théâtrale, un scénario.

DIDJÉRIDOO ou **DIDJERIDOO** [didʒeʀidu] **n. m.** – 1991 ◇ origine incertaine, peut-être d'une langue d'Australie ▪ Instrument à vent des aborigènes australiens fait d'un long tuyau de bois évidé, à l'embouchure façonnée dans de la cire d'abeille. *Le son grave du didjéridoo.* — On écrit aussi *didgeridoo.*

DIDUCTION [didyksjɔ̃] **n. f.** – 1843 ; « longueur » 1556 ◇ latin *diductio,* de *diducere* « mener en diverses directions », de *ducere* ▪ PHYSIOL. Mouvement latéral de la mâchoire inférieure. *Rôle de la diduction dans la physiologie des ruminants.*

DIDYME [didim] **adj.** et **n. m.** – 1783 ; *didime* anat. 1314 ◇ grec *didumos* « jumeau » ▪ **1** BOT. VIEILLI Formé de deux parties plus ou moins arrondies et accouplées. *Racine didyme.* ▪ **2 n. m.** CHIM. Mélange de néodyme et de praséodyme, de la série des lanthanides*.

DIÈDRE [djɛdʀ] **adj.** et **n. m.** – 1783 ◇ de *di-* et *-èdre* ▪ MATH. ▪ **1** *Angle dièdre,* formé par deux demi-plans qui ont une arête commune. ▪ **2 n. m.** Ensemble de deux demi-plans (ou *faces du dièdre*) qui ont une arête commune.

DIÉGÈSE [djeʒɛz] **n. f.** – v. 1969 ; 1953 cin. ◇ du grec *diêgêsis* « récit, narration » ▪ DIDACT. Espace-temps dans lequel se déroule l'histoire proposée par la fiction du récit, du film. — **adj. DIÉGÉTIQUE.** *Durée réelle et durée diégétique d'un film.*

DIÉLECTRIQUE [djelɛktʀik ; die-] **adj.** et **n. m.** – 1862 ◇ de *di(a)-* et *électrique* ▪ PHYS. Qui ne conduit pas (ou peu) l'électricité mais laisse s'exercer les forces électrostatiques. — **n. m.** *La permittivité* d'un diélectrique. Diélectrique polarisé.* ➤ **électret.**

DIENCÉPHALE [diɑ̃sefal ; djɑ̃-] **n. m.** – 1953 ◇ de *di-* et *encéphale* ▪ ANAT. Partie du cerveau, issue de la vésicule cérébrale antérieure de l'embryon, située entre les hémisphères cérébraux et formée principalement du thalamus, de l'épiphyse et de l'hypothalamus.

DIENCÉPHALIQUE [diɑ̃sefalik ; djɑ̃-] **adj.** – 1953 ◇ de *diencéphale* ▪ ANAT. Relatif au diencéphale.

DIÉRÈSE [djeʀɛz] **n. f.** – 1529 ◇ latin des grammairiens *diæresis,* grec *diairesis* « division » ▪ **1** PHONÉT. Prononciation dissociant en deux syllabes un groupe vocalique. « *Plier* » *se prononce avec une diérèse. La métrique impose parfois la diérèse.* ▪ **2** (1841) MÉD. Séparation accidentelle ou chirurgicale de tissus sans perte de substance. ▪ CONTR. Crase, synérèse.

DIERGOL [diɛʀgɔl ; djɛʀgɔl] **n. m.** – 1968 ◇ de *di-* et *ergol* → -ergie ▪ ASTRONAUT. Propergol* composé de deux ergols. — On dit parfois **BIERGOL.**

DIÈSE [djɛz] **n. m.** – 1556 ; var. *diésis,* fém. jusqu'au XVIIe ◇ latin *diesis,* mot grec « intervalle » ▪ **1** Signe d'altération ou d'accident (♯) qui élève d'un demi-ton chromatique la note devant laquelle il est placé. *Morceau avec deux dièses à la clé*. Double dièse :* signe d'altération ou d'accident (𝄪) qui élève de deux demi-tons chromatiques la note de musique devant laquelle il est placé. ◆ APPOS. INV. *Des do dièse.* ▪ **2** IMPROPRT Croisillon (3°). *La touche dièse des téléphones.* — (2013) *Mot-dièse :* recomm. offic. pour *hashtag*. Des mots-dièse.*

DIESEL ou **DIÉSEL** [djezɛl] **n. m.** – 1913 ◇ *moteur Diesel*, du nom de l'inventeur ■ **1** Moteur à combustion interne, dans lequel l'allumage est obtenu par compression (cf. Moteur à huile* lourde, à injection*). *Diesel à deux temps, quatre temps. Les diesels, les diésels d'un bateau. «la puissance silencieuse des diesels»* GENEVOIX. — **adj.** *Moteur diesel. Des camions diesels, diésels. «des sous-marins diesels traînaient dans l'eau d'une anse»* M. DUGAIN. — *Semi-diesel*, où la compression moins élevée nécessite un allumage électrique. ■ **2** (1943) *Un diesel* : un véhicule à moteur diesel. *Carburant des diesels.* ➤ **gazole.** ♦ **n. m.** (1961) *Diesel électrique* : locomotive électrique dont la puissance est donnée par un moteur diesel qui entraîne une génératrice électrique alimentant les moteurs. *Des diesels électriques.* ■ **3** Gazole. *Rouler au diesel.*

DIÉSÉLISTE [djezelist] **n. m.** – 1966 ◇ de *diesel* ■ TECHN. Mécanicien spécialisé dans l'étude, l'entretien, etc. des diesels.

DIÉSER [djeze] **v. tr.** ‹6› – 1732 ; *diésé* 1704 ◇ de *dièse* ■ Marquer (une note) d'un dièse. *Diéser et bémoliser. En sol majeur, il faut diéser les fa.* — **p. p. adj.** *Note diésée.*

DIES IRAE [djɛsiʀe] **n. m. inv.** – 1803 ◇ mots latins «jour de colère», début d'une prose latine ■ LITURG. Prose du missel romain, évoquant le Jugement dernier, chantée à l'office des morts. ♦ Composition musicale sur ce thème. *Berlioz a utilisé le thème du* Dies irae *dans la «Symphonie fantastique».*

DIESTER [djɛstɛʀ] **n. m.** – 1991 ◇ marque déposée ; mot-valise formé de *diesel* et *ester* ■ Biocarburant tiré de composés organiques (esters d'huile de colza, de tournesol) et ajouté au gazole. ➤ **biodiesel.**

1 **DIÈTE** [djɛt] **n. f.** – XIIIe ◇ latin des médecins *diæta*, grec *diaita* «genre de vie» ■ **1** MÉD. Régime alimentaire particulier, prescrit par le médecin, préconisant, excluant ou limitant certains aliments, à titre hygiénique ou thérapeutique. ➤ **diététique,** 1 **régime.** *Diète lactée, protéinée ; diète hydrique.* ■ **2** (XVIe) Abstention momentanée, plus ou moins complète, d'aliments, sur prescription médicale. ➤ **abstinence.** *Mettre un malade à la diète. Être à la diète.* ♦ Privation de nourriture. ➤ **jeûne.** *«peu à peu, la faim était venue, car, à seize ans, on ne peut pas faire longtemps diète»* SAND.

2 **DIÈTE** [djɛt] **n. f.** – 1512 ◇ latin médiéval *dieta* «jour assigné», de *dies* «jour», pour traduire l'allemand *Tag* ; cf. *Landtag, Reichstag* ■ HIST. Assemblée politique dans certains pays d'Europe (Allemagne, Suède, Pologne, Hongrie). *Décisions de la diète.* ➤ **recès.** *Luther comparut devant la diète de Worms en 1521.*

DIÉTÉTICIEN, IENNE [djetetisjɛ̃, jɛn] **n.** – 1891 ◇ de *diététique* ■ Spécialiste de la diététique. ➤ RÉGION. **diététiste.** *Régime établi par une diététicienne.*

DIÉTÉTIQUE [djetetik] **adj.** et **n. f.** – 1549 ◇ latin *diæteticus*, grec *diaithêtikos* ■ **1** Relatif à un régime alimentaire, surtout restrictif (➤ 1 **diète**). *Aliment diététique*, que sa composition ou sa préparation différencie des autres aliments. — SUBST. FÉM. *Rayon de diététique d'une pharmacie.* ■ **2** **n. f.** Ensemble des règles à suivre pour équilibrer l'alimentation (ration calorique, apport d'éléments indispensables) et l'adapter aux besoins individuels. ♦ MÉD. Ensemble des principes et des méthodes de réalisation des régimes* alimentaires conçus pour les malades.

DIÉTÉTISTE [djetetist] **n.** – 1966 ◇ de *diététique* ■ (Canada) Spécialiste de la nutrition, de l'alimentation et de la diététique. ➤ **diététicien.**

DIEU [djø] **n. m.** – milieu IXe ◇ du latin *deus*
Principe d'explication de l'existence du monde, conçu comme un être personnel, selon des modalités particulières aux croyances, aux religions.

I DIEU DANS LE MONOTHÉISME **A.** CONCEPT THÉOLOGIQUE, PHILOSOPHIQUE ■ **1** Être éternel, unique, tout-puissant et miséricordieux, créateur et juge, des révélations biblique et islamique. *Étude de l'existence et de la nature de Dieu.* ➤ 1 **métaphysique, théologie.** *La Parole de Dieu est consignée dans la Bible et dans le Coran. Transcendance de Dieu. Personne qui parle au nom de Dieu.* ➤ **prophète.** ■ **2** Dieu personnel unique de la tradition judéo-chrétienne. *«Au commencement Dieu créa le ciel et la terre»* (BIBLE). *Noms donnés à Dieu dans la Bible* : Yahvé (Jéhovah), le Roi des rois, l'Éternel, le Très-Haut, etc. *Les dix commandements de Dieu.* ➤ **décalogue.** *L'alliance de Dieu avec les hommes. L'envoyé de Dieu.* ➤ **messie.**

B. ÊTRE SUPRÊME, UNIQUE ■ **1** Dans la doctrine chrét. ➤ **père, seigneur.** *Dieu en trois personnes (Dieu le Père* ; Fils ; Saint-Esprit ➤ **esprit**). ➤ **trinité.** *Le fils de Dieu* : le Christ. *La mère de Dieu* : la Vierge. *Le royaume de Dieu.* ➤ **ciel, paradis.** *Les voies de Dieu. Le doigt, le bras, la main de Dieu* : l'intervention de Dieu dans les affaires du monde. *«Dieu ayant créé l'homme à son image, plus on est près de soi-même, plus on se rapproche de Dieu»* COCTEAU. *Jugement de Dieu.* ➤ **ordalie.** *Accomplir la volonté de Dieu.* — *Croyance en Dieu.* ➤ **foi.** *Ne pas croire en Dieu. Culte que l'on doit réserver à Dieu.* ➤ **latrie.** *Implorer, invoquer, prier Dieu. Recommander son âme à Dieu* : se préparer à mourir. PAR EUPHÉM. *Être rappelé à Dieu* : mourir. *Un homme de Dieu* : personne consacrée à Dieu ; saint homme, pieux, dévot. *Le capitaine, seul maître à bord après Dieu.* — *Ni Dieu ni maître*. Ne croire ni à Dieu ni à diable* : être incrédule. *Se prendre pour Dieu le père* : se croire tout-puissant. *Il vaut mieux s'adresser à Dieu qu'à ses saints**. ALLUS. HIST. *Dieu reconnaîtra* les siens.* PROV. *L'homme propose, Dieu dispose. Ce que femme veut, Dieu le veut. Qui donne aux pauvres prête à Dieu. Chacun* pour soi et Dieu pour tous. «Si Dieu n'existait pas, il faudrait l'inventer»* VOLTAIRE. ■ **2** (Avec l'article) L'Être suprême unique. *Le Dieu de la Bible, d'Abraham, d'Israël, des juifs. Allah, le Dieu des musulmans. «Le Dieu des chrétiens est un Dieu qui fait sentir à l'âme qu'il est son unique bien»* PASCAL. ♦ **LE BON DIEU,** expression familière et affective. *Prier le bon Dieu. Le bon Dieu vous le rendra. «Le Diable et le Bon Dieu», pièce de Sartre. Mais qu'est-ce que j'ai fait au bon Dieu ?*, se dit face à une situation si difficile qu'elle est comparée à un châtiment de Dieu. FAM. *Y a pas de bon Dieu !*, la vie est injuste. *Recevoir le bon Dieu* : communier. — LOC. FIG. *On lui donnerait le bon Dieu sans confession*. C'est la maison* du bon Dieu. Une bête* à bon Dieu* (coccinelle). ♦ *Le dieu de Platon, des anciens.* ➤ **démiurge, logos.** *Croire en un dieu.* ■ **3** LOC. (milieu XVe) **DIEU SAIT...** Pour appuyer une affirmation ou une négation. *Dieu sait si je l'avais mis en garde.* Pour exprimer l'incertitude. *Dieu sait ce que nous ferons demain. Dieu seul le sait ! Dieu sait quelle histoire* : je ne sais quelle histoire. *Dieu sait comme*. Dieu sait quoi.* — *Chaque jour, tous les jours que Dieu fait.* — *Dieu m'est témoin que.* — *Devant Dieu et devant les hommes* (formule de serment). ♦ Expressions par lesquelles la personne qui parle fait intervenir Dieu ou souhaite qu'il intervienne. *À la grâce de Dieu. Avec l'aide de Dieu. Si Dieu le veut. Dieu vous bénisse ! Dieu vous garde ! Dieu vous entende ! Que Dieu vous le rende ! Dieu le veuille ! (Que) Dieu ait son âme !*, à l'égard d'une personne décédée. *Si Dieu me prête vie. Dieu m'en garde ! Grâce à Dieu ! Dieu merci ! Dieu soit loué ! Plût à Dieu ! S'il plaît à Dieu. À Dieu ne plaise.* FAM. *C'est pas Dieu possible !* — *À Dieu vat !* ➤ **à Dieu va.** ■ **4** **interj.** (fin XIe) *Dieu ! Ah, mon Dieu ! Pour l'amour* de Dieu ! Grand Dieu ! Dieu du ciel ! Tonnerre* de Dieu !* — JURONS *Nom de Dieu ! Bon Dieu !* ➤ RÉGION. **boudi.** *Bon Dieu de bon Dieu ! Dieu(x) de dieu(x) ! Vingt dieux !* ➤ aussi **morbleu, palsambleu, parbleu, sacrebleu, scrogneugneu, tudieu, ventrebleu, vertubleu.** VULG. *Bordel de Dieu !* ♦ ADJT INV. FAM. *«Dans ces bon Dieu de villes où il pleuvait tout le temps»* R. GUÉRIN. ➤ FAM. **foutu.**

II UN DIEU, LES DIEUX. DANS LE POLYTHÉISME Être(s) supérieur(s), doué(s) d'un pouvoir sur l'être humain et d'attributs particuliers. ■ **1** (XIIe) Dans les grandes religions antiques ➤ **divinité ; déesse, démon, esprit,** 2 **être, génie, principe.** *Histoire des dieux.* ➤ **mythologie ; théogonie.** *Ensemble des dieux d'une religion.* ➤ **panthéon.** *Les dieux égyptiens, assyriens, celtiques, scandinaves, germaniques. Le dieu Wotan. Toutatis, dieu gaulois. Les dieux de la Grèce, de l'Olympe. Mars, dieu de la Guerre. Les dieux de la famille, protecteurs du foyer domestique.* ➤ **lare, mânes, pénates.** *Les dieux et les héros.* ➤ **demi-dieu.** *Invoquer les dieux. Faire des offrandes, des sacrifices aux dieux. Mettre au rang des dieux.* ➤ **déifier, diviniser.** ■ **2** Force impersonnelle (➤ **animisme, chamanisme, fétichisme**). *Le dieu tribal du mana.* ■ **3** Image d'un dieu ou d'une force divinisée. ➤ **idole.** ■ **4** LOC. FIG. *Un dieu tutélaire* : un protecteur. — *Être aimé, béni des dieux* : avoir des atouts, de la chance. *Il chante comme un dieu*, admirablement bien. *Il est beau comme un dieu (grec)*, très beau. *Jurer* ses grands dieux.* ■ **5** FIG. (1606) Personne (ou chose) divinisée. *Les dieux de la terre* : les rois, les souverains, les puissants de la terre. *Être dans le secret* des dieux. Les dieux du stade* : les grands athlètes. *«Pour tout le XVIIe siècle, Descartes a été vraiment un dieu»* FAGUET. — *Faire de qqn, de qqch. son dieu*, en faire l'objet d'un culte. *«Le Dieu du monde, C'est le Plaisir»* NERVAL. *C'est son dieu.* ➤ **idole.**

DIFFA [difa] **n. f.** – 1857 ◇ mot arabe ■ Dans la tradition musulmane du Maghreb, Réception des hôtes de marque, accompagnée d'un repas et de réjouissances.

DIFFAMANT, ANTE [difamɑ̃, ɑ̃t] adj. – 1690 ◊ de *diffamer* ■ LITTÉR. Qui diffame. ➤ **diffamatoire, infamant.** *Paroles diffamantes.*

DIFFAMATEUR, TRICE [difamatœʀ, tʀis] n. – XIVe ◊ de *diffamer* ■ Personne qui diffame. ➤ **calomniateur.** *Une terrible diffamatrice. Poursuivre un diffamateur en justice.* — adj. *Un pamphlet diffamateur.* ➤ **diffamant.**

DIFFAMATION [difamasjɔ̃] n. f. – XIIIe ◊ bas latin *diffamatio* ■ Action de diffamer. ➤ **calomnie, médisance.** *Diffamation d'un adversaire, d'un ennemi. Extorsion sous menace de diffamation :* chantage. ◆ Écrit, parole diffamatoire. *Les diffamations d'un journal à scandales.* ◆ DR. « Toute allégation ou imputation d'un fait qui porte atteinte à l'honneur ou à la considération de la personne ou du corps auquel le fait est imputé » (Loi du 29 juillet 1881). *Procès en diffamation.* ■ CONTR. Apologie, louange.

DIFFAMATOIRE [difamatwaʀ] adj. – XIVe ◊ du radical de *diffamatio* ■ Qui a pour but la diffamation ; qui tend à porter atteinte à la réputation, à l'honneur de qqn. *Allégation diffamatoire. Libelles, pamphlets diffamatoires. Propos diffamatoires.* ➤ **diffamant, diffamateur.**

DIFFAMÉ, ÉE [difame] adj. – 1690 ◊ p. p. de *diffamer* ■ BLAS. Privé d'une pièce honorable. Privé de sa queue (d'un animal héraldique). *Au lion diffamé.*

DIFFAMER [difame] v. tr. ⟨1⟩ – 1268 ◊ latin *diffamare,* de *fama* « renommée » ■ Chercher à porter atteinte à la réputation, à l'honneur de (qqn). ➤ **attaquer, calomnier, décrier, discréditer, médire (de).** *Diffamer un adversaire. Diffamer injustement une personne honnête. — Être injustement diffamé.* — DR. Commettre une diffamation contre (qqn) en lui imputant un fait déterminé et précis, portant atteinte à son honneur ou à sa considération. ■ CONTR. Encenser, exalter, honorer, 1 louer, prôner, vanter.

DIFFÉRÉ [difeʀe] n. m. – v. 1945 ◊ de 2 *différer* ■ **1** Fait d'émettre, de diffuser (une émission) après l'enregistrement (opposé à *direct*). COUR. **EN DIFFÉRÉ.** *Match retransmis en différé.* ■ **2** FIN. *Différé d'amortissement :* report du remboursement d'un prêt, à échéance convenue.

DIFFÉREMMENT [difeʀamɑ̃] adv. – *differenment* XIVe ◊ de *différent* ■ D'une manière différente. *Pour cette autre question, il en est, il en va différemment.* ➤ **autrement.** *Il n'est pas de votre avis, il pense différemment. « Je ne dis pas de différents hommes, je dis les mêmes, qui jugent si différemment »* LA BRUYÈRE. ➤ **diversement.** *Agir différemment, tout différemment des autres.* ■ CONTR. Identiquement, indistinctement.

DIFFÉRENCE [difeʀɑ̃s] n. f. – 1160 ◊ latin *differentia,* de *differre*

I CE QUI DISTINGUE UNE CHOSE D'UNE AUTRE ■ **1** Caractère *(une différence)* ou ensemble des caractères *(la différence)* qui distingue une chose d'une autre, un être d'un autre ; relation d'altérité entre ces choses, entre ces êtres. ➤ **dissemblance, dissimilitude, distinction, 1 écart, particularité ; dis-, hétér(o)-.** *Différence légère, imperceptible.* ➤ **nuance.** *Différence notable, sensible. Différence considérable, importante, essentielle, totale.* ➤ **abîme, fossé, gouffre** (cf. C'est le jour* et la nuit). *Différences empêchant plusieurs choses de s'accorder, d'aller ensemble.* ➤ **antinomie, antithèse, contradiction, contrariété, contraste, incompatibilité, opposition ; désaccord, discordance, incohérence.** *Différence entre deux états successifs.* ➤ **changement, variation.** *Différence entre deux versions d'un texte.* ➤ **variante.** — *Différence d'interprétation. Différence d'opinions.* ➤ **différend, dissidence, divergence, division.** *La différence des sexes. Différence d'âge, de caractère, de classe entre deux personnes. « J'ai assez vécu pour voir que différence engendre haine »* STENDHAL. *« J'écris pour dire la différence »* BEN JELLOUN. *Le droit à la différence* (de culture, de religion, de mœurs, etc.). *Cultiver sa différence. La différence qui existe entre eux. Ils se ressemblent avec cette différence que... La différence entre deux choses, entre une chose et une autre, d'une chose à une autre. « Il y a une grande différence entre le prix que l'opinion donne aux choses et celui qu'elles ont réellement »* ROUSSEAU. *Cela ne fait pas de différence.* ◆ *Faire la différence entre deux choses,* la percevoir, la sentir. ➤ **2 départ, distinction ; distinguer.** *Il ne fait pas de différence entre eux. — Elle ne fait pas de différence entre ses enfants,* elle agit de la même façon avec chacun d'eux, elle n'en favorise aucun. — ANGLIC. *Faire la différence,* l'emporter sur les autres concurrents, prendre l'avantage sur l'adversaire. *L'équipe française a fait la différence.* — (Sujet chose) *Le détail qui fait la différence.* ◆ loc. prép. *À la différence de,* se dit pour opposer des personnes, des choses différentes. — loc. conj. *À la différence que :* avec cette différence que. ■ **2** LOG. *Différence* ou *Différence spécifique* (Aristote) : caractère qui distingue une espèce des autres espèces du même genre. *La définition caractéristique se fait par genre prochain et différence spécifique.*

II ÉCART MESURABLE ■ **1** Quantité qui, ajoutée à une quantité, donne une somme égale à une autre. *Différence entre deux grandeurs. Différence en plus* (➤ **excédent, excès, supplément**), *en moins* (➤ **défaut, 2 manque**). — SPÉCIALT *Différence d'une fonction :* variation d'une fonction pour une variation donnée d'une variable (➤ **1 différentiel**). ◆ *Différence entre deux sommes d'argent. Voilà déjà cent euros, vous paierez la différence.* ➤ **complément ; appoint, reste, 2 solde.** — BOURSE Dans les opérations à terme, Écart positif ou négatif entre le cours de la négociation et celui de l'exécution du marché. ■ **2** LOG., MATH. *Différence de deux ensembles A et B :* ensemble (A–B), constitué par les éléments de A qui n'appartiennent pas à B. — *Différence symétrique de deux ensembles A et B :* ensemble (A–B), formé par les éléments de A n'appartenant pas à B et les éléments de B n'appartenant pas à A.

■ CONTR. Analogie, conformité, égalité, identité, ressemblance, similitude.

DIFFÉRENCIANT, IANTE [difeʀɑ̃sjɑ̃, jɑ̃t] adj. – v. 1849 ◊ de *différencier* ■ Qui constitue ou crée une différence. *Facteurs différenciants.*

DIFFÉRENCIATEUR, TRICE [difeʀɑ̃sjatœʀ, tʀis] adj. et n. m. – 1922 ◊ de *différenciation* ■ **1** Qui différencie. *« refuser aux influences externes toute action différenciatrice »* J. ROSTAND. ■ **2** n. m. TECHN. Dispositif qui élabore en sortie un signal proportionnel à la dérivée du signal appliqué à son entrée.

DIFFÉRENCIATION [difeʀɑ̃sjasjɔ̃] n. f. – 1808 ◊ de *différencier* ■ **1** Action de se différencier (en parlant d'éléments semblables qui deviennent différents, ou d'éléments dissemblables dont les différences s'accentuent). ➤ **transformation.** *Différenciation fonctionnelle. « Le progrès de la matière vivante consiste dans une différenciation des fonctions »* BERGSON. COMM. *Différenciation des produits* (à partir d'un produit unique, par modification ou différence de présentation : *différenciation subjective*). — BIOL. CELL. Processus du développement au cours duquel des cellules aux propriétés fonctionnelles différentes se mettent en place à partir de la cellule-œuf. *Croissance et différenciation cellulaire, des tissus.* ➤ aussi **spéciation.** ■ **2** Action de différencier. ➤ **distinction, séparation.** *L'expérimentateur « procède par différenciation, c'est-à-dire qu'il sépare successivement chacun de ces corps un à un »* C. BERNARD. ■ CONTR. Dédifférenciation ; assimilation, identification, rapprochement, réunion. ■ HOM. Différentiation.

DIFFÉRENCIER [difeʀɑ̃sje] v. tr. ⟨7⟩ – 1395 ◊ latin scolastique *differentiare* ■ **1** Marquer, faire apparaître la différence entre (deux ou plusieurs choses, êtres). ➤ **distinguer.** *Ce qui différencie le singe de l'homme.* ■ **2** Apercevoir, établir une différence, opérer la différenciation entre. *Différencier deux espèces auparavant confondues.* ➤ **distinguer, séparer.** ■ **3** MATH. Calculer la différentielle de (une fonction). ➤ **différentier.** ■ **4 SE DIFFÉRENCIER** v. pron. Être caractérisé par telle ou telle différence. ➤ **1 différer,** se **distinguer.** *Ces deux espèces se différencient par la forme des feuilles.* ◆ Devenir différent ou de plus en plus différent. ➤ se **distinguer.** *Les cellules se différencient.* — p. p. adj. *Tissus, organes différenciés.* ➤ **différenciation.** ◆ Se rendre différent. ➤ se **singulariser.** *Les joueurs de notre équipe portent un maillot rouge pour se différencier de leurs adversaires.* ■ CONTR. Assimiler, confondre, identifier, rapprocher. ■ HOM. Différentier.

DIFFÉREND [difeʀɑ̃] n. m. – *diférend* 1680 ; *différens* 1640 ; *différent* 1360 ◊ de *différent* ■ Désaccord résultant d'une différence d'opinions, d'une opposition d'intérêts entre deux ou plusieurs personnes. ➤ **conflit, contestation, démêlé, désaccord, discussion, dispute, querelle.** *Avoir un différend avec qqn. Être en différend. Susciter, calmer un différend. Différend réglé à l'amiable par un compromis*, un accord* ; porté devant un tribunal* (➤ **procès**). ■ CONTR. Accommodement, accord, réconciliation. ■ HOM. Différent, différant (différer).

DIFFÉRENT, ENTE [difeʀɑ̃, ɑ̃t] adj. – v. 1394 ◊ latin *differens* ■ **1** Qui diffère ; qui présente une différence par rapport à une autre personne, une autre chose. ➤ **autre, dissemblable, distinct.** *Complètement, essentiellement différent ; différent à tous points de vue.* ➤ **contraire, opposé.** *C'est tout différent. Un peu, à peine différent. « Il arrive qu'une route offre des aspects tellement différents à l'aller et au retour que le promeneur qui* *rentre croit se perdre»* Cocteau. *Avis différents, opinions différentes les unes des autres.* ➤ **divergent.** *Ses idées sont bien différentes des vôtres.* ➤ **éloigné.** *Quantités différentes.* ➤ **inégal.** *Qui est devenu différent.* ➤ **changé, méconnaissable, modifié, transformé.** *«Qu'est-ce que le talent du comédien ? L'art de paraître différent de ce qu'on est»* Rousseau. *«Toute créature humaine est un être différent en chacun de ceux qui la regardent»* France. — Qui a un caractère, un comportement différent. *«Si nous n'étions si différents, nous n'aurions pas si grand plaisir à nous entendre»* Gide. MATH. *A différent de B est noté A≠B* (➤ **inférieur, supérieur**). ▪ **2** (1669) PLUR. (avant le nom) Plusieurs et distincts. ➤ **divers, plusieurs.** *Différentes personnes me l'ont dit. Différents cas se présentent. Les différents sens d'un mot.* ▪ CONTR. Analogue, identique, même, pareil, semblable. Un ; seul. ▪ HOM. Différant (différer), différend.

DIFFÉRENTIATION [diferɑ̃sjasjɔ̃] **n. f.** – 1839 ◊ de *différentier* ▪ MATH. Opération destinée à obtenir la différentielle d'une fonction. *Différentiation d'une fonction explicite.* ➤ 1**dérivation.** ▪ HOM. Différenciation.

1**DIFFÉRENTIEL, IELLE** [diferɑ̃sjɛl] **adj.** – fin XVIIe ◊ latin scientifique *differentialis,* de *differens* → différent ▪ DIDACT. Relatif aux différences ou aux variations. ▪ **1** MATH. **CALCUL DIFFÉRENTIEL :** partie des mathématiques qui a pour objet l'étude des variations infiniment petites des fonctions. *Le calcul différentiel constitue avec le calcul intégral le calcul infinitésimal* (analyse mathématique). *Opérateur différentiel.* ➤ **nabla.** — *Équation différentielle :* relation entre une fonction, la variable dont elle dépend et les dérivées de la fonction. ▪ **2** MÉCAN. *Mouvement différentiel,* qui résulte de la combinaison (somme ou différence) de deux mouvements produits par la même force. — PAR EXT. *Le palan différentiel, la vis différentielle fournissent un mouvement différentiel.* — *Engrenage différentiel :* combinaison d'engrenages par lesquels on transmet à un arbre rotatif un mouvement composé, équivalant à la somme ou à la différence de deux mouvements. ➤ 2**différentiel.** ▪ **3** (1900) *Psychologie différentielle :* étude comparative des différences psychologiques entre les individus humains. — *Stimulus différentiel. Seuil différentiel.* ▪ **4** COMM. *Droit différentiel :* taxe douanière variable selon la provenance des marchandises. ◆ *Tarif différentiel :* tarif de transport non proportionnel aux distances.

2**DIFFÉRENTIEL** [diferɑ̃sjɛl] **n. m.** – 1895 ◊ de 1*différentiel* ▪ **1** Engrenage différentiel réunissant les deux moitiés d'essieu d'un véhicule automobile. *Le différentiel transmet la rotation de l'arbre moteur aux deux roues motrices dont les vitesses peuvent être différentes par suite de la différence de chemin parcouru.* ▪ **2** Pourcentage exprimant l'écart entre deux grandeurs. *Différentiel d'inflation, de croissance.*

DIFFÉRENTIELLE [diferɑ̃sjɛl] **n. f.** – 1707 ◊ de 1*différentiel* ▪ MATH. Partie principale de l'accroissement d'une fonction pour un accroissement infiniment petit de la variable.

DIFFÉRENTIER [diferɑ̃sje] **v. tr.** ‹7› – 1754 ◊ var. de *différencier* ▪ MATH. Calculer la différentielle de (une fonction). ➤ **différencier** (3°). ▪ HOM. Différencier.

1**DIFFÉRER** [difere] **v. intr.** ‹6› – 1314 ◊ latin *differre* ▪ **1** Être différent, dissemblable. ➤ se **différencier,** se **distinguer,** s'**opposer.** *Ils diffèrent en un point, sur tous les points. Ils ne diffèrent que par ce trait. Mon opinion diffère sensiblement de la sienne.* ➤ **diverger.** *Différer d'avec qqn par un caractère. «C'est parce que tu diffères de moi que je t'aime»* Gide. *«Le microbe différait légèrement du bacille de la peste»* Camus. ▪ **2** ABSOLT Varier, avoir des aspects dissemblables. *«Combien la notion de l'honneur diffère suivant les pays et les âges !»* Gide. — Avoir des opinions différentes. *Différer à propos de qqch., sur qqch.* ➤ s'**opposer.** ▪ CONTR. Ressembler (se) ; confondre (se). ▪ HOM. *Différant :* différend, différent.

2**DIFFÉRER** [difere] **v. tr.** ‹6› – v. 1350 ◊ latin *differre* ▪ **1** Remettre à un autre temps ; éloigner l'accomplissement, la réalisation de (qqch.). ➤ **remettre, renvoyer,** 1**repousser, retarder, surseoir** (à). *Différer une affaire, une démarche. Différer un paiement, une échéance. Différer le jugement d'un procès par des procédés dilatoires. «Les bonnes résolutions ne gagnent pas à être différées»* Romains. *«Notre vengeance, pour être différée, n'en sera pas moins éclatante»* Molière. — *Émission en diffusion différée.* ➤ **différé.** *Crédit différé. Amortissement différé**. ▪ **2** LITTÉR. *Différer de faire, à faire qqch.* ➤ **tarder.** ◆ ABSOLT ➤ **atermoyer, attendre, temporiser.** *Partez sans différer, sans plus différer. «Mais ne différez point : chaque moment vous tue»* Racine. ▪ CONTR. Avancer, hâter.

DIFFICILE [difisil] **adj.** – 1330 ◊ latin *difficilis* ▪ **1** Qui n'est pas facile ; qui ne se fait qu'avec effort, avec peine. ➤ **ardu, dur, laborieux, malaisé, pénible,** et PAR EXAGÉR. **impossible, infaisable.** *Affaire, entreprise, opération, travail difficile. Manœuvre longue et difficile. Ce n'est pas si difficile* (cf. Ce n'est pas la mer* à boire). *«Que tout me paraît difficile ! J'avance pas à pas, peinant»* Gide. *«Le proverbe dit que toutes les belles choses sont difficiles»* Alain. *Difficile à* (et inf.). *Cela est difficile à faire, à réussir. Quel âge peut-il avoir ? – C'est difficile à dire.* IMPERS. *Il est difficile, il m'est difficile d'en parler.* — SUBST. MASC. *«Le difficile dans la vie, c'est de prendre au sérieux longtemps de suite la même chose»* Gide. ▪ **2** Qui demande un effort intellectuel, des capacités (pour être compris, résolu). *Passage, texte difficile.* ➤ **abscons, compliqué, confus, embrouillé, ésotérique, impénétrable, inextricable, mystérieux, obscur.** *Problème difficile.* ➤ FAM. **calé, chiadé, coton, trapu.** *Le russe est plus difficile que l'espagnol, pour un francophone. Auteur difficile,* dont les écrits sont difficiles à comprendre. *Morceau de musique difficile* (à exécuter). *Un rôle difficile* (à jouer). *«La critique est aisée, et l'art est difficile»* Destouches. *«La langue française est difficile. Elle répugne à certaines douceurs»* Cocteau. ▪ **3** Qui présente un danger, une incommodité (accès, passage). *Lieu d'accès difficile. Chemin, route, voie difficile.* ➤ **escarpé, impraticable, inaccessible ; dangereux, périlleux.** ▪ **4** Qui donne du tourment. ➤ **douloureux, pénible, triste.** *Position, situation difficile.* ➤ **délicat, embarrassant.** *Il y eut un moment difficile dans sa vie* (cf. Un mauvais moment). *Avoir des débuts difficiles.* ◆ Qui connaît des difficultés d'ordre public, sociales. *Un quartier difficile.* ➤ **sensible.** ▪ **5** (PERSONNES) Qui n'est pas aisé, agréable à fréquenter. ➤ **acariâtre, contrariant, exigeant, intraitable, irascible ;** et aussi **difficultueux.** *Enfant difficile* (à élever). ➤ **capricieux.** *Humeur, caractère difficile.* ➤ **dur, mauvais, ombrageux.** *«Votre fille n'est pas si difficile que cela»* Molière. ◆ *Difficile à vivre.* ▪ **6** (PERSONNES) Qui n'est pas facilement satisfait ; qui a des goûts exigeants. ➤ **exigeant ; délicat, raffiné.** *Être, se montrer difficile sur la nourriture. Être difficile dans le choix de ses relations.* ◆ SUBST. *Faire le (la) difficile* (cf. Faire la petite bouche* ; faire le dégoûté). ▪ CONTR. Facile ; agréable, aisé, 1commode, simple. Accommodant, aimable, conciliant.

DIFFICILEMENT [difisilmɑ̃] **adv.** – XVe ◊ de *difficile* ▪ Avec difficulté, avec peine. *Il se déplace difficilement.* ➤ **malaisément.** *«Les lignes qui suivaient étaient difficilement lisibles»* Camus. *Retenir difficilement les dates.* ➤ **laborieusement, péniblement.** — *On peut difficilement lui reprocher cela.* ▪ CONTR. Facilement.

DIFFICULTÉ [difikylte] **n. f.** – XIIIe ◊ latin *difficultas* ▪ **1** Caractère de ce qui est difficile ; ce qui rend qqch. difficile. *La difficulté d'une entreprise, d'un travail. Difficulté d'un texte.* ➤ **obscurité.** *Difficulté d'un cas, d'un problème.* ➤ **complexité, complication, subtilité.** *«La difficulté du métier commençait à lui en donner le goût»* Maurois. *Ce travail est pour lui sans grande difficulté.* — ABSOLT *Aimer la difficulté.* ▪ **2** Mal, peine que l'on éprouve pour faire qqch. *Parler, marcher avec difficulté.* ➤ **embarras, gêne.** *Difficulté à s'exprimer. Il a de la difficulté à comprendre cela. Faire qqch. sans difficulté.* — VX *Difficulté de faire qqch. «"Je sens une difficulté d'être." C'est ce que répond Fontenelle, centenaire, lorsqu'il va mourir»* Cocteau. ▪ **3** Ce qu'il y a de difficile en qqch. ; chose difficile. ➤ **accroc,** VIEILLI 1**aria, contretemps, écueil, embarras, empêchement, ennui*, obstacle, problème, tracas,** VX **traverse ;** FAM. **bec, cactus, lézard, os,** 1**pépin.** *Voilà la difficulté* (cf. C'est là le hic*, le chiendent*). *Difficultés matérielles, financières, intellectuelles, sentimentales. «diviser chacune des difficultés que j'examinais en autant de parcelles qu'il se pourrait»* Descartes. *Soulever des difficultés* (cf. Un point délicat). *Surmonter, vaincre les difficultés. Éluder, tourner la difficulté. Nous aurons de grandes difficultés à le convaincre* (cf. Ce sera la croix et la bannière*). *«Les difficultés, loin d'être une raison pour la détourner d'une entreprise, la lui rendaient encore plus attrayante»* Stendhal. ◆ *Cela ne fait aucune difficulté :* c'est facile, possible (cf. Sans problème*). ◆ SPÉCIALT Passage difficile (dans la compréhension d'un texte, l'exécution d'un morceau de musique, etc.). *Les difficultés de Tacite. «Comme un virtuose exécutant des difficultés»* Loti. ▪ **4** Raison alléguée, opposition soulevée contre qqch. ➤ **objection ; chicane, contestation, opposition, résistance.** *Faire des difficultés.* ➤ **embarras.** *Il n'a pas fait de difficultés pour venir.* ▪ **5 EN DIFFICULTÉ :** dans une situation difficile. *Être en difficulté. Élève en difficulté. Mettre qqn en difficulté. «Le roi de France était en difficulté avec l'Église»* Bainville. ▪ CONTR. Aisance, facilité, simplicité.

DIFFICULTUEUX, EUSE [difikyltɥø, øz] **adj.** – 1584 ◊ de *difficulté*, d'après *majestueux* ▪ **1** VX Qui est enclin à soulever des difficultés. ➤ **chicaneur, pointilleux.** *Un esprit difficultueux.* «*Des difficultés ! Oh ! ma comtesse n'est point difficultueuse*» LESAGE. ▪ **2** LITTÉR. Difficile, qui pose de gros problèmes. «*L'expérience difficultueuse conçue par Fogar*» R. ROUSSEL. ▪ CONTR. Accommodant, facile.

DIFFLUENCE [diflyɑ̃s] **n. f.** – 1838 ◊ de *diffluent* ▪ **1** DIDACT. Caractère de ce qui est diffluent. *Diffluence d'un tissu.* ▪ **2** GÉOGR. Division d'un cours d'eau en plusieurs branches. ◆ *Diffluence d'un glacier,* qui, poussé par la pression des glaces d'amont, remonte une vallée voisine et rejoint un autre glacier après avoir passé un col.

DIFFLUENT, ENTE [diflyɑ̃, ɑ̃t] **adj.** – milieu XVIe ◊ latin *diffluens,* p. prés. de *diffluere* «s'écouler en divers sens» → affluent ▪ **1** DIDACT. Qui s'écoule, se répand. *Tissus diffluents,* ramollis, à consistance quasi liquide. ▪ **2** PAR EXT. Qui se développe dans plusieurs directions. *Imagination diffluente.* ▪ CONTR. 1 Ferme.

DIFFORME [difɔʀm] **adj.** – XIIIe ◊ latin médiéval *difformis,* de *deformis,* racine *forma* «forme» ▪ **1** Qui n'a pas la forme et les proportions naturelles (se dit surtout du corps humain ou de ses parties). ➤ **contrefait, déformé, déjeté.** *Membre difforme.* «*Quand il tira cet enfant du sac, il le trouva bien difforme. Le pauvre petit diable avait* [...] *la tête dans les épaules, la colonne vertébrale arquée, le sternum proéminent, les jambes torses*» HUGO. ▪ **2** PAR EXT. (CHOSES) Dont la forme est peu esthétique ; qui a perdu sa forme initiale. ➤ **informe.** *Un pull diforme.*

DIFFORMITÉ [difɔʀmite] **n. f.** – XIVe ◊ latin médiéval *difformitas,* de *deformitas* ▪ **1** Défaut grave, souvent congénital, de la forme physique, anomalie dans les proportions. ➤ **déformation, gibbosité, infirmité, malformation.** *La difformité d'un membre, d'un organe.* «*Rembrandt, le plus grand peintre de cette race, n'a reculé devant aucune des laideurs et des difformités physiques*» TAINE. ◆ FIG. et LITTÉR. Anomalie. «*C'est une grande difformité dans la nature qu'un vieillard amoureux*» LA BRUYÈRE. ▪ **2** RARE Caractère de ce qui est difforme. *La difformité de son visage.*

DIFFRACTER [difʀakte] **v. tr.** ‹1› – 1838 ◊ de *diffraction* ▪ PHYS. Produire la diffraction de. *Écran qui diffracte les rayons lumineux.*

DIFFRACTION [difʀaksjɔ̃] **n. f.** – 1666 ◊ du latin *diffractus,* p. p. de *diffringere* «mettre en morceaux» ▪ PHYS. Phénomène optique de déviation des rayons lumineux, au voisinage de corps opaques. ➤ **déflexion, dispersion.** — PAR EXT. Phénomène analogue pour d'autres rayonnements. *Diffraction des rayons X sur un réseau cristallin.*

DIFFUS, USE [dify, yz] **adj.** – 1361 ◊ latin *diffusus,* de *diffundere* «répandre» ▪ **1** Qui est répandu dans toutes les directions. «*Telle douleur physique diffuse, s'étendant par irradiation dans des régions extérieures à la partie malade*» PROUST. «*Sa pensée diffuse erra, comme ses regards, sans qu'il pût la fixer*» MARTIN DU GARD. ◆ SPÉCIALT *Lumière diffuse,* due à une réflexion irrégulière. *Chaleur diffuse.* ◆ PHONÉT. *Voyelle diffuse,* dont le spectre de fréquence est réparti en deux bandes. ◆ (ABSTRAIT) *Souvenirs diffus.* ▪ **2** LITTÉR. Qui délaye sa pensée. ➤ **abondant, prolixe, verbeux.** *Un style «diffus, lâche et traînant»* BUFFON. — PAR EXT. *Écrivain, orateur diffus.* ▪ CONTR. 1 Bref, concis, laconique, 1 précis.

DIFFUSÉMENT [difyzemɑ̃] **adv.** – 1373 ◊ de *diffus* ▪ RARE D'une manière diffuse. *Éclairer diffusément. — Parler, écrire diffusément.*

DIFFUSER [difyze] **v.** ‹1› – XVe, rare avant XIXe ◊ de *diffus*

I **v. tr.** ▪ **1** Répandre dans toutes les directions. ➤ **disperser, propager, répandre.** *Diffuser la chaleur, la lumière.* PRONOM. «*par les fenêtres grandes ouvertes, l'or de ce soleil au déclin se diffusait partout*» LOTI. — (1861) SC. Provoquer la diffusion de. ▪ **2** Émettre, transmettre par ondes hertziennes (➤ **radiodiffusion**). *Ondes sonores diffusées par radio. Discours, concert diffusé en direct, en différé.* ▪ **3** (XXe) FIG. Répandre dans le public. ➤ **propager.** *Diffuser une nouvelle. Diffuser des idées, des sentiments.* — PAR EXT. Distribuer (un ouvrage de librairie). *Éditeur qui diffuse des livres.* ➤ **diffuseur.** «*Des imprimeurs de la ville diffusèrent à de nombreux exemplaires les textes qui circulaient*» CAMUS.

II **v. intr.** SC. Se répandre en tous sens. *Substance qui diffuse dans l'eau.*

▪ CONTR. Concentrer.

DIFFUSEUR, EUSE [difyzœʀ, øz] **n.** – 1890 ◊ de *diffuser* ▪ **1** **n. m.** TECHN. Appareil qui sert à l'extraction du jus sucré des betteraves. — (1921) AUTOM. Partie du carburateur où se produit la pulvérisation de l'essence. ➤ **venturi.** ◆ Appareil d'éclairage qui ne laisse passer qu'une lumière diffuse. ◆ Appareil capable de diffuser (une substance) par évaporation. *Diffuseur d'huiles essentielles.* ▪ **2** **n. m.** Ce qui contribue à répandre (qqch.). «*La déchéance du livre, comme grand diffuseur de la connaissance*» DUHAMEL. ▪ **3** Entreprise, personne qui se charge de la diffusion de livres. *Cet éditeur est le diffuseur de nos ouvrages. Notre diffuseuse exclusive.* — PAR EXT. *Le diffuseur d'une émission de télévision.* ➤ RÉGION. **télédiffuseur.**

DIFFUSIBLE [difyzibl] **adj.** – 1834 ◊ de *diffuser* ▪ DIDACT. Qui peut se diffuser. *Les hormones «substances diffusibles»* J. ROSTAND.

DIFFUSION [difyzjɔ̃] **n. f.** – 1587 ◊ latin *diffusio,* de *diffundere* ▪ **1** Action de se répandre, de se diffuser. *La diffusion de la lumière, de la chaleur, du son dans un milieu.* PHYS. Phénomène par lequel les diverses parties d'un fluide deviennent homogènes (en composition, température, etc.) en se répartissant également dans une enceinte. *Diffusion des gaz. Diffusion à travers une paroi poreuse* (osmose), *par des orifices capillaires* (effusion). *Diffusion des solutions. Diffusion thermique.* ◆ Dissémination des rayons lumineux produits par transmission à travers un milieu trouble (par diffraction), gazeux ou condensé et à densité irrégulière. ▪ **2** PHYSIOL., BIOL. CELL. Dispersion (d'une substance) dans l'organisme dans la direction de plus faible concentration (gradient de concentration), menant à une répartition uniforme. ▪ **3** (1953) COUR. Fait de répandre par le moyen d'un média. *Diffusion hertzienne, numérique. Émetteur de radio, de télévision qui assure la diffusion d'un programme, d'un bulletin d'informations.* ➤ **émission, radiodiffusion, transmission.** *Nouvelle diffusion d'une émission.* ➤ **rediffusion.** *Diffusion en flux* (recomm. offic. pour l'anglic. *streaming**). ▪ **4** FIG. Le fait de se répandre. ➤ **expansion, invasion, propagation.** *Diffusion des richesses.* ➤ **distribution.** *Diffusion des connaissances humaines, de l'instruction.* ➤ **vulgarisation.** *La diffusion d'une langue dans le monde.* — INFORM. *Liste de diffusion* : ensemble d'adresses électroniques permettant la diffusion collective d'informations aux internautes intéressés par un même sujet ; ce système de diffusion d'informations. *S'abonner, s'inscrire à une liste de diffusion.* ◆ SPÉCIALT *Diffusion des ouvrages en librairie.* ➤ **diffuser ; diffuseur** (3°). *Diffusion d'un journal* : nombre d'exemplaires vendus. ▪ **5** (1956) ADMIN. *Diffusion de l'impôt* : incidence des opérations de répartition des charges fiscales entre les contribuables et du processus de répercussion de l'impôt. ▪ CONTR. Concentration, convergence.

DIFFUSIONNISME [difyzjɔnism] **n. m.** – 1957 ◊ de *diffusion* ▪ DIDACT. Théorie selon laquelle une culture majeure se répand au détriment des autres.

DIFFUSIONNISTE [difyzjɔnist] **adj.** et **n.** – 1958 ◊ de *diffusionnisme* ▪ DIDACT. Relatif au diffusionnisme. *Modèle diffusionniste.* ◆ Partisan du diffusionnisme.

DIFLUOR [diflyɔʀ] **n. m.** – 1995 ; 1894 en composition ◊ de *di-* et *fluor* ▪ CHIM. Corps simple (F_2), gaz jaune pâle, très corrosif. ➤ **fluor.** *Le difluor est l'élément le plus réactif et le plus électronégatif.*

DIGAMMA [diga(m)ma] **n. m. inv.** – 1752 ◊ mot grec ▪ DIDACT. Lettre de l'alphabet grec archaïque (F), qui correspond au son [w].

DIGÉRER [diʒeʀe] **v. tr.** ‹6› – fin XIVe ; «calmer» 1361 ; «mettre en ordre» jusqu'au XVIIe ◊ latin *digerere* «distribuer» ▪ **1** Faire la digestion de. *Digérer son repas.* — COUR. Assimiler facilement, normalement (les aliments). ➤ **assimiler.** *Il ne digère que les légumes.* — ABSOLT *Il digère mal. Médicament qui fait digérer.* ▪ **2** CHIM. Opérer la digestion* de. *Mélange à digérer dans un digesteur.* ▪ **3** (XVIIe) FIG. Mûrir par la réflexion, par un travail intellectuel comparé à la digestion. ➤ **assimiler.** *Digérer une pensée, une lecture.* ABSOLT «*Il faut digérer. Oui. C'est dans la digestion des connaissances que réside le talent*» M. JACOB. ▪ **4** (XVIIe) FAM. Supporter patiemment (qqch. de fâcheux). ➤ **endurer, souffrir ;** FAM. **avaler, encaisser.** *Digérer un affront. C'est bien dur à digérer* (cf. L'avoir en travers*).

DIGEST [dajʒɛst ; diʒɛst] **n. m.** – 1930 ◊ mot anglais américain ▪ ANGLIC. Résumé, condensé d'un livre ; publication formée de tels condensés. ▪ HOM. Digeste.

1 **DIGESTE** [diʒɛst] **n. m.** – 1262 ◊ latin *digesta,* de *digerere* ; cf. *digérer* ▪ DR. ROM. Recueil des décisions des jurisconsultes, composé par ordre de l'empereur Justinien. ➤ **code, répertoire.** ▪ HOM. Digest.

2**DIGESTE** [diʒɛst] adj. – 1880 ◇ d'après *indigeste* ; cf. ancien français *digest* «qui a digéré» (XIIIe) ; *digeste* «digéré» XVIe ■ (Mot critiqué) Qui se digère facilement. ➤ **digestible.** *Aliment digeste, peu digeste.* — FIG. *Cette théorie n'est pas très digeste.* ■ CONTR. Indigeste.

DIGESTEUR [diʒɛstœʀ] n. m. – 1749 ◇ du latin *digestus* ■ CHIM. Autoclave dont on se sert pour cuire, dissoudre certaines substances à haute température. — Cuve qui produit du biogaz par méthanisation des matières organiques.

DIGESTIBILITÉ [diʒɛstibilite] n. f. – 1805 ◇ de *digestible* ■ Qualité d'un aliment digestible.

DIGESTIBLE [diʒɛstibl] adj. – 1314, rare avant XVIIIe ◇ latin *digestibilis*, de *digerere* ■ Qui peut être facilement digéré. *Aliment très digestible.* ➤ 2**digeste, léger.** ■ CONTR. Indigeste.

DIGESTIF, IVE [diʒɛstif, iv] adj. et n. m. – 1260 ◇ latin *digestivus*, de *digerere* ■ **1** Qui contribue à la digestion. *L'appareil digestif* (bouche, gosier, œsophage, estomac, intestin). *Le tube digestif. Sucs* digestifs.* ■ **2** Relatif à la digestion. *Trouble digestif.* ■ **3** Qui facilite la digestion. ➤ **eupeptique.** *Liqueur, tisane digestive.* ♦ n. m. (XVIe) *Un digestif* : un alcool, une liqueur que l'on boit après le repas. ➤ **pousse-café.**

DIGESTION [diʒɛstjɔ̃] n. f. – 1265 ◇ latin *digestio* → digérer ■ **1** Ensemble des transformations que subissent les aliments dans le tube digestif avant d'être assimilés (➤ **assimilation, nutrition**). *Phénomènes mécaniques de la digestion* : préhension ; ingestion ; mastication ; déglutition. *Transformations des aliments lors de la digestion* : dissolution et désintégration sous l'effet d'enzymes (salive ; sucs gastrique et pancréatique), émulsion des graisses par la bile, résorption sous forme de chyle. *Digestion pénible, laborieuse, difficile, lente.* ➤ **dyspepsie ; indigestion.** *Tisane facilitant la digestion.* ➤ **digestif.** ♦ Moment où l'on digère ; état d'une personne qui a absorbé de la nourriture et digère. «*Tout en fumant il se laissait aller au bienfaisant engourdissement de la digestion*» MAC ORLAN. ■ **2** CHIM. Dissolution d'une substance dans un liquide à haute température ou extraction de certains éléments de cette substance. ➤ **décoction, macération.** *La digestion peut se faire à l'autoclave.* ➤ **digesteur.** *Produit mis en digestion. Digestion des boues.*

DIGICODE [diʒikɔd] n. m. – v. 1980 ◇ marque déposée ; de l'anglais *digit* «chiffre» et *code* ■ Appareil sur lequel on tape un code alphanumérique qui commande l'ouverture de la porte d'un immeuble. *Installer un digicode.*

DIGIT [diʒit] n. m. – 1968 ◇ mot anglais «nombre» ■ ANGLIC. INFORM. ■ **1** Symbole graphique représentant un nombre entier. ➤ **chiffre ; bit ;** 2**digital.** *Des digits.* ■ **2** Élément d'un ensemble conventionnel de symboles graphiques (lettres, chiffres, ou autres signes et symboles discrets) qu'on utilise pour constituer, représenter des données et pour transmettre les ordres d'exécution d'opérations. ➤ **caractère** (I, 1o).

1**DIGITAL, ALE, AUX** [diʒital, o] adj. – 1732 ◇ latin *digitalis*, de *digitus* «doigt» ■ ANAT. Qui appartient aux doigts. *Artères, veines digitales.* COUR. *Empreintes* digitales.*

2**DIGITAL, ALE, AUX** [diʒital, o] adj. – 1961 ◇ de l'anglais *digit* «nombre», du latin *digitus* «doigt» ■ ANGLIC. ■ **1** *Calcul, code digital,* dans lequel on utilise des nombres. *Un code digital peut être binaire.* Recomm. offic. *numérique*.* ■ **2** Relatif aux digits, aux quantités mesurées sous forme discrète (➤ 2**discret**). *Affichage digital. Enregistrement digital des disques compacts.* ➤ **audionumérique, numérique.** ■ CONTR. Analogique.

DIGITALE [diʒital] n. f. – 1545 ◇ latin *digitalis* ■ Plante herbacée vénéneuse *(scrofulariacées)* à tige ordinairement simple portant une longue grappe de fleurs pendantes à corolle en forme de doigtier. *La digitale pourprée* dite gant de Notre-Dame, doigt de la Vierge, *fournit la digitaline*.*

DIGITALINE [diʒitalin] n. f. – 1827 ◇ de *digitale* ■ Glucoside extrait des feuilles de la digitale pourprée. *La digitaline est un poison violent. Usage médical de la digitaline comme cardiotonique.*

DIGITALISER [diʒitalize] v. tr. ‹1› – 1970 ◇ de 2*digital* ■ ANGLIC. Codifier ou convertir sous forme numérique un signal analogique (photo, dessin, son). *Digitaliser un original.* ABSOLT *Table, tablette à digitaliser.* **p. p. adj.** *Données, signaux digitalisés.* Recomm. offic. *numériser*, numérisé.*

DIGITALISEUR [diʒitalizœʀ] n. m. – 1975 ◇ de *digitaliser* ■ Appareil qui sert à digitaliser des informations. *Photocopieur avec digitaliseur.*

DIGITÉ, ÉE [diʒite] adj. – 1771 ◇ du latin *digitus* «doigt» ■ DIDACT. Qui est découpé en forme de doigts, qui présente des prolongements. *Feuille digitée.*

DIGITI- ■ Élément, du latin *digitus* «doigt».

DIGITIFORME [diʒitifɔʀm] adj. – 1842 ◇ de *digiti-* et *-forme* ■ DIDACT. Qui a la forme d'un doigt.

DIGITIGRADE [diʒitigʀad] adj. – 1805 ◇ de *digiti-* et *-grade* ■ ZOOL. Qui marche en appuyant sur les doigts (la plante du pied ne pose pas sur le sol). *Carnassiers digitigrades* (chat, chien, civette, hyène, martre). SUBST. MASC. *Les digitigrades et les plantigrades.*

DIGLOSSIE [diglɔsi] n. f. – 1960 ◇ de l'anglais *diglossia* (Ferguson, 1959), formé sur le grec *di-* «deux» (→ di-) et *glôssa* «langue» ■ DIDACT. Situation linguistique d'un groupe humain qui pratique deux langues ou deux variétés d'une même langue, chacune d'elles ayant un statut et des fonctions différents. *La diglossie français-créole aux Antilles. Bilinguisme et diglossie.*

DIGNE [diɲ] adj. – 1050 ◇ latin *dignus*, de *decet* «il convient» ; → décent

I AVEC UN COMPL. ■ **1** Qui mérite (qqch.). *Personne digne d'admiration. Coupable digne d'un châtiment. Tout homme digne de ce nom agirait ainsi. Objet digne d'intérêt, d'attention. Témoin digne de foi.* «*Aux vertus qu'on exige dans un domestique, Votre Excellence connaît-elle beaucoup de maîtres qui fussent dignes d'être valets ?*» BEAUMARCHAIS. — *Ne pas être digne de dénouer les cordons* des souliers de qqn. Il n'est pas digne de votre pardon.* ♦ LITTÉR. *Être digne que.* ➤ **valoir** (que). «*Je ne suis plus digne que tu m'appelles*» GIDE. ■ **2** Qui est en accord, en conformité (avec qqn ou qqch.). ➤ **approprié, convenable.** *Cette œuvre est digne de son talent.* ➤ **conforme** (à). *Ce comportement n'est pas digne de vous.* «*Créer, en définitive, est la seule joie digne de l'homme*» DUHAMEL. *Avoir un adversaire digne de soi. Voilà un garçon qui est bien digne de son père,* et par inversion *C'est le digne fils de son père* : il est comme son père (souvent péj.).

II ABSOLT ■ **1** (Av. le nom) VIEILLI Qui mérite l'estime. *Un digne homme* : un brave homme. ➤ **estimable, honnête, méritant.** *Il fut le digne représentant de la France.* ➤ **honorable, parfait.** «*Jamais plus digne main ne fit plus digne ouvrage*» CORNEILLE. ■ **2** (début XIXe) Qui a de la dignité, a le respect de soi-même, ou affecte de l'avoir dans ses manières (➤ **dignité,** II, 2o). *Il sut rester digne en cette circonstance.* IRON. *Il était très digne dans ce costume.* — *Avoir un air digne,* plein de gravité, de retenue (souvent iron.). ➤ **grave, respectable.**

■ CONTR. Indigne. — Familier.

DIGNEMENT [diɲ(ə)mɑ̃] adv. – 1185 ◇ de *digne* ■ D'une manière digne. ■ **1** VX Selon ce qu'on mérite. *Vous serez dignement récompensé de cette action.* ➤ **justement.** ■ **2** Comme il faut, avec dignité. ➤ **honorablement, noblement.** *La mère* «*continua, dans le deuil de son cœur, à s'occuper d'eux dignement*» HENRIOT. ■ CONTR. Indignement.

DIGNITAIRE [diɲitɛʀ] n. m. – 1718 ; *dignitère* 1525 ◇ de *dignité* ■ Personne revêtue d'une dignité (I), qui a un rang éminent dans une hiérarchie officielle. ➤ **autorité.** *Un grand dignitaire de l'Église.* «*Des dignitaires de toute sorte qui se rendent à la prière, des officiers surtout, des généraux, des maréchaux*» LOTI.

DIGNITÉ [diɲite] n. f. – fin XIe ◇ latin *dignitas*

I Fonction, titre ou charge qui donne à qqn un rang éminent. *Les plus hautes, les plus grandes dignités. Être élevé à la dignité de comte, d'évêque. Conférer une dignité à qqn, installer qqn dans une dignité* (➤ **investiture, promotion**). *Personne revêtue d'une dignité.* ➤ **dignitaire.**

II ■ **1** Respect que mérite qqn. *Dignité humaine.* ➤ **grandeur, noblesse.** *Principe de la dignité de la personne humaine,* selon lequel un être humain doit être traité comme une fin en soi. «*Toute la dignité de l'homme est en la pensée*» PASCAL. «*La seule dignité de l'homme : la révolte tenace contre sa condition*» CAMUS. ■ **2** Respect de soi. ➤ **amour-propre, fierté, honneur.** *Avoir de la dignité, sa dignité. Manquer de dignité. Perdre toute dignité.* «*Sa dignité hautaine qui* [...] *l'avait maintenue honnête et solitaire*» LOTI. ♦ Allure, comportement qui traduit ce sentiment. *Avoir de la dignité dans ses manières,* une gravité qui inspire le respect. ➤ **noblesse, réserve, retenue.** «*Elle eut une dignité de reine offensée*» ZOLA. *Garder son calme et sa dignité. Refuser une proposition avec dignité.*

■ CONTR. Bassesse, indignité ; veulerie ; familiarité, laisser-aller, vulgarité.

DIGON [digɔ̃] **n. m.** – 1678 ◊ de *diguer* «faire une digue» ■ **1** MAR. Hampe portant une flamme, un pavillon. ■ **2** (1769) Fer barbelé ajusté à une perche, servant à harponner les poissons plats à basse mer. ➤ **harpon ; angon.**

DIGRAMME [digʀam] **n. m.** – 1838 ◊ de *di-* et *-gramme* ■ LING. Groupe de deux lettres représentant un seul son (comme *in* [ɛ̃] dans *matin* ou *ch* [ʃ] dans *chat*).

DIGRAPHIE [digʀafi] **n. f.** – v. 1900 ◊ de *di-* et *graphie* ■ COMPTAB. Comptabilité en partie double.

DIGRESSER [digʀese] **v. intr.** ‹1› – 1838 ◊ de *digression* ■ RARE Faire des digressions. *Digresser à l'infini sur qqch.*

DIGRESSION [digʀesjɔ̃] **n. f.** – 1190 ◊ latin *digressio*, de *digredi* «s'éloigner» ■ **1** Développement oral ou écrit qui s'écarte du sujet. *Faire une digression sur, à propos de...* ➤ **parenthèse.** «*Les digressions trop longues ou trop fréquentes rompent l'unité du sujet*» VAUVENARGUES. ■ **2** ASTRON. Éloignement apparent, écart angulaire (d'un astre) par rapport à un système ou un point de référence.

DIGUE [dig] **n. f.** – 1360 ; *dike* 1373 ◊ moyen néerlandais *dijc* ■ **1** Longue construction destinée à contenir les eaux (➤ **endiguer**). *Digues fluviales. Digue de retenue d'eau dans le voisinage d'une écluse.* ➤ **chaussée, levée.** — *Digue faisant une avancée en mer.* ➤ **jetée,** 2 **môle.** *Digue à claire-voie.* ➤ **estacade.** *Digue d'où l'on embarque.* ➤ **embarcadère.** *Digue en pleine mer.* ➤ **brise-lame.** *Se promener sur la digue. Tempête qui brise une digue.* ■ **2** FIG. Ce qui contient, retient, arrête une force, un mouvement. ➤ **barrière, frein, obstacle.** «*Le flot accumulé, renversant toutes les digues du devoir et de la loi*» TAINE. *Élever une digue, des digues contre qqch.* ➤ **rempart.**

DIHOLOSIDE [diolozid] **n. m.** – 1953 ◊ de *di-* et *holoside* ■ BIOCHIM. ➤ **disaccharide.**

DIHYDROGÈNE [diidʀɔʒɛn] **n. m.** – 1952 ◊ de *di-* et *hydrogène* ■ CHIM. Corps simple (H_2), gaz quatorze fois plus léger que l'air, inflammable, incolore et inodore. ➤ **hydrogène.** *Le dihydrogène a été utilisé pour remplir les dirigeables.*

DIIODE [dijɔd] **n. m.** – 1990 ; 1901 en composition ◊ de *di-* et *iode* ■ CHIM. Corps simple (I_2), solide qui donne naissance à des vapeurs violettes quand on le chauffe. ➤ **iode.**

DIKTAT [diktat] **n. m.** – 1932 ◊ mot allemand «chose dictée» ■ **1** Chose imposée, en politique internationale. *Le diktat de Versailles* (le traité de paix de 1919 selon les Allemands). ■ **2** Chose imposée, décision unilatérale contre laquelle on ne peut rien. ➤ **oukase.** *S'opposer aux diktats d'une faction, de la direction.* «*aux* diktats *si impérieux du surréalisme, à ses injonctions d'avoir à choisir, il ne fut jamais question pour moi de rien concéder*» GRACQ. — On écrit aussi *dictat.* «*à genoux devant les dictats de l'ayatollah*» J.-E. HALLIER.

DILACÉRATION [dilaseʀasjɔ̃] **n. f.** – 1419 ◊ latin *dilaceratio* ■ DIDACT. Action de dilacérer. ➤ **lacération.** ♦ MÉD. Déchirement fait avec violence. *Contusion avec dilacération musculaire.*

DILACÉRER [dilaseʀe] **v. tr.** ‹6› – 1561 ; *dilazerer* v. 1155 ◊ latin *dilacerare* → lacérer ■ DIDACT. Mettre en pièces. *Dilacérer un acte.* — PAR EXT. Détruire avec violence. «*On dilacère l'espace et le temps, on ne voit que ça partout : comment le temps et l'espace se détruisent*» Y. HAENEL.

DILAPIDATEUR, TRICE [dilapidatœʀ, tʀis] **adj.** et **n.** – début XVe, rare avant fin XVIIIe ◊ de *dilapider* ■ Qui dilapide. ➤ **dépensier, dissipateur, prodigue.** *Fouquet, dilapidateur des finances publiques.* ■ CONTR. Économe.

DILAPIDATION [dilapidasjɔ̃] **n. f.** – 1465, rare avant 1762 ◊ latin *dilapidatio* ■ Action de dilapider. *Dilapidation d'un héritage.* ➤ **dissipation.** ♦ Gaspillage. «*Une politique de dilapidation forcenée des richesses naturelles du monde*» SIEGFRIED. ■ CONTR. Accumulation, conservation, économie, épargne.

DILAPIDER [dilapide] **v. tr.** ‹1› – 1220 ◊ latin *dilapidare* ■ Dépenser (des biens) de manière excessive et désordonnée. *Dilapider sa fortune, son patrimoine.* ➤ **dissiper, gaspiller,** 1 **manger ;** FAM. **croquer.** «*J'étais pareil au fils prodigue, qui va dilapidant de grands biens*» GIDE. ♦ FIG. ➤ **gaspiller.** «*Les peuples qui jouissent de la vie en dilapidant la joie*» SUARÈS. ■ CONTR. Accumuler, amasser, épargner.

DILATABILITÉ [dilatabilite] **n. f.** – 1731 ◊ de *dilatable* ■ DIDACT. Propriété que possèdent les corps de pouvoir se dilater. *Grande dilatabilité des gaz.*

DILATABLE [dilatabl] **adj.** – XVIe ◊ de *dilater* ■ Qui peut se dilater. ➤ **expansible.** *Les vaisseaux sont dilatables.* ■ CONTR. Compressible, contractile.

DILATANT, ANTE [dilatɑ̃, ɑ̃t] **adj.** et **n. m.** – XVIe ◊ p. prés. de *dilater* ■ DIDACT. **adj.** Qui dilate. *Action dilatante d'un phénomène.* — **n. m.** Dilatateur.

DILATATEUR, TRICE [dilatatœʀ, tʀis] **adj.** et **n. m.** – 1611 ◊ de *dilater* ■ ANAT. Qui a pour fonction de dilater. *Muscles dilatateurs* (**opposé à** *constricteurs*). — **n. m.** CHIR. Instrument servant à maintenir béants les bords d'une incision, d'une plaie, ou à élargir un canal ou un orifice.

DILATATION [dilatasjɔ̃] **n. f.** – 1314 ◊ latin *dilatatio* ■ **1** Action de dilater ; fait de se dilater. ➤ **gonflement, grossissement.** *La dilatation d'un ballon, d'un pneu qu'on gonfle.* — (ORGANES) *Mouvement de dilatation* (➤ **diastole**) *et de contraction du cœur. Dilatation d'un vaisseau (vasodilatation). Dilatation de la pupille. Dilatation du col* (de l'utérus). ♦ MÉD. Augmentation pathologique du volume (d'un organe creux). *Dilatation cardiaque, gastrique.* ♦ CHIR. Élargissement, au moyen d'un instrument (➤ **dilatateur**) ou des doigts, du calibre de (un conduit). ■ **2** PHYS. Augmentation de volume (d'un corps) sous l'action de la chaleur, sans changement de nature de ce corps. ➤ **expansion.** *Coefficient de dilatation volumique, linéaire. Dilatation d'un liquide, d'un gaz.* ■ **3** FIG. Extension, allongement, agrandissement. *Impression de dilatation du temps.* ■ CONTR. Compression, contraction.

DILATER [dilate] **v. tr.** ‹1› – 1361 ◊ latin *dilatare* «élargir», de *latus* «large» ■ **1** Augmenter le volume de (qqch.). *La chaleur dilate les corps. L'atropine dilate la pupille.* ➤ **agrandir.** *Dilater une artère coronaire rétrécie.* ➤ **ouvrir ; gonfler.** — **p. p. adj.** *Pupilles dilatées.* ♦ FIG. *Espérance, joie qui dilate le cœur.* ➤ **épanouir.** ■ **2 SE DILATER v. pron.** Augmenter de volume. ➤ **gonfler, grossir.** *Rails qui se dilatent sous l'action de la chaleur. Le cœur se dilate et se contracte.* PLAIS. «*J'ai la rate qui s'dilate*» (chanson). ■ CONTR. Comprimer, condenser, 2 contracter, resserrer, rétrécir.

DILATOIRE [dilatwaʀ] **adj.** – 1283 ◊ latin juridique *dilatorius*, de *dilatus*, p. p. de *differre* → 2 différer ■ DR. Qui tend à retarder par des délais, à prolonger un procès. *Action dilatoire. Appel dilatoire. Se servir de moyens dilatoires.* ♦ PLUS COUR. Qui vise à différer, à gagner du temps. *Réponse dilatoire.* ➤ **dérobade, temporisation.**

DILATOMÈTRE [dilatɔmɛtʀ] **n. m.** – 1850 ◊ de *dilater* et *-mètre* ■ SC. Appareil de mesure de la dilatation thermique des corps. *Dilatomètre à tige.*

DILECTION [dilɛksjɔ̃] **n. f.** – 1160 ◊ latin *dilectio*, de *diligere* «chérir» ■ RELIG. Amour tendre et spirituel. *La dilection du prochain. Dilection de Dieu pour ses créatures.* — LITTÉR. «*Clotilde répondait avec une telle sollicitude d'amour, un accent de dilection si pénétrant et si pur*» BLOY.

DILEMME [dilɛm] **n. m.** – 1555 ◊ bas latin *dilemma*, grec *dilêmma* ; → lemme ■ **1** PHILOS. Raisonnement dont la majeure* contient une alternative à deux ou plusieurs termes différents ou contradictoires, menant à une même conclusion ; syllogisme disjonctif*. ■ **2** (1948) Alternative contenant deux propositions contraires ou contradictoires et entre lesquelles on est mis en demeure de choisir. ➤ 1 **alternative.** *Cruel, difficile, terrible dilemme. Être devant un dilemme. Comment sortir de ce dilemme ? Enfermer qqn dans un dilemme.* «*La culpabilité de Dreyfus, ou bien l'infamie de l'état-major : voilà dans quel dilemme imbécile on a enfermé ces officiers*» MARTIN DU GARD.

DILETTANTE [dilɛtɑ̃t] **n.** – 1740 ◊ mot italien «celui qui s'adonne à un art par plaisir» ; p. prés. de *dilettare* «délecter» ■ **1** VX Amateur passionné de musique. ➤ **mélomane.** — PAR EXT. Amateur d'art, de littérature. «*Le dilettante n'a pas de tempérament personnel, puisqu'il n'exècre rien et qu'il aime tout*» HUYSMANS. ■ **2** MOD. Personne qui s'occupe d'une chose en amateur, par pur plaisir, sans se forcer. *Pratiquer la photo en dilettante.* PÉJ. *Se comporter en dilettante.* **adj.** «*Je ne suis pas assez dilettante pour accepter de gâcher mon temps*» ROMAINS. *Assidus ou dilettantes, vous serez bien accueillis.*

DILETTANTISME [dilɛtɑ̃tism] **n. m.** – 1821 ◊ de *dilettante* ■ Caractère du dilettante (2°), absence de professionnalisme, détachement par rapport à ce qu'on fait. *Faire qqch. avec dilettantisme.* ➤ **amateurisme.**

DILIGEMMENT [diliʒamɑ̃] **adv.** – 1282 ; *diligentement* fin XIIe ◊ de *diligent* ■ D'une manière diligente ; avec soin et célérité. «*Qu'il fasse les choses le plus diligemment qu'il pourra*» RACINE.

DILIGENCE [diliʒɑ̃s] n. f. – fin XIIe ◊ latin *diligentia* «soin, attention»
I ■ **1** VX Soin attentif, appliqué. ♦ DR. *À la diligence de* (qqn) : sur la demande, sur l'initiative, à la requête de. ■ **2** VX ou LITTÉR. Activité empressée, dans l'exécution d'une chose. ➤ **célérité, empressement, zèle.** «*En effet, quelle diligence ! en neuf heures l'ouvrage est accompli*» BOSSUET. — *Faire diligence.* ➤ se **dépêcher,** se **hâter.** — VX *En diligence* : vite. «*Prince, que tardez-vous ? Partez en diligence*» RACINE.
II (1680) Voiture à chevaux qui servait à transporter des voyageurs. ➤ 3 **coche, omnibus, patache.** *L'impériale d'une diligence. Conducteur de diligence.* ➤ **postillon.** *L'attaque de la diligence par les Indiens, dans un western.*

DILIGENT, ENTE [diliʒɑ̃, ɑ̃t] adj. – fin XIIe ◊ latin *diligens* «attentif, zélé» ■ **1** VX Qui s'applique avec soin à ce qu'il fait. ➤ **appliqué, assidu, zélé.** *Un employé diligent.* ♦ Qui montre de l'application. *Soins diligents.* «*Une diligente attention aux moindres besoins de la république*» LA BRUYÈRE. ■ **2** VIEILLI ou LITTÉR. Qui montre une activité empressée, de la célérité dans l'exécution d'une chose. ➤ **actif, empressé, expéditif, prompt, rapide.** *Un huissier diligent.* ■ CONTR. Lent, négligent, paresseux.

DILIGENTER [diliʒɑ̃te] v. tr. ‹1› – début XVe ◊ de *diligent* ■ Presser (qqn) de faire qqch. — Hâter (qqch.) ; apporter ses soins et son zèle à (qqch.). *Diligenter une affaire. Diligenter une enquête. Diligenter les secours.*

DILUANT [dilɥɑ̃] n. m. – 1924 ◊ de *diluer* ■ Liquide qui sert à diluer (une laque, un vernis, une peinture). *Utiliser du white-spirit comme diluant.*

DILUER [dilɥe] v. tr. ‹1› – 1824 ; hapax XVe ◊ latin *diluere* «laver, détremper» ■ **1** Délayer, étendre (une substance) dans un liquide quelconque. ➤ **délayer, étendre, mouiller ; 1 noyer.** «*Un apport constant d'eau douce dilue le sel*» GIDE. *Diluer une teinture dans de l'eau. Diluer de la peinture trop épaisse.* PRONOM. *Produit qui se dilue bien dans l'eau.* — **p. p. adj.** *Alcool dilué,* étendu d'eau. *Solution diluée,* qui ne contient que très peu de soluté. PAR EXT. «*Une teinte dorée, diluée dans la pluie suspendue*» BARRÈS. ■ **2** FIG. Affaiblir, atténuer. «*Ces torrents de musique indiscrète* [...] *diluent sa force, détruisent la sainte solitude et le trésor des secrètes pensées*» R. ROLLAND. ■ CONTR. Condenser, décanter.

DILUTIF, IVE [dilytif, iv] adj. – 1989 ◊ de *dilution* ■ FIN. Se dit d'une opération sur le capital d'une société qui génère une baisse du résultat par action. *Augmentation de capital dilutive.* — *Effet dilutif d'une opération.* ■ CONTR. Relutif.

DILUTION [dilysjɔ̃] n. f. – 1833 ◊ latin *dilutio* → diluer ■ **1** Action de diluer ; son résultat. *La dilution d'un sel dans l'eau. Faible, forte dilution.* — *Dilution et trituration, les deux modes de préparation homéopathique.* ■ **2** FIN. Baisse du résultat par action, générée par une opération sur le capital d'une société. ■ CONTR. Relution.

DILUVIAL, IALE, IAUX [dilyvjal, jo] adj. – 1826 ◊ du latin *diluvium* ■ **1** GÉOL. Qui appartient au diluvium. ■ **2** Très abondant. ➤ **diluvien.** *Débordement diluvial.*

DILUVIEN, IENNE [dilyvjɛ̃, jɛn] adj. – 1764 ◊ du latin *diluvium* «inondation» → déluge ■ **1** DIDACT. ou LITTÉR. Qui a rapport au déluge. *Époques diluvienne et antédiluvienne**. *Eaux diluviennes,* du déluge (biblique), d'une catastrophe analogue. «*Comme la mer diluvienne qui a baigné les flancs de l'antique montagne*» NERVAL. VX *Terrains diluviens.* ➤ **diluvial.** ■ **2** COUR. *Pluie diluvienne,* très abondante. ➤ **torrentiel ; déluge.**

DILUVIUM [dilyvjɔm] n. m. – 1834 ; *diluvion* 1846 ◊ anglais *diluvium* (1819), du mot latin «déluge» ■ GÉOL. Ensemble des alluvions de fleuves formées à l'époque quaternaire.

DIMANCHE [dimɑ̃ʃ] n. m. – *diemenche* 1119 ◊ latin ecclésiastique *dies dominicus* «jour du Seigneur» ■ Septième jour de la semaine*, qui succède au samedi ; jour consacré à Dieu, au repos, dans les civilisations chrétiennes (➤ **dominical**). — *Dimanche dernier, dimanche prochain. Venez déjeuner dimanche. Le repos du samedi et du dimanche.* ➤ **week-end** (cf. Fin de semaine*). «*Le dimanche n'est pas un jour normal, physiologique, c'est un hiatus, une solution de continuité dans la trame des jours vivants*» DUHAMEL. «*le dimanche produirait comme toujours et partout son effet de lenteur et de vide, d'étirement pâle, de résonance creuse et navrée*» ECHENOZ. *Les dimanches de l'Avent. Le dimanche de Pâques. La messe du dimanche. La promenade du dimanche. Elle court tous les dimanches matin. Bon dimanche ! Passer le dimanche en famille. Les habits, le costume du dimanche* (➤ **s'endimancher**). PROV. *Tel qui rit vendredi, dimanche pleurera.* ♦ **loc. adj.** FAM. **DU DIMANCHE,** se dit de personnes qui agissent en amateurs, sans expérience. *Les conducteurs du dimanche.* «*Certes, un peintre du dimanche copierait mal la Joconde*» MALRAUX.

DÎME [dim] n. f. /DIME/ – *disme* XIIe ◊ latin *decima,* de *decimus* «dixième» ■ **1** HIST. Impôt, fraction variable de la récolte prélevée par l'Église. *Payer la dîme, les dîmes des blés, du vin. Abolition des dîmes par la Révolution de 1789.* — FIG. *Lever, prélever une dîme sur qqch.,* en prélever, en détourner une partie de la valeur. ➤ **exaction.** ■ **2** (1946) (Canada) Somme d'argent que les catholiques versent à la fabrique de leur paroisse pour subvenir aux besoins du culte. ➤ **denier** (du culte).

DIMENSION [dimɑ̃sjɔ̃] n. f. – 1425 ◊ latin *dimensio,* de *metiri* «mesurer»
I ■ **1** Grandeur réelle, mesurable, qui détermine la portion d'espace occupée par un corps. ➤ **étendue, grandeur, grosseur.** *Dimension relative.* ➤ **proportion.** «*Notre âme est jetée dans le corps, où elle trouve nombre, temps, dimensions*» PASCAL. *Des objets de toutes les dimensions.* ➤ 2 **taille.** ■ **2** Grandeur mesurable, selon une direction ou par rapport aux autres dimensions. *Mesurez ce tissu dans la plus grande dimension* (dans la longueur). ♦ Grandeur qui mesure un corps dans une direction. ➤ **mesure, mensuration.** *Noter, prendre, relever les dimensions. Les dimensions d'un objet, d'un meuble.* ➤ **largeur, longueur ; épaisseur, hauteur, profondeur ; hors tout.** — *Les dimensions d'une propriété, d'un domaine, d'une pièce* (➤ **superficie**). *Dimension d'un livre* (➤ **format**), *d'un tube* (➤ **calibre**), *d'une chaussure* (➤ **pointure**). ■ **3** GÉOM. Grandeur réelle qui, seule ou avec d'autres, détermine la position d'un point. *Les dimensions d'un espace. Espace à une dimension* (ligne droite), *à deux dimensions* (plan ; ➤ **bidimensionnel**) ; *à trois dimensions* (➤ **tridimensionnel**). *Solide à trois dimensions. Espace à quatre, à n dimensions. La quatrième dimension* : d'après la théorie de la relativité, le temps. ➤ 1 **espace** (Espace-Temps). ♦ COUR. *La troisième dimension* : l'effet de perspective, de profondeur, en peinture. «*une peinture à laquelle la conquête de la troisième dimension avait été essentielle*» MALRAUX. ■ **4** PHYS. *Formule de dimensions* : rapport de deux grandeurs dont dépend une autre grandeur (ex. V = L/T).
II FIG. ■ **1** (XXe ◊ de I, 1°, cf. au XVIIIe *prendre les dimensions de qqn* «le juger d'après ses attitudes, son comportement») Importance. *Comment a-t-il pu commettre une sottise, une faute de cette dimension ?* ➤ **grosseur,** 2 **taille.** *La dimension, les dimensions d'une entreprise, d'un organisme.* ➤ **dimensionnement, importance.** — (v. 1966) *Prendre la (les) dimension(s) de qqch.,* savoir discerner son importance. — **loc. adj.** *À la (Aux) dimension(s) de,* approprié à, à la mesure* de. *Une entreprise à la dimension de son ambition.* — *Prendre la (les) dimension(s) de* : grossir, grandir au point de devenir. *L'accident a pris la dimension d'une catastrophe nationale.* ■ **2** (1951 ◊ de I, 2° et 3°) Aspect dynamique et significatif. «*La révolte est une des dimensions essentielles de l'homme*» CAMUS. ♦ Axe de signification. *La dimension culturelle, sociale, d'une décision politique.* ♦ SOCIOL. Composante d'un fait social.

DIMENSIONNEL, ELLE [dimɑ̃sjɔnɛl] adj. – 1875 ◊ de *dimension* ■ DIDACT. Relatif aux dimensions (I). TECHN. *Caractéristiques, normes dimensionnelles d'un objet, d'une pièce.*

DIMENSIONNEMENT [dimɑ̃sjɔnmɑ̃] n. m. – 1948 ◊ de *dimensionner* ■ **1** TECHN. Établissement de l'ensemble des dimensions (d'un objet). *Dimensionnement d'une pièce. Méthodes de dimensionnement.* ■ **2** DIDACT. Fait de donner à (un secteur, un organisme) une certaine importance. *Le dimensionnement du secteur public.*

DIMENSIONNER [dimɑ̃sjɔne] v. tr. ‹1› – 1927 ◊ de *dimension* ■ **1** TECHN. Calculer les dimensions de (un objet) en fonction d'un usage. — **p. p. adj.** *Pièce bien dimensionnée.* ■ **2** DIDACT. Donner une certaine importance à (un secteur, un organisme).

DIMÈRE [dimɛʀ] n. m. – 1817 ◊ grec *dimerês* → di- et -mère ■ CHIM. Composé formé par l'association de deux molécules, identiques ou non. — Molécule formée par combinaison de deux molécules identiques (➤ **monomère**).

DIMÉTHYL- ■ Élément, de *di-* et *méthyle,* utilisé en chimie pour indiquer la présence, dans une molécule, de deux substitutions par un radical méthyle*.

DIMINUÉ, ÉE [diminɥe] adj. – 1365 ◊ de *diminuer* ■ **1** Rendu moins grand. *Quantité diminuée.* «*La mairie devait faire face avec un personnel diminué, à des obligations écrasantes*»

CAMUS. ➤ 1 **réduit.** — ARCHIT. *Colonne diminuée,* qui va en se rétrécissant de bas en haut. — MUS. *Intervalles diminués. L'intervalle ut dièse si bémol est une septième diminuée.* — *Tricot diminué,* dont la forme résulte des diminutions. ▪ **2** (PERSONNES) Amoindri, affaibli. ➤ **décati.** *« Lorsque je serai physiquement et moralement diminué par l'âge ou par la maladie »* MARTIN DU GARD. *« La vieille châtelaine, depuis son attaque, semblait fort diminuée »* MAUROIS.

DIMINUENDO [diminɥɛndo ; diminɥɛ̃do] **adv.** et **n. m.** – 1821 ◊ mot italien « en diminuant », du latin *diminuere* ▪ MUS. En diminuant progressivement l'intensité des sons (indication de mouvement). ➤ **décrescendo.** ADJT INV. *Un finale diminuendo.* — **n. m.** *Un diminuendo. Des diminuendos.* ▪ CONTR. Crescendo.

DIMINUER [diminɥe] **v.** ‹1› – 1265 ◊ latin *diminuere* « mettre en morceaux, briser », de *minus* « petit »

I **v. tr.** ▪ **1** Rendre plus petit (une grandeur). ➤ **amoindrir, réduire.** *Diminuer la longueur* (➤ **raccourcir**), *la largeur* (➤ **rétrécir**), *la hauteur* (➤ **abaisser**) *de qqch. Diminuer le volume.* ➤ **comprimer, concentrer, rapetisser, réduire ; dégonfler.** *Diminuer la durée.* ➤ **abréger, écourter.** *Diminuer la vitesse, l'intensité.* ➤ **modérer.** *Diminuer les prix.* ➤ **abaisser, baisser, réduire.** *« Il disposerait ainsi d'une certaine fraction de capital, sans diminuer ses revenus »* ROMAINS. — SPÉCIALT Réduire le nombre de mailles de (un tricot). ▪ **2** (De ce qui n'est pas mesurable) Rendre moins grand, moins fort. *Diminuer l'ardeur, l'enthousiasme, le courage de qqn.* ➤ **abattre, affaiblir, amortir, modérer, rabattre, ralentir.** *La maladie a diminué ses forces. « Ou les mots dépassent la pensée ou ils la diminuent »* RENARD. *« Par la durée, les plaisirs du corps sont diminués et les peines augmentées »* STENDHAL. PRONOM. *« Son amitié pour Lucien s'était diminuée »* BALZAC. ▪ **3** Réduire les mérites, la valeur de (qqn). *Prendre plaisir à diminuer qqn.* ➤ **avilir*, dénigrer, déprécier, humilier, rabaisser ; diminué.** *Il a cherché à me diminuer. Cette erreur le diminue à mes yeux.* PRONOM. (RÉFL.) *« Qui se défend se diminue »* JAURÈS. ➤ **s'abaisser, déchoir.**

II **v. intr.** Devenir moins grand, moins considérable. ➤ **baisser, décroître, perdre.** ▪ **1** (Avec l'auxil. *avoir* pour indiquer l'action) *La chaleur a diminué aujourd'hui.* — *Diminuer de longueur, de largeur, de hauteur, de grosseur.* ➤ **raccourcir ; rétrécir ; rapetisser.** *Les provisions diminuaient à vue d'œil,* étaient consommées. ➤ **disparaître.** *Les prix diminuent.* ➤ **baisser,** 1 **tomber.** *Cet article a diminué de prix.* ◆ *Ses forces ont diminué.* ➤ **décliner, faiblir.** *Sa colère diminue.* ➤ **se calmer, céder, décliner, fléchir,** 1 **tomber.** *Son crédit commence à diminuer.* ➤ **déchoir, décroître.** — *Aller en diminuant.* ➤ **décrescendo.** *« On vit la circulation diminuer progressivement jusqu'à devenir à peu près nulle »* CAMUS. ▪ **2** (Avec l'auxil. *être* pour indiquer l'état qui résulte de l'action accomplie) LITTÉR. *La chaleur est bien diminuée par rapport au mois d'août.*

▪ CONTR. Augmenter ; accroître, agrandir, ajouter, amplifier, croître, grandir, grossir.

DIMINUTIF, IVE [diminytif, iv] **adj.** et **n. m.** – XIVe ◊ de *diminuer* ▪ **1** Qui donne, ajoute une idée de petitesse (souvent avec une nuance affective). *Suffixe diminutif qu'on ajoute au radical.* — SUBST. *Un diminutif :* mot formé d'une racine et d'un suffixe diminutif. Tablette *est le diminutif de* table, jupon *de* jupe, pâlot *de* pâle. ▪ **2 n. m.** Nom propre formé par troncation, suffixation ou redoublement d'une syllabe, indiquant de la familiarité ou de l'affection chez la personne qui l'emploie. *« C'est un drôle de prénom Eddy, c'est un diminutif, non ? Ton vrai prénom c'est pas Édouard ? »* É. LOUIS. ▪ CONTR. Augmentatif.

DIMINUTION [diminysjɔ̃] **n. f.** – v. 1260 ◊ de *diminuer* ▪ **1** Action de diminuer ; son résultat. ➤ **amoindrissement, baisse, décroissance, décroissement, décrue, recul, réduction, régression.** *La diminution du nombre des décès. Diminution graduelle, progressive.* ➤ **déclin.** *Diminution brutale.* ➤ **chute.** *Diminution des salaires, de l'inflation.* ➤ **fléchissement.** ▪ **2** (De ce qui n'est pas mesurable) *Diminution d'un mal. Diminution des forces, de l'énergie.* ➤ **affaiblissement, déperdition.** ◆ (PERSONNES) *Il ne supporte pas sa diminution physique.* ▪ **3** SPÉCIALT Action de diminuer le nombre de mailles, notamment en en travaillant deux à la fois (crochet, tricot). *Faire les diminutions.* ▪ CONTR. Augmentation ; accroissement, amplification, croissance, crue.

DIMISSOIRE [dimiswaʀ] **n. m.** – XVIe ◊ latin *dimissorius* « qui renvoie », de *dimittere* ▪ RELIG. Lettre d'un évêque qui autorise un clerc de son diocèse à recevoir des ordinations dans un autre diocèse. — **adj. DIMISSORIAL, IALE, IAUX,** 1690. *Lettre dimissoriale.*

DIMORPHE [dimɔʀf] **adj.** – 1826 ◊ de *di-* et *-morphe* ▪ **1** DIDACT. Qui peut prendre deux formes différentes. *Les fourmis femelles sont dimorphes.* ▪ **2** CHIM. Qui peut se cristalliser dans deux systèmes cristallins différents.

DIMORPHISME [dimɔʀfism] **n. m.** – 1834 ◊ de *dimorphe* ▪ DIDACT. Propriété de certains corps, de certaines espèces animales ou végétales qui se présentent sous deux formes distinctes. *Dimorphisme saisonnier* (pelage d'été et pelage d'hiver). *Dimorphisme sexuel :* aspect différent du mâle et de la femelle d'une même espèce (par ex. du lion qui porte une crinière et de la lionne qui n'en porte pas). *Le dimorphisme sexuel de certains insectes est très grand. Dimorphisme foliaire, floral.*

DIM SUM [dimsum] **n. m.** – 1988 ; *dim-sum* 1982, comme mot étranger ◊ mot chinois cantonais « collation » ▪ Petite bouchée de pâte farcie, cuite à la vapeur ou frite (cuisine cantonaise). *Commander des dim sums.*

DIN [din] **n. m. inv.** – XXe ◊ acronyme de l'allemand *Deutsche Industrienorm* « normalisation industrielle allemande » ▪ PHOTOGR. *Échelle DIN :* échelle de sensibilité des émulsions photographiques, remplacée par l'échelle ISO. ➤ **ASA.** ▪ HOM. Dyne.

DINANDERIE [dinɑ̃dʀi] **n. f.** – 1387 ◊ de *dinandier* ▪ COMM. Ensemble des ustensiles de cuivre jaune (vaisselle, pots, chandeliers). *Pièces de dinanderie.* ➤ **chaudronnerie** (d'art).

DINANDIER [dinɑ̃dje] **n. m.** – fin XIIIe ◊ de *Dinant,* ville de Belgique célèbre par ses cuivres ▪ VIEILLI Fabricant, marchand de dinanderie.

DINAR [dinaʀ] **n. m.** – 1740 ◊ latin *denarius* « denier » ▪ **1** ANCIENNT Monnaie d'or arabe. ▪ **2** (XXe) MOD. Unité monétaire de l'Algérie, de Bahreïn, de l'Irak, de la Jordanie, du Koweït, de la Libye, de la Serbie, de la Tunisie. *Un dinar algérien. Deux dinars.*

DÎNATOIRE [dinatwaʀ] **adj.** /DINATOIRE/ – XVIe ◊ de 1 *dîner* ▪ Où l'on dîne ; qui sert de dîner. *Goûter dînatoire :* goûter abondant et tardif. *Cocktail, apéritif, soirée dînatoire.*

DINDE [dɛ̃d] **n. f.** – 1600 ◊ de *coq d'Inde, poule d'Inde,* nom donné aux XIVe-XVe s. à la pintade originaire d'Abyssinie, puis appliqué au dindon découvert au Mexique ▪ **1** Femelle du dindon ; SPÉCIALT Cette volaille, apprêtée pour être mangée. *Dinde rôtie. Dinde de Noël. Dinde aux marrons. Cuisse, escalope de dinde.* ▪ **2** FIG. PÉJ. Femme stupide. *Quelle petite dinde ! « la dinde intégrale, ravissante et la cervelle en papier mâché »* Y. QUEFFÉLEC.

DINDON [dɛ̃dɔ̃] **n. m.** – 1668 ; « dindonneau » 1605 ◊ de *dinde* ▪ **1** Grand oiseau de bassecour, originaire d'Amérique, dont la tête et le cou, dépourvus de plumes, sont recouverts d'une membrane granuleuse, rouge violacé, avec caroncules rouges à la base des mandibules ; SPÉCIALT le mâle (opposé à *dinde*). *Dindon faisant la roue. Le dindon glougloute. Se pavaner, se rengorger comme un dindon.* — *Les dindons :* mâles et femelles. *Troupeau de dindons. Garder les dindons.* ▪ **2** LOC. *Être le dindon de la farce :* être la victime, la dupe, dans une affaire. ➤ **pigeon.** *« Les militants, eux, seront toujours les dindons de la farce »* C. M. CLUNY.

DINDONNEAU [dɛ̃dɔno] **n. m.** – 1651 ◊ de *dindon* ▪ Petit de la dinde. *Rôti de dindonneau. Des dindonneaux.*

1 **DÎNER** [dine] **v. intr.** ‹1› /DINER/ – fin XIe « prendre le repas du matin » ◊ latin populaire °*disjunare* « rompre le jeûne » ▪ **1** VX ou RÉGION. (Nord ; Canada, Belgique, Suisse, Congo, Burundi, Rwanda) Prendre le repas de midi. ➤ 1 **déjeuner.** *Elle « me propose de rester dîner, elle dit "dîner" pour le repas de midi (comme beaucoup de vieux dans le coin [...]) »* A. GUIRANDIE. ▪ **2** Prendre le repas du soir. ➤ 2 **souper.** *Nous dînons à huit heures. Inviter, garder, avoir qqn à dîner. Dîner en ville. Dîner aux chandelles. Dîner d'un simple potage.* PROV. *Qui dort dîne :* le sommeil fait oublier la faim.

2 **DÎNER** [dine] **n. m.** /DINER/ – XIe « repas du matin » ◊ de 1 *dîner* ▪ **1** VX ou RÉGION. (Nord ; Canada, Belgique, Suisse, Congo, Burundi, Rwanda) Repas de midi. ➤ 2 **déjeuner.** *« À onze heures et demie, on sonnait le dîner que l'on servait à midi »* CHATEAUBRIAND. ▪ **2** Repas du soir. ➤ 1 **souper.** *L'heure du dîner. Dîner de famille, de fiançailles, d'affaires. Les dîners en ville d'un personnage politique.* ◆ (v. 1965) en composition Dîner accompagné d'une activité ou d'une manifestation. *Dîner-débat, -colloque, -concert, -spectacle.* ▪ **3** Les plats, les mets du dîner. *Dîner fin, copieux. Le dîner vous attend.*

DÎNETTE [dinɛt] n. f. /DINETTE/ – XVIe ◊ de 2dîner ▪ **1** Petit repas, parfois simulé, que les enfants s'amusent à faire entre eux. *Jouer à la dînette.* ◆ PAR EXT. Petit repas intime. *Faire la dînette.* ▪ **2** *Dînette (de poupée) :* service de table miniature servant de jouet aux enfants.

DÎNEUR, EUSE [dinœʀ, øz] n. /DINEUR, EUSE/ – 1609 ◊ de 1dîner ▪ Personne qui prend part à un dîner. *« Les dîneurs entraient lentement dans la grande salle de l'hôtel »* MAUPASSANT.

DING [diŋ] interj. – XVIe *din, dint* ◊ onomat. ▪ Onomatopée évoquant un tintement, un coup de sonnette. ➤ **drelin, dring.** — *Ding, ding, dong !* [diŋ dɛ̃g dɔ̃(g)], onomatopée évoquant la sonnerie d'un carillon.

DINGHY [diŋgi] n. m. – 1870 ; *dingui* 1836 ◊ mot anglais, de l'hindi ▪ ANGLIC. ▪ **1** Canot pneumatique. *Des dinghys.* On emploie aussi le pluriel anglais *des dinghies.* ▪ **2** Petit bateau de plaisance à moteur hors-bord, avec volant, parebrise et sièges.

1**DINGO** [dɛ̃go] n. m. – 1835 ◊ mot anglais (1789), d'une langue autochtone d'Australie ▪ Chien sauvage d'Australie.

2**DINGO** [dɛ̃go] adj. et n. – *dingot* fin XIXe ◊ de *dingue* ▪ FAM. et VIEILLI Fou*. ➤ **cinglé, dingue.** *Elles sont complètement dingos !* n. *« Il n'y a pas de dingos dans ta famille »* QUENEAU.

DINGUE [dɛ̃g] adj. et n. – 1915 ◊ origine inconnue ; p.-ê. de *dengue* (cf. argot *la dingue* « paludisme » [1890]) ou de *dinguer* ▪ FAM. ▪ **1** Fou*, bizarre. *Il est un peu dingue.* APPOS. *Il est fou dingue.* n. *Un doux dingue. Une maison de dingues. On devrait t'envoyer chez les dingues.* — *Mener une vie de dingue.* ▪ **2** Remarquable par sa bizarrerie, sa nouveauté. ➤ **dément, fou*.** *Un spectacle, une soirée dingue.* ▪ HOM. Dengue.

DINGUER [dɛ̃ge] v. intr. ⟨1⟩ – 1833 ◊ d'un radical onomat. *din-, ding-,* exprimant le balancement (des cloches, etc.) ▪ FAM. (surtout inf., apr. un verbe) Tomber, être projeté. ➤ **valdinguer, valser.** *« J'eus un éblouissement et m'en allai dinguer au pied d'un marronnier »* GIDE. ◆ *Envoyer dinguer :* repousser violemment, et FIG. éconduire sans ménagement. ➤ **rabrouer.** *« Si c'était moi qui avais voulu les lui présenter, ce qu'il m'aurait envoyé dinguer »* PROUST. ➤ **bouler, paître.**

DINGUERIE [dɛ̃gʀi] n. f. – 1960 ◊ de *dingue* ▪ FAM. Caractère d'une personne, d'un comportement dingue. ➤ **folie.** ◆ Action de dingue. ➤ **loufoquerie.** *Encore une de ses dingueries !*

DINOFLAGELLÉS [dinoflaʒele] n. m. pl. – 1948 ◊ du grec *dinos* « tournoiement » et latin *flagellum* « fouet » ▪ ZOOL. Organismes unicellulaires, souvent marins, ayant une coque cellulosique, parfois luminescents. *Certains dinoflagellés sont très toxiques pour la vie marine.*

DINOPHYSIS [dinɔfizis] n. m. – XXe ◊ du grec *dinos* « tournoiement » et *phusis* « nature » ▪ BOT. Algue microscopique sécrétant une toxine qui provoque des troubles digestifs chez l'être humain.

DINORNIS [dinɔʀnis] n. m. – 1843 ◊ latin scientifique, du grec *deinos* « terrible » et *ornis* « oiseau » ▪ PALÉONT. Oiseau fossile de la fin du tertiaire, coureur de très grande taille (plus grand que l'autruche) qui vivait en Australie.

DINOSAURE [dinɔzɔʀ] n. m. – 1845 ◊ latin scientifique *dinausaurus* (1841), du grec *deinos* « terrible » et *sauros* (cf. *-saure*) ▪ Énorme reptile à quatre pattes de l'ère secondaire *(dinosauriens). Les dinosaures ont brusquement disparu à la fin du secondaire. Le brachiosaure, le diplodocus sont des dinosaures.* — FIG. Personne, institution archaïque, que son importance passée empêche de disparaître. *« deux chefs historiques, deux dinosaures du communisme espagnol »* J. SEMPRUN.

DINOSAURIENS [dinɔsɔʀjɛ̃] n. m. pl. – 1841 ◊ anglais *Dinosaurian,* de *dinausaurus* → dinosaure ▪ PALÉONT. Ordre de reptiles fossiles de taille gigantesque, caractéristique de la période secondaire. *Le brontosaure, le diplodocus sont des dinosauriens.* — adj. *Les reptiles dinosauriens.*

DINOTHÉRIUM [dinɔteʀjɔm] n. m. – 1837 ◊ latin scientifique *dinotherium,* du grec *deinos* « terrible » et *thêrion* « bête sauvage » ▪ PALÉONT. Genre de mammifères fossiles *(proboscidiens),* sortes d'éléphants à grandes défenses tournées vers le bas, localisés dans le miocène, en Europe et en Asie.

DIOCÉSAIN, AINE [djɔsezɛ̃, ɛn] adj. et n. – milieu XIIIe ◊ de *diocèse* ▪ RELIG. Qui est relatif à un diocèse ; qui appartient à un diocèse. *L'évêque diocésain* (➤ **ordinaire**). *Œuvres diocésaines.* ◆ n. (v. 1534) Personne qui fait partie d'un diocèse. *Mandement de l'évêque à ses diocésains.*

DIOCÈSE [djɔsɛz] n. m. – fin XIIe ; fém. jusqu'au XVIe ◊ grec *dioikêsis* « administration » ▪ **1** Circonscription ecclésiastique placée sous la juridiction d'un évêque ou d'un archevêque. *Les 104 diocèses de France. Le diocèse de Chartres, de Poitiers. L'église d'un diocèse.* ➤ **cathédrale.** *Tribunal d'un diocèse.* ➤ **officialité.** *Assemblée d'ecclésiastiques chargés des affaires d'un diocèse.* ➤ **synode.** ▪ **2** (repris latin *diœcesis*) ANTIQ. Circonscription administrée par un vicaire de l'empereur romain.

DIODE [djɔd] n. f. – 1932 ◊ de *di-* et *-ode ;* cf. *cathode* ▪ TECHN. Composant* électronique redresseur* de courant alternatif. ➤ **valve.** — ÉLECTRON. Tube électronique à deux électrodes (➤ **anode, cathode**). *Diode à gaz,* pour le redressement de puissance. *Diode à cristal, à pointe,* constituée d'un contact entre une pointe métallique et un semi-conducteur. *Diode à jonction,* formée par une jonction* semi-conductrice P-N. *Diode électroluminescente,* qui émet un rayonnement visible ou infrarouge lorsqu'elle est parcourue par un courant ; recomm. offic. pour *LED.*

DIODON [djɔdɔ̃] n. m. – 1787 ◊ latin savant, du grec *di-* « deux » et *odous, odontos* « dent » ▪ Poisson des mers chaudes, au corps armé d'épines érectiles qui peut se gonfler et prendre une forme sphérique, aux puissantes mâchoires formant un bec, appelé aussi *poisson-hérisson, poisson-porc-épic. « des diodons, véritables porcs-épics de la mer* [...] *pouvant se gonfler de manière à former une pelote hérissée de dards »* J. VERNE.

DIOÏQUE [djɔik] adj. – 1778 ; *dioïke* 1768 ◊ latin des botanistes *diœcia,* du grec *di-* « deux » et *oikia* « maison » ▪ BOT. Dont les individus ne portent qu'un type de gamète, mâle ou femelle. ➤ **monogame.** *Les palmiers sont dioïques.* ▪ CONTR. Monoïque, polygame.

DIOL [diɔl ; djɔl] n. m. – 1929 ◊ de *di-* et *(alco)ol* ▪ CHIM. ➤ **dialcool.**

DIONÉE [djɔne] n. f. – 1786 ◊ latin des botanistes *dionœa* « (plante) de Dioné » ▪ Plante carnivore d'Amérique *(droséracées),* dont la feuille, bordée de longs cils et tapissée de poils sécrétant un liquide visqueux, emprisonne les insectes.

DIONYSIAQUE [djɔnizjak] adj. et n. f. – 1762 ◊ grec *dionusiakos,* de *Dionysos* ▪ **1** ANTIQ. GR. Qui est relatif à Dionysos (Bacchus). *Le culte dionysiaque.* n. f. pl. *Les dionysiaques :* fêtes en l'honneur de Dionysos célébrées au printemps et en automne. ➤ **bacchanale, dionysies.** ▪ **2** (1893) LITTÉR. Propre à l'inspiration, à l'enthousiasme. *« L'art dionysiaque par excellence est la musique, parce qu'elle est durée, mouvement et altération »* TOURNIER.

DIONYSIES [djɔnizi] n. f. pl. – 1732 ◊ grec *dionusia* ▪ HIST. Fêtes en l'honneur de Dionysos, dans l'Antiquité grecque. ➤ **bacchanale.**

DIOPTRE [djɔptʀ] n. m. – 1900 ; « spéculum » 1540 ◊ du latin d'origine grecque *dioptra* « instrument d'optique » ▪ PHYS. Surface optique séparant deux milieux de réfringence inégale.

DIOPTRIE [djɔptʀi] n. f. – 1886 ◊ du radical de *dioptrique* ▪ MÉTROL. Unité de mesure de la vergence d'un système optique (SYMB. δ), équivalente à la vergence d'une lentille dont la distance focale est de 1 mètre dans un milieu dont l'indice de réfraction est 1. *Une lentille divergente de 3 dioptries corrigera une myopie de –3 dioptries.*

DIOPTRIQUE [djɔptʀik] n. f. et adj. – 1626 ◊ grec *dioptrikê,* de *dioran* « voir à travers » ▪ PHYS. Partie de l'optique qui traite des phénomènes de réfraction. *« La Dioptrique », de Descartes.* ◆ adj. Relatif au dioptre. *Instrument dioptrique. Le système dioptrique de l'œil.*

DIORAMA [djɔʀama] n. m. – 1822 ◊ du grec *dia* « à travers », d'après *panorama* ▪ Tableau vertical où sont peints des figures, des paysages diversement éclairés (à la mode au XIXe s.). *« Les fenêtres de son salon donnaient sur des dioramas exécutés d'une façon merveilleuse et de l'illusion la plus complète »* GAUTIER.

DIORITE [djɔʀit] n. f. – 1817 ◊ du grec *diorizein* « distinguer » ▪ GÉOL. Roche plutonique grenue, proche de l'andésite.

DIOT [djo] n. m. – 1975 ◊ du savoyard *diô,* d'origine inconnue ▪ RÉGION. (Savoie) Saucisse à cuire. *Diots au vin blanc.*

DIOXINE [diɔksin ; djɔksin] n. f. – répandu 1976 ◊ nom déposé, de *dibenzodioxinne,* de *di-, benzo-* et *oxinne,* n. d'un corps chimique ▪ CHIM. Sous-produit de la fabrication d'un dérivé chloré du phénol, très toxique. *La dioxine est un polluant persistant de l'atmosphère. Défoliant contenant de la dioxine.*

DIOXYDE [diɔksid ; djɔksid] **n. m.** – 1869 ◊ de *di-* et *oxyde* ■ CHIM. Oxyde contenant deux atomes d'oxygène. ➤ **bioxyde.** *Dioxyde de carbone* : gaz carbonique CO_2. *Dioxyde de soufre* (SO_2), *dioxyde d'azote* (NO_2) : polluants de l'air (gaz irritants) qui participent à la formation des pluies* acides.

DIOXYGÈNE [diɔksiʒɛn ; djɔksiʒɛn] **n. m.** – 1989 ◊ de *di-* et *oxygène* ■ CHIM. Gaz incolore et inodore dont la molécule est formée de deux atomes d'oxygène (O_2). *Les végétaux produisent du dioxygène. L'air contient 21% de dioxygène.* ➤ **oxygène.**

DIPÉTALE [dipetal] **adj.** – 1779 ◊ de *di-* et *pétale* ■ BOT. Qui a deux pétales.

DIPHASÉ, ÉE [difaze] **adj.** – 1894 ◊ de *di-* et *phase* ■ Relatif à deux courants électriques présentant un déphasage de 90°. *Courant diphasé.*

DIPHÉNOL [difenɔl] **n. m.** – 1905 ◊ de *di-* et *phénol* ■ CHIM. Corps possédant deux fois la fonction phénol. ➤ **bisphénol, hydroquinone, résorcinol.**

DIPHÉNYLE [difenil] **n. m.** – 1870 ◊ de *di-* et *phényle* ■ CHIM., AGRIC. Substance de formule $(C_6H_5)_2$, utilisée pour la conservation des agrumes.

DIPHOSPHATE [difɔsfat] **n. m.** – 1963 ◊ de *di-* et *phosphate* ■ BIOCHIM. Dimère de l'acide phosphorique. ➤ **pyrophosphate.** APPOS. *Adénosine diphosphate.* ➤ **ADP.**

DIPHTÉRIE [difteʀi] **n. f.** – 1855 ◊ du grec *diphthera* «peau, membrane». A remplacé *diphtérite* (1817) ■ Maladie contagieuse causée par le bacille de Lœffler, caractérisée par la formation de pseudomembranes sur certaines muqueuses (larynx, pharynx) et par des manifestations toxiques dues à la toxine bactérienne. *Diphtérie laryngienne.* ➤ **croup.**

DIPHTÉRIQUE [difteʀik] **adj.** – 1837 ; n. 1835 ◊ de *diphtérie* ■ Relatif à la diphtérie. *Angine diphtérique* (ou *angine couenneuse*). ◆ Atteint de diphtérie. — **n.** *Un diphtérique.*

DIPHTONGAISON [diftɔ̃gɛzɔ̃] **n. f.** – 1864 ◊ de *diphtonguer* ■ Le fait de se diphtonguer. *Diphtongaison de certaines voyelles longues en anglais* (ex. bow-window, prononcé à l'anglaise).

DIPHTONGUE [diftɔ̃g] **n. f.** – *ditongue* XIIIe ◊ latin des grammairiens *diphtongus*, grec *diphthoggos* «double son» ■ PHONÉT. Voyelle qui change de timbre en cours d'émission, à l'intérieur d'une même syllabe (notée par une ou deux lettres-voyelles). *Les diphtongues n'existent plus en français moderne. Diphtongues et triphtongues de l'anglais.* — REM. En français, ni les voyelles en hiatus (ex. chaos), ni les successions voyelle/semi-consonne (ex. travail), ni les successions semi-consonne/voyelle (ex. oui) ne sont des diphtongues. ➤ **semi-consonne.**

DIPHTONGUER [diftɔ̃ge] **v. tr.** ⟨1⟩ – 1550 ◊ de *diphtongue* ■ Faire devenir diphtongue ; donner la valeur d'une diphtongue à. PRONOM. *Se diphtonguer* : prendre la valeur d'une diphtongue. — **p. p. adj.** *Voyelle diphtonguée.*

DIPL(O)- ■ Élément, du grec *diploos* «double».

DIPLOCOQUE [diplɔkɔk] **n. m.** – 1890 ◊ de *diplo-* et grec *kokkos* «graine» ■ BACTÉRIOL. Bactérie sphérique groupée en paire avec une autre identique. ➤ **gonocoque, méningocoque.**

DIPLODOCUS [diplɔdɔkys] **n. m.** – 1890 ◊ mot du latin scientifique, formé de *diplo-* et du grec *dokos* «poutre», à cause des os doubles de ses vertèbres ■ Reptile dinosaurien, dont on a trouvé les ossements fossiles dans le jurassique supérieur des montagnes Rocheuses. *Le diplodocus atteignait parfois 25 mètres de longueur.*

DIPLOÉ [diplɔe] **n. m.** – 1539 ◊ grec *diploê* «chose double» ■ ANAT. Tissu spongieux compris entre les deux lames dures des os de la boîte crânienne. *Canaux veineux du diploé.*

DIPLOÏDE [diplɔid] **adj.** – 1931 ◊ de *dipl(o)-* et *-oïde* ■ BIOL. CELL. Se dit du noyau cellulaire, de la cellule qui possède normalement un double assortiment de chromosomes homologues ($2n$), et par conséquent deux copies de chaque gène (opposé à *haploïde*). *Les cellules somatiques sont diploïdes. — Stade diploïde du cycle de vie.* — **n. f. DIPLOÏDIE** [diplɔidi].

DIPLÔMANT, ANTE [diplomɑ̃, ɑ̃t] **adj.** – 1989 ◊ de *diplômer* ■ Qui mène à l'obtention d'un diplôme. *Formation diplômante.*

DIPLOMATE [diplɔmat] **n.** – 1792 ; adj. 1789 ◊ de *diplomatique*, d'après *aristocrate* ■ **1** Personne qui est chargée par un gouvernement de fonctions diplomatiques, de représenter son pays ou de négocier avec les gouvernements étrangers. ➤ **ambassadeur,** 2 **attaché, chargé** (d'affaires), **légat, ministre, nonce, résident, secrétaire ;** 1 **émissaire, envoyé, négociateur,** 2 **parlementaire, plénipotentiaire.** *Diplomate de carrière. Le diplomate représente son gouvernement, négocie, renseigne son pays, en protège les ressortissants. Une femme diplomate ; une diplomate.* ■ **2** (1789) Personne qui sait mener une affaire avec tact. *C'est un diplomate-né.* — **adj.** Habile, subtil dans les relations sociales. ➤ **circonspect, habile, rusé, subtil.** *Elle n'est pas assez diplomate pour les réconcilier.* ■ **3 n. m.** (1865) Entremets fait de biscuits à la cuiller, de fruits confits et d'une crème anglaise.

DIPLOMATIE [diplɔmasi] **n. f.** – 1790 ◊ de *diplomatique*, d'après *aristocratie* ■ **1** Branche de la politique qui concerne les relations entre les États : représentation des intérêts d'un gouvernement à l'étranger, administration des affaires internationales, direction et exécution des négociations entre États (➤ **ambassade, chancellerie, légation, mission ;** et aussi **consulat**). *C'est à la diplomatie et pas à la force de résoudre ce différend.* ◆ Carrière diplomatique ; ensemble des diplomates (cf. La Carrière). *Entrer dans la diplomatie. Se destiner à la diplomatie.* ■ **2** FIG. Habileté, tact dans la conduite d'une affaire. ➤ 2 **adresse, circonspection, doigté, finesse, habileté, souplesse, tact.** *Résoudre un problème avec diplomatie. Faire preuve d'une grande diplomatie. «Partout où il faut de la souplesse, de la diplomatie, de l'intrigue même, il* [le Latin] *est à son affaire»* SIEGFRIED.

DIPLOMATIQUE [diplɔmatik] **adj.** et **n. f.** – 1721 ; n. f. 1708 ◊ du latin scientifique *diplomaticus* → diplôme

I DIDACT. ■ **1** Relatif aux diplômes, aux chartes (➤ **diplôme,** 1°). *Écritures diplomatiques*, en usage dans les diplômes. ■ **2 n. f. LA DIPLOMATIQUE :** science qui a pour objet les diplômes, l'étude de leur âge, de leur authenticité, de leur valeur. ➤ **paléographie.**

II (1726 «relatif aux diplômes, aux documents internationaux») COUR. ■ **1** Relatif à la diplomatie. *Histoire diplomatique. Relations diplomatiques* (cf. Relations internationales, affaires étrangères, extérieures). *La carrière* diplomatique* : le métier de diplomate. *Complications, incidents diplomatiques. Correspondance, courrier, dépêche, valise* diplomatique. Note diplomatique. Intervenir par la voie diplomatique. Être chargé d'une mission diplomatique. Cérémonial, protocole diplomatique.* SPÉCIALT *Caractère diplomatique* : caractère des personnes qui représentent leur pays, qui incarnent la souveraineté de l'État qui les envoie. *Agent diplomatique* : diplomate. *Corps diplomatique et corps consulaire. — Maladie* diplomatique.* ■ **2** FIG. (des actions, des manières) ➤ **adroit, habile.** *«Je lui ai demandé l'autre bourse. – Aïe ! ce n'est pas diplomatique»* MUSSET.

■ CONTR. Maladroit, grossier.

DIPLOMATIQUEMENT [diplɔmatikmɑ̃] **adv.** – 1788 ◊ de *diplomatique* ■ **1** Par, selon la diplomatie. *«tout ce qui se trame diplomatiquement depuis deux ans, commence à inquiéter sérieusement Berlin»* MARTIN DU GARD. ■ **2** (1837) D'une manière habile, avec diplomatie (2°).

DIPLÔME [diplom] **n. m.** – 1721 ; *diplomat* «décret» 1617 ◊ latin *diploma*, mot grec «papier plié en deux» ■ **1** HIST. Pièce officielle établissant un droit, un privilège. ➤ 1 **acte, charte, patente.** *Diplôme impérial, royal. Déchiffrer de vieux diplômes, établir leur authenticité* (➤ **diplomatique** [I, 2°], **paléographie**). ■ **2** (1829) COUR. Acte qui confère et atteste un titre, un grade. *Diplôme d'enseignement ; diplôme de bachelier, de licencié.* ➤ **agrégation, baccalauréat, bachelor, brevet, certificat, doctorat, licence, maîtrise,** 2 **master, mastère, maturité** (Suisse) ; FAM. **parchemin, peau** (d'âne). *Diplômes exigés pour obtenir un poste. Il n'a aucun diplôme. Énumérer ses titres et diplômes sur son curriculum vitæ.* — (En France) *Diplôme d'État ; diplôme d'Université (D. U.). Diplôme universitaire de technologie (D. U. T.). Diplôme d'études universitaires scientifiques et techniques (D. E. U. S. T.). Diplôme d'accès aux études universitaires (DAEU).* — ANCIENNT *Diplôme d'études supérieures (D. E. S.)*, qui s'obtenait après la licence, remplacé par des diplômes de 3e cycle (D. E. A., D. E. S. S.). *Diplôme universitaire d'études littéraires (D. U. E. L.), scientifiques (D. U. E. S.)*, remplacés par le *Diplôme d'études universitaires générales (D. E. U. G.). — Diplôme d'études approfondies (D. E. A.). Diplôme d'études supérieures spécialisées (D. E. S. S.). — Diplôme d'infirmière ; d'interprète.* ◆ *Diplôme d'honneur*, décerné à un exposant. ➤ **médaille, prix.** ◆ Écrit attestant un diplôme. *«un diplôme encadré de noir»* BOSCO. ■ **3** Examen, concours que l'on passe afin d'obtenir un diplôme. *Se présenter à un diplôme. Passer un diplôme.*

DIPLÔMÉ, ÉE [diplome] **adj. et n.** – 1841 ◊ de *diplôme* ■ Qui a obtenu un diplôme. *Infirmière diplômée. Architecte diplômé par le gouvernement (D. P. L. G.).* ♦ **n.** *Les diplômés d'une grande école. Une diplômée.*

DIPLÔMER [diplome] **v. tr.** ⟨1⟩ – 1878 ◊ de *diplôme* ■ Décerner un diplôme à. *Le jury les a tous diplômés.*

DIPLOPIE [diplɔpi] **n. f.** – 1792 ◊ du grec *diploos* «double» et du radical de *ops, opos* «œil» ■ MÉD. Trouble de la vue, consistant dans la perception de deux images pour un seul objet. *Diplopie monoculaire.*

DIPLOPODES [diplopɔd] **n. m. pl.** – 1845 ◊ de *diplo-* et *-pode* ■ ZOOL. Ordre d'arthropodes myriapodes dont les segments cylindriques portent chacun deux paires de pattes. *Les iules sont des diplopodes.*

DIPNEUMONE [dipnømɔn] **adj.** – 1846 ◊ de *di-* et grec *pneumôn* «poumon» ■ ZOOL. Qui possède deux poumons ou sacs pulmonaires. *Poisson, araignée dipneumone.*

DIPNEUSTES [dipnøst] **n. m. pl.** – 1890 adj. et n. m. ◊ latin moderne *dipneusta*, de *di-* et grec *pnein* «respirer» ■ ZOOL. Ordre de poissons d'eau douce, à branchies et poumons. SING. *Un dipneuste.*

DIPODE [dipɔd] **adj. et n. m.** – 1812 ◊ de *di-* et *-pode* ■ ZOOL. Qui a deux membres, deux organes comparés à des pieds.

DIPOLAIRE [dipɔlɛʀ] **adj.** – v. 1950 ◊ de *di-* et *polaire* ■ PHYS. *Moment dipolaire* : produit d'une des charges d'un dipôle par la distance qui sépare ces charges.

DIPÔLE [dipol] **n. m.** – 1939 ◊ de *di-* et *pôle*, par l'allemand ■ **1** PHYS. Ensemble formé par deux charges électriques ou magnétiques ponctuelles, égales et de signes opposés, situées à faible distance. ➤ **doublet.** ■ **2** ÉLECTRON. Circuit électrique possédant seulement deux bornes. *Une résistance, un condensateur, une inductance sont des dipôles élémentaires.*

DIPSOMANE [dipsɔman] **adj. et n.** – 1870 ◊ de *dipsomanie* ■ MÉD. Atteint de dipsomanie. — On dit aussi **DIPSOMANIAQUE,** milieu XXᵉ.

DIPSOMANIE [dipsɔmani] **n. f.** – 1824 ◊ grec *dipsa* «soif» et *mania* «folie» ■ MÉD. Impulsion morbide à boire des liquides alcooliques avec excès et par accès (➤ **potomanie**). *La dipsomanie conduit à l'alcoolisme*.*

1 **DIPTÈRE** [diptɛʀ] **adj.** – 1567 ◊ grec *dipteros* ■ ARCHIT. Se dit d'un édifice antique présentant une double rangée de colonnes autour du naos. *Temple diptère.*

2 **DIPTÈRE** [diptɛʀ] **n. m. et adj.** – 1791 ◊ latin scientifique *diptera*, mot grec ■ ZOOL. ■ **1 n. m. pl.** Ordre d'insectes à métamorphoses complètes, à deux ailes, dont la tête est munie de pièces buccales en forme de trompe, servant à piquer, à sucer. *Diptères à longues antennes* (nématocères ➤ **moustique**), *à courtes antennes* (brachycères ➤ **mouche**). SING. *Un diptère.* ■ **2 adj.** Qui a deux ailes (insectes).

DIPTYQUE [diptik] **n. m.** – fin XVIIᵉ ◊ latin *diptycha*, grec *diptukha* «tablettes pliées en deux» ■ **1** ANTIQ. Tablette à deux volets sur laquelle on écrivait avec un stylet. *Diptyque consulaire.* ■ **2** (1838) ARTS Tableau pliant formé de deux volets pouvant se rabattre l'un sur l'autre. *Diptyque florentin de la Renaissance.* ■ **3** FIG. Œuvre littéraire ou artistique en deux parties. *« Telle est la première partie de mon aventure qui sera, si vous le permettez, un diptyque »* BLOY.

1 **DIRE** [diʀ] **v. tr.** ⟨37⟩ – fin Xᵉ au sens d'«exprimer par la parole» (II, 1°) ◊ du latin *dicere* → dixit

I ÉMETTRE (LES SONS, LES ÉLÉMENTS SIGNIFIANTS D'UNE LANGUE) *Dire un mot, quelques mots, quelques paroles.* ➤ **articuler, émettre, proférer, prononcer.** *Dire qqch. entre ses dents, à voix basse. Dire qqch. à l'oreille de qqn, tout bas.* ➤ **chuchoter, murmurer, souffler.** *Dire tout haut, tout fort.* ➤ **crier.** — *Sans mot dire* : sans parler, en silence. *« Je n'ouvrirai plus la bouche. Je ne dirai plus un mot »* DUHAMEL. PROV. *Qui ne dit mot consent*.*

II EXPRIMER, COMMUNIQUER (LA PENSÉE, LES SENTIMENTS, LES INTENTIONS) PAR LA PAROLE ■ **1** (fin Xᵉ) ➤ **exprimer, formuler ; communiquer.** *Dire qqch. à qqn. Dire ses projets, ce qu'on veut faire.* ➤ **dévoiler, expliquer, révéler.** *Dire oui, non, bonjour, au revoir. « il s'échine pour être un patron, pour avoir un domaine, pour dire merde à qui il a envie »* R. MARTEAU. *Dis merci ! Dire des choses sensées, des bêtises. « je mens de temps en temps, quoi, des fois je leur dirais des choses qui seraient la vérité ; ils me croiraient pas... Alors je préfère dire des mensonges »* (M. MOUSSY «Les 400 Coups», film). *Parler pour ne rien dire. Il dit être malade, avoir besoin d'argent. Il dit qu'il est malade, qu'il a besoin d'argent.* PRONOM. (1532) *Il se dit malade* (➤ **soi-disant**). *Il dit qu'il serait venu s'il avait pu. Elle a dit qu'elle viendrait ; elle dit qu'elle viendra. Je ne dis pas qu'il l'ait fait* : j'hésite à l'affirmer. *Dites-moi qui vous êtes, comment vous vous appelez, où vous allez. J'ai qqch. à vous dire. « Voilà ce que j'avais à dire sur cet article »* ROUSSEAU. — *Il n'a dit cela à personne ; il ne l'a dit qu'à moi.* ➤ **confier.** *Il l'a dit à tout le monde, en public.* ➤ **proclamer, publier.** *Je vous l'ai dit cent fois.* ➤ **répéter.** *Dire hautement, solennellement que...* ➤ **déclarer.** *Dire la même chose* (qu'un autre), *dire le contraire. J'irai jusqu'à dire que. J'ose le dire. Il ne sait plus que dire, plus quoi dire. Je te dis qu'il est venu.* ➤ **affirmer, assurer.** — *Que dites-vous ? Qu'est-ce que tu dis ? Vous dites ?* (cf. Comment ? plaît-il ?). — *Dire la vérité. Toute vérité n'est pas bonne à dire.* — *« Il n'est pas nécessaire de penser ce qu'on dit, mais il faut penser à ce qu'on dit : c'est plus difficile »* RENARD. *Dire ce qu'on pense. Dire ce qu'on sait être faux.* ➤ **mentir.** — *À ce qu'il dit* : selon ses paroles. *D'après ce qu'il dit.* ➤ **prétendre.** — *Il sait ce qu'il dit* : il parle à bon escient, en connaissance de cause. *Il ne sait pas ce qu'il dit* : il dit n'importe quoi. ➤ **divaguer ;** FAM. **débloquer, dérailler.** ♦ **VOULOIR DIRE :** avoir l'intention d'exprimer. *Qu'est-ce qu'il a voulu dire ?* (cf. **ci-dessous,** IV, 4°). *Tu vois ce que je veux dire.* ♦ LOC. *Dire son fait* ; ses (quatre) vérités* à qqn. À vrai dire* : véritablement. — *C'est le moins qu'on puisse dire* (renforce ce qui vient d'être dit). — *C'est beaucoup dire* : c'est exagéré. — *C'est tout dire* : il n'y a rien à ajouter. — *Pour tout dire* : en somme, en résumé. — *Ce n'est pas une chose à dire* : il vaudrait mieux ne pas en parler. — (1640) *Cela va sans dire* : la chose est évidente ; il est inutile d'en parler (cf. Cela va de soi). *« "Pourquoi dire que nous agirons selon le droit public ? Cela va sans dire !" Je lui répondis que si cela allait bien sans le dire, cela irait bien mieux en le disant »* TALLEYRAND. — FAM. *Ce n'est pas, c'est pas pour dire* (renforce ce qui suit). *Ce n'est pas pour dire, mais elle est vraiment moche* — LITTÉR. *Cela vous plaît à dire*, exprime que l'on n'est pas d'accord sur ce qui vient d'être dit. — (1802) *C'est vous qui le dites* : je ne suis pas de votre avis. — *Ce disant* : en disant cela. *Ceci dit* : ayant dit ces mots. *Ceci dit, il s'en alla* (cf. Sur ce). *Ceci dit,* ou *cela dit* : malgré tout. — *Soit dit en passant* (cf. Par parenthèse). *Entre nous soit dit* : confidentiellement. — FAM. *C'est moi qui vous le dis,* s'emploie pour renforcer une affirmation. *Nous allons bien rire, c'est moi qui vous le dis.* — *Je vous l'avais dit, je l'avais bien dit.* ➤ **prévoir.** — *Il faut vous dire que,* introduit une explication, un éclaircissement. — (1791) FAM. *Je ne vous dis, je te dis que ça* : il est inutile d'en dire plus (suivant le ton, exprime l'admiration, l'étonnement, la menace). *« Une brunette piquante, Benjamin, je ne te dis que ça ! »* PENNAC. — *Je ne vous le fais pas dire, je te le fais, on te le fait pas dire* : cela a été dit spontanément (dans une discussion, pour souligner que qqn vient d'apporter, volontairement ou non, un argument en faveur de la thèse que l'on soutient). — FAM. *Ne pas l'envoyer dire à (qqn),* lui dire, en termes non équivoques, une chose en face. — (1797) *À qui le dites-vous ! à qui le dis-tu !,* exprime que la personne qui parle connaît, a éprouvé ce dont il s'agit aussi bien que son interlocuteur. — *C'était donc ça ! Vous m'en direz tant !* (cf. Je comprends maintenant ! Ah, voilà !). — (1792) FAM. *Tu l'as dit,* marque l'approbation. *Tu l'as dit, bouffi !* — FAM. *Je vais te dire... Je te dis pas* (cf. Je te raconte* pas). *« une brunette avec des seins, je te dis pas »* C. LAURENS. ♦ En incise *Oui, dit-il. Allons-nous-en, dirent les invités. Je suis décidé, vous dis-je ; je te dis.* FAM. *Alors, qu'il me dit...* ♦ (1790) À l'impératif, comme interjection, pour renforcer une question, etc. *Dites donc, vous, là-bas ! Dites-moi ce que vous en pensez.* FAM. *Eh, dis donc ! Non, mais, dis !* (cf. Sans blague !). ♦ **SE DIRE :** dire à soi-même, penser. *Je me disais : il faut partir ; je me suis dit qu'il fallait partir,* je me faisais cette réflexion. *C'est bien ce que je me disais.* ■ **2** Décider, convenir de (qqch.). *Venez un de ces jours, disons lundi.* ➤ **décider.** — *Voilà qui est dit, c'est dit* : c'est convenu, entendu. *Ce qui est dit est dit.* — *Tenez-vous-le pour dit !* (cf. N'y revenez pas, inutile d'insister). *Tout est dit* : la chose est réglée (cf. Les jeux* sont faits). *Il a gagné la première manche, mais tout n'est pas dit.* — *Aussitôt dit, aussitôt fait* : la chose a été réalisée sans délai. *C'est plus facile à dire qu'à faire.* PROV. *Dire et faire sont deux.* ■ **3** (1636) Exprimer (une opinion). *Dire son avis, son idée, son opinion, sa pensée.* ➤ **donner, émettre, professer.** *Je vais vous dire ce que je pense de lui.* — *Dire du bien, du mal de qqn* (➤ **médire**). *Que vont en dire les gens ?* ➤ **qu'en-dira-t-on.** *Avoir son mot à dire sur qqch.* ■ **4** Avoir une opinion, être tenté de croire. ➤ 1 **juger,** 1 **penser.** *Qu'en dites-vous ? Que diriez-vous d'une promenade ?* — FAM.

«Après tout, ce que j'en dis, moi j'm'en fous» QUENEAU. ♦ *Dire que*, exprime l'étonnement, l'indignation, la surprise. *Dire qu'il n'a pas encore vingt ans !* (cf. Quand on pense que). — *Qui l'eût dit ?* qui aurait pu le penser, le croire ? ♦ **ON DIRAIT QUE** (avec l'indic.) : on penserait, on croirait, il semble. ➤ **croire.** *On dirait qu'il vient chez nous.* — *On dirait un clochard*, il se conduit comme un clochard. *Qu'est-ce que c'est cette viande ? on dirait du veau. On dirait son frère* : il ressemble beaucoup à son frère. ▪ **5** (début XIe) Raconter (un fait, une nouvelle). ➤ **conter, narrer, raconter.** *Je vais vous dire la nouvelle.* ➤ **annoncer.** *Vous m'en direz des nouvelles*. Qui vous dit qu'il est mort ? Je vais le dire à ma mère !* ➤ **rapporter.** — *Je me suis laissé dire que* : j'ai entendu, mais sans y ajouter entièrement foi, que. *Je me suis laissé dire qu'il allait venir. J'ai entendu dire.* ➤ **ouï-dire.** — *Qu'on se le dise* : formule invitant à répandre une nouvelle ou formule d'avertissement (cf. À bon entendeur*, salut). — *Dire l'avenir ; dire la bonne aventure.* ➤ **prédire ; diseur.** — *Mon petit doigt* me l'a dit.* — *On dit* : le bruit court. *On dit qu'il va se présenter aux élections. Il est malade, dit-on* (➤ **on-dit**). ▪ **6** (fin XIe) Exprimer (sa volonté). ➤ **commander, ordonner.** *Allez lui dire de venir, qu'il vienne* (➤ **avertir, demander**). *Je vous avais dit de ne pas y aller.* ➤ 1 **conseiller, recommander.** *Qui vous a dit de faire cela ?* — (Sans compl.) LITTÉR. *Vous n'avez qu'à dire* (➤ 1 **parler**). COUR. *J'ai dit !* obéissez ! ♦ *Ne pas se le faire dire deux fois* : faire qqch. avec empressement (cf. Ne pas se faire prier). ▪ **7** (Dans des expr.) Énoncer une objection. ➤ **objecter.** *Qu'avez-vous à dire à cela ? Il y aurait beaucoup à dire là-dessus.* ➤ **redire.** *Rien à dire, ça va. Il n'y a pas à dire* : il n'y a aucune objection à faire, on doit reconnaître le fait. *Il n'y a pas à dire, c'était très bien organisé. Vous avez beau dire et beau faire. Vous avez beau dire, c'est lui qui a raison.* ➤ **protester.** — *Quoi qu'on dise* : malgré tout ce qu'on peut dire. PROV. *Bien faire et laisser dire* : il faut faire ce qu'on croit bien sans se soucier des critiques. ▪ **8** (fin XIIe) Lire, réciter. *Cet acteur a très bien dit son monologue. Dire un poème, des vers.* ➤ **déclamer.** — (Sans compl.) *Cet acteur dit bien, dit juste.* ♦ SPÉCIALT (fin XIe) *Dire la messe.* LOC. FIG. *La messe est dite* : il n'y a plus rien à faire. *«La messe est dite. N'importe qui à sa place se serait déjà rendu à l'évidence»* P. LAPEYRE. *Dire ses prières, son chapelet.* ▪ **9** Parler, annoncer, dans un jeu de cartes. *C'est à vous de dire.* ▪ **10** PRONOM. (PASS.) (1650) **SE DIRE :** être employé oralement (terme, expression). *Cela ne se dit plus.*

III EXPRIMER PAR LE LANGAGE, ORALEMENT OU PAR ÉCRIT ▪ **1** Exprimer par écrit. ➤ **écrire.** *Je vous ai dit dans ma lettre que.* ♦ Exprimer par le livre, par la publication. *Il faudrait voir ce que dit Voltaire à ce sujet. Il le dit en toutes lettres.* — PAR EXT. *La loi, le code dit que.* ➤ 1 **porter, stipuler.** *Les journaux ne disent rien de cette affaire.* ➤ **annoncer, publier, signaler.** ▪ **2** (Avec un adv. ou une loc. adv.) Rendre plus ou moins bien la pensée ; faire entendre plus ou moins clairement qqch. (par la parole ou l'écrit). ➤ **exprimer.** *Dire qqch. en peu de mots ; dire carrément, crûment.* — *Il ne croit pas si bien dire* : il ne sait pas que ce qu'il dit correspond tout à fait à la réalité. — *Pour ainsi dire*, approximativement, à peu près. — (1531) FAM. *Comme qui dirait. «L'atmosphère est comme qui dirait tendue»* VIAN. — *Autrement dit* : en d'autres termes. ▪ **3** Employer (telles formes linguistiques) pour exprimer qqch. *Il ne faut pas dire «se rappeler de qqch.» mais il faut dire «se souvenir de qqch.» Comment dit-on «boire» en espagnol ?* PRONOM. PASS. *«Boire» se dit «beber» en espagnol. Comme on dit* (pour mettre en valeur une expression, une locution). *Il est, comme on dit, myope comme une taupe. Comme on dit chez nous.* — (1547) FAM. *Comme dit l'autre* (pour rappeler une formule connue, un lieu commun). ♦ *Si j'ose dire ; si je puis dire* (pour s'excuser de la bizarrerie, de l'audace d'une expression). ♦ *Qui dit* (emploie l'expression) *fils à papa dit* (exprime) *jeune homme gâté, paresseux.* ▪ **4** Exprimer, révéler (qqch. de nouveau, de personnel) en parlant d'un penseur, d'un écrivain. *«Tout est dit, et l'on vient trop tard depuis plus de sept mille ans qu'il y a des hommes, et qui pensent»* LA BRUYÈRE. *«N'a-t-on pas coutume de poser à tous les jeunes gens qui se proposent d'écrire cette question de principe : "Avez-vous quelque chose à dire ?"»* SARTRE. *Qu'a voulu dire l'auteur ?*

IV (SUJET CHOSE) FAIRE CONNAÎTRE PAR UN SIGNE (AUTRE QUE LA PAROLE) ▪ **1** (fin XIIIe) Faire connaître, exprimer par un signe, une manifestation quelconque. ➤ **dénoter, exprimer, manifester, marquer, montrer.** *Son silence dit beaucoup, en dit long. Rien ne dit qu'il sera d'accord. «tout en lui, excepté sa bouche, me disait qu'il m'aimait»* SÉNAC DE MEILHAN. — *Que dit le baromètre ?* ▪ **2** Avoir tel aspect. *«Sans soins et sans repos nocturne, que disait mon visage ?»* COLETTE. FAM. *Qu'est-ce que ça dit ?*, quelle allure, quelle valeur cela a-t-il ? *Qu'est-ce qu'il dit ce vin ?* ▪ **3** (1559) **DIRE** qqch. **À** (qqn). ➤ **plaire, tenter ;** FAM. **chanter.** *Est-ce que cela vous dit ?* vous plaît, vous plairait ? *Si cela vous disait, nous irions nous promener ; si ça te dit, on ira. Cela ne me dit rien. «D'autres [femmes] qui ne me disaient rien»* PROUST. — *Cela ne me dit rien qui vaille* : cela me paraît louche, dangereux. ▪ **4** (début XIIIe) **VOULOIR DIRE.** ➤ **signifier.** *Que veut dire cette phrase latine ? «Dog» veut dire «chien» en anglais. Ça dit bien ce que ça veut dire* : l'expression correspond parfaitement à la signification. *Que veut dire son retard ? Qu'est-ce que ça veut dire, cette grimace ?* ♦ *Qu'est-ce à dire ?*, que signifient vos paroles, vos actes ? ➤ **c'est-à-dire.**

▪ CONTR. Cacher, dissimuler, omettre, taire.

2 **DIRE** [diʀ] n. m. – XIIIe ◊ de 1*dire* ▪ **1** PLUR. ou loc. Ce qu'une personne dit, déclare, rapporte. ➤ **affirmation, déclaration, parole.** *Leurs dires ne sont pas concordants.* — LOC. *Au dire, selon le dire de* : d'après, selon. *Selon ses dires.* — DR. *Le dire des témoins. Au dire de l'expert.* ▪ **2** DR. Mémoire remis par une partie à des experts. — Observations consignées sur le cahier des charges d'une vente aux enchères. *Consigner un dire.*

1 **DIRECT, E** [diʀɛkt] adj. – XIIIe, rare avant XVIe ◊ latin *directus*, de *dirigere* «diriger» ▪ **1** Qui est en ligne droite, sans détour. ➤ 1 **droit, rectiligne.** *Route directe. C'est le chemin le plus direct pour arriver à la ville.* — Sans relais. *Ligne téléphonique directe.* — *Succession généalogique en ligne directe.* ▪ **2** FIG. Sans détour. *Attaque, accusation directe. Des propos, des reproches directs. Faire une allusion directe.* ♦ Qui n'use pas de détour. *C'est une personne franche et très directe.* — *Un regard direct.* ▪ **3** Qui est immédiat, sans intermédiaire. *Vente, diffusion directe. Contact direct. Prendre une part directe dans une affaire. Il a une responsabilité directe. Ses chefs directs. La cause directe d'un phénomène.* ➤ **prochain.** *Impôts* directs.* ♦ DR. *Action directe* : action qu'une personne exerce en son nom personnel contre un ayant cause de son propre cocontractant et en passant par-dessus ce dernier. ♦ *Complément direct*, construit sans préposition. *Complément d'objet direct. Verbe transitif* direct.* ♦ *Discours direct*, rapporté dans sa forme originale, sans termes de liaison, après un verbe de parole (et, dans la langue écrite, placé entre guillemets ; ex. Il a dit : «Je l'ai vu hier...») par opposition au discours indirect* comportant des transpositions. *Discours rapporté au style direct*, tel qu'il fut prononcé. ♦ INFORM. *Adressage direct*, dans lequel l'adresse (de la donnée) est définie dans le champ de l'instruction. ▪ **4** Qui se fait dans un sens déterminé (opposé à *rétrograde*). *Mouvement direct des planètes.* — LOG. (Opposé à *inverse*). *Proposition directe. Raison* directe.* ▪ **5** Qui ne s'arrête pas (ou peu). *Train direct* (opposé à *omnibus*). *Vol direct pour Tokyo.* ▪ CONTR. Indirect ; détourné, oblique, sinueux. Contraire. Réfléchi, rétrograde. Inverse.

2 **DIRECT** [diʀɛkt] n. m. – 1904 ◊ de 1*direct* ▪ **1** Coup droit, à la boxe. *Un direct du gauche.* ▪ **2** (1938) **EN DIRECT :** transmis sans enregistrement, au moment même de sa production (opposé à *différé*). *Émission, interview en direct. Chanter en direct* (opposé à *en play-back*). *Programme diffusé en direct de Cannes. En direct avec notre envoyé spécial.* — *Faire du direct. Préférer le direct au différé.*

DIRECTEMENT [diʀɛktəmɑ̃] adv. – XIVe ◊ de *direct* ▪ **1** D'une manière directe ; en droite ligne, sans détour. ➤ 1 **droit** (tout droit). *Vous rentrez directement chez vous, ou vous faites des courses ? Entrer directement dans le sujet*, sans préambule. — FIG. *Cela ne vous regarde pas directement.* ▪ **2** Sans intermédiaire. ➤ **immédiatement.** *Directement du producteur au consommateur. S'adresser directement à qqn. «Le comportement de chacun [...] est directement affecté par le climat»* SIEGFRIED. ▪ CONTR. Indirectement.

DIRECTEUR, TRICE [diʀɛktœʀ, tʀis] n. et adj. – fin XVe ◊ latin *director*

I n. ▪ **1** Personne qui dirige, est à la tête (d'un service, d'un organisme, d'une entreprise). ➤ **administrateur, chef, dirigeant, manageur,** 1 **patron, président.** *Directeur général d'une société (D. G.). Président-directeur général.* ➤ **P. D. G.** *Directeur commercial, administratif, technique, artistique. Directeur du développement. Directeur du personnel. Le directeur d'un théâtre, d'un hôpital. Directeur de journal, de revue. Directeurs associés.* ➤ **codirecteur.** *Directeur en second.* ➤ **sous-directeur.** — *Avoir le titre, la fonction de directeur. Le bureau, le cabinet du directeur.* — *Le directeur de cabinet du ministre. Elle est directeur de cabinet. Les directeurs généraux des ministères :*

les responsables de chaque direction générale. — *Directeur* (➤ **proviseur**), *directrice d'un lycée, d'un collège* (➤ **principal**). *Directeur d'école,* d'une école primaire. ABRÉV. FAM. (1926) **DIRLO** [diʀlo]. *Le, la dirlo. Les dirlos. Madame la Directrice. Directeur technique national, régional d'une fédération sportive.* ▪ **2** HIST. Chacun des cinq membres du Directoire*. ▪ **3** *Directeur de conscience, directeur spirituel :* prêtre qui dirige certaines personnes en matière de morale et de religion. ➤ **confesseur.** *Prendre un directeur de conscience.* — ELLIPT *Son directeur est un jésuite.*

II **adj.** ▪ **1** Qui dirige. ➤ **dirigeant.** *Comité directeur. Instances directrices.* ▪ **2** FIG. Qui donne une direction générale, une orientation. ➤ **directif.** *L'idée directrice d'un ouvrage. Avoir un principe directeur.* — TECHN. *Plan directeur :* carte très détaillée. — GÉOM. *Plan directeur d'un conoïde,* auquel la génératrice droite doit demeurer constamment parallèle. *Ligne directrice.* ➤ **directrice.** — TECHN. *Roue directrice d'une bicyclette. Bielle directrice.* ▪ **3** *Œil directeur,* celui qui transmet l'image au cerveau quand les deux yeux sont ouverts.

DIRECTIF, IVE [diʀɛktif, iv] **adj.** – 1282 adj. et n. m. «règle» (cf. *directive*) ◇ du latin *directus* «direct»

I ▪ **1** DIDACT. Qui dirige, imprime une direction, une orientation, mais sans l'imposer (➤ **directeur,** II). ▪ **2** (v. 1968 ◇ anglais américain *directive* [1938]) Qui prend seul toutes les décisions relatives à la conception et à l'exécution du programme d'action d'un groupe. ➤ **autocratique.** *Elle est très directive.* — *Attitude, méthode directive.* ➤ **autoritaire.** — Qui est conduit de façon prédéterminée. *Questionnaire, entretien directif.*

II (1961) TECHN. Dont l'efficacité est beaucoup plus grande dans une ou plusieurs directions privilégiées. ➤ **directionnel.** *Antenne, haut-parleur, micro directifs.* — *Effet directif.* ➤ **directivité.**

▪ CONTR. (du I) Démocratique ; non-directif.

DIRECTION [diʀɛksjɔ̃] **n. f.** – 1327 ◇ latin *directio*

I **CONDUITE, GESTION, ORGANISATION** ▪ **1** Action de diriger (I), de conduire. *Assumer la direction des travaux.* ➤ **organisation.** *On lui a confié la direction de l'entreprise, de la société.* ➤ **gestion, management.** *Cadres de direction* (➤ **supérieur**). — *Être chargé de la direction d'un groupe, d'une équipe.* ➤ **animation, conduite.** *Direction d'acteurs. Orchestre placé sous la direction de son chef.* — «*Quatre ou cinq mois d'un travail assidu* [...] *sous la direction d'un professeur avisé, laborieux*» GREEN. ➤ **autorité, surveillance.** ▪ **2** (1771) Fonction, poste de directeur (➤ **commandement, présidence**). *Être nommé à la direction du personnel.* ◆ La personne ou l'équipe qui dirige une entreprise (➤ **management,** ANGLIC.). «*As-tu demandé et obtenu une entrevue avec ta direction*» CH. ANGOT. *La direction générale (D. G.), commerciale. S'adresser à la direction du journal. La direction d'un syndicat.* ➤ **état-major.** ◆ Bâtiments, bureaux du ou des directeurs. *Les mécontents sont allés à la direction.* ▪ **3** Ensemble des services confiés à un directeur. ➤ **service.** «*la direction artistique* [...], *le service technique, la direction du matériel*» AYMÉ. ◆ Ensemble des services d'un ministère, concernant le même domaine, sous la responsabilité d'un directeur. *La Direction de l'enseignement primaire au ministère de l'Éducation nationale.* ▪ **4** VX Fonction d'un directeur spirituel. «*Une nouvelle convertie vivant sous la direction d'un prélat*» ROUSSEAU.

II **ORIENTATION A. EN SCIENCES** ▪ **1** (1690 astrol. et mécan. ; répandu XVIIIe) ASTROL. Calcul par lequel on détermine la date d'un évènement futur (la direction [I] des évènements) par le rapport de points du ciel. ▪ **2** (1690 «verticale») SC. Ligne suivant laquelle un corps se meut, une force s'exerce. *La direction, le sens, l'intensité d'une force.* — SPÉCIALT Caractère commun à toutes les droites, à tous les plans parallèles, qui caractérise la façon dont un point de ce plan, de cette droite peut tendre vers l'infini. *Chaque direction comprend deux sens* opposés. Direction orientée* (dans un des deux sens). ➤ **axe.**

B. SENS COURANTS ▪ **1** (fin XVIIIe) Orientation ; voie à suivre pour aller à un endroit. ➤ **azimut, ligne, orientation.** *Quelle direction a-t-il prise ? Suivre une direction. La bonne, la mauvaise direction. Chercher sa direction.* ➤ **s'orienter.** *Se tromper de direction. Changer de direction :* tourner. *Changement de direction :* détour, déviation, inflexion ; bifurcation, croisement. *Indicateur de changement de direction* (➤ **clignotant**). «*Il retourne sur ses pas. Il reprend la direction de la rive gauche*» ROMAINS. REM. Dans cette acception, *direction* signifie soit *direction* et *sens,* soit *sens (la direction nord-sud)* ; dans la langue scientifique cet emploi est abusif. ◆ *Dans la direction de... En direction de...* ➤ 1 **vers.** «*Elle me demande d'avancer vers elle. Je fais cinq pas dans sa direction*» ROBBE-GRILLET. *Pour quelle direction ? Prendre la direction de Liège.* — *Train en direction de Paris,* à destination de. ◆ Orientation dans l'espace (sans idée de destination). *Regarder dans la même direction. Dans toutes les directions :* en avant, en arrière ; en haut, en bas ; à droite, à gauche (cf. FAM. Dans tous les azimuts*). ▪ **2** FIG. Orientation. *Donner une bonne direction à une affaire.* ➤ **orientation.** *Imprimer une direction nouvelle à un parti politique. La direction que prennent les évènements.* ➤ 3 **tour.** ◆ Orientation donnée à des recherches, à des travaux. *Faire des expériences dans une direction nouvelle.*

C. EN MÉCANIQUE Ensemble des mécanismes qui permettent de guider les roues d'une voiture (volant, vis sans fin, levier de commande, barre d'accouplement ➤ **timonerie**). *Il y a du jeu dans la direction. Direction à vis, à crémaillère. Direction assistée. Direction douce, dure, démultipliée.*

DIRECTIONNEL, ELLE [diʀɛksjɔnɛl] **adj.** – 1951 ◇ de *direction* (II) ▪ **1** Qui oriente la direction. *Îlot* directionnel.* ▪ **2** TECHN. Qui émet ou reçoit dans une seule direction. ➤ **unidirectionnel.** *Antenne directionnelle. Micro directionnel.*

DIRECTIVE [diʀɛktiv] **n. f.** – 1890 ◇ de *directif* ▪ **Surtout plur.** Indication, ligne de conduite donnée par une autorité (politique, militaire, religieuse). ➤ **consigne, instruction, ordre.** *Donner des directives à ses subordonnés. Demander, recevoir des directives de ses chefs. Suivre les directives. Directives politiques d'un parti.* «*Il y avait lieu aussi de le juger, d'influer sur lui, de lui donner ses directives*» HENRIOT. — *Directives d'utilisation* (cf. Mode d'emploi). ◆ SPÉCIALT *Directive (européenne) :* texte communautaire fixant les objectifs à atteindre par les États membres.

DIRECTIVISME [diʀɛktivism] **n. m.** – 1967 ◇ de *directif* (I) ▪ DIDACT. Direction* (I, 1°) autoritaire, doctrinale imposée par un mouvement, un organisme d'expression collective. *Tomber dans le directivisme. Le dirigisme est un directivisme économique.*

DIRECTIVITÉ [diʀɛktivite] **n. f.** – 1953 ◇ de *directif* (II) ▪ **1** TECHN. Propriété caractérisant un dispositif directif*. *Diagramme de directivité d'une antenne.* ▪ **2** Caractère directif (I, 2°).

▪ CONTR. Non-directivité.

DIRECTOIRE [diʀɛktwaʀ] **n. m.** – 1546 «règle, ligne directrice» au XVIe ◇ du latin *directum,* de *dirigere* → diriger

I VX Ce qui permet de diriger. — (fin XVIIe) LITURG. Livret où sont indiqués les offices de chaque jour de l'année liturgique. ➤ **ordo.**

II (1762) ▪ **1** ANCIENNT Conseil ou tribunal élu, chargé d'une direction administrative. ▪ **2** (1795) HIST. Dans la Constitution de l'an III, Conseil de cinq membres (➤ **directeur**), chargé du pouvoir exécutif. ◆ PAR EXT. Le régime politique en France de 1795 à 1799. *Les mœurs du Directoire. Sous le Directoire.* ◆ *Le style Directoire.* — PAR APPOS. INV. *Une commode Directoire.* ▪ **3** (1966) DR. COMM. Organe collégial chargé de la gestion des sociétés anonymes. *Membre d'un directoire.* ➤ **directeur.**

DIRECTORAT [diʀɛktɔʀa] **n. m.** – XVIe ◇ de *directeur ;* cf. *rectorat* ▪ RARE Fonction de directeur ; durée de cette fonction. ➤ **direction.** *Pendant son directorat.*

DIRECTORIAL, IALE, IAUX [diʀɛktɔʀjal, jo] **adj.** – hapax XVIIe ◇ du radical de *directeur*

I (1796 ◇ correspond à *directoire*) HIST. Du Directoire. «*Le régime directorial achevait de se dissoudre*» MADELIN.

II (1803 ◇ correspond à *directeur*) COUR. D'un directeur. *Les bureaux directoriaux. Pouvoir directorial.*

DIRECTRICE [diʀɛktʀis] **n. f.** – 1846 ◇ de *ligne directrice* ▪ GÉOM. Courbe sur laquelle s'appuient les génératrices du cylindre, du cône. — Droite perpendiculaire à l'axe d'une conique et associée à un point de cet axe (foyer).

DIRHAM [diʀam] **n. m.** – 1959 ◇ mot arabe désignant une ancienne mesure de poids arabe, perse et turque, du grec *drachma* → drachme ▪ Unité monétaire du Maroc. *Trois dirhams.*

DIRIGÉ, ÉE [diʀiʒe] **adj.** – 1690 ◇ de *diriger* ▪ (1932) *Économie dirigée,* soumise à une intervention déterminante de l'État (opposé à *libérale*). ➤ **dirigisme.** ◆ *Activités dirigées,* conduites selon une direction donnée. — *Travaux dirigés, études dirigées,* en application d'un cours magistral.

DIRIGEABLE [diʀiʒabl] **adj. et n. m.** – 1789 ◇ de *diriger* ▪ **BALLON DIRIGEABLE,** qu'on peut diriger (opposé à *libre*). — **n. m.** Aérostat naviguant grâce à un système de direction et de propulsion par hélices. ➤ **zeppelin.** *Enveloppe, nacelle, moteur, gouvernails, empennage d'un dirigeable. Un dirigeable surveille la capitale.*

DIRIGEANT, ANTE [diʀiʒɑ̃, ɑ̃t] **adj. et n.** – 1835 ◊ de *diriger* ■ **1** Qui dirige. *Les classes dirigeantes* : les classes sociales qui exercent le pouvoir ou qui influencent le gouvernement. ■ **2 n.** (v. 1900) Personne qui dirige. *Les dirigeants d'une entreprise.* ➤ **administrateur, directeur, gérant ; décideur.** *Les dirigeants d'un mouvement, d'un parti, d'un syndicat, d'un club sportif.* ➤ **animateur, chef, meneur, responsable.**

DIRIGER [diʀiʒe] **v. tr.** ⟨3⟩ – 1495 ◊ latin *dirigere* « aligner, ordonner »

I IDÉE DE SUPERVISION ■ **1** Conduire, mener (une entreprise, une opération, des affaires) comme maître ou chef responsable. ➤ **gouverner ; administrer, conduire, gérer, orchestrer, organiser, régir ; direction.** *Diriger les affaires publiques. Diriger une usine, une société,* être à sa tête (➤ **directeur, dirigeant**). *Diriger des travaux, des recherches, des fouilles. Diriger un journal, un théâtre, une école. Diriger une action collective.* ➤ **mener.** — *Une affaire mal dirigée. Économie dirigée par l'État* (➤ **dirigisme**). — *Diriger un débat, une discussion, les opérations.* — PAR EXT. Avoir l'initiative de. *Il veut tout diriger.* ➤ **régenter.** ■ **2** Conduire l'activité de (qqn). *Diriger des ouvriers. Diriger un groupe, une équipe.* ➤ **manager.** *Diriger un orchestre* (➤ **chef ; direction**). — ABSOLT *Apprendre à diriger, savoir diriger.* ➤ **commander.** « *Manuel avait appris de Ximénès comment on commande, il apprenait maintenant comment on dirige* » MALRAUX. ■ **3** Exercer une action, une influence sur. *Diriger le travail, les études de qqn.* — SPÉCIALT *Diriger la conscience de qqn* (➤ **directeur** [de conscience]). ◆ *Diriger ses impulsions, ses instincts,* les contrôler par la volonté. ➤ **canaliser.** *Diriger sa pensée. Diriger sa vie.* ■ **4** (Sujet chose) Exercer une influence sur ; entraîner. ➤ **mener, pousser.** « *Cet accablement que vous cause la répétition de la même vie, lorsqu'aucun intérêt ne la dirige, et qu'aucune espérance ne la soutient* » FLAUBERT. ➤ **guider, inspirer.**

II IDÉE DE DÉPLACEMENT (XVIIe « faire observer un point directement opposé ») Faire aller dans une direction (II). ■ **1** Orienter, guider (qqch.) dans une certaine direction (avec une idée de déplacement, de mouvement). ➤ **conduire, guider, manœuvrer.** *Diriger un véhicule, une voiture, un avion* (➤ 2 **piloter**). *Diriger son cheval. On vous a mal dirigé.* ➤ **orienter.** ◆ **DIRIGER CONTRE, SUR, VERS.** *Diriger un colis sur Paris.* ➤ **envoyer, expédier.** *Diriger un convoi vers une destination.* ➤ **acheminer,** 1 **amener.** LITTÉR. *Diriger ses pas vers.* ➤ 1 **aller.** — Envoyer dans une direction ; orienter de manière à envoyer. *Diriger une lumière,* PAR EXT. *une lampe de poche sur qqn, qqch.* ➤ **braquer.** *Traitement antibiotique dirigé contre une bactérie* (➤ **cibler**). *Diriger les canons vers un objectif.* ➤ 1 **pointer.** *Diriger un révolver contre qqn. Diriger le tir contre l'ennemi.* — *Diriger ses yeux, son regard, son attention vers.* ➤ 1 **porter, tourner.** — *Diriger ses critiques contre qqn. Cet article est dirigé contre lui.* ■ **2 SE DIRIGER v. pron.** Se guider. *Se diriger au radar, dans le brouillard.* ◆ *Se diriger vers* : s'orienter vers, prendre la direction de. ➤ 1 **aller, s'avancer, marcher,** se **rendre (à).** « *Et l'ivrogne de se diriger vers la porte et de sortir* » MALRAUX. *Bateau qui se dirige vers le port, vers le rivage.* ➤ 1 **cingler, voguer.** *L'aiguille de la boussole se dirige vers le nord. Elle se dirigea droit sur moi.* — FIG. *Nous nous dirigeons vers un match nul. Elle se dirige vers la médecine.* ➤ **s'orienter.**
■ CONTR. Obéir, suivre. Abandonner, laisser aller.

DIRIGISME [diʀiʒism] **n. m.** – 1930 ◊ de *diriger* ■ Système économique dans lequel l'État assume la direction des mécanismes économiques, d'une manière provisoire et en conservant les cadres de la société capitaliste (à la différence du *socialisme*). ➤ **étatisme ;** aussi **colbertisme** (cf. Économie dirigée*). *Dirigisme conduisant à des nationalisations.*
■ CONTR. Libéralisme.

DIRIGISTE [diʀiʒist] **adj. et n.** – v. 1930 ◊ de *dirigisme* ■ Partisan du dirigisme. *Les pays dirigistes.* — Du dirigisme. *Méthodes dirigistes.*

DIRIMANT, ANTE [diʀimɑ̃, ɑ̃t] **adj.** – 1701 ◊ du latin *dirimere* « interrompre », de *emere* ■ DR. *Empêchement dirimant,* qui met obstacle à la célébration d'un mariage, ou qui, si le mariage a déjà été célébré, l'annule. ➤ **prohibitif.** — DIDACT. *Objection dirimante,* qui détruit un raisonnement.

DIS- ■ Élément, du latin *dis,* indiquant la séparation, la différence, le défaut.

DISACCHARIDE [disakaʀid] **n. m.** /DISACCARIDE/ – 1949 ◊ de *di-* et *saccharide* ■ BIOCHIM. Sucre formé par condensation de deux monosaccharides avec élimination d'une molécule d'eau. *Le saccharose, le lactose et le maltose sont des disaccharides.* ➤ **diholoside.**

DISCAL, ALE, AUX [diskal, o] **adj.** – 1950 ◊ du latin *discus* ■ MÉD. Relatif à un disque, SPÉCIALT à un disque intervertébral. *Hernie discale.* ■ HOM. Discale ; disco.

DISCALE [diskal] **n. f.** – 1754 ◊ italien *discalo* « déchet » ■ COMM. Déchet dans le poids d'une marchandise transportée ou emmagasinée en vrac, sans emballage (➤ **freinte**). ■ HOM. Discal.

DISCARTHROSE [diskaʀtʀoz] **n. f.** – 1959 ◊ de *disque* et *arthrose* ■ PATHOL. Lésion dégénérative d'un ou de plusieurs disques intervertébraux. *Affaissement des vertèbres par discarthrose.*

DISCERNABLE [disɛʀnabl] **adj.** – XVIe, rare avant 1729 ◊ de *discerner* ■ Qui peut être discerné, perçu, senti. ➤ **perceptible.** « *un accent qui n'était pas provincial, ni toujours nettement discernable et localisable* » DUHAMEL. *Objets discernables l'un de l'autre.* ■ CONTR. Indiscernable.

DISCERNEMENT [disɛʀnəmɑ̃] **n. m.** – 1532 ◊ de *discerner* ■ **1** VX Action de séparer, de mettre à part ; séparation, et FIG. distinction. ■ **2** DIDACT. Opération de l'esprit par laquelle on distingue des objets de pensée. ➤ **discrimination, distinction.** *Le discernement de la vérité d'avec l'erreur. Le discernement des nuances.* ➤ **identification.** ■ **3** ABSOLT, COUR. Disposition de l'esprit à juger clairement et sainement des choses. ➤ **jugement** (cf. Bon sens*). *Agir avec discernement.* ➤ **circonspection, prudence, réflexion** (cf. À bon escient*). « *Après l'esprit de discernement, ce qu'il y a au monde de plus rare, ce sont les diamants et les perles* » LA BRUYÈRE. *Manquer de discernement. Il n'a aucun discernement. Altération, abolition du discernement.* ■ CONTR. Confusion.

DISCERNER [disɛʀne] **v. tr.** ⟨1⟩ – XIIIe « séparer » ◊ latin *discernere* « séparer, distinguer » ■ **1** Percevoir distinctement (un objet) de manière à éviter toute confusion. ➤ **distinguer, identifier, percevoir, reconnaître.** *Discerner qqn, une présence dans l'ombre. Mal discerner les couleurs.* ➤ **voir.** *Discerner un bruit lointain.* ➤ **entendre, percevoir.** *Il demeura « dans cet état de confuse béatitude, avant de discerner par quelle partie de son corps [...] s'insinuait cette tiède sensation de bien-être »* MARTIN DU GARD. ➤ **ressentir, sentir.** ■ **2** Se rendre compte précisément de la nature, de la valeur de (qqch.) ; faire la distinction entre (des choses mêlées, confondues). ➤ **démêler, différencier, discriminer, distinguer, séparer.** *Discerner le vrai du faux, le vrai d'avec le faux.* « *Discernez-vous si mal le crime et l'innocence ?* » RACINE. ABSOLT « *Aimer aide à discerner, à différencier* » MAUROIS. — *Discerner nettement la cause d'un phénomène.* ➤ **identifier, isoler, reconnaître.** *Discerner une nuance subtile dans un texte.* ➤ **apprécier, deviner, saisir, sentir.** « *elle discernait immédiatement, à des signes insaisissables pour nous, toute vérité que nous voulions lui cacher* » PROUST. ■ CONTR. Confondre, mêler.

DISCIPLE [disipl] **n.** – *deciple* XIIe ◊ latin ecclésiastique *discipulus,* en latin classique « élève » ■ **1** Personne qui reçoit, a reçu l'enseignement (d'un maître). ➤ **écolier, élève.** *Aristote, disciple de Platon. Les disciples de Jésus-Christ,* qui l'ont accompagné durant sa vie publique (➤ **apôtre**). *Jean, le disciple bien-aimé.* ■ **2** Personne qui adhère aux doctrines d'un maître. ➤ **adepte, partisan, tenant.** *Disciple d'Épicure, de Rabelais, de Hegel. Elle a été une disciple fervente de...* ■ CONTR. Maître.

DISCIPLINABLE [disiplinabl] **adj.** – XIIIe ◊ de *discipliner* ■ Qui peut être discipliné. « *L'enfant léger, joueur et rebelle, change, est disciplinable et doux* » MICHELET.

DISCIPLINAIRE [disiplinɛʀ] **adj. et n. m.** – 1803 ; hapax 1611 ◊ de *discipline* ■ Qui se rapporte à la discipline, et SPÉCIALT aux sanctions. *Action disciplinaire. Mesures disciplinaires. Pouvoirs disciplinaires,* d'un conseil de discipline. *Peine, sanction disciplinaire,* qui regarde une faute contre la discipline. **adv. DISCIPLINAIREMENT,** 1842. ◆ MILIT. *Locaux disciplinaires d'une caserne. Bataillon disciplinaire* : compagnie de discipline*. PAR EXT. **n. m.** Soldat de ce bataillon. *Une compagnie de disciplinaires.*

DISCIPLINE [disiplin] **n. f.** – 1080 ; « punition, ravage, douleur » en ancien français ◊ latin *disciplina* ■ **1** (XIVe) Fouet fait de cordelettes ou de petites chaînes utilisé pour se flageller, se mortifier. *Des coups de discipline.* « *Laurent, serrez ma haire avec ma discipline* » MOLIÈRE. ■ **2** (XVIe) VX Instruction, direction morale, influence. « *Démocrite, après avoir demeuré longtemps sous* *la discipline de Leucippe»* FÉNELON. ▪ **3** (1409) MOD. Branche de la connaissance, des études. ➤ **domaine, matière, science.** *Quelles disciplines enseignez-vous ? Les disciplines scientifiques, littéraires, artistiques. Qui concerne plusieurs disciplines.* ➤ **interdisciplinaire, pluridisciplinaire.** ▪ **4** Règle de conduite commune aux membres d'un corps, d'une collectivité et destinée à y faire régner le bon ordre ; PAR EXT. Obéissance à cette règle (➤ 1**loi, règle, règlement**). *Discipline sévère, rigoureuse, de fer. Enfreindre la discipline. Ce professeur fait régner la discipline dans sa classe. Rétablir la discipline. Censeur des études, conseiller d'éducation chargé de la discipline dans un lycée. Discipline militaire* : règle d'obéissance dans l'armée fondée sur la subordination. *Règlement de discipline générale dans les armées.* ♦ *Conseil* de discipline.* ♦ *Compagnie de discipline* : unité où sont envoyés les militaires qui ont encouru de graves punitions. ▪ **5** Règle de conduite que l'on s'impose. *S'astreindre à une discipline sévère.* ➤ **autodiscipline.** ▪ CONTR. Anarchie, désordre, indiscipline.

DISCIPLINÉ, ÉE [disipline] **adj.** – de *discipliner* ▪ Qui observe la discipline. *Des exécutants disciplinés.* ➤ **obéissant, soumis.** *Élèves disciplinés et dociles. Bête et discipliné* : qui exécute les ordres sans comprendre, sans discuter. *«Les communistes sont disciplinés [...] ils obéissent aux délégués militaires»* MALRAUX. ▪ CONTR. Indiscipliné.

DISCIPLINER [disipline] **v. tr.** ‹1› – 1174 «châtier» ◇ de *discipline* ▪ LITTÉR. ▪ **1** (XIVe) Accoutumer à la discipline ; donner le sens de l'ordre, du devoir, de l'obéissance à. ➤ **assujettir, soumettre.** *Discipliner une classe. Discipliner une armée.* ▪ **2** Plier à une discipline intellectuelle ou morale. ➤ **éduquer.** *«la religion et les beaux-arts disciplinent les instincts rebelles»* MAUROIS. ▪ **3** FIG. *Discipliner les cheveux,* les maintenir bien coiffés (surtout en parlant d'un produit). ▪ CONTR. Révolter.

DISC-JOCKEY ➤ **DISQUE-JOCKEY**

DISCO [disko] **n. m. et adj.** – 1976 ◇ mot anglais américain, abrév. du français *discothèque* ▪ ANGLIC. Musique d'origine américaine, inspirée du jazz et du rock, simple et directe, appréciée pour la danse. *Danser sur du disco.* — ADJT INV. *Musiques disco.* ▪ HOM. Discaux (discal).

DISCO- ▪ Élément, de *disque* (4° ; 3°).

DISCOBOLE [diskɔbɔl] **n.** – 1556 ◇ grec *diskobolos* «lanceur de disques» ▪ **1 n. m.** ANTIQ. Athlète qui pratiquait l'art de lancer le disque ou le palet. *«Le Discobole» du sculpteur grec Myron.* ▪ **2** MOD. et LITTÉR. Lanceur de disque.

DISCOGRAPHIE [diskɔgʀafi] **n. f.** – 1962 ◇ de *disco-* et *-graphie,* d'après *bibliographie* ▪ Art de cataloguer les enregistrements sur disques* (4°). — Répertoire de disques (4°). *Discographie de Beethoven, du jazz Nouvelle-Orléans.*

DISCOGRAPHIQUE [diskɔgʀafik] **adj.** – 1957 ◇ de *disco-* et *-graphique* ▪ Relatif à la discographie. *Rubrique discographique d'une revue.* — Relatif aux enregistrements sur disques* (4°). *La production discographique.*

DISCOÏDAL, ALE, AUX [diskɔidal, o] **adj.** – 1834 ◇ du grec *diskos* «disque» ; cf. *discoïde* ▪ SC. Qui a la forme d'un disque. ➤ **discoïde.**

DISCOÏDE [diskɔid] **adj.** – 1764 ◇ grec *diskos* «disque» et *-oïde* ▪ SC. Qui a la forme d'un disque. ➤ **discoïdal.** *Corpuscule discoïde.*

DISCOMYCÈTES [diskomisɛt] **n. m. pl.** – 1884 ◇ grec *diskos* «disque» et *-mycètes* ▪ BOT. Groupe de champignons *(ascomycètes),* au mycélium généralement cloisonné, à périthèce ayant l'aspect d'un disque ou d'une coupe (ex. morille, truffe). Sing. *Un discomycète.* — On dit aussi **DISCALES n. f. pl.**

DISCONTACTEUR [diskɔ̃taktœʀ] **n. m.** – 1973 ◇ de *dis(joncteur)* et *contacteur* ▪ ÉLECTR. Appareil remplissant la double fonction de disjoncteur* et de contacteur*.

DISCONTINU, UE [diskɔ̃tiny] **adj. et n. m.** – 1361, repris XIXe ◇ latin médiéval *discontinuus* ▪ **1** Qui n'est pas continu, qui offre des solutions de continuité. ➤ 2**coupé, divisé.** (1864) MATH. *Fonction discontinue. Quantité discontinue.* ➤ 2**discret, dénombrable. n. m.** *Le discontinu.* ♦ (v. 1960) LING. *Morphème** (2°), *monème, constituant* discontinu,* dont le signifiant est réparti sur deux ou plusieurs points non contigus de l'énoncé (ex. la négation en français). ▪ **2** Qui n'est pas continuel. ➤ **intermittent, momentané, sporadique, temporaire.** *Effort, mouvement, bruit discontinu.* — SUBST. *En discontinu* : de façon intermittente. *Machine qui travaille en discontinu.* ▪ CONTR. Continu.

DISCONTINUATION [diskɔ̃tinɥasjɔ̃] **n. f.** – v. 1355 ◇ latin médiéval *discontinuatio* ▪ RARE Action de discontinuer ; état de ce qui est discontinu. ➤ **cessation, interruption, suspension.** — DR. *La discontinuation des poursuites.* ▪ CONTR. Continuation, continuité.

DISCONTINUER [diskɔ̃tinɥe] **v.** ‹1› – 1398 ; *descontinuer* 1314 ◇ latin médiéval *discontinuare* ▪ **1 v. tr.** LITTÉR. Ne pas continuer (une chose commencée). ➤ **cesser, interrompre, suspendre.** *«Mme Dupin trouvait mes visites trop fréquentes et me priait de les discontinuer»* ROUSSEAU. ▪ **2 v. intr.** (CHOSES) Cesser pour un temps. — COUR. **SANS DISCONTINUER :** sans arrêt. *Il pleut sans discontinuer depuis hier. Il a parlé deux heures sans discontinuer.* ▪ CONTR. Continuer.

DISCONTINUITÉ [diskɔ̃tinɥite] **n. f.** – 1775 ◇ de *discontinu,* d'après *continuité* ▪ Absence de continuité. *Travailler sans discontinuité. Régner sans discontinuité. «Proust n'accepte pas cette idée "de la discontinuité du moi"»* MAUROIS. — MATH. Valeur de la variable pour laquelle une fonction n'est pas continue. *Point de discontinuité d'une fonction.* ▪ CONTR. Continuité.

DISCONVENANCE [diskɔ̃v(ə)nɑ̃s] **n. f.** – 1488 ◇ de *disconvenir* ▪ LITTÉR. Défaut de convenance, de rapport. ➤ **désaccord, disproportion, incompatibilité.** *Disconvenances d'âge, de condition. Je «ne voyais point entre elle et moi de disconvenance»* ROUSSEAU. ▪ CONTR. Accord, convenance.

DISCONVENIR [diskɔ̃v(ə)niʀ] **v. tr. ind.** ‹22› – 1521 ◇ latin *disconvenire* ▪ **DISCONVENIR DE** (en emploi négatif) : ne pas convenir de. ➤ **nier.** *Je n'en disconviens pas* : je l'admets. *«On en tombe d'accord, je n'en disconviens pas»* MOLIÈRE. *«Je ne puis disconvenir que ce mot ne soit juste»* JOUBERT. ▪ CONTR. Avouer, convenir (de), reconnaître.

DISCOPATHIE [diskɔpati] **n. f.** – 1959 ◇ de *disco-* et *-pathie* ▪ MÉD. Affection (surtout dégénérative) d'un disque intervertébral.

DISCOPHILE [diskɔfil] **n.** – 1929 ◇ de *disco-* et *-phile* ▪ Amateur de musique enregistrée ; collectionneur de disques (4°). *Une discophile avertie.*

DISCOPHILIE [diskɔfili] **n. f.** – milieu XXe ◇ de *discophile* ▪ Goûts du discophile.

DISCORDANCE [diskɔʀdɑ̃s] **n. f.** – milieu XVIe ; «dissension» 1165 ◇ ancien français *descordance* → discordant ▪ **1** Défaut d'accord, d'harmonie. ➤ **inharmonie.** *La discordance des caractères, des esprits, des opinions ; une grave discordance d'opinions.* ➤ **mésintelligence.** *Discordance de couleurs.* — (Sons) *Dissonance et discordance. «Un accord parfait continu... Mais tout notre univers est en proie à la discordance, a-t-il ajouté tristement»* GIDE. ▪ **2** (1864) GÉOL. *Discordance de stratifications* : discontinuité dans la structure des strates. ▪ CONTR. Accord, concordance.

DISCORDANT, ANTE [diskɔʀdɑ̃, ɑ̃t] **adj.** – XIIe ◇ ancien français *descordant,* de *descorder,* refait d'après le latin *discordare* ▪ **1** Qui manque d'harmonie, qui ne s'accorde pas. ➤ **incompatible, opposé.** *Caractères discordants. Couleurs discordantes.* ➤ **criard.** — (SONS) Mal accordé ; qui sonne faux. *Instruments de musique discordants.* ➤ **dissonant,** 1**faux.** *Voix discordantes.* ➤ **inharmonique.** *La pintade «ne cesse de jeter un cri discordant»* RENARD. ▪ **2** GÉOL. *Stratifications discordantes,* dont les irrégularités, l'absence de parallélisme (➤ **discordance**) révèlent une lacune de sédimentation ou des mouvements tectoniques. ▪ CONTR. Concordant.

DISCORDE [diskɔʀd] **n. f.** – 1160 ◇ latin *discordia* ▪ LITTÉR. Dissentiment violent et durable qui oppose des personnes. ➤ **désaccord, dissension, mésentente, mésintelligence.** *«La France est un pays où le bon cœur éclate par accès, dans les plus violentes discordes»* MICHELET. *Entretenir, semer la discorde.* ➤ **zizanie.** *La discorde règne entre eux.* ♦ MYTH. Personnage symbolisant la discorde, la haine. *«Tu verras de loin dans les villes Mugir la Discorde aux cent voix»* HUGO. LOC. *Brandon de discorde* : sujet de dissension. *Le flambeau de la discorde. Pomme de discorde* : sujet de discussion et de division (allusion à la pomme que Pâris remit à Vénus, suscitant ainsi la haine de Junon et de Minerve). ▪ CONTR. Accord, concorde, entente.

DISCORDER [diskɔʀde] **v. intr.** ‹1› – XIIe ◇ ancien français *descorder,* d'après le latin *discordare* ▪ VX OU RARE Être en désaccord ; jurer. *Ces caractères discordent.* — (1740) MUS. Être discordant. ▪ CONTR. Concorder.

DISCOTHÉCAIRE [diskɔtekɛʀ] **n.** – 1951 ◊ de *discothèque*, d'après *bibliothécaire* ■ **1** Personne chargée du fonctionnement d'une discothèque de prêt. *Disquaires et discothécaires.* ■ **2** Propriétaire, exploitant, gérant d'une discothèque (2°).

DISCOTHÈQUE [diskɔtɛk] **n. f.** – 1928 ◊ de *disco-* et *-thèque* ■ **1** Collection de disques* (4°). Meuble, édifice destiné à contenir des disques. — (v. 1960) Organisme de prêt de disques. *La Discothèque de France. Discothèque universitaire, municipale.* ■ **2** (v. 1960) Lieu de réunion où l'on peut danser au son d'une musique enregistrée (➤ **disco**). *Aller danser dans une discothèque.* ➤ **boîte** (de nuit), 1 **club, night-club.**

DISCOUNT [diskunt ; diskaunt] **n. m.** – 1964 ◊ mot anglais «remise», «escompte» (XVIIIe), du français *décompte* ■ ANGLIC. ■ **1** Rabais sur un prix, abattement. ➤ **escompte, réduction** (III), **remise** (I, 4°). *Vente en discount.* Recomm. offic. *ristourne.* ■ **2** Magasin où l'on pratique une politique de prix bas, par une réduction maximale des services, des frais d'exploitation. Recomm. offic. *discompte.* APPOS. *Magasins discounts qui cassent les prix.*

DISCOUNTER [diskunte] **v. tr.** ‹1› – v. 1980 ◊ de *discount* ■ Vendre avec un rabais. *Discounter le pétrole brut.* ABSOLT *Grande surface qui discounte.*

DISCOUNTEUR, EUSE [diskuntœʀ, øz ; diskauntœʀ, øz] **n.** – 1960 ◊ anglais *discounter*, de *to discount* «faire une remise» ■ ANGLIC. Commerçant(e) ou magasin qui pratique habituellement des remises. *Les discounteurs d'essence. Discounteur de voyages, de livres.* — Recomm. offic. *discompteur.* — Au masculin, on écrit aussi *discounter.*

DISCOUREUR, EUSE [diskuʀœʀ, øz] **n.** – XVIe ◊ de *discourir* ■ Personne qui aime à discourir. ➤ **bavard*, parleur, phraseur.** — **adj.** «*Dans ce petit cercle discoureur*» GIRAUDOUX.

DISCOURIR [diskuʀiʀ] **v. intr.** ‹11› – 1539 ; *discurre* XIIe ◊ latin *discurrere* «courir çà et là» ■ **1** VX S'entretenir. ➤ **bavarder.** «*Eux discourant, pour tromper le chemin, De chose et d'autre*» LA FONTAINE. ■ **2** MOD. Parler sur un sujet en le développant longuement. ➤ **disserter, haranguer, pérorer ;** FAM. **baratiner, laïusser.** *Discourir des vices et des vertus.* «*On a dit de Nicole qu'il excellait à discourir sur des sujets de morale*» SAINTE-BEUVE. ABSOLT et PÉJ. «*Le palabreur recommençait de discourir, les yeux au plafond*» DUHAMEL.

DISCOURS [diskuʀ] **n. m.** – 1503 ◊ latin *discursus*, d'après *cours*

I UN DISCOURS, DES DISCOURS ■ **1** Propos que l'on tient. ➤ **conversation, dialogue, entretien.** *Il tient des discours étranges.* «*C'est à vous, s'il vous plaît, que ce discours s'adresse*» MOLIÈRE. *Discours futiles, frivoles.* ➤ **babil, bavardage.** *Faire de grands discours creux.* ➤ **palabre.** — (opposé à *action, fait, preuve*) *Cela aura plus d'effet que tous les discours. Assez de discours, des faits !* ■ **2** COUR. Développement oratoire fait devant une réunion de personnes. ➤ **allocution, causerie, conférence, exposé, harangue, improvisation, proclamation, speech ;** FAM. **laïus, topo.** «*Un bon discours ne doit être basé sur rien, tout en donnant l'impression d'être basé sur tout*» P. DAC. *Introduction, exposition, développement, conclusion d'un discours. Discours religieux.* ➤ **homélie, instruction, prêche,** 1 **prédication, prône, sermon.** *Discours à la louange, pour la défense, la justification de qqn.* ➤ **apologie, éloge, panégyrique, plaidoyer.** *Discours qui accuse.* ➤ **catilinaire, philippique, réquisitoire.** — *Faire, lire, improviser, prononcer un discours. Discours prononcé du haut de la chaire* (ex cathedra), *d'une tribune. Un discours fleuve**. *Discours politique télévisé. Les discours d'une campagne électorale. Les petites phrases, les allusions d'un discours* (politique). *Discours inaugural, de clôture. Discours du trône,* prononcé devant le Parlement au début de chaque année parlementaire par un souverain ou son représentant. *Discours de politique générale du chef du gouvernement. Discours-programme d'un ministre. Discours de réception,* prononcé par un nouvel académicien. ■ **3** (1637) Écrit littéraire didactique qui traite d'un sujet en le développant méthodiquement. ➤ **exposé, traité.** «*Le Discours de la méthode*», de Descartes.

II LE DISCOURS ■ **1** (v. 1613) L'expression verbale de la pensée. ➤ **parole ; langage.** *Les parties du discours :* les catégories grammaticales traditionnelles (nom, article, adjectif, pronom, verbe, adverbe ; préposition, conjonction, interjection). ◆ RHÉT. La suite des paroles ordonnées qui constituent un discours, un sermon. *Les six parties traditionnelles du discours.* ➤ **exorde, proposition ; narration, preuve, réfutation ; péroraison.** ■ **2** (début XXe) LING. Exercice de la faculté du langage. ➤ **parole** (II, 2°). — Forme particulière des réalisations langagières d'un domaine de connaissance. *Discours scientifique, discours littéraire.* «*le discours scientiste prétend supprimer toute limite dans la conquête de la nature*» J. TESTART. — Énoncé* (2°) linguistique observable (phrase et suite de phrases prononcées ; texte écrit), par opposition au système abstrait que constitue la langue*. *Occurrence d'un mot en discours.* — *Discours rapporté, direct*, indirect*.* — Énoncé pris en charge explicitement par un narrateur. *Opposition du discours et du récit.* ◆ DIDACT. *Analyse de (du) discours,* prenant pour unité d'observation la phrase ou une unité plus étendue. ➤ **énonciation, stylistique.** ■ **3** PHILOS., LOG. Pensée discursive*, raisonnement (opposé à *intuition*). — *L'univers du discours :* l'ensemble du contexte.

DISCOURTOIS, OISE [diskuʀtwa, waz] **adj.** – *descourtois* 1416 ◊ italien *discortese* → courtois ■ Qui n'est pas courtois. ➤ **grossier, impoli, incivil, rustre.** *Paroles, manières discourtoises.* «*La situation politique de l'Espagne rendait les policiers méfiants, discourtois et prétentieux*» MAC ORLAN. — **adv. DISCOURTOISEMENT,** XVIe. ■ CONTR. Courtois, 1 poli.

DISCOURTOISIE [diskuʀtwazi] **n. f.** – 1555 ; *descourtoisie* XVe ◊ italien *discortesia* ■ VIEILLI Manque de courtoisie. ➤ **incivilité.** *Remarque pleine de discourtoisie.* ■ CONTR. Courtoisie.

DISCRÉDIT [diskʀedi] **n. m.** – 1719 ◊ de *discréditer* ■ **1** VIEILLI Diminution, perte du crédit dont jouissait une valeur. *Discrédit des assignats.* ➤ **baisse.** ■ **2** MOD. Diminution de la confiance, de l'estime dont jouissait une personne, une idée. ➤ **déconsidération, défaveur.** *Jeter le discrédit sur qqn,* le discréditer. — *Être en discrédit auprès de qqn. Tomber dans le discrédit.* ■ CONTR. Crédit, considération, faveur.

DISCRÉDITER [diskʀedite] **v. tr.** ‹1› – 1572 ◊ de *dis-* et *crédit* ■ **1** Faire tomber la valeur, le crédit de (qqch.). *Discréditer un papier-monnaie, une signature.* ■ **2** (1672) Porter atteinte à la réputation de (qqn), en le calomniant. ➤ **déconsidérer, décrier, dénigrer, déprécier ;** FAM. **brûler, couler,** 1 **griller.** *Discréditer un rival.* — *Cette théorie est complètement discréditée.* ◆ (1750) **SE DISCRÉDITER v. pron.** Perdre de son crédit. ➤ **se disqualifier.** *Il s'est discrédité dans l'esprit de ses supérieurs, à leurs yeux.* ■ CONTR. Accréditer, vanter.

1 **DISCRET, ÈTE** [diskʀɛ, ɛt] **adj.** – XVIe ; «capable de discerner» 1160 ◊ du latin médiéval *discretus*, «séparé» en latin classique → 2 discret ■ **1** Qui témoigne de retenue, se manifeste peu dans les relations sociales, n'intervient pas dans les affaires d'autrui. ➤ **circonspect, réservé, retenu.** *C'est une personne discrète, elle ne se mêlera pas de vos affaires et ne vous posera guère de questions. Il est trop discret pour abuser de vos bontés.* ➤ **délicat.** ◆ PAR EXT. Qui n'attire pas l'attention, qui ne se fait guère remarquer. *Faire un reproche, un compliment discret.* ➤ **modéré.** *Allusion discrète.* «*Ce fut un regard discret, d'œil à œil*» BALZAC. *Faire une cour discrète à qqn. Vêtements, bijoux discrets. Le gris est une couleur discrète.* ➤ **sobre.** *Une élégance discrète.* — *Endroit, coin discret,* retiré et tranquille. ■ **2** Qui sait garder les secrets qu'on lui confie. «*Tu es une fille discrète, nous avons des secrets ensemble*» BALZAC. «*L'homme dont on cite les amours n'est jamais un homme bien discret*» MAUPASSANT. ■ CONTR. Indélicat, indiscret intrusif ; criard, voyant. Bavard.

2 **DISCRET, ÈTE** [diskʀɛ, ɛt] **adj.** – 1484 ◊ latin classique *discretus* «séparé» ■ DIDACT. ■ **1** MATH. (opposé à *continu*) *Grandeur discrète,* qui ne peut prendre qu'un ensemble fini ou dénombrable de valeurs. ➤ **discontinu.** *Le nombre d'enfants d'un ménage est un caractère discret.* — INFORM. (opposé à *analogique*) ➤ 2 **digital, numérique.** ◆ (début XXe) *Unité discrète,* isolable par l'analyse et indécomposable à son niveau hiérarchique. ■ **2** MÉD. *Éruption discrète,* dont les éléments sont espacés.

DISCRÈTEMENT [diskʀɛtmɑ̃] **adv.** – 1160 ◊ de 1 *discret* ■ D'une manière discrète, qui n'attire pas l'attention ; avec réserve. ➤ **délicatement.** *Faire qqch. discrètement* (cf. FAM. En cachette, en catimini, en douce ; sur la pointe* des pieds). *Regarder discrètement qqn,* à la dérobée. *Faire discrètement allusion à qqn. S'habiller discrètement.* ➤ **sobrement.** ◆ Sans dire ce qui doit être tu. «*Sylvain, qui avait bien discrètement gardé le secret de son frère*» SAND. ■ CONTR. Ostensiblement ; indiscrètement.

DISCRÉTION [diskʀesjɔ̃] **n. f.** – 1160 ◊ latin *discretio* «discernement» → 1 discret

I VX Discernement ; pouvoir de décider. *S'en remettre à la discrétion de qqn,* s'en rapporter à sa sagesse, à sa compétence. ◆ MOD. *Être à la discrétion de qqn,* en dépendre entièrement, être en son pouvoir. «*Vous êtes en notre pouvoir, à notre discrétion*» HUGO. ➤ **discrétionnaire.** — **loc. adv.** COUR. **À DISCRÉTION :** comme on le veut, autant qu'on le veut (cf. À souhait, à volonté). *Manger, boire à discrétion* (cf. FAM. À gogo).

Servez-vous à discrétion. Vin à discrétion.
II (XVIe) ▪ **1** Retenue dans les relations sociales. ➤ **décence, délicatesse, réserve, retenue, tact.** *Il a trop de discrétion pour vous rendre visite sans prévenir. Se détourner par discrétion. S'habiller avec discrétion.* ➤ **sobriété.** « *Une discrétion, une peur de s'imposer, de gêner, une pudeur de sentiment, une réserve perpétuelle* » R. ROLLAND. ▪ **2** Qualité consistant à savoir garder les secrets d'autrui. *Agir avec discrétion.* « *il me faut une impénétrable discrétion et un silence absolu* » MAUPASSANT. *Discrétion assurée.*
▪ CONTR. Impudence, sans-gêne. Indélicatesse, indiscrétion.

DISCRÉTIONNAIRE [diskʀesjɔnɛʀ] adj. – 1794 ◊ de *discrétion* ▪ Qui est laissé à la discrétion (I), qui confère à qqn la libre décision. *Pouvoir discrétionnaire du président des assises.* — PAR EXT. ➤ **arbitraire, illimité.** « *Le poète a des pouvoirs discrétionnaires* » DUHAMEL. — adv. **DISCRÉTIONNAIREMENT,** 1794.
▪ CONTR. Limité.

DISCRÉTISATION [diskʀetizasjɔ̃] n. f. – 1972 ◊ de *discrétiser*, de 2 *discret* ▪ DIDACT. Opération consistant à substituer à des relations portant sur des fonctions des relations algébriques discrètes portant sur les valeurs prises par ces fonctions. *Méthodes de discrétisation.* — v. tr. ⟨1⟩ **DISCRÉTISER.**

DISCRIMINANT, ANTE [diskʀiminɑ̃, ɑ̃t] adj. et n. m. – 1877 ◊ latin *discriminans*, p. prés. de *discriminare* ▪ **1** DIDACT. Qui établit une séparation, une discrimination. — *Mémoire discriminante.* ➤ **sélectif.** — *Analyse discriminante* : méthode statistique visant à déterminer des populations disjointes à l'intérieur d'un échantillon. ♦ Qui établit une discrimination, une distinction (envers qqn, un groupe social). *Mesures discriminantes pour les femmes.* ▪ **2** n. m. ALG. *Discriminant d'une équation du second degré de la forme* $ax^2 + bx + c = 0$: le nombre $b^2 - 4ac$, permettant de déterminer les solutions de l'équation.

DISCRIMINATEUR [diskʀiminatœʀ] n. m. – 1957 cybern. ◊ de *discriminer* ▪ ÉLECTRON. Circuit fournissant une tension de sortie proportionnelle à l'amplitude de la variation d'une grandeur associée au signal d'entrée. *Discriminateur de fréquence, de phase.* ➤ **démodulateur.**

DISCRIMINATIF, IVE [diskʀiminatif, iv] adj. – avant 1945 ◊ du radical de *discrimination*, d'après l'anglais *discriminative* ▪ Relatif à la discrimination (1°).

DISCRIMINATION [diskʀiminasjɔ̃] n. f. – 1870 ◊ latin *discriminatio* « séparation » ▪ **1** PSYCHOL. Action de distinguer l'un de l'autre (des objets de pensée concrets). ➤ **distinction.** — LITTÉR. Action de discerner, de distinguer les choses les unes des autres avec précision, selon des critères définis. ➤ 2 **départ, séparation.** « *une discrimination* [...] *entre l'essentiel et le superflu* » HENRIOT. *La discrimination d'une chose et d'une autre.* ▪ **2** COUR. Traitement inégalitaire et différent appliqué à certaines personnes (notamment en raison de leur origine, leur sexe, leur âge, leurs croyances religieuses...). *Cette loi s'applique à tous sans discrimination*, de façon égalitaire. ➤ **distinction.** *Discrimination sexiste.* ➤ **sexisme.** *Discrimination raciale.* ➤ **racisme, ségrégation ; apartheid.** *Discrimination sociale.* ➤ **stigmatisation.** *Discrimination à l'embauche.* — (calque de l'anglais *positive discrimination*) *Discrimination positive* : action visant à favoriser certains groupes sous-représentés afin de corriger les inégalités. « *Je suis favorable à toutes les mesures de discrimination positive susceptibles de réduire les inégalités de chances, les inégalités sociales, les inégalités de rémunération, les inégalités de promotion dont souffrent encore les femmes* » S. VEIL. ▪ CONTR. Confusion, mélange. Égalité. Non-discrimination.

DISCRIMINATOIRE [diskʀiminatwaʀ] adj. – v. 1950 ◊ de *discrimination* ▪ Qui tend à distinguer un groupe humain des autres, à son détriment. *Mesures discriminatoires contre une minorité.* « *déterminer si la politique de recrutement de la société n'est pas discriminatoire* » K. TUIL.

DISCRIMINER [diskʀimine] v. tr. ⟨1⟩ – 1897 ◊ latin *discriminare*, de *discrimen* « point de séparation » ▪ **1** Faire la discrimination entre. ➤ **distinguer, séparer.** *Discriminer des sons très proches.* ▪ **2** Avoir une attitude discriminante envers (qqn, un groupe). ABSOLT *Recruter sans discriminer.*

DISCULPATION [diskylpasjɔ̃] n. f. – 1798 ; *disculpe* n. f. XVIe ◊ de *disculper* ▪ RARE Action de disculper, de se disculper. ▪ CONTR. Accusation, inculpation.

DISCULPER [diskylpe] v. ⟨1⟩ – *discoulper* 1555 ; *descouper* XIIe ◊ de *coulpe* ; refait au XVIIe (1675), d'après *culpa* ▪ **1** v. tr. Prouver l'innocence de (qqn). *Disculper qqn à qui on impute une faute à tort.* ➤ **blanchir, innocenter, justifier.** *Disculper un ami des accusations dirigées contre lui. Document qui disculpe un accusé.* ▪ **2 SE DISCULPER** v. pron. Se justifier, s'excuser. *Se disculper auprès de qqn, aux yeux de qqn.* « *Je ne suis pas juge d'instruction pour que vous essayiez de vous disculper* » GREEN. ▪ CONTR. Accuser, incriminer, inculper.

DISCURSIF, IVE [diskyʀsif, iv] adj. – XVIe ◊ latin scolastique *discursivus*, de *discursus* « discours » ▪ **1** LOG. Qui tire une proposition d'une autre par une série de raisonnements successifs (opposé à *intuitif*). *Méthode discursive. Connaissance discursive.* « *L'intelligence discursive, c'est-à-dire celle qui s'exprime par discours et mots* » MAUROIS. ▪ **2** Qui ne s'astreint pas à une continuité rigoureuse, qui procède par digressions. « *Ce récit tout linéaire (je veux dire : sans épaisseur), uniquement discursif* » GIDE. ▪ **3** DIDACT. Relatif au discours, aux énoncés (et non pas au système de la langue).

DISCUSSION [diskysjɔ̃] n. f. – 1120 ◊ latin *discussio* → discuter ▪ **1** Action de discuter, d'examiner (qqch.), seul ou avec d'autres, en confrontant les opinions. ➤ **examen.** *Discussion d'un point de doctrine. L'authenticité de ce texte est sujette à discussion, donne matière à discussion. Discussion d'un projet de loi, du budget à l'Assemblée.* ▪ **2** Le fait de discuter (une décision), de s'y opposer par des arguments. *Allons, obéissez, et pas de discussion ! Ordres à exécuter sans discussion.* ▪ **3** Action de discuter (4°). Échange d'arguments, de vues contradictoires. ➤ **conversation, débat, délibération, face-à-face.** *Discussion entre deux, plusieurs personnes sur, au sujet de... Discussion en réseau, sur Internet* (➤ **forum**). *Discussion portant sur des détails.* ➤ **argutie, ergotage, logomachie.** *Discussion byzantine**. — *Prendre part à la discussion. Soulever une discussion. Soutenir un point de vue lors d'une discussion. Quand la discussion* « *avait été longue, diffuse, obstinée, le Premier consul savait la résumer, la trancher d'un seul mot* » THIERS. « *La discussion est impossible, avec qui prétend non pas chercher, mais posséder la vérité* » R. ROLLAND. — LOC. PROV. *De la discussion jaillit la lumière* : c'est par un échange de points de vue, une confrontation des idées, qu'on peut approcher de la vérité. ▪ **4** (1704) Vive contestation. ➤ **altercation, controverse, différend, dispute*, explication ;** RÉGION. **brasse-camarade.** *Ils ont eu ensemble une violente discussion. Une discussion orageuse.* ▪ CONTR. Acceptation. Accord, entente.

DISCUTABLE [diskytabl] adj. – 1791 ◊ de *discuter* ▪ **1** Qu'on peut discuter, mettre en question. ➤ **attaquable, contestable, controversable.** *Raison, affirmation, opinion, méthode discutable. Il le dit, mais c'est fort discutable. Ce n'est guère discutable.* ▪ **2** (EUPHÉM.) Critiquable, plutôt mauvais. ➤ **douteux.** *C'est d'un goût discutable.* ▪ CONTR. Évident. Incontestable, indiscutable.

DISCUTAILLER [diskytaje] v. intr. ⟨1⟩ – 1881 ◊ de *discuter* ▪ PÉJ. Discuter de façon oiseuse et interminable. ➤ **ergoter.** *Ils ont discutaillé jusque tard dans la nuit.*

DISCUTE [diskyt] n. f. – v. 1995 ◊ de *discuter* ▪ FAM. *Taper la discute* : discuter, bavarder.

DISCUTÉ, ÉE [diskyte] adj. – 1690 ◊ de *discuter* ▪ **1** Qui soulève des discussions, sur quoi personne n'est d'accord. ➤ **contesté, controversé, critiqué.** *Théorie très discutée.* « *Nous nous piquons à nos opinions avec d'autant plus de violence que nous les sentons plus discutées ou plus douteuses* » PAULHAN. ▪ **2** *Une personne très discutée*, dont la valeur est mise en cause, les actes critiqués. ▪ CONTR. Indiscuté.

DISCUTER [diskyte] v. ⟨1⟩ – XIIIe ◊ latin *discutere* « agiter » ▪ **1** v. tr. Examiner (qqch.) par un débat, en étudiant le pour et le contre. ➤ **agiter, débattre ; controverser, critiquer.** *Discuter un point litigieux, une question, une opinion. Discuter un projet de loi.* PRONOM. *Cette affaire se discute en conseil des ministres.* ➤ se **traiter.** *Ça se discute* (➤ **discutable** ; cf. C'est à voir). ▪ **2** Mettre en question, considérer comme peu certain, peu fondé. *Discuter l'existence, la vérité de qqch.* ➤ **contester, douter** (de). *Discuter l'autorité de qqn*, la mettre en cause. ▪ **3** SPÉCIALT Opposer des arguments à (une décision), refuser d'exécuter. *Vous n'avez pas à discuter mes ordres.* — ABSOLT *Ne discutez pas* (cf. Pas de discussion). *Obéir sans discuter.* ▪ **4** v. intr. (1829) Parler avec d'autres en échangeant des idées, des arguments sur un même sujet. ➤ **controverser.** *Discuter d'un point, sur un point avec qqn. Discuter de politique. Discuter politique. Discuter sur des détails.* ➤ **discutailler, épiloguer, ergoter.** *Discuter en réunion.* ➤ **conférer** (cf. Tenir conseil*). *Discuter avec l'ennemi.* ➤ **négocier, parlementer, traiter.** *On ne peut pas discuter avec lui, il est de mauvaise foi. Discuter âprement.* ➤ se **disputer, polémiquer.** LOC. *Discuter sur le sexe des* *anges**. ■ **5** v. tr. LOC. FAM. *Discuter le coup, le bout de gras* : converser de choses et d'autres (cf. Tailler une bavette*, taper la discute*).

DISCUTEUR, EUSE [diskytœʀ, øz] adj. et n. – XIVe ◊ de *discuter* ■ RARE Qui aime la discussion. ➤ **raisonneur.** — n. *Un discuteur acharné.* ➤ **débatteur.** « *croyez-vous qu'on fait tant son discuteur quand on vient de traverser* [...] » GIONO.

DISERT, ERTE [dizɛʀ, ɛʀt] adj. – 1321 ◊ latin *disertus* ■ LITTÉR. Qui parle avec facilité et élégance. ➤ **éloquent.** *Orateur disert.* — adv. **DISERTEMENT,** v. 1282.

DISETTE [dizɛt] n. f. – *disiète* XIIIe ◊ origine inconnue, p.-ê. grec *disektos* « année bissextile, malheureuse » ■ **1** VX Manque (de choses nécessaires). ➤ **besoin, défaut.** *Disette d'eau, de vivres.* ➤ **pénurie.** « *Les Parisiens seraient forcés, par la disette des vivres, à se rendre...* » VOLTAIRE. ♦ FIG. *Il y a disette d'idées nouvelles.* ■ **2** MOD. Manque, insuffisance de vivres. *Année de disette.* « *La disette dégénéra en famine universelle* » VOLTAIRE. ■ CONTR. Abondance.

DISETTEUX, EUSE [dizetø, øz] adj. et n. – 1213 ◊ de *disette* ■ VX Qui manque du nécessaire. ➤ **indigent, nécessiteux, pauvre.** ■ CONTR. Aisé, fortuné, nanti, riche.

DISEUR, EUSE [dizœʀ, øz] n. – 1233 ◊ de 1 *dire* ■ **1** (Dans quelques loc.) **DISEUR DE :** personne qui dit habituellement (des choses d'un genre particulier). — *Diseur, diseuse de bonne aventure* : personne qui prédit l'avenir. ➤ **chiromancien, devin, voyant.** « *Les diseurs d'horoscopes* [...] *profitent de l'ambition des crédules esprits* » MOLIÈRE. — PÉJ. *Diseur de bons mots* : personne qui dit des bons mots en toute occasion. « *Diseurs de bons mots, mauvais caractère* » (PASCAL) : la personne qui préfère nuire à autrui plutôt que de renoncer à un trait d'esprit est mauvaise. ■ **2** ABSOLT Personne qui dit. PROV. *Grand diseur n'est pas grand faiseur.* — VX *Un beau diseur, un diseur* : homme qui affecte de bien parler. ➤ **parleur.** ■ **3** Personne qui récite, déclame. *C'est un fin, un excellent diseur.* ■ HOM. Dix-heures.

DISFONCTIONNEMENT ➤ **DYSFONCTIONNEMENT**

DISGRÂCE [disgʀɑs] n. f. – 1539 ◊ italien *disgrazia* → grâce ■ **1** VIEILLI Perte des bonnes grâces, de la faveur (d'une personne dont on dépend). ➤ **défaveur.** « *Lorsque tout tremble devant le tyran, et qu'il est aussi dangereux d'encourir sa faveur que de mériter sa disgrâce* » CHATEAUBRIAND. — MOD. État d'une personne qui a encouru une disgrâce. ➤ **chute, déchéance, destitution.** *La disgrâce de Fouquet. Être en disgrâce auprès de qqn* (➤ **disgracié**). ■ **2** VX Évènement malheureux. ➤ **infortune, malheur.** *Pour comble de disgrâce.* ➤ **détresse, misère.** ■ **3** LITTÉR. Manque de grâce. ➤ **laideur, inharmonie ; disgracieux.** « *Cette architecture anguleuse et décolorée dont m'apparaissait pour la première fois la disgrâce rébarbative* » GIDE. ■ CONTR. Faveur, grâce. Beauté, grâce.

DISGRACIÉ, IÉE [disgʀasje] adj. et n. – 1546 ◊ italien *disgraziato* « malheureux » ■ **1** Qui n'est plus en faveur, qui est tombé en disgrâce. *Un ministre disgracié,* destitué. « *L'ambassadeur disgracié, le chef de bureau mis brusquement à la retraite* [...] *l'amoureux éconduit* » PROUST. ■ **2** FIG. Peu favorisé. *Être disgracié de la nature, par la nature.* ♦ ABSOLT ➤ **disgracieux, ingrat, laid.** « *Elle haussa vers lui son visage tendre et disgracié* » SARTRE. ■ CONTR. Favorisé.

DISGRACIER [disgʀasje] v. tr. ‹7› – 1552 ◊ de *disgracié* ■ Priver (qqn) de la faveur qu'on lui accordait. *Disgracier un ministre.* ➤ **destituer, renvoyer.** ■ CONTR. Favoriser, protéger.

DISGRACIEUX, IEUSE [disgʀasjø, jøz] adj. – 1578, repris XVIIIe ◊ italien *disgrazioso* → gracieux ■ Qui n'a aucune grâce (➤ **disgrâce,** 3°). *Maintien, geste disgracieux. Ornement, assemblage disgracieux.* ➤ **laid.** *Visage disgracieux.* ➤ **ingrat.** « *une élocution naturellement disgracieuse et embarrassée* » HENRIOT. ➤ **déplaisant, désagréable.** ■ CONTR. Gracieux. Agréable, aimable.

DISHARMONIE [dizaʀmɔni ; disaʀmɔni] n. f. – 1829 ◊ de *dis-* et *harmonie* → dysharmonie ■ DIDACT. ou LITTÉR. Absence d'harmonie (entre des éléments, dans un ensemble). « *Le nombre croissant de maladies mentales* [...] *témoigne de la profonde disharmonie entre l'homme et son milieu* » J. DORST. — On écrit aussi *dysharmonie.*

DISJOINDRE [disʒwɛ̃dʀ] v. tr. ‹49› – 1361 ◊ réfection de *desjoindre* (début XIIe) ; de *dé-* et *joindre,* d'après le latin *disjungere* ■ **1** Écarter les unes des autres (des parties jointes entre elles). ➤ **désassembler, désunir,** 1 **détacher, diviser, séparer.** *Disjoindre les lèvres, les mains. Disjoindre les pierres d'un mur.* ➤ **déboîter, démonter.** *Disjoindre des pièces articulées les unes avec les autres.* PRONOM. « *Toute cette membrure qui était la* Médée [un bateau] *se disjoignait peu à peu, en gémissant sous l'effort terrible* » LOTI. ■ **2** FIG. Séparer. *Disjoindre soigneusement deux sujets, deux questions.* ➤ **isoler.** — DR. *Disjoindre deux causes,* les séparer pour les juger chacune à part. ■ CONTR. Joindre ; rapprocher, rejoindre.

DISJOINT, OINTE [disʒwɛ̃, wɛ̃t] adj. – 1370 ◊ de *disjoindre* ■ **1** Qui n'est pas, n'a pas été ou n'est plus joint. *Un vieux perron aux marches disjointes.* ■ **2** Dont les éléments sont disjoints. « *par toutes les fissures d'un ciment disjoint* » RENAN. ■ **3** FIG. Qui n'est pas conjoint. ➤ **séparé.** *Questions bien disjointes,* qui n'ont rien à voir ensemble. ➤ **différent, distinct.** — MUS. *Degrés disjoints.* — MATH. *Ensembles disjoints,* qui n'ont pas d'éléments communs, dont l'intersection est vide. ■ CONTR. Conjoint.

DISJONCTER [disʒɔ̃kte] v. ‹1› – v. 1950 ◊ de *disjoncteur*
I v. tr. Interrompre (le courant). *Disjoncter la ligne.*
II v. intr. FAM. ■ **1** Pour un disjoncteur, Se mettre en position d'interruption du courant. — *Ça a disjoncté.* ➤ **sauter.** ■ **2** (1981) (Sujet personne) Perdre le contact avec la réalité. *Après son divorce, il a un peu disjoncté* (cf. Péter les plombs*).

DISJONCTEUR [disʒɔ̃ktœʀ] n. m. – 1883 ◊ du latin *disjunctum,* supin de *disjungere* « disjoindre » ■ Interrupteur automatique de sécurité. *Le disjoncteur coupe le courant quand celui-ci est trop fort ou quand la tension est trop basse.* ➤ aussi **discontacteur** (cf. Conjoncteur*-disjoncteur). — *Disjoncteur différentiel,* qui interrompt la tension quand une fuite de courant par la terre se manifeste sur une installation.

DISJONCTIF, IVE [disʒɔ̃ktif, iv] adj. – 1534 ◊ latin *disjunctivus* ■ Qui disjoint, isole deux éléments logiques. ♦ GRAMM. *Particule, conjonction disjonctive* (ex. ou, soit que, tantôt... tantôt). — SUBST. *Les disjonctives.* ♦ LOG. Se dit d'un jugement qui affirme une alternative. *Le dilemme* est un syllogisme disjonctif.* SUBST. *Une disjonctive* : une alternative disjonctive (opposé à *alternative exclusive*). ■ CONTR. Conjonctif, copulatif.

DISJONCTION [disʒɔ̃ksjɔ̃] n. f. – XIIIe ◊ latin *disjunctio* ■ **1** Action de disjoindre (des idées) ; son résultat. ➤ **désunion, écartement, séparation.** *La disjonction de deux questions. Les procédés logiques, grammaticaux de disjonction* (➤ **disjonctif**). ■ **2** (1690) DR. *Disjonction de deux causes, de deux instances* : mesure prise par le juge pour faire instruire ou juger séparément deux instances pendantes devant lui. *Disjonction d'un article de projet de loi,* sa séparation de l'ensemble pour en faire ultérieurement l'examen. ■ **3** (1864) LOG. Proposition disjonctive inclusive (une au moins des deux propositions est vraie) ou exclusive (une seule des deux est vraie). SYMB. V. ➤ **ou ;** 1 **somme** (logique). ■ CONTR. Jonction ; conjonction.

DISLOCATION [dislɔkasjɔ̃] n. f. – 1314 ◊ latin des médecins *dislocatio* ■ **1** Le fait de se disloquer, état de ce qui est disloqué. ♦ MÉD. Déplacement anormal, en général par traumatisme (d'un organe ou d'une partie du corps). *Dislocation d'une articulation.* ➤ **déboîtement, désarticulation, entorse, foulure, luxation.** ♦ PHYS. Défaut du cristallin produit par un déplacement des plans réticulaires. *Dislocation en coins, en hélice.* ■ **2** Le fait de se disloquer (2°) ; disjonction, séparation violente. *Dislocation des pièces d'une machine.* GÉOL. « *Les dislocations peuvent être des ploiements de couches sans cassure, ou bien il peut y avoir cassure et déplacement. Dans le premier cas on parle de* plissements, *dans le second, de* failles » MARTONNE. ♦ PAR ANAL. *La dislocation du cortège s'opéra au rond-point.* ➤ **dispersion.** ■ **3** (1580) FIG. *Dislocation d'un empire.* ➤ **démembrement, désagrégation, dissolution.** ■ CONTR. Jonction, 1 union.

DISLOQUER [dislɔke] v. tr. ‹1› – 1545 ◊ latin des médecins *dislocare* « déboîter » ■ **1** Déplacer violemment (les parties d'une articulation). ➤ **déboîter, démantibuler,** 1 **démettre, désarticuler.** — PAR EXT. ➤ **démancher.** *Se disloquer l'épaule.* — PRONOM. « *La Débardeuse se disloquait comme un clown* » FLAUBERT. ➤ **se contorsionner, se tordre.** ■ **2** (1588) Séparer violemment, sortir de leur place normale (les parties d'un ensemble) par accident. ➤ **désunir.** *Disloquer les rouages, les éléments d'une machine, d'une pièce d'artillerie.* ➤ **déranger, détraquer, fausser.** — PAR EXT. Séparer les éléments de. *Disloquer une machine, des meubles.* ➤ **briser, casser, démolir.** *Disloquer un empire* (➤ **démembrer**), *un État, un système.* PRONOM. *Cortège qui se disloque.* ➤ **se disperser, se séparer.** « *Salomon à peine mort, son royaume se disloque* » DANIEL-ROPS. ■ CONTR. Assembler, emboîter, monter, remettre.

DISMUTATION [dismytasjɔ̃] n. f. – 1924 ◊ de *dis-* et *(trans)mutation* ■ CHIM. Réaction chimique (➤ **oxydoréduction**) dans laquelle l'oxydant et le réducteur sont une seule et même substance. *Dismutation du dichlore.*

DISPARAÎTRE [disparɛtʀ] v. intr. ‹57› /DISPARAITRE/ – 1606 ◊ de *dis-* et *paraître* ; remplace l'ancien français *disparoir* (XIIIe)
REM. On emploie l'auxil. *avoir* ou *être* (vieilli ou littér.) pour indiquer l'état : *il est disparu depuis dix ans.*

I NE PLUS ÊTRE VU OU VISIBLE ■ **1** Cesser de paraître, d'être visible. ➤ s'en **aller**, s'**évaporer**. *Le soleil «plonge enfin parmi les collines et disparaît»* FROMENTIN. ➤ se **cacher**. *«La brume subtile où toutes les formes apparaissaient et disparaissaient soudainement»* LARBAUD. ➤ s'**évanouir**. *Elle disparut dans la foule.* ➤ se **fondre**. *«les voitures disparurent, l'une après l'autre, derrière le tournant»* SARTRE. *Le bateau disparut à l'horizon.* — LOC. *Disparaître des (écrans) radars**. ◆ Être caché, dissimulé. ➤ se **cacher**, se **dissimuler**. *La maison disparaissait derrière les arbres. Le sol disparaît sous les tapis.* ■ **2** (1650) (PERSONNES) S'en aller. ➤ **fuir**, 1 **partir**, se **retirer**. *Elle a disparu sans laisser de traces. Disparaître de la circulation*. Disparaître furtivement, discrètement.* ➤ s'**éclipser**, s'**esquiver**. *«Si j'avais disparu, est-ce qu'il serait parti à ma recherche ?»* ROMAINS. *Hors de ma vue, disparaissez !* ◆ Être, devenir introuvable. *Ce dossier a disparu depuis le déménagement.* ➤ s'**égarer**, s'**envoler**, se **volatiliser**. *La police recherche l'enfant qui a disparu hier.* ■ **3 FAIRE DISPARAÎTRE** (qqn, qqch.), le soustraire à la vue ; enlever, cacher. ➤ **dissimuler**, **escamoter**. *Faire disparaître un document compromettant.*

II CESSER D'ÊTRE, D'EXISTER (fin XVIIe) ■ **1** (ÊTRES VIVANTS) ➤ s'**éteindre**, **mourir***. *Marins qui disparaissent en mer.* ➤ se **perdre**, **périr**. *Toutes ces personnes ont disparu. Si je venais à disparaître.* ■ **2** (CHOSES) *Navire qui disparaît en mer.* ➤ **couler**, se **perdre**, **sombrer**. *Disparaître corps et biens.* — *Le brouillard a disparu vers dix heures.* ➤ se **dissiper**. *La rougeur de son visage commence à disparaître.* ➤ s'**effacer**. *«Un petit pli, entre les sourcils, se forme et disparaît, reparaît et s'efface»* MARTIN DU GARD. *La tuberculose n'a pas disparu.* ■ **3** (ABSTRAIT) *Ses craintes, ses soucis ont disparu en un clin d'œil.* ➤ se **dissiper**, s'**effacer**, s'**évanouir**. *Cette mode, cette coutume a disparu, est disparue depuis longtemps.* ➤ **passer**, se **perdre**. *«La force des peuples barbares tient à leur jeunesse et disparaît avec elle»* HUGO. ➤ s'**épuiser**, **tarir**. *Tout finit par disparaître.* ➤ **passer**. ■ **4 FAIRE DISPARAÎTRE** (qqn). ➤ **supprimer**, **tuer**. ◆ *Faire disparaître* (qqch.). ➤ **anéantir**, **détruire**, **effacer**, **éradiquer**, **extirper**, **supprimer**. *Le temps a fait disparaître cette inscription. Médicament qui fait disparaître les maux de tête, la fièvre.* ➤ **chasser**. *Faire disparaître une tache.* ➤ **enlever**. — *Faire disparaître un obstacle, une difficulté, un doute.* ➤ **dissiper**, 1 **lever**, **résoudre**, **vaincre**.

■ CONTR. Apparaître, paraître, reparaître ; montrer (se). — Commencer, demeurer, 1 être, maintenir (se), rester.

DISPARATE [disparat] adj. et n. f. – 1655 ◊ latin *disparatus* «inégal»
I adj. Qui n'est pas en accord, en harmonie avec ce qui l'entoure ; dont la diversité est choquante. ➤ **discordant**, **divers**, **hétéroclite**, **hétérogène**. *Couleurs, ornements disparates qui jurent. «Nous avons étalé jusqu'ici sur la table des éléments variés et singulièrement disparates»* SIEGFRIED. ◆ Dont les éléments sont disparates. *Un mobilier disparate.*
II n. f. (fin XVIIe ◊ espagnol *disparate* n. m.) VX ou LITTÉR. Défaut d'harmonie, dissemblance choquante (entre deux ou plusieurs choses). ➤ **différence**, **disparité**. *«Il y avait en moi de telles disparates, ma condition d'écolier formait avec mes dispositions morales des désaccords si ridicules»* FROMENTIN.
■ CONTR. Assorti, harmonieux, homogène. — Conformité, harmonie, unité.

DISPARITÉ [disparite] n. f. – v. 1300 ◊ latin *disparilitas*, d'après *parité* ■ Absence d'accord, d'harmonie entre les éléments ; caractère disparate. ➤ **contraste**, **disparate** (II), **dissemblance**, **hétérogénéité**. *Disparité entre deux caractères, deux couleurs. Il s'assimilait «des éléments de toutes provenances, parfois assez disparates, et dont la disparité ne le choquait ni ne le gênait»* G. PARIS. *Une grande disparité d'âge.* — ÉCON. Divergence entre deux éléments, créant une situation de déséquilibre. *Disparité des revenus, des salaires* (➤ **inégalité**). *Disparités régionales.* ■ CONTR. Accord, conformité, parité.

DISPARITION [disparisjɔ̃] n. f. – 1559 ◊ de *disparaître*, d'après *apparition* ■ Action de disparaître ; son résultat. ■ **1** Le fait de n'être plus visible. *Disparition du soleil à l'horizon, d'un astre* (➤ 2 **coucher** ; **éclipse**, **occultation**). ■ **2** Action de partir d'un lieu, de ne plus se manifester. ➤ 1 **départ**, 1 **retraite**. *«c'est cela, la paix : la disparition de tous ces braillards belliqueux»* LÉAUTAUD. ◆ Absence anormale et inexplicable. *La disparition de l'enfant remonte à huit jours. Constater la disparition d'une grosse somme d'argent. «La Disparition», ouvrage de G. Perec* (écrit sans la lettre *e*). ■ **3** Action de disparaître en cessant d'exister. ➤ 1 **mort** ; 1 **fin**, **suppression**. *Monuments menacés de disparition prochaine. Disparition d'espèces préhistoriques. Espèce en voie de disparition.* ➤ **extinction**. — *La disparition d'une civilisation* (➤ **effacement**). ■ CONTR. Apparition, réapparition.

DISPARU, UE [dispaʀy] adj. – 1673 ◊ de *disparaître* ■ **1** Qui a cessé d'être visible. ➤ **évanoui**. *«Il n'avait pu apercevoir que le profil ou un dernier pli de robe, aussitôt disparu»* GAUTIER. ■ **2** Qui a cessé d'exister. *«Dans un monde, hélas ! disparu, où les hommes circulaient librement»* SIEGFRIED. ◆ SUBST. (1907) Mort, défunt. *Notre chère disparue.* ◆ SPÉCIALT Personne considérée comme morte bien que son décès n'ait pu être établi. *Être porté disparu. Disparu en mer.* ■ CONTR. Visible. 2 Vivant.

DISPATCHER [dispatʃe] v. tr. ‹1› – 1972 ◊ anglais *to dispatch* «répartir» ■ ANGLIC. Répartir, distribuer. *Dispatcher les marchandises dans les rayons. Dispatcher les candidats dans les salles d'examen. Dispatcher des journaux dans une région.*

DISPATCHEUR, EUSE [dispatʃœʀ, øz] n. – 1915 ◊ anglais *dispatcher* → dispatcher ■ ANGLIC. ■ **1** Personne qui s'occupe d'un dispatching. — **Recomm. offic.** *régulateur**. ■ **2** COMM. MAR. Expert qui établit la part respective du transporteur et des chargeurs dans les règlements d'avaries. — On écrit aussi *dispatcher* **n. m.**

DISPATCHING [dispatʃiŋ] n. m. – 1921 ◊ mot anglais, de *to dispatch* «répartir» ■ ANGLIC. ■ **1** Organisme central qui assure la régulation du trafic (ferroviaire, aérien), la répartition de l'énergie électrique, etc. — **Recomm. offic.** *régulation*. ■ **2** Répartition, distribution.

DISPENDIEUSEMENT [dispɑ̃djøzmɑ̃] adv. – 1843 ◊ de *dispendieux* ■ LITTÉR. D'une manière dispendieuse. *Vivre dispendieusement.* ■ CONTR. Économiquement.

DISPENDIEUX, IEUSE [dispɑ̃djø, jøz] adj. – 1709 ; hapax 1495 ◊ bas latin *dispendiosus*, de *dispendium* «dépense» ■ Qui exige une grande dépense. ➤ **cher***, **coûteux**, **onéreux**. *Une façon de vivre dispendieuse. Besoins, goûts dispendieux. Ce n'est pas trop dispendieux.* ■ CONTR. Économique.

DISPENSABLE [dispɑ̃sabl] adj. – v. 1536 ◊ de *dispenser* ■ **1** DR. *Cas dispensable*, pour lequel on peut obtenir une dispense. ■ **2** Dont on peut se passer. ➤ **inutile**, **superflu**. *Un gadget parfaitement dispensable.* ■ CONTR. Indispensable. Essentiel, nécessaire.

DISPENSAIRE [dispɑ̃sɛʀ] n. m. – 1803 ◊ de l'anglais *dispensary* emprunté à l'ancien français *dispensaire* (1573) «recueil de formules», de *dispenser*. Le mot apparaît déjà en 1745 dans un contexte anglais. ■ Établissement (public ou privé) à caractère social où l'on donne gratuitement des soins courants et où l'on assure le dépistage et la prévention de certaines maladies. *Dispensaire antituberculeux. Être soigné dans un dispensaire. Aller au dispensaire.*

DISPENSATEUR, TRICE [dispɑ̃satœʀ, tʀis] n. – 1190 ◊ latin *dispensator* «intendant» ■ Personne qui dispense, qui distribue. ➤ **distributeur**, **répartiteur**. *«Je suppliai le dispensateur de toutes grâces d'accorder à l'orphelin le bonheur»* CHATEAUBRIAND. *«Les banques centrales, dispensatrices des devises»* SIEGFRIED. — **adj.** *Un geste dispensateur de bienfaits.*

DISPENSE [dispɑ̃s] n. f. – 1488 ◊ de *dispenser* ■ **1** Autorisation spéciale, donnée par l'autorité ecclésiastique, de faire ce qui est défendu ou de ne pas faire ce qui est prescrit. ➤ **autorisation**, **exemption**, **permission**. *Demander, obtenir, accorder une dispense. Dispense accordée par le pape. «On n'a point pour la mort de dispense de Rome»* MOLIÈRE. ■ **2** Autorisation spéciale donnée par une autorité, qui décharge d'une obligation. *Dispense de scolarité ou d'examen. Dispense d'âge pour passer un examen*, autorisation de le passer avant l'âge légal. *Dispense d'éducation physique et sportive. Dispense de certaines obligations civiles.* ➤ **immunité** ; **franchise**. *Dispense de droits, d'impôts.* ➤ **dérogation**, **exonération**. — (1836) Pièce établissant la dispense accordée à qqn. ■ CONTR. Obligation.

DISPENSER [dispɑ̃se] v. tr. ‹1› – 1283 ◊ latin *dispensare* «distribuer» ■ **1** Distribuer (le sujet désigne une personne, une puissance supérieure). ➤ **accorder**, **départir**, **distribuer**, **donner**, **répandre**. *Dispenser des bienfaits. «Cette ville a quelque chose d'ensorcelant, et dispense un charme»* HENRIOT. *«Cette lumière* *triomphante que dispense un soleil déjà méridional»* SIEGFRIED. ▪ **2** (XVIe) **DISPENSER DE... :** libérer (qqn d'une obligation, de faire qqch.). ➤ **exempter.** *Dispenser qqn d'impôts.* ➤ **décharger, exonérer.** *Être dispensé de telle formalité. Dispenser qqn d'un devoir, d'un vœu.* ➤ **dégager, relever** (de), **soustraire** (à). *Se faire dispenser de... Je te dispense d'y aller.* — *Élève dispensé de gymnastique.* ♦ (Sujet chose) *«Le bon sens qui dispense de savoir»* RENARD. *Ton succès ne te dispense pas de travailler.* ♦ Par politesse, pour demander la permission de ne pas faire qqch. ou feindre de s'excuser d'une abstention. *Dispensez-moi de vous raccompagner.* — IRON. *Dispensez-moi de vos réflexions.* ➤ **épargner** (cf. Faire grâce de). *Je vous dispense à l'avenir de vos visites :* je vous défends de revenir me voir. ▪ **3 SE DISPENSER** v. pron. S'exempter de... ; se soustraire à (une obligation). *Se dispenser de ses devoirs.* — Se permettre de ne pas faire (qqch.). *«On ne peut se dispenser de juger : c'est une nécessité, pour vivre»* R. ROLLAND. ▪ CONTR. Assujettir, astreindre, contraindre, exiger, forcer, obliger.

DISPERSANT, ANTE [dispɛʀsɑ̃, ɑ̃t] n. m. et adj. – v. 1960 ◇ de *disperser* ▪ Produit tensioactif* utilisé pour accélérer la biodégradation des hydrocarbures. *Dispersants utilisés pour combattre les marées noires.* — adj. *Produit dispersant.*

DISPERSEMENT [dispɛʀsəmɑ̃] n. m. – 1874 ◇ de *disperser* ▪ RARE État de ce qui est dispersé. Action de disperser, le fait de se disperser. ➤ **dispersion, éparpillement.**

DISPERSER [dispɛʀse] v. tr. ‹1› – v. 1450 ◇ latin *dispersus,* p. p. de *dispergere* «répandre çà et là» ▪ **1** Jeter, répandre çà et là. ➤ **disséminer, éparpiller, parsemer, répandre, semer.** *Disperser les débris de qqch. «Ce grand vent aura vite dispersé ta cendre»* BÉDIER. — *Le vent disperse la brume.* ➤ **dissiper.** ▪ **2** Répartir çà et là, en divers endroits, de divers côtés. ➤ **diviser, 1 répartir, séparer.** *Disperser une collection, dans une vente aux enchères. Disperser le tir.* — PRONOM. *La foule se dispersa après le spectacle.* ➤ **1 partir ; s'égailler.** ♦ FIG. *Disperser ses efforts, ses forces, son attention,* les faire porter sur plusieurs points, sur plusieurs objets à la fois. ➤ **émietter, éparpiller.** — PRONOM. *Se disperser :* s'occuper à des activités trop diverses. ➤ RÉGION. **s'épivarder.** ▪ **3** Repousser, écarter ; faire se séparer (des personnes). *Ils «avaient fait évacuer la place et dispersé la foule»* LOTI. *La police a dispersé les manifestants.* — PRONOM. *Se disperser.* ➤ **2 se débander.** ▪ CONTR. Agglomérer, assembler, centraliser, concentrer, 1 masser, rassembler, réunir.

DISPERSIF, IVE [dispɛʀsif, iv] adj. – 1777 ◇ de *disperser* ▪ SC. Qui provoque la dispersion d'un rayonnement. *Milieu dispersif.*

DISPERSION [dispɛʀsjɔ̃] n. f. – XIIIe, rare avant XVIIe ◇ latin *dispersio,* de *dispersus* → disperser ▪ Action de disperser, de se disperser ; état de ce qui est dispersé. ➤ **dissémination, division, éparpillement.** *La dispersion des cendres par le vent. La dispersion des pièces d'une collection.* ♦ MATH. *Paramètre de dispersion d'une série statistique.* ➤ **variance.** ♦ PHYS. *Dispersion de la lumière :* décomposition d'une lumière formée de rayonnements de différentes longueurs d'onde en spectre. *Dispersion de la lumière blanche par un prisme ou un réseau de diffraction.* ➤ **diffusion.** *Dispersion acoustique. Dispersion de biréfringence, de réflexion, de réfraction des ondes électromagnétiques.* — BALIST. *Dispersion de tir. Rectangle de dispersion,* dans lequel se répartissent 99 % des points d'impact. — CHIM. État d'une solution colloïdale, en suspension dans un milieu où elle est insoluble. *Milieu de dispersion.* — Peinture dans laquelle le pigment est dispersé, sans y être dissous. *Dispersion acrylique.* ♦ *La dispersion d'une armée, d'une flotte.* ➤ **débandade, déroute.** *Dispersion d'une foule.* ➤ **séparation.** *La dispersion des Juifs.* ➤ **diaspora.** ♦ FIG. *La dispersion de l'esprit,* son application à différents sujets. ➤ **dissipation, éparpillement.** *La dispersion des efforts, des forces, de la pensée.* ➤ **atomisation, émiettement.** *«Je voudrais lire tout, à la fois. Danger de la dispersion»* GIDE. ▪ CONTR. Rassemblement. Réunion. Concentration.

DISPONIBILITÉ [disponibilite] n. f. – 1492, rare avant 1790 ◇ de *disponible* ▪ État de ce qui est disponible. ▪ **1** DR. *La disponibilité des biens :* la faculté d'en disposer, de les aliéner librement. — COUR. PLUR. *Les disponibilités :* actif dont on peut immédiatement disposer (opposé à *immobilisations*). ➤ **fonds** (de roulement) ; **espèces.** — ÉCON. *Disponibilités monétaires :* moyens de paiement à la disposition des agents économiques à un moment donné. ▪ **2** Situation administrative de certains fonctionnaires écartés provisoirement de leurs fonctions, mais qui conservent leur grade, leur droit à la retraite. *Être, mettre en disponibilité.* — Situation d'un militaire maintenu ou renvoyé dans ses foyers avant l'expiration de la durée légale, bien qu'il demeure apte au service actif. — PAR EXT. Ensemble des militaires qui sont en état de disponibilité. ▪ **3** État d'une chose, d'une personne disponible (3°). *Disponibilité d'esprit. Manquer de disponibilité. «Le désœuvrement, cette disponibilité totale»* MAURIAC. ▪ CONTR. Indisponibilité.

DISPONIBLE [disponibl] adj. – XIVe dr. ; répandu XIXe ◇ latin médiéval *disponibilis,* de *disponere* «disposer» ▪ **1** (CHOSES) Dont on peut disposer. ➤ **libre.** *Nous avons deux places disponibles. Appartement disponible. Ce livre n'est pas disponible, il est épuisé. Je n'ai pas une minute disponible pour ce travail.* — DR. *Somme, valeurs disponibles d'une entreprise* (➤ **disponibilité, réserve**). *Quotité disponible,* opposée à la réserve, en matière successorale. — (1956) LING. *Vocabulaire disponible,* en réserve dans la mémoire, avec une faible fréquence d'emploi (➤ aussi **2 passif**). ▪ **2** (PERSONNES) *Officier, fonctionnaire disponible,* qui n'est pas en activité, mais demeure toujours à la disposition de l'armée, de l'Administration. ▪ **3** Dont l'action, le jugement, les sentiments peuvent se modifier librement ; qui n'est lié ou engagé par rien. *«d'une indépendance sauvage, sans attaches, sans enfants, disponibles»* TOURNIER. ▪ **4** Qui peut disposer librement de son temps. *Être disponible pour qqch. «Je serai disponible, infiniment disponible»* Y. HAENEL. — Qui peut interrompre ses activités pour s'occuper d'autrui. *Elle est toujours disponible pour écouter ses amis.* ABRÉV. FAM. **DISPO** [dispo]. *Ils ne sont jamais dispos quand on a besoin d'eux.* ▪ CONTR. Engagé, indisponible, occupé.

DISPOS, OSE [dispo, oz] adj. – 1404 ◇ de l'italien *disposto,* d'après *disposer* ▪ RARE Qui est en bonne disposition pour agir. ➤ **agile, 2 alerte, allègre, 1 gaillard, ingambe, léger** (cf. En forme). *Esprit dispos.* — COUR. *Frais et dispos :* en bonne santé et dans un état euphorique, actif. *«Quand je suis venu ici, j'étais frais et dispos, et me voilà roué, brisé, comme si j'avais fait dix lieues»* DIDEROT. ▪ CONTR. Abattu, fatigué, lourd, malade. ▪ HOM. Dispo (disponible).

DISPOSANT, ANTE [dispozɑ̃, ɑ̃t] n. – 1459 ◇ p. prés. subst. de *disposer* ▪ DR. Personne qui fait une disposition par donation entre vifs, ou par testament. ➤ **donateur, testateur.**

DISPOSÉ, ÉE [dispoze] adj. – 1370 *bien, mal disposé* «en bonne, mauvaise santé» ◇ de *disposer* ▪ **1** Arrangé, placé. *Fleurs disposées avec goût. Objets disposés symétriquement.* ▪ **2** *Être disposé à :* être préparé à, avoir l'intention de. ➤ **1 prêt** (à). *Nous sommes tout disposés à vous rendre service.* ▪ **3** *Être bien, mal disposé pour, envers qqn :* être dans de bonnes, de mauvaises dispositions envers lui. *Il est bien disposé à votre égard.* ➤ **bienveillant, favorable.** — ABSOLT *Être bien, mal disposé :* être de bonne, de mauvaise humeur (cf. Être, n'être pas en train*).

DISPOSER [dispoze] v. ‹1› – 1180, «décider de» ◇ latin *disponere ;* francisé d'après *poser*

I v. tr. dir. ▪ **1** (1452) Arranger, mettre dans un certain ordre. *Disposer des fleurs dans un vase, les couverts sur la table.* ➤ **arranger, mettre, 1 placer, 1 répartir.** *Disposer symétriquement des objets. Disposer en ligne* (➤ **aligner**), *en croix* (➤ **croiser**), *en cercle. «On disposa devant le poêle le guéridon, le fauteuil et une chaise»* ROMAINS. ➤ **installer.** *Disposer ses troupes autour d'une place de guerre.* ▪ **2** (XVIe «prédisposer») **DISPOSER (qqn) À... :** préparer psychologiquement (qqn à qqch.). ➤ **préparer.** *Disposer un malade à mourir, à la mort. Disposer les esprits en faveur de qqn, qqch.* — Engager (qqn à faire qqch.). ➤ **décider, déterminer, engager, inciter, pousser.** *Nous l'avons disposé à vous recevoir. «Un sentiment réfléchi et paisible qui dispose chaque citoyen à s'isoler de la masse de ses semblables»* TOCQUEVILLE. ▪ **3 SE DISPOSER (À)** v. pron. Se mettre en état, en mesure de ; être sur le point de. *Je me disposais à partir quand il est arrivé.* ➤ se **préparer.** *«Apprenez que votre tuteur se dispose à vous épouser demain»* BEAUMARCHAIS.

II v. tr. ind. (XVe) **DISPOSER DE.** ▪ **1** Avoir à sa disposition, avoir la possession, l'usage de. ➤ **jouir** (de), se **servir** (de), **user** (de), **utiliser.** *Il dispose d'une voiture. Vous pouvez en disposer, je n'en ai plus besoin.* ➤ **prendre.** *L'argent dont l'entreprise dispose* (➤ **disponibilités**). *Il peut se le permettre, avec les moyens dont il dispose.* ➤ **1 avoir.** *Je ne dispose que de quelques minutes. «Je dispose en maître de la nature entière»* ROUSSEAU. — DR. Exercer son droit de propriété, permettant de consommer matériellement son bien, d'en transformer la substance, de le transférer à autrui ou de le démembrer. *Disposer d'une terre, d'un bien,* par vente, par donation, par testament. *Les mineurs ne peuvent disposer de leurs biens.* ➤ **aliéner, jouir.** ▪ **2** *Disposer de qqn,* en faire ce que l'on veut, s'en servir comme on le veut. *«C'est à vous de disposer de moi selon vos volontés»* MOLIÈRE. — *Disposer de soi-même :* être libre, indépendant. *Le droit des peuples à disposer d'eux-mêmes* (➤ **autodétermination**). — ABSOLT *Vous pouvez disposer* (de vous) : je ne vous retiens pas, partez (à un inférieur).

III v. intr. (XVIe) Prendre des dispositions. ➤ **décider, décréter, dicter, prescrire, régler.** *La loi ne dispose que pour l'avenir. Disposer par testament.* PROV. *L'homme propose, Dieu dispose.*

DISPOSITIF [dispozitif] n. m. – avant 1615 ; 1314 adj. « qui prépare » ◇ du latin *dispositus* → disposer ■ **1** DR. Énoncé final d'un jugement ou d'un arrêt qui contient la décision de la juridiction. *Le préambule, les motifs et le dispositif d'un jugement.* ◆ PAR EXT. *Le dispositif d'une loi, d'un décret, d'un arrêté.* ■ **2** (v. 1860) Manière dont sont disposés les pièces, les organes d'un appareil ; le mécanisme lui-même. ➤ **machine, mécanisme.** *Un dispositif ingénieux. Dispositif de sûreté. Dispositif d'accord. Dispositif de commande, de manœuvre, d'asservissement, de régulation. « On ne désespère pas de pourvoir ces créatures mécaniques de dispositifs qui auraient la valeur de nos sens »* DUHAMEL. — *Un dispositif scénique d'opéra.* ■ **3** Ensemble de moyens disposés conformément à un plan. *Dispositif d'attaque, de défense. Dispositif policier. Mettre en place, déployer un dispositif.*

DISPOSITION [dispozisjɔ̃] n. f. – XIIe ◇ latin *dispositio* → disposer ■ **1** Action de disposer, de mettre dans un certain ordre ; résultat de cette action. *Une disposition régulière d'objets.* ➤ **ordre, rangement.** *La disposition des massifs de fleurs dans un jardin.* ➤ **arrangement, répartition.** *La disposition des pièces d'un appartement.* ➤ **agencement.** *Disposition des matériaux d'une maçonnerie.* ➤ **appareil.** ■ **2** AU PLUR. Moyens, précautions par lesquels on se dispose à qqch. ➤ **arrangement, décision, mesure, préparatif, résolution.** *Prendre ses dispositions pour partir en voyage. J'ai pris toutes les dispositions nécessaires* (➤ **précaution**). ■ **3 DISPOSITION À :** tendance à. *Disposition à contracter une maladie.* ➤ **prédisposition.** ■ **4** État d'esprit passager. *Dans, en* (telle) *disposition. Il est dans une disposition à croire tout ce qu'on lui raconte. Être en bonne, en mauvaise disposition* (cf. De bonne, de mauvaise humeur*). PLUR. Intentions envers qqn. *Être dans de bonnes dispositions à l'égard de qqn.* ➤ **intention, sentiment.** ■ **5** (XVIIe) Aptitude à faire qqch. (en bien ou en mal). ➤ **aptitude, 1 don, facilité, faculté, goût, inclination, instinct, orientation, penchant, prédisposition, propension, tendance, vocation.** *Des dispositions innées, naturelles.* ➤ **qualité.** *« L'éducation, l'instruction n'ont rien à voir avec les dispositions artistiques »* F. LÉGER. *Avoir des dispositions pour les mathématiques* (cf. Avoir la bosse* des maths). *Il a toutes les dispositions pour réussir.* ■ **6** (Dans **À... DISPOSITION**). Faculté de disposer, pouvoir de faire ce que l'on veut (de qqn, de qqch.). ➤ **2 pouvoir.** *Avoir à sa disposition.* ➤ **posséder** (cf. Avoir sous la main). *L'argent, les valeurs qui sont à la disposition d'une société* (➤ **disponibilité**). *Les moyens mis à notre disposition* (➤ **disponible**). *Mise à disposition des fonds. Laisser* (qqch.) *à la disposition de qqn.* ➤ **abandonner, offrir.** *Je tiens ces livres à votre disposition.* — (PERSONNES) *Se tenir, se mettre, être à la disposition de qqn,* attendre ses ordres, être prêt à lui donner satisfaction (cf. Être aux ordres de). *Je suis à votre entière disposition.* ◆ DR. *Acte de disposition* (opposé à *acte d'administration*) : acte dont l'objet est de faire sortir du patrimoine un bien ou une valeur (➤ **aliénation**), ou acte qui crée un droit réel sur un bien (hypothèque, servitude). — *« Les particuliers ont la libre disposition des biens qui leur appartiennent »* (CODE CIVIL). ■ **7** Clause d'un acte juridique (d'un contrat, d'un testament, d'une donation). *Dispositions entre vifs. « À la fin de mes dispositions testamentaires, tu trouveras une liste de legs »* MARTIN DU GARD. ■ **8** Chacun des points que règlent une loi, un arrêté, un jugement. *La disposition que renferme cet article.* ➤ **prescription.** *Dispositions transitoires.*

DISPROPORTION [dispʀɔpɔʀsjɔ̃] n. f. – 1546 ◇ de *dis-* et *proportion* ■ Défaut de proportion, différence excessive entre deux ou plusieurs choses. ➤ **différence, disconvenance, disparité, inégalité.** *Disproportion d'âge, de taille, de fortune, de mérite entre deux personnes. La disproportion de la peine et de la punition. Disproportion entre une chose et une autre, entre plusieurs choses. « C'est donc dans la disproportion de nos désirs et de nos facultés que consiste notre misère »* ROUSSEAU. ■ CONTR. Proportion.

DISPROPORTIONNÉ, ÉE [dispʀɔpɔʀsjɔne] adj. – 1534 ◇ de *disproportion* ■ Qui n'est pas proportionné (à qqch.). ➤ **inégal.** *Récompense disproportionnée au mérite. « Une somme de travail grotesquement disproportionnée avec la somme d'argent qui en était le salaire »* COURTELINE. — ABSOLT *Taille disproportionnée.* ➤ **démesuré.** ■ CONTR. Proportionné.

DISPUTAILLER [dispytaje] v. intr. ‹1› – 1596 ◇ de *disputer* (I, 1°) ■ VX Disputer longuement et inutilement. ➤ **discutailler, ergoter.**

DISPUTE [dispyt] n. f. – 1474 ◇ de *disputer* ■ **1** VX Discussion, lutte d'opinions, sur un point de doctrine. ➤ **débat, discussion.** *Dispute par écrit.* ➤ **polémique.** ■ **2** (XVIIe) MOD. Échange violent de paroles (arguments, reproches, insultes) entre personnes qui s'opposent. ➤ **altercation, chamaillerie, conflit, démêlé, différend, empoignade, escarmouche, explication, heurt, querelle, scène ;** RÉGION. **2 bringue, chamaillage ;** FAM. **accrochage, bagarre, bisbille, embrouille, engueulade, prise** (de bec), **schproum.** *La discussion* a dégénéré en dispute. Dispute d'amoureux. Dispute entre époux :* scène de ménage (cf. Le torchon brûle, il y a de l'eau dans le gaz). *Sujet de dispute. Dispute qui s'élève, éclate entre plusieurs personnes, qui se transforme en bagarre. Avoir une dispute avec qqn sur un sujet. Chercher la dispute* (cf. Chercher des crosses*, chercher noise*). *Personne qui aime, qui provoque la dispute* (➤ **agressif, chicaneur**). *Inciter, pousser à la dispute* (cf. Mettre de l'huile* sur le feu, semer la zizanie*). *Dispute qui laisse les adversaires irréconciliables.* ➤ **brouille, brouillerie, fâcherie, rupture.** *« Le plaisir des disputes, c'est de faire la paix »* MUSSET. ■ CONTR. Accord, entente, paix, réconciliation.

DISPUTER [dispyte] v. tr. ‹1› – XIIe ◇ latin *disputare* « mettre un compte au net après discussion », d'où « discuter »

I v. tr. ind. ■ **1** VX ou LITTÉR. Avoir une discussion. ➤ **discuter.** *Disputer d'un sujet, sur un sujet avec qqn. Disputer d'une question.* ➤ **débattre.** PROV. *Des goûts* et des couleurs, il ne faut pas disputer.* ◆ VX Engager une lutte violente de paroles avec qqn. ➤ **batailler.** *« Au lieu de disputer, discutons »* BUFFON. ■ **2** LITTÉR. Être en concurrence, en rivalité (avec). ➤ **rivaliser.** *Ces deux employés disputent de zèle* (cf. Faire assaut* de).

II v. tr. (1609) ■ **1** LITTÉR. *Le disputer en :* rivaliser de. *« Il n'est point de spectacle [...] qui puisse le disputer en magnificence à celui que vous venez de nous donner »* MOLIÈRE. ■ **2** Lutter pour la possession ou la conservation de (une chose à laquelle un autre prétend). *Disputer un poste à des rivaux, une femme à un ami* (cf. Marcher, courir sur les brisées* de qqn). *« Cette victoire, si âprement disputée par un ennemi supérieur en nombre »* MADELIN. *Animaux qui se disputent une proie. « Les trois fils rebelles qui avant sa mort se disputent son héritage »* BAINVILLE. — *Disputer le terrain,* le défendre pied à pied, avec acharnement contre l'ennemi. ➤ **défendre.** ◆ *Disputer une chose, une personne à qqch.,* tenter de l'arracher, de la soustraire à. *« En venant à Paris, lui-même, disputer aux lenteurs administratives son humble part du legs »* COURTELINE. ■ **3** COUR. *Disputer un match, un combat,* en vue de remporter la victoire. ■ **4** VIEILLI, RÉGION. ou POP. Réprimander* (qqn). *« Madame de Pontchartrain le disputa »* SAINT-SIMON. *Il a peur de se faire disputer.* ➤ **attraper, gronder.**

III COUR. **SE DISPUTER** v. pron. ■ **1** (RÉCIPR.) Avoir querelle. *Personnes qui se disputent.* ➤ **se chamailler, se chicaner, se quereller ;** FAM. **s'embrouiller, s'engueuler, se friter** (cf. Se voler dans les plumes*). *Se disputer avec un ami. Ils n'arrêtent pas de se disputer.* ■ **2** (PASS.) SPORT Être disputé. *Le match s'est disputé hier à Paris.*

DISQUAIRE [diskɛʀ] n. – 1949 ◇ de *disque* (4°) ■ Personne qui vend des disques, de la musique enregistrée.

DISQUALIFICATION [diskalifikasjɔ̃] n. f. – 1784 ◇ de *disqualifier* ■ Action de disqualifier ; son résultat ; fait de se disqualifier. *Disqualification d'un cheval dans une course, d'un sportif dans une compétition.*

DISQUALIFIER [diskalifje] v. tr. ‹7› – 1784 ◇ anglais *to disqualify,* du français *qualifier* ■ **1** Exclure d'une course (un cheval qui ne répond pas aux conditions exigées par le règlement). — PAR EXT. Exclure d'une épreuve, en raison d'une infraction au règlement. ➤ aussi **scratcher.** *Disqualifier un boxeur pour coup bas.* ■ **2** FIG. Frapper de discrédit (une personne qui s'est rendue coupable d'une incorrection, d'un manquement aux devoirs de sa charge). ➤ **déshonorer, discréditer.** *« Il n'est pas facile de disqualifier une persévérance inflexible »* MALRAUX. ◆ **SE DISQUALIFIER** v. pron. *Il s'est disqualifié en tenant de pareils propos.* ■ **3** DR. Déclasser (une infraction) et la reclasser dans une autre catégorie. ➤ **déqualifier, requalifier.** ■ CONTR. Qualifier.

DISQUE [disk] n. m. – 1555 ◇ latin *discus* « palet »

I OBJET ROND ET PLAT ■ **1** ANTIQ. Palet de pierre ou de fer que les athlètes grecs s'exerçaient à lancer (➤ **discobole**). ◆ MOD. Palet de bois cerclé de métal, pesant 2 kg pour les hommes et 1 kg pour les femmes, que les athlètes lancent en pivotant sur eux-mêmes. *Lancer le disque.* — Discipline du lancer du disque. *Le disque et le marteau.* ▪ **2** (XVIIe) Surface visible (de certains astres). *Le disque du Soleil, de la Lune.* «*Le disque était tout près de disparaître, et les crépuscules sont brefs à l'excès sous les tropiques*» FARRÈRE. — ASTRON. *Disque d'accrétion**. ▪ **3** (1690 «verre de lunette») Objet de forme ronde et plate (cercle, cylindre de peu de hauteur). ➤ **galet.** *En disque,* en forme de disque. — *Disque d'embrayage,* qui réalise un accouplement par friction entre le volant du moteur et l'arbre de la boîte de vitesse d'une automobile. *Freins à disques,* à mâchoires serrant un disque collé sur l'axe de la roue. — *Disque abrasif. Disque démaquillant, à démaquiller.* ♦ (1852) ANAT. *Disque intervertébral :* cartilage élastique situé entre les surfaces articulaires de deux corps vertébraux. «*Ses douleurs du dos provenaient d'un écrasement des disques vertébraux*» J. ROUAUD. — *Disques musculaires :* parties claires, alternant avec des parties sombres, des fibrilles d'un muscle strié. ♦ (1864) CH. DE FER Signal formé d'une plaque tournante sur un support, qui indique par sa position et sa couleur apparente si la voie est libre. ♦ (1957) *Disque de stationnement :* dispositif pour indiquer les heures d'arrivée et de départ des véhicules, à utiliser dans certaines zones de stationnement à durée limitée.

II SUPPORT D'ENREGISTREMENT ▪ **1** (v. 1900) Plaque circulaire de matière thermoplastique sur laquelle sont enregistrés des sons dans la gravure d'un sillon spiralé. *Gravure d'un disque.* ➤ **enregistrement.** *Disque 78 tours. Disque 45 tours, 33 tours.* ➤ **microsillon.** *Sortir un nouveau disque* (➤ **album, EP, single**). *Pochette de disque. Face, plages* d'un disque. Collection de disques.* ➤ **discothèque.** *Maison de disques.* ➤ **label.** *Marchand de disques.* ➤ **disquaire.** *Poser un disque sur la platine*.* «*Il a débarrassé la table, bu son café, retourné le disque de Mozart qu'il époussette d'un caressant coup de coude*» D. ROLIN. *Mettre, passer un disque* (➤ **électrophone, mange-disque, tourne-disque**). *Disque noir* (opposé à *disque compact*). ➤ **vinyle.** LOC. FAM. *Changer de disque :* parler d'autre chose, cesser de répéter la même chose. «*Il change pas souvent de disque, celui-là*» QUENEAU. ▪ **2** *Disque (optique) :* disque de petite taille dont les informations (sons, images...) sont lisibles par un faisceau laser. *Disque optique compact* (ABRÉV. **DOC** [dɔk]). ♦ (1982) *Disque compact :* disque optique permettant la reproduction de sons. Recomm. offic. pour l'anglic. **COMPACT-DISC** (1979, marque déposée) et l'abrév. **CD** [sede], 1982. *Lecteur de disques compacts.* ➤ aussi **baladeur, jukebox.** — *Disque compact vidéo.* ➤ **DVD, vidéodisque.** *Disque compact interactif.* ➤ **C. D. -I.** *Disque compact à mémoire morte.* ➤ **CD-ROM.** ▪ **3** INFORM. Support de stockage d'informations constitué d'un disque ou d'un empilement de disques recouverts d'une couche magnétique. *Disque souple* (➤ **disquette**) *et disque dur. Un disque dur de 20 gigaoctets.* PAR MÉTAPH. «*Toute une vie qu'il croyait privée était en réalité en fiches. Gravée dans le disque dur de la société*» P. ASSOULINE. *Disque Blu-ray.*

III FIGURE GÉOMÉTRIQUE Ensemble de points intérieurs à un cercle comprenant ou non sa frontière (*disque fermé* ou *ouvert*). *Rayon, aire du disque.*

DISQUE-JOCKEY [disk(ə)ʒɔkɛ] n. – 1968 ◊ anglais américain *disc jockey* ▪ ANGLIC. Personne qui choisit et présente le programme musical (d'une discothèque, d'une soirée). ➤ **DJ.** *Des disques-jockeys.* — On écrit aussi *disc-jockey* (1954), *des disc-jockeys.* — Recomm. offic. *animateur.*

DISQUETTE [diskɛt] n. f. – 1974 ◊ de *disque,* d'après l'anglais américain *diskette* ▪ Disque souple utilisé pour le stockage des données. *Enregistrer un fichier sur disquette. Envoyer un texte sur disquette. Formater une disquette. Disquette 3 pouces 1/2, 5 pouces 1/4. Lecteur de disquettes.* — Ensemble des fichiers contenus sur une disquette. *Protéger une disquette.*

DISRUPTIF, IVE [disʀyptif, iv] adj. – 1856 ◊ latin *disruptum* → disruption ▪ **1** ÉLECTR. Qui éclate. *Décharge disruptive,* produisant une étincelle qui dissipe une grande partie de l'énergie accumulée. ▪ **2** Qui crée une rupture. ♦ (anglais *disruptive*) SPÉCIALT Qui s'oppose à l'image traditionnelle d'une marque ou aux habitudes de consommation. *Un produit disruptif.*

DISRUPTION [disʀypsjɔ̃] n. f. – fin XIXe ; «fracture» 1749 ◊ latin *disruptio,* de *disruptus,* supin de *disrumpere* «faire éclater, rompre» ▪ **1** ÉLECTR. Ouverture brusque d'un circuit électrique. ▪ **2** (XXe) COMM. Rupture par rapport à l'image traditionnelle d'une marque ou aux habitudes de consommation.

DISSECTEUR, EUSE ➤ **DISSÉQUEUR**

DISSECTION [disɛksjɔ̃] n. f. – 1538 ◊ latin *dissectio,* de *dissecare* «couper» ▪ **1** Action de disséquer, de séparer et d'analyser méthodiquement les parties (d'un corps organisé). *La dissection du corps humain, d'un cadavre.* ➤ **autopsie.** *Dissection pratiquée sur un animal vivant.* ➤ **vivisection.** *Instrument de dissection :* érigne, scalpel. *Amphithéâtre, table de dissection.* ▪ **2** FIG. Analyse fouillée, approfondie. *La dissection d'un problème.*

DISSEMBLABLE [disɑ̃blabl] adj. – XIIe *dessemblable* ◊ de *dis-* et *semblable* ▪ Se dit de deux ou plusieurs personnes ou choses qui ne sont pas semblables, bien qu'ayant entre elles des caractères communs. ➤ **différent, disparate, divers.** *Ils sont trop dissemblables pour s'entendre.* «*Les feuilles dans une forêt, toutes dissemblables en leur ressemblance*» FLAUBERT. ▪ CONTR. Semblable.

DISSEMBLANCE [disɑ̃blɑ̃s] n. f. – 1520 ; *dessemblance* XIIe ◊ de *dessembler,* d'après *ressemblance* ▪ Absence de ressemblance entre des êtres, des choses ; caractère de ce qui est dissemblable. ➤ **différence, disparité, diversité, hétérogénéité, opposition.** *Dissemblance de forme. Dissemblance entre deux choses, deux personnes.* «*Il ne distinguait pas la dissemblance des sentiments sous la parité des expressions*» FLAUBERT. ▪ CONTR. Ressemblance.

DISSÉMINATION [diseminasjɔ̃] n. f. – 1674 ◊ latin *disseminatio* ▪ Action de disséminer ; son résultat. ➤ **dispersion.** ♦ SPÉCIALT *La dissémination des graines,* libérées par la déhiscence ou la putréfaction du fruit où elles étaient enfermées. — MÉD. *Dissémination des germes pathogènes, d'un cancer dans l'organisme.* ➤ **généralisation ; métastase.** ♦ PAR EXT. *La dissémination des troupes sur un territoire trop vaste.* ➤ **éparpillement.** *Craindre la dissémination des armes nucléaires.* — FIG. *La dissémination des idées.* ➤ **diffusion, propagation.**

DISSÉMINER [disemine] v. tr. ‹1› – 1503, rare avant XVIIIe ◊ latin *disseminare,* de *seminare* «semer» ▪ **1** Répandre en de nombreux points assez écartés. ➤ **disperser, éparpiller, répandre, semer.** *Le vent dissémine les graines de certains végétaux.* ♦ **p. p. adj.** PATHOL. *Maladie, infection disséminée* (dans l'organisme, à partir d'un foyer initial). ▪ **2** PAR EXT. Disperser. *Disséminer les troupes dans les différents villages du pays.* **p. p. adj.** *Regrouper des informations disséminées.* PRONOM. «*Auprès de l'église, quelques maisons étaient groupées ; les autres, plus nombreuses, avaient préféré se disséminer aux environs*» LOTI. ▪ CONTR. Amasser, concentrer, grouper, réunir.

DISSENSION [disɑ̃sjɔ̃] n. f. – 1160 ◊ latin *dissensio,* de *dissentire* «être en désaccord» ▪ Division violente ou profonde de sentiments, d'intérêts, de convictions. ➤ **déchirement, discorde, dissentiment, divorce, mésintelligence, opposition.** *Dissensions intestines, domestiques, familiales, civiles. Mettre fin aux dissensions. Dissension entre plusieurs personnes. Vivre dans la dissension.* «*Nos dissensions s'évanouissent, et nous nous réveillons des images monstrueuses qui nous représentent les uns aux autres*» VALÉRY. ▪ CONTR. Concorde, harmonie.

DISSENSUS [disɛ̃sys] n. m. – XIXe ◊ mot latin «désaccord, dissentiment» ▪ Désaccord profond entre les membres d'un groupe. «*en privant l'opinion publique des bienfaits du dissensus*» RICŒUR. ▪ CONTR. Consensus.

DISSENTIMENT [disɑ̃timɑ̃] n. m. – 1580 ; *dissentement* XIVe ◊ du v. *dissentir* (vx), latin *dissentire* «être en désaccord» ▪ Différence dans la manière de juger, de voir, qui crée des heurts. ➤ **conflit, désaccord.** *Il y a dissentiment entre nous sur ce point. Nos dissentiments sur, à propos de...* ▪ CONTR. Accord, assentiment, entente.

DISSÉQUER [diseke] v. tr. ‹6› – 1581 ◊ latin *dissecare* «couper en deux» ▪ **1** Diviser méthodiquement les parties de (une plante, un corps organisé : animal, cadavre d'un être humain), en vue d'en étudier la structure. «*Un cours d'anatomie que je fus obligé d'abandonner par l'horrible puanteur des cadavres qu'on disséquait*» ROUSSEAU. ▪ **2** (1771) Analyser minutieusement et méthodiquement. ➤ **éplucher.** *Disséquer un ouvrage.* «*philosophes ou moralistes [...] jugeaient, disséquaient ou raillaient toutes choses divines et humaines*» VALÉRY.

DISSÉQUEUR, EUSE [disekœʀ, øz] n. – 1718 ◊ de *disséquer* ▪ RARE Personne qui pratique une dissection. — On dit aussi **DISSECTEUR, EUSE** [disɛktœʀ, øz].

DISSERTATION [disɛʀtasjɔ̃] n. f. – 1645 ◊ latin *dissertatio* ▪ **1** Développement, le plus souvent écrit, portant sur un point de doctrine, sur une question savante. ➤ **discours, essai,**

étude, 2 **mémoire, traité.** *« J'ai lu deux ou trois cents dissertations sur ce grand sujet* [l'âme] *; elles ne m'ont jamais rien appris »* VOLTAIRE. ▪ **2** Exercice écrit que doivent rédiger les élèves des grandes classes des lycées et ceux des facultés de lettres, sur des sujets littéraires, philosophiques, historiques. ➤ **composition.** *Sujet de dissertation.* ABRÉV. SCOL. (1931) **DISSERT** [disɛʀt]. *Corriger des disserts.*

DISSERTER [disɛʀte] **v. intr.** ‹1› – fin XVIIe ◊ latin *dissertare* ▪ **1** Faire un développement écrit ou le plus souvent oral (sur une question, un sujet). ➤ **discourir, traiter** (de). *Disserter sur la politique, de politique.* ➤ 2 **causer,** 1 **parler.** ▪ **2** Développer longuement un sujet de façon ennuyeuse. *Il dissertait à n'en plus finir sur les causes de son départ.*

DISSIDENCE [disidɑ̃s] **n. f.** – XVe, rare avant fin XVIIIe ◊ latin *dissidentia* → dissident ▪ **1** Action ou état des personnes qui se séparent d'une communauté religieuse, politique, sociale, d'une école philosophique. ➤ **division, rébellion, révolte, schisme, scission, sécession, séparation.** *Être, entrer en dissidence. Faire dissidence. Dissidence d'avec le pouvoir.* ◆ PAR EXT. Groupe de dissidents. *Rejoindre la dissidence. La dissidence armée.* ▪ **2** LITTÉR. Différence d'opinion. ➤ **dissentiment, divergence.** *Des dissidences persistent.* ▪ CONTR. Accord, concorde, 1 union. Conformisme.

DISSIDENT, ENTE [disidɑ̃, ɑ̃t] **adj.** – 1539, rare avant 1752 ◊ latin *dissidens,* de *dissedere* « être en désaccord » ▪ Qui est en dissidence, qui fait partie d'une dissidence. ➤ **hérétique, hétérodoxe, non-conformiste, opposé, rebelle, révolté, schismatique, scissionniste, séparatiste.** *Parti dissident. Élément dissident. Tribus dissidentes.* — SUBST. *Dissidents emprisonnés, torturés. « Ces dissidents persécutés deviendront persécuteurs, lorsqu'ils seront les plus forts »* DIDEROT. ▪ CONTR. Orthodoxe.

DISSIMILATION [disimilasjɔ̃] **n. f.** – 1868 ◊ de *dis-* et *(as)similation* ▪ LING. Différenciation de deux phonèmes identiques d'un mot. *Le latin « flebilis » a donné « faible » par dissimilation.* ▪ CONTR. Assimilation.

DISSIMILITUDE [disimilityd] **n. f.** – XIIIe, rare avant XVIe ◊ latin *dissimilitudo* « différence » ▪ DIDACT. Défaut de similitude, de ressemblance. ➤ **différence, dissemblance.** ▪ CONTR. Similitude.

DISSIMULATEUR, TRICE [disimylatœʀ, tʀis] **n. et adj.** – 1493 ◊ latin *dissimulator* ▪ Personne qui dissimule, sait dissimuler. **adj.** *Des courtisans dissimulateurs.*

DISSIMULATION [disimylasjɔ̃] **n. f.** – 1190 ◊ latin *dissimulatio* ▪ **1** Action de dissimuler ; comportement d'une personne qui dissimule ses pensées, ses sentiments. *Agir avec dissimulation.* ➤ **duplicité, hypocrisie, sournoiserie** (cf. En cachette, en douce). *« La profonde dissimulation d'une âme énergique, qui ne laisse percer à l'extérieur aucun des sentiments qu'elle renferme »* MÉRIMÉE. ◆ Ce que l'on dissimule. *Petite dissimulation.* ➤ **cachotterie.** ▪ **2** Action de dissimuler (de l'argent). DR. *Dissimulation d'actif :* omission volontaire, par un commerçant en faillite, d'une partie de son actif, dans le bilan qu'il dépose. — *Dissimulation de bénéfices, de revenus dans une déclaration au fisc.* ▪ CONTR. Franchise, simplicité, sincérité.

DISSIMULÉ, ÉE [disimyle] **adj.** – XIVe ◊ de *dissimuler* ▪ **1** Caché. *Sentiments mal dissimulés. « Jamais imitation ne fut mieux dissimulée ni plus savante »* BAUDELAIRE. — *Bénéfices dissimulés.* ▪ **2** Qui dissimule. ➤ **cachottier,** 1 **faux, hypocrite, renfermé,** 1 **secret, sournois.** *Un enfant dissimulé.* ▪ CONTR. Confiant, 2 franc, ouvert, sincère.

DISSIMULER [disimyle] **v. tr.** ‹1› – v. 1355 ◊ latin *dissimulare*
I v. tr. ▪ **1** Ne pas laisser paraître (ce qu'on pense, ce qu'on éprouve, ce qu'on sait ➤ **cacher, celer, taire**), ou chercher à en donner une idée fausse (➤ **déguiser, masquer**). *Dissimuler sa haine, sa jalousie, sa joie. « Il est plus difficile de dissimuler les sentiments que l'on a que de feindre ceux que l'on n'a pas »* LA ROCHEFOUCAULD. *« La parole a été donnée à l'homme pour dissimuler sa pensée »* TALLEYRAND. *Dissimuler ses véritables projets* (cf. Cacher* son jeu). *Dissimuler une nouvelle à qqn. Se dissimuler les périls d'une entreprise,* refuser de les voir. ◆ ABSOLT *Qui ne sait pas dissimuler ne sait pas régner* (maxime de Louis XI). ➤ **feindre.** *À quoi bon dissimuler ?* ◆ **DISSIMULER QUE** (et subj. ou indic.) : cacher que. *Il dissimula qu'il fût au courant, qu'il était au courant de la chose. Je ne vous dissimulerai pas que cette solution ne me plaît pas,* je vous fais savoir que. *Il ne se dissimule pas qu'il est perdu,* il en est conscient, il en accepte l'idée. — (Avec condit.) *Je ne lui ai pas dissimulé que j'aurais préféré partir.* ▪ **2** Dérober, soustraire aux regards (une chose concrète). ➤ **masquer,** 1 **voiler.** *Tenture qui dissimule une porte. Dissimuler une chose sous une autre, derrière une autre.* — PAR EXT. Rendre moins apparent, moins évident. ➤ **atténuer, camoufler.** *Dissimuler les défauts de la peau en se fardant.* ◆ *Dissimuler une partie de ses bénéfices dans sa déclaration fiscale.*

II SE DISSIMULER v. pron. ▪ **1** (1864) (RÉFL.) Cacher sa présence ou la rendre très discrète. *Se dissimuler derrière un pilier. Chercher à se dissimuler.* ➤ FAM. se **planquer** (cf. Se faire tout petit*). *« Miss Barnay se dissimule dans un éloquent silence »* GIDE. ▪ **2** (PASS.) *Objet, sentiment qui ne se dissimule pas facilement,* qui n'est pas facile à dissimuler.
▪ CONTR. Avouer, confesser. Exhiber, montrer.

DISSIPATEUR, TRICE [disipatœʀ, tʀis] **n.** – 1392 ◊ de *dissiper* ▪ Personne qui dissipe son bien ou le bien qui lui est confié. — **adj.** *Administration dissipatrice.* ➤ **dépensier, gaspilleur, prodigue.** ▪ CONTR. Économe.

DISSIPATIF, IVE [disipatif, iv] **adj.** – v. 1965 ◊ du radical de *dissiper* ▪ SC. Qui dissipe de l'énergie. *Mécanisme dissipatif. Structure dissipative :* système physique dans lequel se forme une structure ordonnée par emprunt d'énergie au milieu extérieur (par exemple, le laser à gaz).

DISSIPATION [disipasjɔ̃] **n. f.** – 1419 « dispersion » ◊ de *dissiper* ▪ **1** Fait de disparaître en se dissipant. *Dissipation des brumes matinales.* ▪ **2** Action de dissiper en dépensant avec prodigalité*. *Dissipation d'un patrimoine.* ➤ **dilapidation.** *« Inconcevable dissipation par la main gauche des trésors péniblement gagnés par la main droite »* DUHAMEL. — PAR EXT. Folle dépense. — SC. *Dissipation d'énergie :* perte de l'énergie d'un système dégradée en agitation thermique (➤ **dissipatif**). *Dissipation de l'énergie cinétique d'une voiture par freinage, avec échauffement des freins et des pneus. Dissipation thermique.* ▪ **3** Le fait de porter son attention sur d'autres choses que celle sur laquelle il faut se concentrer. ➤ **distraction, éparpillement.** — PAR EXT. Mauvaise conduite d'un élève qui s'amuse pendant les cours. ➤ **indiscipline, turbulence.** ▪ **4** LITTÉR. Débauche. *Vivre dans la dissipation.* ▪ CONTR. Économie. Application, attention, concentration. Discipline. Sagesse.

DISSIPÉ, ÉE [disipe] **adj.** – XVIe ◊ de *dissiper* ▪ **1** Qui manque d'application, est réfractaire à la discipline. *Enfant, élève dissipé.* ➤ **indocile, turbulent.** ▪ **2** LITTÉR. Frivole, déréglé. *Mener une vie dissipée.* ➤ **dissolu.** ▪ CONTR. Appliqué, attentif. Sérieux.

DISSIPER [disipe] **v. tr.** ‹1› – 1170 ◊ latin *dissipare* « disperser, détruire » ▪ **1** Anéantir en dispersant. *Le soleil dissipe les nuages, les brouillards, les ténèbres, la nuit.* ➤ **chasser.** PRONOM. *La brume se dissipe.* ➤ **disparaître.** *Parfum qui se dissipe.* ➤ **s'évaporer.** ◆ FIG. *Dissiper un malaise, un malentendu* (➤ **éclaircir**). *Dissiper les craintes, les soupçons, les doutes, les illusions de qqn.* ➤ **ôter.** PRONOM. *Ses inquiétudes se sont dissipées.* ▪ **2** Dépenser sans compter (tout ou partie d'un bien). ➤ **dépenser, gaspiller, prodiguer.** *Dissiper une fortune.* ➤ **dévorer, dilapider.** — Détruire ou aliéner. *Dissiper son patrimoine.* — FIG. et LITTÉR. *Dissiper sa santé, sa jeunesse, sa vie en débauches* (➤ **ruiner**). ▪ **3** (XVIIe) *Dissiper qqn,* le distraire de ses occupations sérieuses par des futilités ; le détourner de la règle, du devoir. ➤ **distraire.** *Il dissipe toute la classe par ses pitreries.* — VIEILLI *« Elle montrait plus de sagesse déjà que n'en ont la plupart des jeunes filles que le monde extérieur dissipe »* GIDE. — PRONOM. *« Il nous assure que vous aimez le travail, que vous ne vous dissipez point »* RACINE. *Les élèves se dissipent en fin de journée.* ▪ **4** SC. Dégager, produire (de la puissance, de la chaleur). *Un transistor qui peut dissiper cent watts.* ▪ CONTR. Accumuler, économiser. Assagir.

DISSOCIABILITÉ [disɔsjabilite] **n. f.** – 1870 ; « état de corruption des liens sociaux » 1793 ◊ de *dissociable* ▪ DIDACT. Qualité de ce qui est dissociable.

DISSOCIABLE [disɔsjabl] **adj.** – 1864 ; « séparable de la société » XVIe ◊ de *dissocier* ▪ Qui peut être dissocié. ➤ **séparable.** *Les deux problèmes ne sont pas dissociables.* ▪ CONTR. Indissociable.

DISSOCIATION [disɔsjasjɔ̃] **n. f.** – XVe ◊ de *dissocier* ▪ **1** Action de dissocier ; son résultat. *Dissociation d'une substance par l'action d'un liquide* (➤ **dissolution**), *de l'humidité* (➤ **déliquescence**). *Dissociation d'un composé chimique en ses éléments.* ➤ **analyse.** — *Dissociation moléculaire. Dissociation électrolytique :* libération d'ions indépendants, chargés positivement et négativement, à partir d'une substance globalement neutre, lors de sa dissolution dans l'eau. *La constante de dissociation d'un acide décrit sa force relative.* ▪ **2** Séparation. *Dissociation de deux problèmes. La dissociation du moi dans le rêve.* ➤ **dédoublement.** ▪ **3** (1896) PSYCHIATR.

Dissociation mentale : rupture de l'unité psychique, processus fondamental de la schizophrénie. ➤ **dépersonnalisation, désagrégation** (psychique), **dysharmonie.** — *Dissociation traumatique* : mécanisme de défense post-traumatique. ■ CONTR. Association, synthèse.

DISSOCIER [disɔsje] **v. tr.** ‹7› – 1495 ◇ latin *dissociare* ■ **1** Séparer (des éléments qui étaient associés). ➤ **désunir, séparer.** *Dissocier les molécules d'un corps, dissocier un corps.* ➤ **désagréger, désintégrer.** PRONOM. « *ces rassemblements, parfois bien disparates, se dissociaient assez vite* » LECOMTE. ➤ **se défaire.** — CHIM. Scinder (une molécule d'électrolyte) en ions, lors de sa dissolution dans l'eau. *Dissocier la molécule d'eau pour produire de l'hydrogène.* ■ **2** (ABSTRAIT) *Dissocier deux questions, deux causes juridiques* (➤ **disjoindre**). — *Questions dissociées.* ■ CONTR. Associer, rapprocher, réunir.

DISSOLU, UE [disɔly] **adj.** – 1190 ◇ latin *dissolutus,* p. p. de *dissolvere* → dissoudre ■ LITTÉR. Qui vit dans la débauche, le libertinage. ➤ **corrompu, débauché, libertin ; dissolution,** 2°. « *Parmi tous ces hommes grossiers, libertins, dissolus* » GAUTIER. PAR EXT. (plus cour.) *Vie dissolue. Mœurs dissolues.* ➤ **dépravé, déréglé, relâché.** ■ CONTR. Austère, rangé, vertueux.

DISSOLUBILITÉ [disɔlybilite] **n. f.** – 1641 ◇ de *dissoluble* ■ **1** RARE Qualité d'un corps soluble. ➤ **solubilité.** ■ **2** POLIT. Caractère de ce qui peut être dissous. *Dissolubilité d'une assemblée.* ■ CONTR. Indissolubilité.

DISSOLUBLE [disɔlybl] **adj.** – 1636 ; hapax XIIIe ◇ latin *dissolubilis* ■ **1** RARE Soluble. *Substance dissoluble.* ■ **2** POLIT. Qui peut être dissous. *Assemblée dissoluble.* ■ CONTR. Insoluble. Indissoluble.

DISSOLUTION [disɔlysjɔ̃] **n. f.** – XIIe au fig. ◇ latin *dissolutio,* de *dissolvere* → dissoudre ■ **1** (1314) Décomposition (d'un agrégat, d'un organisme) par la séparation des éléments constituants. *La dissolution des matières animales, végétales.* ◆ FIG. *La dissolution d'un empire* (➤ **anéantissement, destruction, disparition, écroulement, ruine**), *d'un système.* — DR. Cessation légale d'une situation juridique dans laquelle les participants ont des pouvoirs ou des intérêts communs. ➤ **rupture.** *Dissolution du mariage* (➤ **annulation, divorce**), *du régime matrimonial. Prononcer la dissolution d'une assemblée* (➤ **dissoudre**). ■ **2** VIEILLI Dérèglement (des mœurs). ➤ **corruption, débauche, immoralité, libertinage.** *Dissolution des mœurs.* ■ **3** Passage en solution d'une substance solide, liquide ou gazeuse. *Dissolution du sucre dans le café, des molécules d'air dans l'eau.* ◆ Liquide résultant de la dissolution. ➤ **soluté, solution.** — ABSOLT Colle au caoutchouc, obtenue par dissolution de caoutchouc dans un solvant organique, et utilisée pour la réparation des chambres à air.

DISSOLVANT, ANTE [disɔlvɑ̃, ɑ̃t] **adj.** et **n. m.** – XVIe ◇ p. prés. de *dissoudre* ■ **1** Qui dissout, forme une solution avec un corps. — **n. m.** Liquide qui dissout (un corps). ➤ **solvant.** SPÉCIALT Produit servant à ôter le vernis à ongles. *Dissolvant sans acétone.* ■ **2** VIEILLI Qui affaiblit. *Chaleur dissolvante.* — (1886) FIG. Qui détruit les principes, les croyances. « *Des doctrines dissolvantes* » MADELIN. ➤ **subversif.**

DISSONANCE [disɔnɑ̃s] **n. f.** – 1320, repris 1450 ◇ bas latin *dissonantia* ■ **1** MUS. Intervalle qui appelle une résolution, par un accord harmonique ; les notes responsables d'un tel effet. *Les intervalles de seconde, de septième et tous les intervalles augmentés ou diminués sont des dissonances. Résoudre une dissonance,* la faire suivre de l'accord consonant qu'elle appelle. — COUR. Réunion désagréable de sons. ➤ **cacophonie.** ■ **2** FIG. ➤ **inharmonie.** *Dissonances de tons dans un tableau* : couleurs qui jurent entre elles. ➤ **discordance.** *Dissonance entre les principes et la conduite.* ➤ **désaccord.** *Dissonances dans un caractère.* ➤ **contradiction, opposition.** ■ **3** PSYCHOL. *Dissonance cognitive* : tension, conflit que ressent une personne amenée à agir en contradiction avec ses croyances, ses valeurs. ■ CONTR. Consonance ; euphonie. Accord, harmonie.

DISSONANT, ANTE [disɔnɑ̃, ɑ̃t] **adj.** – 1450 ◇ de *dissoner* ■ Qui fait dissonance. *Sons dissonants.* ➤ **discordant.** — MUS. *Accord dissonant* (ex. accord de septième). ➤ **dissonance.** ◆ FIG. ➤ **discordant.** ■ CONTR. Concordant, harmonieux.

DISSONER [disɔne] **v. intr.** ‹1› – 1355, rare avant XVIIIe ◇ latin *dissonare* ■ Faire dissonance. ◆ FIG. et LITTÉR. *Couleur qui dissone avec une autre.* ➤ **jurer.** ■ CONTR. Accorder (s'), harmoniser (s').

DISSOUDRE [disudʀ] **v. tr.** ‹51› – 1190 fig. ◇ latin *dissolvere* ; d'après *absoudre* ■ **1** VX Décomposer (un agrégat, un organisme) par la séparation des parties. ➤ **détruire, dissocier ; dissolution.** « *il était persuadé qu'une comète viendrait dissoudre notre globe le 20 ou 21 de mai* » VOLTAIRE. — PRONOM. « *Dans une société qui se dissout et se recompose* » CHATEAUBRIAND. ◆ DR. Mettre légalement fin à (une association). *Dissoudre un mariage.* ➤ **annuler, rompre.** *Dissoudre un parti. Le parti a été dissous /dissout/, l'assemblée a été dissoute. Que rien ne peut dissoudre.* ➤ **indissoluble.** *Dissoudre l'Assemblée nationale* (➤ **dissolution**). — **p. p. adj.** *Assemblée dissoute.* ■ **2** (v. 1660) Désagréger (un corps solide ou gazeux) au moyen d'un liquide (➤ **dissolvant**) dans lequel se disséminent les molécules. *Substance que l'on peut dissoudre.* ➤ **soluble.** *L'eau dissout lentement les roches, les calcaires. Faire dissoudre du savon dans l'eau.* — **p. p. adj.** *Sucre dissous dans l'eau.* — PRONOM. *Savon qui se dissout dans l'eau.* ➤ **fondre.** ■ CONTR. Constituer, cristalliser, précipiter.

DISSUADER [disɥade] **v. tr.** ‹1› – 1352 ◇ latin *dissuadere,* de *suadere* « persuader » ■ *Dissuader qqn de...* : amener (qqn) à renoncer à un projet, à renoncer à faire qqch. ➤ **détourner ; décourager, dégoûter.** *Le froid l'a dissuadé de sortir. On l'en a dissuadé.* ◆ *Dissuader l'ennemi.* ➤ **intimider ; dissuasion.** ■ CONTR. Convaincre, persuader.

DISSUASIF, IVE [disɥazif, iv] **adj.** – 1521, repris 1963 ◇ de *dissuader* ■ MILIT. Propre à dissuader un ennemi d'attaquer. ◆ Relatif à toute forme de dissuasion*. ■ CONTR. Persuasif.

DISSUASION [disɥazjɔ̃] **n. f.** – XIVe ◇ latin *dissuasio* ■ Action de dissuader ; son résultat. ◆ (1962) **FORCE DE DISSUASION,** destinée non à attaquer, mais à dissuader l'adversaire d'attaquer. *Armement de dissuasion* : armement nucléaire propre à l'intimidation.

DISSYLLABIQUE [disi(l)labik] **adj.** et **n. m.** – 1529, repris XIXe ◇ de *di-* et *syllabique* ■ Qui a deux syllabes. *Mot, vers dissyllabique.* — **n. m.** *Un dissyllabique.* — On dit aussi **DISSYLLABE,** 1550.

DISSYMÉTRIE [disimetʀi] **n. f.** – *dyssymétrie* 1846 ◇ de *dis-* et *symétrie* ■ Absence ou défaut de symétrie. ➤ **asymétrie.** *Dissymétrie d'un visage.* — PHYS., CHIM. *Dissymétrie moléculaire* : absence d'un plan ou d'un centre de symétrie dans une molécule. ■ CONTR. Symétrie.

DISSYMÉTRIQUE [disimetʀik] **adj.** – *dyssymétrique* 1846 ◇ de *dissymétrie* ■ Qui présente de la dissymétrie. ➤ **asymétrique.** *Édifice dissymétrique. Un visage dissymétrique.* CHIM. *Molécule dissymétrique.*

DISTAL, ALE, AUX [distal, o] **adj.** – 1887 ◇ mot anglais (1808), du latin *distans* « éloigné » ■ DIDACT. Qui est le plus éloigné d'un point de référence dans un organisme, une structure. *Partie distale d'un membre.* ◆ Qui fonctionne à distance. *Le système olfactif est distal, le système gustatif proximal.* ■ CONTR. Proximal.

DISTANCE [distɑ̃s] **n. f.** – 1223 ◇ latin *distantia* ■ **1** Longueur qui sépare une chose d'une autre. ➤ 1 **écart, écartement, éloignement,** 1 **espace, étendue, intervalle.** *Distance entre deux lieux. Distance d'un point à un autre, de la Terre à la Lune. Évaluer, mesurer une distance. Une distance de trois kilomètres. Distance parcourue par qqn.* ➤ **chemin, trajet.** *Franchir une grande distance. À une grande distance* (➤ **loin**), *à une faible distance* (➤ **près**). *À une distance d'environ trois mètres. À quelques kilomètres de distance. Arbres plantés de distance en distance* (cf. De place en place). *À égale distance les uns des autres.* — **À DISTANCE :** en étant éloigné, de loin. ➤ 1 **télé-.** *Influence exercée à distance. Commande à distance d'un appareil.* ➤ **télécommande.** *Enseignement à distance* (opposé à *présentiel*). *Vente* à distance.* ◆ MATH. Longueur du segment de droite qui joint deux points. *Distance d'un point à une droite, à un plan* : longueur de la projection* normale du point sur la droite, le plan. *Distance entre deux droites parallèles. Distance des points extrêmes d'un arc.* ➤ **amplitude.** — *Distance angulaire*.* — PHYS. *Distance focale* d'un système optique.* ■ **2** SPÉCIALT Espace qui sépare deux personnes. *Distance des coureurs entre eux.* ➤ **avance, retard.** — Espace à parcourir (dans une course). *Il ne tiendra pas la distance. Il est meilleur sur cette distance.* — *Prendre ses distances* : s'aligner en étendant le bras horizontalement, soit devant, soit latéralement. *Tenir qqn à distance, à distance respectueuse,* l'empêcher d'approcher. ◆ FIG. *Tenir qqn à distance,* le tenir à l'écart ; repousser la familiarité en se tenant dans la réserve. *Conserver, garder, prendre ses distances* (➤ **distant**). ■ **3** (Temps) Écart entre deux moments. ➤ 1 **écart, éloignement, intervalle.** *Tableaux peints à vingt ans de distance.* LOC. *Tenir la distance* : être capable d'assumer un rôle, d'exécuter un travail, pendant toute la durée nécessaire. — *À distance,* avec du recul. *J'en juge mieux à distance.* ■ **4** FIG. Différence notable qui sépare des personnes ou des choses. ➤ **abîme.** « *Si nous pouvions mesurer la distance qui nous sépare de ceux que nous croyons le plus* *proches, nous aurions peur»* COCTEAU. *Distance entre l'intention et la réalisation, le désir et la réalité.* ■ CONTR. Contiguïté. Familiarité, intimité. Égalité, similitude.

DISTANCER [distɑ̃se] v. tr. ‹3› – 1827 au p. p. ◇ anglais *to distance ;* v. intr. «être éloigné de» 1361 ; de *distance* ■ **1** Dépasser (ce qui avance) d'une certaine distance. ➤ **décoller (de), décrocher, dépasser*, devancer, semer.** *Cheval qui distance les autres dans une course. Ralentir et se laisser distancer.* ♦ FIG. ➤ **surpasser.** *Élève qui distance ses camarades. Se laisser distancer par ses concurrents.* ■ **2** COURSES Disqualifier (un coureur, un cheval), en le considérant comme dépassé, à cause d'une irrégularité relevée contre lui. ■ **3** LITTÉR. Établir une distance entre. ➤ **éloigner, espacer.** *«Une légère brume azurée distançait les plans les plus proches»* GIDE.

DISTANCIATION [distɑ̃sjasjɔ̃] n. f. – 1959 ◇ de *distance* (cf. *distancier*), pour traduire l'allemand *Verfremdungs (Effekt)* de Brecht ■ **1** THÉÂTRE Attitude de l'acteur qui prend ses distances avec son personnage ; attitude du spectateur prenant ses distances avec l'action dramatique. *Effet de distanciation.* ■ **2** FIG. Recul pris par rapport à qqn, qqch. *«la "distanciation" demeure possible à l'égard du modèle actuel de la croissance capitaliste»* GARAUDY. — LING. Distance prise par le locuteur par rapport à sa propre énonciation. — DIDACT. Distance créée entre deux choses, deux phénomènes.

DISTANCIER [distɑ̃sje] v. tr. ‹7› – 1957 ◇ de *distance,* d'après le latin *distantia ;* cf. *distancer* ■ DIDACT. Donner du recul, de la distance à. PRONOM. *Se distancier d'un maître, d'un allié, de son propre discours.* ➤ **distanciation.** — **p. p. adj.** *«une attitude respectueuse et distanciée»* QUENEAU.

DISTANT, ANTE [distɑ̃, ɑ̃t] adj. – 1361 ◇ latin *distans,* de *distare* «être éloigné» ■ **1** Qui est à une certaine distance. ➤ **éloigné, loin.** *Ces deux villes sont distantes l'une de l'autre d'environ cent kilomètres. Évènements distants (l'un de l'autre) de trois mois.* — FIG. *«L'art est aussi distant du tumulte que de l'apathie»* GIDE. ■ **2** (PERSONNES) Qui garde ses distances, reste sur la réserve, décourage la familiarité. ➤ 1 **froid, réservé.** *Il s'est montré distant envers nous. — Un air distant, un peu distant.* ■ CONTR. Adjacent, contigu, proche, voisin. Affable, aimable, familier.

DISTENDRE [distɑ̃dʀ] v. tr. ‹41› – 1560, rare avant XVIIIe ◇ latin *distendere* ■ **1** Augmenter les dimensions de (qqch.) par la tension. ➤ **étirer,** 1 **tendre, tirer.** — PRONOM. *La peau se distend.* ■ **2** v. pron. Se relâcher, être moins tendu, serré (liens). — **p. p. adj.** *Ressorts distendus.* ♦ FIG. *«Il sentait bien se distendre les derniers liens qui retenaient son âme à ce monde»* MARTIN DU GARD.

DISTENSION [distɑ̃sjɔ̃] n. f. – 1377 ◇ latin *distensio* ■ **1** Augmentation de volume que subit un corps élastique sous l'effet d'une tension. ➤ **allongement, élargissement, gonflement.** *Distension de la peau. Distension de l'estomac.* ■ **2** Relâchement (d'un lien qui s'est allongé). *Distension d'une courroie, d'une corde.* ■ CONTR. Contraction, resserrement.

DISTHÈNE [distɛn] n. m. – 1801 ◇ de *di-* et grec *sthenos* «force» ■ MINÉR. Silicate anhydre d'alumine ($Al_2O_2SiO_2$).

DISTILLAT [distila] n. m. – 1908 ◇ de *distiller* ■ SC. Produit d'une distillation.

DISTILLATEUR, TRICE [distilatœʀ, tʀis] n. – 1580 ◇ de *distiller* ■ Personne qui fabrique et vend les produits obtenus par la distillation. SPÉCIALT Fabricant(e) d'eau-de-vie. *Distillateur de cognac. Distillateurs et bouilleurs de cru.*

DISTILLATION [distilasjɔ̃] n. f. – 1372 ◇ bas latin *distillatio* ■ Procédé de purification (d'un liquide peu volatil, d'un corps solide : bois, houille) par ébullition suivie d'une condensation de la vapeur dans un autre récipient. *Distillation dans un alambic. La distillation des hydrocarbures, de la houille. Colonne à distillation. Distillation fractionnée :* séparation des constituants d'un mélange liquide fondée sur la différence de leurs températures d'ébullition. ➤ **rectification ; azéotrope.** *Sous-produits de la distillation fractionnée du pétrole. Extraire, purifier par distillation. Distillation des moûts, des mélasses, des fruits, des grains,* qui donne de l'eau-de-vie. *Distillation de plantes aromatiques* (➤ **essence**).

DISTILLER [distile] v. ‹1› – XIIIe ◇ latin *distillare* «tomber goutte à goutte», de *stilla* «goutte»

I v. tr. ■ **1** Laisser couler goutte à goutte. ➤ **sécréter.** *«chaque plante distille par ses racines un poison pour la plante qui lui ressemble»* GIDE. FIG. *Distiller son venin.* ➤ **épancher, répandre.** *«Son enseignement distillait l'ennui le plus pur»* GIDE. ♦ FIG. *Distiller l'information,* la donner peu à peu et d'une manière incomplète. ■ **2** Soumettre (qqch.) à la distillation. ➤ **rectifier.** *Alcool obtenu en distillant de la betterave, des grains, des fruits* (➤ **eau-de-vie**). *Distiller du pétrole* (➤ **raffiner**), *du bois, de la houille. Purifier de l'eau en la distillant.* — **p. p. adj.** *Eau distillée :* eau pure stérile obtenue par condensation de la vapeur d'eau. ■ **3** LITTÉR. Élaborer (un suc). *L'abeille distille le miel.* ♦ FIG. Tirer l'essence d'une chose. ➤ **raffiner.** *«La Rochefoucauld distille sa pensée»* FAGUET.

II v. intr. SC. ■ **1** Couler goutte à goutte. *Liquide qui distille.* ■ **2** Se séparer (d'un mélange) par distillation. *Le gazole commence à distiller vers 230°.*

DISTILLERIE [distilʀi] n. f. – 1784 ◇ de *distiller* ■ **1** Industrie qui s'occupe de la distillation industrielle, et SPÉCIALT de la fabrication des eaux-de-vie (➤ **distillateur**). ■ **2** Lieu où l'on fabrique les produits de la distillation.

DISTINCT, INCTE [distɛ̃(kt), ɛ̃kt] adj. – 1308 ◇ latin *distinctus,* de *distinguere* ■ **1** Qui ne se confond pas avec qqch. d'analogue, de voisin. ➤ **autre, différent, indépendant, séparé.** *Problèmes, domaines distincts. «la politique n'est pas distincte de la morale»* FUSTEL DE COULANGES. *Idées claires et distinctes.* ■ **2** Qui se perçoit nettement. *Silhouette bien distincte.* ➤ **visible.** *Parler d'une voix distincte.* ➤ **clair,** 2 **net.** *«une suite de coups de canon distincts»* J. VERNE. ■ CONTR. Identique, même. Confus, indistinct.

DISTINCTEMENT [distɛ̃ktəmɑ̃] adv. – XIIIe ◇ de *distinct* ■ D'une manière distincte (2°). ➤ **clairement, nettement.** *Voir, entendre distinctement. Parler distinctement,* en articulant bien. ■ CONTR. Confusément.

DISTINCTIF, IVE [distɛ̃ktif, iv] adj. – 1314 ◇ de *distinct* ■ Qui permet de distinguer. ➤ **caractéristique, particulier, typique.** *Caractère distinctif d'une espèce. Attribut, signe, trait distinctif.* — (début XXe) LING. *Trait distinctif :* élément phonique minimal dont la présence ou l'absence dans la chaîne parlée entraîne, pour une langue donnée, un changement de sens. ➤ **pertinent.** *Le trait nasal est le trait distinctif qui oppose* paix [pɛ] *et* pain [pɛ̃] *en français.*

DISTINCTION [distɛ̃ksjɔ̃] n. f. – v. 1170 ◇ latin *distinctio* ■ **1** Action de distinguer, de reconnaître pour différent. ➤ **démarcation, différenciation, discrimination, séparation.** *Faire la distinction entre deux choses.* ➤ 2 **départ.** *La distinction du bien et du mal. «ces fidèles serviteurs de Dieu agenouillés là sans distinction de rang, dans l'égalité voulue par l'Église»* BALZAC. — Action de séparer, dans une assertion que l'on discute, ce que l'on admet de ce que l'on n'admet pas. ➤ **distinguo.** *Faire une distinction subtile.* ■ **2** Le fait d'être distinct, séparé. ➤ **division, séparation.** *«Les hommes naissent et demeurent libres et égaux en droits. Les distinctions sociales ne peuvent être fondées que sur l'utilité commune»* (DÉCLARATION DES DROITS DE L'HOMME). ■ **3** Ce qui établit une différence. *Créer des distinctions entre les personnes.* ➤ **différence, préférence.** ■ **4** VIEILLI Supériorité qui place qqn au-dessus du commun. *La distinction de sa naissance.* ➤ **éclat, grandeur, noblesse.** *Une personne de distinction, de la plus haute distinction,* de haute naissance, de rang élevé. ➤ **mérite, talent, valeur ; distingué.** ■ **5** (XVIIe) Marque d'estime, honneur qui récompense le mérite. ➤ **décoration, dignité, prérogative.** *Distinction honorifique. Il est promis aux plus hautes distinctions. Accorder, décerner, obtenir une distinction. «Content de son sort, il ne désirait ni fortune ni distinction»* CONDORCET. ■ **6** (répandu XIXe) Élégance, délicatesse et réserve dans la tenue et les manières. *Avoir de la distinction.* ➤ **classe, raffinement ; distingué.** *Manquer de distinction. «pour elle, la distinction était quelque chose d'absolument indépendant du rang social»* PROUST. *«Les femmes ont du tact, de la distinction, une véritable élégance, dans beaucoup de familles paysannes»* CHARDONNE. ■ CONTR. Confusion. Identité. Vulgarité.

DISTINGUABLE [distɛ̃gabl] adj. – XVIe, repris 1877 ◇ de *distinguer* ■ Que l'on peut distinguer (2° ou 4°). *Deux points à peine distinguables.* ➤ **distinct.**

DISTINGUÉ, ÉE [distɛ̃ge] adj. – 1670 ; *distingué de* «distinct de» XVIe ◇ de *distinguer* ■ **1** LITTÉR. Remarquable par son rang, son mérite. ➤ 1 **brillant, célèbre, éminent, supérieur.** *C'est l'un des peintres les plus distingués du siècle. Mon distingué confrère. Une société distinguée.* ➤ **choisi ; crème, élite.** *«l'une des familles les plus distinguées du Poitou»* SADE. ■ **2** (En formule de politesse, à la fin d'une lettre) Qui est remarquable, spécial. *Recevez l'assurance de mes sentiments distingués, l'expression de ma considération distinguée.* ■ **3** COUR. Dont la tenue, les manières sont délicates et élégantes. ➤ **distinction.** *Votre amie est très distinguée.* — (CHOSES) *Manières distinguées. Toilette, mise distinguée. Air distingué. « une grâce distinguée et fière se dégageant de toute sa petite personne »* LOTI. — FAM. *Ce papier à lettres fait distingué.* ➤ **chic,** FAM. **classe.** ■ CONTR. Inférieur, médiocre, ordinaire, vulgaire.

DISTINGUER [distɛ̃ge] v. tr. ⟨1⟩ – 1360 ◊ latin *distinguere*

I ■ **1** Permettre de reconnaître (une personne ou une chose d'une autre), en parlant d'une différence constitutive, d'un trait caractéristique. ➤ **caractériser, différencier, séparer.** *« elle* [la raison] *est la seule chose qui nous rend hommes et nous distingue des bêtes »* DESCARTES. *« Tout ce qui distingue les hommes paraît peu de chose »* VAUVENARGUES. *« Ce qui distingue la sensibilité moderne de la sensibilité classique »* CAMUS. ■ **2** Reconnaître (une personne ou une chose) pour distincte (d'une autre), selon des traits particuliers permettant de ne pas confondre. ➤ **différencier, discriminer, isoler, séparer.** *On ne peut distinguer ces jumeaux l'un de l'autre. Je suis « d'une ignorance incroyable. Je ne distingue pas le seigle du blé, ni le peuplier du tremble »* BALZAC. — *Distinguer le bien et le mal ; le vrai du faux. « dans cette sorte d'enfance de l'humanité on peut déjà distinguer trois âges »* FUSTEL DE COULANGES. — INTRANS. *Distinguer entre deux choses* : faire la différence*. ■ **3** (milieu XVIIe) Mettre (qqn) à part des autres, en le remarquant comme supérieur. *« je le distinguais, voilà tout ; et distinguer un homme, ce n'est pas encore l'aimer »* MARIVAUX. ■ **4** Percevoir d'une manière distincte, sans aucune confusion, par l'un des cinq sens. ➤ **apercevoir, discerner, reconnaître, voir.** *« on distingue peu à peu des objets dans l'obscurité, à mesure que les yeux s'y habituent »* MONTHERLANT. *Distinguer qqn au milieu d'une foule, parmi d'autres. Distinguer les sons, les odeurs, les goûts.* ◆ FIG. Percevoir. *« la grâce française où l'on distingue toujours la joie de bien jouer un rôle brillant »* STENDHAL.

II SE DISTINGUER v. pron. ■ **1** Se rendre distinct, différent (de). ➤ se **différencier,** 1 **différer,** se **particulariser,** se **séparer,** se **singulariser.** *« vérifier par quelle qualité propre, personnelle, il se distingue des autres »* BAUDELAIRE. ■ **2** S'élever au-dessus des autres, se faire connaître, remarquer, se rendre célèbre. ➤ **s'illustrer,** se **signaler.** *Se distinguer par son savoir, ses exploits. Il se distingua pendant la guerre, dans telle bataille* : il se couvrit d'honneur. *Il s'est distingué en mathématiques. Chercher à se distinguer.* — PAR EXT. (CHOSES) Être remarquable. *Son style se distingue par la sobriété.* ■ **3** Être perçu, discerné. ➤ **apparaître,** se **montrer,** se **remarquer.** *« À l'horizon se distinguait maintenant la rive africaine »* MAC ORLAN.

■ CONTR. Confondre, identifier.

DISTINGUO [distɛ̃go] n. m. – 1578 ◊ latin scolastique *distinguo* « je distingue » ■ Action d'énoncer une distinction dans une argumentation ; cette distinction plus ou moins subtile. *Subtil distinguo. Faire des distinguos.*

DISTIQUE [distik] n. m. – 1546 ; *distichon* 1510 ◊ grec *distikhon,* de *di-* « deux » et *stikhos* « rangée, ligne, vers » ■ **1** ANTIQ. Réunion d'un hexamètre et d'un pentamètre. ■ **2** Groupe de deux vers renfermant un énoncé complet.

DISTOMATOSE [distɔmatoz] n. f. – 1866 ◊ de *distome* ■ MÉD. Maladie parasitaire provoquée par des distomes (ou douves) pouvant infecter le foie, l'intestin, la bouche et le pharynx.

DISTOME [distɔm] n. m. – 1838 ◊ grec *distomos* « à double bouche » ■ ZOOL. Ver trématode parasite. ➤ 2 **douve.**

DISTORDRE [distɔʀdʀ] v. tr. ⟨41⟩ – 1575 ◊ latin *distorquere* ■ RARE Déformer par une torsion. — PRONOM. *La bouche se distord dans l'attaque d'épilepsie.* ➤ **tordre.** — *Les traits distordus par la douleur.* ➤ **tordu.**

DISTORSION [distɔʀsjɔ̃] n. f. – 1538 ◊ latin *distorsio* ■ **1** MÉD. État d'une partie du corps qui se tourne d'un seul côté par le relâchement des muscles opposés, ou par la contraction des muscles correspondants. *Distorsion de la face.* ■ **2** (1948) Défaut d'un système optique centré qui donne une image courbée d'un objet rectiligne. ➤ **aberration.** — Absence de proportionnalité entre un signal (de télécommunication, téléphone, radio) émis et le signal reçu. *Distorsion d'amplitude, de phase.* ■ **3** (v. 1960) FIG. Déséquilibre entre plusieurs facteurs, entraînant une tension. ➤ **décalage, disparité.** *Distorsion entre l'offre et la demande d'un produit.*

DISTRACTIF, IVE [distʀaktif, iv] adj. – 1949 ◊ latin *distractum,* de *distrahere* → distraire ■ DIDACT. Avec quoi l'on peut se distraire. ➤ **distrayant, récréatif.** *Activités distractives. « le côté distractif du théâtre qui raconte des histoires vécues »* ARTAUD.

DISTRACTION [distʀaksjɔ̃] n. f. – 1316 ◊ latin *distractio* ■ **1** VX Action de séparer, de distraire (I, 1°) d'un ensemble ; son résultat. ➤ **détournement, prélèvement.** — MOD. DR. *Demande en distraction,* présentée par un tiers dont le bien a été compris à tort dans une saisie. ■ **2** (XVIIe) Manque d'attention habituel ou momentané aux choses dont on devrait normalement s'occuper, l'esprit étant absorbé par un autre objet. ➤ **inapplication, inattention.** *Oublier qqch. par distraction.* ➤ **étourderie.** *« dans ma distraction, je n'avais pas vu une voiture qui s'avançait »* PROUST. ◆ **UNE DISTRACTION :** action qui procède de la distraction ; ce qui distrait. *Avoir des distractions.* ➤ **absence.** *Commettre des distractions.* ➤ **bévue, erreur, étourderie, inadvertance, oubli.** *« Les distractions des amoureux et celles des savants n'ont pas fini de faire rire »* ARAGON. ■ **3** (1653) Diversion apportée par une occupation propre à délasser l'esprit en l'amusant. ➤ **dérivatif, diversion.** *Il faut à cet enfant un peu de distraction.* ➤ **détente.** *« un amour contrarié, auquel je voulais échapper par la distraction »* NERVAL. ◆ L'occupation qui apporte la distraction. ➤ **amusement, divertissement ; loisir.** *Le jeu, la promenade sont nos distractions quotidiennes.* ➤ **passe-temps.** *C'est sa seule distraction.* ➤ 1 **plaisir.** ■ CONTR. Application, attention, concentration.

DISTRACTIVITÉ [distʀaktivite] n. f. – 1961 ◊ de *distraction* ■ PSYCHOL. Incapacité à fixer son attention.

DISTRAIRE [distʀɛʀ] v. tr. ⟨50⟩ – 1377 ◊ latin *distrahere* « tirer en sens divers » ; cf. ancien français *detraire* (1285)

I ■ **1** LITTÉR. Séparer d'un ensemble. ➤ 1 **détacher, séparer.** *Distraire d'un total.* ➤ **prélever, retrancher, soustraire.** *Distraire une somme d'argent d'un dépôt.* ➤ **détourner.** ■ **2** VX Détourner (qqn) d'un projet, d'une résolution. ➤ **dissuader.** *« Les Dieux de ce dessein puissent-ils le distraire ! »* RACINE.

II ■ **1** (1588) Détourner (qqn) de l'objet auquel il s'applique, de ce dont il est occupé. *Distraire qqn de ses travaux, de ses occupations.* ➤ **déconcentrer, déranger.** *« Le plaisir d'être distrait un instant de ma douleur »* STENDHAL. Valéry *« ne s'est jamais laissé distraire de soi par autrui »* GIDE. — *Cet élève distrait sans cesse ses camarades.* ➤ **dissiper.** ◆ PAR EXT. *Distraire l'attention,* la détourner de son objet. ■ **2** (XVIIIe) COUR. Faire passer le temps agréablement à (qqn). ➤ **amuser, désennuyer, divertir, égayer, récréer.** *Distraire des enfants.* ◆ PRONOM. *Il a besoin de se distraire.* ➤ **s'amuser,** se **détendre.** *Il faut vous distraire* (cf. FAM. Se changer* les idées). *Se distraire pour oublier.* ➤ **s'étourdir.**

■ CONTR. Ennuyer.

DISTRAIT, AITE [distʀɛ, ɛt] adj. – 1662 ; « éloigné » XVIe ◊ de *distraire* ■ **1** Absorbé par une autre occupation. *Il m'a paru distrait.* ➤ **absent** (cf. Avoir l'esprit ailleurs*). *Écouter d'une oreille distraite.* ➤ **inattentif** (cf. N'être pas à...). *Regarder d'un œil distrait.* ➤ **rêveur,** 3 **vague.** *D'un air distrait.* ■ **2** Qui est, par caractère, occupé d'autre chose que de ce qu'il fait, ou de ce qu'on lui dit (cf. Être dans la lune*). *Il est si distrait qu'il ne sait jamais où il a mis ses affaires.* ➤ **étourdi.** — SUBST. *Ménalque, type du distrait, dans « Les Caractères » de La Bruyère. Quelle distraite tu fais !* ■ CONTR. Appliqué ; attentif.

DISTRAITEMENT [distʀɛtmɑ̃] adv. – 1846 ◊ de *distrait* ■ De façon distraite. *« Il regardait mes papiers distraitement, comme pour occuper ses mains »* MALRAUX.

DISTRAYANT, ANTE [distʀɛjɑ̃, ɑ̃t] adj. – 1539 ◊ de *distraire* ■ Avec quoi l'on peut se distraire, se détendre l'esprit. ➤ **amusant, délassant, distractif, divertissant.** *Les romans policiers sont d'une lecture distrayante. Film distrayant.* ■ CONTR. Ennuyeux.

DISTRIBUABLE [distʀibɥabl] adj. – 1589 ◊ de *distribuer* ■ DIDACT. Qui peut être distribué. *Secours distribuables en nature. Bénéfice distribuable.*

DISTRIBUER [distʀibɥe] v. tr. ⟨1⟩ – *destribueir* 1248 ◊ latin *distribuere* ■ **1** Donner (une partie d'une chose ou d'un ensemble de choses semblables) à plusieurs personnes prises séparément. ➤ **donner, partager,** 1 **répartir ; distribution.** *Distribuer des uniformes aux soldats ; distribuer à chacun sa ration. « j'ai distribué aux pauvres et à ma famille tout mon bien »* FLAUBERT. *Distribuer des cartes aux joueurs. Distribuer les dividendes aux actionnaires. Distribuer les parts d'un bien aux ayants droit.* ➤ **assigner, attribuer.** — (Sans compl. en à). *Distribuer des prospectus, des tracts sur la voie publique. Appareil qui distribue une marchandise* (➤ **distributeur**). *Distribuer des postes, des titres.* ➤ **dispenser.** ◆ TECHN., TÉLÉCOMM. *Distribuer les signaux de modulation,* les répartir dans le réseau selon les besoins. ◆ COMM. Assurer la distribution commerciale. *Produit dis-*

tribué en grandes surfaces. ➤ **vendre.** — (1837) *Distribuer une pièce, un film,* en attribuer les rôles à des acteurs. ▪ **2** Donner au hasard. ➤ **dispenser, prodiguer.** *Distribuer des saluts, des poignées de main, des sourires.* « *Il nous distribuait les coups de férule* » FRANCE. ▪ **3** (Sujet chose) Répartir dans plusieurs endroits. ➤ 1**amener, conduire, dispatcher.** *Conduites qui distribuent l'eau dans une ville. Un escalier* « *distribuait en tous sens des galeries tortueuses* » DUHAMEL. PRONOM. *Le sang se distribue dans l'organisme.* ▪ **4** Répartir (plusieurs choses) d'une manière particulière, selon un certain ordre. ➤ **arranger, organiser.** *Distribuer logiquement les points d'un exposé.* ➤ **ordonner ; coordonner.** *Composition picturale dans laquelle les masses sont bien distribuées.* ◆ *Distribuer des êtres vivants, des objets en espèces, en classes.* ➤ **classer, diviser,** 1**ranger.** ▪ **5** Diviser d'une certaine manière, dans le temps ou dans l'espace. *Distribuer au mieux son emploi du temps.* — **p. p. adj.** *Appartement bien, mal distribué,* agencé. ▪ CONTR. Accaparer, rassembler, récolter, recueillir ; centraliser, grouper, réunir.

DISTRIBUTAIRE [distʀibytɛʀ] **adj.** et **n.** – v. 1850 ◇ de *distribuer,* d'après *donataire* ▪ DR. Personne qui a reçu qqch. en distribution.

DISTRIBUTEUR, TRICE [distʀibytœʀ, tʀis] **n.** – 1361 ◇ bas latin *distributor* ▪ **1** Personne qui distribue. *Distributeur de films :* personne chargée de la distribution des films aux cinémas. ◆ Commerçant(e) chargé(e) de la distribution d'un produit. ➤ **concessionnaire, détaillant, diffuseur, grossiste.** *Distributeur agréé, exclusif* (d'un produit). — Professionnel(le) de la grande distribution*. *Marques de distributeurs.* ▪ **2 n. m.** Appareil servant à distribuer. *Distributeur de papier hygiénique, de savon liquide.* — AUTOM. *Distributeur (d'allumage) :* mécanisme qui répartit les étincelles fournies par l'allumage entre les cylindres d'un moteur thermique. — *Distributeur de vapeur dans une machine :* régulateur de l'admission de la vapeur dans les cylindres. — *Distributeur d'engrais* (machine agricole). ◆ Appareil qui distribue qqch. au public. *Distributeur d'essence.* ➤ 2**pompe.** — *Distributeur automatique :* appareil public qui distribue des objets en échange d'un paiement. ➤ **automate.** *Distributeur automatique de boissons* (cf. Machine* à café), *de titres de transport. Distributeur de billets de banque.* ➤ 2 **DAB ; billetterie,** FAM. **tirette.**

DISTRIBUTIF, IVE [distʀibytif, iv] **adj.** – 1361 ◇ bas latin *distributivus* ▪ **1** Qui distribue des choses. *La poésie, pour Hugo,* « *distributive de châtiments et montrant aux peuples la voie de la Sagesse* » HENRIOT. ◆ *Justice distributive :* celle qui donne à chacun la part qui lui revient (opposé à *justice commutative*). ▪ **2** (1694) LOG., GRAMM. Qui, dans une répartition d'objets, désigne individuellement (opposé à *collectif*). « *Chaque* » *est un adjectif distributif,* ou SUBST. *un distributif.* ▪ **3** MATH. Se dit d'une opération qui doit être effectuée indifféremment sur le résultat d'une autre opération ou sur chacun des membres de même niveau de celle-ci. *La multiplication est distributive par rapport à l'addition* [$a \times (b + c) = (a \times b) + (a \times c)$], *mais l'addition ne l'est pas par rapport à la multiplication.*

DISTRIBUTION [distʀibysjɔ̃] **n. f.** – milieu XIVe ◇ du latin *distributio,* famille de *distribuere* → distribuer

I ACTION DE DISTRIBUER À DES PERSONNES ; SON RÉSULTAT ➤ **partage, répartition.** *Distribution de vivres, de médicaments. Distribution de prospectus, d'objets publicitaires.* ➤ **diffusion.** *Distribution gratuite de journaux, de brochures.* ➤ **service.** — *Distribution du travail, des tâches aux membres d'une équipe.* ◆ *La distribution du courrier par le facteur.* ABSOLT *Il n'y a pas de distribution le dimanche. Centre de distribution.* ➤ **cedex.** ◆ *Distribution des cartes aux joueurs.* ➤ **donne.** — Manière dont les cartes sont réparties entre les joueurs ; main* d'un joueur. *Avoir une bonne distribution.* ◆ *Distribution des rôles d'une pièce de théâtre, d'un film aux acteurs,* et PAR EXT. *La distribution d'une pièce, d'un film :* l'ensemble des acteurs qui l'interprètent. ➤ **casting** (ANGLIC.). *Une brillante distribution.* « *une distribution encore mal rodée qui répète : irritabilité d'écorché, imprécations, portes claquées* » GRACQ. — *Distribution des films :* répartition des films dans les salles de cinéma (➤ **distributeur**). ◆ **DISTRIBUTION DES PRIX :** remise de prix aux meilleurs concurrents. SPÉCIALT Cérémonie scolaire précédant les grandes vacances, au cours de laquelle on remet des prix, des récompenses aux meilleurs élèves. ◆ ÉCON. *Distribution des richesses :* ensemble des conditions suivant lesquelles a lieu la répartition* des richesses entre les membres de la société. ◆ COMM. Ensemble d'opérations et de circuits permettant de mettre un bien déjà produit à la disposition de l'acheteur. *Canal*, circuit, réseau de distribution. Société de distribution. La grande distribution :* la vente en grandes surfaces.

II RÉPARTITION DE CHOSES D'UNE MANIÈRE PARTICULIÈRE ▪ **1** Répartition à des endroits différents. ➤ **dispatching** (ANGLIC.). *Distribution des eaux :* ensemble des moyens permettant d'approvisionner une ville en eau potable. *Distribution de l'électricité. Lignes de distribution.* ◆ *Distribution de la vapeur* (d'une machine, d'une chaudière). — AUTOM. Mécanisme assurant la synchronisation entre les mouvements des pistons et la position des soupapes dans un moteur thermique. ▪ **2** (1547) Arrangement (de choses) selon un certain ordre. *La distribution des chapitres dans un livre.* ➤ **ordonnance, ordre.** *La distribution d'un tableau.* ➤ **arrangement, disposition.** ◆ (1749, Buffon) *Distribution de choses par classes, par groupes.* ➤ **classement, classification.** *Distribution statistique*.* ◆ (1560, Paré) ANAT. Répartition des branches d'un vaisseau ou d'un nerf dans les organes ou régions qu'ils desservent. ▪ **3** Division selon une certaine destination. *Distribution d'un logement,* sa division en pièces affectées à un usage particulier. ➤ **agencement.** ▪ **4** ANGLIC. LING. *Distribution d'un élément :* ensemble des environnements dans lesquels il peut apparaître. *La comparaison des distributions permet d'établir les classes distributionnelles*.* ▪ CONTR. Ramassage, rassemblement.

DISTRIBUTIONNALISME [distʀibysjɔnalism] **n. m.** – v. 1960 ◇ anglais *distributionalism* (1933) ▪ LING. Linguistique qui procède par analyse distributionnelle*. — **adj.** et **n. DISTRIBUTIONNALISTE,** v. 1960.

DISTRIBUTIONNEL, ELLE [distʀibysjɔnɛl] **adj.** – v. 1960 ◇ anglais *distributional* ▪ LING. *Analyse, linguistique distributionnelle* qui, à partir de la segmentation des énoncés d'un corpus* (2°) en constituants* immédiats, redécomposés en constituants de rang inférieur jusqu'au niveau des unités minimales, étudie la distribution* (5°) et les conditions de cooccurrence* des unités relevées aux divers niveaux d'analyse. ➤ **distributionnalisme.** — *Classe distributionnelle,* regroupant les éléments qui présentent les mêmes environnements.

DISTRIBUTIVEMENT [distʀibytivmɑ̃] **adv.** – 1551 ◇ de *distributif* ▪ LOG., MATH. Dans un sens distributif (2°, 3°).

DISTRIBUTIVITÉ [distʀibytivite] **n. f.** – milieu XXe ◇ de *distributif* ▪ LOG., MATH. Caractère d'une opération, d'une loi qui est distributive* par rapport à une autre.

DISTRICT [distʀikt] **n. m.** – 1421 ◇ bas latin *districtus* « territoire », de *distringere* ▪ **1** HIST. Circonscription territoriale d'une juridiction. *Un juge ne peut juger hors de son district.* ▪ **2** (1789) HIST. Subdivision de département établie par la loi du 22 décembre 1789 ; arrondissement. *Chef-lieu de district.* ▪ **3** PAR EXT. Division territoriale, région. ▪ **4** (1959) ADMIN. *District urbain :* groupement administratif de communes formant une même agglomération ; groupement administratif des communes voisines. ▪ **5** (Suisse [distʀi]) Subdivision d'un canton, regroupant plusieurs communes.

DISTYLE [distil] **adj.** – 1839 ◇ de *di-* et du grec *stulos* « colonne » ▪ ARCHIT. À deux colonnes. *Porte distyle.*

DISULFURE [disylfyʀ] **n. m.** – 1825 ◇ de *di-* et *sulfure* ▪ CHIM. Molécule, partie de molécule ou ion contenant deux atomes de soufre directement liés l'un à l'autre. *La pyrite est un disulfure de fer. Pont disulfure des protéines.* — Ion de formule $S_2^{\ 2-}$; sel contenant cet ion.

DIT, DITE [di, dit] **adj.** et **n. m.** – de 1*dire*

I adj. ▪ **1** Surnommé. *Louis XV, dit le Bien-Aimé.* — *Lieu dit.* ➤ **lieudit.** ▪ **2** DR. (joint à l'art. défini) *Ledit, ladite, lesdits, lesdites :* ce dont on vient de parler. *Ledit acheteur. Ladite maison. Lesdits plaignants.* « *la pension dudit Lecomte serait réversible* » HUGO. *Duplicata desdits testaments.* ▪ **3** Fixé. ➤ **convenu, décidé.** *À l'heure dite. Au jour dit.*

II n. m. (v. 1160 « parole ») Au Moyen Âge, Genre littéraire, petite pièce traitant d'un sujet familier ou d'actualité. « *Le dit de l'Herberie* », *de Rutebeuf.*

DITHYRAMBE [ditiʀɑ̃b] **n. m.** – 1552 ◇ latin *dithyrambus,* grec *dithurambos* ▪ **1** ANTIQ. GR. Poème lyrique à la louange de Dionysos. ▪ **2** LITTÉR. Éloge enthousiaste, parfois jusqu'à l'emphase. ➤ **panégyrique.** *Son discours fut un vrai dithyrambe.* ▪ CONTR. Réquisitoire.

DITHYRAMBIQUE [ditiʀɑ̃bik] **adj.** – 1553 ◇ latin *dithyrambicus,* du grec *dithurambikos* ▪ **1** ANTIQ. GR. Qui appartient au dithyrambe. *Poème dithyrambique.* ▪ **2** COUR. Qui loue, qui exalte avec emphase. *Louanges, paroles dithyrambiques. Article dithyrambique.* ➤ **élogieux.**

DITO [dito] **adv.** – 1723 ◇ toscan *ditto*, italien *detto*, p. p. de *dire* ▪ COMM. Déjà dit, de même (pour éviter la répétition d'un mot). ➤ **idem, susdit.** ABRÉV. *d°.*

DIURÈSE [djyʀɛz] **n. f.** – 1750 ◇ latin des médecins *diuresis*, grec *diourêsis* ▪ MÉD. Excrétion de l'urine. *Troubles de la diurèse.*

DIURÉTIQUE [djyʀetik] **adj.** et **n. m.** – XIIIe ◇ latin des médecins *diureticus*, grec *diourêtikos* ▪ Qui augmente la sécrétion urinaire. *La tisane de queues de cerise est diurétique.* — **n. m.** Médicament diurétique. *Prendre des diurétiques.*

DIURNAL, AUX [djyʀnal, o] **n. m.** – 1602 ◇ du latin ecclésiastique *diurnale*, de *diurnus* → diurne ▪ RELIG. Livre de prières qui renferme spécialement l'office du jour.

DIURNE [djyʀn] **adj.** – 1425, rare avant XVIIIe ◇ latin *diurnus*, de *dies* «jour» ▪ **1** DIDACT. Qui dure un jour ou vingt-quatre heures. ASTRON. *Le mouvement diurne* : mouvement apparent circulaire et uniforme des étoiles dans le ciel en vingt-quatre heures. ▪ **2** Qui a lieu, se produit le jour. *Température diurne.* ◆ Qui se montre le jour. *Rapaces* diurnes. Papillons diurnes,* et SUBST. *les diurnes* : papillons qui ne volent qu'au grand jour. — BOT. Qui s'épanouit le jour et se ferme la nuit. *La belle-de-jour est une fleur diurne.* ▪ CONTR. Nocturne.

DIVA [diva] **n. f.** – 1831 ◇ mot italien «déesse» ▪ Cantatrice en renom. *Des caprices de diva.* — PAR EXT. Chanteuse célèbre. *Les divas du rock.* — Célébrité (homme ou femme). *Les divas du foot.* ◆ PÉJ. Personne très exigeante, capricieuse. *Cesse de faire ta diva !*

DIVAGATEUR, TRICE [divagatœʀ, tʀis] **adj.** – 1842 ◇ de *divaguer* ▪ RARE Qui divague (2°).

DIVAGATION [divagasjɔ̃] **n. f.** – 1577 ◇ de *divaguer* ▪ **1** VX Action de divaguer, d'errer. MOD. *Divagation d'une rivière.* ➤ **défluviation.** DR. *Divagation des animaux domestiques, du bétail* : le fait que le propriétaire ou la personne qui en est responsable les laisse errer sur la voie publique ou sur les biens d'autrui. ▪ **2** COUR. Action de l'esprit qui erre en dehors d'un sujet précis. ➤ **digression, élucubration, rêverie.** *Divagation d'un rêveur. Il «se perdait en des divagations, des flâneries sans fin»* R. ROLLAND. ◆ Propos incohérents. *Les divagations d'un malade.* ➤ **délire.**

DIVAGUER [divage] **v. intr.** ⟨1⟩ – 1534 ◇ bas latin *divagari* ▪ **1** VX Errer. *«Je n'étais qu'une âme errante qui divaguait çà et là dans la campagne»* LAMARTINE. — MOD. DIDACT. *Rivière qui divague,* qui sort de son lit pour couler ailleurs. — DR. *Laisser divaguer des bestiaux hors de leur pâturage.* ➤ **divagation.** ▪ **2** (Sujet personne) COUR. Dire n'importe quoi, ne pas raisonner correctement. ➤ **déraisonner*, extravaguer.** *«Il divaguait maintenant, causait tout haut de choses qui n'avaient guère de suite»* ZOLA. *Tu divagues !* ➤ FAM. **débloquer, délirer, yoyoter.**

DIVALENT, ENTE ➤ **BIVALENT**

DIVAN [divɑ̃] **n. m.** – 1519 au sens de «jour d'audience» ◇ du turc *divān*, emprunté au persan *diwān* «recueil de feuilles écrites», auquel se rattache aussi *douane*, de *dibīr* «écrivain»

I ▪ **1** HIST. Salle garnie de coussins où se réunissait le conseil du sultan. — Le conseil lui-même. *«Le sultan, indigné, fit assembler un divan extraordinaire, et y parla lui-même»* VOLTAIRE. ◆ L'Empire ottoman, son gouvernement. ▪ **2** Recueil de poésies orientales. *Le «Divan», du poète persan Hāfiz.*

II (1742 ; «estrade à coussins» 1653 ◇ de l'arabe égyptien) Long siège sans dossier ni bras qui peut servir de lit (le canapé* a un dossier). ➤ **sofa.** *Le divan du psychanalyste. «Puisqu'en fin de compte, quand on voit quelqu'un sur le divan, de quoi est-ce qu'il vous parle ?...»* LACAN. *Divan surmonté d'une étagère.* ➤ 2 **cosy.**

DIVE [div] **adj. f.** – 1564 ; masc. 1357 ◇ latin *diva*, fém. de *divus* ▪ VX OU PLAISANT Divine. — ALLUS. LITTÉR. *La dive bouteille* : le vin. *«on eût dit un prêtre de Bacchus officiant et célébrant les mystères de la dive bouteille»* GAUTIER.

DIVERGENCE [divɛʀʒɑ̃s] **n. f.** – 1626 ◇ latin scientifique *divergentia* ▪ **1** Situation de ce qui diverge, de ce qui va en s'écartant. ➤ **dispersion, écartement.** *Divergence d'une lentille, d'un système optique.* ➤ **vergence.** ◆ MÉTROL. Mesure de la puissance d'un système optique à vergence négative. ▪ **2** FIG. *Divergence d'idées, d'opinions, de vues.* ➤ **désaccord*, différence,** 1 **écart.** *Il y a trop de divergences entre nous. «Le frère et la sœur ne portaient pas le même jugement sur le caractère de l'enfant [...] cette divergence créait entre eux un point de désaccord»* MARTIN DU GARD. ▪ **3** MATH. Propriété d'une série, d'une suite divergente. ▪ **4** PHYS. NUCL. Établissement, dans un réacteur nucléaire, d'une réaction en chaîne divergente*. ▪ CONTR. Convergence. Accord, concordance.

DIVERGENT, ENTE [divɛʀʒɑ̃, ɑ̃t] **adj.** – 1626 ◇ latin scientifique *divergens*, de *divergere* ▪ **1** Qui diverge, qui va en s'écartant. *Rayons divergents. Lignes, droites divergentes. — Strabisme divergent.* — OPT. *Lentille divergente,* qui fait diverger un faisceau lumineux parallèle. ➤ **biconcave.** *Un miroir convexe est divergent.* ◆ MATH. *Série, suite divergente,* qui n'admet pas une limite finie. ◆ MÉTAPH. Qui s'éloigne. *«un souvenir ne se prolonge que dans une direction divergente de l'impression avec laquelle il a coïncidé»* PROUST. ▪ **2** (1792) Qui ne s'accorde pas. ➤ **différent, éloigné, opposé.** *Idées, opinions, principes divergents. Des témoignages divergents,* contradictoires. ▪ **3** PHYS. NUCL. *Réaction en chaîne divergente* : suite de réactions chimiques qui s'entretient d'elle-même car un des produits participe à la réaction initiale. ▪ CONTR. Convergent. Concordant.

DIVERGER [divɛʀʒe] **v. intr.** ⟨3⟩ – 1720 ◇ latin *divergere* «incliner» ▪ **1** Aller en s'écartant de plus en plus (en parlant d'éléments rapprochés à leur point de départ). ➤ **s'écarter.** *Les rayons du soleil «brisés par les troncs des arbres, divergeaient dans les ombres de la forêt, en longues gerbes lumineuses»* BERNARDIN DE SAINT-PIERRE ◆ MÉTAPH. S'écarter de plus en plus (d'une origine commune, d'un type commun). *Par la suite, nos chemins ont divergé, je l'ai perdu de vue.* ▪ **2** (1798) Être en désaccord. ➤ **se contredire,** 1 **différer, s'opposer.** *Leurs interprétations divergent sur ce point.* ▪ **3** (milieu XXe) PHYS. NUCL. Entrer en divergence. ▪ CONTR. Converger.

DIVERS, ERSE [divɛʀ, ɛʀs] **adj.** – 1119 ◇ latin *diversus* «opposé», et par ext. «varié» ▪ **1** Qui présente plusieurs aspects, plusieurs caractères différents, simultanément ou successivement. ➤ **changeant, composite, disparate, hétérogène, multiple, varié.** *Une population, une clientèle très diverse. «Certes, c'est un sujet merveilleusement vain, divers et ondoyant que l'homme»* MONTAIGNE. *«Sa terre* [de la France] *qui est diverse comme le peuple qui l'habite»* VALÉRY. ▪ **2** COUR. AU PLUR. Qui présentent des différences intrinsèques et qualitatives, en parlant de choses que l'on compare. ➤ **différent, dissemblable, distinct, varié.** *Les divers sens d'un mot. Objets de diverses couleurs. Parler sur les sujets les plus divers* (cf. À bâtons* rompus). *«Une ample comédie à cent actes divers»* LA FONTAINE. *Il y eut des mouvements divers dans la salle,* des réactions différentes et vives (souvent opposées). *Ils ont tous été malades à des degrés divers. Apportez-moi «trois ou quatre bouteilles de votre eau, puisées à des heures diverses du jour et de la nuit»* ROMAINS. *Choses diverses et mal assorties.* ➤ **disparate, hétéroclite.** ◆ *Frais divers, dépenses diverses,* qui ne sont pas classés dans une rubrique précise. SUBSTANT. *Nourriture et logement : 800 euros, divers 300 euros. — Les candidats divers droite,* représentant plusieurs partis de même orientation politique. ▪ **3** (1838) **LES FAITS DIVERS :** les évènements du jour (ayant trait aux accidents, délits, crimes) sans lien entre eux, faisant l'objet d'une rubrique dans les médias. *«tous ces horribles faits divers : enfants martyrs, enfants noyés par leur propre mère»* BEAUVOIR. PAR MÉTON. Cette rubrique (cf. Les chiens écrasés*). — AU SING. *Un fait divers tragique, marquant.* ▪ **4 adj. indéf.** AU PLUR. (devant un nom) ➤ **différent** (2°), **maint, multiple, plusieurs.** *Diverses personnes me l'ont dit. En diverses occasions. À diverses reprises. Dans divers pays. Pour diverses raisons.* ▪ CONTR. Homogène, uniforme. Identique, même, semblable. Unique.

DIVERSEMENT [divɛʀsəmɑ̃] **adv.** – 1119 ◇ de *divers* ▪ D'une manière diverse, de plusieurs manières différentes. ➤ **différemment.** *Le fait est diversement interprété par les commentateurs. «Les mots diversement rangés font un divers sens, et les sens diversement rangés font différents effets»* PASCAL. *Son dernier film a été diversement apprécié.* ➤ **inégalement.**

DIVERSIFICATION [divɛʀsifikasjɔ̃] **n. f.** – fin XIIIe ◇ de *diversifier* ▪ Action de diversifier, de se diversifier ; son résultat. *La diversification du savoir. Diversification alimentaire.* — (v. 1966) COMM. Le fait, pour une entreprise, de varier ou d'élargir la gamme de ses produits ou de ses clients (➤ aussi **différenciation**), pour se développer ou se protéger des aléas de son activité principale. *Diversification de l'offre.* — DIDACT. Le fait d'assurer des possibilités de choix dans l'enseignement (cours, matières à option), la recherche, la vie professionnelle. ▪ CONTR. Unification, uniformisation.

DIVERSIFIER [divɛʀsifje] **v. tr.** ‹7› – XIIIe ◊ latin médiéval *diversificare* ▪ Rendre divers. ➤ **varier.** *Diversifier ses lectures, ses centres d'intérêt. Diversifier ses placements* (cf. Ne pas mettre tous ses œufs* dans le même panier). COMM. *Cette entreprise a diversifié ses activités.* — PRONOM. *«à mesure que l'évolution s'avance, les composés organiques se diversifient»* C. BERNARD. — **p. p. adj.** *Des goûts très diversifiés.* ➤ **éclectique.** ▪ CONTR. Assimiler, unifier.

DIVERSIFORME [divɛʀsifɔʀm] **adj.** – 1834 ◊ latin *diversus* «divers» et *-forme* ▪ DIDACT. Dont la forme est variable. ➤ **hétéromorphe, multiforme, polymorphe, protéiforme.**

DIVERSION [divɛʀsjɔ̃] **n. f.** – 1314 ◊ bas latin *diversio,* de *divertere* «détourner» ▪ **1** Opération militaire destinée à détourner l'ennemi d'un point. *Opérer une diversion avant d'attaquer. Manœuvre de diversion.* ▪ **2** FIG. LITTÉR. Action qui détourne qqn de ce qui le préoccupe, le chagrine, l'ennuie. ➤ **dérivatif, distraction, divertissement.** *«Je souhaite une diversion qui m'arrache à moi-même»* GIDE. — *Faire diversion à* (qqch.) : détourner, distraire, divertir de. *«Nul répit, nulle relâche. Rien qui fasse diversion à ce labeur affolant»* R. ROLLAND. ABSOLT *Son arrivée a fait diversion.*

DIVERSITÉ [divɛʀsite] **n. f.** – 1160 ◊ latin *diversitas* ▪ Caractère, état de ce qui est divers (1° ou 2°). ➤ **multiplicité, pluralité, variété.** *La diversité des goûts, des opinions.* — *«j'étais grisé par la diversité de la vie, qui commençait à m'apparaître, et par ma propre diversité»* GIDE. ➤ **hétérogénéité, richesse.** — *Diversité des espèces.* ➤ **biodiversité.** — *Diversité (culturelle)* : existence de différentes cultures au sein d'une société. ➤ **multiculturalisme.** — ABSOLT *Commissaire à la diversité et à l'égalité des chances. Entreprise qui respecte la diversité,* qui recrute sans discrimination. *Ils étaient «la preuve que le succès était possible quand on était issu de la diversité»* K. TUIL. ▪ CONTR. Concordance, ressemblance ; monotonie, uniformité.

DIVERTICULE [divɛʀtikyl] **n. m.** – XVIe ◊ latin *diverticulum* «endroit écarté» ▪ **1** (1824) MÉD. Cavité normale ou pathologique, en forme de poche, communiquant avec un organe creux ou un conduit. *Diverticule du côlon, de l'œsophage.* ▪ **2** Recoin. *«une salle de restaurant qui se prolonge au fond par un diverticule»* ARAGON.

DIVERTICULOSE [divɛʀtikyloz] **n. f.** – 1939 ◊ de *diverticule* et 2 *-ose* ▪ MÉD. Affection du tube digestif caractérisée par la présence de nombreux diverticules. *Diverticulose colique.*

DIVERTIMENTO [divɛʀtimɛnto ; -mɛ̃to] **n. m.** – 1951 ◊ mot italien ▪ MUS. Divertissement. *Des divertimentos* ou *des divertimenti* (plur. it.).

DIVERTIR [divɛʀtiʀ] **v. tr.** ‹2› – fin XIVe ◊ latin *divertere* «détourner» ▪ **1** VX Détourner, éloigner. *«elle qui l'a diverti de sa famille, qui nous l'a enlevé»* BALZAC. ♦ MOD. (DR.) Soustraire à son profit. ➤ **détourner** (III), **distraire, soustraire.** *Divertir de l'argent remis en dépôt, une partie d'une succession.* ▪ **2** (XVIIe) VIEILLI Détourner de ce qui occupe. ➤ **distraire.** *Divertir qqn de sa tâche.* — ABSOLT, LITTÉR. Détourner d'une préoccupation dominante, essentielle, ou jugée telle. *Le monde «nous détourne de nous-mêmes, nous divertit»* MAURIAC. ▪ **3** MOD. Distraire en amusant. ➤ **amuser, égayer, récréer.** *Le spectacle nous a bien divertis. «Je crois que l'art dramatique n'est estimable qu'autant qu'il a pour but d'instruire en divertissant»* DESTOUCHES. *Son étourderie m'a diverti quelque temps.* ♦ **SE DIVERTIR v. pron.** Se distraire, se récréer. *Vous avez l'air de bien vous divertir.* ➤ **s'amuser,** 1 **rire.** *Il «riait de tout et se divertissait lui-même de sa verve»* MARTIN DU GARD. — *Se divertir à* (et l'inf.). *«il se divertissait à l'ahurir d'injures»* COURTELINE. — *Se divertir de* (et subst.) : rire aux dépens de. ➤ **se moquer.** *Se divertir de l'embarras de qqn. «je me suis divertie de tout ce qu'il m'a dit. – [...] à la fin, il pourrait bien se divertir de vous»* MARIVAUX. ▪ CONTR. Ennuyer, importuner.

DIVERTISSANT, ANTE [divɛʀtisɑ̃, ɑ̃t] **adj.** – 1637 ◊ de *divertir* ▪ Qui divertit ; qui distrait en amusant. ➤ **distrayant ; amusant, plaisant, récréatif.** *Un spectacle divertissant.* ▪ CONTR. Ennuyeux, fastidieux, triste.

DIVERTISSEMENT [divɛʀtismɑ̃] **n. m.** – 1494 ◊ de *divertir* ▪ **1** VX Action de détourner, d'écarter. MOD. DR. Détournement par un copartageant (cohéritier ou conjoint) d'une partie de la succession ou de la communauté. ▪ **2** (1580) FIG. et VIEILLI Action de détourner de ce qui occupe. ➤ **distraction.** ABSOLT, PHILOS. Occupation qui détourne l'être humain de penser aux problèmes essentiels qui devraient le préoccuper. *«le divertissement nous amuse et nous fait arriver insensiblement à la mort»* PASCAL. ▪ **3** (1652) MOD. Action de divertir, de se divertir. ➤ **agrément, amusement, délassement, distraction,** 1 **plaisir, récréation.** *Il se livre à ce travail pour son divertissement personnel. Le public «veut avant tout son divertissement et son plaisir»* SAINTE-BEUVE. ♦ Moyen de se divertir. ➤ **distraction, jeu, passe-temps,** 1 **plaisir ; loisir.** *La musique, le sport sont ses divertissements favoris. Le cinéma est un divertissement populaire.* ♦ *Le divertissement :* l'industrie du divertissement. ▪ **4** MUS. Intermède de chants, de danses qui s'insère dans un opéra, une pièce de théâtre. ♦ Au XVIIIe s., Suite de petites pièces instrumentales pour cordes, vents. ➤ **divertimento.** *Divertissements de Haydn, de Mozart.* ♦ Au XXe s., Composition de forme libre pour petite formation. *Divertissements de Bartók, de Roussel.* ▪ CONTR. Ouvrage, recueillement, 1 travail. Ennui.

DIVETTE [divɛt] **n. f.** – 1890 ◊ diminutif de *diva* ▪ VIEILLI Chanteuse d'opérette, de café-concert. *«la scène sur laquelle une divette venait débiter des fadeurs»* GIDE.

DIVIDENDE [dividɑ̃d] **n. m.** – v. 1550 ◊ latin *dividendus* «qui doit être divisé», de *dividere* ▪ **1** MATH. Nombre qui est divisé par un autre dans la division arithmétique. *Le quotient est le rapport du dividende au diviseur.* ▪ **2** (1719 ; *dividend* 1716) FIN. Quote-part des bénéfices réalisés par une entreprise, attribuée à chaque associé (SPÉCIALT dans une société par actions). *Toucher, recevoir un dividende, son dividende. Distribuer des dividendes aux actionnaires.* — DR. COMM. Quote-part des sommes provenant de la réalisation des biens d'un failli, attribuée à chacun des créanciers. — FIG. *Toucher les dividendes de la croissance.*

DIVIN, INE [divɛ̃, in] **adj.** – XIVe ; *devin* 1119 ◊ latin *divinus* ▪ **1** Qui appartient à Dieu, aux dieux ; qui vient de Dieu. *Caractère divin ; essence, nature divine.* ➤ **divinité.** *Justice, volonté divine. La divine Providence ; la loi divine. Droit* divin. «L'homme, accoutumé à croire divin tout ce qui était puissant»* BOSSUET. — INTERJ. *Bonté divine !* — (CHRISTIANISME) *Les personnes divines :* les trois personnes de la Trinité. *Le divin enfant* [lədivinɑ̃fɑ̃] : l'enfant Jésus. *Le divin Messie, le divin Sauveur :* le Christ. ♦ SUBST. *Le divin :* ce qui vient d'une puissance surnaturelle, de Dieu. ➤ **surnaturel.** *«Quand je vis l'Acropole, j'eus la révélation du divin»* RENAN. ▪ **2** Qui est dû à Dieu, à un dieu. *Le culte, le service divin. L'office divin. L'amour divin* (opposé à *l'amour profane*). ▪ **3** Mis au rang des dieux antiques ; divinisé. *Le divin Achille. Le divin Auguste.* ▪ **4** Excellent, parfait. ➤ **céleste, parfait, sublime, suprême.** *Une poésie, une musique divine. La divine proportion* (cf. Nombre* d'or). — *Le divin marquis :* Sade. ♦ VIEILLI Adorable, charmant. *Divine beauté. «Ah ! divine princesse»* RACINE. ♦ MOD. Très agréable. *«Le tabac est divin, il n'est rien qui l'égale»* TH. CORNEILLE. *Ton repas était divin.* ➤ **exquis.** *Il fait un temps divin.* ➤ **délicieux.** ▪ CONTR. Diabolique, infernal ; humain, terrestre ; profane. Naturel. Mauvais.

DIVINATEUR, TRICE [divinatœʀ, tʀis] **n. et adj.** – XVe ◊ bas latin *divinator* → deviner ▪ **1** VX Personne qui pratique la divination. ➤ **devin.** ▪ **2** **adj.** Qui devine, qui prévoit ce qui doit arriver. *Puissance, science divinatrice.* ➤ **divinatoire.** — PAR EXT. *Instinct, esprit divinateur.* ➤ **clairvoyant, pénétrant, perspicace.**

DIVINATION [divinasjɔ̃] **n. f.** – XIIIe ◊ latin *divinatio* → deviner ▪ **1** Action de découvrir ce qui est caché par des moyens qui ne relèvent pas d'une connaissance naturelle. ➤ **devin ; astrologie, magie, mantique, numérologie, occultisme, spiritisme ; -mancie.** *Divination de l'avenir.* ➤ **oracle, prédiction, prophétie, révélation, vaticination, voyance.** *Les anciens pratiquaient la divination par l'interprétation de signes* (divination artificielle) *ou par communication directe avec la divinité* (divination spontanée). ➤ 2 **augure.** *Divination par les cartes* (➤ **cartomancie**), *le marc de café. «Des divinations par les songes, des sortilèges»* PASCAL. ➤ **oniromancie.** ▪ **2** Faculté, action de deviner, de prévoir. ➤ **clairvoyance, intuition, prescience, sagacité ; conjecture, hypothèse, prévision.** *«Dans un tel effort pour faire revivre les hautes âmes du passé, une part de divination et de conjecture doit être permise»* RENAN.

DIVINATOIRE [divinatwaʀ] **adj.** – 1390 ◊ du radical de *divination* ▪ **1** Relatif à la divination. *Art, science divinatoire. Baguette divinatoire des sourciers* (➤ **rhabdomancie**). *Procédé divinatoire.* ▪ **2** Qui permet de deviner. *«Cet instinct singulier qui allait [...] jusqu'au don divinatoire»* MADELIN.

DIVINEMENT [divinmɑ̃] **adv.** – v. 1327 ◊ de *divin* ▪ **1** Par l'action, par la vertu divine. *«l'église ne cesse pas d'être divinement inspirée»* GIDE. ▪ **2** D'une manière divine (4°), à la perfection. ➤ **excellemment, merveilleusement, parfaitement, souverainement, suprêmement.** *«Un esprit médiocre croit écrire divinement»*

LA BRUYÈRE. *Elle chante divinement, divinement bien. Il fait divinement beau.* ■ CONTR. 2 Mal.

DIVINISATION [divinizasjɔ̃] n. f. – 1719 ◊ de *diviniser* ■ Action de diviniser ; son résultat. ➤ **déification.** *Divinisation de la nature.* ➤ **panthéisme.**

DIVINISER [divinize] v. tr. ‹1› – 1580 ◊ de *divin* ■ **1** Attribuer l'essence, la nature divine à ; mettre au rang des dieux. ➤ **déifier.** — p. p. adj. *« C'était un homme divinisé, un héros »* FUSTEL DE COULANGES. ♦ PAR EXT. Revêtir d'un caractère sacré, suprême. ➤ **sacraliser, sanctifier.** *« Les païens ont divinisé la vie, et les chrétiens ont divinisé la mort »* Mme DE STAËL. ■ **2** FIG. Donner une grande valeur à. ➤ **exalter, glorifier, magnifier.** *« Lorsqu'on ne peut effacer ses erreurs, on les divinise »* CHATEAUBRIAND. ■ CONTR. Avilir, rabaisser.

DIVINITÉ [divinite] n. f. – XIIIe ; « théologie » 1119 ◊ latin *divinitas* ■ **1** Essence divine, nature de Dieu, de l'Être suprême. *La divinité du Verbe, de Jésus,* dans la religion chrétienne. *L'homme dans l'état de grâce est « rendu comme semblable à Dieu, et participant de sa divinité »* PASCAL. ■ **2** Être divin. ➤ **déesse, déité, dieu ; esprit, nymphe.** *Adorer une divinité. Offrir un sacrifice aux divinités. Les divinités de l'eau, des enfers. Les faunes, divinités champêtres. « Des peuples qui adoraient les fausses divinités »* BOSSUET. — FIG. *Cette fausse image de Gœthe, « une sorte de divinité olympienne, impassible, insensible »* GIDE.

DIVIS, ISE [divi, iz] adj. et n. m. – 1374 ; *devis* Xe adj. ◊ latin *divisus,* p. p. de *dividere* ■ (XIXe) DR. Partagé, divisé (opposé à *indivis*). *Propriétés divises.* — n. m. État d'un bien partagé entre plusieurs propriétaires. ➤ **division.**

DIVISER [divize] v. tr. ‹1› – 1377, rare avant XVIe ◊ latin *dividere,* d'après *devise* → 1 deviser

I SÉPARER EN PARTIES ■ **1** Séparer (une chose ou un ensemble de choses) en plusieurs parties. ➤ **décomposer, dissocier, scinder, séparer, subdiviser ; fractionner, fragmenter ; émietter, morceler, parcelliser, partager, sectionner, segmenter, tronçonner ; casser, couper, 1 débiter, découper, détailler, disjoindre, fendre, rompre, trancher.** REM. *Diviser* est rare dans les emplois concrets (➤ **séparer ; casser,** etc.). ♦ COUR. *Diviser une somme en plusieurs parts. Diviser une propriété, un domaine.* ➤ **démembrer, lotir, morceler.** *L'héritage fut divisé entre les enfants.* ➤ 1 **répartir.** *« depuis la dislocation de l'Empire de Charlemagne, l'Europe occidentale nous apparaît divisée en nations »* RENAN. ♦ Partager (une quantité) en quantités égales plus petites. *Diviser la circonférence en 360 degrés.* ➤ **graduer.** *On divise le mètre en décimètres, centimètres.* ➤ **subdiviser.** *L'année est divisée en mois.* — Chercher, calculer combien de fois une quantité (➤ **diviseur**) est contenue dans une autre (➤ **dividende**). ➤ **division.** *Diviser un nombre par un autre* (opposé à *multiplier*). — ABSOLT, TECHN. *Machine à diviser :* machine servant à tracer des divisions équidistantes sur les instruments de précision, les pièces à usiner. ■ **2** Séparer (un ensemble abstrait, un objet de pensée) en éléments. *On divise le règne animal en classes, embranchements.* ➤ **classer.** *Diviser un ouvrage littéraire en chapitres. Diviser une phrase en plusieurs éléments.* ➤ **analyser.** *Diviser une tâche entre plusieurs ouvriers.* ➤ **distribuer, 1 répartir.** ■ **3 SE DIVISER** v. pron. (réfl.) Se séparer en parties. *Groupe qui se divise en plusieurs équipes.* ➤ **se disperser, s'éparpiller, se scinder.** *L'œuf se divise en cellules.* ➤ **se segmenter.** *Les cellules se divisent lors du cycle cellulaire.* ➤ **mitose ; méiose.** ♦ (pass.) Être séparé en parties. *Sentier qui se divise.* ➤ **bifurquer, se ramifier.** *Le chapitre se divise en trois parties.* — Être divisible. *Les nombres pairs se divisent tous par deux.*

II SÉPARER D'AUTRE CHOSE (XVIe) ■ **1** Séparer (une personne, une chose) d'une autre ou de plusieurs autres. VX (CONCRET) *« ces mers qui divisent la Grèce d'avec l'Italie »* FÉNELON. ➤ **séparer.** — MOD. (abstrait ; avec un compl. au plur.) *« Ce qui divise le plus les êtres, c'est peut-être que les uns vivent surtout dans le passé et les autres seulement dans la minute présente »* MAUROIS. ■ **2** Semer la discorde, la désunion entre (des personnes, des groupes). ➤ **brouiller, désunir, opposer.** *L'affaire Dreyfus divisa la France.* ➤ **cliver, déchirer, séparer.** *« Lorsque deux factions divisent un empire »* CORNEILLE. *« Ces trois personnes réunies autour de cette lampe, que d'intérêts les divisaient ! »* GREEN. ABSOLT *Diviser pour régner**. PRONOM. *« Les juges se divisèrent sur des questions de droit »* CHATEAUBRIAND. — p. p. adj. *L'opinion publique est divisée. Ils sont très divisés sur ce point,* en désaccord. ➤ **partager.** *Un parti divisé. Famille divisée,* désunie, SPÉCIALT par un divorce.

■ CONTR. Grouper, réunir, unir. — Rapprocher, rassembler, réconcilier.

DIVISEUR, EUSE [divizœʀ, øz] n. – XVe ; « celui qui règle, ordonne » v. 1175 ◊ latin *divisor* ■ **1** n. m. Nombre qui en divise un autre dans la division arithmétique. *Diviseur commun à deux, plusieurs nombres :* nombre entier qui les divise tous avec un quotient entier. *Plus grand commun diviseur (P. G. C. D.) de plusieurs nombres,* le plus grand nombre entier dont tous sont multiples, qui les divise tous. *12 est le plus grand commun diviseur de 36, 48, 60.* ■ **2** Personne, force qui sème la division, la désunion. *Le diviseur de l'opposition.* ■ **3** n. m. TECHN. Dispositif effectuant une division. ÉLECTRON. *Diviseur de fréquence :* circuit élaborant un signal dont la fréquence est un sous-multiple entier de celle du signal appliqué à l'entrée. MÉCAN. Appareil permettant de faire tourner d'une fraction de tour une pièce à usiner. ■ CONTR. Multiplicateur. Rassembleur.

DIVISIBILITÉ [divizibilite] n. f. – XVe ◊ de *divisible* ■ Caractère de ce qui peut être divisé. *Divisibilité de la matière, de l'espace.* MATH. *Caractères de divisibilité,* par lesquels on peut reconnaître qu'un entier est divisible par un autre. ■ CONTR. Indivisibilité.

DIVISIBLE [divizibl] adj. – 1361 ◊ bas latin *divisibilis,* de *dividere* ■ Qui peut être divisé. *Pour Descartes, la matière est divisible à l'infini.* — MATH. *Nombre divisible par un autre,* dont la division par cet autre nombre est un nombre entier. *Les nombres pairs sont divisibles par 2. Nombre divisible par lui-même et par 1.* ➤ **premier.** ■ CONTR. Indivisible, insécable.

DIVISION [divizjɔ̃] n. f. – début XIIe ◊ du latin *divisio,* famille de *dividere* « partager » → diviser

I ACTION DE DIVISER ET SON RÉSULTAT ■ **1** Action de diviser ; état de ce qui est divisé (rare en emploi concret). ➤ **dis- ; -tomie.** *Division d'un corps en plusieurs parties.* ➤ **bipartition, coupure, déchirement, fission, fractionnement, fragmentation, morcellement, parcellisation, scission, section, sectionnement, segmentation, séparation, tripartition.** — *Division en parts.* ➤ **partage ; distribution.** *Division d'un domaine, d'une propriété, d'une terre.* ➤ **démembrement, lotissement, morcellement.** *Division d'un territoire en circonscriptions, en secteurs.* ➤ **découpage.** *Division de la circonférence en degrés.* ➤ **graduation.** *Division du kilogramme en grammes.* ♦ (fin XIVe) *Division de a par b :* opération qui a pour but, à partir de deux nombres connus *a* (➤ **dividende**) et *b* (➤ **diviseur**), de déterminer les nombres *q* (➤ **quotient**) et *r* (➤ **reste**), tels que $a = (b \times q) + r$. *Poser, faire une division. Division à deux chiffres. Division par 7. Cette division tombe juste,* le reste est nul. — *Division harmonique* d'une droite.* ♦ Séparation (d'un objet de pensée) en plusieurs éléments. *Division d'un ouvrage en quatre tomes. Division en classes.* ➤ **classement, classification, subdivision.** ♦ (1778, répandu début XXe) **DIVISION DU TRAVAIL :** mode d'organisation de la production s'appuyant sur la décomposition du travail en tâches parcellaires et répétitives réparties entre plusieurs exécutants (➤ **spécialisation, taylorisme**). *« La grande préoccupation de notre époque est la division du travail, car on affirme aujourd'hui que les parties ne doivent plus avoir de rapports avec le tout »* G. DARIEN. ♦ *Division internationale du travail* (Ricardo) : spécialisation de chaque pays dans les productions pour lesquelles il est avantagé. ■ **2** Le fait de se diviser. *Division d'un cours d'eau en une multitude de bras.* — BIOL. *Division cellulaire :* production de deux cellules filles à partir d'une cellule mère (➤ **mitose**), de quatre cellules haploïdes à partir d'une cellule diploïde (➤ **méiose**). *Division du noyau* (➤ **caryocinèse**), *du cytoplasme* (➤ **cytodiérèse**). *Division par amitose, par bourgeonnement.*

II CE QUI DIVISE, CE QUI EST DIVISÉ ■ **1** Trait qui divise. *Les divisions d'une règle, d'un thermomètre* (➤ **graduation**). ♦ Petit tiret placé en fin de ligne, après une partie d'un mot, pour indiquer que l'autre partie en est reportée à la ligne suivante. ■ **2** (début XIIe) Partie non séparée d'un tout concrètement divisé. *Divisions d'une boîte, d'un récipient* (➤ **alvéole, case, casier, cellule, compartiment**), *d'un portefeuille* (➤ 1 **poche**). ♦ Partie d'un tout abstraitement divisé. *Divisions politiques, administratives d'un territoire.* ➤ **circonscription ; arrondissement, canton, commune, département, district, gouvernement, province, subdivision, zone.** *Divisions d'une unité de mesure.* ➤ **sous-multiple.** *Le cent est une division de l'euro. Divisions décimales, divisions centésimales :* chaque degré de l'échelle décimale, centésimale. — *Divisions d'un écrit, d'un livre.* ➤ **alinéa, article, chapitre, 1 livre, paragraphe, section, titre, tome, verset ; 2 acte, scène ; 1 chant, strophe.** — *Divisions du savoir humain ; de la science.* ➤ **branche, discipline, domaine, spécialité.** *Grandes divisions de la classification du vivant*

(➤ **règne, embranchement, classe, ordre, famille, genre, espèce ; taxon**). ▪ **3** (1690) Grande unité militaire réunissant des corps de troupes (régiments) d'armes différentes et des services. *Division d'infanterie. Division blindée (D. B.). Division aéroportée,* comprenant des éléments parachutés. *État-major de division.* ➤ **divisionnaire.** *Général de division.* ◆ Réunion d'unités navales, aériennes. ◆ ADMIN. Réunion de plusieurs bureaux sous la direction d'un *chef de division. La division administrative des études.* ◆ ANGLIC. Département, service (d'une entreprise). *La division commerciale.* — Au Canada, Service intermédiaire entre la direction et la section. ◆ Dans un établissement d'enseignement, Groupe d'élèves de même niveau à l'intérieur d'une même classe. ◆ SPORT Groupement de clubs, d'équipes, d'après les performances réalisées en championnat. *Jouer en seconde, en première division. Championnat par poules et par divisions.*

III OPPOSITION D'INTÉRÊTS, DE SENTIMENTS ENTRE PLUSIEURS PERSONNES (milieu XVe) Désaccord, désunion, dissension. *Mettre, semer la division dans les esprits.* ➤ **discorde.** « *maudits soient à jamais les fauteurs de division* » A. MAALOUF. *Divisions internes d'un parti.*

▪ CONTR. Groupement, rassemblement, réunion ; indivision. 2 Ensemble, total. Multiplication. Accord, 1 union.

DIVISIONNAIRE [divizjɔnɛʀ] **adj.** – 1793 ◇ de *division* ▪ **1** Qui correspond, qui appartient à une division. SPÉCIALT *Monnaie divisionnaire,* qui représente une division de l'unité monétaire. ▪ **2** D'une division (5°). *Services divisionnaires. Général divisionnaire,* SUBST. *Un divisionnaire :* général* de division. — *Commissaire de police divisionnaire,* SUBST. *Un divisionnaire.*

DIVISIONNISME [divizjɔnism] **n. m.** – 1919 ◇ de *division* ▪ DIDACT. Procédé de peinture qui consiste à juxtaposer des touches de ton pur sur la toile. *Le divisionnisme est à la base du pointillisme.* — **adj.** et **n. DIVISIONNISTE,** 1908.

DIVORCE [divɔʀs] **n. m.** – 1395 ◇ latin *divortium* « séparation », de *dis-* et *vertere* « tourner » ▪ **1** (à propos de l'Antiquité, des païens ; répandu fin XVIIIe) Dissolution du mariage civil, du vivant des époux. *Le divorce, introduit en France par la loi du 20 septembre 1792, supprimé en 1816, fut rétabli par la loi du 27 juillet 1884. Divorce de Pierre avec, d'avec sa femme, de Pierre et de sa femme. Demander, obtenir le divorce. Être en instance de divorce. Divorce par consentement mutuel* (1975), *sur demande conjointe, à l'amiable. Divorce pour faute, pour rupture de la vie commune. Jugement de divorce. Divorce prononcé aux torts exclusifs d'un époux, aux torts partagés. Délai pour se remarier après un divorce.* ➤ **viduité.** ▪ **2** FIG. Séparation d'intérêts, de sentiments, etc. ➤ **désaccord, désunion, dissension, rupture, séparation.** *Il y a divorce entre la théorie et la pratique, entre les intentions et les résultats.* ➤ **contradiction, divergence, opposition.** « *Entre le sexe et l'amour, le divorce est total* » A. ERNAUX. *Divorce idéologique.* ▪ CONTR. Accord, 1 union. Mariage.

DIVORCÉ, ÉE [divɔʀse] **adj.** et **n.** – milieu XVIIIe n. ; *mariage divorcé* « rompu » 1395 ◇ de *divorcer* ▪ Séparé par le divorce. *Ils sont divorcés. Un homme, une femme divorcé(e).* — **n.** *Un divorcé. Il a épousé une divorcée. C'est un enfant de divorcés.*

DIVORCER [divɔʀse] **v. intr.** ⟨3⟩ – XIVe ◇ de *divorce* ▪ **1** Se séparer par le divorce (de l'autre époux). *Elle a divorcé de son mari, d'avec son mari. Mélek « ayant enfin divorcé avec un mari atroce »* LOTI. — ABSOLT *Il a décidé de divorcer.* ➤ **se séparer.** *Ils ont divorcé.* ▪ **2** FIG. et RARE Rompre avec. *Des écrivains ont exprimé « leur désir de voir l'Amérique ibérique divorcer de l'Europe »* DUHAMEL. « *Une science divorcée de la morale* » MAUROIS. ▪ CONTR. Marier (se), unir (s').

DIVORTIALITÉ [divɔʀsjalite] **n. f.** – milieu XXe ◇ du latin *divortium,* d'après *nuptialité* ▪ DIDACT. *Taux de divortialité :* taux annuel des divorces par rapport à l'effectif moyen de la population (de la population mariée). *La divortialité est en hausse.*

DIVULGATEUR, TRICE [divylgatœʀ, tʀis] **n.** – 1552 ◇ latin *divulgator,* de *divulgare* ▪ Personne qui divulgue. ➤ **propagateur, révélateur.**

DIVULGATION [divylgasjɔ̃] **n. f.** – 1510 ◇ latin *divulgatio,* de *divulgare* ▪ Action de divulguer ; son résultat. ➤ **proclamation, propagation, publication, révélation.** *Divulgation de secrets militaires. Divulgation du dossier médical.*

DIVULGUER [divylge] **v. tr.** ⟨1⟩ – XIVe ◇ latin *divulgare,* de *vulgus* « foule » ▪ Porter à la connaissance du public (ce qui était connu de quelques-uns). ➤ **dévoiler, ébruiter, proclamer, publier, répandre, révéler** (cf. Mettre au grand jour* ; crier sur les toits*). *Divulguer un secret, une nouvelle confidentielle. Information à ne pas divulguer. Divulguer la fin du film.* ➤ 2 **spoiler.** ▪ CONTR. Cacher, dissimuler, taire.

DIVULSION [divylsjɔ̃] **n. f.** – XVIe ◇ latin *divulsio,* de *divellere* « arracher » ▪ MÉD. Arrachement ou rupture des tissus.

DIVX [diviks] **n. m.** – 1998 ◇ marque déposée ; du n. de la firme américaine qui commercialise ce produit ▪ INFORM. Format de compression de fichiers vidéos qui n'altère pas la qualité du fichier source. *Convertir un DVD en DivX. Lecteur DivX.*

DIX [dis] **adj. numér. inv.** et **n.** – 1585 ; v. 1050 *dis, diz* ◇ latin *decem*
▪ REM. Se prononce [diz] devant un mot commençant par une voyelle ou un *h* muet, [di] devant un mot commençant par une consonne, [dis] dans les autres cas.

I adj. numér. card. Nombre entier naturel équivalant à neuf plus un (10 ; X). ➤ **déca-.** ▪ **1** Avec l'art. défini, désignant un groupe déterminé de dix unités *Les dix jours du calendrier* républicain. Les dix doigts des deux mains. Les dix commandements de Dieu.* ➤ **décalogue.** ▪ **2** Avec ou sans déterm. *Les dix premiers élèves.* — *Une pièce de dix cents. Période de dix ans* (➤ **décennie**), *de dix jours* (➤ **décade**). *Pièce de dix vers.* ➤ **dizain.** *Polygone à dix côtés.* ➤ **décagone.** *Compétition d'athlétisme comportant dix épreuves.* ➤ **décathlon.** *Un cerf dix cors*. Dix fois plus grand.* ➤ **décuple.** *Dix fois moins.* ➤ **dixième ; déci-.** — ELLIPT *Tuer une personne sur dix* (personnes). ➤ **décimer.** *Noter un devoir sur 10* (points). — **loc. adv.** *Neuf fois sur dix :* presque toujours, très souvent. — (En composition pour former un nombre) *Cent dix. Dix mille.* — REM. Les nombres inférieurs à cent formés avec *dix* s'écrivent avec un trait d'union : *soixante-dix, quatre-vingt-dix, quatre-vingt-dix-neuf.* Au-delà de cent, ils ne prennent pas de trait d'union : *cent dix* /*cent-dix*/, *dix mille* /*dix-mille*/. ◆ (Approximatif) Un grand nombre de. *Répéter dix fois la même chose.* ▪ **3** PRONOM *Ils étaient dix. Groupe de dix.* ➤ **dizaine.** *Se battre à dix contre un. Dix par dix.* — FAM. *Un(e) de perdu(e)*, dix de retrouvé(e)s.*

II adj. numér. ord. Dixième. ▪ **1** *Charles X. Le numéro 10. L'an 10 après J.-C.* — *Le 10 mai. Il est 10 heures et quart.* ▪ **2 n. m.** Ce qui porte le numéro dix. *Il arrivera le 10. Il habite au 10. Le dix est en tête.* ◆ **n. f.** Chambre, table numéro 10.

III n. m. [dis] ▪ **1** Sans déterm. *Deux fois cinq, dix. Système procédant par dix.* ➤ **décimal.** *Multiplier par dix.* ➤ **décupler.** *Savoir compter jusqu'à dix. Compter de dix en dix.* — *Dix pour cent* (ou *10 %*). ▪ **2** Avec déterm. Le chiffre, le numéro 10. *Un dix romain* (X). — Note correspondant à dix points. *Avoir un 10 en histoire. 10 sur 10. 10 sur 20.* — Carte marquée de dix signes (➤ 1 **manille**). *Le dix de pique.* — *Dix de der*.*
▪ HOM. Dit, dys.

DIX-HEURES [dizœʀ] **n. m.** – 1852 ◇ de *dix* et *heure,* cf. *quatre-heures* ▪ RÉGION. (Normandie ; Belgique) FAM. Petite collation prise dans le milieu de la matinée ; nourriture correspondante. *Préparer le dix-heures des enfants.* — (Est ; Suisse) *Prendre, faire les dix-heures.* ▪ HOM. Diseur.

DIX-HUIT [dizɥit] ; [dizɥi] devant une consonne, **adj. numér. inv.** et **n. inv.** – *dis e uit* XIIe ◇ de *dix* et *huit*

I adj. numér. card. Nombre entier naturel équivalant à dix plus huit (18 ; XVIII). ▪ **1** Avec ou sans déterm. *La majorité, en France, est fixée à dix-huit ans. Golf de dix-huit trous. Livre composé de cahiers de dix-huit feuillets.* ➤ **in-dix-huit.** — (En composition pour former un nombre) *Dix-huit cents* (ou *mille huit cents*). ▪ **2** PRONOM *Il y en avait dix-huit.*

II adj. numér. ord. Dix-huitième. ▪ **1** *Louis XVIII.* — *Le coup d'État du 18 Brumaire. Le train de 18 h 26.* ▪ **2 n. m.** Objet, personne qui porte le numéro 18. *Le 18 est un lundi. Ils habitent au 18 de la rue.* ◆ **n. f.** Chambre, table numéro 18. *La clé de la 18.*

III n. m. inv. ▪ **1** Sans déterm. *Dix-huit est divisible par trois.* ▪ **2** Avec déterm. Le chiffre, le numéro 18. — *Composez le 18 pour appeler les pompiers.* — Note correspondant à dix-huit points. *Avoir (un) 18 (sur 20) à un examen.*

DIX-HUITIÈME [dizɥitjɛm] **adj.** et **n.** – *dis e uitme* v. 1170 ◇ de *dix-huit*

I adj. ▪ **1 adj. numér. ord.** Qui succède au dix-septième. *Le XVIIIe siècle. Le XVIIIe arrondissement, à Paris,* ou **n. m.** *le XVIIIe (18e).* — (Dans une compétition) *Finir dix-huitième sur vingt.* ◆ (En composition pour former des adj. ord.) *Trois cent dix-huitième* (318e). ▪ **2 adj. fractionnaire** Se dit d'une des parties d'un tout également divisé ou divisible en dix-huit. — **n. m.** *Un dix-huitième* (1/18). *Trois cent-dix-huitièmes* (3/118).

II n. ▪ **1** *Être le, la dix-huitième sur une liste.* ▪ **2 n. f.** MUS. Intervalle formé de dix-huit degrés diatoniques (deux octaves et une quarte). — Au piquet, Série de huit cartes de la même couleur. — adv. **DIX-HUITIÈMEMENT.**

DIXIÈME [dizjɛm] adj. et n. – XIIe *diseme, disime* ◇ de *dix*

I adj. ▪ **1** adj. numér. ord. Qui suit le neuvième. *Le Xe siècle. Habiter au dixième étage,* ou n. m. *au dixième.* — (Dans une compétition) *Elle est arrivée dixième.* ◆ (En composition pour former des adj. ord.) *Deux cent dixième* (210e). ▪ **2** adj. fractionnaire Se dit d'une partie d'un tout également divisé ou divisible en dix. ➤ **déci-**. *La dixième partie du mètre* (➤ **décimètre**), *du litre* (➤ **décilitre**). ◆ n. m. *Neuf secondes trois dixièmes* (ou *9 s 3/10*). *La fièvre a baissé de deux dixièmes* (de degré). *Il n'a que trois dixièmes à l'œil droit.* — *Redevance du dixième de la récolte.* ➤ **dîme.** — HIST. Sous l'Ancien Régime, Impôt du dixième du revenu, distinct de la dîme (➤ aussi **vingtième**). ◆ PAR EXT. *Les neuf dixièmes :* la quasi-totalité. *«les neuf dixièmes des gens ne comprennent plus rien»* LOTI.

II n. ▪ **1** *Il est le dixième à réussir.* ▪ **2** n. f. Deuxième année de l'enseignement primaire français (COUR. Cours élémentaire 1re année, C. E. 1). — MUS. Intervalle formé de dix degrés diatoniques (une octave et une tierce).

DIXIÈMEMENT [dizjɛmmɑ̃] adv. – 1503 ◇ de *dixième* ▪ En dixième lieu (en chiffres 10°).

DIXIT [diksit] – mot latin «il a dit», de *dicere* «dire» ▪ DIDACT. ou IRON. S'emploie devant ou après un nom de personne pour signaler que ce sont ses propres paroles. *«Il avait été "gentil," Clara dixit»* PENNAC.

DIX-NEUF [diznœf] adj. numér. inv. et n. inv. – *dis e nuef* XIIe ◇ de *dix* et 1*neuf*

I adj. numér. card. Nombre entier naturel équivalant à dix plus neuf (19 ; XIX). ▪ **1** Avec ou sans déterm. *Elle a dix-neuf ans* [diznœvɑ̃]. *Dix-neuf enfants* [diznœfɑ̃fɑ̃]. — (En composition pour former un nombre) *Dix-neuf cents* (ou *mille neuf cents*). ▪ **2** PRONOM *Ils sont dix-neuf.*

II adj. numér. ord. Dix-neuvième. ▪ **1** *Page 19.* — *Le 19 mai. Il est 19 heures* [diznœvœʀ]. ▪ **2** n. m. Objet, personne qui porte le numéro 19. *Elle arrive le 19. Habiter (au) 19, rue de... C'est le 19 qui gagne.* ◆ n. f. Chambre, table numéro 19. *L'addition de la 19.*

III n. m. inv. ▪ **1** Sans déterm. *Dix-neuf est un nombre premier.* ▪ **2** Avec déterm. Le chiffre, le numéro 19. — Note correspondant à dix-neuf points. *Elle a eu (un) 19 (sur 20) en maths.*

DIX-NEUVIÈME [diznœvjɛm] adj. et n. – XVIe ; *dis e novain, dis e nuef* XIIe ◇ de *dix-neuf*

I adj. ▪ **1** adj. numér. ord. Qui succède au dix-huitième. *Les écrivains du XIXe siècle. Le XIXe arrondissement, à Paris,* ou n. m. *le XIXe* (ou *19e*). — (Dans une compétition) *Arriver dix-neuvième sur vingt.* ◆ (En composition pour former des adj. ord.) *Deux cent dix-neuvième* (219e). ▪ **2** adj. fractionnaire Se dit d'une partie d'un tout également divisé ou divisible en dix-neuf. — n. m. *Un dix-neuvième* (1/19). *Deux cent-dix-neuvièmes* (2/119).

II n. ▪ **1** *Elle est la dix-neuvième à passer.* ▪ **2** n. f. MUS. Intervalle formé de dix-neuf degrés diatoniques. — adv. **DIX-NEUVIÈMEMENT.**

DIX-SEPT [di(s)sɛt] adj. numér. inv. et n. inv. – *dis e set* XIIe ◇ de *dix* et *sept*

I adj. numér. card. Nombre entier naturel équivalant à dix plus sept (17 ; XVII). ▪ **1** Avec ou sans déterm. *Elle a dix-sept ans.* — (En composition pour former un nombre) *Dix-sept cents* (ou *mille sept cents*). ▪ **2** PRONOM *Elles sont dix-sept.*

II adj. numér. ord. Dix-septième. ▪ **1** *Louis XVII.* — *Le 17 août. Il est 17 heures* ▪ **2** n. m. Objet, personne qui porte le numéro 17. *Le 17 est un jeudi. Habiter (au) 17, rue de... Le 17 arrive en tête.* ◆ n. f. Chambre, table numéro 17.

III n. m. inv. ▪ **1** Sans déterm. *Vingt moins trois, dix-sept.* ▪ **2** Avec déterm. Le chiffre, le numéro 17. — *Composez le 17 pour appeler la police* — Note correspondant à dix-sept points. *Elle a eu (un) 17 en latin.*

DIX-SEPTIÈME [di(s)sɛtjɛm] adj. et n. – XIIe *dis e setime* ◇ de *dix-sept*

I adj. ▪ **1** adj. numér. ord. Qui succède au seizième. *Le XVIIe siècle. Le XVIIe arrondissement, à Paris,* ou n. m. *le XVIIe* (ou *17e*). — (Dans une compétition) *Arriver dix-septième sur cinquante.* ◆ (En composition pour former des adj. ord.) *Cent dix-septième* (117e). ▪ **2** adj. fractionnaire Se dit d'une partie d'un tout également divisé ou divisible en dix-sept. — n. m. *Deux dix-septièmes* (2/17).

II n. ▪ **1** *Il est le dix-septième de sa classe.* ▪ **2** n. f. MUS. Intervalle formé de dix-sept degrés diatoniques (deux octaves et une tierce). — Au piquet, Suite de sept cartes de la même couleur. — adv. **DIX-SEPTIÈMEMENT.**

DIZAIN [dizɛ̃] n. m. – XVe ; var. *dixain* ◇ de *dix* ▪ Pièce de poésie de dix vers. *Dizains de Marot, de Maurice Scève, de Malherbe.*

DIZAINE [dizɛn] n. f. – 1360 ◇ de *dix* ▪ **1** Groupe de dix unités (nombre). *Dix dizaines forment une centaine. Une dizaine de mille.* — Unité du deuxième ordre dans chaque classe de la numération décimale. *La colonne des dizaines dans une addition.* ▪ **2** Groupe de dix personnes, de dix choses de même nature. *Dizaine de jours* (➤ **décade**), *d'années* (➤ **décennie**). ◆ PAR EXT. Quantité voisine de dix. *Ils étaient une dizaine, une bonne dizaine,* environ dix. *Il y a une dizaine d'années.* ▪ **3** (1690) Succession de dix grains d'un chapelet, entre deux gros grains. — PAR MÉTON. RELIG. CATHOL. Prière consistant à dire un Pater et dix Ave. *Chapelet de quinze dizaines.* ➤ **rosaire.**

DIZYGOTE [dizigɔt] adj. et n. m. – 1959 ◇ de *di-* et *zygote* ▪ EMBRYOL. *Jumeaux dizygotes,* qui proviennent de deux œufs fécondés par deux gamètes mâles différents (COUR. faux jumeaux). ➤ **bivitellin.** — n. m. *Des dizygotes.* ▪ CONTR. Monozygote, univitellin.

DJ [didʒɛ ; didʒi] n. inv. – 1973 ◇ abréviation anglaise de *disc jockey* → disque-jockey ▪ ANGLIC. ▪ **1** Disque-jockey. *Des DJ.* ▪ **2** Personne qui crée des effets musicaux, des rythmes en manipulant des sons enregistrés. *La DJ d'une soirée électro. «Je me contorsionnais au rythme des rocks acides et du country latino que le DJ mixait sur ses platines»* VAN CAUWELAERT. — Au féminin, on rencontre la forme fam. *DJette* [didʒɛt]. — Recomm. offic. *platiniste.*

DJAÏN [dʒain] ou **JAÏN** [ʒain] adj. et n. – 1824 *Jain* ◇ mot hindou, de *Jina* «conquérant», désignant le fondateur du djaïnisme ▪ RELIG. Qui professe le djaïnisme, appartient au djaïnisme. *La communauté djaïn.* — n. *Les djaïns.* — On dit aussi **DJAÏNA** [dʒaina], **JAÏNA** [ʒaina] (1864).

DJAÏNISME [dʒainism] ou **JAÏNISME** [ʒainism] n. m. – 1873 ◇ de *djaïn* ▪ Religion hindoue, qui se propose de délivrer l'âme de la transmigration (ce qui implique notamment l'*«ahimsa»*, non-violence).

DJEBEL ou **DJÉBEL** [dʒebɛl] n. m. – 1870 ◇ mot arabe «montagne» ▪ Montagne, terrain montagneux, en Afrique du Nord. *Le djebel Amour, en Algérie. Des djebels, des djébels.*

DJELLABA [dʒɛ(l)laba] n. f. – 1849 ; *jilleba* 1743 ◇ mot arabe du Maroc ▪ Vêtement de dessus, longue robe à manches longues et à capuchon, portée par les hommes et les femmes, en Afrique du Nord.

DJEMBÉ [dʒɛmbe] n. m. – 1979 *jembé,* au Mali ◇ mot bambara (Mali) ▪ Tambour d'Afrique de l'Ouest en forme de calice, creusé dans une bille de bois et recouvert d'une peau de chèvre. *«la veine rythmique qui bondit dès la première résonance du djembé»* F. DIOME.

DJEUNE ou **DJEUN** [dʒœn] n. – 1998 ◇ p.-ê. prononciation pseudo-anglo-saxonne de *jeune* ▪ FAM. Jeune. *Une bande de djeunes.* — REM. On écrit parfois *les djeun's* [dʒœns] au pluriel.

DJIHAD [dʒi(j)ad] n. m. – répandu v. 1983 ; *djehad* 1846 ◇ mot arabe «effort suprême» ▪ **1** RELIG. Effort que doivent fournir les musulmans. *Grand djihad* ou *djihad majeur :* effort pour lutter contre l'ennemi intérieur, rester dans le droit chemin. *Petit djihad* ou *djihad mineur,* pour combattre les ennemis de l'islam. ▪ **2** COUR. Guerre sainte menée pour propager, défendre l'islam. ➤ aussi **djihadisme.** *Djihad armé. Faire le djihad. Candidats au djihad. Combattants du djihad.* ➤ **djihadiste, moudjahid.** — On écrit aussi *jihad.*

DJIHADISME [dʒi(j)adism] n. m. – 1984 *jihadisme* ◇ de *djihad* ▪ Forme radicale du djihad (2°), qui prône le combat armé ; terrorisme islamiste. — On écrit aussi *jihadisme.*

DJIHADISTE [dʒi(j)adist] n. – 1997 ◇ de *djihad* ▪ Partisan, combattant du djihad. ➤ **moudjahid.** — adj. *Groupe, mouvance, filière djihadiste.* — On écrit aussi *jihadiste.*

DJINN [dʒin] n. m. – 1674 ; *dgin* 1666 ◇ de l'arabe *ğinn* «démons», pluriel collectif de *ğinni* ▪ Esprit de l'air, bon génie ou démon, dans les croyances arabes. *«Les Djinns», poème de V. Hugo.* ▪ HOM. Gin, jean.

DNA ➤ **ADN.**

DO [do] n. m. inv. – 1767 ◇ italien, syllabe sonore par laquelle les Italiens remplacèrent *ut* au XVIIe ▪ Note de musique, troisième degré de l'échelle fondamentale ; tonique de la gamme naturelle. ➤ **ut.** *Do naturel, do dièse, do bémol. Dans la nota-*

tion anglaise, do est désigné par C. — Ton correspondant. *Symphonie en do majeur.* ■ HOM. Dos.

DOBERMAN [dɔbɛʀman] **n. m.** – v. 1960 ◇ du n. de l'éleveur, *K. F. L. Dobermann,* qui obtint cette race ■ Chien de garde, haut et svelte, à poil ras, généralement noir et feu. *Des dobermans.*

DOC Abrév. de *disque* optique compact.* ■ HOM. Doc (documentation), dock.

DOCILE [dɔsil] **adj.** – 1495 ◇ latin *docilis,* de *docere* «enseigner» ■ **1** VIEILLI *Docile à.* Qui a de la disposition à céder, à obéir. *Docile aux conseils, à la critique. Il «marche sans désemparer, docile au clairon des fanfares»* AUDIBERTI. ■ **2** MOD. Qui obéit facilement. *Enfant docile.* ➤ **discipliné, obéissant, sage.** — *Caractère docile.* ➤ **disciplinable, doux, facile, flexible, maniable, soumis, souple.** — *Animal, monture docile.* ◆ *Cheveux dociles,* qui se coiffent aisément. — adv. **DOCILEMENT,** 1642. ■ CONTR. Indocile ; indiscipliné, rebelle, récalcitrant, rétif.

DOCILITÉ [dɔsilite] **n. f.** – 1282 ◇ latin *docilitas* ■ Caractère d'une personne docile. LITTÉR. *Docilité à, envers (qqn, qqch.)* : disposition à se laisser instruire, conduire par. *«Leur loi unique est la docilité aux impulsions»* MAURIAC. *Docilité aux enseignements du maître.* ◆ COUR. Comportement soumis ; tendance à obéir. ➤ **obéissance, soumission.** *Enfant remarquable par sa docilité.* ➤ **sagesse.** *Chien d'une grande docilité. «le roi de Bavière qui, avec docilité, se résigne au servage»* LECOMTE. ■ CONTR. Indocilité ; indiscipline, rébellion.

DOCIMASIE [dɔsimazi] **n. f.** – 1742 ◇ grec *dokimasia* «épreuve» ■ **1** ANTIQ. GR. Enquête à laquelle étaient soumis les fonctionnaires, à Athènes. ■ **2** CHIM. VX Analyse des minerais métalliques, visant à apprécier la quantité de métal contenu. ■ **3** MÉD. LÉGALE Épreuves spéciales pratiquées sur les organes d'un cadavre (foie, poumon, intestin) pour déterminer les circonstances de la mort.

DOCIMOLOGIE [dɔsimɔlɔʒi] **n. f.** – 1922, répandu v. 1960 ; v. 1945 au Québec ◇ grec *dokimê* «épreuve» et *-logie* ■ PSYCHOL. Science qui étudie les différents moyens de contrôle des connaissances. *Spécialiste de la docimologie* (n. **DOCIMOLOGUE**).

DOCK [dɔk] **n. m.** – 1826 ; 1671 en parlant de l'Angleterre ; *dogue* 1679 ◇ mot anglais, du néerlandais *docke* ■ **1** Vaste bassin entouré de quais et destiné au chargement et au déchargement des navires. *«des grands docks rayonnants où les transatlantiques ont l'air de chevaux dans leur box»* MORAND. — PAR EXT. Bassin de radoub pour la construction, la réparation des navires, établi au bord des docks. *Dock de carénage, dock flottant.* ■ **2** (Souvent au plur.) Hangar, magasin situé en bordure du dock. ➤ **entrepôt.** *Docks à blé.* ➤ **silo.** ■ HOM. Doc (disque* optique compact), doc (documentation).

DOCKER [dɔkɛʀ] **n. m.** – 1889 ◇ mot anglais, de *dock* ■ Ouvrier des docks qui travaille au chargement et au déchargement des navires. ➤ **débardeur.** *Grève des dockers.*

DOCTE [dɔkt] **adj.** – 1509 ◇ latin *doctus,* p. p. de *docere* «enseigner» ■ VIEILLI OU PLAIS. Qui possède des connaissances étendues, principalement en matière littéraire ou historique. ➤ **érudit, instruit, savant.** *«Quant à savoir s'il a réussi à bien traduire son auteur, je le laisse à de plus doctes»* SAINTE-BEUVE. — *Un ton docte.* ➤ **doctoral.** ◆ **n.** (1553) *Les doctes :* les savants. *«tout ce cours d'études, au bout duquel on a coutume d'être reçu au rang des doctes»* DESCARTES. ■ CONTR. Ignorant.

DOCTEMENT [dɔktəmɑ̃] **adv.** – XVIe ◇ de *docte* ■ VX OU PLAISANT D'une manière docte. ➤ **savamment.** *Parler doctement* (cf. Parler comme un livre*).

DOCTEUR [dɔktœʀ] **n.** – XIVe ; v. 1225 *doctor* «savant, érudit» ◇ latin *doctor* ■ REM. Au féminin, on trouve aussi *docteure* sur le modèle du français du Canada.

I (Souvent avec un compl., pour distinguer du sens II) ■ **1 n. m.** HIST. RELIG. *Les docteurs de la loi,* qui interprétaient et enseignaient la loi juive. ➤ **rabbin.** — *Les docteurs de l'Église :* les théologiens qui ont enseigné les dogmes du christianisme, et SPÉCIALT les Pères. *Saint Ambroise, saint Augustin, docteurs de l'Église latine. Le docteur séraphique*.* ■ **2 n. m.** VX Homme docte*. ➤ **érudit, savant.** — PÉJ. *«Que m'importent les controverses, et les arguties des docteurs ?»* GIDE. ■ **3** Personne promue au plus haut grade universitaire d'une faculté. ➤ **doctorat.** ANCIENNT *Docteur d'État, de troisième cycle. Docteur ès lettres. Docteur en droit, en pharmacie, en médecine* (cf. sens II). *Docteur honoris* causa.* — *Titre de docteur. Il a fini sa thèse mais il n'est pas encore docteur.* ➤ **doctorant.** *Elle est docteur ès sciences.*

II (1775, répandu XIXe) Personne qui possède le titre de docteur (I, 3°) en médecine et qui est habilitée à exercer la médecine ou la chirurgie. ➤ **médecin,** FAM. **toubib.** *Il, elle est docteur. Appeler, faire venir le docteur.* ➤ **consulter.** *Aller chez le docteur. «Le docteur Knock, successeur du docteur Parpalaid»* ROMAINS. ABRÉV. GRAPHIQUE *Dr Dupont.* — (D'une femme) *La docteur Marie Dupont.* ➤ **doctoresse.** — (APPELLATIF) *Bonjour, docteur.*

DOCTORAL, ALE, AUX [dɔktɔʀal, o] **adj.** – fin XIVe ◇ bas latin *doctoralis* ■ **1** DIDACT. Qui a rapport aux docteurs, au doctorat. *Réforme des études doctorales. École doctorale.* ■ **2** COUR. PÉJ. *Air, ton doctoral :* air, ton grave, solennel d'une personne qui pontifie. ➤ **docte, doctrinaire, magistral, pédantesque, pontifiant, professoral, sentencieux.** *«Je prenais avec les femmes, par timidité et par orgueil, ce ton supérieur et doctoral qu'elles exècrent»* MAURIAC. — adv. **DOCTORALEMENT,** 1603. ■ CONTR. Humble, modeste.

DOCTORANT, ANTE [dɔktɔʀɑ̃, ɑ̃t] **n.** – 1976 ◇ allemand *Doktorand* ■ Personne qui prépare un doctorat. ➤ **thésard.** *Doctorante en sociologie.*

DOCTORAT [dɔktɔʀa] **n. m.** – v. 1562 ◇ latin médiéval *doctoratus* ■ Grade de docteur (I, 3°), conféré par un diplôme national de l'enseignement supérieur délivré après soutenance d'une thèse. *Licence, master et doctorat.* ANCIENNT *Doctorat d'État, de troisième cycle. Thèse de doctorat. Doctorat ès lettres, ès sciences, en droit, en médecine.* — PAR EXT. Examen préliminaire à l'obtention du grade ou du diplôme de docteur (en droit, en médecine). *Passer son doctorat.*

DOCTORESSE [dɔktɔʀɛs] **n. f.** – 1855 ; «femme savante» XVe ◇ de *docteur* ■ VIEILLI Femme munie du diplôme de docteur en médecine (on dit plutôt *docteur*). *Consulter une doctoresse.*

DOCTRINAIRE [dɔktʀinɛʀ] **n. et adj.** – début XIXe ; «doctrinal» XIVe ◇ de *doctrine* ■ **1** HIST. Sous la Restauration, Homme politique dont les idées semi-libérales et semi-conservatrices étaient subordonnées à un ensemble de doctrines. *Guizot, Royer-Collard furent des doctrinaires.* — adj. *École doctrinaire.* ■ **2** COUR. Personne qui se montre étroitement attachée à une doctrine, à une opinion. ➤ **idéologue ; dogmatique, systématique.** ■ **3** adj. Doctoral, sentencieux. *«Il parla à son tour d'un ton doctrinaire, avec l'emphase apprise dans les proclamations»* MAUPASSANT.

DOCTRINAL, ALE, AUX [dɔktʀinal, o] **adj.** – XIIe ◇ bas latin *doctrinalis* ■ Qui se rapporte à une doctrine, aux systèmes de doctrine. *Querelles doctrinales.*

DOCTRINE [dɔktʀin] **n. f.** – 1160 «enseignement» ◇ latin *doctrina,* de *docere* «enseigner» ■ **1** Ensemble de notions qu'on affirme être vraies et par lesquelles on prétend fournir une interprétation des faits, orienter ou diriger l'action humaine. ➤ **dogme, idéologie, opinion, système, théorie, thèse.** *Une bonne doctrine. Doctrine fausse* (➤ **erreur, hérésie**). *Un corps de doctrine. Discuter un point de doctrine. Partisans d'une doctrine. Doctrine politique. «Quelle est sa doctrine ? Quelle est son étiquette ? À quel parti est-il affilié ?»* MAUROIS. *Doctrines religieuses.* ➤ **religion.** *Doctrines morales, philosophiques.* ➤ **philosophie.** *Doctrine artistique, littéraire.* ➤ **école.** ■ **2** DR. Ensemble des travaux juridiques destinés à exposer ou à interpréter le droit (opposé à *législation* et à *jurisprudence*). *Les quatre sources du droit positif sont la loi, la coutume, la doctrine et la jurisprudence. «La doctrine joue dans la science du droit à peu près le même rôle que l'opinion publique en politique»* PLANIOL. ■ **3** *Doctrine chrétienne :* congrégation instituée pour catéchiser le peuple. — *Frères de la doctrine chrétienne,* chargés de l'enseignement. ➤ **ignorantin.**

DOCUDRAME [dɔkydʀam] **n. m.** – 1979 *docu(-)drama* ◇ de *docu(ment)* et *drame* ■ Téléfilm dont le scénario intègre des évènements réels (et parfois des images d'archives) dans une trame romanesque. ➤ aussi **docufiction.**

DOCUFICTION [dɔkyfiksjɔ̃] **n. f.** – 1980 ◇ de *docu(ment)* ou *docu(mentaire)* et *fiction,* sur le modèle de *docudrame* ■ Téléfilm basé sur la reconstitution d'un évènement réel, mêlant documents d'archives et trame romanesque (➤ **docudrame**).

DOCUMENT [dɔkymɑ̃] **n. m.** – XIIe «enseignement» ◇ latin *documentum* «ce qui sert à instruire *(docere)*» ; sens actuel issu de l'emploi jurid. *«Titres et documents»* ■ **1** Écrit, servant de preuve ou de renseignement. ➤ **annales, archive, documentation, dossier, matériaux, papier, pièce.** *Document en un ou plusieurs exemplaires. Original, copie, photocopie d'un document. Conserver le double d'un document. Documents de première main.* ➤ **information, source.** — *Documents scientifiques. Document* *graphique, iconographique. Document sur papier, sur microfilm. Documents de travail. Mots-clés d'un document. Accès aux documents. Classer, archiver des documents. Gestion des documents* (➤ **documentaliste, documentation**). — PAR EXT. *Document sonore.* ◆ CIN., TÉLÉV. *Document d'archives :* images filmées puisées dans des archives. ▪ **2** Ce qui sert de preuve, de témoignage. *Objets saisis comme documents* (cf. Pièce à conviction*). *Enregistrements, films utilisés comme documents. « Portraits, statues, allégories, autographes, médailles, frontispices, tous ces documents parlent aux yeux »* HENRIOT. ▪ **3** DR. COMM. Pièce qui permet d'identifier une marchandise en cours de transport (connaissement, police d'assurance, factures). — *Document administratif unique (D. A. U.) :* en douanes, formulaire utilisé dans les échanges des pays de la Communauté européenne. ▪ **4** TECHN. Projet entièrement élaboré d'une page illustrée, d'une affiche de publicité. ➤ **maquette.** ▪ **5** Fichier informatique créé à l'aide d'une application, d'un logiciel.

DOCUMENTAIRE [dɔkymɑ̃tɛʀ] adj. et n. m. – 1876 ◇ de *document* ▪ **1** Qui a le caractère d'un document, repose sur des documents. *Ce livre présente un réel intérêt documentaire.* — LOC. *À titre documentaire :* à titre de renseignement. ➤ **informatif.** ▪ **2** COMM. INTERNAT. Se dit des opérations de paiement qui se font sur présentation de documents représentatifs des marchandises. *Paiement par crédit* documentaire. Traite, effet documentaire,* accompagnés de documents relatifs aux marchandises. ▪ **3** *Film documentaire* ou n. m. (1915) *un documentaire :* film didactique, présentant des documents authentiques, non élaborés pour l'occasion (opposé à *film de fiction*). *Documentaire sur la faune sous-marine.* ▪ **4** Qui a trait à la documentation. *Stock documentaire. Recherche documentaire. Informatique documentaire* (cf. Documentation* automatique).

DOCUMENTALISTE [dɔkymɑ̃talist] n. – v. 1932 ◇ de *document,* d'après *journaliste* ▪ Personne qui collecte, gère et diffuse des documents pour le compte d'un organisme. ➤ RÉGION. **recherchiste.** *La documentaliste du lycée.*

DOCUMENTARISTE [dɔkymɑ̃taʀist] n. – v. 1935 ◇ de *documentaire* ▪ Auteur de films documentaires.

DOCUMENTATION [dɔkymɑ̃tasjɔ̃] n. f. – 1870 ◇ de *documenter* ▪ **1** Recherche de documents pour appuyer une étude. *Travail, fiches de documentation. Centre de documentation et d'information (C. D. I.) d'un lycée, d'un collège. Documentation automatique :* ensemble des procédés informatisés de recherche, stockage, repérage et diffusion des documents. ▪ **2** Ensemble de documents relatifs à une question. *Réunir de la documentation sur un sujet. Documentation riche, variée.* ◆ Notice informative, explicative. *Auriez-vous une documentation sur ce téléviseur ?* ▪ **3** Activité de documentaliste. — ABRÉV. FAM. (1977) **DOC** [dɔk].

DOCUMENTER [dɔkymɑ̃te] v. tr. ⟨1⟩ – 1755 ◇ de *document* ▪ **1** Fournir des documents à (qqn). ➤ **informer.** *Documenter qqn sur une question. Il est bien documenté.* PRONOM. *Elle s'est documentée sur le sujet.* ▪ **2** Appuyer, étayer (qqch.) sur des documents. p. p. adj. *Thèse solidement documentée.*

DODÉCA- ▪ Élément, du grec *dodeka* « douze ».

DODÉCAÈDRE [dɔdekaɛdʀ] n. m. – 1557 ◇ de *dodéca-* et *-èdre* ▪ MATH. Polyèdre à douze faces. *Dodécaèdre régulier,* à faces égales.

DODÉCAGONE [dɔdekagɔn ; dɔdekagon] n. m. – 1680 ◇ de *dodéca-* et *-gone* ▪ Polygone à douze côtés. — adj. **DODÉCAGONAL, ALE, AUX** [dɔdekagɔnal, o], 1787.

DODÉCAPHONIQUE [dɔdekafɔnik] adj. – 1946 ◇ de *dodéca-* et *phonique* ▪ MUS. Qui utilise la série de douze sons. ➤ **sériel.** *« La dernière pièce du recueil* [op. 23, de Schoenberg] *est bâtie sur une série de douze sons.* [...] *Cette pièce est donc la première œuvre dodécaphonique »* LEIBOWITZ.

DODÉCAPHONISME [dɔdekafɔnism] n. m. – 1948 ◇ de *dodécaphonique* ▪ MUS. Méthode de composition fondée sur l'organisation systématique des douze sons de l'échelle chromatique. — adj. et n. **DODÉCAPHONISTE.**

DODÉCASTYLE [dɔdekastil] adj. – 1864 ◇ de *dodéca-* et grec *stulos* « colonne » ▪ ARCHIT. Qui a douze colonnes de façade. *Temple dodécastyle.*

DODÉCASYLLABE [dɔdekasi(l)lab] adj. et n. m. – hapax 1555, rare avant XVIIIe ◇ de *dodéca-* et *syllabe* ▪ DIDACT. Qui a douze syllabes. *Vers dodécasyllabe.* ➤ **alexandrin.** — n. m. *Un dodécasyllabe.*

DODELINEMENT [dɔdlinmɑ̃] n. m. – 1552 ◇ de *dodeliner* ▪ Oscillation légère de la tête ou du corps.

DODELINER [dɔd(ə)line] v. intr. ⟨1⟩ – 1532 ◇ du radical onomat. *dod-,* exprimant le balancement ▪ Se balancer doucement. *Dodeliner de la tête, du corps.*

DODINE [dɔdin] n. f. – 1373 ◇ de *dodiner,* ancienne forme de *dodeliner* ▪ CUIS. Sauce au blanc dans laquelle on incorpore le jus d'une volaille rôtie. *Dodine de canard.*

1 **DODO** [dodo] n. m. – XVe ◇ onomat., de *dormir* ▪ LANG. ENFANTIN ▪ **1** Sommeil. *Faire dodo :* dormir. *Faire un gros dodo. « Dodo, l'enfant do, L'enfant dormira tantôt »* BÉRANGER. — Jour (compté en nuit de sommeil). *Combien de dodos avant Noël ? « c'était avant-hier, il y a deux dodos »* J. SAUCIER. — *Métro*, boulot, dodo.* ▪ **2** Lit. *Aller au dodo. Mettre un enfant au dodo.*

2 **DODO** [dodo] n. m. – 1663 ◇ du néerlandais *dod-aers,* par l'anglais ▪ ANGLIC. Dronte*. *Les dodos. « Ce sont les rats et les hommes qui ont éteint l'espèce du dronte, le fameux* dodo *de Maurice (et de Rodrigues). Les hommes en tuant l'oiseau, les rats en mangeant les œufs »* LE CLÉZIO.

DODU, UE [dɔdy] adj. – v. 1470 ◇ origine inconnue, p.-ê. radical onomat. *dod- ;* cf. *dodeliner* ▪ Qui est bien en chair. ➤ **gras, grassouillet, potelé, rebondi, replet.** *Un bébé dodu. Une poularde dodue. Des bras dodus.* ▪ CONTR. Étique, 1 maigre, mince.

DOGARESSE [dɔgaʀɛs] n. f. – 1691 ◇ italien *dogaressa,* mot vénitien → doge ▪ HIST. Femme d'un doge. *« Elle se promenait dans ma chambre avec la majesté d'une dogaresse »* PROUST.

DOG-CART ou **DOGCART** [dɔgkaʀ(t)] n. m. – 1852 ◇ mot anglais « charrette à chiens » ▪ ANGLIC. Voiture à deux roues élevées, dont la caisse était aménagée pour loger des chiens de chasse sous le siège. *Des dog-carts, des dogcarts.*

DOGE [dɔʒ] n. m. – *Dogé* 1552 ◇ mot vénitien correspondant à l'italien *duce,* du latin *dux, ducis* → duc ▪ HIST. Chef électif de l'ancienne république de Venise (ou de Gênes). *Épouse du doge.* ➤ **dogaresse.** *Le palais des Doges. Le Bucentaure, navire du doge.* LOC. *La Cité des Doges :* Venise.

DOGGER [dɔgœʀ] n. m. – 1889 ◇ de l'anglais (1822), attesté au XVIIe pour désigner un minerai de fer ▪ GÉOL. Jurassique* moyen.

DOGMATIQUE [dɔgmatik] adj. – 1537 ◇ latin *dogmaticus,* grec *dogmatikos* → dogme ▪ **1** THÉOL. Relatif au dogme. *Théologie dogmatique,* et SUBST. F. *la dogmatique :* science qui traite des dogmes. *« La théologie se divise en dogmatique et en morale »* RENAN. ▪ **2** PHILOS. ANTIQ. Qui admet certaines vérités ; qui affirme des principes (opposé à *sceptique, pyrrhonien*). *Un philosophe dogmatique,* et SUBST. *un dogmatique.* ▪ **3** COUR. Qui exprime ses opinions d'une manière péremptoire. ➤ **absolu, catégorique, doctrinaire, systématique.** *C'est un esprit dogmatique. Il est très dogmatique.* ➤ **affirmatif.** — PAR EXT. *Ton dogmatique.* ➤ **doctoral, sentencieux, tranchant.** — adv. **DOGMATIQUEMENT,** 1539. ▪ CONTR. Hésitant, tolérant.

DOGMATISER [dɔgmatize] v. intr. ⟨1⟩ – 1293 ◇ latin ecclésiastique *dogmatizare* ▪ **1** RELIG. Traiter du dogme, de la doctrine. ▪ **2** FIG. et DIDACT. Exprimer son opinion d'une manière absolue, sentencieuse, tranchante. *Pédant qui dogmatise sur tout.* — n. m. **DOGMATISEUR,** 1586.

DOGMATISME [dɔgmatism] n. m. – 1580 ◇ latin chrétien *dogmatismus* ▪ **1** Caractère des croyances (religieuses, philosophiques) qui s'appuient sur des dogmes. — n. **DOGMATISTE,** 1558. ▪ **2** COUR. Caractère de ce qui est dogmatique (3°). *Le dogmatisme de qqn, de ses idées. Un dogmatisme étroit.*

DOGME [dɔgm] n. m. – 1570 ◇ latin *dogma,* grec *dogma* « opinion, croyance » ▪ **1** Point de doctrine établi ou regardé comme une vérité fondamentale, incontestable (dans une religion, une école philosophique). ➤ **article** (de foi), **croyance, doctrine.** *Les dogmes du christianisme.* ◆ Opinion émise comme une certitude ; une vérité indiscutable. *Des dogmes politiques, littéraires, scientifiques. « Liberté, Égalité, Fraternité, ce sont des dogmes de paix et d'harmonie »* HUGO. *Admettre qqch. comme un dogme.* ➤ 1 **loi.** ▪ **2** ABSOLT **LE DOGME :** l'ensemble des dogmes d'une religion (SPÉCIALT de la religion chrétienne). ➤ **dogmatique.** *Formation du dogme. Enseigner le dogme.* ➤ **théologie.**

DOGUE [dɔg] n. m. – 1392 ◇ anglais *dog* « chien » ▪ Chien de garde trapu, à grosse tête au museau court et aux fortes mâchoires. *Variétés de dogues.* ➤ **bouledogue,** 2 **carlin, molosse.** *Dogue anglais.* ➤ **mastiff.** *« Ce loup rencontre un dogue aussi puissant que beau »* LA FONTAINE. — LOC. *Être d'une humeur de* *dogue :* être de très mauvaise humeur (cf. D'une humeur de chien*).

DOIGT [dwa] **n. m.** – fin XIe dans l'expression *dous deie*, signifiant «d'une largeur de *deux doigts*» ◇ du latin populaire *ditus*, de *digitus* → digit, digiti- ; 2 dé

I PARTIE DU CORPS ■ **1** Chacun des cinq prolongements qui terminent la main de l'être humain. *Les cinq doigts de la main.* ➤ **pouce, index, majeur** (ou **médius**), 1 **annulaire, auriculaire** (ou *petit doigt*) ; **-dactyle.** *Les doigts portent des ongles*. Os des doigts.* ➤ **phalange, phalangette, phalangine.** *Pulpe* des doigts. Traces de doigt. Empreinte du doigt.* ➤ 1 **digital.** *En forme de doigt.* ➤ **digitiforme.** — *Doigts longs, courts, boudinés, effilés, crochus, noueux. «La demoiselle avait des doigts fins et blancs avec des ongles faits»* SARTRE. *Adresse, agilité des doigts.* ➤ **doigté.** *Maladie, inflammation du doigt* (engelure, panaris). *Doigts gourds. Étui qui protège le doigt.* ➤ 2 **dé, doigtier.** — *Prendre, pincer, presser, serrer avec ses doigts. «tripatouiller tout cela avec ses grosses mains pleines de doigts»* TRUFFAUT. *Tenir entre ses doigts. Prendre une pincée avec ses doigts. Caresser, effleurer, envoyer un baiser du bout des doigts ; palper, tâter, toucher avec ses doigts. Fourrer ses doigts partout :* toucher à tout. *Tremper son doigt dans la sauce. Manger avec ses doigts. Se lécher les doigts. Lever le doigt* (pour demander la parole, manifester sa présence, etc.). — (milieu XVIe) *Compter sur ses doigts.* ♦ LOC. *On peut les compter sur les doigts (d'une main) :* ils sont peu nombreux (moins de cinq). *Vous avez mis le doigt sur la difficulté,* vous l'avez trouvée. *Mettre le doigt dessus*. Mettre le doigt dans l'engrenage*.* LOC. PROV. *Entre l'arbre* et l'écorce, il ne faut pas mettre le doigt.* — *Croiser les doigts* (pour conjurer le sort) (cf. Toucher du bois*). *«Laissons venir. Croisons les doigts ! Qui vivra verra»* TH. JONQUET. *En claquant* des doigts.* — *Avoir les doigts verts*, des doigts de fée*.* — *Y mettre les quatre doigts et le pouce :* saisir à pleine main, avidement. — *Toucher qqch. du doigt,* le voir clairement. *Cet entretien «permettait de toucher du doigt ce qui se passe exactement dans la tête d'un doctrinaire totalitaire»* REVEL. *Toucher du doigt le but, la fin,* en être très près. *Faire toucher une chose du doigt :* la montrer. — *Filer, glisser entre les doigts de qqn,* lui échapper. — *Se faire taper sur les doigts :* se faire réprimander. — *Désigner, montrer, pointer du doigt. «je deviens lentement le scandale du Caire : je suis montrée du doigt, tant j'en fais»* G. BATAILLE. — *Se mordre les doigts de qqch. :* regretter, se repentir. *Il risque de s'en mordre les doigts.* — *Ne rien faire, ne rien savoir faire de ses dix doigts :* être oisif, être incapable. *Être comme les (deux) doigts de la main,* très unis (cf. Être comme cul* et chemise). — *Avoir un morceau de musique dans les doigts,* l'exécuter de mémoire à la perfection. — FAM. *Les doigts dans le nez*. Se mettre, se fourrer le doigt dans l'œil (jusqu'au coude) :* se tromper grossièrement. — *Au doigt mouillé :* approximativement. *Doser, mesurer au doigt mouillé.* — *Être obéi, servi au doigt et à l'œil,* exactement, ponctuellement. *Faire marcher qqn au doigt et à l'œil* (cf. À la baguette). — VULG. *Se sortir les doigts du cul :* s'activer, s'affairer. ELLIPT *Il est temps de se sortir les doigts !* ♦ Le **BOUT DU DOIGT.** (1665) LOC. *Connaître, savoir qqch. sur le bout du doigt, sur le bout des doigts,* très bien. *Avoir de l'esprit jusqu'au bout des doigts.* ♦ *La bague* au doigt.* ♦ FIG. et LITTÉR. *L'aurore aux doigts de rose. Le doigt de Dieu*.* ♦ FAM. **DOIGT D'HONNEUR :** geste obscène de provocation, exécuté en pointant le majeur vers le haut. ■ **2 LE PETIT DOIGT :** l'auriculaire. *Le petit doigt en l'air,* signe d'affectation. *«Rougissant si on prononçait un mot un peu leste, levant le petit doigt pour boire sa tasse de thé»* R. GUÉRIN. LOC. *Mon petit doigt me l'a dit :* je l'ai appris (se dit à un enfant). *«voilà un petit doigt qui sait tout, qui me dira si vous mentez»* MOLIÈRE. *Ne pas lever, ne pas remuer le petit doigt :* ne pas faire le moindre effort. *Se cacher derrière son petit doigt :* feindre d'ignorer la réalité (qui déplaît). ■ **3** Trace laissée par des doigts sales. *«Est-ce qu'au moins tu t'es lavé les mains pour tourner les pages ? Je suis sûre qu'elles vont être pleines de doigts»* J.-L. SEIGLE. ■ **4** Extrémité articulée des pieds, des pattes de certains animaux (et de la main du singe). *Les oiseaux «se servent de leurs doigts beaucoup plus que les quadrupèdes»* BUFFON. *Doigts munis de griffes.* ■ **5** FAM. **DOIGT DE PIED.** ➤ **orteil.** *Les doigts de pied en éventail*.*

II OBJET AYANT LA FORME D'UN DOIGT ■ **1** Partie (d'un gant) où l'on place les doigts. *Un doigt de ce gant a un trou.* ■ **2** TECHN. Pièce ayant la forme d'un doigt. *Doigt de contact, d'encliquetage, d'entraînement. Doigt de came.* ■ **3** (1976) (Afrique noire) *Doigt de banane :* banane. *Un régime est découpé en mains* de cinq ou six doigts de bananes.*

III MESURE APPROXIMATIVE, ÉQUIVALANT À L'ÉPAISSEUR D'UN DOIGT *Sa jupe est trop courte de trois doigts. Il a bu un doigt de whisky.* ➤ 1 **goutte.** — FIG. et FAM. *Faire un doigt de cour à une femme.* ➤ **brin.** ♦ (1552) LOC. *À un doigt, à deux doigts de :* très près. *La balle est passée à un doigt du cœur. Il s'en est fallu d'un doigt* (➤ **cheveu**). *Être à deux doigts de la mort, de mourir.*

■ HOM. Doit.

DOIGTÉ [dwate] **n. m.** – 1755 ◇ de *doigter* ■ **1** MUS. Choix et jeu des doigts dans l'exécution d'un morceau (avec un instrument à clavier, clés, cordes, pistons ou trous). *Indiquer, étudier le doigté. Chiffrer le doigté sur une partition.* — PAR EXT. Adresse des doigts. *Le doigté d'une dactylo, d'un graveur.* ■ **2** FIG. ➤ 2 **adresse, diplomatie, habileté, savoir-faire, tact.** *Ce genre d'affaire demande du doigté. Manquer de doigté.*

DOIGTER [dwate] **v.** ‹1› – 1726 ◇ de *doigt* ■ MUS. ■ **1 v. intr.** Poser les doigts comme il convient pour jouer de certains instruments. ➤ **doigté.** *Sa manière de doigter est incorrecte.* ■ **2 v. tr.** Exécuter (un morceau) en employant les doigts comme il convient. *Doigter un passage.* — Indiquer le doigté sur (la partition).

DOIGTIER [dwatje] **n. m.** – XIVe ◇ de *doigt* ■ Fourreau destiné à recouvrir un doigt. ➤ **délot.** *Doigtier de cuir, de caoutchouc.*

DOIT [dwa] **n. m.** – 1723 ◇ de 1 *devoir* ■ COMPT. Partie d'un compte enregistrant les dettes et les dépenses du titulaire. ➤ 2 **débit.** *Le doit et l'avoir.* — Dans la comptabilité en partie double, Montant de ce qu'un compte doit à un autre. ■ CONTR. 2 Avoir ; actif, crédit. ■ HOM. Doigt.

DOJO [doʒo] **n. m.** – 1973 ◇ mot japonais, de *do* «art» et *jo* «sol» ■ Salle où l'on enseigne et pratique les arts martiaux*. *Les tatamis d'un dojo. Les dojos d'aïkido.*

DOL [dɔl] **n. m.** – 1248 ◇ latin *dolus* «ruse» ■ DR. Manœuvres frauduleuses, agissements malhonnêtes destinés à surprendre et tromper une personne pour lui faire prendre un engagement qu'elle n'aurait pas pris. ➤ **captation, fraude, tromperie.** *Le dol, vice du consentement. Contrat entaché de dol.* ➤ **dolosif.**

DOLBY [dɔlbi] **n. m.** – v. 1978 ◇ n. déposé ; du n. de *Ray Dolby*, ingénieur américain ■ AUDIOVIS. Procédé de réduction du bruit de fond des enregistrements magnétiques ; dispositif utilisant ce procédé. *Dolby stéréo. Des dolbys.* — APPOS. INV. *Procédé, systèmes dolby. Son dolby.*

DOLCE [dɔltʃe] **adv.** – 1768 ◇ mot italien «doux» ■ MUS. Mot indiquant qu'il faut donner une expression douce dans l'exécution. ➤ 2 **piano.** ■ CONTR. Forte.

DOLCE VITA [dɔltʃevita] **n. f.** – 1959 ◇ loc. italienne «la belle vie», répandue en français après le film de Fellini, *La Dolce Vita* ■ Forme de vie oisive et aisée. *«la pègre dorée de la dolce vita»* YOURCENAR.

DOLCISSIMO [dɔltʃisimo] **adv.** – fin XIXe ◇ mot italien «très doux» ■ MUS. D'une manière très douce (indication de mouvement). ➤ **pianissimo.** *Jouer dolcissimo.* ■ CONTR. Fortissimo.

DOLÉANCE [dɔleɑ̃s] **n. f.** – 1429 ; *douliance* XIIIe ◇ de l'ancien français *douloir ;* latin *dolere* «souffrir» ■ **VX au sing.,** COUR. **au plur.** Plainte pour réclamer au sujet d'un grief ou pour déplorer des malheurs personnels. ➤ **récrimination ; réclamation, revendication.** *Faire, présenter ses doléances. Je vous fais part des doléances du personnel.* — HIST. *Les cahiers de doléances des États généraux de 1789.*

DOLEAU [dɔlo] **n. m.** – 1751 ◇ de *doler* ■ TECHN. Hachette pour équarrir les ardoises.

DOLENT, ENTE [dɔlɑ̃, ɑ̃t] **adj.** – XIe ◇ latin populaire °*dolentus*, classique *dolens, entis,* de *dolere* «souffrir» ; cf. *doléance* ■ **1** LITTÉR. Qui est affecté par une souffrance physique, un mauvais état de santé. *«Il éprouvait à parer son corps dolent [...] une joie mélancolique»* PROUST. ■ **2** Qui se sent malheureux et cherche à se faire plaindre. *Il est toujours dolent.* ■ **3** Qui exprime plaintivement une souffrance. ➤ **geignard, gémissant, pleurnicheur.** *Un ton dolent.* ➤ **plaintif.** *«Pâle et les traits tirés, les yeux dolents, la bouche grave»* HUYSMANS. ■ CONTR. Dispos. Gai, joyeux.

DOLER [dɔle] **v. tr.** ‹1› – XIIe ◇ latin *dolare* «dégrossir, façonner» ■ VX et TECHN. Amincir ou aplanir avec un instrument tranchant (doleau, doloire).

DOLIC ou **DOLIQUE** [dɔlik] **n. m.** – 1786 ; *doliche* XVIe ◇ grec *dolikhos* «haricot» ■ Genre de légumineuses papilionacées des pays chauds. *Dolic d'Égypte* (ou *pois indien*).

DOLICHOCÉPHALE [dɔlikosefal] **adj.** – 1842 ◇ du grec *dolikhos* «long» et *-céphale* ■ ANTHROP. Qui a la boîte crânienne allongée. *L'homme magdalénien était dolichocéphale.* — **n.** *Un, une dolichocéphale.* ■ CONTR. Brachycéphale.

DOLICHOCÔLON [dɔlikokolɔ̃] **n. m.** – 1931 ◇ du grec *dolikhos* «long, allongé» et français *côlon* ■ ANAT. Côlon anormalement long.

DOLINE [dɔlin] **n. f.** – 1895 ◇ serbo-croate *dolina* «cuvette» ■ GÉOGR. Dans un relief karstique, Dépression fermée de forme circulaire.

DOLIQUE ➤ **DOLIC**

DOLLAR [dɔlaʀ] **n. m.** – 1730 ◇ mot anglais américain, du bas allemand *daler* → thaler ■ Unité monétaire (SYMB. $) des États-Unis d'Amérique, divisée en 100 cents (cf. Billet* vert). *Payer en dollars.* PAR APPOS. *La zone dollar* (➤ **dollarisation**). — En composition ➤ **eurodollar, narcodollars, pétrodollars.** ◆ Unité monétaire de quelques autres pays. (1853) *Dollar canadien.* ➤ **huard,** FAM. **piastre.** *Dollar libérien, malais.*

DOLLARISATION [dɔlaʀizasjɔ̃] **n. f.** – 1983 ◇ de l'anglais *dollarization,* de *dollar* ■ Processus par lequel une devise stable telle que le dollar américain se substitue totalement ou partiellement à une monnaie nationale. *La dollarisation de l'Amérique latine.*

DOLMAN [dɔlmɑ̃] **n. m.** – 1812 ◇ du turc *dolama,* probablement par l'allemand et le hongrois. Chez Rousseau, *dolman* désigne la robe de dessous des Arméniens (1763). ■ ANCIENNT Veste ajustée à brandebourgs que portaient les hussards, les chasseurs à cheval.

DOLMEN [dɔlmɛn] **n. m.** – 1805 ◇ du breton *taol, tol* «table» et *men* «pierre» ■ Monument mégalithique, composé de pierres brutes agencées en forme de table gigantesque. *Alignements de dolmens et de menhirs. Suite de dolmens formant allée couverte.* «*au pied du Dolmen étaient appuyées deux autres pierres qui en soutenaient une troisième couchée horizontalement*» CHATEAUBRIAND.

DOLOIRE [dɔlwaʀ] **n. f.** – XIVe ◇ latin populaire °*dolatoria,* de *dolare* → doler ■ TECHN. *Doloire de tonnelier :* hache qui sert à doler le bois des douves, des cerceaux de tonneaux. *Doloire de maçon :* pelle en fer pour gâcher le sable et la chaux.

DOLOMIE [dɔlɔmi] **n. f.** – 1792 ◇ de *Dolomieu,* n. du naturaliste qui a découvert cette substance ■ GÉOL. Roche sédimentaire composée de dolomite et de calcite, qui peut constituer des massifs montagneux comme dans les Alpes du Tyrol, ou *Dolomites.*

DOLOMITE [dɔlɔmit] **n. f.** – 1838 ◇ de *dolomie* ou de *Dolomieu,* n. pr. ■ MINÉR. Carbonate naturel de calcium et de magnésium $[CaMg(CO_3)_2]$, entrant dans la composition de la dolomie*.

DOLOMITIQUE [dɔlɔmitik] **adj.** – 1834 ◇ de *dolomite* ■ SC. Qui renferme de la dolomie. *Alpes dolomitiques :* massif des Dolomites. *Calcaire dolomitique,* dont la composition est celle de la dolomie.

DOLORISME [dɔlɔʀism] **n. m.** – 1919 ◇ dérivé savant du latin *dolor* ■ DIDACT. Doctrine de l'utilité, de la valeur (morale) de la douleur. *Duhamel* «*donne en plein dans ce que j'appellerai le dolorisme, c'est-à-dire la théorie de l'utilité, de la nécessité, de l'excellence de la douleur*» P. SOUDAY.

DOLOSIF, IVE [dɔlozif, iv] **adj.** – 1864 ◇ dérivé savant du latin *dolosus* ■ DR. Qui tient du dol. *Manœuvres dolosives.*

DOM [dɔ̃] **n. m.** – 1527 ◇ de l'italien *don,* du latin *dominus* «seigneur». Le sens 2 est un emprunt au portugais de même origine. ■ **1** (Suivi d'un patronyme) Titre donné à certains religieux (bénédictins, chartreux, trappistes). *Dom Pérignon.* ■ **2** Titre donné aux nobles espagnols (➤ 2 **don**) et portugais. «*Dom Garcie de Navarre*», «*Dom Juan*», *comédies de Molière.* ■ HOM. Don, donc, dont.

D. O. M. [dɔm] **n. m. inv.** – 1973 ◇ acronyme ■ Département d'outre-mer. *Les D. O. M.-R. O. M.* [dɔmʀɔm] : départements et régions d'outre-mer.

DOMAINE [dɔmɛn] **n. m.** – *demeine* XIIe ◇ latin *dominium* «propriété»

I CONCRET ■ **1** Terre possédée par un propriétaire. ➤ 2 **bien, fonds, propriété, terre.** *Étendue d'un domaine. Domaine de cent hectares. Bois, forêts, chasses, prairies, pâturages, métairies, fermes composant un domaine. Domaine agricole.* ➤ **exploitation.** *Domaine vinicole.* ➤ 1 **château,** 2 **clos.** *Petit domaine.* ➤ **enclos.** *Domaine familial.* ➤ **héritage, patrimoine.** *Les latifundiums, grands domaines de l'Italie antique. Domaine féodal.* ➤ **fief.** HIST. *Domaine de la couronne :* domaine d'abord confondu avec les possessions familiales du roi de France (sous les Capétiens), puis proclamé inaliénable (édit de Moulins, 1566). ◆ DR. ADMIN. *Domaine de l'État,* et ABSOLT *le Domaine :* les biens de l'État. *Domaine public :* les biens qui sont affectés à l'usage direct du public ou à un service public (cours d'eau, rivages, routes, voies ferrées, marchés). ➤ **domanial.** — *Domaine privé :* biens de même nature que ceux des particuliers, appartenant à l'État ou aux collectivités locales. — *Service des domaines,* ou ELLIPT *les domaines,* chargé d'administrer les biens de l'État. *Véhicules vendus par les domaines.* ◆ Ensemble des étendues dévolues à une activité. *Domaine skiable. Le domaine forestier français.* ■ **2** LOC. *Tomber dans le domaine public,* se dit des œuvres littéraires, musicales, artistiques qui, après un temps déterminé par les lois (en France, 70 ans après la mort de l'auteur), cessent d'être la propriété des auteurs ou de leurs ayants droit.

II FIGURÉ ■ **1** Ce qui appartient à qqn, à qqch. «*Notre insuffisance d'esprit est précisément le domaine des puissances du hasard, des dieux et du destin*» VALÉRY. ◆ Ce qu'embrasse un art, une science, un sujet, une idée. ➤ **monde, univers.** *Le domaine de ses connaissances.* ➤ **cercle,** 1 **champ, étendue, périmètre.** «*La politique, c'est, par essence, le domaine des choses concrètes*» MARTIN DU GARD. *Ce domaine est encore fermé aux savants.* ➤ **sphère.** *Il excelle dans ce domaine. Dans tous les domaines :* en toutes matières, dans tous les ordres d'idées, sur tous les points. *Tous domaines confondus.* ■ **2** Secteur relevant de la compétence de qqn, d'une institution, d'une science. *L'art médiéval est son domaine.* ➤ **matière, spécialité.** *Il est dans son domaine* (cf. Sur son terrain). «*Faut jamais poser de questions aux flics, c'est leur domaine réservé*» BOUDARD. *Être du domaine de qqch., de qqn.* ➤ **relever** (de). *C'est du domaine de la médecine. Ce n'est pas de mon domaine.* ➤ **compétence,** 2 **rayon,** 2 **ressort.**

III DANS LES SCIENCES ■ **1** MATH. *Domaine de définition* d'une fonction. Domaine d'un espace topologique :* partie ouverte et connexe de cet espace. ■ **2** SC. Portion de territoire présentant des caractères (géologiques, climatiques, botaniques) particuliers. ➤ **région, zone.** *Le domaine méditerranéen. Le domaine de la vigne.* ■ **3** BIOCHIM. *Domaine protéique :* unité structurale d'une protéine, à laquelle une fonction particulière peut être attribuée. ➤ **homéodomaine.** *Domaine immunoglobuline, domaine de liaison.* ■ **4** INFORM. Ensemble d'adresses électroniques faisant l'objet d'une gestion commune. *Nom de domaine,* désignant un site sur Internet et entrant dans la composition de son adresse électronique. *Les noms de domaine se terminent par un suffixe*.*

DOMANIAL, IALE, IAUX [dɔmanjal, jo] **adj.** – XVIe ◇ latin médiéval *domanialis* «qui appartient au seigneur» ■ DR. Qui appartient à un domaine. *Ferme domaniale.* — SPÉCIALT Qui appartient au domaine public. *Biens domaniaux. Forêts domaniales.*

DOMANIALITÉ [dɔmanjalite] **n. f.** – 1819 ◇ de *domanial* ■ DR. Caractère de ce qui est domanial.

1 **DÔME** [dom] **n. m.** – XVe ◇ italien *duomo,* latin ecclésiastique *domus* «maison de Dieu» ■ Nom donné à l'église principale de certaines villes d'Italie et d'Allemagne. ➤ **cathédrale.** *Le dôme de Milan.*

2 **DÔME** [dom] **n. m.** – 1600 ◇ de l'ancien occitan *doma,* du latin d'origine grecque *doma* «toiture, terrasse» ■ **1** Toit élevé, de forme arrondie surmontant certains grands édifices (➤ **coupole**). *Dôme se rétrécissant brusquement vers la pointe.* ➤ 2 **bulbe.** *Dôme à pans coupés. Dôme surbaissé.* — *Le dôme du Panthéon, des Invalides* (à Paris). «*Ce dôme est une armature d'acier artistique de quinze mille pieds de diamètre environ*» RIMBAUD. *En dôme :* en forme de dôme. ■ **2** LITTÉR. *Un dôme de feuillage, de verdure.* POÉT. *Le dôme du ciel.* ➤ **voûte.** «*Le dôme obscur des nuits, semé d'astres sans nombre*» HUGO. — GÉOGR. Montagne peu élevée et arrondie. *Dôme volcanique. Le puy de Dôme.* «*des dômes coiffés de glace, des sommets chauves*» CHATEAUBRIAND.

DOMESTICATION [dɔmɛstikasjɔ̃] **n. f.** – 1832 ◇ de *domestiquer* ■ Action de domestiquer ; son résultat. *Domestication d'animaux sauvages.* ➤ **apprivoisement.** *L'influence de Babylone* s'exerçait « suivant toutes les nuances de l'autorité du protectorat ou de la domestication » DANIEL-ROPS. ➤ **asservissement, assujettissement.** ■ CONTR. Affranchissement, émancipation.

DOMESTICITÉ [dɔmɛstisite] n. f. – 1583 ◊ bas latin *domesticitas* ■ **1** VX État, condition de domestique. ➤ **engagement, service.** ♦ MOD. Ensemble des domestiques, des employés de maison. *La domesticité d'une maison, d'un château.* ➤ **personnel.** « *une domesticité complète, y compris la nurse pour les enfants* » SIMENON. ■ **2** RARE Condition d'animal domestique.

DOMESTIQUE [dɔmɛstik] adj. et n. – v. 1393 ◊ latin *domesticus*, de *domus* « maison »

I ~ **adj.** ■ **1** (VX, sauf dans des expr.) Qui concerne la vie à la maison, en famille. *L'état le plus naturel à l'homme qui étudie « est encore la vie domestique, régulière, intime »* SAINTE-BEUVE. *Travaux, tâches domestiques.* ➤ 2 **ménager.** *Économie domestique. Déchets domestiques* (opposé à *industriels*). *Personnel domestique* : employés de maison. *Accidents domestiques,* survenant au foyer. *Réseau domestique* (ou *local*), interconnexion en réseau informatique à l'intérieur d'un foyer. *Affaire domestique ; ennuis, querelles domestiques.* ➤ **familial, intime.** *Un tyran domestique* : membre d'une famille qui est autoritaire à l'excès. *Violence domestique.* ANTIQ. *Les dieux domestiques,* protecteurs du foyer. ➤ **lare, pénates.** — n. m. VX ➤ **foyer, ménage.** « *Son domestique était réglé comme l'intérieur d'un monastère* » FLAUBERT. ■ **2** (Animaux) Dont l'espèce est depuis longtemps apprivoisée, qui se reproduit dans les conditions fixées par l'être humain et qui vit auprès de lui pour l'aider, le nourrir, le distraire. *Le chien, le chat, le cheval sont des animaux domestiques.* ➤ **familier** (cf. Animal de compagnie*). — (Opposé à *sauvage*) *Renne, oie domestique.* ■ **3** ANGLIC. ÉCON., COMM. Qui concerne un pays, à l'intérieur de ses frontières. ➤ **intérieur.** *Le marché, la demande domestique. Vols domestiques et vols internationaux.*

II ~ **n.** (XVIe) ■ **1** n. m. HIST. Personne noble ou roturière attachée à la maison du Roi, d'un prince. ➤ **bouteiller, chambellan, échanson, écuyer,** 2 **officier,** 2 **page.** ■ **2** (Sens large) Personne employée pour le service, l'entretien d'une maison ou le service matériel intérieur d'un établissement ; SPÉCIALT Personne chargée de la tenue du ménage, du service, de la cuisine, chez un particulier qui l'emploie. ➤ **bonne, boy, camériste,** VX **chambrière, chauffeur,** 1 **cocher, cuisinier,** 1 **dame** (de compagnie), **employé** (de maison), **femme** (de chambre, de ménage), **gardien, gouvernante, homme** (de peine), **intendant, jardinier, laquais, lingère, maître** (d'hôtel), **majordome, nourrice, nurse, plongeur, régisseur, servante, serviteur, soubrette,** VX **suivante** (1 suivant, II), **valet** (de chambre, de ferme, de pied) ; aussi **ancillaire.** *Ensemble des domestiques.* ➤ **domesticité,** VIEILLI 1 **gens, personnel, service, suite.** *Suite* (II, 1°) *de domestiques.* ➤ **train.** *Domestiques d'une maison, d'un hôtel. Engager, congédier un domestique. Domestique stylé. Salaire d'un domestique.* ➤ **gage.** *Domestique qui rend son tablier*.* (Attribut) *Il, elle est domestique chez qqn.* « *la profonde impudeur qui compte pour rien la présence d'un domestique* » COLETTE. — REM. *Domestique* tend à être remplacé dans l'usage par *employé, ée de maison, de service,* et au plur. par *gens de maison.* ♦ RÉGION. *Domestique de ferme* : ouvrier agricole non qualifié, journalier ; servante de ferme. ♦ PÉJ. *Il nous traite comme des domestiques. Prendre qqn pour son domestique. Je ne suis pas son domestique !* ➤ **bonniche, esclave, larbin, valet.** ■ **3** n. m. VX Ensemble des domestiques d'une maison. « *Son domestique était composé d'une femme de chambre* [...], *d'un valet de son pays* » ROUSSEAU. ➤ **domesticité.**

DOMESTIQUER [dɔmɛstike] v. tr. ‹1› – XVe ◊ de *domestique* ■ **1** Rendre domestique (une espèce animale sauvage). ➤ **apprivoiser.** *Le cheval a été domestiqué vingt siècles avant l'ère chrétienne.* ■ **2** Amener à une soumission totale, mettre dans la dépendance. ➤ **asservir, assujettir.** « *ils se soumirent les peuples avoisinants, qu'ils domestiquèrent* » DANIEL-ROPS. ■ **3** Maîtriser (qqch.) pour utiliser. ➤ **dompter.** *Domestiquer l'énergie solaire. Domestiquer sa volonté.* ■ CONTR. Affranchir, émanciper, libérer.

DOMICILE [dɔmisil] n. m. – 1326 ◊ latin *domicilium*, de *domus* « maison » ■ **1** COUR. Lieu ordinaire d'habitation. ➤ **chez** (chez-soi), **demeure, habitation, home, logement, maison, résidence.** « *Pour nous la maison est seulement un domicile, un abri* » FUSTEL DE COULANGES. *Regagner son domicile. Être sans domicile* (cf. Sur le pavé, sans toit, à la rue, sans feu* ni lieu). *Personne sans domicile fixe.* ➤ **clochard, vagabond ; nomade, squatteur.** ELLIPT *Les sans domicile fixe.* ➤ **S. D. F.** *Violation de domicile.* — SPÉCIALT *Abandonner, quitter le domicile conjugal,* en parlant d'un des conjoints. — *Élire domicile quelque part* : s'y fixer pour y habiter. ➤ **s'installer.** *Il a élu domicile au n° 25 de la rue X.* ♦ loc. adv. **À DOMICILE :** dans la demeure même de qqn. *Se faire livrer un colis à domicile. Démarchage à domicile. Travailler à domicile,* chez soi. *Visites à domicile d'un médecin, d'une infirmière. Cinéma à domicile* : recomm. offic. pour *home cinéma.* — SPORT Sur son terrain, en parlant d'une équipe qui dispute un match. *Victoire à domicile.* ■ **2** DR. Lieu où une personne a son principal établissement, demeure légale et officielle. « *Le domicile de tout Français, quant à l'exercice de ses droits civils, est au lieu où il a son principal établissement* » (CODE CIVIL). *Domicile et résidence secondaire. Changement de domicile. Certificat de domicile. Domicile d'une société.* ➤ **siège.** *Élection de domicile* : choix d'un lieu par les parties pour l'exécution d'un acte, d'une convention. (1959) ADMIN. *Domicile de secours* : commune où doivent être versées les prestations d'aide sociale.

DOMICILIAIRE [dɔmisiljɛʀ] adj. – 1540 ◊ de *domicile* ■ DR. Qui a rapport au domicile. *Expulsion domiciliaire. Visite, perquisition domiciliaire,* faite dans le domicile de qqn par autorité de justice.

DOMICILIATAIRE [dɔmisiljatɛʀ] n. m. – v. 1900 ◊ de *domiciliation* ■ DR., FIN. Tiers au domicile de qui un chèque ou une lettre de change est payable (en général, un banquier).

DOMICILIATION [dɔmisiljasjɔ̃] n. f. – 1906 ◊ de *domicilier* ■ DR. ■ **1** Désignation du domicile où un effet est payable. *Domiciliation d'un chèque* (banque, bureau de chèques postaux). *Domiciliation bancaire.* ■ **2** Choix d'un domicile par une société en voie de constitution, avant son immatriculation.

DOMICILIER [dɔmisilje] v. tr. ‹7› – 1539 ◊ de *domicile* ■ **1** ADMIN. Assigner, fixer un domicile à. ♦ *Être domicilié quelque part :* y avoir son domicile. *Les mineurs sont domiciliés chez leurs parents.* ■ **2** DR., FIN. *Domicilier une traite, un chèque.* ➤ **domiciliation.**

DOMINANCE [dɔminɑ̃s] n. f. – XVIe ◊ de *dominer* ■ **1** VX Fait de dominer (➤ **domination**), d'être dominant (➤ **prédominance**). ■ **2** MOD. GÉNÉT. Prépondérance d'un gène ou d'un caractère dominant sur son allèle récessif, chez un hétérozygote. ➤ **épistasie ; génotype.**

DOMINANT, ANTE [dɔminɑ̃, ɑ̃t] adj. – XIIIe ◊ de *dominer* ■ **1** Qui exerce l'autorité, domine sur d'autres. *Nation dominante.* — n. *Les dominants et les dominés.* « *Il parlait de cette voix grave et posée caractéristique des dominants* » J.-P. DUBOIS. — FÉOD. *Fief* dominant.* — DR. *Fonds dominant* : immeuble au profit duquel existe une servitude (opposé à *fonds servant*). ♦ GÉNÉT. *Gène dominant,* dont le phénotype *(caractère dominant)* apparaît chez l'individu hétérozygote comme chez l'homozygote (opposé à *gène dominé* ou *récessif*). ♦ ÉTHOL. *Animal dominant,* gagnant dans la lutte de territoire. *Mâle dominant, femelle dominante,* qui n'est soumis(e) à aucun(e) autre (cf. Mâle alpha*). *Il « apprend à repérer les individus dominants* [des crocodiles], *à la façon dont les autres s'écartent imperceptiblement sur leur passage* » S. AUDEGUY. *Couple dominant.* ■ **2** Qui est le plus important, l'emporte parmi d'autres. ➤ 1 **capital, premier, prépondérant, primordial, principal.** *Signe, trait dominant ; propriété, qualité dominante.* ➤ **déterminant.** « *Le trait dominant de ma nature* [...] *est une lucidité affreuse* » MAURIAC. « *La vanité est la passion dominante de l'homme* » MONTHERLANT. *Idée dominante d'un ouvrage, d'un système* (cf. Clef* de voûte). *Opinion dominante.* ➤ 1 **général.** ♦ ÉCOL. *Espèce dominante, sujet dominant dans un biotope,* qui a la prépondérance par son abondance, sa capacité à éliminer les autres. ■ **3** Qui domine, surplombe, surmonte. ➤ **culminant, élevé, éminent, haut, supérieur.** *Ce fort est dans une position dominante.* ♦ FIG. *Il occupe une position dominante* (cf. Tenir le haut du pavé*). — DR. COMM. *Abus de position dominante,* pratique prohibée qui consiste à fausser le jeu de la concurrence, en raison d'une position dominante sur le marché. ■ CONTR. Inférieur ; accessoire, dépendant, secondaire, subordonné.

DOMINANTE [dɔminɑ̃t] n. f. – 1752 mus. ◊ de *dominant* ■ **1** Élément dominant, essentiel, caractéristique, parmi plusieurs choses. *La dominante de son œuvre est l'ironie.* « *la dominante des fresques de Doura, c'est le rose* » MALRAUX. ■ **2** MUS. Le cinquième degré de la gamme diatonique ascendante (➤ aussi **sous-dominante, sus-dominante**). *L'accord parfait majeur comprend la tonique et la dominante du ton.* — *Septième de dominante* : accord majeur avec septième mineure, sur le cinquième degré d'une gamme.

DOMINATEUR, TRICE [dɔminatœʀ, tʀis] **n. et adj.** – XIIIe ◊ latin *dominator* ▪ **1** LITTÉR. Personne ou puissance qui domine sur d'autres, qui commande souverainement. *Alexandre le Grand, dominateur de l'Asie.* ➤ **conquérant, vainqueur.** *Dominateurs et esclaves.* ➤ **despote, dictateur, maître, oppresseur, tyran.** *L'Angleterre fut la dominatrice des mers.* ▪ **2 adj.** Qui domine, qui aime à dominer. *Pouvoir dominateur, force dominatrice. « Il y avait dans René quelque chose de dominateur qui s'emparait fortement de l'âme »* CHATEAUBRIAND. *Caractère, regard dominateur.* ➤ **autoritaire, impérieux, volontaire.**
▪ CONTR. Esclave, serviteur. Opprimé, soumis.

DOMINATION [dɔminasjɔ̃] **n. f.** – 1120 ◊ latin *dominatio*
I ▪ **1** Action de dominer ; autorité souveraine. ➤ **empire, maîtrise, omnipotence,** 2 **pouvoir,** VX **prépotence, suprématie.** *Domination despotique, injuste, tyrannique.* ➤ **dictature, joug, oppression, tyrannie.** *Être, vivre sous la domination de qqn,* dans l'esclavage, la sujétion. ➤ **emprise.** *Vivre sous (une) domination étrangère.* ➤ **férule, mainmise.** *« Aucun contact humain, mais des rapports de domination et de soumission »* CÉSAIRE. *« La Domination masculine », ouvrage de Bourdieu.* ▪ **2** Le fait d'exercer une influence déterminante. *Domination spirituelle, morale.* ➤ **emprise, influence ;** et aussi **charisme.** *Il exerce sur tous une domination irrésistible.* ➤ 2 **ascendant.** — *Domination de soi-même.* ➤ **contrôle, maîtrise, self-control.** *« Enseigne-lui que la domination de la vie ne va pas sans domination de soi-même »* MAURIAC.
II n. f. pl. LES DOMINATIONS : anges formant avec les Vertus et les Puissances le premier chœur du second ordre, dans la théologie catholique. *« l'éternelle fête Des Trônes, des Vertus, des Dominations »* BAUDELAIRE.
▪ CONTR. Liberté ; indépendance. Obéissance, servitude, soumission, sujétion.

DOMINER [dɔmine] **v.** ⟨1⟩ – Xe ◊ latin *dominari,* de *dominus* « maître »
I ~ v. intr. DOMINER SUR, DANS... ▪ **1** LITTÉR. Commander souverainement, avoir la suprématie (sur). ➤ **régner.** *Nation, puissance qui domine sur un continent.* — ABSOLT *Elle aime dominer.* ➤ **commander, diriger.** ▪ **2** VX ou LITTÉR. Exercer une influence qui l'emporte sur les autres. *Il domine de très loin sur ses collègues, dans cette assemblée.* ▪ **3** MOD. Être le plus apparent, le plus fort, le plus important, parmi plusieurs éléments. ➤ **emporter** (l'emporter), **prédominer.** *Les femmes dominent dans cette profession :* il y a surtout des femmes. *« elle n'aurait pu dire ce qui dominait chez cet homme, la douceur ou la férocité »* GREEN. *Dans ce parfum, l'odeur du vétiver domine.* ➤ **dominant.** ▪ **4** VX Être plus haut que les objets environnants. ➤ **culminer.** *Une place forte « qui, dominant sur ce lac, rendait son possesseur maître du cours de la Neva »* VOLTAIRE.
II ~ v. tr. DOMINER QQN, QQCH. ▪ **1** Avoir, tenir sous sa suprématie, sous sa domination. ➤ **diriger, gouverner, régir, soumettre.** *Dominer le monde. Despote qui domine un peuple.* ➤ **asservir, assujettir, subjuguer.** *Combattant, concurrent qui domine son adversaire.* ➤ **surclasser, surpasser** (cf. Avoir l'avantage*, le dessus*, l'emporter sur). *« vous vous laissez dominer, outrager, fouler aux pieds par une poignée de drôles »* R. ROLLAND. ABSOLT *Leur équipe a dominé pendant la première mi-temps.* ➤ **mener.** ◆ PAR EXT. *Le droit a dominé la force.* ➤ 1 **primer.** *« Nous savons que nous sommes faits pour dominer le monde et non pas le monde pour nous dominer »* CLAUDEL. ▪ **2** FIG. Être plus fort que ; avoir une influence décisive sur. *Artiste qui a dominé son siècle. Ce problème, cette question domine toute l'affaire. Dominer un auditoire par son talent, son autorité.* ➤ **subjuguer.** *Sa voix dominait le vacarme.* ➤ **couvrir.** — *Dominer ses passions par un effort de volonté.* ➤ **contenir, contrôler, dompter, maîtriser, surmonter.** *« Sa tête dominait son cœur »* STENDHAL. *Dominer sa colère, son trouble. « Malgré son violent désir de dominer sa douleur, des larmes roulèrent sur ses joues »* BARRÈS. *Se laisser dominer, être dominé par ses passions.* — *Dominer la situation,* la maîtriser parfaitement (cf. Avoir bien en main*). — *Dominer une compétition,* y être le meilleur. ◆ **SE DOMINER v. pron.** Être ou se rendre maître de soi, de ses réactions. ➤ se **contenir,** se **retenir.** *Il ne sait pas se dominer.* ➤ se **maîtriser.** ▪ **3** Avoir au-dessous de soi, dans l'espace environnant. ➤ **surplomber, surmonter.** *Monument, belvédère qui domine une ville. De sa terrasse, on domine tout Paris. Il domine son frère de la tête.* ➤ **dépasser.** ◆ FIG. *Dominer la question, son sujet :* être capable de l'embrasser dans son ensemble, d'en traiter avec aisance. ➤ **maîtriser.**
▪ CONTR. Obéir, servir. Céder, fléchir, plier, succomber. — Emporter (s').

DOMINICAIN, AINE [dɔminikɛ̃, ɛn] **n.** – 1546 ◊ de *Dominique* ▪ Religieux, religieuse de l'ordre des *Frères prêcheurs,* fondé au XIIIe s. par saint Dominique. ➤ VX **jacobin.** — **adj.** *Le costume dominicain.*

DOMINICAL, ALE, AUX [dɔminikal, o] **adj.** – 1417 ◊ bas latin *dominicalis,* diminutif de *dominicus* → dimanche ▪ **1** RELIG. CHRÉT. Qui appartient au Seigneur. *L'oraison dominicale.* ➤ 1 **pater.** ▪ **2** Qui a rapport au dimanche, jour du Seigneur. *Repos dominical. Promenade dominicale.*

DOMINION [dɔminjɔn] **n. m.** – 1869 ◊ mot anglais « domination, puissance », appliqué au Canada en 1867 ▪ Ancienne colonie britannique de peuplement européen, pourvue d'un gouvernement responsable, aujourd'hui État politiquement indépendant au sein du Commonwealth. *Dominion de Nouvelle-Zélande.*

DOMINO [dɔmino] **n. m.** – 1401 ◊ abrév. d'une expression latine, p.-ê. *benedicamus domino* « bénissons le Seigneur »
I ▪ **1** ANCIENNT Camail noir à capuchon que les prêtres portaient en hiver. ▪ **2** (1665) Costume de bal masqué consistant en une robe flottante à capuchon. *« des femmes du monde protégées, si elles y tenaient, par des dominos et des loups »* NERVAL.
II ▪ **1** (1771 ◊ à cause du fond de bois noir, comparé au *domino,* I, 1°) MOD. Petite plaque noire en dessous, dont le dessus blanc est divisé en deux parties portant chacune de zéro à six points noirs. *Piocher un domino.* — LOC. *Effet domino :* effondrement de tout un système par répercussions en cascade d'un évènement de départ. ◆ *Les dominos :* jeu formé de vingt-huit de ces plaques que les joueurs assemblent selon des règles. *Jouer aux dominos.* ▪ **2** ÉLECTROTECHN. Dispositif de raccordement électrique pour fils de petite section. — RÉGION. (Belgique) Prise femelle à plusieurs douilles.

DOMINOTERIE [dɔminɔtʀi] **n. f.** – 1640 ◊ de *dominotier* ▪ Fabrication de papiers marbrés, coloriés (utilisés pour certains jeux de société : dames, loto, jeu de l'oie).

DOMINOTIER, IÈRE [dɔminɔtje, jɛʀ] **n.** – 1540 ◊ de *domino* « papier imprimé de figures coloriées » ▪ **1** ANCIENNT Fabricant de dominoterie. ▪ **2** (de *domino,* II, 1°) MOD. Personne spécialisée dans la confection des plaques d'os, d'ivoire, qui recouvrent les dominos.

DOMISME [dɔmism] **n. m.** – 1960 ◊ latin *domus* « demeure » ▪ DIDACT. Science de la construction et de l'aménagement de l'habitation.

DOMMAGE [dɔmaʒ] **n. m.** – *damage* 1080 ◊ de *dam* ▪ **1** Préjudice subi par qqn. ➤ **atteinte, dam, détriment, tort.** *Dommage corporel,* qui porte atteinte à l'intégrité physique d'une personne. *Dommage moral,* qui porte atteinte à l'honneur, aux sentiments de qqn. *Dommage causé avec intention de nuire.* ➤ 1 **délit.** *Éprouver, subir un dommage. Réparer un dommage.* ➤ **dédommager, indemniser.** *Il s'en est tiré sans dommage.* ◆ **DOMMAGES-INTÉRÊTS** (ou *dommages et intérêts*) : somme due au créancier par le débiteur qui n'exécute pas son obligation, pour compenser le dommage qu'il a fait subir. PAR EXT. Indemnité due par l'auteur d'un délit ou d'un quasi-délit en réparation du préjudice causé. *Demander, réclamer, obtenir des dommages-intérêts.* ➤ **dédommagement.** ▪ **2** Dégâts matériels causés aux choses. ➤ **ravage.** *La grêle, la gelée ont causé des dommages aux cultures* (➤ **endommager**). *Sinistre qui provoque de grands dommages. Dommage subi par des marchandises* (➤ **avarie, perte**), *par un édifice* (➤ **détérioration, endommagement**). ◆ **DOMMAGES (DE GUERRE).** DR. ADMIN. Dommages causés aux biens des individus par les faits de guerre et dont la réparation incombe à l'État. — DR. INTERNAT. Dommages causés à une nation par les faits de guerre et dont la réparation incombe, en principe, à l'ennemi. *L'Allemagne « avait à réparer les dommages causés à autrui »* BAINVILLE. PAR EXT. FAM. Indemnité touchée pour ces dommages. — *Dommages collatéraux**. ▪ **3** (En emploi indéterminé) Chose fâcheuse. *« Il y a déjà longtemps que je suis vieux [...] Le dommage est, non point de trop durer, mais bien de voir tout passer autour de soi »* FRANCE. ◆ COUR. *Quel dommage, il est dommage, c'est dommage,* et ELLIPT *dommage que* (et subj.), *de* (et inf.). *Ce serait vraiment dommage qu'il pleuve.* ➤ **fâcheux, regrettable, triste.** *Quel dommage d'abattre de si beaux arbres ! C'est bien dommage. Comme c'est dommage. Dommage que vous ne puissiez pas l'attendre.* ELLIPT *Dommage !* (cf. Tant* pis). — VX ou RÉGION. (Canada) *C'est beau dommage :* le contraire serait étonnant. *Beau dommage que je m'en souviens !* ➤ **assurément, évidemment.** *« vous iriez ben y porter secours. – Beau dommage que j'irais... »* G. ROY. ▪ CONTR. Avantage, bénéfice, profit. 1 Bien.

DOMMAGEABLE [dɔmaʒabl] **adj.** – *dammageable* 1314 ◇ de *dommage* ▪ Qui cause du dommage. ➤ **fâcheux, nuisible, préjudiciable.** *Les erreurs de la royauté «sont dommageables à la nation entière»* CHATEAUBRIAND. ▪ **CONTR.** Profitable, utile.

DOMOTIQUE [dɔmɔtik] **n. f.** – 1982 ◇ du radical du latin *domus* «maison» et *-tique*, d'après *informatique* ▪ Ensemble des techniques de gestion automatisée appliquées à l'habitation (confort, sécurité, communication).

DOMPTAGE [dɔ̃(p)taʒ] **n. m.** – 1860 ; *domptement* XIVe ◇ de *dompter* ▪ Action de dompter ; son résultat. ➤ **dressage.**

DOMPTER [dɔ̃(p)te] **v. tr.** (1) – XIVe ; *donter* XIIe ◇ latin *domitare* ▪ **1** Réduire à l'obéissance (un animal sauvage, dangereux). ➤ **apprivoiser, dresser.** *Dompter des fauves* (➤ **dompteur**). ▪ **2** Soumettre à son autorité. ➤ **asservir, assujettir, dominer, maîtriser, 1 mater, réduire, soumettre, subjuguer, 2 terrasser, vaincre.** *Dompter des rebelles, des insoumis. «cette réputation que vous avez de dompter les enfants difficiles»* MAURIAC. ◆ **LITTÉR.** *Dompter les forces de la nature. Dompter les eaux d'un fleuve.* ➤ **domestiquer, maîtriser.** ◆ **FIG. et LITTÉR.** ➤ **briser, discipliner, juguler, maîtriser.** *Dompter un caractère. Dompter ses passions, sa colère.* ➤ **dominer, surmonter.** *«Celui qui dompte son cœur vaut mieux que celui qui prend des villes»* BOSSUET. — **adj. DOMPTABLE,** XIIe. *Animal domptable.*

DOMPTEUR, EUSE [dɔ̃(p)tœʀ, øz] **n.** – 1213 ◇ de *dompter* ▪ Personne qui dompte des animaux. *Dompteur de chevaux. Dompteur de bêtes féroces, de fauves* (➤ **belluaire**). — *Les dompteurs d'un cirque, d'une ménagerie.*

1 **DON** [dɔ̃] **n. m.** – 1080 ◇ latin *donum* ▪ Action de donner ; la chose donnée. ➤ **donation.** ▪ **1** Action d'abandonner gratuitement et volontairement à qqn la propriété ou la jouissance de qqch. *Faire un don à qqn* (➤ **donateur**). *Faire don de qqch. à qqn.* ➤ **donner, léguer.** *Faire don de son corps à la science. Don du sang, de sperme, d'organe.* — **FIG.** *Le don de soi, de sa personne* : l'action de se dévouer entièrement à qqn ou à qqch. ➤ **dévouement, sacrifice.** ▪ **2** Ce qu'on abandonne à qqn sans rien recevoir de lui en retour. ➤ **cadeau, générosité, legs, libéralité, 2 présent, secours, subside, subvention.** *Don fait par charité.* ➤ **aumône, bienfait.** *Don fait à l'occasion du jour de l'an.* ➤ **étrenne, gratification.** *Don pour s'acquérir les faveurs de qqn.* ➤ **bakchich, pot-de-vin, pourboire** (cf. Donner la pièce*, graisser* la patte). *Un don d'argent. Un don en nature, en espèces. Don anonyme. Recevoir un don.* ▪ **3** Avantage naturel (considéré comme reçu de Dieu, de la Fortune, de la nature). ➤ **bénédiction, bienfait, faveur, grâce.** *«La foi est un don de Dieu»* PASCAL. ➤ **charisme.** *Don des langues* (➤ **glossolalie**), *de prophétie.* — **POÉT.** *Les dons de la terre* : ses productions. ▪ **4** Disposition innée pour qqch. ➤ **aptitude, art, capacité, disposition, facilité, génie, habileté, qualité, talent.** *Don oratoire, littéraire. Avoir le don de la parole, de l'éloquence, de l'à-propos* : être doué* pour. *Avoir un don pour les maths, les langues, le commerce.* ➤ **bosse.** *Avoir des dons de poète. Elle a tous les dons.* ◆ *Avoir le don de* (et l'inf.) : réussir particulièrement à. *Cette actrice a le don d'émouvoir le public.* — **IRON.** *Il a le don de m'agacer* (cf. Le chic* pour). ▪ **HOM.** Dom, donc, dont.

2 **DON** [dɔ̃] **n. m.** – début XVIe ◇ mot espagnol, du latin *dominus* ▪ Titre d'honneur particulier aux nobles d'Espagne et qui se place ordinairement devant le prénom. ➤ **dom.** *«Don Juan», opéra de Mozart. Don Quichotte.*

DOÑA [dɔnja] **n. f.** – v. 1621 ◇ fém. de l'espagnol *don* → 2 don ▪ Titre d'honneur des femmes nobles espagnoles, qui se place avant le prénom. *Doña Sol.*

DONACIE [dɔnasi] **n. f.** – 1791 ◇ latin scientifique *donacia* ; grec *donax, akos* «roseau» ▪ **ZOOL.** Insecte coléoptère *(chrysomélidés)* qui vit sur les plantes aquatiques.

DONATAIRE [dɔnatɛʀ] **n.** – 1501 ◇ latin *donatarius* ▪ **DR.** Personne à qui une donation est faite. ▪ **CONTR.** Donateur.

DONATEUR, TRICE [dɔnatœʀ, tʀis] **n.** – 1320 ◇ latin *donator* ▪ **1** Personne qui fait un don, des dons à une œuvre. *Généreux donateur. Membre donateur.* — **SPÉCIALT** Personne qui donne à une église un tableau, un vitrail sur lequel elle se fait le plus souvent représenter à genoux. *«ma peinture, où, comme un donateur dans le coin du tableau, je me suis mis à genoux»* GIDE. ▪ **2** **DR.** Personne qui fait une donation. ➤ **disposant.** ▪ **CONTR.** Donataire.

DONATION [dɔnasjɔ̃] **n. f.** – 1235 ◇ du latin *donatio* ▪ **1** Contrat par lequel une personne (le *donateur*) se dépouille actuellement et irrévocablement de la chose donnée en faveur d'une autre (le *donataire*) qui l'accepte. ➤ **aliénation, disposition, 1 don, libéralité.** *Faire une donation par acte notarié, par contrat de mariage. Donation entre époux, entre vifs. Donation en avancement* d'hoirie. Donation à une œuvre d'intérêt social, de piété.* ➤ **fondation.** *Donation d'immeubles. Faire donation de ses biens.* ◆ **DONATION-PARTAGE,** par laquelle un ascendant partage et distribue, de son vivant, ses biens entre ses descendants. ▪ **2** Acte qui constate le don. *Transcrire une donation. Des donations-partages.*

DONATISME [dɔnatism] **n. m.** – 1587 ◇ de *Donat,* évêque de Casae Nigrae en Numidie, qui s'opposa à l'évêque de Carthage au IVe s. ▪ Hérésie qui entraîna un schisme dans l'Église d'Afrique au IVe s. — **n. et adj.** (1541) **DONATISTE.**

DONC [dɔ̃k] **en tête de propos. ou devant voyelle ; ailleurs [dɔ̃(k)] conj.** – *dunc* Xe ; *donc* et *donques* jusqu'au XVIIe ◇ latin impérial *dunc,* croisement de *dumque,* de *dum* «allons !» et *tunc* «alors» ▪ **1** Amène la conséquence ou la conclusion de ce qui précède, introduit la conclusion d'un syllogisme*. ➤ **conséquence** (en conséquence), **conséquent** (par conséquent), **2 partant.** *Il était là tout à l'heure, il ne doit donc pas être bien loin.* — *«il a hérité, il est donc très riche»* LA BRUYÈRE. *«Je pense, donc je suis»* trad. du lat. «cogito ergo sum» DESCARTES. *«Si ce n'est toi, c'est donc ton frère»* LA FONTAINE. ◆ Transition pour revenir à un sujet après une digression ou une interruption. *Je disais donc que... «Donc, parmi tous ces géants, il y eut un titan»* HUGO. ▪ **2** Exprime l'incrédulité ou la surprise causée par ce qui précède ou ce que l'on constate. *Vous étiez donc là ? C'était donc ça, son fameux secret ! Le voilà donc marié ! Qui donc ? Allez donc savoir ce qui s'est passé réellement.* (Avec une nuance d'ironie) *Allons donc !* (cf. Penses*-tu !). *(Mais) comment donc !* ➤ **certainement.** ▪ **3** Explétif Souligne et renforce une assertion, une injonction, une interrogation. *Taisez-vous donc, à la fin ! Qu'y a-t-il donc encore ? Revenez donc me voir demain.* **FAM.** *Dites donc, vous, là-bas, venez un peu par ici. Ah, dis donc ! Tu parles d'une histoire.* Injure *Va donc, hé, minable !* ▪ **HOM.** Dom, don, dont.

DONDON [dɔ̃dɔ̃] **n. f.** – 1718 ; «refrain» 1564 ◇ onomat. qui exprime le balancement ; cf. *dodeliner* ▪ **FAM. PÉJ.** Grosse femme. *Une grosse dondon. «l'énorme dondon qui déborde de la banquette»* HUYSMANS.

DONF (À) [adɔ̃f] **loc. adv.** – v. 1990 ◇ verlan de *fond* dans *à fond* ▪ **FAM.** (oral) À fond (surtout au fig.). *Écouter de la musique à donf.*

DONJON [dɔ̃ʒɔ̃] **n. m.** – 1160 ◇ latin populaire °*dominio* «tour maîtresse», de *dominus* ▪ Tour principale qui dominait le château fort et formait le dernier retranchement de la garnison. *Le donjon de Vincennes.*

DON JUAN **n. m.** ou **DON JUAN** [dɔ̃ʒɥɑ̃] **n. m. inv.** – 1814 ◇ personnage du théâtre espagnol devenu le type du séducteur ▪ Séducteur sans scrupule. *Jouer les dons juans, les don Juan. «il collectionnait les bonnes fortunes, ce qui lui valait une réputation de don juan et le respect de ses amis»* J.-M. GUENASSIA.

DONJUANESQUE [dɔ̃ʒɥanɛsk] **adj.** – 1841 ◇ de *don juan* ▪ Qui a le caractère d'un don juan. *Des manœuvres donjuanesques,* dignes d'un don juan (➤ **donjuanisme**).

DONJUANISME [dɔ̃ʒɥanism] **n. m.** – 1864 ◇ de *don juan* ▪ Caractère, comportement d'un don juan. — **PSYCHIATR.** Recherche pathologique de nouvelles conquêtes.

DONNANT, ANTE [dɔnɑ̃, ɑ̃t] **adj.** – début XVIIIe ◇ de *donner* ▪ **1** **VX** Qui aime à donner. *Il n'est guère donnant.* ➤ **généreux.** *Avoir l'humeur donnante.* ▪ **2** **MOD. LOC.** *Donnant, donnant* : en ne donnant qu'à la condition de recevoir en contrepartie. *D'accord pour t'aider, mais c'est donnant, donnant.*

DONNE [dɔn] **n. f.** – 1718 ; *done* «action de donner» XIIe ◇ de *donner* ▪ **1** Action de donner, de distribuer les cartes au jeu. *À vous la donne. Faire la donne. Fausse donne.* ➤ **maldonne.** — **PAR MÉTON.** Cartes données à un joueur. ➤ **distribution, jeu.** *Belle donne.* ▪ **2** **PAR MÉTAPH.** Répartition du pouvoir entre les forces en présence (économiques, politiques, sociales, etc.). *La nouvelle donne parentale. Changer la donne.*

DONNÉ, ÉE [dɔne] **adj.** – de *donner* ▪ **1** Qui a été donné. ➤ **offert ; donner.** *C'est donné* : c'est vendu bon marché. *«Et si on vous disait le prix... Elle hoche la tête : Ah ! ça, en effet, c'est donné»* SARRAUTE. *Ça n'est pas donné !* c'est cher. ▪ **2** Connu, déterminé. *Nombres donnés dans l'énoncé d'un problème.* ➤ **donnée.** *Quantités, grandeurs données. À une distance donnée, en un lieu donné.* — *À un moment donné.* ▪ **3** **loc.**

prép. **ÉTANT DONNÉ.** ➤ **attendu,** 2 **vu.** INV. *« Étant donné l'amitié qui nous lie » RENARD.* — LITTÉR. (avec accord) *« étant donnés son aspect et sa tournure » LOTI.* — loc. conj. **ÉTANT DONNÉ QUE** (et l'indic.) : en considérant que, puisque. *Étant donné qu'il ne vient pas, nous pouvons partir.* ▪ **4** SUBST. *Le donné* : ce qui est immédiatement présenté à l'esprit (opposé à ce qui est construit, élaboré).

DONNÉE [dɔne] n. f. – 1755 ◊ de *donner* ▪ **1** MATH. Ce qui est donné, connu, déterminé dans l'énoncé d'un problème, et qui sert à découvrir ce qui est inconnu. *Les données du problème* : les hypothèses fournies par l'énoncé. ▪ **2** Ce qui est admis, connu ou reconnu, et qui sert de base à un raisonnement, de point de départ pour une recherche (cf. Point de départ*). *Les données d'une science, d'une recherche expérimentale.* ➤ **élément, matériau.** *Données statistiques. Manquer de données.* ➤ **élément, renseignement.** *« Pour traiter l'ensemble du problème, nous devons le plus possible partir de données exactes » ROMAINS.* — PSYCHOL. Le donné (4°). *« Essai sur les données immédiates de la conscience », de Bergson.* ◆ INFORM. Représentation conventionnelle d'une information (fait, notion, ordre d'exécution) sous une forme (analogique ou digitale) permettant d'en faire le traitement automatique. *Base*, banque* de données. Adresse* d'une donnée dans la mémoire* (➤ aussi **mapper**). — Ces informations. ➤ ANGLIC. **data.** *Données personnelles*, concernant l'identité d'une personne. *Règlement général sur la protection des données (RGPD). Données ouvertes*. Données massives.* ➤ **big data** (ANGLIC.). ▪ **3** Élément fondamental (circonstances principales, caractères) sur lequel un auteur bâtit un ouvrage. *Les données d'un roman, d'une comédie.*

DONNER [dɔne] v. ‹1› – milieu IXe ◊ du latin *donare*, famille de *donum* → 1 don

I ~ **v. tr.** — REM. *Donner*, ayant pour complément un subst. qui désigne une action, équivaut généralt au verbe d'action. *Donner congé* (➤ **congédier**), *une réponse* (➤ **répondre**), *un coup de balai* (➤ **balayer**). **A. METTRE EN LA POSSESSION DE QQN** ▪ **1** (début XIe) Abandonner à qqn, dans une intention libérale ou sans rien recevoir en retour (une chose que l'on possède ou dont on jouit). ➤ **allouer,** VX **bailler, offrir ;** 1 **don, donation.** *Donner qqch. par testament* (➤ **léguer**). *« ces gens qui acceptent après leur mort de donner leur corps à la science » HOUELLEBECQ. Donner qqch. en récompense. Donner de l'argent, un pourboire, des étrennes à qqn.* FAM. *Donner la pièce au guide.* ➤ **filer.** *Donner qqch. pour s'en débarrasser. « On dit communément : "La plus belle femme du monde ne peut donner que ce qu'elle a ;" ce qui est très faux ; elle donne précisément ce qu'on croit recevoir » CHAMFORT. Donner son sang. Donner un rein* (➤ **donneur**). ABSOLT *« Qui donne aux pauvres prête à Dieu » HUGO. « Donner est plus doux que recevoir » RENAN.* ◆ PAR EXAGÉR. Vendre très bon marché. ➤ **brader ; donné.** *On ne le vend pas, on le donne !* ▪ **2** Faire don de. *« Il n'y a rien de meilleur, quand on aime, que de donner, de donner toujours, tout, tout, sa vie, sa pensée » MAUPASSANT. Donner le meilleur de soi-même. Il lui a donné son amitié. Donner sa vie, son sang pour la patrie :* faire le sacrifice de sa vie. — *Donner son temps à.* ➤ **consacrer, employer, vouer.** *« Jusqu'au dîner, Mme de Rênal n'eut pas un instant à donner à son prisonnier » STENDHAL.* ➤ **accorder.** ▪ **3 DONNER (qqch.) POUR, CONTRE (qqch.)** : céder en échange d'autre chose. ➤ **céder, fournir, livrer.** *Donner qqch. contre, pour de l'argent.* ➤ **vendre.** *Donner des billes contre un calot.* ➤ **échanger, troquer.** *En donner à qqn pour son argent* (➤ **combler, satisfaire**). — Vendre. *Donnez-moi un kilo de pommes. Donnez-m'en un kilo.* ➤ **mettre.** ◆ **DONNER (UNE SOMME) DE (qqch.).** *Je vous en donne cent euros* (d'une marchandise). ➤ **offrir.** ◆ Payer (une certaine somme) à qqn. *Combien donne-t-il à ses ouvriers ?* ◆ LOC. FAM. *J'ai déjà donné !*, je l'ai déjà fait et je ne veux pas recommencer. *Il « refusa d'acquitter la taxe destinée à financer l'effort de guerre, estimant que, pour la guerre, il avait déjà donné – quatre ans dans les tranchées » J. ROUAUD.* ◆ *Donner qqch. pour* (suivi d'un verbe). *Je donnerais cher pour le savoir. Il aurait tout donné pour que ça s'arrête.* ➤ **abandonner, sacrifier.** ▪ **4** Confier (une chose) à qqn, pour un service. ➤ **confier, remettre.** *Donner les clés au gardien. Donner ses chaussures au cordonnier. Donner qqch. à* (et l'inf.). *Donner sa montre à réparer :* la confier pour qu'on la répare. *Donner une propriété à gérer.*

B. METTRE À LA DISPOSITION DE QQN ▪ **1** (début XIe) Mettre à la disposition, à la portée de. ➤ **fournir, offrir, présenter, procurer.** *Voulez-vous donner des sièges aux invités ?* ➤ **apporter.** *Donner une lettre à son destinataire.* ➤ 1 **porter, remettre.** *Donner un certificat, un diplôme.* ➤ **délivrer.** *Donnez-moi du pain. Donne-m'en.* ➤ **passer.** — *Donner à boire, à manger à qqn, à un animal.* ◆ SPÉCIALT *Donner les cartes aux joueurs.* ➤ **distribuer ; donne.** (Sans compl.) *C'est à vous de donner.* ➤ 1 **faire.** ◆ *Donner du travail à un chômeur. Donner de l'instruction à un enfant.* ◆ (Avec une partie du corps) *Donner le bras à qqn.* ➤ **offrir,** 1 **tendre.** *Donne ton doigt que je lui mette un pansement.* ➤ **approcher, avancer.** *Donner la main pour traverser. Donner le sein*.* — *Donner sa langue au chat*.* ▪ **2** (début XVIe) Organiser et offrir à des invités. *Donner un bal, une réception, une fête.* — (Sans compl. ind.) *Donner une pièce de théâtre, un spectacle.* ➤ **jouer, représenter.** *Qu'est-ce qu'on donne cette semaine au cinéma ? « Ils ont donné un reportage là-dessus à la télévision » D. DECOIN.* ▪ **3** (fin XIe) Communiquer, exposer (qqch.) à qqn. ➤ **communiquer,** 1 **dire, exposer, exprimer.** *Donner des renseignements par téléphone, par écrit. Donner les résultats d'un examen, d'un concours. Donner la consigne, des ordres.* ➤ **passer.** *Voulez-vous me donner l'heure exacte ?* ➤ **indiquer.** *Donnez-moi le nom de cinq villes allemandes.* ➤ **réciter.** *Donner son avis, un conseil. Donner une réponse. Donner la réplique à un comédien. Donner des arguments, des explications, des détails. Donner la marche à suivre.* ➤ **montrer.** *Donner qqn en exemple. Donner un prétexte, des raisons.* ➤ **apporter, fournir.** PAR EXT. *Détails que donne un rapport.* ◆ *Je vous le donne en mille*.* ◆ Faire pour qqn. *Donner une conférence, un cours* (à des élèves). *Donner l'exemple*. Donner lecture d'un acte. Donner (un) jugement.* ➤ **rendre.** (fin XIe) *Donner congé à qqn.* ➤ **signifier.** ▪ **4** Transmettre, provoquer (une maladie). *« si jamais il la blessait avec ça, ça lui donnerait le tétanos » P. MAGNAN.* ▪ **5** (ABSTRAIT) Accepter de mettre à la disposition, à la portée de qqn. ➤ **accorder, concéder, consentir, octroyer.** *Donnez-moi un peu de temps, de répit.* ➤ **laisser.** *Je vous donne deux jours pour finir ce travail. Donner son accord, son aval, son consentement, sa signature. Donner sa parole (d'honneur)* : jurer, promettre. ◆ *Donner sa voix à un candidat* : voter pour lui. ◆ *Donner l'autorisation, le moyen, la permission.* ◆ (Avec un compl. sans art.) *Donner audience à qqn. Donner acte*.* FIG. *Donner libre cours à sa colère. Donner prise*.* ▪ **6** (fin XIIe) (Avec deux compl. de personne) *Donner sa fille (en mariage) à un jeune homme.* ➤ **accorder.** *Elle a donné deux fils à son mari.* ◆ SPÉCIALT (1829) *Donner un voleur à la police* : le dénoncer, le livrer. ABSOLT et FAM. ➤ **dénoncer* ; donneur.** *« Ici, on ne "donne" pas aux flics, surtout lorsqu'il s'agit d'un parent » J. AMILA.* ▪ **7** LITTÉR. **DONNER (À qqn) DE...** et l'inf. ➤ **accorder, permettre.** *Le ciel nous a donné de supporter ces épreuves.* — (Au pass.) Être possible, permis. *Ce n'est pas donné à tout le monde* : tout le monde n'en a pas la capacité, la possibilité. ▪ **8** (fin XIe) Assigner à qqn, à qqch. (une marque, un signe, etc.). ➤ **assigner, fixer, imposer.** *Donner un nom à un enfant* (➤ **baptiser**). *« Il soulevait sa casquette pour nous saluer ! Et il me donna du "monsieur" » AUDIBERTI. Donner un titre à un ouvrage.* ➤ **intituler.** ▪ **9 DONNER À** et l'inf. *Donner une tâche à exécuter. On m'a donné cela à faire. Les livres que l'on m'a donné à lire* (ou *donnés à lire*). — (fin XIIIe) *Donner à entendre.* ➤ **insinuer.** *Donner à deviner.*

C. ÊTRE L'AUTEUR, LA CAUSE DE ▪ **1** *Donner l'alarme, l'assaut* (➤ **livrer**), *la chasse. Donner des soins, des encouragements, des consolations à un ami.* — *Donner le change*.* ◆ Produire (une œuvre). ➤ **produire, publier.** *« Il donne un chef-d'œuvre après un roman confus » SUARÈS.* ▪ **2** (milieu XIIe) Être la cause de (un sentiment, un fait psychologique). ➤ 1 **causer, susciter.** *Donner de l'embarras, des difficultés. Cela me donne envie de pleurer.* FAM. *Donner du fil à retordre*. Cet enfant me donne bien du souci. Donner du plaisir, de la joie, du courage. Cela vous donnera le prétexte de...* ➤ **fournir, procurer.** *Cela m'a donné une idée.* ➤ **suggérer.** *Donner bonne impression, mauvaise conscience. « Savoir tirer de l'instant qui passe toutes les joies qu'il peut donner » LOUŸS. Ça lui a donné le goût de l'effort.* ◆ (État physiologique) *Donner chaud, soif. Aliment qui donne des forces. Donner la migraine.* ◆ Fournir. *Donner lieu, matière, sujet à.* ➤ **provoquer.** ◆ **DONNER À** *rire, penser,* etc. ➤ **prêter.** ▪ **3** (Choses concrètes) sans compl. ind. Produire. *L'eau que donne une source. Les fleurs, les fruits que donne un arbre. Cette vigne donne trente hectolitres de vin à l'hectare.* ➤ **rapporter, rendre.** ABSOLT *Le blé a peu donné cette année.* ◆ *Instrument de musique qui donne une note, qui donne le la.* ➤ **émettre.** FIG. *Donner le la*, la note, le ton.* ◆ FAM. Avoir pour conséquence, pour résultat, effet. *Je me demande ce que ça va donner.* ➤ 1 **faire, rendre.** *« Il n'y avait pas assez de profondeur pour prendre la photo et je savais par expérience qu'elle ne "donnerait" rien » H. GUIBERT.* ▪ **4** (début XIe) Faire sentir (à qqn) l'effet de (une action physique). ➤ **appliquer.** *Donner l'accolade. « Poète, prends ton luth et me donne un baiser » MUSSET. Donner un coup, une gifle. Donner un coup de poing.* ➤ FAM. **allonger,** 2 **ficher, filer,** 2 **flanquer,** 1 **foutre.** ◆ Effectuer sur une chose (une opération qui en modifie l'état). ➤ **passer.** *Donner un coup de peigne, de balai, de lime. Donner une couche de peinture à un banc.* ■ **5** Conférer (un caractère nouveau) à une personne ou à une chose par une opération, une action qui la modifie. *Donner du corps, de la solidité :* consolider, corser. *Condiment qui donne du goût à un plat. Cet argument donne du poids, de la valeur à sa thèse.* ◆ LOC. *Donner le jour, la vie à un enfant.* ➤ **engendrer.** *Donner naissance**. — *Donner la mort :* mettre à mort, tuer. ■ **6** (début XVIe) Considérer (une qualité, un caractère) comme propre à qqn, à qqch. ➤ **accorder, attribuer, prêter, supposer.** *Vous lui donnez des qualités qu'il n'a pas. Quel âge lui donnez-vous ? On lui donnerait à peine vingt ans. Donner de la valeur, du prix, de l'importance.* ➤ **attacher.** *Les médecins lui donnent trois mois à vivre,* estiment qu'il ne lui reste plus que trois mois à vivre. ◆ *Donner raison, donner tort à qqn :* estimer qu'il a raison, tort. ◆ **DONNER POUR** (et un attribut) : présenter comme étant. *Je vous le donne pour ce qu'il vaut. On le donne pour coupable.* ➤ **croire, supposer.** *Donner une chose pour certaine, pour vraie.* ➤ **prétendre.** *Cheval que l'on donne gagnant.*

II ~ v. intr. ■ **1** (fin XIe) Porter un coup (contre, sur). ➤ **cogner, frapper, heurter.** *Le navire alla donner sur les écueils.* ◆ *Ne savoir où donner de la tête** (I, 2°). ◆ *« Quoique le soleil donnât en plein dans la cour »* GAUTIER. ■ **2** (1580) Se porter (dans, vers). ➤ **s'engager,** se **jeter,** 1**tomber.** *Donner dans une embuscade, dans un piège.* FIG. *Donner dans le panneau**. *Il « donne constamment dans les pièges qu'on lui tend »* CHATEAUBRIAND. ◆ Se laisser aller à. ➤ **s'adonner,** se **livrer,** se **plaire.** *Donner dans le ridicule. « On donne dans les idées nouvelles »* GREEN. ■ **3** Attaquer, charger, combattre, engager. *Faire donner les blindés. « Allons ! faites donner la garde ! cria-t-il »* HUGO. ■ **4 DONNER SUR :** être exposé, situé ; avoir vue, accès sur. *Porte qui donne sur la rue, sur un jardin. La terrasse donne sur la mer.* ■ **5** S'allonger, se distendre, en parlant d'un cordage, d'un tissu. *Cette toile donne à l'usage.* ➤ **prêter.** ■ **6** VÉN. *Donner de la voix**. ◆ MAR. *Donner de la bande* (➤ 3**bande**).

III ~ v. pron. SE DONNER ■ **1** Faire don de soi-même. ➤ se **consacrer,** se **dévouer,** se **sacrifier,** se **vouer.** *« Celui qui se donne sans mesure, celui-là possède »* SUARÈS. *Se donner à Dieu. « Elle se donnait à tous* [...] *elle s'évadait dans une grande charité impersonnelle »* SARTRE. *Se donner à une cause, à un parti. Se donner au travail, à l'étude.* ➤ **s'adonner.** — ABSOLT Se montrer. *Se donner en spectacle. Se donner pour un progressiste,* faire croire qu'on l'est. *Se donner pour ce qu'on n'est pas.* ◆ VIEILLI Céder au désir sexuel (de qqn). *« la plupart des hommes pressent de se donner la femme qui les aime »* MUSSET. ■ **2** (PASS.) Être donné. *Cela ne se vend pas, cela se donne.* — Avoir lieu, être représenté. *« L'Avare » se donne à la Comédie-Française ce soir.* ■ **3** (RÉFL. IND.) Donner à soi-même. *Se donner un but.* ➤ **s'assigner.** *Se donner du temps. Se donner une contenance.* — *La ville s'est donné un nouveau maire,* l'a élu. — *Se donner du mal, de la peine. Se donner la mort.* ➤ se **suicider.** — *Se donner du bon temps. S'en donner à cœur joie. Ils s'en sont donné !* ◆ ARG. FAM. **SE LA DONNER :** se méfier, être soupçonneux ; s'investir complètement ; se vanter. ■ **4** (RÉCIPR.) ➤ **échanger.** *Ils se sont donné des coups, un baiser. Se donner le mot**. — *Se donner la main.*

■ CONTR. Demander, réclamer, revendiquer. Accepter, recevoir. 1Avoir, conserver, garder. Dénier, enlever, ôter, ravir, retirer, soustraire, spolier, 2voler.

DONNEUR, EUSE [dɔnœʀ, øz] **n. et adj.** – XIIe ◇ de *donner* ■ **1 DONNEUR DE :** personne qui donne (qqch.). ➤ **donateur.** *Donneur de leçons. « Pour fermer la bouche une fois pour toutes à ces ineptes donneurs d'avis »* ROUSSEAU. — COMM. *Donneur d'aval, de caution* (➤ **garant**), *d'ordre* (en bourse ➤ **opérateur**). ■ **2** Spécialt (1870) JEUX Joueur qui fait la donne. ◆ **DONNEUR DE SANG :** personne qui donne son sang en vue d'une transfusion. *Le donneur et le receveur.* ABSOLT *Groupe sanguin du donneur. Donneur universel :* personne dont le sang est toléré par tout type de receveurs. — (1968) MÉD. Personne qui fait don (d'un fragment de tissu, d'un organe), en vue de son utilisation thérapeutique ou d'une transplantation. *Donneur de moelle osseuse, de rein, de cornée. Donneuse d'ovocytes. Enfant donneur :* recomm. offic. pour *bébé-médicament**. ■ **3** (1901) ABSOLT, FAM. Personne qui dénonce qqn à la police. ➤ 2**balance, indicateur, mouchard***. — Au fém. en parlant d'un homme *« Son intimité avec un inspecteur de la P. J. m'avait fait craindre* [...] *qu'il soit une donneuse »* GENET. ■ **4** adj. et n. ÉLECTRON. *Atome donneur :* dans un semi-conducteur, atome d'impureté* pouvant céder un électron à un autre atome appelé *accepteur**. — CHIM. *Donneur de proton :* molécule ou ion acide. *Donneur d'électron :* molécule ou ion ayant des propriétés réductrices. ➤ aussi **nucléophile.** ■ CONTR. Receveur.

DON QUICHOTTE n. m. ou **DON QUICHOTTE** [dɔ̃kiʃɔt] n. m. inv. – v. 1750 ◇ nom du héros d'un roman de Cervantès ■ Homme généreux et chimérique qui se pose en redresseur de torts, en défenseur des opprimés. *Jouer les dons quichottes, les don Quichotte.*

DONQUICHOTTISME [dɔ̃kiʃɔtism] **n. m.** – *Don-Quichotisme* 1789 ◇ de *don quichotte* ■ Disposition à faire le don quichotte ; caractère, comportement d'un don quichotte.

DONT [dɔ̃] ; devant voyelle [dɔ̃t] **pron.** – fin IXe ◇ latin populaire *de unde,* renforcement de *unde* « d'où »

■ Pronom relatif des deux genres et des deux nombres représentant une personne ou une chose, et servant à relier une proposition correspondant à un complément introduit par *de.* ➤ **lequel** (duquel), **qui** (de qui).

I Exprimant le complément du verbe. ■ **1** Avec le sens adverbial de *d'où* marquant la provenance, l'extraction, l'éloignement. ➤ **où** (d'où). *La chambre dont je sors. Les mines dont on extrait la houille.* ◆ FIG. Pour marquer l'origine, la descendance. *« Rentre dans le néant dont je t'ai fait sortir »* RACINE. *« La famille distinguée dont il sortait »* PROUST. ■ **2** LITTÉR. (moyen, instrument) Avec lequel. *« elle en fit des espèces de brodequins dont elle s'entoura les pieds »* BERNARDIN DE SAINT-PIERRE. ◆ COUR. *La manière dont elle est habillée. La façon dont il lui a répondu.* — (Agent) De qui, duquel, par lequel. *La femme dont il est aimé. Le coup dont il fut frappé* (ACADÉMIE). ■ **3** (Objet) *L'homme dont on parle. La maison dont je rêve.* — Avec un neutre, un indéf. *Il n'y a personne dont il dise du bien. Rien ne se produit dont on puisse se réjouir. Ce dont je me souviens.* ■ **4** (Amenant une relative complétée par une proposition conjonctive) Au sujet de qui, de quoi. *« Un luxe, dont j'imagine aujourd'hui qu'il devait être affreux »* MAURIAC.

II Exprimant le complément de l'adjectif. *Le malheur dont vous êtes responsable. « Il a une application dont je suis content »* LA BRUYÈRE. — Avec un neutre, un indéf. *C'est ce dont je suis fier.*

III Exprimant le complément de nom. ■ **1** Possession, qualité, matière (compl. d'un nom ou d'un pron.). *Une plante dont les fleurs durent un jour. La maison dont on aperçoit la façade. « Elle dont la susceptibilité de paysanne fière se blessait d'un regard »* ZOLA. *« Ce corps dont tous les contours sont doux »* MAUPASSANT. ■ **2** Partie d'un tout (compl. d'une expression partitive). ◆ Compl. d'un nom de nombre ou d'un indéfini numéral sujet. *Des livres dont trois sont reliés ; dont une dizaine m'appartient.* ◆ Compl. d'un nom de nombre ou d'un indéfini numéral compl. d'objet direct. *Des livres dont j'ai gardé une dizaine. « Ceci n'ira pas sans de terribles conséquences, dont nous ne connaissons encore que quelques-unes »* CAMUS. ◆ Amenant une proposition sans verbe. *Être condamné à deux mois de prison dont un avec sursis. C'est un long texte dont voici l'essentiel. Quelques-uns étaient là, dont votre père :* parmi lesquels. *Dont acte**.

■ HOM. Dom, don, donc.

DONUT [dɔnœt] **n. m.** – 1990 ; hapax 1946 *doughnut* ◇ marque déposée ; mot anglais américain, de *doughnut, donut* (1809), de *dough* « pâte » et *nut* « noix » ■ ANGLIC. Beignet sucré en forme d'anneau. *Des donuts au chocolat.*

DONZELLE [dɔ̃zɛl] **n. f.** – v. 1130 « demoiselle » ; sens péj. XVIIe ◇ d'après l'italien ; ancien provençal *donzela* → demoiselle ■ Jeune fille ou femme prétentieuse et ridicule.

DOPA [dɔpa] **n. f.** – 1949 ◇ abrév. de *Dihydroxyphénylalanine* ■ BIOCHIM. Acide aminé converti dans le sang en dopamine et dont l'isomère lévogyre *(L-dopa)* est utilisé dans le traitement du parkinson.

DOPAGE [dɔpaʒ] **n. m.** – 1921 ◇ de *doper,* d'après l'anglais *doping* ■ **1** Action de doper, de se doper. ➤ **doping** (ANGLIC.). *Le dopage d'un cheval de course.* ■ **2** (1962) TECHN. Action de doper (2°) ; son résultat. SPÉCIALT Action d'ajouter une impureté à un semi-conducteur pour modifier ses propriétés de conduction. — Recomm. offic. pour *doping.*

DOPAMINE [dɔpamin] **n. f.** – 1949 ◇ de *dopa* et *amine* ■ PHYSIOL. Amine précurseur de la noradrénaline, neurotransmetteur indispensable à l'activité normale du cerveau.

DOPAMINERGIQUE [dɔpaminɛʀʒik] **adj.** – 1978 ◇ de *dopamine* et *-ergie* ■ PHYSIOL. Relatif à la biosynthèse de la dopamine. *Neurones dopaminergiques.*

DOPANT, ANTE [dɔpɑ̃, ɑ̃t] **n. m. et adj.** – 1952 ◇ de *doper* ■ **1** Substance chimique propre à doper, à dissiper (momentanément) la fatigue. ➤ **excitant, stimulant ; doping.** *Les anabolisants** *sont des dopants.* — **adj.** *User de substances* *dopantes.* ▪ **2** TECHN. Substance dont l'addition en faible quantité modifie ou renforce les propriétés d'un matériau, d'un corps. ➤ **additif.** — **adj.** *Gaz dopant.*

DOPE [dɔp] **n. f.** – 1943 ◇ mot anglais ▪ ANGLIC. FAM. Drogue.

DOPER [dɔpe] **v. tr.** ‹1› – 1903 ◇ anglais *to dope* «faire prendre un excitant» ▪ **1** Administrer un stimulant à. *Doper un cheval de course.* — PAR EXT. *Doper qqn* : lui faire prendre un excitant. ➤ 1 **droguer.** *Sportif dopé.* ➤ FAM. **chargé.** — PRONOM. *Se doper aux amphétamines.* ▪ **2** FIG. (1953) Augmenter la puissance, la qualité, le rendement de (qqch.). ➤ **stimuler.** *Doper les ventes.* ➤ FAM. 2 **booster.** — **p. p. adj.** *Un budget dopé.* ▪ **3** (v. 1960) TECHN. Ajouter une substance à (un produit) pour en améliorer les qualités ou en modifier les propriétés (➤ **dopant**). **p. p. adj.** *Un semi-conducteur dopé.*

DOPEUR [dɔpœʀ] **n. m.** – v. 1980 ◇ de *doper* ▪ Personne qui fournit des produits dopants (à des sportifs).

DOPING [dɔpiŋ] **n. m.** – 1903 ◇ mot anglais, p. prés. de *to dope* → doper ▪ ANGLIC. Emploi de certains excitants (➤ **dopage**). — Recomm. offic. *dopage**.

DOPPLER [dɔplɛʀ] **n. m.** – 1987 ◇ du nom du physicien *Doppler* ▪ MÉD. Mesure de la vitesse de circulation du sang par effet* Doppler (➤ **vélocimétrie**). *Se faire faire un doppler. Doppler carotidien.*

DORADE ou **DAURADE** [dɔʀad] **n. f.** – 1525, -1550 ◇ de l'espagnol *dorada* «dorée» et de l'ancien occitan *daurada* «doré» ▪ Poisson marin comestible *(perciformes)* répandu dans tous les océans, à reflets dorés ou argentés. *Dorade grise, rose* (➤ **rousseau**), *royale. Dorade au four.*

DORAGE [dɔʀaʒ] **n. m.** – 1752 ◇ de *dorer* ▪ Action de dorer ; son résultat. ➤ **dorure** (2°). *Le dorage d'un bijou.*

DORÉ, ÉE [dɔʀe] **adj.** et **n. f.** et **m.** – 1080 ◇ de *dorer*

I ▪ **1** Qui est recouvert d'une mince couche d'or. *Reliure dorée au fer. Doré sur tranche*. Argent doré* : vermeil. *Lettres dorées. Bijou doré à l'or fin.* — PAR EXT. Recouvert d'un métal jaune. *Boutons dorés d'un uniforme.* ▪ **2** Qui a l'éclat, la couleur jaune cuivré de l'or. ➤ **ambré, jaune, mordoré.** *Moissons dorées.* ➤ **flavescent.** *«Le matin de septembre, rouge et doré comme une pêche de vigne»* COLETTE. *Cheveux dorés. Blond doré. Peau dorée.* ➤ **bronzé.** *«Une fillette toute dorée de peau et de poil»* DUHAMEL. ◆ (Avec des noms d'animaux) *Carpes dorées. Carabe doré. Faisan doré.* ◆ PÂTISS. Recouvert d'une couche de jaune d'œuf délayé (avant d'être cuit au four). ▪ **3** VX Rempli d'or. PROV. *Bonne renommée vaut mieux que ceinture dorée.* — PAR EXT. MOD. *La jeunesse dorée* : les jeunes gens de la riche bourgeoisie qui, après Thermidor, prirent part à la réaction contre la Terreur. AUJ. Jeunes gens riches, élégants et oisifs. *Les blousons dorés* : les «blousons* noirs» de la jeunesse dorée. — *Retraite dorée,* qui assure une pension confortable. — *Parachute* doré.* ▪ **4** VX *Paroles dorées* (cf. Bouche d'or*). *La Légende* dorée.*

II ▪ **1 n. f.** (1393) **LA DORÉE.** Poisson osseux des mers d'Europe (appelé aussi *jean-doré*). ➤ **saint-pierre.** ◆ *Dorée d'étang* : tanche aux reflets dorés. ▪ **2 n. m.** (1806 ; *poisson doré* 1634) Au Canada, Poisson d'eau douce à chair estimée. *Le doré noir et le doré jaune ou blanc. «Ils emplissaient les viviers de carpes, de brochets, de dorés, de maskinongés»* L.-P. DESROSIERS.

▪ CONTR. Dédoré, 1 terne.

DORÉNAVANT [dɔʀenavɑ̃] **adv.** – *d'or en avant* XIIe ◇ de l'ancien français *ore, or* «maintenant», *en* et *avant* ▪ À partir du moment présent, à l'avenir. ➤ **désormais.** *«J'ai décidé de rire dorénavant le moins possible»* MONTHERLANT. — *Dorénavant, tâchez d'être à l'heure* (menace).

DORER [dɔʀe] **v. tr.** ‹1› – 1080 ◇ latin impérial *deaurare,* de *aurare,* de *aurum* «or» ▪ **1** Revêtir (un objet, une surface) d'une mince couche d'or. *Dorer de la vaisselle. Dorer la tranche d'un livre. Dorer à petits fers, à petits filets. Dorer à froid.* — PAR EXT. Recouvrir d'ornements dorés. ➤ **chamarrer.** — LOC. *Dorer la pilule à qqn,* lui faire accepter une chose désagréable en la présentant sous des couleurs trompeuses, trop favorables. ➤ **tromper*.** ▪ **2** LITTÉR. Donner une teinte dorée à. *«Le soleil dorait les épis»* FRANCE. — PRONOM. *Se dorer au soleil.* LOC. FAM. *Se (faire) dorer la pilule.* ➤ **bronzer.** ▪ **3** CUIS. Recouvrir de jaune d'œuf délayé, avant cuisson au four. *Dorer un gâteau.* ◆ INTRANS. Devenir doré, prendre couleur. *Faire dorer des pommes de terre, des oignons à la poêle.* ➤ **revenir, rissoler.** ▪ CONTR. Dédorer. ▪ HOM. *Dore* : dors (dormir).

D'ORES ET DÉJÀ ➤ 2 **OR** (I)

DOREUR, EUSE [dɔʀœʀ, øz] **n.** – fin XIIIe ◇ de *dorer* ▪ Personne dont le métier est d'appliquer de la dorure. *Doreur sur bois, sur métaux.* — **adj.** *Ouvrier doreur.*

DORIEN, IENNE [dɔʀjɛ̃, jɛn] **adj.** et **n.** – 1550 ◇ du grec *Dôris* ▪ De Doride, canton du sud-ouest de l'Asie Mineure, dans l'Antiquité. — **n.** *Les Doriens.* — MUS. *Le mode dorien* : le mode le plus grave du plain-chant. — LING. *Le dialecte dorien* : dialecte du grec ancien. **n. m.** *«La querelle du dorien et de l'ionique»* CHATEAUBRIAND.

DORIQUE [dɔʀik] **adj.** et **n. m.** – v. 1530 ; «dialecte du grec ancien» v. 1400 ◇ latin *doricus,* grec *dôrikos* ▪ Relatif aux Doriens. ◆ ARCHIT. *L'ordre dorique,* ou **n. m.** *le dorique* : le premier et le plus simple des trois ordres d'architecture grecque, caractérisé par des colonnes cannelées sans base (➤ aussi **corinthien,** 1 **ionique**). *Colonne dorique. Le Parthénon, les Propylées, le temple de Paestum sont d'ordre dorique, sont doriques.*

1 **DORIS** [dɔʀis] **n. f.** – 1778 ◇ latin savant, du grec, nom de la mère des Néréides ▪ Mollusque gastéropode sans coquille, caractérisé par la disposition des branchies en étoile.

2 **DORIS** [dɔʀis] **n. m.** – *dori* 1874 ◇ mot anglais américain, p.-ê. de *dory,* n. d'un poisson ▪ Embarcation que les terre-neuvas utilisent pour aller mouiller les lignes de fond.

DORLOTEMENT [dɔʀlɔtmɑ̃] **n. m.** – 1884 ; hapax 1675 ◇ de *dorloter* ▪ Action de dorloter. *«Il était si bien dans le dorlotement de cette chambre voluptueuse»* DAUDET.

DORLOTER [dɔʀlɔte] **v. tr.** ‹1› – XIIIe ; *doreloter* «friser» du XIVe au XVIe ◇ de l'ancien français *dorelot* «boucle de cheveux» ▪ Entourer de soins, de tendresse ; traiter délicatement. ➤ **cajoler, caresser, choyer, mignoter, mitonner ;** FAM. **bouchonner, chouchouter, cocooner.** *Dorloter son enfant. Être dorloté par sa femme* (cf. Comme un coq* en pâte). *Se faire dorloter.* — PRONOM. RÉFL. *«Il ne faut pas rester à vous dorloter, tandis que votre mère se fatigue à vous servir»* SAND. ➤ **se mitonner, se prélasser.**

DORMANCE [dɔʀmɑ̃s] **n. f.** – 1951 ◇ de *dormant* ▪ BOT. Repos, phase de vie ralentie de certaines plantes, caractérisé par un arrêt de la croissance alors que les activités physiologiques sont réduites au minimum. *Dormance des graines, des bourgeons. Période de dormance. Levée de la dormance* (➤ **anabiose**).

DORMANT, ANTE [dɔʀmɑ̃, ɑ̃t] **adj.** et **n. m.** – XIIe ◇ de *dormir* ▪ **1** RARE Qui dort. ➤ **endormi.** *«Elle est là, dormante, dans ses propres ténèbres abandonnée, dans sa magnificence»* DURAS. BLAS. *Animal dormant.* ◆ FIG. *Passions dormantes.* ➤ **latent.** *«Il éveillait les voluptés qu'elle portait dormantes en elle»* FRANCE. ▪ **2** LITTÉR. Qui n'est agité par aucun mouvement. *Brumes dormantes.* — COUR. (en parlant de l'eau) ➤ **immobile, stagnant.** *«Sur le talus du fossé, de belles fleurs baignent leurs pieds dans une eau dormante et verte»* BALZAC. ▪ **3** BOT. Qui est en état de dormance*. ▪ **4** (1366 *pont dormant*) TECHN. Qui ne bouge pas. ➤ 1 **fixe.** *Châssis, vitrage dormant,* qui ne s'ouvre pas. *Vantaux dormants* (opposé à *vantaux ouvrants*). *Pont dormant* (opposé à *pont-levis*). *Meule dormante* (opposé à *courante, mouvante, tournante*). — PÊCHE *Ligne dormante,* qui reste fixée dans l'eau sans que le pêcheur la tienne. *Engins dormants* (opposé à *engins traînants*) : casiers, nasses, palangres... *Filets dormants,* immobiles. — MAR. *Manœuvres dormantes,* qui ne sont jamais dérangées (opposé à *manœuvres courantes*). ◆ **n. m.** (1690) *Le dormant d'un châssis, d'une porte, d'une fenêtre* : la partie fixe de la menuiserie dans laquelle vient s'emboîter la partie mobile du châssis, de la porte. — (1678) MAR. Partie fixe d'un cordage. Point fixe où le cordage est attaché. ▪ **5** Se dit d'un individu infiltré dans un milieu auquel il est intégré, prêt à passer à l'action sur ordre. *Agent, terroriste dormant. Cellule dormante d'un réseau. «il aime l'idée de faire partie d'une organisation secrète avec Nora et de former à eux deux une cellule dormante, capable de s'activer et de se désactiver en fonction des circonstances»* P. LAPEYRE. ▪ CONTR. 1 Courant. Mobile, ouvrant.

DORMEUR, EUSE [dɔʀmœʀ, øz] **n.** – XIVe ◇ de *dormir* ▪ **1** Personne en train de dormir. *Dormeur qui ronfle, qui rêve. «Dormeuse, amas doré d'ombres et d'abandons»* VALÉRY. — **adj.** *Poupée dormeuse ou aux yeux dormeurs,* dont les yeux se ferment quand elle est dans la position horizontale. ▪ **2** Personne qui dort beaucoup, aime à dormir. *«J'avais été jusque-là grand dormeur»* ROUSSEAU. ▪ **3 n. m.** Tourteau (à cause de son immobilité). ▪ **4 n. f. DORMEUSE.** Boucle d'oreille dont la perle ou la pierre, montée sur pivot, se fixe au lobe de l'oreille (opposé à *pendeloque*).

DORMIR [dɔʀmiʀ] v. intr. ‹16› – 1080 ◊ latin *dormire* ▪ **1** Être dans un état de sommeil (cf. Être dans les bras* de Morphée). *Dormir dans son lit, sous la tente, à la belle étoile.* ➤ 1 **coucher.** *Dormir dans des draps, sous une couette.* « *La Belle au bois dormant* (qui dort au bois), » *conte de Perrault. Dormir une heure. Commencer à dormir.* ➤ **s'assoupir, s'endormir.** *Aller dormir.* ➤ **se coucher.** *Dormir très tard* (cf. Faire la grasse* matinée). *Dormir l'après-midi* (➤ **sieste,** 3 **somme ; méridienne**). *Pièce où l'on dort.* ➤ **chambre** (à coucher), **dortoir.** *Dormir d'un sommeil léger.* ➤ **sommeiller, somnoler.** *Ne dormir que d'un œil,* en restant vigilant. *Dormir profondément, d'un profond sommeil.* ➤ FAM. **écraser** (en), **pioncer, roupiller.** — LOC. *Dormir du sommeil du juste*, à poings* fermés. Dormir comme un bébé, un loir, une marmotte, un bienheureux, une brute, un sonneur, une souche,* très profondément. *Dormir en chien* de fusil.* — LOC. FIG. *Dormir debout :* avoir sommeil. *Histoire à dormir debout,* extravagante, invraisemblable. « *Ce sont là des contes à dormir debout* » MOLIÈRE. — *Ne pas dormir de la nuit* (cf. Ne pas fermer l'œil, passer une nuit* blanche). *Ça ne m'empêche pas de dormir :* je ne m'inquiète pas pour ça. *Vous pouvez dormir tranquille, vous pouvez dormir sur vos deux oreilles :* soyez rassuré. — PROV. *Ne réveillez pas le chat* qui dort.* — *Qui dort dîne*.* — *La fortune vient en dormant,* elle arrive à la personne qui ne fait rien pour l'obtenir. ◆ TRANS. LITTÉR. « *Dormez votre sommeil, riches de la terre, et demeurez dans votre poussière* » BOSSUET. ◆ PAR EXT. (choses, lieux) Être calme, silencieux. « *Les vents sont assoupis, les bois dorment sans bruit* » RONSARD. « *Quelle âme inquiète veillait lorsque tout dormait autour d'elle ?* » GAUTIER. ▪ **2** PAR ANAL. POÉT. Se dit des morts. *Dormir du dernier sommeil.* ➤ 1 **reposer.** « *Les morts dorment en paix dans le sein de la terre* » MUSSET. ▪ **3** FIG. Être dans l'inactivité. *Dormir sur son travail,* le faire lentement, sans courage. ➤ **traîner.** *Ce n'est pas le moment de dormir.* — *Laisser dormir qqch.,* ne pas s'en occuper. ➤ **négliger.** *Dossier, projet qui dort dans un tiroir.* — *Capitaux qui dorment,* qui ne rapportent pas d'intérêt. ▪ **4** Rester sans couler, stagner. *Un fleuve tranquille dont les eaux dorment* (➤ **dormant**). PROV. *Il n'est pire eau que l'eau qui dort :* il ne faut pas se fier à l'apparence tranquille des gens qui gardent leurs sentiments secrets. ▪ **5** LITTÉR. Rester caché, ne pas se manifester. *Les souvenirs qui dorment au fond de nous.* ▪ CONTR. Veiller. Agiter (s'), remuer. ▪ HOM. *Dors :* dore (dorer).

DORMITIF, IVE [dɔʀmitif, iv] adj. – 1545 ◊ de *dormir* ▪ VX MÉD. Qui provoque le sommeil. ➤ **soporifique.** — ALLUS. LITTÉR. « *Pourquoi l'opium fait-il dormir ?... Parce qu'il a une vertu dormitive* » (MOLIÈRE), cité pour ridiculiser une explication purement verbale.

DORMITION [dɔʀmisjɔ̃] n. f. – 1752 ; *dormicion* v. 1400 ◊ latin *dormitio,* de *dormire* « dormir » ▪ ANC. THÉOL. CATHOL. Le dernier sommeil de la Vierge Marie, au cours duquel eut lieu son assomption.

DORSAL, ALE, AUX [dɔʀsal, o] adj. et n. f. – 1314 ◊ latin médiéval *dorsalis,* classique *dorsualis* ▪ **1** Qui appartient au dos ; du dos (d'une personne, d'un animal). *L'épine dorsale. Les vertèbres dorsales. Décubitus dorsal.* — *Nageoires dorsales et nageoires ventrales.* ▪ **2** ANAT. Du dos de la main. *Région dorsale et région palmaire de la main.* ▪ **3** PHONÉT. *Consonne dorsale,* ou n. f. *une dorsale :* consonne qui s'articule au moyen du dos de la langue. ▪ **4** n. f. GÉOGR. Ligne faîtière d'une chaîne de montagnes. — SPÉCIALT Chaîne volcanique sous-marine. *Dorsale océanique.* ▪ **5** n. f. MÉTÉOR. *Dorsale barométrique :* ligne de hautes pressions prolongeant un anticyclone (opposé à *talweg*).

DORSALGIE [dɔʀsalʒi] n. f. – 1956 ◊ de *dors(o)-* et *-algie* ▪ PATHOL. Douleur localisée au dos.

DORSO- ▪ Élément, du latin *dorsum* « dos ».

DORSOLOMBAIRE [dɔʀsolɔ̃bɛʀ] adj. – 1929 ◊ de *dorso-* et *lombaire* ▪ Qui intéresse à la fois le dos et la région lombaire. *Vertèbre dorsolombaire.*

DORSOVENTRAL, ALE, AUX [dɔʀsovɑ̃tʀal, o] adj. – 1838 ◊ de *dorso-* et *ventral* ▪ ANAT., BIOL. Qui va du dos au ventre. *Muscles dorsoventraux.* — *Axe dorsoventral :* axe d'orientation et d'organisation qui structure les organes, les tissus ou encore les cellules de certains organismes. *Polarisation dorsoventrale de l'embryon de mouche.*

DORTOIR [dɔʀtwaʀ] n. m. – XIIe ◊ latin *dormitorium* « chambre à coucher » ▪ **1** Grande salle commune où dorment les membres d'une communauté. *Le dortoir d'un monastère, d'un collège. Dortoir de caserne.* ➤ **chambrée.** *Dormir, être hébergé en dortoir.* « *Il me fallut donc coucher dans l'un des dortoirs communs. C'était une vaste galerie qui contenait une quarantaine de lits* » NERVAL. ▪ **2** (v. 1955) (Élément de mots composés) Qui n'est habité que le soir, la population travaillant ailleurs dans la journée. *Cité-dortoir, ville-dortoir. Banlieues-dortoirs.*

DORURE [dɔʀyʀ] n. f. – XIIe ◊ de *dorer* ▪ **1** Couche d'or (généralt mince) appliquée sur certains objets. *Dorure d'un cadre de tableau. Une dorure qui s'écaille.* « *Aucune dorure, aucun artifice n'arriverait à cet éclat inimitable de l'or épais et sans alliage* » LOTI. — PAR EXT. Ornement doré. *Uniforme couvert de dorures.* ◆ PAR ANAL. CUIS. Préparation à base de jaune d'œuf appliquée sur un mets pour qu'il dore pendant la cuisson. ▪ **2** TECHN. Action de recouvrir certains corps d'une couche d'or. ➤ **dorage.** *Dorure sur bois, sur cuir, sur plâtre, sur métal. Ouvrier en dorure.* ➤ **doreur.** *Dorure à la feuille* ou *à l'or en feuille, à l'or moulu. Dorure galvanoplastique. Dorure aux fers* (RELIURE).

DORYPHORE [dɔʀifɔʀ] n. m. – 1817 ; sens grec 1752 ◊ grec *doruphoros* « porte-lance » ▪ Insecte *(coléoptères),* aux élytres rayés de noir, parasite des feuilles de pommes de terre qu'il dévore.

DOS [do] n. m. – fin XIe ◊ du latin populaire *dossum,* de *dorsum* → dorso-

I PARTIE DU CORPS ▪ **1** Partie du corps humain qui s'étend des épaules jusqu'aux reins, de chaque côté de la colonne vertébrale. ➤ **dorso-.** *Être large du dos.* ➤ **carrure.** *Dos droit, voûté. Le* « *dos plat qu'on voit aux nymphes des fontaines d'Italie* » COLETTE. *Avoir mal au dos, dans le dos* (➤ **dorsalgie**). *Déformation du dos.* ➤ **bosse, cyphose, lordose, scoliose.** *Sac à dos.* ◆ *Courber le dos* (➤ 1 **échine**) ; FIG. céder, se résigner. *En avoir plein* le dos.* LOC. FIG. *Faire le dos rond, le gros dos,* attendre que les choses se passent ou s'améliorent. « *Il fit dès lors le dos rond dans l'attente d'une nouvelle catastrophe* » TOURNIER. — (1570) *Avoir bon dos :* supporter injustement la responsabilité d'une faute, servir de prétexte. *Son travail a bon dos.* — *Avoir le dos large :* supporter patiemment les reproches, les moqueries. — *Être le dos au mur*.* ◆ (fin XIe) **TOURNER LE DOS (À qqch., À qqn) :** se présenter de dos. *Le dos tourné à la porte :* le dos faisant face à la porte. FIG. *Dès qu'il a le dos tourné,* dès qu'il s'absente un instant. — *Tourner le dos à qqn,* pour échapper ou pour couper court à un entretien ; FIG. cesser de le fréquenter, en marque de réprobation, de dédain, de mépris. *Mes confrères* « *m'ont tourné le dos, comme si je fusse un membre indigne de leur corps* » J. POTOCKI. ➤ **abandonner, dédaigner.** — PAR EXT. *Tourner le dos à qqch. :* marcher dans une direction opposée à celle que l'on veut ou que l'on doit prendre. *Le village n'est pas dans cette direction, vous lui tournez le dos.* FIG. « *Méfiez-vous de ceux qui tournent le dos à l'amour, à l'ambition, à la société. Ils se vengeront d'y avoir renoncé* » CIORAN. ◆ **À DOS :** derrière soi. *Avoir l'ennemi à dos,* prêt à attaquer par-derrière. — LOC. *Se mettre qqn à dos,* s'en faire un ennemi. ◆ **AU DOS :** dans le dos, sur le dos. *Partir sac au dos en randonnée.* ◆ **DANS LE DOS.** *Robe décolletée dans le dos. Tirer dans le dos.* — LOC. *Passer la main dans le dos à qqn,* le flatter. *Faire froid* dans le dos. Agir dans le dos de qqn,* par-derrière, sans qu'il le sache. FAM. *Faire un enfant dans le dos à qqn,* lui faire un mauvais coup à son insu. ◆ **DE DOS :** du côté du dos (opposé à *de face*). *Se voir de dos. C'est elle, vue de dos,* montrant le dos. ◆ **DERRIÈRE LE DOS.** *Cacher qqch. derrière son dos.* — FIG. *Faire qqch. derrière le dos de qqn,* sans qu'il en soit averti, sans son consentement. ◆ (1547) **DOS À DOS.** *Placer deux personnes dos à dos,* chacune tournant le dos à l'autre. FIG. *Renvoyer deux adversaires dos à dos :* refuser de donner l'avantage à l'un ou à l'autre. ◆ **SUR LE DOS.** *Se coucher, dormir, se mettre, s'allonger sur le dos. Nager sur le dos. Tomber sur le dos,* à la renverse. *S'appuyer sur le dos.* ➤ **s'adosser.** *Se laisser manger la laine* sur le dos. Casser du sucre* sur le dos de qqn.* — *Tomber sur le dos de qqn,* l'attaquer par-derrière. *Mettre qqch. sur le dos de qqn,* l'en accuser, l'en rendre responsable. ➤ **charger, rejeter** (sur) (cf. Faire porter le chapeau*). « *Ce n'est pas très amusant pour moi* [...] *Toute cette histoire me retombe sur le dos* » COSSERY. — *Être toujours sur (derrière) le dos de qqn,* surveiller ce qu'il fait. « *Il faut être constamment derrière eux* [...] *on se figure que ça les empêche de bien travailler, qu'on soit toujours là sur leur dos* » SARRAUTE. — *N'avoir rien à se mettre sur le dos :* ne pas avoir de quoi s'habiller. ▪ **2** Face supérieure du corps des animaux. *Chat qui fait le gros dos,* qui bombe le dos en raidissant les pattes. *Dos d'un lapin, d'un lièvre.* ➤ 2 **râble.**

Monter sur le dos d'un cheval. Transport à dos de mulet, de chameau. Dos d'âne. Dos de cabillaud grillé.*

II CE QUI A UN RAPPORT AVEC LE DOS (FORME, POSITION, USAGE) ▪ **1** Partie d'un vêtement qui couvre le dos. *Manteau à dos ample, plissé. Assembler le dos et le devant d'une jupe.* — *Un dos-nu* : vêtement de femme dégageant largement le dos. *Des dos-nus* ▪ **2** Dossier (d'un siège). *Le dos d'une chaise.* ▪ **3** Partie supérieure et convexe. *Dos et paume de la main. Dos du nez, de la langue.* — (fin XIVe) *Dos d'une fourchette, d'une cuillère. Ne pas y aller avec le dos de la cuillère*. Dos d'une colline.* ▪ **4** Côté opposé au tranchant. *Dos d'une lame, d'un couteau.* ▪ **5** Partie de la reliure d'un livre qui unit les deux plats (opposé à *tranche*). *Titre au dos d'un livre.* ▪ **6** Envers d'un papier écrit. ➤ **verso.** *L'endroit et le dos de la feuille. Mettre son adresse au dos d'une enveloppe. Signer au dos d'un chèque* (➤ **endosser**). *Voir au dos.*

▪ CONTR. Ventre ; face. ▪ HOM. Do.

DOSAGE [dozaʒ] n. m. – 1812 ◇ de *doser* ▪ Action de doser ; son résultat. *Dosage hormonal.*

DOSE [doz] n. f. – 1462 ; *doise* XIIIe ◇ latin médiéval *dosis*, mot grec «action de donner» ▪ **1** Quantité d'un médicament qui doit être administrée en une fois. ➤ **mesure, posologie, quantité.** *Mesurer la dose avec un compte-goutte, avec une cuillère. Dose létale d'un poison. Une forte dose, une dose massive de quinine. À haute dose, à faible dose. Ne pas dépasser la dose prescrite. Diminuer, augmenter, forcer la dose.* — LOC. *À dose homéopathique* : en très petite quantité. ◆ BIOL., PHYS. Quantité mesurée en unités spécifiques de substance ou d'énergie administrée ou reçue. *Dose absorbée* : quantité d'énergie déposée par des rayonnements ionisants par unité de masse de matière irradiée (mesurée en grays). *Équivalent de dose, dose équivalente* : produit de la dose absorbée de rayonnements ionisants par un facteur de qualité lié à la nature et à l'énergie du rayonnement (s'exprime en sieverts). *Dose efficace,* grandeur mesurant l'impact sur les tissus biologiques exposés à un rayonnement ionisant (mesurée en sieverts). ◆ SPÉCIALT Quantité de drogue prise en une fois (➤ **ligne**). *S'injecter une dose d'héroïne.* — ELLIPT *Il n'a pas eu sa dose. Dose excessive.* ➤ **overdose, surdose.** ▪ **2** PAR EXT. Quantité de ce qui entre dans un composé quelconque. ➤ **quantité ; partie, portion, proportion.** *«Telle substance, même à dose infime, peut changer du tout au tout la valeur d'une source»* ROMAINS. ▪ **3** PAR EXT. (XVIIIe) Quantité quelconque. *Bébé qui boit sa dose de lait.* ➤ **ration.** LOC. *Forcer* la dose.* ➤ **exagérer.** ◆ (ABSTRAIT) *Mettre une petite dose d'ironie dans son discours.* ➤ **pointe, teinte.** *Quelle dose de courage il lui faut pour agir ainsi ! «La dose de bon sens relatif que donnent les études classiques»* RENAN. — FAM. *Avoir une bonne dose de sottise. Il en a une sacrée dose !* ELLIPT *Quelle dose !* ➤ **couche.** — *J'en ai ma dose, j'ai ma dose* : j'en ai assez* (cf. J'en ai ma claque*).

DOSER [doze] v. tr. ‹1› – 1558 ◇ de *dose* ▪ **1** Déterminer la dose de (un médicament). *Compte-gouttes pour doser un remède.* ▪ **2** Déterminer la proportion des différents ingrédients qui entrent dans (un médicament, et PAR EXT. dans un mélange, une combinaison quelconque). ➤ **mesurer, proportionner.** — p. p. adj. *Cocktail correctement dosé.* — FIG. Mesurer. *Il faut savoir doser l'ironie. Il dose savamment les compliments et les reproches.* — adj. **DOSABLE,** 1819.

DOSETTE [dozɛt] n. f. – 1923 ◇ de *dose* ▪ Conditionnement contenant la quantité de produit nécessaire à une utilisation. *Dosettes de safran, de café. Éosine en dosette.* ➤ **minidose, unidose.**

DOSEUR, EUSE [dozœʀ, øz] n. m. et adj. – 1909 ◇ de *doser* ▪ Appareil permettant de faire des dosages. — adj. *Bouchon doseur d'un flacon,* qui délivre une dose à la fois. *Cuillère doseuse. Des verres doseurs.*

DOSIMÈTRE [dozimɛtʀ] n. m. – 1925 ; méd. 1890 ◇ de *dose* et *-mètre* ▪ PHYS. Appareil permettant de mesurer des doses, notamment en radioactivité. *Dosimètre à neutrons.* — n. f. **DOSIMÉTRIE.**

DOSSARD [dosaʀ] n. m. – 1904 ◇ de *dos,* d'après *brassard* ▪ Carré d'étoffe, que les concurrents d'une épreuve sportive portent sur le dos ou parfois sur la poitrine, et qui indique leur numéro d'ordre.

DOSSE [dos] n. f. – XIVe ◇ forme fém. de *dos* ▪ TECHN. Première ou dernière planche sciée dans un tronc d'arbre, et dont la face bombée est recouverte d'écorce. ◆ PAR EXT. (1690) Planche épaisse grossièrement équarrie. *Les dosses d'un soutènement.*

DOSSERET [dosʀɛ] n. m. – 1360 ◇ diminutif de *dossier* ▪ **1** ARCHIT. Contrefort maintenant un mur ou un élément architectural. — Jambage ou piédroit d'une baie. ▪ **2** Pièce de fer servant à renforcer le dos d'une scie. *Scie à dosseret.*

DOSSIER [dosje] n. m. – XIIIe ◇ de *dos*

I Partie d'un siège sur laquelle on appuie le dos. *Le dossier d'une chaise, d'un canapé, d'un siège de voiture. Dossier en bois, rembourré. Dossier réglable.* — *Dossier d'un lit,* la partie qui soutient le chevet. ➤ **tête** (de lit).

II ▪ **1** (1586 ◇ de *dos* [d'un livre]) Ensemble des pièces relatives à une affaire et placées dans une chemise. *Constituer, établir un dossier. Dépouiller, étudier, examiner un dossier. Les pièces, les documents d'un dossier. Verser une pièce au dossier. Dossier incomplet. Dossier d'inscription. Dossier médical. Dossier de presse.* ➤ **press-book.** ◆ La pochette, la chemise qui contient ces pièces. ➤ RÉGION. 2 **farde.** *L'étiquette, la cote d'un dossier.* FIG. *Ouvrir, fermer un dossier* : s'occuper d'une affaire, la classer. ◆ L'ensemble des renseignements contenus dans ces pièces. *Le dossier d'un fonctionnaire. Nous avons un dossier sur cette personne. Admission sur dossier. Connaître le dossier de qqch.* : être au fait d'une question. *Le ministre connaît bien ce dossier.* ➤ **question,** 3 **sujet.** *Le dossier vinicole.* ▪ **2** INFORM. Élément d'une mémoire de stockage permettant d'organiser et de hiérarchiser des ensembles de fichiers. ➤ **répertoire.** *«la dizaine de dossiers légèrement bleutés qui s'affichèrent devant moi dans la fenêtre électronique»* J.-PH. TOUSSAINT.

DOSSIÈRE [dosjɛʀ] n. f. – 1260 ◇ de *dos* ▪ **1** Partie du harnais d'un cheval, posée sur le dos et qui sert à soutenir les brancards. ▪ **2** Dos d'une cuirasse (opposé à *plastron*).

DOT [dɔt] n. f. – fin XIIe, rare avant XVIe ◇ latin juridique *dos, dotis* «don», de *dare* ▪ **1** Bien qu'une femme apporte en se mariant. *Elle a une belle, une grosse dot. Apporter une maison en dot. Coureur, chasseur de dot* : homme qui cherche à épouser une fille riche. *Épouser une jeune fille pour sa dot. «il s'engage à la prendre sans dot»* MOLIÈRE. — *Régime protégeant la dot.* ➤ **dotal.** ◆ PAR ANAL. Apport que fait une fille au couvent où elle entre en religion. ▪ **2** DR. Biens donnés par un tiers dans le contrat de mariage, à l'un ou l'autre des futurs époux. *Dot de la femme, dot du mari.* ▪ **3** Compensation en biens ou en services versée par le futur époux à la famille de la future épouse (pays africains, etc.).

DOTAL, ALE, AUX [dɔtal, o] adj. – 1459 ◇ latin *dotalis* ▪ DR. Qui a rapport à la dot. *Biens dotaux.* — ANCIENNT *Régime dotal* : régime matrimonial sous lequel les seuls biens de la femme qui soient confiés à l'administration et à la jouissance du mari sont les biens dotaux. ▪ CONTR. Paraphernal.

DOTATION [dɔtasjɔ̃] n. f. – 1325 ◇ latin *dotatio* ▪ **1** DR. Ensemble des fonds, des revenus assignés à un service, à un établissement d'utilité publique. *Dotation d'un hôpital.* — *Fonds de dotation* : organisme privé à but non lucratif, chargé de gérer des biens en vue de la réalisation d'œuvres d'intérêt public. ▪ **2** (1864) DR. Revenu attribué à un chef d'État, aux membres d'une famille souveraine, à certains fonctionnaires (liste civile). ➤ **pension, traitement.** ▪ **3** (XXe ◇ de *doter*) Action de doter d'un équipement, de matériel. ➤ **attribution.** *Dotation d'un service en véhicules* (➤ **équipement**), *en personnel.* — ADMIN. Somme des crédits affectés à un poste budgétaire. ▪ **4** COMPTAB. Affectation, imputation à un compte. *Dotation aux amortissements.*

DOTER [dɔte] v. tr. ‹1› – v. 1180 ◇ latin *dotare* ▪ **1** Pourvoir d'une dot. *Doter richement sa fille.* ▪ **2** DR. Assigner un revenu à (un service, un établissement). *Doter un hôpital, un collège.* ▪ **3** DR. Attribuer un revenu à (une personne). ➤ **dotation** (2°). *Sénateurs dotés par Napoléon Ier.* ▪ **4** Fournir en équipement, en matériel. *Doter une usine d'un matériel neuf. Régiment doté d'armes modernes.* ➤ **équiper, munir.** ▪ **5** FIG. Pourvoir de certains avantages. ➤ **avantager, favoriser, gratifier.** *Doter d'un pouvoir, d'une autorité.* ➤ **investir.** *Être doté d'une mémoire exceptionnelle.* ➤ **doué.** ▪ CONTR. Appauvrir, défavoriser, désavantager ; priver.

DOUAIRE [dwɛʀ] n. m. – XIIe *doaire* ◇ latin médiéval *dotarium,* de *dos, dotis* (→ dot), d'après *douer* ▪ ANC. DR. Droit (conventionnel ou coutumier) de l'épouse survivante sur les biens de son mari. *Bénéficier, jouir d'un douaire. Il y en a «qui ne se marient que pour gagner des douaires, que pour s'enrichir par la mort de ceux qu'elles épousent»* MOLIÈRE.

DOUAIRIÈRE [dwɛʀjɛʀ] **n. f.** – 1368 ◇ de l'ancien adj. *douairier*, de *douaire* ■ **1** ANC. DR. Veuve qui jouissait d'un douaire. APPOS. *Les duchesses douairières.* ■ **2** PÉJ. Vieille dame de la haute société, hautaine et sévère. *Une vieille douairière du faubourg Saint-Germain.*

DOUANE [dwan] **n. f.** – fin XIIIe au sens 2 ◇ de l'ancien italien *doana*, aujourd'hui *dogana*, d'une forme populaire de l'arabe *diwān* emprunté au persan «douane» et «divan» → divan ■ **1** Branche de l'Administration publique (en France, sous la tutelle du ministère de l'Économie et des Finances) chargée de contrôler le passage des biens et des capitaux aux frontières et de percevoir les droits et les taxes imposés sur les marchandises, à l'entrée (rarement à la sortie) d'un pays. — (ADMIN. au plur. ; COUR. au sing.) *Droits de douane* (➤ **expédition, exportation, importation, introduction**). *Administration, service des douanes. Agent, brigadier, inspecteur, contrôleur, receveur des douanes.* ➤ **douanier.** *Droits de douane à l'importation. Régime suspensif du paiement des droits de douane.* ➤ **admission** (temporaire), **entrepôt, transit.** *Déclaration d'une marchandise à la douane. Remplir une déclaration en douane, les formalités de douane.* ➤ **dédouaner.** *Valeur en douane des marchandises.* ➤ **assiette.** *Bureau de douane. Barrière, poste* (frontière) *de la douane. Déclarant* en douane. Inspection, contrôle de douane.* ➤ **fouille, visite.** *Vente en douane,* de marchandises confisquées, saisies... — *Zone soustraite aux prérogatives de la douane* (cf. Port franc*, zone franche). ■ **2** Lieu, édifice où est établie l'Administration des douanes, sur les limites territoriales d'un État, etc. *La douane d'un port, d'un poste frontière, d'un aéroport. Passer, franchir la douane. Conduite, mise en douane de marchandises.* ♦ Personnel de l'Administration des douanes. ➤ **douanier.** *«d'autres bateaux qui attendaient l'arrivée de la santé et de la douane»* SIMENON. ■ **3** PAR EXT. Opérations en douane. ♦ Domaine des procédures et régimes douaniers. *Le service de la douane dans une entreprise.*

DOUANIER, IÈRE [dwanje, jɛʀ] **n. et adj.** – 1545 ◇ de *douane* ■ **1** Membre du service actif de l'Administration des douanes. ➤ **gabelou.** *Douanier qui fouille une valise. Les douaniers ont arrêté les trafiquants de drogue.* ■ **2** adj. (1850) Relatif à la douane, à la réglementation des importations et exportations. *Tarif douanier. Politique douanière. Union douanière :* régime établi entre deux ou plusieurs pays (notamment de la Communauté européenne) qui conviennent d'adopter des tarifs douaniers uniformes vis-à-vis de l'extérieur et d'appliquer entre eux le libre-échange. *Barrières* douanières et protectionnisme*.*

DOUAR [dwaʀ] **n. m.** – 1617 *adouar* ; rare avant XIXe ◇ arabe maghrébin *doûâr* ■ Agglomération de tentes disposées en cercle, que les Arabes nomades installent temporairement. *«Le douar ne comptait pas plus de quinze ou vingt tentes»* FROMENTIN. ♦ Division administrative rurale en Afrique du Nord. *Le caïd du douar.*

DOUBEURRE [dubœʀ] **n. m.** – 1997 ◇ de *doux* et *beurre*, à cause de la texture onctueuse du légume cuit ■ Butternut. — APPOS. *Courge doubeurre.*

DOUBLAGE [dublaʒ] **n. m.** – 1411 ◇ de *doubler* ■ **1** Action de mettre en double. — TECHN. (FILATURE) Jonction de deux ou plusieurs fils pendant l'étirage. — IMPRIM. ➤ 2 **doublon.** ■ **2** Action de doubler pour protéger, renforcer. *Doublage d'un vêtement. — Doublage d'un tableau :* action de coller une toile neuve au revers d'un tableau déchiré. ♦ Revêtement de la carène d'un navire avec des planches minces ou des plaques métalliques pour la protéger des coquillages et des tarets. *Doublage en plomb.* ■ **3** Au théâtre, au cinéma, Remplacement d'un acteur par une doublure*. *Doublage du premier rôle pour une cascade.* ♦ Remplacement de la bande sonore originale d'un film par une bande provenant de l'adaptation des dialogues en une langue différente. ➤ **postsynchronisation.** *Doublage d'un film italien en français, en anglais.*

DOUBLE [dubl] **adj. et n. m.** – XIe *duble* ◇ latin *duplus*

I ~ adj. ■ **1** Qui est répété deux fois, qui vaut deux fois (la chose désignée), ou qui est formé de deux choses identiques. ➤ **deux ; amph(i)-, bi-, di-.** *Double nœud. Boîte à double fond. Double vitrage. Consonne double.* ➤ **géminé.** *Fermer à double tour. Double whisky. En double exemplaire. Double appel* (au téléphone). *Caractère de ce qui est double en soi.* ➤ **dualité.** *Don de double vue*. Tableau à double entrée. Rue à double sens* (opposé à *à sens unique*). *Double, triple croche*. — Le double as, le double six* (aux dominos). — *Étoffe double face,* tissée de manière à pouvoir être utilisée des deux côtés (➤ **réversible**). *Adhésif double face,* adhérent de chaque côté du ruban. — ASTRON. *Étoile* double.* — CHIM. *Double liaison. Double hélice de l'ADN.* — MÉD. *Double(-)aveugle*.* — *Fleur double,* dont le nombre de pétales est supérieur à celui d'une fleur simple. *Lilas double. — Faire coup* double. Faire double emploi*.* ➤ **doublonner.** — *Mettre les bouchées* doubles. — Porter une double casquette :* cumuler deux fonctions. ♦ ADVT Deux fois autant. *Ça compte double. «Tu as bu, Grémio, tu vois double»* MUSSET. ■ **2** FIG. Qui a deux aspects dont un est caché. ➤ **duplicité.** *Mot, phrase à double sens, à double entente*. «Je suis double ; quelquefois une partie de moi rit quand l'autre pleure»* RENAN. — LOC. *Arme à double tranchant*. Jouer un double jeu*. Mener une double vie :* mener, en marge de sa vie normale, habituelle, une existence que l'on tient cachée. — VX ➤ **hypocrite.** *«Ah ! que ce cœur est double et sait bien l'art de feindre»* MOLIÈRE. — MOD. *Agent* double.* ■ **3** Pour deux personnes. *Chambre double* (opposé à *individuel, simple, single*).

II ~ n. m. LE DOUBLE, UN DOUBLE (1080) ■ **1** Quantité qui équivaut à deux fois une autre. *Dix est le double de cinq. Il gagne le double, plus du double. Augmenter du double* (➤ 1 **doubler**). *Jouer quitte* ou double.* — LOC. *Du simple au double.* ■ **2** Chose semblable à une autre ; autre échantillon d'un objet. *Double d'un objet d'art.* ➤ **copie, réplique, reproduction.** *Collectionneur qui échange ses doubles. Faire faire un double de ses clés. — Double d'un registre.* ➤ **contrepartie.** *Double d'un acte,* second original ou copie exacte. ➤ **ampliation, copie, duplicata, expédition.** *Envoyer l'original et conserver un double.* ♦ **loc. adv. EN DOUBLE :** en deux exemplaires. *Les timbres que j'ai en double.* — **loc. adj.** Replié sur lui-même. *Tissu, fil en double.* ■ **3** FIG. *Le double d'une personne,* qqn qui lui ressemble, qui la reflète, qui est en pleine communion avec elle. ➤ **alter ego.** *«Vous êtes cela, mon double sublimé, le plus fort, le plus fier, le meilleur de moi»* MONTHERLANT. ♦ OCCULTISME Corps astral. ■ **4** (1929) Partie de tennis entre deux équipes de deux joueurs. *Double messieurs. Double dames. Double mixte. Jouer un double.* ♦ *Transat en double,* à deux personnes (opposé à *en solitaire*).

■ **CONTR.** Demi, simple. — Moitié. 1 Original.

DOUBLÉ, ÉE [duble] **adj. et n. m.** – XIVe ◇ de *doubler*

I adj. ■ **1** Rendu ou devenu double. *Des effectifs doublés. Colonne doublée.* ➤ **géminé.** ■ **2** Garni d'une doublure. *Veste doublée de mouton.* ➤ 2 **fourré.** *Jupe doublée.* ■ **3** (1870) FIG. **DOUBLÉ DE :** qui est aussi. *«Je ne suis qu'un petit garçon qui s'amuse – doublé d'un pasteur protestant qui l'ennuie»* GIDE. ■ **4** Qui a subi le doublage. *Film américain doublé* (opposé à *en version originale*). ➤ **postsynchronisé.** *«Les films étaient doublés et pour lui c'était un crime»* J.-M. GUENASSIA. *Un acteur mal doublé.*

II n. m. ■ **1** (1755) VIEILLI Orfèvrerie faite d'un métal ordinaire recouvert, par soudure, d'une mince plaque de métal précieux. ➤ **plaqué.** *Doublé or. Des doublés argent. Bracelet en doublé.* ■ **2** ÉQUIT. *Le doublé* ou *le doubler :* action de traverser la piste en diagonale pour la reprendre à l'angle opposé. ■ **3** CHASSE Le fait d'abattre de deux coups de fusil successifs deux pièces de gibier. — FIG. Deux réussites successives (en sport, au jeu) en peu de temps. *Faire un beau doublé.*

DOUBLEAU [dublo] **n. m.** – 1268 ◇ de *double* ■ **1** Solive d'un plancher qui soutient les chevêtres. ■ **2** ARCHIT. *Les doubleaux et les formerets* (➤ **arcdoubleau**).

DOUBLE-CLIC [dubləklik] **n. m.** – 1992 ◇ calque de l'anglais *double click* ■ Suite rapide de deux pressions exercées sur le bouton d'une souris d'ordinateur. *Des doubles-clics.*

DOUBLE-CLIQUER [dubləklike] **v. intr.** ⟨1⟩ – 1989 ◇ calque de l'anglais *to double click* ■ Effectuer un double-clic. *Ouvrir un fichier en double-cliquant.*

DOUBLE-CRÈME [dubləkʀɛm] **n. m.** – 1895 ◇ de *double* et *crème* ■ Fromage blanc additionné de crème après l'égouttage. *Des doubles-crèmes.*

1 **DOUBLEMENT** [dubləmɑ̃] **adv.** – XIIe ◇ de *double* ■ RARE De deux manières. *On peut le définir doublement.* ♦ COUR. Pour une double raison. *Elle est doublement fautive. Je vous suis doublement obligé.*

2 **DOUBLEMENT** [dubləmɑ̃] **n. m.** – 1298 ◇ de *doubler* ■ Action de rendre double. *Doublement du* t *de* jeter *devant une finale muette.* ➤ **redoublement.** — MILIT. Action de doubler une file, un rang de soldats. ■ **CONTR.** Dédoublement.

1 **DOUBLER** [dub e] v. ‹1› – *dobler* XIIe ◊ bas latin *duplare*
I v. tr. ■ **1** Rendre double, multiplier par deux (➤ 2 **doublement, duplication**). « *un homme qui évidemment a doublé et triplé sa fortune, depuis qu'il administre le bien des pauvres !* » STENDHAL. *Doubler une consonne. Doubler un passage par erreur.* ➤ 2 **doublon.** *Doubler la mise.* — FIG. ➤ **augmenter, redoubler.** « *une certaine curiosité qui doublait l'intérêt de sa visite* » ROMAINS. ◆ MUS. *Doubler une partie,* la renforcer à l'unisson ou à l'octave par un second instrument. ◆ *Doubler les rangs :* mettre sur deux rangs les soldats qui n'étaient que sur un seul. — (1765) VIEILLI ou RÉGION. (Belgique, Luxembourg, Suisse, Canada) *Doubler une classe,* la suivre une seconde fois. ➤ **recommencer, redoubler ; doubleur.** — *Doubler le pas :* marcher deux fois plus vite, et PAR EXT. augmenter son allure. ➤ **accélérer** (cf. Presser le pas). *S'apercevant qu'il était en retard, il doubla le pas.* ■ **2** Mettre (qqch.) en double. *Doubler des fils de tissage.* MAR. *Doubler les cordages,* les disposer en double pour les rendre plus solides. ■ **3** Garnir intérieurement (qqch.) de qqch. qui recouvre, augmente l'épaisseur (➤ **doublure**). *Doubler un vêtement. Doubler de fourrure* (➤ **fourrer**), *d'ouate* (➤ **ouater**). ■ **4** v. pron. **SE DOUBLER DE.** ➤ **s'accompagner.** *Compliment qui se double d'une moquerie.* « *comme si l'écrivain* [Balzac] *s'était tour à tour doublé d'un légiste, d'un agriculteur, d'un industriel, d'un chimiste, d'un financier* » HENRIOT. ■ **5** (1858) Dépasser en contournant. ➤ **dépasser, franchir.** *Doubler le cap**. ◆ Se dit d'un véhicule qui en dépasse un autre se trouvant sur sa voie. *Voiture qui double un camion.* ABSOLT *Défense de doubler en côte.* ■ **6** (1743) Remplacer (un comédien) qui ne peut jouer. ➤ **remplacer.** *Personne qui double un acteur dans une pièce.* ➤ **doublure.** *Il se fait doubler par un cascadeur.* ■ **7** CIN. Faire le doublage* de (un film, un acteur). *X double Y dans la version française de ce film* (➤ **doubleur**). ■ **8** FAM. *Doubler qqn,* le trahir, profiter des avantages qui devraient lui revenir, en agissant à sa place, à son insu. *Il s'est fait doubler.*
II v. intr. Devenir double. *Le chiffre des importations a doublé.* — **DOUBLER DE.** *Doubler de volume.*
■ CONTR. Dédoubler, diminuer.

2 **DOUBLER** ➤ **DOUBLÉ,** II, 2°

DOUBLET [dublɛ] n. m. – 1301 ; « étoffe » XIIe ◊ de *double* ■ **1** TECHN. Pierre fausse formée d'un morceau de cristal sous lequel est placée une feuille de clinquant. ■ **2** (1835 ; hapax 1683) LING. Chacun des deux mots issus d'un même étymon, dont généralt l'un est entré dans la langue par voie populaire (ex. frêle, hôtel, écouter) et l'autre par voie savante (ex. fragile, hôpital, ausculter). ■ **3** (1948) Objet en double. ■ **4** Ensemble de deux objets analogues. ➤ **couple, paire.** ◆ CHIM. Paire d'électrons mis en commun par deux atomes et constituant une liaison covalente. *Doublet non apparié :* paire d'électrons non liants. ◆ ÉLECTR. *Doublet électrique.* ➤ **dipôle.** — *Doublet de raies d'absorption, d'émission.* ◆ PHYS. *État doublet :* état d'une molécule ou d'un atome dont le spin peut avoir deux orientations dans un champ magnétique.

DOUBLETTE [dublɛt] n. f. – 1610 « jeu de l'orgue » ◊ de *double* ■ Équipe de deux joueurs, aux boules ou à la pétanque.

DOUBLEUR, EUSE [dublœʀ, øz] n. – v. 1960 ◊ de 1 *doubler*
I n. m. PHOTOGR. Bague qui se monte entre un boîtier photographique et un objectif afin de doubler la distance focale de ce dernier. *Un doubleur de focale.*
II n. ■ **1** Comédien, comédienne qui double (7°) un acteur dans un film étranger. ■ **2** (Canada, Suisse, Belgique) Redoublant.

1 **DOUBLON** [dublɔ̃] n. m. – 1534 ◊ espagnol *doblón,* de *doble* « double » ■ Ancienne monnaie d'or espagnole (frappée depuis 1497). ➤ **pistole.**

2 **DOUBLON** [dublɔ̃] n. m. – XIIIe ◊ de *double* ■ Faute typographique consistant dans la répétition d'un élément de manuscrit (mot, ligne, phrase, alinéa). ◆ PAR EXT. Répétition d'une information.

DOUBLONNER [dublɔne] v. intr. ‹1› – v. 1965 ◊ de 2 *doublon* ■ Généralt péj. Faire double emploi. *Un rapport, un article qui doublonne avec un autre.*

DOUBLURE [dublyʀ] n. f. – 1376 ◊ de *doubler* ■ **1** Étoffe, matière qui sert à garnir la surface intérieure de qqch. *Mettre, coudre une doublure.* ➤ 1 **doubler.** *Doublure de soie, de tartan, d'acétate. Doublure d'un chapeau* (➤ **coiffe**), *d'un manteau, d'un rideau.* ■ **2** (1776) Personne qui remplace, en cas de besoin, l'acteur, l'actrice qui devait jouer. *Doublure pour les scènes dangereuses d'un film.* ➤ **cascadeur.**

DOUÇAIN ➤ **DOUCIN**

DOUÇÂTRE ➤ **DOUCEÂTRE**

DOUCE ➤ **DOUX**

DOUCE-AMÈRE [dusamɛʀ] n. f. – 1708 ◊ de *douce* et *amère* ■ Plante *(solanacées)* à fleurs violettes et à baies rouges, toxique à forte dose. ➤ **morelle.** *Des douces-amères.*

DOUCEÂTRE ou **DOUÇÂTRE** [dusɑtʀ] adj. – *doulcastre* 1539 ◊ de *doux* et *-âtre* ■ Qui est d'une douceur fade. *Goût, saveur douceâtre.* « *la chambre était tiède ; l'atmosphère, douceâtre ; Daniel pensa se trouver mal* » MARTIN DU GARD. ◆ *Air, ton douceâtre.* ➤ **doucereux, mielleux.**

DOUCEMENT [dusmɑ̃] adv. – *dulcement* XIe ◊ de *doux* ■ **1** Sans grande énergie, sans hâte, sans violence. *Parler doucement,* sans crier. *Marcher doucement pour ne pas faire de bruit. Frapper doucement.* ➤ **délicatement, légèrement.** *Voiture qui roule doucement.* ➤ **lentement.** « *Je me suis doucement esquivé sans rien dire* » MOLIÈRE (cf. En douce*). *Travailler doucement,* sans se hâter. ➤ **mollement ;** RÉGION. **chouïa, gentiment.** *Éclairer doucement.* ➤ **faiblement.** *S'éteindre doucement :* mourir lentement et sans souffrir. ◆ Graduellement, insensiblement. *La colline descend doucement vers la mer. Un paysage doucement vallonné. La température baisse doucement.* ■ **2** Sans heurter, sans faire de peine. *Reprendre qqn doucement,* avec bonté, sans sévérité. ■ **3** Médiocrement ; assez mal. ➤ **coucicouça.** *Les affaires vont doucement. Comment va le malade ? – Tout doucement ; bien doucement.* ➤ **doucettement.** ■ **4** Interjection pour inviter au calme, à la modération (cf. Tout doux*). *Doucement, ne nous emballons pas !* FAM. *Doucement les basses* !* (métaph. de l'orchestre). ■ CONTR. Brusquement, violemment. Bruyamment, 2 fort. Brutalement, rapidement, vite.

DOUCEREUX, EUSE [dus(ə)ʀø, øz] adj. – XIIe « doux » ◊ de *douceur* ■ **1** (XVIIe) VIEILLI D'une douceur fade, peu agréable au goût. *Saveur doucereuse.* ➤ **douceâtre.** ■ **2** VIEILLI D'une douceur affectée. ➤ **benoît, cauteleux, mielleux,** 1 **papelard,** 1 **patelin** (cf. Tout sucre et tout miel*). *Être d'une bonhomie doucereuse.* ➤ **paterne.** « *Il y a des vieillards doucereux, circonspects, pleins de ménagements, comme s'ils avaient leur fortune à faire* » VOLTAIRE. *Ton doucereux.* ➤ **mièvre.** — SUBST. *Faire le doucereux.* ➤ **sucré.** — adv. **DOUCEREUSEMENT.** ■ CONTR. Agressif, cassant.

DOUCET, ETTE [dusɛ, ɛt] adj. et n. f. – XIIe ◊ diminutif de *doux* ■ **1** VX Qui est d'un caractère très doux, ou qui simule la douceur. ■ **2** n. f. RÉGION. **DOUCETTE.** Mâche.

DOUCETTEMENT [dusɛtmɑ̃] adv. – XIIIe ◊ de *doucet* ■ FAM. Très doucement. *Il s'en allait doucettement.* « *une petite fièvre qui la consumait tout doucettement* » SAND.

DOUCEUR [dusœʀ] n. f. – 1680 ; *dulçur* XIIe ◊ bas latin *dulcor,* d'après *doux* ■ **1** RARE Qualité de ce qui est doux au goût. *La douceur d'un fruit, du miel.* ◆ PAR EXT. AU PLUR. ➤ **friandise, sucrerie.** *Offrir des douceurs à un enfant.* ■ **2** PAR ANAL. Qualité de ce qui procure aux sens un plaisir délicat. *Douceur d'une musique, d'un parfum, d'une teinte.* ➤ **suavité.** *La douceur du velours.* ➤ **velouté.** *Douceur de la peau.* — *La douceur de la température, du climat.* « *la douceur angevine* » DU BELLAY. ■ **3** Qualité d'un mouvement progressif et aisé, de ce qui fonctionne sans heurt ni bruit. *Douceur d'un démarrage, d'un mécanisme, d'un moteur. Faire qqch. avec douceur.* « *La machine à tuer se mit en mouvement avec une impitoyable douceur* » MAUROIS. — loc. adv. ou adj. **EN DOUCEUR :** sans choc violent, sans brutalité. *Voiture qui démarre en douceur.* ➤ **doucement.** *Réveiller qqn en douceur. Atterrir en douceur. Rasage en douceur.* ■ **4** Impression douce, plaisir modéré et calme. ➤ **joie, jouissance, satisfaction.** « *si le métier d'auteur a ses douceurs, il a aussi ses épines* » BRILLAT-SAVARIN. — *La douceur de* (et inf.) : l'agrément qu'il y a à... *Douceur de vivre.* ➤ **bien-être, bonheur.** « *La douceur de te voir ne m'est donc point ravie* » VOLTAIRE. ■ **5** Qualité morale qui porte à ne pas heurter autrui de front, à être patient, conciliant, affectueux. ➤ **affabilité, amabilité, aménité, bénignité, bienveillance, bonté, clémence, gentillesse, humanité, indulgence, mansuétude,** 1 **patience.** *Douceur de caractère. Douceur angélique. C'est la douceur même.* « *Antoine reporta son regard sur la mère. Tant de douceur et de tristesse embellissait ce visage fané, qu'il en fut naïvement touché* » MARTIN DU GARD. *Douceur excessive.* ➤ **faiblesse, mollesse.** *Douceur qui dissimule une grande fermeté* (cf. Une main* de fer dans un gant de velours). *Employer la douceur. Prendre qqn par la douceur,* l'amener à faire ce qu'on veut sans le brusquer. PROV. *Plus fait douceur que violence.* ■ CONTR. Amertume ; âcreté. Brusquerie, brutalité, dureté, force, rudesse, violence.

DOUCHE [duʃ] n. f. – *douge, douche* XVIIe ; *doccia* 1581 ◊ italien *doccia*, probablt du latin *ductio* «conduite (d'eau)», de *ducere* ■ **1** Projection d'eau en jet ou en pluie qui arrose le corps et produit une action hygiénique. *Douche froide, chaude, tiède.* — *Douche écossaise,* alternativement chaude et froide ; FIG. parole, évènement très désagréable qui suit immédiatement une parole, un évènement très agréable. — *Prendre une douche.* ➤ se **doucher.** *Être, passer sous la douche. Préférer la douche au bain.* — *Douche thérapeutique d'un établissement thermal. Grande douche,* donnée au jet d'eau. — APPOS. *Gel douche.* ■ **2** Installation sanitaire qui permet de prendre une douche. *Installer une douche. Salle de bains avec douche et baignoire. Les douches d'un gymnase.* — *Cabine, rideau de douche* (➤ **pare-douche**). *Bac à douche. Receveur de douche. Pomme de douche.* ➤ **douchette.** *Douche (à l')italienne,* à fleur de sol. ■ **3** PAR EXT. FAM. Averse que l'on essuie ; liquide qui asperge qqn. «*Je jette un regard curieux dehors, au risque de recevoir une douche*» LOTI. ■ **4** FIG. FAM. Ce qui détruit un espoir, une illusion (➤ **déception, désappointement**), rabat les prétentions, ramène au sens des réalités. *Il ne s'attendait pas à un pareil échec : quelle douche pour lui !* — *Faire l'effet d'une douche froide :* faire une impression très désagréable. ➤ **refroidir.** «*J'aime fréquenter la jeunesse. Son insolence et sa sévérité nous administrent des douches froides*» COCTEAU.

DOUCHER [duʃe] v. ‹1› – 1642 ◊ de *douche*
I v. tr. ■ **1** Arroser au moyen d'une douche. *Doucher un enfant pour le laver, un malade pour le soigner.* PRONOM. *Se doucher :* prendre une douche. ■ **2** PAR EXT. FAM. Mouiller abondamment (pluie). *L'orage nous a douchés.* ➤ **tremper.** *Se faire doucher.* ➤ FAM. **rincer, saucer.** ■ **3** VIEILLI et FAM. Réprimander. *Il s'est fait doucher par son père.* ◆ Rabattre l'exaltation de (qqn). ➤ **refroidir.** «*Il y avait eu dans sa jeunesse un petit fait qui l'avait douché pour la vie*» MONTHERLANT.
II v. impers. (Belgique) *Il douche :* il pleut à verse.

DOUCHETTE [duʃɛt] n. f. – milieu XXe ◊ diminutif de *douche* ■ **1** Appareil fixé à l'extrémité d'une alimentation en eau, percé de petits trous, qui permet la distribution de l'eau en pluie. ➤ 1 **pomme.** *Le flexible et la douchette. Une douchette de massage.* ■ **2** PAR ANAL. DE FORME Appareil servant à la lecture des codes-barres.

DOUCHEUR, EUSE [duʃœʀ, øz] n. – 1836 ; hapax 1687 ◊ de *doucher* ■ Personne qui administre des douches. *Les doucheurs de l'établissement thermal.*

DOUCIN [dusɛ̃] n. m. – 1680 ; région. «oursin» 1611 ◊ de *doux* ■ ARBOR. Variété de pommier utilisé comme porte-greffe. — On écrit aussi *douçain.*

DOUCINE [dusin] n. f. – entre 1520-1537 ◊ de *doux* ■ **1** ARCHIT. Moulure ondoyante à deux courbures de mouvement contraire. *Doucine droite,* convexe en bas, concave en haut. *Doucine renversée,* de disposition inverse. *Arc en doucine. Meuble à doucine.* ■ **2** TECHN. Sorte de rabot utilisé pour faire des moulures.

DOUCIR [dusiʀ] v. tr. ‹2› – 1694 ◊ de *doux* ■ TECHN. Polir (une glace brute, un métal).

DOUCISSAGE [dusisaʒ] n. m. – 1870 ◊ de *doucir* ■ TECHN. Polissage des glaces, des métaux.

1 **DOUDOU** [dudu] n. – 1929 ◊ mot créole antillais, de *doux* redoublé ■ **1** n. f. (Antilles) Jeune femme aimée. *Sa doudou.* ■ **2** n. m. Terme d'affection envers un homme. *Mon doudou.*

2 **DOUDOU** [dudu] n. m. – 1985 ◊ redoublement enfantin de *doux* ■ FAM. Objet choisi par le jeune enfant qui s'y attache ; objet transitionnel*. *Bébé qui s'endort avec son doudou.* «*Le doudou qu'elle tétait le soir avant de s'endormir, quand elle était petite*» TH. JONQUET. *Des doudous.*

DOUDOUNE [dudun] n. f. – 1969 ◊ probablt redoublement enfantin de *doux* ■ Veste matelassée, légère et chaude. ➤ **anorak.**

DOUDOUNES [dudun] n. f. pl. – 1930 ◊ probablt redoublement enfantin de *doux* ■ FAM. Seins. *Elle a de grosses doudounes.*

DOUÉ, DOUÉE [dwe] adj. – XVIIe ◊ de *douer* ■ **1 DOUÉ DE :** qui possède naturellement (une qualité, un avantage). *Un être doué de vie, de raison.* «*elle était douée d'une intelligence pratique assez vive, d'une ténacité à toute épreuve*» MARTIN DU GARD. ➤ **doté.** ■ **2** Qui a un don, des dons. *Un étudiant doué pour les sciences, en informatique.* ➤ 1 **bon,** 1 **fort** (cf. Avoir la bosse* de...). *Il* «*était doué pour entendre les présages*» BOSCO. ABSOLT *Être doué :* avoir des dons naturels, du talent. *Un enfant très doué.* ➤ **surdoué.** ■ CONTR. Dépourvu, exempt.

DOUELLE [dwɛl] n. f. – *doele* 1296 ◊ de l'ancien français *doue,* pour 1 *douve* ■ **1** TECHN. Petite douve de tonneau. ➤ **douvelle.** ■ **2** ARCHIT. Parement d'un voussoir. *Douelles intérieures* (➤ **intrados**), *extérieures* (➤ **extrados**).

DOUER [dwe] v. tr. ‹1› – *doer* XIIe ; «doter» et «faire don de» jusqu'au XVIIe ◊ latin *dotare* → doter ■ Pourvoir (qqn) de qualités, d'avantages (en parlant de Dieu, de forces supérieures). ➤ **doter, gratifier, pourvoir.** *La nature l'a doué de beaucoup de patience.* ➤ **doué.** ■ CONTR. Défavoriser, désavantager, priver.

DOUILLE [duj] n. f. – 1227 ◊ p.-ê. du francique °*dulja* ■ **1** TECHN. Pièce de métal cylindrique et creuse qui sert à assembler deux pièces, à adapter un instrument à un manche. ➤ **embouchoir, manchon.** *Douille d'une bêche.* ■ **2** Pièce métallique à l'extrémité d'un fil électrique dans laquelle on fixe le culot d'une ampoule. ➤ RÉGION. **socket.** *Douille à (pas de) vis, à baïonnette.* ■ **3** Cylindre de carton, de laiton, etc., qui contient l'amorce et la charge de la cartouche. ➤ **étui.** ■ **4** CUIS. Ustensile en forme de cône tronqué que l'on met dans une poche de toile *(poche à douille)* et par lequel s'écoule la préparation (pâte, crème, etc.). *Douille cannelée.*

DOUILLER [duje] v. intr. ‹1› – 1858 ◊ de l'argot *douille* «monnaie» ■ FAM. ■ **1** Payer*. *C'est encore moi qui vais douiller !* ➤ **casquer, raquer.** ■ **2** *Ça douille :* ça coûte cher. ➤ **chiffrer.** ■ **3** Souffrir. ➤ **morfler.** «*il douillait, d'accord, mais il n'était pas en danger*» GAVALDA.

DOUILLET, ETTE [dujɛ, ɛt] adj. – 1361 ◊ de l'ancien français *doille* «mou», du latin *ductilis* «malléable» ■ **1** Qui est doux, délicatement moelleux. ➤ **confortable, doux,** VX 1 **mollet.** *Lit, oreiller douillet. Vêtement douillet,* moelleux et chaud. — PAR EXT. *Intérieur, appartement douillet,* confortable et protecteur. ➤ 1 **cosy.** — LOC. *Un petit nid douillet.* ■ **2** (PERSONNES) Exagérément sensible aux petites douleurs physiques. ➤ **chatouilleux, délicat, sensible.** *Il ne faut pas être si douillet.* — SUBST. *Oh le douillet !* ■ CONTR. Dur, rude. Courageux, endurant, stoïque.

DOUILLETTE [dujɛt] n. f. – 1791 ◊ de *douillet* ■ **1** Pardessus ouaté d'ecclésiastique. ■ **2** Robe de chambre matelassée. ■ **3** (1951) (Canada) Couvre-pied matelassé. ➤ **courtepointe, édredon.**

DOUILLETTEMENT [dujɛtmɑ̃] adv. – XIVe ◊ de *douillet* ■ D'une manière douillette (1°). *Être douillettement couché. Élever un enfant trop douillettement* (cf. Dans du coton).

DOUILLETTERIE [dujɛtʀi] n. f. – 1908 ◊ de *douillet* ■ Caractère d'une personne douillette (2°). *Il est d'une douilletterie incroyable.*

DOULEUR [dulœʀ] n. f. – fin XIe *dolur* ◊ latin classique *dolor, -oris* «souffrance, douleur» ■ **1** Sensation pénible en un point ou dans une région du corps. *Douleur physique. Transmission nerveuse de la douleur* (➤ **endorphine, enképhaline**). *Sentir, ressentir, éprouver une douleur.* ➤ **souffrir.** *Cri de douleur* (➤ **aïe, ouille ;** RÉGION. **ouch ; plainte**). *Hurler, se tordre de douleur. Douleur dans la tête, le ventre ; à la tête, au ventre.* ➤ 3 **mal ; -algie, algo-.** *Douleurs dentaires. Douleur aiguë, vive, déchirante, fulgurante, irradiante, lancinante, térébrante. Douleur brusque et brève.* ➤ **élancement.** *Douleur diffuse, sourde. Douleur exquise*. Douleur ressentie sur le trajet d'un nerf.* ➤ **névralgie.** *Douleurs rhumatismales. Douleur nociceptive, psychogène. Douleur atroce, intolérable. Paroxysme de la douleur. Qui ne cause aucune douleur.* ➤ **indolore.** *Être sensible à la douleur.* ➤ **douillet.** *Remède qui calme la douleur.* ➤ **analgésique, antalgique, antidouleur, calmant.** *Traitement de la douleur.* ➤ 2 **algologie.** «*Nous avons enfin admis que la douleur n'est ni punition ni rédemption, qu'elle est inutile et nuisible*» B. KOUCHNER. «*tu enfanteras des fils dans la douleur*» (BIBLE Crampon). ◆ SPÉCIALT *Les douleurs de l'accouchement* ou ABSOLT *les douleurs.* ➤ **contraction,** 1 **travail.** *Accouchement* sans douleur.* ■ **2** *Douleur (morale) :* sentiment ou émotion pénible résultant de l'insatisfaction des tendances, des besoins. ➤ **souffrance.** «*Sois sage, ô ma Douleur, et tiens-toi plus tranquille*» BAUDELAIRE. *Recherche de la douleur* (➤ **masochisme**). *Éprouver une grande douleur.* ➤ **affliction,** 2 **chagrin, déchirement, deuil, peine.** *Douleur cruelle. Monsieur X a la douleur de vous faire part...,* formule sur un avis de décès. *Réveiller, raviver une douleur ancienne.* ➤ **blessure** (cf. Remuer le couteau dans la plaie*). *Partager la douleur de qqn.* ➤ **compatir ; condoléances, sympathie.** *Chant de douleur.* ➤ **lamento.** — FAM. *J'ai compris ma douleur :* j'ai réalisé ma déconvenue. PROV. *Les grandes douleurs sont muettes,* on ne peut les exprimer. ■ CONTR. Euphorie ; bonheur, joie, 1 plaisir.

DOULOUREUSEMENT [duluʀøzmɑ̃] adv. – *dolerousement* 1160 ◊ de *douloureux* ■ D'une manière douloureuse, avec douleur. *Ils ont été douloureusement éprouvés.*

DOULOUREUX, EUSE [duluʀø, øz] adj. et n. f. – *dulurus* 1080 ◊ bas latin *dolorosus* ■ **1** Qui cause une douleur, s'accompagne de douleur physique. *Règles douloureuses* (➤ **dysménorrhée**). *Maladie, opération douloureuse. Ne craignez rien, ce ne sera pas douloureux.* ■ **2** PAR EXT. Qui est le siège d'une douleur physique. *Point douloureux.* ➤ **sensible.** *Avoir le ventre, les pieds douloureux.* ➤ **endolori.** ■ **3** Qui cause une douleur morale. *Perte, séparation douloureuse.* ➤ **cruel, déchirant.** *Un moment douloureux.* ➤ **pénible, triste*.** « *Le souvenir m'est resté si douloureux que je pleure chaque fois en y pensant* » MAUPASSANT. *Je me vois dans la douloureuse obligation de...* « *Si vous saviez combien il m'est douloureux de vous voir courir à votre perte !* » FÉNELON. ■ **4** Qui exprime la douleur. *Un air, un cri douloureux.* « *Elle avait écouté, muette, la bouche douloureuse et les yeux vagues* » FRANCE. « *Les plus belles œuvres des hommes sont obstinément douloureuses* » GIDE. ■ **5** n. f. (1880) FAM. *La douloureuse* : la note à payer, l'addition. ■ CONTR. Indolore ; agréable, heureux, joyeux. Gai.

DOUM [dum] n. m. – 1799 ◊ mot arabe ■ Palmier d'Égypte et d'Arabie *(palmacées)* qui reste nain en France méditerranéenne. « *les touffes de doum dont on ferait des balais* » MAC ORLAN.

DOUMA [duma] n. f. – 1831 ◊ russe *duma* « assemblée » ■ HIST. Assemblée législative, dans la Russie tsariste. ♦ MOD. Chambre basse du Parlement russe (depuis 1993).

DOURINE [duʀin] n. f. – 1863 ◊ p.-ê. de l'arabe *darin* « croûteux » ■ VÉTÉR. Trypanosomiase contagieuse des équidés.

DOURO [duʀo] n. m. – 1846 ◊ espagnol *duro* ■ Ancienne monnaie d'argent espagnole. *Des douros.*

DOUTE [dut] n. m. – v. 1050 ◊ de *douter*

I LE DOUTE État de l'esprit qui doute, qui est incertain de la réalité d'un fait, de la vérité d'une énonciation, de la conduite à adopter dans une circonstance particulière. ➤ **hésitation, incertitude, incrédulité, indécision, irrésolution, perplexité.** *Être dans le doute au sujet de qqch. Laisser qqn dans le doute. Semer le doute.* PROV. *Dans le doute, abstiens-toi. Le doute n'est plus permis. Être acquitté au bénéfice du doute.* « *Mieux vaut l'erreur que le doute, – pourvu qu'elle soit de bonne foi* » R. ROLLAND. *Un air de doute.* ➤ **dubitatif, sceptique.** — **METTRE qqch. EN DOUTE :** contester la valeur de. *Mettre une assertion en doute.* ➤ **controverser, nier.** *Je ne mets pas en doute votre parole.* « *nul ne s'est jamais avisé de mettre en doute sa sincérité parfaite* » BLOY. *Mettre en doute que* (et subj.) : refuser de croire. *Je mets en doute qu'il ait voulu nous nuire.* — VX *Maladie, folie du doute* : maladie mentale caractérisée par des manies d'interrogation, de vérification. ♦ Position philosophique qui consiste à ne rien affirmer d'aucune chose. ➤ **scepticisme ; pyrrhonisme.** *Doute métaphysique.* COUR. Attitude d'une personne qui n'a pas d'opinion sur l'existence ou la non-existence de Dieu ; d'une personne dont la foi chancelle. ➤ **agnosticisme.** « *Cette croyance incertaine qui n'est pourtant pas le doute [...] et dont Musset donne un exemple quand il parle de l'Espoir en Dieu* » PROUST. ♦ *Le doute philosophique ou doute méthodique de Descartes,* opération première de la méthode cartésienne. « *Le grand principe expérimental est donc le doute, le doute philosophique qui laisse à l'esprit sa liberté et son initiative* » C. BERNARD.

II UN DOUTE, DES DOUTES Jugement par lequel on doute de qqch. *Avoir un doute sur l'authenticité d'un document, sur la réussite d'une affaire. Laisser planer un doute sur ses intentions. Lever, éclaircir, dissiper un doute.* — VIEILLI *Ôter, tirer qqn d'un doute,* faire cesser ses inquiétudes. — **LAISSER PLANER UN DOUTE :** laisser s'installer une incertitude. ➤ **obscurité,** 1 **ombre.** — **IL N'Y A PAS DE DOUTE :** la chose est certaine. *Il n'y a pas l'ombre* d'un doute. Cela ne fait aucun doute.* ➤ **incontestable, indubitable.** ♦ Inquiétude, soupçon, manque de confiance en qqn. *Avoir des doutes sur qqn.* ➤ **méfiance, suspicion.** « *Sans nos doutes sur nous-mêmes, notre scepticisme serait lettre morte* » CIORAN. *Avoir des doutes sur la fidélité de qqn.* ➤ **crainte, présomption, soupçon.** « *La jalousie se nourrit dans les doutes* » LA ROCHEFOUCAULD. ♦ *Il n'y a pas de doute que... Nul doute que...* (avec le subj. et *ne*) « *Il n'y a point de doute que vous ne soyez le flambeau même de ce temps* » VALÉRY. — (Avec l'indic.) « *Il n'y a donc aucun doute qu'après la mort nous verrons Dieu* » CLAUDEL. — (Avec le condit.) *Nul doute qu'il accepterait.* — **HORS DE DOUTE :** certain, évident. *C'est hors de doute qu'il est sincère.*

III SANS DOUTE loc. adv. VIEILLI (ou MOD. *sans aucun doute ; sans nul doute*) Certainement. ➤ **assurément, incontestablement.** *C'est sans doute vrai. Irez-vous ? Sans nul doute.* ♦ MOD. Selon toutes les apparences. ➤ **apparemment, probablement, vraisemblablement.** « *Un changement, Qui présageait sans doute un grand événement* » LA FONTAINE. *Sans doute arrivera-t-elle demain. Sans doute qu'il a oublié. Sans doute qu'il accepterait si vous insistiez.* ♦ (Marquant une concession) *C'est sans doute vrai, mais...*

■ CONTR. Certitude, conviction, croyance, résolution. Assurance, évidence.

DOUTER [dute] v. tr. ind. ⟨1⟩ – *doter* 1080 ◊ latin *dubitare* « craindre, hésiter » → redouter ■ **1** Être dans l'incertitude de (la réalité d'un fait, la vérité d'une assertion). — **DOUTER DE.** *Douter de la réalité de qqch. Douter de l'authenticité d'une nouvelle. Douter du succès.* ➤ **désespérer.** *J'en doute fort. N'en doutez pas* : soyez-en certain. *À n'en pas douter* : sans aucun doute. « *Je doute avec mon cœur de ce que mon esprit reconnaît comme vrai* » BOURGET. — LITTÉR. *Douter de* (et inf.). *Il ne doute pas d'y parvenir.* — trans. dir. **DOUTER QUE** (avec subj.). *Je doute fort qu'il vous reçoive.* — *Ne pas douter que...* (avec subj. si la chose est très peu probable). *Je ne doute pas qu'il est sincère, qu'il (ne) soit sincère.* — (Avec condit.) *Je ne doute pas qu'il accepterait, si j'insistais.* — LITTÉR. **DOUTER SI** (et indic. ou condit.) : ne pas savoir si. ➤ **se demander.** « *Aussi les parents de la belle doutèrent longtemps s'ils obéiraient* » LA FONTAINE. ■ **2** (XVe) **DOUTER DE :** mettre en doute (des croyances fondamentales considérées comme des vérités). « *Comme Hamlet, il doutait de tout maintenant, de ses pensées, de ses haines et de tout ce qu'il avait cru* » R. ROLLAND. — ABSOLT « *De l'homme qui doute à celui qui renie, il n'y a guère de distance. Tout philosophe est cousin d'un athée* » MUSSET. ■ **3** VX Hésiter. ➤ **tergiverser.** « *Pourriez-vous un moment douter de l'accepter ?* » RACINE. — MOD. *Ne douter de rien* : n'hésiter devant aucun obstacle, aller de l'avant, hardiment, sans tenir compte des difficultés. IRON. *Il ne doute de rien* : il fait preuve d'une audace insolente, il croit que tout lui est possible, permis (cf. Avoir un sacré culot, un sacré toupet). ■ **4 DOUTER DE :** ne pas avoir confiance en. ➤ **se défier, se méfier.** *Douter de qqn, de sa parole, de sa sincérité, de son honnêteté. Douter de soi* : ne pas être sûr de ses possibilités, de ses sentiments. « *Que cette idée ne vous vienne jamais de paraître douter de vous, car aussitôt tout le monde en doute* » MUSSET. ■ **5** v. pron. (XVe) **SE DOUTER.** (Suivi d'un indéf.) Considérer comme tout à fait probable (ce dont on n'a pas connaissance). ➤ **conjecturer, croire, deviner, imaginer, pressentir, soupçonner, supposer.** *Vous doutiez-vous de cela ?* ➤ **s'attendre.** *Ils se sont doutés de qqch.* ➤ **flairer, subodorer.** *Je ne me doutais de rien. Il est très mécontent, je m'en doute ; je m'en doute un peu ; je ne m'en serais jamais douté. Ah ça ! je m'en doutais !* j'avais prévu la situation. **SE DOUTER QUE** (et indic. ou condit.). ➤ 1 **penser, supposer.** « *Nous ne nous doutions pas que si peu de temps après nous aurions à supporter ensemble une si grande épreuve* » ROMAINS. ■ CONTR. Admettre, croire.

DOUTEUR, EUSE [dutœʀ, øz] adj. et n. – XIIIe ◊ de *douter* ■ LITTÉR. Qui doute. *Un esprit douteur.* — n. ➤ **sceptique.** « *Les douteurs qui hochaient la tête, maintenant crient* chapeau ! » H. PICHETTE. ■ HOM. Douteuse (douteux).

DOUTEUSEMENT [dutøzmɑ̃] adv. – *dotosement* XIIe ◊ de *douteux* ■ D'une manière douteuse, suspecte. « *les petits caboulots douteusement famés* » BEAUVOIR.

DOUTEUX, EUSE [dutø, øz] adj. – 1120 ; au Moyen Âge, aussi « redoutable » et « craintif » ◊ de *douter* ■ **1** (CHOSES) Dont l'existence ou la réalisation n'est pas certaine. ➤ 1 **incertain.** *Fait douteux,* qui n'a pas été contrôlé, vérifié (cf. Sujet à caution*). *Il le dit, mais c'est fort douteux. Son succès est douteux.* ➤ **aléatoire, hypothétique, improbable, problématique.** — IMPERS. *Il est douteux que...* (avec subj.) *Il est douteux qu'il vienne ce soir. Il n'est pas douteux que...* (avec indic., avec subj. et *ne* facultatif) *Il n'est pas douteux qu'il a raison.* « *Il n'est pas douteux que le christianisme ait été une transformation profonde du judaïsme* » BERGSON. ■ **2** Dont la nature n'est pas certaine ; sur quoi on s'interroge. *Sens douteux d'une phrase, d'une proposition.* ➤ **ambigu, amphibologique, équivoque, obscur.** *La date de cette œuvre est douteuse. Objet d'origine douteuse.* ➤ 1 **incertain.** « *À un âge où toutes les opinions sont encore douteuses et vacillantes* » CONSTANT. ♦ Dont la valeur, les effets sont mis en doute. *Raisonnement douteux.* ➤ **contestable, discutable.** *Efficacité douteuse.* « *C'est alors qu'il se fait un balancement douteux entre la vérité et la volupté* » PASCAL. *Créance* douteuse.* ■ **3** PAR EXT. PÉJ. Qui n'a pas ou ne semble pas avoir les qualités qu'on en attend ; dont la qualité est mise en cause. *Un jour douteux* : une lumière qui permet à peine de distinguer les objets. ➤ **faible ; pénombre.** *Viande douteuse, champignon douteux.* — *Vêtement d'une propreté douteuse,* plutôt sale que propre. « *en tabliers d'un blanc douteux* » ZOLA. — PAR EXT. Qui

n'est guère propre. *Verres, vêtements douteux.* — **D'UN GOÛT DOUTEUX :** d'un goût plutôt mauvais. *« Cette toilette, d'un goût douteux, allait mal à Séniha »* LOTI. *Plaisanterie d'un goût douteux.* ➤ **mauvais.** ◆ Qu'on soupçonne d'être malhonnête. *Réputation, mœurs douteuses.* ➤ **suspect.** *Procédés douteux, affaire douteuse.* ➤ **véreux.** — *Un individu douteux.* ➤ 1 **louche.**
■ CONTR. Assuré, certain, clair, évident, incontestable, indubitable, irréprochable, 1 manifeste, notoire, sûr. 2 Net, propre. ■ HOM. Douteuse (douteur).

DOUVAIN [duvɛ̃] **n. m.** – 1491 ◊ de 1 *douve* ■ TECHN. Bois (de chêne, etc.) pour faire des douves (1, II).

1 **DOUVE** [duv] **n. f.** – *dove* 1160 ◊ bas latin *doga* « récipient »
I Fossé. ■ **1** Fossé rempli d'eau, autour d'un château, servant généralement à la défense. *Les douves d'un château. « Douve profonde et noire »* BONNEFOY. ■ **2** Large fossé précédé d'une barrière, dans un parcours de steeple-chase.
II Planche servant à la fabrication des tonneaux. ➤ **douelle, douvelle.** *« une des douves s'est fendue et le contenu s'est déversé sur le sol »* S. GERMAIN. *Douves de corps,* longues et courbées. *Douves de fond* (➤ **jable**).

2 **DOUVE** [duv] **n. f.** – XIe ◊ bas latin *dolva,* d'origine gauloise ■ Ver plat parasite *(trématodes)* dont la larve (➤ **cercaire, rédie**) infecte certains mollusques puis les personnes ou les animaux qui les consomment. ➤ **distome.** *Douve du foie,* parasite du mouton.

DOUVELLE [duvɛl] **n. f.** – 1694 ◊ diminutif de 1 *douve* ■ TECHN. Petite douve de tonneau. ➤ **douelle.**

DOUX, DOUCE [du, dus] **adj., adv.** et **n.** – fin XIe, dans l'expression *France dulce* (I, 3°) ◊ du latin *dulcis*
I ~ adj. A. AGRÉABLE AUX SENS ■ **1** Qui a un goût faible ou sucré (opposé à *amer, acide, fort, piquant,* etc.). *Doux comme le miel. Amandes, oranges, pommes douces. Piment doux* (poivron), *moutarde douce. Patate douce. Trop doux.* ➤ **douceâtre, doucereux, écœurant, fade.** *Vin doux,* sucré (opposé à *sec, brut*). ◆ (fin XIe) Non salé. *Beurre doux. L'eau douce des rivières et des lacs. Marin* d'eau douce.* ■ **2** (milieu XIIe) Agréable au toucher par son caractère lisse, souple (opposé à *dur, rugueux*). ➤ **moelleux, soyeux.** *Peau douce.* ➤ 2 **fin, satiné, velouté.** *Étoffe, laine douce. Brosse douce.* ➤ **souple.** — *Lit, matelas très doux.* ➤ **douillet, moelleux,** 1 **mou.** ◆ PAR EXT. (fin XIIe) Qui épargne les sensations violentes, désagréables (temps, climat). *Climat doux.* ➤ **tempéré.** *Température douce ; douce chaleur. Un hiver doux.* ➤ **clément.** *« Un temps doux. Le vent, faible et chaud, nous venait du Sud. Il amollissait l'air »* BOSCO. — ADVT *Il fait doux.* ◆ Peu sonore et agréable à l'ouïe. *Doux accents, doux murmures.* ➤ **léger.** *Voix douce.* ➤ **caressant, harmonieux, mélodieux.** — SPÉCIALT *Musique douce,* d'ambiance. — PHONÉT. *Consonnes douces,* dont l'articulation n'exige qu'une faible tension musculaire (opposé à *consonnes fortes*). — *Esprit* doux* (opposé à *rude*). ◆ Peu intense et agréable à la vue. *Lumière douce.* ➤ **pâle, tamisé.** *Teinte douce.* ➤ 2 **pastel.** ◆ Agréable à l'odorat. *Doux parfums.* ➤ **suave.** ■ **3** FIG. (fin XIe) Qui procure une jouissance calme et délicate. ➤ **agréable.** *Doux souvenir.* ➤ **attendrissant.** *La solitude lui est douce. Se faire une douce violence*. Le « plaisir de me voir, dont il s'était fait pendant dix ou douze jours une douce habitude »* SÉNAC DE MEILHAN. *Il est doux de* (et inf.). *« C'est doux, la nuit, de regarder le ciel »* SAINT-EXUPÉRY. — *Mener une vie douce.* ➤ **dolce vita.** LOC. FAM. *Se la couler* douce.*
B. EMPREINT DE MODÉRATION ; SANS EXCÈS ■ **1** Qui n'a rien d'extrême, d'excessif. ➤ **faible, modéré.** *Descente en pente douce. Cuire à feu doux* (cf. À petit feu). *Repasser à fer doux. Prix doux :* prix modéré. *Châtiment trop doux. Mort douce.* ◆ Qui agit sans effets secondaires néfastes (sur l'organisme, l'environnement), utilise les ressources de la nature. *Technologies, énergies douces,* peu polluantes. *Médecine douce.* ➤ **alternatif, naturel, parallèle.** ◆ (d'après l'anglais *soft*) *Drogue* douce.* ■ **2** (PERSONNES) Qui ne heurte, ne blesse personne, n'impose rien, ne se met pas en colère. ➤ **amène, bienveillant, bonhomme, conciliant, débonnaire,** 2 **gentil, humain, indulgent, patient, souple, tolérant ;** FAM. **cool,** 1 **coulant.** *Être doux comme un agneau.* ➤ **inoffensif.** *Cet enfant est doux.* ➤ **docile, obéissant, sage.** *Vous êtes trop doux avec lui.* ➤ **faible,** 1 **mou.** *Un doux dingue.* — (Animaux) Qui ne montre aucune agressivité. *Un chien très doux avec les enfants.* ◆ PAR EXT. *Air doux.* ➤ 2 **gentil.** *« Il est si beau, l'enfant, avec son doux sourire, Sa douce bonne foi »* HUGO. *Une folie* douce.* — SPÉCIALT Qui exprime de tendres sentiments. *Un doux regard.* ➤ **affectueux,** 2 **aimant, câlin, caressant,** 2 **tendre.** LOC. *Faire les yeux doux :* regarder amoureusement. *Un billet* doux.*
C. SENS TECHNIQUE *Fer doux :* fer pur, peu cassant, employé dans la fabrication des électroaimants (opposé à *fer aigre*). *Acier doux. Lime douce :* lime dont les entailles peu écartées permettent un travail léger en surface.
II ~ adv. FAM. ■ **1** *Filer doux :* se soumettre, obéir sans opposer de résistance. *« Je filai doux, et souscrivis à toutes tes exigences »* MAURIAC. ■ **2 TOUT DOUX.** VIEILLI ou PLAISANT Pour inviter au calme, à la modération. ➤ **doucement.** *Tout doux mon ami.* ■ **3 loc. adv.** (1884) **EN DOUCE :** sans bruit, avec discrétion. *Partir, filer en douce* (cf. Filer à l'anglaise*). — *Elle « continue à me fourguer en douce une partie de ses réserves »* SARRAZIN. ➤ **furtivement, secrètement** (cf. En cachette).
III ~ n. (PERSONNES) *C'est un doux.* — FAM. T. d'affection. *Ma douce.* — FAM. *Il va voir sa douce,* son amie, sa fiancée.
■ CONTR. Acide, aigre, 1 amer, 1 fort, 1 piquant. Bruyant, criard. Dur, raboteux, rugueux. Abrupt, escarpé. Acerbe, acariâtre, agressif, brutal, dur, hargneux, sévère, volontaire, violent.

DOUX-AMER, DOUCE-AMÈRE [du(z)amɛʀ, dusamɛʀ] **adj.** – milieu XVIe ◊ de *doux* et *amer* ■ Qui allie douceur et amertume (surtout fig.). *Un goût doux-amer. Souvenirs, sentiments doux-amers. « ce fut un pèlerinage doux-amer aux lieux saints de ma mémoire »* GENEVOIX.

DOUZAIN [duzɛ̃] **n. m.** – 1432 sens 2° ; autres sens XIIIe ◊ de *douze* ■ **1** (1480 *dozain*) ANCIENNT Monnaie française qui valait douze deniers ou un sou. ■ **2** Poème de douze vers.

DOUZAINE [duzɛn] **n. f.** – fin XIIe ◊ de *douze* ■ **1** Ensemble de douze choses de même nature. *Une douzaine d'œufs, d'huîtres. Moitié d'une douzaine.* ➤ **demi-douzaine.** *Douze douzaines.* ➤ **grosse.** *Objets vendus à la douzaine. — Treize* à la douzaine.* ■ **2** Nombre d'environ douze. *Garçon d'une douzaine d'années.* — FIG. *À la douzaine,* en quantité (cf. À la pelle).

DOUZE [duz] **adj. numér. inv.** et **n. inv.** – 1080 ◊ latin *duodecim,* de *duo* « deux » et *decem* « dix », grec *dôdeka*
I adj. numér. card. inv. Nombre entier naturel équivalant à dix plus deux (12 ; XII). ➤ **dodéca-.** ■ **1** Désigne un groupe déterminé de douze unités. Avec l'art. déf. *Les douze mois* de l'année. Les douze signes du zodiaque*. Les douze apôtres.* ■ **2** Avec ou sans déterm. *Immeuble de douze étages. Douze objets de même nature.* ➤ **douzaine.** *Poème de douze vers.* ➤ **douzain.** *Vers de douze syllabes.* ➤ **alexandrin, dodécasyllabe.** *Douze douzaines.* ➤ **grosse.** — *Recevoir douze balles* dans la peau.* — (En composition pour former un nombre) *Douze cents* (ou mille deux cents). ■ **3** PRONOM. *Rangez-les douze par douze. Ils sont venus à douze.*
II adj. numér. ord. Douzième. ■ **1** *Le pape Pie XII. Page 12.* — *Le 12 juin. L'an 1200* (douze cent ou mille deux cent). *12 heures :* midi. — REM. *12 heures* ne peut pas être employé pour *minuit.* — Dans une suite d'adj. ord. *Il a été reçu douze ou treizième au concours.* ■ **2** SUBST. MASC. Le douzième jour du mois. *Votre lettre du 12.* ◆ Ce qui porte le numéro 12. *Habiter au 12. Le 12 est en tête.* ■ **3** SUBST. FÉM. Chambre, table numéro 12. *Changez les draps de la 12.* PAR MÉTON. au masc. *Les soins à donner au 12.*
III n. m. inv. ■ **1** Sans déterm. *Trois fois quatre, douze. Système dont la base est douze.* ➤ **duodécimal.** — *Douze pour cent* (ou *12 %*). MUS. *Mesure à douze-huit,* à quatre temps ayant une noire pointée par temps. ■ **2** Avec déterm. Le chiffre, le numéro 12. — Note correspondant à douze points. *Elle a eu (un) 12 en anglais.* ◆ Mesure typographique égale à 12 points. ➤ **cicéro.**

DOUZIÈME [duzjɛm] **adj.** et **n.** – *dudzim* fin XIe ◊ de *douze*
I adj. ■ **1 adj. numér. ord.** Qui vient après le onzième. *Le douzième et dernier mois de l'année est décembre. Il est dans sa douzième année :* il a entre onze et douze ans. *La douzième heure :* midi ou minuit. *Le XIIe siècle. Le douzième étage,* ou SUBST. MASC. *habiter au douzième. Le XIIe arrondissement de Paris, de Marseille,* ou SUBST. MASC. *le XIIe* (ou *12e*). — (Dans une compétition) *Elle est douzième en histoire.* ◆ (En composition pour former des adj. ord.) *Cinq cent douzième* (512e). ■ **2 adj. fractionnaire** Se dit d'une partie d'un tout également divisé ou divisible en douze. ◆ SUBST. MASC. *Un douzième des candidats a été reçu. Sept douzièmes* (7/12). — DR. *Douzièmes provisoires :* fraction du budget (un douzième de celui de l'année précédente) dont le gouvernement pouvait provisoirement disposer, sous les IIIe et IVe Républiques, avec l'autorisation des Chambres, en cas de retard dans le vote du suivant.
II n. ■ **1** *Elle est la douzième de sa classe.* ■ **2 n. f.** MUS. Intervalle compris entre douze degrés conjoints, octave de la quinte.

DOUZIÈMEMENT [duzjɛmmɑ̃] adv. – 1690 ◇ de *douzième* ■ En douzième lieu (en chiffres 12°).

DOXA [dɔksa] n. f. – v. 1970, Barthes ◇ mot grec «opinion» ■ DIDACT. Ensemble des opinions communément admises dans une société donnée.

-DOXE ■ Élément, du grec *doxa* «opinion» : *orthodoxe, hétérodoxe, paradoxe.*

DOXOLOGIE [dɔksɔlɔʒi] n. f. – 1610 ◇ grec ecclésiastique *doxologia* ■ LITURG. CATHOL. Prière à la gloire de Dieu.

DOYEN, DOYENNE [dwajɛ̃, dwajɛn] n. – 1174 ◇ latin ecclésiastique *decanus* «chef de dix hommes» ■ **1** Titre de dignité ecclésiastique. n. m. *Doyen d'un chapitre, d'une collégiale. Dignité de doyen.* ➤ **décanat, doyenné.** — APPOS. *Curés doyens.* — n. f. *Doyenne d'une abbaye,* qui préside le chapitre. ➤ **abbesse, supérieure.** ■ **2** (1690) Personne qui possède la première dignité dans les facultés d'une université. *Madame X, doyenne de la faculté de droit. Doyen d'une U. F. R.* ■ **3** Personne qui est le plus ancien des membres d'un corps, par ordre de réception (➤ **décanat**). *Le doyen de la cour d'appel, de l'Académie française.* ■ **4** (1690) Personne la plus âgée. *La doyenne des Français. «La doyenne montre huit ans au plus»* LOTI. *Le doyen d'âge d'une assemblée* (pléonasme pour éviter une confusion avec le sens 3°). ■ CONTR. Dernier. Benjamin, cadet.

DOYENNÉ [dwajene] n. m. – 1277 ◇ de *doyen* ■ **1** Dignité de doyen dans une église, un chapitre. ➤ **décanat.** — PAR EXT. Demeure du doyen. — Circonscription ecclésiastique ayant à sa tête un doyen. ■ **2** (1640) *Poire de doyenné,* et ELLIPT *une doyenné* (VIEILLI) : variété de poire très fondante. *La doyenné du comice.* ➤ **comice** (3°).

Dr Abrév. de *docteur.*

DRACÉNA [dʀasena] n. m. – 1806 ◇ latin des botanistes *dracaena,* d'où les formes *drakena, drachena* depuis 1623, en latin classique d'origine grecque «dragon femelle» → sang-de-dragon ■ Arbuste ou arbre tropical *(liliacées),* au feuillage panaché. ➤ **dragonnier.**

DRACHE [dʀaʃ] n. f. – 1926 ◇ du flamand *draschen* «pleuvoir à verse», du bas allemand ■ RÉGION. (Nord, Belgique) Pluie battante, averse. *«dehors on entendait la drache accabler les carreaux»* CLIFF. — LOC. *La drache nationale* : l'averse (réputée assez fréquente) du 21 juillet, jour de la fête nationale belge. — v. impers. et intr. ⟨1⟩ **DRACHER.**

DRACHME [dʀakm] n. f. – *dragme* milieu XIIIe ◇ du latin d'origine grecque *drachma* ■ **1** ANTIQ. GR. Poids équivalant à 3,24 g. — Monnaie d'argent divisée en six oboles. ➤ aussi **statère.** *Parabole de la drachme perdue.* ■ **2** Ancienne unité monétaire de la Grèce moderne.

DRACONIEN, IENNE [dʀakɔnjɛ̃, jɛn] adj. – 1796 ; *draconique* XVIe ◇ de *Dracon,* législateur d'Athènes réputé pour sa sévérité ■ D'une excessive sévérité. ➤ **inexorable, rigoureux.** *Lois, mesures draconiennes.* ➤ **drastique.** ■ CONTR. Doux, indulgent.

DRAGAGE [dʀagaʒ] n. m. – 1765 ◇ de *draguer* ■ **1** Action de draguer ; son résultat. *Le dragage d'une rivière, d'un bassin.* — SPÉCIALT Recherche (d'objets immergés), au moyen de la drague. *Dragage d'une ancre. Dragage de mine.* ■ **2** FAM. RARE Le fait de draguer (II). ➤ **drague** (II).

DRAGÉE [dʀaʒe] n. f. – XIVe ; *dragie* début XIIIe ◇ p.-ê. altération du latin *tragemata,* grec *tragêmata* «friandises» ■ **1** Confiserie formée d'une amande, d'une noisette, etc., enrobée de sucre durci. *Boîte, cornet de dragées. Coupe à dragées.* ➤ **drageoir.** *Dragées offertes à l'occasion d'un baptême, d'une communion, d'un mariage. Des dragées bleues, roses, blanches. «Nous leur jetions des poignées de dragées, et toute notre route était semée de bonbons. On se souviendra longtemps de ce baptême»* LOTI. — *Dragée à la liqueur, au chocolat,* où l'amande est remplacée par de la liqueur, du chocolat. ◆ LOC. (1773) *Tenir la dragée haute à qqn,* lui faire payer cher ce qu'il demande ; lui faire sentir son pouvoir. *«je restais maîtresse de l'argent ; je lui tenais la dragée haute»* MAURIAC. ◆ PAR ANAL. (1676) PHARM. Préparation pharmaceutique à sucer, formée d'un comprimé enrobé de gomme, de sucre. ■ **2** Petit plomb de chasse. ➤ **cendrée.** *«Des cris éclatèrent sur mes vitraux comme les dragées d'une sarbacane»* A. BERTRAND. — FAM. Balle*. ➤ **praline.** *Recevoir une dragée.* ➤ **bastos.**

DRAGÉIFIER [dʀaʒeifje] v. tr. ⟨7⟩ – 1850 ◇ de *dragée* ■ Présenter sous forme de dragée (un médicament, une amande). — *Comprimé dragéifié.*

DRAGEOIR [dʀaʒwaʀ] n. m. – 1360 ; *drajouer* XIIe ◇ de *dragée* ■ Coupe, vase où l'on mettait des dragées, des sucreries, des épices. *Un drageoir Louis XIV. «Le Drageoir aux épices», recueil de Huysmans.*

DRAGEON [dʀaʒɔ̃] n. m. – 1548 ◇ p.-ê. francique °*draibjo* «pousse» ■ ARBOR. Pousse aérienne, née sur une racine, et qui produit des racines adventives. ➤ 1 **rejet, rejeton, surgeon.** *Les drageons peuvent être détachés et replantés.*

DRAGEONNAGE [dʀaʒɔnaʒ] n. m. – XVIe ◇ de *drageonner* ■ ARBOR. Reproduction des plantes par drageons.

DRAGEONNEMENT [dʀaʒɔnmɑ̃] n. m. – 1872 ◇ de *drageonner* ■ ARBOR. Fait pour une plante de drageonner.

DRAGEONNER [dʀaʒɔne] v. intr. ⟨1⟩ – 1636 ◇ de *drageon* ■ ARBOR. Produire des drageons, en parlant d'une plante. *Les lilas, les robiniers drageonnent.*

DRAGLINE [dʀaglin ; dʀaglajn] n. f. – 1950 ◇ mot anglais, de *drag* «herse» et *line* «câble» ■ ANGLIC. TECHN. Engin de terrassement qui racle le terrain à l'aide d'un godet traîné par un câble.

DRAGON [dʀagɔ̃] n. m. – 1080 *dragun* ◇ latin *draco, draconis*

I ■ **1** Animal fabuleux qu'on représente généralement avec des ailes, des griffes et une queue de serpent. ➤ **guivre, hydre, tarasque.** *Dragon qui crache des flammes.* ➤ **chimère.** *Un dragon gardait les pommes d'or du jardin des Hespérides. «Pour ravir un trésor, il a toujours fallu tuer le dragon qui le garde»* GIRAUDOUX. — BLAS. Figure de fantaisie représentant un reptile à deux pieds. ◆ Animal symbolique de la culture chinoise. — *Les quatre dragons* : Corée du Sud, Hong-Kong, Singapour et Taïwan. ■ **2** VIEILLI Gardien, surveillant vigilant et intraitable. ➤ **cerbère.** — PLAISANT *Un dragon de vertu* : une femme affectant une vertu farouche. *«Mais, Monsieur, votre femme passe pour un dragon de vertu dans toute la ville»* MUSSET. ◆ VX Femme acariâtre, violente, aux manières brutales. ➤ **démon, harpie.** ■ **3** Dans l'iconographie chrétienne, Figure du démon (➤ **serpent**). *Saint Michel terrassant le dragon.* ■ **4** ZOOL. *Dragon volant* : reptile *(sauriens)* caractérisé par la présence d'un repli membraneux formant parachute. — *Dragon de Komodo* : le plus grand des varans des îles de la Sonde.

II (1080 *dragun* ◇ latin *draco* «étendard» [figurant un dragon, insigne des cohortes romaines]) HIST. Soldat de cavalerie. *Expéditions des dragons contre les huguenots, sous Louis XIV.* ➤ **dragonnade.** — *Dragons portés* : motocyclistes, etc., qui remplacèrent jusqu'en 1940 les groupes cyclistes des régiments de cavalerie. *Le 6e régiment de dragons, le 6e dragons,* régiment de blindés.

DRAGONNADE [dʀagɔnad] n. f. – 1708 ◇ de *dragon* (II) ■ HIST. Sous Louis XIV, Persécution exercée par les dragons contre les protestants qui devaient les loger.

DRAGONNE [dʀagɔn] n. f. – 1800 ; «batterie de tambour» 1771 ; «femme acariâtre» 1673 ◇ fém. de *dragon* ■ Cordon, galon qui garnit la poignée (d'un sabre, d'une épée). — Cordon attaché à un objet (un parapluie, un appareil photographique, etc.), qu'on passe au bras ou au poignet. *La dragonne d'un bâton de ski.*

DRAGONNIER [dʀagɔnje] n. m. – XVe ; «porte-étendard» XIIIe ◇ de *dragon* dans *sang-dragon* ■ Arbre tropical *(liliacées)* dont la tige très ramifiée produit une gomme (➤ **sang-de-dragon**) et qui compte parmi les arbres qui vivent le plus longtemps.

DRAG-QUEEN [dʀagkwin] ou **DRAG** [dʀag] n. f. – v. 1990 ◇ de l'anglais *drag* argot «vêtements de femme portés par un homme» et *queen* «reine» ■ ANGLIC. Travesti masculin vêtu de manière recherchée et exubérante. *Des drag-queens, des drags.* ■ HOM. Drague.

DRAGSTER [dʀagstɛʀ] n. m. – 1966 ◇ mot anglais, de *drag* «herse» ■ ANGLIC. Véhicule de course doté d'un moteur surpuissant, destiné aux compétitions de vitesse sur une très courte distance. *Des dragsters à deux, à quatre roues.*

DRAGUE [dʀag] n. f. – 1556 ; *drègue* 1388 ◇ anglais *drag* «crochet», de *to drag* «tirer»

I ■ **1** Filet de pêche en forme de poche, muni d'une armature en triangle ou en arc de cercle et dont la partie inférieure forme racloir. *Drague à huîtres, à moules. Pêcheur à la drague.* ■ **2** (1676) Instrument ou machine servant à enlever du fond de l'eau du sable, du gravier, de la vase. *Drague à bras, à main* : poche en tôle munie d'un manche. ◆ SPÉCIALT Construction flottante (chaland, ponton, navire) portant un engin mécanique destiné à curer les fonds des fleuves, canaux, estuaires, à creuser les bassins et chenaux des ports ; l'engin mécanique lui-même. *Drague à godets*, munie d'une chaîne sans fin de récipients. *Drague à benne preneuse, à benne piocheuse. Drague suceuse.* ▪ **3** ANCIENNT *Drague pour mines sous-marines* : appareil muni de cisailles qui coupaient les orins des mines rencontrées. — *Drague hydrographique* ou *drague flottante* : filin immergé à profondeur constante, remorqué par deux embarcations, et qui sert à repérer les roches sous-marines.

II (1961) FAM. Recherche d'aventures galantes. ➤ **dragage ; draguer ; dragueur.** *La drague sur la plage.* APPOS. *Un plan* drague.*

▪ HOM. Drag (drag-queen).

DRAGUER [dʀage] v. tr. ‹1› – 1634 ◇ de *drague*

I ▪ **1** Pêcher (des coquillages) à la drague. ▪ **2** Curer, nettoyer le fond de (une rivière, un port) à la drague. ➤ **désenvaser.** *Draguer un chenal, un bassin.* ◆ Enlever les mines sous-marines de (un lieu). *Draguer un détroit miné.* ▪ **3** MAR. Racler (le fond) sans y mordre, en parlant d'une ancre. *L'ancre drague le fond,* elle chasse. ABSOLT *L'ancre drague.*

II (v. 1960 ; «chercher» argot des militaires 1914) FAM. Chercher à lier connaissance avec (qqn) en vue d'une aventure. ➤ RÉGION. **gosser.** *Draguer une nana. Prostituée qui drague en voiture.* ➤ **racoler.** *Il s'est fait draguer.* — ABSOLT *Draguer en boîte.* ◆ PAR EXT. Faire la cour à. ➤ **courtiser** (cf. Faire du gringue*, du plat*, du rentre-dedans* à). *«elle était toujours aussi populaire. Tous les garçons la draguaient»* O. ADAM.

DRAGUEUR, EUSE [dʀagœʀ, øz] n. – 1664 ◇ de *drague*

I n. m. ▪ **1** Pêcheur à la drague. ▪ **2** Ouvrier qui drague un fond à la main, qui manœuvre une drague. ▪ **3** (1829) Bateau (autonome ou non : chaland, ponton) muni d'une drague. *Dragueur qui dégage, approfondit, élargit un chenal. Dragueur à godets.* ➤ **drague.** ◆ Navire destiné à la recherche et à l'enlèvement des mines sous-marines. *Dragueur de mines.*

II n. (1959, dans le titre d'un film) FAM. Personne qui drague (II). *Se faire aborder par un dragueur. «Ce dragueur de supermarché proposait de lui offrir un verre, donc de la sauter dans un motel minable»* D. FOENKINOS.

1 **DRAILLE** [dʀɑj] n. f. – 1792 ◇ de *traille* ▪ MAR. Cordage tendu, le long duquel peut glisser une voile, une tente. ➤ 1 **erse, erseau.** *Draille de foc.* ▪ HOM. poss. Dry.

2 **DRAILLE** [dʀɑj] n. f. – 1835 ◇ de *draya* «sentier», mot d'ancien franco-provençal (1316), de *trailla* «faire une trace», du latin populaire *tragulare* «suivre (le gibier) à la trace» (→ traille) ▪ RÉGION. Piste empruntée par les troupeaux transhumants. *Les drailles cévenoles.*

DRAIN [dʀɛ̃] n. m. – 1849 ◇ mot anglais, de *to drain* «dessécher» ▪ **1** AGRIC. Conduit souterrain, servant à évacuer l'eau des sols trop humides. *Les drains se jettent dans des collecteurs* (➤ **drainage**). ◆ PAR EXT. Fossé. ▪ **2** (1859) Tube destiné à favoriser l'écoulement des collections liquides. *Drain souple, drain rigide. Placer un drain dans une plaie. Poser des drains pour soigner une otite.* ▪ **3** ÉLECTRON. Électrode située à une des extrémités dopées du barreau semi-conducteur d'un transistor à effet de champ et à laquelle aboutit le courant électronique.

DRAINAGE [dʀɛnaʒ] n. m. – 1848 ◇ de *drain* ▪ **1** Opération d'assainissement des sols trop humides, par l'écoulement de l'eau retenue en excès dans les terres. ➤ **assainissement, assèchement.** *Drainage d'une prairie, d'un marais, d'un polder. Travaux de drainage dans les Flandres.* ➤ RÉGION. **wateringue.** — PAR EXT. Système mis en place dans ce but. *Drainage transversal, longitudinal.* ▪ **2** MÉD. Opération destinée à favoriser l'écoulement des collections liquides (pus, etc.) en maintenant une ouverture par un tube (➤ **drain**) ou une mèche. *Drainage d'une plaie.* ◆ Traitement destiné à faciliter l'évacuation des toxines de l'organisme. *Drainage lymphatique*.* ▪ **3** FIG. Action d'attirer, de rassembler en un lieu. *Le drainage des capitaux, de l'or.* ▪ CONTR. Inondation, irrigation. Dispersion, fuite.

DRAINE [dʀɛn] n. f. – 1775 ; *drenne* 1755 ◇ p.-ê. du gaulois °*drezdo* ▪ Grive* de grande taille *(turdidés).*

DRAINER [dʀene] v. tr. ‹1› – 1848 ◇ de *drain* ▪ **1** Débarrasser (un terrain) de l'excès d'eau par le drainage. ➤ **assainir, assécher.** *Drainer un polder.* — *Prairie drainée.* ▪ **2** MÉD. Favoriser l'écoulement des collections liquides de (une plaie, un organe). *Drainer une plaie, un rein.* ▪ **3** FIG. Faire affluer en attirant à soi (pour conserver ou pour dériver). *Drainer des capitaux. Centre commercial qui draine une large clientèle. Cette terre «n'a pas de chemin de fer pour [...] drainer vers l'étranger ses richesses»* LOTI. ▪ CONTR. Inonder, irriguer. Disperser.

DRAINEUSE [dʀɛnøz] n. f. – 1861 ◇ de *drainer* ▪ Machine agricole servant aux travaux de drainage.

DRAISIENNE [dʀɛzjɛn] n. f. – 1816 ◇ de *Drais*, n. de l'inventeur ▪ **1** ANCIENNT Instrument de locomotion (considéré comme l'ancêtre de la bicyclette), dont les deux roues étaient reliées par une pièce de bois sur laquelle on montait à califourchon, et que l'on faisait avancer par l'action alternative des pieds sur le sol. ➤ **célérifère, vélocipède.** ▪ **2** Petit véhicule au fonctionnement identique, destiné aux jeunes enfants.

DRAISINE [dʀezin] n. f. – 1895 ; «draisienne» 1845 ◇ de *draisienne* ▪ CH. DE FER Véhicule automoteur léger pour la surveillance de la voie ferrée, le transport de matériel.

DRAKKAR [dʀakaʀ] n. m. – 1840 ◇ suédois *drakar*, plur. de *drake* «dragon ; drakkar», à cause de l'emblème sculpté à la proue ▪ HIST. Navire, à voile carrée et à rames, des pirates normands et des navigateurs scandinaves. *Les drakkars vikings.*

DRAMATIQUE [dʀamatik] adj. et n. f. – v. 1378, rare avant milieu XVIIe ; *dramique*, 1775 ◇ bas latin *dramaticus*, origine grecque ▪ **1** (Épithète seult) DIDACT. Destiné au théâtre, en parlant d'un ouvrage littéraire ; relatif aux ouvrages de théâtre. ➤ **théâtral.** *Œuvre, poème dramatique. Musique dramatique* (➤ **opéra ; cantate, oratorio**). *Genre dramatique.* ➤ **théâtre ; comédie, drame, tragédie.** *«Le genre comique et le genre tragique sont les bornes réelles de la composition dramatique»* DIDEROT. COUR. **ART DRAMATIQUE :** ensemble des activités théâtrales, généralement envisagées du point de vue professionnel. *Conservatoire, festival d'art dramatique.* ◆ (1690) Qui s'occupe de théâtre. *Auteur, écrivain, poète dramatique.* ➤ **dramaturge.** *Artiste dramatique.* ➤ **acteur, comédien.** *Critique dramatique.* ▪ **2** SPÉCIALT Qui tient du drame (2°). *Comédie dramatique.* ▪ **3** (v. 1835) Qui est susceptible d'émouvoir, d'intéresser vivement le spectateur, au théâtre. ➤ **émouvant, intéressant, passionnant, pathétique, poignant, saisissant.** *Sujet, situation, dénouement dramatique. Mouvement, intensité dramatique d'une scène.* PAR ANAL. *Récit, film dramatique.* ▪ **4** FIG. (1839) En parlant d'évènements réels, Très grave et dangereux ou pénible. ➤ **terrible, tragique.** *La situation est dramatique.* ➤ **dangereux, difficile, grave, sérieux.** *Cela n'a rien de dramatique,* ce n'est pas bien grave. *«perdre sa mère à huit ans, puis succéder à un père alcoolique et, qui plus est, endetté, c'est assez dramatique, je suppose»* M. DUGAIN. — adv. **DRAMATIQUEMENT,** 1733. ▪ **5** n. f. Adaptation pour la radio ou la télévision d'une œuvre littéraire. *Jouer dans une dramatique.* ▪ CONTR. (du 4°) 1 Badin, léger.

DRAMATISANT, ANTE [dʀamatizɑ̃, ɑ̃t] adj. – v. 1969 ◇ de *dramatiser* ▪ LITTÉR. Qui exagère la gravité de la situation. *Attitude dramatisante. Ton dramatisant.* ▪ CONTR. Sécurisant.

DRAMATISATION [dʀamatizasjɔ̃] n. f. – 1889 ◇ de *dramatiser* ▪ Action de dramatiser (1°) ; son résultat. *La dramatisation d'un récit.* — Exagération de la gravité d'une chose. *Dramatisation d'un incident.* ◆ (1907) PSYCHAN. Transformation d'une idée censurée en image, dans le rêve. ➤ **symbolisation.** — PAR EXT. Transformation du concept en image, dans l'univers onirique ou mythique.

DRAMATISER [dʀamatize] v. tr. ‹1› – 1801 ◇ de *drame* ▪ **1** Présenter (une chose) sous un aspect dramatique, tragique. *Dramatiser un incident banal. «Un bon portrait m'apparaît toujours comme une biographie dramatisée»* BAUDELAIRE. ▪ **2** (début XXe) Accorder une gravité excessive à. ➤ **amplifier, exagérer.** *Dramatiser la moindre difficulté. Il ne faut rien dramatiser* (cf. Ne pas prendre au tragique*). — ABSOLT *Inutile de dramatiser, ça va s'arranger.* ▪ CONTR. Atténuer, minimiser ; dédramatiser.

DRAMATURGE [dʀamatyʀʒ] n. – 1773 ◇ grec *dramatourgos* «auteur dramatique» ▪ Auteur d'ouvrages destinés au théâtre, écrivain de théâtre. *Un, une dramaturge de talent. «Le grand modèle des dramaturges, Shakespeare»* MARMONTEL.

DRAMATURGIE [dʀamatyʀʒi] n. f. – 1775 ; autre sens 1668 ◇ grec *dramatourgia* ▪ DIDACT. Art de la composition dramatique. *Dramaturgie et scénographie.* — Traité de composition dramatique. — adj. **DRAMATURGIQUE,** 1777.

DRAME [dʀam] n. m. – 1657 ◇ bas latin *drama*, mot grec «action» ▪ **1** DIDACT. Genre littéraire comprenant tous les ouvrages composés pour le théâtre. ➤ **théâtre.** *«Qui veut tenter l'histoire de la poésie, du drame ou du roman...»* PAULHAN. VX Pièce de théâtre. — MOD. *Drame lyrique.* ➤ **opéra, opéra-comique.** *Drame musical sacré.* ➤ **cantate, oratorio.** ▪ **2** SPÉCIALT (milieu XVIIIe)

1 **DRILL** [dʀil] **n. m.** – 1775 ◊ de *mandrill* ■ Grand singe cynocéphale d'Afrique occidentale, remarquable par ses callosités fessières d'un rouge vif.

2 **DRILL** [dʀil] **n. m.** – 1922 ◊ mot anglais «exercice militaire» (1637), de *to drill,* et mot allemand répandu après 1870, de l'ancien allemand *drillen* «faire tourner» ■ **1** MILIT. Méthode d'entraînement* (II) des recrues. — PLUR. Exercices militaires fondés sur la répétition intensive. ■ **2** (1965) ANGLIC. DIDACT. Méthode d'enseignement* programmé fondée sur l'acquisition d'automatismes. ➤ **entraînement, exercice.**

1 **DRILLE** [dʀij] **n. m.** – 1628 mot d'argot ◊ mot d'origine controversée ■ **1** VX Soldat vagabond, soudard. ■ **2** LOC. (1680) *Un joyeux drille :* un joyeux compagnon, un homme jovial. ➤ **luron.**

2 **DRILLE** [dʀij] **n. f.** – 1752 ◊ de l'allemand *drillen* «percer en tournant» ■ TECHNOL. Ancien outil à forer pour les travaux minutieux (bijouterie). ➤ **burin, trépan.**

DRING [dʀiŋ] **interj.** – 1852 ◊ p.-ê. de l'anglais ■ Onomatopée évoquant le bruit d'une sonnette (➤ **ding**), SPÉCIALT d'une sonnette électrique.

DRINGUELLE [dʀɛ̃gɛl] **n. f.** – 1683 ◊ allemand *Trinkgeld* ■ **(Belgique)** Pourboire. — Argent de poche remis à un enfant (à l'occasion d'une fête, en guise de récompense).

DRINK [dʀink] **n. m.** – 1874 ◊ mot anglais «boisson» ■ ANGLIC. VIEILLI Boisson alcoolisée. *Prendre un drink au bar.* ➤ **alcool, verre*.** *Long drink* [lɔ̃gdʀink] : alcool, cocktail allongé d'une boisson non alcoolisée. *Des long drinks.*

DRISSE [dʀis] **n. f.** – 1639 ◊ italien *drizza* ■ MAR. Cordage ou palan qui sert à hisser une voile, un pavillon, un signal. *Drisse de basse vergue.*

1 **DRIVE** [dʀajv] **n. m.** – 1894 ◊ mot anglais «coup énergique au golf, au baseball, au tennis, au cricket» (1857) ■ ANGLIC. Coup* droit. — Au golf, Coup de longue distance donné au départ d'un trou. *Tenter un drive.* ➤ 1 **driver.**

2 **DRIVE** [dʀajv] **n. m.** – v. 2005 ◊ abréviation de *drive-in* ■ ANGLIC. Service permettant de retirer une commande tout en restant à bord de son véhicule. — Point de retrait d'une telle commande. *Le drive d'un supermarché.*

DRIVE-IN [dʀajvin] **n. m. inv.** – 1949 ◊ mot anglais américain «entrer en voiture», désignant initialement un cinéma en plein air (v. 1940) ■ ANGLIC. Lieu public directement accessible en voiture ou service aménagé de telle sorte que les usagers motorisés puissent en bénéficier sans sortir de leur voiture (SPÉCIALT cinéma). ➤ aussi 2 **drive.** *Les drive-in américains.* — APPOS. *Cinéma drive-in.* ➤ **cinéparc (recomm. offic.).**

1 **DRIVER** [dʀajve ; dʀive] **v. intr.** ‹1› – 1898 ◊ de 1 *drive* ■ ANGLIC. Exécuter un drive* au tennis. — Jouer le coup du départ avec un club spécial, au golf.

2 **DRIVER** [dʀajve ; dʀive] **v. tr.** ‹1› – 1933 ◊ de l'anglais *to drive* «conduire, mener» ■ ANGLIC. Conduire (un cheval attelé à un sulky*) dans une course de trot. ➤ **conduire** (I, A, 2°). ◆ (1946) ARG. [dʀive] Conduire, diriger. *Où veux-tu que je te drive ?*

DRIVEUR, EUSE [dʀajvœʀ, øz ; dʀivœʀ, øz] **n.** ou **DRIVER** [dʀajvœʀ] **n. m.** – 1895 ◊ anglais *driver* «instrument pour conduire (le jeu, la partie)» (1674) ; «crosse de golf» (1892) ■ ANGLIC.

I ■ **1** Joueur, joueuse qui exécute un drive*. ■ **2** **n. m.** Club* de départ en bois, au golf.

II **n. m.** (1900 ◊ anglais *driver* «conducteur [d'un véhicule, d'un animal]» 1450) ■ **1** Jockey de trot attelé. ■ **2** (1972) INFORM. [dʀajvœʀ] Petit programme associé à un périphérique et permettant la complète utilisation de ce dernier par un ensemble de progiciels. ➤ **pilote.** — **Recomm. offic.** ***pilote de périphérique.***

DROGMAN [dʀɔgmɑ̃] **n. m.** – début XIIIe ◊ italien *dragomanno,* grec byzantin *dragoumanos* «interprète» → truchement ■ VX Interprète, dans les pays du Levant. *«Je me rendis chez le drogman de Son Excellence»* CHATEAUBRIAND.

DROGUE [dʀɔg] **n. f.** – milieu XVe ◊ mot d'origine obscure ■ **1** VX Ingrédient, matière première employée pour les préparations médicamenteuses confectionnées en officine de pharmacie. ■ **2** PAR EXT. Médicament confectionné par des non-spécialistes, et qui, généralement n'est pas utilisé par la médecine. ➤ **décoction, onguent, orviétan** (cf. Remède* de bonne femme). *«elle est bien étonnée quand je fais des drogues dont elle voit ensuite le bon effet»* SAND. — PÉJ. Médicament dont on conteste l'utilité, l'efficacité, dont on condamne l'usage. *«Les médecins ne nous empoisonnent pas moins de leurs vérités que de leurs drogues»* SUARÈS. ■ **3** VX Chose mauvaise à boire. *Qu'est-ce que c'est que cette drogue ?* ➤ **médecine, mixture, potion, purge.** ■ **4** (1913) Stupéfiant*. ➤ **acide,** 2 **coke,** 2 **crack, herbe, poudre ;** FAM. **blanche,** 2 **came, camelote, chnouf, dope, fumette, reniflette.** *Dose* de drogue. Drogues dures,* engendrant rapidement une dépendance physique et psychique (héroïne, cocaïne, L. S. D., amphétamine, etc.). *Drogues douces,* n'entraînant pas nécessairement de dépendance physique (marijuana, haschich, etc.). *Drogues de synthèse* (GHB, méthamphétamine ; ecstasy, MDMA). *Drogues euphorisantes, stimulantes, hallucinogènes. Drogues de club,* substances consommées par les jeunes lors de fêtes (ecstasy, kétamine, méthamphétamine, speed...). *Drogue du violeur :* GHB. *Les effets de la drogue.* ➤ **défonce, overdose, surdose ; décoller,** 2 **flipper,** 2 **planer.** *Intoxication par la drogue.* ➤ **addiction, toxicodépendance, toxicomanie.** *Trafiquant, pourvoyeur de drogues.* ➤ **dealeur, narcotrafiquant.** *Blanchiment de l'argent de la drogue* (➤ **narcodollars**). — PAR EXT. Excitant, tranquillisant (tabac, alcool, somnifère) comparé à des stupéfiants. ➤ aussi **dopage.** — PAR MÉTON. L'usage des drogues. *Lutte contre la drogue* (➤ **antidrogue**). ■ **5** FIG. Ce qui intoxique l'esprit. *«Il m'a appris à jouer... C'est une drogue, vous savez...»* MODIANO.

DROGUÉ, ÉE [dʀɔge] **n.** et **adj.** – début XXe ◊ de 1 *droguer* ■ Personne intoxiquée par l'usage des stupéfiants. ➤ **toxicomane* ;** FAM. **accro, camé, junkie, shooté.** *Seringue de drogué. «Il n'y a pas de drogués heureux», du Dr Claude Olievenstein.* — **adj.** ➤ FAM. **chargé, speed, speedé.**

1 **DROGUER** [dʀɔge] **v. tr.** ‹1› – 1554 ◊ de *drogue* ■ **1** Faire prendre à (un malade) beaucoup de drogues, de médicaments. *Locke «recommande fortement de ne jamais droguer les enfants»* ROUSSEAU. — PRONOM. (1638) Prendre de nombreux médicaments. *Il ne se soigne pas, il se drogue.* ■ **2** (XXe) Administrer un somnifère à (un être vivant). *Les cambrioleurs avaient drogué le chien.* ■ **3** **SE DROGUER v. pron. réfl.** (début XXe) Prendre de la drogue, des stupéfiants. ➤ FAM. se **camer,** se **charger,** se **défoncer ;** aussi 1 **fumer,** se **piquer,** se **shooter, snifer.** *Un jeune qui se drogue.* — FIG. *Une personne droguée de travail.*

2 **DROGUER** [dʀɔge] **v. intr.** ‹1› – 1808 ◊ de *drogue* «morceau de bois fourchu» que l'on gardait sur le nez pendant un ancien jeu de cartes ■ FAM. et VIEILLI *Faire droguer qqn.* ➤ **attendre.** *«Le campagnard ne vous fait droguer que lorsqu'il est sûr de votre patience»* ROMAINS.

DROGUERIE [dʀɔgʀi] **n. f.** – 1462 ◊ de *drogue* (1°) ■ **1** VIEILLI Drogues, médecines, pharmacopée. ■ **2** (1835) MOD. Commerce des produits chimiques les plus courants, des produits de toilette, d'hygiène, de ménage, d'entretien. ◆ PAR EXT. Magasin où l'on vend ces produits. *Acheter de la teinture dans une droguerie. Une droguerie-quincaillerie. Marchand qui tient une droguerie.* ➤ **droguiste.**

DROGUET [dʀɔgɛ] **n. m.** – 1659 ◊ de *drogue* «chose de mauvaise qualité», fig. du 3° ■ **1** VX Étoffe de laine de bas prix. ■ **2** (1690) MOD. Étoffe (soie, viscose, etc.) ornée d'un dessin produit par un fil de chaîne supplémentaire. *Droguet de soie.* ➤ **lustrine.**

DROGUISTE [dʀɔgist] **n.** – 1549 «marchand de drogues» ◊ de *drogue* (1°) ■ Personne qui tient une droguerie (cf. Marchand de couleurs*).

DROÏDE [dʀɔid] **n. m.** – 1988 ◊ de l'anglais américain *droid* (1980), de *android* → androïde ■ Robot de science-fiction capable, grâce à l'intelligence artificielle, de remplir des tâches déterminées. *Droïdes de combat.*

1 **DROIT, DROITE** [dʀwa, dʀwat] **adj.** et **adv.** – fin XIe ◊ du latin *directus,* qui a aussi donné *direct,* famille de *dirigere* → diriger

I ~ **adj. A.** CONCRET ■ **1** Qui est sans déviation, d'un bout à l'autre. *Barre, tige droite. Avoir le corps droit. Nez droit. Se tenir droit. «tiens-toi droite. Au moins, n'aie pas l'air d'être bossue»* I. NÉMIROVSKY. LOC. *Être droit comme un I, un piquet,* etc. ➤ **raide.** *Être, rester droit dans ses bottes,* être inébranlable, ne rien avoir à se reprocher. ■ **2** (milieu XIIe) Dont la direction est constante ; qui va d'un point à un autre par le chemin le plus court. ➤ 1 **direct, rectiligne.** *Le droit fil* d'une étoffe. Ligne, voie droite. Il y a deux kilomètres en ligne droite* (cf. À vol* d'oiseau). *En droite ligne*.* ➤ **directement.** — FIG. *Le droit chemin :* le chemin de l'honnêteté, de la vertu. *Ramener qqn dans le droit chemin.* ◆ TENNIS *Coup* droit.* ◆ GÉOM. *Ligne droite.* ➤ **droite.** ■ **3** Perpendiculaire à l'horizontale. ➤ **vertical.** *Ce pylône n'est pas droit, il penche. Tenez la casserole bien* *droite. Remettre droit ce qui est tombé.* ➤ **debout ; redresser.** *Écriture droite* (opposé à *penché*). ◆ SPÉCIALT Dont les bords sont verticaux. *Gilet droit, veston droit* (opposé à *croisé*). — (En parlant des vêtements) *Manteau droit,* non cintré. *Jupe droite,* sans ampleur. ◆ (1828) *Piano* droit.* ◆ (1864) ANAT. *Muscle droit :* muscle dont les fibres sont verticales dans la station debout. **n. m.** *Droits antérieurs de la tête ; droit latéral de la tête. Grand droit :* muscle de la paroi antérieure de l'abdomen. ■ **4** *Angle droit,* formé par deux demi-droites perpendiculaires (opposé à *aigu, obtus*). *L'angle droit mesure 90 degrés ou π/2 radian.* « *L'angle droit est comme l'intégrale des forces qui tiennent le monde en équilibre* » LE CORBUSIER. *Tracer un angle droit avec une équerre, un té. Ces deux rues sont à angle droit.* ➤ **perpendiculaire. n. m.** *La somme des angles d'un triangle est égale à deux droits,* à 180°. — GÉOM. *Section droite d'un cylindre,* par un plan perpendiculaire aux génératrices. *Cône, cylindre, hélicoïde, prisme droit,* dont l'axe est orthogonal* à la base. ASTRON. *Ascension* droite d'un astre.* ◆ **AU DROIT DE** (qqch.) **:** à angle droit.

B. ABSTRAIT ■ **1** (fin XIe) Qui ne s'écarte pas d'une règle (morale). *Une personne simple et droite.* ➤ **équitable, honnête, juste, probe ; 2franc, loyal, sincère ; droiture.** *Une conscience droite.* ■ **2** VIEILLI Qui suit un raisonnement correct. *Une pensée droite, un jugement droit.* ➤ **exact, sensé.**

II ~ adv. ■ **1** (fin XIe) En ligne droite. *Couper droit. Papier réglé pour écrire droit.* « *il allait droit devant lui comme ces voies romaines qui traversent sans se détourner les précipices et les montagnes* » CHATEAUBRIAND. *C'est droit devant vous, tout droit.* ■ **2** FIG. Par la voie la plus courte, la plus rapide. ➤ **directement.** *Aller droit au but. Ça me va droit au cœur,* je suis touché. *Elle semble tout droit sortie de chez le coiffeur.* ◆ *Marcher droit :* bien se conduire, être obéissant. « *je pars en guerre et je tuerai tout le monde. Gare à qui ne marchera pas droit !* » JARRY.

■ CONTR. Arqué, brisé, cambré, coudé, courbé, sinueux, voûté. Détourné, indirect. Couché, penché, oblique, renversé ; horizontal. Déloyal, 1faux, fourbe, hypocrite, trompeur. 1Faux, illogique, insensé.

2**DROIT, DROITE** [dʀwa, dʀwat] **adj.** et **n. m.** – XVe ◊ remplace l'ancien français *destre* → dextre ; de 1*droit*

I adj. Qui est du côté opposé à celui du cœur de l'observateur (opposé à *gauche*). ➤ **dextre ; dextr(o)-.** *Le côté droit* (➤ **droite**). *La main, la jambe droite. L'aile droite, la partie droite d'un bâtiment* (considérées en se plaçant le dos à la façade). *Le côté droit d'un navire* (en regardant vers l'avant). ➤ **tribord.** *La rive droite d'une rivière* (dans le sens du courant). — *À main droite :* du côté droit ; à droite. — *Être le bras* droit de qqn.* ◆ *Centre droit :* dans une assemblée politique, partie du centre qui siège près de la droite (➤ **droite**).

II n. m. Le poing droit, à la boxe. *Direct, crochet du droit.* — Coup porté par ce poing. *Un droit terrible.* ➤ **droite** (I, 4°).

■ CONTR. Gauche. Revers.

3**DROIT** [dʀwa] **n. m.** – milieu IXe ◊ du latin du VIe siècle *directum,* de *directus* → 1droit

Ce qui est conforme à une règle.

I UN DROIT, DES DROITS. CE QUI EST EXIGIBLE, PERMIS, DANS UNE COLLECTIVITÉ HUMAINE. ■ **1** (fin XIe) Ce qui est permis par conformité à une règle morale, sociale. *Droits naturels.* « *Non seulement tout homme a des droits, mais tout être a des droits* » RENAN. *Priver qqn de ses droits. Faire valoir ses droits. Revendiquer, soutenir son droit. Cela lui confère le droit ; il a acquis le droit de... Renoncer à ses droits. Céder ses droits.* ◆ **DROITS DE L'HOMME,** définis par la Constituante de 1789 et considérés comme droits naturels. *La Déclaration des droits de l'homme précède la Constitution du 3 septembre 1791. Respect, violation des droits de l'homme* (➤ **droits-de-l'hommiste**). *Droits humains.* ◆ *Le droit de..., à...* « *La liberté est le droit de faire tout ce que les lois permettent* » MONTESQUIEU. *Le droit des peuples à disposer d'eux-mêmes. Le droit à la parole, à la différence*. Le droit au logement.* — *Le droit à l'erreur.* « *je revendique le droit à la faiblesse* » P. GUIMARD. — **AVOIR LE DROIT DE** (et l'inf.). ➤ **possibilité, 2pouvoir, qualité ; autorisation, permission.** *Il a le droit d'en parler. Vous n'avez pas le droit de dire ça. On n'a pas le droit de fumer ici.* « *Et toi tu n'as pas le droit de me juger, puisque tu n'iras pas te battre* » SARTRE. — (Avec subst.) *Vous avez droit à des excuses. Il n'a pas droit au café,* il ne peut pas en prendre. *Il n'y a pas droit.* — FAM. *Avoir droit à* (qqch. de fâcheux) : devoir subir, ne pouvoir éviter. *Il a eu droit à des reproches. Si la guerre éclate, on y a droit !* (cf. Ne pas y couper*). ◆ *Avoir un droit sur (qqn, qqch.).* « *Il a sur nous un droit et de mort et de vie* » CORNEILLE. ◆ *Être en droit de... :* avoir le droit de... *Vous êtes en droit de refuser :* vous pouvez refuser. — *De quel droit ?* en vertu de quel droit, de quelle raison, de quelle autorité ? *Être dans son (bon) droit.* ■ **2** (fin XIe) Ce qui est exigible ou permis par conformité à une règle précise, formulée (loi, règlement). ➤ **faculté, habilité, prérogative, privilège.** *Droit exclusif.* ➤ **monopole.** *Titulaire d'un droit. Droits acquis* (attribués en vertu d'une règle antérieure ou d'un usage) *et droits naturels. Droits civiques, droits du citoyen, droits politiques :* électorat, éligibilité, etc. — *Droits civils, privés. Droits réels,* opposables à tous et permettant d'exercer un pouvoir sur un bien (propriété, usufruit, usage, etc.). *Droits de créance* ou *droits personnels,* donnant à une personne (créancier) le droit d'exiger d'une autre (débiteur) une prestation. *Auteur, ayant cause d'un droit. Défendre ses droits devant la justice* (➤ **procédure, procès**). *Droit de visite*.* — PROCÉD. *Les droits de la défense*. Droit de réponse.* — DR. INTERNAT. *Droit d'asile*.* — *Droit du sol*, droit du sang.* — *Droit de pacage, de chasse, de pêche, de stationnement.* — *Droit de propriété. Droit de jouissance légale. Droit d'usage et d'habitation.* — *Droit de grâce. Droit de veto*. Droit de grève.* — *Droit à l'oubli*.* ◆ *Droit d'auteur* (➤ **copyright**), *droit de l'inventeur :* droit exclusif d'exploitation d'une œuvre par son auteur, d'une invention par son inventeur. *Droits d'impression, droits de reproduction réservés. Tous droits réservés. Droit dérivé*.* ◆ HIST. *Droits féodaux.* ➤ **féodalité.** *Droit de cuissage*. Droit d'aînesse*.* — *Droit de cité*.* ■ **3** PAR EXT. Ce qui donne une autorité morale considérée comme légitime. ➤ **prérogative, privilège, titre.** *Avoir, acquérir des droits à la reconnaissance de qqn.* « *Les droits de la raison* » MOLIÈRE. ■ **4** (milieu XIIe) Somme d'argent, redevance qu'une personne, une collectivité est en mesure d'exiger de qqn. ➤ **accise, contribution,** VX **imposition, impôt, redevance, taxe.** *Acquitter un droit. Droit d'entrée à un spectacle, à une réunion. Droit d'inscription.* ◆ HIST. *Droits domaniaux* ou *régaliens,* perçus par le roi. *Droits seigneuriaux. Droits en nature.* ◆ MOD. Contribution indirecte. *Droit progressif,* dont le taux s'accroît à mesure que la valeur à laquelle il s'applique augmente. *Droit de circulation* (➤ **acquit-à-caution, congé, laissez-passer, passavant**), *de consommation,* sur les boissons. *Droits de douane.* ABSOLT *Payer les droits à l'importation.* — *Droit de timbre. Droit d'entrée, de sortie. Droit spécifique,* établi d'après le poids. *Marchandises exemptées de droits. Droits de navigation :* taxes accessoires des douanes, perçues sur le corps des navires. — *Droits d'enregistrement. Droit d'acte ; droit de mutation :* droits perçus l'un à raison de la rédaction ou de l'usage d'un acte, l'autre à raison du fait juridique qu'il concerne. — *Droits de succession.* ◆ (1968) FIN. *Droit de tirage spécial (D. T. S.) :* monnaie de compte du Fonds monétaire international, servant d'instrument de crédit pour les pays membres. ◆ PAR EXT. (milieu XVe) Somme d'argent payée à une personne. ➤ **rétribution, salaire.** *Droit de présence.* — **DROITS D'AUTEUR :** profits pécuniaires de l'auteur. ELLIPT « *Quant à ses romans mondains, qu'il produisait d'une veine avare, ils ne lui rapportaient que des droits insignifiants* » ROMAINS. — *Allocation de fin de droits :* dernière somme allouée au chômeur de longue durée, ayant épuisé ses droits à l'allocation de base. **n. m.** *Les fin(s) de droits :* chômeurs dont les droits d'allocation touchent à leur fin.

II LE DROIT. ENSEMBLE DES PRINCIPES SOUVERAINS, QUI FONT AUTORITÉ. A. CONÇU SUBJECTIVEMENT, INDIVIDUELLEMENT *(droits subjectifs).* ■ **1** Ce qui constitue le fondement des droits des hommes et des femmes vivant en société (cf. ci-dessus I), des règles régissant les rapports humains. ➤ **légalité, légitimité ; justice, morale...** *Le concept, l'idée de Droit. Opposer le droit au fait, au réel. Rapports du Droit et de la Morale, du Droit et de la Force.* PROV. « *La force prime le droit* » ; « *Force passe droit* ». *Avoir le droit pour soi.* ◆ VIEILLI *Faire droit à :* rendre justice (au pr. et au fig.). *Faire droit à une demande.* ➤ **satisfaire.** *Avant dire droit :* avant jugement définitif. ◆ **loc. adv. À BON DROIT :** d'une façon juste et légitime ; selon toute raison (cf. À juste titre*). ◆ **DE DROIT :** légitime. « *La défense est de droit, la vengeance est infâme* » M.-J. CHÉNIER. *Un État de droit.* ■ **2** PAR EXT. Pouvoir de faire ce que l'on veut. *Le droit du plus fort.*

B. ENSEMBLE DES RÈGLES QUI RÉGISSENT LES RAPPORTS HUMAINS *(droit objectif).* ■ **1** Ensemble des règles considérées comme existant en dehors de toute formulation. *Ce qui a rapport au droit.* ➤ **juridique.** *Le droit naturel :* principes immuables fondés sur l'équité et le bon sens, et supérieurs à la loi. *Droit universel, moral.* ◆ **DROIT DIVIN :** doctrine de la souveraineté, forgée au XVIIe s., et d'après laquelle le roi est directement investi par Dieu. *Monarchie de droit divin.*

▪ **2** (milieu XIIe) Ensemble des règles juridiques en vigueur dans un État *(droit positif). Droit français, anglais, allemand, américain. Droit romain. Droit écrit :* règles juridiques établies par les autorités investies du pouvoir législatif ou réglementaire et constatées par des textes officiels. *Droit coutumier***. — **DROIT COMMUN :** règles générales applicables à toutes les situations, lorsqu'il n'y a aucune dérogation particulière. *Délit de droit commun. Les prisonniers de droit commun,* ou ELLIPT *les droit commun* (opposé à *prisonnier politique*). ◆ loc. adv. **DE DROIT :** légal, prévu par les textes et qui ne peut donner lieu à une discussion. *Certificat remis à l'intéressé pour valoir ce que de droit.* — **DE PLEIN DROIT :** sans qu'il soit nécessaire de manifester de volonté, d'accomplir de formalité. — **QUI DE DROIT :** personne ayant un droit sur..., ayant habilité à... *Adressez-vous à qui de droit,* à la personne qui a le droit, le pouvoir de décider. ◆ **EN DROIT.** ➤ **juridiquement.** *Responsable en droit.* ◆ *Parties du droit. Droit privé,* qui régit les actes accomplis par les particuliers en leur propre nom pour leurs intérêts individuels. *Droit civil :* la branche essentielle du droit privé traitant des personnes (capacité, famille, mariage), des biens, des successions, des obligations... — *Droit commercial :* partie du droit privé concernant les actes de commerce et les commerçants. — *Droit maritime.* — *Droit international privé,* déterminant les conditions de la nationalité, la situation des étrangers et les conflits de loi (➤ **exequatur**). — *Droit canonique* ou *droit canon,* réglant l'organisation de l'Église catholique. — *Droit public.* — *Droit constitutionnel :* la partie du droit public interne relative à l'organisation de l'État, à ses règles fondamentales, son mode de gouvernement, l'attribution des pouvoirs politiques, leurs limites et leurs rapports (➤ 2 **pouvoir, souveraineté ; constitution,** 1 **régime**). — *Droit administratif :* ensemble des règles relatives au fonctionnement du pouvoir exécutif à tous ses degrés, à l'organisation des services publics* et à leurs rapports avec les administrés. — *Droit financier* ou *législation financière :* ensemble des règles relatives aux finances publiques. — *Droit international public,* réglant les rapports d'État à État, les traités, la guerre, les relations diplomatiques (➤ **diplomatie**). *Droit communautaire**. — *Droit pénal* ou *Droit criminel :* ensemble des lois qui réglementent l'exercice de la répression par l'État, en déterminant les infractions punissables, la procédure permettant de les constater, de les poursuivre et de les juger, les peines applicables et les juridictions compétentes pour les prononcer. — *Droit médical,* déterminant les obligations et les droits du médecin à l'égard des malades, des membres de la profession médicale et de la société en matière de médecine. — *Droit aérien.* — *Droit spatial, de l'espace.* — *Droit social,* régissant les contrats de travail et les rapports des employeurs avec les salariés.

C. LA SCIENCE JURIDIQUE (fin XIIIe) *Étudiant en droit. Faire son droit. Professeur de droit.* ➤ **juriste.** *Faculté de droit. Cours de droit. Études de droit. Capacité en droit ; licence de, en droit.*

DROITE [dʀwat] n. f. – XVIe ◇ de *droit*

I (de 2*droit*) ▪ **1** Le côté droit, l'aile, la partie droite. *Il ne sait pas distinguer sa droite de sa gauche* (➤ **latéralisé**). *La droite d'un navire.* ➤ **tribord.** *Se coucher sur la droite. Se diriger vers la droite ; prendre sur la droite. — C'est à votre droite, sur votre droite. Placer qqn à sa droite.* RELIG. *À la droite de Dieu, du Père* (place des justes). ▪ **2** SPÉCIALT Le côté droit (d'un chemin, d'une route) sur lequel les véhicules doivent rouler dans la plupart des pays. *Tenir, garder sa droite. Et votre droite !* (apostrophe). ▪ **3** (1791) *La droite d'une assemblée politique :* les députés qui siègent à droite (du président) et qui appartiennent traditionnellement aux partis conservateurs. *L'extrême** *droite.* — Les différents partis, courants qui composent la droite. *La droite réactionnaire.* ◆ Les personnes qui, dans un pays, approuvent ces députés ; fraction de l'opinion publique conservatrice ou réactionnaire. *Toute la droite a voté pour lui. Il est de droite. Journal de droite, d'extrême droite. « Tu avais déjà des idées de gauche ? – J'avais surtout horreur de toutes les idées de droite »* BEAUVOIR. ▪ **4** RELIG. La main droite (de Dieu). *« Tous deux sont morts. – Seigneur, votre droite est terrible »* HUGO. ◆ La main droite (boxe, escrime...). ➤ 2 **droit** (II). ▪ **5** loc. adv. **À DROITE :** du côté droit. *Regarder à droite. Prendre, tourner à droite. — À droite, droite ; demi-tour à droite,* commandements militaires. — *À droite et à gauche**, *de droite et de gauche**. ◆ Sur la partie droite de la chaussée. *Roulez à droite !* ◆ FAM. Avec les gens de droite, en politique. *Voter à droite.* adj. *Elle est très à droite.* ➤ **droitier, droitiste.** ◆ MATH. *Intervalle fermé, ouvert à droite,* comprenant ou non la valeur supérieure de l'intervalle.

II (1738 ◇ de 1*droit*) Ligne dont l'image est celle d'un fil parfaitement tendu ; GÉOM. Notion de base de la géométrie élémentaire (on admet que *par deux points on peut faire passer une droite et une seule*). *Droites parallèles. Demi-droite. Segment de droite.* — MATH. *Droite affine :* espace affine à une dimension. *Équation d'une droite.*

▪ CONTR. Courbe. Gauche, revers, sénestre ; bâbord.

DROITEMENT [dʀwatmɑ̃] adv. – XIIe ◇ de 1*droit* ▪ RARE D'une manière droite, franche ou équitable. *Juger, parler droitement. « Non, mon maître, répliqua tout droitement le champi »* SAND. ▪ CONTR. Faussement, hypocritement.

DROITIER, IÈRE [dʀwatje, jɛʀ] adj. et n. – XVIe ◇ de 2*droit* ▪ **1** Qui se sert mieux de la main droite que de la main gauche (➤ **dextralité**). *La plupart des humains sont droitiers. « Heureusement que je ne suis ni gauchère ni droitière, et que je brode des deux mains »* ZOLA. ➤ aussi **ambidextre.** ▪ **2** (1872) FAM. De la droite politique. *Les tendances droitières du parti.* SUBST. *Les droitiers* (➤ **droitiste**). ▪ CONTR. Gaucher ; gauchiste.

DROITISER [dʀwatize] v. tr. ‹1› – 1934 v. pron., Larbaud ◇ de *droite* ▪ POLIT. Infléchir vers la droite. *Personnage politique qui droitise son discours.* — Pronom. *Se droitiser :* tendre vers la droite. *Parti qui s'est droitisé.* — n. f. **DROITISATION.**

DROITISME [dʀwatism] n. m. – 1910 ◇ de *droite,* d'après *gauchisme* ▪ POLIT. Attitude des partisans de la droite. ▪ CONTR. Gauchisme.

DROITISTE [dʀwatist] adj. et n. – 1966 ◇ de *droite,* d'après *gauchiste* ▪ POLIT. Qui est partisan de la droite, de solutions réactionnaires. *« Le caractère conservateur et "droitiste" de sa politique »* GUILLAIN. ▪ CONTR. Gauchiste.

DROITS-DE-L'HOMMISTE [dʀwad(ə)lɔmist] adj. inv. et n. inv. – 1989 ◇ de *droits de l'homme* ▪ (Souvent péj.) Qui invoque les droits* de l'homme. *Discours, position droits-de-l'hommiste. Militants droits-de-l'hommiste.* — n. inv. Défenseur des droits de l'homme. *Les droits-de-l'hommiste.* — n. m. inv. (1986) **DROITS-DE-L'HOMMISME.**

DROITURE [dʀwatyʀ] n. f. – fin XIIe au sens 1°, puis « droit, justice » ◇ de 1*droit* ▪ **1** VX Direction en droite ligne. ▪ **2** (1680) MOD. Qualité d'une personne droite, loyale, dont la conduite est conforme aux lois de la morale, du devoir. ➤ **franchise, honnêteté, loyauté, probité, rectitude, sincérité.** *On l'apprécie pour sa droiture. « il voyait l'honnêteté de ma nature, la pureté de mes mœurs et la droiture de mon esprit »* RENAN. ▪ CONTR. Déloyauté, duplicité, fourberie, improbité, malhonnêteté.

DROLATIQUE [dʀɔlatik] adj. – 1565, repris 1832 ◇ de *drôle* ▪ LITTÉR. Qui a de la drôlerie, qui est récréatif et pittoresque. ➤ **cocasse, curieux, drôle, plaisant.** *Un personnage, une figure drolatique.* ➤ **bouffon, burlesque.** *Les « Contes drolatiques », de Balzac. « elle avait une franchise amusante, des boutades drolatiques »* R. ROLLAND. ▪ CONTR. Banal, triste.

DRÔLE [dʀol] n. et adj. – 1584 ; *drolle* fin XVe ◇ du néerlandais *drol* « petit bonhomme, lutin »

I ~ n. m. **UN DRÔLE** ▪ **1** VX Homme roué à l'égard duquel on éprouve de l'amusement et de la défiance. ➤ **coquin.** *Ce drôle ne manque pas d'esprit !* — **MAUVAIS DRÔLE :** homme peu estimable, mauvais sujet. *« Les miracles accomplis sur les champs de bataille nous ont appris que les plus mauvais drôles pouvaient s'y transformer en héros »* BALZAC. ➤ aussi **drôlesse.** ▪ **2** (1739) MOD. et RÉGION. (midi de la France) Jeune enfant, jeune garçon. ➤ **gamin.** *« Comme s'il était homme à se gêner pour un drôle ! »* MAURIAC.

II ~ adj. (1636) ▪ **1** Qui prête à rire par son originalité, sa singularité. ➤ **amusant, bouffon, cocasse, comique, désopilant, hilarant, humoristique, inénarrable, plaisant, ridicule, risible ;** FAM. **bidonnant, crevant, gondolant, impayable, marrant, poilant, rigolo, roulant, tordant.** *Une histoire drôle.* ➤ RÉGION. **noukta, zwanze.** *Un mot drôle.* ➤ **plaisanterie, saillie,** 1 **trait.** *Vous trouvez ça drôle ?* SUBST. *C'est d'un drôle !* ➤ **drôlerie.** — **PAS DRÔLE :** triste, navrant, affligeant. *La situation actuelle n'est pas drôle.* ➤ **réjouissant.** ◆ (PERSONNES) Qui sait faire rire. ➤ **amusant, gai, spirituel.** *Ce fantaisiste est drôle.* — Qui fait rire. ➤ **comique, ridicule.** *Ce qu'il est drôle, avec ce petit chapeau.* ▪ **2** Qui est anormal, étonnant. ➤ **bizarre*, curieux, surprenant.** *Nous trouvons drôle qu'il ait oublié de nous avertir. C'est drôle, j'étais sûr de t'avoir prévenu.* ADVT *Ça sent drôle.* ◆ (PERSONNES) FAM. *Vous êtes drôle ! Qu'auriez-vous fait à ma place ? — Je l'ai trouvé drôle,* pas comme d'habitude. *Se sentir tout drôle* (cf. Tout chose*). *« Elle a avoué le lendemain avoir éprouvé quelque chose de singulier pendant plusieurs heures, avoir été toute drôle, toute je ne sais comment »* BAUDELAIRE. — FAM. *Ça*

m'a fait tout drôle de le revoir. ◆ **DRÔLE DE...** *Une drôle d'odeur. Une drôle d'aventure* (➤ **extravagant, fantaisiste, rocambolesque**). *Quelle drôle d'idée ! Nous vivons une drôle d'époque ! Faire une drôle de tête. Avoir un drôle d'air. Un drôle de personnage :* une personne originale*, bizarre, qui étonne, ou dont il convient de se méfier. *Des drôles de types sont venus. C'est un drôle de numéro, un drôle de coco. Drôles de gens !* LOC. *La drôle de guerre,* nom donné à la première phase de la guerre de 1939-1945, à cause du calme qui régnait sur l'ensemble du front. — FAM. (intensif) ➤ **rude, 1sacré.** *Cet homme a une drôle de poigne,* une forte poigne. *Il faut une drôle de patience pour te supporter !,* il en faut beaucoup. ◆ ELLIPT *En voir de drôles :* voir des choses curieuses ou désagréables. *En faire voir de drôles à qqn,* lui créer des soucis (cf. En voir, en faire voir de toutes les couleurs*). — *En raconter de drôles,* des choses incroyables. *« Il s'en est passé de drôles à la maison pendant que je batifolais en ville »* DJIAN.
■ CONTR. Ennuyeux, 2falot, insipide, triste. Normal, ordinaire.

DRÔLEMENT [dʀolmɑ̃] adv. – 1625 ◇ de *drôle* (II) ■ **1** RARE D'une manière amusante. ➤ **comiquement, plaisamment.** Gautier *« a drôlement raconté comment son père, pour l'obliger à écrire, l'enfermait sous clef »* HENRIOT. ■ **2** (1845) COUR. D'une manière bizarre. ➤ **bizarrement.** *Elle est drôlement accoutrée. Vous vous comportez drôlement.* ■ **3** (1810) FAM. (intensif) De manière extraordinaire. ➤ **1bien, diablement, extrêmement ;** FAM. **bigrement, fichtrement, rudement, sacrément.** *Les prix ont drôlement augmenté.* ➤ **énormément.** *Il fait drôlement froid aujourd'hui. Elle est drôlement bien.* ➤ **joliment, très.** *« Tu m'as l'air drôlement défaitiste »* SARTRE. ■ CONTR. Tristement. Normalement. Peu, 2pas.

DRÔLERIE [dʀolʀi] n. f. – 1573 ◇ de *drôle* ■ **1** Parole ou action drôle et pittoresque. ➤ **bouffonnerie.** *Dire des drôleries.* ■ **2** Plus cour. Caractère de ce qui est drôle, pittoresque. *Il est d'une drôlerie quand il imite le président !* ■ CONTR. Tristesse.

DRÔLESSE [dʀolɛs] n. f. – XVIe ◇ de *drôle* (I) ■ **1** VIEILLI Femme effrontée, méprisable. ■ **2** RÉGION. et FAM. Petite fille.

DRÔLET, ETTE [dʀolɛ, ɛt] adj. – 1739 ◇ de *drôle* ■ LITTÉR. Assez amusant (PERSONNES, CHOSES).

DROMADAIRE [dʀɔmadɛʀ] n. m. – début XIIe ◇ bas latin *dromedarius,* du grec *dromas* « coureur » ■ Mammifère voisin du chameau *(camélidés),* à une seule bosse dorsale, accoutumé à la sécheresse et renommé pour sa vitesse. *Dromadaire du Sahara dressé pour les courses rapides.* ➤ **méhari.** *« on voit le désert grisâtre se dégrader sous le ventre roux des dromadaires »* FROMENTIN.

DROME [dʀɔm] n. f. – 1755 ◇ bas allemand *Drôm,* ou néerlandais *drommer* « poutre » ■ **1** MAR. Ensemble des diverses pièces de rechange (avirons, mâts, vergues...) disposées sur le pont d'un navire. ■ **2** MAR. Ensemble des embarcations appartenant à un navire. ■ **3** TECHN. Pièce de charpente qui supporte le marteau d'une forge.

-DROME, -DROMIE ■ Éléments, du grec *dromos* « course » : *aérodrome, cynodrome, hippodrome, vélodrome.*

DRONE [dʀon] n. m. – 1954 ◇ mot anglais, proprt « faux bourdon » ■ **1** Aérodyne sans pilote embarqué, télécommandé (➤ **droniste**) ou programmé. *Drone civil, professionnel, militaire. Drone de combat. « les frappes de plus en plus meurtrières des drones américains »* J. ROLIN. *Drone de surveillance,* équipé d'une caméra. *Drone récréatif, drone de loisir.* ■ **2** MUS. Note basse tenue en continu. ➤ **2bourdon.**

DRONISTE [dʀonist] n. – 2013 ◇ de *drone* ■ Personne qui dirige un drone.

DRONTE [dʀɔ̃t] n. m. – 1663 ◇ mot d'un parler de l'océan Indien, par le néerlandais ■ Grand oiseau coureur de l'île Maurice, incapable de voler, qui s'est éteint à la fin du XVIIe s. ➤ **2dodo.**

1**DROPER** [dʀɔpe] v. intr. ‹1› – 1902 ◇ aphérèse de *adroper,* argot des soldats d'Afrique (1869), d'origine arabe ■ FAM. Filer, courir très vite. *« les agents convoyeurs m'ont fait droper au pas de charge jusqu'à la gare »* SARRAZIN.

2**DROPER** [dʀɔpe] v. tr. ‹1› – avant 1918 ◇ anglais *to drop* « lâcher, abandonner » ■ ANGLIC. VIEILLI ■ **1** ➤ **larguer** (2°), **parachuter** (1°). ■ **2** FAM. Abandonner, délaisser (qqn) ; négliger (une relation) (cf. Laisser choir, tomber). *Je suis contente « que vous ne me "dropiez" pas tout à fait »* PROUST. ■ **3** FIG. (1972) Abandonner (ses études, son métier) par rejet des valeurs sociales et culturelles de la société. — On écrit aussi *dropper.*

DROP-GOAL [dʀɔpgol] n. m. – 1892 ◇ mot anglais, de *to drop* « tomber » et *goal* « but » ■ ANGLIC. RUGBY Coup de pied donné dans le ballon juste après le rebond. *Des drop-goals.* — ABRÉV. COUR. **DROP.** *Tenter le drop. Des drops.*

DROPPAGE [dʀɔpaʒ] n. m. – 1960 ◇ d'après l'anglais *dropping* → 2droper ■ MILIT. Parachutage de personnel ou de matériel. *Zone de droppage :* terrain approprié pour le largage.

DROPPER ➤ **2DROPER**

DROSÉRA [dʀozeʀa] n. m. – 1804 ◇ latin des botanistes *drosera,* grec *droseros* « humide de rosée » ■ BOT. Plante carnivore des tourbières *(droséracées)* dont les feuilles en rosette munies de tentacules peuvent engluer les petits insectes. ➤ **1rossolis.**

DROSOPHILE [dʀozɔfil] n. f. – 1844 ◇ latin savant, du grec *drosos* « rosée » et *-phile* ■ ZOOL. Insecte diptère, à corps souvent rouge, utilisé dans les expériences de génétique ou de biologie du développement, appelé couramment *mouche* du vinaigre.*

DROSSE [dʀɔs] n. f. – 1643 ◇ altération de l'italien *trozza,* avec le *d* de *drisse ;* du latin *tradux* « sarment de vigne » ■ MAR. Filin, câble, cordage ou chaîne servant à orienter le gouvernail à partir de la barre.

DROSSER [dʀɔse] v. tr. ‹1› – 1634 ◇ de *drosse* ■ MAR. Entraîner vers la côte. *Courant qui drosse un navire.* p. p. adj. *Navire drossé à la côte.* — PAR ANAL. (en parlant d'un avion) *« un cyclone qui le drosserait jusqu'au sol »* SAINT-EXUPÉRY.

DRU, DRUE [dʀy] adj. – 1080 ◇ gaulois °*drûto-* « fort, vigoureux » ■ **1** Qui présente des pousses serrées et vigoureuses. ➤ **épais, fourni, serré, touffu.** *Herbe haute et drue. Les blés sont drus cette année.* — PAR ANAL. *Barbe drue.* — PAR EXT. *Pluie, neige, grêle drue et serrée.* ➤ **1fort.** *« une pluie drue à ne pas se voir d'un bout du navire à l'autre »* LOTI. ■ **2** FIG. Qui se développe, s'est développé avec force, avec vigueur. *« mes idées poussent si drues et si serrées qu'elles s'étouffent et ne peuvent mûrir »* GAUTIER. *« Le dialogue n'est pas tant vif que dru, aigu, tranchant »* SUARÈS. ■ **3** adv. *La pluie, la neige tombent dru. Cogner, taper dru.* ■ CONTR. Clairsemé, rare. Faible.

DRUGSTORE [dʀœgstɔʀ] n. m. – 1928 ; *drug(-)store* 1925 ◇ mot anglais, de *drug* (→ drogue) et *store* « magasin » ■ ANGLIC. ■ **1** En Amérique du Nord, Magasin où l'on vend divers produits (alimentation, hygiène, pharmacie, etc.). (REM. Au Canada francophone, on dit *pharmacie.*) ■ **2** En France, Ensemble formé d'un bar, d'un café-restaurant, de magasins divers, parfois d'une salle de spectacles.

DRUIDE [dʀɥid] n. m. – 1213 ◇ latin *druida,* du gaulois *druid-* « le connaisseur *(wids)* de l'Arbre *(dru* "chêne") » ■ Prêtre gaulois ou celtique, dont les fonctions étaient d'ordre religieux, pédagogique et judiciaire. ➤ **eubage.** *Chaque année les druides cueillaient le gui sacré sur les chênes, avec une faucille d'or. L'influence politique des druides.*

DRUIDESSE [dʀɥidɛs] n. f. – 1727 ◇ de *druide* ■ Prêtresse gauloise ou celtique. *Velléda, célèbre druidesse de Germanie.*

DRUIDIQUE [dʀɥidik] adj. – 1773 ◇ de *druide* ■ Relatif aux druides. *Religion, enseignement druidique. Monument druidique.*

DRUIDISME [dʀɥidism] n. m. – 1727 ◇ de *druide* ■ DIDACT. Religion, culte des druides.

DRUMLIN [dʀœmlin] n. m. – 1907 ◇ mot irlandais, du gaélique *druim* « bord d'une colline » ■ GÉOGR. Éminence elliptique constituée par les éléments d'une moraine, dans les pays de relief glaciaire.

DRUMMEUR, EUSE [dʀœmœʀ, øz] n. ou **DRUMMER** [dʀœmœʀ] n. m. – 1928 ◇ anglais *drummer,* de *drum* « tambour » ■ ANGLIC. Batteur, percussionniste dans un orchestre de jazz, de rock. *« Le drummer saupoudra sa caisse »* QUENEAU.

DRUMS [dʀœms] n. m. pl. – 1935 ◇ mot anglais, de *drum* « tambour » ■ ANGLIC. Batterie*, dans les orchestres de jazz, de rock...

DRUPE [dʀyp] n. f. – 1796 ◇ latin *drupa* « pulpe » ■ BOT. Fruit indéhiscent, charnu, à noyau (abricot, amande, cerise, noix, noix de coco, olive, pêche, prune...).

DRUZE [dʀyz] adj. et n. – 1762, *druse* n. propre ◇ du pluriel arabe *duruz,* du nom de *Muhammad al-Darazi* qui avait reconnu le calife fatimide Al-Hakim (996-1021) comme incarnation divine ■ Qui appartient à une population musulmane arabophone de Syrie, du Liban et de Palestine dont la religion est dérivée de l'ismaélisme. *Les populations druzes du Liban.* — n. *Les Druzes.*

DRY [dʀaj] adj. inv. et n. m. – 1877 ◊ mot anglais «sec» ■ ANGLIC. ■ **1** Sec, en parlant du champagne, du vermouth. ➤ aussi **extradry.** ■ **2** n. m. (1951) Cocktail au gin et au vermouth. ➤ **martini.** *Des drys.* ■ HOM. poss. Draille.

DRYADE [dʀijad] n. f. – 1265 ◊ latin *dryas, adis,* du grec *druas,* de *drus* «chêne» ■ **1** MYTH. Nymphe* protectrice des forêts (➤ aussi **hamadryade**). *«c'est l'époque où, faute de dryades, on embrasse, sans dégoût, le tronc des chênes»* BAUDELAIRE. ■ **2** (1786) BOT. Plante dicotylédone *(rosacées)* vivace, à grandes fleurs blanches, qui croît dans les montagnes.

DRY FARMING [dʀajfaʀmiŋ] n. m. /DRYFARMING/ – 1911 ◊ mots anglais «culture à sec» ■ ANGLIC. AGRIC. Méthode de culture des régions sèches, qui consiste à travailler la terre sans l'ensemencer une année sur deux pour emmagasiner dans le sol l'eau tombée pendant deux années consécutives. *Des dry farmings.*

D. T. S. Sigle de *droit de tirage spécial* ➤ 3 **droit.**

DU [dy] art. – *del* IXe ◊ contraction de la prép. *de* et de l'art. défini *le* ■ **1** Article défini contracté. ➤ 1 **de,** 1 **le.** *Venir du Portugal. Le plat du jour.* ■ **2** (début XIIIe) Article partitif. *Manger du pain.* ➤ 2 **de.** ■ HOM. Dû.

DÛ, DUE [dy] adj. et n. m. – XIVe ◊ de 1 *devoir* ■ **1** adj. Que l'on doit. *Somme due. Les frais dus.* LOC. PROV. *Chose promise, chose due.* — *En port dû.* ♦ Qui est redevable à ; causé par. *Accident dû à la maladresse.* ♦ DR. *Acte en due forme, en bonne et due forme,* rédigé conformément à la loi et revêtu de toutes les formalités nécessaires. ■ **2** n. m. (1668) Ce qui est dû. *Payer son dû.* ➤ **dette.** *Réclamer son dû. «Sur quoi, leur dû acquitté, les clients gagnaient la sortie»* COURTELINE. LOC. *À chacun son dû, selon son dû,* selon son mérite. ■ CONTR. Indu. ■ HOM. Du.

DUAL, DUALE [dɥal ; dyal] adj. – 1948 ◊ du bas latin *dualis* «deux» ■ **1** LOG., MATH. Se dit de propriétés qui sont par deux et qui présentent un caractère de réciprocité. *Équation, expression duale,* qui se déduit d'une équation ou d'une expression écrite avec les symboles ∪ (union) et ∩ (intersection) en inversant les symboles ∩ et ∪. *Les relations d'inégalité sont duales. Des espaces duals.* ■ **2** DIDACT. Double (avec un caractère de réciprocité). ♦ (v. 1980) ÉCON. *Société duale,* dans laquelle existent une population à hauts revenus et à forte productivité et une population à revenus et productivité faibles (cf. Société à deux vitesses*). *Une «société duale, avec le gâteau pour les premiers rôles et les miettes pour les figurants»* (Le Monde, 1986). *Économie duale.*

DUALISATION [dɥalizasjɔ̃] n. f. – 1983 ◊ de *dual,* dans *société duale* ■ ÉCON. *Dualisation d'une société,* sa division en deux groupes, à caractéristiques économiques et sociales différentes.

DUALISME [dɥalism] n. m. – 1697 ◊ latin moderne *dualismus,* du latin *dualis* «composé de deux» ■ **1** PHILOS. Doctrine qui admet dans l'univers deux principes premiers irréductibles. *Antagonisme des principes du Bien et du Mal dans les dualismes zoroastrien, manichéen.* ■ **2** Système qui, dans un ordre d'idées quelconque, admet la coexistence de deux principes essentiellement irréductibles. *Dualisme de la volonté et de l'entendement.* ■ **3** Coexistence de deux éléments différents. ➤ **dualité.** *Dualisme de religions. Dualisme de l'Autriche-Hongrie* (1867-1919). ÉCON. Coexistence de populations à niveaux de vie différents (➤ **dual**). ■ CONTR. Monisme, pluralisme.

DUALISTE [dɥalist] adj. et n. – fin XVIIIe ◊ du latin *dualis* → dualisme ■ Qui se rapporte au dualisme. *Système, théorie dualiste. Philosophie, religion dualiste* (➤ **manichéen**). ♦ Partisan du dualisme. — n. (1834) *Un, une dualiste.*

DUALITÉ [dɥalite] n. f. – 1377, puis 1585, repris en 1835 ◊ du latin *dualis* ■ Caractère ou état de ce qui est double en soi ; coexistence* de deux éléments de nature différente. *La dualité de l'être humain :* l'âme et le corps. *«Alors s'établit en moi une lutte ou plutôt une dualité qui a été le secret de toutes mes opinions»* RENAN. *«Ce que Danton demande à la Convention, c'est d'abolir la dualité du pouvoir délibérant et du pouvoir exécutif»* JAURÈS. *«La vieille dualité entre l'auteur et le metteur en scène»* ARTAUD. *La dualité du social et du politique. Dualité des pensées dans le dialogue*.* ■ CONTR. Unité.

DUATHLON [dyatlɔ̃] n. m. – 1991 ◊ du latin *duo* → deux, d'après *pentathlon* ■ **1** Épreuve sportive associant une course à pied et une course cycliste. ■ **2** VIEILLI *Duathlon des neiges.* ➤ **skiathlon.**

DUBITATIF, IVE [dybitatif, iv] adj. – XIIIe ◊ bas latin *dubitativus,* de *dubitare* → douter ■ Qui exprime le doute, l'incertitude ou le scepticisme. *Réponse dubitative. «Albertine employait toujours le ton dubitatif pour les résolutions irrévocables»* PROUST. — adv. **DUBITATIVEMENT,** 1769. ■ CONTR. Affirmatif, négatif.

DUBITATION [dybitasjɔ̃] n. f. – 1220 ◊ latin *dubitatio,* de *dubitare* → douter ■ RHÉT. Figure par laquelle l'orateur feint d'hésiter sur la manière dont il doit interpréter ou juger qqch., afin de prévenir les objections.

DUBNIUM [dubnjɔm] n. m. – 1997 ◊ de *Dubna,* n. d'une ville de Russie où se trouve un institut de recherche nucléaire ■ CHIM. Élément atomique artificiel (Db ; n° at. 105), fortement radioactif.

DUC [dyk] n. m. – 1080 ◊ latin *dux, ducis* «chef»

I ■ **1** ANCIENNT Souverain d'un duché. *Le duc de Bourgogne.* ■ **2** MOD. Celui qui porte le titre de noblesse le plus élevé après celui de prince (en France et dans quelques pays étrangers). *Le duc d'Albe, de Guise, de Saint-Simon. Le duc et la duchesse* de Castries. Duc et pair.* ➤ aussi **archiduc, grand-duc.**

II (1877) ANCIENNT Luxueuse voiture à cheval, à quatre roues, deux places, un siège de cocher et un siège arrière pour un domestique.

III (fin XIIIe) MOD. Rapace nocturne, variété de hibou, qui porte sur la tête deux aigrettes en forme d'oreilles de chat. *Grand duc. Moyen duc.* ➤ **hibou.** *Petit duc.*

-DUC ■ Élément, tiré de *aqueduc,* et signifiant «conduit» : *crapauduc, gazoduc, stéréoduc.*

DUCAL, ALE, AUX [dykal, o] adj. – *duchal* v. 1150 ◊ de *duc* ■ Qui appartient à un duc, à une duchesse. *Couronne ducale. Palais ducal.*

DUCASSE [dykas] n. f. – *ducace* 1391 ◊ variante dialectale de l'ancien français *dicasse, dicaze* (fin XIIe), de *Dédicace,* n. d'une fête catholique ■ Fête patronale (et PAR EXT. fête publique), en Belgique et dans le nord de la France. ➤ **kermesse.** *«Je me souviens d'avoir vu [...] une scène de Guignol, un jour de ducasse»* BERNANOS. — PAR EXT. RÉGION. Fête. *C'est la ducasse !*

DUCAT [dyka] n. m. – 1275 ◊ italien *ducato* «monnaie à l'effigie d'un duc» ■ Ancienne monnaie d'or des ducs ou doges de Venise.

DUC-D'ALBE [dykdalb] n. m. – *duc d'Albe* 1869 ◊ calque de l'appellation donnée à Amsterdam à ces ouvrages (*duc Dalba,* néerlandais moderne *dukdalf*) après la venue du duc d'Albe, nommé gouverneur des Pays-Bas ■ MAR. Appui isolé en eau fluviale ou maritime, constitué de pieux auxquels peuvent s'amarrer les bateaux. *Les ducs-d'albe de Venise.*

DUCHÉ [dyʃe] n. m. – XIIe ◊ de *duc* ■ Seigneurie, principauté à laquelle le titre de duc est attaché. *Les anciens duchés de Bourgogne, de Bretagne, de Normandie. Duché-pairie :* terre à laquelle étaient attachés les titres de duc et pair. ➤ aussi **grand-duché.**

DUCHESSE [dyʃɛs] n. f. – XIIe ◊ de *duc* ■ **1** Femme revêtue de la dignité de duc soit par mariage, soit par la possession d'un duché, soit par l'attribution du titre. *La duchesse d'Anjou, de Bretagne. Madame la duchesse.* ♦ (1870) IRON. (en parlant d'une femme qui affecte de grands airs) *Elle fait sa duchesse, la duchesse.* ➤ **pimbêche.** ■ **2** (1742) *Lit à la duchesse :* grand lit surmonté d'un ciel suspendu de même dimension. ♦ (1881 ; *pommes de terre à la duchesse* 1816) APPOS. INV. *Pommes duchesse :* purée de pommes de terre liée au jaune d'œuf, moulée à la douille et frite. ■ **3** (1864) Variété de poire fondante. EN APPOS. *Des poires duchesse.*

DUCROIRE [dykʀwaʀ] n. m. – 1723 ◊ de *du* et *croire* «vendre à crédit» ■ COMM. Engagement par lequel un commissionnaire garantit son commettant contre les risques d'insolvabilité de l'acheteur. ♦ Prime accordée au commissionnaire qui répond des personnes auxquelles il vend la marchandise.

DUCTILE [dyktil] adj. – XVe ; hapax 1282 ◊ latin *ductilis,* de *ducere* «conduire, tirer» ■ DIDACT. Qui peut être allongé, étendu, étiré sans se rompre. *Métaux malléables et ductiles.*

DUCTILITÉ [dyktilite] n. f. – 1671 ◊ de *ductile* ■ DIDACT. Propriété des corps ductiles. *La ductilité de l'or permet de l'étirer en fils très fins.*

DUDIT ➤ **DIT**

DUÈGNE [dɥɛɲ] **n. f.** – 1632 *douagna* ; 1643 *doëgne* ◇ espagnol *dueña* ▪ ANCIENNT Femme âgée, gouvernante chargée de veiller sur la conduite d'une jeune fille ou d'une jeune femme. ➤ **chaperon, gouvernante.** *«la perle des duègnes, un vrai dragon pour garder la pudicité du sexe»* LESAGE.

1 **DUEL** [dɥɛl] **n. m.** – 1539 ◇ latin *duellum,* forme archaïque de *bellum* «guerre» ▪ **1** ANCIENNT Combat* entre deux adversaires armés (combat singulier). *«Le vainqueur offrit le duel au nouveau roi»* BOSSUET. ◆ *Duel judiciaire :* combat singulier admis comme preuve juridique. ➤ **ordalie.** ▪ **2** Combat entre deux personnes dont l'une exige de l'autre la réparation d'une offense par les armes. ➤ **affaire** (d'honneur), 1 **rencontre, réparation.** *Provoquer qqn en duel.* ➤ **cartel** (cf. Jeter le gant*). *Se battre en duel* (cf. Aller sur le pré, sur le terrain). *Les témoins dans un duel. L'offensé a le choix des armes pour le duel. Duel à l'épée, au pistolet. «le duel est affreux, surtout lorsqu'il détruit une vie pleine d'espérances»* CHATEAUBRIAND. ▪ **3** FIG. *«Le duel d'artillerie, toujours fort inégal, continuait»* MADELIN. — *Un duel d'esprit, d'astuce, d'imagination.* ➤ **assaut, compétition.** *Duel oratoire :* échange de répliques entre deux orateurs. ➤ **joute.**

2 **DUEL** [dɥɛl] **n. m.** – 1570 ◇ latin *dualis* → dualisme ▪ GRAMM. Nombre* des déclinaisons et des conjugaisons de certaines langues (arabes, grec, hébreu, sanskrit...) qui sert à désigner deux personnes, deux choses. *Singulier, duel et pluriel.*

3 **DUEL, DUELLE** [dɥɛl] **adj.** – 1827 ◇ latin *dualis* ▪ GRAMM. Propre au duel (2). ◆ DIDACT. et RARE Qui repose sur la dualité, sur le concept de dualité, de double*. ➤ **dualiste ; binaire.**

DUELLISTE [dɥelist] **n.** – fin XVIe ◇ d'après l'italien *duellista* ▪ Personne qui se bat en duel, qui cherche les occasions de se battre en duel. ➤ **bretteur,** 1 **ferrailleur.**

DUETTISTE [dɥetist] **n.** – 1913 ◇ de *duetto* ▪ Personne qui joue ou qui chante une partie dans un duo. ◆ Personne qui exécute un numéro de cirque, de music-hall avec une autre.

DUETTO [dɥeto ; dɥɛtto] **n. m.** – 1817 ◇ diminutif de *duo* ▪ MUS. RARE Petit duo. *Des duettos* **ou** *des duetti* (**plur. it.**).

DUFFEL-COAT ou **DUFFELCOAT** [dœfœlkot] **n. m.** – v. 1945 ◇ mots anglais, de *duffel* «tissu de laine», de *Duffel* (ville de Flandre), et *coat* «manteau» ▪ Manteau trois-quarts avec capuchon, en gros tissu de laine. ➤ aussi **kabig.** *Des duffel-coats, des duffelcoats.* — On écrit aussi *un duffle-coat, des duffle-coats.*

DUGONG [dygɔ̃g] **n. m.** – 1832 ; *dugon* 1765 ; *dujung* 1756 ◇ malais *duyung* ▪ Mammifère marin herbivore de l'océan Indien *(siréniens),* voisin du lamantin*, au corps massif pouvant atteindre 3 m de long, appelé aussi *vache marine.*

DUIT [dɥi] **n. m.** – XIIIe ◇ de l'ancien français *duire,* latin *ducere* «conduire» ▪ VX OU RÉGION. ▪ **1** Chaussée formée de pieux et de cailloux, en travers d'une rivière ou d'un petit bras de mer, et qui est destinée à arrêter le poisson au moment du jusant. ▪ **2** Lit artificiel pour régulariser un cours d'eau.

DUITE [dɥit] **n. f.** – 1531 ◇ de l'ancien français *duire* «conduire» ▪ TECHN. Longueur d'un fil de la trame, d'une lisière à l'autre, dans une pièce d'étoffe.

DULÇAQUICOLE [dylsakikɔl] **adj.** – milieu XXe ◇ du latin *dulcis* «doux» et de *aquicole* ▪ ÉCOL. Qui vit en eau douce ; d'eau douce. *Poisson dulçaquicole* (**opposé à** *marin*).

DULCINÉE [dylsine] **n. f.** – 1718 ◇ de *Dulcinée de Toboso,* femme aimée de don Quichotte, dans le roman de Cervantès ▪ PLAISANT Femme inspirant une passion romanesque ; fiancée, maîtresse. *Il est allé voir sa dulcinée.* ➤ **bien-aimée.**

DULCITOL [dylsitɔl] **n. m.** – XXe ; *dulcite* 1860 ◇ latin savant *dulcita,* classique *dulcis* ▪ BIOCHIM. Polyalcool sucré, isomère du mannitol. — On dit aussi **DULCITE n. f.**

DULIE [dyli] **n. f.** – 1372 ◇ latin ecclésiastique *dulia,* grec *douleia* «servitude» ▪ THÉOL. Respect et honneur que l'on rend aux anges, aux saints. *Culte de dulie et culte de latrie.*

DUM-DUM **adj. inv.** ou **DUMDUM** [dumdum] **adj.** – 1899 ◇ n. d'une localité de l'Inde où cette balle fut fabriquée ▪ *Balle dum-dum :* balle de fusil dont l'enveloppe est entaillée en croix de manière à provoquer une large déchirure en explosant. *L'emploi des balles dum-dum a été interdit en 1899.* — **n. f.** *Des dum-dum* (**inv.**), *des dumdums.*

DÛMENT ou **DUMENT** [dymɑ̃] **adv.** – *deüment* XIVe ◇ de *due,* p. p. fém. de 1 *devoir* ▪ DR., ADMIN. Selon les formes prescrites ; en due forme. *Fait dûment constaté. Dûment autorisé.* ◆ COUR. Comme il faut. *Je l'ai dûment sermonné.* — La graphie *dument* sans accent circonflexe, comme dans *absolument, éperdument, résolument,* est régulière. ▪ CONTR. Indûment.

DUMPER [dœmpœʀ] **n. m.** /DUMPEUR/ – 1920 ◇ mot anglais, de *to dump* «décharger» ▪ ANGLIC. Engin de terrassement, comprenant une benne automotrice basculante. — **Recomm. offic.** ***motobasculeur, tombereau****.

DUMPING [dœmpiŋ] **n. m.** – v. 1900 ◇ mot anglais, de *to dump* «entasser, déblayer» ▪ ANGLIC., ÉCON. Pratique qui consiste à vendre sur les marchés extérieurs à des prix inférieurs à ceux qui sont pratiqués sur le marché national ou même à des prix inférieurs aux prix de revient. *Faire du dumping* (cf. FAM. Casser* les prix). ◆ (1989) *Dumping social :* pratique visant à l'abaissement du prix par un abaissement des coûts sociaux. — *Dumping fiscal :* pratique consistant à imposer faiblement les sociétés pour attirer les capitaux étrangers. — *Dumping écologique* (ou *environnemental*).

DUNDEE [dœndi] **n. m.** – 1901 ◇ altération de l'anglais *dandy,* d'après *Dundee,* port d'Écosse ▪ Navire à voiles à deux mâts. ➤ **ketch.**

DUNE [dyn] **n. f.** – fin XIIe ◇ du moyen néerlandais *dune, duun,* d'origine controversée ▪ Butte, colline de sable fin formée par le vent sur le bord des mers *(dunes maritimes),* ou dans l'intérieur des déserts *(dunes continentales). Dune mouvante,* qui se déplace dans le sens du vent. *Fixation des dunes littorales par des plantations de pins. Région de dunes, dans le Sahara.* ➤ 1 **erg.**

DUNETTE [dynɛt] **n. f.** – 1634 ; «levée de terre» 1550 ◇ de *dune* ▪ Superstructure élevée sur le pont arrière d'un navire et s'étendant sur toute sa largeur (à la différence du rouf). *André «se tient à l'arrière sur la dunette»* LOTI.

DUO [dɥo ; dyo] **n. m.** – 1548 ◇ mot italien «deux», du latin *duo* ▪ Composition musicale pour deux voix, deux parties vocales ou deux instruments. ➤ **duetto.** *Des duos. Duo accompagné. Duo de violon. Chanter en duo.* — *Duo comique* (chansonniers, music-hall). ➤ **duettiste.** ◆ FIG. et FAM. *Duo d'injures :* échange d'injures.

DUODÉCIMAL, ALE, AUX [dɥɔdesimal, o] **adj.** – 1801 ◇ latin savant *duodecimus* «douzième» ▪ ARITHM. Qui procède par douze ; qui a pour base le nombre douze. *Système de numération duodécimale.*

DUODÉNAL, ALE, AUX [dɥɔdenal, o] **adj.** – 1767 ◇ de *duodénum* ▪ ANAT., MÉD. Du duodénum. *Ulcère duodénal.*

DUODÉNITE [dɥɔdenit] **n. f.** – 1825 ◇ de *duodénum* et *-ite* ▪ MÉD. Inflammation du duodénum.

DUODÉNUM [dɥɔdenɔm] **n. m.** – 1478 ◇ latin des médecins *duodenum,* de *duodenum digitorum* «de douze doigts (de longueur)» ▪ ANAT. Partie initiale de l'intestin grêle accolée à la paroi abdominale postérieure, qui s'étend du pylore à la première anse du jéjunum, avec lequel elle forme un angle *(duodéno-jéjunal),* à gauche de la deuxième vertèbre lombaire. *Le canal cholédoque conduit la bile dans le duodénum.*

DUODI [dɥɔdi] **n. m.** – 1793 ◇ du latin *duo* «deux» et finale de *lundi, mardi,* etc. ▪ HIST. Deuxième jour de la décade*, dans le calendrier républicain.

DUOPOLE [dɥɔpɔl] **n. m.** – v. 1950 ◇ de *duo-* «deux», d'après *monopole* ▪ ÉCON. Situation d'un marché où deux vendeurs se partagent toute une production (➤ **monopole, oligopole**).

DUPE [dyp] **n. f. et adj.** – *duppe* 1426 ◇ emploi plaisant de *dupe* «huppe», oiseau d'apparence stupide ▪ **1** Personne que l'on trompe sans qu'elle en ait le moindre soupçon. ➤ **dindon, pigeon.** *Prendre qqn pour dupe.* ➤ **duper.** *Être la dupe de qqn* (cf. FAM. Se faire avoir*). *«Les femmes sont constamment les dupes ou les victimes de leur excessive sensibilité»* BALZAC. ◆ LOC. *C'est un jeu, un marché de dupes,* se dit d'un marché, d'un contrat où l'on a été abusé. *«tout le monde fait des bénéfices, sauf vous ; c'est un jeu de dupes»* ROMAINS. HIST. *La journée des Dupes :* le 10 novembre 1630, jour où Louis XIII renouvelle sa confiance à Richelieu que l'on croyait disgracié. PAR EXT. Évènement qui tourne à la confusion de ceux qui s'en réjouissaient. ▪ **2** **adj.** *«Comme on serait meilleur sans la crainte d'être dupe !»* RENARD. *Il me ment, mais je ne suis pas dupe,* je le sais. ➤ **crédule,** 1 **naïf.** *«Les hommes sont facilement dupes de ce qui flatte leur orgueil et leurs désirs»* R. ROLLAND.

DUPER [dype] v. tr. ‹1› – 1622 v. pron. ; v. 1460 au p. p. ◇ de *dupe* ■ Prendre pour dupe. ➤ **abuser, attraper, berner, flouer, jouer, leurrer, mystifier, tromper** ; FAM. 1 **avoir,** 1 **baiser, couillonner, embobiner, empaumer, empiler, entuber, feinter, pigeonner, posséder, refaire, rouler** ; RÉGION. **enfirouaper, fourrer, organiser.** *Il est facile à duper. Se laisser duper* (cf. Donner, tomber dans le panneau*, RÉGION. se faire passer un sapin). « *Si c'est par amitié qu'ils vous obéissent, vous les dupez* » SAINT-EXUPÉRY. — PRONOM. VIEILLI S'abuser, s'aveugler. ■ CONTR. Détromper.

DUPERIE [dypʀi] n. f. – *dupperie* 1690 ◇ de *duper* ■ **1** LITTÉR. Action de duper (qqn) ; son résultat. ➤ **leurre, supercherie, tromperie.** « *Vivre, accepter la vie, splendide, bienheureuse duperie !* » BOUSQUET. ■ **2** VIEILLI État d'une personne qui est dupe. « *La pire de toutes les duperies où puisse mener la connaissance des femmes est de n'aimer jamais, de peur d'être trompé* » STENDHAL.

DUPLEX [dyplɛks] n. m. – 1883 ◇ mot latin « double » ■ **1** Système de transmission de l'information qui permet d'assurer simultanément l'envoi et la réception de messages. — (1954) TÉLÉCOMM. Dispositif permettant de transmettre des programmes (radio, télévision) émis simultanément de deux ou plusieurs stations. ➤ aussi **multiplex.** *Émission en duplex,* ou ELLIPT *un duplex.* — adj. *Liaison duplex.* ■ **2** (v. 1960 ◇ repris à l'anglais américain) Appartement sur deux niveaux reliés par un escalier intérieur. *Un duplex avec terrasse.* ◆ (Canada) Maison comprenant deux logements indépendants. — Immeuble d'habitation formé par deux maisons attenantes.

DUPLEXER [dyplɛkse] v. tr. ‹1› – 1939 ◇ de *duplex* (1°) ■ TÉLÉCOMM. Transmettre en duplex.

DUPLICATA [dyplikata] n. m. – 1511 ◇ latin médiéval *duplicata (littera)* « (lettre) redoublée » ■ DR., ADMIN. Second exemplaire d'une pièce ou d'un acte ayant même validité. ➤ **double** (cf. Copie* conforme). *Le duplicata d'un diplôme, d'une quittance, d'un permis de conduire. Des duplicatas.* On écrit aussi *des duplicata* (inv.).

DUPLICATEUR [dyplikatœʀ] n. m. – 1834 électr. ◇ latin *duplicator* « qui double » ■ Appareil, machine servant à reproduire un document en plusieurs exemplaires. *Duplicateur à stencils, à alcool* (➤ **polycopie, reproduction**).

DUPLICATION [dyplikasjɔ̃] n. f. – XIIIe ◇ latin *duplicatio* → double ■ **1** VX ou DIDACT. Opération par laquelle on double (une quantité, un volume). *Duplication du cube* : construction d'un cube double d'un autre. ■ **2** GÉNÉT. Action de doubler (intr.). *Duplication chromosomique* : formation de deux chromatides identiques reliées par leur centromère, à l'issue de la réplication de l'ADN d'un chromosome. *Duplication génique* : copie d'un gène. ■ **3** AUDIOV. Copie d'un enregistrement sonore.

DUPLICITÉ [dyplisite] n. f. – 1265 ◇ bas latin *duplicitas* ■ **1** VX Caractère de ce qui est double. ➤ **dualité.** « *Cette duplicité de l'homme est si visible, qu'il y en a qui ont pensé que nous avions deux âmes* » PASCAL. ■ **2** MOD. Caractère d'une personne qui feint, qui a deux attitudes, joue deux rôles. ➤ **fausseté, hypocrisie** (cf. Double jeu*). « *Le Roi, malgré son éducation jésuitique et la duplicité ordinaire aux princes, avait un fonds d'honnêteté* » MICHELET. ■ CONTR. Droiture, franchise.

DUPLIQUER [dyplike] v. tr. ‹1› – 1968 ◇ latin *duplicare* « doubler » → duplex (1°) ■ **1** Faire un ou plusieurs autres exemplaires de (un document) par cliché, stencil, photocopie, etc. — *Dupliquer une bande magnétique, une cassette. Dupliquer un logiciel.* ➤ **copier, repiquer.** ■ **2** v. pron. BIOL. Subir une duplication. ➤ **se répliquer.** *Une molécule « acquit le pouvoir de se dupliquer, c'est-à-dire de créer un double d'elle-même : l'ADN était né »* A. JACQUARD.

DUQUEL ➤ **LEQUEL**

DUR, DURE [dyʀ] adj., adv. et n. – début XIe « pénible » (I, A, 3°) ◇ du latin *durus*

I ~ adj. **A.** QUI RÉSISTE À UNE ACTION EXTÉRIEURE ■ **1** Qui résiste à la pression, au toucher ; qui ne se laisse pas entamer ou déformer facilement. ➤ **résistant, solide.** *Le fer, l'acier sont des métaux durs. Roches dures et roches tendres. Sol dur et sec. Dur comme du bois, comme du béton. Peau, main dure,* calleuse, cornée. LOC. FIG. *Avoir la peau dure* : résister à tout. *Avoir la tête dure* : ne rien comprendre (➤ **borné, bouché**) ou ne pas vouloir comprendre (➤ **buté, entêté**). *Avoir la dent* dure.* ◆ *Viande dure,* qu'on mâche avec peine. ➤ **coriace.** *Œuf* dur. Pain dur,* qui a séché. ➤ **rassis.** *Blé dur et blé tendre. Caramel dur et caramel mou.* — *Brosse dure et brosse souple. Crayon dur et crayon gras. Lit dur ; siège dur et peu confortable* (cf. FAM. Rembourré avec des noyaux* de pêche). *Col dur.* ➤ **empesé.** *Papier, carton dur.* ➤ 1 **fort, rigide.** *Disque* dur.* — *Eau dure,* qui contient beaucoup de calcaire. — PHYS. *Rayons X durs,* de forte énergie, très pénétrants (opposé à *rayons X mous*). ■ **2** Qui résiste à l'effort, à une action. *Cette porte est dure,* résiste quand on l'ouvre ou la ferme. *Escalier dur.* ➤ **raide.** *Pente dure* (➤ **rude**) *et pente douce.* — *Travail dur. Le plus dur est passé.* — FAM. *Un exercice dur,* difficile à faire. ➤ **ardu,** FAM. **duraille.** *Ce n'est pourtant pas dur !* — FIG. *Oreille dure,* qui entend mal. *Être dur d'oreille,* (FAM.) *dur de la feuille* : être un peu sourd. — *Avoir la vie dure* : résister longtemps à la mort ; FAM. durer, fonctionner longtemps. *Ces préjugés ont la vie dure. Avoir le cœur dur,* insensible (cf. Un cœur de pierre*). ◆ **DUR À** (et subst.) : résistant. *Être dur au mal.* ➤ **stoïque.** *Être dur à la peine, à la tâche.* ➤ **courageux, endurant.** *Être dur à la détente*. Dur à* (et inf.). ➤ **difficile*.** *Instrument dur à manier. Aliment dur à digérer.* FIG. *Cet affront est dur à digérer, à avaler*.* — *Un enfant dur.* ➤ **difficile*, turbulent.** ■ **3** (début XIe) Pénible à supporter, désagréable aux organes des sens. *Climat dur.* ➤ **âpre, inhospitalier, rigoureux, rude.** *Avoir les traits* (du visage) *durs,* les traits accusés et sans grâce. *Un air dur. Un dessin dur,* dont le tracé manque de souplesse et de légèreté. ◆ Pénible à une personne. ➤ **pénible.** *Un dur traitement, une dure punition.* ➤ **rigoureux, sévère.** *Dure leçon. La loi est dure, mais c'est la loi* (« dura lex, sed lex »). *Ce fut une dure épreuve.* ➤ **affligeant, douloureux, rude.** *De durs combats.* ➤ **acharné, âpre,** 2 **farouche.** *Être à dure école.* ➤ **rude.** *Un coup* dur. Les temps sont durs.* ➤ **difficile, malheureux.** LOC. *Mener, rendre la vie dure à qqn,* le rendre malheureux, le tourmenter. — IMPERS. « *Qu'il est dur de haïr ceux qu'on voudrait aimer* » VOLTAIRE. *C'est dur à vivre.* ➤ FAM. **duraille.** EXCLAM. FAM. *Dur !* (ou redoublé) *Dur, dur !* c'est pénible, difficile à supporter. « *Dur, dur, la jeunesse. Et courte* » F. GIROUD.

B. QUE RIEN NE PEUT ATTENDRIR, FLÉCHIR ■ **1** Qui manque de cœur, d'humanité, d'indulgence. ➤ **brutal, féroce, impitoyable, implacable, inexorable, inflexible, inhumain, insensible, intraitable, intransigeant, mauvais, méchant, sévère, strict, terrible** ; FAM. **chameau, vache.** *Être dur, se montrer dur pour qqn, envers qqn, avec qqn, à l'égard de qqn. Des « "hommes" sans faiblesse,* [qui] *sont durs pour leur propre souffrance et surtout pour la souffrance des autres* » BOURDIEU. *Être dur en affaires.* ➤ **coriace.** ■ **2** (fin XIe) Qui exprime, traduit un manque de cœur, d'indulgence, d'aménité. *Pourquoi « son visage prend-il si aisément cet aspect dur et fermé ? »* MARTIN DU GARD. *Répondre sur un ton dur.* ➤ **acerbe, bourru, brusque, brutal, cassant, glacial,** 1 **rogue, rude, sec.** *Il a eu des mots très durs à son sujet.* ◆ Qui juge sévèrement. *La critique a été dure pour son dernier ouvrage.* ■ **3** Brutal et répressif ; sans concession. *Une politique dure.* ➤ FAM. **musclé.** *Des mesures très dures.* ➤ **draconien.** *La ligne dure d'un parti,* sa fraction la plus radicale. *Des dirigeants durs.* ➤ **intransigeant.** *Noyau* dur.* — *Pur* et dur.*

C. QUI EST VRAIMENT CE QU'IL EST ■ **1** Qui a des effets dangereux. *Drogues* dures et drogues douces.* ■ **2** Qui est rigoureux. *Technologies dures (microélectronique, robotique...)* (opposé à *douces*). *Sciences* dures* (opposé à *molles*).

II ~ adv. ■ **1** (début XIIIe) Avec force, violence (➤ **drôlement, rudement**). *Cogner dur.* ➤ 1 **ferme,** 2 **fort, sec.** « *Le soleil commença de frapper dur* » ALAIN-FOURNIER. ■ **2** Avec intensité. *Croire à qqch. dur comme fer*.* « *ça se mit à gueuler dur de l'autre côté de la cloison* » SARTRE. *Travailler, batailler dur.* ➤ **énergiquement, sérieusement.**

III ~ n. ■ **1** n. m. (milieu XIVe) Ce qui est dur. *Le dur et le mou.* — LOC. *Entrer dans le dur* : aborder la partie la plus difficile. *Les syndicats entrent dans le dur des négociations.* — TECHN. Tension d'une corde. *Donner du dur.* ALPIN. *Dur !* (cf. Sec !). ◆ *Bâtiment en dur,* construit en matériau dur (opposé à *bâtiment provisoire, préfabriqué*). « *Il fallait d'abord te faire construire une maison d'habitation, en dur* » C. LAYE. — *Piste en dur,* bétonnée (opposé à *de terre battue,* etc.). ◆ (1886 ; « fer » 1836) FAM. ➤ **train.** « *Il prit son billet en vitesse et son dur juste à temps* » QUENEAU. ■ **2** n. f. (XVe « terre ») *Coucher sur la dure,* par terre, sur la terre nue. — loc. adv. **À LA DURE :** de manière rude, dure à supporter. ➤ **durement.** « *Nous on a été élevés à la dure, pas comme des chochottes* » É. LOUIS. ■ **3** Personne qui n'a peur de rien, ne recule devant rien. « *Je voulais être un homme. Un dur* » SARTRE. *Jouer les durs,* les gros bras*, les casseurs*. *C'est une dure.* FAM. *Un dur de dur.* — (1829) *Un, une dur(e) à cuire* : une personne qui ne se laisse ni émouvoir ni mener. — POLIT. Partisan d'une attitude intransigeante. *Les durs d'un parti.* ➤ **épervier, faucon.**

■ CONTR. Amolli, doux, moelleux, 1 mou, souple, 2 tendre. Docile, facile. Doux, harmonieux ; agréable, léger. Bienveillant, 1 bon, brave, indulgent, sensible, 2 tendre.

DURABILITÉ [dyʀabilite] n. f. – fin XIIIe ◊ de *durable* ■ **1** DIDACT. Caractère de ce qui est durable. ➤ **permanence, pérennité, persistance.** ■ **2** DR. Temps d'utilisation (d'un bien) ou de validité (d'un droit).

DURABLE [dyʀabl] adj. – v. 1050 ◊ de *durer* ■ **1** De nature à durer longtemps. *Une construction, un monument durable. État, situation durable.* ➤ **constant, pérenne, permanent, stable.** *« il n'y a que la vérité qui soit durable et même éternelle »* BUFFON. *Sentiment, amitié, amour durable.* ➤ **profond, solide.** *Entreprise durable.* ➤ **viable.** *Un souvenir durable.* ➤ **vif, 1 vivace, 2 vivant.** *Préjugés durables.* ➤ **enraciné, persistant, tenace.** *« J'avais l'insouciance de ceux qui croient leur bonheur durable »* PROUST. *« Faire œuvre durable, c'est là mon ambition »* GIDE. ■ **2** Qui contribue à la durabilité par une prise en compte des facteurs sociaux, économiques et environnementaux. *Agriculture, tourisme durable. — Développement* durable.* ■ CONTR. Éphémère, fugitif, labile, provisoire, passager, périssable, temporaire, transitoire.

DURABLEMENT [dyʀabləmɑ̃] adv. – XIIe ◊ de *durable* ■ D'une façon durable. *Œuvrer durablement pour l'avenir.*

DURAILLE [dyʀɑj] adj. – 1907 ◊ de *dur* et *-aille* ■ FAM. ■ **1** Qui est dur, résiste à la pression. ■ **2** Difficile à faire, à supporter. *C'est duraille à encaisser.*

DURAL, ALE, AUX [dyʀal, o] adj. – 1959 ◊ de *dure-mère* ■ ANAT. Qui se rapporte à la dure-mère. *Cul-de-sac dural. Gaine durale.*

DURALUMIN [dyʀalymɛ̃] n. m. – 1895 ◊ n. déposé, de *Düren,* ville d'Allemagne où l'alliage fut créé, et *aluminium,* avec influence de *dur* ■ Alliage léger d'aluminium, de cuivre, de magnésium et de manganèse. *Des tôles de duralumin.* ABRÉV. (1948) **DURAL.**

DURAMEN [dyʀamɛn] n. m. – 1839 ◊ mot latin « durcissement », de *durus* « dur » ■ BOT. Partie la plus ancienne, tout à fait lignifiée d'un tronc d'arbre. ➤ **cœur.** *Le duramen est le bois parfait ; il est généralement plus foncé que l'aubier.* ➤ **bois.** ■ CONTR. Aubier.

DURANT [dyʀɑ̃] prép. – XVIe avant le nom ; 1283 après le nom ◊ p. prés. de *durer* ■ **1** (Av. le nom) Pendant la durée de. ➤ **3 pendant.** *Durant la nuit. Durant l'été. Durant le XVIIe siècle* (cf. Au cours* de). — VX loc. conj. *Durant que* : pendant que. ■ **2** Apr. le nom (dans quelques loc.) *Parler une heure durant,* pendant une heure entière. *« nous vous assurerons, votre vie durant, les mensualités que vous touchiez ici »* MARTIN DU GARD.

DURATIF, IVE [dyʀatif, iv] adj. – 1875 ◊ de *durer* ■ LING. *Aspect duratif,* celui d'une action (verbe) considérée dans son développement, sa durée. ➤ **imperfectif.**

DURCIR [dyʀsiʀ] v. ‹2› – fin XIIe ◊ de *dur*

I v. tr. ■ **1** Rendre dur, plus dur. *La chaleur durcit la terre. Durcir l'acier.* ➤ **tremper.** *L'âge durcit les artères, les tissus.* ➤ **indurer.** ■ **2** FIG. Rendre plus fort, moins sensible. ➤ **affermir, endurcir, fortifier.** *« On s'exerce à durcir son cœur, on se cache de la pitié »* VIGNY. ■ **3** (XXe) Rendre plus ferme, plus intransigeant. *Ils ont durci leur point de vue depuis cette réunion.* ➤ **radicaliser.** ■ **4** PAR EXT. Faire paraître dur, plus dur. *Cette coiffure lui durcit les traits, le visage.* ■ **5 SE DURCIR** v. pron. *Le suif se durcit en refroidissant. — Ses traits se durcissent avec l'âge.* ➤ **s'accentuer.** *— La grève s'est durcie.*

II v. intr. Devenir dur, ferme. *Pain qui durcit rapidement.* ➤ **rassir, sécher.** *La crème durcit en se refroidissant.* ➤ **prendre.** *La neige a durci.* ➤ **se solidifier.** — MATÉR. Se transformer en matière dure et solide par effet physicochimique. *Un adhésif durcit vite à la chaleur.*

■ CONTR. Amollir, attendrir, mollir ; adoucir.

DURCISSEMENT [dyʀsismɑ̃] n. m. – 1753 ◊ de *durcir* ■ **1** Action de durcir, de se durcir ; son résultat. *Durcissement de l'argile, du ciment, d'un adhésif. Durcissement des tissus.* ➤ **induration, sclérose.** ■ **2** Fait de devenir plus résistant, plus dur (FIG.). ➤ **raffermissement.** *Le durcissement des contrôles.* ➤ **renforcement.** — *Durcissement d'une attitude, d'une position politique,* qui devient plus rigide, plus intransigeante. ■ CONTR. Amollissement, assouplissement.

DURCISSEUR [dyʀsisœʀ] n. m. – 1961 ◊ de *durcir* ■ MATÉR. Produit ajouté à un adhésif pour déclencher le durcissement. — Produit appliqué sur un béton pour accroître la résistance superficielle. ◆ Produit destiné à augmenter la dureté, la résistance. *Durcisseur pour les ongles.*

DURÉE [dyʀe] n. f. – 1131 ◊ de *durer* ■ **1** Espace de temps qui s'écoule par rapport à un phénomène, entre deux limites observées (début et fin). ➤ **temps.** *La durée d'un spectacle, d'un voyage. Durée des vacances. Pendant, pour une durée de quinze jours.* ➤ **1 espace, période.** *« Comme un tableau est un espace à émouvoir, une pièce de théâtre, c'est une durée à animer »* GIDE. *Durée de la vie.* ➤ **âge, cours, existence.** *Durée des fonctions d'un souverain ; durée d'une influence, d'une mode.* ➤ **règne.** *Longue durée.* ➤ **longueur, pérennité.** *De longue durée* : durable. *Congé de longue durée. Courte, brève durée.* ➤ **2 instant, moment.** *Bonheur de courte durée,* éphémère, momentané. *Contrat de travail à durée déterminée (C. D. D.), indéterminée (C. D. I.). Être absent pour une durée illimitée,* dont le terme n'est pas fixé. — COMM. *Durée de vie d'un produit. — Durée du travail* : temps passé par un salarié au service de l'employeur. ■ **2** PHILOS. VX *L'espace et la durée.* ➤ **temps.** — MOD. Temps vécu ; caractère des états psychiques qui se succèdent en se fondant les uns dans les autres (opposé au temps objectif, réel, mesurable). *« La durée vécue par notre conscience est une durée au rythme déterminé, bien différente de ce temps dont parle le physicien »* BERGSON. ■ **3** (1870) MUS. Temps pendant lequel un son ou un silence doit être entendu. ➤ **valeur.**

DUREMENT [dyʀmɑ̃] adv. – 1080 ◊ de *dur* ■ D'une manière dure. ■ **1** (CONCRET) RARE En opposant au toucher, à la pression une forte résistance. ■ **2** (ABSTRAIT) COUR. D'une manière pénible à supporter. *Il a été durement éprouvé par cette perte. Enfant élevé durement* (cf. À la dure*). ■ **3** Avec dureté, sans bonté, sans humanité. *Parler, répondre durement.* ➤ **méchamment, sèchement.** ■ CONTR. Mollement. Doucement, gentiment.

DURE-MÈRE [dyʀmɛʀ] n. f. – XIIIe ◊ traduction du latin médiéval *dura mater,* calque d'une expression médicale arabe ■ La plus superficielle et la plus résistante des trois méninges*. *Des dures-mères.*

DURER [dyʀe] v. intr. ‹1› – fin XIe ◊ latin *durare* « durcir ; endurer, résister, durer »

■ Continuer d'être, d'exister.

I (CHOSES) ■ **1** Avoir une durée de. *Le spectacle a duré deux heures. Voilà des semaines que cela dure. Leur conversation dure encore, dure depuis midi. Les débats durèrent longtemps.* ➤ **s'éterniser, se prolonger, traîner.** *Cela a assez duré. Cela n'a que trop duré. Cela va durer longtemps, cette plaisanterie ? — « Plaisir d'amour ne dure qu'un moment »* FLORIAN. ◆ ABSOLT Durer longtemps. *L'hiver a duré cette année. Le beau temps dure.* ➤ **se maintenir.** *Faire durer.* ➤ **entretenir, perpétuer, prolonger.** *Faire durer le suspense, le plaisir. Pourvu que ça dure ! Cela ne peut plus durer* : il faut que cela cesse. ■ **2** (En parlant du temps) Donner l'impression de durer (un temps important), sembler long. *« Chaque heure de cette vie abominable me semble durer une journée »* STENDHAL. — LITTÉR. *Durer à qqn,* paraître long. *Le temps lui dure* : il trouve le temps long. ■ **3** Résister contre les causes de destruction. ➤ **se conserver, demeurer, subsister, tenir.** *La pierre dure plus que le bois. « J'aimerais mieux avoir peint la chapelle Sixtine que gagné bien des batailles [...] Ça durera plus longtemps et c'était peut-être plus difficile »* FLAUBERT. ➤ **rester.** *Fleur qui ne dure qu'un jour.* ➤ **1 vivre.** — FAM. *Ça durera ce que ça durera* : cela n'a guère de chance de durer, mais peu importe. ■ **4** SPÉCIALT (en parlant de ce qui se consomme par l'usage) *Ce costume a duré deux ans. Cette ration devra vous durer huit jours.* ➤ **1 faire.** *Ce jouet ne durera pas longtemps* (cf. Ne pas faire long feu* [II]).

II (PERSONNES) ■ **1** VX Vivre. *« Il s'est fait admirer tant qu'ont duré ses frères »* CORNEILLE. ■ **2** MOD. Continuer à vivre, et PÉJ. faire juste ce qu'il faut pour rester en vie. *« Je dure sans vieillir, j'existe sans souffrir »* HUGO. *« Qui veut durer, doit endurer »* R. ROLLAND. ■ **3** VIEILLI ou RÉGION. Demeurer là où on est, comme on est. ➤ **demeurer, rester.** — (Surtout à la forme négative) *« J'étouffe quand je suis dans une ville. Je ne peux durer plus d'une journée à Grenoble »* BALZAC.

■ CONTR. Arrêter (s'), cesser, passer, terminer (se). Disparaître, mourir.

■ HOM. *Dure* : durent (1 devoir).

DURETÉ [dyʀte] n. f. – XIIIe ◊ de *dur* ■ Caractère de ce qui est dur. ■ **1** Propriété de ce qui résiste à la pression, au toucher ; de ce qui ne se laisse pas entamer facilement. *Dureté du verre, du marbre, du diamant. Degré de dureté d'une substance.* ➤ **consistance.** ◆ PHYS. Résistance d'un solide à la pénétration. *Échelle de dureté de Mohs* (10 degrés). ◆ *Dureté d'un lit. « La dureté de la barbe s'allie à l'idée de force »* ROMAINS. *Dureté d'une brosse.* ➤ **rigidité.** ◆ FIG. *Dureté de l'eau* : caractère de l'eau qui renferme des sels de calcium et de magnésium et ne produit pas de mousse avec le savon (➤ **hydrotimétrie**).

Dureté temporaire (bicarbonates), *permanente* (sulfates). ▪ **2** Défaut d'harmonie, de douceur. *Dureté d'un climat.* «*la dureté des saisons terrasse les corps que la maladie rend incapables de lutter*» PROUST. ➤ **inclémence, rigueur, rudesse.** *Dureté des traits du visage. Dureté du contour, du tracé d'un dessin. Dureté du toucher d'un pianiste.* ▪ **3** Caractère de ce qui est pénible à supporter. *La dureté des temps. Dureté d'une condition. Excessive dureté d'un châtiment.* ➤ **sévérité.** ▪ **4** (PERSONNES) Manque de sensibilité, de cœur ; caractère ou comportement dur (I, 4°). ➤ **insensibilité, sécheresse.** *Dureté d'un père pour ses fils. Traiter qqn avec dureté,* malmener, maltraiter, rudoyer. *Repousser qqn avec dureté.* ➤ **brutalité, rudesse.** *Répondre avec dureté.* ➤ **durement.** «*Elle avait beau paraître impérieuse, effrayer son mari par sa dureté, elle était faible*» GREEN. ◆ PAR EXT. *Dureté d'âme, de cœur. Dureté du regard, de l'expression.* ▪ **5** VX PLUR. Action, parole pleine de dureté. ➤ **méchanceté.** «*Je tombe des nues quand vous m'écrivez que je vous ai dit des duretés*» VOLTAIRE. ▪ CONTR. Mollesse. Douceur. Aménité, cœur, gentillesse, indulgence, sensibilité, tendresse.

DURHAM [dyʀam] n. et adj. – 1855 ◊ nom d'un comté anglais ▪ Bovin d'une race sélectionnée, originaire du Durham.

DURIAN [dyʀjɑ̃ ; dyʀjan] n. m. – 1961, par l'anglais ou directement du malais ; *durion* 1602, du latin scientifique, par l'espagnol ; *duriaon* 1598, par le portugais ◊ malais *dourian,* de *douri* «épine» ▪ Grand arbre tropical de l'Asie du Sud-Est et de l'Afrique *(malvacées),* dont le fruit ovoïde, couvert d'une écorce de grosses épines dures, est comestible et savoureux, bien que malodorant. — PAR MÉTON. Le fruit de cet arbre. «*Le durian est un grand fruit épineux dont les alvéoles abritent des quartiers de chair tendre et dorée*» K. LEFÈVRE. — On dit aussi **DURION** [dyʀjɔ̃].

DURILLON [dyʀijɔ̃] n. m. – 1478 ; *dureillon, durellon* XIIIe ◊ de *dur* ▪ Épaississement arrondi, peu saillant, de la peau, formé aux pieds, aux mains, à des endroits soumis à des pressions répétées. ➤ 1 **cal, callosité,** 2 **cor.** «*Les mains qui peinent n'évitent la blessure que grâce au durillon*» DUHAMEL.

DURION ➤ **DURIAN**

DURIT ou **DURITE** [dyʀit] n. f. – 1917 ◊ *durit* n. déposé, probablt de *dur* ▪ Tuyau, conduite en caoutchouc traité pour les raccords de canalisations des moteurs à explosion. *Changer une durit. Péter* une durit.*

D. U. T. [deyte] n. m. – 1971 ◊ sigle de *Diplôme universitaire de technologie* ▪ Diplôme national de technicien supérieur obtenu dans un I. U. T., en deux ans d'études après le baccalauréat.

DUUMVIR [dyɔmviʀ] n. m. – 1587 ◊ mot latin, de *duo* «deux» et *vir* «homme» ▪ Membre d'un collège de deux magistrats, dans la Rome antique.

DUUMVIRAT [dyɔmviʀa] n. m. – 1626 ◊ de *duumvir* ▪ Dignité, fonction de duumvir* ; durée de cette fonction.

DUVET [dyvɛ] n. m. – 1310 ◊ altération de *dumet,* diminutif de l'ancien français *dum* ou *dun* (XIIe), refait sur *plume* ; scandinave *dunn*

I ▪ **1** Petites plumes molles et très légères qui poussent les premières sur le corps des oisillons, et qu'on trouve sur le ventre et le dessous des ailes chez les oiseaux adultes et surtout aquatiques. *Chaque plumule* de duvet comporte des barbes non fixées entre elles. Duvet des poussins. Duvet de canard, d'oie, de cygne. Duvet de l'eider* (➤ **édredon**). *Oreiller, couette de duvet.* «*La neige en cette nuit flottait comme un duvet*» HUGO. *Duvet et plumettes*. Anorak, doudoune garnis de duvet.* ▪ **2** (1934) Sac de couchage bourré de duvet ou d'une matière analogue. *Le duvet d'un campeur.* ▪ **3** (1745) RÉGION. (Est, Belgique, Luxembourg, Suisse) Grand édredon utilisé comme couverture. ➤ 1 **couette, édredon.**

II PAR ANAL. ▪ **1** Poils fins et doux qui, chez les mammifères, poussent sous les longs poils. ▪ **2** Production cotonneuse (sur certaines plantes). *Tiges, feuilles couvertes de duvet* (➤ **cotonneux, laineux, lanugineux, pubescent, tomenteux**). *Le* «*chatouillement du duvet d'une pêche mûre contre la peau*» GONCOURT. ▪ **3** (1680) Barbe naissante d'un jeune homme. «*il lui fallait, le plus tôt possible, se raser les joues et le menton. Le duvet qui les couvrait encore ressemblait à un aveu public d'ingénuité*» ROMAINS. — Poil très fin sur la lèvre, les joues, la nuque (des femmes, des enfants). *La lumière* «*rasait des lèvres fardées, dorait un léger duvet*» SARTRE.

DUVETÉ, ÉE [dyv(ə)te] adj. – 1611 ; *dumeté* 1534 ◊ de *dumet* → duvet ▪ Qui est couvert de duvet. ➤ **duveteux.** *Pêche duvetée.* ➤ **velouté.** «*sur les rivages duvetés de ta chevelure*» BAUDELAIRE.

DUVETER (SE) [dyv(ə)te] v. prc
couvrir de duvet. *Ses joues coı*

DUVETEUX, EUSE [dyv(ə)tø,
a beaucoup de duvet. «*La m*
jeune cerf]» GENEVOIX. ▪ **2** (1864
Pelage duveteux.

DUXELLES [dyksɛl] n. f. –
de champignons de Par...
au beurre et servant de farce.

DVD [devede] n. m. – 1995 ◊ sigle anglais, de
de *Digital Versatile Disc* ▪ Disque optique numer...
capacité, à usages divers. Recomm. offic. *disque numér...*
valent. DVD informatique. ➤ **DVD-ROM.** *DVD audio, vidé...*
DVD enregistrable, DVD réinscriptible. DVD HD. Lecteur de DVD.

DVD-CAM [devedekam] n. m. ou f. – 2001 ◊ de *DVD* et *cam(éra)* ▪ Caméscope qui stocke les informations sur DVD.

DVD-ROM [devedeʀɔm] n. m. inv. – 1996 ◊ sigle anglais, de *Digital Versatile Disc Read Only Memory* ▪ DVD destiné à l'informatique, à mémoire* morte. «*un lecteur de DVD-ROM dont la capacité de stockage est au minimum sept fois supérieure* [à celle d'un CD-ROM]» (Le Monde, 1997).

DYADE [djad] n. f. – 1838 ; *dyas* 1546 ◊ bas latin *dyas, adis* «nombre de deux», calque du grec *duas, duados* «dualité», de *duo* «deux» ▪ PHILOS. Réunion de deux principes qui se complètent réciproquement. *La dyade pythagoricienne de l'unité et de l'infini.*

DYADIQUE [djadik] adj. – 1701 ◊ de *dyade* ▪ Qui concerne une dyade. ➤ **binaire.** *Relation dyadique.* — MATH. *Nombre dyadique :* nombre rationnel de la forme $(a/2)^k$, où *a* est un rationnel et *k* un entier naturel.

DYARCHIE [djaʀʃi] n. f. – 1808 ◊ grec *duo* «deux» et *arkhê* «commandement» ▪ POLIT. Gouvernement simultané de deux rois, deux chefs, deux pouvoirs. *La dyarchie de Sparte.*

DYKE [dik ; dajk] n. m. – 1759 ; *dike* 1768 ◊ mot anglais «digue» ▪ GÉOL. Roche éruptive qui fait saillie à la surface du sol et qui affecte la forme d'une épaisse muraille ou d'une colonne. ➤ **neck.**

DYNAMICIEN, IENNE [dinamisjɛ̃, jɛn] n. – 1968 ◊ de *dynamique* ▪ PSYCHOL., SOCIOL. Personne spécialisée dans l'étude des relations psychosociales (dynamique sociale, dynamique de groupe) et de leurs effets.

-DYNAMIE ▪ Élément, du grec *dunamis* «force». ➤ aussi **dynam(o)-.**

DYNAMIQUE [dinamik] adj. et n. f. – 1692 ◊ grec *dunamikos,* de *dunamis* «force»

I adj. ▪ **1** Relatif aux forces, à la notion de force. «*Traité de la science dynamique*», *de Leibniz.* ◆ (1947) ÉCON. Relatif à l'étude des faits économiques dans leurs causes et leurs effets (opposé à *statique*). *Économie dynamique. Théorie dynamique de l'économie.* ◆ MÉD. Relatif à l'efficacité, la puissance d'action d'un remède. ➤ **dynamisation.** ▪ **2** Qui considère les choses dans leur mouvement, leur devenir. *Représentation dynamique d'un objet.* — PAR EXT. Qui suggère le mouvement. *Publicité dynamique.* ▪ **3** (XXe) COUR. Qui manifeste une grande vitalité, de la décision et de l'entrain. *Une personne dynamique.* ➤ **actif,** 3 **battant, énergique, entreprenant ;** FAM. **fonceur, remonté.** *Un jeune cadre dynamique.*

II n. f. ▪ **1** (1752) PHYS. Branche de la mécanique* qui étudie le mouvement d'un mobile considéré dans ses rapports avec les forces qui en sont les causes. ➤ **accélération, force.** *Lois, équations de la dynamique.* ◆ (XXe) Ensemble des forces en interaction et en opposition dans un phénomène, une structure (➤ aussi **dialectique**). *Dynamique du système.* — (v. 1965) FIG. Forces orientées vers un progrès, un développement. *Créer une dynamique. Dynamique de l'idée européenne. Dynamique révolutionnaire.* ▪ **2** SOCIOL. Partie de la sociologie qui étudie les faits en évolution et non dans leur état actuel. *Dynamique sociale,* terme employé par Comte, par opposition à *statique* sociale. Dynamique des sociétés.* — *Dynamique des populations :* étude de l'évolution de la structure des populations (➤ **démographie**). ▪ **3** (v. 1940) PSYCHOL., SOCIOL. *Dynamique de(s) groupe(s) :* ensemble des règles qui président à la conduite des groupes sociaux dans le cadre de leur activité propre. ◆ PSYCHAN. *Dynamique de l'appareil psychique.* ▪ **4** Rapport, écart entre les niveaux extrêmes (du plus fort au plus faible) d'une grandeur physique. *La dynamique d'un signal s'exprime en décibels*.*

▪ CONTR. Statique. Apathique.

…UEMENT [dinamikmɑ̃] **adv.** – 1826 ◊ de *dynamique* … Du point de vue dynamique. ▪ **2** (1961) COUR. Avec …isme.

…AMISANT, ANTE [dinamizɑ̃, ɑ̃t] **adj.** – 1967 ◊ de *dynamiser* …elatif à ce qui dynamise (2°). *Une ambiance dynamisante.* … **stimulant, 1 tonique.**

DYNAMISATION [dinamizasjɔ̃] **n. f.** – 1955 ◊ anglais *dynamization* → dynamiser ▪ **1** PHARM. Action d'accroître l'efficacité d'un remède par des procédés de préparation spécifiquement homéopathiques : dilution, trituration. ▪ **2** (v. 1960) Action de dynamiser (2°). *Dynamisation de l'entreprise.*

DYNAMISER [dinamize] **v. tr.** ⟨1⟩ – 1862 ◊ anglais *to dynamize* ; du grec *dunamis* «force» ▪ **1** Procéder à la dynamisation de (une substance) par des procédés homéopathiques. ▪ **2** (1958) COUR. Donner, communiquer du dynamisme à (qqn, une activité…). *Dynamiser une équipe, des services. «Mais par quoi dynamiser réellement les consciences, les cœurs, les âmes ?»* PAUWELS. ▪ **3** Donner un effet de mouvement à (une représentation). *Dynamiser une affiche, un personnage.* ➤ **animer.**

DYNAMISME [dinamism] **n. m.** – 1835 ◊ du grec *dunamis,* d'après *dynamique* ▪ **1** PHILOS. Système qui reconnaît dans les choses l'existence de forces irréductibles à la masse et au mouvement (opposé à *mécanisme*). *Le dynamisme de Leibniz.* ♦ Doctrine qui pose le mouvement ou le devenir comme primitif (opposé à *statisme*). *Le dynamisme de Bergson.* ▪ **2** (1932) COUR. ➤ **énergie, vitalité.** *Le «besoin qu'éprouve l'esprit moderne d'exprimer le dynamisme et le foisonnement du monde où il plonge»* ROMAINS. *Il manque de dynamisme.* ➤ **allant, peps, 2 punch, tonus.** ▪ CONTR. Mécanisme ; statisme. Mollesse, passivité.

DYNAMISTE [dinamist] **adj. et n.** – 1834 ◊ de *dynamisme* ▪ PHILOS. Partisan du dynamisme. *Philosophie dynamiste.*

DYNAMITAGE [dinamitaʒ] **n. m.** – 1917 ◊ de *dynamiter* ▪ **1** Action de faire sauter (qqch.) à la dynamite. *Le dynamitage d'une voie ferrée.* ▪ **2** (v. 1970) FIG. Action de détruire les règles traditionnelles d'un système. *Dynamitage du langage, de la politique, de la réalité.*

DYNAMITE [dinamit] **n. f.** – 1868 ◊ grec *dunamis* «force» ▪ Substance explosive, composée d'un mélange de nitroglycérine* et de différentes matières solides, inertes (ex. kieselguhr) ou actives (nitrate de sodium, soufre, charbon, paraffine, cellulose…). ➤ **fulmicoton, nitrocellulose, plastic.** *Charge de dynamite. Attentat à la dynamite.* ♦ FIG. et FAM. *C'est de la dynamite, ce bonhomme,* il est remuant, explosif. — *Ce dossier, c'est de la dynamite !* il peut avoir des effets dangereux si on l'exploite (➤ 2 **explosif**).

DYNAMITER [dinamite] **v. tr.** ⟨1⟩ – 1890 ◊ de *dynamite* ▪ **1** Faire sauter à la dynamite. *Dynamiter un pont.* ▪ **2** Poser une charge de dynamite sur (qqch.). ▪ **3** (1966) FIG. Faire éclater les règles traditionnelles de (un système). *Dynamiter le langage, les mythes, les certitudes. Dynamiter les structures dramatiques.*

DYNAMITERIE [dinamitʀi] **n. f.** – 1875 ◊ de *dynamite* ▪ TECHN. Fabrique de dynamite.

DYNAMITEUR, EUSE [dinamitœʀ, øz] **n.** – 1871 ◊ de *dynamite* ▪ **1** VX Personne qui travaille à la fabrication de la dynamite. ▪ **2** (1882) Auteur d'attentats à la dynamite. ▪ **3** (1966) FIG. Personne qui contribue à faire éclater les formes traditionnelles (➤ **dynamiter,** 3°). *Dynamiteur du langage, de la forme.*

DYNAMO [dinamo] **n. f.** – 1881 ◊ de *dynamoélectrique* ▪ Machine dynamoélectrique, transformant l'énergie mécanique en énergie électrique. — (1872) *Dynamo à courant continu de Gramme. Dynamo à courant alternatif* (➤ **alternateur**). *Une dynamo comprend un électroaimant* (➤ **inducteur**), *un induit* comportant des bobines enroulées en série, des organes de connexion* (➤ **balai, collecteur**). — *Dynamo d'une automobile,* mue par le moteur et produisant le courant nécessaire aux appareils de l'équipement électrique. *La dynamo charge les accumulateurs. Des dynamos.*

DYNAM(O)- ▪ Élément, du grec *dunamis* «force».

DYNAMOÉLECTRIQUE [dinamoelɛktʀik] **adj.** – 1867 ◊ de *dynamo-* et *électrique* ▪ ÉLECTR. Qui transforme l'énergie mécanique en énergie électrique (courant continu). *Des machines dynamoélectriques.* ➤ **dynamo.**

DYNAMOGÈNE [dinamɔʒɛn] **adj.** – 1848 ◊ de *dynamo-* et *-gène* ▪ PHYSIOL. Qui engendre, qui crée de l'énergie, de la force. *Aliment dynamogène.* SPÉCIALT *Sensation, sentiment dynamogène,* qui augmente le tonus vital. — On dit aussi **DYNAMOGÉNIQUE,** 1897.

DYNAMOGÉNIE [dinamɔʒeni] **n. f.** – 1888 ; *dynamo-génésie* 1843 ◊ de *dynamo-* et *-génie* ▪ PHYSIOL. Accroissement de la fonction d'un organe sous l'influence d'une excitation. ▪ CONTR. Inhibition.

DYNAMOGRAPHE [dinamɔgʀaf] **n. m.** – 1870 ◊ de *dynamo-* et *-graphe* ▪ PHYSIOL. Instrument servant à enregistrer la force musculaire.

DYNAMOMÈTRE [dinamɔmɛtʀ] **n. m.** – 1798 ◊ de *dynamo-* et *-mètre* ▪ PHYS. Instrument servant à mesurer l'intensité des forces. *Dynamomètre enregistreur.* — PHYSIOL. Appareil servant à mesurer la force musculaire, l'intensité d'une contraction musculaire. ➤ **dynamographe.** — **adj. DYNAMOMÉTRIQUE,** 1814.

DYNASTIE [dinasti] **n. f.** – 1455, repris 1718 ◊ grec *dunasteia* ▪ **1** Succession des souverains d'une même famille. *Le chef, le fondateur d'une dynastie. La dynastie mérovingienne, capétienne.* — Période pendant laquelle ont régné les souverains appartenant à une même famille. *Sous la dynastie des Tang.* ▪ **2** FIG. Succession de personnes remarquables, dans une même famille. *La dynastie des Bach, des Kennedy.*

DYNASTIQUE [dinastik] **adj.** – 1834 ◊ de *dynastie* ▪ Relatif à une dynastie. *Monarchie dynastique.*

DYNE [din] **n. f.** – 1874 ◊ grec *dunamis* «force» ▪ MÉTROL. Unité C. G. S. de mesure de force (SYMB. dyn), valant 10^{-5} newton. ▪ HOM. Din.

-DYNE ▪ Élément, du grec *dunamis* «force».

DYS- ▪ Préfixe, du grec *dus-*, exprimant l'idée de difficulté, de manque (nombreux mots de médecine).

DYS [dis] **n.** – 1999 ◊ de *dys-* ▪ **1 n. m.** *Les dys* ou APPOS. *les troubles dys :* ensemble des troubles cognitifs et d'apprentissage (dyslexie, dysorthographie, dysphasie, dyspraxie, dyscalculie, etc.). *Les troubles de l'attention font aussi partie des dys.* — AU SING. *Diagnostiquer un dys.* ▪ **2** Personne atteinte d'un trouble dys. *La scolarité des dys.* — APPOS. *Les enfants dys.* ▪ HOM. Dix.

DYSACOUSIE [dizakuzi] **n. f.** – 1970 ◊ de *dys-* et du grec *akoustikos* «qui concerne l'ouïe» ▪ MÉD. Trouble de l'audition.

DYSACROMÉLIE [dizakʀɔmeli] **n. f.** – 1946 ◊ de *dys-*, du grec *akron* «bout» et *mêlos* «membre» ▪ ANAT. Dysmorphie* des extrémités (des membres). ➤ **dysmélie.** — **adj. DYSACROMÉLIQUE.**

DYSARTHRIE [dizaʀtʀi] **n. f.** – 1897 ◊ de *dys-* et du grec *arthron* «articulation» ▪ MÉD. Difficulté de l'élocution due à une lésion des centres moteurs du langage. ➤ **anarthrie.** — **adj. DYSARTHRIQUE.**

DYSBARISME [disbaʀism] **n. m.** – 1962 ◊ de *dys-* et du grec *baros* «pesanteur» ▪ MÉD. Ensemble de troubles résultant d'une baisse brutale de la pression atmosphérique ambiante, lors des voyages en haute altitude (arthralgies, névralgies, vertiges, paresthésies, troubles visuels, prurit et éruptions cutanées, paralysies, etc.).

DYSBASIE [disbazi] **n. f.** – 1909 ◊ de *dys-* et du grec *basis* «action de marcher» ▪ MÉD. Trouble de la marche. ➤ **abasie.** — **adj. DYSBASIQUE.**

DYSBOULIE [disbuli] **n. f.** – 1906 ◊ de *dys-* et du grec *boulê* «volonté» ▪ PSYCHIATR. RARE Troubles de la volonté. ➤ **aboulie.** — **adj. DYSBOULIQUE.**

DYSCALCULIE [diskalkyli] **n. f.** – 1964 ◊ de *dys-* et *calcul* ▪ DIDACT. Trouble sévère et durable de l'apprentissage du calcul (non lié à des déficiences intellectuelles).

DYSCHROMATOPSIE [diskʀɔmatɔpsi] **n. f.** – 1855 ◊ de *dys-*, et du grec *khrôma* «couleur» et *opsis* «action de voir» ▪ MÉD. Trouble de la perception des couleurs ; SPÉCIALT Incapacité de l'œil à distinguer les trois couleurs fondamentales. ➤ **achromatopsie, daltonisme.**

DYSCHROMIE [diskʀɔmi] **n. f.** – 1900 ◊ de *dys-* et du grec *khrôma* «couleur» ▪ MÉD. Trouble de la pigmentation de la peau. ➤ **achromie, albinisme, hyperchromie, hypochromie, vitiligo.**

DYSCRASIE [diskʀazi] n. f. – *discrasie* 1314 ◇ de *dys-* et du grec *krasis* « humeur » ■ MÉD. ■ **1** VIEILLI Perturbation des humeurs organiques. — Mauvaise constitution. ■ **2** (1905) MOD. Perturbation des phénomènes de coagulation sanguine. ➤ **crase** (sanguine). — adj. **DYSCRASIQUE.**

DYSENDOCRINIE [dizɑ̃dɔkʀini] n. f. – 1906 ◇ de *dys-* et *endocrine* ■ MÉD. Trouble des glandes endocrines. — adj. (1913) **DYSENDOCRINIEN, IENNE.**

DYSENTERIE [disɑ̃tʀi] n. f. – v. 1560 ; *dissenterie* 1372 ; *dissintere* XIIIe ◇ de *dys-* et du grec *entera* « entrailles » ■ Affection caractérisée par une inflammation des intestins, surtout du côlon, avec douleurs abdominales et diarrhée grave, souvent sanguinolente. — SPÉCIALT Infection intestinale causée par des bacilles *(dysenterie bacillaire)* ou des amibes *(dysenterie amibienne).* ➤ **amibiase.**

DYSENTÉRIQUE [disɑ̃teʀik] adj. et n. – XVe ◇ de *dysenterie* ■ Qui est relatif à la dysenterie. *Colique, flux dysentérique. Amibe, bacille dysentérique.* ◆ Atteint de dysenterie. — n. *Un, une dysentérique.*

DYSESTHÉSIE [disɛstezi] n. f. – 1772 ◇ grec *dusaisthêsia,* de *dus-* (cf. *dys-*) et *aisthêsis* « sensibilité » ■ MÉD., PSYCHOL. Trouble de la sensibilité qui est exaspérée ou affaiblie. ➤ **hyperesthésie, paresthésie.** *Sensations d'engourdissement, de picotements, de fourmillements, dans les dysesthésies.* — adj. **DYSESTHÉSIQUE.**

DYSFONCTIONNEL, ELLE [disfɔ̃ksjɔnɛl] adj. – 1902 *disfonctionnelle* ◇ de *dys-* et *fonctionnel* ■ DIDACT. Qui présente un dysfonctionnement. *Rein dysfonctionnel. — Couple dysfonctionnel.* — REM. On écrit aussi *disfonctionnel.*

DYSFONCTIONNEMENT [disfɔ̃ksjɔnmɑ̃] n. m. – 1916 ◇ de *dys-* et *fonctionnement* ■ MÉD. Trouble (insuffisance, excès...) dans le fonctionnement de (un organe, une glande...). *Dysfonctionnement hépatique.* — On dit aussi **DYSFONCTION.** *Dysfonction érectile.* — PAR EXT. Difficulté, trouble (dans un fonctionnement). *Le dysfonctionnement des institutions.* (Dans ce sens, on écrit aussi *disfonctionnement.*)

DYSGÉNIQUE [disʒenik] adj. – 1972 ◇ anglais *dysgenic* ■ GÉNÉT. Qui s'oppose à l'amélioration d'une espèce, qui favorise une évolution régressive. ■ CONTR. Eugénique.

DYSGRAPHIE [disgʀafi] n. f. – 1863 *dysgraphie cérébrale* ; « défaut de conformation d'un organe » 1878 ◇ de *dys-* et *-graphie* ■ MÉD. Difficulté dans l'acquisition ou l'exécution de l'écriture, liée à des troubles fonctionnels (en l'absence de déficiences intellectuelles). *Dysgraphie d'évolution. Dysgraphie et dyslexie.* ➤ aussi **dyslogie** (graphique). — adj. et n. **DYSGRAPHIQUE.**

DYSHARMONIE [disaʀmɔni] n. f. – 1878 ◇ de *dys-* et *harmonie* ■ **1** MÉD. Dissociation schizophrénique (cf. Désagrégation* psychique). ■ **2** DIDACT. ou LITTÉR. ➤ **disharmonie.**

DYSHIDROSE ou **DYSIDROSE** [dizidʀoz] n. f. – 1898, -1901 ◇ emprunté à l'anglais (1873) ; du grec *hidrôs* « sueur » ■ MÉD. Trouble de la sécrétion sudorale. — PAR EXT. Éruption vésiculeuse des mains et des pieds (rappelant celle de la miliaire*). *« victime de dyshidrose, qui se manifestait sous la forme d'un eczéma bulleux »* HOUELLEBECQ.

DYSKINÉSIE [diskinezi] n. f. – milieu XXe ; *dyscinésie* 1772 ◇ grec *duskinêsis,* de *kinêsis* « mouvement » ■ MÉD. Trouble dans l'accomplissement des mouvements (par suite de spasmes, crampes, incoordination, etc.). ➤ **apraxie, dystonie.** *Dyskinésie fonctionnelle :* crampe professionnelle. — adj. **DYSKINÉTIQUE** ou **DYSCINÉTIQUE** [disinetik].

DYSLEPTIQUE [dislɛptik] adj. – 1961 ◇ de *dys-* et *-leptique* ■ MÉD. Qui favorise un dysfonctionnement, sur le plan psychique. *Psychoses expérimentales provoquées par des drogues à action analeptique* ou dysleptique.*

DYSLEXIE [dislɛksi] n. f. – 1897 ◇ de *dys-* et du grec *lexis* « mot » ■ Trouble de la capacité de lire, ou difficulté à reconnaître et à reproduire le langage écrit (en l'absence de déficiences intellectuelles). *Dyslexie et dysgraphie.*

DYSLEXIQUE [dislɛksik] adj. et n. – 1959 ◇ de *dyslexie* ■ MÉD. Qui se rapporte à la dyslexie. ◆ Qui est atteint de dyslexie. *Un enfant dyslexique.* — n. *Un, une dyslexique.*

DYSLOGIE [dislɔʒi] n. f. – 1838 ◇ de *dys-* et *-logie* ■ MÉD. Trouble du langage lié à une altération des fonctions intellectuelles. — *Dyslogie graphique :* trouble de l'écriture dû à des déficiences intellectuelles.

DYSMÉLIE [dismeli] n. f. – v. 1970 ◇ de *dys-* et du grec *mêlos* « membre » ■ MÉD. Développement anormal d'un ou de plusieurs membres, lié à un trouble de l'embryogenèse. — adj. et n. **DYSMÉLIQUE.** *Enfants dysméliques ou phocomèles.*

DYSMÉNORRHÉE [dismenɔʀe] n. f. – 1795 ◇ de *dys-* et *ménorrhée* « période des menstrues » (cf. *méno-* et *-rrhée*) ■ MÉD. Menstruation difficile et douloureuse. — adj. **DYSMÉNORRHÉIQUE,** 1836.

DYSMNÉSIE [dismnezi] n. f. – 1842 ◇ de *dys-* et *(a)mnésie* ■ MÉD. Amnésie partielle, altération de la mémoire des faits récents *(dysmnésie de fixation)* ou des faits anciens (amnésie diffuse). *Dysmnésie d'évocation,* portant sur les souvenirs passés qui ne peuvent plus être évoqués. *Dysmnésie portant sur les noms propres, les dates. Dysmnésie paramnésique.* ➤ **paramnésie.** — adj. **DYSMNÉSIQUE.**

DYSMORPHIE [dismɔʀfi] n. f. – 1870 ◇ de *dys-* et du grec *morphê* « forme » ■ MÉD. Malformation, difformité d'une partie du corps. ➤ **difformité ; dysacromélie, dysmélie, dysplasie, dystrophie.** — On dit aussi **DYSMORPHOSE.**

DYSOREXIE [dizɔʀɛksi] n. f. – 1803 ◇ grec *dusorexia* « inappétence », de *oregesthai* « aspirer, tendre » ■ MÉD. Trouble de l'appétit (anorexie, boulimie, certaines toxicomanies, ingestion de matières non alimentaires).

DYSORTHOGRAPHIE [dizɔʀtɔgʀafi] n. f. – 1960 ◇ de *dys-* et *orthographe* ■ MÉD. Trouble dans l'acquisition et la maîtrise du langage écrit, de l'orthographe, de la grammaire (en l'absence de déficiences intellectuelles). ➤ **dysgraphie.** — adj. et n. **DYSORTHOGRAPHIQUE.** *Les dyslexiques et les dysorthographiques.*

DYSOSMIE [dizɔsmi] n. f. – 1819 ◇ de *dys-* et du grec *osmê* « odeur » ■ MÉD. Trouble de l'olfaction. ➤ **anosmie.**

DYSPAREUNIE [dispaʀøni] n. f. – milieu XXe ◇ de *dys-* et du grec *pareunos* « compagne ou compagnon de lit » ■ MÉD. Douleur éprouvée par certaines femmes (ou parfois des hommes) lors d'un rapport sexuel.

DYSPEPSIE [dispɛpsi] n. f. – 1673 ; *dipepsie* 1550 ◇ de *dys-* et du grec *peptein* « cuire, digérer » ■ Digestion difficile et douloureuse. — Troubles digestifs fonctionnels, surtout de l'estomac, sans lésion organique évidente. *Dyspepsie acide.* ➤ **hyperacidité, pyrosis.** *Dyspepsie flatulente,* par aérophagie* ou production de gaz intestinaux (➤ **ballonnement, météorisme**).

DYSPEPTIQUE [dispɛptik] adj. – 1845 ◇ de *dyspepsie* ■ Relatif à la dyspepsie. *Symptômes dyspeptiques.* ◆ Atteint de dyspepsie. — On dit aussi **DYSPEPSIQUE.**

DYSPHAGIE [disfaʒi] n. f. – 1805 ◇ de *dys-* et *-phagie* ■ MÉD. Difficulté à avaler. — adj. **DYSPHAGIQUE.**

DYSPHASIE [disfazi] n. f. – 1870 ◇ de *dys-* et du grec *phasis* « parole » ■ MÉD. Trouble du développement du langage (en l'absence de déficit intellectuel ou sensoriel). — adj. et n. **DYSPHASIQUE.**

DYSPHONIE [disfɔni] n. f. – 1793 ; hapax 1586 ◇ de *dys-* et *-phonie* ■ MÉD. Trouble de la voix, souvent dû à un dysfonctionnement des cordes vocales (➤ **aphonie, dysarthrie ; dystomie**). — adj. et n. **DYSPHONIQUE,** 1866.

DYSPHORIE [disfɔʀi] n. f. – 1811 ◇ grec *dusphoria* « angoisse », de *dusphoros* « difficile à supporter » ■ DIDACT. État de malaise. — adj. **DYSPHORIQUE.** *« effets euphoriques et dysphoriques de l'alcool »* (Le Figaro, 1989). ■ CONTR. Euphorie.

DYSPLASIE [displazi] n. f. – 1938 ◇ de *dys-* et *-plasie* ■ BIOL., MÉD. ■ **1** Anomalie dans le développement biologique (de tissus, d'organes, d'organismes) se traduisant par des malformations et des dysfonctionnements. *Dysplasie ectodermique.* ■ **2** Modification des cellules (taille, forme, organisation) caractéristique d'un état précancéreux. *Dysplasie cervicale.* — adj. **DYSPLASIQUE,** milieu XXe.

DYSPNÉE [dispne] n. f. – XVIIe ; *dispnae* 1560 ◇ de *dys-* et du grec *pnein* « respirer » ■ MÉD. Difficulté de la respiration (➤ **anhélation, essoufflement**). *Dyspnée asthmatique, cardiaque.* — adj. et n. (1833) **DYSPNÉIQUE.** *Personne dyspnéique à l'effort, eupnéique au repos.*

DYSPRAXIE [dispʀaksi] n. f. – 1898 ◇ de *dys-* et du grec *praxis* « action » ■ MÉD. Difficulté à effectuer des mouvements coordonnés, à se rendre compte de la situation de son propre corps dans l'espace, en l'absence de toute lésion organique (➤ **apraxie**). *« Devant son manque de coordination physique, certains parleraient aujourd'hui de dyspraxie »* M. DUGAIN.

— SPÉCIALT Chez l'enfant, Trouble du développement de la coordination (➤ **dyscalculie, dysgraphie, dyslexie, dysorthographie**). — adj. et n. **DYSPRAXIQUE.**

DYSPROSIUM [dispʀozjɔm] n. m. – 1886 ◇ grec *dusprositos* «difficile à atteindre» ■ CHIM. Élément atomique (Dy ; n° at. 66 ; m. at. 162,5), métal du groupe des terres rares d'éclat métallique analogue à celui de l'argent.

DYSTASIE [distazi] n. f. – 1938 ◇ de *dys-* et du grec *stasis* «action de se tenir debout» ■ MÉD. Difficulté à se tenir debout. ➤ **dystonie** (d'attitude).

DYSTOCIE [distɔsi] n. f. – 1864 ; *dystokie* 1803 ◇ grec *dustokia*, de *tokos* «enfantement» ■ MÉD. Accouchement laborieux, pénible. *Dystocie par anomalie de contraction, de dilatation. Dystocie cervicale.* — adj. **DYSTOCIQUE,** 1845. ■ CONTR. Eutocie.

DYSTOMIE [distɔmi] n. f. – 1931 ◇ de *dy(s)-* et du grec *stoma* «bouche» ■ MÉD. Nom générique des différents troubles de la prononciation (zézaiement, chuintement, etc.). ➤ **blésité, dysphonie.**

DYSTONIE [distɔni] n. f. – 1843 ◇ de *dys-* et du grec *tonos* → tonus ■ MÉD. Perturbation du tonus musculaire ou du tonus nerveux. ➤ **atonie, dyskinésie, hypertonie, hypotonie.** *Dystonie cervicale* : torticolis spasmodique. *Dystonie laryngée.* — *Dystonie neurovégétative* : altération fonctionnelle des systèmes vague et sympathique dans le sens de l'hypertonie ou de l'hypotonie (➤ **sympathicotonie, vagotonie**). — adj. **DYSTONIQUE.**

DYSTOPIE [distɔpi] n. f. – 1975 ; autre sens XIXᵉ ◇ anglais *dystopia* (1868), de *dys-* et *(u)topia* → utopie ■ DIDACT. (LITTÉR.) Récit de fiction qui décrit un monde utopique sombre. 1984, *de George Orwell, est une dystopie.* — adj. **DYSTOPIQUE** (1972).

DYSTROPHIE [distʀɔfi] n. f. – 1800 ◇ de *dys-* et grec *trophê* «nourriture» ■ MÉD. ■ **1** Trouble de la nutrition d'un organe ou d'une partie du corps. *Dystrophie alimentaire.* ■ **2** Anomalie de développement ou dégénérescence d'un organe ou d'une structure anatomique. *Dystrophie de la cornée. Dystrophie musculaire progressive.* ➤ **myopathie.** — adj. **DYSTROPHIQUE** (1824).

DYSTROPHISATION [distʀɔfizasjɔ̃] n. f. – 1974 ◇ de *eutrophisation*, avec changement de préfixe → dys- ■ ÉCOL. Développement excessif des phanérogames et du phytoplancton dans les eaux polluées par des sels minéraux, entraînant la mort des organismes supérieurs.

DYSURIE [dizyʀi] n. f. – 1560 ; *dissurie* XIVᵉ ◇ grec *dusouria*, de *ouron* «urine» ■ MÉD. Difficulté de la miction. — adj. et n. (1864) **DYSURIQUE.**

DYTIQUE [ditik] n. m. – 1764 ◇ grec *dutikos* «plongeur» ■ Insecte coléoptère vivant dans l'eau *(dyticidés)*, destructeur du frai, des alevins et même de petits poissons.

DZAQUILLON [dzakijɔ̃] n. m. – 1686 ◇ d'un représentant dialectal du latin *Jacobus*, suffixe *-illon* ■ Costume féminin traditionnel dans le canton de Fribourg, en Suisse.

E

1 **E** [ø] **n. m. inv.** ■ Cinquième lettre et deuxième voyelle de l'alphabet : *e majuscule* (E), *e minuscule* (e), *e accent aigu* (é), *e accent grave* (è), *e accent circonflexe* (ê), *e tréma* (ë) *(Noël, aiguë). Le e muet marque souvent le féminin à l'écrit (une jolie blonde). « L'e muet qui tantôt existe, tantôt ne se fait presque point sentir, s'il ne s'efface entièrement »* VALÉRY. — PRONONC. *La lettre e note : e caduc* [ə] *(petit, dessus, ressembler)* (➤ **schwa**), *e fermé* [e] *(essor, reddition), e ouvert* [ɛ] *(perdu) ; é note souvent* [e] *(été) mais parfois* [ɛ] *(céleri) ; è, ê notent souvent* [ɛ] *(bête, pièce) et ê note parfois* [e] *(bêtise). Digrammes, trigrammes comportant e : eu, œu,* qui notent [œ] *(seul, bœuf)* ou [ø] *(deux, nœud)* (REM. *eu* s'écrit *ue* après les lettres *c* et *g* dans les mots en [œj] : *cercueil, cueillir, orgueil*) ; *œ, æ,* qui notent le plus souvent [e] *(fœtus, nævus)* et *œ* note [œ] dans *œil ; eau* (➤ 1 **a**) ; *ei* (➤ 1 **i**) ; *ey* (➤ 1 **y**) ; *ea, ee,* qui notent [i] dans des emprunts *(leader, meeting) ; en-,* qui note [ɑ̃] dans les dérivés formés avec le préfixe *en* (var. *em-* devant *m*) *(enivrer, enneiger, emménager) ; -en* (➤ 1 **n**) ; *emm-,* qui note [em] dans *emmental* et [am] dans le mot *femme* et dans les adverbes formés sur les adjectifs en *-ent (prudemment, violemment) ; enn-,* qui note [an] dans *solennel ; en, aen, ein, ien, eun* (➤ 1 **n**). ■ **HOM.** Euh, eux, heu, œufs.

2 **E** abrév. et symboles ■ **1 E** [ɛkselɑ̃s] **n. f. inv.** Excellence. ■ **2 E.** [ɛst] **n. m. inv.** Est. ■ **3 E** [mi] **n. m. inv.** La note *mi,* dans la notation anglo-saxonne et germanique. ■ **4 E** [ø] **n. m. inv.** Note indiquant un niveau très insuffisant (dans un système de notation alphabétique). *Avoir un E en sciences.* ■ **5 e** [ø ; œ ; ə] **n. m. inv.** Base du logarithme népérien de valeur approchée 2,71828... *e est le nombre réel tel que log e = 1.* ■ **6 e** [e] **n. m. inv.** Électron. e^-. ➤ **positron.** ■ **7 E** [ø ; œ ; ə] Suivi d'un nombre de trois chiffres, désigne un additif alimentaire dans la classification européenne. *E 150 désigne le caramel.* ■ **8 E** [œ] (allemand *entgegen* « à l'opposé ») CHIM. Caractérise un stéréo-isomère dont les deux substituants sont situés sur deux carbones éthyléniques, à l'opposé l'un de l'autre (opposé à *Z*). *Le E-butène.*

E- [i] ■ Élément, de l'angl. *electronic* « électronique », entrant dans la composition de mots en rapport avec le réseau mondial : *e-commerce* (➤ **cyber-**), *e-réputation.* ➤ aussi **web-.**

É- ■ Élément, du préfixe latin *e(x)-,* marquant l'éloignement ou la privation, souvent aussi le changement d'état et l'achèvement (var. *ef-, es-*) : *éborgner, effeuiller, esseulé.* ➤ 1 **ex-.**

EAGLE [igœl] **n. m.** – 1935 ◇ mot anglais (1922), d'abord « aigle ». Voir *birdie* ■ Au golf, Trou réussi en deux coups de moins que le par (➤ aussi **albatros, birdie**).

E. A. O. [øao] **n. m.** – v. 1980 ◇ sigle ■ Abrév. de *enseignement assisté* par ordinateur.*

EARL GREY [œRlgRɛ] **n. m. inv.** – milieu XXe ◇ emprunté à l'anglais, du n. d'un diplomate, le comte *(earl) Grey* ■ Thé noir aromatisé à la bergamote. *Une tasse d'earl grey.*

EAU [o] **n. f.** – fin XIe ◇ du latin *aqua* (→ aqua-, aigue-marine), auquel remontent *aquarium* et *évier, aiguière, aquarelle* et *gouache*

I SUBSTANCE LIQUIDE A. DANS LA NATURE ■ **1** Liquide incolore, inodore, transparent et insipide lorsqu'il est pur (H_2O). ➤ POÉT. **onde ;** FAM. 3 **flotte ; aqua-, hydr(o)-.** *L'eau était considérée par les Anciens comme l'un des quatre éléments. L'eau et le feu.* LOC. VIEILLI *Être comme l'eau et le feu,* en opposition totale. *Analyse, synthèse de l'eau. L'eau gèle à 0 °C et bout à 100 °C. Eau à l'état liquide, solide* (glace), *gazeux* (vapeur). *Eau distillée*. Corps contenant de l'eau.* ➤ **aqueux ; hydrater.** *Corps sans eau.* ➤ **anhydre, déshydraté, lyophilisé.** — *Cours* d'eau. Chute d'eau. Eau douce :* eau des rivières, des lacs. *Poisson d'eau douce* (➤ **dulçaquicole ;** aussi **euryhalin).** *Marin* d'eau douce. Eau de mer, eau salée. Eau calcaire, eau dure*.* — *Eau courante. Eau(x) vive(s),* des cours d'eau à débit rapide (rivière, torrent). *Sports d'eaux vives. Eau stagnante, dormante.* PROV. *Il n'est pire eau que l'eau qui dort*. Flaque d'eau. Eau de pluie. Il est tombé beaucoup d'eau :* il a beaucoup plu. *Goutte d'eau. C'est la goutte d'eau qui fait déborder* le vase. Se ressembler comme deux gouttes* d'eau. C'est une goutte* d'eau dans la mer. Eau de source, de roche*.* — *Eau souterraine.* ➤ **nappe ; fontainier, sourcier.** *Eaux de ruissellement.* — *Prendre l'eau :* ne pas être imperméable (vêtement). *Chaussures qui prennent l'eau.* ■ **2** Ce liquide utilisé par l'être humain. *Eau potable. Un verre d'eau. Se noyer* dans un verre d'eau. Une tempête* dans un verre d'eau. Une menthe à l'eau. Eau gazeuse,* FAM. *eau qui pique. Eau plate. Eau du robinet. Pot à eau.* ➤ **broc, pichet.** *Verre à eau.* (1576) LOC. *Mettre de l'eau dans son vin :* modérer ses prétentions. *« Tu es trop fière, Lenoush. Tu devras apprendre à mettre de l'eau dans ton vin »* C. CUSSET. — *Faire de l'eau :* s'approvisionner en eau potable (navire). — *Faire bouillir de l'eau. Eau qui frémit. Légumes cuits à l'eau. Pommes de terre (cuites) à l'eau. Eau de cuisson.* — *Salle* d'eau. Se laver à grande eau, à l'eau froide, chaude. Rincer à l'eau froide. Eau de vaisselle ;* FIG mauvais café. ➤ **lavasse.** — AU PLUR. *Eaux industrielles, eaux usées. Eaux polluées. Eau(x) grise(s) :* eau usagée d'origine domestique, peu polluée. *Eaux noires :* eaux usées très polluées (toilettes). ➤ **eaux-vannes.** *Dégât des eaux.* — *Puiser de l'eau. Conduites d'eau.* ➤ **hydraulique.** *Compteur d'eau. Château d'eau. Pièce, jet d'eau. Moulin à eau. Canon* à eau.* — SPÉCIALT (1865) *Eau minérale, thermale. Une bouteille d'eau minérale.* AU PLUR. *Prendre les eaux, aller aux eaux :* faire une cure thermale. *Forges-les-Eaux. Une ville d'eaux.* — RELIG. *Eau bénite.* — **EAU LOURDE :** composé dans lequel l'hydrogène de l'eau est remplacé par du deutérium* (D_2O). ♦ LOC. *Il passera de l'eau sous les ponts*. Apporter de l'eau au moulin* de qqn. Un coup d'épée* dans l'eau. Il n'a pas inventé l'eau tiède* (ou *chaude*) : il n'est pas intelligent (cf. Il n'a pas inventé la poudre, le fil à couper le beurre). *Être, rester le bec* dans l'eau. Jeter le bébé* avec l'eau du bain. S'en aller en eau de boudin*. Vivre d'amour et d'eau fraîche,* sans se préoccuper des nécessités matérielles. *Compte* là-dessus et bois de l'eau.* FAM. *Il y a de l'eau dans le gaz*.* PROV. *Tant va la cruche* à l'eau... Chat* échaudé craint l'eau froide.* ▪ **3** Étendue ou masse plus ou moins considérable de ce liquide. *La surface, le fond de l'eau. Au fil de l'eau. Marcher au bord de l'eau. Pêcher* en eau trouble. Être comme un poisson dans l'eau. Nager sous l'eau,* sous la surface de l'eau. *Nage, natation en eau libre :* nage sportive pratiquée en milieu naturel (mer, lac, rivière...). *Tomber à l'eau ;* FIG. (sujet chose) être oublié, échouer. *Le projet est tombé à l'eau ; le projet est à l'eau* (cf. Tomber dans le lac*). *Jeter qqn à l'eau.* ➤ **baille.** *Se jeter à l'eau,* s'y plonger brusquement ; FIG. prendre soudainement une décision audacieuse. *Flotter, aller sur l'eau.* ➤ **nager, naviguer.** *Mettre un navire à l'eau,* le lancer. *Navire qui fait eau,* où se déclare une *voie* d'eau.* FIG. FAM. *Être sous l'eau, avoir la tête sous l'eau :* être débordé de travail, ne plus avoir une minute à soi ; ne pas s'en sortir financièrement. *Mes livres «leur maintenaient la tête sous l'eau, dans l'étang poisseux de la dépression, la vase verdâtre de la mélancolie»* O. ADAM. *Garder la tête hors de l'eau, sortir la tête de l'eau :* s'en sortir. *La vie «s'acharnait contre elle, précisément au moment où elle sortait enfin la tête de l'eau»* D. FOENKINOS. — Milieu naturel que constitue cette étendue. *Couleuvre, araignée d'eau.* ➤ **aquatique.** *Lentille d'eau.* ◆ AU PLUR. *Les Eaux et Forêts*. Moïse sauvé des eaux. Les basses eaux :* le niveau le plus bas d'un fleuve. *Les grandes eaux :* les jets d'eau et cascades d'un parc, dans toute leur force. *Les grandes eaux de Versailles.* PAR PLAIS. Larmes abondantes. *«Pas les grandes eaux. Juste deux grosses larmes qui roulent»* M. NDIAYE. *Les eaux d'un navire,* son sillage. LOC. *Naviguer, être dans les eaux de qqn,* le suivre, partager ses opinions, être de son parti. *Nager* entre deux eaux.* — *Eaux territoriales :* zone de mer s'étendant des côtes d'un pays jusqu'à une ligne considérée comme sa frontière maritime. *Les eaux internationales.* — LOC. FIG. *Dans ces eaux-là :* approximativement.

B. PRÉPARATION LIQUIDE ▪ **1** Solution aqueuse. *Eau de Seltz :* eau gazéifiée artificiellement au moyen d'un appareil spécial (➤ **siphon**). *Eau de Javel*. Eau blanche :* solution d'acétate de plomb employée comme émollient. *Eau seconde :* solution d'acide nitrique employée comme décapant. — *Eau oxygénée*. Eau régale*.* ◆ **n. f. pl.** (*eau-mère* 1795) *Eaux mères :* résidu d'une solution après cristallisation de la substance qui y était dissoute. ▪ **2** *Eau de... :* préparation à base d'alcool obtenue par distillation ou infusion de substances diverses. (1761) **EAU DE COLOGNE,** où entrent plusieurs huiles essentielles (bergamote, citron, néroli, girofle, etc.). *Une eau de Cologne fraîche. Eau de toilette. Eau de parfum,* de concentration intermédiaire entre l'eau de toilette et le parfum. *Eau de rose, de lavande.* ➤ **hydrolat.** — *Eau dentifrice. Eau de mélisse, de fleurs d'oranger.* — *À l'eau de rose*.*

II SÉCRÉTION LIQUIDE DU CORPS HUMAIN (fin XIIe) ▪ **1** Sueur. *Être (tout) en eau,* ruisselant de sueur (cf. En nage, en sueur). *Suer* sang et eau.* ▪ **2** Salive. *Avoir l'eau à la bouche*. Mettre l'eau à la bouche.* ➤ **allécher.** ▪ **3** Sérosité. *Cloque, ampoule pleine d'eau.* ▪ **4** (1611, au sing.) AU PLUR. Liquide amniotique. *Poche des eaux. Perdre les eaux. «Vous me prenez pour une folle, et vous avez raison. Je suis sa mère. J'ai perdu la raison en perdant les eaux»* R. JAUFFRET.

III TRANSPARENCE, PURETÉ (DES PIERRES PRÉCIEUSES) (1611) *«élever vers le jour des rubis pour en apprécier l'eau»* TOURNIER. *L'eau d'une perle,* qualité qui réunit son orient et son lustre. *Un diamant de la plus belle eau.* FIG. (1874) *De la plus belle eau :* remarquable (dans son genre). *Un escroc de la plus belle eau.* — *De la même eau :* du même genre.

▪ HOM. Au, aulx (ail), aux, haut, ô, oh, os.

EAU-DE-VIE [od(ə)vi] **n. f.** – XIVe ◇ latin des alchimistes *aqua vitæ* ▪ Liquide alcoolique consommable provenant de la distillation du jus fermenté des fruits *(eau-de-vie naturelle)* ou de la distillation de substances alimentaires (céréales, tubercules). ➤ **alcool ;** FAM. **gnole, 1 goutte,** POP. **rincette, schnaps.** *De vieilles eaux-de-vie. Eau-de-vie de vin.* ➤ **armagnac, cognac, fine.** *Eau-de-vie de marc.* ➤ **grappa, 2 marc.** *Eau-de-vie de cidre, de poiré.* ➤ **calvados.** *Eau-de-vie de canne à sucre.* ➤ **cachaça, rhum, tafia.** *Eau-de-vie de fruit.* ➤ **brou, framboise, kirsch, mirabelle, poire, prune, quetsche.** *Eau-de-vie de grain.* ➤ **aquavit, genièvre, gin, kummel, vodka, whisky.** *Eau-de-vie de riz.* ➤ **arak.** *Mauvaise eau-de-vie.* ➤ **casse-patte, tord-boyau.** *Un petit verre d'eau-de-vie. Cerises à l'eau-de-vie.*

EAU-FORTE [ofɔʀt] **n. f.** – 1543 ◇ latin des alchimistes *aqua fortis* ▪ **1** Acide nitrique étendu d'eau, dont les graveurs (➤ **aquafortiste**) se servent pour attaquer le cuivre, là où le vernis a été enlevé par la pointe. ▪ **2** PAR EXT. (1808) Genre de gravure utilisant ce procédé ; gravure ainsi obtenue. *Livre illustré d'eaux-fortes originales.*

EAUX-VANNES [ovan] **n. f. pl.** – 1872 ◇ de *eau* et *vanne* ▪ TECHN. Eaux usées provenant des fosses d'aisances, des bassins de vidange.

ÉBAHIR [ebaiʀ] **v. tr.** ‹2› – v. 1150 ◇ de *é-* et ancien français *baer,* var. de *bayer* ▪ Frapper d'un grand étonnement. ➤ **abasourdir, étonner*, stupéfier.** *Voilà une nouvelle qui m'ébahit.* ◆ PRONOM. S'étonner au plus haut point. *«S'ébahir d'être tour à tour populaire et impopulaire»* HUGO. ◆ **p. p. adj.** *«Je tombais des nues, j'étais ébahi»* ROUSSEAU. ➤ **ahuri,** FAM. **1 baba, ébaubi, 1 interdit, stupéfait*.**

ÉBAHISSEMENT [ebaismɑ̃] **n. m.** – XIIe ◇ de *ébahir* ▪ État d'une personne qui est ébahie ; étonnement extrême. *Manifester son ébahissement devant qqch. «Ils passèrent avec ébahissement devant les quadrupèdes empaillés»* FLAUBERT. ➤ **stupéfaction, surprise.**

ÉBARBAGE [ebaʀbaʒ] **n. m.** – 1845 ◇ de *ébarber* ▪ TECHN. Action d'ébarber. *Ébarbage d'une pièce brute* (à la lime, à la meule).

ÉBARBER [ebaʀbe] **v. tr.** ‹1› – 1438 ; «couper la barbe de» XIIe ◇ de *é-* et *1 barbe* ▪ **1** TECHN. Débarrasser des barbes, aspérités, bavures, etc. (l'orge, une surface ou pièce mécanique, des feuilles de papier, etc.). ➤ **limer, 1 rogner.** ▪ **2** Couper les barbes, les nageoires de (un poisson) avant la cuisson.

ÉBARBEUR [ebaʀbœʀ] **n. m.** et **ÉBARBEUSE** [ebaʀbøz] **n. f.** – *ébarbeuse* 1873 ◇ de *ébarber* ▪ TECHN. Machine à ébarber.

ÉBARBOIR [ebaʀbwaʀ] **n. m.** – 1755 ◇ de *ébarber* ▪ TECHN. Outil servant à ébarber le métal. ➤ **boësse, grattoir.**

ÉBARBURE [ebaʀbyʀ] **n. f.** – 1755 ◇ de *ébarber* ▪ TECHN. Partie enlevée par l'ébarbage.

ÉBATS [eba] **n. m. pl.** – XIIIe ◇ de *ébattre* ▪ Jeux, mouvements d'un être qui s'ébat. *«Des ébats de cygnes dans les claires eaux des viviers»* HUGO. *Enfants qui prennent leurs ébats sur la plage.* — *Ébats amoureux :* activités érotiques. *Dérangés dans leurs ébats.*

ÉBATTRE (S') [ebatʀ] **v. pron.** ‹41› – XIIe ◇ de *é-* et *battre* ▪ Se donner du mouvement pour se divertir, au gré de sa fantaisie. ➤ **batifoler, folâtrer, jouer.** *«Une troupe d'enfants s'ébattait aux alentours comme des poussins»* FROMENTIN.

ÉBAUBI, IE [ebobi] **adj.** – XIIIe ◇ var. de l'ancien français *abaubi,* p. p. de *abaubir* «rendre bègue», du latin *balbus* «bègue» ▪ VIEILLI Extrêmement étonné, et SPÉCIALT frappé d'une stupeur admirative. ➤ **ébahi, 1 interdit, stupéfait*.** *«Je suis tout ébaubie, et je tombe des nues»* MOLIÈRE.

ÉBAUCHAGE [eboʃaʒ] **n. m.** – début XVIe ◇ de *ébaucher* ▪ TECHN. La première des opérations tendant à façonner. ➤ **dégrossissage.**
▪ CONTR. Finition.

ÉBAUCHE [eboʃ] **n. f.** – 1643 ◇ de *ébaucher* ▪ **1** Première forme, encore imparfaite, que l'on donne à une œuvre plastique ou littéraire ; premier état de cette œuvre. ➤ **croquis, esquisse, essai, projet, rough** (cf. Premier jet*). *«Rien n'est plus attachant que ces ébauches du génie livré seul à ses études [...] il vous apprend par quels degrés [...] il est parvenu à la perfection»* CHATEAUBRIAND. *Œuvre à l'état d'ébauche.* ▪ **2** FIG. Brève manifestation inachevée. *Ébauche d'un mouvement, d'un sourire.* ➤ **amorce.**

ÉBAUCHER [eboʃe] **v. tr.** ‹1› – *esbauchier* XIVe ◇ de *é-* et de l'ancien français *balc, bauch* «poutre» → bau ▪ **1** Donner la première façon à (une matière). *Ébaucher une poutre, un bloc.* ➤ **dégrossir, épanneler.** *Ébaucher un diamant,* commencer à le tailler. ▪ **2** Donner la première forme à (un ouvrage). *Ébaucher une statue, un tableau.* ➤ **esquisser.** *«J'ébauchai mon* Traité de l'Harmonie*»* ROUSSEAU. ◆ Concevoir, préparer dans les grandes lignes. ➤ **dessiner.** *Ébaucher un plan, un projet.* **p. p. adj.** *«une idée, à peine ébauchée, apparaît dans la tête»* ROMAINS. PRONOM. *«Quelque noir projet de vengeance s'ébauchait dans sa cervelle»* GAUTIER. ▪ **3** FIG. Commencer sans exécuter jusqu'au bout. ➤ **amorcer, esquisser.** *«J'ai ébauché un salut gêné»* GIDE. PRONOM. Commencer timidement. *La détente s'ébauche entre les deux pays.* ▪ CONTR. Achever.

ÉBAUCHEUR [eboʃœʀ] **n. m.** – 1795 ◊ de *ébaucher* ▪ Ouvrier chargé d'ébaucher (1°), de dégrossir. *Ébaucheur de pierres, de verres.*

ÉBAUCHOIR [eboʃwaʀ] **n. m.** – 1680 ◊ de *ébaucher* ▪ Outil de sculpteur et de divers artisans, servant à ébaucher.

ÉBAUDIR [ebodiʀ] **v. tr.** ‹2› – 1080 ◊ de *é-* et de l'ancien français *bald, baud* «joyeux», d'origine francique ▪ VX Égayer, réjouir. — LITTÉR. PRONOM. *«La joie calme où s'ébaudissait mon âme»* BAUDELAIRE. — On rencontre aussi l'orthographe archaïque *s'esbaudir* : *«il ne put s'empêcher d'avoir un mot pour faire s'esbaudir les clients»* P. RAMBAUD.

ÉBAVURER [ebavyʀe] **v. tr.** ‹1› – 1904 ◊ de *é-* et *bavure* ▪ TECHN. Débarrasser des bavures (une pièce matricée, estampée).

ÉBÈNE [ebɛn] **n. f.** – *ebaine* XIIIe ; *ebenus* XIIe ◊ latin *ebenus*, grec *ebenos*, d'origine égyptienne ▪ Bois de l'ébénier, d'un noir foncé, d'un grain uni et d'une grande dureté, utilisé en tabletterie, marqueterie, brosserie, etc. *Coffret d'ébène. Bracelet en ébène.* PAR EXT. Bois dense et foncé d'autres arbres exotiques. — PAR COMPAR. *Noir comme l'ébène. Un noir d'ébène,* éclatant. *Des cheveux d'ébène,* d'un noir soutenu. ♦ FIG. (1833) *Bois d'ébène,* nom donné aux Noirs par les négriers. *Le commerce du bois d'ébène* : la traite des esclaves noirs. *«la chair noire bien compressée et secouée, cuite, le* bois d'ébène *[...] comme on disait, la chair de malheur transmuée pour quelques-uns en or pur»* P. MICHON.

ÉBÉNIER [ebenje] **n. m.** – 1680 ; *hebenier* 1661 ◊ de *ébène* ▪ Arbre tropical *(ébénacées)* qui fournit l'ébène. ➤ **plaqueminier.** *Faux ébénier.* ➤ **cytise, wengé.**

ÉBÉNISTE [ebenist] **n.** – 1676 ◊ de *ébène* ▪ Artisan spécialisé dans la fabrication des meubles de luxe (à l'origine en ébène et autres bois exotiques précieux) ou de caractère plus décoratif qu'utilitaire. ➤ **menuisier, marqueteur, tabletier.** *Les grands ébénistes du XVIIIe siècle. L'estampille d'un ébéniste. Meuble signé par un ébéniste.*

ÉBÉNISTERIE [ebenist(ə)ʀi] **n. f.** – 1732 ◊ de *ébéniste* ▪ Art, métier de l'ébéniste ; fabrication des meubles de luxe, ou décoratifs, exigeant une technique plus soignée que la menuiserie en meubles. ➤ **marqueterie, tabletterie.** *Bois d'ébénisterie* (acajou, citronnier, ébène, palissandre, etc.).

ÉBERLUÉ, ÉE [ebɛʀlɥe] **adj.** – XVIe ◊ de *éberluer*, de *berlue* ▪ Ébahi, stupéfait*. *Elle était complètement éberluée.*

ÉBISELER [ebizle] **v. tr.** ‹4 /5/› – 1408 *abiselee* ◊ de *é-* et *biseau* ▪ TECHN. Tailler en biseau. *Ébiseler une planche. Ébiseler un trou,* le rendre conique.

ÉBLOUIR [ebluiʀ] **v. tr.** ‹2› – v. 1165 ◊ latin populaire °*exblaudire*, du radical germanique *blauth-* «faible» ; cf. allemand *blöde* ▪ **1** Troubler (la vue, ou une personne dans sa vision) par un éclat insoutenable. ➤ **aveugler.** *Ses phares nous éblouissent.* ABSOLT *«les murs de la mosquée éblouissaient avec leur réverbération blanche»* LOTI. ♦ TECHNOL. Saturer (un récepteur) par un rayonnement intense. *Éblouir un radar pour nuire à son fonctionnement.* ▪ **2** FIG. VIEILLI Surprendre par un éclat trompeur, par qqch. de spécieux. ➤ 2 **fasciner, séduire, tromper.** *«Ce superbe appareil par lequel tu éblouis le vulgaire»* BOSSUET. ♦ (XIXe) MOD. Frapper d'admiration (la vue ou l'esprit), émerveiller. *«Nous fûmes éblouis [...] de la propreté hollandaise des planchers»* GAUTIER. *«Nous éblouirons nos compatriotes des récits de nos aventures merveilleuses»* JARRY (cf. FAM. En mettre plein la vue*). *«Ceux qui, pour vous éblouir, tentent de s'exprimer avec élégance»* ROMAINS. ➤ **impressionner ;** FAM. **épater.**

ÉBLOUISSANT, ANTE [ebluisɑ̃, ɑ̃t] **adj.** – 1470 ◊ p. prés. de *éblouir* ▪ **1** Qui éblouit. ➤ **aveuglant, éclatant.** *«Qu'elle est jolie, la ville de neige sous l'éblouissante lumière»* MAUPASSANT. *Neige éblouissante de blancheur.* ▪ **2** FIG. VX Qui trompe en séduisant. *«Un esprit éblouissant qui impose»* LA BRUYÈRE. ♦ MOD. D'une beauté merveilleuse, d'une qualité si brillante qu'elle étonne, impressionne. ➤ 1 **brillant*, fascinant, merveilleux.** *Un teint éblouissant. Une éblouissante beauté. «Cette créature éblouissante avait conscience d'orner le monde»* LARBAUD. *L'interprétation éblouissante d'un musicien, d'un comédien.* ▪ CONTR. Obscur ; 1 terne.

ÉBLOUISSEMENT [ebluismɑ̃] **n. m.** – v. 1450 ◊ de *éblouir* ▪ **1** État de la vue frappée par l'éclat trop brutal de la lumière. *Éblouissement causé par le soleil couchant.* ♦ PAR EXT. Trouble de la vue provoqué par quelque cause interne (faiblesse, congestion), ou externe (choc), et généralement accompagné de vertige. *Avoir un, des éblouissements.* ▪ **2** FIG. Émerveillement ; sujet d'émerveillement. *«Mais dès que je fus arrivé à la route, ce fut un éblouissement»* PROUST.

ÉBONITE [ebɔnit] **n. f.** – 1862 ◊ anglais *ebonite*, de *ebony* «ébène» ▪ Matière noire, dure et cassante, obtenue par vulcanisation du caoutchouc, et utilisée pour ses propriétés isolantes avant l'invention des matières plastiques organiques.

E-BOOK [ibuk] **n. m.** – 1998 ◊ mot anglais, de *e-* (→ e-) et *book* «livre» ▪ ANGLIC. ▪ **1** Livre* numérique (recomm. offic.). *Télécharger des e-books.* ▪ **2** Support de lecture d'un texte numérisé. ➤ **liseuse** (recomm. offic.).

ÉBORGNAGE [ebɔʀɲaʒ] **n. m.** – 1825 ◊ de *éborgner* ▪ AGRIC. Action d'éborgner (un arbre). ➤ **ébourgeonnage.**

ÉBORGNEMENT [ebɔʀɲəmɑ̃] **n. m.** – 1605 ◊ de *éborgner* ▪ Action d'éborgner (qqn) ; son résultat.

ÉBORGNER [ebɔʀɲe] **v. tr.** ‹1› – 1564 ◊ de *é-* et *borgne* ▪ **1** Rendre borgne. *«Il éborgna son valet du bout de son épée»* A. BERTRAND. PRONOM. *J'ai failli m'éborgner,* me crever un œil. ▪ **2** (1808) AGRIC. Débarrasser (un arbre fruitier) des yeux inutiles. ➤ **ébourgeonner.**

ÉBOUEUR, EUSE [ebwœʀ, øz] **n.** – 1858 ◊ de *ébouer*, de *é-* et *boue* ▪ Employé(e) chargé(e) du ramassage des ordures ménagères sur la voie publique. ➤ 2 **boueux ;** RÉGION. **ordurier, vidangeur.**

ÉBOUILLANTER [ebujɑ̃te] **v. tr.** ‹1› – 1836 ◊ de *é-* et *bouillant* ▪ Passer à l'eau bouillante. *Ébouillanter une théière. Ébouillanter des légumes.* ➤ **blanchir, échauder.** — **n. m. ÉBOUILLANTAGE,** 1876. ♦ PRONOM. Se brûler avec de l'eau bouillante. *Elle s'est gravement ébouillantée.*

ÉBOULEMENT [ebulmɑ̃] **n. m.** – 1547 ◊ de *ébouler* ▪ Chute de terre, rochers, matériaux, constructions qui s'éboulent. ➤ **affaissement, écroulement, effondrement.** *Éboulement de terrain, de falaise. «la galerie s'effondrait derrière son dos... C'est un éboulement... Vite ! vite !»* ZOLA. ♦ Amas de terre ou matériaux éboulés. ➤ **éboulis.** *Route bloquée par des éboulements rocheux.*

ÉBOULER [ebule] **v.** ‹1› – 1283 ; *esboeler* «éventrer» XIIe ◊ de *é-* et de l'ancien français *boel, boiel* → boyau ▪ **1 v. tr.** RARE Faire tomber par désagrégation, affaissement. ▪ **2 v. intr.** Tomber par morceaux, en s'affaissant. ➤ **crouler.** *«Il y a une gerçure. J'ai peur que ça n'éboule»* ZOLA. ▪ **3 S'ÉBOULER v. pron.** ➤ **s'affaisser, s'écrouler, s'effondrer.** *La falaise s'éboule.* ▪ CONTR. Redresser.

ÉBOULIS [ebuli] **n. m.** – 1701 ◊ de *ébouler* ▪ Amas lentement constitué de matériaux éboulés. ➤ **éboulement.**

ÉBOURGEONNAGE [ebuʀʒɔnaʒ] **n. m.** – 1606 ◊ de *ébourgeonner* ▪ AGRIC. Action d'ébourgeonner. ➤ **éborgnage.** — On dit aussi **ÉBOURGEONNEMENT,** 1551.

ÉBOURGEONNER [ebuʀʒɔne] **v. tr.** ‹1› – 1486 ◊ de *é-* et *bourgeon* ▪ AGRIC. Débarrasser (un arbre fruitier, la vigne) des bourgeons superflus. ➤ **éborgner, épamprer.**

ÉBOURIFFAGE [ebuʀifaʒ] **n. m.** – fin XIXe ◊ de *ébouriffer* ▪ Action d'ébouriffer ; son résultat. — PAR ANAL. *«l'ébouriffage des œillets dans le vase»* PROUST.

ÉBOURIFFANT, ANTE [ebuʀifɑ̃, ɑ̃t] **adj.** – 1838 ◊ de *ébouriffer* ▪ FAM. Qui surprend, paraît extraordinaire au point de choquer. ➤ **invraisemblable, renversant, stupéfiant.** *Une performance ébouriffante.*

ÉBOURIFFÉ, ÉE [ebuʀife] **adj.** – 1671 ◊ probablt provençal *esbourrifa*, de *bourro*, latin *burra* → 1 bourre ▪ Dont les cheveux sont relevés et en désordre. ➤ **échevelé, hirsute.** — PAR ANAL. Hérissé. *«Comme un panache ébouriffé»* LOTI. ▪ CONTR. Coiffé.

ÉBOURIFFER [ebuʀife] **v. tr.** ‹1› – milieu XVIIIe fig. ◊ de *ébouriffé* ▪ **1** Relever en désordre (les cheveux). ➤ **écheveler, hérisser.** ▪ **2** FIG. et FAM. Surprendre au point de choquer. ➤ **ahurir.**

ÉBOURRER [ebuʀe] **v. tr.** ‹1› – XIIIe ◊ de *é-* et 1 *bourre* ▪ TECHN. Dépouiller (une peau) de sa bourre. ➤ **débourrer.**

ÉBOUTER [ebute] **v. tr.** ‹1› – XVIe ◊ de *é-* et *bout* ▪ Raccourcir en coupant le bout. *Ébouter un bâton. — Ébouter les haricots verts.*

ÉBRANCHAGE [ebʀɑ̃ʃaʒ] **n. m.** – 1700 ◊ de *ébrancher* ▪ Action d'ébrancher (un arbre), et AGRIC. de couper les branches basses afin de faire croître l'arbre en hauteur. ➤ **élagage, émondage.** — On dit aussi **ÉBRANCHEMENT,** 1600.

ÉBRANCHER [ebʀɑ̃ʃe] v. tr. ‹1› – 1197 ◊ de *é-* et *branche* ▪ Dépouiller (un arbre) de tout ou partie de ses branches. ➤ **élaguer, émonder, tailler.** *« deux rangs de vieux saules qu'on avait souvent ébranchés »* ROUSSEAU.

ÉBRANCHOIR [ebʀɑ̃ʃwaʀ] n. m. – 1823 ◊ de *ébrancher* ▪ AGRIC. Serpe à long manche, servant à ébrancher les arbres.

ÉBRANLEMENT [ebʀɑ̃lmɑ̃] n. m. – 1503 ◊ de *ébranler* ▪ **1** Oscillation ou vibration produite par un choc ou une secousse. ➤ **commotion, tremblement.** *Il « crispa ses deux poings sur les barreaux ; la secousse fut frénétique, l'ébranlement nul »* HUGO. ▪ **2** FIG. État chancelant, menace de ruine. *L'opposition croît à l'ébranlement du régime.* ➤ **déstabilisation.** ▪ **3** Choc* nerveux qui a des répercussions. *La mort de son père fut pour elle un terrible ébranlement.* ➤ **traumatisme.** ▪ CONTR. Immobilité, solidité.

ÉBRANLER [ebʀɑ̃le] v. tr. ‹1› – 1428 ◊ de *é-* et *branler* ▪ **1** Provoquer l'ébranlement de (qqch.), faire trembler, vibrer par un choc. ➤ **agiter, secouer.** *Détonation qui ébranle les vitres. « Quelquefois une charrette lourde passait, en ébranlant les pavés »* FLAUBERT. ◆ FIG. VIEILLI Remuer, exciter. *« Il ne faut pas tout dire à la vue, mais ébranler l'imagination »* ROUSSEAU. ▪ **2** Compromettre l'équilibre, la solidité de (une construction), à la suite d'un ébranlement. *Une bombe a ébranlé cet immeuble, mais il ne s'est pas écroulé.* ◆ FIG. Mettre en danger de crise ou de ruine en portant un coup efficace. ➤ **déstabiliser, 1 saper.** *Ébranler le pouvoir d'un régime, l'autorité de qqn. « Ce ne sont pas les philosophes qui ébranlent les empires »* DANTON. *« La confiance étant ébranlée, sinon détruite »* BAINVILLE. *Ce différend n'ébranla pas leur amitié. L'accident qui a ébranlé sa santé.* ➤ **compromettre.** ▪ **3** Rendre peu ferme, incertain (les opinions, le moral de qqn). ➤ RÉGION. **déforcer, défranchir.** *Rien n'ébranle sa volonté* (➤ **inébranlable**). *« La violence de l'attaque avait ébranlé ma conviction d'auteur »* CHATEAUBRIAND. ◆ (Compl. personne) Troubler, faire chanceler dans ses convictions. *« Françoise, convaincue ou du moins ébranlée »* PROUST. ➤ **affaiblir, entamer.** ▪ **4** PRONOM. Être mis en branle. *« Les cloches de Saint-Jacques s'ébranlaient pour les vêpres »* MARTIN DU GARD. ◆ Se mettre en marche, en mouvement. ➤ **démarrer.** *« Pesamment le cortège s'ébranla »* MARTIN DU GARD. ▪ CONTR. Arrêter, maintenir. Consolider. Confirmer.

ÉBRASEMENT [ebʀɑzmɑ̃] n. m. – 1694 ◊ de *ébraser* ▪ Percement (d'une baie) en ligne biaise ; proportion dans laquelle une ouverture est ébrasée. *L'ébrasement d'une fenêtre, d'un portail.*

ÉBRASER [ebʀɑze] v. tr. ‹1› – 1636 ◊ var. de *embraser* ▪ ARCHIT. Percer (une baie) en ligne biaise de manière à donner plus de jour ou plus de jeu à des battants.

ÉBRÉCHER [ebʀeʃe] v. tr. ‹6› – 1260 ◊ de *é-* et *brèche* ▪ **1** Endommager en faisant des brèches sur le bord. *« A-t-il donc ébréché le sabre de son père ? »* HUGO. — **p. p. adj.** *« Assiettes ébréchées, verres dépareillés »* FRANCE. *Dents ébréchées.* — PRONOM. *Couteau qui s'est ébréché.* ▪ **2** FIG. et FAM. Diminuer, entamer. ➤ **écorner.** *Sa fortune est bien ébréchée.*

ÉBRÉCHURE [ebʀeʃyʀ] n. f. – 1873 ◊ de *ébrécher* ▪ Partie ébréchée, petit morceau qui est parti du bord (d'un objet). *Les ébréchures d'une assiette.*

ÉBRIÉTÉ [ebʀijete] n. f. – v. 1330 ◊ latin *ebrietas*, de *ebrius* « ivre » ▪ Ivresse (surtout style admin.). *Conduite en état d'ébriété.*

ÉBRIQUER [ebʀike] v. tr. ‹1› – 1820 ◊ de *brique* région. « morceau, fragment » ▪ RÉGION. (Savoie, Jura ; Suisse) Casser, mettre en morceaux. *Les enfants ont ébriqué un carreau en jouant au ballon.*

ÉBROUEMENT [ebʀumɑ̃] n. m. – 1611 ◊ de *ébrouer* ▪ Expiration bruyante, sorte d'éternuement du cheval et de certains animaux. *« un ébrouement rauque et profond comme en ont les chevaux abattus »* GENEVOIX. ◆ PAR ANAL. *« Un dernier ébrouement d'ailes s'apaisa dans les arbres »* MAURIAC.

ÉBROUER (S') [ebʀue] v. pron. ‹1› – 1690 ; intr. 1564 ◊ probablt du même radical germanique que *brouet*, dialectal, « écume venant à la bouche des chevaux » ▪ **1** Souffler bruyamment en secouant la tête (chevaux). *« Des chevaux hennissaient et s'ébrouaient »* MAC ORLAN. ▪ **2** PAR ANAL. S'agiter, souffler en s'agitant, pour se nettoyer, se dégager, sortir d'un état d'engourdissement. *Le chien s'ébroue en sortant de l'eau.* (PERSONNES) *S'ébrouer sous la douche. Il « entra dans la turne en grognant, s'ébroua, secoua sa capote trempée »* DUHAMEL.

ÉBRUITEMENT [ebʀɥitmɑ̃] n. m. – v. 1840 ◊ de *ébruiter* ▪ Action d'ébruiter ; son résultat. *Il faut empêcher l'ébruitement de cette nouvelle.*

ÉBRUITER [ebʀɥite] v. tr. ‹1› – 1690 ; *ébruité* « qui fait parler de soi » 1583 ◊ de *é-* et *bruit* ▪ Divulguer sous forme de nouvelle confuse qui circule dans le public. *Ébruiter une nouvelle, une affaire.* — PRONOM. *« De cette affaire, jamais rien ne s'était ébruité »* CARCO. ➤ **transpirer.** ▪ CONTR. Cacher, étouffer.

ÉBULLIOMÉTRIE [ebyljɔmetʀi] n. f. – 1902 ◊ du latin *ebullire* « bouillir » et *-métrie* ▪ SC. Mesure des températures d'ébullition des corps à l'aide d'un *ébulliomètre* ou *ébullioscope*. ➤ **ébullioscopie.**

ÉBULLIOSCOPIE [ebyljɔskɔpi] n. f. – avant 1897 ◊ du latin *ebullire* « bouillir » et *-scopie* ▪ SC. ➤ **ébulliométrie.**

ÉBULLITION [ebylisjɔ̃] n. f. – 1314 ◊ bas latin *ebullitio* ▪ **1** État d'un liquide soumis à l'action de la chaleur, et dans lequel se forment des bulles de vapeur qui viennent crever à la surface. ➤ **bouillonnement.** *Amener un liquide à ébullition. Réduire un bouillon en prolongeant l'ébullition. Eau en ébullition,* qui bout. — PHYS. Phénomène accompagnant le passage à l'état gazeux d'un liquide porté à une température déterminée *(point d'ébullition)* sous une pression donnée. *La température d'ébullition varie avec la pression* (➤ **ébulliométrie**). ▪ **2** FIG. **EN ÉBULLITION :** dans un état de vive agitation, de surexcitation. ➤ **effervescence.** *« Diderot, une espèce de génie* [...] *en ébullition »* SAINTE-BEUVE. *Tout le quartier était en ébullition.* — *Il règne une certaine ébullition dans l'équipe. Ébullition sociale.* ➤ **agitation.**

ÉBURNÉ, ÉE [ebyʀne] adj. – 1520 ◊ latin *eburneus* « d'ivoire » ▪ DIDACT. Qui a la couleur, la consistance de l'ivoire. ANAT. *Substance éburnée :* la dentine. — MÉD. *Os éburné,* qui a pris l'aspect, la consistance de l'ivoire.

ÉBURNÉEN, ENNE [ebyʀneɛ̃, ɛn] adj. – 1845 ◊ du latin *eburneus* « d'ivoire » ▪ LITTÉR. Qui a l'apparence, la consistance de l'ivoire. *« La transparence éburnéenne* [...] *joue la chair à faire illusion »* GAUTIER.

ÉCACHER [ekaʃe] v. tr. ‹1› – v. 1165 ◊ de *é-* et de l'ancien français °*cacher* « presser, écraser » ; cf. *cachet* ▪ VX Aplatir, écraser. ◆ Déformer en pressant. *Écacher la pointe d'un couteau.*

ÉCAILLAGE [ekɑjaʒ] n. m. – 1755 ◊ de *écailler* ▪ **1** Action d'écailler (le poisson), ou d'ouvrir (les huîtres). ▪ **2** Fait de s'écailler. *L'écaillage d'une poterie, d'une peinture, d'une roche.*

ÉCAILLE [ekɑj] n. f. – 1256 *escaille* ◊ du germanique °*skalja* « tuile ; écaille » ▪ **1** Chacune des petites plaques juxtaposées ou imbriquées qui recouvrent la peau de certains poissons, de certains reptiles et les pattes de certains oiseaux (➤ **squamé, squamifère**). *Écailles des poissons, des reptiles.* ➤ **squame.** *Écailles doublées de plaques osseuses des crocodiles, des tortues, des tatous* (➤ **carapace**). *« Cet être brillant* [le poisson], *glissant, dans ses écailles d'argent »* MICHELET. ◆ Chacune des plaquettes microscopiques dont est faite la poussière* des ailes des papillons. ➤ **lépido-.** ◆ (1762) BOT. Chacune des petites lames coriaces imbriquées enveloppant certains organes (bourgeons, bulbes) de végétaux. *Écailles des bourgeons, du bulbe des lis, des cônes du sapin.* ◆ (1606 ◊ par anal.) Chacune des lamelles métalliques dont se composaient certaines armures. ◆ Motif ornemental en forme d'écaille de poisson. *Chapiteau à écailles.* ▪ **2** Parcelle se détachant d'une chose qui s'exfolie, se desquame. *« Le crépi, tombé par écailles comme les squames d'une peau malade »* GAUTIER. ➤ **écaillure.** — LITTÉR. (par allus. à saint Paul recouvrant la vue) *Les écailles lui sont tombées des yeux :* ses yeux se sont dessillés, il s'est rendu compte de son erreur. ▪ **3** VX Chacune des valves d'un mollusque bivalve. ➤ **coquille.** *Écailles de moules, d'huîtres.* ➤ **2 écailler.** ▪ **4** *De l'écaille :* matière qui recouvre la carapace des grandes tortues de mer (tortue franche, caret), utilisée dans la tabletterie et la confection d'objets divers. *« un peigne en écaille blonde d'une transparence rare »* LOTI. *Lunettes à monture d'écaille.* PAR EXT. Résine synthétique imitant cette matière. ➤ **bakélite.** — RELIURE *Veau écaille :* veau traité de manière à avoir l'aspect de l'écaille. ◆ Couleur noire mêlée de roux, chez les animaux. *Chats écaille et blanc.* — *Écaille de tortue :* couleur noire mêlée de roux et de blanc, chez certains chats femelles. *Chattes écaille de tortue.*

ÉCAILLÉ, ÉE [ekɑje] adj. – début XVIe ; *escalié* « qui a des écailles » v. 1256 ◊ de *s'écailler* ▪ Qui s'écaille. *Peinture écaillée. Vernis écaillé.*

1 **ÉCAILLER** [ekaje] v. tr. ⟨1⟩ – début XIIIe ◊ de *écaille* ▪ **1** Dépouiller de ses écailles (un poisson). *Écailler une dorade.* ▪ **2** (1690) *Écailler des huîtres,* les ouvrir. *Couteau à écailler.* ▪ **3** Faire tomber en écailles (ce qui recouvre une matière : enduit, vernis, peinture, etc.). PRONOM. Se détacher et tomber par écailles. *Vernis à ongles, peinture qui s'écaille.* ▪ **4** RARE Couvrir d'ornements en forme d'écailles. *Écailler un dôme.* — *«ponts écaillés de tuiles»* HUGO.

2 **ÉCAILLER, ÈRE** [ekaje, ɛʀ] n. – *escailiere* 1303 ◊ de *écaille* ▪ Personne qui ouvre et vend des huîtres, des fruits de mer. — VIEILLI *Maître écailler :* restaurateur qui se fait une spécialité des huîtres et fruits de mer.

ÉCAILLEUR [ekajœʀ] n. m. – 1955 ; «écailler» 1611 ◊ de 1*écailler* ▪ TECHN. ▪ **1** Instrument à lame dentée servant à écailler le poisson. ▪ **2** Appareil servant à diviser en écailles une matière fondue. *Écailleur pour vernis.*

ÉCAILLEUX, EUSE [ekajø, øz] adj. – *escailleus* v. 1290 ◊ de *écaille* ▪ **1** Qui a des écailles. *La peau écailleuse des serpents, des lézards.* ➤ **squameux.** *«Beaucoup de poissons écailleux ont des barbillons»* BERNARDIN DE SAINT-PIERRE. (1690) BOT. *Cône, bulbe écailleux.* ▪ **2** Susceptible de se détacher par écailles. *Ardoise écailleuse. «Des plaques de pustules écailleuses»* FLAUBERT.

ÉCAILLURE [ekajyʀ] n. f. – 1539 ◊ de *écaille* ▪ **1** Pellicule détachée d'une surface. *Les écaillures d'un crépi.* ➤ **écaille.** ▪ **2** (1605) ZOOL. Ensemble des écailles d'un reptile, d'un poisson. *Fine écaillure.*

ÉCALE [ekal] n. f. – 1361 ; «valve de coquillage» v. 1175 ◊ du francique °*skala* ▪ Enveloppe recouvrant la coque des noix, noisettes, amandes, châtaignes. ➤ **brou, écorce.** ◆ VX Gousse, cosse (pois, fèves, haricots).

ÉCALER [ekale] v. tr. ⟨1⟩ – 1549 ◊ de *écale* ▪ Dépouiller de l'écale. *Écaler des noix.* ➤ **décortiquer.** — PAR EXT. *Écaler des œufs durs,* les dépouiller de leur coquille.

ÉCALURE [ekalyʀ] n. f. – 1838 ◊ de *écale* ▪ TECHN. Pellicule dure de certaines graines. *Écalures de café.*

ÉCANG [ekɑ̃] n. m. – 1755 ◊ origine inconnue, p.-ê. du francique °*swang,* proprt «élan, mouvement» ▪ TECHN. Outil pour écanguer le lin, le chanvre.

ÉCANGUER [ekɑ̃ge] v. tr. ⟨1⟩ – 1755 ◊ de *écang* ▪ TECHN. Broyer (le chanvre, le lin) pour séparer de la partie ligneuse la matière textile.

ÉCARLATE [ekaʀlat] n. f. et adj. – avant 1174 ; «tissu précieux» 1168 ◊ latin médiéval *scarlata* «drap aux couleurs vives», du latin *sigillatus* «orné de petits motifs» (cf. *sigillé*), par le grec, l'arabe et le persan ▪ **1** Couleur d'un rouge éclatant obtenue par un colorant tiré de la cochenille. *Écarlate de Venise, des Gobelins.* ◆ VX Étoffe teinte de cette couleur. ▪ **2** adj. De cette couleur rouge. *Rubans écarlates. «L'étoffe écarlate sur laquelle le taureau se précipitait aveuglément»* GAUTIER. ◆ Rouge (de honte, de confusion). *À ces mots, il devient écarlate.* ➤ **cramoisi.**

ÉCARQUILLER [ekaʀkije] v. tr. ⟨1⟩ – 1530 p. p. adj. ◊ altération de *écartiller,* de 1*quart* → 1 écarter, écarteler ▪ Ouvrir démesurément (les yeux). *J'écarquillais les yeux pour mieux voir. «l'étonnement ou le désir de paraître étonnée écarquillait ses yeux»* PROUST. ▪ CONTR. Fermer.

1 **ÉCART** [ekaʀ] n. m. – 1274 ; «entaille, incision» v. 1200 ◊ de 1*écarter* ▪ **1** Distance qui sépare deux choses qu'on écarte ou qui s'écartent l'une de l'autre. ➤ **écartement, éloignement, intervalle.** *Écart des branches d'un compas. L'écart exigé de la main d'un pianiste* (intervalle de dixième). — **GRAND ÉCART :** position où les jambes forment un angle de 180°. *Grands écarts du french cancan. Faire le grand écart ;* FIG. faire l'impossible pour tenter de concilier deux choses opposées. ▪ **2** Différence entre deux grandeurs ou valeurs (dont l'une, en particulier, est une moyenne ou une grandeur de référence). *Écart entre le prix de revient et le prix de vente.* ➤ 2 **différentiel, fourchette, gap** (ANGLIC.), **variation.** *Écart entre les températures du jour et de la nuit* (➤ **amplitude**), *entre deux lectures d'un instrument de précision.* — MATH. *Écart angulaire de deux droites, deux vecteurs,* la mesure de l'angle non orienté qu'ils forment. — STATIST. *Écart type :* racine carrée de la variance*, que l'on calcule pour rendre compte de la dispersion des distributions dites normales. ➤ **erreur, variation.** ◆ LING. Fait de discours qui s'écarte de la norme. *Un écart stylistique.* ▪ **3** Action de s'écarter, de s'éloigner d'une direction ou d'une position. ➤ **embardée.** *Voiture qui fait un écart pour éviter un camion* (➤ **se déporter**). ◆ BALIST. Distance séparant le point de chute d'une trajectoire d'un point idéal dit «point moyen de tir». *Écart en direction, en portée.* ▪ **4** FIG. Action de s'écarter d'une règle morale, des convenances sociales, etc. *Des écarts de conduite, de langage. «Trop souvent un écart de jeunesse décide du sort de la vie»* ROUSSEAU. ➤ **erreur, faute.** — *Écart de régime.* ▪ **5** ADMIN. ou RÉGION. Lieu écarté ; hameau. *«les femmes des écarts perdus»* GENEVOIX. ▪ **6** loc. adv. (1450) **À L'ÉCART :** dans un endroit écarté, à une certaine distance (de la foule, d'un groupe). ➤ **loin** (cf. En retrait). *«Elle se tenait à l'écart modestement»* FLAUBERT. *«Elle s'assit à l'écart dans un jardin»* BAUDELAIRE. VIEILLI *Prendre, tirer qqn à l'écart* (cf. À part). MOD. *Tenir qqn à l'écart,* ne pas le faire participer, ne pas le tenir au courant. *Mettre qqn à l'écart.* ➤ RÉGION. **tabletter** (cf. FAM. Mettre au placard*). loc. prép. **À L'ÉCART DE :** loin de, à une certaine distance de. *Se tenir à l'écart d'un groupe,* à distance. FIG. *Se tenir, rester à l'écart de l'agitation politique,* ne pas s'en mêler. ▪ CONTR. Rapprochement. Concordance.

2 **ÉCART** [ekaʀ] n. m. – 1606 ◊ de 2*écarter* ▪ CARTES Action d'écarter ; les cartes écartées par un joueur.

1 **ÉCARTÉ** [ekaʀte] n. m. – 1810 ◊ de 2*écarter* ▪ Jeu de cartes où chaque joueur peut, si l'adversaire l'accorde, écarter les cartes qui ne lui conviennent pas et en recevoir de nouvelles.

2 **ÉCARTÉ, ÉE** [ekaʀte] adj. – XVIe ◊ p. p. de 1*écarter* ▪ **1** Assez éloigné des centres, des lieux de passage. ➤ **isolé.** *Chemin, endroit écarté.* ▪ **2** Sensiblement distants l'un de l'autre. *Il a les yeux écartés.*

ÉCARTELÉ, ÉE [ekaʀtəle] adj. – XIVe ◊ p. p. de *écarteler* ▪ BLAS. *Écu écartelé,* partagé en quatre quartiers égaux. *Écartelé de gueules et d'or.* — COUR. ➤ **écarteler.**

ÉCARTÈLEMENT [ekaʀtɛlmɑ̃] n. m. – 1565 ◊ de *écarteler* ▪ **1** Supplice consistant à écarteler (un condamné). *L'écartèlement de Ravaillac.* ▪ **2** FIG. État d'une personne écartelée, tiraillée par des forces, des influences opposées. *Un pénible écartèlement entre ses goûts et son idéologie.* ➤ **tiraillement.**

ÉCARTELER [ekaʀtəle] v. tr. ⟨5⟩ – v. 1165 ◊ altération de l'ancien français *esquarterer* «mettre en quartiers», de *quartier ;* cf. *esquinter* ▪ **1** Déchirer en quatre (un condamné) en faisant tirer ses membres par quatre chevaux. *Ravaillac fut écartelé.* — PAR EXAGÉR. *Le «malade, que deux infirmières, de chaque côté du lit, tenaient écartelé»* CAMUS. ▪ **2** FIG. (surtout au passif et au p. p.) Tirailler. *«J'étais partagé et comme écartelé entre des forces contraires»* RENAN.

ÉCARTEMENT [ekaʀtəmɑ̃] n. m. – 1284 ◊ de 1*écarter* ▪ **1** (1491) Action d'écarter (une chose d'une autre) ; fait de s'écarter (l'un de l'autre). ➤ **séparation.** *Écartement des bras, des jambes. «Dans un écartement de nuages»* HUGO. ▪ **2** (1557) Espace qui sépare une chose d'une ou plusieurs autres. ➤ 1 **écart, distance.** *Écartement des essieux, des roues d'un véhicule.* ➤ **empattement.** *Regarder dans l'écartement des rideaux. «Dans les tableaux italiens, l'écartement des yeux dans les têtes, marque l'âge de la peinture»* GONCOURT. ▪ CONTR. Rapprochement.

1 **ÉCARTER** [ekaʀte] v. tr. ⟨1⟩ – XIIIe «s'éloigner de» ◊ latin populaire °*exquartare,* de *quartus* → 1 quart ▪ **1** (XVIe) Mettre (plusieurs choses ou plusieurs parties d'une chose) à quelque distance les unes des autres. ➤ **disjoindre, séparer.** *«Elle alla vers la fenêtre et d'un seul coup écarta les rideaux»* GREEN. ➤ **ouvrir.** *Écarter les doigts. «Écartant lentement les bras et les jambes»* CAMUS. — Séparer (en deux groupes), fendre. *Écarter la foule pour passer.* ▪ **2** Mettre à une certaine distance d'une chose, d'une personne. ➤ **éloigner.** *Écarter une table du mur.* — ABSOLT Repousser, chasser. *«D'une bourrade le chef l'écarta»* COURTELINE. *«Un éventail d'une main et un petit balai de l'autre, tâchant d'écarter les insectes importuns»* GAUTIER. ◆ FIG. Éloigner (de qqn). *Écarter un danger, tout risque d'attentat. «Madame Ingres écarta de son mari toutes les petites misères»* GAUTIER. — Éloigner (de soi), ne pas tenir compte de. *Écarter toute idée préconçue.* ➤ **rejeter.** p. p. adj. *Hypothèse écartée.* — Exclure, mettre à l'écart. *On l'a écarté de la liste, de l'équipe.* ➤ **éliminer.** *Écarter les dissidents d'un parti politique.* ➤ **ostraciser.** *Candidat écarté du pouvoir.* ➤ RÉGION. **tabletter.** ▪ **3** Éloigner d'une direction. *Prenez ce chemin, cela ne vous écartera pas beaucoup.* ➤ **détourner, dévier.** FIG. *«Un peu de philosophie écarte de la religion»* RIVAROL. ◆ SPÉCIALT (TAUROM.) Provoquer (le taureau) et l'éviter au dernier moment (➤ **écarteur**). ▪ **4** PRONOM. S'ouvrir, se disperser. *Les nuages s'écartent et laissent voir un peu de bleu. Écartez-vous, laissez*

respirer le blessé ! ♦ S'éloigner (d'un lieu, d'une direction). *Ce n'est pas le bon chemin, nous nous en écartons.* ♦ FIG. Se détourner de, ne pas suivre (une ligne). *« L'art existe à la minute où l'artiste s'écarte de la nature »* COCTEAU. *« Tout ce qui s'écarte d'un certain modèle est rejeté »* TAINE. ■ **5** (ancien français *escarter*) **(Canada)** Égarer. *Écarter un livre, un stylo.* PRONOM. S'égarer. *S'écarter dans la forêt, dans une ville inconnue.* ■ CONTR. Rapprocher, réunir. Garder.

2 **ÉCARTER** [ekaʀte] **v. tr.** ‹ 1 › – 1611 ◊ de *carte*, p.-ê. d'après l'italien *scartare* ■ Rejeter de son jeu (une ou plusieurs cartes qui seront remplacées à la donne suivante). ➤ 1 **écarté.**

ÉCARTEUR [ekaʀtœʀ] **n. m.** – 1841 ◊ de *écarter* ■ **1** TAUROM. Dans les courses landaises, Homme qui provoque la bête et l'évite au dernier moment en faisant un écart. ■ **2** (1877 adj.) CHIR. Instrument de chirurgie servant à écarter les lèvres d'une plaie, les parois d'une cavité, des plans musculaires, des os. ➤ **releveur.**

ECBALLIUM [ɛkbaljɔm] **n. m.** – 1844 ; *ecballion* 1838 ◊ latin des botanistes, du grec *ekballein* « lancer au dehors » ■ Plante du Midi vivace et rampante *(cucurbitacées)*, appelée aussi *cornichon sauvage*, aux fleurs jaunes, dont les fruits éclatent à maturité en projetant les graines.

E. C. B. U. [øsebey] **n. m.** – 1977 ◊ sigle ■ MÉD. Examen cytobactériologique* des urines.

ECCE HOMO [ɛksɛɔmo] **n. m. inv.** – 1690 ◊ mots latins « voici l'homme », prononcés par Ponce Pilate en présentant au peuple juif le Christ couronné d'épines ■ ARTS Tableau, dessin, sculpture représentant Jésus-Christ portant la couronne d'épines. *Les ecce homo du Titien.*

ECCÉITÉ [ɛkseite] **n. f.** – 1599 ◊ latin scolastique *ecceitas*, de *ecce* « voici » ■ SCOLAST. Principe qui fait qu'une essence est rendue individuelle. ♦ (allemand *Dasein*) PHILOS. Dans l'existentialisme, Caractère de ce qui se trouve ici ou là.

ECCHYMOSE [ekimoz] **n. f.** – 1540 ◊ grec *egkhumôsis* ■ Tache (noire, brune, jaunâtre) produite par diffusion de sang dans le tissu sous-cutané. *Ecchymose accidentelle* (➤ **bleu, contusion, hématome**), *en rapport avec un trouble de la coagulation* (➤ **purpura**). *« Il y avait des ecchymoses autour du cou de Clara. Il avait dû l'étrangler »* MARTIN DU GARD. — **adj. ECCHYMOTIQUE** [ekimɔtik], 1858.

ECCLÉSIAL, IALE, IAUX [eklezjal, jo] **adj.** – v. 1175, repris 1838 ◊ du latin médiéval *ecclesialis* « relatif à une église », du latin classique *ecclesia* ■ DIDACT. Qui concerne l'Église, entendue comme communauté. *« ses débats avec sa chair, son respect humain, son éloignement des pratiques ecclésiales »* HUYSMANS.

ECCLÉSIASTIQUE [eklezjastik] **adj.** et **n. m.** – 1324 ◊ latin ecclésiastique *ecclesiasticus*, grec *ekklêsiastikos* ■ **1** Relatif, propre à une église, et SPÉCIALT à l'Église catholique et à son clergé. *L'état, la vie ecclésiastique. L'habit ecclésiastique. « Deux tribunaux s'organisèrent, l'un ecclésiastique* [...] *l'autre civil »* HUYSMANS. *Ordres ecclésiastiques.* ➤ **religieux.** *Les dignitaires ecclésiastiques.* ➤ **prélat.** *Bénéfice, revenu ecclésiastique. Divisions ecclésiastiques.* ➤ **diocèse, paroisse.** ■ **2 n. m.** (1507) Membre du clergé. ➤ **ministre, pasteur, prêtre, religieux.** *Réunion d'ecclésiastiques.* ■ CONTR. Civil, laïque.

ECDYSONE [ɛkdizɔn ; ɛkdizon] **n. f.** – 1955 ◊ allemand *Ecdyson*, de *Ecdysis* « mue », grec *ekdusis* « action de se dépouiller » ■ BIOCHIM. Hormone stéroïde produite par les glandes du prothorax des insectes, qui stimule la mue des larves.

ÉCERVELÉ, ÉE [esɛʀvəle] **adj.** et **n.** – XIIIe ◊ de *é-* et *cervelle* ■ Qui est sans cervelle, sans jugement. ➤ **étourdi, évaporé, foufou, irréfléchi, tout-fou.** *Un gamin écervelé.* ♦ **n.** *Un écervelé.* ➤ **hurluberlu** (cf. Tête de linotte*). *Les bêtises d'une jeune écervelée.*

ÉCHAFAUD [eʃafo] **n. m.** – v. 1170 ◊ altération, d'après *échelle*, de l'ancien français *chafaud*, d'un latin populaire °*catafalicum*, du grec *catasta* « estrade où l'on exposait les esclaves en vente » → catafalque ■ **1** VX Plateforme, estrade sur une charpente de tréteaux. ♦ VX ou RÉGION. **(Canada)** Échafaudage. ■ **2** (XVe) Estrade en charpente destinée à l'exécution publique des condamnés par la roue, la décapitation (hache ou guillotine*) (cf. Les bois* de justice). *Monter à l'échafaud. Finir sur l'échafaud. « L'échafaud est une sorte de monstre fabriqué par le juge et par le charpentier »* HUGO. ♦ PAR EXT. Peine de mort par décapitation. *Il risque l'échafaud.*

ÉCHAFAUDAGE [eʃafodaʒ] **n. m.** – 1517 ◊ de *échafauder* ■ **1** Construction temporaire, essentiellement constituée de passerelles ou de plateformes soutenues par une charpente (boulins, écoperches, etc.), destinée à conduire le personnel et le matériel en tous points d'un bâtiment à édifier ou à réparer. *Échafaudages de maçons, de couvreurs. Échafaudage de bois, de tubes métalliques. Dresser un échafaudage contre une façade pour la ravaler.* ■ **2** PAR EXT. (avant 1791) Assemblage de choses posées les unes sur les autres. ➤ **pyramide.** *Un échafaudage de livres. « elle porte sur la tête un savant échafaudage de faux cheveux, de coussins et de nœuds »* TAINE. ♦ (avant 1752) FIG. Assemblage complexe et peu solide. *Gringoire « voyait s'écrouler pièce à pièce tout son échafaudage de gloire et de poésie ! »* HUGO. ■ **3** Édification progressive. *L'échafaudage d'un système.*

ÉCHAFAUDER [eʃafode] **v.** ‹ 1 › – v. 1260 ◊ de *échafaud* ■ **1 v. intr.** TECHN. Dresser un échafaudage. *Les maçons ont commencé à échafauder.* ■ **2 v. tr.** (XVe) VX Dresser en échafaudage. ♦ FIG. (XVIIIe) MOD. Construire* par des combinaisons hâtives et fragiles. *Échafauder une théorie, un système, des hypothèses. « Pour échafauder son mensonge »* PROUST.

ÉCHALAS [eʃalɑ] **n. m.** – *eschalaz* 1215 ◊ altération, d'après *échelle*, de °*charas*, latin populaire °*caracium*, grec *kharax* « roseau » ■ **1** Pieu en bois que l'on enfonce dans le sol au pied d'un arbuste, d'un cep de vigne pour le soutenir. ➤ **paisseau.** *« les vignobles roannais dont les échalas ressemblent à contre-jour à une armée de noirs squelettes »* TOURNIER. — PAR COMPAR. *Il est sec, raide comme un échalas. « Ses jambes en échalas »* BALZAC. ■ **2** FIG. (1690) FAM. PÉJ. *Un grand échalas* : une personne grande et maigre. ➤ 2 **perche.**

ÉCHALASSER [eʃalɑse] **v. tr.** ‹ 1 › – 1396 ◊ de *échalas* ■ AGRIC. Soutenir à l'aide d'échalas, de supports (la vigne, des arbres).

ÉCHALIER [eʃalje] **n. m.** – 1530 ; *eschalier* « escalier » v. 1180 ◊ du latin *scalarium* → escalier ■ Sorte d'échelle permettant de franchir une haie. ♦ Clôture mobile barrant l'entrée d'un champ.

ÉCHALOTE [eʃalɔt] **n. f.** – v. 1500 ; *escaluigne* v. 1140 ◊ altération du latin *ascalonia (cepa)* « (oignon) d'Ascalon » ■ **1** Plante potagère *(liliacées)*, variété d'ail dont les bulbes sont utilisés comme condiments. *Sauce à l'échalote. Onglet à l'échalote. « Des huîtres d'Ostende avec un petit ragoût d'échalotes découpées dans du vinaigre »* NERVAL. LOC. *La course à l'échalote*, compétition acharnée, surenchère. ■ **2** (1862) **(Canada)** Petit oignon vert. — LOC. *Être maigre comme une échalote*, très maigre.

ÉCHANCRÉ, ÉE [eʃɑ̃kʀe] **adj.** – XVIe ◊ de *échancrer* ■ Creusé en dedans (en forme de croissant ou de V). *Encolure échancrée. Corsage échancré.* ➤ **décolleté.** *Littoral profondément échancré.* ➤ **découpé.** *Feuilles échancrées.*

ÉCHANCRER [eʃɑ̃kʀe] **v. tr.** ‹ 1 › – 1546 ◊ de *é-* et *chancre* ■ Enlever en arrondi (une partie du bord), creuser un peu plus (une partie arrondie). ➤ **évider.** *Échancrer l'encolure* (➤ **décolleter**), *l'emmanchure d'une robe.*

ÉCHANCRURE [eʃɑ̃kʀyʀ] **n. f.** – 1546 ◊ de *échancrer* ■ Partie échancrée. ➤ **découpure.** *« Les seins s'offraient aux regards dans l'échancrure des corsages »* FLAUBERT. ➤ **décolleté.** *Les échancrures d'une côte.* ➤ **golfe.** ■ CONTR. Saillie.

ÉCHANGE [eʃɑ̃ʒ] **n. m.** – *escange* v. 1100 ◊ de *échanger* ■ **1** Opération par laquelle on échange (des biens, des personnes considérées comme des biens). *Faire un échange, l'échange de qqch. avec qqn. Proposer un échange à un collectionneur. Échange de territoires à l'occasion d'un traité de paix. Discuter d'un échange de prisonniers, d'otages.* — *Échange de pièces* : prise et perte de pièces équivalentes, aux échecs. — *Échange entre partenaires sexuels* (➤ **échangisme**). ♦ DR. Contrat par lequel les parties se donnent respectivement une chose pour une autre. ➤ **troc.** *Échange avec soulte*. Échange d'appartements. Échange standard**. ♦ (1748) Commerce, opération commerciale non monétaire. ➤ **compensation, troc.** *Monnaie d'échange. La valeur d'échange d'un bien. Échange de services* (➤ **accorderie**). *Les échanges internationaux. Le solde des échanges. Les termes de l'échange.* ➤ **libre-échange, protectionnisme.** ■ **2** (XVIIe ◊ par anal.) Communication réciproque (de documents, renseignements, etc.). *Échange de lettres, de notes diplomatiques.* ➤ **correspondance.** *Échange de politesses, de poignées de main. Échange de services, de bons procédés. Un échange de vues* plutôt qu'une conférence.* ♦ **(Surtout plur.)** Relations de communication entre individus. *La courtoisie* *des échanges entre les deux ministres.* ◆ INFORM. Transfert d'information dans un système numérique (➤ **interactivité**). ▪ **3** SPORT Le fait d'échanger des coups, des balles. *Échange décisif :* recomm. offic. pour *tie-break* (volley). SPÉCIALT *Échange de balles :* suite de balles échangées entre le service et la marque du point, au tennis. ▪ **4** (1865) BIOL. Transfert, circulation de fluides, de molécules, d'énergie, au cours du métabolisme. *Les échanges gazeux respiratoires. Les échanges cellulaires. «Il y a chez les êtres vivants un échange constant entre les gaz du milieu intérieur et les gaz du milieu extérieur»* C. BERNARD. ◆ SC. *Échange de chaleur, d'énergie, de matière, d'entropie entre deux systèmes thermodynamiques.* ▪ **5** loc. adv. **EN ÉCHANGE :** de manière qu'il y ait échange (cf. En contrepartie, en remplacement, en retour). *Donner une chose à qqn et en recevoir une autre en échange.* ◆ loc. prép. **EN ÉCHANGE DE :** pour compenser, remplacer, payer. ➤ **contre, moyennant** (cf. Pour prix de). *«Un magnifique tyran italien offrait au divin Arétin un manteau de cour, en échange d'un précieux sonnet»* BAUDELAIRE.

ÉCHANGEABLE [eʃɑ̃ʒabl] adj. – fin XVIe ◇ de *échanger* ▪ Susceptible d'être échangé. *Produits échangeables.*

ÉCHANGER [eʃɑ̃ʒe] v. tr. ‹3› – v. 1170 ◇ de *é-* et *changer* ▪ **1** Céder moyennant contrepartie. *Échanger une marchandise contre une autre* (➤ **troquer**), *contre de l'argent* (➤ **vendre**). *Cet article ne peut être ni repris ni échangé.* PRONOM. (PASS.) *«Les produits s'échangent contre les produits»* R. GONNARD. FIG. *«Tant de gens échangent volontiers l'honneur contre les honneurs»* A. KARR. ◆ (Sujet au plur.) Donner et recevoir (des choses équivalentes qui passent de l'un à l'autre). *Enfants qui échangent des billes, des timbres. Les mariés ont échangé leurs anneaux.* ▪ **2** PAR ANAL. Adresser et recevoir en retour. *Échanger un regard, un sourire avec qqn. Échanger des baisers.* ◆ (Sujet au plur.) Se faire des envois, des communications réciproques de (choses du même genre). *Les plénipotentiaires ont échangé leurs pouvoirs. Ils ont échangé des lettres.* ➤ **correspondre.** *Échanger ses impressions.* ➤ se **communiquer.** ▪ **3** ABSOLT Communiquer, discuter. *Se rencontrer pour échanger. Débattre et échanger sur un forum. «Ils échangeaient ensuite sur quelques questions en suspens»* M. DUGAIN.

ÉCHANGEUR [eʃɑ̃ʒœʀ] n. m. – 1292 ◇ de *échanger* ▪ **1** VX Échangiste (1°). ▪ **2** (1862) Appareil destiné à réchauffer ou refroidir un fluide, au moyen d'un autre fluide qui circule à une température différente. *Échangeur de chaleur, de température.* ▪ **3** (v. 1960) Intersection routière à plusieurs niveaux. *Échangeur autoroutier. Les bretelles d'un échangeur. «Autoroutes, échangeurs, toute la mise en scène cyclopéenne de la circulation moderne»* NOURISSIER. ▪ **4** *Échangeur d'ions :* substance solide porteuse d'un excès de charges électriques compensées par des ions qui s'échangent avec les ions provenant d'une solution.

ÉCHANGISME [eʃɑ̃ʒism] n. m. – après 1960 ◇ de *échange* ▪ Pratique consistant, pour deux ou plusieurs couples, à échanger des partenaires sexuels (➤ aussi FAM. **partouze**). *«Il y a quelques années, Rodolphe était fou d'échangisme»* SOLLERS.

ÉCHANGISTE [eʃɑ̃ʒist] n. et adj. – 1776 ◇ de *échange* ▪ **1** DR. Personne qui est partie dans un échange. ▪ **2** Personne qui pratique l'échangisme. *Des couples d'échangistes.* — adj. Relatif à l'échangisme. *Un club échangiste.*

ÉCHANSON [eʃɑ̃sɔ̃] n. m. – fin XIIe ◇ latin médiéval *scantio*, francique °*skankjo* ▪ ANCIENNT Officier d'une maison royale ou seigneuriale, dont la fonction était de servir à boire à la table du prince. ◆ PLAISANT Personne qui sert à boire.

ÉCHANTILLON [eʃɑ̃tijɔ̃] n. m. – 1260 ◇ altération de *eschandillon* (XIIIe), latin populaire °*scandaculum* «échelle», puis «jauge» ▪ **1** VX Étalon de mesure. (1636) MOD. Type réglementaire de certains matériaux de construction. *Bois d'échantillon. Brique, pavé d'échantillon.* — MAR. *Bâtiment de fort, de petit, de faible échantillon,* suivant la largeur et l'épaisseur des pièces de construction. ▪ **2** (1407) COUR. Petite quantité d'une marchandise qu'on montre pour donner une idée de l'ensemble. *Les échantillons d'une gamme de produits. Échantillons de vin, de café. Un cahier d'échantillons* (d'étoffe). *Une palette d'échantillons* (de peinture). ➤ **nuancier.** *Boîte, jeux d'échantillons à usage commercial.* ➤ **collection, présentoir.** *«Il étale ses échantillons, lentement, devant le client»* MAUROIS. *«Quel danger, quelle folie de choisir sur des échantillons»* SARRAUTE. ◆ Spécimen remarquable d'une espèce, d'un genre. ➤ **représentant.** *«Une très jolie servante, charmant échantillon de la beauté des femmes de Malaga»* GAUTIER. ◆ FIG. Aperçu. *«Je voulus lui donner un échantillon de mon talent»* ROUSSEAU. ➤ **exemple.** ▪ **3** SPÉCIALT (STATIST.) Fraction d'une population destinée à être étudiée par sondage. ➤ **panel.** ▪ **4** INFORM. Élément d'une suite discrète résultant de l'échantillonnage d'une grandeur analogique.

ÉCHANTILLONNAGE [eʃɑ̃tijɔnaʒ] n. m. – 1452 ◇ de *échantillonner* ▪ **1** VX Étalonnage. ◆ (1864) MOD. Action d'échantillonner. ▪ **2** Collection, ensemble d'échantillons. *Choisir dans un échantillonnage.* ◆ FIG. *«son armée, bel échantillonnage de têtes de jeu de massacre, depuis le Feldwebel au front de bœuf jusqu'à l'officier monoclé et corseté»* TOURNIER. ▪ **3** (1946) STATIST. Ensemble des opérations pour la détermination d'un échantillon, dans une enquête par sondage. *Échantillonnage au hasard*.* ▪ **4** INFORM. Transformation d'une fonction continue, correspondant à un signal analogique*, en fonction prenant des valeurs discrètes en vue d'un traitement numérique*, par prise d'échantillons à intervalles réguliers. ➤ **quantification.** *Fréquence, cadence d'échantillonnage.*

ÉCHANTILLONNER [eʃɑ̃tijɔne] v. tr. ‹1› – 1452 ◇ de *échantillon* ▪ **1** VX Étalonner. ◆ MOD. *Échantillonner des peaux,* en rogner les bords pour leur donner une forme régulière. ▪ **2** (1558) COMM. Prélever, choisir des échantillons de (tissus, produits, etc.). ▪ **3** STATIST. Choisir un échantillon représentatif de (une population) en vue de faire un sondage. ▪ **4** INFORM. Opérer l'échantillonnage de (un signal). *Échantillonner des sons.* ➤ **sampler.**

ÉCHANTILLONNEUR, EUSE [eʃɑ̃tijɔnœʀ, øz] n. – 1904 ◇ de *échantillonner* ▪ **1** Personne qui échantillonne. ▪ **2** n. m. INFORM. Dispositif réalisant l'échantillonnage d'une grandeur analogique. *Échantillonneur de sons.* ➤ **sampleur.**

ÉCHAPPATOIRE [eʃapatwaʀ] n. f. – 1475 ◇ de *échapper* ▪ Moyen détourné par lequel on cherche à se tirer d'embarras. ➤ **dérobade, excuse, faux-fuyant, fuite,** 2 **prétexte, subterfuge.** *Chercher une échappatoire à une requête, pour refuser. «Des questions si bien posées qu'il soit impossible de s'en défaire par des échappatoires»* CLAUDEL. *«Aucune échappatoire possible ; aucun moyen de s'en tirer»* GIDE.

ÉCHAPPÉ, ÉE [eʃape] n. – 1732 ◇ de *échapper* ▪ **1** VIEILLI Évadé. *Un échappé de Charenton :* un fou. ▪ **2** n. m. CHORÉGR. Mouvement où les deux pieds réunis s'écartent en même temps sur demi-pointes, pointes, ou en sautant.

ÉCHAPPÉE [eʃape] n. f. – XIIIe ◇ p. p. subst. de *échapper* ▪ **1** VX ➤ **escapade.** *«Dans mes échappées du dimanche, je me répandais dans la campagne avec des jeunes gens de mon âge»* ROUSSEAU. ◆ MOD. SPORT Action menée par un ou plusieurs coureurs cyclistes qui lâchent le peloton et tâchent de conserver leur avance. *Échappée d'un coureur qui se détache du peloton.* ▪ **2** Espace libre mais resserré (ouvert à la vue, à la lumière). *Une belle échappée sur la mer, la campagne.* ➤ **vue.** *«Par un étroit intervalle entre deux murs, il y avait une échappée de vue superbe»* STENDHAL. — PEINT. *Échappée de lumière :* lumière qui passe, qui filtre entre deux masses opaques. ▪ **3** FIG. et LITTÉR. Bref moment, court intervalle. *«Ce charmant poète qu'on ne retrouve que par échappées dans son œuvre»* LARBAUD. ▪ **4** Espace ménagé pour un passage. *Échappée d'une cour, d'un garage,* permettant aux voitures d'entrer et de sortir. ➤ **dégagement.** — TECHN. *Échappée d'un escalier :* espace compris entre les marches et le plafond.

ÉCHAPPEMENT [eʃapmɑ̃] n. m. – v. 1175, rare avant milieu XVIIIe ◇ de *échapper* ▪ **1** VX Action, moyen de s'échapper, de se tirer d'embarras. ➤ **échappatoire, fuite.** *«Tout autre échappement m'étant refusé»* GIDE. ▪ **2** (1717) MOD. Mécanisme régulateur, adapté au pendule ou au balancier, qui vient se placer à chaque oscillation entre les dents de la dernière roue qu'il libère («laisse échapper») une par une. *Horloge, montre à échappement. Échappement à recul, à ancre, à détente, à chevilles.* ▪ **3** (1845) Expulsion (de la vapeur, des gaz) ; dernière phase de la distribution et de la circulation de la vapeur dans les cylindres ; dernier temps du cycle d'un moteur pendant lequel s'effectue l'évacuation des gaz brûlés. *Les gaz d'échappement. Soupape, came d'échappement. Échappement libre,* par lequel les gaz sortent directement du moteur à l'air libre. *Tuyau, pot* d'échappement muni d'un silencieux.* ▪ CONTR. Admission.

ÉCHAPPER [eʃape] v. ‹1› – milieu XIIe, comme verbe pronominal ◇ du latin populaire *excappare* «sortir de la chape (en l'abandonnant à ses poursuivants)», famille de *cappa* «cape» → chape (1°)

II ~ v. intr. A. ÉCHAPPER À... : ne plus être pris. ▪ **1** Se tirer, sortir indemne de (un danger, un état fâcheux). *Échapper à un accident, à une rafle. Elle y a échappé.* ➤ **réchapper ; rescapé.** ◆ FIG. *Échapper à sa condition, à une influence. « Vous continuerez de voir le même horizon. Échappez donc à tout cela »* LOUŸS. ▪ **2** FIG. Ne pas pouvoir être retenu, conservé. *« Le temps m'échappe et fuit »* LAMARTINE. *Elle sentait que son fils lui échappait,* cessait de subir son influence. ➤ se **détacher.** *« Sa mémoire ne laissait rien échapper »* GREEN. *Son nom m'échappe,* ma mémoire ne peut le retrouver en ce moment. ▪ **3** (1559) Être émis, prononcé contre la volonté du sujet. *Laisser échapper un cri. Cela m'a échappé. Je regrette ces paroles qui me sont échappées.*

B. ÉCHAPPER À... : ne pas être pris. ▪ **1** (Sujet personne) Éviter (qqn, qqch. de menaçant qui peut atteindre). *Il a échappé à la police, à toutes les recherches. « Je le pourchasse, et je jure qu'il ne m'échappera pas »* GIDE. *« Kyo échappait à la peur par manque d'imagination »* MALRAUX. *Échapper à une corvée, à l'impôt.* ➤ se **dérober,** se **soustraire.** *Vous n'y échapperez pas, cette fois* (cf. Ne pas y couper*). *Difficile d'y échapper. « Le compositeur a échappé à cette vulgarité »* BAUDELAIRE. ➤ **éviter.** ▪ **2** (Sujet chose) N'être pas touché, contrôlé, compris par. *Tout ce qui échappe à notre vue. Ce détail m'avait échappé. Rien ne lui échappe :* il remarque tout. *Toute l'ironie du texte lui a échappé,* il n'y a pas été sensible. — IMPERS. *Il n'a échappé à personne que son nom n'a pas été prononcé.*

C. (milieu XIIe) **ÉCHAPPER DE...** Cesser d'être tenu, retenu. *Objet qui échappe des mains.* ➤ **glisser,** 1 **tomber.** *Laisser échapper un plat.* ➤ 1 **lâcher.**

II ~ v. tr. ▪ **1** (1640) LOC. *L'échapper belle :* échapper de justesse à un danger. *Ils l'ont échappé belle.* ▪ **2** RÉGION. (Lorraine, Franche-Comté, Centre, Sud-Est, Sud-Ouest ; Canada) Laisser (involontairement) tomber ou échapper ; ne plus pouvoir tenir. *« Il suivit leur regard et, de stupeur, il échappa son colis sur ses pieds »* LEMELIN. *Échapper un poisson. Échapper son cheval.*

III ~ v. pron. S'ÉCHAPPER ▪ **1** (milieu XIIe) (Sujet être animé) S'enfuir*, se sauver. *Elles se sont échappées à toutes jambes. L'oiseau s'est échappé de sa cage. Le prisonnier s'est échappé.* ➤ **s'évader.** *« Que saisir sinon qui s'échappe [...] »* BONNEFOY. ◆ S'en aller, sortir discrètement. *Elle s'est échappée pour aller téléphoner.* ➤ **s'éclipser, s'esquiver.** ◆ SPORT Faire une échappée. *Cycliste qui s'échappe.* ▪ **2** (Sujet chose) Sortir. *Eau, gaz qui s'échappe d'un tuyau. « Un flot de sang échappé de la bouche »* COCTEAU. *« Une note plaintive, une note bizarre s'échappa »* BAUDELAIRE. IMPERS. *« Il s'échappait de ces boîtes je ne sais quelle odeur fanée »* ALAIN-FOURNIER.

▪ CONTR. Entrer, rester.

ÉCHARDE [eʃaʀd] n. f. – début XIIIe ; *escherde* v. 1165 ◇ francique °*skarda* « éclat de bois » ▪ Petit fragment pointu d'un corps étranger (éclat de bois, épine) qui a pénétré sous la peau par accident. *Avoir une écharde dans le doigt.*

ÉCHARDONNER [eʃaʀdɔne] v. tr. ‹1› – v. 1223 ◇ de *é-* et *chardon* ▪ Débarrasser (un terrain) des chardons qui y poussent. — n. m. **ÉCHARDONNAGE,** 1838.

ÉCHARNER [eʃaʀne] v. tr. ‹1› – 1680 ; « décharné » début XIIIe au p. p. ◇ de *é-* et *charn,* ancienne forme de *chair* ▪ TECHN. Débarrasser (une peau) de la chair qui y adhère. ➤ **drayer.** — n. m. **ÉCHARNAGE** (1790) ou **ÉCHARNEMENT** (1845).

ÉCHARPE [eʃaʀp] n. f. – *escharpe* v. 1135 ◇ origine inconnue, du francique °*skirpa* « panier de jonc » ▪ **1** (1306) Large bande d'étoffe servant d'insigne, passée obliquement de l'épaule droite à la hanche gauche, ou nouée autour de la taille. *L'écharpe tricolore des maires, des députés.* ◆ (XVIe) Bandage passé pardessus une épaule, servant à soutenir l'avant-bras. *« Le bras bandé par le chirurgien et soutenu d'une écharpe »* GAUTIER. *Avoir, porter un bras en écharpe.* ◆ loc. adv. (1283) **EN ÉCHARPE :** VX en bandoulière. — MOD. De biais. ➤ **obliquement.** *La voiture « a été prise en écharpe par un camion »* AYMÉ. ARTILL. *Tir en écharpe* (ou *d'écharpe*). ◆ *Écharpe de portage :* longue bande de tissu que l'on noue pour porter un bébé contre soi. ▪ **2** (1666) Longue bande de tissu, de tricot qu'on porte généralement autour du cou ou qu'on jette sur les épaules. ➤ **cache-col, cache-nez, foulard.** *Mettre une écharpe de laine, de soie.* POÉT. *L'écharpe d'Iris :* l'arc-en-ciel. ▪ **3** (1755) TECHN. Pièce de menuiserie disposée en diagonale. — Cordage utilisé par les maçons pour monter les matériaux de construction.

ÉCHARPER [eʃaʀpe] v. tr. ‹1› – 1669 ; var. de *escharpir* (XIIIe) ◇ de l'ancien français *charpir* → charpie ▪ **1** Blesser* grièvement avec un instrument tranchant. ➤ **balafrer, mutiler.** *« Hommes que la guerre a lésés, écharpés »* COLETTE. ▪ **2** (avant 1755) Déchiqueter, tailler en pièces. *Se faire écharper.* ➤ **lyncher, massacrer.** — PRONOM. (RÉCIPR.) *Ils vont s'écharper.* ➤ **s'entretuer.** — FIG. *La critique l'a écharpé.* ➤ **éreinter.**

ÉCHASSE [eʃas] n. f. – *eschace* « béquille, jambe de bois » v. 1185 ◇ francique °*skakkja* ▪ **1** Chacun des deux longs bâtons munis d'un étrier sur lequel on pose le pied, permettant de se déplacer dans des terrains difficiles. *« Un berger monté sur ses échasses, marchant à pas de faucheux à travers les marécages et les sables »* GAUTIER. ◆ LOC. *Être monté sur des échasses :* avoir de longues jambes ; FIG. VIEILLI faire l'important, être guindé. *« L'homme ne deviendra point vraiment grand aussi longtemps qu'il se juchera sur des échasses »* GIDE. ▪ **2** ZOOL. *Échasse blanche :* oiseau migrateur *(charadriiformes),* à hautes pattes fines, au plumage blanc et noir. ➤ **échassier.**

ÉCHASSIER [eʃasje] n. m. – 1799 ◇ de *échasse* ▪ ZOOL. Oiseau carnivore des marais, à longues pattes fines. *Les hérons, cigognes, grues et outardes sont des échassiers. « sur ses longues jambes d'échassier »* LOTI. *« Elle serait restée comme un échassier debout sur une patte »* MARTIN DU GARD.

ÉCHAUDAGE [eʃodaʒ] n. m. – 1864 ◇ de *échauder* ▪ **1** Action de passer à l'eau chaude. ▪ **2** AGRIC. Accident qui frappe les céréales, les vignes et en flétrit les grains.

ÉCHAUDÉ, ÉE [eʃode] adj. et n. m. – 1776 ◇ de *échauder* ▪ **1** AGRIC. Flétri, desséché, noirci par un excès de chaleur, par le soleil. *Blé échaudé.* ▪ **2** COUR. ➤ **échauder.** — n. m. (1260) Gâteau léger de pâte échaudée, puis passée au four.

ÉCHAUDER [eʃode] v. tr. ‹1› – fin XIIe ◇ bas latin °*excaldare,* de *ex-* intensif et *calidus* → chaud ▪ **1** Passer, laver à l'eau chaude. *« les planchers sont échaudés et grattés à vif deux fois par jour »* GAUTIER. *Échauder la théière.* ▪ **2** Plonger dans l'eau bouillante. *Échauder un cochon.* ➤ **échaudoir.** *Échauder une volaille pour la plumer.* ◆ CUIS. Tremper dans l'eau bouillante pendant quelques instants (des légumes, des fruits pour les peler). ➤ **ébouillanter.** ▪ **3** VX ou RÉGION. Brûler avec un liquide chaud. PROV. *Chat* échaudé craint l'eau froide.* PRONOM. S'ébouillanter. — FIG. *Se faire échauder, être échaudé :* être victime d'une mésaventure, éprouver un dommage, une déception.

ÉCHAUDOIR [eʃodwaʀ] n. m. – 1380 ◇ de *échauder* ▪ TECHN. Grande cuve où l'on échaude les bêtes abattues. — Local d'un abattoir réservé à cette opération.

ÉCHAUFFANT, ANTE [eʃofɑ̃, ɑ̃t] adj. – v. 1128 ◇ de *échauffer* ▪ Qui échauffe, augmente la chaleur. — SPÉCIALT et VX Qui provoque de l'échauffement, de la constipation. *Les aliments épicés sont échauffants.* ▪ CONTR. Rafraîchissant.

ÉCHAUFFEMENT [eʃofmɑ̃] n. m. – v. 1200 ◇ de *échauffer* ▪ **1** Fait de s'échauffer. *L'échauffement du sol.* ◆ FIG. *« Cette espèce d'échauffement qu'on appelle l'inspiration »* FLAUBERT. ◆ *Échauffement d'une pièce mécanique,* dû au frottement, à un défaut de graissage. *Échauffement du charbon dans une mine,* dû à l'oxydation. ◆ SPORT Action d'échauffer les muscles par des mouvements appropriés. *Séance, exercices d'échauffement.* ▪ **2** Altération, fermentation, due à la chaleur. *Échauffement du bois* (mal ventilé), *des céréales.* ▪ **3** VIEILLI État inflammatoire, irritation ; constipation légère. ▪ CONTR. Refroidissement.

ÉCHAUFFER [eʃofe] v. tr. ‹1› – *eschalfer* fin XIe ◇ latin classique *excalefacere,* de *ex-* intensif et *calere* « être chaud » ▪ **1** Rendre chaud par degrés (ce qui doit rester froid). *Frottement qui échauffe les roues.* — FIG. Enflammer, exciter. *« Tout ce qui échauffait les cœurs et les imaginations »* RENAN. *Échauffer la bile*, les oreilles.* ➤ **énerver, impatienter, irriter.** ▪ **2** Déterminer l'échauffement, l'altération de. *« Ces nourritures épicées finissent par vous échauffer le sang »* FLAUBERT. ▪ **3 S'ÉCHAUFFER** v. pron. VX Se réchauffer. — MOD. SPORT Entraîner ses muscles avant l'effort. *« Ils s'échauffent, prennent enfin place au départ »* J. PRÉVOST. ◆ S'animer, se passionner en parlant. *« Quoiqu'il s'échauffât pour me démontrer la supériorité du fantassin »* VIGNY. — PAR EXT. *La conversation s'échauffe.* ▪ CONTR. Refroidir ; calmer.

ÉCHAUFFOURÉE [eʃofuʀe] n. f. – milieu XIVe « mauvaise rencontre » ◇ croisement de *fourrer* avec *chaufour* ▪ Rencontre inopinée, confuse et de courte durée entre adversaires qui en viennent aux mains. ➤ **bagarre,** RÉGION. **brasse-camarade.** *« Des esprits superficiels ne voient dans la révolution des trois jours qu'une échauffourée »* CHATEAUBRIAND. ◆ MILIT. Petit accrochage isolé. ➤ **escarmouche.**

ÉCHAUGUETTE [eʃogɛt] **n. f.** – *eschauguaite* «guet» v. 1175 ◇ francique °*skarwahta* ■ FORTIF. Guérite en pierre, placée en encorbellement aux angles des châteaux forts, des bastions, pour en surveiller les abords. ➤ **bretèche, poivrière.**

ÈCHE ➤ **ESCHE**

ÉCHÉANCE [eʃeɑ̃s] **n. f.** – XVIIe ; «héritage, succession» XIIIe ◇ du p. prés. de *échoir* ■ **1** Date à laquelle expire un délai ; date à laquelle l'exécution d'une obligation, d'un paiement est exigible. ➤ **expiration, terme.** *Échéance d'un loyer, d'un effet de commerce. Traite qui arrive à échéance* (➤ **échéant**). *Protêt pour faute de paiement à l'échéance. Reporter, proroger une échéance.* ◆ Ensemble des effets dont l'échéance tombe à une date donnée. *Faire face à une lourde échéance.* ◆ FIG. Date à laquelle une chose doit arriver, une faute se payer. *L'échéance électorale.* «*Des événements qui ont cheminé souterrainement vers leur fatale échéance*» A. ARNOUX. ■ **2** (Avec *à*) Délai. *Emprunter à longue échéance. Effet à courte échéance. À échéance de :* dans un délai de. ◆ FIG. *À longue échéance :* lointain ; *à brève échéance :* proche. ➤ **terme.** «*des entreprises dont l'issue est à longue échéance*» TAINE. «*Une conjuration en règle et, à brève échéance, contre l'ordre établi*» ROMAINS.

ÉCHÉANCIER [eʃeɑ̃sje] **n. m.** – 1864 ◇ de *échéance* ■ **1** COMPTAB. Registre des effets à payer ou à recevoir inscrits à la date de leur échéance. ■ **2** PAR EXT. Ensemble des délais à respecter. *Établir l'échéancier d'un projet, de travaux.* ➤ **calendrier, planning.**

ÉCHÉANT, ANTE [eʃeɑ̃, ɑ̃t] **adj.** – 1804 ◇ p. prés. de *échoir* ■ **1** DR. Qui arrive à échéance. *Terme échéant.* ■ **2** **loc. adv.** **LE CAS ÉCHÉANT** [ləkazeʃeɑ̃] : si le cas, l'occasion se présente. ➤ **éventuellement** (cf. À l'occasion). «*l'humain qui aurait pu, le cas échéant, devenir son mari*» GIRAUDOUX.

ÉCHEC [eʃɛk] **n. m.** – 1080 *eschecs* ◇ altération de *eschac,* du persan *shâh* «roi» (par l'arabe), p.-ê. influencé par *eschec* «butin», d'origine francique.

I **LES ÉCHECS.** ■ **1** Jeu dans lequel deux joueurs font manœuvrer l'une contre l'autre deux séries de seize pièces, sur une tablette divisée en soixante-quatre cases (➤ **échiquier**), dans le but de s'emparer du roi adverse. *Pièces d'échecs.* ➤ **roi, reine** (ou 1 **dame**), **fou, cavalier,** 1 **tour,** 1 **pion.** *Jouer aux échecs. Partie, problème, tournoi, championnat d'échecs* (➤ **blitz**). *Relatif aux échecs.* ➤ **échiquéen.** — *Jeu d'échecs :* l'échiquier et les pièces. ■ **2** PAR EXT. Ensemble des pièces de ce jeu. *Des échecs en ivoire, en ébène.*

II (AU SING.) ■ **1** Aux échecs, Situation du roi qui se trouve sur une case battue par une pièce de l'adversaire ; coup créant cette situation (et dont le joueur doit avertir son adversaire en prononçant le mot). *On ne peut roquer quand on est en échec. Faire échec, échec et mat.* **adj.** *Être échec,* en échec. *Vous êtes échec et mat.* ◆ PAR EXT. *Échec à la reine.* ■ **2** COUR. Position difficile dans laquelle on est mis par l'adversaire. — LOC. *Tenir qqn en échec,* le mettre en difficulté, entraver son action. ➤ **embarrasser.** — *Faire échec à* (un projet, une entreprise), l'empêcher de se réaliser. ➤ **déjouer.** ■ **3** Revers éprouvé par qqn qui voit ses calculs déjoués, ses espérances trompées. ➤ FAM. **gamelle,** 1 **tôle.** *Essuyer, subir un échec.* ➤ **échouer*.** *Courir à l'échec* (cf. Aller dans le mur*). *Échec d'une armée.* ➤ **défaite.** *Il a mal supporté son échec à l'examen.* ➤ RÉGION. 3 **buse.** *Échec scolaire.* «*Les échecs fortifient les forts*» SAINT-EXUPÉRY. *Échec complet, cuisant.* ➤ **bérézina.** «*L'histoire d'une vie est l'histoire d'un échec*» SARTRE. PSYCHAN. *Avoir une conduite d'échec :* tout faire inconsciemment pour échouer (➤ **loser**). ◆ Insuccès, faillite (d'un projet, d'une entreprise). ➤ **fiasco, ratage ;** FAM. **foirade, loupé.** *Tentative vouée à l'échec. L'échec d'un spectacle.* ➤ **four ;** FAM. **bide, flop.** *C'est un demi-échec :* c'est un échec plus qu'un succès.

■ CONTR. Réussite, succès.

ÉCHELETTE [eʃ(ə)lɛt] **n. f.** – 1316 ◇ de *échelle* ■ **1** Petite échelle attachée au bât d'une bête de somme, où l'on accroche un fardeau. ■ **2** Ridelle de charrette. ■ **3** (1755) *Compte, comptabilité par échelettes,* où les acomptes sont imputés sur les intérêts avant de l'être sur le capital. ■ **4** (1555) Oiseau grimpeur du genre passereau. ➤ **grimpereau.**

ÉCHELIER [eʃəlje] **n. m.** – 1690 ◇ de *échelle* ■ RÉGION. Échelle à un seul montant central. ➤ **rancher.**

ÉCHELLE [eʃɛl] **n. f.** – milieu XIIe ◇ du latin *scala,* également à l'origine de *escale,* famille de *scandere* «monter, gravir» → scander

I **OBJET** ■ **1** Dispositif formé de deux montants parallèles ou légèrement convergents, réunis de distance en distance par des barreaux transversaux (➤ **échelon**) servant de marches. ➤ **escabeau.** *Dresser, appuyer une échelle contre un mur. Monter sur une échelle, à l'échelle. Échelle pliante, coulissante. Échelle double,* composée de deux échelles opposées dont les montants sont réunis à leur sommet. *Échelle d'incendie. La grande échelle des sapeurs-pompiers. Échelle métallique fixe.* — (1636) *Échelle de corde,* dont les montants sont en corde. — *Échelle de meunier :* escalier droit sans contremarches. — MAR. Degré, escalier fixe ou mobile. *Échelle de coupée :* échelle principale servant à monter à bord. *Échelle de cale.* ◆ (1835) LOC. *Faire la courte échelle à qqn,* l'aider à s'élever en lui offrant comme points d'appui les mains puis les épaules ; FIG. l'aider à avancer, à réussir. — *Après lui, il n'y a plus qu'à tirer l'échelle,* on ne peut faire mieux que lui, il n'y a pas à reprendre le travail. IRON. *Si vous ne savez même pas cela, il n'y a plus qu'à tirer l'échelle,* ce n'est plus la peine de continuer, d'insister. «*Démonstration par l'absurde, après quoi il semblerait qu'il n'y ait plus qu'à tirer l'échelle...*» LEIRIS. ■ **2** Série de mailles filées sur la longueur d'un bas, d'un collant.

II **CE QUI PERMET DE MESURER** ■ **1** FIG. (1794) Suite continue ou progressive. ➤ **hiérarchie, série, succession, suite.** HIST. SC. *Échelle des êtres :* série régulière et sans interruption des organismes les plus simples aux plus perfectionnés (hiérarchie datant de l'Antiquité). (1821) *Échelle sociale :* hiérarchie des conditions, des situations dans une société. «*Les hommes se contorsionnent comme des singes sur les barreaux de l'échelle sociale*» TRUFFAUT. *Être en haut, en bas de l'échelle,* de la hiérarchie. *Échelle des valeurs*.* ◆ MUS. *L'échelle des sons. Échelle diatonique, chromatique, harmonique.* ➤ **gamme.** PEINT. *Échelle des couleurs :* série des nuances par lesquelles on passe d'une couleur à une autre. — PSYCHOL. Série de tests gradués permettant d'établir le niveau de développement mental. *Échelle de Binet-Simon.* — ÉCON. *Échelle des salaires, des traitements. Échelle mobile :* disposition contractuelle en vertu de laquelle les rémunérations (en particulier, les salaires) suivront les variations d'une autre grandeur (généralement, pour les salaires, l'indice des prix de détail). ➤ **indexation.** *Économies d'échelle,* réalisées dans une entreprise en faisant supporter des coûts par un plus grand nombre d'opérations, par une plus forte activité. ■ **2** (1678) Ligne graduée, divisée en parties égales, indiquant le rapport des dimensions ou distances marquées sur un plan avec les dimensions ou distances réelles *(échelle graphique)* ; PAR EXT. (1797) Rapport existant entre une longueur et sa représentation sur la carte *(échelle numérique). Échelle d'une carte, d'une photographie aérienne. 1 mm représente 100 m à l'échelle de 1/100 000. Carte à grande échelle,* représentant un terrain peu étendu par une surface relativement importante. LOC. *Faire qqch. sur une grande échelle,* en grand, largement. — *Échelle d'une maquette, d'un modèle réduit. Échelle de réduction, d'agrandissement d'un dessin.* ◆ Série de divisions sur un instrument de mesure, un tableau. ➤ **graduation.** *Échelle arithmétique, logarithmique. Échelle centésimale. Échelle thermométrique. Échelle des eaux, des marées,* servant de repère pour mesurer la hauteur de l'eau. *Échelle sismologique,* mesurant l'intensité des séismes ou leur magnitude *(échelle de Richter). Un séisme de magnitude 6 sur l'échelle de Richter. Échelle de Beaufort,* mesurant la force du vent et graduée de 1 à 12. *Échelle de Fujita,* mesurant l'intensité des tornades. ◆ FIG. **À L'ÉCHELLE (DE) :** selon un ordre de grandeur. *Ce problème se pose à l'échelle nationale.* «*Si l'on rapportait à l'échelle des événements publics les calamités d'une vie privée*» CHATEAUBRIAND. «*Il n'y a d'art qu'à l'échelle de l'homme*» GIDE. ➤ **mesure.** «*un monde qui n'a de réalité définissable qu'à l'échelle des grandeurs moyennes qui sont les nôtres*» CAMUS.

III **VX ou HIST.** (1654 ◇ du lieu où l'on pose l'échelle pour débarquer) Place de commerce, sur certaines côtes. LOC. *Les échelles du Levant :* les ports de Turquie, d'Asie Mineure ; *les échelles de Barbarie :* ports d'Afrique du Nord par lesquels se faisait le commerce avec l'Europe. «*Aben Hamet s'embarqua à l'échelle de Tunis*» CHATEAUBRIAND.

ÉCHELON [eʃ(ə)lɔ̃] **n. m.** – fin XIe ◇ de *échelle* ■ **1** Traverse d'une échelle. ➤ **barreau, degré,** 1 **marche ; enfléchure ;** RÉGION. **ranche.** *Monter, descendre, sauter un échelon. Il a manqué un échelon et il est tombé.* ■ **2** (XVIe) Ce par quoi on monte ou descend d'un rang à un autre ; chacun des degrés successifs d'une série. «*Un premier ministère est l'échelon du second*» CHATEAUBRIAND. ➤ **marchepied, tremplin.** *Monter d'un échelon.*

Gravir tous les échelons de la hiérarchie. « Il avait commencé à travailler à seize ans, sans diplôme ni la moindre formation, avait gravi les échelons un à un » O. ADAM. *S'élever par échelons,* graduellement. ➤ **palier.** *Le dernier échelon :* le point, le degré le plus élevé ou le plus bas. SPÉCIALT Position d'un fonctionnaire à l'intérieur d'un même grade, d'une même classe. *Avancer d'un échelon. Les échelons de solde.* ◆ L'un des différents stades d'une administration. ➤ **niveau.** *À l'échelon communal, départemental, national.* MILIT. *Échelons de commandement. À l'échelon de la division, du corps d'armées.* — (1823) Élément d'une troupe fractionnée en profondeur. *Marcher en premier échelon. Échelon d'attaque. Échelon débordant.* ARTILL. Ensemble des éléments autres que les sections de combat ; lieu où se tiennent ces éléments. *Rentrer à l'échelon.*

ÉCHELONNEMENT [eʃ(ə)lɔnmɑ̃] **n. m.** – 1851 ◇ de *échelonner* ▪ Action d'échelonner, fait d'être échelonné. *L'échelonnement des paiements.* ➤ **étalement.**

ÉCHELONNER [eʃ(ə)lɔne] **v. tr.** ‹ 1 › – fin XIVe, repris 1823 ◇ de *échelon* ▪ **1** MILIT. Disposer (des troupes) de distance en distance, par échelon. PRONOM. *« Un bataillon de Regulars s'échelonnait par petits postes »* MAC ORLAN. ▪ **2** Disposer (plusieurs choses) à une certaine distance les unes des autres, ou par degrés. ➤ **distribuer, graduer, 1 répartir.** *Échelonner des poteaux le long d'une route. « Un homme qui donne à dîner sait échelonner ses vins de façon à ne pas émousser le goût »* TAINE. PRONOM. *« Autant de zones où s'échelonnaient les nuances de l'horreur »* HUGO. ◆ Distribuer dans le temps, exécuter à intervalles réguliers. *Échelonner un travail sur un an.* ➤ **1 étaler.** *Échelonner des paiements.* ▪ CONTR. 1 Bloquer, 1 masser.

ÉCHENILLAGE [eʃ(ə)nijaʒ] **n. m.** – 1783 ◇ de *écheniller* ▪ **1** Opération qui consiste à écheniller. ▪ **2** FIG. Le fait de supprimer par endroits. *« Avec un peu d'échenillage, ce serait un chef-d'œuvre »* RENARD.

ÉCHENILLER [eʃ(ə)nije] **v. tr.** ‹ 1 › – XIVe ◇ de *é-* et *chenille* ▪ Débarrasser (un arbre, une haie) des chenilles qui s'y trouvent. *Écheniller une haie à l'échenilloir, à l'insecticide.* — FIG. *« Peut-être convient-il d'écheniller cette histoire, où le moral joue un grand rôle, des vils intérêts matériels »* BALZAC.

ÉCHENILLOIR [eʃ(ə)nijwaʀ] **n. m.** – XVIIe ◇ de *écheniller* ▪ Cisaille fixée à l'extrémité d'une perche et qui sert à écheniller les arbres.

ÉCHER ➤ **ESCHER**

ÉCHEVEAU [eʃ(ə)vo] **n. m.** – XVe ; *eschevel* début XIVe ◇ latin *scabellum* « tabouret » (→ escabeau), par ext. « dévidoir », puis « écheveau » ▪ **1** Assemblage de fils repliés et réunis par un fil de liage. *Écheveau de laine, de soie. « un grand dévidoir, dont les deux tourettes [...] tendaient un écheveau de laine rouge »* ZOLA. *Mettre en pelote un écheveau. Défaire, dévider un écheveau.* ▪ **2** FIG. ➤ **dédale, embrouillamini, labyrinthe.** *« débrouiller l'écheveau de sa vie intérieure »* MAURIAC.

ÉCHEVELÉ, ÉE [eʃəv(ə)le] **adj.** – *eschevelede* v. 1050 ◇ de *é-* et *chevel* → cheveu ▪ **1** Dont les cheveux sont en désordre. ➤ **ébouriffé, hirsute.** *« échevelées comme des bacchantes »* SAINT-SIMON. ▪ **2** FIG. Désordonné, effréné. *Une danse échevelée. « Du cauchemar le plus capricieux et le plus échevelé »* GAUTIER. *Romantisme échevelé.* ▪ CONTR. Peigné. Sage.

ÉCHEVELER [eʃəv(ə)le] **v. tr.** ‹ 4 /5/ › – v. 1185 ◇ de *échevelé* ▪ LITTÉR. Dépeigner. ➤ **ébouriffer.** — PAR ANAL. *« un grand vent de mer échevelait les nuages »* GIDE. ▪ CONTR. Peigner.

ÉCHEVIN, INE [eʃ(ə)vɛ̃, in] **n.** – *eskievin* v. 1165 ◇ probablt du francique °*skapin* « juge » ▪ **1 n. m.** Au Moyen Âge, Assesseur du tribunal comtal, puis magistrat municipal (jusqu'à la Révolution). *Les échevins toulousains.* ➤ **capitoul, consul.** ▪ **2** MOD. Membre du conseil communal désigné par ses pairs pour assister le bourgmestre, en Belgique, au Luxembourg. *Le collège des bourgmestre et échevins. La nouvelle échevine des sports.* — Magistrat(e) adjoint(e) au bourgmestre aux Pays-Bas. — (Canada) RARE Conseiller*, conseillère municipal(e).

ÉCHEVINAGE [eʃ(ə)vinaʒ] **n. m.** – XIIIe ◇ de *échevin* ▪ HIST. Fonction d'échevin ; durée de cette fonction. ◆ Corps des échevins d'une ville.

ÉCHEVINAL, ALE, AUX [eʃ(ə)vinal, o] **adj.** – *eschevinal* XVIe ◇ de *échevin* ▪ De l'échevin. *Fonctions échevinales.* — Au Luxembourg, *Collège échevinal,* formé du bourgmestre et des échevins d'une commune. ➤ **communal.**

ÉCHEVINAT [eʃ(ə)vina] **n. m.** – relevé une fois en 1789, à nouveau depuis 1981 ◇ de *échevin* ▪ Charge de l'échevin(e) ; services administratifs qui en dépendent.

ÉCHIDNÉ [ekidne] **n. m.** – 1800 ◇ latin *echidna,* mot grec « vipère » ▪ Mammifère ovipare insectivore d'Australie et de Nouvelle-Guinée *(monotrèmes),* ressemblant au hérisson, au long museau.

ÉCHIFFRE [eʃifʀ] **n. f. et m.** – *eschive* v. 1150 ◇ probablt de l'ancien français *eschif* « abrupt », du germanique °*skiuh* « farouche » ; cf. *esquiver* ▪ **1 n. f.** VX Guérite en bois sur les remparts d'une ville. ▪ **2 n. m.** (1676) TECHN. *Mur d'échiffre,* ou *échiffre :* mur qui dans un escalier supporte les abouts des marches. — PAR EXT. Charpente d'un escalier.

1 **ÉCHINE** [eʃin] **n. f.** – *eschine* 1080 ◇ francique °*skina* « baguette de bois », puis « aiguille, os long » ▪ Colonne vertébrale de l'être humain et de certains animaux ; région correspondante du dos. *« Crotté jusqu'à l'échine »* BOILEAU. LOC. FIG. *Courber, plier l'échine :* se soumettre, céder. ◆ BOUCH. Partie antérieure de la longe du porc. *Côte de porc dans l'échine.*

2 **ÉCHINE** [eʃin] **n. f.** – 1567 ◇ latin d'origine grecque *echinus* ▪ ARCHIT. Moulure saillante placée sous l'abaque du chapiteau dorique ; ove du chapiteau ionique.

ÉCHINER [eʃine] **v. tr.** ‹ 1 › – v. 1225 ◇ de 1 *échine* ▪ **1** VX Casser l'échine, les reins de (qqn). ➤ **éreinter.** — Meurtrir, tuer. ▪ **2 S'ÉCHINER v. pron.** (1785) Se donner beaucoup de peine, s'éreinter. ➤ **s'épuiser, s'esquinter, se fatiguer*.** *S'échiner au travail, à travailler. « Je suis moulu. Car, Sire, on s'échine à la guerre »* HUGO. *Je m'échine à le lui répéter.*

ÉCHINOCACTUS [ekinokaktys] **n. m.** – 1845 ◇ latin savant, du grec *ekhinos* « hérisson, oursin » et *cactus* ▪ BOT. Cactus à tige trapue, ressemblant à un oursin. ➤ **peyotl.**

ÉCHINOCOCCOSE [ekinɔkɔkoz] **n. f.** – 1905 ◇ de *échinocoque* et 2-*ose* ▪ MÉD. Parasitose causée par l'échinocoque ou par sa larve.

ÉCHINOCOQUE [ekinɔkɔk] **n. m.** – 1817 ◇ latin savant *echinococcus,* du grec *ekhinos* « oursin » et *kokkos* « grain » ▪ ZOOL. Ver plat *(cestodes)* parasite des chiens et des herbivores, dont la larve (➤ **hydatide**) induit l'échinococcose.

ÉCHINODERMES [ekinɔdɛʀm] **n. m. pl.** – 1792 ◇ du grec *ekhinos* « oursin » et *-derme* ▪ ZOOL. Embranchement d'invertébrés marins à symétrie radiale, couverts de plaques calcaires et souvent d'épines (ex. ophiures, oursins, holothuries, crinoïdes). — Au sing. *Un échinoderme.*

ÉCHIQUÉEN, ENNE [eʃikeɛ̃, ɛn] **adj.** – XXe ◇ du radical de *échec* ▪ Relatif au jeu d'échecs. *La littérature échiquéenne.*

ÉCHIQUETÉ, ÉE [eʃikte] **adj.** – XIIIe ◇ de *échiquier* ▪ BLAS. Divisé en cases d'émaux alternés. *Écu échiqueté.*

ÉCHIQUIER [eʃikje] **n. m.** – *eschaquier* XIIe ◇ de *échec* ▪ **1** Plateau divisé en soixante-quatre cases alternativement blanches et noires, sur lequel on joue aux échecs. *Disposer les pièces sur l'échiquier.* ◆ PAR ANAL. Toute surface couverte de carrés égaux et contigus, aux couleurs alternées. ➤ **damier, quadrillage.** *Arbres plantés en échiquier.* ➤ **quinconce.** — BLAS. *Écu divisé en échiquier.* ➤ **échiqueté.** ▪ **2** FIG. Terrain, lieu où se joue une partie serrée, où s'effectue une manœuvre, où s'opposent plusieurs intérêts, plusieurs partis. *L'échiquier politique.* ▪ **3** (XIIe *eschekier* « trésor royal », à cause du tapis à carreaux de la table où la cour des ducs de Normandie faisait les comptes) HIST. Cour souveraine de justice de Normandie. — (1601 ◇ anglais *exchequer,* du sens 3° précéd.) MOD. Au Royaume-Uni, Administration financière centrale. *Le chancelier de l'Échiquier est l'équivalent du ministre des Finances.*

ÉCHO [eko] **n. m.** – XIIIe ◇ latin *echo,* grec *êkhô*

I ▪ **1** Phénomène de réflexion du son par un obstacle qui le répercute ; le son ainsi répété. *Effet d'écho. Il y a de l'écho dans cette église.* ➤ **réverbération.** *Écho simple,* qui ne reproduit les sons qu'une fois. *Écho multiple. « répercutés par les échos, les clairons et les tambours résonnèrent »* GAUTIER. PAR ANAL. *Écho (radioélectrique),* produit sur les ondes radioélectriques par des trajets multiples ou des réflexions parasites. *Écho d'une onde électromagnétique* (➤ **radar**), *d'une onde ultrasonore* (➤ **échographie, écholocation, sonar**), *d'une onde optique* (➤ **lidar**), *de spins* (➤ **R. M. N.**). — LOC. *En écho :* en répétant. *Répondre en écho,* avec les mêmes mots. ▪ **2** PAR EXT. Lieu où l'écho se produit. LOC. *À tous les échos :* partout, dans toutes les directions (cf. À tous les vents*). *« En laissant se propager* *à tous les échos votre [...] bruit de sabre !»* MARTIN DU GARD. ▪ **3** Propos rapporté par qqn. ➤ **bruit, nouvelle, on-dit, rumeur.** *J'en ai eu quelques échos. «L'écho des discussions passionnées du temps franchissait parfois les murs de la maison»* RENAN. ◆ SPÉCIALT *Les échos d'un journal* : rubrique consacrée aux petites nouvelles mondaines ou locales (➤ **échotier**). — Titre de nombreux journaux. ▪ **4** Ce qui répète, reflète. LOC. *Se faire l'écho de certains bruits,* les répandre, les répéter. — (CHOSES) *«Ses paroles n'étaient qu'une réponse affaiblie, docile, presque un simple écho de mes paroles»* PROUST. ➤ **reflet.** LOC. *Faire écho à qqch.* ➤ **rappeler ; résonance.** *Son discours fait écho aux récents évènements.* ◆ Accueil et réaction favorable. ➤ **réponse, résonance.** *Sa protestation est restée sans écho.* ▪ **5** Effet musical obtenu par une reprise ou un prolongement du son. ◆ Reprise d'un mot en poésie, pour donner une impression de réponse, de correspondance. ▪ **6** INFORM. Répétition en direction de l'émetteur, lors d'une communication entre deux systèmes, des informations enregistrées par le récepteur.

II **adj.** (1855) (Canada) Qui produit de l'écho. ➤ **sonore.** *Cette salle est très écho.*

▪ **HOM.** Écot.

ÉCHOCARDIOGRAMME [ekokardjɔgram] **n. m.** – v. 1980 ◇ de *écho(graphie)* et *cardiogramme* ▪ Échographie du cœur.

ÉCHOGRAPHIE [ekografi] **n. f.** – av. 1971 ; autre sens 1906 ◇ de *écho* et *-graphie* ▪ Méthode d'exploration médicale utilisant la réflexion des ultrasons par les structures organiques ; image ainsi obtenue. *Pratiquer une échographie de l'abdomen, de l'œil* (➤ **échographier**). *L'échographie permet de surveiller la grossesse.* ABRÉV. **ÉCHO.** — n. **ÉCHOGRAPHISTE.**

ÉCHOGRAPHIER [ekografje] **v. tr.** ‹1› – 1973 ◇ de *échographie* ▪ MÉD. Pratiquer l'échographie de. *Échographier un patient. Échographier un organe, une tumeur.*

ÉCHOGRAPHIQUE [ekografik] **adj.** – v. 1970 ◇ de *échographie* ▪ Relatif à l'échographie. *Image échographique.*

ÉCHOIR [eʃwar] **v. intr. et déf.** ‹*il échoit* (vx *échet*), *ils échoient ; il échut ; il échoira* (vx *écherra*) *; il échoirait ; échéant, échu*› – XIIe ◇ latin populaire °*excadere*, classique *excidere* → choir ▪ **1** Être dévolu par le sort ou par un hasard. ➤ **advenir, revenir.** *Échoir par succession, en héritage. Le rôle qui m'échoit, m'est échu.* **p. p. adj.** *Biens échus. «Par quel paradoxe de la nature une maladie aussi raffinée [...] que la goutte, avait bien pu échoir en partage à un si piètre mangeur»* P. BENOIT. — DR. VX *Si le cas y échoit, y échet, s'il y échet* : le cas échéant*. ▪ **2** Arriver à échéance. *Le terme échoit le 15 janvier. Intérêts à échoir. Le délai est échu,* expiré. **p. p. adj.** *Payer terme échu.*

ÉCHOLALIE [ekolali] **n. f.** – 1885 ◇ formé sur le grec *êkhô* (→ écho) et *lalia* «bavardage» (→ -lalie) ▪ NEUROL. Répétition automatique des paroles (ou chutes de phrases) de l'interlocuteur, observée dans certaines aphasies. *«Il faut que tu prennes une décision une bonne fois pour toutes. Une bonne fois pour toutes, répète-t-il, frappé d'écholalie»* P. LAPEYRE. — **adj.** (1895) **ÉCHOLALIQUE.**

ÉCHOLOCATION [ekolɔkasjɔ̃] **n. f.** – v. 1950 ◇ anglais *echolocation*, de *echo* «écho» et *location* «repérage, localisation» ▪ Méthode de repérage des proies ou des obstacles propre à certains animaux, par émission de sons ou d'ultrasons qui produisent un écho (➤ aussi **ASDIC, sonar**). *Le système d'écholocation des marsouins, des chauves-souris.* — On dit aussi **ÉCHOLOCALISATION.**

1 **ÉCHOPPE** [eʃɔp] **n. f.** – *escope* v. 1230 ◇ ancien néerlandais *schoppe*, avec influence de l'anglais *shop* «magasin» ▪ **1** Petite boutique, ordinairement en appentis et adossée contre un mur. ➤ **baraque.** *Une échoppe de cordonnier. Échoppes des bazars, des souks.* ▪ **2** (Belgique) Étal couvert sur un marché. *Les échoppes du marché de Noël.* ▪ **3** RÉGION. (Bordelais) Petite maison de ville, sans étage.

2 **ÉCHOPPE** [eʃɔp] **n. f.** – *eschope* 1579 ; *eschaulbre* 1366 ◇ latin *scalprum* «burin, ciseau» ▪ TECHN. Outil à pointe taillée en biseau qu'emploient les ciseleurs, graveurs, orfèvres. ➤ **burin.**

ÉCHOPPER [eʃɔpe] **v. tr.** ‹1› – 1676 ; «érafler» début XVe ◇ de 2 *échoppe* ▪ TECHN. Tailler ou enlever à l'échoppe.

ÉCHOTIER, IÈRE [ekɔtje, jɛr] **n.** – 1866 ◇ de *écho* ▪ Journaliste chargé(e) des échos.

ÉCHOUAGE [eʃwaʒ] **n. m.** – 1674 ◇ de *échouer* ▪ Situation d'un navire qui touche accidentellement ou intentionnellement le fond et cesse de flotter. *Échouage au bassin. Échouage d'une barque sur la plage. Port d'échouage.* — PAR ANAL. *Échouage de cétacés.*

ÉCHOUEMENT [eʃumɑ̃] **n. m.** – 1626 ◇ de *échouer* ▪ Arrêt accidentel (d'un navire) par contact avec le fond.

ÉCHOUER [eʃwe] **v.** ‹1› – 1559 ◇ origine inconnue, p.-ê. de *échoir* ou du normand *escover*, de *escoudre* «secouer»

I **v. intr.** ▪ **1** Toucher le fond par accident et se trouver arrêté dans sa marche (d'un navire). ➤ **s'engraver, s'ensabler, s'envaser ; échouement.** *Le navire a échoué sur la côte, contre un écueil* (REM. Emploi moins cour. que le pronom.). ◆ PAR ANAL. Être poussé, jeté sur la côte. *Des baleines avaient échoué sur la plage.* ◆ FIG. S'arrêter (dans un lieu) par lassitude ou comme poussé par le hasard. *Ils ont fini par échouer dans un hôtel.* ▪ **2** (XVIIe ◇ d'abord métaph., *échouer sur un écueil*, puis influence probable de *échec*) (PERSONNES) Ne pas réussir. ➤ FAM. se **bananer,** se **gaufrer,** se **louper,** se **planter,** se **ramasser,** se **rétamer,** se **vautrer** (cf. Faire fiasco, RÉGION. faire patate ; FAM. Prendre une gamelle*, une tôle*). *«Voir les sots réussir dans les entreprises où l'on échoue»* FLAUBERT. *Échouer à un examen,* ne pas y être reçu, être collé. — (CHOSES) Ne pas aboutir. ➤ **avorter, manquer ;** FAM. **merder, merdouiller ; rater.** *Les attaques ennemies ont échoué devant notre résistance.* ➤ se **briser.** *Faire échouer un plan.* ➤ **contrecarrer, déjouer.** *Son projet, sa tentative a échoué.* ➤ 2 **capoter.**

II **v. tr.** Pousser (une embarcation) jusqu'au contact avec la côte (➤ **échouage**). *«J'échouais mon bateau au rivage»* CHATEAUBRIAND. ◆ PRONOM. COUR. Être jeté à la côte (embarcation). *Le pétrolier s'est échoué sur un écueil.* — PAR ANAL. *Deux cachalots s'échouèrent sur la plage.* ◆ **p. p. adj.** *«de vieux chalands échoués dans la vase»* FROMENTIN.

▪ **CONTR.** Renflouer. Réussir.

ÉCHU ➤ **ÉCHOIR**

ÉCIMER [esime] **v. tr.** ‹1› – *escimer* 1572 ◇ de *é-* et *cime* ▪ Couper la cime, la partie supérieure de (un arbre, une plante), pour favoriser la croissance des organes inférieurs. ➤ **décapiter, étêter.** *Écimer le tabac.* — **n. m. ÉCIMAGE,** 1791.

ÉCLABOUSSEMENT [eklabusmɑ̃] **n. m.** – 1835 ◇ de *éclabousser* ▪ Jaillissement. *Dans un éclaboussement d'écume.*

ÉCLABOUSSER [eklabuse] **v. tr.** ‹1› – *esclabocher* 1564 ; *esclaboter* 1225 ◇ formation expressive, du radical de *klapp* et *bouter* ▪ **1** Couvrir d'un liquide généralement salissant qu'on a fait rejaillir accidentellement. ➤ **arroser, asperger ;** RÉGION. **gicler.** *La voiture en roulant dans le ruisseau a éclaboussé les passants. «Son blanc plumage tout éclaboussé de sang»* BAUDELAIRE. — PRONOM. *«tirer de l'eau en évitant de s'éclabousser»* ROMAINS. ▪ **2** FIG. Salir moralement par contrecoup. *«à la pensée du scandale qui va vous éclabousser»* AYMÉ. *«être éclaboussé par les plaisanteries d'une Verdurin»* PROUST. ◆ Humilier par l'étalage de son luxe. ➤ **écraser.** *Il cherche à nous éclabousser.*

ÉCLABOUSSURE [eklabusyr] **n. f.** – *esclabousseüre* 1528 ◇ de *éclabousser* ▪ **1** Goutte d'un liquide salissant qui a rejailli. ➤ **tache.** *Des éclaboussures de café, de sang. «au-dessus de la cuvette de zinc, luisait un miroir de bazar, taché d'éclaboussures»* MARTIN DU GARD. ▪ **2** Coup indirectement reçu. *«Je reçus quelques éclaboussures de la bataille»* NERVAL. ▪ **3** FIG. Tache (à la réputation, etc.) qui atteint qqn qui n'est pas directement concerné. *Les éclaboussures du scandale.*

ÉCLAIR [eklɛr] **n. m.** – XIIe ◇ de *éclairer*

I ▪ **1** Lumière intense et brève, en général sinueuse et ramifiée, provoquée par une décharge disruptive entre deux nuages ou entre un nuage et le sol, lors d'un orage. ➤ 1 **foudre ; tonnerre.** *Un éclair éblouissant. Ciel sillonné, zébré d'éclairs. Éclair de chaleur* : éclair trop éloigné pour qu'on entende le tonnerre. ➤ **fulguration.** ◆ LOC. *Avec la rapidité de l'éclair ; à la vitesse de l'éclair* : très vite. *Il est passé, parti comme un éclair.* ➤ 1 **flèche.** *«Tous ces usages naissent et passent comme un éclair»* ROUSSEAU. *Prompt comme l'éclair.* ◆ PAR APPOS. INV. Très rapide. *Il m'a fait une visite éclair. Guerre* éclair. Nouvelle éclair.* ➤ **flash** (3°). — *Fermeture* éclair.* ▪ **2** PAR ANAL. Lumière vive, de courte durée. *Éclair de soleil entre les nuages. Éclair de magnésium.* — PAR EXAGÉR. *Ses yeux lançaient des éclairs.* ➤ **flamme.** *«Ce qui fit passer un éclair de malice dans les yeux d'Alfreda»* MARTIN DU GARD. ➤ **lueur.** ◆ CHIM. *Point d'éclair* ou *point éclair* : température à laquelle les vapeurs dégagées par un liquide combustible s'enflamment au contact d'une source de chaleur. ▪ **3** FIG. Manifestation soudaine et passagère ; bref moment. *Un éclair de génie, de lucidité. Le malade a, par éclairs, conscience de son état.*

II (1856) Pâtisserie allongée faite de pâte à choux fourrée de crème pâtissière (au café, au chocolat) et glacée par-dessus. *Éclair au café, au chocolat. Les éclairs et les religieuses.* ■ HOM. Éclaire.

ÉCLAIRAGE [eklɛʀaʒ] n. m. – 1798 ◊ de *éclairer* ■ **1** Action d'éclairer ; production de lumière artificielle. ➤ **illumination.** *Éclairage d'un appartement, des rues. Éclairage public. Gaz d'éclairage. Appareils d'éclairage.* ➤ **applique, bougie, chandelle, cierge, flambeau, lampadaire, lampe, lanterne, luminaire,** 2 **lustre, plafonnier, rampe, scialytique, spot, torchère.** « *Vous avez un profil extraordinaire sous cet éclairage* » ROMAINS. *Dispositif d'éclairage d'un véhicule.* ➤ 1 **feu.** ◆ Effet de lumière (spectacle). *Régler les éclairages d'une scène de théâtre, d'un studio de tournage* (➤ **éclairagiste**). *Cette somptuosité « qui appartient exclusivement aux costumes, aux éclairages et au décor »* ARTAUD. *Éclairage d'un monument* (cf. Son et lumière*). ■ **2** Manière d'éclairer par la lumière naturelle ou artificielle. *Éclairage au pétrole, au néon. Éclairage direct, indirect. Éclairage par l'arrière.* ➤ **rétroéclairage.** *Éclairage éblouissant, cru. Éclairage à giorno. L'éclairage est insuffisant pour une bonne photo, il faut un flash.* ➤ **luminosité.** « *Sous le mauvais éclairage de la lampe-tempête* » CENDRARS. « *une lumière louche, un éclairage livide d'orage* » ZOLA. ◆ PEINT. Manière dont la scène que représente un tableau est éclairée ; manière, propre à un peintre, d'éclairer ses scènes. « *L'éclairage du Caravage venait d'une coulée de jour, souvent le rais* [sic] *de son fameux soupirail* » MALRAUX. ■ **3** FIG. Manière de décrire, d'envisager ; point de vue. « *J'eusse pu la peindre dans un tout autre éclairage* » MAURIAC. ➤ **jour.** « *À lire ces lettres* [...] *sous cet éclairage* » HENRIOT. ➤ **angle.** ■ CONTR. Obscurité.

ÉCLAIRAGISME [eklɛʀaʒism] n. m. – 1934 ◊ de *éclairage* ■ TECHN. Ensemble de techniques employées pour obtenir un éclairage rationnel.

ÉCLAIRAGISTE [eklɛʀaʒist] n. – 1929 ◊ de *éclairage* ■ TECHN. Spécialiste des problèmes d'éclairage et de la réalisation d'éclairages rationnels. *Éclairagiste de théâtre, de cinéma.*

ÉCLAIRANT, ANTE [eklɛʀɑ̃, ɑ̃t] adj. – XVIe ◊ de *éclairer* ■ **1** Qui a la propriété d'éclairer. *Le pouvoir éclairant d'un gaz.* ■ **2** FIG. Susceptible d'éclaircir, d'expliquer. *Un exemple éclairant.*

ÉCLAIRCIE [eklɛʀsi] n. f. – 1829 ; *esclarcye* « aurore » début XVIe ◊ de *éclaircir* ■ **1** Endroit clair qui apparaît dans un ciel nuageux ou brumeux ; brève interruption du temps pluvieux, coïncidant avec cette apparition. ➤ **embellie.** *Une éclaircie entre les nuages. Temps pluvieux avec éclaircies. Profiter d'une éclaircie pour sortir.* ◆ FIG. Brève amélioration, brève détente. « *une vie morne et sans éclaircie* » MAUPASSANT. *Éclaircie dans la situation internationale.* ➤ **accalmie.** ■ **2** SYLV. Coupe des jeunes arbres les plus chétifs dans une futaie, destinée à donner de la place aux plus robustes. ◆ HORTIC. Opération qui consiste à enlever certains fruits pour faire prospérer les autres. ➤ **éclaircissage.**

ÉCLAIRCIR [eklɛʀsiʀ] v. tr. ⟨2⟩ – *esclarcir* v. 1130 ◊ latin populaire °*exclaricire*, de *ex-* et *claricare* « briller », de *clarus* « clair » ■ **1** Rendre plus clair, moins sombre. *Éclaircir une peinture en ajoutant du blanc. S'éclaircir les cheveux.* — *S'éclaircir la voix* (ou FAM. *la gorge*) : se racler la gorge pour que la voix soit plus pure, plus nette. ◆ PRONOM. « *Le ciel s'est un peu éclairci vers le soir* » GIDE. ➤ se **dégager.** — FIG. *L'horizon politique s'est éclairci.* ■ **2** Rendre moins épais, moins dense. *Éclaircir une futaie, un plant de carottes.* ➤ **démarier, déroder.** *Éclaircir une sauce,* en l'étendant d'eau. — PRONOM. (PASS.) *Les gens partaient, la foule s'éclaircissait,* devenait moins dense, moins nombreuse. *Ses cheveux commencent à s'éclaircir,* à devenir moins épais. ■ **3** FIG. Rendre clair pour l'esprit. ➤ **clarifier, débrouiller, démêler, élucider.** *Il faut éclaircir cette affaire.* « *Les énigmes laissées à jamais insolubles par la mort du seul être qui eût pu les éclaircir* » PROUST. FAM. *Prenez l'air, cela vous éclaircira les idées.* ◆ VIEILLI Dissiper. « *Pour éclaircir les doutes qui me restaient encore* » MÉRIMÉE. ■ CONTR. Assombrir, foncer, obscurcir. Épaissir. Embrouiller.

ÉCLAIRCISSAGE [eklɛʀsisaʒ] n. m. – 1835 ◊ de *éclaircir* ■ **1** VIEILLI Polissage (des verres). ■ **2** HORTIC. Action d'éclaircir un semis, une plantation. ➤ **éclaircie.**

ÉCLAIRCISSEMENT [eklɛʀsismɑ̃] n. m. – XIIIe ◊ du radical de *éclaircir* ■ Explication (d'une chose obscure ou douteuse) ; note explicative, renseignement. *L'éclaircissement d'un mystère, d'un doute, d'un soupçon. L'éclaircissement d'un passage controversé. Notes en bas de page d'un livre, apportant des éclaircissements.* « *avant que les commentateurs ne l'obscurcissent de leurs éclaircissements* » A. BERTRAND. ◆ Explication tendant à une mise au point, à une justification. *Il lui a demandé des éclaircissements sur sa conduite.* ■ CONTR. Obscurcissement.

ÉCLAIRE [eklɛʀ] n. f. – avant 1250 ◊ de *éclairer,* parce qu'on tirait de cette plante un collyre ■ RÉGION. *Grande éclaire* : chélidoine. ■ HOM. Éclair.

ÉCLAIRÉ, ÉE [ekleʀe] adj. – 1667 ◊ de *éclairer* ■ Dont la raison s'est formée par l'acquisition de l'instruction et l'exercice de l'esprit critique. ➤ **sage, sensé.** *Les esprits éclairés. Un amateur éclairé. Un public éclairé.* ➤ **averti.** — « *Une religion éclairée et humaine* » MAURIAC. *Le despotisme* éclairé.* — DR. *Consentement éclairé,* donné avant tout acte médical par le patient informé des risques encourus. ■ CONTR. Étroit, ignorant.

ÉCLAIREMENT [eklɛʀmɑ̃] n. m. – 1893 ; « clarté, éclairage » XIIe ◊ de *éclairer* ■ **1** PHYS. *Éclairement d'une surface,* grandeur qualifiant le flux de rayonnement qu'elle reçoit par unité de surface. *Éclairement lumineux* : grandeur photométrique (➤ **lux, phot ; exposition ; luxmètre**). *Éclairement énergétique* : grandeur radiométrique, flux énergétique exprimé en watt par mètre carré. COUR. Le fait de recevoir de la lumière. *Éclairement de la Lune. Éclairement d'une surface de travail, d'un monument historique.* — BOT. Durée ou intensité de la lumière qui agit sur une plante. *Phénomènes végétatifs liés à l'éclairement.* ■ **2** LITTÉR. Fait de s'éclairer. « *ses traits s'animèrent ; ce fut comme un éclairement subit* » GIDE. ➤ **illumination.**

ÉCLAIRER [ekleʀe] v. ⟨1⟩ – 1080 ◊ latin populaire °*exclariare,* classique *exclarare,* de *clarus* « clair »

I v. tr. **A.** CONCRET ■ **1** Répandre de la lumière (naturelle ou artificielle) sur (qqch. ou qqn). *Le Soleil et la Lune éclairent la Terre* (➤ **éclairement**). *Les lampes qui éclairent la pièce* (➤ **éclairage**). « *Cette éclatante lumière, mise comme une lampe éternelle pour éclairer l'univers* » PASCAL. *Cafés éclairés au néon.* ◆ Pourvoir de la lumière nécessaire. « *Vite un flambeau* [...] *je vais vous éclairer* » MOLIÈRE. PRONOM. *Prendre une lampe de poche pour s'éclairer dans la cave.* — *Éclairer la lanterne* de qqn.* ◆ PAR EXT. Laisser passer la lumière, permettre au jour de se répandre sur (qqch.). *Baie vitrée qui éclaire une pièce.* « *La lucarne du galetas* [...] *éclairait cette figure* » HUGO. ■ **2** Répandre une espèce de lumière sur (le visage) ; rendre plus clair. ➤ **illuminer.** *Deux grands yeux éclairent son visage.* « *Une joie subite éclaira son regard* » GREEN. PRONOM. *À ces mots, sa figure s'est éclairée.* ■ **3** (1771, de l'éclat de l'argent ; déjà XVIe en argot) ARG. Payer. FAM. *Éclairer le tapis,* ou ABSOLT *Éclairer* : miser.
B. ABSTRAIT ■ **1** Mettre (qqn) en état de voir clair, de comprendre, de discerner le vrai du faux. ➤ **instruire.** « *éclairer le peuple* » HUGO. *Éclairez-nous sur ce sujet.* ➤ **informer, renseigner.** *Éclairer qqn de ses conseils.* ■ **2** Rendre clair, intelligible. ➤ **éclaircir, expliquer.** « *Ces lignes doublement intéressantes, parce qu'elles éclairent un côté peu connu de la vie de Balzac* » GAUTIER. *Un commentaire qui éclaire la pensée de l'auteur.* PRONOM. *Maintenant tout s'éclaire,* devient clair. — CARTES *Éclairer le jeu* : jouer de façon à se faire comprendre de son partenaire. ■ **3** (1834 ◊ du sens de « surveiller, observer » XVIe) MILIT. *Éclairer la marche, la progression d'une troupe,* la protéger en envoyant en avant des éléments de reconnaissance (➤ **éclaireur**). « *Des reconnaissances furent envoyées pour éclairer la route* » MAUPASSANT.

II v. intr. ■ **1** VX ou RÉGION. (IMPERS.) Faire des éclairs. ■ **2** COUR. Répandre de la lumière. *Cette lampe éclaire mal.* « *La bougie avait baissé* [...] *Elle éclairait pourtant* » BOSCO.
■ CONTR. Assombrir, obscurcir. Embrouiller. Abuser, aveugler.

ÉCLAIREUR, EUSE [eklɛʀœʀ, øz] n. – 1792 ; « surveillant » XVIe ◊ de *éclairer*

I ■ **1** n. m. Soldat envoyé en reconnaissance. *Détachement d'éclaireurs.* adj. *Avion éclaireur,* chargé de guider une formation de bombardement. — FIG. *On m'a envoyé en éclaireur,* en avant, pour tâter le terrain. *Partir en éclaireur.* ■ **2** (1911 ◊ traduction de l'anglais *scout* → scout) **ÉCLAIREUR, ÉCLAIREUSE :** membre de certaines associations du scoutisme français (protestantes, israélites ou laïques). *Les Éclaireurs de France.*

II n. m. CHIR. Dispositif portant une lampe électrique utilisé lors de l'inspection d'une cavité de l'organisme.

ÉCLAMPSIE [eklɑ̃psi] n. f. – 1783 ◊ du grec *eklampein* « briller soudainement, éclater » ■ MÉD. *Éclampsie puerpérale* : syndrome atteignant les femmes enceintes, caractérisé par des convulsions accompagnées de coma.

ÉCLAMPTIQUE [eklɑ̃ptik] adj. – 1841 ◇ de *éclampsie* ■ MÉD. Qui a rapport à l'éclampsie. *Crise éclamptique.* — n. f. (1849) Femme, atteinte d'éclampsie.

ÉCLAT [ekla] n. m. – *esclat* v. 1165 ◇ de *éclater*

I ■ **1** Fragment d'un corps qui éclate, qu'on brise. ➤ **brisure, morceau,** et aussi **éclisse, écornure, esquille, recoupe.** *Éclat de verre. Éclats de silex. « Une étroite vallée encombrée d'éclats de roches »* MAC ORLAN. *Blessé par un éclat d'obus.* — LOC. *Voler en éclats :* se briser avec bruit, en projetant des morceaux partout. ➤ **éclater.** *« La marmite saute en l'air, vole en éclats »* LOTI. FIG. Cesser brusquement. *Le consensus vola en éclats. « Des audaces qui prêteraient peut-être, aujourd'hui, à sourire, firent voler en éclats l'ordre ancien »* BERGOUNIOUX. ■ **2** (XVe) Bruit violent et soudain de ce qui éclate. VX *« Comme un éclat de tonnerre »* BOSSUET. MOD. *Éclats de voix. « de grands éclats de joie »* BARRÈS. ➤ **cri.** *Éclat de rire.* LOC. *Rire* aux éclats.* ◆ FIG. Bruit. *« Le livre fit, dans la presse, un grand éclat »* MAUROIS. — Scandale. *« Éviter toute rupture et tout éclat »* ROUSSEAU. LOC. *Faire un éclat :* provoquer un scandale en manifestant son opinion.

II (XVIe) ■ **1** Intensité d'une lumière vive et brillante. ➤ **clarté.** *« L'éclat de la lumière l'aveuglait »* MARTIN DU GARD. ASTRON., PHYS. *Éclat d'un astre, d'une source lumineuse.* ➤ **luminance.** — PAR EXT. Lumière reflétée par un corps brillant. ➤ **2 brillant, 2 lustre, miroitement.** *« l'insoutenable éclat d'une lame d'acier au soleil »* COURTELINE. *L'éclat d'un diamant.* ➤ **1 feu, scintillement.** *Maquillage qui donne de l'éclat au regard. Sans éclat.* ➤ **1 terne.** ■ **2** Vivacité et fraîcheur (d'une couleur), couleur vive et fraîche qui plaît. *« La vigueur et l'éclat du coloris sont deux choses diverses »* DIDEROT. *Aviver, ternir l'éclat d'une couleur. L'éclat du teint. Une femme qui a de l'éclat,* une beauté fraîche, radieuse. *« Madame de Guiche, alors dans tout l'éclat de sa jeunesse »* CHATEAUBRIAND. ■ **3** FIG. Caractère de ce qui est brillant, magnifique. ➤ **luxe, magnificence, richesse.** *Acteur dans tout l'éclat de sa gloire, de sa célébrité.* Milton *« a porté l'éclat de la Renaissance dans le sérieux de la Réforme »* GIDE. *« La grande éloquence où il y a, à la fois, chaleur, mouvement, éclat et magnificence »* FAGUET. *L'éclat d'une réception.* ➤ **1 faste.** ◆ **loc. adj. D'ÉCLAT :** remarquable, éclatant. *Action, coup d'éclat.*

■ CONTR. Matité, sobriété.

ÉCLATANT, ANTE [eklatɑ̃, ɑ̃t] adj. – 1538 ; « cassant, fragile » 1436 ◇ de *éclater* ■ **1** Qui fait un grand bruit. ➤ **bruyant.** *Le son éclatant de la trompette. « La voix est forte, éclatante, riche »* ALAIN. *Un rire éclatant.* ➤ **sonore.** ■ **2** Qui brille avec éclat. ➤ **1 brillant*, éblouissant, étincelant, flamboyant.** *Un soleil éclatant. Un ciel éclatant de lumière. « Une mosquée éclatante luit sous le soleil »* MAUPASSANT. — (D'une couleur) *Un rouge éclatant.* ➤ **rutilant, vif, voyant.** *La blancheur éclatante des pentes neigeuses, du linge propre.* ◆ PAR EXT. Dont la couleur, le coloris, la fraîcheur a de l'éclat. *« Un coq royal, éclatant de carmin, d'émeraude et d'or rouillé »* GENEVOIX. *Un sourire éclatant. D'une éclatante beauté.* ➤ **radieux, resplendissant.** ■ **3** FIG. Qui se manifeste de la façon la plus frappante. ➤ **remarquable, retentissant.** *Un mérite, des dons éclatants. « Pour prendre une éclatante revanche »* CHATEAUBRIAND. ➤ **spectaculaire.** *Un succès éclatant.* ➤ **triomphal.** *Une vérité éclatante. Des preuves éclatantes.* ➤ **évident, 1 manifeste.** — FAM. Fou, drôle. *Un type éclatant.* ■ CONTR. Doux ; sombre ; 1 terne ; modeste. Fade, fané, foncé, neutre.

ÉCLATÉ [eklate] n. m. – milieu XXe ◇ de *éclater* ■ TECHN. Représentation graphique d'un objet complexe (machine, moteur, ouvrage d'art), qui en montre les éléments ordinairement invisibles par séparation de ces éléments représentés en perspective ; perspective éclatée. *Dessiner l'éclaté d'une machine.*

ÉCLATEMENT [eklatmɑ̃] n. m. – 1553 ◇ de *éclater* ■ **1** Fait d'éclater. ➤ **explosion, rupture.** *L'éclatement d'une chaudière, d'une conduite d'eau. « Le sourd éclatement des bombes »* MARTIN DU GARD. SPÉCIALT *Éclatement d'un pneu, d'un ballon.* ➤ **crevaison.** ■ **2** FIG. Fragmentation d'un ensemble ou d'un groupe humain en plusieurs groupes nouveaux. *L'éclatement d'un parti en plusieurs courants,* sa division brutale en groupes nouveaux. ➤ **scission.**

ÉCLATER [eklate] v. ⟨1⟩ – *esclater* avant 1150 ◇ francique °*slaitan* « fendre, briser »

I ~ **v. tr.** ■ **1** VX Casser, faire voler en éclats. ➤ **briser.** BLAS. *Lance éclatée.* ■ **2** (1651) MOD., HORTIC. Diviser (une plante) en séparant des drageons. ■ **3** Faire éclater. ➤ FAM. **crever, péter** (tr.). *Éclater un ballon.* ■ **4** FAM. Écraser, fracasser. *Je vais l'éclater, lui éclater la tête. « Toi, le chien chien, couché ! À la niche ! Tu me touches, je t'éclate ! »* É. CHERRIÈRE. ■ **5** ABSTRAIT Diviser, décomposer en plusieurs parties. *Éclater un système trop complexe.* ◆ SPÉCIALT *Éclater un croquis.* — *Perspective éclatée.* ➤ **éclaté.**

II ~ **v. pron. S'ÉCLATER** ■ **1** VX *« La surprise est cause qu'on s'éclate de rire »* DESCARTES. ■ **2** (v. 1968) MOD. et FAM. Éprouver un plaisir intense (dans une activité). *S'éclater comme des bêtes.* ➤ **jouir, triper.** *Il s'éclate vraiment dans son boulot* (cf. Prendre son pied*). *« Regarde, je suis fort, je suis gai, je m'éclate »* TOURNIER.

III ~ **v. intr.** (1532) ■ **1** Se rompre avec violence et généralement avec bruit, en projetant des fragments, ou en s'ouvrant. ➤ se **briser,** se **casser,** se **fendre.** *La chaudière a éclaté. « L'eau bouillante risque de faire éclater les verres »* GIDE. *Toutes les vitres ont éclaté sous la violence de l'explosion. Obus, bombe, pétard qui éclate.* ➤ **exploser, sauter ;** FAM. **péter ; éclat.** *Pneu qui éclate. Au printemps, les bourgeons éclatent.* ➤ **s'ouvrir.** BOT. *Fruit qui éclate* (➤ **déhiscent**). — *Vaisseau sanguin qui éclate.* ➤ se **rompre ; rupture.** — PAR EXAGÉR. *« sa tête bourdonnante et près d'éclater »* DAUDET. ■ **2** Se diviser en plusieurs parties. ➤ se **scinder.** *Parti qui éclate en plusieurs courants. La coalition a éclaté.* — *Famille qui éclate.* ➤ se **désunir,** se **séparer.** ■ **3** PAR ANAL. Faire entendre un bruit violent et soudain. ➤ **retentir.** *L'orage a éclaté. «* La Marseillaise, *chantée avec une furie vengeresse, éclata »* ZOLA. *Rires, cris, applaudissements qui éclatent. Les sanglots « qui n'éclatèrent que quand je me retrouvai seul »* PROUST. ◆ (Sujet personne) *La foule éclata en applaudissements. Éclater en sanglots. Éclater en invectives, en violents reproches.* ➤ se **répandre.** — LOC. *Éclater de rire** ou ABSOLT *éclater.* ➤ **pouffer.** — ABSOLT S'emporter bruyamment. *« Incapable d'éclater, de me mettre en colère »* RADIGUET. ■ **4** (Sujet chose) Se manifester tout à coup en un début brutal. ➤ **commencer,** se **déclarer, survenir.** *L'incendie, la guerre, la grève a éclaté. Si le scandale éclate.* — (Sentiments) *Laisser éclater sa joie, sa colère. « Un chagrin aux raisons obscures, aux racines ancestrales, qui n'osait éclater »* CALAFERTE. ■ **5** Avoir de l'éclat, briller d'un vif éclat. *« L'or éclate [...] sur les habits de Philémon »* LA BRUYÈRE. *« Quel était ce feu intérieur qui éclatait parfois dans son regard ? »* HUGO. ➤ **flamboyer.** — *Couleur qui éclate* (➤ **éclatant**). ■ **6** Apparaître de façon manifeste. ➤ **1 rayonner, resplendir.** *La joie éclatait sur son visage.* ◆ Se manifester avec évidence (cf. Sauter* aux yeux). *La droiture, « la bonté de Battaincourt éclataient en ses moindres propos »* MARTIN DU GARD. *La vérité finira bien par éclater.* ◆ FIG. (Sujet personne) Accéder soudain à la célébrité. *Un jeune chanteur qui éclate sur la scène internationale.*

■ CONTR. Contenir (se), dominer (se), taire (se) ; dissimuler (se).

ÉCLATEUR [eklatœʀ] n. m. – 1922 ◇ de *éclater* ■ ÉLECTR. Appareil à deux électrodes séparées par un diélectrique, disposées de façon qu'une étincelle jaillisse entre elles quand la différence de potentiel atteint une certaine valeur.

ÉCLECTIQUE [eklɛktik] adj. – 1651 ◇ grec *eklektikos,* de *eklegein* « choisir » ■ **1** PHILOS. Qui professe l'éclectisme, est inspiré par l'éclectisme. SUBST. *Les éclectiques :* les philosophes éclectiques. ■ **2** PAR EXT. (XIXe) Qui n'a pas de goût exclusif, ne se limite pas à une catégorie d'objets (opposé à *monomaniaque*). *Être éclectique en littérature, en amour. « L'esprit le plus ouvert à toutes les notions et à toutes les impressions, le jouisseur le plus éclectique »* BAUDELAIRE. — *Avoir des goûts très éclectiques en musique.* ■ CONTR. Exclusif, sectaire.

ÉCLECTISME [eklɛktism] n. m. – 1755 ◇ de *éclectique* ■ **1** PHILOS. École et méthode philosophique de Potamon d'Alexandrie, recommandant d'emprunter aux divers systèmes les thèses les meilleures quand elles sont conciliables, plutôt que d'édifier un système nouveau. ➤ **syncrétisme.** — (1817) Position analogue soutenue par Victor Cousin. ■ **2** PAR EXT. Disposition d'esprit éclectique. *Faire preuve d'éclectisme dans ses lectures, dans ses relations.* ■ CONTR. Sectarisme.

ÉCLIMÈTRE [eklimɛtʀ] n. m. – 1870 ◇ du grec *ekkli(nês)* « incliné » et *-mètre* ■ TECHN. Instrument d'arpenteur pour mesurer la différence de niveau entre deux points.

ÉCLIPSE [eklips] n. f. – v. 1150 ◇ latin impérial *eclipsis,* grec *ekleipsis* ■ **1** Passage d'un corps céleste dans la pénombre *(éclipse partielle)* ou l'ombre *(éclipse totale)* d'un autre. *Éclipse du Soleil,* son occultation par la Lune, pour un observateur terrestre. *Éclipse lunaire* (ou *de Lune*), son passage dans l'ombre de la Terre. *Éclipse annulaire du Soleil,* quand son diamètre apparent est supérieur à celui de la Lune. ■ **2** VIROL. *Éclipse virale :* phase de l'infection virale au cours de laquelle aucun virion n'est visible, qui commence par la libération d'acide nucléique dans les cellules infectées et s'achève par l'assemblage de nouveaux virions. ■ **3** FIG. Période de fléchissement, de défaillance. *L'éclipse d'un sportif.* « *La civilisation exposée à subir de longues éclipses ou même à périr* » BAINVILLE. ◆ FAM. Disparition. « *L'homme qu'il chassait n'était plus là. Éclipse totale de l'homme en blouse* » HUGO. ◆ **À ÉCLIPSES :** qui apparaît et disparaît de façon intermittente (d'abord d'une source lumineuse). *Phare à éclipses.* FIG. *Activité à éclipses.* — FAM. *Collaborateur à éclipses.* ■ CONTR. Réapparition.

ÉCLIPSER [eklipse] **v. tr.** ‹1› – v. 1250 ◊ de *éclipse* ■ **1** Provoquer l'éclipse de (un autre astre). *La Lune éclipse parfois le Soleil.* ◆ PAR ANAL. Rendre momentanément invisible. ➤ **cacher,** 1 **voiler.** *Nuage qui éclipse le Soleil.* ■ **2** FIG. Empêcher de paraître, de plaire, en brillant soi-même davantage. ➤ **surpasser** (cf. Faire pâlir*). *Éclipser ses rivaux.* « *la gloire de l'auteur d'une découverte éclipse celle des savants qui l'ont préparée* » CONDORCET. ■ **3 S'ÉCLIPSER v. pron.** Être éclipsé, voilé ; disparaître momentanément. ◆ FAM. S'en aller à la dérobée. ➤ **s'esquiver.** *Je me suis éclipsé avant la fin de la cérémonie.* ■ CONTR. Dévoiler, montrer.

ÉCLIPTIQUE [ekliptik] **adj.** et **n. m.** – après 1250, rare avant 1611 ◊ latin *eclipticus,* grec *ekleiptikos* « relatif aux éclipses » ■ **1** VX Propre aux éclipses. ◆ (1870) MOD. Relatif à l'écliptique. ■ **2 n. m.** (XVIIe n. f. ◊ grec *ekleiptikos [kuklos],* les éclipses se produisant près des points où ce cercle coupe l'orbite de la Lune) ASTRON. Plan de l'orbite de la Terre et des autres planètes (sauf Pluton) autour du Soleil. *Intersection de l'écliptique et du plan de l'équateur céleste* (cf. Point gamma). *Obliquité de l'écliptique,* l'angle qu'il forme avec le plan de l'équateur céleste.

ÉCLISSE [eklis] **n. f.** – *esclice* 1080 ◊ de *éclisser* ■ **1** TECHN. Éclat de bois. — Plaque de bois mince utilisée en lutherie ; bois de fente utilisé en boissellerie, etc. *Éclisses d'un violon, d'un tambour faisant le tour de la caisse de résonance.* ◆ Plaque de bois ou bandage de carton qu'on applique le long d'un membre fracturé pour maintenir l'os. ➤ **attelle, gouttière.** ■ **2** (XVIe ; d'abord *panier d'éclisses*) Clisse (claie ou surface tressée). ■ **3** (1863) Pièce d'acier reliant les rails de chemin de fer.

ÉCLISSER [eklise] **v. tr.** ‹1› – 1552 ; « fendre en éclats » v. 1100 ◊ francique °*slitan* ■ Assujettir (un membre) par des éclisses. ◆ TECHN. Fixer à l'aide d'éclisses (un rail, un aiguillage).

ÉCLOPÉ, ÉE [eklɔpe] **adj.** – 1176 ◊ de *é-* et de l'ancien français *cloper* « boiter » → clopin-clopant ■ Qui marche péniblement en raison d'un accident ou d'une blessure. ➤ **boiteux, estropié, infirme.** SUBST. *Un éclopé* (SPÉCIALT un soldat légèrement blessé).

ÉCLORE [eklɔʀ] **v. intr.** ‹45 ; rare sauf au prés., inf. et p. p.› – v. 1170 ◊ latin populaire °*exclaudere,* classique *excludere* « faire sortir » ■ **1** Sortir de l'œuf. *Les poussins sont éclos.* « *Quelques-uns, comme les serins, éclosent au bout de treize ou quatorze jours* » BUFFON. ◆ PAR EXT. S'ouvrir, en parlant de l'œuf. *L'œuf est éclos. Faire éclore des œufs.* ➤ **incubation.** — (Avec l'auxil. *avoir*) *Les œufs ont éclos.* ■ **2** Se dit d'une fleur en bouton qui s'ouvre. ➤ **s'épanouir, fleurir.** — **p. p. adj.** *Une fleur à peine éclose, fraîche éclose.* ■ **3** FIG. Naître, paraître. *Le printemps éclôt.* « *Après la froide nuit, vous verrez l'aube éclore* » HUGO. *Faire éclore :* révéler, susciter. « *La sympathie peut faire éclore bien des qualités somnolentes* » GIDE. ■ CONTR. Faner (se). Disparaître.

ÉCLOSERIE [eklozʀi] **n. f.** – 1972 ◊ de *éclos,* p. p. de *éclore* ■ Bassin d'un établissement d'aquaculture, destiné à la reproduction et à l'éclosion des œufs. *Écloserie de homards, de crevettes.*

ÉCLOSION [eklozjɔ̃] **n. f.** – 1747 ◊ de *éclore* ■ **1** Fait d'éclore. *L'éclosion d'une couvée.* « *Entre l'éclosion des œufs et l'essor des oisillons* » COLETTE. ■ **2** Épanouissement (de la fleur). *L'éclosion d'une rose.* ■ **3** FIG. Naissance, apparition. *L'éclosion de nouveaux talents.* « *J'assiste à l'éclosion de ma pensée* » RIMBAUD. ■ CONTR. Flétrissement. Disparition.

ÉCLUSAGE [eklyzaʒ] **n. m.** – *esclusage* 1410 ◊ de *écluser* ■ TECHN. Action d'écluser (un bateau), de faire passer par l'écluse. ➤ **sassement.**

ÉCLUSE [eklyz] **n. f.** – *escluse* v. 1200 ◊ bas latin *exclusa,* p. p. fém. de *excludere,* « (eau) séparée du courant » ■ Ouvrage hydraulique, formé essentiellement de portes munies de vannes, destiné à retenir ou à lâcher l'eau selon les besoins. *Écluse simple, double, à sas. Écluse de chasse*. Écluses d'un canal,* destinées à faire passer, aux changements de niveau, les bateaux du bief d'amont au bief d'aval ou inversement. *Charpente, maçonnerie d'une écluse.* ➤ **bajoyer, barrage, digue,** 1 **radier.** PAR MÉTON. *Lever, baisser, ouvrir, lâcher, fermer les écluses,* les portes de l'écluse. — PAR MÉTAPH. « *Il mit son cœur à nu, ouvrit l'écluse au flot amer de ses rancunes* » COURTELINE.

ÉCLUSÉE [eklyze] **n. f.** – 1627 ◊ de *écluser* ■ TECHN. Quantité d'eau qui coule depuis qu'on a lâché l'écluse jusqu'à ce qu'on l'ait refermée.

ÉCLUSER [eklyze] **v. tr.** ‹1› – *escluser* XIe ◊ de *écluse* ■ **1** TECHN. Barrer (une rivière, un canal) par une écluse ; faire passer (un bateau) par une écluse. ➤ **sasser.** ■ **2** (1936) POP. Boire. « *Ce qu'on a pu en écluser des litrons à Saint-Locdu* » SAN-ANTONIO. *En écluser un :* boire un verre.

ÉCLUSIER, IÈRE [eklyzje, jɛʀ] **n.** – v. 1470 ◊ de *écluse* ■ Personne chargée de garder et manœuvrer une écluse.

ÉCO- ■ Élément, du grec *oikos* « maison, habitat », qui sert à former des mots avec le sens de « choses domestiques » ou, plus souvent, « milieu naturel, environnement », d'après *écologie.*

ÉCOBILAN [ekobilɑ̃] **n. m.** – 1991 ◊ de *éco-* et *bilan* ■ Bilan réalisé pour évaluer l'impact environnemental d'un bien ou d'un service, depuis sa production jusqu'à son élimination. *Écobilan d'un emballage.*

ÉCOBLANCHIMENT [ekoblɑ̃ʃimɑ̃] **n. m.** – 2002 ◊ de *éco-* et *blanchiment* ■ DIDACT. Fait, pour une entreprise ou un organisme, de se donner une image responsable à l'égard de l'environnement. « *L'écoblanchiment, [...] c'est du pur marketing : on s'offre une image plus verte auprès du public et on se rachète une conscience plus écolo* » (Le Soir, 2013).

ÉCOBUER [ekɔbɥe] **v. tr.** ‹1› – 1721 ; *égobuer* 1539 ◊ de *é-* et du dialectal *gobe* « motte de terre », radical gaulois °*gobbo* « gueule » ■ AGRIC. Peler (la terre) en arrachant les mottes, avec les herbes et les racines, que l'on brûle ensuite pour fertiliser le sol avec les cendres. — **n. m. ÉCOBUAGE,** 1797.

ÉCOCENTRE [ekosɑ̃tʀ] **n. m.** – 1996 ; autre sens 1991 ◊ marque déposée ; de *éco-* et *centre* ■ (Canada) Déchèterie.

ÉCOCIDE [ekosid] **n. m.** – 1971 ◊ de *éco-* et *-cide* ■ DIDACT. Destruction méthodique de la flore et de la faune.

ÉCOCITÉ [ekosite] **n. f.** – 1972 ; rare avant 2000 ◊ de *éco-* et *cité* ■ Agglomération urbaine ou quartier dont la conception et le développement sont respectueux de l'environnement.

ÉCOCITOYEN, CITOYENNE [ekositwajɛ̃, sitwajɛn] **adj.** et **n.** – 1990 ◊ de *éco-* et *citoyen* ■ Inspiré par l'écocitoyenneté. ➤ aussi **écoresponsable.** *Geste écocitoyen.* ➤ **écogeste.** ◆ Partisan de l'écocitoyenneté. — **n.** *Les écocitoyens.*

ÉCOCITOYENNETÉ [ekositwajɛnte] **n. f.** – 1993 ◊ de *écocitoyen* ■ Comportement responsable et civique à l'égard de l'environnement.

ÉCOCONCEPTION [ekokɔ̃sɛpsjɔ̃] **n. f.** – 1998 ; *Eco conception* marque déposée ◊ de *éco-* et *conception* ■ DIDACT. Conception industrielle respectueuse de l'environnement. *Écoconception d'emballages.*

ÉCOCONDUITE [ekokɔ̃dɥit] **n. f.** – 2003 ; autre sens 1996 ◊ de *éco-* ou *éco(nomique)* et *conduite* ■ DIDACT. Ensemble de pratiques qui rendent la conduite d'un véhicule à la fois plus économique et plus respectueuse de l'environnement.

ÉCOEMBALLAGE [ekoɑ̃balaʒ] **n. m.** – 1992 ◊ de *éco-* et *emballage* ■ Emballage dont le recyclage s'inscrit dans le respect de l'environnement.

ÉCŒURANT, ANTE [ekœʀɑ̃, ɑ̃t] **adj.** – milieu XIXe ◊ de *écœurer* ■ **1** Qui écœure, soulève le cœur. ➤ **dégoûtant*, fétide, répugnant.** « *des odeurs écœurantes d'ail ou d'humanité* » MAUPASSANT. ◆ PAR EXT. Fade, trop gras ou trop sucré. *Un gâteau écœurant.* ■ **2** FIG. Moralement répugnant, révoltant. *Des flatteries écœurantes. Quelle injustice ! c'est écœurant de voir cela !* ◆ **n.** (Canada) FAM. Salaud. ➤ **fumier, salopard.** *Un bel écœurant.* « *ce n'est pas parce que tu refuses de la marier que t'es un écœurant* » M. LABERGE. ■ **3** Qui crée une espèce de malaise, de découragement. ➤ **décourageant, démoralisant.** *Il a une chance ! c'est écœurant.* ➤ FAM. **dégueulasse.** ■ **4** (1810) (Canada) Formidable, extraordinaire. *C'était écœurant, ce concert !* ■ CONTR. Appétissant ; exaltant.

ÉCŒUREMENT [ekœʀmɑ̃] **n. m.** – 1870 ◊ de *écœurer* ▪ **1** État d'une personne écœurée. *Manger jusqu'à l'écœurement.* ➤ **haut-le-cœur, nausée.** ▪ **2** Dégoût profond, répugnance. *L'écœurement que m'inspirent ces magouilles.* ▪ **3** Découragement. ➤ FAM. **ras-le-bol.** « *Un immense et universel écœurement suivait nécessairement tant de déceptions* » MADELIN. ▪ CONTR. Appétit ; enthousiasme.

ÉCŒURER [ekœʀe] **v. tr.** ‹1› – 1640, rare avant 1864 ◊ de *é-* et *cœur* ▪ **1** Dégoûter au point de donner envie de vomir. « *Cette liqueur épaisse l'écœura* » GREEN. ABSOLT *Sauce grasse qui écœure* (cf. Soulever le cœur*). ▪ **2** FIG. Dégoûter au plus haut point en inspirant l'indignation ou le mépris. « *J'étais las, las, écœuré par toutes les bêtises, toutes les bassesses, toutes les saletés que j'avais vues* » MAUPASSANT. ▪ **3** Décourager, démoraliser profondément. *Son cynisme m'écœure.* — PRONOM. (Canada) *Ils ont fini par s'écœurer.* ➤ **se décourager, se fatiguer, se lasser.** ▪ **4** (Canada) Agacer, taquiner. « *Pourquoi tu te laisses écœurer ? Cogne* » R. DUCHARME. ▪ CONTR. Allécher. Enthousiasmer.

ÉCOGESTE [ekoʒɛst] **n. m.** – 2001 ◊ de *éco-* et 1 *geste* ▪ Geste simple de la vie quotidienne qui contribue à la protection de l'environnement et à la réduction de la pollution (➤ **écocitoyenneté, écoresponsabilité**).

ÉCOHABITAT [ekoabita] **n. m.** – 1998 ; 1979, au Canada ◊ de *éco-* et *habitat* ▪ Type d'habitat dans lequel le choix des matériaux et les méthodes de construction respectent l'environnement. *Écohabitat et développement durable.*

ÉCOINÇON [ekwɛ̃sɔ̃] **n. m.** – 1331 ◊ de *é-* et *coin* ▪ TECHN. Ouvrage de menuiserie, de maçonnerie formant encoignure. *Meuble en écoinçon,* dont la forme triangulaire épouse l'angle formé par deux murs. ➤ **encoignure.** ◆ Pierre qui fait l'encoignure de l'embrasure d'une baie.

ÉCO-INDUSTRIE [ekoɛ̃dystʀi] **n. f.** – 1989 ◊ de *éco-* et *industrie* ▪ Industrie produisant des biens et des services pour la protection de l'environnement, la dépollution. *Les éco-industries.*

ÉCOLABEL [ekolabɛl] **n. m.** – 1990 ◊ de *éco-* et *label* ▪ COMM. Label européen attribué à un produit dont la production et l'utilisation sont respectueux de l'environnement.

ÉCOLABELLISER [ekolabelize] **v. tr.** ‹1› – 1995 au p. p. ◊ de *écolabel* ▪ COMM. Attribuer un écolabel à (un produit). — **P. p. adj.** *Peinture écolabellisée.*

ÉCOLAGE [ekɔlaʒ] **n. m.** – 1340 « instruction » ◊ de *école* ▪ **1** (Suisse, Afrique noire) Frais de scolarité. ▪ **2** (Belgique) Apprentissage des bases (d'une technique, d'une profession) auprès d'une personne expérimentée. *Programme, matériel d'écolage.* ◆ Dressage (d'un animal domestique). *Écolage des chiens pour aveugles.*

ÉCOLÂTRE [ekɔlɑtʀ] **n. m.** – 1304 ; *scolaistre* XIIIe ◊ latin médiéval *scolaster, tri* ▪ ANCIENNT Ecclésiastique qui dirigeait l'école attachée à l'église cathédrale ; ecclésiastique inspecteur des écoles d'un diocèse.

ÉCOLE [ekɔl] **n. f.** – fin XIe ◊ du latin *schola* « loisir consacré à l'étude », « leçon » et « lieu où l'on enseigne », du grec *skholê* « école » (→ scolie) dont le sens originel est « loisir, tranquillité », parfois même « paresse »

I ÉTABLISSEMENT D'ENSEIGNEMENT ▪ **1** Établissement dans lequel est donné un enseignement collectif (général ou spécialisé). *École maternelle*, primaire** ou *élémentaire.* (Suisse) *École enfantine,* (Belgique) *école gardienne,* maternelle. (Suisse, Canada) *École secondaire :* établissement d'enseignement secondaire. ➤ **collège.** *École commerciale. École de danse, de dessin, d'art dramatique.* ➤ **académie,** 2 **conservatoire, cours.** *École d'ingénieurs.* — *Les grandes écoles,* appartenant à l'enseignement supérieur, qui recrutent par concours et dispensent des formations de haut niveau (en France, *École normale supérieure, École nationale d'administration (E. N. A.), École polytechnique, centrale, navale,* etc.). *Intégrer une grande école.* Un « *parvenu issu des grandes écoles qui se comportait en propriétaire dans une entreprise où il n'avait jamais investi* » M. DUGAIN. (Suisse, Belgique) *Haute école :* établissement d'enseignement supérieur. ◆ LOC. *Faire l'école buissonnière*. Renvoyer qqn à l'école,* lui faire sentir son ignorance. ◆ SPÉCIALT Établissement d'enseignement maternel et primaire. *École publique, laïque. École privée, confessionnelle, libre.* ➤ **institution, pension.** *École coranique*. École de garçons, de filles, mixte. Directeur, maître d'école ; professeur des écoles.* ➤ **enseignant, instituteur.** *Un enfant en âge d'aller à l'école.* ➤ **écolier ; scolaire ; scolarité.** *Un ancien camarade d'école.* — Ensemble des locaux de l'école. *Les salles de classe, la cour de l'école. Le chemin de l'école. Attendre un enfant à la sortie de l'école.* — Enseignement qu'on y donne. *Il n'y a pas (d')école aujourd'hui.* ➤ **classe.** ▪ **2** L'ensemble des élèves et du personnel enseignant de cet établissement. *La fête de l'école.* ▪ **3** EN APPOS. (formant un nom composé) *Voiture-école, véhicule-école.* ➤ **autoécole.** *Navire-école, ferme-école. Des bateaux-écoles.*

II ENSEIGNEMENT ▪ **1** MILIT. Instruction, exercice. « *L'école du soldat et l'école de peloton* » VIGNY. *Écoles à feu :* exercices de tir réel. — (Suisse) *École de recrues :* instruction militaire des conscrits. ◆ (1755) Exercice d'équitation. *Haute école :* équitation savante. ▪ **2** Ce qui est propre à instruire et à former ; source d'enseignement. *Une école de courage.* ◆ (milieu XIIe) LOC. *Être à bonne école,* avec des gens capables de former, de servir d'exemple. — *À l'école du monde, de la pauvreté,* en recevant l'enseignement qu'apporte le monde, la pauvreté. — *Il a été à rude école :* le malheur, les difficultés l'ont instruit. ▪ **3** (XVIIe) *L'École :* l'enseignement et la philosophie scolastiques. ▪ **4** Groupe ou suite de personnes, d'écrivains, d'artistes qui se réclament d'un même maître ou professent les mêmes doctrines. ➤ **chapelle, mouvement, secte.** *L'école stoïcienne. L'école classique, romantique. L'école de Rubens.* ◆ SPÉCIALT Ensemble de peintres qu'on peut rapprocher par leur origine et leur style. *L'école flamande, vénitienne. L'école de Paris* (XXe s.). ◆ LOC. **FAIRE ÉCOLE :** avoir des disciples, de l'influence. *Ses idées ont fait école.* — *Être de la vieille école,* traditionaliste dans ses principes, ses façons de faire. *Il y a deux écoles,* deux façons de faire. « *Il y avait deux écoles pour le clafoutis, ceux qui laissaient les noyaux et ceux qui les enlevaient* » V. RAVALEC. *Cas d'école :* exemple type. « *On sort de la banalité de la fièvre atypique pour entrer dans un cas d'école gravissime* » M. ROSTAIN.

ÉCOLIER, IÈRE [ekɔlje, jɛʀ] **n.** – *escolier* 1206 ◊ bas latin *scholaris* « scolaire » ▪ **1** VX Élève. SPÉCIALT Étudiant. *Les écoliers des universités du Moyen Âge. L'écolier limousin* (personnage de Rabelais). ▪ **2** MOD. Enfant qui fréquente l'école maternelle ou primaire, suit les petites classes d'un collège. ➤ **collégien, élève.** *Cartable d'écolier.* « *Dans la vie de l'écolière, le lundi a le tort de succéder au dimanche* » ROMAINS. — LOC. *Le chemin des écoliers,* le plus long, qui permet de flâner (cf. Faire l'école buissonnière*). ◆ PAR APPOS. *Papier écolier,* réglé. *Cahier format écolier.* ▪ **3** FIG. ➤ **apprenti, débutant.**

ÉCOLO [ekɔlo] **adj. et n.** – 1975 ◊ abrév. ▪ FAM. ▪ **1** Écologique. *Une lessive écolo.* « *C'est un truc écolo, ça pollue pas la couche d'ozone* » Y. QUEFFÉLEC. ▪ **2** Écologiste. *La candidate écolo.* — **n.** *Les écolos.* ➤ **vert.**

ÉCOLOGIE [ekɔlɔʒi] **n. f.** – 1874, répandu v. 1968 ◊ du grec *oikos* « maison » et *-logie,* d'après *économie* ▪ **1** DIDACT. Étude des milieux où vivent les êtres vivants ainsi que des rapports de ces êtres entre eux et avec le milieu (➤ **biocénose, bioclimatologie, biogéographie, biomasse, biosphère, biotope, écosystème, éthologie**). *Spécialiste de l'écologie.* ➤ **écologiste, écologue.** *Écologie agricole.* ➤ **agroécologie.** *Écologie et protection de l'environnement, des cycles naturels.* ▪ **2** COUR. Mouvement visant à un meilleur équilibre entre l'être humain et son environnement naturel ainsi qu'à la protection de celui-ci. ➤ **écologisme.** — Courant politique défendant ce mouvement.

ÉCOLOGIQUE [ekɔlɔʒik] **adj.** – avant 1968 ◊ de *écologie* ▪ **1** Relatif à l'écologie. *L'écosystème*, unité écologique. Niche* écologique. Sentinelle* écologique. Les problèmes écologiques.* ▪ **2** COUR. Qui respecte l'environnement. ➤ **écolo, vert.** *Une lessive écologique. Produit écologique.* ➤ **écoproduit ; écolabel.** — Qui contribue au respect de l'environnement. *Contribution, fiscalité écologique.* ➤ **écoparticipation, écopastille, écotaxe.** *Bonus écologique :* en France, prime gouvernementale versée à l'acheteur d'une voiture neuve peu polluante. *Malus écologique :* majoration du prix d'achat d'une voiture neuve polluante.

ÉCOLOGISME [ekɔlɔʒism] **n. m.** – v. 1975 ◊ de *écologie* ▪ Doctrine, action des écologistes (2°). ➤ **environnementalisme.**

ÉCOLOGISTE [ekɔlɔʒist] **n. et adj.** – v. 1968 ◊ de *écologie* ▪ **1** DIDACT. Spécialiste de l'écologie. ➤ **écologue, environnementaliste.** *Écologistes du monde animal, végétal.* ▪ **2** Partisan de l'écologisme, de la protection de la nature, de la recherche de formes de développement respectant l'environnement. ➤ **écolo, vert.** — **adj.** *Candidatures écologistes aux élections.*

ÉCOLOGUE [ekɔlɔg] **n.** – v. 1979 ◊ de *écologie* ▪ DIDACT. Scientifique spécialiste d'écologie. ➤ **écologiste.**

ÉCOMATÉRIAU [ekomateʀjo] **n. m.** – 1992 ◊ de *éco-* et *matériau* ■ Matériau de construction dont l'utilisation respecte l'environnement. *Le bois est un écomatériau. Le cycle de vie des écomatériaux nécessite peu d'énergie.*

ÉCOMUSÉE [ekomyze] **n. m.** – avant 1960 ◊ de *éco-* et *musée* ■ Musée ethnographique présentant une collectivité humaine dans son contexte géographique, social et culturel.

ÉCONDUIRE [ekɔ̃dɥiʀ] **v. tr.** ⟨38⟩ – 1485 ◊ altération, d'après *conduire*, de l'ancien français *escondire* «excuser, refuser», du latin médiéval *excondicere*, de *ex-* négatif et *condicere* «convenir, conclure» ■ **1** Repousser (un solliciteur), ne pas accéder à la demande de (qqn). ➤ **refuser** (cf. Envoyer* promener, paître, etc.). *Éconduire les courtisans. Un des soupirants qu'elle a éconduits. Se faire éconduire* (cf. FAM. Prendre un râteau*, un vent). ■ **2** (par attraction de *conduire*) Congédier. «*Je l'éconduisis,* [...] *je restai seul dans la chambre*» PROUST. ■ CONTR. Accueillir.

ÉCONOMAT [ekɔnɔma] **n. m.** – 1553 ◊ de *économe* ■ **1** VX Fonction d'économe. ➤ **intendance.** ■ **2** MOD. Service chargé de cette fonction. *L'économat d'un lycée, d'un hôpital. Adressez-vous à l'économat.* — Bureau de l'économe.

ÉCONOME [ekɔnɔm] **n. et adj.** – 1546 ; *aconome* 1337 ◊ latin ecclésiastique *œconomus*, grec *oikonomos*, de *oikos* «maison» et *-nomos*, de *nemein* «administrer»

I n. Personne chargée de l'administration matérielle, des recettes et dépenses dans une communauté religieuse, un établissement hospitalier, un collège. *L'économe d'un lycée, d'un couvent.* ♦ VX Intendant d'une grande maison. ➤ **administrateur, régisseur.**

II adj. (1690) Qui dépense avec mesure, sait éviter toute dépense inutile. ➤ **parcimonieux, regardant** (cf. Un sou* est un sou). *Elle est très économe* (➤ **fourmi**). «*À père avare, dit-on, fils prodigue ; à parents économes, enfants dépensiers*» MUSSET. *Trop économe.* ➤ **rapia.** ♦ FIG. (1810) *Être économe de ses louanges, de son temps* : ne pas donner ses louanges, son temps sans compter, les mesurer. ➤ 1 **chiche,** 2 **ménager.** ♦ (*L'Économe*, marque déposée) *Couteau économe,* ou ELLIPT *un économe.* ➤ **épluche-légume.**

■ CONTR. Dépensier ; prodigue.

ÉCONOMÈTRE [ekɔnɔmɛtʀ] **n.** – 1952 ◊ de *économétrie* ■ SC. Spécialiste de l'économétrie. — On dit parfois *économétricien, ienne,* 1955.

ÉCONOMÉTRIE [ekɔnɔmetʀi] **n. f.** – 1949 ◊ de *économie* et *-métrie* ■ SC. Application de méthodes mathématiques et statistiques à l'étude et à la représentation de phénomènes économiques. — **adj. ÉCONOMÉTRIQUE,** 1952.

ÉCONOMIE [ekɔnɔmi] **n. f.** – fin XIIIe ◊ du latin *oeconomia*, du grec *oikonomia*, famille de *oikos* «maison» → éco-

I ADMINISTRATION DES BIENS ■ **1** VX (directement du grec) Art de bien administrer une maison, de gérer les biens d'un particulier (*économie privée, domestique*), ou de l'État (*économie publique, politique*). ➤ **administration, gestion.** *Gérer sa maison avec une sage économie.* ■ **2** Science qui a pour objet la connaissance des phénomènes concernant la production, la distribution et la consommation des ressources, des biens matériels dans la société humaine. (1773) *Économie politique* : étude des besoins, de l'organisation de la production, de la circulation des richesses et de leur répartition. «*L'économie politique est un schéma d'interprétation de la réalité concrète*» R. BARRE. ➤ **macroéconomie.** *Étudiant qui suit un cours d'économie politique.* — *Économie appliquée. Économie d'entreprise.* ➤ **gestion, microéconomie.** — *Économie humaine,* centrée sur l'analyse des besoins. *Économie sociale* : ensemble des connaissances relatives à la condition ouvrière et à son amélioration. *Économie solidaire,* visant à réduire l'exclusion. *Économie sociale et solidaire. Économie de la Santé. Économie monétaire,* relative aux phénomènes monétaires et au crédit. *Économie industrielle. Économie publique. Économie du développement. Économie souterraine, parallèle, grise, informelle,* regroupant les activités lucratives en marge de l'économie officielle (marché noir, contrebande, travail au noir). ♦ PAR EXT. Ensemble des écoles, doctrines ou courants de pensée économiques. *L'économie classique, marxiste. L'économie néoclassique, keynésienne. L'économie de l'offre,* préconisant une stimulation de l'offre et de la demande par une diminution de la pression fiscale. ■ **3** (début XXe) Activité, vie, régime, système économique ; ensemble des faits relatifs à la production, à la distribution et à la consommation des richesses dans une collectivité. *Les secteurs de l'économie. Le ministère de l'Économie et des Finances. Économie en croissance, en expansion, en crise.* — *Économie capitaliste, libérale, de marché*.* ➤ **capitalisme, libéralisme, ultralibéralisme.** *Économie dirigée, planifiée,* comportant une forte intervention de l'État. ➤ **dirigisme, interventionnisme.** — *Économie mixte,* où se rencontrent à la fois les caractéristiques du capitalisme et du socialisme. *Sociétés d'économie mixte,* dans lesquelles l'État ou une collectivité publique sont associés à des capitaux privés. — *Économie concertée* : principe d'organisation des décisions économiques issues d'une collaboration entre l'État et les entreprises. *Économie contractuelle.* — *Économie fermée.* ➤ **autarcie.** *Économie de troc. Économie circulaire,* basée sur une meilleure gestion des ressources, le réemploi des objets, le recyclage des déchets produits, opposé à *économie linéaire,* qui consiste à produire, consommer puis jeter. — *La nouvelle économie,* dont la croissance repose sur les nouvelles technologies et la mondialisation des marchés qui modifient la loi de l'offre et de la demande, les méthodes de production. Recomm. *économie en ligne, en réseau, économie numérique.*

II ÉPARGNE ■ **1** COUR. (1665) *L'économie.* Gestion où l'on évite la dépense inutile. ➤ **épargne, parcimonie, thésaurisation.** *Avoir le sens de l'économie. Ils ne chauffent pas, par économie.* «*L'avarice est plus opposée à l'économie que la libéralité*» LA ROCHEFOUCAULD. — LOC. *À l'économie,* avec le minimum de dépenses. *Conduire à l'économie* (➤ **écoconduite**). «*l'irrémédiable laideur de nombreux quartiers reconstruits à l'économie*» M. NDIAYE. ■ **2** *Une, des économies.* Ce qu'on épargne, ce qu'on évite de dépenser. *Une sérieuse économie. Faire des économies d'énergie. Des économies de bouts de chandelles*.* LOC. PROV. *Il n'y a pas de petites économies* (cf. Un sou* est un sou). ♦ FIG. *Une économie de temps, de fatigue.* ➤ **gain.** «*C'est par une grande économie de moyens que l'on parvient à la simplicité d'expression*» CARTIER-BRESSON. ➤ **sobriété.** — LOC. *Faire l'économie de (qqch.),* s'en dispenser, l'éviter. *Vous auriez pu faire l'économie de l'introduction. Réformes dont on ne peut pas faire l'économie* (➤ **incontournable, indispensable**). ■ **3** (1829) AU PLUR. Somme d'argent que l'on a économisée. *Avoir des économies.* ➤ **pécule, réserve ;** aussi 2 **bas** (de laine). *Mettre, déposer, placer ses économies à la Caisse d'épargne.* VAR. FAM. *Des éconocroques* (1913).

III ORGANISATION (D'UN SYSTÈME) ■ **1** (XVIIe) LITTÉR. Organisation des divers éléments d'un ensemble ; manière dont sont distribuées les parties. ➤ **ordre, organisation, structure.** *L'économie du corps humain. L'économie d'une loi.* «*Avec quelle pénétration d'esprit il jugea de l'économie de la pièce*» RACINE. «*L'économie même de son œuvre gigantesque, certes, mais hâtive, fiévreuse, encombrée*» HENRIOT. ■ **2** Relation, articulation des parties d'un système. *Économie d'un projet.* — LING. Principe d'organisation de l'énergie pour satisfaire aux besoins de la communication et au principe du moindre effort. «*Économie des changements phonétiques*», de Martinet.

■ CONTR. Dépense, gaspillage, prodigalité. — Désordre.

ÉCONOMIQUE [ekɔnɔmik] **adj. et n. m.** – XVIe ; *yconomique* 1370 ◊ latin d'origine grecque *œconomicus* → économe

I ■ **1** VX Qui concerne l'administration d'une maison. ■ **2** (1767) MOD. Qui concerne la production, la distribution, la consommation des richesses ou l'étude de ces phénomènes. *Science économique.* ➤ **économie.** *Activité, vie économique d'un pays. Mécanismes, phénomènes économiques. Crise économique. Politique économique. Histoire, géographie économique.* — *Modèle* économique.* ♦ **n. m.** (1955) L'ensemble des phénomènes économiques, le domaine économique. *L'économique, le politique et le social.*

II (1690) COUR. Qui réduit les frais, épargne la dépense. *Chauffage, voiture économique. Boîte, flacon économique,* grand et relativement moins cher. ➤ **avantageux.** — *Voyager en classe économique* (avion, bateau).

■ CONTR. (II) Coûteux.

ÉCONOMIQUEMENT [ekɔnɔmikmɑ̃] **adv.** – 1690 ◊ de *économique* ■ **1** En dépensant peu, d'une manière économique (cf. À moindre frais*). *Vivre économiquement.* ■ **2** (v. 1770) Relativement à la vie ou à la science économique. *Économiquement parlant.* — *Les économiquement faibles* : les personnes qui disposent de ressources insuffisantes (sans être proprement indigentes).

ÉCONOMISER [ekɔnɔmize] **v. tr.** ⟨1⟩ – 1718 ◊ de *économie* ■ **1** VX Gérer avec sagesse. ♦ MOD. Dépenser, utiliser avec mesure. ➤ 1 **ménager.** *Il va falloir économiser les provisions. Économiser*

l'énergie. Cela économisera de la place. FIG. *Savoir économiser son temps, ses forces.* ▪ **2** (1835) Mettre de côté en épargnant. ➤ **épargner,** RÉGION. **sauver.** *« À force de privations, il économiserait quatre mille francs »* FLAUBERT. ABSOLT *Elle économise pour s'acheter une voiture* (cf. Mettre de l'argent de côté*). *Ils « économisaient sur toutes choses pour payer sa pension »* LOTI. ➤ se **restreindre.** ▪ CONTR. Dépenser ; consommer.

ÉCONOMISEUR [ekɔnɔmizœʀ] **n. m.** – 1890 ◇ de *économiser* ▪ TECHN. ▪ **1** Réchauffeur d'eau d'une chaudière, permettant de récupérer la chaleur. ▪ **2** (1902) Dispositif permettant d'économiser (un produit). *Économiseur de carburant, d'eau.* ▪ **3** *Économiseur d'écran :* utilitaire qui modifie automatiquement l'affichage en cas d'inactivité prolongée d'un ordinateur allumé.

ÉCONOMISME [ekɔnɔmism] **n. m.** – XXe ; « économie politique » 1775 ◇ de *économie* ▪ DIDACT. Interprétation et explication des comportements privilégiant les méthodes et les théories économiques.

ÉCONOMISTE [ekɔnɔmist] **n.** – 1767 ◇ de *économie* ▪ Spécialiste d'économie politique, de science économique.

ÉCOPARTICIPATION [ekopaʀtisipasjɔ̃] **n. f.** – 2006 ◇ de *éco-* et *participation,* sur le modèle de *écotaxe* ▪ Taxe à la charge du consommateur, prélevée sur un appareil électrique ou électronique et destinée à financer la collecte et le recyclage du produit.

ÉCOPASTILLE [ekopastij] **n. f.** – 2007 ◇ de *éco-* et *pastille* ▪ Dispositif incitatif à but écologique en forme de bonus-malus, qui taxe les véhicules neufs les plus polluants et récompense les moins polluants.

ÉCOPÂTURAGE [ekopɑtyʀaʒ] **n. m.** – 2002 ◇ marque déposée ; de *éco-* et *pâturage* ▪ ÉCOL. Entretien écologique d'espaces verts par le pâturage d'animaux herbivores. — REM. On dit aussi *écopastoralisme* (marque déposée).

ÉCOPE [ekɔp] **n. f.** – 1369 ◇ francique °*skôpa* ▪ MAR. Pelle de bois munie d'un manche servant à écoper.

ÉCOPER [ekɔpe] **v. tr.** ‹1› – 1837 ◇ de *écope* ▪ **1** MAR. Vider l'eau de (un bateau) avec une écope. — ABSOLT *Il a fallu écoper.* ▪ **2** FAM. et VX Boire. ◆ (1887) MOD. FAM. *Écoper (de) qqch. :* recevoir (un coup), subir (un désagrément). *Il écopa d'une forte amende. Il « écopa, comme on dit dans l'armée, deux jours de salle de police »* ALLAIS. — ABSOLT Être atteint, puni. ➤ **trinquer.** *Ce sont toujours les mêmes qui écopent.*

ÉCOPERCHE [ekɔpɛʀʃ] **n. f.** – 1470 ; *escouberge* 1315 ◇ probablt de *2écot* et *2perche* ▪ Grande perche verticale d'échafaudage. ➤ **étamperche.** — Grande pièce de bois verticale munie d'une poulie, servant à élever des matériaux de construction.

ÉCOPRODUIT [ekopʀɔdɥi] **n. m.** – 1989 ◇ de *éco-* et *produit* ▪ Produit qui entraîne moins de nuisances à l'environnement durant son cycle de vie (production, consommation et élimination) que d'autres produits similaires (➤ **écolabel**).

ÉCOQUARTIER [ekokaʀtje] **n. m.** – 2002 ◇ de *éco-* et *quartier* ▪ Quartier d'une ville conçu et organisé de manière à minimiser son impact sur l'environnement dans une perspective de développement durable.

ÉCORÇAGE [ekɔʀsaʒ] **n. m.** – 1799 ; *écorcement* 1538 ◇ de *écorcer* ▪ Action d'écorcer (un arbre). *L'écorçage du chêne-liège.*

ÉCORCE [ekɔʀs] **n. f.** – 1176 ◇ latin *scortea* « manteau de peau », de *scortum* « peau, cuir » ▪ **1** Enveloppe d'un tronc d'arbre et de ses branches, qu'on peut détacher du bois. BOT. Enveloppe des végétaux ligneux constituée des tissus extérieurs au liber*. *Écorce lisse, rugueuse, gercée. L'écorce épaissit avec le temps et recouvre l'aubier. « l'écorce argentée des peupliers »* MAUPASSANT. *Écorce laissée sur le bois coupé.* ➤ **grume.** *Utilisation de certaines écorces.* ➤ **cannelle, liège, quercitron, quinquina, tan, teille.** LOC. PROV. *Il ne faut pas juger de l'arbre par l'écorce :* il ne faut pas juger sur les apparences (cf. L'habit* ne fait pas le moine). *Entre l'arbre* et l'écorce, il ne faut pas mettre le doigt.* ▪ **2** Enveloppe coriace de certains fruits ; fragment de cette enveloppe. *Écorce de melon, de mangue, de citron, d'orange, de châtaigne.* ➤ **peau, pelure.** — PROV. *On presse* l'orange et on jette l'écorce.* ◆ PAR ANAL. GÉOL. *Écorce terrestre :* partie superficielle du globe, extérieure au manteau*. ➤ **croûte ; sial, sima.** ◆ ANAT. VIEILLI *Écorce cérébrale.* ➤ **cortex.** ▪ **3** FIG. et LITTÉR. Enveloppe extérieure, apparence. *« une nature de paysan, d'écorce assez rude »* BARRÈS.

ÉCORCER [ekɔʀse] **v. tr.** ‹3› – XIIIe ◇ de *écorce* ▪ Dépouiller (un arbre) de son écorce. *Bois écorcé.* ➤ **pelard.** ◆ Décortiquer, peler (le grain, les fruits). *Écorcer une orange.*

ÉCORCEUR, EUSE [ekɔʀsœʀ, øz] **n.** – 1893 ◇ de *écorcer* ▪ AGRIC. ▪ **1** Personne procédant à l'écorçage des arbres. ▪ **2** **n. f.** Machine à écorcer.

ÉCORCHÉ, ÉE [ekɔʀʃe] **n.** – 1766 ◇ de *écorcher* ▪ **1** Personne écorchée. ➤ **écorcher.** — LOC. *Un écorché vif :* une personne d'une sensibilité excessive, qui se sent facilement blessée. *Une sensibilité d'écorché vif.* ▪ **2** **n. m.** Statue d'homme, d'animal représenté dépouillé de sa peau, d'après laquelle les étudiants des beaux-arts dessinent des études. ▪ **3** **n. m.** TECHN. Dessin d'une machine, d'une installation dépourvue de son enveloppe extérieure. *Dessiner l'écorché d'un moteur.* ➤ aussi **éclaté.**

ÉCORCHEMENT [ekɔʀʃəmɑ̃] **n. m.** – XIIIe ◇ de *écorcher* ▪ Action d'écorcher (un animal).

ÉCORCHER [ekɔʀʃe] **v. tr.** ‹1› – 1155 ◇ bas latin *excorticare,* de *cortex* « enveloppe, écorce » ▪ **1** Dépouiller de sa peau (un corps). ➤ **dépouiller, dépiauter.** *Écorcher un lapin. Certains criminels étaient écorchés vifs.* ➤ **écorché.** *Il crie comme si on l'écorchait,* très fort. *Il crie avant qu'on l'écorche,* pour rien du tout. ▪ **2** Blesser* en entamant superficiellement la peau. ➤ **égratigner, érafler, excorier, griffer.** *Les ronces lui ont écorché les jambes. Le chiffonnier « a le dos et les reins écorchés par le poids de sa hotte »* BAUDELAIRE. *S'écorcher les genoux en tombant.* PRONOM. *Je me suis écorché.* — PAR EXT. Entamer superficiellement, érafler. *Écorcher le mur en poussant un meuble.* — PAR EXAGÉR. *Ce vin écorche le gosier.* ➤ **racler, râper.** *Sons discordants qui écorchent les oreilles.* ▪ **3** FIG. Déformer, prononcer de travers. ➤ **estropier.** *Il écorche tous les noms propres. Écorcher le français.* ◆ VX Faire payer trop cher à (un client). ➤ **estamper, 2voler.**

ÉCORCHEUR [ekɔʀʃœʀ] **n. m.** – avant 1250 ◇ de *écorcher* ▪ Celui qui écorche les bêtes pour la boucherie. ◆ FIG. et VX Estampeur, voleur. SPÉCIALT, HIST. *Les écorcheurs :* brigands qui rançonnaient les paysans lors de la guerre de Cent Ans.

ÉCORCHURE [ekɔʀʃyʀ] **n. f.** – XIIIe ◇ de *écorcher* ▪ Déchirure légère de la peau. *Avoir des écorchures aux genoux.* ➤ **égratignure, éraflure, excoriation, griffure.**

ÉCORECHARGE [ekoʀəʃaʀʒ] **n. f.** – 1990 ◇ de *éco(nomique)* ou *éco(logique)* et *recharge* ▪ Recharge de produits d'entretien, de toilette... en emballage réduit. *Écorecharge de lessive.*

ÉCORESPONSABLE [ekoʀɛspɔ̃sabl] **adj.** – 1995 ◇ de *éco-* et *responsable* ▪ Qui fait preuve de responsabilité à l'égard de l'environnement. ➤ **écocitoyen.** *Un comportement écoresponsable.* — **n. f. ÉCORESPONSABILITÉ** (1994).

ÉCORNER [ekɔʀne] **v. tr.** ‹1› – v. 1200 ◇ de *é-* et *corne* ▪ **1** Priver (un animal) de ses cornes. ➤ **décorner.** *Éleveur qui écorne son troupeau.* ▪ **2** (1611) Casser, endommager un angle de. *Écorner une pierre en la transportant.* ➤ **épaufrer.** — *Livres écornés.* ▪ **3** FIG. Entamer, réduire. ➤ **ébrécher.** *Écorner son héritage, son capital.* — **p. p. adj.** *« Cette fortune, bien qu'écornée déjà, lui avait permis jusqu'alors de subsister »* MARTIN DU GARD.

ÉCORNIFLER [ekɔʀnifle] **v. tr.** ‹1› – 1441 ◇ croisement de *écorner* et de l'ancien français *nifler* (→ renifler), avec p.-ê. l'influence du moyen français *rifler* « piller » ▪ **1** FAM. et VX Se procurer çà et là aux dépens d'autrui (une aubaine, de l'argent, un bon repas). ➤ **grappiller, rafler.** ▪ **2** (1874) (Canada) Épier, surveiller avec indiscrétion. *Elle écornifle les voisins toute la journée.* ➤ **espionner.** *Écornifler les conversations.* — INTRANS. *Écornifler dans les bureaux.* ➤ **fouiner, fureter.**

ÉCORNIFLEUR, EUSE [ekɔʀniflœʀ, øz] **n.** – 1537 ◇ de *écornifler* ▪ **1** FAM. et VX Pique-assiette, parasite. *« L'Écornifleur », roman de Jules Renard.* ▪ **2** (1896) (Canada) Personne curieuse, indiscrète.

ÉCORNURE [ekɔʀnyʀ] **n. f.** – 1694 ◇ de *écorner* ▪ Éclat d'une pierre, d'un meuble écorné ; brèche occasionnée par la cassure.

ÉCOSSAIS, AISE [ekɔsɛ, ɛz] **adj.** et **n.** – avant 1350 ◇ de *Écosse ;* ancien français *escot,* bas latin *Scoti* « habitants de la Calédonie » ▪ **1** De l'Écosse. ➤ **2erse.** *Les lochs écossais. Les anciens clans écossais. Danse écossaise.* ➤ **scottish.** *Berger écossais.* ➤ **colley.** *Douche* écossaise. Whisky écossais.* SPÉCIALT *Tissu écossais,* ou ELLIPT *de l'écossais :* tissu de fils de laine peignée disposés par bandes de couleurs différentes se croisant à angle droit (distinctives des clans, à l'origine). ➤ **homespun,** 1 **tartan.** *Un bel écossais rouge et noir.* ♦ **n.** *Le kilt, la cornemuse des Écossais.* — **n. m.** Langue gaélique d'Écosse. ➤ 2 **erse.** ▪ **2** (1800) Qui présente le motif du tissu écossais. *Une jupe, une cravate écossaise.*

ÉCOSSER [ekɔse] **v. tr.** ‹1› – XIIe ✧ de *é-* et *cosse* ▪ Dépouiller (des pois, des haricots) de la cosse. *Écosser des fèves.* « *C'est facile, d'écosser les petits pois. Une pression du pouce sur la fente de la gousse et elle s'ouvre, docile, offerte* » PH. DELERM. *Haricots à écosser,* à manger en grains (opposé à *haricots verts*). ➤ 2 **coco.**

ÉCOSYSTÈME [ekosistɛm] **n. m.** – milieu XXe ✧ de *éco-* et *système,* d'après l'anglais *ecosystem* ▪ **1** DIDACT. Unité écologique de base formée par le milieu (➤ **biotope**) et les organismes animaux, végétaux et bactériens (➤ **biocénose**) qui y vivent. *La forêt, la montagne, le désert sont des écosystèmes.* ➤ **biome.** « *Chaque élément, dans un écosystème, a un rôle, une raison d'être... Rien n'est inutile, et tout est incroyablement fragile* » F. THILLIEZ. *La pollution des écosystèmes par le mercure.* ♦ FIG. Milieu organisé. « *l'écosystème du socialisme* » R. DEBRAY. ▪ **2** INFORM. Ensemble d'appareils et de logiciels complémentaires. — **adj. ÉCOSYSTÉMIQUE.**

1 **ÉCOT** [eko] **n. m.** – début XIIIe ✧ francique °*skot* « contribution » ▪ Quote-part d'un convive pour un repas à frais communs. *Chacun paiera son écot.* ▪ HOM. Écho.

2 **ÉCOT** [eko] **n. m.** – v. 1200 *escot* ✧ francique °*skōt* « pousse » ▪ SYLV. Tronc d'arbre, rameau imparfaitement élagué.

ÉCOTAXE [ekɔtaks] **n. f.** – 1992 ✧ de *éco-* et *taxe* ▪ Taxe fiscale appliquée à certains produits, services ou activités portant atteinte à l'environnement. *L'« écotaxe, un impôt qui se présente sous la double casquette du protectionnisme écologique et de l'efficience économique* » (Le Monde, 1997).

ÉCOTÉ, ÉE [ekɔte] **adj.** – 1671 ✧ de l'ancien français *écoter* « ébrancher », de 2 *écot* ▪ BLAS. Privé de ses rameaux, taillé comme un écot. *Croix écotée.*

ÉCOTOURISME [ekotuʀism] **n. m.** – 1992 ✧ de *éco-* et *tourisme* ▪ Tourisme centré sur la découverte de la nature, pratiqué dans le respect de l'environnement et de la culture locale. « *L'écotourisme balisé, interdisant la libre circulation sans guide naturaliste sur les îles protégées* » (Le Monde, 1995).

ÉCOTOXIQUE [ekotɔksik] **adj.** – 1989 ✧ de *éco-* et *toxique* ▪ Qui est toxique pour l'environnement. *Lessives écotoxiques.* — **n. f. ÉCOTOXICITÉ.**

ÉCOTYPE [ekotip] **n. m.** – 1926 ✧ anglais *ecotype* (Turesson, 1922) → éco- et -type ▪ ÉCOL. Population d'une espèce donnée adaptée génétiquement aux conditions particulières du milieu. *Les écotypes forestier et montagnard du caribou des bois.*

ÉCOULEMENT [ekulmɑ̃] **n. m.** – 1539 ✧ de *écouler* ▪ **1** Fait de s'écouler, mouvement d'un liquide qui s'écoule. ➤ **dégorgement, déversement, épanchement, évacuation.** *Gouttière pour l'écoulement des eaux d'un toit. Égout servant à l'écoulement des eaux-vannes. Canal, rigole, fossé, tuyau, orifice d'écoulement. Écoulement en jet, goutte à goutte. Arrêter l'écoulement d'un liquide.* ➤ **étancher.** DR. *Servitude d'écoulement des eaux :* obligation pour un terrain inférieur de recevoir les eaux d'un terrain supérieur. ♦ *Écoulement des eaux de pluie.* ➤ **ruissellement.** *Écoulement en cascade.* ➤ **chute.** *Écoulement d'un fleuve.* ➤ 2 **courant, cours.** ♦ PHYS. Mouvement d'ensemble d'un fluide. *Régimes d'écoulement d'un fluide. Écoulement laminaire*, turbulent.* ➤ **rhéologie.** — PHYSIOL. *Écoulement des liquides organiques.* ➤ **excrétion, flux, sécrétion ; -rrhée.** ▪ **2** PAR ANAL. Mouvement de personnes, de véhicules qui se retirent d'un lieu. *Faciliter l'écoulement de la foule.* ➤ **sortie.** ▪ **3** Possibilité d'écouler (des marchandises). ➤ **débouché, vente.** *Écoulement des marchandises, des produits, de la production sur le marché. Écoulement de faux billets.* ▪ CONTR. Stagnation.

ÉCOULER [ekule] **v. tr.** ‹1› – XIIe ✧ de *é-* et *couler*

I **v. pron. S'ÉCOULER.** ▪ **1** Couler hors de quelque endroit. ➤ **couler,** se **déverser,** se **répandre.** *Fente, fuite, conduit, trop-plein par où l'eau s'écoule.* — PAR ANAL. « *La foule qui s'écoulait de tous les lieux de plaisir* » MARTIN DU GARD. ➤ se **retirer,** 1 **sortir.** ▪ **2** Disparaître progressivement. « *Pendant que les fonds publics s'écoulent en fêtes de fraternité* » RIMBAUD. — SPÉCIALT Se passer, accomplir sa durée (en parlant du temps). « *L'idée que la vie s'écoule et fuit comme de l'eau* » FRANCE. *Trois ans s'écoulèrent. Et le temps s'écoulait.* ➤ **fuir.** *Cette journée s'est écoulée bien vite.* IMPERS. *Il s'est écoulé deux ou trois minutes.* — **p. p. adj.** *Les années écoulées,* passées, révolues.

II **v. tr.** (1829) Vendre (des marchandises) de façon continue jusqu'à épuiser. ➤ 1 **débiter.** *Écouler les stocks.* PRONOM. (PASS.) *Produits qui s'écoulent facilement.* IMPERS. « *Il s'est plus écoulé d'exemplaires de mon dernier ouvrage, en quelques mois, qu'il ne s'est vendu d'exemplaires du Génie* » CHATEAUBRIAND. — SPÉCIALT *Écouler de faux billets,* les mettre en circulation.

ÉCOUMÈNE ou **ŒKOUMÈNE** [ekumɛn] **n. m.** – 1858 *œcuménée* ✧ grec *oikoumenê (gê)* → œcuménique ▪ GÉOGR. Espace habitable de la surface terrestre.

ÉCOURTER [ekuʀte] **v. tr.** ‹1› – v. 1175 *escurter* ✧ de *é-* et *court* ▪ **1** RARE Rendre plus court en longueur. *Il avait « écourté sa barbe, coupé ses cheveux »* GIRAUDOUX. ➤ **diminuer, raccourcir.** SPÉCIALT *Écourter un chien, un cheval,* leur couper la queue. ➤ **courtauder.** ▪ **2** Rendre plus court en durée. *J'ai dû écourter mon séjour.* « *Pour écourter autant que possible tes heures de captivité* » COURTELINE. *Écourter un exposé.* ➤ **abréger.** ▪ **3** Rendre anormalement court. ➤ **tronquer.** *Fausser la pensée d'un auteur en écourtant les citations.* — **p. p. adj.** « *On ne trouve dans Mably que des idées écourtées* » CHATEAUBRIAND. *Un dénouement écourté.* ▪ CONTR. Allonger, développer.

ÉCOUTANT, ANTE [ekutɑ̃, ɑ̃t] **n.** – 1973 ✧ de *écouter* ▪ Personne dont la fonction est d'écouter et de conseiller des gens en danger qui appellent par téléphone.

1 **ÉCOUTE** [ekut] **n. f.** – XIIe ✧ de *écouter* ▪ **1** VX Guetteur, sentinelle. ♦ MOD. (PAR APPOS.) *Sœur écoute :* religieuse qui accompagne au parloir une religieuse ou une pensionnaire. *Les sœurs écoutes.* ▪ **2** (XIVe) VX Guet, poste de guet. ♦ LOC. VIEILLI **AUX ÉCOUTES :** à un endroit où on peut guetter, écouter (cf. Aux aguets). « *Madame Husnugul, qui devait être aux écoutes derrière la porte* » LOTI. — FIG. *Aux écoutes de* (qqn, qqch.) : attentif à. ▪ **3** (1864) MILIT. Détection de l'activité ennemie par le son. *Poste d'écoute. Appareil d'écoute sous-marine.* ➤ **asdic, sonar.** ▪ **4** (v. 1915) Action d'écouter (une communication téléphonique, une émission radiophonique, de télévision). *Écoutes téléphoniques. Table d'écoute :* dispositif permettant la surveillance des communications téléphoniques de qqn. *Mettre qqn sur (table d') écoute. Des tables d'écoute.* — *Indice d'écoute d'une émission de télévision.* ➤ **audimat ; audimétrie.** *Émission passant à une heure de grande écoute.* ➤ **prime time.** *Taux d'écoute.* ➤ **audience.** ♦ Fait d'écouter (un son, une musique). ➤ **audition.** *Confort d'écoute d'une station de radio, d'une chaîne hifi. Restez à l'écoute.* « *Ici Radio-Paris, ne quittez pas l'écoute* » SARTRE. ▪ **5** Action d'écouter (qqn), de prêter attention à ce qu'il dit. *Relations reposant sur l'écoute et la confiance.* — LOC. *Être à l'écoute de (qqn) :* prêter attention à ce qu'il dit, à son comportement. *Parents à l'écoute de leurs enfants.* ▪ **6** VÉN. ; AU PLUR. Oreilles (du sanglier).

2 **ÉCOUTE** [ekut] **n. f.** – 1165 ✧ ancien nordique *skaut* « angle inférieur de la voile », puis « cordage fixé à cet angle » ▪ MAR. Manœuvre, cordage servant à orienter une voile et à l'amarrer à son coin inférieur *(point d'écoute)* sous le vent. *Raidir, larguer une écoute.*

ÉCOUTER [ekute] **v. tr.** ‹1› – *eskolter* fin IXe ✧ bas latin *ascultare,* classique *auscultare* → ausculter ▪ **1** S'appliquer à entendre, diriger son attention vers (des bruits, des paroles...) (cf. Prêter, tendre l'oreille*). *Écouter un concert, les informations à la radio. Vous ne m'écoutez pas ! Il écoutait tomber la pluie.* « *Je passe mon temps à écouter ce que je ne devrais pas entendre* » LACLOS. « *Parfois je laissais retomber le livre sur mes genoux pour rêver, pour écouter autour de moi vivre Paris* » MAUPASSANT. **p. p. adj.** *Un des députés les plus écoutés à l'Assemblée.* — ABSOLT Prêter une oreille attentive. *Allo, j'écoute ! Il ne sait pas écouter.* « *Plus désireux d'amuser en bavardant que de m'instruire en écoutant* » PROUST. — LOC. *Écouter de toutes ses oreilles* (cf. Être tout ouïe*). *N'écouter que d'une oreille,* distraitement. *Écouter aux portes :* écouter indiscrètement une conversation derrière une porte. — ABSOLT *Écoute(z) !* s'emploie pour attirer l'attention de l'interlocuteur sur ce qu'on va dire. *Écoute, maintenant, ça suffit !* ♦ PAR EXT. Prêter une attention plus ou moins bienveillante, ne pas refuser d'entendre. *Écouter les observations, les explications de qqn. Non, je n'écoute plus rien !* « *Notre sage magistrat écoutait également le riche et le pauvre* » BOSSUET (cf. Être à l'écoute*). « *Je ne perdrai pas mon temps à écouter ses doléances* » LACLOS. ▪ **2** Accueillir avec faveur (ce que dit qqn), jusqu'à apporter son adhésion, sa confiance. *Écouter les conseils d'un ami.* ➤ **suivre.** *Dieu a écouté nos prières, nos vœux.* ➤ **exaucer.** *Ces* *enfants n'écoutent pas leurs parents.* ➤ **obéir.** *Si je l'écoutais, je refuserais. N'écouter que soi-même :* ne consulter personne. ♦ FIG. Se laisser guider par (un sentiment, un principe). *N'écoutant que son courage, son devoir.* «*Au lieu d'écouter son cœur, qui la menait bien*» ROUSSEAU. ▪ **3** PRONOM. Écouter soi-même. *S'écouter parler :* parler en se complaisant à ses paroles. ♦ Suivre son inspiration. *Si je m'écoutais, je n'irais pas à ce rendez-vous.* ♦ Prêter une trop grande attention à sa santé. ➤ **s'observer.** «*Il est probable (pour reprendre une vieille et assez belle formule) que l'homme s'écoute plus qu'autrefois*» J. BERNARD. ▪ CONTR. Désobéir.

ÉCOUTEUR, EUSE [ekutœʀ, øz] **n.** – XIIe ◊ de *écouter* ▪ **1** RARE Personne qui écoute avec curiosité, indiscrétion. «*Courant le monde, où il jouait le rôle de gazetier, de trucheman* [sic] *et d'écouteur*» GIDE. ▪ **2 n. m.** (1922) Partie du casque ou du récepteur téléphonique qu'on applique sur l'oreille pour écouter. *Écouteurs d'un baladeur, d'une radio.* ➤ **oreillette.** «*Le téléphone sonna. Elle pressa l'écouteur sur sa joue*» TROYAT.

ÉCOUTILLE [ekutij] **n. f.** – 1538 ◊ espagnol *escotilla,* de *escotar* «échancrer», du francique *°skaut* «bord, marge» ▪ MAR. Ouverture rectangulaire pratiquée dans le pont d'un navire et qui permet l'accès aux étages inférieurs. *Écoutille avant, arrière. Caillebotis, panneau d'écoutille.* «*Ils s'enfoncèrent, par une écoutille, dans les profondeurs du bâtiment*» BOSCO.

ÉCOUVILLON [ekuvijɔ̃] **n. m.** – XIVe ; *escoveillon* XIIe ◊ de l'ancien français *escouve,* bas latin *scopa,* classique *scopæ* «balai» ▪ **1** Sorte de balai fait d'un long bâton auquel est fixé un chiffon, utilisé par les boulangers pour nettoyer leur four. ▪ **2** Brosse cylindrique à manche plus ou moins long, utilisée pour nettoyer et graisser l'âme des armes à feu. ♦ Petite brosse servant à nettoyer les bouteilles, les bocaux, les biberons. ➤ **goupillon.** ♦ Petite brosse employée par les chirurgiens pour nettoyer les cavités naturelles.

ÉCOUVILLONNER [ekuvijɔne] **v. tr.** ‹1› – 1611 ◊ de *écouvillon* ▪ TECHN. Nettoyer avec un écouvillon. — **n. m. ÉCOUVILLONNAGE,** 1870.

ÉCRABOUILLAGE [ekʀabujaʒ] **n. m.** – 1885 ◊ de *écrabouiller* ▪ FAM. Action d'écrabouiller ; fait de s'écrabouiller. — On dit aussi **ÉCRABOUILLEMENT,** 1871.

ÉCRABOUILLER [ekʀabuje] **v. tr.** ‹1› – *escarbouiller* 1535 ◊ croisement de *écraser* avec l'ancien français *esboiller* «éventrer», de *boiel* → boyau ▪ FAM. Écraser salement, mettre en bouillie. ➤ **broyer ;** RÉGION. **écrapoutir.** *Écrabouiller un escargot. Un camion a failli l'écrabouiller.* «*Bon fusil, ma foi ! Quel calibre ! Ça vous écrabouille une cervelle !*» MÉRIMÉE. «*Il s'était écrabouillé la tête sur le pavé*» ZOLA.

ÉCRAN [ekʀɑ̃] **n. m.** – *escren* fin XIIIe ◊ néerlandais *scherm* «paravent» ▪ **1** Panneau servant à se protéger de l'ardeur trop vive d'un foyer. *Écran de cheminée.* ➤ **pare-étincelles, pare-feu.** ♦ PAR ANAL. Châssis tendu de toile dont se servent les peintres pour voiler un excès de lumière. — PHOTOGR. *Écrans colorés :* filtres colorés. — ÉLECTR. Enveloppe ou paroi destinée à protéger contre des champs électriques ou magnétiques. *Écran électrodynamique, électromagnétique, électrostatique.* ➤ **blindage.** ♦ PAR EXT. Objet interposé qui dissimule ou protège. ➤ **abri, bouclier ; pare-.** *Écran de verdure, de fumée.* ➤ **rideau.** — FIG. *Écran de fumée,* destiné à masquer (qqch.) ou à faire illusion. «*tout cela n'est qu'écran de fumée, gesticulation de théâtre destinée à donner l'illusion que chacun cherche à sauver ce qui peut être sauvé*» MORDILLAT. — *Écran solaire :* crème de protection solaire. *Écran total. Écran antibruit, phonique. Faire un écran de sa main. Les arbres font écran entre la mer et la maison.* ♦ EN APPOS. (PSYCHAN.) *Souvenir écran,* qui empêche la prise de conscience. — *Société écran,* qui en cache une autre. *Des sociétés écrans.* ▪ **2** (1864) Surface sur laquelle se reproduit l'image d'un objet. *Écran de chambre* noire. Écran de projection :* surface blanche (en toile, matière plastique) sur laquelle sont projetées les images photographiques ou cinématographiques. *Écran perlé,* dont la surface, recouverte de minuscules billes de verre, permet une excellente réflexion. *Places de cinéma rapprochées, éloignées de l'écran.* «*dans la mesure où l'écran ne constitue pas une fenêtre sur le monde mais un cache, plus notre univers est restreint, plus nous sommes à l'aise pour résumer ce monde à l'intérieur de l'écran*» TRUFFAUT. — LOC. *Crever l'écran :* faire un effet remarquable dans un film (en parlant d'un acteur de cinéma). «*Pour tout dire, on s'ennuyait en la regardant. Elle ne crevait pas l'écran*» D. FOENKINOS. *Le grand écran :* le cinéma. ♦ VIEILLI *L'écran :* l'art cinématographique. ➤ **cinéma.** *Porter, adapter un roman à l'écran,* en tirer un film. *Comédien qui passe de la scène à l'écran.* ▪ **3** *Écran cathodique :* surface sur laquelle se forme l'image d'un tube cathodique. *Écran d'oscilloscope, de téléviseur. Écran de contrôle* (➤ **moniteur**). *Écran de visualisation :* écran cathodique utilisé pour reproduire des graphiques et des textes alphanumériques. *Écran d'une console*, d'un terminal* d'ordinateur* (➤ **visu**). *Économiseur* d'écran. Écran plat, à coins carrés. Écran à cristaux liquides* (➤ **LCD**), *(à) plasma. Travailler sur écran. Écran pleine page,* dont la taille permet l'affichage d'une page entière. *Écran tactile*. Fond d'écran :* image qui recouvre le bureau d'un ordinateur. *Écran fluorescent,* sur lequel se forme une image radiologique par bombardement d'un rayonnement X. — LOC. *Le petit écran :* la télévision. ♦ *Écran publicitaire :* temps de télévision réservé aux messages publicitaires. *Un écran comprend plusieurs spots.*

ÉCRAPOUTIR [ekʀaputiʀ] **v. tr.** ‹2› – 1575 ◊ de *écraser* et du moyen français dialectal *espoutir* «broyer» ▪ VX ou RÉGION. (Canada) FAM. Écraser, aplatir ; mettre en bouillie. ➤ **écrabouiller.** *Écrapoutir un maringouin sur son bras.*

ÉCRASANT, ANTE [ekʀazɑ̃, ɑ̃t] **adj.** – XVIIIe ◊ de *écraser* ▪ Qui écrase, surcharge. ➤ **accablant, lourd.** *Un poids écrasant.* FIG. «*Une responsabilité écrasante pèse sur vous*» COLETTE. ♦ Qui entraîne l'écrasement de l'adversaire. *Il a subi une défaite écrasante. À une écrasante majorité.* ▪ CONTR. Léger.

ÉCRASÉ, ÉE [ekʀaze] **adj.** et **n.** – 1690 ◊ de *écraser* ▪ **1** Très aplati, court et ramassé. *Un nez écrasé.* ➤ **épaté ; camard.** «*Nos porches ignobles et écrasés que nous appelons des portiques*» CHATEAUBRIAND. — LOC. FAM. *La rubrique des chiens écrasés :* les faits divers sans intérêt, dans un journal. ELLIPT *Journaliste qui fait les chiens écrasés.* ▪ **2 n. m.** ou **f.** CUIS. Préparation composée d'un aliment écrasé. *Un(e) écrasé(e) de pommes de terre à l'huile d'olive.*

ÉCRASEMENT [ekʀazmɑ̃] **n. m.** – 1611 ◊ de *écraser* ▪ **1** Action d'écraser, fait d'être écrasé. «*La machine glissait... Rien au monde ne pouvait plus empêcher l'écrasement*» ZOLA. *L'écrasement de la jambe a nécessité l'amputation.* — Recomm. offic. pour *crash.* ▪ **2** Destruction complète (des forces d'un adversaire). ➤ **anéantissement.** *Écrasement d'une révolte, d'une insurrection. L'écrasement de la Commune de Paris en 1871.*

ÉCRASE-MERDE [ekʀazmɛʀd] **n. m.** – fin XIXe ◊ de *écraser* et *merde* ▪ FAM. Grosse chaussure peu élégante. ➤ **croquenot, godillot.** *Des écrase-merdes.*

ÉCRASER [ekʀaze] **v. tr.** ‹1› – 1560 ◊ moyen anglais *to crasen,* probablt d'origine scandinave ▪ **1** Aplatir et déformer (un corps) par une forte compression, par un choc violent. ➤ **broyer, comprimer, presser ;** FAM. **écrabouiller,** RÉGION. **écrapoutir.** *Écraser sa cigarette dans le cendrier.* «*Comme j'écraserais un insecte entre mes doigts*» ROUSSEAU. *La machine lui a écrasé la main.* PRONOM. *Après une chute de vingt mètres il s'est écrasé sur le sol, au sol. Voiture qui s'écrase contre un arbre.* ➤ **se crasher.** *S'écraser :* recomm. offic. pour *se crasher.* — *Être écrasé par une avalanche, un éboulement.* ♦ PAR EXAGÉR. *Attention, vous m'écrasez le pied !* ♦ SPÉCIALT Renverser et passer sur le corps de (qqn), en parlant d'un véhicule. *Attention en traversant, tu vas te faire écraser !* ♦ Presser ou broyer (une substance) pour la réduire en poudre, en purée... *Écraser le raisin.* ➤ **fouler.** *Écraser du poivre, de l'ail.* ➤ **concasser, égruger, moudre, 1 piler, pulvériser.** *Écraser des pommes de terre pour faire une purée.* ➤ **mixer, mouliner.** *Écraser du gravier.* ➤ **concasser, cylindrer.** ♦ FAM. Appuyer fortement et à fond sur. *Écraser la pédale d'accélérateur* (cf. Appuyer sur le champignon*). ▪ **2** PAR ANAL. Dominer par sa masse, faire paraître bas ou petit. «*Ma vieille ville sombre, écrasée par sa cathédrale*» RENAN. *Sa tête* «*qu'écrase l'ampleur phénoménale d'une casquette officielle*» COURTELINE. ♦ FIG. Dominer, humilier. *Il nous écrase de son luxe, de son mépris.* «*Il vous domine, il vous écrase sous tant de hardiesse*» DELACROIX. ▪ **3** PAR EXT. Faire succomber sous un poids excessif, sous l'action d'une force irrésistible. ➤ **accabler, surcharger.** *Être écrasé de travail, de sommeil. Le peuple était écrasé d'impôts.* «*Les grandes entreprises écrasent les petites*» CHARDONNE. ➤ **abattre, ruiner.** «*Les faibles, ceux qu'il faut écraser* [...] *maintenir en obéissance*» ROMAINS. ♦ Vaincre, réduire totalement (un ennemi, une résistance). ➤ **anéantir.** *Écraser l'ennemi, l'insurrection.* PAR EXAGÉR., SPORT *Notre équipe a été écrasée,* a subi une lourde défaite. ▪ **4** (1908) FAM. *En écraser :* dormir profondément. *Elle en écrase !* ▪ **5** (1956) LOC. FAM. *Écraser le coup :* oublier volontairement, ne pas donner suite (cf. En rester là). «*Le proviseur avait décidé d'écraser le coup* *pourvu que Daniel disparaisse dans la nature»* TH. JONQUET. — ABSOLT *Écrase !* n'insiste pas, laisse tomber ! ◆ FAM. **S'ÉCRASER** v. pron. Ne pas protester, n'oser rien dire. *Tu as intérêt à t'écraser !* ▪ **6** INFORM. Détruire (un fichier) en copiant un autre fichier à la place. ▪ CONTR. Décharger.

ÉCRASEUR, EUSE [ekʀɑzœʀ, øz] n. – 1611 ◇ de *écraser* ▪ **1** ANCIENNT Mauvais cocher. ▪ **2** MOD. FAM. Conducteur maladroit et dangereux. ➤ **chauffard.**

ÉCRÉMAGE [ekʀemaʒ] n. m. – 1765 ◇ de *écrémer* ▪ **1** Action d'écrémer (le lait). ▪ **2** FIG. Prélèvement des meilleurs éléments d'un groupe humain, d'une collection, etc. *«le résultat de l'écrémage, le résidu suprême de plusieurs collections»* BAUDELAIRE.

ÉCRÉMER [ekʀeme] v. tr. ‹6› – *escramer* XVe ◇ de *é-* et *crème* ▪ **1** Dépouiller (le lait) de la crème, de la matière grasse. — p. p. adj. *Lait écrémé, demi-écrémé.* ➤ **allégé,** 1 **maigre.** ▪ **2** FIG. Dépouiller des meilleurs éléments (un ensemble, un groupe). *Sa collection a déjà été écrémée,* les pièces rares n'y sont plus. *Écrémer une bibliothèque.*

ÉCRÉMEUSE [ekʀemøz] n. f. – 1890 ◇ de *écrémer* ▪ Machine servant à écrémer le lait en concentrant la matière grasse.

ÉCRÊTAGE [ekʀɛtaʒ] n. m. – milieu XXe ◇ de *écrêter* ▪ ÉLECTRON. Action d'écrêter (4o) ; son résultat.

ÉCRÊTEMENT [ekʀɛtmɑ̃] n. m. – 1966 ; autre sens 1838 ◇ de *écrêter* ▪ ADMIN. Action d'écrêter (5o). *L'écrêtement de la marge bénéficiaire.*

ÉCRÊTER [ekʀete] v. tr. ‹1› – 1752 ; *écrété* «coq sans crête» 1611 ◇ de *é-* et *crête* ▪ TECHN. ▪ **1** ARTILL. Abattre la crête de (un ouvrage fortifié). ▪ **2** Niveler (une route) en faisant disparaître les crêtes qui ôtent la visibilité. ▪ **3** AGRIC. Dépouiller (les épis de maïs) de leur partie supérieure. ▪ **4** (milieu XXe) ÉLECTRON. Maintenir à un niveau constant (un signal électronique qui aurait tendance à dépasser un certain seuil). ➤ 1 **bloquer, saturer ; écrêtage.** ▪ **5** FIG. Égaliser en supprimant les éléments supérieurs à une moyenne. *Écrêter les prix, les salaires.*

ÉCREVISSE [ekʀəvis] n. f. – 1248 ◇ francique °*krebitja* ; cf. allemand *Krebs* ▪ Crustacé d'eau douce *(malacostracés),* de taille moyenne, muni de deux robustes pinces antérieures. *Pêche à l'écrevisse* (à la balance, etc.). CUIS. *Écrevisses au court-bouillon. Buisson, coulis, bisque, gratin d'écrevisses.* — LOC. *Rouge comme une écrevisse* (après cuisson) : très rouge. *Marcher, aller comme une écrevisse,* à reculons.

ÉCRIER (S') [ekʀije] v. pron. ‹7› – Xe ◇ de *é-* et *crier* ▪ Dire d'une voix forte et émue. *«Et autant qu'un mourant peut s'écrier, il s'écria : Ah ! vous y voilà !»* HUGO. *«Vite !» s'écria-t-elle. Il s'écria qu'il n'accepterait jamais.* ▪ HOM. *Écrie* : écris ; *écrierai* : écrirai (écrire).

ÉCRIN [ekʀɛ̃] n. m. – *escrin* après 1050 ◇ latin *scrinium* ▪ Boîte ou coffret où l'on range les bijoux, les objets précieux. ➤ **baguier, étui.** *Offrir un collier dans un écrin. Écrin à petites cuillères. Ranger l'argenterie dans les écrins.* ◆ FIG. *Village niché dans un écrin de verdure.*

ÉCRIRE [ekʀiʀ] v. tr. ‹39› – 1340 ; fin XIe *escrit* «il rédige» ◇ latin *scribere*

I TRACER DES SIGNES D'ÉCRITURE ▪ **1** Tracer (des signes d'écriture, un ensemble organisé de ces signes). *Écrire une phrase. «Ces trois mots écrits au crayon, et tracés d'une main rapide et ferme»* NERVAL. *«Sur le sable, sur la neige J'écris ton nom»* ÉLUARD. *Personne qui écrit.* ➤ **scripteur.** *Biffer, rayer, effacer ce que l'on a écrit. C'est écrit en toutes lettres* (cf. Noir* sur blanc). *Date écrite en chiffres. — Texte écrit de la main de l'auteur.* ➤ **autographe, manuscrit.** *Mot écrit en majuscules, en italique.* — ABSOLT *Apprendre à écrire. Il ne sait ni lire ni écrire.* ➤ **illettré.** *«mes six ans qui savaient lire, mais qui ne voulaient pas apprendre à écrire»* COLETTE. *Écrire avec soin.* ➤ **calligraphier.** *Écrire lisiblement. Écrire mal, comme un chat.* ➤ **gribouiller, griffonner.** *Écrire gros, fin. Écrire au crayon, à l'encre. «il y a même un Japonais, et, quand il écrit on dirait qu'il suspend de longues grappes de raisins au haut de sa page»* GIONO. *Avez-vous de quoi écrire ? Écrire à la main, à la machine* (➤ 2 **taper**). *Machine* à écrire. Écrire à l'ordinateur.* ➤ **saisir.** ◆ ➤ **orthographier.** *Je ne sais pas écrire son nom. Comment écrivez-vous ce mot ?* PRONOM. PASS. Appeler *s'écrit avec deux* p. *Ça s'écrit comme ça se prononce.* ◆ Remplir de signes d'écriture. *Écrire une ligne. Écrire une page.* ➤ FAM. **noircir.**

II METTRE PAR ÉCRIT ▪ **1** Consigner, noter par écrit. ➤ **inscrire, noter ;** FAM. **marquer.** *Écrire une adresse sur un carnet. Écrire sur une feuille, dans un cahier. «La minutieuse exactitude avec laquelle l'administration française écrit tout, consomme des rames de papier»* BALZAC. ▪ **2** Rédiger (un message destiné à être envoyé à qqn). *Écrire une lettre, une carte postale.* ABSOLT Faire de la correspondance. ➤ **correspondre.** *Il n'aime pas écrire.* — PRONOM. (RÉCIPR.) *Ils se sont écrit pendant des années.* ◆ Annoncer, informer par lettre. *Je lui ai écrit que j'arrivais demain. «Laissez votre adresse, on vous écrira»* FALLET. ▪ **3** INFORM. Transférer (des informations) dans un registre, une mémoire (opposé à *lire*). *Écrire un mot de contrôle dans un registre.*

III COMPOSER UNE ŒUVRE ▪ **1** Composer (un ouvrage scientifique, littéraire). *Écrire un roman, une nouvelle, une pièce de théâtre. «Ce que Malherbe écrit dure éternellement»* MALHERBE. *Écrire un article.* ➤ **rédiger.** *Écrire hâtivement un texte.* ➤ **bâcler,** FAM. **pondre.** ◆ ABSOLT Composer un ouvrage en tant qu'écrivain. *«Avant donc que d'écrire apprenez à penser»* BOILEAU. *Écrire en prose, en vers. L'acte d'écrire.* ➤ **écriture.** *Écrire sur un sujet, pour un certain public. Écrire avec facilité, au courant de la plume. «Je reconnus que j'écrivais vite, facilement, longtemps sans fatigue»* SAND. *La manie d'écrire.* ➤ **graphomanie, graphorrhée.** *«Pour écrire vite, il faut avoir beaucoup pensé»* BAUDELAIRE. *«Il me semble parfois qu'écrire empêche de vivre»* GIDE. *«Plus on écrit, moins on pense»* VALÉRY. — SPÉCIALT Faire métier d'écrivain, d'auteur. ➤ **publier.** *«J'ai commencé à écrire dans un milieu qui me portait très fort à la pudeur»* DURAS. *«Beaucoup écrivent pour briller, pour étonner ou pour plaire»* CAILLOIS. ▪ **2** Exprimer de telle ou telle façon sa pensée par le langage écrit. *La façon d'écrire d'un auteur.* ➤ **style.** *«Quelqu'un a dit autrefois qu'il faut écrire comme on parle»* VOLTAIRE. ◆ ABSOLT Bien écrire. *Savoir écrire. «Le secret d'écrire aujourd'hui, c'est de se méfier des mots dont le sens est usé»* RENARD. *«C'est en écrivant que l'auteur se forge ses idées sur l'art d'écrire»* SARTRE. *Voilà qui est écrit !* ▪ **3** Exposer (une idée) dans un ouvrage. *Kant écrit que...* ➤ **affirmer, avancer, soutenir.** *Écrire comment cela s'est passé, pourquoi...* ➤ **décrire.** ▪ **4** Composer une œuvre musicale. *Écrire une sonate, une symphonie. — Œuvre écrite pour chœur et solistes.*
▪ HOM. *Écris* : écrie ; *écrirai* : écrierai (écrier).

1 **ÉCRIT** [ekʀi] n. m. – XIIe ◇ p. p. subst. de *écrire* ▪ **1** Document écrit. ➤ **manuscrit ; imprimé.** *Texte, teneur d'un écrit. Ratures* d'un écrit. Écrit anonyme, signé.* — DR. *Écrit constatant un acte juridique.* ➤ 1 **acte, copie, minute,** 1 **original, titre.** *Écrit probatoire.* — PROV. *Les paroles* s'envolent, les écrits restent.* ▪ **2** Ouvrage de l'esprit, composition littéraire, scientifique. ➤ 1 **livre, œuvre, production, publication, texte.** *«Les écrits des anciens»* ROUSSEAU. ◆ SPÉCIALT Ouvrage de circonstance. *Écrit polémique, diffamatoire, satirique.* ➤ **diatribe, factum, libelle, pamphlet.** *«Il n'y a que les petits hommes qui redoutent les petits écrits»* BEAUMARCHAIS. ▪ **3** Épreuves écrites d'un examen ou d'un concours qui comporte aussi un oral. *Avoir de bonnes notes, être reçu à l'écrit.* ▪ **4** loc. adv. (XIIIe) **PAR ÉCRIT :** sur le papier, par un document écrit. *Mettez-moi tout ça par écrit* (cf. Coucher* sur le papier, mettre noir* sur blanc). *Je veux que vous m'en donniez l'ordre par écrit.* — PROCÉD. *Instruction par écrit. Preuve par écrit.* ➤ **littéral.** ▪ **5** Expression, langue écrite. *L'oral et l'écrit. La ponctuation propre à l'écrit.* ➤ **scriptural.** *Améliorer la pratique de l'écrit.* ➤ **dictée, lecture, rédaction.** ▪ CONTR. Parole ; oral.

2 **ÉCRIT, ITE** [ekʀi, it] adj. – XIIIe ◇ de *écrire* ▪ **1** Exprimé par l'écriture, par des textes. *«Ce droit écrit [...] si différent du droit coutumier britannique»* SIEGFRIED. *«Les monuments écrits et figurés qui sont restés de la civilisation antique»* RENAN. *La langue écrite.* ➤ 1 **écrit.** *Langue écrite oralisée*. — Les épreuves écrites d'un examen.* ➤ 1 **écrit.** ▪ **2** (XVIe) Qui figure dans l'Écriture à titre de prophétie, de volonté de Dieu ; PAR EXT. Qui est voulu par la Providence ou le destin, fixé et arrêté d'avance. *«Notre mot éternel est-il : C'était écrit ?»* VIGNY. *Il est écrit qu'on n'y arrivera jamais.* ▪ CONTR. Oral, parlé.

ÉCRITEAU [ekʀito] n. m. – *escriptiau* 1391 ◇ de *écrit* ▪ Surface plane (morceau de papier, carton, bois, etc.) portant une inscription en grosses lettres destinée à faire connaître qqch. au public. ➤ **affiche, pancarte.** *Mettre un écriteau pour annoncer qu'une maison est à vendre, à louer.*

ÉCRITOIRE [ekʀitwaʀ] n. f. – avant 1250 ; *escritorie* «cabinet d'étude» v. 1175 ◇ latin médiéval *scriptorium* «style pour écrire sur la cire» ▪ Petit nécessaire (coffret, étui) contenant tout ce qu'il faut pour écrire.

ÉCRITURE [ekʀityʀ] **n. f.** – *escriture* v. 1050 ◊ latin *scriptura* ■ **1** Représentation de la parole et de la pensée par des signes graphiques conventionnels destinés à durer. ➤ **-graphe, grapho-.** *Écriture pictographique, idéographique. Écriture phonétique. Écriture alphabétique, syllabique. Déchiffrement des écritures anciennes.* ➤ **paléographie.** *Système d'écriture des aveugles.* ➤ **braille.** *Écriture secrète, chiffrée.* ➤ **cryptographie.** ♦ *Apprentissage de la lecture et de l'écriture.* ➤ **dictée, rédaction.** *Écriture d'un mot, d'un texte.* ➤ **graphie, orthographe.** *Page d'écriture.* ■ **2** Type de caractères particuliers adopté pour cette représentation. ➤ **alphabet ; hiéroglyphe, idéogramme, pictogramme.** *Écriture égyptienne, grecque, arabe, gothique.* — *Écritures employées en calligraphie* (anglaise, bâtarde, moulée, gothique, ronde). *Écriture en caractères d'imprimerie.* ➤ 2 **script.** ■ **3** Manière personnelle dont on trace les caractères en écrivant ; ensemble des caractères ainsi tracés. ➤ **graphisme.** *Avoir une belle écriture. Une grosse écriture. Une écriture fine, serrée* (cf. Pattes de mouches*). *Une écriture illisible, de chat.* ➤ **gribouillage, griffonnage.** *Écriture en miroir*. Étude du caractère par l'analyse de l'écriture.* ➤ **graphologie.** *Reconnaître, imiter l'écriture de qqn.* « *Il écrivait rapidement, d'une écriture déliée, symétrique, très nette à l'œil* » FROMENTIN. « *Une mauvaise écriture, irrégulière, épaisse, avec des parties tracées à la hâte, et d'autres inutilement appuyées* » ROMAINS. ■ **4** INFORM. Opération par laquelle une donnée est transférée vers un registre, une mémoire (opposé à *lecture*). — PAR EXT. Opération globale de transfert de l'unité de traitement vers le support physique d'un périphérique. *L'écriture d'un secteur sur une clé USB.* ■ **5** (1879) LITTÉR. Manière de s'exprimer par écrit. ➤ **style.** *Roman d'une écriture classique.* ➤ 1 **facture.** « *L'écriture artiste* » GONCOURT. *Écriture automatique* : technique surréaliste visant à traduire exactement la « pensée parlée ». — « *la puissance inouïe des écritures blanches, neutres, au plus près du réel* » PH. BESSON. ♦ Acte d'écrire un texte ; activité de l'écrivain. « *Il invente qu'on écrit pour soi seul ou pour Dieu, il fait de l'écriture une occupation métaphysique* » SARTRE. — PAR ANAL. (BX-ARTS) Graphisme. *Le Greco « n'y prend d'abord qu'une écriture souple et forte »* MALRAUX. ■ **6** DR. Écrit. *Écritures privées, publiques. Faux en écriture privée, publique, de commerce ou de banque.* — PLUR. Actes de procédure nécessaires à la soutenance d'un procès. *Les faits énoncés par les écritures.* ♦ COMPTAB. Inscription au journal ou sur un compte correspondant à une opération déterminée. *Passer une écriture. Les écritures* : la comptabilité d'un commerçant, d'une entreprise. *Tenir les écritures.* — ADMIN. *Employé aux écritures* : employé de bureau chargé de travaux n'exigeant pas de compétence technique comptable. ➤ **gratte-papier, scribouillard.** ■ **7** (Avec *É* majuscule) *L'Écriture sainte, les Saintes Écritures,* et ABSOLT *L'Écriture, les Écritures* : les textes de l'Ancien et du Nouveau Testament. ➤ **bible.**

ÉCRIVAILLER [ekʀivaje] **v. intr.** ‹1› – 1611 ◊ de *écrivailleur* ■ PÉJ. Composer sur divers sujets et en divers genres des écrits sans valeur. ➤ **écrivasser.**

ÉCRIVAILLEUR, EUSE [ekʀivajœʀ, øz] **n.** – 1580 ◊ de *écrivain* ■ PÉJ. Homme ou femme de lettres médiocre, aux activités dispersées. ➤ **écrivaillon, écrivassier, plumitif.**

ÉCRIVAILLON [ekʀivajɔ̃] **n. m.** – 1885 ◊ de *écrivain* ■ PÉJ. Écrivain* médiocre, plumitif.

ÉCRIVAIN [ekʀivɛ̃] **n. m.** – *escrivein* avant 1150 ◊ latin populaire °*scribanem*, classique *scribam*, accusatif de *scriba* → scribe ■ REM. La forme féminine *une écrivaine* est courante en français du Canada ; on la rencontre aussi en France : « *une chaîne invisible où se côtoient des artistes, des écrivaines, des héroïnes de roman* » A. ERNAUX. ■ **1** VX Scribe, greffier. ♦ MOD. *Écrivain public* : personne qui rédige des lettres, des actes, pour ceux qui ne savent pas écrire ou qui maîtrisent mal l'écrit. — *Écrivain apostolique* : secrétaire à la Chancellerie du pape. *Écrivain lithographe* : dessinateur, graveur de caractères. *Écrivain de navire* : employé aux écritures sur un navire. ■ **2** (v. 1275) COUR. Personne qui compose des ouvrages littéraires. ➤ **auteur, littérateur** (cf. Homme, femme de plume, de lettres). *Il, elle est écrivain. L'œuvre d'un écrivain. Le style, le public, l'influence d'un écrivain. Écrivain prolixe. Mauvais écrivain.* ➤ **écrivailleur, écrivaillon, écrivassier, plumitif.** *Écrivain fantôme*. « les grands écrivains n'ont jamais été faits pour subir la loi des grammairiens mais pour imposer la leur »* CLAUDEL. « *Un écrivain garde un espoir même s'il est méconnu* » CAMUS. « *Un auteur, même du plus haut talent, connût-il le plus grand succès, n'est pas nécessairement un "écrivain"* » VALÉRY. APPOS. *Une femme écrivain* ou *une écrivaine.*

ÉCRIVASSER [ekʀivase] **v. intr.** ‹1› – v. 1800 ◊ de *écrivain* ■ PÉJ. Écrire mal. ➤ **écrivailler.**

ÉCRIVASSIER, IÈRE [ekʀivasje, jɛʀ] **n. et adj.** – 1745 ◊ de *écrivasser* ■ PÉJ. Mauvais écrivain*. — **adj.** « *L'obsession écrivassière hante mon demi-sommeil* » LEIRIS.

1 **ÉCROU** [ekʀu] **n. m.** – 1611 ; *escroue* fin XIIe ◊ francique °*skrôda* « morceau » ■ DR. Acte, procès-verbal constatant qu'un individu a été remis à un directeur de prison, et mentionnant la date et la cause de l'emprisonnement. *Ordre d'écrou* : ordre d'incarcération. *Mise sous écrou* : inscription d'un prévenu ou d'un condamné sur le *registre d'écrou* lorsqu'il arrive en prison (➤ **écrouer**). *Levée d'écrou* : constatation de la remise en liberté d'un détenu. ➤ **élargissement.**

2 **ÉCROU** [ekʀu] **n. m.** – 1567 ; *escroe* fin XIIIe ◊ latin *scrofa* « truie » et latin populaire « vulve » ■ Pièce de métal, de bois, etc., percée d'un trou fileté pour le logement d'une vis. *Écrou de serrage.* ➤ **boulon ; contre-écrou.** *Écrou de mouvement,* transformant un mouvement circulaire en mouvement rectiligne.

ÉCROUELLES [ekʀuɛl] **n. f. pl.** – *escroiele* v. 1245 ◊ latin populaire °*scrofellæ*, bas latin *scrofulæ* → scrofule ■ VX Adénite cervicale chronique d'origine tuberculeuse ; abcès qu'elle provoque. *Le roi de France, le jour de son sacre, touchait les écrouelles des malades ; on pensait qu'il avait le pouvoir de les guérir.*

ÉCROUER [ekʀue] **v. tr.** ‹1› – *escrouer* 1642 ◊ de 1 *écrou* ■ Inscrire sur le registre d'écrou. ➤ **emprisonner, incarcérer.** *Le malfaiteur a été appréhendé et écroué.* « *Cet homme était écroué sous le n° 9 430 et se nommait Jean Valjean* » HUGO. ■ CONTR. Élargir, libérer.

ÉCROUIR [ekʀuiʀ] **v. tr.** ‹2› – 1704 ; *escrouir* 1676 ◊ mot wallon, de *é-* et *crou*, var. de 2 *cru* ■ TECHN. Traiter (un métal, un alliage) en le soumettant à l'écrouissage. — **p. p. adj.** *Acier écroui.*

ÉCROUISSAGE [ekʀuisaʒ] **n. m.** – 1797 ◊ de *écrouir* ■ TECHN. Opération consistant à travailler (en le frappant, laminant, étirant) un métal à une température inférieure à sa température de recuit afin d'améliorer certaines de ses caractéristiques.

ÉCROULEMENT [ekʀulmɑ̃] **n. m.** – 1597 ◊ de *écrouler* ■ **1** Fait de s'écrouler ; chute soudaine. ➤ **affaissement, éboulement, effondrement.** *L'écroulement d'un mur, d'une maison.* « *ce fut l'écroulement général et de la table, et de la chaise, et de Bourdon* » COURTELINE. ■ **2** (avant 1742) FIG. Destruction soudaine et complète. ➤ **anéantissement, chute, désagrégation, ruine.** *L'écroulement d'un empire, d'une fortune.* « *écroulement de la monarchie militaire qui* [...] *a entraîné tous les royaumes* » HUGO. « *l'écroulement final de cette intelligence sombrée* » COURTELINE. ■ **3** Fait de s'écrouler physiquement, de s'effondrer. *Cette « sueur froide qui précédait l'écroulement physique de Lucas »* MAC ORLAN. ■ CONTR. Construction. Établissement, renforcement.

ÉCROULER (S') [ekʀule] **v. pron.** ‹1› – 1690 ; tr. début XIIIe ◊ de *é-* et *crouler* ■ **1** Tomber soudainement de toute sa masse. ➤ **s'abattre, s'affaisser, crouler, s'ébouler, s'effondrer.** *Mur, échafaudage qui s'écroule.* « *Des pans de murs s'écroulent. Des architraves tombent* » FLAUBERT. *S'écrouler comme un château de cartes*.* **p. p. adj.** « *les temples écroulés aux colonnes festonnées de lierre* » NERVAL. ➤ **ruine.** ■ **2** FIG. Subir une destruction, une fin brutale. ➤ **sombrer,** 1 **tomber.** *Régime qui s'écroule. Tous ses projets, ses espoirs s'écroulèrent.* « *c'est à l'instant que le gouvernement paraît le mieux assis qu'il s'écroule* » CHATEAUBRIAND. « *Des fortunes énormes s'élevaient et s'écroulaient en un an* » MADELIN. ■ **3** FAM. Se laisser tomber lourdement. ➤ **s'affaler.** *Il s'écroula dans un fauteuil.* ♦ Connaître une défaillance totale et brutale. *Boxeur qui s'écroule. Le coureur s'est écroulé avant la ligne d'arrivée.* ➤ **craquer, s'effondrer.** — **p. p. adj.** *Écroulé de fatigue. Ils étaient écroulés (de rire),* pliés, tordus de rire. ■ CONTR. Construire, édifier. Élever (s'), remonter (se).

ÉCROÛTER [ekʀute] **v. tr.** ‹1› /ÉCROUTER/ – XIIe ◊ de *é-* et *croûte* ■ **1** Dégarnir de sa croûte. ■ **2** (1845) AGRIC. Labourer superficiellement (une terre) à l'aide d'une *écroûteuse* /*écrouteuse*/ (1907).

ÉCRU, UE [ekʀy] **adj.** – 1260 ◊ de 2 *cru* ■ **1** VX Qui est à l'état naturel, brut. ■ **2** MOD. Qui n'est pas blanchi ni teint, conserve une teinte naturelle. *Toile, soie, laine écrue.* ♦ De la couleur beige du textile non blanchi. *Des chemises écrues.* « *Sa robe de foulard écru* » FLAUBERT. ■ **3** TECHN. *Fer écru,* mal corroyé. *Cuir écru,* non préparé à l'eau.

ECSTASY [ɛkstazi] **n. f.** – 1988 ◊ mot anglais, proprt «extase» ■ Stupéfiant dérivé de la méthamphétamine, utilisé pour ses effets désinhibiteur et euphorisant. ➤ **MDMA,** 2 **X** (ANGLIC.). *Être sous ecstasy* (ou *être ecstasié*). — Cachet, gélule de cette substance. *Saisie d'ecstasys.* — ABRÉV. **ECSTA.** *«faire des raves dans la boue en gobant des ecstas»* V. DESPENTES.

ECTASIE [ɛktazi] **n. f.** – 1824 ◊ grec *ektasis* ■ **1** MÉD. Dilatation anormale d'un organe creux. *Ectasie bronchique.* ➤ **bronchectasie.** ■ **2** DIDACT. Fait d'allonger une syllabe normalement brève, en prosodie grecque (on dit aussi *ectase* [ɛktaz]).

ECTHYMA [ɛktima] **n. m.** – 1831 ; *ecthymate* 1808 ◊ grec *ekthuma* ■ MÉD. Pyodermite caractérisée par des pustules dont le centre se recouvre d'une croûte masquant une ulcération.

ECTO- ■ Élément, du grec *ektos* «au dehors». ➤ **exo-.** ■ CONTR. Endo-.

ECTOBLASTE [ɛktɔblast] **n. m.** – 1905 ◊ de *ecto-* et *-blaste* ■ EMBRYOL. ➤ **ectoderme.**

ECTODERME [ɛktɔdɛʀm] **n. m.** – 1855 ◊ de *ecto-* et *-derme* ■ EMBRYOL. Feuillet superficiel ou externe de l'embryon dont dérivent l'épiderme (et ses annexes : phanères et glandes) et le système nerveux chez les animaux. ➤ **ectoblaste.** *L'ectoderme, le mésoderme et l'endoderme.* — adj. **ECTODERMIQUE.**

-ECTOMIE ■ Élément, du grec *ektomê* «ablation». ➤ **-tomie.**

ECTOPARASITE [ɛktopaʀazit] **n. m.** et **adj.** – 1878 ◊ de *ecto-* et *parasite* ■ ÉCOL. Parasite externe (opposé à *endoparasite*). *La puce, le pou, le gui sont des ectoparasites.*

ECTOPIE [ɛktɔpi] **n. f.** – 1834 ◊ du grec *ektopos* «éloigné de sa place» ■ ANAT., MÉD. Situation d'un organe hors de sa place habituelle. *Ectopie des testicules.* ➤ **cryptorchidie.**

ECTOPIQUE [ɛktɔpik] **adj.** – 1894 ◊ de *ectopie* ■ ANAT., MÉD. Qui n'est pas à sa place habituelle (en parlant d'un organe). *Testicules ectopiques.* — *Grossesse ectopique,* extra-utérine.

ECTOPLASME [ɛktɔplasm] **n. m.** – 1890 ◊ de *ecto-* et *-plasme* ■ **1** BIOL. CELL. Partie périphérique et dense du cytoplasme des cellules animales, surtout visible chez certains protozoaires (amibes). ■ **2** (1922) PLUS COUR. Émanation visible du corps du médium. ♦ FIG. Personne inconsistante, qui ne se manifeste pas. ➤ **zombie.** *Qui est cet ectoplasme qui l'accompagne ?*

ECTROPION [ɛktʀɔpjɔ̃] **n. m.** – XVIe ◊ grec *ektropion,* de *ektrepein* «détourner» ■ MÉD. Renversement des paupières en dehors (opposé à *entropion*). ➤ **éraillement.** ♦ Éversion de la muqueuse du col utérin.

1 **ÉCU** [eky] **n. m.** – v. 1140 *escu* ; 1080 *escut* ◊ latin *scutum* «bouclier» ■ **1** Bouclier des hommes d'armes au Moyen Âge. *«On lit sur son écu, pur comme le matin La devise des rois d'Angus : Christ et lumière»* HUGO. ♦ (XIVe) BLAS. Champ en forme de bouclier où sont représentées les pièces des armoiries ; ces armoiries. ➤ **écusson.** *«Un héraut d'armes même n'aurait pas discerné les émaux et couleurs d'un écu, encore moins ses partitions, figures et pièces honorables»* GAUTIER. ■ **2** (1336) Ancienne monnaie qui portait, à l'origine, l'écu de France sur une de ses faces. *Premiers écus d'or, frappés sous Saint Louis.* (1641) *Écu blanc :* pièce d'argent de trois livres. *L'écu républicain de l'An II,* dernier écu d'argent. PAR ANAL. Ancienne pièce de cinq francs en argent. *«On ne découvrit pas un écu d'argent sonnant»* ZOLA. ■ **3** (1765 ◊ de l'*écu armorial* en filigrane) Papier de petit format (0,40 m × 0,52 m).

2 **ÉCU** [eky] **n. m.** – 1978 ◊ acronyme de l'anglais *European Currency Unit* ■ Ancienne unité de compte commune aux pays de l'Union européenne. *Des écus. En 1999, le panier de l'écu a été converti en euros.*

ÉCUBIER [ekybje] **n. m.** – *escubbier* v. 1602 ; *esquembieu* v. 1383 ◊ origine inconnue, p.-ê. adaptation du portugais *escouvem* ■ MAR. Chacune des ouvertures ménagées à l'avant d'un navire, de chaque côté de l'étrave, pour le passage des câbles ou des chaînes.

ÉCUEIL [ekœj] **n. m.** – *escueil* 1538 ◊ ancien provençal *escueyll,* du latin *scopulus,* du grec *skopelos,* de *skopein* «observer» ■ **1** Rocher, banc de sable à fleur d'eau contre lequel un navire risque de se briser ou de s'échouer. ➤ 1 **brisant, récif.** *Le navire s'est fracassé sur les écueils. «À la merci du vent et des courants, au milieu d'un champ d'écueils»* VALÉRY. ■ **2** FIG. Obstacle dangereux, cause d'échec. ➤ **danger, piège** (cf. Pierre d'achoppement*). *La vie est pleine d'écueils. C'est là l'écueil. «l'écueil d'être beau, c'est d'être fade»* HUGO. *«Le vers libre, qui favorise les talents originaux et qui est l'écueil des autres»* R. DE GOURMONT.

ÉCUELLE [ekɥɛl] **n. f.** – *escüelle* 1119 ◊ latin populaire °*scutella* ■ **1** Sorte d'assiette large et creuse sans rebord ; son contenu. *Écuelle en bois, en métal. Les orillons de l'écuelle.* — *L'écuelle d'un chien, d'un chat.* ➤ **gamelle.** ■ **2** PAR ANAL. BOT. *Écuelle d'eau.* ➤ **hydrocotyle.**

ÉCUISSER [ekɥise] **v. tr.** ‹1› – *escuisser* v. 1179 ◊ de *é-* et *cuisse* «branche (d'arbre)» ■ TECHN. Faire éclater le tronc de (un arbre) en l'abattant.

ÉCULÉ, ÉE [ekyle] **adj.** – 1611 ; de *éculer* (1564), rare à l'actif ◊ de *é-* et *cul* ■ **1** Dont le talon est usé, déformé. *Des chaussures éculées. «Elles traînaient leurs pieds dans des savates éculées»* MAC ORLAN. ■ **2** (milieu XIXe) FIG. Usé, défraîchi à force d'être ressassé. *Des plaisanteries éculées. «Le mot* jacobin *qui était éculé»* HUGO. ■ CONTR. 2 Neuf, 2 original.

ÉCUMAGE [ekymaʒ] **n. m.** – 1838 ◊ de *écumer* ■ Action d'écumer, d'épurer. *L'écumage du bouillon, des confitures.* — *Écumage de l'effluent urbain* (épuré des huiles et graisses).

ÉCUMANT, ANTE [ekymɑ̃, ɑ̃t] **adj.** – 1480 ◊ p. prés. de *écumer* ■ LITTÉR. Couvert d'écume. ➤ **spumescent, spumeux.** *Mer écumante.* ♦ COUR. Couvert de bave. *«sa bouche écumante de colère et de souffrance»* HUGO. — FIG. *Être écumant de colère, de rage.* ➤ **furieux.**

ÉCUME [ekym] **n. f.** – *escume* v. 1160 ◊ probablt du germanique °*skum-* ■ **1** Mousse blanchâtre qui se forme à la surface des liquides agités, chauffés ou en fermentation. *L'écume d'un bouillon, d'une confiture.* ➤ RÉGION. **broue.** *La mer était blanche d'écume. «L'écume jette aux rocs ses blanches mousselines»* HUGO. *«Le battement de ses pieds laissait derrière lui un bouillonnement d'écume»* CAMUS. *Qui a l'aspect de l'écume.* ➤ **spumescent, spumeux.** ♦ (1568 ◊ par anal. de couleur, de légèreté) **ÉCUME (DE MER) :** silicate de magnésium. ➤ **magnésite, sépiolite.** *«une superbe pipe en écume admirablement culottée»* MAUPASSANT. ■ **2** PAR EXT. (XIIe) Bave mousseuse de certains animaux échauffés ou irrités. *«Son mufle noir blanchissait d'écume»* GAUTIER. ♦ Sueur blanchâtre qui s'amasse sur le corps d'un cheval, d'un taureau. *«Le taureau blanchit d'écume et beugle»* BARRÈS. — Bave mousseuse qui vient aux lèvres d'une personne en colère ou en proie à une attaque (épilepsie, etc.). *Avoir l'écume aux lèvres.* ■ **3** (1569) Impuretés, scories qui flottent à la surface des métaux en fusion. ➤ 2 **crasse.** ■ **4** FIG. (1770) VIEILLI Lie, rebut (d'une population, d'une société). *«Écume de la plèbe carthaginoise»* FLAUBERT.

ÉCUMER [ekyme] **v.** ‹1› – *escumer* v. 1135 ◊ de *écume*

I ■ **1** **v. intr.** Se couvrir d'écume. ➤ **mousser.** *Mer qui écume.* ➤ **moutonner.** ■ **2** Baver. ♦ FIG. *Écumer (de rage, de colère) :* être au comble de l'exaspération. ➤ **bouillir.**

II **v. tr.** (XIIIe) ■ **1** Débarrasser de l'écume, des impuretés. *Écumer le pot-au-feu, le sirop, la confiture. Écumer l'étain fondu.* PAR MÉTAPH. *«Il devait parfois écumer ses idées bouillonnantes»* RENARD. ■ **2** PAR EXT. *Écumer les mers, les côtes,* y exercer la piraterie. ♦ PAR ANAL. Piller, en raflant tout ce qui est profitable ou intéressant. *Les antiquaires ont écumé la région.*

ÉCUMEUR, EUSE [ekymœʀ, øz] **n.** – 1351 ◊ de *écumer* ■ **1** *Écumeur (de mer) :* pirate, corsaire, flibustier. *«En mer, les hardis écumeurs !»* HUGO. FIG. *«ces écumeurs littéraires»* BEAUMARCHAIS. ➤ **plagiaire.** ■ **2** VX *Écumeur de marmites, de tables :* piqueassiette. ■ HOM. Écumeuse (écumeux).

ÉCUMEUX, EUSE [ekymø, øz] **adj.** – début XIVe ◊ de *écume* ■ Qui écume, mousse. ➤ **écumant, mousseux, spumeux.** *Les flots écumeux. «Des ruisseaux de sang écumeux»* BLOY. ■ HOM. Écumeuse (écumeur).

ÉCUMOIRE [ekymwaʀ] **n. f.** – *escumoire* 1372 ◊ de *écumer* ■ Ustensile de cuisine composé d'un disque aplati, percé de trous, monté sur un manche, qui sert à écumer un liquide ou à en retirer des aliments. *La louche et l'écumoire. Écumer un bouillon avec une écumoire. Écumoire à friture.* ➤ **araignée.** *«plongeant l'écumoire dans la friture chantante,* [elle] *en tirait des croissants dorés»* FRANCE. ♦ PAR COMPAR. *Il «s'affaissait, troué comme une écumoire par les balles»* MAUPASSANT. ➤ **passoire.**

ÉCURER [ekyʀe] **v. tr.** ‹1› – *escurer* v. 1223 ◊ de *é-* et *curer* ■ VIEILLI ou RÉGION. Curer (un puits...), récurer (des ustensiles de cuisine).

ÉCUREUIL [ekyʀœj] **n. m.** – *escural* avant 1250 ; *escuriax* v. 1178 ; variantes diverses en ancien français ◊ latin populaire °*scuriolus,* de *sciurus,* grec *skiouros* ■ Petit mammifère rongeur, au pelage généralement roux, à la queue longue et en panache, qui vit dans les bois. « *L'écureuil Guerriot, une faîne entre les dents, sautait de branche en branche* » PERGAUD. *Écureuil volant.* ➤ **polatouche.** *Écureuil rayé d'Amérique.* ➤ **suisse, tamia.** *Écureuil du Chili.* ➤ **octodon.** — Fourrure de l'écureuil. ➤ **petit-gris.** ◆ LOC. *Vif, agile comme un écureuil,* très agile.

ÉCURIE [ekyʀi] **n. f.** – *esqüierie* v. 1200 ◊ de *écuyer* ■ **1** VX Fonction d'écuyer ; ensemble des écuyers, pages, chevaux, carrosses d'une maison princière. ◆ PAR EXT. Local pour les écuyers et leurs chevaux. ■ **2** (fin XVIe) MOD. Bâtiment destiné à loger des chevaux ou autres équidés (ânes, mulets). ➤ 2 **box, stalle.** *Garçon, valet d'écurie.* ➤ **lad, palefrenier.** — LOC. *Cheval qui sent l'écurie,* qui accélère son allure à l'approche de l'écurie. « *Comme les chevaux qui sentent l'écurie, je hâte le pas à l'approche de mon logis* » FRANCE. FIG. *Sentir l'écurie :* avoir un regain d'énergie lorsqu'on approche de la fin d'un travail, d'un trajet, etc. ◆ *Les écuries d'Augias :* écuries très sales dont le nettoiement compte au nombre des travaux d'Hercule. LOC. FIG. et LITTÉR. *Nettoyer les écuries d'Augias :* porter l'ordre, la propreté, dans un milieu corrompu, une affaire malhonnête. — COUR. *C'est une vraie écurie,* se dit d'un local très sale. ➤ **porcherie.** — *Entrer quelque part comme dans une écurie,* sans saluer, d'une façon cavalière et impolie. ■ **3** (1689) RÉGION. (Bretagne, Centre-Ouest, Est ; Suisse) Bâtiment pour le bétail. *Les vaches sont à l'écurie.* ➤ **étable.** ■ **4** Ensemble des bêtes logées dans une écurie. ◆ **ÉCURIE (DE COURSES) :** ensemble des chevaux qu'un propriétaire fait courir. SPÉCIALT Chevaux appartenant à un même propriétaire et s'alignant dans la même course. — PAR ANAL. (1898 cycl.) Ensemble des voitures, des motos de course courant pour une même marque, des cyclistes courant dans la même équipe ; ensemble des candidats préparant un concours sous la direction d'un même patron. — Ensemble des auteurs travaillant pour un même éditeur.

ÉCUSSON [ekysɔ̃] **n. m.** – *escuchon* 1274 ◊ de 1 *écu* ■ **1** Écu armorial ; petit écu employé comme meuble* dans l'écu armorial. ■ **2** (XVIIe) Plaque blasonnée servant d'enseigne, de panonceau, ou ornant l'entrée d'une serrure, ou simplement décorative. *En forme d'écusson.* ➤ **scutiforme.** ◆ Petit morceau d'étoffe en forme d'écu cousu sur un vêtement et portant une marque distinctive. *Écusson d'un blazer. L'écusson d'un militaire indique l'unité à laquelle il appartient.* ■ **3** (1760) ZOOL. Pièce dorsale du thorax de certains insectes. — Plaque calcaire sur le corps de certains poissons. ◆ Disposition du poil de la vache, à l'arrière du pis, différente selon les races. ■ **4** (1538) ARBOR. Fragment d'écorce portant un œil ou bourgeon, qu'on introduit sous l'écorce d'un sujet pour le greffer. *Greffe en écusson* (➤ **écussonner**).

ÉCUSSONNAGE [ekysɔnaʒ] **n. m.** – 1870 ◊ de *écussonner* ■ Type de greffe. *Écussonnage à œil* dormant, à œil poussant.*

ÉCUSSONNER [ekysɔne] **v. tr.** ‹1› – *escussonner* 1600 ◊ de *écusson* ■ **1** Greffer (un végétal) en écusson. ■ **2** (1877) Orner d'un écusson. « *Son grand manteau réglementaire, écussonné sur la poitrine aux armes de la légion* » MAC ORLAN.

ÉCUYER, ÈRE [ekɥije, ɛʀ] **n.** – *escuier* 1080 ◊ bas latin *scutarius,* de *scutum* → 1 écu ■ **1 n. m.** ANCIENNT Gentilhomme au service d'un chevalier. ◆ *Écuyer tranchant :* officier qui découpait les viandes. — *Écuyer de bouche,* qui servait à la table du prince. ■ **2 n. m.** HIST. Titre porté par les jeunes nobles jusqu'à l'adoubement. ◆ Titre que portaient les gentilshommes des derniers rangs, les anoblis. ■ **3 n. m.** (1265) ANCIENNT Intendant des écuries d'un prince ; membre du personnel de ces écuries. ■ **4** (1636) MOD. Personne sachant bien monter à cheval. ➤ **amazone, cavalier.** *Bottes à l'écuyère :* hautes bottes souples à revers. ◆ Professeur d'équitation, et SPÉCIALT Instructeur d'équitation militaire. *Les écuyers du Cadre noir de Saumur.* ◆ Personne qui fait des numéros d'équitation dans un cirque.

ECZÉMA ou **EXÉMA** [ɛgzema] **n. m.** – 1747 ◊ latin scientifique *eczema ;* grec *ekzema,* de *ekzein* « bouillonner » ■ Affection cutanée caractérisée par des rougeurs, des vésicules suintantes et la formation de croûtes et de squames. *Eczéma dû à des agents irritants ou allergisants.*

ECZÉMATEUX, EUSE ou **EXÉMATEUX, EUSE** [ɛgzematø, øz] **adj. et n.** – 1838 ◊ de *eczéma* ■ MÉD. Propre à l'eczéma. ◆ Atteint d'eczéma.

ÉDAM [edam] **n. m.** – 1862 ◊ de *Edam,* ville des Pays-Bas ■ Fromage de Hollande à pâte cuite, enrobé de paraffine rouge. *Des édams.*

ÉDELWEISS ou **EDELWEISS** [edɛlvɛs ; edɛlvajs] **n. m.** – 1870 ◊ allemand *edelweiss* ■ Plante alpine *(composées)* couverte d'un duvet blanc et laineux, appelée aussi *immortelle des neiges* ou *étoile d'argent.* « *Un guide nous apporta quelques edelweiss, les pâles fleurs des glaciers* » MAUPASSANT.

ÉDEN [edɛn] **n. m.** – 1547 ◊ mot hébreu, nom du Paradis terrestre dans la Genèse ■ Lieu de délices. ➤ **paradis.** *Un éden de verdure. Des édens.* « *Le salon d'un restaurateur est l'éden des gourmands* » BRILLAT-SAVARIN. — **adj. ÉDÉNIQUE,** 1865. ■ CONTR. Enfer.

ÉDENTÉ, ÉE [edɑ̃te] **adj. et n. m.** – XIIIe ◊ de *é-* et *dent,* d'après le latin *edentatus* ■ **1** Qui a perdu une partie ou la totalité de ses dents. *Vieillard édenté. Bouche édentée.* « *Elle souriait de sa bouche édentée, et c'était affreux à voir : on pensait à la morte qu'elle ferait* » A. FERNEY. ■ **2 n. m. pl.** (1829) **LES ÉDENTÉS :** ordre sous lequel on rangeait les mammifères placentaires privés d'incisives ou pourvus d'une seule sorte de dents (paresseux, fourmiliers, etc.). ➤ **xénarthres.**

ÉDENTER [edɑ̃te] **v. tr.** ‹1› – XIIIe ◊ de *é-* et *dent* ■ Rendre édenté. — Rompre les dents de (qqch. : peigne, scie, etc.).

ÉDICTER [edikte] **v. tr.** ‹1› – 1619 ; *editer* 1399 ◊ du latin *edictum* → édit ■ **1** Établir, prescrire par une loi, par un règlement. ➤ **décréter, promulguer.** « *Un code de sang, édictant la peine de mort pour des délits religieux* » RENAN. ■ **2** LITTÉR. Exprimer d'une manière péremptoire. *Édicter sa volonté.*

ÉDICULE [edikyl] **n. m.** – 1863 ◊ latin *ædicula* ■ **1** RARE (à cause du sens 2°) Petit temple, chapelle ou dépendance d'un édifice religieux. « *Les édicules secondaires, portiques ou mirhabs* [sic], *dont le sanctuaire est entouré* » LOTI. ■ **2** (1876) Petite construction édifiée sur la voie publique (kiosque, SPÉCIALT urinoir, toilettes).

ÉDIFIANT, IANTE [edifjɑ̃, jɑ̃t] **adj.** – fin XIIe ◊ de *édifier* ■ **1** Qui édifie, porte à la vertu, à la piété. *Une pénitence édifiante.* ➤ 1 **exemplaire.** *Conduite, vie édifiante.* ➤ **pieux, vertueux.** *Ouvrage édifiant.* ➤ **moral.** ■ **2** IRON. Particulièrement instructif. *Des révélations édifiantes.* ■ CONTR. (du 1°) Scandaleux.

ÉDIFICATEUR, TRICE [edifikatœʀ, tʀis] **adj. et n.** – avant 1517 ◊ latin *ædificator* ■ RARE Qui édifie, construit. *L'œuvre édificatrice d'un grand urbaniste.*

ÉDIFICATION [edifikasjɔ̃] **n. f.** – v. 1380 ◊ latin *ædificatio* ■ **1** Action d'édifier, de construire (un édifice). ■ **2** FIG. Création, constitution. *Des disciplines* « *nécessaires à l'édification d'une médecine complète* » DUHAMEL. ■ **3** (v. 1200 ◊ latin ecclésiastique *ædificatio*) Action de porter à la vertu, à la piété. « *pour l'utilité de l'Église et pour l'édification des fidèles* » MASSILLON. ◆ PAR EXT. Action d'éclairer, d'instruire. ➤ **instruction.** *Sachez pour votre édification, que... « Avec lui* [Goethe] *tout est instruction, édification, moyen de culture* » GIDE. ■ CONTR. Destruction. Corruption.

ÉDIFICE [edifis] **n. m.** – XIIe ◊ latin *ædificium* ■ **1** Bâtiment important. ➤ **bâtisse, construction, monument.** *Les édifices publics.* « *Un édifice accompli [...] manifeste à la lumière l'œuvre combinée du vouloir, du savoir et du pouvoir de l'homme* » VALÉRY. (Canada) *Un édifice à bureaux.* ➤ **immeuble.** *Montréal* « *livrée à la spéculation et au béton armé, aux édifices à bureaux* » V.-L. BEAULIEU. ◆ DR. Toute construction. « *Par "édifice," il faut comprendre non seulement les* bâtiments proprement dits, *mais aussi* les travaux d'art de toute espèce » PLANIOL. ■ **2** Assemblage résultant d'un arrangement. ➤ **architecture.** « *N'y avait-il pas dans ces édifices de cheveux quelque chose de lourd ?* » ROMAINS. ➤ **échafaudage.** ◆ ABSTRAIT Ensemble vaste et organisé. *L'édifice du savoir, de la civilisation.* « *L'homme peut réformer l'édifice politique et social* » RENAN. — LOC. *Apporter sa pierre à l'édifice :* contribuer à une œuvre collective.

ÉDIFIER [edifje] **v. tr.** ‹7› – XIIe ◊ latin *ædificare*

I ■ **1** Bâtir (un édifice, un ensemble architectural). ➤ **construire*, élever ; édification.** *Édifier un temple, un palais.* « *L'architecte est celui qui a vocation par son art d'édifier quelque chose de nécessaire et de permanent* » CLAUDEL. ■ **2** Établir, constituer, créer (un vaste ensemble). « *Ce qui a été si péniblement édifié par les hommes : la paix, les lois* » MAUROIS. « *Vouloir édifier l'avenir à l'imitation du passé* » GIDE. *Édifier un système, une théorie.* ◆ ABSOLT Construire. « *Les peuples s'entendront, non pour détruire, mais pour édifier* » PASTEUR.

II (latin ecclésiastique *ædificare*) Porter à la vertu, à la piété, par l'exemple ou par le discours (➤ **édifiant**). *« Ces pieuses gens édifiaient les habitants de la ville »* MAURIAC. ♦ IRON. Mettre à même d'apprécier, de juger sans illusion. *Après son dernier discours, nous voilà édifiés !*
■ CONTR. Démolir. Détruire. — Corrompre ; scandaliser.

ÉDILE [edil] **n.** – 1213 ◊ latin *ædilis* ■ **1 n. m.** HIST. ROM. Magistrat chargé de l'inspection des édifices et des jeux, de l'approvisionnement de la ville. *Édiles plébéiens et édiles curules.* ■ **2** (1754) Magistrat(e) municipal(e) d'une grande ville (**en style offic. ou de journal.**). *« une campagne contre la municipalité : "Nos édiles se sont-ils avisés du danger ?" »* CAMUS.

ÉDILITÉ [edilite] **n. f.** – XVe ◊ latin *ædilitas* ■ HIST. ROM. Magistrature de l'édile, exercice de cette magistrature. ♦ RARE Magistrature municipale. — **adj. ÉDILITAIRE,** 1875.

ÉDIT [edi] **n. m.** – *esdit* XIVe ◊ latin *edictum*, de *edicere* « déclarer, ordonner » ■ **1** HIST. Acte législatif émanant des rois francs. ➤ **capitulaire.** ♦ Sous l'Ancien Régime, Disposition législative statuant sur une matière spéciale (alors que l'ordonnance* avait un caractère général). *L'édit de Nantes* (1598), par lequel Henri IV reconnaissait aux protestants la liberté de conscience. ■ **2** ANTIQ. ROM. Règlement fait par un magistrat pour être observé durant sa magistrature. *Les édits du préteur* (en matière juridique). — Constitution impériale. *L'édit de Dioclétien* (contre les chrétiens).

ÉDITER [edite] **v. tr.** ‹1› – 1784 au p. p. ◊ latin *editus*, p. p. de *edere* « produire, faire paraître au jour » → édition ■ **1** Faire paraître (un texte qu'on présente, annote, etc.). *« Entreprenant d'éditer la Chanson de Roland »* BÉDIER. ■ **2** COUR. Publier et mettre en vente (un texte imprimé) (cf. Faire paraître*). *Éditer des romans, des ouvrages techniques. Livre édité à compte d'auteur*.* — *Éditer de la musique, des CD-ROM.* — *Éditer un auteur. « Vous ferez la même remise à tous ceux que nous éditons »* GIDE. ■ **3** (anglais *to edit*) INFORM. Afficher (une information) et en permettre la lecture sur écran. — Présenter sur écran (des informations) en vue de les modifier.

ÉDITEUR, TRICE [editœʀ, tʀis] **n.** – 1732 ◊ latin *editor*, de *editum* → éditer ■ **1** Personne (homme ou femme de lettres, érudit) qui travaille à la parution d'un texte. *Marot a été l'éditeur de Villon. Notes de l'éditeur.* ■ **2** (fin XVIIIe) COUR. Personne (ou société) qui assure la publication et la mise en vente (d'ouvrages imprimés). *« En publiant le premier roman d'un auteur, un éditeur doit risquer seize cents francs d'impression et de papier »* BALZAC. *Éditeur de musique, de gravures.* — **adj.** *Société éditrice.* ♦ APPOS. *Libraire éditeur. Les auteurs éditeurs.* ♦ *Éditeur responsable*, qui fait paraître sous sa responsabilité un journal, une revue, un périodique (cf. Directeur de la publication*). ♦ Personne (ou société) qui publie des documents sur d'autres supports qu'imprimés. *Éditeur de logiciels. Éditeur de musique.* — Créateur. *Éditeur de décoration, de tissus.* ■ **3 n. m.** (anglais *editor*) INFORM. Programme permettant d'éditer (3°) des informations enregistrées dans un fichier. *Éditeur de texte* : progiciel permettant la saisie de textes simples, sans enrichissement, sur ordinateur.

ÉDITION [edisjɔ̃] **n. f.** – *edicion* XVIe ◊ latin *editio*, de *editum* → éditer ■ **1** Action d'éditer (un texte qu'on présente, annote, etc.) ; texte ainsi édité. *Édition critique. Procurer une édition. Édition variorum. Les « Pensées » de Pascal, édition Havet, édition Brunschvicg.* ■ **2** COUR. Reproduction et diffusion d'une œuvre intellectuelle ou artistique par un éditeur. ➤ **impression, publication, tirage.** *Techniques de l'édition* (➤ 2 **éditorial ; microédition**). *Maison, société d'édition. Contrat d'édition. Procéder à une nouvelle édition d'un texte.* ➤ **réédition, réimpression.** *Édition numérique. Édition à compte d'auteur.* ➤ aussi **autoédition.** *Édition de partitions musicales, de gravures, de disques. Les éditions X* : nom de maisons d'édition. ♦ FIG. *« Il a donné une nouvelle édition de toutes les niaiseries monarchiques »* STENDHAL. *Troisième édition !* pour signifier que l'interlocuteur répète ce qu'il dit pour la troisième fois. ■ **3** Ensemble des exemplaires d'un ouvrage publié ; série des exemplaires édités en une fois. *Édition de luxe, à tirage restreint, illustrée. Édition reliée, brochée. Édition de poche. Édition originale, princeps. Édition collective. Les « Contes et Nouvelles » de La Fontaine, édition des Fermiers généraux. Édition revue et corrigée. Édition définitive, ne varietur. « L'édition originale, imprimée à Francfort, avec l'allemand en regard »* NERVAL. ➤ 1 **original.** *Édition limitée*, à tirage limité. — PAR EXT. *Édition limitée d'un parfum, d'un sac, d'un modèle de véhicule, etc.* ♦ Exemplaire (de telle ou telle édition). ➤ 1 **livre.** *Il achète des éditions rares. Édition numérotée. « Il s'était interrompu de découper des maximes dans une édition populaire d'Épictète »* MAURIAC. ♦ SPÉCIALT Ensemble des exemplaires d'un journal imprimés en une fois. *Édition de Paris, de province. Édition de midi. Dernière édition. Édition spéciale.* ♦ INFORM. Impression de résultats. ■ **4** Métier, activité de l'éditeur ; commerce de l'édition. *Travailler dans l'édition. Syndicat national de l'édition.* ■ **5** Chacune des manifestations d'un évènement médiatique. *La dernière édition du Téléthon, du Festival de Cannes.*

ÉDITIONNER [edisjɔne] **v. tr.** ‹1› – 1773 ◊ de *édition* ■ **T. de librairie, d'édition** Marquer (les exemplaires d'une édition) d'une mention de tirage.

1 **ÉDITORIAL, IAUX** [editɔʀjal, jo] **n. m.** – 1852 adj. ◊ mot anglais américain, de *editor* « rédacteur en chef » ■ Article qui émane de la direction d'un journal, d'une revue et qui définit ou reflète une orientation générale (politique, littéraire, etc.). *Lire l'éditorial en première page.* — ABRÉV. FAM. (1939) **ÉDITO** [edito]. *Des éditos.*

2 **ÉDITORIAL, IALE, IAUX** [editɔʀjal, jo] **adj.** – 1939 ◊ du radical de *éditeur* ■ Qui concerne l'activité d'édition. *La politique éditoriale des éditions X. Informatique éditoriale.*

ÉDITORIALISTE [editɔʀjalist] **n.** – 1934 ◊ de 1 *éditorial* ■ Personne qui écrit l'éditorial d'un journal, d'une revue.

-ÈDRE ■ Élément, du grec *hedra* « siège, base » : *polyèdre.*

ÉDREDON [edʀədɔ̃] **n. m.** – 1700 ◊ du danois *ederdun* « duvet d'eider » ■ **1** VX Duvet d'eider. *« Un lit mollet, où l'on s'ensevelit dans la plume ou dans l'édredon »* ROUSSEAU. ■ **2** (1830) MOD. Couvre-pied de duvet (d'eider, d'oie, etc.), de plume ou de fibres synthétiques (➤ 1 **couette ;** RÉGION. **douillette, duvet**).

EDTA [ødetea] **n. m.** – 1949 ◊ sigle de *(acide) é thylène d iamine t étra a cétique* ■ CHIM. Molécule organique soluble dans l'eau, formant des complexes extrêmement stables avec les ions métalliques (➤ **chélate**). *L'EDTA est utilisé en chimie (dosage des ions métalliques en solution), en médecine (traitement des intoxications par métaux lourds).*

ÉDUCABLE [edykabl] **adj.** – 1831 ◊ de *éduquer* ■ Apte à recevoir l'éducation. *Les animaux, « Dieu ne les a point faits éducables dans le sens complet du mot »* HUGO. ■ CONTR. Inéducable.

ÉDUCATEUR, TRICE [edykatœʀ, tʀis] **n. et adj.** – 1527 ◊ latin *educator* ■ **1** Personne qui s'occupe d'éducation, qui donne l'éducation. ➤ **pédagogue.** *« Il n'y a pas d'éducateurs plus rigides que les parents dévergondés »* MERLEAU-PONTY. — SPÉCIALT Personne qui a reçu une formation spécifique et qui est chargée de l'éducation de personnes, adultes ou enfants, en difficulté (déficiences physiques, psychiques, troubles du comportement, difficultés d'insertion...). *Éducateur spécialisé. Éducateur de rue. Éducateur attaché à un centre pénitentiaire.* ♦ FIG. *« La douleur est la grande éducatrice des hommes »* FRANCE. ■ **2 adj.** Qui contribue à l'éducation. ➤ **éducatif.** *« La fonction éducatrice de l'art n'existe que dans la mesure où l'intention éducatrice est absente »* TH. MAULNIER.

ÉDUCATIF, IVE [edykatif, iv] **adj.** – 1866 ◊ du radical de *éducation* ■ Qui a l'éducation pour but ; qui éduque, forme efficacement. ➤ **pédagogique.** *Jeux éducatifs.* ➤ aussi **ludoéducatif.** *Logiciel éducatif.* ➤ **didacticiel.** *« Il n'y eut jamais poésie plus éducative que l'Iliade pour l'éducation d'énergie »* MICHELET.

ÉDUCATION [edykasjɔ̃] **n. f.** – 1527 ◊ latin *educatio* ■ **1** Mise en œuvre des moyens propres à assurer la formation et le développement d'un être humain ; ces moyens eux-mêmes. *Sciences de l'éducation.* ➤ **pédagogie.** *« On façonne les plantes par la culture, et les hommes par l'éducation »* ROUSSEAU. *« Aucune éducation ne transforme un être : elle l'éveille »* BARRÈS. *Faire l'éducation d'un enfant.* ➤ **éduquer, élever, former ; éducateur.** *Recevoir une bonne éducation. Devoir d'éducation* (des parents envers les enfants). *Instruction et éducation.* ➤ **enseignement.** *Ministère de l'Éducation nationale* (en France), autrefois ministère de l'Instruction publique. — *Assistant, conseiller principal d'éducation.* ♦ **(Avec un déterm.)** ➤ **formation, initiation.** *Éducation physique* : ensemble des exercices physiques, des sports propres à favoriser le développement harmonieux du corps. *Éducation physique et sportive (E. P. S.).* ➤ **gymnastique, sport.** — *Éducation sexuelle.* — *Éducation politique. Éducation civique*, destinée à former le citoyen. ➤ **instruction.** *« Le spectacle est la seule forme d'éducation morale ou artistique d'une nation »* GIRAUDOUX. — FIG. *« L'Éducation sentimentale »*, roman de Flaubert. *« Il manque* *à ces malheureuses victimes une honteuse éducation, je veux dire la connaissance des vices d'un homme»* BAUDELAIRE. — *Éducation surveillée* (DR. PÉN.). ■ **2** Développement méthodique (d'une faculté, d'un organe). ➤ **exercice.** *Éducation des réflexes, des sens, de la mémoire. «L'Éducation de la volonté», ouvrage de Payot.* ■ **3** Connaissance et pratique des usages de la société. ➤ **politesse, savoir-vivre.** *Avoir de l'éducation. Une personne sans éducation. Il manque d'éducation. Toute une éducation à refaire ! «Cette chose qu'on est convenu d'appeler éducation, cette espèce de vernis»* LOTI. ■ CONTR. Grossièreté, impolitesse.

ÉDUCATIONNEL, ELLE [edykasjɔnɛl] **adj.** – 1873 ◇ de *éducation* ■ DIDACT. Relatif à l'éducation. *Le système éducationnel.*

ÉDULCORANT, ANTE [edylkɔʀɑ̃, ɑ̃t] **adj. et n. m.** – v. 1900 ◇ de *édulcorer* ■ Se dit d'une substance qui donne une saveur douce. ♦ **n. m.** *Édulcorant de synthèse* : produit sucrant sans sucre et pauvre en calories. ➤ **aspartame, saccharine ; light.** *Édulcorant naturel.* ➤ **stévia.**

ÉDULCORATION [edylkɔʀasjɔ̃] **n. f.** – 1620 ◇ de *édulcorer* ■ DIDACT. Action d'édulcorer. — SPÉCIALT Action de rendre doux (une préparation médicamenteuse dont on désire masquer le goût désagréable) par adjonction d'un édulcorant.

ÉDULCORER [edylkɔʀe] **v. tr.** ⟨1⟩ – 1690 ◇ latin scientifique *edulcorare*, bas latin *dulcorare*, de *dulcis* «doux» ■ **1** (1704) PHARM. Adoucir par addition de sucre, de sirop. ➤ **sucrer.** *Édulcorer une tisane.* ■ **2** (1872) COUR. Adoucir, affaiblir, dans son expression. *Rapporter des propos violents en les édulcorant.* — **p. p. adj.** *Un compte rendu très édulcoré. Version édulcorée des faits.* ■ CONTR. Corser, dramatiser.

ÉDUQUER [edyke] **v. tr.** ⟨1⟩ – 1746 ; hapax XIVe ◇ latin *educare* «élever (un enfant)», de *ducare*, duratif de *ducere* ■ Former par l'éducation. ➤ **élever, former.** *Éduquer un enfant. «cela seul vous éduque vraiment, qui vous contrarie»* GIDE. — *Éduquer les sens, la volonté.* ➤ **discipliner, façonner.** ♦ **p. p. adj.** VIEILLI OU RÉGION. *Bien, mal éduqué* : qui a, qui n'a pas d'éducation. ➤ **élevé.**

ÉFAUFILER [efofile] **v. tr.** ⟨1⟩ – 1701 ◇ de *é-* et *faufiler* ■ RARE Défaire (un tissu) en tirant des fils. ➤ **défaufiler, effiler, effilocher.**

ÉFENDI ou **EFFENDI** [efɛ̃di] **n. m.** – 1624 ◇ mot turc, altération du grec moderne *afentis*, grec ancien *authentês* «maître» ■ Ancien titre de dignitaires civils ou religieux, chez les Turcs. *«Me voilà pour tout de bon un indiscutable effendi»* LOTI. *Des éfendis, des effendis.*

EFFAÇABLE [efasabl] **adj.** – *effassable* 1549 ◇ de *effacer* ■ RARE Qui peut être effacé. *Encre effaçable. Annotations effaçables.* ♦ INFORM. *Mémoire effaçable.* ➤ **EPROM.** *Disque optique effaçable et réinscriptible.* ■ CONTR. Ineffaçable.

EFFACÉ, ÉE [efase] **adj.** – XVIe ◇ de *effacer* ■ **1** Qui a peu d'éclat, qui a passé. *Couleurs, teintes effacées.* ■ **2** (XVIIe) Qui paraît en retrait, n'est pas saillant. *La poitrine effacée.* ■ **3** (XIXe) FIG. Qui ne se fait pas voir, reste dans l'ombre. ➤ 2 **falot, humble, ignoré, modeste,** 1 **terne.** *«certains enfants étaient si effacés qu'ils semblaient épouser la couleur des murs, silencieux et fermés»* Y. QUEFFÉLEC. *Caractère effacé. «une vieille fille, toute petite, et si menue, si effacée»* CHARDONNE. *Mener une vie effacée.* ■ CONTR. Vif ; saillant.

EFFACEMENT [efasmɑ̃] **n. m.** – *esfacement* XIIIe ◇ de *effacer* ■ **1** Action d'effacer ; son résultat. *Effacement accidentel d'un fichier informatique.* ➤ **destruction, disparition.** — LING. Ellipse syntaxique. ♦ FIG. *L'effacement d'un souvenir.* ■ **2** Action de s'effacer, attitude effacée. *«ils avaient manqué de cette modestie, de cet effacement de soi»* PROUST.

EFFACER [efase] **v. tr.** ⟨3⟩ – *esfacier* XIIe ◇ de *é-* et *face*

I **v. tr.** ■ **1** Faire disparaître sans laisser de trace (ce qui était marqué). ➤ **enlever ; couvrir, gratter.** *Effacer un trait à la gomme.* ➤ **gommer.** *Liquide pour effacer.* ➤ **correcteur, effaceur.** *Effacer un croquis mal fait. Effacez ce qui est écrit au tableau.* PAR EXT. *Un chiffon pour effacer le tableau.* ➤ **essuyer.** *Le voleur a effacé ses empreintes, toute trace de son passage.* ABSOLT *«Ajoutez quelquefois, et souvent effacez»* BOILEAU. — INFORM. Supprimer (des informations enregistrées) sur un support de stockage. ♦ PAR EXT. Rendre moins net, moins visible. *Une inscription que le temps a effacée.* ➤ **oblitérer.** ■ **2** FIG. Faire disparaître, faire oublier. ➤ **abolir.** *«on ne peut tout à fait effacer de sa mémoire la chaleur d'une émotion, la douceur d'un geste, le son d'une voix tendre»* BEN JELLOUN. *Chercher à effacer ses erreurs. «Le crime était puni, mais effacé par la contrition»* HUYSMANS. ➤ **absoudre.** — LOC. FAM. *On efface tout et on recommence**. ♦ VIEILLI ➤ **éclipser.** *Une tunique «dont la blancheur effaçait celle de la neige»* FÉNELON. ■ **3** (1670 escr.) Tenir de côté ou en retrait, de manière à présenter le moins de surface ou de saillie. *Alignez-vous, effacez l'épaule droite.*

II **S'EFFACER** **v. pron.** ■ **1** (PASS.) Disparaître plus ou moins. ➤ **s'estomper, se faner, s'obscurcir, pâlir.** *«Une fresque du Titien qui s'efface»* CHATEAUBRIAND. — FIG. *«Les mêmes souvenirs renaissent, tandis que d'autres s'effacent»* ROUSSEAU. ■ **2** (RÉFL.) Se tenir de façon à paraître le moins possible, à présenter le moins de surface ou de saillie. *S'effacer pour laisser passer. «Il arrive toujours le premier à la porte du restaurant, s'efface, laisse passer sa femme»* CAMUS. — FIG. *S'effacer devant qqn,* lui laisser la première place, le laisser agir. *«Il faut que le virtuose s'efface devant le compositeur»* BERLIOZ. ➤ **disparaître.** *«Discret, et cherchant plus à s'effacer qu'à épater»* GIDE.

■ CONTR. Accentuer, renforcer, 1 ressortir (faire ressortir).

EFFACEUR [efasœʀ] **n. m.** – v. 1975 ◇ de *effacer* ■ Stylo à pointe feutre qui efface l'encre bleue.

EFFARANT, ANTE [efaʀɑ̃, ɑ̃t] **adj.** – 1895 ◇ de *effarer* ■ **1** LITTÉR. Qui effare, plonge dans une stupeur mêlée d'effroi ou d'indignation. ➤ **effrayant, stupéfiant.** *«la plus effarante semelle qui hanta jamais les cauchemars d'un cordonnier»* QUENEAU. ■ **2** PAR EXAGÉR. COUR. Incroyable, inouï. *Rouler à une vitesse effarante. C'est effarant !*

EFFARÉ, ÉE [efaʀe] **adj.** – *effaree* XIIIe ; *effere* «troublé» v. 1200 ◇ p.-ê. de *effrayer* ou du latin *ferus* «sauvage» ■ **1** Qui ressent un effroi mêlé de stupeur. ➤ **effrayé, épouvanté.** — Ahuri. *Des badauds complètement effarés par ce qu'ils voyaient.* ♦ Dont l'expression trahit ce sentiment. ➤ **égaré, hagard.** *«Avec l'air effaré des bêtes fauves quand on les rend libres tout à coup»* FLAUBERT. *«Des regards effarés où la vision de la mort passe comme un éclair»* DAUDET. ■ **2** BLAS. Cabré. ■ CONTR. 2 Calme, 1 serein.

EFFAREMENT [efaʀmɑ̃] **n. m.** – avant 1790 ◇ de *effarer* ■ État d'une personne effarée. ➤ **effroi, stupeur,** 2 **trouble.** *Regarder qqn avec effarement. «De grands yeux étonnés où se peignait un effarement si naturel, si comique»* DAUDET.

EFFARER [efaʀe] **v. tr.** ⟨1⟩ – 1611 ◇ de *effaré* ■ Troubler en provoquant un effroi mêlé de stupeur. ➤ **affoler, effaroucher, effrayer, stupéfier.** *«Seule, elle ne fût point sortie ; le bruit de la rue l'effarait»* R. ROLLAND. PRONOM. RARE *«Il y a donc quelque chose de plus que le devoir ! Ici, il s'effarait»* HUGO. ■ CONTR. Rassurer.

EFFAROUCHEMENT [efaʀuʃmɑ̃] **n. m.** – *effarouchemens* 1559 ◇ de *effaroucher* ■ Action d'effaroucher, fait de s'effaroucher. — État d'une personne effarouchée.

EFFAROUCHER [efaʀuʃe] **v. tr.** ⟨1⟩ – 1495 ◇ de *é-* et *farouche* ■ **1** Effrayer (un animal) de sorte qu'on le fait fuir. *Être silencieux pour ne pas effaroucher le gibier, le poisson.* ■ **2** Mettre (qqn) dans un état de crainte ou de défiance tel qu'il a envie de fuir. ➤ **effrayer, épouvanter, intimider** (cf. Faire peur*). *«Tout m'effarouche, tout me rebute ; une mouche en volant me fait peur»* ROUSSEAU. VX *Effaroucher la pudeur.* ➤ **alarmer.** — Plus cour. ➤ **choquer, offusquer.** *Rien ne l'effarouche.* — PRONOM. *«Vous adressez des galanteries [...] à des dames que j'estime assez pour croire qu'elles doivent parfois s'en effaroucher»* BAUDELAIRE. — LOC. FAM. *Jouer les vierges effarouchées* : faire semblant d'être choqué, scandalisé. ■ CONTR. Apprivoiser ; enhardir, rassurer.

EFFARVATTE [efaʀvat] **n. f.** – 1775 ◇ ancien français, altération dialectale de *fauvette* ■ Rousserolle des roseaux.

EFFECTEUR, TRICE [efɛktœʀ, tʀis] **adj. et n. m.** – 1953 ◇ anglais *effector* (1906), de *to effect* ; cf. *effectuer* ■ PHYSIOL. Se dit des organes ou cellules répondant aux stimulations nerveuses, hormonales ou chimiques par une activation de leur(s) fonction(s). ♦ **n. m.** GÉNÉT. Gène qui code pour une protéine activant ou réprimant la transcription ; cette protéine. — BIOCHIM. Substance activant ou inhibant l'activité des protéines (dont des enzymes) en se fixant sur celles-ci. *Effecteurs allostériques.* ■ CONTR. 2 Récepteur.

1 **EFFECTIF, IVE** [efɛktif, iv] **adj.** – 1464 ◇ latin *effectivus*, de *effectus* → effet ■ Qui se traduit par un effet, par des actes réels. ➤ **concret,** 1 **positif, réel, tangible.** *«Croyant que les mots avaient un pouvoir effectif»* FLAUBERT. *Apporter une aide effective.* ■ CONTR. Fictif.

2 **EFFECTIF** [efɛktif] **n. m.** – 1792 ◇ de 1 *effectif* ■ **1** VX Nombre de combattants réels (dans une unité). ■ **2** MOD. Nombre réglementaire de militaires qui constituent une formation.

L'effectif d'une compagnie, d'un bataillon. L'effectif est au complet. ▪ **3** AU PLUR. Troupes considérées dans leur importance numérique. *Nous avons vu «la France augmenter ses effectifs et ses armements»* MARTIN DU GARD. ▪ **4** PAR ANAL. Nombre de personnes (constituant un groupe défini). *L'effectif d'une classe, d'un parti. Les effectifs d'une entreprise. Effectifs trop importants* (➤ **sureffectif**), *insuffisants* (➤ **sous-effectif**).

EFFECTIVEMENT [efɛktivmɑ̃] **adv.** – 1495 ◇ de 1*effectif* ▪ D'une manière effective. ➤ **réellement, véritablement, vraiment.** *Des livres effectivement lus.* ◆ S'emploie pour confirmer une affirmation (cf. En effet, de fait). *«effectivement, quand l'artiste crée, c'est d'après sa fantaisie qui est personnelle»* TAINE. *Oui, effectivement.*

EFFECTUER [efɛktɥe] **v. tr.** ‹1› – *affectuer* XVe ◇ latin médiéval *effectuare,* de *effectus* → effet ▪ **1** VX Mettre à effet, à exécution. *«Si vous effectuez vos desseins déclarés»* MOLIÈRE. ▪ **2** MOD. Faire, exécuter (une opération complexe ou délicate, technique, etc.). ➤ **accomplir, 1faire, réaliser.** *Effectuer une opération, des réformes, une enquête. Effectuer un trajet.* — PRONOM. (PASS.) *L'inscription s'effectue en deux temps.*

EFFÉMINÉ, ÉE [efemine] **adj.** – 1160 ◇ latin *effeminatus,* de *effeminare* → efféminer ▪ Qui a les caractères physiques et moraux qu'on prête traditionnellement aux femmes. *Homme efféminé. Manières efféminées.* ➤ **féminin.** — SPÉCIALT (en parlant d'un homme) Qui se comporte comme une femme sur le plan érotique ; propre aux hommes qui se comportent ainsi. *«à cause de son extraordinaire beauté surtout, certains lui trouvaient même un air efféminé»* PROUST. **n. m.** (souvent péj.) *Un efféminé.* ◆ (CHOSES) Mou, sans énergie, sans virilité. *Un art efféminé.* ➤ **émasculé.** ▪ CONTR. Mâle, viril.

EFFÉMINEMENT [efeminmɑ̃] **n. m.** – avant 1593 ◇ de *efféminer* ▪ RARE Caractère d'un homme efféminé. *«M. de Charlus, avec son horreur de tout efféminement»* PROUST.

EFFÉMINER [efemine] **v. tr.** ‹1› – v. 1170 ◇ latin *effeminare,* de *femina* «femme» ▪ LITTÉR. Rendre efféminé. ➤ **amollir, émasculer, féminiser.** *«les recherches affectées, qui efféminent et trahissent la pensée»* R. ROLLAND. ▪ CONTR. Viriliser.

EFFENDI ➤ **ÉFENDI**

EFFÉRENT, ENTE [eferɑ̃, ɑ̃t] **adj.** – 1805 ◇ latin *efferens,* de *efferre* «porter hors» ▪ ANAT. Qui conduit hors d'un organe, qui va du centre vers la périphérie. *Vaisseaux, nerfs efférents. Neurone efférent.* ➤ **motoneurone.** *Canaux* (ou *cônes*) *efférents* : fins canaux spermatiques qui partent du réseau testiculaire vers l'épididyme. ▪ CONTR. 2 Afférent.

EFFERVESCENCE [efɛrvesɑ̃s] **n. f.** – 1641 ◇ du latin *effervescens,* de *effervescere* «bouillonner» ▪ **1** Bouillonnement d'un liquide produit par un dégagement de bulles gazeuses, lorsqu'on y introduit une substance effervescente. *Le bicarbonate de soude produit une effervescence au contact du vinaigre.* — Dégagement de gaz produit par un liquide saturé en gaz carbonique. *L'effervescence du champagne, du cidre.* ▪ **2** FIG. (1772) Agitation, émotion vive mais passagère. ➤ **bouillonnement, émoi, fermentation, fièvre.** *Cet évènement a mis tout le pays en effervescence.* ➤ **ébullition.** *«trois souverains pareillement inquiets de l'effervescence révolutionnaire»* MARTIN DU GARD. ▪ CONTR. 1 Calme.

EFFERVESCENT, ENTE [efɛrvesɑ̃, ɑ̃t] **adj.** – 1755 ◇ latin *effervescens* → effervescence ▪ **1** Qui est en effervescence ou susceptible d'entrer en effervescence. *Comprimés effervescents. Aspirine effervescente.* ▪ **2** FIG. (1777) Agité, bouillonnant. *Milieu effervescent.*

EFFET [efɛ] **n. m.** – fin XIIIe ◇ du latin *effectus,* de *efficere* «réaliser, exécuter» (→ efficient), famille de *facere* → 1faire

I RÉSULTAT D'UNE ACTION ▪ **1** Ce qui est produit par une cause. ➤ **conséquence, résultat, suite.** *Effet immédiat.* ➤ **impact.** *Effet indirect.* ➤ **contrecoup, répercussion, ricochet.** *Il n'y a pas d'effet sans cause*. Rapport de cause à effet.* PROV. *À petite cause grands effets* : des faits insignifiants peuvent être à l'origine d'évènements essentiels. *Effet du hasard.* ➤ **1fruit, produit.** *Effet pervers. Effets secondaires*. Le remède a fait effet, a fait son effet* (➤ **agir, opérer ; 1efficace**). *Effets indésirables d'un médicament. Être sous l'effet d'une drogue. Les effets se font sentir. Ressentir les effets. Cette mesure aurait pour effet de baisser les prix. Mesures qui restent sans effet.* ➤ **inefficace, inopérant.** *Effet d'annonce*. Effet papillon* : effet considérable né d'une cause minime ou lointaine. — DR. *Effets d'un jugement, d'un acte juridique,* les conséquences qu'ils comportent. *Effet rétroactif d'une loi. Effet déclaratif, dévolutif, suspensif.* ▪ **2** Phénomène particulier (acoustique, électrique, etc.) apparaissant dans certaines conditions. *Effet Doppler* : modification de la fréquence d'une onde sinusoïdale perçue lorsque la source ou le récepteur est en mouvement. *Effet Compton, Joule, Edison, Cerenkov, Larsen. Effet photoélectrique, thermoélectronique* ; effet tunnel*, effet de serre*. Effet d'optique.* ➤ **illusion.** ◆ FIG. et FAM. *Effet boule de neige. Effet boomerang.* ▪ **3** Au billard, Rotation que l'on imprime à la bille en la frappant d'une manière qui modifie son mouvement normal. *Mettre trop d'effet.* PAR ANAL. *Donner de l'effet à une balle de tennis, de ping-pong* (➤ **brosser, couper, lifter**). ▪ **4** (Dans des loc.) Acte effectif ; réalisation d'une chose. ➤ **exécution, réalisation.** *Mettre à effet. Loi qui prend effet à telle date,* qui devient applicable, exécutoire à cette date. ➤ **application** (cf. Entrer en vigueur*). ◆ **loc. adv.** (1536) **EN EFFET,** s'emploie pour confirmer ce qui est dit (➤ **assurément, effectivement**), introduire un argument, une explication (➤ **1car**). — (1574) **À CET EFFET ; POUR CET EFFET :** en vue de cela, dans cette intention, pour cet usage. *«Il descendit vers la Seine qu'il traversa, grâce au pont disposé à cet effet»* QUENEAU. — **loc. prép.** (style jurid.) *À l'effet de délibérer,* en vue de. ▪ **5** Impression produite (sur qqn, par qqch. ou qqn). *«J'avais peur de l'effet que produirait la visite de ce monsieur imposant»* ROMAINS. — *Agir sous l'effet de la colère.* ➤ **1action, empire.** *Produire un effet de surprise. Ce médicament me fait un drôle d'effet. «Les mots employés non pour le sens qu'ils ont mais pour l'effet qu'ils font»* CAILLOIS. *Son intervention a fait très mauvais effet sur l'auditoire. Cela ne fera pas bon effet.* — (milieu XVe) *Faire effet, faire de l'effet* : produire une vive impression. ➤ **frapper ;** FAM. **claquer, dégager** (cf. Faire sensation*). FAM. *Faire un effet bœuf, un effet monstre. Faire de l'effet à qqn.* ➤ **impressionner.** *Ça lui fait de l'effet.* — *Faire l'effet de* (et attribut) : donner l'impression, avoir l'air de. *«Il nous fait l'effet d'un revenant»* BERGSON. ▪ **6** (1821) Impression esthétique recherchée par l'emploi de certaines techniques. *«cet effet magique, si recherché des peintres, qu'ils appellent "clair-obscur"»* GAUTIER. *Effet de contraste. «Les ténors et les basses soignent leurs effets»* HUYSMANS. *Une harmonie de couleurs du meilleur effet,* de très bon goût. *Manquer, rater son effet.* ◆ ABSOLT (surtout péj.) *«Le pianiste cherche l'effet, comme l'acteur»* GIDE. ◆ LITTÉR. *À effet* : prétentieux. *«Une pensée simple, sans mot à effet»* FAGUET. ◆ AUDIOVIS. *Effets spéciaux* : procédés cinématographiques consistant à effectuer des trucages visuels ou sonores. ▪ **7** AU PLUR. Attitude affectée par ostentation, désir de mettre en valeur quelque avantage. *Faire des effets de jambes, de voix. Les effets de manches d'un avocat. Ménager ses effets* : graduer l'action que l'on veut avoir sur les esprits. *Couper ses effets à qqn,* l'empêcher de se mettre en valeur.

II TERME FINANCIER *Effet de commerce* : titre (à ordre ou au porteur) négociable par son détenteur auquel il donne droit à être payé par le souscripteur d'un montant déterminé à une échéance généralement prochaine. ➤ **billet** (à ordre), **chèque, lettre** (de change), **traite, warrant ; mandat.** *Effet bancable. Effet de complaisance. Effet de cavalerie. Effet en pension. Effet en nourrice. Effet en portefeuille.* — *Effets publics* : titres négociables (rentes, obligations, bons du Trésor) émis et garantis par l'État et les collectivités publiques ou semi-publiques.

III AU PLUR. LE LINGE ET LES VÊTEMENTS *Effets civils, militaires. Il a pris quelques effets personnels.*
▪ CONTR. (de I) Cause.

EFFEUILLAGE [efœjaʒ] **n. m.** – 1763 ◇ de *effeuiller* ▪ **1** ARBOR. Action d'enlever une partie des feuilles pour exposer les fruits à l'action solaire et favoriser leur maturation. ▪ **2** (1964) Striptease.

EFFEUILLAISON [efœjɛzɔ̃] **n. f.** – 1763 ◇ de *effeuiller* ▪ Chute naturelle des feuilles. — On dit aussi **EFFEUILLEMENT,** 1546. *«le lit, épais et doux, que la forêt s'est fait d'effeuillements millénaires»* J.-L. TRASSARD.

EFFEUILLER [efœje] **v. tr.** ‹1› – *esfeulier* v. 1300 ◇ de *é-* et *feuille* ▪ **1** Dépouiller de ses feuilles. ➤ **défeuiller.** *Effeuiller la vigne.* ➤ **épamprer.** *«Je m'étais amusé à effeuiller une branche de saule sur un ruisseau»* CHATEAUBRIAND. PRONOM. *«Pas même un saule vert qui s'effeuille à l'automne»* HUGO. ▪ **2** PAR EXT. Dépouiller de ses pétales. *Effeuiller la marguerite* : détacher un à un les pétales de cette fleur pour savoir si on est aimé, en disant, à chaque pétale qu'on enlève : «il (ou elle) m'aime, un peu, beaucoup, passionnément, à la folie, pas du tout», le dernier pétale arraché étant censé donner la réponse.

EFFEUILLEUR, EUSE [efœjœʀ, øz] **n.** – XIVe n. m. «personne qui effeuille» ◊ de *effeuiller* ■ **1 n. f.** TECHN. Machine agricole servant à effeuiller les plantes avant l'arrachage. ■ **2** (1949) FAM. Professionnel(le) du striptease.

1 **EFFICACE** [efikas] **adj.** – XIVe ◊ latin *efficax* ■ **1** Qui produit l'effet qu'on en attend. ➤ **actif, 1 bon, puissant, souverain, sûr.** *«Telle eau est efficace pour les dermatoses»* ROMAINS. *Lessive efficace contre les taches. Un moyen efficace pour le faire avouer. «j'ai constaté quelles précautions étaient efficaces et quelles autres vaines»* ROMAINS. ◆ THÉOL. *Grâce efficace,* qui fournit la réalisation même du bien (alors que la grâce *suffisante* ne fournit que la possibilité de faire le bien). ◆ PHYS. *Intensité, tension efficace :* valeur moyenne de l'intensité, de la tension d'un courant alternatif, équivalente à celle d'un courant continu. *Section efficace :* en physique des particules, grandeur utilisée pour rendre compte d'une expérience de diffusion. ■ **2** (PERSONNES) Dont la volonté, l'activité produisent leur effet, aboutissent à des résultats utiles (➤ **efficient, valable**). *Un collaborateur efficace.* ■ CONTR. Inefficace. Inopérant.

2 **EFFICACE** [efikas] **n. f.** – 1155 ◊ latin *efficacia* ■ VX ou LITTÉR. Efficacité. *«Un roman perd toute efficace [...] s'il se borne à illustrer le fonctionnement des viscères»* CAILLOIS.

EFFICACEMENT [efikasmɑ̃] **adv.** – 1309 ◊ de 1 *efficace* ■ D'une manière efficace. *Travailler efficacement à la paix.* ■ CONTR. Inefficacement.

EFFICACITÉ [efikasite] **n. f.** – 1495, rare jusqu'en 1675 ◊ latin *efficacitas* ■ **1** Caractère de ce qui est efficace. ➤ 1 **action, force,** 2 **pouvoir.** *L'efficacité d'un remède, d'une méthode.* ■ **2** Capacité de produire le maximum de résultats avec le minimum d'effort, de dépense. ➤ **efficience, productivité, rendement.** *Il «mesure exactement la valeur et l'efficacité des instruments dont il dispose»* SIEGFRIED. ■ **3** COUR. Caractère d'une personne efficace, d'un comportement, d'une action efficace. *«M. Octave mesurait ce qu'il faisait pour les autres, moins à son efficacité, qu'au mal qu'il se donnait pour le faire»* MONTHERLANT. ■ CONTR. Inefficacité, impuissance.

EFFICIENCE [efisjɑ̃s] **n. f.** – 1893 philos. ◊ anglais *efficiency* ■ ANGLIC. (ÉCON. ou ABUSIF) Efficacité, capacité de rendement. *«Le profit mobilise le meilleur et le pire au profit de l'efficience économique»* F. PERROUX. *«son efficience socialiste»* DRIEU LA ROCHELLE.

EFFICIENT, IENTE [efisjɑ̃, jɑ̃t] **adj.** – 1290 ◊ latin *efficiens,* de *efficere* «réaliser» ■ **1** PHILOS. *Cause efficiente,* qui produit un effet (opposé à *cause finale*). ■ **2** (1948 ◊ anglais *efficient*) ANGLIC. (ABUSIF) Efficace, dynamique, capable de rendement.

EFFIGIE [efiʒi] **n. f.** – v. 1468 «aspect, stature (d'une personne)» ◊ latin *effigies* «représentation, portrait» ■ **1** Représentation (en peinture, sculpture, cire peinte) d'une personne. ➤ **image, portrait.** *On exposait l'effigie des rois défunts.* ■ **2** ANC. DR. Représentation grossière (tableau, mannequin) d'un condamné, à laquelle on faisait subir fictivement la peine. MOD. *En effigie. Exécuter un dictateur en effigie.* ■ **3** Représentation du visage d'une personne, sur une monnaie, une médaille. *«une pièce d'or à l'effigie du pape Clément XIII»* ROMAINS.

EFFILAGE [efilaʒ] **n. m.** – avant 1780 ◊ de *effiler* ■ Action d'effiler ; état de ce qui est effilé. — SPÉCIALT En coiffure, Action d'effiler (les cheveux).

1 **EFFILÉ, ÉE** [efile] **adj.** – 1654 ◊ de *é-* et *fil* «tranchant» ■ **1** Qui va en s'amincissant ; mince et allongé. *Une lame effilée. «Comme le bout de ses doigts est admirablement effilé !»* GAUTIER. ◆ Coupé en fines lamelles. *Amandes effilées* (➤ **émincer**). ■ **2** COMM. *Volaille effilée,* simplement éviscérée. ■ CONTR. Épais, large.

2 **EFFILÉ** [efile] **n. m.** – 1718 ◊ de *effiler* (1°) ■ Frange formée en effilant la chaîne d'un tissu, et qui sert à border une étoffe. *Les effilés d'un châle, d'une serviette. «La jupe, garnie de trois rangs d'effilés»* BALZAC.

EFFILER [efile] **v. tr.** ⟨1⟩ – 1526 ◊ de *fil* ■ **1** Défaire (un tissu) fil à fil. ➤ 1 **défiler, éfaufiler, effilocher, effranger, parfiler.** PRONOM. *Bord sans ourlet qui s'effile.* FIG. *«Le vent d'est effilait les fumées des toits»* MAURIAC. *Effiler les haricots verts, du céleri,* en retirer les fils. ■ **2** Rendre effilé. ➤ **allonger, amincir.** *«Son nez que la nature avait effilé en bec d'oiseau»* GREEN. PRONOM. *«Le visage s'effile en avant comme une lame»* MARTIN DU GARD. — *Effiler les cheveux,* les couper de manière que les mèches s'amincissent à leur extrémité. ■ **3** CUIS. Couper en fines lamelles. *Effiler des amandes, des blancs de volaille.* ■ CONTR. Élargir, épaissir.

EFFILOCHAGE [efilɔʃaʒ] **n. m.** – 1761 ◊ de *effilocher* ■ Action d'effilocher (des étoffes, des chiffons). ➤ **défilage.**

EFFILOCHE [efilɔʃ] **n. f.** – 1838 ◊ de *effilocher* ■ TECHN. Fil sur la lisière d'une étoffe. ◆ AU PLUR. Soies non torses, appelées aussi *soies folles.*

EFFILOCHER [efilɔʃe] **v. tr.** ⟨1⟩ – 1761 ◊ de *é-* et *filoche,* dérivé ancien et dialectal de *fil* ■ Effiler (des tissus, des chiffons) pour réduire en bourre, en ouate, en charpie*. On dit aussi **EFFILOQUER.** *Machine à effilocher* (ou *effilocheuse* **n. f.**). ◆ PRONOM. *Étoffe usée qui s'effiloche.* ➤ **s'effiler, s'effranger.** PAR ANAL. *«Les nuages s'effilochaient»* SARTRE. ◆ *«Sa soutane, luisante sous les coudes, effiloquée par le bas»* FLAUBERT. — SUBST. *Un effiloché de raie, de canard.*

EFFILOCHURE [efilɔʃyʀ] **n. f.** – 1870 ◊ de *effilocher* ■ Produit de l'effilochage.

EFFLANQUÉ, ÉE [eflɑ̃ke] **adj.** – *esflanqué* 1573 ; *rage efflanchée* «qui creuse les flancs des chiens» XIVe ◊ de *é-* et *flanc* ■ Aux flancs creusés par la maigreur. *«Petites rosses [...] efflanquées, haletantes»* FROMENTIN. ◆ (PERSONNES) Maigre, décharné. *«ce petit homme maigre, efflanqué dans un uniforme porté à la diable»* MADELIN. ■ CONTR. Gras, rebondi.

EFFLEURAGE [eflœʀaʒ] **n. m.** – 1723 ◊ de *effleurer* ■ **1** TECHN. Action d'effleurer (les peaux, les cuirs). ■ **2** (1901) Massage léger agissant sur les tissus superficiels.

EFFLEUREMENT [eflœʀmɑ̃] **n. m.** – 1578 ◊ de *effleurer* ■ Action d'effleurer, caresse ou atteinte légère. ➤ **attouchement, frôlement.** — *Touche à effleurement* (du clavier d'une machine). ➤ **sensitif.** ◆ PAR MÉTAPH. *«ces imperceptibles émotions dont l'effleurement a été si fugitif que la raison ne s'en souvient point»* MAUPASSANT.

EFFLEURER [eflœʀe] **v. tr.** ⟨1⟩ – 1578 au sens 2° ; *esflouré* «qui a perdu sa fraîcheur, sa beauté», avant 1236 ◊ de *é-* et *fleur* ■ **1** Entamer en n'enlevant que la partie superficielle. ➤ **égratigner, érafler.** *«un coup de corne qui effleura le bras d'un capeador»* GAUTIER. ◆ (1723) TECHN. *Effleurer une peau, un cuir,* en enlever une couche très mince du côté de l'épiderme (pour faire disparaître les défauts superficiels). ◆ FIG. et LITTÉR. Faire une atteinte légère. ➤ **égratigner.** *Desmoulins «en daubant l'ancien Comité, effleura le nouveau»* MICHELET. ■ **2** Toucher légèrement. ➤ **friser, frôler, raser.** *Effleurer qqch. de la main. «La bruyère aux clochettes mortes qui s'effritent [...] aussitôt que nos doigts les effleurent»* GENEVOIX. *«Un pas qui ne fait qu'effleurer la terre»* BARRÈS. *«Elle effleura son front, puis ses yeux, puis ses joues de baisers lents, légers»* MAUPASSANT. ■ **3** (ABSTRAIT) Toucher à peine à (un sujet), examiner superficiellement. ➤ **glisser** (sur). *Il n'a fait qu'effleurer le problème.* ➤ **aborder.** ◆ (CHOSES) Faire une impression légère et fugitive sur (qqn). *«Le désir de celle-ci l'avait à peine effleuré»* MAUPASSANT. *«La pensée ne m'avait jamais effleuré que je dusse m'en servir»* MAURIAC. *Ça ne m'a même pas effleuré,* je n'ai même pas envisagé la chose. ■ CONTR. Pénétrer. Approfondir.

EFFLEURIR [eflœʀiʀ] **v. intr.** ⟨2⟩ – 1755 ◊ de *fleurir,* d'après *efflorescence* ■ CHIM., MINÉR. Devenir efflorescent.

EFFLORESCENCE [eflɔʀesɑ̃s] **n. f.** – v. 1562 «surface, croûte» ◊ formation savante d'après le latin classique *efflorescere* «fleurir» ■ **1** (1755) CHIM. Transformation de certains cristaux par perte d'eau. *Cristaux qui deviennent pulvérulents par efflorescence au contact de l'atmosphère.* ◆ (XVIIIe) MÉD. Lésion élémentaire de la peau (bulle, papule, pustule, vésicule). ➤ **exanthème.** ◆ BOT. Pruine. ■ **2** (1801) VX Début de floraison. ◆ FIG. et LITTÉR. Floraison épanouie. ➤ **épanouissement, luxuriance.** *«cette prodigieuse efflorescence de l'art gothique»* GAUTIER. *En pleine efflorescence.*

EFFLORESCENT, ENTE [eflɔʀesɑ̃, ɑ̃t] **adj.** – 1755 ◊ latin scientifique *efflorescens* → efflorescence ■ **1** CHIM. En efflorescence ; couvert de sels en efflorescence. ◆ BOT. Couvert de pruine. ■ **2** En pleine floraison, luxuriant. FIG. *Le produit «touffu, hérissé, efflorescent de l'ogive»* HUGO.

EFFLUENCE [eflyɑ̃s] **n. f.** – 1747 ◊ de *effluent* ■ RARE Émanation. ➤ **effluve.** *Des légumes «d'où s'exhalent des effluences de putréfaction»* BLOY.

EFFLUENT, ENTE [eflyɑ̃, ɑ̃t] **adj.** et **n. m.** – avant 1475 ◊ latin *effluens,* p. prés. de *effluere* «s'écouler» ■ **1** Qui s'écoule d'une source. ■ **2 n. m.** (1953) GÉOGR. Cours d'eau issu d'un lac ou d'un glacier. ➤ 2 **émissaire.** ◆ TECHN. Fluide résiduaire, contenant des composants organiques ou chimiques nuisibles à l'environnement. *Effluent urbain :* ensemble des eaux (eaux de ruissellement, eaux usées) de la ville évacuées par les égouts. *Effluents industriels. Effluents d'élevages* (lisier). ♦ *Effluents radioactifs :* matériaux radioactifs résiduels produits par la génération d'énergie nucléaire. ➤ **déchet.**

EFFLUVE [eflyv] **n. m.** – 1755 ◊ latin *effluvium* «écoulement» ■ **1** Émanation qui se dégage des corps organisés, ou de certaines substances, altérées ou non. ➤ **exhalaison, 1 vapeur.** «*Effluves capiteux du pressoir*» GIDE. «*des essences précieuses qui exhalaient leurs effluves odoriférants*» PROUST. ➤ **parfum.** ♦ FIG. et LITTÉR. Émanation, souffle. «*Tous ces effluves du passé que dégagent ici les pierres*» LOTI. ■ **2** (1845) *Effluve magnétique :* émanation de fluide (d'après les partisans du magnétisme animal). ♦ (1884) *Effluve électrique :* décharge électrique à faible luminescence.

EFFONDREMENT [efɔ̃dʀəmɑ̃] **n. m.** – avant 1562 ◊ de *effondrer* ■ **1** AGRIC. Action d'effondrer, de creuser (la terre). ■ **2** COUR. Fait de s'effondrer ; son résultat. ➤ **éboulement, écroulement.** «*L'effondrement du toit obstruait toute la partie nord de la plate-forme*» SARTRE. — GÉOL. Affaissement brusque du sol. *Cratères, vallées d'effondrement.* — SPORT Écroulement physique. *Effondrement d'un sportif après l'épreuve.* ■ **3** Chute, fin brutale. ➤ **destruction, écroulement, ruine.** *L'effondrement d'un empire, d'une puissance.* «*L'effondrement des civilisations*» LOTI. «*La mort de papa entraîne l'effondrement de notre fortune*» GIDE. ♦ État d'abattement extrême. «*L'effondrement du pauvre Vaugoubert qui n'était plus qu'une espèce de loque*» PROUST. ■ **4** Baisse importante et brutale (d'une valeur, d'une monnaie). *Effondrement des cours de la Bourse.* ➤ **chute, krach.** ■ CONTR. Relèvement. Hausse.

EFFONDRER [efɔ̃dʀe] **v. tr.** ‹1› – *esfondrer* XIIe ◊ latin populaire °*exfunderare* «défoncer», de *fundus* «fond» ■ **1** Défoncer, faire crouler. ➤ **briser, démolir, détruire.** *Effondrer une cabane.* «*L'éclat d'obus lui avait effondré la face*» DUHAMEL. ■ **2** (1704) AGRIC. Remuer, fouiller profondément (la terre), en mêlant de l'engrais. ■ **3 S'EFFONDRER v. pron.** COUR. Crouler sous le poids ou faute d'appui. ➤ **s'affaisser, s'ébouler, s'écrouler.** «*Il avait cru que la galerie s'effondrait derrière son dos*» ZOLA. «*Les toits effondrés laissaient voir les chambres béantes*» HUGO. ➤ **ruiné.** — (PERSONNES) Tomber comme une masse. *S'effondrer dans un fauteuil,* s'y laisser tomber. ➤ **s'affaler.** «*Des hommes s'effondraient, pliés en deux*» DORGELÈS. SPORT *Il s'est effondré dans la ligne droite.* ♦ FIG. S'écrouler. *Espérances, projets qui s'effondrent* (cf. Tomber à l'eau*). «*Toute son histoire, péniblement reconstruite, s'effondre : rien ne reste de cette confession préparée*» MAURIAC. — *Le cours de l'or s'est effondré.* ➤ **baisser, chuter.** — Céder brusquement. *Interrogé sans relâche, le suspect finit par s'effondrer.* ➤ **craquer.** — **p. p. adj.** Très abattu, prostré (après un malheur, un échec). ➤ **accablé, anéanti.** *Équipe effondrée après la défaite.* ■ CONTR. Dresser (se), résister.

EFFORCER (S') [efɔʀse] **v. pron.** ‹3› – *se esforcer* v. 1050 ◊ de *é-* et *force* ■ **1** Faire tous ses efforts, employer toute sa force, son adresse ou son intelligence pour atteindre un but, vaincre une résistance. ➤ **s'appliquer, s'attacher, s'escrimer, essayer, s'évertuer, tâcher, tenter** (cf. Faire effort* pour, faire tout pour, faire son possible pour, prendre à tâche* de). «*Un service d'ordre improvisé s'efforçait de disperser l'attroupement*» MARTIN DU GARD. *Il* «*s'efforçait de se dérober aux regards*» HUGO. *Je m'y efforce. Elle s'est efforcée de l'aider.* — VIEILLI «*Il s'efforce à l'entraîner hors de la maison*» DIDEROT. ♦ LITTÉR. **(avec un subst. compl. de but)** «*C'est vers la volupté que s'efforce toute la nature*» GIDE. «*S'efforçant à une cordialité qui sonnait faux*» MARTIN DU GARD. ■ **2** ABSOLT et LITTÉR. Prendre sur soi, se faire violence. ➤ se **contraindre,** se **forcer.** *Efforcez-vous, soyez aimable !* «*des auteurs qui s'efforcent pour parler argot*» PROUST. ■ CONTR. Renoncer.

EFFORT [efɔʀ] **n. m.** – *esforz* 1080 ◊ de *efforcer* ■ **1** Activité d'un être conscient qui mobilise toutes ses forces pour résister ou vaincre une résistance (extérieure ou intérieure). *Effort physique, musculaire. Sentiment de l'effort* (fondement de la conscience de soi, selon Maine de Biran). *Faire, fournir un grand, un violent effort.* ➤ **forcer ; forcing.** «*Il fit un effort désespéré*» HUGO. *Tout effort lui est interdit.* MÉD. *Test, électrocardiogramme d'effort,* réalisé au cours d'un effort musculaire qui accroît le travail du cœur. — *Effort intellectuel :* tension de l'esprit cherchant à résoudre une difficulté. ➤ **application, concentration.** «*La vie moderne tend à nous épargner l'effort intellectuel comme elle fait l'effort physique*» VALÉRY. *Un effort de volonté, d'imagination.* «*ma mémoire est excédée par l'effort que je lui demande*» GIDE. *Un ouvrage laborieux qui sent l'effort,* qui manque d'aisance. *Faire tous ses efforts,* tout son possible. ➤ **s'efforcer.** *Allons, faites un petit effort, un dernier effort :* un peu de courage, manifestez votre bonne volonté. «*Français, encore un effort si vous voulez être républicains*», *titre d'un pamphlet de Sade. Cet élève ne fait aucun effort. Je veux bien faire un effort,* envisager une dépense, une aide financière (mesurée). *Un gros effort financier.* ➤ **sacrifice.** *Sans effort,* sans peine. ➤ **facilement.** «*Elle se mit debout avec effort*» MAURIAC. ➤ **difficilement, péniblement.** *Un partisan du moindre effort :* un paresseux. «*Il n'y a pas de doctrine plus funeste que celle du moindre effort*» GIDE. *C'est la loi du moindre effort* (cf. Une solution* de facilité). *Faire un effort, des efforts pour... :* se donner du mal. ➤ FAM. **1 ramer.** COLLECT. *Se reposer après l'effort.* ■ **2** VIEILLI Vive douleur musculaire ou articulaire due à une tension excessive des muscles. FAM. et VIEILLI. *Se donner, attraper un effort,* une hernie. ♦ VÉTÉR. Entorse, distension. *Effort de boulet, de tendon. Effort de rein.* ➤ **3 tour.** ■ **3** PAR ANAL. (MÉCAN.) Force exercée par un corps. ➤ **1 travail.** *Effort de traction, de compression, de torsion, de cisaillement.* — Force de résistance qu'oppose (une pièce) aux forces extérieures. *L'effort des arches d'un pont.* ■ CONTR. Détente (5°), repos. ■ HOM. Éphore.

EFFRACTION [efʀaksjɔ̃] **n. f.** – 1404 ◊ latin juridique *effractura,* d'après *fraction* ■ DR. Bris de clôture *(effraction extérieure)* ou de serrures *(effraction intérieure). Vol avec effraction.* ➤ FAM. **4 casse, fricfrac.** *Pénétrer dans une maison par effraction.*

EFFRAIE [efʀɛ] **n. f.** – *effraye* 1553 ◊ p.-ê. altération de *orfraie,* par attraction de *effrayer* ■ Chouette au plumage clair, qui se nourrit de rongeurs. ➤ **1 dame** (blanche).

EFFRANGER [efʀɑ̃ʒe] **v. tr.** ‹3› – 1863 ◊ de *é-* et *frange* ■ Effiler (un tissu...) sur les bords de manière que les fils pendent comme une frange. ♦ PRONOM. S'effilocher. *Bas de pantalon qui s'effrange. — Un jean tout effrangé.*

EFFRAYANT, ANTE [efʀɛjɑ̃, ɑ̃t] **adj.** – 1539 ◊ de *effrayer* ■ **1** Qui inspire ou peut inspirer de la frayeur, de l'effroi. ➤ **angoissant, effroyable, épouvantable, glaçant, paniquant, terrible, terrifiant, terrorisant ;** RÉGION. **épeurant.** *Des bruits effrayants.* «*Quelque songe effrayant cette nuit l'a frappé*» RACINE. «*Elle était inquiétante à voir* [...] *et si effrayée qu'elle était effrayante*» HUGO. ♦ PAR EXT. Qui fait naître un sentiment voisin de l'effroi. «*cet effrayant génie se nommait Blaise Pascal*» CHATEAUBRIAND. ➤ **redoutable.** ■ **2** FAM. Extraordinaire, extrême. ➤ **formidable.** *Il fait une chaleur effrayante. Des prix effrayants.* ➤ **effarant.** ♦ (Canada) Incroyable, inouï. ■ CONTR. Rassurant.

EFFRAYÉ, ÉE [efʀeje] **adj.** – *esfrae* XIIe ◊ de *effrayer* ■ Qui éprouve une grande peur. ➤ **affolé, apeuré, épouvanté, terrifié.**

EFFRAYER [efʀeje] **v. tr.** ‹8› – *esfreer* 1080 ◊ latin populaire °*exfridare* «faire sortir de la paix», francique °*fridu* ■ **1** Frapper de frayeur, d'effroi. ➤ **affoler, alarmer, angoisser, apeurer, effarer, effaroucher, épeurer, épouvanter, intimider, terrifier** (cf. Glacer* le sang, faire dresser les cheveux* sur la tête). «*On ne les avait jamais effrayés en leur disant que Dieu réserve des punitions terribles aux enfants ingrats*» BERNARDIN DE SAINT-PIERRE. «*Le sac de la Ville Éternelle* [...] *effraya l'Europe*» BAINVILLE. — «*La Commune, effrayée de sa responsabilité*» JAURÈS. ♦ PRONOM. Avoir peur, craindre. ➤ **redouter.** «*la bourgeoisie possédante s'effraie plus de l'armement général du peuple*» JAURÈS. ■ **2** Inquiéter. *Le prix de ce voyage m'effraie un peu. Je suis effrayée de constater que...* ■ CONTR. Apaiser, rassurer.

EFFRÉNÉ, ÉE [efʀene] **adj.** – v. 1200 ◊ latin *effrenatus* «débridé», de *frenum* «frein» ■ Qui est sans retenue, sans mesure. ➤ **débridé, déchaîné, démesuré, excessif, immodéré.** «*Je deviens fou de désirs effrénés*» FLAUBERT. *Une course effrénée.* ■ CONTR. Modéré, sage.

EFFRITEMENT [efʀitmɑ̃] **n. m.** – 1879 ; «épuisement (de la terre)» 1846 ◊ de *effriter* ■ Fait de s'effriter, état de ce qui est effrité. ➤ **1 dégradation, désagrégation.** *L'effritement d'un bas-relief antique.* — FIG. *L'effritement d'un parti ; du marché boursier.*

EFFRITER [efʀite] **v. tr.** ‹1› – 1801 ◊ extension de sens, sous l'influence de *friable,* de *effriter* (1611), pour *effruiter* (XIIIe) «rendre stérile, épuiser (une terre)», de *fruit* ■ Réduire en poussière. *Effriter un gâteau sec.* ➤ **émietter.** — **p. p. adj.** *Des masses* «*de roches calcaires, effritées, fendillées, pulvérulentes*» GAUTIER. — FIG. «*la routine des menues choses du quotidien qui effritent le plus solide des couples*» N. APPANAH. ♦ **v. pron. S'EFFRITER :** se désagréger progressivement, tomber en poussière. *Matière* *qui s'effrite facilement.* ➤ **friable.** — FIG. Perdre des éléments, diminuer progressivement. ➤ **s'amenuiser.** *La majorité gouvernementale s'effrite à chaque vote.*

EFFROI [efʀwa] **n. m.** – *effrei* v. 1140 ◊ de l'ancien français *esfreer*, °*effreer* → effrayer ■ LITTÉR. Grande frayeur, souvent mêlée d'horreur, qui glace, qui saisit. ➤ **affolement, angoisse, crainte, effarement, épouvante, horreur, peur*, terreur.** *Être saisi d'effroi. «Délivrés du plus affreux cauchemar, après avoir vécu quelques mois dans l'effroi et l'horreur»* LOTI. *Regarder qqch. avec effroi. «Elle, les yeux pleins d'effroi, le repoussa avec une horreur glaciale»* FRANCE.

EFFRONTÉ, ÉE [efʀɔ̃te] **adj. et n.** – *esfrontez* v. 1278 ◊ de *é-* et *front*, proprt «qui n'a pas de front (pour rougir)» ■ Qui ne rougit, ni n'a honte de rien. ➤ **impudent, insolent ;** FAM. **culotté, gonflé.** *«Dorine, la soubrette effrontée, peut très bien étaler devant moi sa gorge rebondie»* GAUTIER. *«Les affirmations les plus effrontées»* BAUDELAIRE. ➤ **éhonté.** — **n.** Personne qui n'a pas de respect, de réserve, qui n'a pas froid* aux yeux. *Petit effronté ! «Avez-vous vu cette effrontée, comme elle le regarde !»* LOTI. ■ CONTR. Modeste, réservé, timide.

EFFRONTÉMENT [efʀɔ̃temɑ̃] **adv.** – *effronteyment* fin XIIe ◊ de *effronté* ■ D'une manière effrontée ; sans honte, sans vergogne. *Mentir effrontément.*

EFFRONTERIE [efʀɔ̃tʀi] **n. f.** – *enfronterie* milieu XIVe ◊ de *effronté* ■ Caractère, attitude d'une personne effrontée. ➤ **audace, impudence, insolence, sans-gêne ; aplomb ;** FAM. **culot, toupet.** *Il a l'effronterie de soutenir ce mensonge. «Il la regardait avec une familiarité cynique, avec une effronterie audacieuse qui la fit rougir»* FRANCE. ■ CONTR. Modestie, réserve, respect, timidité.

EFFROYABLE [efʀwajabl] **adj.** – XVe-XVIe ◊ de *effroi* ■ Qui remplit d'effroi, de terreur. *Ce fut une effroyable catastrophe.* ➤ **effrayant ; affreux, atroce, épouvantable, horrible, terrible.** *«Cet effroyable avenir de désespérance, de fer, de feu et de sang»* LOTI. ◆ FAM. Énorme, effrayant. *Un gâchis effroyable.* ➤ **effarant.** ■ CONTR. Charmant, magnifique.

EFFROYABLEMENT [efʀwajabləmɑ̃] **adv.** – 1551 ◊ de *effroyable* ■ Excessivement, terriblement. ➤ **extrêmement.** *Une affaire effroyablement compliquée.*

EFFUSIF, IVE [efyzif, iv] **adj.** – 1909 ◊ de l'allemand *effusiv* (1887) ■ GÉOL. Qui s'écoule, se répand. *Volcan effusif,* rejetant surtout des coulées, des dômes de lave. — *Éruption effusive.*

EFFUSION [efyzjɔ̃] **n. f.** – avant 1150 ◊ latin *effusio*, de *effundere* «répandre» ■ **1** VX Action de répandre (un liquide). MOD. **EFFUSION DE SANG :** action de faire couler le sang (dans une action violente). *L'ordre a été rétabli sans effusion de sang.* ■ **2** (XVIIe) FIG. *Effusion de cœur* (VX), ou (MOD.) *effusion* : manifestation sincère d'un sentiment. ➤ 1 **élan, épanchement, ferveur.** *Remercier avec effusion. «je pris un air froid qui coupa court aux effusions qu'elle espérait»* PROUST. ■ **3** CHIM. Phénomène par lequel un gaz sort d'une enceinte par un petit orifice. *Vitesse d'effusion.* ■ CONTR. Froideur.

ÉFRIT [efʀit] **n. m.** – 1910 *efrit* ◊ mot arabe ■ Génie malfaisant, dans la mythologie arabe.

ÉGAGROPILE ou **ÆGAGROPILE** [egagʀɔpil] **n. m.** – 1762 *égagropile* ◊ du grec *aigagros* «chèvre sauvage» et *pilos* «balle de laine foulée» ■ DIDACT. Bézoard* formé de poils.

ÉGAIEMENT [egɛmɑ̃] ou **ÉGAYEMENT** [egɛjmɑ̃] **n. m.** – XIIe, -1535 ◊ de *égayer* ■ RARE Action d'égayer ; fait de s'égayer.

ÉGAILLER (S') [egaje ; egeje] **v. pron.** ‹1› – 1829 ; tr. «éparpiller» 1474 ◊ mot dialectal de l'Ouest ; probablt latin populaire °*œgualiare*, de *œqualis* «égal, uni» ■ Se disperser, s'éparpiller. *«Ces deux officiers devaient prendre à propos les Chouans en flanc et les empêcher de s'égailler»* BALZAC. ■ CONTR. Grouper (se), 1 masser (se). ■ HOM. Égayer.

ÉGAL, ALE, AUX [egal, o] **adj.** – milieu XIIe ◊ du latin *aequalis*

I (AVEC UNE COMPARAISON) ■ **1** Qui est de même quantité, dimension, nature, qualité ou valeur. ➤ 1 **équivalent, identique, même, pareil, semblable, similaire ; équi-, homo-, is(o)-.** *Deux quantités égales à une même troisième sont égales entre elles. Diviser un tout en parties égales. «Contre des troupes égales en nombre»* VOLTAIRE. *Combattre à armes égales,* en disposant de moyens égaux ou analogues. *«Ajax et lui, d'égale force, d'égal mérite, d'égal orgueil, se balançaient»* GIDE. *Qualité supérieure à prix égal. Somme égale ou supérieure à cent euros.* LOC. *Toutes choses égales d'ailleurs* : en supposant que tous les autres éléments de la situation restent les mêmes. ◆ Qui ne crée pas de différence entre les personnes ; qui met sur un pied d'égalité. *La justice doit être égale pour tous. «Par bonne distribution, il faut entendre non distribution égale, mais distribution équitable»* HUGO. LOC. *À travail égal salaire égal. La partie n'est pas égale* : les adversaires ne sont pas de la même force. SPORT *Faire jeu égal,* se dit d'adversaires qui se montrent de force égale. ■ **2** (milieu XIIe) (PERSONNES) Qui est sur le même rang ; qui a les mêmes droits ou charges. *«Soutenir vaguement que les deux sexes sont égaux, et que leurs devoirs sont les mêmes»* ROUSSEAU. *Tous les citoyens sont égaux devant la loi.* ■ **3** SUBST. Personne égale par le mérite ou par la condition. ➤ 1 **pair.** *La femme est l'égale de l'homme.* — **D'ÉGAL À ÉGAL.** *Traiter d'égal à égal avec qqn* (cf. Sur un pied* d'égalité). ◆ Chose égale à la chose désignée. (1641) **SANS ÉGAL :** unique en son genre, incomparable ; extrême (cf. Sans pareil). *Il est d'une étourderie sans égale.* — *N'avoir d'égal que...* : n'être égalé que par une seule chose. *Sa bêtise n'a d'égale que sa prétention. Ses talents n'ont d'égal(e) que sa gentillesse.* — **loc. prép.** (1595) **À L'ÉGAL DE :** autant que. ➤ **comme** (cf. De même que, au même titre que). *On l'a félicité, à l'égal des autres.*

II (SANS COMPARAISON) ■ **1** (milieu XIIe) Qui est toujours le même ; qui ne varie pas. ➤ **constant, invariable, régulier.** *«Elle courait presque pour maintenir la distance égale»* LAUTRÉAMONT. *Un pouls égal. Région au climat égal.* — FIG. *Il est d'humeur toujours égale.* LOC. (1671) *Égal à lui-même* : dont le caractère, la valeur, les qualités, le talent sont ce qu'ils ont toujours été. *Se montrer égal à soi-même* : avoir un comportement prévisible. ◆ VIEILLI (milieu XIIe) Plat, uni. *Un terrain égal.* ■ **2** Qui est objet d'indifférence. ➤ **indifférent.** VIEILLI OU LITTÉR. (1663) *La chose est égale* : cela revient au même, cela importe peu. — COUR. (1790) (sujet chose) *Être égal à qqn, lui être égal* : lui être indifférent*, revenir au même pour lui. *Cela m'est égal, je n'ai pas de préférence.* IMPERS. *«Il lui était parfaitement égal d'être ici ou là»* GAUTIER. *Tout lui est égal,* il est indifférent, dégoûté. *Cela m'est (bien, parfaitement, complètement, tout à fait) égal* : je m'en moque, je m'en fiche (cf. Ne faire ni chaud* ni froid). *«Ce que les gens pensaient de moi m'était dans l'ensemble bien égal»* CH. ROCHEFORT. *Ça m'est égal de partir, qu'elle vienne.* LOC. FAM. *C'est égal* : quoi qu'il en soit, malgré tout. *«Mais c'est égal, je pars en guerre»* JARRY.

■ CONTR. Inégal. Différent, irrégulier. Capricieux, changeant, lunatique. ■ HOM. Ego.

ÉGALABLE [egalabl] **adj.** – XVIe ◊ de *égaler* ■ Qui peut être égalé. ■ CONTR. Inégalable.

ÉGALEMENT [egalmɑ̃] **adv.** – *egalment* v. 1150 ◊ de *égal* ■ **1** D'une manière égale, au même degré, au même titre. ➤ **pareillement.** *«Tous les citoyens sont également admissibles à toutes dignités»* (DÉCLARATION DES DROITS DE L'HOMME). *Aimer également ses enfants.* ■ **2** (XIXe) De même, aussi. *«Les catapultes s'appelaient également des onagres»* FLAUBERT. *Vous pouvez également prendre ce chemin. Il m'a annoncé également que...* ➤ 2 **outre** (en outre). ■ CONTR. Inégalement.

ÉGALER [egale] **v. tr.** ‹1› – fin XVe ; *soi egailler a (qqn)* v. 1225 ◊ de *égal* ■ **1** VX Rendre égal, mettre sur le même pied, au même niveau. *«La mort, qui égale tout»* BOSSUET. ➤ **niveler.** *«Ceux qui méprisent le plus les hommes, et les égalent aux bêtes»* PASCAL. ■ **2** MOD. Être égal à. *Une œuvre que rien n'égale en beauté. «Pour égaler l'animal en grosseur»* LA FONTAINE. ◆ ABSOLT Être égal en qualité à. *«Corneille ne peut être égalé dans les endroits où il excelle»* LA BRUYÈRE. *«Rien n'égale la douceur et la majesté nue de ses cloîtres»* BARRÈS. ➤ **atteindre.** ◆ Être égal en quantité à. *Deux plus trois égalent cinq* (2 + 3 = 5). ➤ 1 **faire.** ■ CONTR. Dépasser, surpasser.

ÉGALISATEUR, TRICE [egalizatœʀ, tʀis] **adj.** – 1870 ◊ de *égaliser* ■ Qui égalise. *Règlement qui a sur les prix une action égalisatrice.* — SPORT *Le but égalisateur.*

ÉGALISATION [egalizasjɔ̃] **n. f.** – avant 1593 ◊ de *égaliser* ■ Action d'égaliser. *«Beaucoup de socialistes n'admettent pas comme idéal une égalisation matérielle aussi grande que possible»* F. RAUH. — SPORT *Égalisation en fin de match.*

ÉGALISER [egalize] **v. tr.** ‹1› – XVIe ; *soi equaliser* «se rendre égal à» milieu XVe ◊ de *égal* ■ **1** Rendre égal. ➤ **ajuster, équilibrer.** *«La concurrence doit avoir une action égalitaire [...] en égalisant les revenus tout comme elle égalise les prix»* CH. GIDE. *Égaliser les cheveux,* les couper d'égale longueur. — FIG. *La mort égalise les conditions.* ◆ INTRANS. (SPORT) Obtenir le même nombre de points, de buts que l'adversaire. *Ils ont égalisé une minute* avant la fin du match. ▪ **2** Aplanir, niveler. *Égaliser un terrain.* ▪ CONTR. Différencier.

ÉGALISEUR [egalizœʀ] **n. m.** – 1907 ◊ de *égaliser*, d'après l'anglais *equalizer*, de *equal* «égal» ▪ AUDIOVIS. Dispositif permettant de régler le spectre d'un signal pour pallier les défauts de reproduction ou créer des effets.

ÉGALITAIRE [egalitɛʀ] **adj.** – 1836 ◊ de *égalité* ▪ Qui vise à l'égalité absolue en matière politique et sociale. *«Le socialisme du XVIIIe s. est essentiellement égalitaire»* CH. GIDE et RIST. — SUBST. ➤ **égalitariste.**

ÉGALITARISME [egalitaʀism] **n. m.** – 1863 ◊ de *égalitaire* ▪ Doctrine, système égalitaire. *La démocratie «avec son romantique égalitarisme»* BENDA.

ÉGALITARISTE [egalitaʀist] **adj.** et **n.** – 1927 ◊ de *égalitarisme* ▪ Inspiré par l'égalitarisme ; partisan de l'égalitarisme. — **n.** *Un, une égalitariste.*

ÉGALITÉ [egalite] **n. f.** – 1265, rare avant XVIIe ; nombreuses variantes en ancien français ◊ latin *æqualitas* ▪ **1** Caractère de ce qui est égal. ➤ **équivalence, parité.** *Cas d'égalité des triangles :* propositions qui expriment les conditions nécessaires et suffisantes pour que deux triangles soient égaux ou semblables. *Rapport d'égalité.* GRAMM. *Comparatif d'égalité* (aussi, autant... que). *Égalité des forces en présence.* ➤ **équilibre.** *Les joueurs sont à égalité (de points).* ➤ **ex æquo** (cf. Faire match* nul). TURF *Parier à égalité sur un cheval,* de telle sorte que le bénéfice soit égal à la mise. — **loc. prép. À ÉGALITÉ DE :** en supposant une quantité égale de. *À égalité de mérite, le plus âgé doit avoir la préférence.* ▪ **2** Le fait pour les humains d'être égaux devant la loi, de jouir des mêmes droits. *L'Égalité ou la mort,* devise des *Égaux,* partisans de Babeuf (1796). *Liberté, Égalité, Fraternité,* devise de la République française. *Être sur un pied* d'égalité avec qqn. L'égalité des droits, des chances. Égalité devant la loi. Égalité civile, politique, sociale. «Il est faux que l'égalité soit une loi de la nature»* VAUVENARGUES. *«À mesure que l'égalité politique devenait un fait plus certain, c'est l'inégalité sociale qui heurtait le plus les esprits»* JAURÈS. — *Égalité matérielle ou réelle :* égalité de fait entre personnes ayant mêmes avantages naturels, mêmes aptitudes, même fortune... *Égalité, formelle ou extérieure,* définie, réglementée par le législateur. ▪ **3** (XVIIe) MATH. Rapport existant entre des grandeurs égales ; formule qui l'exprime. *Une égalité algébrique :* ensemble d'expressions algébriques réunies par le signe =. ▪ **4** Qualité de ce qui est constant, régulier. ➤ **régularité, uniformité.** *Égalité du pouls.* — FIG. *Égalité d'humeur.* ➤ 1 **calme, équanimité, pondération, sérénité, tranquillité.** ◆ RARE Qualité d'un terrain plat, uni. ▪ CONTR. Inégalité. Infériorité, supériorité. Irrégularité.

ÉGARD [egaʀ] **n. m.** – 1549 ; *esguarz* v. 1165 ◊ de l'ancien français *esgarder* «veiller sur», de *é-* et *garder* ▪ **1** VIEILLI Action de considérer (une personne ou une chose) avec une particulière attention. ➤ **considération.** *Il faut avoir égard aux circonstances. «Les jugements humains n'ont jamais égard au bien dans le mal, ni au mal dans le bien»* SUARÈS. ◆ **loc. prép.** (1549) MOD. **EU ÉGARD À :** en ayant égard à, en considération de, en tenant compte de. ➤ **attendu,** 2 **vu** (cf. En raison* de). *Il est vaillant, eu égard à son âge.* — **À L'ÉGARD DE :** pour ce qui concerne, regarde (qqn). ➤ 1 **envers.** *Vous êtes sévère à son égard.* — Pour ce qui concerne (qqch.). ➤ **quant à, relativement** (à). *«Ainsi qu'il arrive à certains aphasiques à l'égard des mots les plus usuels»* PROUST. — VX Au regard de. *«Un néant à l'égard de l'infini»* PASCAL. ◆ **loc. adv. À CET ÉGARD :** de ce point de vue. *N'ayez aucun souci à cet égard* (cf. FAM. De ce côté*). — **À TOUS (LES) ÉGARDS :** sous tous les rapports. *Il est de bon conseil à tous égards. «Le peuple, dans la démocratie, est à certains égards le monarque»* MONTESQUIEU. ▪ **2** PAR EXT. Considération d'ordre moral. ➤ **déférence, respect.** *«Bien éloignés même de soupçonner qu'on doive quelque égard aux talents»* ROUSSEAU. *Si je l'ai fait, c'est par égard pour vous.* ◆ AU PLUR. Marques de considération, d'estime, ménagements dus à la politesse. *Ils l'ont reçu avec les égards dus à son rang. Traiter qqn avec beaucoup d'égards. Plein d'égards envers qqn. «Jamais époux n'a eu tant d'égards pour une femme»* LESAGE. ▪ CONTR. Indifférence ; grossièreté, impolitesse.

ÉGARÉ, ÉE [egaʀe] **adj.** – *esguarethe* (fém.) au sens 2° v. 1050 ◊ de *égarer* ▪ **1** Qui s'est égaré, qui a perdu son chemin. *Touristes égarés.* — RELIG. *La brebis égarée,* que le bon pasteur ramène au troupeau. ➤ **perdu.** — PAR MÉTAPH. *«Une sorte de Mérovingien égaré au vingtième siècle»* SIEGFRIED. ▪ **2** Qui est comme fou, trahit le désordre mental. ➤ **hagard.** *«Il semblait gai, d'une gaieté convulsive, égarée»* BERNANOS.

ÉGAREMENT [egaʀmɑ̃] **n. m.** – *esgarement* v. 1175 ◊ de *égarer* ▪ **1** VX Fait de s'égarer. ▪ **2** FIG. et LITTÉR. Action de s'écarter des voies de la morale, de la raison ; état qui en résulte. ➤ **aberration, dérèglement, désordre, erreur.** *«cet amour était un moment d'erreur, d'égarement, de folie»* DUMAS. — AU PLUR. Dérèglement de la conduite, des mœurs. *«L'humiliant aveu de mes longs égarements»* LACLOS.

ÉGARER [egaʀe] **v. tr.** ⟨1⟩ – *esguarer* v. 1120 ◊ formation hybride, de *é-* et du francique °*waron* → garer ▪ **1** Mettre hors du bon chemin. ➤ **fourvoyer, perdre*.** *Les petites rues «s'enlaçaient comme pour égarer le passant attardé»* LOTI. ▪ **2** PAR ANAL. Mettre (qqch.) à une place qu'on oublie ; perdre momentanément. *Égarer ses clés. «Pour ne pas les égarer, mets les choses toujours où tu les mettrais spontanément»* VALÉRY. ▪ **3** FIG. Mettre hors du droit chemin ; détourner, écarter de la vérité, du bien. ➤ **abuser, dévoyer, tromper.** *«cette âme naïve, égarée par une passion qu'elle n'avait jamais éprouvée»* STENDHAL. *Égarer les soupçons de qqn. La colère vous égare. Campagne de presse qui égare l'opinion.* ▪ **4** PRONOM. **S'ÉGARER :** se fourvoyer, se perdre. ➤ RÉGION. **s'écarter,** se **mêler.** *Nous nous sommes égarés, je ne reconnais pas le chemin. La lettre a dû s'égarer,* prendre une mauvaise direction. — PAR MÉTAPH. ➤ **errer.** *«Mon esprit tourmenté s'égarait dans le rêve»* MAUPASSANT. ◆ FIG. Divaguer. *«Ma tête s'égare»* MUSSET. — Faire fausse route, sortir du sujet. *Nous nous égarons, revenons à ce qui nous préoccupe.* PAR EXT. *La discussion s'égare.* ▪ CONTR. Diriger ; retrouver.

ÉGAYEMENT ➤ **ÉGAIEMENT**

ÉGAYER [egeje] **v. tr.** ⟨8⟩ – *agueer* v. 1228 ◊ de *é-* et *gai* ▪ **1** Rendre gai, amuser. ➤ **distraire, divertir, ébaudir, réjouir.** *«Au lieu de m'égayer, l'observation de Jacques me fit monter aux yeux un grand flot de larmes»* DAUDET. *Le champagne les a égayés.* ◆ PAR EXT. Rendre agréable, colorer d'une certaine gaieté. *Rideaux qui égayent une pièce. Égayer de boutades un entretien sérieux.* ▪ **2** PRONOM. **S'ÉGAYER :** s'amuser. ➤ se **réjouir,** 1 **rire.** — SPÉCIALT *S'égayer aux dépens de qqn,* s'en moquer. ▪ CONTR. Assombrir, attrister. ▪ HOM. Égailler.

ÉGÉEN, ENNE [eʒeɛ̃, ɛn] **adj.** – 1555 *aegean* ◊ de *(mer) Égée* ▪ Qui concerne les pays baignés par la mer Égée (notamment la Grèce antique). *La civilisation, les langues égéennes.*

ÉGÉRIE [eʒeʀi] **n. f.** – 1846 ◊ nom de la nymphe que consultait Numa Pompilius ▪ Conseillère, inspiratrice d'un homme politique, d'un artiste, d'un créateur. *Mme de Caillavet, l'égérie d'Anatole France. «Son ambition* [de Mme de Staël] *visait à être l'Égérie des hommes d'État»* MADELIN. ◆ PAR EXT. Figure emblématique (d'un mouvement, d'un groupe, d'une marque). *L'égérie de la jeunesse.*

ÉGIDE [eʒid] **n. f.** – 1512 ◊ latin *ægis, idis,* grec *aigis, idos,* proprt «peau de chèvre» ▪ MYTH. Bouclier de Zeus, qu'il confiait souvent à sa fille Athéna. *«Minerve se montra soudainement pour me couvrir de son égide»* FÉNELON. ◆ (1569) FIG. LITTÉR. Ce qui défend, protège. ➤ **bouclier, protection,** 1 **sauvegarde.** *«Ma fierté est une trompeuse égide, je suis sans défense contre la douleur»* BALZAC. COUR. **SOUS L'ÉGIDE DE :** sous la protection de (une autorité, une loi). *Se mettre sous l'égide de qqn. Être sous l'égide des lois.*

ÉGLANTIER [eglɑ̃tje] **n. m.** – *eglenter* 1080 ◊ de l'ancien français *aiglant,* latin populaire °*aquilentum,* pour °*aculentum* «qui a des piquants», de *acus* «aiguille» ▪ Rosier sauvage. *Fruit de l'églantier.* ➤ **cynorhodon.**

ÉGLANTINE [eglɑ̃tin] **n. f.** – 1600 ◊ de l'ancien adj. *aiglantin,* de *aiglant* → églantier ▪ Fleur de l'églantier, à cinq pétales.

ÉGLEFIN [egləfɛ̃] **n. m.** – 1554 *eglefin ; esclefin* v. 1300 ; variantes *aiglefin, aigrefin* ◊ moyen néerlandais *schelvisch* ▪ Poisson de mer *(gadidés)* proche de la morue (dont il se distingue notamment par une tache noire sur chaque flanc). ➤ **cabillaud.** *Églefin fumé.* ➤ **haddock.** — On écrit aussi *aiglefin* [ɛgləfɛ̃].

ÉGLISE [egliz] **n. f.** – fin XIe ◊ latin populaire *eclesia,* latin chrétien *ecclesia,* grec *ekklesia* «assemblée des citoyens»

I L'ÉGLISE. INSTITUTION, COMMUNAUTÉ (avec un *É* majuscule) ▪ **1** Assemblée réunissant les premiers chrétiens. *L'Église primitive. «Il a assemblé autour de lui une société d'hommes qui le reconnaissait pour maître : voilà ce qu'il a appelé son Église»* BOSSUET. ◆ *L'Église chrétienne* ou *l'Église :* assemblée de tous ceux qui ont la foi en Jésus-Christ. *L'Église du Christ. L'Église œcuménique.* ➤ **chrétienté, communauté, communion.** *Les membres de l'Église. L'Église visible, invisible. Les Pères, les docteurs de l'Église* (➤ **patrologie**).

— *L'Église militante :* l'ensemble des fidèles sur la terre. *L'Église souffrante :* les justes qui souffrent au purgatoire. *L'Église triomphante :* les bienheureux qui connaissent Dieu dans le ciel. ▪ **2** (1541) Ensemble de fidèles unis, au sein du christianisme, dans une communion particulière. ➤ **communion, confession, religion.** *L'Église catholique, apostolique et romaine. L'Église latine. L'Église orthodoxe grecque, russe. L'Église d'Orient, d'Occident. Les Églises réformées ou protestantes.* ▪ **3** ABSOLT L'Église catholique. ➤ **catholicité.** *Le pape, chef visible de l'Église. Les États de l'Église* ou *États pontificaux,* restés jusqu'en 1870 sous la souveraineté du pape. *Le siège de l'Église* (➤ **Saint-Siège**). *Les biens de l'Église. L'enseignement, les dogmes de l'Église.* LOC. PROV. *Hors de l'Église, point de salut*. Mourir muni des sacrements de l'Église. Retrancher qqn du sein de l'Église,* l'excommunier. *Les prières, les offices, les fêtes de l'Église. L'Église et l'État.* ➤ **concordat, séparation.** ◆ L'autorité ecclésiale (dans un lieu donné). *L'Église de Rome :* le Vatican. *L'Église de France. L'Église gallicane*.* ▪ **4** L'état ecclésiastique, l'ensemble des ecclésiastiques. ➤ **clergé.** *Appartenir à l'Église. Un homme d'Église.* ➤ **ecclésiastique.** *Les gens d'Église. Serviteur de l'Église. Dignitaires, prélats de l'Église.* ▪ **5** PAR ANAL. (avec un é minuscule) Ensemble de personnes professant une même doctrine, animées d'une même foi. ➤ **chapelle, clan, coterie.** «*le surréalisme avec son aspect ambigu de chapelle littéraire, de collège spirituel, d'église et de société secrète n'est qu'un des produits de l'après-guerre*» SARTRE.

II UNE ÉGLISE. ÉDIFICE (avec un é minuscule) Édifice consacré au culte de la religion chrétienne (REM. Dans le lang. cour., on dit *temple* pour le culte protestant). ➤ 1 **basilique, cathédrale, chapelle.** *Église abbatiale, collégiale, conventuelle, paroissiale. La cure, le presbytère, le cimetière d'une église paroissiale.* — *L'architecture d'une église* (baptistère, cloître ; clocher, tour ; flèche, coupole, dôme ; façade, narthex, parvis, porche, portail, portique, tympan. – Chœur, sanctuaire ; chapelle, nef, vaisseau ; bas-côté, collatéral, transept [bras et croisée] ; abside, chevet, déambulatoire. – Claire-voie, galerie, tribune, triforium ; ambon, jubé ; caveau, crypte. – Arc, chapiteau, colonne, plein cintre, croisée d'ogive, pilier, voûte, travée, rosace, rose, vitrail). — *Le plan d'une église :* croix latine (✝), croix grecque (+). — *Église fortifiée. Église byzantine, romane, gothique. Autel, chaire, confessionnaux, sacristie, bénitiers, troncs... d'une église. La cérémonie sera célébrée en l'église de la Sainte-Trinité. Aller à l'église :* aller à la messe, être pratiquant. «*Toutes ces bigotes d'église*» LOTI. — *Se marier à l'église,* religieusement. ◆ LOC. FIG. *Remettre l'église au milieu du village :* revenir aux priorités, à l'essentiel ; (Belgique) trouver un arrangement, régler un conflit. *Garder l'église au milieu du village.*

ÉGLOGUE [eglɔg] **n. f.** – 1375 ◇ latin *ecloga,* grec *eklogê* «choix» ▪ Petit poème pastoral ou champêtre. ➤ **bucolique, idylle, pastorale.** *Les églogues de Virgile, de Ronsard.*

EGO [ego] **n. m. inv.** – 1886 ◇ mot latin «je», par l'allemand ▪ PHILOS. Le sujet, l'unité transcendantale du moi (depuis Kant). ➤ **je, moi.** ◆ PSYCHAN. Le moi*. «*un désir de plaire universel qui la poussait à flatter tous les ego masculins que le hasard mettait sur sa route*» LIBERATI. ▪ HOM. Égaux (égal).

ÉGOCENTRIQUE [egosɑ̃tʀik] **adj.** – v. 1880 ◇ du latin *ego* «moi» et de *centre,* d'après *géocentrique, anthropocentrique* ▪ Qui manifeste de l'égocentrisme. ➤ **personnel.** *Une attitude égocentrique.* — **n.** *C'est un, une égocentrique.* ➤ **égocentriste.**

ÉGOCENTRISME [egosɑ̃tʀism] **n. m.** – début XXe ◇ de *égocentrique* ▪ Tendance à être centré* sur soi-même et à ne considérer le monde extérieur qu'en fonction de l'intérêt qu'on se porte. ➤ **égoïsme, égotisme, nombrilisme.** ◆ PSYCHOL. Caractère individuel, non social, de la pensée enfantine, se traduisant par l'absence d'objectivité.

ÉGOCENTRISTE [egosɑ̃tʀist] **adj.** – 1923 ◇ du radical de *égocentrisme* ▪ Qui a un comportement, une personnalité égocentrique. ➤ **égoïste.** *Une personne très égocentriste.* — **n.** *Un, une égocentriste.* ➤ **égocentrique.**

ÉGOÏNE [egɔin] **n. f.** – *egohine* 1676 ; *escohine* 1344 ◇ latin *scobina* «lime, râpe» ▪ Petite scie à main, composée d'une lame terminée par une poignée. — APPOS. *Des scies égoïnes.*

ÉGOÏSME [egɔism] **n. m.** – 1743 ◇ du latin *ego* «moi» ▪ **1** VX Disposition à parler trop de soi, à rapporter tout à soi. ➤ **égocentrisme, égotisme, vanité.** ▪ **2** Attachement excessif à soi-même qui fait que l'on subordonne l'intérêt d'autrui à son propre intérêt. ➤ **individualisme.** «*Chacun pour soi dans ce désert d'égoïsme qu'on appelle la vie*» STENDHAL. «*L'amour, qui est l'égoïsme à deux, sacrifie tout à soi*» RADIGUET. ◆ PAR EXT. Tendance, chez les membres d'un groupe, à tout subordonner à leur intérêt. ➤ **clanisme.** *Égoïsme de famille, de classe.* ▪ CONTR. Abnégation, altruisme, désintéressement, générosité.

ÉGOÏSTE [egɔist] **adj.** et **n.** – 1721 ◇ du latin *ego* «moi» ▪ Qui fait preuve d'égoïsme, est caractérisé par l'égoïsme. «*la créature humaine est née égoïste*» HUYSMANS. ➤ **dur, égocentrique, égocentriste, intéressé, personnel.** «*Comme si l'amour n'était pas de tous les sentiments le plus égoïste*» CONSTANT. ◆ **n.** «*L'égoïste fait de son propre bonheur la loi de ceux qui l'entourent*» ALAIN. *Vivre en égoïste.* ▪ CONTR. Altruiste, désintéressé, généreux.

ÉGOÏSTEMENT [egɔistəmɑ̃] **adv.** – 1785 ◇ de *égoïste* ▪ D'une manière égoïste. *Profiter égoïstement de qqch.*

ÉGORGEMENT [egɔʀʒəmɑ̃] **n. m.** – 1538 ◇ de *égorger* ▪ Action d'égorger. *L'égorgement d'un mouton.* — Meurtre où l'on égorge.

ÉGORGER [egɔʀʒe] **v. tr.** ⟨3⟩ – v. 1450 ◇ de *é-* et *gorge* ▪ **1** Tuer (un animal) en lui coupant la gorge. ➤ **saigner.** — SPÉCIALT Immoler, sacrifier (une victime). ▪ **2** Tuer* (un être humain) en lui tranchant la gorge. ➤ **s'entrégorger.** *Égorger qqn avec un rasoir. La victime a été égorgée. Les* «*bourgeois de Paris qui coururent assassiner, égorger* [...], *la nuit de la Saint-Barthélemy, leurs concitoyens qui n'allaient point à la messe*» VOLTAIRE. ▪ **3** FIG. VIEILLI Ruiner, exploiter en faisant payer trop cher. ➤ **étrangler.** «*il trouve, en m'égorgeant, moyen d'avoir raison*» MOLIÈRE.

ÉGORGEUR, EUSE [egɔʀʒœʀ, øz] **n.** – XVIe adj. ◇ de *égorger* ▪ Assassin* qui égorge ses victimes.

ÉGOSILLER (S') [egozije] **v. pron.** ⟨1⟩ – 1653 ; tr. «égorger» XVe ◇ de *é-* et du radical de *gosier* ▪ **1** Se fatiguer la gorge à force de parler, de crier. ➤ **s'époumoner.** «*Ne t'égosille pas chérie, elle comprend tout au mouvement des lèvres*» MAURIAC. *S'égosiller à répéter dix fois la même chose.* ▪ **2** Chanter longtemps, le plus fort possible. «*Des enfants qui piaillaient, des oiseaux qui s'égosillaient*» GIDE.

ÉGOSOME ou **ÆGOSOME** [egozom] **n. m.** – 1845 ◇ latin des zoologistes *aegosoma,* du grec *aix, aigos* «chèvre» et *sôma* «corps» ▪ ZOOL. Insecte coléoptère à antennes rugueuses dont la larve vit dans le bois des arbres non résineux.

ÉGOTISME [egɔtism] **n. m.** – 1823 ; hapax 1726 ◇ anglais *egotism,* traduction du français *égoïsme* (1°) ▪ LITTÉR. Disposition à parler de soi, à faire des analyses détaillées de sa personnalité physique et morale. *L'égotisme de Montaigne, de Rousseau.* «*L'égotisme, mais sincère, est une façon de peindre ce cœur humain*» STENDHAL. ◆ PAR EXT. Culte du moi, poursuite trop exclusive de son développement personnel. ➤ **narcissisme.**

ÉGOTISTE [egɔtist] **adj.** et **n.** – 1825 ; hapax 1726 ◇ de *égotisme* ▪ LITTÉR. Qui fait preuve d'égotisme, est marqué par l'égotisme. — **n.** «*M. de Chateaubriand, ce roi des égotistes*» STENDHAL.

ÉGOUT [egu] **n. m.** – *esgoz* v. 1260 ◇ de *égoutter*

I VX Liquide qui s'égoutte ; écoulement des eaux de pluie. — DR. *Servitude d'égout :* servitude conventionnelle consistant à supporter l'égout des toits d'un immeuble voisin.

II MOD. ▪ **1** TECHN. Canal qui permet l'écoulement des eaux de pluie. ➤ **chéneau, gouttière.** — SPÉCIALT Rangée d'ardoises, de tuiles formant saillie hors d'un toit ; versant d'un toit. *Toit, comble à deux égouts.* ▪ **2** (1538) COUR. Canalisation, généralement souterraine, servant à l'écoulement et à l'évacuation des eaux ménagères et industrielles des villes. ➤ **conduit, puisard ; tout-à-l'égout.** *Les eaux d'égout* (eaux pluviales, eaux des services publics, eaux usées, eaux-vannes, etc.). «*L'égout Montmartre est un des plus dédaléens du vieux réseau*» HUGO. *Égouts collecteurs. Visiter les égouts de Paris.* — **BOUCHE D'ÉGOUT :** orifice pratiqué sur le bord d'une chaussée pour permettre l'écoulement des eaux dans le sous-sol. *Le voleur jeta le sac vide dans une bouche d'égout.* — **RAT D'ÉGOUT :** gros rat fréquentant les égouts. T. d'insulte *Tu n'es qu'un rat d'égout !* ▪ **3** FIG. et LITTÉR. Bourbier, cloaque. «*J'ai entendu traiter mon œuvre d'égout, d'immondice*» ZOLA.

ÉGOUTIER, IÈRE [egutje, jɛʀ] **n.** – 1842 ◇ de *égout* ▪ Personne qui travaille à l'entretien, au curage des égouts. *Bottes d'égoutier.*

ÉGOUTTAGE [egutaʒ] **n. m.** – 1778 ◇ de *égoutter* ▪ Action d'égoutter, de faire égoutter. *L'égouttage du fromage blanc.*

ÉGOUTTEMENT [egutmɑ̃] **n. m.** – 1330 ◇ de *égoutter* ▪ Fait de s'égoutter. *L'égouttement des feuilles après la pluie.*

ÉGOUTTER [egute] v. tr. ‹1› – XIIIe ◊ de *é-* et *goutte* ■ Débarrasser (une chose) du liquide qu'elle contient, en le faisant écouler goutte à goutte. *Égoutter de la vaisselle. Égoutter du fromage. Égoutter des terres.* ➤ **drainer.** ◆ PRONOM. (avec ou sans pron.) Perdre son eau goutte à goutte. ➤ **dégoutter.** *Laisser (s')égoutter des fromages sur un clayon. Faire égoutter qqch.*

ÉGOUTTOIR [egutwaʀ] n. m. – 1554 ◊ de *égoutter* ■ Ustensile servant à égoutter. *Égouttoir à vaisselle, à bouteilles* (➤ **hérisson, if, porte-bouteille**), *à légumes* (➤ **passoire**), *à salade* (➤ **panier** [à salade]), *à fromages* (➤ **cagerotte, clayon, clisse, faisselle**).

ÉGOUTTURE [egutyʀ] n. f. – fin XVIIe ◊ de *égoutter* ■ Liquide provenant de ce qui s'égoutte ; dernières gouttes au fond d'un récipient.

ÉGRAINAGE ; ÉGRAINEMENT ; ÉGRAINER ➤ **ÉGRENAGE ; ÉGRÈNEMENT ; ÉGRENER**

ÉGRAPPAGE [egʀapaʒ] n. m. – 1831 ◊ de *égrapper* ■ Action d'égrapper (un fruit).

ÉGRAPPER [egʀape] v. tr. ‹1› – 1732 ◊ de *é-* et *grappe* ■ Détacher (les fruits) de la grappe. *Égrapper des raisins, des groseilles.*

ÉGRAPPOIR [egʀapwaʀ] n. m. – 1761 ◊ de *égrapper* ■ TECHN. Appareil servant à égrapper les raisins.

ÉGRATIGNER [egʀatiɲe] v. tr. ‹1› – XIIIe ; *égratiner* XIIe ◊ ancien français *gratiner*, de *gratter* ■ **1** Écorcher, en déchirant superficiellement la peau. ➤ **écorcher, érafler, griffer ;** RÉGION. **grafigner.** « *J'avais le visage barbouillé, égratigné, meurtri* » CHATEAUBRIAND. — PRONOM. *S'égratigner en cueillant des mûres.* ◆ PAR ANAL. Dégrader, endommager légèrement. *Égratigner un meuble, en le transportant. Égratigner une peinture.* ◆ Labourer superficiellement. ■ **2** FIG. Blesser légèrement par un mot piquant, un trait ironique. ➤ **piquer.** *Les critiques l'ont quelque peu égratigné.* « *Toutes ces pauvres petites injustices égratignaient Mirabeau* » HUGO.

ÉGRATIGNURE [egʀatiɲyʀ] n. f. – *esgratineure* XIIIe ◊ de *égratigner* ■ **1** Blessure superficielle faite en égratignant. ➤ **écorchure, éraflure, griffure ;** RÉGION. **gratte, griffe.** « *La figure portait quelques fortes égratignures* » BAUDELAIRE. — PAR EXT. Blessure superficielle et sans gravité. ➤ 1 **bobo.** *Il s'est tiré de l'accident sans une égratignure.* ◆ PAR ANAL. Dégradation légère (d'un meuble, etc.). *La carrosserie a quelques égratignures.* ➤ **rayure.** ■ **2** FIG. Légère blessure d'amour-propre (➤ **vexation**) ; atteinte légère à la réputation.

ÉGRAVILLONNER [egʀavijɔne] v. tr. ‹1› – 1700 ◊ de *é-* et *gravillon* ■ ARBOR. Débarrasser d'une partie de la terre les racines de (un arbre qu'on transplante).

ÉGRENAGE [egʀənaʒ ; egʀenaʒ] n. m. – 1835 ◊ de *égrener* ■ **1** Action d'égrener. *L'égrenage du raisin* (➤ **égrappage**), *du blé* (➤ **battage**), *du maïs* (➤ **dépiquage**). ■ **2** TECHN. Opération par laquelle on enlève les aspérités granuleuses. *Égrenage du plâtre.* — On écrit aussi **ÉGRAINAGE.**

ÉGRÈNEMENT [egʀɛnmɑ̃] n. m. – *esgrenement* 1606 ◊ de *égrener* ■ Fait de s'égrener. « *Un chapelet de villes, un égrènement de maisons sur les plages* » MAUPASSANT. *Un égrènement de notes.* — On écrit aussi **ÉGRAINEMENT.**

ÉGRENER [egʀəne ; egʀene] v. tr. ‹5› – XIIe ◊ de *é-* et *grain* ■ **1** Dégarnir de ses grains (un épi, une cosse, une grappe). ➤ **écosser, égrapper.** *Égrener du blé, des pois, du coton.* — PRONOM. *Le blé trop mûr s'égrène.* ■ **2** (v. 1830) *Égrener son chapelet,* en faire passer chaque grain successivement entre ses doigts à chaque prière. ➤ **dévider.** ■ **3** PAR EXT. Présenter, faire entendre un à un, de façon détachée. *L'horloge égrène ses heures.* « *Perlée, cristalline, égrenée note à note, la diane m'arrivait du fort* » DUHAMEL. ■ **4 S'ÉGRENER** v. pron. Se présenter (dans l'espace ou le plus souvent dans le temps) en une série d'éléments semblables et distincts. *Les notes s'égrènent lentement. Un rire qui s'égrène.* — On écrit aussi **ÉGRAINER** ‹1› [egʀene].

ÉGRENEUSE [egʀənøz ; egʀenøz] n. f. – 1870 ◊ de *égrener* ■ AGRIC. Machine à égrener le maïs, les plantes textiles.

ÉGRILLARD, ARDE [egʀijaʀ, aʀd] n. et adj. – 1640 ; « malfaiteur, voleur » v. 1580 ◊ de *griller* « glisser », altération de *écriller, escriller* (XIIe) ; ancien nordique °*skridla* « glisser » ■ **1** VX Gaillard, luron. ■ **2** adj. Qui se complaît dans des propos ou des sous-entendus licencieux. ➤ **grivois, libertin, paillard, polisson.** *Dès qu'il a un peu bu, il devient égrillard. Histoire égrillarde.* ➤ **gaulois, libre, osé,** 1 **salé.** « *L'œil moitié égrillard, moitié attendri* » LOTI. ■ CONTR. Pudique, sérieux.

ÉGRISAGE [egʀizaʒ] n. m. – 1774 ◊ de *égriser* ■ TECHN. Action d'égriser. ➤ **polissage.**

ÉGRISÉE [egʀize] n. f. et **ÉGRISÉ** [egʀize] n. m. – 1776 ◊ de *égriser* ■ TECHN. Poudre de diamant, mêlée d'huile végétale, servant à la taille des pierres précieuses.

ÉGRISER [egʀize] v. tr. ‹1› – 1601 ◊ néerlandais *gruizen* « broyer » ■ TECHN. Polir par frottement (une gemme, une glace) avec un abrasif en poudre (égrisée, émeri, etc.).

ÉGROTANT, ANTE [egʀɔtɑ̃, ɑ̃t] adj. – XIIIe ◊ latin *ægrotans* ■ LITTÉR. Souffrant, maladif*. ➤ **cacochyme.** « *Il le trouvait au lit, égrotant et amer* » DUHAMEL.

ÉGRUGEAGE [egʀyʒaʒ] n. m. – 1888 ; *égrugement* 1606 ◊ de *égruger* ■ TECHN. Action d'égruger. ➤ **pulvérisation.**

ÉGRUGEOIR [egʀyʒwaʀ] n. m. – 1611 ◊ de *égruger* ■ TECHN. Petit mortier à égruger. ➤ **mortier, moulin.**

ÉGRUGER [egʀyʒe] v. tr. ‹3› – 1556 ◊ de *é-* et *gruger* ■ TECHN. Réduire en granules, en poudre. ➤ **concasser, écraser*,** 1 **piler, pulvériser.** *Égruger du poivre.*

ÉGUEULER [egœle] v. tr. ‹1› – 1690 au p. p. ◊ de *é-* et *gueule* ■ RARE Détériorer, déformer à l'ouverture. ➤ **ébrécher.** — p. p. adj. COUR. « *Un pot à eau égueulé* » FRANCE. — GÉOL. *Cratère égueulé,* dont une paroi présente une dépression. — n. m. **ÉGUEULEMENT.**

ÉGYPTIEN, IENNE [eʒipsjɛ̃, jɛn] adj. et n. – début XIIIe n. m. pl. ◊ de *Égypte* ■ **1** De l'Égypte (ancienne ou moderne). *La civilisation égyptienne antique.* ➤ **pharaonique.** *L'art égyptien* (➤ **égyptologue**). *Temple égyptien* (➤ **hypostyle, naos, pylône, serapeum**). *Les écritures égyptiennes* (hiéroglyphique, hiératique, démotique). ◆ n. *Un Égyptien, une Égyptienne.* — n. m. *L'égyptien ancien :* langue chamito-sémitique des anciens Égyptiens. ➤ **copte, démotique.** *L'égyptien (moderne) :* arabe parlé en Égypte et au Soudan. ■ **2** VX ➤ **bohémien, gitan.** ■ **3** n. f. (1835) TYPOGR. **ÉGYPTIENNE.** Caractère gras d'imprimerie, à empattements carrés.

ÉGYPTOLOGIE [eʒiptɔlɔʒi] n. f. – milieu XIXe ◊ de *Égypte* et *-logie* ■ Étude scientifique de l'Égypte ancienne.

ÉGYPTOLOGUE [eʒiptɔlɔg] n. – 1827 ◊ de *égyptologie* ■ Spécialiste d'égyptologie ; archéologue qui s'occupe des antiquités égyptiennes. *Champollion, Mariette, Maspero, célèbres égyptologues.*

EH ['e ; 'ɛ] interj. – *e* XIe ◊ onomat. ■ Interjection, variante de *hé.* ➤ **hé.** *Eh ! là-bas, arrêtez !...* ➤ **hep.** *Eh oui ! Eh bien*.* « *Eh ta gueule, eh con !* » PEREC. *Eh, eh !* exprime un sous-entendu ironique ou grivois. ■ HOM. Et ; haie.

ÉHONTÉ, ÉE [eɔ̃te] adj. – 1361 ◊ de *é-* et *honte* ■ Qui n'a pas honte en commettant des actes répréhensibles. ➤ **cynique, effronté, impudent.** *Un tricheur éhonté.* — PAR EXT. *C'est un mensonge éhonté.* ➤ **scandaleux.** ■ CONTR. Honteux.

EIDER [ɛdɛʀ] n. m. – 1755 ; *edre* « duvet » v. 1200 ◊ islandais *aedur* ■ Grand canard *(ansériformes)* des pays du Nord, fournissant un duvet apprécié (➤ **édredon**).

EIDÉTIQUE [ɛjdetik] adj. – 1925 ◊ allemand *eidetisch* (1913) ; du grec *eidos* « forme, essence » ■ **1** PSYCHOL. *Image eidétique,* vive, détaillée, d'une netteté hallucinatoire. — SUBST. *Les eidétiques :* personnes qui ont des images de ce genre. ◆ CARACTÉROL. *Type eidétique,* qui se représente le réel tel qu'il se donne (sans l'intégrer à son psychisme). ■ **2** PHILOS. (Phénoménologie) Qui concerne les essences, abstraction faite de l'existence (abstraction dite *réduction eidétique*).

EINSTEINIUM [ɛnstɛnjɔm] n. m. – 1959 ◊ mot anglais (1955), de *Einstein,* nom propre ■ CHIM., PHYS. Élément radioactif artificiel, instable, onzième de la série des actinides (Es ; n° at. 99). *L'einsteinium est préparé dans un réacteur à haut flux par irradiation du plutonium.*

ÉJACULATEUR [eʒakylatœʀ] adj. m. – 1732 ; « qui a vertu de lancer » 1580 ◊ de *éjaculer* ■ Qui sert à l'éjaculation. *Canal éjaculateur.* ◆ n. m. *Éjaculateur précoce :* homme souffrant d'éjaculation* précoce.

ÉJACULATION [eʒakylasjɔ̃] n. f. – 1611 ; « action de lancer » 1552 ◊ de *éjaculer* ■ Fait d'éjaculer. — ABSOLT et COUR. Émission du sperme par la verge en érection. *L'orgasme coïncide le plus* *souvent avec l'éjaculation. Éjaculation précoce, rapide,* qui survient dès le début de la pénétration.

ÉJACULER [eʒakyle] **v. tr.** ‹1› – 1655 ; «lancer» XVIe ◊ latin *ejaculari* «lancer avec force» ■ RARE Projeter avec force (un liquide organique). — ABSOLT et COUR. Émettre le sperme (cf. VULG. Lâcher la purée*). ➤ FAM. **décharger.**

ÉJECTABLE [eʒɛktabl] **adj.** – 1956 ◊ de *éjecter* ■ *Siège éjectable,* qui peut être éjecté hors d'un appareil volant avec son occupant en cas de perdition ; FIG. situation précaire.

ÉJECTER [eʒɛkte] **v. tr.** ‹1› – 1890 ◊ latin *ejectare* ■ **1** Rejeter au dehors. ➤ **projeter.** *La douille est éjectée quand le tireur réarme.* — PRONOM. *Le pilote s'est éjecté.* ■ **2** FAM. Expulser, renvoyer* (qqn). ➤ **jeter.** *Il s'est fait éjecter illico.*

ÉJECTEUR [eʒɛktœʀ] **n. m.** – 1874 ◊ du radical de *éjection* ■ Appareil, mécanisme servant à éjecter une pièce, à évacuer un fluide.

ÉJECTION [eʒɛksjɔ̃] **n. f.** – XIIIe ◊ latin *ejectio* ■ **1** PHYSIOL. VIEILLI Évacuation, déjection. ■ **2** (XIXe) Action d'éjecter, fait d'être éjecté. *Tuyère* d'éjection. L'éjection du pilote.* ■ **3** FAM. Expulsion. *Éjection d'un manifestant qui interrompt l'orateur.* ■ **4** ASTRON. *Éjections de masse coronale :* violents jets de particules que le Soleil envoie dans l'espace interplanétaire.

ÉJOINTER [eʒwɛ̃te] **v. tr.** ‹1› – 1756 ◊ de *é-* et ancien français *jointe* «articulation», de *joindre* ■ RARE Casser l'articulation extérieure de l'aile de (un oiseau) pour l'empêcher de voler.

EKTACHROME [ɛktakʀom] **n. m.** – milieu XXe ◊ n. déposé en 1942 par Kodak ; cf. *-chrome* ■ Film inversible pour la photographie en trichromie. — Photographie faite avec ce film. — ABRÉV. FAM. (1980 ; n. f. 1974) **EKTA.** *Scanner des ektas.*

ÉLABORATION [elabɔʀasjɔ̃] **n. f.** – 1478 ◊ latin *elaboratio* ■ **1** Production, dans un organisme vivant, de substances nouvelles à partir de celles qui y sont apportées lors de divers processus physiologiques (nutrition, respiration, etc.). *Élaboration de la bile par le foie, de l'urine par le rein.* ➤ **production.** *Élaboration de la sève.* ■ **2** (1845) FIG. Travail de l'esprit sur des données, des matériaux qu'il utilise à certaines fins. ➤ **composition, construction, préparation.** *L'élaboration d'un plan, d'une œuvre. Élaboration et réalisation.*

ÉLABORER [elabɔʀe] **v. tr.** ‹1› – avant 1650 ; au p. p. *élabouré* 1534 ◊ latin *elaborare,* de *labor* «travail» ■ **1** Préparer mûrement, par un lent travail de l'esprit. ➤ **combiner, construire*, échafauder,** 1 **faire, former.** *«Un plan doit avoir été soigneusement élaboré en vue du dénouement»* BAUDELAIRE. *Élaborer un ouvrage.* ➤ **fabriquer.** — PRONOM. *C'est dans l'Europe «que s'est élaboré le système industriel»* SIEGFRIED. **p. p. adj.** *Une cuisine élaborée.* ➤ **recherché, sophistiqué.** ■ **2** PHYSIOL. Réaliser l'élaboration de. ➤ **former, produire ; transformer.** *Les glandes élaborent des produits nouveaux à l'aide de substances prélevées dans le sang.* — *Sève* élaborée.*

ELÆIS ➤ **ÉLÉIS**

ÉLAGAGE [elagaʒ] **n. m.** – 1755 ◊ de *élaguer* ■ Action d'élaguer (les arbres). ➤ **ébranchage, émondage,** 1 **taille.**

ÉLAGUER [elage] **v. tr.** ‹1› – *eslaguees* au p. p. XVe ; *alaguees* fin XIVe ◊ probablt de l'ancien nordique *laga* «arranger» ■ **1** Dépouiller (un arbre) des branches superflues sur une certaine hauteur. ➤ **couper, ébrancher, éclaircir, émonder, tailler.** *«Les arbres de la route, toujours élagués à la mode du pays, ne donnaient presque aucune ombre»* ROUSSEAU. ■ **2** (XVIIIe) FIG. Débarrasser des détails ou développements inutiles. *Il faut élaguer votre exposé.* ◆ PAR EXT. Retrancher. ➤ **couper, supprimer.** *Il y a beaucoup à élaguer dans cet article.*

ÉLAGUEUR, EUSE [elagœʀ, øz] **n.** – 1756 ◊ de *élaguer* ■ Personne spécialisée dans l'élagage des arbres.

ÉLAIOMÈTRE ➤ **OLÉOMÈTRE**

1 **ÉLAN** [elɑ̃] **n. m.** – 1409 ◊ de *élancer* ■ **1** Mouvement par lequel on s'élance. — SPÉCIALT Mouvement progressif préparant l'exécution d'un saut, d'un exercice. *Prendre de l'élan. Prendre son élan sur un tremplin.* ➤ **s'élancer.** *L'acrobate a mal calculé son élan.* — LOC. *D'un seul élan :* par un seul effort ou en une seule fois. *«courir d'un seul élan hors de la ville»* CAMUS. FIG. *Donner, apporter un élan, de l'élan à qqch.,* lui transmettre une impulsion. ◆ (1907) PHILOS. *L'élan vital,* selon Bergson, mouvement vital, créateur, qui traverse la matière en se diversifiant. *«L'élan est fini, et il a été donné une fois pour toutes»* BERGSON. ◆ PAR EXT. Mouvement d'une chose lancée. ➤ **lancée.** *Skieur emporté par son élan. Rien ne peut arrêter l'élan des troupes.* ◆ Reprise soudaine de la voix. ■ **2** FIG. Mouvement spontané, subit, qu'un vif sentiment inspire. ➤ **impulsion, poussée, transport.** *«Même élan de foi, d'espérance et d'enthousiasme»* TAINE. *«L'élan patriotique de 1792»* MADELIN. *Un élan de tendresse. Parler avec élan.* ➤ **chaleur, vivacité.** *Un bel élan* (dans un discours). ➤ **envolée.** — ABSOLT Mouvement affectueux, moment d'expansion. *Il n'a jamais un élan vers elle.* ■ HOM. Éland.

2 **ÉLAN** [elɑ̃] **n. m.** – *ellan* 1609 ; *hellent* 1414 ◊ haut allemand *elend,* du lituanien *elnis* ■ Grand cerf des pays du Nord, à grosse tête, dont le mâle porte des bois aplatis en éventail. *Élan du Canada.* ➤ **orignal.** *Élan gris, élan rouge.* ➤ **wapiti.**

ÉLANCÉ, ÉE [elɑ̃se] **adj.** – 1549 ◊ de *élancer* ■ **1** VX Maigre, efflanqué. ■ **2** (1636) MOD. Mince et svelte. *Silhouette élancée.* ■ CONTR. 1 Boulot, ramassé, trapu.

ÉLANCEMENT [elɑ̃smɑ̃] **n. m.** – 1549 ◊ de *élancer* ■ **1** Douleur brusque, aiguë, lancinante. *«il avait sommeil et des élancements violents lui trouaient le crâne»* SARTRE. ■ **2** (1587) LITTÉR. Élan religieux, aspiration mystique. *«ces sublimes élancements de l'âme vers l'infini»* GAUTIER.

ÉLANCER [elɑ̃se] **v. tr.** ‹3› – XIIe, rare jusqu'au XVIe ◊ de *é-* et *lancer* ■ **1 v. pron. S'ÉLANCER :** se lancer en avant impétueusement. ➤ **bondir, foncer, se précipiter, se ruer.** *Les passants s'élancèrent à sa poursuite.* — PAR ANAL. VIEILLI ou LITTÉR. *«La source s'élançait en bouillonnant»* MÉRIMÉE. ➤ **jaillir, saillir.** ◆ FIG. *Sa pensée «en aucune œuvre ne s'est élancée au delà du monde réel»* BALZAC. ➤ s'envoler. ■ **2** (XVIe) VX Lancer avec force. ◆ MOD. Élever, dresser. *«La salle élançait à des hauteurs de cathédrale les arceaux de sa voûte»* HUYSMANS. ■ **3** (XVIe) Causer des élancements à (qqn). ➤ RÉGION. 1 **lancer.** *«Son abcès si douloureux qui l'élançait de plus en plus»* CÉLINE. ■ CONTR. Reculer.

ÉLAND [elɑ̃] **n. m.** – 1961 ◊ de l'anglais *eland* (1786), de l'afrikaans *eland* emprunté au néerlandais de même sens et de même origine que 2 *élan* ■ Grande antilope d'Afrique australe, aux cornes spiralées. *Éland du Cap. Éland de Derby.* ■ HOM. Élan.

ÉLARGIR [elaʀʒiʀ] **v. tr.** ‹2› – XIIe ◊ de *é-* et *large* ■ **1** Rendre plus large. ➤ **agrandir.** *On a dû élargir la rue. Faire élargir une jupe. Élargir un orifice, un conduit.* ➤ **dilater, évaser.** — PRONOM. Devenir plus large. *Le sentier s'élargit.* ◆ Faire paraître plus large. *Une veste qui élargit les épaules.* ■ **2** Rendre plus ample. ➤ **agrandir, étendre.** *«Les éclairer, les aimer, leur élargir magnifiquement l'horizon»* HUGO. *Il faut élargir le débat,* lui donner un caractère plus général. *Élargir le cercle de ses connaissances. — Le gouvernement s'appuiera sur une majorité élargie.* — PRONOM. *«la conscience se rétrécit à mesure que les idées s'élargissent»* CHATEAUBRIAND. ■ **3** (1355) DR. Mettre en liberté (un détenu). ➤ **libérer, relâcher,** 1 **relaxer.** *«On ne saurait être écroué avec plus de civilité, ni élargi plus promptement qu'il n'a été»* P.-L. COURIER. ■ **4** INTRANS. FAM. Prendre de la carrure. *Il a élargi.* ➤ **s'étoffer, forcir.** ■ CONTR. Amincir, rétrécir. Borner, circonscrire, limiter, restreindre. Écrouer, incarcérer.

ÉLARGISSEMENT [elaʀʒismɑ̃] **n. m.** – 1314 ◊ de *élargir* ■ **1** Action d'élargir, fait de s'élargir. ➤ **agrandissement.** *Les travaux d'élargissement d'une voie publique. «peu de menton, peu de crâne ; entre les deux un élargissement progressif»* ROMAINS. *Élargissement d'une jupe vers le bas.* ➤ **évasement.** ■ **2** Action de rendre plus ample, fait de s'étendre. ➤ **agrandissement, développement, extension.** *Élargissement de l'expérience, de son horizon. «Un élargissement de l'âme et de la sensation»* MAUPASSANT. ■ **3** Processus par lequel de nouveaux États deviennent membres (de l'Union européenne). ■ **4** DR. Mise en liberté (d'un détenu). ➤ **libération,** 1 **relaxe.** ■ CONTR. Rétrécissement. Diminution ; restriction. Incarcération.

ÉLASTHANE [elastan] **n. m.** – 1971 ◊ de *élast(ique)* et *(polyuré)thane* ■ Fibre élastomère (polyuréthane) d'une très grande élasticité. ➤ **lycra, stretch.** *Maillot de bain en coton et élasthane.* — On écrit aussi *élasthanne.*

ÉLASTICIMÉTRIE [elastisimetʀi] **n. f.** – 1961 ◊ du radical de *élasticité* et *-métrie* ■ SC. Mesure des contraintes subies par un corps et des déformations qui en résultent.

ÉLASTICITÉ [elastisite] **n. f.** – 1687 ◊ latin scientifique *elasticitas* → élastique ■ **1** Propriété qu'ont certains corps de reprendre (au moins partiellement) leur forme et leur volume primitifs quand la force qui s'exerçait sur eux cesse d'agir. *L'élasticité du caoutchouc. Élasticité des gaz.* ➤ **compressibilité ; détente, expansion.** *Élasticité des métaux* (de traction, de torsion, de flexion). ➤ **extensibilité, flexibilité.** *Limite d'élasticité,* au-delà de laquelle les corps restent déformés. *Coefficient d'élasticité. Module d'élasticité :* constante qui relie la déformation à la contrainte subie par le corps élastique. *Constante d'élasticité :* inverse du module. — PHYSIOL. *Élasticité des artères, des muscles, des poumons.* ◆ PAR EXT. Souplesse. *« Il marchait en éprouvant à chaque pas, soigneusement, l'élasticité du jarret et du cou-de-pied »* COLETTE. ▪ **2** FIG. Aptitude à réagir vivement, à se redresser. ➤ 1 **ressort.** *« L'esprit mis à la gêne perd toute son élasticité »* VOLTAIRE. ▪ **3** FIG. Aptitude à se plier, à s'adapter. ➤ **souplesse.** *« Impitoyable dictature que celle de l'opinion ; n'implorez d'elle ni indulgence, ni élasticité quelconque dans l'application de ses lois »* BAUDELAIRE. — PÉJ. *L'élasticité d'une conscience, d'une morale,* son manque de rigueur. ➤ **laxisme.** ◆ Possibilité de s'interpréter, de s'appliquer de façons diverses. *Tirer parti de l'élasticité d'un règlement.* — SPÉCIALT Possibilité de s'élargir. *L'élasticité d'un budget.* ◆ ÉCON. *Élasticité d'un phénomène* (par rapport à un autre), le quotient de leur variation relative. *L'élasticité de l'offre et de la demande.* ▪ CONTR. Rigidité, rigueur.

ÉLASTINE [elastin] **n. f.** – 1901 ◊ mot anglais, du radical de *élastique* ▪ BIOCHIM. Protéine, constituant principal des fibres élastiques de l'organisme (ligaments, parois artérielles).

ÉLASTIQUE [elastik] **adj. et n. m.** – 1674 ◊ latin scientifique *elasticus* (1651), du grec *elasis,* de *elaunein* « action de pousser »

I adj. ▪ **1** VX *Force, vertu élastique :* pression (de l'air, d'un gaz). ◆ (XVIIe) MOD. Qui a de l'élasticité. ➤ **compressible, extensible, flexible.** *Les gaz sont très élastiques. L'acier est le plus élastique des métaux.* ◆ Fait de matière élastique. *Gomme élastique.* ➤ **caoutchouc.** *Bretelles élastiques. Câble élastique.* ➤ **sandow.** *Matelas élastique.* ➤ **souple.** *Textile élastique.* ➤ **élasthane, lycra, stretch.** — ANAT. *Fibres élastiques :* fibres du tissu conjonctif constituées surtout d'élastine*, qui leur confère la souplesse et une grande résistance à la traction. *Tissu élastique :* variété de tissu conjonctif formé essentiellement de fibres élastiques. ▪ **2** PAR EXT. Souple et agile. *Foulées élastiques.* ▪ **3** FIG. Que l'on peut adapter, faire varier selon les besoins. ➤ **variable.** *Des horaires élastiques.* ➤ **extensible, flexible.** *Règlement élastique. « Ce mot était élastique, pouvait dire peu ou beaucoup »* MICHELET. PÉJ. *Une conscience élastique,* sans rigueur, très accommodante. ▪ **4** MILIT. *Défense élastique,* qui, au lieu d'opposer à l'ennemi un front continu et rigide, évite la percée et l'enveloppement par une série de replis successifs. *« Les forces européennes effectuaient un repli élastique »* BEAUVOIR.

II n. m. (1783) Tissu souple contenant des fils de caoutchouc. *Bretelles en élastique.* — SPÉCIALT Ruban plus ou moins large de caoutchouc, de textile tissé avec des fils de caoutchouc. *Tirer sur un élastique. Élastique rond, plat. S'attacher les cheveux avec un élastique.* LOC. FAM. *Il les lâche avec un élastique :* il paye, donne son argent avec beaucoup de réticence. ➤ **avare.** *« Un cadeau riquiqui ça me paraissait, et lâché avec des élastiques »* ERNAUX. ◆ *Saut à l'élastique.* ➤ **benji.** ▪ CONTR. Rigide. Rigoureux, strict.

ÉLASTIQUÉ, ÉE [elastike] **adj.** – 1986 ◊ de *élastique* ▪ Muni d'un élastique. *Jupe à taille élastiquée.*

ÉLASTOMÈRE [elastɔmɛʀ] **n. m.** – 1953 ◊ du radical de *élastique* et *(poly)mère* ▪ CHIM. Caoutchouc obtenu par polymérisation d'un monomère autre que l'isoprène de l'hévéa (➤ **polyuréthane, silicone**). *Semelles en élastomère.*

ELBOT [ɛlbo] **n. m.** – 1563 *helbot* ◊ du néerlandais *heilbot* même sens ; cf. anglais *halibut* et allemand *Heilbutt* ▪ **(Belgique)** Flétan.

ELDORADO [ɛldɔʀado] **n. m.** – 1835 ; *el Dorado,* nom d'un pays fabuleux d'Amérique du Sud 1640 ◊ mot espagnol « le doré, le pays de l'or » ▪ Pays merveilleux, de rêve, de délices. ➤ **éden, paradis** (cf. Pays de cocagne*). *« Tu vois quel est mon Eldorado, ma terre promise »* GAUTIER. *Des eldorados.*

E-LEARNING [ilœʀniŋ] **n. m.** – 2000 ◊ mot anglais, de *e-* (→ e-) et *learning* « apprentissage », de *to learn* « apprendre » ▪ ANGLIC. Mode d'apprentissage à distance utilisant les moyens de communication d'Internet. — **Recomm. offic.** ***formation en ligne.***

ÉLÉATIQUE [eleatik] **adj.** – 1755 ◊ latin *eleaticus,* de *Elea* « Élée » ▪ HIST. DE LA PHILOS. Propre aux philosophes de l'école d'Élée, ou *Éléates* (Parménide, Zénon, etc.), et à leurs doctrines.

ÉLECTEUR, TRICE [elɛktœʀ, tʀis] **n.** – v. 1350 ◊ bas latin *elector* « celui qui choisit », du supin de *eligere* → élire ▪ **1** HIST. *Les électeurs du Saint Empire germanique,* les princes et évêques qui avaient le droit d'élire l'empereur. *L'électeur palatin. Le Grand Électeur,* l'électeur de Brandebourg. ▪ **2** (1790) Personne qui a le droit de vote dans une élection, un référendum. ➤ **votant.** *Inscription d'un électeur sur une liste électorale. Ensemble des électeurs.* ➤ **électorat.** *Carte* d'électeur. Candidat qui sollicite le suffrage, les voix des électeurs. Grand électeur :* élu qui participe à un scrutin indirect (élection des sénateurs en France, du président et du vice-président aux États-Unis).

ÉLECTIF, IVE [elɛktif, iv] **adj.** – 1361 ◊ bas latin *electivus* « qui marque le choix » ▪ **1** VX Qui choisit. — CHIM. ANC. *Affinité* élective.* FIG. Entente profonde. *« On comprend que des affinités électives aient uni Proust à Ruskin »* MAUROIS. — PATHOL. *Trouble électif,* qui n'affecte pas l'ensemble d'une fonction. *Mutisme électif. Amnésie élective.* ➤ **sélectif.** ▪ **2** Qui est nommé ou conféré par élection. *« Il y a trois sortes d'aristocratie : naturelle, élective, héréditaire »* ROUSSEAU.

ÉLECTION [elɛksjɔ̃] **n. f.** – 1135 ◊ latin *electio* « choix », du supin de *eligere* → élire ▪ **1** VX Choix. — MOD. (DR.) *Élection de domicile*. Élection de juridiction :* choix effectué en raison des avantages qu'on en attend. — THÉOL. Choix préférentiel de Dieu. *Le peuple d'élection :* le peuple élu, les Juifs. — COUR. *La patrie d'élection,* celle que l'on choisit. *Terre d'élection.* ▪ **2** Choix, désignation d'une ou plusieurs personnes par un vote. *Procéder à l'élection du président, du bureau. Élection d'un académicien, du pape* (➤ **conclave**). *Élection de Miss France* (➤ **jury**). *Élections prud'homales. Procès-verbal d'élection.* — SPÉCIALT *Élections régionales, cantonales, municipales. Élections sénatoriales, législatives. Élection présidentielle. Élections européennes,* qui désignent les membres du Parlement européen. ABSOLT *Les élections,* celles qui désignent les députés de l'Assemblée nationale, un chef d'État, etc. *Se présenter aux élections. « Les élections ne passionnent plus personne ; les fils députés succèdent aux pères députés, exercent tranquillement leur métier »* J. VERNE. *Sièges à pourvoir dans une élection. Mode de scrutin* dans une élection. Élection au suffrage* universel. Premier, second tour* d'une élection* (➤ **ballottage**). *Résultats des élections* (dépouillement du scrutin, recensement des votes, détermination des élus). *Valider, invalider une élection.* ▪ **3** ANC. DR. Sous l'Ancien Régime, Circonscription financière administrée par des élus. *Pays d'élection* **(opposé à *pays d'État*)** : régions de France où l'impôt n'était pas confié aux États provinciaux.

ÉLECTIVEMENT [elɛktivmɑ̃] **adv.** – 1515 ◊ de *électif* ▪ **1** Par voie d'élection. ▪ **2** (v. 1960) CHIM., BIOL. Par affinité naturelle. *Marqueur qui se fixe électivement sur certains tissus.*

ÉLECTIVITÉ [elɛktivite] **n. f.** – 1808 ◊ de *électif* ▪ **1** RARE Fait d'être électif (2°). ▪ **2** BIOCHIM. Propriété qu'ont certaines substances de se fixer sur un élément cellulaire plutôt que sur un autre.

ÉLECTORAL, ALE, AUX [elɛktɔʀal, o] **adj.** – 1571 ◊ de *électeur* ▪ **1** ANCIENNT Propre ou relatif à un électeur du Saint Empire. — MOD. Propre ou relatif à des électeurs. *Corps, collège* électoral. Liste électorale :* catalogue alphabétique officiel des électeurs d'une commune. *Carte* électorale. Cens électoral.* ▪ **2** (fin XVIIIe) MOD. Relatif aux élections. *Loi électorale. Découpage* électoral. Circonscription électorale. Campagne, promesse électorale. « Il y a eu des tractations occultes, des promesses de soutien électoral, des subsides »* ROMAINS. *Affichage électoral. Fraude électorale.*

ÉLECTORALISME [elɛktɔʀalism] **n. m.** – 1922 ◊ de *électoral* ▪ POLIT. Tendance d'un parti à subordonner sa politique à la recherche de succès électoraux. ➤ **clientélisme.**

ÉLECTORALISTE [elɛktɔʀalist] **adj. et n.** – 1966 ◊ de *électorat* ▪ POLIT. Empreint d'électoralisme. *Des préoccupations électoralistes.* ➤ **politicien.** ◆ Partisan de l'électoralisme.

ÉLECTORAT [elɛktɔʀa] **n. m.** – 1601 ◊ de *électeur,* d'après le latin *elector* ▪ **1** Dignité d'un électeur du Saint Empire ; son territoire. ▪ **2** (fin XVIIIe) Qualité d'électeur, usage du droit d'électeur. *La Constitution de 1946 accorda l'électorat aux femmes, en France.* ▪ **3** (1847) Collège électoral, ensemble des électeurs. *L'électorat français. L'électorat féminin, socialiste. L'électorat fidèle de ce parti.*

ÉLECTRET [elɛktʀɛ(t)] **n. m.** – 1905 ◊ anglais *electret,* de *electr(icity)* « électricité » et *(magn)et* « aimant » ▪ Diélectrique qui garde en permanence une polarisation électrique induite par un champ électrique temporaire. *Microphone à électrets.*

ÉLECTRICIEN, IENNE [elɛktʀisjɛ̃, jɛn] **n.** – 1861 ; « physicien spécialisé dans l'étude de l'électricité » 1752 ◊ du radical de *électricité* ▪ **1** Technicien, technicienne spécialisé(e) dans le matériel et les installations électriques. — APPOS. *Ouvrier, ingénieur électricien. Chef électricien* : responsable des branchements et de leur sécurité sur les tournages de cinéma. ▪ **2** Producteur, fournisseur d'électricité. *Les électriciens face au nucléaire.*

ÉLECTRICITÉ [elɛktʀisite] **n. f.** – 1720, traduction de Newton ◊ anglais *electricity* (1646) ; latin scientifique *electricitas* → électrique ▪ **1** Une des formes de l'énergie, mise en évidence à l'origine par ses propriétés attractives ou répulsives, aujourd'hui par la structure de la matière elle-même ; ensemble des phénomènes causés par une charge électrique. ➤ **électromagnétisme, magnétisme.** *Électricité statique*, en équilibre (phénomènes d'électrisation par frottement, par contact et par piézoélectricité). *Électricité positive* (ou VX *vitrée*, qui se développe sur le verre par frottement), du noyau de l'atome. *Électricité négative* (ou VX *résineuse*, sur la résine), celle des électrons. *Électricité dynamique* : courant électrique. *Structure granulaire de l'électricité.* ➤ **électron, électronique.** — *Électricité atmosphérique.* ➤ **éclair,** 1 **foudre.** « *L'irritante électricité des jours orageux* » FROMENTIN. LOC. *Il y a de l'électricité dans l'air* : les gens sont nerveux, excités. ♦ Cette énergie dans ses applications techniques, industrielles, domestiques. *L'essor de l'électricité.* ➤ **électrotechnique ; communication, transmission** (télégraphe, téléphone, radio) ; **électrochimie, électrométallurgie.** *Applications thérapeutiques de l'électricité.* ➤ **électrodiagnostic, électrothérapie.** *La force de l'électricité* (➤ **électromoteur**). *Alimentation des villes en électricité. Panne d'électricité.* ➤ 2 **courant.** *Se chauffer à l'électricité. Consommation, note d'électricité.* — *Électricité verte*.* — FAM. *Allumer, éteindre l'électricité*, la lumière électrique. — *Toute l'électricité est à refaire dans cette maison*, l'installation électrique. ▪ **2** Branche de la physique qui étudie les actions exercées et subies par les charges électriques inertes (➤ **électrostatique**) ou en mouvement (➤ **électrocinétique, électrodynamique**). *Un cours d'électricité.*

ÉLECTRIFICATION [elɛktʀifikasjɔ̃] **n. f.** – 1873 ◊ de *électrifier* ▪ **1** VX Production d'électricité ; électrisation. ▪ **2** (1907) MOD. Action d'électrifier. *L'électrification des chemins de fer.*

ÉLECTRIFIER [elɛktʀifje] **v. tr.** ⟨7⟩ – fin XIXe ◊ du radical de *électri(que)* et *-fier* ▪ **1** Faire fonctionner en utilisant l'énergie électrique. *Électrifier une ligne de chemin de fer.* ▪ **2** Pourvoir d'énergie électrique. *Électrifier un village.*

ÉLECTRIQUE [elɛktʀik] **adj.** – 1660 ◊ par l'anglais *electrick* (1646) ; latin scientifique *electricus* « propre à l'ambre » (1600), de *electrum* ▪ **1** VX Qui peut recevoir ou communiquer l'électricité. ♦ MOD. Propre ou relatif à l'électricité. *L'énergie électrique. Phénomènes électriques. Décharge, étincelle* électrique. Conducteur, isolant électrique. Charge* (➤ **coulomb**), *tension* (➤ **volt**), *intensité* (➤ **ampère**), *résistance* (➤ **ohm**), *conductance* (➤ **siemens**), *capacité* (➤ **farad**), *inductance* (➤ **henry**), *puissance* (➤ **watt**) *électrique. Champ, potentiel électrique. Courant électrique.* ➤ 2 **courant.** *Oscillations électriques.* — *Cheveux électriques*, chargés d'électricité statique. — SUBST. *L'électrique* : l'énergie électrique. *Véhicule qui fonctionne à l'électrique.* ♦ Qui utilise l'électricité, concerne l'utilisation de l'électricité. *L'équipement, le réseau électrique d'un pays. L'éclairage, la lumière électrique. Fil électrique. Arc* électrique. Centrale ; pile électrique. Installations électriques. Traction électrique. Voiture électrique* (opposé à *thermique*). *Vélo* électrique. Appareils électriques ménagers.* ➤ **électroménager.** *Train électrique miniature. Rasoir électrique* (opposé à *mécanique*). « *Quand on touche les moteurs électriques, les parois des ascenseurs, les postes de télévision, les douilles, les fers à repasser et les fers à souder : on sent le tremblement léger qui entre dans le corps et dilue les forces de la vie* » LE CLÉZIO. — *Chaise* électrique.* ▪ **2** FIG. Qui évoque les effets de la décharge, du courant électrique. « *La peau fiévreuse, la vie émue, le baiser électrique* » HUGO. *Bleu électrique*, très vif, intense.

ÉLECTRIQUEMENT [elɛktʀikmɑ̃] **adv.** – 1832 ◊ de *électrique* ▪ Par l'énergie électrique. *Horloge mue électriquement.* « *La colère est un courant de la force humaine qui agit électriquement* » BALZAC.

ÉLECTRISABLE [elɛktʀizabl] **adj.** – 1746 ◊ de *électriser* ▪ Qui peut être électrisé.

ÉLECTRISANT, ANTE [elɛktʀizɑ̃, ɑ̃t] **adj.** – 1834 ◊ de *électriser* ▪ Qui électrise (surtout fig.), magnétise. « *En lui prenant la main qu'elle garda entre ses mains électrisantes* » BALZAC. *Une éloquence électrisante.*

ÉLECTRISATION [elɛktʀizasjɔ̃] **n. f.** – 1738 ◊ de *électriser* ▪ Action d'électriser, fait d'être électrisé. *Électrisation par frottement, par contact.* ♦ FIG. et RARE *L'électrisation de la foule.*

ÉLECTRISER [elɛktʀize] **v. tr.** ⟨1⟩ – 1732 ◊ du radical de *électrique* ▪ **1** Communiquer à (un corps) des propriétés, des charges électriques. *Électriser un corps, un conducteur*, faire apparaître sur lui de l'électricité positive ou négative. *Électriser une clôture de barbelés.* — **p. p. adj.** *Particules électrisées.* ▪ **2** FIG. (1763) Animer, pousser à l'action, en produisant une impression vive, exaltante. ➤ **enflammer, exalter, exciter, galvaniser, transporter.** *L'orateur avait électrisé son auditoire.* « *elle était faite pour électriser le monde et pour créer des séides* » CHATEAUBRIAND. — **p. p. adj.** « *Il fondit le premier sur les Arabes, et ses gens électrisés le suivirent* » BALZAC.

ÉLECTRO ou **ELECTRO** [elɛktʀo] **n. f.** et **adj.** – 1988 ; 1986 dans un composé ◊ abréviation de *électronique*, d'après l'anglais *electro* ▪ Ensemble des courants de musique électronique. ➤ **house music** (ANGLIC.), **techno.** — **adj.** *Des morceaux électros.*

ÉLECTRO- ▪ Élément, du radical de *électricité.*

ÉLECTROACOUSTICIEN, IENNE [elɛktʀoakustisjɛ̃, jɛn] **adj.** et **n.** – 1948 ◊ de *électroacoustique* ▪ TECHN. Spécialiste de l'électroacoustique. *Ingénieur électroacousticien.* — **n.** *Des électroacousticiens.*

ÉLECTROACOUSTIQUE [elɛktʀoakustik] **n. f.** – 1904 ◊ de *électro-* et *acoustique* ▪ Étude de la production, de la transmission, de la manipulation et de la restitution du son par des procédés électriques (cf. Amplificateur, écouteur, égaliseur, enregistrement, haute*-fidélité, haut-parleur, lecteur, microphone, synthétiseur). — **adj.** *Musique électroacoustique. Guitare électroacoustique.*

ÉLECTROAIMANT [elɛktʀoɛmɑ̃] **n. m.** – 1832 ◊ de *électro-* et *aimant* ▪ TECHN. Dispositif composé d'un barreau de fer doux sur lequel sont fixées deux bobines parcourues par un courant électrique. *Électroaimant produisant des champs magnétiques très élevés. Les pôles et l'entrefer d'un électroaimant.*

ÉLECTROBIOLOGIE [elɛktʀobjɔlɔʒi] **n. f.** – 1845 ◊ de *électro-* et *biologie* ▪ VX Étude des phénomènes électriques observés chez les êtres vivants. ♦ (1900) MOD. ➤ **électrophysiologie.**

ÉLECTROCARDIOGRAMME [elɛktʀokaʀdjɔgʀam] **n. m.** – 1916 ◊ de *électro-* et *cardiogramme* ▪ Tracé obtenu au moyen de l'électrocardiographe.

ÉLECTROCARDIOGRAPHE [elɛktʀokaʀdjɔgʀaf] **n. m.** – 1911 ◊ de *électro-* et *cardiographe* ▪ MÉD. Appareil destiné à l'électrocardiographie.

ÉLECTROCARDIOGRAPHIE [elɛktʀokaʀdjɔgʀafi] **n. f.** – 1912 ◊ de *électro-* et *cardiographie* ▪ MÉD. Exploration de la fonction cardiaque au moyen de la traduction graphique (➤ **électrocardiogramme**) des phénomènes électriques qui se produisent au cours de la révolution cardiaque. — **adj. ÉLECTROCARDIOGRAPHIQUE,** 1919.

ÉLECTROCAUTÈRE [elɛktʀokɔtɛʀ ; -kotɛʀ] **n. m.** – 1946 ◊ de *électro-* et *cautère* ▪ MÉD. Cautère composé d'un fil conducteur porté au rouge par le passage d'un courant électrique.

ÉLECTROCHIMIE [elɛktʀoʃimi] **n. f.** – 1826 ◊ de *électro-* et *chimie* ▪ **1** Discipline qui traite de l'ensemble des phénomènes chimiques en relation avec l'électricité (piles, électrolyse, anodisation...). ▪ **2** PHYSIOL. Étude des réactions chimiques provoquées dans un tissu vivant par les courants électriques.

ÉLECTROCHIMIQUE [elɛktʀoʃimik] **adj.** – 1813 ◊ de *électrochimie* ▪ Relatif à l'électrochimie. *Condensateur, cellule électrochimique.*

ÉLECTROCHOC [elɛktʀoʃɔk] **n. m.** – 1938 ◊ de *électro-* et *choc* ▪ Procédé de traitement psychiatrique consistant à provoquer une perte de conscience, suivie de convulsions, par le bref passage d'un courant alternatif à travers la boîte crânienne (➤ **sismothérapie**). « *On a dû me mettre la camisole de force. – On t'a fait des électro-chocs !* » BEAUVOIR. — FIG. Violente secousse psychologique.

ÉLECTROCINÉTIQUE [elɛktʀosinetik] n. f. et adj. – 1888 ◇ de *électro-* et *cinétique* ▪ **1** Partie de la physique qui étudie les effets des charges électriques en mouvement. ▪ **2** adj. (1933) Dû au mouvement de particules solides dans un liquide ou un gel conducteur. *Potentiel électrocinétique,* qui apparaît entre le film liquide adhérent à une paroi et le flux du liquide qui s'écoule.

ÉLECTROCOAGULATION [elɛktʀokɔagylasjɔ̃] n. f. – 1922 ◇ de *électro-* et *coagulation* ▪ MÉD. Coagulation de tissus vivants par la chaleur, obtenue au moyen de courants électriques. ➤ **électrocautère, électroponcture.** *L'électrocoagulation des verrues.*

ÉLECTROCUTER [elɛktʀɔkyte] v. tr. ⟨1⟩ – 1891 ◇ anglais américain *to electrocute,* de *électro-* et *(to exe)cute* « exécuter » ▪ Tuer par une décharge électrique. *Se faire électrocuter par accident. Électrocuter un condamné sur la chaise électrique* (aux États-Unis).

ÉLECTROCUTION [elɛktʀɔkysjɔ̃] n. f. – 1890 ◇ anglais américain *electrocution* → électrocuter ▪ Action d'électrocuter, fait d'être électrocuté ; ensemble des effets provoqués dans un organisme vivant par les courants électriques, surtout par les courants de haute tension (mort instantanée, perte de connaissance brutale, convulsions, brûlures au point de contact).

ÉLECTRODE [elɛktʀɔd] n. f. – 1836 ◇ de l'anglais *electrode* (1834), de *electric* et *(an)ode* ▪ **1** ÉLECTR. Conducteur par lequel le courant arrive ou sort dans un électrolyte, un tube à gaz raréfié et, en général, un milieu où il doit être utilisé. *Électrode positive.* ➤ **anode.** *Électrode négative.* ➤ **cathode.** *Électrode au calomel*.* — Chacune des tiges (de graphite, de métal) entre lesquelles on fait jaillir un arc électrique. — Chacune des bornes de certains dispositifs électroniques. ➤ **grille.** *Électrodes d'un transistor à effet de champ.* ▪ **2** (1890) PHYS., MÉD. Conducteur électrique appliqué sur une partie de l'organisme. *Électrodes reliées à l'électrocardiographe.* ▪ **3** CHIM. *Électrode pH :* tube de verre terminé par une membrane mince ou un gel, contenant une électrode d'argent, servant à mesurer le pH d'une solution aqueuse.

ÉLECTRODÉPOSITION [elɛktʀodepozisjɔ̃] n. f. – 1930 ◇ de *électro-* et *déposition,* de *se déposer* ▪ MATÉR. Technique permettant d'obtenir un dépôt de métal, de peinture par électrolyse. ➤ **cadmiage, rhodiage.**

ÉLECTRODIAGNOSTIC [elɛktʀodjagnɔstik] n. m. – 1890 ◇ de *électro-* et *diagnostic* ▪ MÉD. Méthode de diagnostic au moyen de l'électricité (exploration utilisant l'action stimulante des courants électriques ; enregistrement des phénomènes électriques qui se produisent dans les tissus lors de diverses fonctions perturbées). ➤ **électrocardiographie, électroencéphalographie.**

ÉLECTRODIALYSE [elɛktʀodjaliz] n. f. – 1905 ◇ de *électro-* et *dialyse* ▪ CHIM. Procédé électrochimique d'extraction des ions contenus dans une solution. *Désalinisation par électrodialyse.*

ÉLECTRODYNAMIQUE [elɛktʀodinamik] n. f. et adj. – 1823 ◇ de *électro-* et *dynamique* ▪ **1** Partie de la physique qui traite de l'électricité dynamique, de l'action des courants électriques. ♦ *Électrodynamique quantique :* théorie selon laquelle l'interaction électromagnétique se fait par échange de photons. ▪ **2** adj. Qui appartient au domaine de cette science. *Phénomènes électrodynamiques.*

ÉLECTRODYNAMOMÈTRE [elɛktʀodinamɔmɛtʀ] n. m. – 1883 ◇ de *électrodynamique* et *-mètre,* d'après l'allemand *Elektrodynamometer* ▪ MÉTROL. Ancien appareil servant à mesurer l'intensité d'un courant.

ÉLECTROENCÉPHALOGRAMME [elɛktʀoɑ̃sefalɔgʀam] n. m. – 1929 ◇ de *électro-, encéphale* et *-gramme* ▪ MÉD. Tracé obtenu par les procédés de l'électroencéphalographie. *Des électroencéphalogrammes.* — On écrit aussi *électro-encéphalogramme.*

ÉLECTROENCÉPHALOGRAPHIE [elɛktʀoɑ̃sefalɔgʀafi] n. f. – 1929 ◇ de *électro-, encéphale* et *-graphie* ▪ MÉD. Enregistrement de l'activité électrique du cerveau, le plus souvent par l'application d'électrodes sur le cuir chevelu intact. — On écrit aussi *électro-encéphalographie.*

ÉLECTROFAIBLE [elɛktʀofɛbl] adj. – 1985 ◇ de *électro-* et *faible* ▪ PHYS. *Théorie électrofaible :* théorie unifiée des interactions électromagnétiques et des interactions* faibles.

ÉLECTROGÈNE [elɛktʀɔʒɛn] adj. – 1847 ◇ de *électro-* et *-gène* ▪ **1** Qui produit de l'électricité. *L'appareil électrogène du gymnote.* ▪ **2** (1900) COUR. *Groupe électrogène :* ensemble formé par un moteur et une dynamo ou un alternateur, pour la production d'électricité. *Utiliser un groupe électrogène en cas de panne de courant.*

ÉLECTROLOGIE [elɛktʀɔlɔʒi] n. f. – 1843 ◇ de *électro-* et *-logie* ▪ DIDACT. Partie de la physique qui étudie tout ce qui se rapporte à l'électricité. — *Électrologie médicale* (➤ **électrodiagnostic, électroradiologie, électrothérapie**).

ÉLECTROLUMINESCENCE [elɛktʀolyminesɑ̃s] n. f. – 1870 ◇ de *électro-* et *luminescence* ▪ Émission de lumière par certaines substances soumises à un champ électrique. — adj. **ÉLECTROLUMINESCENT, ENTE.** *Diode électroluminescente :* recomm. offic. pour *LED.*

ÉLECTROLYSE [elɛktʀɔliz] n. f. – 1845 ; *électrolysation* 1837 ◇ emprunté à l'anglais *electrolysis* → électrolyser ▪ Décomposition chimique de certaines substances en fusion ou en solution, obtenue par le passage d'un courant électrique. ♦ Réaction chimique des produits de cette décomposition sur les électrodes (dépôts métalliques sur la cathode, utilisés dans l'argenture, le chromage, le nickelage). ➤ **électrodéposition.**

ÉLECTROLYSER [elɛktʀɔlize] v. tr. ⟨1⟩ – 1838 ◇ anglais *to electrolyze* (1834) ; de *électro-* et *(to ana)lyse* ▪ CHIM. Décomposer par électrolyse.

ÉLECTROLYSEUR [elɛktʀɔlizœʀ] n. m. – 1883 ◇ de *électrolyser* ▪ TECHN. Appareil destiné à effectuer des électrolyses.

ÉLECTROLYTE [elɛktʀɔlit] n. m. – 1838 ◇ anglais *electrolyte* (1834) ; de *électro-* et du grec *lutos* « soluble » ▪ CHIM. Corps qui, en solution aqueuse, est capable de conduire le courant électrique. *Les sels, acides et bases, sont des électrolytes.* ♦ COUR. Liquide dans lequel baignent les plaques d'un accumulateur.

ÉLECTROLYTIQUE [elɛktʀɔlitik] adj. – 1836 ◇ de *électrolyte* ▪ Qui a les caractères d'un électrolyte. *Condensateur électrolytique.* ♦ Relatif à l'électrolyse. *Procédés électrolytiques. Cellule électrolytique :* récipient ou enceinte où se produit une électrolyse. *Dissociation* électrolytique.* ♦ Qui se fait par électrolyse. *Argenture électrolytique.*

ÉLECTROMAGNÉTIQUE [elɛktʀomaɲetik] adj. – 1781 *électromagnétique* ◇ de *électro-* et *magnétique* ▪ Qui appartient à l'électromagnétisme. *Champ, couplage, forces, ondes électromagnétiques. Sensibilité aux ondes électromagnétiques* (➤ **électrosensibilité**). *La théorie électromagnétique de la lumière, de Maxwell. Unités de mesure électromagnétiques,* donnant la force entre des pôles magnétiques.

ÉLECTROMAGNÉTISME [elɛktʀomaɲetism] n. m. – 1781 *électromagnétisme* ◇ de *électro-* et *magnétisme* ▪ Partie de la physique qui étudie les mouvements des charges électriques et les champs électriques et magnétiques créés par ces charges. *Systèmes d'unités en électromagnétisme au XIXᵉ s.* ➤ **électromagnétique, électrostatique.**

ÉLECTROMÉCANICIEN, IENNE [elɛktʀomekanisjɛ̃, jɛn] n. – 1928 milit. ◇ de *électro-* et *mécanicien* ▪ TECHN. Mécanicien ayant une formation complémentaire d'électricien.

ÉLECTROMÉCANIQUE [elɛktʀomekanik] adj. et n. f. – 1894 ◇ de *électro-* et *mécanique* ▪ SC. et TECHN. Se dit d'un dispositif mécanique de commande ou de contrôle en liaison avec les organes électriques. ♦ n. f. Application de l'électricité à la mécanique.

ÉLECTROMÉNAGER [elɛktʀomenaʒe] adj. m. – 1934 ◇ de *électro-* et *ménager* ▪ *Appareil électroménager :* appareil ménager (fer à repasser, aspirateur, réfrigérateur, etc.) utilisant l'énergie électrique. — n. m. *L'électroménager :* l'ensemble de ces appareils ; l'industrie qui les produit. *Petit, gros électroménager* (➤ 2 **blanc**). *Magasin d'électroménager* (➤ **ménagiste**). *L'industrie de l'électroménager.*

ÉLECTROMÉTALLURGIE [elɛktʀometalyʀʒi] n. f. – 1843 ◇ de *électro-* et *métallurgie* ▪ Application à la métallurgie de procédés électrothermiques et électrolytiques.

ÉLECTROMÈTRE [elɛktʀɔmɛtʀ] n. m. – 1746 ◇ de *électro-* et *mètre* ▪ Appareil de mesure des charges électriques et des différences de potentiel, caractérisé par une très grande impédance d'entrée.

ÉLECTROMÉTRIE [elɛktʀometʀi] n. f. – 1834 ◇ de *électro-* et *-métrie* ▪ Ensemble des méthodes de mesure des tensions, charges et courants électriques.

ÉLECTROMOTEUR, TRICE [elɛktʀɔmɔtœʀ, tʀis] **adj.** – 1801 ◇ de *électro-* et *moteur* ▪ Qui développe de l'électricité sous l'action d'un agent mécanique ou chimique. — *Force électromotrice* (*f. é. m.*) : différence de potentiel mesurée aux bornes d'un générateur électrique qui ne débite aucun courant (mesurée en volts).

ÉLECTROMYOGRAMME [elɛktʀomjɔgʀam] **n. m.** – 1943 ◇ de *électro-* et *myogramme* ▪ MÉD. Ensemble des tracés obtenus au moyen de l'électromyographie.

ÉLECTROMYOGRAPHIE [elɛktʀomjɔgʀafi] **n. f.** – 1958 ◇ de *électro-* et *myographie*, de *myographe* ▪ MÉD. Exploration, au moyen d'une électrode, des phénomènes électriques se produisant dans les muscles, au repos et lors de la contraction. *L'électromyographie aide à distinguer l'origine d'une affection musculaire.*

ÉLECTRON [elɛktʀɔ̃] **n. m.** – 1894 ; « matière électrique » 1808 ◇ du radical de *electric*, et p.-ê. *-on* de *ion*, d'après le grec *êlektron* « ambre » par l'anglais (Stoney, 1891) ▪ PHYS., CHIM. ▪ **1** Particule élémentaire de masse très faible (➤ **lepton**). *Électron positif.* ➤ **positron.** ▪ **2** Cette particule chargée négativement, élément constitutif de l'atome, de masse égale à 1/1836 de la masse du proton. *Le nombre d'électrons entourant le noyau de l'atome est égal au nombre de charges positives du noyau* (protons). *Interactions* électromagnétiques entre les électrons et le noyau. Électron célibataire, électron libre,* isolé, non apparié (➤ **covalence**). *L'aptitude des électrons de l'atome à s'échanger explique les propriétés chimiques de celui-ci* (➤ **valence**). CHIM. *Électrons sigma,* localisés et responsables des liaisons de covalence simple dans les molécules. *Électrons pi,* délocalisés et responsables des liaisons doubles et triples et des phénomènes de résonance et de mésomérie dans les molécules. — TECHN. *Usinage par faisceau d'électrons. Canon à électrons.* ◆ LOC. FIG. *Électron libre* : personne qui agit de manière indépendante (par rapport à un ensemble, une institution). « *J'ai rêvé d'être un électron libre mais on ne peut pas se couper éternellement de ses racines* » BEIGBEDER.

ÉLECTRONARCOSE [elɛktʀonaʀkoz] **n. f.** – 1953 ◇ de *électro-* et *narcose* ▪ PSYCHIATR. Court sommeil provoqué par le passage d'un léger courant électrique à travers le cerveau. ➤ aussi **électrochoc.**

ÉLECTRONÉGATIF, IVE [elɛktʀonegatif, iv] **adj.** – 1842 ◇ de *électro-* et *négatif* ▪ SC. ▪ **1** Qui est chargé d'électricité négative. ▪ **2** Se dit d'un atome qui a tendance à attirer les électrons. ▪ CONTR. Électropositif.

ÉLECTRONÉGATIVITÉ [elɛktʀonegativite] **n. f.** – 1904 ◇ de *électro-* et *négativité* ▪ CHIM. Mesure relative de la tendance qu'ont certains atomes d'attirer à eux les électrons. *Échelle d'électronégativité,* créée par Pauling, allant arbitrairement de l'atome le moins électronégatif (0,7 pour le francium, le césium) au plus électronégatif (4 pour le fluor).

ÉLECTRONICIEN, IENNE [elɛktʀɔnisjɛ̃, jɛn] **n.** – 1955 ◇ de *électronique* ▪ Spécialiste de l'électronique. — APPOS. *Ingénieurs électroniciens.*

ÉLECTRONIQUE [elɛktʀɔnik] **adj.** et **n. f.** – 1903 ◇ de *électron*, d'après l'anglais *electronic* ▪ **1** Propre ou relatif à l'électron. *Charge électronique. Configuration électronique. Affinité électronique. Théorie électronique de la valence** (➤ aussi **coordinence, covalence, électrovalence**). *Émission, flux, faisceau électronique.* ▪ **2** **n. f.** (1922) Partie de la physique qui étudie la production des électrons, leur comportement dans le vide, les gaz, les semi-conducteurs, etc. et les applications techniques de ces phénomènes. ▪ **3** Qui appartient à l'électronique, fonctionne suivant les lois de l'électronique. *Les composants électroniques actifs* (*tube électronique,* transistor, diode, circuit intégré), *passifs* (résistance, condensateur, self). *Optique électronique. Microscope, télescope électronique. Tube électronique. Cigarette* électronique.* — Qui est fait par des procédés électroniques, au moyen d'appareils électroniques. *Jeux électroniques. Sport* électronique. Livre* électronique. Musique électronique.* ➤ **électro.** *Vote électronique. Adresse*, courrier* électronique* ➤ **courriel, e-mail,** 2 **mail.** *Monnaie, commerce* électronique. Portemonnaie* électronique.*

ÉLECTRONUCLÉAIRE [elɛktʀonykleɛʀ] **adj.** – 1962 ◇ de *électro-* et *nucléaire* ▪ Relatif à la production d'électricité à partir de l'énergie nucléaire. *Le programme électronucléaire.* — **n. m.** Ensemble des techniques visant à produire de l'électricité à partir de l'énergie nucléaire.

ÉLECTRONVOLT [elɛktʀɔ̃vɔlt] **n. m.** – 1938 ◇ de *électron* et *volt* ▪ MÉTROL. Unité de mesure d'énergie (SYMB. eV) correspondant à l'énergie cinétique acquise par un électron lorsqu'il franchit une différence de potentiel de 1 volt dans le vide et valant $1,6.10^{-19}$ joule, plus particulièrement utilisée en physique des particules et en électronique. *L'énergie d'un photon est de quelques électronvolts pour la lumière visible, de plusieurs millions pour les rayons gamma.*

ÉLECTROPHILE [elɛktʀɔfil] **adj.** – milieu XXe ◇ de *électron* et *-phile* ▪ CHIM. Se dit d'une molécule, d'un ion, d'un groupe ou d'un radical ayant une forte affinité pour les électrons. ▪ CONTR. Nucléophile.

ÉLECTROPHONE [elɛktʀɔfɔn] **n. m.** – 1888 ◇ de *électro-* et *-phone* ▪ **1** VX Récepteur téléphonique amplifiant le son. ▪ **2** (1929) MOD. et COUR. Appareil de reproduction d'enregistrements phonographiques sur disque. ➤ **chaîne, phono, phonographe, pickup, tourne-disque.**

ÉLECTROPHORÈSE [elɛktʀɔfɔʀɛz] **n. f.** – 1923 ◇ de *électro-* et grec *phorêsis* « transport » ▪ CHIM., BIOCHIM. Migration de molécules ou de particules ayant une charge électrique (par ex. micelles d'une suspension colloïdale) sous l'effet d'un champ électrique créé en plaçant deux électrodes dans la solution. ➤ **électrodéposition.** ◆ Méthode d'analyse fondée sur ce phénomène. — **adj.** **ÉLECTROPHORÉTIQUE,** 1961. *Écran électrophorétique* (papier électronique).

ÉLECTROPHYSIOLOGIE [elɛktʀofizjɔlɔʒi] **n. f.** – 1852 ◇ de *électro-* et *physiologie* ▪ **1** BIOL. CELL. Étude des propriétés électriques des cellules vivantes. ▪ **2** PHYSIOL. Étude de la production de courants électriques par les organismes vivants. — **adj.** **ÉLECTROPHYSIOLOGIQUE,** 1868.

ÉLECTROPLAQUE [elɛktʀoplak] **n. f.** – 1954 ◇ de *électro-* et *plaque* ▪ PHYSIOL. Colonne de cellules de l'organe électrique de certains poissons, dont seulement une face est innervée et excitable électriquement.

ÉLECTROPNEUMATIQUE [elɛktʀopnømatik] **adj.** – 1904 ◇ de *électro-* et *pneumatique* ▪ TECHNOL. Dont le fonctionnement, à l'air comprimé, est commandé par des électroaimants. *Marteau perforateur électropneumatique.*

ÉLECTROPONCTURE ou **ÉLECTROPUNCTURE** [elɛktʀopɔ̃ktyʀ] **n. f.** – 1838, -1829 ◇ de *électro-* et *(acu)poncture* ▪ MÉD. Emploi thérapeutique d'une électrode pointue, rendue incandescente par un courant galvanique. ➤ **électrocautère, électrocoagulation.**

ÉLECTROPOSITIF, IVE [elɛktʀɔpozitif, iv] **adj.** – 1834 *électropositif* ◇ de *électro-* et *positif* ▪ SC. ▪ **1** Qui est chargé d'électricité positive. ▪ **2** Se dit des éléments chimiques qui, dans l'électrolyse, se portent à la cathode, et dont les atomes peuvent céder des électrons. ▪ CONTR. Électronégatif.

ÉLECTRORADIOLOGIE [elɛktʀoʀadjɔlɔʒi] **n. f.** – 1945 ◇ de *électro-* et *radiologie* ▪ MÉD. Ensemble des applications de l'électricité et de la radiologie à la médecine (diagnostic et traitement). — **n.** **ÉLECTRORADIOLOGISTE.**

ÉLECTROSCOPE [elɛktʀɔskɔp] **n. m.** – 1753 ◇ de *électro-* et *-scope* ▪ Instrument permettant de déceler les charges électriques et d'en déterminer le signe.

ÉLECTROSENSIBILITÉ [elɛktʀosɑ̃sibilite] **n. f.** – 2000 ◇ de *électrosensible*, ou de *électro-* et *sensibilité* ▪ Forte sensibilité aux ondes électromagnétiques ; ensemble de troubles attribué à l'exposition à des champs électromagnétiques.

ÉLECTROSENSIBLE [elɛktʀosɑ̃sibl] **adj.** et **n.** – 2000 ◇ de *électro-* et *sensible*, ou de *électrosensibilité* ▪ Qui souffre d'électrosensibilité. — **n.** *Les électrosensibles.*

ÉLECTROSTATIQUE [elɛktʀostatik] **adj.** et **n. f.** – avant 1827 ◇ de *électro-* et *statique* ▪ **1** Propre ou relatif à l'électricité statique. *Unités électrostatiques,* définies à partir de la loi de Coulomb, donnant la force de l'interaction électrique entre des particules chargées. *Machine électrostatique,* qui permet d'obtenir des voltages très élevés et des courants très faibles, par accumulation des charges. ▪ **2** **n. f.** Partie de la physique traitant des phénomènes d'électricité statique, étudiant les charges électriques en équilibre.

ÉLECTROSTRICTION [elɛktʀostʀiksjɔ̃] **n. f.** – 1900 ◇ d'après l'anglais *electrostriction* ▪ PHYS. Déformation d'un diélectrique soumis à un champ électrique.

ÉLECTROTECHNIQUE [elɛktʀotɛknik] adj. et n. f. – 1882 ◊ de *électro-* et *technique* ■ Qui concerne les applications techniques de l'électricité. *Institut électrotechnique.* ♦ n. f. Étude de ces applications.

ÉLECTROTHÉRAPIE [elɛktʀoteʀapi] n. f. – 1857 ◊ de *électro-* et *-thérapie* ■ MÉD. Emploi des courants électriques continus ou alternatifs comme moyen thérapeutique. ➤ **diathermie.**

ÉLECTROTHERMIE [elɛktʀotɛʀmi] n. f. – 1870 ◊ de *électro-* et *-thermie* ■ 1 VX Utilisation médicale de la chaleur produite par l'électricité. ■ 2 (1923) MOD. SC. et TECHN. Étude des transformations de l'énergie électrique en chaleur et leurs applications. adj. **ÉLECTROTHERMIQUE.**

ÉLECTROVALENCE [elɛktʀovalɑ̃s] n. f. – 1936 ◊ de *électro-* et *valence* ■ CHIM. ■ 1 Liaison chimique formée entre deux ions de charge opposée après qu'un atome a transféré des électrons à un autre atome. ■ 2 Nombre d'électrons qu'un atome gagne ou perd lors de la formation d'un composé par réaction chimique.

ÉLECTROVANNE [elɛktʀovan] n. f. – 1972 ◊ de *électro-* et *vanne* ■ TECHNOL. Vanne commandée par un électroaimant. *L'électrovanne d'un lave-linge, d'un lave-vaisselle.*

ÉLECTRUM [elɛktʀɔm] n. m. – 1549 ; *électron* avant 1530 ◊ latin *electrum*, grec *êlektron*, par anal. de couleur avec l'ambre ■ ARCHÉOL. Alliage naturel d'or et d'argent estimé dans l'Antiquité.

ÉLECTUAIRE [elɛktɥɛʀ] n. m. – v. 1300 ; *lettuaire* XIIe ◊ bas latin *electuarium*, altération d'après *electus* «choisi», du grec *ekleikton* ■ VIEILLI Préparation pharmaceutique de consistance molle, formée de poudres mélangées à du sirop, du miel, des pulpes végétales. ➤ **thériaque.**

ÉLÉGAMMENT [elegamɑ̃] adv. – 1373 ◊ de *élégant* ■ Avec élégance. *Élégamment vêtu. Il s'en est sorti élégamment.* ➤ **adroitement, habilement.**

ÉLÉGANCE [elegɑ̃s] n. f. – fin XIVe ◊ latin *elegantia* ■ 1 Qualité esthétique qu'on reconnaît à certaines formes naturelles ou créées par l'être humain dont la perfection est faite de grâce et de simplicité. *Élégance des formes, des proportions. L'élégance d'un meuble. Intérieur d'une élégance raffinée.* ➤ **agrément, beauté ; harmonie.** ■ 2 Qualité de style, consistant en un choix heureux des expressions, une langue pure et harmonieuse. *L'élégance attique, l'élégance de Racine. Un tour d'une grande élégance. S'exprimer, parler, écrire avec élégance. «si l'élégance a toujours l'air facile, tout ce qui est facile et naturel n'est cependant pas élégant»* VOLTAIRE. ♦ *Une, des élégances :* tournure, expression plus ou moins convenue considérée comme une marque de l'élégance du style (souvent péj.). ➤ **fioriture, ornement.** *«Il notait une phrase d'Honoré en la débarrassant de ses vaines élégances et de ses redites»* ROMAINS. ■ 3 (XVIIIe) Bon goût manifestant un style personnel dans l'habillement, la parure, les manières. ➤ **chic, classe, distinction.** *«J'aimais ma mère pour son élégance. J'étais donc un dandy précoce»* BAUDELAIRE. *«Un certain chic dans la façon de s'habiller, une élégance un peu négligée»* AYMÉ. *L'élégance de sa toilette. Quelle élégance ! L'arbitre* des élégances.* ■ 4 Bon goût, distinction accompagnés d'aisance et de style dans l'ordre moral ou intellectuel. *Un procédé qui manque d'élégance.* ➤ **délicatesse.** *L'élégance de son geste. Savoir perdre avec élégance. Élégance d'une démonstration, d'une solution.* ➤ **habileté.** ♦ AU PLUR. *«Moi, c'est moralement que j'ai mes élégances»* ROSTAND. ■ CONTR. Inélégance, vulgarité.

ÉLÉGANT, ANTE [elegɑ̃, ɑ̃t] adj. – 1150, rare avant XVe ◊ latin *elegans* ■ 1 Qui a de l'élégance, de la grâce. ➤ **agréable, 1 beau, gracieux.** *Des manières élégantes. «L'élégante colonne corinthienne»* CHATEAUBRIAND. ■ 2 Qui a de l'élégance, de la pureté dans le style. *«Imitez de Marot l'élégant badinage»* BOILEAU. *Un tour élégant.* ■ 3 (XVIIIe) Qui a de l'élégance, du chic. ➤ **chic, distingué, soigné.** *Toilette élégante.* ➤ **raffiné.** *Une femme élégante. L'assistance était très élégante,* composée de personnes élégantes. ➤ **B. C. B. G., NAP.** — PAR EXT. *Un restaurant élégant,* fréquenté par une clientèle élégante. ♦ n. (VX au masc.) Personne élégante ou qui affecte l'élégance. *Un jeune élégant* (➤ **dandy**) *un peu ridicule* (➤ **freluquet, gandin, godelureau, gommeux ; minet**). *«Les bijoux voyants et les teintes vives dans la toilette, jamais une élégante ne s'en affuble»* COCTEAU. ■ 4 Qui a de l'élégance morale, intellectuelle. *Un procédé peu élégant. C'est la solution la plus élégante.* ■ CONTR. Commun, grossier, inélégant, vulgaire.

ÉLÉGIAQUE [eleʒjak] adj. – 1480 ◊ bas latin *elegiacus* ■ LITTÉR. ■ 1 Propre à l'élégie. *Poèmes élégiaques.* SUBST. *Les élégiaques latins :* les poètes élégiaques latins. — MÉTR. ANC. *Distique élégiaque,* composé d'un hexamètre et d'un pentamètre. ■ 2 Qui est dans le ton mélancolique, tendre de l'élégie. *Accents élégiaques. «Mais il y a dans l'esprit de certains hommes je ne sais quelle brume élégiaque»* FROMENTIN.

ÉLÉGIE [eleʒi] n. f. – 1500 ◊ latin d'origine grecque *elegia* ■ Poème lyrique exprimant une plainte douloureuse, des sentiments mélancoliques. *Les élégies de Ronsard, de Chénier. «L'élégie vraiment moderne, inaugurée par Lamartine»* SAINTE-BEUVE. — PAR EXT. Œuvre poétique dont le thème est la plainte.

ÉLÉGIR [eleʒiʀ] v. tr. ‹2› – 1694 ; *eslegier* «alléger» XIIIe ◊ de *é-* et bas latin *leviare* → alléger ■ TECHN. Réduire les dimensions de (une pièce de bois).

ÉLÉIS [eleis] n. m. – 1839 ◊ latin des botanistes *elæis*, grec *elaîeeis* «huileux» ■ Palmier à huile, cultivé en Afrique tropicale et en Malaisie. — On écrit aussi *elæis.*

ÉLÉMENT [elemɑ̃] n. m. – Xe ; «doctrine» fin IXe ◊ latin *elementum*

I PARTIE CONSTITUTIVE D'UNE CHOSE ■ 1 Chacune des choses dont la combinaison, la réunion forme une autre chose. ➤ **2 composant, composante, ingrédient, morceau, partie.** *Les éléments d'un assemblage, d'un ensemble. Élément constitutif.* ➤ **unité.** *Les éléments qui entrent dans la fabrication d'un objet. Séparer, dissocier les éléments de qqch.* (➤ **analyser**). *«Un esprit est analytique s'il considère les choses dans leurs éléments»* LALANDE. *«L'accouplement des éléments contraires est la loi de la vie»* PROUST. — *Vous avez là tous les éléments du problème.* ➤ **condition, donnée, paramètre.** — *Éléments de tir :* données nécessaires à la préparation d'un tir. — MATH. Un des «objets» qui constituent un ensemble. *La relation «a est élément de l'ensemble A», ou «l'élément a appartient à l'ensemble A», s'écrit a ∈ A* (relation d'appartenance). *Élément neutre*.* — TECHN. Partie d'un mécanisme, d'un appareil composé de séries semblables. *Éléments d'un radiateur, d'un accumulateur. Éléments de cuisine. Ajouter un élément à un buffet. Meuble vendu en éléments prêts pour le montage* (➤ **kit**). *Éléments de rangement.* ➤ **module.** *Éléments préfabriqués* (construction). — MÉD. *Éléments d'une maladie :* ensemble des phénomènes constants qui la caractérisent. — LING. Partie d'un énoncé, d'un mot... isolable par l'analyse. *Élément vocalique. Élément de formation d'un mot.* ➤ **morphème ; 1 affixe, formant, radical.** — *Élément de langage :* mot, formule ou argument employé de manière récurrente et concertée par les membres d'un parti politique, d'un mouvement, etc. *«Un élément de langage, une pure prescription de l'Élysée»* (L'Humanité, 2012). — LOG. *Éléments de connaissance :* les concepts et les jugements. ■ 2 AU PLUR. Premiers principes sur lesquels on fonde une science, une technique. ➤ **notion, principe, rudiment.** *Apprendre les premiers éléments de l'algèbre.* ♦ Titre de nombreux ouvrages. *Les «Éléments de géométrie» d'Euclide.* ■ 3 (Surtout au plur.) Personne appartenant à un groupe. ➤ **3 sujet.** *C'est un bon élément. «j'ai été jugé élément douteux, fomenteur de troubles et je ne sais quoi encore»* SALACROU. *Des éléments incontrôlés. «Dans l'espoir de débaucher quelques éléments intéressants du petit clan»* PROUST. Sing. collect. *L'élément féminin y était fortement représenté.* ♦ MILIT. (AU PLUR.) Formation militaire appartenant à un ensemble plus important. *Éléments blindés, motorisés.*

II SUBSTANCE CONSIDÉRÉE COMME INDÉCOMPOSABLE ■ 1 ANCIENNT Un des corps simples dont les autres sont formés. ➤ **atome** (1°). *Les quatre éléments :* la terre, l'eau, l'air et le feu, considérés comme principes constitutifs de tous les corps. ♦ MOD. **LES ÉLÉMENTS :** l'ensemble des forces naturelles qui agitent la terre, la mer, l'atmosphère. *Lutter contre les éléments déchaînés. «habitués dès l'enfance à se battre contre les éléments et la terre exigeante, c'étaient pour la plupart des hommes endurcis»* C. SIMON. ■ 2 LITTÉR. Milieu dans lequel vit un être. — SPÉCIALT Milieu, entourage habituel ou favorable, où l'on est à l'aise. *«Ô que j'aime la solitude ! C'est l'élément des bons esprits»* SAINT-AMANT. LOC. COUR. *Être dans son élément,* dans la situation, l'activité qui est la plus familière, coutumière (cf. Être comme un poisson* dans l'eau). *«Il aime tant son métier et son art, il y est si bien dans son élément»* SAINTE-BEUVE. ■ 3 CHIM. Ensemble des atomes qui ont le même nombre de protons. *L'élément hydrogène comprend l'hydrogène et ses deux isotopes (deutérium et tritium). La classification* des éléments. Élément artificiel*.* — (1908) Partie commune à un corps simple et à ses composés (ex. l'oxygène dans le gaz carbonique).

■ CONTR. 2 Ensemble, réunion, synthèse, tout.

ÉLÉMENTAIRE [elemɑ̃tɛʀ] **adj.** – 1390 ◊ latin *elementarius* → élément ▪ **1** VX Qui appartient à un des quatre éléments. ♦ MOD. CHIM. Qui se rapporte à un élément. *Analyse élémentaire.* — PHYS. NUCL. *Particules* élémentaires* (ou *particules fondamentales*). ▪ **2** Qui contient, qui concerne les premiers éléments d'une science, d'un art. *Traité de géométrie élémentaire. Notions élémentaires :* premières notions. *Principes élémentaires.* ➤ **fondamental.** ♦ ANCIENNT (SCOL.) *Classe de mathématiques élémentaires,* ou FAM. *de math élem* [matelɛm] : classe terminale où l'enseignement des mathématiques était prépondérant. *Classes élémentaires :* autrefois, classes de 8e et de 7e dans les lycées. — MOD. *Cours élémentaire (C. E.) :* classes intermédiaires entre le cours préparatoire et le cours moyen dans les écoles primaires. — ADMIN. *École élémentaire* (➤ **primaire**), *pré-élémentaire* (➤ **maternel**). ▪ **3** PAR ANAL. Réduit à l'essentiel, au minimum. ➤ **essentiel, rudimentaire.** *Quelques précautions élémentaires. «Les formes élémentaires de la vie religieuse»* DURKHEIM. *La plus élémentaire des politesses voulait que...* ▪ **4** FAM. Très simple, très facile. *C'est élémentaire.* — *«Élémentaire, mon cher Watson» :* évident (formule de Sherlock Holmes présentant au Dr Watson une de ses fameuses déductions). ▪ CONTR. Supérieur. Compliqué.

ÉLÉOMÈTRE ➤ **OLÉOMÈTRE**

ÉLÉPHANT [elefɑ̃] **n. m.** – *elefant* XIIe ; surtout *olifant* jusqu'au XVe ◊ latin *elephantus* ▪ **1** Grand mammifère ongulé *(proboscidiens),* herbivore vivant par bandes dans les forêts humides et chaudes ou dans la savane, remarquable par sa masse pesante, sa peau rugueuse, ses grandes oreilles plates, son nez allongé en trompe et ses défenses* dont on tire l'ivoire (➤ **pachyderme**). *Éléphant mâle, femelle* (**ÉLÉPHANTE,** RARE). *Jeune éléphant.* ➤ **éléphanteau.** *«Les éléphants rugueux, voyageurs lents et rudes, Vont au pays natal à travers les déserts»* LECONTE DE LISLE. *L'éléphant d'Afrique est plus grand que l'éléphant d'Asie. Éléphant d'Asie,* aux défenses plus petites. *L'éléphant barrit. Éléphant domestiqué, conduit par son cornac. Le mammouth*, variété d'éléphant fossile. Le cimetière* des éléphants.* ♦ LOC. FAM. *Un éléphant dans un magasin de porcelaine,* se dit d'un maladroit qui intervient dans une affaire délicate. — *Avoir une mémoire d'éléphant,* une mémoire exceptionnelle, notamment en ce qui concerne le mal qu'on vous a fait ; être rancunier (*l'éléphant* passant pour vindicatif). — *Voir des éléphants roses* (vision due à l'abus d'alcool, de drogue). *«Je bois À trop forte dose Je vois Des éléphants roses»* GAINSBOURG. — (1977 ◊ calque de l'anglais) (Canada) LOC. *Un éléphant blanc :* réalisation coûteuse, d'une utilité discutable. *Cet aéroport est un éléphant blanc.* ♦ *Pantalon à pattes d'éléphant,* dont le bas des jambes va en s'évasant (ABRÉV. FAM. *pattes d'ef* [patdɛf]). ▪ **2 ÉLÉPHANT DE MER :** phoque à trompe, de grande taille. ▪ **3** PÉJ. Personne très grosse, à la démarche pesante. ➤ **baleine, hippopotame.** — FIG. Personnage important (d'un parti politique). ♦ ARG. MAR. Terrien, navigateur débutant.

ÉLÉPHANTEAU [elefɑ̃to] **n. m.** – XVIe ◊ de *éléphant* ▪ Jeune éléphant. *Des éléphanteaux.*

ÉLÉPHANTESQUE [elefɑ̃tɛsk] **adj.** – 1890 ◊ de *éléphant* ▪ FAM. Énorme, d'une grosseur monstrueuse. *«l'acteur Charles Laughton : lippu, bouffi, éléphantesque»* C. MAURIAC.

ÉLÉPHANTIASIQUE [elefɑ̃tjazik] **adj.** – 1808 ◊ de *éléphantiasis* ▪ MÉD. De la nature de l'éléphantiasis. ♦ Atteint d'éléphantiasis. — **n.** *Un, une éléphantiasique.*

ÉLÉPHANTIASIS [elefɑ̃tjazis] **n. m.** – 1538 ◊ latin *elephantiasis,* mot grec, de *elephas, elephantos* «éléphant» ▪ MÉD. Maladie cutanée chronique caractérisée par une augmentation considérable de certaines parties du corps, en particulier des jambes et des organes génitaux, et par le durcissement et l'ulcération de la peau avoisinante.

ÉLÉPHANTIN, INE [elefɑ̃tɛ̃, in] **adj.** – XIIIe ◊ latin *elephantinus* ▪ RARE Relatif ou ressemblant à l'éléphant.

ÉLEVAGE [el(ə)vaʒ] **n. m.** – 1836 ◊ de *élever* ▪ **1** Ensemble des techniques par lesquelles on élève (des animaux, surtout domestiques ou utiles), en les faisant naître et se développer dans de bonnes conditions, en contrôlant leur entretien et leur reproduction, de manière à obtenir un résultat économique. ➤ **aviculture, héliciculture ; aquaculture, conchyliculture, mytiliculture, ostréiculture, pisciculture.** *L'élevage du bétail. L'élevage des abeilles* (➤ **apiculture**), *des vers à soie* (➤ **sériciculture**). ♦ ABSOLT Élevage du bétail. *Élevage en batterie*, hors sol. Les produits de l'élevage. Un pays d'élevage.* ▪ **2** Ensemble des animaux élevés dans une exploitation ; cette exploitation. *Un élevage de porcs, de crevettes. Élevage touché par une épizootie.*

ÉLÉVATEUR, TRICE [elevatœʀ, tʀis] **adj. et n.** – *eslevateur (de peuple)* «celui qui fait lever les armes» XIVe ◊ bas latin *elevator* ▪ **1** ANAT. Se dit de certains muscles qui élèvent, relèvent (certaines parties du corps). *Muscle élévateur de la paupière supérieure.* ➤ **releveur.** ▪ **2** (1801) *Appareil élévateur,* ou **n. m.** *un élévateur :* appareil destiné à prendre un corps à un niveau donné pour l'élever à un niveau supérieur (cf. Appareil de levage*). *Chariot élévateur. Nacelle, plateforme élévatrice.* ♦ Destiné à augmenter (la pression, la tension). *Transformateur élévateur de tension.* ▪ CONTR. Abaisseur.

ÉLÉVATION [elevasjɔ̃] **n. f.** – XIIIe ◊ latin *elevatio* ▪ **1** Action de lever, d'élever ; son résultat. *Mouvement d'élévation du bras.* — LITURG. *«L'élévation du Saint-Sacrement que l'on continuait de faire au son de la cloche»* BOSSUET. ABSOLT Moment de la messe où le prêtre élève l'hostie. *La consécration et l'élévation.* ♦ RARE Action d'élever, de construire, de dresser. ➤ **érection.** *Travailler à l'élévation d'un monument.* ▪ **2** Fait de s'élever. ➤ **montée.** *L'élévation du niveau des eaux. L'élévation d'un ballon dans les airs.* ➤ **ascension, lévitation.** — PAR ANAL. *L'élévation du niveau de vie. Élévation des prix.* ➤ **flambée.** *Une forte élévation de température.* ➤ **augmentation*, hausse.** *Élévation du pouls.* ➤ **accélération.** *L'élévation de la voix,* son passage à un ton plus haut et souvent à une intensité plus forte. ▪ **3** VIEILLI Hauteur. *«une énorme muraille de rochers de trois cents pieds d'élévation»* FROMENTIN. ♦ PAR EXT. Éminence, hauteur. *Mouvement de troupes à l'abri d'une élévation.* ♦ GÉOM. Projection sur un plan vertical placé parallèlement à une des faces de l'objet. — ARCHIT. *Coupe ou élévation d'un bâtiment.* ▪ **4** FIG. Action d'élever, de s'élever (à un rang éminent, supérieur). ➤ **accession, ascension.** *«l'élévation du duc d'Anjou sur le trône de Charles-Quint»* RAYNAL. *Son élévation au grade d'officier de la Légion d'honneur.* ♦ RELIG. Mouvement de l'âme, du cœur vers Dieu. ➤ **prière.** *«Ma prière qui ne consistait pas en un vain balbutiement de lèvres, mais dans une sincère élévation de cœur»* ROUSSEAU. ▪ **5** Caractère élevé (de l'esprit, de l'âme). ➤ **grandeur, hauteur, noblesse.** *Une grande élévation morale. Élévation d'esprit, de sentiments.* ▪ CONTR. Abaissement, baisse. Bassesse.

ÉLÉVATOIRE [elevatwaʀ] **adj.** – 1861 ; n. m. «instrument de chirurgie» XVIe ◊ dérivé savant du latin *elevare* «élever» ▪ TECHN. Qui sert à élever, au levage. ➤ **élévateur.**

ÉLÈVE [elɛv] **n.** – 1653 ◊ de *élever,* d'après l'italien *allievo* ▪ **1** Personne qui reçoit ou suit l'enseignement d'un maître (dans un art, une science). ➤ **disciple.** *«Combien de fresques attribuées naguère à l'Angelico ont été peintes par ses élèves !»* MALRAUX. — PAR EXT. Personne qui reçoit les leçons d'un précepteur. *Le duc de Bourgogne fut l'élève de Fénelon.* ▪ **2** Personne qui reçoit l'enseignement donné dans un établissement d'enseignement. *«la voix monotone d'un élève récitant sa leçon»* DAUDET. *Jeune élève.* ➤ **écolier.** *C'est une excellente élève. Un mauvais élève.* ➤ **cancre.** *Élève de l'enseignement secondaire.* ➤ **collégien, lycéen ; khâgneux, taupin.** *Un élève de terminale. Élève des grandes écoles.* ➤ **énarque, normalien, polytechnicien, saint-cyrien... ; bizut ;** ARG. **melon, poussin.** *Association d'anciens élèves* (➤ **alumni**). *Élève de l'enseignement supérieur.* ➤ **étudiant.** — *Une association de parents d'élèves.* — FIG. *Être le bon, le mauvais élève de... :* remplir (ou non) ses obligations, ses engagements au sein d'un groupe. *Les bons élèves de l'Europe.* ♦ MILIT. Candidat(e) à un grade, suivant un peloton ou les cours d'une école. *Élève caporal. Élève officier d'active, de réserve (E. O. A., E. O. R.). Élève de marine.* ➤ **aspirant.** ▪ **3** AGRIC. VIEILLI Animal né et élevé chez un éleveur. — HORTIC. Plante, arbre dont on dirige la croissance.

ÉLEVÉ, ÉE [el(ə)ve] **adj.** – XIIe ◊ de *élever* ▪ **1** Haut. *Une colline peu élevée. Étage élevé. Le point, le degré le plus élevé.* ➤ **extrême, supérieur.** — Supérieur à la normale, à la moyenne. *Acheter à un prix très élevé.* ➤ **considérable, excessif, stratosphérique.** *Température élevée. Pouls très élevé.* ➤ **rapide.** ♦ Noble, supérieur moralement ou intellectuellement. *«Les âmes élevées doivent être presque toujours malheureuses»* STENDHAL. *«Les conversations sont dignes et élevées»* RENAN. — *Le style élevé,* noble et soutenu. ▪ **2** (PERSONNES) **BIEN, MAL ÉLEVÉ :** qui a reçu une bonne, une mauvaise éducation, est poli (➤ **affable, courtois**), impoli. *«Dommage qu'un si grand homme soit si mal élevé»* TALLEYRAND. *Les gens les mieux élevés.* SUBST. *Il s'est conduit comme un mal élevé.* ➤ **malappris, malhonnête,** RÉGION. **sans-allure.** — PAR EXT. FAM. *C'est très mal élevé de dire,* *de faire ça.* ➤ **grossier, impoli, inconvenant, incorrect.** ■ CONTR. 1 Bas, inférieur.

ÉLEVER [el(ə)ve] v. tr. ‹5› – milieu XIIe ◊ de *é-* et 1 *lever*
I METTRE PLUS HAUT ■ **1** Mettre ou porter plus haut. ➤ **hisser, 1 lever, soulever.** *« Vingt marteaux pesants sont élevés par une roue »* STENDHAL. *Le prêtre élève l'hostie* (➤ **élévation**). ♦ Tenir haut, dresser. *« Les cyprès élevaient leurs quenouilles noires »* FRANCE. ■ **2** Faire monter à un niveau supérieur. ➤ **hausser, surélever.** *Élever la maison d'un étage. Les pluies ont élevé le niveau de la rivière.* — GÉOM. *Élever une perpendiculaire à une droite,* la tracer d'un point situé sur cette droite. ♦ Construire* en hauteur. ➤ **bâtir, dresser, édifier, ériger.** *Élever des fortifications. On lui a élevé une statue.* LITTÉR. *Élever des autels* à qqn. Élever des obstacles, des objections.* ➤ **soulever, susciter.**
II FAIRE DEVENIR PLUS IMPORTANT, DONNER PLUS DE VALEUR ■ **1** (fin XIIe) Porter à un rang supérieur. *La faveur du Roi « Vous élève en un rang qui n'était dû qu'à moi »* CORNEILLE. *Il a été élevé à la dignité d'officier de l'ordre. Élever qqn aux nues*. « Le rang de sa maîtresse semblait l'élever au-dessus de lui-même »* STENDHAL. *Élever une chose au rang d'une autre,* lui donner ou lui attribuer une importance égale. *Élever qqch. à la hauteur d'une institution*.* ■ **2** (milieu XIIe) Porter à un degré supérieur. ➤ **augmenter*, relever.** *La Banque de France a élevé le taux de l'escompte.* ➤ **majorer.** *Élever un nombre (réel) au carré, au cube, à une puissance quelconque,* le multiplier par lui-même autant de fois que l'indique l'exposant. ♦ *Élever la voix, le ton :* parler très fort pour exprimer le mécontentement, la menace. ➤ **hausser.** *Il n'ose plus élever la voix :* il n'ose plus parler. ■ **3** Rendre moralement ou intellectuellement supérieur. ➤ **ennoblir, grandir.** *Élever le débat, le niveau. « Quand une lecture vous élève l'esprit »* LA BRUYÈRE.
III CONTRIBUER AU DÉVELOPPEMENT DE (UN ÊTRE VIVANT) ■ **1** (fin XIIIe, rare avant le XVIe) Amener (un enfant) à son plein développement physique et moral. ➤ **entretenir, nourrir, soigner.** *Il a été élevé par sa grand-mère. Élever un enfant au sein, au biberon. Élever un enfant dans du coton*, à la dure*.* ■ **2** Faire l'éducation de (un être humain). ➤ **éduquer, former.** *On a mal élevé cet enfant, il a été mal élevé. « si vous rencontrez quelqu'un vous affirmant qu'il sait comment on doit élever des enfants, je vous conseille de ne pas lui confier les vôtres »* H. LABORIT. ■ **3** Faire l'élevage de (un animal). *Élever des chevaux, des lapins.* ■ **4** *Élever du vin,* l'amener à son état optimal (➤ **éleveur**).
IV S'ÉLEVER v. pron. ■ **1** Monter. *« Les gerbes multicolores s'élevaient dans le ciel »* CAMUS. *L'avion s'élève au-dessus de la piste.* ➤ **décoller.** ♦ Se dresser. *Montagnes qui s'élèvent en pente douce. Ici, s'élevait une tour.* — FIG. (PERSONNES) **S'ÉLEVER CONTRE (qqn, qqch.) :** se dresser, intervenir pour combattre, prendre fortement parti contre. *S'élever contre les abus.* ➤ **dénoncer.** ♦ (Son qui monte) Se faire entendre. *Un murmure de protestation s'éleva.* ♦ FIG. Naître, surgir. ➤ **survenir.** *« Dans les discussions qui s'élèvent »* STENDHAL. ■ **2** Parvenir à un rang supérieur. *« Les paysans qui veulent s'élever au-dessus de leur condition »* MOLIÈRE. — *S'élever par son travail, par ses propres moyens.* ➤ **arriver, parvenir, réussir.** (Moralement, intellectuellement) *Chercher à s'élever.* ➤ **progresser.** ♦ *S'élever au-dessus de... :* dominer ; mépriser (ce qu'on juge sans valeur). *« vous vous élevez au-dessus des préjugés »* FRANCE. ■ **3** Parvenir à un degré supérieur. ➤ **augmenter.** *La température s'est élevée de dix degrés.* ➤ **monter.** ♦ *S'élever à...* (une grandeur) : atteindre. ➤ se **chiffrer,** se **monter.** *La succession s'élève à dix millions. Le nombre des victimes s'élève à une centaine.*
■ CONTR. Abaisser, baisser ; détruire ; diminuer.

ÉLEVEUR, EUSE [el(ə)vœʀ, øz] n. – 1611 ; « celui qui élève moralement » XIIe ◊ de *élever* ■ **1** Personne qui pratique l'élevage. *Éleveur de bestiaux.* ➤ 1 **herbager, nourrisseur.** *Propriétaire et éleveur de chevaux de course.* ■ **2** n. f. **ÉLEVEUSE.** Couveuse, ou parquet chauffé qui fournit aux poussins nouvellement éclos la chaleur nécessaire à leur développement. ■ **3** Personne qui surveille le vieillissement des vins, après la récolte. *Propriétaire éleveur.*

ELFE [ɛlf] n. m. – *les Elves* 1561 ◊ repris 1822 *elf,* d'après l'anglais *elf ;* ancien suédois *älf,* de l'ancien nordique *alfr* ■ Génie de l'air, dans la mythologie scandinave. ➤ **sylphe.** *Les trolls et les elfes. « S'évanouir dans les airs comme un Elfe »* MAUROIS. — adj. **ELFIQUE** (1856). *Légendes elfiques.*

ÉLIDER [elide] v. tr. ‹1› – 1548 ◊ latin *elidere* ■ Réaliser l'élision de (un élément vocalique). — PRONOM. *Les voyelles des articles s'élident dans certaines conditions.* — *Article élidé,* qui présente une élision de la voyelle (ex. l').

ÉLIGIBILITÉ [eliʒibilite] n. f. – 1721 ◊ de *éligible* ■ **1** Aptitude légale à être élu. ■ **2** (anglais *eligibility*) Possibilité de bénéficier d'un service, d'un produit, etc. *L'éligibilité d'un patient à un traitement.* ■ CONTR. Inéligibilité.

ÉLIGIBLE [eliʒibl] adj. – v. 1300 ◊ bas latin *eligibilis* ■ **1** Qui remplit les conditions requises pour pouvoir être élu, et SPÉCIALT pour être élu député. — n. *Les éligibles.* ■ **2** (de l'anglais) *Être éligible à :* remplir les conditions requises pour bénéficier de (un service, un produit, etc.). *Les foyers éligibles à la fibre optique.* ■ CONTR. Inéligible.

ÉLIMER [elime] v. tr. ‹1› – XVIIe ; 1225 fig. « polir » ◊ de *é-* et *limer* ■ User (une étoffe) par le frottement, à force de s'en servir. — p. p. adj. COUR. *Chemise élimée aux poignets.* ➤ 2 **râpé** (cf. Usé jusqu'à la corde).

ÉLIMINATEUR, TRICE [eliminatœʀ, tʀis] adj. – 1856 ◊ de *éliminer* ■ RARE Qui élimine. *Méthode éliminatrice.*

ÉLIMINATION [eliminasjɔ̃] n. f. – 1765 ◊ du radical latin de *éliminer* ■ **1** MATH. Opération qui consiste à faire disparaître d'une ou plusieurs équations une ou plusieurs inconnues. ■ **2** (XIXe) Action d'éliminer, fait d'être éliminé. *« L'idée darwinienne d'une adaptation s'effectuant par l'élimination automatique des inadaptés »* BERGSON. *Élimination d'un candidat au premier tour.* SPORT Mise hors compétition. *Élimination d'une équipe en huitième de finale. Élimination par décision du jury, de l'arbitre.* ➤ **disqualification.** ♦ *Procéder par élimination :* examiner et rejeter successivement les personnes, les choses envisagées pour ne conserver que la plus satisfaisante. ■ **3** (1844) Évacuation des toxines, des déchets de l'organisme. ➤ **excrétion, expulsion ; émonctoire.** ■ **4** CHIM. Réaction chimique au cours de laquelle une molécule organique perd deux atomes et forme une double liaison (➤ **insaturé**) (réaction inverse de l'addition).

ÉLIMINATOIRE [eliminatwaʀ] adj. et n. f. – 1875 ; physiol., 1836 ◊ du radical de *élimination* ■ **1** Qui sert à éliminer. *Épreuve éliminatoire,* destinée à écarter des dernières épreuves les candidats ou concurrents les plus faibles. *Note éliminatoire,* en dessous de laquelle le concurrent est éliminé quelles que soient ses notes dans les autres matières. ■ **2** n. f. (1905) Épreuve sportive dont l'objet est de sélectionner les sujets les plus qualifiés en éliminant les autres. ➤ **barrage ;** et aussi **présélection.** *Il a franchi le cap des éliminatoires, il est qualifié pour les quarts de finale.*

ÉLIMINER [elimine] v. tr. ‹1› – 1726 ; hapax fin XIVe ◊ latin *eliminare* « chasser hors du seuil », de *limen* « seuil » ■ **1** Faire disparaître, supprimer (ce qui est considéré comme gênant, inutile ou nuisible). *L'écrémage élimine la matière grasse du lait.* PRONOM. *Ces taches s'éliminent difficilement.* ➤ 1 **partir.** *« éliminer les croyances et les institutions »* LITTRÉ. ➤ **éradiquer, extirper.** *« La peine de mort élimine définitivement le condamné »* CAMUS. — SPÉCIALT Tuer. *Éliminer un témoin gênant.* ■ **2** Rejeter, retrancher d'un ensemble, d'un groupe. ➤ 1 **écarter, exclure.** *Éliminer qqn d'un groupe, d'une activité, d'une liste.* ➤ **évincer, rayer ;** FAM. **jarter.** *Une sélection « conçue comme un simple triage conservant les plus aptes et éliminant les autres »* PIAGET. *Cette méthode révolutionnaire a éliminé toutes les précédentes.* ➤ **supplanter.** *Éliminer un candidat.* ➤ **refuser ;** FAM. **blackbouler, coller.** — SPORT Mettre hors compétition. *Il a été éliminé pour dopage.* ➤ **disqualifier.** *Bordeaux a éliminé Marseille.* ➤ **battre,** FAM. 1 **sortir, vaincre.** ♦ (1777) MATH. *Éliminer des inconnues,* en effectuer l'élimination. ■ **3** Réaliser l'élimination de (déchets, toxines). ➤ **excréter.** *« Il fallait, coûte que coûte, éliminer ce redoutable acide urique »* DUHAMEL. — ABSOLT *Éliminer en transpirant.* PAR EUPHÉM. *Boire fait éliminer.* ➤ **uriner.**
■ CONTR. Conserver, garder, maintenir. Admettre, recevoir, retenir.

ÉLINGUE [elɛ̃g] n. f. – 1322 ; égalt « fronde » ancien français et région. ◊ francique °*slinga* ■ MAR. Cordage dont on entoure les fardeaux pour les soulever ; filin garni de crocs utilisé pour mettre à la mer un canot léger.

ÉLINGUER [elɛ̃ge] v. tr. ‹1› – 1771 ; « lancer avec la fronde » XIVe ◊ de *élingue* ■ MAR. Entourer (un fardeau) d'une élingue pour le hisser.

ÉLIRE [eliʀ] **v. tr.** ‹43› – *eslire* 1080 ◊ latin populaire °*exlegere*, classique *eligere* ■ **1** VX Choisir (➤ **élu**). *Le mari « que j'ai su vous élire »* MOLIÈRE. ◆ MOD. *Élire domicile**. ■ **2** COUR. Désigner à une dignité, à une fonction par voie de suffrages (opposé à *nommer*). *La commune élit les conseillers municipaux. Élire qqn au premier, au second tour de scrutin. Le président de la République est élu au suffrage universel. Il a été élu président. Se faire élire.* ■ CONTR. Rejeter ; blackbouler.

ÉLISABÉTHAIN, AINE [elizabetɛ̃, ɛn] **adj.** – 1922 ◊ anglais *elizabethan* ■ Qui appartient au règne d'Élisabeth Ire (1533-1603), reine d'Angleterre. *Le théâtre élisabéthain.*

ÉLISION [elizjɔ̃] **n. f.** – 1548 ◊ latin *elisio* ■ Effacement d'un élément vocalique final devant un élément vocalique initial, soit dans le compte des syllabes, soit dans la langue écrite ou orale. *Élision d'une voyelle devant un h muet. L'apostrophe est en français le signe graphique de l'élision* (ex. l'art, l'habit, qu'on, s'il, etc.).

ÉLITAIRE [elitɛʀ] **adj.** – v. 1968 ◊ de *élite* ■ Qui appartient à une élite. *Valeurs élitaires.*

ÉLITE [elit] **n. f.** – XIVe ; « choix » XIIe ◊ de *élit*, ancien p. p. de *élire* ■ **1** Ensemble des personnes considérées comme les meilleures, les plus remarquables d'un groupe, d'une communauté. ➤ **fleur** ; FAM. **crème, gratin** (cf. Le dessus du panier*). *L'élite intellectuelle. Culture réservée à l'élite.* ➤ **élitaire.** *« Dans une société, ceux qui ont des lumières, de l'aisance et de la conscience, ne sont qu'une petite élite »* TAINE. ◆ **loc. adj.** *D'élite* : hors du commun ; distingué, éminent, supérieur. *Tireur d'élite. Une nature, un sujet d'élite.* ■ **2** (1928) AU PLUR. Les personnes qui occupent le premier rang, de par leur formation, leur culture. *« Cette aristocratie plébéienne où dorénavant se recrutent les élites »* MARTIN DU GARD. *Les élites locales.* ➤ **notable.** *Favoriser la formation des élites, plutôt que la culture populaire.* ➤ **élitisme, élitiste.** ■ CONTR. 1 Masse.

ÉLITISME [elitism] **n. m.** – v. 1967 ◊ de *élite* ■ Politique (de formation, de gestion) visant à favoriser et à sélectionner une élite, au détriment du plus grand nombre. *Élitisme culturel.* ➤ aussi **mandarinat.**

ÉLITISTE [elitist] **adj.** – v. 1968 ◊ de *élitisme* ■ Qui sacrifie à l'élitisme. *Une conception élitiste de l'enseignement, de la culture.* ➤ **mandarinal.** — **n.** *« Ce révolutionnaire* [Malraux] *est un élitiste »* LACOUTURE.

ÉLIXIR [eliksiʀ] **n. m.** – XIVe ; *eslissir* XIIIe ◊ arabe *al-iksîr*, grec *ksêrion* « médicament de poudre sèche » ■ VX Essence la plus pure, quintessence. ◆ (1676) MOD. Préparation médicamenteuse liquide destinée à être prise par la bouche, à base d'alcool et de sirop. ➤ **teinture** (composée). *Élixir parégorique*, antidiarrhéique à base d'opium, de camphre, d'essence d'anis. PAR EXT. *Élixir de longue vie, d'amour.* ➤ **philtre.**

ELLE [ɛl] **pron. pers. f.** – *ele* Xe ◊ latin *illa* ■ Pron. pers. f., 3e p. du sing. *(elle)* et du plur. *(elles).* ■ **1** Employé comme sujet représentant un n. f. de personne ou de chose déjà exprimé ou qui va l'être (correspond au masc. *il, ils*). *« Madame n'a pas soupé : elle n'a pris que du thé »* LACLOS. *Viendra-t-elle ? Elle arrive. Elles arrivent* [ɛlzaʀiv]. *Qu'ont-elles fait ? Elles se sont rencontrées. Certainement, répondit-elle. Elle n'a pas tort, écoutez-la. Elle est très gentille, sa femme.* ◆ AU SING. Désigne l'histoire, le fait qu'on vient de raconter. *« Évadé ! Ah ! elle est bonne ! »* AYMÉ. *Elle est bien bonne. Elle est un peu raide.* ■ **2** En apposition, forme d'insistance (correspond au masc. *lui, eux*). (Sujet) *Elles, au moins, elles savent. Elle ira, elle. Elle, sa propre mère, refuse de le voir.* (Complément) *« Je la mets à part, elle »* COLETTE. — *Elle(s)-même(s).* ➤ **même.** ■ **3** Employé comme complément avec *ne... que* (correspond au masc. *lui, eux*). *Je ne le connais pas, je ne connais qu'elle.* ➤ 2 **la.** *« Je n'aimais qu'elle au monde »* MUSSET. ■ **4** Avec une préposition (correspond au masc. *lui, eux*). *Adressez-vous à elle. Ces bijoux sont à elle* (➤ **sien**), *à elles* (➤ 2 **leur**). *Ce n'est pas à toi que je parle, c'est à elle.* ➤ **lui.** *Je suis contente d'elle. Il vit pour elle, avec elle, chez elle. Sans elle, rien ne serait possible.* ■ HOM. Aile, ale, 1 l.

ELLÉBORE [elebɔʀ ; ɛllebɔʀ] **n. m.** – milieu XIIIe ◊ latin d'origine grecque *helleborus* ■ Plante herbacée *(renonculacées)*, vivace, dont la racine a des propriétés purgatives et vermifuges, qui passait autrefois pour guérir la folie. *Ellébore fétide* ou *pied de griffon. Ellébore noir* ou *rose de Noël*, espèce ornementale. LOC. *Avoir besoin de deux (six, quelques) grains d'ellébore* : être fou. ◆ Plante rhizomateuse *(liliacées)* à petites fleurs étoilées, qui pousse en altitude. *Ellébore blanc.* ➤ **vératre.** — On écrit aussi *hellébore.*

1 **ELLIPSE** [elips] **n. f.** – 1573 ◊ latin *ellipsis*, grec *elleipsis* « manque » ■ Omission syntaxique ou stylistique d'un ou plusieurs éléments dans un énoncé qui reste néanmoins compréhensible. *L'ellipse du verbe est courante en français* (ex. chacun son tour pour chacun doit agir à son tour). *Expression présentant une ellipse.* ➤ 1 **elliptique.** ◆ PAR EXT. Art du raccourci ou du sous-entendu. *« il n'est jamais question qu'il* [l'auteur] *raconte tout, il sait plus de choses encore qu'il n'en dit. C'est que le langage est ellipse »* SARTRE. ◆ Omission dans une suite logique, narrative. *Les ellipses d'un récit, d'un film.*

2 **ELLIPSE** [elips] **n. f.** – 1625 ◊ latin scientifique *ellipsis*, grec *elleipsis*, métaph. de « manque », comme *hyperbolê* de « excès » ■ MATH. Courbe plane fermée dont chaque point est tel que la somme de ses distances à deux points fixes (➤ **foyer**) est constante. ➤ **conique.** *Grand et petit axe d'une ellipse. Excentricité d'une ellipse.* ◆ COUR. Ovale. *« Je t'environne, en cercles, en ellipses, en huit »* COLETTE.

ELLIPSOÏDE [elipsɔid] **n. m.** et **adj.** – 1705 ◊ de 2 *ellipse* et *-oïde* ■ MATH. ■ **1** Quadrique dont les sections planes sont des ellipses. *Ellipsoïde de révolution* : solide engendré par une ellipse tournant autour d'un de ses axes (*allongé*, autour du grand axe ; *aplati*, autour du petit). *En forme d'ellipsoïde* (**ELLIPSOÏDAL, ALE, AUX** adj.). — GÉOGR. *Ellipsoïde de référence* : ellipsoïde de révolution aplati, d'axe parallèle à la ligne des pôles, utilisé en cartographie. ■ **2** **adj.** (1834) Qui a la forme d'une ellipse. ➤ 2 **elliptique.**

1 **ELLIPTIQUE** [eliptik] **adj.** – 1655 ◊ grec *elleiptikos* → 1 ellipse ■ Qui présente une ellipse, des ellipses (1). *Construction, proposition elliptique. Style elliptique.* ➤ **télégraphique.** — PAR EXT. Qui fait des ellipses, ne développe pas sa pensée. ➤ **allusif.** *Une façon de parler elliptique. L'auteur est trop elliptique dans ce chapitre.* — **adv. ELLIPTIQUEMENT,** 1737.

2 **ELLIPTIQUE** [eliptik] **adj.** – 1634 ◊ latin scientifique *ellipticus* → 2 ellipse ■ Qui appartient à l'ellipse, est en ellipse. *Orbite elliptique d'une planète autour d'un astre.*

ÉLOCUTION [elɔkysjɔ̃] **n. f.** – 1520 ◊ latin *elocutio* ■ **1** Manière dont on exprime les sons en parlant. ➤ **articulation,** 1 **débit, parole.** *Élocution lente, rapide.* ➤ **diction.** *Il a une grande facilité d'élocution. Troubles de l'élocution.* ➤ **anarthrie, dysarthrie.** *Défaut d'élocution.* ➤ **prononciation.** ■ **2** (Belgique) Exposé présenté en classe par un élève. *Faire une élocution sur la pollution.*

ÉLODÉE [elɔde] **n. f.** – 1839 ◊ du grec *helôdês* « des marais » ■ Plante aquatique *(hydrocharidacées)*, originaire d'Amérique, qui se reproduit très rapidement et peut gêner la navigation dans les étangs, les canaux. — On écrit aussi *hélodée.*

ÉLOGE [elɔʒ] **n. m.** – *elogue* fin XVIe ◊ latin *elogium* « épitaphe », avec influence du grec *eulogia* « louange » ■ **1** Discours pour célébrer qqn ou qqch. *Éloge funèbre* (➤ **oraison**), *académique. Éloge d'un saint.* ➤ **panégyrique.** ■ **2** COUR. Jugement favorable qu'on exprime au sujet de qqn. ➤ **compliment, félicitation, louange.** *Une conduite digne d'éloges. Éloge enthousiaste.* ➤ **dithyrambe.** *« sans la liberté de blâmer, il n'est point d'éloge flatteur »* BEAUMARCHAIS. — *Faire l'éloge de qqn*, le louer, dire du bien de lui. ➤ **apologie.** *Parler de qqn, de qqch. avec éloge. Ne pas tarir d'éloges* : être très élogieux. *C'est tout à son éloge*, à son honneur. ■ CONTR. Blâme, 2 critique, dénigrement, reproche.

ÉLOGIEUX, IEUSE [elɔʒjø, jøz] **adj.** – 1836 ◊ de *éloge* ■ **1** (PERSONNES) Qui fait des éloges. *Elle a été très élogieuse à son égard, à son propos, à son sujet.* ➤ **dithyrambique.** ■ **2** (DISCOURS) Qui renferme un éloge, des éloges. ➤ **épidictique, flatteur, laudatif, louangeur.** *Consacrer à un livre un article élogieux. Parler de qqn en termes élogieux.* — **adv. ÉLOGIEUSEMENT,** 1876. ■ CONTR. 2 Critique, injurieux.

ÉLOIGNÉ, ÉE [elwaɲe] **adj.** – début XIIIe ◊ de *éloigner* ■ **1** (Dans l'espace) Qui est à une certaine distance. ➤ **loin.** *Une maison éloignée de la route.* — Distant. *« notre pavillon, éloigné de l'autre d'environ un quart de lieue »* SADE. — ABSOLT Lointain. ➤ 2 **écarté, isolé, perdu, retiré.** *Habiter un quartier éloigné.* ◆ FIG. *« j'étais bien éloigné de vouloir m'attirer la disgrâce »* ROUSSEAU (cf. À cent lieues* de). ■ **2** (Dans le temps) Qui se situe loin (dans le passé ou le futur). ➤ **lointain.** *Ça se passait à une époque bien éloignée.* ➤ **ancien, reculé.** *Un avertissement « annonçant leur réouverture pour une époque éloignée »* PROUST. *Le moment n'est pas très éloigné où... Remettre à une date éloignée.* ➤ **ultérieur ; reporter,** 1 **repousser.** ■ **3** Sans liens de parenté directs. *Des parents, des cousins éloignés.* ■ **4** FIG. Différent. *Récit bien éloigné de la vérité. Cela est fort éloigné* *de ma pensée, de mes soucis. «Le déisme, presque aussi éloigné de la religion chrétienne que l'athéisme»* PASCAL. ■ CONTR. Proche, voisin.

ÉLOIGNEMENT [elwaɲmɑ̃] n. m. – 1155 ◇ de *éloigner* ■ **1** Mesure par laquelle on éloigne qqn. *«L'exil n'était pas seulement l'éloignement du sol de la patrie»* FUSTEL DE COULANGES. ■ **2** Fait d'être éloigné. — (PERSONNES) ➤ **absence, séparation.** *Son éloignement a été de courte durée. «L'éloignement rapproche»* MONTHERLANT. — (CHOSES) ➤ **distance, intervalle.** *L'éloignement de deux villes. «Quelques détonations étouffées par l'éloignement»* MARTIN DU GARD. ■ **3** Fait d'être éloigné dans le temps. *Avec l'éloignement, l'évènement prend tout son sens.* ➤ **recul.** ■ **4** FIG. Fait de se tenir à l'écart. *Son éloignement de la vie politique.* ◆ VX Antipathie, aversion. *«Ce qui m'a donné le plus d'éloignement pour les dévots»* ROUSSEAU. ■ CONTR. Rappel. Proximité, rapprochement, sympathie.

ÉLOIGNER [elwaɲe] v. tr. ‹1› – XIe ◇ de *é-* et *loin*

I v. tr. ■ **1** Mettre ou envoyer loin, à distance. ➤ 1 **écarter, reculer.** *Éloigner les enfants d'un malade. Produit qui éloigne les moustiques.* ➤ **chasser ; répulsif.** *«éloignant vivement du feu ses chaussettes qui commençaient à brûler»* PROUST. *«la cour, d'où le connétable de Montmorency la fit éloigner»* HENRIOT. ➤ **bannir, exiler.** ■ **2** Séparer par un intervalle de temps. *Chaque jour nous éloigne de notre jeunesse.* ■ **3** FIG. Écarter, détourner. *Ceci nous éloigne du sujet, revenons à nos moutons.* ➤ **dévier.** *Des «vagabondages de l'esprit qui m'éloignent de plus en plus du travail scolaire»* ROMAINS. *Ils ont tout fait pour l'éloigner de moi.* ➤ **séparer.** *«le péché c'est ce qui éloigne de Dieu»* CAMUS. *«un port de tête qui éloignait les hommages familiers»* AYMÉ. ➤ **décourager** (cf. Tenir à distance*).

II S'ÉLOIGNER v. pron. ■ **1** Se mettre, se porter loin. ➤ 1 **aller** (s'en aller), 1 s'**écarter,** 1 **partir.** *Le bateau s'éloigne du port.* ➤ **quitter.** *«Rien au monde ne la ferait s'éloigner des environs de Paris»* MAURIAC. *«éloignez-vous de moi, car mon haleine exhale un souffle empoisonné»* LAUTRÉAMONT. ➤ **éviter, fuir.** — ABSOLT *Ne t'éloigne pas, tu risques de te perdre.* ◆ Devenir plus lointain. *Le bruit s'éloigne.* ➤ **s'affaiblir, décroître.** *«La tempête s'éloigne et les vents sont calmés»* MUSSET. *«Toutes les passions s'éloignent avec l'âge»* HUGO. ➤ **s'atténuer, s'estomper, passer.** ■ **2** S'écarter, se détourner. *Elle s'éloigne de lui :* elle l'aime moins. ➤ se **détacher.** *«nous nous éloignons de l'état de nature»* ROUSSEAU. *«L'Athénien s'éloigne du Romain et du Spartiate par mille traits de caractère»* FUSTEL DE COULANGES. ➤ 2 **différer, diverger.** *«Pour bien juger de quelque chose, il faut s'éloigner un peu»* GIDE (cf. Prendre du recul*).

■ CONTR. Attirer, rapprocher.

ÉLONGATION [elɔ̃gasjɔ̃] n. f. – 1360 ◇ bas latin *elongatio* «éloignement» ■ **1** ASTRON. Distance angulaire d'un astre au Soleil, par rapport à la Terre. *Les élongations maximales de Vénus.* ◆ PHYS. Écart par rapport à une position d'équilibre. *Élongation du mouvement rectiligne sinusoïdal d'un ressort.* ➤ **amplitude.** ■ **2** (XVIe ◇ de *élonger*) MÉD. Étirement excessif, accidentel, d'un muscle, d'un ligament, notamment au niveau d'une articulation. ➤ **claquage, entorse, foulure.** ◆ CHIR. Intervention consistant à exercer une traction sur la colonne vertébrale notamment. *Plâtre d'élongation.* ■ **3** GÉNÉT. Addition covalente de nucléotides à l'extrémité d'une séquence d'ARN en croissance, catalysée par l'ARN polymérase. *Phase d'élongation de la transcription :* synthèse de la molécule d'ARN.

ÉLONGER [elɔ̃ʒe] v. tr. ‹3› – *eslongier* fin XIIe ◇ de *é-* et *long* ■ **1** VX Allonger. ■ **2** MOD. MAR. Étendre tout au long (un câble, une chaîne, un cordage).

ÉLOQUEMMENT [elɔkamɑ̃] adv. – XIVe ◇ de *éloquent* ■ Avec éloquence. *«Les principes de moralité politique qu'elle avait autrefois si éloquemment prêchés»* RENAN. — D'une manière expressive, révélatrice. *Les chiffres montrent éloquemment que cette société est mal gérée.*

ÉLOQUENCE [elɔkɑ̃s] n. f. – v. 1130 ◇ latin *eloquentia* ■ **1** Don de la parole, facilité pour bien s'exprimer. ➤ **abondance, bagou, facilité, loquacité, verve, volubilité ;** PÉJ. **faconde.** *«L'éloquence est née avant les règles de la rhétorique»* VOLTAIRE. *«Il me fallait toute mon éloquence pour la décider»* LACLOS. *Éloquence appuyée.* ➤ **emphase, grandiloquence.** ◆ Art de toucher et de persuader par le discours. ➤ **rhétorique.** *L'éloquence politique, judiciaire, religieuse, académique... «La vraie éloquence se moque de l'éloquence»* PASCAL. *La grande éloquence. L'éloquence d'un tribun. «Prends l'éloquence et tords-lui son cou»* VERLAINE. ■ **2** PAR EXT. Qualité de ce qui, sans parole, est expressif, éloquent. *L'éloquence d'une mimique. «cet air de trouble et de désordre qui est la véritable éloquence de l'amour»* LACLOS. — PAR ANAL. Caractère probant de ce qui n'a pas besoin de discours. *L'éloquence des chiffres* (cf. Les chiffres parlent d'eux-mêmes).

ÉLOQUENT, ENTE [elɔkɑ̃, ɑ̃t] adj. – 1213 ◇ latin *eloquens* ■ **1** Qui a, montre de l'éloquence. ➤ **disert.** *Un orateur éloquent. «La nature rend les hommes éloquents dans les grands intérêts et dans les grandes passions»* VOLTAIRE. — PAR EXT. *«Toute passion est éloquente, tout homme persuadé persuade»* HUGO. ◆ Dit avec éloquence. *Discours éloquent.* ➤ **convaincant, entraînant, persuasif.** *S'exprimer en termes éloquents.* ■ **2** Qui, sans discours, est expressif, révélateur. ➤ **parlant.** *Un silence éloquent* (cf. Qui en dit long). *«de muettes étreintes, plus éloquentes que les cris»* ROUSSEAU. — PAR ANAL. Qui est probant, parle de lui-même. *Ces chiffres sont éloquents.*

ELSTAR [ɛlstaʀ] n. f. – 1989 ◇ de *Elst*, n. de la ville néerlandaise où cette pomme fut obtenue, et *(cultiv)ar* ■ Pomme d'une variété à chair croquante et acidulée, à peau jaune striée de rouge.

ÉLU, UE [ely] adj. et n. – XIIe ◇ de *élire* ■ **1** RELIG. Choisi par Dieu. *Le peuple élu :* le peuple juif. — n. *Beaucoup d'appelés*, mais peu d'élus.* ■ **2** n. Personne que le cœur choisit. *Il va se marier. Quelle est l'heureuse élue ?* ■ **3** Soumis à élection, désigné par élection. *Député élu et réélu dans la même circonscription. Les corps élus.* — n. *Les élus locaux. Les électeurs et les élus. Une nouvelle élue.* ■ CONTR. Damné, réprouvé.

ÉLUANT [elɥɑ̃] n. m. – 1926 ◇ de *éluer* ■ CHIM. Liquide permettant d'éluer un corps adsorbé.

ÉLUCIDATION [elysidasjɔ̃] n. f. – 1512 ◇ du radical de *élucider* ■ Action d'élucider ; son résultat. ➤ **éclaircissement, explication.** *L'élucidation d'un problème. «les points les moins intéressants pourraient comme les autres recevoir leur élucidation»* RENAN.

ÉLUCIDER [elyside] v. tr. ‹1› – XIVe ◇ bas latin *elucidare* «rendre clair», de *lucidus* «lumineux» ■ Rendre clair (ce qui présente à l'esprit des difficultés). ➤ **clarifier, débrouiller, éclaircir, expliquer ; délabyrinther.** *Traducteur qui réussit à élucider un passage obscur. L'enquête n'a pas encore permis d'élucider l'affaire* (cf. Tirer au clair*, faire la lumière* sur). *«nul de ses commentateurs n'a pu élucider l'inquiétant problème»* HENRIOT. ■ CONTR. Embrouiller, obscurcir.

ÉLUCUBRATION [elykybʀasjɔ̃] n. f. – 1750 ; *lucubrations* 1594 ◇ bas latin *elucubratio*, de *elucubrare* «travailler, exécuter en veillant», de *lucubrum* «veille» ■ VX Ouvrage exécuté à force de veilles et de travail. ◆ MOD. PÉJ. Œuvre ou théorie laborieusement édifiée et peu sensée. ➤ **divagation.** *On ne peut prendre au sérieux toutes ces élucubrations. «les élucubrations de tous ces entrepreneurs de bonheur public»* BAUDELAIRE.

ÉLUCUBRER [elykybʀe] v. tr. ‹1› – 1832 ◇ latin *elucubrare* → élucubration ■ RARE Composer, produire (une élucubration).

ÉLUDER [elyde] v. tr. ‹1› – 1426 ◇ latin *eludere* ■ **1** VX Tromper. *«Quelque belle ruse pour éluder ici les gens»* MOLIÈRE. ■ **2** (XVIIe) Éviter avec adresse, par quelque artifice ou faux-fuyant. ➤ **escamoter, tourner ;** se **dérober** (à). *Il essaie d'éluder le problème. Éluder une difficulté.* ➤ **esquiver, fuir** (cf. Botter* en touche). *«Il éludait ainsi chaque fois, par une phrase d'insouciance ou de bravade, tout ce qui semblait une question sur sa vie première»* LOTI. *«des devoirs précis, qu'on n'a pas d'excuse pour éluder»* CAILLOIS. ■ CONTR. Affronter.

ÉLUER [elɥe] v. tr. ‹1› – 1926 ◇ latin *eluere* «laver, rincer» ■ CHIM. Détacher (un constituant, une molécule, une macromolécule complexe) d'une colonne de chromatographie. *Éluer les protéines d'un mélange, en fonction de leur poids moléculaire* (➤ **élution**).

ÉLUSIF, IVE [elyzif, iv] adj. – 1798 ◇ de *elusus*, supin de *eludere* «esquiver» ou anglais *elusive* «fuyant, insaisissable» ■ Qui élude*, esquive. *Une réponse élusive.* ➤ **évasif.**

ÉLUTION [elysjɔ̃] n. f. – 1888 ◇ du bas latin *elutio* «action de laver», du supin de *eluere* → éluer ■ CHIM. Déplacement d'une substance adsorbée par un liquide approprié (➤ **éluant**).

ÉLUVIAL, IALE, IAUX [elyvjal, jo] adj. – 1927 ◇ de *eluvium* → éluvion ■ GÉOL. Qui appartient aux éluvions. *Formations éluviales.*

ÉLUVION [elyvjɔ̃] **n. f.** – 1961 ◊ francisation, d'après *alluvion*, de *eluvium* (1927), formé d'après *diluvium* ■ GÉOL. Produit de la désagrégation des roches qui n'est pas entraîné (opposé à *alluvion*).

ÉLYSÉEN, ENNE [elizeɛ̃, ɛn] **adj.** – *Élisien* 1512 ◊ de *Élysée(s)*, n. pr. ■ MYTH. Qui appartient à l'Élysée, séjour des bienheureux aux enfers. « *La nature recommençait à régner sur le Bois d'où s'était envolée l'idée qu'il était le Jardin élyséen de la Femme* » PROUST. ♦ FAM. De l'Élysée, résidence du président de la République. *Les couloirs élyséens.*

ÉLYTRE [elitʀ] **n. m.** – 1762 ◊ grec *elutron* « étui », de *eluien* « rouler » ■ Aile antérieure dure et cornée des coléoptères qui ne sert pas au vol mais recouvre et protège l'aile postérieure à la façon d'un étui. *Les élytres du hanneton.*

ELZÉVIR [ɛlzeviʀ] **n. m.** – fin XVIIe ◊ de *Elzevi(e)r*, nom d'une célèbre famille d'imprimeurs ■ **1** Livre imprimé en Hollande par les Elzévir (fin XVIe-fin XVIIe), ou par leurs imitateurs. ■ **2** PAR EXT. Caractère d'imprimerie à empattements triangulaires, proche du type employé par les Elzévir. « *Nous avions pris de l'elzévir de dix points et de sept points* » DUHAMEL.

ELZÉVIRIEN, IENNE [ɛlzeviʀjɛ̃, jɛn] **adj.** – 1820 ◊ de *elzévir* ■ DIDACT., TECHN. Relatif aux elzévirs. *Format elzévirien,* petit in-douze. *Bibliothèque elzévirienne :* nom donné à une collection d'ouvrages imprimés dans ce format.

ÉMACIÉ, IÉE [emasje] **adj.** – 1560 ◊ latin *emaciatus*, de *macies* « maigreur » ■ Très amaigri, marqué par un amaigrissement extrême. ➤ **hâve,** 1 **maigre, squelettique.** *Un visage émacié.* — **n. f. ÉMACIATION,** 1564. ■ CONTR. Bouffi, gras.

ÉMACIER [emasje] **v. tr.** ⟨7⟩ – 1870 ◊ de *émacié* ■ Amaigrir, creuser. « *cinquante années de misère l'avaient émacié* » R. BAZIN. PRONOM. *Son visage s'est émacié.* ■ CONTR. Grossir.

E-MAIL [imɛl] **n. m.** – 1994 ◊ mot anglais américain, abrév. de *electronic mail* ■ ANGLIC. Adresse* électronique. ♦ Courrier*, message électronique. *Recevoir des e-mails.* ➤ **courriel** (recomm. offic.), 2 **mail.** — REM. « Le symbole : Mél., pour "messagerie électronique," peut figurer devant l'adresse électronique sur un document [...] "Mél." ne doit pas être employé comme substantif » (Journal officiel).

ÉMAIL, AUX [emaj, o] **n. m.** – XIIIe ; *esmal* 1140 ◊ francique °*smalt* ■ **1** Vernis constitué par un produit vitreux, incolore, coloré par des oxydes métalliques, et qui, porté à la température convenable et fondu, se solidifie et devient inaltérable. *Émail artistique. Émail cloisonné, champlevé, niellé. Émail des peintres ou émail peint,* appliqué sur des plaques métalliques planes et non gravées. *Peintre en émail. Émail des orfèvres.* — *Émail commun,* recouvrant des objets de métal à usage domestique et empêchant l'oxydation. ♦ Matière vitreuse dont on enduit la faïence, les poteries. ➤ **glaçure ; céramique.** ■ **2** PLUR. Ouvrage d'orfèvrerie en émail. *Des émaux peints. Les émaux de Bernard Palissy.* ■ **3** Tôle, fonte émaillée. *Baignoire en émail.* ■ **4** Substance transparente extrêmement dure, contenant plus de 95 % de matières minérales, qui recouvre l'ivoire de la couronne des dents. *L'émail des dents* (➤ **adamantin**). ■ **5** (XVIIe) BLAS. Nom de certaines couleurs dont l'écu est chargé (azur, gueules, orangé, pourpre, sable, sinople). *Écu à sept couleurs, dont deux métaux et cinq émaux.* ■ **6** FIG. VX Coloris éclatant et varié (des fleurs).

ÉMAILLAGE [emajaʒ] **n. m.** – 1870 ◊ de *émailler* ■ Action d'émailler ; son résultat. *L'émaillage de la fonte.*

ÉMAILLER [emaje] **v. tr.** ⟨1⟩ – XIIIe ◊ de *émail* ■ **1** Recouvrir d'émail. *Émailler un bracelet. Faïence émaillée. Baignoire en fonte émaillée.* ■ **2** FIG. ; VIEILLI ou POÉT. Orner de points de couleur vive. ➤ **diaprer,** 1 **parer, parsemer.** « *Mille fleurs naissantes émaillaient les tapis verts* » FÉNELON. — PAR ANAL. POÉT. « *Les astres émaillaient le ciel profond et sombre* » HUGO. ➤ **consteller.** ■ **3** Semer (un ouvrage) d'ornements divers, enrichir. *Émailler un texte de citations.* — IRON. *Devoir émaillé de fautes.* — *Manifestation émaillée d'incidents.*

ÉMAILLERIE [emajʀi] **n. f.** – *esmaillerie* « objet émaillé » 1417 ◊ de *émailler* ■ Art de fabriquer des émaux.

ÉMAILLEUR, EUSE [emajœʀ, øz] **n.** – XIIIe ◊ de *émailler* ■ Personne qui fabrique des émaux ; ouvrier spécialisé dans l'émaillage des métaux.

ÉMAILLURE [emajyʀ] **n. f.** – XIVe ◊ de *émailler* ■ TECHN. Travail, ouvrage de l'émailleur.

ÉMANATION [emanasjɔ̃] **n. f.** – 1579 ◊ latin ecclésiastique *emanatio* ■ Action d'émaner ; la chose qui émane. ■ **1** THÉOL. Manière dont le Fils procède du Père, et le Saint-Esprit du Père et du Fils. ➤ **procession.** ♦ PHILOS. Processus par lequel les êtres et le monde seraient produits par la nature divine (opposé à *création*). ■ **2** (XVIIIe) Émission ou exhalaison de particules impalpables, de corpuscules subtils qui se détachent de certains corps. ➤ **bouffée, effluve, odeur,** 1 **vapeur.** *Émanations toxiques.* « *Les émanations des liqueurs répandues se mêlaient à l'odeur des corps et à celle des parfums* » MAUPASSANT. — COUR. Mauvaise odeur qui se répand. *Émanations pestilentielles, fétides, puantes.* ➤ **miasme, relent.** ♦ PHYS. Produit gazeux qui se dégage de substances renfermant du radium, de l'actinium ou du thorium. *Émanation du radium* (➤ **radon**), *du thorium* (➤ **thoron**). — GÉOL. *Émanations gazeuses volcaniques.* ➤ **fumerolle.** ■ **3** Ce qui émane, procède de qqch. ou de qqn, en est le produit. *Le pouvoir, dans une démocratie, est une émanation de la volonté populaire.* ➤ **expression, manifestation.** *Groupe de travail, émanation de plusieurs instances.*

ÉMANCHE [emɑ̃ʃ] **n. f.** – 1721 ◊ altération de *emmanche* (1671) ; de *emmanché*, de *en-* et *manche* ■ BLAS. Pièce de l'écu en forme de pointe triangulaire.

ÉMANCIPATEUR, TRICE [emɑ̃sipatœʀ, tʀis] **n. et adj.** – 1836 ◊ bas latin *emancipator* ■ Personne ou principe qui provoque l'émancipation intellectuelle ou morale. ➤ **libérateur.** « *Prométhée a été l'émancipateur primitif* » MICHELET. — **adj.** « *Il n'est pas une des influences, exaltantes et émancipatrices, qui ne devienne inhibitrice* » GIDE.

ÉMANCIPATION [emɑ̃sipasjɔ̃] **n. f.** – 1312 ◊ latin *emancipatio* ■ **1** DR. Acte par lequel un mineur est affranchi de l'autorité parentale ou de la tutelle et acquiert, avec le gouvernement de sa personne, une capacité limitée par la loi. ■ **2** FIG. et COUR. Action d'affranchir ou de s'affranchir d'une autorité, de servitudes ou de préjugés. ➤ **libération.** *L'émancipation de la femme. L'émancipation sexuelle.* ■ CONTR. Tutelle (mise en) ; asservissement, soumission.

ÉMANCIPER [emɑ̃sipe] **v. tr.** ⟨1⟩ – XIVe ◊ latin *emancipare*, de *ex-* et *mancipium* « prise en main, propriété », de *manus* « main » et *capere* « prendre » ■ **1** DR. Affranchir (un mineur) de l'autorité parentale ou de la tutelle. ■ **2** COUR. Affranchir (qqn) de la tutelle d'une autorité supérieure. ➤ **libérer.** « *Impatiente de toute autorité masculine* [G. Sand] *lutta pour en émanciper les femmes* » MAUROIS. ♦ **S'ÉMANCIPER v. pron.** S'affranchir d'une dépendance, des contraintes. *Adolescent qui s'émancipe* (cf. Voler de ses propres ailes*). « *Ninon fut des premières à s'émanciper comme femme* » SAINTE-BEUVE. « *Tu me rappelles certains Anglais : plus leur pensée s'émancipe, plus ils se raccrochent à la morale* » GIDE. — FAM. (souvent péj.) Prendre des libertés, rompre avec les contraintes morales et sociales. *Elle m'a l'air de s'être drôlement émancipée, d'être bien émancipée.* ➤ **affranchi.** ■ CONTR. Asservir, soumettre.

ÉMANER [emane] **v. intr.** ⟨1⟩ – XIVe, rare jusqu'au XVIIe ◊ latin *emanare* « couler de, provenir de » ■ **1** THÉOL., PHILOS. Provenir par émanation. ➤ **procéder.** ♦ COUR. Provenir comme de sa source naturelle. ➤ **découler,** 1 **dériver, provenir.** « *Nul corps, nul individu ne peut exercer d'autorité qui n'en émane* [de la Nation] *expressément* » (DÉCLARATION DES DROITS DE L'HOMME). *La demande émane du procureur.* ■ **2** Provenir d'une source physique. *Lumière qui émane du soleil. Chaleur qui émane du four. Corps d'où émane une odeur.* ➤ se **dégager, s'exhaler.** — PHYS. S'échapper d'un corps (en parlant d'un gaz, de corpuscules, etc.). *Gaz qui émane du radium.* ■ **3** FIG. Provenir comme par rayonnement. *La force, le charme qui émane de sa personne.*

ÉMARGEMENT [emaʀʒəmɑ̃] **n. m.** – 1721 ◊ de *émarger* ■ Apposition d'une mention, et SPÉCIALT d'une signature en marge d'un acte, d'un compte. *Émargement d'un contrat. Feuille d'émargement :* feuille de présence que doivent signer les intéressés.

ÉMARGER [emaʀʒe] **v. tr.** ⟨3⟩ – 1611, au p. p. ◊ de *é-* et *marge* ■ **1** Annoter, et SPÉCIALT Signer en marge (un compte, un état). *Émarger un état de traitement.* — ABSOLT plus cour. Toucher le traitement affecté à un emploi. « *Ah ! le jour où ils émargent est une belle journée pour les surnuméraires !* » BALZAC. *Fonctionnaire qui émarge au budget de l'État.* ■ **2** (1805) Priver de sa marge ou d'une partie de sa marge (une feuille, un livre). ➤ 1 **rogner.** *Le frontispice a été émargé.*

ÉMASCULATION [emaskylasjɔ̃] n. f. – 1755 ◊ du radical de *émasculer* ▪ Castration, chez l'individu mâle. « *Des objets difficiles à nommer, mais qui prouvent qu'autrefois l'émasculation était pratiquée sur les vaincus* » M. DU CAMP. ◆ FIG. et LITTÉR. Abâtardissement, affaiblissement.

ÉMASCULER [emaskyle] v. tr. ‹1› – XIVe, repris 1707 ◊ latin *emasculare*, de *masculus* « mâle » ▪ **1** Priver (un mâle) des organes de la reproduction. ➤ **castrer, châtrer.** — p. p. adj. *Homme émasculé.* ➤ **eunuque.** ▪ **2** FIG. Dépouiller de tout caractère viril. ➤ **abâtardir, affaiblir, mutiler.** « *Il avait ruiné, émasculé l'idée de parti et l'idée de chef* » ROMAINS.

ÉMAUX ➤ **ÉMAIL** (2°)

EMBÂCLE [ɑ̃bɑkl] n. m. – 1755 ; « embarras » 1640 ◊ ancien français *embâcler* « embarrasser », d'après *débâcle* → bâcler ▪ Obstruction d'un cours d'eau. ◆ (1836) Obstruction du lit d'un cours d'eau, d'un détroit, par amoncellement de glace flottante. ▪ CONTR. Débâcle.

EMBALLAGE [ɑ̃balaʒ] n. m. – XVIe ◊ de *emballer* ▪ **1** Action d'emballer. ➤ **conditionnement, empaquetage.** *Frais de port et d'emballage. Emballage sous vide. Papier d'emballage.* ▪ **2** Ce qui sert à emballer, enveloppes de matière et de forme diverses dans lesquelles on emballe. *Principaux emballages :* ampoule, bâche, ballotin, banne, baril, berlingot, bidon, blister, bocal, boîte, bourriche, bouteille, brique, cadre, cageot, cagette, caisse, carton, châssis, coffret, conteneur, corbeille, cornet, couffin, étui, film, flacon, flein, harasse, malle, pack, panier, poche, pot, sac, sachet, toilette, tonneau, touque, tourie, tube, valise. *Emballage consigné, perdu**. *Emballage recyclable.* ➤ **écoemballage.** ◆ SPÉCIALT Caisse, carton, enveloppe de papier fort servant à emballer. *Jeter des emballages vides. Emballage de protection.* ➤ **suremballage.** ▪ **3** (de *s'emballer*) SPORT Effort décisif d'un coureur cycliste en fin de course, terminé par le sprint.

EMBALLAGISTE [ɑ̃balaʒist] n. – 1988 ◊ de *emballage* ▪ Personne qui conçoit et produit des emballages (2°). *Les emballagistes tiennent compte de l'avis des écologistes.*

EMBALLANT, ANTE [ɑ̃balɑ̃, ɑ̃t] adj. – 1895 ◊ de *emballer* ▪ FAM. (Sujet chose) Qui emballe, enthousiasme. ➤ **exaltant.** *Le film n'est pas emballant.*

EMBALLEMENT [ɑ̃balmɑ̃] n. m. – 1877 ; « emballage » 1629 ◊ de *emballer* ▪ **1** Fait de s'emballer, enthousiasme irréfléchi. ➤ **engouement,** FAM. **tocade.** *Méfiez-vous des emballements.* ▪ **2** Régime anormal d'un moteur, d'une machine qui s'emballe.

EMBALLER [ɑ̃bale] v. tr. ‹1› – XIVe ◊ de *en-* et 2 *balle*

I ▪ **1** Mettre (une marchandise, un objet) dans un emballage, pour le transport ou pour la vente. ➤ **conditionner, empaqueter, envelopper.** *Emballer soigneusement des verres, de la vaisselle. Acheter un produit frais emballé* (➤ **préemballé**). LOC. *Emballez, c'est pesé** ! ▪ **2** ARG. puis FAM. Arrêter*, écrouer. « *As-tu pensé que si j'allais demain tout raconter à la police, on t'emballerait !* » CARCO. ➤ **embarquer.** — Embrasser, séduire. *Emballer une fille, un garçon.* « *se faire mousser auprès d'une fille, qu'on emballe* » A. ERNAUX. ▪ **3** (1862 « emporter, entraîner rapidement ») *Emballer un moteur,* le faire tourner à un régime trop élevé. ▪ **4** FIG. FAM. Ravir, enthousiasmer. *Le spectacle m'a emballé. Ça ne nous emballe pas tellement de partir avec lui.* ➤ **enchanter, plaire ;** FAM. **botter.**

II S'EMBALLER v. pron. ▪ **1** (1867) Se dit du cheval qui s'emporte, prend le mors aux dents, échappe à la main du cavalier ou du cocher. *Le cheval s'emballa et jeta son cavalier à terre. Arrêter un cheval emballé.* — PAR ANAL. *Le moteur s'emballe,* prend un régime de marche trop rapide. ▪ **2** (1846) FIG. Se laisser emporter par un mouvement irréfléchi (d'enthousiasme, d'indignation, de colère). *Ne nous emballons pas !* ➤ **se précipiter.** *Il s'est emballé pour ce projet.* ➤ **s'enthousiasmer, s'exciter,** se **passionner.** « *Il reconnut qu'il s'était emballé et très gentiment il en demanda pardon* » COURTELINE.

EMBALLEUR, EUSE [ɑ̃balœʀ, øz] n. – 1520 ◊ de *emballer* ▪ Personne qui emballe (I, 1°) des marchandises, fait les paquets. ➤ **empaqueteur.**

EMBARBOUILLER [ɑ̃baʀbuje] v. tr. ‹1› – fin XVIIe ; « barbouiller » 1530 ◊ de *en-* et *barbouiller* ▪ FAM. et VIEILLI Troubler, embrouiller (qqn) dans ses idées. — PRONOM. ➤ **s'emberlificoter, s'empêtrer.** « *Ne nous embarbouillons pas dans les métaphores* » BALZAC.

EMBARCADÈRE [ɑ̃baʀkadɛʀ] n. m. – 1689 ◊ espagnol *embarcadero*, de *barca* « barque » ▪ Emplacement aménagé dans un port, sur une rivière pour permettre l'embarquement (et le débarquement) des voyageurs et des marchandises. ➤ **appontement, débarcadère,** 2 **môle, ponton, quai.** ▪ CONTR. Débarcadère.

EMBARCATION [ɑ̃baʀkasjɔ̃] n. f. – 1762 ; hapax XVIIe « embarquement » ◊ espagnol *embarcación* ▪ Bateau* de petite dimension, ou canot. ➤ **barque, bateau, canot... ;** et aussi **allège,** 1 **bac,** 1 **bachot, baleinière, caïque, canoë,** 1 **chaland, chaloupe, chalutier,** 2 **doris, esquif, felouque, gabare, jonque, kayak, nacelle, pédalo, péniche, périssoire, pinasse, raft, sampan, vedette, voilier, yole,** 1 **youyou.** « *Des flottes de yoles, de skifs, de périssoires, de podoscaphes, de gigs, d'embarcations de toute forme et de toute nature* » MAUPASSANT. ◆ SPÉCIALT Bateau de petite taille embarqué sur un bateau plus grand et utilisé pour le service, pour le sauvetage. ➤ **canot, chaloupe ; drome.**

EMBARDÉE [ɑ̃baʀde] n. f. – 1694 ◊ de *embarder* (vx), provençal *embarda* « embourber », de *bard* « boue », latin populaire °*barrum* ▪ **1** MAR. Brusque changement de direction d'un bateau, sous l'effet du vent, du courant ou d'un coup de barre involontaire. « *Une embardée lui fit piquer une tête contre la porte d'une des cabines de bâbord* » BAUDELAIRE. ▪ **2** COUR. Écart brusque et dangereux que fait une voiture, une moto. « *L'autocar fit une embardée pour éviter un Arabe à bicyclette* » SARTRE. ➤ se **déporter.**

EMBARGO [ɑ̃baʀgo] n. m. – 1626 ◊ mot espagnol, de *embargar* « embarrasser », latin populaire °*imbarricare*, de *barra* « barre » ▪ **1** DR. MAR. Interdiction faite par un gouvernement de laisser partir les navires étrangers mouillés dans ses ports. *Décréter l'embargo. Frapper d'embargo les navires ennemis. Embargos mis sur les bateaux ennemis. Lever l'embargo.* ▪ **2** PAR EXT. Mesure de contrainte tendant à empêcher la libre circulation d'un objet. ➤ **saisie.** « *Une diatribe que vous ne recevrez point, vu l'embargo mis à la poste sur tout ce qui vient de moi* » P.-L. COURIER. ◆ Mesure de contrainte prise à l'encontre d'un pays, interdisant l'exportation d'un ou plusieurs types de marchandises vers ce pays. *Embargo pétrolier. Embargo contre l'Irak en 1990* (➤ aussi **blocus, boycott**). *Faire respecter l'embargo.* — SPÉCIALT (dans le lang. de la presse) *Mettre l'embargo sur... :* imposer un délai avant la diffusion (d'une nouvelle).

EMBARQUEMENT [ɑ̃baʀkəmɑ̃] n. m. – 1533 ◊ de *embarquer* ▪ Action d'embarquer, de s'embarquer. *L'embarquement du matériel.* ➤ **chargement.** *Quai d'embarquement.* ➤ **embarcadère.** *L'embarquement des passagers. Ordre d'embarquement :* ordre donné à qqn d'embarquer sur tel bâtiment. *Carte d'embarquement donnant accès à l'avion. Salle d'embarquement. Embarquement immédiat, porte n° 8.* « *L'Embarquement pour Cythère* », *tableau de Watteau.* ▪ CONTR. Débarquement.

EMBARQUER [ɑ̃baʀke] v. ‹1› – 1511 ; *embarchier* 1418 ◊ de *en-* et *barque*

I v. tr. ▪ **1** Faire monter (qqn) à bord d'un navire. *Embarquer des troupes sur un bateau. Embarquer des voyageurs pour telle destination.* ◆ Recevoir par-dessus bord (un paquet de mer). « *Nous embarquions beaucoup d'eau* » LAMARTINE. ▪ **2** PAR EXT. Faire monter, charger (dans un véhicule). *Embarquer des marchandises dans un wagon.* p. p. adj. TECHNOL. Placé à bord d'un véhicule. *Électronique embarquée dans une automobile. Radar embarqué* (dans une voiture banalisée). *Calculateur embarqué d'un satellite.* — *Journaliste embarqué,* intégré à une unité combattante. ◆ FAM. Arrêter* et emmener. *Des agents l'ont embarqué.* ➤ **emballer, ramasser.** — Entraîner avec soi (une personne). *Allez, viens, on t'embarque !* — Emporter avec soi (une chose) avec ou sans l'intention de voler. *Il a embarqué tous mes romans policiers en partant.* ▪ **3** FIG. Engager dans une affaire difficile dont on ne peut sortir de sitôt. ➤ **entraîner ;** FAM. **embringuer.** *Je me suis laissé embarquer dans un procès dont je ne vois pas la fin.* ▪ **4** VIEILLI Engager, commencer (une chose). *Une affaire assez mal embarquée.*

II v. intr. ▪ **1** Monter à bord d'un bateau pour un voyage. *Il a embarqué hier pour le Maroc. Nous embarquerons à Marseille.* — PAR EXT. *Embarquer dans un avion.* ▪ **2** MAR. Passer et se répandre par-dessus bord. *La mer embarque.*

III S'EMBARQUER v. pron. ▪ **1** Monter à bord d'un bateau. *Il s'est embarqué à Douvres.* — FAM. *S'embarquer sans biscuit**. *Il s'est embarqué dans une drôle de galère**. ▪ **2** FIG. S'engager, s'aventurer (dans une affaire qui comporte de grands risques). ➤ se **lancer.** « *au lieu de m'embarquer dans un mariage qui ne me sourit pas* » SAND.

▪ CONTR. Débarquer.

EMBARRAS [ɑ̃baʀa] **n. m.** – 1552 ◇ de *embarrasser*
I ▪ **1** VX Obstacle au passage, à la circulation, causé par la rencontre ou l'accumulation de plusieurs objets ou véhicules. *« Mon cocher me fit passer devant l'Opéra, et je me trouvai dans l'embarras de la sortie »* LACLOS. ➤ **encombrement.** *Un embarras de voitures.* ➤ **embouteillage.** *« Les Embarras de Paris », satire de Boileau.* ♦ PAR EXT. MOD. *Embarras gastrique* : troubles gastro-intestinaux provoqués par des infections ou intoxications diverses. ➤ **indigestion.** ▪ **2** Obstacle qui s'oppose à l'action, difficulté qui arrête, qui gêne la réalisation de qqch. ➤ **anicroche, complication, difficulté, embêtement, ennui, inconvénient.** *Susciter des embarras à qqn.* ♦ Ce qui cause du désagrément à qqn. ➤ **charge, dérangement, ennui*, gêne, incommodité,** 1 **souci, tracas.** *Je ne voudrais pas être un embarras pour vous.*
II ▪ **1** VX OU LITTÉR. Confusion résultant d'affaires nombreuses et difficiles à débrouiller. *« Des embarras du trône effet inévitable ! »* RACINE. ▪ **2** Position gênante, situation difficile et ennuyeuse. *Mettre qqn dans l'embarras,* le gêner, le mettre mal à l'aise. *Votre question me met dans l'embarras. Se tirer d'embarras.* ➤ **difficulté*.** — SPÉCIALT, VIEILLI *Embarras d'argent,* et ABSOLT *embarras.* ➤ 2 **manque, pénurie** (d'argent). *Embarras financiers, pécuniaires. « le désastre financier de son imprimerie, origine de tous les embarras qui suivirent »* HENRIOT. MOD. *Aider un ami dans l'embarras.* — *L'embarras du choix,* la difficulté de choisir. *N'avoir que l'embarras du choix. « La Catherine a de quoi attirer les épouseurs, et elle n'aura que l'embarras du choix »* SAND. ▪ **3** État d'une personne qui éprouve une sorte de malaise pour agir ou parler. ➤ **confusion, gêne, malaise,** 2 **trouble.** *« Elle baissa vite, avec embarras, son bras nu »* COLETTE. *Ne pouvoir dissimuler son embarras. « Ma gaucherie, ma timidité, mon embarras, ma défiance de moi-même »* FRANCE. — LOC. VIEILLI *Faire des embarras* : chercher à se faire remarquer, faire des manières, manquer de naturel. ➤ **façon, histoire.** *Ne faites pas tant d'embarras.*
▪ CONTR. Commodité ; aisance.

EMBARRASSANT, ANTE [ɑ̃baʀasɑ̃, ɑ̃t] **adj.** – 1642 ◇ de *embarrasser* ▪ **1** Qui met dans l'embarras. *C'est une situation, une affaire embarrassante. La question, l'objection est embarrassante.* ➤ **délicat, difficile*, ennuyeux*, gênant.** *Un problème embarrassant à résoudre.* ▪ **2** Qui embarrasse (I, 1°), encombre. ➤ **encombrant.** *Colis, bagages embarrassants.* ▪ CONTR. Agréable, facile.

EMBARRASSÉ, ÉE [ɑ̃baʀase] **adj.** – XVIe ◇ de *embarrasser* ▪ **1** Encombré, gêné dans ses mouvements. *Il avait les mains embarrassées. Embarrassée dans sa longue jupe.* ➤ **empêtré.** — PAR EXT. *Avoir l'estomac embarrassé* : avoir un peu d'embarras gastrique. ▪ **2** Qui éprouve une impression d'inaptitude ou d'incertitude. ➤ **indécis, perplexe** (cf. Ne savoir sur quel pied danser*, à quel saint* se vouer). *Il était embarrassé, ne savait que répondre. « Je serais bien embarrassé de donner tort ou raison à quelqu'un »* SAND (cf. En peine). ♦ Qui montre de l'embarras, de la gêne. ➤ **confus, gauche, timide, troublé** (cf. Être dans ses petits souliers*). *« Timide et embarrassé dans le monde »* FAGUET. *Un air embarrassé.* ➤ **contraint, emprunté.** ▪ **3** Qui est compliqué, manque d'aisance ou de clarté. ➤ **confus, obscur.** *« La langue est gauche, lourde, embarrassée »* HENRIOT. *Se lancer dans des explications embarrassées.*
▪ CONTR. Libre ; aisé, naturel.

EMBARRASSER [ɑ̃baʀase] **v. tr.** ⟨1⟩ – 1570 ◇ espagnol *embarazar,* ou italien *imbarazzare,* du latin *barra* « barre »
I **v. tr.** ▪ **1** Encombrer. *Les livres qui embarrassent la table.* Gêner dans les mouvements. *Donnez-moi cette valise qui vous embarrasse.* ▪ **2** Mettre dans l'embarras, dans une position difficile. ➤ **gêner.** *« Il s'agit de nous embarrasser pour se divertir ensuite de notre gêne »* BOURGET. *Sa demande m'embarrasse. Vous m'embarrassez beaucoup par une telle proposition.* — Rendre hésitant, perplexe. ➤ **déconcerter, désorienter, troubler.** *« Quand on obligeait les chefs des prêtres à s'expliquer nettement sur ce point, on les embarrassait fort »* RENAN.
II **v. pron.** ▪ **1** S'encombrer. ➤ RÉGION. **s'encoubler.** *Je me suis embarrassé inutilement d'un parapluie. Voyager sans s'embarrasser d'un compagnon de route.* ♦ Se soucier, tenir compte exagérément de... ➤ **s'inquiéter, se préoccuper.** *« Il faut très peu s'embarrasser de l'avenir pour être heureux »* STENDHAL. *Il ne s'embarrasse pas de scrupules !* ▪ **2** S'empêtrer. *S'embarrasser dans ses explications, dans ses mensonges.* ➤ **s'embrouiller** (cf. FAM. S'emmêler* les pinceaux).
▪ CONTR. Débarrasser ; aider.

EMBARRER [ɑ̃baʀe] **v.** ⟨1⟩ – XVIIe au sens 2° ; « enfoncer » XIIe ◇ de *en-* et *barre* ▪ **1** **v. intr.** (TECHN.) Placer un levier sous un fardeau pour le soulever. ▪ **2** **v. pron.** Se dit d'un cheval qui s'empêtre en passant une jambe de l'autre côté de la barre ou du bat-flanc à l'écurie. ▪ **3** **v. tr.** (Canada) Enfermer (qqn, un animal). *Il a embarré le chien dans le garage.* — PRONOM. *Elle s'est embarrée dans sa chambre.*

EMBASE [ɑ̃baz] **n. f.** – 1676 ; *embasse* XVIe ◇ de *base* ou *bas, basse* ▪ TECHN. Partie renflée, servant d'appui ou de support dans certains instruments, certaines pièces mécaniques. *Embase d'une enclume, d'une clé.*

EMBASEMENT [ɑ̃bazmɑ̃] **n. m.** – 1676 ; *embassement* v. 1380 ◇ de *embaser* → embase ▪ TECHN. Base continue, formant saillie au pied d'un bâtiment. ➤ **soubassement.**

EMBASTILLER [ɑ̃bastije] **v. tr.** ⟨1⟩ – 1429 ◇ de *bastille* ▪ **1** VX Établir (des troupes) dans une bastille. ▪ **2** (1717) HIST. Emprisonner à la Bastille. PAR EXT. (PLAISANT) Emprisonner. — **n. m. EMBASTILLEMENT,** 1794.

EMBATTRE [ɑ̃batʀ] **v. tr.** ⟨41⟩ – XIe ◇ de *battre* ▪ TECHN. Cercler (une roue de chariot, de carrosse) en fixant autour un bandage métallique. — **n. m. EMBATTAGE,** 1556. — On rencontre parfois les graphies anciennes *embatre, embatage.*

EMBAUCHAGE [ɑ̃boʃaʒ] **n. m.** – 1752 ◇ de *embaucher* ▪ DR. Engagement (d'un salarié). *Lois réglementant l'embauchage et le licenciement des travailleurs.*

EMBAUCHE [ɑ̃boʃ] **n. f.** – 1660, rare avant 1900 ◇ de *embaucher* ▪ **1** Possibilité d'embauchage, de travail. *Il n'y a pas d'embauche sur le chantier.* — *Bureau d'embauche,* où l'on trouve du travail. ▪ **2** Action d'embaucher. ➤ **embauchage.** *Autorisation d'embauche. Offre d'embauche. Contrat établi à l'embauche. Contrat première embauche (CPE).* ▪ **3** RÉGION. (Ouest, Sud-Ouest) (opposé à *débauche*) Début du travail quotidien.

EMBAUCHER [ɑ̃boʃe] **v. tr.** ⟨1⟩ – 1564 ◇ de *en-* et du radical de *débaucher* ▪ **1** Engager (un salarié) en vue d'un travail. ➤ **recruter.** *Embaucher des maçons.* — ABSOLT *Ici, on embauche,* on engage du personnel. — *Être embauché après deux mois d'essai.* ▪ **2** FAM. Entraîner (qqn) dans une activité (le plus souvent une corvée). *J'ai embauché un ami pour m'aider à déménager.* ▪ **3** RÉGION. (Ouest, Sud-Ouest) Prendre son travail quotidien (opposé à *débaucher*). *« Tous les matins, papa embauchait vers cinq heures »* MORDILLAT. ▪ CONTR. Débaucher, licencier.

EMBAUCHEUR, EUSE [ɑ̃boʃœʀ, øz] **n.** – 1670 ◇ de *embaucher* ▪ Personne qui embauche, engage (qqn) pour un emploi. ➤ **employeur.**

EMBAUCHOIR [ɑ̃boʃwaʀ] **n. m.** – 1755 ◇ altération de *embouchoir* ▪ Instrument qui se place dans les chaussures et sert à les maintenir en forme, à empêcher les plis du cuir. *Embauchoir en bois, métallique, à ressort.* ➤ **forme.**

EMBAUMEMENT [ɑ̃bommɑ̃] **n. m.** – XVIe ; *embalsement* XIIIe ◇ de *embaumer* ▪ Action d'embaumer (un cadavre). ➤ **momification, thanatopraxie.** — PAR EXT. Conservation artificielle des cadavres (notamment en vue des études d'anatomie) par injection d'antiseptiques.

EMBAUMER [ɑ̃bome] **v. tr.** ⟨1⟩ – XIIIe ; *embasmer* XIIe ◇ de *en-* et *baume* ▪ **1** Remplir (un cadavre) de substances balsamiques, dessiccatives et antiseptiques destinées à en assurer la conservation. — FIG. *« ses couches superposées de sentiments défunts, mystérieusement embaumés dans ce que nous appelons l'oubli »* BAUDELAIRE. ▪ **2** (XIVe) Remplir d'une odeur suave. ➤ **parfumer.** *La garrigue « que les lavandes embaumaient »* GIDE. *« Le genêt, la lavande, le thym embaument l'air de leurs émanations aromatiques »* GAUTIER. ♦ ABSOLT Répandre une odeur très agréable, sentir bon. *Ces lis embaument.* ♦ FAM. Répandre une bonne odeur de. *« un escalier qui embaumait l'encaustique »* MARTIN DU GARD. FAM. (négatif) *Ça n'embaume pas (la rose, etc.)* : ça sent mauvais. ▪ CONTR. Empester, empuantir, puer.

EMBAUMEUR, EUSE [ɑ̃bomœʀ, øz] **n.** – 1556 ◇ de *embaumer* ▪ Personne dont le métier est d'embaumer les morts.

EMBELLIE [ɑ̃beli] **n. f.** – 1753 ◇ de *embellir* ▪ MAR. Amélioration momentanée du temps, de l'état de la mer. ➤ **accalmie.** ♦ COUR. Éclaircie. *« Dans la soirée, il se fit une embellie qui nous permit de sortir »* FROMENTIN. — FIG. Amélioration momentanée d'une situation.

EMBELLIR [ɑ̃beliʀ] **v.** ⟨2⟩ – XIIe ◊ de *en-* et *beau* ■ **1 v. tr.** Rendre beau ou plus beau (une personne, un visage). *Cette coiffure l'embellit.* ➤ **avantager, flatter.** « *Le temps embellit celles qui, dans la jeunesse, ont les formes grosses et massives* » BALZAC. ABSOLT *Le bonheur embellit.* — Orner, décorer (un lieu, un intérieur). ➤ **esthétiser.** *Plantations qui embellissent un parc.* « *Un oratoire sombre, embelli de bons tableaux* » CHATEAUBRIAND. ♦ FIG. Faire apparaître sous un plus bel aspect. ➤ **idéaliser, magnifier, poétiser.** « *J'étais obligé d'embellir de misérables aventures* » MAURIAC. *Vous embellissez la situation.* ➤ **enjoliver.** ■ **2 v. intr.** Devenir beau, plus beau. « *Votre enfant embellit tous les jours* » Mme DE SÉVIGNÉ. — *Ne faire que croître* et embellir.* ■ CONTR. Enlaidir, gâter ; noircir.

EMBELLISSEMENT [ɑ̃belismɑ̃] **n. m.** – 1228 ◊ de *embellir* ■ Action ou manière d'embellir, de rendre plus agréable à l'œil (une ville, une maison). ➤ **décoration.** *Les récents embellissements de notre ville.* ♦ FIG. Modification tendant à embellir la réalité. ➤ **enjolivement.** *Vous avez apporté à cette histoire bien des embellissements.* ■ CONTR. Enlaidissement.

EMBERLIFICOTER [ɑ̃bɛʀlifikɔte] **v. tr.** ⟨1⟩ – 1755 ; *embirelicoquer, embrelicoquer* XIVe, et variantes nombreuses ◊ de *en-* et *berloque,* ancienne forme de *breloque* ■ FAM. ■ **1** Empêtrer. — PRONOM. « *Il s'emberlificota dans les jupons, et faillit tomber* » ZOLA. ■ **2** FIG. Embrouiller (qqn) pour le tromper. ➤ **embobiner.** — PRONOM. *S'emberlificoter dans des explications confuses.*

EMBÊTANT, ANTE [ɑ̃bɛtɑ̃, ɑ̃t] **adj.** – 1788 ◊ de *embêter* ■ FAM. ■ **1** Qui cause des ennuis, contrarie. « *Qu'il est embêtant celui-là ! Tout le temps à se mêler des affaires des autres* » GIDE. *C'est bien embêtant cette histoire.* ➤ **contrariant, fâcheux ;** FAM. **emmerdant ;** RÉGION. **sacrant.** — SUBST. *L'embêtant c'est que je dois partir tout de suite.* ➤ **ennui, inconvénient.** ■ **2** (1826) RARE Qui embête, engendre l'ennui. ➤ **ennuyeux*.** *Un spectacle embêtant.*

EMBÊTEMENT [ɑ̃bɛtmɑ̃] **n. m.** – fin XVIIIe ◊ de *embêter* ■ FAM. Chose qui donne du souci. ➤ **contrariété,** FAM. **emmerdement, ennui*, tracas.** « *J'ai assez d'embêtements dans ma propre vie, je ne veux pas m'appuyer ceux des autres* » SARTRE.

EMBÊTER [ɑ̃bete] **v. tr.** ⟨1⟩ – 1793 ◊ de *en-* et *bête* ■ FAM. ■ **1** Ennuyer*. *Ce spectacle m'embête.* ➤ **raser ;** FAM. **emmerder.** ♦ **S'EMBÊTER v. pron.** S'ennuyer. ➤ FAM. **s'emmerder.** « *Ce vieux Rouen où je me suis embêté sur tous les pavés* » FLAUBERT. LOC. *S'embêter à cent sous de l'heure,* beaucoup. ■ **2** Contrarier* fortement. *Ne l'embête pas !* laisse-le tranquille. ➤ **agacer, importuner, tarabuster ;** FAM. **asticoter, bassiner, tanner ;** RÉGION. **achaler, encoubler** (cf. Casser* les pieds, TRÈS FAM. faire chier*). *Il m'embête avec ses questions.* ➤ **assommer, empoisonner.** *Ça m'embête d'être en retard, qu'il parte demain.* « *Si c'est pour embêter le gouvernement, vous perdez votre peine* » ROMAINS. ♦ **v. pron.** *Il ne s'embête pas :* il a une vie agréable, il n'est pas à plaindre. ■ **3** Embarrasser. *Je suis bien embêté pour vous répondre.*

EMBEURRÉE [ɑ̃bøʀe] **n. f.** – 1908 ◊ de *embeurrer* « mettre du beurre dans (une préparation culinaire) » ■ RÉGION. (Poitou, Anjou, Vendée) Chou blanchi puis étuvé au beurre. *Embeurrée de chou vert.* — COUR. Légume fondu dans du beurre. *Embeurrée de poireaux, d'endives.*

EMBIELLAGE [ɑ̃bjelaʒ] **n. m.** – 1922 ◊ de *embieller,* de *bielle* ■ MÉCAN. Mode d'assemblage des bielles d'un moteur ; ensemble des bielles montées. *Refaire, réparer l'embiellage.*

EMBLAVER [ɑ̃blave] **v. tr.** ⟨1⟩ – 1242 ◊ de *blé* ■ AGRIC. Ensemencer (une terre) en blé, ou toute autre céréale. — **n. m. EMBLAVAGE.**

EMBLAVURE [ɑ̃blavyʀ] **n. f.** – 1732 ◊ de *emblaver* ■ Terre emblavée.

EMBLÉE (D') [dɑ̃ble] **loc. adv.** – XVe ; *en emblee* « en cachette » XIIe ◊ du p. p. de l'ancien v. *embler,* latin *involare* « voler dans », d'où « se saisir de » ■ Du premier coup, au premier effort fait pour obtenir le résultat en question. ➤ **aussitôt** (cf. D'entrée* de jeu). « *Quand un de ces à-propos conquiert d'emblée le public* » DAUDET. *Le projet a été adopté d'emblée. Marquer d'emblée un but.*

EMBLÉMATIQUE [ɑ̃blematik] **adj.** – 1564 ◊ bas latin *emblematicus* « plaqué » ■ **1** Qui présente un emblème, se rapporte à un emblème. ➤ **allégorique, symbolique.** *La colombe, figure emblématique de la paix.* ■ **2** Qui représente (qqch., une idée) de manière forte. *Une figure emblématique du sport.* ➤ **iconique.**

EMBLÈME [ɑ̃blɛm] **n. m.** – 1560 ◊ latin *emblema,* grec *emblêma* « ornement rapporté, mosaïque » ■ **1** Figure symbolique généralement accompagnée d'une devise. *Il « imagina pour Louis XIV l'emblème d'un soleil dardant ses rayons sur un globe »* VOLTAIRE. ■ **2** PAR EXT. Figure, attribut destinés à représenter une autorité, un métier, un parti. ➤ 2 **insigne, symbole.** « *Les emblèmes des arts : la houlette des pasteurs, la gerbe du laboureur, les grappes de la vigne* » GAUTIER. — *Mercure a pour emblème le caducée.* ➤ **attribut.** ■ **3** Être ou objet concret, consacré par la tradition comme représentatif d'une chose abstraite. ➤ **symbole.** *Le lis est l'emblème de la pureté.* « *La fauvette fut l'emblème des amours volages, comme la tourterelle de l'amour fidèle* » BUFFON.

EMBOBELINER [ɑ̃bɔb(ə)line] **v. tr.** ⟨1⟩ – 1585 « rapiécer » ◊ de *en-* et de l'ancien français *bobelin* « brodequin », d'origine inconnue ■ VX ■ **1** Envelopper (qqn, qqch.) dans qqch. ■ **2** FAM. Circonvenir. ➤ **embobiner.** « *Si vous arrivez à embobeliner le juge, je l'aurai d'une autre façon* » SARTRE.

EMBOBINER [ɑ̃bɔbine] **v. tr.** ⟨1⟩ – 1807 ◊ altération de *embobeliner,* d'après *bobine* ■ **1** FAM. Tromper par des paroles captieuses. ➤ **duper*, entortiller ;** FAM. **embobeliner.** *Le vendeur l'a facilement embobiné.* ■ **2** (1876 ◊ de *bobine*) RARE Bobiner. — **p. p. adj.** *Canette mal embobinée.*

EMBOÎTABLE [ɑ̃bwatabl] **adj.** /EMBOITABLE/ – 1974 ◊ de *emboîter* ■ Qui peut s'emboîter. *Cubes emboîtables.*

EMBOÎTAGE [ɑ̃bwataʒ] **n. m.** /EMBOITAGE/ – 1787 ◊ de *emboîter* ■ **1** Action d'emboîter (un livre, qqch.). ■ **2** Étui d'un livre de luxe.

EMBOÎTEMENT [ɑ̃bwatmɑ̃] **n. m.** /EMBOITEMENT/ – 1611 ◊ de *emboîter* ■ Assemblage de deux pièces qui s'emboîtent l'une dans l'autre. *Emboîtement des mortaises d'une charpente. Emboîtement d'un os dans un autre.* ➤ **articulation, jointure.**

EMBOÎTER [ɑ̃bwate] **v. tr.** ⟨1⟩ /EMBOITER/ – 1328 ◊ de *en-* et *boîte* ■ **1** Faire entrer (une chose dans une autre, plusieurs choses l'une dans l'autre). ➤ **ajuster, assembler, encastrer, enchâsser.** *Emboîter un tenon dans une mortaise. Emboîter des tuyaux.* ➤ **aboucher.** — PRONOM. « *Les pièces découpées par nous s'emboîtent exactement les unes dans les autres* » CARREL. *Tables qui s'emboîtent.* ➤ **gigogne.** ■ **2** Mettre dans une sorte de boîte. — *Emboîter un livre,* le fixer, tout cousu, par simple collage dans une couverture. ♦ Envelopper exactement comme une boîte. ➤ **mouler.** « *Des souliers sans talon qui n'emboîtent que les doigts du pied* » LAMARTINE. ■ **3** LOC. *Emboîter le pas à qqn :* marcher juste derrière lui, en mettant le pied juste à l'endroit où il a marché. — PAR EXT. Suivre qqn de très près, pas à pas. FIG. Suivre docilement. ➤ **imiter.** « *À voir Adèle lui emboîter carrément le pas, à l'entendre abonder bruyamment dans son sens* » COURTELINE. ♦ DANSE *Pas emboîté,* et SUBST. *l'emboîté :* marche talon contre pointe. ■ CONTR. Déboîter.

EMBOÎTURE [ɑ̃bwatyʀ] **n. f.** /EMBOITURE/ – 1547 ◊ de *emboîter* ■ TECHN. Endroit ou manière dont deux pièces s'emboîtent.

EMBOLE [ɑ̃bɔl] **n. m.** – 1868 ; *embolus* 1857 ◊ du grec *embolê* « action de jeter dans » ■ Corps étranger pouvant provoquer une embolie.

EMBOLIE [ɑ̃bɔli] **n. f.** – 1864 ◊ mot allemand, avant 1856, du grec *embolos* « ce qui s'enfonce dans » ■ Oblitération brusque d'un vaisseau par un corps étranger (➤ **embole**) : caillot de sang (➤ **thrombose**), amas de bactéries ou de cellules cancéreuses, bulles gazeuses *(embolie gazeuse). Embolie cérébrale, pulmonaire. Mourir d'une embolie.*

EMBONPOINT [ɑ̃bɔ̃pwɛ̃] **n. m.** – 1528 ◊ de *en bon point* « en bon état » ■ **1** VX Bonne santé, aspect de bonne santé. ■ **2** MOD. État d'un corps bien en chair, un peu gras. ➤ **corpulence, rotondité.** *Avoir tendance à l'embonpoint. Prendre de l'embonpoint :* engraisser. « *Son embonpoint, potelé et soutenu* » GAUTIER. ■ CONTR. Maigreur.

EMBOSSAGE [ɑ̃bɔsaʒ] **n. m.** – 1792 ◊ de *embosser* ■ MAR. Action d'embosser un navire ; position d'un navire embossé.

EMBOSSER [ɑ̃bɔse] **v. tr.** ⟨1⟩ – 1752 ◊ de *en-* et *bosse* « cordage » **I** (de *bosse* II) MAR. Amarrer (un navire) de façon à le maintenir dans une direction déterminée. *Navire embossé cap à l'est.* — PRONOM. « *L'escadre s'approche avec précaution, en sondant, mouille le plus près possible, et s'embosse* » LOTI. FAM. (MAR.) S'installer dans une position défensive.
II (v. 1985 ◊ de *bosse* I) Imprimer en relief (des caractères, un motif). — *Sceau embossé sur un document officiel.*

EMBOSSURE [ɑ̃bɔsyʀ] **n. f.** – 1687 ◊ de *en-* et *bosse* → embosser ■ MAR. Nœud fait sur une amarre ; amarre servant à l'embossage.

EMBOUCHE [ɑ̃buʃ] **n. f.** – 1837 ◊ de *emboucher*, vx ou région., «gaver, engraisser» ■ Engraissement du bétail dans les prés. *Élevage d'embouche. Pré d'embouche,* ou ELLIPT *une embouche :* prairie fertile pour l'engraissement du bétail.

EMBOUCHER [ɑ̃buʃe] **v. tr.** ‹1› – 1273 ◊ de *en-* et *bouche* ■ **1** Mettre à sa bouche (un instrument à vent). *Il «embouchait son clairon, et sonna* aux champs*»* LOTI. — VIEILLI *Emboucher la trompette**. ■ **2** Munir (un animal) de qqch. qu'on introduit dans la bouche. *Emboucher un cheval,* lui mettre le mors. ◆ FIG. VX Endoctriner (qqn), lui faire la leçon. — **p. p. adj.** MOD. **MAL EMBOUCHÉ(E) :** mal élevé(e), qui n'a que des grossièretés à la bouche (en parlant d'une personne). *Une gamine particulièrement mal embouchée.*

EMBOUCHOIR [ɑ̃buʃwaʀ] **n. m.** – 1629 ; *embauchoir* 1558 ◊ de *emboucher* ■ Partie mobile d'un instrument à vent qui porte l'embouchure et qu'on adapte à l'instrument. ◆ (1777) Douille qui joint le canon d'un fusil au fût.

EMBOUCHURE [ɑ̃buʃyʀ] **n. f.** – 1328 ◊ de *emboucher* ■ **1** Ouverture extérieure. — SPÉCIALT Ouverture par laquelle un cours d'eau se jette dans une mer ou un lac. ➤ **bouche, delta, estuaire.** *Source et embouchure. «Les Normands entraient par l'embouchure des rivières»* MONTESQUIEU. *Ville bâtie à l'embouchure d'un fleuve.* ■ **2** (XVIIe) Partie du mors placée dans la bouche du cheval ; manière dont le cheval est sensible au mors. ■ **3** (1636) Bout de l'embouchoir d'un instrument à vent qu'on met à la bouche pour en jouer. *L'embouchure d'une trompette. «un saxhorn baryton dont l'embouchure oxydée laissait sur les lèvres un goût de cuivre sucré»* ECHENOZ. — Trou latéral, dans certaines flûtes ; bec d'un instrument à anche. *Embouchure de clarinette, de hautbois.* ➤ **bec.**

EMBOUQUEMENT [ɑ̃bukmɑ̃] **n. m.** – 1792 ◊ de *embouquer* ■ MAR. Entrée d'une passe.

EMBOUQUER [ɑ̃buke] **v. intr.** ‹1› – 1687 ◊ de *en-* et *bouque* (vx), provençal *bouca* «bouche» ■ MAR. S'engager dans une passe étroite. — TRANS. *Embouquer un canal.* ■ CONTR. Débouquer.

EMBOURBER [ɑ̃buʀbe] **v. tr.** ‹1› – 1220 ◊ de *en-* et *bourbe* ■ **1** Engager, enfoncer dans un bourbier. *Il a embourbé sa voiture. — La voiture est embourbée.* ◆ PRONOM. S'enfoncer dans la boue. ➤ **s'enliser, s'envaser.** *La voiture s'embourba jusqu'aux essieux. Nous nous sommes embourbés.* ■ **2** FIG. Engager (qqn) dans une situation difficile. *«La passion entraîne dans la mauvaise voie, [...] le vice y embourbe»* BALZAC. — PRONOM. ➤ **s'empêtrer, s'enfoncer.** *Le gouvernement s'embourbe dans la crise.* ■ CONTR. Débourber, désembourber.

EMBOURGEOISEMENT [ɑ̃buʀʒwazmɑ̃] **n. m.** – 1867 ◊ de *embourgeoiser* ■ Fait de s'embourgeoiser. *L'embourgeoisement d'un quartier.* ➤ **gentrification.**

EMBOURGEOISER [ɑ̃buʀʒwaze] **v. tr.** ‹1› – 1831 ◊ de *en-* et *bourgeois* ■ **1** LITTÉR. Revêtir d'un caractère bourgeois ou commun, banaliser. *«embourgeoiser le drame biblique en essayant de l'habiller en costume moderne»* G. PLANCHE. ■ **2** PRONOM. et COUR. **S'EMBOURGEOISER :** prendre les habitudes, l'esprit de la classe bourgeoise (goût de l'ordre, du confort, respect des conventions). *S'embourgeoiser en prenant de l'âge. — Un socialisme qui s'est embourgeoisé,* qui a perdu son caractère révolutionnaire. — *Quartier qui s'embourgeoise.* ➤ aussi **boboïser, se gentrifier.** ■ CONTR. Désembourgeoiser ; débourgeoisé.

EMBOURRURE [ɑ̃buʀyʀ] **n. f.** – XVIe «rembourrage» ◊ de *embourrer* XIIe → rembourrer ■ TECHN. Toile de jute dont le tapissier enveloppe le rembourrage d'un siège.

EMBOUT [ɑ̃bu] **n. m.** – 1838 ; *en-bout* 1820 ◊ de *embouter* (1567), de *en-* et *bout* ■ Garniture qui se place à l'extrémité (de certains objets allongés). *Embout d'une canne, d'un parapluie. Embout en caoutchouc. Embout isolant,* placé à l'extrémité d'un conducteur électrique. *Embout d'une seringue,* où s'emboîte l'aiguille.

EMBOUTEILLAGE [ɑ̃butɛjaʒ] **n. m.** – 1845 ◊ de *embouteiller* ■ **1** VX ou TECHN. Mise en bouteilles. ■ **2** (1906) MAR. Action d'embouteiller (des navires). ■ **3** COUR. Encombrement de véhicules automobiles qui arrête la circulation. ➤ RÉGION. **congestion.** *Créer, faire un embouteillage. Embouteillages aux heures de pointe. «Il s'est fait prendre sur la route dans des embouteillages inextricables»* SAINT-EXUPÉRY. ➤ **bouchon, retenue.**

EMBOUTEILLER [ɑ̃buteje] **v. tr.** ‹1› – 1864 ◊ de *en-* et *bouteille* ■ **1** VX ou TECHN. Mettre en bouteilles. ■ **2** (1906 ◊ métaph. anglais, 1898) MAR. Bloquer (des navires) dans une rade dont on obstrue le goulet. ■ **3** (1924) COUR. Obstruer (une voie de communication) en provoquant un encombrement. *Les véhicules accidentés embouteillent le carrefour. Route embouteillée sur 12 km.* — PAR ANAL. *Les lignes téléphoniques étaient embouteillées.* ➤ **saturé.**

EMBOUTER [ɑ̃bute] **v. tr.** ‹1› – 1864 ; *embouté* 1567 ◊ de *en-* et *bout* «extrémité» ■ **1** VX ➤ **emboutir** (3°). ■ **2** Garnir d'un embout. *Embouter une canne ; des pieds de tabouret.*

EMBOUTIR [ɑ̃butiʀ] **v. tr.** ‹2› – XIVe ◊ de *en-* et *bout* «coup» ; cf. *bouter* ■ **1** Travailler, au marteau ou au repoussoir (un métal), pour y former le relief d'une empreinte ; travailler une plaque de métal (➤ 1 **flan**) pour la courber, l'arrondir. *Presse à emboutir. — Bassine en tôle emboutie.* ■ **2** PAR ANAL. (1907) Enfoncer en heurtant violemment. ➤ **défoncer, démolir.** *Un camion a embouti l'arrière de ma voiture.* ➤ FAM. **emplafonner** (cf. Rentrer dans). PAR EXT. *Il s'est fait emboutir.* ■ **3** (*embouter* VX, 1535) TECHN. Revêtir d'une garniture de protection (une corniche, une moulure).

EMBOUTISSAGE [ɑ̃butisaʒ] **n. m.** – 1856 ◊ de *emboutir* ■ **1** Opération consistant à emboutir (une plaque de métal). *Emboutissage à chaud, à froid ; à la main, mécanique.* ■ **2** PAR ANAL. (1907) Choc, heurt (d'un véhicule qui en emboutit un autre). *L'emboutissage d'une voiture par un camion.*

EMBOUTISSEUR, EUSE [ɑ̃butisœʀ, øz] **n.** – 1838 ◊ de *emboutir* ■ **1** Ouvrier, ouvrière chargé(e) de l'emboutissage. ■ **2 n. f.** Machine-outil qui sert à emboutir.

EMBOUTISSOIR [ɑ̃butiswaʀ] **n. m.** – 1803 ◊ de *emboutir* ■ Marteau ou poinçon permettant d'emboutir les plaques de métal.

EMBRANCHEMENT [ɑ̃bʀɑ̃ʃmɑ̃] **n. m.** – 1494 ◊ de *en-* et *branche* ■ **1** Division du tronc d'un arbre en branches. — PAR ANAL. Subdivision d'une voie de communication, d'une canalisation principale ; voie, direction ayant son origine sur la voie ou direction principale. ➤ **ramification.** *«Un vieil égout en pierre qui va droit à l'égout collecteur avec un seul embranchement, l'égout Saint-Martin»* HUGO. ◆ Point de jonction de ces voies. ➤ **bifurcation, carrefour, croisement, fourche, intersection.** *Panneau indicateur à l'embranchement de deux routes. Embranchement d'une voie ferrée principale et d'une ligne secondaire.* ➤ **nœud.** ■ **2** (1812) PHYLOG. Chacune des grandes divisions du monde animal ou végétal. ➤ **phylum.** *L'embranchement des vertébrés.*

EMBRANCHER [ɑ̃bʀɑ̃ʃe] **v. tr.** ‹1› – 1773 ◊ de *embranchement* ■ Raccorder (une voie, une canalisation) à une ligne déjà existante. ➤ **brancher, raccorder.** *Embrancher une voie ferrée à la ligne principale.* — PRONOM. *«Une grande avenue qui de Clochegourde irait en droite ligne s'embrancher sur la route de Chinon»* BALZAC.

EMBRAQUER [ɑ̃bʀake] **v. tr.** ‹1› – 1694 ◊ de *en-* et *braquer* ■ MAR. Tendre, raidir (un cordage).

EMBRASEMENT [ɑ̃bʀazmɑ̃] **n. m.** – fin XIIe ◊ de *embraser* ■ **1** VX Incendie. ■ **2** LITTÉR. Illumination générale. *«Stamboul et son golfe, dans leur plein embrasement des soirs purs»* LOTI. ■ **3** LITTÉR. Agitation qui conduit à des troubles sociaux importants. *«la première étincelle ferait un grand embrasement»* MICHELET. ➤ **conflagration, désordre, effervescence.** *L'embrasement d'un pays par la guerre.*

EMBRASER [ɑ̃bʀaze] **v. tr.** ‹1› – 1160 ◊ de *en-* et 1 *braise* ■ LITTÉR. ■ **1** Enflammer, incendier. *«un feu sournois qui rampe sous la brande embrase un pin»* MAURIAC. ■ **2** PAR ANAL. Rendre très chaud. ➤ **brûler*.** *«une puissante chaleur embrase les champs»* BOSCO. ■ **3** Éclairer vivement, illuminer. *Ciel qu'embrase le soleil couchant.* — PRONOM. *«Le sable s'embrase au soir et paraît de cendre au matin»* GIDE. ■ **4** FIG. Emplir d'une passion ardente. ➤ **enflammer, exalter, exciter.** *«Elle m'a tout à coup embrasé d'amour»* LESAGE. ■ CONTR. Éteindre. Apaiser, refroidir.

EMBRASSADE [ɑ̃bʀasad] **n. f.** – 1500 ◊ de *embrasser* ■ Action de deux personnes qui s'embrassent amicalement. ➤ **accolade.** *«des déclarations d'amitié, des serrements de main, des embrassades»* CHATEAUBRIAND.

EMBRASSE [ɑ̃bʀas] **n. f.** – 1831 ◊ de *embrasser* ■ Cordelière, ganse fixée à une patère et servant à retenir un rideau. *«Un rideau de peluche rouge était retenu par une embrasse en torsade qui se terminait par un gland»* MAUROIS.

EMBRASSÉ, ÉE [ɑ̃bʀase] adj. – 1690 ◊ de *embrasser* ■ **1** BLAS. Se dit d'un écu dont la partition présente un triangle sur un axe horizontal. ■ **2** *Rimes embrassées* : rimes masculines et féminines se succédant dans l'ordre *abba, cddc...*

EMBRASSEMENT [ɑ̃bʀasmɑ̃] n. m. – 1160 ◊ de *embrasser* ■ LITTÉR. Action d'embrasser, de s'embrasser. ➤ 2 **baiser ; accolade, embrassade, enlacement, étreinte.** « *Tout ce qu'on peut donner d'étreintes et d'embrassements désolés* » LOTI.

EMBRASSER [ɑ̃bʀase] v. tr. ⟨1⟩ – 1080 ◊ de *en-* et *bras* ■ **1** Prendre et serrer entre ses bras (➤ **accoler, enlacer, étreindre**), SPÉCIALT pour marquer son amour ou son affection et en accompagnant ce geste de baisers. *Il l'embrassa tendrement, avec effusion* (cf. Faire la bise). « *Elle l'avait serré des deux bras, l'embrassant, l'étouffant* » MARTIN DU GARD. — *Je vous embrasse affectueusement, de tout mon cœur...*, formules finales d'une lettre adressée à une personne chère. — POÉT. « *Je me jetterai à ses pieds, j'embrasserai ses genoux* » FÉNELON. ◆ PROV. *Qui trop embrasse mal étreint* : qui veut trop entreprendre risque de ne rien réussir. ■ **2** PAR EXT. Donner un baiser, des baisers à (qqn). ➤ 1 **baiser.** « *vous embrassant à pleine bouche, avec ses grosses lèvres* » LOTI. *Embrasser qqn sur les deux joues. Embrasser qqn comme du bon pain. Embrasser avec la langue.* ➤ FAM. **galocher.** PRONOM. *Ils s'embrassaient sur la bouche.* ➤ **se bécoter.** ■ **3** FIG. LITTÉR. Adopter (une opinion, un parti). ➤ **choisir, épouser.** *Embrasser la carrière de...* « *Avez-vous aussi l'intention d'embrasser l'islamisme ?* » LOTI. *Embrasser l'intérêt, le parti, la défense de qqn*, s'y attacher avec ardeur, le faire sien, le défendre. ■ **4** PAR ANAL. Saisir par la vue dans toute son étendue. *Embrasser la scène du regard.* « *De là, il embrassait d'un coup d'œil tout le pays* » ZOLA. ◆ FIG. Appréhender par la pensée. ➤ **comprendre, concevoir.** « *Si la pensée embrasse l'infinie simultanéité des faits* » LOTI. « *Les affaires d'un État sont d'une étendue que l'esprit d'un homme n'embrasse point* » FRANCE. ◆ Contenir, englober. ➤ **comprendre*.** « *Une histoire devrait embrasser toute la période obscure* [...] » RENAN.

EMBRASSEUR, EUSE [ɑ̃bʀasœʀ, øz] n. – 1537 ◊ de *embrasser* ■ Personne qui embrasse volontiers, ou à tout propos. — adj. *Il n'est guère embrasseur.*

EMBRASURE [ɑ̃bʀazyʀ] n. f. – 1522 ◊ p.-ê. de *embraser* « mettre le feu » ■ **1** Ouverture pratiquée dans un parapet pour pointer et tirer le canon. ➤ **créneau.** *Les embrasures d'un bastion.* ■ **2** Ouverture pratiquée dans l'épaisseur d'un mur pour recevoir une porte, une fenêtre. — PAR EXT. L'espace vide compris entre les parois du mur. *Il apparut dans l'embrasure de la porte.*

EMBRAYAGE [ɑ̃bʀɛjaʒ] n. m. – 1856 ◊ de *embrayer* ■ TECHN. Mécanisme permettant d'établir la communication entre un moteur et une machine ou de les désaccoupler sans arrêter le moteur. ◆ COUR. Organe d'un véhicule automobile permettant de relier le moteur au changement de vitesse pour l'entraînement de la transmission. *Pédale d'embrayage. Faire patiner l'embrayage. Embrayage à cônes de friction, à griffes* (➤ **crabotage**), *à manchons, à disques. Embrayage automatique.* ■ CONTR. Débrayage.

EMBRAYER [ɑ̃bʀeje] v. ⟨8⟩ – 1858 ◊ *rembrayer* 1783 « serrer la *braie* (traverse de bois mobile d'un moulin à vent) » ■ **1** v. tr. Mettre en communication (une pièce mobile) avec l'arbre moteur. — v. intr. Établir la communication entre un moteur et la machine qu'il doit mouvoir. *Débrayez, changez de vitesse et embrayez.* ■ **2** v. intr. (1927) FAM. Reprendre le travail (dans une usine). *On embraye à 7 heures.* ■ **3 EMBRAYER SUR** (qqch., qqn) : commencer à discourir sur. *Quand il a embrayé sur ce sujet on ne peut plus l'arrêter.* — Avoir de l'influence, de l'autorité, une action sur (cf. Être en prise* directe). « *cette dialectique tranchante et inefficace des hommes de gauche qui n'embraye sur rien* » MAURIAC. ■ CONTR. Débrayer.

EMBREVER [ɑ̃bʀəve] v. tr. ⟨5⟩ – *embevrer* 1223 ; « abreuver, imbiber » XIIe ◊ latin populaire *imbiberare* ■ TECHN. Assembler obliquement deux pièces de bois. — n. m. **EMBRÈVEMENT** [ɑ̃bʀɛvmɑ̃], 1676.

EMBRIGADEMENT [ɑ̃bʀigadmɑ̃] n. m. – 1793 ◊ de *embrigader* ■ **1** VX Réunion en brigade. ■ **2** MOD. PÉJ. Action d'embrigader, recrutement. *L'embrigadement de partisans dans une association, une ligue politique.*

EMBRIGADER [ɑ̃bʀigade] v. tr. ⟨1⟩ – 1792 ◊ de *en-* et *brigade* ■ **1** VX Réunir (des régiments) en brigade ; faire entrer dans le cadre d'une brigade. ■ **2** (1864) MOD. PÉJ. Rassembler, réunir sous une même autorité et en vue d'une action commune. ➤ **enrégimenter, enrôler, mobiliser, recruter.** *Il ne veut pas se laisser embrigader.* — PRONOM. « *L'individu ne pouvait pas s'embrigader, participer au groupe, sans abdiquer d'abord sa valeur* » MARTIN DU GARD.

EMBRINGUER [ɑ̃bʀɛ̃ge] v. tr. ⟨1⟩ – 1914 pron. ; *embriquer* « embarrasser » XVIe ; *imbringuer* « charger de dettes, hypothéquer » XIVe ◊ mot dialectal, de *bringue* ou de *brique* « morceau » ■ FAM. Engager de façon fâcheuse, embarrassante. ➤ **embarquer.** « *Décidé à ne pas se laisser embringuer dans un cirque ambulant* » QUENEAU. *Il est embringué dans une sale affaire.* — PRONOM. « *Je serais trop bête de m'embringuer d'un ménage à soutenir* » BOURGET. ➤ **s'embarrasser.**

EMBROCATION [ɑ̃bʀɔkasjɔ̃] n. f. – XIVe ◊ latin médiéval *embrocatio*, bas latin *embrocha*, grec *embrokhê* ■ Application d'un liquide huileux et calmant produisant de la chaleur. Ce liquide lui-même. ➤ **onguent.** *Embrocations utilisées pour les massages.* ABRÉV. FAM. **EMBROC** [ɑ̃bʀɔk].

EMBROCHEMENT [ɑ̃bʀɔʃmɑ̃] n. m. – XVIe ◊ de *embrocher* ■ Action d'embrocher.

EMBROCHER [ɑ̃bʀɔʃe] v. tr. ⟨1⟩ – XIIe ◊ de *en-* et *broche* ■ **1** Enfiler (une viande, des morceaux de viande) sur une broche, sur des brochettes. *Embrocher une volaille.* « *Embrochez la bête, cuisez la bête* » JARRY. ■ **2** PAR EXT. FAM. Transpercer (qqn) d'un coup d'épée. « *Misérable ! Suis-moi, ou je t'embroche sur place !* » BAUDELAIRE. ■ CONTR. Débrocher.

EMBRONCHEMENT [ɑ̃bʀɔ̃ʃmɑ̃] n. m. – 1900 ; *embranchement* 1690 ◊ de *embroncher* ■ TECHN. Action, manière d'embroncher ; assemblage de pièces embronchées.

EMBRONCHER [ɑ̃bʀɔ̃ʃe] v. tr. ⟨1⟩ – 1845 ; *embruncher* 1690 ; *embrunchier* « recouvrir » en ancien français ◊ ancien français *bronc* « saillie, nœud », latin populaire °*bruncus* « souche » ■ TECHN. Disposer (des pièces de charpente voisines) en les ajustant. ◆ Disposer (des tuiles, des ardoises) en les emboîtant.

EMBROUILLAGE [ɑ̃bʀujaʒ] n. m. – 1768 ◊ de *embrouiller* ■ **1** RARE et FAM. Confusion, complication. ➤ **embrouillement.** ■ **2** TÉLÉCOMM. Transformation réversible (d'un signal numérique) de manière à rendre aléatoire le contenu transmis. *Algorithme d'embrouillage.*

EMBROUILLAMINI [ɑ̃bʀujamini] n. m. – 1688 ◊ de *brouillamini*, d'après *embrouiller* ■ FAM. Désordre ou confusion extrême. ➤ **embrouillement, imbroglio,** 1 **micmac, méli-mélo** (cf. Sac* d'embrouilles, de nœuds).

EMBROUILLE [ɑ̃bʀuj] n. f. – 1747, repris XXe ◊ de *embrouiller* ■ FAM. ■ **1** Action ou manière d'embrouiller les gens, de les tromper. — Plus cour. *Sac* d'embrouilles.* ■ **2** Dispute, querelle. « *Ce genre de* grande conversation *qui finit en grosse embrouille* » F. GUÈNE.

EMBROUILLÉ, ÉE [ɑ̃bʀuje] adj. – XVIe ◊ de *embrouiller* ■ Extrêmement compliqué et confus. ➤ RÉGION. **mêlant.** « *Jamais assassinat, si mystérieux, si embrouillé n'a été commis à Paris* » BAUDELAIRE. *C'est une affaire très embrouillée.* ➤ **embrouillamini** (cf. Un sac* de nœuds). ■ CONTR. Clair, simple.

EMBROUILLEMENT [ɑ̃bʀujmɑ̃] n. m. – 1551 ◊ de *embrouiller* ■ RARE Action d'embrouiller ; fait d'être embrouillé. ➤ **confusion, complication, enchevêtrement, imbroglio.** « *Ces idées, il est souvent malaisé d'en démêler l'embrouillement* » GIDE.

EMBROUILLER [ɑ̃bʀuje] v. tr. ⟨1⟩ – XIVe ◊ de *en-* et *brouiller* ■ **1** Emmêler (des fils). ➤ **enchevêtrer, entortiller.** « *délacer un corset sans en embrouiller les cordons* » COURTELINE. ■ **2** FIG. Compliquer, rendre obscur. ➤ **brouiller.** « *embrouiller si bien la doctrine, qu'il est impossible de la comprendre* » SADE. — PRONOM. « *Mes idées s'embrouillent tout à fait* » MUSSET. ◆ Troubler (qqn), lui faire perdre le fil de ses idées. « *Je ne m'y reconnais plus ; vous m'avez embrouillée* » SARTRE. PRONOM. *Il s'embrouille dans ses explications*, il s'y perd. ➤ **s'embarrasser, s'emberlificoter, s'empêtrer, s'enferrer ;** FAM. **cafouiller, merdouiller.** *Il s'embrouille dans ses calculs.* ➤ **se tromper** (cf. S'emmêler* les pieds, les pédales...). — LOC. FAM. *Ni vu ni connu je t'embrouille*, se dit d'une manière de tromper qqn en l'embrouillant. ■ **3** v. pron. récipr. Se disputer, avoir une querelle. *Ils se sont embrouillés violemment. Un mec « était en train de s'embrouiller avec une bande d'adolescents »* V. RAVALEC. ■ CONTR. Débrouiller ; démêler, éclairer.

EMBROUSSAILLER [ɑ̃bʀusaje] v. tr. ⟨1⟩ – 1854 ◊ de *en-* et *broussaille* ■ Couvrir de broussailles. PRONOM. *Un champ à l'abandon qui s'est embroussaillé.* ◆ p. p. adj. « *Une tête passa,* *un masque embroussaillé de barbe»* COURTELINE. *Des cheveux embroussaillés,* épais et emmêlés, en broussaille. ■ CONTR. Débroussailler.

EMBRUMER [ɑ̃bʀyme] **v. tr.** ‹1› – fin XIIIe ◊ de *en-* et *brume* ■ **1** Couvrir de brume. *«L'orbe de la lune tout rouge se levait dans un horizon embrumé»* BERNARDIN DE SAINT-PIERRE. ◆ FIG. *Embrumer les idées, la tête, le cerveau,* y mettre de la confusion. ➤ **troubler.** ■ **2** Assombrir, obscurcir. *«des fronts qu'embrume le souci d'une préoccupation commune»* COURTELINE.

EMBRUN [ɑ̃bʀœ̃] **n. m.** – 1521 ◊ mot provençal, de *embruma* «bruiner» ■ **Surtout au plur.** Poussière de gouttelettes formée par les vagues qui se brisent, et emportée par le vent. ➤ **poudrin.** *«Les lointains de la rade étaient noyés dans un brouillard blanchâtre fait d'embruns et de pluie»* LOTI.

EMBRYO- ■ Élément, du grec *embruon* «embryon».

EMBRYOGENÈSE [ɑ̃bʀijoʒənɛz ; -ʒenɛz] **n. f.** – 1905 ◊ de *embryo-* et *-genèse* ■ EMBRYOL. Ensemble des transformations successives par lesquelles passent l'œuf et l'embryon de la fécondation à l'éclosion ou à la naissance. — On a dit *embryogénie,* 1832.

EMBRYOGÉNIQUE [ɑ̃bʀijoʒenik] **adj.** – 1839 ◊ de *embryogénie,* synonyme ancien de *embryogenèse* ■ SC. Relatif à l'embryogenèse.

EMBRYOLOGIE [ɑ̃bʀijɔlɔʒi] **n. f.** – 1762 ◊ de *embryo-* et *-logie* ■ Science qui étudie l'embryon et les différents stades embryonnaires. *Embryologie descriptive, comparée. Embryologie moléculaire.* — **n.** (1846) **EMBRYOLOGISTE.**

EMBRYOLOGIQUE [ɑ̃bʀijɔlɔʒik] **adj.** – 1832 ◊ de *embryologie* ■ Relatif à l'embryologie.

EMBRYON [ɑ̃bʀijɔ̃] **n. m.** – 1361 ◊ grec *embruon,* de *embruos* «qui se développe à l'intérieur» ■ **1** Organisme en développement des animaux ; l'œuf des animaux ovipares, pendant la période de segmentation et de différenciation des feuillets embryonnaires, jusqu'à la séparation du nouvel organisme de ses membranes enveloppantes. *«En tout embryon, ce qui est ébauché d'abord, c'est le système nerveux»* MICHELET. — Chez l'être humain, Produit de la segmentation de l'œuf jusqu'à la huitième semaine du développement dans l'utérus. ➤ **fœtus ; histogenèse.** *Transfert d'embryons.* ➤ **fivète.** ◆ BOT. Ensemble de cellules issues de l'œuf et donnant naissance à une plantule au sein de la graine. ➤ **cotylédon, gemmule ; radicule, tigelle.** ■ **2** FIG. Ce qui commence d'être, mais qui n'est pas achevé. ➤ **commencement, germe.** *Un embryon d'organisation.* ➤ **début.** *«Il y a une différence incalculable entre l'embryon d'une idée et l'entité intellectuelle qu'elle peut enfin devenir»* VALÉRY. LOC. *À l'état d'embryon,* d'ébauche (➤ **embryonnaire**).

EMBRYONNAIRE [ɑ̃bʀijɔnɛʀ] **adj.** – 1834 ◊ de *embryon* ■ **1** Relatif ou propre à l'embryon. *Sac* embryonnaire. Feuillets*, annexes* embryonnaires. Réduction* embryonnaire. Stades du développement embryonnaire :* morula, blastula, gastrula, neurula. ■ **2** FIG. Qui n'est qu'en germe, à l'état rudimentaire. *«Sa curiosité est demeurée à l'état embryonnaire»* GIDE.

EMBRYOPATHIE [ɑ̃bʀijopati] **n. f.** – v. 1960 ◊ de *embryo-* et *-pathie* ■ MÉD. Maladie qui atteint l'embryon au cours des trois premiers mois de son développement dans l'utérus, et qui aboutit à des malformations. *Embryopathie due à la rubéole, par exposition à un rayonnement.*

EMBRYOTOMIE [ɑ̃bʀijotɔmi] **n. f.** – 1707 ◊ de *embryo-* et *-tomie* ■ CHIR. Opération qui consiste à réduire chirurgicalement le fœtus mort dans l'utérus à l'aide d'un instrument appelé *embryotome* (**n. m.**), pour en faciliter l'extraction.

EMBU, UE [ɑ̃by] **adj. et n. m.** – 1676 ; p. p. de *emboire* «imprégner ; enivrer, séduire» XIIe ◊ latin *imbibere* ■ PEINT. Devenu terne, mat, parce que le support a absorbé l'huile. *Couleurs, tableaux embus.* ◆ **n. m.** Ton, aspect terne d'un tableau embu.

EMBÛCHE [ɑ̃byʃ] **n. f.** /EMBUCHE/ – *enbusque* 1360 ◊ de *embuschier* «mettre en embuscade» XIIe ; de *en-* et *bûche* «bois, forêt» ■ **1** VX Embuscade. ■ **2** MOD. AU PLUR. Difficultés se présentant comme un piège*, un traquenard. *Dresser, semer, tendre des embûches à qqn. Questions pleines d'embûches* (➤ **insidieux**).

EMBUER [ɑ̃bɥe] **v. tr.** ‹1› – 1877 ◊ de *en-* et *buée* ■ Couvrir de buée, d'une sorte de buée. ➤ 1**voiler.** *«Quand il pensait à Gilieth, les larmes embuaient ses yeux»* MAC ORLAN. PRONOM. *Ses yeux s'embuèrent de larmes. — Vitres embuées.* ■ CONTR. Désembuer.

EMBUSCADE [ɑ̃byskad] **n. f.** – 1549 ◊ probablt croisement de *embûche* et de l'italien *imboscata,* de *imboscare,* de *bosco* «bois», avec influence de *embusquer* ■ Manœuvre par laquelle on dissimule une troupe en un endroit propice, pour surprendre et attaquer l'ennemi. *Dresser, tendre, préparer une embuscade. Se tenir, être en embuscade :* se dissimuler pour surprendre qqn (à l'endroit où il doit passer). *Tomber dans une embuscade.* ➤ **guet-apens, traquenard.** ◆ FIG. Embûche. *«les embuscades successives des examens et des concours»* ROMAINS.

EMBUSQUER [ɑ̃byske] **v. tr.** ‹1› – 1611 ◊ réfection de *embuschier* (XIIe), de *bûche,* d'après l'italien *imboscare,* de *bosco* «bois» ■ **1** Mettre (une troupe, des personnes) en embuscade, poster en vue d'une agression. *«Tous deux sont embusqués au détour du chemin»* HUGO. PRONOM. *S'embusquer derrière une porte.* ■ **2** (1914-1918) Affecter par faveur (un mobilisé) à un poste non exposé, à une unité non combattante de l'arrière. *Il a réussi à se faire embusquer,* OU PRONOM. *à s'embusquer.* — **p. p. subst.** *«J'en avais marre des embusqués de l'arrière»* DORGELÈS. ➤ **planqué.** ■ CONTR. Débusquer.

ÉMÉCHÉ, ÉE [emeʃe] **adj.** – 1859 ◊ de *émécher* ■ Un peu ivre*. ➤ **gai, gris, pompette.**

ÉMÉCHER [emeʃe] **v. tr.** ‹6› – 1859 ; «moucher (une chandelle)» 1576 ◊ probablt de 1*mèche* ■ RARE Rendre légèrement ivre. *Il suffit d'un verre pour l'émécher.*

ÉMERAUDE [em(ə)ʀod] **n. f.** – XVIIe ; *esmeralde* v. 1130 ◊ latin d'origine grecque *smaragdus* ■ Pierre précieuse verte, diaphane, variété de béryl ; PAR EXT. *émeraude orientale,* variété verte de corindon. *Émeraudes brutes.* ➤ **morillon.** *Un collier d'émeraudes. «d'un vert si brillant qu'il pourrait soutenir la comparaison avec celui de la plus pure émeraude»* BAUDELAIRE. — APPOS. INV. *Vert émeraude :* vert transparent et lumineux. ◆ ADJT INV. D'un vert qui rappelle celui de l'émeraude. ➤ **smaragdin.** *«Des courtines de soie émeraude»* HUYSMANS.

ÉMERGENCE [emɛʀʒɑ̃s] **n. f.** – 1720 ; dr. «dépendance» 1498 ◊ de *émergent* ■ **1** PHYS. Sortie d'un rayonnement. *Point d'émergence d'un rayon lumineux,* le point où il sort d'un milieu qu'il traverse. ■ **2** PAR ANAL. *Émergence d'un nerf,* le point apparent où il se détache du centre nerveux. — GÉOL. *Émergence d'une source,* l'endroit où elle sort de terre. ■ **3** PHYLOG. Apparition d'un organe nouveau dans un phylum. ■ **4** FIG. Apparition soudaine (dans une série d'évènements ou d'idées). *Émergence d'un fait nouveau modifiant une théorie scientifique.* ■ **5** SC. *Émergence d'une propriété :* mise en évidence d'une propriété supplémentaire d'un tout, non déductible de l'étude indépendante des parties le composant.

ÉMERGENT, ENTE [emɛʀʒɑ̃, ɑ̃t] **adj.** – XVIe ◊ latin *emergens,* de *emergere* → émerger ■ **1** CHRONOLOGIE *Année émergente,* à partir de laquelle on compte les années d'une ère. ■ **2** (1720 ◊ anglais *emergent*) PHYS. *Rayon émergent :* rayon lumineux qui sort d'un milieu après l'avoir traversé. ◆ (XIXe) RARE Qui émerge. *«Les îles sont encore des têtes de montagnes émergentes»* TAINE. ■ **3** (de l'anglais) *Pays émergent,* dont l'économie prend une importance internationale, qui sort du sous-développement. *Métier émergent.*

ÉMERGER [emɛʀʒe] **v. intr.** ‹3› – 1826 ; «s'imposer à l'attention par sa valeur» 1495 ◊ latin *emergere,* de *mergere* «plonger» ■ **1** Sortir d'un milieu où l'on est plongé de manière à apparaître à la surface. *L'îlot émerge à marée basse.* ➤ **s'exonder.** *«Çà et là émerge, comme une pointe d'écueil, le haut d'une colonne engloutie à moitié»* GAUTIER. *Sous-marin émergeant dans un port* (cf. Faire surface*). *Émerger de l'ombre, du brouillard. «Le soleil émergeant d'une nuit sombre éclairait le fleuve»* CHATEAUBRIAND. — FIG. *Émerger du lot.* ➤ **se distinguer.** — **p. p. adj.** *Partie émergée d'une épave* (**opposé à** *immergé*). FIG. *La partie émergée de l'iceberg*.* ■ **2** FIG. Se manifester, apparaître plus clairement. ➤ **se dégager** (cf. Se faire jour*). *De tant de dépositions contradictoires, la vérité finissait par émerger. «L'acte qui était déjà en elle à son insu, commença alors d'émerger du fond de son être»* MAURIAC. — FAM. Sortir d'un état d'inconscience, d'incertitude. *Il a du mal à émerger le matin.* ■ CONTR. Enfoncer (s'), immerger, plonger. Disparaître.

ÉMERI [em(ə)ʀi] **n. m.** – *esmerill* XIIIe ◊ bas latin *smyris,* grec *smuris* ■ Roche métamorphique constituée essentiellement de corindon. *Poudre d'émeri.* — COUR. *Papier, toile (d')émeri :* papier ou toile qu'on enduit de colle forte et couvre de poudre d'émeri, utilisés comme abrasif. APPOS. INV. *Papier émeri. (Flacon) bouché à l'émeri,* dont le bouchon, poli à l'émeri, s'adapte parfaitement au goulot. — LOC. FAM. *Être* *bouché à l'émeri,* particulièrement borné et fermé (en parlant d'une personne).

ÉMERILLON [em(ə)ʀijɔ̃] **n. m.** – *esmerillon* XIIe ◇ ancien français *esmeril,* francique °*smiril* ■ **1** Petit faucon au vol rapide employé autrefois à la chasse. APPOS. *Faucons émerillons.* ■ **2** (1680) Anneau ou croc rivé par une petite tige dans une bague de façon à pouvoir tourner librement. *Émerillon d'affourche,* servant à réunir deux chaînes. *Croc, poulie à émerillon,* tournant sur eux-mêmes. — PÊCHE Attache métallique tournante empêchant la ligne de vriller.

ÉMERILLONNÉ, ÉE [em(ə)ʀijɔne] **adj.** – v. 1479 ◇ de *émerillon* (1°) ■ RARE Vif, éveillé. « *de grosses joues sous des yeux émerillonnés* » ROMAINS.

ÉMERISER [em(ə)ʀize] **v. tr.** ‹1› – 1868 ◇ de *émeri* ■ TECHN. Couvrir de poudre d'émeri.

ÉMÉRITE [emeʀit] **adj.** – 1355, repris XVIIIe ◇ latin *emeritus* « (soldat) qui a fini de servir » ■ **1** VX Retraité, honoraire. — MOD. *Professeur émérite :* professeur d'université retraité distingué par ses collègues (pour l'*éméritat* **n. m.**). — RÉGION. (Belgique) *Professeur, magistrat émérite,* qui, ayant cessé d'exercer ses fonctions, continue d'en porter le titre. ■ **2** FIG. VX Qui a une longue pratique de la chose, a vieilli dans son emploi. ➤ **chevronné, invétéré.** « *la coquette émérite* [...] *s'admirait elle-même dans la jeune coquette* » BALZAC. — PAR PLAIS. *Un buveur émérite.* ◆ (fin XIXe) MOD. Qui, par une longue pratique, a acquis une compétence, une habileté remarquable. ➤ **distingué, éminent, expérimenté.** *J'ai « suivi parfois la consultation de Doleris, accoucheur émérite »* DUHAMEL. ■ CONTR. Apprenti, novice.

ÉMERSION [emɛʀsjɔ̃] **n. f.** – 1694 ◇ latin scientifique *emersio,* classique *emersus,* de *emergere* → émerger ■ **1** ASTRON. Brusque réapparition d'un astre qui était éclipsé. ■ **2** GÉOGR. *Côte d'émersion :* littoral qui subit un abaissement du niveau de la mer. ■ **3** (1775) DIDACT. Action ou état d'un corps qui émerge d'un fluide, d'un milieu. *L'émersion d'un sous-marin.* ■ CONTR. Immersion.

ÉMERVEILLEMENT [emɛʀvɛjmɑ̃] **n. m.** – fin XIIe ◇ de *émerveiller* ■ Fait de s'émerveiller ; état d'une personne émerveillée. ➤ **admiration, enchantement, ravissement.** *L'émerveillement de qqn devant qqch., à la vue de qqch.*

ÉMERVEILLER [emɛʀveje] **v. tr.** ‹1› – XIIe ◇ de *é-* et *merveille* ■ Frapper d'étonnement et d'admiration. ➤ **éblouir, enchanter, 2 fasciner, ravir.** *Ce spectacle m'a émerveillé. Être émerveillé par qqch.* **p. p. adj.** *Un regard émerveillé.* — ABSOLT « *Le jour, cette vallée émerveille ; la nuit, elle fascine* » HUGO. ◆ **S'ÉMERVEILLER v. pron.** Éprouver un étonnement agréable devant qqch. d'inattendu qu'on juge merveilleux. ➤ **s'extasier.** *S'émerveiller de qqch., devant qqch.* « *un enfant qui s'émerveille lorsque, en frappant les touches, il réussit à produire un accord* » LARBAUD. *Ils s'émerveillent de découvrir ce pays.* ■ CONTR. Décevoir.

ÉMÉTINE [emetin] **n. f.** – 1817 ◇ de *émétique* ■ BIOCHIM., PHARM. Alcaloïde émétique extrait de l'ipéca, utilisé comme expectorant ou contre la dysenterie amibienne.

ÉMÉTIQUE [emetik] **adj. et n. m.** – 1560 ◇ latin d'origine grecque *emeticus* ■ MÉD. Qui provoque le vomissement. *Préparation émétique.* ◆ **n. m.** *Un émétique.* ➤ **vomitif.** SPÉCIALT Vomitif composé de tartrate d'antimoine et de potassium. « *Il prescrivit l'émétique, afin de dégager complètement l'estomac* » FLAUBERT.

ÉMETTEUR, TRICE [emetœʀ, tʀis] **n. et adj.** – 1792 ◇ de *émettre* ■ **1** FIN. Personne, organisme qui émet (des billets, des effets). *L'émetteur d'un chèque.* ➤ **tireur.** — **adj.** *Banque émettrice.* ■ **2** (1910 *poste émetteur d'ondes*) *Poste émetteur,* **ou n. m.** *émetteur :* ensemble de dispositifs électroniques destinés à l'émission d'informations (son, images, messages codés) à support électromagnétique. *Les constituants d'un émetteur.* ➤ **amplificateur, antenne, modulateur, oscillateur.** *Émetteur télégraphique, radioélectrique, de télévision. Émetteur pirate. Émetteur de brouillage.* — SPÉCIALT Station qui effectue des émissions radiophoniques, de télévision. ■ **3 n. m.** ÉLECTRON. L'une des trois électrodes d'un transistor bipolaire correspondant à la région la plus dopée. ■ **4 n. m.** Système fonctionnel (mécanisme ou être vivant) qui émet, produit des messages. *L'émetteur de messages en langue naturelle.* ➤ **destinateur, locuteur, 3 sujet** (parlant). ■ CONTR. 1 et 2 Récepteur. Allocutaire, destinataire.

ÉMETTRE [emɛtʀ] **v. tr.** ‹56› – 1790 ; dr. « interjeter » 1476 ◇ latin *emittere,* d'après *mettre* ■ **1** Produire au-dehors, mettre en circulation, offrir au public. *Les billets émis par la Banque de France. Émettre une nouvelle pièce de monnaie. L'État émet des emprunts. Personne qui émet un chèque.* ➤ **tirer.** ■ **2** PAR EXT. Faire sortir de soi (un son). *Émettre un vague grognement, un cri* (➤ **pousser**), *des injures* (➤ **proférer**). — Exprimer. ➤ **avancer, 1 dire, énoncer, formuler.** *Émettre un jugement, un avis.* « *Veuillez n'émettre aucune opinion sur les choses que nous verrons* » STENDHAL. *Émettre un doute, une objection. Il a émis le souhait que nous partions.* ◆ RELIG. *Émettre des vœux :* s'engager dans la vie religieuse. ➤ **prononcer.** ■ **3** (1830) Projeter spontanément hors de soi, par rayonnement (des radiations, des ondes). *Le soleil émet des rayons* (➤ **émissif**). *Les particules émises par le noyau d'un corps radioactif.* ◆ Envoyer (des signaux, des images) sur ondes électromagnétiques (➤ **diffuser, transmettre**) ; ABSOLT Faire des émissions. *Émettre sur telle longueur d'onde.* ■ CONTR. Recevoir. ■ HOM. poss. *Émets :* aimais (aimer).

ÉMEU [emø] **n. m.** – 1605 en latin des zoologistes ; *eeme* 1598 ◇ mot des îles Moluques ■ Oiseau coureur, ratite de grande taille (*rhéiformes*), aux ailes très réduites, vivant en Australie. *Des émeus.*

ÉMEUTE [emøt] **n. f.** – 1326 ; *esmote, esmuete* « mouvement, émoi » XIIe ◇ ancien p. p. de *émouvoir* ■ Soulèvement populaire, généralement spontané et non organisé, pouvant prendre la forme d'un simple rassemblement tumultueux accompagné de cris et de bagarres. ➤ **agitation, insurrection, révolte, soulèvement, 2 trouble.** *Manifestation qui tourne à l'émeute. Nuit, scènes d'émeute. Répression d'une émeute* (➤ **antiémeute**). « *Je jugeai qu'il ne s'agissait pas d'une émeute, mais d'une révolution* » CHATEAUBRIAND. « *l'émeute raffermit les gouvernements qu'elle ne renverse pas* » HUGO.

ÉMEUTIER, IÈRE [emøtje, jɛʀ] **n.** – 1834 ◇ de *émeute* ■ Personne qui excite à une émeute ou qui y prend part.

-ÉMIE ■ Groupe suffixal, du grec *-aimia,* de *haima* « sang » : *alcoolémie, urémie.*

ÉMIETTEMENT [emjɛtmɑ̃] **n. m.** – 1611 ◇ de *émietter* ■ Action d'émietter, fait de s'émietter. ➤ **atomisation, dispersion.** « *cet émiettement d'énergies* » R. ROLLAND.

ÉMIETTER [emjete] **v. tr.** ‹1› – 1572 ◇ de *é-* et *miette* ■ Réduire en miettes, désagréger en petits morceaux. *Émietter du pain, des biscuits.* — *Roche émiettée par l'érosion.* ➤ **effriter.** — AGRIC. Réduire les mottes en miettes (avec une *émietteuse*). ◆ Morceler à l'excès. ➤ **atomiser, fragmenter, parcelliser.** PRONOM. « *Le patrimoine était menacé de s'émietter* » MADELIN.

ÉMIGRANT, ANTE [emigʀɑ̃, ɑ̃t] **n.** – 1770 ◇ de *émigrer* ■ Personne qui émigre. ➤ **migrant.** « *Tu regardes les yeux pleins de larmes ces pauvres émigrants* » APOLLINAIRE.

ÉMIGRATION [emigʀasjɔ̃] **n. f.** – 1752 ◇ latin juridique *emigratio* ■ **1** Action d'émigrer. ➤ **expatriation, migration ; exode.** *La misère, les persécutions, facteurs d'émigration. Pays à forte émigration.* « *L'émigration est un phénomène démographique, c'est-à-dire spontané* » GIDE. ◆ HIST. Départ hors de France des adversaires de la Révolution ; ensemble des émigrés. « *Bruxelles était le quartier général de la haute émigration* » CHATEAUBRIAND. ■ **2** ZOOL. Migration.

ÉMIGRÉ, ÉE [emigʀe] **n.** – 1791 ◇ de *émigrer* ■ **1** HIST. Personne qui se réfugia hors de France sous la Révolution. ■ **2** Personne qui s'est expatriée pour des raisons politiques, économiques, etc., par rapport à son pays. ➤ **exilé, expatrié.** « *ces émigrés qui n'ont jamais pu bien assimiler la langue de leur patrie d'adoption et qui font honte à leurs enfants par leur accent et leurs fautes de syntaxe* » TOURNIER. *Émigré politique. Les émigrés sont aussi des immigrants.* ➤ **migrant.** — **adj.** *Travailleurs émigrés.*

ÉMIGRER [emigʀe] **v. intr.** ‹1› – 1780 ◇ latin *emigrare* ■ **1** Quitter son pays pour aller s'établir dans un autre, temporairement ou définitivement. ➤ **s'expatrier.** *Émigrer pour des raisons politiques, économiques. Émigrer en Amérique.* « *Les lois les plus tyranniques sur les émigrations n'ont jamais eu d'autre effet que de pousser le peuple à émigrer* » MIRABEAU. ◆ HIST. S'est dit des personnes qui quittèrent la France pendant la Révolution. ■ **2** (1827) (Animaux) Quitter périodiquement et par troupes une contrée pour séjourner ailleurs (➤ **migrateur, migration**). « *Les bisons sont si nombreux* [...] *que quand ils émigrent leur troupe met quelquefois plusieurs jours à défiler* » CHATEAUBRIAND.

visage stylisé exprimant une émotion, représentant un trait physique, une action, un personnage... *Émoticones et émojis.* — On trouve aussi *émoticône*, **n. f.** : *une émoticône souriante.* — Recomm. offic. *frimousse.*

ÉMOTIF, IVE [emɔtif, iv] **adj.** – 1877 ◊ de *emotum*, supin de *emovere* → émouvoir ▪ **1** Relatif à l'émotion. *Troubles émotifs.* ➤ **affectif.** *Choc émotif.* ➤ **émotionnel.** ▪ **2** Prédisposé à ressentir fortement les émotions. ➤ **impressionnable, nerveux, sensible.** « *Il lui répondit que j'étais trop émotif et que j'aurais eu besoin de calmants et de faire du tricot* » PROUST. ➤ **hyperémotif.** — **n.** *C'est un émotif.* ▪ **CONTR.** Apathique, flegmatique, 1 froid, impassible, insensible.

ÉMOTION [emosjɔ̃] **n. f.** – *esmotion* 1534 ◊ de *émouvoir*, d'après *motion* « mouvement » (XIIIe) ▪ **1** VX Mouvement, agitation d'un corps collectif pouvant dégénérer en troubles. ➤ **émeute.** *Une certaine émotion commençait à gagner le peuple, l'armée.* ▪ **2** État de conscience complexe, généralement brusque et momentané, accompagné de troubles physiologiques (pâleur ou rougissement, accélération du pouls, palpitations, sensation de malaise, tremblements, incapacité de bouger ou agitation). — PAR EXT. Sensation (agréable ou désagréable), considérée du point de vue affectif. ➤ **émoi.** *Un souvenir qu'il évoquait avec émotion.* ➤ **attendrissement.** « *L'émotion l'étouffait* » BOSCO. « *En proie à une émotion paralysante* » BOURGET. « *Son cœur palpitant à le laisser choir d'émotion* » MAUPASSANT. *Cacher son émotion.* ➤ 2 **trouble.** « *Capable de feindre une émotion sans doute, non de la dissimuler* » COLETTE. *Accueillir une nouvelle sans émotion,* avec indifférence (cf. Sans sourciller). — FAM. *Tu nous as donné des émotions,* nous avons été inquiets pour toi, tu nous as fait peur. *Que d'émotions ! Se remettre de ses émotions. Émotions fortes* : vive sensation de frayeur. ◆ (Sens affaibli) État affectif, plaisir ou douleur, nettement prononcé. ➤ **sentiment.** « *La poésie ne peut exister sans l'émotion* » CLAUDEL. « *Ce n'est jamais l'émotion toute pure qu'on peut exprimer en art* » R. ROLLAND. ▪ **CONTR.** 1 Calme, froideur, indifférence, insensibilité.

ÉMOTIONNABLE [emosjɔnabl] **adj.** – 1870 ◊ de *émotionner* ▪ RARE Émotif, impressionnable.

ÉMOTIONNEL, ELLE [emosjɔnɛl] **adj.** – 1870 ◊ de *émotion* ▪ PSYCHOL. Propre à l'émotion, qui a le caractère de l'émotion. ➤ **affectif.** *États émotionnels. Traumatisme dû à un choc émotionnel.*

ÉMOTIONNER [emosjɔne] **v. tr.** ⟨1⟩ – 1823 ; v. 1750 au p. p. ◊ de *émotion* ▪ FAM. Toucher, agiter par une émotion. ➤ **émouvoir.** « *Je ne dirai pas que cet ouvrage* [...] *émeut, mais il* émotionne : *mauvais mot, mauvaise chose* » SAINTE-BEUVE.

ÉMOTIVITÉ [emɔtivite] **n. f.** – 1877 ◊ de *émotif* ▪ Capacité de réagir par des émotions. — Caractère d'une personne émotive. ➤ **impressionnabilité, sensibilité.** *Un enfant d'une grande émotivité.* — CARACTÉRO. Un des éléments essentiels du caractère (opposé à *activité*). « *L'émotivité doit entraîner l'attachement du sujet ému à ce qui l'émeut* » LE SENNE.

ÉMOTTER [emɔte] **v. tr.** ⟨1⟩ – *esmotter* 1551 ◊ de *é-* et *motte* ▪ Débarrasser (un champ labouré) des mottes de terre restées entières, en les brisant en vue d'ameublir la terre. ➤ **herser, rouler.** — **n. m.** **ÉMOTTAGE,** 1835.

ÉMOTTEUR, EUSE [emɔtœʀ, øz] **n. f.** et **adj.** – 1880 ◊ de *émotter* ▪ **1** Herse servant à émotter. ▪ **2** **adj.** *Rouleau émotteur* : rouleau à double rangée d'étoiles obliques, pour briser les mottes.

ÉMOUCHET [emuʃɛ] **n. m.** – *esmouchet* 1558 ◊ ancien français *moschet, mouchet,* diminutif de *mouche* ▪ Rapace de petite taille, en particulier faucon crécerelle. — APPOS. *Des faucons émouchets.*

ÉMOUCHETTE [emuʃɛt] **n. f.** – 1690 ; « ombelle » 1549 ◊ de *émoucher* (XIIIe), de *é-* et *mouche* ▪ Réseau de cordelettes flottantes qui servait à protéger un cheval contre les mouches.

ÉMOULU, UE [emuly] **adj.** – XIIe ◊ p. p. de (vx) *émoudre* « aiguiser », du latin impérial *emolere* ▪ **1** LOC. (LITTÉR.) *Se battre à fer émoulu,* avec des armes affilées (et non mouchetées comme à l'ordinaire). ▪ **2** (1548 ◊ métaph. de *frais émoulu* « qu'on vient d'aiguiser ») **ÊTRE FRAIS, FRAÎCHE ÉMOULU(E) DE :** récemment sorti(e) de (une école). *Il est tout frais émoulu de Polytechnique. Elle est frais* (ou *fraîche*) *émoulue de l'E. N. A.*

ÉMOUSSER [emuse] **v. tr.** ⟨1⟩ – XIVe ◊ de *é-* et 3 *mousse* ▪ **1** Rendre moins coupant, moins aigu. ➤ **épointer.** *Émousser un fleuret.* ➤ **moucheter.** — *Armes émoussées. Pointe d'outil, mine de crayon émoussée,* rendue moins pointue par l'usage. ▪ **2** FIG. Rendre moins vif, moins pénétrant, moins incisif. ➤ **affaiblir, amortir, atténuer, endormir.** *Émousser la curiosité de qqn.* « *Une douce habitude vient émousser toutes les peines de la vie* » STENDHAL. « *L'accoutumance émousse la sensation* » GIDE. — PRONOM. *Désir qui s'émousse.* ▪ **CONTR.** Aiguiser ; affiner.

ÉMOUSTILLANT, ANTE [emustijɑ̃, ɑ̃t] **adj.** – 1854 ◊ de *émoustiller* ▪ Qui émoustille. ➤ **excitant.** *Un sourire émoustillant.* ➤ **affriolant.** ◆ Au négatif *Le programme n'est pas très émoustillant.* ➤ FAM. **bandant.**

ÉMOUSTILLER [emustije] **v. tr.** ⟨1⟩ – 1705 ; *amoustiller* 1534 ◊ de *moustille* « moût, vin nouveau », de *moust* « pétillement du vin » ▪ Mettre de bonne humeur, exciter. « *Il les amusait par ses boutades, les émoustillait par sa bonne humeur* » ROMAINS. — « *Ils commençaient à se sentir très émoustillés par le cidre* » LOTI. ▪ **CONTR.** Calmer, refroidir.

ÉMOUVANT, ANTE [emuvɑ̃, ɑ̃t] **adj.** – 1849 ◊ de *émouvoir* ▪ Qui émeut, qui fait naître une émotion d'espèce supérieure (compassion, admiration). ➤ **attendrissant, bouleversant, pathétique, poignant, saisissant,** 2 **touchant.** « *Le timbre ému et émouvant de sa voix* » LAMARTINE. *Une cérémonie émouvante. Un personnage émouvant.* « *La petite maison restait les volets clos, émouvante de silence et de tristesse* » BARRÈS. ▪ **CONTR.** 1 Froid.

ÉMOUVOIR [emuvwaʀ] **v. tr.** ⟨27, sauf p. p. *ému*⟩ – *esmoveir* 1080 ◊ latin populaire °*exmovere,* du latin classique *emovere* « mettre en mouvement » ▪ **1** VX ou LITTÉR. Mettre en mouvement. ➤ **agiter, ébranler, mouvoir.** « *Aucun souffle n'émouvait le maigre platane* » MAURIAC. ◆ VX ou LITTÉR. Agiter, troubler (les humeurs, les esprits). *Des sensations* « *dont il semble que le corps seul soit ému* » CAILLOIS. — PRONOM. « *Plus d'une fois ma chair s'était émue* » HUGO. ▪ **2** (XIIe *émouvoir le cœur*) COUR. Agiter (qqn) par une émotion plus ou moins vive. ➤ 3 **affecter, bouleverser, émotionner, remuer, saisir,** 1 **toucher, troubler.** « *Pour émouvoir l'homme il faut bien quelque chose : désir, plaisir, ou besoin* » GIDE. « *Le docteur O'Grady peut risquer les pires blasphèmes sans émouvoir le général* » MAUROIS. *Cette lettre, cette nouvelle m'a ému.* — PRONOM. *Sans s'émouvoir le moins du monde* : sans s'inquiéter, sans se frapper. ➤ **s'alarmer, sourciller.** ◆ SPÉCIALT Toucher en éveillant une sympathie profonde, un intérêt puissant. « *Si l'auteur m'émeut, s'il m'intéresse* » VOLTAIRE. ABSOLT « *L'art émeut* » HUGO. — PRONOM. « *Il s'émouvait au souvenir d'une phrase de Beethoven* » ROMAINS. ▪ **CONTR.** Calmer, 1 froid (laisser froid).

EMPAFFÉ, ÉE [ɑ̃pafe] **n.** – 1926 ◊ de *paf* vulg. « pénis » ▪ T. d'injure Imbécile, maladroit ; salaud. *Espèce d'empaffé !* ➤ **enculé, enfoiré.**

EMPAILLAGE [ɑ̃pɑjaʒ] **n. m.** – 1811 ◊ de *empailler* ▪ Action d'empailler (des sièges). ➤ **rempaillage.** ◆ Action d'empailler (des animaux). ➤ **naturalisation, taxidermie.**

EMPAILLER [ɑ̃paje] **v. tr.** ⟨1⟩ – 1660 ; *empaillé* « mêlé de paille » 1543 ◊ de *en-* et *paille* ▪ **1** Bourrer de paille la peau de (un animal mort qu'on veut conserver). ➤ **naturaliser.** *Oiseau, renard empaillé.* ◆ FIG. FAM. *Il a l'air empaillé,* peu dégourdi, empoté. ▪ **2** Garnir, couvrir de paille (un siège). *Empailler des chaises.* ➤ 2 **pailler, rempailler.** ▪ **3** (1680) Envelopper, entourer de paille (pour protéger des chocs). *Empailler de la verrerie. Empailler des bouteilles* (dans des paillons). — HORTIC. *Empailler un semis,* pour le protéger du gel. ➤ 2 **pailler.** ▪ **CONTR.** Dépailler.

EMPAILLEUR, EUSE [ɑ̃pɑjœʀ, øz] **n.** – 1701 ◊ de *empailler* ▪ **1** Rempailleur. ▪ **2** Personne qui empaille des animaux. ➤ **naturaliste, taxidermiste.**

EMPALEMENT [ɑ̃palmɑ̃] **n. m.** – 1584 ◊ de *empaler* ▪ Action d'empaler, de s'empaler ; fait d'être empalé.

EMPALER [ɑ̃pale] **v. tr.** ⟨1⟩ – v. 1265 « mettre entre des poteaux » ◊ de *en-* et *pal* ▪ **1** Soumettre au supplice du pal. ▪ **2** PAR EXT. Transpercer, piquer, embrocher. — « *Deux moutons rôtis entiers : on les apporte empalés dans de longues perches* » FROMENTIN. — PRONOM. Tomber sur un objet pointu qui s'enfonce à travers le corps. *S'empaler sur une fourche, une grille.*

EMPAN [ɑ̃pɑ̃] **n. m.** – 1532 ; *espan* XIIe ◊ francique °*spanna* ; cf. allemand *Spanne* ▪ MÉTROL. Ancienne unité de mesure de longueur qui représentait l'intervalle compris entre l'extrémité du pouce et celle du petit doigt, lorsque la main est ouverte le plus possible, soit environ 20 centimètres.

EMPANACHÉ, ÉE [ɑ̃panaʃe] adj. – v. 1500 ◊ de *en-* et *panache* ■ Orné d'un panache. *Casque empanaché.* — PAR MÉTAPH. «*des pics éblouissants, de hauts cimiers empanachés de neige*» THARAUD.

EMPANNAGE [ɑ̃panaʒ] n. m. – XXe ◊ de *empanner* ■ MAR. Action d'empanner, son résultat.

EMPANNER [ɑ̃pane] v. intr. ‹1› – 1870 ; autre sens 1703 ◊ de *en-* et *panne* ■ MAR. Virer de bord en passant par vent arrière.

EMPAQUETAGE [ɑ̃pak(ə)taʒ] n. m. – 1813 ◊ de *empaqueter* ■ Action d'empaqueter ; son résultat. ➤ **emballage.** *Poids net à l'empaquetage, 450 g.*

EMPAQUETER [ɑ̃pak(ə)te] v. tr. ‹4 /5/› – fin XVe ◊ de *en-* et *paquet* ■ **1** Mettre en paquet. *Empaqueter du sucre en usine.* ➤ **conditionner.** ■ **2** Emballer (ce que qqn a acheté). ➤ **emballer.** *Empaqueter des livres, du linge.* ■ CONTR. Dépaqueter.

EMPAQUETEUR, EUSE [ɑ̃pak(ə)tœʀ, øz] n. – 1925 ◊ de *empaqueter* ■ Ouvrier, ouvrière qui fait des paquets, remplit des boîtes à la main. ➤ **emballeur.**

EMPARER (S') [ɑ̃paʀe] v. pron. ‹1› – 1514 ; *enparer* «munir, fortifier» 1323 ◊ ancien provençal *amparar,* latin populaire °*anteparare* «disposer par-devant» ■ **1** Prendre violemment ou indûment possession de (un pays, un bien). ➤ **conquérir, enlever, occuper, prendre** (cf. Mettre la main sur). «*En 1453, les Turcs s'emparent de Constantinople*» BAINVILLE. «*Le premier venu peut, en s'emparant du télégraphe et de l'imprimerie nationale, gouverner une grande nation*» BAUDELAIRE. *Un individu s'est emparé de mon sac.* ➤ 2 **voler.** — (ABSTRAIT) *Ils se sont emparés du marché européen.* ➤ **accaparer.** *S'emparer du pouvoir.* ■ **2** LITTÉR. Se rendre maître (d'un esprit, d'une personne) au point de dominer, de subjuguer. «*Pour s'emparer de ta volonté*» FROMENTIN. ♦ COUR. (sujet chose) ➤ **envahir, gagner.** *Le sommeil s'empara de lui. Émotion, colère, peur qui s'empare de qqn.* ■ **3** Se saisir avidement (de qqch.) en vue d'une utilisation. *Le gardien de but réussit à s'emparer du ballon.* «*Ce travail d'ordonnance, auquel se livre malgré moi mon esprit sur tout ce dont il s'empare*» GIDE. ■ CONTR. Abandonner, perdre ; rendre, restituer.

EMPÂTEMENT [ɑ̃pɑtmɑ̃] n. m. – 1600 ; «embarras» 1355 ◊ de *empâter* ■ **1** AGRIC. Engraissement (des volailles). ■ **2** (1798) Épaississement diffus du tissu sous-cutané, produisant un effacement des traits (➤ **bouffissure**). «*Sa mentonnière destinée à retarder l'empâtement des joues et du menton*» COLETTE. ■ **3** (1752) PEINT. Couche épaisse de pâte colorée. «*J'aime assez ce genre de paysage* [...] *où les arbres sont de gros empâtements verts, les routes de gros empâtements blancs*» ALAIN-FOURNIER. ■ HOM. poss. Empattement.

EMPÂTER [ɑ̃pɑte] v. tr. ‹1› – début XIIIe ◊ de *pâte* ■ **1** Couvrir d'une pâte. *Empâter les plaques d'un accumulateur* (d'une pâte de minium). ♦ Surcharger (qqch., la bouche) d'une matière épaisse, rendre pâteux. *Alcool qui empâte la langue.* — (XVIIe) PEINT. Peindre en posant les couleurs en couche épaisse. ■ **2** Engraisser de pâtée (une volaille). ■ **3 S'EMPÂTER** v. pron. COUR. Devenir gras, prendre de l'embonpoint. ➤ **épaissir, grossir.** «*Un corps un peu gras, des joues qui s'empâtaient*» SARTRE. — p. p. adj. *Un visage empâté.* ➤ **bouffi.** ■ CONTR. Amaigrir, émacier. ■ HOM. poss. Empatter.

EMPATHIE [ɑ̃pati] n. f. – 1960 ◊ de *en* «dedans» et *-pathie,* d'après *sympathie* ■ PHILOS., PSYCHOL. Faculté de s'identifier à quelqu'un, de ressentir ce qu'il ressent. — adj. **EMPATHIQUE.**

EMPATTEMENT [ɑ̃patmɑ̃] n. m. – 1499 ◊ de *empatter* ■ **1** ARCHIT. Maçonnerie en saillie à la base d'un mur. Griffe à la base d'une colonne. ♦ (1930) TYPOGR. Trait horizontal plus ou moins épais au pied et à la tête d'un jambage. *Les empattements du N.* ■ **2** (XIXe) TECHN. Pied, base, partie plus large. — (1873) AUTOM. Distance séparant les essieux d'une voiture. ■ HOM. poss. Empâtement.

EMPATTER [ɑ̃pate] v. tr. ‹1› – 1327 ◊ de *en-* et *patte* ■ TECHN. Joindre, maintenir, soutenir avec des pattes. ➤ **étayer, renforcer.** ■ HOM. poss. Empâter.

EMPAUMER [ɑ̃pome] v. tr. ‹1› – 1611 ; «tenir dans sa main» avant 1475 ◊ de *en-* et *paume* ■ FAM. et VIEILLI Posséder (qqn) en trompant, en enjôlant. «*Tout malin que tu es, tu te fais empaumer*» B. CLAVEL. ➤ **duper*, rouler.**

EMPAUMURE [ɑ̃pomyʀ] n. f. – 1550 ◊ de *en-* et *paumure* (XIVe), même sens, de *paume* ■ **1** Partie supérieure de la tête du cerf, qui s'élargit comme la paume de la main et porte des andouillers. ■ **2** (1680 ◊ de *paume*) Partie du gant qui couvre la paume.

EMPÊCHEMENT [ɑ̃pɛʃmɑ̃] n. m. – fin XIIe ◊ de *empêcher* ■ Ce qui empêche d'agir, de faire ce qu'on voudrait. ➤ **contrariété, contretemps, difficulté*, obstacle, opposition.** *Avoir un empêchement de dernière minute. En cas d'absence ou d'empêchement.* — SPÉCIALT, DR. *Empêchement de mariage* : absence d'une des conditions que la loi met au mariage. *Empêchement dirimant, prohibitif.*

EMPÊCHER [ɑ̃peʃe] v. tr. ‹1› – *empeschier* XIIe ◊ bas latin *impedicare,* de *pedica* → piège ■ **1** VX Entraver, empêtrer, gêner. «*Empêché par son hoqueton Ne put ni fuir ni se défendre*» LA FONTAINE. ♦ p. p. adj. LITTÉR. Embarrassé. ➤ **emprunté.** «*Les airs un peu empêchés que prenaient les gens*» ROMAINS. ■ **2** COUR. **EMPÊCHER (qqch.) :** faire en sorte que ne se produise pas (qqch.), rendre impossible en s'opposant. ➤ **éviter, interdire.** «*Car que sert d'interdire ce qu'on ne peut pas empêcher ?*» GIDE. *Empêcher l'accès à un lieu.* ➤ **interdire.** *Il faut empêcher leur progression.* ➤ **arrêter,** 2 **enrayer,** 1 **stopper.** ♦ **EMPÊCHER QUE** (et le subj.). «*Comment empêchera-t-elle qu'il ne soit sans cesse entouré d'ennemis ?*» ROUSSEAU. *Rien n'empêchera plus qu'ils se marient. Cela n'empêche pas que vous avez, que vous ayez tort.* ♦ loc. de coordin. **(IL) N'EMPÊCHE QUE... ;** *cela n'empêche pas que...* : cependant, malgré cela. «*Ces drames* [de Hugo] *sont plus discutables ; n'empêche que cela se lit*» HENRIOT. — FAM. *N'empêche* : ce n'est pas une raison (cf. Quand* même ; tout de même*). *N'empêche, elle aurait pu écrire.* ■ **3 EMPÊCHER (qqn) DE FAIRE (qqch.),** faire en sorte qu'il ne puisse pas. ➤ **retenir** (qqn de...) (cf. Mettre dans l'impossibilité de). *Empêchez-les de se battre !* ♦ (Sujet chose) *Le bruit m'empêche de travailler.* «*Qu'est-ce qui nous empêche d'être des hommes comme eux ?*» ROUSSEAU. *Rien ne l'empêche de venir.* LOC. *Ça ne l'empêche pas de dormir* : cela ne l'inquiète pas outre mesure. ♦ PRONOM. (surtout en tour négatif) Se défendre, se retenir de. «*Je ne pus m'empêcher de vous aimer*» SCARRON. *Elle ne pouvait s'empêcher de rire. On ne peut s'empêcher de penser qu'il a raison.* ■ CONTR. Favoriser, permettre ; autoriser, encourager, laisser.

EMPÊCHEUR, EUSE [ɑ̃pɛʃœʀ, øz] n. – v. 1860 ; *empescheor* «opposant, gêneur» XIIIe ◊ de *empêcher* ■ LOC. (p.-ê. emprunté au pamphlet de P.-L. Courier qui dénonçait le curé et le préfet pour avoir voulu empêcher les villageois de danser) *Empêcheur de danser* (VIEILLI), *de tourner* (MOD.) *en rond* : personne qui empêche les autres de faire ce qu'ils aiment, d'exprimer leur gaieté, de prendre du plaisir. ➤ **rabat-joie, trouble-fête ;** FAM. **emmerdeur.**

EMPÉGUER [ɑ̃pege] v. tr. ‹6› – 1940 ◊ de l'occitan *empega* «poisser, coller» → péguer ■ RÉGION. (Provence, Languedoc) FAM. ■ **1** Couvrir, salir d'une matière gluante, poisseuse. ➤ **engluer, poisser.** Au p. p. «*Comment vous faites pour que le poisson soit pas* [...] *tout empégué d'oignons et de tomates*» TH. MONNIER. ■ **2 S'EMPÉGUER (AVEC, DE).** v. pron. Se salir d'une matière gluante ou poisseuse. — FIG. *S'empéguer dans une sale histoire.* ➤ **s'empêtrer.** ■ **3** v. pron. S'enivrer.

EMPEIGNE [ɑ̃pɛɲ] n. f. – *enpeigne* XIIIe ◊ de *en-* et *peigne,* ancien français *piegne* «métatarse», par anal. de forme ■ Dessus d'une chaussure, du cou-de-pied jusqu'à la pointe. «*Des souliers neufs, dont les empeignes le blessaient*» SARTRE. ♦ LOC. FAM. (1793, non injurieux) *Gueule (face) d'empeigne,* injure.

EMPENNAGE [ɑ̃penaʒ] n. m. – 1832 ◊ de *empenner* ■ **1** Action, manière d'empenner (les flèches). ■ **2** (1907) Surfaces placées (comme une empenne) à l'arrière des ailes ou de la queue d'un avion, d'une fusée, d'un dirigeable, et destinées à lui donner de la stabilité en profondeur et en direction. ♦ PAR ANAL. Ailettes (d'un projectile) destinées à assurer la stabilité de la trajectoire. *L'empennage d'une bombe d'avion.*

EMPENNE [ɑ̃pɛn] n. f. – 1701 ◊ de *empenner* ■ Partie du talon d'une flèche munie de plumes ou ailerons, destinés à régulariser sa direction.

EMPENNER [ɑ̃pene] v. tr. ‹1› – 1080 ◊ de *en-* et 1 *penne* ■ **1** Garnir (une flèche) de plumes, d'une empenne. «*La nièce de Chactas empennait des flèches avec des plumes de faucon*» CHATEAUBRIAND. ■ **2** p. p. adj. *Flèche empennée.* ♦ BLAS. Dont l'empenne est d'un émail particulier.

EMPEREUR [ɑ̃pʀœʀ] n. m. – 1080 ◊ latin *imperatorem,* accusatif de *imperator*

I ■ **1** (Depuis Charlemagne) Chef de l'empire d'Occident, du Saint Empire romain germanique. *Charlemagne, l'empereur à la barbe fleurie.* ■ **2** Titre donné depuis Auguste au détenteur du pouvoir suprême dans l'Empire romain. ➤ **césar.** *Les empereurs romains.* ▪ **3** Chef souverain de certains États. ➤ **kaiser, mikado, sultan, tsar.** *L'empereur et l'impératrice.* — SPÉCIALT (En France) *L'Empereur :* Napoléon Ier, puis Napoléon III.

II (Animaux) ▪ **1** Poisson comestible des grands fonds marins. ➤ **béryx.** ▪ **2** Manchot* de grande taille. — EN APPOS. *Des manchots empereurs.*

EMPERLER [ɑ̃pɛʀle] **v. tr.** ‹1› – milieu XVIe, repris XIXe ◊ de *en-* et *perle* ▪ **1** RARE Orner de perles. *Robe brodée et emperlée.* ▪ **2** Couvrir comme de perles. *« Ses belles épaules, tout emperlées de gouttes d'eau »* GAUTIER.

EMPESAGE [ɑ̃pəzaʒ] **n. m.** – 1650 ◊ de *empeser* ▪ Action d'empeser, état de ce qui est empesé. ➤ **amidonnage.** *Empesage rigide, souple.*

EMPESÉ, ÉE [ɑ̃pəze] **adj.** – fin XIe ◊ de *empeser* ▪ **1** Qu'on a empesé. *Col empesé.* ➤ **amidonné, dur.** *« Du linge fraîchement empesé »* GREEN. ▪ **2** (fin XVIIe) FIG. Raide, compassé, dépourvu de naturel. ➤ **apprêté, guindé.** *Démarche empesée. Un air empesé.* ▪ CONTR. Aisé, naturel.

EMPESER [ɑ̃pəze] **v. tr.** ‹5› – fin XIe ◊ de l'ancien français *empoise*, latin *impensa* « dépense » ▪ Apprêter avec de l'empois. ➤ **amidonner.** *Empeser un col.*

EMPESTER [ɑ̃pɛste] **v. tr.** ‹1› – 1575 ◊ de *en-* et *peste* ▪ **1** RARE Infecter de la peste (ou de quelque autre maladie contagieuse). — *« Une journée dans la ville empestée »* CAMUS. ◆ FIG. Empoisonner, corrompre. *« Sa bonté et la délicatesse de son cœur [...] empesteraient de remords et de honte la joie de ces amours coupables »* PROUST. ▪ **2** (1584) Remplir d'une odeur infecte. ➤ **empoisonner, empuantir.** *Odeur de moisi qui empeste une cave.* ▪ **3** Dégager (une odeur désagréable). ➤ **puer ;** FAM. **chlinguer, cocotter, 1 dauber, fouetter.** *Son bureau empeste le tabac.* — ABSOLT Sentir très mauvais. ➤ FAM. **cogner.** *« Eh ! vous empestez, Père Ubu. Vous ne vous lavez donc jamais ! »* JARRY. *Ça empeste ici ! ouvrez les fenêtres.* ▪ CONTR. Embaumer.

EMPÊTRER [ɑ̃petʀe] **v. tr.** ‹1› – XVe ; *empaistrier* XIIe ◊ latin populaire °*impastoriare*, latin médiéval *pastoria* « entrave à bestiaux », de *pastus* « pâturage » ▪ **1** Entraver, engager (généralt les pieds, les jambes) dans des liens, dans qqch. qui retient ou embarrasse. *« comme un animal au filet que chaque soubresaut empêtre davantage »* MARTIN DU GARD. *S'empêtrer les pieds dans le tapis.* ➤ RÉGION. **encoubler, enfarger.** *« Un peu empêtrés dans leurs vêtements raides »* CAMUS. — PRONOM. *« Dans la neige et la boue il allait s'empêtrant »* BAUDELAIRE. ▪ **2** FIG. Engager dans des difficultés, dans une situation embarrassante. *« rester empêtré dans le dogme »* GIDE. — PRONOM. *S'empêtrer dans des explications.* ➤ **s'embarrasser, s'embrouiller ;** FAM. **s'emberlificoter ;** RÉGION. **s'entraver.** *S'empêtrer dans ses mensonges.* ➤ **s'enferrer, s'enfoncer.** ◆ Embarrasser de (qqch., qqn). ➤ **encombrer.** *« empêtrés de cette vie dont ils ne savaient plus que faire »* SARTRE. — PRONOM. *Il « s'était empêtré d'une femme qui lui faisait peu d'honneur »* LACLOS. ▪ CONTR. Débarrasser, dégager, dépêtrer.

EMPHASE [ɑ̃fɑz] **n. f.** – 1543 ◊ latin *emphasis*, du grec, terme de rhétorique ▪ **1** VX Énergie, force expressive. *« Les mots ont dans sa bouche une emphase admirable »* BOILEAU. ▪ **2** (1588) MOD. PÉJ. Emploi abusif ou déplacé du style élevé, du ton déclamatoire. ➤ **déclamation, enflure, grandiloquence.** *Parler avec emphase.* ➤ **pérorer, pontifier.** *« Il parla à son tour d'un ton doctrinaire, avec l'emphase apprise dans les proclamations »* MAUPASSANT. *Souvenirs évoqués sans emphase.* ◆ PAR EXT. Exagération dans la manifestation des sentiments. ➤ **2 affectation.** *« Un dévouement sans comédie et sans emphase »* BAUDELAIRE. ▪ CONTR. Naturel, simplicité. Discrétion.

EMPHATIQUE [ɑ̃fatik] **adj.** – 1579 ◊ grec *emphatikos* ▪ Plein d'emphase. ➤ **ampoulé, déclamatoire, enflé, grandiloquent, hyperbolique, pompeux, sentencieux, théâtral.** *Un ton, un style emphatique. « La pièce est dans ce genre tendu et emphatique »* SAINTE-BEUVE. — adv. **EMPHATIQUEMENT.** ◆ GRAMM. Qui marque une certaine intensité ou énergie dans l'expression. *Pluriel emphatique* (ex. des éternités, les airs, etc.). *Soulignage emphatique,* dans l'écriture, mise en valeur typographique de mots dont on juge le contenu important. ▪ CONTR. Simple, sobre.

EMPHYSÉMATEUX, EUSE [ɑ̃fizematø, øz] **adj. et n.** – 1755 ◊ de *emphysème* ▪ MÉD. Propre à l'emphysème. *Gonflement emphysémateux.* ◆ Atteint d'emphysème pulmonaire.

EMPHYSÈME [ɑ̃fizɛm] **n. m.** – 1658 ◊ grec *emphusêma* « gonflement » ▪ Infiltration gazeuse dans le tissu cellulaire. *Emphysème pulmonaire :* dilatation anormale et permanente des alvéoles pulmonaires conduisant à la rupture de leurs parois et à la destruction du tissu pulmonaire.

EMPHYTÉOSE [ɑ̃fiteoz] **n. f.** – 1271 ◊ latin médiéval *emphyteosis*, altération du latin juridique d'origine grecque *emphyteusis*, de *phuteuein* « planter » ▪ Droit réel de jouissance sur le bien-fonds d'autrui, accordé par un bail de longue durée (18 à 99 ans) moyennant paiement d'une redevance modique.

EMPHYTÉOTE [ɑ̃fiteɔt] **n.** – 1596 ◊ latin *emphyteuta* ▪ DR. Personne qui jouit d'un fonds par bail emphytéotique.

EMPHYTÉOTIQUE [ɑ̃fiteɔtik] **adj.** – XIVe ◊ latin *emphyteuticus* ▪ DR. Relatif à l'emphytéose. *Bail, louage emphytéotique.*

EMPIÈCEMENT [ɑ̃pjɛsmɑ̃] **n. m.** – 1870 ◊ de *en-* et *pièce* ▪ Pièce rapportée constituant le haut d'un vêtement (corsage, robe, jupe, pantalon...). *Plis partant de l'empiècement.*

EMPIERGER (S') [ɑ̃pjɛʀʒe] **v. pron.** ‹3› – 1831 ; 1777 comme mot dialectal ◊ altération de *empiéger* (XIIIe) « piéger » et « embarrasser, empêtrer », de *en-* et *piège* ▪ RÉGION. (Champagne-Ardenne) FAM. Se prendre les pieds dans un obstacle ; trébucher. *Elle s'est empiergée dans un câble.* — En Bourgogne et en Franche-Comté, on dit *s'empiger* **v. pron.** ‹3› (1864).

EMPIERREMENT [ɑ̃pjɛʀmɑ̃] **n. m.** – 1750 ◊ de *empierrer* ▪ Action d'empierrer (un chemin, un fossé). *Travailler à l'empierrement d'une route.* — Couche de pierres cassées, destinées à cette opération.

EMPIERRER [ɑ̃pjeʀe] **v. tr.** ‹1› – 1636 ; « changer en pierre » 1552 ; hapax 1323 ◊ de *en-* et *pierre* ▪ Couvrir d'une couche de pierres, de caillasse. *Empierrer une route.* ➤ **caillouter, macadamiser, recharger.** *Empierrer un fossé, un bassin* (pour le drainage).

EMPIÈTEMENT [ɑ̃pjɛtmɑ̃] **n. m.** – 1490 « base » ; *empietement* 1376 ◊ de *empiéter* ▪ Action d'empiéter, de déborder. — Extension (d'une chose sur une autre). *Empiètement d'une plantation sur les terres du voisin.* ◆ FIG. Usurpation, conquête abusive. — On écrit aussi *empiétement*. *« Ce qu'elle* [la Maison de Bourbon] *nommait ses concessions, c'étaient nos conquêtes ; ce qu'elle appelait nos empiétements, c'étaient nos droits »* HUGO.

EMPIÉTER [ɑ̃pjete] **v. tr. ind.** ‹6› – avant 1615 ; « saisir, occuper » XVIe ; tr. « prendre dans ses serres » XIVe ◊ de *en-* et *pied* ▪ **1** Mettre le pied, gagner pied à pied (sur le terrain du voisin). ➤ **gagner, grignoter.** *« Cet État fondé sur la guerre, et par là naturellement disposé à empiéter sur ses voisins »* BOSSUET. ◆ FIG. S'emparer de biens, d'avantages au détriment de (ceux des autres). ➤ **usurper.** *Empiéter sur les droits de qqn. « Un prince accompli, [...] n'empiétant sur la liberté de personne »* RENAN. ▪ **2** PAR EXT. Prendre un peu de la place de, déborder sur. ➤ **gagner, mordre.** *Affiche qui empiète sur une autre. « une multitude de tombes serrées, [...] empiétant les unes sur les autres »* FROMENTIN. ➤ **chevaucher.** ▪ CONTR. Respecter.

EMPIFFRER (S') [ɑ̃pifʀe] **v. pron.** ‹1› – 1648 ; tr. « gaver » XVIe ◊ de *en-* et *piffre*, VX ou dialectal, « homme ventru », d'un radical expressif *piff-* ▪ FAM. Manger* avec excès, gloutonnement. ➤ **se bourrer, se gaver, se goinfrer.** *Dès qu'il est à table, il s'empiffre. « Il s'empiffrait de nourriture, et repu, s'endormait sur place »* THARAUD.

EMPIGER (S') ➤ **S'EMPIERGER**

EMPILAGE [ɑ̃pilaʒ] **n. m.** – 1679 ◊ de *empiler* ▪ Action d'empiler ; son résultat. ➤ **empilement.** *Empilage et séchage du bois.*

EMPILE [ɑ̃pil] **n. f.** – 1769 ◊ de *en-* et *pile* « petites cordes *en pile* sur la ligne » (1765) ▪ TECHN. (PÊCHE) Petit fil ou crin auquel on attache l'hameçon.

EMPILEMENT [ɑ̃pilmɑ̃] **n. m.** – 1548 ◊ de *empiler* ▪ Action d'empiler, son résultat. ➤ **empilage.** *L'empilement des dossiers les uns sur les autres.* — Ensemble de choses entassées. ➤ **entassement, 1 pile, superposition.** *Un empilement de caisses.*

EMPILER [ɑ̃pile] **v. tr.** ‹1› – fin XIIe ◊ de *en-* et *pile* ▪ **1** Mettre en pile. *Empiler du bois, des livres, des marchandises* (➤ **gerber**). *Chaises, verres que l'on peut empiler.* — PRONOM. *Les dossiers s'empilent sur le bureau.* ▪ **2** Entasser (des êtres vivants) dans un espace exigu. *Empiler des voyageurs dans un wagon.* ➤ **compresser.** — PRONOM. *« Des Levantins de toute race s'empilaient dans des brasseries »* LOTI. ▪ **3** (fin XIXe) FAM. Duper* en volant. ➤ **1 avoir, posséder, rouler.** *Se faire empiler.* — adj. **EMPILABLE.** *Tasses empilables.*

EMPIRE [ɑ̃piʀ] n. m. – XIIe ; *empirie* 1080 ◇ latin *imperium* ■ **1** Autorité, domination absolue. ➤ **commandement, maîtrise, souveraineté.** *L'homme qui « donne aujourd'hui l'empire du monde à la France »* CHATEAUBRIAND. ♦ Pouvoir, forte influence. *« La religion prit de plus en plus d'empire dans cette âme »* SAINTE-BEUVE. ➤ 2 **ascendant, emprise.** *User de son empire. L'empire des sens. « se dégager de l'empire des mots »* CAILLOIS. *« sous l'empire du poison »* BAUDELAIRE. ➤ 1 **action.** *Avoir de l'empire sur soi-même.* ➤ **contrôle, maîtrise.** ■ **2** DIDACT. Autorité souveraine d'un chef d'État qui porte le titre d'empereur. *« Dioclétien abdiqua solennellement l'empire »* VOLTAIRE. ■ **3** COUR. L'État ou l'ensemble des États soumis à cette autorité. *L'Empire romain, byzantin. Le Saint Empire romain germanique. L'empire du Milieu, le Céleste Empire* : la Chine impériale. *L'Empire austro-hongrois.* ♦ PAR EXT. Période où la France fut gouvernée par un empereur. *Le Premier, le Second Empire.* — APPOS. *Style, meuble Empire,* du Premier Empire. ■ **4** Ensemble d'États, de territoires relevant d'un gouvernement central (➤ **colonie**). *Empire colonial. L'Empire britannique.* ♦ Tout État puissant et son territoire. *Le partage de l'empire d'Alexandre. L'Empire ottoman.* — LOC. (apr. une propos. négative) *Pour un empire* : en aucune façon, pour rien au monde (cf. Pour tout l'or* du monde). *Je ne céderais pas ma place pour un empire.* ■ **5** Groupe très puissant et très étendu. *Un empire industriel, financier.*

EMPIRER [ɑ̃piʀe] v. ‹1› – XIIIe ◇ réfection d'après *pire,* de *empeirier* (XIe), du latin populaire °*impejorare,* du bas latin *pejorare* « aggraver », de *pejor* « pire » ■ **1** v. intr. Devenir pire. ➤ 1 se **dégrader,** se **détériorer.** *L'état du malade empire. La situation économique a empiré cette année.* ■ **2** v. tr. RARE Rendre pire. ➤ **aggraver.** *« Le souvenir du passé empirait la misère présente »* TAINE. ■ CONTR. Améliorer. ■ HOM. Empyrée.

EMPIRIOCRITICISME [ɑ̃piʀjokʀitisism] n. m. – 1897 ◇ de *empirique* et *criticisme* ■ PHILOS. Doctrine fondée sur la critique de la valeur de la science. *« Matérialisme et Empiriocriticisme », ouvrage de Lénine.*

EMPIRIQUE [ɑ̃piʀik] adj. – XVIIe ; autre sens 1314 ◇ latin *empiricus,* du grec, de *peira* « expérience » ■ **1** Qui ne tient aucun compte des données de la médecine scientifique. *Médecine, médication empirique.* — SUBST. VX Charlatan, guérisseur. *« Mon père, qui ne croyait point aux médecins, envoya chercher l'empirique »* CHATEAUBRIAND. ■ **2** MOD. Qui reste au niveau de l'expérience spontanée ou commune, n'a rien de rationnel ni de systématique. *Découvrir la solution d'un problème par une méthode empirique.* — PÉJ. Approximatif. ■ **3** (1799) PHILOS. Expérimental. *Stade empirique d'une science.* ♦ (1845) De l'empirisme (3°). ■ CONTR. Méthodique, rationnel, scientifique, systématique.

EMPIRIQUEMENT [ɑ̃piʀikmɑ̃] adv. – 1593 ◇ de *empirique* ■ Par des procédés empiriques. *Résultat obtenu empiriquement.*

EMPIRISME [ɑ̃piʀism] n. m. – 1732 ◇ de *empirique* ■ **1** VX Médecine empirique. ■ **2** MOD. Méthode, mode de pensée et d'action qui ne s'appuie que sur l'expérience. *« Une moitié de vos codes est routine, l'autre moitié empirisme »* HUGO. ■ **3** (début XIXe) PHILOS. Théorie d'après laquelle toutes nos connaissances sont des acquisitions de l'expérience (opposé à *rationalisme ; idéalisme*). ➤ **associationnisme, sensualisme.** *L'empirisme anglais* (Locke, Hume, Mill). *Empirisme logique.* ➤ **logicopositivisme.**

EMPIRISTE [ɑ̃piʀist] adj. et n. – avant 1842 ◇ de *empirisme* ■ PHILOS. Propre à l'empirisme, partisan de l'empirisme. — n. Philosophe qui développe et soutient les thèses de l'empirisme.

EMPLACEMENT [ɑ̃plasmɑ̃] n. m. – 1611 ◇ de *emplacer* « placer » (XVIe), de *en-* et 1 *placer* ■ **1** Place choisie pour édifier une construction, exercer une activité. *Choisir l'emplacement d'une maison.* ■ **2** Place occupée (par qqch.). ➤ **position.** *Faire des fouilles sur l'emplacement d'une ville disparue. L'emplacement du tableau se voit encore sur le mur.* — SPÉCIALT Aire de stationnement. *Louer un emplacement dans un parking.*

EMPLAFONNER [ɑ̃plafɔne] v. tr. ‹1› – 1953 ; *plafonner* « heurter de la tête » 1930 ◇ de *en-* et *plafond* ■ FAM. (en parlant de véhicules) Heurter violemment (un autre véhicule ou un obstacle). ➤ **emboutir.** — PRONOM. Entrer en collision. *Les camions se sont emplafonnés.*

EMPLANTURE [ɑ̃plɑ̃tyʀ] n. f. – 1773 ◇ de *emplanter* « planter » (XVe), de *en-* et *planter* ■ **1** MAR. Encaissement destiné à supporter le pied d'un bas mât. ■ **2** AVIAT. Ligne de raccordement de l'aile au fuselage.

EMPLÂTRE [ɑ̃plɑtʀ] n. m. – v. 1170 ◇ latin *emplastrum,* grec *emplastron* ■ **1** Préparation thérapeutique pour usage externe destinée à adhérer à la peau (en se ramollissant légèrement au contact de la chaleur corporelle). ➤ **cataplasme, diachylon, sparadrap.** — LOC. FIG. *Un emplâtre sur une jambe de bois* : un remède inadapté, une mesure inefficace. ➤ **cautère.** ■ **2** FIG. FAM. Aliment lourd et bourratif. ➤ **cataplasme, étouffe-chrétien.** ♦ Gifle, coup. ■ **3** FAM. VIEILLI Individu sans énergie, bon à rien. *« Je ne suis qu'un vieil emplâtre et je n'ai rien à dire sur cette guerre »* SARTRE. *Quel emplâtre !*

EMPLETTE [ɑ̃plɛt] n. f. – XIVe ; *emploite* fin XIIe ◇ latin populaire °*implicta,* classique *implicita,* p. p. de *implicare* → employer ■ **1** Achat (de quelque marchandise courante). ➤ **acquisition.** *Faire des emplettes, ses emplettes.* ➤ **achat, course.** ■ **2** Objet que l'on a acheté. ➤ **achat.** *Montre-moi tes emplettes.*

EMPLIR [ɑ̃pliʀ] v. tr. ‹2› – XIIe ◇ latin populaire °*implire,* classique *implere* « rendre plein » ■ VIEILLI ou LITTÉR. ■ **1** Remplir. *Les soldats « viennent emplir leurs bidons »* MARTIN DU GARD. *« Ils emplissent de leur odeur le hall de la gare Saint-Lazare »* APOLLINAIRE. FIG. *Cette nouvelle nous a emplis de joie.* ➤ **combler.** — PRONOM. *« Le canal s'emplit d'un flot rougeâtre »* CHARDONNE. ■ **2** Occuper par soi-même la capacité de (un réceptacle, une place vide). *« Beaucoup de gens emplissaient les rues ou les cafés »* CAMUS. ➤ **envahir.** ■ CONTR. Vider.

EMPLOI [ɑ̃plwa] n. m. – *employ* 1538 ◇ de *employer* ■ **1** Action ou manière d'employer une chose ; ce à quoi elle est employée, sa destination. ➤ **usage, utilisation.** *L'emploi du bois, du béton pour la construction. Colle prête à l'emploi. Appareil d'un emploi facile. Être d'un emploi courant. « Le plus libre emploi et développement de nos forces »* GIDE. *Faire un bon, un mauvais emploi de son temps, de son argent. « D'assez fortes sommes dont il ne parvenait pas à justifier l'emploi »* MARTIN DU GARD. *Avoir, ne pas avoir l'emploi de qqch.,* l'occasion de s'en servir. — *Mode d'emploi* : notice expliquant la manière de se servir d'un objet. — **EMPLOI DU TEMPS :** répartition dans le temps de tâches à effectuer ; règlement, tableau établissant cette répartition. ➤ **calendrier, horaire, planning, programme.** *Avoir un emploi du temps très chargé* : être très occupé. — LING. Le fait de se servir d'une forme de la langue. ➤ **usage.** *« Les mots ne sont immuables ni dans leur sens, ni dans leur emploi »* LITTRÉ. *Emploi libre d'un mot et emploi en locution. Emploi ou mention* d'un mot.* ♦ SPÉCIALT, DR. Remploi. — COMPTAB. Action de porter une somme en recette ou en dépense. ➤ **mention.** *Faux emploi* : inscription sur un compte d'une dépense qui n'a pas été faite. **DOUBLE EMPLOI :** somme inscrite deux fois. LOC. COUR. *Faire double emploi* : être inutile, superflu, répondre à un besoin déjà satisfait (➤ **doublonner**). *Cet ouvrage fait double emploi avec les précédents. Armoire à vendre, cause double emploi.* ■ **2** (début XVIIe) VX Occupation (de qqn). *« Raisonner est l'emploi de toute ma maison »* MOLIÈRE. ♦ MOD. Ce à quoi s'applique l'activité rétribuée d'un employé, d'un salarié. ➤ **gagne-pain, place, situation,** 1 **travail ;** FAM. 2 **boulot,** 2 **job.** *Création d'emplois. « Les ministres diminuaient les salaires et augmentaient les emplois »* BALZAC. *« Il avait interrompu ses études et pris un emploi »* CAMUS. *Un emploi stable. Priver qqn de son emploi.* ➤ **licencier, renvoyer.** EUPHÉM. *Emploi précaire.* ➤ **intérim.** *Être sans emploi,* au chômage. *Demandeur d'emploi.* ➤ **chômeur.** *Offres, demandes d'emploi* (par petites annonces). *Chercher, trouver un emploi. Pôle Emploi* (succède à l'*Agence nationale pour l'emploi, A. N. P. E.*). *Aide à l'emploi : contrat emploi solidarité (CES), contrat initiative emploi (CIE).* — *Emploi-jeune* : en France, emploi à plein temps réservé aux jeunes (18-30 ans) dans le secteur public ou associatif. *Les emplois-jeunes. Emploi aidé,* bénéficiant de mesures abaissant les coûts salariaux. ♦ ÉCON. (Keynes) Somme du travail humain effectivement employé et rémunéré, dans un système économique. ➤ **plein-emploi, sous-emploi.** *Le volume de l'emploi. Taux d'emploi* : part des personnes de 15 à 64 ans qui ont un emploi. ■ **3** (1775) Genre de rôle dont est chargé un acteur (➤ **contre-emploi**). *Avoir, tenir l'emploi du jeune premier. Avoir le physique, la tête,* (FAM.) *la gueule de l'emploi* : avoir un physique correspondant au rôle à interpréter ; PAR EXT. ressembler à ce que l'on est. ■ CONTR. Chômage.

EMPLOYABILITÉ [ɑ̃plwajabilite] n. f. – 1987 ; au Canada 1981 ◇ anglais *employability* (1926) ■ Capacité individuelle à acquérir et à maintenir les compétences nécessaires pour trouver ou conserver un emploi.

EMPLOYABLE [ɑ̃plwajabl] adj. – XVIe ◇ de *employer* ■ RARE Qu'on peut employer. ➤ **utilisable.** ■ CONTR. Inemployable, inutilisable.

EMPLOYÉ, ÉE [ɑ̃plwaje] **n.** – 1723 ◊ p. p. subst. de *employer* ■ Salarié qui est employé à un travail plutôt intellectuel que manuel (opposé à *ouvrier*) mais sans rôle d'encadrement ou de direction. ➤ 2 **agent, commis.** *Les employés d'une société, d'une entreprise.* ➤ **personnel.** *Les employés d'un ministère, d'une administration.* «*l'employé qu'usent l'injustice et la tyrannie des bureaux*» MICHELET. *Employé de banque, de bureau* (cf. Col* blanc). *Employé aux écritures.* ➤ **bureaucrate, gratte-papier, rond-de-cuir.** *Une employée de la poste.* ➤ **préposé.** *Employé de mairie. Employé des chemins de fer.* ➤ **cheminot.** — *Employé(e) de maison.* ➤ **domestique.** ■ CONTR. Employeur.

EMPLOYER [ɑ̃plwaje] **v. tr.** ⟨8⟩ – 1080 ◊ latin *implicare* «enlacer, engager» ■ **1** Faire servir à une fin. ➤ **se servir, user (de), utiliser.** *Employer un outil, des matériaux, un produit. J'emploierai cette somme à l'achat d'un piano. Voilà de l'argent bien, mal employé. Employer tous les moyens.* ➤ **recourir (à).** «*Employant des ruses d'enfant pour voir les photographies*» GIRAUDOUX. *Employer la force, la douceur. Employer les grands moyens. Employer toute son énergie à une tâche.* ➤ **appliquer, apporter, consacrer ; déployer.** *J'ai employé toute une journée à rédiger mon courrier.* ➤ **mettre, passer.** *Vous avez employé un terme impropre. Adjectif employé comme nom.* PRONOM. Être en usage. *Cette expression ne s'emploie pas, plus.* ➤ **se dire ; inusité.** ♦ SPÉCIALT, COMPTAB. Mettre, porter en compte. *Employer une somme en recette.* ■ **2** Faire travailler pour son compte en échange d'une rémunération. *Société qui emploie dix ouvriers.* «*Je compte t'employer au restaurant*» GREEN. *Des enfants «employés comme dévideurs de trame»* BERNANOS. — Occuper. *On l'emploie à de menus travaux.* ■ **3 v. pron. S'EMPLOYER À :** s'occuper avec ardeur ou dévouement. ➤ **s'appliquer, se consacrer.** *Il s'emploie à la convaincre. Il faut s'y employer activement.* ➤ **se dépenser, se prodiguer.** «*Aimer, c'est avoir pour but le bonheur d'un autre, s'employer et se dévouer à son bien*» TAINE. VIEILLI *S'employer pour qqn*, lui apporter tout son appui. ■ CONTR. Négliger, renvoyer.

EMPLOYEUR, EUSE [ɑ̃plwajœʀ, øz] **n.** – 1794 ; «celui qui emploie, dépense» 1304 ◊ de *employer* ■ DR. TRAV. Personne, entreprise employant du personnel salarié. *Les obligations respectives de l'employeur et du salarié.* ➤ 1 **patron.**

EMPLUMÉ, ÉE [ɑ̃plyme] **adj.** – fin XIIe ◊ de *en-* et *plume* ■ Couvert, orné de plumes.

EMPOCHER [ɑ̃pɔʃe] **v. tr.** ⟨1⟩ – 1611 ; «mettre dans un sac» 1580 ◊ de *en-* et *poche* ■ **1** Toucher, recevoir (de l'argent). ➤ **encaisser, percevoir, ramasser.** «*Mon cousin vient d'hériter ; mon homme empoche environ 700 000 francs*» FLAUBERT. ■ **2** VIEILLI Mettre dans sa poche (un objet). ♦ FIG. et FAM. Supporter, subir. ➤ **avaler, encaisser.** «*Il lui fallait empocher sans sourciller ce que je lui ai dit*» DUTOURD. ■ CONTR. Débourser.

EMPOIGNADE [ɑ̃pwaɲad] **n. f.** – 1836 ◊ de *empoigner* ■ Bagarre où les gens s'empoignent. ♦ FIG. Altercation, discussion violente.

EMPOIGNE [ɑ̃pwaɲ] **n. f.** – 1773 ◊ de *empoigner* ■ RARE Action d'empoigner. — LOC. COUR. (1867) *C'est une vraie foire d'empoigne*, une mêlée, un affrontement où chacun cherche à obtenir la meilleure part par tous les moyens.

EMPOIGNER [ɑ̃pwaɲe] **v. tr.** ⟨1⟩ – *enpuigner* 1174 ◊ de *en-* et *poing* ■ **1** Prendre en serrant dans la main. ➤ **agripper, saisir.** «*Legrand sauta sur Jupiter et l'empoigna au collet*» BAUDELAIRE. — PRONOM. (RÉCIPR.) En venir aux mains, se colleter. FIG. Se quereller violemment. ■ **2** FIG. Émouvoir, intéresser profondément. ➤ **passionner.** «*La lecture d'un paragraphe l'empoignait assez pour qu'il eût envie d'en connaître les lignes suivantes*» ROMAINS. **adj. EMPOIGNANT, ANTE.** ■ CONTR. 1 Lâcher.

EMPOINTURE [ɑ̃pwɛ̃tyʀ] **n. f.** – 1792 ◊ de l'ancien verbe *empointer* «retenir par des *points*» ■ MAR. Angle supérieur d'une voile carrée.

EMPOIS [ɑ̃pwa] **n. m.** – XIIIe ◊ de *empeser*, d'après l'ancien présent *j'empoise* ■ Produit à base d'amidon, employé à l'apprêt du linge (➤ **empeser**). «*Un surplis à grandes manches roides d'empois*» DAUDET.

EMPOISONNANT, ANTE [ɑ̃pwazɔnɑ̃, ɑ̃t] **adj.** – 1900 ; «toxique» par plais. 1676 ◊ de *empoisonner* ■ FAM. Très ennuyeux*, embêtant. ➤ **assommant, emmerdant.** *Elle est empoisonnante avec ses questions. C'est empoisonnant d'attendre si longtemps.*

EMPOISONNEMENT [ɑ̃pwazɔnmɑ̃] **n. m.** – 1230 ; «poison» 1175 ◊ de *empoisonner* ■ **1** Ensemble de troubles consécutifs à l'introduction d'un poison dans l'organisme (surtout par la bouche). ➤ **intoxication.** *Empoisonnement dû à des champignons vénéneux.* ♦ Administration de substances toxiques dans l'intention de donner la mort. «*Votre renommée infâme de meurtre et d'empoisonnement*» HUGO. ■ **2** (1946) FAM. (surtout plur.) Ennui*, embêtement. ➤ **emmerdement.** «*J'avais déjà suffisamment d'empoisonnements comme ça*» C. SIMON.

EMPOISONNER [ɑ̃pwazɔne] **v. tr.** ⟨1⟩ – v. 1130 ◊ de *en-* et *poison* ■ **1** Faire mourir, ou mettre en danger de mort, en faisant absorber du poison. *Empoisonner un chien.* «*Charles de France l'avait empoisonné le jour où ils firent collation ensemble*» HUGO. — PRONOM. Se donner la mort en absorbant du poison. *Mme Bovary s'empoisonna.* ♦ Intoxiquer. *Être empoisonné par des conserves avariées.* ■ **2** Mêler, infecter de poison. *Empoisonner une boisson, un puits, un étang. Empoisonner des flèches avec du curare.* — **p. p. adj.** *Flèches empoisonnées. Boulette empoisonnée.* FIG. LITTÉR. *Un trait empoisonné*, une attaque, une allusion perfide. *Un cadeau empoisonné. Des propos empoisonnés*, particulièrement venimeux. ■ **3** Empuantir, empester*. «*Le réfectoire empoisonné du continuel graillon des eaux de vaisselle*» ZOLA. ■ **4** FIG. VIEILLI Corrompre moralement. ➤ **pervertir.** ♦ Altérer dans sa qualité, son agrément. ➤ **gâcher, gâter.** «*L'inquiétude allait empoisonner ma joie*» DUHAMEL. *Des soucis qui empoisonnent la vie. S'empoisonner l'existence.* ■ **5** FAM. Ennuyer*. ➤ **emmerder.** *Il n'a personne pour l'aider, il est bien empoisonné. Ça m'empoisonne.* — PRONOM. S'ennuyer. *On s'empoisonne ici.* ➤ **se barber, se raser.**

EMPOISONNEUR, EUSE [ɑ̃pwazɔnœʀ, øz] **n.** – XIIIe ◊ de *empoisonner* ■ **1** Criminel qui use du poison. «*Elle ne fut pas brûlée vive comme l'étaient les empoisonneurs*» MICHELET. ■ **2** FIG. LITTÉR. Corrupteur. «*Un faiseur de romans* [...] *est un empoisonneur public*» P. NICOLE. ■ **3** FAM. et VIEILLI Personne qui empoisonne, ennuie tout le monde. ➤ **poison ; emmerdeur.**

EMPOISSONNEMENT [ɑ̃pwasɔnmɑ̃] **n. m.** – 1531 ◊ de *empoissonner* ■ Action d'empoissonner ; son résultat. ➤ **alevinage.**

EMPOISSONNER [ɑ̃pwasɔne] **v. tr.** ⟨1⟩ – 1374 ◊ de *en-* et *poisson* ■ Peupler de poissons. ➤ **aleviner.** *Empoissonner un étang, une rivière.*

EMPORIUM [ɑ̃pɔʀjɔm] **n. m.** – 1755 ◊ mot latin d'origine grecque ■ ANTIQ. Comptoir commercial en pays étranger. *Des emporiums.* On utilise parfois le pluriel latin *des emporia.*

EMPORT [ɑ̃pɔʀ] **n. m.** – v. 1950 ; en dr. 1507 ; «influence» 1280 ◊ déverbal de *emporter* ■ AÉRONAUT. *Capacité d'emport* : charge susceptible d'être emportée par un avion.

EMPORTÉ, ÉE [ɑ̃pɔʀte] **adj.** – 1633 ◊ de *emporter* ■ Qui est prompt aux mouvements de colère. ➤ **coléreux*, irascible.** *Être emporté* (cf. Avoir la tête près du bonnet*, être soupe* au lait). «*Ces maîtresses emportées et difficiles qui tourmentent leurs domestiques*» LESAGE. ■ CONTR. 2 Calme, doux.

EMPORTEMENT [ɑ̃pɔʀtəmɑ̃] **n. m.** – 1634 ; «action d'emporter» XIIIe ◊ de *emporter* ■ **1** VIEILLI Élan, transport. ➤ 1 **fougue.** «*Claude s'était jeté avec plus d'emportement dans les bras de la science*» HUGO. «*Les emportements de l'imagination*» CHATEAUBRIAND. ■ **2** MOD. Violent mouvement de colère. ➤ **fureur, véhémence, virulence.** *Parler, discuter avec emportement.* «*Il n'y a qu'un pas de la colère contre soi-même à l'emportement contre les autres*» STENDHAL. ■ CONTR. 1 Calme, sang-froid.

EMPORTE-PIÈCE [ɑ̃pɔʀt(ə)pjɛs] **n. m.** – 1690 ◊ de *emporter* et *pièce* ■ **1** Outil servant à découper et enlever d'un seul coup des pièces de forme déterminée dans un matériau en feuille. ➤ **découpoir.** *Des emporte-pièces.* — CHIR. Sorte de pince métallique servant à morceler ou à sectionner un tissu, généralement un tissu osseux. ■ **2 loc. adj.** (1870) **À L'EMPORTE-PIÈCE :** mordant, incisif. «*Le génie du mot à l'emporte-pièce*» L. BERTRAND. *Un caractère à l'emporte-pièce*, sans nuances, entier.

EMPORTER [ɑ̃pɔʀte] **v. tr.** ⟨1⟩ – v. 1280 ; *en porter* 980 ◊ de *en*, latin *inde* «de là, de ce lieu», et *porter*

I ~ v. tr. ■ **1** Prendre avec soi et porter hors d'un lieu (un objet, un être inerte, incapable de se mouvoir). *Les secouristes emportent les blessés.* ➤ **emmener.** *Partir sans rien emporter. Emportez votre parapluie !* ➤ **prendre.** *Les voleurs ont tout emporté.* ➤ FAM. **embarquer, rafler.** — LOC. *Vous ne l'emporterez pas au (en) paradis* : vous ne jouirez pas longtemps du bien, du succès actuel ; je me vengerai tôt ou tard. *Que le diable* l'emporte, m'emporte !* — *Plat à emporter* (opposé à *à consommer sur place*). *Vente à emporter* ([Suisse] *à l'emporter*) (opposé à *à livrer*). ♦ (Compl. chose abstraite) *Il a emporté son secret dans la tombe. « Pour emporter dans mes yeux l'image de ces lieux »* DAUDET. ▪ **2** Enlever avec rapidité, violence. ➤ **arracher, balayer.** *« Une bourrasque d'ouest avait emporté plusieurs marins et deux navires »* LOTI. *Le torrent emporte tout sur son passage. Autant en emporte le vent**. *Un obus lui emporta la jambe. Le sida l'a emporté.* ➤ **tuer.** *Emporté à la fleur de l'âge. « Elle peut être emportée d'une minute à l'autre. Je crains une hémorragie »* ZOLA. — FIG. *Emporter la bouche* (FAM. *la gueule*) : causer une sensation de brûlure (en parlant d'un mets épicé). — LOC. FIG. (VX) *Emporter la pièce, le morceau* (PROPRT une pièce qu'on enlève avec l'emporte-pièce) : faire mal par ses railleries, être extrêmement acerbe. MOD. *Emporter le morceau* : réussir, avoir gain de cause. ▪ **3** PAR EXT. S'emparer de (qqch.) par la force. ➤ **conquérir, enlever.** *Emporter d'assaut une position. Emporter une tranchée à la baïonnette.* — FIG. *Emporter qqch. de haute lutte**. ♦ VX Remporter (l'avantage, le prix). ▪ **4** Entraîner avec force, rapidité. *« Vous êtes emporté comme dans un tourbillon »* GAUTIER. *Le train « qui m'emportait vers le front »* MONTHERLANT. ➤ **conduire, emmener, transporter.** — *Se laisser emporter par l'imagination, l'émotion. Se laisser emporter par la colère, la haine.* — *Emporter la conviction*, l'obtenir par son action. *« Son avis ne fut pas suivi des effets qu'il escomptait. Il n'emporta pas la conviction de ses concitoyens »* QUIGNARD. ▪ **5** VIEILLI Entraîner comme conséquence. ➤ **comporter.** *« Tout ce qu'emporte de risques la précipitation dans le travail »* VALÉRY. ▪ **6** (XIVe) **L'EMPORTER :** avoir le dessus, se montrer supérieur. ➤ **gagner, triompher, vaincre.** *Notre équipe l'a emporté par trois buts à un.* ➤ **s'imposer.** — (Sujet chose) Être supérieur, plus fort. ➤ **prédominer, 1 primer.** *« Je ne trouve rien qui l'emporte en volupté sur les premiers sentiments »* VALÉRY. ➤ **surpasser.** *L'amour l'emporta sur l'amitié dans son cœur.* ➤ **prévaloir, triompher.** *Le bon sens l'a emporté.*

II ~ **v. pron. S'EMPORTER** Se laisser aller à des mouvements de colère, à des actes de violence. ➤ **éclater, fulminer** (cf. Monter sur ses grands chevaux*, monter dans les tours*). *« Napoléon s'emporta : Chateaubriand croit-il que je suis un imbécile ! »* CHATEAUBRIAND. *S'emporter contre qqn.*
▪ CONTR. Apporter, rapporter. Laisser ; arrêter.

EMPORTIÉRAGE [ɑ̃pɔʀtjeʀaʒ] **n. m.** – 2013 ◇ de *en-* et *portière*
▪ (Canada) Collision d'un véhicule en mouvement (SPÉCIALT d'une bicyclette) avec la portière ouverte d'un autre véhicule à l'arrêt. — *« L'objectif est de diminuer l'emportiérage, cause de graves blessures pour les cyclistes »* (Le Soleil, 2016).

EMPOTÉ, ÉE [ɑ̃pɔte] **adj.** et **n.** – 1867 ◇ de *en-* et ancien français ou dialectal *pot* « engourdi, gros », d'où *main pote* « main gauche », latin populaire °*pautta* « patte » ▪ FAM. Maladroit et lent. *Ce qu'elle peut être empotée !* — **n.** *Quel empoté !* ▪ CONTR. Adroit, dégourdi.

EMPOTER [ɑ̃pɔte] **v. tr.** ⟨1⟩ – 1690 ◇ de *en-* et *pot* ▪ **1** Mettre (une préparation) en pot. *Laissez refroidir la confiture et empotez.* — Mettre (une plante) en pot. ➤ aussi **rempoter.** *Empoter des boutures.* ▪ **2** TRANSPORTS Charger (des marchandises) dans un conteneur, une citerne, sur un véhicule. ▪ CONTR. Dépoter.

EMPOURPRER [ɑ̃puʀpʀe] **v. tr.** ⟨1⟩ – 1552 ◇ de *en-* et *pourpre*
▪ Colorer de pourpre, de rouge, par l'effet de phénomènes naturels. ➤ **rougir.** *« le soleil allait se coucher et dorait, empourprait une multitude de petits nuages »* FROMENTIN. — PRONOM. Prendre une teinte pourpre. *« Tout s'empourpre, tout se dore »* JAMMES. ♦ SPÉCIALT (visage) *« le chef de bureau dont l'indignation et la fureur empourprèrent le visage »* LECOMTE. PRONOM. *S'empourprer de honte. Le visage empourpré de colère.* ➤ **cramoisi, rouge.**

EMPOUSSIÉRER [ɑ̃pusjeʀe] **v. tr.** ⟨6⟩ – 1888 ◇ de *en-* et *poussière*
▪ Recouvrir de poussière. *Un salon empoussiéré.* ➤ **poussiéreux.** ▪ CONTR. Dépoussiérer.

EMPREINDRE [ɑ̃pʀɛ̃dʀ] **v. tr.** ⟨52⟩ – 1213 ◇ latin populaire °*impremere*, classique *imprimere* → imprimer ▪ **1** (Rare à l'actif) Marquer par pression sur une surface (une forme, un dessin). ➤ **imprimer.** ▪ **2** FIG. et LITTÉR. Marquer. *« Empreindre la pensée dans le fait »* BALZAC. *« Les beaux ouvrages ne vieilliraient jamais s'ils n'étaient empreints que d'un sentiment vrai »* DELACROIX. — PRONOM. Porter l'empreinte de. *Son visage s'empreint de douleur. « Chaque littérature s'empreint plus ou moins profondément des mœurs et de l'histoire du peuple »* HUGO. ▪ CONTR. Effacer.

EMPREINTE [ɑ̃pʀɛ̃t] **n. f.** – XIIIe ◇ p. p. subst. de *empreindre*
▪ **1** Marque en creux ou en relief laissée par un corps qu'on presse sur une surface. ➤ **gravure, impression.** *« Comme l'empreinte du cachet reproduit le creux de l'intaille »* BLOY. *« De belles médailles grecques frappées à la même empreinte »* DAUDET. ➤ **effigie.** *Prendre l'empreinte d'une serrure.* ➤ 2 **moulage.** *Dentiste qui prend les empreintes* (de la mâchoire). — TYPOGR. Matrice constituée par un flan. ♦ Trace naturelle. *« Sur le sable la délicate empreinte de ton adorable pied »* GAUTIER. *Empreintes d'un animal sur le sol. Reconnaître « le renard à ses empreintes »* FLAUBERT. — **EMPREINTES DIGITALES :** traces laissées par la pulpe des doigts, dont le dessin est dû aux crêtes papillaires et qui sont propres à chaque individu, permettant une identification précise. ➤ **dermatoglyphes ; dactyloscopie.** ABSOLT *Relever, identifier des empreintes. Le criminel n'a pas laissé d'empreintes.* — PAR ANAL. *Empreinte génétique**. *Le « doux temps où l'empreinte ADN ne leur compliquait pas encore la tâche* [aux meurtriers] » T. BENACQUISTA. — ANAT. Dépression à la surface d'un organe, ou surface rugueuse d'un os. — GÉOL. *Empreintes animales, végétales.* ➤ **fossile.** ♦ **EMPREINTE ÉCOLOGIQUE :** indicateur chiffré qui évalue la pression exercée par les activités humaines sur l'environnement, par le calcul de la surface productive nécessaire à une population pour répondre à sa consommation de ressources et à ses besoins d'absorption de déchets. *L'empreinte écologique est calculée en hectares. Empreinte carbone**. ▪ **2** (1605) FIG. Marque profonde, durable. *« J'y retrouve fortement tracée l'empreinte de mes lectures d'alors »* NERVAL. *Mettre son empreinte sur. Marquer qqch., qqn de son empreinte. « Un peuple reçoit toujours l'empreinte de la contrée qu'il habite »* TAINE. *Il a gardé l'empreinte de son milieu familial.* ➤ **stigmate.** *« Dans l'accent personnel, dans l'empreinte de l'artiste »* R. ROLLAND. ➤ **cachet, sceau.** *Cette œuvre porte l'empreinte du génie.* ➤ **coin** (marqué au coin de).

EMPRESSÉ, ÉE [ɑ̃pʀese] **adj.** – 1664 ; « affairé » 1611 ◇ de *empresser*
▪ **1** Qui s'empresse, est plein de zèle et de prévenances. ➤ **attentionné, complaisant, dévoué, prévenant.** *« Attentive à me plaire, empressée jusqu'à l'humilité »* MAURIAC. *« L'ami, le confident empressé de Madame de Sévigné »* SAINTE-BEUVE. SUBST. *Il fait l'empressé.* — Qui marque de l'empressement. *Il lui faisait une cour empressée.* ▪ **2** LITTÉR. **EMPRESSÉ À :** qui s'empresse de, est avide de. *« Beethoven se hâte, comme une terre empressée à produire »* HERRIOT. *Il s'est montré empressé à nous satisfaire.* — *Empressé de. Il « devint peu à peu si empressé de m'avoir qu'il en devint même gênant »* ROUSSEAU. ▪ CONTR. 1 Froid, indifférent, négligent.

EMPRESSEMENT [ɑ̃pʀɛsmɑ̃] **n. m.** – 1647 ; « excitation » 1608 ◇ de *empresser* ▪ **1** Action de s'empresser auprès de qqn. ➤ **complaisance, zèle.** *Manifester, montrer, témoigner de l'empressement auprès (à l'égard) de qqn. L'empressement d'un homme auprès des femmes.* ➤ **assiduité, galanterie.** *« D'aimables demoiselles me reçoivent avec empressement »* ROUSSEAU ▪ **2** Hâte qu'inspire le zèle. ➤ **ardeur, diligence.** *Obéir avec empressement. Mettre beaucoup d'empressement à aider qqn.* ▪ CONTR. Froideur, indifférence, lenteur, mollesse.

EMPRESSER (S') [ɑ̃pʀese] **v. pron.** ⟨1⟩ – 1580 ; « se rassembler » XIIe ◇ de *en-* et *presser* ▪ **1** Mettre de l'ardeur, du zèle à servir qqn ou à lui plaire. *S'empresser auprès des jolies femmes. Les secouristes s'empressent autour du blessé.* ▪ **2 S'EMPRESSER DE :** se hâter. ➤ se **dépêcher.** *Il s'est empressé d'avertir tout le monde. « Et aussi, s'empresse-t-elle d'ajouter, parce que [...] »* ROMAINS. ▪ CONTR. Négliger.

EMPRÉSURER [ɑ̃pʀezyʀe] **v. tr.** ⟨1⟩ – 1922 ; 1568 au p. p. ◇ de *en-* et *présure* ▪ Additionner (le lait) de présure, pour le faire cailler. *Lait emprésuré.* — **n. m. EMPRÉSURAGE.**

EMPRISE [ɑ̃pʀiz] **n. f.** – 1868 ; « entreprise » XIIe ◇ p. p. subst. de *emprendre* « entreprendre » (1080), du latin populaire °*imprehendere*, famille de *prendere* → prendre ▪ **1** DR. Mainmise de l'Administration sur une propriété privée. *Régularité, irrégularité de l'emprise* (compétence des tribunaux judiciaires). ▪ **2** (1886) COUR. Domination intellectuelle ou morale. ➤ 2 **ascendant, autorité, empire, influence.** *Avoir de l'emprise, exercer son emprise sur qqn. Être sous l'emprise de qqn.* ➤ **dépendance.**

EMPRISONNEMENT [ɑ̃pʀizɔnmɑ̃] **n. m.** – XIIIe ◇ de *emprisonner*
▪ Action d'emprisonner ; état d'une personne emprisonnée. ➤ **détention, incarcération, internement, réclusion.** *Peine d'emprisonnement. Emprisonnement à vie. Emprisonnement correctionnel, de simple police.* ▪ CONTR. Élargissement, libération.

EMPRISONNER [ɑ̃pʀizɔne] **v. tr.** ⟨1⟩ – v. 1135 ◇ de *en-* et *prison*
▪ **1** Mettre en prison. ➤ **écrouer, incarcérer, interner ; embastiller ;** FAM. **boucler, coffrer** (cf. Mettre à l'ombre*, au trou*, sous les verrous*). *Emprisonner un malfaiteur. Le dictateur a fait emprisonner tous ses adversaires politiques. Il est emprisonné depuis cinq ans.* ♦ Enfermer comme dans une prison.

➤ **cloîtrer.** *Elle se plaignait d'être emprisonnée dans ce couvent.* — FIG. *Emprisonné dans ses préjugés.* ➤ **prisonnier.** ■ **2** PAR EXT. Tenir à l'étroit, serrer. ➤ **comprimer, renfermer.** *« Le buste serré dans un corsage qui emprisonnait le cou jusqu'au menton »* GREEN. ➤ **enserrer.** ■ CONTR. Élargir, libérer.

EMPRUNT [ɑ̃pʀœ̃] **n. m.** – v. 1195 ◊ de *emprunter* ■ **1** Action d'obtenir une somme d'argent, à titre de prêt ; ce qui est ainsi reçu. *Faire, contracter un emprunt. Rembourser un emprunt.* ➤ **dette.** ♦ SPÉCIALT *Emprunt public*, et ABSOLT *Emprunt* : acte par lequel l'État ou une collectivité publique demande les fonds nécessaires pour financer des dépenses publiques, en offrant certains avantages en contrepartie ; les sommes ainsi reçues. *Emprunt communal. Grand emprunt d'État. Émettre, lancer, ouvrir ; clore un emprunt. Emprunt à montant limité. Taux d'un emprunt. Emprunt à 5 %. Souscrire à un emprunt. Emprunt à court, à long terme. Emprunt perpétuel*, dont on ne peut jamais exiger le remboursement. *Emprunt consolidé, amortissable, indexé.* ■ **2** FIG. (XVIe) Action de prendre chez un auteur un thème ou des expressions pour en tirer parti ; thème, expression ainsi utilisés. *Les emprunts que Molière a faits à Plaute.* ♦ (1826) LING. Acte par lequel une langue accueille un élément d'une autre langue ; élément (mot, tour) ainsi incorporé. *Emprunts à l'anglais.* ➤ **anglicisme ;** aussi **américanisme, canadianisme, germanisme, hispanisme, italianisme, latinisme.** *Le fonds primitif et les emprunts. Emprunt assimilé ; francisé ; traduit.* ➤ **calque.** ■ **3** loc. adj. (1695) **D'EMPRUNT** : qui n'appartient pas en propre au sujet, vient d'ailleurs. ➤ **artificiel, emprunté.** *Un nom d'emprunt* : un faux nom.

EMPRUNTÉ, ÉE [ɑ̃pʀœ̃te] **adj.** – v. 1200 ◊ de *emprunter* ■ **1** Qui manque d'aisance ou de naturel. ➤ **contraint, embarrassé, gauche,** FAM. **godiche.** *Un air emprunté. « Timide, emprunté dans la vie, effaré à l'idée des démarches à faire »* DAUDET. ■ **2** (XVIe) VX D'emprunt. *Nom emprunté.* ■ CONTR. Dégourdi, naturel ; authentique, personnel.

EMPRUNTER [ɑ̃pʀœ̃te] **v. tr.** ⟨1⟩ – v. 1150 ; « prêter » v. 1125 ◊ d'une forme populaire du bas latin *impromutuare* (VIIe), latin juridique *promutuum* « avance d'argent », classique *mutuum* → mutuel ■ **1** Obtenir à titre de prêt ou pour un usage momentané. *Emprunter qqch. à qqn. Emprunter un livre à la bibliothèque. Emprunter de l'argent à un ami* (➤ FAM. 2 **taper**), *à la banque.* — ABSOLT *Emprunter pour acheter une maison.* ➤ **s'endetter.** ■ **2** FIG. Prendre ailleurs et faire sien. ➤ 1 **devoir, prendre, puiser** (dans), **tirer** (de). *Le français a emprunté de nombreux mots au grec. Mot emprunté à l'anglais. « Le chant grégorien semble emprunter au gothique ses lobes fleuris »* HUYSMANS. — *« Mes façons de penser, je les emprunte volontiers : je ne tiens qu'à mes façons de sentir »* RENARD. ■ **3** Prendre, suivre (une voie). *Conducteur qui emprunte la voie de gauche. Emprunter les passages souterrains. Une autoroute très empruntée par les camions.* ■ **4** VX Revêtir (une apparence étrangère), imiter. *« Il faut d'un suppliant emprunter le visage »* RACINE. ■ CONTR. Avancer, céder, prêter.

EMPRUNTEUR, EUSE [ɑ̃pʀœ̃tœʀ, øz] **n. et adj.** – v. 1255 ◊ de *emprunter* ■ **1** Personne qui emprunte quelque chose. — SPÉCIALT Personne qui fait un emprunt d'argent. ➤ 1 **débiteur.** *Le prêteur et l'emprunteur.* ■ **2** **adj.** SPÉCIALT (LING.) Qui fait un emprunt linguistique. *La langue emprunteuse.*

EMPUANTIR [ɑ̃pɥɑ̃tiʀ] **v. tr.** ⟨2⟩ – v. 1398 ◊ de *en-* et *puant* ■ Remplir d'une odeur infecte. ➤ **empester*.** *Gaz d'échappement, décharge qui empuantissent l'atmosphère.* ■ CONTR. Embaumer.

EMPUSE [ɑ̃pyz] **n. f.** – 1825 ◊ latin des zoologistes *empusa*, appellation mythologique, grec *Empousa*, nom d'un spectre ■ **1** ZOOL. Insecte orthoptère marcheur, voisin de la mante. *Larve de l'empuse.* ➤ **diablotin.** ■ **2** (1890) BOT. Champignon siphomycète, parasite de certains insectes.

EMPYÈME [ɑ̃pjɛm] **n. m.** – 1520 ; *empeine* XVe ◊ grec *empuêma*, de *puon* « pus » ■ MÉD. Amas de pus dans une cavité naturelle. — SPÉCIALT Pleurésie purulente.

EMPYRÉE [ɑ̃piʀe] **n. m.** – 1544 ; *cieulx empirees* fin XIVe ◊ latin ecclésiastique *empyrius*, grec *empur(i)os* « en feu » ■ Dans la mythologie antique, La plus élevée des quatre sphères célestes, qui contenait les feux éternels (les astres), et qui était le séjour des dieux. ♦ FIG. et LITTÉR. Ciel, monde supraterrestre. *« C'est l'empyrée immense et profond qu'il me faut, La terre n'offrant rien de ce que je réclame »* HUGO. ■ HOM. Empirer.

EMPYREUMATIQUE [ɑ̃piʀømatik] **adj.** – 1728 ◊ de *empyreume* ■ DIDACT. Qui tient de l'empyreume ; fort et âcre. *Vin aux notes empyreumatiques.*

EMPYREUME [ɑ̃piʀøm] **n. m.** – 1579 ◊ grec *empureuma*, de *pur* « feu » ■ CHIM. ANC. Saveur, odeur forte et âcre que prennent certaines substances organiques soumises à l'action d'un feu violent. *« Étourdie, ivre d'empyreumes »* VALÉRY.

ÉMU, UE [emy] **adj.** – XVe ◊ de *émouvoir* ■ **1** En proie à une émotion plus ou moins vive. *Il se sentait ému. « Quoique très ému lui-même, il affecta la plus grande gaieté »* DAUDET. ■ **2** Qui témoigne d'une émotion. *« Ajouté un son plus ému à ma voix »* CHATEAUBRIAND. *J'en ai gardé un souvenir ému.* — *Cuisse* de nymphe émue.* ■ CONTR. 1 Froid, indifférent.

ÉMULATEUR [emylatœʀ] **n. m.** – 1972, par l'anglais ; « qui incite à l'émulation » 1495 ◊ latin *æmulator* « celui qui cherche à imiter, égaler » ■ INFORM. Ordinateur équipé pour émuler un autre ordinateur. PAR EXT. Logiciel permettant d'émuler sur un système certaines fonctionnalités d'un autre système. — MÉTROL. Appareil de test de systèmes informatiques utilisant l'émulation.

ÉMULATION [emylasjɔ̃] **n. f.** – 1532 ; « rivalité, jalousie » XIIIe ◊ latin *æmulatio* ■ **1** Sentiment qui porte à égaler ou à surpasser qqn en mérite, en savoir, en travail. ➤ **amour-propre, concurrence, zèle.** *Il y a entre eux de l'émulation, une grande émulation.* ➤ **compétition.** *Esprit d'émulation. Émulation en classe. « L'émulation au collège est la forme ingénue d'une ambition que vous connaîtrez plus tard »* FROMENTIN. ■ **2** INFORM. Action d'émuler, son résultat. *Un processeur rapide permet l'émulation en temps réel d'un processeur plus lent.*

ÉMULE [emyl] **n.** – début XIVe ; « rival » XIIIe ◊ latin *æmulus* « celui qui cherche à imiter ; rival » ■ LITTÉR. Personne qui cherche à égaler ou à surpasser qqn en qqch. de louable. ➤ **concurrent.** *« L'équilibre heureux où se maintiennent, émules et non rivales, les forces de ces chefs valeureux »* GIDE. ♦ PAR EXT. Personne d'un mérite égal. *« Ravaillac, Damiens et leurs émules, voulaient atteindre la personne du roi »* CAMUS.

ÉMULER [emyle] **v. tr.** ⟨1⟩ – 1972 ◊ du latin *æmulari* « chercher à égaler », par l'anglais *to emulate* ■ INFORM. Simuler, sur un ordinateur, le fonctionnement de (un terminal, un système d'exploitation, une autre machine).

ÉMULSEUR [emylsœʀ] **n. m.** – 1886 ◊ du radical de *émulsion* ■ TECHN. Appareil servant à préparer des émulsions.

ÉMULSIF, IVE [emylsif, iv] **adj.** – 1755 ◊ du radical de *émulsion* ■ PHARM. Qui contient de l'huile sous forme d'émulsion. ♦ CHIM. Qui facilite la formation d'une émulsion ; qui stabilise une émulsion. ➤ **émulsifiant.** — **n. m.** *Un émulsif.*

ÉMULSIFIABLE [emylsifjabl] **adj.** – 1960 ◊ du radical de *émulsion* ■ CHIM. Que l'on peut émulsionner.

ÉMULSIFIANT, IANTE [emylsifjɑ̃, jɑ̃t] **adj.** – 1932 ◊ du radical de *émulsion* ■ CHIM. Qui favorise la formation et la stabilisation d'une émulsion. ➤ **émulsif.** — **n. m.** *Un émulsifiant.*

ÉMULSIFIER [emylsifje] **v. tr.** ⟨7⟩ – 1932 ◊ du radical de *émulsion* ■ Émulsionner (2o).

ÉMULSINE [emylsin] **n. f.** – 1837 ◊ du radical de *émulsion*, par l'allemand ■ BIOCHIM. Enzyme contenue dans les amandes, ayant la propriété d'émulsionner l'huile.

ÉMULSION [emylsjɔ̃] **n. f.** – 1560 ◊ latin *emulsum*, supin de *emulgere* « traire » ■ **1** Préparation liquide d'apparence laiteuse tenant en suspension une substance huileuse ou résineuse (ex. lait d'amandes). ■ **2** CHIM. Mélange hétérogène de deux liquides non miscibles dont l'un forme des gouttelettes microscopiques en suspension dans l'autre. *Émulsions naturelles* (lait, latex), *artificielles* (huile dans l'eau). *Stabiliser une émulsion* (➤ **émulsifiant**). ■ **3** *Émulsion photographique* : mélange sensible à la lumière, composé de sels d'argent à l'état de cristaux microscopiques en suspension dans la gélatine, le collodion, etc., qu'on applique en couche très mince sur la plaque ou le film. *Sensibilité d'une émulsion photographique* (➤ **ASA, DIN, ISO**). *Émulsion inversible*.*

ÉMULSIONNER [emylsjɔne] **v. tr.** ⟨1⟩ – 1690 ◊ de *émulsion* ■ **1** Additionner (une boisson) d'une émulsion. ■ **2** (1856) Mettre à l'état d'émulsion (une substance dans un milieu où elle n'est pas soluble). *Émulsionner une sauce.* ➤ **émulsifier.** ■ **3** (fin XIXe) Couvrir (le support photographique) de l'émulsion sensible.

1 **EN** [ɑ̃] **prép.** – milieu IXe ◊ du latin *in*

I (Devant un nom sans déterminant, ou avec un déterminant autre que l'article défini) **EXPRIME LA POSITION À L'INTÉRIEUR DE LIMITES SPATIALES, TEMPORELLES OU NOTIONNELLES** ▪ **1** (fin IXe) (Lieu) ➤ **dans.** *Les enfants sont en classe. On l'a mis en prison. Il ne peut rester en place. On ne dit pas « qu'il n'est pas là : il est en réunion, en conseil, en conférence, en comité »* DANINOS. *Travailler en usine. Il a un compte en banque. Monter en voiture* (mais *dans une voiture noire*), *en avion* [ɑ̃navjɔ̃]. *Clés en main**. *En dessous**. *En ce monde.* — *Aller, partir en province.* ➤ **pour.** REM. On observe une tendance au remplacement de diverses prép. par *en : servir en salle, danser en boîte, ascension en glace,* etc. — (Devant les n. de pays fém. ou les n. m. sing. commençant par une voyelle, un *h* muet) *En Allemagne, en Russie, en Iran* (mais *au Pakistan, aux États-Unis*). — RÉGION. ou AFFECTÉ *En Avignon, en Arles.* ➤ **à.** (milieu IXe) (Lieu abstrait, moral) *Être en bonnes mains. Détails qui reviennent en mémoire,* à la mémoire. *La personne en qui j'ai confiance* (ou *dans laquelle j'ai confiance*). *Il y a en lui quelque chose d'étrange.* ➤ **chez.** — (Devant un n. de bâtiment administratif ou religieux et concernant un acte officiel) ➤ **à.** *Mariage célébré en la mairie de Créteil.* (Sans compl. du n.) Au, à la. *Document à retirer en préfecture.* ◆ (début XIe) Sur. *Les marins sont en mer. Mettez un genou en terre.* ▪ **2** (fin IXe) (Extension du lieu : matière dans laquelle…) ➤ 1 **de.** *Un buste en marbre. Un peigne en écaille. Des chaussettes en laine. Un sac en papier. Une maison en dur**. ◆ (Domaine, point de vue) *Il est fort en mathématiques. Un docteur en droit.* ➤ **aussi ès.** *Le premier en date. C'est bien beau en théorie. En effet**, *en comparaison**. ▪ **3** (milieu IXe) (Temps) ➤ **à, dans,** 3 **pendant.** *En hiver, en été, en automne* (mais *au printemps*). *C'était en mai. En quelle année ? En ce beau jour.* ◆ (fin XIe) (Espace de temps) *J'ai fait ma lettre en dix minutes. En moins de temps qu'il ne faut pour le dire.* ▪ **4** (début XIe) (Notion : état, situation, manière) *La France était en guerre. Il est en voyage. Ne vous mettez pas en colère. Je suis en faute. Être en avance, en retard. Une descente en vrille. Elle s'est mise en robe. Elle est en beauté. Les arbres sont en fleurs. Du sucre en poudre ou en morceaux. Le vase est en mille morceaux. Une tragédie en cinq actes. Un shampoing deux en un.* ◆ (fin XIe) (Introduisant un n. qui fait fonction d'attribut du sujet ou du compl.) ➤ **comme.** *Il parle en connaisseur. « Vivre en mendiant, c'était suivre la voie de la sagesse »* COSSERY. *Le livre que j'ai reçu en cadeau.* ▪ **5** (En corrélation avec *de,* pour marquer la progression) *De ville en ville. « Je vais de fleur en fleur, et d'objet en objet »* LA FONTAINE. *De fil** *en aiguille. Être de plus en plus pauvre. Son état empirait d'heure en heure.* ◆ (Périodicité) *« De deux heures en deux heures, il faisait prendre à Olivier un bol de lait »* GIDE. *De minute en minute les cours s'effondraient.*

II **DANS DES LOCUTIONS** (Devant un indéfini, un adj. neutre, un adverbe, pour former des loc. adverbiales) *Cela fait en tout mille euros. Cela ne me concerne en rien. En général, en particulier. C'est vrai en gros. Faire les choses en grand. En vain. En avant ou en arrière. En plein dedans. De bas en haut. De mal en pis. En outre**. *En face**.

III **(DEVANT LE VERBE AU PARTICIPE PRÉSENT [GÉRONDIF])** (fin XIe) *L'appétit vient en mangeant. Ronfler en dormant. Il s'est fait mal en tombant. La situation va (en) s'améliorant. En attendant.*

▪ HOM. An, han.

2 **EN** [ɑ̃] pron. et adv. – XIe ; *ent* Xe ◊ latin *inde*

▪ Pronom adverbial représentatif d'une chose, d'un énoncé, et quelquefois (sauf en fonction de complément du nom) d'une personne. De ce, de ces, de cette, de cela, de lui, d'elle. ➤ 1 **de.**

I (Compl. de verbe) ▪ **1** Indique le lieu d'où l'on vient, la provenance, l'origine. *« De ce lieu-ci je sortirai. Après quoi je t'en tirerai »* LA FONTAINE. *Aller chez lui ! Mais j'en viens ! « Une bataille, parce qu'ils espéraient en voir sortir une défaite »* MADELIN. *Il en tirera un joli bénéfice. Qu'est-ce qu'on en fera, de cet enfant ?* ◆ FIG. (cause, agent) *Il vaut mieux en rire qu'en pleurer. Il en découle.* ➤ **s'ensuivre.** *J'ai trop de soucis, je n'en dors plus. J'en ai été étonné.* VIEILLI *Je l'aime et j'en suis aimé,* je suis aimé d'elle. ▪ **2** (Objet) *« Posséder un objet, c'est pouvoir en user »* SARTRE. *Ce voyage, je m'en souviendrai ! Il faut en parler. Passez, je vous en prie.* — *S'il y a encore du café, j'en reprendrai ! J'ai déchiré bien plus de feuilles que je n'en ai gardées* ou *gardé.* ▪ **3** (Dans diverses loc. verb. : voir le verbe) *On s'en ira* [ɔ̃sɑ̃nira]. *Je m'en tiens là. On n'en finit pas. Je m'en remets à vous.*

II (Compl. de n., ou servant d'appui à des quantitatifs et des indéf.) *« Nourri dans le sérail, j'en connais les détours »* RACINE. — *Les belles soles ! mettez-m'en, donnez-m'en six. « Je n'ai jamais pensé à accepter votre argent : vous n'en aurez pas trop »* SARTRE. *Tenez, en voilà un. « Tu en aimes un autre ! »* DAUDET. ◆ SPÉCIALT *En être :* être homosexuel.

III (Compl. d'adj.) *Il ne sait plus où mettre ses livres, sa maison en est pleine. Venez me voir, j'en serai ravi. Il en est bien capable. Elle n'en est pas peu fière. Montrez-vous-en digne.*

EN- ▪ Élément, du latin *in-* et *im-*, de *in* « dans », servant, avec le radical substantif qu'il précède, à la formation de verbes composés (var. *em-* devant *b, m, p*) : *emboîter, emmancher, emprisonner, enterrer.*

ENAMOURER (S') [ɑ̃namuʀe ; enamuʀe] ou **ÉNAMOURER (S')** [enamuʀe] v. pron. ‹1› – 1280 ; tr. XIIe ◊ de *en-* et *amour* ▪ VIEILLI ou PLAISANT S'éprendre. *« Toutes les donzelles qui ont la fantaisie de s'enamourer de moi »* GAUTIER. — p. p. adj. Amoureux, langoureux. *D'un air enamouré.*

ÉNANTHÈME [enɑ̃tɛm] n. m. – 1856 ◊ de *exanthème,* par substitution du préfixe grec *en-* « dans » ▪ MÉD. Taches rouges que l'on observe sur les muqueuses dans certaines maladies infectieuses. ➤ **exanthème.**

ÉNANTIOMÈRE [enɑ̃tjɔmɛʀ] n. m. – 1931 ◊ du grec *enantios* « opposé » et *-mère* ▪ CHIM. Chacun des deux stéréo-isomères d'une molécule chirale. *Deux énantiomères sont l'image l'un de l'autre dans un miroir, ils ne sont pas superposables.*

ÉNANTIOMORPHE [enɑ̃tjɔmɔʀf] adj. – 1894 ◊ du grec *enantios* « opposé » et *-morphe* ▪ DIDACT. Formé de parties identiques disposées dans un ordre inverse par rapport à un point, un axe ou un plan de symétrie. *Le pied droit et le pied gauche sont énantiomorphes. Formes énantiomorphes d'un objet et de son image dans un miroir.* ➤ **symétrique.**

ÉNANTIOTROPE [enɑ̃tjɔtʀɔp] adj. – 1913 ◊ grec *enantios* « opposé » et *-trope* ▪ CHIM. Qui existe sous deux formes physiques différentes (l'une stable au-dessus d'un point de transformation, l'autre au-dessous).

ÉNARCHIE [enaʀʃi] n. f. – 1967 ◊ de *énarque,* d'après *monarchie* ▪ PAR PLAIS. Pouvoir des énarques* de la haute fonction publique. — adj. **ÉNARCHIQUE.**

ÉNARQUE [enaʀk] n. – 1967 ◊ de *E. N. A.* et *-arque* ▪ Élève, ancien(ne) élève de l'École nationale d'administration ou E. N. A. (considéré[e] comme détenteur ou détentrice du pouvoir). ➤ **technocrate.** — adj. **ÉNARQUIEN, IENNE.**

ÉNARTHROSE [enaʀtʀoz] n. f. – 1560 ◊ grec *enarthrôsis* « action d'articuler » ▪ ANAT. Articulation mobile à surfaces sphériques, l'une convexe et l'autre concave, qui permet aux os des mouvements dans trois directions principales.

EN-AVANT [ɑ̃navɑ̃] n. m. inv. – 1897 ◊ subst. de *en avant* ▪ Au rugby, Faute commise par un joueur qui lâche ou envoie le ballon face au camp adverse, ou le passe à un partenaire situé en avant de lui.

EN-BUT [ɑ̃by(t)] n. m. – 1932 ◊ de 1 *en* et *but* ▪ SPORT Partie du terrain de rugby située derrière la ligne des buts. *Ballon posé dans l'en-but.* ➤ **essai.** *Des en-buts.*

ENCABANER [ɑ̃kabane] v. tr. ‹1› – 1845 ◊ provençal *encabana,* de *cabano* « cabane » ▪ TECHN. Garnir (les claies d'élevage des vers à soie) de petites cabanes de branchage où les vers feront leurs cocons. — n. m. **ENCABANAGE,** 1856.

ENCABLURE ou **ENCÂBLURE** [ɑ̃kablyʀ] n. f. – 1758 ◊ de *en-* et *câble* ▪ MÉTROL. Unité de mesure de longueur utilisée pour les câbles des ancres, pour l'estimation des petites distances, valant un dixième du mille marin, soit 185,2 mètres. *À deux encablures du rivage.*

ENCADRÉ [ɑ̃kadʀe] n. m. – 1972 ◊ de *encadrer* ▪ Dans un journal, un livre, Texte mis en valeur par un filet qui l'isole du texte environnant. *Lire l'encadré ci-contre.*

ENCADREMENT [ɑ̃kadʀəmɑ̃] n. m. – 1756 ◊ de *encadrer* ▪ **1** Action d'entourer, d'orner d'un cadre (un tableau, une photo, etc.). ◆ Ornement servant de cadre. ➤ **cadre, marie-louise.** *L'encadrement de ce tableau est en bois.* — FIG. *« L'encadrement de toute œuvre, c'est son époque »* RENAN. ▪ **2** Ce qui entoure une ouverture. *Baguette pour encadrement.* ➤ **listel.** *Elle apparut dans l'encadrement de la porte.* ➤ **embrasure.** ▪ **3** PAR EXT. Action d'encadrer (un objectif de tir). ▪ **4** (1839) Action d'encadrer un groupe. *L'encadrement des recrues. Personnel d'encadrement.* ➤ **cadre ;** 2 **staff** (ANGLIC.). *L'encadrement est insuffisant.* ▪ **5** MATH. *Encadrement d'un nombre réel :* intervalle donnant les limites inférieure et supérieure entre lesquelles est compris le réel. *L'encadrement du résultat d'un calcul par deux valeurs approchées.* ▪ **6** (1969) Fait de donner un cadre légal à qqch. *L'encadrement des loyers.* — ÉCON. *Encadrement du crédit* : limitation des crédits accordés aux entreprises par les banques. *Encadrement des bonus des opérateurs de marchés.*

ENCADRER [ɑ̃kɑdʀe] v. tr. ‹1› – 1752 ◇ de *en-* et *cadre* ■ **1** Mettre dans un cadre, entourer d'un cadre. *Faire encadrer une gravure.* «*Un diplôme encadré de noir*» BOSCO. ♦ LOC. FAM. *Ne pas pouvoir encadrer qqn,* ne pas le supporter*, le détester (cf. Ne pas pouvoir voir en peinture*). ■ **2** Entourer à la manière d'un cadre qui orne ou limite. «*des cheveux nattés* [...] *encadrant un visage mièvre*» FROMENTIN. «*petites plaines isolées encadrées par la montagne*» SIEGFRIED. — PRONOM. Apparaître comme dans un cadre. «*La silhouette s'encadrait en ombre chinoise dans la porte de la chambre éclairée*» MARTIN DU GARD. ♦ (Sujet personne) Se placer de part et d'autre de. «*Je me suis assis et les gendarmes m'ont encadré*» CAMUS. ■ **3** ARTILL. *Encadrer un objectif* : régler le tir en amenant les trajectoires de plus en plus près de l'objectif, au-delà comme en deçà. ■ **4** (1839) Pourvoir de cadres (une troupe). *Des soldats bien encadrés.* — Faire entrer dans le cadre d'une formation militaire. *Encadrer les recrues.* ♦ Diriger, organiser pour le travail (➤ cadre). *Encadrer plusieurs employés.* ■ **5** Donner un cadre légal à (qqch.). *Encadrer le crédit à la consommation.* ■ CONTR. Désencadrer.

ENCADREUR, EUSE [ɑ̃kɑdʀœʀ, øz] n. – 1843 ◇ de *encadrer* ■ Artisan qui exécute et pose des cadres (de tableaux, gravures, photos, etc.).

ENCAGER [ɑ̃kaʒe] v. tr. ‹3› – fin XIIIe ◇ de *en-* et *cage* ■ Mettre en cage (une bête). — FIG. Enfermer, emprisonner. — n. m. **ENCAGEMENT,** 1905.

ENCAGOULER [ɑ̃kagule] v. tr. ‹1› – 1949 au p. p. ◇ de *cagoule* ■ Revêtir la tête de (qqn) d'une cagoule. *Braqueurs encagoulés.*

ENCAISSABLE [ɑ̃kɛsabl] adj. – 1870 ◇ de *encaisser* ■ Qui peut être encaissé. *Somme immédiatement encaissable.*

ENCAISSAGE [ɑ̃kɛsaʒ] n. m. – 1803 ◇ de *encaisser* ■ RARE Mise en caisse. ➤ encaissement.

ENCAISSE [ɑ̃kɛs] n. f. – 1845 ◇ de *encaisser* ■ Sommes, valeurs qui sont dans la caisse ou en portefeuille. *Encaisse d'une maison de commerce.* — *L'encaisse métallique* : les valeurs en or et en argent qui, dans les banques d'émission, servent de garantie aux billets.

ENCAISSEMENT [ɑ̃kɛsmɑ̃] n. m. – 1701 ◇ de *encaisser* ■ **1** RARE Emballage, mise en caisse. ➤ encaissage. ■ **2** Action d'encaisser (de l'argent, des valeurs). ➤ perception, 1 recouvrement. *Remettre un chèque à l'encaissement. Sauf encaissement* : clause par laquelle des effets ne sont pris à l'escompte que sous la condition d'encaissement à l'échéance. ■ **3** État de ce qui est encaissé. *L'encaissement du lit d'une rivière, d'une vallée.* ♦ TRAV. PUBL. Tranchée.

ENCAISSER [ɑ̃kese] v. tr. ‹1› – 1510 ◇ de *en-* et *caisse* ■ **1** RARE Mettre dans une caisse. ➤ emballer. ♦ VX Mettre dans sa caisse, dans sa cassette. ■ **2** MOD. Recevoir, toucher (de l'argent, le montant d'une facture). *Encaisser des honoraires, des loyers.* — Toucher la valeur de (un effet de commerce). *Encaisser un chèque, une traite.* ■ **3** FIG. (1867) FAM. Recevoir (des coups). ➤ ARG. morfler. *Encaisser un direct.* ABSOLT *Boxeur qui encaisse bien, qui sait encaisser,* qui sait recevoir les coups sans être ébranlé. — *Encaisser un but.* ➤ FAM. enquiller. ♦ PAR EXT. Recevoir sans sourciller, supporter. *Une défaite humiliante qu'il n'a jamais encaissée.* ➤ FAM. digérer. ♦ PAR ANAL. Supporter*, aimer. *Je ne peux pas encaisser ce type.* ➤ sentir. «*Il ne comprenait pas, il n'encaissait pas les bourgeois*» MAUROIS. ■ **4** (1798) Resserrer en bordant des deux côtés. «*les bois, les sentiers et les rochers qui encaissaient la route*» BALZAC. — p. p. adj. *Un fleuve jaune qui «était profondément encaissé»* CHATEAUBRIAND. ♦ TRAV. PUBL. Resserrer (un cours d'eau) entre des digues ; creuser (une route). ■ CONTR. Décaisser, payer.

ENCAISSEUR, EUSE [ɑ̃kɛsœʀ, øz] n. – 1870 ◇ de *encaisser* ■ **1** Employé(e) qui va à domicile encaisser des sommes, recouvrer des effets (cf. Garçon de recettes*). ■ **2** n. f. Machine qui met les produits en caisse de transport.

ENCALMINÉ, ÉE [ɑ̃kalmine] adj. – 1856 ◇ de *en-* et *calme* ■ MAR. Se dit d'un navire à voiles immobilisé par un temps calme, ou à l'abri.

ENCAN [ɑ̃kɑ̃] n. m. – *encant* 1400 ◇ latin médiéval *inquantum,* du latin *in quantum* «pour combien» ■ VIEILLI OU RÉGION. (Canada) Vente aux enchères publiques. — LOC. **À L'ENCAN.** *Mettre, vendre à l'encan.* ➤ encanter. FIG. Au plus offrant. *La justice était à l'encan.*

ENCANAILLEMENT [ɑ̃kanajmɑ̃] n. m. – 1858 ◇ de *encanailler* ■ Fait de s'encanailler. «*Cet esprit parisien, qui avait un arôme aristocratique qu'il a perdu dans l'encanaillement de ses divers argots*» DAUDET.

ENCANAILLER (S') [ɑ̃kanaje] v. pron. ‹1› – 1660 ◇ de *en-* et *canaille* ■ **1** VX Frayer avec la canaille, en prendre les habitudes. ➤ s'avilir. ■ **2** VIEILLI Fréquenter des gens vulgaires, louches et imiter leurs manières. *Bourgeois qui s'encanaillaient dans les cabarets de Pigalle.* ♦ MOD. Fréquenter un lieu, un milieu pour s'amuser, éprouver des sensations fortes.

ENCANTER [ɑ̃kɑ̃te] v. tr. ‹1› – milieu XVe ◇ de *encan* ■ VX OU RÉGION. (Canada) Vendre aux enchères, à l'encan.

ENCANTEUR, EUSE [ɑ̃kɑ̃tœʀ, øz] n. – 1831 ◇ de *encanter* ■ VX OU RÉGION. (Canada) Personne qui effectue une vente à l'encan. *L'encanteur et le mandant.*

ENCAPSULER [ɑ̃kapsyle] v. tr. ‹1› – 1889 fig. ◇ de *en-* et *capsule* ■ TECHNOL. Enfermer dans une capsule. — p. p. adj. *Médicaments encapsulés.*

ENCAPUCHONNER [ɑ̃kapyʃɔne] v. tr. ‹1› – 1571 ◇ de *en-* et *capuchon* ■ Couvrir d'un capuchon, comme d'un capuchon. — p. p. adj. *Pèlerin encapuchonné.* ♦ **S'ENCAPUCHONNER** v. pron. Se couvrir d'un capuchon. — (1755) FIG. HIPPOL. *Cheval qui s'encapuchonne,* qui ramène la tête contre le poitrail pour se dérober à l'action du mors.

ENCAQUER [ɑ̃kake] v. tr. ‹1› – fin XVIe ◇ de *en-* et *caque* ■ **1** Mettre (des harengs) en caque. — n. m. **ENCAQUEMENT,** 1772. ■ **2** FIG. et VIEILLI Entasser, serrer dans un petit espace. «*Encaqués dans l'étroit boyau où toute la tranchée se déversait*» DORGELÈS.

ENCART [ɑ̃kaʀ] n. m. – 1810 ◇ de *encarter* ■ Fraction de feuille en page isolée que l'on place à l'intérieur d'un cahier. — Feuille volante ou petit cahier que l'on insère dans une publication. *Un encart publicitaire.*

ENCARTAGE [ɑ̃kaʀtaʒ] n. m. – 1845 industr. textile ; 1810 reliure ◇ de *encarter* ■ Action d'encarter (un encart, un tissu, des boutons).

ENCARTÉ, ÉE [ɑ̃kaʀte] adj. – 1891 ◇ de *en* et *carte* ■ Qui est membre d'un parti politique ou d'un syndicat. *Militants encartés.*

ENCARTER [ɑ̃kaʀte] v. tr. ‹1› – 1642 ◇ de *en-* et *carte* ■ **1** Insérer (un carton, un encart) entre les feuillets d'un volume. *Encarter un dépliant dans une revue.* ■ **2** TECHN. Placer entre des feuilles de carton (les plis de la pièce d'étoffe que l'on veut catir à chaud). ♦ Fixer sur un carton. *Encarter des boutons.* — On dit aussi **ENCARTONNER,** 1823.

ENCARTEUSE [ɑ̃kaʀtøz] n. f. – 1890 ◇ de *encarter* ■ TECHN. Machine qui fixe des objets sur des cartons.

ENCAS [ɑ̃kɑ] n. m. – 1798 ◇ subst. de *en cas (de besoin, d'imprévu...)* ■ On écrit aussi *en-cas* (inv.). ■ **1** VX Chose ou personne qui peut servir au besoin. «*Il voyait dans le jeune duc de Chartres comme un en-cas monarchique, si Louis XVI tombait*» MICHELET. ■ **2** (1835) MOD. Repas léger préparé pour être consommé en cas de besoin. *Emporter un encas.* ♦ (1864) VIEILLI Ombrelle pouvant servir de parapluie.

ENCASERNER [ɑ̃kazɛʀne] v. tr. ‹1› – 1790 au p. p. ◇ de *en-* et *caserne* ■ Mettre, loger dans une caserne. *Encaserner les recrues.* — PAR MÉTAPH. «*La France encasernée dans la centralisation*» VALLÈS. ➤ embrigadé.

ENCASTELURE [ɑ̃kastəlyʀ] n. f. – 1611 ◇ italien *incastellatura* ■ VÉTÉR. Maladie du pied du cheval caractérisée par un rétrécissement du sabot qui comprime la base de la fourchette.

ENCASTRABLE [ɑ̃kastʀabl] adj. – milieu XXe ◇ de *encastrer* ■ Conçu pour être encastré. *Les appareils ménagers encastrables d'une cuisine aménagée.*

ENCASTREMENT [ɑ̃kastʀəmɑ̃] n. m. – 1607 ◇ de *encastrer* ■ Action, manière d'encastrer ; entaille d'une pièce destinée à recevoir une autre pièce. ♦ *Jeux d'encastrement* : jeux éducatifs consistant à reconnaître et à encastrer des pièces dans les supports évidés correspondant à leur forme.

ENCASTRER [ɑ̃kastʀe] **v. tr.** ‹1› – 1694 ; *incastré* 1560 ◇ italien *incastrare,* du bas latin «sertir», du classique *castrum* «forteresse» ■ Insérer, loger dans un objet ou une surface exactement taillés ou creusés à cet effet. ➤ **emboîter, enchâsser, enclaver.** *Encastrer des éléments de cuisine. Four à encastrer.* ➤ **encastrable.** *Encastrer des fils électriques. «Encastrée dans le mur, une grande glace»* PROUST. *Baignoire encastrée.* ◆ PRONOM. *La mortaise s'encastre dans le tenon.* — PAR ANAL. *La voiture n'a pas pu freiner et elle est venue s'encastrer sous le camion.*

ENCAUSTIQUAGE [ɑ̃kɔstikaʒ] **n. m.** – 1907 ◇ de *encaustiquer* ■ Action d'encaustiquer. *Encaustiquage des meubles.*

ENCAUSTIQUE [ɑ̃kɔstik] **n. f.** – 1593, rare avant XVIIIe ◇ latin d'origine grecque *encaustica,* du grec *egkaiein* «brûler» ■ **1** ARTS Procédé de peinture où l'on employait des couleurs délayées dans de la cire fondue que l'on chauffait avant de s'en servir. ■ **2** (1845) Préparation à base de cire et d'essence de térébenthine qu'on utilise pour entretenir et faire reluire les meubles, les parquets. ➤ **cire.** *Passer un buffet à l'encaustique.*

ENCAUSTIQUER [ɑ̃kɔstike] **v. tr.** ‹1› – 1864 ◇ de *encaustique* ■ Passer à l'encaustique. ➤ **cirer.**

ENCAVAGE [ɑ̃kavaʒ] **n. m.** – 1748 ; 1636 *incavage* ◇ de *cave* ■ **(Suisse)** Action de mettre en cave des aliments. *Fromages d'encavage.*

ENCAVER [ɑ̃kave] **v. tr.** ‹1› – 1295 ◇ de *en-* et 1*cave* ■ Mettre en cave (du vin). — **n. m. ENCAVEMENT,** 1635.

ENCEINDRE [ɑ̃sɛ̃dʀ] **v. tr.** ‹52› – XIIIe ◇ latin *incingere* ■ RARE Entourer d'une enceinte. ➤ **ceindre, enclore.** — **p. p. adj. (plus cour.)** *«Encore aujourd'hui Guérande est enceinte de ses puissantes murailles»* BALZAC.

1**ENCEINTE** [ɑ̃sɛ̃t] **n. f.** – 1284 ◇ p. p. de *enceindre* ■ **1** Ce qui entoure un espace à la manière d'une clôture et en défend l'accès. ➤ **ceinture.** *«Cinq enceintes concentriques de murailles»* LOTI. *Une enceinte de fossés, de pieux. Le mur d'enceinte d'une place forte.* ➤ **rempart.** *Les enceintes successives de l'ancien Paris.* ■ **2** (1611) L'espace ainsi délimité. *Animaux vivant dans l'enceinte d'un parc. Pénétrer dans l'enceinte d'une église, du tribunal, du pesage. Enceinte réservée aux personnages officiels* (lors d'une fête). — ABSOLT Salle plus ou moins vaste et fermée. *«C'était une assez vaste enceinte, à peine éclairée, où tout l'appareil d'un procès criminel se développait»* HUGO. ◆ CHASSE Partie du bois où est cerné le gibier pourchassé. ◆ NUCL. *Enceinte de confinement,* qui entoure un réacteur nucléaire, pour éviter la dissémination accidentelle de matières radioactives. *Enceinte blindée.* ■ **3** ACOUST. Volume délimité par des parois rigides et généralement bourré de matières absorbantes, destiné à améliorer le diagramme de rayonnement du haut-parleur fixé sur la face avant. — (v. 1960) *Enceinte acoustique,* utilisant plusieurs haut-parleurs, chacun muni d'un filtre correspondant à son registre. ➤ **baffle.** *Enceinte réflexe. Enceinte asservie.*

2**ENCEINTE** [ɑ̃sɛ̃t] **adj.** – XIIe ◇ bas latin *incincta,* de *incingere* «entourer» → enceindre ■ Qui est en état de grossesse. ➤ **gravide, grosse** (cf. VULG. En cloque, RÉGION. en famille). *Législation en faveur des femmes enceintes. Elle est enceinte de trois mois. Elle était alors enceinte de son premier fils :* elle attendait son premier fils. *Elle est enceinte de son mari :* elle attend un enfant qui a pour père son mari. *«J'ai écrit à P. que j'étais enceinte et que je ne voulais pas le garder»* A. ERNAUX. *Mettre, rendre une femme enceinte.* ➤ VULG. **engrosser ;** RÉGION. **enceinter.** *Envie* de femme enceinte.* — **(Avec un n. m.)** *Le mannequin est enceinte.* — FAM. *Elle est enceinte jusqu'aux yeux,* très grosse, en fin de grossesse.

ENCEINTER [ɑ̃sɛ̃te] **v. tr.** ‹1› – 1974 ◇ de 2*enceinte* ■ **(Afrique noire)** Rendre enceinte. *Il l'a enceintée.*

ENCENS [ɑ̃sɑ̃] **n. m.** – v. 1135 ◇ latin ecclésiastique *incensum,* proprt «ce qui est brûlé» ■ **1** Substance résineuse aromatique, qui brûle en répandant une odeur pénétrante. *Église qui sent l'encens. Bâtonnet, baguette d'encens. Vase où l'on brûle de l'encens.* ➤ **encensoir.** *«Quatre longues cassolettes remplies de nard, d'encens, de cinnamome et de myrrhe»* FLAUBERT. *L'or, l'encens et la myrrhe offerts par les Rois mages.* ■ **2** (XVIIe) FIG. et VX Témoignages d'admiration, louanges ou flatteries excessives. ➤ **compliment, hommage ; encenser.** *«Lettres de femmes [...] apportant à l'écrivain l'encens des gentilles adorations intellectuelles»* LOTI.

ENCENSEMENT [ɑ̃sɑ̃smɑ̃] **n. m.** – v. 1215 ◇ de *encenser* ■ Action d'encenser. ◆ FIG. *«l'admiration de tous, des hommages, un encensement de tendresse»* MAUPASSANT.

ENCENSER [ɑ̃sɑ̃se] **v. tr.** ‹1› – 1080 ◇ de *encens* ■ **1** Honorer en brûlant de l'encens, en agitant l'encensoir. *«Le prêtre fait le tour du catafalque, l'encense»* HUYSMANS. ◆ ABSOLT Agiter l'encensoir. *On nous apprenait «à encenser élégamment»* DAUDET. — PAR ANAL. *Cheval qui encense,* qui remue sa tête de bas en haut. ■ **2** (XVIIe) FIG. Honorer d'hommages excessifs, accabler de louanges et de flatteries. ➤ **flatter,** 1**louer.** *«Qui vous encensent dans la prospérité et vous accablent dans la disgrâce»* MOLIÈRE. **p. p. adj.** *Enfant gâté trop encensé.*

ENCENSEUR, EUSE [ɑ̃sɑ̃sœʀ, øz] **n.** – 1372 ◇ de *encenser* ■ Personne chargée de l'encensoir. ➤ **thuriféraire.** *«Deux encenseurs se retournaient à chaque pas vers le saint sacrement»* FLAUBERT. ◆ FIG. (VX) Flatteur.

ENCENSOIR [ɑ̃sɑ̃swaʀ] **n. m.** – 1388 ◇ de *encenser* ■ Sorte de cassolette suspendue à des chaînettes dans laquelle on brûle l'encens. *«Tous s'agenouillèrent. Et les encensoirs, allant à pleine volée, glissaient sur leurs chaînettes»* FLAUBERT. ◆ LOC. (VIEILLI) *Manier l'encensoir, donner des coups d'encensoir :* louer, flatter avec excès (cf. Passer la brosse*).

ENCÉPAGEMENT [ɑ̃sepaʒmɑ̃] **n. m.** – 1922 ◇ de *en-* et *cépage* ■ AGRIC. Cépages qui composent un vignoble.

ENCÉPHALE [ɑ̃sefal] **n. m.** – 1755 ; adj. «qui est dans la tête» 1700 ◇ grec *egkephalos* ■ ANAT. Ensemble des centres nerveux contenus dans la boîte crânienne, comprenant le cerveau, le cervelet et le tronc* cérébral. ➤ **cerveau.**

ENCÉPHALINE ➤ **ENKÉPHALINE**

ENCÉPHALIQUE [ɑ̃sefalik] **adj.** – 1771 ◇ de *encéphale* ■ ANAT. Qui appartient à l'encéphale.

ENCÉPHALITE [ɑ̃sefalit] **n. f.** – 1803 ◇ de *encéphale* et *-ite* ■ MÉD. Inflammation de l'encéphale, touchant spécialement la substance grise *(polioencéphalite)* ou la substance blanche *(leucoencéphalite). Encéphalite méningée* (*méningoencéphalite*). — (1918, Netter) *Encéphalite léthargique :* maladie infectieuse et épidémique grave, d'origine virale, caractérisée par la somnolence et divers troubles nerveux.

ENCÉPHALOGRAMME [ɑ̃sefalɔgʀam] **n. m.** – 1946 ◇ de *encéphale* et *-gramme* ■ MÉD. Enregistrement de l'activité électrique de l'encéphale. — *Encéphalogramme plat,* signalant la mort cérébrale ; FIG. manque de vivacité intellectuelle (de qqn), manque de dynamisme (d'une activité). *«une activité économique à l'encéphalogramme plat»* (Le Progrès, 2015).

ENCÉPHALOGRAPHIE [ɑ̃sefalɔgʀafi] **n. f.** – 1927 ◇ de *encéphale* et *(radio)graphie* ■ MÉD. Exploration radiographique de l'encéphale. — *Encéphalographie gazeuse :* examen des ventricules cérébraux par injection de gaz dans les régions sous-occipitale ou lombaire.

ENCÉPHALOMYÉLITE [ɑ̃sefalomjelit] **n. f.** – 1971 ◇ de *encéphale* et *myélite* ■ **1** MÉD. Inflammation du névraxe. ■ **2** VÉTÉR. Maladie virale du cheval et d'autres animaux, parfois contagieuse pour l'être humain.

ENCÉPHALOPATHIE [ɑ̃sefalɔpati] **n. f.** – 1839 ◇ de *encéphale* et *-pathie* ■ MÉD. Affection du cerveau, de nature non inflammatoire (à la différence de l'encéphalite*). *Les affections dégénératives et les lésions cérébrales qui compliquent certaines intoxications sont des encéphalopathies.* — *Encéphalopathie spongiforme,* due à un prion, affectant le système nerveux central de l'être humain (kuru, maladie de Creutzfeldt-Jakob) et des animaux (tremblante du mouton, *encéphalopathie spongiforme bovine [ESB]* ou maladie de la vache* folle).

ENCERCLEMENT [ɑ̃sɛʀkləmɑ̃] **n. m.** – 1909 ◇ de *encercler,* d'après allemand *Einkreisung* ■ Action d'encercler, fait d'être encerclé (diplomatiquement ou militairement). *Manœuvres d'encerclement. «Chacun n'annonçant que victoires, encerclement de l'ennemi»* GIDE.

ENCERCLER [ɑ̃sɛʀkle] **v. tr.** ‹1› – 1160 «entourer d'un cercle» ◇ de *en-* et *cercle,* repris au début XXe, d'après l'allemand *einkreisen* ■ Entourer d'un cercle d'alliances (un pays qui se juge menacé). *«La Triple Entente donna à l'Allemagne l'impression d'être "encerclée" par les autres puissances»* SEIGNOBOS. ◆ Cerner de toutes parts à la suite de manœuvres d'enveloppement. *Encercler l'ennemi. La maison est encerclée par la police.* ➤ **boucler.**

ENCHAÎNEMENT [ɑ̃ʃɛnmɑ̃] **n. m.** /ENCHAINEMENT/ – 1611 ; «chaîne» 1396 ◊ de *enchaîner* ■ **1** Série de choses qui s'enchaînent, sont entre elles dans un certain rapport de dépendance. ➤ **chaîne, succession.** *L'enchaînement des faits, des évènements. «Cet enchaînement de sottises et d'atrocités qu'on appelle Histoire»* P.-L. COURIER. *«Un fatal enchaînement de circonstances»* SAINTE-BEUVE. ➤ **engrenage.** — SPÉCIALT Suite de pas de danse. — Juxtaposition de deux accords musicaux selon des lois harmoniques. ■ **2** Caractère lié, rapport entre les éléments. ➤ **liaison, suite.** *L'enchaînement des mots dans la phrase.* ➤ **agencement, ordre.** *L'enchaînement des idées dans un exposé.* ➤ **association.** *«L'enchaînement des effets et des causes»* FRANCE (➤ **déterminisme**). ■ **3** À l'intérieur d'un groupe rythmique, Action de lier la consonne finale prononcée d'un mot à la voyelle initiale du mot suivant. *«Une amie» comporte un enchaînement, «un ami» une liaison**. ■ **4** Texte qui fait le lien entre deux parties d'un spectacle, d'une émission.

ENCHAÎNER [ɑ̃ʃene] **v. tr.** ⟨1⟩ /ENCHAINER/ – 1080 ◊ de *en-* et *chaîne* ■ **1** Attacher avec une chaîne. *Enchaîner des prisonniers, des esclaves. Enchaîner un chien méchant.* — **p. p. adj.** *«Les galériens se courbèrent et tous se turent avec des regards de loups enchaînés»* HUGO. ■ **2** FIG. Asservir, mettre sous une dépendance. ➤ **assujettir, soumettre, subjuguer.** *Enchaîner un peuple. Enchaîner la liberté. Enchaîner la presse.* ➤ **bâillonner, museler.** *«Ils adorent la main qui les tient enchaînés»* RACINE. ◆ Attacher, retenir en un lieu. *«Une mystérieuse destinée l'enchaînait ici»* MARTIN DU GARD. ■ **3** Unir par l'effet d'une succession naturelle ou le rapport de liens logiques. ➤ **coordonner, lier.** *Enchaîner des idées, des mots. «l'écrivain prendra deux objets différents, posera leur rapport* [...] *et les enchaînera par le lien indescriptible d'une alliance de mots»* PROUST. PRONOM. *Tout s'enchaîne. «Les événements s'enchaînaient avec une logique impressionnante»* MARTIN DU GARD. ➤ **se succéder, se suivre.** ◆ ABSOLT Au théâtre, Reprendre la suite des répliques après une interruption. *On enchaîne !* — CIN. Passer d'une séquence à une autre. *Un fondu* enchaîné.* SUBST. (1945) *Un enchaîné.* ■ CONTR. Désenchaîner. 1 Détacher.

ENCHANTÉ, ÉE [ɑ̃ʃɑ̃te] **adj.** – avant 1648 ◊ de *enchanter* ■ **1** Magique. *Le monde enchanté des contes de fées. «La Flûte enchantée», opéra de Mozart.* — PAR EXT. VIEILLI Enchanteur. *Des lieux enchantés.* ■ **2** (XVIIIᵉ) (PERSONNES) Très content, ravi. *Je suis enchanté de mon séjour. Enchanté de faire votre connaissance,* OU ELLIPT *enchanté.*

ENCHANTEMENT [ɑ̃ʃɑ̃tmɑ̃] **n. m.** – début XIIᵉ ◊ de *enchanter* ■ **1** Opération magique consistant à enchanter ; effet de cette opération. ➤ 2 **charme, ensorcellement, incantation, sort, sortilège.** *«Un mauvais sort comme ceux qu'il y a dans les contes, contre quoi on ne peut rien jusqu'à ce que l'enchantement ait cessé»* PROUST. *«Un vieux magicien qui faisait, par enchantement, pousser les arbres et les fruits»* BOSCO. — LOC. *Comme par enchantement :* d'une manière inattendue, comme par magie. *Disparaître comme par enchantement. «La tempête s'est bientôt éloignée, s'est évanouie comme par enchantement»* GIDE. ◆ FIG. Charme puissant. *«Tous les enchantements de l'imagination»* CHATEAUBRIAND. ■ **2** PAR EXT. État de celui qui est enchanté, joie extrêmement vive. ➤ **émerveillement, ravissement.** *Il est dans l'enchantement. «Des êtres qui nous procurent un enchantement des sens par leur beauté»* MAUROIS. ◆ Sujet de joie, chose qui fait un immense plaisir. ➤ **délice, merveille.** *Ce spectacle est un enchantement.* ■ CONTR. Désenchantement.

ENCHANTER [ɑ̃ʃɑ̃te] **v. tr.** ⟨1⟩ – début XIIᵉ ◊ latin *incantare* ■ **1** Soumettre à une action surnaturelle par l'effet d'une opération magique. ➤ **charmer, ensorceler.** *Enchanter qqn au moyen de sortilèges, de formules magiques, d'un philtre. «Elle ne pouvait pas s'échapper. Il l'avait enchantée comme une bête»* BOSCO. ◆ FIG. Soumettre à un charme irrésistible et inexplicable. ➤ **envoûter, subjuguer.** *«Enchanté, tourmenté et comme possédé par le démon de mon cœur»* CHATEAUBRIAND. ■ **2** PAR EXT. Remplir d'un vif plaisir, satisfaire au plus haut point. ➤ **ravir.** *«un aspect insolite qui m'enchantait»* GIDE. *Vos propositions ne m'enchantent guère.* ■ CONTR. Désenchanter.

ENCHANTEUR, TERESSE [ɑ̃ʃɑ̃tœʀ, tʀɛs] **n. et adj.** – 1080 ◊ de *enchanter* ■ **1** Personne qui pratique des enchantements. ➤ **magicien, sorcier.** *Merlin l'Enchanteur. L'enchanteresse Circé.* ◆ FIG. Personne douée d'un charme irrésistible (par sa beauté, son talent, etc.). *Chateaubriand fut surnommé l'Enchanteur.* ■ **2** adj. Qui enchante, est extrêmement séduisant. ➤ **charmant, ensorcelant, merveilleux, ravissant.** *Un spectacle, un sourire enchanteur. Une musique enchanteresse. «Les grâces de cette fille enchanteresse»* ROUSSEAU. ■ CONTR. Désagréable.

ENCHÂSSEMENT [ɑ̃ʃɑsmɑ̃] **n. m.** – 1611 ; «châssis, cadre» 1385 ◊ de *enchâsser* ■ Action d'enchâsser, manière dont une chose est enchâssée.

ENCHÂSSER [ɑ̃ʃɑse] **v. tr.** ⟨1⟩ – début XIIᵉ ◊ de *en-* et *châsse* ■ **1** Mettre dans une monture. ➤ **monter, sertir.** *Enchâsser un brillant dans le chaton d'une bague.* ➤ **enchatonner.** ◆ Encastrer, fixer (dans une entaille, un châssis, un encadrement). PRONOM. *«La patte redoutable où s'enchâssent des griffes courbes»* COLETTE. ◆ FIG. Insérer. *«il cite, il enchâsse de belles pensées»* SAINTE-BEUVE. LING. *Phrase enchâssée dans une autre.* PRONOM. *«L'élégie vient s'enchâsser dans les discours des personnages»* FAGUET. ■ **2** (1226) RELIG. Mettre (des reliques) dans une châsse. ■ CONTR. 1 Sortir.

ENCHÂSSURE [ɑ̃ʃɑsyʀ] **n. f.** – XVᵉ ◊ de *enchâsser* ■ Ce dans quoi une chose est enchâssée.

ENCHATONNEMENT [ɑ̃ʃatɔnmɑ̃] **n. m.** – 1832 ◊ de *enchatonner* ■ JOAILL. Action d'enchatonner, manière dont une pierre est enchatonnée. ◆ MÉD. *Enchatonnement du placenta :* rétention totale (incarcération) ou partielle du placenta après l'expulsion du fœtus, due à une contraction spasmodique de l'utérus.

ENCHATONNER [ɑ̃ʃatɔne] **v. tr.** ⟨1⟩ – v. 1160 ◊ de *en-* et 1 *chaton* ■ JOAILL. Enchâsser (une pierre) dans un chaton. ➤ **sertir.**

ENCHAUSSER [ɑ̃ʃose] **v. tr.** ⟨1⟩ – 1752 ◊ de *en-* et *chausser* (4°) ■ HORTIC. Couvrir (des légumes) de paille, de fumier, en vue de les faire blanchir ou de les garantir de la gelée. ➤ 2 **pailler.**

ENCHEMISAGE [ɑ̃ʃ(ə)mizaʒ] **n. m.** – 1930 ◊ de *enchemiser* ■ TECHN. Action d'enchemiser un livre ; chemise d'un livre.

ENCHEMISER [ɑ̃ʃ(ə)mize] **v. tr.** ⟨1⟩ – 1901 ◊ de *en-* et *chemise* ■ TECHN. ■ **1** Chemiser (un projectile). ■ **2** Munir d'une chemise protectrice (un livre).

ENCHÈRE [ɑ̃ʃɛʀ] **n. f.** – 1259 ◊ de *enchérir* ■ **1** Offre d'une somme supérieure à la mise à prix ou aux offres précédentes, au cours d'une adjudication. *Vente aux enchères.* ➤ **licitation ;** RÉGION. **encan, mise.** *Vendre aux enchères* (➤ VX, RÉGION. **encanter**). *Collection vendue aux enchères* (cf. À la criée, à l'encan). *Faire, porter, mettre une enchère sur qqch.* (➤ **enchérir**). *Pousser, faire monter les enchères. Couvrir une enchère :* mettre une enchère supérieure à celle qui vient d'être faite. ➤ **surenchérir** (cf. Qui dit mieux* ?). *«Les enchères étaient vives. Un volume isolé parvint jusqu'à six cents francs»* NERVAL. *Folle enchère,* celle du dernier enchérisseur qui ne veut ou ne peut satisfaire aux conditions de l'adjudication (notamment en payer le prix). ◆ LOC. *Mettre* (qqch.) *aux enchères :* vendre au plus offrant (ses services, son travail...). ■ **2** (fin XIXᵉ) À certains jeux de cartes, Demande supérieure à celle de l'adversaire. *Manille aux enchères. Le système des enchères au bridge.*

ENCHÉRIR [ɑ̃ʃeʀiʀ] **v. intr.** ⟨2⟩ – XIIᵉ ◊ de *en-* et *cher* ■ **1** VIEILLI Devenir plus cher. ➤ **augmenter, renchérir.** ■ **2** Mettre une enchère. *Enchérir sur qqn :* faire une enchère plus élevée. ➤ RÉGION. **miser** (sur). ◆ FIG. Aller au-delà de ce qu'une autre personne a dit ou fait. ➤ **dépasser, renchérir.** *«Enchérissant sur les devoirs tracés par la Loi et les anciens, il voulait la perfection»* RENAN. ■ CONTR. Diminuer.

ENCHÉRISSEMENT [ɑ̃ʃeʀismɑ̃] **n. m.** – 1213 ◊ de *enchérir* ■ VIEILLI Augmentation de prix.

ENCHÉRISSEUR, EUSE [ɑ̃ʃeʀisœʀ, øz] **n.** – *anchérisseur* 1325 ◊ de *enchérir* ■ Personne qui fait une enchère. *Vendre au plus offrant et dernier enchérisseur.* ➤ **adjudicataire.**

ENCHEVALEMENT [ɑ̃ʃ(ə)valmɑ̃] **n. m.** – 1755 ; de l'ancien verbe *enchevaler* «étayer» ◊ de *en-* et *cheval* ■ TECHN. Chevalement.

ENCHEVAUCHER [ɑ̃ʃ(ə)voʃe] **v. tr.** ⟨1⟩ – 1771 ◊ de *en-* et *chevaucher* ■ TECHN. Faire joindre par recouvrement (des planches, des ardoises, des tuiles).

ENCHEVAUCHURE [ɑ̃ʃ(ə)voʃyʀ] **n. f.** – 1690 ◊ de *en-* et *chevaucher* ■ TECHN. Disposition de planches, tuiles... enchevauchées.

ENCHEVÊTREMENT [ɑ̃ʃ(ə)vɛtʀəmɑ̃] **n. m.** – 1564 ◊ de *enchevêtrer* ■ **1** Disposition de choses enchevêtrées. *«Ces constructions sont multiformes. Elles ont l'enchevêtrement du polypier»* HUGO. — Amas, réseau de choses enchevêtrées. *Enchevêtrement de fils. Un enchevêtrement de ruelles, de couloirs.* ➤ **labyrinthe.** *Un enchevêtrement inextricable de ronces et de lianes.* ■ **2** FIG. Complication, désordre. *L'enchevêtrement de l'intrigue, de la situation.* ➤ **embrouillamini, imbroglio.**

ENCHEVÊTRER [ɑ̃ʃ(ə)vetʀe] v. tr. ‹1› – v. 1175 ◊ de *en-* et *chevêtre* ▪ **1** VX Munir (un cheval) d'un licol. PRONOM. *Le cheval s'est enchevêtré,* s'est empêtré dans la longe de son licol. ▪ **2** (XIVe) TECHN. Assembler (des solives) avec un chevêtre. ▪ **3** (XVIe) COUR. Engager l'une dans l'autre (diverses choses) de façon désordonnée. ➤ **embrouiller, emmêler.** PRONOM. *Fils d'un écheveau, branches qui s'enchevêtrent. «Des poutres et des planches qui s'enchevêtraient dans les roues de la charrette»* HUGO. p. p. adj. *Des ronces enchevêtrées.* ♦ FIG. *«son art d'enchevêtrer les situations, de brouiller l'intrigue»* HENRIOT. PRONOM. *«Vingt idées contradictoires s'enchevêtraient dans sa cervelle»* MARTIN DU GARD. ▪ CONTR. Démêler.

ENCHEVÊTRURE [ɑ̃ʃ(ə)vetʀyʀ] n. f. – 1328 ◊ de *enchevêtrer* ▪ **1** TECHN. Assemblage de solives disposées de façon à ménager une trémie. ▪ **2** VÉTÉR. Blessure du cheval au pli du paturon.

ENCHIFRENÉ, ÉE [ɑ̃ʃifʀəne] adj. – 1611 ; «asservi, dompté» XIIIe ◊ de *en-* et, avec altération, *cha(n)frener* (XIIIe), de *chanfrein* ▪ VIEILLI Qui a le nez embarrassé par un rhume de cerveau. *Je suis tout enchifrené.*

ENCHIFRÈNEMENT [ɑ̃ʃifʀɛnmɑ̃] n. m. – 1680 ◊ de *enchifrené* ▪ VIEILLI Embarras de la respiration nasale par suite du rhume de cerveau.

ENCHILADA [ɛn(t)ʃilada] n. f. – 1990 ◊ mot hispano-américain, de *chile* «piment» → chili ▪ Plat mexicain fait d'une crêpe de maïs (➤ **tortilla**) fourrée de viande hachée et nappée de sauce tomate pimentée.

ENCLAVE [ɑ̃klav] n. f. – 1312 ◊ de *enclaver* ▪ **1** Terrain entouré par des fonds appartenant à d'autres propriétaires et qui n'a sur la voie publique aucune issue ou qu'une issue insuffisante pour son exploitation. *Servitude de passage en cas d'enclave.* ♦ PAR EXT. Territoire enfermé dans un autre. *La Gambie est une enclave en territoire sénégalais.* ▪ **2** (1611) Partie d'un dégagement qui empiète sur une pièce habitable. ▪ **3** (fin XIXe) GÉOL. Fragment de roche étrangère à la masse où il est englobé. *Enclave de schiste dans du granite.* ➤ **inclusion.**

ENCLAVEMENT [ɑ̃klavmɑ̃] n. m. – 1549 ; «territoire enclavé» avant 1453 ◊ de *enclaver* ▪ Fait d'être enclavé. ♦ MÉD. Blocage d'un corps étranger dans un tissu ou un organe. *Enclavement d'un calcul.* — Immobilisation de la tête du fœtus au cours de l'accouchement.

ENCLAVER [ɑ̃klave] v. tr. ‹1› – 1283 ◊ latin populaire °*inclavare* «fermer avec une clé», de *clavis* «clé» ▪ **1** Contenir, entourer (une autre terre) comme enclave. *Le propriétaire d'un fonds enclavé.* PRONOM. *Saint-Marin s'enclave dans le territoire italien.* ➤ **enclave.** ♦ PAR EXT. Enclore, enfermer. *«des chemins pierreux enclavés entre des champs»* FROMENTIN. ▪ **2** (1409) Engager (une pièce dans une autre pièce). *Le prestidigitateur a enclavé ses deux anneaux.* ▪ CONTR. Désenclaver.

ENCLENCHE [ɑ̃klɑ̃ʃ] n. f. – 1870 ◊ de *enclencher* ▪ TECHN. Entaille ménagée dans une pièce en mouvement, et dans laquelle pénètre un élément d'une autre pièce que la première doit entraîner.

ENCLENCHEMENT [ɑ̃klɑ̃ʃmɑ̃] n. m. – 1864 ◊ de *enclencher* ▪ **1** Dispositif mécanique, électrique, destiné à rendre solidaires diverses pièces d'un mécanisme ou divers appareils (le fonctionnement de l'un étant subordonné à l'état ou à la position de l'autre). ▪ **2** Action d'enclencher, de s'enclencher. *L'enclenchement du verrouillage automatique.* — FIG. *L'enclenchement d'un processus.*

ENCLENCHER [ɑ̃klɑ̃ʃe] v. tr. ‹1› – 1870 ◊ de *en-* et *clenche* ▪ Faire fonctionner (un mécanisme) en faisant intervenir l'enclenchement. *Enclencher la première et démarrer.* ➤ **passer.** PRONOM. *Mécanisme qui s'enclenche.* ♦ FIG. ➤ **engager.** *L'affaire est enclenchée, on ne peut revenir là-dessus* (cf. En marche).

ENCLIN, INE [ɑ̃klɛ̃, in] adj. – fin XIIe ; 1080 «penché» ◊ de l'ancien verbe *encliner* «s'incliner devant qqn», latin *inclinare* ▪ *Enclin à :* porté, par un penchant naturel et permanent, à. ➤ **disposé, porté.** *«Enclin à la nonchalance»* ROMAINS. *Nature peu encline à la bienveillance. «plus enclin à regarder qu'à juger»* MARTIN DU GARD.

ENCLIQUETAGE [ɑ̃klik(ə)taʒ] n. m. – 1734 ◊ de *encliqueter* ▪ TECHN. Dispositif mécanique destiné à entraîner dans un sens un organe de rotation et à empêcher la rétrogradation du mouvement. *Encliquetage à cliquet simple, à rochet. Un encliquetage de roue libre.*

ENCLIQUETER [ɑ̃klik(ə)te] v. tr. ‹4 |5|› – 1755 ◊ de *en-* et *cliquet* ▪ TECHN. Bloquer (un mécanisme) en faisant jouer l'encliquetage.

ENCLISE [ɑ̃kliz] n. f. – 1847 ◊ du grec *enklisis* «inclinaison» et «flexion des verbes, des modes», famille de *klinein* «pencher» ▪ LING. Existence, apparition d'un enclitique.

ENCLITIQUE [ɑ̃klitik] n. m. – 1798 ; *enclitice* 1613 ◊ bas latin d'origine grecque *encliticus* ▪ LING. Mot qui prend appui sur le mot précédent et forme avec lui une seule unité accentuelle (ex. ce dans qu'est-ce ?). *Apparition d'un enclitique.* ➤ **enclise.**

ENCLORE [ɑ̃klɔʀ] v. tr. ‹45 ; p. prés. *enclosant*› – v. 1050 ◊ latin populaire °*inclaudere*, classique *includere* → clore, inclure ▪ **1** Entourer d'une clôture, d'une enceinte. ➤ **clôturer.** *«Le premier qui, ayant enclos un terrain, s'avisa de dire : ceci est à moi»* ROUSSEAU. ♦ Entourer comme une clôture, d'une manière continue. ➤ **enceindre.** *«Une suite de petites salles ouvrent sur le jardin qu'elles enclosent»* GIDE. ▪ **2** LITTÉR. Enfermer de façon rigoureuse. p. p. adj. *«Elle vivait enclose dans son univers»* MARTIN DU GARD. ➤ **reclus.** ▪ CONTR. Déclore.

ENCLOS [ɑ̃klo] n. m. – 1283 ◊ de *enclore* ▪ **1** Espace de terrain entouré d'une clôture. ➤ **2 clos, corral, parc.** *L'enclos des poules.* ♦ Petit domaine. ▪ **2** PAR EXT. (1460) Clôture, enceinte. *«Un enclos de pierres sèches»* FLAUBERT.

ENCLOUAGE [ɑ̃kluaʒ] n. m. – 1755 ◊ de *enclouer* ▪ **1** ANCIENNT Mise hors de service d'un canon en enfonçant un clou spécial dans la lumière. ▪ **2** (1930) CHIR. Enfoncement d'un clou dans les fragments d'un os fracturé, afin de les maintenir en bonne position. *Enclouage fémoral.*

ENCLOUER [ɑ̃klue] v. tr. ‹1› – fin XIIe ◊ de *en-* et *clou* ▪ **1** Blesser avec un clou (un animal qu'on ferre). ▪ **2** (XVe) Procéder à l'enclouage de (un canon). ▪ **3** (1948) CHIR. Maintenir (des os fracturés) par le procédé de l'enclouage.

ENCLOUURE [ɑ̃kluyʀ] n. f. – 1175 ◊ de *enclouer* ▪ VÉTÉR. Blessure d'un cheval encloué.

ENCLUME [ɑ̃klym] n. f. – XIIe ◊ latin populaire °*includo,* altération (p.-ê. par attraction de *includere* «enfermer») du bas latin *incudo, inis,* classique *incus, udis* ▪ **1** Masse de fer aciéré, montée sur un billot, sur laquelle on bat les métaux. ➤ **bigorne.** *Enclume de maréchal-ferrant, de serrurier. «L'homme frappe sur l'enclume et fait jaillir un brasillement d'étincelles»* L. DAUDET. — PAR ANAL. Outil ou pièce d'un instrument destiné à recevoir un choc. *Enclume de cordonnier, de couvreur.* ♦ LOC. *Mettre, remettre sur l'enclume :* travailler, retravailler (un ouvrage intellectuel). *«Ses fortes phrases qu'il forgeait, essayait, remettait encore sur l'enclume»* BARRÈS. *Être entre le marteau et l'enclume,* pris entre deux camps adverses et exposé à recevoir des coups des deux côtés. ▪ **2** (1611) ANAT. L'un des osselets de l'oreille situé entre le marteau et l'étrier.

ENCOCHE [ɑ̃kɔʃ] n. f. – 1542 ◊ de *encocher* ▪ Petite entaille ou découpure. ➤ **1 coche.** *Faire, tailler une encoche dans, sur un morceau de bois.* ♦ Découpe dans la tranche d'un livre pour faciliter la consultation. *Les encoches d'un répertoire, d'un dictionnaire.*

ENCOCHEMENT [ɑ̃kɔʃmɑ̃] n. m. – 1669 ◊ de *encocher* ▪ Action d'encocher ; son résultat.

ENCOCHER [ɑ̃kɔʃe] v. tr. ‹1› – 1160 ◊ de *en-* et 1 *coche* ▪ **1** Faire une encoche à (une pièce métallique, une clé, etc.). *Encocher les tranches d'un répertoire,* y découper des cavités correspondant à un classement et permettant une consultation rapide. ▪ **2** Appliquer (une flèche) par la coche du talon à la corde de l'arc. ▪ CONTR. 1 Décocher.

ENCODAGE [ɑ̃kɔdaʒ] n. m. – v. 1960 ◊ de *encoder* ▪ DIDACT. Processus de production d'un message selon un système de signes (code*) susceptible de transmettre de l'information. ➤ **codage.** — SPÉCIALT, LING. Production de messages (énoncés, phrases) dans une langue naturelle. ▪ CONTR. Décodage.

ENCODER [ɑ̃kɔde] v. tr. ‹1› – v. 1960 ◊ de *en-* et *code* ▪ DIDACT. Constituer, produire selon un code*. — INFORM. Coder* (une information) au moment de la saisie. — LING. Produire (un discours, un message) selon les règles d'un code (langue, etc.). ➤ **encodage.** ▪ CONTR. Décoder.

ENCODEUR [ɑ̃kɔdœʀ] n. m. – v. 1960 ◊ de *en-* et *code* ▪ DIDACT. Système fonctionnel (machine ou personne) effectuant une opération d'encodage*. ▪ CONTR. Décodeur.

ENCOIGNURE [ɑ̃kɔɲyʀ ; ɑ̃kwaɲyʀ] **n. f.** – 1504 ◊ de *encoigner* (vx) «mettre dans un coin» (XIIIe), de *en-* et *coin* ■ **1** Angle intérieur formé par la rencontre de deux pans de mur. ➤ **coin.** «*Le lit était placé dans l'encoignure*» BOSCO. ■ **2** (1787) Petit meuble servant d'armoire, d'étagère, conçu pour être placé dans l'angle d'une pièce.

ENCOLLAGE [ɑ̃kɔlaʒ] **n. m.** – 1771 ◊ de *encoller* ■ Action d'encoller ; son résultat. *L'encollage d'une pièce de bois, d'un mur.* — PAR EXT. *Encollage des tissus :* opération par laquelle on apprête les fils de chaîne avant tissage.

ENCOLLER [ɑ̃kɔle] **v. tr.** ‹1› – 1324 ◊ de *en-* et *colle* ■ Enduire (du papier, des tissus, du bois) de colle, de gomme, d'apprêt. *Encoller du papier peint. Papier vendu encollé.* ➤ **préencollé.** — *Encoller un livre :* tremper les feuillets dans un apprêt qui donne au papier plus de résistance et le préserve des rousseurs.

ENCOLLEUR, EUSE [ɑ̃kɔlœʀ, øz] **n.** – 1832 ◊ de *encoller* ■ TECHN. Personne travaillant à l'encollage* des tissus. ♦ **n. f.** (1873) Machine à encoller les tissus.

ENCOLURE [ɑ̃kɔlyʀ] **n. f.** – 1580 ; «isthme» 1559 ◊ de *en-* et *col* «cou» ■ **1** Partie du corps du cheval (et de certains animaux) qui s'étend entre la tête, le garrot, les épaules et le poitrail. *Flatter l'encolure de son cheval.* ♦ TURF Longueur de cette partie du corps du cheval. *Il a gagné d'une encolure.* ■ **2** Cou de l'être humain (considéré dans sa grosseur, sa force). «*elle avait cette grosse encolure qui permet aux femmes de résister aux plus durs travaux*» BALZAC. ♦ Largeur donnée au col d'un vêtement. *Une chemise d'encolure 39.* ■ **3** Partie du vêtement par où passe la tête. *Encolure au ras* du cou, à col* roulé. Robe à encolure échancrée.* ➤ **décolleté.** «*son cou nu dans l'encolure de sa robe d'été*» DURAS. ■ **4** (1845) MAR. *Encolure d'une varangue :* hauteur du milieu de cette varangue au-dessus de la quille. *Ligne d'encolure,* passant par le milieu de toutes les varangues.

ENCOMBRANT, ANTE [ɑ̃kɔ̃bʀɑ̃, ɑ̃t] **adj.** – 1642 ◊ de *encombrer* ■ Qui encombre, prend de la place. ➤ **embarrassant.** *Un colis assez léger, mais très encombrant.* ➤ **volumineux.** — **n. m.** *Un encombrant,* objet volumineux dont on se débarrasse en faisant intervenir un service spécialisé (➤ FAM. **monstre**). *Il «dénicha une barre en fer sur un tas d'encombrants»* F. THILLIEZ. ♦ FIG. Importun, pesant. *Personnage encombrant. Présence encombrante.*

ENCOMBRE (SANS) [sɑ̃zɑ̃kɔ̃bʀ] **loc. adv.** – avant 1526 ◊ de *sans* et *encombre* (fin XIIe), de *encombrer* ■ Sans rencontrer d'obstacle, sans ennui, sans incident. *Voyage sans encombre.* «*Il venait de subir sans encombre son dernier examen*» FLAUBERT.

ENCOMBRÉ, ÉE [ɑ̃kɔ̃bʀe] **adj.** – XIIe ◊ de *encombrer* ■ **1** Où il y a de l'encombrement, trop de choses pour la place disponible. *Un bureau encombré.* ♦ FIG. *Carrière encombrée. Lignes téléphoniques encombrées.* ➤ **saturé.** ■ **2** Qui est gêné par un encombrement (4°). *Avoir les bronches encombrées.*

ENCOMBREMENT [ɑ̃kɔ̃bʀəmɑ̃] **n. m.** – 1190 ◊ de *encombrer* ■ **1** État de ce qui est encombré. *L'encombrement d'une pièce.* «*Dans l'encombrement tumultueux du port*» DAUDET. — FIG. *L'encombrement des lignes téléphoniques.* ■ **2** Amas de choses qui encombrent. *Un encombrement de livres.* — SPÉCIALT Ensemble de véhicules qui, à cause du nombre, ne s'écoule plus normalement. ➤ **embouteillage.** *Être pris dans un encombrement.* ➤ **bouchon, engorgement.** ■ **3** Dimensions, volume qui font qu'un objet encombre plus ou moins. *Déterminer l'encombrement d'un véhicule, d'un meuble. Encombrement réduit.* ■ **4** Accumulation de mucosités, de sérosités dans les voies respiratoires. *Encombrement des bronches.* ■ CONTR. Dégagement.

ENCOMBRER [ɑ̃kɔ̃bʀe] **v. tr.** ‹1› – fin XIe ◊ de *en-* et ancien français et dialectal *combre* «barrage de rivière», bas latin d'origine gauloise *combrus* «abattis d'arbres»

I ■ **1** Remplir (qqch.) en s'entassant, en constituant un obstacle à la circulation, au libre usage des choses. ➤ **gêner, obstruer.** *Des camions encombrent la rue.* ➤ **embouteiller.** *Table encombrée de livres. N'encombrez pas le passage, circulez !* ♦ FIG. Surcharger. *Les souvenirs qui encombrent sa mémoire. Produits qui encombrent le marché.* ■ **2** Gêner (qqn) en occupant trop de place, en le privant de la liberté de ses mouvements. *Les paquets, les valises qui l'encombrent. Il m'encombre plus qu'il ne m'aide.*

II ENCOMBRER QQCH., QQN DE..., AVEC... ■ **1** Remplir (qqch.) d'objets qui encombrent (I). *Encombrer un couloir de meubles, avec des meubles.* ■ **2** Gêner (qqn) avec des objets qui encombrent. *Je ne veux pas vous encombrer de ce colis, avec ce colis.* ■ **3** FIG. Gêner (par qqch. qui prend trop de place). *N'encombrez pas la mémoire des jeunes enfants.* ➤ **charger.** ♦ **v. pron. réfl. S'ENCOMBRER DE :** s'embarrasser de. *S'encombrer de bagages inutiles. Elle ne veut pas s'encombrer des enfants pendant ce voyage.* — FIG. *Il ne s'encombre pas de scrupules ! «À quoi bon s'encombrer de tant de souvenirs»* FLAUBERT.

■ CONTR. Désencombrer ; débarrasser, dégager.

ENCONTRE (À L') [alɑ̃kɔ̃tʀ] **loc. adv.** – v. 1145 ; *encontre* prép. Xe ◊ bas latin *incontra* ■ **1** Contre cela, en s'opposant à la chose. *Je n'ai rien à dire à l'encontre. Je n'irai pas à l'encontre :* je ne ferai aucune opposition. ■ **2 loc. prép.** (XVe) Plus cour. ; surtout avec des v. de mouvement et d'action **À L'ENCONTRE DE :** contre, à l'opposé de. «*Le parti pris de faire du bien va à l'encontre du but cherché*» MAUROIS. — RARE Au contraire de. ➤ **contrairement** (cf. À l'inverse de). «*À l'encontre de l'homme, la femme* [...]» PROUDHON.

ENCOPRÉSIE [ɑ̃kɔpʀezi] **n. f.** – 1969 ◊ formé sur *copro-*, d'après *énurésie* ■ MÉD. Émission incontrôlée et répétitive de selles, en des endroits inappropriés (culotte, sol...). *Encoprésie de l'enfant* (de plus de quatre ans). ➤ **incontinence.** *Encoprésie et énurésie.*

ENCORBELLEMENT [ɑ̃kɔʀbɛlmɑ̃] **n. m.** – 1394 ◊ de *en-* et *corbeau* (3°) ■ Position d'une construction (balcon, corniche, tourelle) en saillie sur un mur, soutenu par des corbeaux, des consoles ; cette construction elle-même. *Balcon, perron en encorbellement.* «*Des encorbellements brodés de sculptures arabesques*» BALZAC.

ENCORDER (S') [ɑ̃kɔʀde] **v. pron.** ‹1› – 1829, au p. p. ◊ de *en-* et *corde* ■ S'attacher avec une même corde pour constituer une cordée. *Les alpinistes se sont encordés.*

ENCORE [ɑ̃kɔʀ] **adv.** – XIIe ; *uncor* XIe ◊ latin populaire °*hinc ha hora* ou *hanc ad horam* → 2 or ■ **1** Adverbe de temps, marquant la persistance d'une action ou d'un état au moment considéré. Écrit *encor,* en poésie classique : «*Maître loup s'enfuit, et court encor*» LA FONTAINE. ➤ **toujours.** *Vous êtes encore là ? Il est encore jeune. On en parle encore.* ♦ En tour négatif, marque que ce qui doit se produire ne s'est pas, pour le moment, produit. *Je ne l'ai encore jamais rencontré. Nous n'avons encore rien décidé.* — **PAS ENCORE :** indique la persistance d'une absence d'état, d'action. *Il ne fait pas encore jour. Elle n'avait pas encore vingt ans. As-tu fini ? – Pas encore.* ■ **2** Adverbe marquant une idée de répétition ou de supplément. *Vous vous êtes encore trompé. Encore et toujours*.* ➤ **nouveau** (de nouveau) ; **re-.** *Vous prendrez bien encore un chocolat ? Encore un ? Encore un peu.* — ELLIPT *Encore ! Encore !* ➤ **autre.** *Je vous le dis encore une fois* (cf. Une fois de plus*). *Non seulement il est bête, mais encore il est prétentieux. Mais encore ?* se dit pour demander des précisions supplémentaires. *Que vous faut-il encore ? Et puis, quoi encore ?* marque l'indignation devant une demande exagérée. ♦ (Avec un verbe marquant accroissement ou diminution) Davantage. «*Ce volume est bien petit ; nous conseillons à l'auteur de le réduire encore*» BALZAC. — Avec un comparatif, marque un renchérissement. *Ses affaires vont encore plus mal. Elle est encore moins patiente que moi. C'est encore pire que je ne croyais.* ■ **3** Particule introduisant une restriction. *Cinq mille euros, ce n'est pas cher, encore faut-il les avoir.* — *Si encore il faisait un effort, on lui pardonnerait.* EXCLAM. «*Si encore il était beau ! Mais il est laid*» LAVEDAN (cf. Si seulement). — *Et encore !* se dit pour restreindre ce qui vient d'être évalué. *On vous en donnera cent euros, et encore !* au plus cent euros. *Il pourra s'en tirer tout juste, et encore !* ■ **4 loc. conj.** (XIVe) LITTÉR. *Encore que :* bien que, quoique. «*Encore que la révolte puisse fausser le caractère*» GIDE. *Ces résultats sont intéressants encore qu'il faudrait pousser les recherches. Je l'ai surveillé encore que c'était superflu. Il est bel homme, encore qu'un peu petit.* ■ CONTR. Déjà.

ENCORNÉ, ÉE [ɑ̃kɔʀne] **adj.** – v. 1250 ◊ de *en-* et *corne* ■ **1** RARE Qui a des cornes. ■ **2** VÉTÉR. Qui se produit à la corne du sabot. *Javart encorné.*

ENCORNER [ɑ̃kɔʀne] **v. tr.** ‹1› – 1530 ◊ de *en-* et *corne* ■ Frapper, blesser à coups de cornes. *Le taureau a encorné le cheval du picador.*

ENCORNET [ɑ̃kɔʀnɛ] **n. m.** – 1612 ; *cornet* 1542 ◊ de *en-* et *cornet* ■ Calmar*.

ENCOUBLER [ɑ̃kuble] **v. tr.** ‹1› – 1820 ; 1528 *emcoblez* «entravés» ◇ dérivé sur un représentant du latin *copula* → couple
■ RÉGION. (Est ; Suisse) FAM.
I Déranger, importuner, gêner. *Ôte-toi de là, tu m'encoubles.*
II **v. pron.** ■ **1** Trébucher, se prendre les pieds dans qqch. ➤ **s'empêtrer.** *S'encoubler dans des câbles.* ■ **2** *S'encoubler de,* s'embarrasser de.

ENCOURAGEANT, ANTE [ɑ̃kuʀaʒɑ̃, ɑ̃t] **adj.** – 1707 ◇ de *encourager* ■ Qui encourage, est propre à encourager. ➤ **stimulant.** *Les premiers résultats sont encourageants.* ■ CONTR. Décourageant.

ENCOURAGEMENT [ɑ̃kuʀaʒmɑ̃] **n. m.** – 1564 ; «courage» fin XIIe ◇ de *encourager* ■ **1** Action d'encourager. ➤ **incitation.** *«En matière de signes d'encouragement, l'amoureux n'est pas difficile»* MAUROIS. *Société d'encouragement,* nom de nombreuses sociétés fondées pour encourager telle ou telle activité (sciences, arts, etc.). ■ **2** Acte, parole qui encourage. ➤ 1 **aide, appui, soutien, stimulant.** *Nous n'avons pas ménagé nos encouragements. Les encouragements de l'État à l'épargne.* ■ CONTR. Découragement.

ENCOURAGER [ɑ̃kuʀaʒe] **v. tr.** ‹3› – 1160 ◇ de *en-* et *courage* ■ **1** Inspirer du courage, de l'assurance à (qqn). ➤ **animer, réconforter, soutenir, stimuler.** *Encourager une équipe sportive.* ➤ **supporter.** *Encourager qqn au travail. Il faut l'encourager pour qu'il continue. Napoléon «avait encouragé d'un sourire, à son passage devant lui, la compagnie de sapeurs»* HUGO. *Encouragé par ce premier succès.* ➤ **enhardir.** ■ **2** Inciter, aider ou favoriser par une protection spéciale, par des récompenses, des subventions. *Association, personne qui encourage les artistes, la culture.* ➤ **mécène.** *«la noble tâche d'encourager les jeunes talents»* HUGO. *Un état qui encourage les lettres, l'industrie. «La finance encourage les entreprises privées»* CHARDONNE. *Encourager un projet,* l'approuver et l'aider à se réaliser. ➤ **parrainer, sponsoriser.** — PAR EXT. *N'encouragez pas ses mauvais instincts !* ➤ **flatter.** ■ **3** *Encourager* (qqn) *à* (et l'inf.). *Encourager qqn à travailler.* ➤ **déterminer, engager, exhorter, inciter, incliner,** 1 **porter, pousser.** *«encouragée à persévérer dans cette voie infernale»* CAILLOIS. ■ CONTR. Décourager ; contrarier.

ENCOURIR [ɑ̃kuʀiʀ] **v. tr.** ‹11› – XIVe ; *encorre* XIIe ◇ latin *incurrere,* de *currere* ■ LITTÉR. Se mettre dans le cas de subir (qqch. de fâcheux). ➤ **mériter** (cf. S'exposer* à). *Encourir une amende, des pertes très sévères. Il encourt la peine de mort.* — **p. p. adj.** *Les peines encourues.*

ENCOURS [ɑ̃kuʀ] **n. m.** – 1961 ◇ de 1*en* et *cours* ■ FIN. Ensemble des effets remis par une entreprise à une banque et qui n'ont pas atteint la date de leur échéance. — COMPTAB. Ensemble de biens qui sont en cours de production et font partie du stock. — On écrit aussi *en-cours* (inv.).

ENCRAGE [ɑ̃kʀaʒ] **n. m.** – 1838 ◇ de *encrer* ■ Opération consistant à encrer (un rouleau de presse, une planche gravée, un photocopieur). ■ HOM. Ancrage.

ENCRASSEMENT [ɑ̃kʀasmɑ̃] **n. m.** – 1860 ◇ de *encrasser* ■ Fait de s'encrasser. *L'encrassement d'une machine.*

ENCRASSER [ɑ̃kʀase] **v. tr.** ‹1› – 1580 ◇ de *en-* et *crasse* ■ **1** Couvrir de crasse. *La graisse qui encrassait le four.* ➤ **salir.** — **p. p. adj.** *Évier encrassé.* ■ **2** Couvrir d'un dépôt (suie, rouille, saletés diverses) qui empêche le bon fonctionnement. *Le calcaire qui encrasse la bouilloire.* ➤ **entartrer.** *«Une essence qui encrasse les bougies»* ROMAINS. PRONOM. *On a laissé la chaudière s'encrasser.* ➤ se **calaminer.** ◆ FIG. et LITTÉR. *«Il n'est pas d'outil qui ne s'use et qui ne s'encrasse. Le langage ne fait pas exception»* CAILLOIS. ■ CONTR. Décrasser, désencrasser.

ENCRE [ɑ̃kʀ] **n. f.** – 1160 ; *enque* XIe ◇ bas latin *encau(s)tum* «encre de pourpre réservée à l'empereur», grec *egkauston* → encaustique ■ **1** Liquide, noir ou diversement coloré, utilisé pour écrire. *Encre bleue, noire, rouge. Encres de couleur. Gomme à encre. Mauvais papier qui boit l'encre. Doigts maculés d'encre. Bouteille, cartouches d'encre. Écrire à l'encre. Faire une tache d'encre.* ➤ **pâté.** *Encre indélébile. «Elle relut cette lettre et l'agita un instant pour en sécher l'encre»* GREEN. — PAR EXT. *Encre d'imprimerie :* préparation à base d'huile additionnée de pigments. *Encre autographique* ou *à report,* employée en lithographie. *Encre en poudre pour photocopieur. Imprimante à jet d'encre. Encre sympathique*. Encre de Chine,* employée pour les dessins au pinceau, à la plume. ◆ LOC. *Noir comme de l'encre. Une nuit d'encre,* très noire. *Se faire un sang* d'encre. C'est la bouteille* à l'encre. Cette histoire a fait couler* beaucoup d'encre. Une lettre de sa plus belle encre,* dans son meilleur style. ◆ PAR ANAL. *Encre électronique :* technique d'affichage sur support souple, par application d'un champ électrique qui déplace des microparticules colorées. ■ **2** Liquide noir émis par certains céphalopodes, qui trouble l'eau et les dérobe à la vue. ➤ **sépia.** CUIS. *Calmars à l'encre.* ■ **3** BOT. Mycose du châtaignier. ■ HOM. Ancre.

ENCRER [ɑ̃kʀe] **v. tr.** ‹1› – 1530 ◇ de *encre* ■ Enduire d'encre (typographique, lithographique). *Encrer un rouleau, un tampon. Encrer une pierre lithographique.* ■ HOM. Ancrer.

ENCREUR [ɑ̃kʀœʀ] **adj. m.** – 1856 ◇ de *encrer* ■ Qui sert à encrer. *Rouleau encreur d'une presse. Tampon encreur.*

ENCRIER [ɑ̃kʀije] **n. m.** – 1380 ◇ de *encre* ■ Petit récipient où l'on mettait de l'encre. *Encrier d'un écritoire, d'un pupitre d'école. Tremper sa plume dans l'encrier.* ◆ TECHN. Réservoir alimentant les rouleaux encreurs d'une presse.

ENCRINE [ɑ̃kʀin] **n. m.** – *encrinite* 1755 ◇ latin des zoologistes *encrinus,* grec *krinon* «lis» ■ PALÉONT. Genre d'échinodermes fossiles *(crinoïdes)* dont la plupart se rencontrent dans le trias. *Calcaire à encrines.* ➤ **entroque.**

ENCROUÉ, ÉE [ɑ̃kʀue] **adj.** – 1376 ◇ de *encrouer* «accrocher» (1155) ; bas latin *incrocare,* du francique °*krok* → croc ■ SYLV. *Arbre encroué,* enchevêtré dans un autre à la suite d'une chute.

ENCROÛTEMENT [ɑ̃kʀutmɑ̃] **n. m.** /ENCROUTEMENT/ – 1546 ◇ de *encroûter* ■ **1** Fait de s'encroûter ; dépôt sur une surface encroûtée. ■ **2** Action, état de qqn qui s'encroûte (2°). *«L'encroûtement dans les habitudes héréditaires»* GIDE.

ENCROÛTER [ɑ̃kʀute] **v. tr.** ‹1› /ENCROUTER/ – 1538 ◇ de *en-* et *croûte* ■ **1** Couvrir d'une croûte, d'un dépôt. PRONOM. *La bouilloire s'est encroûtée.* ◆ Enduire de mortier. ■ **2** FIG. Enfermer comme dans une enveloppe qui interdit toute vie, toute spontanéité. PRONOM. *«elle s'était encroûtée dans les habitudes de la province»* BALZAC.

ENCULAGE [ɑ̃kylaʒ] **n. m.** – 1936 ◇ de *enculer* ■ VULG. Action d'enculer. ➤ **sodomie.** — TRÈS FAM. *Enculage de mouches*.*

ENCULÉ, ÉE [ɑ̃kyle] **n.** – milieu XIXe ◇ de *enculer* ■ VULG. ■ **1** **n. m.** Homosexuel passif. ■ **2** T. d'injure *Espèce d'enculé !* ➤ **empaffé, enfoiré, pédé.** *«Ce petit enculé, dit Alexandre, je lui aurais volontiers botté les fesses»* R. MERLE.

ENCULER [ɑ̃kyle] **v. tr.** ‹1› – 1734 ◇ de *en-* et *cul* ■ VULG. Sodomiser. ◆ (Dans des injures) *Va te faire enculer !* ➤ 1 **foutre, voir.** *Enculer les mouches*.*

ENCULEUR, EUSE [ɑ̃kylœʀ, øz] **n.** – 1790 ◇ de *enculer* ■ VULG. ■ **1** **n. m.** Celui qui sodomise. ➤ **sodomite.** ■ **2** *Enculeur, enculeuse de mouches*.*

ENCUVER [ɑ̃kyve] **v. tr.** ‹1› – v. 1400 ◇ de *en-* et *cuve* ■ Mettre dans une cuve. *Encuver la vendange, le linge.* — **n. m. ENCUVAGE,** 1761. ■ CONTR. Décuver.

ENCYCLIQUE [ɑ̃siklik] **n. f.** – 1832 ; *lettre encyclique* 1798 ◇ latin ecclésiastique *(litteræ) encyclicæ,* bas latin *encyclia,* grec *egkuklios* «circulaire» ■ Lettre envoyée par le pape à tous les évêques (ou parfois à ceux d'une seule nation), généralement pour rappeler la doctrine de l'Église à propos d'un problème d'actualité. *L'encyclique* «Pacem in terris».

ENCYCLOPÉDIE [ɑ̃siklɔpedi] **n. f.** – 1532 ◇ latin érudit *encyclopædia* 1508 ; du grec *egkuklios paideia* «instruction embrassant tout le cycle du savoir» ■ **1** VX Ensemble de toutes les connaissances. ■ **2** (1750) MOD. Ouvrage où l'on traite de toutes les connaissances humaines dans un ordre alphabétique ou méthodique. ➤ **dictionnaire.** *Une encyclopédie en dix volumes.* ABSOLT *L'Encyclopédie :* œuvre monumentale du XVIIIe siècle, composée par les encyclopédistes sous la direction de Diderot et d'Alembert. ◆ PAR EXT. Ouvrage qui traite de toutes les matières d'une seule science, d'un seul art. *Une encyclopédie de l'architecture.* ➤ **traité.** ◆ FIG. *Une encyclopédie vivante :* une personne aux connaissances extrêmement étendues et variées.

ENCYCLOPÉDIQUE [ɑ̃siklɔpedik] **adj.** – 1755 ◇ de *encyclopédie* ■ **1** Qui embrasse l'ensemble des connaissances. *Un savoir, une culture encyclopédique.* ➤ **universel.** ■ **2** *Dictionnaire encyclopédique,* qui fait connaître les choses, les concepts **(opposé à *dictionnaire de langue*).** PAR EXT. *Partie encyclopédique et partie linguistique d'un article de dictionnaire.* ■ **3** FIG. D'un savoir extrêmement étendu. *«Ziegler avait un cerveau encyclopédique. Il touchait à tout dans les choses de l'esprit»* GAUTIER.

ENCYCLOPÉDISME [ɑ̃siklɔpedism] **n. m.** – 1801 ◊ de *encyclopédie* ▪ **1** VX Système des encyclopédistes* du XVIIIe s. ▪ **2** (1864) MOD. Tendance à l'accumulation systématique des connaissances dans diverses branches du savoir.

ENCYCLOPÉDISTE [ɑ̃siklɔpedist] **n. m.** – 1751 ; «qui possède tout le savoir» 1683 ◊ de *encyclopédie* ▪ Chacun des écrivains et philosophes du XVIIIe s. qui collaborèrent à l'*Encyclopédie* de Diderot et d'Alembert.

ENDÉANS [ɑ̃deɑ̃] **prép.** – fin XIVe (Tournai) ◊ de 1*en*, 1*de* et de l'ancien français *enz* «dans», du latin *intus* «à l'intérieur» ▪ **(Belgique, Luxembourg)** Dans un délai de, dans telle limite (de temps). *Votre paiement devra nous parvenir endéans la quinzaine.*

EN DEÇÀ ➤ **DEÇÀ**

ENDÉMICITÉ [ɑ̃demisite] **n. f.** – 1844 ◊ du radical de *endémique* ▪ DIDACT. Caractère d'une maladie endémique.

ENDÉMIE [ɑ̃demi] **n. f.** – 1495 ◊ grec *endêmon nosêma*, proprt «maladie indigène», d'après *épidémie* ▪ MÉD. Présence habituelle d'une maladie dans une région déterminée (➤ **épidémie**).

ENDÉMIQUE [ɑ̃demik] **adj.** – 1586 ◊ de *endémie* ▪ **1** Qui a un caractère d'endémie. *Fièvre, maladie endémique.* ◆ ÉCOL. *Espèce endémique :* espèce animale ou végétale caractéristique d'une région bien délimitée. ▪ **2** (milieu XIXe) FIG. Qui sévit constamment dans un pays, un milieu. *À l'état endémique. «Il y a en Amérique un chômage endémique»* MAUROIS.

ENDÉMISME [ɑ̃demism] **n. m.** – 1908 ◊ de *endémique* ▪ ÉCOL. Présence d'une espèce animale ou végétale dans une aire de répartition bien définie dont elle devient caractéristique. *L'endémisme d'une île.*

ENDENTÉ, ÉE [ɑ̃dɑ̃te] **adj.** – avant 1134 ◊ de *endenter* ▪ **1** BLAS. *Écu endenté :* variété d'écu fuselé dont les pièces sont partagées en moitiés d'un émail différent. ▪ **2** RARE Pourvu de dents. *«Les mâchoires vigoureusement endentées»* BAUDELAIRE. ▪ CONTR. Édenté.

ENDENTER [ɑ̃dɑ̃te] **v. tr.** ‹1› – 1119 ◊ de *en-* et *dent* ▪ TECHN. ▪ **1** (1690) Garnir de dents (une roue). ▪ **2** Assembler (deux pièces) au moyen de dents.

ENDETTEMENT [ɑ̃dɛtmɑ̃] **n. m.** – *endebtement* 1611 ◊ de *endetter* ▪ Fait de s'endetter ou d'être endetté. *Un endettement excessif.* ➤ **surendettement.** *Capacité d'endettement d'un foyer.* — SPÉCIALT *Endettement (public) :* total de tous les emprunts contractés par l'État, les collectivités publiques, les sociétés nationalisées. ➤ **dette.** *Réduction de l'endettement d'un pays.* ➤ **désendettement.**

ENDETTER [ɑ̃dete] **v. tr.** ‹1› – v. 1180 ◊ de *en-* et *dette* ▪ Charger de dettes, engager dans des dettes. *L'achat de sa voiture l'a endetté.* PRONOM. Contracter, faire des dettes. ➤ **emprunter.** *S'endetter en achetant à crédit. Elle s'est endettée de plusieurs millions* (➤ **surendetté**). *État qui s'endette.*

ENDEUILLER [ɑ̃dœje] **v. tr.** ‹1› – 1887 ◊ de *en-* et *deuil* ▪ Plonger dans le deuil, remplir de tristesse. ➤ **attrister.** *Cette catastrophe a endeuillé tout le pays.* ◆ Revêtir d'une apparence de tristesse. — *«Les plaines noyées de brume, endeuillées par le soir»* VAN DER MEERSCH. ▪ CONTR. Égayer.

ENDÊVER [ɑ̃deve] **v. intr.** ‹1› – XIIe ◊ de *en-* et de l'ancien français *desver* «être fou», p.-ê. même radical que *rêver* ▪ FAM. et VX Rager. — VIEILLI *Faire endêver qqn,* le faire enrager. ➤ **tourmenter.** *«Je la faisais endêver en cachant ses balais»* FRANCE.

ENDIABLÉ, ÉE [ɑ̃djable] **adj.** – v. 1460 ◊ de *en-* et *diable* ▪ **1** VX Possédé du diable. ➤ **démoniaque.** — Fou. ◆ VIEILLI Très turbulent, qui a le diable au corps. ➤ **infernal.** *Un enfant endiablé.* ▪ **2** MOD. D'une vivacité extrême. ➤ **ardent, fougueux, impétueux.** *«Un homme d'affaires vif et passionné, entraînant, endiablé»* MICHELET. — *Un rythme endiablé* ▪ CONTR. 2 Calme.

ENDIABLER [ɑ̃djable] **v.** ‹1› – 1579 ◊ de *endiablé* ▪ **1 v. tr.** VX Soumettre à un sortilège diabolique. ▪ **2 v. intr.** VX OU RÉGION. Enrager. *Faire endiabler qqn.* ➤ **endêver ; tourmenter.**

ENDIAMANTÉ, ÉE [ɑ̃djamɑ̃te] **adj.** – 1611 ◊ de *en-* et *diamant* ▪ Orné, paré de diamants.

ENDIGUEMENT [ɑ̃digmɑ̃] **n. m.** – 1827 ◊ de *endiguer* ▪ Action d'endiguer ; son résultat. *Travaux d'endiguement d'un port.* — FIG. *L'endiguement de la violence.*

ENDIGUER [ɑ̃dige] **v. tr.** ‹1› – 1827 ◊ de *en-* et *digue* ▪ Contenir au moyen de digues. *Endiguer un fleuve.* — PAR MÉTAPH. *Les agents s'efforçaient d'endiguer le flot des manifestants.* ◆ FIG. Retenir, réprimer (un courant, une force qui tend à déborder). ➤ **canaliser, contenir.** *Endiguer une émeute, une révolution.* ◆ *Endiguer une maladie, un virus,* limiter sa propagation. ➤ **circonscrire.** ▪ CONTR. Libérer.

ENDIMANCHER (S') [ɑ̃dimɑ̃ʃe] **v. pron.** ‹1› – 1572 ◊ de *en-* et *dimanche* ▪ Revêtir des habits du dimanche, mettre une toilette plus soignée que d'habitude. FIG. *«La vanité n'est que l'art de s'endimancher tous les jours»* BALZAC. — *Il a l'air endimanché,* emprunté, mal à l'aise dans des vêtements inhabituels et fragiles.

ENDIVE [ɑ̃div] **n. f.** – *indivie* début XIVe ◊ probablt latin impérial *intibum* «chicorée sauvage», du grec *entubion* ▪ **1** BOT. *Endive* ou *chicorée endive :* chicorée d'une espèce comprenant la chicorée frisée et la scarole. ▪ **2** COUR. Pousse blanche de la chicorée de Bruxelles *(witloof)* obtenue par forçage et étiolement. ➤ RÉGION. **chicon.** *Endives braisées, en salade. Gratin d'endives.*

ENDO- ▪ Élément, du grec *endo-*, de *endon* «en dedans». ▪ CONTR. Ecto-, exo-.

ENDOBLASTE [ɑ̃dɔblast] **n. m.** – 1905 ◊ de *endo-* et *-blaste* ▪ EMBRYOL. Ébauche préliminaire de l'endoderme*.

ENDOCARDE [ɑ̃dɔkaʀd] **n. m.** – 1841 ◊ de *endo-* et *-carde* ▪ ANAT. Tunique interne du cœur.

ENDOCARDITE [ɑ̃dɔkaʀdit] **n. f.** – 1836 ◊ de *endocarde* et *-ite* ▪ ANAT. Inflammation de l'endocarde, aiguë ou chronique. *Endocardite maligne, infectieuse.*

ENDOCARPE [ɑ̃dɔkaʀp] **n. m.** – 1808 ◊ de *endo-* et *-carpe* ▪ BOT. Partie interne du fruit la plus proche de la graine. *Endocarpe mou ; lignifié* (➤ **noyau**).

ENDOCRÂNIEN, IENNE [ɑ̃dɔkʀanjɛ̃, jɛn] **adj.** – 1964 ◊ de *endocrâne* «intérieur du crâne», de *endo-* et *crâne* ▪ MÉD. Qui concerne l'intérieur du crâne. *Tumeur endocrânienne.*

ENDOCRINE [ɑ̃dɔkʀin] **adj.** – 1919 ◊ de *endo-* et du grec *krinein* «sécréter» ▪ *Glandes endocrines :* glandes à sécrétion interne, dont les produits (hormones) sont sécrétés directement dans le sang et la lymphe (opposé à *exocrine*). *Les glandes endocrines exercent leur action à distance et sur des cibles multiples.*

ENDOCRINIEN, IENNE [ɑ̃dɔkʀinjɛ̃, jɛn] **adj.** – 1922 ◊ de *endocrine* ▪ Relatif aux glandes endocrines. *Le système endocrinien. Perturbateur* endocrinien. Troubles endocriniens.*

ENDOCRINOLOGIE [ɑ̃dɔkʀinɔlɔʒi] **n. f.** – 1915 ◊ du radical de *endocrine* et *-logie* ▪ Partie de la physiologie et de la médecine qui étudie les glandes endocrines, leur fonctionnement et leurs maladies.

ENDOCRINOLOGUE [ɑ̃dɔkʀinɔlɔg] **n.** – 1965 ; *endocrinologiste* 1925 ◊ de *endocrinologie* ▪ MÉD. Spécialiste de l'endocrinologie. *Une endocrinologue.*

ENDOCTRINEMENT [ɑ̃dɔktʀinmɑ̃] **n. m.** – v. 1170 ◊ de *endoctriner* ▪ VX Instruction, enseignement. ◆ (1452) MOD. Action, manière d'endoctriner. *L'endoctrinement des masses.* ➤ **intoxication.** *Méthodes d'endoctrinement.*

ENDOCTRINER [ɑ̃dɔktʀine] **v. tr.** ‹1› – v. 1165 ◊ de *en-* et *doctrine* ▪ **1** VX Instruire. — Munir (qqn) des instructions nécessaires. ▪ **2** (1743) Chercher à gagner (qqn) à une doctrine, à un point de vue. ➤ **catéchiser.** *Il cherche à nous endoctriner. Des militants endoctrinés.*

ENDOCYTOSE [ɑ̃dositoz] **n. f.** – 1963 ◊ de *phagocytose*, avec changement d'élément → endo- ▪ BIOL. CELL. Processus d'entrée de molécules dans la cellule, à l'intérieur d'une vésicule, par invagination de la membrane plasmique. ➤ **phagocytose, pinocytose.** ▪ CONTR. Exocytose.

ENDODERME [ɑ̃dɔdɛʀm] **n. m.** – 1855 ◊ de *endo-* et *-derme* ▪ **1** BOT. Couche la plus interne de l'écorce. ▪ **2** (1890 ; allemand 1877) EMBRYOL. Feuillet* interne de l'embryon (➤ **gastrula**) dont le développement donne le tube digestif et les organes associés, ainsi que l'épithélium respiratoire chez les vertébrés. — **adj. ENDODERMIQUE,** 1897.

ENDOGAME [ɑ̃dɔgam] **adj. et n.** – 1893 ◊ de *endo-* et *-game* ▪ SOCIOL. Qui pratique l'endogamie. *Les peuples endogames.* ▪ CONTR. Exogame.

ENDOGAMIE [ɑ̃dɔgami] **n. f.** – 1893 ◊ anglais *endogamy* (1865) ; cf. *endo-* et *-gamie* ■ **1** SOCIOL. Obligation, pour les membres de certaines tribus, de se marier dans leur propre tribu. « *Endogamie : reste parmi les tiens, ne déroge pas. Ne te commets pas avec des étrangers* » TOURNIER. ■ **2** BIOL. Mode de reproduction sexuée par fécondation entre deux gamètes provenant d'un même individu (➤ **autogamie**), ou entre individus apparentés. ■ CONTR. Exogamie.

ENDOGAMIQUE [ɑ̃dɔgamik] **adj.** – 1893 ◊ de *endogamie* ■ SOCIOL. Relatif à l'endogamie. *Mariage endogamique.* ■ CONTR. Exogamique.

ENDOGÉ, ÉE [ɑ̃dɔʒe] **adj.** – 1965 ◊ de *endo-* et du grec *gê* « terre » ■ ÉCOL. *Faune endogée,* qui vit sous la terre. ➤ **hypogé.** ■ CONTR. Épigé.

ENDOGÈNE [ɑ̃dɔʒɛn] **adj.** – 1813 ◊ de *endo-* et *-gène* ■ DIDACT. Qui prend naissance à l'intérieur d'un corps, d'un organisme ; qui est dû à une cause interne. *Intoxication endogène. Cause endogène.* ♦ BOT. *Organes endogènes,* qui se développent à partir de cellules situées dans la profondeur des tissus. ♦ GÉOL. *Roches endogènes,* dont la matière vient des profondeurs de l'écorce terrestre. ■ CONTR. Exogène.

ENDOLORI, IE [ɑ̃dɔlɔʀi] **adj.** – 1762 ◊ p. p. de *endolorir* « rendre douloureux », de l'ancien français *endolourir,* de *en-* et *douleur* ■ Qui souffre, éprouve une douleur (le plus souvent diffuse). *Être, se sentir tout endolori. Avoir les pieds endoloris.* ➤ **douloureux.** ♦ FIG. Qui éprouve une douleur morale. ➤ **souffrant.** *Les âmes endolories.*

ENDOLORISSEMENT [ɑ̃dɔlɔʀismɑ̃] **n. m.** – 1845 ◊ de *endolorir* « rendre douloureux » ■ RARE OU LITTÉR. État du corps, d'un membre endolori. « *un endolorissement léger du côté souffrant* » GIDE.

ENDOMÈTRE [ɑ̃dɔmɛtʀ] **n. m.** – 1922 ◊ de *endo-* et du grec *mêtra* « matrice » ■ ANAT. Muqueuse qui tapisse la cavité utérine.

ENDOMÉTRIOSE [ɑ̃dɔmetʀijoz] **n. f.** – 1926 ◊ du radical de *endomètre* et 2*-ose* ■ MÉD. Prolifération de l'endomètre en dehors de la cavité utérine.

ENDOMÉTRITE [ɑ̃dɔmetʀit] **n. f.** – 1878 ◊ de *endomètre* et *-ite* ■ MÉD. Inflammation de l'endomètre.

ENDOMMAGEMENT [ɑ̃dɔmaʒmɑ̃] **n. m.** – XIIIe ◊ de *endommager* ■ Action d'endommager ; son résultat. ➤ **détérioration.**

ENDOMMAGER [ɑ̃dɔmaʒe] **v. tr.** ⟨3⟩ – v. 1165 ◊ de *en-* et *dommage* ■ Causer du dommage, des dégâts à, mettre en mauvais état. ➤ **abîmer*, détériorer,** FAM. **esquinter, gâter.** *La grêle a endommagé la récolte.* ➤ **ravager, saccager.** *La toiture a été endommagée par une violente tempête.* ■ CONTR. Réparer.

ENDOMORPHINE ➤ **ENDORPHINE**

ENDOMORPHISME [ɑ̃domɔʀfism] **n. m.** – 1893 ◊ de *endo-* et *morphisme* ■ **1** GÉOL. Faciès pétrographique particulier, produit lors de la cristallisation, par des réactions chimiques entre un magma et des enclaves. ■ **2** (v. 1950 ◊ anglais *endomorphism*) MATH. *Endomorphisme d'un ensemble E muni d'une structure algébrique,* homomorphisme de E dans lui-même (➤ **morphisme**).

ENDOPARASITE [ɑ̃dopaʀazit] **n. m.** – 1877 ◊ de *endo-* et *parasite* ■ ÉCOL. Parasite végétal ou animal vivant à l'intérieur de l'organisme hôte : tube digestif, appareil circulatoire, etc. (opposé à *ectoparasite*).

ENDOPHASIE [ɑ̃dɔfazi] **n. f.** – 1902 ◊ de *endo-* et grec *phasis* « parole » ■ PSYCHOL., LING. Langage intérieur.

ENDOPLASME [ɑ̃dɔplasm] **n. m.** – 1903 ◊ de *endo-* et *-plasme* ■ BIOL. CELL. Partie interne du cytoplasme cellulaire.

ENDOPLASMIQUE [ɑ̃dɔplasmik] **adj.** – 1897 ◊ de *endoplasme* ■ BIOL. CELL. Relatif à l'endoplasme. *Réticulum* endoplasmique.*

ENDORÉIQUE [ɑ̃dɔʀeik] **adj.** – 1928 ◊ de *endoréisme* ■ GÉOGR. *Région endoréique,* dont les cours d'eau se perdent dans la terre ou se jettent dans une mer intérieure. ■ CONTR. Exoréique.

ENDORÉISME [ɑ̃dɔʀeism] **n. m.** – 1926 ◊ de *endo-* et grec *rhein* « couler » ■ GÉOGR. Caractère d'une région endoréique. ■ CONTR. Exoréisme.

ENDORMANT, ANTE [ɑ̃dɔʀmɑ̃, ɑ̃t] **adj.** – 1558 ◊ de *endormir* ■ **1** VX Somnifère. ■ **2** (1845) MOD. Qui donne envie de dormir à force d'ennui. ➤ **assommant, ennuyeux*, soporifique.** *Un conférencier, un discours endormant.* ■ CONTR. Excitant.

ENDORMI, IE [ɑ̃dɔʀmi] **adj.** – 1080 ◊ de *endormir* ■ **1** Qui est en train de dormir. *Un bébé endormi.* « *Les conducteurs, à moitié endormis, dodelinaient de la tête* » MAC ORLAN. ➤ **assoupi, ensommeillé, somnolent.** ♦ Où chacun dort, où tout semble en sommeil. *Ville, cité endormie.* ■ **2** FIG. Dont l'activité est en sommeil. *L'hiver, la nature semble endormie.* « *La plupart de nos facultés restent endormies parce qu'elles se reposent sur l'habitude* » PROUST. « *Une petite lésion tuberculeuse, endormie depuis l'enfance* » ROMAINS. — **n. f.** *Une belle endormie :* une ville (et, PAR EXT., une région, un secteur, une entreprise, etc.) qui n'est pas aussi dynamique qu'elle pourrait l'être. « *loin d'être une belle endormie, cette ville universitaire est animée en permanence par* [...] *40 000 étudiants* » (L'Express, 2012). ♦ FAM. Indolent, inerte. ➤ **léthargique.** *Un enfant apathique et endormi. Des esprits un peu endormis.* SUBST. *Quel endormi !* ■ CONTR. Éveillé, vigilant ; actif ; remuant.

ENDORMIR [ɑ̃dɔʀmiʀ] **v. tr.** ⟨16⟩ – 1080 ◊ latin *indormire* « dormir sur », d'après *dormir* ■ **1** Faire dormir, amener au sommeil. *Enfant difficile à endormir.* « *On le berce pour l'endormir* » ROUSSEAU. ♦ SPÉCIALT Plonger dans un sommeil artificiel. *Endormir un malade avant de l'opérer.* ➤ **anesthésier.** « *Les passes les plus efficaces pour l'endormir* » BAUDELAIRE. ➤ **hypnotiser.** ■ **2** Donner envie de dormir à (qqn) à force d'ennui. ➤ **assommer, ennuyer*.** *Orateur qui endort son auditoire.* ■ **3** FIG. Atténuer jusqu'à faire disparaître (une sensation pénible). ➤ **calmer.** « *Le christianisme est un baume pour nos blessures, il endort la douleur* » CHATEAUBRIAND. ♦ Rendre moins vif, moins agissant (un sentiment, une disposition d'esprit). *Endormir les soupçons, la vigilance de qqn.* « *Une sorte d'ivresse qui finissait par endormir en lui les regrets* » DUHAMEL. « *C'est à l'homme de savoir endormir les pudeurs qu'il rencontre* » ROMAINS. — Mettre (qqn) en confiance avant de l'abuser. « *Il fallait l'endormir avec des paroles caressantes* » FRANCE. ➤ **enjôler.** *Discours destiné à endormir l'opinion publique.* ■ **4 S'ENDORMIR v. pron.** Commencer à dormir. ➤ **s'assoupir.** *Avoir du mal à s'endormir. Brisée de fatigue, elle s'endormit.* ♦ LOC. *S'endormir sur ses lauriers*. S'endormir sur le rôti :* se laisser aller à la satisfaction au lieu de rester actif et vigilant. LITTÉR. *S'endormir du sommeil de la tombe :* mourir. *S'endormir dans le Seigneur :* mourir en état de grâce. ♦ (CHOSES) Perdre de sa vivacité, de sa force. ➤ **s'apaiser, s'atténuer, s'engourdir.** « *Avec l'habitude de la continence, les sens aussi s'endorment* » LOTI. ■ CONTR. Éveiller, réveiller.

ENDORMISSEMENT [ɑ̃dɔʀmismɑ̃] **n. m.** – 1478 ◊ de *endormir* ■ Fait de s'endormir ; moment où l'on s'endort. *Un endormissement difficile.*

ENDORPHINE [ɑ̃dɔʀfin] **n. f.** – 1973 ◊ anglais *endorphin,* de *end(ogenous)* et *(m)orphin(e)* ■ BIOCHIM., PHARM. Neurotransmetteur peptidique synthétisé par l'hypophyse et l'hypothalamus. *Les endorphines sont aussi efficaces que la morphine contre la douleur.* — On dit aussi **ENDOMORPHINE.**

ENDOS [ɑ̃do] **n. m.** – 1583 ◊ de *endosser* ■ Mention portée au dos d'un titre à ordre, d'un effet de commerce, par laquelle le porteur enjoint à la personne qui doit le payer d'effectuer le paiement à un tiers ou à l'ordre de celui-ci.

ENDOSCOPE [ɑ̃dɔskɔp] **n. m.** – 1852 ◊ de *endo-* et *-scope* ■ **1** MÉD. Instrument composé d'un tube optique muni d'un système d'éclairage, que l'on introduit dans les cavités naturelles du corps afin de les examiner. ➤ **fibroscope.** ■ **2** TECHNOL. Appareil destiné à observer les cavités des machines, des appareils.

ENDOSCOPIE [ɑ̃dɔskɔpi] **n. f.** – 1866 ◊ de *endoscope* ■ MÉD. Examen de l'intérieur des organes ou cavités du corps au moyen de l'endoscope (ex. angioscopie, bronchoscopie, cœlioscopie, coloscopie, colposcopie, gastroscopie, rectoscopie, etc.). ➤ **fibroscopie.** *Chirurgie sous endoscopie.* — **adj. ENDOSCOPIQUE,** 1865.

ENDOSMOSE [ɑ̃dɔsmoz] **n. f.** – 1826 ◊ de *endo-* et grec *ôsmos* « poussée » → osmose ■ PHYS. Pénétration d'un liquide à l'intérieur d'un compartiment fermé, à travers une membrane semi-perméable, lorsque le liquide contenu dans ce compartiment est de densité plus faible. ➤ **osmose.**

ENDOSSABLE [ɑ̃dosabl] **adj.** – 1960 ◊ de *endosser* ■ Qui peut être endossé. *Chèque barré non endossable.*

ENDOSSATAIRE [ɑ̃dosatɛʀ] **n.** – 1935 ◊ de *endosser* ■ DR. Personne au profit de laquelle est endossé un effet. *L'endosseur et l'endossataire.*

ENDOSSEMENT [ɑ̃dosmɑ̃] **n. m.** – 1596 ◊ de *endosser* ■ Transmission des titres à ordre, des effets de commerce au moyen de l'endos. *Endossement d'un chèque, d'une traite. Endossement en blanc,* consistant dans la seule signature de l'endosseur.

ENDOSSER [ɑ̃dose] **v. tr.** ‹1› – début XIIe ◊ de *en-* et *dos* ■ **1** Mettre sur son dos (un vêtement). ➤ **revêtir.** *« J'avais chaussé mes pantoufles et endossé ma robe de chambre »* FRANCE. — LOC. VIEILLI *Endosser la soutane**. *Endosser l'uniforme :* entrer dans l'armée. ■ **2** Prendre ou accepter la responsabilité de. ➤ **assumer, se charger (de).** *Vous voulez me faire endosser vos propres erreurs* (cf. Porter le chapeau*). *Endosser la paternité d'un enfant,* s'en reconnaître le père. *« Celui qui signe et endosse l'œuvre »* VALÉRY. ■ **3** (1600) Procéder à l'endossement de (un effet, un chèque). *Endosser une traite.* ■ **4** (1755) RELIURE Cambrer le dos de (un livre), après couture des cahiers. ■ CONTR. Ôter. Refuser.

ENDOSSEUR [ɑ̃dosœʀ] **n. m.** – 1664 ◊ de *endosser* ■ Personne qui endosse (un effet, un chèque).

ENDOTHÉLIAL, IALE, IAUX [ɑ̃dɔteljal, jo] **adj.** – 1878 ◊ de *endothélium* ■ HISTOL. Relatif à l'endothélium ; qui en a la structure. *Cellules endothéliales.*

ENDOTHÉLIUM [ɑ̃dɔteljɔm] **n. m.** – 1878 ◊ de *endo-* et radical de *épithélium* ■ ANAT. Couche de cellules épithéliales qui tapisse l'intérieur des parois du cœur et des vaisseaux.

ENDOTHERMIQUE [ɑ̃dotɛʀmik] **adj.** – 1865 ◊ de *endo-* et *thermique* ■ CHIM., PHYS. *Réaction, transformation endothermique,* dans laquelle le système absorbe de la chaleur. ■ CONTR. Exothermique.

ENDOTOXINE [ɑ̃dotɔksin] **n. f.** – 1906 ◊ de *endo-* et *toxine* ■ BIOCHIM., BACTÉRIOL. Toxine synthétisée par une bactérie, qui n'est pas excrétée dans le milieu extérieur mais libérée lors de la destruction de la bactérie (opposé à *exotoxine*).

ENDROIT [ɑ̃dʀwa] **n. m.** – 1160 ; prép. « vers » XIe ◊ de *en-* et *droit*
I ■ **1** Partie déterminée d'un espace. ➤ 1 **lieu, place.** *Un endroit tranquille et agréable. Quel bel endroit ! « Il fallait bien garder un endroit où se réunir »* CAMUS. *À quel endroit ?* ➤ **où.** *Voilà l'endroit sur la carte, le plan. Au même endroit.* — FAM. *Le petit endroit :* les toilettes. ➤ **coin.** ♦ Localité, bourg. ➤ **coin.** *Les gens de l'endroit sont très aimables. Un endroit perdu, désert.* ➤ **bled, trou.** ■ **2** Place déterminée, partie localisée d'une chose. *« Cherchant sur le traversin un endroit que le poids de sa tête n'eût pas encore creusé »* GREEN. *Il n'y a pas d'endroit pour ranger. Le tableau est abîmé en plusieurs endroits.* — SPÉCIALT Partie du corps. *À quel endroit a-t-il été blessé ?* ♦ FIG. Partie de la personne morale. *« Trouver l'endroit sensible »* LACLOS. ➤ 1 **point.** *« Ce qui me flatte pas au bon endroit me hérisse »* GIDE. ■ **3** VIEILLI Passage déterminé d'un ouvrage. *Les meilleurs endroits d'un roman. À cet endroit de l'histoire.* ➤ **moment.** *Rire au bon endroit.* ■ **4** loc. adv. *Par endroits :* à différents endroits dispersés, çà et là. *« Le livre me paraît bon, et même très bon par endroits »* GIDE. ♦ **loc. prép.** (fin XVIe ; *endroit de* XIIIe) LITTÉR. **À L'ENDROIT DE (qqn) :** envers. *« Jacquemin, à l'endroit duquel il professait la plus profonde admiration »* GAUTIER. *Mes sentiments à votre endroit.*
II (1209) Côté destiné à être vu, dans un objet à deux faces (opposé à *envers*). *L'endroit d'une étoffe, d'un tapis.* ➤ 2 **dessus.** *Tricoter une maille à l'endroit. L'endroit d'un feuillet.* ➤ **recto.** *Remettez vos chaussettes à l'endroit.* — PAR MÉTAPH. *« Je vous fais voir l'envers des événements ; l'histoire n'étale que l'endroit »* CHATEAUBRIAND.
■ CONTR. (du II) 2 Envers.

ENDUCTION [ɑ̃dyksjɔ̃] **n. f.** – 1955 ◊ de *enduire* ■ TECHN. Action d'enduire la surface d'un textile d'une couche protectrice pour en modifier l'aspect ou lui conférer des qualités particulières. — Application du composant magnétique sur une bande.

ENDUIRE [ɑ̃dɥiʀ] **v. tr.** ‹38› – 1175 ◊ latin *inducere* ■ Recouvrir (une surface) d'une matière plus ou moins molle qui l'imprègne. ➤ **couvrir.** *Enduire un mur de badigeon.* ➤ **badigeonner.** *Enduire une affiche de colle.* ➤ **encoller.** *« La pommade dont il avait enduit ses cheveux »* GREEN. *« Les murs étaient restés enduits d'un vieux crépi rose »* MARTIN DU GARD. *Enduire un textile.* ➤ **enduction.** *Tissu enduit. S'enduire le visage de crème protectrice.* — ABSOLT Appliquer de l'enduit sur un mur, une surface. *Enduire avant de peindre. Couteau à enduire.*

ENDUIT [ɑ̃dɥi] **n. m.** – v. 1165 ◊ de *enduire* ■ **1** Préparation molle ou semi-fluide qu'on applique en une ou plusieurs couches continues à la surface de certains objets pour les protéger, les garnir. ➤ **revêtement.** *Étaler, étendre, appliquer un enduit sur une surface. Enduit vitreux, vitrifiable.* ➤ **glaçure, vernis.** — PEINT. Préparation destinée à isoler le support (pierre, toile, bois) de la couche de peinture. *Enduit pour la fresque, pour la peinture à l'huile.* — CONSTR. Couche de plâtre, de chaux, de ciment, de mortier ou d'un mélange industriel dont on revêt une construction pour lui donner son aspect et sa couleur. *Enduit armé,* ayant reçu une armature légère. *Enduit jeté,* appliqué à la truelle. ➤ aussi **gunite.** *Enduit de lissage. Enduit crépi.* ➤ **crépi.** *Un bel enduit à l'ancienne.* ■ **2** Sécrétion visqueuse à la surface de certains organes. *L'enduit de la langue.*

ENDURABLE [ɑ̃dyʀabl] **adj.** – 1571 ◊ de *endurer* ■ Qu'on peut endurer. *Une douleur difficilement endurable.* ➤ **supportable.**

ENDURANCE [ɑ̃dyʀɑ̃s] **n. f.** – XIVe, mais région. jusque v. 1870 ◊ de *endurer* ■ Aptitude à résister à la fatigue, à la souffrance. ➤ **résistance.** *Endurance physique. Endurance au froid, à la fatigue. L'endurance d'un coureur de fond. Manquer d'endurance. Endurance morale. « Parlez-moi, pour un long mal, de l'enfant et du vieillard, qui sont égaux dans l'endurance »* COLETTE. ♦ SPORT *Travail en endurance,* consistant à s'entraîner le plus longtemps possible. — *Épreuve d'endurance :* compétition sur longue distance destinée à éprouver la résistance mécanique des voitures, des motos. ➤ **enduro.** ■ CONTR. Fragilité.

ENDURANT, ANTE [ɑ̃dyʀɑ̃, ɑ̃t] **adj.** – fin XIIe ◊ de *endurer* ■ VX Patient. ♦ (après 1870) MOD. Qui a de l'endurance. ➤ **résistant.** *Être très endurant* (cf. Être dur* au mal, tenir le coup* ; c'est un costaud, un dur* à cuire). ■ CONTR. Délicat, fragile.

ENDURCI, IE [ɑ̃dyʀsi] **adj.** – XIIIe ◊ de *endurcir* ■ **1** Qui est devenu dur, insensible. ➤ FAM. **blindé.** *Cœurs endurcis. « Je n'ai jamais vu d'âme aussi endurcie que la vôtre »* CAMUS. ■ **2** Qui avec le temps s'est fortifié, figé dans son opinion, son occupation. ➤ **invétéré.** *Criminels endurcis. Un célibataire endurci.*

ENDURCIR [ɑ̃dyʀsiʀ] **v. tr.** ‹2› – début XIIe ◊ de *en-* et *durcir* ■ **1** RARE Durcir. *« Des mains laborieuses, endurcies de cals »* VOLTAIRE. ■ **2** Rendre plus dur au mal, rendre résistant physiquement. ➤ **aguerrir, fortifier, tremper.** *« Endurcissez-le* [l'enfant] *à la sueur et au froid, au vent, au soleil »* MONTAIGNE. — *« Leurs visages endurcis au froid et au chaud »* BARRÈS. PRONOM. *« Un futur soldat doit s'endurcir »* TAINE. ■ **3** Rendre moins sensible moralement. ➤ **blinder, cuirasser.** *Les épreuves l'ont endurci. « Cela ne pouvait pas endurcir notre âme et flétrir sa tendresse infinie »* DORGELÈS. PRONOM. *« Faites que mon cœur ne s'endurcisse point ! »* DUHAMEL. ■ CONTR. Amollir, attendrir.

ENDURCISSEMENT [ɑ̃dyʀsismɑ̃] **n. m.** – 1495 ◊ de *endurcir* ■ **1** RARE Fait de devenir plus dur au mal, plus résistant. ➤ **endurance, résistance.** *L'endurcissement à la fatigue, à la douleur.* ■ **2** Diminution ou perte de la sensibilité morale. ➤ **dessèchement, insensibilité.** *« quelque chose qui serait pire que la mort et qui serait l'endurcissement de notre cœur »* DUHAMEL. ■ CONTR. Attendrissement, sensibilité.

ENDURER [ɑ̃dyʀe] **v. tr.** ‹1› – XIe ◊ latin médiéval *indurare,* extension de sens du latin classique « (se) durcir » ■ Supporter avec patience (ce qui est dur, pénible). ➤ **souffrir, subir.** *Endurer la faim, la soif, le froid. Endurer stoïquement qqch. Après ce qu'elle lui a fait endurer !* — ABSOLT *« Endurer, me disais-je, ça veut dire accueillir le pire et le meilleur »* Y. HAENEL. ♦ Tolérer (qqch. de désagréable). ➤ FAM. **digérer, encaisser.** *On a assez enduré ses caprices et sa mauvaise humeur. Je n'en endurerai pas plus.* ➤ **supporter.**

ENDURO [ɑ̃dyʀo] **n. m. et f.** – 1970 ◊ mot anglais, de *endurance* ■ **1 n. m.** Épreuve de vitesse qui se dispute à moto sur un circuit de terre au parcours accidenté. *Le trial et l'enduro. L'enduro du Touquet.* ■ **2 n. f.** *Une enduro :* une moto d'enduro, adaptée au cross, au tout-terrain. *Des enduros.*

ENDYMION [ɑ̃dimjɔ̃] **n. m.** – 1870 ◊ nom d'un personnage mythologique ■ BOT. Jacinthe des bois.

ÉNERGÉTICIEN, IENNE [enɛʀʒetisjɛ̃, jɛn] **n.** – v. 1970 ◊ de *énergétique* ■ SC., TECHN. Spécialiste de l'énergétique.

ÉNERGÉTIQUE [enɛʀʒetik] **adj. et n. f.** – 1868 subst. ; « qui paraît avoir une énergie innée » 1755 ◊ anglais *energetic,* grec *energêtikos* ■ **1** Relatif à l'énergie et à sa mesure. *Le watt, unité de puissance ou de flux énergétique. Performance énergétique* *d'un logement.* ◆ Relatif à l'énergie, aux sources d'énergie. *Les ressources énergétiques d'un pays. Taxe intérieure de consommation sur les produits énergétiques (TICPE). Bouquet* énergétique. Transition* énergétique.* ◆ PHYSIOL. *Dépense énergétique :* énergie qu'utilise l'organisme pour une action ou une fonction déterminée. *Besoins, apports énergétiques. Aliments, boissons énergétiques,* qui fournissent beaucoup d'énergie à l'organisme. ➤ 2 **calorique, énergisant.** ▪ **2** n. f. (1868) Science de l'énergie et de ses transformations.

ÉNERGIE [enɛʀʒi] **n. f.** – v. 1500 ◇ bas latin *energia,* grec *energeia* «force en action»

I COUR. ▪ **1** VIEILLI Pouvoir, efficacité (d'un agent quelconque). — MOD. *Énergie vitale.* ◆ Force, vigueur (dans l'expression, dans l'art). *Un style plein d'énergie.* «*Quelle fraîcheur de coloris, quelle énergie d'expression*» ROUSSEAU. ▪ **2** (fin XVIIIe) Force et fermeté dans l'action, qui rend capable de grands effets. ➤ **dynamisme, peps,** 2 **punch,** 1 **ressort, volonté.** «*Cette énergie sublime qui fait faire les choses extraordinaires*» STENDHAL. «*La quantité d'énergie ou de volonté que chacun de nous possède*» BALZAC. «*Galvaniser nos énergies*» GIDE. *Une énergie indomptable, farouche. Avec l'énergie du désespoir. Avoir beaucoup d'énergie, de l'énergie à revendre* (➤ 3 **battant, énergique**). *Manquer d'énergie* (➤ **amorphe, apathique,** 1 **mou**). *Protester avec énergie.* ➤ **véhémence.** *Appliquer toute son énergie à poursuivre son but. Regain d'énergie* (cf. Second souffle*). ◆ (1829) Force, vitalité physique. *Se sentir plein d'énergie. Frotter avec énergie.* «*Je le battis avec l'énergie obstinée des cuisiniers qui veulent attendrir un beefsteak*» BAUDELAIRE.

II SC. ▪ **1** (1868 ; sens plus vague 1807 ◇ anglais *energy* [1852]) PHYS. Propriété d'un système capable de produire un travail ; grandeur physique liée à cette capacité. *Énergie mécanique, calorifique, cinétique, potentielle.* ➤ **chaleur, force, mouvement, thermodynamique,** 1 **travail.** *Énergie libre* ou *énergie utilisable,* l'énergie interne d'un système thermodynamique moins la fraction dégradée (➤ **entropie**). *Énergie chimique, moléculaire, atomique, nucléaire.* ➤ **quantique ; réacteur, réaction ; fission, fusion.** *Transition* entre niveaux d'énergie. Physique des hautes énergies. Énergie électrique, hydraulique, solaire, lumineuse* (➤ **photovoltaïque**), *thermique* (➤ **géothermie ; cogénération**) ; *éolienne. Énergie des marées, des océans* (➤ **houlomoteur, hydrolien, marémoteur**). *Énergie fossile, carbonée* (➤ **charbon, gaz** [naturel], **pétrole**), *énergie renouvelable, non carbonée. Énergie biochimique, physiologique.* ➤ **activation, métabolisme, photosynthèse ; bioénergétique.** *Le principe de la conservation de l'énergie. Les unités de mesure de l'énergie.* ➤ **calorie, électronvolt,** 2 **erg, joule, tec, tep, thermie, wattheure.** CHIM. *Énergie interne :* somme des énergies emmagasinées dans les liaisons chimiques. ◆ COUR. L'énergie dans ses usages industriel et domestique. «*L'humanité a besoin d'énergie. Mais c'est à long terme qu'il faut prévoir. Les solutions nucléaires, dangereuses et polluantes, n'y suffiront pas*» H. REEVES. *Production, consommation d'énergie* (➤ **énergétique, énergivore**). *Faire des économies d'énergie. Les énergies nouvelles, les énergies douces*. Énergie verte*. — Construction, bâtiment à énergie positive*.* ▪ **2** Énergie chimique potentielle de l'être vivant. *Exercice qui demande une grande dépense d'énergie. L'énergie musculaire. — Énergie psychique.* ➤ **libido.**

▪ CONTR. Indolence, inertie, mollesse, paresse.

ÉNERGIQUE [enɛʀʒik] **adj.** – 1584 ◇ de *énergie* ▪ **1** Actif, efficace. *Un remède énergique.* ◆ Plein d'énergie (dans l'expression). *Style énergique, dessin au trait énergique.* ➤ **vigoureux.** ▪ **2** (fin XVIIIe) Qui a de l'énergie, de la volonté. ➤ **dynamique,** 1 **ferme,** 1 **fort, résolu.** «*Un homme énergique n'a jamais peur en face du danger pressant*» MAUPASSANT. *Très énergique.* ➤ FAM. **survitaminé.** — Qui exprime, marque de l'énergie. *Un visage énergique.* «*Une intervention énergique de la police*» MARTIN DU GARD. ➤ FAM. **musclé.** ◆ Fort, puissant (dans l'ordre physique). *Une poignée de main énergique. Un coup de pied «assez énergique pour briser les omoplates»* BAUDELAIRE. ▪ CONTR. Faible ; indolent, 1 mou, timide.

ÉNERGIQUEMENT [enɛʀʒikmɑ̃] **adv.** – 1584 ◇ de *énergique* ▪ Avec énergie. ➤ **fermement, résolument.** «*Fais énergiquement ta longue et lourde tâche*» VIGNY. *Résister, protester énergiquement.* ◆ Avec force. ➤ **vigoureusement.** «*Je serrai énergiquement cette main*» JALOUX. ▪ CONTR. Mollement.

ÉNERGISANT, ANTE [enɛʀʒizɑ̃, ɑ̃t] **adj.** et **n. m.** – 1955 ◇ calque de l'anglais *energizing* ▪ MÉD. ▪ **1** Qui stimule, donne de l'énergie. ➤ **stimulant,** 1 **tonique.** *L'action énergisante d'un médicament. Boisson énergisante à la taurine.* ▪ **2** n. m. Médicament qui stimule l'activité psychique. *Prendre des énergisants.* ➤ **antidépresseur, psychostimulant, psychotonique ; psychotrope.**

ÉNERGIVORE [enɛʀʒivɔʀ] **adj.** – v. 1975 ◇ de *énergie* et *-vore* ▪ Qui consomme de l'énergie. *Logement énergivore. Les «comportements les plus énergivores, responsables du réchauffement climatique»* (L'Express, 2009).

ÉNERGUMÈNE [enɛʀgymɛn] **n.** – 1579 ◇ latin ecclésiastique *energumenus,* grec *energoumenos,* de *energein* «influencer» ▪ **1** VX Possédé du démon. ▪ **2** (1734) MOD. rare au fém. Personne exaltée qui se livre à des cris, des gestes excessifs dans l'enthousiasme ou la fureur. ➤ **agité, exalté, excité, fanatique, forcené.** «*En voilà, un énergumène, qui entre ici comme un boulet, emplit la maison de ses cris*» COURTELINE. «*Une bande d'énergumènes et de fanatiques, une bande de forcenés*» PÉGUY. ◆ PAR EXT. Personne qui paraît dangereuse. *Un drôle d'énergumène.* ➤ **individu.**

ÉNERVANT, ANTE [enɛʀvɑ̃, ɑ̃t] **adj.** – 1586 ◇ de *énerver* ▪ **1** VX ou LITTÉR. Qui prive de nerf, ôte les forces. ➤ **amollissant.** «*Les sons d'une musique énervante et câline*» BAUDELAIRE. ▪ **2** (1867) MOD. Qui excite désagréablement les nerfs. ➤ **agaçant, crispant, exaspérant, excédant, horripilant, irritant, rageant ;** FAM. **gonflant, râlant ;** RÉGION. **achalant.** «*un bruit énervant et fin, comme si un moustique invisible avait bourdonné*» MAUROIS. *Il est énervant avec ce tic. C'est énervant d'avoir à attendre si longtemps.* ➤ **pénible.** ▪ CONTR. Apaisant.

ÉNERVATION [enɛʀvasjɔ̃] **n. f.** – 1401 ◇ latin *enervatio* ▪ **1** VX Affaiblissement. ▪ **2** (1771) Supplice qui consistait à brûler les tendons *(nerfs)* des jarrets et des genoux. ◆ CHIR. Ablation ou section d'un nerf, d'un groupe de nerfs. ➤ **dénervation.**

ÉNERVÉ, ÉE [enɛʀve] **adj.** – XVIIe ◇ de *énerver* ▪ **1** HIST. Qui a subi l'énervation (2°). SUBST. *Les Énervés de Jumièges.* ▪ **2** (1864) Qui se trouve dans un état de nervosité inhabituel. ➤ **agacé,** FAM. **vénère.** *Il ne faut pas lui en vouloir, il était très énervé* (cf. FAM. Avoir les abeilles*, les nerfs* en pelote). SUBST. FAM. *Quel énervé !* ➤ **excité, nerveux.** — Qui marque l'énervement. *Un rire énervé.* ▪ CONTR. 2 Calme, détendu.

ÉNERVEMENT [enɛʀvəmɑ̃] **n. m.** – 1413 ◇ de *énerver* ▪ **1** VX Affaiblissement. ▪ **2** (1910) État d'une personne énervée. ➤ **agacement, agitation, excitation, impatience, nervosité.** ▪ CONTR. 1 Calme, sérénité.

ÉNERVER [enɛʀve] **v. tr.** ⟨1⟩ – début XIIIe ◇ latin *enervare* «couper les nerfs» ▪ **1** VX ou LITTÉR. Priver de nerf, de toute énergie. ➤ **affaiblir, amollir.** «*un corps que le luxe et les arts avaient énervé*» ROUSSEAU. «*Les lois ou les coutumes qui* [...] *énervaient les ressorts de l'État*» VALÉRY. ▪ **2** (1690) ANCIENNT Procéder à l'énervation de (un supplicié). ▪ **3** (1897) MOD. Agacer, exciter, en provoquant de la nervosité. ➤ **crisper, impatienter ; exaspérer, excéder, horripiler.** *Arrête, tu m'énerves !* (cf. Taper* sur les nerfs). *Il m'énerve, avec ses jeux de mots. Cela l'énervait d'attendre, qu'elle ne vienne pas.* «*Elle entendait* [...] *les cailloux crissant sous les pas réguliers de sa sœur. Ces sons l'énervaient*» GREEN. — PRONOM. Devenir de plus en plus nerveux, agité. «*Il s'énervait dangereusement, à ces contacts prolongés qu'elle ne défendait pas*» LOTI. ➤ **s'exciter.** — SPÉCIALT Perdre son sang-froid, être anxieux (➤ **paniquer**), mécontent. «*Ne restons pas à nous énerver, faisons quelque chose*» PROUST. *Du calme, ne vous énervez pas !* ▪ CONTR. Calmer, détendre.

ENFAÎTEAU [ɑ̃fɛto] **n. m.** /ENFAITEAU/ – 1402 *enfestau* ◇ de *enfaîter* ▪ TECHN. Tuile faîtière.

ENFAÎTEMENT [ɑ̃fɛtmɑ̃] **n. m.** /ENFAITEMENT/ – 1638 ◇ de *enfaîter* ▪ BÂT. Feuille métallique placée sur un faîtage.

ENFAÎTER [ɑ̃fete] **v. tr.** ⟨1⟩ /ENFAITER/ – 1400 *enfester* ◇ de *en-* et *faîte* ▪ TECHN. Couvrir d'un enfaîtement, d'enfaîteaux.

ENFANCE [ɑ̃fɑ̃s] **n. f.** – XIIe ◇ latin *infantia* «bas âge» ▪ **1** Première période de la vie humaine, de la naissance à l'adolescence. *La petite enfance :* les toutes premières années. «*cette patrie oubliée, primitive, de la toute petite enfance*» N. CHÂTELET. *Il a eu une enfance heureuse.* «*Les inquiétudes éprouvées depuis l'enfance*» PROUST. *Dans son enfance. Dès sa plus tendre, dès sa première enfance. Souvenirs d'enfance. Une amie d'enfance.* ▪ **2** SING. COLLECT. Les enfants. ➤ **jeunesse.** «*cette réalité de l'enfance, dont l'interrogatoire des grandes personnes dérange brutalement la féerie*» COCTEAU. *La protection de l'enfance. Le fonds d'aide à l'enfance des Nations unies (U. N. I. C. E. F.). La petite enfance :* les très jeunes enfants. ▪ **3** Mentalité infantile réapparaissant dans le cas d'affaiblissement sénile des facultés (dans l'expr. *retomber en enfance*) (➤ **gâtisme, sénilité**).

▪ 4 FIG. Première période d'existence d'une chose. ➤ **commencement, début, origine.** *« une science dans l'enfance comme la médecine »* C. BERNARD. — LOC. *C'est l'enfance de l'art* : c'est élémentaire, très facile (cf. C'est un jeu d'enfant*). ▪ CONTR. Vieillesse. Déclin.

ENFANT [ɑ̃fɑ̃] **n.** – début XIe ◊ du latin *infans* « qui ne parle pas », donc « bébé, enfant », famille de *fari* « parler » → infant ; fable, faconde, hâblerie

I ÊTRE HUMAIN DANS L'ÂGE DE L'ENFANCE ▪ 1 Être humain dans les premières années de sa vie, de la naissance à l'adolescence. ➤ **bambin, bout** (de chou), **fille,** 1 **fillette, garçon, garçonnet, petit ;** RÉGION. **drôle, gone,** 2 **minot, pitchoun ;** FAM. OU POP. **gamin,** 1 **gosse, lardon, loupiot, marmot, mioche, môme, morveux, mouflet, moujingue, moutard, petiot, têtard ;** TRÈS FAM. **chiard.** *Enfant en bas âge, au biberon, au sein.* ➤ **bébé, nourrisson, poupon, tout-petit.** *Un petit enfant, un jeune enfant. Un enfant déjà grand.* ➤ **préadolescent.** *Enfant scolarisé.* ➤ **écolier, élève.** *Enfant espiègle, malin.* ➤ **brigand, diablotin, filou, fripon, galopin, lutin ;** RÉGION. **arsouille, snoreau.** — *Enfant bruyant, difficile, insupportable, turbulent.* ➤ **chenapan, diable, garnement,** 1 **jojo, polisson.** *« Elle se souvenait d'avoir été une enfant malheureuse et délaissée »* SAND. *Enfant trouvé* (➤ RÉGION. **champi**). *Enfant des rues. Enfant prodige, surdoué. Enfant retardé, arriéré. S'occuper d'un enfant. Élever des enfants. Enfant bien, mal élevé. Cajoler, choyer un enfant. Soins donnés aux enfants.* ➤ **puériculture ; pédodontie.** *Maladies des enfants.* ➤ **infantile ; pédiatrie, pédopsychiatrie.** *Éducation des enfants.* ➤ **pédagogie.** *Maltraiter un enfant. Enfant martyr. Bourreau d'enfants. Attirance sexuelle pour les enfants.* ➤ **pédérastie, pédophilie.** *Livres d'enfants, pour enfants. Lit, voiture d'enfant. Bonne d'enfants.* ➤ **nurse.** *Jardin* d'enfants. « ce fabuleux désespoir qu'il est coutume d'appeler "chagrin d'enfant" »* PRÉVERT. — COLLECT. *L'enfant* : l'ensemble des enfants. *La personnalité, le développement de l'enfant. « Famille, école, société s'acharnaient à capturer et à réduire l'enfant »* QUIGNARD. ◆ SPÉCIALT Enfant à la naissance et peu après. ➤ **nouveau-né.** *Naissance d'un enfant.* ➤ **accouchement.** *Enfant prématuré, placé en couveuse. Enfant mort-né. Enfants nés d'une même grossesse.* ➤ **jumeau, quadruplés, quintuplés, triplés.** *Nourrir, allaiter un enfant. Sevrer* un enfant. Changer un enfant. Bercer un enfant. Promener un enfant dans un landau, une poussette.* ◆ **adj.** Très jeune. *« Il apprit à connaître tout enfant la brutalité de la vie »* R. ROLLAND. *Une œuvre de Mozart enfant.* ◆ LOC. *C'est un jeu d'enfant* : c'est très facile. ➤ **enfantin** (cf. C'est l'enfance* de l'art). *Il n'y a plus d'enfants,* se dit quand un enfant fait ou dit des choses qui ne sont pas de son âge. *Il me prend pour un enfant,* pour un naïf. *Ne faites pas l'enfant* : soyez sérieux (➤ **enfantillage**). *Enfant terrible*. Un enfant gâté*. Bon enfant.* ➤ **bon enfant.** ◆ (1790) **ENFANT DE CHŒUR :** enfant qui se tient dans le chœur pendant les offices pour assister le prêtre. — FIG. Personne naïve. *Ce ne sont pas tous des enfants de chœur.* ▪ 2 Personne qui a conservé dans l'âge adulte des sentiments, des traits propres à l'enfance. *« Je ne suis, hélas ! qu'un vieil enfant chargé d'inexpérience »* BERNANOS. *Il est resté un grand enfant. « les écrivains sont tous des enfants, de grands enfants dont l'innocence est radicalement préservée »* D. ROLIN. — **adj.** (fin XIIe) ➤ **enfantin, infantile, puéril.** *Elle est restée très enfant.*

II ÊTRE HUMAIN À L'ÉGARD DE SA FILIATION ▪ 1 (fin XIe) Être humain considéré par rapport à ses parents, fils ou fille. *Les parents et leurs enfants. Les enfants de nos enfants.* ➤ **petits-enfants.** *Vouloir, désirer, faire des enfants. Un enfant désiré. Ils ne peuvent pas avoir d'enfants* (➤ **stérilité**). *Elle attend un enfant* : elle est enceinte. ➤ PLAIS. **héritier.** (Dans les contes de fées) *Ils furent heureux et eurent beaucoup d'enfants. Une famille de cinq enfants. L'aîné, le cadet de leurs enfants. Un enfant unique. Enfant légitime, naturel, adoptif, adultérin, incestueux. Enfant illégitime.* ➤ **bâtard.** *Enfants du premier, du second lit*. Un enfant de divorcés. « c'est pour les enfants que c'est terrible. Heureusement qu'ils n'en ont pas »* (C. KLAPISCH, J.-P. BACRI, A. JAOUI, « Un air de famille », film). VIEILLI *Un enfant de l'amour* : un enfant naturel. *Abandonner son enfant. Un enfant trouvé,* né de parents inconnus. *Reconnaître, déclarer son enfant.* — FAM. *Faire* un enfant à une femme.* ➤ VULG. **engrosser.** *Faire un enfant dans le dos*.* — ALLUS. BIBL. *L'enfant prodigue*.* — T. **d'affection** (1532) *Mon (cher) enfant, mes (chers) enfants,* se dit à des êtres plus jeunes, comme si on les considérait comme ses enfants. *Bonjour, belle enfant !* ▪ 2 PAR EXT. (1538) Descendant. *Les enfants d'Adam.* ➤ **postérité.** ◆ Personne originaire (d'un pays, d'un milieu). *Un enfant du peuple. « Je ne suis pas un enfant de ce pays »* MODIANO. — (milieu XVIe) Être humain considéré comme rattaché par ses origines à qqn ou à qqch. *Les enfants de l'Église* : les chrétiens. — **ENFANTS DE MARIE :** congrégation catholique de jeunes filles qui ont une dévotion particulière à la Vierge Marie. *Une enfant de Marie* ; FIG. jeune fille chaste et naïve. — ANCIENNT **ENFANT DE TROUPE :** fils de militaire élevé dans une caserne, une école militaire. — *Un enfant de la balle*.* ▪ 3 FIG. Produit, ce qui provient de. *« Le succès fut toujours un enfant de l'audace »* VOLTAIRE. *« Ce livre est enfant de la hâte »* VALÉRY. ▪ CONTR. Adulte.

ENFANTEMENT [ɑ̃fɑ̃tmɑ̃] **n. m.** – début XIIe ◊ de *enfanter* ▪ 1 VIEILLI Accouchement. *Les douleurs de l'enfantement.* ➤ **parturition.** ▪ 2 LITTÉR. Création, production (d'une œuvre artistique).

ENFANTER [ɑ̃fɑ̃te] **v. tr.** ‹1› – v. 1130 ◊ de *enfant* ▪ LITTÉR. ▪ 1 Mettre au monde (un enfant). ➤ **accoucher.** *« Dieu dit aussi à la femme : vous enfanterez dans la douleur »* (BIBLE). ▪ 2 FIG. Créer, produire. ➤ **engendrer.** *« Le XIIIe siècle a été la plus grande ère des cathédrales. C'est lui qui les a presque toutes enfantées »* HUYSMANS.

ENFANTILLAGE [ɑ̃fɑ̃tijaʒ] **n. m.** – début XIIIe ◊ de l'ancien français *enfantil* « enfantin » (XIIe) → infantile ▪ En parlant de personnes qui ont dépassé l'âge de l'enfance, Manière d'agir, de s'exprimer, peu sérieuse, qui ne convient qu'à un enfant. ➤ **puérilité.** *Allons, c'est de l'enfantillage ! « Eh oui ! des enfantillages, des rires pour rien, des inutilités, des niaiseries »* HUGO. ➤ **gaminerie.** ▪ CONTR. Sérieux.

ENFANTIN, INE [ɑ̃fɑ̃tɛ̃, in] **adj.** – v. 1200 ◊ de *enfant* ▪ 1 Qui est propre à l'enfant, a le caractère de l'enfance. *Le langage enfantin. Une voix enfantine. « Ce qu'il y a d'encore enfantin dans la plupart de nos émotions joyeuses »* BERGSON. *« Mais le vert paradis des amours enfantines »* BAUDELAIRE. ◆ Qui est destiné aux enfants. *La littérature enfantine. Chanson enfantine.* ▪ 2 PÉJ. Qui ne convient guère qu'à un enfant. ➤ **infantile, puéril.** *Faire des réflexions, des remarques enfantines.* ▪ 3 Qui est du niveau de l'enfant. *C'est d'une simplicité enfantine. C'est enfantin* (cf. C'est bête* comme chou). *Un problème enfantin,* très facile. ➤ **élémentaire.** ▪ CONTR. Sénile ; difficile.

ENFARGER [ɑ̃farʒe] **v. tr.** ‹3› – 1812 au sens de « entraver (un cheval) » ◊ mot de l'Ouest et du Centre, relevé en français de France jusqu'au XVIe s. *(enferger)*, du latin *ferrea* « fers », famille de *ferrum* → fer ▪ (Canada) FAM. ▪ 1 Faire tomber (qqn). *La branche qui nous enfarge.* ▪ 2 **v. pron.** (plus cour.) Trébucher. *Elle s'est enfargée dans l'escalier. « elle recule sous l'impact, s'enfarge et tombe »* M. LABERGE. — FIG. S'empêtrer, s'enfoncer. *S'enfarger dans les menteries.* LOC. *S'enfarger dans les fleurs du tapis* : se laisser arrêter par la moindre difficulté.

ENFARINER [ɑ̃farine] **v. tr.** ‹1› – 1393 ◊ de *en-* et *farine* ▪ VIEILLI ➤ **fariner.** ◆ **p. p. adj.** Couvert de farine, de poudre blanche. *Le visage enfariné d'un pierrot.* LOC. FAM. *Venir, arriver la gueule enfarinée, le bec enfariné,* avec la naïve confiance d'obtenir ce qu'on demande (comme les types de niais de l'ancien théâtre, au visage enfariné).

ENFER [ɑ̃fɛr] **n. m.** – 1080 ; v. 1000 *enfern* ◊ latin chrétien *infernus, infernum,* du latin classique *infernus* « d'en bas »

I AU SING. ▪ 1 Dans la religion chrétienne, Lieu destiné au supplice des damnés. ➤ **géhenne.** *« Il sous-entendait [...] qu'il n'y avait que le Paradis et l'Enfer, et qu'on ne pouvait être que sauvé ou damné »* CAMUS. *Réprouvés condamnés aux flammes éternelles, aux ténèbres de l'enfer. Aller en enfer. Le châtiment, les peines de l'enfer* (cf. La peine du dam*, du sens*). *Le diable et l'enfer.* PROV. *L'enfer est pavé de bonnes intentions* : les bonnes intentions peuvent aboutir à un résultat déplorable ou nul. — Situation des damnés. *« L'enfer, madame, c'est de ne plus aimer »* BERNANOS. *« Pas besoin de gril, l'enfer, c'est les Autres »* SARTRE. ◆ **loc. adj. D'ENFER :** qui évoque l'enfer. *C'était une vision d'enfer,* affreuse, horrible. ➤ **dantesque.** — PAR EXAGÉR. ➤ **infernal.** *Aller un train d'enfer,* dangereusement vite. *« Un appétit d'enfer, de ces faims terribles »* DAUDET. *Il joue un jeu d'enfer,* très gros jeu. *Un feu d'enfer,* très violent. — FAM. Remarquable, sensationnel (cf. Du tonnerre). *Un plan d'enfer* : un projet génial. *Un look d'enfer,* qui attire le regard. ▪ 2 FIG. Lieu, occasion de cruelles souffrances. *Son foyer est devenu un enfer. Sa vie fut « l'enfer quand elle ne voyait pas Julien »* STENDHAL. *L'enfer du jeu, de la drogue. C'est l'enfer !* c'est insoutenable. ▪ 3 Département d'une bibliothèque où sont déposés les livres licencieux interdits au public. *L'enfer de la Nationale.*

II AU PLUR. ▪ 1 Dans la mythologie gréco-latine, Lieu souterrain habité par les morts, séjour des ombres (Champs Élysées pour les bons, Tartare pour les méchants). *Les fleuves des enfers. Le dieu des enfers* (Hadès

ou Pluton). *Cerbère, gardien de l'entrée des enfers. La barque de Charon conduisait aux enfers les âmes des morts. «Minos juge aux enfers tous les pâles humains»* RACINE. *La descente aux enfers d'Ulysse, d'Énée, d'Orphée...* FIG. *Descente aux enfers* : dégradation, déchéance progressive. *«L'idole brûlée. La descente aux enfers. L'oubli. Jusqu'à une résurrection improbable»* PH. BESSON. *La descente aux enfers d'un personnage politique.* ➤ **chute, disgrâce.** ■ **2** Séjour des morts dans la Bible. ➤ **géhenne, schéol.** *Jésus est descendu aux enfers.*
■ CONTR. Ciel, paradis.

ENFERMEMENT [ɑ̃fɛʀməmɑ̃] n. m. – 1549 ◇ de *enfermer* ■ Fait d'enfermer (qqn) ou d'être enfermé. ➤ **emprisonnement, internement ; renfermement.** ◆ FIG. Le fait de s'enfermer. *L'enfermement dans le silence, la folie.*

ENFERMER [ɑ̃fɛʀme] v. tr. ‹1› – XIIe ◇ de *en-* et *fermer* ■ **1** Mettre en un lieu d'où il est impossible de sortir. *Enfermer un oiseau dans une cage. Enfermer qqn dans une pièce, une maison.* ➤ **boucler, claustrer, cloîtrer, séquestrer, verrouiller ;** RÉGION. **embarrer.** *«son père, pour l'obliger à écrire* [Gautier], *l'enfermait sous clef»* HENRIOT. — PRONOM. *Il s'enferme dans la salle de bains. Enfermez-vous la nuit :* fermez votre porte à clé, au verrou. ➤ **se barricader, se claquemurer,** RÉGION. **s'encabaner.** — *Enfermer un malfaiteur dans une prison.* ➤ **emprisonner, incarcérer ;** FAM. **boucler, coffrer.** *On enfermait les malades mentaux dans des asiles.* ➤ **interner.** ABSOLT *Il est bon à enfermer :* il est fou. ◆ FIG. *«voilà dans quel dilemme imbécile on a enfermé ces officiers»* MARTIN DU GARD. PRONOM. *«Ma mère s'enfermait dans le mutisme»* GIDE. ➤ **se confiner.** *S'enfermer dans un rôle,* ne pas en sortir. ◆ (Compl. chose) Mettre en lieu sûr, en lieu clos. ➤ **serrer** (cf. Mettre sous clé*). *Enfermer des biscuits dans une boîte en fer, de l'argent dans un coffre-fort.* — *«Les corps enfermés dans des cercueils de bois blanc»* MAC ORLAN. ■ **2** Entourer complètement. ➤ **ceindre, clore, environner, limiter.** *«ces allées de menues colonnes enfermant un petit jardin»* MAUPASSANT. ◆ SPORT Dans une course, Serrer (un concurrent) à la corde, ou à l'intérieur du peloton, de façon à briser son élan et à l'empêcher de se dégager. *Il s'est laissé enfermer au moment du sprint.* ■ **3** VIEILLI Avoir en soi, renfermer. ➤ **comprendre ; comporter, contenir.** *«Le compliment était pour elle si inespéré, qu'elle se demanda s'il n'enfermait pas d'ironie»* ROMAINS. ■ CONTR. Délivrer, libérer.

ENFERRER [ɑ̃fere] v. tr. ‹1› – XIVe ; *enferer* v. 1170 «garnir de fers» ◇ de *en-* et *fer* ■ **1** RARE Percer (un adversaire) avec le fer de son arme. ■ **2 S'ENFERRER** v. pron. Tomber, se jeter sur l'épée de son adversaire. ◆ FIG. et COUR. Se prendre à ses propres mensonges, ses propres pièges. ➤ **s'embrouiller, s'enfoncer.** *«L'auteur oublie à chaque page ce qu'il vient de dire dans l'autre, s'enferrant lui-même dans ses propres raisonnements»* MICHELET.

ENFEU [ɑ̃fø] n. m. – 1482 ◇ de *enfouir* ■ ARCHÉOL. Niche funéraire à fond plat pratiquée dans les murs des églises pour y recevoir des tombes. *Des enfeus.*

ENFICHABLE [ɑ̃fiʃabl] adj. – milieu XXe ◇ de *en-* et *fiche* ■ ÉLECTROTECHN. Qu'on peut introduire comme une fiche. — TECHNOL. Que l'on peut insérer dans un support*. *Un circuit enfichable.*

ENFICHER [ɑ̃fiʃe] v. tr. ‹1› – milieu XXe ◇ de *en-* et *fiche* ■ ÉLECTROTECHN. Introduire (une fiche) dans une douille. *Enficher une prise mâle dans une prise femelle.* — Introduire (un composant) dans un support*.

ENFIELLER [ɑ̃fjele] v. tr. ‹1› – 1220 ◇ de *en-* et *fiel* ■ RARE Remplir de fiel, d'aigreur. *«Qui m'a donc enfiellé de la sorte contre toi ?»* GAUTIER. ◆ p. p. adj. Fielleux, venimeux. ➤ **haineux.** *«la figure enfiellée de cet habile hypocrite»* BALZAC.

ENFIÈVREMENT [ɑ̃fjɛvʀəmɑ̃] n. m. – 1876 ◇ de *enfiévrer* ■ RARE Surexcitation (des sens, de l'imagination).

ENFIÉVRER [ɑ̃fjevʀe] v. tr. ‹6› – 1588 ◇ de *en-* et *fièvre* ■ **1** VX Rendre fiévreux. ■ **2** (1775) MOD. et FIG. Animer d'une sorte de fièvre, d'une vive ardeur. ➤ **agiter, exalter, surexciter.** *«Une liberté maladroite qui enfièvre tout un peuple»* CAMUS. PRONOM. *«Des camarades, qui s'enfiévrent pour la politique»* LECOMTE. ➤ **se passionner.** ◆ PAR EXT. *Lecture, photo qui enfièvre l'imagination.* p. p. adj. *Une atmosphère enfiévrée.* ■ CONTR. Apaiser.

ENFILADE [ɑ̃filad] n. f. – 1642 ◇ de *enfiler* ■ **1** Suite de choses à la file l'une de l'autre. ➤ **rangée.** *Une enfilade de colonnes. «une porte qui s'ouvrit lentement sur une enfilade de pièces»* BOSCO. *Pièces en enfilade.* — (1688) MILIT. *Tir d'enfilade,* dirigé dans le sens de la plus grande dimension de l'objectif. *Le détachement fut pris en enfilade,* soumis à un tir d'enfilade. ◆ FIG. *«des enfilades interminables de calembours»* BAUDELAIRE. ■ **2** Meuble large et bas, composé d'au moins trois éléments de même hauteur. ➤ **bahut, buffet.** *Une enfilade scandinave.*

ENFILAGE [ɑ̃filaʒ] n. m. – 1697 ◇ de *enfiler* ■ Action d'enfiler. *L'enfilage des perles.*

ENFILER [ɑ̃file] v. tr. ‹1› – XIIIe ◇ de *en-* et *fil* ■ **1** Traverser par un fil, mettre autour d'une ficelle, d'une tringle. *Une aiguille difficile à enfiler. Enfiler des perles. Enfiler une bague à son doigt.* — LOC. FAM. *Nous ne sommes pas là pour enfiler des perles,* pour perdre notre temps à des futilités. ■ **2** Débiter sans discontinuer, mettre à la suite. *«Des notes, des choses vues, enfilées à la diable»* HENRIOT. ■ **3** Se revêtir de, mettre (un vêtement). *Enfiler un pull, un pantalon, un collant.* ➤ **passer.** — *Enfiler un préservatif.* ■ **4** PAR EXT. (1680) S'engager tout droit dans (une voie). ➤ **prendre ;** FAM. **enquiller.** *«Nous enfilâmes un long corridor»* CHATEAUBRIAND. ■ **5** MILIT. Prendre en enfilade. ■ **6** VIEILLI Rouler, tromper. *«Je l'enfile, et le paye en sa monnaie»* BEAUMARCHAIS. ■ **7** (1655) VULG. Posséder sexuellement. — PRONOM. *Décider «par quels orifices on s'enfilera»* E. CARRÈRE. ■ **8** FAM. **S'ENFILER qqch.,** l'avaler. ➤ **s'envoyer, se farcir.** *Elle s'est enfilé la moitié du plat. Il s'est enfilé toute la bouteille.* ➤ **siffler.** — Avoir à supporter (une corvée). ➤ **se taper.** *S'enfiler tout le travail.*

ENFILEUR, EUSE [ɑ̃filœʀ, øz] n. – 1542 ◇ de *enfiler* ■ Celui, celle qui enfile. ◆ FIG. *Un enfileur de grands mots, de belles phrases.*

ENFIN [ɑ̃fɛ̃] adv. – 1119 ◇ pour *en fin* ■ **1** (Sens affectif) Servant à marquer le terme d'une longue attente. ➤ **finalement** (cf. À la fin). *Je vous ai enfin retrouvé. Vous voilà enfin ! Enfin seuls !* (cf. Il était temps, ce n'est pas trop tôt). *«Enfin après mille atermoiements, Mlle de Waize avait consenti à la séparation»* MARTIN DU GARD. ■ **2** (Sens logique) Servant à introduire le dernier terme d'une succession dans le temps. *Tous arrivèrent, d'abord la mère, puis les enfants et enfin le père.* ◆ Servant à conclure, à résumer ce qui a été dit précédemment. ➤ 1 **bref** (cf. En un mot). *«C'est d'être discret, invisible, de me comporter enfin, comme un parfait gentleman»* DUHAMEL. ◆ Servant à préciser ou corriger ce que l'on vient de dire. *Elle est blonde, enfin plutôt rousse.* ◆ Pour tirer une conclusion. ➤ 1 **bref, finalement** (cf. En somme). *Il y avait les parents, les frères, enfin toute la famille. Enfin, voilà. Enfin, bref. Enfin, passons.* — (Après *mais, car*) Tout bien considéré, après tout. *«J'ai le cœur aussi bon, mais enfin je suis homme»* CORNEILLE. *Mais enfin* (FAM. *m'enfin*), marquant l'impatience. *Mais enfin, arrêtez ! Car enfin ce n'est pas tout de crier, il faut agir.* ◆ Introduisant une conclusion résignée. *Enfin, on verra bien.*
■ CONTR. Déjà.

ENFIROUAPER [ɑ̃fiʀwape] v. tr. ‹1› – 1909 ; *enfifrewâper* 1879 ◇ mot-valise, de *enfifrer* «sodomiser ; duper», de *fifre* «pénis» et *rouâper*, variante québécoise de *râper* ■ (Canada) FAM. Tromper, duper. ➤ **entuber.** *«Il m'a demandé* [...] *de ne rien signer, il avait peur que je me fasse enfirouaper»* GODBOUT.

ENFLAMMÉ, ÉE [ɑ̃flɑme] adj. – XIIe ◇ de *enflammer* ■ **1** Qui est en flamme. *Torche, allumette enflammée.* LITTÉR. Brûlant, empourpré (cf. En feu). *Joues, pommettes enflammées.* ■ **2** Qui est dans un état inflammatoire. ➤ **irrité.** *«Il mouilla dans le broc son mouchoir et l'appliqua sur la zone enflammée»* GIDE. ■ **3** Rempli d'ardeur, de passion. ➤ **ardent, brûlant, passionné.** *«Une nature enflammée, violente, aimant les cris»* DAUDET. *Discours enflammé d'un fanatique, d'un militant.* — SPÉCIALT *Il lui avait envoyé une déclaration enflammée. Regards enflammés.* ■ CONTR. Éteint, blême, 1 froid, tranquille.

ENFLAMMER [ɑ̃flɑme] v. tr. ‹1› – fin Xe ◇ latin *inflammare* ■ **1** Mettre en flamme. *Enflammer une allumette, une bûche.* ➤ **allumer, embraser.** *«L'incendie du Grenier d'Abondance avait enflammé les quartiers lointains»* ZOLA. ◆ Chauffer fortement. *«une atmosphère étouffante, enflammée par le vent du sud»* LOUŸS. ◆ FIG. Colorer, éclairer vivement. ➤ **illuminer.** *La lueur lointaine de l'incendie enflamme l'horizon. Une rougeur soudaine lui enflamma les joues. «un éclair de colère enflammait ses yeux ou ses joues»* HUGO. ■ **2** Mettre dans un état inflammatoire. ➤ **envenimer, irriter ; inflammation.** *Enflammer une plaie. D'exubérants boutons «qu'il enflammait en se grattant»* GIDE. ■ **3** Remplir d'ardeur, de passion. ➤ **échauffer, électriser, embraser, exalter.** *La colère l'enflamma brusquement. Un récit qui enflamme l'imagination. «L'approche des grands événements* [...] *enflamme l'orateur»* SAINTE-BEUVE. ◆ VX Faire brûler d'amour ; allumer (les désirs). *Enflammer les cœurs.*

▪ **4 S'ENFLAMMER** v. pron. Prendre feu. ➤ **brûler.** *L'essence s'enflamme facilement.* ➤ **inflammable.** *S'enflammer en explosant.* ➤ **déflagrer.** — POÉT. S'illuminer. *« les nuées s'enflammaient dans le ciel »* FRANCE. ♦ S'animer, s'exalter. *S'enflammer pour une cause, une idée, un projet. Mon imagination « ne s'enflamme plus comme autrefois »* ROUSSEAU.
▪ CONTR. Éteindre ; refroidir ; calmer. ▪ HOM. *Enflamme : enflâmes* (enfler).

ENFLE [ɑ̃fl] adj. – fin XIIIe ◊ déverbal de *enfler* ▪ RÉGION. (Est ; Suisse) Atteint d'enflure. *Sa jambe est enfle. — Être enfle,* gonflé.

ENFLÉ, ÉE [ɑ̃fle] adj. – 1130 ◊ de *enfler* ▪ **1** Atteint d'enflure. ➤ **bouffi, boursouflé, tuméfié ;** RÉGION. **enfle,** 2 **gonfle.** *Il a un abcès, la joue est très enflée. Avoir les pieds enflés par la chaleur.* ➤ **gonflé.** ▪ **2** SUBST. (1749) FAM. Gros lourdaud, imbécile. *« C'est ce gros enflé de conseiller »* BEAUMARCHAIS. *Quel enflé !* ➤ **enflure.**

ENFLÉCHURE [ɑ̃fleʃyʀ] n. f. – 1573 ◊ de *en-* et *flèche* ▪ MAR. Chacun des échelons de cordage tendus horizontalement entre les haubans pour monter dans la mâture.

ENFLER [ɑ̃fle] v. ‹1› – v. 1000 ◊ latin *inflare* « souffler dans »
I v. tr. ▪ **1** (1538) VIEILLI Gonfler d'air. *Enfler ses joues. « Comme les voiles d'un navire auquel manque le vent qui les enflait »* MARMONTEL. ▪ **2** Faire augmenter de volume, grossir. *Les pluies avaient enflé la rivière.* PRONOM. *« La chétive pécore S'enfla si bien qu'elle creva »* LA FONTAINE. — Amplifier (un son). *Enfler sa voix. Enfler une note tenue.* PRONOM. *« Le tintement monotone des cigales s'enflait comme un crescendo d'orchestre »* LOTI.
♦ FIG. VIEILLI Exagérer, grossir. ➤ **gonfler.** *« Pour étaler et pour enfler leur mérite »* D'ALEMBERT. *« Suivant notre calcul, que j'ai un peu enflé »* VOLTAIRE. ➤ **majorer.** ▪ **3** Provoquer l'enflure de (une partie du corps). ➤ **ballonner, bouffir, boursoufler.** *L'hydropisie enfle le corps* (➤ **enflé**). PRONOM. *« Ses jambes s'enflèrent »* VOLTAIRE. ▪ **4** FIG. VX Enorgueillir, gonfler de vanité. *« Cet orgueilleux esprit, enflé de ses succès »* CORNEILLE. ▪ **5** ARG. *Se faire enfler :* se faire voler, gruger, avoir.
II v. intr. (XIIe) ▪ **1** Augmenter anormalement de volume par suite d'une enflure. *Son genou a beaucoup enflé.* FAM. *Avoir les chevilles* qui enflent.* ▪ **2** Augmenter anormalement. *Les rivières enflent à la fonte des neiges.* ➤ **grossir.** *Ces dépenses budgétaires ont fait enfler les impôts.*
▪ CONTR. Désenfler. ▪ HOM. *Enflâmes :* enflamme (enflammer).

ENFLEURER [ɑ̃flœʀe] v. tr. ‹1› – 1845 ; « orner de fleurs » XIIIe ◊ de *en-* et *fleur* ▪ TECHN. Charger (un corps gras, une huile de toilette) du parfum de certaines fleurs par macération. — n. m. **ENFLEURAGE.**

ENFLURE [ɑ̃flyʀ] n. f. – *enfleüre* v. 1150 ◊ de *enfler* ▪ **1** État d'un organe, d'une partie du corps qui subit une augmentation anormale de volume par suite d'une maladie, d'un coup, d'un accident musculaire, etc. ➤ **ballonnement, bouffissure, boursouflure, congestion, dilatation, empâtement, gonflement, intumescence, œdème, tuméfaction, tumeur, turgescence.** *Enflure de la cheville provoquée par une entorse.* ▪ **2** FIG. Exagération. *« Mais on doit tenir compte de l'enflure méridionale »* DAUDET.
♦ VIEILLI Emphase, style ampoulé. *« Ennemi de l'enflure et des grands airs »* SAINTE-BEUVE. ▪ **3** (PERSONNES) FAM. t. d'injure Crétin. ➤ **enflé.** ▪ CONTR. Simplicité.

ENFOIRÉ, ÉE [ɑ̃fwaʀe] adj. et n. – 1905 ◊ de 2 *foire* ▪ VULG. ▪ **1** Souillé d'excréments. ▪ **2** n. Imbécile, maladroit. *Enfoiré mondain.* — Salaud. *« Quel est l'enfoiré qui a dit que j'allais foutre le feu ? »* GUTH. *Tas d'enfoirés !* ➤ **empaffé.**

ENFONCÉ, ÉE [ɑ̃fɔ̃se] adj. – v. 1393 ◊ de *enfoncer* ▪ Qui rentre dans le visage, dans le corps. *Avoir les yeux enfoncés.* ➤ 2 **cave.** *« Les épaules bien carrées, la tête plutôt enfoncée »* ROMAINS.
▪ CONTR. Saillant.

ENFONCEMENT [ɑ̃fɔ̃smɑ̃] n. m. – XVe ◊ de *enfoncer* ▪ **1** Action d'enfoncer, fait de s'enfoncer. *L'enfoncement d'un clou dans un mur.* ♦ Action de rompre, de forcer ; son résultat. *L'enfoncement d'une porte.* — FIG. *L'enfoncement du centre de l'armée était inévitable.* ▪ **2** *Un, des enfoncements.* Partie reculée, située vers le fond de qqch. ➤ **cavité, creux.** *Une maison « située dans un enfoncement qui la tient à l'abri des vents »* ROUSSEAU. ♦ Partie en retrait. ➤ 2 **niche, renfoncement.** *« Des enfoncements ménagés dans l'épaisseur des tours latérales »* FROMENTIN. — SPÉCIALT Échancrure (d'un rivage). ♦ MÉD. Fracture incomplète (en particulier du crâne, des côtes, du bassin). ▪ CONTR. Bosse, saillie.

ENFONCER [ɑ̃fɔ̃se] v. ‹3› – 1278 ◊ graphie moderne de *enfonser,* de *fons,* forme ancienne de *fond*

I ~ v. tr. ▪ **1** Faire pénétrer profondément dans une matière qui résiste. ➤ 1 **ficher, planter.** *Enfoncer un pieu en terre à coups de masse. Enfoncer ses ongles dans la chair. S'enfoncer une écharde dans le doigt. Enfoncer un couteau dans le dos de qqn.* ➤ **plonger.** *« S'il veut enfoncer un clou, il le frappe avec une pierre, ou avec un marteau »* VALÉRY. — PAR EXAGÉR. *Il m'enfonçait ses coudes dans les côtes.* ➤ **rentrer.** — LOC. *Enfoncer le clou :* recommencer inlassablement une explication afin de se faire bien comprendre ou de persuader. *« Donc recommençons. Cela n'amuse personne* [...] *Mais il faut enfoncer le clou »* SARTRE. *J'essaie de lui enfoncer ça dans la tête, dans le crâne,* de le lui faire comprendre, de l'en convaincre. ➤ **fourrer, mettre.** ▪ **2** Faire aller vers le fond d'une cavité, d'un creux. *Enfoncer les mains dans ses poches.* ➤ **enfouir,** FAM. **fourrer.** — *Enfoncer son béret jusqu'aux yeux, jusqu'aux oreilles.* ▪ **3** FIG. Entraîner, pousser (dans une situation comparable à un fond, un abîme). *Enfoncer qqn dans l'erreur. « Je n'ai réussi qu'à nous enfoncer* [...] *dans les dettes et la misère »* DAUDET. — Dénigrer, ravaler (qqn) auprès d'autrui. *Il cherchait à l'enfoncer.* ➤ FAM. **démolir.** *Elle a enfoncé son complice.*
▪ **4** Briser, faire plier en poussant, en pesant. ➤ **défoncer, forcer.** *Un camion a enfoncé le coffre de sa voiture.* ➤ **emboutir.** *Il s'est fait enfoncer trois côtes.* ➤ **briser, rompre.** — p. p. adj. *Porte enfoncée.* — LOC. *Enfoncer une porte ouverte :* s'efforcer de démontrer une chose évidente ou admise depuis longtemps. ♦ PAR ANAL. Forcer (une troupe) à plier sur toute la ligne. ➤ **culbuter.** *« Enfoncer les carrés, rompre les lignes »* HUGO.
— (1820) FAM. Battre, surpasser, triompher de. *On les a enfoncés, les fameux champions !* ➤ **vaincre.**

II ~ v. intr. ▪ **1** Aller vers le fond, pénétrer jusqu'au fond. *Enfoncer dans le sable, dans la vase.* ➤ **s'enliser, s'envaser,** RÉGION. **renfoncer.** ▪ **2** Céder sous la pression. *Terre meuble qui enfonce sous les pas.*

III ~ v. pron. **S'ENFONCER** ▪ **1** Aller vers le fond, vers le bas. *« Les roues s'enfonçaient jusqu'aux moyeux dans les terrains mouvants »* GAUTIER. ➤ **s'enliser.** *Le navire s'enfonçait lentement.* ➤ **couler, plonger, sombrer ;** RÉGION. 1 **caler.** PAR ANAL. *Une nuée « opaque, derrière laquelle le soleil s'enfonce »* MAUPASSANT.
♦ Pénétrer profondément. *La vis s'enfonce dans le bois.*
— (PERSONNES) S'installer tout au fond. *S'enfoncer dans un fauteuil, sous des couvertures.* ➤ **s'enfouir.** ♦ FIG. Être entraîné de plus en plus bas. *Pays qui s'enfonce dans la crise.* — Se ruiner, se perdre. *Affaire, entreprise qui s'enfonce.* ➤ **péricliter, plonger.** *S'enfoncer dans les difficultés, les contradictions.* ➤ **s'enferrer, s'enliser.** ▪ **2** Pénétrer, s'engager bien avant dans. ➤ **s'avancer.** *S'enfoncer dans un bois, dans la nuit.* — FIG. S'abandonner à (qqch. qui absorbe entièrement). ➤ **s'absorber,** se **plonger.** *S'enfoncer dans la folie.* ➤ **sombrer.** *« Et il s'enfonça dans une rêverie qui dura longtemps »* SAINT-EXUPÉRY. p. p. adj. *« Plus buté, plus enfoncé dans son opinion »* GIDE.
▪ CONTR. Enlever, tirer. — Remonter.

ENFONCEUR, EUSE [ɑ̃fɔ̃sœʀ, øz] n. – 1686 ; « personne qui approfondit » 1565 ◊ de *enfoncer* ▪ *Enfonceur de porte(s) ouverte(s) :* personne qui a l'habitude de démontrer des évidences (cf. Enfoncer* une porte ouverte).

ENFONÇURE [ɑ̃fɔ̃syʀ] n. f. – *enfonsseure* v. 1365 ◊ de *enfoncer* ▪ RARE Creux, dépression. ➤ **enfoncement.** *« Il se fit des enfonçures dans leur masse »* FLAUBERT.

ENFOUIR [ɑ̃fwiʀ] v. tr. ‹2› – XIIIe ; *enfodir* v. 1050 ◊ latin populaire °*infodire,* classique *infodere* « creuser » → fouir ▪ **1** Mettre en terre, sous terre, après avoir creusé le sol. ➤ **enterrer.** *Enfouir des graines dans le sol. Chien qui enfouit son os. — Trésor enfoui.*
▪ **2** PAR EXT. Enfoncer, mettre dans un lieu recouvert et caché. *« Elle enfouissait la bûche sous les cendres »* FLAUBERT. — *« Enfouis sous un amoncellement de couvertures »* GIDE. *« Les bras enfouis dans les poches de sa douillette »* BERNANOS.
➤ **plonger.** PRONOM. *S'enfouir sous ses draps, ses couvertures. Animal qui s'enfouit dans son terrier.* ➤ se **blottir.** ♦ FIG. p. p. adj. Réfugié, plongé dans (un lieu, une occupation). *« Je resterai enfoui dans le silence »* LARBAUD. ▪ CONTR. Déterrer, 1 sortir.

ENFOUISSEMENT [ɑ̃fwismɑ̃] n. m. – 1539 ◊ de *enfouir* ▪ Action d'enfouir ; son résultat. *Enfouissement des semences, de l'engrais vert. Enfouissement de déchets nucléaires. — Fosses d'enfouissement* (des cadavres).

ENFOURCHEMENT [ɑ̃fuʀʃəmɑ̃] n. m. – XIIIe ◊ de *en-* et *fourche* ▪ **1** ARCHIT. Angle formé par la rencontre de deux douelles, dans une voûte d'arête. ▪ **2** MENUIS. Mode d'assemblage par enture verticale. ▪ **3** (1906) SPORT Prise de lutte où l'adversaire est maintenu entre les jambes.

ENFOURCHER [ɑ̃fuʀʃe] v. tr. ‹ 1 › – 1553 ◇ de *en-* et *fourche* ▪ **1** Se mettre à califourchon sur. *« Il enfourche pesamment sa grande jument blanche »* FROMENTIN. *Enfourcher sa bicyclette, une chaise.* ▪ **2** FIG. *Enfourcher son dada* : se complaire à exposer, à développer son sujet favori.

ENFOURCHURE [ɑ̃fuʀʃyʀ] n. f. – *enfourcheüre* XIIIe ◇ de *en-* et *fourche* ▪ **1** VIEILLI Fourche, bifurcation. ▪ **2** COUT. Couture qui va du bas de la braguette au milieu de la ceinture dans le dos.

ENFOURNEMENT [ɑ̃fuʀnəmɑ̃] n. m. – 1559 ◇ de *enfourner* ▪ **1** Action, manière d'enfourner (le pain, des poteries). ▪ **2** TECHN. Opération de verrerie précédant l'affinage. — On dit aussi **ENFOURNAGE**, 1763.

ENFOURNER [ɑ̃fuʀne] v. tr. ‹ 1 › – XIIIe ◇ de *en-* et *four* ▪ **1** Mettre dans un four (du pain, un aliment, des poteries). *Enfourner un rôti.* ▪ **2** FAM. Ingurgiter. *Elle « porte le bol à ses lèvres et enfourne tout ce riz »* LOTI. ➤ **engloutir** ; FAM. **s'enfiler.** ◆ FAM. Introduire brutalement. ➤ **fourrer.** *« Il l'enfourna dans un taxi »* COLETTE. — PRONOM. *Ils s'enfournèrent dans le métro.* ➤ **s'engouffrer.** ■ CONTR. Défourner.

ENFREINDRE [ɑ̃fʀɛ̃dʀ] v. tr. ‹ 52 › – v. 1150 ◇ réfection de *enfraindre* « briser », latin populaire °*infrangere*, sur le latin classique *infringere* « briser » et « rompre (un contrat) » ■ LITTÉR. Ne pas respecter (un engagement, une loi). ➤ **contrevenir, désobéir (à), transgresser, violer ; infraction.** *Enfreindre un règlement, un engagement.* ➤ **déroger (à).** ■ CONTR. Observer, respecter.

ENFUIR (S') [ɑ̃fɥiʀ] v. pron. ‹ 17 › – 1080 ◇ pour *s'en fuir*, de 1 *en* et *fuir* ▪ **1** S'éloigner en fuyant, ou en hâte. ➤ **décamper, déguerpir, déloger, détaler, s'échapper, fuir, se sauver ;** FAM. ou ARG. **se barrer, 2 caner, se carapater, se casser, se cavaler, se débiner, décaniller, s'esbigner, filer, se tailler, se tirer, se trisser** (cf. Ficher, foutre le camp* ; prendre la poudre d'escampette*, ses jambes à son cou*, le large, la clé* des champs ; jouer* des jambes, des flûtes ; mettre les bouts*, les voiles* ; se faire la belle*, la paire*, la malle* ; tourner les talons* ; jouer la fille de l'air*, VX tirer ses grègues*). *S'enfuir à toutes jambes. Le prisonnier s'est enfui par le toit.* ➤ **s'évader.** *L'enfant s'est enfui du domicile familial.* ➤ **fuguer.** *S'enfuir à l'étranger.* ➤ **se réfugier.** ▪ **2** FIG. POÉT. S'écouler, disparaître. ➤ **passer.** *« Tout peut s'oublier Qui s'enfuit déjà »* BREL. *« Le mal dont j'ai souffert s'est enfui comme un rêve »* MUSSET. — p. p. adj. *Les rêves enfuis.* ■ CONTR. Rester.

ENFUMAGE [ɑ̃fymaʒ] n. m. – 1846 ◇ de *enfumer* ■ Action d'enfumer. — SPÉCIALT Procédé par lequel l'apiculteur neutralise les abeilles en enfumant la ruche. ◆ FAM. Action d'abuser, de tromper par des promesses ou des mensonges. *L'enfumage médiatique.*

ENFUMER [ɑ̃fyme] v. tr. ‹ 1 › – v. 1150 ◇ de *en-* et *fumer* ▪ **1** Remplir ou environner de fumée. *Poêle qui enfume une pièce. Tu nous enfumes, avec ton cigare !* — p. p. adj. *Atmosphère enfumée*, par les fumeurs. *« les vapeurs nocturnes des bars enfumés »* MAC ORLAN. SPÉCIALT *Enfumer une ruche, des abeilles* (pour les neutraliser). ▪ **2** VIEILLI (à l'actif) Noircir de fumée, de suie. p. p. adj. *Mur enfumé.* ▪ **3** FAM. Abuser, tromper par des promesses ou des mensonges. *« Écoutez, Barnez, n'essayez pas de m'enfumer. Vous avez fait une connerie »* J.-CH. RUFIN. *Se faire enfumer.*

ENFUTAILLER [ɑ̃fytaje] v. tr. ‹ 1 › – 1722 ◇ de *en-* et *futaille* ■ TECHN. Mettre en futaille (du vin, du cidre). ➤ **enfûter.**

ENFÛTER [ɑ̃fyte] v. tr. ‹ 1 › /ENFUTER/ – XIIIe ◇ de *en-* et *fût* ■ TECHN. Mettre en fût (du vin). ➤ **enfutailler.** — n. m. **ENFÛTAGE** /enfutage/, 1870.

ENGAGÉ, ÉE [ɑ̃gaʒe] adj. – XVIe ◇ de *engager* ▪ **1** ARCHIT. Partiellement intégré dans un mur ou un pilier. *Colonne engagée.* ▪ **2** Qui s'est engagé dans l'armée (opposé à *appelé*). *Des soldats engagés.* — SUBST. *Les engagés et les appelés.* ▪ **3** (1945) Mis par son engagement au service d'une cause (opposé à *non-engagé*). *Un écrivain, un chanteur engagé. « Dans la "littérature engagée," l'*engagement *ne doit en aucun cas faire oublier la littérature »* SARTRE. ▪ **4** MAR. Entravé. *Cordage engagé*, bloqué. *Ancre engagée*, prise au fond. *Navire engagé*, qui gîte fortement et sans pouvoir se relever (à cause du vent, des lames ou d'un déplacement de la cargaison).

ENGAGEANT, ANTE [ɑ̃gaʒɑ̃, ɑ̃t] adj. – XVIIe ◇ de *engager* ■ Qui attire, donne envie d'entrer en relations. *Manières engageantes.* ➤ 1 **avenant.** *« Une grande jeune femme qui regardait d'un certain air engageant »* MAUPASSANT. ➤ **aguichant, aimable, attirant, séduisant.** ■ CONTR. Désagréable, rébarbatif.

ENGAGEMENT [ɑ̃gaʒmɑ̃] n. m. – 1183 ◇ de *engager* ▪ **1** DR. Action de mettre en gage. *Reconnaissance d'engagement délivrée par le crédit municipal.* ▪ **2** Action de se lier par une promesse ou une convention. *Un engagement moral, formel.* ➤ **alliance, contrat, pacte, serment, traité.** *Prendre un engagement. « Cet engagement passé entre nous deux, nous l'avons tenu »* BOURGET. ➤ **parole.** *Respecter, tenir ses engagements envers qqn. Manquer à ses engagements.* SPÉCIALT, VX Promesse de fidélité en amour, liaison ou union qui en résulte. ◆ DR. Obligation. *Sans engagement de votre part.* ▪ **3** (XVIIIe) Recrutement par accord entre l'administration militaire et un individu qui n'est pas soumis à l'obligation du service actif. *Prime d'engagement. Engagement par devancement d'appel, engagement volontaire* (➤ **engagé**). ◆ PAR ANAL. Contrat par lequel certaines personnes louent leurs services. ➤ **embauche.** *Engagement à l'essai. Lettre d'engagement* (cf. Contrat* de travail). *Signer un engagement avec une société. « Un engagement pour nous deux dans un théâtre de la banlieue »* DAUDET. *Acteur, coureur professionnel qui se trouve sans engagement.* ▪ **4** (XVIIe) État d'une chose engagée dans une autre. *Engagement d'un convoi dans un défilé.* — MÉD. Descente de la tête du fœtus dans l'excavation pelvienne. ▪ **5** Action d'engager, de commencer (une action). *L'engagement de négociations entre deux pays.* ➤ **ouverture.** ▪ **6** Introduction d'une unité dans la bataille ; combat localisé et de courte durée. *Blessé au cours d'un engagement de patrouilles.* ▪ **7** (début XXe) Action d'engager (la partie), coup d'envoi d'un match (cf. Mise en jeu). ▪ **8** *Engagement de dépenses* : décision d'engager des dépenses. ▪ **9** (1858) Inscription sur la liste des concurrents qui doivent participer à une épreuve sportive. *Les engagements seront reçus jusqu'à telle date.* ▪ **10** (1945) Acte ou attitude de l'intellectuel, de l'artiste qui, prenant conscience de son appartenance à la société et au monde de son temps, renonce à une position de simple spectateur et met sa pensée ou son art au service d'une cause. *L'engagement politique d'un écrivain. « l'engagement ne doit, en aucun cas, faire oublier la littérature »* SARTRE. ■ CONTR. Dégagement, reniement ; renvoi ; désengagement. Non-engagement.

ENGAGER [ɑ̃gaʒe] v. tr. ‹ 3 › – milieu XIIe ◇ de *en-* et *gage*

I LIER PAR UN ENGAGEMENT ▪ **1** Mettre, donner en gage. *Engager ses bijoux au Mont-de-Piété.* ▪ **2** (1595) Donner pour caution (sa parole), et, par suite, lier (qqn) par une promesse ou une convention. *Cela n'engage que moi. « J'engageai mon honneur, engageant ma parole »* ROTROU. *Engager sa responsabilité, sa signature.* LOC. *Cela n'engage à rien* : on peut le faire en restant libre de ses décisions. ▪ **3** (début XVIIe) Recruter par engagement. *Théâtre qui engage une troupe de comédiens.* — Attacher à son service. ➤ **embaucher, recruter.** *L'hôtel a engagé un nouveau portier. Engager qqn comme chauffeur. Engager une secrétaire.*

II FAIRE ENTRER, COMMENCER ▪ **1** (1559) Faire entrer (dans qqch. qui retient). ➤ **enfoncer, introduire, mettre.** *Engager la clé dans la serrure.* — ESCR. *Engager le fer* : mettre son arme au contact de celle de l'adversaire. ◆ Faire entrer (dans un lieu resserré ou difficile) *Engager le navire dans une passe. Il a mal engagé sa voiture pour la garer.* ▪ **2** FIG. (fin XVIe) Mettre en train, commencer. ➤ **entamer.** *Les deux pays ont engagé des négociations. Engager la conversation. — Engager le combat, des poursuites. — Engager les dépenses nécessaires.* ▪ **3** (fin XVIe) Faire entrer (dans une entreprise ou une situation qui ne laisse pas libre). ➤ **aventurer, embarquer, entraîner.** *Le conflit où le gouvernement a engagé le pays. Engager des capitaux dans une affaire.* ➤ **investir.** — TURF *Il a engagé deux chevaux dans le Grand Prix.* ➤ **engagement** (9°). ◆ Mettre dans une situation qui crée des responsabilités et implique certains choix. ➤ **exposer.** *« Beaucoup d'hommes n'engagent jamais leur être »* BERNANOS. *« Ça engage donc, ce qu'on écrit ! »* SARTRE.

III ENGAGER qqn À Tenter d'amener qqn (à une décision, une action). ➤ **appeler, exhorter, inciter.** *Je l'ai engagé à la patience.* (Avec l'inf.) *« Je t'engage fort à lire cette œuvre admirable »* FLAUBERT. ➤ 1 **conseiller.** ◆ (début XVIIe) (Sujet chose) Amener, disposer. ➤ **inciter,** 1 **porter.** *Ce constat nous engage à réfléchir, à la réflexion. « Ce qui doit le plus m'engager à me tenir sur mes gardes »* ROUSSEAU.

IV S'ENGAGER v. pron. ▪ **1** Se lier par une promesse, une convention. ➤ **promettre.** *Il « s'est formellement engagé à faire de la Tchécoslovaquie une fédération »* SARTRE. *Vous ne savez pas à quoi vous vous engagez. Ils se sont engagés à payer.* ▪ **2** Contracter un engagement dans l'armée. *Il s'est engagé dans la marine pour cinq ans.* — ABSOLT *Engagez-vous !* ◆ Entrer au service de qqn. *Il s'est engagé comme chauffeur.* ▪ **3** Entrer, se loger (dans une pièce, un mécanisme). *Le pêne s'engage dans la gâche.* ■ **4** (Personnes, véhicules) Entrer, pénétrer (dans). *Véhicule, automobiliste qui s'engage sur une route, dans une rue.* ➤ **prendre.** *Piéton qui s'engage sur les passages cloutés.* ■ **5** (Sujet chose) Commencer. *« Une discussion s'engage au fond du café à propos du crime »* DURAS. ■ **6** S'aventurer, se lancer. *S'engager dans une entreprise risquée.* ■ **7** Se mettre au service d'une cause politique, sociale. ➤ **engagé** (3°), **engagement** (10°). *« Un grand écrivain qui s'engagea souvent et se dégagea plus souvent encore »* SARTRE.

■ CONTR. Dégager, libérer ; débaucher, renvoyer, retirer, terminer. — Déconseiller, dissuader. — Désengager.

ENGAINER [ɑ̃gene] v. tr. ⟨1⟩ – XIVe ◊ de *en-* et *gaine* ■ Mettre dans une gaine, un étui. ➤ **rengainer.** *Engainer un poignard.* ♦ BOT. Envelopper d'une gaine. — Surtout au p. p. *Tiges, bourgeons engainés* (par des feuilles dites *engainantes*). ♦ ARTS *Statue engainée,* dont les membres inférieurs disparaissent dans une gaine (ex. les termes). ■ CONTR. Dégainer.

ENGAZONNEMENT [ɑ̃gazɔnmɑ̃] n. m. – 1846 ◊ de *engazonner* ■ Action d'engazonner (une terre), de semer d'herbe à gazon.

ENGAZONNER [ɑ̃gazɔne] v. tr. ⟨1⟩ – 1554 ◊ de *en-* et *gazon* ■ VX Gazonner, recouvrir de gazon. ♦ Ensemencer d'herbe à pelouse. *Engazonner un terrain, les alentours de la maison.*

ENGEANCE [ɑ̃ʒɑ̃s] n. f. – 1560 ; « race d'animaux » 1538 ◊ de l'ancien français *engier* (XIIe) « accroître, faire pulluler », probablt du latin *indicare* ■ Catégorie de personnes méprisables ou détestables. *Quelle sale engeance ! Quelle engeance !*

ENGELURE [ɑ̃ʒ(ə)lyʀ] n. f. – XIIIe ◊ de l'ancien verbe *engeler* (XIIe), de *en-* et *gel* ■ Lésion due au froid, caractérisée par une enflure douloureuse, rouge violacé, accompagnée parfois d'ampoules ou de crevasses, qui atteint principalement les mains, les pieds, le nez, les oreilles. ➤ **froidure.** *« Ses mains rougies par les engelures »* CHARDONNE.

ENGENDREMENT [ɑ̃ʒɑ̃dʀəmɑ̃] n. m. – XIIe ◊ de *engendrer* ■ DIDACT. Action d'engendrer. ➤ **génération.** ♦ FIG. *« engendrement du complexe par le simple »* ROSTAND.

ENGENDRER [ɑ̃ʒɑ̃dʀe] v. tr. ⟨1⟩ – 1135 ◊ latin *ingenerare* ■ **1** Donner la vie à (un enfant), en parlant d'un homme ou des parents. ➤ **procréer.** *« Ton père et ta mère t'ont engendré, mais dès l'instant que tu es né, tu es un individu »* BARRÈS. — THÉOL. *Le Fils, engendré par le Père. Jésus-Christ « engendré non pas créé »* CREDO. ■ **2** (XIIIe) FIG. Faire naître, avoir pour effet. ➤ 1 **causer, créer, déterminer, générer, produire, provoquer.** *« L'indolente oisiveté n'engendre que la tristesse et l'ennui »* ROUSSEAU. *« Un regard suffit pour engendrer une éternelle haine »* VALÉRY. ♦ LOC. *Ne pas engendrer la mélancolie :* être d'un caractère gai, répandre la bonne humeur autour de soi. ■ **3** (1752) GÉOM. Produire (une surface, un volume) par déplacement. *Cylindre engendré par un cercle de rayon donné.*

ENGIN [ɑ̃ʒɛ̃] n. m. – XIIe ; aussi « adresse, ruse » jusqu'au XVIe et dialectal ◊ latin *ingenium* « talent, intelligence » ■ **1** VX Tout objet servant à faire une opération précise. ➤ **appareil, instrument, outil.** ♦ MOD. Objet que l'on juge complexe, puissant ou dangereux. *« Ses poches pleines de pinces, de crocs, de ciseaux [...] et mille autres engins nuisibles »* GAUTIER. ♦ FAM. Objet dont on ignore le nom ou la fonction. *À quoi ça sert, cet engin ?* ➤ **bidule, machin.** ■ **2** (XIIe) **ENGINS DE GUERRE.** ANCIENNT Ensemble des armes lançant des projectiles (en dehors du canon). MOD. *Engins à tir courbe.* ➤ **mortier, obusier.** *Compagnie d'engins :* unité d'infanterie équipée de mortiers, armes antichars et antiaériennes. — *Engins blindés :* véhicules blindés. ➤ 1 **char.** *Engins blindés de reconnaissance.* ➤ **automitrailleuse.** — *Engins (spéciaux) :* projectiles autopropulsés et autoguidés ou téléguidés (dits, selon leur point de départ et leur objectif, *sol-sol, sol-air, air-sol, mer-sol,* etc.). ➤ **missile.** *Sous-marins nucléaires lanceurs d'engins (S. N. L. E.). Engin de mort.* ■ **3** (fin XIIIe) *Engins de pêche, de chasse,* destinés à prendre, à tuer le poisson ou le gibier. *Engins prohibés* (certains filets, les collets, panneaux, etc.). ♦ (XVe) Machine puissante servant à des opérations diverses (levage, terrassement, etc.). *Engins de levage*, de manutention*. « Des engins par l'aide desquels on peut avec une petite force lever un fardeau fort pesant »* DESCARTES. ■ **4** (milieu XXe) ASTRONAUT. *Engin spatial :* « objet spatial de fabrication humaine » *(Journal officiel).* ➤ **atterrisseur, fusée, lanceur,** 1 **navette, satellite.** ■ **5** SPORT (souvent au plur.) Agrès. — Accessoires (ballon, cerceau, corde, ruban, massue) utilisés en gymnastique rythmique et sportive.

ENGINEERING [ɛn(d)ʒiniʀiŋ ; in-] n. m. – 1949 ◊ mot anglais « art de l'ingénieur » → génie (III) ■ ANGLIC. ➤ **ingénierie (recomm. offic.).**

ENGLOBER [ɑ̃glɔbe] v. tr. ⟨1⟩ – 1611 ◊ de *en-* et *globe* ■ **1** Faire entrer dans un ensemble déjà existant. ➤ **annexer, joindre, réunir.** *« Les Romains englobent le petit pays de la Judée dans leur empire »* VOLTAIRE. ➤ **enclaver.** *Englober différents comptes dans la dépense générale.* ■ **2** Réunir en un tout (plusieurs choses ou personnes). *Réquisitoire qui englobe tous les accusés. Somme qui englobe toutes les autres* (➤ **global**). *« J'englobais dans une même réprobation la magnificence des autels et celle des prêtres »* LOTI. ➤ **amalgamer.** ■ CONTR. Séparer.

ENGLOUTIR [ɑ̃glutiʀ] v. tr. ⟨2⟩ – fin XIe ◊ bas latin *ingluttire* → glouton ■ **1** Avaler rapidement, tout d'un coup et sans mâcher. ➤ **dévorer, engouffrer.** *« Il voit les élèves engloutir viandes et légumes »* LECOMTE. — ABSOLT *« Les hommes déboutonnés, la face rougie, engloutissaient comme des gouffres »* MAUPASSANT. ➤ **se gaver ;** FAM. **s'empiffrer.** ■ **2** FIG. Dépenser rapidement. ➤ **dilapider, dissiper, gaspiller,** 1 **manger.** *Engloutir de grosses sommes dans une entreprise. « Ces fameuses coquettes qui dévorent et engloutissent en peu de temps les plus gros patrimoines »* LESAGE. ♦ (Sujet chose) Absorber, épuiser. *« Villa et château eussent englouti plus que le revenu total des Genillé »* ROMAINS. ■ **3** (XVe) Faire disparaître brusquement en noyant ou submergeant. *Séisme qui engloutit une ville. « Les uns, habitants de la terre sèche, se sont vus engloutis par des déluges »* CUVIER. — PRONOM. *Un navire qui s'engloutit.* ➤ **s'abîmer, couler, sombrer.** — *Une vallée engloutie dans un lac. « Quand le dernier cercle de l'eau se ferme sur un navire englouti »* SUARÈS. ♦ FIG. POÉT. *« Le temps nous engloutit »* CHATEAUBRIAND.

ENGLOUTISSEMENT [ɑ̃glutismɑ̃] n. m. – début XVe ◊ de *engloutir* ■ RARE Action d'engloutir ; état de ce qui est englouti. *« Les engloutissements de l'abîme sans fond »* HUGO.

ENGLUAGE [ɑ̃glyaʒ] n. m. – 1870 ◊ de *engluer* ■ **1** Action d'engluer ; fait d'être englué. ➤ **engluement** (1°). ■ **2** ARBOR. Enduit protecteur (mastic, coaltar) des arbres.

ENGLUEMENT [ɑ̃glymɑ̃] n. m. – fin XIIIe ◊ de *engluer* ■ **1** RARE ➤ **engluage** (1°). ■ **2** FIG. Fait d'être englué. *« le désir est l'engluement d'un corps par le monde »* SARTRE.

ENGLUER [ɑ̃glye] v. tr. ⟨1⟩ – début XIIe ◊ de *en-* et *glu* ■ **1** Prendre au piège (un oiseau) grâce à un bâton enduit de glu. PAR MÉTAPH. *« On n'englue pas le diable comme un merle à la pipée »* A. BERTRAND. ♦ Prendre, retenir dans une matière gluante. *Boue qui englue les chaussures.* ➤ RÉGION. **empéguer.** — PRONOM. *« Je saisis une branche [...] Mes doigts s'engluaient dans la gomme »* BOSCO. — PAR MÉTAPH. *Se laisser engluer par la routine.* ■ **2** (v. 1180) Enduire de glu, d'une matière gluante. ➤ **poisser.** *Engluer le tronc d'un arbre pour le protéger.* ■ CONTR. Dégluer.

ENGOBE [ɑ̃gɔb] n. m. – 1807 ◊ de *engober* ■ TECHN. Enduit terreux qu'on applique sur la pâte céramique pour en masquer la couleur naturelle.

ENGOBER [ɑ̃gɔbe] v. tr. ⟨1⟩ – 1807 ◊ de *en-* et dialectal *gobe* « motte de terre » → écobuer ■ TECHN. Revêtir d'un engobe. — n. m. **ENGOBAGE,** 1845.

ENGOMMAGE [ɑ̃gɔmaʒ] n. m. – 1846 ◊ de *engommer* ■ TECHN. Action, manière d'engommer.

ENGOMMER [ɑ̃gɔme] v. tr. ⟨1⟩ – 1581 ◊ de *en-* et *gomme* ■ TECHN. Enduire de gomme (un tissu, le support d'une poterie mise au four).

ENGONCER [ɑ̃gɔ̃se] v. tr. ⟨3⟩ – 1611 *engoncé* adj. ◊ de *en-* et *gond* ■ Faire paraître, d'une façon disgracieuse, le cou enfoncé dans les épaules (en parlant d'un vêtement). *« Le vêtement de prison qu'il a gardé l'engonce et le grossit encore »* GIDE. ABSOLT *Les cols de fourrure engoncent.* — PAR EXT. Faire paraître à l'étroit (en parlant d'un vêtement). ➤ **boudiner.** ♦ p. p. adj. *« Le cou engoncé dans l'énorme cravate de mousseline »* MADELIN. — FIG. *Avoir l'air engoncé,* gauche, contraint. ➤ **guindé.** — PAR ANAL. *« leurs épouses, engoncées dans leurs principes respectables »* LE CLÉZIO. ■ CONTR. Dégager.

ENGORGEMENT [ɑ̃gɔʀʒəmɑ̃] n. m. – 1611 ; « action d'avaler, de gorger » XVe ◊ de *engorger* ■ **1** État d'un conduit engorgé. ➤ **engouement, obstruction.** — MÉD. Enflure et durcissement d'un organe, provoqué par une accumulation de sang, de sérosité ou du liquide qu'il sécrète. *Engorgement mammaire. « L'engorgement et l'oppression des poumons »* CAMUS. ■ **2** FIG. Encombrement du marché (par surproduction, fermeture des débouchés, etc.). ♦ (XXe) Obstruction des voies de circulation par afflux incessant de voitures. ➤ **bouchon, embouteillage, encombrement.** *Engorgement sur une bretelle d'autoroute.* ■ CONTR. Dégorgement, désengorgement.

ENGORGER [ɑ̃gɔʀʒe] v. tr. ⟨3⟩ – fin XIIIe, en méd., au p. p. ; «rassasié» XIIe au p. p. ✧ de *en-* et *gorge* ■ **1** (1611) Obstruer (un conduit, un passage) par l'accumulation de matières étrangères. *Déchets qui engorgent une descente d'évier.* ➤ 1 **boucher.** ♦ MÉD. Provoquer l'engorgement de (un organe). — PRONOM. *«Que notre poumon s'engorge [...] l'agitation, l'anxiété sont extrêmes»* MICHELET. ♦ TECHN. Empâter (une moulure) par une couche trop épaisse de peinture. ■ **2** Causer un embarras de circulation dans (surtout au p. p.). *Rue engorgée.* ■ CONTR. Dégorger, désengorger.

ENGOUEMENT [ɑ̃gumɑ̃] n. m. – 1694 ✧ de *engouer* ■ **1** RARE Obstruction, engorgement (d'un conduit, d'un organe). *Engouement du poumon au cours d'une pneumonie.* — Arrêt des matières fécales dans une anse intestinale herniée. ➤ **constipation.** ■ **2** (1694) COUR. Fait de s'engouer. ➤ **admiration, emballement, enthousiasme, tocade.** *Engouement pour un artiste ; pour une nouveauté. «En France, le premier jour est pour l'engouement, le second pour la critique»* LAHARPE. *«On a souvent peine à comprendre certaines vogues, certains engouements»* GAUTIER. ■ CONTR. Dégoût, désenchantement.

ENGOUER (S') [ɑ̃gwe] v. pron. ⟨1⟩ – 1555 ; tr. «avaler» XIVe ✧ de *en-* et *goue*, forme dialectale de *joue* ■ **1** VIEILLI S'étouffer en avalant trop vite. ➤ **s'étrangler.** *«Le petit Roger s'étouffait [...], il s'était engoué comme il arrive aux bébés quelquefois»* LOTI. ■ **2** (1680) Se prendre d'une passion ou d'une admiration aussi excessive que passagère pour qqn ou qqch. ➤ **s'emballer, s'enticher,** se **toquer.** *«Elle s'engouait d'un bibelot qu'elle avait vu, n'en dormait pas, courait l'acheter»* FLAUBERT. ■ CONTR. Dégoûter (se).

ENGOUFFREMENT [ɑ̃gufʀəmɑ̃] n. m. – 1866 ✧ de *engouffrer* ■ RARE Fait de s'engouffrer. *L'engouffrement du vent dans un couloir.*

ENGOUFFRER [ɑ̃gufʀe] v. tr. ⟨1⟩ – fin XVe ; *engoufler* fin XIIe ✧ de *en-* et *gouffre* ■ **1** POÉT. Jeter, entraîner dans un gouffre. *«L'enfant tombe et est engouffré dans le torrent»* VOLTAIRE. ♦ FAM. Avaler, manger* avidement et en grande quantité. ➤ **dévorer, engloutir.** *Il engouffra son sandwich en deux minutes.* ABSOLT *Quel appétit ! il engouffre !* ■ **2** FIG. Engloutir. *Ils «auraient bientôt fait d'anéantir ma fortune, de l'engouffrer dans leurs affaires»* MAURIAC. ■ **3** v. pron. Disparaître, être entraîné dans un gouffre. *Rivière qui s'engouffre dans un ravin. «Un bâtiment de commerce hollandais s'était engouffré le premier»* BAUDELAIRE. ♦ PAR EXT. Se précipiter avec violence dans une ouverture, un passage. *Vent qui s'engouffre dans un couloir. «Des bourrasques de pluie s'engouffraient dans les rues»* MARTIN DU GARD. ♦ (Sujet personne) *«De peur d'être vue [...] elle s'engouffrait dans les ruelles sombres»* FLAUBERT. *La foule s'engouffre dans le métro. — S'engouffrer dans la brèche*.*

ENGOULEVENT [ɑ̃gul(ə)vɑ̃] n. m. – 1778 ✧ appellation dialectale, de l'ancien français *engouler* «avaler», de 2 *goule*, et *vent* ■ Oiseau crépusculaire ou nocturne *(caprimulgiformes)*, brun-roux, identifiable par son chant ronronnant, qui attrape et avale les insectes au vol.

ENGOURDI, IE [ɑ̃gurdi] adj. – XIIIe ✧ de *engourdir* ■ Qui est privé en grande partie de mobilité et de sensibilité. ➤ **gourd, lent, paralysé, raide.** *Avoir les doigts engourdis.* ♦ FIG. *«Je me réveillais plus las encore, l'esprit engourdi»* GIDE. ➤ **endormi, hébété.** ■ CONTR. 2 Alerte, dégourdi, vif.

ENGOURDIR [ɑ̃gurdir] v. tr. ⟨2⟩ – XIIe ✧ de *en-* et *gourd*

I v. tr. ■ **1** Priver en grande partie (un membre, le corps) de mobilité et de sensibilité. ➤ **paralyser.** *Froid qui engourdit les pieds.* ➤ **transir.** *«L'anse de fer achevait d'engourdir et de geler ses petites mains mouillées»* HUGO. ♦ Mettre dans un état général de ralentissement des fonctions vitales. ➤ **appesantir.** *Le «bien-être, mêlé de fatigue, qui peu à peu l'engourdissait»* MARTIN DU GARD. ■ **2** FIG. *«Cette peine que rien ne guérit, mais que le temps seul peut engourdir»* SAINTE-BEUVE. ➤ **assoupir.**

II v. pron. ■ **1** Devenir engourdi. *Membres qui s'engourdissent. «Quand on s'est engourdi dans une position fausse»* LOTI. — SPÉCIALT Entrer en hibernation. ➤ **s'endormir.** *Marmotte qui s'engourdit.* ■ **2** FIG. *«les facultés qui dans le tran-tran coutumier s'engourdissent»* GIDE. ➤ se **rouiller.**

■ CONTR. Dégourdir, dérouiller.

ENGOURDISSEMENT [ɑ̃gurdismɑ̃] n. m. – 1539 ✧ de *engourdir* ■ État d'un membre, du corps qui s'est engourdi. ➤ **appesantissement, léthargie, raideur, torpeur.** *«Un engourdissement s'emparait de ses membres»* GREEN. *«il se laissait aller au bienfaisant engourdissement de la digestion»* MAC ORLAN. — SPÉCIALT Sommeil prolongé des animaux. ➤ **estivation, hibernation.** ♦ FIG. Ralentissement, appesantissement (des activités mentales). ➤ **atonie, hébétude.** *«Cherchant dans la marche et dans la fatigue l'engourdissement de la pensée»* NERVAL. ■ CONTR. Dégourdissement. Vivacité.

ENGRAIS [ɑ̃gʀɛ] n. m. – 1510 ✧ de *engraisser* ■ **1** En loc. (animaux) **À L'ENGRAIS** : de manière à engraisser (➤ **engraissement**). *Mettre des bovins à l'engrais* (à l'herbage ou à l'étable). *Des porcs à l'engrais.* ♦ TECHN. **D'ENGRAIS** : apte à être engraissé. *Moutons d'engrais.* ■ **2** (1690) Substance que l'on mêle au sol pour le fertiliser par l'introduction des principes chimiques utiles à la végétation. ➤ **fertilisant.** *Engrais riche en azote, en phosphore, en potassium. — Engrais végétaux. Engrais vert :* plante (généralt légumineuse fourragère) que l'on ne fauche pas, mais que l'on enfouit dans le sol à fertiliser. — *Engrais organiques* (fumier, lisier, engrais humain, guano, poudrette, eaux-vannes, etc.). *Engrais mixte.* ➤ **compost.** *«Le plus fécondant et le plus efficace des engrais, c'est l'engrais humain»* HUGO. *Engrais minéraux ou chimiques.*

ENGRAISSEMENT [ɑ̃gʀɛsmɑ̃] n. m. – XIIIe ✧ de *engraisser* ■ Action d'engraisser (les animaux) ; son résultat. *L'état d'engraissement d'un animal de boucherie.*

ENGRAISSER [ɑ̃gʀese] v. ⟨1⟩ – *engraissier* fin XIe ✧ latin populaire °*ingrassiare*, pour *incrassiare*, bas latin *incrassare*

I v. tr. ■ **1** Rendre gras, faire grossir (des animaux). *Engraisser des volailles.* ➤ **appâter, gaver, gorger.** *Engraisser du bétail pour la boucherie.* ♦ PRONOM. *«Ces bestiaux orgueilleux qui s'engraissent dans les longues herbes»* SAND. — FIG. Devenir gras et prospère ; s'enrichir. *«S'engraisser comme un porc du légitime salaire des autres»* COURTELINE. *S'engraisser de la sueur du peuple.* ■ **2** Enrichir (une terre) au moyen d'engrais. ➤ **améliorer, amender, fertiliser.** *Mille autres fleuves «l'engraissent* [la Louisiane] *de leur limon»* CHATEAUBRIAND.

II v. intr. Devenir gras, prendre de l'embonpoint. ➤ **épaissir, forcir, grossir** (cf. Prendre du poids*, FAM. faire du lard*). *Volaille qui engraisse. Engraisser en vieillissant. «Elle engraisse tous les jours : elle est devenue une beauté grasse, propre, lustrée et rosée»* BAUDELAIRE.

■ CONTR. Amaigrir, maigrir.

ENGRAISSEUR [ɑ̃gʀɛsœʀ] n. m. – 1636 ✧ de *engraisser* ■ Personne dont le métier est de finir d'élever les bestiaux destinés à être abattus. ➤ **nourrisseur.**

ENGRAMME [ɑ̃gʀam] n. m. – 1907 ✧ du grec *en* «dans» et *gramma* «caractère, trait», d'après l'allemand (1902) ■ PSYCHOL. Trace organique laissée dans le cerveau par un évènement du passé individuel, et qui serait le support matériel du souvenir.

ENGRANGEMENT [ɑ̃gʀɑ̃ʒmɑ̃] n. m. – 1611 ✧ de *engranger* ■ Action d'engranger. *L'engrangement de la moisson.*

ENGRANGER [ɑ̃gʀɑ̃ʒe] v. tr. ⟨3⟩ – 1307 ✧ de *en-* et *grange* ■ Mettre en grange. *Engranger le foin, la moisson.* ♦ FIG. Mettre en réserve. ➤ **emmagasiner.** *Engranger des richesses.* ♦ LITTÉR. Réunir pour conserver. *«J'aime acquérir et engranger ce qui promet de durer au delà de mon terme»* COLETTE.

1 **ENGRAVER** [ɑ̃gʀave] v. tr. ⟨1⟩ – 1617 ; «graver» 1438 ✧ de *en-* et *graver* ■ BÂT. Loger (une bande métallique de protection) dans une rainure pratiquée au-dessus d'un bandeau. — Clouer par l'extrémité (une bande de plomb).

2 **ENGRAVER** [ɑ̃gʀave] v. tr. ⟨1⟩ – 1636 ✧ de *en-* et radical de *grève*, *gravier* ■ Échouer (une embarcation) sur un fond de sable, de gravier. ➤ **ensabler.** — p. p. adj. *Péniche engravée.* PRONOM. *«Sur la Loire on craint de manquer d'eau et de s'engraver»* STENDHAL. ➤ **s'ensabler.**

ENGRÊLÉ, ÉE [ɑ̃gʀele] adj. – 1253 ✧ de *en-* et 2 *grêle* ■ BLAS. Qui est bordé de petites dents arrondies. ➤ **dentelé.** — n. f. **ENGRÊLURE,** 1680.

ENGRENAGE [ɑ̃gʀənaʒ] n. m. – 1709 ✧ de *engrener* ■ **1** Système de roues dentées qui s'engrènent de manière à transmettre le mouvement d'un arbre de rotation à un autre arbre ; disposition, entraînement des roues de ce système. *L'engrenage de direction d'une automobile. Train d'engrenages :* ensemble des roues dentées d'un engrenage. *Engrenage cylindrique, conique, hélicoïdal. Engrenage à vis sans fin, à crémaillère, à chaîne. Pignons d'un engrenage. Engrenage différentiel*.* ■ **2** (1843) FIG. Enchaînement de circonstances qui se déroulent d'une façon mécanique, et qui aggravent la situation initiale. *L'engrenage de la violence,* la première violence en entraînant d'autres. ➤ **escalade, spirale.** *« Quand on est pris dans l'engrenage d'une pareille passion ou d'un pareil vice, il faut y passer tout entier »* MAUPASSANT. — LOC. *Mettre le doigt dans l'engrenage* : se mettre dans un processus irréversible. *« il met le doigt dans un engrenage de malheurs »* MONTHERLANT.

ENGRÈNEMENT [ɑ̃gʀɛnmɑ̃] **n. m.** – 1730 ◊ de *engrener* ■ Réalisation d'un engrenage mécanique. ♦ (1845) Action d'emplir de grain (la trémie). ♦ MÉD. Pénétration de fragments d'un os fracturé les uns dans les autres.

ENGRENER [ɑ̃gʀəne] **v. tr.** ‹5› – XIIe ◊ de *en-* et *grain*
I TECHN. Emplir de grain. *Engrener la trémie d'un moulin.* PAR ANAL. *Engrener une batteuse*, l'alimenter en gerbes de blé. ♦ *Engrener des glaces*, introduire entre elles de la poudre de grès très fine pour les polir.
II (1660 ◊ sous l'influence de *encrené* « entaillé de crans » 1406) Faire entrer les dents d'une roue dans les espaces séparant les dents d'une autre roue, d'un pignon, de manière à réaliser un engrenage. PRONOM. *Roues qui s'engrènent.* ♦ RARE Entraîner dans un engrenage (2°). *« Les mille et un rouages de la grande machine sociale vous engrènent »* LOTI.

ENGRENEUR [ɑ̃gʀənœʀ] **n. m.** – 1836 ◊ de *engrener* ■ TECHN. Appareil qui engrène mécaniquement les batteuses. ♦ (1864) Ouvrier chargé d'engrener une batteuse.

ENGRENURE [ɑ̃gʀənyʀ] **n. f.** – 1640 ◊ de *engrener* ■ TECHN. Disposition de roues engrenées.

ENGROIS [ɑ̃gʀwa] **n. m.** – 1752, var. *angrois* ◊ de l'ancien français *engroissier* → engrosser ■ TECHN. Coin qu'on enfonce dans l'œil d'un marteau, d'un pic, pour en affermir le manche.

ENGROSSER [ɑ̃gʀose] **v. tr.** ‹1› – 1283 ; *engroissier* XIIe ◊ de *en-* et ancien français *groisse* « grosseur » (XIIe) ; latin populaire °*grossia* → gros ■ VULG. Rendre grosse, enceinte. ➤ RÉGION. **enceinter** (cf. VULG. Mettre en cloque*).

ENGUEULADE [ɑ̃gœlad] **n. f.** – 1846 ◊ de *engueuler* ■ FAM. Vive réprimande. *Passer une engueulade à qqn. Recevoir une bonne engueulade.* ➤ **savon ;** RÉGION. **1 cigare.** ♦ Dispute*, querelle. *Avoir une engueulade avec qqn.* ➤ **empoignade.**

ENGUEULER [ɑ̃gœle] **v. tr.** ‹1› – 1783 ◊ de *en-* et *gueule* ■ FAM. ■ **1** Adresser des injures, une vive réprimande à (qqn), souvent de façon grossière, pour exprimer son mécontentement. ➤ **réprimander*.** *Se faire engueuler par son patron* (➤ **incendier**), *par ses parents* (➤ **gronder ;** FAM. **attraper, déchirer**). *« Et le poète soûl engueulait l'univers »* RIMBAUD. — LOC. *Engueuler qqn comme du poisson pourri*, l'accabler d'injures violentes. ■ **2** **v. pron. récipr.** Se disputer*, se quereller de façon violente. *S'engueuler avec qqn. Ils se sont engueulés un bon coup.* ■ CONTR. Complimenter, féliciter.

ENGUIRLANDER [ɑ̃giʀlɑ̃de] **v. tr.** ‹1› – 1555 ◊ de *en-* et *guirlande* ■ **1** Orner de guirlandes, comme de guirlandes. *« Le houblon enguirlandait maintenant les fenêtres jusqu'au toit »* DAUDET. — FIG. *« Le tout enguirlandé de regrets, condoléances, chatteries »* FLAUBERT. ➤ **enjoliver.** ■ **2** (1922 ◊ euphém. pour *engueuler*) FAM. Réprimander* (qqn). *« L'autre s'emporte et l'enguirlande »* GIDE.

ENHARDIR [ɑ̃aʀdiʀ] **v. tr.** ‹2› – 1155 ◊ de *en-* et *hardi* ■ Rendre hardi, plus hardi. ➤ **encourager.** *Enhardir qqn à faire qqch. « Obscurité douce, qui enhardit l'amour timide »* LACLOS. *« Enhardi par cette première démarche »* ROMAINS. ➤ **stimuler.** — **S'ENHARDIR v. pron.** Devenir plus hardi, prendre de l'assurance. ➤ RÉGION. **s'affranchir.** *« Il s'enhardit jusqu'à lui demander* [...] *»* ROMAINS. ■ CONTR. Décourager, effrayer, intimider.

ENHARMONIE [ɑ̃naʀmɔni] **n. f.** – 1834 ◊ de *enharmonique*, d'après *harmonie* ■ MUS. ANC. Genre enharmonique. ♦ MOD. Rapport entre deux notes, deux tonalités enharmoniques.

ENHARMONIQUE [ɑ̃naʀmɔnik] **adj.** – XIVe ◊ bas latin d'origine grecque *enharmonicus* ■ **1** MUS. ANC. Qui procède par quarts de ton. *Genre enharmonique.* ■ **2** (1755) Se dit de notes de noms distincts et de caractères harmoniques différents (➤ **comma**), qui sont représentées dans les instruments à son fixe (piano...) par un son unique intermédiaire. *Do dièse et ré bémol sont enharmoniques.*

ENHARNACHER [ɑ̃aʀnaʃe] **v. tr.** ‹1› – 1377 *enharnesquier* ; « équiper, munir » XIIIe ◊ de *en-* et *harnais* ■ RARE Harnacher. ♦ (1631) VIEILLI Accoutrer. *« Vous moquez-vous du monde, de vous être fait enharnacher de la sorte ? »* MOLIÈRE.

ENHERBER [ɑ̃nɛʀbe] **v. tr.** ‹1› – 1798 ◊ de *en-* et *herbe* ■ Planter (un terrain) en herbe à pré. — **p. p. adj.** *Terres enherbées qui servent de pâturage.*

ÉNIÈME [enjɛm] **adj.** et **n.** – 1834 *n*me, argot de Polytechnique ◊ de *n* désignant un nombre, en math., d'après *(deux)ième, (trois)ième* ■ On écrit aussi *nième*, *n*ième. ■ **1** MATH. D'ordre *n*. *Puissance n*ième. ■ **2** COUR. D'ordre indéterminé. ➤ **ixième.** *Je vous le répète pour la énième fois. « recommençant pour la énième fois ses interminables additions »* PEREC.

ÉNIGMATIQUE [enigmatik] **adj.** – XIIIe ◊ du bas latin *ænigmatice* « d'une manière énigmatique », de *ænigma* → énigme ■ **1** Qui renferme une énigme, tient de l'énigme par son caractère peu clair. ➤ **cryptique, impénétrable, indéchiffrable, insondable, mystérieux, obscur, sibyllin.** *Des paroles énigmatiques. « Sa philosophie était énigmatique et symbolique »* DIDEROT. ■ **2** Dont on ne sait rien ou peu de chose ; difficile à comprendre, à interpréter. *Sourire énigmatique.* ➤ **ambigu, équivoque ; inexplicable.** ♦ (PERSONNES) Dont le comportement, le caractère est mystérieux. *Une personne énigmatique.* ➤ **étrange ; sphinge, sphinx.** — **adv. ÉNIGMATIQUEMENT,** 1488. ■ CONTR. Clair.

ÉNIGME [enigm] **n. f.** – 1529 ; *ainigme* XVe ; *enigmat* XIVe ◊ latin *ænigma, atis*, grec *ainigma* ■ **1** Chose à deviner d'après une définition ou une description faite à dessein en termes obscurs, ambigus. ➤ **charade, devinette, logogriphe.** *Proposer, poser une énigme. Déchiffrer, trouver une énigme. L'énigme du Sphinx devinée par Œdipe.* — **LE MOT DE L'ÉNIGME :** le mot à deviner ; FIG. l'explication de ce qu'on ne comprenait pas. ■ **2** (XVIIe) Ce qu'il est difficile de comprendre, d'expliquer, de connaître. ➤ **amphigouri ; mystère, problème, 2 secret.** *Cette disparition reste une énigme. « La grande énigme humaine et le secret du monde ! »* HUGO. *Parler par énigmes*, d'une manière obscure et allusive. *« C'est sur cette hypothèse que je fonde l'espérance de déchiffrer l'énigme entière »* BAUDELAIRE. (PERSONNES) *Il est une énigme pour moi. « L'incrédule intelligent tient nécessairement le prêtre pour une énigme »* VALÉRY.

ENIVRANT, ANTE [ɑ̃nivʀɑ̃ ; enivʀɑ̃, ɑ̃t] **adj.** – XIIe ◊ de *enivrer* ■ **1** VIEILLI Qui provoque l'ivresse. ➤ **capiteux.** *« De jeunes rayons de soleil enivrants comme du vin doux »* FRANCE. ■ **2** FIG. Qui provoque l'exaltation des sens, des sentiments. ➤ **excitant, grisant, troublant.** *Des parfums enivrants. Victoire enivrante.* ♦ Qui rend ivre de bonheur. *Paroles enivrantes.*

ENIVREMENT [ɑ̃nivʀəmɑ̃ ; enivʀəmɑ̃] **n. m.** – XIIe ◊ de *enivrer* ■ **1** VIEILLI Ivresse. ■ **2** MOD., LITTÉR. Ivresse agréable, exaltation voluptueuse. ➤ **griserie, transport.** *« Dans le premier enivrement d'un succès, on se figure que tout est aisé »* CHATEAUBRIAND. ■ CONTR. Froideur, indifférence.

ENIVRER [ɑ̃nivʀe ; enivʀe] **v. tr.** ‹1› – XIIe ◊ de *en-* et *ivre* ■ **1** Rendre ivre. ➤ **griser, soûler ;** FAM. **rétamer.** *L'idée « cultivée par l'état-major selon laquelle enivrer le soldat concourt à amplifier son courage et, surtout, diminue la conscience de sa condition »* ECHENOZ. — ABSOLT *Vin qui enivre* (cf. Monter* à la tête). ♦ SPÉCIALT Droguer. *« Le laudanum, pris en quantité trop grande, peut enivrer »* BAUDELAIRE. — PRONOM. Se mettre en état d'ivresse. ➤ se **griser,** se **soûler ;** FAM. se **biturer,** se **cuiter,** se **noircir,** se **pocharder,** se **poivrer,** se **torcher ;** POP. se **bourrer,** se **pinter, tiser** (cf. Prendre une biture, charger la mule*, prendre une cuite, RÉGION. une caisse, se bourrer la gueule, se piquer le nez, la ruche, se péter la gueule, rouler sous la table). ■ **2** FIG. Remplir d'une sorte d'ivresse des sens ; d'une excitation ou d'une émotion agréable et souvent trouble. ➤ **exalter, exciter, transporter, troubler.** *L'air vif qui enivre. « Sa beauté m'enivrait »* MUSSET. — PRONOM. *« Je m'enivre des odeurs »* BAUDELAIRE. ♦ SPÉCIALT Rendre ivre d'orgueil (cf. Faire perdre la tête*). *« Ces grands peuples que leur gloire enivre tout d'un coup »* DUHAMEL. *« jeune, enivré par ses succès »* BARRÈS. ■ CONTR. Désenivrer, dégriser.

ENJAILLER (S') [ɑ̃ʒaje] **v. pron.** ‹1› – v. 2000 ◊ mot argotique de Côte d'Ivoire, déformation de l'anglais *to enjoy* « s'amuser », anglo-normand *enjoi(e)r*, de *joie* ■ FAM. (lang. des jeunes) S'amuser, faire la fête. *« s'enjailler dans une ambiance joviale et très chaleureuse »* (Le Progrès, 2015).

ENJAMBÉE [ɑ̃ʒɑ̃be] **n. f.** – XIIe ◊ de *en-* et *jambe* ■ **1** Grand pas. *Faire de grandes enjambées. Les enjambées de l'athlète.* ➤ **foulée.** *« Ses longues enjambées de faucheux »* JALOUX. ♦ *D'une enjambée* : en enjambant en une seule fois. FIG. *« Nous allons d'une enjambée franchir quatre ou cinq années de sa vie »* DAUDET (cf. D'un seul bond*). ■ **2** VIEILLI Distance représentée par l'écartement des jambes quand on marche d'un bon pas. *« Le réservoir n'a que deux enjambées de large »* FROMENTIN.

ENJAMBEMENT [ɑ̃ʒɑ̃bmɑ̃] n. m. – 1562 ◊ de *enjamber* ■ 1 VX Action d'enjamber. ■ 2 (1680) MOD. Procédé rythmique consistant à reporter sur le vers suivant un ou plusieurs mots nécessaires au sens du vers précédent. ➤ 2 rejet. ♦ GÉNÉT. *Enjambement des chromosomes* : entrecroisement des chromosomes lors de la méiose*, avec échange de segments chromosomiques et recombinaison des gènes. ➤ crossing-over (ANGLIC.) ; recombinaison.

ENJAMBER [ɑ̃ʒɑ̃be] v. ‹1› – début XIIIe, au sens 2° ◊ de *en-* et *jambe* ■ 1 v. intr. (fin XIVe) RARE **ENJAMBER SUR** : empiéter, se superposer en se prolongeant. « *Cette poutre enjambe sur le mur du voisin* » (ACADÉMIE). ♦ (1587) Déborder par enjambement (sur le vers suivant). « *De lourds alexandrins l'un sur l'autre enjambant* » HUGO. ■ 2 v. tr. Plus cour. Franchir (un obstacle) en étendant la jambe. ➤ sauter. *Enjamber un fossé, un ruisseau.* « *Les sept hommes enjambèrent le petit mur* » MAC ORLAN. « *J'ai vu la guerre de bien près : j'enjambais les corps sans apitoiement* » MAUPASSANT. — PAR ANAL. Passer par-dessus en reliant les deux extrémités de (l'espace à franchir). *Câbles qui enjambent une vallée.* « *La rivière qu'enjambe un pont de pierre en dos d'âne* » MAUPASSANT.

ENJAMBEUR, EUSE [ɑ̃ʒɑ̃bœʀ, øz] adj. – v. 1970 ◊ de *enjamber* ■ TECHN. *Tracteur enjambeur,* au châssis très élevé pour travailler la terre par-dessus les vignes.

ENJEU [ɑ̃ʒø] n. m. – v. 1370 *engieu* ◊ pour *en jeu* ■ 1 Argent que l'on met en jeu en commençant la partie et qui doit revenir au gagnant. ➤ 3 cave, mise, 2 poule. « *Il proposa de doubler notre enjeu* » BAUDELAIRE. ■ 2 PAR EXT. Ce que l'on peut gagner ou perdre, dans une compétition, une entreprise. *Être l'enjeu de... Avoir qqch. pour enjeu.* « *Renoncer enfin sans combattre à l'un des plus beaux enjeux de la guerre* » THARAUD. *Des enjeux économiques, politiques. Quels sont les enjeux de la réforme ?*

ENJOINDRE [ɑ̃ʒwɛ̃dʀ] v. tr. ‹49› – 1138 ◊ latin *injungere,* d'après *joindre* ■ 1 VIEILLI Imposer. *L'Église enjoint l'abstinence pendant le Carême.* ■ 2 LITTÉR. *Enjoindre (qqch.) à qqn,* le lui ordonner expressément. ➤ intimer, prescrire, 1 sommer. *Ce que l'honneur lui enjoint de faire* (➤ injonction). « *Il m'envoie au tableau noir et m'enjoint de tracer un cercle* » COLETTE. « *Un panneau STOP enjoint aux usagers de marquer l'arrêt* » P. GUIMARD.

ENJÔLER [ɑ̃ʒole] v. tr. ‹1› – milieu XVIe ; « emprisonner » XIIIe ◊ de *en-* et *geôle* ■ Séduire par de belles paroles, des cajoleries, des flatteries pour mieux duper. ➤ embobeliner, entortiller, séduire, tromper. « *Il m'enjôla si bien par ses beaux discours, que j'acceptai* » LESAGE.

ENJÔLEUR, EUSE [ɑ̃ʒolœʀ, øz] n. – 1585 ◊ de *enjôler* ■ Personne habile à enjôler les autres. ➤ ensorceleur, séducteur, trompeur. « *tes paroles d'enjôleuse* » BALZAC. ♦ adj. Charmeur, séduisant. *Un sourire enjôleur.*

ENJOLIVEMENT [ɑ̃ʒɔlivmɑ̃] n. m. – 1611 ◊ de *enjoliver* ■ 1 Action d'enjoliver. *L'enjolivement d'une façade.* ■ 2 Ornement destiné à enjoliver. ➤ enjolivure. « *une calligraphie à lui, [...] pétaradante d'enjolivements* » COURTELINE. ♦ Addition destinée à enjoliver. « *Une courte histoire qui s'est défendue seule contre les enjolivements* » MAURIAC.

ENJOLIVER [ɑ̃ʒɔlive] v. tr. ‹1› – 1608 ; pron. « s'égayer » début XIVe ◊ de *en-* et *jolif, ive,* forme ancienne de *joli* ■ Orner de façon à rendre plus joli, plus agréable. ➤ embellir, 1 parer. « *Un chapeau pointu enjolivé de bandes de velours et de pompons de soie* » GAUTIER. ♦ Agrémenter, embellir de détails ajoutés plus ou moins exacts. *Il a enjolivé son récit.* ➤ broder. — PRONOM. « *la légende court, se répand, s'enjolive* » DAUDET. ■ CONTR. Enlaidir.

ENJOLIVEUR, EUSE [ɑ̃ʒɔlivœʀ, øz] n. – 1740 ◊ de *enjoliver* ■ 1 RARE Personne qui aime à enjoliver une histoire. ■ 2 n. m. (1928) Garniture pour enjoliver une automobile. SPÉCIALT Plaque métallique dont on recouvre les moyeux des roues d'automobile. *Des enjoliveurs chromés.*

ENJOLIVURE [ɑ̃ʒɔlivyʀ] n. f. – 1611 ◊ de *enjoliver* ■ Enjolivement (2°).

ENJOUÉ, ÉE [ɑ̃ʒwe] adj. – XIIIe ◊ de *en-* et *jeu* ■ Qui a ou marque de l'enjouement. ➤ aimable, 1 badin, gai*. *Un enfant enjoué.* « *c'est un caractère enjoué, qui me paraît plein de bonne humeur* » FROMENTIN. ■ CONTR. 1 Chagrin, maussade, triste.

ENJOUEMENT [ɑ̃ʒumɑ̃] n. m. – 1659 ◊ de *enjoué* ■ Disposition à la bonne humeur, à une gaieté aimable et souriante. ➤ alacrité, entrain, gaieté. *L'enjouement d'un enfant.* « *C'est là sans doute qu'il* [Scarron] *puisa cette liberté de badinage, cette heureuse facilité de plaisanterie, cet enjouement* » GAUTIER. ■ CONTR. Austérité, gravité, sérieux.

ENJUIVER [ɑ̃ʒɥive] v. tr. ‹1› – 1883 ◊ de *en-* et *juif* ■ (T. raciste) Pénétrer de l'influence juive. Surtout au p. p. « *La noblesse ancienne et nouvelle, toutes deux enjuivées* » CLEMENCEAU.

ENKÉPHALINE [ɑ̃kefalin] n. f. – 1975 ◊ anglais *enkephalin,* du grec *egkekalos* « qui est dans la tête » ■ BIOCHIM., PHARM. Substance peptidique abondante dans certaines terminaisons nerveuses, qui supprime ou diminue la douleur. — On dit aussi **ENCÉPHALINE** [ɑ̃sefalin].

ENKYSTÉ, ÉE [ɑ̃kiste] adj. – 1703 ◊ de *en-* et *kyste* ■ Qui reste isolé dans l'organisme par suite d'un enkystement. *Une tumeur enkystée.*

ENKYSTEMENT [ɑ̃kistəmɑ̃] n. m. – 1823 ◊ de *enkyster* ■ PHYSIOL. Formation d'une couche de tissu conjonctif dense autour d'un corps étranger (ou d'une tumeur) qui se trouve ainsi isolé du tissu environnant.

ENKYSTER (S') [ɑ̃kiste] v. pron. ‹1› – 1845 ◊ de *enkysté* ■ 1 Devenir enkysté. *Une épine qui s'enkyste dans la plante du pied.* ■ 2 FIG. Demeurer indéfiniment, durer trop longtemps. *Ne laissons pas le conflit s'enkyster.* ➤ s'installer. « *Les mots qui nous ont humiliés [...] restent enfoncés en nous, s'enkystent* » SARRAUTE.

ENLACEMENT [ɑ̃lasmɑ̃] n. m. – fin XIIe ◊ de *enlacer* ■ 1 Disposition de choses enlacées. ➤ entrecroisement, entrelacement. « *Un enlacement inextricable de fleurons, de rinceaux, d'acanthes* » GAUTIER. ■ 2 Étreinte de personnes qui s'enlacent. ➤ embrassement. « *Ô quels baisers ! Quels enlacements fous !* » VERLAINE.

ENLACER [ɑ̃lase] v. tr. ‹3› – début XIIe ◊ de *en-* et *lacer* ■ 1 Entourer plusieurs fois en serrant. « *Des liserons enlacent les barreaux des fenêtres* » LOTI. PRONOM. (RÉFL.) « *Comme un serpent qui s'enlacerait à un serpent* » BLOY. ■ 2 Serrer dans ses bras, ou en passant un bras autour de la taille. ➤ étreindre. *Le danseur enlace sa cavalière. Tendrement enlacés.* — PRONOM. *Un couple qui s'enlace.* ■ 3 (Compl. au plur.) Passer l'un autour de l'autre, l'un dans l'autre. ➤ entrecroiser, entrelacer. « *Un réseau d'ornements inextricablement enlacés* » GAUTIER. PAR ANAL. *Ils enlaçaient leurs doigts.* — PRONOM. (RÉCIPR.) S'entrelacer. « *Les petites rues descendaient, montaient, s'enlaçaient* » LOTI.

ENLAÇURE [ɑ̃lasyʀ] n. f. – 1676 ; « enlacement » XIIe ◊ de *enlacer* ■ TECHN. Assemblage d'une mortaise et d'un tenon avec des chevilles.

ENLAIDIR [ɑ̃lediʀ] v. ‹2› – XIIe ◊ de *en-* et *laid* ■ 1 v. tr. Rendre ou faire paraître laid. ➤ défigurer, déparer. *Une grimace qui enlaidit un visage.* « *Le haut-de-forme l'enlaidit et le feutre mou l'embellit* » COLETTE. *Bord de mer enlaidi par des constructions.* ➤ abîmé. ABSOLT *La colère enlaidit.* — PRONOM. *Elle ne craint pas de s'enlaidir.* ■ 2 v. intr. Devenir laid. *J'ai trouvé qu'elle avait enlaidi.* ■ CONTR. Embellir, enjoliver, 1 parer.

ENLAIDISSEMENT [ɑ̃ledismɑ̃] n. m. – fin XVe ◊ de *enlaidir* ■ Action ou fait d'enlaidir. *L'enlaidissement d'une personne, d'un quartier.* ■ CONTR. Embellissement.

ENLEVAGE [ɑ̃l(ə)vaʒ] n. m. – 1838 ◊ de *enlever* ■ 1 TECHN. Opération de teinturerie qui consiste à détruire soit la teinture, soit la substance qui fixe le colorant. ■ 2 (1874) AVIRON Action de précipiter le mouvement des rames en fin de course, cadence accélérée sur 10 ou 20 coups d'avirons.

ENLEVÉ, ÉE [ɑ̃l(ə)ve] adj. – 1845 ◊ de *enlever* ■ 1 Exécuté, développé avec brio. « *Jamais bourrée ne fut mieux marquée ni mieux enlevée* » SAND. *Une scène magistralement enlevée.* ■ 2 *Trot* enlevé* (opposé à *assis*).

ENLÈVEMENT [ɑ̃lɛvmɑ̃] n. m. – 1551 ◊ de *enlever* ■ 1 Action d'enlever (une personne). *L'enlèvement des Sabines.* « *L'Enlèvement au sérail* », opéra de Mozart. — DR. *Enlèvement de personnes* : fait d'enlever une personne. *Enlèvement par fraude, par violence.* ➤ kidnapping, prise (d'otages), rapt. *Enlèvement par séduction.* ➤ détournement. *L'enlèvement d'un diplomate, d'un enfant. Les auteurs d'un enlèvement.* ➤ kidnappeur, preneur (d'otages), ravisseur. ■ 2 (fin XVIe) Action d'enlever (une position militaire). « *L'Enlèvement de la redoute* », nouvelle de Mérimée. ■ 3 Action d'enlever (des objets). *L'enlèvement des marchandises, des bagages. L'enlèvement des ordures ménagères. Enlèvement d'une voiture par camion-grue* (➤ fourrière, préfourrière). — DR. *Enlèvement de pièces* : vol de pièces officielles.

ENLEVER [ɑ̃l(ə)ve] v. tr. ‹5› – XIIe ◊ pour *en lever*

I SOULEVER VERS LE HAUT ■ **1** LITTÉR. Porter vers le haut. ➤ **hisser, 1lever, soulever.** « *Je coupai l'unique corde qui me retenait à la terre, et je m'aperçus que j'étais enlevé avec une inconcevable rapidité* » BAUDELAIRE. ◆ Faire bondir ou partir à toute allure (un cheval). *Il « enlève d'un coup de fouet le petit cheval »* LOTI. — PRONOM. « *La voilà qui s'enlève, emportant son cavalier* » FROMENTIN. SPÉCIALT Se mettre au galop, en parlant d'un trotteur. ■ **2** (XVIIe) VIEILLI ou LITTÉR. Ravir, transporter. « *Son âme fut comme enlevée par ce bonheur* » STENDHAL. ■ **3** Exécuter parfaitement, avec aisance et rapidité. *Enlever un morceau de musique* (➤ **enlevé**). « *C'était un boulot magique, qu'il enlevait superbement* » CÉLINE.

II ÔTER ■ **1** (XIIIe) Faire que (une chose) ne soit plus là où elle était. ➤ **ôter, retirer.** — (En déplaçant). *Enlever qqch. d'un endroit.* ➤ **déplacer.** *Enlever un fauteuil du salon pour le mettre dans la chambre. Enlever les assiettes.* ➤ **débarrasser.** — PRONOM. *Housse, décor qui s'enlève.* ➤ **amovible.** FAM. *Enlève-toi de là :* va-t'en, pousse-toi. ◆ SPÉCIALT « *Elle enleva son chapeau, ses gants* » GREEN. ➤ **quitter.** — *Enlever sa montre.* ◆ (En séparant). ➤ **1détacher, extraire ; dé-, é-.** *On lui a enlevé les amygdales, la rate. Se faire enlever une dent.* ➤ **arracher.** *Enlever une jambe à qqn.* ➤ **amputer, couper.** *Enlever un pansement. Enlever la boue de ses bottes.* ◆ (En supprimant). Faire disparaître. *Enlever une tache.* ➤ **effacer.** *Enlever une idée de la tête.* « *Il faut savoir enlever de son œuvre ce qui souvent nous plaît le plus* » FLAUBERT. ➤ **éliminer, retrancher.** PRONOM. (PASS.) *Cette tache ne peut pas s'enlever.* ■ **2 ENLEVER À.** Priver (qqn) de (qqch.). *Enlever un poste, un titre à qqn.* « *ça ne lui a pas donné le goût des Sciences, mais ça lui a enlevé celui des Lettres* » GIDE. *Vous m'enlevez tout espoir. On lui a enlevé la garde de son enfant.* ➤ **retirer.** LOC. *Enlever le pain* de la bouche.* — **NE RIEN ENLEVER À :** laisser intact. *Ce défaut n'enlève rien à son charme.*

III PRENDRE, EMPORTER ■ **1** (XVIe) Prendre avec soi, pour soi. ➤ **emporter.** *Les déménageurs viennent enlever les meubles.* ◆ SPÉCIALT Emporter (une marchandise vendue). *Tout ça pour dix euros, à enlever !* — LOC. FAM. *Enlevez, c'est pesé* !* ■ **2** Prendre d'assaut. ➤ **s'emparer.** « *Il donna l'ordre aux cuirassiers d'enlever le plateau de Mont-Saint-Jean* » HUGO. ■ **3** PAR EXT. Obtenir facilement (ce qui fait l'objet d'une compétition). *Enlever les suffrages, le concours de qqn. Enlever un contrat, un marché.* ■ **4** Soustraire (qqn) à l'autorité des personnes qui en ont la garde. ➤ **détourner, ravir.** *Enlever un enfant par violence* (➤ **enlèvement, kidnapping, rapt**). FAM. *Je vous enlève votre mari cinq minutes.* ◆ Emmener dans une fugue amoureuse. « *Une belle qui se fait enlever tous les six mois* » DAUDET. ◆ Faire prisonnier (qqn) de façon illégale. *Enlever un diplomate* (cf. Prendre en otage*). ◆ LITTÉR. Emporter de ce monde. *Il a été enlevé prématurément à l'affection des siens.* « *La mort nous l'enlevait* » BOSSUET.

■ CONTR. Poser. — Laisser ; ajouter.

ENLEVURE [ɑ̃l(ə)vyʀ] n. f. – XIIe ◊ de *enlever* ■ TECHN. Relief d'une sculpture.

ENLIASSER [ɑ̃ljase] v. tr. ‹1› – XVIIIe ◊ de *en-* et *liasse* ■ RARE Mettre en liasse. *Enliasser des lettres, des billets.*

ENLIER [ɑ̃lje] v. tr. ‹7› – 1676 ; « lier ensemble » XIIe ◊ de *en-* et *lier* ■ TECHN. Engager les uns dans les autres (des matériaux de construction). *Enlier des briques.*

ENLISEMENT [ɑ̃lizmɑ̃] n. m. – 1862 ◊ de *enliser* ■ Fait de s'enliser. *L'enlisement d'un bateau.* « *il est condamné à l'enlisement, [...] à cet épouvantable enterrement long, infaillible, implacable* » HUGO. — FIG. « *L'enlisement des forces dans la vie bureaucratique* » LECOMTE.

ENLISER [ɑ̃lize] v. tr. ‹1› – milieu XVe en Normandie, repris début XIXe ◊ mot dialectal (Normandie, Bretagne), de *en-* et *lise* « sable mouvant », du gaulois *ligitia* « boue » ■ Enfoncer dans du sable mouvant, en terrain marécageux. ➤ **embourber, envaser.** « *Marthe enlise deux roues de l'auto* » COLETTE. — PRONOM. *Elle « s'enlisait dans les sables du Mont Saint-Michel »* NODIER. *La voiture s'est enlisée.* ◆ FIG. S'enfoncer, sombrer. *S'enliser dans la médiocrité, la misère.* « *Le vieux bureau où la vie d'un homme s'enlise* » SAINT-EXUPÉRY. *Enquête policière qui s'enlise,* qui n'avance pas. ➤ **piétiner.**

ENLUMINER [ɑ̃lymine] v. tr. ‹1› – XIIIe ; « éclairer » 1080 ◊ latin *illuminare*, avec changement de préfixe ■ **1** Orner d'enluminures (2°). *Enluminer un manuscrit.* ■ **2** Colorer vivement, rougir. *Fièvre qui enlumine un visage, des joues.* — p. p. adj. « *la trogne enluminée du gros buveur* » TAINE.

ENLUMINEUR, EUSE [ɑ̃lyminœʀ, øz] n. – 1260 ◊ de *enluminer* ■ Artiste spécialisé(e) dans l'enluminure. ➤ **miniaturiste.** *Les enlumineurs du Moyen Âge.*

ENLUMINURE [ɑ̃lyminyʀ] n. f. – XIIIe ◊ de *enluminer* ■ **1** Art d'enluminer. *L'enluminure au Moyen Âge.* ■ **2** Lettre peinte ou miniature ornant d'anciens manuscrits, des livres religieux. « *On trouve dans les vieux missels de naïves enluminures* » DAUDET. ■ **3** LITTÉR. Coloration brillante (du visage).

ENNÉADE [enead] n. f. – 1839 ◊ bas latin *enneas, adis* « neuvaine, neuf jours », grec *enneas, ados* « groupe de neuf, neuvaine » ■ DIDACT. Groupe de neuf personnes, de neuf choses semblables.

ENNÉAGONAL, ALE, AUX [eneagɔnal, o] adj. – 1864 ◊ de *ennéagone* ■ GÉOM. Qui a neuf angles. *Prismes ennéagonaux,* dont la base est ennéagonale.

ENNÉAGONE [eneagɔn ; -gon] n. m. – 1561 ◊ du grec *ennea* « neuf » et *-gone* ■ GÉOM. Polygone à neuf angles et neuf côtés. adj. *Figure ennéagone.*

ENNEIGÉ, ÉE [ɑ̃neʒe] adj. – 1200 ◊ de *en-* et *neige* ■ Couvert de neige. *Pentes enneigées.* ➤ **neigeux.** *Col enneigé fermé en hiver. Chasse-neige qui dégage une route enneigée.*

ENNEIGEMENT [ɑ̃nɛʒmɑ̃] n. m. – 1873 ◊ de *enneigé* ■ État d'une surface enneigée ; hauteur de la neige sur un terrain. *Bulletin d'enneigement, publié dans les stations de sports d'hiver. Un enneigement de quarante centimètres. Enneigement insuffisant* (pour le ski).

ENNEMI, IE [en(ə)mi] n. et adj. – *enemi* 1080 ; *inimi* X^e ◊ latin *inimicus*, de *in-* et *amicus* « ami »

I ■ **1** Personne qui déteste qqn et cherche à lui nuire. ➤ **adversaire, antagoniste, rival.** *C'est son ennemi mortel, son pire ennemi. Ennemi juré, déclaré*. Ils sont ennemis. Il s'est fait beaucoup d'ennemis. On ne lui connaît pas d'ennemis.* « *L'homme est partout l'ennemi de lui-même, son secret et sournois ennemi* » BERNANOS. — Personne ou groupe qui s'oppose, cherche à nuire sur le plan politique, social... *Des ennemis politiques. Un ennemi du genre humain.* ➤ **misanthrope.** *Les ennemis du régime :* l'opposition. *Les ennemis de l'Église* (➤ **anticlérical**). *Un ennemi du peuple. Ennemi de classe.* — **ENNEMI PUBLIC :** personne qui présente un danger pour la communauté. *L'ennemi public numéro un :* le plus dangereux des malfaiteurs. ◆ adj. « *ô vieillesse ennemie !* » CORNEILLE. *Familles ennemies. Frères* ennemis.* ■ **2** PAR EXT. Personne qui a de l'aversion, de l'éloignement (pour qqch.). *Ennemi de qqch.* (➤ **1ant[i]-**). *Les ennemis du progrès, du changement.* ➤ **réactionnaire.** ■ **3** Chose qu'une personne ou un groupe juge contraire à son bien. « *ma vieille ennemie la solitude* » MAURIAC. « *Le cléricalisme ? voilà l'ennemi !* » GAMBETTA. ◆ Chose qui s'oppose à une autre et lui nuit. *Le mieux est l'ennemi du bien.*

II PLUR. ou SING. COLLECT. Les personnes contre lesquelles on est en guerre, leur nation ou leur armée. « *Le concept d'ennemi n'est tout à fait clair que si l'ennemi est séparé de nous par une barrière de feu* » SARTRE. *L'ennemi a attaqué à l'aube. Tomber entre les mains de l'ennemi :* être fait prisonnier. *Passer à l'ennemi.* ➤ **trahir.** FAM. *C'est toujours ça de pris* sur l'ennemi.* ◆ adj. *En pays, en territoire ennemi. L'armée ennemie. Les bombes ennemies. Le camp ennemi.* ◆ PAR EXT. Pays contre lequel on a souvent et longtemps fait la guerre. *Notre ennemi héréditaire.*

■ CONTR. Ami ; adepte, partisan ; allié.

ENNOBLIR [ɑ̃nɔbliʀ] v. tr. ‹2› – v. 1260 ; « anoblir » jusqu'au XVIIIe ◊ de *en-* et *noble* ■ **1** Conférer un caractère de noblesse, de grandeur morale à. ➤ **élever, grandir.** *Ennoblir les traits, le caractère de qqn.* « *C'est le cœur qui ennoblit l'homme* » R. ROLLAND. « *l'expression d'angélique dureté qui ennoblit les visages enfantins* » COLETTE. ■ **2** TECHN. Améliorer les qualités de (un textile). ■ CONTR. Avilir.

ENNOBLISSEMENT [ɑ̃nɔblismɑ̃] n. m. – 1636 ; « embellissement » XIVe ◊ de *ennoblir* ■ **1** RARE Fait d'être ennobli. « *L'ennoblissement d'une nature sans noblesse est possible* » MAURIAC. ■ **2** COMM. Amélioration des qualités (d'un matériau).

ENNUAGER [ɑ̃nɥaʒe] v. tr. ‹3› – 1611 ◊ de *en-* et *nuage* ■ Couvrir de nuages. PRONOM. *Le ciel s'ennuage. Un ciel ennuagé.* ◆ LITTÉR. Couvrir de choses vaporeuses. « *Mme Henningsen, ennuagée de mousseline et de tulle* » DUHAMEL.

ENNUI [ɑ̃nɥi] n. m. – début XIIe ◊ de *ennuyer* ■ **1** VX Tristesse profonde, grand chagrin. ➤ **tourment.** « *Si d'une mère en pleurs vous plaignez les ennuis* » RACINE. ■ **2** Peine qu'on éprouve de

quelque contrariété ; cette contrariété. ➤ **désagrément, embarras, préoccupation,** 1 **souci, tracas ;** FAM. **embêtement, emmerdement, empoisonnement, enquiquinement.** *Avoir des ennuis. Se créer, se préparer bien des ennuis.* ➤ **difficulté*.** *Quel ennui !* ➤ FAM. 1 **barbe, poisse ;** TRÈS FAM. **chierie, chiotte.** *« Tu ne crains pas qu'on te fasse des ennuis ? »* SARTRE. *Il a eu des ennuis avec la justice. L'ennui, c'est que... :* ce qu'il y a d'ennuyeux, c'est que... ➤ **problème*.** *Attirer des ennuis à qqn. « À ceux-ci je n'ai pas causé de si grands tourments, tout au plus des ennuis »* COLETTE. — *Des ennuis d'argent, de santé, de voiture. Des ennuis mécaniques.* ➤ 2 **panne.** ■ **3** (XIIe) Impression de vide, de lassitude causée par le désœuvrement, par une occupation monotone ou dépourvue d'intérêt. *Éprouver de l'ennui.* ➤ **s'ennuyer.** *Bâiller d'ennui. Vaincre l'ennui* (cf. Tuer le temps*). *Ce film est d'un ennui ! « L'ennui naquit un jour de l'uniformité »* LA MOTTE-HOUDAR. *« je travaille toujours pour ne pas mourir d'ennui »* PROUDHON. *« presque tous les métiers sécrètent l'ennui à la longue »* ROMAINS. ■ **4** Mélancolie vague, lassitude morale qui fait qu'on ne prend d'intérêt, de plaisir à rien. ➤ **abattement, cafard, dégoût** (de la vie), **langueur,** 3 **mal** (du siècle), **morosité, neurasthénie, spleen ;** RÉGION. **fiu** (cf. Idées noires*). *Chateaubriand « a comme engendré cet ennui incurable, mélancolique, sans cause, [...] le mal de René »* SAINTE-BEUVE. *Ennui qui vient du mal du pays.* ➤ **nostalgie.** ■ CONTR. Satisfaction ; amusement, distraction, 1 plaisir.

ENNUYANT, ANTE [ɑ̃nɥijɑ̃, ɑ̃t] **adj.** – *anoiant* XIIe ◇ de *ennuyer* ■ VIEILLI ou RÉGION. (Canada, Louisiane, Belgique, Burundi, Algérie) Ennuyeux.

ENNUYÉ, ÉE [ɑ̃nɥije] **adj.** – XVIe ◇ de *ennuyer* ■ Préoccupé, contrarié. *Je suis bien ennuyé, ils devraient être déjà là. Je suis très ennuyé de son retard. Être ennuyé de devoir faire qqch. Il avait l'air très ennuyé.*

ENNUYER [ɑ̃nɥije] **v. tr.** ‹8› – XIIIe ; *enuier* XIIe ◇ bas latin *inodiare,* de *odium* « haine » ■ **1** Causer du souci, de la contrariété à (qqn). ➤ **contrarier.** *Ça m'ennuie, cette petite fièvre.* ➤ **inquiéter, préoccuper, tarabuster, tourmenter, tracasser.** *Cela m'ennuierait d'arriver en retard, que vous arriviez en retard. Cela vous ennuierait-il d'attendre un moment ?* ➤ **déranger, gêner.** — IMPERS. VX *« Il m'ennuierait fort d'en chercher un autre »* P.-L. COURIER. ■ **2** Importuner. ➤ **agacer, assommer, énerver, excéder, fatiguer, lasser ;** FAM. **barber, bassiner, canuler, cavaler, courir, embêter, emmerder, empoisonner, enquiquiner, gonfler, soûler, tanner ;** RÉGION. **achaler, encoubler, escagasser** (cf. FAM. Faire braire*, chier*, suer*, tartir*). *Tu nous ennuies, avec tes histoires !* (cf. Casser* les pieds, pomper* l'air). ■ **3** Remplir d'ennui, lasser l'intérêt de (qqn). *Un enfant gâté que tout ennuie.* ➤ FAM. **barber, raser ;** RÉGION. **peler.** *Conférencier qui ennuie son auditoire.* ➤ **endormir.** ABSOLT *Une lecture qui ennuie.* ■ **4** PRONOM. *S'ennuyer de qqn :* ressentir désagréablement son absence. ➤ **languir.** *Elle s'ennuie de ses parents.* ◆ Éprouver de l'ennui. ➤ **s'embêter,** se **morfondre.** *S'ennuyer à mourir. S'ennuyer ferme quelque part. On ne va pas s'ennuyer.* VIEILLI *S'ennuyer de, à* (et inf.). *« Les amants et les maîtresses ne s'ennuient point d'être ensemble »* LA ROCHEFOUCAULD. ➤ **se lasser.** — LOC. FAM. *S'ennuyer comme un rat mort, à cent sous de l'heure :* s'ennuyer beaucoup. ■ CONTR. Amuser, désennuyer, distraire.

ENNUYEUX, EUSE [ɑ̃nɥijø, øz] **adj.** – XIIe ◇ bas latin *inodiosus* → ennuyer ■ **1** Qui cause de la contrariété, du souci ou, simplement, de la gêne ou du désagrément. ➤ **agaçant, contrariant, désagréable, embêtant,** RÉGION. **ennuyant, fâcheux, gênant, inquiétant ;** FAM. **chiant, emmerdant, enquiquinant, gonflant, soûlant, tannant.** *Démarche ennuyeuse.* ➤ **corvée.** *C'est ennuyeux à dire.* ➤ **embarrassant.** *« Maman lui a fait des reproches. C'est bien ennuyeux »* MAUROIS. *« Une femme qu'il n'aimait pas allait lui poser des questions ennuyeuses »* GREEN. — SUBST. *L'ennuyeux, c'est que...* ■ **2** (fin XIIe) Qui suscite l'ennui (3o). ➤ **assommant, embêtant, endormant, fastidieux, fatigant, insipide, lassant, monotone, soporifique ;** FAM. **barbant, barbifiant, bassinant, casse-pied, mortel, rasant, rasoir, soûlant ;** RÉGION. **pelant,** 2 **plate.** *« La redite est partout ennuyeuse »* MONTAIGNE. *« Tous les genres sont bons, hors le genre ennuyeux »* VOLTAIRE. *« Il y a des gens si ennuyeux qu'ils vous font perdre une journée en cinq minutes »* RENARD. *Un conférencier mortellement ennuyeux, ennuyeux comme la pluie, comme un jour de pluie* ➤ **raseur.** *Un cours, un livre ennuyeux. Les soirées « étaient ennuyeuses comme la pluie »* PROUST. ■ CONTR. Amusant, intéressant.

ÉNOL [enɔl] **n. m.** – 1901 ◇ de *(alc)ène* et *-ol* ■ CHIM. Alcool dont le groupe —OH est fixé sur un carbone éthylénique.

ÉNONCÉ [enɔ̃se] **n. m.** – 1675 ◇ de *énoncer* ■ **1** Action d'énoncer ; déclaration. ➤ **énonciation, exposé.** *L'énoncé des faits. « l'énoncé de la volonté générale »* ROUSSEAU. *« On ne vous fera entrer que pour l'énoncé du jugement »* CAMUS. ■ **2** Formule, ensemble de formules exprimant qqch. *L'énoncé d'une loi.* ➤ **texte ; termes.** *L'énoncé d'un problème :* ensemble des données et des questions du problème. *Ne pas comprendre l'énoncé.* ◆ LING. Résultat, réalisation de l'acte de parole (opposé à *énonciation*). — Segment de discours ainsi produit (➤ **phrase**).

ÉNONCER [enɔ̃se] **v. tr.** ‹3› – 1377, repris 1611 ◇ latin *enuntiare,* de *nuntius* « messager » ■ Exprimer en termes nets, sous une forme arrêtée (ce qu'on a à dire). ➤ **exposer, formuler.** *« exprimer les mêmes vérités en les énonçant avec moins de crudité ! »* CHATEAUBRIAND. *La science « conduit à énoncer des propositions insupportables au sens commun »* VALÉRY. *Énoncer les faits. Écrit juridique énonçant certaines clauses et conditions.* ➤ **mentionner, stipuler.** *Proposition énoncée dans un article.* ◆ PRONOM. (PASS.) Être énoncé. *« Ce que l'on conçoit bien s'énonce clairement »* BOILEAU. — (RÉFL.) VX S'exprimer, parler. *Énoncez-vous plus clairement.*

ÉNONCIATEUR, TRICE [enɔ̃sjatœr, tris] **n. et adj.** – 1840 ◇ bas latin *enuntiator,* du supin de *enuntiare* → énoncer ■ LING. ■ **1** Personne qui produit un énoncé. ➤ **locuteur.** ■ **2 adj.** (1843, Proudhon) Qui énonce. *L'instance énonciatrice.*

ÉNONCIATIF, IVE [enɔ̃sjatif, iv] **adj.** – 1386 ◇ latin *enuntiativus* ■ DIDACT. Qui sert à énoncer. — GRAMM. *Proposition énonciative,* qui exprime, sans tension affective, un fait positif ou négatif (opposé à *interrogative, exclamative*).

ÉNONCIATION [enɔ̃sjasjɔ̃] **n. f.** – 1361 ◇ latin *enuntiatio* ■ **1** Action d'énoncer. ➤ **déclaration, énoncé.** *L'énonciation des faits par un témoin. Énonciation affirmative, négative.* DR. *Énonciation d'une clause dans un acte.* ➤ **mention.** ◆ Manière d'énoncer en parlant. ➤ **élocution, prononciation.** ■ **2** LING. Production individuelle d'une phrase dans des circonstances données de communication. *Le sujet de l'énonciation est* je. *Les circonstances de l'énonciation. Indices de l'énonciation :* éléments linguistiques de l'énoncé qui font référence à la situation de communication.

ENORGUEILLIR [ɑ̃nɔrgœjir] **v. tr.** ‹2› – 1160 ◇ de *en-* et *orgueil* ■ Rendre orgueilleux, flatter (qqn) dans sa vanité. *Succès qui enorgueillit.* ◆ PRONOM. **S'ENORGUEILLIR DE :** devenir orgueilleux, tirer vanité de (qqch.). ➤ **se glorifier, se prévaloir.** *S'enorgueillir de ses diplômes. S'enorgueillir d'avoir réussi. « C'est une faiblesse habituelle à l'homme qui trouve quelque chose de s'en enorgueillir »* GAUTIER. ■ CONTR. Humilier.

ÉNORME [enɔrm] **adj.** – 1340 ◇ latin *enormis,* proprt « qui sort de la règle *(norma)* » ■ **1** Qui sort des bornes habituelles, dépasse ce que l'on a l'habitude d'observer et de juger. ➤ **anormal, démesuré, extraordinaire.** *Rencontrer d'énormes difficultés.* ➤ **considérable.** *Dire des choses énormes.* ➤ **énormité.** *Injustice énorme. « Une si énorme bévue »* VOLTAIRE. ➤ **monumental.** *Une faute énorme.* — SUBST. *« Le génie dans son vrai centre, qui est l'énorme »* FLAUBERT. ◆ Invraisemblable. *Il a dit ça ! c'est énorme.* ◆ (Contexte positif) *Il a reconnu ses torts, c'est déjà énorme,* c'est beaucoup. *Avoir un succès énorme.* ➤ **fou.** — FAM. *C'est énorme !,* formidable, extraordinaire. — (PERSONNES) VIEILLI *Un type énorme,* remarquable. ■ **2** (XVIe) Dont les dimensions sont considérables. ➤ **colossal, éléphantesque, gigantesque, grand, gros, immense.** *Une personne énorme.* ➤ **obèse ; bibendum.** *« Une énorme muraille de rochers »* FROMENTIN. *« Il ouvrit une bouche énorme et bâilla prodigieusement »* DUHAMEL. ◆ Qui dépasse de beaucoup en quantité, en importance ce qu'on observe habituellement. *Une énorme tache. Une différence, une perte énorme. D'énormes bénéfices. Fournir un travail énorme. « Du poids énorme des treize wagons »* ZOLA. *« D'énormes masses qui déferleront d'un coup »* ROMAINS. — MÉTÉOR. *Mer énorme,* où les vagues dépassent 14 m (échelle de Beaufort). — On rencontre parfois la graphie plais. *hénaurme. « Rires – hénaurmes – dans l'habitacle »* GAVALDA. ■ CONTR. Normal, ordinaire ; insignifiant, minime, petit.

ÉNORMÉMENT [enɔrmemɑ̃] **adv.** – XIVe ◇ de *énorme* ■ Sert de superlatif à *beaucoup. Il y a énormément à faire. Il lit énormément. « Il me faut beaucoup d'argent, il me faut énormément d'argent »* HUGO. ◆ Très. *« Ce peut être utile ou énormément futile »* BARTHES.

ÉNORMITÉ [enɔʀmite] n. f. – v. 1220 *ennormité* «crime énorme» ; repris milieu XIVe ◊ latin *enormitas* ■ **1** Caractère de ce qui est anormal, hors du commun et qui frappe. *L'énormité d'une faute. «l'énormité de ma demande»* LOTI. ◆ Grandeur, importance considérable. *L'énormité des bénéfices, des effectifs. Elle «refusait à Lousteau de l'argent, en objectant l'énormité des avances déjà faites»* BALZAC. ■ **2** Action, propos jugé énorme. *Un livre, un discours plein d'énormités,* d'invraisemblances, d'erreurs, de tromperies... *Dire des énormités.* ■ CONTR. Insignifiance.

ÉNOSTOSE [enɔstoz] n. f. – 1824 ◊ du grec *en* «dans», d'après *exostose* ■ MÉD. Production osseuse circonscrite, formée dans la profondeur d'un os et pouvant faire saillie dans le canal médullaire ou même l'obstruer. ➤ **exostose, ostéophyte.**

ÉNOUER [enwe] v. tr. ‹ 1 › – 1723 ◊ de *é-* et *nouer* ■ TECHN. Débarrasser (une étoffe) des nœuds, des impuretés à la surface. ➤ **épincer, époutir.**

ENQUÉRIR (S') [ɑ̃keʀiʀ] v. pron. ‹ 21 › – milieu XVe ; tr. «demander» Xe ◊ latin *inquirere* ■ LITTÉR. Chercher à savoir (en examinant, en interrogeant). ➤ **s'informer, rechercher,** se **renseigner.** *S'enquérir de qqch. auprès de qqn. Elle s'est enquise de ma santé ; elle s'en est enquise. «L'ignorant ne sait pas même de quoi s'enquérir»* ROUSSEAU. *«Il s'enquérait si les planètes étaient habitées»* CHATEAUBRIAND. ➤ **demander.** — *S'enquérir de qqn,* demander de ses nouvelles.

ENQUERRE (À) [aɑ̃kɛʀ] loc. adj. – 1690 ◊ proprt «à vérifier», de *enquerre,* ancienne forme de *enquérir* ■ BLAS. Qui présentent une singularité, une irrégularité à éclaircir (en parlant d'armes).

ENQUÊTE [ɑ̃kɛt] n. f. – *enqueste* début XIIIe ◊ latin populaire °*inquæsita,* classique *inquisita,* p. p. subst. au fém. de *inquirere* «rechercher» ■ **1** Mesure d'instruction permettant au juge de recevoir des tiers des déclarations de nature à l'éclairer sur les faits litigieux dont ils ont personnellement connaissance. *Ouvrir une enquête. Faire une enquête devant, par-devant le juge. Clore une enquête. Enquête par laquelle le défendeur entend nier les faits allégués par le demandeur.* ➤ **contre-enquête.** *«Il appartient au juge qui ordonne l'enquête de déterminer les faits pertinents à prouver»* (CODE DE PROCÉDURE CIVILE). *Enquête ordinaire,* où les témoins sont interrogés par un magistrat en présence des parties et de leurs défenseurs. — *Enquête sur-le-champ,* faite par le juge à l'occasion de l'exécution d'une mesure d'instruction. — *Enquête sociale,* ordonnée par le juge aux affaires familiales en cas de désaccord entre les parents, pour mieux connaître la situation familiale et décider des mesures concernant les enfants. — *Enquête préparatoire, préliminaire, officieuse :* recherches effectuées par la police ou la gendarmerie à la suite d'une plainte ou d'une dénonciation, ou à la demande du procureur de la République pour découvrir les auteurs d'une infraction et établir les circonstances dans lesquelles elle a été commise. ABSOLT *Commissaire qui mène, conduit une enquête. «il y aurait eu arrivée de policiers, et de magistrats ; enquête, et le reste»* ROMAINS. *L'enquête piétine, avance.* ◆ DR. PUBL. *Enquête administrative :* procédure par laquelle l'administration réunit des informations, vérifie certains faits avant de prendre une décision. *Enquête de commodo et incommodo,* faite en vue d'établir les avantages ou les inconvénients de certains travaux publics. *Enquête de moralité.* ◆ *Enquête parlementaire,* faite au nom d'une assemblée par une commission. *Commission d'enquête.* ■ **2** (XVIe) Recherche méthodique reposant notamment sur des questions et des témoignages. ➤ **examen, investigation.** *Je fais ma petite enquête.* ◆ SPÉCIALT Étude d'une question sociale, économique, politique... par le rassemblement des avis, des témoignages des intéressés. ➤ **sondage ; micro-trottoir.** *Enquête sociologique, statistique. Enquête publicitaire. Enquête d'opinion publique. Enquête par téléphone. «une "grande enquête" sur l'influence des lettres françaises actuelles à l'étranger»* GIDE.

ENQUÊTER [ɑ̃kete] v. ‹ 1 › – *inquester* 1371 ; repris 1907 ; tr. «demander» fin XIIe ◊ de *enquête* ■ **1** v. intr. Faire, conduire une enquête. ➤ **investiguer.** *«lui demander si la justice ne ferait pas bien d'enquêter un peu sur l'origine des fonds du Pacifiste»* SARTRE. *Il faut enquêter. Enquêter pour un journal.* ■ **2 S'ENQUÊTER DE** v. pron. (1538) VX S'enquérir.

1 **ENQUÊTEUR, EUSE** [ɑ̃kɛtœʀ, øz] n. – 1283 ◊ de *enquêter* ■ (Rare au fém.) Personne chargée d'une enquête (1°). *Enquêteur de police :* agent d'exécution en civil de la police. ➤ **détective, limier.** — APPOS. *Commissaires enquêteurs.*

2 **ENQUÊTEUR, TRICE** [ɑ̃kɛtœʀ, tʀis] n. – v. 1960 ◊ de *enquêter* ■ Personne chargée d'effectuer des sondages, des enquêtes (2°). ➤ **sondeur.**

ENQUILLER [ɑ̃kije] v. tr. ‹ 1 › – 1725 v. intr. ◊ de 1 *quille* «jambe» ■ FAM. Prendre. *Enquiller un but.* ➤ **encaisser.** *La voiture a enquillé l'autoroute.* ➤ **enfiler ; s'engager.** — *S'enquiller qqch.* ➤ **s'enfiler, s'envoyer,** se **farcir.** *S'enquiller un demi. S'enquiller des kilomètres.*

ENQUIQUINANT, ANTE [ɑ̃kikinɑ̃, ɑ̃t] adj. – 1844 ◊ de *enquiquiner* ■ FAM. Qui enquiquine (euphém. pour *emmerdant**). *«Quelle belle invention que l'École de Droit pour vous emmerder ! [...] la plus enkikinante* [sic] *de la création !»* FLAUBERT. *Un type enquiquinant.*

ENQUIQUINEMENT [ɑ̃kikinmɑ̃] n. m. – 1883 ◊ de *enquiquiner* ■ FAM. Ennui, tracas. *Des tas d'enquiquinements.*

ENQUIQUINER [ɑ̃kikine] v. tr. ‹ 1 › – 1830 ◊ formation expressive, de *en-* et de l'argot *quiqui* «gorge, cou» ■ FAM. Agacer, ennuyer*, importuner (euphém. pour *emmerder** dont il a tous les sens figurés). *«les ministres, je m'en sers quand j'en ai besoin. Et puis je les enquiquine»* DUHAMEL. — PRONOM. *Je ne vais pas m'enquiquiner avec ça.*

ENQUIQUINEUR, EUSE [ɑ̃kikinœʀ, øz] n. – 1940 ◊ de *enquiquiner* ■ FAM. Personne qui enquiquine (euphém. pour *emmerdeur**).

ENRACINEMENT [ɑ̃ʀasinmɑ̃] n. m. – 1378 ◊ de *enraciner* ■ Fait de s'enraciner. ◆ FIG. *L'enracinement d'un souvenir.* — Fait (pour qqn) de ressentir un attachement profond (pour qqch.). *L'enracinement de l'individu dans le sol natal. «Cette doctrine de l'enracinement qu'il* [Barrès] *préconise»* GIDE. ■ CONTR. Déracinement.

ENRACINER [ɑ̃ʀasine] v. tr. ‹ 1 › – fin XIIe ; intr. «prendre racine» fin XIIe ◊ de *en-* et *racine* ■ **1** Faire prendre racine à (un arbre, une plante). — v. pron. Prendre racine. *Bouture qui s'enracine.* ■ **2** FIG. Fixer profondément, solidement, dans l'esprit, le cœur. ➤ **ancrer, implanter ; graver.** *«Chez les uns, la peste avait enraciné un scepticisme profond»* CAMUS. — PRONOM. *«Une erreur qui va s'enracinant»* PROUST. — p. p. adj. *Souvenirs enracinés dans la mémoire. Croyance, foi enracinée.* ➤ **tenace.** ◆ Établir (qqn) de façon durable (dans un pays). — PRONOM. *«Né à Paris, d'un père Uzétien et d'une mère Normande, où voulez-vous que je m'enracine ?»* GIDE. — p. p. adj. *Une «ancienne famille du pays, solidement enracinée dans ce terroir»* MAUROIS. ■ CONTR. Déraciner, éradiquer, extirper.

ENRAGÉ, ÉE [ɑ̃ʀaʒe] adj. – XIIe ◊ de *enrager* ■ **1** Furieux, fou de colère. ➤ **furibond.** *«La contrainte perpétuelle qu'il s'imposait le rendait enragé»* R. ROLLAND. ◆ VIEILLI Qui n'a pas toute sa raison. ➤ **fou.** *«raisonnable pendant plus de quatre années [...] je sentais, tout à coup, que j'allais devenir enragé»* DUHAMEL. ◆ Animé par une passion. ➤ **effréné, passionné.** *Un joueur enragé. Être enragé au jeu. Être enragé de musique.* ➤ **fanatique,** FAM. **mordu.** — n. *Un enragé, une enragée.* SPÉCIALT *Les Enragés :* les ultrarévolutionnaires (1793-1799). ■ **2** (XIIIe) Atteint de la rage. *Chien, renard enragé.* — FIG. et FAM. *Manger de la vache* enragée.*

ENRAGEANT, ANTE [ɑ̃ʀaʒɑ̃, ɑ̃t] adj. – 1690 ◊ de *enrager* ■ RARE Qui fait enrager, énervant. ➤ **rageant.**

ENRAGER [ɑ̃ʀaʒe] v. intr. ‹ 3 › – XIIe ◊ de *en-* et *rage* ■ Éprouver un violent dépit. ➤ **bisquer, écumer, rager ;** FAM. 1 **fumer, râler.** *Il est furieux, il enrage. Ils enragent d'avoir perdu. «vivre, uniquement pour faire enrager ceux qui vous paient des rentes viagères»* VOLTAIRE. ◆ PAR EXT. *Faire enrager ses parents, ses maîtres,* être insupportable avec eux. — *Faire enrager qqn,* l'exaspérer en le taquinant. ➤ **bisquer, endêver, maronner** (cf. Faire devenir chèvre*, faire tourner en bourrique*).

ENRAIEMENT [ɑ̃ʀɛmɑ̃] ou **ENRAYEMENT** [ɑ̃ʀɛjmɑ̃] n. m. – 1808, –1870 ◊ de 2 *enrayer* ■ **1** VX Action d'enrayer (un véhicule). ■ **2** MOD. FIG. Fait d'arrêter (une progression dangereuse). *L'enraiement d'une épidémie.*

ENRAYAGE [ɑ̃ʀɛjaʒ] n. m. – 1826 ◊ de 2 *enrayer* ■ **1** VIEILLI Freinage ou blocage (des roues, d'un véhicule). *Sabots d'enrayage* (ou *enrayoir* n. m.). ■ **2** (1932) Arrêt accidentel du fonctionnement (d'une arme à feu, d'un mécanisme).

1 **ENRAYER** [ɑ̃ʀeje] v. tr. ‹ 8 › – 1680 ; *enroier* XIIIe ◊ de *en-* et *raie,* ancien français *roie* ■ AGRIC. Ouvrir le premier sillon dans (un champ). ■ CONTR. Dérayer.

2 **ENRAYER** [ɑ̃reje] v. tr. ‹8› – 1552 ◊ de *en-* et *rai* ■ **1** VIEILLI Entraver dans son mouvement (une roue, un véhicule). ➤ **freiner.** ♦ (fin XIXe) MOD. Empêcher accidentellement de fonctionner (une arme à feu, un mécanisme). ➤ 1 **bloquer.** *Rouille qui enraye un mécanisme.* — COUR. PRONOM. *Son fusil s'est enrayé.* ■ **2** (1611) FIG. Arrêter dans son cours (une chose qui progresse rapidement et de façon menaçante). ➤ **briser, juguler.** *Enrayer une grippe, une épidémie. Mesures propres à enrayer une crise économique.* ■ **3** (1680) TECHN. Équiper (une roue), en montant les rayons. ■ CONTR. Débloquer, désenrayer.

1 **ENRAYURE** [ɑ̃rejyʀ] n. f. – 1680 ◊ de 1 *enrayer* ■ AGRIC. Premier sillon ouvert par la charrue.

2 **ENRAYURE** [ɑ̃rejyʀ] n. f. – *enrayeure* 1676 ◊ de 2 *enrayer* ■ TECHN. Assemblage de pièces de bois rayonnant autour d'un centre.

ENRÉGIMENTER [ɑ̃reʒimɑ̃te] v. tr. ‹1› – 1722 ◊ de *en-* et *régiment* ■ VIEILLI Incorporer dans un régiment. ➤ **enrôler.** ♦ MOD. Faire entrer dans un parti, un groupe qui exige une obéissance quasi militaire. ➤ **embrigader.** « *On vous enrégimente dans cette fameuse internationale* » ZOLA. **p. p. adj.** « *les poètes et les peintres enrégimentés, asservis, réduits à célébrer les exploits et les victoires de la classe populaire* » CAILLOIS.

ENREGISTRABLE [ɑ̃ʀ(ə)ʒistʀabl] adj. – 1580 ◊ de *enregistrer* ■ **1** Qui peut être enregistré (2° ou 3°). *Image, son enregistrable.* ■ **2** Sur lequel on peut enregistrer (4°). *DVD enregistrable.* ➤ **inscriptible.**

ENREGISTREMENT [ɑ̃ʀ(ə)ʒistʀəmɑ̃] n. m. – 1310 ◊ de *enregistrer* ■ **1** DR. Transcription ou mention sur registre public, moyennant le paiement d'un droit fiscal, d'actes, de contrats, de déclarations, en vue d'en constater l'existence et de leur conférer date certaine. *Droits d'enregistrement. Administration de l'Enregistrement,* et ABSOLT *l'Enregistrement :* l'administration publique chargée de ce service. *Receveur de l'enregistrement.* — ANC. DR. Copie d'une ordonnance royale, faite par un parlement. ♦ COUR. *Enregistrement des bagages :* opération par laquelle le voyageur confie ses bagages au transporteur qui se chargera de leur acheminement. ■ **2** Action de consigner par écrit, de noter comme réel ou authentique. *L'enregistrement d'une observation, d'un fait.* « *Ce dictionnaire est un enregistrement très étendu des usages de la langue* » LITTRÉ. ■ **3** (1870) Action ou manière d'enregistrer sur un support (des informations, signaux et phénomènes divers). *Enregistrement d'une image* (➤ **vidéo**), *d'une pression.* SPÉCIALT *Enregistrement du son,* permettant de le conserver et de le reproduire. *Enregistrement mécanique* (gravure sur disque), *optique* (film cinématographique), *magnétique* (magnétophone, magnétoscope). *Enregistrement sur cassette*. Enregistrement numérique*.* ➤ **D. A. T.** *Cabine, studio d'enregistrement. Enregistrement d'une émission à transmettre en différé* (➤ **vidéogramme**). *Enregistrement public. Nouvel enregistrement d'une cassette.* ➤ **repiquage.** ♦ Le support sur lequel on a effectué un enregistrement. *Un enregistrement en mauvais état.* ♦ INFORM. Élément unitaire constitutif d'un fichier.

ENREGISTRER [ɑ̃ʀ(ə)ʒistʀe] v. tr. ‹1› – XIIe ◊ de *en-* et *registre* ■ **1** Inscrire sur un registre. *Enregistrer une commande.* — DR. Procéder à l'enregistrement de (un acte). *La donation a été enregistrée à telle date.* — COUR. *Faire enregistrer ses bagages à l'aéroport* (➤ **enregistrement**). ♦ **S'ENREGISTRER** v. pron. S'inscrire. *S'enregistrer auprès d'un organisme, d'une autorité. S'enregistrer sur un site Internet. Passagers d'un vol qui s'enregistrent en ligne.* — **p. p. adj.** *Utilisateur enregistré.* ■ **2** Consigner par écrit. ➤ **mentionner.** *Enregistrer un évènement dans son journal. Enregistrer un mot, une locution dans un dictionnaire.* ♦ Prendre bonne note de..., constater avec l'intention de se rappeler. ➤ **recueillir, relever.** « *Trente convives dont l'histoire officielle n'enregistre que les toasts* » BARRÈS. *On enregistre une hausse des prix. J'enregistre :* je prends bonne note de ce que vous dites. ■ **3** (1864) Transcrire et fixer sur un support matériel, à l'aide de techniques et appareils divers (un phénomène à étudier, une information à conserver et à reproduire). *Enregistrer les pulsations du cœur. Enregistrer sur film.* ➤ **filmer.** — *Températures enregistrées sous abri.* ■ **4** SPÉCIALT Fixer (un son, une image), sur un support matériel dans le but de le reproduire. *Enregistrer un morceau de musique au magnétophone, une émission télévisée au magnétoscope* (➤ **magnétoscoper**). *Enregistrer sur bande, cassette, disque.* « *si l'on enregistre ma voix, je ne la reconnais pas* » SARTRE. — PAR EXT. *Enregistrer un disque, une cassette :* procéder à l'enregistrement du son, de l'image (qui seront fixés sur le disque, la cassette). ➤ aussi **repiquer.** *Disque enregistré en public.* ➤ **live.** — ABSOLT *Musicien qui enregistre pour une maison de disques.* ■ **5** INFORM. Sauvegarder (un fichier, des données) sur une mémoire de stockage. *Enregistrer un document sur le disque dur. Enregistrer les modifications d'un fichier.*

ENREGISTREUR, EUSE [ɑ̃ʀ(ə)ʒistʀœʀ, øz] adj. et n. m. – 1864 ; « personne qui enregistre un acte » 1310 ◊ de *enregistrer* ■ **1** Destiné à enregistrer un phénomène, en parlant d'un appareil. ➤ **-graphe.** *Thermomètre enregistreur. Baromètre enregistreur. Appareil enregistreur et totalisateur. Caisse enregistreuse.* ♦ SPÉCIALT Qui permet d'enregistrer des sons. *Un répondeur* enregistreur. Un lecteur enregistreur* (➤ **magnétophone**). ■ **2** n. m. *Un enregistreur de pression.* AVIAT. *Enregistreur de vol* (cf. Boîte* noire). *Enregistreur de temps* (pour le pointage du personnel). ➤ 1 **pointeur.**

ENRÉSINER [ɑ̃ʀezine] v. tr. ‹1› – début XXe ◊ de *en-* et *résine* ■ SYLVIC. Reboiser (une plantation, un taillis) en résineux*. — n. m. **ENRÉSINEMENT.**

ENRHUMÉ, ÉE [ɑ̃ʀyme] adj. – *enrumé* fin XIVe ; *anrimé* XIIe ◊ de *en-* et *rhume* ■ Atteint de rhume. *Un enfant enrhumé.* ♦ Symptomatique du rhume. *Une voix enrhumée.*

ENRHUMER [ɑ̃ʀyme] v. tr. ‹1› – 1636 ; *s'enrimer* fin XVe ◊ de *en-* et *rhume* ■ Causer le rhume de (qqn). *La moindre humidité suffit à l'enrhumer.* ABSOLT « *il n'y a rien qui enrhume tant que de prendre l'air par les oreilles* » MOLIÈRE. ♦ **S'ENRHUMER** v. pron. Attraper un rhume. *Je me suis enrhumé en l'attendant.*

ENRICHI, IE [ɑ̃ʀiʃi] adj. – de *enrichir* ■ **1** (Généralt péj.) Qui s'est enrichi, qui n'a pas toujours été riche. ➤ **parvenu.** *Un commerçant enrichi.* ■ **2** Dont la proportion d'un des constituants a été augmentée. *Pain enrichi.* — NUCL. *Uranium enrichi,* dont on a augmenté la teneur en isotope fissile. ■ **3** Auquel on a ajouté des éléments (SPÉCIALT multimédias) supplémentaires. *Contenus enrichis. Livres (numériques) enrichis.* ■ CONTR. Ruiné. Allégé.

ENRICHIR [ɑ̃ʀiʃiʀ] v. tr. ‹2› – XIIe ◊ de *en-* et *riche* ■ **1** Rendre riche, ou plus riche. « *M. Ellison se dépouillerait d'une moitié de sa fortune, et enrichirait toute la multitude de ses parents* » BAUDELAIRE. « *L'industrie qui l'enrichissait* » ROMAINS. *Tourisme qui enrichit une région.* ♦ **S'ENRICHIR** v. pron. Devenir riche (cf. Faire fortune*). PROV. *Qui paye ses dettes s'enrichit.* « *Le bourgeois a gagné, épargné, et tous les jours il s'enrichit davantage* » TAINE. ■ **2** (XVe) FIG. Rendre plus riche ou plus précieux en ajoutant un ornement ou un élément de valeur. *Il a enrichi sa collection de deux pièces rares. Exemplaire enrichi de deux dessins originaux de l'artiste.* — *Enrichir une langue,* par des emprunts, des néologismes. *Des lectures qui enrichissent l'esprit,* ou ABSOLT *qui enrichissent.* ➤ **enrichissant.** — PRONOM. « *Avancer en âge, c'est s'enrichir d'habitudes* » MAURIAC. ■ **3** (fin XIXe) Apporter à (un sol) des éléments fertilisants. *Enrichir une terre par des engrais.* ♦ Traiter (un minerai) de façon à augmenter la teneur de l'un de ses constituants. — NUCL. Augmenter la teneur de (un élément naturel) en isotope fissile. ■ CONTR. Appauvrir, dépouiller, ruiner.

ENRICHISSANT, ANTE [ɑ̃ʀiʃisɑ̃, ɑ̃t] adj. – 1845 ◊ de *enrichir* ■ Qui enrichit l'esprit, apporte des connaissances. *Une lecture, une expérience enrichissante.* ■ CONTR. Abêtissant.

ENRICHISSEMENT [ɑ̃ʀiʃismɑ̃] n. m. – 1530 ; hapax XIIIe ◊ de *enrichir* ■ **1** Action, manière de rendre plus précieux ou plus riche. *Travailler à l'enrichissement d'une collection, d'un ouvrage. L'enrichissement de la langue française au XVIe siècle.* ■ **2** Élément qui enrichit, peut enrichir. *Les derniers enrichissements d'un musée.* ➤ **acquisition.** *Cette expérience sera pour vous un enrichissement.* ■ **3** (fin XVIIIe) Fait d'augmenter ses biens, de faire fortune. « *Ce n'est pas tant la richesse que l'enrichissement* » ROMAINS. *L'enrichissement de la bourgeoisie au XIXe siècle.* DR. CIV. *Enrichissement sans cause :* augmentation d'un patrimoine sans motif légitime au détriment de celui d'une autre personne. ■ **4** Traitement ayant pour but d'enrichir, d'augmenter la teneur (d'un minerai). — PHYS. NUCL. Processus par lequel on augmente la teneur (d'un élément chimique) en l'un de ses isotopes. *Conversion et enrichissement de l'uranium en uranium 235.* ■ **5** INFORM., IMPRIM. *Enrichissement (typographique) :* attribution de caractéristiques typographiques (gras, italique...) à des éléments (d'un texte). ■ CONTR. Appauvrissement, ruine.

ENROBAGE [ɑ̃ʀɔbaʒ] n. m. – 1867 ◊ de *enrober* ■ Action, manière d'enrober (un produit). *Enrobage dans une substance protectrice.* ➤ **enrobement.** ♦ Enveloppe, couche qui enrobe.

ENROBÉ, ÉE [ɑ̃ʀɔbe] adj. et n. m. – attesté 1983 ◇ de *enrober* ■ **1** FAM. (PERSONNES) Un peu gras. ➤ **enveloppé.** *Il est plutôt enrobé.* « *Je n'ai pas la taille mannequin ; je suis du genre pulpeuse, enrobée même* » G. DELACOURT. ■ **2** n. m. Granulat aggloméré par enrobage. *Enrobé bitumineux**. *Enrobé drainant :* revêtement de chaussée (granulats enrobés de bitume) qui absorbe la pluie.

ENROBEMENT [ɑ̃ʀɔbmɑ̃] n. m. – 1890 ◇ de *enrober* ■ Action d'enrober. ➤ **enrobage.** ♦ FIG. « *l'enrobement spirituel* » ARTAUD.

ENROBER [ɑ̃ʀɔbe] v. tr. ⟨1⟩ – 1838 ; « vêtir » XIIe ◇ de *en-* et *robe* ■ **1** Entourer (une marchandise, un produit) d'une enveloppe ou d'une couche protectrice. *Enrober des pilules. Enrober des fruits,* en les plongeant dans un sirop. ➤ **glacer.** — *Caramels enrobés de chocolat* (➤ **enrobeuse**). — *Enrober des matériaux dans un liant* (➤ **enrobé**). ■ **2** FIG. Envelopper de manière à masquer ou adoucir. *Des semaines « de célébrations de la liberté et du bonheur, tout cela pour enrober la réclusion et la violence »* J.-CH. RUFIN.

ENROBEUSE [ɑ̃ʀɔbøz] n. f. – v. 1960 ◇ de *enrober* ■ TECHN. Machine servant à enrober les bonbons d'une couche de chocolat ou de caramel.

ENROCHEMENT [ɑ̃ʀɔʃmɑ̃] n. m. – 1729 ◇ de *en-* et *roche* ■ TECHN. Ensemble de quartiers de roche, de blocs de béton que l'on entasse sur un sol submergé ou mouvant, pour servir de fondations ou de protection à des ouvrages immergés. *L'enrochement d'une jetée.*

ENROCHER [ɑ̃ʀɔʃe] v. tr. ⟨1⟩ – 1838 ; « pétrifier » 1554 ◇ de *en-* et *roche* ■ TECHN. Établir sur un enrochement. *Enrocher les piles d'un pont.*

ENRÔLEMENT [ɑ̃ʀolmɑ̃] n. m. – 1317 ; *enroulement* « enregistrement » 1285 ◇ de *enrôler* ■ Action d'enrôler, ou de s'enrôler. ➤ **conscription, engagement, racolage, recrutement.** *Enrôlement d'un marin,* son inscription au rôle d'équipage. ♦ FIG. Fait d'amener (qqn) à participer à une action de groupe. ➤ **embrigadement.** « *L'auteur clame violemment son enrôlement sous un drapeau* » BENDA.

ENRÔLER [ɑ̃ʀole] v. tr. ⟨1⟩ – 1464 ; « enregistrer » XIIe ◇ de *en-* et *rôle* ■ Inscrire sur les rôles* de l'armée, et PAR EXT. Amener à s'engager. ➤ **recruter.** *Enrôler des soldats.* « *Des capitaines et des armateurs viennent enrôler des matelots* » LOTI. — p. p. adj. *Soldats enrôlés.* SUBST. *Les enrôlés volontaires.* — PRONOM. S'engager. ♦ FIG. Amener à entrer dans un groupe, à s'affilier à un parti. ➤ **embrigader, enrégimenter.** « *Il enrôla tous les amours-propres dans cette lignée insensée* » CHATEAUBRIAND. — PRONOM. *S'enrôler dans un parti.*

ENRÔLEUR [ɑ̃ʀolœʀ] n. m. – 1660 ◇ de *enrôler* ■ ANCIENNT Celui qui enrôlait les soldats. ➤ **racoleur, recruteur.**

ENROUEMENT [ɑ̃ʀumɑ̃] n. m. – XVe ◇ de *enrouer* ■ Altération du timbre de la voix consécutive à une inflammation du larynx. ➤ **extinction** (de voix).

ENROUER [ɑ̃ʀwe] v. tr. ⟨1⟩ – XIIe ◇ de *en-* et ancien français *ro(i)e,* latin *raucus* → rauque ■ Rendre rauque (la voix). ➤ **érailler.** *Colère qui enroue la voix.* « *Une voix hystérique et comme enrouée par l'eau-de-vie* » BAUDELAIRE. — p. p. adj. *Voix enrouée.* ➤ 1 **voilé.** — **ÊTRE ENROUÉ, ÉE :** être atteint d'enrouement. *Je suis enroué depuis hier.* PRONOM. *Il s'est enroué à force de crier.* ■ CONTR. Éclaircir.

ENROULEMENT [ɑ̃ʀulmɑ̃] n. m. – 1641 ◇ de *enrouler* ■ **1** Ornement en spirale, objet présentant des spires. « *Les capricieux enroulements tracés par un peintre* » CHATEAUBRIAND. — SPÉCIALT Bobinage électrique, à spires espacées ou jointives constituant une bobine de self. *Enroulement primaire, secondaire d'un transformateur.* ■ **2** Disposition de ce qui est enroulé sur soi-même ou autour de qqch. *Enroulement d'un ressort. Enroulement des feuilles de la pomme de terre,* maladie virale de cette plante dont les feuilles s'enroulent en cornets.

ENROULER [ɑ̃ʀule] v. tr. ⟨1⟩ – 1334 *enrooler* ◇ de *en-* et *rouler* ■ **1** VIEILLI Rouler (une chose) sur elle-même, en rouleau ou en spirale. — MOD. PRONOM. « *Ses cheveux s'enroulaient en boucles mobiles* » MARTIN DU GARD. ■ **2** (1459) Rouler (une chose) sur, autour d'une autre. *Enrouler du fil sur une bobine.* ➤ **bobiner.** *Enrouler une pellicule.* « *Les femmes enroulaient autour de leur cou ces boas de plumes* » ALAIN-FOURNIER. — PRONOM. Entourer en faisant des anneaux, des spires. *Serpent qui s'enroule autour d'une branche. S'enrouler sur soi-même.* ➤ **se lover, se vriller.** « *Cette route qui s'enroule à la colline comme une plante grimpante* » DUHAMEL. ■ **3** Envelopper dans qqch. qui entoure. *Enrouler une momie dans des bandelettes.* ➤ **emmailloter.** — PRONOM. *La chenille s'enroule dans son cocon.* ■ CONTR. Dérouler, dévider.

ENROULEUR, EUSE [ɑ̃ʀulœʀ, øz] adj. – 1870 ◇ de *enrouler* ■ Qui sert à enrouler. *Cylindre enrouleur. Galet enrouleur,* ou SUBST. *un enrouleur :* galet facilitant l'enroulement d'une courroie autour d'une poulie. *Ceinture de sécurité à enrouleur.*

ENRUBANNER [ɑ̃ʀybane] v. tr. ⟨1⟩ – *enrubannié* 1532 ◇ de *en-* et *ruban* ■ Garnir, orner de rubans. *Enrubanner de soie une boîte de chocolats.* p. p. adj. *Dentelle enrubannée.*

ENSABLEMENT [ɑ̃sabləmɑ̃] n. m. – 1673 ◇ de *ensabler* ■ **1** Amas, dépôt de sable formé par l'eau ou par le vent ; état d'une terre, d'un port recouvert ou engorgé par ces amas. *L'ensablement progressif de la baie du Mont-Saint-Michel.* ■ **2** Fait d'être immobilisé dans le sable. *L'ensablement d'une voiture dans le désert.*

ENSABLER [ɑ̃sable] v. tr. ⟨1⟩ – 1585 intr. « s'ensabler » ◇ de *en-* et *sable* ■ **1** Engager dans le sable (un bateau). PRONOM. *Le bateau s'est ensablé,* s'est échoué dans le sable. ➤ **s'engraver.** p. p. adj. *Une barque ensablée.* — PAR EXT. *Notre voiture s'est ensablée.* ■ **2** (1611) Remplir de sable. *Inondations qui ensablent la campagne.* PRONOM. « *Nos ports s'ensablent et s'empierrent* » HUGO. ■ CONTR. Désensabler.

ENSACHAGE [ɑ̃saʃaʒ] n. m. – 1848 ; *ensachement* 1829 ◇ de *ensacher* ■ Action d'ensacher. *L'ensachage de denrées alimentaires.*

ENSACHER [ɑ̃saʃe] v. tr. ⟨1⟩ – début XIIIe ◇ de *en-* et 1 *sac* ■ Mettre en sac. *Ensacher du grain, des bonbons.*

ENSACHEUR, EUSE [ɑ̃saʃœʀ, øz] n. – 1800 ◇ de *ensacher* ■ **1** Personne chargée de l'ensachage à la main ou à la machine. ■ **2** n. f. (1890) Machine à ensacher des matières pulvérulentes. ♦ n. m. (1907) Dispositif facilitant le remplissage des sacs.

ENSANGLANTER [ɑ̃sɑ̃glɑ̃te] v. tr. ⟨1⟩ – 1080 au p. p. ◇ de *en-* et *sanglant* ■ **1** Couvrir, tacher de sang. Cour. au p. p. « *De la morve ensanglantée sort de son nez* » DURAS. ➤ **sanguinolent.** *Visage ensanglanté.* ➤ **sanglant.** ♦ PAR EXT. *Les règles de la tragédie classique interdisaient d'ensanglanter la scène,* d'y porter une action sanglante. ■ **2** Couvrir, souiller de sang qu'on fait couler (meurtre, guerre, etc.). *Les guerres, les troubles qui ont ensanglanté le pays. Crimes qui ensanglantent un règne.* ■ **3** POÉT. Colorer de rouge. « *Les clochers que le soleil couchant ensanglantait de ses feux* » CHATEAUBRIAND.

ENSAUVAGER [ɑ̃sovaʒe] v. tr. ⟨3⟩ – 1792 ◇ de *en-* et *sauvage* ■ RARE Rendre sauvage, féroce. « *Quelques semaines de campagne les ont ensauvagés. Ce sont des demi-brutes déchaînées* » BARRÈS. ♦ *Plante ensauvagée,* qui de cultivée est devenue sauvage, spontanée. — n. m. **ENSAUVAGEMENT.**

ENSEIGNANT, ANTE [ɑ̃sɛɲɑ̃, ɑ̃t] adj. et n. – 1762 ◇ de *enseigner* ■ Qui enseigne, est chargé de l'enseignement. *Le corps enseignant :* l'ensemble des professeurs et instituteurs. — n. *Enseignant de l'université.* ➤ **assistant, lecteur, maître** (de conférences), **professeur.** *Relations entre parents et enseignants. Grève des enseignants.*

1 **ENSEIGNE** [ɑ̃sɛɲ] n. f. – 1080 ; *ensenna* 980 ◇ latin *insignia,* plur. de *insigne* « marque », pris en latin populaire pour un féminin ■ **1** VX Marque, indice, preuve. — loc. adv. VX *À bonne enseigne :* sur de bonnes preuves, des garanties sûres. ♦ LITTÉR. (VIEILLI) **À TELLES ENSEIGNES QUE ;** MOD. **À TELLE ENSEIGNE QUE :** cela est si vrai que. ➤ **tellement** (que). *Il la croyait fâchée, à telle enseigne qu'il n'osait même plus lui parler* (cf. À tel point*, si bien* que). ■ **2** (1080) Symbole de commandement servant de signe de ralliement pour des troupes. *L'enseigne des légions romaines* (aigle). *Enseignes féodales* (bannières, oriflammes). ♦ LITTÉR. Drapeau. *Marcher enseignes déployées.* ■ **3** (début XVIe) Panneau portant un emblème, une inscription, un objet symbolique, qu'un commerçant, un artisan met à son établissement pour se signaler au public. ➤ **panonceau.** *Enseigne du bureau de tabac.* ➤ **carotte.** *Enseigne publicitaire. Auberge à l'enseigne du sanglier. Enseigne lumineuse d'un cinéma, d'une pharmacie.* « *Au château d'eau, l'enseigne de ce magasin fait courir tout Paris* » BALZAC. — LOC. FIG. *Être logé à la même enseigne que qqn,* être dans la même situation fâcheuse, dans le même embarras. *Lui et moi sommes logés à la même enseigne.* ♦ Raison* sociale dont dépendent plusieurs établissements. *Les enseignes de la distribution.* « *de grandes enseignes de luxe* » M. BARBERY.

2 **ENSEIGNE** [ɑ̃sɛɲ] **n. m.** – 1515 ◇ pour *porte-enseigne* ■ **1** ANCIENNT Officier qui portait le drapeau. — *Enseigne de port :* officier qui assistait le lieutenant de port. ■ **2** (1691) *Enseigne de vaisseau :* officier de la marine de guerre, d'un grade correspondant à sous-lieutenant (pour l'enseigne de 2e classe) et de lieutenant (enseigne de 1re classe).

ENSEIGNEMENT [ɑ̃sɛɲ(ə)mɑ̃] **n. m.** – XIIe ◇ de *enseigner* ■ **1** LITTÉR. Précepte qui enseigne une manière d'agir, de penser. « *Recevoir ses enseignements sur un point que Jésus a eu si fort à cœur* » BOURDALOUE. ◆ Leçon (qu'on tire de l'expérience). « *En dehors des enseignements qu'il pouvait tirer des révolutions françaises* » CAMUS. ■ **2** (1771 ; « leçon d'un maître » XVe) Action, art d'enseigner, de transmettre des connaissances à un élève. ➤ **éducation, instruction, pédagogie.** *Enseignement théorique, pratique. Enseignement des langues. Enseignement musical. Recevoir un enseignement. Établissements* d'enseignement. Méthode d'enseignement.* ➤ **pédagogie.** *Réformes de l'enseignement. Enseignement public* (organisé par l'État), *privé* (dans les écoles libres ou privées). *Principe de la liberté de l'enseignement.* « *L'enseignement que Marius voulait gratuit et obligatoire, multiplié sous toutes les formes* » HUGO. *Enseignement général ; technique, professionnel. Enseignement primaire, secondaire, supérieur.* RÉGION. **(Belgique)** *Enseignement fondamental :* enseignement maternel et primaire. *Enseignement pour adultes.* ➤ **formation** (permanente). *Enseignement par correspondance, à distance.* ➤ **téléenseignement ; autoformation.** *Centre national d'enseignement à distance (CNED). Enseignement spécialisé,* réservé aux enfants et adolescents gênés dans leur scolarité par des difficultés psychophysiologiques. ◆ (1963) *Enseignement programmé :* méthode pédagogique de transmission des connaissances utilisant un programme divisé en courtes séquences (système « questions-réponses ») et dont le déroulement est assuré par l'élève. ➤ 2 **drill.** *Enseignement assisté* par ordinateur (E. A. O.).* ◆ Profession, carrière des enseignants. *Entrer dans l'enseignement. Les fonctionnaires de l'enseignement.*

ENSEIGNER [ɑ̃seɲe] **v. tr.** ⟨1⟩ – fin XIe ◇ latin populaire °*insignare*, classique *insignire* « signaler » ■ **1** VIEILLI ou RÉGION. Faire connaître. *Un guide « qui leur eût enseigné les maisons les plus élégantes »* ROMAINS. ■ **2** Transmettre à un élève de façon qu'il comprenne et assimile (certaines connaissances). ➤ **apprendre.** *Enseigner qqch. à qqn.* « *Il comprenait et retenait aisément tout ce qu'on lui enseignait* » LESAGE. *Enseigner l'espagnol.* — **p. p. adj.** *Matières enseignées.* ABSOLT *Les diplômes requis pour enseigner.* ➤ **professer.** ◆ Apprendre à qqn, par une sorte de leçon ou par l'exemple. « *Il faut toujours enseigner la vérité aux hommes* » D'ALEMBERT. « *Un bon maître a ce souci constant : enseigner à se passer de lui* » GIDE. — PRONOM. « *Ces idées ne s'enseignaient à aucune école* » RENAN. — **(Sujet chose)** « *La servitude et l'oppression enseignent la ruse* » SAINTE-BEUVE. *L'histoire, l'expérience nous enseigne que la dictature conduit à la guerre.* ■ **3** VX Instruire. « *Quiconque enseigne une femme à ces degrés supérieurs* » MICHELET.

ENSELLÉ, ÉE [ɑ̃sele] **adj.** – 1561 ; « muni d'une selle » XIIe ◇ de *en-* et *selle* ■ *Cheval ensellé,* dont le dos se creuse exagérément au niveau des reins en forme de selle.

ENSELLEMENT [ɑ̃sɛlmɑ̃] **n. m.** – 1907 ◇ de *ensellé* ■ GÉOL. Abaissement d'un pli long.

ENSELLURE [ɑ̃selyʀ] **n. f.** – 1878 ◇ de *ensellé* ■ Concavité très prononcée de la région lombaire, chez les quadrupèdes ; cambrure de la colonne vertébrale, chez l'être humain.

1 **ENSEMBLE** [ɑ̃sɑ̃bl] **adv.** – fin XIe ◇ latin populaire °*insemul*, latin impérial *insimul* ■ **1** L'un avec l'autre, les uns avec les autres. ➤ **collectivement, conjointement ; co-, con-, syn-** (cf. En commun, de concert, de conserve). *Plusieurs personnes ensemble.* ➤ **réuni.** *Venez tous ensemble. Couleurs qui vont ensemble.* ➤ **s'accorder, s'assortir, s'harmoniser.** « *Nous ne pouvons plus vivre ensemble* » MUSSET. — SPÉCIALT *Ils vivent ensemble,* en concubinage, sans être mariés. — *Nous n'avons pas gardé les cochons* ensemble.* ■ **2** L'un avec l'autre et en même temps. ➤ **simultanément.** *Ne parlez pas tous ensemble. Chanter ensemble* (cf. En chœur). « *Dans le plus riche jardin jamais deux roses n'éclatent ensemble* » ROMAINS. ■ **3** VX À la fois. « *une âme généreuse, Mais ensemble amoureuse* » CORNEILLE. — MOD. LITTÉR. *Tout ensemble.* « *Une angoisse, qui est tout ensemble douleur, joie démesurée et désespoir* » ROMAINS. ■ CONTR. Individuellement, isolément, séparément.

2 **ENSEMBLE** [ɑ̃sɑ̃bl] **n. m.** – 1694 ; *tout-ensemble* 1668 ◇ subst. de 1 *ensemble* ■ **1** VX Unité d'une œuvre d'art, tenant à l'équilibre et à l'heureuse proportion des éléments. ➤ **cohésion, composition.** « *L'unité, tout est là. L'ensemble, voilà ce qui manque à tous ceux d'aujourd'hui* » FLAUBERT. — MOD. Unité tenant au synchronisme des mouvements et à la collaboration des divers éléments. *Les troupes ont manœuvré avec un ensemble impressionnant. Orchestre qui attaque avec ensemble.* IRON. *Ils mentent avec un ensemble touchant.* ■ **2** (milieu XIXe) **L'ENSEMBLE DES.** La totalité des éléments constituant un tout. ➤ **globalité, intégralité.** *Répondre à l'ensemble des questions. L'ensemble des habitants, de la population. L'ensemble des employés d'une entreprise.* ➤ **personnel.** « *Je les reconnais à l'ensemble de leurs actes* » CAMUS. « *Pénétrer dans tous les détails sans perdre de vue l'ensemble* » FRANCE. ◆ **D'ENSEMBLE.** ➤ 1 **général, global ; collectif, commun.** *Vue, plan, conception, action, décision d'ensemble. Avoir une idée d'ensemble.* ◆ **DANS SON ENSEMBLE.** ➤ 1 **complètement, intégralement, totalement.** « *Peindre la société dans son ensemble du sommet à la base* » GAUTIER. *Il a étudié la question dans son ensemble. Approuver des décisions dans leur ensemble.* ◆ **loc. adv. DANS L'ENSEMBLE :** en considérant plutôt l'ensemble que les divers composants. ➤ **globalement** (cf. Au total, en bloc, en gros). *Résultats satisfaisants dans l'ensemble* (cf. Tout compte* fait). ■ **3** (fin XIXe) **UN ENSEMBLE DE.** Groupe de plusieurs personnes, plusieurs choses réunies en un tout. *Ensemble de personnes.* ➤ **assemblée, collectivité, collège, corps.** *Ensemble de choses.* ➤ **assortiment, collection.** *Action collective d'un ensemble de personnes. Un ensemble de faits, de conditions, de preuves* (➤ **faisceau**). ◆ SPÉCIALT Groupe d'habitations ou de monuments. « *ces ensembles architecturaux vers lesquels [...] les rues se dirigent* » PROUST. *Grand* ensemble.* ◆ Pièces d'habillement assorties faites pour être portées ensemble. *Un ensemble de plage. Ensemble jupe-veste.* ➤ **tailleur.** *Ensemble pantalon,* comprenant un pantalon et une veste ou une tunique. ◆ Réunion de pièces de mobilier allant ensemble. *Un ensemble décoratif.* ◆ MUS. Chant simultané de plusieurs personnages dans un ouvrage lyrique. — *Ensemble vocal, instrumental :* groupe restreint de choristes, d'instrumentistes interprétant essentiellement des œuvres de musique de chambre. ➤ **chœur, orchestre.** ■ **4** (1890 ◇ traduction de l'allemand *Menge* [1883]) MATH. Collection d'éléments, en nombre fini ou infini, susceptibles de posséder certaines propriétés (notamment dont le critère d'appartenance à cette collection est sans ambiguïté), et d'avoir entre eux, ou avec des éléments d'autres ensembles, certaines relations. *La théorie des ensembles* (➤ **ensembliste**). *Définir un ensemble en extension, en compréhension. Ensemble vide* (noté ∅), ne possédant aucun élément. *L'ensemble des nombres réels, des entiers relatifs. Représentation graphique d'un ensemble.* ➤ **diagramme,** FAM. **patate.** *Loi de composition sur un ensemble.* ➤ **opération.** *Inclusion d'un ensemble dans un autre.* ➤ **sous-ensemble.** *Réunion, intersection de deux ensembles. Ensembles disjoints. Relation d'un ensemble vers un autre.* ➤ **application, fonction.** ■ CONTR. Discordance ; détail, élément, partie.

ENSEMBLIER, IÈRE [ɑ̃sɑ̃blije, ijɛʀ] **n.** – 1920 ◇ de 2 *ensemble* ■ Artiste qui crée des ensembles décoratifs. — Au cinéma et à la télévision, Assistant(e) du décorateur.

ENSEMBLISTE [ɑ̃sɑ̃blist] **adj.** – 1948 ◇ de 2 *ensemble* ■ MATH. Qui appartient à la théorie mathématique des ensembles. Qui a trait aux ensembles.

ENSEMENCEMENT [ɑ̃s(ə)mɑ̃smɑ̃] **n. m.** – 1552 ◇ de *ensemencer* ■ Action d'ensemencer ; son résultat. *L'ensemencement d'une terre, d'une rivière.*

ENSEMENCER [ɑ̃s(ə)mɑ̃se] **v. tr.** ⟨3⟩ – 1355 ◇ de *en-* et *semence* ■ **1** Pourvoir de semences (une terre). ➤ **semer.** *Ensemencer une terre de blé,* (RARE) *en blé.* ➤ **emblaver.** ■ **2** (1864) Peupler de petits poissons (une rivière, un étang). ➤ **aleviner, empoissonner.** ■ **3** Introduire des germes, des bactéries dans (un bouillon de culture, un milieu).

ENSERRER [ɑ̃seʀe] **v. tr.** ⟨1⟩ – 1549 ; « enfermer » début XIIe ◇ de *en-* et *serrer* ■ LITTÉR. Entourer étroitement, de près. « *Elle portait une guimpe et un col de guipure qui lui enserrait le cou jusqu'aux oreilles* » MAURIAC. — PAR ANAL. « *Une étroite vallée que la montagne enserre de partout comme un grand mur* » DAUDET. — FIG. « *Une âme si dégagée des liens qui l'enserrent dès sa naissance* » GIRAUDOUX. ➤ **emprisonner.**

ENSEUILLEMENT [ɑ̃sœjmɑ̃] **n. m.** – 1366 ◊ de *en-* et *seuil* ■ TECHN. Hauteur comprise entre l'appui d'une fenêtre et le plancher. *Fenêtre qui a un mètre d'enseuillement.*

ENSEVELIR [ɑ̃səv(ə)liʀ] **v. tr.** ‹2› – début XIIe ◊ de *en-* et de l'ancien français *sepelir, sevelir,* latin *sepelire* ■ **1** LITTÉR. Mettre dans une sépulture. ➤ **enterrer, inhumer.** — FIG. « *ces tombeaux où dorment les nations ensevelies* » CHATEAUBRIAND. ♦ Envelopper dans un linceul. ■ **2** (XIIIe) Faire disparaître sous un amoncellement (sans que la mort, l'anéantissement s'ensuive nécessairement). « *Tout son corps était si profondément enseveli sous les décombres qu'il était impossible de l'en retirer* » BAUDELAIRE. *Avalanche qui ensevelit un village.* ➤ **engloutir.** ♦ Enfouir en cachant. *Ensevelir un trésor.* FIG. « *La solitude coloniale énorme qui va les ensevelir bientôt eux et leur destin* » CÉLINE. — PRONOM. « *Il était venu s'ensevelir, au fond de ses marais* [...] *dans la plus inconcevable solitude* » FROMENTIN. « *la superbe Athalie, Dans un sombre chagrin paraît ensevelie* » RACINE. ➤ **plonger.** ■ CONTR. Déterrer.

ENSEVELISSEMENT [ɑ̃səv(ə)lismɑ̃] **n. m.** – XIIe ◊ de *ensevelir* ■ **1** LITTÉR. Action d'ensevelir (le corps d'un défunt). ➤ **enterrement, inhumation** (cf. aussi Mise au tombeau*). ♦ Action d'envelopper dans un linceul. *Quand* « *nous eûmes à le déshabiller pour l'ensevelissement* » BAUDELAIRE. ■ **2** Fait d'être enfoui, caché. « *cet ensevelissement des veuves sous des crêpes et des châles* » MAURIAC. ■ CONTR. Exhumation.

ENSIFORME [ɑ̃sifɔʀm] **adj.** – 1541 ◊ latin *ensis* « épée » et *-forme* ■ DIDACT. En forme d'épée. *Apophyse, cartilage, feuille ensiforme.*

ENSILAGE [ɑ̃silaʒ] **n. m.** – 1838 ◊ de *en-* et *silo* ■ AGRIC. Méthode de conservation des produits agricoles, spécialement des fourrages verts, en les mettant dans des silos. ➤ **silotage.** PAR MÉTON. *Nourrir les bêtes avec de l'ensilage.*

ENSILER [ɑ̃sile] **v. tr.** ‹1› – 1865 au p. p. ◊ de *en-* et *silo* ■ AGRIC. Mettre en silo (des produits agricoles) en vue de les conserver.

EN-SOI ➤ **SOI** (II, 2o)

ENSOLEILLEMENT [ɑ̃sɔlɛjmɑ̃] **n. m.** – 1856 ◊ de *ensoleiller* ■ État d'un lieu ensoleillé. *Appartement qui jouit d'un bon ensoleillement. Journées d'ensoleillement d'une station balnéaire.* — Temps pendant lequel un lieu est ensoleillé. *Ensoleillement annuel d'une ville.*

ENSOLEILLER [ɑ̃sɔleje] **v. tr.** ‹1› – 1852 ◊ de *en-* et *soleil* ■ **1** Remplir de la lumière du soleil. ♦ **p. p. adj.** Exposé au soleil. *Terrasse ensoleillée.* — Pendant lequel il y a du soleil. *Après-midi, automne ensoleillé.* ■ **2** FIG. Illuminer, remplir de bonheur. *L'amour qui ensoleillait leur vie.* ■ CONTR. Ombrager. Attrister.

ENSOMMEILLÉ, ÉE [ɑ̃sɔmeje] **adj.** – 1547, repris XIXe ◊ de *en-* et *sommeil* ■ Qui, sans dormir, est sous l'influence du sommeil, est mal réveillé. *Il s'assit sur son lit, encore tout ensommeillé.* ➤ **somnolent.** *Des yeux ensommeillés,* à moitié fermés par le sommeil. ■ CONTR. Éveillé.

ENSORCELANT, ANTE [ɑ̃sɔʀsəlɑ̃, ɑ̃t] **adj.** – 1605 ◊ de *ensorceler* ■ Qui ensorcelle, séduit irrésistiblement. ➤ **envoûtant, fascinant.** *Un regard, un sourire ensorcelant.*

ENSORCELER [ɑ̃sɔʀsəle] **v. tr.** ‹4 /5/› – XIIIe ; *ensorcerer* début XIIe ◊ de *en-* et *sorcier* ■ **1** Soumettre à l'action d'un sortilège, jeter un sort sur (un être). ➤ **enchanter, envoûter, marabouter.** *Ensorceler qqn par une formule, une incantation.* « *Est-ce pour maléficier aussi son cadavre que tu t'en viens à l'enterrement d'une femme que tu as ensorcelée ?* » BARBEY. ■ **2** (1554) FIG. Captiver entièrement, comme par un sortilège irrésistible. ➤ 2 **fasciner.** *Ensorceler l'esprit de qqn.* — SPÉCIALT (dans le domaine de l'amour) ➤ **charmer, séduire, vamper.** *Beauté qui ensorcelle.* « *Danton aimait les femmes. Le parti d'Orléans essaya de l'ensorceler par la maîtresse du prince* » MICHELET. ■ CONTR. Désensorceler.

ENSORCELEUR, EUSE [ɑ̃sɔʀsəlœʀ, øz] **n. et adj.** – 1539 ◊ de *ensorceler* ■ **1** VX Enchanteur, sorcier. ■ **2** FIG. Personne ensorcelante. ➤ **charmeur, séducteur, vamp.** « *Si je l'avais revue, l'ensorceleuse, j'aurais encore subi le charme qu'elle exerçait sur mon pauvre moi* » DAUDET. ■ **3** adj. RARE ➤ **ensorcelant.**

ENSORCELLEMENT [ɑ̃sɔʀsɛlmɑ̃] **n. m.** /ENSORCÈLEMENT/ – fin XIVe ◊ de *ensorceler* ■ **1** Pratique de sorcellerie ; état d'un être ensorcelé. ➤ **enchantement, envoûtement, sortilège.** *Les rites de l'ensorcellement.* ■ **2** FIG. Séduction irrésistible. ➤ **fascination.** « *Il subissait cet ensorcellement féminin, mystérieux et tout-puissant* » MAUPASSANT. ■ CONTR. Désenchantement.

ENSOUPLE [ɑ̃supl] **n. f.** – 1557 ; *ensobles* fin XIe ◊ bas latin *insubulum* ■ TECHN. Cylindre d'un métier à tisser, sur lequel on monte la chaîne.

ENSOUTANÉ, ÉE [ɑ̃sutane] **adj.** – 1610 ◊ de *soutane* ■ FAM. et PÉJ. Qui est vêtu d'une soutane ; PAR EXT. Qui est prêtre, religieux. — SUBST. « *pour voir son pape, pour se mêler à cette foule d'ensoutanés* » BUTOR.

ENSUITE [ɑ̃sɥit] **adv.** – 1532 ◊ pour *en suite* ■ **1** Après cela, plus tard. ➤ **puis,** PLAISANT. **subséquemment** (cf. Par la suite). « *éveiller la curiosité des jeunes âmes pour la satisfaire ensuite* » FRANCE. ■ **2** Derrière en suivant. *Venait ensuite le gros du cortège.* ♦ FIG. En second lieu. *D'abord, je ne veux pas ; ensuite, je ne peux pas.* ■ **3** LOC. LITTÉR. (1636) **ENSUITE DE QUOI :** après quoi, à la suite de quoi. *Il s'expliqua, ensuite de quoi tout rentra dans l'ordre.* ■ CONTR. Abord (d'abord), 1 avant ; tête (en tête) ; premièrement.

ENSUIVRE (S') [ɑ̃sɥivʀ] **v. pron.** ‹40 ; inf. et 3e pers. seult› – 1265 ; *ensuivre* XIIe ◊ latin *insequi* ■ **1** (En loc.) *Et tout ce qui s'ensuit :* et tout ce qui vient après, accompagne la chose (cf. Et tout le reste*, et tout ce que cela comporte*). « *Il faut un mariage, et tout ce qui s'ensuit !* » MOLIÈRE. ■ **2** LITTÉR. Survenir en tant qu'effet naturel ou en tant que conséquence logique. ➤ **découler, résulter.** « *Certaines données étant acceptées, certains résultats s'ensuivent nécessairement* » BAUDELAIRE. — LOC. COUR. *Jusqu'à ce que mort s'ensuive,* jusqu'à la mort du supplicié. — « *sans que rien de grave s'ensuivît* » CAILLOIS. — IMPERS. *Il s'ensuit qu'il a tort ; il ne s'ensuit pas qu'elle doive refuser.* VX *Il s'est ensuivi que... :* il s'en est suivi que. ➤ **suivre** (I).

ENSUQUÉ, ÉE [ɑ̃syke] **adj.** – date inconnue ◊ du provençal *ensuca* « assommé ; idiot » ■ RÉGION. ou FAM. Abruti. « *J'ai émergé sur le parking d'une station essence du côté d'Orléans. Bien dans le coaltar. Ensuquée et baveuse* » GAVALDA.

ENT [øɛnte] **n. m. inv.** – 2003 ◊ sigle de *espace numérique de travail* ■ Espace numérique permettant aux élèves et aux enseignants d'un établissement de consulter et d'échanger des contenus. *L'ENT d'un collège, d'une université.*

ENTABLEMENT [ɑ̃tabləmɑ̃] **n. m.** – XVIe ; « plancher » XIIe ◊ de *en-* et *table* ■ Saillie qui est au sommet des murs d'un bâtiment et qui supporte la charpente de la toiture. ♦ Partie de certains édifices qui surmonte une colonnade et comprend l'architrave, la frise et la corniche. « *Voici quatre écuyers de marbre, à genoux aux quatre coins de l'entablement d'un tombeau* » CHATEAUBRIAND. ♦ Moulure ou saillie formant la corniche d'un meuble.

ENTABLER [ɑ̃table] **v. tr.** ‹1› – 1838 ; « faire un plancher » v. 1170 ◊ de *en-* et *table* ■ TECHN. Ajuster (deux pièces) à demi-épaisseur. *Entabler les branches d'une paire de ciseaux.* — **p. p. adj.** *Pièces entablées.* — **n. f. ENTABLURE.** *L'entablure d'une lame de couteau.*

ENTACHER [ɑ̃taʃe] **v. tr.** ‹1› – 1530 ; *entachié* fin XIIe ◊ de *en-* et *tache* ■ Marquer d'une tache morale. ➤ **salir, souiller, ternir.** *Condamnation qui entache l'honneur de qqn.* ♦ **Surtout au p. p.** Gâté par quelque défaut. *Réussite entachée de scandales.* DR. *Entaché de nullité*.* ■ CONTR. Blanchir, rehausser.

ENTAILLAGE [ɑ̃tajaʒ] **n. m.** – 1836 ; autre sens avant 1410 ◊ de *entailler* ■ TECHN. Action d'entailler. *L'entaillage d'un arbre fruitier, d'une poutre.*

ENTAILLE [ɑ̃taj] **n. f.** – 1676 ; autre sens XIIe ◊ de *entailler* ■ **1** Coupure qui enlève une partie, laisse une marque allongée ; cette marque. ➤ 1 **coche, coupure, cran, encoche, fente,** 1 **raie, rainure, rayure, sillon.** *Entaille d'assemblage, d'encastrement dans une pièce de bois.* ➤ **adent, feuillure, mortaise, rainure.** *Entaille d'une greffe.* ➤ **incision.** ■ **2** Blessure longue et profonde faite dans les chairs au moyen d'un instrument tranchant. ➤ **balafre, coupure, estafilade, taillade.** *Une large, une profonde entaille.*

ENTAILLER [ɑ̃taje] **v. tr.** ‹1› – début XIIe ◊ de *en-* et *tailler* ■ **1** Couper en faisant une entaille. *Entailler une poutre.* ➤ **mortaiser.** *Entailler un arbre fruitier.* ➤ **inciser.** — *Cette vallée est* « *une coche entaillée dans un bloc de granit* » CHATEAUBRIAND. ■ **2** Blesser d'une entaille. *Il lui a entaillé le visage.* ➤ **balafrer, entamer, taillader.** *S'entailler le doigt.*

ENTAME [ɑ̃tam] **n. f.** – 1675 ; « blessure » v. 1360 ◊ de *entamer* ■ Premier morceau coupé d'une chose à manger. ➤ **bout.** *Entame du pain* (➤ **croûton**), *d'un rôti. L'entame et le talon d'un jambon.* ♦ Première carte jouée. *Une entame à pique.*

ENTAMER [ɑ̃tame] **v. tr.** ‹1› – début XIIe ◊ bas latin *intaminare* «souiller» ; radical *tangere* «toucher»

I ■ **1** Couper en incisant. ➤ **blesser, égratigner, entailler, inciser, ouvrir.** *Entamer la peau, la chair. Le coup lui entama l'os. S'entamer la joue en se rasant.* ■ **2** (XIIIe) Couper en enlevant une partie à (qqch. dont on n'a encore rien pris). *Entamer un pain, un pâté* (➤ **entame**). *Entamer à belles dents une tartine. Entamer une pièce de drap.* **p. p. adj.** *Pain entamé.* ■ **3** PAR EXT. Diminuer (un tout dont on n'a encore rien pris) en utilisant une partie. *Entamer une bouteille de vin. Entamer son capital, son patrimoine.* ➤ **ébrécher, écorner.** *Toute journée entamée est due.* — SPÉCIALT (cartes) *Entamer une couleur,* en prendre la première carte pour l'abattre. ■ **4** (CHOSES) Couper, pénétrer (la matière). *Matière tendre que la lime peut entamer.* ➤ **mordre.** *La rouille entame le fer.* ➤ **attaquer, corroder,** 1**manger, ronger.** *«Le feu n'a pu encore entamer le vieil arbre»* FROMENTIN. — MILIT. ➤ **percer.** *Les blindés réussirent à entamer la première ligne de résistance.* — FIG. *«La première espérance suffit à détruire ce que la peur et le désespoir n'avaient pu entamer»* CAMUS. ➤ **ébranler.** ■ **5 ENTAMER qqn.** VX Atteindre dans sa réputation. — VIEILLI Commencer à convaincre. *«Les abominables calomnies qu'on lui fait entendre sur moi l'ont entamé»* GIDE.

II (1283 ◊ de I, 3°) Commencer, se mettre à faire. ➤ **commencer, entreprendre.** *Entamer un discours.* ➤ **aborder, attaquer.** *Entamer le dialogue, des négociations, des poursuites.* ➤ **amorcer, ouvrir.** *Entamer une partie.* ➤ **engager.**

■ CONTR. Achever, terminer.

ENTARTER [ɑ̃taʀte] **v. tr.** ‹1› – 1987 ◊ de *en-* et *tarte* ■ FAM. Plaquer une tarte à la crème sur le visage de (qqn ; SPÉCIALT une personnalité que l'on veut ridiculiser). — **n. m. ENTARTAGE ; n. ENTARTEUR, EUSE.**

ENTARTRAGE [ɑ̃taʀtʀaʒ] **n. m.** – 1907 ◊ de *entartrer* ■ Action d'entartrer ; son résultat. *L'entartrage d'une chaudière.*
■ CONTR. Détartrage.

ENTARTRER [ɑ̃taʀtʀe] **v. tr.** ‹1› – 1907 ◊ de *en-* et *tartre* ■ Recouvrir de tartre incrusté. *Eau calcaire qui entartre les tuyaux, les chaudières.* **p. p. adj.** *Radiateur entartré. Dents entartrées.* — PRONOM. *Tuyaux qui s'entartrent.* ■ CONTR. Détartrer.

ENTASSEMENT [ɑ̃tasmɑ̃] **n. m.** – XIIIe ◊ de *entasser* ■ **1** Action d'entasser. ➤ **accumulation, amoncellement.** *L'entassement des marchandises dans un entrepôt.* ◆ Choses entassées. ➤ **amas,** 1**pile, tas.** *Les placards «lui montrèrent des entassements de rien du tout, des accumulations de loques épinglées, de cartons démolis»* COURTELINE. — FIG. *«une sorte d'entassement effrayant de choses, de lois, de préjugés, d'hommes et de faits, [...] qui n'était autre chose que cette prodigieuse pyramide que nous appelons civilisation»* HUGO. ■ **2** Le fait de s'entasser, d'être trop nombreux. *L'entassement d'une famille dans une seule pièce. «il existe d'énormes entassements organisés d'individus qu'on appelle nations»* PROUST. ■ CONTR. Dispersion ; éparpillement.

ENTASSER [ɑ̃tɑse] **v. tr.** ‹1› – XIIe ◊ de *en-* et *tas* ■ **1** Mettre (des choses) en tas, généralement sans ordre. ➤ **accumuler, amasser, amonceler, empiler.** *Entasser des marchandises en vrac dans une caisse. Ils «entassaient pavés, moellons, meubles, planches, faisaient des barricades»* HUGO. PRONOM. *Courrier en retard qui s'entasse sur le bureau. — «Des coussins entassés sur son lit la soutenaient»* GIDE. ◆ *Entasser de l'argent.* ➤ **économiser, épargner, thésauriser.** *«Entasser des économies pour des héritiers qu'on ne verra jamais, quoi de plus insensé !»* RENAN. ABSOLT *La passion d'entasser.* ➤ **accumuler, amasser.** ■ **2** Réunir (des personnes) dans un espace trop étroit. ➤ **empiler, serrer, tasser ; encaquer.** *Entasser des déportés dans un train, dans un camp.* PRONOM. *«elles louaient un taxi dans lequel elles s'entassaient toutes les trois avec l'enfant»* C. SIMON. — *«Neuf cents hommes, entassés dans l'ordure, pêle-mêle, noirs de poudre et de sang caillé»* FLAUBERT. ■ **3** Accumuler, multiplier. *Entasser arguments sur arguments* (cf. FAM. En remettre, en rajouter). — *«que de mensonges entassés pour cacher un seul fait»* BEAUMARCHAIS. ■ CONTR. Disperser, éparpiller, semer. Dépenser, prodiguer. ■ HOM. *Entassions :* entassions (enter).

ENTE [ɑ̃t] **n. f.** – début XIIe ◊ de *enter* ■ **1** ARBOR. Scion qu'on prend à un arbre pour le greffer sur un autre. ➤ **greffon.** ◆ Greffe opérée au moyen d'une ente. ■ **2** ARBOR. L'arbre sur lequel on a inséré le scion. *«Il s'interrompit pour couper une branche morte sur une ente»* SAND. ■ **3** *Prune d'ente :* variété de prunes destinées à être séchées (➤ **pruneau**). ■ **4** Manche d'un pinceau. ■ HOM. Ante.

ENTÉ, ÉE [ɑ̃te] **adj.** – 1671 ◊ de *enter* ■ BLAS. *Écu enté,* dont les partitions entrent les unes dans les autres. ■ HOM. Hanté, hanter.

ENTÉLÉCHIE [ɑ̃teleʃi] **n. f.** – *endelechie* XIVe ◊ latin *entelechia,* grec *entelekheia* «énergie agissante et efficace» ■ **1** HIST. PHILOS. Chez Aristote, État de perfection, de parfait accomplissement de l'être, par opposition à l'être en puissance, inachevé et incomplet. ■ **2** Principe métaphysique qui détermine un être à une existence définie. *L'âme, entéléchie du corps. «Gardons-nous d'imaginer des tendances au progrès, des principes directeurs des élans vitaux, ou autres entéléchies»* ROSTAND.

ENTENDANT, ANTE [ɑ̃tɑ̃dɑ̃, ɑ̃t] **n.** – 1948 ◊ de *entendre* ■ Personne qui n'est pas sourde. *Les sourds et les entendants.*

ENTENDEMENT [ɑ̃tɑ̃dmɑ̃] **n. m.** – 1120 «intelligence» ◊ de *entendre* (II) ■ **1** PHILOS. Faculté de comprendre. ➤ **compréhension, intellection.** *«Essais sur l'entendement humain», de D. Hume. «Par ce mot, entendement pur, nous ne prétendons désigner que la faculté qu'a l'esprit de connaître les objets du dehors sans en former d'images corporelles dans le cerveau pour se les représenter»* MALEBRANCHE. ◆ COUR. (dans des expr.) Ensemble des facultés intellectuelles. ➤ **cerveau, esprit, intellect, intelligence, jugement, raison ;** FAM. **comprenette, jugeote.** *Cela dépasse l'entendement :* c'est incompréhensible ; PAR EXT. c'est incroyable. ■ **2** PHILOS. (à distinguer de *raison*) Chez Kant, Fonction de l'esprit qui consiste à relier les sensations en systèmes cohérents (la raison faisant la synthèse des concepts de l'entendement). ◆ PAR EXT. Forme discursive de la pensée, s'exerçant sur ce qui est empiriquement donné.

ENTENDEUR [ɑ̃tɑ̃dœʀ] **n. m.** – XIIIe ◊ de *entendre* ■ VX Personne qui entend, comprend (bien ou mal). *«Les bons entendeurs pourront profiter à cette lecture»* VOLTAIRE. — PROV. (MOD.) *À bon entendeur, salut :* que la personne qui comprend bien en fasse son profit.

ENTENDRE [ɑ̃tɑ̃dʀ] **v. tr.** ‹41› – fin XIe, au sens de «percevoir par l'ouïe» (III, 1°) ◊ du latin *intendere* «tendre vers», puis «porter son attention vers», d'où «comprendre», enfin «vouloir» et «entendre», famille de *tendere* → 1tendre

I VOULOIR (début XIIe) **ENTENDRE QUE** (et subj.), *entendre* (et inf.) : avoir l'intention, le dessein de. ➤ 1**vouloir.** *J'entends qu'on m'obéisse, j'entends être obéi.* ➤ **exiger, prétendre.** — *Faites comme vous l'entendez.* ➤ **désirer, préférer.** *«Ma maladie aura toujours eu l'avantage qu'on me laisse m'occuper comme je l'entends»* FLAUBERT.

II SAISIR PAR L'ESPRIT ■ **1** (XIe) LITTÉR. Percevoir, saisir par l'intelligence. ➤ **comprendre, concevoir, saisir ; entendement.** *J'entends bien que ce n'est pas de votre faute.* ➤ **admettre, reconnaître,** 1**savoir.** *Comment entendez-vous cette phrase ?* ➤ **interpréter.** REM. Cet emploi est vieux quand il y a ambiguïté avec le sens III. — VIEILLI *Ne pas entendre malice à qqch. :* faire ou dire qqch. sans mauvaise intention, sans arrière-pensée. *«que trouvez-vous là de sale ? [...] Pour moi je n'y entends point de mal»* MOLIÈRE. ➤ **voir.** ◆ Comprendre. *J'entends bien ce que vous voulez dire,* et ABSOLT (fin XVe) *J'entends, j'entends bien.* — *Entends-tu ?* ou FAM. *Tu entends ?* (s'emploie pour appuyer un ordre, une menace). *Ne recommence pas, tu entends ?* REM. Cet emploi peut être compris au sens III, 1°. — *Ne pas l'entendre ainsi* (cf. III, 1° Ne pas l'entendre de cette oreille). — *Laisser entendre, donner à entendre :* laisser deviner. ➤ **insinuer.** *On m'a laissé entendre qu'il partait...* (cf. Je me suis laissé dire*). — *Se faire entendre :* faire en sorte que ce que l'on dit soit compris ; PAR EXT. avoir une certaine autorité. *Elle ne sait pas se faire entendre.* ■ **2** VX Connaître à fond ; être habile dans. ➤ **connaître.** *Entendre l'algèbre, la politique.* — MOD. (en emploi négatif) *Je n'y entends rien :* je n'y connais rien. ■ **3** (fin XIVe) (Sujet personne) Vouloir dire. *Qu'entendez-vous par ce mot ?* quel sens lui donnez-vous ? *Qu'entends-tu par là ? J'entends par là que...* ◆ *J'entends :* je veux dire (s'emploie pour apporter une précision). *«Naturellement, ça fait des techniciens, mais ça ne fait pas des soldats, des conquérants, j'entends»* BLONDIN.

III SAISIR PAR L'OUÏE ■ **1** Percevoir par le sens de l'ouïe. ➤ **ouïr ;** 1**écoute.** *Bruit que l'on peut entendre* (➤ **audible**). *Entendre qqch. nettement, clairement. Entendre tout ce qui se passe chez les voisins. On entend tout ! J'ai entendu sa voix. Avez-vous entendu ce qu'il a dit ? Voilà ce que j'ai entendu de mes propres oreilles. «Quand j'entends le mot culture, je sors mon carnet de chèques»* (GODARD d'après MORAVIA, «Le Mépris», film). — *Entendre qqn,* entendre le bruit qu'il fait. *On n'entend que lui :* il n'y a que lui qui parle. — (Avec une relative) *«Il me semble que j'entends un chien qui aboie»* MOLIÈRE. *Avez-vous entendu ce qu'il a dit ?* — (Avec une complétive, et l'indic.) *«L'essentiel est qu'on n'entende pas que nous parlons»*

ROMAINS. — (Avec l'inf.) *J'ai entendu bouger. «Entendez-vous dans les campagnes Mugir ces féroces soldats»* (La Marseillaise). — (Avec un discours direct) *Soudain on entendit : «bravo !»* ◆ LOC. FAM. *Ce qu'il faut entendre !* ou *ce qu'il ne faut pas entendre !* (pour marquer l'indignation). — *Ne pas l'entendre de cette oreille* : ne pas être d'accord, refuser une proposition, une suggestion. — *Il vaut mieux entendre ça que d'être sourd* : c'est une chose absurde. — *Raconter, dire qqch. à qui veut l'entendre*, à tout le monde. ◆ **ENTENDRE PARLER DE (qqch.)**, l'apprendre, en être informé. *Je n'ai jamais entendu parler de cela. Je n'ai plus entendu parler de lui depuis longtemps,* je n'en ai plus de nouvelles. — *Ne pas vouloir entendre parler d'une chose,* la rejeter sans même vouloir y accorder quelque attention. *Il ne veut pas entendre parler d'un chien à la maison ; il ne veut pas en entendre parler* (cf. Il n'en est pas question*). ◆ **ENTENDRE DIRE :** apprendre par la parole, par ce qui se dit. *J'ai entendu dire qu'ils s'étaient mariés.* — *Entendre dire qqch. à qqn* : entendre qqn qui dit qqch. ou entendre ce qui est dit à qqn. *Je lui ai entendu dire qu'il avait bien travaillé* (ambigu). — *Je ne suis pas venu ici pour m'entendre dire des choses désagréables,* pour qu'on me dise... *«Travailler d'arrache-pied pendant des mois, se tuer à la besogne, tout ça pour s'entendre dire qu'on fait le zouave !... C'est trop fort !»* HERGÉ. — *Je les ai entendus dire des gros mots* : j'ai entendu qu'ils disaient des gros mots. ◆ *Faire entendre (un son, une parole).* ➤ **émettre, énoncer ; 1 dire, exprimer.** *L'eau «ne faisait entendre qu'un clapotis confus»* MARTIN DU GARD. — *Se faire entendre.* ➤ **bruire, résonner.** *«Soudain, deux notes plaintives se firent entendre»* COCTEAU. ▪ **2** ABSOLT Percevoir (plus ou moins bien) par l'ouïe. *S'assurer qu'un enfant entend bien. Il n'entend pas, il est sourd* (➤ **malentendant**). *N'entendre que d'une oreille. «Que celui-là entende qui a des oreilles pour entendre»* (BIBLE). *Il entend mais n'écoute* pas.* — LOC. PROV. *Il n'est pire sourd que celui qui ne veut pas entendre.* ▪ **3** LITTÉR. Prêter l'oreille à, écouter avec attention. ➤ **écouter.** *Il faut d'abord entendre ses explications. «ce n'est pas alors sur un mot que vous m'eussiez condamnée sans m'entendre»* MUSSET. DR. *Entendre un témoin* : recueillir ses dépositions. *La cause* est entendue.* RELIG. *Entendre qqn en confession.* ◆ COUR. *Ne rien vouloir entendre* : refuser obstinément une proposition (cf. FAM. Ne rien vouloir savoir*). — COUR. **ENTENDRE RAISON :** accepter de se ranger à la raison, de suivre des conseils raisonnables. *«allez donc faire entendre raison à des gens affolés»* MAUPASSANT. *Il ne veut pas entendre raison. Je vais lui faire entendre raison,* le convaincre. ▪ **4** Écouter en tant qu'auditeur volontaire. *Aller entendre un concert, une conférence.* POÉT. Écouter. *«Entends, ma chère, entends la douce Nuit qui marche»* BAUDELAIRE. ◆ LOC. **À L'ENTENDRE :** si on l'en croit, si on l'écoute. *À l'entendre, l'affaire serait sérieuse.* ◆ Écouter favorablement (une prière, une demande). *Que le ciel vous entende !*

IV S'ENTENDRE v. pron. ▪ **1** (PASS.) LITTÉR. Être compris. *Ce mot peut s'entendre de diverses manières.* — **CELA S'ENTEND,** et ELLIPT **S'ENTEND :** c'est évident, cela va de soi. ➤ **évidemment, naturellement** (cf. Bien entendu*, bien sûr*). ◆ COUR. Être entendu, ouï. *Sa voix ne s'entend pas à plus de trois mètres.* ➤ **1 porter.** — *Ce mot, cette tournure ne s'entend plus, s'entend encore.* ➤ **se dire, s'employer.** ▪ **2** (XIIe) (RÉFL.) Être habile (dans une chose), être compétent (en qqch.). VX *«Vous vous entendez mieux que nous en trahisons élégantes»* BALZAC. — MOD. **S'Y ENTENDRE.** *Elle s'y entend, pour cuisiner !* ◆ Entendre sa propre voix. *Tu ne t'entends pas !* tu ne te rends pas compte de ce que tu dis. *On ne s'entend plus ici :* il y a tellement de bruit qu'on n'entend plus sa propre voix ou ce que disent les autres (cf. ci-dessous, 3°). ▪ **3** (RÉCIPR.) Entendre réciproquement les paroles d'autrui. *Ils ne peuvent pas s'entendre, ils sont trop loin.* ◆ Se comprendre l'un l'autre. *S'entendre à demi-mot.* ◆ (1549) Se mettre d'accord. ➤ **s'arranger, s'associer, se concerter.** *Entendons-nous sur l'heure du rendez-vous.* ➤ **convenir.** *Entendons-nous bien !,* mettons-nous bien d'accord. *Ils n'arrivent pas à s'entendre sur les moyens à employer.* ➤ **s'accorder.** — *Il faudrait s'entendre !* se mettre d'accord (s'emploie pour souligner une contradiction). — **S'ENTENDRE (AVEC qqn) :** avoir de bons rapports (avec qqn). ➤ **s'accorder, fraterniser, sympathiser.** *Ils s'entendent très bien, à merveille. Il ne s'entend pas bien avec elle ; ils ne s'entendent plus.* — *S'entendre comme chien* et chat. S'entendre comme larrons* en foire.*

▪ HOM. *Entend :* entant* (enter).

ENTENDU, UE [ɑ̃tɑ̃dy] adj. – XIIe ◇ de *entendre* ▪ **1** VX **ENTENDU À :** qui s'entend bien à, habile à. ➤ **capable, compétent, ingénieux.** *«Un homme entendu à tout, voilà Perrault»* SAINTE-BEUVE. ABSOLT *«Des hommes fins ou entendus»* LA BRUYÈRE. — MOD. *Un air, un sourire entendu,* malin, complice. *«Je vois ce que c'est, dit le Petit Chose d'un air entendu»* DAUDET. ◆ SUBST. (1651) VX *Faire l'entendu,* l'important, le malin. ▪ **2** Dont le sens est saisi. ◆ PAR EXT. Accepté ou décidé après accord. ➤ **convenu, décidé.** *C'est une affaire entendue. C'est entendu* (cf. C'est d'accord*, c'est dit*). ELLIPT (1870 *entendu et compris*) *Entendu !* (cf. D'accord). ◆ loc. adv. (1671) **BIEN ENTENDU** [bjɛ̃nɑ̃tɑ̃dy]. ➤ **assurément, évidemment, naturellement** (cf. Bien sûr*). *Vous acceptez ? Bien entendu ! Je suis allé le voir et bien entendu il venait de sortir.* — FAM. *Comme de bien entendu* (cf. Comme de juste*). ▪ **3** VX **BIEN (MAL) ENTENDU.** ➤ **compris, conçu.** PAR EXT. Disposé avec ou sans art, fait avec ou sans goût. *«Les jardins étaient bien entendus et ornés de belles statues»* VOLTAIRE. — MOD. (ABSTRAIT) **BIEN ENTENDU :** compris comme il faut. *Son intérêt bien entendu.* ▪ CONTR. Ignorant, incapable, maladroit. Incompris, inouï.

ENTÉNÉBRER [ɑ̃tenebʀe] v. tr. ⟨6⟩ – XIIIe ◇ de *en-* et *ténèbres* ▪ LITTÉR. Envelopper de ténèbres, plonger dans les ténèbres. ➤ **assombrir, obscurcir.** *«Ses vitraux colorés l'enténèbrent* [la chapelle] *de cette obscurité propre au recueillement»* CHATEAUBRIAND. — PRONOM. *«l'ombre épaisse s'enténébrant de bleu»* C. SIMON. — FIG. *«Il l'avait accusée de calomnier le monde, d'enténébrer la vie»* MAURIAC. ◆ p. p. adj. *Une salle enténébrée.* ▪ CONTR. Éclaircir. Égayer.

ENTENTE [ɑ̃tɑ̃t] n. f. – 1160 ◇ de *entendre* (II, 1°), et *s'entendre* (3°) ▪ **1** VX Connaissance approfondie. ➤ **compréhension, intelligence.** *«L'entente des affaires»* (ACADÉMIE). ◆ MOD. *À double entente :* qu'on peut comprendre, entendre de deux façons. *Phrase à double entente.* ➤ **ambigu, équivoque.** ▪ **2** Le fait de s'entendre, de s'accorder ; état qui en résulte. *Arriver, parvenir à une entente.* ➤ **accommodement, accord, convention.** *Entente tacite. «Comme par une entente muette, maintenant ils se fuyaient»* LOTI. *Entente secrète, illégale.* ➤ **collusion, complicité, connivence, intelligence.** *Entente dirigée contre qqn.* ➤ **cabale, complot, conspiration, ligue.** *Chercher un terrain d'entente.* ◆ ÉCON. *Entente entre producteurs, entre entreprises.* ➤ **cartel, comptoir** (de vente), **consortium, pool, trust.** ◆ ADMIN. *Entente préalable :* démarche administrative auprès de la caisse de Sécurité sociale, à laquelle est subordonné le remboursement d'une partie de certains soins. ◆ DR. PUBL. Collaboration politique entre États. ➤ **alliance, association** (internationale), **coalition, traité, 1 union.** *Politique d'entente.* — *Entente cordiale :* accord politique entre la France et l'Angleterre (1904). ▪ **3** *Entente, bonne entente :* relations amicales, bonne intelligence entre plusieurs personnes. ➤ **amitié, concorde, harmonie, 1 union.** *L'entente régnait. Une entente parfaite.* ➤ **idylle.** *«Ils suggéraient l'idée de l'entente modèle, du couple parfait»* MARTIN DU GARD. — *Entente sexuelle.* ▪ CONTR. Conflit, désaccord, dispute, haine, mésentente.

ENTER [ɑ̃te] v. tr. ⟨1⟩ – 1155 ◇ latin populaire °*imputare*, de *putare* «tailler, émonder», avec influence du grec *emphuton* «greffe» ▪ **1** Greffer en insérant un scion. *Enter un prunier. Enter en écusson, en fente, en œillet.* ▪ **2** FIG. et VX *«Ils entent sur cette extrême politesse un esprit de règle»* LA BRUYÈRE. ➤ **greffer.** — MOD. et LITTÉR. *«Faux raisonnements entés l'un sur l'autre»* SAINT-SIMON. ▪ **3** TECHN. *Enter deux pièces de bois d'une charpente,* les assembler bout à bout. ➤ **abouter.** ▪ HOM. Hanté, hanter. *Entassions :* entassions (entasser) ; *entèrent :* enterrent (enterrer) ; *entant :* entend (entendre).

ENTÉRAL, ALE, AUX [ɑ̃teʀal, o] adj. – 1911 ; *vers enteraux* 1701, attestation isolée ◇ du grec *enteron* «intestin» ▪ MÉD. Qui s'administre par le tube digestif. *Alimentation entérale.* — *Voie entérale.* ▪ CONTR. Parentéral.

ENTÉRALGIE [ɑ̃teʀalʒi] n. f. – 1823 ◇ de *entér(o)-* et *-algie* ▪ MÉD. Douleur intestinale.

ENTÉRINEMENT [ɑ̃teʀinmɑ̃] n. m. – 1316 ◇ de *entériner* ▪ Action d'entériner ; son résultat. *Conclure à l'entérinement d'un rapport.*

ENTÉRINER [ɑ̃teʀine] v. tr. ⟨1⟩ – 1260 ◇ ancien français *enterin* «complet, achevé», de *entier* ▪ **1** DR. Rendre définitif, valide (un acte) en l'approuvant juridiquement. ➤ **confirmer, enregistrer, homologuer, ratifier, sanctionner, valider.** *Entériner une requête. Le tribunal entérine les rapports d'experts.* ▪ **2** PAR EXT. Admettre ou consacrer. ➤ **approuver, confirmer.** *Entériner un usage. «Cette tendance à entériner l'événement accompli simplement parce qu'il est accompli»* SARTRE. ▪ CONTR. Désapprouver, refuser, rejeter.

ENTÉRIQUE [ɑ̃teʀik] adj. – 1855 ◇ de *entérite* ▪ MÉD. Relatif aux intestins. *Douleur entérique.* ➤ **entéralgie.**

ENTÉRITE [ɑ̃teʀit] **n. f.** – 1801 ◇ latin moderne *enteritis* (1795) ; de *entér(o)-* et *-ite* ■ Inflammation de la muqueuse de l'intestin grêle, généralement accompagnée de colique, de diarrhée. ➤ **entérocolite, gastroentérite.**

ENTÉR(O)-, -ENTÈRE ■ Éléments, du grec *enteron* « intestin » : *entéralgie, mésentère,* etc.

ENTÉROCOLITE [ɑ̃teʀokɔlit] **n. f.** – 1837 ◇ de *entéro-* et *colite* ■ MÉD. Inflammation simultanée des muqueuses de l'intestin grêle et du côlon.

ENTÉROCOQUE [ɑ̃teʀokɔk] **n. m.** – 1899 ◇ de *entéro-* et *-coque* ■ MÉD., BACTÉRIOL. Bactérie du genre des streptocoques, vivant en saprophyte dans l'intestin, mais pouvant devenir pathogène.

ENTÉROKINASE [ɑ̃teʀokinɑz] **n. f.** – 1903 ◇ de *entéro-*, grec *kinesis* « mouvement » et *-ase* ■ BIOCHIM. Enzyme sécrétée par les glandes de la muqueuse duodénale, qui joue un rôle dans la digestion des protéines.

ENTÉRORÉNAL, ALE, AUX [ɑ̃teʀoʀenal, o] **adj.** – 1926 ◇ de *entéro-* et *rénal* ■ MÉD. Qui se rapporte à l'intestin et au rein. *Syndrome entérorénal :* infection urinaire due à une infection intestinale chronique.

ENTÉROTOXINE [ɑ̃teʀotɔksin] **n. f.** – avant 1953 ◇ de *entéro-* et *toxine* ■ MÉD., BIOCHIM. Toxine bactérienne qui affecte l'intestin du sujet infecté. *Le vibrion cholérique produit une entérotoxine responsable du choléra. Attaque bioterroriste à l'entérotoxine staphylococcique.*

ENTÉROVACCIN [ɑ̃teʀovaksɛ̃] **n. m.** – 1922 ◇ de *entéro-* et *vaccin* ■ MÉD. Vaccin introduit par voie buccale et absorbé par l'intestin.

ENTÉROVIRUS [ɑ̃teʀoviʀys] **n. m.** – 1963 ◇ de *entéro-* et *virus* ■ VIROL. Groupe de petits virus à ARN, sans enveloppe, se développant dans le tube digestif. *Le virus de la poliomyélite appartient au groupe des entérovirus.*

ENTERRAGE [ɑ̃teʀaʒ] **n. m.** – 1755 ; « enterrement » XIVe ◇ de *enterrer* ■ TECHN. Action de tasser de la terre autour d'un moule de fonderie ; son résultat.

ENTERREMENT [ɑ̃tɛʀmɑ̃] **n. m.** – XIIe ◇ de *enterrer* ■ **1** Action d'enterrer un mort, de lui donner une sépulture. ➤ **ensevelissement, inhumation.** *On ne peut procéder à l'enterrement qu'après déclaration du décès et obtention du permis d'inhumer.* ■ **2** Ensemble des cérémonies qui précèdent et accompagnent l'enterrement. ➤ **funérailles.** *Aller à un enterrement.* ➤ RÉGION. **deuil.** *L'enterrement aura lieu demain. Enterrement religieux, civil. Enterrement sans fleurs ni couronnes. Enterrement de première classe.* ◆ LOC. *Avoir, faire une tête,* (FAM.) *une gueule d'enterrement,* un visage triste. ■ **3** (1636) Cortège funèbre. ➤ **convoi, obsèques.** *Se découvrir, se signer au passage d'un enterrement.* « *Que lentement passent les heures Comme passe un enterrement.* » APOLLINAIRE. ■ **4** (1896) FIG. Fait de mettre fin à (qqch. qui avait un avenir). *C'est l'enterrement de toutes leurs espérances, de toutes leurs illusions.* ➤ **effondrement, 1 fin, 1 mort.** *Enterrement d'un projet de loi, d'un rapport.* ➤ **abandon, 2 rejet.** — *Enterrement de première classe :* abandon radical d'un projet. ◆ *Enterrement de vie de garçon, de vie de jeune fille :* moment festif passé avec ses amis avant de se marier (cf. RÉGION. Brûlage* de culotte[s]). ■ CONTR. Exhumation.

ENTERRER [ɑ̃teʀe] **v. tr.** ‹1› – 1080 ◇ de *en-* et *terre*

I ■ **1** Déposer le corps de (qqn) dans la terre, et PAR EXT. dans une sépulture. ➤ **ensevelir, inhumer.** *On l'a enterré hier.* — *Napoléon est enterré aux Invalides. Lieux où les morts sont enterrés* (➤ **catacombe, cimetière, crypte, nécropole ; caveau, hypogée, tombe, tombeau**). *Ici est enterré X* (cf. Ci*-gît, ici repose*). « *C'est moi qui l'ai enterrée, bien close dans une bière d'un bois parfumé* » BAUDELAIRE. *Il est enterré dans ce cimetière. Il est mort et enterré,* bien mort. ■ **2** PAR EXT. Procéder ou participer aux cérémonies funèbres de (qqn). « *Le prêtre des religions, au milieu de l'assistance émue, prononce quelques paroles pour bien enterrer le mort* » LAUTRÉAMONT. — LOC. *Vous nous enterrerez tous :* vous nous survivrez. « *on avait confiance dans l'athlétique organisation de Balzac. Nous pensions fermement qu'il nous enterrerait tous* » GAUTIER. ■ **3** FIG. *Enterrer sa vie de garçon, de jeune fille :* passer un moment festif avec ses amis avant de se marier (cf. RÉGION. Brûler* sa, ses culotte[s]). ■ **4** (ABSTRAIT) Faire disparaître définitivement. *Enterrer un projet.* ➤ **abandonner.** Jeter, mettre aux oubliettes*. « *Le jour même où la malveillance, la sottise, la routine et l'envie coalisées ont essayé d'enterrer l'ouvrage* » BAUDELAIRE. **p. p. adj.** *C'est une histoire enterrée,* oubliée.

II ■ **1** (XIIIe) Enfouir (qqch.) dans la terre. *Enterrer des oignons de tulipe. Enterrer profondément une canalisation.* — FIG. *Enterrer un secret, un chagrin dans son cœur.* ➤ **cacher, ensevelir.** ■ **2** PAR EXT. Recouvrir d'un amoncellement. ➤ **engloutir, ensevelir.** — **p. p. adj.** *Il est resté deux heures enterré sous les décombres.* ■ **3** FIG. et PRONOM. *Il est allé s'enterrer dans ce village.* ➤ se **cacher,** s'**isoler,** se **retirer.**

■ CONTR. Déterrer. Exhumer. Produire. ■ HOM. *Enterre :* entèrent (enter), hantèrent (hanter).

ENTÊTANT, ANTE [ɑ̃tɛtɑ̃, ɑ̃t] **adj.** – 1813 ◇ de *entêter* ■ Qui entête (I°). « *cette musique obstinée, rapide, fuyante, entêtante* » GIDE. ➤ **enivrant, obsédant.** *Parfum entêtant.*

ENTÊTE [ɑ̃tɛt] **n. m.** – 1768 ◇ de *en* et *tête* ■ Inscription imprimée ou gravée en tête (de papiers employés dans l'administration, le commerce...). *Papier à lettres à entête. Des entêtes.* ◆ Vignette placée en tête d'un chapitre, dans la partie supérieure de la page. *Édition illustrée d'entêtes, hors-textes et culs-de-lampe.* — On écrit aussi *en-tête, des en-têtes.*

ENTÊTÉ, ÉE [ɑ̃tete] **adj.** et **n.** – XIIe ◇ de *entêter* ■ Qui fait preuve d'entêtement. ➤ **obstiné, opiniâtre, têtu.** « *Les esprits entêtés regimbent contre l'insistance* » CHATEAUBRIAND. *Il est très entêté. Un enfant entêté.* — **n.** (1694) « *La force de cervelle fait les entêtés* » JOUBERT. ➤ FAM. **cabochard** (cf. Tête de mule*). ■ CONTR. Changeant, influençable, malléable, souple, versatile.

ENTÊTEMENT [ɑ̃tɛtmɑ̃] **n. m.** – 1649 ; « mal de tête » 1566 ◇ de *entêter* ■ **1** VX Parti pris favorable. ➤ **engouement.** « *Je n'ai pas l'entêtement des grandes alliances* » MARIVAUX. ■ **2** MOD. Fait de persister dans un comportement volontaire sans tenir compte des circonstances, sans reconsidérer la situation. ➤ **obstination, opiniâtreté, ténacité.** « *Il fallut que la force même cédât au diabolique entêtement d'un enfant, car on n'appela pas autrement ma constance* » ROUSSEAU. « *cet entêtement des êtres doux que possède une certitude inébranlable* » MARTIN DU GARD. *Entêtement dans (une attitude, une opinion...).* — Caractère d'une personne têtue*. *Il est d'un entêtement incroyable.* ■ CONTR. Abandon, découragement, docilité.

ENTÊTER [ɑ̃tete] **v. tr.** ‹1› – XIIIe ◇ de *en-* et *tête*

I **v. tr.** ■ **1** Incommoder par des vapeurs, des émanations qui montent à la tête. *Vin, parfum qui entête.* ➤ **étourdir.** ■ **2** (XVIe « abrutir ») VX Remplir la tête de (qqn) d'une prévention aveuglément favorable pour (qqch.) ; occuper son esprit. « *les femmes savaient l'art d'entêter les hommes* » LESAGE. — « *Depuis que de Tartuffe on le voit entêté* » MOLIÈRE. ➤ **coiffé, entiché.**

II **v. pron.** ■ **1** VX ou LITTÉR. **S'ENTÊTER DE (qqn, qqch.).** ➤ s'**engouer.** ■ **2** (répandu XVIIIe) Persister avec obstination à (et l'inf.), dans (qqch.). ➤ se **buter,** s'**obstiner,** s'**opiniâtrer.** « *Il s'entêtait à nourrir des rancunes et des chimères* » BARRÈS. *S'entêter dans son refus.* ■ CONTR. Dégoûter. — Céder, changer.

ENTHALPIE [ɑ̃talpi] **n. f.** – 1909 ◇ grec *enthalpein* « réchauffer dans » ■ PHYS., CHIM. Grandeur thermodynamique correspondant à l'énergie interne d'un système matériel, corrigée d'un terme égal au travail nécessaire pour repousser la pression atmosphérique et occuper le volume dudit système. *Dans une transformation chimique à pression constante, la variation d'enthalpie est égale à la quantité de chaleur dégagée. Enthalpie de réaction :* chaleur dégagée dans une réaction chimique à pression constante. *Enthalpie de formation d'un composé :* chaleur dégagée à pression constante dans la réaction de formation d'une mole de ce composé. *Enthalpie libre de réaction :* énergie qui peut être libérée sous forme électrique dans une réaction.

ENTHÈSE [ɑ̃tɛz] **n. f.** – relevé en 2003 ◇ du grec *enthesis* « insertion » ■ ANAT. Zone d'insertion des ligaments, des tendons et des capsules articulaires sur l'os.

ENTHÉSOPATHIE [ɑ̃tezɔpati] **n. f.** – 1982 ◇ de *enthèse* et *-pathie* ■ MÉD. Toute maladie altérant les enthèses. *La spondylarthrite ankylosante, l'épicondylite sont des enthésopathies.* — On dit parfois *enthésiopathie.*

ENTHOUSIASMANT, ANTE [ɑ̃tuzjasmɑ̃, ɑ̃t] **adj.** – 1845 ◇ de *enthousiasmer* ■ Qui enthousiasme. *Un projet enthousiasmant.* ➤ **exaltant, passionnant.**

ENTHOUSIASME [ɑ̃tuzjasm] **n. m.** – 1546 ◇ grec *enthousiasmos* « transport divin » ■ **1** ANTIQ. Délire sacré qui saisit l'interprète de la divinité. ➤ **inspiration, transe ; ravissement.** « *Donna-t-on* *d'abord le nom d'enthousiasme* [...] *aux contorsions de cette pythie !»* VOLTAIRE. — DIDACT. *Enthousiasme poétique* : transports, exaltation du poète sous l'effet de l'inspiration*. *Je trouve indigne «d'écrire par le seul enthousiasme. L'enthousiasme n'est pas un état d'âme d'écrivain»* VALÉRY. ♦ État privilégié où l'être humain, soulevé par une force qui le dépasse, se sent capable de créer. *Pasteur «faisait de l'enthousiasme "le dieu intérieur qui mène à tout"»* MONDOR. ■ **2** MOD. Émotion intense qui pousse à l'action dans la joie. *Élan*, mouvement* d'enthousiasme.* ➤ **ardeur, 1 fougue, passion, zèle.** PAR EXT. *Il travaille sans grand enthousiasme.* ➤ **entrain.** ■ **3** COUR. Émotion poussant à admirer. *Spectacle qui déchaîne l'enthousiasme de la foule. Enthousiasme irréfléchi, aveugle.* ➤ **emballement, engouement.** *Manifester son enthousiasme.* ➤ **acclamer, applaudir.** *Parler d'un artiste, d'un ouvrage avec enthousiasme* (cf. Porter aux nues*). *«J'ai perdu presque tout mon enthousiasme pour les grands écrivains»* STENDHAL. ■ **4** (XVIIe) Émotion se traduisant par une excitation joyeuse. ➤ **allégresse, joie.** *J'accepte avec enthousiasme,* avec grande joie. *Elle s'exécuta sans enthousiasme,* à contrecœur. *Débordements d'enthousiasme.* ➤ **délire.** *Il manque d'enthousiasme, rien ne lui plaît.* ■ CONTR. Détachement, froideur, indifférence.

ENTHOUSIASMER [ɑ̃tuzjasme] v. tr. ‹1› – fin XVIe ◊ de *enthousiasme* ■ Remplir d'enthousiasme. *Orateur qui enthousiasme les foules.* ➤ **électriser, enflammer, galvaniser.** *Cette théorie, cette découverte, cette lecture m'enthousiasme.* ➤ **passionner.** — PASS. *Être enthousiasmé de, par qqch.,* ravi, transporté. *J'étais enthousiasmée par cette idée.* ♦ v. pron. *S'enthousiasmer de* (VX), *pour qqn, qqch.* ➤ **s'engouer ;** FAM. **s'emballer.** — *Il s'enthousiasme facilement.* ➤ **s'enflammer, s'exalter.** *«Il s'indigne et s'enthousiasme, on ne sait trop pourquoi»* GIDE. ■ CONTR. Dégoûter, désenchanter, ennuyer, refroidir.

ENTHOUSIASTE [ɑ̃tuzjast] adj. et n. – 1544 ◊ grec *enthusiastês* ■ **1** VX Inspiré(e) par la divinité (➤ **fanatique, visionnaire ; enthousiasme** [1o]). *«Le philosophe n'est point enthousiaste, il ne s'érige point en prophète, il ne se dit point inspiré des dieux»* VOLTAIRE. ■ **2** MOD. Qui ressent de l'enthousiasme ; qui marque de l'enthousiasme. *Le grand acteur fut rappelé dix fois par une salle enthousiaste.* ➤ **transporté** (cf. En délire ; PLAIS. chaud* comme la braise). *«Enthousiaste comme nous le sommes tous à vingt ans»* BALZAC. ➤ **exalté, optimiste, passionné.** *Un partisan enthousiaste des nouvelles doctrines.* ➤ **fanatique, fervent.** — *Accueil enthousiaste.* ➤ **chaleureux.** *Un éloge enthousiaste.* ➤ **enflammé, lyrique.** ■ **3** n. ➤ **passionné.** *C'est un enthousiaste.* ■ CONTR. Apathique, blasé, désabusé, 1 froid, négatif, sceptique.

ENTHYMÈME [ɑ̃timɛm] n. m. – *emptimeme* XVe ◊ latin *enthymema,* d'origine grecque «ce qu'on a dans la pensée» ■ LOG. Syllogisme* abrégé dans lequel on sous-entend l'une des deux prémisses ou la conclusion. «Je pense, donc je suis», *célèbre enthymème de Descartes.*

ENTICHEMENT [ɑ̃tiʃmɑ̃] n. m. – milieu XIXe ◊ de *enticher* ■ RARE Goût extrême, irraisonné. ➤ **tocade.**

ENTICHER [ɑ̃tiʃe] v. tr. ‹1› – XIIe ◊ de l'ancien verbe *entechier,* de *teche,* variante de *tache* ■ **1** VX Commencer à gâter, à corrompre. ➤ **tacher.** ■ **2** v. pron. MOD. **S'ENTICHER DE :** prendre un goût extrême et irraisonné pour. ➤ **s'engouer, se passionner,** se **toquer.** *Il s'est entiché de cette petite.* ➤ **s'amouracher.** — *Il est entiché de sport, de politique.* ➤ **fanatique, fou.** ■ CONTR. Dégoûter, 1 détacher.

ENTIER, IÈRE [ɑ̃tje, jɛʀ] adj. et n. m. – XIe ◊ latin *integer* «non touché», de *tangere* «toucher» ; cf. *intégral* ■ **1** Dans toute son étendue. ➤ **total.** — *Manger un pain entier.* ➤ **tout** (tout un, tout le). *Payer place entière,* sans réduction, intégralement. *«je voulais que l'univers entier s'occupât de moi»* FRANCE. *Dans le monde entier,* partout. FIG. *Citoyen à part* entière.* — (Dans le temps) *Durant une année entière, des années entières. Une heure entière.* ♦ (XIIe) **TOUT ENTIER :** absolument entier. ➤ **entièrement, totalement.** *Il but le verre tout entier. «Les murs évidés sont presque tout entiers occupés par les fenêtres»* TAINE. *Le pays tout entier, la ville tout entière. «Et, durant tout un jour, j'ai eu toute Venise, Venise tout entière à moi»* H. DE RÉGNIER. — *Se livrer, se donner tout entier à :* consacrer tout son temps à, se dévouer à. *Les hommes d'action «sont tout entiers dans le moment qu'ils vivent et leur génie se ramasse sur un point»* FRANCE. ■ **2** n. m. (1538) LOC. **EN SON (LEUR) ENTIER.** ➤ **2 ensemble, totalité.** *Rapporter un passage dans son entier.* ♦ loc. adv. **EN ENTIER.** ➤ **1 complètement.** *Le boulevard «est occupé presque en entier par deux ou trois bâtiments administratifs»* ROMAINS. *Lire un livre en entier.* ■ **3** Qui a toutes ses parties, à quoi il ne manque rien. ➤ **1 complet, inentamé, intact, intégral.** *Le rôti est entier, on ne l'a pas entamé. Lait entier,* non écrémé. — *Cheval entier* (XVIe), qui n'est pas châtré (opposé à *hongre*). ♦ n. m. (1538) MATH. Élément de l'ensemble ℤ (des *entiers relatifs*) ou de l'ensemble ℕ (des *entiers naturels* ou *entiers positifs*). — COUR. ➤ **unité** (opposé à *nombre fractionnaire* ou *décimal*). *Entiers pairs ou impairs. Trois tiers forment un entier.* ➤ aussi **demi-entier.** ■ **4** (XIIe) (Choses abstraites) Qui n'a subi aucune altération ; qui s'entend sans aucune restriction. ➤ **absolu, intact, parfait, total.** *Une liberté entière, pleine* et entière. Vous avez mon entière confiance.* — *La question reste entière,* elle n'a reçu aucun commencement de solution. — (Devant le nom) *Donner entière satisfaction. Une entière liberté.* ■ **5** (XVIe) (PERSONNES) Qui n'admet aucune restriction, aucune demi-mesure. *Une personne entière, très entière. Il est assez entier dans ses opinions.* ➤ **absolu, catégorique, entêté, obstiné, têtu.** *Avoir un caractère entier.* ■ CONTR. Divisé, incomplet, partiel, 1 réduit. Compréhensif, conciliant, souple.

ENTIÈREMENT [ɑ̃tjɛʀmɑ̃] adv. – fin XIIe ◊ de *entier* ■ D'une manière entière. ➤ **1 complètement, totalement, tout** (cf. En entier*, tout à fait*). *Objet entièrement fait à la main. Détruire entièrement* (cf. De fond en comble*). *Capital entièrement versé.* ➤ **intégralement.** *Elle est entièrement responsable. Ils sont entièrement d'accord.* ➤ **parfaitement** (cf. À cent* pour cent). *«Ni le réel n'est entièrement rationnel, ni le rationnel tout à fait réel»* CAMUS. ■ CONTR. Imparfaitement, incomplètement, partiellement.

ENTIÈRETÉ [ɑ̃tjɛʀte] n. f. – 1536, sorti d'usage au XVIIe, repris XXe ◊ de *entier* ■ Intégralité, totalité. *L'entièreté d'une somme.* — REM. Le mot est plus courant en Belgique et au Luxembourg.

ENTITÉ [ɑ̃tite] n. f. – v. 1500 ◊ latin *entitas,* de *ens, entis,* p. prés. de *esse* «être» ■ **1** PHILOS. Ce qui constitue l'essence d'un genre ou d'un individu. ➤ **essence, nature.** ■ **2** PHILOS. Objet considéré comme un être doué d'unité matérielle, alors que son existence objective n'est fondée que sur des rapports. *Un fleuve, un courant d'air, une vague sont des entités. Une «entité aussi inexistante que la quadrature du cercle»* PROUST. — *Entité rationnelle :* abstraction. COUR. *«l'État, cette entité monstrueuse qui fabrique des fonctionnaires»* R. ROLLAND. — *Entité mathématique.* ➤ **objet.** ■ **3** MÉD. *Entité morbide :* groupement constant de manifestations pathologiques formant un tout. ➤ **affection, complexe, maladie, syndrome.** ■ CONTR. Chose.

ENTOILAGE [ɑ̃twalaʒ] n. m. – 1755 ◊ de *entoiler* ■ **1** COUT. Pièce de toile sur laquelle on coud une broderie. — Toile dont on se sert pour entoiler. *L'entoilage d'un col.* ♦ (milieu XXe) TECHN. Reliure. ■ **2** (1785) Action d'entoiler (1o). ♦ (1901) Action de recouvrir de toile. *Entoilage des premiers avions.* ■ CONTR. Désentoilage.

ENTOILER [ɑ̃twale] v. tr. ‹1› – fin XIIe ◊ de *en-* et *toile* ■ **1** Fixer (qqch.) sur une toile. *Entoiler une carte de géographie. Entoiler le col d'un vêtement.* ■ **2** Garnir de toile ; relier en toile. *Entoiler des brochures.* ■ CONTR. Désentoiler.

ENTOIR [ɑ̃twaʀ] n. m. – 1651 ◊ de *enter* ■ TECHN. Couteau à enter, à greffer.

ENTÔLER [ɑ̃tole] v. tr. ‹1› – 1829 ◊ de *en-* et de l'argot *tôle* «chambre» ■ ARG. ■ **1** Voler (un client), en parlant d'une prostituée. *«avec des paquets de billets de banque entre les doigts, comme une fille qui a entôlé un vieux !...»* I. NÉMIROVSKY. ■ **2** FAM. Voler* en trompant. — n. m. **ENTÔLAGE,** 1903.

ENTÔLEUR, EUSE [ɑ̃tolœʀ, øz] n. – 1901 ◊ de *entôler* ■ ARG. FAM. Personne qui pratique l'entôlage.

ENTOLOME [ɑ̃tɔlɔm ; ɑ̃tolom] n. m. – *entoloma* 1878 ◊ du grec *entos* «à l'intérieur» et *lôma* «bordure» ■ BOT. Champignon des bois, à lames roses *(basidiomycètes). L'entolome livide.*

ENTOMO- ■ Élément, du grec *entomon* «insecte», de *entomos* «coupé». ➤ **-tome.**

ENTOMOLOGIE [ɑ̃tɔmɔlɔʒi] n. f. – 1745 ◊ de *entomo-* et *-logie* ■ Partie de la zoologie qui traite des insectes. *«Les plus beaux sujets de drame nous sont proposés par* [...] *l'entomologie»* GIDE. — adj. **ENTOMOLOGIQUE,** 1762.

ENTOMOLOGISTE [ɑ̃tɔmɔlɔʒist] n. – 1783 ◊ de *entomologie* ■ Spécialiste de l'entomologie.

ENTOMOPHAGE [ɑ̃tɔmɔfaʒ] adj. – 1775 ◊ de *entomo-* et *-phage* ■ DIDACT. Qui se nourrit d'insectes. *Oiseau entomophage.* ➤ **insectivore.** *La dionée, plante entomophage. Ethnies entomophages.*

ENTOMOPHAGIE [ɑ̃tɔmɔfaʒi] **n. f.** – 1823 ◇ de *entomo-* et *-phagie* ■ DIDACT. Fait de se nourrir d'insectes.

ENTOMOPHILE [ɑ̃tɔmɔfil] **adj.** – 1846 ◇ de *entomo-* et *-phile* ■ BOT. Se dit des plantes dont la fécondation (pollinisation*) est assurée par l'intermédiaire d'insectes qui transportent le pollen. *La vanille est une plante entomophile.*

ENTONNAGE [ɑ̃tɔnaʒ] **n. m.** – 1611 ◇ de 1*entonner* ■ TECHN. Action de mettre en tonneau ; son résultat. — On dit aussi *entonnaison* **n. f.** (1864) et *entonnement* (1540).

1 **ENTONNER** [ɑ̃tɔne] **v. tr.** ‹1› – fin XIIe ◇ de *en-* et 1*tonne* ■ TECHN. Verser (un liquide) dans un tonneau. *Entonner du vin, du cidre.* ➤ **enfûter.**

2 **ENTONNER** [ɑ̃tɔne] **v. tr.** ‹1› – début XIIIe ◇ de *en-* et 2*ton* ■ **1** Commencer à chanter (un air). *Entonner «la Marseillaise».* ■ **2** FIG. VIEILLI *Entonner la louange.* ➤ 1 **louer, vanter.**

ENTONNOIR [ɑ̃tɔnwaʀ] **n. m.** – XIIIe ◇ de 1*entonner* ■ **1** Petit instrument de forme conique, terminé par un tube et servant à verser un liquide dans un récipient de petite ouverture. *Entonnoir à vin* (➤ **chantepleure**). ◆ *En entonnoir* : en forme d'entonnoir. *Cirque de montagnes en entonnoir. Fleurs, champignons en entonnoir.* ■ **2** PAR ANAL. Cavité qui va en se rétrécissant. *Entonnoir naturel.* ➤ **cratère, cuvette.** ◆ COUR. Excavation produite par une explosion, un obus, une bombe. *«Couchés au bord de l'entonnoir, quelques soldats guettaient»* DORGELÈS.

ENTORSE [ɑ̃tɔʀs] **n. f.** – 1560 ◇ de l'ancien français *entordre* «tordre» ■ **1** Lésion douloureuse, traumatique, d'une articulation, provenant d'une distension violente avec ou sans arrachement des ligaments. ➤ **foulure ; déboîtement, lumbago, luxation.** *Se faire une entorse au poignet, au pied. Entorse de la cheville.* ■ **2** (XVIe) FIG. *Donner* (VX), *faire une entorse à* : ne pas respecter. *«les entorses données à la vérité par nos deux poètes»* HENRIOT. *Faire une entorse au règlement* (➤ **infraction, manquement**), *à un régime.*

ENTORTILLEMENT [ɑ̃tɔʀtijmɑ̃] **n. m.** – 1361 ◇ de *entortiller* ■ Fait de s'entortiller (autour d'une chose) ; état d'une chose entortillée. *L'entortillement du lierre, de la vigne.* — On dit aussi **ENTORTILLAGE,** 1863.

ENTORTILLER [ɑ̃tɔʀtije] **v. tr.** ‹1› – XVIe ◇ de *entourteillier* (fin XIIIe), de *entort,* p. p. de l'ancien français *entordre* «tordre» ■ **1** Envelopper (un objet) dans qqch. que l'on tortille* ; tortiller (qqch.) autour d'un objet. *Entortiller un bonbon dans du papier. Entortiller du raphia autour d'un bouquet.* ➤ **attacher, nouer.** — PRONOM. *Le lierre s'entortille autour du tronc.* ➤ **enlacer.** ■ **2** FIG. FAM. Circonvenir*, séduire (qqn) par la ruse. ➤ **embobiner, enjôler.** *Il a réussi à vous entortiller.* ➤ FAM. 1 **avoir.** *«il sut entortiller les jurés avec une conviction si sérieuse»* BALZAC. ➤ **prendre.** ■ **3** Compliquer par des circonlocutions et des obscurités. ➤ **emberlificoter, embrouiller.** *Il avait «une étonnante manière d'enrouler, d'embrouiller et d'entortiller la phrase»* DUHAMEL. — *Des phrases entortillées,* compliquées, confuses. ➤ **embarrassé.** ■ CONTR. Délacer, dénouer, désentortiller ; simplifier.

ENTOUR [ɑ̃tuʀ] **n. m.** – 1080 ◇ de *en-* et *tour* ■ **1** VX *À l'entour.* ➤ **alentour.** *Il aime les vers «quand il y a de la musique à l'entour»* RENARD. **À L'ENTOUR DE.** *Les rues à l'entour du square.* ■ **2** LITTÉR. PLUR. Les environs, le voisinage. *Les entours de la ville.* ➤ **abord, alentours.**

ENTOURAGE [ɑ̃tuʀaʒ] **n. m.** – 1776 ; hapax 1461 ◇ de *entourer* ■ **1** Personnes qui entourent habituellement qqn, et vivent dans sa familiarité. ➤ **cercle, compagnie, milieu, société, voisinage.** *Une personne de son entourage. On dit, dans l'entourage du Président, que... Le roi «vivait au milieu d'un entourage appelé la cour»* SEIGNOBOS. *Elle hasardait sa démarche «à l'insu de tout son entourage, notamment de son mari»* BOURGET. ■ **2** Ornement disposé autour de certains objets. ➤ **bordure, cadre, ceinture.** *L'entourage d'un massif, d'une tombe.*

ENTOURÉ, ÉE [ɑ̃tuʀe] **adj.** – 1606 ◇ de *entourer* ■ **1 ENTOURÉ DE...** ➤ **environné.** *Terre entourée d'eau. Être entouré d'amis. Être entouré de suspicion.* ■ **2** Qui est recherché, admiré ou aidé, soutenu par de nombreuses personnes. *Elle était très entourée. «Nul ne fut plus entouré, plus secondé, plus aimé que lui»* GIDE.

ENTOURER [ɑ̃tuʀe] **v. tr.** ‹1› – 1538 ◇ de *entour* ■ **1** Garnir (une chose) de qqch. qui en fait le tour, mettre autour de. *Entourer une ville de murailles.* ➤ **ceindre, enceindre.** *Entourer d'une clôture* (➤ **clore, clôturer, enclore**), *d'un mur* (➤ **murer**). *Entourer d'un cercle* (➤ **cercler**), *d'un cadre* (➤ **encadrer**), *d'une bordure* (➤ **border**). *Entourer les fautes en rouge. Entourer ses pieds, s'entourer les pieds d'une couverture.* ➤ **enrouler.** *«pendant que sa mère l'attirait contre elle et l'entourait de ses bras comme pour la protéger»* MARTIN DU GARD. ➤ **embrasser, étreindre.** — *Entourer un président de gardes du corps.* ◆ FIG. *Entourer qqn de soins, de prévenances, d'égards.* ➤ **combler.** *«il l'entourait d'égards, tout en se méfiant»* FLAUBERT. — *«il lui fallait entourer les réalités de l'amour de toute une nébuleuse de songes et de brillantes images»* LARBAUD. ➤ **orner,** 1 **parer.** ■ **2** (CHOSES) Être autour de (qqch., qqn) de manière à enfermer. *Les murailles qui entourent la ville.* ➤ **ceinturer, enfermer.** *Une clôture entoure le jardin.* ➤ **fermer.** *Les monts, les forêts qui entourent la vallée.* ➤ **encadrer, encercler, environner.** *«Le bonheur entourait cette maison tranquille Comme une eau bleue entoure exactement une île»* JAMMES. ■ **3** (PERSONNES) Se porter, se tenir tout autour de. *Les soldats entourent la ville.* ➤ **assiéger, boucler, cerner, encercler.** *La police entoura les manifestants.* ➤ **contenir, encadrer.** ■ **4** (PERSONNES ou CHOSES) Être habituellement ou momentanément autour de (qqn). *Les gens qui nous entourent,* vivent avec nous, près de nous. ➤ **approcher, fréquenter ; entourage.** *«Tout ce qui l'entourait, ce jardin paisible, ces fleurs embaumées, ces enfants poussant des cris joyeux, [...] ce cloître silencieux, le pénétraient lentement»* HUGO. *Les dangers qui nous entourent.* ◆ **S'ENTOURER DE v. pron.** Mettre autour de soi. *S'entourer d'objets d'art, de luxe, de confort.* — Réunir autour de soi. *Savoir s'entourer d'amis.* — FIG. *S'entourer de précautions.* ■ **5** (PERSONNES) S'occuper de (qqn), aider ou soutenir par sa présence, ses attentions. *Ses amis l'entourent beaucoup, depuis son deuil* (➤ **entouré**). ■ CONTR. Abandonner.

ENTOURLOUPE [ɑ̃tuʀlup] **n. f.** – 1936 ◇ mot d'origine obscure, p.-ê. de 3*tour* «action qui suppose de la malice, de la ruse» ■ FAM. Mauvais tour joué à qqn. *Il lui a fait une entourloupe.* — On dit aussi *entourloupette* (1931), vieilli.

ENTOURNURE [ɑ̃tuʀnyʀ] **n. f.** – 1538 ◇ de l'ancien français *entourner,* de *en-* et *torn* → 2 tour ■ COUT. Partie du vêtement qui fait le tour du bras, là où s'ajuste la manche. *Entournures trop larges, trop étroites.* ➤ **emmanchure.** ◆ LOC. *Être gêné aux entournures* : être mal à l'aise, se sentir gauche ; être incommodé dans son activité.

ENTRACCUSER (S') [ɑ̃tʀakyze] **v. pron.** ‹1› – 1130 ◇ de *entre-* et *accuser* ■ RARE S'accuser réciproquement.

ENTRACTE [ɑ̃tʀakt] **n. m.** – 1622 ◇ de *entre-* et *acte* ■ **1** Temps qui sépare un acte du suivant (dans la représentation d'une pièce de théâtre). «Entracte. *Toujours trop long»* FLAUBERT. ◆ PAR EXT. Intervalle qui sépare les diverses parties d'un concert, d'un spectacle, qui sépare deux films. *Annonces publicitaires projetées à l'entracte.* ■ **2** DIDACT. Petite pièce musicale qui s'exécute le rideau baissé, entre les actes d'un spectacle. ➤ **divertissement, intermède, intermezzo.** *Entractes* (ballets, danses) *dans certaines pièces de Molière.*

ENTRADMIRER (S') [ɑ̃tʀadmiʀe] **v. pron.** ‹1› – 1732 ◇ de *entre-* et *admirer* ■ RARE S'admirer, se louanger réciproquement.

ENTRAIDE [ɑ̃tʀɛd] **n. f.** – 1907 ◇ de *entraider* ■ Action de s'entraider ; son résultat. *L'entraide sociale.* ➤ **secours** (mutuel), **solidarité.** *Comité d'entraide. «Dans la montagne, je me suis aperçu que quelque chose de profondément humain existait, ça s'appelle l'entraide. Aider, sans rien attendre en retour»* F. THILLIEZ.

ENTRAIDER (S') [ɑ̃tʀede] **v. pron.** ‹1› – XIIe ◇ de *entre-* et *aider* ■ S'aider mutuellement. ➤ **s'aider, s'épauler, se soutenir** (cf. Se tenir, se serrer les coudes*). *«Il se faut entr'aider ; c'est la loi de nature»* LA FONTAINE. ■ CONTR. Combattre (se).

ENTRAILLES [ɑ̃tʀaj] **n. f. pl.** – 1160 ◇ bas latin *intralia* «ce qui est à l'intérieur», classique *interanea* ; cf. ancien français *entraigne* ■ **1** Ensemble des organes enfermés dans l'abdomen de l'être humain ou des animaux. ➤ **boyau,** 2 **intestin, tripe, viscère ; abat.** *Les aruspices examinaient les entrailles des animaux sacrifiés.* ■ **2** VX Intestins. *Des douleurs d'entrailles.* ➤ 1 et 2 **colique.** *«je suis souffrant des entrailles»* SAINTE-BEUVE. ■ **3** VX ou LITTÉR. Organes de la gestation. ➤ **sein.** *«Vous êtes bénie entre toutes les femmes, et le fruit de vos entrailles est béni»* («Je vous salue Marie», prière). ■ **4** FIG. et LITTÉR. Partie la plus profonde, intime, essentielle (de qqch.). *Un bruit «de balancier frappant à coups redoublés dans les entrailles du navire»* FROMENTIN. *«Le bois leur manquait : ils ont creusé jusque dans les entrailles du sol»* TAINE. ■ **5** (XIIe) FIG. et LITTÉR. Partie profonde de l'être sensible, siège des émotions*. ➤ **âme** (II), **cœur** (II), **sensibilité.** *J.-J. Rousseau donna «des entrailles à tous les mots»* JOUBERT. *Une personne sans entrailles,* insensible.

ENTRAIN [ɑ̃tʀɛ̃] **n. m.** – 1817 ◇ de la loc. *être en train* ■ **1** Vivacité et bonne humeur communicatives. ➤ **activité, allant, ardeur, chaleur, enthousiasme,** 1 **feu,** 1 **fougue, vie, vivacité.** *Avoir de l'entrain ; être plein d'entrain* (➤ **boute-en-train**). *Entrain au travail.* ➤ **cœur.** *Avec entrain.* ➤ **allègrement.** ■ **2** Animation, vivacité (dans les actes, les paroles). *La conversation manque d'entrain. «Et les sarcasmes, les saillies, les quolibets ; cette chose française qu'on appelle l'entrain»* HUGO. ■ CONTR. Apathie, 1 calme, inertie, froideur, nonchalance, tristesse.

ENTRAÎNABLE [ɑ̃tʀɛnabl] **adj.** /ENTRAINABLE/ – 1794 «qui peut être détourné de son devoir» ◇ de *entraîner* ■ RARE Qui peut être entraîné (PR. et FIG.). *Foule facilement entraînable.* ➤ **influençable.** *«L'homme est faible et bête, entraînable pour un rien»* MAUPASSANT.

ENTRAÎNANT, ANTE [ɑ̃tʀɛnɑ̃, ɑ̃t] **adj.** /ENTRAINANT, ANTE/ – 1769 ◇ de *entraîner* (I, 3°) ■ **1** Qui entraîne. *Style entraînant. Orateur véhément à l'éloquence entraînante.* ➤ **convaincant, éloquent.** ■ **2** D'un rythme vif et marqué (musique). *Une marche militaire entraînante. Air, refrain entraînant.*

ENTRAÎNEMENT [ɑ̃tʀɛnmɑ̃] **n. m.** /ENTRAINEMENT/ – avant 1714 sens I, 2° ◇ de *entraîner*

I ■ **1** VX Action d'entraîner, d'avoir pour conséquence inéluctable. ➤ **enchaînement.** *«Les stoïciens croyaient que tout arrive par un entraînement nécessaire»* (Dictionnaire de Trévoux). ♦ (XXe) MOD. Communication d'un mouvement ; organes solidaires qui l'assurent. ➤ **transmission.** *Entraînement par courroies, engrenages. Arbre d'entraînement. Entraînement de la pompe par le moteur.* ♦ ÉCON. Capacité d'un secteur à susciter la croissance d'autres secteurs. ■ **2** Mouvement* par lequel l'être humain se trouve déterminé à agir, indépendamment de sa volonté consciente et réfléchie. *L'entraînement des passions, des habitudes.* ➤ **chaîne,** 2 **courant, engrenage, force, pente.** *Céder à ses entraînements.* ➤ 1 **élan, emballement, impulsion.** *Dans l'entraînement de la discussion.* ➤ **chaleur,** 1 **feu.** *«il était capable de soumettre à la raison les entraînements les plus passionnés de sa nature véhémente»* JAURÈS.

II ■ **1** (1828 t. de sport hippique) Action d'entraîner (II), de s'entraîner en vue d'une compétition sportive ; état de celui (personne, animal) qui est ainsi entraîné. ➤ **training.** *Entraînement d'un boxeur, d'un athlète, d'une équipe.* ➤ **coaching.** *Partenaire d'entraînement :* recomm. offic. pour *sparring partner. Entraînement d'un cheval, d'un chien. Match, terrain d'entraînement. Entraînement intensif, scientifique.* PAR EXT. *Entraînement des soldats.* ➤ **exercice ;** 2 **drill.** *À l'entraînement :* pendant les séances d'entraînement. ■ **2** Préparation* méthodique, apprentissage par l'habitude. *Vous y parviendrez avec un peu d'entraînement. Il manque d'entraînement.*

ENTRAÎNER [ɑ̃tʀene] **v. tr.** ‹1› /ENTRAINER/ – XIIe ◇ de *en-* et *traîner*

I EMMENER DE FORCE, POUSSER À ■ **1** (CHOSES) Emmener (qqch., qqn) de force avec soi. *Torrent qui entraîne des arbres sur son passage.* ➤ **charrier, emporter.** *Le courant entraîne le navire vers la côte.* ➤ **drosser, pousser.** *L'avalanche a entraîné les skieurs.* — MÉCAN. Communiquer son mouvement à. *Moteur qui entraîne une machine. Piston qui entraîne une bielle.* ♦ FIG. et LITTÉR. *«La fuite du temps entraîne tout ce qui s'attachait à lui»* GIDE. ■ **2** (PERSONNES) Conduire, mener (qqn) avec soi. ➤ **emmener, mener, pousser, tirer.** *Danseur qui entraîne sa cavalière.* ➤ **diriger.** *«Il m'a pris par la taille et m'a entraîné jusqu'au bar»* DJIAN. ♦ Conduire (qqn) en exerçant une pression morale. *«il avait décampé, un beau matin, entraînant avec lui un camarade»* MARTIN DU GARD. *Il s'est laissé entraîner.* ♦ PAR MÉTAPH. LITTÉR. *«Je me livre en aveugle au destin qui m'entraîne»* RACINE. ■ **3** FIG. Pousser (qqn) à, vers (qqch.) par un enchaînement psychologique ou matériel. *Son enthousiasme l'entraîne trop loin.* ➤ **emporter, pousser.** *«Le vulgaire est entraîné, les grands caractères sont ceux qui luttent»* VIGNY. *«Vous êtes attiré dans l'amitié, vous êtes entraîné dans l'amour»* Mme DE LAMBERT. — *Entraîner à* (et inf.). ➤ 1 **amener, conduire, décider, engager,** 1 **porter.** *«votre erreur n'est pas un crime, mais elle vous en fait commettre un ; car elle vous entraîne à prêcher la guerre»* FUSTEL DE COULANGES. ♦ Pousser à penser ou à agir par la conviction. *Des idées capables d'entraîner les esprits.* ➤ **convaincre,** FAM. **emballer.** ABSOLT *Éloquence qui entraîne.* ➤ **captiver, conquérir, séduire.** ♦ **SE LAISSER ENTRAÎNER** (SPÉCIALT par un plaisir, un sentiment). ➤ **détourner, distraire, égarer.** *Se laisser entraîner dans une aventure.* ➤ **embarquer.** ■ **4** Avoir pour conséquence nécessaire, inévitable. ➤ 1 **amener,** 1 **causer, impliquer, occasionner, produire, provoquer.** *«Un mot en a entraîné un autre, et quand je me suis rendu compte que je lui racontais ma vie par le menu, il était déjà trop tard»* DAENINCKX. *Cette imprudence risque d'entraîner de graves conséquences.* ➤ **déclencher.** *Cette décision doit logiquement en entraîner d'autres.* ➤ **appeler.** *«Elle a cru que ma perte entraînait sa ruine»* RACINE.

II PRÉPARER À ■ **1** (1828 ◇ anglais *to train*) Préparer (un animal, une personne, une équipe) à une performance sportive, au moyen d'exercices appropriés. ➤ **exercer.** *Entraîner un cheval, un athlète, en vue d'une course. Entraîner une équipe de football* (➤ **entraînement, entraîneur**). ABSOLT Servir d'entraîneur. ➤ **coacher.** — PRONOM. *Boxeur qui s'entraîne sur un punching-ball. Ils s'entraînent pour le championnat de tennis. S'entraîner sur un home-trainer, un rameur. — Nageur bien entraîné.* ■ **2** PAR EXT. Faire l'apprentissage de (qqn). *Entraîner qqn à un exercice.* ➤ **aguerrir, endurcir, former.** *Entraîner des soldats au maniement des armes.* ♦ PRONOM. **S'ENTRAÎNER À :** faire l'apprentissage de, en s'habituant. *«me promener avec des cailloux dans la bouche pour m'entraîner à discourir»* P. ÉMOND. ➤ **s'exercer, se familiariser.** — *Orateur entraîné au dialogue.* ➤ **rompu.**

■ CONTR. Arrêter, freiner, retenir.

ENTRAÎNEUR, EUSE [ɑ̃tʀɛnœʀ, øz] **n.** /ENTRAINEUR, EUSE/ – 1828 ◇ de *entraîner* ■ **1** Personne qui entraîne (II) les chevaux pour la course. ■ **2** Personne qui entraîne (II) un coureur, un athlète, une équipe sportive. ➤ **coach** (ANGLIC.), **instructeur, manageur, moniteur, préparateur.** *L'entraîneur d'un boxeur, d'une équipe de rugby. L'entraîneuse de notre championne.* — (1884) Personne qui précède à motocyclette un cycliste pour lui couper le vent. *Course avec entraîneur,* derrière motos. ■ **3** Personne qui entraîne (I) les autres à sa suite. ➤ **meneur.** Plus cour. **ENTRAÎNEUR, EUSE** *(d'hommes, de peuple, etc.).* ➤ **chef, conducteur, passionaria.** *Lassalle «très remarquable entraîneur d'hommes, poète et tribun»* HENRIOT. ■ **4** n. m. CHIM. Élément ajouté en grande quantité à un mélange pour entraîner un de ses isotopes présents à l'état de traces.

ENTRAÎNEUSE [ɑ̃tʀɛnøz] **n. f.** /ENTRAINEUSE/ – 1932 ◇ de *entraîneur* ■ Jeune femme employée dans les bars, les dancings pour engager les clients à danser (➤ **taxigirl**), à consommer.

ENTRAIT [ɑ̃tʀɛ] **n. m.** – *entrais* 1416 ◇ p. p. de l'ancien français *entraire* «attirer», de *traire* «tirer» ■ TECHN. Poutre horizontale qui relie la base des arbalétriers dont elle maintient l'écartement.

ENTRANT, ANTE [ɑ̃tʀɑ̃, ɑ̃t] **adj. et n.** – XIIe ◇ de *entrer* ■ **1** Qui entre (dans un groupe). *Le nombre des élèves entrants va augmenter.* — SPÉCIALT Qui prend son tour dans l'exercice temporaire d'une fonction. *Ministres entrants.* — TECHNOL. Qui est placé à l'entrée d'un appareil, d'un dispositif. *Le signal entrant* (opposé à *sortant*). ■ **2** n. (surtout plur.) Personne qui entre. *L'accueil des entrants.* ➤ **arrivant.** ■ CONTR. Sortant.

ENTRAPERCEVOIR [ɑ̃tʀapɛʀsəvwaʀ] **v. tr.** ‹28› – 1876 ◇ de *entre* et *apercevoir* ■ Apercevoir à peine, d'une manière fugitive. *Je l'ai juste entraperçu.*

ENTRAVE [ɑ̃tʀav] **n. f.** – 1530 ◇ de *entraver* ■ **1** Ce qu'on met aux jambes d'un animal pour gêner sa marche. ➤ **billot, lien.** *Cheval qui brise ses entraves, qui se libère d'une entrave.* — PAR EXT. Lien servant à attacher qqn. *Les entraves d'un esclave, d'un prisonnier.* ➤ **cep, chaîne, fer.** ■ **2** FIG. Ce qui retient, gêne, assujettit. *Cette loi est une entrave à la liberté de la presse. Leurs perpétuelles objections sont des entraves à notre action.* ➤ **empêchement, frein, gêne, obstacle.** *Les artistes «se sont dégagés des entraves de la symétrie»* TAINE. ➤ **assujettissement, chaîne, contrainte.** *Sans entraves. Les entraves morales qu'impose la société. «l'art ne tolère ni limites ni entraves»* CAILLOIS. — DR. *Délit d'entrave* (à une liberté, à l'exercice d'une fonction, etc.). *Entrave à la justice.* ■ CONTR. Émancipation, libération. Liberté, licence.

ENTRAVÉ, ÉE [ɑ̃tʀave] **adj.** – 1846 ◇ de 1 *entraver* ■ **1** Qui a des entraves. FIG. Gêné. ■ **2** *Jupe entravée,* très resserrée dans le bas. ■ **3** (1887) PHONÉT. *Voyelle entravée,* en syllabe* fermée. ■ CONTR. Libre.

1 **ENTRAVER** [ɑ̃tʀave] **v. tr.** ‹1› – 1493 ◇ de *en-* et de l'ancien français *tref* «poutre», du latin *trabs* → travée ■ **1** Retenir, attacher* (un animal) au moyen d'une entrave. ➤ **empêtrer.** *Entraver un cheval pour le ferrer.* ♦ PRONOM. RÉGION. (Auvergne, Limousin, Bordelais) *S'entraver dans (qqch.),* se prendre les pieds dans. *S'entraver dans le tapis.* ➤ **empêtrer ;** RÉGION. **enfarger.** ■ **2** (1580)

FIG. Empêcher de se faire, de se développer. ➤ **embarrasser, 2 enrayer, freiner, gêner.** *Entraver la circulation.* ➤ **obstruer.** *Des rivaux ont entravé sa carrière* (cf. Mettre des bâtons* dans les roues). *Entraver les décisions, les initiatives, les projets de qqn.* ➤ **contrarier.** « *Quand rien n'entrave l'action l'âme a bien moins de raisons pour agir* » R. ROLLAND. ■ CONTR. Désentraver. Émanciper. Faciliter. Dépêtrer (se).

2 **ENTRAVER** [ɑ̃tʀave] v. tr. ‹1› – 1460 ◊ altération de *enterver* « comprendre » (XIIIe) ; du latin *interrogare* → interroger ■ ARG. Comprendre*. ➤ **2 piger.** *J'y entrave que couic, que dalle* : je n'y comprends rien.

ENTRAXE [ɑ̃tʀaks] n. m. – *entre-axe* 1904 ◊ de *entre* et *axe* ■ TECHN. Distance séparant deux axes. *L'entraxe des voies de chemin de fer.* ➤ **entrevoie.** ■ HOM. Anthrax.

ENTRE [ɑ̃tʀ] prép. – XIIe ◊ latin *inter* → inter-

I DANS L'INTERVALLE DE ■ **1** Dans l'espace qui sépare (des choses, des personnes). *Les Pyrénées s'étendent entre la France et l'Espagne.* « *le pays d'entre Sambre et Meuse* » RACINE. *Herbe qui pousse entre les pavés. On aperçoit la lune entre les branches.* ➤ **à travers.** *Distance, écart compris entre deux points.* ➤ **intervalle.** *Tenir entre ses doigts, entre le pouce et l'index. Tomber entre les mains de l'ennemi,* en sa possession, en son pouvoir. — *Mettre un mot entre parenthèses, entre guillemets*, entre crochets. Lire entre les lignes*. Entre quatre murs*. Entre ciel* et terre. Être assis entre deux chaises*. Entre le marteau et l'enclume*. Parler entre ses dents*.* — Dans une série, une suite. *F est entre E et G, 8 entre 7 et 9. Mettre une chose entre deux autres* (➤ **insérer, intercaler**). ■ **2** Dans le temps qui sépare (deux dates, deux époques, deux faits). ➤ **entre-temps.** *Nous passerons entre midi et deux (heures)* : à l'heure du déjeuner. *Entre le coucher et le lever du soleil. Entre sa dixième et sa douzième année. Personnes entre deux âges.* « *une femme de cette espèce dite entre deux âges, parce qu'elle refuse obstinément de dire adieu à l'un pour entrer dans l'autre* » DUHAMEL. *Entre les deux guerres* (➤ **entre-deux-guerres**). *Entre chien* et loup. Entre la poire et le fromage*.* ■ **3** FIG. À égale distance de. *Être pris entre deux feux, deux nécessités. Être entre la vie et la mort.* — (En participant de deux choses). *Couleur entre le gris et le bleu.* — *Entre les deux*.* ➤ **intermédiaire** (cf. À demi, à moitié).

II AU MILIEU DE ■ **1** (En tirant d'un ensemble). *Hésiter, choisir entre plusieurs solutions.* ➤ **parmi.** *Il est brave entre les braves,* extrêmement brave. *Je le reconnaîtrais entre tous. Lequel d'entre vous accepte ? Une question difficile entre toutes.* « *Entre toutes les différentes expressions qui peuvent rendre une seule de nos pensées, il n'y en a qu'une qui soit la bonne* » LA BRUYÈRE. ➤ **1 de.** *Certains d'entre eux.* — **ENTRE AUTRES.** *Il y avait, entre autres choses, quelques objets d'art,* parmi d'autres choses. — (Sans nom) ➤ **notamment.** *J'ai vu, entre autres, un joli meuble. M. X, entre autres, était là.* ■ **2** VX (En considérant un ensemble, en mettant dans un ensemble). Au nombre de. « *Vous, que l'Orient compte entre ses plus grands rois ?* » RACINE. ■ **3** (Suivi d'un pron. pers. ou d'un nom de pers. au plur. sans art.) En ne sortant pas d'un groupe (de personnes) ; en formant un cercle fermé. *Ils veulent rester entre eux. Dîner entre amis. Cette affaire doit rester entre nous,* ne doit pas être révélée, divulguée. *Soit dit entre nous,* ELLIPT *Entre nous* : de vous à moi seulement, dans le secret. « *Moi aussi, j'ai des histoires dans ma vie, mon vieux, mais je n'en parle pas. C'est entre moi et moi* » Y. NAVARRE.

III EXPRIMANT UN RAPPORT ENTRE PERSONNES OU CHOSES ■ **1** Réciprocité (l'un l'autre, l'un à l'autre, avec l'autre). — (Apr. un v. d'action) *Les loups se dévorent entre eux.* ➤ **entre-** (s'entredévorer). *S'aider entre voisins.* — (Apr. un nom) *Le combat entre Hector et Achille. Match entre deux équipes.* « *L'entente qui régnait entre mes parents* » GIDE. « *Des cérémonies, pourquoi ? Entre nous !* » SARTRE. — SPÉCIALT En sous-entendant une liaison sentimentale. *Qu'y a-t-il exactement entre eux ? Entre eux, c'est fini.* ■ **2** Comparaison. *Rapport, accord, ressemblance, contraste, discordance, disproportion, opposition entre deux choses.* « *Il n'y a rien de commun en effet entre un maître et un esclave* » CAMUS.
■ CONTR. Hors (de). ■ HOM. Antre.

ENTRE- ■ Élément, du latin *inter.* ■ **1** Servant à former des noms désignant l'intervalle, la partie située entre deux choses (➤ **inter-** ; *entracte, entrefilet*), désignant une action mutuelle *(entraide, entrevue).* ■ **2** Servant à former des verbes indiquant une action réciproque *(s'entraider, s'entrelacer)* ou une action qui ne se fait qu'à demi *(entrebâiller, entrouvrir, entrevoir).*

ENTREBÂILLEMENT [ɑ̃tʀəbajmɑ̃] n. m. – 1561 ◊ de *entrebâiller* ■ Intervalle formé par ce qui est entrebâillé. ➤ **ouverture.**

ENTREBÂILLER [ɑ̃tʀəbaje] v. tr. ‹1› – 1465 ◊ de *entre-* et *bâiller* ■ Ouvrir très peu (une porte, une fenêtre). ➤ **entrouvrir.** « *Thénardier entrebâilla la porte, livra tout juste passage à Jean Valjean* » HUGO. — PRONOM. *La fenêtre s'entrebâille.* — *Volets entrebâillés.*

ENTREBÂILLEUR [ɑ̃tʀəbajœʀ] n. m. – v. 1950 ◊ de *entrebâiller* ■ Dispositif de protection (chaîne, tige métallique) permettant d'entrebâiller une porte sans qu'on puisse l'ouvrir complètement.

ENTRECHAT [ɑ̃tʀəʃa] n. m. – 1609 ◊ italien *intrecciata (capriola intrecciata* « saut entrelacé »), d'après *chasser* ; cf. *chassé-croisé* ■ **1** CHORÉGR. Saut pendant lequel les pieds se croisent rapidement en passant alternativement l'un devant l'autre. *Entrechat à six battements.* ■ **2** COUR. Saut, gambade. *Faire des entrechats* : gambader. — FIG. « *un brusque entrechat de clarinette* » GIDE.

ENTRECHOQUEMENT [ɑ̃tʀəʃɔkmɑ̃] n. m. – 1587 ◊ de *entrechoquer* ■ Choc* réciproque de plusieurs choses ou personnes. ➤ **collision.** *L'entrechoquement des verres. L'entrechoquement des idées.*

ENTRECHOQUER [ɑ̃tʀəʃɔke] v. tr. ‹1› – 1550 ◊ de *entre-* et *choquer* ■ **1** v. pron. Se choquer l'un contre l'autre. *Cliquetis de verres qui s'entrechoquent.* « *Le train grinça de tous ses essieux et les wagons s'entrechoquèrent* » MAC ORLAN. FIG. ➤ **se heurter.** « *des mots, sans lien, s'entrechoquent dans sa tête* » MARTIN DU GARD. ■ **2** v. tr. (avant 1780) Choquer, heurter l'un contre l'autre. *Ils entrechoquent des cailloux pour faire du feu.* FIG. « *il entrechoquait si puissamment dans sa main toutes les idées sonores du moment* » HUGO.

ENTRECOLONNEMENT [ɑ̃tʀəkɔlɔnmɑ̃] n. m. – 1567 ◊ de *entre-* et *colonne* ■ ARCHIT. Intervalle entre deux colonnes consécutives. — On a dit aussi *entrecolonne.*

ENTRECÔTE [ɑ̃tʀəkot] n. f. – 1746 n. m. ◊ de *entre-* et *côte* ■ Morceau de viande de bœuf coupée entre les côtes. *Une entrecôte persillée. Entrecôte marchand de vin, à la bordelaise* (vin rouge, échalotes). *Entrecôte Bercy* (vin blanc, échalotes).

ENTRECOUPÉ, ÉE [ɑ̃tʀəkupe] adj. – fin XVIe ◊ de *entrecouper* ■ Interrompu à plusieurs reprises. ➤ **intermittent, saccadé.** « *Je ne répondais que par des paroles entrecoupées* » RIMBAUD. « *d'une voix monotone, sourde et entrecoupée, elle chanta une chanson* » MAC ORLAN. *D'une voix entrecoupée de sanglots.* ■ CONTR. Continu, égal, ininterrompu.

ENTRECOUPER [ɑ̃tʀəkupe] v. tr. ‹1› – XIIe pron. ◊ de *entre-* et *couper* ■ **1** RARE Couper, diviser à plusieurs reprises. ■ **2** (XIIIe) Interrompre par intervalles. *Entrecouper un récit de rires, de commentaires, par des commentaires.* ➤ **entremêler.**

ENTRECROISEMENT [ɑ̃tʀəkʀwazmɑ̃] n. m. – 1600 ◊ de *entrecroiser* ■ État, forme de ce qui est entrecroisé. ➤ **entrelacs, réseau*.** *Entrecroisement de lattes.*

ENTRECROISER [ɑ̃tʀəkʀwaze] v. tr. ‹1› – 1320 ◊ de *entre-* et *croiser* ■ Croiser ensemble, à plusieurs reprises. ➤ **entrelacer.** *Entrecroiser des fils, des rubans.* ♦ PRONOM. FIG. « *Rien n'est parfait ; mais tout se tient, s'étaye, s'entrecroise* » FRANCE. ♦ **p. p. adj.** *Lignes entrecroisées.*

ENTRECUISSE [ɑ̃tʀəkɥis] n. m. – 1561 ◊ de *entre-* et *cuisse* ■ RARE Partie interne du haut des cuisses. — PAR EUPHÉM. Sexe.

ENTREDÉCHIRER (S') [ɑ̃tʀədeʃiʀe] v. pron. ‹1› – 1270 ◊ de *entre-* et *déchirer* ■ On écrit aussi *s'entre-déchirer.* LITTÉR. Se déchirer mutuellement. « *des loups enragés, acharnés à s'entre-déchirer* » ROUSSEAU. — FIG. *Des époux qui s'entredéchirent,* qui se font du mal.

ENTREDÉTRUIRE (S') [ɑ̃tʀədetʀɥiʀ] v. pron. ‹38› – 1559 ◊ de *entre-* et *détruire* ■ LITTÉR. Se détruire mutuellement. *Nations qui s'entredétruisent.* — On écrit aussi *s'entre-détruire.*

ENTREDEUX n. m. ou **ENTRE-DEUX** [ɑ̃tʀədø] n. m. inv. – 1160 ◊ de *entre-* et *deux* ■ **1** VX Espace, partie qui est entre deux choses. « *Dans les entre-deux de vos doigts* » DESCARTES. ■ **2** (ABSTRAIT) Espace, état, capacité entre deux extrêmes. *Nous* « *végétons comme nous pouvons, dans l'entre-deux de la vérité et du mensonge, le clair-obscur de la justice et de l'injustice mêlées* » GUÉHENNO. ■ **3** COUT. Bande de tulle, de dentelle, de broderie qui coupe un tissu. *Un entredeux de broderie anglaise.* ♦ CUIS. Partie (d'un poisson) coupée entre la tête et la queue. *Entredeux de morue.* ◆ Petite console qui se met entre deux fenêtres. ▪ **4** (1931) SPORT Au basketball, Remise en jeu du ballon par l'arbitre, entre deux joueurs.

ENTRE-DEUX-GUERRES [ɑ̃tʀədøgɛʀ] **n. m. inv.** – v. 1915 ◇ de *entre, deux* et *guerre* ▪ Période entre deux guerres dans un même pays. *«ce titre, l'Entre-deux-guerres, caractérise bien la morne période qui va de 1890 à 1904»* L. DAUDET. — SPÉCIALT (En France) Période de 1918 à 1939. *«Cette génération de l'entre-deux-guerres à laquelle j'appartiens»* ABELLIO.

ENTREDÉVORER (S') [ɑ̃tʀədevɔʀe] **v. pron.** ‹1› – fin XVe ◇ de *entre-* et *dévorer* ▪ On écrit aussi *s'entre-dévorer* LITTÉR. Se dévorer mutuellement. — FIG. (1783) Se détruire les uns les autres. *«La nature nous enseigne à nous entre-dévorer»* FRANCE.

ENTRÉE [ɑ̃tʀe] **n. f.** – début XIIe, au sens d'«endroit par où l'on entre» (I, C, 1°) ◇ de *entrer*

I (SPATIAL) PASSAGE D'UN LIEU DANS UN AUTRE A. ACTION D'ENTRER ▪ **1** (milieu XIIe) Passage de l'extérieur à l'intérieur. *Entrée d'un visiteur dans le salon. À son entrée, tout le monde s'est tu.* ➤ **apparition, arrivée.** *Entrée soudaine* (➤ **incursion**), *en trombe.* ➤ **irruption.** *Faire son entrée dans une assemblée, dans une pièce. — Entrée d'une armée dans une ville. «Entrée des croisés à Constantinople», tableau de Delacroix. — Entrée d'un train en gare. Entrée d'une planète dans un signe du zodiaque.* ▪ **2** L'entrée (en scène) d'un acteur. *Clown qui fait son entrée. «tant de comédiens anxieux à l'idée de rater leur entrée»* Y. NAVARRE. ▪ **3 ENTRÉE DANS, À** (FIG.), le fait d'entrer, d'arriver. *Depuis son entrée dans cette société, dans cette affaire... Entrée de qqn dans un parti.* ➤ **adhésion, affiliation.** ◆ **ENTRÉE EN.** *Entrée en fonctions d'un fonctionnaire. Entrée en action, en jeu, en vigueur. Entrée en matière.* ➤ **exorde.** ▪ **4** (CHOSES) COMM. *Entrée de marchandises, de valeurs dans une entreprise. Taxe à l'entrée* (des marchandises dans un pays). — AU PLUR. Ensemble des marchandises reçues par une entreprise dans une période donnée ; ensemble des espèces, des effets entrés dans le portefeuille de l'entreprise. ▪ **5** TECHNOL. Passage (d'un signal, d'une information) de l'extérieur à l'intérieur d'un appareil, d'un dispositif. *Entrée d'un signal dans un amplificateur. Entrée des données dans un ordinateur.* ➤ **input.** — **ENTRÉE-SORTIE :** échange d'informations entre l'unité de traitement d'un ordinateur et un périphérique. ➤ **transmission ; spoule.** ▪ **6** MÉTÉOROL. *Entrée maritime :* arrivée sur la côte d'une masse d'air humide, transportée par un flux en provenance du large.

B. LE FAIT DE POUVOIR ACCÉDER QUELQUE PART ▪ **1** (début XIIIe) Possibilité d'entrer, de pénétrer (dans un lieu). ➤ **accès.** *Interdire, refuser l'entrée à qqn. Entrée interdite. Entrée libre* (dans un magasin, une exposition). *Porte d'entrée.* — PAR EXT. ➤ **admission.** *Solliciter, obtenir l'entrée dans une société, un club. — Examen d'entrée dans une école.* ▪ **2** (XVIIIe) Accès à un spectacle, une manifestation, une réunion. *Carte, billet d'entrée. Entrée gratuite, payante.* — Le titre (➤ **billet, carte**) qui permet d'entrer. *Je vous ai obtenu deux entrées.* ➤ **place.** *Entrée de faveur.* ◆ LOC. FIG. *Avoir ses entrées chez qqn,* y être reçu. — (1679) ANCIENNT Privilège d'entrer à certaines heures dans la chambre du roi. ▪ **3** (1462) ÉCON. Faculté d'introduire des marchandises dans une région, dans un pays. *Payer les droits d'entrée* (douane, octroi).

C. LIEU PAR OÙ L'ON ENTRE (début XIIe) ▪ **1** Ce qui donne accès dans un lieu ; endroit par où l'on entre. *Entrée d'une maison, d'une cour, d'un jardin.* ➤ **grille, 1 porte, seuil.** *«Je crois qu'on entend encore dans les entrées d'immeubles l'écho des pas de ceux qui avaient l'habitude de les traverser»* MODIANO. *Entrée de service. Entrée des artistes,* réservée aux artistes dans un théâtre, une salle de concert. *Entrée d'un port.* ➤ **goulet.** *Entrée d'une grotte, d'un tunnel.* ➤ **ouverture.** ◆ MATH. *Table, tableau à double entrée. — Les entrées d'un dictionnaire :* les mots faisant l'objet d'un article de dictionnaire. ➤ **1 adresse.** ▪ **2** TECHNOL. Voie par laquelle peut pénétrer (un fluide, une information) dans un appareil, un dispositif. *L'entrée auxiliaire d'un amplificateur haute-fidélité. Une impédance d'entrée de 50 ohms.* ◆ **ENTRÉE DE :** ce qui permet à (un fluide, un objet) de pénétrer. *Entrée d'air :* orifice qui permet à l'air de pénétrer dans un moteur, un local. *Entrée d'air d'un réacteur d'avion. Entrée d'eau :* élément d'une canalisation recevant les eaux du ruissellement. *Entrée de câble :* dispositif permettant le passage d'un câble à travers une cloison, la carcasse d'un appareil. — RADIO *Entrée de poste :* portion de mur par où passe le câble de descente d'antenne. ▪ **3** Pièce située à l'entrée d'un édifice, d'un appartement et servant de passage pour accéder aux autres pièces. ➤ **hall, vestibule.** *Veuillez attendre dans l'entrée.*

II (TEMPOREL) CE QUI COMMENCE QQCH. ▪ **1** (fin XIIe) Première partie, commencement. ➤ **début.** *À l'entrée de l'hiver.* ▪ **2 loc. adv.** (XVe) VIEILLI **D'ENTRÉE.** Tout d'abord, dès le début (cf. D'emblée). MOD. *D'entrée de jeu** (II, 2°). ▪ **3** (1660) *Entrée de ballet :* début de chaque partie d'un ballet. ◆ MUS. Début d'un passage ; commencement de la partie d'une voix, d'un instrument. *Les entrées d'un motif de fugue.* ▪ **4** (1632 ; *entrée de table* 1552) Mets qui se sert au début du repas, après le potage ou après les hors-d'œuvre. *Entrées froides* (pâtés, viandes froides), *chaudes* (vols-au-vent, bouchées, timbales, soufflés).

▪ CONTR. Issue, sortie ; 1 départ, disparition. Intérieur. Débouché, exutoire. — 1 Fin.

ENTRE-ÉGORGER (S') ➤ **ENTRÉGORGER (S')**

ENTREFAITE [ɑ̃tʀəfɛt] **n. f.** – XIIIe ◇ p. p. de l'ancien français *entrefaire* «faire dans l'intervalle» ▪ **1** VX Intervalle de temps où survient qqch. *«L'ennemi vient sur l'entrefaite»* LA FONTAINE. ▪ **2** MOD. **SUR CES ENTREFAITES :** à ce moment. ➤ **alors.**

ENTREFER [ɑ̃tʀəfɛʀ] **n. m.** – 1888 ; hapax 1755 ◇ de *entre-* et *fer* ▪ TECHN. Partie d'un circuit magnétique où le flux d'induction ne circule pas dans le fer. *Entrefer d'un électroaimant.*

ENTREFILET [ɑ̃tʀəfilɛ] **n. m.** – 1831 ◇ de *entre-* et *filet* ▪ **1** TYPOGR. Paragraphe entre deux filets. ▪ **2** COUR. Court article inséré dans un journal de manière à attirer l'attention.

ENTREGENT [ɑ̃tʀəʒɑ̃] **n. m.** – 1427 ◇ de *entre-* et *gent* ▪ **1** VX Art de se conduire parmi les gens. ➤ **civilité.** *«Vous êtes honnête homme, et savez l'entregent»* M. RÉGNIER. ▪ **2** MOD. Adresse à se conduire en société, à lier d'utiles relations. ➤ **doigté, habileté, savoir-faire.** *Avoir de l'entregent.* ▪ CONTR. Gaucherie, maladresse.

ENTRÉGORGER (S') [ɑ̃tʀegɔʀʒe] **v. pron.** ‹3› – 1628 ◇ de *entre-* et *égorger* ▪ S'égorger mutuellement. — On écrit aussi *s'entre-égorger* et, vieilli, *s'entr'égorger.*

ENTREJAMBE [ɑ̃tʀəʒɑ̃b] **n. m.** – 1610 ◇ de *entre-* et *jambe* ▪ **1** TECHN. Espace compris entre les pieds d'une table ou d'un fauteuil. *Des entrejambes.* ▪ **2** (1917) COUR. Partie d'un pantalon, d'une culotte entre les jambes. *Slip à entrejambe renforcé.* ◆ FAM. Entrecuisse, sexe. *«enrayer le vice qui possédait leurs doigts et leur entrejambe»* V. OVALDÉ.

ENTRELACEMENT [ɑ̃tʀəlasmɑ̃] **n. m.** – fin XIIe ◇ de *entrelacer* ▪ Action d'entrelacer ; son résultat. *Entrelacement de fils, de lignes.* ➤ **entrecroisement, entrelacs, lacis, réseau*.** *Entrelacement de lettres en un chiffre.* — FIG. Chaîne, réseau, tissu. *«un entrelacement de souvenirs s'était fait, tellement inextricable»* PROUST.

ENTRELACER [ɑ̃tʀəlase] **v. tr.** ‹3› – XIIe ◇ de *entre-* et *lacer* ▪ Enlacer l'un dans l'autre en lignes courbes. *Entrelacer des fils, des rubans.* ➤ **entrecroiser, natter, tisser, tresser.** *Ils entrelacèrent leurs doigts.* ◆ **S'ENTRELACER v. pron.** ➤ **s'enchevêtrer, s'entremêler.** *«Les vignes sauvages, les bignonias, les coloquintes, s'entrelacent au pied de ces arbres»* CHATEAUBRIAND. ◆ **ENTRELACÉ, ÉE p. p. adj.** *Branches entrelacées. Lettres entrelacées d'un monogramme.* ▪ CONTR. Délacer, délier, dénouer.

ENTRELACS [ɑ̃tʀəla] **n. m.** – XIIe ◇ de *entrelacer* ▪ Ornement composé de motifs entrelacés, dont les lignes s'entrecroisent et s'enchevêtrent. *Les entrelacs de l'art arabe. «le monde de feuillages et d'animaux que l'art roman mêle à ses durs entrelacs»* MALRAUX.

ENTRELARDER [ɑ̃tʀəlaʀde] **v. tr.** ‹1› – 1175 ◇ de *entre-* et *larder* ▪ **1** Piquer (une viande) de lardons. ➤ **larder.** *Entrelarder une volaille avec une lardoire.* ◆ **p. p. adj.** *Viande entrelardée,* naturellement mêlée de gras et de maigre. ➤ **persillé.** ▪ **2** FIG. *Entrelarder son discours de citations.* ➤ **entremêler, farcir.**

ENTREMANGER (S') [ɑ̃tʀəmɑ̃ʒe] **v. pron.** ‹3› – 1213 ◇ de *entre-* et *1 manger* ▪ VX Se manger, se dévorer l'un l'autre. *Sans les lois «les hommes s'entremangeraient les uns les autres»* MONTAIGNE. ➤ **s'entredévorer.** — On écrit aussi *s'entre-manger.*

ENTREMÊLEMENT [ɑ̃tʀəmɛlmɑ̃] **n. m.** – *entremeslement* 1213 ◇ de *entremêler* ▪ Action d'entremêler ; son résultat. *Un entremêlement inextricable.* ➤ **emmêlement, enchevêtrement.** *Un entremêlement de fausses et de vraies preuves.*

ENTREMÊLER [ɑ̃tʀəmele] **v. tr.** ‹1› – XIIe ◇ de *entre-* et *mêler* ▪ **1** Mêler (des choses différentes) les unes aux autres. — VIEILLI **ENTREMÊLER À, PARMI.** *«Entremêler des fleurs rouges à des fleurs blanches»* (LITTRÉ), *«parmi des fleurs blanches»* (ACA-

DÉMIE). — MOD. *Entremêler des fleurs rouges et des fleurs blanches.* ➤ **mélanger, mêler.** — FIG. *Entremêler des banalités et des traits d'esprit.* — (Dans le temps) *Il « flânait dans la chambre, entremêlant les soins de toilette à la lecture de deux ou trois journaux »* ROMAINS. ◆ PRONOM. *« une collection de chroniques parallèles qui s'entremêlaient »* VALÉRY. ■ **2 ENTREMÊLER (qqch.) DE :** insérer (des éléments hétérogènes) dans (qqch.). *Il entremêle son discours de citations latines. — Récit entremêlé de réflexions personnelles.* ➤ **entrelardé, lardé, parsemé.** *Paroles entremêlées de sanglots.* ➤ **entrecoupé.**

ENTREMETS [ɑ̃tʀəmɛ] **n. m.** – 1668 ; « divertissement » XIIe ◊ de *entre-* et *mets* ■ **1** VX Plat que l'on sert entre le rôti et le dessert. VX *Entremets salés,* de poisson, de légumes. ■ **2** MOD. Entremets sucré servi après le fromage, de plus en plus souvent comme dessert. *Entremets chauds* (beignets, crêpes, soufflés), *froids* (crème, flan...), *glacés* (sorbet, vacherin...). *Entremets industriel, en poudre.*

ENTREMETTEUR, EUSE [ɑ̃tʀəmetœʀ, øz] **n.** – 1330 ◊ de *s'entremettre* ■ **1** VX Personne qui s'entremet. ➤ **intermédiaire, médiateur.** *Mercure, l'entremetteur des dieux.* ■ **2** PÉJ. (surtout au fém.) et MOD. Personne qui sert d'intermédiaire dans les intrigues galantes. *La Célestine de Rojas, la Macette de Régnier sont des entremetteuses célèbres dans la littérature.* ➤ **maquerelle.** — PAR EXT. ➤ **marieur.** — FIG. *« Le hasard, ce grand entremetteur, fournit à nos deux amants une occasion très naturelle de se parler »* GAUTIER.

ENTREMETTRE (S') [ɑ̃tʀəmɛtʀ] **v. pron.** ‹56› – 1160 ◊ de *entre-* et *mettre* ■ Intervenir (entre deux ou plusieurs personnes) pour les rapprocher, pour faciliter la conclusion des affaires qui les intéressent. *« au milieu des intrigues, s'entremettant, louvoyant et raccommodant »* HENRIOT. *S'entremettre dans une querelle.* ➤ **s'interposer.** *Elles « le prièrent de s'entremettre pour elles auprès du pape »* RACINE. ➤ **intercéder.** *Elle adore s'entremettre pour faciliter les mariages.* ➤ **entremetteur, marieur.** *Il s'entremet dans des affaires qui ne le regardent pas.* ➤ **s'immiscer, s'ingérer,** se **mêler.**

ENTREMISE [ɑ̃tʀəmiz] **n. f.** – 1570 ; « intervalle » 1160 ◊ de *s'entremettre* ■ **1** Action de la personne qui s'entremet. *Offrir son entremise dans une affaire.* ➤ **arbitrage, intervention, médiation.** *Se servir de l'entremise d'une personne influente pour parvenir à ses fins.* — **loc. prép. PAR L'ENTREMISE DE.** ➤ **intermédiaire,** 2 **moyen, truchement.** *Faire parvenir des documents par l'entremise de qqn.* ■ **2** TECHN. (MAR.) VX Pièce de bois qui maintient l'écartement entre deux charpentes. ➤ **entretoise.**

ENTRENERF [ɑ̃tʀənɛʀ] **n. m.** – 1755 ◊ de *entre-* et *nerf* ■ RELIURE Intervalle entre deux nerfs au dos d'un livre. *Des entrenerfs.* — On écrit aussi *un entre-nerf, des entre-nerfs.*

ENTRENŒUD ou **ENTRE-NŒUD** [ɑ̃tʀənø] **n. m.** – 1797 ; « articulation » 1487 ◊ de *entre-* et *nœud* ■ BOT., AGRIC. Partie de la tige comprise entre deux nœuds. *Des entrenœuds, des entre-nœuds.*

ENTRENUIRE (S') [ɑ̃tʀənɥiʀ] **v. pron.** ‹38› – XIIIe ◊ de *entre-* et *nuire* ■ LITTÉR. Se nuire réciproquement. *Les candidats se sont entrenui.* — On écrit aussi *s'entre-nuire.*

ENTREPONT [ɑ̃tʀəpɔ̃] **n. m.** – 1688 ◊ de *entre-* et *pont* ■ MAR. Espace, étage compris entre deux ponts. — SPÉCIALT, COUR. Espace compris entre le faux pont et le premier pont. *Émigrés qui voyagent dans l'entrepont.*

ENTREPOSAGE [ɑ̃tʀəpozaʒ] **n. m.** – 1875 ◊ de *entreposer* ■ Action d'entreposer, de mettre en entrepôt. ➤ **allotissement.** *Un hangar pour l'entreposage des marchandises. Frais d'entreposage.*

ENTREPOSER [ɑ̃tʀəpoze] **v. tr.** ‹1› – 1542 sens 2° ◊ de *entrepôt,* d'après *poser,* en ancien français « placer entre », début XIIe ; de *entre-* et *poser* ■ **1** (1723) Déposer dans un entrepôt. *Entreposer des marchandises, des caisses en attendant la vente, le paiement des droits de douane.* ■ **2** Déposer, laisser en garde. *Entreposer des meubles chez un ami.*

ENTREPOSEUR [ɑ̃tʀəpozœʀ] **n. m.** – 1721 ◊ de *entreposer* ■ DR. Personne qui garde un entrepôt, des marchandises entreposées.

ENTREPOSITAIRE [ɑ̃tʀəpozitɛʀ] **n.** – 1814 ◊ de *entreposer,* d'après *dépositaire* ■ DR. Personne, commerçant(e) qui a des marchandises en entrepôt. — APPOS. ou adj. *La société entrepositaire.*

ENTREPÔT [ɑ̃tʀəpo] **n. m.** – 1690 « port, magasin », d'après *dépôt ; entrepos* « action d'entreposer » v. 1600 ; *interpost* 1497 ◊ de *entreposer* ■ **1** Bâtiment, emplacement servant d'abri, de lieu de dépôt pour les marchandises. ➤ **dock, hangar, magasin ; fondouk.** *Marchandises en entrepôt. Conservation et stockage dans un entrepôt.* — DR. Lieu où sont stockées des marchandises en suspension de droits et de taxes, en attente de leur réexportation. *Entrepôt d'importation, d'exportation. Entrepôt public* (ou *réel*), géré et surveillé par l'administration des Douanes. *Entrepôt privé* (ou *fictif*), où l'entrée de marchandises nécessite la présentation d'une déclaration cautionnée. ■ **2** PAR EXT. Port, ville, pays où sont déposées les marchandises pour être réexportées. *Milan « est l'entrepôt des cocons et le marché de la soie »* SUARÈS. ■ **3** DR. Régime douanier permettant de stocker des marchandises étrangères en suspension de droits et de taxes.

ENTREPRENANT, ANTE [ɑ̃tʀəpʀənɑ̃, ɑ̃t] **adj.** – XIVe ◊ de *entreprendre* ■ **1** Qui est porté à entreprendre, qui entreprend avec audace, hardiesse. ➤ **actif, audacieux, dynamique, hardi.** *« les hommes entreprenants sont un peu étourdis. L'action exige de la jeunesse, de l'espoir, de l'aveuglement »* CHARDONNE. *Il est trop entreprenant et se lance à la légère.* ➤ **téméraire.** *Caractère, esprit entreprenant.* ■ **2** (avant 1678) Hardi auprès des femmes. ➤ **galant.** *Un jeune homme entreprenant.* ■ CONTR. Hésitant, inactif, pusillanime, timide, timoré.

ENTREPRENAUTE [ɑ̃tʀəpʀənot] **n.** – 1999 ◊ mot-valise, de *entrepren(eur)* et *(inter)naute* ■ Créateur d'entreprise sur Internet.

ENTREPRENDRE [ɑ̃tʀəpʀɑ̃dʀ] **v. tr.** ‹58› – XIIe ; aussi « saisir, attaquer, surprendre » ◊ de *entre-* et *prendre*

I Se mettre à faire (qqch.). ➤ **commencer.** *Entreprendre une étude. Entreprendre une démarche* (➤ **engager, hasarder**). *« On m'envoie à Pyrrhus : j'entreprends ce voyage »* RACINE. *Entreprendre un procès contre qqn.* ➤ **intenter.** *« Ce n'est rien d'entreprendre une chose dangereuse, mais d'échapper au péril en la menant à bien »* BEAUMARCHAIS. ◆ (XVIe) **ENTREPRENDRE DE** (et l'inf.). ➤ se **disposer** (à), **essayer, tenter.** *Dans ce livre, l'auteur a entrepris de montrer que... « Du fond de cet abîme de tristesse, Beethoven entreprit de célébrer la joie »* R. ROLLAND. ◆ ABSOLT *« Monseigneur, la difficulté de réussir ne fait qu'ajouter à la nécessité d'entreprendre »* BEAUMARCHAIS. *Il n'a pas peur d'entreprendre.* ➤ **entreprenant.** *Il n'est pas nécessaire d'espérer pour entreprendre, ni de réussir pour persévérer,* phrase attribuée à Guillaume d'Orange, dit le Taciturne. — SPÉCIALT Créer une entreprise.

II (v. 1138 « attaquer ») ■ **1** VX *Entreprendre (qqn)* : diriger une attaque (en paroles ou en action) contre (qqn). ➤ **attaquer.** *« Vous fûtes réduits à les entreprendre sur des questions de fait »* PASCAL. — (XVIe) MOD. Tâcher de gagner (qqn), de convaincre, de séduire. *« je la rejoignis sur un divan de sa chambre, et c'est là qu'elle commença de m'entreprendre »* GIDE. ➤ FAM. **baratiner, draguer.** — *Entreprendre qqn sur un sujet,* commencer à l'entretenir de ce sujet. *Quand il vous entreprend sur sa santé, il n'en finit plus.* ■ **2** SPÉCIALT, VX S'attaquer à, gagner (une partie du corps), en parlant d'une maladie. ■ **3 v. intr.** (v. 1450) VX ou LITTÉR. **ENTREPRENDRE SUR :** porter atteinte ou tenter de porter atteinte à (un droit). ➤ **attenter** (à), **empiéter.** *« on entreprend sans raison sur leur indépendance »* FRANCE.
■ CONTR. Accomplir, achever, terminer.

ENTREPRENEUR, EUSE [ɑ̃tʀəpʀənœʀ, øz] **n.** – v. 1430 ; *entreprendeur* hapax XIIIe ◊ de *entreprendre* ■ **1 n. m.** VX Personne qui entreprend qqch. *« Cette entreprise fera beaucoup d'honneur à l'entrepreneur, à l'Académie et à la nation »* D'ALEMBERT. ■ **2** (1611) MOD. Personne qui se charge de l'exécution d'un travail (SPÉCIALT en matière de construction), par un contrat d'entreprise. *Entrepreneur de menuiserie, de peinture, de plomberie ; de transports. Entrepreneuse de confection. — Entrepreneur de, en bâtiments, en maçonnerie, de construction* (➤ **constructeur**), ou ABSOLT *un entrepreneur* : personne, société chargée d'exécuter les travaux. *Responsabilité du promoteur, de l'entrepreneur et de l'architecte.* ◆ Créateur d'entreprise ; grand industriel doué de l'esprit d'entreprise. *Activité de l'entrepreneur.* ➤ **entrepreneuriat.** *Salon des entrepreneurs. Entrepreneur du Net.* ➤ **entreprenaute.** ■ **3** DR., ÉCON. Personne qui dirige une entreprise et met en œuvre divers facteurs de production (ressources naturelles, travail, capital) en vue de produire des biens ou fournir des services. ➤ 1 **patron ; agriculteur, artisan, commerçant, industriel.** *« L'entrepreneur est [...] le pivot de tout le mécanisme économique »* CH. GIDE. ■ CONTR. Employé, salarié.

ENTREPRENEURIAL, IALE, IAUX [ɑ̃tʀəpʀənœʀjal, jo] **adj.** – 1984 ◇ anglais *entrepreneurial* (1922), de *entrepreneur*, emprunté au français ▪ Relatif à l'entreprise, à l'entrepreneur. *Stratégie entrepreneuriale.*

ENTREPRENEURIAT [ɑ̃tʀəpʀənœʀja] **n. m.** – 1988 ◇ de *entrepreneur* ▪ **1** Activité d'un entrepreneur, d'un dirigeant d'entreprise ; création d'entreprise. *Encourager l'entrepreneuriat.* ▪ **2** Goût d'entreprendre, de relever des défis, d'innover. — REM. On rencontre la forme *entreprenariat*, mal formée.

ENTREPRISE [ɑ̃tʀəpʀiz] **n. f.** – 1530 ; *entreprinse* 1393 ; « différence entre deux personnes » v. 1220 ◇ de *entreprendre*

I ▪ **1** Ce qu'on se propose d'entreprendre (➤ **dessein,** 3 **plan, projet**) ; mise à exécution d'un dessein. ➤ 1 **action, affaire, œuvre, opération, ouvrage,** 1 **travail.** « *c'est une étrange entreprise que celle de faire rire les honnêtes gens* » MOLIÈRE. *Grande, vaste entreprise. Entreprise dangereuse, téméraire.* ➤ **aventure.** « *Un amour, une carrière, une révolution : autant d'entreprises que l'on commence en ignorant leur issue* » SARTRE. *Une entreprise de séduction, de déstabilisation. Succès, réussite ; échec, faillite d'une entreprise. Exécuter, mener à bien son entreprise.* — *Esprit d'entreprise* : tendance à entreprendre. ◆ SPÉCIALT *Libre entreprise* : liberté de créer et de gérer des entreprises (3°) privées, en régime capitaliste (➤ **libéralisme**). ▪ **2** (1699 « opération de commerce ») DR. Fait, pour un entrepreneur, de s'engager à fournir son travail et parfois la matière pour un ouvrage donné dans des conditions données. ➤ **louage (d'industrie).** *Contrat d'entreprise.* — LOC. *Mettre, donner, prendre à l'entreprise,* en adjudication*. ➤ **soumission.** ▪ **3** (1798) Organisation autonome de production de biens ou de services marchands. ➤ **affaire, commerce, établissement, exploitation, firme, industrie, négoce.** *Entreprise agricole, industrielle, commerciale, financière. Entreprise privée, publique, coopérative. Entreprise adaptée,* employant des personnes en situation de handicap (atelier* protégé jusqu'en 2005). *Capital, matériel d'une entreprise. Petites et moyennes entreprises.* ➤ **P. M. E.** *Très petites entreprises (T. P. E.). Les grandes entreprises.* ➤ **major, multinationale.** *Entreprise publique,* dans laquelle l'État est majoritaire. *Entreprise individuelle* (➤ **autoentreprise, microentreprise**) ; *entreprise de forme sociétaire.* ➤ **société*.** *Monter, créer une entreprise. Entreprise de la nouvelle économie.* ➤ **start-up.** *Pépinière* d'entreprises. Association d'entreprises.* ➤ **cartel, coentreprise, combinat, entente, groupe, holding, joint-venture, trust.** *Mouvement des entreprises de France (MEDEF). Concurrence entre entreprises* (➤ **interentreprises**). *Gérant d'une entreprise.* — **CHEF D'ENTREPRISE.** ➤ **directeur, entrepreneur, manageur,** 1 **patron.** — *Comité* d'entreprise.*

II (1373 « opération militaire ») ▪ **1** VX OU LITTÉR. Action par laquelle on attaque qqn, on tente de porter atteinte à ses droits, à sa liberté (➤ **entreprendre,** II, 3°). « *les hommes sont exposés aux entreprises du diable* » CHATEAUBRIAND. ➤ **attaque.** ▪ **2** VIEILLI OU LITTÉR. (AU PLUR.) Tentatives de séduction (➤ **entreprenant,** 2°). « *vous exposant à des regards* [...] *peut-être aux entreprises d'un perfide* » MONTESQUIEU.

ENTRER [ɑ̃tʀe] **v.** ⟨1⟩ – début XIe ◇ du latin *intrare* « entrer » (→ introït), famille de *in* « en »

I ~ **v. intr.** ALLER À L'INTÉRIEUR DE ; PASSER (DANS UN LIEU), SE METTRE (DANS UNE SITUATION, UN ÉTAT) **A.** DANS L'ESPACE ▪ **1** Passer du dehors au dedans. *Entrer dans un lieu.* ➤ 1 **aller, pénétrer.** *Entrer subrepticement dans un endroit.* ➤ se **faufiler,** se **glisser,** s'**introduire.** *On ne peut pas entrer ici.* ➤ **accéder.** *Entrer dans une maison, une pièce. Entrer chez un commerçant. Il faut montrer son billet, sa carte pour entrer dans la salle.* — *Entrer dans une voiture.* ➤ **monter.** *Entrer dans son lit* : se coucher. *Entrer dans l'eau, dans le bain.* ➤ se **plonger.** — *Entrer en scène* (d'un acteur). ABSOLT « *Alcmène et Éclissé, la nourrice, entrent par les côtés opposés* » GIRAUDOUX. LOC. FIG. *Entrer en scène.* ➤ **apparaître, intervenir,** se **manifester.** *Entrer en lice*.* ◆ Commencer à être dans (un lieu), à (un endroit). *Entrer dans un village, dans une région. On ne peut entrer dans ce pays sans visa,* passer la frontière. *L'armée macédonienne d'Alexandre le Grand entra en Perse en 334 av. J.-C.* ➤ **envahir.** ◆ ABSOLT Passer à l'intérieur, dedans. *Entrer par la porte, par la fenêtre. — Entrez ! entrez donc ! Sonnez avant d'entrer. Entrer sans frapper. Défense d'entrer ; on n'entre pas. Empêchez-le d'entrer. Laissez-nous entrer. Faites entrer.* ➤ **introduire.** *Entrer sans payer* (au spectacle, etc.). — LOC. *Entrer (quelque part) comme dans un moulin*. Je ne fais qu'entrer et sortir* : je ne reste ici qu'un moment (➤ **passer**). *Entrer en coup de vent.* ➤ se **précipiter.** *Entrer de force*.* ▪ **2** (CHOSES) Aller à l'intérieur. ➤ **pénétrer, rentrer.** *L'eau entre de toutes parts.* ➤ **envahir.** *Cette valise n'entre pas dans le coffre de ma voiture.* ➤ **tenir.** *Une épine lui est entrée dans le pied. Faire entrer une lettre dans une enveloppe* (➤ **insérer, mettre**), *une clé dans la serrure* (➤ **engager, introduire**), *un clou dans le mur* (➤ **enfoncer, planter**). — (PERSONNES) *Elle n'entre plus dans son jean.* — (VÉHICULES) *Le train entre en gare. Bateau qui entre dans un port. La voiture entre dans le garage.* — Être introduit. *Marchandises qui entrent dans un pays en fraude, en contrebande.* — PAR EXT. *Le vent entre par la fenêtre.* ➤ **s'engouffrer.** ◆ SPÉCIALT *L'argent entre dans la caisse.* ➤ **rentrer.** « *les quelque mille francs qui entrent dans la poche de l'auteur* » GAUTIER. ▪ **3** (1080) ABSTRAIT *Le soupçon, le doute est entré dans son esprit.* ➤ **s'insinuer, pénétrer.** *On ne peut pas lui faire entrer cela dans la tête.* ➤ **comprendre.** *Ça entre par une oreille* et sort par l'autre.* ▪ **4** (début XIe) (PERSONNES) (construit avec *dans, en, à*) Se mettre (dans une situation, une position sociale, un état). *Entrer dans une profession, un emploi.* ➤ **embrasser.** *Entrer dans les ordres, au couvent* : devenir religieux (cf. Entrer en religion, ci-dessous B, 3°). « *Pour me pousser à entrer dans la carrière que lui-même avait choisie* » CAMUS. *Entrer au service de qqn,* devenir son employé. *Entrer dans la vie active. — Entrer dans l'histoire, dans la légende. Mot qui entre dans l'usage.* ▪ **5** Commencer à faire partie de (un groupe, un ensemble). *Entrer dans une famille.* ➤ **s'allier.** *Entrer au lycée. Entrer dans un parti politique.* ➤ **adhérer.** *Entrer à l'Académie française,* y être reçu. ▪ **6** Commencer à prendre part. ➤ **participer.** *Entrer dans un complot.* « *Nous n'entrons point dans vos affaires* » MOLIÈRE. ➤ se **mêler.** — *Entrer dans une ronde.* FIG. *Entrer dans la danse*. Entrer dans le jeu, en jeu*.*

B. DANS LE TEMPS ▪ **1** (fin XIe) Aborder (une période), commencer à être (dans une période). *Entrer dans sa dixième année. Entrer dans la mauvaise saison. Entrer dans l'âge mûr.* — (fin XIIe) **ENTRER EN :** commencer à être dans (un état). *Entrer en convalescence. Entrer en contemplation, en méditation ; en transe. — Eau qui entre en ébullition.* — LOC. *Entrer en action* : se mettre à agir. *Pays qui entre en guerre. Entrer en exercice, en vigueur. Entrer en fonctions. Entrer en possession, en jouissance d'une chose. Entrer en concurrence, en compétition avec (qqn). Entrer en rapport, en relation avec qqn. Entrer en communication, en conversation.* ▪ **2** (1534) Commencer à éprouver (un sentiment). *Entrer en fureur.* ➤ se **livrer,** se **plonger.** *Entrer dans une rage folle, une colère noire.* ▪ **3** (Au sens A, 4°, ci-dessus) **ENTRER EN :** commencer une pratique, une activité. *Entrer en religion* : devenir religieux. — *Entrer en politique.*

C. DANS LA PENSÉE ▪ **1** S'engager (dans un sujet) ; se mettre à étudier, à traiter, en pénétrant (dans...). *Entrer dans le vif du sujet. Entrer dans les détails.* ▪ **2** (XVIIe) Comprendre, saisir (ce que l'esprit pénètre). *Comédien qui entre dans son personnage.* ➤ **s'adapter.** *Entrer dans les sentiments de qqn,* le comprendre, se mettre à sa place. « *la première opération en histoire consiste à se mettre à la place des hommes que l'on veut juger, à entrer dans leurs instincts et dans leurs habitudes* » TAINE. ▪ **3** (1662) *Entrer dans les idées, les sentiments, les vues de qqn,* y adhérer, les partager.

II ~ **v. intr. ENTRER DANS** (1605) (valeur passive) Faire partie de. ▪ **1** Être compris dans. *Entrer dans une catégorie, dans un total. — (Faire) entrer en (ligne de) compte* : prendre en considération. — *Cela entre, n'entre pas dans ses intentions, dans ses vues, dans ses habitudes. Il n'entre pas dans mes projets de faire cela. Cela entre dans le cadre de vos fonctions.* ▪ **2** Être pour qqch., être un élément de. *Il entre de la jalousie dans sa réaction. Un lieu où il entre du respect.* ▪ **3** (1605) (CHOSES) Être employé dans la composition, ou dans la fabrication de qqch. *Ingrédients qui entrent dans la composition d'une sauce.*

III ~ **v. tr.** (1615) ▪ **1** Faire entrer. ➤ **introduire.** *Entrer un meuble par la fenêtre. Entrer des marchandises dans un pays. — Entrer des données dans un ordinateur* (➤ **saisir**). *Entrez votre mot de passe et cliquez.* ▪ **2** Enfoncer. *Il lui entrait ses ongles dans la main.*

▪ CONTR. 1 Sortir ; 1 partir. Finir, terminer. — Évacuer ; emporter.

ENTRERAIL ou **ENTRE-RAIL** [ɑ̃tʀəʀaj] **n. m.** – 1855 ◇ de *entre* et *rail* ▪ TECHN. Espace entre les rails d'une voie ferrée. ➤ **écartement.** *Des entrerails, des entre-rails.*

ENTREREGARDER (S') [ɑ̃tʀəʀ(ə)gaʀde] **v. pron.** ⟨1⟩ – v. 1393 ◇ de *entre-* et *regarder* ▪ RARE Se regarder mutuellement. — On écrit aussi *s'entre-regarder.*

ENTRE-SOI [ɑ̃tʀəswa] **n. m. inv.** – 1989 ◇ de *entre* et *soi* ▪ DIDACT. Fait de rester entre personnes d'un même milieu. « *cette quiétude suscitée par l'entre-soi* » K. TUIL.

ENTRESOL [ɑ̃tʀəsɔl] **n. m.** – 1603 ◊ espagnol *entresuelo*, de *suelo* «sol ; plancher» ■ Demi-étage situé entre le rez-de-chaussée et le premier étage. *Habiter un entresol, dans un entresol.*

ENTRETAILLE [ɑ̃tʀətaj] **n. f.** – 1755 ; «découpure» XIIIe ◊ de *entre-* et 1*taille* ■ TECHN. En gravure, Taille légère faite entre des tailles plus profondes.

ENTRETAILLER (S') [ɑ̃tʀətaje] **v. pron.** ‹1› – *entretaillier* fin XIe ◊ de *entre-* et *tailler* ■ Se heurter et se blesser les jambes en marchant (cheval).

ENTRE-TEMPS ou **ENTRETEMPS** [ɑ̃tʀətɑ̃] **adv. et n. m.** – XVe ◊ altération de l'ancien français *entretant* (1155), de *tant*, par attraction de *temps* ■ **1 adv.** Dans cet intervalle de temps. *Entre-temps, il a divorcé.* ■ **2 n. m.** VX Intervalle de temps entre deux actions, deux faits. «*Dans l'entretemps, les religieuses avaient muré leur porte de clôture*» RACINE.

ENTRETENIR [ɑ̃tʀət(ə)niʀ] **v. tr.** ‹22› – 1160 «tenir ensemble» ◊ de *entre-* et *tenir*

I MAINTENIR ■ **1** (fin XIVe) Tenir dans le même état, faire durer, faire persévérer. ➤ **maintenir, prolonger.** *Entretenir un feu.* ➤ **alimenter.** *La fontaine entretient la fraîcheur.* ➤ **conserver, garder.** — SC. *Entretenir une réaction.* ♦ *Entretenir une correspondance, une liaison avec qqn. Entretenir de bons rapports avec qqn.* ➤ **cultiver.** «*la possibilité de relations amicales qu'il me serait fort doux d'entretenir avec vous*» PROUST. LOC. PROV. *Les petits cadeaux entretiennent l'amitié.* — *Entretenir la discorde.* ➤ **fomenter.** «*Les éditions spéciales des journaux* [...] *entretiennent la fièvre du public*» GIDE. ■ **2 ENTRETENIR (qqn) DANS :** maintenir (qqn) dans (un état affectif ou psychologique). *Entretenir qqn dans une idée, une erreur.* «*Je veux* [...] *quelque chose qui m'entretienne dans une douce rêverie*» MOLIÈRE. ■ **3** Faire durer (un état moral) en soi-même, chez un autre. *Entretenir un sentiment, une passion, un espoir.* «*Celui qui veut entretenir en soi le désir de continuer à vivre*» PROUST. *Entretenir des ressentiments, de la rancune.* ➤ **couver, nourrir.** «*L'incapacité des subordonnés est souvent entretenue par le chef*» ROMAINS. *Il entretient la douce illusion que...* ➤ **caresser.** ■ **4** Maintenir en bon état (en prenant toutes les mesures appropriées). ➤ **conserver ; entretien.** *Entretenir ses vêtements, une route. Entretenir sa maison.* ➤ **tenir.** *Entretenir son jardin, sa voiture. Entretenir sa forme physique.* — PRONOM. *Faire du sport pour s'entretenir.* «*Abdul s'entretenait. Assouplissement, pompes, abdominaux*» IZZO. — *Entretenir sa connaissance d'une langue, d'un sport, sa mémoire.* ➤ **exercer.** — PRONOM. *Ce tissu s'entretient facilement.* ■ **5** Fournir ce qui est nécessaire à la dépense, à la subsistance de (qqn). ➤ **se charger** (de), **nourrir** (cf. Faire vivre*, subvenir aux besoins* de, avoir la charge* de). *Entretenir une famille, un enfant.* ➤ **élever.** *La nation entretient une armée, des troupes.* ♦ SPÉCIALT *Entretenir une femme, une maîtresse* (➤ **entretenu,** 2o). *Se faire entretenir.* «*Il valait mieux, après tout, qu'il me considère comme un bon jeune homme qui se fait entretenir par ses parents*» MODIANO.

II PARLER ■ **1** (v. 1460) VX Parler avec (qqn). «*Je vous laisse, Ma sœur, entretenez Julie*» CORNEILLE. ■ **2** MOD. **ENTRETENIR (qqn) DE (qqch.) :** parler à (qqn) de (qqch.). «*Votre obstination à vouloir m'entretenir, sans cesse, d'un sentiment que je ne veux ni ne dois écouter*» LACLOS. ■ **3** PRONOM. Avoir une conversation. ➤ 2**causer, conférer, converser,** 1**deviser,** 1**parler.** *S'entretenir avec qqn de vive voix, par écrit, par téléphone. Les deux chefs d'État se sont entretenus de la situation mondiale.*
■ CONTR. Briser, détruire. Interrompre, rompre. Abandonner.

ENTRETENU, UE [ɑ̃tʀət(ə)ny] **adj.** – XVIe ◊ de *entretenir* ■ **1** Maintenu dans le même état. *Oscillation entretenue* (opposé à *amortie*). ■ **2** (1690) (PERSONNES) Qui reçoit de l'argent pour ses besoins. — *Femme entretenue,* qui vit de la générosité d'un amant. ➤ **demi-mondaine ;** VX 1**cocotte.** — *Homme entretenu.* ➤ **gigolo, giton.** ■ **3** (XIXe) Tenu en bon état. *Une voiture bien entretenue.*

ENTRETIEN [ɑ̃tʀətjɛ̃] **n. m.** – XVIe ◊ de *entretenir*

I ■ **1** VX Moyen d'entretenir ; ce qui entretient (un sentiment). «*Éternel entretien de haine et de pitié*» CORNEILLE. ■ **2** Soins, réparations, dépenses qu'exige le maintien (de qqch.) en bon état. *Entretien des routes, des ponts, d'un immeuble, d'une voiture, d'une machine. Frais, dépenses d'entretien. Notice d'entretien. Équipe d'entretien. Agent d'entretien* (cf. Technicien* de surface). *Service d'entretien et de réparation assuré après la vente d'un appareil.* ➤ **après-vente.** *Produits d'entretien :* produits ménagers utilisés dans l'entretien de l'intérieur d'un bâtiment. ♦ Ensemble des personnes et des moyens permettant d'assurer la maintenance, les réparations et les travaux courants dans une entreprise industrielle. *Travailler à l'entretien.* ➤ 2**maintenance.** ■ **3** (1611) VIEILLI Ce qui est nécessaire à l'existence matérielle d'un individu, d'une collectivité. «*son fils, dont il paie l'entretien et les études*» HENRIOT. ➤ **charge.** ■ **4** Fait de maintenir dans l'état actuel. *L'entretien de ses connaissances. Gymnastique d'entretien. Traitement* (médical) *d'entretien.*

II Action d'échanger des paroles avec une ou plusieurs personnes ; sujet dont on s'entretient. ➤ **conversation, discussion.** *Avoir un entretien avec qqn. Entretien entre deux* (➤ **dialogue**), *plusieurs interlocuteurs* (➤ **colloque, conférence, débat**). *Entretien secret.* ➤ **conciliabule.** *Demander, solliciter, accorder un entretien, un moment d'entretien.* ➤ **audience, entrevue, interview.** *Entretien particulier.* ➤ **aparté, tête-à-tête.** *Entretien d'embauche,* pour évaluer un candidat. *Entretien téléphonique. Sur quoi a porté votre entretien ? Entretien à bâtons rompus. Engager, prolonger un entretien.* ♦ Titre de quelques ouvrages en forme de dialogues. «*Entretiens sur la pluralité des mondes*», de Fontenelle. ♦ SPÉCIALT Réunion de spécialistes. *Les entretiens de* (l'hôpital) *Bichat.*

ENTRETOISE [ɑ̃tʀətwaz] **n. f.** – fin XIIe ◊ de *entre-* et de l'ancien français *toise* «qui est tendu» ■ Pièce de bois, de métal qui sert à relier dans un écartement fixe des poutres, des pièces de machine. ➤ **entrait, entremise, épar.** *Entretoises d'un plancher, d'un fuselage.*

ENTRETOISER [ɑ̃tʀətwaze] **v. tr.** ‹1› – 1399 ◊ de *entretoise* ■ Maintenir l'écartement de (deux pièces) avec des entretoises. *Pièces entretoisées.* — **n. m. ENTRETOISEMENT,** 1873.

ENTRETUER (S') [ɑ̃tʀətɥe] **v. pron.** ‹1› – v. 1180 ◊ de *entre-* et *tuer* ■ Se tuer mutuellement ; se battre jusqu'à la mort. ➤ FAM. **s'étriper.** *Arrêtez-les, ils vont s'entretuer !* «*deux hommes qui vont s'entretuer demain à cause d'elle*» NERVAL. — On écrit aussi *s'entre-tuer.*

ENTREVOIE [ɑ̃tʀəvwa] **n. f.** – 1837 ◊ de *entre-* et *voie* ■ Espace entre deux voies de chemin de fer. ➤ **entraxe.** *Des entrevoies.*

ENTREVOIR [ɑ̃tʀəvwaʀ] **v. tr.** ‹30› – 1555 ; *entreveeir* «voir mutuellement» 1080 ◊ de *entre-* et *voir* ■ **1** Voir à demi (indistinctement ou trop rapidement). ➤ **apercevoir, entrapercevoir.** *Il passait en voiture, je ne l'ai qu'entrevu.* «*Je n'ai fait qu'entrevoir tout cela à l'arrivée, le vent et le sable m'empêchant, à la lettre, d'ouvrir les yeux*» FROMENTIN. «*on entrevoit dans l'ombre de gros oiseaux de nuit*» DAUDET. ➤ **distinguer.** ■ **2** (1670) Avoir une idée imprécise, une lueur soudaine de (qqch. d'actuel ou de futur). ➤ **deviner, soupçonner, subodorer.** *Entrevoir la réalité dans un éclair.* ➤ **comprendre, découvrir.** *Entrevoir les difficultés, l'issue d'une entreprise.* ➤ **présager, pressentir, prévoir.** ■ CONTR. Ignorer.

ENTREVOUS [ɑ̃tʀəvu] **n. m.** – 1588 ◊ de *entre-* et de l'ancien français *vous* «voûté» → voûte ■ TECHN. Intervalle entre deux solives, deux poteaux d'une cloison. — Espace garni de plâtre ou de maçonnerie entre ces poteaux.

ENTREVOÛTER [ɑ̃tʀəvute] **v. tr.** ‹1› /ENTREVOUTER/ – 1823 ◊ de *entrevous,* d'après *voûter* ■ TECHN. Garnir de plâtre (les entrevous).

ENTREVUE [ɑ̃tʀəvy] **n. f.** – 1498 ◊ de *s'entrevoir* «voir mutuellement» ■ Rencontre concertée entre personnes qui ont à parler, à traiter une affaire. *Entrevue secrète. Avoir une entrevue avec qqn.* ➤ **entretien, tête-à-tête.** *Entrevue d'hommes d'État. Ménager une entrevue entre deux personnes, entre une personne célèbre et un journaliste* (➤ **interview**). *Fixer une entrevue à qqn.* ➤ **rendez-vous.**

ENTRISME [ɑ̃tʀism] **n. m.** – 1960 ◊ de *entrer* ■ Noyautage*. ➤ **infiltration.** *L'entrisme des sectes.*

ENTROPIE [ɑ̃tʀɔpi] **n. f.** – 1869 ◊ formé en allemand (Clausius), du grec *entropia* «retour en arrière» ■ PHYS. En thermodynamique, Fonction définissant l'état de désordre d'un système, croissante lorsque celui-ci évolue vers un autre état de désordre accru. *L'entropie augmente lors d'une transformation irréversible. Entropie négative.* ➤ **néguentropie.** *Entropie constante* (➤ **isentropique**). ♦ Dégradation de l'énergie liée à une augmentation de cette entropie. — *Extension de la notion d'entropie à l'informatique.*

ENTROPION [ɑ̃tʀɔpjɔ̃] **n. m.** – 1792 ◊ du grec *en* «dans» et *tropê* «tour» ■ MÉD. Renversement des paupières en dedans (opposé à *ectropion*).

ENTROQUE [ɑ̃tʀɔk] **n. m.** – 1755 ◇ latin *entrochus*, du grec *en* «dans» et *trokhos* «disque» ■ PALÉONT. Formation fossile discoïdale, striée, provenant des tiges des encrines*. *Calcaire à entroques,* formé de ces corps fossiles.

ENTROUVERT, ERTE [ɑ̃tʀuvɛʀ, ɛʀt] **adj.** – de *entrouvrir* ■ **1** VX Qui est ouvert, déchiré par endroits. «*Un vieux mur entr'ouvert séparait leurs maisons*» LA FONTAINE. ■ **2** Qui est à peine ouvert. *Fenêtre entrouverte. Rester la bouche entrouverte.*

ENTROUVRIR [ɑ̃tʀuvʀiʀ] **v. tr.** ⟨18⟩ – XIIe ◇ de *entre-* et *ouvrir* ■ On écrit aussi *entr'ouvrir* (vieilli) ■ **1** VX Ouvrir en disjoignant, en écartant. «*Des mers pour eux il entr'ouvrit les eaux*» RACINE. ■ **2** MOD. Ouvrir à demi, très peu. *Entrouvrir une porte, une fenêtre.* ➤ **entrebâiller.** — PAR MÉTAPH. «*Vers midi, le soleil maussade* [...] *entr'ouvre un œil pâle tout de suite refermé*» RENARD. ◆ PRONOM. «*Ses lèvres s'entr'ouvraient et c'était un sourire*» MUSSET.

ENTUBER [ɑ̃tybe] **v. tr.** ⟨1⟩ – v. 1900 ◇ de *en-* et *tube* ; par métaph. de la possession sexuelle ■ FAM. Duper*, escroquer. ➤ 1 **avoir, posséder, rouler.** *Il s'est fait entuber. Il l'a entubé de 2 euros.*

ENTURBANNÉ, ÉE [ɑ̃tyʀbane] **adj.** – 1648 ◇ de *en-* et *turban* ■ Coiffé d'un turban.

ENTURE [ɑ̃tyʀ] **n. f.** – XIVe ◇ de *enter* ■ **1** ARBOR. Fente où l'on place une ente, une greffe. ■ **2** TECHN. Cheville qui traverse une pièce de bois et forme une sorte d'échelon. — Assemblage bout à bout de deux pièces de bois. *Enture à queue d'aronde.*

ÉNUCLÉATION [enykleasjɔ̃] **n. f.** – 1453 «éclaircissement» ◇ du latin *enucleare* «enlever le noyau *(nucleus)*» et fig. «élucider» ■ **1** (1611) Extraction du noyau (d'un fruit). ➤ **dénoyautage.** ■ **2** (1824) CHIR. Extirpation (d'une tumeur). — Ablation totale de l'œil extirpé de sa capsule fibreuse.

ÉNUCLÉER [enyklee] **v. tr.** ⟨1⟩ – 1835 ◇ latin *enucleare* → énucléation ■ DIDACT. Extirper par énucléation. *Énucléer un kyste.* ◆ Priver de son noyau. *Ovocyte énucléé.*

ÉNUMÉRATIF, IVE [enymeʀatif, iv] **adj.** – 1651 ◇ de *énumération* ■ Qui énumère. *Bordereau énumératif.*

ÉNUMÉRATION [enymeʀasjɔ̃] **n. f.** – 1488 ◇ latin *enumeratio* ■ **1** Action d'énumérer. ➤ **compte, dénombrement, recensement.** *Énumération interminable, ennuyeuse.* ➤ **kyrielle, litanie.** *Faire une longue énumération.* — RHÉT. Figure consistant à énoncer successivement les différentes parties d'un tout. *L'énumération des parties.* — PHILOS. (LOG.) *Définition par énumération,* par extension*. ■ **2** Liste (d'objets, etc.). *Énumération des objets d'une collection.* ➤ **catalogue, détail, inventaire,** 2 **liste, répertoire.**

ÉNUMÉRER [enymeʀe] **v. tr.** ⟨6⟩ – 1748 ; hapax 1505 ◇ latin *enumerare,* de *numerus* «nombre» ■ Énoncer un à un (les éléments d'un tout). ➤ **citer, compter, dénombrer, détailler, recenser.** *Énumérer les articles d'un compte, des arguments.*

ÉNURÉSIE [enyʀezi] **n. f.** – 1803 ◇ du grec *en* «dans» et *ourein* «uriner» ■ MÉD. Émission involontaire et inconsciente d'urine. *Énurésie nocturne des enfants.* ➤ **incontinence.** *Énurésie et encoprésie.*

ÉNURÉTIQUE [enyʀetik] **adj.** – 1965 ◇ de *énurésie* ■ MÉD. Affecté d'énurésie. *Enfant énurétique* (cf. FAM. Qui fait pipi* au lit). — **n.** *Un, une énurétique.*

ENVAHIR [ɑ̃vaiʀ] **v. tr.** ⟨2⟩ – *envaïr* 1080 ◇ latin populaire °*invadire,* classique *invadere* «pénétrer dans» ■ **1** Occuper (un territoire) brusquement et de vive force. ➤ **conquérir, s'emparer (de), occuper, prendre ; invasion.** *Envahir un pays.* ■ **2** (1835) Occuper, s'étendre dans, d'une manière abusive. ➤ **déborder (sur), usurper ; coloniser.** «*Le moyen âge envahit tout* [...] *drame, mélodrame, romances, nouvelles, poésie*» GAUTIER. «*L'équipement mécanique collectif* [...] *a tout pénétré, tout envahi, tout transformé*» SIEGFRIED. *Les produits étrangers envahissent le marché.* ➤ **inonder.** *La politique envahit tout,* s'immisce partout. ■ **3** (Animaux, plantes, choses) Se répandre en grand nombre dans (un lieu), de manière excessive ou gênante. ➤ **infester ; proliférer, pulluler.** *Sauterelles qui envahissent les vergers. La cuisine est envahie par les cafards. Ils voyaient* «*les murs et la plate-forme envahis par les herbes*» DAUDET. «*On dut laisser la gangrène l'envahir comme le lierre une statue*» COCTEAU. ■ **4** Occuper en entier. ➤ **couvrir, remplir.** *Pelouse envahie par les enfants.* — «*Deux fois, cependant, le sommeil m'envahit*» MAUPASSANT. ◆ (Choses morales) ➤ **gagner.** *Une vague de tendresse l'envahit.* ➤ **submerger.** «*n'avez-vous pas vous-même été envahi par un sentiment de mélancolie inexprimable ?*» GAUTIER. ■ CONTR. Libérer. Fuir, 1 partir, quitter, retirer (se).

ENVAHISSANT, ANTE [ɑ̃vaisɑ̃, ɑ̃t] **adj.** – v. 1760 ◇ de *envahir* ■ **1** VX Qui envahit. *Armée envahissante.* ■ **2** MOD. Qui a tendance à envahir. *Une ambition envahissante.* ➤ **débordant.** *Un état d'esprit envahissant. Troubles envahissants du développement*.* ■ **3** (1864) (PERSONNES) Qui s'introduit dans l'intimité d'autrui. *Nous avons des voisins envahissants.* ➤ **importun, indiscret.**

ENVAHISSEMENT [ɑ̃vaismɑ̃] **n. m.** – 1560, repris 1694 ; «attaque» 1180 ; ◇ de *envahir* ■ **1** Action d'envahir ; son résultat. *Envahissement d'un pays par une armée* (➤ **invasion, occupation**). «*La politique d'envahissement en effet suppose la cupidité aussi bien que l'ambition*» FUSTEL DE COULANGES. ■ **2** Fait d'envahir (2° ou 3°). ➤ **débordement, irruption, prolifération.** *Le chemin* «*s'était réduit, par l'envahissement de la mousse et des végétations parasites, à un étroit sentier blanc*» GAUTIER. *Envahissement d'un organe par un processus pathologique. Envahissement de la publicité.* ■ **3** FIG. Irruption excessive, totale, constituant une atteinte. ➤ **emprise.** *Lutter contre l'envahissement de l'ennui.* ■ CONTR. Libération. 1 Départ, fuite, 2 retrait.

ENVAHISSEUR, EUSE [ɑ̃vaisœʀ, øz] **n. et adj.** – *envaïseur* XVe ; rare avant 1787 ◇ de *envahir* ■ Ennemi qui envahit. *Repousser, chasser les envahisseurs. Envahisseurs qui vivent sur le pays.* ➤ **occupant.** *L'envahisseur :* les armées de l'État qui envahit ; l'auteur de l'invasion. *Les envahisseurs venus de l'espace.* ◆ **adj.** FIG. *Les virus envahisseurs. Plantes envahisseuses.* ➤ **invasif.**

ENVASEMENT [ɑ̃vazmɑ̃] **n. m.** – 1792 ◇ de *envaser* ■ Action d'envaser ; état de ce qui est envasé. *L'envasement d'un canal.*

ENVASER [ɑ̃vaze] **v. tr.** ⟨1⟩ – fin XVIe ◇ de *en-* et *vase* ■ **1** Enfoncer dans la vase. ➤ **embourber, enliser.** *Barque envasée.* PRONOM. *Nous nous sommes envasés.* ■ **2** (1838) Remplir de vase. *Le port a été envasé par les alluvions.* PRONOM. *Le port s'est envasé.* ■ CONTR. Désenvaser.

ENVELOPPANT, ANTE [ɑ̃v(ə)lɔpɑ̃, ɑ̃t] **adj.** – 1771 ◇ p. prés. de *envelopper* ■ **1** Qui enveloppe. «*Cette partie enveloppante et colorée, qui est blanche dans le lis, s'appelle la corolle*» ROUSSEAU. — Qui entoure, est destiné à entourer. *Un mouvement enveloppant.* ◆ (1864) GÉOM. *Ligne enveloppante,* et **n. f.** *une enveloppante :* ligne qui en enveloppe une autre dite *enveloppée.* ■ **2** FIG. Qui captive à force de grâce. ➤ **captivant, enjôleur, séduisant.** «*La conversation prend aussitôt un tour extraordinairement enveloppant et pénétrant*» GIDE. *Une voix enveloppante.* ■ CONTR. Ennuyeux, repoussant.

ENVELOPPE [ɑ̃v(ə)lɔp] **n. f.** – 1292 ◇ de *envelopper*

I CHOSE SERVANT À RECOUVRIR OU CONTENIR QQCH. ■ **1** Chose souple qui sert à envelopper (➤ **étui, fourreau, gaine, revêtement**). *Enveloppe protectrice, isolante. Enveloppe en papier, en toile, d'un colis, d'un paquet.* ➤ **emballage,** 1 **sac.** *Enveloppe qui recouvre un meuble* (➤ **housse**), *un oreiller* (➤ **taie**). *Les doigts* «*qui démaillotaient prestement les pièces de vingt francs de leur enveloppe de papier*» GREEN. *Enveloppe d'un cigare.* ➤ **cape, robe.** — *L'enveloppe d'un aérostat.* — (1892) *Enveloppe d'une chambre à air* (➤ **pneumatique**). ■ **2** (1632 «paquet, emballage») Feuille de papier pliée et collée en forme de poche, destinée à contenir du courrier. ➤ 1 **pli.** *Enveloppe carrée, longue. Enveloppe opaque, transparente, doublée, à fenêtre, molletonnée ; enveloppe gommée, autocollante. Mettre une lettre sous enveloppe, dans une enveloppe. Adresse écrite sur l'enveloppe.* «*Sur l'enveloppe, ni timbre, ni cachet de la poste*» ROMAINS. *Joindre une enveloppe timbrée pour la réponse. Des enveloppes-réponses. Cacheter, décacheter, déchirer, ouvrir une enveloppe.* ◆ PAR MÉTON. Montant total ou limité des crédits inscrits à un budget. *L'enveloppe budgétaire. L'enveloppe de la Recherche,* son budget. *Une enveloppe de 100 millions.* ◆ Somme remise dans une enveloppe. «*Souvent elles nous offraient une petite enveloppe pour continuer la route*» J. VAUTRIN. — SPÉCIALT Commission illicite. *Donner, recevoir une enveloppe.* ➤ **dessous-de-table, pot-de-vin.** (Québec) *Enveloppe brune :* pot-de-vin destiné à financer une campagne électorale. *Ce candidat aurait accepté des enveloppes brunes.* ■ **3** (1703) SC. Partie qui entoure un organe, un organisme. ➤ **membrane,** 1 **sac, tunique.** «*l'enveloppe du poumon droit est malade et depuis longtemps, pleurésie, tout dans le gosier est abîmé*» M. BASHKIRTSEFF. *Enveloppes florales* (➤ **calice, corolle, involucre, périanthe**). — *Enveloppe des graines* (➤ **endo-**

carpe, noyau, péricarpe, tégument ; 1 cosse, gousse), *des grains* (➤ 3 **balle).** *Enveloppe des fruits* (➤ **brou, écale, épicarpe, peau).** *L'enveloppe de la châtaigne* (➤ 1 **bogue),** *du grain de raisin* (➤ **pellicule).** *Enveloppe des champignons* (➤ **volve),** *des mousses* (➤ **coiffe).** — *Enveloppe calcaire des œufs d'oiseaux* (➤ **coque).** — *Enveloppe d'un minerai* (➤ **gangue).** ◆ BIOL. CELL. *Enveloppe nucléaire* : membrane lipidique double entourant le noyau de la cellule. — VIROL. Membrane lipidique qui entoure certains virus (virus* enveloppé), en périphérie de la capside. ■ **4** (1807, Monge) GÉOM. Courbe (ou surface) tangente à tout élément d'une famille de courbes (ou de surfaces).

II CE QUI CONSTITUE L'APPARENCE EXTÉRIEURE D'UNE CHOSE (ET EN FAIT PARTIE) ■ **1** LITTÉR. Le corps humain considéré comme l'enveloppe de l'âme. « *Son âme avait presque abandonné son enveloppe mortelle* » STENDHAL. « *il reste la dépouille ou l'enveloppe de ce qui fut un être vivant* » JANKÉLÉVITCH. ■ **2** (fin XVIIe) LITTÉR. Air, apparence, aspect extérieur. ➤ **dehors.** « *Sous une enveloppe naïve, elle cachait peut-être une immense ruse* » LAUTRÉAMONT. ■ **3** VIEILLI ou LITTÉR. Ce qui recouvre ou cache. ➤ **vêtement.** « *Ces puérilités servent d'enveloppe à des vérités importantes* » LA FONTAINE.

ENVELOPPÉE [ɑ̃v(ə)lɔpe] **n. f.** – 1864 ; autre sens 1755 ◇ de *envelopper* ■ GÉOM. Courbe enveloppée par une autre courbe dite *enveloppante.*

ENVELOPPEMENT [ɑ̃v(ə)lɔpmɑ̃] **n. m.** – 1090, rare avant XVIIIe ◇ de *envelopper* ■ Action d'envelopper ; état de ce qui est enveloppé. ■ **1** MÉD. Action d'envelopper le corps d'un malade ou une partie du corps dans un linge mouillé. *Enveloppement avec emplâtre sinapisé.* ➤ **cataplasme.** — *Enveloppement d'algues* (➤ **thalassothérapie).** ■ **2** MILIT. Mouvement stratégique destiné à encercler l'ennemi. ➤ **encerclement.** *Manœuvre d'enveloppement.*

ENVELOPPER [ɑ̃v(ə)lɔpe] **v. tr.** ⟨1⟩ – v. 1177 *anveloper* ; v. 1000 *envolopet* ◇ de l'ancien français *voloper* « envelopper », croisement du bas latin *faluppae* « brins de paille » avec un dérivé de *volvere* « faire rouler » ■ **1** Entourer d'une chose souple qui couvre de tous côtés. ➤ **couvrir, recouvrir.** *Envelopper un objet dans du papier, une étoffe* (➤ **emballer, empaqueter),** *envelopper la vaisselle pour un déménagement. Envelopper un meuble dans une housse. Envelopper un enfant dans une couverture.* ➤ **emmitoufler, rouler.** « *Donnez-moi votre manteau, que j'enveloppe ses petits pieds* » SAND. « *Malgré le triple voile de crêpe dont elle enveloppe sa tête* » BAUDELAIRE. PRONOM. *S'envelopper dans un châle.* — LOC. FAM. *Je vous l'enveloppe ?* (pour conclure une vente) : c'est d'accord ? — *Il a une manière de l'envelopper, de vous envelopper,* de faire passer, de faire avaler la chose. ■ **2** Constituer l'enveloppe de. *Emballages qui enveloppent les marchandises. Organe qui en enveloppe un autre* (➤ **amplectif).** ◆ **p. p. adj.** FAM. *Personne enveloppée* (de graisse), un peu grosse. ➤ **enrobé.** *Il n'est pas gros, juste un peu enveloppé.* ■ **3** (XVIIe) Entourer (de qqch. qui semble recouvrir). *Les ténèbres enveloppent la terre.* « *Une atmosphère obscure enveloppe la ville* » BAUDELAIRE. FIG. « *Le roi d'un noir chagrin paraît enveloppé* » RACINE. ■ **4** LITTÉR. Entourer pour cacher. *Envelopper la réalité d'un voile.* — PRONOM. « *L'amour véritable s'enveloppe toujours des mystères de la pudeur* » BALZAC. — *Reproches enveloppés de compliments.* ■ **5** (1636) MILIT. RARE Environner de toutes parts de manière à ne pas laisser d'issue. *Attaquer l'ennemi après l'avoir enveloppé.* ➤ **cerner, encercler, investir ; enveloppement.** ■ **6** (v. 1235) VX Prendre comme dans un filet, dans un réseau de ruses, de mensonges. ➤ **circonvenir.** ■ CONTR. Déballer, développer. Dégager. 1 Étaler, manifester.

ENVENIMÉ, ÉE [ɑ̃v(ə)nime] **adj.** – XIIIe « malveillant » ◇ de *envenimer* ■ **1** Plein de malveillance, de venin (FIG.). *Propos envenimés.* ➤ **fielleux.** LITTÉR. « *Et que reproche aux Juifs sa haine envenimée ?* » RACINE. ■ **2** Infecté. *Plaie envenimée.* FIG. « *Ce peu de lignes semblait distiller un baume salutaire sur sa blessure envenimée* » ROUSSEAU.

ENVENIMEMENT [ɑ̃v(ə)nimmɑ̃] **n. m.** – XIIIe ◇ de *envenimer* ■ **1** Action d'envenimer ; son résultat. *L'envenimement d'une plaie.* ■ **2** Empoisonnement général dû à la morsure ou à la piqûre d'une bête venimeuse (on dit aussi **ENVENIMATION,** 1897).

ENVENIMER [ɑ̃v(ə)nime] **v. tr.** ⟨1⟩ – 1119 ◇ de *en-* et *venin* ■ **1** VX Imprégner de venin. ➤ **empoisonner.** *Envenimer une pointe de flèche.* ■ **2** (1400) Infecter (une blessure), la rendre plus difficilement curable. ➤ **enflammer, infecter, irriter.** *Il a envenimé cette écorchure en la grattant.* — PRONOM. *Faute de soins, la blessure s'est envenimée.* ■ **3** (1662) Rendre plus virulent, plus pénible. *Envenimer une querelle.* ➤ **aggraver, attiser, aviver, exaspérer** (cf. Jeter de l'huile* sur le feu). « *L'amour-propre – il envenime tout,* [...] *il engendre la rancune, la haine* » M. JACOB. — PRONOM. *Le conflit s'est envenimé.* ■ CONTR. Désenvenimer, désinfecter, soigner ; apaiser, calmer.

ENVERGUER [ɑ̃vɛʀge] **v. tr.** ⟨1⟩ – 1678 ; *enverger* 1643 ◇ de *en-* et *vergue* ■ MAR. Attacher (une voile) à une vergue, par la ralingue supérieure.

ENVERGURE [ɑ̃vɛʀgyʀ] **n. f.** – 1678 ◇ de *enverguer* ■ **1** MAR. État d'une voile enverguée. ◆ Largeur d'une voilure déployée. ■ **2** (1714) COUR. *Envergure d'un oiseau* : étendue des ailes déployées. ◆ (1930) La plus grande largeur d'un avion. ■ **3** (1844) Ampleur, ouverture. *Esprit de grande, de large envergure,* apte à comprendre beaucoup de choses, à établir des rapports entre des objets lointains. ➤ **étendue, ouverture.** *Une personne sans envergure, qui manque d'envergure. Son prédécesseur était d'une autre envergure.* ➤ **calibre, carrure, classe, stature ; surface.** ◆ (CHOSES) ➤ **ampleur, étendue,** 1 **rayon.** *Une action de grande envergure. Des opérations d'envergure. Son entreprise a pris de l'envergure, une certaine envergure.* ➤ **développement, essor, extension.**

1 **ENVERS** [ɑ̃vɛʀ] **prép.** – X^e^ ◇ de *en-* et *vers* ■ **1** VX En face de, vis-à-vis de. — MOD. LOC. *Envers et contre tous* (mots qui terminaient les formules des anciens serments de foi et hommage) : en dépit de l'opposition générale. *On peut « vouloir la défendre* [Marie-Antoinette] *sur tous les points, se constituer son avocat, son chevalier envers et contre tous* » SAINTE-BEUVE. — *Envers et contre tout :* malgré tous les obstacles (cf. Contre vents* et marées). ◆ VX Auprès de. « *Je perdrai mon crédit envers sa Majesté* » CORNEILLE. ■ **2** (Apr. un mot désignant un sentiment, une action) À l'égard de (qqn). *Il est bien disposé envers vous* (cf. À votre endroit). *Être plein d'indulgence envers les enfants.* ➤ **avec, pour.** « *Lynx envers nos pareils, et taupes envers nous, Nous nous pardonnons tout, et rien aux autres hommes* » LA FONTAINE. — À l'égard de (une chose morale). *Traître envers la patrie.*

2 **ENVERS** [ɑ̃vɛʀ] **n. m.** – 1229 ; adj. 980 ◇ latin *inversum,* de *invertere* « retourner »

I L'ENVERS. ■ **1** Le côté d'une chose opposé à celui qui doit être vu. ➤ 2 **derrière.** *L'envers et l'endroit. L'envers d'une étoffe* (cf. Le mauvais côté). *Étoffe sans envers* (➤ **réversible).** — *L'envers d'un décor de théâtre.* FIG. *L'envers du décor* (cf. le sens 2°). — VX *L'envers d'un feuillet.* ➤ **dos, verso.** *L'envers d'une médaille* (➤ **revers),** *d'une pièce de monnaie* (➤ 3 **pile).** — (Choses naturelles) Le côté opposé à celui qui est ordinairement exposé à la lumière. *L'envers d'une feuille d'arbre. L'envers d'une peau de lapin.* ■ **2** (XVIe) FIG. L'aspect (d'une chose) opposé à celui qui se voit généralement ; l'aspect caché. *Découvrir l'envers du décor, des choses,* celui qui n'apparaît pas d'abord. « *Je vous fais voir l'envers des événements que l'histoire ne montre pas ; l'histoire n'étale que l'endroit* » CHATEAUBRIAND. ◆ L'aspect (d'une chose) opposé à celui qui devrait être vu ; aspect superficiel ou peu significatif. « *nous ne voyons jamais que l'envers des destinées* » MAETERLINCK. ■ **3** La face opposée, mais inséparable. ➤ **contraire, inverse.** « *voilà l'envers tout juste de ce que nous pensions de lui* » Mme DE SÉVIGNÉ. *L'envers de la gloire.* ➤ **contrepartie, rançon.** (cf. Le revers* de la médaille). « *les défauts sont l'envers inévitable des qualités* » SIEGFRIED.

II loc. adv. À L'ENVERS. ■ **1** (1382) Du mauvais côté, du côté qui n'est pas fait pour être vu (opposé à *à l'endroit*). « *Le bon roi Dagobert Avait mis sa culotte à l'envers* » (chans.) (cf. Sens* devant derrière). ■ **2** (XVe « à la renverse ») VIEILLI Sens dessus dessous. *Mes locataires ont laissé ma maison à l'envers !* (cf. En désordre, en pagaille). — *Avoir la tête, la cervelle à l'envers,* l'esprit agité, troublé, inquiet. *Elle « ne savait pas la cause de mon hilarité, elle pensait que j'avais les nerfs fragiles, la tête à l'envers* » O. ROLIN. ■ **3** Dans un sens inhabituel, dans le mauvais sens. *Valse à l'envers,* où l'on tourne à l'envers des aiguilles d'une montre. « *tes yeux verts, Lacs où mon âme tremble et se voit à l'envers* » BAUDELAIRE. *Lire un texte à l'envers* (cf. À rebours). *Sa voiture est rangée à l'envers dans une file en stationnement. Prononcer les syllabes d'un mot à l'envers.* ➤ **verlan.** *C'est le monde* à l'envers :* c'est une chose aberrante. *Vous avez pris mes paroles tout à l'envers,* vous les avez mal interprétées (cf. À contresens, de travers). FAM. *Faire des progrès à l'envers* (cf. À reculons). ◆ LOC. FAM. *La faire à l'envers à qqn,* le duper. *Il a essayé de me la faire à l'envers.*
■ CONTR. Endroit ; avers, recto ; 2 devant, face.

ENVI (À L') [alɑ̃vi] **loc. adv.** – 1543 ; de *envi* «défi» (XIIIe), «rivalité» (XVIe) ◊ de l'ancien français *envier* «inviter, provoquer» (XIe) ; latin *invitare* «inviter» ■ LITTÉR. À qui mieux mieux ; en rivalisant, en cherchant à l'emporter sur l'autre. *«Les femmes imitant toutes, à l'envi, l'impératrice Eugénie»* FRANCE. *«le gouvernement, les magistrats, les auteurs, s'y sont à l'envi déchaînés contre moi»* ROUSSEAU. ■ HOM. Envie.

ENVIABLE [ɑ̃vjabl] **adj.** – fin XIVe, rare avant 1830 ◊ de *envier* ■ Qui est digne d'envie ; que l'on peut envier. ➤ **désirable, souhaitable, tentant.** *Une situation, une position enviable. Un sort peu enviable. L'homme d'action leur «apparaissait comme un phénomène étrange et enviable»* MAUROIS. ■ CONTR. Détestable.

ENVIDER [ɑ̃vide] **v. tr.** ⟨1⟩ – 1763 ◊ de *en-* et *(dé)vider* ■ TECHN. Tourner (le fil de la trame) autour d'un fuseau, d'une bobine. ➤ **enrouler, renvider.** *Machine à envider* (➤ **canetière**). — **n. m. ENVIDAGE,** 1838. ■ CONTR. Dévider ; dérouler.

ENVIE [ɑ̃vi] **n. f.** – début XIe, au sens de «haine», disparu à la fin du XVIIe ◊ du latin *invidia* «jalousie» et «haine»

I SENTIMENT, DÉSIR, BESOIN A. L'ENVIE ■ **1** (milieu XIIe) Sentiment de désir mêlé d'irritation et de haine qui anime qqn contre la personne qui possède un bien qu'il n'a pas. ➤ **jalousie.** *«ce qui nous rend malheureux, c'est surtout l'envie. Nos vitrines, nos écrans de télé, nos magazines nous offrent de quoi se gorger de haine lorsqu'on ne peut pas satisfaire à la sollicitation»* BOUDARD. *Être dévoré par l'envie, rongé d'envie. «L'Envie aux doigts crochus, au teint pâle et livide»* BEAUMARCHAIS. ■ **2** (1155 «rivalité») Désir de jouir d'un avantage, d'un plaisir égal à celui d'autrui. *Une situation digne d'envie.* ➤ **enviable.** *Exciter, attirer l'envie de ses voisins. — Faire envie :* inspirer l'envie. *«Le premier jeune garçon venu, si pauvre qu'il soit avec sa santé, sa force [...] fera toujours envie à un vieil empereur»* HUGO. PROV. *Il vaut mieux faire envie que pitié* (réponse des personnes jugées trop grosses). — *Regarder avec envie :* envier. ➤ **convoitise.**

B. UNE ENVIE, DES ENVIES (milieu XIIe) ■ **1** Désir (d'avoir, de posséder, de faire qqch.). ➤ **appétence, besoin, concupiscence, convoitise, désir, fringale, goût, inclination.** *Une furieuse envie. Une envie pressante. Faire (qqch.) sans envie,* à contrecœur. *Je n'ai qu'une envie, c'est qu'on me laisse tranquille.* — (PLUR.) *J'ai des envies de voyages. Avoir des envies de meurtre. «Il vous vient à faire ce métier-là des envies affreuses»* DURAS. **ENVIE DE** (et l'inf.). *Éprouver, ressentir l'envie, une grande envie de faire qqch. Envie de sauter, de courir. «On se confie le plus souvent par vanité, par envie de parler»* LA ROCHEFOUCAULD. *L'envie me démange de le lui dire. J'ai une de ces envies de partir. Ce beau temps donne envie de partir en vacances. L'envie lui est venue d'aller à Paris. Quelle envie t'a pris !* ➤ **lubie.** *«La bêtise consterne et ne donne guère envie de rire»* COCTEAU. — Besoin organique. *Envie de manger* (➤ **faim**), *de boire* (➤ **soif**), *de dormir* (➤ **sommeil**), *de vomir* (➤ **nausée**). *Avoir envie de faire pipi.* LOC. FAM. *Ça l'a pris comme une envie de pisser,* brusquement. ■ **2** (XIIe) **AVOIR ENVIE DE** (faire qqch.). ➤ **désirer, souhaiter** (cf. RÉGION. Avoir le goût de). *Avoir envie d'aller au cinéma, de voyager. J'ai bien envie d'y aller. Je le ferai quand j'en aurai envie,* quand je voudrai. FAM. *J'en ai très envie.* — Ressentir le besoin de, ne pouvoir s'empêcher de. *J'ai envie de pleurer. — Avoir envie que* (et le subj.). ➤ **souhaiter, 1 vouloir.** *Il a envie que vous restiez ici.* ♦ **AVOIR ENVIE DE** (qqch.). ➤ **convoiter.** *Avoir envie d'une chose,* de la posséder. *Avoir envie d'une nouvelle voiture. — Mourir, brûler d'envie de qqch. Il en meurt, il en crève* (FAM.) *d'envie. — Avoir envie de (qqn) :* désirer sexuellement (qqn). ♦ (1625) **FAIRE ENVIE :** exciter le désir. ➤ **tenter.** *Ce gâteau me fait envie.* ♦ *Contenter, passer son envie :* se satisfaire. *Satisfaire l'envie de qqn. Réfréner ses envies.* ♦ *Faire passer l'envie d'une chose à qqn,* lui en ôter le désir. ➤ **dégoûter.** *Je vais lui en ôter l'envie.* ■ **3** (1606) *Envie de femme enceinte :* désir vif et subit (notamment alimentaire) éprouvé parfois par les femmes enceintes (cf. ci-dessous, II, 1°) ; FIG. caprice, désir inattendu.

II DANS LE CORPS HUMAIN ■ **1** FAM. Tache cutanée (nævus, angiome) présente à la naissance et que l'on croyait être la marque d'une envie de la mère (cf. ci-dessus, I, B, 3°). ➤ **nævus, tache** (de vin). ■ **2** (1640) AU PLUR. FAM. Petites peaux qui se soulèvent sur le pourtour des ongles. *Ciseaux à envies.*

■ CONTR. Amour, charité, désintéressement, détachement, mépris ; dégoût, répulsion, satiété. ■ HOM. Envi.

ENVIER [ɑ̃vje] **v. tr.** ⟨7⟩ – 1165 ◊ de *envie* ■ **1** Éprouver envers (qqn) un sentiment d'envie (I, 1° et 2°), soit qu'on désire ses biens, soit qu'on souhaite être à sa place. ➤ **jalouser.** *Envier les autres, qqn d'heureux, qqn qui réussit. Tout le monde l'envie. — Je vous envie d'être si peu frileux !* ■ **2 ENVIER** (qqch.) **À** (qqn) **:** éprouver un sentiment d'envie envers (qqch.) que possède, dont jouit (qqn). ➤ **convoiter, désirer.** *«Ce n'était pas qu'elle lui enviât sa portion de l'héritage paternel»* GREEN. ■ **3** (v. 1200) **ENVIER** (qqch.) **:** souhaiter, désirer pour soi-même, avoir envie de (qqch.). *J'envie votre situation. «Me voilà devenu assez vieux pour envier la gaieté des autres»* FLAUBERT. — **p. p. adj.** *Un titre envié. — «Plus d'un, en apercevant ces coquettes résidences, si tranquilles, enviait d'en être le propriétaire»* FLAUBERT. — LOC. *N'avoir rien à envier à :* avoir les mêmes qualités (ou défauts) que. *«un ensemble d'une richesse, d'une élégance féerique [...] qui n'a rien à envier à aucun art»* GAUTIER. *N'avoir rien à envier à personne :* n'avoir rien à désirer, être comblé. ■ CONTR. Aimer, vanter. Mépriser, rejeter.

ENVIEUSEMENT [ɑ̃vjøzmɑ̃] **adv.** – XVe ◊ de *envieux* ■ RARE De façon envieuse. *Il le regardait envieusement.*

ENVIEUX, IEUSE [ɑ̃vjø, jøz] **adj.** et **n.** – XIIIe ; *invidius* 1119 ◊ latin *invidiosus* → envie ■ **1** Qui éprouve de l'envie ; qui est sujet à l'envie. ➤ **jaloux.** *Esprit, caractère envieux. Être envieux du bien d'autrui, de ce que les autres possèdent.* ➤ **avide, cupide.** *«Tous les hommes étant, quoique fort envieux, Lâches et vils devant quiconque a la richesse»* LECONTE DE LISLE. ■ **2 n.** *«Ces pauvres envieux, en raison de leur secrète misère, se rebiffent contre le mérite»* CHATEAUBRIAND. *Faire des envieux :* provoquer l'envie des autres. *Vous allez faire des envieux !* (pour féliciter qqn). ■ **3** Qui a le caractère de l'envie. *Des regards envieux.* ■ CONTR. Bienveillant, désintéressé, indifférent.

ENVINÉ, ÉE [ɑ̃vine] **adj.** – 1701 ◊ de *en-* et *vin* ■ TECHN. Qui a pris l'odeur du vin (se dit d'un récipient). *Fût enviné.*

ENVIRON [ɑ̃viʀɔ̃] **prép., adv.** et **n. m.** – XIIe ; *envirum* 980 ◊ ancien français *viron,* de *virer ;* cf. *entour* ■ **1 prép.** VX Dans le voisinage de, aux alentours de. ➤ **1 vers.** — MOD., LITTÉR. En parlant du temps. *«Environ cette époque, à la tombée d'un beau jour d'été»* FRANCE. ■ **2 adv.** COUR. (devant un n. de nombre) À peu près ; un peu plus, un peu moins. ➤ **approximativement, gros** (en gros). — (Temps) *Il y a environ deux ans ; il y a deux ans environ. «L'abbé Mionnet passa environ une heure et demie à son église»* ROMAINS. *Une personne d'environ cinquante ans.* ➤ **quelque.** — (Espace) *«L'homme fit environ deux cents pas»* ZOLA. — (Quantité, prix) *Sa propriété vaut environ dix millions.* ➤ **1 autour** (de), **dans** (les). *«Des communs spacieux, une ferme et environ huit hectares de terre»* ROMAINS. ■ **3 n. m. pl.** (v. 1460) **LES ENVIRONS :** les alentours (d'un lieu). ➤ **abord, alentours,** VX **entour.** *Guides des environs de Paris. Paris et ses environs.* ➤ **banlieue, couronne.** *Cela se trouve dans les environs* (cf. Dans le coin). ♦ **AUX ENVIRONS DE** (cf. Du côté de ; à proximité, dans le voisinage de). *«Le printemps, en Bretagne, est plus doux qu'aux environs de Paris»* CHATEAUBRIAND. — *Aux environs de* (telle époque) : à peu près à. ➤ **1 vers.** *Aux environs de Noël.*

■ CONTR. Loin (de), exactement, précisément.

ENVIRONNANT, ANTE [ɑ̃viʀɔnɑ̃, ɑ̃t] **adj.** – 1787 ◊ de *environner* ■ **1** Qui environne, qui est dans les environs. ➤ **circonvoisin, proche, voisin.** *Les bois environnants.* ■ **2** Qui forme un milieu* (III) ; dans lequel on vit. ➤ **ambiant.** *«l'état général de l'esprit et des mœurs environnantes»* TAINE. ■ CONTR. Éloigné, lointain.

ENVIRONNEMENT [ɑ̃viʀɔnmɑ̃] **n. m.** – 1300 «contour» ◊ de *environner* ■ **1** RARE Action d'environner ; son résultat. ■ **2** VX Enceinte ; environs d'un lieu. ■ **3** LING. Contexte immédiat. *L'environnement d'un mot* (➤ **collocation**). ■ **4** (1964 ◊ d'après l'anglais américain *environment*) Ensemble des conditions naturelles (physiques, chimiques, biologiques) et culturelles (sociologiques) dans lesquelles les organismes vivants (en particulier l'être humain) se développent. ➤ **ambiance, atmosphère, entourage, habitat, milieu.** *Environnement rural, urbain. Protection, qualité de l'environnement* (➤ **écologie ; écobilan, écolabel, écoproduit, écotaxe**). *Associations de défense de l'environnement. Ministère de l'Environnement,* chargé de la protection de la nature et de la défense contre la pollution et les nuisances. *«le nouveau gouvernement européen devra résoudre rapidement les problèmes de l'environnement, l'asphyxie des villes, la destruction des forêts, la pollution de la nappe phréatique»* LE CLÉZIO. — DIDACT. *Espèces animales et végétales partageant le même environnement.* ➤ **biocénose, biotope.** *Environnement spatial, acoustique, thermique.* ♦ PAR EXT. Conditions extérieures susceptibles d'agir sur le fonctionnement d'un système, d'une entreprise, de l'économie nationale. *Environnement international.* ➤ **conjoncture, contexte.** ■ **5** INFORM. Configuration matérielle et logicielle propre à un ordinateur. ➤ **écosystème.** — *Environnement graphique.*

ENVIRONNEMENTAL, ALE, AUX [ɑ̃viʀɔnmɑ̃tal, o] **adj.** – 1972 ♦ de *environnement* (4°) ou de l'anglais *environmental* ■ DIDACT. Relatif à l'environnement. ➤ **écologique.** *Facteurs environnementaux.*

ENVIRONNEMENTALISME [ɑ̃viʀɔnmɑ̃talism] **n. m.** – 1976 ♦ de *environnement* ■ Doctrine qui entend concilier le développement économique et la protection de l'environnement. ➤ **écologisme.** *L'environnementalisme américain.*

ENVIRONNEMENTALISTE [ɑ̃viʀɔnmɑ̃talist] **n.** – 1972 ♦ de *environnement* (4°) ■ DIDACT. Spécialiste de l'étude de l'environnement*. ➤ **écologiste.** — **adj.** *Mouvement environnementaliste.*

ENVIRONNER [ɑ̃viʀɔne] **v. tr.** ‹1› – XIIe au p. p. ♦ de *environ* ■ **1** (XIVe) Faire le tour de ; mettre autour de. ➤ **enceindre, enclore, entourer.** *Des remparts environnent la ville.* ■ **2** Être autour de, dans les environs de. *Les coteaux, les montagnes qui environnent la ville.* ■ **3** (XVIe) (PERSONNES) VIEILLI Vivre habituellement auprès de (qqn). « *Des hommes artificieux et intéressés les environnent* » FÉNELON. — MOD. (PRONOM. ou PASS.) *S'environner d'amis, être environné d'amis.* ➤ **s'entourer.** ■ **4** (XIVe) VX Se mettre, se porter autour de (qqn, qqch.). *Les soldats environnèrent la ville.* ➤ **cerner, encercler.** — MOD. (PASS.) « *Raphaël marchait environné de ses élèves, escorté des cardinaux et des princes* » CHATEAUBRIAND. ■ **5** FIG. et LITTÉR. *Les dangers l'environnent de toutes parts.* ➤ **assaillir.** « *Son souci m'environne* » COLETTE. ■ CONTR. Dégager ; abandonner, délaisser, 1 écarter.

ENVISAGEABLE [ɑ̃vizaʒabl] **adj.** – 1845, répandu XXe ♦ de *envisager* ■ Susceptible d'être envisagé, imaginé. ➤ **concevable, possible.** *Étudier les différentes solutions envisageables. Écartons ce qui n'est pas envisageable.* ■ CONTR. Inenvisageable.

ENVISAGER [ɑ̃vizaʒe] **v. tr.** ‹3› – 1560 ♦ de *en-* et *visage* ■ **1** VX Regarder (une personne) au visage. ➤ **dévisager.** « *Plus je vous envisage, Et moins je me remets, Monsieur, votre visage* » RACINE. ■ **2** (1653) Examiner par la pensée. ➤ **considérer.** « *On n'est homme que par le ferme regard dont on envisage la vie et la mort* » MICHELET. « *Elle avait eu le temps d'envisager en face tous les aspects de son malheur* » LOTI. — *Envisager qqch. sous un certain angle, sous un certain aspect.* ➤ **regarder, voir.** *Les différentes façons d'envisager une question.* ➤ **point de vue.** « *L'une montre la façon dont le moyen âge a envisagé la vie, l'autre montre la façon dont nous l'envisageons* » TAINE. ■ **3** Prendre en considération, avoir en vue. *C'est un problème, une question qu'il faut envisager. Envisager l'intérêt général.* ➤ 1 **penser** (à). ♦ Prévoir, imaginer comme possible. *Envisager toutes les éventualités, les conséquences. Envisager le pire.* ■ **4** **ENVISAGER DE** (et l'inf.). ➤ 1 **penser, projeter.** *Ils envisagent de déménager.* **ENVISAGER QUE** (et subj. ou condit.). *Nous avons envisagé qu'il vienne, qu'il viendrait.*

ENVOI [ɑ̃vwa] **n. m.** – *envei* 1130 ♦ de *envoyer* ■ **1** Action d'envoyer. *Envoi d'une lettre, d'un message par la poste ; envoi de marchandises.* ➤ **expédition.** *Frais d'envoi.* ➤ 2 **port.** *Envoi franco de port ; envoi contre remboursement. Envoi de fleurs.* — *Envoi de troupes, de renforts, de matériel sur le front.* — SPORT **COUP D'ENVOI :** au football, envoi du ballon par l'avant, qui ouvre le jeu (➤ **engagement**) ; FIG. action, opération par laquelle un plan, un programme est déclenché, inauguré. ♦ (1803) Ce qui est envoyé. *Un envoi recommandé. J'ai reçu votre envoi le 18 courant.* ➤ **colis, courrier, lettre, paquet,** 1 **pli.** ■ **2** DR. *Envoi en possession**. ■ **3** (v. 1350) Dans la ballade, Dernière strophe de quatre vers qui dédie le poème à qqn. « *À la fin de l'envoi, je touche* » ROSTAND. ♦ Hommage manuscrit de l'auteur d'un livre. *Envoi et dédicace.*

ENVOILER (S') [ɑ̃vwale] **v. pron.** ‹1› – 1676 ♦ de *en-* et 2 *voile* ■ TECHN. Se courber, se gauchir, en parlant du fer et de l'acier, lorsqu'on les trempe. ➤ 2 **se voiler.**

ENVOL [ɑ̃vɔl] **n. m.** – 1873 ♦ de *envoler* ■ **1** Action de prendre son vol. *L'envol d'un oiseau.* « *Un envol de pigeons écarlates* » RIMBAUD. — FIG. ➤ **essor.** *Région qui prend son envol économique.* ■ **2** Action de décoller, de quitter le sol, en parlant d'un avion. ➤ **décollage.** *Piste d'envol.*

ENVOLÉE [ɑ̃vɔle] **n. f.** – 1856 ♦ p. p. subst. de *envoler* ■ **1** Action de s'envoler. *Une brusque envolée d'oiseaux.* ➤ **envol.** ♦ (Canada) Vol (d'un avion) ; sa durée. *L'envolée de retour.* ■ **2** Ensemble d'êtres, de choses qui volent. « *Des envolées de feuilles mortes dansant la farandole* » LOTI. ■ **3** FIG. Élan de l'inspiration, en poésie et dans le discours. « *De belles envolées lyriques* » HENRIOT. ■ **4** Hausse brutale (d'une valeur). *L'envolée du dollar.*

ENVOLER (S') [ɑ̃vɔle] **v. pron.** ‹1› – v. 1260 ♦ de *en-* et 1 *voler* ■ **1** Prendre son vol, sa volée ; partir en volant. *Les oiseaux se sont envolés. S'envoler à tire-d'aile.* — (Avec ellipse du pron. pers.) *Le moindre bruit ferait envoler cet oiseau.* ♦ PAR ANAL. *Avion qui s'envole.* ➤ **décoller.** — PAR EXT. *Le ministre s'est envolé pour le Japon,* est parti par avion. ■ **2** FIG. et FAM. Disparaître subitement. ➤ **disparaître, s'éclipser.** *Personne, ils se sont envolés* (cf. FAM. Jouer la fille de l'air*). *Je ne trouve pas ma montre, elle ne s'est pourtant pas envolée.* ■ **3** Être emporté par le vent, par un souffle. *La fumée s'envole.* ➤ **se dissiper.** *Tous ses papiers s'envolèrent.* ➤ **se disperser,** 1 **voler.** ♦ LITTÉR. S'élever, monter (bruit, odeur). « *Des cris variés s'envolent par les fenêtres* » COLETTE. ■ **4** Passer rapidement, disparaître. ➤ 1 **aller** (s'en aller), **disparaître, s'écouler, s'effacer, s'enfuir, s'évanouir,** 1 **partir, passer.** *Le temps s'envole.* « *Depuis le Congrès de Paris, Napoléon III voyait s'envoler l'espoir de réviser les traités de 1815* » BAINVILLE. — PROV. *Les paroles* s'envolent, les écrits restent.* ■ **5** FAM. Augmenter très rapidement, de manière incontrôlée. *À la Bourse, le cours de l'action s'envole.* ➤ **flamber.** ■ CONTR. Poser (se). Atterrir. Demeurer, rester.

ENVOÛTANT, ANTE [ɑ̃vutɑ̃, ɑ̃t] **adj.** /ENVOUTANT, ANTE/ – attesté 1948 ♦ de *envoûter* ■ Qui envoûte (2°), séduit irrésistiblement. ➤ **captivant, ensorcelant.** *Un charme envoûtant.*

ENVOÛTEMENT [ɑ̃vutmɑ̃] **n. m.** /ENVOUTEMENT/ – XIVe ♦ de *envoûter* ■ **1** Action d'envoûter ; son résultat. ➤ **ensorcellement.** *Formules d'envoûtement.* ➤ **maléfice, sortilège.** *Conjurer un envoûtement.* « *Mélek, depuis quelques jours, avait entrepris des prières et un envoûtement pour obtenir sa mort* » LOTI. ■ **2** FIG. Action d'envoûter (2°) ; état d'une personne envoûtée. ➤ 2 **charme, fascination, séduction.** « *L'œuvre de Rimbaud conserve une prodigieuse puissance d'envoûtement* » CARCO.

ENVOÛTER [ɑ̃vute] **v. tr.** ‹1› /ENVOUTER/ – XIIIe ♦ de *en-* et de l'ancien français *volt, vout* « visage, image », du latin *vultus* ■ **1** Représenter (une personne) par une figure de cire, de terre glaise, etc. (autrefois appelée *volt, vout*) dans le dessein de faire subir à la personne représentée l'effet magique des invocations que l'on prononce devant la figurine ou des atteintes qu'on lui porte. ➤ **ensorceler, marabouter.** « *réputés grands sorciers à faire des images de cire à la ressemblance du roi et des princes pour les envoûter* » MÉZERAY. ■ **2** (fin XIXe) FIG. et COUR. Exercer sur (qqn) un attrait, une domination irrésistible. ➤ **captiver, charmer, ensorceler,** 2 **fasciner, séduire, subjuguer.** « *Nous étions envoûtés par les gestes, les voix, le décor, tout ce prestige du théâtre* » THARAUD.

ENVOÛTEUR, EUSE [ɑ̃vutœʀ, øz] **n.** /ENVOUTEUR, EUSE/ – 1847 ♦ de *envoûter* ■ Personne qui pratique l'envoûtement. ➤ **sorcier ; enchanteur, magicien.** ♦ FIG. et RARE Personne qui exerce un charme irrésistible. ➤ **charmeur, séducteur, vamp.**

ENVOYÉ, ÉE [ɑ̃vwaje] **adj. et n.** – 1867 ♦ de *envoyer* ■ **1** (CHOSES) Qui a été envoyé. *Une balle bien envoyée.* — (1867) FIG. et FAM. *Une réponse, une réplique bien envoyée,* qui porte par sa justesse, son opportunité et sa hardiesse. ➤ **percutant.** *Ça c'est envoyé !* ■ **2** **n.** (fin XVe) Personne qu'on a envoyée quelque part pour accomplir une mission. *Envoyé porteur d'un message.* ➤ **courrier, estafette,** 1 **exprès, messager.** *Envoyé chargé de représenter un parti, un pays.* ➤ 2 **agent, ambassadeur,** 2 **attaché, délégué, député,** 1 **émissaire, missionnaire,** 2 **parlementaire, plénipotentiaire, représentant.** ♦ **ENVOYÉ(E) SPÉCIAL(E) :** journaliste envoyé(e) spécialement dans un endroit pour un évènement précis. ➤ **correspondant.** *De notre envoyée spéciale à Bruxelles.* ♦ LOC. FAM. *Vous êtes l'envoyé du ciel !* vous arrivez opportunément (cf. Vous tombez bien).

ENVOYER [ɑ̃vwaje] **v. tr.** ‹8 ; fut. *j'enverrai*› – début XIe ♦ du latin *inviare* « marcher sur, parcourir », famille de *via* « chemin, route » → via, voie

I **ENVOYER** qqn ■ **1** Faire aller, faire partir (qqn quelque part). *Envoyer un enfant à l'école, chez sa grand-mère, en vacances. Envoyer un fonctionnaire en province.* ➤ **délocaliser, déplacer,** 2 **muter.** *Envoyer des troupes au front. Envoyer une délégation auprès, au-devant, à la rencontre de qqn.* — LOC. *Envoyer qqn dans l'autre monde**. FAM. *Envoyer qqn ad patres* (➤ **ad patres**). *Envoyer des soldats à la mort,* en un lieu, dans une situation où ils seront tués. *Envoyer un escroc en prison.* ➤ **jeter.** ♦ *Envoyer qqn à qqn* (pour le rencontrer). *Médecin qui envoie un malade à un confrère. Envoyez-moi les gens que cela intéresse.* FAM. *Envoyer qqn au diable**. ■ **2** Faire aller (qqn) quelque part (afin de faire qqch.). *Envoyer une personne en* *course, en mission.* ➤ **dépêcher, 1détacher ; envoyé.** *C'est le ciel qui vous envoie !*, votre arrivée est providentielle. ♦ **(Employé comme auxil.)** Faire aller (qqn) quelque part pour. *Envoyer un enfant faire des courses. Je l'enverrai chercher du pain. Envoyez-la prendre de leurs nouvelles.* FIG. et FAM. *Envoyer promener* (ou *paître, valser, dinguer, bouler, péter*, etc.) *qqn*, le repousser avec brusquerie. ➤ **éconduire, rabrouer,** FAM. **rembarrer.** VULG. *Envoyer chier, se faire foutre.* — ABSOLT Faire aller qqn quelque part pour. *J'ai envoyé chercher un médecin.* — LOC. *Ne pas l'envoyer dire à qqn* : dire soi-même une chose désagréable, ce que l'on pense. *Il ne le lui a pas envoyé dire.* ▪ **3** Pousser, jeter (qqn quelque part). *Boxeur qui envoie son adversaire au tapis. Il l'envoya d'un coup de pied au bas de l'escalier, dans les décors.* ➤ **expédier.** — FAM. *Envoyer qqn sur les roses*, lui faire comprendre de façon peu aimable qu'il importune. *Envoyer qqn aux pelotes**.

II ENVOYER qqch. ▪ **1** (fin XIIe) Faire partir, faire parvenir (qqch. à qqn) par l'intermédiaire d'une personne ou par la poste. ➤ **adresser, expédier, transmettre.** *Envoyer un message, un e-mail, une lettre, une carte postale, un colis, un cadeau à qqn. Courrier envoyé par avion.* «*Les secours envoyés par air et par route*» CAMUS. *Envoyer des excuses, des félicitations, des condoléances. Envoyer sa démission.* ▪ **2** (milieu XIIe) Faire parvenir (qqch.) à, jusqu'à (qqn ou qqch.), par une impulsion matérielle. *Envoyer une balle à un joueur.* ➤ **jeter, 1lancer.** *Renvoyer le ballon qu'on vous envoie. Envoyer une balle avec la main, avec une raquette. Envoyer des pierres dans une vitre, des objets à la figure de qqn. Il m'envoie sa fumée dans la figure.* — *Envoyer une gifle, un coup à qqn.* ➤ **allonger, donner, 2flanquer.** *Envoyer un coup de pied.* ➤ **1décocher.** — MAR. *Envoyez !* commandement pour hisser les couleurs ou exécuter la manœuvre de virement de bord. *Paré à virer ! Envoyez !* ♦ LOC. FIG. et FAM. *Envoyer du lourd, du gros, du bois, du pâté, du steak* : être puissant, efficace ; PAR EXT. impressionner, susciter l'enthousiasme. *Un clip qui envoie du lourd.* «*le free-jazz, ça envoie du bois !*» (Sud-Ouest, 2012). ABSOLT «*Elle est costaud, cette meuf ! Elle envoie !*» GAVALDA. ➤ FAM. **déchirer.** ♦ Adresser à distance (à une personne). *Envoyer des baisers, un sourire.* ♦ **(En auxil.)** LOC. FAM. *Envoyer valser* (*valdinguer*, etc.) *qqch.* : pousser, lancer, renverser violemment. — *Envoyer tout promener* : abandonner complètement, laisser tomber. ➤ **renoncer.** ▪ **3 (Sujet chose)** Faire aller jusqu'à. *Le soleil nous envoie sa lumière.* — *Le cœur envoie le sang dans les artères.*

III S'ENVOYER ▪ **1** v. pron. (récipr.) Se faire parvenir l'un à l'autre. *Ils se sont envoyé de longues lettres.* ▪ **2** FAM. Prendre pour soi. ➤ **s'enfiler, s'enquiller, se farcir, se taper.** *S'envoyer tout le travail, tout le chemin à pied*, le faire péniblement, de mauvais gré. *S'envoyer un verre de vin, un bon repas*, le boire*, le manger*. «*Il y aura toujours qqn [...] pour s'envoyer de belles tartines de caviar*» DUHAMEL. — (1897) VULG. **S'ENVOYER** qqn, faire l'amour avec lui (cf. Se faire* qqn). *Elle se l'est envoyé.* «*Pourquoi cette femme prend-elle des hommes avec elle, sinon pour se les envoyer de temps en temps ?*» DURAS. ▪ **3** v. pron. (réfl.) LOC. FAM. *S'envoyer en l'air* : jouir, éprouver un plaisir intense, notamment le plaisir sexuel (cf. Prendre son pied*, être au septième ciel*), ou par la drogue (cf. Se défoncer, planer).

▪ CONTR. Recevoir.

ENVOYEUR, EUSE [ɑ̃vwajœʀ, øz] n. – XIIIe, repris XIXe ◊ de *envoyer* ▪ Personne qui envoie. RARE, sauf dans *Retour à l'envoyeur.* ➤ **expéditeur.**

ENZOOTIE [ɑ̃zɔɔti ; ɑ̃zooti] n. f. – 1832 ◊ du grec *en* «dans» et *(épi)zootie* ▪ MÉD. Maladie épidémique qui frappe une ou plusieurs espèces animales dans une même région. ➤ **épizootie.**

ENZYME [ɑ̃zim] n. f. ACAD. ou m. – 1878 ◊ grec *en* «dans» et *zumê* «levain» ▪ BIOCHIM. Substance protéique qui catalyse, accélère une réaction biochimique spécifique. ➤ **apoenzyme, coenzyme ;** VX **diastase, ferment, zymase.** *Les enzymes spécifiques jouent un rôle important dans les processus physiologiques et cellulaires.* ➤ **fermentation ; -ase.** *Enzymes digestives.* ➤ **amylase, carboxylase, chymotrypsine, décarboxylase, entérokinase, protéase, ptyaline ; pepsine, trypsine.** — adj. **ENZYMATIQUE,** 1903.

ENZYMOLOGIE [ɛ̃zimɔlɔʒi] n. f. – 1890 ◊ de *enzyme* et *-logie* ▪ DIDACT. Science traitant de la structure et des propriétés des enzymes, ainsi que de leur rôle catalyseur lors des réactions biochimiques.

ÉOCÈNE [eɔsɛn] n. m. – 1843 ◊ anglais *eocene*, du grec *eôs* «aurore» ▪ GÉOL. Période stratigraphique du début de l'ère tertiaire. *La faune de l'éocène* (nummulites, cérites, mammifères).

ÉOLIEN, IENNE [eɔljɛ̃, jɛn] adj. et n. – 1615, repris 1794 ◊ du latin *Æolus*, grec *Aiolos* «dieu des vents» ▪ **1** *Harpe éolienne* : table ou boîte sonore sur laquelle sont tendues des cordes que le vent fait vibrer harmonieusement. «*Je suis comme une harpe éolienne, qui rend quelques beaux sons, mais qui n'exécute aucun air*» JOUBERT. — On trouve parfois **ÉOLIHARPE** n. f. ▪ **2** (1889) GÉOL. Qui provient de l'action du vent. *Dépôts éoliens. Érosion éolienne.* ▪ **3** (1907) Qui est mû par le vent. *Machine éolienne.* ➤ **éolienne.** — *Parc éolien, ferme éolienne*, zone regroupant une série d'éoliennes. «*un parc éolien : brassant l'air pur avec lenteur, les hautes machines donnaient un peu de mouvement au paysage*» ECHENOZ. ▪ **4** PAR EXT. (XXe) Du vent. *Force, énergie éolienne.* — n. m. *L'éolien* : l'énergie éolienne. *L'éolien terrestre, offshore.*

ÉOLIENNE [eɔljɛn] n. f. – *machine éolienne* 1907 ◊ de *éolien* ▪ Machine à capter l'énergie du vent, roue métallique à pales au sommet d'un pylône. *Éolienne génératrice d'électricité.* ➤ **aérogénérateur.** *Éolienne utilisée en agriculture pour le pompage de l'eau.* «*une éolienne met au-dessus des frondaisons l'animation insolite de son tournoiement de jouet d'enfant géant*» TOURNIER.

ÉOLITHE [eɔlit] n. m. – 1904 ◊ grec *eôs* «aurore» et *-lithe* ▪ MINÉR., ANTHROP. Silex antérieur au quaternaire, qui a l'apparence d'un objet taillé.

ÉON [eɔ̃] n. m. – 1732 ◊ grec *aiôn* «temps, éternité»

I HIST. DE LA PHILOS. Chez les gnostiques, Puissance éternelle émanée de l'Être suprême et par laquelle s'exerce son action sur le monde.

II GÉOL. Plus grande division des temps géologiques, regroupant plusieurs ères.

ÉOSINE [eozin] n. f. – 1877 ◊ du grec *eôs* «rougeur de l'aube» et *-ine* ▪ CHIM. Matière colorante rouge, obtenue en traitant la fluorescéine par le brome en présence d'alcool.

ÉOSINOPHILE [eozinɔfil] adj. et n. m. – 1897 ◊ de *éosine* et *-phile* ▪ MÉD. Qui a une affinité pour l'éosine (en parlant d'une cellule). IMMUNOL. *Leucocytes éosinophiles*, ou n. m. *les éosinophiles* : leucocytes se colorant facilement par l'éosine et dont le nombre augmente considérablement dans certaines maladies allergiques ou parasitaires (➤ **éosinophilie**).

ÉOSINOPHILIE [eozinɔfili] n. f. – 1903 ◊ de *éosine* et *-philie* ▪ MÉD. ▪ **1** Affinité des leucocytes polynucléaires pour les colorants à base d'éosine. ▪ **2** Excès de cellules éosinophiles dans le sang.

EP [øpe] n. m. inv. – XXe ◊ mot anglais, sigle de *extended play* «durée étendue» ▪ Disque d'une durée plus longue que celle d'un single et plus courte que celle d'un album, généralement constitué de quatre à six titres. ♦ Ensemble de quatre à six morceaux de musique formant un tout. *Télécharger des EP.*

ÉPACTE [epakt] n. f. – 1119 ◊ bas latin *epactæ*, grec *epaktai (hêmerai)* «(jours) intercalaires» ▪ DIDACT. Nombre qui exprime l'âge de la lune au 31 décembre de chaque année et qui indique combien il faut ajouter de jours à l'année lunaire pour qu'elle soit égale à l'année solaire.

ÉPAGNEUL, EULE [epaɲœl] n. – milieu XVe ◊ de l'ancien français *(chien) espa(i)gnol* (fin XIVe), avec changement de suffixe ▪ Chien, chienne de chasse, à longs poils soyeux et à oreilles pendantes. ➤ **barbet, cocker, king-charles, setter.** *Épagneul breton.*

ÉPAIR [epɛʀ] n. m. – 1864 ◊ origine inconnue ▪ TECHN. Aspect du papier qu'on apprécie par transparence. *Épair nuageux*, indice d'une qualité inférieure. ▪ HOM. Épeire.

ÉPAIS, AISSE [epɛ, ɛs] adj. – *espes* sens 4° 1080 ; var. *espois* ◊ latin populaire °*spissia*, de *spissus* «épais» ▪ **1** Qui est gros, considéré dans son épaisseur (2°) [opposé à *mince*]. *Un mur épais. Une épaisse tranche de pain. Crêpe épaisse, steak épais. Verre épais et opaque. Papier épais.* ➤ **1fort.** *Couverture épaisse et chaude. Une épaisse couche de neige.* ♦ Qui mesure (telle dimension), en épaisseur. *Une couche épaisse de deux centimètres.* ▪ **2** (XVIIe) Dont l'abondance de matière nuit aux formes (opposé à *fin, svelte*). *Avoir des doigts épais, des mains épaisses.* ➤ **1court, gros.** *Taille, silhouette épaisse.* ➤ **empâté, massif, ramassé.** *Visage aux traits épais. Lèvres épaisses.* ➤ **charnu.** *Aux lèvres épaisses.* ➤ **lippu.** — «*c'est une femme rude, épaisse*» SUARÈS. ➤ **trapu ;** FAM. **mastoc.** — LOC. FAM. *Il n'est pas épais* : il est maigre. ▪ **3 (Canada)** (PERSONNES) Qui manque de finesse, de discernement. ➤ **1naïf, rustre.** — n. *Une bande d'épais.* ➤ **imbécile.** «*Arrête de faire l'épaisse et occupe-toi de moi*» V.-L. BEAULIEU. ▪ **4** (XVIe) Qui manque de finesse intellectuelle. ➤ **grossier,**

lourd, pesant. *Un esprit épais. « Les Béotiens, les plus épais de tous les Grecs »* MONTESQUIEU. *« les personnes simples, d'entendement épais et d'esprit peu compliqué »* NERVAL. *Une plaisanterie épaisse.* ▪ **5** Dont les constituants sont nombreux et serrés (opposé à *clairsemé*). ➤ **compact, dru, fourni, serré.** *Feuillage épais. Épaisse toison. Chevelure épaisse. D'épais sourcils. Au plus épais de :* à l'endroit le plus épais. *« Maurice était à son aise, au plus épais de la foule »* SARTRE. ♦ (Liquide) Qui a de la consistance, qui ne coule pas facilement (opposé à *clair, fluide*). ➤ **consistant, pâteux, visqueux.** *Soupe, sauce, bouillie épaisse. Huile épaisse. Son sang est trop épais. Vin épais.* ♦ (Gaz, vapeur) Qui est dense, qui ne laisse pas passer la lumière (opposé à *léger, transparent*). *Un brouillard épais* (cf. À couper* au couteau). *Une épaisse fumée.* — PAR EXT. LITTÉR. Dense comme la matière, la substance. *Ombre épaisse. « Mais quelle épaisse nuit tout à coup m'environne ! »* RACINE. *« Ce silence épais, presque solide »* MAURIAC. ➤ **profond.** ▪ **6** adv. D'une manière serrée. *Semer épais.* ➤ **dru.** — FAM. Beaucoup. *Il n'y en a pas épais !* ➤ **lourd.** ▪ CONTR. Mince, 2 fin. 1 Délié, 1 effilé, élancé, svelte. Délicat, subtil, vif. Clairsemé ; clair, fluide. Léger, transparent.

ÉPAISSEUR [epɛsœʀ] n. f. – *espesseur* sens 4° 1377 ◊ de *épais* ▪ **1** (1399) Caractère de ce qui est épais (1°), de ce qui est gros, en épaisseur (2°). *L'épaisseur de leur armure les protège. Épaisseur de la peau de l'éléphant.* ▪ **2** Troisième dimension (d'un solide, généralt la plus petite, les deux autres étant la longueur et la largeur, ou la hauteur et la largeur) ; dimension (d'un corps) formant l'écart entre ses deux surfaces (3°) parallèles. *Creuser une niche dans l'épaisseur d'un mur. L'épaisseur d'une armoire.* ➤ **profondeur.** *Objet sans épaisseur,* plat. ♦ Mesure de cette dimension. *L'épaisseur d'un livre, d'un tissu, d'un papier.* ➤ **grosseur.** *Épaisseur des parois d'un verre ;* PAR EXT. *d'un verre. Épaisseur d'une couche de neige, de peinture ;* PAR EXT. *épaisseur de neige, de peinture. Il y a une bonne épaisseur de...* ➤ **couche.** *Diminuer, augmenter l'épaisseur.* ➤ **désépaissir, épaissir.** *Une épaisseur de deux centimètres.* — TECHN. *Cale, jauge* d'épaisseur.* ▪ **3** (Avec un numér.) *Papier en double épaisseur,* replié, en double. *Quatre épaisseurs de tissu.* ▪ **4** Caractère de ce qui est épais (4°), serré. *Épaisseur de la chevelure, du feuillage, de l'herbe.* ➤ **opulence.** ♦ RARE Caractère de ce qui est consistant. ➤ **consistance.** *L'épaisseur d'une sauce.* ♦ Caractère de ce qui est dense. ➤ **densité.** *L'épaisseur du brouillard nous cachait le paysage.* PAR EXT. *L'épaisseur des ténèbres. « À travers l'épaisseur de ses rêves »* CONSTANT. ♦ FIG. Consistance, profondeur, richesse (d'un ouvrage de l'esprit). *Ce roman a beaucoup d'épaisseur. Ce personnage manque d'épaisseur.* ▪ **5** (PERSONNES) RARE Manque de finesse intellectuelle. ▪ CONTR. Finesse, minceur. Maigreur. Fluidité. Légèreté, transparence.

ÉPAISSIR [epesiʀ] v. ‹2› – début XVIe ; *spessir* XIVe ; *espeissir* 1155 ◊ de *épais*

I v. intr. ▪ **1** Devenir épais, consistant, dense. *Dès que la crème épaissit, ôtez-la du feu. La mayonnaise épaissit.* ➤ **prendre.** *Avoir les cheveux qui épaississent.* ▪ **2** (1835) Perdre sa minceur, sa sveltesse. ➤ **s'empâter, engraisser, forcir, grossir.** *Sa taille a épaissi. « Non seulement elle n'avait pas encore épaissi mais à la suite d'excès d'exercice elle avait trop fondu »* PROUST.

II v. tr. ▪ **1** Rendre plus épais, plus consistant. *Épaissir un sirop, une sauce par évaporation* (➤ **réduire**), *en ajoutant de la farine* (➤ **lier**). ▪ **2** **S'ÉPAISSIR** v. pron. Devenir plus serré, plus compact. *« La foule s'épaississait »* HUGO. ♦ Devenir plus dense, plus consistant. ➤ se **densifier.** *« Le brouillard s'épaissit encore plus, la lune fut tout à fait voilée »* SAND. FIG. *L'ombre s'épaissit. Le mystère s'épaissit autour de cette affaire,* augmente. — Perdre sa sveltesse. *Sa taille s'est épaissie.*

▪ CONTR. Fluidifier (se). Affiner (s'), maigrir. Éclaircir, éclaircir (s').

ÉPAISSISSANT, ANTE [epesisɑ̃, ɑ̃t] adj. – 1890 ; hapax 1660 ◊ de *épaissir* ▪ TECHN. RARE Qui augmente la viscosité d'un liquide. — SUBST. (1884) *Un épaississant :* substance qui épaissit un fluide (amidon, farine, gomme, etc.).

ÉPAISSISSEMENT [epesismɑ̃] n. m. – *espessissement* 1538 ◊ de *épaissir* ▪ **1** Le fait de devenir plus épais en consistance, densité. *L'épaississement du brouillard.* ➤ **densification.** *L'épaississement de la nuit.* ➤ **obscurcissement.** *Épaississement de la sève, du sang.* ▪ **2** Le fait de devenir plus épais en dimension. *Épaississement de la peau exposée au soleil.* — Perte de la minceur. *Épaississement de la taille.*

ÉPAISSISSEUR [epesisœʀ] n. m. – 1923 ◊ de *épaissir* ▪ TECHN. Appareil servant à concentrer un corps solide en solution dans un liquide.

ÉPAMPRER [epɑ̃pʀe] v. tr. ‹1› – v. 1550 ◊ de *é-* et *pampre* ▪ VITIC. Débarrasser (la vigne) des pampres, des feuilles inutiles, pour favoriser la production du fruit. — n. m. **ÉPAMPRAGE,** 1845.

ÉPANCHEMENT [epɑ̃ʃmɑ̃] n. m. – 1605 ◊ de *épancher* ▪ **1** VX ou POÉT. Déversement, écoulement. *« Féconds épanchements de pluie et de rosée »* CORNEILLE. — MOD. *Épanchement de lave.* ➤ **coulée.** ▪ **2** Déversement d'un fluide organique ou accumulation de fluide pathologique dans les tissus ou dans une cavité. ➤ **ascite, empyème, hématome, hémorragie, infiltration, œdème ; -rragie.** *Épanchement pleural.* ➤ **pleurésie.** *Épanchement synovial* (COUR. *de synovie*). ➤ **hydarthrose.** *Épanchement gazeux.* ➤ **pneumomédiastin, pneumothorax.** ▪ **3** FIG. Action de s'épancher ; communication libre et confiante de sentiments, de pensées intimes. ➤ **abandon, confidence, effusion, expansion.** *Doux, tendres épanchements.* ➤ **aveu.** *Épanchements amoureux.* ▪ CONTR. Réserve.

ÉPANCHER [epɑ̃ʃe] v. tr. ‹1› – 1312 ◊ latin populaire °*expandicare,* classique *expandere* « répandre » → épandre

I ▪ **1** VX ou POÉT. Faire couler. ➤ **verser.** *« Une fontaine épanche son eau pure »* GAUTIER. ♦ FIG. et LITTÉR. Produire généreusement. ➤ **répandre.** *« Il* [le Ciel] *a sur votre face épanché des beautés »* MOLIÈRE. ▪ **2** COUR. Communiquer librement, avec confiance et sincérité. ➤ **confier, livrer.** *Épancher sa peine, sa joie. « Tout ce que j'avais, enfant, rêvé de plus doux dans l'amour* [...] *c'était, devant celle que j'aimais, d'épancher librement ma tendresse »* PROUST. ♦ PAR EXT. *Épancher son cœur.* ➤ **découvrir, libérer, ouvrir, soulager.**

II **S'ÉPANCHER** v. pron. ▪ **1** VX ou POÉT. Couler, se déverser. *« Je sentais comme une fontaine de miséricorde qui s'épanchait du haut du ciel dans mon cœur »* FLAUBERT. — MOD. MÉD. Former un épanchement. ➤ **s'extravaser.** *Sang qui s'épanche dans le cœur.* ♦ FIG. Se répandre abondamment. *« L'amour est inépuisable ;* [...] *plus il s'épanche, plus il surabonde »* LAMENNAIS. ▪ **2** FIG. Communiquer librement, avec abandon, ses sentiments, ses opinions, ce que l'on cachait. ➤ **s'abandonner,** se **confier,** se **livrer, s'ouvrir.** *Il a besoin de s'épancher* (➤ **expansif**). *S'épancher dans ses lettres, dans un journal intime. S'épancher auprès de qqn.*

▪ CONTR. Fermer (se).

ÉPANDAGE [epɑ̃daʒ] n. m. – 1765 ◊ de *épandre* ▪ AGRIC. Action de répandre (l'engrais, le fumier) sur un sol pour le fertiliser. ➤ **amendement.** — *Champ d'épandage,* où s'épurent par filtrage les eaux d'égout ; COUR. où l'on déverse les ordures. ➤ **décharge, dépotoir.** ♦ GÉOGR. *Plaine d'épandage :* zone plate où l'eau se répand, s'étale.

ÉPANDEUR [epɑ̃dœʀ] n. m. – 1930 ◊ de *épandre* ▪ TECHN. Machine pour l'épandage des engrais, du fumier.

ÉPANDRE [epɑ̃dʀ] v. tr. ‹41› – 1080 ◊ latin *expandere* ▪ **1** VX ou LITTÉR. Verser en abondance (généralt sur une certaine étendue). ➤ **épancher, répandre, verser.** — FIG. *« cette bonté immense qu'il épandait sur les choses et sur les êtres »* ZOLA. ➤ **prodiguer.** PRONOM. S'étaler, s'étendre. *« Une rougeur s'épandit sur sa joue comme du vin dans un verre d'eau »* RENARD. ▪ **2** TECHN. Étendre en dispersant. ➤ 1 **étaler, étendre.** *Épandre du fumier, des engrais* (➤ **épandage**).

ÉPANNELER [epan(ə)le] v. tr. ‹4 /5/› – 1755 ◊ de *é-* et d'une forme ancienne de *panneau* ▪ SCULPT. Dégrossir (un bloc de pierre, de marbre) par une taille en plans qui dégage la forme du sujet. ➤ **tailler.** *Pierre épannelée.*

ÉPANOUI, IE [epanwi] adj. – XIIe ◊ de *épanouir* ▪ **1** Éclos, ouvert. *« La rose épanouie et toute grande ouverte »* HUGO. ▪ **2** Détendu par la joie. ➤ **gai, joyeux.** *Un visage, un sourire épanoui.* ➤ **radieux, réjoui.** *Avoir la mine épanouie.* ▪ **3** Développé dans toutes ses possibilités, ses qualités, d'une façon harmonieuse. *Un corps épanoui. Formes épanouies.* ▪ **4** PAR EXT. (PERSONNES) Qui s'est développé, réalisé de façon satisfaisante. ➤ **équilibré,** 1 **sain** (cf. Bien dans sa peau*). *Nos arrière-petits-enfants « vingt fois plus épanouis, plus beaux, plus intelligents et plus savants que nous »* CURTIS. ▪ CONTR. Fermé. Contraint, contrarié.

ÉPANOUIR [epanwiʀ] v. tr. ‹2› – 1539 ◊ de *espanir* intr. 1150 ; finale d'après *évanouir,* du francique °*spannjan* « étendre »

I ▪ **1** Ouvrir, faire ouvrir (une fleur) en développant les pétales. *La plante « épanouit ses fleurs odoriférantes avec mille couleurs nouvelles »* FÉNELON. ♦ PAR ANAL. ➤ **déployer,** 1 **étaler, étendre.** *Paon qui épanouit sa queue. « d'autres* [barques] *épanouissaient à l'horizon leurs voiles latines »* NERVAL. ▪ **2** (1671) FIG. Détendre, en rendant joyeux. *La joie, un bon mot épanouit* *leurs visages.* ➤ **dérider, réjouir.** *Espérance qui épanouit le cœur.* ➤ **dilater.** ▪ **3** Permettre (à qqn) de s'épanouir (cf. ci-dessous, 4°). *Ce nouveau genre de vie l'a épanoui* (➤ **épanouissant**).

II S'ÉPANOUIR v. pron. ▪ **1** S'ouvrir pleinement (fleurs). ➤ **éclore.** *«Un grand grenadier dont les belles fleurs rouges s'épanouissaient au soleil»* DAUDET. ▪ **2** PAR ANAL. Prendre ou affecter la forme d'une fleur épanouie. *Verre qui s'épanouit en forme de tulipe.* ➤ **s'évaser.** *Jet d'eau qui s'épanouit à son sommet. «Les ombrelles de soie rouge, verte, bleue ou jaune des barreuses s'épanouissaient à l'arrière des canots»* MAUPASSANT. ▪ **3** (1675) FIG. Se détendre sous l'effet de la joie. *Visage qui s'épanouit de joie.* — LITTÉR. (PERSONNES) Devenir joyeux, radieux. *À cette nouvelle, il s'est épanoui.* ▪ **4** MÉTAPH. ou FIG. Se développer librement dans toutes ses possibilités. *Sa beauté commence à s'épanouir. Les enfants s'épanouissent dans la confiance. «Certaines femmes timides et tristes s'épanouissent à la chaleur de l'admiration, comme des fleurs au soleil»* MAUROIS. *Permettre à un don, un talent de s'épanouir.* ▪ CONTR. Fermer. Assombrir. Étouffer, oppresser. Dépérir, étioler (s').

ÉPANOUISSANT, ANTE [epanwisɑ̃, ɑ̃t] adj. – date inconnue ; attesté 1920 ◊ p. prés. de *épanouir* ▪ Qui permet de s'épanouir (4°). *Activités épanouissantes.*

ÉPANOUISSEMENT [epanwismɑ̃] n. m. – 1611 ; *espanissement* XVe ◊ de *épanouir* ▪ **1** Déploiement de la corolle. *L'épanouissement des roses.* ➤ **éclosion, floraison ; anthèse.** ▪ **2** PAR ANAL. *Un trait lumineux «se termina soudain en un épanouissement d'étincelles, semblable à une fleur monstrueuse»* GREEN. — ANAT. Subdivision en branches. ➤ **ramification.** *Épanouissement d'un nerf, d'un vaisseau.* ▪ **3** FIG. Le fait de s'épanouir (3°) ; manifestation d'un sentiment de bonheur. *L'épanouissement du visage, des traits. «La joie n'est qu'un épanouissement du cœur»* CORNEILLE. ▪ **4** PAR EXT. Le fait de s'épanouir (4°) ; entier développement. *Épanouissement physique. Un palmier «dont l'admirable épanouissement attestait le grand âge»* R. ROUSSEL. *Être dans tout l'épanouissement de sa beauté.* ➤ **éclat, plénitude.** ♦ (Moral) *L'épanouissement d'un enfant, de sa personnalité. Une société «où chacun trouve la liberté spirituelle et la possibilité de l'épanouissement moral»* DANIEL-ROPS. *Épanouissement d'un talent, d'un art.* ▪ CONTR. Avortement. Dépérissement.

ÉPAR [epaʀ] n. m. – 1690 ; *esparre* v. 1175 ◊ du germanique *sparro* «poutre» ▪ TECHN. Pièce de bois servant à maintenir l'écartement entre deux pièces. ➤ **entretoise, traverse.** ♦ Barre servant à fermer une porte. — On écrit aussi *épart.* ▪ HOM. Épars.

ÉPARCHIE [epaʀʃi] n. f. – 1853 ◊ grec *eparkhia* «province» ▪ **1** Dignité d'éparque, dans l'Antiquité. ♦ Circonscription territoriale civile et ecclésiastique de l'ancien Empire byzantin. ▪ **2** Circonscription administrative de la Grèce moderne.

ÉPARGNANT, ANTE [epaʀɲɑ̃, ɑ̃t] adj. et n. – XIVe ◊ de *épargner* ▪ **1** VX Qui épargne, qui a l'habitude de l'épargne. ➤ **économe.** *«Je ne suis pas épargnant»* FÉNELON. ▪ **2** n. (1876) MOD. (généralt au plur.) Personne qui épargne, met de l'argent de côté. *Mesures prises en faveur des épargnants. — Petit épargnant :* personne qui met peu d'argent de côté en raison de ses faibles revenus. ▪ CONTR. Dépensier, prodigue.

ÉPARGNE [epaʀɲ] n. f. – XVIIe ; *espergne* v. 1265 ◊ de *espargner* → épargner ▪ **1** Gestion où les dépenses sont maintenues à un niveau inférieur aux recettes en vue de constituer des réserves. ➤ **économie.** *Rembourser une dette par l'épargne. Les grands bourgeois «reconnaissent chez le paysan toutes les vertus bourgeoises, et particulièrement, le goût de la propriété et de l'épargne»* CHARDONNE. — ÉCON. Part du revenu qui n'est pas consacrée à la consommation. *Taux d'épargne. «L'épargne des ménages résulte d'un choix entre consommation et non-consommation»* R. BARRE. *Épargne-réserve, épargne-prévoyance,* en attente d'une dépense. ➤ **thésaurisation ; épargnant.** *Épargne salariale :* produits d'épargne proposés à des salariés dans le cadre collectif de l'entreprise. ➤ **intéressement, participation.** *Compte d'épargne en actions (C. E. A.). Plan d'épargne-retraite. Compte, plan (d')épargne-logement :* produit d'épargne rémunérée permettant au souscripteur d'obtenir un prêt à un taux d'intérêt privilégié *(prêt d'épargne-logement)* pour financer l'acquisition ou l'amélioration d'une habitation. ➤ **PEL.** — COUR. *Caisse d'épargne :* organisme rémunérant l'épargne des particuliers déposée sur des livrets et dont les fonds sont, en France, gérés par la Caisse des dépôts et consignations. ▪ **2** PAR EXT. VIEILLI Les sommes épargnées, économisées. ➤ **économie,** FAM. 2 **magot, réserve** (cf. Bas* de laine). *Vivre de ses épargnes, placer ses épargnes.* — MOD. **L'ÉPARGNE.** Ensemble des sommes mises en réserve ou employées à créer du capital. *Rémunération de l'épargne* (➤ **intérêt**). *Emprunt faisant appel à l'épargne du pays. La petite épargne :* l'ensemble des économies de petits épargnants. *L'épargne de précaution :* réserve constituée pour faire face aux dépenses imprévues. ▪ **3** FIG. Action de ménager, d'utiliser une chose avec modération. ➤ **économie.** *L'épargne du temps, des forces.* ♦ GRAV. Dans la gravure sur métal, Partie de la planche qui, recouverte d'un enduit protecteur, n'est pas attaquée par l'acide. — *Taille d'épargne :* manière de tailler le bois en faisant apparaître en relief les parties qui seront reproduites après encrage. ▪ CONTR. Dilapidation, gaspillage. Consommation.

ÉPARGNER [epaʀɲe] v. tr. ⟨1⟩ – *espargner* XIIe ; *espariginer* 1080 ◊ germanique *sparanjan,* de *sparôn* «épargner»

I (Compl. personne) ▪ **1** Traiter avec ménagement, indulgence, clémence. *Épargner son adversaire, son ennemi vaincu* (cf. Faire grâce* à). (Sujet chose) *La guerre a épargné ces populations. L'épidémie ne l'a pas épargné.* ♦ PAR EXT. *Épargner la vieillesse, l'amour-propre de qqn.* ➤ 1 **ménager, respecter.** ♦ Ménager en paroles ou dans un écrit (surtout à la forme négative). *Il n'a épargné personne dans sa critique, dans son article.* ▪ **2** Laisser vivre (ce qu'on pourrait faire disparaître). *Épargner des captifs.* ➤ **gracier.** *Pas un otage n'a été épargné.* ➤ **sauver.** *Les enfants seuls furent épargnés. «La meilleure manière de les multiplier* [les poissons] *c'est de les épargner au moment où ils se reproduisent»* MICHELET.

II (Compl. chose) ▪ **1** (XIIe) VIEILLI Consommer, dépenser avec mesure, de façon à garder une réserve. ➤ **économiser,** 1 **ménager.** *Épargner le sucre.* ▪ **2** Conserver, accumuler par l'épargne. *Épargner une somme d'argent.* ➤ **économiser, thésauriser** (cf. Mettre de côté*). *Placer l'argent qu'on a épargné.* — ABSOLT *Épargner sur tout, épargner sur la nourriture.* ➤ **lésiner.** — VIEILLI *Épargner pour ses vieux jours* (*économiser* est plus cour.). ▪ **3** (1580) FIG. Employer avec mesure. ➤ **compter,** 1 **ménager.** *Épargner ses pas, sa peine, ses forces. «La discipline facilite le travail, épargne le temps de celui qui commande et de celui qui obéit»* BERNANOS. *Je n'épargnerai rien pour vous donner satisfaction.* ➤ **négliger.** ▪ **4** (1595) **ÉPARGNER UNE CHOSE À** qqn, ne pas la lui imposer, faire en sorte qu'il ne la subisse pas. ➤ **éviter.** *Épargner un travail, une peine, un effort, un dérangement à qqn. Il faut épargner toute fatigue au malade. Épargnez-moi vos explications, vos récriminations, vos larmes* (cf. Faire grâce* de qqch. à qqn). *Espérons que la guerre nous sera épargnée. «En dépit des froissements, des blessures, qui ne sont point épargnés à ceux qui s'aiment»* R. ROLLAND. *S'épargner des soins, des efforts,* s'en dispenser. *«Oh ! que vous vous seriez épargné de mouvements et d'agitations»* BOURDALOUE. — (Sans compl. ind.) *«Ces deux maximes bien entendues épargneraient bien des préceptes de morale»* ROUSSEAU. ➤ **supprimer.** ▪ **5** (1762) TECHN. Laisser en blanc (une partie du papier) dans une aquarelle, une gouache, un pochoir ; laisser intacte (une partie d'une planche gravée). ➤ **épargne** (3°).

▪ CONTR. Accabler, frapper, punir. Désoler, éprouver, ravager. Supprimer, tuer. — Consommer, dépenser, dilapider. Imposer, obliger (à).

ÉPARPILLEMENT [epaʀpijmɑ̃] n. m. – 1636 ; *esparpillement* 1290 ◊ de *éparpiller* ▪ Action d'éparpiller, fait de s'éparpiller. *Un éparpillement de papiers.* ➤ **désordre, dispersion, dissémination.** ♦ FIG. *Éparpillement des efforts, des idées.* ➤ **dissipation, émiettement.** *«Il me faut par tous les moyens, lutter contre la dislocation et l'éparpillement de la pensée»* GIDE. ▪ CONTR. Concentration, réunion. Conjugaison ; cohésion.

ÉPARPILLER [epaʀpije] v. tr. ⟨1⟩ – *esparpeiller* 1120 ◊ probablt du latin populaire *disparpaliare,* du croisement du latin classique *palea* «paille» et de la loc. *dispare palare* «répandre çà et là» ▪ **1** Jeter, laisser tomber çà et là (plusieurs choses légères ou plusieurs parties d'une chose légère). ➤ **disperser, disséminer, répandre, semer.** *Éparpiller de la paille sur le sol.* ➤ **étendre.** *«Un coup de vent avait éparpillé des lettres sur le petit bureau, renversé un vase»* MARTIN DU GARD. PRONOM. *La cendre s'est éparpillée.* — p. p. adj. *Papiers éparpillés.* ➤ **épars.** ▪ **2** Disposer, distribuer, répartir irrégulièrement, en plusieurs endroits relativement éloignés. *Éparpiller des troupes le long de la frontière.* PRONOM. *La foule s'éparpilla en petits groupes.* ➤ **s'égailler.** *Les maisons «s'éparpillent joyeusement dans la plaine, sans ordre et tout de travers, comme des échappés»* HUGO. ▪ **3** FIG. *Éparpiller ses forces, ses efforts, son attention, son talent,* les diriger sur plusieurs objets à la fois, les disperser inefficacement. ➤ **disperser.** ♦ **S'ÉPARPILLER** v. pron. Passer d'une idée à l'autre, d'une occupation à l'autre. ➤ **se disperser, papillonner.** *Il a du talent, mais il s'éparpille trop.*

■ CONTR. Rassembler, recueillir. Grouper, 1 masser, réunir. Concentrer, conjuguer.

ÉPARQUE [epaʀk] n. m. – XVIe ◊ grec *eparkhos* «commandant» ■ **1** Gouverneur d'une province, dans le Bas-Empire romain. ■ **2** Sous l'Empire grec, Préfet de Constantinople. *Dignité d'éparque.* ➤ **éparchie.**

ÉPARS, ARSE [epaʀ, aʀs] adj. – v. 1165 *espars* ◊ p. p. de l'ancien français *espardre*, latin *spargere* «répandre» ■ Se dit de choses qui se trouvent çà et là, sont dispersées, éparpillées. *Maisons éparses autour d'un village. «Le cri de bête d'un berger ralliait des brebis éparses»* MAURIAC. *Ondées éparses sur le nord du pays. Cheveux épars,* non attachés. — *Fragments épars d'une œuvre.* ➤ **disséminé.** *Souvenirs épars.* ■ HOM. Épar.

ÉPART ➤ **ÉPAR**

ÉPARVIN [epaʀvɛ̃] ou **ÉPERVIN** [epɛʀvɛ̃] n. m. – XIIe ◊ p.-ê. francique °*sparwun*, de °*sparo* «passereau» ■ VÉTÉR. Tumeur osseuse du jarret du cheval. ➤ **exostose.**

ÉPATAMMENT [epatamɑ̃] adv. – 1866 ◊ de *épatant* ■ FAM. D'une manière épatante, très bien. ➤ **admirablement, merveilleusement.** *Ça marche épatamment, épatamment bien.*

ÉPATANT, ANTE [epatɑ̃, ɑ̃t] adj. – 1885 ; «étonnant» 1860 ◊ de *épater* ■ FAM. Qui provoque l'admiration, donne un grand plaisir. ➤ **excellent, formidable, merveilleux, sensationnel ;** FAM. **bath, 2 chouette, fabuleux, génial, 2 super, terrible.** *Il fait un temps épatant. Il n'est pas épatant, votre fromage,* il est quelconque. *Des types épatants.*

ÉPATE [epat] n. f. – 1846 ◊ de *épater* ■ FAM. Action d'épater. ➤ **bluff, ostentation ;** FAM. **chiqué, esbroufe, frime.** *«Il fait un peu d'épate, il en met plein la vue»* MARTIN DU GARD. LOC. *Le faire à l'épate :* agir en visant à l'effet.

ÉPATÉ, ÉE [epate] adj. – 1529 ◊ de *épater* ■ **1** Élargi à la base. *«Les socles ordinaires ont quelque chose de massif et d'épaté qui ôte de la légèreté aux figures qu'ils supportent»* GAUTIER. — COUR. *Nez épaté,* court et large. ➤ **aplati, camus, écrasé.** ■ **2** FAM. (PERSONNES) Très étonné. ➤ **épater** (3°) **; ahuri, ébahi, interloqué, stupéfait*, surpris.** *Un air épaté.*

ÉPATEMENT [epatmɑ̃] n. m. – 1564 *espattement* ◊ de *épater* ■ **1** État de ce qui est épaté (1°). *L'épatement du nez.* ■ **2** FIG. (1859) VIEILLI État d'une personne étonnée. ➤ **étonnement, stupéfaction, surprise.** *«Avec un épatement considérable bien voisin de l'admiration»* GIDE.

ÉPATER [epate] v. tr. ⟨1⟩ – *espateir* XVe ; *spater* «écraser» 1397 (en Belgique) ◊ de *é-*, et *patte* «pied» ■ **1** (1529) VIEILLI Aplatir en élargissant la base, élargir la base en écartant les pieds. *«Épatant sur son banc les rondeurs de ses reins»* RIMBAUD. ➤ **1 étaler.** ■ **2** (1690) VX Rompre le pied de. *Épater un verre.* ■ **3** FIG. (1848 ; intr. 1835) FAM. Renverser d'étonnement. ➤ **ébahir, étonner*, stupéfier, surprendre.** *Il veut épater la galerie* (cf. En mettre plein la vue*). ➤ **épate.** *Ce résultat nous a épatés. Ça t'épate, hein ? Rien ne l'épate. Il «ne répliqua rien, pensant sans doute que les anciens cherchaient à l'épater»* DORGELÈS. ➤ **impressionner.**

ÉPATEUR, EUSE [epatœʀ, øz] adj. – 1835 ◊ de *épater* ■ RARE Qui cherche à épater. ➤ **cabotin, frimeur.** *«Nous sommes à une époque d'art universellement épateur»* ROMAINS.

ÉPAUFRER [epofʀe] v. tr. ⟨1⟩ – XVIIIe ◊ p.-ê. de l'ancien français *espautrer* «briser» ■ TECHN. (TRAV. PUBL.) Érafler, écorner (une pierre de taille) d'un coup mal appliqué.

ÉPAUFRURE [epofʀyʀ] n. f. – 1694 ◊ de *épaufrer* ■ TECHN. (TRAV. PUBL.) Défaut de surface, éclat enlevé d'un bloc de pierre, de béton par accident.

ÉPAULARD [epolaʀ] n. m. – 1554, en Saintonge ◊ de *épaule* ■ Mammifère marin des mers du Nord *(delphinidés),* à la peau noire et blanche, se nourrissant de poissons ou d'autres cétacés. ➤ **orque.**

ÉPAULE [epol] n. f. – 1080 *espalle* ◊ latin *spathula* «spatule» d'où «omoplate», diminutif de *spatha* «épée» ■ **1** Partie supérieure du bras à l'endroit où il s'attache au thorax (articulation de l'humérus avec la ceinture scapulaire). *Os* (➤ **clavicule, omoplate**), *muscles de l'épaule* (➤ **deltoïde ; 2 scapulaire**). *Épaule démise, luxée. Douleur de l'épaule.* ➤ **scapulalgie.** *Creux sous l'épaule.* ➤ **aisselle.** *Le creux de l'épaule,* au-dessus du sein. *Elle lui arrive à l'épaule, aux épaules. Donner une tape amicale sur l'épaule. La courbe, l'arrondi des épaules. Largeur d'épaules,* d'une épaule à l'autre. ➤ **carrure.** *Être large d'épaules. Épaules carrées.* FAM. *Avoir les épaules en portemanteau*. — Épaules tombantes,* peu saillantes. — *Avoir la tête enfoncée dans les épaules,* le cou très court. — *Robe à épaules nues. Elle «avait jeté sur ses épaules frileuses une courte pèlerine de laine grise»* GREEN. *Bretelles, épaulettes qui passent sur les épaules.* — *Lire par-dessus l'épaule de qqn,* en étant derrière lui. — *Charger, porter un fardeau sur les épaules. Porter un enfant sur les épaules,* l'enfant étant assis jambes pendantes sur la poitrine. FIG. *Responsabilité qui pèse, qui repose sur les épaules.* ➤ **dos.** *Il n'a pas les épaules assez larges pour porter le poids de cette entreprise.* — *Rouler les épaules,* les faire tourner à chaque mouvement de bras correspondant à un pas, en marchant ; FIG. se donner un air important (cf. FAM. Rouler les mécaniques*). — *Hausser, lever les épaules :* témoigner son indifférence, son mécontentement ou son mépris par un mouvement d'épaules vers le haut. *Un haussement d'épaules. «Quant à toi, la meilleure réponse que tu puisses faire c'est de hausser les épaules et de dire comme autrefois : tra la la»* SAND. — *Faire toucher les épaules* (à son adversaire), le terrasser à la lutte de telle sorte que ses deux épaules touchent le sol ; FIG. le vaincre. ◆ LOC. FIG. *Avoir la tête sur les épaules :* être sensé, savoir ce qu'on fait (cf. Avoir les pieds sur terre*). — *Changer son fusil* d'épaule.* — *Donner un coup d'épaule à qqn,* l'aider dans sa réussite. ➤ **épauler** (cf. Donner un coup de main*). ■ **2** Chez les quadrupèdes, Partie de la jambe de devant qui se rattache au corps. *Les épaules du cheval.* ◆ Cette partie découpée pour la consommation. *Une épaule de mouton, de veau. Épaule désossée, roulée. Épaule de porc* (➤ **jambon**). ■ **3** Partie du vêtement qui recouvre l'épaule. *Couture d'épaule. Patte d'épaule,* que l'on coud sur l'épaule (➤ **épaulette**).

ÉPAULÉ-JETÉ [epoleʒ(ə)te] n. m. – 1939 ◊ de *épauler* et *jeter* ■ SPORT Aux poids et haltères, Mouvement en deux temps consistant à amener la barre au niveau des épaules *(épaulé),* puis à la soulever rapidement à bout de bras *(jeté),* en s'aidant de la détente des jambes et des reins. *Arraché, développé et épaulé-jeté. Des épaulés-jetés.*

ÉPAULEMENT [epolmɑ̃] n. m. – 1501 ◊ de *épauler* ■ **1** Mur de soutènement. ■ **2** MILIT. Rempart de terre et de fascines pour se défendre du feu de l'ennemi. *Canons en batterie, derrière un épaulement.* ■ **3** Escarpement naturel (➤ **contrefort**). *Ce chemin «escaladait un énorme épaulement où noircissaient les arbres»* BOSCO. ■ **4** TECHN. Le côté le plus large d'un tenon qui augmente la prise de la mortaise. ➤ **renfort.** — Saillie sur une pièce qui sert d'appui ou de butée. ■ **5** CHORÉGR. Mouvement du torse portant une épaule en avant, l'autre en arrière.

ÉPAULER [epole] v. tr. ⟨1⟩ – 1599 ; «rompre l'épaule» 1228 ◊ de *épaule* ■ **1** Aider (qqn) dans sa réussite. ➤ **aider, assister, soutenir.** *Je vous épaulerai auprès du ministre.* ➤ **appuyer, recommander.** — **S'ÉPAULER** v. pron. (récipr.). *Sans renoncer «à notre indépendance, nous pourrions nous épauler, à un moment décisif»* ROMAINS. ➤ **s'entraider.** ■ **2** (1822) Appuyer contre l'épaule. *Épauler un fusil, une carabine,* pour viser et tirer (cf. Coucher, mettre en joue*). *Épauler le poids,* avant de le lancer. ◆ ABSOLT *Épauler sans tirer. « "J'épaule comme un pied," pensa Rabe. Il ajusta de nouveau le capitaine et tira sans le toucher»* MAC ORLAN. ■ **3** TECHN. Amortir la poussée de (qqch.) par une maçonnerie pleine. *Mur de soutènement qui épaule un remblai.* ■ **4** Mettre des épaulettes (3°) à (un vêtement). — p. p. adj. *Cette veste est trop épaulée.* ■ **5** INTRANS. CHORÉGR. Faire un épaulement.

ÉPAULETTE [epolɛt] n. f. – 1773 ; «partie de l'armure» 1534 ◊ diminutif de *épaule* ■ **1** Ornement militaire fait d'une patte boutonnée sur l'épaule, de franges et de passementerie circulaire. *Écusson, galon cousu sur l'épaulette.* ■ **2** (1930) Ruban étroit qui passe sur l'épaule pour soutenir un vêtement féminin. ➤ **bretelle.** *Épaulette de caraco. Soutien-gorge sans épaulettes.* ■ **3** Rembourrage en demi-cercle cousu sous l'épaule d'un vêtement. *Épaulette d'une veste, d'un chemisier.*

ÉPAULIÈRE [epoljɛʀ] n. f. – XIIe ◊ de *épaule* ■ ARCHÉOL. Pièce ronde de l'armure qui couvrait l'épaule.

ÉPAVE [epav] n. f. – *espave* «égaré» 1283 ◊ latin *expavidus* «épouvanté», appliqué aux animaux effrayés, égarés ■ **1** DR. Objet mobilier égaré par son propriétaire. *«L'épave n'est pas une chose sans maître [...] ; son maître ne peut pas la retrouver»* PLANIOL. ■ **2** (1762 ; *épave de mer* 1581) COUR. Coque d'un navire naufragé ;

objet abandonné en mer ou rejeté sur le rivage. *« Une épave éventrée et vide, bercée sur une mer silencieuse d'un gris rose »* LOTI. *Pilleurs d'épaves.* ◆ PAR EXT. Véhicule irréparable. *Mettre une épave à la casse* (➤ **épaviste**). *« Il y avait les frais de remorquage de l'épave à régler au garage »* M. NIMIER. ■ **3** FIG. et LITTÉR. Ce qui reste après une ruine, un cataclysme. ➤ **débris.** *« Nos comptoirs de l'Inde, maigres épaves de la grande entreprise de Dupleix »* MADELIN. *« Le plus beau souvenir ne m'apparaît que comme une épave du bonheur »* GIDE. ➤ **vestige.** ◆ Personne désemparée qui ne trouve plus sa place dans la société. ➤ **loque.** *Une pauvre épave.*

ÉPAVISTE [epavist] n. – v. 1970 ◇ de *épave* ■ Personne qui fait le commerce des épaves d'automobiles. ➤ **casseur.**

ÉPEAUTRE [epotʀ] n. m. – *espiaute* 1256 ; latin impérial *spelta* ◇ mot germanique ■ Blé d'une variété caractérisée par une forte adhérence de l'enveloppe sur le grain. APPOS. *Blé épeautre.* ◆ *Petit épeautre* : blé d'une variété proche du blé sauvage.

ÉPECTASE [epɛktɑz] n. f. – 1974 ◇ du grec *epektasis* « extension », Aristote, remotivé d'après *ecstasis* → extase ■ FAM. Décès pendant l'orgasme. *« Le président Félix Faure est mort en épectase »* (Lire, 1989).

ÉPÉE [epe] n. f. – 1080 *espee* ; IXe *spede* ◇ latin *spatha* « longue épée » ■ **1** Arme blanche formée d'une lame aiguë et droite, en acier, emmanchée dans une poignée munie d'une garde. ➤ **braquemart, claymore, espadon, estoc, estramaçon, glaive, rapière.** *L'épée se portait au côté gauche dans un fourreau suspendu à un baudrier, à un ceinturon. Le fil* (➤ 1 **taille, tranchant**), *la pointe* (➤ **estoc**), *le plat d'une épée. Épée de duel. Épée de salle d'armes,* sans tranchant et mouchetée. ➤ **fleuret ; épéisme.** *Canne*-épée. Durendal, épée de Roland ; Excalibur, épée du roi Arthur. Dégainer, tirer, rengainer l'épée. Mettre la main à l'épée. Coup d'épée. Passer les prisonniers au fil* de l'épée. Il lui plongea l'épée dans le corps jusqu'à la garde. Se battre à l'épée, croiser l'épée.* ➤ 1 **duel.** *Noblesse d'épée,* qui faisait la guerre (opposé à *noblesse de robe*). *Roman de cape* et d'épée.* — *En forme d'épée.* ➤ **ensiforme.** ◆ LOC. *Un coup d'épée dans l'eau* : une action vaine, un effort inutile. — *Mettre à qqn l'épée dans les reins*.* — *Épée de Damoclès* : danger qui peut s'abattre sur qqn d'un moment à l'autre (par allus. à l'épée suspendue par un crin de cheval au-dessus de la tête de Damoclès). ■ **2** PAR MÉTON. Personne qui manie (plus ou moins bien) l'épée. *C'est une bonne épée* (cf. Une fine lame).

ÉPEICHE [epɛʃ] n. f. – 1555 ; *espec* XIIe ◇ allemand *Specht* « pic » ■ Oiseau grimpeur *(piciformes),* au plumage noir, blanc et rouge, très répandu dans toute l'Eurasie tempérée, communément appelé *cul*-rouge.* ➤ 1 **pic.** APPOS. *Des pics epeiches.*

ÉPEICHETTE [epɛʃɛt] n. f. – 1864 ◇ de *epeiche* ■ Petit pic à plumage noir et blanc d'Eurasie tempérée.

ÉPEIRE [epɛʀ] n. f. – *épéire* 1846 ◇ latin savant *epeira* ■ Araignée très commune (dite *araignée des jardins*), à l'abdomen très développé, qui tisse une toile à réseau concentrique pour attraper ses proies. *Épeire diadème*.* ■ HOM. Épair.

ÉPEIROGÉNIQUE ➤ **ÉPIROGÉNIQUE**

ÉPÉISME [epeism] n. m. – fin XIXe ◇ de *épée* ■ Escrime à l'épée (au lieu de fleurets).

ÉPÉISTE [epeist] n. – 1904 ◇ de *épée* ■ Personne qui pratique l'épéisme.

ÉPELER [ep(ə)le] v. tr. ‹4 /5/› – XVe ; *espelt* XIe ◇ francique °*spellôn* « raconter » ■ **1** Nommer oralement successivement chacune des lettres de (un mot). *Voulez-vous épeler votre nom ? Épeler les mots d'une dictée. Les sigles sont épelés.* ■ **2** ABSOLT, VIEILLI Apprendre, commencer à lire (en épelant les mots avant de les lire). ■ **3** Lire avec difficulté.

ÉPELLATION [epelasjɔ̃ ; epɛllasjɔ̃] n. f. – 1732 ◇ de *épeler* ■ RARE Action d'épeler.

ÉPENDYME [epɑ̃dim] n. m. – 1855 ◇ grec *epi* « sur » et *enduma* « vêtement » ■ ANAT. Épithélium qui tapisse les ventricules cérébraux et le canal central de la moelle épinière.

ÉPENTHÈSE [epɑ̃tɛz] n. f. – 1607 ◇ latin des grammairiens *epenthesis,* mot grec « action de surajouter » ■ LING. Apparition à l'intérieur d'un mot d'un phonème non étymologique. *L'épenthèse se produit pour adoucir des articulations inhabituelles. L'épenthèse du* b *dans* nombre *qui vient du latin* « numerus ».

ÉPENTHÉTIQUE [epɑ̃tetik] adj. – 1782 ◇ de *épenthèse* ■ LING. Qui est ajouté par épenthèse. *Phonème épenthétique* (ex. o dans parcomètre pour parcmètre).

ÉPÉPINER [epepine] v. tr. ‹1› – 1845 ◇ de *é-* et 1 *pépin* ■ Ôter les pépins de (un fruit). *Épépiner des tomates.* p. p. adj. *Confiture de groseilles épépinées.*

ÉPERDU, UE [epɛʀdy] adj. – 1160 ◇ p. p. de l'ancien verbe *esperdre* « perdre complètement » et fig. « se troubler » ■ **1** Qui a l'esprit profondément troublé par une émotion violente. ➤ **affolé, agité, égaré, ému, troublé.** *« Je courais éperdu par toutes les chambres, me cognant aux meubles et aux instruments »* LAUTRÉAMONT. *Éperdu de bonheur, de joie.* ➤ **exalté, fou.** PAR EXT. *Regards éperdus.* ■ **2** Très violent (sentiment). ➤ **extrême, passionné, vif, violent.** *Un besoin éperdu de bonheur. Amour éperdu.* ◆ PAR EXT. Très rapide. *Fuite éperdue. Un rythme éperdu.* ➤ **endiablé.** ■ CONTR. 2 Calme, paisible.

ÉPERDUMENT [epɛʀdymɑ̃] adv. – v. 1520 ◇ de *éperdu* ■ D'une manière éperdue. ➤ **follement.** *Être éperdument amoureux. Je m'en moque éperdument,* totalement. ➤ **royalement.**

ÉPERLAN [epɛʀlɑ̃] n. m. – 1560 ; *espellens* XIIIe ◇ du moyen néerlandais *spierlinc* ■ Poisson marin *(salmoniformes),* de petite taille, à chair délicate, qui remonte le cours inférieur des fleuves pour y frayer. *Friture d'éperlans.*

ÉPERON [ep(ə)ʀɔ̃] n. m. – *esperon* 1080 ◇ francique °*sporo* ■ **1** Pièce de métal, composée de deux branches, fixée au talon du cavalier et terminée par une roue à pointes (➤ **molette**), ou par une tige acérée pour piquer les flancs du cheval. *Faire sonner ses éperons. Piquer des éperons* (cf. Piquer des deux*). *« Ne donner jamais l'éperon À cheval qui volontiers trotte »* MAROT. — *Éperon de bronze, d'argent, de vermeil* : examen de la Fédération française des sports équestres sanctionnant divers niveaux d'équitation (➤ aussi **étrier**). ◆ Pointe d'acier dont on arme les pattes (d'un coq de combat). ■ **2** PAR ANAL. Ergot du coq, du chien. ■ **3** BOT. Prolongement en cornet effilé du calice, de la corolle ou des pétales d'une fleur. *Éperon de la capucine.* ■ **4** Pointe de la proue d'un navire. *Éperon des trirèmes antiques.* ➤ **rostre.** ■ **5** Avancée en pointe d'un contrefort. *Éperon d'une montagne. Éperon rocheux.* ■ **6** Ouvrage en saillie et en pointe servant d'appui. *Éperons d'un pont.* ➤ **arrière-bec, avant-bec.**

ÉPERONNER [ep(ə)ʀɔne] v. tr. ‹1› – *esperoner* 1080 ◇ de *éperon* ■ **1** Piquer de l'éperon, des éperons. *Éperonner son cheval.* ◆ FIG. ➤ **aiguillonner, animer, exciter, stimuler.** *Elle « partit comme une flèche. La terreur l'éperonnait »* MARTIN DU GARD. — *Éperonné par l'ambition.* ■ **2** MAR. ANCIENNT *Éperonner un navire,* l'attaquer avec l'éperon. ■ **3** VX Munir, chausser d'éperons. *Être botté et éperonné.*

ÉPERVIER [epɛʀvje] n. m. – *esprevier* 1080 ◇ francique °*sparwâri* **I** ■ **1** Oiseau rapace diurne *(falconiformes)* de taille moyenne. *Épervier dressé pour la chasse au vol. Chasse à l'épervier.* ■ **2** FIG. POLIT. Faucon*.

II (1328 ◇ de l'idée de « prise soudaine ») Filet conique, garni de plomb, qu'on lance pour prendre le poisson. *Jeter l'épervier. Pêche à l'épervier.*

ÉPERVIÈRE [epɛʀvjɛʀ] n. f. – 1778 ◇ de *épervier,* les Anciens pensant que cette plante fortifiait la vue de l'oiseau ■ Plante herbacée *(composées)* très commune, à fleurs jaunes. ➤ **piloselle.**

ÉPERVIN ➤ **ÉPARVIN**

ÉPEURANT, ANTE [epœʀɑ̃, ɑ̃t] adj. – 1910 ◇ de *épeurer* ■ RÉGION. (Canada) Qui fait peur. ➤ **effrayant.** *Un film épeurant. « Dehors, un vent épeurant claque sur la tôle du toit »* J.-P. FILION.

ÉPEURER [epœʀe] v. tr. ‹1› – *espaörir* XIIe ; repris 1844 ◇ de *é-* et *peur* ■ VX, LITTÉR. OU RÉGION. (Canada) Faire peur, effrayer. ➤ **apeurer.** *Le bruit épeure les oiseaux.*

ÉPHÈBE [efɛb] n. m. – 1544 ◇ latin *ephebus,* du grec *ephêbos,* racine *hêbê* « jeunesse » ■ **1** Jeune garçon arrivé à l'âge de la puberté, dans l'Antiquité grecque. ➤ **adolescent.** *Types d'éphèbes représentés par la statuaire grecque classique.* ■ **2** (fin XIXe) IRON. Très beau jeune homme. ➤ **damoiseau, jouvenceau ; adonis, apollon.** *« le jeune lord Nelson, un éphèbe languide et pâle »* ZOLA.

ÉPHÉDRINE [efedʀin] n. f. – 1892 ◇ du grec *ephedra* « sorte de prêle » ■ BIOCHIM., PHARM. Alcaloïde extrait des rameaux d'arbustes du genre *ephedra,* employé pour décongestionner les narines, dilater les pupilles ou les bronches (asthme).

ÉPHÉLIDE [efelid] **n. f.** – 1752 ; autre sens 1579 ◊ grec *epi* « à cause de » et *hêlios* « soleil » ■ Petite tache cutanée, jaunâtre ou brunâtre, apparaissant surtout sur le visage, les mains, les avant-bras, les épaules, pendant l'enfance ou l'adolescence, en général chez les blonds ou les roux, et s'accentuant après l'exposition au soleil (SYN. COUR. **taches* de rousseur, de son**). *Un visage « tavelé d'éphélides plus foncées que de la balle d'avoine »* GENEVOIX.

ÉPHÉMÈRE [efemɛʀ] **adj. et n.** – 1560 méd. ; *effimère* 1256 ◊ grec des médecins *ephêmeros* « qui dure un jour », de *epi* « pendant » et *hêmera* « jour »

I ■ **1 adj.** Qui ne dure ou ne vit qu'un jour. *« Une mouche éphémère naît à neuf heures du matin dans les grands jours d'été, pour mourir à cinq heures du soir »* STENDHAL. ■ **2** PAR EXT. COUR. Qui est de courte durée, qui n'a qu'un temps. ➤ 1 **court, momentané, passager, temporaire.** *Gloire, succès éphémère* (cf. Sans lendemain). *Bonheur éphémère.* ➤ **fragile, fugace, précaire.** *Apparition éphémère.* ➤ **fugitif, rapide.** *« Une foule de publications éphémères [...] paraissaient et disparaissaient »* VALÉRY.

II n. m. ou f. (1690) Insecte *(éphéméroptères)* à quatre ailes verticales au repos, qui ressemble à une petite libellule, dont la larve aquatique vit plus d'un an et l'adulte un seul jour. ➤ RÉGION. 1 **manne.** *« Mes baisers sont légers comme ces éphémères Qui caressent le soir les grands lacs transparents »* BAUDELAIRE.

■ CONTR. Durable, éternel, stable.

ÉPHÉMÉRIDE [efemeʀid] **n. f.** – 1537 ◊ latin *ephemeris, idis* « récit d'évènements quotidiens », du grec *ephêmeris*, de *hêmera* « jour » ■ **1** Liste groupant les divers évènements qui se sont produits le même jour de l'année à différentes époques. *L'éphéméride du 5 mars.* ■ **2** AU PLUR. Tables astronomiques donnant pour chaque jour de l'année, ou à intervalles réguliers rapprochés, la position calculée des corps célestes (lune, astres...). *Les éphémérides d'une comète.* ■ **3** Ouvrage indiquant pour l'année à venir les évènements astronomiques ou météorologiques sujets à calculs et à prévisions. ➤ **almanach ; connaissance** (des temps). ■ **4** COUR. Calendrier dont on détache chaque jour une feuille. *Elle « a ôté un jour de l'éphéméride. Elle faisait ça. Chaque matin. Elle détachait la mince feuille de papier. C'était son premier geste »* C. GALLAY.

ÉPHOD [efɔd] **n. m.** – 1674 ; *ephot* v. 1170 ◊ hébreu *efod*, par le latin biblique ■ ANTIQ. Tunique de lin que portaient les prêtres hébreux.

ÉPHORE [efɔʀ] **n. m.** – 1495, repris XVIIe ; *effore* XIVe ◊ grec *ephoros*, de *ephorân* « surveiller » ■ ANTIQ. GR. Chacun des cinq magistrats de Sparte, dont les pouvoirs de justice et de police s'exerçaient sur tous les citoyens, y compris les rois. ■ HOM. Effort.

ÉPI [epi] **n. m.** – *espi* 1160 ◊ latin *spica* « pointe » ■ **1** COUR. Partie terminale de la tige de certaines graminées, formée par la réunion des graines autour d'un axe lorsqu'elles sont serrées. *Un épi de blé, de seigle, d'orge, de maïs. Égrener des épis.* ➤ **battre,** 2 **dépiquer.** *Les balles* (glumes), *les barbes d'un épi. Épis blonds, dorés.* ■ **2** (1701) BOT. Inflorescence dont les fleurs ou groupes de fleurs sont sans pédoncule et s'échelonnent le long d'un axe rigide. ➤ **panicule.** *Épi simple, composé, ramifié* (➤ **épillet**). *En forme d'épi.* ➤ **spiciforme.** *Fleurs en épi du glaïeul.* ■ **3** PAR ANAL. (1835) Mèche de cheveux dont la direction est contraire à celle des autres. *Avoir un épi. « cet épi sur la tempe gauche qui s'épanouit en toupet »* P. GUIMARD. ■ **4** (1451) TECHN. Ornement décorant la crête d'un toit. *Épi de faîtage.* ■ **5 EN ÉPI :** selon une disposition oblique. *Voitures garées en épi,* obliquement, et non parallèlement à la voie (cf. En bataille). — BÂT. *Appareil en épi.* ♦ (1631) Ouvrage perpendiculaire au bord d'une rivière destiné à diriger le cours de l'eau. — (1930) *Épi d'une voie ferrée, d'une jetée :* courtes ramifications latérales.

ÉPI- ■ Élément, du grec *epi* « sur ». ♦ Sens temporel, « après » utilisé en chimie pour caractériser celui des deux stéréo-isomères qui a été découvert le dernier.

ÉPIAGE [epjaʒ] **n. m.** – 1864 ◊ de 1 *épier* ■ AGRIC. Développement de l'épi dans la tige des céréales. — On dit aussi (RARE) *épiaison* **n. f.**

ÉPIAIRE [epjɛʀ] **n. m.** – 1778 ◊ de *épi* ■ Plante dicotylédone *(labiées)* des bois et des marais. *L'épiaire droit.* ➤ **crapaudine.** *Le crosne est un épiaire.*

ÉPICANTHUS [epikɑ̃tys] **n. m.** – 1855 ◊ du grec *épi* « sur » et *kanthos* « coin de l'œil » ■ ANAT. Repli cutané de l'angle interne des yeux, particulièrement développé chez certains Asiatiques (yeux bridés).

ÉPICARPE [epikaʀp] **n. m.** – 1808 ◊ de *épi-* et *-carpe* ■ BOT. Enveloppe extérieure du fruit. ➤ **peau.**

ÉPICE [epis] **n. f.** – milieu XIIe ◊ du latin *species* « espèce, substance », et par ext. « denrée », appliqué aux aromates ■ **1** Substance d'origine végétale, aromatique ou piquante, servant à l'assaisonnement des mets. ➤ **aromate, assaisonnement, condiment.** *« Sur la fadeur de la nourriture de base viennent se poser les saveurs éclatantes des épices, comme autant de couleurs vives sur une page blanche »* TOURNIER. *Principales épices :* anis, bétel, cannelle, câpre, colombo, cubèbe, cumin, curcuma, curry, gingembre, clou de girofle*, herbes de Provence, moutarde, noix muscade*, paprika, piment, poivre, safran, sauge, vanille. *Les quatre épices :* mélange de cannelle (ou gingembre), girofle, muscade et poivre. ➤ **quatre-épices ; toute-épice.** — *Boîtes à épices.* — *Pain* d'épice(s).* — HIST. *Commerce des épices. La route des épices :* route des bateaux vers les Indes. ■ **2** PLUR. ; ANCIENNT Confitures (1°) obtenues en faisant confire des fruits avec des aromates. ♦ DR. ANC. *Épices des juges :* ces produits ou d'autres présents en nature que les plaideurs offraient aux juges pendant un procès. PAR EXT. Taxe obligatoire, payable par des plaideurs pour chaque pièce de procédure. *« Il vous faudra de l'argent [...] pour le rapport des substituts, pour les épices de conclusion »* MOLIÈRE.

ÉPICÉ, ÉE [epise] **adj.** – début XIIIe ◊ de *épicer* ■ **1** Assaisonné d'épices fortes ou piquantes. *Ragoût trop épicé. Cuisine épicée.* ➤ 1 **fort, pimenté, poivré,** 1 **relevé.** ■ **2** FIG. Qui contient des détails égrillards. ➤ 1 **gaillard, gaulois, grivois, leste, licencieux, poivré,** 1 **salé.** *Récit un peu épicé.* ■ CONTR. Fade. ■ HOM. Épisser.

ÉPICÉA [episea] **n. m.** – 1765 ; *picea* 1553 ◊ latin *picea* « sapin », de *pix* « poix » ■ Conifère *(pinacées)* abondant en Europe, à gros tronc conique, à écorce crevassée, à courtes aiguilles uniformément vertes et piquantes. ➤ **sapin** (du Nord, de Norvège) ; RÉGION. 2 **épinette.** *Utilisation de l'épicéa en lutherie.*

ÉPICÈNE [episɛn] **adj.** – 1762 ◊ latin *epicœnus*, grec *epikoinos* « commun » ■ **1** DIDACT. Qui désigne aussi bien le mâle que la femelle d'une espèce. *Nom épicène masculin* (ex. *le rat*), *féminin* (ex. *la souris*). ■ **2** Dont la forme ne varie pas selon le genre. *Adjectif* (habile), *pronom* (tu) *et substantif* (enfant) *épicènes.*

ÉPICENTRE [episɑ̃tʀ] **n. m.** – 1885 ◊ de *épi-* et *centre* ■ **1** Point ou zone de la surface terrestre qui constitue le foyer apparent des ébranlements au cours d'un tremblement de terre (opposé à *hypocentre, foyer réel* ou *souterrain*). *Épicentre sismique.* ■ **2** FIG. Point central (d'un phénomène). *« cet épicentre des passions politiques qu'est le Proche-Orient »* (Le Monde, 2013).

ÉPICER [epise] **v. tr.** ‹3› – 1549 ; autre sens XIVe ◊ de *épice* ■ **1** Assaisonner avec des épices. *Ce cuisinier épice trop ses sauces.* ■ **2** FIG. ➤ **pimenter, relever.** *« des facéties gaillardes pour épicer la chose »* FLAUBERT. ■ HOM. Épisser.

ÉPICERIE [episʀi] **n. f.** – 1248 ◊ de *épicier* ■ **1** VX, AU PLUR. Les épices. *Les Hollandais « cherchèrent à s'approprier le commerce exclusif des épiceries »* RAYNAL. ■ **2** ANCIENNT Commerce des épices ; magasin du marchand d'épices, de drogues, d'aromates (sorte de droguerie-pharmacie). *L'épicerie, au XVIIIe siècle, comprenait les apothicaires et les épiciers* (1°). ■ **3** (XIXe) MOD. Commerce de l'épicier, vente de nombreux produits de consommation courante (alimentation générale). — LOC. (Canada) *Faire son épicerie :* faire ses courses. ♦ Magasin où se fait cette vente. *Petite épicerie de quartier.* — REM. Dans la langue admin. ou comm., on emploie plutôt l'expression *alimentation générale.* ♦ Produits d'alimentation qui se conservent. *Mettre l'épicerie dans un placard. Épicerie fine*.* APPOS. *Rayon épicerie dans une grande surface.*

ÉPICIER, IÈRE [episje, jɛʀ] **n.** – 1311 ; *espissiere* fém. 1234 ◊ de *épice* ■ **1** ANCIENNT Personne qui faisait le commerce des épices, des drogues (sans être apothicaire) ; puis (XVIIe, XVIIIe s.) des confitures (1°), des cierges, bougies, etc. ■ **2** MOD. Personne qui tient une épicerie, un commerce d'épicerie. *L'épicier du coin. Des calculs, des comptes d'épicier,* mesquins. ■ **3** VIEILLI. PÉJ. Personne à l'esprit étroit dont les idées ne se haussent pas au-dessus de son commerce. ➤ **boutiquier.** *Littérature, mentalité d'épicier.* ADJT *« La gent épicière »* SAND. ■ **4** Personne qui ne cherche qu'à gagner de l'argent (cf. Marchand* de soupe).

ÉPICONDYLE [epikɔ̃dil] **n. m.** – 1805 ◊ de *épi-* et *condyle* ■ ANAT. Apophyse de l'extrémité inférieure de l'humérus.

ÉPICONDYLITE [epikɔ̃dilit] **n. f.** – 1909 ◊ de *épicondyle* et *-ite* ▪ MÉD. Inflammation de l'épicondyle due à la sollicitation intense des tendons s'insérant sur cette apophyse. *La pratique du tennis est la cause la plus fréquente de l'épicondylite.* ➤ **tennis-elbow.**

ÉPICRÂNIEN, IENNE [epikʀanjɛ̃, jɛn] **adj.** – 1813 ; de *épicrâne,* vx (1755) ◊ du grec *epi* «sur» et *kranion* «crâne» ▪ ANAT. *Aponévrose épicrânienne :* aponévrose qui recouvre la convexité du crâne.

ÉPICURIEN, IENNE [epikyʀjɛ̃, jɛn] **adj.** et **n.** – 1495 ◊ bas latin *epicurianus,* de *epicurius* «disciple d'Épicure» ▪ **1** PHILOS. Qui est partisan de la doctrine d'Épicure ; qui est relatif à cette doctrine. *Philosophe épicurien. Morale épicurienne.* — SUBST. *Les épicuriens.* ▪ **2** (1512 ◊ par une interprétation abusive de la doctrine d'Épicure) COUR. Qui ne songe qu'au plaisir. ➤ **sensuel, sybarite, voluptueux. n.** *Un joyeux épicurien.* ➤ **jouisseur.** *«Ce n'est pas la volupté de l'épicurien, c'est plutôt la sensualité claustrale»* BAUDELAIRE. — **adj.** *Mœurs épicuriennes.*

ÉPICURISME [epikyʀism] **n. m.** – 1585 ◊ latin *epicurius* «d'Épicure» ▪ **1** PHILOS. Doctrine d'Épicure qui comporte une cosmologie matérialiste fondée sur la notion d'atome (physique), une théorie des sensations et une morale (reposant en partie sur une recherche raisonnée du plaisir). *«S'abstenir pour jouir* [...] *c'est l'épicuréisme* [sic] *de la raison»* ROUSSEAU. ▪ **2** COUR. Morale qui se propose la recherche du plaisir. ➤ **hédonisme.** *«l'épicurisme délicat ou la franche licence des Médicis de Florence»* TAINE.

ÉPICYCLE [episikl] **n. m.** – 1580 ; *epicicle* 1377 ◊ du grec *epi* «sur» et *kuklos* «cercle» ▪ HIST. ASTRON. Petit cercle décrit par un astre, tandis que le centre de ce cercle décrit lui-même un autre cercle.

ÉPICYCLOÏDE [episiklɔid] **n. f.** – 1687 ◊ de *épicycle,* d'après *cycloïde* ▪ GÉOM. Courbe engendrée par un point d'un cercle qui roule sans glisser sur un autre cercle (➤ **cycloïde**). — **adj.** (1741) **ÉPICYCLOÏDAL, ALE, AUX.**

ÉPIDÉMICITÉ [epidemisite] **n. f.** – 1788 ◊ de *épidémique* ▪ DIDACT. Caractère épidémique d'une maladie (opposé à *sporadicité*).

ÉPIDÉMIE [epidemi] **n. f.** – fin XIVᵉ ; *espydymie* fin XIIᵉ ◊ latin médiéval *epidemia,* grec *epidêmia,* de *epidêmos* «qui circule dans le pays *(dêmos)*» ▪ **1** Apparition accidentelle d'un grand nombre de cas (d'une maladie infectieuse transmissible), ou accroissement considérable du nombre des cas dans une région donnée ou au sein d'une collectivité. ➤ aussi **endémie, pandémie.** *Épidémie de choléra, de grippe. «En quelques jours à peine, les cas mortels se multiplièrent et il devint évident* [...] *qu'il s'agissait d'une véritable épidémie»* CAMUS. *Mesures pour enrayer une épidémie :* cordon sanitaire, désinfection, quarantaine, vaccination. *Extinction d'une épidémie.* — *Épidémie qui frappe des animaux* (➤ **enzootie, épizootie**), *les plantes* (➤ **épiphytie**). ▪ **2** PAR EXT. Accroissement du nombre de cas de toute maladie *(épidémie d'intoxications),* ou de tout autre phénomène anormal *(épidémie de suicides).* ◆ FIG. Ce qui touche un grand nombre de personnes en se propageant. ➤ **contagion,** 1**mode.** *«L'horrible épidémie, contagieuse entre toutes, cet affreux vent de la mort, qui a nom : le fanatisme»* MICHELET.

ÉPIDÉMIOLOGIE [epidemjɔlɔʒi] **n. f.** – 1855 ◊ de *épidémie* et *-logie* ▪ DIDACT. Étude des rapports existant entre les maladies ou tout autre phénomène biologique, et divers facteurs (mode de vie, milieu ambiant ou social, particularités individuelles) susceptibles d'exercer une influence sur leur fréquence, leur distribution, leur évolution. *Épidémiologie du sida, des suicides.* — **n. ÉPIDÉMIOLOGISTE.**

ÉPIDÉMIOLOGIQUE [epidemjɔlɔʒik] **adj.** – 1878 ◊ de *épidémiologie* ▪ DIDACT. Qui concerne l'épidémiologie ; qui relève de l'épidémiologie. *Étude épidémiologique.*

ÉPIDÉMIQUE [epidemik] **adj.** – 1549 ◊ de *épidémie* ▪ **1** Qui a les caractères de l'épidémie. *Maladie épidémique* (opposé à *sporadique*). — *Seuil épidémique :* niveau au-delà duquel l'incidence d'une maladie excède une valeur normalement observée. ▪ **2** FIG. Qui touche en même temps un grand nombre d'individus par contagion, entraînement. ➤ **contagieux.** *«La trahison n'est pas contagieuse, mais le martyre est épidémique»* MAUROIS.

ÉPIDERME [epidɛʀm] **n. m.** – 1560 ◊ latin *epidermis,* d'origine grecque → derme ▪ **1** Couche superficielle de la peau, qui recouvre le derme. ANAT. *L'épiderme se compose de cinq couches superposées* (en allant vers la surface) : couche basale, couche de Malpighi, couche granuleuse, couche claire, couche cornée. ➤ **épithélium.** *Les ongles, les poils, les plumes sont des productions de l'épiderme* (➤ **phanère**). — COUR. ➤ **peau.** *Lotion qui tonifie l'épiderme. «Ce pétard fit hérisser l'épiderme de Gringoire»* HUGO. ◆ LOC. *Avoir l'épiderme chatouilleux, sensible :* être susceptible. *Ces compliments lui chatouillaient agréablement l'épiderme,* le flattaient. ▪ **2** (1752) BOT. Membrane superficielle des parties aériennes d'une jeune plante.

ÉPIDERMIQUE [epidɛʀmik] **adj.** – 1811 ◊ de *épiderme* ▪ **1** Qui a rapport ou qui appartient à l'épiderme. ➤ **cutané.** *Greffe épidermique.* ▪ **2** FIG. Vif, mais superficiel. *Sentiment, réaction épidermique.* ➤ **superficiel** (cf. À fleur* de peau). — *Je ne le supporte pas, c'est épidermique,* instinctif et immédiat. ▪ CONTR. Viscéral.

ÉPIDIASCOPE [epidjaskɔp] **n. m.** – v. 1930 ◊ du grec *epi* «sur», *dia* «à travers» et *-scope* ▪ TECHN. Appareil de projection permettant de reproduire l'image d'un document opaque par réflexion. *L'épidiascope est remplacé par le rétroprojecteur.*

ÉPIDICTIQUE [epidiktik] **adj.** – 1824 ◊ grec *epideiktikos,* de *epideiknunai* «démontrer» ▪ **1** RHÉT. *Genre épidictique,* démonstratif*. ▪ **2** PAR EXT. DIDACT. ou LITTÉR. Qui fait l'éloge de qqn. ➤ **élogieux, laudatif, louangeur.** *Texte épidictique.*

ÉPIDIDYME [epididim] **n. m.** – 1690 ◊ latin des médecins *epididymus,* grec *epididumos,* de *epi* et *didumos* «testicule» ▪ ANAT. Petit corps allongé d'avant en arrière sur le bord supérieur du testicule.

1 **ÉPIER** [epje] **v. intr.** ‹7› – *espier* XIIIᵉ ◊ de *épi* ▪ RARE Monter en épi. *Les blés vont épier.*

2 **ÉPIER** [epje] **v. tr.** ‹7› – *espier* «trahir» 1080 ◊ francique °*spehôn ;* cf. allemand *spähen* ▪ **1** *(espier* XIIᵉ) Observer attentivement et secrètement (qqn, un animal). *Épier une personne suspecte.* ➤ **espionner.** *Suivre qqn pour l'épier.* ➤ **filer, pister ; surveiller.** *«Rodrigue, caché derrière un rideau, épiait les jeunes filles au bain»* GAUTIER. — *Animal qui épie sa proie.* ➤ **guetter.** PRONOM. (RÉCIPR.) *«Les êtres et les choses, à l'affût, s'épiaient»* BOSCO. — ABSOLT Être à l'affût, aux aguets. *Elle «observa la maison, épia, guetta»* HUGO. ▪ **2** Observer attentivement pour découvrir qqch. *«Hubert, maintenant silencieux, m'épiait à travers ses lunettes»* MAURIAC. *Épier les réactions de qqn sur son visage.* ➤ **guetter, scruter.** *Elle «épia, en retenant ses pas sur le gravier* [...] *les bruits qui venaient de la maison»* COLETTE. ◆ Attendre avec espoir ou angoisse (un moment). *Épier le retour de qqn.*

ÉPIERRAGE [epjeʀaʒ] **n. m.** – 1779 ◊ de *épierrer* ▪ Action d'épierrer un champ. — AGRIC. Opération qui consiste à ôter les petites pierres restées dans les grains après le vannage. On dit aussi **ÉPIERREMENT.**

ÉPIERRER [epjeʀe] **v. tr.** ‹1› – *espierrer* 1546 ◊ de *é-* et *pierre* ▪ Débarrasser (un terrain) des pierres qui gênent la culture. *Épierrer un champ avant de semer.* ▪ CONTR. Empierrer.

ÉPIERREUSE [epjeʀøz] **n. f.** – v. 1900 ◊ de *épierrer* ▪ AGRIC. Machine pour séparer les pierres des grains, des racines.

ÉPIEU [epjø] **n. m.** – *espieu* XIIIᵉ ◊ altération de *inspieth* (Xᵉ), *espiet* (1080), d'après *pieu,* du francique °*speot,* de même origine que l'allemand *Spiess* ▪ Gros et long bâton terminé par un fer plat, large et pointu. *Les épieux de guerre du Moyen Âge. Un coup d'épieu.*

ÉPIEUR, IEUSE [epjœʀ, jøz] **n.** – 1840 ; *espieur* «espion» hapax XIIIᵉ ◊ de 2 *épier* ▪ RARE Personne qui épie. *«Il jetait un regard sur les haies d'alentour propices aux épieurs»* BAZIN.

ÉPIGASTRE [epigastʀ] **n. m.** – 1538 ◊ grec *epigastrion,* de *epi* et *gastrion* «ventre» ▪ Région médiane et supérieure de l'abdomen, entre les côtes et l'estomac (creux de l'estomac). *«Il ne sent plus rien qu'une contraction brûlante à l'épigastre»* FLAUBERT.

ÉPIGASTRIQUE [epigastʀik] **adj.** – v. 1560 ◊ de *épigastre* ▪ DIDACT. De l'épigastre. *Douleurs épigastriques.*

ÉPIGÉ, ÉE [epiʒe] **adj.** – 1786 ◊ latin savant d'origine grecque, de *epi* «sur» et *gaia* «terre» ▪ BOT. Qui se développe au-dessus du sol. *Cotylédons épigés du haricot.* — *Germination épigée.* ▪ CONTR. Endogé, hypogé.

ÉPIGENÈSE [epiʒənɛz] ou **ÉPIGÉNÈSE** [epiʒenɛz] **n. f.** – *épigénèse* 1625 ◊ de *épi-* et *-genèse, -génèse* ▪ HIST. SC. Théorie selon laquelle un embryon se développe par différenciation successive de parties nouvelles. *La doctrine de l'épigenèse s'est opposée à celle de la préformation.*

ÉPIGÉNÉTIQUE [epiʒenetik] adj. et n. f. – 1821 ◇ de *épigenèse* ▪ **1** BIOL. Relatif à l'hérédité de caractères, de modifications, d'informations qui ne sont pas portés par les gènes. ▪ **2** n. f. Science qui étudie l'influence de l'environnement sur l'expression des gènes.

ÉPIGÉNIE [epiʒeni] n. f. – 1801 ◇ de *épi-* et *-génie* ▪ **1** MINÉR. Remplacement lent, au sein d'une roche, d'un minéral par un autre. *Épigénie siliceuse dans la craie.* ▪ **2** (XXe ◇ de l'allemand) GÉOL. Mode de creusement des vallées indépendant de la nature des reliefs. ➤ **antécédence, surimposition.**

ÉPIGLOTTE [epiglɔt] n. f. – milieu XIIIe ◇ latin des médecins *epiglottis*, du grec, de *glôtta* «langue» ▪ ANAT. Lame cartilagineuse, en forme de triangle, qui fait saillie dans la glotte et ferme le larynx (au moment de la déglutition). — adj. **ÉPIGLOTTIQUE.**

ÉPIGONE [epigɔn ; epigon] n. m. – 1752 nom des héros grecs de la seconde expédition contre Thèbes, qui s'emparèrent de la ville, vengeant ainsi leurs pères morts au cours du premier siège ◇ grec *epigonos* «descendant» ▪ LITTÉR. (souvent péj.) Successeur, imitateur. *Les épigones du naturalisme.*

ÉPIGRAMMATIQUE [epigʀamatik] adj. – 1455, repris XVIIIe ◇ latin *epigrammaticus* ▪ LITTÉR. Qui tient de l'épigramme. ➤ **satirique.** *Style épigrammatique.* «*La crainte d'une allusion épigrammatique*» SAINTE-BEUVE.

ÉPIGRAMME [epigʀam] n. f. et m. – fin XIVe, rare avant XVIe ◇ latin *epigramma* «inscription» ; cf. *épi-* et *-gramme*

I n. f. ▪ **1** ANTIQ. Petite pièce de vers. ▪ **2** MOD. Petit poème satirique. *L'épigramme de Voltaire contre Fréron. L'épigramme «N'est souvent qu'un bon mot de deux rimes orné»* BOILEAU. — PAR EXT. Trait satirique, mot spirituel et mordant. ➤ **mot, raillerie, satire, 1 trait.** «*Il fut un temps où on savait se venger d'un bon mot par un autre bon mot, rendre épigramme pour épigramme*» LÉAUTAUD.

II n. m. (1858) *Épigrammes d'agneau* : petites tranches minces de poitrine, à manger grillées ou sautées.

▪ CONTR. Apologie, compliment, louange.

ÉPIGRAPHE [epigʀaf] n. f. – 1545 ◇ grec *epigraphê* «inscription» ▪ **1** Inscription placée sur un édifice pour en indiquer la date, la destination. ▪ **2** Courte citation qu'un auteur met en tête d'un livre, d'un chapitre, pour en indiquer l'esprit. ➤ **exergue.** «*Le Rouge et le Noir*» *de Stendhal porte en épigraphe cette parole de Danton : «La vérité, l'âpre vérité».*

ÉPIGRAPHIE [epigʀafi] n. f. – 1838 ◇ de *épigraphe* ▪ DIDACT. Science qui a pour objet l'étude et la connaissance des inscriptions. *Épigraphie grecque, latine, phénicienne.* ➤ **paléographie.**

ÉPIGRAPHIQUE [epigʀafik] adj. – 1805 ◇ de *épigraphe* ▪ DIDACT. Qui se rapporte aux inscriptions. *Études épigraphiques.* «*La Société géographique d'Oran, où ses reconstitutions épigraphiques faisaient autorité*» CAMUS.

ÉPIGRAPHISTE [epigʀafist] n. – 1870 ◇ de *épigraphie* ▪ DIDACT. Spécialiste de l'épigraphie. *Un chartiste paléographe et épigraphiste.*

ÉPIGYNE [epiʒin] adj. – 1802 ◇ latin savant, du grec *epi* «sur» et *gunê* «femelle» ▪ BOT. Qui vient s'insérer au-dessus de l'ovaire (en parlant d'une pièce florale). *Étamines épigynes.* — *Fleur épigyne*, dont le périanthe et l'androcée sont insérés au-dessus de l'ovaire (ovaire infère*).

ÉPILATEUR [epilatœʀ] n. m. – v. 1980 ◇ de *épiler* ▪ Appareil utilisé pour l'épilation. ➤ **épileur.** *Épilateur à cire. Épilateur électrique.*

ÉPILATION [epilasjɔ̃] n. f. – 1858 ◇ de *épiler* ▪ Action d'épiler. *Épilation avec une crème. Épilation électrique, à la cire. Épilation douloureuse, indolore. Épilation des jambes, des sourcils.*

ÉPILATOIRE [epilatwaʀ] adj. – 1751 ◇ de *épiler* ▪ Qui sert à épiler. ➤ **dépilatoire.** *Crème épilatoire.*

ÉPILEPSIE [epilɛpsi] n. f. – 1503 ◇ latin *epilepsia*, grec des médecins *epilêpsia* «attaque» ▪ Affection neurologique chronique caractérisée par de brusques attaques convulsives avec perte de connaissance. ➤ **comitialité** (cf. Mal comitial*). *Attaque, crise d'épilepsie. Épilepsie essentielle* (autrefois appelée le haut mal, le mal sacré). «*Était-ce la véritable épilepsie, ou quelqu'une des formes nerveuses qui l'imitent ?*» SUARÈS. — n. **ÉPILEPTOLOGUE.** *Un neurologue-épileptologue.*

ÉPILEPTIFORME [epilɛptifɔʀm] adj. – 1833 ◇ de *épilepsie* et *-forme* ▪ MÉD. Qui présente des symptômes semblables à ceux de l'épilepsie. *Spasmes épileptiformes.*

ÉPILEPTIQUE [epilɛptik] adj. – XIIIe ◇ latin *epilepticus*, grec des médecins *epileptikos* ▪ **1** Relatif à l'épilepsie. ➤ **comitial.** *Convulsions, crises épileptiques. Grand mal, petit mal* (➤ **absence**) *épileptique.* — PAR EXT. *Des gestes épileptiques*, désordonnés et violents. ▪ **2** Atteint d'épilepsie. *Un enfant épileptique.* — n. *Une épileptique.* «*comme vit un épileptique dans la terreur incessante d'une attaque*» COURTELINE.

ÉPILER [epile] v. tr. ‹1› – 1751 ◇ de *é-* et du latin *pilus* «poil» ▪ **1** Arracher les poils, les cheveux de (qqn). *Se faire épiler les aisselles dans un institut de beauté. S'épiler les jambes* (➤ **épilateur**). *Pince à épiler. Crème, cire à épiler.* ➤ **dépilatoire, épilatoire.** ▪ **2** TECHN. Enlever les jets (des pièces d'étain fondues).

ÉPILEUR, EUSE [epilœʀ, øz] n. – 1842 ◇ de *épiler* ▪ RARE Personne qui épile. — n. m. Appareil utilisé pour l'épilation. ➤ **épilateur.**

ÉPILLET [epijɛ] n. m. – 1786 ◇ de *épi* ▪ Chacun des petits épis secondaires régulièrement groupés sur l'axe central d'un épi composé ou d'une panicule. *Épillets d'orge, d'avoine.*

ÉPILOBE [epilɔb] n. m. – 1778 ◇ latin *epilobium*, du grec *epi* «sur» et *lobos* «lobe» ▪ Plante vivace *(œnothéracées)* des lisières de forêts, aux longues hampes fleuries roses ou pourpres. *Épilobes à épi* ou *à feuilles étroites* : espèce très commune qui pousse en moyenne montagne.

ÉPILOGUE [epilɔg] n. m. – XIIe ◇ latin *epilogus*, grec *epilogos* «péroraison d'un discours» ▪ **1** Résumé à la fin d'un discours, d'un poème (opposé à *prologue*). ➤ **conclusion, péroraison.** *Épilogue d'un récit, d'un roman, d'une pièce de théâtre* : chapitre, scène exposant des faits postérieurs à l'action et destiné à en compléter le sens, la portée. ▪ **2** Dans l'Antiquité, Petite allocution en vers faite par un acteur à la fin de la représentation. ▪ **3** FIG. et COUR. Dénouement (d'une affaire longue, embrouillée). ➤ **1 fin, issue, solution.**

ÉPILOGUER [epilɔge] v. tr. ‹1› – XVe ◇ de *épilogue* ▪ **1** VX Récapituler comme le fait un épilogue. ▪ **2** VX Critiquer (qqn ou qqch.) de façon pointilleuse. «*Sans qu'on vous épilogue et sans qu'on vous méprise*» BOSSUET. ▪ **3** TRANS. IND. (XVIIe) **ÉPILOGUER SUR** : faire de longs commentaires sur. ➤ **discourir, discuter.** *Épiloguer sur la qualité d'une œuvre.* ➤ **chicaner, ergoter.** «*On épiloguerait sans fin sur cet artiste mal doué*» DUHAMEL. — ABSOLT «*un savant qui sans cesse épilogue*» MOLIÈRE. *Assez épilogué !*

ÉPINAIE [epinɛ] n. f. – 1636 ; *espinaie* v. 1260 ◇ de *épine*, d'après *chênaie*, etc. ▪ RARE Lieu où croissent des arbustes épineux.

ÉPINARD [epinaʀ] n. m. – *espinarde* 1256 ◇ var. *espinach, espinoch*, espagnol *espinaca*, altération, d'après *espina* «épine», de l'arabe d'Espagne *isbinâkh* ▪ **1** Plante potagère *(chénopodiacées)*, aux feuilles épaisses et molles, d'un vert soutenu et riches en vitamines et sels minéraux. *Un plant d'épinards.* ◆ *Épaulette, frange, gland à graines d'épinards*, dont les fils ressemblent à un assemblage de ces graines. ◆ PAR EXT. Nom donné à différentes plantes. *Épinard d'été.* ➤ **tétragone.** *Épinard de Chine, des Indes.* ➤ **baselle.** *Épinard sauvage.* ➤ **chénopode.** *Épinard des murailles.* ➤ **pariétaire.** ▪ **2** PLUR. Feuilles d'épinard comestibles (que l'on mange généralement cuites). *Épinards hachés, en branches. Épinards à la crème. Veau aux épinards. Salade d'épinards.* — EN APPOS. INV. *Vert épinard* : vert sombre et soutenu. ◆ LOC. *Plat d'épinards* : mauvais tableau où l'on a abusé du vert. — *Mettre du beurre* dans les épinards.*

ÉPINÇAGE [epɛ̃saʒ] n. m. – *espinchage* 1416 ◇ de *épincer* ▪ TECHN. Action d'épincer (2°). — On dit aussi **ÉPINCETAGE.**

ÉPINCER [epɛ̃se] v. tr. ‹3› – XIIIe ◇ de *é-* et *pince* ▪ **1** ARBOR. Supprimer, entre deux sèves, les bourgeons qui ont poussé sur le tronc. ▪ **2** (1723 ; *espinchier* 1262) TECHN. Débarrasser (le drap) des nœuds, des impuretés avec de petites pinces. ➤ **énouer, époutir.** — On dit aussi **ÉPINCETER** ‹4 /5/› [epɛ̃s(ə)te].

ÉPINCEUR, EUSE [epɛ̃sœʀ, øz] n. – 1723 ◇ de *épincer* ▪ TECHN. Personne qui fait l'épinçage. — On dit aussi **ÉPINCETEUR, EUSE.**

ÉPINE [epin] n. f. – X^e *espine* ◇ latin *spina* ▪ **1** VX ou en loc. Arbre ou arbrisseau aux branches armées de piquants. *Épine blanche* (➤ **aubépine**), *noire* (➤ **prunelier**), *luisante, marine* (➤ **argousier**). *Épine du Christ* (➤ **jujubier, paliure**), *d'Espagne* (➤ **azerolier**), *de cerf* (➤ **nerprun**), *de rat* (➤ **fragon**). *Une haie d'épines. Tomber dans les épines.* «*Le moine bénédictin bâtit* *sa cabane de branchages parmi les épines et les ronces»* TAINE. ◆ *La couronne* d'épines du Christ* (branches épineuses enlacées). ■ **2** (XIIe) MOD. Piquant d'une plante. ➤ **aiguille.** *Les épines du cactus* (➤ 2 **piquant**), *du rosier. Plante sans épines* (➤ **inerme**), *hérissée d'épines. La pointe d'une épine. S'égratigner avec une épine. S'enfoncer une épine dans le doigt* (➤ **écharde**). ◆ PROV. *Il n'y a pas de roses sans épines :* toute joie comporte une peine (cf. Toute médaille a son revers*). *«Au lieu de me plaindre de ce que la rose a des épines, je me félicite de ce que l'épine est surmontée de roses»* JOUBERT. ◆ LOC. *Tirer, enlever, ôter à qqn une épine du pied :* délivrer qqn d'un sujet de contrariété, d'une difficulté. ■ **3** ANAT. Partie saillante, allongée, d'un os. ➤ **crête.** *Épine de l'omoplate. Épine du tibia.* ◆ (1314) **ÉPINE DORSALE :** saillie longitudinale que détermine au milieu du dos l'ensemble des apophyses épineuses des vertèbres. — PAR EXT. La colonne vertébrale elle-même. ➤ 1 **échine, rachis ; spinal.** *Moelle de l'épine dorsale* (➤ **épinière**). — FIG. Élément essentiel, sur lequel tout repose. ■ **4** (1660) Piquant de certains animaux. ➤ 2 **piquant.** *Les épines du hérisson, de l'oursin, de certains poissons.* — PAR EXT. Nom donné à certains poissons à épines. *L'épine vierge.* ➤ **épinoche.** *L'épine de Judas.* ➤ 1 **vive.**

ÉPINÉPHRINE [epinefʀin] **n. f.** – 1899 ◇ de *épi-*, *nephr(o)-*, et *-ine*, d'après l'anglais *epinephrir* (1899) ■ ANGLIC. Adrénaline.

ÉPINER [epine] **v. tr.** ⟨1⟩ – 1870 ; *espiné* «garni de buissons épineux» fin XIIIe ◇ de *épine* ■ AGRIC. Entourer (un tronc d'arbre) de branches épineuses, comme protection contre les animaux.

1 **ÉPINETTE** [epinɛt] **n. f.** – 1732 ; «buisson épineux» XIIIe ◇ de *épine* ■ AGRIC. Cage en osier, à compartiments, où l'on met de la volaille à engraisser. ➤ **mue.**

2 **ÉPINETTE** [epinɛt] **n. f.** – 1864 ◇ de *pin*, avec influence de *épine* ■ (Canada) Épicéa. *Épinette rouge* (➤ **mélèze**), *noire, blanche. «La forêt si proche. L'épinette bleue contre la fenêtre»* A. HÉBERT. *Bière d'épinette.*

3 **ÉPINETTE** [epinɛt] **n. f.** – 1514 ◇ de l'italien *spinetta*, de *spina*, du latin *spina* «épine» ■ Instrument de musique à clavier et à cordes pincées (par un bec de plume comparé à une *petite épine*) caractérisé par la disposition oblique de ses cordes. ◆ *Épinette des Vosges :* instrument de musique traditionnelle proche de la cithare.

ÉPINEUX, EUSE [epinø, øz] **adj.** – *espineux* XIIe ◇ latin *spinosus* ■ **1** Qui est hérissé d'épines, de piquants, ou dont les productions (feuilles, branches, etc.) piquent. *Arbuste épineux,* ou **n. m.** *un épineux. Les lianes épineuses de la ronce ; la tige épineuse du rosier. «Des bosquets de houx épineux»* BOSCO. ◆ *Coquillage épineux. Poisson épineux.* ■ **2** (XVIe) FIG. Qui est plein de difficultés (généralement subtiles). ➤ **délicat, difficile, embarrassant.** *Affaire épineuse. Question épineuse,* dans la discussion de laquelle on risque de heurter des intérêts cachés ou des susceptibilités. *«Une telle discussion serait ici d'ailleurs, trop délicate et trop épineuse pour que je l'aborde»* SAINTE-BEUVE. ■ **3** ANAT. Qui ressemble à une épine. *Apophyse épineuse des vertèbres.* ■ CONTR. Inerme. Facile.

ÉPINE-VINETTE [epinvinɛt] **n. f.** – 1545 ; *espinete-vinete* XVe ◇ de *épine* «arbrisseau» et *vin*, à cause de la couleur des baies ■ Arbrisseau à feuilles caduques simples et piquantes *(berbéridacées),* à fleurs jaunes en grappes pendantes, dont les fruits sont des baies rouges et comestibles. ➤ **berbéris.** *«d'épaisses haies vertes, que l'épine-vinette décore tour à tour de ses fleurs violettes et de ses baies pourprées»* NERVAL. *Des épines-vinettes.*

ÉPINGLAGE [epɛ̃glaʒ] **n. m.** – 1876 ◇ de *épingler* ■ Action d'attacher, de fixer avec des épingles. *Épinglage d'un vêtement à l'essayage. Bâtir après l'épinglage.*

ÉPINGLE [epɛ̃gl] **n. f.** – *espingle* XIIIe ◇ latin *spinula* «petite épine», de *spina* → épine ■ **1** Petite tige de métal, pointue d'un bout, dont l'autre bout est garni d'une boule (tête) ou replié en triangle, et qu'on utilise pour attacher, assembler des choses souples. *Épingles de bureau, de couture. Boîte d'épingles. Pelote* à épingles, d'épingles. Se piquer avec une épingle.* — LOC. *Être tiré à quatre épingles :* être habillé avec un soin méticuleux. — *Tirer son épingle du jeu :* se dégager adroitement d'une situation délicate, se retirer à temps d'une affaire qui devient mauvaise, sauver sa mise (cf. Reprendre ses billes*). — VIEILLI *Coups d'épingles :* atteintes, offenses légères, mais répétées. ➤ 2 **pique.** — *Pointe d'épingle :* chose extrêmement fine, fragile. *Les profits «qui parfois semblent énormes, reposent sur des pointes d'épingle»* ROMAINS. ■ **2** (XVIe «bijou») Objet de parure servant à attacher, à fixer. *Épingle de cravate. Épingles à chapeau. «coiffées de toques maintenues par des épingles à tête d'argent»* CHARDONNE. *Faire monter un camée en épingle.* — LOC. *Monter qqch. en épingle :* mettre en évidence, en relief ; faire valoir avec insistance. ◆ *Épingle à cheveux :* tige recourbée à deux branches. *Virage en épingle à cheveux,* très serré. ◆ *Épingle de sûreté* ou *épingle de nourrice* (ABUSIVEMENT *à nourrice*), *épingle anglaise, épingle double :* tige de métal recourbée qui se ferme, la pointe rentrée dans un étui métallique. ➤ RÉGION. **imperdable.** *«Voici un petit bijou d'or qui est une épingle double»* LOUŸS. ◆ *Épingle à linge.* ➤ **pince.**

ÉPINGLER [epɛ̃gle] **v. tr.** ⟨1⟩ – *espingler* 1564 ◇ de *épingle* ■ **1** Assembler, fixer avec des épingles. *Épingler un ourlet. Épingler un patron sur un tissu. Épingler une décoration.* — *Papillon épinglé sur du liège.* ■ **2** (1889) FIG. et FAM. *Épingler qqn :* l'arrêter*, le faire prisonnier. ➤ **pincer.** *Se faire épingler :* se faire prendre. ➤ **alpaguer.** *«Le Caporal épinglé», de J. Perret.* ◆ Critiquer, dénoncer ; sanctionner. *Société épinglée pour publicité mensongère.*

ÉPINGLERIE [epɛ̃gləʀi] **n. f.** – 1813 ; *espinguerie* 1260 ◇ de *épingle* ■ Fabrique d'épingles ; industrie des épingles.

ÉPINGLETTE [epɛ̃glɛt] **n. f.** – 1611 ; autre sens v. 1380 ◇ de *épingle* ■ **1** ANCIENNT Longue aiguille pour percer les gargousses et déboucher les armes à feu. ■ **2** Recomm. offic. pour *pin's*.

ÉPINGLIER [epɛ̃glije] **n. m.** – *espinglier* «fabricant d'épingles» 1260 ◇ de *épingle* ■ Étui à épingles.

ÉPINIER [epinje] **n. m.** – 1870 ; *espiniers* au plur. 1690 ◇ de *épine* ■ VÉN. Fourré d'épines.

ÉPINIÈRE [epinjɛʀ] **adj. f.** – 1667 ; *espinière* 1660 ◇ de *épine* ■ *Moelle* épinière.*

ÉPINOCHE [epinɔʃ] **n. f.** – 1564 ; hapax XIIIe ◇ de *épine* ■ Poisson *(gastérostéiformes)* qui porte de deux à quatre épines indépendantes sur le dos. *Épinoche à trois épines. Épinoche de mer.*

ÉPINOCHETTE [epinɔʃɛt] **n. f.** – 1801 ◇ de *épinoche* ■ Poisson de très petite taille, semblable à l'épinoche*, mais dont les épines sont plus nombreuses.

ÉPIPHANE [epifan] **adj. m.** – *epiphanès* 1732 ◇ grec *epiphanês* «illustre, éclatant» ■ HIST. Épithète donnée à plusieurs souverains d'Orient. *Antiochus Épiphane, roi de Syrie de 174 à 164 av. J.-C.*

ÉPIPHANIE [epifani] **n. f.** – 1190 ◇ latin ecclésiastique *epiphania*, grec *epiphaneia* «apparition» ■ **1** RELIG. CATHOL. Manifestation de Jésus-Christ aux Rois mages venus pour l'adorer. ◆ COUR. Fête de l'Église qui commémore cette adoration et qu'on appelle aussi *jour des Rois* (6 janvier ; en France, reportée au dimanche entre le 2 et le 8 janvier). *Manger la galette des rois, tirer les rois le jour de l'Épiphanie.* ■ **2** DIDACT. ou LITTÉR. Manifestation d'une réalité cachée. ➤ **révélation.**

ÉPIPHÉNOMÈNE [epifenɔmɛn] **n. m.** – 1755 ◇ du grec *epi* «sur» et *phainomenon* «ce qui apparaît» ■ **1** MÉD. Symptôme accessoire qui se surajoute aux symptômes essentiels. ■ **2** (fin XIXe ◇ emprunté à l'anglais) PHILOS. Phénomène qui accompagne le phénomène essentiel sans être pour rien dans son apparition ou son développement. *Selon certains matérialistes, la conscience ne serait qu'un épiphénomène par rapport aux processus nerveux.* ◆ PAR EXT. Phénomène secondaire, de peu d'importance.

ÉPIPHÉNOMÉNISME [epifenɔmenism] **n. m.** – 1907 ◇ de *épiphénomène* ■ PHILOS. Théorie selon laquelle la conscience est un épiphénomène (une simple prise de conscience des phénomènes cérébraux). — **adj.** et **n. ÉPIPHÉNOMÉNISTE.**

ÉPIPHONÈME [epifɔnɛm] **n. m.** – 1557 ◇ latin *epiphonema*, grec *epiphônêma*, de *epi* et *phônein* «parler» ■ RHÉT. Exclamation sentencieuse qui termine un développement oral.

ÉPIPHYLLE [epifil] **adj.** – 1819 ◇ latin savant, du grec *epi* «sur» et *phullon* «feuille» ■ BOT. Qui croît sur les feuilles des plantes.

ÉPIPHYSE [epifiz] **n. f.** – 1541 ◇ grec *epiphusis* ; cf. *épi-* et *-physe* ■ ANAT. ■ **1** Extrémité renflée d'un os long, constituée de tissu spongieux. ■ **2** Petite glande située au-dessous du bourrelet du corps calleux*, entre les tubercules quadrijumeaux antérieurs du cerveau (cf. VX Glande pinéale*).

ÉPIPHYTE [epifit] adj. – 1839 ◇ latin savant, du grec *epi* «sur» et *phuton* «plante» ■ BOT. Qui croît sur d'autres plantes sans en tirer sa nourriture (opposé à *parasite*). *Le lierre, les lianes sont des plantes épiphytes. Orchidée épiphyte,* qui pousse sur les branches d'arbres tropicaux. n. m. *Un épiphyte.*

ÉPIPHYTIE [epifiti] n. f. – 1845 ◇ du grec *epi* «sur» et *phuton* «plante» ; cf. *épizootie* ■ BOT. Épidémie* qui frappe les plantes de même espèce. *Épiphytie de phylloxéra.*

ÉPIPLOON [epiplɔɔ̃] n. m. – 1370 ◇ grec des médecins *epiploon* «flottant» ■ ANAT. Repli du péritoine qui relie entre eux les organes abdominaux. *Grand épiploon,* qui unit la grande courbure de l'estomac et le côlon transverse. *Petit épiploon,* qui unit l'estomac au foie. — *Épiploon des animaux* (abats). ➤ **crépine.**

ÉPIQUE [epik] adj. – fin XVIe ◇ latin *epicus,* grec *epikos,* de *epos* «épopée» ■ **1** Qui raconte en vers une action héroïque (➤ **épopée**). *L'«Iliade», la «Chanson de Roland», le «Paradis perdu» sont des poèmes épiques.* ◆ Relatif ou propre à l'épopée. *Forme, genre, style épique. Héros épique.* ■ **2** (1835) COUR. Digne de figurer dans une épopée ; qui a les proportions des sujets ou des héros de l'épopée. *«ce que vous avez fait, vu, souffert et appris dans ce rude mois épique»* R. ROLLAND. *«Les dragons chevelus, les grenadiers épiques»* HUGO. ◆ FAM. (souvent iron.) Qui est mouvementé, plein d'aventures. *Ce fut épique !* ➤ **rock-and-roll.** *Il y eut des scènes, des discussions épiques.* ➤ **homérique, mémorable.** *«Ces batailles épiques qu'il a livrées dans le Roussillon contre la réaction !»* ARAGON. ■ CONTR. Prosaïque.

ÉPIROGENÈSE [epiʀɔʒənɛz] n. f. – 1955 ◇ d'après l'anglais *epeirogenesis,* du grec *epeiros* «continent» ■ GÉOL. Ensemble des mouvements lents de descente (➤ **transgression**) ou de montée (➤ **régression**) des continents. ➤ **eustatisme.**

ÉPIROGÉNIQUE [epiʀɔʒenik] adj. – 1906 ◇ d'après l'anglais *epeirogenic* (1890), du grec *epeiros* «continent» ■ GÉOL. Relatif à l'épirogenèse*. *Mouvement épirogénique.* — On dit aussi **ÉPEIROGÉNIQUE** [epeʀɔʒenik].

ÉPISCOPAL, ALE, AUX [episkɔpal, o] adj. – v. 1200, rare avant XVIIIe ◇ latin ecclésiastique *episcopalis,* de *episcopus,* grec *episkopos* ■ Qui appartient à l'évêque. *Palais épiscopal.* ➤ **évêché.** *Ornements épiscopaux. Corps épiscopal.* ➤ **épiscopat.** *Juridiction épiscopale. «L'évêque se montra aux yeux de la foule en camail violet et avec sa croix épiscopale au cou»* HUGO.

ÉPISCOPALIEN, IENNE [episkɔpaljɛ̃, jɛn] adj. – 1822, n. m. pl. ◇ latin *episcopalis* ■ RELIG. *Église épiscopalienne :* église anglicane pour laquelle l'assemblée des évêques est supérieure au pape (*épiscopalisme* n. m.).

ÉPISCOPAT [episkɔpa] n. m. – 1610 ◇ latin ecclésiastique *episcopatus* → épiscopal ■ **1** Dignité, fonction d'évêque. ■ **2** Temps pendant lequel un évêque occupe un siège. ■ **3** Corps des évêques. *L'épiscopat français.*

ÉPISCOPE [episkɔp] n. m. – 1950 ◇ du grec *epi* «sur» et *-scope* ■ Appareil d'optique à miroirs utilisé à l'intérieur des chars de combat pour observer le terrain. ➤ **périscope.**

ÉPISIOTOMIE [epizjɔtɔmi] n. f. – 1936 ◇ du grec *epision* «pubis» et *-tomie* ■ MÉD. Incision du périnée, en partant de la vulve, pratiquée lors de certains accouchements afin d'éviter les déchirures. ABRÉV. FAM. **ÉPISIO.**

ÉPISODE [epizɔd] n. m. – 1637 ; *épisodie* fin XVe ◇ grec *epeisodion* «partie du drame entre deux entrées» ■ **1** THÉÂTRE Action accessoire rattachée plus ou moins naturellement à l'action principale. *«Aristote blâme fort les épisodes détachés»* CORNEILLE. ◆ COUR. Action incidente liée à l'action principale dans un poème, un roman, un tableau. *Épisode comique, dramatique. «il existait des gens qui, devant la fresque du jugement dernier de Michel-Ange, n'y avaient rien vu autre chose que l'épisode des prélats libertins»* GAUTIER. ■ **2** Division d'une série*, d'un feuilleton* radiodiffusé ou télévisé. ➤ **partie.** *Film à épisodes. Feuilleton en dix épisodes. Suite au prochain épisode. Manquer, rater un épisode ;* FIG. ne pas être au courant, être partiellement informé. ■ **3** (fin XVIIe) Fait accessoire qui se rattache plus ou moins à un ensemble. ➤ **circonstance, évènement.** *Un épisode de la Révolution. «et de cet épisode d'une existence secouée, elle devait plus tard tracer dans un roman [...] un poignant tableau»* HENRIOT. ➤ **aventure,** 1 **incident, péripétie.** ◆ MÉD. (suivi d'un adj.) Trouble passager survenant au cours de l'évolution normale d'une affection. *Épisode infectieux.* ➤ **phase.** ◆ MÉTÉOROL. Phénomène passager qui affecte le temps qu'il fait. *Épisode pluvieux, neigeux. Épisode méditerranéen* (ou *cévenol*) : fortes pluies provoquées à la fin de l'été par des masses d'air humide remontant de Méditerranée.

ÉPISODIQUE [epizɔdik] adj. – 1633 ◇ de *épisode* ■ **1** LITTÉR. Qui appartient à un épisode, qui a les caractères de l'épisode. *Dans «les Misérables», Gavroche est un personnage épisodique.* ◆ PAR EXT. Qui a un caractère secondaire. ■ **2** COUR. Qui se produit de temps en temps, de façon irrégulière. ➤ **intermittent, sporadique.** *Faire des apparitions épisodiques. Relations épisodiques.*

ÉPISODIQUEMENT [epizɔdikmɑ̃] adv. – 1826 ◇ de *épisodique* ■ De façon épisodique (2°), intermittente (cf. De temps* à autre). *Épisodiquement, il venait me consulter.*

ÉPISOME [epizom] n. m. – 1958 ◇ de *épi-* et *-some,* d'après *chromosome* ■ GÉNÉT. Petit ADN circulaire des bactéries, se répliquant après intégration (forme intégrée) ou non (forme libre) dans le chromosome cellulaire et pouvant être transféré à une autre cellule bactérienne.

ÉPISPADIAS [epispadjas] n. m. – 1846 ◇ mot grec, de *epi* «sur» et *span* «déchirer» ■ PATHOL. Ouverture anormale de l'urètre sur le dos de la verge (➤ **hypospadias**).

ÉPISSAGE [episaʒ] n. m. – 1981 ◇ calque de l'anglais *splicing* (v. 1978) ■ GÉNÉT. Processus d'élimination des introns associé à la liaison entre eux des exons restants, lors de la maturation de l'ARN. *Épissage de l'ARN avant sa traduction en protéine. Épissage alternatif.*

ÉPISSER [epise] v. tr. ‹1› – 1677 ; *espisser* 1631 ◇ altération du néerlandais *splisten* ou de l'allemand *splissen* ■ MAR. Assembler (deux cordages) en entrelaçant les torons. ■ HOM. Épicer.

ÉPISSOIR [episwaʀ] n. m. – 1677 ◇ de *épisser* ■ MAR. Poinçon qui sert à écarter les torons d'un cordage à épisser.

ÉPISSURE [episyʀ] n. f. – 1677 ◇ de *épisser* ■ MAR. Jonction, nœud de deux cordages épissés. ◆ TECHN. Jonction de deux câbles électriques tordus entre eux.

ÉPISTASIE [epistazi] n. f. – 1970 ◇ du grec *epi* «sur» et *stasis* «action de se tenir» ; cf. anglais *epistacy* (1918) ■ GÉNÉT. Dominance du phénotype d'un gène sur celui d'autres gènes. — adj. **ÉPISTASIQUE.** *Gène épistasique.* ➤ **maître.**

ÉPISTAXIS [epistaksis] n. f. – 1795 ◇ latin savant, du grec *epi* «sur» et *staxis* «écoulement» ■ MÉD. Saignement de nez.

ÉPISTÉMÉ [episteme] ou **ÉPISTÉMÈ** [epistemɛ ; episteme] n. f. – v. 1965 ◇ grec *epistêmê* «science» ■ DIDACT. Ensemble des connaissances réglées (conception du monde, sciences, philosophies...) propres à un groupe social, à une époque. — On écrit aussi *épistémè. «Telle est, dans son esquisse la plus générale, l'épistémè du XVIe siècle»* FOUCAULT.

ÉPISTÉMOLOGIE [epistemɔlɔʒi] n. f. – 1901 ◇ du grec *epistêmê* «science» ■ **1** PHILOS. Étude critique des sciences, destinée à déterminer leur origine logique, leur valeur et leur portée. ➤ **philosophie** (des sciences). *L'épistémologie entre dans la théorie de la connaissance.* ■ **2** (d'après l'anglais *epistemology* [dès 1856]) DIDACT. Théorie de la connaissance et de sa validité. *Épistémologie et sémiotique.*

ÉPISTÉMOLOGIQUE [epistemɔlɔʒik] adj. – avant 1908 ◇ de *épistémologie* ■ PHILOS. Relatif à l'épistémologie, à la théorie de la connaissance. *Bases épistémologiques.* ➤ **fondement.**

ÉPISTÉMOLOGISTE [epistemɔlɔʒist] n. – 1918 ◇ de *épistémologie* ■ DIDACT. Spécialiste de l'épistémologie. *Une épistémologiste française.* — On dit aussi **ÉPISTÉMOLOGUE.**

ÉPISTOLAIRE [epistɔlɛʀ] adj. – 1542 ◇ latin *epistolaris,* de *epistola* → épître ■ **1** Qui a rapport à la correspondance par lettres. *Être en relations épistolaires avec qqn.* ■ **2** Relatif aux lettres (éditées en tant qu'œuvres littéraires). *Genre épistolaire.* ➤ **correspondance.** *Roman épistolaire.*

ÉPISTOLIER, IÈRE [epistɔlje, jɛʀ] n. – 1539 ◇ latin *epistola* «lettre» ■ VX Écrivain qui excelle dans le genre épistolaire. ◆ PAR PLAIS. Personne qui écrit beaucoup de lettres. *«Il avait affaire à une infatigable épistolière»* HUYSMANS.

ÉPISTYLE [epistil] n. m. – 1546 ◇ latin *epistylium,* d'origine grecque ; cf. *style* ■ ARCHIT. Architrave qui repose sur le chapiteau de la colonne.

ÉPITAPHE [epitaf] **n. f.** – epitafe XIIe ◊ latin *epitaphium*, grec *epitaphion*, de *epi* «sur» et *taphos* «tombe» ■ Inscription funéraire. *L'épitaphe commence souvent par les mots «ci-gît». Faire graver une épitaphe.* ◆ ARCHÉOL. Tablette qui porte une inscription funéraire.

ÉPITE [epit] **n. f.** – 1694 ◊ néerlandais *spit* ■ MAR. Petite cheville de bois destinée à boucher un trou, épaissir ou caler une pièce.

ÉPITEXTE [epitɛkst] **n. m.** – 1987 ◊ de *épi-* et *texte* ■ DIDACT. Ensemble des textes qui ont trait à un texte écrit, sans en faire partie (critiques, entretiens avec l'auteur...).

ÉPITHALAME [epitalam] **n. m.** – 1536 ◊ latin *epithalamium*, grec *epithalamion* «chant nuptial» ■ LITTÉR. Poème composé à l'occasion d'un mariage, en l'honneur des nouveaux mariés.

ÉPITHÉLIAL, IALE, IAUX [epiteljal, jo] **adj.** – 1846 ◊ de *épithélium* ■ HISTOL. Relatif à l'épithélium. *Cellule épithéliale. Tissu épithélial* : épithélium. *Tumeur épithéliale.* ➤ **adénome, carcinome, épithélioma.**

ÉPITHÉLIOMA [epiteljɔma] **n. m.** – 1855 ; *épithéliome* 1845 ◊ latin savant, de *épithélium* ■ MÉD. Tumeur formée par la prolifération désordonnée d'un épithélium. ➤ **cancer.**

ÉPITHÉLIUM [epiteljɔm] **n. m.** – 1855 ; «membrane à la surface des muqueuses» 1832 ◊ latin scientifique *epithelium*, du grec *epi* «sur» et *thêlê* «mamelon» ■ ANAT. Tissu constitué de cellules juxtaposées, disposées de façon continue en une ou plusieurs couches. *Épithélium simple, stratifié. Épithélium de revêtement,* formant une membrane protectrice à la surface des muqueuses. *Épithélium glandulaire* (➤ 1 **glande**). *Épithélium pavimenteux**.

ÉPITHÈTE [epitɛt] **n. f.** – 1517, masc. jusqu'au XVIIe ◊ latin des grammairiens *epitheton*, d'origine grecque «qui est ajouté» ■ **1** Ce qu'on adjoint à un nom, un pronom pour le qualifier (mot, expression). *«Je cherche en vain une épithète pour peindre l'extraordinaire luminosité du ciel»* GIDE. ■ **2** PAR EXT. Qualification louangeuse ou injurieuse donnée à qqn. ➤ **qualificatif.** *Elle murmura «"L'idiot!" sans indiquer plus clairement auquel des deux hommes il fallait appliquer cette épithète»* GREEN. ■ **3** GRAMM. *Un adjectif épithète*, ou ELLIPT *une épithète* : adjectif qualificatif qui n'est pas relié au nom par un verbe (opposé à *attribut*). *Accord de l'adjectif épithète.* — *Nom épithète,* qui qualifie un autre nom (ex. tarte maison, paquet cadeau). ➤ 1 **apostrophe, apposition.**

ÉPITOGE [epitɔʒ] **n. f.** – 1484 «chaperon des présidents à mortier» ◊ latin *epitogium*, du grec *epi* «sur» et latin *toga* «toge» ■ **1** (1864) Ornement fait d'une bande d'étoffe fixée à l'épaule gauche de la robe et garnie de une, deux ou trois bandes d'hermine (selon le grade, pour les professeurs). *Épitoge de magistrat, d'avocat. «Les professeurs de l'Université strasbourgeoise, les scientifiques avec leurs toques, leurs épitoges et leurs ceintures rouges»* LECOMTE. ■ **2** Vêtement porté sur la toge, dans la Rome antique.

ÉPITOMÉ [epitɔme] **n. m.** – *épitome* 1522 ◊ latin *epitome*, grec *epitomê* «abrégé» ■ DIDACT. (titres) Abrégé d'un ouvrage d'histoire antique. *Épitomé de l'histoire de la Grèce.*

ÉPÎTRE [epitʀ] **n. f.** /ÉPITRE/ – *epistle* fin XIIe ◊ latin *epistola*, grec *epistolê* ■ **1** Lettre missive écrite par un auteur ancien. *Épître de Cicéron.* ◆ PAR EXT. IRON. ➤ **lettre ; épistolaire.** *«il répondait à toutes les babillardes de ses amoureuses, leur écrivant des longues épîtres»* CENDRARS. ■ **2** SPÉCIALT *Les épîtres des Apôtres* : lettres écrites par les Apôtres aux premières communautés chrétiennes et insérées dans le Nouveau Testament. *Épîtres de saint Paul aux Corinthiens.* ■ **3** (XVIe) Lettre en vers. *Les Épîtres de Marot. Épître dédicatoire, liminaire,* mise en tête d'un livre. ➤ **dédicace.**

ÉPIVARDER (S') [epivaʀde] **v. pron.** ‹1› – 1910 ◊ mot saintongeais, du latin *spica* → épi ■ (Canada) ■ **1** RURAL et VIEILLI Se nettoyer les plumes avec le bec. *Les poules s'épivardent.* ■ **2** FAM. S'amuser, prendre du bon temps. *Il a besoin de s'épivarder.* ◆ S'occuper à des activités trop diverses. ➤ **se disperser.**

ÉPIZOOTIE [epizɔɔti ; epizooti] **n. f.** – 1775 ◊ du grec *zôotês* «nature animale», d'après *épidémie* ■ DIDACT. Épidémie* qui frappe les animaux. *Épizootie de grippe aviaire. «Pasteur, Lister, Semmelweiss ont limité la gravité, l'extension des épidémies, des épizooties qui détruisaient peuples et troupeaux»* J. BERNARD.

ÉPIZOOTIQUE [epizɔɔtik ; epizootik] **adj.** – 1771 ◊ de *épizootie* ■ DIDACT. Qui a les caractères de l'épizootie. ➤ **épidémique.** *Maladie épizootique.*

ÉPLORÉ, ÉE [eplɔʀe] **adj.** – *esplouré* XIIe ◊ de *es-* et *pleur* ■ Qui est tout en pleurs. *Une veuve éplorée. Air, visage éploré.* ➤ **désolé, larmoyant, triste*.** FIG. et POÉT. *«Plantez un saule au cimetière, J'aime son feuillage éploré»* MUSSET. — SUBST., LITTÉR. *«Cette belle éplorée»* HUGO.

ÉPLOYÉ, ÉE [eplwaje] **adj.** – v. 1500 ◊ de *é-* et *ployer* ■ **1 adj. f.** BLAS. *Aigle éployée de sable* : aux ailes étendues. ■ **2** LITTÉR. Déplié. ➤ **déployé.** *Chaque jour «des villageois se penchent sur un journal éployé»* BARRÈS.

ÉPLOYER [eplwaje] **v. tr.** ‹8› – 1854 ; *esployé* blas. XVe ◊ de *é-* et *ployer* ■ LITTÉR. *Éployer ses ailes.* ➤ **déployer, étendre.** — **pron.** *«les ailes s'éploient pour la volée»* PERGAUD.

ÉPLUCHAGE [eplyʃaʒ] **n. m.** – 1755 étoffes ◊ de *éplucher* ■ **1** Action d'éplucher. *Épluchage des légumes, des pommes de terre, des fruits. Corvée d'épluchage* (➤ FAM. **pluches**). — *Épluchage des étoffes, des laines.* ■ **2** FIG. Examen minutieux. *Épluchage d'un compte.*

ÉPLUCHE-LÉGUME [eplyʃlegym] **n. m.** – XXe ◊ de *éplucher* et *légume* ■ Instrument à éplucher les légumes, les fruits, etc., dont le fer comporte deux petites fentes tranchantes. ➤ **économe.** *Des épluche-légumes.* — On écrit aussi *un épluche-légumes* (inv.).

ÉPLUCHER [eplyʃe] **v. tr.** ‹1› – 1549 ; *espeluchier* XIIe ◊ de *es-* et de l'ancien verbe *peluchier* «éplucher», latin °*piluccare*, de *pilare* «épiler» ■ **1** Nettoyer en enlevant les parties inutiles ou mauvaises (en coupant, grattant). *Éplucher de la salade, des radis, des marrons* (➤ **décortiquer**), *des haricots verts* (➤ **ébouter**), *des pois* (➤ **écosser**). *Éplucher des oranges, des poires, des pommes de terre.* ➤ **peler.** — *«Elle épluchait ses crevettes et mastiquait bruyamment ses tartines beurrées»* MAC ORLAN. ◆ (1508) *Éplucher une étoffe neuve, un drap* : enlever les bourres, les pailles. ■ **2** (1613) Examiner avec un soin minutieux afin de découvrir ce qu'il peut y avoir à critiquer, à reprendre en qqch. ➤ **critiquer, décortiquer, disséquer** (cf. Passer au crible*, au scanner*). *Éplucher un texte, un dossier. «Il se vantait de savoir sa langue et épluchait les phrases les plus belles avec cette sévérité hargneuse»* FLAUBERT. *Il épluche tout ce qu'elle fait et ne lui passe* rien.*

ÉPLUCHETTE [eplyʃɛt] **n. f.** – 1856 ◊ mot canadien, de *éplucher*, d'après l'anglais américain *husking bee* ■ Au Canada, Fête collective au cours de laquelle on épluche des épis de maïs qu'on mange après les avoir fait cuire. *Une épluchette de blé d'Inde.*

ÉPLUCHEUR, EUSE [eplyʃœʀ, øz] **n.** – 1611 ; au fig. 1555 ◊ de *éplucher* ■ Personne qui épluche. SPÉCIALT Ouvrier qui épluche les étoffes. — PAR APPOS. *Couteau éplucheur.* ➤ **économe, épluche-légume.** *Batteur éplucheur* : machine à éplucher la laine. ◆ **n. m.** *Éplucheur électrique* : instrument pour éplucher les légumes.

ÉPLUCHURE [eplyʃyʀ] **n. f.** – 1680 ; *esplucheures* 1611 ◊ de *éplucher* ■ Ce qu'on enlève à une chose en l'épluchant. *Épluchures de pommes de terre. Épluchures d'oranges.* ➤ **pelure.** *Balayer les épluchures.*

EPO [øpeo] **n. f.** – 1988 ◊ sigle anglais, de *erythropoietin* ■ Érythropoïétine. *Dopage à l'EPO.*

ÉPODE [epɔd] **n. f.** – 1546 ◊ latin *epodos*, grec *epôdos*, de *epi* «sur» et *ôdê* «chant» ■ HIST. LITTÉR. ■ **1** Troisième couplet d'un chœur lyrique divisé en strophe, antistrophe et épode. ■ **2** Couplet lyrique composé de deux vers inégaux. ➤ **distique.** — PAR EXT. Petit poème satirique écrit en distiques de ce genre. *Les Épodes d'Horace.*

ÉPOI [epwa] **n. m.** – *espois* 1390 ◊ ancien français *espeit, espoit* (XIIe) «broche, épieu», du germanique °*spit* «pointe» → épieu ■ VÉN. Cor qui termine l'empaumure des vieux cerfs. ➤ **andouiller.**

ÉPOINTEMENT [epwɛ̃tmɑ̃] **n. m.** – *espointement* 1611 ◊ de *espointer* ■ État de ce qui est ou a été épointé. *Épointement d'un outil.*

ÉPOINTER [epwɛ̃te] **v. tr.** ‹1› – *espointer* 1553 ; *espointier un faucon* «lui émousser les griffes, le bec» v. 1375 ◊ de *é-* et *pointe* ■ **1** Émousser en ôtant, en cassant ou en usant la pointe. *Épointer une aiguille, des ciseaux.* — *Dents, griffes épointées.* ■ **2** (fin XIXe) RARE Effiler en taillant ou en aiguisant la pointe. ➤ 2 **appointer.** *Épointer des piquets.*

ÉPOISSES [epwas] **n. m.** – date inconnue ◊ du n. d'un village de la Côte-d'Or ■ Fromage de lait de vache, à pâte molle, à croûte lavée au marc de Bourgogne, à saveur relevée.

1**ÉPONGE** [epɔ̃ʒ] **n. f.** – *esponge* XIIIe ◊ latin populaire °*sponga*, latin classique *spongia*, d'origine grecque

I ▪ **1** Substance légère et poreuse provenant d'un zoophyte marin (*éponge*, II) et que l'on emploie à divers usages à cause de la propriété qu'elle possède d'absorber les liquides et de les rejeter à la pression (➤ **spongieux**) ; objet fait de cette substance. « *Mais qui utilise les grosses éponges dites Venise et connaît encore la différence entre les éponges plongées et les éponges harponnées !* » CAYROL. *Éponge de toilette.* ◆ (XXe) Objet analogue en quelque matière que ce soit. *Éponge végétale.* ➤ **luffa.** *Éponge synthétique. Nettoyer avec une éponge.* — *Éponge métallique*, qui sert à gratter. ▪ **2** LOC. FIG. *Avoir une éponge dans le gosier, boire, être imbibé comme une éponge* : boire, avoir bu plus que de raison (cf. Boire comme un trou*). « *Ils buvaient tous comme des éponges* » GAUTIER. FAM. *C'est une éponge* : c'est un ivrogne. — *Passer l'éponge sur qqch.*, l'oublier, n'en plus parler. « *jamais on ne pourra passer l'éponge sur la responsabilité des dirigeants de Vichy qui ont prêté main forte à la "solution finale"* » S. VEIL. *Jeter l'éponge* : abandonner la lutte ; renoncer dans une compétition (cf. Baisser les bras*). ▪ **3** APPOS. INV. (1877) *Tissu éponge*, dont les fils bouclés absorbent l'eau. *Des serviettes éponge*, de ce tissu. — *De l'éponge*, ce tissu. *Un peignoir en éponge.* ▪ **4** (1864) *Éponge* (ou *mousse*) *de platine* : chlorure de platine ammoniacal décomposé par le feu, d'aspect mousseux et spongieux.

II (1502) Animal des mers chaudes au squelette léger et poreux formant des réseaux de différents types, qui fournit la matière appelée éponge (I). *Pêcheurs d'éponges.* ◆ ZOOL. Animal de l'embranchement des spongiaires.

2**ÉPONGE** [epɔ̃ʒ] **n. f.** – 1528 ◊ altération, par attraction de 1*éponge*, de l'ancien français *esponde* (XIIe) ; latin *sponda* « bord, rive » ▪ **1** TECHN. Châssis formant le bord d'une table à couler le plomb. ▪ **2** VÉN., VÉTÉR. Rebord de chaque branche d'un fer à cheval ou du dessous du pied d'un cerf. PAR MÉTON. Tumeur au coude du cheval, due à la pression de l'éponge lorsque la bête est couchée.

ÉPONGEAGE [epɔ̃ʒaʒ] **n. m.** – 1877 ◊ de *éponger* ▪ Action d'éponger ; son résultat.

ÉPONGER [epɔ̃ʒe] **v. tr.** ⟨3⟩ – 1755 ◊ *soi espungier* fig. v. 1220 ; de 1*éponge* ▪ **1** Étancher (un liquide) avec une éponge ou un chiffon. *Épongez vite cette eau. Éponger le sang pendant une intervention.* ▪ **2** Essuyer, sécher avec une éponge ou un tissu spongieux. « *Il épongea son visage en sueur* » MARTIN DU GARD. « *Il s'épongea le front avec un mouchoir à carreaux rouges* » SAINT-EXUPÉRY. ▪ **3** (milieu XXe) FIG. Résorber (un excédent financier) ; absorber (ce qui est en trop). *Éponger un stock avant la rénovation du magasin.* — *Éponger ses dettes*, les payer.

ÉPONTE [epɔ̃t] **n. f.** – 1774 ◊ ancien français *esponde* → 2éponge ▪ TECHN. Chacune des parois (supérieure ou inférieure) d'un filon de minerai.

ÉPONTILLE [epɔ̃tij] **n. f.** – *espontille* 1672 ◊ forme altérée de *pontille* (1642) ; italien *pontile* « ponton », du vénitien ▪ MAR. Colonne verticale (en bois, en fer, en acier) soutenant un pont, ou une partie à consolider. « *le hall central, avec deux fortes épontilles qui soutenaient l'escalier* [...] *du navire* » BOSCO.

ÉPONTILLER [epɔ̃tije] **v. tr.** ⟨1⟩ – 1773 ◊ de *épontille* ▪ MAR. Consolider par des épontilles.

ÉPONYME [epɔnim] **adj.** – 1751 ◊ grec *epônumos*, de *epi* « sur » et *onoma* « nom » ▪ ANTIQ. GR. Qui donne son nom à (qqn, qqch.). *Athéna, déesse éponyme d'Athènes. Archonte* éponyme*, et SUBST. *l'éponyme.* MOD. *Tenir le rôle éponyme d'une pièce, d'un film* (ex. le rôle d'Ondine dans la pièce du même nom). — SUBST. *L'éponyme.*

ÉPONYMIE [epɔnimi] **n. f.** – 1870 ◊ de *éponyme* ▪ ANTIQ. GR. Fonction d'un magistrat éponyme, durée de cette fonction ; liste des magistrats éponymes.

ÉPOPÉE [epɔpe] **n. f.** – 1675 ◊ grec *epopoiia* « poème épique » ▪ **1** Long poème (et plus tard, parfois, récit en prose de style élevé) où le merveilleux se mêle au vrai, la légende à l'histoire et dont le but est de célébrer un héros ou un grand fait (➤ **épique**). *L'« Iliade », l'« Odyssée », l'« Énéide », épopées antiques. La « Chanson de Roland », la plus belle de nos épopées du Moyen Âge.* ➤ **chanson** (de geste). « *Hugo n'a pas créé la vision épique, mais il a créé l'épopée visionnaire* » THIBAUDET. ▪ **2** Suite d'évènements historiques de caractère héroïque et sublime. *L'épopée napoléonienne.* « *Ô soldats de l'an deux ! Ô guerres ! épopées !* » HUGO. ◆ PAR EXT. Suite d'aventures. *Notre voyage, quelle épopée !*

ÉPOQUE [epɔk] **n. f.** – 1634 ◊ du grec *epokhê* « point d'arrêt » ▪ **1** VX Point fixe et déterminé dans le temps, évènement qui sert de point de départ à une chronologie particulière. ➤ **ère** (1°). *La naissance de Jésus-Christ est l'époque où commence l'ère chrétienne.* ◆ Moment où se passe un fait remarquable, où apparaît un grand changement. « *Les Époques de la nature* », œuvre de Buffon. ◆ MOD. *Faire époque*, se dit d'un évènement qui par son importance ou son succès laisse un souvenir durable (cf. Faire date*). *La bataille d'Hernani a fait époque dans la littérature.* « *Il sera toujours grand de l'avoir tenté ; ce projet fera époque* » DIDEROT. ▪ **2** (fin XVIIe) MOD. Période historique déterminée par des évènements importants, caractérisée par un certain état de choses. *L'époque des grandes invasions.* ➤ **période.** *L'époque d'Henri IV* (➤ **règne**), *de la Régence. L'époque révolutionnaire. L'époque actuelle. Notre époque. À notre époque.* ➤ **aujourd'hui.** *Ces superstitions ne sont plus de notre époque.* ➤ **temps.** *Il faut être de son époque, vivre avec son époque.* ➤ **siècle.** *Ah ! quelle époque ! Nous vivons une drôle d'époque ! Les mœurs, les préoccupations, les styles, les modes... d'une époque. Cette œuvre reflète bien son époque.* « *Chaque époque découvre un aspect de la condition humaine* » SARTRE. — SPÉCIALT *La Belle Époque*, symbolisée par l'année 1900 : les premières années du XXe s. (considérées comme l'époque d'une vie agréable et légère). ◆ PAR EXT. L'ensemble des personnes vivant à la même époque, les contemporains. « *L'amateur sera souvent considéré par son époque comme un écrivain mineur* » MAUROIS. ▪ **3** Période caractérisée par un style artistique. *La littérature de l'époque classique. Fauteuil de l'époque Louis XIII. Haute* époque.* « *une coiffeuse Louis XVI, deux fauteuils de la même époque* » ROMAINS. — *D'époque* : vraiment ancien. ➤ **authentique.** *Un meuble d'époque*, réalisé à l'époque qui correspond à son style. « *Un grand lit blanc, qu'on prétendait d'époque* » ARAGON. — Réalisé dans le style d'une époque donnée. *Un costume d'époque.* ▪ **4** (XVIIIe) Période marquée par un fait ou déterminée par certains caractères. *L'époque d'une rencontre.* ➤ **date, moment.** « *sur l'époque de mon retour* [...] *je ne vous dirai rien* » LACLOS. « *J'avais quinze ans à l'époque* » BERNANOS. *À cette époque. L'an dernier à pareille époque, à la même époque. L'époque des semailles, des vendanges.* ➤ **saison.** — *Les époques de la vie.* ➤ **âge, étape.** ▪ **5** GÉOL. Division des temps géologiques regroupant plusieurs étages*. *Plusieurs époques forment une période.*

ÉPOUILLAGE [epujaʒ] **n. m.** – 1910 ◊ de *épouiller* ▪ Action d'épouiller.

ÉPOUILLER [epuje] **v. tr.** ⟨1⟩ – *espoueiller* XIVe ◊ de *é-* et *poueil, pouil*, ancienne forme de *pou* ▪ Débarrasser (un être vivant) de ses poux en les ôtant un à un. *Épouiller un animal domestique, un enfant.* PRONOM. *Un singe qui s'épouille.*

ÉPOUMONER (S') [epumɔne] **v. pron.** ⟨1⟩ – 1725 ◊ de *é-* et *poumon* ▪ Parler, crier très fort, au point de s'essouffler. ➤ **s'égosiller.** *Le public des tribunes s'époumonait.* ◆ FIG. *S'époumoner à* : se fatiguer à. *S'époumoner à dénoncer le racisme.*

ÉPOUSAILLES [epuzaj] **n. f. pl.** – *espousailles* XIIe ◊ latin *sponsalia* « fiançailles », de *sponsus* « époux » ▪ VX OU PLAISANT Célébration d'un mariage. ➤ **mariage, noce.**

ÉPOUSE ➤ **ÉPOUX**

ÉPOUSÉE [epuze] **n. f.** – XIe ◊ de *épouser* ▪ VX OU RÉGION. Celle qui se marie. ➤ **mariée.**

ÉPOUSER [epuze] **v. tr.** ⟨1⟩ – Xe *espouser* ◊ bas latin *sponsare* ▪ **1** Prendre pour époux, épouse ; se marier avec. ➤ RÉGION. **marier.** « *les films où le milliardaire épouse la cousette ne dominent pas plus le cinéma que les contes où le prince épouse la bergère ne dominent la légende* » MALRAUX. *Épouser qqn par amour, pour sa fortune. Épouser qqn en premières, en secondes noces. Se faire épouser.* PRONOM. LITTÉR. *Ils se sont épousés.* ➤ **se marier.** ABSOLT Se lier par mariage. « *Vous sentez bien que nous n'épousons pas, nous autres* » SADE. — PAR EXT. Se dit de ce qu'on reçoit en épousant qqn. *Épouser une grosse dot, un beau parti.* ▪ **2** FIG. (1548) S'attacher de propos délibéré et avec ardeur à (qqch.). *Épouser les idées, les opinions de qqn.* ➤ **partager.** *Il épouse vos intérêts.* ➤ **embrasser, soutenir.** *Il « n'épousait jamais une opinion qu'avec toutes sortes de réserves »* FRANCE. ▪ **3** S'adapter exactement à (une forme, un mouvement). *Robe qui épouse les formes du corps.* ➤ **mouler.** *Route qui épouse les découpures de la côte.* ➤ **suivre.** « *J'aime les vieux* *villages provençaux qui épousent la pointe de leurs collines»* COLETTE. — LOC. FIG. *Épouser le terrain :* s'adapter aux circonstances, être opportuniste. ■ CONTR. Divorcer, répudier.

ÉPOUSEUR [epuzœʀ] **n. m.** – XVIIe ; *espouseor* hapax XIVe ◊ de *épouser* ■ VIEILLI OU LITTÉR. Celui qui cherche à se marier et fait savoir ses intentions. ➤ **prétendant.** *«un riche épouseur s'était présenté pour Gracieuse»* LOTI. **Allus.** (Molière) *L'épouseur du genre humain :* Dom Juan, qui promet à toutes les femmes de les épouser.

ÉPOUSSETAGE [epustaʒ] **n. m.** – 1838 ◊ de *épousseter* ■ Action d'épousseter. *L'époussetage des meubles.*

ÉPOUSSETER [epuste] **v. tr.** ‹4 /5/› – *espousseter* 1480 ◊ de *é-* et de l'ancien français *pousse* «poussière» ■ **1** Nettoyer, en ôtant la poussière (➤ **brosser, essuyer**). *Épousseter des meubles, des bibelots, avec un chiffon, un plumeau. «il époussette les coussins, les tapis»* CHATEAUBRIAND. ■ **2** Enlever (ce qui salit : poussière, etc.). *«Puis il épousseta d'une chiquenaude un grain de poussière sur la manche de son habit»* HUGO.

ÉPOUSSETTE [epusɛt] **n. f.** – v. 1320 ◊ de *épousseter* ■ RÉGION. Petit balai de bruyère, de crin, qui sert à épousseter.

ÉPOUSTOUFLANT, ANTE [epustuflɑ̃, ɑ̃t] **adj.** – 1915 ◊ p. prés. de *époustoufler* ■ FAM. Qui époustoufle. ➤ **étonnant, extraordinaire, prodigieux, stupéfiant ;** FAM. **bluffant.** *Une nouvelle époustouflante.*

ÉPOUSTOUFLER [epustufle] **v. tr.** ‹1› – 1867 ◊ mot dialectal, de l'ancien français *s'espousser* «s'essouffler», avec une finale *-tiffer, -toufler* (cf. *emmitoufler*) ■ FAM. Jeter (qqn) dans l'étonnement, la surprise. ➤ **ébahir, épater, étonner*, stupéfier.** *Cette nouvelle m'a époustouflé. Tous étaient époustouflés par tant d'audace.* ➤ **soufflé.**

ÉPOUTIR [eputiʀ] **v. tr.** ‹2› – XVIe, en Picardie ◊ de *espoutier,* de même sens (XIVe), avec changement de conjugaison, de l'ancien français *poutie* «ordure», du latin *puls, pultis* «bouillie» ■ TECHN. Débarrasser (une étoffe) des corps étrangers. ➤ **énouer, épincer.**

ÉPOUVANTABLE [epuvɑ̃tabl] **adj.** – *espoentable* début XIIe ◊ de *épouvanter* ■ **1** Qui cause ou est de nature à causer de l'épouvante. *Des cris épouvantables.* ➤ **effrayant, effroyable, horrible, terrible, terrifiant.** *«des songes entrecoupés [...] d'épouvantables visions»* RONSARD. *Action, forfait, crime épouvantable.* ➤ **abominable, monstrueux.** *Ce fut un supplice, une mort épouvantable.* ➤ **affreux, atroce.** *«cet épouvantable silence de minuit et cette obscurité profonde qui remplissait d'horreur la maison»* GREEN. ■ **2** Inquiétant, très mauvais. *Il a une mine épouvantable, il devrait se reposer un peu.* ♦ Très désagréable. *Il fait un temps épouvantable.* ➤ **affreux.** *Ces enfants sont épouvantables.* ➤ **infernal, insupportable.** ■ **3** Excessif. ➤ **terrible.** *Un bruit, un fracas épouvantable.* ➤ **violent.** *Il entra dans une colère épouvantable.* ■ CONTR. Rassurant ; agréable.

ÉPOUVANTABLEMENT [epuvɑ̃tabləmɑ̃] **adv.** – XIIe ◊ de *épouvantable* ■ D'une manière épouvantable. *Il a été épouvantablement torturé.* ➤ **atrocement, horriblement.** ♦ *Il est épouvantablement laid.*

ÉPOUVANTAIL [epuvɑ̃taj] **n. m.** – XIIIe ◊ de *épouvanter* ■ **1** Objet qu'on met dans les champs, les jardins, les arbres pour effrayer les oiseaux et les empêcher de manger les graines, les fruits. *Épouvantail en forme de mannequin recouvert de haillons. Des épouvantails à moineaux.* ♦ FIG. Personne très laide ou habillée ridiculement. ➤ **horreur.** *Quel épouvantail !* ■ **2** FIG. Objet, personne qui inspire de vaines ou d'excessives terreurs. ➤ **croquemitaine, spectre.** *Mettre en avant l'épouvantail de la guerre, du chômage.*

ÉPOUVANTE [epuvɑ̃t] **n. f.** – *espavente* v. 1570 ◊ de *épouvanter* ■ **1** Peur violente et soudaine causée par qqch. d'extraordinaire, de menaçant. ➤ **effroi, frayeur, horreur, terreur.** *Rester cloué, glacé d'épouvante. Reculer d'épouvante. Cris, hurlements d'épouvante. La vue de ce massacre l'a frappé, saisi d'épouvante. Attentat qui sème l'épouvante.* ➤ **affolement, panique.** *«J'étais paralysé par la terreur, j'étais ivre d'épouvante, prêt à hurler, prêt à mourir»* MAUPASSANT. *«Une épouvante sans nom la guettait»* GREEN. — *Roman, film d'épouvante.* ➤ **thriller ; gore.** ■ **2** PAR EXT. Vive inquiétude. ➤ **appréhension, crainte.**

ÉPOUVANTEMENT [epuvɑ̃tmɑ̃] **n. m.** – XIIe ◊ de *épouvanter* ■ VX Action d'épouvanter. Ce qui épouvante. *«L'Écriture appelle la mort, le roi des épouvantements»* CHATEAUBRIAND.

ÉPOUVANTER [epuvɑ̃te] **v. tr.** ‹1› – *espoenter* XIIe, puis *espoventer* ◊ latin populaire °*expaventare,* latin *expavere,* de *pavere* «avoir peur» ■ **1** Remplir d'épouvante. ➤ **effrayer, horrifier, terrifier.** *Les armes atomiques épouvantent les peuples. Épouvanter un enfant par des menaces.* ➤ **terroriser.** *«l'idée de son propre néant l'épouvantait»* LARBAUD. *«Seul l'inconnu épouvante les hommes»* SAINT-EXUPÉRY. ■ **2** Causer de vives appréhensions à. ➤ **angoisser, effrayer, inquiéter.** *La seule idée de déménager l'épouvante.* ■ **3 ÉPOUVANTÉ, ÉE p. p. adj.** Rempli d'épouvante. *Il recula épouvanté. «le désordre de sa coiffure ajoutait à son air épouvanté»* GREEN. ■ CONTR. Enhardir, rassurer.

ÉPOUX, OUSE [epu, uz] **n.** – v. 1050 au sens 2° ◊ latin *sponsus, sponsa* ■ **1** DR. OU LITTÉR. Personne unie à une autre par le mariage. *Prendre pour époux, pour épouse.* ➤ **femme, mari ;** RÉGION. **chum.** *Choisir pour épouse. Accepter de prendre qqn pour époux. Époux infidèle, adultère. Le Coran autorise quatre épouses.* ➤ **coépouse ; polygamie.** *Personne dont l'épouse, l'époux est mort.* ➤ **veuf.** FAM. (en s'adressant à qqn) *Et comment va votre épouse ?* ➤ POP. 1 **dame.** *Mon époux va me rejoindre.* ♦ COUR. (quand *femme* serait ambigu) *«elle est plus mère qu'épouse»* SARTRE. ♦ **LES ÉPOUX :** le couple marié ; les conjoints. *«Les époux se doivent mutuellement respect, fidélité, secours, assistance»* (CODE CIVIL). *Domicile des époux* (➤ **conjugal**). *Les futurs époux.* ➤ **fiancé.** *De vieux époux.* ➤ **couple.** *Époux désunis.* ➤ **divorcé, séparé.** DR. *Époux communs :* mariés sous le régime de la communauté. ■ **2** RELIG. *Le céleste époux, l'époux de l'Église, l'époux mystique :* Jésus-Christ.

ÉPOXY [epɔksi] **n. m. et adj. inv.** – 1951 ◊ de *épi-* et radical de *oxyde* ■ CHIM. Substance formée par la réaction d'un époxyde et d'un durcisseur. — **adj. inv.** *Résine époxy. Adhésif époxy.*

ÉPOXYDE [epɔksid] **n. m.** – 1908 *résine époxyde* ◊ de *époxy ;* cf. anglais *epoxide* (1930) ■ (1934) CHIM. Composé dans lequel un atome d'oxygène est relié à deux atomes de carbone en formant un triangle. — EN APPOS. *Résine époxyde :* résine thermodurcissable entrant dans la composition de vernis, de colle, de mortier.

ÉPREINDRE [epʀɛ̃dʀ] **v. tr.** ‹52› – *espreindre* fin XIIe ◊ latin *exprimere* → exprimer ■ VX Presser (qqch.) pour exprimer le suc, le jus.

ÉPREINTES [epʀɛ̃t] **n. f. pl.** – v. 1380 ◊ de *épreindre* ■ MÉD. Contraction douloureuse donnant envie d'aller à la selle, dans les inflammations du gros intestin. ➤ 1 **colique, ténesme.**

ÉPRENDRE (S') [epʀɑ̃dʀ] **v. pron.** ‹58› – 1080 v. tr. ◊ de *é-* et *prendre* ■ **1** Être saisi, entraîné (par un sentiment, une passion). *«Je m'épris pour elle de l'inclination la plus tendre»* MARIVAUX. *Chalier «s'était épris d'un grand amour pour la liberté»* JAURÈS. ■ **2** Devenir amoureux (de qqn). ➤ **s'amouracher, s'attacher, s'enamourer ; s'enticher,** se **toquer.** *«la nature distinguée des femmes qui s'y sont prises, qui se sont éprises de lui»* SAINTE-BEUVE. ■ **3** LITTÉR. Commencer à aimer (qqch.). ➤ **s'enthousiasmer,** se **passionner.** *«Qu'il étudie les plus grands maîtres, qu'il s'éprenne davantage de la simplicité»* DIDEROT. ■ CONTR. Déprendre (se), 1 détacher (se) ; détester, haïr.

ÉPREUVE [epʀœv] **n. f.** – milieu XIIe ◊ de *éprouver*

I ACTION D'ÉPROUVER (QQCH. OU QQN) A. ACTION QUI FAIT SOUFFRIR, LE FAIT D'ÉPROUVER QQCH. DE PÉNIBLE ■ **1** Souffrance, malheur, danger qui éprouve le courage, la résistance. ➤ **malheur, peine, souffrance.** *Vie pleine d'épreuves, remplie d'épreuves. Essuyer, subir des épreuves. Passer par de dures, de rudes épreuves* (cf. FAM. En voir de dures*, de toutes les couleurs*, des vertes* et des pas mûrs). *Pénible, longue épreuve. «Il ne faut regretter des épreuves de la vie que celles qui nous ont fait un mal réel et durable»* SAND. *Surmonter une terrible épreuve.* ■ **2** LITTÉR. **L'ÉPREUVE.** ➤ **adversité, malheur.** *Certaines natures «acceptent plus volontiers l'épreuve que la félicité»* GIDE.

B. FAIT DE TESTER ■ **1** Ce qui permet de juger la valeur d'une idée, d'une qualité intellectuelle ou morale, d'une œuvre, d'une personne, etc. ➤ **critère, pierre** (de touche). *Le danger, épreuve du courage.* — VIEILLI *Faire l'épreuve de qqch. :* l'essayer ; en recevoir la marque, les effets. ♦ **À L'ÉPREUVE.** *Mettre à l'épreuve.* ➤ **éprouver, essayer,** 2 **tester.** *Soumettre une hypothèse à l'épreuve des faits, de la pratique, de la réalité.* ➤ **confronter.** — DR. *Mise à l'épreuve :* peine non privative de liberté, assortie de mesures de contrôle et d'assistance. ➤ **probation.** *Mettre un candidat à l'épreuve. Mettre qqn à rude épreuve,* lui imposer qqch. de difficile à supporter. — PAR EXT. *Ses hésitations continuelles ont mis ma patience à rude épreuve. «Vous avez une patience que j'admire tout en la mettant à l'épreuve parce que je veux en mesurer la résistance»*

B. NOËL. — *À toute épreuve* : capable de tout supporter. ➤ **inébranlable, résistant, solide.** *Avoir une santé, des nerfs à toute épreuve.* ▪ **2** (XVe) Opération par laquelle on juge les qualités, la valeur d'une chose. ➤ **essai, expérience, expérimentation, 2test.** ♦ Moyen ou procédé permettant d'évaluer ou de mettre en évidence un phénomène physiologique ou pathologique. ♦ Mise en œuvre d'une réaction chimique permettant d'identifier ou de doser une substance. ➤ **analyse.** *Faire l'épreuve d'une machine, d'un pont* (avant sa mise en service). *Épreuve d'outrance, à outrance,* dans laquelle on impose à la chose éprouvée un effort plus considérable que celui qu'elle devra fournir. *Épreuves de résistance* (➤ aussi **contre-épreuve**). ♦ **À L'ÉPREUVE DE :** capable de résister à. *Vêtement à l'épreuve du feu. Gilet à l'épreuve des balles.* ➤ **pare-balle.** *Beauté à l'épreuve du temps.* ▪ **3** Traitement destiné à juger qqn, à lui conférer une qualité, une dignité, à le classer. — (XVIIe) HIST. *Épreuves judiciaires* : épreuves auxquelles on soumettait des accusés, des adversaires, en faisant appel à l'intervention de Dieu pour désigner le coupable ou trancher une contestation. ➤ **preuve.** *Épreuves judiciaires des Francs. Épreuves par le feu, par l'eau bouillante.* ➤ **ordalie.** ♦ *Épreuve de force** (III, 1°). ♦ *Subir des épreuves pour être admis dans une société secrète, un ordre, une confrérie. Épreuves vexatoires que l'on inflige aux nouveaux venus, dans certaines collectivités.* ➤ **bizutage, brimade.** *Épreuves d'initiation.* ♦ *Épreuves d'un examen, d'un concours* : les diverses parties qui le composent. *Passer les épreuves du baccalauréat. Épreuves écrites* (➤ **composition, 2devoir, 1écrit**), *épreuves orales* (➤ **interrogation, oral ; colle**). *Épreuves éliminatoires. Coefficient d'une épreuve. Épreuve de rattrapage.* PAR EXT. *Correction des épreuves,* des copies. ♦ (1853 turf) Compétition sportive. ➤ **challenge, compétition, critérium, match, 1rencontre.** *Les épreuves d'un championnat, des Jeux olympiques. Épreuves d'athlétisme. Épreuves de vitesse, de fond.* ➤ **course.** *Épreuves où certains concurrents sont avantagés.* ➤ **handicap.** *Épreuve contre la montre. Épreuves éliminatoires ; épreuve finale.* ➤ **1finale.** ▪ **4** STATIST. Expérience impliquant un résultat aléatoire. ➤ **évènement** (3°), **éventualité, 2test.**

II RÉSULTAT D'UN ESSAI ▪ **1** (XVIe) Texte imprimé d'un manuscrit tel qu'il sort de la composition. *Corriger, revoir les épreuves. Épreuve d'une page de journal.* ➤ **morasse.** *Épreuve en placards*. «Six, sept, et parfois dix épreuves revenaient raturées, remaniées sans satisfaire le désir de perfection de l'auteur* [Balzac]*»* GAUTIER. ♦ GRAV. Feuille d'essai imprimée sur la planche gravée en cours d'exécution. *Épreuves d'états.* PAR EXT. Tout exemplaire d'une estampe. *Épreuve d'artiste. Épreuves numérotées.* ▪ **2** (1858) PHOTOGR. Image. ➤ **photographie.** *Tirer des épreuves. Agrandir une épreuve. Épreuve négative.* ➤ **cliché** (2°), **négatif.** ▪ **3** CIN., TÉLÉV. *Épreuve de tournage* : film brut après développement et avant montage, synchronisé avec la bande-son. ➤ **rush** (ANGLIC.).

ÉPRIS, ISE [epʀi, iz] adj. – 1165 ◊ de *s'éprendre* ▪ **1** VIEILLI Animé, possédé (par un sentiment, une passion). *Amants épris d'une grande passion. Le cœur d'amour épris.* ▪ **2** Pris de passion (pour qqch.). ➤ **amoureux, avide, féru, passionné.** *Être épris de justice.* ▪ **3** (Pour qqn). ➤ **amoureux.** *Il est très épris d'elle.*

EPROM [epʀɔm] n. f. – XXe ◊ acronyme de l'anglais *Erasable Programmable Read Only Memory* «mémoire à lecture seule programmable et effaçable» ▪ INFORM. Mémoire (ROM*) qui peut être effacée par un rayonnement ultraviolet pour être programmée à nouveau.

ÉPROUVANT, ANTE [epʀuvɑ̃, ɑ̃t] adj. – 1831 ◊ de *éprouver* ▪ Qui éprouve, est difficile à supporter. ➤ **pénible.** *Une journée éprouvante. «Dans un pareil climat, qui n'est pas pénible mais qui cependant est éprouvant»* SIEGFRIED. ➤ **fatigant.**

ÉPROUVÉ, ÉE [epʀuve] adj. – XIIe ◊ de *éprouver* ▪ **1** Dont la valeur est confirmée. ➤ **sûr.** *Une technique éprouvée. Un matériau éprouvé. Des qualités, des vertus éprouvées. «un homme raisonnable et d'un courage bien éprouvé»* SAND. — *Un ami éprouvé.* ➤ **fidèle.** *Un spécialiste éprouvé.* ➤ **expérimenté.** ▪ **2** (1864) Frappé par des épreuves, des malheurs. *C'est une personne très éprouvée, qui a beaucoup souffert. Région durement éprouvée par la sécheresse.* ➤ **atteint, touché.**

ÉPROUVER [epʀuve] v. tr. ⟨1⟩ – *esprover* «mettre (qqn) à l'épreuve» 1080 ◊ de *é-* et *prouver* ▪ **1** (XIIe) Essayer (qqch.) pour en vérifier la valeur, la qualité. ➤ **expérimenter, 2tester.** *Éprouver la résistance d'un matériau, la solidité d'un pont. Éprouver la valeur d'une théorie. Éprouver diverses manières de vivre, différentes façons de procéder.* ➤ **essayer, tâter** (de). — *Éprouver les qualités, la valeur de qqn, de qqch.,* mettre à l'épreuve. *Éprouver la fidélité d'un ami. «Sans doute qu'il voulait éprouver votre zèle»* RACINE. *«Va contre un arrogant éprouver ton courage»* CORNEILLE. ➤ **hasarder, risquer.** ♦ VIEILLI *Éprouver qqn,* le mettre à l'épreuve. *«Je crois que vous voulez m'éprouver et vous jouer de moi»* CLAUDEL. — Soumettre à la tentation (➤ **tenter**). *Dieu l'a éprouvé.* ▪ **2** (Sujet chose) Faire subir une épreuve (I, 1°), des souffrances à (qqn). *La perte de son père l'a bien éprouvé.* ➤ **atteindre, frapper, marquer.** *La guerre a durement éprouvé ce pays.* ▪ **3** LITTÉR. Apprécier, connaître par une expérience personnelle. ➤ **connaître, constater, réaliser, reconnaître.** *Il éprouva, à ses dépens, qu'on ne pouvait se fier à eux. «Rodrigue, as-tu du cœur ? – Tout autre que mon père L'éprouverait sur l'heure»* CORNEILLE. — **ÉPROUVER SI...** ➤ **vérifier, voir** (si). *«je veux éprouver avec mon épée si c'est un corps ou un esprit»* MOLIÈRE. ▪ **4** (XIIIe) Avoir (une sensation, un sentiment). ➤ **ressentir.** *Éprouver un sentiment, un désir, une impression. Éprouver le besoin d'agir, de comprendre. Éprouver de la tendresse, de l'affection, de l'amour pour qqn.* ➤ **concevoir.** *Éprouver de la honte, un regret. N'éprouver aucun remords. «les sentiments que nous feignons, nous finissons par les éprouver»* CONSTANT. *«elle professait que pour exprimer fortement une passion, il faut l'éprouver»* FRANCE. *«L'amour que j'éprouvais se confondait avec celui que j'inspirais»* MAURIAC. ♦ *Éprouver une sensation physique.* ➤ **percevoir, ressentir.** *Éprouver une vive douleur, une grande fatigue.* ▪ **5** Subir. *Éprouver des désagréments. Éprouver des difficultés à faire un travail.*

ÉPROUVETTE [epʀuvɛt] n. f. – *esprouvettes* 1503 ◊ de *éprouver* ▪ **1** TECHN. Instrument qui permet d'apprécier, d'éprouver la qualité, la nature d'une matière donnée. ♦ SPÉCIALT SC. (1803) Récipient en forme de tube employé dans les expériences et les analyses de laboratoire (physique, chimie, microbiologie) pour recueillir ou manipuler les gaz et les liquides. ➤ **tube** (à essai). *Éprouvette graduée. Mélanger deux liquides dans une éprouvette.* — FAM. (APPOS.) *Bébé*-éprouvette.* ▪ **2** (1839) MÉTALL., TRAV. PUBL. Échantillon d'un matériau fabriqué dont on éprouve l'élasticité et la résistance.

EPSILON [ɛpsilɔn] n. m. inv. – transcription attestée 1839 ◊ mot grec, de *e* et *psilon* «simple» ▪ Nom de l'*E* bref des Grecs (Ε, ε) ; cinquième lettre et deuxième voyelle de leur alphabet. *L'epsilon est le symbole employé en mathématiques pour désigner une quantité algébrique infinitésimale, que l'on fait tendre vers zéro.* — LOC. *C'est epsilon* : c'est rien ; c'est très peu, sans importance.

EPSOMITE [ɛpsɔmit] n. f. – 1870 ◊ de *Epsom,* ville d'Angleterre ▪ CHIM. Sulfate de magnésium hydraté (sel d'Epsom).

EPUB [ipœb] n. m. – 2008 ◊ mot-valise anglais, de *e(lectronic) pub(lication)* «publication électronique» ▪ ANGLIC. INFORM. Format standardisé de livres numériques. — APPOS. *Fichiers ePub.* ♦ Livre numérique de ce format. *Lire des ePubs.*

ÉPUCER [epyse] v. tr. ⟨3⟩ – 1563 ◊ de *é-* et *puce* ▪ Débarrasser des puces. *Épucer un chien.* PRONOM. *Un singe qui s'épuce.*

ÉPUISABLE [epɥizabl] adj. – 1352 ◊ de *épuiser* ▪ RARE Qui peut être épuisé. *Ressources vite épuisables.* ▪ CONTR. Inépuisable.

ÉPUISANT, ANTE [epɥizɑ̃, ɑ̃t] adj. – 1776 ◊ p. prés. de *épuiser* ▪ Qui fatigue beaucoup. *Régime, climat épuisant. Travail, métier épuisant.* ➤ **éreintant, fatigant*, harassant, tuant, usant.** *Effort épuisant* (➤ **violent**). *«des marches épuisantes dans les neiges, les boues de l'hiver, sous l'effrayant soleil d'été»* THARAUD.

ÉPUISÉ, ÉE [epɥize] adj. – 1664 ◊ de *épuiser* ▪ **1** Qui n'est plus en stock. *Livre épuisé. Édition épuisée.* ▪ **2** À bout de forces, de résistance. ➤ **brisé, éreinté, exténué, fatigué*, fourbu, harassé, usé ;** FAM. **claqué, crevé, H. S., vanné, vidé.** *Épuisé de fatigue, de douleur. Épuisé par une longue marche. «Comme un nageur épuisé atteint la bouée»* MONTHERLANT. ▪ **3** COMM. Dont on a extrait la majeure partie des principes aromatiques. *Vanille épuisée.*

ÉPUISEMENT [epɥizmɑ̃] n. m. – 1585 *espuisement ; ezpuchement* XIIIe ◊ de *épuiser* ▪ **1** Action d'épuiser, de vider (➤ **épuisette,** 2°). *Pompe d'épuisement.* ➤ **exhaure.** *Canal d'épuisement.* ▪ **2** (1679) État de ce qui s'est épuisé, est épuisé. *Épuisement du sol.* ➤ **appauvrissement.** *Épuisement des provisions.* ➤ **pénurie, raréfaction.** *L'épuisement des eaux d'une source.* ➤ **assèchement, tarissement.** *Exploiter un filon, une mine jusqu'à épuisement. Épuisement des ressources.* ➤ **tarissement.** *«L'épuisement des forces n'épuise pas la volonté»* HUGO. ▪ **3** ABSOLT Absence de forces, grande faiblesse physique ou morale. ➤ **abattement, faiblesse, fatigue.** *Tomber d'épuisement. Il est dans un état* *d'épuisement extrême. Courir jusqu'à (l')épuisement.* ◆ *Syndrome d'épuisement professionnel,* caractérisé par une fatigue intense et une grande détresse causées par le stress au travail. ➤ **surmenage.** Recomm. offic. pour remplacer l'anglic. *burn-out.* ■ **CONTR.** Remplissage. Enrichissement, multiplication.

ÉPUISER [epɥize] **v. tr.** ‹1› – *expuiser* XIIe ◇ de *é-* et *puits* ■ **1** VIEILLI Mettre à sec à force de puiser. ➤ **assécher, dessécher, sécher, tarir, vider.** *Épuiser une citerne, un bassin. Source qu'on ne peut épuiser* (➤ **inépuisable**). ◆ PAR ANAL. (1765) *Épuiser une mine, un filon,* en extraire tout le minerai. *Épuiser une carrière longtemps exploitée.* — (1671) *Épuiser un sol,* le rendre stérile, infécond en voulant le faire trop produire. ➤ **amaigrir, appauvrir. p. p. adj.** *Terre épuisée qui a besoin d'engrais.* ■ **2** (XIIe) Utiliser (qqch.) jusqu'à ce qu'il ne reste plus rien. ➤ **absorber, consommer, dépenser, user.** *Épuiser les réserves, les munitions. Épuiser ses ressources.* — PRONOM. *«le froid mord, la provision de bois s'épuise»* ALAIN. ◆ SPÉCIALT *Épuiser un stock* (en le vendant). ➤ **écouler, vendre.** ◆ (ABSTRAIT) *Épuiser tous les moyens,* les essayer tous jusqu'au dernier. *Tant que l'homme «n'a pas épuisé toutes les chances de bonheur»* MUSSET. ■ **3** User jusqu'au bout. *Épuiser la patience de qqn.* ➤ **lasser.** *«Bientôt il eut épuisé tout le savoir de son maître»* FONTENELLE. *Ce travail a épuisé toute son énergie.* ◆ *Épuiser un sujet,* le traiter à fond, sans rien omettre (➤ **exhaustif**). *«ils avaient épuisé le sujet* [...] *examiné toutes les faces et prévu toutes les conséquences de cet irrémédiable malheur»* LOTI. ■ **4** (XVIe) Réduire à un affaiblissement complet (les forces, la santé de qqn ; qqn). ➤ **abattre, accabler, affaiblir, anémier, éreinter, exténuer, fatiguer*, harasser, user ;** FAM. **crever, essorer, vider.** *Cette maladie l'épuise.* — FAM. ➤ **excéder, fatiguer, lasser.** *Son bavardage, sa volubilité m'épuise. Il m'épuise avec ses récriminations continuelles.* ◆ **S'ÉPUISER v. pron.** S'affaiblir complètement. *«Sais-tu ce que c'est ? Le surmenage. Tu t'épuises»* CAMUS. *Ses forces s'épuisent lentement. S'épuiser à la tâche. S'épuiser à faire qqch.* ➤ **s'échiner, s'éreinter, s'esquinter, se fatiguer.** *S'épuiser à force de crier, à crier.* ➤ **s'époumoner.** *S'épuiser en efforts inutiles. Vous vous épuisez en vain.* — PAR EXT. *Je m'épuise à vous le répéter.* ➤ **s'évertuer, se tuer.** ■ **CONTR.** Remplir. Approvisionner, enrichir. Fortifier.

ÉPUISETTE [epɥizɛt] **n. f.** – 1709 «filet à oiseaux» ◇ de *épuiser* ■ **1** (1838) Petit filet de pêche en forme de poche monté sur un cerceau et fixé à un long manche. ➤ **haveneau.** *Pêcher des crevettes à l'épuisette, avec une épuisette.* ■ **2** (1864) TECHN. Pelle creuse pour vider l'eau d'une barque. ➤ **écope.**

ÉPULIDE [epylid] **n. f.** – 1560 ◇ grec *epoulis, idos,* de *epi-* et *oulôn* «gencive» ■ MÉD. Petite tumeur charnue sur les gencives. ➤ **parulie.** — On dit aussi **ÉPULIE** (1762), **ÉPULIS** (1850).

ÉPULON [epylɔ̃] **n. m.** – 1560 ◇ latin *epulæ* «repas» ■ Prêtre qui présidait aux festins donnés en l'honneur des dieux de l'Antiquité romaine.

ÉPULPEUR [epylpœʀ] **n. m.** – 1890 ◇ de *é-* et *pulpe* ■ TECHN. Appareil qui sert dans la distillation des betteraves à séparer le jus des pulpes.

ÉPURATEUR [epyʀatœʀ] **n. m.** et **adj. m.** – 1870 ; polit. 1792 ◇ de *épurer* ■ TECHN. Appareil qui sert à épurer un liquide, un gaz. *Épurateur d'eau.* — **adj.** *Tube épurateur.*

ÉPURATION [epyʀasjɔ̃] **n. f.** – 1606 ◇ de *épurer* ■ **1** Action d'épurer. ➤ **purification ; dépuration.** *Épuration des eaux usées, des eaux d'égout* (➤ **clarification, filtrage, filtration**). *Bassin d'épuration, station d'épuration.* — *Épuration des huiles, des pétroles* (➤ **raffinage**). ◆ MÉD. *Épuration extrarénale :* méthode permettant de débarrasser l'organisme de produits toxiques accumulés à cause d'une défaillance de la fonction rénale. ➤ **dialyse, rein** (artificiel). ◆ FIG. ➤ **assainissement, purification.** *Épuration de la langue* (➤ **puriste**). ■ **2** (1791) Élimination des membres qu'on juge indésirables dans une association, un parti, une société. ➤ **exclusion, expulsion, purge.** *«l'épuration, quand elle frappe en haut, correspond à un changement de la classe dirigeante»* DUHAMEL. — SPÉCIALT Élimination des collaborateurs à la Libération (1944). *«les derniers jours des collaborateurs, juste avant l'épuration. Quand tous les petits chefs de l'Occupation se sont retrouvés subitement traqués»* D. FOENKINOS. ■ **CONTR.** Corruption, pollution.

ÉPURE [epyʀ] **n. f.** – 1676 ◇ de *épurer* ■ **1** Dessin à grande échelle ou grandeur nature tracé pour aider à la construction d'un édifice, au montage d'une machine. ■ **2** Représentation linéaire d'une figure à trois dimensions, qui en donne l'élévation, le plan et le profil. ➤ 3 **plan.** *Épure d'une voûte, d'une charpente.* ■ **3** FIG. Grands traits, projet (d'une œuvre). *L'épure d'un roman.* ➤ **ébauche.** LOC. *Sortir de l'épure :* ne pas respecter le cadre fixé pour une activité, une discussion.

ÉPUREMENT [epyʀmɑ̃] **n. m.** – XIIIe ◇ de *épurer* ■ **1** VX Action d'épurer. ➤ **épuration.** ■ **2** LITTÉR. Le fait d'épurer (2°). *Épurement du style.*

ÉPURER [epyʀe] **v. tr.** ‹1› – *espurer* 1180 ◇ de *é-* et *pur* ■ **1** Rendre pur, plus pur, en éliminant les éléments étrangers. ➤ **purger, purifier.** *Épurer de l'eau, un liquide.* ➤ **clarifier, décanter, distiller, filtrer, raffiner, rectifier.** *Liquide épuré. Épurer un gaz. Épurer un minerai.* ■ **2 v. pron.** FIG. Devenir meilleur, plus pur. *«Redressez les opinions des hommes, et leurs mœurs s'épureront d'elles-mêmes»* ROUSSEAU. ◆ Rendre plus correct, plus délicat. ➤ **affiner, châtier, perfectionner, polir.** *Épurer le goût d'une époque, les formes d'un art. Chapelain «soutint qu'il fallait d'abord* [...] *s'occuper d'épurer la langue»* GAUTIER. — PRONOM. *La langue s'est épurée. «La phrase du XVIIe siècle si claire, si mesurée, si épurée»* TAINE. ■ **3** Éliminer certains éléments de (un groupe, une société). *Épurer une assemblée.* PAR EXT. FAM. ➤ **éliminer, exclure, expulser.** *Épurer un indésirable. «Un pur trouve toujours un plus pur qui l'épure», aphorisme attribué à E. Picard.* ■ **CONTR.** Polluer, salir, souiller. Corrompre, pervertir.

ÉPURGE [epyʀʒ] **n. f.** – *espurge* XIIIe ◇ de l'ancien v. *espurgier* → expurger ■ Espèce d'euphorbe dont les semences donnent une huile purgative.

ÉPYORNIS ou **ÆPYORNIS** [epjɔʀnis] **n. m.** – 1851 ◇ latin des zoologistes *æpyornis,* du grec *aipus* «escarpé, haut» et *ornis* «oiseau» ■ ZOOL. Oiseau fossile de très grande taille *(coureurs),* découvert à Madagascar.

ÉQUANIMITÉ [ekwanimite] **n. f.** – 1572, repris 1819 ◇ latin *æquanimitas,* de *æquus* «égal» et *animus* «esprit, âme» ■ LITTÉR. Égalité d'âme, d'humeur. ➤ **flegme, impassibilité, philosophie, sérénité.** *«George* [Sand] *accueille avec équanimité la vieillesse qui vient à grands pas»* MAUROIS.

ÉQUARRIR [ekaʀiʀ] **v. tr.** ‹2› – 1640 ; *esquarrir* XIIIe ; var. de *équarrer* ◇ latin populaire °*exquadrare* «rendre carré»

I ■ **1** Rendre carré, tailler à angles droits. — TECHN. *Équarrir un bloc de marbre.* — COUR. *Équarrir une poutre.* ➤ **charpenter.** *«ses fils aînés, espèces de géants qui, armés de lourdes haches, équarrissaient les troncs de sapin»* STENDHAL. ■ **2** (1870) FIG. et VX ➤ **dégrossir.** MOD. (au p. p.) *Mal équarri :* grossier, à l'état d'ébauche. *«ce livre barbare, mal équarri, sans art, sans grâce»* GIDE.

II (1835) Couper en quartiers (un animal mort). *Équarrir un cheval.* ➤ **découper, dépecer, écorcher.**

ÉQUARRISSAGE [ekaʀisaʒ] **n. m.** – 1364 ◇ de *équarrir* ■ **1** Action d'équarrir ; état de ce qui est équarri. *Équarrissage d'une poutre. Poutre de vingt centimètres d'équarrissage.* ■ **2** (1801) *Équarrissage des animaux :* abattage et dépeçage d'animaux impropres à la consommation alimentaire, en vue d'en retirer tout ce qui peut être utilisé dans diverses industries (peau, os, corne, graisse).

ÉQUARRISSEUR [ekaʀisœʀ] **n. m.** – 1801 ; «tailleur de pierres» 1552 ◇ de *équarrir* ■ BOUCH. Personne qui équarrit (II).

ÉQUARRISSOIR [ekaʀiswaʀ] **n. m.** – 1671 ◇ de *équarrir* ■ **1** TECHN. Instrument qui sert à équarrir. *Équarrissoir du cirier, du vannier.* ■ **2** Couteau de l'équarrisseur. ◆ Lieu où l'on équarrit (II). ➤ **abattoir.**

ÉQUATEUR [ekwatœʀ] **n. m.** – fin XIVe ◇ latin médiéval *æquator,* du v. *æquare* «rendre égal» ■ **1** ASTRON. *Équateur céleste :* grand cercle de la sphère céleste, parallèle à l'équateur (2°). *Le soleil traverse l'équateur céleste au moment de l'équinoxe.* ■ **2** COUR. Grand cercle de la Terre perpendiculaire à son axe de rotation et la partageant en deux hémisphères. *Cercles parallèles à l'équateur.* ➤ **parallèle,** 1 **tropique.** *Demi-cercles perpendiculaires à l'équateur.* ➤ **méridien.** *Distance d'un lieu terrestre à l'équateur.* ➤ **latitude.** *Passage de l'équateur par un bateau* (➤ **ligne**). ■ **3** PAR EXT. Les régions comprises dans la zone équatoriale (➤ **équatorial**). *Les produits de l'équateur.* ■ **4** GÉOGR. *Équateur thermique :* ligne annuelle ou saisonnière des points du globe où sont observées les températures les plus hautes. ■ **5** GÉOPHYS. *Équateur magnétique :* ligne irrégulière formée autour de la Terre par la suite des points où l'inclinaison de l'aiguille aimantée est nulle. ■ **6** BIOL. Plan de symétrie transversal à l'axe antéropostérieur d'un organisme à symétrie axiale. *Chromosomes situés à l'équateur de la cellule* (cf. Plaque équatoriale*).

ÉQUATION [ekwasjɔ̃] n. f. – 1613 ; hapax XIIIe «égalité» ◊ latin *æquatio* ▪ **1** (1637) MATH. Relation conditionnelle existant entre deux quantités et dépendant de certaines variables (ou inconnues). *Poser une équation. Mettre en équation un phénomène complexe.* ➤ **modéliser.** *Résoudre une équation,* trouver les valeurs des inconnues (*racines* ou *solutions de l'équation*) qui vérifient l'équation. *Équation à une, deux... inconnues. Équation vérifiée quelles que soient les valeurs des variables.* ➤ **identité.** *Équations équivalentes,* ayant les mêmes solutions. *Membres d'une équation :* les quantités séparées par le signe =. *Équation du premier, du second degré. Termes d'une équation algébrique :* termes des polynômes qui constituent les membres de l'équation. — *Système d'équations :* ensemble d'équations qui doivent être vérifiées simultanément. — *Équation différentielle, aux dérivées partielles,* où l'inconnue est fonction de plusieurs variables et dont les dérivées partielles apparaissent dans l'équation. *Équation linéaire. Équations paramétriques*.* ♦ *Équation d'une courbe, d'une surface :* condition caractéristique vérifiée par les coordonnées d'un point quelconque appartenant à la courbe, à la surface. ▪ **2** PAR ANAL. Formule représentant une équivalence. CHIM. *Équation d'une réaction, équation-bilan :* expression symbolique qui représente une transformation chimique. *Le premier membre de l'équation symbolise les corps mis en présence, le second membre, les produits de la réaction.* — ASTRON. *Équation du temps :* variation annuelle de l'écart entre le temps vrai (solaire) et le temps moyen (local). ♦ COUR. Problème constitué par un équilibre à obtenir. *Équation économique, financière, budgétaire. La difficile équation entre carrière professionnelle et vie de famille.* — Cet équilibre. *«l'équation de leurs rapports lui paraît simple, presque naturelle : il l'aime et elle le trompe»* P. LAPEYRE. ▪ **3** PSYCHOL. *Équation personnelle :* temps, variable selon les individus, qui sépare l'observation et l'enregistrement d'un phénomène ; PAR EXT. Déformation que la tournure d'esprit, les préjugés font subir à ce que perçoit un individu.

ÉQUATORIAL, IALE, IAUX [ekwatɔʀjal, jo] adj. et n. m. – 1778 ◊ de *équateur*

I adj. ▪ **1** Relatif à l'équateur terrestre. *La zone équatoriale,* comprise entre les deux tropiques et traversée en son milieu par l'équateur. *Forêt équatoriale. Les climats équatoriaux ou intertropicaux. Les pluies équatoriales. «sur cette mer équatoriale, ce n'était qu'humidité chaude, que lourdeur irrespirable»* LOTI. ▪ **2** ASTRON. *Coordonnées équatoriales d'un astre :* ascension droite et déclinaison. *Monture équatoriale. Lunette équatoriale* (cf. infra II). ▪ **3** BIOL. *Plaque équatoriale,* formée par le rassemblement des chromosomes à l'équateur de la cellule pendant la métaphase.

II n. m. ASTRON. Appareil analogue au théodolite, qui sert à mesurer la position d'une étoile par son ascension droite et sa déclinaison (➤ **lunette**).

ÉQUERRAGE [ekeʀaʒ] n. m. – 1786 ◊ de *équerre* ▪ TECHN. Ouverture de l'angle fait par deux faces planes adjacentes. *Équerrage gras,* ou *en gras,* de plus de 90 degrés. *Équerrage maigre,* ou *en maigre,* de moins de 90 degrés.

ÉQUERRE [ekɛʀ] n. f. – *esquire* «carré» XIIe ◊ latin populaire °*exquadra,* de °*exquadrare* → équarrir ▪ **1** (XIVe) Instrument destiné à tracer des angles droits ou à élever des perpendiculaires. *Équerre à dessiner :* triangle rectangle plein et percé d'un petit œil, ou évidé. *Double équerre* ou *équerre en T.* ➤ 1 **té.** — PAR EXT. *Équerre d'arpenteur :* prisme octogonal creux percé de fentes (pinnules) servant à tracer des perpendiculaires sur un terrain. ➤ **graphomètre.** — *Fausse équerre,* à branches mobiles, qui permet de tracer un angle quelconque. ➤ **biveau, sauterelle.** ▪ **2** LOC. **À L'ÉQUERRE :** à angle droit. — (1835) **EN ÉQUERRE :** disposé de manière à former un angle droit. *Gymnaste qui monte à la corde lisse, les jambes en équerre,* faisant un angle droit avec le tronc. ♦ **D'ÉQUERRE :** à angle droit. *«cet appartement bizarre où nulle pièce n'est d'équerre»* DUHAMEL. — LOC. FIG. *Remettre (qqch.) d'équerre,* droit, comme il faut (cf. D'aplomb). — (PERSONNES) FAM. *Être d'équerre :* être en bonne forme. *«être à peu près d'équerre pour ne pas faire trop de conneries au boulot»* O. ADAM. ▪ **3** (1690) TECHN. Pièce en forme d'angle droit, de T, destinée à consolider les assemblages. ➤ **cornière.**

ÉQUERRER [ekeʀe] v. tr. ‹1› – 1786 ◊ de *équerre* ▪ TECHN. Donner à (une pièce de bois) l'équerrage voulu.

ÉQUESTRE [ekɛstʀ] adj. – 1355 ◊ latin *equester,* de *equus* «cheval» ▪ **1** Qui représente une personne à cheval. *Figure, statue équestre.* ▪ **2** Relatif à l'équitation. *Exercices équestres. Sport équestre.* ➤ **hippique ; équitation.** *Disciplines équestres* (dressage, saut d'obstacles, concours complet). ▪ **3** ANTIQ. ROM. Relatif aux chevaliers. *Servius «créa douze centuries de chevaliers [...] ce fut l'origine de l'ordre équestre»* FUSTEL DE COULANGES. — PAR ANAL. *Ordre équestre :* ordre de noblesse dans certains pays.

ÉQUEUTER [ekøte] v. tr. ‹1› – fin XIXe ◊ de *é-* et *queue* ▪ Dépouiller (un fruit) de sa queue. *Cerises équeutées.* — n. m. **ÉQUEUTAGE.**

ÉQUI- ▪ Élément, du latin *æqui-,* de *æquus* «égal».

ÉQUIANGLE [ekɥiɑ̃gl] adj. – 1556 ◊ latin *æquiangulus,* de *angulus* «angle» ▪ MATH. Dont les angles sont égaux. *Triangle équiangle.* ➤ **équilatéral.**

ÉQUIDÉS [ekide] n. m. pl. – 1834 ◊ latin *equus* «cheval» ▪ Famille de mammifères herbivores *(périssodactyles*),* comprenant un grand nombre de formes fossiles et représentée aujourd'hui par le genre *equus,* à pattes terminées par un seul doigt (cheval, âne, onagre, zèbre).

ÉQUIDISTANCE [ekɥidistɑ̃s] n. f. – XIVe ◊ de *équidistant* ▪ DIDACT. Caractère de ce qui est équidistant*.

ÉQUIDISTANT, ANTE [ekɥidistɑ̃, ɑ̃t] adj. – 1360 ◊ latin *æquidistans* «parallèle» ▪ MATH. Qui est à distance égale ou constante de points (de droites, de plans) déterminés. *Tous les points d'une circonférence sont équidistants du centre. Villes équidistantes de Paris.* ♦ CARTOGR. *Projection équidistante,* qui conserve les proportions des distances autour d'un point.

ÉQUILATÉRAL, ALE, AUX [ekɥilateʀal, o] adj. – 1520 ◊ latin *æquilateralis* ▪ MATH. Dont les côtés sont égaux entre eux. *Triangle équilatéral* (➤ **équiangle**). *Polygone équilatéral,* régulier. ♦ FAM. et VIEILLI *Ça m'est équilatéral,* égal.

ÉQUILATÈRE [ekɥilatɛʀ] adj. – 1755 ; «équilatéral» XIIIe ◊ de *équi-* et *-latère* ▪ GÉOM. *Hyperbole équilatère,* à asymptotes perpendiculaires.

ÉQUILIBRAGE [ekilibʀaʒ] n. m. – 1841 ◊ de *équilibrer* ▪ Action d'équilibrer ; son résultat. *Équilibrage du vilebrequin d'un moteur à explosion. Équilibrage des roues d'une automobile.*

ÉQUILIBRANT, ANTE [ekilibʀɑ̃, ɑ̃t] adj. – 1845 ◊ de *équilibrer* ▪ **1** Qui fait équilibre. *Poids équilibrant.* ➤ **contrepoids.** ▪ **2** FIG. (1868) Qui rend équilibré (4o). *Facteur équilibrant dans la vie de qqn.* ▪ CONTR. Déséquilibrant.

ÉQUILIBRATION [ekilibʀasjɔ̃] n. f. – 1845 ◊ de *équilibrer* ▪ **1** DIDACT. Mise en équilibre. ▪ **2** (1903) MÉD. Ensemble des moyens permettant à un organisme vivant de trouver ou de maintenir son équilibre physique et physiologique.

ÉQUILIBRE [ekilibʀ] n. m. – 1544 ◊ du latin *æquilibrium,* de *æquus* «égal» (→ ex æquo) et *libra* «balance» (→ 2 livre)

I ÉTAT DE CE QUI EST SOUMIS À DES FORCES OPPOSÉES ÉGALES ▪ **1** Le fait, pour plusieurs forces agissant simultanément sur un système matériel, de ne modifier en rien son état de repos ou de mouvement ; état d'un système matériel soumis à l'action de forces quelconques, lorsque toutes ses parties demeurent au repos. *«L'équilibre résulte de la destruction de plusieurs forces qui se combattent et qui anéantissent réciproquement l'action qu'elles exercent les unes sur les autres»* LAGRANGE. *Équilibre des forces.* ➤ **statique.** *Forces en équilibre. Équilibre d'un point matériel libre* (la résultante des forces appliquées à ce point étant nulle), *d'un point mobile sur une surface* (la résultante des forces étant nulle ou normale à la surface). *Équilibre stable,* tel que le système matériel, légèrement écarté de sa position, tende à y revenir par de petites oscillations. *Équilibre instable,* dans lequel le corps, écarté de sa position, se met en équilibre dans une position différente. *Équilibre indifférent,* dans lequel le corps, écarté de sa position, reste en équilibre dans sa nouvelle position. *«Traité de l'équilibre des liqueurs», de Pascal* (1663). ➤ **hydrostatique.** ▪ **2** CHIM. État d'un mélange dont la composition ne varie pas. *Réaction d'équilibre* (notée $\rightleftarrows$). *Constante d'équilibre :* rapport des concentrations des produits finaux sur les produits initiaux qui s'établit spontanément dans un système, quelles que soient les quantités initiales des substances introduites dans le système. *Équilibre métastable :* état apparent d'équilibre pouvant cesser sous l'action d'un catalyseur. ▪ **3** PHYS. *Équilibre dynamique,* entre deux processus opposés qui s'accomplissent à la même vitesse, laissant le système inchangé. *Équilibre radioactif,* d'une substance dont la désintégration donne un nouveau produit radioactif (lorsqu'il y a autant d'atomes formés que d'atomes détruits).

II ATTITUDE OU POSITION STABLE *Équilibre du corps.* ➤ **aplomb, assiette, attitude.** *Garder l'équilibre. Perdre l'équilibre, son équilibre.* ➤ **chanceler, pencher, 1 tomber.** *Le coup lui fit perdre l'équilibre.* ➤ **déséquilibrer.** *Troubler, rompre l'équilibre de qqch. Équilibre instable.* ➤ **porte-à-faux.** *Rétablir l'équilibre.* — **EN ÉQUILIBRE.** *Être, mettre en équilibre.* ➤ **équilibrer.** *Marcher en équilibre sur une poutre, sur un fil de fer. Tenir en équilibre. Pile de livres en équilibre, en équilibre instable.* ♦ SPÉCIALT *Tour, exercice d'équilibre* (➤ **équilibriste**). *Équilibre sur les mains.* DANSE Position du corps reposant sur un seul pied. *Équilibre sur pointes, sur demi-pointes.* ♦ PHYSIOL. *Sens de l'équilibre :* ensemble d'impressions et de sensations fournies par la vision, l'appareil vestibulaire de l'oreille interne et la sensibilité interne, qui permettent à l'individu de se maintenir et de se mouvoir normalement. *Troubles de l'équilibre.*

III PROPORTION HARMONIEUSE ▪ **1** Rapport convenable, proportion heureuse entre des éléments opposés ou juste répartition des parties d'un ensemble ; état de stabilité ou d'harmonie qui en résulte. ➤ **accord, 1 balance, harmonie, pondération.** *« L'amour durable est celui qui tient toujours les forces de deux êtres en équilibre »* BALZAC. *Faire, rétablir l'équilibre :* rendre les choses égales. *Cela fait équilibre.* ➤ **compenser, contrebalancer.** *« Les jambes de femmes sont des compas qui arpentent le globe terrestre en tous sens lui donnant son équilibre et son harmonie »* (TRUFFAUT, « L'Homme qui aimait les femmes », film). — *L'équilibre des pouvoirs dans la Constitution. Équilibre entre les États, les nations d'un continent, du monde. Équilibre européen. L'équilibre des forces en présence. Équilibre de la terreur :* paix maintenue entre deux ou plusieurs nations par la crainte réciproque des armes nucléaires (➤ **dissuasion**). — *Équilibre entre la production et la consommation. Équilibre de la balance commerciale, de la balance des paiements. Équilibre budgétaire. Rétablir l'équilibre entre les recettes et les dépenses* (➤ **rééquilibrer**). *Équilibre économique.* ▪ **2** Harmonie entre les tendances psychiques qui se traduit par une activité, une adaptation normales (➤ **équilibré**). *Il manque d'équilibre et d'épanouissement. Facteur d'équilibre. Chercher, trouver, retrouver son équilibre.* ➤ **1 calme, sérénité.** *L'équilibre psychologique, émotionnel. On craint pour son équilibre mental.* ➤ **raison.** ▪ **3** Répartition des lignes, des masses, des pleins et des vides ; agencement harmonieux (d'une œuvre d'art, d'un ouvrage d'architecture). ➤ **eurythmie, proportion, symétrie.** *Équilibre des masses, des volumes. Équilibre d'un tableau. « cet équilibre de ligne, très distinct de l'équilibre de proportion »* HUGO.
▪ CONTR. Déséquilibre, instabilité. Disproportion.

ÉQUILIBRÉ, ÉE [ekilibʀe] adj. – 1529 ♦ de *équilibrer* ▪ **1** En équilibre. ➤ **stable.** *Balance équilibrée. Chargement mal équilibré.* ▪ **2** *Esprit, caractère (bien) équilibré,* dont les qualités sont dans un rapport harmonieux. ➤ **mesuré, pondéré, raisonnable, sage, 1 sain, sensé, solide.** *« La cervelle la mieux équilibrée est soumise, chaque jour, à tous les vertiges »* DUHAMEL. — (PERSONNES) Qui jouit d'un bon équilibre (4°). *Un enfant équilibré. Il n'est pas très équilibré.* ▪ **3** Convenablement, justement réparti. *Un partage équilibré. Alimentation équilibrée,* adaptée aux besoins, sans carence ni excès. ▪ CONTR. Boiteux, déséquilibré, instable.

ÉQUILIBRER [ekilibʀe] v. tr. ⟨1⟩ – *equalibrer* 1525 ; repris 1744, répandu XIXe ♦ de *équilibre* ▪ **1** Opposer une force à (une autre), de manière à créer l'équilibre. ➤ **compenser, contrebalancer, pondérer.** *Équilibrer un poids par un contrepoids. Équilibrer une poussée par un arcboutant, un étai.* ♦ FIG. S'opposer à. *La révolution « ne peut se passer d'une règle, morale ou métaphysique, qui équilibre le délire historique »* CAMUS. ➤ **compenser, corriger, neutraliser.** ▪ **2** Mettre en équilibre ; rendre stable. ➤ **stabiliser.** *Équilibrer une balance, une balançoire.* — *Équilibrer un budget, les finances d'un État. Équilibrer son budget, ses dépenses* (cf. Joindre les deux bouts*). — *Équilibrer les forces, les pouvoirs.* ▪ **3** Répartir systématiquement, harmonieusement. *Équilibrer les masses, les volumes,* dans une composition, un tableau. *Équilibrer les masses sonores,* dans une orchestration. — *Équilibrer son alimentation.* — CHIM. *Équilibrer une réaction :* attribuer des valeurs correctes aux coefficients stœchiométriques pour que la loi de la conservation de la matière soit vérifiée. ▪ **4** (Sujet chose) *Équilibrer qqn,* lui donner un bon équilibre. *Ces nouvelles activités l'ont équilibré.* ▪ **5 S'ÉQUILIBRER** v. pron. récipr. *Les deux poids s'équilibrent.* — FIG. *« Chez l'homme, voyez-vous, le bon et le mauvais s'équilibrent, égoïsme d'une part, altruisme de l'autre »* CÉLINE. ▪ CONTR. Déséquilibrer.

ÉQUILIBREUR, EUSE [ekilibʀœʀ, øz] adj. et n. m. – 1801 ♦ de *équilibrer* ▪ **1** Qui établit ou maintient l'équilibre. *Organe, mécanisme équilibreur.* ▪ **2** n. m. AVIAT. Appareil qui, en agissant sur les gouvernails, maintient l'avion en vol rectiligne. ARTILL. Appareil facilitant le pointage.

ÉQUILIBRISTE [ekilibʀist] n. – 1764 ♦ de *équilibre* ▪ Personne dont le métier est de faire des tours d'adresse, d'équilibre. ➤ **acrobate.** *Les équilibristes d'un cirque. Équilibriste qui marche sur un fil, une corde raide.* ➤ **danseur** (de corde), **fildeferiste, funambule.** — FIG. *Un équilibriste de la finance* (➤ **acrobate, jongleur**).

ÉQUILLE [ekij] n. f. – XVIe ♦ de *quille* « chenille » ▪ Poisson long et mince qui s'enfouit dans le sable. ➤ **lançon.**

ÉQUIMOLAIRE [ekɥimɔlɛʀ] adj. – attesté 1968 ♦ de *équi-* et *mole ;* cf. anglais *equimolar* (1946) ▪ CHIM. Qui contient le même nombre de moles de différents constituants dans un même volume de solvant. *Mélange équimolaire.*

ÉQUIMOLÉCULAIRE [ekɥimɔlekylɛʀ] adj. – 1895 ♦ de *équi-* et *molécule* ▪ CHIM. Qui contient plusieurs corps en égales proportions moléculaires. *Mélange équimoléculaire.*

ÉQUIMULTIPLE [ekɥimyltipl] adj. – 1667 ♦ de *équi-* et *multiple* ▪ MATH. Se dit de plusieurs nombres égaux chacun à chacun aux nombres d'une autre série multipliés par un même nombre entier. *Les nombres 4, 10 et 16 sont équimultiples de 2, 5, et 8* (multiplicateur : 2). n. m. *Des équimultiples.*

ÉQUIMUSCLE [ekɥimyskl] n. m. – 1989 ♦ de *équi(dés)* et *muscle* ▪ HIPPOL. Tapis roulant pour l'entraînement des chevaux.

ÉQUIN, INE [ekɛ̃, in] adj. – avant 1502 ♦ latin *equinus,* de *equus* « cheval » ▪ DIDACT. ▪ **1** Relatif au cheval. *Variole équine. Sérum équin.* ▪ **2** *Pied bot équin,* difforme, qui ne peut s'appuyer que sur la pointe, du fait de sa position fixée en extension maximale par rapport à la jambe (paralysie acquise ou malformation congénitale). ➤ aussi **varus.** — n. m. *« cet équin, large en effet comme un pied de cheval »* FLAUBERT.

ÉQUINISME [ekinism] n. m. – avant 1953 ♦ de *équin* ▪ MÉD. Difformité qui caractérise le pied bot équin*.

ÉQUINOXE [ekinɔks] n. m. – *equinoce* 1210 ♦ latin *æquinoctium,* de *æquus* « égal » et *nox, noctis* « nuit » ▪ Période de l'année où, le soleil passant par l'équateur (1°), le jour a une durée égale à celle de la nuit, d'un cercle polaire à l'autre. *Équinoxe vernal*, équinoxe de printemps* (21 mars). *Équinoxe d'automne* (23 septembre). *Les équinoxes et les solstices*. Précession* des équinoxes. Marées d'équinoxe,* les plus hautes de l'année.

ÉQUINOXIAL, IALE, IAUX [ekinɔksjal, jo] adj. – 1210 ♦ latin *æquinoctalis,* de *æquinoctium* → équinoxe ▪ **1** Qui a rapport à l'équinoxe. *Points équinoxiaux,* où l'écliptique coupe l'équateur. *Ligne équinoxiale.* ➤ **équateur.** *Pays équinoxiaux,* voisins de l'équateur. ▪ **2** BOT. *Fleurs équinoxiales,* qui demeurent chaque jour ouvertes puis fermées pendant un même nombre d'heures.

ÉQUIPAGE [ekipaʒ] n. m. – 1496 ♦ de *équiper*

I ▪ **1** MAR. VX Ce qui sert à équiper un navire. ▪ **2** (1537) MOD. Personnel navigant, ensemble des personnes qui assurent la manœuvre et le service sur un navire (➤ **2 marin**). *Équipage des différentes parties du navire.* ➤ **bordée.** *Homme d'équipage. « On peut vivre, un peu à l'étroit, équipage et passagers, à six ou sept personnes dans cette petite demeure flottante »* MAUPASSANT. *Rôle* d'équipage.* ▪ **3** (v. 1930) Ensemble des personnes assurant la manœuvre d'un avion, et ensemble du personnel attaché au service dans les avions. ➤ **navigant.** *Le commandant de bord et son équipage* (copilote, hôtesse, mécanicien, steward). *« L'Équipage », roman de J. Kessel.* — PAR EXT. *L'équipage d'une navette spatiale.*

II ▪ **1** (1549) VX Ensemble de tout le matériel (armes, munitions, bagages, chevaux, camions, vivres) qui accompagne une armée en campagne. ➤ **attirail*, bagage.** *Un équipage encombrant.* ➤ **impedimenta.** ♦ MOD. *Train des équipages :* corps de troupe chargé de l'entretien et de l'acheminement du matériel militaire. ▪ **2** VÉN. Ensemble des participants d'une chasse à courre (cavaliers, veneurs, piqueurs, chevaux,

meute, etc.). *Maître d'équipage.* ▪ **3** VX « Provision de tout ce qui est nécessaire pour voyager ou s'entretenir honorablement, soit de valets, chevaux, carrosses, habits, armes, etc. » (Furetière). ➤ **train.** *L'équipage marquait le luxe et la condition.* ♦ (1652) ANCIENNT Ensemble des voitures, chevaux... et du personnel qui en a charge. *« j'ai les plus beaux chevaux, les plus charmants équipages de Paris »* BALZAC. ▪ **4** VX Habit, toilette. ➤ **accoutrement, costume, tenue.** *Où allait-elle en cet équipage ? « Diane, en galant équipage »* BAUDELAIRE. — VX ➤ **état.** *« on mit en piteux équipage Le pauvre potager »* LA FONTAINE.
III (1690) TECHN. Ensemble des objets nécessaires à certains travaux ou entreprises. ➤ **équipement, matériel.** *Équipage de pompe, de machines, de métiers.* ♦ MÉTROL. *Équipage (mobile) :* élément mobile d'un appareil de mesure.

ÉQUIPARTITION [ekɥipaʀtisjɔ̃] **n. f.** – 1905 ◊ de *équi-* et 1 *partition* ▪ PHYS. Répartition de l'énergie totale d'un système. — DIDACT. Partage égal, répartition égale.

ÉQUIPE [ekip] **n. f.** – 1688 ; « équipage (I) » 1456 ◊ de *équiper* ▪ **1** VX Petite flottille appartenant à un même batelier ; chargement de ces bateaux. ▪ **2** (1864) MOD. Groupe de personnes unies dans une tâche commune. *Former une équipe. Travailler en équipe. Faire équipe avec qqn. Faire partie d'une équipe. Relayer, relever une équipe. Équipe d'ouvriers. Équipe de nuit dans une usine. Homme, femme d'équipe. Chef d'équipe* (➤ **contremaître**). *Équipe de balayeurs, de cantonniers.* ➤ **escouade.** *Équipes de secours. Équipe de chercheurs dans un laboratoire.* — *L'équipe gouvernementale :* l'ensemble des personnalités politiques assumant des responsabilités ministérielles (Premier ministre, ministres, secrétaires d'État). ♦ *Esprit d'équipe,* animant une équipe dont les membres collaborent en parfait accord. *« si tu veux rester avec nous, il faudra prendre l'esprit d'équipe et t'habituer à tout mettre en commun »* SARTRE. ▪ **3** (1901) Groupe de personnes qui agissent, se distraient ensemble. *« Toute une équipe nous étions [...] Toute une bande de durs »* MARTIN DU GARD. FAM. *La belle équipe. En voilà une équipe !* ▪ **4** (1890 ; déjà 1469 au jeu de quintaine) Groupe de personnes pratiquant un même sport et associées en nombre déterminé pour disputer des compétitions, des matchs, des championnats. *Jouer en équipe, par équipe. Classement par équipes. Jeu, sport d'équipe. Couleurs, maillots d'une équipe. Encourager une équipe* (➤ **supporteur**). *Équipes de professionnels, d'amateurs, de juniors, de vétérans. Équipe nationale. Équipe de France, de Belgique. Capitaine, entraîneur, soigneur de l'équipe. Équipe de football* (➤ **onze**), *de rugby* (➤ **quinze**), *de hockey. Équipe de coureurs cyclistes, automobiles.* ➤ **écurie.** LOC. *On ne change pas une équipe qui gagne ;* FIG. il est inutile de modifier une situation satisfaisante. *« Un duo ? Pour quoi faire ? Je suis très bien tout seul. On ne change pas une équipe qui gagne »* BEDOS.

ÉQUIPÉE [ekipe] **n. f.** – v. 1500 ◊ de *équiper* ▪ **1** VX Fait de partir (tout équipé) pour quelque aventure (sur mer, à la guerre). ➤ **sortie.** ♦ MOD., PLAISANT Sortie, promenade en toute liberté (➤ **échappée**). *Nos équipées à bicyclette.* ▪ **2** (1611) FIG. Aventure mouvementée dans laquelle on se lance parfois à la légère. ➤ **escapade, frasque, fredaine, fugue.** *Cette équipée aurait pu avoir des suites fâcheuses. Quelle équipée !* ➤ **expédition.**

ÉQUIPEMENT [ekipmɑ̃] **n. m.** – 1671 ◊ de *équiper* ▪ Action d'équiper ; ce qui sert à équiper. ▪ **1** MAR. Action de pourvoir (un navire) des objets nécessaires pour le mettre en état de naviguer et assurer la subsistance de l'équipage (agrès, apparaux, provisions). ➤ **armement, avitaillement.** ▪ **2** (1779) COUR. Objets nécessaires à l'armement, à l'entretien d'une armée, d'un soldat. ➤ **arme, armement, attirail, bagage,** VX **équipage, matériel ;** FAM. **barda, fourbi.** *Équipement complet du fantassin* (armes, cartouchière, ceinturon, effets, sac). *« il commença à préparer son équipement et à monter son sac »* MAC ORLAN. ▪ **3** (1864) Action d'équiper, et (COUR.) tout ce qui sert à équiper une personne, un animal, une chose en vue d'une activité déterminée (objets, vêtements, appareils, accessoires). ➤ FAM. **matos.** *Équipement de chasse, de pêche, de plongée, de ski. Équipement d'une machine. Équipement d'un local, d'une usine.* ➤ **aménagement, installation, matériel, outillage.** *Équipement électroménager d'une cuisine. Équipement d'un terrain d'aviation, d'un port. Avec tous les équipements modernes.* ♦ *Équipement d'une région. Plan d'équipement national. « un équipement industriel, dans le sens complet et complexe du terme, comporte des facteurs humains qui ne s'improvisent pas »* SIEGFRIED. *Équipement hôtelier. Équipement de bureaux. Travaux d'équipement.* — AU PLUR. *Équipements collectifs :* ensemble des locaux et installations nécessaires à la vie d'une collectivité. ♦ TECHN. *Équipement de survie :* dispositif de secours utilisé par les astronautes lorsque la mission ne se déroule pas comme prévu.

ÉQUIPEMENTIER [ekipmɑ̃tje] **n. m.** – 1974 ◊ de *équipement* ▪ TECHN. Fabricant des équipements électriques, électroniques pour l'industrie (aéronautique, automobile...).

ÉQUIPER [ekipe] **v. tr.** ‹1› – *eschiper* 1160 ; *esquiper* v. 1210 ◊ ancien normand *skipa,* de *skip* « navire » ▪ **1** Pourvoir (un navire) de ce qui est nécessaire à la navigation. *Équiper un navire,* en personnel (équipage*) et en matériel (armement, fret, provisions). *Équiper un baleinier, une flotte.* ➤ **armer, avitailler, gréer.** — **p. p. adj.** BLAS. *Navire équipé,* dont les cordages, les voiles sont d'un émail différent de celui de la coque. ▪ **2** (1535) Pourvoir des choses nécessaires à une activité. *Équiper une armée, des troupes. Équiper un cavalier.* — *Être bien équipé pour la chasse. « Un cheval de haute taille, lourdement équipé »* FROMENTIN. ➤ **harnaché.** ♦ *Équiper un objet,* en vue d'une destination particulière. *Équiper une automobile d'une alarme.* ➤ **munir.** *« le réchaud à repasser, équipé en gril à braise, encombrait un coin de la terrasse »* COLETTE. ♦ *Équiper une cuisine, un atelier* (➤ **outiller**). *« Ces salles étaient d'ailleurs équipées pour soigner les malades dans le minimum de temps »* CAMUS. ➤ **aménager, installer.** — *Équiper une région d'un réseau routier, électrique. Équiper économiquement, industriellement un pays.* ➤ **développer, industrialiser.** ▪ **3 S'ÉQUIPER v. pron.** (1671) Se munir d'un équipement, du nécessaire. *S'équiper pour une expédition, une exploration, la pêche sous-marine.* — FAM. *S'équiper contre le froid, la pluie.* **p. p. adj.** *Vous n'êtes pas équipé pour une longue marche !* — Se vêtir d'un équipement militaire. *« Mettez-vous en tenue, Gilieth, équipez-vous, avec vos armes et vous prendrez le commandement d'une patrouille »* MAC ORLAN. ♦ Se pourvoir d'équipements modernes. *« un monde qui s'équipe de plus en plus »* VALÉRY.
▪ CONTR. Déséquiper. Désarmer, déshabiller. Démunir.

ÉQUIPIER, IÈRE [ekipje, jɛʀ] **n.** – 1870 ◊ de *équipe* ▪ **1 n. m.** VX Homme d'équipe, ouvrier qui fait partie d'une équipe. — **n.** MOD. Employé(e) d'un établissement de restauration rapide. *Équipier polyvalent.* ▪ **2** (1844) MOD. Membre d'une équipe sportive. ➤ **coéquipier.** *Le capitaine donne ses instructions aux équipiers.* ➤ **joueur.** *Les équipières d'une équipe féminine. Équipier en titre* (opposé à *remplaçant*). *Équipier sélectionné pour l'équipe nationale.* ➤ **international.** — SPÉCIALT Membre de l'équipage (d'un bateau de plaisance). *Barreur et équipier d'un dériveur.* ▪ **3** MILIT. Élément des formations de combat dans l'aviation.

ÉQUIPOLLENCE [ekɥipɔlɑ̃s] **n. f.** – 1265 ◊ latin *æquipollentia* « équivalence » ▪ **1** VX Équivalence. ▪ **2** MOD. MATH. Propriété de deux bipoints équipollents*.

ÉQUIPOLLENT, ENTE [ekɥipɔlɑ̃, ɑ̃t] **adj.** – 1265 ◊ latin *æquipollens* ▪ **1** VX Équivalent. ▪ **2** MOD. MATH. *Bipoints équipollents :* bipoints* d'un espace affine tels que les segments tracés de l'origine de l'un à l'extrémité de l'autre aient le même milieu.

ÉQUIPOTENT [ekɥipɔtɑ̃] **adj. m.** – 1960 ◊ de *équi-* et latin *potens* « puissant » ▪ MATH. Se dit de deux ensembles entre lesquels on peut construire une bijection. *L'ensemble des entiers naturels et l'ensemble des entiers naturels pairs sont équipotents. Deux ensembles équipotents ont même cardinal* (ou *même puissance*).

ÉQUIPOTENTIEL, IELLE [ekɥipɔtɑ̃sjɛl] **adj.** – 1883 ◊ de *équi-* et *potentiel ;* probablt d'après l'anglais *equipotential* ▪ PHYS. Qui a le même potentiel électrique. *Surface équipotentielle,* qui a le même potentiel (électrique) en chacun de ses points (surfaces de niveau).

ÉQUIPROBABLE [ekɥipʀɔbabl] **adj.** – v. 1950 ◊ de *équi-* et *probable* ▪ MATH. Se dit d'évènements qui ont les mêmes probabilités.

ÉQUISÉTINÉES [ekɥisetine] **n. f. pl.** – *équisétacées* 1816 ◊ latin *equisetum* « prèle », de *equus* « cheval » et *seta* « soie » ▪ BOT. Classe de cryptogames vasculaires comprenant les prèles et des formes fossiles (calamites).

ÉQUITABLE [ekitabl] **adj.** – v. 1512 ◊ de *équité* ▪ **1** (PERSONNES) Qui a de l'équité. *Une personne, un juge équitable.* ➤ **impartial, juste.** ▪ **2** (CHOSES) Conforme à l'équité. *Partage équitable.* — *Commerce équitable :* échanges économiques entre consommateurs du Nord et producteurs du Sud, respectueux des droits de l'homme et de l'environnement, contribuant au développement durable. ▪ CONTR. Arbitraire, inéquitable, injuste, partial.

ÉQUITABLEMENT [ekitabləmɑ̃] **adv.** – 1564 ◊ de *équitable* ▪ D'une manière équitable. *Partager équitablement un héritage. Vous serez rémunéré équitablement. Juger équitablement des torts de chacun.* ➤ **impartialement.** ▪ **CONTR.** Injustement.

ÉQUITANT, ANTE [ekitɑ̃, ɑ̃t] **adj.** – 1834 ◊ latin *equitans* «chevauchant», de *equitare* → équitation ▪ **BOT.** *Cotylédons équitants,* pliés en deux et emboîtés.

ÉQUITATION [ekitasjɔ̃] **n. f.** – 1503 ◊ latin *equitatio,* de *equitare* «aller à cheval» ▪ Action et art de monter à cheval. *Faire de l'équitation,* du cheval. *Exercices d'équitation* (➤ **équestre ;** cf. Basse, haute école*). *École d'équitation* (➤ **manège**). *Professeur d'équitation* (➤ **écuyer**). *Équitation de cirque.* ➤ **voltige.** *Équitation de compétition.* ➤ **hippisme.**

ÉQUITÉ [ekite] **n. f.** – 1262 ◊ latin *æquitas* «égalité» ▪ **1** Notion de la justice* naturelle dans l'appréciation de ce qui est dû à chacun ; vertu qui consiste à régler sa conduite sur le sentiment naturel du juste et de l'injuste. *Avoir le sens de l'équité. Esprit d'équité.* ➤ **droiture, justice.** *L'équité consiste à mettre chacun sur un pied d'égalité. Conforme à l'équité.* ➤ **équitable.** *En toute équité. Traiter un ennemi avec équité.* ➤ **impartialité.** «*Le monde matériel repose sur l'équilibre, le monde moral sur l'équité*» **HUGO.** ▪ **2** Conception d'une justice naturelle qui n'est pas inspirée par les règles du droit en vigueur (opposé à *droit positif, loi*). *Juger selon l'équité. Le juge prononce selon le droit, l'arbitre peut juger en équité.* «*Qu'y a-t-il donc au-dessus de la justice ? – L'équité*» **HUGO.** ▪ **3** PAR EXT. Caractère de ce qui est conforme à l'équité. *Équité d'une loi, d'un partage.* ▪ **CONTR.** Iniquité, injustice ; partialité.

ÉQUIVALENCE [ekivalɑ̃s] **n. f.** – 1361 ◊ bas latin *æquivalentia,* de *æquivalere* ▪ **1** Qualité de ce qui est équivalent. ➤ **adéquation, égalité, homologie, identité.** *Les jacqueries* «*mettent en avant un principe d'équivalence, vie contre vie*» **CAMUS.** ◆ (1864) Assimilation d'un titre, d'un diplôme à un autre. *Obtenir une équivalence.* ▪ **2** MATH. *Relation d'équivalence sur un ensemble E :* relation binaire sur E, réflexive, symétrique et transitive. *Le parallélisme est une relation d'équivalence sur l'ensemble des droites du plan. Classes d'équivalence.* — LOG. Opérateur d'une proposition complexe (notée $\Leftrightarrow$, $\equiv$ ou $\sim$), par lequel cette proposition est vraie si les propositions élémentaires sont toutes deux vraies ou toutes deux fausses (➤ **congruence, modulo**). — PHYS. *Principe de l'équivalence mécanique de la chaleur.* ➤ 2 **équivalent.** — CHIM. Avancement maximal d'une réaction, correspondant au moment où les réactifs ont été introduits en proportions stoechiométriques. *Point d'équivalence,* terme d'une opération de titrage, l'équivalence étant atteinte. ▪ **CONTR.** Différence.

1 **ÉQUIVALENT, ENTE** [ekivalɑ̃, ɑ̃t] **adj.** – 1361 ◊ bas latin *æquivalens* (XIIe), de *æquivalere* «avoir une valeur égale» ▪ **1** Dont la quantité a la même valeur. ➤ **égal.** *Leurs parts d'héritage sont équivalentes. Indemnité équivalente au dommage.* ◆ MATH. *Surface, volumes équivalents,* égaux et de formes différentes. *Équations équivalentes,* qui admettent le même ensemble de solutions. *Fonctions, normes, suites équivalentes. Éléments équivalents modulo* R :* dans un même ensemble, éléments liés par une relation d'équivalence*. — CARTOGR. *Projection équivalente,* qui respecte les surfaces et déforme les contours. ▪ **2** Qui a la même valeur ou fonction. *Ces deux expressions sont équivalentes.* ➤ **synonyme.** *Faits équivalents,* dont la portée est semblable ou identique. ➤ **comparable.** *Concepts équivalents.* ➤ **identique, similaire.** «*Toutes les phrases de son livre* [l'Étranger, de Camus] *sont équivalentes, comme sont équivalentes toutes les expériences de l'homme absurde*» **SARTRE.** ◆ **ÉQUIVALENT À.** *Pour une somme équivalente à la moitié du prix.* ➤ **équivaloir.** ▪ **CONTR.** Inégal. Différent. ▪ **HOM.** Équivalant (équivaloir).

2 **ÉQUIVALENT** [ekivalɑ̃] **n. m.** – 1538 ; «impôt» 1382 ◊ de 1 équivalent ▪ **1** Ce qui équivaut, la chose équivalente (en quantité ou en qualité). *Donner l'équivalent de ce qu'on reçoit. Je n'ai pas pu trouver l'équivalent, c'est une chose irremplaçable.* ➤ **pareil, semblable.** «*un chef-d'œuvre dont vous ne pourrez trouver l'équivalent que dans l'école florentine ou l'école romaine*» **GAUTIER.** *Les crimes hitlériens* «*sont sans équivalent dans l'histoire*» **CAMUS** (cf. Sans exemple*). FAM. *Il n'a pas son équivalent pour mettre du désordre partout* (➤ **unique**). ▪ **2** SPÉCIALT (1864) Mot ou expression que l'on peut substituer à un autre mot ou une autre expression (comme ayant même valeur, même fonction). ➤ **synonyme.** «*Le mot* infini, *comme les mots* Dieu, esprit *et quelques autres expressions, dont les équivalents existent dans toutes les langues*» **BAUDELAIRE.** *Mot anglais qui n'a pas d'équivalent en français,* qu'on ne peut traduire par un seul mot. ▪ **3** CHIM. VIEILLI Poids de substance obtenu en divisant le poids atomique d'un élément par sa valence*. ➤ **mole.** ▪ **4** (1852) PHYS. *Équivalent mécanique de la chaleur* (expérience de Joule) : rapport constant entre le travail et la quantité de chaleur échangés par transformation de l'énergie. ◆ *Tonne équivalent pétrole.* ➤ **tep.**

ÉQUIVALOIR [ekivalwaʀ] **v. tr. ind.** ‹29 ; rare à l'inf.› – 1461 ◊ latin *æquivalere* «valoir autant» ▪ **ÉQUIVALOIR À :** valoir autant, être de même valeur que. ➤ **égaler.** ▪ **1** Avoir la même valeur en quantité que. *En valeur nutritive, deux cents grammes de poisson équivalent à cent grammes de viande. Pour une somme équivalant à la moitié du prix.* ➤ 1 **équivalent.** — PRONOM. *Les deux choses s'équivalent. Cela s'équivaut.* ▪ **2** Avoir la même valeur ou fonction que. ➤ **signifier.** *Cette réponse équivaut à un refus.* ➤ **revenir (à).** «*Pour Gilieth la vie d'un homme équivalait à celle d'un lapin*» **MAC ORLAN.** ➤ **valoir.** «*l'inflexion était si douce, si compatissante, si timide, qu'elle équivalait au plus tendre aveu*» **MARTIN DU GARD.** ▪ **HOM.** *Équivalant :* équivalent.

ÉQUIVOQUE [ekivɔk] **adj.** et **n. f.** – 1220 ◊ latin *æquivocus* «à double sens», de *vox* «parole»

I **adj.** ▪ **1** VX DIDACT. Qui offre un même son à l'oreille, mais un sens différent à l'esprit. ➤ **homonyme.** ▪ **2** MOD. Qui peut s'interpréter de plusieurs manières, qui par conséquent n'est pas clair (discours). ➤ **ambigu, amphibologique, obscur** (cf. À double sens*). *Termes, mots équivoques. Phrases équivoques.* «*il parlait rarement d'une façon tout à fait nette, ses réponses étaient équivoques*» **R. ROLLAND.** ▪ **3** Dont la signification n'est pas certaine, qui peut s'expliquer de diverses façons. *Traces, faits équivoques.* ➤ **mystérieux.** *Expérience équivoque dont on ne peut tirer qu'une conclusion problématique.* ➤ **douteux, indécis.** *Position, situation équivoque.* ➤ 1 **faux.** «*Nous jugeons trop du bonheur sur les apparences* [...] *: la gaieté n'en est qu'un signe très équivoque*» **ROUSSEAU.** ◆ SPÉCIALT Qui semble impliquer un désir sexuel, mais en prêtant toujours à confusion. *Regards, allures, gestes équivoques.* «*La journée se passa* [...] *à folâtrer* [...] *avec la plus grande décence. Pas un seul mot équivoque, pas une seule plaisanterie hasardée*» **ROUSSEAU.** ➤ **licencieux.** ◆ MÉD. *Signes équivoques,* qui peuvent convenir à plusieurs maladies. COUR. (négatif) «*Il appréhendait seulement les signes non équivoques du mal de mer*» **MAC ORLAN.** ▪ **4** PÉJ. Qui n'inspire pas confiance. ➤ **douteux,** 1 **louche, suspect.** *Passé, réputation équivoque. Milieu équivoque.* ➤ **inquiétant, interlope.**

II **n. f.** (XIIIe ; d'abord n. m.) ▪ **1** VIEILLI Mauvais jeu de mots. ➤ **calembour.** «*on dit tout ce qui passe par la tête, même la plaisanterie crue et l'équivoque grossière*» **GAUTIER.** ▪ **2** Ce qui prête à des interprétations diverses dans le discours. ➤ **ambiguïté, amphibologie.** *Lever une équivoque. Une équivoque qui entretient la confusion.* ➤ **malentendu.** *Déclaration sans équivoque* (cf. Sans ambages). «*Chaque équivoque, chaque malentendu suscite la mort*» **CAMUS.** ▪ **3** Incertitude laissant le jugement hésitant. «*je ne veux plus de toi à moi la plus petite équivoque, la moindre arrière-pensée*» **COURTELINE.** *Laisser subsister l'équivoque. Dissiper l'équivoque.*
▪ **CONTR.** Catégorique, clair, 2 franc, 2 net, 1 précis. 1 Positif. Sincère.

ÉQUIVOQUER [ekivɔke] **v. intr.** ‹1› – 1520 ◊ de *équivoque* ▪ LITTÉR. User d'équivoques (II, 2°). «*il hésite, atermoie, équivoque*» **MADELIN.** ◆ VX Faire des équivoques, des calembours.

ÉRABLE [eʀabl] **n. m.** – 1265 ◊ bas latin *acerabulus,* du latin *acer* «érable», et p.-ê. gaulois *abolo* «sorbier» ▪ Grand arbre à feuilles lobées et pétiolées *(acéracées),* dont le fruit est muni d'une longue aile membraneuse. *Le feuillage rouge des érables en automne. Érable champêtre. Érable faux platane.* ➤ **sycomore.** *Érable ornemental d'Amérique.* ➤ **négondo.** — SPÉCIALT *Érable du Canada* ou *érable à sucre,* dont la sève *(eau d'érable),* recueillie par incision puis bouillie et brassée, est riche en sucre (➤ **acériculture**). *Plantation d'érables.* ➤ **érablière.** *Produits de l'érable : sirop, sucre, beurre d'érable* (➤ 3 **tire**). *Crêpes au sirop d'érable. — La feuille d'érable, emblème du Canada. Le printemps* érable.*

ÉRABLIÈRE [eʀablijɛʀ] **n. f.** – 1727 ◊ de *érable* ▪ Plantation d'érables. — SPÉCIALT Dans le nord-est de l'Amérique du Nord, Plantation d'érables à sucre, exploitée pour l'industrie des produits de l'érable. *Sucrerie d'érablière* (cf. Cabane* à sucre).

ÉRADICATION [eʀadikasjɔ̃] **n. f.** – v. 1370 ◊ latin *eradicatio* «action de déraciner» ▪ **1** MÉD. Action d'arracher, d'extirper. ➤ **arrachement.** *Éradication des polypes de l'utérus.* ▪ **2** COUR. FIG. Suppression totale (d'une maladie endémique ; d'une espèce animale responsable de la transmission d'une maladie). *Éradication du paludisme.*

ÉRADIQUER [eʀadike] **v. tr.** ‹1› – milieu XXe ◊ de *éradication* ■ **1** DIDACT. Supprimer, extirper complètement par éradication. *Éradiquer une maladie épidémique. La variole a été éradiquée.* ■ **2** COUR. Faire disparaître totalement. *Tenter d'éradiquer la pauvreté dans un pays.*

ÉRAFLEMENT [eʀafləmɑ̃] **n. m.** – 1811 ◊ de *érafler* ■ RARE Action d'érafler.

ÉRAFLER [eʀafle] **v. tr.** ‹1› – 1447 ; *arrafler* fin XIVe ◊ de *é-* et *rafler* ■ **1** Entamer légèrement la peau de. *La balle n'a fait que l'érafler. Il s'est éraflé la main avec un clou. S'érafler les genoux en tombant.* ➤ **écorcher, égratigner. p. p. adj.** *Genou éraflé.* — FIG. *« je suis doué d'une sensibilité absurde, ce qui érafle les autres me déchire »* FLAUBERT. ■ **2** PAR ANAL. *Érafler le plâtre d'un mur, le bois d'un meuble.* ➤ **rayer. p. p. adj.** *Cuir éraflé.*

ÉRAFLURE [eʀaflyʀ] **n. f.** – 1671 ◊ de *érafler* ■ **1** Entaille superficielle, écorchure légère. *Les ronces lui ont fait des éraflures aux jambes.* ➤ **écorchure, égratignure ; excoriation ;** RÉGION. **gratte, griffe.** *« De longues éraflures zèbrent les épaules du dompteur »* GAUTIER. ■ **2** Légère entaille longiligne. *Mur couvert d'éraflures.*

ÉRAILLÉ, ÉE [eʀaje] **adj.** – *erraillié* début XIIIe ◊ de l'ancien français *esrailler* → érailler ■ **1** VX *Des yeux éraillés,* dont la paupière est renversée. ♦ MOD. Injecté de sang. *Ce chien « a les yeux éraillés de la vieillesse »* DIDEROT. ■ **2** (XIXe ◊ de *érailler,* 1°) Qui présente des rayures, des déchirures superficielles. *Tissu éraillé par usure. Cordage éraillé,* qui commence à s'user par frottement. *« la rue sombre, muette, déserte, avec ses façades noires éraillées de projectiles, et montrant les cicatrices toutes fraîches du combat »* GAUTIER. ■ **3** (1877) *Voix éraillée.* ➤ **cassé, rauque.**

ÉRAILLEMENT [eʀajmɑ̃] **n. m.** – 1561 ◊ de *éraillé* (1°) ■ **1** MÉD. Déchirure allongée, irrégulière, de l'épiderme. ➤ **écorchure, éraflure.** ■ **2** (1864 ◊ de *érailler,* 1°) Fait de s'érailler, d'être rayé, éraflé (tissu, surface). *Éraillement de la soie par usure.* ■ **3** (1829 ◊ de *érailler,* 2°) *Éraillement de la voix.*

ÉRAILLER [eʀaje] **v. tr.** ‹1› – 1690 ; *esraailler* « rouler les yeux » v. 1190 jusqu'au XVIIe, avec influence de *rayer* ◊ de l'ancien français *roellier,* latin populaire °*roticulare,* de *rota* « roue » ■ **1** Déchirer superficiellement. ➤ **écorcher, érafler, rayer.** *Érailler du bois, du cuir, une étoffe.* PRONOM. *Cette étoffe commence à s'érailler.* ■ **2** (1856) Rendre rauque (la voix). *Le tabac lui éraille la voix. S'érailler la voix à crier.* PRONOM. *« Sa voix à des chansons de carrefour s'éraille »* HUGO.

ÉRAILLURE [eʀajyʀ] **n. f.** – 1690 ◊ de *érailler* ■ **1** Rayure sur une étoffe éraillée (2°). ■ **2** Éraflure, éraillement.

ERBINE [ɛʀbin] **n. f.** – v. 1850 ◊ du latin moderne *erbia* (1843), de *Ytterby,* ville de Suède, où elle fut découverte ■ CHIM. Oxyde terreux de l'erbium (Er_2O_2) que l'on trouve à l'état naturel.

ERBIUM [ɛʀbjɔm] **n. m.** – 1864 ◊ du latin moderne *erbia ;* cf. *erbine* ■ CHIM. Élément atomique (Er ; n° at. 68 ; m. at. 167,26), métal trivalent du groupe des terres rares dont on ne connaît qu'un oxyde terreux, l'erbine. *Les sels d'erbium ont une teinte rougeâtre.*

ERBUE ➤ **HERBUE**

ÈRE [ɛʀ] **n. f.** – *here* 1537 ◊ latin *æra* « nombre, chiffre » ■ **1** VX Point de départ (d'une chronologie particulière). ➤ **époque** (1°). *Ère des Séleucides* (312 av. J.-C.). *L'ère des musulmans est l'hégire.* ■ **2** COUR. Espace de temps, généralement de longue durée, qui commence à un point fixe et déterminé (*l'ère,* 1°). *L'ère chrétienne débute avec la naissance du Christ. Le cinquième siècle avant notre ère, le quinzième siècle de l'ère chrétienne. L'hégire (622) marque le début de l'ère musulmane.* ■ **3** Époque qui commence avec un nouvel ordre de choses. ➤ **âge, époque, période.** *L'ère des croisades. L'ère de la liberté, de l'affranchissement des peuples. Une ère nouvelle. L'ère industrielle, atomique. Selon Auguste Comte, « l'ère positiviste qui succéderait nécessairement à l'ère métaphysique et à l'ère théologique devait marquer l'avènement d'une religion de l'humanité »* CAMUS. *L'ère stalinienne.* ■ **4** GÉOL. Subdivision de l'éon, regroupant plusieurs périodes. *Ère primaire* ou *paléozoïque ; ère secondaire* ou *mésozoïque ; ères tertiaire et quaternaire* ou *ère cénozoïque.* ■ HOM. Air, aire, erre, ers, haire, hère, 1 r.

ÉRECTEUR, TRICE [eʀɛktœʀ, tʀis] **adj.** – 1701 ◊ latin *erector* « qui érige » ■ PHYSIOL. Qui produit l'érection (2°). *Muscles érecteurs.*

ÉRECTILE [eʀɛktil] **adj.** – 1813 ◊ du latin *erectus* ■ **1** Susceptible d'érection (2°) ; capable de se dresser. *Poils érectiles.* ■ **2** Relatif à l'érection de la verge. *Troubles érectiles. Dysfonction, insuffisance érectile.* ➤ **impuissance. — n. f. ÉRECTILITÉ,** 1839.

ÉRECTION [eʀɛksjɔ̃] **n. f.** – 1485 ◊ latin *erectio,* de *erigere* « dresser », de *regere* ■ **1** LITTÉR. Action d'ériger, d'élever (un monument). ➤ **construction, élévation.** *L'érection d'une chapelle, d'une statue.* ♦ VIEILLI Action d'établir. ➤ **établissement, fondation, institution.** *Érection d'un tribunal. « Depuis l'érection des grands fiefs »* MONTESQUIEU. ■ **2** (v. 1560) Fait, pour certains tissus ou organes (verge, clitoris, mamelon du sein), de se redresser en devenant raides, durs et gonflés. ➤ **dilatation** (vaso-dilatation), **tumescence, turgescence.** *Clitoris en érection.* ♦ ABSOLT Érection de la verge. *Avoir une érection.* ➤ FAM. **bander ; phallus.** *Être en érection* (cf. ARG. Avoir la gaule, la trique). *Statue représentant un homme en érection.* ➤ **ithyphallique.** *Difficulté d'érection.* ➤ **impuissance.** ■ CONTR. Démolition, suppression. Dégonflement, détumescence.

ÉREINTAGE [eʀɛ̃taʒ] **n. m.** – 1846 ◊ de *éreinter* ■ Critique* impitoyable. ➤ **éreintement.** *« Un éreintage manqué est [...] une flèche qui se retourne »* BAUDELAIRE.

ÉREINTANT, ANTE [eʀɛ̃tɑ̃, ɑ̃t] **adj.** – 1870 ◊ de *éreinter* ■ Qui brise de fatigue. ➤ **épuisant, exténuant, fatigant*.** *Un travail éreintant.* ■ CONTR. Délassant, reposant.

ÉREINTÉ, ÉE [eʀɛ̃te] **adj.** – XVIIe ; *esrené* 1350 ◊ de *éreinter* ■ Très fatigué*. ➤ **fourbu, 1 las, moulu, rompu.** *« Tous semblaient accablés, éreintés [...] tombant de fatigue sitôt qu'ils s'arrêtaient »* MAUPASSANT. ■ CONTR. Reposé.

ÉREINTEMENT [eʀɛ̃tmɑ̃] **n. m.** – 1842 ◊ de *éreinter* ■ **1** Critique* extrêmement sévère et malveillante. ➤ **démolissage, éreintage.** *Éreintement d'un personnage politique, d'un écrivain dans un journal. « On peut faire avec injustice un grand éreintement d'Hugo, ce sera tout de même parler de lui, s'occuper de lui »* HENRIOT. ■ **2** (1864) Fatigue extrême d'une personne éreintée. ➤ **épuisement, lassitude.**

ÉREINTER [eʀɛ̃te] **v. tr.** ‹1› – 1690 ◊ de l'ancien français *esrener, érener* (v. 1130), de *é-* et *rein* ■ **1** VX Blesser, déformer en battant ou en foulant les lombes. — Rouer de coups. ■ **2** (1698) COUR. Excéder de fatigue. ➤ **épuiser, exténuer, fatiguer*, harasser, tuer.** *Éreinter un cheval. Cette longue promenade m'a éreinté.* — PRONOM. *S'éreinter à la tâche.* ➤ **s'échiner.** ■ **3** FIG. (1837 ; « décrier » fin XVIIe) Critiquer* de manière à détruire le crédit, la réputation de (qqn, qqch.) (cf. Descendre* en flamme). ➤ **maltraiter ;** FAM. **démolir.** *Éreinter un adversaire politique. « Les journaux, parlons-en ! [...] Les revues ! [...] On m'éreinte de toutes parts »* GIDE. ■ CONTR. 1 Reposer. 1 Louer, vanter.

ÉREINTEUR, EUSE [eʀɛ̃tœʀ, øz] **n.** – 1859 ◊ de *éreinter* ■ RARE Personne qui critique violemment qqn pour le discréditer. **adj.** *Un critique éreinteur.*

ÉRÉMISTE ['eʀemist] **n.** – 1989 ◊ de *R. M. I.* ■ Bénéficiaire du R. M. I. *Les érémistes.* — On écrit aussi *RMiste, RMIste.*

ÉRÉMITIQUE [eʀemitik] **adj.** – avant 1525 ◊ latin *eremiticus* → ermite ■ LITTÉR. Propre à un ermite **(opposé à *cénobitique*).** *Vie érémitique,* que mènent les solitaires dans le désert. — PAR EXT. *Mener une vie érémitique.* ➤ **ascétique.**

ÉREPSINE [eʀɛpsin] **n. f.** – 1901 ◊ grec *ereipein* « démolir », d'après *pepsine* ■ BIOCHIM. Enzyme sécrétée par l'intestin grêle, participant à la digestion en dégradant en acides aminés les polypeptides issus des protéines alimentaires.

-ÉRÈSE ■ Élément, du grec *eirein* « enlever » : *aphérèse, diérèse.*

ÉRÉSIPÈLE ➤ **ÉRYSIPÈLE**

ÉRÉTHISME [eʀetism] **n. m.** – 1741 ◊ grec *erethismos* « irritation » ■ **1** MÉD. État d'excitabilité accrue (d'un organe). *Éréthisme cardiaque.* ■ **2** LITTÉR. Exaltation* violente d'une passion ; tension d'esprit excessive. ➤ **fièvre, tension.** *« Il a porté mon imagination et ma pensée jusqu'au dernier degré d'éréthisme »* CHÊNEDOLLÉ.

ÉREUTHOPHOBIE [eʀøtɔfɔbi] **n. f.** – 1903 ◊ du grec *ereuthô* « je rougis » et *-phobie* ■ DIDACT. Crainte excessive, pathologique, de rougir.

1 **ERG** [ɛʀg] **n. m.** – 1890 ; *areg* plur. 1849 ◊ mot arabe ■ GÉOGR. Région du Sahara couverte de dunes (opposé à *hamada*). *Les dunes du Grand Erg. Des ergs.* On utilise aussi le pluriel arabe *areg* [aʀɛg]. « *les dunes chaudes, les areg, où l'oiseau dépose ses œufs* » FROMENTIN. — PAR EXT. Espace désertique occupé par des dunes.

2 **ERG** [ɛʀg] **n. m.** – 1874 ◊ grec *ergon* « travail » ■ MÉTROL. Unité C. G. S. de mesure d'énergie (SYMB. erg), valant 10^{-7} joule. *Erg par seconde :* unité C. G. S. de mesure de puissance, valant 10^{-7} watt.

ERGASTOPLASME [ɛʀgastɔplasm] **n. m.** – 1897 ◊ du grec *ergastês* « celui qui travaille » et *-plasme* ■ BIOL. CELL. Ensemble d'éléments cytoplasmiques figurés, fortement basophile. ➤ **réticulum** (endoplasmique).

ERGASTULE [ɛʀgastyl] **n. m.** – XIVe, repris XIXe ◊ latin *ergastulum*, adaptation du grec *ergastêrion* « atelier » ■ Prison souterraine, cachot, dans l'Antiquité romaine. « *Une plainte continue monte du fond des ergastules* » FLAUBERT.

ERGO-, -ERGIE ■ Éléments, du grec *ergon* « travail, force ».

ERGOGRAPHE [ɛʀgɔgʀaf] **n. m.** – 1890 ◊ de *ergo-* et *-graphe* ■ SC. Appareil pour l'étude et la mesure du travail musculaire.

ERGOL [ɛʀgɔl] **n. m.** – 1973 ◊ du grec *ergon* « énergie », d'après *propergol* ■ TECHNOL. Substance employée seule (➤ **monergol**) ou comme composant d'un mélange (➤ **propergol**), pour fournir de l'énergie. ➤ **hydrazine.** *Fusée à ergol liquide.*

ERGOLOGIE [ɛʀgɔlɔʒi] **n. f.** – 1953 ◊ de *ergo-* et *-logie* ■ DIDACT. Partie de la physiologie qui étudie l'activité musculaire.

ERGOMÉTRIE [ɛʀgɔmetʀi] **n. f.** – v. 1960 ◊ de *ergo-* et *-métrie* ■ DIDACT. Mesure du travail fourni par certains muscles ou par l'organisme en général. *L'ergométrie en médecine du travail, en médecine sportive.*

ERGOMÉTRIQUE [ɛʀgɔmetʀik] **adj.** – v. 1960 ◊ de *ergométrie* ■ SC. Relatif à l'ergométrie. *Bicyclette ergométrique :* bicyclette d'exercice, sans roue, munie d'un pédalier dont on peut régler le couple résistant.

ERGONOME [ɛʀgɔnɔm] **n.** – 1972 ◊ de *ergonomie* ■ DIDACT. Spécialiste de l'ergonomie. — On dit aussi **ERGONOMISTE,** 1970.

ERGONOMIE [ɛʀgɔnɔmi] **n. f.** – v. 1965 ◊ de l'anglais *ergonomics* (1949), du grec *ergon* « travail », d'après *economics*, etc. ■ DIDACT. ■ **1** Étude scientifique des conditions (psychophysiologiques et socioéconomiques) de travail, de l'adaptation des outils, postes de travail aux utilisateurs, des relations entre l'utilisateur et la machine. ■ **2** Recherche de la meilleure adaptation entre un matériel et l'utilisateur ; qualité d'un objet ainsi conçu. « *s'asseoir au volant pour juger de l'ergonomie des commandes et de l'agencement du tableau de bord* » J.-P. DUBOIS.

ERGONOMIQUE [ɛʀgɔnɔmik] **adj.** – avant 1970 ◊ de *ergonomie* ■ DIDACT. Relatif, conforme à l'ergonomie. *Les sièges « ergonomiques, donc confortables »* (Le Point, 1989).

ERGOSTÉROL [ɛʀgosteʀɔl] **n. m.** – 1933 ◊ de *ergot* (de seigle) et *stérol*, d'après *ergostérine* (fin XIXe) ■ BIOCHIM., PHARM. Stérol synthétisé par l'ergot* (II, 1°) et la levure, qui se transforme en vitamine D sous l'effet des rayons ultraviolets.

ERGOT [ɛʀgo] **n. m.** – *argoz* plur. 1160 ◊ origine inconnue

I Production cornée derrière la patte de quelques animaux. ➤ **éperon.** ■ **1** Chez les gallinacés mâles, Pointe recourbée du tarse, doigt abortif servant d'arme offensive. *Les ergots du coq.* « *Le coq jaloux monte sur ses ergots pour un combat suprême* » RENARD. ♦ LOC. FIG. *Monter, se dresser sur ses ergots :* prendre une attitude agressive, menaçante. ■ **2** Chez les mammifères qui n'ont que deux ou trois doigts, Apophyse cornée en arrière du boulet. *Ergots du cheval.* ♦ Ongle supplémentaire vers la partie postérieure de la patte du chien.

II ■ **1** AGRIC. Petit corps oblong et vénéneux formé par un champignon parasite, qui se développe au détriment du grain de certaines céréales. *Ergot du blé, du seigle. Hallucinogène tiré de l'ergot de seigle* (➤ **L. S. D.**). *L'ergot de seigle est utilisé en thérapeutique comme vasoconstricteur* (➤ **ergotamine**) *et contre le rachitisme* (➤ **ergostérol**). — PAR EXT. Maladie cryptogamique de nombreuses graminées, cultivées et sauvages, où apparaissent des ergots. *Céréales sujettes à l'ergot.* ■ **2** ARBOR. Petite pointe de branche morte restant à un arbre fruitier. ■ **3** TECHN. Saillie laissée à une pièce de bois, de fer. ■ **4** ANAT. *Ergot de Morand* (appelé aussi *petit hippocampe*) : saillie médullaire de chaque ventricule latéral du cerveau.

ERGOTAGE [ɛʀgɔtaʒ] **n. m.** – fin XVIe ◊ de *ergoter* ■ Action, fait d'ergoter ; critique pointilleuse. « *ces discussions oiseuses, cet ergotage aigre et puéril* » R. ROLLAND. ➤ **ergoterie.**

ERGOTAMINE [ɛʀgɔtamin] **n. f.** – v. 1970 ◊ de *ergot* (de seigle) ■ BIOCHIM., PHARM. Alcaloïde extrait de l'ergot de seigle, vasoconstricteur parfois utilisé dans le traitement des migraines.

ERGOTÉ, ÉE [ɛʀgɔte] **adj.** – 1549 ◊ de *ergot* ■ **1** Pourvu d'ergots. *Un oiseau ergoté.* ■ **2** (1755) Atteint d'ergot. *Blé, seigle ergoté.* ➤ **cornu.**

ERGOTER [ɛʀgɔte] **v. intr.** ⟨1⟩ – 1534 ; *argoter* XIIIe ◊ du latin *ergo* « donc », par croisement avec *ergot* ■ Trouver à redire sur des vétilles ; contester* avec des arguments captieux. ➤ **chicaner, chinoiser, discutailler, discuter, épiloguer, ratiociner, tergiverser ;** FAM. **pinailler** (cf. Couper les cheveux* en quatre). *Personne qui a la manie d'ergoter.* ➤ **ergoteur, pointilleux.**

ERGOTERIE [ɛʀgɔtʀi] **n. f.** – 1567 ◊ de *ergoter* ■ VIEILLI Action d'ergoter ; son résultat. ➤ **chicane, discussion, ergotage.**

ERGOTEUR, EUSE [ɛʀgɔtœʀ, øz] **n.** et **adj.** – 1585 ◊ de *ergoter* ■ Personne qui aime à ergoter. ➤ **argumentateur, chicanier, pinailleur** (cf. Coupeur de cheveux* en quatre). « *La Grèce est la mère des ergoteurs, des rhéteurs et des sophistes* » TAINE. **adj.** *Il est ergoteur.*

ERGOTHÉRAPIE [ɛʀgoteʀapi] **n. f.** – 1911 ◊ de *ergo-* et *-thérapie* ■ DIDACT. Traitement de rééducation et de réadaptation qui a pour but de préserver l'autonomie des personnes en situation de handicap (temporaire ou définitif) par des activités adaptées. — **n. ERGOTHÉRAPEUTE** [ɛʀgoteʀapøt].

ERGOTISME [ɛʀgɔtism] **n. m.** – 1818 ◊ de *ergot* (II, 1°) ■ MÉD. Forme dangereuse d'empoisonnement provoquée par la consommation de seigle ergoté (cf. Mal des ardents*).

ÉRICACÉES [eʀikase] **n. f. pl.** – 1819 ◊ du latin *erica* « bruyère » ■ BOT. Famille de plantes dicotylédones gamopétales superovariées, comprenant des arbrisseaux ou arbustes (arbousier, azalée, bruyère, gaulthérie, myrtille, rhododendron, etc.). — Au sing. *Une éricacée.*

ÉRIGER [eʀiʒe] **v. tr.** ⟨3⟩ – 1495 ◊ latin *erigere* « dresser » ■ **1** Placer (un monument) en station verticale. ➤ **dresser.** *On érigea l'obélisque place de la Concorde* (➤ **érection**). — PRONOM. Se dresser. « *sa mentonnière dont les deux coques ridicules s'érigeaient en cornes sur sa tête* » MARTIN DU GARD. ♦ Construire* avec solennité. ➤ **bâtir, élever.** *Ériger un temple, une statue.* ■ **2** LITTÉR. OU ADMIN. ➤ **créer, établir, fonder, instituer.** *Ériger un tribunal, une commission, une société.* ■ **3** FIG. **ÉRIGER (qqn, qqch.) EN :** donner à (qqn, qqch.) le caractère de ; faire passer (qqn, qqch.) à (un statut plus élevé, plus important). ➤ **changer, transformer.** *Ériger une église en cathédrale. Ériger un criminel en héros. Ériger ses caprices en règle morale. M. de Penthièvre « dont il érigeait en culte la sainte mémoire »* SAINTE-BEUVE. ♦ **S'ÉRIGER EN v. pron.** S'attribuer la personnalité, le rôle de. ➤ **se poser** (en), **se présenter** (comme). *S'ériger en moraliste, en maître, en justicier.* ■ CONTR. 1 Coucher, détruire.

ÉRIGÉRON [eʀiʒeʀɔ̃] **n. m.** – 1808 ◊ latin *erigeron*, grec *erigerôn* « séneçon » ■ BOT. Plante *(composacées)* herbacée, appelée communément *vergerette.*

ÉRIGNE [eʀiɲ] **n. f.** – *erigne, erine* 1721 ; *ireigne* 1536 ◊ latin *aranea* « araignée », en médecine ■ CHIR. Crochet pointu monté sur un manche, qui sert à soulever certaines parties du corps et à les maintenir écartées.

ÉRISTALE [eʀistal] **n. m.** – 1831 ◊ latin des zoologistes *eristalis*, du grec *eri* « beaucoup » et *stalan* « couler goutte à goutte » ■ ZOOL. Insecte diptère qui ressemble à l'abeille. *Éristale gluant*, espèce la plus commune.

ÉRISTIQUE [eʀistik] **adj.** et **n.** – 1765 ◊ grec *eristikos* ■ HIST. PHILOS. Relatif à la controverse. *Écrit éristique.* — SUBST. *Un éristique :* un philosophe de l'école de Mégare. ♦ **n. f.** *L'éristique :* l'art de la controverse.

ERLENMEYER [ɛʀlœnmejɛʀ] **n. m.** – 1914 ◊ du nom du chimiste allemand *Emil Erlenmeyer* ■ CHIM. Petite fiole en verre, à base conique et à col cylindrique, servant aux expériences en laboratoire.

ERMITAGE [ɛʀmitaʒ] n. m. – 1138 ; écrit *hermitage* jusqu'au XIXe ◊ de *ermite* ■ **1** VX Habitation d'ermite. ■ **2** LITTÉR. Lieu écarté, solitaire. *Vivre dans un ermitage.* « *M. de Chateaubriand veut décidément se retirer du monde ; il va vivre en solitaire dans un ermitage* » SAINTE-BEUVE. — PAR EXT. Maison de campagne retirée. *L'ermitage* (ou *hermitage*) *de J.-J. Rousseau.*

ERMITE [ɛʀmit] n. – 1138 ◊ latin chrétien *eremita,* grec *erêmitês* « qui vit dans la solitude », de *erêmos* « désert » ■ **1** Religieux retiré dans un lieu désert (opposé à *cénobite*). ➤ **anachorète, ascète, solitaire.** *Les ermites de la Thébaïde. Une ermite aurait vécu dans cette grotte. Vie d'ermite.* ➤ **érémitique.** — LOC. *Vivre en ermite, comme un ermite,* seul et reclus. ■ **2** RARE ➤ **bernard-l'ermite.**

ÉRODER [eʀɔde] v. tr. ‹1› – 1560, repris XIXe ◊ latin *erodere* → corroder ■ DIDACT. Détruire par une action lente. ➤ **ronger.** *Acide qui érode un métal. L'eau érode le lit des rivières.* ➤ **affouiller, 1 dégrader.** « *La lèpre rongeante a mutilé les statues : l'une a perdu son bras, l'autre ses mains ; celle-ci a le genou érodé* » SUARÈS. — PRONOM. *La pierre s'érode.*

ÉROGÈNE [eʀɔʒɛn] adj. – 1881 ; bot. 1546 ◊ du grec *erôs* « amour » et *-gène* ■ PSYCHAN. Susceptible de provoquer une excitation sexuelle. *Zone érogène :* partie du corps (lobe de l'oreille, nuque...) qui, stimulée, procure un plaisir érotique.

ÉROS [eʀos] n. m. – 1924 ◊ allemand *Eros,* nom du dieu grec de l'amour ■ PSYCHAN. Principe d'action, symbole du désir, dont l'énergie est la libido*. *Éros et Thanatos.*

ÉROSIF, IVE [eʀozif, iv] adj. – 1861 ◊ de *érosion* ■ GÉOL. ■ **1** Qui produit l'érosion (2°). *Agents, facteurs érosifs.* ■ **2** Qui s'érode facilement. *Roche érosive.*

ÉROSION [eʀozjɔ̃] n. f. – 1541 ◊ latin *erosio,* de *erodere* → éroder ■ Action d'une substance qui érode, qui ronge ; son résultat. ■ **1** MÉD. Lésion de la peau ou d'une muqueuse avec perte de substance très superficielle. *Érosion par frottement, par inflammation.* ➤ **écorchure, excoriation, ulcération.** ■ **2** (XVIIIe) MOD. Action d'usure et de transformation que les eaux et les agents atmosphériques font subir à l'écorce terrestre. ➤ **corrosion, 1 dégradation, désagrégation.** *Érosion glaciaire* (➤ **abrasion**), *fluviale, marine* (ou *littorale*), *éolienne* (➤ **corrosion, 1 déflation**). *Cycle d'érosion.* ♦ SPÉCIALT Usure du lit et des berges des cours d'eau par les matériaux entraînés. ➤ **affouillement.** ■ **3** (v. 1966) FIG. Usure graduelle. *Érosion monétaire :* dépréciation du pouvoir d'achat de la monnaie due à la hausse des prix. ➤ **inflation.**

ÉROTIQUE [eʀɔtik] adj. – 1566 ◊ latin *eroticus,* grec *erôtikos* « qui concerne l'amour (*erôs*) » ■ **1** DIDACT. Qui traite de l'amour, chante l'amour. *Poésie érotique. Les odes érotiques d'Anacréon.* ■ **2** COUR. Qui a rapport à l'amour physique, au plaisir et au désir sexuels distincts de la procréation. *La vie érotique d'une célibataire.* ➤ **amoureux.** *Pensées, images, rêves érotiques.* ➤ **sensuel, sexuel, voluptueux.** *Scène érotique.* ➤ ANGLIC. **hot.** *Ce désir « produisait ces images folles dans sa tête et ces rêves érotiques »* C. CUSSET. ♦ Qui a pour sujet l'amour physique, le plaisir sexuel. *Récit érotique.* ➤ **licencieux.** « *Le moyen français (XVe-XVIe s.) est d'une fécondité inépuisable en termes érotiques* » SAINÉAN. *Film érotique et film pornographique*.* ♦ MÉD. *Délire érotique.* ➤ **érotomanie.** ■ **3** Qui provoque le désir sexuel. ➤ FAM. **bandant.** *Pose, geste érotique.* ➤ **excitant.** *Une séduction « trash, décalée, pas du tout érotique en fait »* HOUELLEBECQ. *Déshabillage érotique.* ➤ **striptease.** *Vêtement, tenue érotique.* ➤ **coquin, sexy.** *Objets érotiques* (➤ **sexe-toy**). *Stimulant érotique.* ➤ **aphrodisiaque.** ■ **4** n. f. Conception, pratique de l'érotisme. « *L'érotique chinoise* » ÉTIEMBLE. ■ CONTR. Chaste.

ÉROTIQUEMENT [eʀɔtikmɑ̃] adv. – 1796 ◊ de *érotique* ■ D'une manière érotique.

ÉROTISATION [eʀɔtizasjɔ̃] n. f. – 1932 ◊ de *érotiser* ■ Transformation (d'un acte, d'un état psychique sans signification sexuelle explicite) en motif de plaisir érotique. « *Érotisation de l'angoisse* » LAGACHE.

ÉROTISER [eʀɔtize] v. tr. ‹1› – 1889 ◊ de *érotique* ■ **1** MÉD. Stimuler (les centres nerveux dont dépend l'impulsion sexuelle). « *Les hormones érotisent le système nerveux* » A. BINET. ■ **2** Revêtir, colorer d'un caractère érotique. *Publicité qui érotise le produit à vendre.* « *son jeune corps, érotisé dans une robe d'été* » HOUELLEBECQ.

ÉROTISME [eʀɔtism] n. m. – 1794 ◊ de *érotique* ■ **1** Goût marqué pour le plaisir sexuel. ➤ **sensualité.** ■ **2** Caractère érotique, tendance érotique. *L'érotisme d'une pose, d'une tenue.* ■ **3** Caractère de ce qui a l'amour physique pour thème. *L'érotisme dans l'œuvre de Baudelaire, de Verlaine. Érotisme d'un film, d'une revue. Érotisme et pornographie*.* ■ **4** Mode de plaisir. *Érotisme anal. Érotisme sadomasochiste.*

ÉROTOLOGIE [eʀɔtɔlɔʒi] n. f. – 1882 ◊ du grec *erôs, erôtos,* « amour » et *-logie* ■ DIDACT. Science de l'érotisme, étude de ce qui se rapporte à l'amour physique. ➤ aussi **sexologie.** *Manuel d'érotologie.* — adj. **ÉROTOLOGIQUE.**

ÉROTOLOGUE [eʀɔtɔlɔg] n. – 1969 ◊ du grec *erôs, erôtos* « amour » et *-logue* ■ DIDACT. Spécialiste de l'érotologie. *Un romancier érotologue.*

ÉROTOMANE [eʀɔtɔman] adj. et n. – 1836 ◊ de *érotomanie* ■ DIDACT. Qui est affecté d'érotomanie. ➤ **nymphomane, obsédé** (sexuel).

ÉROTOMANIE [eʀɔtɔmani] n. f. – 1741 ◊ grec *erôtomania* ■ **1** Obsession caractérisée par des préoccupations d'ordre sexuel. *Érotomanie féminine.* ➤ **nymphomanie.** *Érotomanie masculine.* ➤ **satyriasis.** — adj. **ÉROTOMANIAQUE.** *Syndrome érotomaniaque.* ■ **2** PSYCHOL. Illusion délirante d'être aimé.

ERPÉTOLOGIE [ɛʀpetɔlɔʒi] n. f. – 1789 ◊ du grec *herpeton* « serpent » et *-logie* ■ ZOOL. Étude des reptiles et des amphibiens. — On écrit aussi *herpétologie.*

ERRANCE [eʀɑ̃s] n. f. – XIIe, rare av. 1856 ◊ de *errer* (II) ■ **1** LITTÉR. Action d'errer çà et là. ➤ **course, randonnée ; flânerie, vagabondage.** « *Les caravanes se mettaient en marche, lentement, et notre âme s'emplissait d'exaltation et d'angoisse, à ne connaître pas le but de leur interminable errance* » GIDE. ■ **2** PAR ANAL. *Errance diagnostique, médicale :* fait, pour un patient, de consulter de nombreux praticiens sans obtenir de diagnostic, de traitement satisfaisant.

1 **ERRANT, ANTE** [eʀɑ̃, ɑ̃t] adj. – XIIe ◊ p. prés. de l'ancien verbe *errer* « marcher, aller », du bas latin *iterare* « voyager » ■ *Chevalier errant,* qui ne cesse de voyager. *Le Juif* errant.* ■ CONTR. Sédentaire.

2 **ERRANT, ANTE** [eʀɑ̃, ɑ̃t] adj. – XVIe ◊ de *errer* ■ Qui va de côté et d'autre, qui n'est pas fixé. ➤ **vagabond.** *Chien errant.* ➤ **égaré, perdu.** « *Être errant et sembler libre, c'est être perdu* » HUGO. — *La vie errante des peuples nomades.* « *La vie errante* », *récit de voyages de Maupassant.* — FIG. « *Je n'étais qu'une âme errante qui divaguait çà et là dans la campagne pour user les jours* » LAMARTINE. — *Regards errants.* ➤ **flottant, fugitif, furtif.** ■ CONTR. 1 Fixe, fixé, stable.

ERRATA [eʀata] n. m. – 1560 ◊ mot latin → erratum ■ **1** n. m. pl. *Des errata.* ➤ **erratum.** ■ **2** Liste des fautes qui se sont glissées dans l'impression d'un ouvrage. *Un errata, des errata* (ou *des erratas*).

ERRATIQUE [eʀatik] adj. – 1265, rare avant XIXe ◊ latin *erraticus* « errant » → errer ■ DIDACT. ■ **1** Qui n'est pas fixe. — MÉD. Qui n'est pas régulier. *Fièvre erratique.* ➤ **intermittent.** *Douleur erratique,* qui change souvent de place. — PAR EXT. Situé en un endroit inhabituel. *Goitre erratique.* ■ **2** GÉOL. Qui a été transporté par les anciens glaciers à une grande distance de leur point d'origine. *Roche, bloc erratique.*

ERRATUM, plur. **ERRATA** [eʀatɔm, eʀata] n. m. – 1798 ◊ mot latin « chose où l'on a erré », de *errare* → errer ■ Faute d'impression signalée. *Liste des errata (erratums).*

ERRE [ɛʀ] n. f. – XIIe « voyage, route » ◊ de l'ancien français *errer,* de *iterare* → 1 errant ■ **1** VX Manière d'avancer, de marcher. ➤ **allure, train, vitesse.** LOC. *Aller grand-erre, grand'erre, belle erre,* à bonne allure. « *Ils détalaient grand'erre et comme s'ils eussent eu les chiens aux trousses* » GAUTIER. ■ **2** MAR. Vitesse acquise d'un bâtiment sur lequel n'agit plus le propulseur. *Diminuer l'erre.* — LOC. *Se laisser glisser, continuer sur son erre.* ➤ **lancée.** *Le nageur « se laissa glisser sur son erre »* GIONO. — (1928) RÉGION. *Erre d'aller :* élan, lancée. *Donner l'erre d'aller.* ■ **3** AU PLUR. VÉN. **ERRES** Traces (d'un animal). *Les erres d'un cerf.* ■ HOM. Air, aire, ère, ers, haire, hère, 1 r.

ERREMENTS [ɛʀmɑ̃] n. m. pl. – XIIe ◊ de l'ancien français *errer* « voyager » (→ 1 errant), et aussi « agir, se comporter de telle ou telle façon » ■ **1** VX Manière d'agir habituelle. ➤ **conduite.** ■ **2** (par influence de *errer, erreur*) MOD. Habitude invétérée, néfaste ; manière d'agir blâmable, insensée. *Persévérer, retomber dans ses anciens errements.* ➤ **abus, erreur, faute, ornière.**

ERRER [eʀe] v. intr. ‹1› – XIIe *erroïer, erroër* ◊ latin *errare*
I VX ou LITTÉR. S'écarter, s'éloigner de la vérité. ➤ **s'égarer,** se **tromper ; erreur, erroné.** « *On le* [Hugo] *voit errer, sans doute en politique* [...] *Mais littérairement, il ne se trompe pas* » HENRIOT.

II (par confusion de *errer* (¹), et de l'ancien français *errer* «voyager» → 1errant, errements) ▪ **1** Aller de côté et d'autre, au hasard, à l'aventure. ➤ **déambuler, divaguer, flâner, vadrouiller, vaguer.** *Mendiant, rôdeur, vagabond qui erre sur les chemins.* ➤ **rôder, traîner, vagabonder.** *«Voyager pour voyager, c'est errer, être vagabond»* Rousseau. *«J'errai un moment parmi les grands corridors tout noirs, tâtant les murs pour essayer de retrouver mon chemin»* Daudet. *Errer comme une âme en peine*.* — PAR MÉTAPH. *La vérité «erre inconnue parmi les hommes»* Pascal. *Laisser errer sa plume :* se laisser aller à écrire sans contrainte. ▪ **2** FIG. Se manifester çà et là, ou fugitivement. ➤ 1**flotter, passer, se promener.** *Regards qui errent sur divers objets. Un sourire errait sur ses lèvres.*
▪ **CONTR.** Arrêter (s'), diriger (se). ▪ **HOM.** Airer.

ERREUR [ɛʀœʀ] **n. f.** – début XIIᵉ ◇ du latin *error* «action d'errer çà et là» et «erreur», famille de *errare* → errer

I FAIT DE SE TROMPER ▪ **1** Acte de l'esprit qui tient pour vrai ce qui est faux et inversement ; jugements, faits psychiques qui en résultent. ➤ **égarement, faute.** *Erreur choquante, grossière, commise par ignorance.* ➤ **ânerie, bêtise, bourde ;** FAM. **connerie.** *C'est une erreur, vous êtes mal informé. Erreur par laquelle on confond plusieurs choses, plusieurs personnes.* ➤ **confusion, méprise, quiproquo.** *Erreur de jugement, de raisonnement.* ➤ **aberration, absurdité, non-sens.** *Erreur d'estimation, d'appréciation. Erreur des sens,* d'interprétation de la perception. ➤ **illusion.** *«À toute erreur des sens correspondent d'étranges fleurs de la raison»* Aragon. *L'être humain est sujet à l'erreur,* à se tromper (*«Errare humanum est»*). *Le droit à l'erreur. Faire, commettre une erreur.* ➤ **s'abuser, se méprendre, se tromper ;** (cf. Se mettre le doigt* dans l'œil, prendre des vessies pour des lanternes*). *Éviter une erreur. — C'est une erreur de croire cela. Une grave, une profonde erreur. «C'est une grande erreur de spéculer sur la sottise des sots»* Valéry. ◆ **FAIRE ERREUR :** se tromper. *Vous faites erreur.* ◆ **IL Y A ERREUR.** *Il y a erreur sur la personne, sur la date.* ➤ **malentendu.** FAM. *(Il n'y a) pas d'erreur :* c'est bien cela. ◆ **SAUF ERREUR :** excepté si l'on se trompe. *Sauf erreur de ma (ta, sa, votre...) part.* ◆ **PAR ERREUR.** *Faire, dire qqch. par erreur* (cf. Par inadvertance, par mégarde). *Ce colis vous a été envoyé par erreur. Être condamné par erreur,* à la suite d'une erreur judiciaire. ▪ **2** État d'un esprit qui prend pour vrai ce qui est faux, et inversement. ➤ **aberration, aveuglement.** *Être, tomber dans l'erreur. Induire qqn en erreur.* ➤ **tromper.** *«les ténèbres de l'ignorance valent mieux que la fausse lumière de l'erreur»* Rousseau. ▪ **3** Ce qui, dans ce qui est perçu ou transmis comme étant vrai (apparences, connaissances), est jugé comme faux par celui qui parle. ➤ **fausseté, illusion.** *Erreur ayant l'apparence de la vérité.* ➤ **sophisme.** *Toute cette théorie n'est qu'erreur, est entachée d'erreur* (➤ **erroné,** 1**faux**). *«Nul doute : l'erreur est la règle ; la vérité est l'accident de l'erreur»* Duhamel. ▪ **4** Assertion, opinion fausse. ➤ **contrevérité, fausseté.** *Erreur commune, courante, fréquente. C'est une erreur très répandue. Il est revenu de bien des erreurs.* ➤ **préjugé.** *«Vérité au deçà des Pyrénées, erreur au delà»* Pascal. ▪ **5** ABSOLT *L'erreur.* Conviction, doctrine qui s'écarte d'un dogme, au regard de ceux qui le défendent. *Erreur en matière de convictions religieuses, de foi* (➤ **hérésie**). *Persistance dans l'erreur* (➤ **impénitence**). *Vivre dans l'erreur.* ▪ **6** (début XIIIᵉ) Action regrettable, maladroite, déraisonnable. ➤ **faute.** *Il a commis une grossière erreur en ne l'invitant pas.* ➤ **bévue,** 2**gaffe** (FAM.), **impair, maladresse.** *Erreur de savoir-vivre. Erreur de tactique. Erreur qui provoque des incidents.* ➤ **bavure.** — SPÉCIALT Écart de conduite ; action blâmable (et jugée comme telle par celui qui l'a commise). ➤ **dérèglement,** 1**écart, égarement, errements, extravagance.** *Erreur de jeunesse. «si la Légion est un refuge, c'est à la condition de racheter les erreurs du passé [...] pour ceux qui, naturellement, ont un passé chargé d'erreurs»* Mac Orlan.

II CE QUI EST FAUX ▪ **1** (début XIIIᵉ) Chose fausse, erronée, action non prévue par rapport à une norme (différence par rapport à un modèle ou au réel). ➤ **faute*, inexactitude.** *Exposé, article plein d'erreurs. Erreur de référence. Corriger une erreur* (➤ **contrôleur, réviseur**). *Liste d'erreurs* (➤ **errata**). *Erreur dans une traduction, une interprétation.* ➤ **contresens, non-sens.** *Erreur d'impression dans un texte.* ➤ **coquille.** *Erreur de date, de temps* (➤ **anachronisme**). *Erreur dans un compte.* ➤ **mécompte.** *Sauf erreur ou omission :* formule que l'on met au bas des comptes courants et qui réserve le droit du possesseur du compte à le vérifier. *Erreur de calcul :* inexactitude dans un calcul. *Erreur dans la distribution des cartes.* ➤ **maldonne.** *Faire une erreur en composant un numéro de téléphone. Erreur de manœuvre* (d'un véhicule, d'une machine). *Cherchez l'erreur :* il y a quelque chose qui ne va pas, qui n'est pas normal. *«Avaient une liste de quatre personnes à arrêter, et voilà que nous étions cinq. [...] Cherchez l'erreur»* J.-L. Benoziglio. ▪ **2** MATH., PHYS. Écart entre la valeur exacte d'une grandeur et sa valeur calculée ou mesurée. *Erreur absolue,* majorant* de la valeur absolue de cet écart. *Erreur relative :* rapport de l'erreur absolue à la valeur de la mesure. *Erreur systématique,* due à la méthode ou à l'instrument de mesure. *Erreur accidentelle,* dépendant de l'exécution de la mesure et se produisant de manière aléatoire. *Erreur d'une approximation :* différence (notée $a-x$) entre un réel x et la valeur approchée de sa mesure a. ◆ AUTOMAT. *Signal d'erreur :* différence existant, dans une chaîne d'asservissement*, entre le signal de consigne et le signal de retour. ◆ INFORM. *Erreur de transmission :* modification accidentelle d'un bit ou groupe de bits au cours d'une transmission numérique. ◆ PSYCHOL. *Erreurs individuelles d'observation* (cf. Équation* personnelle). ◆ DR. ➤ **vice.** *L'erreur, vice de consentement. Nullité d'un acte juridique entaché d'erreur. Erreur de fait,* portant sur une circonstance matérielle. *Erreur de droit,* portant sur l'existence ou l'interprétation d'une règle juridique. *Erreur sur la substance,* qui porte sur les qualités déterminantes de l'objet du contrat. — COUR. *Erreur judiciaire :* condamnation civile ou pénale injustement prononcée.
▪ **CONTR.** Justesse, lucidité, perspicacité. Certitude, exactitude, réalité, vérité.

ERRONÉ, ÉE [ɛʀɔne] **adj.** – XVᵉ ◇ latin *eroneus,* de *errare* → errer ▪ Qui contient des erreurs ; qui constitue une erreur. ➤ 1**faux, incorrect, inexact.** *Affirmation, assertion erronée. Nouvelle erronée. Citation erronée.* ➤ **fautif.** *Conclusions erronées* (cf. Mal fondé*). ▪ **CONTR.** Exact, incontestable, indubitable, réel, vrai.

ERRONÉMENT [ɛʀɔnemɑ̃] **adv.** – XVIᵉ, repris 1864 ◇ de *erroné* ▪ D'une manière erronée. ➤ **faussement, tort** (à tort). *Juger erronément. On a prétendu erronément que...*

ERS [ɛʀ] **n. m.** – 1538 ◇ mot provençal ; latin *ervus* ▪ AGRIC. Plante herbacée annuelle *(légumineuses)* cultivée comme fourragère, appelée aussi *lentille bâtarde.* ▪ **HOM.** Air, aire, ère, erre, haire, hère, 1r.

ERSATZ [ɛʀzats] **n. m.** – v. 1914, répandu 1939 ◇ mot allemand «remplacement» ▪ **1** ANCIENNT Produit alimentaire qui en remplace un autre de qualité supérieure, devenu rare. ➤ **succédané.** *Ersatz de café.* ▪ **2** FIG. et VIEILLI Ce qui remplace (qqch. ou qqn) en moins bien. ➤ **substitut.** *Un ersatz de famille.*

1**ERSE** [ɛʀs] **n. f.** – 1702 ◇ altération de *herse* ▪ MAR. Anneau en cordage. *Erse d'une poulie.* ▪ **HOM.** Herse.

2**ERSE** [ɛʀs] **adj.** – 1761 ◇ du gaélique ▪ De Haute-Écosse. *Langue erse.* — **n. m.** *L'erse :* dialecte celtique parlé dans les Highlands. ➤ **gaélique.**

ERSEAU [ɛʀso] **n. m.** – 1845 ◇ de 1*erse* ▪ MAR. Petite erse. *Erseau d'aviron,* qui fixe les avirons au tolet.

ÉRUBESCENCE [eʀybesɑ̃s] **n. f.** – 1361 ◇ latin *erubescere* «devenir rouge» ▪ DIDACT. Action de rougir ; son résultat. ➤ **rougeur.**

ÉRUBESCENT, ENTE [eʀybesɑ̃, ɑ̃t] **adj.** – 1784 ◇ latin *erubescens* «rougissant» ▪ DIDACT. Qui devient rouge. *Fruits érubescents.* — MÉD. *Tumeur érubescente.* ➤ **rubescent.**

ÉRUCIFORME [eʀysifɔʀm] **adj.** – 1834 ◇ latin savant, de *eruca* «chenille» et *-forme* ▪ ZOOL. Qui a la forme d'une chenille. *Larve éruciforme.*

ÉRUCIQUE [eʀysik] **adj.** – 1864 ◇ du latin *eruca* (→ 1roquette) ▪ BIOCHIM. *Acide érucique :* acide éthylénique, de formule brute $C_{21}H_{41}COOH$, présent dans les huiles de moutarde, de pépin de raisin et de certaines variétés de colza.

ÉRUCTATION [eʀyktasjɔ̃] **n. f.** – XIIIᵉ ◇ latin *eructatio* «vomissement», d'après *ructa* «rot» ▪ LITTÉR. Émission bruyante par la bouche de gaz provenant de l'estomac. ➤ **renvoi,** 1**rot.** *«quelques éructations discrètes, qui se dissimulaient très bien dans certaines attaques de phrase»* Romains. — FIG. Manifestation grossière, injurieuse (d'idées, de sentiments).

ÉRUCTER [eʀykte] **v.** ⟨1⟩ – 1825 tr. ◇ latin *eructare* «vomir» ▪ **1 v. intr.** LITTÉR. Renvoyer par la bouche les gaz contenus dans l'estomac. ➤ **roter.** ▪ **2 v. tr.** FIG. *Éructer des injures.* ➤ **émettre,** 1**lancer.** *«Dans ce "oh," éructé du fin fond de la gorge, un monde de haine tenait»* Courteline.

ÉRUDIT, ITE [eʀydi, it] **adj. et n.** – XIVᵉ, repris XVIIIᵉ ◇ latin *eruditus,* de *erudire* «dégrossir» ▪ **1** Qui a de l'érudition*. ➤ **cultivé, docte, instruit, lettré, savant.** *Un historien érudit. «Elle était lettrée, érudite, savante, compétente, curieusement historienne, farcie*

de latin, bourrée de grec, pleine d'hébreu» HUGO. ♦ (CHOSES) Qui demande de l'érudition. *Recherche érudite.* — Qui est produit par l'érudition. *Ouvrage érudit.* ■ **2** n. *Un érudit, une érudite.* ➤ **lettré, mandarin, savant** (cf. Un puits* de science). *Travaux d'érudit.* ➤ **bénédictin.** ■ CONTR. Ignorant.

ÉRUDITION [eʀydisjɔ̃] n. f. – 1495 ◇ latin *eruditio* «enseignement», de *erudire* → érudit ■ **1** VX Instruction, savoir. ■ **2** (après 1650) MOD. Savoir approfondi fondé sur l'étude des sources historiques, des documents, des textes. ➤ **connaissance, 2 culture, 2 savoir, science.** *Un homme, une femme d'une rare érudition. Pédant qui fait étalage de son érudition. «Peu de philosophie mène à mépriser l'érudition ; beaucoup de philosophie mène à l'estimer»* CHAMFORT. *«D'abord on ignorait l'histoire ; l'érudition rebutait parce qu'elle est ennuyeuse et lourde»* TAINE. *Ouvrages, travaux d'érudition. Recherche et érudition.* ■ CONTR. Ignorance.

ÉRUGINEUX, EUSE [eʀyʒinø, øz] adj. – 1256 ◇ latin *æruginosus,* de *ærugo, inis* «rouille» ■ DIDACT. Qui a l'aspect du vert-de-gris (appelé autrefois *rouille du cuivre*).

ÉRUPTIF, IVE [eʀyptif, iv] adj. – 1793 ◇ du latin *eruptus,* de *erumpere* «sortir impétueusement» ■ **1** MÉD. Qui est accompagné d'éruption. *Fièvre éruptive* (rougeole, scarlatine...). ■ **2** (1865) GÉOL. Relatif aux éruptions volcaniques. *Roches éruptives,* appelées aujourd'hui magmatiques*. ■ **3** FIG. Agité, tumultueux. *Un tempérament éruptif,* sujet aux colères soudaines. ➤ **explosif, volcanique.** *«On le disait éruptif et coléreux»* K. TUIL.

ÉRUPTION [eʀypsjɔ̃] n. f. – 1355 ◇ latin *eruptio,* de *eruptus,* supin de *erumpere* ■ **1** MÉD. Apparition de lésions cutanées, en général multiples ; ces lésions. ➤ **efflorescence, énanthème, exanthème, poussée, rash.** *Éruption de furoncles, de boutons.* — *Éruption dentaire* : apparition et progression d'une dent jusqu'à sa place définitive sur l'arcade. ➤ **dentition.** ■ **2** Jaillissement de matières volcaniques ; état d'un volcan qui émet ces matières. *Éruption explosive* (gaz, cendres), *effusive* (coulées de lave). *Volcan en éruption.* ■ **3** *Éruption solaire**. ■ **4** FIG. Production soudaine et abondante. *Éruption de colère.* ➤ **débordement, explosion, jaillissement.** *«Oh ! ce fut tout à coup Comme une éruption de folie et de joie»* HUGO.

ÉRYSIPÈLE [eʀizipɛl] n. m. – *herisipille* 1300 ◇ latin des médecins *erysipelas,* grec *erusipêlas,* littéralt «peau rouge» ■ Infection cutanée aiguë à streptocoque, caractérisée par une plaque rouge, douloureuse et chaude, entourée d'un bourrelet tuméfié. adj. **ÉRYSIPÉLATEUX, EUSE.** — On dit aussi **ÉRÉSIPÈLE.**

ÉRYTHÉMATEUX, EUSE [eʀitematø, øz] adj. – 1837 ◇ de *érythème* ■ MÉD. Qui présente les caractères de l'érythème. *Lupus érythémateux.*

ÉRYTHÈME [eʀitɛm] n. m. – 1795 ◇ grec des médecins *eruthêma* «rougeur» ■ MÉD. Rougeur congestive de la peau, s'effaçant à la pression. ➤ **exanthème.** *Érythème produit par le frottement.* ➤ **intertrigo.** *Érythème fessier des nourrissons. Érythème solaire* : coup* de soleil.

ÉRYTHRINE [eʀitʀin] n. f. – 1786 ◇ cf. *érythro-* et *-ine* ■ **1** (latin des botanistes *Erythrina*) Arbre ou arbrisseau *(légumineuses)* exotique à bois blanc et à belles fleurs rouges. ■ **2** (1838) MINÉR. Arséniate hydraté de cobalt, rouge carminé.

ÉRYTHR(O)- ■ **1** Élément, du grec *eruthros* «rouge». ■ **2** CHIM. **ÉRYTHRO-** : préfixe qui caractérise une paire d'énantiomères dont les substituants des deux atomes chiraux voisins pointent dans la même direction, en projection de Fischer (opposé à *thréo-*). ➤ aussi **méso-.**

ÉRYTHROBLASTE [eʀitʀɔblast] n. m. – 1893 ◇ allemand *Erythroblast* (1886) ; cf. *érythro-* et *-blaste* ■ BIOL. CELL. Cellule mère à noyau des érythrocytes. *La présence d'érythroblastes dans le sang (érythroblastose* n. f.*) est une maladie.*

ÉRYTHROCYTE [eʀitʀɔsit] n. m. – 1897 ◇ de *érythro-* et *-cyte* ■ BIOL. CELL. Globule rouge du sang. ➤ **hématie.** *Les érythrocytes des mammifères sont dépourvus de noyau, ceux des amphibiens en possèdent un.* — adj. **ÉRYTHROCYTAIRE.**

ÉRYTHRODERMIE [eʀitʀɔdɛʀmi] n. f. – 1909 ◇ de *érythro-* et *-dermie* ■ MÉD. Rougeur inflammatoire (étendue ou totale) de la surface cutanée.

ÉRYTHROMYCINE [eʀitʀɔmisin] n. f. – v. 1952 ◇ anglais *erythromycin,* d'après le latin scientifique *Streptomyces erythreus* ; cf. *érythro-* et *-myces* ■ BIOCHIM., PHARM. Antibiotique isolé à partir d'un streptomycète du sol, utilisé dans le traitement de certaines maladies bactériennes.

ÉRYTHROPOÏÈSE [eʀitʀɔpɔjɛz] n. f. – 1909 ◇ de *érythro-* et grec *poiêsis* «création, formation» ■ PHYSIOL. Processus de formation des globules rouges. ➤ **hématopoïèse.**

ÉRYTHROPOÏÉTINE [eʀitʀɔpɔjetin] n. f. – avant 1969 ◇ anglais *erythropoietin,* de *erythropoietic* «qui produit les érythrocytes» ■ BIOCHIM. Hormone produite par le rein et le foie ou synthétisée par génie génétique, qui stimule la production des érythrocytes en réponse à une carence en oxygène. *Sportif dopé à l'érythropoïétine.* ➤ **EPO.**

ÉRYTHROSINE [eʀitʀozin] n. f. – 1861 ◇ allemand *Erythrosin* ; cf. *érythro-* et *-ine* ■ CHIM. Matière colorante rouge en solution aqueuse (sel sodique de la fluorescéine iodée), employée comme colorant alimentaire.

ÈS [ɛs] prép. – Xe ◇ contraction de *en* et de l'art. plur. *les* ■ VIEILLI Dans les..., en matière de... (avec un plur.). — MOD. *Docteur ès sciences. Licence ès lettres. Ès qualités**. ■ HOM. Ace, esse, 1 s.

ESB [øɛsbe] n. f. – 1989 ◇ sigle ■ Encéphalopathie* spongiforme bovine. *Nouveaux cas d'ESB.*

ESBIGNER (S') [ɛsbiɲe] v. pron. ‹1› – 1789 ; «voler» 1754 ◇ argot italien *sbignare* «s'enfuir de la vigne» ■ FAM. et VIEILLI Se sauver. ➤ **décamper, s'enfuir*.**

ESBROUFE [ɛsbʀuf] n. f. – 1827 ; *esbrouf* «coup de force» 1815 ◇ mot provençal → esbroufer ■ FAM. Étalage de manières fanfaronnes, air important par lequel on cherche à en imposer. ➤ **bluff, chiqué, embarras, épate, flafla, frime.** *Faire de l'esbroufe.* ➤ **esbroufer.** *Faire qqch. à l'esbroufe* (cf. À l'estomac*, au culot*). *Y aller à l'esbroufe.*

ESBROUFER [ɛsbʀufe] v. tr. ‹1› – 1835 ◇ provençal *esbroufa* «s'ébrouer», italien *sbruffare* «asperger par la bouche, le nez» ■ FAM. VIEILLI En imposer à (qqn) en faisant de l'esbroufe. ➤ **bluffer, épater.** *Il cherche à nous esbroufer* (moins cour. que *Faire de l'esbroufe*).

ESBROUFEUR, EUSE [ɛsbʀufœʀ, øz] n. – 1836 ◇ de *esbroufer* ■ FAM. VIEILLI Personne qui fait de l'esbroufe. ➤ **bluffeur, fanfaron*, frimeur.** *«Swann, avec son ostentation, avec sa manière de crier sur les toits ses moindres relations, était un vulgaire esbroufeur»* PROUST.

ESCABEAU [ɛskabo] n. m. – 1471 ; *scabel* 1419 ◇ latin *scabellum* → écheveau ■ **1** Siège de bois peu élevé, sans bras ni dossier, pour une personne. ➤ **sellette, tabouret.** *Escabeau à trois, à quatre pieds.* — Petit banc où l'on s'agenouille (➤ **agenouilloir**), où l'on pose les pieds. ■ **2** (fin XIXe) Marchepied* à quelques degrés, dont on se sert comme d'une échelle. ➤ RÉGION. **escabelle.** *Monter sur un escabeau.*

ESCABÈCHE [ɛskabɛʃ] n. f. – 1870 ◇ de l'espagnol *escabeche* «saumure», de l'arabe *sakbāŷ* ■ CUIS. Marinade aromatisée de poissons étêtés. *Des sardines en escabèche, à l'escabèche.*

ESCABELLE [ɛskabɛl] n. f. – 1457 ; *scabelle* 1328 ◇ var. fém. de *escabeau* ■ **1** VX Escabeau (1°). *L'homme «alla s'asseoir sur une escabelle basse près du feu»* HUGO. ■ **2** MOD. (Belgique) Marchepied, escabeau (2°).

ESCADRE [ɛskadʀ] n. f. – XVe ◇ italien *squadra* «brigade» ; espagnol *escuadra* «équerre», fig. «bataillon (rangé en carré)» → équerre ■ **1** (1680) Force navale. ➤ **1 flotte.** *Les escadres sont composées de plusieurs divisions de grands bâtiments. Vice-amiral d'escadre.* ■ **2** AVIAT. *Escadre aérienne* : division d'avions de l'armée de l'air. *Escadre de bombardiers. «Une escadre de bombardement constitue une puissance de tir qui offre des chances à la défense»* SAINT-EXUPÉRY.

ESCADRILLE [ɛskadʀij] n. f. – 1796 ; «troupe» XVIe ◇ espagnol *escuadrilla,* de même origine que le français *escadre* ■ **1** MAR. Escadre composée de navires légers. ■ **2** COUR. Groupe d'avions de combat. ➤ **flottille.** *Escadrille de chasse, de bombardement. «Et escadrille après escadrille chaque aviateur s'élançait ainsi de la ville»* PROUST. — PAR ANAL. *«Dans le ciel pâle [...] passent des escadrilles d'hirondelles»* MAUROIS.

ESCADRON [ɛskadʀɔ̃] n. m. – *escuadron* fin XVe ◇ italien *squadrone,* augmentatif de *squadra* → escadre ■ **1** VX Troupe de combattants à cheval. *«Dieu est d'ordinaire pour les gros escadrons contre les petits»* BUSSY-RABUTIN. ♦ MOD. Subdivision d'un régiment (de blindés, de cavalerie, de gendarmerie, du train des équipages) composée de quatre pelotons, et placée sous le commandement d'un capitaine. *Escadron de chasseurs, escadron motorisé. Escadrons d'un groupe de transports du train.* — Unité de l'armée de l'air. ♦ *Chef d'escadrons* : officier supérieur à la tête de deux escadrons. *Chef d'escadron :* capitaine (cavalerie) ; commandant (artillerie, gendarmerie, train des équipages). ■ **2** FIG. PLAISANT Groupe important. ➤ **bataillon, troupe.** *«des escadrons de gros rats font des charges de cavalerie en plein jour»* DAUDET. *Un escadron de jolies filles.*

ESCAGASSER [ɛskagase] **v. tr.** ‹1› – 1902, en français populaire (Nantes) ◇ du provençal et languedocien *escagassa* «affaisser, écraser», famille de *caga-* «déféquer» → caguer ■ RÉGION. (Provence, Languedoc, Sud-Ouest) ■ **1** Blesser (qqn) ; détériorer, abîmer (qqch.). *«je suis fragile, n'allez pas m'escagasser l'autre patte»* J. ANGLADE. ■ **2** FIG. Fatiguer, ennuyer. *Tu m'escagasses avec tes histoires !* — PRONOM. *S'escagasser à faire qqch.*, se donner de la peine. ➤ se **décarcasser.**

ESCALADE [ɛskalad] **n. f.** – 1456 ◇ ancien occitan *escalada*

I ■ **1** VX Assaut d'une position au moyen d'échelles. *Il «monte à l'escalade de la citadelle»* VOLTAIRE. — PAR EXT. *«un marquis qui tente l'escalade pour se glisser dans la chambre d'une fille»* LESAGE. ■ **2** (1707) MOD. Action de pénétrer dans une maison par les fenêtres, de passer par-dessus les murs de clôture. *Escalade d'une grille, d'un portail.* DR. *Vol à l'escalade, avec escalade et effraction.* ■ **3** Action de grimper sur, à... *Faire l'escalade d'un arbre, d'un mur.* ♦ (1816) Ascension (d'une montagne, d'une paroi...). *Escalade d'un sommet vierge.* ➤ **première.** — Discipline de l'alpinisme* qui consiste à gravir des parois abruptes. *Faire de l'escalade.* ➤ **grimpe, varappe.** *Escalade sur glace. Escalade libre*, où l'on utilise les prises et les appuis naturels. *Escalade artificielle*, en établissant des points d'appui au moyen de pitons, étriers, broches. ➤ aussi **via ferrata.** *Mur d'escalade*, qui simule une paroi rocheuse, pour s'entraîner en ville. *Chaussons d'escalade.*

II FIG. ■ **1** (v. 1964 ◇ adaptation de l'anglais *escalation*) Stratégie qui consiste à gravir les «échelons» de mesures militaires, diplomatiques, etc. de plus en plus graves ; mise en œuvre des moyens servant cette stratégie. *L'escalade américaine au Viêtnam.* ■ **2** PAR EXT. Montée rapide, intensification (d'un phénomène). *L'escalade des prix, de la violence* (➤ **surenchère**).

■ CONTR. (de II, 1°) Désescalade.

ESCALADER [ɛskalade] **v. tr.** ‹1› – 1603 ◇ de *escalade* ■ **1** VX Attaquer (une place forte) par escalade. ■ **2** (1617) ➤ **enjamber, franchir, passer.** *Les voleurs ont escaladé le mur du jardin.* ■ **3** (1638) Faire l'ascension de. ➤ **gravir, monter.** *Cordée d'alpinistes qui escaladent une montagne, un pic.* ➤ **grimper.** ♦ (CHOSES) S'élever le long de, autour de, contre. *Les vignes sauvages, «les coloquintes, s'entrelacent au pied de ces arbres, escaladent leurs rameaux»* CHATEAUBRIAND. ■ CONTR. Descendre, dévaler.

ESCALATOR [ɛskalatɔʀ] **n. m.** – 1948 ◇ mot anglais américain (1900), de *to escal(ade)* et *(elev)ator* «ascenseur» ■ ANGLIC. Escalier* mécanique (recomm. offic.).

ESCALE [ɛskal] **n. f.** – début XIVe ; hapax XIIIe ◇ italien *scala* ; latin *scala*, grec *skala* (à Constantinople au Ve) «échelle» ■ **1** Action de s'arrêter pour se ravitailler, pour embarquer ou débarquer des passagers, du fret. ➤ **halte, relâche.** *Faire escale.* ➤ 1 **toucher** (à un port). *Port d'escale. L'avion fait escale à Londres. Vol sans escale. Escale commerciale, de correspondance. Escale technique*, pour se ravitailler en carburant, effectuer des contrôles, des réparations ; FIG., FAM. arrêt aux toilettes. — Durée de l'arrêt. *Visiter une ville pendant l'escale.* ➤ aussi **stop-over.** ■ **2** (XVIe-XVIIe ; *scale* 1366) Lieu offrant la possibilité de relâcher. ➤ **échelle,** 1 **port, relâche.** *Arriver à l'escale. — Escales d'une ligne aérienne, d'une route maritime.*

ESCALIER [ɛskalje] **n. m.** – 1340 ; *escaliers* «gradins» v. 1270 ◇ latin *scalaria*, de *scalaris*, adj. ■ **1** Suite de degrés qui servent à monter et à descendre. *Escalier menant d'un étage à l'autre, dans un bâtiment. «C'était un vieil escalier à rampe de fer, très large, aux marches pavées de carreaux rouges»* HUYSMANS. *Escalier d'honneur*, ou *de parade*, placé dans l'axe d'un bâtiment. *Le grand, le petit escalier. Escalier de service*, autrefois réservé au personnel et aux fournisseurs d'une maison de maître, d'un immeuble. *Escalier dérobé*, secret. Escalier raide. Escalier droit. Escalier en fer à cheval. Escalier à double révolution. Escalier à vis, en colimaçon, en escargot, en spirale. Escalier extérieur*, menant à un perron ou à un étage. *Escalier métallique* (contre les incendies). *Escalier qui mène, qui descend à la cave. Escalier que l'on gravit à genoux dans les pèlerinages.* ➤ **scala santa.** *Départ, pied ; paliers, volées d'un escalier. Cage* d'escalier.* ♦ *Monter, descendre l'escalier, les escaliers quatre* à quatre.* ♦ LOC. *Avoir l'esprit de l'escalier* (ou *d'escalier*) : un esprit de répartie qui se manifeste à retardement, quand il n'est plus temps. *«Je me suis dit nettement tout ça, mais un peu trop tard, en revenant. Ça s'appelle l'esprit de l'escalier»* ROMAINS. ♦ SPÉCIALT *Escalier roulant* (VIEILLI), *mécanique :* escalier articulé et mobile, qui transporte l'usager (recomm. offic.). ➤ **escalator** (ANGLIC.). *Escalier mécanique des grands magasins, des stations de métro, des aéroports. Main* courante d'un escalier mécanique.* ■ **2** FIG. et FAM. *Coiffeur qui fait des escaliers dans les cheveux de son client*, par ignorance de la technique du «dégradé». ■ **3** LOC. FIG. *Monter en escalier*, perpendiculairement à la pente (à ski).

ESCALOPE [ɛskalɔp] **n. f.** – 1742 ; *veau à l'escalope* 1691 ◇ d'un mot dialectal du N.-E., ancien français *eschalope* «coquille de noix» (début XIIIe), de l'ancien français *escale* «écale» et du suffixe de *envelopper* ■ Tranche mince de viande ou de poisson. *Escalope de veau, de dinde, de saumon.* ♦ ABSOLT Escalope de veau. *Escalope panée, à la crème, aux morilles.* ➤ aussi **cordon-bleu.**

ESCALOPER [ɛskalɔpe] **v. tr.** ‹1› – 1979, au p. p. ◇ de *escalope* ■ CUIS. Couper en biais des tranches dans (une viande, un poisson, des champignons). *Escaloper des noix de coquilles Saint-Jacques.* Au p. p. *Foie gras escalopé.*

ESCAMOTABLE [ɛskamɔtabl] **adj.** – 1926 ◇ de *escamoter* ■ Qui peut être escamoté (3°). ➤ **repliable.** — SPÉCIALT *Table, lit escamotable*, qui peuvent être rabattus contre un mur. *Antenne escamotable.* ➤ **rentrant, télescopique.** *Train d'atterrissage escamotable d'un avion.*

ESCAMOTAGE [ɛskamɔtaʒ] **n. m.** – 1732 ◇ de *escamoter* ■ **1** Action d'escamoter. *Tour d'escamotage d'un prestidigitateur.* ➤ **passe-passe.** *Escamotage d'un mouchoir, d'une carte.* ■ **2** Action de dérober subtilement. ➤ 2 **vol.** ■ **3** TECHN. Action d'escamoter (3°). *Escamotage du train d'atterrissage d'un avion après l'envol.* ■ **4** FIG. Action de traiter superficiellement ou de soustraire à l'étude, en recourant à des subtilités. *L'escamotage du débat.*

ESCAMOTER [ɛskamɔte] **v. tr.** ‹1› – 1558, «changer une marchandise contre une autre» ◇ probablt d'un type occitan, de *escamar*, du latin *squama* «écaille» ■ **1** (1640) Faire disparaître (qqch.) par un tour de main qui échappe à la vue des spectateurs. *Prestidigitateur qui escamote une carte. Tour de passe-passe pour escamoter un mouchoir.* ■ **2** (1658) VIEILLI Faire disparaître subtilement ; s'emparer furtivement, frauduleusement de (qqch.). ➤ **attraper, dérober, subtiliser,** FAM. **tirer.** *Un voleur lui a escamoté son portefeuille.* ■ **3** TECHN. Rentrer ou effacer (l'organe saillant d'une machine, d'un mécanisme). ➤ **rentrer, replier.** *Escamoter le train d'atterrissage d'un avion.* ■ **4** (CHOSES) Faire disparaître. ➤ **cacher, effacer.** *«la montagne demeure invisible, voilée, escamotée par les brumes»* THARAUD. ■ **5** FIG. (XIXe) Éluder habilement, de façon peu sérieuse, peu honnête. ➤ **contourner, éluder, esquiver, éviter, tourner.** *Escamoter une objection. Enfant qui escamote un devoir, une leçon, une commission désagréable* (cf. Passer à l'as*). *Grandville «n'escamotait aucune difficulté»* GAUTIER. ■ **6** FIG. Sauter* en allant trop vite. *Soldat qui escamote les temps dans le maniement de son arme. — Escamoter un mot*, le prononcer très vite ou très bas pour qu'on ne l'entende pas. *«la méticulosité – et je choisis exprès ce mot dont il est presque impossible d'escamoter une syllabe»* DUHAMEL. ➤ **avaler.** — *Escamoter une note au piano*, ne pas la jouer ou la rendre trop brièvement.

ESCAMOTEUR, EUSE [ɛskamɔtœʀ, øz] **n.** – 1690 ◇ de *escamoter* ■ **1** Personne qui escamote. ➤ **illusionniste, prestidigitateur.** *«Passez muscade», «rien dans les mains, rien dans les poches», formules dont usent les escamoteurs. «L'escamoteur [...] commença quelques tours de gobelets»* NERVAL. ■ **2** FIG. Personne qui dérobe subtilement (qqch.). ➤ **pickpocket, voleur.** *Un escamoteur de montres.*

ESCAMPETTE [ɛskɑ̃pɛt] **n. f.** – 1688 ◇ de l'ancien verbe *escamper* (fin XIVe), de l'italien *scampare* «s'enfuir», famille du latin *campus* → 1 champ et camp ■ VX Fuite. LOC. *«Prendre l'escampette»* FURETIÈRE. MOD. *Prendre la poudre d'escampette :* s'enfuir, déguerpir. *«Voulant te fuir [...] J'ai pris, l'un de ces derniers jours, La poudre d'escampette»* VERLAINE.

ESCAPADE [ɛskapad] **n. f.** – 1570 ◇ espagnol *escapada* «échappée» → échapper ■ **1** VX Action de s'échapper d'un lieu. ➤ **évasion.** — FIG. Digression, écart. ■ **2** MOD. Fait d'échapper aux obligations, aux habitudes de la vie quotidienne (fuite, absence physique ou écart de conduite). *Faire une escapade.* ➤ **bordée, échappée, équipée, fredaine, fugue.** *«on le mit chez un autre maître, d'où il faisait des escapades comme il en avait fait de la maison paternelle»* ROUSSEAU.

ESCAPE [ɛskap] **n. f.** – 1567 ◇ latin *scapus* «fût» ■ ARCHIT. ■ **1** Partie inférieure du fût d'une colonne, voisine de la base. ■ **2** (1611) Fût d'une colonne, de la base au chapiteau.

ESCARBILLE [ɛskaʀbij] **n. f.** – 1780 ; *escabille* 1667, mot wallon ◇ de *escrabiller*, néerlandais *schrabben* ■ Fragment de houille incomplètement brûlé que l'on retrouve dans les cendres ou qui s'échappe de la cheminée d'une machine à vapeur. *Recevoir une escarbille dans l'œil.*

ESCARBOT [ɛskaʀbo] **n. m.** – XVe ◇ ancien français *écharbot* (latin *scarabœus* «scarabée»), d'après *escargot* ■ VX OU RÉGION. Nom donné à divers coléoptères. ➤ **bousier, cétoine, hanneton, ténébrion.**

ESCARBOUCLE [ɛskaʀbukl] **n. f.** – *eschaboucle* 1125 ◇ altération, d'après *boucle*, de l'ancien français *escarbuncle*, de *carbuncle* (1080), latin *carbunculus*, diminutif de *carbo* «charbon» ■ **1** VX Variété de grenat rouge foncé d'un vif éclat. *Un rayon «scintillait comme une escarboucle enchâssée dans le feuillage sombre»* CHATEAUBRIAND. ■ **2** BLAS. Pièce héraldique qui représente une pierre précieuse d'où partent huit rais terminés par des fleurs de lis.

ESCARCELLE [ɛskaʀsɛl] **n. f.** – XIIIe, rare avant XVIe ◇ italien *scarsella* «petite avare», de *scarso* «avare» ■ ANCIENNT Grande bourse que l'on portait suspendue à la ceinture. ➤ **aumônière.** PLAISANT Bourse, portefeuille. *Il «se met en quête d'un cabaret à portée de son escarcelle»* DAUDET. — LOC. *Rentrer, tomber dans l'escarcelle de* : être perçu, touché par (argent), revenir à (héritage, sociétés).

ESCARGOT [ɛskaʀgo] **n. m.** – 1549 ; *escargol* 1393 ◇ provençal *escaragol*, ancien provençal *caragou*, avec influence des dérivés de *scarabœus* (→ escarbot) ; p.-ê. croisement du grec *kachlax* et du latin *conchylium* ■ **1** Mollusque gastéropode terrestre *(hélicidés)* herbivore, à coquille arrondie en spirale. ➤ **colimaçon, limaçon ;** RÉGION. **cagouille.** *L'escargot est hermaphrodite. Élevage d'escargots.* ➤ **héliciculture.** *Escargot de Bourgogne. Escargot chagriné.* ➤ **petit-gris.** *Ramasser des escargots. Manger une douzaine d'escargots. Plat, pinces, fourchettes à escargots. Beurre d'escargot* : beurre additionné d'ail, de persil et d'échalote. ◆ LOC. *Aller, avancer comme un escargot*, très lentement (cf. Comme une tortue*). — *Opération escargot*, organisée par des conducteurs de véhicules pour ralentir la circulation en signe de protestation. ■ **2** PAR ANAL. *Escargot de mer.* ➤ **bulot.** ■ **3** *Escalier en escargot*, hélicoïdal. ➤ **colimaçon (en).** ■ **4** RÉGION. (Lorraine, Suisse) Pain aux raisins, viennoiserie en forme de spirale.

ESCARGOTIÈRE [ɛskaʀgɔtjɛʀ] **n. f.** – 1562 ◇ de *escargot* ■ **1** Parc où l'on élève les escargots pour l'alimentation. ■ **2** (XXe) Plat muni de petites alvéoles où l'on dispose les escargots avant de les passer au four.

ESCARMOUCHE [ɛskaʀmuʃ] **n. f.** – milieu XIVe ◇ mot d'origine incertaine. Soit de l'italien *scaramuccia*, d'origine obscure, soit de l'ancien français *escremie, esquermie* «lutte, combat» → escrime ■ **1** Petit engagement entre des tirailleurs isolés ou des détachements de deux armées. ➤ **accrochage, échauffourée, engagement.** *Escarmouche d'avant-postes, de patrouilles. Guerre d'escarmouches.* ■ **2** FIG. Petite lutte, engagement préliminaire. *Escarmouches parlementaires.* — SPÉCIALT Bref échange de propos vifs, sans conséquence. ➤ **altercation, chamaillerie, dispute*.** *«de petites piques, des escarmouches de société»* TAINE.

ESCAROLE ➤ **SCAROLE**

1 **ESCARPE** [ɛskaʀp] **n. f.** – 1549 ◇ italien *scarpa*, germanique °*skrapa* ■ FORTIF. (ANCIENNT) Talus de terre ou de maçonnerie au-dessus du fossé, du côté de la place. *Escarpe et contrescarpe.*

2 **ESCARPE** [ɛskaʀp] **n. m.** – 1828 ; «vol et meurtre» 1800 ◇ de l'ancien argot *escarper*, méridional *escarpi* «écharper» ■ ANCIENNT Assassin de profession ; voleur qui ne recule pas devant l'assassinat. *«les forts criminels, les bandits, les escarpes»* HUGO.

ESCARPÉ, ÉE [ɛskaʀpe] **adj.** – 1582 ◇ de 1 *escarpe* ■ Qui est en pente raide. ➤ **abrupt,** 5 **pic (à).** *«La montagne est tellement escarpée, que l'eau se détache net et tombe en arcade»* ROUSSEAU. *Rives escarpées.* — *Chemin escarpé*, d'accès difficile. ➤ **malaisé, montant, raide.** ■ CONTR. Accessible, doux, facile.

ESCARPEMENT [ɛskaʀpəmɑ̃] **n. m.** – 1701 ◇ de 1 *escarpe* ■ **1** RARE État de ce qui est escarpé, pente raide. *L'escarpement de la côte empêche d'aborder.* ■ **2** COUR. Versant en pente raide. *L'escarpement d'un talus, d'une falaise. «il côtoie exprès les escarpements et les précipices ; on croirait qu'il veut braver le vertige»* SAINTE-BEUVE. ◆ GÉOGR. *Escarpement de faille* : abrupt rocheux le long d'une ligne de faille.

ESCARPIN [ɛskaʀpɛ̃] **n. m.** – 1534 «soulier» ; *escalpin* 1509 ◇ italien *scarpino*, de *scarpa* «chaussure» ■ MOD. Chaussure très fine, qui laisse le cou-de-pied découvert et dont la semelle est très mince. *Escarpin à talon. Danser en escarpins. Escarpins vernis.*

ESCARPOLETTE [ɛskaʀpɔlɛt] **n. f.** – 1667 ; *escarpaulette* 1605 ◇ origine inconnue, p.-ê. diminutif de 1 *escarpe* ■ VIEILLI Siège suspendu par des cordes et sur lequel on se place pour être balancé. ➤ 2 **balancelle, balançoire.** *Pousser l'escarpolette.*

1 **ESCARRE** [ɛskaʀ] **n. f.** – 1495 ◇ latin des médecins *eschara*, grec *eskhara* «croûte» ■ MÉD. Nécrose cutanée avec ulcération résultant de l'élimination du tissu mortifié. *Escarres formées aux endroits soumis aux pressions et irritations répétées, chez des malades alités depuis longtemps.* ➤ aussi **gangrène, ulcère.**

2 **ESCARRE** ou **ESQUARRE** [ɛskaʀ] **n. f.** – XVIe ◇ forme populaire de *équerre* ■ BLAS. Pièce en forme d'équerre.

ESCARRIFICATION [ɛskaʀifikasjɔ̃] **n. f.** – 1836 ◇ de *escarrifier* VX, de 1 *escarre* ■ MÉD. Formation d'une escarre* (1).

ESCHATOLOGIE [ɛskatɔlɔʒi] **n. f.** – 1864 ◇ grec *eskhatos* «dernier» et *-logie* ■ THÉOL. Étude des fins dernières de l'humanité et du monde. *L'eschatologie traite de la fin du monde, de la résurrection, du jugement dernier.* — **adj. ESCHATOLOGIQUE,** 1864.

ESCHE [ɛʃ] **n. f.** – v. 1170 ◇ latin *esca* ■ PÊCHE Appât* qui se fixe à l'hameçon. ➤ **boette.** *«une esche frétillarde, pleine de suc, appétissante»* GENEVOIX. — On écrit aussi *aiche, èche.*

ESCHER [eʃe] **v. tr.** ‹1› – 1688 ◇ de *esche* ■ PÊCHE Munir d'une esche. *Escher une ligne.* ➤ **amorcer, appâter.** — On écrit aussi *aicher, écher* ‹6›.

ESCIENT [esjɑ̃] **n. m.** – XIIe ◇ du latin médiéval *meo, tuo... sciente* «moi, toi... le sachant» ; p. prés. de *scire* «savoir» ■ VX LOC. *À mon, à leur escient* : en pleine connaissance de ce que je fais, de ce qu'ils font. ➤ **sciemment.** ◆ MOD. LOC. **À BON ESCIENT** [abɔnesjɑ̃] : avec discernement, à raison. *Agir, parler à bon escient. «il ne voulait plus aimer qu'à bon escient»* GAUTIER. — **À MAUVAIS ESCIENT :** sans discernement, à tort.

ESCLAFFER (S') [ɛsklafe] **v. pron.** ‹1› – *s'esclaffer de rire* 1534, repris fin XIXe ◇ ancien languedocien *esclafa* «éclater», de *clafa* «frapper bruyamment» ■ Éclater de rire bruyamment. ➤ 1 **rire ; pouffer.** *«Il s'esclaffa : – Vous avez de la bonté de reste, vous encore»* COURTELINE.

ESCLANDRE [ɛsklɑ̃dʀ] **n. m.** – v. 1320, «rumeur scandaleuse» ◇ var. *escande, escandle*, forme populaire, du latin *scandalum* → scandale ■ **1** (1353) VX Accident fâcheux, attaque, rixe. ■ **2** (XVe, puis fin XVIIIe) MOD. Manifestation orale, bruyante et scandaleuse, contre qqn, qqch., généralement faite en public. ➤ **éclat, scandale, tapage.** *Causer, faire de l'esclandre. Faire un esclandre à qqn.* ➤ **querelle, scène.** *«elle était là, résolue à faire un esclandre. Son thème odieux et ridicule était de crier devant tous les gens de l'hôtel et de la rue, que je partageais ma nouvelle maîtresse avec Laurent»* SAND.

ESCLAVAGE [ɛsklavaʒ] **n. m.** – 1577 ◇ de *esclave* ■ **1** État, condition d'esclave. ➤ **servitude ; captivité ; chaîne, fer.** *L'esclavage antique. Transformation de l'esclavage en servage* au Moyen Âge. L'esclavage des Noirs au XVIIIe siècle.* ➤ **traite.** *Emmener, réduire en esclavage. L'abolition de l'esclavage* (➤ **abolitionnisme ; antiesclavagiste).** *«l'esclavage* [des Noirs] *est un fait passé que nos auteurs ni leurs pères n'ont connu directement. Mais c'est aussi un énorme cauchemar»* SARTRE. — *Esclavage moderne* : forme d'exploitation domestique, économique imposée à des personnes qui doivent travailler sous la contrainte. — DR. *Crime d'esclavage et de servitude.* ■ **2** État de qqn qui est soumis à une autorité tyrannique. ➤ **asservissement, assujettissement, dépendance, domination, joug, oppression, servitude.** *Tenir tout un peuple dans l'esclavage.* — État d'une personne dominée (par ses passions, ses instincts). ➤ **tyrannie.** *«Le mot de passion nous avertit fortement ici, car il désigne un esclavage et un malheur»* ALAIN. ■ **3** Chose, activité qui impose une contrainte. ➤ **contrainte, gêne, sujétion.** *Ce travail est un véritable esclavage. Doctrine qui tient les esprits en esclavage. Se libérer, se délivrer de l'esclavage des habitudes. L'esclavage de la drogue.* ■ **4** (1704) Collier qui descend en demi-cercle sur la poitrine, et qui rappelle la chaîne de l'esclave. ■ CONTR. Affranchissement, émancipation, libération ; domination, indépendance, liberté.

ESCLAVAGER [ɛsklavaʒe] v. tr. ‹3› – 1876 ◊ de *esclavage* ■ RARE Réduire en esclavage. « *Vingt ans de ménage avec une maîtresse femme l'ayant esclavagé pour toujours* » DAUDET.

ESCLAVAGISME [ɛsklavaʒism] n. m. – 1877 ◊ de *esclavagiste* ■ Doctrine, méthode des esclavagistes. — Système social et économique fondé sur l'esclavage.

ESCLAVAGISTE [ɛsklavaʒist] adj. et n. – 1861 ◊ de *esclavage* ■ Partisan de l'esclavage des Noirs. — n. *Les esclavagistes des États du Sud,* pendant la guerre de Sécession des États-Unis. ■ CONTR. Antiesclavagiste.

ESCLAVE [ɛsklav] n. et adj. – XIIIe ◊ latin médiéval *sclavus,* de *slavus* « slave », les Germains ayant réduit de nombreux Slaves en esclavage ■ **1** Personne qui n'est pas de condition libre, qui est sous la puissance absolue d'un maître, soit du fait de sa naissance, soit par capture à la guerre, vente, condamnation. *Le maître et l'esclave. Esclaves de l'Antiquité grecque, latine.* « *Décider que le fils d'une esclave naît esclave, c'est décider qu'il ne naît pas homme* » ROUSSEAU. *Esclave par la guerre* (➤ **captif, prisonnier**). *Acheter, vendre ; délivrer, racheter des esclaves. Être vendu comme esclave. Affranchissement* des esclaves* (➤ **manumission**) ; *esclave affranchi.* ➤ **affranchi.** *Le commerce, le trafic des esclaves.* ➤ **traite ; négrier.** *Le marché aux esclaves. Esclave fugitif* (➤ 2 **marron**). *Esclave à Sparte.* ➤ **ilote.** *Esclave grec au service d'un temple.* ➤ **hiérodule.** *Esclaves chrétiens capturés par les Barbaresques.* adj. *Femmes esclaves de l'Orient.* ➤ **odalisque.** — PAR COMPAR. *Être traité en esclave, comme un esclave.* ■ **2** Personne soumise à un pouvoir tyrannique. ➤ **serf.** — adj. *Peuple esclave.* ■ **3** Personne qui se soumet servilement aux volontés de qqn. *Le courtisan est un esclave. Une âme d'esclave,* vile et basse. ➤ **valet.** *Il refuse d'être votre esclave.* ◆ SPÉCIALT Personne qui, par amour, se met entièrement dans la dépendance de l'être aimé. *Il est devenu l'esclave de cette femme.* ➤ **chose, jouet, pantin.** « *tu es mon maître, je suis ton esclave, il faut que je te demande pardon à genoux d'avoir voulu me révolter. Elle quittait ses bras pour tomber à ses pieds* » STENDHAL. *Mère esclave de ses enfants.* ■ **4** Personne soumise à qqch. « *J'étais devenu un esclave de l'opium* » BAUDELAIRE. *Il est l'esclave de ses habitudes. Être l'esclave de son devoir.* ◆ adj. *(Être) esclave de... :* se laisser dominer, asservir par (qqch., qqn). ➤ **aliéné, dépendant, prisonnier, tributaire.** *Il est esclave de ses besoins, de ses habitudes, de la drogue.* ◆ INFORM. Se dit d'un dispositif entièrement dépendant du fonctionnement d'un autre (opposé à *maître*). *Bascule, ordinateur esclave. Maître*-esclave.* ■ CONTR. Affranchi, autonome, indépendant, libre.

ESCLAVON, ONNE [ɛsklavɔ̃, ɔn] adj. et n. – XIIIe « habitant de Slovénie » ◊ du bas latin *sclavonus* ■ VX Slavon*. — n. m. *L'esclavon :* ensemble des parlers slaves de Serbie et de Croatie. ➤ **serbo-croate.**

ESCOBAR [ɛskɔbaʀ] n. m. – 1656 ◊ nom d'un père jésuite casuiste ■ VX Casuiste* hypocrite qui résout adroitement et au mieux de ses intérêts les cas de conscience les plus délicats. — n. f. **ESCOBARDERIE** [ɛskɔbaʀdəʀi].

ESCOGRIFFE [ɛskɔgʀif] n. m. – 1611 ◊ mot dialectal « voleur », se rattache p.-ê. à *escroc* et au radical de *griffer* ■ VIEILLI Homme de grande taille et d'allure dégingandée (surtout dans *un grand escogriffe*). ➤ **échalas.** « *Don Basile, un grand escogriffe, long, sec, jaune, bilieux* » GAUTIER.

ESCOMPTABLE [ɛskɔ̃tabl] adj. – 1845 ◊ de *escompter* ■ Qui peut être escompté, admis à l'escompte. ➤ **bancable.** *Papier, valeur escomptable.*

ESCOMPTE [ɛskɔ̃t] n. m. – 1675 ; *esconte* 1597 ◊ italien *sconto* ■ **1** FIN. Opération par laquelle une personne (banquier, escompteur*) paie le montant d'un effet de commerce non échu contre le transfert à son profit de la propriété de l'effet, déduction faite d'une retenue *(agio d'escompte)* comprenant les intérêts à courir jusqu'à l'échéance *(taux d'escompte)* et certaines commissions. ➤ **agio, intérêt, réescompte.** *Présenter une traite à l'escompte. Le taux d'escompte central fixé par la Banque de France.* ■ **2** COUR. Réduction du montant d'une dette à terme, lorsqu'elle est payée avant l'échéance. PAR EXT. Remise* sur le prix de vente. ➤ **discount,** 2 **prime, réduction.** *Accorder, faire un escompte de tant.* ■ **3** BOURSE *Escompte de coupons :* paiement du montant des coupons d'une valeur mobilière avant leur échéance et sous réserve d'une commission.

ESCOMPTER [ɛskɔ̃te] v. tr. ‹1› – 1675 ◊ italien *scontare* « décompter », de *contare* → compter ■ **1** FIN. Payer (un effet de commerce) avant l'échéance, moyennant une retenue (➤ **escompte**). *Escompter un billet à ordre, une lettre de change. Une banque qui escompte des effets peut recourir au réescompte de la Banque de France en payant le taux d'escompte central* (effets bancables, mobilisables). — PAR EXT. *Faire escompter un effet,* se le faire payer d'avance. ■ **2** (XIXe) FIG. VIEILLI Jouir d'avance de ; dépenser d'avance. ➤ **anticiper.** *Escompter un héritage :* employer d'avance l'argent qu'on en attend. « *Étrange aveuglement que d'escompter ainsi son avenir !* » A. KARR. ➤ **hypothéquer.** ■ **3** (fin XIXe) MOD. S'attendre à (qqch.) et se comporter, agir en conséquence. ➤ **attendre, compter** (sur), **espérer, prévoir, tabler** (sur). « *il escomptait le mécontentement produit chez les bouilleurs de cru par la suppression de leur privilège* » PÉGUY. *Escompter faire qqch. J'escompte qu'il réussira.* — « *il reconnaît alors qu'il n'a plus grand désir pour cette félicité trop escomptée* » GIDE. ■ CONTR. Conserver, épargner, garder. Craindre.

ESCOMPTEUR, EUSE [ɛskɔ̃tœʀ, øz] n. – 1548, repris 1783 ◊ italien *scontatore,* de *escompter* ■ Personne qui pratique l'escompte. — adj. *Banquier escompteur.*

ESCOPETTE [ɛskɔpɛt] n. f. – *escoppette* 1516 ◊ italien *schiopetto,* diminutif de *schioppio* « arme à feu », latin impérial *stloppus* « bruit produit en frappant sur une joue gonflée », d'origine onomatopéique ■ ANCIENNT Arme à feu portative à bouche évasée. ➤ **arquebuse, espingole, tromblon.** *Un « Espagnol, tenant une longue escopette avec sa fourche suspendue à son côté, et la mèche fumante dans la main droite »* VIGNY.

ESCORTE [ɛskɔʀt] n. f. – v. 1500 ◊ italien *scorta* « action de guider », de *scorgere* « guider » ; latin populaire °*excorrigere,* de *corrigere* « corriger » ■ **1** Action d'escorter*, d'accompagner qqn ou qqch. et de veiller à sa sûreté. *Des policiers font escorte à un ministre* (cf. Protection* rapprochée). — PAR MÉTON. Troupe généralement armée, chargée d'accompagner et de protéger. ➤ **détachement,** 1 **garde.** « *Six Arabes, armés de poignards, de longs fusils à mèche, formaient notre escorte* » CHATEAUBRIAND. *Servir d'escorte.* LOC. *Sous escorte :* sous la protection ou sous la garde d'une escorte. *Sous bonne escorte :* sous bonne garde. ◆ FIG. ➤ **accompagnement.** « *les ruses défendues, le vol peut-être, et l'on ne sait quoi de pire lui faisaient escorte* » ROMAINS. ■ **2** (1690) MAR. Escadre de navires de guerre chargés d'accompagner des navires de transport pour les protéger. *Navire d'escorte.* ➤ **escorteur.** *Un convoi et son escorte.* ■ **3** Cortège qui accompagne une personne pour l'honorer. ➤ **suite.** *Une brillante escorte. Escorte présidentielle.* ■ **4** Escort-girl. *Agence d'escortes.*

ESCORTER [ɛskɔʀte] v. tr. ‹1› – 1530 ◊ de *escorte* ■ Accompagner pour guider, surveiller, protéger ou honorer pendant la marche. *Des motards escortent la voiture présidentielle. Escorter un prisonnier.* ➤ **conduire.** *Escorter un convoi.* ➤ **convoyer.** ◆ PAR EXT. ➤ **accompagner, suivre.** « *L'homme qui escorte une jolie femme se croit toujours coiffé d'une auréole* » MAUPASSANT. « *une bande d'enfants m'escorte et, sur la lande où je m'assieds, forment cercle* [sic] *autour de moi* » GIDE.

ESCORTEUR [ɛskɔʀtœʀ] n. m. – v. 1935 ◊ de *escorter* ■ MAR. Petit bâtiment (aviso, corvette, frégate, patrouilleur, etc.) destiné à l'escorte* de navires marchands. — adj. *Navire escorteur.*

ESCORT-GIRL [ɛskɔʀtgœʀl] n. f. – 1983 ◊ anglais *escort girl,* de *escort* « escorte » et *girl* « fille » ■ ANGLIC. Femme payée pour accompagner un homme dans ses activités mondaines et parfois pour avoir des relations sexuelles avec lui. « *être escort-girl, accompagner des types dans des dîners* [...] *et finir dans leur pieu* » A. LAÂBI. *Des escort-girls.* — ABRÉV. **ESCORT** [ɛskɔʀt]. ➤ **escorte.** « *elle avait précisé ne pas être une prostituée mais une* escort » T. BENACQUISTA. — REM. Pour les hommes, on rencontre le n. m. **ESCORT-BOY** [ɛskɔʀtbɔj] (1995). *Des escort-boys.*

ESCOT [ɛsko] n. m. – 1832 ; *serge d'escot* 1568 ; var. *anacoste, anascote* ◊ altération de *Aerschot,* n. d'une ville du Brabant ■ ANCIENNT Serge* de laine croisée qui servait à faire des robes de deuil, des vêtements de religieuses.

ESCOUADE [ɛskwad] n. f. – *esquade* 1553 ◊ var. de *escadre* ■ **1** VIEILLI Fraction d'une section de fantassins, d'un peloton de cavaliers sous les ordres d'un caporal, d'un brigadier (en 1914-1918). ➤ **brigade.** ■ **2** (Canada) Subdivision de la police qui regroupe des policiers spécialisés dans un domaine particulier. ➤ **brigade.** ■ **3** Petite troupe, groupe de quelques militaires ou policiers. « *Une escouade de sergents de ville passa près de lui, au pas de gymnastique* » MARTIN DU GARD.

ESCOURGEON [ɛskuʀʒɔ̃] n. m. – 1611 ; *secourjon* 1268 ◊ latin *corrigia* « courroie », à cause de la forme des épis ■ AGRIC. Orge hâtive que l'on sème en automne. — APPOS. *Orge escourgeon.*

ESCRIME [ɛskʀim] n. f. – 1409 ◊ altération, d'après l'italien *scrima*, de l'ancien français *escremie*, du francique °*skirmjan* « protéger » ■ Exercice par lequel on apprend l'art de manier l'arme blanche (épée, fleuret, sabre) ; cet art. *Faire de l'escrime* (➤ **ferrailler, tirer**). *Amateur d'escrime.* ➤ **bretteur, 1 ferrailleur ; escrimeur, tireur.** *Leçon, assaut d'escrime. Salle d'escrime* (salle d'armes). *Moniteur d'escrime* (maître, prévôt* d'armes). *Escrime au fleuret, à l'épée* (➤ **épéisme**), *au sabre. Tournoi, championnat d'escrime. Positions, coups et mouvements de l'escrime :* appel, attaque, battement, botte, contre, corps-à-corps, coulé, coup d'arrêt, coup droit, coup fourré, coup de pointe, coup de manchette, coupé, croisé, défense, dégagement, écharpe, engagement, enveloppement, estocade, feinte, fente, froissement, garde, moulinet, octave, parade, passe, prime, prise de fer, quarte, quinte, remise, riposte, seconde, septime, sixte, taille, temps, tierce, touche, volte... — FIG. *Le syllogisme est « une espèce d'escrime, de gymnastique qui délie l'esprit »* JOUBERT.

ESCRIMER (S') [ɛskʀime] v. pron. ⟨1⟩ – XVIIe ; intr. 1534 ◊ de *escrime* ■ 1 Se servir de qqch. comme d'une épée contre qqn ; se battre. « *Le chat était souvent agacé par l'oiseau : L'un s'escrimait du bec, l'autre jouait des pattes* » LA FONTAINE. *Il s'escrimait avec sa canne.* ■ 2 *S'escrimer à faire qqch.*, s'y appliquer avec de grands efforts. ➤ **s'évertuer.** *S'escrimer à faire des vers, à jouer du violon. Ils se sont escrimés en vain.*

ESCRIMEUR, EUSE [ɛskʀimœʀ, øz] n. – XVe ◊ de *escrime* ■ Personne qui fait de l'escrime. *Escrimeur à l'épée.* ➤ **épéiste.** *Chaussons, masque, plastron, crispin d'escrimeur. Un bon escrimeur* (cf. Une bonne, une fine lame). « *il se fendit comme un escrimeur, pour écraser sur un point très précis de la toile une touche de lumière* » MARTIN DU GARD.

ESCROC [ɛskʀo] n. m. – 1642 ◊ italien *scrocco* → escroquer ■ 1 Personne qui escroque, qui a l'habitude d'escroquer. ➤ **aigrefin, arnaqueur, chevalier** (d'industrie), **écornifleur, faisan, filou.** *Être victime d'un escroc. Cette femme est un dangereux escroc.* — adj. « *des écumeurs d'aventures, des chasseurs d'expédients, des chimistes de l'espèce escroc* » HUGO. ■ 2 SPÉCIALT Personne malhonnête en affaires. ➤ **bandit, fripouille, gangster, voleur.** *Cet homme d'affaires est un escroc. Tous des escrocs !* ➤ **crapule.**

ESCROQUER [ɛskʀɔke] v. tr. ⟨1⟩ – 1557 ◊ italien *scroccare* « décrocher », de *crocco* ■ 1 Tirer (qqch. de qqn) par fourberie, par manœuvres frauduleuses. ➤ **s'approprier,** FAM. **carotter, dérober, s'emparer, extorquer, soustraire, soutirer, 2 voler*.** « *Il nous a escroqué à tous le peu d'argent que nous avions* » MARMONTEL. ♦ PAR ANAL. *Escroquer une signature à qqn.* ■ 2 PAR EXT. *Escroquer qqn*, lui soustraire par fourberie qqch. ➤ **filouter, flouer, 2 voler ;** FAM. **arnaquer, 1 blouser, estamper.**

ESCROQUERIE [ɛskʀɔkʀi] n. f. – avant 1672 ◊ de *escroquer* ■ 1 Action d'escroquer ; son résultat. ➤ **arnaque, carambouillage, carottage, filouterie, friponnerie, grivèlerie, 2 vol.** DR. Délit qui consiste à s'approprier le bien d'autrui en usant de moyens frauduleux. ➤ **fraude.** « *Le vol, l'extorsion, le chantage, l'escroquerie et l'abus de confiance* » (CODE PÉNAL). *Tentative d'escroquerie. Escroquerie à l'assurance. Escroquerie de monétique.* ■ 2 Action malhonnête (en matière d'argent). *Vendre une épave à ce prix, c'est une escroquerie, de l'escroquerie.* ♦ PAR EXT. *Escroquerie morale.* ➤ **abus** (de confiance), **tromperie.**

ESCUDO [ɛskydo ; ɛskudo] n. m. – 1877 ◊ mot portugais → 1 écu ■ Ancienne unité monétaire portugaise. *Cent escudos.* — Unité monétaire cap-verdienne.

ESCULINE [ɛskylin] n. f. – 1823 ◊ latin *æsculus, esculus*, de *esca* « nourriture » ■ CHIM. Glucoside extrait de l'écorce du marronnier d'Inde, à action vitaminique P (prescrite dans diverses affections hémorragiques).

ÉSÉRINE [ezeʀin] n. f. – 1865 ◊ de *ésère* « fève de Calabar » ■ BIOCHIM., PHARM. Alcaloïde toxique extrait de la fève de Calabar, utilisé comme stimulant du système parasympathique. *L'ésérine produit une contraction de la pupille* (action opposée à celle de l'atropine*).

ESGOURDE [ɛsguʀd] n. f. – 1867 ; var. *esgourne* 1833 ◊ altération, d'après *gourde, dégourdi*, de *escoute* (1725), provençal *escouto* « écoute » ■ ARG. Oreille. *Ouvre tes esgourdes.*

ESKIMO ➤ **ESQUIMAU**

ÉSOTÉRIQUE [ezɔteʀik] adj. – 1752 ◊ grec *esôterikos* « de l'intérieur », de *esô* « au-dedans » ■ 1 PHILOS. Se dit de l'enseignement qui, dans certaines écoles de la Grèce antique et à l'usage de disciples particulièrement qualifiés, complétait et approfondissait la doctrine. *La doctrine ésotérique de Pythagore.* ♦ PAR EXT. Se dit de toute doctrine ou connaissance qui se transmet par tradition orale à des adeptes qualifiés. ➤ **initiatique, occulte.** *Les Mystères d'Éleusis étaient de nature ésotérique. Les données ésotériques de la Kabbale*.* ■ 2 (1890) COUR. Dont le sens est caché, réservé à des initiés. ➤ **abscons, cabalistique, hermétique, obscur, 1 secret, sibyllin.** *La poésie ésotérique de Maurice Scève. Le savant « quand il a pu découvrir une vérité* [...] *doit s'efforcer de l'exprimer non point dans un langage ésotérique, intelligible aux seuls initiés, mais dans le langage de tous* » DUHAMEL. ■ CONTR. Exotérique, profane. Clair, simple.

ÉSOTÉRISME [ezɔteʀism] n. m. – 1840 ◊ de *ésotérique* ■ 1 DIDACT. Doctrine suivant laquelle des connaissances ne peuvent ou ne doivent pas être vulgarisées, mais communiquées seulement à un petit nombre de disciples. ➤ **hermétisme, magie, occultisme.** *L'ésotérisme des Rose-Croix.* ■ 2 Caractère de ce qui est impénétrable, énigmatique, de ce qui a un sens caché ; SPÉCIALT en parlant d'une œuvre. *L'ésotérisme des sonnets de Shakespeare.*

1 **ESPACE** [ɛspas] n. m. – fin XIIe, au sens de « durée » (III) ◊ du latin *spatium*

I LIEU, PLUS OU MOINS BIEN DÉLIMITÉ OÙ PEUT SE SITUER QQCH. ■ 1 (début XIVe) Mesure de ce qui sépare deux points, deux lignes, deux objets ; cet écart lui-même. ➤ **distance, 1 écart, écartement, intervalle.** *Laisser, ménager un espace, de l'espace (entre deux choses)* (➤ **espacer**). *Espace entre deux objets rapprochés.* ➤ **interstice, vide.** « *Entre les deux grilles se trouvait un espace de huit à dix mètres qui séparait les visiteurs des prisonniers* » CAMUS. *Espace qui sépare les lignes* (➤ **interligne**), *les mots* (➤ **2 blanc**), *le texte du bord des pages* (➤ **marge**). *Espace parcouru.* ➤ **chemin, course, distance, route, trajet.** — *Espace (publicitaire)* : portion de surface ou de temps destinée à recevoir de la publicité dans les différents médias. *Achat, vente d'espace.* ■ 2 (début XIIIe) Surface déterminée. ➤ **étendue, 1 lieu, place, superficie, surface.** *Espace découvert dans un bois* (➤ **clairière**). « *L'espace, le grand espace vide des steppes et des pampas* » SARTRE. *Appartement où l'on a de l'espace* (➤ **spacieux**). *Avoir besoin d'espace. Manquer d'espace* (dans un logement) : être à l'étroit. « *L'espace est la richesse des riches* » F. DARD. *Peur du manque d'espace.* ➤ **claustrophobie.** *Phobie des espaces libres.* ➤ **agoraphobie.** — *Organisation humaine de l'espace. L'aménagement de l'espace urbain.* ➤ **urbanisme.** — (v. 1960) **ESPACE VERT :** surface réservée aux jardins (arbres, gazons...) ménagée entre les constructions, dans l'urbanisme moderne. — (emprunté à l'allemand) **ESPACE VITAL :** espace revendiqué par un pays pour des raisons démographiques, économiques ; espace nécessaire au bien-être physique et psychique d'un individu. *Empiéter sur l'espace vital d'autrui.* — **ESPACE AÉRIEN :** zone de circulation aérienne contrôlée par un pays. ■ 3 Volume déterminé, et SPÉCIALT Volume libre, non occupé. *L'espace occupé par un meuble.* ➤ **encombrement, place.** *Espace vide dans un corps.* ➤ **interstice, lacune, vide.** *Objet qui occupe un grand espace.* ➤ **encombrant, volumineux.** ■ 4 (milieu XVIe) Étendue des airs de l'atmosphère. *L'espace qui nous environne.* ➤ **atmosphère, ciel, 1 éther.** « *Un brouillard sale et jaune inondait tout l'espace* » BAUDELAIRE. ♦ (1662, Pascal) L'espace céleste. ➤ **univers.** *La Terre est un grain dans l'espace. Espace infini.* ➤ **immensité.** *Espace cosmique* (➤ **cosmos**). — *Les espaces interstellaires, intersidéraux.* — VX **LES ESPACES :** le ciel. « *Le silence éternel de ces espaces infinis m'effraie* » PASCAL. ♦ SPÉCIALT Le milieu extraterrestre (➤ **spatial**). *Exploration, conquête de l'espace. Voyageurs de l'espace.* ➤ **cosmonaute ; astronaute, spationaute.** ♦ DIDACT. *Espace extra-atmosphérique.*

II MILIEU ABSTRAIT ■ 1 (1647, Descartes) « Milieu idéal, caractérisé par l'extériorité de ses parties, dans lequel sont localisées nos perceptions, et qui contient par conséquent toutes les étendues finies » (Lalande). *Nous situons les corps et les déplacements dans l'espace.* « *par l'espace, l'univers me comprend et m'engloutit comme un point ; par la pensée, je le comprends* » PASCAL. — Chez Kant, Système de lois réglant la juxtaposition des choses relativement aux figures, grandeurs et distances, et permettant la perception. *L'espace, forme a priori de la sensibilité extérieure.* — PSYCHOL. *L'espace visuel*, relatif à la vue, *l'espace tactile*, relatif au toucher, et *l'espace musculaire* ou *moteur*, relatif aux sensations qui accompagnent les mouvements *constituent l'espace physiologique ou représentatif. S'orienter dans l'espace. — L'espace graphique. L'organisation de l'espace par les arts plastiques.* ▪ **2** GÉOM. Milieu conçu par abstraction de l'espace perceptif (à trois dimensions) ou d'une de ses parties (*espace à une, deux dimensions :* droite, plan). ♦ L'espace à trois dimensions de la géométrie euclidienne. *Géométrie dans l'espace,* qui étudie les droites et plans dans des positions relatives quelconques, les figures limitées par des plans ou des surfaces courbes. *Relatif à l'espace.* ➤ **spatial.** « *Quelles sont d'abord les propriétés de l'espace proprement dit ? Je veux dire de celui qui fait l'objet de la géométrie et que j'appellerai l'espace géométrique* [...] *1° Il est continu ; – 2° Il est infini ; – 3° Il a trois dimensions ; – 4° Il est homogène, c'est-à-dire que tous ses points sont identiques entre eux ; – 5° Il est isotrope, c'est-à-dire que toutes les droites qui passent par un même point sont identiques entre elles* » POINCARÉ. ♦ Milieu analogue à l'espace euclidien, mais doté d'une métrique* différente. *Espace à quatre, à n dimensions des géométries non-euclidiennes. Espace courbe de la géométrie riemannienne** ou *espace sphérique* (sans parallèles). *La topologie, science qui étudie les propriétés qualitatives de l'espace.* — MATH. *Espace affine*. Espace vectoriel :* ensemble muni de deux opérations, l'une interne, telle que la somme de deux vecteurs, l'autre externe, telle que la multiplication d'un vecteur par un nombre appartenant à un autre ensemble ayant une structure de corps (➤ **sous-espace ;** 2 **scalaire**). *Espace vectoriel normé.* ▪ **3** PHYS. *Espace physique.* — **ESPACE-TEMPS :** dans la relativité, milieu où quatre dimensions, trois de position et une de temps, sont considérées comme nécessaires pour déterminer totalement un phénomène. ➤ **continuum.** *Des espaces-temps.* ▪ **4** FIG. Milieu abstrait comparé à l'espace. *Espace de liberté.* « *L'Espace littéraire* », de M. Blanchot. « *L'Espace du dedans* » MICHAUX.

III **ÉTENDUE DE TEMPS** (fin XIIe) « *Et rose elle a vécu ce que vivent les roses, L'espace d'un matin* » MALHERBE. *Pendant le même espace de temps.* ➤ 1 **laps.** *Il est mort en l'espace de quelques jours.*

2 **ESPACE** [ɛspas] **n. f.** – 1680 ◊ de 1 *espace,* qui a conservé sa forme fém. ▪ **1** TYPOGR. Petite tige métallique, moins épaisse que les caractères, qui sert à espacer les mots, les lettres à l'intérieur d'une ligne. *Mettre une espace fine entre deux mots.* ▪ **2** Blanc placé entre les mots ou les lettres. *En photocomposition, l'ordinateur calcule la valeur des espaces.*

ESPACÉ, ÉE [ɛspase] **adj.** – XIXe ◊ de *espacer* ▪ **1** Qui est séparé par un espace. *Bornes régulièrement espacées le long d'une route.* ➤ **distant, échelonné, éloigné.** *Arbres espacés dans une clairière,* disséminés, éparpillés. ➤ **épars.** ▪ **2** (Temps) *Visites espacées. Rendez-vous trop espacés.* ▪ CONTR. Contigu, rapproché. Fréquent, multiplié.

ESPACEMENT [ɛspasmɑ̃] **n. m.** – 1680 ◊ de *espacer* ▪ **1** Action d'espacer. *L'espacement des colonnes dans un bâtiment.* ▪ **2** (1798) Disposition de choses espacées. *L'espacement des mots, des lignes d'un texte.* — (Temps) *L'espacement des visites, des paiements.* ➤ **échelonnement.** *L'espacement des naissances.* ▪ **3** Distance entre deux choses qu'on a espacées. *Réduire l'espacement entre deux arbres.* ➤ **écartement, intervalle.**

ESPACER [ɛspase] **v. tr.** ‹3› – 1417 ◊ de *espace* ▪ **1** Ranger (deux ou plusieurs choses) de manière à laisser entre elles un intervalle. ➤ **distancer, échelonner.** *Espacer les arbres d'une allée.* — IMPRIM. *Espacer les mots, les lignes :* ménager des blancs, des interlignes. ▪ **2** Séparer par un intervalle de temps. ➤ **échelonner.** *Espacer ses visites, ses paiements.* — PRONOM. « *Ses gémissements* [du chien] *s'espacèrent, puis cessèrent tout à fait* » MARTIN DU GARD. *Ses lettres s'espacent,* deviennent plus rares. ▪ CONTR. Juxtaposer, rapprocher, serrer.

ESPADA [ɛspada] **n. f.** – 1840 ◊ mot espagnol « épée » ▪ TAUROM. Toréro chargé de la mise à mort. ➤ **matador.**

ESPADON [ɛspadɔ̃] **n. m.** – 1611 ◊ italien *spadone,* augmentatif de *spada* « épée » ▪ **1** VX Grande et large épée à double tranchant, qu'on tenait à deux mains. ➤ **claymore.** « *un espadon colossal qui a dû servir au géant Goliath* » GAUTIER. ▪ **2** (1694) MOD. Grand poisson acanthoptérygien, dépourvu d'écailles, dont la mâchoire supérieure se prolonge en forme d'épée. ➤ aussi **marlin.** *L'espadon peut dépasser deux mètres de longueur ; sa chair est comestible. Pêche à l'espadon.*

ESPADRILLE [ɛspadʀij] **n. f.** – 1793 ; *espardille* 1723 ◊ roussillonnais *espardillo,* racine *spart,* du latin *spartum* « jonc » → sparterie ▪ **1** Chaussure dont l'empeigne est de toile et la semelle de sparte tressé ou de corde. *Une paire d'espadrilles.* ▪ **2** (Canada) Chaussure de sport. *Journée de l'espadrille :* marche, course organisée pour promouvoir une vie active, sportive.

ESPAGNOL, OLE [ɛspaɲɔl] **adj.** et **n.** – *espan* 1080 ◊ latin *Spanus,* de *Hispanus* ▪ **1** De l'Espagne. ➤ **hispano-.** *Le peuple espagnol.* ➤ **hispanique.** *La peseta, ancienne unité monétaire espagnole. Le pays espagnol.* ➤ **ibérique.** *Spécialiste de langue, de civilisation espagnoles.* ➤ **hispanisant.** *Cuisine espagnole* (➤ **chorizo, gaspacho, lomo, paella, serrano, tapas**). *Danses espagnoles :* boléro, fandango, habanéra, jota, paso doble, sarabande, séguedille, zapatéado... *Le flamenco, musique espagnole d'Andalousie. École espagnole de peinture. Chrétiens espagnols sous la domination maure* (Mozarabes). *Parler (le) français comme une vache* espagnole.* — *Auberge* espagnole.* ▪ **2** **n.** *Un, une Espagnole* (VAR. ARG. *Espingouin*). ♦ **n. m.** Langue romane devenue la langue officielle de l'Espagne (et dans un grand nombre de pays d'Amérique latine). ➤ **castillan ; hispanophone.** *L'espagnol, le catalan, le galicien, le basque sont parlés en Espagne.*

ESPAGNOLETTE [ɛspaɲɔlɛt] **n. f.** – 1731 ◊ de *espagnol* ▪ Ferrure à poignée tournante servant à fermer et à ouvrir les châssis d'une fenêtre. ➤ **crémone.** *Fenêtre fermée à l'espagnolette,* laissée entrouverte, l'espagnolette maintenant seulement les deux châssis l'un contre l'autre.

ESPAGNOLISME [ɛspaɲɔlism] **n. m.** – 1836, répandu fin XIXe ◊ de *espagnol* ▪ VIEILLI Façons de sentir et traits de caractère spécifiquement espagnols. « *La plupart de mes folies apparentes* [...] *viennent de* l'espagnolisme » STENDHAL.

1 **ESPALIER** [ɛspalje] **n. m.** – 1600 ; archit. 1553 ◊ italien *spalliera,* de *spalla* « épaule », fig. « appui » ▪ **1** Mur le long duquel on plante des arbres fruitiers. *L'espalier* (ou *mur d'espalier*) *est généralement garni d'un treillage pour soutenir les branches des arbres* (➤ **accolage**). — **EN ESPALIER :** appuyé contre un espalier. « *L'arbre produit de beaux fruits dès qu'il est en espalier, c'est-à-dire dès qu'il n'est plus un arbre* » RENAN. *Culture en espalier.* ▪ **2** SPORT Appareil de gymnastique formé d'une échelle fixée à un mur, et dont les barreaux servent de support pour les exercices.

2 **ESPALIER** [ɛspalje] **n. m.** – v. 1560 ◊ de *espale,* dernier banc des rameurs d'une galère, le plus rapproché de la « poupe » ; italien *spalla* ▪ ANC. MAR. Rameur du dernier banc d'une galère qui réglait les mouvements des autres rameurs.

ESPANTER [ɛspɑ̃te] **v. tr.** ‹1› – fin XVIIIe « effrayer » ◊ occitan *espanta,* du latin → épouvanter ▪ RÉGION. (Provence, Languedoc) Étonner vivement. — « *elle ne trouvait pas les mots et roulait des yeux espantés* » AUDIBERTI.

ESPAR [ɛspaʀ] **n. m.** – 1864 ; *esparre* XIIe ◊ de même origine que *épar* ▪ MAR. Longue pièce de bois utilisée comme mât, beaupré, vergue. PAR EXT. Vergue, gui, corne (de bois ou de métal). « *Tous leurs "espars," avirons, mâts ou vergues, s'agitèrent en cherchant dans le vide* » LOTI.

ESPÈCE [ɛspɛs] **n. f.** – début XIVe ◊ du latin *species* « vue, regard », « apparence », plus tard « marchandise » et « épices » (→ épice), famille de *specere, spicere* « regarder »

I **VX** OU **RELIG. APPARENCE SENSIBLE** ▪ **1** ANCIENNT PHILOS. Objet immédiat de la connaissance sensible. ▪ **2** (1545) THÉOL. *Les espèces :* le corps et le sang de Jésus-Christ. *Communier sous les deux espèces* (pain et vin). ▪ **3** LITTÉR. *Sous les espèces de :* sous la forme de. « *Verlaine y figurait sous les espèces sordides d'un mendiant ou d'un chemineau* » VALÉRY.

II **CE QUI ENTRE DANS UNE CATÉGORIE** ▪ **1** (fin XIIIe) Classe (de personnes, de choses) définie par un ensemble particulier de caractères communs. ➤ **catégorie, genre, qualité, sorte, type.** *Les différentes espèces de verres.* — (Plus cour. pour les choses abstraites) « *mentir pour nuire est calomnie : c'est la pire espèce de mensonge* » ROUSSEAU. ♦ LOC. *Cela n'a aucune espèce d'importance.* — *De la même espèce :* comparable, semblable (➤ **nature, ordre**). « *Le néant et l'orgueil sont de la même espèce* » HUGO. *De toute espèce,* variés, très différents. *Des personnages, des objets de la même espèce, de toute espèce* (ou *de toutes espèces*). ➤ **acabit, farine, nature, ordre, sorte.** — *Je ne discute pas avec des gens de votre espèce,* comme vous. *Le seul de son espèce,* unique en son genre. « *Ils la classeraient parmi les dévotes de l'espèce la plus commune* » MAURIAC. ▪ **2** VX et PÉJ. Personne. *Une sotte espèce.* ▪ **3** (1587) **UNE ESPÈCE DE :** personne ou chose qu'on ne peut définir précisément et qu'on assimile à une autre par approximation. ➤ **genre, manière, sorte.** *Ressentir une espèce de malaise.* « *Une espèce* *d'uniforme brun à boutons d'or qui tenait du livreur et de l'employé de banque»* ARAGON. — PÉJ. (PERSONNES) Renforce une injure, une qualification péjorative. *Espèces d'abrutis !* REM. L'emploi fautif *un espèce* et nom masculin pour *une espèce* est très répandu (depuis le début du XVIIIe s.) : *un espèce d'idiot.* ▪ **4** (fin XVIIe) DR. Situation de fait et de droit soumise à une juridiction ; point spécial en litige. ➤ **affaire, cause ; 1cas.** *La présente espèce. Cet argument n'est pas valable en l'espèce,* dans ce cas. ♦ LOC. *Cas d'espèce,* qui nécessite une interprétation de la loi. COUR. *C'est un cas d'espèce,* qui ne rentre pas dans la règle générale, qui doit être étudié spécialement (cf. Cas de figure*). — *En l'espèce :* en ce cas particulier.

III DES ESPÈCES ▪ **1** (1496) ANCIENNT Monnaie métallique. ➤ **pièce.** *Espèces d'or, d'argent.* LOC. *Espèces sonnantes et trébuchantes,* pièces ayant le poids légal. ♦ MOD. Monnaie ayant cours légal. ➤ **billet, pièce ; liquidité, numéraire.** *«La fortune était surtout faite de terres et de maisons ; les espèces rares»* TOULET. ♦ COUR. **EN ESPÈCES :** en argent (opposé à *en nature*) ; PAR EXT. en argent liquide (opposé à *par chèque*, etc.). ➤ FAM. **cash** (ANGLIC.). *Régler un achat en espèces.* ▪ **2** PHARM. Mélange de plantes séchées et cassées en petits morceaux servant à préparer des infusions.

IV SUBDIVISION DE LA CLASSIFICATION A. DANS LES SCIENCES ▪ **1** LOG. Division du genre. *Ensemble des caractères d'une espèce.* ➤ **spécificité.** *Les attributs d'une espèce. Échantillon représentatif d'une espèce.* ➤ **spécimen.** ▪ **2** PHYLOG. Groupe naturel d'individus descendant les uns des autres, caractérisés par leurs fortes ressemblances génétiques, morphologiques et physiologiques, et par leur interfécondité. *L'espèce, unité de base de la taxinomie.* ➤ **taxon.** *«Tous les individus d'une même espèce participent au même pool de gènes. Ils font partie de la même communauté héréditaire dont ils constituent l'émergence visible»* J. RUFFIÉ. *Espèces animales, végétales, bactériennes. Divisions de l'espèce.* ➤ **sous-espèce ; race, variété.** PAR EXT. *Espèce écologique, éthologique,* séparée des formes semblables par une différence d'habitat ou de comportement. *Espèce naturalisée,* introduite dans un nouveau milieu et capable d'y vivre. *Biodiversité des espèces. Espèce sentinelle*. Espèces en voie de disparition. Espèces protégées. Croisement d'espèces différentes.* ➤ **hybridation ; interspécifique.** *La barrière* des espèces. Origine et évolution des espèces.* ➤ **évolution, génétique, mutation ; darwinisme ; lamarckisme, transformisme.** *Discrimination envers certaines espèces.* ➤ **spécisme.** *Espèces d'arbres.* ➤ **essence.** *La nature «passe d'une espèce à une autre espèce par des nuances imperceptibles»* BUFFON.
B. L'ESPÈCE HUMAINE, L'ESPÈCE (fin XIIIe) Les êtres humains. *La sauvegarde de l'espèce humaine. La conservation, la reproduction de l'espèce. «l'espèce produit les individus qui produisent l'espèce, les individus produisent la société qui produit les individus»* E. MORIN.

ESPÉRANCE [ɛspeʀɑ̃s] n. f. – 1120 ◇ de *espérer* ▪ **1** *L'espérance :* sentiment qui fait entrevoir comme probable la réalisation de ce que l'on désire. ➤ **assurance, certitude, confiance, conviction, croyance, espoir.** *Être plein d'espérance. Le vert, couleur de l'espérance. «L'espérance n'est qu'un charlatan qui nous trompe sans cesse ; et, pour moi, le bonheur n'a commencé que lorsque je l'ai eu perdue»* CHAMFORT. *«Mon cœur, lassé de tout, même de l'espérance, N'ira plus de ses vœux importuner le sort»* LAMARTINE. ALLUS. LITTÉR. *«Abandonnez toute espérance, vous qui entrez»,* inscription placée sur la porte de l'Enfer, dans la *Divine Comédie* de Dante. ♦ THÉOL. CHRÉT. L'une des trois vertus théologales. *«La petite Espérance»* PÉGUY. ▪ **2** *Une, des espérances :* ce sentiment, appliqué à un objet déterminé. ➤ **aspiration, désir, espoir.** *Avoir l'espérance de la réussite, de réussir, des espérances de succès. Caresser, concevoir, entretenir, nourrir, former des espérances. Bâtir, fonder de grandes, de folles espérances sur qqch. Espérances trompeuses.* ➤ **illusion, leurre.** *«Nos espérances mesurent notre bonheur présent bien plutôt que notre bonheur à venir»* ALAIN. *Cet élève, cet étudiant donne de grandes espérances.* ➤ **promesse.** *Un talent «qui remplit ou qui même dépasse les plus belles espérances»* SAINTE-BEUVE. — LOC. *Dans l'espérance de, que...,* en espérant. ➤ **espoir.** *Contre toute espérance :* alors qu'il semblait impossible d'espérer. ➤ **attente.** *«Je venais justement lui annoncer que, contre toute espérance, j'avais réussi mon travail»* SAINT-EXUPÉRY. ▪ **3** PAR EXT. La personne ou la chose qui est l'objet de l'espérance. *«Voilà donc votre roi, votre unique espérance»* RACINE. ♦ PLUR., VIEILLI **ESPÉRANCES :** biens qu'on attend d'un héritage. ▪ **4** STATIST. *Espérance mathématique :* valeur moyenne d'une variable aléatoire, moyenne de toutes les valeurs possibles prises par cette variable pondérée par leur probabilité. ♦ *Espérance de vie :* durée moyenne de la vie humaine dans une société donnée, établie statistiquement sur la base des taux de mortalité. ▪ CONTR. Désespérance, désespoir.

ESPÉRANTISTE [ɛspeʀɑ̃tist] adj. et n. – 1901 ◇ de *espéranto* ▪ Relatif à l'espéranto. *Congrès, réunion espérantiste.* ♦ Partisan de l'espéranto. — n. *Les espérantistes.*

ESPÉRANTO [ɛspeʀɑ̃to] n. m. – v. 1887 ◇ du mot qui, dans cette langue, signifie «celui qui espère», surnom du fondateur, Zamenhof ▪ Langue internationale conventionnelle, dont le lexique est construit à partir de racines courantes des langues occidentales (indo-européennes) les plus répandues. *Écrire, parler (en) espéranto.*

ESPÉRER [ɛspeʀe] v. ⟨6⟩ – fin XIe ◇ latin *sperare* ▪ **1** v. tr. **ESPÉRER qqch. :** considérer (ce qu'on désire) comme devant se réaliser. ➤ **attendre, compter** (sur), **escompter ; espérance, espoir.** *«On jouit moins de ce qu'on obtient que de ce qu'on espère»* ROUSSEAU. *Espérer une récompense, un succès, un miracle. N'espère de lui aucune aide, aucun appui. Il n'espère plus rien. Qu'espérait-il de plus ?* ➤ **souhaiter.** *Croyez-vous qu'il viendra ? Je l'espère bien. Je lui ai fait espérer, laissé espérer une réponse favorable. La floraison fait espérer une belle récolte.* ➤ **promettre.** *Je n'en espérais pas tant.* — ABSOLT *J'espère bien !* (En incise) *Il arrivera, j'espère, avant mon départ.* ♦ **ESPÉRER QQN :** espérer sa venue, sa présence. *Enfin vous voilà ! On ne vous espérait plus.* ♦ **ESPÉRER** (avec inf.) *J'espère bien y arriver.* ➤ **compter, 1penser.** *J'espère réussir.* ➤ se **flatter,** se **promettre.** — (Appliqué au passé) Aimer à croire, à penser. *J'espère avoir fait ce qu'il fallait. Il espère avoir réussi.* ♦ **ESPÉRER QUE :** vouloir croire, aimer à croire. *J'espère qu'il viendra.* En tour négatif (avec subj. ou non) *Je n'espère pas qu'il vienne. Je n'espérais pas qu'il viendrait, qu'il vînt. Il nous a laissé espérer que c'était possible.* ➤ **entrevoir.** — Formule de souhait (avec un v. au prés. ou au passé) Aimer à croire, à penser que. ➤ **souhaiter.** *J'espère que tu vas bien. Espérons qu'il n'a rien entendu.* ▪ **2** v. intr. Avoir confiance. *Allons, courage, il faut espérer.* PROV. *Il n'est pas nécessaire d'espérer pour entreprendre, ni de réussir pour persévérer.* — *Espérer en l'avenir, en des temps meilleurs.* ➤ **croire.** ▪ **3** RÉGION. Attendre (qqn). *Espérer le facteur.* ▪ **4** loc. exclam. (RÉGION.) *J'espère !* eh bien ! (cf. À la bonne heure*). *«Mais j'espère ! On nous a gâtées»* C. SIMON. ▪ CONTR. Désespérer ; appréhender, craindre.

ESPERLUETTE [ɛspɛʀlɥɛt] n. f. – *esperluète* 1878 ◇ p.-ê. du radical latin *perna* «jambe» ou du français *espere* «sphère» croisé avec *sphaerula*, p.-ê. avec influence du latin *uvula* (→ luette) ▪ Signe typographique (&, &) représentant le mot *et.*

ESPIÈGLE [ɛspjɛgl] adj. – 1690 ; *ulespiegle* hapax 1559 ◇ allemand *Eulenspiegel*, néerlandais *Uilenspiegel*, personnage bouffon d'un roman ▪ Vif et malicieux, sans méchanceté (enfant). ➤ **coquin, malin, turbulent.** *Enfant espiègle.* ➤ **démon, polisson ;** RÉGION. **arsouille, ratoureux, snoreau.** n. *Un, une petit(e) espiègle.* ♦ PAR EXT. *Humeur, gaieté espiègle.* ➤ **1badin** (VIEILLI), **guilleret.** *Un air espiègle.* ➤ **fripon.** ▪ CONTR. Indolent, niais.

ESPIÈGLERIE [ɛspjɛgləʀi] n. f. – 1694 ◇ de *espiègle* ▪ **1** VIEILLI Caractère espiègle. *L'espièglerie des jeunes enfants.* ▪ **2** Action d'un enfant, d'une personne espiègle. *C'est une espièglerie d'enfant.* ➤ **diablerie, 2farce, gaminerie, jeu, malice, 1niche.** *«étant condamné pour quelque espièglerie à m'aller coucher sans souper»* ROUSSEAU.

ESPINGOLE [ɛspɛ̃gɔl] n. f. – 1358 ◇ ancien français *espringale* «arbalète», de *espringuer*, francique °*springan* ▪ ANCIENNT Fusil court à canon évasé. ➤ **escopette, tromblon.**

ESPION, IONNE [ɛspjɔ̃, jɔn] n. – 1380 ◇ de *espier* ▪ **1** VX Personne chargée d'épier les actions, les paroles d'autrui pour en faire un rapport. ➤ **mouchard, sycophante.** *«À peine à cinquante pas du château, j'aperçois mon espion qui me suit»* LACLOS. ♦ MOD. Personne rétribuée appartenant à une police secrète non officielle. ➤ **indicateur,** ARG. **mouton ;** FAM. **barbouze.** *Les espions de Richelieu, de Fouché.* ▪ **2** Personne chargée de recueillir clandestinement des documents, des renseignements secrets sur une puissance étrangère. ➤ **2agent** (secret), **sous-marin,** FAM. **1taupe ; espionnage.** *Fausse identité d'un espion. Mata-Hari, espionne de la guerre de 1914. Espion servant deux puissances* (cf. Agent* double). *Surveillance des espions.* ➤ **contre-espionnage.** ♦ EN APPOS. *Avion espion, bateau espion,* chargé de missions de renseignement en territoire étranger. *Des navires espions.* — *Logiciel espion,* qui collecte des informations sur l'utilisateur à son insu. ▪ **3** n. m. (1834) PAR ANAL. Petit miroir incliné qui sert à regarder sans être vu.

ESPIONITE ➤ **ESPIONNITE**

ESPIONNAGE [ɛspjɔnaʒ] **n. m.** – 1755 ; *espionnaige* hapax v. 1570 ◇ de *espionner* ▪ **1** Action d'espionner. ➤ **surveillance.** « *Elle régna despotiquement dans sa maison, qui fut soumise à son espionnage de femme* » BALZAC. *Espionnage exercé par la police.* — *Espionnage industriel :* ensemble des moyens utilisés pour surprendre des secrets industriels, techniques. ▪ **2** Activité des espions (2°). ➤ **renseignement ; contre-espionnage.** *Service d'espionnage :* organisation secrète dont la fonction est de révéler les secrets des puissances étrangères ou ennemies. *Les services d'espionnage français (D. G. S. E.), américains (C. I. A.).* « *Il a accepté ensuite une mission de haut espionnage en Orient pour le compte du tsar* » SARTRE. *Être accusé d'espionnage. L'espionnage au service d'un pays étranger est un crime contre la sûreté de l'État. Romans, films d'espionnage.*

ESPIONNER [ɛspjɔne] **v. tr.** ‹1› – 1482 ◇ de *espion* ▪ **1** Épier les actions, les discours de (qqn) pour en faire un rapport. *Mari qui fait espionner sa femme.* ➤ **suivre, surveiller.** — PAR EXT. Épier (qqn) avec malveillance. *Espionner ses voisins.* ➤ RÉGION. **écornifler.** *Cessez de m'espionner !* ▪ **2** Faire de l'espionnage (2°). *Espionner un pays au profit d'un autre.*

ESPIONNITE ou **ESPIONITE** [ɛspjɔnit] **n. f.** – 1923, –1940 ◇ de *espion* et *-ite* ▪ Phobie des espions (2°), attitude des personnes qui en voient partout. « *Si on nous arrête, avec l'espionnite qui court en ce moment, notre compte est bon !* » LE CLÉZIO.

ESPLANADE [ɛsplanad] **n. f.** – 1477 ◇ italien *spianata,* de *spianare* « aplanir » ▪ **1** Terrain uni et découvert, artificiellement aplani. ▪ **2** Terrain aménagé devant un édifice, une maison, en vue d'en dégager les abords. *L'esplanade des Invalides à Paris.* ➤ **parvis, place.** « *Le sentiment soudain de l'espace ouvert que nous communiquent les esplanades des villes* » GRACQ. ▪ **3** Terrain aménagé sur une hauteur, d'où l'on peut découvrir les environs. ➤ **terrasse.**

ESPOIR [ɛspwaʀ] **n. m.** – *espeir* 1155 ◇ de *espérer* ▪ **1** Le fait d'espérer, d'attendre (qqch.) avec confiance. ➤ **espérance ; espérer.** *L'espoir d'une réussite, de réussir. J'ai le ferme espoir qu'il réussira.* ➤ **assurance, certitude, conviction.** *Il y a peu d'espoir qu'il vienne. J'ai bon espoir. Fol espoir,* déraisonnable. *Caresser un espoir. Faire naître, susciter, encourager un espoir. Mettre tout son espoir dans un projet. Conserver, garder un espoir. Tous les espoirs sont permis. Réaliser ses espoirs. J'étais venu dans (avec) l'espoir de vous voir. C'est sans espoir :* il n'y a aucune amélioration à espérer, c'est désespéré. *Il n'y a plus d'espoir :* le malade va mourir. — PROV. *L'espoir fait vivre* (souvent iron.). ◆ PAR EXT. Occasion d'espérer. *Vous êtes mon dernier espoir, vous allez m'aider.* ▪ **2** Sentiment qui porte à espérer. ➤ **espérance.** *Être plein d'espoir. Aimer sans espoir.* « *Un monde sans espoir est irrespirable* » MALRAUX. *Lueur, rayon d'espoir.* ▪ **3** PAR EXT. L'objet d'un espoir. *La jeunesse est l'espoir du pays.* ▪ **4** Personne sur qui on fonde de grands espoirs dans tel ou tel domaine. *X, espoir du tennis français. La coupe des espoirs.* — En athlétisme, Jeune sportif appartenant à la catégorie d'âge comprise entre junior et sénior. ▪ CONTR. Désespoir ; appréhension, crainte, défiance, inquiétude.

E-SPORT [ispɔʀ] **n. m.** – 2002 ◇ mot anglais ▪ ANGLIC. Sport* électronique. *Tournoi d'e-sport.*

ESPRESSIONE (CON) [kɔnɛspʀesjɔne] **loc. adv.** – 1845 ◇ mots italiens ▪ MUS. D'une manière expressive. ➤ **espressivo.**

ESPRESSIVO [ɛspʀesivo] **adj.** – 1834 ◇ mot italien ▪ MUS. Expressif. *Adagio espressivo.* — **adv.** *Jouer espressivo.*

ESPRIT [ɛspʀi] **n. m.** – début XIIe ◇ du latin *spiritus*

I EFFET D'UN SOUFFLE, D'UNE INSPIRATION **A.** FORCE D'ORIGINE IRRATIONNELLE ▪ **1** (milieu XIIe) Dans la Bible, Souffle de Dieu. « *L'esprit souffle où il veut* » (BIBLE). ◆ (début XIIe) **SAINT-ESPRIT** [sɛ̃tɛspʀi] ou **ESPRIT SAINT :** Dieu comme troisième personne de la Trinité, qui procède du Père par le Fils. ➤ **paraclet, sanctificateur.** *Représentation du Saint-Esprit par une colombe.* LOC. *Par l'opération* du Saint-Esprit.* ▪ **2** (milieu XIIe) Inspiration venant de Dieu. « *Est-ce l'Esprit divin qui s'empare de moi ?* » RACINE. ▪ **3** (milieu XIIe) Principe de la vie psychique humaine. ➤ **âme.** — Principe de la vie corporelle humaine. ➤ **vie.** — VIEILLI *Rendre l'esprit :* mourir (cf. Rendre l'âme, le dernier soupir).

B. EN PHONÉTIQUE (1550 ◇ repris au grec) Mode d'articulation de l'initiale vocalique en grec ancien ; signe au-dessus de la voyelle qui le note. *Esprit dur, rude* (ʽ) : émission de la voyelle avec aspiration ; *esprit doux* (ʼ).

II ÉMANATION DES CORPS ▪ **1** (fin XIVe) VX *Les esprits :* corps légers et subtils, émanations que l'on considérait comme le principe de la vie et du sentiment. *Esprits vitaux.* ANC. MÉD. *Les* « *esprits animaux sont comme* [...] *une flamme très pure et très vive, qui montant* [...] *du cœur dans le cerveau,* [...] *donne le mouvement à tous les membres* » DESCARTES. — LOC. *Reprendre ses esprits :* revenir à soi. ▪ **2** (1575) ANC. CHIM. Produit liquide volatil, ou gaz dégageant une forte odeur ; produit d'une distillation. ➤ **essence** (III), 1 **vapeur.** — MOD. et RÉGION. *Esprit-de-sel* [ɛspʀidsɛl] **n. m.** : acide chlorhydrique étendu d'eau. *Des esprits-de-sel. Esprit-de-bois* [ɛspʀidbwa] **n. m.** : alcool méthylique. ➤ **méthylène.** *Des esprits-de-bois. Esprit-de-vin* [ɛspʀidvɛ̃] **n. m.** : alcool éthylique. *Des esprits-de-vin.*

III UN ESPRIT. ÊTRE IMMATÉRIEL, SANS CORPS ▪ **1** (fin XIIe) RELIG. *Dieu est un pur esprit. Esprits célestes.* ➤ **ange.** — *Esprit des ténèbres, esprit malin, esprit du mal.* ➤ **démon, diable.** — LOC. *Ne pas être un pur esprit :* avoir des besoins corporels, matériels. ▪ **2** (milieu XIIe) Être imaginaire des mythologies, qui est supposé se manifester sur la terre. ➤ **elfe, farfadet, fée, génie, gnome, lutin, sylphe, sylphide ; éfrit, kobold, korrigan,** 1 **péri,** 1 **troll.** ▪ **3** (milieu XVe) Âme d'un défunt, dans l'occultisme. ➤ **fantôme, mânes, revenant, spectre, zombie.** *Évocation des esprits* (➤ **spiritisme**). *Esprit es-tu là ? Esprits frappeurs.*

IV L'ESPRIT. LA RÉALITÉ PENSANTE ▪ **1** *L'esprit.* Le principe pensant en général, (opposé à *l'objet de pensée, à la matière*). ➤ 1 **pensée.** *Doctrines philosophiques sur l'esprit et la matière.* ➤ **idéalisme, matérialisme, spiritualisme.** « *Je ne suis donc, précisément parlant, qu'une chose qui pense, c'est-à-dire un esprit* » DESCARTES. « *la première condition du développement de l'esprit, c'est sa liberté* » RENAN. — ALLUS. BIBL. *Bienheureux les pauvres en esprit,* ceux qui se veulent pauvres, qui sont pauvres en intention (souvent compris par erreur comme : personnes sans intelligence). ◆ (Opposé à *la chair*) *Vivre selon l'esprit.* LOC. *En esprit :* spirituellement. — ALLUS. BIBL. *L'esprit est prompt, mais la chair est faible.* ◆ (Opposé à *la réalité*) PÉJ. *Vue de l'esprit :* position abstraite, théorique, ne s'appuyant pas sur le réel. *Création de l'esprit.* ➤ **chimère, utopie.** *C'est un jeu de l'esprit. Ils* « *croient volontiers que la littérature est un jeu de l'esprit destiné à être éliminé de plus en plus dans l'avenir* » PROUST. ▪ **2** (milieu XIIe) Principe de la vie psychique, tant affective qu'intellectuelle, chez un individu. ➤ **âme, conscience, moi, psychisme.** *Étude de l'esprit.* ➤ **psychologie.** *L'esprit et le corps.* « *Là où le corps est refoulé, l'esprit advient* » M. MEYER. *Conserver l'esprit libre,* repousser les soucis, les influences. *Tournure d'esprit :* manière d'envisager les choses. ➤ **mentalité.** MOD. *Disposition*, état* d'esprit. Avoir l'esprit ailleurs :* être distrait, penser à autre chose (cf. Être dans la lune). *Où ai-je, où avais-je l'esprit ?* (pour s'excuser d'un manque d'attention, d'un oubli [cf. Où avais-je la tête* ?]). **EN ESPRIT :** en imagination, par la pensée. *La lettre* « *dont Votre majesté impériale m'honore, m'a transporté en esprit à Orembourg* » VOLTAIRE. — *Être sain de corps et d'esprit.* — *Perdre l'esprit :* devenir fou. *Avoir l'esprit dérangé :* être fou. *Être simple* d'esprit.* ▪ **3** (1511) Ensemble des dispositions, des façons d'agir habituelles. ➤ **caractère.** *Avoir l'esprit aventurier, belliqueux, changeant, retors. Petit esprit, esprit étroit** (cf. aussi ci-dessous, 5°). *Esprit large*. Étroitesse, largeur d'esprit.* — **AVOIR BON, MAUVAIS ESPRIT :** être bienveillant, coopératif, confiant ; être malveillant, rebelle, méfiant. ◆ Humeur. *Avoir, ne pas avoir l'esprit à,* l'humeur à. *Je n'ai pas l'esprit au jeu, l'esprit à m'amuser en ce moment* (➤ **goût, tête**). ▪ **4** (milieu XIIe) Principe de la vie intellectuelle (opposé à la sensibilité). ➤ **entendement, intellect, intelligence,** 1 **pensée ; raison ; cerveau, cervelle, tête.** *Relatif à l'esprit.* ➤ **cérébral, intellectuel, mental.** « *L'esprit est toujours la dupe du cœur* » LA ROCHEFOUCAULD. *Acuité, agilité, clarté, rapidité, vivacité d'esprit. Dons de l'esprit.* ➤ **génie, talent.** *Esprit lucide, profond, subtil ; observateur ; logique. Esprit caustique. Esprit borné, lent. Faiblesse, lenteur, paresse, pesanteur d'esprit. Esprit pratique, terre à terre, positif.* — *Idée, pensée, réflexion qui vient à l'esprit, traverse l'esprit. Dites tout ce qui vous viendra à l'esprit* (cf. Passer* par la tête). *Exercer, faire fonctionner son esprit. Nourrir, cultiver son esprit. Une activité qui ouvre l'esprit.* — *Dans mon esprit :* dans ma pensée, selon moi. *Vous m'avez mal compris ; dans mon esprit, il ne s'agissait pas de vous critiquer.* — *Présence d'esprit :* aptitude à faire ou à dire sans hésitation ce qui est à propos. ➤ **à-propos.** *Avoir l'esprit mal, bien tourné*.* ▪ **5** Personne caractérisée par une certaine intelligence ou psychologie. *Un esprit brillant, supérieur.* ➤ **homme.** *Influencer les jeunes esprits. Marquer, frapper les esprits. Calmer les esprits. Les esprits chagrins.* ➤ 1 **gens.** VX ou PÉJ. *Un bel esprit :* une personne cultivée et qui aime le montrer. ➤ **pédant.** — PROV. *Les grands esprits se rencontrent,* se dit plaisamment lorsque deux personnes émettent le même avis, ont la même idée simultanément. ◆ *Esprit fort :* personne qui revendique un jugement indépendant (par rapport aux préjugés, aux idées religieuses). *« Il paraît que ma mère m'avait annoncé là comme une pédante, un esprit fort, une originale »* SAND.

V APTITUDE INTELLECTUELLE ▪ **1** (Qualifié) Aptitude, disposition particulière de l'intelligence. *Esprit philosophique, mathématique :* don, disposition pour la philosophie, etc. *Avoir l'esprit pratique. L'esprit d'entreprise.* ➤ **1 sens.** *Avoir l'esprit de synthèse, d'analyse. Esprit d'observation. Esprit critique*. — Esprit de suite*. Manquer d'esprit d'à-propos. — L'esprit de l'escalier*.* ▪ **2** ABSOLT VX Qualité, valeur intellectuelle (➤ **intelligence, talent**). *« Ni l'ignorance n'est défaut d'esprit, ni le savoir n'est preuve de génie »* VAUVENARGUES. *« Comment l'esprit vient aux filles », conte de La Fontaine.* ▪ **3** (1547) MOD. Vivacité piquante de l'esprit ; ingéniosité dans la façon de concevoir et d'exposer qqch. (➤ **finesse, malice ; humour**). *Avoir de l'esprit, beaucoup d'esprit* (➤ **spirituel**). *Homme, femme d'esprit. « Il faut de l'esprit pour bien parler, de l'intelligence suffit pour bien écouter »* GIDE. *« Un homme sans esprit n'est qu'un sot. Un homme d'esprit fait plaisir à tous »* VIALATTE. *Répartie pleine d'esprit* (➤ **sel**). *Trait, mot d'esprit.* ➤ **boutade, calembour, pointe, saillie.** LOC. *Faire de l'esprit :* manifester son aptitude à être spirituel, ou celle que l'on croit avoir (souvent péj.).

VI CE QUI DÉTERMINE OU ORIENTE L'ACTION ▪ **1** Attitude générale qui détermine, oriente l'action. ➤ **intention, volonté.** *Esprit de révolte. Esprit de justice, de sacrifice. — Avoir le bon esprit de faire qqch.,* la bonne idée. — *Dans un esprit de.* ➤ **intention ; but, dessein, idée.** *Il a agi dans un esprit de vengeance. C'est dans cet esprit qu'il convient d'envisager la chose* (cf. Sous cet angle*, cet aspect*). ➤ **point de vue.** *Sans esprit de retour :* sans intention de revenir. ▪ **2** (1656) Fonds d'idées, de sentiments qui oriente l'action d'une collectivité concrète ou abstraite. *L'esprit d'une société.* ➤ **génie.** *Il faut « entrer dans l'esprit de son temps, afin d'avoir action sur cet esprit »* CHATEAUBRIAND. *Esprit de corps,* d'attachement et de dévouement au corps, au groupe auquel on appartient. ➤ **corporatisme, solidarité.** *« n'avait-il pas manqué, par esprit de corps, à ses devoirs de chef [...] ? »* PEYRÉ. *Esprit d'équipe. Esprit de famille. Esprit de clocher*.* ▪ **3** (1547) Le sens profond d'un texte ; l'essentiel de la pensée d'un auteur. *L'esprit d'une constitution. « L'Esprit des lois », ouvrage de Montesquieu. « très bien votre feuilleton... sujet intéressant... bien écrit, mais... pas dans l'esprit du journal »* ALLAIS. — *L'esprit et la lettre*.*

▪ CONTR. Chair, corps. Matière. Bêtise, inintelligence ; lourdeur, pesanteur. Platitude. Forme, lettre.

ESPRIT-DE-BOIS, ESPRIT-DE-SEL, ESPRIT-DE-VIN ➤ **ESPRIT** (II, 2°)

ESQUARRE ➤ **2 ESCARRE**

ESQUICHER [ɛskiʃe] **v. tr.** ‹1› – 1789 t. de jeu ◊ provençal moderne *esquicha* « presser, comprimer » → écacher ▪ RÉGION. (Midi) Comprimer, presser, serrer, tasser. *Les voyageurs étaient esquichés dans le car.*

ESQUIF [ɛskif] **n. m.** – 1497 ◊ italien *schifo,* du longobard *skif* → équiper ▪ LITTÉR. Petite embarcation légère. *Un frêle esquif.*

ESQUILLE [ɛskij] **n. f.** – 1478 ◊ latin *schidia* « copeau », grec *skhidion,* de *skhizein* « fendre, casser » ▪ Petit fragment qui se détache d'un os fracturé ou carié. *Extraire les esquilles.* ◆ PAR ANAL. Petit fragment (de bois). ➤ **écharde.**

ESQUIMAU, AUDE [ɛskimo, od] **n. et adj.** – 1632 au Canada ; variante ancienne *eskimau* ◊ nom donné aux habitants des terres arctiques par leurs ennemis ▪ **1** Habitant(e) des terres arctiques de l'Amérique et du Groenland. ➤ **inuit** (seule appellation en français du Canada). *Une Esquimaude. Les Esquimaux.* — **adj.** *Chien esquimau.* ➤ **husky.** ▪ **2** **n. m.** (1720 au Canada) Ensemble des langues parlées par les Inuits, apparentées aux langues aléoutes. ➤ **inuktitut.** — En ce sens, on écrit aussi *eskimo. L'eskimo du Labrador, de l'Alaska.* ▪ **3** **n. m.** (1922 ◊ nom déposé) **ESQUIMAU.** Glace enrobée qu'on tient (comme les sucettes) par un bâton. ➤ RÉGION. **frisko, fudge.** *Des esquimaux au chocolat.*

ESQUIMAUTAGE [ɛskimotaʒ] **n. m.** – 1932 ◊ de *esquimau* ▪ SPORT Manœuvre nautique pratiquée en kayak et consistant à s'immerger totalement et à faire un tour complet.

ESQUINTANT, ANTE [ɛskɛ̃tɑ̃, ɑ̃t] **adj.** – 1842 ◊ p. prés. de *esquinter* ▪ FAM. Très fatigant. ➤ **éreintant.** *Un voyage esquintant.*

ESQUINTÉ, ÉE [ɛskɛ̃te] **adj.** – 1846 ◊ de *esquinter* ▪ **1** FAM. Abîmé, amoché. *Avoir une jambe esquintée. Des livres complètement esquintés.* ▪ **2** VIEILLI Très fatigué. ➤ **flapi, moulu.** *« Il gisait, esquinté, fourbu, incapable de réunir deux idées dans sa cervelle »* HUYSMANS.

ESQUINTER [ɛskɛ̃te] **v. tr.** ‹1› – 1800 ◊ provençal moderne *esquinta* « déchirer » ; latin *exquintare* « couper en cinq » cf. *écarteler* ▪ FAM. ▪ **1** Blesser (qqn) ; abîmer (qqch.). *Il l'a salement esquinté.* ➤ **amocher.** *S'esquinter la vue à lire sans lumière. S'esquinter la santé.* ➤ **ruiner.** *Esquinter sa voiture, ses livres.* ➤ **détériorer ;** FAM. **bousiller.** ◆ FIG. Critiquer très sévèrement. *Esquinter un auteur. Le film a été esquinté par la critique.* ➤ **éreinter.** ▪ **2** (1861) Fatiguer extrêmement. ➤ **épuiser, éreinter ;** FAM. **claquer, crever.** *Ce travail m'esquinte.* — PRONOM. *« Je ne vais pas m'esquinter à travailler pour engraisser une bande de députés »* ARAGON. ➤ **tuer.**

▪ CONTR. Délasser, 1 reposer.

ESQUIRE [ɛskwajœʀ] **n. m.** – 1669 ◊ mot anglais « page, chevalier », de l'ancien français *esquier* « écuyer » ▪ Terme honorifique dont on fait suivre le nom de famille des Anglais non titrés, sur l'enveloppe des lettres (ABRÉV. Esq.).

ESQUISSE [ɛskis] **n. f.** – 1642 ; *esquiche* 1567 ◊ italien *schizzo ;* probablt latin *schedium* « poème improvisé » ▪ **1** Première forme (d'un dessin, et PAR ANAL. d'une statue, d'une œuvre d'architecture), qui sert de guide à l'artiste quand il passe à l'exécution de l'ouvrage définitif. ➤ **croquis, ébauche, essai, maquette, pochade, schéma.** *Esquisse au fusain, au crayon. Ce n'est qu'une esquisse* (cf. Premier jet*). *Les esquisses de Rubens. « Les esquisses ont communément un feu que le tableau n'a pas. C'est le moment de la chaleur de l'artiste [...] c'est l'âme du peintre qui se répand librement sur la toile »* DIDEROT. — Recomm. offic. pour *rough.* ▪ **2** PAR EXT. Plan sommaire, notes indiquant l'essentiel d'un travail, d'une œuvre littéraire. ➤ **aperçu, canevas, idée, 3 plan, projet.** *Esquisse d'un poème, d'un roman.* — Étude qui donne un aperçu général sur un sujet, une matière. ▪ **3** (fin XIXe) FIG. Première manifestation d'une action. ➤ **ébauche.** *Esquisse d'un sourire, d'un mouvement* (➤ **esquisser**). *« Toute pensée est une esquisse d'action »* MAUROIS. ▪ CONTR. Accomplissement, achèvement.

ESQUISSER [ɛskise] **v. tr.** ‹1› – 1651 ; *esquicher* 1567 ◊ italien *schizzare* → esquisse ▪ **1** Représenter, faire en esquisse. ➤ **crayonner, croquer, dessiner, ébaucher, pocher, tracer.** *Esquisser un portrait, un paysage. Esquisser en quelques traits, à grands traits.* — **p. p. adj.** *Détail à peine esquissé.* ➤ **indiquer.** ▪ **2** PAR EXT. Fixer le plan, les grands traits de (une œuvre littéraire). *Esquisser les caractères d'un roman.* — Décrire à grands traits, sans aller au fond des choses. *Esquisser le tableau d'une époque.* ▪ **3** (fin XIXe) FIG. Commencer à faire. ➤ **amorcer, ébaucher.** *Esquisser un sourire, une moue, un geste, un mouvement de recul.* ▪ CONTR. Accomplir, achever.

ESQUIVE [ɛskiv] **n. f.** – 1899 ◊ de *esquiver* ▪ SPORT Action d'esquiver un coup par simple déplacement du corps. *Esquive d'un boxeur, d'un escrimeur. Jeu d'esquive.*

ESQUIVER [ɛskive] **v. tr.** ‹1› – 1605 ; *eschiver* 1080 ◊ repris à l'italien *schivare,* de *schivo* « dédaigneux » ; germanique °*skiuh* « farouche », francique °*skiuhjan* « craindre » ▪ **1** Éviter adroitement. ➤ **échapper** (à). *« Le boxeur déchaîné saute en arrière, esquive un second coup »* J. PRÉVOST. — ABSOLT *Escrimeur qui esquive.* ◆ FIG. *Chercher à esquiver une obligation. Esquiver une difficulté.* ➤ **se dérober, éluder, escamoter, tourner.** *Esquiver qqn qu'on ne veut pas voir.* ▪ **2** **S'ESQUIVER** **v. pron.** Se retirer en évitant d'être vu. ➤ **disparaître, s'échapper, s'enfuir, s'évader,** se **retirer** (cf. Brûler la politesse*, filer à l'anglaise*, prendre la tangente*). *Ils se sont esquivés dès qu'ils l'aperçurent.* ◆ FIG. Se dérober. ➤ FAM. **se défiler.** *« une secrète réprobation entoure en France celui qui paie l'impôt ou règle la douane sans avoir cherché à s'esquiver »* SIEGFRIED. ▪ CONTR. Recevoir ; accepter, rester.

ESSAI [esɛ] **n. m.** – 1140 « tentative » ◊ latin *exagium* « pesée, essai », de *exigere* « expulser », puis « mesurer, régler » ▪ **1** Opération par laquelle on s'assure des qualités, des propriétés d'une chose ou de la manière d'user d'une chose. *Faire l'essai d'un produit, d'un appareil* (➤ **essayer, 2 tester**). *Faites un essai, vous verrez bien. Procéder aux essais.* ➤ **2 test.** *Essais comparatifs. Les premiers essais sont concluants. Essais en laboratoire.* ➤ **analyse, épreuve, expérience, expérimentation.** *Tube à essai.* ➤ **éprouvette, tube.** *Essai de traction, de dureté, de torsion, de corrosion.* — *Essai de machines, de moteurs. Les essais d'un avion. Essais au sol, en vol. Essais nucléaires. Banc* d'essai.* — *Vol, pilote d'essai,* pour essayer les prototypes d'avions. *Centre d'essais. Ballon* d'essai. — Galop* d'essai. — Période* *d'essai* (cf. Stage probatoire*). — *Cinéma d'art et d'essai*, classement accordé à certaines salles en raison de leur programmation comportant des films peu diffusés. ◆ **À L'ESSAI :** aux fins d'essai. *Prendre à l'essai*, avec faculté de refuser ou de rendre si l'épreuve n'est pas satisfaisante. *Prendre, engager à l'essai un employé*. — FIG. *Mettre à l'essai* : éprouver, tester. ■ **2** Action d'essayer (qqch.), d'agir sans être sûr du résultat ; action d'agir dans un domaine pour la première fois. ➤ **tentative.** « *C'est un essai de plantation de café – raté, comme presque tous les autres de la région* » GIDE. *Un essai de conciliation*. ➤ **effort.** *Un timide essai. Un essai malheureux. Un coup d'essai. Faire plusieurs essais sans résultat.* « *La maladresse est la loi de tout essai, dans n'importe quel genre* » ALAIN. — (d'après l'anglais) PSYCHOL. *(Apprentissage) par essais et erreurs*, après une succession de tentatives, d'échecs et de corrections. ◆ SPORT Chacune des tentatives d'un athlète, dont on retient la meilleure. *Premier, second essai*. — RUGBY (proprt «droit d'essayer de marquer un but») Avantage obtenu quand un joueur parvient à aplatir le ballon le premier derrière la ligne de but du camp adverse. *Transformer* un essai* (en but). *Essai refusé pour hors-jeu. Arbitre qui accorde, refuse un essai.* ■ **3** Résultat d'un essai, premières productions d'une personne qui s'essaye dans une activité. *Ce ne sont que de modestes essais*. ◆ (1580) Ouvrage littéraire en prose, de facture très libre, traitant d'un sujet qu'il n'épuise pas ou réunissant des articles divers. « *Les Essais* », *de Montaigne. Essai philosophique, historique, politique.* « *Essai sur la peinture* », *de Diderot. Auteur d'essais*. ➤ **essayiste.** ◆ (1919) CIN. *Bout d'essai* : bout de film tourné spécialement pour juger un acteur, avant de l'engager.

ESSAIM [esɛ̃] n. m. – 1160 ◇ latin *examen*, de *exigere* «emmener hors de» ■ **1** Groupe d'abeilles qui quittent une ruche surpeuplée pour aller s'établir ailleurs. « *J'aperçus, suspendu à l'une des branches de notre arbre, un fruit brun, velouté, énorme, grouillant : un essaim* » DUHAMEL. — *Un essaim d'abeilles*. — PAR EXT. Groupe (d'insectes qui vivent en commun, volent ensemble). ➤ **colonie.** *Essaim de mouches, de criquets pèlerins.* ■ **2** FIG. Groupe, ensemble nombreux qui se déplace. ➤ **multitude, nuée, quantité, troupe, troupeau.** *Un essaim de vendeuses s'affairait.*

ESSAIMAGE [esɛmaʒ] n. m. – 1823 ◇ de *essaimer* ■ Action d'essaimer (1°). Époque où les abeilles essaiment. ◆ (1961) FIG. Le fait, pour une collectivité, d'émigrer pour former ailleurs un nouveau groupe.

ESSAIMER [eseme] v. ‹1› – XVIIe ; *essamer* 1268 ◇ de *essaim* ■ **1** v. intr. Quitter la ruche en essaim pour aller s'établir ailleurs (abeilles). — PAR EXT. *Cette ruche a essaimé*. ◆ PAR ANAL. Se dit d'une collectivité dont se détachent certains éléments pour émigrer et fonder de nouveaux groupes. *Sa famille a essaimé dans tous les coins de la région*. ➤ **se disperser.** ◆ FIG. Se répandre, se propager. *Un sarcome* « *qui avait commencé d'essaimer dans tout l'organisme* » BEAUVOIR. ■ **2** v. tr. Envoyer au loin. *Société qui essaime des groupes.*

ESSANGER [esɑ̃ʒe] v. tr. ‹3› – v. 1250 ◇ latin populaire *exsaniare* → sanie ■ RARE Décrasser (du linge) avant de le mettre à laver. *Essanger des torchons*. — n. m. **ESSANGEAGE,** 1849.

ESSART [esaʀ] n. m. – 1120 ◇ bas latin *exsartum*, p. p. de °*exsarire*, de *ex-* et *sarire* «sarcler» ■ AGRIC. Terre essartée. ➤ **brûlis.**

ESSARTAGE [esaʀtaʒ] n. m. – 1783 ; *esertage* 1761, en Suisse romande ◇ de *essarter* ■ AGRIC. Défrichement d'un terrain boisé par arrachage ou brûlage en vue d'une mise en culture. *L'essartage ne se pratique plus que dans les régions tropicales.* — DR. Obligation pour les propriétaires de forêts d'essarter les bords des routes qui les traversent (on dit aussi **ESSARTEMENT,** 1611).

ESSARTER [esaʀte] v. tr. ‹1› – 1172 ◇ de *essart* ■ AGRIC. Défricher (un terrain boisé) en ôtant toutes les broussailles, par arrachage ou brûlage. ➤ **débroussailler ; essartage.** *Essarter un champ, un bois, un taillis.*

ESSAYAGE [esɛjaʒ] n. m. – 1828 ◇ de *essayer* ■ Action d'essayer (un vêtement). *Essayage d'une robe*, pour y faire les retouches nécessaires. *Salon d'essayage d'une maison de couture. Cabine d'essayage.*

ESSAYER [eseje] v. tr. ‹8› – 1080 ◇ latin populaire °*exagiare* «peser» ■ **1** Soumettre (une chose) à une ou des opérations pour voir si elle répond aux caractères qu'elle doit avoir. ➤ **contrôler, éprouver, examiner, 2 tester, vérifier.** « *Il faut que j'essaye un peu le lait de votre nourrice* » MOLIÈRE. *Essayer un instrument, un dispositif. Ce modèle a été essayé à l'usine. Essayer un moteur, un avion, une voiture.* — *Essayer de l'or*, pour en déterminer le titre. — FIG. *Essayer sa force*. ■ **2** SPÉCIALT Mettre (un vêtement, etc.) pour voir s'il va. *Essayer un costume, une robe, des chaussures dans un magasin.* ■ **3** Employer, user de (une chose) pour la première fois, pour voir si elle convient et si on peut l'adopter. *Essayer un vin, un mets*. ➤ **1 goûter.** *Essayer une nouvelle marque de lessive. Essayer plusieurs produits pour comparer et choisir. L'essayer c'est l'adopter** (slogan publicitaire). — (Avec le partitif) LITTÉR. *Essayer d'un vin*. ◆ PAR EXT. (PERSONNES) *Essayez ce fournisseur, ce coiffeur, vous m'en direz des nouvelles.* ■ **4** Employer (qqch.) pour atteindre un but particulier, sans être sûr du résultat. *Essayer un moyen, une méthode*. ➤ **expérimenter.** *Je vous conseille d'essayer les petites annonces. Essayer la persuasion pour réduire une opposition.* « *J'essaierai tour à tour la force et la douceur* » RACINE. *J'ai tout essayé, sans résultat*. ◆ **ESSAYER DE** (et l'inf.) : faire des efforts dans le dessein de. ➤ **chercher** (à) ; **s'efforcer, tâcher, tenter** (de). *Prisonnier qui essaie de s'évader. Essayer de dormir. Essayons de l'obtenir. Essayez de vous rappeler ce qui s'est passé.* « *– Je le prends. – Essaie un peu* [de le prendre] », je t'en défie et tu verras ce qu'il t'en coûtera. ABSOLT *Je vais essayer. Cela ne coûte rien d'essayer. Vous pouvez toujours essayer, on verra bien*. ■ **5** PRONOM. **S'ESSAYER À :** faire l'essai de ses capacités pour ; s'exercer à (sans bien savoir). *S'essayer à la course, à la couture*. — (Avec l'inf.) Faire une tentative en vue de. *S'essayer à parler en public*. ➤ **se hasarder, se risquer.** *L'intelligence* « *s'essaie à étouffer la revendication profonde du cœur humain* » CAMUS.

ESSAYEUR, EUSE [esɛjœʀ, øz] n. – 1354 ; *assaiour* 1299 ◇ de *essayer* ■ **1** n. m. Fonctionnaire préposé aux essais de l'or et de l'argent, dans un hôtel des monnaies. ■ **2** Personne qui essaie les vêtements aux clients, chez un couturier, un tailleur, ou dans une maison de confection. *Demander l'avis de l'essayeuse*. ■ **3** (1378 ; *assaieur* 1315) Personne chargée d'essayer des matériels, des produits, de les soumettre à des tests variés. *Un essayeur de voitures.*

ESSAYISTE [esejist] n. – 1830 ; hapax 1821 ◇ anglais *essayist*, de *essay*, français *essai* ■ Auteur d'essais littéraires. *Elle est essayiste et romancière.*

1 **ESSE** [ɛs] n. f. – *aisse* 1304 ◇ de la lettre *S* ■ TECHN. Crochet en forme de S. — Ouverture en S sur la table d'un violon ou des instruments du même genre. ➤ **ouïe.** ■ HOM. Ace, ès, 1 s.

2 **ESSE** [ɛs] n. f. – *heuce* XIIIe ◇ francique °*hiltia* «poignée d'épée» ■ TECHN. Cheville à tête plate que l'on passe dans un trou à l'extrémité de l'essieu pour empêcher que la roue n'en sorte.

ESSENCE [esɑ̃s] n. f. – 1130 ◇ latin des philosophes *essentia*

I CE QUI CONSTITUE LA NATURE D'UN ÊTRE ■ **1** PHILOS. (opposé à *accident*) Fond de l'être, nature intime des choses. ➤ **nature, substance.** *L'essence des choses. L'essence humaine.* « *Nous ne connaissons que des rapports, ou des formes ; la fin et l'essence des êtres resteront impénétrables* » SENANCOUR. — (Opposé à *existence*) Nature d'un être opposée au fait d'être. ➤ **quiddité.** *Dans la théorie platonicienne, l'essence précède l'existence*. ➤ **essentialisme.** « *Qu'est-ce que signifie ici que l'existence précède l'essence ? Cela signifie que l'homme existe d'abord* [...] *et qu'il se définit après* » SARTRE. ■ **2** COUR. Ce qui fait qu'une chose est ce qu'elle est et ce sans quoi elle ne serait pas ; ensemble des caractères constitutifs et invariables. *L'essence de l'être humain réside en la pensée.* « *l'essence de l'homme, en tant qu'individu et en tant qu'espèce, est de survivre* » H. LABORIT. *La logique est l'essence du raisonnement.* « *Il était sur le point d'avouer à Madame de Rênal l'ambition qui jusqu'alors avait été l'essence de son existence* » STENDHAL. *Dans son essence* : dans sa nature. ◆ loc. adv. (LITTÉR.) **PAR ESSENCE :** par sa nature même. ➤ **essentiellement** (cf. Par définition). *L'homme moral* « *condamne par essence tout usage de la force* » BENDA. ■ **3** Type idéal. *Se croire d'une essence supérieure*, supérieur à ses semblables.

II ESPÈCE (D'UN ARBRE) (1690) *Essences forestières. Essences feuillues, résineuses. Essences d'ombre, de lumière.* « *Les essences tendres qu'on plantait près de l'entrée, pour le repos du soir, les tilleuls, les marronniers* » BERGOUNIOUX.

III EXTRAIT CONCENTRÉ (1676) **A. QUINTESSENCE, EXTRAIT** ■ **1** ALCHIM. ANCIENNT Substance la plus pure que l'on tirait de certains corps. ➤ **élixir, quintessence.** ■ **2** Substance aromatique, volatile, élaborée par les poils, papilles ou canaux de certains angiospermes et séparée par distillation (cf. Huile* essentielle). *Essences employées en pharmacie, parfumerie, confiserie. Essence de lavande, de bergamote, de violette. — Essences synthétiques. — Essence de térébenthine,* obtenue par la distillation de la gomme ou résine de pin. ▪ **3** Extrait concentré (d'aliments). ➤ **extrait.** *Essence de gibier, de légumes. Essence de café.*

B. PÉTROLE (1864 ◊ de *essence* [A, 2°] *minérale*) Liquide très volatil, inflammable (densité 0,73), mélange d'hydrocarbures, produit de la distillation du pétrole* brut. *Briquet à essence. L'essence est employée comme carburant et comme solvant* (➤ **white-spirit**). — SPÉCIALT Ce liquide, comme carburant des moteurs à explosion. ➤ RÉGION. **benzine.** *Essence sans plomb. Essence plombée. Indice d'octane* d'une essence. Pompe* à essence, distributeur, station, poste d'essence.* ➤ **station-service ;** RÉGION. **essencerie.** *Réservoir d'essence. Bidon d'essence.* ➤ **jerricane, nourrice.** *Prendre de l'essence, faire le plein d'essence. Voiture en panne d'essence. L'essence et le gazole.*

▪ CONTR. (de I) Accident, apparence, existence.

ESSENCERIE [esɑ̃sʀi] **n. f.** – 1986 ◊ mot créé par L. S. Senghor sur *essence*, d'après *épicerie* ▪ **(Sénégal, Canada)** Station-service.

ESSÉNIEN, IENNE [esenjɛ̃, jɛn] **adj.** et **n.** – v. 1265 *hesseniiens* ◊ latin impérial *Esseni*, grec *Essenoi*, probablt de l'araméen *hasen* «pieux» ▪ HIST. RELIG. Secte juive dont les membres formaient des communautés menant une vie ascétique.

ESSENTIALISME [esɑ̃sjalism] **n. m.** – 1942 ; autre sens 1864 ◊ latin *essentialis* ▪ PHILOS. Théorie philosophique qui admet que l'essence précède l'existence. *L'essentialisme de Platon, d'Aristote.* ▪ CONTR. Existentialisme.

ESSENTIALISTE [esɑ̃sjalist] **adj.** – XXe ; 1864 autre sens ◊ de *essentialisme* ▪ PHILOS. Qui a les caractères de l'essentialisme ; adepte de l'essentialisme. *Point de vue essentialiste. Les philosophes essentialistes.* ▪ CONTR. Existentialiste.

ESSENTIEL, IELLE [esɑ̃sjɛl] **adj.** et **n. m.** – XVIe ◊ de *essence*

I ▪ **1** PHILOS. ou LITTÉR. Qui est ce qu'il est par son essence, et non par accident (opposé à *accidentel, relatif*). ➤ **absolu.** *«Il le haïssait* [le pouvoir] *d'une haine essentielle, permanente, qui lui tenait tout le cœur»* FLAUBERT. — MÉD. Qui existe en soi-même, sans cause connue ou bien déterminée. ➤ **idiopathique.** *Anémie, maladie essentielle.* ◆ Qui appartient à l'essence. *Les caractères, les attributs essentiels de qqch.* ➤ **caractéristique, constitutif, intrinsèque.** *La raison est essentielle à l'être humain.* ▪ **2** COUR. Qui est absolument nécessaire (opposé à *inutile*). ➤ **indispensable, nécessaire.** *La nutrition est essentielle à la vie.* ➤ **vital.** *Acides gras essentiels, acides aminés essentiels,* indispensables au bon équilibre de l'organisme (qui ne peut les synthétiser). *Cette formalité est essentielle pour votre mariage.* ➤ **obligatoire.** *C'est important, mais pas essentiel. Il est essentiel de se mettre d'accord. Reposez-vous, c'est essentiel.* ▪ **3** Qui est le plus important (opposé à *secondaire*). ➤ **principal.** *«Le maquillage accuse le visage dans ses éléments essentiels»* CAMUS. *Les principes essentiels d'une théorie.* ➤ **fondamental, primordial.** *Nous arrivons au point, au fait essentiel.* ➤ 1 **capital.** — Très important. *C'est un livre essentiel, qu'il faut avoir lu.* ➤ **incontournable.** ◆ **n. m.** Le point le plus important. *Épargnez-nous les détails, arrivons à l'essentiel.* ➤ 2 **fait, fond.** *Se borner à l'essentiel. Vous oubliez l'essentiel !* ➤ **principal.** *Nous sommes d'accord sur l'essentiel. L'essentiel est de réussir.* ➤ **important** (cf. Ce qui compte*, ce qui importe*). — *Il n'a emporté que l'essentiel,* les seuls objets indispensables. — *L'essentiel de...* : ce qu'il y a de plus important. *L'essentiel de sa fortune est en immeubles* (cf. La majeure* partie de). *«Quinette avait pris soin de coucher sur le papier l'essentiel de ce qu'il avait entendu»* ROMAINS. *Il passe l'essentiel de son temps à dormir,* la plus grande partie de son temps.

II (de *essence* III, 2°) *Huile* essentielle.*

▪ CONTR. Accidentel. Adventice, 1 casuel, contingent, éventuel, fortuit, occasionnel. Dispensable, inutile, superflu. Accessoire, secondaire. Détail.

ESSENTIELLEMENT [esɑ̃sjɛlmɑ̃] **adv.** – XVIe ; *essentïalment* v. 1200 ◊ de *essentiel* ▪ **1** Par essence, par nature. ➤ **fondamentalement.** *«L'homme et la femme sont identiques, mais longtemps encore des écrivains les décriront comme essentiellement différents»* CHARDONNE. ▪ **2** Avant tout, au plus haut point. *Sa tâche consiste essentiellement à...* ➤ **principalement.** *Nous tenons essentiellement à cette garantie.* ➤ **absolument.** *Région à vocation essentiellement agricole.* ▪ CONTR. Accidentellement.

ESSEULÉ, ÉE [esœle] **adj.** – v. 1225 ◊ de *é-* et *seul* ▪ Qu'on laisse seul, sans compagnie. ➤ **délaissé, isolé, seul, solitaire.** *«Il se sent esseulé dans une contrée inconnue»* TAINE.

ESSIEU [esjø] **n. m.** – 1435 ; *aisuel* XIIe ◊ latin populaire °*axilis*, classique *axis* → axe ▪ Longue pièce transversale sous une voiture, dont les extrémités (➤ **fusée**) entrent dans les moyeux des roues. *«Les essieux du fiacre criaient, à chaque pas»* HUYSMANS. *Essieux directeurs, moteurs, porteurs d'une locomotive. Chariot porteur d'essieux.* ➤ **bogie.** *Essieu avant* (➤ **train**), *arrière* (➤ **pont**) *d'une automobile. Distance entre les essieux d'une voiture.* ➤ **empattement.**

ESSOR [esɔʀ] **n. m.** – v. 1175 ◊ de *s'essorer* «voler» ▪ **1** LITTÉR. Élan d'un oiseau qui s'envole. *«Entre l'éclosion des œufs et l'essor des oisillons, la tâche d'un couple de mésanges confond l'observateur»* COLETTE. ➤ **envol, envolée,** 1 **vol, volée.** COUR. **PRENDRE SON ESSOR :** s'envoler. FIG. *«Je prédis que la timide écolière prendra bientôt un essor propre à faire honneur à son maître»* LACLOS. — *«Il se livre à tout l'essor d'une imagination sans frein»* SAINTE-BEUVE. ➤ 1 **élan, impulsion.** ▪ **2** Développement hardi et fécond. *Essor d'une entreprise.* ➤ **croissance.** *Industrie en plein essor, qui prend un grand essor, un essor prodigieux.* ➤ **activité, décollage, extension, prospérité.** *L'essor des arts. Donner un nouvel essor à une industrie.* ▪ CONTR. Baisse, déclin, ruine, stagnation.

ESSORAGE [esɔʀaʒ] **n. m.** – 1859 ; «lâcher d'oiseau» XIIe ◊ de *essorer* ▪ Action d'essorer (le linge). *Régler la vitesse d'essorage sur un lave-linge.*

ESSORER [esɔʀe] **v. tr.** ⟨1⟩ – XIXe ; «exposer à l'air pour faire sécher» XIIe ◊ latin populaire °*exaurare*, de *aura* «vent, air» ▪ **1** Débarrasser (une chose mouillée) d'une grande partie de l'eau qu'elle contient. *Essorer du linge avec une essoreuse.* ABSOLT *Son lave-linge essore bien, mal.* **p. p. adj.** *Linge essoré. — Essorer la salade.* ▪ **2** FAM. *Essorer qqn,* lui prendre son argent. *Se faire essorer au poker.* ➤ **lessiver, nettoyer, ratisser, rincer.** ◆ Fatiguer, épuiser. *«L'été commençait à essorer les gens»* M. DUGAIN. *Le voyage les a essorés.* ▪ **3 S'ESSORER v. pron.** (repris XIXe) VX ou LITTÉR. S'élancer dans l'air. *«Parfois un aigle s'essorait du côté de la grande dune»* GIDE. — BLAS. *Oiseau essoré,* en plein vol.

ESSOREUSE [esɔʀøz] **n. f.** – 1857 ◊ de *essorer* ▪ **1** Machine destinée à enlever l'eau qui imprègne le linge, une chose mouillée. *Laverie automatique équipée de plusieurs essoreuses. Essoreuse centrifuge, essoreuse à rouleaux. — Essoreuse à salade.* ▪ **2** Appareil servant à séparer le sucre cristallisé des mélasses.

ESSORILLER [esɔʀije] **v. tr.** ⟨1⟩ – 1303 *essoreiller* ◊ de *é-* et *oreille* ▪ Priver des oreilles en les coupant (ancien supplice). — Écourter les oreilles de (un animal). *Essoriller un chien.* — **n. m. ESSORILLEMENT,** 1578.

ESSOUCHEMENT [esuʃmɑ̃] **n. m.** – XVIIIe ◊ de *essoucher* ▪ TECHN. Action d'essoucher.

ESSOUCHER [esuʃe] **v. tr.** ⟨1⟩ – 1796 ◊ de *é-* et *souche* ▪ TECHN. Débarrasser (un terrain) des souches qui restent dans le sol après qu'on a abattu les arbres.

ESSOUFFLEMENT [esufləmɑ̃] **n. m.** – v. 1500 ◊ de *essouffler* ▪ État d'une personne essoufflée ; respiration courte et gênée. ➤ **anhélation, suffocation.** *«Je n'en pouvais plus d'essoufflement»* FLAUBERT. ◆ FIG. Le fait de perdre son caractère dynamique. *L'essoufflement d'une grève.*

ESSOUFFLER [esufle] **v. tr.** ⟨1⟩ – fin XIIe ◊ de *é-* et *souffle*

I Mettre presque hors d'haleine, à bout de souffle. *Cette montée m'a essoufflé. Je suis complètement essoufflé. «on entendit la respiration du vieillard que ses efforts avaient essoufflé»* GREEN.

II **v. pron.** ▪ **1** Avoir de la peine à respirer. *S'essouffler facilement.* ➤ **haleter, souffler, suffoquer.** *S'essouffler à force de crier, d'appeler.* ➤ **s'époumoner.** ▪ **2** (XIXe) FIG. Perdre le souffle de l'inspiration. *Ce cinéaste s'essouffle, son dernier film est décevant.* ▪ **3** (v. 1965) Ne plus pouvoir suivre un rythme de croissance, perdre de son dynamisme. *Le mouvement s'essouffle. Relancer une économie qui s'essouffle.* — **S'ESSOUFFLER À** (et l'inf.) : ne pas réussir à. *S'essouffler à rattraper son retard.*

ESSUIE [eswi ; esɥi] **n. m.** – 1878 ◊ de *essuyer* ▪ RÉGION. **(Champagne ; Belgique)** ▪ **1** Serviette de toilette. *Essuie de bain, essuie de plage.* ➤ **drap.** ▪ **2** Torchon. ➤ 2 **patte.** *Essuie de vaisselle* (➤ **drap**), *essuie de cuisine.*

ESSUIE-GLACE [esɥiglas] **n. m.** – 1914 ♦ de *essuyer* et *glace* ■ Dispositif constitué d'un moteur électrique, d'un bras articulé et d'une raclette (➤ **balai**) destiné à essuyer le parebrise ou la vitre arrière d'un véhicule. *Des essuie-glaces.* — LOC. FIG. *Faire l'essuie-glace,* se dit du joueur de tennis obligé de courir d'un côté à l'autre du court pour relancer la balle.

ESSUIE-MAIN **n. m.** ou **ESSUIE-MAINS** [esɥimɛ̃] **n. m. inv.** – 1555 ♦ de *essuyer* et *main* ■ Linge, serviette en papier dont on se sert pour s'essuyer les mains. ➤ **serviette ;** et aussi **sèche-main.** *Essuie-main suspendu à un rouleau. Distributeur d'essuie-mains.*

ESSUIE-MEUBLE [esɥimœbl] **n. m.** – 1887 ♦ de *essuyer* et *meuble* ■ Chiffon à poussière. *Des essuie-meubles.*

ESSUIE-PHARE [esɥifaʀ] **n. m.** – milieu XXe ♦ de *essuyer* et *phare* ■ Dispositif électromécanique assurant le nettoyage des phares d'un véhicule. *Des essuie-phares.*

ESSUIE-PIED **n. m.** ou **ESSUIE-PIEDS** [esɥipje] **n. m. inv.** – 1948 ♦ de *essuyer* et *pied* ■ Paillasson. *Des essuie-pieds.*

ESSUIE-TOUT [esɥitu] **n. m. inv.** /ESSUIETOUT **n. m.**/ – 1970 ♦ de *essuyer* et *tout* ■ Papier absorbant assez résistant, à usages multiples (surtout domestiques), présenté généralement en rouleaux. ➤ **sopalin.**

ESSUIE-VERRE [esɥivɛʀ] **n. m.** – 1909 ♦ de *essuyer* et *verre* ■ Torchon fin pour essuyer les verres. *Des essuie-verres.*

ESSUYAGE [esɥijaʒ] **n. m.** – 1858 ♦ de *essuyer* ■ Action d'essuyer. *L'essuyage de la vaisselle, des meubles.*

ESSUYER [esɥije] **v. tr.** ‹8› – *essuier* XIIe ♦ bas latin *exsucare* «exprimer le suc» ■ **1** Sécher (ce qui est mouillé) en frottant avec une chose sèche absorbante. *Laver et essuyer la vaisselle. Essuyer ses mains à une serviette, avec une serviette. S'essuyer la bouche. Tarrou «essuya le petit visage trempé de larmes et de sueur»* CAMUS. *Essuyer ses pieds :* frotter ses semelles sur un paillasson. PRONOM. *S'essuyer en sortant du bain.* — FIG. et FAM. **ESSUYER LES PLÂTRES :** occuper une habitation qui vient d'être achevée. PAR MÉTAPH. Subir le premier les conséquences d'une situation fâcheuse. ♦ Ôter (ce qui mouille qqch.). *Essuyer l'eau qui a coulé sur la table.* ➤ **éponger.** *Essuyer ses larmes.* ■ **2** PAR EXT. Ôter la poussière, la saleté de (qqch.) en frottant. *Essuyer les meubles avec un chiffon de laine.* ➤ **dépoussiérer, épousseter.** ♦ Ôter (ce qui salit). *Essuyer une empreinte, la poussière.* ■ **3** (fin XVIe) FIG. Avoir à supporter (qqch. de fâcheux). ➤ **éprouver, subir.** *Essuyer une tempête. Essuyer le feu de l'ennemi. Essuyer des pertes. Essuyer des reproches, des dédains, un refus.* ➤ **endurer, souffrir, subir.** ■ CONTR. Mouiller. Salir, souiller.

ESSUYEUR, EUSE [esɥijœʀ, øz] **n.** – 1472 techn. ♦ de *essuyer* ■ Personne qui essuie. *Un essuyeur de vaisselle.*

EST [ɛst] **n. m. inv.** – *hest* XIIe ♦ ancien anglais *east* ■ Celui des quatre points cardinaux qui est au soleil levant (ABRÉV. E.). ➤ **levant, orient.** *De l'est à l'ouest*. Mosquée orientée vers l'est.* — PAR EXT. Lieu situé du côté de l'est. *Vent d'est. «Une grosse houle venait du couchant, bien que le vent soufflât de l'est»* CHATEAUBRIAND. — APPOS. INV. *Longitude est. La banlieue est de Paris. La côte est des États-Unis. La partie est.* ➤ **oriental.** *Le nord-est. Le sud-est de la France. L'est-nord-est* (E.-N.-E.) : le point situé entre le nord-est et l'est. ♦ SPÉCIALT (En France) **L'EST :** l'Alsace et la Lorraine. *Habiter dans l'Est.* — Les pays à l'est de l'Europe, SPÉCIALT Les pays qui furent socialistes de 1945 à 1989. *Relations entre l'Est et l'Ouest. Les pays de l'Est.* HIST. *L'Allemagne de l'Est :* la République démocratique allemande (R. D. A.) (➤ **est-allemand**). *Les Allemands de l'Est.* ■ HOM. Este.

ESTABLISHMENT [ɛstabliʃmɛnt] **n. m.** – 1965 ♦ mot anglais ■ ANGLIC. Ensemble des gens en place attachés à l'ordre établi. PAR EXT. L'ordre établi. REM. On emploie parfois dans ce sens le mot *établissement.*

ESTACADE [ɛstakad] **n. f.** – 1671 ; *estaquade* 1578 ♦ italien *steccata,* de *stecca* «pieu» ■ Barrage fait par l'assemblage de pieux, pilotis, radeaux, chaînes. *Estacade qui ferme l'entrée d'un port, d'un chenal, qui brise les vagues, les courants.* ➤ **digue, jetée.** ♦ Jetée à claire-voie.

ESTAFETTE [ɛstafɛt] **n. f.** – *staffette* 1596 ♦ italien *staffetta,* diminutif de *staffa* «étrier», puis «courrier» ■ **1** ANCIENNT Courrier chargé d'une dépêche. ➤ **courrier, envoyé, 1 exprès, messager.** *Estafette à cheval. «Il écrit à Paris qu'on lui envoie, ventre à terre, par une estafette, ses autres habits habillés»* P.-L. COURIER. ♦ MOD. Militaire agent de liaison. *Le général dépêcha une estafette.* ■ **2** (marque déposée) Véhicule utilitaire. *«les voitures de pompiers, l'ambulance, l'estafette de gendarmerie»* J. STÉFAN. ➤ **2 fourgon.**

ESTAFIER [ɛstafje] **n. m.** – *estaffier* 1549 ♦ italien *staffiere* «laquais» ; racine *staffa* «étrier» ■ ANCIENNT Laquais armé qui portait le manteau et les armes de son maître, lui tenait l'étrier. ♦ PÉJ. Garde du corps.

ESTAFILADE [ɛstafilad] **n. f.** – *estaffilade* 1552 ♦ italien *staffilata* «coup de fouet, d'étrivière», de *staffa* «étrier» ■ **1** Entaille faite avec une arme tranchante (sabre, rasoir) principalement au visage. ➤ **balafre, coupure, entaille, fente, taillade.** *Avoir une estafilade au menton, sur le menton. Se faire une estafilade en se rasant.* ■ **2** VIEILLI Maille filée*.

ESTAGNON [ɛstaɲɔ̃] **n. m.** – 1844 ♦ provençal moderne *estagnoun,* de *estanh* «étain» ■ (Afrique) Récipient en fer étamé destiné à contenir de l'huile, des essences.

EST-ALLEMAND, ANDE [ɛstalmɑ̃, ɑ̃d] **adj.** et **n.** – v. 1950 ♦ calque de l'anglais ■ HIST. De la République démocratique allemande (R. D. A.), dite *Allemagne de l'Est. Les sportifs est-allemands.*

ESTAMINET [ɛstaminɛ] **n. m.** – XVIIe ♦ wallon *staminê* «salle à poteaux», probablt de *stamon* «poteau» ■ RÉGION. (Nord, Belgique) Petit café populaire. ➤ **bistrot.** *«Ce petit estaminet tranquille, avec son arrière-salle déserte, si commode, et les grosses tables de bois mal équarries»* BERNANOS.

ESTAMPAGE [ɛstɑ̃paʒ] **n. m.** – 1628 ♦ de *estamper* ■ **1** Action d'estamper ; son résultat. *Estampage des monnaies, des bijoux. — L'estampage d'une inscription.* ■ **2** FAM. et RARE Escroquerie.

1 **ESTAMPE** [ɛstɑ̃p] **n. f.** – 1430 ; «cachet» v. 1280 ♦ de *estamper* (1°) ■ TECHN. Pièce servant à produire une empreinte. ♦ Outil ou machine qui sert à estamper. *Estampe d'orfèvre, de serrurier, de maréchal-ferrant.* ➤ **étampe.**

2 **ESTAMPE** [ɛstɑ̃p] **n. f.** – 1647 ; «impression» 1564 ♦ italien *stampa* ■ Image imprimée au moyen d'une planche gravée de bois ou de cuivre (eau-forte, taille-douce) ou par lithographie. ➤ **gravure.** *Tirer une estampe encore humide.* ➤ **contre-épreuve.** *Estampe enluminée. Estampe qui imite le lavis* (➤ **aquatinte**), *à la manière noire* (➤ **mezzotinto**). *Estampe qui illustre un livre.* ➤ **figure, vignette.** *Estampes japonaises. Le cabinet des Estampes de la Bibliothèque nationale.*

ESTAMPER [ɛstɑ̃pe] **v. tr.** ‹1› – 1392 ; «piler» v. 1225 ♦ italien *stampare,* francique °*stampôn* «piler, broyer» ■ **1** Imprimer en relief ou en creux sur (un support) l'empreinte gravée sur un moule, une matrice. ➤ **emboutir, frapper, graver, matricer.** *Estamper une feuille de métal, de cuir. Estamper un fer à cheval.* ➤ **étamper.** — *Estamper une inscription,* en prendre l'empreinte sur un papier spécial. ■ **2** (1883) FIG. et FAM. Soutirer de l'argent à (qqn) ; faire payer trop cher (qqn). ➤ **escroquer,** FAM. **rouler, 2 voler*.** *Il vous a bien estampé. Se faire estamper.*

ESTAMPEUR, EUSE [ɛstɑ̃pœʀ, øz] **n.** – 1628 ♦ de *estamper* ■ **1** Personne qui estampe. *Estampeur de bijoux.* ♦ **n. m.** Outil qui sert à estamper. — **adj.** *Balancier estampeur,* pour estamper les monnaies. ■ **2** FAM. Personne qui estampe, escroque. ➤ **escroc, voleur.**

ESTAMPILLE [ɛstɑ̃pij] **n. f.** – v. 1740 ♦ espagnol *estampilla,* de *estampa* «empreinte» ■ **1** Empreinte qui atteste l'authenticité d'un produit, d'une œuvre d'art, d'un document, en indique l'origine ou constate le paiement d'un droit fiscal. *Estampille marquée avec un cachet, un poinçon, un sceau ; consistant en une signature, un timbre. Estampille d'ébéniste. L'estampille d'un produit industriel.* ➤ **label, 1 marque** (de fabrique). *«Un timbre était collé sous l'adresse [...] il portait l'estampille de Madrid»* SARTRE. ➤ **flamme, oblitération.** ■ **2** FIG. et FAM. *Marquer de son estampille.* ➤ **empreinte, 1 marque.** *«presque toute notre originalité vient de l'estampille que le temps imprime à nos sensations»* BAUDELAIRE.

ESTAMPILLER [ɛstɑ̃pije] **v. tr.** ‹1› – 1752 ♦ de *estampille* ■ Marquer d'une estampille. ➤ **étamper, poinçonner, timbrer.** — *Faire estampiller un produit.* — **p. p. adj.** *Briquet, tapis estampillé.* — *Estampiller le cuir,* y faire des dessins mécaniquement. — **n. m. ESTAMPILLAGE,** 1783. **n. f. ESTAMPILLEUSE.** *Estampilleuse pour savon.*

ESTANCIA [ɛstɑ̃sja] **n. f.** – 1838 ♦ mot espagnol, de *estar* «être» ■ Exploitation agricole importante en Amérique latine.

ESTARIE ➤ **STARIE**

ESTE ➤ **ESTONIEN** ■ HOM. Est.

1 **ESTER** [ɛste] v. intr. ‹seult inf.› – 1384 ; «se tenir debout» 1080 ◇ latin juridique *stare* ■ DR. *Ester en justice, ester en jugement* : soutenir une action en justice comme demandeur ou défendeur. ➤ **intenter, poursuivre.**

2 **ESTER** [ɛstɛʀ] n. m. – 1857, répandu XXe ◇ mot allemand créé par Gmelin v. 1850 ; de *éther* ■ CHIM. Composé organique, comparable à un sel minéral, formé par réaction d'un acide avec un alcool ou un phénol, avec élimination d'eau. ➤ aussi **polyester.** *Certaines essences aromatiques, des graisses, des huiles sont des esters. On utilise les esters en parfumerie, dans l'alimentation* (cf. VX Éther*-sel).

ESTÉRASE [ɛsteʀɑz] n. f. – XXe ◇ de *ester* et *-ase*, d'après l'anglais (1916) ■ BIOCHIM. Enzyme qui catalyse l'hydrolyse et parfois la synthèse des esters. ➤ **lipase, phosphatase.**

ESTÉRIFICATION [ɛsteʀifikasjɔ̃] n. f. – 1953 ◇ de *estérifier*, d'après l'anglais (1898) ■ CHIM. Transformation en ester ; formation d'un ester par réaction d'un acide avec un alcool ou avec un phénol.

ESTÉRIFIER [ɛsteʀifje] v. tr. ‹7› – 1953 ◇ de 2*ester* ■ CHIM. Transformer en ester (➤ **estérification**).

ESTERLIN [ɛstɛʀlɛ̃] n. m. – 1174 ◇ anglais *sterling* ■ HIST. Ancienne monnaie qui avait cours en France au Moyen Âge.

ESTHÉSIE [ɛstezi] n. f. – 1846 «sensibilité, passion (opposé à *action*) en philos.» ◇ grec *aisthêsis* «sensation» ■ PHYSIOL. Aptitude à percevoir des sensations.

ESTHÉSIO-, -ESTHÉSIE ■ Éléments, du grec *aisthêsis* «sensation, sensibilité» : *esthésiogène, hyperesthésie.*

ESTHÉSIOGÈNE [ɛstezjɔʒɛn] adj. – 1879 ◇ de *esthésio-* et *-gène* ■ PHYSIOL. Qui produit ou augmente la sensibilité. *Zone, point esthésiogène* : endroit douloureux au moindre attouchement.

ESTHÉSIOLOGIE [ɛstezjɔlɔʒi] n. f. – 1865 ◇ de *esthésio-* et *-logie* ■ PHYSIOL. Étude de la sensibilité et de ses mécanismes.

ESTHÈTE [ɛstɛt] n. et adj. – 1881 ; 1838 adj. ◇ de *esthétique*, d'après le grec *aisthêtês* «celui qui sent» ■ **(Souvent péj.)** Personne qui affecte le culte exclusif et raffiné de la beauté formelle, le scepticisme à l'égard des autres valeurs. ➤ **dilettante.** **(Laudatif)** *Il a un œil, un goût d'esthète.* — **adj.** *Il est très esthète.* «*Un public esthète*» MICHAUX.

ESTHÉTICIEN, IENNE [ɛstetisjɛ̃, jɛn] n. – 1868 ; fém. 1949 ◇ de *esthétique* ■ **1** Personne qui s'occupe d'esthétique. *E. Poe était «un esthéticien de première force, un très grand poète, d'un art très raffiné et très compliqué»* GAUTIER. ■ **2** Personne dont le métier consiste à donner des soins de beauté (maquillage, etc.). *Les esthéticiennes d'un institut de beauté.* ■ **3** *Esthéticien industriel.* ➤ **designer, styliste.**

ESTHÉTIQUE [ɛstetik] n. f. et adj. – 1753 ◇ latin moderne *æsthetica* (1750), grec *aisthêtikos*, de *aisthanesthai* «sentir»

I n. f. ■ **1** Science du beau dans la nature et dans l'art ; conception particulière du beau. *Domaines de l'esthétique* : philosophie, psychologie et sociologie de l'art. *Traité d'esthétique. L'esthétique dogmatique de Platon, d'Aristote. L'esthétique de Hegel. «Propos sur l'esthétique», d'Alain. «une philosophie des beaux-arts ; c'est là ce qu'on appelle une esthétique»* TAINE. ◆ LITTÉR. au sens étym. «*L'esthétique est la science du sentiment*» MAURRAS. ■ **2** Caractère esthétique. ➤ **beauté.** *L'esthétique d'une pose, d'une attitude, d'un visage. «Au point de vue du beau, la femme donne tout... Quant à l'esthétique mâle, n'en parlons pas !»* L. DAUDET. ➤ **plastique.** *Sacrifier l'utilité à l'esthétique.* ■ **3** (1951) *Esthétique industrielle* : conception et fabrication d'objets manufacturés visant à harmoniser les formes, les fonctions. ➤ **design, stylisme.**

II adj. ■ **1** Relatif au sentiment du beau. *Sentiment, émotion esthétique. Jugement esthétique. N'avoir aucun sens esthétique. «Le sens esthétique si éminent dont il* [Chateaubriand] *était doué»* RENAN. ■ **2** Qui participe de l'art. ➤ **artistique.** *«Curiosités esthétiques», essais de Baudelaire.* ■ **3** Qui a un certain caractère de beauté. *Attitudes, gestes esthétiques.* ➤ 1**beau*, harmonieux.** *Ce bâtiment n'a rien d'esthétique.* ■ **4** Relatif aux moyens mis en œuvre pour maintenir ou améliorer l'apparence physique. *Soins esthétiques* (cf. Soins de beauté*). — *La chirurgie esthétique peut raccourcir ou affiner le nez, supprimer les bourrelets adipeux, les tissus affaissés.* ➤ **plastique.**
■ CONTR. Inesthétique.

ESTHÉTIQUEMENT [ɛstetikmɑ̃] adv. – 1798 ◇ de *esthétiser* ■ Du point de vue esthétique ; d'une manière esthétique. *Esthétiquement, c'est une réussite.*

ESTHÉTISANT, ANTE [ɛstetizɑ̃, ɑ̃t] adj. – 1947 ◇ de *esthétiser* ■ PÉJ. Qui donne une place excessive à la beauté formelle. *Vision esthétisante.*

ESTHÉTISATION [ɛstetizasjɔ̃] n. f. – 1969 ◇ de *esthétiser* ■ Le fait d'esthétiser qqch. *L'esthétisation de la misère.*

ESTHÉTISER [ɛstetize] v. ‹1› – 1870 ◇ de *esthète* ■ **1** v. intr. PÉJ. Vouloir à tout prix faire de l'esthétique. «*des confrères* [...] *esthétisant prétentieusement*» GONCOURT. ■ **2** v. tr. Rendre esthétique, conforme à un idéal de beauté. *Film qui esthétise la guerre.*

ESTHÉTISME [ɛstetism] n. m. – 1881 ◇ de *esthète* ■ **1** Doctrine, école des esthètes. *Oscar Wilde fut un adepte de l'esthétisme. Des «formules d'un esthétisme pour initiés»* ROMAINS. ■ **2** Discours critique sur l'esthétique. «*l'esthétisme, discours au deuxième degré sur l'art et l'esthétique*» H. LEFEBVRE. ■ **3** Attitude artistique qui recherche la beauté formelle. *L'esthétisme dans la publicité. Ce modèle allie la technologie et l'esthétisme.* ➤ **esthétique.**

ESTIMABLE [ɛstimabl] adj. – XIVe ◇ de *estimer* ■ **1** VX Dont l'estimation est possible. ➤ **appréciable.** ■ **2** Digne d'estime. *Une personne très estimable.* ➤ **honorable, recommandable, respectable.** *C'est un garçon estimable.* ➤ 1**bien.** «*Par un estimable et curieux souci d'ordre*» DUHAMEL. ➤ 1**louable.** ■ **3** Qui a quelque valeur, du mérite, sans être remarquable. *Un auteur, un peintre estimable. C'est un ouvrage estimable et sérieux.* ➤ **honnête.** ■ CONTR. Inestimable. Indigne, méprisable, vil.

ESTIMATEUR [ɛstimatœʀ] n. m. – 1389 ◇ latin *estimator* ; ancien français *estimeur* ■ **1** VIEILLI Celui qui fait l'estimation d'une chose. ➤ **expert.** — FIG. et LITTÉR. *Juste estimateur de la vertu, du mérite* (ACADÉMIE). ➤ **appréciateur, juge.** ■ **2** MATH. *Estimateur d'un paramètre (d'une loi de probabilité)* : variable aléatoire qui, sur un échantillonnage de population, prend des valeurs considérées comme des estimations du paramètre. *Estimateur juste, biaisé. Estimateur bien ou mal centré.*

ESTIMATIF, IVE [ɛstimatif, iv] adj. – 1743 ; «relatif au jugement» 1314 ◇ de *estimer* ■ Qui contient une estimation. ➤ **appréciatif.** *Un devis, un état estimatif.*

ESTIMATION [ɛstimasjɔ̃] n. f. – 1263 ◇ latin *æstimatio* «évaluation» ■ **1** Action d'estimer, de déterminer la valeur, le prix (d'une chose). ➤ **appréciation, évaluation, expertise, prisée.** *L'estimation d'un mobilier, d'une œuvre d'art par un expert. Estimation de travaux à exécuter.* ➤ **devis.** *Estimation insuffisante, exagérée.* ➤ **sous-estimation, surestimation.** «*en pesant, d'un coup d'œil d'expert habile aux estimations promptes, la valeur marchande de ses jeux*» COURTELINE. ■ **2** Action d'évaluer (une grandeur). ➤ 1**calcul, évaluation.** *D'après les premières estimations* : à première vue. *Estimation rapide, approximative.* ➤ **aperçu, approximation.** *Estimation précise.* ➤ **détermination.** *Selon mes estimations, d'après mes estimations, il n'y en aurait plus pour longtemps.* ➤ **prévision.** ◆ MATH. Opération statistique consistant à déterminer, à partir d'un échantillon, des paramètres relatifs à une population (➤ **estimateur**).

ESTIME [ɛstim] n. f. – XIIIe ◇ de *estimer*

I ■ **1** VX Détermination du prix, de la valeur (de qqch.). ➤ **estimation.** ■ **2** MOD. MAR. Calcul approximatif de la position d'un navire en estimant le chemin parcouru d'après les instruments de navigation. *Navigation à l'estime.* — **loc. adv. À L'ESTIME** : au juger. ➤ **approximativement.** *Évaluer le poids d'un paquet à l'estime.*

II FIG. ■ **1** VX Opinion. ■ **2** Sentiment favorable né de la bonne opinion qu'on a du mérite, de la valeur de qqn. ➤ **considération, déférence, respect.** *Avoir de l'estime pour qqn. Avoir, tenir une personne en haute, en grande estime. Marques d'estime.* ➤ **égard.** *Personne digne d'estime.* ➤ **estimable.** *Monter, remonter dans l'estime de qqn ; baisser dans son estime. Il me fit sentir «qu'il valait infiniment mieux avoir toujours l'estime des hommes que quelquefois leur admiration»* ROUSSEAU. ◆ *Estime de soi-même* : juste opinion de soi que donne une bonne conscience. ➤ **fierté.** «*nul ne peut être heureux s'il ne jouit de sa propre estime*» ROUSSEAU. ◆ Sentiment qui attache du prix à qqch. ; cas que l'on fait de qqch. *Sa ténacité inspire de l'estime. «Le mal qui réussit devient*

digne d'estime» HUGO. *Être en grande estime, quelque part, auprès de qqn.* ➤ **faveur, honneur.** *Succès d'estime,* se dit d'une œuvre qui est accueillie avec estime par la critique mais n'obtient pas la faveur du grand public. *Ce film a obtenu un succès d'estime.* ▪ **3** VX Place que l'on a dans l'estime d'autrui. ➤ **réputation.** *«Puisse tout l'univers bruire de votre estime !»* CORNEILLE.
▪ CONTR. Déconsidération, décri, dédain, mépris, mésestime.

ESTIMER [ɛstime] v. tr. ⟨1⟩ – *extimer* v. 1300 ◊ latin *æstimare* ; remplace l'ancien français *esmer* pour éviter l'homonymie avec *aimer*

I APPRÉCIER LA VALEUR DE, ÉVALUER ▪ **1** Déterminer le prix, la valeur de (qqch.) par une appréciation. ➤ **apprécier ; estimation.** *Faire estimer un objet d'art par un expert. Estimer qqch. au-dessous, au-dessus de sa valeur* (➤ **sous-estimer, surestimer**), *à sa juste valeur. Estimer le cours d'une valeur, d'une marchandise.* ➤ **coter.** — *Mobilier estimé à deux cent mille euros.* ◆ FIG. Attribuer une valeur, une importance à (qqch., qqn). *Estimer un service à sa juste valeur. Une aide qu'on ne saurait assez estimer.* ➤ **inestimable.** ▪ **2** Calculer approximativement, sans avoir à sa disposition les éléments nécessaires pour un calcul rigoureux. ➤ **évaluer.** *Le coût est difficile à estimer. Estimer une distance au juger. «des hommes qui, rien qu'à la longueur de leur ombre, qu'ils savaient estimer à vue d'œil, pouvaient dire l'heure exacte du jour ou du soir»* NERVAL. ▪ **3** MATH. Réaliser l'estimation* statistique de (un paramètre).

II AVOIR UNE OPINION SUR ▪ **1** Avoir une opinion sur (une personne, une chose). ◆ VX introduisant un nom (attribut). ➤ **considérer** (comme), **tenir** (pour). *«si nous voulons être estimés leurs véritables descendants»* MOLIÈRE. ◆ MOD. introduisant un adj. (attribut). ➤ **croire, 1 juger, regarder** (comme), **tenir** (pour), **trouver.** *Estimer indispensable de faire qqch.* ◆ Introduisant un inf. ou une subordonnée (compl. d'objet). ➤ **considérer, croire, 1 penser, présumer, tenir** (que). *J'estime avoir fait mon devoir. J'estime que vous avez suffisamment travaillé aujourd'hui. «La police estimait, à cause de cette maladresse terrifiante, que ce crime n'était point l'œuvre d'un professionnel»* MAC ORLAN. *On estime qu'il faudra plusieurs jours pour tout ranger.* ▪ **2** Avoir bonne opinion de, reconnaître la valeur de (qqn). ➤ **aimer, apprécier, considérer.** *On peut estimer une personne sans l'aimer. «Quand on sent qu'on n'a pas de quoi se faire estimer de quelqu'un, on est bien près de le haïr»* VAUVENARGUES. — **p. p. adj.** *Notre estimé collègue et ami.* ◆ Faire cas de, avoir plus ou moins d'estime pour (qqch.). ➤ **1 priser.** *«Elle estimait très haut son ironie profonde, sa fierté sauvage, son talent mûri dans la solitude»* FRANCE. — **p. p. adj.** *Un vin très estimé.*

III S'ESTIMER v. pron. ▪ **1** Déterminer sa propre valeur. *«Que l'homme maintenant s'estime son prix ; qu'il s'aime, [...] mais qu'il n'aime pas pour cela les bassesses qui y sont»* PASCAL. ▪ **2** (Avec un adj. attribut) Se considérer, se croire, se trouver. *S'estimer satisfait. «Avant que de combattre, ils s'estiment perdus»* CORNEILLE. — *S'estimer heureux que* (et subj.), *de* (et inf.). *Estimez-vous heureux d'être sain et sauf.* ▪ **3** Avoir une bonne opinion de soi. *«ceux qui s'estiment à propos de rien, qui sont glorieux de leur rang ou de leur richesse»* MARIVAUX.
▪ CONTR. Déprécier. Déconsidérer, dédaigner, mépriser, mésestimer.

ESTIVAGE [ɛstivaʒ] n. m. – 1856 ◊ de *estiver* ▪ AGRIC. Action d'estiver (opposé à *hivernage*). *Estivage du troupeau.* ➤ **2 estive.**

ESTIVAL, ALE, AUX [ɛstival, o] adj. – 1119 ◊ bas latin *æstivalis,* de *æstivus* «de l'été» ▪ Propre à l'été, d'été (opposé à *hivernal*). *Moyenne de la température estivale. Une toilette estivale. Vêtements estivaux. «La prodigalité exubérante de la vie estivale»* BAUDELAIRE. ◆ *Stations estivales,* fréquentées pendant l'été.

ESTIVALIER, IÈRE [ɛstivalje, jɛʀ] n. – 1966 ◊ de *estival* ▪ Estivant. *Résidents et estivaliers.*

ESTIVANT, ANTE [ɛstivɑ̃, ɑ̃t] n. – v. 1920 ◊ de *estiver* ▪ Personne qui passe les vacances d'été dans une station de villégiature. ➤ **estivalier, vacancier ; aoûtien, juillettiste.**

ESTIVATION [ɛstivasjɔ̃] n. f. – 1819 ◊ de *estiver* ▪ **1** BOT. Disposition des diverses parties de la fleur avant leur épanouissement. ➤ **préfloraison.** ▪ **2** ZOOL. Engourdissement de certains animaux (crocodiles, serpents) pendant l'été (opposé à *hibernation*).

1 ESTIVE [ɛstiv] n. f. – 1611 ; de *estiver* «comprimer» ◊ italien *stivare,* latin *stipare* ▪ MAR. Chargement comprimé d'un navire. *Charger en estive.* ◆ Contrepoids qui servait à équilibrer les galères. ➤ **lest.** *Mettre un navire en estive :* équilibrer le chargement entre les deux côtés du navire.

2 ESTIVE [ɛstiv] n. f. – 1933 ◊ de *estiver* ▪ AGRIC. Pâturage d'été en montagne. ➤ **alpage.**

ESTIVER [ɛstive] v. ⟨1⟩ – XVe ◊ provençal *estivar,* latin *æstivare* «passer l'été» ▪ **1** v. tr. Faire passer l'été à. *Estiver des troupeaux,* les faire séjourner pendant l'été dans des pâturages de montagne (➤ **estivage**). ▪ **2** v. intr. Passer l'été en quelque endroit. *«Les troupeaux venaient de redescendre des hauts pâturages où ils avaient estivé»* S. GERMAIN. RARE (Personnes) *Il estive tous les ans à la campagne* (➤ **estivant**). ▪ **3** v. intr. Vivre au ralenti, se mettre en estivation* (opposé à *hiberner*).
▪ CONTR. Hiverner.

ESTOC [ɛstɔk] n. m. – v. 1176 ◊ de l'ancien verbe *estochier* → estoquer ▪ **1** VX **D'ESTOC :** avec la pointe de l'épée. LOC. *Frapper d'estoc et de taille :* frapper, se battre avec la pointe et le tranchant de l'épée (c'est-à-dire par tous les moyens, avec énergie). ▪ **2** (1446) ANCIENNT Grande épée droite. *«les soudards dont l'estoc bat les hanches»* HUGO.

ESTOCADE [ɛstɔkad] n. f. – v. 1475 ◊ italien *stoccata,* ou de l'ancien français *estocquer* ▪ **1** VX *Coup d'estocade.* ➤ **3 botte.** ▪ **2** (1831 ◊ espagnol *estocada*) TAUROM. Coup d'épée, dans la mise à mort du taureau (➤ **estoquer**). *«le matador devant passer le bras entre les cornes de l'animal et lui donner l'estocade entre la nuque et les épaules»* GAUTIER. — LOC. *Donner l'estocade à (un adversaire),* le réduire à merci, l'achever.

ESTOMAC [ɛstɔma] n. m. – XIVe ; *stomac* v. 1220 ◊ latin *stomachus,* grec *stomachos,* de *stoma* «bouche»

I ORGANE DE L'APPAREIL DIGESTIF ▪ **1** (Chez l'être humain) Poche musculeuse, partie du tube digestif située dans la partie supérieure gauche de la cavité abdominale et de la région épigastrique, entre l'œsophage et le duodénum. *De l'estomac.* ➤ **gastrique, stomacal ; gastéro-, gastr(o)-.** *Orifice de l'estomac communiquant avec l'œsophage* (➤ **cardia**), *avec le duodénum* (➤ **pylore**). *Partie supérieure de l'estomac.* ➤ **fundus.** *Transformation des aliments dans l'estomac* (➤ **digestion**). *Avoir l'estomac creux, vide, plein.* ➤ **ventre.** *Avoir un creux* à l'estomac. Avoir l'estomac barbouillé*. «il me fallait pour manger un tel effort de volonté, que mon estomac repoussait les aliments, mon gosier se serrait, rien ne passait»* SAND. *Se remplir, se caler* l'estomac.* ➤ **1 manger** (cf. FAM. *S'en mettre plein la panse*,* le cornet, la tirelire, la lampe*, le buffet). *«Admirables estomacs, qui tantôt ne mangent pas de quoi satisfaire un enfant, et tantôt se satisfont tout juste avec ce qui étoufferait un ogre»* FROMENTIN. *Estomac délicat, fragile, paresseux. Avoir des maux d'estomac. Avoir un poids sur l'estomac. Aigreurs, brûlures, crampes d'estomac. Maladies, affections de l'estomac.* ➤ **dyspepsie, embarras ; gastralgie, gastrite, hyperacidité, hyperchlorhydrie, hypochlorhydrie, pyrosis.** *Ulcère à l'estomac. Remède pour l'estomac* (➤ **stomachique**). *Lavage d'estomac :* nettoyage par irrigation. ◆ LOC. *Avoir un estomac d'autruche*. Avoir l'estomac dans les talons :* avoir faim. *Un estomac sur pattes*.* — *Ouvrir, creuser l'estomac :* donner faim. *«l'odeur de la viande délicate [...] m'ouvrirait tout grand l'estomac»* COLETTE. — *Ça lui est resté* sur l'estomac.* ▪ **2** (Animaux) Partie renflée du tube digestif qui reçoit les aliments (plus ou moins semblable à l'estomac humain, selon la place de l'animal dans l'évolution). *Estomac à quatre compartiments des ruminants* (➤ **panse ; bonnet, feuillet ; 1 caillette**). *Parties comestibles de l'estomac du bœuf.* ➤ **gras-double, tripe.** — *Estomac des oiseaux.* ➤ **gésier ; jabot.** — REM. Pour les animaux inférieurs, on dit *poche digestive, jabot,* etc.

II PARTIE DU CORPS CORRESPONDANTE ▪ **1** (XVe-XVIIe) VX Poitrine (le mot *poitrine* était jugé vulgaire). *«leurs haut-de-chausses tout tombants, et leurs estomacs débraillés»* MOLIÈRE. ▪ **2** MOD. Partie du torse située sous les côtes. *Le creux de l'estomac.* ➤ **épigastre.** *Boxeur qui frappe à l'estomac. Il «lui lança un coup de genou dans l'estomac qui le fit se plier en deux, sans souffle»* CALAFERTE. *Avoir, prendre de l'estomac,* du ventre. *Il «bedonnait de l'estomac»* HUYSMANS. ▪ **3** (v. 1460) VX Cœur, courage. ◆ MOD. *Avoir de l'estomac :* faire preuve de hardiesse, et PÉJ. d'audace. ➤ **aplomb, cran ;** FAM. **culot, tripe.** *«Ah bien ! il en a un estomac de se montrer ici avec elle !»* ZOLA. *Manquer d'estomac.* — FAM. *Faire qqch. à l'estomac,* au culot. *«La Littérature à l'estomac», essai de Julien Gracq.*

ESTOMAQUÉ, ÉE [ɛstɔmake] adj. – *estomaquié* 1480 ◊ latin *stomachari* «s'irriter» ▪ FAM. Très étonné, surpris. ➤ **ahuri, épaté.** *J'en suis encore tout estomaqué. «il me tenait au bout de son épée, assez estomaqué et pantois de ma déconvenue»* GAUTIER.

ESTOMAQUER [ɛstɔmake] v. tr. ‹1› – 1555 pronom. ◊ latin *stomachari* → estomaqué ■ FAM. Étonner*, surprendre par qqch. de choquant, d'offensant. *Sa conduite a estomaqué tout le monde.* ➤ **scandaliser, suffoquer.**

ESTOMPAGE [ɛstɔ̃paʒ] n. m. – 1860 ◊ de *estomper* ■ Action d'estomper. *« l'estompage de son dessin dur »* MALRAUX. ◆ Caractère de ce qui est estompé. *« L'estompage de la forme sous l'eau »* GONCOURT.

ESTOMPE [ɛstɔ̃p] n. f. – 1666 ◊ néerlandais *stomp* « bout » ■ Petit rouleau de peau ou de papier cotonneux, terminé en pointe flexible, servant à étendre le crayon, le fusain, le pastel sur un dessin. *Dessin à l'estompe. « Modeler avec un seul ton, c'est modeler avec une estompe, la difficulté est simple »* BAUDELAIRE. ◆ PAR EXT. (1835) Dessin à l'estompe. *Une belle estompe.* REM. Ne pas confondre avec *estampe**.

ESTOMPÉ, ÉE [ɛstɔ̃pe] adj. – XVIIIe ◊ de *estomper* ■ Qui n'est pas net, qui a des contours voilés. ➤ **flou, imprécis.** *Les contours « ne sont pas incertains, demi-brouillés, estompés ; ils se détachent sur leurs fonds »* TAINE. *« une image plus lointaine et estompée comme sont celles du souvenir »* GIDE. ■ CONTR. 2 Net, 1 précis.

ESTOMPER [ɛstɔ̃pe] v. tr. ‹1› – v. 1666 ◊ de *estompe* ■ **1** Dessiner, ombrer avec l'estompe. *Adoucir un trait en l'estompant.* ■ **2** (1840) Rendre moins net, rendre flou. ➤ 1 **voiler.** *« Un jour gris, avec cette fausse brume qui s'accroche aux arbres sans feuilles, estompait la silhouette de verre du Grand Palais »* ARAGON. PRONOM. *Le paysage s'estompe dans la brume.* ■ **3** FIG. Rendre moins vif (un souvenir, un sentiment). ➤ **adoucir, atténuer,** 1 **voiler.** *Le temps estompe les souvenirs, la douleur.* PRONOM. *Pourquoi certaines images « s'estompent puis s'effacent si vite »* MAUROIS. *Les haines, les rancœurs s'estompent.* ■ CONTR. Accuser, cerner, dessiner, 1 détacher. Préciser. Aviver, raviver.

ESTONIEN, IENNE [ɛstɔnjɛ̃, jɛn] adj. et n. – 1819 ◊ de *Estonie,* État balte ■ Qui se rapporte à l'Estonie, à ses habitants. *Le peuple estonien. La littérature estonienne.* ◆ n. *Les Estoniens.* — n. m. *L'estonien* : langue finno-ougrienne. — On dit aussi **ESTE** [ɛst], v. 1414.

ESTOQUER [ɛstɔke] v. tr. ‹1› – v. 1310 ; *estochier* 1170 ◊ du moyen néerlandais *stoken,* radical germanique *tokk-* ■ **1** VX Frapper de la pointe, d'estoc. ■ **2** (1900 ◊ espagnol *estocar*) MOD. Blesser à mort (le taureau) en portant l'estocade. *Un éventail « où était dessiné un matador estoquant un taureau noir »* MAURIAC.

ESTOUFFADE [ɛstufad] n. f. – XVIIe ◊ italien *stufata* « étuvée » ■ VX ou RÉGION. *En estouffade, à l'estouffade* : à l'étouffée. — SPÉCIALT Sorte de daube. *Une estouffade de bœuf* (on dit aussi *étouffade*).

ESTOURBIR [ɛsturbir] v. tr. ‹2› – 1815 ◊ probablt allemand dialectal *storb* « mort », cf. *sterben* « mourir » ■ FAM. Assommer. — FIG. Étonner violemment.

1 **ESTRADE** [ɛstrad] n. f. – v. 1450 ◊ italien *strada* « route », du bas latin *(via) strata* « (route) pavée » ; de *sternere* « étendre » ■ VIEILLI LOC. **BATTRE L'ESTRADE** : aller à la découverte, courir les chemins. *« Un groupe de réguliers, de légionnaires et de partisans battit l'estrade pendant un mois »* MAC ORLAN.

2 **ESTRADE** [ɛstrad] n. f. – 1664 ◊ espagnol *estrado,* du latin *stratum,* de *sternere* « étendre » ; cf. 1 *estrade* ■ Plancher élevé de quelques marches au-dessus du sol. *L'estrade du professeur dans les anciennes salles de classe. Estrade réservée au jury. Estrade dressée pour un match de boxe* (➤ 1 **ring**), *pour une exécution capitale* (➤ **échafaud**). *Haranguer la foule du haut de l'estrade.* ➤ **tribune.** *Monter sur l'estrade.* ➤ **podium.** *Accumulés « comme les prix sur l'estrade, dans une distribution de prix »* BAUDELAIRE.

ESTRADIOL ➤ **ŒSTRADIOL**

ESTRADIOT [ɛstradjo] n. m. – XVIe ◊ italien *stradiotto,* du grec *stratiôtês* « soldat » ■ HIST. Soldat de cavalerie légère, originaire de Grèce ou d'Albanie (XVe-XVIe s.). — On dit aussi **STRADIOT** (1549) et **STRADIOTE.** *« Les Stradiotes, très bons soldats grecs de Venise »* MICHELET.

ESTRAGON [ɛstragɔ̃] n. m. – 1601 ; *estargon* 1564 ◊ altération de *targon* (1539) ; latin savant *tarchon,* de l'arabe *tarkhoun,* grec *dracontion* « serpentaire » ■ Variété d'armoise *(composées),* appelée aussi *serpentine,* dont la tige et les feuilles, aromatiques et apéritives, sont employées comme condiment. *Plant d'estragon.* ◆ Ce condiment. *Vinaigre, moutarde à l'estragon. Poulet à l'estragon.*

ESTRAMAÇON [ɛstramasɔ̃] n. m. – 1622 ◊ italien *stramazzone,* du v. *stramazzare* « renverser violemment », de *mazza* « masse d'armes » ■ Longue et lourde épée à deux tranchants, en usage du Moyen Âge au XVIIIe s.

ESTRAN [ɛstrɑ̃] n. m. – 1687 ◊ mot normand ; cf. ancien français *estrande* « rivage » (v. 1138) ; ancien anglais ou bas allemand *strand* ■ GÉOGR. Portion du littoral entre les plus hautes et les plus basses mers. ➤ RÉGION. **batture.** *Les ostréiculteurs travaillent sur l'estran. « la marée étale qui clapotait à l'estran »* LE CLÉZIO.

ESTRAPADE [ɛstrapad] n. f. – 1482 ◊ italien *strappata,* de *strappare* « arracher », du gotique °*strappan* ■ **1** ANCIENNT Supplice qui consistait à suspendre le condamné au sommet d'une potence par une corde qu'on laissait brusquement se dérouler jusqu'à ce qu'il fût près du sol. *Condamner à l'estrapade. Donner l'estrapade à un soldat puni.* — PAR MÉTON. La potence qui servait à l'estrapade. — v. tr. ‹1› **ESTRAPADER,** 1680. ■ **2** (1690) GYMN. Tour qui consiste à se suspendre par les mains à une corde et à faire passer le corps entre les deux bras écartés.

ESTRAPASSER [ɛstrapase] v. tr. ‹1› – 1611 ◊ italien *strapazzare* « malmener, surmener », p.-ê. de *strappare* ; cf. *estrapade* ■ ÉQUIT. Éreinter (un cheval) en lui faisant faire un trop long manège.

ESTROGÈNE ➤ **ŒSTROGÈNE**

ESTRONE ➤ **ŒSTRONE**

ESTROPE [ɛstrɔp] n. f. – 1690 ; *étrope* 1311 ◊ latin *stroppus, struppus* « courroie » ; grec *strophos* ■ MAR. Anneau formé par une bande de fer ou par un cordage aux deux extrémités épissées l'une sur l'autre, entourant une poulie et servant à la suspendre, à la fixer. — *Estrope de gouvernail* : cordage qui retient les avirons sur les tolets.

ESTROPIÉ, IÉE [ɛstrɔpje] adj. et n. – de *estropier* ■ VIEILLI Qu'on a, qui s'est estropié. ➤ **amputé, éclopé, mutilé.** — n. *Un estropié. « Il y avait des morts, des estropiés à vie »* DJIAN. ■ CONTR. Ingambe, valide.

ESTROPIER [ɛstrɔpje] v. tr. ‹7› – 1529 ◊ italien *stroppiare* ■ **1** Priver de l'usage d'un membre, par blessure ou maladie. ➤ **amputer, mutiler.** *« l'accident qui l'estropia et fit de lui un pied-bot »* É. BADINTER. *Se faire estropier.* — PRONOM. *Il s'est estropié en tombant d'une échelle.* ■ **2** FIG. Tronquer (un texte, un élément du discours) en déformant, en altérant. ➤ **défigurer, déformer, dénaturer.** *Estropier un nom propre, un mot étranger.* ➤ **écorcher.** ◆ Mal interpréter (un rôle, de la musique, etc.) *Quoique « l'orchestre, alors très ignorant, estropiât à plaisir les pièces »* ROUSSEAU.

ESTUAIRE [ɛstɥɛr] n. m. – XVe, rare avant 1838 ◊ latin *aestuarium,* de *aestus* « mouvement des flots » → étier ■ Partie terminale d'un fleuve sensible à la marée et aux courants marins, souvent en forme d'embouchure évasée. ➤ **aber, étier, ria.** *La Gironde, estuaire de la Garonne. Estuaire en delta*.*

ESTUARIEN, IENNE [ɛstɥarjɛ̃, jɛn] adj. – 1965 ◊ de *estuaire* ■ DIDACT. (GÉOGR.) Relatif aux estuaires. *La sédimentation estuarienne.*

ESTUDIANTIN, INE [ɛstydjɑ̃tɛ̃, in] adj. – 1899 ◊ espagnol *estudiantino,* de *estudiante* « étudiant » ■ Qui est relatif à l'étudiant, aux étudiants. *Vie estudiantine.* ➤ **étudiant (adj.), universitaire.**

ESTURGEON [ɛstyrʒɔ̃] n. m. – v. 1398 ; *esturjon* v. 1200 ; *sturgeon* XIe ◊ francique °*sturjo* ■ Poisson à écailles ganoïdes *(acipensériformes),* dont la taille peut atteindre 5 mètres, qui vit en mer et va pondre dans les grands fleuves. *Esturgeon dont les œufs servent à la préparation du caviar.* ➤ **bélouga, oscietre, sévruga, sterlet.** *« Du fond des fleuves à la mer arrive l'un des plus actifs, des plus déterminés mangeurs, l'esturgeon »* MICHELET.

ET [e] conj. – 842, devenu *e* au Xe ◊ refait en *et* au XIIe sur le latin ; latin *et*

I Conjonction de coordination qui sert à lier les parties du discours, les propositions ayant même fonction ou même rôle et à exprimer une addition, une liaison, un rapprochement. ■ **1** Reliant des mots ou des groupes de mots de même catégorie. ◆ (Exprimant des éléments de même nature). *Paul et Virginie. Le meunier, son fils et l'âne. Toi et moi. Faire vite et bien. « je payerai la demoiselle ; Et je l'épouserai »* BEAUMARCHAIS. ➤ **puis.** *Cela et le reste.* ➤ **et cetera.** *Deux et deux font quatre.* ➤ **plus.** *Cela n'est pas et ne sera pas.* ➤ **ni.** *Vous mentez l'un et l'autre.* ➤ **comme.** *Plus je le fréquente et plus je l'apprécie. J'ai accepté. Et vous ?* — (avec nuance

identification *(analyse qualitative)* ou dosage *(analyse quantitative)* de ses composants. ➤ **chromatographie.** ♦ *Analyse du sang, des urines. Laboratoire d'analyses. Se faire faire des analyses.* «*la relation que le patient entretenait naguère avec son médecin, le colloque singulier, à la base de tout diagnostic, qui se trouve désormais remplacé par une myriade d'examens et d'analyses*» R. FRYDMAN. ♦ PHYS. *Analyse dimensionnelle :* décomposition d'une grandeur physique en ses constituants, grandeurs fondamentales irréductibles (masse, longueur, temps, charge électrique). *Analyse spectrale**. ♦ INFORM. Décomposition détaillée d'un problème en vue de son traitement sur machine. ➤ **analyste.** ♦ *Analyse d'une image de télévision :* décomposition point par point, ligne après ligne d'une image à transmettre. ♦ ÉCON. *Analyse du travail, des tâches :* décomposition des diverses tâches d'une activité professionnelle en vue de formaliser des méthodes adaptées au but poursuivi. ➤ **ergonomie.** *Analyse économique :* étude des relations fonctionnelles et causales des phénomènes économiques. ➤ **économétrie.** ▪ **3** (1896) ➤ **psychanalyse.** *Être en cours d'analyse, en analyse* (➤ **analysant**). *Faire une analyse.* «*malgré ses deux ans d'analyse elle est toujours incapable de dire les choses comme elle les pense*» V. DESPENTES. *Analyse didactique :* psychanalyse obligatoire dans la formation d'un psychanalyste.

II (IDÉE DE «RÉSOLUTION») ▪ **1** (1637) ANCIENNT MATH. Méthode de démonstration consistant à déduire de la proposition à démontrer d'autres propositions jusqu'à ce qu'on parvienne à une proposition reconnue comme vraie. ➤ **algèbre.** ♦ (1695 *analyse des infiniment petits*) MOD. Partie des mathématiques étudiant notamment les fonctions, les notions de limite, de continuité, de dérivation, d'intégration. ➤ **topologie.** *L'analyse est basée sur le calcul infinitésimal. Analyse combinatoire*. Analyse harmonique :* généralisation de l'étude des séries et des transformations de Fourier. *Analyse numérique*. Analyse vectorielle*. Analyse fonctionnelle*. Analyse de données, factorielle :* branche de la statistique descriptive. ♦ BIOL. *Analyse cladistique**. ▪ **2** LOG. Opération intellectuelle consistant à remonter d'une proposition à d'autres propositions reconnues pour vraies d'où on puisse ensuite la déduire (➤ **analytique,** II, 1°). *L'analyse est une régression* (de la conséquence au principe). ➤ **induction.**

▪ CONTR. Synthèse.

ANALYSER [analize] v. tr. ⟨1⟩ – 1698 ◇ de *analyse* ▪ **1** Faire l'analyse (I, 1°) de. *Il est difficile d'analyser un tel roman. Analyser une situation.* ➤ **résumer** (cf. Rendre compte* de). *Analyser ses sentiments.* ➤ **décortiquer, disséquer, éplucher, examiner,** 2 **scanner** (FIG.). ABSOLT «*un impitoyable besoin d'analyser, de critiquer*» R. ROLLAND. — PRONOM. (RÉFL.) *Il s'analyse trop.* ➤ **s'étudier.** (PASS.) *Ça s'analyse très bien.* ➤ **s'expliquer.** ▪ **2** Faire l'analyse chimique de. *Analyser l'eau d'une source.* ▪ **3** (1912) Psychanalyser. *Elle s'est fait analyser.* — **p. p. subst.** *Un analysé, une analysée.* ➤ **analysant.**

ANALYSEUR [analizœʀ] n. m. – 1791 ◇ de *analyser* ▪ **1** VX Analyste, psychologue. ▪ **2** (1838) PHYS. Système optique permettant de déterminer l'état de polarisation d'une lumière. ♦ *Analyseur de spectre :* appareil de mesure permettant la visualisation* du spectre d'un signal. *Analyseur d'états logiques :* appareil permettant la saisie et l'observation de l'évolution d'un grand nombre de signaux numériques. ▪ **3** PSYCHOL. Tout appareil nerveux fournissant des renseignements analytiques sur les éléments du monde extérieur perçu.

ANALYSTE [analist] n. – 1638 ◇ de *analyse* ▪ **1** Spécialiste d'un type d'analyse. ♦ *Mathématicien analyste, chimiste analyste. Analyste financier. Informaticien-analyste :* ingénieur ou technicien compétent pour l'analyse d'un programme. COUR. *Analyste-programmeur* (voir ce mot). ▪ **2** (1780) Personne habile en matière d'analyse psychologique. ➤ **psychologue.** «*en exact analyste, j'avais cru bien connaître le fond de mon cœur*» PROUST. ▪ **3** (1907) Psychanalyste. «*pour devenir analyste, j'ai dû me faire analyser*» BEAUVOIR. ▪ HOM. Annaliste.

ANALYSTE-PROGRAMMEUR, EUSE [analist(ə)pʀɔgʀamœʀ, øz] n. – v. 1960 ◇ de *analyste* et *programmeur* ▪ Informaticien(ne) chargé(e) des problèmes d'analyse et de la programmation correspondante. *Des analystes-programmeurs.*

ANALYTIQUE [analitik] n. f. et adj. – 1578 ◇ bas latin *analyticus,* du grec *analutikos*

I n. f. PHILOS. Chez Aristote, Partie de la logique qui traite de la démonstration. ♦ Chez Kant, Partie de la critique qui a pour objet la recherche des formes de l'entendement. *Analytique transcendantale.*

II adj. (1642) ▪ **1** LOG. VX Qui procède par analyse (II, 2°), dans la démonstration. *J'ai suivi* «*la voie analytique dans mes "Méditations" parce qu'elle me semble être la plus propre pour enseigner*» DESCARTES. — MOD. *Jugement analytique,* qui est vrai par sa seule signification et indépendamment des faits (ex. les célibataires ne sont pas mariés). ➤ **analycité, tautologie.** SUBST. MASC. *L'analytique et le synthétique.* ▪ **2** MATH. Qui appartient à l'analyse. *Géométrie analytique :* application de l'algèbre à la géométrie. *Fonction analytique.* ▪ **3** Qui procède par analyse* (I). *Esprit analytique,* qui considère les choses dans leurs éléments plutôt que dans leur ensemble. — *Langues analytiques,* qui tendent à séparer l'idée principale de ses relations en exprimant chacune d'elles par un mot distinct et en ordonnant logiquement les mots. *Le français est une langue analytique.* ▪ **4** Qui constitue une analyse, un sommaire. *Compte rendu, table analytique.* ▪ **5** (1905) Psychanalytique.

▪ CONTR. Synthétique.

ANALYTIQUEMENT [analitikmɑ̃] adv. – 1668 ◇ de *analytique* ▪ Par la méthode analytique, d'une manière analytique.

ANAMNÈSE [anamnɛz] n. f. – 1873 ◇ du latin d'origine grecque *anamnesis* «souvenir», composé du grec *ana* «de nouveau» (→ ana-) et *-mnêsis,* de *mimnêsko* «je me souviens» (→ -mnèse) ▪ **1** PSYCHOL. Évocation volontaire du passé ; SPÉCIALT Renseignements fournis par le sujet interrogé sur son passé et sur l'histoire de sa maladie. — **adj. ANAMNESTIQUE** [anamnɛstik]. *Données, signes anamnestiques.* ▪ **2** (1907) LITURG. Partie du canon qui suit la consécration, constituée par des prières à la mémoire de la Passion, de la Résurrection et de l'Ascension.

ANAMORPHOSE [anamɔʀfoz] n. f. – 1751 ◇ du grec *anamorphoun* «transformer» ▪ **1** PHYS., MATH. Transformation, par un procédé optique ou géométrique, d'un objet que l'on rend méconnaissable, mais dont la figure initiale est restituée par un miroir courbe ou par un examen hors du plan de la transformation. — Image résultant d'une telle transformation. *Principe d'anamorphose de Calanne,* utilisé pour la construction de nomogrammes. ▪ **2** BOT. Déformation des structures d'un végétal, qui le rend méconnaissable par rapport aux individus de la même espèce. ▪ **3** (1967) ZOOL. Métamorphose au cours de laquelle il y a accroissement du nombre de segments de la larve lors de son passage au stade adulte.

ANANAS [anana(s)] n. m. – 1586 ◇ du tupi-guarani *(a)nana* «parfumé». REM. *Ananas* apparaît comme mot indigène en 1578, chez Léry, qui l'a vulgarisé en français. Auparavant, on relève les formes *amanas, ainanas* (1544) et *nana* (1555). ▪ **1** Gros fruit composé, oblong, écailleux, brun-rouge, qui porte une touffe de feuilles à son sommet, et dont la pulpe est sucrée et très parfumée. *Ananas de Côte d'Ivoire, de Martinique. Ananas frais, en conserve. Jus d'ananas. Canard aux ananas.* ▪ **2** Plante basse *(broméliacées)* de l'Amérique tropicale, qui produit ce fruit.

ANAPESTE [anapɛst] n. m. – XVIe ◇ latin *anapaestus,* du grec *anapaistos* «frappé à rebours» ▪ POÉT. ANC. Pied composé de deux brèves et une longue. — Poème, chant qui en contient.

ANAPHASE [anafɑz] n. f. – 1887 ◇ mot composé avec le grec *ana* «de bas en haut» et *phasis* → phase ▪ BIOL. CELL. Stade de la mitose, entre la métaphase et la télophase, au cours duquel les chromosomes divisés se séparent et migrent vers les deux pôles du fuseau.

ANAPHORE [anafɔʀ] n. f. – 1557 ◇ latin des grammairiens *anaphora,* mot grec ▪ RHÉT. Répétition d'un mot en tête de plusieurs membres de phrase, pour obtenir un effet de renforcement ou de symétrie. — LING. Reprise d'un segment de discours (antécédent) par un mot anaphorique.

ANAPHORÈSE [anafɔʀɛz] n. f. – 1928 ◇ de *ana-* et du grec *phorêsis* «action de porter» ▪ PHYS. Déplacement des particules vers l'anode au cours de l'électrophorèse.

ANAPHORIQUE [anafɔʀik] adj. et n. m. – 1834 ◇ de *anaphore* ▪ LING. Qui reprend un mot ou une phrase antérieurs. — n. m. *Dans* «*De l'argent, j'en ai*», «*en*» *est un anaphorique.*

ANAPHRODISIAQUE [anafʀɔdizjak] adj. et n. m. – 1850 ◇ de *anaphrodisie,* d'après *aphrodisiaque* ▪ DIDACT. Relatif à l'anaphrodisie ; qui diminue le désir sexuel. *Substances anaphrodisiaques.* — n. m. *Les anaphrodisiaques.* ▪ CONTR. Aphrodisiaque.

ANAPHRODISIE [anafʀɔdizi] n. f. – 1803 ◇ grec *anaphrodisia* ▪ Absence ou diminution du désir ou du plaisir sexuels. ➤ **frigidité.**

ANACROUSE [anakʀuz] **n. f.** – 1884 ◊ du grec *anakrousis,* d'où *anacrousis* en français (de 1866 à 1898) ■ POÉT. ANC. Demi-pied faible précédant le premier temps marqué. ♦ MUS. Mesure incomplète par laquelle débute parfois un morceau.

ANADROME [anadʀɔm] **adj.** – 1808 ◊ grec *anadromos* «qui court en remontant» ■ ZOOL. Se dit des poissons de mer qui remontent les fleuves pour y pondre. *Le saumon est anadrome.* ■ CONTR. Thalassotoque.

ANAÉROBIE [anaeʀɔbi] **adj.** – 1863 ◊ de 2*a-* et *aérobie* ■ **1** BIOL. Qui n'a pas besoin d'air ou d'oxygène pour se développer, pour fonctionner. — **n. m.** Organisme anaérobie. *Anaérobie obligatoire, facultatif.* ♦ *Réaction anaérobie,* qui a lieu en l'absence d'oxygène gazeux. ■ **2** PAR ANAL. (1960) Se dit d'un propulseur capable de fonctionner sans air (hors des limites de l'atmosphère). *Fusée anaérobie.* ■ CONTR. Aérobie.

ANAÉROBIOSE [anaeʀɔbjoz] **n. f.** – 1890 ◊ de *anaérobie* ■ BIOL. Vie des organismes anaérobies. ■ CONTR. Aérobiose.

ANAGLYPHE [anaglif] **n. m.** – 1771 ◊ du latin *anaglyphus,* du grec *anaglyphos,* de *ana-* «en remontant» (→ ana-) et *gluphein* «ciseler» (→ glyphe) ■ **1** Ouvrage (SPÉCIALT inscription ornementale) sculpté ou ciselé en bas-relief. *Les anaglyphes égyptiens.* ■ **2** (1894) Couple de photographies stéréoscopiques en deux couleurs complémentaires.

ANAGLYPTIQUE [anagliptik] **adj.** – 1838 ◊ bas latin d'origine grecque *anaglypticus* «ciselé en relief» ■ **1** Se dit d'une écriture ou d'une impression en relief à l'usage des aveugles. ■ **2** PHOTOGR. *Procédé anaglyptique,* qui donne l'impression de voir en relief. ➤ **stéréoscopique.**

ANAGOGIE [anagɔʒi] **n. f.** – 1560 ◊ latin ecclésiastique *anagogia,* du grec *anagôgê* ■ **1** Interprétation anagogique. ■ **2** Élévation de l'âme dans la contemplation mystique.

ANAGOGIQUE [anagɔʒik] **adj.** – 1375 ◊ latin ecclésiastique d'origine grecque *anagogicus* ■ RELIG. Se dit d'un sens spirituel de l'Écriture fondé sur un type ou un objet figuratif du ciel et de la vie éternelle.

ANAGRAMME [anagʀam] **n. f.** – 1571 ◊ du grec *anagrammatismos,* d'après *monogramme* ■ Mot obtenu par transposition des lettres d'un autre mot (ex. Marie – aimer). *Faire une anagramme.* — **adj. ANAGRAMMATIQUE,** 1823.

ANAL, ALE, AUX [anal, o] **adj.** – 1805 ◊ de *anus* ■ Qui appartient, est relatif à l'anus. *Sphincter anal. Coït anal.* ➤ **sodomie.** ♦ PSYCHAN. *Stade anal :* stade de la libido antérieur au stade génital, selon Freud. ■ HOM. Annal, annales ; anneau.

ANALEPSE [analɛps] **n. f.** – 1972, Genette ◊ du grec *analêpsis* «recouvrement, récupération» ■ DIDACT. Dans une narration, Retour en arrière sur des évènements antérieurs au récit en cours (➤ **flash-back**). *Analepse et prolepse.*

ANALEPTIQUE [analɛptik] **adj.** – 1555 ◊ bas latin *analepticus,* d'origine grecque ■ MÉD. Qui rétablit les forces, stimule les fonctions de l'organisme. ➤ **fortifiant, reconstituant, stimulant.** *Aliment, médicament analeptique.* ➤ **psychoanaleptique.**

ANALGÉSIE [analʒezi] **n. f.** – 1823 ◊ grec *analgêsia* ■ MÉD. Suppression, pathologique ou provoquée, de la sensibilité à la douleur, qui n'altère pas les autres modes de sensibilité. ➤ **anesthésie.** *«l'analgésie d'un homme possédé par la peur ou la passion se transforme vite en euphorie après l'effroi»* B. CYRULNIK.

ANALGÉSIQUE [analʒezik] **adj. et n. m.** – 1866 ◊ de *analgésie* ■ MÉD. Qui supprime ou atténue la sensibilité à la douleur. ➤ **anesthésiant ; antalgique, antidouleur.** — **n. m.** *L'aspirine, la morphine, sont des analgésiques.*

ANALITÉ [analite] **n. f.** – milieu XXe ◊ de *anal* ■ PSYCHOL. Prédominance de l'érotisme anal et des valeurs symboliques qui lui sont attachées. ■ HOM. Annalité.

ANALLERGIQUE [analɛʀʒik] **adj.** – 1967 ◊ de 2*a-* et *allergie* ■ Qui ne provoque pas d'allergie. *Crème de beauté anallergique.* ➤ **antiallergique, hypoallergénique.**

ANALOGIE [analɔʒi] **n. f.** – 1213, dans la traduction de l'ouvrage de César «De analogia» ◊ du latin d'origine grecque *analogia* ■ **1** Ressemblance établie par l'imagination (souvent consacrée dans le langage par les diverses acceptions d'un même mot) entre deux ou plusieurs objets de pensée essentiellement différents. ➤ **association, correspondance, lien, parenté, rapport, relation.** *Le poète «recherche [...] les analogies inspiratrices»* PROUST. — (1636) Relation entre les mots qui sont apparentés par le sens, les mots d'un champ sémantique. ♦ (1690) LOG. *Raisonnement par analogie,* qui conclut d'une ressemblance partielle à une autre ressemblance plus générale. ➤ **induction.** *«il y a un vif plaisir d'intelligence à entrevoir, dans une analogie, l'amorce d'une loi»* MAUROIS. LOC. *Par analogie avec...* ■ **2** (XVIIe) ANCIENNT MATH. Proportionnalité. ♦ LING. Action assimilatrice qui fait que certaines formes changent sous l'influence d'autres formes auxquelles elles sont associées dans l'esprit et qui détermine des créations conformes à des modèles préexistants. *«Les conjugaisons sont perpétuellement troublées par l'analogie»* BRUNOT. *Les fautes par analogie sont une étape normale de l'acquisition du langage. «Vous disez»* (incorrect) *est formé par analogie avec «vous lisez».* ♦ (1791) BIOL. Ressemblance entre des organes, des parties d'organes ou des protéines assurant les mêmes fonctions biologiques chez une ou plusieurs espèces et qui n'est pas l'héritage d'un ancêtre commun (➤ aussi **homologie**). ■ CONTR. Opposition ; différence.

ANALOGIQUE [analɔʒik] **adj.** – 1547 ◊ bas latin *analogicus,* d'origine grecque ■ **1** Fondé sur l'analogie (1°). *Dictionnaire analogique.* ■ **2** LOG. Qui se fonde sur des rapports de similitude entre des objets différents. *Raisonnement analogique.* ■ **3** LING. Qui vient de l'analogie. *Formation analogique des mots.* ■ **4** SC. Qui emploie pour la résolution d'un problème (mesure, stockage, transmission), la correspondance avec des grandeurs continues de phénomènes physiquement différents. *Un voltmètre à cadran est un appareil analogique. Enregistrement, stockage analogique,* sur un support physique pouvant prendre des valeurs continues (ex. bande magnétique). *Transmission analogique,* sous la forme d'une onde. *Circuit analogique* (opposé à *numérique, digital*) : circuit dans lequel les courants et les tensions évoluent de manière continue.

ANALOGON [analɔgɔ̃] **n. m.** – XXe ◊ mot grec «chose analogue, analogie» ■ DIDACT. Élément signifiant dans une analogie. ➤ **analogue.** *«montrer la réalité à travers un analogon matériel»* BEAUVOIR.

ANALOGUE [analɔg] **adj. et n. m.** – 1503 ◊ grec *analogos* ■ Qui présente une analogie (au sens cour. ou didact.). ➤ **comparable, parent, semblable, similaire, voisin.** *«la vraie musique suggère des idées analogues dans des cerveaux différents»* BAUDELAIRE. *Une étoile analogue au Soleil.* BOT. *Organes analogues,* qui remplissent la même fonction même si leur nature est différente. ♦ **n. m.** (XIXe) Être ou objet analogue à un autre. ➤ **correspondant,** 1**équivalent, homologue.** *Ce terme n'a point d'analogue en français.* ■ CONTR. Différent, opposé.

ANALPHABÈTE [analfabɛt] **adj.** – 1580, repris fin XIXe ◊ italien *analfabeto,* du grec *analphabêtos* «qui ne sait ni A ni B» ■ Qui n'a pas appris à lire et à écrire. ➤ **illettré** (2°). SUBST. *Une analphabète.* — PAR EXT. (PÉJ.) Complètement ignare.

ANALPHABÉTISME [analfabetism] **n. m.** – 1907 ◊ de *analphabète* ■ État de l'analphabète, des analphabètes d'un pays. *Taux d'analphabétisme :* pourcentage d'analphabètes par rapport à la population totale. *Lutter contre l'analphabétisme. Analphabétisme et illettrisme*.*

ANALYCITÉ [analisite] **n. f.** – v. 1965 ◊ de *analytique,* ou de l'anglais *analycity* ■ LOG. Caractère d'un jugement analytique* (II, 1°).

ANALYSABLE [analizabl] **adj.** – 1849 ◊ de *analyser* ■ Qui peut être analysé. *Une sensation difficilement analysable.* ■ CONTR. Inanalysable.

ANALYSANT, ANTE [analizɑ̃, ɑ̃t] **n.** – v. 1965 ; «analyste» 1924 ◊ de *analyse* ■ Personne qui est en analyse, se fait psychanalyser. *L'analyste et l'analysant.*

ANALYSE [analiz] **n. f.** – fin XVIe ◊ grec *analusis* «décomposition, résolution»

I (IDÉE DE «DÉCOMPOSITION») ■ **1** Action de décomposer un tout en ses éléments constituants. *Faire l'analyse d'un roman, d'une pièce de théâtre.* ➤ **compte rendu,** 2**critique, étude.** — Examen, souvent minutieux, qui tente de dégager les éléments propres à expliquer une situation, un sentiment, une personnalité. *Analyse des passions, des sentiments.* ➤ **observation, psychologie.** *Roman d'analyse. Analyse de la situation politique. Analyse de l'actualité.* ➤ **décryptage, radiographie.** *Analyse objective, partiale. «Un de ces peintres qui échappent à l'analyse»* COCTEAU. *Avoir l'esprit d'analyse.* LOC. *En dernière analyse :* au terme de l'analyse, au fond. ♦ GRAMM. Décomposition d'une phrase en mots *(analyse grammaticale),* en propositions *(analyse logique).* ■ **2** CHIM. *Analyse chimique :* séparation d'un composé ou d'un mélange pour

AZULÈNE [azylɛn] **n. m.** – 1865 ◇ de l'anglais *azulene*, de l'espagnol *azul* «bleu» et *-ène* ■ CHIM. Hydrocarbure aromatique non benzénique ($C_{10}H_8$), tiré de l'huile de géranium et de camomille. *Les propriétés apaisantes de l'azulène sont utilisées en cosmétique.*

AZUR [azyʀ] **n. m.** – fin XIe ◇ du latin médiéval *azurium*, lui-même de l'arabe populaire d'origine persane *lâzûrd* → lapis-lazuli ■ **1** ANCIENNT Lapis, aussi appelé *pierre d'azur.* ♦ TECHN. Verre coloré en bleu par l'oxyde de cobalt (dit aussi *bleu d'azur, bleu de Saxe, verre de cobalt*), que l'on obtient par grillage d'arséniure de cobalt ferrugineux ou de cobalt gris. ➤ **safre, smalt.** ■ **2** LITTÉR. Couleur d'un beau bleu clair ; ET POÉT. La couleur du ciel, des flots. «*Des cieux spirituels l'inaccessible azur*» BAUDELAIRE. *Un ciel d'azur.* APPOS. INV. *Des piscines bleu azur.* ♦ COUR. *La Côte* d'Azur.* ♦ POÉT. Le ciel, l'infini. ■ **3** BLAS. Le bleu, l'un des neuf émaux des armoiries.

AZURAGE [azyʀaʒ] **n. m.** – 1846 ◇ de *azurer* ■ Opération consistant à parfaire l'effet de blancheur de certaines matières (textiles, papier), en ajoutant après le blanchiment un produit azurant.

AZURANT, ANTE [azyʀɑ̃, ɑ̃t] **n. m. et adj.** – 1868 adj. ◇ de *azurer* ■ TECHN. (1959) *Azurant (optique) :* produit ajouté à une lessive (➤ **bleu**) ou à un papier, pour en accentuer la blancheur en lui donnant une légère coloration bleutée. — **adj.** *Agent azurant.*

AZURÉ, ÉE [azyʀe] **adj.** – XIIIe ◇ de *azur* ■ LITTÉR. Qui est de couleur d'azur. ➤ **azuréen.** *Une teinte azurée.* «*Ses yeux, sous l'ombre azurée des cils*» FRANCE.

AZURÉEN, ENNE [azyʀeɛ̃, ɛn] **adj.** – v. 1960 sens 2° ◇ de *azur* ■ **1** LITTÉR. De la couleur de l'azur. ➤ **azuré.** *Un ciel d'un bleu azuréen.* ■ **2** De la Côte d'Azur. *Le littoral azuréen.*

AZURER [azyʀe] **v. tr.** ⟨1⟩ – 1549 ◇ de *azur* ■ **1** Teindre en couleur d'azur. — FIG. *Le regard* «*Ne voit rien que le ciel et l'onde qu'il azure*» LAMARTINE. ■ **2** Blanchir (le linge) en le passant au bleu. ➤ **azurage.**

AZURITE [azyʀit] **n. f.** – 1838 ◇ de *azur* ■ MINÉR. Carbonate naturel de cuivre, de couleur bleue *(azur de cuivre).*

AZYGOS [azigos] **adj. et n. f.** – 1540 ◇ grec *azugos* «non accouplé» ■ ANAT. *Veine azygos,* **ou n. f.** *l'azygos :* importante veine impaire qui relie le système de la veine cave inférieure au tronc de la veine cave supérieure, cheminant au flanc antérieur droit de la colonne vertébrale du thorax.

AZYME [azim] **adj.** – 1690 ; *azime* n. m. XIIIe ◇ latin *azymus,* du grec *azumos,* de *zumê* «levain» ■ Qui est sans levain. **PAIN AZYME :** pain que les juifs mangent tout le temps que dure la fête de Pâque ; pain dont sont faites les hosties. — **n. m.** Pain azyme. *La fête des Azymes, les Azymes :* la Pâque (juive).

AXISYMÉTRIQUE [aksisimetrik] **adj.** – 1972 ◊ du latin *axis* «essieu, axe» et *symétrique* ■ TECHNOL. Se dit d'un système mécanique présentant une symétrie de révolution.

AXOLOTL [aksɔlɔtl] **n. m.** – 1640 ◊ mot aztèque, par l'espagnol *ajolote* ■ ZOOL. Larve d'amblystome* qui peut se reproduire à l'état larvaire.

AXONE [akson] **n. m.** – 1897 ◊ anglais *axon*, du grec *axôn* «axe» ■ ANAT. Prolongement constant, unique, de la cellule nerveuse.

AXONGE [aksɔ̃ʒ] **n. f.** – 1498 ; *amxunge* XIVe ◊ latin *axungia* «graisse à oindre les essieux» ■ DIDACT. Graisse fondue de la panne de porc (➤ **saindoux**) utilisée en pharmacie.

AXONOMÉTRIE [aksɔnɔmetri] **n. f.** – 1960 ◊ du grec *axôn*, *axonos* «axe» et *-métrie* ■ DIDACT. Représentation d'une figure à trois dimensions par projection orthogonale ou oblique. — **adj. AXONOMÉTRIQUE,** 1866.

AYANT ➤ 1 **AVOIR**

AYANT CAUSE [ɛjɑ̃koz] **n.** – 1337 ◊ de 1*avoir* et *cause* ■ DR. Personne physique ou morale qui a acquis d'une autre (l'auteur) un droit ou une obligation. ➤ **acheteur, donataire, héritier, légataire.** *Les ayants cause. Ayant cause à titre particulier, à titre universel.*

AYANT DROIT [ɛjɑ̃dʀwa] **n.** – 1835 ◊ de 1*avoir* et 3*droit* ■ DR. Personne ayant acquis d'une autre un droit. ➤ **ayant cause.** ◆ Personne qui a des droits à qqch. *Les ayants droit à une prestation.*

AYATOLLAH [ajatɔla] **n.** – répandu 1977 ◊ mot arabe «verset de Dieu *(Allah)*» ■ **1 n. m.** Religieux musulman chiite d'une haute dignité ; titre donné à certains sages hors de toute hiérarchie. *L'ayatollah Khomeiny est devenu imam*. ■ **2** FIG. (1980) Représentant(e) intransigeant(e) (d'une tendance). *Les ayatollahs du rock. «Quand on parle du champagne, je deviens une ayatollah !»* A. NOTHOMB.

AYE-AYE [ajaj] **n. m.** – 1782 ◊ mot malgache d'origine onomatopéique ■ ZOOL. Lémurien nocturne de Madagascar, de la taille d'un grand chat, à queue très longue. *Les ayes-ayes sont en voie de disparition.*

AYURVÉDA [ajyʀveda ; ajuʀveda] **n. m.** – 1989 ◊ sanskrit *ayurveda* «connaissance *(veda)* de la vie, de la santé *(āyur)*» ■ Médecine traditionnelle indienne, visant à établir un équilibre entre le corps et l'esprit. *Les ayurvédas.*

AYURVÉDIQUE [ajyʀvedik] **adj.** – 1949 ◊ de *ayurvéda* ; cf. anglais *ayurvedic* 1917 ■ Conforme aux principes de l'ayurvéda. *Massage ayurvédique.*

AZALÉE [azale] **n. f.** – 1803 ; *azalea* fin XVIIIe ◊ du grec *azaleos* «desséché» ■ Arbuste à feuilles persistantes ovales, vertes et luisantes *(éricacées)*, cultivé pour ses fleurs très colorées. *Une azalée en pot. Une azalée rouge, rose,* à fleurs rouges, roses.

AZÉOTROPE [azeɔtʀɔp] **adj.** – 1933 ◊ de 2*a-*, grec *zein* «bouillir» et *-trope* ■ CHIM. *Mélange azéotrope,* formé de deux liquides, dont la distillation se fait à température constante et produit une vapeur de même composition que le mélange.

AZEROLE [azʀɔl] **n. f.** – *azerolle* 1651 ; *azarole* 1562 ◊ espagnol *acerola*, de l'arabe *az-zou'-roûr* → acérola ■ Fruit de l'azerolier, jaune ou rouge, ressemblant à une petite pomme. *«Nous venions de ramasser des azeroles pour la gelée, [...] ces fruits rouge vif semblables à de petites pommes d'api»* M. ROUANET.

AZEROLIER [azʀɔlje] **n. m.** – 1690 ◊ de *azerole* ■ Aubépine à fleurs blanches ou roses, cultivée pour son fruit (➤ **azerole**) dans les régions méditerranéennes, appelée aussi *épine d'Espagne, néflier de Naples.*

AZERTY [azɛʀti] **adj. inv.** – v. 1980 ◊ suite des lettres des six premières touches d'une machine à écrire conçue pour le français ■ *Clavier* AZERTY *d'un ordinateur,* clavier français **(par oppos. à QWERTY).**

AZIMUT [azimyt] **n. m.** – 1680 ; *azimuth* 1415 ◊ arabe *az-samt* «le chemin» ■ **1** ASTRON. Angle formé par le plan vertical d'un astre et le plan méridien du point d'observation. *Les azimuts se mesurent avec le théodolite. — Azimut magnétique :* angle formé par une horizontale quelconque avec le méridien magnétique. PHYS. Angle que fait le grand axe d'une vibration elliptique avec une direction de référence du plan d'onde. ■ **2** LOC. FAM. *Dans tous les azimuts :* dans toutes les directions, dans tous les sens. ◆ LOC. MILIT. *Défense tous azimuts* [tuzazimyt], capable d'intervenir dans toutes les directions. — FIG. *Tous azimuts :* qui utilise tous les moyens et a les objectifs les plus variés. *Publicité tous azimuts.* — **adj. AZIMUTAL, ALE, AUX,** 1579.

AZIMUTÉ, ÉE [azimyte] **adj.** – 1937 ◊ de *azimut*, argot des aviateurs ■ FAM. Qui a perdu son bon sens ; qui a perdu la boussole*, le nord*. ➤ **fou*** ; FAM. **cinglé.**

1 **AZOÏQUE** [azɔik] **adj.** – 1866 ◊ de 2*a-* et du grec *zôon* «animal» ■ DIDACT. Privé de vie animale. *Un milieu azoïque* (➤ **abiotique**). — GÉOL. *Couche, roche sédimentaire azoïque,* qui ne contient pas de fossiles.

2 **AZOÏQUE** [azɔik] **adj.** – 1885 ◊ de *azote* ■ CHIM. Se dit de colorants renfermant dans leur molécule le groupement −N=N− *(groupement azoïque). Colorant, substance azoïque.*

AZOOSPERMIE [azoospɛʀmi] **n. f.** – 1890 ◊ de 2*a-*, du grec *zôon* «animal» et *sperma* «semence» ■ MÉD. Absence de spermatozoïdes dans le sperme.

AZORER [azɔʀe] **v. tr.** ‹1› – v. 1935 ; attesté 1970 ◊ de *Azor*, nom traditionnel de chien ■ **(Suisse)** FAM. Réprimander, gronder. *Se faire azorer par ses parents.*

AZOTATE [azɔtat] **n. m.** – 1823 ◊ de *azote* ■ CHIM. VIEILLI ➤ **nitrate.**

AZOTE [azɔt] **n. m.** – 1787 ◊ de 2*a-* et du grec *zôê* «vie» ■ CHIM. Élément, appelé autrefois *nitrogène* (SYMB. N ; n° at. 7 ; m. at. 14,008), gaz présent dans l'air (➤ **diazote**) et dans les tissus vivants, animaux et végétaux (protéines). *Cycle de l'azote :* circulation des composés de l'azote dans la nature, par l'intermédiaire des organismes végétaux, animaux. *Peroxyde d'azote* (NO_2). *Protoxyde d'azote* (N_2O) : gaz hilarant (➤ aussi **azoteux, azotique ; nitrate, nitrure**). *Les oxydes d'azote, source de pollution* (effet de serre, pluies acides...). *Monoxyde*, dioxyde* d'azote.* ◆ COUR. Diazote. *Fixation de l'azote atmosphérique,* pouvant être effectuée par des bactéries symbiotes des nodosités des légumineuses et permettant d'obtenir des composés de l'azote (économie d'engrais). ➤ **nitrogénase.**

AZOTÉ, ÉE [azɔte] **adj.** – 1824 ◊ de *azote* ■ Qui contient de l'azote. *Aliments azotés. Engrais azotés :* fumier, guano, nitrate de sodium, de calcium, sulfate d'ammonium. *Excrétion azotée sous forme d'ammoniaque* (➤ **ammoniotélie**), *d'urée* (➤ **uréotélie**), *d'acide urique* (➤ **uricotélie**).

AZOTÉMIE [azɔtemi] **n. f.** – 1909 ◊ de *azote* et *-émie* ■ MÉD. Quantité d'azote du sang (sous forme d'urée, d'acides aminés). *Augmentation de l'azotémie.* ➤ **urémie.** — **adj.** (1906) **AZOTÉMIQUE.**

AZOTEUX [azɔtø] **adj. m.** – 1823 ◊ de *azote* ■ CHIM. VIEILLI ➤ **nitreux.**

AZOTHYDRIQUE [azɔtidʀik] **adj.** – 1890 ◊ de *azote* et *hydrique* ■ CHIM. *Acide azothydrique* (HN_3) : acide explosif à l'état anhydre.

AZOTIQUE [azɔtik] **adj.** – 1787 ◊ de *azote* ■ CHIM. VIEILLI ➤ **nitrique.**

AZOTITE [azɔtit] **n. m.** – 1834 ◊ de *azote* ■ CHIM. VIEILLI ➤ **nitrite.**

AZOTURE [azɔtyʀ] **n. m.** – 1812 ◊ de *azote* ■ CHIM. Sel de l'acide azothydrique HN_3.

AZOTURIE [azɔtyʀi] **n. f.** – 1855 ◊ de *azote* et *-urie* ■ MÉD. Quantité d'azote éliminée par les urines. Élimination exagérée sous forme d'urates, d'urée.

AZT [ɑzɛdte] **n. m.** – 1985 ◊ n. déposé, de *azidothymidine* ■ MÉD. Médicament inhibiteur de la transcription génétique, utilisé dans le traitement du sida. ➤ **zidovudine.** *L'AZT est associé à d'autres antirétroviraux.*

AZTÈQUE [astɛk] **adj.** – 1838 ◊ mot mexicain ■ Qui a rapport aux Aztèques, ancien peuple du Mexique. *La langue aztèque.* ➤ **nahuatl.** *Art aztèque. «certaines têtes de statues précolombiennes, aztèques»* SARRAUTE.

AZUKI [azuki] **n. m.** – 1878 ; répandu v. 2010 ◊ mot japonais ■ Légumineuse originaire d'Asie, cultivée pour ses graines comestibles. ◆ La graine elle-même, appelée aussi *haricot rouge du Japon.* APPOS. *Haricot azuki. — Pâte d'azuki,* employée notamment en pâtisserie.

AZULÉJO ou **AZULEJO** [asulexo] **n. m.** – 1669 ; *ezzuleia* 1556 ◊ espagnol *azulejo*, de *azul* «bleu», ou d'origine arabe ■ Carreau de faïence émaillée, orné de dessins (ordinairement de couleur bleue), employé pour le revêtement des murailles ou des sols. *L'art des azuléjos au Portugal.*

DRAVIDIEN, IENNE [dʀavidjɛ̃, jɛn] adj. et n. m. – 1865 ◊ de l'anglais *dravidian* (1856), du sanskrit *Dravida,* province du sud de l'Inde, nom qui a aussi donné *tamoul. Dravidien* a remplacé *dravidique* (1856) et *malabare.* ■ Relatif à certaines populations du sud de la péninsule indienne. *Peuples dravidiens.* ♦ *Langues dravidiennes* : groupe des langues qui étaient parlées avant l'arrivée des Aryens dans l'Inde et qui se sont conservées au sud de l'Inde (tamoul, malayalam, etc.).

DRAWBACK [dʀobak] n. m. – 1755 ◊ mot anglais «remise», de *to draw* «tirer» ■ ANGLIC. COMM. INTERNAT. Remboursement des droits ou taxes de douane payés lors de l'entrée (➤ **importation**) de marchandises, lorsqu'elles ont servi à fabriquer des produits qui sont exportés. ➤ **remise.** — Recomm. offic. *remboursement de droits et taxes.*

DRAYER [dʀeje] v. tr. ‹8› – 1741 ◊ du néerlandais *draaien* «tordre» ■ TECHN. Égaliser (une peau), lors du corroyage*. ➤ **dérayer, écharner.** — n. m. **DRAYAGE,** 1858.

DRAYOIR n. m. et **DRAYOIRE** n. f. [dʀɛjwaʀ] – milieu XXe, -1740 ◊ de *drayer* ■ TECHN. Couteau à lame cintrée, à deux manches, dont se servent les corroyeurs, les tanneurs, pour drayer.

DREADLOCKS [dʀɛdlɔk(s)] n. f. pl. – 1984 ◊ mot anglais ■ ANGLIC. Mèches de cheveux cordés autour de la tête, à la façon des rastas. — ABRÉV. FAM **DREADS** [dʀɛd(s)], **LOCKS** [lɔks]. *Porter des dreads.*

DRÊCHE [dʀɛʃ] n. f. – 1688 ◊ ancien français *drasche* «cosse», gaulois °*drasca* ■ TECHN. Résidu de l'orge, après soutirage et filtration du moût, en brasserie. *La drêche est utilisée pour la nourriture du bétail.*

1 **DRÈGE** [dʀɛʒ] n. f. – 1584 ◊ origine inconnue ■ Grand filet pour la pêche au fond de la mer.

2 **DRÈGE** [dʀɛʒ] n. f. – 1700 ◊ allemand *Dresche,* de *dreschen* «battre au fléau» ■ TECHN. Peigne métallique servant à séparer la graine de lin d'avec les tiges.

DRELIN [dʀəlɛ̃] interj. – 1673 ; *drelin din din* 1630 ◊ onomat. ■ VIEILLI Onomatopée évoquant le bruit d'une clochette, d'une sonnette (en général répété). ➤ **dring ; ding (dong).**

DRÉPANOCYTOSE [dʀepanositoz] n. f. – 1952 ◊ de *drépanocyte* (1949) «globule en forme de faucille», du grec *drepanon* «faux, serpe» ■ PATHOL. Maladie héréditaire, provoquant l'arrêt de la circulation du sang dans les capillaires, caractérisée par la présence dans les hématies d'une hémoglobine anormale, et appelée aussi *anémie falciforme. La drépanocytose est fréquente en Afrique.* — adj. **DRÉPANOCYTAIRE.**

DRESSAGE [dʀesaʒ] n. m. – 1791 ; *dressure* n. f. 1854 ◊ de *dresser* ■ Action de dresser. ■ **1** Action d'installer (qqch.) en faisant tenir droit. *Dressage d'une tente, d'un lit.* ➤ **montage.** ■ **2** TECHN. Opération qui consiste à donner une forme plane. *Dressage des pièces métalliques au tour. Dressage des tôles.* ➤ **planage.** MÉTALL. Opération qui succède au laminage ou à l'étirage, et qui a pour objet de redresser les barres ou les fils. ■ **3** (1862) Action de dresser un animal, en vue de l'habituer à faire ce que l'être humain attend de lui. *Dressage savant des animaux de cirque.* ➤ **domptage.** ♦ ÉQUIT. Discipline de l'art équestre. *Concours, épreuve de dressage.* ♦ PÉJ. Éducation très sévère. *«L'éducation, ici, se confond avec le dressage»* MAURIAC.
■ CONTR. Démontage.

DRESSER [dʀese] v. tr. ‹1› – fin XIe ◊ du latin populaire *directiare,* famille de *directus* → 1 droit

I ~ v. tr. **A. RENDRE VERTICAL** ■ **1** Tenir droit et verticalement. ➤ 1 **lever, redresser.** *Dresser la tête. Chien, cheval qui dresse les oreilles* (➤ **chauvir**). — (fin XIIe) LOC. *Dresser l'oreille* : écouter attentivement, diriger son attention (cf. Prêter, tendre l'oreille). *«quand j'imite quelqu'un tout le monde dresse l'oreille, comme si tout à coup j'existais»* J. RÉDA. ♦ Présenter une image verticale, haute. *«le pic dressait son grand cône baigné de soleil»* LOTI. ■ **2** (milieu XIIe) Faire tenir droit. *Dresser un mât, dresser une échelle contre un mur.* ➤ **planter.** — PAR EXT. Construire, installer (ce qui est haut et droit). ➤ **élever, ériger.** *Dresser un monument, une statue. Dresser un bûcher. Dresser un lit, une tente.* ➤ **monter.** *Dresser des autels* à qqn.* ■ **3** (début XIIIe) (Style soutenu) Disposer comme il le faut. ➤ **installer, préparer.** *Dresser la table, le couvert.* ➤ **mettre.** *Dresser un plat,* le disposer pour le présenter. LOC. FIG. *Dresser ses batteries* : prendre des mesures contre un adversaire. *Dresser une embûche, un piège à un animal, à qqn.* ➤ 1 **tendre.** ■ **4** Faire, établir avec soin. ➤ **établir.** *Dresser une carte, un plan, un tableau.* ➤ **calculer, étudier.** *Dresser un inventaire, une liste, un bilan.* ♦ Rédiger dans la forme prescrite. *Dresser un acte, une procuration, un contrat. Dresser un procès-verbal, un constat, un état des lieux.* ■ **5** FIG. *Dresser une personne contre une autre,* mettre en opposition. ➤ **braquer, monter.** *«Les autres s'imaginent que c'est moi seul qui lui mets ces idées en tête et qui la dresse contre eux»* MAURIAC.

B. TECHN. RENDRE DROIT ET PLAT (milieu XIIe) *Dresser une pierre.* ➤ **équarrir.** *Dresser une planche, une pièce de bois, de métal.* ➤ **aplanir, dégauchir.**

C. RENDRE SOUMIS ■ **1** (1580, Montaigne) VX OU PÉJ. (PERSONNES) Habituer (qqn) à faire docilement et régulièrement qqch. *Dresser un jeune soldat au métier des armes.* ➤ **former.** *Dresser un enfant, un élève.* ➤ **éduquer, élever, instruire.** *«Corriger et dresser les enfants, réputés malfaisants par nature, était le devoir des bons parents»* ERNAUX. ♦ FAM. Faire céder, plier. ➤ 1 **mater.** *Je vais te dresser. Ça le dressera* (cf. Ça lui fera les pieds ; ça lui apprendra). ■ **2** Habituer (un animal) par le dressage* à effectuer un programme précis. *Dresser un chien à rapporter le gibier. Dresser des animaux de cirque, des bêtes féroces, un oiseau de proie.* ➤ **dompter.** — p. p. adj. *Animal bien dressé. Fauves dressés.*

II ~ v. pron. **SE DRESSER** ■ **1** (fin XIe) Se mettre droit. *Se dresser sur la pointe des pieds pour mieux voir.* ➤ **se hausser.** *Elle «s'est dressée sur son séant, toute raide»* LOTI. ➤ **s'asseoir.** *Se dresser sur ses ergots*. Animal qui se dresse sur ses pattes de derrière.* ➤ **se cabrer.** — LOC. (avec ellipse de *se*) *Faire dresser les cheveux* sur la tête de qqn.* ■ **2** (CHOSES) Être droit. *Montagne qui se dresse à l'horizon.* ➤ **s'élever,** 1 **pointer.** *Obstacles qui se dressent sur la route, sur le chemin.* ■ **3** FIG. (milieu XIIe) *Se dresser contre qqn.* ➤ **s'élever, s'insurger, s'opposer.** *Se dresser contre l'envahisseur.* ➤ **résister** (cf. Faire face*). *«le jour où cette organisation socialiste, ouvrière, se dressera contre la guerre»* ROMAINS. ■ **4** (PASS.) Pouvoir être dressé (animaux). *Les ânes s'éduquent, mais ne se dressent pas.*
■ CONTR. Abaisser, baisser, 1 coucher, plier ; abattre, défaire. Gauchir. — 1 Coucher (se). Obéir, soumettre (se).

DRESSEUR, EUSE [dʀesœʀ, øz] n. – XVe ◊ de *dresser* ■ Personne qui dresse des animaux. *Dresseur de chiens.* ➤ **maître-chien.** *Dresseur de fauves.* ➤ **dompteur.**

DRESSING-ROOM [dʀesiŋʀum] ou **DRESSING** [dʀesiŋ] n. m. – 1875, -1972 ◊ mot anglais (1675) «cabinet de toilette», proprt «pièce *(room)* pour s'habiller *(dressing)*» ■ ANGLIC. Petite pièce attenante à une chambre à coucher, où sont rangés ou pendus les vêtements. *Des dressing-rooms, des dressings.*

DRESSOIR [dʀeswaʀ] n. m. – 1285 ◊ de *dresser* ■ Étagère, buffet où sont dressés et exposés des objets faisant partie du service de la table (vaisselle, récipients). ➤ **crédence, vaisselier.**

DRÈVE [dʀɛv] n. f. – 1420 ◊ moyen néerlandais *dreve,* de *driven* «conduire» ■ RÉGION. (Nord, Belgique) Allée carrossable bordée d'arbres. ➤ **avenue,** 1 **mail.** *La drève qui mène au château.*

DREYFUSARD, ARDE [dʀefyzaʀ, aʀd] adj. et n. – 1898 ; *dreyfusiste* 1897 ◊ de *Dreyfus* ■ Partisan de Dreyfus. — n. *«Un de ces dreyfusards qui se sont dressés dans leur dreyfusisme»* J.-R. BLOCH.

DREYFUSISME [dʀefyzism] n. m. – 1897 ◊ de *Dreyfus* ■ POLIT. Position des partisans de Dreyfus.

DRH [deɛʀaʃ] n. – 1987 ◊ sigle ■ **1** n. f. Direction des ressources humaines (d'une entreprise). *Être convoqué à la DRH.* ■ **2** Directeur, directrice des ressources humaines (d'une entreprise). *Le nouveau DRH.*

DRIBBLE ou **DRIBLE** [dʀibl] n. m. – 1913 ◊ de l'anglais *dribble* → dribbler ■ ANGLIC. SPORT Action de dribbler.

DRIBBLER ou **DRIBLER** [dʀible] v. tr. ‹1› – 1895 ◊ anglais *to dribble* proprt «tomber goutte à goutte» ■ ANGLIC. SPORT Courir en poussant devant soi (le ballon), du pied (football) ou de la main (basketball) sans en perdre le contrôle. PAR EXT. *Dribbler un joueur,* l'éviter en dribblant. — INTRANS. *«Voici deux avants de l'équipe adverse qui arrivent en dribblant»* J. PRÉVOST.

DRIBBLEUR, EUSE ou **DRIBLEUR, EUSE** [dʀiblœʀ, øz] n. – 1895 ◊ de *dribbler* ■ ANGLIC. SPORT Joueur, joueuse qui dribble bien ou aime dribbler.

DRIFT [dʀift] n. m. – 1842 ◊ mot anglais ■ ANGLIC. GÉOL. Dépôt laissé par le recul d'un glacier.

DRIFTER [dʀiftœʀ] n. m. /DRIFTEUR/ – 1922 ◊ mot anglais (1883), de *to drift* «dériver» ■ ANGLIC. MAR. Bateau qui utilise des filets pour la pêche à la dérive*.

COUR. Genre dramatique comportant des pièces en vers ou en prose, dont l'action généralement tragique, pathétique, s'accompagne d'éléments réalistes, familiers, comiques ; pièce de théâtre appartenant à ce genre. *Drame bourgeois, drame moral* (Beaumarchais, Sedaine). *Drames de Lessing, de Goethe. Drame romantique. Drame réaliste, symboliste. Drame populaire* (➤ **mélodrame**). « *Le drame, qui fond sous un même souffle le grotesque et le sublime, le terrible et le bouffon, la tragédie et la comédie, le drame est le caractère propre de la troisième époque de poésie, de la littérature actuelle* » HUGO. PAR EXT. Pièce d'un caractère grave, pathétique **(opposé à comédie).** « *Les Mouches* », *drame de J.-P. Sartre.* ▪ **3** FIG. (1787) Évènement ou suite d'évènements tragiques, terribles. ➤ **catastrophe, tragédie.** *Drame affreux, horrible, sanglant.* « *Le drame de famille s'était greffé à vif sur le drame d'amour* » MARTIN DU GARD. *Faire un drame d'un petit incident.* ➤ **dramatiser** (cf. Faire d'une mouche* un éléphant). *En faire tout un drame* (cf. FAM. En faire tout un plat). — JOURNAL. Catastrophe causée par un accident, un crime. *Tous les détails sur le drame. Drame passionnel.* ▪ CONTR. Comédie.

DRAP [dʀa] **n. m.** – fin XIe « étoffe » ◊ bas latin *drappus*, p.-ê. mot gaulois ▪ **1** Tissu de laine dont les fibres sont feutrées par le foulage. *Foulage, lainage, séchage, tondage, lustrage, décatissage du drap. Le lainage du drap se faisait autrefois au moyen d'une brosse à chardons* (➤ **carder**) ; *il se fait aujourd'hui à la machine* (laineuse). — *Gros drap.* « *un respect inné pour l'homme qui porte un habit de drap fin* » STENDHAL. *Veste de drap. Fabricant de drap.* ➤ **drapier.** ◆ PAR EXT. *Drap d'or, drap de soie,* tissé d'or, de soie. *Le Camp du Drap d'or,* où eut lieu l'entrevue de François Ier et d'Henri VIII (1520). ▪ **2** (v. 1930) **DRAP DE LIT,** et ABSOLT (v. 1165, pl.) **DRAP :** pièce de tissu rectangulaire qui sert à isoler le corps du matelas *(drap de dessous)* ou de la couverture *(drap de dessus).* ➤ aussi **drap-housse.** *Paire de draps. Pile de draps. Draps blancs, imprimés. Draps brodés. Drap de coton, drap pur fil* (de lin), *drap métis. Changer les draps.* (1989) **(Canada ; critiqué)** FAM. *Drap contour :* drap-housse. — SPÉCIALT *Drap recouvrant le cercueil.* ➤ 1 **poêle.** ◆ LOC. *Se mettre, se glisser, se fourrer dans les draps* (cf. FAM. Dans les bâches, les bannes, les toiles) : se coucher. — LOC. FIG. *Mettre qqn dans de beaux draps,* le mettre dans une situation critique. « *Tu t'en vas ? – Eh bien ! tu me mets dans de beaux draps ! Qu'est-ce que je vais faire sans toi ?* » SARTRE. *Nous voilà dans de beaux draps* (cf. Nous voilà frais*, propres*). ▪ **3 (Belgique)** Serviette. ➤ RÉGION. **essuie.** *Drap de vaisselle :* torchon. ◆ COUR. *Drap de bain, de plage :* grande serviette éponge.

DRAPÉ, ÉE [dʀape] **adj. et n. m.** – v. 1464 ◊ de *draper* ▪ **1** Garni d'un drap. « *Aux roulements des tambours drapés* » CHATEAUBRIAND. ▪ **2** Qu'on a drapé (3°) ; à plis. *Robe drapée. Les voiles* « *retombaient mollement, drapées à mille plis comme des stores* » LOTI. ▪ **3** (1846 ; *bas drapés* 1771) TECHN. Préparé comme le drap. ▪ **4** **n. m.** Ensemble des plis formés par l'étoffe d'un vêtement. *Le drapé d'une robe. Un beau drapé.*

DRAPEAU [dʀapo] **n. m.** – *drapel* fin XIIe ◊ de *drap*

I VX ▪ **1** Pièce de drap. *Vieux linges, vieux drapeaux !,* ancien cri des chiffonniers. ▪ **2** **n. m. pl.** *Drapeaux :* langes pour emmailloter un enfant. ➤ **couche.**

II (1578 ◊ d'après l'italien *drapello*) MOD. ▪ **1** Pièce d'étoffe attachée à une hampe et portant les couleurs, les emblèmes (d'une nation, d'un groupement, d'un chef...), pour servir de signe de ralliement, de symbole, etc. ➤ **étendard, pavillon ; vexillologie.** *L'étoffe, la cravate, la hampe d'un drapeau. Arborer, déployer, hisser un drapeau. Garnir de drapeaux les édifices publics et privés.* ➤ **pavoiser.** *Drapeau en berne**. — *Les drapeaux de la France : drapeau blanc* des rois de France, repris à la Restauration ; *drapeau tricolore* de la Révolution, repris en 1830 et maintenu en 1848. « *le drapeau tricolore a fait le tour du monde avec le nom, la gloire et la liberté de la patrie* » LAMARTINE. *Drapeau breton, corse. Drapeau de la Croix-Rouge.* — *Drapeau rouge :* emblème révolutionnaire. — *Drapeau blanc :* drapeau qui, en temps de guerre, indique à l'ennemi qu'on veut parlementer ou se rendre. FIG. *Hisser le drapeau blanc.* ➤ **capituler.** — *Drapeau noir,* des pirates, des anarchistes. — PAR EXT. *Drapeaux en papier. Piquer des petits drapeaux sur une carte.* — SPÉCIALT *Le drapeau d'une armée, d'un régiment :* les couleurs. *Drapeaux militaires.* ➤ **banderole, bannière,** 1 **enseigne, étendard, fanion, flamme, guidon, oriflamme, pavillon ;** VX **cornette, pennon.** *Au drapeau !* batterie de tambour, sonnerie de clairon exécutée pour rendre les honneurs au drapeau. *Drapeau pris à l'ennemi.* ◆ INFORM. Bit d'un registre d'état* renseignant sur le déroulement d'une opération et permettant une décision. ▪ **2** FIG. Symbole de l'armée, de la patrie, etc. *Le respect, le culte du drapeau. Mourir pour le drapeau.* ◆ **LES DRAPEAUX :** l'armée. — LOC. *Être sous les drapeaux :* être en activité de service dans l'armée ; faire le service militaire. *Se ranger, combattre sous les drapeaux d'un chef, d'un pays,* dans les armées de ce chef, de ce pays. ◆ Emblème, symbole de ralliement* (à un parti, à une cause). ➤ **bannière, étendard.** — LOC. *Porter le drapeau :* être le premier à soutenir une opinion. ➤ **porte-drapeau.** ▪ **3** Drapeau servant de signal*. *Abaisser le drapeau à damiers à l'arrivée du premier concurrent d'une course d'automobiles. Drapeau rouge de chef de gare.* ▪ **4** AVIAT. *Mettre une hélice en drapeau :* disposer les pales parallèlement au sens de la marche.

DRAPEMENT [dʀapmɑ̃] **n. m.** – 1876 ◊ de *draper* ▪ Action de draper (2°, 3°) ; son résultat.

DRAPER [dʀape] **v. tr.** ⟨1⟩ – 1636 ; « fabriquer le drap » 1225 ◊ de *drap*

I **v. tr.** ▪ **1** TECHN. Convertir (une étoffe de laine) en drap par le foulage, le lainage, etc. — SPÉCIALT Effectuer le lainage de (une étoffe). ➤ **lainer.** ▪ **2** (1677) COUR. Habiller (qqn, une forme humaine) de vêtements amples, formant des plis harmonieux ; représenter (une figure humaine) ainsi vêtue. *Draper une figure, une statue à l'antique.* « *Je ne connais guère de lois sur la manière de draper les figures ; elle est toute de poésie pour l'invention, toute de rigueur pour l'exécution* » DIDEROT. ◆ En parlant d'une étoffe, Recouvrir en formant des plis. « *une pièce de soie lamée d'or* [...] *la drape comme une statue* » LOTI. « *Une ample soierie ancienne drape le piano à queue* » ROMAINS. ▪ **3** Disposer (une étoffe) de manière qu'elle forme des plis harmonieux. *Draper une tenture, une portière. Couturier qui drape une étoffe sur un mannequin.*

II **SE DRAPER** **v. pron.** Arranger ses vêtements de manière à former d'amples plis. *Se draper dans une cape. Indienne drapée dans un sari.* ◆ LOC. *Se draper dans sa dignité :* affecter une attitude de dignité offensée, orgueilleuse. « *Or, se draper dans sa dignité n'est pas une attitude très payante dans les hautes sphères du IIIe Reich* » L. BINET. *Se draper dans sa vertu, dans sa probité,* en faire étalage **(souvent iron.).** ➤ **se prévaloir.**

1 **DRAPERIE** [dʀapʀi] **n. f.** – fin XIIe ◊ de *drap* ▪ **1** VX Étoffe, vêtement de drap. — COMM. Tissu de laine. ➤ 1 **lainage.** *Un coupon de draperie anglaise.* ▪ **2** (1677) Étoffe ou vêtement ample formant de grands plis. *Ondulations d'une draperie. Draperie ample.* ◆ ARTS Représentation artistique d'un drapé. ▪ **3** Étoffe de tenture drapée. *Draperies d'un lit, d'une fenêtre.* ➤ **cantonnière, rideau, tenture.** « *les lourdes draperies qu'une main invisible attire des profondeurs de l'Orient* » BAUDELAIRE.

2 **DRAPERIE** [dʀapʀi] **n. f.** – XIIIe ◊ de *drapier* ▪ Fabrication, commerce de drap. Métier de drapier. *Travailler dans la draperie.* ◆ Manufacture de drap. *Les draperies d'Elbeuf.*

DRAP-HOUSSE [dʀaus] **n. m.** – 1958 ◊ de *drap* et *housse* ▪ Drap de dessous dont les coins et les rebords sont conçus de manière à emboîter le matelas. ➤ RÉGION. **drap** contour. *Des draps-housses.*

DRAPIER, IÈRE [dʀapje, jɛʀ] **n. et adj.** – 1244 ◊ de *drap* ▪ Personne qui fabrique, vend le drap (1°). « *Le Syndic des drapiers* », *tableau de Rembrandt.* — **adj.** *Marchand drapier.*

DRASTIQUE [dʀastik] **adj.** – 1741 ◊ grec *drastikos* « qui agit » ▪ **1** MÉD. Qui exerce une action très énergique. *Purgatif, remède drastique.* **n. m.** *Un drastique* (aloès, coloquinte, etc.). ➤ **purgatif.** ▪ **2** (1875 ◊ anglais *drastic*) Énergique, contraignant (d'une décision). ➤ **draconien, radical.** *Des mesures drastiques. Une réforme drastique. Des quotas drastiques.*

1 **DRAVE** [dʀav] **n. f.** – XVe ◊ espagnol *draba* ▪ Plante herbacée *(crucifères)* à fleurs blanches.

2 **DRAVE** [dʀav] **n. f.** – 1880 ◊ adaptation de l'anglais *drive* ▪ ANGLIC. **(Canada)** Flottage* du bois ; action de diriger le transport du bois flotté par eau. « *Ce n'était plus le torrent des hommes lorsque, après les draves, ils dévalaient de la montagne, et se précipitaient dans le chemin des maisons* » SAVARD. *Faire la drave.* ➤ **draver.**

DRAVER [dʀave] **v. tr.** ⟨1⟩ – 1874 ◊ adaptation de l'anglais *to drive* « conduire » → 2 drave ▪ ANGLIC. **(Canada)** Diriger le flottage du bois. ➤ 1 **flotter** (II).

DRAVEUR, EUSE [dʀavœʀ, øz] **n.** – 1874 ◊ de *draver,* avec influence de l'anglais *driver* « conducteur » ▪ ANGLIC. **(Canada)** Ouvrier, ouvrière travaillant au flottage* du bois. ➤ 1 **flotteur.** « *Menaud, maître-draveur* », *roman de Savard.*

EMMÉNAGEMENT [ɑ̃menaʒmɑ̃] n. m. – 1493 ◇ de *emménager* ■ **1** Action d'emménager. ➤ **installation.** ■ **2** MAR. AU PLUR. Logements et compartiments pratiqués dans un navire. ■ CONTR. Déménagement.

EMMÉNAGER [ɑ̃menaʒe] v. intr. ⟨3⟩ – 1694 ; « installer, équiper en meubles » 1425 ; *s'emménager* 1425 ◇ de *en-* et *ménage* ■ S'installer dans un nouveau logement. *Nous emménageons dans un mois.* ■ CONTR. Déménager.

EMMÉNAGOGUE [ɑ̃menagɔg ; emenagɔg] adj. et n. m. – 1720 ◇ grec *emmêna* « menstrues » et *agôgos* « qui attire » ■ MÉD. Qui favorise le cycle menstruel. — n. m. *L'armoise est un emménagogue.*

EMMENER [ɑ̃m(ə)ne] v. tr. ⟨5⟩ – 1080 ◇ de *en-* et *mener* ■ **1** Mener avec soi (qqn, un animal) en allant d'un lieu dans un autre ; prendre avec soi en partant. *J'emporte peu de bagages, mais j'emmène mon chien. Emmenez le prisonnier.* ■ **2** Prendre avec soi (qqn) en allant (quelque part : lieu, réunion, spectacle). *Emmène-moi à la campagne, au cinéma. « Mon père aimait à nous emmener, mes frères et moi, dans de longues promenades »* RADIGUET. *Il faut l'emmener chez le médecin.* ➤ **accompagner.** *Emmener des amis au théâtre. Je vous emmène dîner.* ■ **3** MILIT., SPORT Conduire, entraîner en avant avec élan. *Les avants étaient bien emmenés par le capitaine.* ■ **4** (Sujet chose) Conduire, transporter au loin. *Le bateau, l'avion qui emmène les voyageurs.* ■ CONTR. 1 Amener. Laisser.

EMMENTAL [emɛ̃tal ; emɛntal] n. m. – 1880 ◇ suisse allemand *Emmentaler,* du nom de la vallée *(Tal)* de l'*Emme,* en Suisse ■ Fromage à pâte pressée cuite, analogue au gruyère, présentant de plus gros trous. *Des emmentals.* — On écrit aussi *emmenthal.*

EMMERDANT, ANTE [ɑ̃mɛʀdɑ̃, ɑ̃t] adj. – fin XIXe ◇ de *emmerder* ■ FAM. ■ **1** Qui importune, dérange fortement. ➤ **chiant** (TRÈS FAM.), **embêtant.** *Des voisins emmerdants. « ce que tu peux être emmerdant avec la nourriture, dit Sara, c'est incroyable »* DURAS. — *C'est emmerdant, cette histoire.* ➤ **contrariant, fâcheux.** ■ **2** Qui cause un ennui profond. ➤ **ennuyeux*.** *Ce livre est emmerdant au possible.* ➤ **barbant,** TRÈS FAM. **chiant, rasant.**

EMMERDE [ɑ̃mɛʀd] n. f. – fin XIXe ◇ de *emmerder* ■ FAM. ➤ **emmerdement.** *C'est une source d'emmerdes.*

EMMERDEMENT [ɑ̃mɛʀdəmɑ̃] n. m. – 1839 ◇ de *emmerder* ■ FAM. Embêtement, gros ennui*. ➤ **emmerde.** *« Non pas une panne, mais des emmerdements de carburation »* ROMAINS. *S'attirer des emmerdements. J'ai des emmerdements. Quel emmerdement !* (cf. Quelle merde, quelle chiotte, quelle chierie !).

EMMERDER [ɑ̃mɛʀde] v. tr. ⟨1⟩ – 1828 ; « couvrir de merde » avant 1426 ◇ de *en-* et *merde* ■ FAM. ■ **1** Importuner (qqn). ➤ **agacer ;** FAM. **embêter, emmieller, emmouscailler, enquiquiner, gonfler** (cf. TRÈS FAM. Faire chier*). *Arrête de m'emmerder. Tu emmerdes le monde. Ça m'emmerde de rester là, qu'il parte sans moi. Il est salement emmerdé avec cette histoire.* — PRONOM. *S'emmerder avec qqch., pour qqch., à* (et l'inf.) : se donner beaucoup de peine pour (qqch.). *On ne va pas s'emmerder avec ça, pour si peu, à le réparer.* (Emploi négatif) *Il ne s'emmerde pas* : il ne s'en fait pas, il a de la chance. ■ **2** Ennuyer*. ➤ **assommer, barber, embêter, raser.** *La politique, l'opéra m'emmerde.* — PRONOM. ➤ **s'enquiquiner** (cf. Se faire chier, suer). *« On s'emmerde ici... Si on allait dans une autre crémerie ! »* MAUROIS. — (Emploi négatif) *On ne s'emmerde pas avec eux !* on s'amuse, il se passe des choses. ■ **3** (En manière de défi) Tenir pour inexistant, négligeable. *« Les gens du quartier ! Je les emmerde »* QUENEAU.

EMMERDEUR, EUSE [ɑ̃mɛʀdœʀ, øz] n. – 1866 ◇ de *emmerder* ■ FAM. Personne particulièrement embêtante, soit ennuyeuse (➤ **casse-pied, fâcheux ;** FAM. **enquiquineur, raseur**), soit agaçante et tatillonne (➤ TRÈS FAM. **chieur**).

EMMÉTRER [ɑ̃metʀe] v. tr. ⟨6⟩ – 1845 ; « métrer » 1808 ◇ de *en-* et *mètre* ■ TECHN. Disposer en vue de faciliter le métrage.

EMMÉTROPE [ɑ̃metʀɔp ; emetʀɔp] adj. et n. – 1865 ◇ grec *emmetros* « proportionné » et *-ope* ■ PHYSIOL. Se dit de l'œil dont la vision est normale. ■ CONTR. Amétrope.

EMMÉTROPIE [ɑ̃metʀɔpi ; emetʀɔpi] n. f. – 1865 ◇ de *emmétrope* ■ PHYSIOL. Qualité de l'œil emmétrope. ■ CONTR. Amétropie.

EMMIELLER [ɑ̃mjele] v. tr. ⟨1⟩ – XIIIe ◇ de *en-* et *miel* ■ **1** VX Mêler de miel. — FIG. Adoucir, édulcorer. *« des paroles emmiellées »* ROUSSEAU. ➤ **doucereux, mielleux.** ■ **2** FAM. (PAR EUPHÉM.) Emmerder (qqn).

EMMIEUTER [ɑ̃mjøte] v. tr. ⟨1⟩ – 1974 ◇ de *en-* et *mieux* ■ (Canada) PLAIS. Rendre meilleur, changer en mieux. ➤ **améliorer.** — PRONOM. (plus cour.) *« le chômage qui n'a pas l'air parti pour s'emmieuter »* M. LABERGE.

EMMITOUFLER [ɑ̃mitufle] v. tr. ⟨1⟩ – 1547 ◇ de *en-* et *mitoufle,* altération de *mitaine,* d'après *moufle,* et l'ancien français *emmoufler* ■ Envelopper dans des fourrures, des vêtements chauds et moelleux. *« Emmitouflée jusqu'aux oreilles dans un châle fané »* DAUDET. — PRONOM. Se couvrir chaudement des pieds à la tête.

EMMOTTÉ, ÉE [ɑ̃mɔte] adj. – 1620 ◇ de *en-* et *motte* ■ AGRIC. Garni de terre en motte autour des racines pour le transport.

EMMOUSCAILLER [ɑ̃muskaje] v. tr. ⟨1⟩ – v. 1883 ◇ de *mouscaille* ■ FAM. VIEILLI Emmerder.

EMMURER [ɑ̃myʀe] v. tr. ⟨1⟩ – fin XIIe au p. p. ◇ de *en-* et *mur* ■ Enfermer (un condamné) dans un cachot que l'on murait ensuite ; emprisonner de façon définitive. ◆ FIG. Couper du monde, isoler. *« Nous restions emmurés dans notre silence »* GIDE. ➤ **murer.**

ÉMOI [emwa] n. m. – XIIIe, répandu XVIe ; *esmai* XIIe ◇ de l'ancien français *esmayer* « troubler », latin populaire °*exmagare* « priver de sa force », germanique °*magan* ■ LITTÉR. ■ **1** Agitation, effervescence. *« Il avait fallu l'interner. Grand émoi dans le village »* MARTIN DU GARD. *Être en émoi.* ■ **2** Trouble qui naît de l'appréhension ou d'une émotion sensuelle. ➤ **émotion, excitation.** *« Je vins m'asseoir à côté d'elle non sans émoi, car j'étais fort jeune »* MAUROIS. ■ CONTR. 1 Calme.

ÉMOJI [emɔʒi] n. m. – 2013 ; *emoji* marque déposée ◇ mot japonais, de *e* « dessin » et *moji* « lettre » ■ Petite image utilisée dans un message électronique pour exprimer une émotion, représenter un personnage, une action... *Émoji représentant un visage qui rit. Émoticones et émojis.*

ÉMOLLIENT, IENTE [emɔljɑ̃, jɑ̃t] adj. – 1549 ◇ latin *emolliens,* p. prés. de *emollire* « amollir » ■ MÉD. Qui a pour effet d'amollir, de relâcher des tissus enflammés. ➤ **adoucissant.** *Remède, emplâtre émollient.* — n. m. *Un émollient.* ■ CONTR. Astringent, excitant, irritant.

ÉMOLUMENT [emɔlymɑ̃] n. m. – 1265 ◇ latin *emolumentum* « profit », de *emolere* « moudre entièrement » ■ **1** VX Avantage, profit revenant légalement à qqn. ◆ MOD. DR. Actif que recueille un héritier, un légataire universel ou un époux commun en biens. ■ **2** AU PLUR. Rétributions des actes tarifés d'un officier ministériel. ➤ **honoraires.** ◆ PAR EXT. (ADMIN.) Rétribution représentant un traitement fixe ou variable. ➤ **appointements, honoraires, rémunération, salaire*, traitement.**

ÉMONCTOIRE [emɔ̃ktwaʀ] n. m. – 1314 ◇ latin *emunctum,* supin de *emungere* « moucher » ■ PHYSIOL. Organe qui élimine les substances inutiles formées au cours des processus de désassimilation. *Émonctoires naturels* : anus, foie, méat urinaire, narine, poumon, pore de la peau, rein, uretère, vessie...

ÉMONDAGE [emɔ̃daʒ] n. m. – 1572, repris XIXe ◇ de *émonder* ■ Action d'émonder. ➤ **élagage.** — SPÉCIALT (SYLV.) Opération consistant à couper les branches latérales, et parfois le tronc, pour faire naître des rejets dont on utilise le bois (➤ **têtard**). ◆ CHIR. Excision (à l'aide de ciseaux) des tissus très endommagés d'une plaie, afin d'en accélérer la guérison.

ÉMONDER [emɔ̃de] v. tr. ⟨1⟩ – fin XIIe ◇ latin *emundare* « nettoyer » ■ Débarrasser (un arbre) des branches mortes, inutiles ou nuisibles, des plantes parasites. ➤ **ébrancher, élaguer.** *Il « émondait une vigne grimpante. Choisissant avec soin le rejet nuisible, le sarment fatigué »* BOSCO. ◆ PAR ANAL. Trier et nettoyer (des graines). ➤ **monder.**

ÉMONDES [emɔ̃d] n. f. pl. – 1214 ◇ de *émonder* ■ SYLV. Branches inutiles ou nuisibles retranchées d'un arbre.

ÉMONDEUR, EUSE [emɔ̃dœʀ, øz] n. – 1542 ◇ de *émonder* ■ Personne qui émonde les arbres. ➤ **élagueur.**

ÉMONDOIR [emɔ̃dwaʀ] n. m. – 1873 ◇ de *émonder* ■ TECHN. Outil servant à émonder les arbres.

ÉMORFILER [emɔʀfile] v. tr. ⟨1⟩ – 1808 ◇ de *é-* et 2 *morfil* ■ TECHN. Débarrasser du morfil, des arêtes vives. — n. m. **ÉMORFILAGE,** 1870.

ÉMOTICONE [emɔtikon] n. m. – 1996 ◇ anglais *emoticon* (1990), de *emoti(on)* et *icon* ■ ANGLIC. Suite de caractères alphanumériques utilisée dans un message électronique pour former un

ÉMINCÉ, ÉE [emɛ̃se] adj. et n. m. – 1798 ; *une émincée* 1762 ◇ de *émincer* ■ CUIS. ■ **1** Coupé en tranches très minces. *Champignons émincés.* ■ **2** n. m. Préparation à base d'aliments finement tranchés. *Un émincé de poireaux. Un émincé de volaille.*

ÉMINCER [emɛ̃se] v. tr. ⟨3⟩ – XVIe ◇ de *é-* et *mince* ■ CUIS. Couper en tranches minces. *Émincer du lard, un oignon.*

ÉMINEMMENT [eminamɑ̃] adv. – 1587 ◇ de *éminent* ■ Au plus haut degré. ➤ **parfaitement, supérieurement.** *J'en suis éminemment convaincu. « M. Le Hir était un savant et un saint ; il était éminemment l'un et l'autre »* RENAN.

ÉMINENCE [eminɑ̃s] n. f. – 1314 ◇ latin *eminentia* ■ **1** ANAT. Saillie, protubérance. *Les éminences osseuses.* ➤ **apophyse, tubercule, tubérosité.** ■ **2** COUR. Élévation de terrain relativement isolée. ➤ **butte, élévation, hauteur, monticule, tertre.** *Observatoire établi sur une éminence. « les blessés gagnèrent le haut de l'éminence qui flanquait la route à droite »* BALZAC. ■ **3** (XVIe) FIG. VX Haut degré, excellence. ➤ **élévation.** ◆ (milieu XVIIe) MOD. Titre d'honneur qu'on donne aux cardinaux. *Son Éminence le cardinal.* — HIST. *L'Éminence grise :* le Père Joseph, qui fut le confident de Richelieu et son ministre occulte. FIG. *L'éminence grise d'un homme politique, d'un parti :* conseiller intime qui, dans l'ombre, exerce une grande influence. ■ CONTR. Creux, dépression.

ÉMINENT, ENTE [eminɑ̃, ɑ̃t] adj. – 1216 ◇ latin *eminens* ■ **1** VX Élevé (lieu). ■ **2** (XVIe) MOD. Qui est au-dessus du niveau commun, d'ordre supérieur. ➤ **élevé, exceptionnel,** 1 **insigne.** *Il a rendu d'éminents services. Un rôle éminent.* — (PERSONNES) Très distingué, remarquable. *Une personnalité éminente* (cf. En vue*). *« Les hommes éminents des spécialités les plus différentes »* VALÉRY. ➤ **sommité.** *Mon éminent collègue.* ■ CONTR. Inférieur, médiocre.

ÉMINENTISSIME [eminɑ̃tisim] adj. – 1680 ◇ italien *eminentissimo ;* latin *eminentissimus,* superlatif de *eminens* → éminent ■ *Éminentissime seigneur,* titre honorifique réservé aux cardinaux.

ÉMIR [emiʀ] n. m. – XIIIe ◇ de l'arabe *'amīr* « chef » → amiral ■ **1** Titre honorifique donné autrefois au chef du monde musulman (➤ **calife**), puis aux descendants du Prophète. ■ **2** Prince, gouverneur, chef militaire arabe. *L'émir Abd el-Kader.* ◆ SPÉCIALT Chef d'État d'un émirat. *L'émir du Koweït.*

ÉMIRAT [emiʀa] n. m. – 1938 ◇ de *émir* ■ **1** Dignité d'émir. ■ **2** Territoire gouverné par un émir. ■ **3** SPÉCIALT Principauté du golfe Persique. *Les Émirats arabes unis (E. A. U.).*

ÉMIRATI, IE [emiʀati] adj. – 1990 ◇ de *émirat* (3°) ■ D'un émirat, des Émirats.

1 **ÉMISSAIRE** [emisɛʀ] n. m. – 1519 ◇ latin *emissarius* ■ Agent chargé d'une mission, parfois officieuse. ➤ **envoyé.** *L'émissaire des Nations unies. « des tribus, auxquelles les émissaires allemands racontaient que nous étions battus en Europe »* THARAUD.

2 **ÉMISSAIRE** [emisɛʀ] adj. et n. m. – 1611 ◇ latin *emissarium* « déversoir » ■ **1** (1814) ANAT. *Veines émissaires,* qui relient les sinus veineux intracrâniens et le réseau veineux exocrânien en traversant les trous de la base du crâne. ■ **2** n. m. TECHN. Canal d'évacuation, cours d'eau évacuant les eaux d'un lac. ➤ **effluent.** — *Émissaire d'évacuation :* déversoir d'eaux usées reliant directement une agglomération au lieu de traitement ou de rejet. ➤ **exutoire.**

3 **ÉMISSAIRE** [emisɛʀ] adj. m. – 1690 ◇ latin de la Vulgate *(caper) emissarius,* traduction du grec *apopompaios* (Septante) « qui écarte (les fléaux) », mauvaise interprétation de l'hébreu « destiné à Azazel (démon du désert) » ■ *Bouc* émissaire.*

ÉMISSIF, IVE [emisif, iv] adj. – 1834 ◇ latin *emissum,* supin de *emittere* → émettre ■ PHYS. Relatif à l'émission, qui a la faculté d'émettre. *Pouvoir émissif :* puissance rayonnée par unité de surface émettrice de particules, de rayonnement.

ÉMISSION [emisjɔ̃] n. f. – 1390 ◇ latin *emissio* ■ **1** PHYSIOL. Action de projeter (un liquide) hors de l'organisme ; écoulement sous pression. *Émission d'urine* (➤ **miction**) ; *de sperme* (➤ **éjaculation**). ■ **2** (XVIe) Production (de sons vocaux). *Émission d'un son articulé. « D'une seule émission de voix »* PÉGUY. ■ **3** (1721, d'après l'anglais ; « envoi, par les corps, d'espèces visibles » XVIIe) PHYS. VX « Action par laquelle un corps lance hors de lui des corpuscules » (d'Alembert). ➤ **émanation.** *Théorie newtonienne de l'émission de la lumière.* ◆ MOD. Production en un point donné et rayonnement dans l'espace (d'ondes électromagnétiques, de particules élémentaires, de chaleur, de vibrations mécaniques ou gazeuses, etc.). *Émission de CO_2, de gaz à effet de serre. Véhicule zéro émission. Émission électronique. Émission thermoélectronique :* émission d'électrons par des métaux incandescents (cf. Tube* à vide). *Émission secondaire :* émission électronique effectuée par une électrode métallique bombardée par des électrons. *Émission photoélectrique :* émission d'électrons par une surface métallique soumise à un bombardement photonique. *Facteur d'émission d'une source de rayonnement,* mesuré par rapport à celui du corps noir. ◆ TÉLÉCOMM. Transmission à l'aide d'ondes électromagnétiques de signaux, de sons et d'images. ➤ **diffusion, radiodiffusion, transmission.** *Émission sur ondes courtes. Appareillage d'émission et de réception.* ■ **4** COUR. Ce qui est transmis par les ondes. *Émission radiophonique, télévisée. Émission en direct. Émission du matin.* ➤ **matinale.** *Programme des émissions de la soirée. Regarder une émission sur la deuxième chaîne. — Émission en eurovision. Une bonne émission. Émission-débat :* recomm. offic. pour *talk-show.* ■ **5** (1789) FIN. Mise en circulation (de monnaies, titres, effets, etc.). *Banque d'émission,* qui émet des billets. *Émission de nouvelles pièces de monnaie.* — Action d'offrir au public (des emprunts, des actions, des obligations). *Monopole d'émission. — Émission de timbres-poste.* ■ CONTR. Réception ; souscription.

ÉMISSOLE [emisɔl] n. f. – 1753 ◇ italien *mussolo,* du latin *mustela* ■ Petit squale *(sélaciens)* commun en Méditerranée, appelé aussi *chien de mer.*

EMMAGASINAGE [ɑ̃magazinaʒ] n. m. – 1781 ◇ de *emmagasiner* ■ **1** Action de mettre (des marchandises) en magasin. ➤ **entreposage.** — Droits acquittés à cette occasion. ■ **2** Accumulation, mise en réserve. ➤ **stockage.** *Emmagasinage de la chaleur.*

EMMAGASINER [ɑ̃magazine] v. tr. ⟨1⟩ – 1762 ◇ de *en-* et *magasin* ■ **1** Mettre en magasin, entreposer (des marchandises). ➤ **stocker.** ◆ Amasser, mettre en réserve. ➤ **accumuler.** *« Ce garçon emmagasine dans sa chambre un tas de curiosités »* BALZAC. — *Emmagasiner de la chaleur, de l'énergie.* ■ **2** FIG. Garder dans l'esprit, dans la mémoire. ➤ **engranger.** *« heureusement que le cinéma est là, qui emmagasine la beauté »* GODARD. *Emmagasiner des connaissances.*

EMMAILLOTER [ɑ̃majɔte] v. tr. ⟨1⟩ – XIIIe ◇ de *en-* et *maillot* ■ **1** ANCIENNT Envelopper (un bébé) d'un maillot, d'un lange. ➤ **langer.** ◆ PAR EXT. MOD. Envelopper complètement (un membre, un objet). *Bandelettes qui emmaillotent une momie.* PRONOM. *S'emmailloter dans une couverture.* ■ **2** FIG. ➤ **ligoter.** *« l'homme moderne emmailloté de milliers d'articles de loi »* RENAN. ■ CONTR. Démailloter.

EMMANCHEMENT [ɑ̃mɑ̃ʃmɑ̃] n. m. – 1636 ◇ de *emmancher* ■ Action, manière d'emmancher. *L'emmanchement d'un outil.* ◆ VX Attache (d'un membre).

EMMANCHER [ɑ̃mɑ̃ʃe] v. tr. ⟨1⟩ – *emmanchier* v. 1160 ◇ de *en-* et 2 *manche* ■ **1** Ajuster sur un manche, engager et fixer dans un support. *Emmancher un balai, un couteau.* PAR MÉTAPH. *« Le héron au long bec emmanché d'un long cou »* LA FONTAINE. ■ **2** FAM. VIEILLI Engager, mettre en train. ➤ **commencer, entreprendre.** *« la manière furtive dont il emmanchait sa palabre »* CÉLINE. — MOD. PRONOM. Débuter, démarrer. *Cela s'emmanche mal.* ➤ se **goupiller,** se **présenter.** — *Une affaire mal emmanchée.* ■ CONTR. Déboîter, démancher.

EMMANCHURE [ɑ̃mɑ̃ʃyʀ] n. f. – fin XVe ◇ de *en-* et 1 *manche* ■ Chacune des deux ouvertures d'un vêtement, faites pour adapter une manche ou laisser passer le bras. *Emmanchure américaine, raglan. « un costume tailleur noir médiocrement coupé, étroit aux emmanchures »* COLETTE. ➤ **entournure.**

EMMÊLEMENT [ɑ̃mɛlmɑ̃] n. m. – XIIIe ◇ de *emmêler* ■ Action d'emmêler, son résultat. *« tout cet emmêlement incroyable de tourelles, de gargouilles, d'ornements »* MAUPASSANT. ➤ **embrouillamini, enchevêtrement, fouillis.**

EMMÊLER [ɑ̃mele] v. tr. ⟨1⟩ – XIIe ◇ de *en-* et *mêler* ■ **1** Mêler ensemble, enrouler en désordre (des choses longues et fines). ➤ **embrouiller, enchevêtrer.** *Emmêler les fils d'un écheveau. Chateaubriand « avait emmêlé diverses figures de femmes autour de la rapide silhouette de l'Occitanienne »* HENRIOT. — p. p. adj. *Cheveux emmêlés.* ■ **2** FIG. Embrouiller. — LOC. FAM. *S'emmêler les pieds, les pédales, les pinceaux, les crayons :* s'embrouiller (dans une explication, une affaire). ➤ **cafouiller,** se **mélanger.** — PRONOM. *Tout s'emmêle dans ma tête.* ➤ se **brouiller.** ■ CONTR. Démêler.

commercial, qui gère un service public selon les règles de l'entreprise privée (par ex. la S. N. C. F.). *Établissement d'utilité publique* : association ou fondation privée, reconnue d'utilité publique.

III ➤ **establishment.**

■ **CONTR.** Démolition, destruction, renversement. Abolition.

ÉTAGE [etaʒ] **n. m.** – 1555 ; *estage* «demeure, situation, séjour» 1080 ◊ de l'ancien français *ester* «se tenir, rester», de *stare* «se tenir debout»

I ■ **1** Espace compris entre deux planchers successifs d'un édifice et occupé par un ou plusieurs appartements de plain-pied (à l'exclusion du rez-de-chaussée, au niveau du sol, et parfois de l'entresol). REM. En français classique, le rez-de-chaussée est considéré comme *premier étage,* et encore parfois au Canada. *Les étages d'une maison. Immeuble à, de quatre étages.* «*Les buildings* [de New York] *échappent par le haut à toute réglementation urbaniste, ils ont vingt-sept, cinquante-cinq, cent étages*» SARTRE. *Les étages communiquent par l'escalier* (➤ **palier**), *par l'ascenseur. Loger, habiter au premier étage, au troisième étage,* et ELLIPT *au premier, au troisième. Ils habitent un cinquième étage sans ascenseur. Le dernier étage. Appartement sur deux* (➤ **duplex**), *trois étages* (➤ 2 **triplex**). — *Les étages et les sous-sols* d'un immeuble.* — *Grimper, escalader les étages.* ➤ **escalier.** — *Les trois étages de la tour Eiffel.* ➤ **plate-forme.** — LOC. FIG. *À tous les étages :* à tous les niveaux, partout. *Corruption à tous les étages.* ◆ ABSOLT (opposé à *rez-de-chaussée*). *Les chambres sont à l'étage.* ■ **2** (1418 «rayon de bibliothèque») Chacun des plans (d'une chose ou d'un ensemble formé de parties superposées). ➤ **niveau.** ◆ *Terrain qui descend par étages.* ➤ **gradin.** «*Les murs en terrasses qui soutiennent les diverses parties de ce magnifique jardin, qui, d'étage en étage, descend jusqu'au Doubs*» STENDHAL. ➤ **s'étager.** ◆ TECHN. (MINES) *Étage de cage, d'exploitation.* ■ **3** GÉOL. Ensemble des terrains correspondant à un âge (subdivision de l'époque). GÉOGR. *Étages de végétation,* différenciés selon l'altitude. ■ **4** TECHN. Niveau d'énergie ou de renforcement (correspondant ou non à un dispositif matériel en *étages*). *Étages de pression :* turbines annexes d'une turbine principale. *Étage de compression :* chacun des paliers de compression dans un turbo-compresseur. ◆ ÉLECTRON. Ensemble fonctionnel constitué d'un élément actif (➤ **transistor, tube**) et de ses composants associés. *Étage amplificateur, détecteur, mélangeur. L'étage d'entrée, à faible bruit, d'un récepteur.* ◆ Chaque élément propulseur détachable (d'une fusée). *Le premier étage de la fusée s'est détaché. Mise à feu du dernier étage.*

II (v. 1170) VX ou LITTÉR. Situation, rang social. ➤ **catégorie, classe.** ◆ MOD. LOC. **DE BAS ÉTAGE :** de condition médiocre. ➤ **espèce.** *Un esprit de bas étage,* inférieur. *Plaisanteries de bas étage,* de mauvais goût. «*les réflexions de bas étage et les rires gras*» P. BAILLY.

ÉTAGEMENT [etaʒmɑ̃] **n. m.** – 1864 ◊ de *étager* ■ Disposition de ce qui est étagé. *L'étagement des vignes sur les côtes du Rhône.*

ÉTAGER [etaʒe] **v. tr.** ⟨3⟩ – v. 1681 ; *estagier* «établir (sa résidence)» milieu XIIIe ◊ de *étage* ■ Disposer par étages, par rangs superposés. ➤ **échelonner, superposer.** «*Les rochers étageaient leur ombre au-dessus d'eux*» HUGO. PRONOM. «*une foule énorme s'étageait, s'écrasait sur les gradins brûlés du vieil amphithéâtre*» DAUDET. — *Maisons étagées sur une pente.*

ÉTAGÈRE [etaʒɛʀ] **n. f.** – 1800 ; *estagière* 1488 ◊ de *étage* ■ **1** Planche, dans un dressoir, une bibliothèque, une armoire. *Des étagères couvertes de livres. Ranger du linge sur une étagère.* — Simple tablette fixée horizontalement sur un mur. ➤ RÉGION. **archelle, tablard.** *Bibelots disposés sur une étagère.* ■ **2** Meuble formé de montants qui supportent des tablettes horizontales disposées par étages. *Étagère à livres.* ➤ **bibliothèque.**

1 **ÉTAI** [etɛ] **n. m.** – 1690 ; *estai* 1130 ◊ ancien anglais *staeg,* anglais *stay,* avec influence de 2 *étai* ■ MAR. Cordage tendu de l'avant du navire à la tête d'un mât et destiné à consolider ce mât contre les efforts qui s'exercent de l'avant à l'arrière (➤ aussi **hauban**). *Voiles d'étai :* voiles supplémentaires placées sur les étais (➤ 1 **draille**).

2 **ÉTAI** [etɛ] **n. m.** – 1753 ; *estaie* n. f., 1304 ◊ francique °*staka* «soutien» ■ **1** Grosse pièce de bois, de métal destinée à soutenir provisoirement. ➤ **arcboutant, béquille,** 2 **cale, chevalement, étançon.** *Chapeau d'un étai,* qui s'applique perpendiculairement au mur. *Point d'appui des étais* (couche, semelle). «*des étais de chêne soutenaient le toit, faisaient à la roche ébouleuse une chemise de charpente*» ZOLA. *Étais métalliques.* ➤ **étrier, renfort.** — Pièce servant à étayer*. *Soutenir par des étais.* ■ **2** FIG. et LITTÉR. ➤ **appui, soutien.** «*cette vieille société fondée sur Dieu et le roi, deux étais qu'il n'est pas sûr qu'on puisse remplacer*» RENAN.

ÉTAIEMENT [etɛmɑ̃] **n. m.** – *étayement* 1756 ; *estaiement* 1459 ◊ de *étai, étayer* ■ TECHN. Action d'étayer. ➤ **étayage.** *Les travaux d'étaiement.* ◆ Résultat de cette opération. *Un étaiement solide.*

ÉTAIN [etɛ̃] **n. m.** – 1596 ; *estain* 1213 ◊ latin *stagnum,* altération de *stannum,* p.-ê. d'origine gauloise ■ **1** Élément atomique (SYMB. Sn ; n° at. 50 ; m. at. 118,710), métal blanc gris très malléable, du même groupe que le silicium, le germanium et le plomb. *Minerai d'étain.* ➤ **stannifère ; cassitérite.** *Alliages d'étain.* ➤ **bronze, chrysocale.** *La faible température de fusion de l'étain le fait utiliser pour la soudure et les alliages fusibles. Oxyde, sels d'étain.* ➤ **stannique.** *Potée d'étain :* bioxyde d'étain obtenu par calcination de l'étain à l'air libre, et servant de poudre à polir. *Sulfures d'étain* (cf. Or mussif*). ◆ *Emplois de l'étain.* ➤ **étamage, tain.** *Papier d'étain :* feuille très fine d'étain servant d'emballage (dit aussi *papier argenté, papier d'argent*). *Vaisselle, pot, gobelet, chope en étain.* «*Le ciel chauffé à blanc, s'étendait comme un miroir d'étain*» FROMENTIN. ■ **2** (1870 ; *eten* collectif XVIe) Objet d'étain. *Des étains du XVIe siècle. Étains ciselés, travaillés.* ■ HOM. Éteint.

ÉTAL [etal] **n. m.** – 1080 *estal* «position» ◊ francique °*stal* «position ; demeure ; étable» ■ **1** (vx depuis le XVIIIe, repris XXe) Table où l'on expose les marchandises dans les marchés publics. ➤ **éventaire.** «*Des ménagères palpaient l'orange et le citron sur les étals du marché en plein vent*» HENRIOT. ■ **2** (1393) Table de bois épais sur laquelle les bouchers débitent la viande. *Viande à l'étal.* — PAR EXT. Débit de viande. ➤ **boucherie ; étalier.** «*la hantise des bêtes écorchées accompagna Armand d'étal en étal*» ARAGON. ■ HOM. Étale.

ÉTALAGE [etalaʒ] **n. m.** – XIVe ; *estalage* 1247 ; «droit sur la marchandise étalée» 1225 ◊ de 1 *étaler* ■ **1** ADMIN. Exposition de marchandises qu'on veut vendre. *Autorisation, droit d'étalage.* — ADMIN. Droit d'étalage. *Payer l'étalage.* ■ **2** Lieu où l'on expose des marchandises, pour en faciliter la vente ; ensemble des marchandises exposées. ➤ **devanture,** 1 **montre, vitrine ; éventaire ; déballage.** *Les étalages d'un grand magasin. S'attarder devant les étalages* (cf. Lécher* les vitrines). «*De temps à autre, il s'arrêtait à l'étalage d'un bouquiniste*» FLAUBERT. *Spécialiste qui compose un étalage.* ➤ **étalagiste.** LOC. *Vol à l'étalage.* «*le poème des étalages détruit tous les soirs, reconstruit tous les matins*» BALZAC. ■ **3** (1680) Action d'exposer, de déployer aux regards avec ostentation. *Faire un grand étalage d'esprit, d'érudition, de ses connaissances.* ➤ **démonstration, parade.** *Étalage de couleurs, de luxe.* ➤ **débauche, déploiement, profusion.** ◆ **FAIRE ÉTALAGE DE** (qqch.) : exposer avec ostentation, exhiber (cf. Étaler* sa marchandise). *Faire étalage de sa fortune.* ➤ **afficher.** «*Il n'était pas nécessaire de faire grand étalage de puissance*» SARTRE. *Faire étalage de ses qualités.* ➤ **se vanter** (cf. Se faire valoir*). — Dire, montrer sans retenue. «*la rouerie du coupable qui croit que ce dont il fait étalage est par cela même jugé innocent*» PROUST. ■ **4** (1755 au plur.) MÉTALL. Tronc de cône formant la partie inférieure d'un haut-fourneau entre le ventre et le creuset. ■ **5** TECHN. Première opération de la filature, consistant à disposer les fibres textiles parallèlement entre elles (en nappes). ➤ **étaleuse.**

ÉTALAGER [etalaʒe] **v. tr.** ⟨3⟩ – 1870 ◊ de *étalage* ■ COMM. Mettre en vitrine, dans l'étalage (des marchandises).

ÉTALAGISTE [etalaʒist] **n.** – 1801 ◊ de *étalage* ■ **1** VX ou DR. Marchand, marchande qui expose, étale sa marchandise sur la voie publique. ➤ **camelot, forain.** — APPOS. *Marchand, libraire étalagiste.* ■ **2** (1846) Personne dont le métier est de composer, de disposer les étalages aux devantures des magasins. *L'étalagiste est en train de faire la vitrine.*

ÉTALE [etal] **adj. et n.** – 1687 *(mer) étalle ; (bière) estale* «qu'on a laissée reposer» 1200 ◊ de 1 *étaler*

I **adj.** ■ **1** Sans mouvement, immobile. *Mer étale,* qui ne monte ni ne baisse. *Navire étale,* immobile. *Vent étale,* régulier. ■ **2** FIG. Sans aucune agitation. ➤ 2 **calme,** 1 **fixe, immobile, stationnaire.** «*la mort, la constante, l'étale mort*» GIRAUDOUX. «*la journée était là, étale, comme une mer inoffensive*» SARTRE.

II **n. f.** ou **m.** (v. 1707) MAR. Moment où le niveau de la mer est stable. *L'étale de pleine mer, de basse mer.* «*c'était le moment de l'étale. La mer au plus calme. Le moment immobile, quand*

d'insistance) *C'est fini, et bien fini.* — LITTÉR. Devant chaque terme d'une énumération *« Cette mince et pâle et fine Juliette »* FRANCE. — Reliant deux sujets séparés par un verbe *« Albe le veut, et Rome »* CORNEILLE. — SPÉCIALT *Il y a parfum et parfum, mensonge et mensonge :* tous les parfums, tous les mensonges ne sont pas identiques. ◆ (Rapprochant des éléments différents ou opposés). *« Je plie, et ne romps pas »* LA FONTAINE. ➤ **mais.** *Nous t'hébergeons et tu nous voles.* ➤ **pourtant.** *« Le peuple n'a guère d'esprit, et les grands n'ont point d'âme »* LA BRUYÈRE. ➤ **alors** (que). ◆ Signe typographique représentant le mot *et.* ➤ **esperluette.** ■ **2** Reliant deux parties de nature différente. *Un gilet long et sans manches. « Les esprits justes, et qui aiment à faire des images »* LA BRUYÈRE. *Il parle l'anglais, et couramment. — Tu as accepté ? – Et après* ? ■ **3** Dans des nombres composés VX *« la règle des vingt et quatre heures »* CORNEILLE. ◆ MOD. Joint un aux dizaines (sauf dans *quatre-vingt-un*) et dans *soixante et onze /soixante-et-onze/. Vingt et un /vingt-et-un/, trente et un /trente-et-un/.* LITTÉR. *Les Mille et Une Nuits.* — Devant la fraction d'un nombre fractionnaire. *Et demi*. Quatre heures et quart** (cf. Un* quart). *Deux heures et demie. Deux pages un cinquième,* ou *et un cinquième.*

II En début de phrase avec une valeur emphat. *Et voici que tout à coup il se met à courir.* ➤ **alors.** *« Et je pleurais ! et je me trouvais à plaindre et la tristesse osait approcher de moi ! »* ROUSSEAU. *Et les enfants de* crier ! Et comment* ! Et alors ?* FAM. *Et d'un(e), et de deux...* Mettant en évidence un processus. *Et d'un tu parles trop, et de deux, on m'a tout raconté.*

III En emploi nominal ou adjectival MATH., LOG., INFORM. Symbole ou opérateur représentant l'intersection, le produit logique. *La fonction ET. — Et/ou*.*

■ HOM. Eh. Hé.

-ET, -ETTE ■ Suffixe diminutif, d'un latin populaire *-ittum, -ittam,* entrant dans la composition de noms propres (*Huguet* (VX), *Juliette, Pierrette*), de noms tirés d'un autre nom *(livret, fleurette)* ou d'un verbe *(frisette, sonnette),* d'adjectifs *(pauvret, simplet).*

ÊTA [ɛta] **n. m. inv.** – 1655 *eta* ◇ du latin d'origine grecque *eta* ■ Septième lettre de l'alphabet grec (Η, η). ■ HOM. poss. État.

ÉTABLE [etabl] **n. f.** – 1636 ; *estable* v. 1155 ◇ latin populaire *stabula* n. f. pl., de *stabulum* « lieu où l'on habite » ■ Lieu, bâtiment où on loge le bétail, les bovidés. ➤ **bouverie, vacherie ;** RÉGION. **écurie.** *Aménagement d'une étable* (➤ **crèche, litière, mangeoire, râtelier**). *Séjour* (➤ **stabulation**), *engraissement du bétail à l'étable. Traite à l'étable.*

1 **ÉTABLI** [etabli] **n. m.** – XVe ; *establie* n. f. du XIIIe au XVIe ◇ du p. p. de *e(s)tablir* ■ Table massive sur laquelle on dispose, on fixe la pièce, l'ouvrage à travailler. *Établi de menuisier. Équipement d'un établi* (étau, griffe, valet, râtelier, presse, coffre).

2 **ÉTABLI, IE** [etabli] **adj.** – de *établir* ■ **1** Installé. *« cet homme que l'on croyait solidement établi dans le pays »* LOTI. — Solide, stable. *Une réputation bien établie,* bien assise. ◆ Stable, durable. *Usage, préjugé établi.* ➤ **enraciné, solide.** — *Vérité établie,* démontrée. ➤ **avéré, certain, sûr.** *C'est un fait établi.* ■ **2** En place. *Le gouvernement établi,* au pouvoir. *Les institutions, les lois, les coutumes établies, l'ordre établi,* en vigueur. ➤ **establishment.** *Il est surprenant « que l'ordre établi, avec ses rapports de domination, ses droits et ses passe-droits, ses privilèges et ses injustices, se perpétue en définitive aussi facilement »* BOURDIEU. *« les mécontents cherchaient par des conspirations à renverser l'ordre établi »* RENAN. ■ CONTR. Fragile, 1 incertain, menacé. Renversé.

ÉTABLIR [etabliʀ] **v. tr.** ‹2› – fin XIe au sens militaire (I, 2°) ◇ du latin *stabilire,* de *stabilis* → stable

I (CONCRET) ■ **1** Mettre, faire tenir (une chose) dans un lieu et d'une manière stable. ➤ **asseoir, bâtir, construire, édifier, fixer, fonder, installer,** 1 **placer, poser.** *Établir un pont sur un fleuve. « Il commença par établir sur la berge une manière de chaussée »* FLAUBERT. *« Au milieu du salon, un laquais* [...] *achevait d'établir une grande table »* STENDHAL. *Établir une usine dans une ville.* ➤ **créer, fonder, implanter, monter.** — VIEILLI *Établir son domicile, sa résidence à Paris.* ➤ **fixer** (cf. ci-dessous, III, 1°). — *Établir des barrages de police sur une route.* ➤ **disposer.** ■ **2** (v. 1300) VIEILLI Mettre à demeure en un certain lieu (des personnes). *Dieu « commença d'établir un peuple sur la terre »* PASCAL. ◆ (fin XIe) MILIT. *Général qui établit ses quartiers d'hiver.* ■ **3** MAR. *Établir une voile,* la disposer convenablement pour obtenir un rendement maximal.

II (ABSTRAIT) ■ **1** (milieu XIIe) Mettre en vigueur, en application. ➤ **fonder, instaurer, instituer, organiser.** *Établir un gouvernement, une administration.* ➤ **constituer.** *Établir un impôt. « La Loi ne doit établir que des peines strictement et évidemment nécessaires »* (DÉCLARATION DES DROITS DE L'HOMME). ◆ *Établir l'ordre, la paix* (cf. Faire régner*). ◆ (1690) *Établir sa fortune, sa réputation sur qqch.* ➤ **asseoir, bâtir, édifier, fonder.** ■ **2** (XIIe) VIEILLI Placer (qqn) dans une situation, une fonction. ➤ **instituer, nommer.** *Établir qqn dans une charge.* ◆ (1680) VIEILLI Pourvoir (qqn) d'un emploi, d'une situation. ➤ FAM. **caser.** *Il a bien établi tous ses enfants.* ■ **3** (XIIe « indiquer, fixer ; décider ») Fonder sur des arguments solides, sur des preuves. *Établir sa démonstration sur des faits indiscutables.* ➤ **appuyer, baser, étayer.** — Faire apparaître comme vrai, donner pour certain. *Établir un fait, la réalité d'un fait.* ➤ **démontrer, montrer, prouver.** *Établir l'innocence d'un accusé. « L'esprit s'efforce d'établir un rapport, une liaison de cause à effet »* BAUDELAIRE. *Établir qu'une chose est possible.* — PAR EXT. *Établir un compte, un devis, une liste, une carte.* ➤ **dresser.** *Établir un texte.* ➤ **éditer.** ■ **4** Faire commencer (des relations). *Établir des relations diplomatiques avec un pays. Établir des liens d'amitié avec qqn.* ➤ **nouer.** — *Établir une communication téléphonique, une liaison entre deux ordinateurs.*

III S'ÉTABLIR v. pron. ■ **1** (1627) Fixer sa résidence (en un lieu). *Aller s'établir à Paris.* ➤ **habiter, s'installer.** *Elle s'est établie en province.* ◆ Prendre la profession de. Se fixer pour exercer sa profession. *S'établir comme hôtelier. Elle s'est établie à son compte.* ➤ **se mettre.** — *S'établir* **(et nom de métier).** ➤ 1 **devenir, se faire.** *« Autant s'établir épicier, ma parole d'honneur ! »* FLAUBERT. ◆ (XVIIe) VIEILLI ou RÉGION. Commencer à avoir une situation stable ; (jeune fille) se marier. *« Il n'y avait pas longtemps qu'elle s'était mariée et établie (comme disent les gens du peuple) »* MUSSET. ■ **2 S'ÉTABLIR** (et attribut) : s'instituer, se constituer, se poser en. *S'établir juge des actes d'autrui.* ■ **3** PASS. (XVIIe) Prendre naissance, s'instaurer. *Cette coutume s'est établie peu à peu.* — IMPERS. *« il s'établit entre elle et l'orchestre cette correspondance mystérieuse »* GREEN.

■ CONTR. Détruire, renverser ; déplacer. Abolir, supprimer. 1 Partir.

ÉTABLISSEMENT [etablismɑ̃] **n. m.** – fin XIIe ; « règle, loi » v. 1155 ◇ de *établir*

I ACTION, FAIT D'ÉTABLIR ■ **1** VIEILLI ou DIDACT. Action de fonder, d'établir. *L'établissement d'un empire. L'établissement d'un tribunal.* ➤ **création, constitution, érection, fondation, instauration, institution.** — MOD. *L'établissement d'une religion, d'un régime. L'établissement d'un impôt. « ces réminiscences du passé qui troublaient si profondément l'établissement d'un ordre nouveau »* RENAN. ◆ (CONCRET) VIEILLI Construction. *« Avant l'établissement du chemin de fer de Naples à Résina »* NERVAL. ■ **2** (1681) Action d'établir (des personnes), de s'établir (quelque part). *L'établissement de l'ennemi dans une position fortifiée.* ◆ Action de prendre pied dans un pays. *L'établissement des Français dans les Indes au XVIIe s.* ➤ **implantation.** ◆ (1635 « mariage ») VIEILLI Action de pourvoir d'une situation, d'une position sociale ; SPÉCIALT Mariage. *Je suis « toujours d'un caractère très jovial, ce qui peut me faciliter mon établissement si j'ai envie de me marier »* FLAUBERT. ■ **3** (avant 1678) Le fait d'établir (II, 3°, 4°). *L'établissement d'un fait. Procéder à l'établissement d'un devis.* ➤ **rédaction.** *Établissement d'un texte.* ➤ **édition.** — *Établissement d'une liaison entre un terminal et un ordinateur hôte.*

II LIEU OÙ EST ÉTABLI QQCH., QQN ■ **1** (1698) HIST. (AU PLUR.) Colonie, comptoir. *Les établissements français de l'Inde.* ■ **2** (1606, répandu XIXe) COUR. Ensemble des installations établies pour l'exploitation, le fonctionnement d'une entreprise (siège social, usine, atelier, dépôt). *Les grandes entreprises ont en général plusieurs établissements.* PAR EXT. Entreprise. *Établissement agricole, commercial, industriel.* ➤ **agence, atelier, boutique, bureau, comptoir, entreprise, exploitation, fabrique,** 2 **ferme, firme, fonds, industrie, magasin, maison, manufacture, usine.** *Les établissements X...* ➤ **entreprise, société.** ABRÉV. GRAPHIQUE *Ets. Ets DUPONT. Législation sur les établissements dangereux, insalubres ou incommodes. Établissement financier, bancaire, de crédit.* ➤ **banque.** — *Établissement scolaire.* ➤ **école ; collège, lycée ;** RÉGION. **athénée, cégep.** *« Cette école chrétienne* [...] *enseignait l'amour du prochain à coups de trique. C'est ce qu'on appelle un bon établissement »* A. JARDIN. *Chef d'établissement.* — *Établissement hospitalier.* ➤ **C. H. U., hôpital.** *Établissement thermal.* ➤ **thermes.** *Établissement pénitentiaire* (➤ **prison**). ◆ **ÉTABLISSEMENT PUBLIC :** en France, personne morale administrative chargée de gérer un service public. *Établissement public à caractère industriel et*

la grève se montre à nu» C. GALLAY.
■ HOM. Étal.

ÉTALEMENT [etalmɑ̃] n. m. – 1609 ; aussi «étalage» 1611 ◊ de 1étaler ■ **1** Action d'étaler (I, A, 2°, 3°) dans l'espace. *Étalement de papiers sur une table. Étalement d'un tas de fumier sur une terre.* ■ **2** COUR. Action d'étaler (I, C), de répartir dans le temps. *Étalement d'une réforme sur plusieurs années. Étalement des paiements.* ➤ **échelonnement.** *Étalement des vacances :* répartition des vacances scolaires par région, à des périodes différentes, afin d'encourager les départs échelonnés et d'allonger la saison hôtelière.

1**ÉTALER** [etale] v. tr. ⟨1⟩ – XIVe ◊ de *étal*

I ~ v. tr. **A.** (CONCRET) ■ **1** Exposer (des marchandises à vendre). ➤ **déballer.** *«le commis alla chercher des châles d'un prix inférieur ; mais il les étala solennellement»* BALZAC. ■ **2** (1798) Disposer de façon à faire occuper une grande surface notamment pour montrer (chaque objet, chaque partie). *Étaler des papiers devant qqn. — Étaler son jeu, ses cartes* (➤ **abattre**) : FIG. rendre claires ses intentions. — *Une vingtaine «de petites photographies, étalées sur la table comme un jeu de cartes»* ROMAINS. — *Étaler une carte routière, une pièce de tissu.* ➤ **déplier, déployer, dérouler.** *«Il avait acheté en gare l'*Humanité *qu'il étalait avec affectation devant le nez de son père»* ARAGON. ■ **3** (1829) Étendre sur une grande surface en une couche fine. *Étaler de la peinture sur une surface. Étaler du beurre sur du pain.* ➤ **tartiner.** *Étaler du gravier sur le goudron d'une route.* ➤ **épandre.** ■ **4** FAM. Faire tomber ; jeter à terre. *Il l'a étalé d'un coup de poing.* ➤ FAM. **étendre.** — FIG. *Se faire étaler à un examen :* échouer.

B. (ABSTRAIT) ■ **1** (1550) VX Faire voir, montrer avec solennité, splendeur. ➤ **déployer, exposer, montrer.** *«Par ce trait de magnificence Le prince à ses sujets étalait sa puissance»* LA FONTAINE. ♦ (CHOSES) LITTÉR. *«La nue étale au ciel ses pourpres et ses cuivres»* HUGO. ■ **2** MOD. Montrer, dévoiler. ➤ **exposer, révéler.** *Journal qui étale dans ses colonnes les détails scandaleux d'une affaire.* — Montrer avec excès, impudeur. *Étaler sa vie privée, ses secrets les plus intimes.* ■ **3** PÉJ. Faire parade de, déployer avec vanité, ostentation. ➤ **exhiber** (cf. Faire étalage*). *«on les voyait étaler un luxe insolent»* FLAUBERT. — *Étaler sa science, son érudition.*

C. (DANS LE TEMPS) (1932) Répartir dans le temps. *Étaler des paiements, des dépenses.* ➤ **échelonner.** *La réforme sera étalée sur plusieurs années. Étaler les vacances :* faire en sorte que tous les vacanciers ne partent pas en même temps (➤ **étalement**).

II ~ v. pron. **S'ÉTALER** ■ **1** (1819) (PASSIF) S'étendre, être étendu sur une surface. *Peinture, fard qui s'étale bien. «La ville s'étale dans la plaine»* MAUPASSANT. ■ **2** (1819) (PASSIF) Être montré sans retenue ou avec ostentation, affectation. ➤ **s'afficher.** *«la lâcheté la plus révoltante s'étale»* PÉGUY. ■ **3** (RÉFLÉCHI) Se montrer avec insistance, fatuité, impudeur. ➤ **s'afficher, s'exhiber, parader.** *S'étaler avec affectation, vanité. «[...] à m'étaler et à me raconter dégoûtamment»* CÉLINE. ■ **4** (RÉFLÉCHI) FAM. Prendre de la place en une posture abandonnée. ➤ **s'étendre ; s'avachir,** se **vautrer ;** RÉGION. **s'évacher.** *S'étaler au soleil sur la plage.* **p. p. adj.** *Étalé dans un hamac.* ♦ (1807) FAM. Tomber. *Il a trébuché et s'est étalé de tout son long.* ■ **5** S'étendre dans le temps. *Les paiements s'étalent sur trois mois.* ➤ **s'échelonner.** *Les départs s'étaleront sur plusieurs jours.*

■ CONTR. Remballer. Cacher, dissimuler, 1voiler. Empiler, entasser, plier, 1ranger, rouler.

2**ÉTALER** [etale] v. ⟨1⟩ – 1678 ◊ de *étale*

I v. tr. MAR. ■ **1** *Étaler la marée :* mouiller sur place en attendant la marée contraire. ■ **2** (XIXe) *Étaler une voie d'eau :* empêcher l'eau de monter, la rendre étale. ■ **3** Résister à. *Étaler le vent, le courant.*

II v. intr. MAR. Devenir étale. *La mer, la marée étale.*

ÉTALEUSE [etaløz] n. f. – 1901 ◊ de 1étaler ■ TECHN. Machine servant à étaler le coton, la laine, le lin en nappes. ➤ **étalage** (5°).

ÉTALIER, IÈRE [etalje, jɛʀ] n. – 1260 ◊ de *étal* ■ VIEILLI Personne qui tient un étal de boucherie. APPOS. *Garçon étalier,* employé à l'étal d'un boucher.

ÉTALINGUER [etalɛ̃ge] v. tr. ⟨1⟩ – 1691 ; *talinguer* 1643 ◊ néerlandais *stag-lijn* «ligne d'étai» ■ MAR. Amarrer (un câble) à l'organeau d'une ancre. *Étalinguer une chaîne :* réunir une chaîne à la manille d'une ancre.

ÉTALINGURE [etalɛ̃gyʀ] n. f. – 1756 ◊ de *étalinguer* ■ MAR. Fixation d'un câble sur une ancre. *Nœud d'étalingure :* fixation d'une chaîne d'ancre dans le puits aux chaînes.

1**ÉTALON** [etalɔ̃] n. m. – 1680 ; *estalon* v. 1211 ◊ francique *°stal(l)o,* de *°stal* «écurie» ■ Cheval entier destiné à la reproduction (opposé à *hongre*). *Étalon pur-sang, demi-sang. Étalon arabe, anglo-arabe. «Je le prends au haras, fier étalon, vigoureux, découplé, l'œil ardent, frappant la terre»* BEAUMARCHAIS. ♦ PAR EXT. Reproducteur mâle d'une espèce domestique. APPOS. *Âne étalon.* ➤ **baudet.** *Bélier étalon ; taureaux étalons.* ♦ PAR ANAL. ARBOR. *Arbre-étalon :* arbre sélectionné sur lequel on prélève des greffons. *Des arbres-étalons.*

2**ÉTALON** [etalɔ̃] n. m. – 1606 ; *estalon, estelon* 1180 ◊ d'abord mot picard ; cf. ancien picard *estel* «poteau» ; francique *°stalo*

I TECHN. ■ **1** Cheville reliant deux pièces de bois enchâssées dans des mortaises. ■ **2** Baliveau de l'âge de la dernière coupe.

II (1322) COUR. ■ **1** Modèle légal de définition d'une unité de mesure ; représentation matérielle d'une unité de mesure. *Étalons de longueur : étalons géodésiques, étalons industriels* (➤ **calibre**). *Étalon de masse. Étalon de temps, de température.* APPOS. *Mètre étalon ; kilogramme étalon. Vérifier un instrument, une mesure à l'aide d'un étalon.* ➤ **étalonner.** *Étalon primaire, secondaire.* ♦ APPOS. Instrument, appareil de mesure dont la graduation a été établie d'après des étalons. *Balance étalon. Des poids étalons.* ■ **2** FIG. ➤ **archétype, modèle, référence, type.** *«c'est une idée commune d'en avoir fait* [de Judas]*, par la laideur, l'étalon invariable de la scélératesse»* SUARÈS. ♦ SOCIOL. APPOS. *Groupe étalon :* servant aux tests destinés à définir des normes. ■ **3** ÉCON. Matière, marchandise ou monnaie servant de référence pour mesurer conventionnellement la richesse, les valeurs. *Étalon monétaire :* métal sur lequel est fondée la valeur d'une monnaie (➤ **bimétallisme, monométallisme ; amétallique**). ♦ *Système d'étalon-or,* assurant la convertibilité interne et externe par référence à l'or. PAR EXT. Système monétaire international faisant référence à l'étalon-or par des convertibilités partielles : billets convertibles en lingots *(étalon lingot or)* ; convertibilité externe des devises en or *(étalon de change or).*

ÉTALONNAGE [etalɔnaʒ] n. m. – *estalonnage* 1458 ◊ de *étalonner* ■ Action d'étalonner (une mesure, un appareil). ➤ **calibrage.** CHIM. *Dosage par étalonnage,* en comparant un résultat de mesure à celui obtenu en ajoutant une quantité connue du produit à doser. — On dit aussi **ÉTALONNEMENT,** 1540.

ÉTALONNER [etalɔne] v. tr. ⟨1⟩ – *estalonner* 1390 ◊ de 2*étalon* ■ **1** Vérifier (une mesure) par comparaison avec un étalon. — *Mesure étalonnée par un vérificateur des poids et mesures.* — PAR EXT. *Étalonner son pas.* ■ **2** Graduer (un instrument) conformément à l'étalon. ■ **3** *Étalonner un test,* l'appliquer à un groupe de référence (pour lui attribuer une valeur chiffrée).

ÉTAMAGE [etamaʒ] n. m. – 1743 ◊ de *étamer* ■ **1** Action d'étamer ; opération par laquelle on étame. *Étamage du cuivre,* au moyen d'un alliage de plomb et d'étain, fondu et étalé. *Étamage industriel des tôles de fer, des épingles,* par immersion dans un bain d'étain fondu ou une solution de chlorure d'étain. ♦ *Étamage des glaces, des globes de verre.* ■ **2** État d'un métal, d'un ustensile étamé. *Un étamage usé.*

ÉTAMBOT [etɑ̃bo] n. m. – 1691 ; *estambor* 1573 ◊ scandinave *°stafnbord* «planche de l'étrave» ■ MAR. Pièce de construction qui, continuant la quille, s'élève à l'arrière du navire et porte le gouvernail. *Lunette d'étambot :* passage ménagé à l'arbre d'hélice. — *Faux étambot :* pièce qui double en dehors et renforce l'étambot.

ÉTAMBRAI [etɑ̃bʀɛ] n. m. – *estambrais* 1637 ; *tambroiz* 1382 ◊ p.-ê. anglais *timber* «bois de charpente» ■ MAR. Renfort servant de soubassement à un appareil ou destiné à étayer un mât.

ÉTAMER [etame] v. tr. ⟨1⟩ – 1636 ; *s'estamer* v. 1245 ◊ de *estaim, estain* → étain ■ **1** Recouvrir (un métal) d'une couche d'étain. *On étame le cuivre, la tôle* (➤ **fer-blanc**), *la fonte. Faire étamer une casserole.* — **p. p. adj.** *Cuivre étamé.* ■ **2** (1690) Recouvrir la face interne de (une glace) d'un amalgame d'étain et de mercure (➤ **tain**). **p. p. adj.** *Miroir étamé.*

ÉTAMEUR [etamœʀ] n. m. – *estameur* 1723 ◊ de *étamer* ■ Celui dont le métier est d'étamer. APPOS. *Artisan, ouvrier étameur.*

1 **ÉTAMINE** [etamin] **n. f.** – 1636 ; *estamine* XIIe ◊ latin populaire *staminea*, de *stamen* «fil» ■ **1** Petite étoffe mince, légère, non croisée. *Étamine de soie, de fil. Étamine de laine,* faite avec de la laine peignée et non feutrée. *Châle en étamine.* ■ **2** (v. 1260) Tissu peu serré de crin, de soie, de fil qui sert à cribler ou à filtrer. *Passer une farine, une poudre, un liquide à l'étamine.*

2 **ÉTAMINE** [etamin] **n. f.** – avant 1690 ◊ latin *stamina*, plur. de *stamen*, d'après 1 étamine ■ Chez les plantes phanérogames, Élément de la partie mâle de la fleur (➤ **androcée**). *Les étamines des angiospermes sont constituées d'un filet* et d'une anthère* où est produit le pollen.*

ÉTAMPAGE [etɑ̃paʒ] **n. m.** – 1845 ; var. de *estampage* ◊ de *étamper* ■ TECHN. Travail à l'étampe.

ÉTAMPE [etɑ̃p] **n. f.** – 1755 ; «cachet imprimant une marque» 1260 ◊ var. de *estampe*, de *étamper* ■ TECHN. ■ **1** Outil (poinçon, outil à emboutir, etc.) servant à imprimer une marque sur une surface. ■ **2** (1391 *estampe*) Matrice en acier pour produire des empreintes sur les métaux.

ÉTAMPER [etɑ̃pe] **v. tr.** ⟨1⟩ – 1678 ; *estamper* «écraser» v. 1190 ◊ var. de *estamper* ■ TECHN. ■ **1** *Étamper un fer à cheval,* y percer les trous. *«Le petit ouvrier saisit avec la main le fer rougi [...], l'aplatit, l'arrondit et l'étampe»* MISTRAL. **p. p. adj.** *Fer étampé.* ■ **2** Travailler à l'étampe. ➤ **estamper.**

ÉTAMPERCHE [etɑ̃pɛʀʃ] **n. f.** – *estamperche* 1458 ◊ de *estant*, de *ester* «tenir debout», du latin *stare* et *perche* ■ Longue perche servant à soutenir un échafaudage. ➤ **écoperche.** — On écrit aussi *étemperche.*

ÉTAMPEUR, EUSE [etɑ̃pœʀ, øz] **n.** – 1838 ◊ var. de *estampeur*, de *étamper* ■ TECHN. Personne qui étampe. ➤ **estampeur.**

ÉTAMPURE [etɑ̃pyʀ] **n. f.** – *estampure* 1755 ◊ de *étamper* ■ TECHN. ■ **1** Chacun des trous d'un fer à cheval. ■ **2** (1838) Évasement d'un trou percé dans une plaque de métal.

ÉTAMURE [etamyʀ] **n. f.** – 1701 ; *estimure* 1508 ◊ de *étamer* ■ TECHN. Matière qui sert à étamer. ◆ Couche d'alliage qui couvre un vase étamé. *L'étamure est bien mince.*

ÉTANCHE [etɑ̃ʃ] **adj.** et **n. f.** – 1690 ; *(plaie) estanche* «qui ne saigne plus» XIIe ◊ de *estanch(i)er* → étancher

I **adj.** Qui ne laisse pas passer les fluides, ne fuit pas. *Un tonneau étanche. Toiture étanche.* ➤ **imperméable.** *Récipient étanche.* ➤ **hermétique.** *Montre étanche.* ➤ **waterproof** (ANGLIC.). *Navire, embarcation étanche,* qui a une coque bien jointe, ne faisant pas eau. *Compartiments étanches.* ◆ **CLOISON ÉTANCHE,** résistant à la pression extérieure de l'eau ; (1875) FIG. séparation absolue. *Cloisons étanches entre des sciences, des classes sociales. «une cloison étanche empêchait la moindre infiltration des idées modernes de se faire dans le sanctuaire réservé de son cœur»* RENAN.

II **n. f.** (1694) MAR. **À ÉTANCHE.** De manière à ne pas laisser pénétrer l'eau. *Mettre un batardeau à étanche.*

■ CONTR. (du I) Perméable.

ÉTANCHÉITÉ [etɑ̃ʃeite] **n. f.** – 1865 ◊ de *étanche* ■ Caractère de ce qui est étanche. *Vérifier l'étanchéité d'un réservoir, d'une montre. Revêtement d'étanchéité.*

ÉTANCHEMENT [etɑ̃ʃmɑ̃] **n. m.** – 1636 ; *estanchement* fin XIIIe ◊ de *étancher* ■ RARE Action d'étancher. *L'étanchement du sang d'une plaie. L'étanchement de la soif.*

ÉTANCHER [etɑ̃ʃe] **v. tr.** ⟨1⟩ – XVIe ; *estanchier* début XIIe ◊ p.-ê. du bas latin °*stanticare*, de *stans*, p. prés. de *stare* → étang ■ **1** Arrêter (un liquide) dans son écoulement. ➤ **éponger.** *Étancher le sang qui coule d'une plaie. Étancher une source, une eau souterraine* (➤ **assécher**). — MAR. *Étancher une voie d'eau.* ➤ **aveugler,** 1 **boucher.** — *Étancher les larmes,* les faire cesser (➤ **sécher**) ; FIG. consoler. ◆ (1258) *Étancher la soif,* l'apaiser. ➤ 1 **boire,** se **désaltérer.** **p. p. adj.** *«Les plus douces joies de mes sens Ont été des soifs étanchées»* GIDE. ■ **2** TECHN. Rendre étanche. *Étancher une citerne. Coutures étanchées.* MAR. *Étancher un compartiment,* soit en le rendant imperméable par le calfatage, soit en l'asséchant.

ÉTANÇON [etɑ̃sɔ̃] **n. m.** – 1671 ; *estançon* 1196 ◊ de *estant*, p. prés. de l'ancien français *ester* → étage ■ TECHN. Grosse pièce de bois, de métal qu'on place le plus verticalement possible pour soutenir qqch. ➤ **béquille, contrefort,** 2 **étai.** *Placer des étançons contre un mur qu'on reprend en sous-œuvre. Soutenir à l'aide d'étançons un navire échoué.*

ÉTANÇONNEMENT [etɑ̃sɔnmɑ̃] **n. m.** – 1660 ; *estanchonnement* 1396 ◊ de *étançonner* ■ TECHN. Action d'étançonner. *Étançonnement d'un mur.* ➤ **soutènement.**

ÉTANÇONNER [etɑ̃sɔne] **v. tr.** ⟨1⟩ – 1671 ; *estançoner* v. 1195 ◊ de *étançon* ■ TECHN. Soutenir à l'aide d'étançons. ➤ **consolider, étayer.** *Étançonner une muraille, une statue. «le pin de la Saint-Jean, debout entre les pals qui l'étançonnent»* TAILHADE.

ÉTANG [etɑ̃] **n. m.** – v. 1460 ; *estang* v. 1380 ; *estanc* 1140 ◊ de *estanchier* «arrêter l'eau» → étancher ; cf. provençal *estank*, latin *stagnum* ■ Étendue d'eau reposant dans une cuvette à fond imperméable et généralement moins vaste, moins profonde que le lac. ➤ **bassin, lac, mare, réservoir ;** RÉGION. **gouille.** *Étangs naturels et étangs artificiels* (cf. Pièce* d'eau). *Nénuphars, joncs, roseaux qui poussent dans les étangs. Assécher, curer un étang. La chaussée, les rives, le déversoir* d'un étang. Étang poissonneux. — Étang salé qui communique avec la mer.* ➤ **lagune.** *L'étang de Berre.* ■ HOM. Étant.

ÉTANT [etɑ̃] **n. m.** – v. 1960 ◊ de *être* ■ PHILOS. L'être en tant que phénomène. *«l'étant marque la convergence des ayant été»* LACAN. ■ HOM. Étang.

ÉTAPE [etap] **n. f.** – *estappe* 1396 ◊ altération de *estaple* (1272) ; moyen néerlandais *stapel* «entrepôt»

I ANCIENNT Marché, lieu où les marchands apportaient et vendaient leurs marchandises. PAR EXT. Ville de commerce, comptoir. *«les Barbares obligèrent les Romains d'établir des étapes, et de commercer avec eux»* MONTESQUIEU. ◆ Magasin, entrepôt où l'on mettait les vivres destinés aux troupes de passage.

II MOD. ■ **1** (1766) Lieu où s'arrête un voyageur avant de reprendre sa route (➤ aussi **escale**) ; lieu de cantonnement des troupes. ➤ **halte.** *Arriver à l'étape.* LOC. *Faire étape dans une ville,* s'y arrêter. APPOS. *Les villes étapes d'un circuit.* — MILIT. *Zone des étapes d'une armée en campagne.* ➤ 2 **arrière.** ◆ SPORT *Les étapes du Tour de France :* les villes où les coureurs se reposent entre deux courses. ◆ *Brûler l'étape :* ne pas s'arrêter à l'étape prévue (troupes, voyageurs). LOC. FIG. **BRÛLER LES ÉTAPES :** aller plus vite que prévu, ne pas s'arrêter dans un progrès. ■ **2** PAR EXT. Distance parcourue ou à parcourir entre deux lieux d'arrêt. *Parcourir une longue étape.* ➤ **route.** *«Nous allions par petites étapes, suivant un itinéraire capricieux»* DUHAMEL. *Faire une longue route en une seule étape.* ◆ SPORT (CYCLISME) *Course par étapes. Le vainqueur de la première étape. Remporter l'étape. Étape de montagne. L'étape du Tourmalet. Étape contre la montre.* — (AUTOM.) *Premier au classement par étapes.* ■ **3** FIG. *Les étapes de la vie, de la civilisation.* ➤ **époque, période, phase.** *«Une étape de leur vie finissait avec ce jour»* LOTI. *«la parole ne fait que jalonner de loin en loin les principales étapes du mouvement de la pensée»* BERGSON. *Perfectionner une chose par étapes.* ➤ **degré, palier.** *Une première étape vers un but ; l'une des étapes qui conduisent à.* ➤ 1 **pas.** *Constituer, marquer une étape dans une vie.* ➤ **jalon.**

ÉTARQUER [etaʀke] **v. tr.** ⟨1⟩ – 1773 ; *esterquer* hapax XVIIe ◊ moyen néerlandais *sterken* «raidir» ■ MAR. Hisser et tendre le plus possible. *Étarquer une voile.* — **p. p. adj.** *Drisse étarquée.*

ÉTASUNIEN, IENNE ➤ **ÉTATS-UNIEN**

ÉTAT [eta] **n. m.** – début XIIIe ◊ du latin *status* «posture, pose», «position, état», «forme de gouvernement» et «statut», de *stare* «se tenir debout», «stationner» et «tenir bon»

I **MANIÈRE D'ÊTRE (D'UNE PERSONNE OU D'UNE CHOSE), CONSIDÉRÉE DANS CE QU'ELLE A DE DURABLE** (opposé à *devenir*). *Un état durable, permanent, stable ; momentané. Les états successifs d'une chose, d'une évolution* (➤ **degré, étape**). — LING. *Verbe d'état,* exprimant l'existence ou la manière d'être du sujet (opposé à *verbe d'action*). ■ **1** Manière d'être (physique, intellectuelle, morale) d'un être vivant. ◆ (Physique) *État de santé* (aussi *état,* avec possessif ou complément en *de*). *Son état empire, s'aggrave, est stationnaire. «son état est tel, que je m'étonne qu'elle n'y ait pas déjà succombé»* LACLOS. — *État de veille ; de sommeil.* — **ÉTAT GÉNÉRAL** *d'une personne :* son état de santé considéré dans son ensemble. *L'état général du malade s'est amélioré.* — **ÉTAT DE CHOC :** abattement physique à la suite d'un traumatisme, d'une opération chirurgicale, d'une anesthésie. *Le blessé est en état de choc* (➤ **déchoquage**). — PAR EXT. *En état de choc :* sous le coup d'une grande émotion. — (Avec *dans, en*...). *Conduite en état d'ivresse. Le blessé est dans un état grave, désespéré. Il est dans un piteux état.* — (Apparence physique) *Ses agresseurs l'ont mis dans un triste état.* ◆ (Moral) *État d'anxiété, d'inquiétude, d'indifférence, de repos* (➤ 1 **calme**). — (Avec *dans*...). *Ne pas être* *dans son état normal. Être dans un état second*. Elle était dans un drôle d'état. Ne vous mettez pas dans un état pareil !* LOC. *Être dans tous ses états,* très agité, affolé. FIG. *Dans tous (ses, leurs) états :* de toutes les façons, sous tous ses aspects. — THÉOL. *Être en état de péché mortel, en état de grâce*.* ◆ **ÉTAT D'ESPRIT :** disposition particulière de l'esprit. *Il a un curieux état d'esprit.* ➤ **mentalité.** — **ÉTAT D'ÂME :** disposition des sentiments. ➤ **humeur.** *« cette sorte de roman qui s'interdit, dans l'ordre des états d'âme, le rêve, la rêverie, les pressentiments »* PAULHAN. (Souvent péj.) *Avoir des états d'âme,* des scrupules moraux, des réactions affectives incontrôlées. *Vos états d'âme ne m'intéressent pas.* — PSYCHOL. **ÉTAT DE CONSCIENCE :** tout fait psychique conscient (sensation, sentiment, volition). ▪ **2** Situation. *État malheureux.* ➤ **condition, destin, sort.** DR. *État d'accusation, d'arrestation. Il a agi en état de légitime défense.* ◆ LOC. **EN ÉTAT DE** (et inf.). ➤ **capable, mesure** (en mesure de). *Être, ne pas être en état de* (et inf.). ➤ 1 **pouvoir.** *Je ne suis pas en état de le recevoir.* ➤ **disposé,** 1 **prêt.** — **HORS D'ÉTAT DE** (et inf.). ➤ **incapable.** *Être hors d'état de faire qqch. Mettre un adversaire hors d'état de nuire.* ▪ **3** (début XIIIe) Manière d'être d'une chose (surtout dans des expressions). *Le mauvais état de l'économie* (➤ **délabrement ;** FAM. **déglingue**). *L'état de ses finances ne lui permet pas une telle dépense.* — (1577) **EN** *(bon, mauvais)* **ÉTAT, DANS** *(tel ou tel)* **ÉTAT.** *Livres d'occasion en bon état. Véhicule en état de marche. Avoir les dents en mauvais état.* — ABSOLT *En état :* dans son état normal, en bon état. *Mettre en état.* ➤ 1 **point** (au point) ; **préparer.** *Remettre en état.* ➤ **réparer.** — *En l'état :* tel quel, sans changement. *Laisser les choses en l'état. Tout est resté en l'état.* ◆ **À L'ÉTAT** (et adj.) ; **À L'ÉTAT DE.** *Souvenir à l'état latent. À l'état neuf. Animal qui retourne à l'état sauvage. À l'état de projet.* ◆ (v. 1800) **ÉTAT DE CHOSES.** ➤ **circonstance, conjoncture, situation.** *Dans cet état de choses* (cf. Dans ces conditions ; en l'occurrence ; du train* où vont les choses). *Un état de choses anormal. Cet état de choses ne saurait durer.* — *État de fait :* situation de fait. — *État de paix ; état de guerre, d'alerte, de siège. « Quand tous se battent contre tous, il n'y a pas état de guerre, mais violence, crise pure et déchaînée »* M. SERRES. ▪ **4** DIDACT. ou DR. Ensemble des caractères (d'un objet de pensée, d'un ensemble abstrait). *L'état de la science. Dans l'état actuel de nos connaissances. « chaque branche de nos connaissances passe successivement par trois états théoriques différents : l'état théologique ou fictif, l'état métaphysique ou abstrait, l'état scientifique ou positif »* COMTE. *Dans l'état, en l'état actuel des choses,* actuellement. ◆ (1748) **L'ÉTAT DE LA QUESTION,** la façon dont elle se présente au moment où on la considère. *Exposer l'état, le dernier état de la question.* ◆ DR. *État d'une affaire, d'une cause. Affaire, cause en état,* assez instruite pour être jugée. — *État de cause :* état d'avancement d'une instance judiciaire. LOC. COUR. **EN TOUT ÉTAT DE CAUSE :** dans tous les cas, n'importe comment. ➤ **toujours.** *En tout état de cause, méfiez-vous. « En tout état de cause, un dénonciateur qui se cache joue un rôle odieux »* ROUSSEAU. ▪ **5** (XVIIIe) SC. Manière d'être (des corps), résultant de la plus ou moins grande cohésion de leurs molécules. *État solide, liquide, gazeux. État critique d'un corps :* état d'un corps qui se trouve à sa température et à sa pression critiques (limite entre l'état liquide et l'état gazeux). *Changement d'état.* ➤ **phase ; condensation, fusion, liquéfaction, solidification, sublimation, vaporisation.** *État de référence* ou *état standard :* état d'un système à la même température que le système étudié mais qui en diffère par un autre paramètre, pression ou concentration. *Variable d'état :* grandeur qui caractérise un système (ex. température, volume, pression) et ne dépend pas de la manière dont ce système a été réalisé. *État initial, état final d'un système de corps,* dans une réaction thermodynamique. *État quantique stationnaire,* auquel correspond une valeur déterminée de l'énergie. *État lié :* état d'une particule qui fait partie d'un noyau, d'un atome, d'une molécule. *État virtuel :* état quantique éphémère par lequel passe un système sans satisfaire à la conservation de l'énergie. — (1852) *État naissant :* état d'un élément qui se dégage d'une combinaison. — *Corps à l'état pur*.* ◆ MÉTÉOROL. *État du ciel, de la mer.* ▪ **6** AUTOMAT. Valeur prise par une variable discrète (➤ **binaire**). *L'état zéro, un. Circuit (à) trois états :* circuit numérique dont la sortie peut être placée dans un mode actif, délivrant une information binaire, ou dans un mode inactif équivalant à une déconnexion de la sortie. — PAR EXT. Ensemble des valeurs caractérisant un processus. *L'état d'un système, d'un automate.* ▪ **7** (1864) ARTS *États successifs d'une gravure :* condition d'une planche gravée aux différents stades qui précèdent son achèvement. *État de tirage. Suite en trois états.* ▪ **8** (1554) **FAIRE ÉTAT DE...** VX Agir comme. *Faire état de chef.* — VIEILLI Compter sur. *« Faites état de moi, Monsieur, comme du plus chaud de vos amis »* MOLIÈRE. — Estimer, faire cas de. ◆ MOD. Tenir compte de ; s'appuyer sur, mettre en avant, rapporter. ➤ **mention.** *Faire état d'un document.* ➤ **citer.** *Ne faites pas état de ce que je viens de vous dire :* n'en parlez pas. ▪ **9** (1467) Écrit qui constate, décrit un fait, une situation à un moment donné. ➤ **compte rendu, description, exposé,** 2 **mémoire ; bordereau, bulletin, inventaire,** 2 **liste, note, statistique, tableau.** *État comparatif, descriptif. État nominatif. États de service d'un fonctionnaire,* liste des fonctions qu'il a occupées. *États de marchandises expédiées par voie maritime.* ➤ **connaissement,** 1 **reçu.** *État de compte, de dettes, de frais.* ➤ **bilan,** 2 **facture.** *Dresser un état.* ◆ DR. *État de frais :* relevé des sommes dues à un officier ministériel à l'occasion d'actes de son ministère. — *État de situation :* exposé de l'état de fortune d'une personne. — **ÉTAT DES LIEUX :** description d'un immeuble, d'un appartement, indiquant l'état de conservation de chacune de ses parties. ➤ **inventaire.** *Établir un état des lieux avant l'emménagement d'un locataire.* — *État des inscriptions :* copie des inscriptions de privilèges ou d'hypothèques subsistant sur les registres de la conservation.

II SITUATION, MANIÈRE D'ÊTRE D'UNE PERSONNE DANS LA SOCIÉTÉ ▪ **1** (fin XIIIe) VIEILLI Situation dans la société, résultant de la profession, de la fortune, du mode de vie. ➤ **condition, position.** *« D'où vient que personne en la vie N'est satisfait de son état ? »* LA FONTAINE. — *Remplir les devoirs de son état. Devoir d'état.* — THÉOL. *Grâce* d'état.* — VX Condition élevée ; situation sociale éminente. *« on ne parle que de ces gens-là, gens sans état, qui n'ont point de maison »* CHAMFORT. — VX ➤ **métier, profession.** *Prendre un état.* — **DE SON ÉTAT :** de son métier. *Il est avocat de son état.* ▪ **2** (1549) DR. Ensemble de qualités inhérentes à la personne, auxquelles la loi civile attache des effets juridiques. ➤ 3 **droit.** *L'état de sujet français.* ➤ **nationalité.** *État d'époux, de parent, d'allié. État personnel.* ➤ **âge, sexe.** *Preuves de l'état :* actes de l'état civil. ◆ (1756) **ÉTAT CIVIL :** mode de constatation des principaux faits relatifs à l'état des personnes ; service public chargé de dresser les actes constatant ces faits. *Actes* d'état civil.* ➤ **adoption, décès, divorce, légitimation, mariage, naissance.** *Registre d'état civil,* sur lequel sont dressés les actes. *Officier de l'état civil :* fonctionnaire chargé de l'état civil (en principe le maire ou un adjoint). ▪ **3** (fin XIVe) HIST. Condition politique et sociale en France, sous l'Ancien Régime. *La notion de classe a remplacé celle d'état. Les trois états :* le clergé, la noblesse et les roturiers. ➤ **ordre.** — (1375) **LE TIERS ÉTAT** [tjɛʀzeta] : troisième état comprenant ceux qui ne sont ni de la noblesse ni du clergé. *La classe moyenne* (➤ **bourgeoisie**), *les artisans et les paysans composaient le tiers état. Députés du tiers état,* ELLIPT *du tiers. « Ainsi, qu'est-ce que le tiers ? tout, mais un tout entravé et opprimé »* SIEYÈS. ◆ *Les états :* les députés, représentants des trois ordres ; assemblée formée de ces représentants. *Réunir les états. États provinciaux :* assemblée des trois ordres d'une province. *Pays d'états :* provinces tardivement réunies à la couronne et qui avaient encore une assemblée des trois états, au XVIIIe s. *Les pays d'états s'opposaient aux pays d'élection et aux pays d'imposition.* — (1606) **ÉTATS GÉNÉRAUX :** HIST. assemblée issue des cours plénières, convoquée par le roi pour donner des avis ou voter des subsides. *Marie de Médicis réunit les états généraux en 1614. « La convocation des états généraux de 1789 est l'ère véritable de la naissance du peuple. Elle appela le peuple entier à l'exercice de ses droits »* MICHELET. COUR. Réunion des acteurs d'un secteur pour débattre d'un sujet, émettre des propositions. *Les états généraux de la presse, de la bioéthique.*

III MANIÈRE D'ÊTRE D'UN GROUPEMENT HUMAIN A. FORME DE GOUVERNEMENT, RÉGIME POLITIQUE ET SOCIAL (1640) VIEILLI *L'état démocratique* (➤ **démocratie**), *monarchique* (➤ **monarchie**), *tyrannique* (➤ **dictature, tyrannie**). *« Le pire des États, c'est l'État populaire »* CORNEILLE. *« Le plus mauvais état social [...], c'est l'état théocratique »* RENAN (➤ **théocratie**). Au sens large (XVIIIe) *État de nature, état naturel :* état supposé de l'être humain avant toute vie sociale (dans les anciennes théories de Hobbes, J.-J. Rousseau, etc.).

B. L'ÉTAT. AUTORITÉ SOUVERAINE (début XVIe) MOD. Autorité souveraine s'exerçant sur l'ensemble d'un peuple et d'un territoire déterminés. *L'État et la nation*, et la société*, et le pays*. « L'État est un être énorme, terrible, débile. Cyclope d'une puissance et d'une maladresse insignes, enfant monstrueux de la Force et du Droit »* VALÉRY. *Les affaires de l'État* (➤ 1 et 2 **politique**). *Administration des affaires de l'État.* ➤ **administration, gouvernement.** *Enseignement d'État et enseignement* *privé. École d'État.* ➤ **public.** — *Défense de l'État* : défense nationale. *Sûreté de l'État. Servir l'État. Doctrines sur l'État.* ➤ **dirigisme, étatisme ; individualisme, libéralisme.** *Socialisme d'État. « Toutes les révolutions modernes ont abouti à un renforcement de l'État »* CAMUS. — *Séparation de l'Église et de l'État. Religion d'État. Laïcité de l'État. État libéral, démocratique ; totalitaire ; capitaliste, bourgeois ; prolétarien, socialiste.* ◆ **CHEF D'ÉTAT :** personne qui exerce l'autorité souveraine dans un pays. *Femme chef d'État. Des chefs d'État. Le chef de l'État. Ministre, secrétaire d'État. Conseil* d'État. Affaire d'État,* qui concerne l'État ; FIG. (IRON.) affaire que l'on traite comme si elle était de la plus haute importance. *N'en faites pas une affaire d'État !* — **HOMME, FEMME D'ÉTAT :** personne qui a une charge, un rôle dans l'État, le gouvernement. ➤ **politicien, 1 politique** (homme, femme politique). PAR EXT. Personne qui a des aptitudes particulières pour gérer les grandes affaires de l'État, diriger le gouvernement. *C'est un bon administrateur, mais pas un homme d'État.* — *Crime d'État* : tentative pour renverser les pouvoirs établis. *« Et d'un mot innocent faire un crime d'État »* BOILEAU. — **COUP D'ÉTAT :** conquête ou tentative de conquête du pouvoir par des moyens illégaux, inconstitutionnels. ➤ **pronunciamiento, putsch.** *Le coup d'État du 18 Brumaire* (1799), par lequel Bonaparte s'empara du pouvoir. *« Le coup d'État était cuirassé, la République était nue »* HUGO. *Tentative de coup d'État.* FIG. Action brusque, violente, contre un ordre de choses établi. — (1585 ◇ calque de l'italien *ragione di stato* [1583]) **RAISON D'ÉTAT :** considération d'intérêt public que l'on invoque pour justifier une action illégale, injuste en matière politique. *Léser des intérêts particuliers au nom de la raison d'État.* FIG. Prétexte, raison que l'on donne pour justifier une action. *« Ce que nous appelons la raison d'État, c'est la raison des bureaux »* FRANCE. — *Secret* d'État.* — ALLUS. HIST. *L'État, c'est moi,* phrase que Louis XIV aurait prononcée lors de la séance du parlement du 13 avril 1655, considérée comme la devise du pouvoir absolu. — LOC. **ÉTAT DANS L'ÉTAT :** groupement, parti qui acquiert une certaine autonomie au sein d'un État, échappe plus ou moins à l'autorité gouvernementale. *Dans ce pays, la presse, l'armée forment un État dans l'État.*

C. L'ÉTAT Ensemble des services généraux d'une nation, par opposition aux pouvoirs et aux services locaux. ➤ **gouvernement, 2 pouvoir** (central) ; **administration, service** (public). *On oppose l'État aux communautés locales* (département, commune). *État centralisé, décentralisé. Agent de l'État* (➤ **fonctionnaire**). *L'appareil d'État* (➤ **étatique**). — *Les finances de l'État. Dépenses de l'État* : dépenses publiques. *Budget de l'État. Impôt d'État* (opposé à *impôts locaux*). — *Voyager aux frais de l'État* (cf. FAM. Aux frais de la princesse*). — *Activités économiques de l'État.* ➤ **office, régie** (cf. Établissement* public, service* public, société* nationale). *Travaux financés à 40 % par l'État. Biens de l'État ; domaine* de l'État. Entreprise, industrie, monopole d'État* (➤ **étatiser**). *Banque d'État, contrôlée par l'État* (➤ **nationaliser**). *Capitalisme d'État.* ◆ (Élément de composés) *L'État-patron* : l'État en tant qu'employeur. *L'État-providence* (cf. Sécurité* sociale).

D. UN ÉTAT. GROUPEMENT HUMAIN FIXÉ SUR UN TERRITOIRE Groupe humain déterminé soumis à une même autorité et pouvant être considéré comme une personne morale. ➤ **empire, nation, 1 pays, puissance, république, royaume.** *Grands, petits États. Territoire, étendue, frontières d'un État. État tampon. Divisions territoriales d'un État* : provinces, régions. *« chaque État a ses lois, Qu'il tient de sa nature, ou qu'il change à son choix »* VOLTAIRE. — DR. INTERNAT. PUBL. *États à capacité internationale normale* : États souverains. *État unitaire,* centralisé ou décentralisé. *État fédéral*, fédératif. Fédération*, association d'États* (➤ **canton, land**) ; *États associés. L'U. R. S. S. était un État multinational. État protégé.* ➤ **protectorat.** *État sous mandat. État membre d'une communauté internationale* (cf. Société des Nations* ; Organisation des Nations* unies). — *Relations entre États* : affaires étrangères, diplomatie, relations internationales, politique extérieure, traité. — *Conflits entre États.* ➤ **guerre.** — *État-voyou*.* ◆ (Dans un nom d'État) *États pontificaux. L'État français* : régime de la France de 1940 à 1944. — (1776) **ÉTATS-UNIS D'AMÉRIQUE** (United States of America) **:** État fédéral d'Amérique du Nord, situé entre le Canada et le Mexique. ELLIPT *Les États-Unis. Habitant des États-Unis.* ➤ **américain, états-unien, nord-américain, yankee.**

■ CONTR. (du I) 2 Devenir, évolution. 1 Action (gramm.). ■ HOM. poss. Éta.

ÉTATIQUE [etatik] adj. – 1918 ◇ de *état* ■ Qui concerne l'État. *Appareil étatique,* d'État. *Le dirigisme étatique.*

ÉTATISATION [etatizasjɔ̃] n. f. – 1926 ◇ de *étatiser* ■ Système économique dans lequel l'État gère certains services à caractère industriel, commercial, agricole. ➤ **dirigisme** (cf. Socialisme* d'État). ◆ Action d'étatiser une entreprise. ➤ **nationalisation.** ■ CONTR. Privatisation.

ÉTATISER [etatize] v. tr. ⟨1⟩ – 1905 ◇ de *état* ■ Transformer en administration d'État ; faire gérer par l'État. *Étatiser une entreprise, une usine. Étatiser le commerce* (➤ aussi **collectiviser, nationaliser**). p. p. adj. *Entreprise étatisée.* ■ CONTR. Privatiser.

ÉTATISME [etatism] n. m. – v. 1880 ◇ de *état* ■ Doctrine politique préconisant l'extension du rôle, des attributions de l'État à toute la vie économique et sociale. ➤ **dirigisme, planification ; collectivisme, interventionnisme, socialisme** (d'État). ■ CONTR. Individualisme, libéralisme ; anarchisme.

ÉTATISTE [etatist] adj. et n. – 1902 ◇ de *étatisme* ■ Relatif à l'étatisme. *Doctrine étatiste.* ◆ Partisan de l'étatisme. — n. *« Des hommes qui furent des socialistes et qui sont devenus des étatistes »* PÉGUY.

ÉTAT-MAJOR [etamaʒɔʀ] n. m. – 1676 ◇ de *état* et *major* ■ **1** ANCIENNT Liste, état d'officiers supérieurs. ■ **2** MOD. Ensemble des officiers et du personnel attachés à un officier supérieur ou général comme agents d'élaboration et de transmission des ordres. ➤ **commandement.** *État-major d'un bataillon, d'un régiment. État-major de division, d'armée. Des états-majors. État-major de la Défense nationale. Chef d'état-major. « L'état-major est vraiment un cerveau sans lequel aucune action des bataillons n'est possible »* MAUROIS. — *Carte d'état-major* : carte de France au 1/80 000, dressée par le service de l'état-major au XIXe s. ◆ MAR. *État-major général,* comprenant le cabinet du chef d'état-major général (vice-amiral), quatre bureaux et des services. — *État-major d'un navire* : ensemble des officiers. ■ **3** (1845) Ensemble des collaborateurs immédiats d'un chef. *L'état-major d'un ministre.* ➤ **cabinet.** ◆ Ensemble des personnages les plus importants d'un groupe. *L'état-major d'un parti, d'un syndicat, d'une entreprise.* ➤ **direction, 2 staff, tête.**

ÉTATS-UNIEN, IENNE ou **ÉTASUNIEN, IENNE** [etazynjɛ̃, jɛn] adj. et n. – 1955 *étazunien* ◇ de *États-Unis* ■ Des États-Unis. ➤ **américain, nord-américain.** *Le modèle états-unien.* — n. *Les États-Uniens, les Étasuniens.*

ÉTAU [eto] n. m. – *estau* 1550 ◇ plur. de *étoc,* de *estoc,* avec influence de *étaux,* plur. de *étal* ■ Presse formée de deux tiges de fer ou de bois terminées par des mâchoires qu'on rapproche à volonté à l'aide d'une vis, de manière à assujettir solidement les objets que l'on veut travailler. *Étau d'établi. Étau d'ébéniste. Étau à main des serruriers. Étau limeur,* machine-outil. ◆ LOC. *Être pris, serré comme dans un étau.* FIG. ➤ **étreinte.** *« ces mains de jeune fille qui m'enfermaient dans leur étau »* P. KLOSSOWSKI. *L'étau se resserre de plus en plus autour des assiégés.* ➤ **cercle.**

ÉTAYAGE [etɛjaʒ] n. m. – 1864 ◇ de *étayer* ■ **1** TECHN. Action d'étayer ; résultat de cette opération. ➤ **étaiement.** *L'étayage d'une maison.* ■ **2** FIG. *Étayage d'une théorie, d'une hypothèse.*

ÉTAYER [eteje] v. tr. ⟨8⟩ – 1690 ; *estaier* 1213 ◇ de 2 *étai* ■ **1** Soutenir à l'aide d'étais. ➤ **accoter, appuyer, 2 caler, chevaler, consolider, étançonner, renforcer, soutenir.** *Étayer un mur, une voûte, un plafond.* — PRONOM. *« d'énormes arbres si pressés entre eux que, sciés à leurs bases, ils s'étayent les uns les autres sans pouvoir tomber »* VILLIERS. ■ **2** FIG. Appuyer, soutenir. *Des éléments nouveaux étayent cette hypothèse, la thèse de la défense. « Nous gagnons rarement à étayer d'un mensonge une erreur ou un échec »* BERNANOS. PRONOM. *« Rien n'est parfait, mais tout se tient, s'étaye, s'entrecroise »* FRANCE. p. p. adj. *Argumentation bien étayée.* ■ CONTR. Miner, ruiner, 1 saper.

ETC. Abrév. graphique de *et cetera.*

ET CETERA [ɛtseteʀa] loc. et n. m. inv. /ET CÉTÉRA/ – 1370 ◇ loc. latine « et les autres choses » ■ **1** LOC. Et le reste*. *« Je me suis dit que j'étais une ratée, que j'étais incapable de faire quoi que ce soit dans la vie, et cetera »* LE CLÉZIO. Rarement écrit en toutes lettres ; ABRÉV. (1511) *etc. Ayant reconnu « l'estragon, le génépi, etc.,* [il] *en arracha plusieurs touffes »* J. VERNE. ■ **2** n. m. inv. *Des et cetera.* — On écrit aussi *et cætera.*

ÉTÉ [ete] n. m. – v. 1140 *esté* ; 1080 *ested* ◇ latin *aestatem,* accusatif de *aestas* ■ Saison la plus chaude de l'année qui suit le printemps et précède l'automne. *Dans l'hémisphère Nord, l'été commence au solstice de juin* (21 ou 22) *et se termine à l'équinoxe de septembre* (22, 23). *Pendant les chaleurs d'été.* ➤ **cani-**

cule. *« Midi, Roi des étés »* LECONTE DE LISLE. *Le soleil d'été. Été pourri :* été froid et pluvieux. *Vacances d'été* (cf. Grandes vacances*). *Passer l'été au bord de la mer* (➤ **estivant**). *Migration des troupeaux pendant l'été.* ➤ **estivage, transhumance.** *En été. Tenue d'été,* légère. ➤ **estival.** — LOC. *Été comme hiver*.* ◆ PAR EXT. *L'été de la Saint-Martin :* derniers beaux jours qui se montrent parfois à l'arrière-saison, vers le 11 novembre. En Amérique du Nord, *L'été indien* ou, au Canada, *L'été des Indiens,* VIEILLI *l'été des Sauvages :* bref retour du beau temps en octobre. ◆ FAM. Bel été chaud. *Nous n'avons pas eu d'été cette année.*

ÉTEIGNOIR [etɛɲwaʀ] n. m. – 1552 ◊ de *éteindre* ■ **1** Ustensile creux en forme de cône qu'on pose sur une chandelle, une bougie, un cierge, pour l'éteindre. *« ces éteignoirs énormes dans lesquels les laquais étouffaient autrefois leurs torches »* JALOUX. — *En éteignoir :* en forme de cône, pointe en haut (cf. En entonnoir). *« Deux tours rondes, coiffées de toits en éteignoir »* GAUTIER. ◆ FIG. Ce qui arrête l'élan de l'esprit, de la gaieté. ◆ (PERSONNES) ➤ **rabat-joie.** *Il est toujours triste, c'est un éteignoir.* ■ **2** Cendrier de rue, mural ou sur pied, pour éteindre sa cigarette et jeter son mégot.

ÉTEINDRE [etɛ̃dʀ] v. tr. ‹52› – XVIIe ; *esteindre* v. 1130 ◊ latin populaire °*extingere,* classique *extinguere* → extinction

I ■ **1** Faire cesser de brûler. *Éteindre le feu* (➤ **extincteur**). *Jeter des cendres, du sable sur un foyer pour l'éteindre.* ➤ **étouffer.** *« L'incendie fut terrible, on l'éteignit à grand-peine »* HUGO. *Éteindre une bougie.* ➤ **souffler.** *Éteindre une cigarette.* ➤ **écraser.** ■ **2** Faire cesser d'éclairer. *Éteindre une lampe, la lumière, l'électricité.* ➤ **fermer.** *Éteignez tout.* — ABSOLT *« L'interrupteur était près de la porte, il éteignit et gagna le lit à tâtons »* SARTRE. ■ **3** Faire cesser de fonctionner (un appareil électrique). *Éteindre la télévision, un radiateur électrique.* ■ **4** FIG. et LITTÉR. En parlant de ce qui est comparé à un feu, à une flamme. *Une soif qu'on ne peut éteindre.* ➤ **inextinguible.** *Éteindre l'ardeur de la fièvre. « L'agonie éteignit sa prunelle hagarde »* HUGO. — (Choses abstraites) *« Les larmes de la reine ont éteint cet espoir »* RACINE. ➤ **étouffer.** ■ **5** DR. Faire terminer les effets de. *Éteindre un droit, une obligation.* ➤ **annuler.** *Éteindre une dette.* ➤ **acquitter, amortir.**

II S'ÉTEINDRE v. pron. ■ **1** Cesser de brûler. *Laisser le feu s'éteindre,* et avec ellipse du pron. *Laisser éteindre le feu.* ➤ **mourir.** *« les fusées d'un bouquet explosent et s'éteignent »* MAUROIS. ■ **2** Cesser d'éclairer. *Toutes les lumières s'éteignent et le spectacle commence.* — FIG. et LITTÉR. *« le grain noir de la prunelle, qui tantôt s'éteint dans la rêverie, tantôt luit en vrille »* SUARÈS. ■ **3** (Sons, bruits) ➤ **disparaître.** *Son qui diminue et s'éteint.* ➤ **s'atténuer.** ■ **4** (ABSTRAIT) Cesser progressivement. ➤ **s'affaiblir, mourir, passer.** *Son souvenir ne s'éteindra jamais. « Avec le temps, la passion des grands voyages s'éteint »* NERVAL. ■ **5** (PERSONNES) Mourir doucement ; PAR EUPHÉM. Mourir*. ➤ **disparaître, expirer.** *Elle s'éteignit dans les bras de sa fille. Vieillard qui s'éteint.* — *Race, famille qui s'éteint,* qui ne laisse pas de descendance. ➤ **finir.**

■ CONTR. Allumer, aviver, brûler ; briller, éclairer.

ÉTEINT, EINTE [etɛ̃, ɛ̃t] adj. – de *éteindre* ■ **1** Qui ne brûle, n'éclaire plus. *Chaudière éteinte.* — *Voiture qui circule, bateau qui navigue tous feux éteints.* — *Astre éteint.* ➤ 2 **mort.** *Volcans éteints.* — PAR ANAL. *Chaux* éteinte* (opposé à *chaux vive*). ■ **2** FIG. Qui a perdu son éclat, sa vivacité. *Couleur éteinte.* ➤ **décoloré, fané, pâle,** 3 **passé.** *Yeux éteints, regard éteint.* ➤ 1 **morne.** — PAR ANAL. *Voix éteinte,* si faible qu'on peut à peine l'entendre. ➤ **étouffé.** *« Il ne m'en coûte que de parler d'une voix lente et éteinte »* LACLOS. *« je ne sais quelle odeur fanée, quel parfum éteint »* ALAIN-FOURNIER. ■ **3** (ABSTRAIT) Qui est affaibli ou supprimé. *Passion éteinte. « La pitié était éteinte ou muette »* MICHELET. ■ **4** (PERSONNES) Qui est sans force, sans expression (par fatigue, maladie). ➤ **apathique, atone, fatigué.** *Je l'ai trouvé très éteint.* ➤ 1 **morne.** ■ **5** *Espèce (animale) éteinte,* qui a disparu. ■ HOM. Étain.

ÉTEMPERCHE ➤ **ÉTAMPERCHE**

ÉTENDAGE [etɑ̃daʒ] n. m. – 1756 ◊ de *étendre* ■ **1** Action d'étendre pour faire sécher. ■ **2** Dispositif constitué de cordes, de tringles sur lesquelles on étend des objets à sécher. ➤ **corde** (à linge), **étendoir, séchoir.** *Installer un étendage.*

ÉTENDARD [etɑ̃daʀ] n. m. – 1636 ; *estendart* 1080 ◊ francique °*standhard* ■ **1** ANCIENNT Enseigne de guerre. ➤ **drapeau, oriflamme ; vexille.** SPÉCIALT Enseigne d'un régiment de cavalerie. ◆ *L'étendard, les étendards :* symbole de la patrie, d'un État, d'un empire. ➤ **drapeau.** *L'étendard de la liberté. « Contre nous de la tyrannie L'étendard sanglant est levé »* (« La Marseillaise »). ◆ FIG. Signe de ralliement ; symbole d'un parti, d'une cause. *Se ranger, combattre sous les étendards de... Des opinions « qui sont des étendards auxquels les nations se rallient »* VOLTAIRE. LOC. *Arborer, brandir l'étendard de la révolte :* se révolter. *Louise Labé lève « l'étendard des revendications féminines les plus justes »* HENRIOT. ■ **2** BOT. Pétale supérieur de la fleur des fabacées et de quelques césalpinées.

ÉTENDOIR [etɑ̃dwaʀ] n. m. – 1687 ◊ de *étendre* ■ Ce qui sert à étendre. ➤ **étendage.** *Étendoir pour le séchage du linge.* ➤ **corde** (à linge), **séchoir,** RÉGION. **tancarville.** ◆ Endroit où l'on étend ce qu'on veut faire sécher. *Étendoir à poissons.*

ÉTENDRE [etɑ̃dʀ] v. tr. ‹41› – milieu XIIe ◊ du latin *extendere,* famille de *tendere* → 1 tendre

I ~ v. tr. ■ **1** Déployer (un membre, une partie du corps) dans sa longueur (en l'écartant du corps, etc.). ➤ **déplier, détendre, développer ; extension.** *Étendre les bras, les jambes.* ➤ **allonger, étirer.** *« elle marchait en étendant vers elle sa main droite d'une manière qui faisait songer à une aveugle »* GREEN. ➤ 1 **tendre.** — *L'oiseau étend les ailes.* ➤ **déployer, éployer.** *« le tronc se fait petit et étend ses branches indéfiniment dans le sens horizontal »* MICHELET. ■ **2** Placer à plat ou dans sa plus grande dimension (ce qui était plié). *Étendre du linge,* le placer sur des cordes (➤ **pendre**), sur un étendoir, pour qu'il y sèche. — *Étendre un rouleau de parchemin sur la table.* ➤ **dérouler,** 1 **étaler.** *Étendre un tapis sur le parquet.* ➤ **mettre.** ■ **3** (milieu XIIe) Coucher (qqn) tout de son long. *Étendre un blessé sur une civière. Étendre qqn sur le carreau.* ➤ **abattre,** FAM. 1 **étaler.** FAM. *Boxeur qui étend son adversaire.* ◆ FIG. et FAM. Refuser (à un examen). ➤ **coller.** *Il s'est fait étendre au bac. « Tu ferais mieux de bosser les maths que d'écouter du rock [...] L'année prochaine, tu vas te faire étendre et tu vas le regretter toute ta vie »* J.-M. GUENASSIA. ■ **4** Rendre (qqch.) plus long, plus large ; faire couvrir une surface plus grande à. *Étendre une chose dans sa longueur, dans sa largeur. Étendre de la pâte à tarte au rouleau.* ➤ **abaisser.** *Étendre un métal à la filière.* ➤ **allonger, étirer.** *Étendre du beurre sur du pain* (➤ **tartiner**) ; *un enduit sur une surface.* ➤ **appliquer,** 1 **étaler.** ■ **5** PAR EXT. *Étendre une solution,* en y ajoutant du dissolvant. *Étendre du vin,* en l'additionnant d'eau. ➤ **couper, délayer, diluer.** *Étendre une couleur pour l'éclaircir.* ■ **6** Rendre plus grand. ➤ **accroître, agrandir, augmenter, développer, élargir, grossir.** *Étendre son empire, sa puissance, son action, son influence, ses affaires. Étendre le champ de ses expériences, la sphère de son activité. Étendre le cercle de ses relations. Étendre la portée d'une loi. Étendre les bienfaits d'une découverte à tous les pays.* ➤ **propager, répandre.**

II ~ v. pron. S'ÉTENDRE ■ **1** (fin XIIIe) Augmenter en surface ou en longueur. *Tache qui s'étend.* ➤ **s'agrandir.** *L'ombre des arbres s'étend le soir.* ➤ **s'allonger, grandir.** *Le feu s'est étendu jusqu'à la grange.* ➤ **envahir, gagner.** *L'incendie s'est étendu rapidement.* ➤ **se propager.** — FIG. *L'obscurité, la nuit s'étend. « Un silence pieux s'étend sur la nature »* LAMARTINE. ■ **2** (PERSONNES) S'allonger, se coucher. *S'étendre sur un lit, sur un canapé, par terre. « elle voulut s'étendre un peu et ne se réveilla que le lendemain, au petit jour »* CAMUS. ■ **3** Avoir une certaine étendue ; couvrir, occuper un certain espace. *La forêt s'étend jusqu'à la rivière.* ➤ 1 **aller** (jusqu'à), **continuer.** *Des rangées d'arbres s'étendaient le long du fleuve.* ➤ **border, côtoyer, longer.** *« La jetée s'étend devant lui, comme l'amorce d'une route inachevée »* LOUŸS. *S'étendre à perte de vue.* PAR EXT. *Aussi loin que la vue peut s'étendre.* ➤ **embrasser.** ◆ (Temps) Durer. ➤ **se prolonger.** *« s'étendant depuis les premiers temps jusqu'aux derniers »* PASCAL. ■ **4** FIG. Prendre de l'extension, de l'ampleur. ➤ **augmenter, croître ;** se **développer.** *Le mal s'est étendu.* ➤ **s'aggraver.** *« Si l'épidémie s'étend, la morale s'élargira aussi »* CAMUS. ◆ (PERSONNES) *S'étendre sur un sujet,* le développer longuement. *Il s'étend trop là-dessus.* ➤ **s'appesantir, s'attarder.** *« le temps ne me permet pas de m'étendre plus longuement »* SAINTE-BEUVE. ◆ (CHOSES) *S'étendre à, jusqu'à, sur.* ➤ 1 **aller** (jusqu'à), **s'appliquer, couvrir, embrasser.** *La domination romaine s'est étendue sur tout le monde méditerranéen.* ➤ **s'exercer,** se **répandre ; régner.** *Cette dénomination s'est ensuite étendue à l'ensemble.*

■ HOM. *Étend :* étant (1 être). ■ CONTR. Plier, replier. Abréger, borner, diminuer, limiter, raccourcir, restreindre.

ÉTENDU, UE [etɑ̃dy] adj. – XIIe ◊ de *étendre* ■ **1** Qu'on a étendu ou qui s'est étendu. *Du linge étendu,* mis à sécher sur un fil. *Un aigle aux ailes étendues.* ➤ **déployé.** *Un homme, un corps étendu de tout son long.* ➤ **allongé, couché, gisant.** ◆ *Couleurs étendues,* délavées. ➤ 1 **détrempe.** *Vin étendu d'eau,* coupé.

▪ **2** DIDACT. Qui a de l'étendue. *«de cela seul qu'un corps est étendu en longueur, largeur et profondeur, nous avons raison de conclure qu'il est une substance»* DESCARTES. ▪ **3** Qui a une grande étendue. ➤ **grand, large, long, spacieux, vaste.** *Forêt très étendue. Vue étendue.* ◆ FIG. *Il jouit de pouvoirs étendus. Vocabulaire étendu.* ➤ **riche.** *Connaissances étendues. La signification la plus étendue.* ➤ **extensif ; lato sensu.** ▪ CONTR. Borné, 1 bref, 1 court, petit, 1 réduit, restreint.

ÉTENDUE [etɑ̃dy] **n. f.** – *estendue* XVe ; a éliminé *étente, estente* (XIIe-XVIe) ◇ latin populaire °*extendita*, de *extendere* → étendre ▪ **1** PHILOS. Propriété des corps d'être situés dans l'espace et d'en occuper une partie. ➤ **extension.** *Tout corps, tout objet matériel a de l'étendue* (➤ **étendu**, 2°). ◆ Portion d'espace qu'occupe un corps. ➤ **dimension, grandeur, surface, volume.** *L'étendue à trois dimensions et la masse sont les propriétés fondamentales des corps. «Toutes les sensations participent de l'étendue ; toutes poussent dans l'étendue des racines plus ou moins profondes»* BERGSON. ▪ **2** COUR. L'espace perceptible, visible ; l'espace occupé par qqch. ➤ **superficie, surface ; largeur, longueur.** *La vaste étendue des mers. Sur toute l'étendue du territoire. «Jusqu'ici la grandeur d'un conquérant était géographique. Elle se mesurait à l'étendue des territoires vaincus»* CAMUS. *«la sublimité des grands horizons, l'étendue illimitée des savanes, l'infini du désert de l'océan»* SAINTE-BEUVE. ◆ MATH. Écart entre la plus grande et la plus petite des valeurs, relevé dans une série d'observations. *Étendue d'une variable aléatoire.* ▪ **3** MUS. *Étendue d'une voix, d'un instrument* : écart entre le son le plus grave et le son le plus aigu. ➤ **ambitus, diapason, registre, tessiture.** *Voix qui a de l'étendue.* ➤ **ampleur.** ▪ **4** (TEMPS) ➤ **durée.** *Étendue de la vie.* ▪ **5** (ABSTRAIT) ➤ **ampleur, développement.** *Donner plus d'étendue à un récit, un développement. Mesurer toute l'étendue d'un mal, d'une catastrophe.* ➤ **immensité, importance, portée.** *«la profondeur et l'étendue du désastre»* ROMAINS. *Accroître l'étendue de ses connaissances, de ses activités.* ➤ 1 **champ, domaine, périmètre, sphère.** *L'étendue de ses pouvoirs, de ses droits.* ➤ **capacité, compétence.** *L'étendue de ses compétences.* ➤ 2 **ressort.** *Le cours «embrassera la littérature française dans toute son étendue»* SAINTE-BEUVE.

ÉTERNEL, ELLE [etɛʀnɛl] **adj. et n. m.** – XIIIe ; *eternal* v. 1175 ◇ bas latin *æternalis*, latin classique *æternus*, de *æviternus*, de *ævum* «temps, durée»

I SENS FORT (DIDACTIQUE OU RELIGIEUX) ▪ **1** Qui est hors du temps, qui n'a pas eu de commencement et n'aura pas de fin. ➤ **intemporel.** *Dieu est conçu comme éternel. Le Père éternel. «je vois bien qu'il y a dans la nature un être nécessaire, éternel et infini»* PASCAL. *Royaume, séjour éternel* : le paradis. *Pour les matérialistes, la matière est éternelle.* ▪ **2 n. m. L'ÉTERNEL :** Dieu. *Invoquer, louer l'Éternel. «Je renie les blasphèmes que les défaillances de la dernière heure pourraient me faire prononcer contre l'Éternel»* RENAN. — LOC. FAM. **DEVANT L'ÉTERNEL.** *C'est un grand pêcheur, un grand voyageur devant l'Éternel,* il pêche, il voyage beaucoup (de la loc. bibl. *Comme Nemrod, grand chasseur devant l'Éternel*). ▪ **3 n. m.** Ce qui a une valeur d'éternité ; ce qui est éternel. *«Rien de plus légitime que l'indignation d'un Bossuet ou d'un Pascal devant cette folie qui nous porte à sacrifier l'éternel au périssable»* MAURIAC. ➤ **éternité.** *«je n'ai rien à faire des idées ou de l'éternel. Les vérités qui sont à ma mesure, la main peut les toucher»* CAMUS.

II SENS COURANT ▪ **1** Qui est de tous les temps, que l'expérience humaine reconnaît avoir toujours existé et devoir toujours exister. ➤ **continuel.** *La vie est un éternel recommencement. Retour* éternel. «l'histoire et la légende ont le même but, peindre sous l'homme momentané l'homme éternel»* HUGO. — **n. m.** *L'éternel féminin**. — LOG. *Phrase éternelle,* vraie en tout temps. ▪ **2** Contre quoi le temps ne peut rien ; sans fin. ➤ **infini, perpétuel.** *«il est indubitable que le temps de cette vie n'est qu'un instant, que l'état de la mort est éternel»* PASCAL. — POÉT. *Le repos, le sommeil éternel* : la mort. *«Dans la nuit éternelle emportés sans retour»* LAMARTINE. — RELIG. *La vie éternelle dans l'au-delà.* ▪ **3** Qui dure très longtemps, dont on ne peut imaginer la fin. ➤ **constant, durable, impérissable, indestructible.** *Serments, regrets éternels. Jurer un amour éternel.* ➤ **immortel.** *«Je suis persuadé que, si l'on ne changeait pas, les amours seraient éternelles ; mais chacun se transforme de son côté»* NERVAL. *«Rien n'est éternel, pas même la reconnaissance»* RENARD. *Je ne suis pas éternel* : je mourrai un jour. — *Rome, la Ville éternelle. Les neiges, les glaces éternelles,* qui ne fondent jamais, ne sont pas saisonnières. ▪ **4** (Avant le nom) Qui ne semble pas devoir finir ; qui ennuie, fatigue par la répétition. ➤ **continuel, incessant, interminable, perpétuel, sempiternel.** *Je suis lassé de ses éternelles récriminations.* ◆ Qui est toujours dans le même état. *C'est un éternel insatisfait. C'est l'éternel problème de... «l'éternelle discussion pour savoir si on pouvait aimer vraiment une fois ou plusieurs fois»* MAUPASSANT. ▪ **5** (Avant le nom ; précédé le plus souvent de l'adj. poss.) Qui se trouve continuellement associé à qqch., à qqn. ➤ **inséparable.** *«Léonor et son éternelle gouvernante, allant un matin à l'église»* LESAGE. *On ne le voyait jamais sans son éternel blouson de cuir.* ➤ **immuable.**

▪ CONTR. Mortel, temporel, terrestre. 1 Bref, 1 court, éphémère, fragile, fugitif, labile, périssable, précaire, temporaire.

ÉTERNELLEMENT [etɛʀnɛlmɑ̃] **adv.** – 1265 ◇ de *éternel* ▪ D'une manière éternelle. ▪ **1** Hors du temps. *«L'Écriture dit que le Christ demeure éternellement»* PASCAL. ▪ **2** De tout temps, de toute éternité. ➤ **toujours.** *La loi du plus fort s'impose éternellement.* ▪ **3** Sans fin. ➤ **indéfiniment.** *«Ah ! faut-il éternellement souffrir, ou fuir éternellement le beau ?»* BAUDELAIRE. ▪ **4** Sans cesse, continuellement. *Les pôles, éternellement glacés.* ➤ **toujours.** — Pour toujours, à jamais. *Ça ne durera pas éternellement. Allez-vous rester là éternellement ?* ➤ FAM. **ad vitam æternam.** ◆ PÉJ. ➤ **interminablement, perpétuellement, sempiternellement.** *«M. Eyssette, de le voir éternellement la larme à l'œil, avait fini par le prendre en grippe»* DAUDET.

ÉTERNISER [etɛʀnize] **v. tr.** (1) – 1544 ◇ du latin *æternus* → éternel ▪ **1** LITTÉR. Rendre éternel, faire durer sans fin. ➤ **immortaliser, perpétuer.** *Une découverte qui éternisera la mémoire de ce grand savant. «Je me sens né pour éterniser mon nom par des ouvrages d'esprit»* LESAGE. ▪ **2** Prolonger indéfiniment, faire traîner en longueur (cf. Faire durer*). *Éterniser un procès. Je ne veux pas éterniser la discussion. «Fuis ! Va-t'en !... Mais, par charité, n'éternise pas mon supplice !»* COURTELINE. ▪ **3 S'ÉTERNISER v. pron.** Devenir éternel, être trop long. *La guerre s'éternise, on n'en voit pas la fin. «il n'y a rien de tel pour s'éterniser que les situations fausses»* GIDE (cf. Traîner* en longueur). ◆ FAM. Demeurer indéfiniment, s'attarder trop longtemps. *Je n'ai pas l'intention de m'éterniser ici !* (cf. Moisir, prendre racine*). *Ne nous éternisons pas sur ce sujet. Nous n'allons pas nous éterniser là-dessus.* ◆ LITTÉR. Se rendre éternel dans la mémoire collective. ➤ **s'immortaliser.** *S'éterniser par ses hauts faits, par une action remarquable.* ▪ CONTR. Abréger. Passer.

ÉTERNITÉ [etɛʀnite] **n. f.** – XIIe ◇ latin *æternitas*, de *æternus* → éternel

I (Pris absolt) ▪ **1** Durée qui n'a ni commencement ni fin, qui échappe à toute détermination chronologique (surtout dans un contexte religieux). *Il songeait «à l'éternité future, étrange mystère ; à l'éternité passée, mystère plus étrange encore»* HUGO. *«Quelle liberté peut exister au sens plein, sans assurance d'éternité ?»* CAMUS. ▪ **2** Durée ayant un commencement, mais point de fin ; RELIG. La vie future. ➤ **immortalité.** *Songez à vous préparer pour l'éternité. «Bientôt mes yeux aussi se fermeront pour l'éternité»* FRANCE. — Gloire immortelle. *Entrer dans l'éternité.* ▪ **3** PAR EXAGÉR. Un temps fort long. *Cela a duré une éternité. Cela fait une éternité que je ne l'ai pas vu* (cf. Des siècles). — (Plur. emphatique) *Il y a des éternités que tu m'as promis de le faire.* ▪ **4 DE TOUTE ÉTERNITÉ :** depuis toujours, de temps immémorial. ➤ **éternellement** (cf. De tout temps*). *De toute éternité, les hommes ont cru à une vie après la mort* (cf. Depuis que le monde* est monde).

II DIDACT. Caractère éternel. *L'éternité de Dieu. L'éternité d'une vérité. «soit que j'aie admis ou rejeté l'éternité de la matière»* VOLTAIRE.

▪ CONTR. Brièveté.

ÉTERNUEMENT [etɛʀnymɑ̃] **n. m.** – *esternuement* 1238 ◇ de *éternuer* ▪ Expulsion réflexe, brusque et bruyante, d'air par le nez et la bouche, provoquée par une irritation de la muqueuse nasale. ➤ **sternutation.** *Bruit de l'éternuement.* ➤ **atchoum.**

ÉTERNUER [etɛʀnɥe] **v. intr.** (1) – *esternuer* XIIe ◇ latin *sternutare*, fréquentatif de *sternuere* ▪ Faire un éternuement. *Il est enrhumé et ne cesse d'éternuer. Poudre à éternuer.* ➤ **sternutatoire.** *«l'autre qui, depuis trois heures, éternue à se faire sauter le crâne et jaillir la cervelle»* BEAUMARCHAIS. *«Dieu vous bénisse !», «À vos souhaits !», sont des formules que l'on adresse à une personne qui éternue.*

ÉTÉSIEN [etezjɛ̃] **adj. m.** – 1542 ; *étésies* 1539 ◇ latin *etesiæ*, grec *etêsioi*, sous-entendu *anemoi* «(vents) périodiques, annuels», de *etos* «année» ▪ DIDACT. *Vents étésiens :* vents du nord qui soufflent en Méditerranée orientale chaque année pendant la canicule.

ÉTÊTAGE [etɛtaʒ] **n. m.** – 1870 ◊ de *étêter* ▪ Action d'étêter. *Étêtage des arbres fruitiers.* — On dit aussi **ÉTÊTEMENT,** 1611.

ÉTÊTER [etete] **v. tr.** ‹1› – *esteter* v. 1200 ◊ de *é-* et *tête* ▪ Couper la tête de (un arbre). ➤ **décapiter, écimer.** *Étêter des saules.* **p. p. adj.** *« étêté et ébranché jusqu'au tronc »* ROMAINS. ◆ PAR ANAL. *Étêter un clou, une épingle. Étêter les morues, les sardines.*

ÉTEUF [etœf] **n. m.** – *esteuf* v. 1460 ; *estue* 1220 ◊ origine inconnue, p.-ê. du francique °*stôt* « balle » ▪ ANCIENNT Petite balle pour jouer à la longue paume.

ÉTEULE [etœl] **n. f.** – *esteule* 1202 ◊ forme de *stuble, estuble,* 1120 ; bas latin *stupula,* latin classique *stipula* « tige des céréales » ▪ AGRIC. Chaume qui reste sur place après la moisson. *« Enlevé l'or des blés, il reste l'argent des éteules »* RENARD.

ÉTHANE [etan] **n. m.** – 1880 ◊ de *éthyle* ▪ Gaz combustible (C_2H_6), deuxième de la série des hydrocarbures saturés. *L'éthane est un des constituants du gaz naturel.*

ÉTHANOATE [etanɔat] **n. m.** – 1939 ; *éthanoate d'éthyl* 1932 ◊ de *éthane* et suffixe chimique *-ate* ▪ CHIM. ➤ **acétate.**

ÉTHANOÏQUE [etanɔik] **adj.** – 1892 ◊ de *éthane* et suffixe chim. ▪ CHIM. *Acide éthanoïque.* ➤ **acétique.**

ÉTHANOL [etanɔl] **n. m.** – 1910 ◊ de *éthane* et *-ol* ▪ CHIM. Alcool éthylique*. — SPÉCIALT Alcool éthylique d'origine végétale (blé, betterave, topinambour) utilisé comme carburant. ➤ **biocarburant.**

ÉTHÈNE [etɛn] **n. m.** – 1836 ◊ de *éth(ane)* et suffixe chimique *-ène* servant à former le nom d'hydrocarbures non saturés ▪ CHIM. Éthylène.

1 **ÉTHER** [etɛʀ] **n. m.** – *ethere* XIIe ◊ latin *æther,* grec *aithêr,* de *aithein* « faire brûler » ▪ **1** Chez les Anciens, Fluide très subtil que l'on supposait régner au-dessus de l'atmosphère. *L'éther, élément du feu.* ▪ **2** POÉT. L'air le plus pur, et PAR EXT. Les espaces célestes. ➤ 1 **air, ciel,** 1 **espace, infini.** *« L'harmonieux éther, dans ses vagues d'azur, Enveloppe les monts d'un fluide plus pur »* LAMARTINE. ▪ **3** HIST. SC. Fluide hypothétique qui était censé remplir le vide et servir de support nécessaire à la propagation des ondes lumineuses. *« l'éther, – si éther est un nom qui convienne encore à l'espace ondulatoire »* VALÉRY.

2 **ÉTHER** [etɛʀ] **n. m.** – 1734 ◊ mot allemand (1730), du latin *æther* ; cf. 1 *éther* ▪ **1** ANC. CHIM. Composé volatil résultant de la combinaison d'acides avec des alcools. — VX *Éther-sel :* ester*. MOD. *Éthers-oxydes* de formule R–O–R'. REM. On dit aujourd'hui simplement ÉTHER. ▪ **2** COUR. *Éther ordinaire,* appelé dans le commerce *éther sulfurique,* et ABSOLT *éther* $(C_2H_5)_2O$: oxyde d'éthyle, liquide incolore d'une odeur forte caractéristique, très volatil, inflammable, peu soluble dans l'eau mais soluble dans l'alcool. *L'industrie utilise l'éther comme solvant. L'éther est employé en médecine comme antiseptique et autrefois comme anesthésique. Respirer de l'éther, s'intoxiquer à l'éther.* ➤ **éthérisme, éthéromanie.** ▪ **3** (ainsi nommé car il bout à 40 °C comme l'éther 2°) *Éther de pétrole :* mélange d'hydrocarbures, riche en pentane, issu de la distillation fractionnée du pétrole.

ÉTHÉRÉ, ÉE [eteʀe] **adj.** – XVe ◊ latin *æthereus,* grec *aitherios,* de *aithêr* → 1 éther ▪ **1** Qui tient de la nature de l'éther, qui appartient à l'éther (1). *Substance éthérée.* — POÉT. et VX *La voûte éthérée :* la voûte des cieux. ▪ **2** LITTÉR. ➤ **aérien, délicat, irréel, léger, surnaturel, vaporeux.** *Créature éthérée. Sentiments éthérés,* qui s'élèvent au-dessus des choses terrestres. ➤ **élevé, pur, sublime.** *Amour éthéré.* ➤ **platonique.** *« l'ascension sur la montagne a quelque chose d'éthéré, de surnaturel, de lumineux qui vous enlève à la terre »* GAUTIER. ▪ CONTR. 1 Bas, matériel, terre à terre.

ÉTHÉRIFIER [eteʀifje] **v. tr.** ‹7› – 1823 ◊ de 2 *éther* ▪ CHIM. VX Convertir, transformer en éther. ➤ **estérifier.** — **n. f. ÉTHÉRIFICATION.**

ÉTHÉRISER [eteʀize] **v. tr.** ‹1› – 1850 ; « combiner avec l'éther » 1838 ◊ de 2 *éther* ▪ MÉD. ANC. Faire respirer de l'éther à (qqn) pour insensibiliser. ➤ **anesthésier.** — **n. f.** (1834) **ÉTHÉRISATION.**

ÉTHÉRISME [eteʀism] **n. m.** – 1850 ◊ de 2 *éther* ▪ MÉD. Intoxication par l'éther, caractérisée par un état d'ivresse, d'euphorie. ➤ **éthéromanie.**

ÉTHÉROMANE [eteʀɔman] **n.** – 1890 ◊ de 2 *éther* et *-mane* ▪ Toxicomane qui se drogue à l'éther.

ÉTHÉROMANIE [eteʀɔmani] **n. f.** – 1890 ◊ de 2 *éther* et *-manie* ▪ Accoutumance (toxicomanie) à l'éther pris en boissons, inhalations ou injections. ➤ **éthérisme.**

ÉTHICIEN, IENNE [etisjɛ̃, jɛn] **n.** – 1990 ◊ de *éthique* ▪ Spécialiste des problèmes d'éthique. *« médecins, chercheurs, philosophes, éthiciens, religieux se retrouvent régulièrement »* R. FRYDMAN.

ÉTHIOPIEN, IENNE [etjɔpjɛ̃, jɛn] **adj.** et **n.** – 1512 ◊ de *Éthiopie* ▪ D'Éthiopie. ➤ **abyssin.** *Le négus, souverain éthiopien. Langue éthiopienne* (➤ **amharique**). — **n.** *Un Éthiopien.*

ÉTHIQUE [etik] **n. f.** et **adj.** – v. 1265 ◊ bas latin *ethica,* grec *êthikos, êthikê,* de *êthos* « mœurs »

I **n. f.** ▪ **1** PHILOS. Science et théorie de la morale. ➤ **morale.** — Ouvrage de morale. *« L'Éthique », de Spinoza.* ▪ **2** DIDACT. Ensemble des valeurs, des règles morales propre à un milieu, une culture, un groupe. *« L'éthique bourgeoise ne dérive pas de la Providence : ses règlements universels et abstraits sont inscrits dans les choses »* SARTRE. *Éthique et déontologie. Éthique médicale.* ➤ **bioéthique.** *Le Comité consultatif national d'éthique. Éthique des affaires.*

II **adj.** (1553 ◊ latin *ethicus*) DIDACT. ▪ **1** Qui concerne la morale. *Préceptes, jugements éthiques. « Le bouddhisme et le christianisme, religions éthiques plus que métaphysiques »* MALRAUX. ◆ LING. *Datif* éthique.* ▪ **2** Conforme à l'éthique (2°). *Fonds éthiques :* placement qui intègre des critères sociaux et environnementaux dans ses choix d'investissement. *Charte éthique,* qui indique les engagements et les valeurs que l'entreprise souhaite respecter avec les parties prenantes (salariés, fournisseurs, clients...). *Produits éthiques. Commerce éthique.* ➤ **équitable, solidaire.** ▪ **3** PHARM. *Médicament éthique,* délivré sur prescription médicale (opposé à *en vente libre*).

▪ HOM. Étique.

ETHMOÏDE [ɛtmɔid] **n. m.** – v. 1560 ◊ grec *êthmoeidês,* de *êthmos* « crible » et *eidos* « forme » ▪ ANAT. Os impair de la base du crâne, en avant du sphénoïde, dont la partie supérieure, horizontale, criblée de petits trous à travers lesquels passent les nerfs olfactifs, forme le plafond des fosses nasales, et dont les parties latérales concourent à former les parois internes des orbites et les parois externes des fosses nasales. **adj.** *L'os ethmoïde* (ou *ethmoïdal, ale, aux* **adj.**).

ETHNARCHIE [ɛtnaʀʃi] **n. f.** – 1569 ◊ grec *ethnarkhia* ▪ Dans la Rome antique, Dignité d'ethnarque. — Territoire administré par un ethnarque.

ETHNARQUE [ɛtnaʀk] **n. m.** – XVIe ◊ grec *ethnarkhês,* de *ethnos* « peuple » et *arkhein* « commander » ▪ Gouverneur d'une province dans l'Empire romain.

ETHNICISER [ɛtnisize] **v. tr.** ‹1› – 1990 ◊ de *ethnique* 2° ▪ Donner un caractère ethnique à (qqch.). *Ethniciser un conflit, un problème social.*

ETHNICITÉ [ɛtnisite] **n. f.** – 1902 ◊ de *ethnique* ▪ Caractère de ce qui est ethnique. *Ethnicité d'une action collective.*

ETHNIE [ɛtni] **n. f.** – 1896 ◊ grec *ethnos* « peuple, nation » ▪ DIDACT. Ensemble d'individus que rapprochent un certain nombre de caractères de civilisation, notamment la communauté de langue et de culture. ➤ aussi **race.** *Ethnies africaines.*

ETHNIQUE [ɛtnik] **adj.** – 1752 ; « païen » 1527 ◊ latin savant *ethnicus,* du grec *ethnikos,* de *ethnos* « peuple » ▪ **1** RARE Qui sert à désigner une population. *Mot ethnique. « Français » est un nom ethnique.* — SUBST. Dénomination d'un peuple. ➤ **gentilé.** *L'ethnique de France est « Français ».* ▪ **2** (1874) Relatif à l'ethnie, à une ethnie. ➤ **racial.** *Caractères ethniques,* propres à une ethnie. *Groupes ethniques. Tensions, luttes ethniques.* ➤ **interethnique.** *Discriminations ethniques. « Qu'on parle de racisme ou de xénophobie c'est bien de relations ethniques et non de conflits sociaux qu'il s'agit »* (Libération, 1990). — (1992, à propos du conflit bosniaque) *Nettoyage, purification ethnique :* politique visant à rendre homogène le peuplement d'un territoire, au détriment des minorités ethniques jugées indésirables (exactions, déplacements forcés de populations, massacres). ▪ **3** Relatif à un art de vivre, une tradition populaire. *Bijoux ethniques. Mode ethnique. Motifs ethniques,* traditionnels. — **adv. ETHNIQUEMENT.**

ETHNO- ▪ Élément, du grec *ethnos* « peuple ».

ETHNOCENTRIQUE [ɛtnosɑ̃tʀik] adj. – 1968 ◊ de *ethno-* et *centre,* d'après l'anglais *ethnocentric* (1900) ■ DIDACT. Qui privilégie son propre groupe social, son pays, sa culture (dans la présentation de faits, l'analyse d'une situation, la vision du monde...). *Une conception ethnocentrique de l'art.*

ETHNOCENTRISME [ɛtnosɑ̃tʀism] n. m. – 1961 ◊ anglais *ethnocentrism* (1906) ; cf. *ethno-* et *anthropocentrisme* ■ ETHNOL., SOCIOL. Tendance à privilégier le groupe social, la culture auxquels on appartient et à en faire le seul modèle de référence. *« Haine de l'autre homme : cela se traduit aujourd'hui par ethnocentrisme. Un groupe se considérant comme humain par excellence dénie cette qualité aux autres membres de l'espèce »* FINKIELKRAUT.

ETHNOCIDE [ɛtnɔsid] n. m. – 1970 ◊ de *ethno-* et *-cide* ■ DIDACT. Destruction de la civilisation d'un groupe ethnique par un autre groupe plus puissant. ➤ aussi **génocide.** *« Les renouveaux nationaux bâtis à coups de machette, d'ethnocides ou de AK-47 »* C. FÉREY.

ETHNOGRAPHE [ɛtnɔgʀaf] n. – 1827 ◊ de *ethnographie* ■ Personne qui s'occupe d'ethnographie.

ETHNOGRAPHIE [ɛtnɔgʀafi] n. f. – 1819 ◊ de *ethno-* et *-graphie* ■ **1** VX Classement des peuples d'après leurs langues. ■ **2** MOD. Étude descriptive des divers groupes humains (ethnies), de leurs caractères anthropologiques, sociaux, etc. *« la sociologie devient une spécialité de l'ethnographie »* LÉVI-STRAUSS. — adj. **ETHNOGRAPHIQUE,** 1823.

ETHNOLINGUISTIQUE [ɛtnolɛ̃gɥistik] n. f. et adj. – milieu XXe ◊ de *ethno-* et *linguistique* ■ DIDACT. Étude des langages des peuples étudiés par l'ethnologie en tant qu'expression de leur culture. — adj. *Travaux ethnolinguistiques.*

ETHNOLOGIE [ɛtnɔlɔʒi] n. f. – 1787 ◊ de *ethno-* et *-logie* ■ Étude des faits et documents recueillis par l'ethnographie (couvrant le domaine de l'anthropologie* culturelle et sociale). *Ethnologie musicale* (➤ **ethnomusicologie**), *linguistique* (➤ **ethnolinguistique**), *psychiatrique* (➤ **ethnopsychiatrie**). — ABRÉV. FAM. **ETHNO,** (1979).

ETHNOLOGIQUE [ɛtnɔlɔʒik] adj. – 1839 ◊ de *ethnologie* ■ Relatif à l'ethnologie.

ETHNOLOGUE [ɛtnɔlɔg] n. – 1870 ◊ de *ethnologie* ■ Personne qui s'occupe d'ethnologie.

ETHNOMÉTHODOLOGIE [ɛtnometɔdɔlɔʒi] n. f. – 1977 ◊ anglais *ethnomethodology* (1967) ; cf. *ethno-* et *méthodologie* ■ DIDACT. Courant critique de la sociologie qui analyse les faits sociaux à partir de l'observation du déroulement des actes quotidiens. — n. **ETHNOMÉTHODOLOGUE.**

ETHNOMUSICOLOGIE [ɛtnomyzikɔlɔʒi] n. f. – v. 1955 ◊ de *ethno-* et *musicologie* ■ DIDACT. Étude des activités et des formes musicales de toutes les cultures, à l'exception de la musique savante occidentale. — n. **ETHNOMUSICOLOGUE.**

ETHNOPSYCHIATRIE [ɛtnopsikjatʀi] n. f. – 1951 ◊ de *ethno-* et *psychiatrie* ■ DIDACT. Étude de l'influence des facteurs ethniques sur la genèse et les manifestations des maladies mentales.

ETHNOPSYCHOLOGIE [ɛtnopsikɔlɔʒi] n. f. – v. 1970 ◊ de *ethno-* et *psychologie* ■ DIDACT. Étude des caractéristiques psychiques des collectivités et des groupes ethniques.

ÉTHOGRAMME [etɔgʀam] n. m. – milieu XXe ◊ de *étho(logie)* et *-gramme* ■ DIDACT. Description d'une séquence comportementale effectuée par un animal dans une situation donnée. — PAR EXT. Catalogue de comportements caractéristiques d'une espèce.

ÉTHOLOGIE [etɔlɔʒi] n. f. – 1849 ◊ de l'anglais *ethology* (1843) ; cf. grec *êthos* « mœurs, caractère » et *-logie.* REM. Le sens actuel a évincé celui de « morale (d'une histoire) ; intermède, traité sur les mœurs » (1611) encore courant au XIXe siècle. ■ DIDACT. Science des comportements des espèces animales dans leur milieu naturel. *« Même en psychologie animale ou éthologie, la tendance générale actuelle est de traiter l'être vivant en sujet »* PIAGET.

ÉTHOLOGIQUE [etɔlɔʒik] adj. – XIXe ; autre sens 1599 ◊ de *éthologie* ■ DIDACT. Relatif à l'éthologie.

ÉTHOLOGUE [etɔlɔg] n. – 1829 ◊ de *éthologie* ■ DIDACT. Spécialiste de l'éthologie. — On dit parfois *éthologiste* (1950).

ÉTHUSE ou **ÆTHUSE** [etyz] n. f. – 1821, -1834 ◊ latin des botanistes *aethusa,* du grec *aithousa* « ardente » ■ BOT. Plante âpre et toxique *(ombellifères),* appelée aussi *petite ciguë.*

ÉTHYLE [etil] n. m. – 1840 ◊ du radical de *éther* et grec *ulê* « bois » ■ CHIM. Radical monovalent formé de carbone et d'hydrogène (C_2H_5) qui entre dans de nombreux composés organiques (alcool ordinaire, acétate d'éthyle). *Le bromure d'éthyle et le chlorure d'éthyle sont des anesthésiques.*

ÉTHYLÈNE [etilɛn] n. m. – 1867 ◊ de *éthyle* ■ **1** CHIM. Gaz incolore d'une faible odeur éthérée (C_2H_4), peu soluble dans l'eau, premier membre de la série des hydrocarbures éthyléniques, fabriqué industriellement par craquage du pétrole. ➤ **éthène.** *Polymérisation de l'éthylène* (➤ **polyéthylène**). ■ **2** BIOCHIM. Phytohormone gazeuse, synthétisée à partir de la méthionine, qui catalyse la maturation des fruits.

ÉTHYLÉNIQUE [etilenik] adj. – 1859 ◊ de *éthylène* ■ CHIM. Qui contient (comme l'éthylène) une double liaison dans sa molécule. *Alcools éthyléniques. — Carbures éthyléniques :* hydrocarbures à chaîne ouverte contenant une liaison double (formule C_nH_{2n}).

ÉTHYLIQUE [etilik] adj. et n. – 1850 ◊ de *éthyle* ■ **1** CHIM. Qui contient le radical éthyle. *Alcool éthylique* (C_2H_5OH) : alcool ordinaire. ➤ **éthanol.** ■ **2** Provoqué par la consommation excessive d'alcool. *Gastrite éthylique. Tremblement, coma éthylique.* ◆ MÉD. (PERSONNES) Alcoolique. — n. *Un, une éthylique.*

ÉTHYLISME [etilism] n. m. – 1890 ◊ de *éthylique* ■ MÉD. Alcoolisme*. *Éthylisme chronique.* ➤ **alcoolodépendance.**

ÉTHYLOTEST [etilotɛst] n. m. – 1983 ◊ du radical de *éthylisme* et 2 *test* ■ TECHN. Appareil servant à mesurer le taux d'alcool dans l'air expiré. ➤ **alcootest.** — On dit aussi **ÉTHYLOMÈTRE,** 1982.

ÉTHYNE [etin] n. m. – 1934 ◊ de *éth(ane)* et suffixe chimique *-yne* servant à former le nom d'hydrocarbures saturés, probablt d'après l'anglais *ethine* (1877) ■ CHIM. Acétylène.

ÉTIAGE [etjaʒ] n. m. – 1783 ◊ de *étier* ■ **1** Baisse périodique des eaux d'un cours d'eau ; le plus bas niveau des eaux. *Les crues et les étiages d'un fleuve. Débit d'étiage.* ➤ 1 **maigre.** ■ **2** Niveau moyen le plus bas d'un cours d'eau. *Les crues se mesurent au moyen des chiffres placés au-dessus du zéro de l'étiage.* ■ CONTR. Crue.

ÉTIER [etje] n. m. – 1312 *estier* ◊ latin *æstuarium* « lagune maritime », de *æstus* « agitation de la mer » ■ RÉGION. Petit canal par lequel un marais salant communique avec la mer.

ÉTINCELAGE [etɛ̃s(ə)laʒ] n. m. – 1908 *étincellage* ◊ de *étinceler* ■ **1** CHIR. Procédé de destruction des tissus malades (tumeurs malignes) par un courant électrique de haute tension et de haute fréquence. ➤ **fulguration.** ■ **2** TECHN. Procédé d'abrasion par le courant électrique.

ÉTINCELANT, ANTE [etɛ̃s(ə)lɑ̃, ɑ̃t] adj. – 1265 ◊ de *étinceler* ■ Qui étincelle. ■ **1** LITTÉR. Qui émet de vifs rayons lumineux (➤ **incandescent, luminescent, phosphorescent**). *Un ciel étincelant d'étoiles. Soleil étincelant.* ➤ **radieux, resplendissant.** *« Le soleil, qui se levait, semblait faire sortir de la mer ses feux étincelants »* FÉNELON. ■ **2** Qui jette de vifs éclats au contact d'un rayon lumineux. ➤ 1 **brillant*, scintillant.** *Des diamants étincelants. « On apercevait les lames des schistes, étincelants de mica »* ZOLA. ◆ (Par la propreté). *Des verres étincelants. Vitres étincelantes.* ■ **3** D'un ton très vif, éclatant. *Des couleurs étincelantes. Le plumage étincelant des oiseaux exotiques. « Habillés de vêtements étincelants, [...] le torse enserré en des draps losangés d'orfèvrerie »* HUYSMANS. ➤ **rutilant.** ■ **4** (1650) Qui brille de vifs éclats. *Regard étincelant. Des yeux étincelants de joie, de haine, de fureur.* ➤ 1 **brillant.** — *Une jeune fille étincelante de beauté.* ■ **5** (1608) ABSTRAIT Qui se distingue par sa finesse et sa vivacité. *Un esprit étincelant. Une verve étincelante.* ■ CONTR. Éteint, 2 mat, obscur, 1 terne. Banal, ennuyeux, 1 plat.

ÉTINCELER [etɛ̃s(ə)le] v. intr. ‹4 /5/› – XIIe *estenceler* ◊ de *étincelle* ■ **1** VX ou LITTÉR. Émettre de vifs rayons lumineux. ➤ **briller*, scintiller.** *Étinceler de mille feux. Le soleil étincelle. « Cette nuit étincelait. Une immense pluie sidérale criblait d'astres brillants le ciel profond de février »* BOSCO. ■ **2** MOD. Jeter de vifs éclats au contact d'un rayon lumineux. *Lumière qui fait étinceler les vitres.* ➤ **miroiter.** *Mer qui étincelle au clair de lune.* ➤ **brasiller.** *Pierres précieuses qui étincellent.* ■ **3** FIG. (XVIe) *Regard qui étincelle d'ardeur, de haine.* ■ **4** (1669) Avoir de l'éclat (choses abstraites). *Ses ouvrages « Étincellent pourtant de sublimes beautés »* BOILEAU. ■ CONTR. Éteindre (s'), ternir (se).

ÉTINCELLE [etɛ̃sɛl] **n. f.** – fin XIe *estencele* ◇ latin populaire °*stincilla*, classique *scintilla* ■ **1** Parcelle incandescente qui se détache d'un corps en ignition ou qui jaillit au contact, sous le choc de deux corps. *Petite étincelle.* ➤ VX **bluette.** *Jeter des étincelles. Étincelles qui crépitent, s'élèvent d'un brasier, fusent en gerbe. Incendie provoqué par une étincelle.* LOC. *C'est l'étincelle qui a mis le feu aux poudres,* le petit incident qui a déclenché le conflit, la catastrophe. *« Les nouveautés politiques sont l'étincelle qui met le feu à l'amas de poudre »* TAINE. — SPÉCIALT *Étincelle électrique,* provoquée par le rapprochement de deux corps de potentiel différent (cf. Décharge disruptive*). ■ **2** Point brillant ; reflet. *Le soleil « Pailletant chaque fleur d'une humide étincelle »* VERLAINE. ◆ *Regard qui jette des étincelles, où s'allument des étincelles.* ➤ **étincelant.** — LOC. *Faire des étincelles :* réussir brillamment (personne). ■ **3** FIG. (XVe) Petite lueur. *Une étincelle de génie, de raison.*

ÉTINCELLEMENT [etɛ̃sɛlmɑ̃] **n. m.** /ÉTINCÈLEMENT/ – 1112 *estincel(l)ement* ◇ de *estenceler* → étinceler ■ Le fait d'étinceler ; éclat, lueur de ce qui étincelle. ➤ **scintillation.** *« Le soleil allumait sur les fleurs, les arbres, les herbes, un étincellement de rosée brillante »* BOURGET.

ÉTIOLÉ, ÉE [etjɔle] **adj.** – de *étioler* ■ Qui s'est étiolé ou qu'on a étiolé. *« Quelques pauvres fleurs étiolées penchaient languissamment la tête »* GAUTIER. — FIG. *Un enfant étiolé.* ➤ **chétif.** *Une intelligence étiolée.* ➤ **atrophié.**

ÉTIOLEMENT [etjɔlmɑ̃] **n. m.** – 1754 ◇ de *étioler* ■ **1** État d'une plante insuffisamment éclairée. *L'étiolement affaiblit et jaunit les plantes par insuffisance de chlorophylle.* ➤ **chlorose, dépérissement.** ◆ HORTIC. Action d'étioler une plante. ➤ **blanchiment.** ■ **2** Le fait de s'étioler, de s'affaiblir ; état d'une personne qui s'étiole. ➤ **affaiblissement, anémie, dépérissement, épuisement.** *État chétif, pâleur maladive qui caractérisent l'étiolement.* ■ **3** FIG. Appauvrissement, déclin. *Réclusion qui amène l'étiolement de l'esprit, des facultés intellectuelles.* ■ CONTR. Force, vigueur.

ÉTIOLER [etjɔle] **v. tr.** ‹1› – 1690 v. pron. ◇ d'une var. de *éteule* ■ **1** (1762) Rendre (une plante) grêle et décolorée, par manque d'air, de lumière. ➤ **débiliter.** *L'obscurité étiole les plantes.* PRONOM. *Plantes qui s'étiolent faute de soins.* ➤ **se faner, se rabougrir.** ◆ AGRIC. Faire pousser (certains légumes) à l'abri de l'air afin que leurs organes restent blancs. *Étioler des endives.* ■ **2** Rendre (qqn) chétif, pâle. ➤ **affaiblir, anémier.** *Le manque de grand air, d'exercice étiole les enfants.* PRONOM. *Ce malade s'étiole.* ➤ **dépérir, languir.** *Un enfant « pâlit et s'étiole [...] dans une chambre fermée »* BERNARDIN DE SAINT-PIERRE. ■ **3** (1831) ABSTRAIT Affaiblir, atrophier. — PRONOM. *« Ayant besoin de joie comme les plantes de soleil, je m'étiolais dans cette tristesse »* FRANCE. *« il y a des milieux tristes, contraints, où l'amour s'étiole assez vite »* MAUROIS. ■ CONTR. Affermir, développer, épanouir, fortifier.

ÉTIOLOGIE [etjɔlɔʒi] **n. f.** – *aitiologie* 1550 ◇ grec *aitiologia,* de *aitia* « cause » et *-logia* (cf. *-logie*) ■ BIOL., MÉD. Étude des causes des maladies. ➤ **étiopathie.** — PAR EXT. Les causes mêmes des maladies. *Étiologie du diabète.* — adj. **ÉTIOLOGIQUE,** 1811.

ÉTIOPATHE [etjopat] **n.** – v. 1972 ◇ de *étiopathie* ■ Spécialiste en étiopathie.

ÉTIOPATHIE [etjopati] **n. f.** – 1963 ◇ grec *aitia* « cause » et *-pathie* ■ DIDACT. Médecine non officielle qui cherche à retrouver le point de départ d'un état pathologique, d'une douleur et à les traiter par manipulation.

ÉTIQUE [etik] **adj.** – *etike* 1256 ◇ « fièvre *hectique* » (qui amaigrit) → hectique ■ **1** ANC. MÉD. Qui est affecté d'étisie. *« Un squelette séché, une carcasse étique »* RONSARD. ■ **2** (XVe) COUR. D'une extrême maigreur. ➤ **cachectique, décharné, desséché, squelettique.** *Il est devenu étique. « Des chevaux étiques près d'expirer sous les coups »* ROUSSEAU. ■ CONTR. Gras. ■ HOM. Éthique.

ÉTIQUETAGE [etik(ə)taʒ] **n. m.** – 1818 ◇ de *étiqueter* ■ Action d'étiqueter. *Étiquetage de bocaux. Étiquetage d'articles en solde.*

ÉTIQUETER [etik(ə)te] **v. tr.** ‹4 /5/› – 1549 ◇ de *étiquette* ■ **1** Marquer d'une étiquette qui désigne, distingue. *Étiqueter des marchandises, des papiers.* — **p. p. adj.** *Des bocaux étiquetés.* ■ **2** FIG. Classer (qqn) d'après son origine, son comportement. *« ça l'amuse de m'étiqueter comme si j'étais une chose »* SARTRE. ◆ Ranger sous l'étiquette d'un parti, d'une école. ➤ **dénommer, noter.** *On l'étiquette comme anarchiste.* ABSOLT *Après son intervention, on l'a aussitôt étiqueté.* ➤ **cataloguer, classer.**

ÉTIQUETEUR, EUSE [etik(ə)tœʀ, øz] **n.** – 1859 ◇ de *étiqueter* ■ **1** Personne qui pose des étiquettes. ■ **2** **n. f. ÉTIQUETEUSE :** machine servant à coller les étiquettes.

ÉTIQUETTE [etikɛt] **n. f.** – 1387 *estiquette* ◇ de l'ancien verbe *estiquier* (1180 en picard) « attacher ; enfoncer », francique °*stikk(j)an* « percer »

I ■ **1** (1549) DR. VX Écriteau sur le dossier d'un procès, portant les noms du demandeur, du défendeur et du procureur. ■ **2** (1580) MOD. Petit morceau de papier, de carton, fixé à un objet (pour en indiquer la nature, le contenu, le prix, la destination, le possesseur). ➤ 1 **marque.** *Attacher, mettre une étiquette sur un sac, sur un colis.* ➤ **étiqueter.** *Étiquettes autocollantes.* ➤ **sticker.** *Le prix est sur l'étiquette. « C'est vous qui collerez les étiquettes [...] pour l'expédition [...] haut et bas, fragile, prière de manier l'objet avec précaution »* SARTRE. *Valise bigarrée d'étiquettes multicolores. Étiquette de garantie, de qualité.* ➤ **label.** *Étiquette magnétique,* qui fait sonner une alarme si le vendeur ne l'a pas ôtée pour paiement. ➤ **bip.** *La valse* des étiquettes.* ◆ (1906 ◇ à cause des « oreilles » [II] d'un ballot) ARG. ; AU PLUR. Oreilles. *« il a des étiquettes presque gaulliennes »* SAN-ANTONIO. ■ **3** INFORM. Groupe de caractères alphanumériques qui, placés devant une instruction d'un programme, un enregistrement, permet son repérage afin d'y effectuer un branchement. ➤ **label.** ■ **4** (1870) FIG. Ce qui marque qqn et le classe (dans un parti, une école, etc.). *« sous les mêmes étiquettes, sous les mêmes aspects, deux genres d'hommes coexistent »* PÉGUY. *Mettre une étiquette à qqn.* ➤ **étiqueter.** *Étiquette politique. Il s'est présenté aux élections sous l'étiquette socialiste. Député sans étiquette,* n'appartenant à aucun parti politique. ◆ (CHOSES) *« De quelque étiquette qu'on les couvre, pour les classer, il y a des œuvres vivantes parce qu'elles sont vraies »* HENRIOT.

II (1607, répandu XVIIIe ◇ du nom du formulaire de règles fait pour Philippe le Bon) Ordre de préséances ; cérémonial en usage dans une cour, auprès d'un chef d'État, d'un grand personnage. ➤ **cérémonial, protocole, règle.** *L'étiquette l'exige. Respecter l'étiquette. Manquer à l'étiquette. Être à cheval sur l'étiquette.* ◆ Formes cérémonieuses entre particuliers. *Supprimer toute espèce d'étiquette.* ◆ Ensemble des règles à respecter sur un parcours de golf.

ÉTIRABLE [etiʀabl] **adj.** – 1863 ◇ de *étirer* ■ RARE Qui peut être étiré sans se rompre. ➤ **ductile, élastique, extensible.**

ÉTIRAGE [etiʀaʒ] **n. m.** – 1812 ◇ de *étirer* ■ Action d'étirer. *Étirage des métaux à froid. Étirage à chaud au laminoir.* ➤ **forgeage, laminage.** *Étirage des métaux à la filière.* ➤ **tréfilage.** — *Étirage des peaux.* ➤ **corroyage.** — *Étirage des textiles dans les filatures. Bancs d'étirage,* sur lesquels s'effectuent l'étirage et le doublage. — *Étirage mécanique du verre en feuilles.*

ÉTIRÉ [etiʀe] **n. m.** – 1961 ◇ de *étirer* ■ MATÉR. Barre, tube métalliques qu'on obtient par étirage. ➤ **profilé.**

ÉTIREMENT [etiʀmɑ̃] **n. m.** – 1611 ◇ de *étirer* ■ **1** Le fait de s'étirer (2°). ➤ **allongement.** — GÉOL. *Étirement des couches, des schistes, des fossiles.* ➤ **laminage.** ■ **2** (1879) Action de s'étirer. ➤ **pandiculation.** *Les étirements d'un chat. Exercices d'étirement en gymnastique.* ➤ **stretching.**

ÉTIRER [etiʀe] **v. tr.** ‹1› – *estirer* « amener en tirant » 1250 ◇ de *é-* et *tirer*

I (XVIe) Allonger ou étendre par traction. ➤ **détirer, distendre, élonger.** *Étirer les métaux* (➤ **laminer, tréfiler**), *les cuirs et peaux, le verre. Corps qui peut être étiré sans se rompre.* ➤ **ductile, étirable.** — PAR MÉTAPH. *Notre amitié « ce lien que la séparation étire sans le rompre »* COLETTE.

II S'ÉTIRER **v. pron.** ■ **1** Se tendre, s'allonger. *Nuages qui se déploient, s'étirent, s'effilochent.* ◆ SPÉCIALT **(étoffes)** *Le jersey, tissu qui s'étire.* ➤ **donner, prêter ; stretch.** ■ **2** (1808) Étendre ses membres. ➤ **se détendre.** *S'étirer en bâillant. « j'étends les bras, je m'élargis, et je m'étire comme un homme qui s'éveille »* SARTRE. ■ **3** Se prolonger, passer lentement. *La journée s'étire,* elle n'en finit pas.

■ CONTR. Comprimer, 2 contracter. Rétrécir. — Blottir (se), ramasser (se).

ÉTIREUR, EUSE [etiʀœʀ, øz] **n.** – 1845 ; « cylindre de laminage » 1812 ◇ de *étirer* ■ **1** Ouvrier, ouvrière qui procède à l'étirage. ■ **2** **n. f.** (1907) **ÉTIREUSE.** Machine à étirer. ➤ **filière, laminoir.**

ÉTISIE [etizi] **n. f.** – avant 1719 ; *hectisie* fin XVIe ◇ du latin *hecticus,* mot grec → étique, hectique ■ VX Consomption ; extrême maigreur. — On dit aussi **HECTISIE** [ɛktizi].

ÉTOC [etɔk] **n. m.** – 1845 ◊ forme de *estoc* ■ MAR. Tête de rocher voisine des côtes et dangereuse pour la navigation. « *Étocs. Ces rochers immergés sur lesquels s'éventrent les bateaux* » F. VARGAS.

ÉTOFFE [etɔf] **n. f.** – *estophe* « matériaux » 1241 ◊ de *estoffer* → étoffer
I ■ **1** (1599) Tissu dont on fait des habits, des garnitures d'ameublement. ➤ **tissu*.** *Fabrication, armure des étoffes* (➤ **tissage**). *Étoffes de laine* (➤ **laine** ; 1 **lainage**), *de coton* (➤ **coton, cotonnade**), *de soie* (➤ 1 **soie, soierie**), *de lin,* etc. ➤ **textile.** *Étoffes de fibres* synthétiques. Étoffe brochée, brodée, chinée, cloquée, côtelée. Étoffe imprimée, écossaise, à rayures, à ramages. Étoffe double face, réversible.* « *Je tâte votre habit ; l'étoffe en est moelleuse* » MOLIÈRE. « *Elle aimait les étoffes qui font du bruit, les jupes longues, craquantes, pailletées* » BAUDELAIRE. *Étoffe grand teint, infroissable. — Pièce, rouleau d'étoffe. Coupe, coupon, métrage d'une étoffe. Largeur d'une étoffe.* ➤ **laize, lé.** ■ **2** (v. 1380) Ce qui constitue ou définit (nature, qualités, aptitudes, condition) une personne ou une chose. « *plusieurs abbés irlandais, gascons, et autres gens de pareille étoffe* » ROUSSEAU. ➤ **espèce.** *L'étoffe dont sont faits les héros.* ♦ LOC. *Avoir l'étoffe de,* les qualités, les capacités de. *L'étoffe d'un héros. Il n'a pas l'étoffe d'un champion, d'un chef d'État.* — ABSOLT *Avoir de l'étoffe,* une forte personnalité, de grandes qualités. ➤ **valeur.** *Manquer d'étoffe,* d'envergure.
II (du sens primitif « matériaux ») TECHN. ■ **1** (1723 ; nom de divers alliages) Morceau d'acier commun dont on fait les parties non tranchantes des instruments (coutellerie). ♦ Alliage de plomb et d'étain utilisé à l'époque classique pour la fabrication de certains tuyaux d'orgue. ■ **2** (1823) IMPRIM. **LES ÉTOFFES :** sommes que l'imprimeur doit ajouter aux factures de ses clients pour couvrir l'intérêt et l'amortissement de son matériel.

ÉTOFFÉ, ÉE [etɔfe] **adj.** – 1356 ◊ de *étoffer* ■ **1** VX Orné, garni. ■ **2** (1680) MOD. Qui a des qualités de force, d'ampleur (style). *Une description étoffée.* ➤ **riche.** ■ **3** (XVIIIe) Qui a des formes amples (corps de l'être humain et des animaux). « *Une belle demoiselle plus grande que madame M... de deux doigts, plus jeune, plus étoffée* » VOLTAIRE. ■ **4** (XVIIIe) *Voix étoffée,* pleine, étendue.

ÉTOFFER [etɔfe] **v. tr.** ⟨1⟩ – 1352 ; *estoffer* « rembourrer (un meuble, un collier) » v. 1190 ◊ francique °*stopfôn* ■ **1** VX Rendre plus ample en utilisant plus d'étoffe. *Étoffer un jupon.* ■ **2** (XVIe) MOD. Enrichir. *Étoffer un ouvrage,* lui fournir une matière plus abondante, plus riche. ➤ **nourrir.** « *vous l'étofferiez [cette dissertation], vous la poliriez, vous l'augmenteriez* » BAYLE. — *Étoffer un personnage,* lui donner une personnalité plus riche, plus complexe (en écrivant ou en jouant le rôle). ■ **3 S'ÉTOFFER v. pron.** (1882) S'élargir, prendre de la carrure. *Il s'est étoffé depuis qu'il fait du sport.* ■ CONTR. Appauvrir. Maigrir.

ÉTOILE [etwal] **n. f.** – fin XIe ◊ du latin populaire *stela,* de *stella*
I ASTRE ■ **1** Tout astre visible, excepté le Soleil et la Lune ; point brillant dans le ciel, la nuit. ➤ **astre.** *L'ancienne astronomie distinguait les étoiles errantes* (➤ **planète ; comète**), *et les étoiles fixes. Ciel criblé, parsemé, semé d'étoiles.* ➤ **étoilé.** *Une nuit sans étoiles.* « *Cette obscure clarté qui tombe des étoiles* » CORNEILLE. « *d'innombrables étoiles, dont les scintillations tremblaient confusément dans l'eau du Nil* » GAUTIER. « *Les étoiles, comme de petits yeux qui ne s'habituent pas à l'obscurité* » RENARD. — *L'étoile du soir, l'étoile du matin, l'étoile du berger :* la planète Vénus. *L'étoile des Rois mages :* l'astre, le météore qui, dans l'Évangile, guide les Rois mages jusqu'à la crèche. ♦ *La guerre* des étoiles.* — *Avoir la tête dans les étoiles :* être rêveur (cf. Dans les nuages), être transporté de joie (cf. Ne plus toucher terre). *Avoir des étoiles plein les yeux :* être émerveillé, ravi. « *ce sera une sacrée surprise qui va mettre des étoiles dans les yeux du Vieux pendant des jours* » L. GAUDÉ. ♦ LOC. **À LA BELLE ÉTOILE :** en plein air, la nuit. *Dormir à la belle étoile.* ■ **2** ASTRON. Astre producteur et émetteur d'énergie, et dont le mouvement apparent sur la sphère céleste est trop faible pour l'observation à courte durée (➤ **stellaire**). *L'énergie rayonnante émise par une étoile est produite par des réactions nucléaires. Lever, coucher d'une étoile. On groupe les étoiles les plus brillantes en figures arbitraires.* ➤ **constellation.** *Coordonnées d'une étoile.* ➤ **astronomique, équatorial.** *Occultation d'une étoile par la Lune. L'étoile Polaire,* située approximativement dans la direction du pôle Nord. *Étoiles naines, géantes. Étoile variable.* ➤ **céphéide.** *Étoile en formation.* ➤ **protoétoile.** *Vieillissement et mort d'une étoile par combustion de tout son hydrogène ou par explosion* (➤ **nébuleuse, nova, pulsar, supernova**). « *les étoiles naissent, vivent et meurent, même si leurs durées se chiffrent en millions ou en milliards d'années* » H. REEVES. *Étoiles mortes* dont la lumière nous parvient encore. « *Il y a des étoiles si éloignées de la Terre que leur lumière n'est pas encore parvenue jusqu'à nous* » CHATEAUBRIAND. — *Étoile double :* système de deux étoiles liées par la gravité. *Étoile source de rayons X. Étoile à neutrons :* étoile compacte dans laquelle les forces gravitationnelles provoquent la fusion des électrons et des protons en neutrons. *Sismologie des étoiles* (➤ **astérosismologie**). — *Groupement d'étoiles.* ➤ **galaxie** (cf. Amas* stellaire). ■ **3** (du sens Io) **ÉTOILE FILANTE :** météorite dont le passage dans l'atmosphère terrestre se signale par un trait de lumière. ➤ **aérolithe, bolide, météorite.** *Faire un vœu au passage d'une étoile filante.* « *les étoiles filantes, qui glissaient comme des gouttes sur la surface de la nuit* » LE CLÉZIO. ■ **4** PAR ANAL. Point lumineux, étincelle. *Fusée qui éclate en lançant une gerbe d'étoiles.* ■ **5** (1549) Astre, considéré comme exerçant une influence sur la destinée de qqn (➤ 2 **ascendant**). *Être né* sous une bonne, une mauvaise étoile. Avoir foi, être confiant, dans, en son étoile.* ➤ **chance, destin, destinée, fortune, sort.** *Lire qqch. dans les étoiles,* le prédire. *Son étoile pâlit :* son pouvoir, son influence diminue.
II OBJET, MARQUE EN FORME D'ÉTOILE ■ **1** (fin XIVe) Objet disposé en rayons, rappelant la forme sous laquelle on représente traditionnellement les étoiles. *Étoile à cinq branches.* ➤ **pentacle.** *Les rayons, les rais d'une étoile.* ♦ SPÉCIALT (XVIIIe) Motif décoratif, en architecture. *Les lampes* « *accrochaient une paillette de lumière aux étoiles dorées des plafonds* » GAUTIER. — *Étoiles brodées sur les manches des officiers généraux. Général à trois, à quatre étoiles.* — *Étoiles servant d'emblème ; étoiles d'un drapeau* (ex. Brésil, États-Unis d'Amérique). *L'étoile de David :* étoile à six branches formée de deux triangles superposés et inversés, symbole juif traditionnel. *L'étoile jaune :* étoile de David en tissu jaune dont les Allemands imposèrent le port aux juifs à partir de 1942. — Croix à cinq branches, insigne d'une décoration. ♦ (1811) Fêlure rayonnante. *Étoile sur un parebrise.* ♦ (1626) Marque blanche au front d'un cheval, d'un bœuf. ♦ (1669) TYPOGR. Signe en forme d'étoile (➤ **astérisque**) qui sert généralement à remplacer des lettres ou des mots manquants. *Madame* ***. ➤ **trois-étoiles.** ♦ Petit signe en forme d'étoile servant à classer certains établissements selon leur confort, leur luxe (en *une, deux... étoiles*). PAR APPOS. *Restaurant trois étoiles. Hôtel cinq étoiles.* ELLIPT *Descendre dans un quatre-étoiles.* — FIG. *Trois, quatre, cinq étoiles :* de grande qualité, de haut niveau. *Un film à la distribution cinq étoiles.* ♦ SKI Insigne décerné aux skieurs ayant passé avec succès des épreuves relatives à l'acquisition de certains mouvements. PAR EXT. L'épreuve elle-même. *Passer sa troisième étoile.* ■ **2** (1690) Rond-point où aboutissent plusieurs allées, plusieurs avenues. ➤ **carrefour.** « *C'est une sorte d'étoile où concourent quelques allées* » DIDEROT. ABSOLT *La place de l'Étoile :* la place Charles-de-Gaulle, où se trouve l'Arc de triomphe, à Paris. ■ **3** (1812) ARTILL. *Étoile mobile :* instrument destiné à vérifier les dimensions de l'âme d'un canon, son calibre. ■ **4 EN ÉTOILE :** dans une disposition rayonnante, présentant des lignes divergentes. *Branches, routes en étoile. Fêlures en étoile.* ♦ *Moteur en étoile,* dont les cylindres sont disposés en rayons sur un même plan, toutes les bielles étant articulées sur le maneton du vilebrequin. ♦ ÉLECTROTECHN. *Montage en étoile,* ou APPOS. *montage étoile :* système de connexion électrique polyphasée qui transfère l'énergie de chacune des phases par rapport à un point commun. ■ **5** (1561) **ÉTOILE DE MER :** animal invertébré *(échinodermes)* en forme d'étoile à cinq branches. ➤ **astérie.** *Les étoiles de mer sont carnivores.* « *la délicate étoile, l'ophiure, qui, sous le soleil, tend, détend, roule et déroule tour à tour ses bras élégants* » MICHELET. ♦ BOT. *Étoile d'argent.* ➤ **édelweiss.**
III PERSONNE BRILLANTE (1849 ◊ de l'anglais *star*) Personne dont la réputation, le talent brillent (comédien, danseur, sportif). ➤ **vedette.** *Les étoiles du cinéma.* ➤ **star.** APPOS. *Danseur, danseuse étoile,* ayant atteint le plus haut degré dans la hiérarchie du corps de ballet de l'Opéra. *Les danseurs étoiles.* ♦ *Étoile montante :* personne qui devient célèbre dans quelque domaine. « *On se pressait autour de Suzanne Lenglen, l'étoile montante des courts* » ARAGON.

ÉTOILÉ, ÉE [etwale] **adj.** – avant 1125 ◊ de *étoiler* ■ **1** Semé d'étoiles. ➤ **constellé.** *Ciel, firmament étoilé. Nuit étoilée.* ♦ PAR EXT. Parsemé de choses brillantes, scintillantes. *Cette armure* « *était si polie, si fourbie, si illuminée de reflets, si étoilée de clous* » GAUTIER. ■ **2** Qui porte des étoiles (III) dessinées. *Bâton étoilé des maréchaux de France. La bannière étoilée :* le drapeau des États-Unis d'Amérique. ▪ **3** Disposé en rayons partant d'un centre comme les rayons d'une étoile figurée. *Cristaux étoilés. Feuilles étoilées :* petites feuilles verticillées disposées en rayons. *Anis étoilé,* à capsules en étoile. ▪ **4** *Chef, restaurant étoilé,* qui a des étoiles (II, 1°) décernées par un guide gastronomique. *«un concours culinaire dans lequel des professionnels étoilés faisaient passer des épreuves à des seconds»* O. ADAM.

ÉTOILEMENT [etwalmɑ̃] **n. m.** – 1845 «fêlure» ; *estellement* «les étoiles» XIIe ◇ de *étoiler* ▪ LITTÉR. ▪ **1** Action d'étoiler, de s'étoiler. *«L'étoilement du ciel se faisait peu à peu, étoile par étoile»* BOSCO. ▪ **2** Disposition rayonnante, en étoile. *Un étoilement de rues.*

ÉTOILER [etwale] **v. tr.** ‹1› – *estoiler* 1611 ; *esteler* XIIe ◇ de *étoile* ▪ **1** Parsemer d'étoiles. *Les astres qui étoilent le ciel.* PRONOM. Se couvrir d'étoiles. *Le ciel s'étoile.* ▪ **2** (1845) Marquer d'étoiles (III). *«de larges gouttes de pluie commencèrent à étoiler le trottoir»* MARTIN DU GARD. — Fêler en forme d'étoile. *Jet de pierres qui étoile une vitre.*

ÉTOLE [etɔl] **n. f.** – *estole* XIIe ◇ latin *stola,* grec *stolê* «longue robe» ▪ **1** Bande d'étoffe que l'évêque, le prêtre et le diacre portent au cou dans l'exercice de certaines fonctions liturgiques. ▪ **2** Large écharpe de fourrure rappelant la forme de l'étole, portée comme une cape sur les épaules. *Une étole de vison.* — PAR EXT. *Une étole de soie.*

ÉTONNAMMENT [etɔnamɑ̃] **adv.** – 1572 ◇ de *étonnant* ▪ D'une manière étonnante. ➤ **singulièrement.** *C'est étonnamment simple.*

ÉTONNANT, ANTE [etɔnɑ̃, ɑ̃t] **adj.** – XVIe ◇ de *étonner* ▪ **1** VX Qui produit une commotion violente, qui ébranle (physiquement ou moralement). *«Oui, d'un coup étonnant ce discours m'assassine»* MOLIÈRE. ▪ **2** (début XVIIe ; langue classique) Qui confond, frappe l'esprit par son étrangeté. ➤ **stupéfiant.** ▪ **3** MOD. Qui surprend, déconcerte par qqch. d'extraordinaire. ➤ **déconcertant, saisissant, surprenant ; bizarre*.** *Très étonnant.* ➤ **renversant, stupéfiant ; extraordinaire, incroyable.** *Évènement étonnant, nouvelle étonnante.* ➤ **inattendu.** *Étonnant concours de circonstances.* ➤ **invraisemblable.** *Tenue étonnante.* ➤ **improbable.** *Je viens d'apprendre une chose étonnante.* ◆ *Il est bien étonnant que cela ne se soit pas produit plus tôt. Je trouve étonnant qu'il ne m'ait pas prévenu.* ➤ **bizarre, curieux, drôle.** *Ce n'est pas étonnant. Rien d'étonnant à cela, cela n'a rien d'étonnant.* — SUBST. *L'étonnant est qu'il refuse de l'admettre.* ▪ **4** Qui frappe par un caractère remarquable, accompli. ➤ **fantastique, formidable, remarquable ;** FAM. **épatant, époustouflant, génial, terrible.** *Un film, un livre étonnant.* — (PERSONNES) *«C'est une femme étonnante [...] une femme rare enfin, et telle qu'on n'en rencontrerait pas une seconde»* LACLOS.
▪ CONTR. Banal, 1 courant, habituel, normal, ordinaire.

ÉTONNÉ, ÉE [etɔne] **adj.** – de *étonner* ▪ **1** VX Ébranlé ; étourdi, hébété. ▪ **2** VX Troublé par une violente émotion (admiration, surprise, effroi). *«De vos sens étonnés quel désordre s'empare ?»* RACINE. ▪ **3** MOD. Surpris par qqch. d'extraordinaire, d'inattendu. ➤ **déconcerté, désorienté.** *Très étonné.* ➤ **éberlué, stupéfait*.** *Avoir, prendre l'air étonné. J'ai été très étonné de le rencontrer. Je ne serais pas autrement étonné :* ce n'est pas impossible. *«Si prévenu qu'il fût des profusions et des splendeurs de Vaux, Louis XIV en arrivant fut étonné et ne put s'empêcher de le paraître»* SAINTE-BEUVE.

ÉTONNEMENT [etɔnmɑ̃] **n. m.** – 1676 ; *estonement* XIIIe ◇ de *étonner*
I VX Commotion violente ; ébranlement. ◆ TECHN. Lézarde dans un édifice.
II (XVIe) ▪ **1** VX Choc, ébranlement moral. SPÉCIALT Épouvante, terreur. ▪ **2** (langue classique) Violente émotion, stupéfaction à la vue d'un spectacle extraordinaire. *«l'étonnement est un excès d'admiration qui ne peut jamais être que mauvais»* DESCARTES. ▪ **3** MOD. Surprise causée par qqch. d'extraordinaire, d'inattendu. ➤ **ahurissement, ébahissement, stupéfaction, surprise.** *Causer de l'étonnement* (cf. Faire impression*, sensation*). *Remplir d'étonnement. Grand, extrême, profond étonnement. À mon grand étonnement, j'ai vu que... C'est avec étonnement que j'ai constaté... «Il était stupide de surprise, dans un abîme d'étonnement»* FRANCE. *«l'étonnement ou le désir de paraître étonnée écarquillait ses yeux»* PROUST. *Sans manifester le moindre étonnement. Aller d'étonnement en étonnement.*
▪ CONTR. (du II) Indifférence.

ÉTONNER [etɔne] **v. tr.** ‹1› – *estoner* XIe ◇ du latin populaire °*extonare,* classique *attonare* «frapper du tonnerre»
I (sens étymologique ; XVe) VX Ébranler, faire trembler par une violente commotion. ◆ (XIXe) TECHN. *Étonner une voûte* (➤ 1 **lézarder**). *Étonner un diamant,* le fêler.
II (XIe) ▪ **1** VX Causer une violente commotion morale à (qqn), par admiration ou par crainte. ➤ **bouleverser, foudroyer.** SPÉCIALT ➤ **effrayer.** *«La mort ne vous étonne-t-elle point ?»* RACINE. ▪ **2** Langue class. Donner à (qqn) une violente émotion par la surprise. ➤ **ébahir, effarer, renverser, stupéfier, suffoquer ;** FAM. **sidérer, souffler** (cf. Couper bras* et jambes). ▪ **3** MOD. Causer de la surprise à (qqn). ➤ **abasourdir, ahurir, ébahir, frapper, surprendre ;** FAM. **époustoufler, estomaquer, scier, trouer ;** RÉGION. **espanter** (cf. En boucher* un coin). *Étonner par la beauté, la grandeur, l'importance.* ➤ **éblouir, émerveiller, impressionner ;** FAM. **épater.** *Cela m'a beaucoup, bien étonné. Cela ne m'étonne pas, j'en ai vu bien d'autres. Plus rien ne l'étonne* (cf. Il est blasé, revenu de tout). *Tu m'étonneras toujours ! Le dandysme, «c'est le plaisir d'étonner et la satisfaction orgueilleuse de ne jamais être étonné»* BAUDELAIRE. *«une des caractéristiques du rêve est que rien ne nous y étonne»* COCTEAU. *Vous en êtes sûr ? Cela m'étonne un peu. Ça ne m'étonne pas :* j'en étais sûr. *Tu m'étonnes !* je ne te crois pas ; IRON. cela ne m'étonne pas. LOC. *Ça m'étonnerait :* je considère cela comme peu probable, peu vraisemblable. *Et s'il vient ? Ça m'étonnerait* (cf. Il n'y a pas de danger*). — **ÊTRE ÉTONNÉ DE, PAR.** *Vous serez étonnés du résultat, par le résultat.*
III S'ÉTONNER v. pron. ▪ **1** VX Être ébranlé (PR. et FIG.), chanceler. *«Quoi ? déjà votre foi s'affaiblit et s'étonne ?»* RACINE. ▪ **2** VX S'affoler, s'effrayer. *«Le sang coule ; on s'étonne, on s'avance, on s'écrie»* VOLTAIRE. ▪ **3** MOD. Trouver étrange ; être surpris. *S'étonner à l'annonce d'une nouvelle. S'étonner de tout. «l'homme ne s'étonne presque plus à l'annonce de nouveautés plus merveilleuses»* VALÉRY. — VIEILLI *S'étonner de ce que. «Je ne m'étonne pas de ce que les Grecs ont fait l'Iliade»* PASCAL. — *S'étonner de* (et inf.). *Elle s'étonne de le voir arriver si vite. «On ne devrait s'étonner que de pouvoir encore s'étonner»* LA ROCHEFOUCAULD. — *S'étonner que* (et subj.). *Je m'étonne qu'il n'ait pas écrit.* — Avec *si* (forme interrog. ou négative). *Ne t'étonne pas si je ne viens pas.*

ÉTOUFFADE ➤ **ESTOUFFADE**

ÉTOUFFAGE [etufaʒ] **n. m.** – 1845 ◇ de *étouffer* ▪ TECHN. Action d'étouffer les chrysalides des vers à soie, d'asphyxier passagèrement les abeilles.

ÉTOUFFANT, ANTE [etufɑ̃, ɑ̃t] **adj.** – 1640 ; *herbe étouffante* «envahissante» 1583 ◇ de *étouffer* ▪ Qui fait qu'on étouffe, qu'on respire à peine. ➤ **asphyxiant, oppressant, suffocant.** *Air étouffant, atmosphère étouffante.* ➤ **touffeur.** *Chaleur étouffante,* intense, lourde. ➤ **accablant.** *«Les fleurs achèvent d'expirer dans la moiteur étouffante»* DUHAMEL. ◆ FIG. *«tes routines, les rites étouffants de ta vie provinciale»* SAINT-EXUPÉRY. ▪ CONTR. 1 Frais, vif, vivifiant.

ÉTOUFFÉ, ÉE [etufe] **adj.** – de *étouffer* ▪ **1** Asphyxié par étouffement. *L'enfant est mort étouffé sous ses couvertures. Étouffé dans l'œuf*.* PAR EXT. *Feu étouffé.* ➤ **éteint.** ▪ **2** Affaibli. *Le bruit étouffé de ses pas.* ➤ **assourdi, sourd.** *Cris, rires étouffés,* réprimés. ◆ *Sentiments étouffés. Tendances étouffées,* refoulées.

ÉTOUFFE-CHRÉTIEN [etufkʀetjɛ̃] **n. m.** – 1946 ◇ de *étouffer* et *chrétien* ▪ On rencontre la variante *étouffe-coquin.* FAM. Aliment, mets qui étouffe, très farineux, très épais. *Des étouffe-chrétiens.*

ÉTOUFFÉE (À L') [aletufe] **loc. adv.** – 1393, repris XIXe ◇ de *étouffer* ▪ *Cuire à l'étouffée,* en vase clos, dans sa vapeur. ➤ **étuvée ; braiser. loc. adj.** *Viande à l'étouffée.* ➤ **estouffade** (cf. En daube).

ÉTOUFFEMENT [etufmɑ̃] **n. m.** – *estouffement* 1300 ◇ de *étouffer* ▪ **1** Action d'étouffer (un être vivant) ; le fait d'être étouffé. ➤ **asphyxie.** *Étouffement par noyade, pendaison, strangulation, obstruction des voies respiratoires.* ▪ **2** (1562) Difficulté à respirer. *Sensation d'étouffement.* ➤ **dyspnée, suffocation ; étranglement.** *Crise d'étouffements causée par l'asthme.* ▪ **3** (1864) FIG. Action d'étouffer (FIG.), d'empêcher d'éclater, de se développer. *Étouffement d'un complot, d'une révolte.* ➤ **répression.** *Étouffement d'une affaire, d'un scandale.* ➤ **dissimulation.** ▪ **4** Atmosphère étouffante. ➤ **moiteur, touffeur.** *«cet étouffement chaud des chambrées les mieux tenues, qui sentent le bétail humain»* ZOLA. ▪ CONTR. Fraîcheur.

ÉTOUFFER [etufe] **v.** ‹1› – début XIIIe ◇ de *étouper* «garnir avec de l'*étoupe,* boucher», croisé avec *étoffer* au sens ancien de «rembourrer»

II ~ **v. tr.** **A.** PRIVER D'AIR ▪ **1** Asphyxier (un être vivant) en pesant sur la poitrine, en appliquant qqch. sur le nez, la bouche, qui empêche de respirer. *Étouffer qqn avec un oreiller.* ALLUS. LITTÉR. *« J'embrasse mon rival, mais c'est pour l'étouffer »* RACINE. *Le boa étouffe ses proies.* — *Serrer qqn jusqu'à l'étouffer,* très fort. ▪ **2** PAR EXT. Gêner (qqn) en rendant la respiration difficile. ➤ **oppresser, suffoquer.** *La chaleur m'étouffe.* ➤ **étouffant.** *Les larmes l'étouffaient. « il lui semblait que les quelques bouchées qu'elle s'était contrainte d'avaler lui restaient au fond de la gorge et l'étouffaient »* GREEN. ◆ FAM. et IRON. *Ce ne sont pas les scrupules qui l'étouffent :* il n'a aucun scrupule. ◆ FIG. Donner une impression de gêne à. ➤ **oppresser, peser.** *« cette vie de petite ville lui pesait, l'étouffait »* DAUDET. ▪ **3** Priver (une plante) de l'oxygène nécessaire à sa respiration. PAR EXT. (fin XIIIe) Gêner la végétation, la croissance de (une plante). *« ce bosquet, où le toit spacieux des chênes étouffait toute autre verdure »* TOULET. ▪ **4** Priver de l'oxygène nécessaire à la combustion. ➤ **éteindre.** *Étouffer un incendie, un foyer d'incendie, le feu.*

B. SENS FIGURÉS ▪ **1** (fin XVIe) Empêcher (un son) de se faire entendre, de se propager. ➤ **amortir, assourdir ; couvrir.** *Des tentures étouffaient les bruits. « elle avait l'impression que le silence essayait d'étouffer le bruit de ses paroles, car sa voix était sourde, presque indistincte »* GREEN. — FIG. Faire taire. *Étouffer l'opposition, l'opinion publique.* ➤ **bâillonner, museler.** ◆ *Étouffer un soupir, un sanglot, ses larmes.* ➤ **contenir, réprimer, retenir.** ▪ **2** (1564) Supprimer ou affaiblir (un sentiment, une opinion) ; empêcher de se développer en soi. ➤ **détruire, juguler, refouler, supprimer.** *Étouffer ses émotions. L'ambition étouffe en lui tout sentiment. « Je sens naître malgré moi des scrupules. – Il faut les étouffer »* LESAGE. ▪ **3** (XVIIe) Empêcher d'éclater, de se développer. *Étouffer un scandale.* ➤ **cacher, dissimuler.** *Les journaux ont étouffé l'affaire. Étouffer une révolte, un complot. Étouffer une affaire dans l'œuf**.

II ~ **v. pron. S'ÉTOUFFER** ▪ **1** (RÉFL.) Perdre la respiration. *S'étouffer en mangeant, en avalant de travers.* — PLAISANT *On ne va pas s'étouffer avec ces petites portions.* ◆ Mourir par asphyxie. *Le bébé s'est étouffé sous les couvertures.* ◆ Manquer de l'oxygène nécessaire au bon fonctionnement. *Le moteur s'étouffe.* ▪ **2** (RÉCIPR.) *« Ils s'étouffent, Attale, en voulant s'embrasser »* RACINE. ◆ PAR EXT. Être serré dans la foule. ➤ **s'écraser,** se **presser.**

III ~ **v. intr.** ▪ **1** (1559) Respirer avec peine, difficulté ; ne plus pouvoir respirer. ➤ **suffoquer.** *Étouffer dans une pièce fermée, confinée. Étouffer de chaleur. La baleine « ne respire que hors de l'eau, et si elle y reste, elle étouffe »* MICHELET. — Avoir très chaud. *On étouffe ici.* ◆ *Étouffer de rire.* ➤ **s'étrangler.** *« Tous les dos se courbent ; ils étranglent de rire, ils étouffent, ils n'en peuvent plus »* DORGELÈS. ▪ **2** FIG. Être mal à l'aise, ressentir une impression d'oppression, d'ennui, etc. *Dans sa famille, il étouffait. « On étouffe un peu dans nos belles villes closes »* SARTRE.

▪ CONTR. Allumer. Exalter, exciter. Respirer.

ÉTOUFFOIR [etufwaʀ] **n. m.** – 1671 ◇ de *étouffer* ▪ **1** Récipient cylindrique de métal, muni d'un couvercle et qui sert à étouffer et conserver des braises, des charbons. ▪ **2** FAM. Local mal aéré. *Cette pièce est un étouffoir.* ▪ **3** (1803) MUS. Petite pièce de bois garnie d'étoffe et qui sert, dans un piano, à étouffer, interrompre le son lorsque le marteau revient à sa place. *La pédale forte relève les étouffoirs.*

ÉTOUPE [etup] **n. f.** – 1636 ; *estupe, estoupe* XIIe ◇ latin *stuppa,* grec *stuppê* ▪ La partie la plus grossière de la filasse. *Étoupe de chanvre, de lin. Étoupe blanche :* résidu du chanvre travaillé dans les corderies. *Étoupe noire,* qui provient de vieux cordages goudronnés. *Paquet, tampon d'étoupe pour calfater, boucher un trou.* LOC. *Avoir les cheveux comme de l'étoupe,* ternes et en mauvais état.

ÉTOUPER [etupe] **v. tr.** ⟨1⟩ – *estuper* XIIe ◇ de *étoupe* ▪ TECHN. Garnir d'étoupe, pour boucher, calfater.

ÉTOUPILLE [etupij] **n. f.** – *estoupille* 1636 ◇ de *étoupe* ▪ **1** VX Mèche d'étoupe introduite dans la lumière d'un canon, et destinée à enflammer la poudre. ▪ **2** (1842) Amorce de fulminate de mercure enflammée par friction ou percussion. ➤ **amorce, détonateur.**

ÉTOURDERIE [etuʀdəʀi] **n. f.** – 1674 ◇ de *étourdi* ▪ **1** Acte d'étourdi. *Faire une étourderie.* ➤ **bévue, faute, imprudence, inadvertance.** — SPÉCIALT Oubli, inattention. *Une simple étourderie.* ▪ **2** Caractère d'une personne étourdie, qui ne réfléchit pas avant d'agir. ➤ **distraction, inattention, irréflexion.** *L'étourderie des enfants. Agir avec étourderie, par étourderie. Faute d'étourderie,* qu'on aurait évitée avec de la réflexion.

▪ CONTR. Attention, circonspection, pondération, réflexion.

ÉTOURDI, IE [etuʀdi] **adj. et n.** – *esturdi, estourdi* XIIIe ◇ *Estordit* n. pr. 1086 ; latin populaire °*exturditus,* de *turdus* « grive » ▪ **1** Qui agit sans réflexion, ne porte pas attention à ce qu'il fait. ➤ **distrait, écervelé, évaporé, inattentif, inconsidéré, insouciant, irréfléchi, léger.** *Élève étourdi* (cf. Tête en l'air). ◆ SPÉCIALT Qui oublie, égare facilement ; qui manque de mémoire et d'organisation. ▪ **2** **n.** *Un étourdi, une étourdie.* ➤ **distrait, écervelé, hurluberlu** (cf. Tête en l'air* ; tête de linotte*). *Quel étourdi ! « L'étourdie avait cru laisser sa porte entrouverte, nous la trouvâmes fermée, et la clef était restée en dedans »* LACLOS. ▪ **3** **loc. adv.** VIEILLI **À L'ÉTOURDIE.** ➤ **étourdiment, inconsidérément.** *Agir à l'étourdie.* ▪ CONTR. Attentif, circonspect, pondéré, posé, prévoyant, prudent, réfléchi, sage ; organisé.

ÉTOURDIMENT [etuʀdimɑ̃] **adv.** – *estordiement* XIVe ◇ de *étourdi* ▪ À la manière d'un étourdi ; sans réflexion. ➤ **imprudemment, inconsidérément.** *Agir, parler, répondre étourdiment. Se lancer étourdiment dans une affaire* (cf. À corps* perdu, à l'étourdie, à la légère).

ÉTOURDIR [etuʀdiʀ] **v. tr.** ⟨2⟩ – *estordir* fin XIe ; *estourdir* « rendre ivre » v. 1190 ◇ même étym. que *étourdi* ▪ **1** Faire perdre à demi connaissance, affecter subitement la vue, l'ouïe, le sens de l'orientation de (qqn). ➤ **abrutir, assommer.** *Choc, commotion qui étourdit. Le coup de poing l'a étourdi.* ➤ FAM. **sonner.** — PAR EXT. *Étourdir un animal de boucherie,* lui faire perdre conscience avant l'abattage. ▪ **2** FIG. et VX Causer de l'étonnement, de la stupeur à (qqn). ➤ **ébranler, étonner, hébéter.** *« les extrêmes douleurs Étourdissent l'esprit et restreignent les pleurs »* MAIRET. ▪ **3** Causer une sorte de griserie, d'ivresse, de vertige à (qqn). *Le vin l'étourdit.* ➤ **griser** (cf. Faire tourner* la tête). *Étourdi d'avoir valsé trop longtemps. « je me sentis étourdi d'une vapeur de joie, de gloire, de fortune, de mondanité »* MARIVAUX. ▪ **4** Fatiguer par le bruit, les paroles. ➤ **abrutir, assourdir, fatiguer, soûler.** *Ces petits garçons « qui nous étourdissent de leur babillage, de leur toupet »* ROMAINS. ▪ **5** **S'ÉTOURDIR** **v. pron.** Perdre la claire conscience de soi-même. *Boire pour s'étourdir.* PAR ANAL. *S'étourdir de paroles.* ➤ **s'enivrer,** se **griser.** *Chercher à s'étourdir pour oublier son chagrin, son inquiétude, ses soucis.* ➤ **se distraire.** *« la jeunesse et la beauté même avaient besoin de s'étourdir jusqu'au vertige et de s'enivrer de mouvement jusqu'à la folie ! »* LAMARTINE.

▪ CONTR. Exciter, réveiller, stimuler.

ÉTOURDISSANT, ANTE [etuʀdisɑ̃, ɑ̃t] **adj.** – 1615 ◇ de *étourdir* ▪ **1** Qui étourdit par son bruit. ➤ **assourdissant, fatigant.** *Vacarme étourdissant.* ➤ **abrutissant.** *« un rire prolongé, étourdissant, à toute volée »* BAUDELAIRE. ▪ **2** (1670) FIG. Qui fait sensation, qui cause une stupéfaction admirative. ➤ **éblouissant, étonnant, merveilleux, sensationnel.** *Un succès étourdissant. Luxe étourdissant.* ➤ **prodigieux.** *« Sardou fut étourdissant, éblouissant de verve »* GIDE. ▪ CONTR. Reposant. Banal, décevant.

ÉTOURDISSEMENT [etuʀdismɑ̃] **n. m.** – *estordissement* 1213 ◇ de *étourdir* ▪ **1** Trouble caractérisé par une sensation de tournoiement, d'engourdissement, une perte momentanée de conscience. ➤ **éblouissement, évanouissement, faiblesse, syncope, vertige.** *Avoir un étourdissement. Être sujet aux étourdissements. « Vous avez des étourdissements ; comment avez-vous résolu de les nommer, puisque vous ne voulez plus dire des vapeurs ? »* Mme DE SÉVIGNÉ. ▪ **2** État d'une personne étourdie, grisée. ➤ **griserie, ivresse, vertige.** *L'étourdissement du succès.* ▪ **3** Action de s'étourdir. *« un désir immodéré de l'étourdissement, des relations faciles, de la noce »* JALOUX. ▪ **4** TECHN. Action d'étourdir (un animal) avant l'abattage.

ÉTOURNEAU [etuʀno] **n. m.** – *estourneau* v. 1398 ; *estornel* XIe ◇ latin populaire °*sturnellus,* classique *sturnus* ▪ **1** Petit oiseau grégaire *(passériformes)* à plumage sombre à reflets métalliques, moucheté de taches blanches, au bec droit ou légèrement incurvé. *Étourneau d'Europe.* ➤ **sansonnet.** *Étourneau d'Asie tropicale.* ➤ **mainate.** *« Les bandes d'étourneaux ont une manière de voler qui leur est propre, et semble soumise à une tactique uniforme et régulière »* LAUTRÉAMONT. ▪ **2** (XVIIe ; *teste d'estornel* hapax XVe ◇ influence de *étourdi* ; cf. *tête de linotte**) VIEILLI Personne légère, étourdie. ➤ **écervelé.**

ÉTRANGE [etʀɑ̃ʒ] **adj.** – *estrange* « étranger » 1050 ◇ latin *extraneus* « étranger » ▪ **1** (XIIe) VX Incompréhensible ; hors du commun. *« J'aperçois bien qu'amour est de nature étrange »* MAROT. SPÉCIALT Épouvantable, extrême. *« Ô Dieu, l'étrange peine ! »* CORNEILLE. ▪ **2** (1668) MOD. Très différent de ce qu'on a l'habitude de voir, d'apprendre ; qui étonne, surprend. ➤ **bizarre*, extraordinaire,**

singulier, surprenant. *Une étrange aventure. « Un bruit étrange, inexplicable [...] effrayant et risible, me préoccupait l'oreille »* GAUTIER. *Un air, un sourire étrange.* ➤ **indéfinissable.** *C'est un étrange garçon.* ➤ **étonnant, incompréhensible, inexplicable,** 2 **original.** *Une conduite étrange. Étrange façon d'agir ! Cet empressement est plutôt étrange.* ➤ **inaccoutumé, inquiétant, insolite,** 1 **louche.** *Un cas étrange.* ➤ **exceptionnel, rare.** *C'est étrange comme vous vous ressemblez. Ce qu'il y a d'étrange, c'est que... Il trouve étrange qu'on ne l'ait pas invité.* ➤ **anormal.** *Il est étrange de* (et l'inf.), *que* (et le subj.). ◆ SUBST. *L'étrange* : caractère étrange. ➤ **étrangeté.** *« plus l'être est faible, plus il répugne à l'étrange, au changement »* GIDE. *Le monde de l'étrange.* ➤ **fantastique.** ■ CONTR. Banal, commun, 1 courant, habituel, normal, ordinaire.

ÉTRANGEMENT [etʀɑ̃ʒmɑ̃] **adv.** – XIIe ◊ de *étrange* ■ D'une manière étrange. ■ **1** VX Extraordinairement, extrêmement. ■ **2** MOD. D'une manière étrange (2°), étonnante. ➤ **bizarrement, curieusement, drôlement.** *Il était étrangement habillé. Il nous a étrangement traités.*

ÉTRANGER, ÈRE [etʀɑ̃ʒe, ɛʀ] **adj. et n.** – fin XIVe, comme nom (II, 1°) ◊ de *étrange*

I ~ **adj.** ■ **1** Qui est d'une autre nation ; qui est autre, en parlant d'une nation. *Les nations, les puissances étrangères. Vivre dans un pays étranger. « de jeunes personnes étrangères, venues de diverses parties du monde, à qui elle serine un peu de français »* BLOY. *« Un peu de sang étranger coulait dans ses veines »* GREEN. *Touristes étrangers. Les travailleurs étrangers.* ➤ **immigré.** — *Langues étrangères ; accent étranger. Haïr ce qui est étranger* (➤ **chauvin, xénophobe**). *Devises étrangères. Il a acheté une voiture de marque étrangère.* ■ **2** Relatif aux rapports avec les autres nations. *Les Affaires étrangères.* ➤ **diplomatie.** *Politique étrangère d'un gouvernement.* ➤ 1 **extérieur.** — SPÉCIALT *La Légion* étrangère.* ■ **3** Qui n'appartient pas ou qui est considéré comme n'appartenant pas à un groupe (familial, social). *Se sentir étranger dans une réunion.* ➤ **différent, intrus, isolé.** — *Être étranger à qqn, à un milieu,* n'avoir rien de commun avec. ■ **4** (CHOSES) **ÉTRANGER À (qqn) :** qui n'est pas propre ou naturel à qqn. *Ces préoccupations me sont étrangères. « la pitié, l'amitié et l'amour sont également étrangers à votre cœur »* LACLOS. *« un état d'irritation tout à fait étranger à son caractère plein de dignité et de mesure »* STENDHAL. — Qui n'est pas connu (de qqn). *Ce visage ne m'est pas étranger.* ➤ **inconnu.** *Il ne faut pas que ce document tombe entre des mains étrangères.* ◆ Qui n'est pas familier. *Tout lui paraît hostile et étranger dans cette nouvelle maison.* ➤ **étrange.** *« cette ville, où j'ai vécu quinze ans, me devient tout à coup étrangère, parce que je vais la quitter »* FRANCE. ■ **5** (PERSONNES) **ÉTRANGER À (qqch.) :** qui n'a pas de part à qqch., se tient à l'écart de qqch. *Les personnes étrangères au service. Il est étranger à ce complot, à cette affaire,* il n'y est pas mêlé. *Être étranger à l'art, au théâtre.* ➤ **ignorant, profane.** *« Étrangers aux idées du temps, ignorants de la situation, ces hommes de l'Ancien Régime »* MICHELET. *« Se sentir étranger à tout, voilà l'excès de la solitude »* SUARÈS. — *Être étranger à tout sentiment de pitié,* être incapable d'éprouver ce sentiment. ➤ **insensible.** ■ **6** (CHOSES) **ÉTRANGER À :** qui ne fait pas partie de ; qui n'a aucun rapport avec. ➤ **distinct,** 1 **extérieur.** *Fait étranger à la cause.* ➤ **indépendant.** *Notes, considérations, digressions étrangères à un sujet, un texte* (cf. Hors* sujet). ■ **7 CORPS ÉTRANGER :** toute chose qui se trouve de manière anormale, non naturelle dans l'organisme. *Extraire un corps étranger d'une plaie.* — CHIM. Qui n'est pas de même nature que le corps auquel il est mélangé. *Métaux purifiés de tout corps étranger.*

II ~ **n.** ■ **1** (fin XIVe) Personne dont la nationalité n'est pas celle d'un pays donné (par rapport aux nationaux de ce même pays). ➤ RÉGION. **horsain.** *Statut d'étranger.* ➤ **extranéité.** *Naturalisation d'un étranger. Étranger qui réside, qui est établi en France.* ➤ **immigrant, immigré, réfugié, résident ; ressortissant.** *Ville remplie d'étrangers de tous pays.* ➤ **cosmopolite.** *Malveillance envers les étrangers.* ➤ **racisme, xénophobie.** *Étranger en situation irrégulière*. Expulser un étranger pour qu'il soit jugé.* ➤ **extrader ; extradition.** *« L'étranger jouira en France des mêmes droits civils que ceux qui sont ou seront accordés aux Français par les traités de la nation à laquelle cet étranger appartiendra »* (CODE CIVIL). ◆ **n. m.** VIEILLI, COLLECTIF *L'étranger* : les étrangers, et plus souvent l'ennemi. *Pays envahi par l'étranger.* ■ **2** Personne qui ne fait pas partie ou n'est pas considérée comme faisant partie de la famille, du clan ; personne avec laquelle on n'a rien de commun. *« Un étranger vêtu de noir Qui me ressemblait comme un frère »* MUSSET. ➤ **inconnu.** *Ils se vouvoient devant les étrangers.* ➤ **tiers.** *Se sentir un étranger parmi les hommes. « L'Étranger », roman de Camus.* ■ **3 n. m.** (XIXe) Pays étranger (surtout dans *à, pour l'étranger ; de l'étranger*). *Voyager à l'étranger. Partir pour l'étranger. Travailler, s'installer à l'étranger.* ➤ **émigrer, s'expatrier.** *Se réfugier à l'étranger. Banque domiciliée à l'étranger* (➤ **extraterritorial**). *Fuite des capitaux, des cerveaux à l'étranger. Envoyer des marchandises à l'étranger* (➤ **exporter**), *en faire venir de l'étranger* (➤ 1 **importer**). *Nouvelles de l'étranger. « on n'est considéré à l'étranger qu'en rapport de la considération que l'on s'attribue soi-même »* FLAUBERT. ◆ Ensemble de pays étrangers. *Produit destiné à la France et à l'étranger* (cf. L'international). ■ CONTR. Autochtone, indigène, national. Naturel, propre. Connu, familier. — Citoyen, compatriote. Parent.

ÉTRANGETÉ [etʀɑ̃ʒte] **n. f.** – *estrangeté* XIVe ; repris XVIIIe ◊ de *étrange* ■ **1** Caractère étrange. ➤ **bizarrerie, singularité.** *Étrangeté de mise, de caractère.* ➤ **excentricité, originalité.** *Impression d'étrangeté, de jamais vu. « ce que j'éprouve depuis quelque temps est d'une telle étrangeté, que j'ose à peine en convenir devant moi-même »* GAUTIER. *« cet élément inattendu,* l'étrangeté *qui est comme le condiment indispensable de toute beauté »* BAUDELAIRE. ■ **2** LITTÉR. Action, chose étrange. *Il y a des étrangetés dans ce livre.* ■ **3** (1968 ◊ d'après l'anglais *strangeness*) PHYS. Propriété, caractérisée par un nombre quantique S, attachée à une espèce de quark. ■ CONTR. Banalité.

ÉTRANGLÉ, ÉE [etʀɑ̃gle] **adj.** – XVIe ◊ de *étrangler* ■ **1** Privé de respiration par forte compression du cou. *Il est mort étranglé.* ➤ **pendaison, strangulation.** — *Voix étranglée,* gênée (par l'émotion, un resserrement de la gorge). ■ **2** Resserré. *La taille étranglée,* trop serrée par une ceinture. — MÉD. *Hernie* étranglée.*

ÉTRANGLEMENT [etʀɑ̃gləmɑ̃] **n. m.** – 1538 ; *estranglement* 1240 ◊ de *étrangler* ■ **1** RARE Action d'étrangler. ➤ **strangulation.** ■ **2** (XVIIe) VX Compression ou obstruction des voies respiratoires qui produit un arrêt de la respiration. ➤ **étouffement, suffocation.** — Prise de judo. — MOD. *Étranglement de la voix* : état d'une voix étranglée par l'émotion. ■ **3** (1707) MÉD. Le fait de se resserrer. *Étranglement d'un organe* : constriction violente avec arrêt de la circulation. ➤ **resserrement.** *Étranglement herniaire.* ➤ **hernie.** ■ **4** État de ce qui est étranglé, brusquement très rétréci en un point. ➤ **rétrécissement.** *Étranglement entre le thorax et l'abdomen des insectes. Étranglement d'une vallée.* ➤ **gorge.** — Endroit très resserré. *Cette pièce mécanique présente un étranglement. — Goulet* d'étranglement.* ■ **5** FIG. et LITTÉR. Action d'entraver dans son expression, de freiner ou d'arrêter dans son développement. *Étranglement des libertés.* ➤ **étouffement.** ■ CONTR. Dilatation, distension. Élargissement, évasement. Libération.

ÉTRANGLER [etʀɑ̃gle] **v. tr.** ‹ 1 › – *estrangler* v. 1119 ◊ latin *strangulare* ■ **1** Priver de respiration (jusqu'à ce que mort s'ensuive, ou non) par une forte compression du cou. ➤ **asphyxier, étouffer** (cf. FAM. Tordre le cou*). *Étrangler de ses mains, avec un lacet, un nœud coulant, par pendaison. « On a bien vu qu'il y avait des ecchymoses autour du cou de Clara. Il avait dû l'étrangler »* MARTIN DU GARD — PAR MÉTAPH. *« Sur toute joie pour l'étrangler j'ai fait le bond sourd de la bête féroce »* RIMBAUD. ◆ PAR EXT. Gêner la respiration, serrer la gorge de (qqn). *La soif, l'émotion l'étranglait.* — PRONOM. *S'étrangler avec une arête, en avalant de travers. Une voix qui s'étrangle,* qui a de la peine à sortir (➤ **étranglé**). *« L'appel s'étranglait au fond de sa poitrine »* ZOLA. ■ **2** (1665 ; « poursuivre, presser » début XIIIe) FIG. Gêner ou supprimer par une contrainte insupportable. *Étrangler la liberté.* ➤ **assassiner, étouffer.** — SPÉCIALT Ruiner (cf. Prendre à la gorge*). *Il faut revoir votre prix, vous m'étranglez !* ■ **3** (1690 *étrangler un sac*) Resserrer. *Ceinture qui étrangle la taille. Les chantiers du métro « achevaient d'étrangler les rues, de bloquer les carrefours »* ROMAINS. — MAR. *Étrangler une voile.* ➤ **carguer.**

ÉTRANGLEUR, EUSE [etʀɑ̃glœʀ, øz] **n.** – *estrangleur* XIVe ◊ de *étrangler* ■ **1** Assassin qui étrangle. *L'étrangleur n'est toujours pas arrêté. Avoir des mains d'étrangleur,* de fortes mains brutales. — **adj.** *Collier étrangleur,* destiné à contenir un chien. ■ **2 n. m.** (1902) AUTOM. Dispositif d'obturation réglant l'arrivée de l'essence dans le carburateur.

ÉTRANGLOIR [etʀɑ̃glwaʀ] **n. m.** – 1838 ◊ de *étrangler* ■ MAR. Cordage servant à carguer une voile, à l'étrangler. — Appareil destiné à ralentir la course de la chaîne d'ancre.

ÉTRAVE [etʀav] **n. f.** – 1573 ◊ ancien scandinave *stafn* ■ MAR. Pièce saillante qui forme la proue d'un navire. *On mesure la longueur d'un navire de l'étrave à l'étambot. Étrave renforcée du brise-glace.*

1 **ÊTRE** [ɛtʀ] **v. intr.** ‹61 ; aux temps comp., se conjugue avec *avoir*› – milieu IXe ◊ du latin populaire *essere*, de *esse*. Certaines formes (participe passé, participe présent) ont été empruntées à l'ancien verbe *ester*, aujourd'hui terme juridique (→ 1 ester), de *stare* « se tenir debout »

I EMPLOI ABSOLU OU IMPERSONNEL ■ **1** Avoir une réalité. ➤ **exister.** ◆ (début XIe) (PERSONNES) *Être ou ne pas être* (cf. To be or not to be, Shakespeare). *Je pense donc je suis* (cf. Cogito ergo sum, Descartes). « *Dans tous les cas possibles, être, vous l'avouerez, demeure étrange. Être d'une certaine façon, c'est encore plus étrange* » VALÉRY. — *Manière* d'être.* (milieu XIIe) LITTÉR. Vivre. « *Qui sait si nous serons demain ?* » RACINE. *Il n'est plus* : il est mort. « *Depuis qu'elle n'est plus, je n'ai fait que semblant de vivre* » GIDE. ◆ (CHOSES) « *Que la lumière soit ! Et la lumière fut* » (BIBLE). *Ne changeons pas ce qui est.* « *Rien ne sert de récriminer, ni de regretter même. Ce qui n'est pas, c'est ce qui ne pouvait pas être* » GIDE. « *Seules les choses* sont : *elles n'ont que des dehors. Les consciences ne sont pas : elles se font* » SARTRE. *Ce temps n'est plus. Cela sera ainsi ou ne sera pas. Cela peut être.* ➤ **peut-être, possible.** *Cela étant... Ainsi* soit-il.* — (Au subj.) *Soit un triangle ABC, soient trois points en ligne droite,* supposons, étant donné. ➤ **soit.** ◆ LOC. *La raison* d'être de qqn, de qqch.* ■ **2** IMPERS. (début XIe) (surtout littér.) **IL EST, EST-IL, IL N'EST PAS... :** il y a, y a-t-il, etc. ➤ 1 **avoir, exister.** *Il était une fois... Il est des gens que la vérité effraie. Est-il quelqu'un parmi vous qui veuille répondre ? Il n'est rien d'aussi beau* (➤ **rencontrer, trouver, voir**). « *Il est des parfums frais comme des chairs d'enfants* » BAUDELAIRE. — *Toujours* est-il que.* — LITTÉR. **IL N'EST QUE DE :** le mieux est de ; il n'y a qu'à, il suffit* de. « *Il n'est que de s'entendre ; cet homme-là et moi sommes quasi d'accord* » P.-L. COURIER. — **IL N'EST... QUE DE...** « *Il n'est bon bec que de Paris* » VILLON. — **S'IL EN EST.** *Un escroc s'il en est, s'il en fut* : un parfait escroc. ■ **3** (Moment dans le temps) *Quelle heure est-il ? Il est midi. Il est tôt, tard. Il est temps de partir.* — POÉT. *Il est jour.* ➤ 1 **faire.**

II VERBE (COPULE), RELIANT L'ATTRIBUT AU SUJET ■ **1** (début Xe) (Qualification) *La Terre est ronde. Il est toujours jeune.* ➤ **rester.** *Soyez poli. Vous êtes bien avancé, maintenant.* ➤ **voilà.** *Ils sont treize à table. Belle comme elle est. Si compétent soit-il, il n'est pas pédagogue. On est comme on est* : tautologie soulignant un comportement inéluctable. « *je prends tout doucement les hommes comme ils sont* » MOLIÈRE. ■ **2** (Inclusion, appartenance) *Le chêne est un arbre. Ce bijou est une bague. Le vol est un délit.* ➤ **constituer.** *Être témoin. Elle est médecin.* « *Comment peut-on être Persan ?* » MONTESQUIEU. ■ **3** (Identité) *Le médium est le doigt du milieu.* LOC. PROV. *Un sou est un sou. Qui êtes-vous ? Si j'étais vous, je le ferais,* à votre place. — *Être soi-même* : être tel qu'on a toujours été, ou tel qu'on est naturellement. « *Je ne vous connais* [reconnais] *plus : vous n'êtes plus vous-même* » RACINE. ■ **4** (Goûts, préférences) FAM. *Être* (et nom) : être amateur de, apprécier. *Êtes-vous slip ou caleçon ?* « *Je ne suis pas très bain, de toute manière. Je ne déteste pas, mais seulement de temps à autre* » DJIAN. ■ **5 ÊTRE (qqch., rien) POUR (qqn).** *Il est tout pour elle. Il n'est rien pour moi, il ne m'est rien* : il ne m'est lié ni par la parenté, ni par l'affection. ➤ **représenter.**

III SUIVI D'UNE PRÉP. OU D'UN ADV., D'UNE LOC. ADV. ■ **1** (État) *Être bien, être mal,* relativement au confort, à la santé. ➤ 1 **aller,** se **porter,** se **sentir.** *Comment êtes-vous ce matin ? Je ne suis pas bien. Être bien dans sa peau. Être d'attaque*.* ■ **2** (Lieu) Se trouver (quelque part). *J'y suis, j'y reste. Je suis à l'hôtel de la gare.* ➤ **demeurer, loger.** *Être chez soi. Je n'y suis pour personne. Ils sont en Italie. La voiture est au garage. Les clés sont sur la porte.* « *Rome n'est plus dans Rome, elle est toute où je suis* » CORNEILLE. ◆ FIG. *Être à côté de la vérité. Être au-dessus des calomnies. Être à ce qu'on fait,* avoir l'esprit à ce que l'on fait. ◆ LOC. *Être ailleurs*.* — **Y ÊTRE :** comprendre. *Ah ! j'y suis ! Vous n'y êtes pas du tout, mon pauvre ami.* ➤ **deviner.** ■ **3** (Au passé, avec un compl. de lieu, un inf.) Aller. *J'ai été à Rome l'an dernier,* j'y suis allé. *Nous avons été l'accompagner.* — LITTÉR. « *Lorsque j'appris que ma voisine avait une compagne, je fus la voir* » BERNARDIN DE SAINT-PIERRE. « *Il s'en fut doucement à pied au cercle* » ARAGON. ■ **4** (Temps) Se trouver. *Nous sommes au mois de mars, en mars, le 2 mars. On est au début du printemps. Quel jour sommes-nous ?* « *Nous sommes dimanche, et tout est ralenti, désert, gagné par la mollesse* » J. DRILLON. ■ **5** Avec certaines prépositions **ÊTRE À.** (Possession) ➤ **appartenir.** *Ce livre est à moi.* PROV. *Il faut rendre à César ce qui est à César.* — FIG. *Je suis à vous dans un instant,* à votre disposition. — (Occupation) *Être à son travail, être à travailler,* occupé à, en train de. *Elle est toujours à se plaindre.* — (Évolution) *Le temps est à la pluie* (➤ **tourner**). *La tendance est à la hausse.* — (début XIIe) Devant un inf. (but, nécessité) ➤ 1 **devoir.** *Cette maison est à vendre. C'est à prendre ou à laisser ! Tout est à refaire. Si c'était à refaire !* ◆ **ÊTRE DE...** (Provenance) *Être de Normandie,* né en Normandie. *Je ne suis pas d'ici. Cet enfant est de lui. Cette comédie est de Molière.* FAM. *C'est de famille.* — (Participation) Faire partie, participer. *Vous êtes du nombre, des nôtres, de la famille. Être de la fête. Être de la partie, du métier. Être de ceux qui.* — (Caractère) *Il est d'une générosité sans égale.* — **COMME SI DE RIEN* N'ÉTAIT.** ◆ **EN ÊTRE :** faire partie de. *Nous organisons une réception, en serez-vous ?* — *En être à la moitié du chemin* : avoir parcouru la moitié du chemin. *Il en est à son troisième whisky. Nous n'en sommes pas là.* — FIG. *J'en étais là de mes déductions. Où en êtes-vous dans vos recherches ? Ne plus savoir où l'on en est* : perdre la tête, s'affoler. — *En être pour sa peine, son argent* : avoir perdu sa peine, son argent. FAM. *En être de sa poche*.* ◆ **ÊTRE EN** (manière d'être). *Être en pantalon, en chaussons.* ➤ 1 **porter.** *Être en blanc. Être en forme. Être en alerte. Être en vie.* ◆ **ÊTRE POUR, CONTRE qqch. :** être partisan, adversaire de qqch. *Être pour une politique indépendante.* — (Sans compl.) *Je suis pour et il est contre.* — *Être pour qqch. dans* : être en partie responsable de. *Vous avez été pour beaucoup dans sa décision. Je n'y suis pour rien.* — RÉGION. devant un inf., avec une valeur de futur proche *Nous sommes pour partir* : nous allons partir. « *Elle n'était quand même pas pour le lire* [le travail] ! *elle l'écarta en le lançant sur la pile* » M. LABERGE. ◆ **ÊTRE SANS :** n'avoir pas. *Nous sommes sans nouvelles de lui. Être sans abri.* LOC. *Être sans le sou.* — Devant un inf., à la forme négative *N'être pas sans savoir qqch.,* ne pas l'ignorer. *Vous n'êtes pas sans avoir entendu dire que* : vous avez probablement entendu dire que. ◆ **ÊTRE DANS.** *Être dans les affaires, dans la finance, dans le prêt-à-porter.* ➤ **travailler** (dans).

IV C'EST, CE SERA, C'ÉTAIT... ■ **1** (début XIe) Présentant une personne, une chose ; rappelant ce dont il a été question. *C'est une personne aimable. C'est ma sœur. C'étaient* (FAM. *c'était*) *nos voisins. C'est huit heures qui sonnent* (toujours au sing.). *Debout, c'est l'heure ! Ce sont* (FAM. *c'est*) *des cèpes ; je suis sûr que c'en est. Ce sera très facile. Qui est-ce,* ou FAM. *qui c'est ? c'est qui ? Qu'est-ce ? Qu'est-ce que c'est ? Ce n'est rien.* ■ **2** (début XIe) Annonçant ce qui suit (cette tournure permettant de mettre en relief un élément de la phrase). *C'est moi qui vous le dis. C'est à vous d'agir. Est-ce difficile de le convaincre ? Ce n'est pas qu'il soit méchant, mais il est têtu.* ◆ **SI CE N'ÉTAIT...** et ELLIPT **N'ÉTAIT.** *Si ce n'était, n'était l'amitié que j'ai pour vous, je vous dénoncerais,* s'il n'y avait. ➤ **sans.** « *Si ce n'eût été la crainte de l'humilier* [...] *je serais volontiers tombé aux pieds de ce joueur généreux* » BAUDELAIRE. ◆ **FÛT-CE ; SERAIT-CE.** *Je ne peux rien vous promettre, fût-ce pour vous faire plaisir.* ➤ **même.** *Entrez, ne serait-ce que quelques instants.* ◆ **CE QUE C'EST QUE DE.** *Voilà ce que c'est (que) de mentir,* ce qui arrive quand on ment, quelles sont les conséquences. ◆ **C'EST-À-DIRE.** ➤ **c'est-à-dire.** ◆ **C'EST À QUI,** pour exprimer l'empressement de plusieurs personnes, leur compétition. *C'est à qui parlera le plus fort.* ◆ **EST-CE QUE ?** formule interrogative qui s'emploie concurremment avec l'inversion du sujet. *Venez-vous ? Est-ce que vous venez ?* « *Est-ce que je doute de vous, Violaine ? est-ce que je ne vous aime pas, Violaine ? Est-ce que je ne suis pas sûr de vous, Violaine ?* » CLAUDEL. FAM. (après un adv., un pronom interrogatif) *Quand est-ce qu'il vient ? Comment est-ce que tu vas faire ? Qu'est-ce qui se passe ?* ◆ **N'EST-CE PAS ?** formule par laquelle on requiert l'adhésion d'un auditeur. *Vous êtes de mon avis, n'est-ce pas ?* ➤ FAM. **non,** 2 **pas.** *N'est-ce pas que j'ai raison ?*

V VERBE AUXILIAIRE servant à former : ■ **1** (début XIe) La forme passive des v. tr. *Elle est aimée. Je suis accompagnée. Vous avez été critiqués.* ■ **2** Les temps composés de certains v. intr. *Elle était tombée. Nous étions partis. Il est devenu sourd. Que fussé-je /fussè-je/ devenu sans toi ?* ■ **3** (début XIe) Les temps composés de tous les v. pron. ou actifs à la forme pronominale. *Elle s'est coiffée. Ils se sont aimés. Elle s'est crue à l'abri.* REM. Le p. p. reste inv. – si l'objet direct n'est pas le pron. réfl. : *ils se sont trouvé des prétextes pour partir* ; mais : *ils se sont trouvés ensemble à la réunion.* – S'il est suivi d'un inf. ayant un sujet autre que celui du v. : *elle s'est laissé insulter* ; mais : *elle s'est laissée aller /s'est laissé aller/.* – Si le v. ne peut avoir de compl. d'objet direct : *ils se sont convenu, nui, parlé, souri, succédé ; ils se sont plu dans cet endroit.*

■ **HOM.** Êtres, hêtre ; *suis* : suis (suivre) ; *es, est* : ai (1 avoir), hais (haïr) ; *étant* : étend (étendre).

2 **ÊTRE** [ɛtʀ] **n. m.** – XIIe ◊ du v. *être*

I PHILOS. ■ **1** Fait d'être (➤ **existence**), qualité de ce qui est. *Étude de l'être.* ➤ **ontologie.** *L'être et le non-être.* « *L'Être et le Néant* », œuvre de Sartre. *L'être et le devenir. L'être, le paraître* *et l'essence.* ➤ **étant.** — LITTÉR. *Donner l'être à qqn.* ➤ **jour, naissance, vie.** ▪ **2** SPÉCIALT Essence. *« L'homme n'agit point par la raison, qui fait son être »* PASCAL. ▪ **3** VX Manière d'être (cf. Bien-être). Situation dans la société. ➤ **condition, état.**

II Ce qui est. ▪ **1** Ce qui est vivant et animé, ou supposé tel. ◆ (Sens général) *Les êtres et les choses. Les êtres vivants. Les êtres humains.* ➤ **femme, homme, humain.** *Être créé.* ➤ **créature.** *Être imaginaire, fabuleux. « Tout aime d'être et tout être se réjouit »* GIDE. ◆ LITTÉR. *Un être de... Un être de joie,* qui participe de la joie, qui l'exprime. *« Êtres de néant et de ténèbres, notre impuissance et notre puissance sont fortement caractérisées »* CHATEAUBRIAND. ◆ RELIG. *L'Être suprême, éternel, parfait :* Dieu. — HIST. *La fête de l'Être suprême :* fête religieuse organisée en l'an II par Robespierre pour lutter contre l'athéisme révolutionnaire. ▪ **2** COUR. Personne, être humain. ➤ **individu.** *Un être cher. « Un seul être vous manque, et tout est dépeuplé ! »* LAMARTINE. — PÉJ. *Qui est cet être-là ?* ➤ **individu, type.** *Quel être insupportable !* ▪ **3** *L'être de qqn, mon, son être :* la personne de qqn. ➤ **âme, conscience, 1 personne.** *Mon être :* moi. *Désirer qqch. de tout son être. « Une sorte de poésie se dégageait de tout son être »* GIDE. ▪ **4** PHILOS. *Être de raison* (opposé à *réalité*) : objet qui n'existe que dans la pensée. ➤ **abstraction, entité.** *« si par un* être de raison *l'on entend une chose qui n'est point »* DESCARTES. ▪ **5** MATH. *Être mathématique :* objet mathématique défini en dehors de toute représentation. ➤ **abstraction.**

▪ CONTR. Néant, non-être.

ÉTRÉCIR [etResiR] v. tr. ‹2› – *estrecir* v. 1300 ◊ latin populaire °*strictiare,* de *strictus* « étroit » ▪ VX ou LITTÉR. Rendre étroit, plus étroit. ➤ **resserrer, rétrécir.** — PRONOM. *« la prunelle s'étrécit ou s'élargit »* BUFFON. *La vallée « en approchant d'Uzès, s'étrécit »* GIDE. ▪ CONTR. Dilater, élargir, évaser.

ÉTREINDRE [etRɛ̃dR] v. tr. ‹52› – v. 1150 *estreindre* « ligoter » ◊ latin *stringere* « serrer » ▪ **1** Entourer avec les membres, avec le corps, en serrant étroitement. ➤ **embrasser, enlacer, prendre, presser, retenir, saisir, serrer, tenir.** *Lutteur qui étreint son adversaire. Étreindre qqn sur son cœur, sa poitrine. « La main qui l'avait étreint par derrière au moment où il tombait »* HUGO. ➤ **empoigner.** PRONOM. *« deux énergumènes qui s'étreignaient à la gorge »* MAC ORLAN. ◆ FIG. ➤ **embrasser, saisir.** *« Ils croient atteindre l'idéal en étreignant le réel »* GAUTIER. PROV. *Qui trop embrasse* mal étreint.* ▪ **2** (v. 1860 ; « tourmenter de douleur » fin XVe) En parlant de sentiments. ➤ **oppresser, serrer, tenailler.** *Angoisse, détresse qui étreint le cœur, l'âme. « des songes qui nous étreignent parce que nous leur en donnons la force »* MALRAUX. ▪ CONTR. Desserrer, 1 lâcher, relâcher.

ÉTREINTE [etRɛ̃t] n. f. – 1508 ; *estrainte* « contrainte » v. 1210 ◊ de *étreindre* ▪ **1** Action d'étreindre ; pression exercée par ce qui étreint. *L'étreinte d'une main. L'armée resserre son étreinte autour de l'ennemi.* ➤ **étau.** ▪ **2** (1829) FIG. *L'étreinte de la douleur,* et LITTÉR. *de la mort. « Tu n'auras pas senti l'étreinte De l'irrésistible Dégoût »* BAUDELAIRE. ▪ **3** (XVIIIe) Action d'embrasser, de presser dans ses bras. ➤ **embrassement, enlacement.** *S'arracher aux étreintes, à l'étreinte de qqn.* — PAR EUPHÉM. *Étreinte amoureuse.* ➤ **accouplement, 1 acte** (sexuel). *« le gorille est un luron supérieur à l'homm' dans l'étreinte »* BRASSENS.

ÉTRENNE [etRɛn] n. f. – 1636 ; *estreine, estraine* XIIe ◊ latin *strena* « cadeau à titre d'heureux présage » ▪ **1** (Vieilli au sing.) Présent à l'occasion du premier jour de l'année. *Recevoir des livres en étrenne(s), pour étrenne(s). « Ah ! quel beau matin, que ce matin des étrennes ! Chacun, pendant la nuit, avait rêvé des siennes »* RIMBAUD. ▪ **2** SPÉCIALT Gratification de fin d'année. *Les éboueurs, le facteur sont venus chercher leurs étrennes.* ▪ **3** (*estrine* v. 1200) Premier usage qu'on fait d'une chose (➤ **étrenner**). *Cet objet est neuf, vous en aurez l'étrenne.* ➤ **primeur.** *Vous n'en avez pas l'étrenne !* on me l'a déjà dit (reproche, insulte).

ÉTRENNER [etRene] v. ‹1› – 1680 ; « gratifier d'une étrenne » 1160 ◊ de *étrenne* ▪ **1** v. tr. Être le premier à employer, à utiliser (qqch.). *Mannequin qui étrenne la robe d'un grand couturier.* — COUR. Utiliser pour la première fois. *« Jean étrennait* [...] *son premier costume d'homme et certain petit chapeau »* LOTI. ▪ **2** v. intr. (1691) Être le premier à souffrir de quelque inconvénient (coup, disgrâce, reproche). *On a frappé les responsables, c'est malheureusement lui qui a étrenné.* ➤ FAM. **écoper** (cf. Essuyer* les plâtres).

ÊTRES [ɛtR] n. m. pl. – *estres* XIIe ; *estras* Xe ◊ latin *extera,* plur. neutre de *exterus* « ce qui est à l'extérieur » ▪ VX Disposition des lieux dans un bâtiment. *Savoir, connaître les êtres d'une maison.* ▪ HOM. Être, hêtre.

ÉTRÉSILLON [etRezijɔ̃] n. m. – 1676 ◊ altération de *estesillon* (1333), « bâton servant à maintenir la gueule ouverte », d'où « bâillon » au XVe ; de l'ancien français *esteser* « tendre » ; latin populaire °*tensare* « tendre », de *tensus* ▪ TECHN. Pièce de bois qui soutient les parois d'une tranchée ou d'une galerie de mine, un mur qui se déverse ou qu'on reprend en sous-œuvre. ➤ **2 étai, étançon.** — v. tr. ‹1› **ÉTRÉSILLONNER,** 1676.

ÉTRIER [etRije] n. m. – *estrier* XIIe ; *estreu* 1080 ◊ francique °*streup* « courroie qui servait d'étrier » chez les Germains ▪ **1** Anneau métallique qui pend de chaque côté de la selle et soutient le pied du cavalier. *Courroie qui supporte l'étrier.* ➤ **étrivière, porte-étrier.** *Porter les étriers courts, longs. Se dresser, être debout sur ses étriers.* ◆ LOC. (1678) *Avoir le pied à l'étrier :* être sur le point de partir ; FIG. être bien placé pour réussir dans la carrière où l'on s'engage. *« Maintenant, tu as le pied à l'étrier. Tu n'as plus qu'à continuer »* R. GUÉRIN. *Mettre à qqn le pied à l'étrier,* l'aider en lui procurant les moyens de réussir (cf. Mettre qqn en selle*). — *Le coup de l'étrier :* le verre que l'on boit avant de partir. *« Va pour un petit rabe de café. La tasse de l'étrier »* PENNAC. — *Être ferme sur ses étriers :* être bien en selle ; FIG. être inébranlable dans ses opinions, ses résolutions. — *Perdre, quitter, vider les étriers :* être désarçonné (pr. et fig.). ◆ *Étrier de bronze, d'argent, de vermeil :* brevets donnés par la Fédération française de sports équestres sanctionnant la progression des cavaliers. ➤ aussi **éperon.** ▪ **2** MÉD. Appareil fixé à une table d'examen ou d'opération pour soutenir les pieds du patient. ➤ **talonnière.** — Dispositif en forme de fer à cheval, que l'on fixe au pied en cas de fracture, pour l'immobiliser ou exercer une traction. ▪ **3** (1396) TECHN. Pièce métallique coudée, destinée à supporter des éléments de charpente, à réunir ou consolider différentes pièces. ◆ *Étrier d'une fixation de ski :* pièce métallique qui maintient l'avant de la chaussure. ▪ **4** (1561) ANAT. Le troisième osselet de l'oreille moyenne. ▪ HOM. Étriller.

ÉTRILLE [etRij] n. f. – *estrille* XIIIe ◊ latin populaire °*strigila,* classique *strigilis* « racloir » ▪ **1** Instrument formé d'une plaque de fer emmanchée et garnie de petites lames parallèles et dentelées qu'on utilise pour nettoyer la robe des chevaux, des gros animaux. *« Un homme, qui tenait à la main une étrille, Pansait une jument »* HUGO. ➤ **étriller.** ▪ **2** (1769) Crabe laineux à pattes postérieures aplaties en palettes. ➤ **portune.** *« le court-bouillon était prêt pour les étrilles, les tourteaux et les poissons plats »* CAYROL.

ÉTRILLER [etRije] v. tr. ‹1› – XIIe ◊ latin *strigilare,* de *strigilis* → étrille ▪ **1** Frotter, nettoyer avec l'étrille. ➤ **brosser, panser.** *« comme des dragons étrillent, brossent et épongent leurs chevaux au piquet »* CHATEAUBRIAND. ▪ **2** (v. 1450) VX Battre, malmener. *« Je vous rosserai* [...] *Je vous étrillerai »* MOLIÈRE. ◆ FIG. Malmener, critiquer* violemment. *« Aristophane en rit* [des imitateurs], *Horace les étrille »* MUSSET. ▪ **3** RARE Faire payer trop cher. ➤ **estamper, 2 voler.** *Nous nous sommes fait étriller dans cet hôtel.* ▪ HOM. Étrier.

ÉTRIPAGE [etRipaʒ] n. m. – 1877 ◊ de *étriper* ▪ Action d'étriper. *Étripage des animaux dans les abattoirs, des poissons dans les conserveries.* ◆ FIG. et FAM. Tuerie.

ÉTRIPER [etRipe] v. tr. ‹1› – 1534 ◊ de *é-* et *tripe* ▪ Ôter les tripes à (un animal). ➤ **vider.** *« Avec la pointe de son harpon, elle fend le ventre des poissons et les étripe »* LE CLÉZIO. *Cheval de picador étripé dans une corrida.* ➤ **éventrer.** ◆ PRONOM. (RÉCIPR.) FIG. et FAM. **S'ÉTRIPER :** se battre en se blessant, s'entretuer.

ÉTRIQUÉ, ÉE [etRike] adj. – 1707, attesté avant le v. ◊ de *étriquer* ▪ **1** Qui est trop étroit, n'a pas l'ampleur suffisante (vêtement). *Un veston étriqué.* — (PERSONNES) *« il semblait étriqué dans un complet quadrillé* [...] *serré à la taille, montant très haut »* HUYSMANS. ▪ **2** (1829 ; subst. 1760) FIG. Sans envergure, trop limité. *Un esprit étriqué.* ➤ **borné, étroit, mesquin, petit.** *Mener une vie étriquée. « il avait dû en faire des économies sur sa solde étriquée »* CÉLINE. ▪ CONTR. Ample, flottant, grand, large.

ÉTRIQUER [etRike] v. tr. ‹1› – 1826 ; autre sens 1760 ◊ du normand « lancer, allonger » ; moyen néerlandais *striken* « étirer » ; francique °*strikan* → trique ▪ **1** Rendre trop étroit ; priver d'ampleur. ➤ **diminuer.** *« les corsets, les corps de jupes de nos femmes étriquent leur taille »* TAINE. — Faire paraître étroit. *Ce costume vous étrique.* ▪ **2** (1831) TECHN. Amincir (une pièce de bois) pour l'adapter à une autre. ▪ CONTR. Élargir.

ÉTRIVE [etRiv] n. f. – 1773 ◊ var. de *étrier* ▪ MAR. Position d'une manœuvre qui fait un angle en rencontrant un objet quelconque. — Amarrage fait sur un ou deux cordages qui se croisent.

ÉTRIVIÈRE [etʀivjɛʀ] **n. f.** – *estrivière* 1175 ◊ de *étrier* ■ Courroie par laquelle l'étrier est suspendu à la selle. *Allonger, raccourcir les étrivières.* « *Une étrivière trop courte ou trop longue rend l'éperon inutilisable* » TOURNIER. ◆ LOC. VX *Donner des coups d'étrivière, les étrivières* : battre, corriger. « *votre échine appelle l'étrivière* » HUGO.

ÉTROIT, OITE [etʀwa, wat] **adj.** – *estreit* XIIe ◊ latin *strictus* ■ **1** Qui a peu (ou trop peu) de largeur. *Un ruban étroit.* « *Les rues de Tolède sont extrêmement étroites ; l'on pourrait se donner la main d'une fenêtre à l'autre* » GAUTIER. *Fenêtres étroites et hautes. Épaules étroites. Être étroit de hanches, du bassin. Vêtements, souliers trop étroits.* ➤ **étriqué, juste, serré.** — LOC. ÉVANG. *La voie, la porte étroite* : la voie du salut, la vie de renoncement. ■ **2** PAR EXT. De peu d'étendue, petit (espace). ➤ **exigu, petit.** *Une étroite prison.* FIG. *Un cercle étroit de relations.* PAR EXT. *D'étroites limites.* ◆ De peu d'extension (sens). *Mot pris dans son sens étroit.* ➤ **restreint, strict, stricto sensu** (cf. À la lettre). ■ **3** PÉJ. Qui est borné. *Esprit étroit,* sans largeur de vues, sans compréhension ni tolérance. ➤ **incompréhensif, intolérant, mesquin.** *Être étroit d'esprit.* PAR EXT. *Des vues étroites.* « *vous ne me jugerez pas selon les principes étroits dont je sais que vous avez horreur, mais selon une religion éclairée et humaine* » MAURIAC. ■ **4** Qui tient serré (opposé à *lâche*). *Faire un nœud étroit.* — FIG. Qui unit de près, intime. *Les liens étroits du mariage. Rester en rapports étroits avec qqn. Une étroite collaboration.* ◆ VIEILLI FIG. Qui contraint (opposé à *relâché*). ➤ **rigoureux, strict.** *Un étroit devoir.* « *son oncle Meulière, radical et franc-maçon d'étroite observance* » MAURIAC. ■ **5 loc. adv. À L'ÉTROIT** : dans un espace trop petit. *Ils sont logés bien à l'étroit.* — FIG. *Vivre à l'étroit,* sans aisance, dans la gêne. ■ CONTR. Large ; grand, spacieux, vaste. Compréhensif, éclairé, généreux, humain, sensible. Lâche, relâché.

ÉTROITEMENT [etʀwatmɑ̃] **adv.** – *estroitement* XIIe ◊ de *étroit* ■ **1** Par un lien étroit ; en serrant très près. *Tenir qqn étroitement embrassé.* — FIG. *Être lié étroitement à qqn, avec qqn.* ➤ **intimement.** *Ces problèmes sont étroitement corrélés.* ■ **2** PAR EXT. De près. *Surveiller qqn étroitement.* « *La reine, pendant tout ce temps, devait être étroitement gardée* » VOLTAIRE. ■ **3** VIEILLI Rigoureusement, strictement. *Observer étroitement la règle.*

ÉTROITESSE [etʀwatɛs] **n. f.** – *estreitece* XIIe ; rare av. XVIIIe ◊ de *étroit* ■ **1** Caractère de ce qui est étroit (1°), peu large. *L'étroitesse d'une rue. Étroitesse du bassin.* ■ **2** Caractère de ce qui est petit (espace). ➤ **exiguïté.** *L'étroitesse d'un logement ; d'un orifice.* ■ **3** Caractère de ce qui est étroit (3°), borné. *Étroitesse de vues, d'esprit.* « *Je voyais à travers son front l'étroitesse de ses pensées* » GIDE. ■ CONTR. Ampleur. Largeur.

ÉTRON [etʀɔ̃] **n. m.** – XIIIe ◊ francique °*strunt* ■ Matière fécale consistante et moulée (de l'être humain et de certains animaux). ➤ **crotte, excrément ; 2 colombin.** « *c'est comme les étrons de chiens. Ça doit porter bonheur* » ROMAINS.

ÉTRONÇONNER [etʀɔ̃sɔne] **v. tr.** ‹1› – XVIe ◊ de *é-* et *tronçon* → tronc ■ ARBOR. Tailler (un arbre) de façon à le réduire au tronc en enlevant la tête et les branches.

ÉTRUSQUE [etʀysk] **adj. et n.** – 1803 ; *éthrusque* 1534 ◊ latin *Etruscus* ■ De l'Étrurie, région de l'Italie ancienne, située entre l'Arno et le Tibre. *Le peuple étrusque. — L'art étrusque. Vase étrusque* (s'est dit au XIXe s. des vases grecs trouvés en Italie). ◆ **n.** *Les Étrusques.* — **n. m.** *L'étrusque* : langue des Étrusques, d'origine obscure.

ETS Abrév. graphique de *Établissements.*

ÉTUDE [etyd] **n. f.** – *estuide, estudie* XIIe ◊ latin *studium* « ardeur, étude »

I ACTIVITÉ INTELLECTUELLE ■ **1** Application méthodique de l'esprit cherchant à apprendre et à comprendre. *Aimer l'étude* (➤ **studieux**). *Avoir le goût de l'étude. Ardeur à l'étude.* « *L'étude a été pour moi le souverain remède contre les dégoûts de la vie* » MONTESQUIEU. ■ **2** SPÉCIALT Effort intellectuel pour acquérir des connaissances. *Se consacrer à l'étude du grec, du droit. Abandonner l'étude du violon. — Piano d'étude,* destiné à l'apprentissage. ◆ AU PLUR. **LES ÉTUDES** : série ordonnée de travaux et d'exercices nécessaires à l'instruction. *Faire des études, ses études* : parcourir successivement les divers degrés de l'enseignement scolaire. *Pendant ses études. Faire de bonnes, de longues études. Commencer, poursuivre, achever, interrompre, reprendre ses études. Le cours, le cycle, la durée des études.* ➤ **cursus.** « *Je n'ai pas eu la chance d'avoir des parents riches pour me payer mes études* » SARTRE. *Bourse* d'études. Études obligatoires.* ➤ **scolarité.** *Études primaires, secondaires, supérieures, universitaires.* ➤ **école, enseignement.** *Sport*-études. Examens, diplômes de fin d'études* (➤ **brevet, certificat**). ANCIENNT *Certificat d'études. École des hautes études commerciales (H. E. C.). Institut des Hautes Études. Études scientifiques, études de lettres, de théologie, de droit, de médecine* (➤ **étudiant**). *Niveau d'études.* ➤ **formation, instruction.** — LOC. *Renvoyer qqn à ses chères études,* l'écarter du pouvoir, d'une situation en vue. ■ **3** Effort intellectuel orienté vers l'observation et l'intelligence des êtres, des choses, des faits. ➤ **science ; -logie, -nomie.** *L'étude de la nature.* ➤ **observation.** *L'étude des lois physiques, sociales, économiques. L'étude des textes, d'un texte littéraire.* ➤ **explication.** « *on a donné trop d'importance et d'espace à l'étude des mots, il faut lui substituer aujourd'hui l'étude des choses* » DIDEROT. ➤ **analyse.** — *L'étude du cœur humain.* ◆ Examen approfondi, travail préparatoire. *Étude d'une question, d'un projet, d'un contrat, d'un devis. Étude complémentaire. Mettre un projet de loi à l'étude. Bureau*, commission, comité d'études. Voyage, mission d'études.* ➤ **prospection.** *Étude de cas, étude sur dossier, sur le terrain* (en sciences humaines). *Étude documentaire.* — COMM. *Étude de marché*.*

II OUVRAGE RÉSULTANT DE CETTE ACTIVITÉ ■ **1** Ouvrage, publication étudiant un sujet. ➤ **essai, 1 livre, 2 mémoire, traité.** *Publier une étude sur Balzac.* ■ **2** Représentation plastique constituant un essai ou un exercice. *Peintre, sculpteur qui fait des études de main.* ➤ **croquis, esquisse.** ■ **3** Composition musicale écrite pour servir (en principe) à exercer l'habileté de l'exécutant. *Études pour piano. Études de Chopin.*

III LIEU ■ **1** Salle où les élèves travaillent en dehors des heures de cours ; temps passé à ce travail. ➤ **permanence.** *Aller en étude, à l'étude. Faire ses devoirs, apprendre ses leçons à l'étude du soir. Les élèves* « *dormaient dans l'atmosphère empuantie de l'étude* » RIMBAUD. *Étude surveillée.* ■ **2** Local où travaille un officier ministériel. *Panonceau signalant une étude de notaire. Passez à mon étude.* « *son étude, remplie de cartons poussiéreux et de vénérables paperasses, est un temple vers quoi convergent tous les intérêts, tous les désirs, toutes les espérances, toutes les passions, tous les crimes secrets d'un petit pays* » MIRBEAU. ◆ La charge avec sa clientèle. *Céder son étude à son premier clerc.*

ÉTUDIANT, IANTE [etydjɑ̃, jɑ̃t] **n. et adj.** – XIIIe, en concurrence avec *écolier* jusqu'à la fin XVIIe ; fém. 1789, rare avant fin XIXe ◊ de *étudier* ■ Personne qui fait des études supérieures et suit les cours d'une université, d'une grande école. *Étudiant en lettres, en médecine* (➤ FAM. **carabin**). *Il est étudiant en première année. Carte d'étudiant. Les étudiants de la faculté des sciences. Union nationale des étudiants de France (U. N. E. F.). Sa fille est encore étudiante. Restaurant, logement des étudiants.* ➤ **universitaire.** *Chambre d'étudiant.* ➤ RÉGION. **kot.** ◆ **adj.** (1951) *La vie étudiante.* ➤ **estudiantin.** *Un mouvement étudiant,* d'étudiants.

ÉTUDIÉ, IÉE [etydje] **adj.** – XVIe ◊ de *étudier* ■ **1** Mûrement médité et préparé (opposé à *improvisé*). *Un discours étudié,* dont les termes ont été soigneusement pesés. ➤ **calculé.** *Cet acteur a un jeu trop étudié.* ➤ **affecté, apprêté.** — Conçu avec grand soin (opposé à *simple*). *La coupe de cette robe est très étudiée.* ➤ **recherché.** (1932) COMM. *Des prix très étudiés,* calculés au plus juste. ■ **2** (1611) Volontairement produit ou façonné (opposé à *naturel*). *Des gestes étudiés.* ➤ **contraint.** « *Messieurs, dit la jeune femme avec une politesse étudiée, je regrette de vous avoir fait attendre* » ZOLA. — (PERSONNES) Qui compose son attitude, son expression (opposé à *sincère, spontané*). « *cette emphatique Clairon qui est plus maigre, plus apprêtée, plus étudiée, plus empesée qu'on ne saurait dire* » DIDEROT.

ÉTUDIER [etydje] **v.** ‹7› – *estudier* 1155 ◊ latin *studere* → étude

I v. tr. ■ **1** Chercher à acquérir la connaissance de. *Étudier l'histoire, l'anglais. Étudier le piano,* apprendre à en jouer. — (1694) Apprendre par cœur. *Élève qui étudie sa leçon. Étudier un rôle, une partition.* ■ **2** Chercher à comprendre par un examen. ➤ **analyser, examiner, observer.** *Étudier la nature, la germination, une réaction chimique. Étudier un texte, un auteur. Moraliste qui étudie le cœur humain. — Étudier qqn,* observer attentivement son comportement. *Il l'étudiait du coin de l'œil. Joueur qui étudie son partenaire.* ■ **3** (1835) Examiner afin de décider, d'agir. *Étudier un projet, un plan, les propositions de qqn. Il faut étudier la question. Suggestion qui mérite d'être étudiée attentivement.* ➤ **considérer.** *Étudier un dossier, une affaire.* ◆ PAR EXT. ➤ **rechercher.** *Étudier les moyens d'en sortir.* ■ **4** Traiter (un sujet). *Professeur qui étudie un point particulier. La sociologie étudie l'être humain en société.*

II v. intr. ■ **1** Faire ses études. *Il étudie à l'université.* ■ **2** Se

livrer à l'étude. *Aimer étudier.*
III S'ÉTUDIER v. pron. ▪ **1** (XVIe) RÉFL. Se prendre pour objet de son étude. *Socrate recommandait de s'étudier afin de se connaître.* ◆ PAR EXT. S'observer avec trop de complaisance. ➤ **s'écouter.** ▪ **2** (RÉCIPR.) S'observer l'un l'autre. ➤ se **jauger.** *Les adversaires s'étudient.* ▪ **3** Se composer une attitude lorsqu'on se sent observé, jugé. ➤ **s'observer,** se **surveiller.** — VX *S'étudier à :* s'appliquer à.

ÉTUI [etɥi] **n. m.** – *estui* XIIe ; de l'ancien français *estuier* «enfermer, garder», p.-ê. du latin populaire °*studiare* ◇ de *studium* «soin» → étude ▪ Objet creux, le plus souvent rigide, dont la forme, la disposition est adaptée au contenu qu'il est destiné à recevoir. ➤ **enveloppe, gaine ;** 2 **porte-aiguille, porte-chéquier,** etc. *Étui de carton, de cuir, d'ivoire ; en plastique. Étui d'une arme blanche* (➤ **fourreau, gaine**), *d'une arme à feu* ➤ **holster,** *étui à flèches* (➤ **carquois**), *étui à ciseaux. Étui à violon. Étui à lunettes, à jumelles. Étui à cigares. Étui de parapluie. Étui de cartouche.* ➤ **douille.** *Étui pénien**. — *Étui divisé en compartiments et contenant plusieurs objets.* ➤ **nécessaire, trousse.** ◆ MAR. Enveloppe en toile, sac où l'on renferme les voiles, etc. (➤ **housse ; bâche**).

ÉTUVAGE [etyvaʒ] **n. m.** – 1874 ◇ de *étuver* ▪ Action d'étuver. — On a dit aussi *étuvement,* 1636.

ÉTUVE [etyv] **n. f.** – *estuve* «établissement de bains» XIe ◇ latin populaire °*extupa,* de °*extupare,* grec *tuphein* «fumer» ▪ **1** Endroit clos dont on élève la température, pour provoquer la sudation. *Étuve sèche :* chambre qui n'est pas en contact avec la vapeur. *Étuve humide :* bain de vapeur, bain turc. ➤ **hammam, sauna.** *Étuve des thermes romains.* ➤ **caldarium.** — *Chaleur d'étuve :* chaleur humide, pénible à supporter. *«une atmosphère d'étuve que je n'ai pas souvent retrouvée, même dans les pays équatoriaux»* DUHAMEL. ◆ Lieu où il fait très chaud. *Quelle étuve ! ouvrez la fenêtre.* ➤ **fournaise.** ▪ **2** Appareil destiné à obtenir une température déterminée, supérieure à celle du milieu ambiant. ➤ **étuveur.** *Étuve à désinfection, à stérilisation,* produisant une température supérieure à 100 °C. ➤ **autoclave.** *Passer la literie d'un malade à l'étuve. Étuve à culture microbienne,* à température constante. *Étuve pour dessécher les fruits* (prunes, raisins). ➤ **séchoir.**

ÉTUVÉE [etyve] **n. f.** – fin XIVe ◇ de *étuver* ▪ **loc. adv. À L'ÉTUVÉE :** cuit en vase clos, à la vapeur. ➤ **étouffée** (à l'). *Petits-pois à l'étuvée. «Pas de viandes rôties. Tout est cuit à l'étuvée»* BAUDELAIRE. — PAR MÉTON. Mets ainsi préparé. *Une étuvée de pigeons.* ➤ **estouffade.**

ÉTUVEMENT ➤ **ÉTUVAGE**

ÉTUVER [etyve] **v. tr.** ⟨1⟩ – 1384 ; *estuver* «baigner dans l'eau chaude» XIIe ◇ de *étuve* ▪ **1** Faire passer à l'étuve (2°). ➤ **désinfecter, stériliser ; déshydrater, dessécher, sécher.** ▪ **2** Cuire à l'étuvée. *Étuver des pigeons.*

ÉTUVEUR [etyvœʀ] **n. m.** et **ÉTUVEUSE** [etyvøz] **n. f.** – 1923 ; «propriétaire d'un établissement de bains» 1260 ◇ de *étuver* ▪ TECHN. Appareil, chaudière, four à étuver.

ÉTYMOLOGIE [etimɔlɔʒi] **n. f.** – XIVe ; titre d'un ouvrage v. 1175 ◇ latin *etymologia,* du grec *etumos* «vrai» et *logia* ▪ **1** Science de la filiation des mots, reconstitution de leur ascendance jusqu'à leur état le plus anciennement accessible. *L'étymologie est fondée sur les lois phonétiques et sémantiques.* ▪ **2** Origine ou filiation d'un mot (➤ **racine, souche ; évolution**). *Rechercher, donner l'étymologie d'un mot.* ➤ **étymon.** *Mots de même étymologie mais de forme différente.* ➤ **doublet.** *Mots apparentés par l'étymologie :* mots de la même famille*. *Étymologie grecque, latine, germanique d'un mot français. Étymologie incertaine, obscure, inconnue. Fausse étymologie. «Il est difficile de faire comprendre que l'étymologie ne se devine pas, qu'elle est l'aboutissement de recherches minutieuses»* O. BLOCH. — *Étymologie populaire :* procédé par lequel le sujet parlant rattache spontanément et à tort un mot à un autre, par analogie apparente de forme, de sens (ex. *choucroute** rattaché à *chou*).

ÉTYMOLOGIQUE [etimɔlɔʒik] **adj.** – 1551 ◇ latin *etymologicus,* grec *etumologikos* → étymologie ▪ **1** Relatif à l'étymologie. *Dictionnaire étymologique.* ▪ **2** Conforme à l'étymologie. *Sens étymologique d'un mot :* le sens le plus proche de celui de l'étymon. *Orthographe, graphie étymologique. Le mot* doigt *a une graphie étymologique* («digitus»).

ÉTYMOLOGIQUEMENT [etimɔlɔʒikmɑ̃] **adv.** – 1620 ◇ de *étymologique* ▪ Conformément à l'étymologie. *Étymologiquement,* boucher *signifie «celui qui vend du bouc».*

ÉTYMOLOGISTE [etimɔlɔʒist] **n.** – 1578 ◇ de *étymologie* ▪ Linguiste qui s'occupe d'étymologie. *Les recherches, les travaux des étymologistes.*

ÉTYMON [etimɔ̃] **n. m.** – 1892 ◇ grec *etumon* «sens véritable», d'après *étymologie* ▪ LING. Mot attesté ou reconstitué, qui donne l'étymologie d'un autre mot. *Étymon latin, grec. Étymon français d'un dérivé* français.* ➤ **base, radical.**

EU, EUE ➤ 1 **AVOIR**

EU- ▪ Élément, du grec *eu* «bien, agréablement».

EUBACTÉRIES [øbakteʀi] **n. f. pl.** – *eubactériées* 1961 ◇ de *eu-* et *bactérie* ▪ HIST. SC. Groupe de procaryotes qui comprenait l'ensemble des bactéries à l'exclusion des archéobactéries. ➤ **bactérie.**

EUBAGE [øbaʒ] **n. m.** – 1664 ◇ bas latin *euhages,* grec *euagês* «pur, saint» ▪ Chez les Celtes, Prêtre lettré, d'une classe nommée entre les druides et les bardes. *«une longue procession d'eubages et de druides»* GAUTIER.

EUCALYPTOL [økaliptɔl] **n. m.** – 1870 ◇ de *eucalyptus* ▪ PHARM. Principe actif extrait de l'essence d'eucalyptus*, utilisé pour ses propriétés antiseptiques dans les soins des voies respiratoires. *Sirop antitussif à l'eucalyptol.*

EUCALYPTUS [økaliptys] **n. m.** – *eucalypte* 1796 ◇ latin des botanistes *eucalyptus* (1788) ; de *eu-* et du grec *kaluptos* «couvert», le calice étant couvert par un opercule qui se détache à la floraison ▪ Arbre *(myrtacées)* au feuillage gris-vert très odorant, originaire d'Australie. *L'eucalyptus bleu, ou gommier bleu, abondant en Méditerranée.* ◆ Les feuilles de cet arbre. *Inhalation d'eucalyptus* (➤ **eucalyptol**).

EUCARYOTE [økaʀjɔt] **adj.** et **n. m.** – 1961 ◇ de *eu-* et du grec *karuon* «noyau» ▪ BIOL. Se dit d'un organisme dont la ou les cellules sont pourvues d'un noyau figuré et d'un cytoplasme (opposé à *procaryote*). *Les protistes sont eucaryotes.* — **n. m. pl.** *Les eucaryotes.*

EUCHARISTIE [økaʀisti] **n. f.** – 1165 ◇ latin ecclésiastique *eucharistia ;* grec *eukharistia* «action de grâce» ▪ Sacrement essentiel du christianisme qui commémore et perpétue le sacrifice du Christ. ➤ **cène, communion.** *Le mystère, le sacrement de l'Eucharistie. Célébration de l'Eucharistie.* ➤ **messe.** *«Fréquentons donc ce sacré repas de l'Eucharistie, et vivons en union avec nos frères* [...] *; mangeons ce pain qui soutient l'homme ; buvons ce vin qui doit réjouir le cœur»* BOSSUET. ◆ Les espèces (pain et vin) qui, selon la doctrine catholique, contiennent substantiellement le corps, le sang, l'âme et la divinité de Jésus-Christ. ➤ **transsubstantiation ; hostie.** *Donner, recevoir l'eucharistie.* ◆ *Doctrine luthérienne de l'Eucharistie.* ➤ **consubstantiation, impanation.**

EUCHARISTIQUE [økaʀistik] **adj.** – 1577 ◇ latin *eucharisticus ;* grec *eukharistikos* ▪ Relatif à l'eucharistie. *Espèces eucharistiques. Congrès eucharistique.*

EUCHROMATINE [økʀɔmatin] **n. f.** – 1933 ◇ de *eu-* et *chromatine,* d'après l'allemand *Euchromatin* (1928) ▪ BIOL. MOL. Chromatine peu condensée, visible au cours de l'interphase, et qui contient des gènes accessibles aux protéines assurant la transcription (opposé à *hétérochromatine*). *Les gènes de l'euchromatine sont exprimés.*

EUCLIDIEN, IENNE [øklidjɛ̃, jɛn] **adj.** – v. 1730 ◇ de *Euclide,* n. d'un mathématicien grec ▪ MATH. Relatif à Euclide et à ses postulats. *Algorithme, anneau, espace euclidien. Division euclidienne. Géométrie euclidienne,* issue des travaux d'Euclide et généralisée par la suite aux espaces de dimension infinie. ▪ CONTR. Non-euclidien.

EUCOLOGE [økɔlɔʒ] **n. m.** – 1610 ◇ latin ecclésiastique *euchologium,* grec *eukhologion,* de *eukhê* «prière» et *logos* «livre» ▪ RELIG. Livre liturgique contenant l'office des dimanches et fêtes. ➤ **missel, paroissien.** Bouvard *«lui prit son Eucologe, et s'arrêta aux litanies de la Vierge»* FLAUBERT. — On écrit parfois *euchologe.*

EUDÉMIS [ødemis] **n. m.** – 1909 ◇ mot latin, p.-ê. de *eu-* et du grec *dêmas* «corps» ▪ Papillon dont la chenille est nuisible à la vigne.

EUDÉMONISME [ødemɔnism] **n. m.** – 1827 ◊ grec *eudaimonismos* «action de regarder comme heureux», de *eudaimôn* «heureux» ■ PHILOS. Doctrine morale selon laquelle le but de l'action est le bonheur (➤ **hédonisme**). *L'eudémonisme d'Épicure.* «*On voit ce qu'est l'humanisme fameux de cet auteur* [Giraudoux] : *un eudémonisme païen*» SARTRE.

EUDIOMÈTRE [ødjɔmɛtʀ] **n. m.** – 1775 ◊ grec *eudia* «beau temps» et *-mètre* ■ SC. Appareil servant à l'analyse quantitative des mélanges gazeux et à la synthèse de certains composés, utilisé en médecine pour l'analyse de la respiration.

EUDIOMÉTRIE [ødjɔmetʀi] **n. f.** – 1787 ◊ de *eudiomètre* ■ PHYS. Analyse des mélanges gazeux avec l'eudiomètre.

EUDIOMÉTRIQUE [ødjɔmetʀik] **adj.** – 1787 ◊ de *eudiomètre* ■ PHYS. Relatif à l'eudiométrie. *Expériences eudiométriques. Instrument eudiométrique.*

EUDISTE [ødist] **n. m.** – XVIIe ◊ de *Eudes,* n. pr. ■ Membre d'une congrégation religieuse consacrée à l'enseignement et à la prédication, instituée à Caen en 1643 par saint Jean Eudes. *Les Eudistes ne prononcent pas de vœux.*

EUGÉNATE [øʒenat] **n. m.** – 1933 ◊ de *eugénol* ■ Pâte obtenue par le malaxage d'eugénol et d'oxyde de zinc, très utilisée en chirurgie dentaire (pansements, obturation de canaux).

EUGÉNIQUE [øʒenik] **n. f.** et **adj.** – 1883 ◊ anglais *eugenics* ; de *eu-* et du grec *genos* «race» ■ DIDACT. ■ **1** Science qui étudie et met en œuvre les moyens d'améliorer l'espèce humaine, en cherchant soit à favoriser l'apparition de certains caractères héréditaires *(eugénique positive),* soit à l'empêcher *(eugénique négative),* s'appuyant dès le XXe siècle sur les progrès de la génétique. «*Vers 1870, le cousin de Darwin, Francis Galton, fonde l'Eugénique scientifique, dont l'objet, selon lui, doit être double : entraver la multiplication des inaptes* [...] *et améliorer la race en favorisant la reproduction des plus aptes*» J. ROSTAND. *Eugénique et bioéthique*.* ➤ **eugénisme.** ■ **2 adj.** Qui a rapport à l'eugénique. «*Toute pratique eugénique tendant à l'organisation de la sélection des personnes est interdite*» (CODE CIVIL). «*la stérilisation eugénique*» J. ROSTAND. ■ **CONTR.** Dysgénique.

EUGÉNISME [øʒenism] **n. m.** – 1878 ◊ anglais *eugenism* ■ Eugénique (1°). «*L'eugénisme apparaît lorsqu'un pouvoir collectif souhaite suivre une direction précise dans l'évolution du patrimoine génétique de toute une population*» A. JACQUARD.

EUGÉNISTE [øʒenist] **n.** – 1935 ◊ anglais *eugenist* ■ DIDACT. Spécialiste en eugénique.

EUGÉNOL [øʒenɔl] **n. m.** – 1855 ◊ de *eugenia,* nom savant du girofle ■ CHIM. Dérivé phénolique extrait du clou de girofle, utilisé en parfumerie et comme antiseptique en médecine dentaire (➤ **eugénate**).

EUGLÈNE [øglɛn] **n. f.** – 1835 ◊ latin scientifique *euglena,* du grec *euglênos* «aux beaux yeux» ■ BOT. Algue unicellulaire d'eau douce, de couleur verte.

EUH ['ø] **interj.** – XVIIe ◊ onomat. ■ Marque le doute, l'hésitation, l'embarras, la recherche d'un mot. «*un taxi s'arrêta. "Au restaurant... euh... au restaurant du* Dragon bleu*"*» COLETTE. ■ **HOM.** 1 E, eux, heu, œufs (œuf).

EUNECTE [ønɛkt] **n. m.** – 1842 ◊ de *eu-* et du grec *nêktos* «nageur» ■ ZOOL. Reptile aquatique. ➤ **anaconda.**

EUNUQUE [ønyk] **n. m.** – *eunique, eunuche* XIIIe ◊ latin *eunuchus,* grec *eunoukhos* «qui garde *(ekhein)* le lit *(eunê)* des femmes» ■ **1** Homme châtré qui gardait les femmes dans les harems. «*vous avez beau me dire que des eunuques ne sont pas des hommes*» MONTESQUIEU. ■ **2** MÉD. Homme qui a subi une castration. ➤ **castrat.** *Une voix d'eunuque,* très aiguë. ■ **3** FIG. et FAM. Homme sans virilité (physique ou morale).

EUPATOIRE [øpatwaʀ] **n. f.** – XVe ◊ latin *eupatoria (herba),* grec *eupatorion,* de *Eupator,* nom propre ■ BOT. Plante herbacée *(composées)* des lieux humides, à fleurs roses, appelée aussi *chanvre d'eau.*

EUPEPTIQUE [øpɛptik] **adj.** et **n. m.** – 1908 ◊ de *eupepsie* (1845) «bonne digestion», du grec *pepsis* ■ PHARM. Qui facilite la digestion. ➤ **digestif.**

EUPHÉMIQUE [øfemik] **adj.** – 1834 ◊ de *euphémisme* ■ Qui appartient à l'euphémisme. *Expression euphémique.*

EUPHÉMIQUEMENT [øfemikmɑ̃] **adv.** – 1846 ◊ de *euphémique* ■ Par euphémisme. «*le lavabo, comme il disait euphémiquement pour cabinet*» R. PINGET. ■ **CONTR.** Crûment.

EUPHÉMISER [øfemize] **v. tr.** ⟨1⟩ – 1845 ◊ de *euphémisme* ■ **1** Présenter de manière euphémique. *Euphémiser le racisme sans l'occulter.* ➤ **atténuer, édulcorer.** ■ **2** Employer des euphémismes dans (le discours). *Euphémiser ses réponses.*

EUPHÉMISME [øfemism] **n. m.** – 1730 ◊ grec *euphêmismos,* de *eu* «bien» et *phêmê* «parole» ■ Expression atténuée d'une notion dont l'expression directe aurait qqch. de déplaisant, de choquant. ➤ **adoucissement ; litote.** «*Non-voyant*» *pour* «*aveugle*» *est un euphémisme. Un doux euphémisme. Employer un mot par euphémisme.* ➤ **euphémiser.**

EUPHONIE [øfɔni] **n. f.** – 1561 ◊ grec *euphonia,* de *eu* «bien» et *phônê* «son» ■ **1** MUS. Harmonie de sons agréablement combinés. ■ **2** LING. Harmonie des sons qui se succèdent dans le mot ou la phrase. «*C'est que la langue française est fort exigeante en matière d'euphonie. Pour satisfaire à la musique, elle enfreint des règles, altère des mots, ajoute des lettres*» DUHAMEL. *Le* t *de* a-t-il *est ajouté pour l'euphonie.* ■ **CONTR.** Cacophonie, dissonance.

EUPHONIQUE [øfɔnik] **adj.** – 1756 ◊ de *euphonie* ■ Relatif à l'euphonie. «*Une faute euphonique*» CLAUDEL. — Qui a de l'euphonie. «*elle s'appelle Gretchen, nom qui, pour n'être pas si euphonique qu'Éthelwina ou Azélie, paraît d'une suffisante douceur aux oreilles allemandes et néerlandaises*» GAUTIER. — Qui produit l'euphonie. *Le* t *euphonique* (➤ 1 **t**). — **adv. EUPHONIQUEMENT,** 1845.

EUPHORBE [øfɔʀb] **n. f.** – *euforbe* XIIIe ◊ latin *euphorbia (herba),* de *Euphorbus,* nom propre ■ BOT. Plante vivace *(euphorbiacées),* renfermant un suc laiteux, représentée par de nombreuses espèces dans le monde. *Euphorbe arborescente des régions tropicales. Euphorbe de Madagascar,* qui fournit un caoutchouc.

EUPHORIE [øfɔʀi] **n. f.** – 1732 ◊ grec *euphoria* «force de porter», de *eu* «bien» et *pherein* «porter» ■ **1** MÉD. Impression intense de bien-être général, pouvant aller jusqu'à un état de surexcitation (surtout chez les malades mentaux ou les drogués). ➤ **détente, soulagement.** ■ **2** (fin XIXe) COUR. Sentiment de parfait bien-être et de joie. ➤ 1 **aise, allégresse, béatitude, bien-être, bonheur, contentement, extase, optimisme, satisfaction.** *Être en pleine euphorie. Dans l'euphorie générale. L'euphorie de la victoire.* ■ **CONTR.** Dysphorie. Angoisse, dépression, douleur.

EUPHORIQUE [øfɔʀik] **adj.** – 1922 ◊ de *euphorie* ■ Qui provoque l'euphorie. ➤ **euphorisant.** *L'alcool est euphorique.* — Qui tient de l'euphorie. *Être dans un état euphorique.* — Qui éprouve de l'euphorie. *Il était euphorique.* ■ **CONTR.** Déprimant. Dépressif.

EUPHORISANT, ANTE [øfɔʀizɑ̃, ɑ̃t] **adj.** et **n. m.** – 1938 ◊ de *euphoriser* ■ **1** Qui provoque l'euphorie, le bien-être. *Une atmosphère euphorisante. Des médicaments euphorisants.* — **n. m.** *Un euphorisant.* ➤ **antidépresseur.** ■ **2** FIG. Qui incite à l'optimisme. *Perspective euphorisante.* ■ **CONTR.** Déprimant.

EUPHORISER [øfɔʀize] **v. tr.** ⟨1⟩ – 1926 ◊ de *euphorie* ■ Procurer une sensation de bien-être à. *Musique douce pour euphoriser les visiteurs.* «*Ces pensées l'occupent et l'euphorisent*» V. DESPENTES. ABSOLT *Avale ça, ça euphorise !* ➤ **détendre.** — **n. f. EUPHORISATION.**

EUPHUISME [øfɥism] **n. m.** – 1820 ◊ anglais *euphuism,* de *Euphues* (grec *euphuês* «bien né»), nom du personnage d'un livre du XVIe au style précieux ■ HIST. LITTÉR. Style précieux et maniéré, à la mode en Angleterre sous Élisabeth Ire. ➤ **préciosité.**

EUPNÉIQUE [øpneik] **adj.** – 1878 ◊ de *eu-* et *-pnéique,* d'après *dyspnéique* ■ MÉD. Qui respire facilement. *Patient dyspnéique à l'effort mais eupnéique au repos.*

EURAFRICAIN, AINE [øʀafʀikɛ̃, ɛn] **adj.** et **n.** – 1930 ; *euro-africain* 1875 ◊ de *eur(o)-* et *africain,* d'après *eurasien* ■ Qui concerne à la fois l'Europe et l'Afrique.

EURASIATIQUE [øʀazjatik] **adj.** – 1930 ◊ de *Eurasie,* nom du continent formé par l'Europe et l'Asie réunies ■ GÉOGR. De l'Eurasie, relatif à l'Eurasie. *Continent eurasiatique.*

EURASIEN, IENNE [øʀazjɛ̃, jɛn] **adj.** et **n.** – 1865 ◊ anglais *eurasian,* de *Eur(ope)* et *Asian* «asiatique» ■ **1** D'Eurasie. ■ **2 n.** Métis d'Européen ou d'Européenne et d'Asiatique.

EURÊKA [øʀeka] **interj.** – 1821 ◊ mot grec «j'ai trouvé !», attribué par la légende à Archimède lorsqu'il découvrit dans son bain la loi de la pesanteur spécifique des corps ■ S'emploie lorsqu'on trouve subitement une solution, une bonne idée. — **n. m.** «*elle poussa l'eurêka qui finit par s'offrir à tous ceux qui cherchent*» J. ALMIRA.

EURISTIQUE ➤ **HEURISTIQUE**

EURO [øʀo] n. m. – 1995 ◊ du radical de *Europe* ■ Monnaie commune européenne (depuis janvier 1999 ; SYMB. €). ➤ FAM. 4 **balle**, 1 **boule**. *Un billet de dix euros. Le cent, subdivision de l'euro.* ➤ 3 **cent, centime.** *Mille euros.* ➤ **kiloeuro.** — *La zone euro :* les pays de l'Union européenne où l'euro a cours (ANGLIC. *Euroland* ou *Eurolande*). ELLIPT *Sortie de l'euro d'un pays et retour à la monnaie nationale.*

EUR(O)- ■ Élément, de *Europe, européen.*

EUROCENTRISME [øʀosɑ̃tʀism] n. m. – 1977 ◊ de *euro-* et *centrisme* ■ Idéologie tendant à privilégier la culture, la civilisation et les valeurs occidentales, plus particulièrement européennes. *Eurocentrisme et ethnocentrisme.*

EUROCRATE [øʀɔkʀat] n. – 1964 ◊ de *euro-* et *-crate* ■ Souvent péj. Fonctionnaire des institutions européennes.

EUROCRÉDIT [øʀokʀedi] n. m. – v. 1965 ◊ de *euro-* et *crédit* ■ FIN. Prêt libellé en eurodevises.

EURODÉPUTÉ, ÉE [øʀodepyte] n. – 1984 ◊ de *euro-* et *député* ■ Député(e) au Parlement européen.

EURODEVISE [øʀod(ə)viz] n. f. – v. 1965 ◊ de *euro-* et *devise* ■ FIN. Monnaie convertible dans laquelle sont libellés des avoirs déposés hors du pays émetteur (ex. eurodollar). ➤ **xénodevise.** *Le marché des eurodevises.*

EURODOLLAR [øʀodɔlaʀ] n. m. – 1961 ◊ de *euro-* et *dollar* ■ FIN. Avoir en dollars, déposé dans des banques commerciales européennes.

EUROMARCHÉ [øʀomaʀʃe] n. m. – 1970 ◊ de *euro-* et *marché* ■ FIN. Marché financier des eurodollars et des eurodevises situé en Europe.

EUROMISSILE [øʀomisil] n. m. – v. 1979 ◊ de *euro-* et *missile* ■ Missile nucléaire de moyenne portée basé en Europe.

EURO-OBLIGATION [øʀoɔbligasjɔ̃] n. f. /EUROOBLIGATION/ – 1968 ◊ de *euro-* et *obligation* ■ FIN. ■ **1** Obligation libellée dans une autre monnaie que celle du pays de placement. *Des euro-obligations.* ■ **2** (2009) Obligation émise par l'ensemble des pays de la zone euro. *« L'émission commune d'euro-obligations [...] serait un moyen de mutualiser les dettes souveraines d'États membres de la zone euro »* (Journal officiel). — **Recomm. offic. pour l'anglic.** *eurobond.*

EUROPÉANISATION [øʀɔpeanizasjɔ̃] n. f. – 1906 ◊ de *européaniser* ■ Action d'européaniser ; son résultat.

EUROPÉANISER [øʀɔpeanize] v. tr. ⟨1⟩ – 1806 ◊ de *européen* ■ **1** Donner des caractères européens à. — PRONOM. (1842) *Le Japon s'est européanisé.* ■ **2** POLIT., ÉCON. Envisager à l'échelle européenne. — PRONOM. Passer d'une perspective nationale à une perspective européenne. *Marché qui s'européanise.*

EUROPÉANISME, EUROPÉANISTE ➤ **EUROPÉISME, EUROPÉISTE**

EUROPÉEN, ENNE [øʀɔpeɛ̃, ɛn] adj. et n. – 1616 ; *europien* 1563 ◊ de *Europe* ■ **1** De l'Europe. *Le continent européen. Les pays européens. Nos partenaires européens. Solidarité européenne. Chat* européen.* ♦ n. *« j'avais vu s'ouvrir toutes les portes devant l'Occidental, l'Européen que j'étais »* SIEGFRIED. — LOC. *À l'européenne :* à la manière des Européens. *« Ce n'est pas un blanc. Il est vêtu à l'européenne, il porte le costume de tussor clair des banquiers de Saigon »* DURAS. ■ **2** Qui concerne le projet d'une Europe économiquement et politiquement unifiée ; qui en est partisan. ➤ **paneuropéen.** *« L'idéal européen ne doit pas pour autant faire fi d'idées nationales »* R. SCHUMAN. ♦ Qui concerne les institutions internationales liées à ce projet. *La Communauté économique européenne (C. E. E.)* (cf. Marché* commun). *L'Union européenne. Unité monétaire européenne.* ➤ 2 **écu, euro.** *L'Assemblée des communautés européennes* ou *Parlement européen* (➤ **eurocrate, eurodéputé**). *Les élections européennes,* ELLIPT *les européennes.*

EUROPÉISME [øʀɔpeism] n. m. – 1850 ◊ de *Europe* ■ Caractère européen, goût de ce qui est européen. ♦ SPÉCIALT (1969) Position politique favorable à l'unification de l'Europe. — On dit aussi *européanisme* [øʀɔpeanism] (1807). *« je penchais pour vous par européanisme »* NAPOLÉON.

EUROPÉISTE [øʀɔpeist] adj. et n. – 1927 ◊ de *Europe* ■ Favorable à l'Europe, à son unification. — n. *Les européistes et les europhobes.* — On dit aussi *européaniste* (1854).

EUROPHOBE [øʀɔfɔb] adj. et n. – v. 1970 ◊ de *euro-* et *-phobe* ■ Hostile à l'unification de l'Europe. ➤ aussi **eurosceptique.** — n. *Les europhobes et les européistes.*

EUROPIUM [øʀɔpjɔm] n. m. – 1901 ◊ de *Europe* ■ CHIM. Élément atomique (Eu ; n° at. 63 ; m. at. 151,96) de la série des lanthanides. *La luminescence rouge de l'europium est utilisée dans la fabrication des écrans.*

EUROSCEPTIQUE [øʀosɛptik] adj. et n. – 1992 ◊ de *euro-* et *sceptique* ■ Qui doute de l'avenir de l'Europe en tant qu'unité économique et politique. ➤ aussi **europhobe.** — n. m. **EUROSCEPTICISME.**

EUROSIGNAL [øʀosiɲal] n. m. – v. 1975 ◊ de *euro-* et *signal* ■ Système permettant de joindre une personne en déplacement, à l'aide d'un récepteur portatif à signal sonore et lumineux. ➤ FAM. **bip.** *Des eurosignals.*

EUROSTRATÉGIQUE [øʀostʀateʒik] adj. – v. 1980 ◊ de *euro-* et *stratégique* ■ Relatif à la défense militaire européenne. *Armes eurostratégiques.* ➤ **euromissile.**

EUROVISION [øʀovizjɔ̃] n. f. – 1954 ◊ marque déposée ; de *Euro(pe)* et *(télé)vision* ■ Émission simultanée de programmes télévisés dans plusieurs pays d'Europe. *Match retransmis en Eurovision. Eurovision et mondovision.*

EURYHALIN, INE [øʀialɛ̃, in] adj. – 1921 ◊ du grec *eurus* « large » et *hals, halos* « sel » ■ DIDACT. Qui peut vivre dans des eaux de salinité variable. *Le saumon est un poisson euryhalin.*

EURYTHMIE [øʀitmi] n. f. – 1547 ◊ de *eu-* et du grec *ruthmos* « rythme » ■ **1** DIDACT. Heureuse harmonie dans la composition, les proportions (d'une œuvre plastique). ➤ **équilibre.** — MUS. Heureux choix des sons. — MÉD. Régularité du pouls. ■ **2** FIG. et RARE Équilibre, harmonie. *« l'eurythmie de l'existence humaine dans ses mouvements utiles »* MAETERLINCK.

EURYTHMIQUE [øʀitmik] adj. – 1838 ◊ de *eurythmie* ■ DIDACT. Dont la composition est harmonieuse ; qui a de l'harmonie.

EUSKARIEN, IENNE [øskaʀjɛ̃, jɛn] adj. et n. – 1897 ◊ du basque *euskara* « langue basque » ■ DIDACT. Du Pays basque. ➤ 2 **basque.** *« cette mystérieuse langue euskarienne [...] dont l'origine demeure inconnue »* LOTI. — On écrit aussi *euscarien, ienne.*

EUSTACHE [østaʃ] n. m. – 1782 ◊ de *Eustache (Dubois),* coutelier ■ VX et FAM. Couteau de poche à virole et à manche de bois, servant d'arme. *« Cette résistance augmenta la fureur de Groult, qui vit rouge et tira son eustache »* FRANCE.

EUSTATIQUE [østatik] adj. – 1906 ◊ allemand *eustatische Bewegungen* (début XXe) ; du grec ■ GÉOL. Qui concerne le niveau des mers. *Phénomènes eustatiques.*

EUSTATISME [østatism] n. m. – 1961 ◊ de *eustatique* ■ GÉOL. Variation du niveau des mers due à une modification de la morphologie des bassins ou du volume des glaciers continentaux. ➤ **régression, transgression ;** et aussi **épirogenèse.** — On dit aussi **EUSTASIE** [østazi] n. f.

EUTECTIQUE [øtɛktik] adj. – 1903 ◊ anglais *eutectic* 1884 ; grec *eutêktos* « qui fond facilement » ■ CHIM. *Mélange eutectique :* mélange de deux corps purs qui fond à température constante comme un corps pur unique. *Alliages eutectiques.*

EUTEXIE [øtɛksi] n. f. – 1903 ◊ grec *eutêxia* ■ CHIM. *Point d'eutexie :* température de changement d'état d'un mélange eutectique.

EUTHANASIE [øtanazi] n. f. – 1771 ◊ de *eu-* et du grec *thanatos* « mort » ■ **1** MÉD. VX Mort douce et sans souffrance. ■ **2** (1907) COUR. Usage de procédés qui permettent d'anticiper ou de provoquer la mort, pour abréger l'agonie d'un malade incurable, ou lui épargner des souffrances extrêmes. *Les partisans de l'euthanasie refusent l'acharnement* thérapeutique. Euthanasie active* (par administration de substances), *passive* (par suspension des soins). *Provoquer la mort par euthanasie.* ➤ **euthanasier.**

EUTHANASIER [øtanazje] v. tr. ⟨7⟩ – 1975 ◊ de *euthanasie* ■ Faire mourir par euthanasie.

EUTHANASIQUE [øtanazik] adj. – 1934 ◊ de *euthanasie* ■ Qui provoque la mort par euthanasie ou s'y rapporte. *Intervention euthanasique.*

EUTHÉRIENS [øteʀjɛ̃] n. m. pl. – milieu XXe ◊ de *eu-* et du grec *thêrion* « bête sauvage » ■ ZOOL. Sous-classe des thériens constituée par les mammifères placentaires. *Euthériens et marsupiaux.*

EUTOCIE [øtɔsi] **n. f.** – 1829 ◊ grec *eutokia,* de *tokos* «enfantement» ■ MÉD. Accouchement qui se déroule normalement. — **adj.** **EUTOCIQUE,** 1866. ■ **CONTR.** Dystocie.

EUTROPHISATION [øtʀɔfizasjɔ̃] **n. f.** – v. 1970 ◊ de *eu-* et du grec *trophê* «nourriture» ■ ÉCOL. Processus d'enrichissement des eaux par apport excessif d'éléments nutritifs, entraînant une prolifération végétale (algues, cyanobactéries), un appauvrissement en oxygène et le déséquilibre de l'écosystème, voire sa destruction (➤ **dystrophisation**).

EUX [ø] **pron. pers.** 3ᵉ **pers. masc. plur.** – xᵉ ◊ latin *illos* ■ Pronom complément prépositionnel, forme tonique correspondant à *ils* (➤ **il**), pluriel de *lui* (➤ **lui**). *Je vis avec eux, chez eux. J'ai confiance en eux. C'est à eux de parler. L'un d'eux, l'un d'entre eux. Nous pensons à eux. Ils ont fait cela à eux deux. Eux-mêmes.* ➤ **même.** ◆ (XVIᵉ) Forme d'insistance. *Ils n'oublient pas, eux.* ◆ **(Comme sujet)** *Si vous acceptez, eux refuseront.* ■ **HOM.** 1 E, euh, heu, œufs (œuf).

ÉVACHER (S') [evaʃe] **v. pron.** ⟨1⟩ – 1910 ◊ de *vache* ■ **(Canada)** FAM. ■ **1** Rester à ne rien faire. ➤ RÉGION. 2 **vacher.** *S'évacher au soleil.* ■ **2** S'installer de travers, n'importe comment. *Elle s'est évachée sur son lit.* ➤ **s'affaler, s'avachir,** 1 **s'étaler, se vautrer.** — **Au p. p.** *Il «se contentait de ronfler bruyamment, évaché sur le divan»* V.-L. BEAULIEU.

ÉVACUANT, ANTE [evakɥɑ̃, ɑ̃t] **adj.** – XVIIIᵉ ◊ de *évacuer* ■ MÉD. Qui fait évacuer, qui agit contre la constipation. ➤ **laxatif.** *Mucilage évacuant.* SUBST. *Un évacuant.*

ÉVACUATEUR, TRICE [evakɥatœʀ, tʀis] **adj. et n. m.** – 1862 ◊ de *évacuer* ■ Qui sert à évacuer les eaux. *Conduit évacuateur.* — **n. m.** Système de vannes, déversoir d'un barrage en cas de crue.

ÉVACUATION [evakɥasjɔ̃] **n. f.** – 1314 ◊ bas latin *evacuatio* ■ **1** Rejet, expulsion de matière hors de l'organisme. ➤ **élimination, excrétion, expulsion.** *Évacuation par la bouche.* ➤ **crachement, vomissement.** *Évacuation des excréments.* ➤ **défécation, déjection.** *«On donna à Monseigneur force émétique, et sur les deux heures il fit une prodigieuse évacuation par haut et bas»* SAINT-SIMON. ■ **2** CHIR. Action de vider une cavité normale ou pathologique de son contenu. *Évacuation du pus d'un abcès. Évacuation du contenu gastrique par sonde.* ■ **3** Écoulement d'un liquide qui sort d'un lieu. ➤ **déversement, écoulement.** *Évacuation des eaux de pluie, du trop-plein d'un étang. Orifice d'évacuation.* ➤ **déversoir.** ■ **4** (1690) Action d'évacuer (un lieu). ➤ **abandon,** 1 **départ,** 2 **retrait.** *Évacuation d'une place forte, d'un territoire, d'un pays par les troupes d'occupation.* ◆ Action de quitter en masse (le lieu qu'on occupait) par nécessité ou par ordre. *Évacuation d'un territoire par la population civile* (➤ **exode**). *Évacuation d'un cinéma par les sorties de secours.* ■ **5** (1762) Action d'évacuer (des personnes), de faire partir d'un lieu. *Évacuation des prisonniers. Évacuation des blessés par les pompiers.* ■ **CONTR.** Entrée, invasion, occupation.

ÉVACUER [evakɥe] **v. tr.** ⟨1⟩ – XIIIᵉ ◊ latin *evacuare* «vider» ■ **1** PHYSIOL. Rejeter, expulser de l'organisme. ➤ **éliminer, excréter ; cracher, déféquer, uriner, vomir.** ■ **2** Faire sortir (un liquide) d'un lieu. *Évacuer les eaux usées. Conduite, tuyau qui évacue l'eau d'un réservoir.* ➤ **déverser, vidanger, vider.** ■ **3** Cesser d'occuper militairement (un lieu, un pays). ➤ **abandonner, se retirer.** *Évacuer une place forte, une position. Les Allemands évacuèrent la France en 1944.* **p. p. adj.** *Ville, zone évacuée.* — PAR EXT. (fin XVIIIᵉ) Quitter (un lieu) en masse, par nécessité ou par un ordre. ➤ **quitter, se retirer,** 1 **sortir.** *Évacuer un navire.* ➤ **abandonner.** *Silence ! ou je fais évacuer la salle.* — Chasser les occupants de (un lieu). *«On avait évacué leur camp à Calais ; ils erraient à Paris»* Y. HAENEL. ■ **4** (XIXᵉ) Faire partir en masse d'un lieu où il est dangereux, interdit de demeurer. *Évacuer la population d'une région sinistrée.* **p. p. adj.** *Les populations évacuées.* SUBST. *Reloger les évacués.* ■ **5** FIG. Se débarrasser de, refuser de tenir compte de. *Évacuer un problème.* — *Évacuer la fatigue, la tension,* parvenir à ne plus la ressentir. ■ **CONTR.** Accumuler, garder, retenir. Envahir, occuper.

ÉVADÉ, ÉE [evade] **adj. et n.** – 1611 ◊ de *évader* ■ **1** Qui s'est échappé. *Des prisonniers évadés.* ■ **2** **n.** Personne qui s'est échappée. ➤ **fugitif.** *Reprendre, capturer un évadé.* ◆ *Évadé fiscal :* personne qui soustrait au fisc des revenus imposables sans transgresser la lettre de la loi.

ÉVADER (S') [evade] **v. pron.** ⟨1⟩ – v. 1375 ; intr. jusqu'au XVIIᵉ ◊ latin *evadere* «sortir de» ■ **1** S'échapper d'un lieu où l'on était retenu, enfermé. ➤ **s'échapper, s'enfuir*, fuir, se sauver ; évasion.** *S'évader d'une prison ; d'un camp de prisonniers* (cf. Se faire la belle*). *Le prisonnier s'est évadé par la fenêtre.* — **(Avec ellipse du pron. pers.)** *Faire évader un prisonnier.* ■ **2** PAR EXT. Quitter un lieu furtivement, à la dérobée. ➤ **s'éclipser, s'esquiver.** *«Elle avait seulement voulu s'évader de ce salon, pour fuir la présence d'Antoine»* MARTIN DU GARD. ■ **3** FIG. Échapper volontairement à (une réalité). ➤ **échapper, fuir, se libérer, se soustraire.** *S'évader de sa condition. S'évader du réel par le rêve, par l'imagination. «le timide s'évade souvent de sa faiblesse par quelque manifestation de violence»* DUHAMEL.

ÉVAGINATION [evaʒinasjɔ̃] **n. f.** – 1870 ◊ de *é-* et *(in)vagination* ■ **1** MÉD. Saillie anormale d'un organe. ➤ **hernie, invagination, prolapsus.** ■ **2** ZOOL. Saillie en forme de doigt d'une membrane ou d'une couche cellulaire.

ÉVALUABLE [evalɥabl] **adj.** – 1790 ◊ de *évaluer* ■ Qui peut être évalué. ➤ **calculable, chiffrable, mesurable.** *Fortune difficilement évaluable.*

ÉVALUATEUR, TRICE [evalɥatœʀ, tʀis] **n.** – milieu XIXᵉ ◊ de *évaluer* ■ **(Canada)** Personne dont la profession consiste à évaluer les biens, notamment les biens immobiliers.

ÉVALUATION [evalɥasjɔ̃] **n. f.** – *evaluacion* 1365 ◊ de *évaluer* ■ **1** Action d'évaluer, de déterminer la valeur ou l'importance (d'une chose). ➤ **appréciation,** 1 **calcul, détermination, estimation, expertise, prisée.** *Évaluation d'une fortune, de biens. Procéder à l'évaluation des marchandises en magasin.* ➤ **inventaire.** — *Évaluation d'une distance, d'une longueur. Évaluation approximative.* ➤ **approximation.** — *Évaluation des connaissances. Méthodes d'évaluation.* ■ **2** La valeur, la quantité évaluée. *Évaluation insuffisante, trop faible* (➤ **mesure, prix, valeur**).

ÉVALUER [evalɥe] **v. tr.** ⟨1⟩ – XIVᵉ ; *avaluer* 1283 ◊ de l'ancien français *value* «valeur» ■ **1** Porter un jugement sur la valeur, l'importance de. ➤ **estimer,** 1 **priser.** *Faire évaluer un meuble, un tableau, par un expert.* ➤ **expertiser.** *Évaluer un héritage.* ➤ **calculer, chiffrer.** *Évaluer un bien au-dessus, au-dessous de sa valeur.* ➤ **surévaluer ; sous-évaluer.** *Évaluer à un nouveau prix.* ➤ **réévaluer.** *Son appartement est évalué un million, à un million* (➤ **valoir**). *L'arbitre a évalué le dommage.* ◆ Déterminer (une quantité) par le calcul sans recourir à la mesure directe. *Évaluer un volume, le débit d'une rivière.* ➤ **jauger.** ◆ *Évaluer les connaissances d'un élève.* ■ **2** PAR EXT. Fixer approximativement. ➤ **apprécier, estimer,** 1 **juger.** *Évaluer une distance à vue d'œil. Foule, assistance évaluée à deux mille personnes environ.* — (ABSTRAIT) *«Fernando Lucas savait accepter tous les risques dont il avait, depuis longtemps, évalué la quantité et la qualité»* MAC ORLAN.

ÉVANESCENCE [evanesɑ̃s] **n. f.** – 1877 ◊ de *évanescent* ■ LITTÉR. Qualité de ce qui est évanescent. Chose évanescente. *«Par-delà les obscurités symbolistes et les évanescences décadentes»* HENRIOT.

ÉVANESCENT, ENTE [evanesɑ̃, ɑ̃t] **adj.** – 1810 ◊ latin *evanescens,* de *evanescere* «disparaître» ■ LITTÉR. Qui s'amoindrit et disparaît graduellement. *Image évanescente.* ➤ **fugitif.** *Impression évanescente,* qui s'efface, s'évanouit. ■ **CONTR.** Durable.

ÉVANGÉLIAIRE [evɑ̃ʒeljɛʀ] **n. m.** – 1721 ; *euvangeliaire* 1362 ◊ latin ecclésiastique *evangeliarium* ■ Livre contenant les passages des Évangiles lus ou chantés à la messe pour chaque jour de l'année liturgique. ➤ **missel.**

ÉVANGÉLIQUE [evɑ̃ʒelik] **adj.** – 1295 ◊ latin ecclésiastique *evangelicus,* du grec *euangelikos* ■ **1** Relatif ou conforme à l'Évangile. ➤ **chrétien.** *Doctrine évangélique. Charité évangélique.* ■ **2** Qui est de la religion protestante (dans laquelle l'Évangile a une place prépondérante). *Église réformée, luthérienne évangélique.* — SUBST. *Les évangéliques :* les protestants.

ÉVANGÉLISATEUR, TRICE [evɑ̃ʒelizatœʀ, tʀis] **adj.** – 1849 ◊ de *évangéliser* ■ Qui évangélise. *Mission évangélisatrice.* — **n.** Personne qui évangélise, prêche l'Évangile. ➤ **évangéliste, missionnaire.**

ÉVANGÉLISATION [evɑ̃ʒelizasjɔ̃] **n. f.** – 1845 ◊ de *évangéliser* ■ Action d'évangéliser ; son résultat. ➤ **christianisation.**

ÉVANGÉLISER [evɑ̃ʒelize] **v. tr.** ⟨1⟩ – fin XIIIᵉ ◊ latin ecclésiastique *evangelizare* «porter une bonne nouvelle», d'origine grecque ■ Prêcher l'Évangile à ; convertir au christianisme par la prédication. ➤ **christianiser.** *«Allez et évangélisez les nations»* (ÉVANGILE). ➤ **missionnaire.**

ÉVANGÉLISME [evɑ̃ʒelism] **n. m.** – 1808 ; «fête» 1740 ◊ de *évangéliste* ▪ **1** Caractère de la doctrine morale et religieuse de l'Évangile ; conformité à l'Évangile. ▪ **2** THÉOL. Doctrine du salut par Jésus-Christ mort pour la rédemption de l'humanité.

ÉVANGÉLISTE [evɑ̃ʒelist] **n. m.** – XIIe ◊ latin ecclésiastique *evangelista*, d'origine grecque ▪ **1** Auteur de l'un des Évangiles. *Les quatre évangélistes, Matthieu, Marc, Luc et Jean.* ▪ **2** Dans certaines Églises protestantes, Prédicateur laïque. ▪ **3** Partisan de l'évangélisme.

ÉVANGILE [evɑ̃ʒil] **n. m.** – 1174 ◊ latin ecclésiastique *evangelium*, grec *euangelion* «bonne nouvelle» ▪ **1** (Avec un *É* majuscule) Enseignement de Jésus-Christ. *Répandre l'Évangile.* «*La voie du ciel est étroite et les préceptes de l'Évangile forts et vigoureux*» BOSSUET. ▪ **2** Chacun des livres de la Bible où la vie et la doctrine de Jésus-Christ ont été consignées. *Les Évangiles synoptiques* (Évangiles selon saint Matthieu, saint Marc et saint Luc). *Le quatrième évangile* ou *Évangile selon saint Jean.* ◆ ABSOLT *L'Évangile* : le recueil des quatre évangiles canoniques. «*La précieuse reliure en cuir de Cordoue du colossal Évangile de Venise*» PROUST. — PAR EXT. Le Nouveau Testament tout entier. ◆ LOC. *C'est pour lui parole d'évangile*, une chose indiscutable. *Tout ce qu'elle dit n'est pas parole d'évangile*, ne doit pas être admis sans réserve. ▪ **3** Textes des Évangiles qu'on lit chaque jour à la messe et à matines. *L'évangile du jour.* ▪ **4** FIG. Texte, document essentiel qui sert de fondement à une croyance, à une doctrine. ➤ **bible, catéchisme, credo, dogme,** 1 **loi.** «*Le Capital*» *de Karl Marx, évangile du marxisme.*

ÉVANOUI, IE [evanwi] **adj.** – *esvanoïz* XIIe ◊ de *s'évanouir* ▪ **1** Disparu. *Rêve évanoui.* ▪ **2** Sans connaissance ; en syncope. *Tomber évanoui.*

ÉVANOUIR (S') [evanwiʀ] **v. pron.** ⟨2⟩ – *esvanoïr* «disparaître» XIIe ◊ latin populaire °*exvanire*, altération de *evanescere* → évanescent ▪ **1** Disparaître sans laisser de traces ; cesser d'être visible. ➤ **disparaître, s'effacer, s'évaporer.** *Silhouette qui s'évanouit à l'horizon, dans la nuit* (➤ **évanescent**). *Apparition qui s'évanouit brusquement, comme par enchantement. Image un instant aperçue et qui s'évanouit aussitôt.* ➤ **se dissiper.** ▪ **2** FIG. Cesser d'exister. *Son autorité, sa gloire se sont évanouies. Sentiment, sensation, souvenir qui s'évanouit.* ➤ **s'envoler ;** aussi **fugace, fugitif.** «*Peu à peu son souvenir s'évanouissait, j'avais oublié la fille de mon rêve*» PROUST. «*toutes mes bonnes résolutions s'évanouissaient*» FÉNELON. ▪ **3** Perdre connaissance ; tomber en syncope. ➤ **défaillir,** se **pâmer ;** FAM. **collapser** (cf. Se trouver mal*, tourner de l'œil*, tomber dans les pommes*). *S'évanouir d'émotion, d'épuisement, de douleur. Être prêt à s'évanouir. J'ai failli m'évanouir, j'ai cru que j'allais m'évanouir. Elle* «*tomba d'une masse aux pieds du vieillard. Elle s'était évanouie*» GREEN. ▪ CONTR. Apparaître. Revenir (à soi).

ÉVANOUISSEMENT [evanwismɑ̃] **n. m.** – *esvanuïscement* v. 1175 ◊ de *s'évanouir* ▪ **1** Disparition complète. ➤ **disparition, effacement.** *Évanouissement d'une vision. L'évanouissement de ses espérances.* ➤ **anéantissement.** — *Évanouissement d'un son.* ➤ **fading** (ANGLIC.). ▪ **2** Le fait de perdre connaissance ; perte momentanée et complète de la conscience, de la sensibilité et de la motilité, accompagnée d'un affaiblissement des battements cardiaques et d'un ralentissement de la respiration. ➤ **syncope ; pâmoison.** *Être sujet aux évanouissements. Évanouissement prolongé.* ➤ **coma.** ▪ CONTR. Apparition. 1 Réveil.

ÉVAPORABLE [evapɔʀabl] **adj.** – 1625 ◊ de *évaporer* ▪ Susceptible de s'évaporer.

ÉVAPORATEUR [evapɔʀatœʀ] **n. m.** – 1868 ◊ de *évaporer* ▪ **1** Appareil employé pour la dessiccation, le séchage de divers produits. ▪ **2** Appareil servant à distiller l'eau de mer. ▪ **3** Organe des machines frigorifiques à compression où se produit l'évaporation.

ÉVAPORATION [evapɔʀasjɔ̃] **n. f.** – 1398 ◊ latin *evaporatio* ▪ Transformation d'un liquide en vapeur par sa surface libre, à toute température. ➤ **vaporisation.** *L'ébullition est un cas particulier d'évaporation. Évaporation d'une goutte de liquide en présence d'une paroi très chaude.* ➤ **caléfaction.** *Séchage par évaporation. Évaporation spontanée des eaux naturelles (mer, cours d'eau)*, entretenant l'humidité atmosphérique. ➤ **évapotranspiration.** ▪ CONTR. Condensation.

ÉVAPORATOIRE [evapɔʀatwaʀ] **adj.** – XIVe ◊ de *évaporer* ▪ TECHN. Qui sert à l'évaporation des liquides.

ÉVAPORÉ, ÉE [evapɔʀe] **adj.** – début XVIIe ◊ de *évaporer* ▪ Qui a un caractère étourdi, léger ; qui se dissipe en choses vaines. ➤ **écervelé, étourdi, folâtre, léger** (cf. Sans cervelle*). *Des adolescents évaporés. Air évaporé.* «*les folles, évaporées et merveilleuses créatures que nous a laissées Watteau fils dans ses gravures de mode*» BAUDELAIRE. — SUBST. «*je n'étais au bout du compte qu'une petite évaporée*» GAUTIER. ▪ CONTR. Grave, posé, sérieux.

ÉVAPORER [evapɔʀe] **v. tr.** ⟨1⟩ – 1314 ◊ latin *evaporare* → 1 vapeur ▪ **1** VX Faire passer (un liquide) à l'état de vapeur. *Évaporer lentement un liquide.* ▪ **2** **v. pron.** Se transformer en vapeur (➤ **se vaporiser**), et SPÉCIALT Se résoudre lentement en vapeur par sa surface libre. *Brume, rosée qui s'évapore à la chaleur du soleil. Le contenu du flacon s'est évaporé.* «*C'était un soir de juillet, à cette heure après chien et loup où la sueur s'évapore sur la peau*» NIZAN. — (Avec ellipse du pron. pers.) *Faire évaporer de l'eau de mer pour obtenir du sel.* ◆ FIG. LITTÉR. Disparaître, cesser d'exister. *Ses derniers scrupules s'étaient évaporés.* ➤ **s'évanouir.** «*La violence ne s'évapore pas, elle doit trouver sa cible*» F. HUMBERT. — FAM. En parlant de personnes ou d'objets, Disparaître brusquement. *À peine arrivé, il s'évapore.* ➤ **s'éclipser.** *Ce livre ne s'est tout de même pas évaporé !* ➤ **s'envoler, se volatiliser.**

ÉVAPOTRANSPIRATION [evapotʀɑ̃spiʀasjɔ̃] **n. f.** – 1974 ◊ de *évapo(ration)* et *transpiration* ▪ DIDACT. ▪ **1** Phénomène d'évaporation et de transpiration, émission de vapeur d'eau passant du sol, des nappes liquides par évaporation et par la transpiration des plantes, dans l'atmosphère. ▪ **2** Quantité d'eau transpirée par une plante en un temps donné.

ÉVASÉ, ÉE [evaze] **adj.** – 1415 ◊ de *évaser* ▪ Qui va en s'élargissant (objet cylindrique, tubulaire). *Entonnoir peu évasé. Robe, jupe évasée. Pantalon évasé* (cf. À pattes d'éléphant*). ▪ CONTR. Rétréci ; entravé.

ÉVASEMENT [evazmɑ̃] **n. m.** – *esvasement* v. 1160 ◊ de *évaser* ▪ Action d'évaser (RARE) ; forme de ce qui est évasé. ➤ **élargissement.** *Évasement d'un tube, d'un entonnoir, de l'embouchure d'un instrument. Évasement d'un trou.* ➤ **étampure, fraisure.** «*L'ample et tranquille évasement des flancs*» FRANCE. ▪ CONTR. Étranglement, rétrécissement.

ÉVASER [evaze] **v. tr.** ⟨1⟩ – 1380, mais antérieur (→ évasement) ◊ de *é-* et *vase* ▪ Élargir à l'orifice, à l'extrémité. *Évaser un conduit, un tube ; un tuyau. Évaser l'orifice d'un trou, par fraisage.* — **S'ÉVASER v. pron.** «*Le cône* [des coquilles] *s'allonge ou s'aplatit, se resserre ou s'évase*» VALÉRY. *Manches qui s'évasent au poignet.* ▪ CONTR. Étrangler, rétrécir.

ÉVASIF, IVE [evazif, iv] **adj.** – 1547 ◊ de *évasion* ▪ **1** Qui cherche à éluder en restant dans l'imprécision. *Il n'a rien promis, il est resté très évasif. Réponse, formule évasive.* ➤ **ambigu, élusif, équivoque, fuyant,** 3 **vague.** *Explications évasives et embrouillées.* ➤ **fumeux, imprécis.** *Regard, geste évasif. Le pauvre Tartarin* «*fit d'un petit air évasif : "Hé !... hé !... Peut-être... je ne dis pas"*» DAUDET. ▪ **2** LITTÉR. Qui tend à s'évader (FIG.). *Une pensée évasive.* ▪ CONTR. Catégorique, clair, explicite, 2 net, 1 positif, 1 précis.

ÉVASION [evazjɔ̃] **n. f.** – XIIIe ◊ bas latin *evasio*, de *evadere* → s'évader ▪ **1** Action de s'évader, de s'échapper d'un lieu où l'on était enfermé. «*Elle se sent observée nuit et jour avec vigilance ; une tentative d'évasion* [du couvent] *l'exposerait à une réclusion plus sévère*» VILLIERS. — *Jeu d'évasion*, qui consiste à sortir d'une pièce fermée en cherchant des indices et en résolvant des énigmes. ◆ SPÉCIALT Fait, pour un détenu, de se soustraire à la garde imposée. ➤ FAM. 2 **cavale.** *Tentative, moyens d'évasion. Évasion réussie, manquée. Évasion d'un prisonnier de guerre.* «*Il s'était souvenu des propos d'un évadé de stalag : "Le secret d'une évasion, c'est les chaussures"*» J. ROUAUD. ▪ **2** (début XXe) FIG. Fait d'échapper à une contrainte, à la monotonie ou aux fatigues de la vie quotidienne. *Évasion hors de la réalité par le sommeil, le rêve, la lecture.* «*L'enfant avait choisi le mode d'évasion le plus sûr encore en ce monde. Il dormait*» GIRAUDOUX. *Besoin d'évasion.* ➤ **changement, distraction, divertissement.** LOC. *D'évasion* : de détente. *Film, livre, roman d'évasion.* ▪ **3** *Évasion de capitaux* : fuite* de capitaux à l'étranger dans un but de spéculation. *Évasion fiscale* : fait de soustraire au fisc des revenus imposables sans transgresser la lettre de la loi. ▪ CONTR. Détention, emprisonnement.

ÉVASIVEMENT [evazivmɑ̃] **adv.** – 1787 ◊ de *évasif* ▪ D'une manière évasive. «*il s'était tu et n'avait plus répondu qu'évasivement aux questions*» CAMUS. ▪ CONTR. Catégoriquement, franchement.

ÉVASURE [evazyʀ] n. f. – 1611 ◊ de *évaser* ■ RARE Ouverture évasée. *L'évasure d'un entonnoir.*

ÉVÊCHÉ [eveʃe] n. m. – *evesquet* xe ◊ latin ecclésiastique *episcopatus* « dignité d'évêque » ■ **1** Juridiction d'un évêque, territoire soumis à son autorité spirituelle. ➤ **diocèse.** *Il y a en France métropolitaine soixante-dix évêchés et dix-sept archevêchés. Les Trois-Évêchés,* désignation aux XVIe et XVIIe s. des trois principautés ecclésiastiques aux mains des évêques de Metz, Toul et Verdun. ■ **2** VX Dignité épiscopale. ➤ **épiscopat.** ■ **3** Palais épiscopal, demeure de l'évêque. *Jardins de l'évêché.* — Ville où réside l'évêque.

ÉVECTION [evɛksjɔ̃] n. f. – XIVe ◊ latin *evectio* « action de s'élever », racine *vehere* ■ ASTRON. VX Inégalité périodique dans le mouvement de la Lune, due à l'attraction solaire.

ÉVEIL [evɛj] n. m. – 1165 « le fait d'être sur ses gardes » ; XVe « réveil » ◊ de *éveiller* ■ Action d'éveiller, de s'éveiller. ■ **1** (1762) VX *Donner à qqn l'éveil de qqch.*, l'avertir, éveiller son attention sur. (1839) MOD. *Donner l'éveil :* exciter, par n'importe quel moyen, à se mettre sur ses gardes. ➤ **alarme, 1 alerte.** « *Le chien porte un grelot d'un son léger. Doux assez pour ne point donner trop tôt l'éveil à l'oiseau* » J. DE PESQUIDOUX. — (1843) *Être en éveil :* être attentif, sur ses gardes. *Son esprit est toujours en éveil. Vigilance en éveil.* ■ **2** (fin XVIIIe) Action de se révéler, de se manifester (facultés, sentiments). *L'éveil de l'intelligence, de l'imagination.* « *le premier éveil du patriotisme* » MIRABEAU. *L'essentiel* « *dans l'éducation, ce n'est pas la doctrine enseignée, c'est l'éveil* » RENAN. *Discipline, activité, jeu d'éveil,* destinée à stimuler chez l'enfant l'observation, la curiosité intellectuelle. ■ **3** (XXe) PHYSIOL. État d'un être qui ne dort pas. ➤ **veille.** « *Pour l'éveil comme pour le sommeil, il faut aussi des conditions psychologiques : l'intérêt ou l'attention commande l'éveil* » CHAUCHARD. ■ **4** Action de sortir du sommeil (en parlant de la nature). *L'éveil de la nature, au printemps.* ➤ **1 réveil.**
■ CONTR. Abrutissement, torpeur. Assoupissement. Sommeil.

ÉVEILLÉ, ÉE [eveje] adj. – *avoillez* XIIIe ◊ de *éveiller* ■ **1** Qui ne dort pas. « *Cet affreux tourment-là me tint éveillé jusqu'au matin* » DAUDET. ♦ PAR EXT. Que l'on a sans dormir. *Un rêve, un songe éveillé.* ■ **2** Plein de vie, de vivacité. *Un enfant éveillé.* ➤ **déluré ; dégourdi, espiègle, gai, malicieux, vif.** *Éveillé à qqch. :* ouvert à qqch. PAR EXT. *Un esprit éveillé.* ➤ **ouvert, vif.** *Avoir l'œil, le regard éveillé. Avoir l'air éveillé.* ➤ **futé, intelligent ; fripon, mutin.** *Un minois, un visage éveillé.* ■ CONTR. Endormi, somnolent. Abruti, indolent, lourd, 1 mou, pesant, sot.

ÉVEILLER [eveje] v. tr. ‹ 1 › – *esveiller* 1100 ◊ latin populaire °*exvigilare* « veiller sur ; s'éveiller »

I v. tr. ■ **1** LITTÉR. Tirer du sommeil. ➤ **réveiller.** *Ne faites pas de bruit, vous allez l'éveiller.* ■ **2** Faire se manifester (ce qui était latent, virtuel). ➤ **développer, révéler, stimuler.** *Activité qui éveille l'intelligence.* « *Aucune éducation ne transforme un être : elle l'éveille* » BARRÈS. ■ **3** (XVIIe) Faire naître ou apparaître (un sentiment, une idée). ➤ **déclencher, provoquer, susciter.** *Éveiller une passion, un désir, l'amour chez qqn. Éveiller la défiance, les soupçons, l'attention* (cf. Mettre la puce* à l'oreille). *Faire qqch. sans éveiller l'attention. Elle* « *jeta les lettres dans l'ouverture de la boîte par un geste rapide qui n'éveilla pas le moindre soupçon* » GREEN. *Éveiller la curiosité.* ➤ **exciter, piquer.** « *Ce nom éveille, en moi, des mondes de songes !* » VILLIERS. ➤ **évoquer.** *N'éveiller aucun écho :* ne déclencher aucune réaction. — *Éveiller qqn à qqch.,* le sensibiliser à (qqch.). « *Une jeune femme un peu lourde, qui avait des vapeurs, difficile à éveiller au plaisir et toujours satisfaite* » GUÉHENNO.

II S'ÉVEILLER v. pron. ■ **1** Sortir du sommeil. ➤ **se réveiller.** *S'éveiller à l'aube.* — POÉT. (nature, objet personnifié...) « *La nature s'éveille et de rayons s'enivre* » RIMBAUD. « *Paris comme une jeune fille S'éveille langoureusement* » APOLLINAIRE. ♦ **S'ÉVEILLER À (un sentiment) :** éprouver pour la première fois. *S'éveiller à l'amour, à la vie.* ■ **2** Naître, se manifester (sentiments, idées). *Sa curiosité s'éveille.* « *Une série de souvenirs s'éveillaient dans son imagination* » BARRÈS.
■ CONTR. Endormir. Apaiser, paralyser.

ÉVEILLEUR, EUSE [evɛjœʀ, øz] n. – 1350, repris XIXe ◊ de *éveiller* ■ FIG. Personne qui éveille (une personnalité, un talent, une intelligence). « *Ce méridional chaleureux, sarcastique, éveilleur d'esprits* » MAUROIS.

ÉVÈNEMENT ou **ÉVÉNEMENT** [evɛnmɑ̃] n. m. – 1461, a remplacé *évent* ◊ du latin *evenire,* d'après *avènement* ■ **1** VX Fait auquel vient aboutir une situation. ➤ **résultat.** « *Jamais, certes, jamais plus beau commencement N'eût en si peu de temps si triste événement* » MOLIÈRE. ➤ **1 fin.** — Dénouement d'une pièce de théâtre. ♦ MOD. *L'évènement a démenti, trompé, confirmé son attente.* ■ **2** Ce qui arrive et qui a quelque importance pour l'être humain. ➤ **2 fait.** « *Mais qu'est-ce qu'un événement ? Est-ce un fait quelconque ! Non pas ! me dites-vous, c'est un fait notable* » FRANCE. *Évènement qui a lieu, se passe, se produit, arrive, survient à un moment. Évènement qui n'en est pas un, sans intérêt.* ➤ **non-évènement.** LOC. *Créer l'évènement,* se dit des médias qui mettent un fait en vedette pour en faire un évènement. *Date, théâtre, scène d'un évènement. Évènement heureux.* ➤ **bonheur, chance.** SPÉCIALT *Attendre, annoncer un heureux évènement,* une naissance prochaine. *Évènement malheureux, triste évènement.* ➤ **calamité, catastrophe, désastre, drame, malheur, tragédie.** *Évènement imprévu.* ➤ **accident, 1 incident** (cf. Coup de théâtre*). *La chaîne, la suite des évènements.* ➤ **circonstance, conjoncture, situation.** *Tournure prise par les évènements. En raison des récents évènements. Être dépassé (débordé) par les évènements :* être incapable de maîtriser une situation. « *Les événements, on les commande, pensait Rivière, et ils obéissent* » SAINT-EXUPÉRY. *Évènement historique. Évènement politique, diplomatique.* ➤ **affaire.** *Le grand évènement du siècle. Évènement marquant, qui fait date. Cette rencontre fut un évènement décisif, déterminant. L'un des évènements de cette longue affaire.* ➤ **épisode, péripétie.** *Récit, recueil d'évènements historiques.* ➤ **annales, histoire.** *Être au courant des évènements. Les évènements de la semaine, du jour.* ➤ **nouvelle.** *Il tenait un journal* « *des événements parisiens, littéraires et théâtraux* » HENRIOT. — SPÉCIALT (PAR EUPHÉM.) *Les évènements d'Algérie :* la guerre d'Algérie. « *À chaque carrefour, des groupes de gardes mobiles, à cause des événements d'Algérie* » MODIANO. *Les évènements de Mai, de 68, de Mai 68.* — FAM. *Lorsqu'il part en voyage, c'est un évènement,* cela prend une importance démesurée. ➤ **affaire, histoire.** *Il est arrivé à l'heure. Quel évènement !* ■ **3** MATH. *Probabilité* d'un évènement. Évènement certain* (dont la probabilité est 1), *impossible* (dont la probabilité est 0). *Évènements équiprobables*.*

ÉVÈNEMENTIEL, IELLE ou **ÉVÉNEMENTIEL, IELLE** [evɛnmɑ̃sjɛl] adj. – 1931 ◊ de *évènement* ■ **1** DIDACT. Relatif à un évènement, aux évènements. *Histoire évènementielle,* qui ne fait que décrire les évènements. ■ **2** Qui constitue un évènement. *Opération évènementielle de prestige.* — SUBST. *L'évènementiel :* secteur d'activité créé autour des évènements de communication, foires, salons, opérations de relations publiques.

ÉVENT [evɑ̃] n. m. – *esvent* 1521 ◊ de *éventer*

I ■ **1** (1558) Orifice des narines chez les cétacés, situé sur le sommet de la tête. « *Ses évents magnifiques, la superbe colonne d'eau qu'ils lancent à trente pieds* » MICHELET. ■ **2** (1676) TECHN. Conduit ménagé dans un moule de fonderie, un réservoir, un tuyau, etc. pour l'échappement des gaz ; canal d'aération.

II (1611) Caractère de ce qui est éventé.

ÉVENTAIL [evɑ̃taj] n. m. – 1416 ; hapax XIVe ◊ de *éventer,* d'après *vantail* ■ **1** Accessoire portatif qu'on agite d'un mouvement de va-et-vient pour produire un courant d'air. ➤ **s'éventer.** *Des éventails. Éventail de plumes des anciens* (« flabellum »). *Éventail en bois, en ivoire. Monture d'un éventail.* SPÉCIALT Cet accessoire, formé d'une feuille de tissu ou de papier, montée sur des branches articulées, qu'on peut déployer ou refermer. *Ouvrir, déployer, fermer, plier un éventail. Agiter un éventail, jouer de l'éventail.* « *Manœuvrer l'éventail est un art totalement inconnu en France. Les Espagnoles y excellent* » GAUTIER. *Éventail peint.* ♦ FIG. « *le palmier, qui balance légèrement auprès de lui ses éventails de verdure* » CHATEAUBRIAND. ■ **2 EN ÉVENTAIL :** en forme d'éventail ouvert. *Plis, plissé en éventail* (cf. Plissé soleil). *Tenir ses cartes en éventail.* LOC. FAM. *Avoir, rester les doigts de pied en éventail :* se prélasser, rester inactif. — ARCHIT. *Voûte en éventail :* voûte très ouvragée du style anglais perpendiculaire (gothique), dont les nervures forment un éventail ouvert. ■ **3** (XXe) FIG. Ensemble de choses diverses d'une même catégorie (qui peut être augmenté ou diminué comme on ouvre ou ferme un éventail). *Éventail d'articles offerts à l'acheteur.* ➤ **choix.** — *Nous vous proposons un large éventail de prix.* ➤ **gamme.** *L'éventail des salaires.* ➤ **échelle.**

ÉVENTAILLISTE [evɑ̃tajist] n. – 1678 ◊ de *éventail* ■ TECHN. Personne qui fabrique, vend des éventails. — Peintre d'éventails.

ÉVENTAIRE [evɑ̃tɛʀ] **n. m.** – 1690 ◊ origine inconnue, p.-ê. croisement de *inventaire* avec un dérivé de *éventer* ■ **1** VIEILLI Plateau, généralement en osier, que les marchands ambulants portent devant eux, maintenu par une sangle en bandoulière ou passée derrière le cou. ➤ **corbeille.** *Éventaire d'une vendeuse de fleurs, d'une ouvreuse de cinéma.* ■ **2** (fin XIXe) MOD. Étalage en plein air, à l'extérieur d'une boutique, sur la voie publique, sur un marché. ➤ **devanture, étal.** *Les éventaires des bouquinistes.*

ÉVENTÉ, ÉE [evɑ̃te] **adj.** – hapax XIIIe ◊ de *éventer* ■ **1** Exposé au vent. ➤ **venté, venteux.** *Une rue, une terrasse très éventée* (opposé à *abrité*). ■ **2** (1596) Altéré, corrompu par l'air ; qui a perdu son parfum, son goût. *Parfum, vin éventé.* ■ **3** Découvert, connu. *Le secret est éventé. C'est un truc éventé, personne ne s'y laissera prendre.* ➤ **usé.** ■ **4** (1571) VX ➤ **écervelé, étourdi, évaporé.** SUBST. *« Je la ferai rougir, cette jeune éventée »* CORNEILLE.

ÉVENTER [evɑ̃te] **v. tr.** ‹1› – *esventer* « aérer » 1178 ◊ de *é-* et *vent* ■ **1** Rafraîchir en agitant l'air. *« l'aubergiste prend soin d'éventer ses hôtes avec un énorme plumeau chasse-mouches »* GIDE. PRONOM. *Éléphant qui agite ses oreilles pour s'éventer.* ■ **2** (1165) Exposer au vent, à l'air. *Éventer des vêtements. Éventer le grain,* le remuer pour éviter la fermentation. ◆ **v. pron. S'ÉVENTER.** Perdre son parfum, son goût en restant au contact de l'air. *La bouteille était mal bouchée : le vin s'est éventé.* ■ **3** (1120 « dépister ») Mettre à l'air libre (ce qui est enfermé ou caché). *Éventer une mine, une mèche. Éventer la mèche*.* ◆ FIG. Découvrir. *Éventer un complot, un piège.* — VX *« Ne rien dire et ne rien faire qui puisse éventer le secret »* SAND. ■ **4** CHASSE ➤ **flairer.** *Le renard « était venu trop près [...] il était éventé »* PERGAUD.

ÉVENTRATION [evɑ̃tʀasjɔ̃] **n. f.** – 1743 ◊ de *éventrer* ■ **1** Hernie ventrale qui se forme dans les régions antérieures et latérales de l'abdomen. ■ **2** Le fait d'éventrer ou d'être éventré. *L'éventration d'un sac.* — Le fait de s'éventrer. *Suicide par éventration.* ➤ **harakiri, seppuku.**

ÉVENTRER [evɑ̃tʀe] **v. tr.** ‹1› – 1538 ; *esventré* « qui a le ventre vide » XIIIe ◊ de *é-* et *ventre* ■ **1** Déchirer en ouvrant le ventre. ➤ **étriper.** *Éventrer un lièvre. « Le taureau avait acculé Félicité contre une claire-voie ; [...] une seconde de plus il l'éventrait »* FLAUBERT. **v. pron. S'ÉVENTRER.** S'ouvrir le ventre. *Japonais qui se suicide en s'éventrant* (➤ **harakiri**). ■ **2** PAR EXT. Fendre largement (un objet) pour atteindre le contenu. ➤ **ouvrir.** *Éventrer une malle, un tonneau. Éventrer un matelas.* ■ **3** Défoncer. *« L'artillerie continuait à éventrer le sol disputé »* DUHAMEL.

ÉVENTREUR [evɑ̃tʀœʀ] **n. m.** – 1890 ◊ de *éventrer,* à propos de « Jack l'Éventreur », qui traduit le surnom d'un célèbre criminel londonien des années 1888-89 *Jack the Ripper,* proprt « Jack le Déchireur » ■ Meurtrier qui éventre.

ÉVENTUALITÉ [evɑ̃tɥalite] **n. f.** – 1793 ◊ de *éventuel* ■ **1** Caractère de ce qui est éventuel. *Éventualité d'un évènement.* ➤ **contingence, hasard, incertitude.** *Envisager l'éventualité d'une guerre. Dans l'éventualité d'un conflit.* ➤ 1 **cas, hypothèse, possibilité.** ■ **2** *Une, des éventualités.* Circonstance, évènement pouvant survenir à l'occasion d'une action. *Être prêt, parer à toute éventualité :* prendre ses dispositions pour faire face à tout évènement. *C'est possible, mais ce n'est qu'une éventualité. Que feriez-vous dans cette éventualité ?* ➤ **hypothèse, perspective.** ■ CONTR. Certitude, nécessité, réalité.

ÉVENTUEL, ELLE [evɑ̃tɥɛl] **adj.** – 1718 ◊ du latin *eventus* « évènement » ■ **1** DR. Qui peut se produire si certaines conditions se trouvent réalisées. *Succession éventuelle. Clause, condition éventuelle.* ■ **2** COUR. Qui peut ou non se produire. *Profits éventuels.* ➤ **possible.** *Pour vous protéger d'une perte éventuelle.* ➤ 1 **cas** (en cas de). *Une éventuelle amélioration.* ➤ **hypothétique,** 1 **incertain.** *« Il n'y a guère que le choix entre un mal certain et un mal éventuel »* GIDE. — (PERSONNES) *Les éventuels clients. Le successeur éventuel d'un prince, d'un ministre.* ◆ PHILOS. Qui appartient au futur contingent. — SUBST. *Le réel et l'éventuel. Le conditionnel, mode de l'éventuel.* ■ CONTR. Assuré, certain, nécessaire ; inévitable, prévu, réel, sûr.

ÉVENTUELLEMENT [evɑ̃tɥɛlmɑ̃] **adv.** – 1737 ◊ de *éventuel* ■ D'une manière éventuelle. *J'aurais éventuellement besoin de votre concours.* ➤ RÉGION. **possiblement.**

ÉVÊQUE [evɛk] **n. m.** – Xe *evesque, ebisque* ◊ latin ecclésiastique *episcopus,* grec *episkopos* « gardien » ■ **1** Dignitaire de l'ordre le plus élevé de la prêtrise chrétienne (➤ **prélat**) qui, dans l'Église catholique, est chargé de la conduite d'un diocèse (➤ **épiscopat, évêché**). *Les évêques sont nommés par le pape ; le chef de l'État confirme leur nomination* (➤ **concordat**) *ou exerce sur elle un droit de regard. Investiture, consécration, sacre, intronisation d'un évêque. Évêques résidentiels* ou *ordinaires,* gouvernant un diocèse (pape, patriarches, primats, archevêques ou métropolitains ; et *évêques diocésains*). *Évêques titulaires,* sans juridiction épiscopale (appelés autrefois *évêques in partibus*). *Évêque suffragant, coadjuteur, auxiliaire.* ◆ SPÉCIALT Évêque résidentiel diocésain. *Visites pastorales de l'évêque dans son diocèse. Insignes pontificaux de l'évêque.* ➤ **crosse, mitre.** *Assemblée des évêques.* ➤ **concile.** *Le violet, couleur distinctive de l'évêque. — Monseigneur X, Évêque de...* LOC. PROV. *Un chien regarde bien un évêque :* je peux bien vous regarder. ■ **2** Chef d'un diocèse, dans les Églises anglicane, orthodoxe. ■ **3** *En bonnet d'évêque :* en forme de mitre. *Plier des serviettes de table en bonnet d'évêque.* — FAM. *Bonnet d'évêque :* croupion découpé d'une volaille.

ÉVERGÈTE [evɛʀʒɛt] **n. m.** – 1948 ◊ grec *euergetês* « bienfaiteur » ■ ANTIQ. Riche notable qui finançait des dépenses publiques par ses dons.

ÉVERSION [evɛʀsjɔ̃] **n. f.** – 1897 ◊ latin *eversio,* de *evertere* « retourner » ■ DIDACT. Action de tourner vers l'extérieur. ◆ MÉD. *Éversion d'une paupière* (pour examiner la conjonctive). — PATHOL. Saillie anormale d'une muqueuse au niveau d'un orifice naturel. *Éversion de la muqueuse anale. Éversion de la paupière* (➤ **ectropion**).

ÉVERTUER (S') [evɛʀtɥe] **v. pron.** ‹1› – *soi esvertuer* 1080 ◊ de *é-* et *vertu* « courage, activité » ■ Faire tous ses efforts, se donner beaucoup de peine. ➤ **s'appliquer, s'échiner, s'efforcer, s'escrimer,** FAM. **s'esquinter, s'ingénier, se tuer.** *S'évertuer à expliquer, à démontrer qqch. « Lorsqu'on s'évertue contre une porte close, vient un moment où l'envie vous prend de la casser »* SARTRE.

ÉVHÉMÉRISME [evemeʀism] **n. m.** – 1838 ◊ de *Evhémère,* philosophe grec, 300 av. J.-C. ■ HIST. Doctrine selon laquelle les dieux de la mythologie étaient des personnages humains divinisés après leur mort. *Les philosophes du XVIIIe siècle appliquèrent l'évhémérisme aux dogmes chrétiens.*

ÉVICTION [eviksjɔ̃] **n. f.** – 1283 ◊ latin juridique *evictio,* de *evincere* → évincer ■ **1** DR. Fait, pour le possesseur d'une chose vendue, d'en être dépouillé en totalité ou en partie pour une cause juridique antérieure à la vente. *Éviction par force ou par manœuvre.* ■ **2** Action d'évincer. ➤ **élimination, exclusion, expulsion,** 2 **rejet.** *Éviction du chef d'un parti. — Éviction scolaire :* le fait d'interdire temporairement l'école à un enfant contagieux.

ÉVIDAGE [evidaʒ] **n. m.** – 1838 ◊ de *évider* ■ RARE Action d'évider. ➤ **évidement.**

ÉVIDÉ, ÉE [evide] **adj.** – XVIIe ◊ de *évider* ■ Qui a été échancré ou creusé ; qui présente un espace vide. *Pommes évidées. Un « cadran d'argent niellé, évidé au milieu et laissant voir la complication intérieure des rouages »* GAUTIER. *Escalier évidé,* taillé à vide.

ÉVIDEMENT [evidmɑ̃] **n. m.** – 1852 ◊ de *évider* ■ Action d'évider ; état de ce qui est évidé. *L'évidement d'une pièce de bois, d'une pierre, d'une sculpture.* ◆ CHIR. Action de vider le contenu pathologique d'une cavité. *Évidement de l'utérus en cas de myome*. Évidement de l'œil.* ➤ **éviscération.**

ÉVIDEMMENT [evidamɑ̃] **adv.** – XIIIe ◊ de *évident* ■ **1** VX ou LITTÉR. D'une manière évidente, à l'évidence. *« Ne recevoir jamais aucune chose pour vraie, que je ne la connusse évidemment être telle »* DESCARTES. ■ **2** COUR., **comme adv. d'affirmation** ➤ **assurément, certainement** (cf. Bien entendu*). *Vous venez ? Évidemment !* ➤ **naturellement** (cf. Bien sûr*). *Évidemment, il se trompe.* ➤ **incontestablement.** FAM. *Évidemment, c'est encore moi qui ai tort.*

ÉVIDENCE [evidɑ̃s] **n. f.** – XIIIe ◊ latin *evidentia,* de *videre* « voir » ■ **1** Caractère de ce qui s'impose à l'esprit avec une telle force qu'il n'est besoin d'aucune autre preuve pour en connaître la vérité, la réalité. ➤ **certitude.** *La force de l'évidence. Évidence empirique, sensible,* fondée sur la constatation des faits. *C'est l'évidence même* (cf. Cela saute* aux yeux). *Se rendre à l'évidence :* finir par admettre ce qui est incontestable. *Nier, refuser l'évidence.* ◆ PAR EXT. Chose évidente. ➤ **lapalissade, truisme.** *C'est une évidence ! Démontrer une évidence* (cf. Enfoncer* une porte ouverte). *« Une évidence qui saute aux yeux »* ROUSSEAU. ■ **2 EN ÉVIDENCE :** en se présentant de façon à être vu, remarqué immédiatement.

Être en évidence, bien en évidence : apparaître, se montrer très nettement (cf. Attirer, frapper l'œil, l'attention, le regard ; crever* les yeux, sauter* aux yeux). *« J'étais placé vis-à-vis d'eux, à deux pas de la table, bien isolé et bien en évidence »* MARMONTEL. *Mettre un livre en évidence sur une table,* l'exposer au regard. ➤ **exhiber, exposer, montrer.** FIG. *Mettre une chose en évidence pour la faire valoir.* ➤ **montrer, souligner** (cf. Mettre en lumière, en relief, en vedette ; faire ressortir*). *Mettre un principe, un phénomène en évidence.* ➤ **démontrer, prouver.** ■ **3** loc. adv. **À L'ÉVIDENCE ; DE TOUTE ÉVIDENCE.** ➤ **certainement, évidemment** (1°), **sûrement.** *Démontrer à l'évidence que... De toute évidence, il nous a menti.* ■ CONTR. Doute, improbabilité, incertitude.

ÉVIDENT, ENTE [evidɑ̃, ɑ̃t] adj. – 1265 ◇ latin *evidens,* de *videre* « voir » ■ Qui s'impose à l'esprit par son caractère d'évidence. ➤ **apparent, certain*, clair, flagrant, incontestable, 1 manifeste, palpable, patent, sûr, visible.** *« Ce qui est évident est ce qui, étant considéré, ne peut être nié quand on le voudrait »* BOSSUET. *Vérité, preuve évidente.* ➤ **criant, éclatant.** *C'est un fait évident aux yeux de tous.* ➤ **notoire, public.** *L'axiome, proposition évidente de soi et qui n'a pas besoin d'être démontrée.* ➤ **trivial.** *Avantage, intérêt évident. Le sens me paraît évident.* ➤ **transparent.** *Une évidente bonne volonté. « Son vice était là, devant lui, en pleine lumière, évident, éclatant »* BERNANOS. *C'est évident, c'est une chose évidente* (cf. C'est bien connu ; cela va de soi*, va sans dire*, coule* de source, crève* les yeux, saute* aux yeux, se voit comme le nez* au milieu du visage, tombe sous le sens*). — LOC. FAM. *C'est pas évident :* c'est difficile, ce n'est pas gagné d'avance, ce n'est pas joué. *« Enquêter dans un patelin dont on ne parle pas la langue n'est pas "évident," comme ils disent tous, à présent »* SAN-ANTONIO. — IMPERS. *Il est évident qu'il faut réagir. Il n'est pas évident qu'elle viendra, que cela soit possible.* ■ CONTR. Contestable, discutable, douteux, 1 incertain.

ÉVIDER [evide] v. tr. ‹1› – 1642 ; *esvuidier* « vider complètement » XIIe ◇ de *es-, é* et *vuidier, vider* ■ Creuser en enlevant une partie de la matière, à la surface ou à l'intérieur. *Évider la pierre, une pièce de bois pour faire des moulures. Évider une tige de sureau. Il « gratte une boule de pain avec son canif, il la creuse et l'évide par endroits. Il la sculpte »* SARTRE. ◆ (1757) ARBOR. *Évider un arbre,* élaguer les branches du centre. ◆ CUIS. Creuser pour retirer le centre. *Évider des tomates, des pommes.* ■ CONTR. 1 Boucher, combler, remplir.

ÉVIDOIR [evidwaʀ] n. m. – 1756 ◇ de *évider* ■ TECHN. Outil servant à évider. *Évidoir de luthier.*

ÉVIDURE [evidyʀ] n. f. – 1644 ◇ de *évider* ■ Creux, trou d'un objet évidé.

ÉVIER [evje] n. m. – *euwier* XIIIe ◇ latin populaire *aquarium,* de *aquarius* « pour l'eau » ■ Élément d'une cuisine formant une cuvette, muni d'une alimentation en eau et d'une vidange. *Faire la vaisselle dans l'évier. Évier en pierre* (➤ RÉGION. 1 **dalle**), *en inox, en résine de synthèse. Évier à un bac, à deux bacs. La paillasse d'un évier. Déboucher l'évier.*

ÉVINCEMENT [evɛ̃smɑ̃] n. m. – 1875 ◇ de *évincer* ■ RARE Action d'évincer. ➤ **éviction.**

ÉVINCER [evɛ̃se] v. tr. ‹3› – 1412 ◇ latin juridique *evincere,* de *vincere* « vaincre » ■ **1** DR. Déposséder juridiquement (qqn). ➤ **éviction.** ■ **2** (1546, repris 1823) Déposséder (qqn) par intrigue d'une affaire, d'une place. ➤ **chasser, 1 écarter, éliminer, éloigner, exclure.** *Il est parvenu à l'évincer de cette place. Être évincé d'une liste. « On voulait m'évincer, me plaquer, me laisser en plan »* COCTEAU. — p. p. adj. *Elle « sut reprendre tout son pouvoir sur ses deux soupirants évincés »* HENRIOT. ➤ **éconduire.**

ÉVISCÉRATION [eviseʀasjɔ̃] n. f. – 1585 ◇ du latin *eviscerare* « retirer les viscères » ■ CHIR. ■ **1** Sortie des viscères abdominaux par une plaie opératoire mal fermée de la paroi abdominale. ■ **2** Action de vider le globe oculaire de son contenu, en conservant la sclérotique de façon à faciliter la mise en place d'un œil artificiel. ➤ **énucléation, évidement.**

ÉVISCÉRER [eviseʀe] v. tr. ‹6› – 1330, repris 1829 ◇ latin *eviscerare* ■ Extirper les viscères de. ➤ **étriper.** — p. p. adj. *Poulet éviscéré.* ➤ 1 **effilé, vidé.**

ÉVITABLE [evitabl] adj. – fin XIIe ◇ latin *evitabilis,* de *evitare* → éviter ■ Qui peut être évité (moins cour. que *inévitable*). *« Un danger semble très évitable quand il est conjuré »* PROUST. ■ CONTR. Inévitable.

ÉVITAGE [evitaʒ] n. m. – 1772 ; aussi *évitée* n. f. (1678) ◇ de *éviter* ■ MAR. Mouvement que fait un navire pour éviter (I) ; changement cap pour cap (autour de l'ancre, à la machine). *Bassin d'évitage.* ◆ Espace nécessaire à cette opération.

ÉVITEMENT [evitmɑ̃] n. m. – 1538 ◇ de *éviter* ■ **1** VX Action d'éviter. ■ **2** (1836) TECHN. CH. DE FER **D'ÉVITEMENT :** où l'on gare les trains, les wagons, pour laisser libre une voie. *Gare, voie d'évitement.* ➤ **garage.** ■ **3** (1906 ◇ traduction de l'anglais [Jennings]) BIOL. *Réaction* ou *comportement d'évitement :* mouvement de recul des micro-organismes déclenché par un stimulus. — PAR EXT. Réaction ou comportement permettant d'éviter un stimulus, une agression. ■ **4** *Évitement fiscal :* fait de chercher à bénéficier d'avantages fiscaux pour réduire l'imposition, SPÉCIALT, pour une entreprise, en ouvrant des succursales dans les paradis fiscaux.

ÉVITER [evite] v. tr. ‹1› – 1324 ◇ latin *evitare,* de *vitare* « éviter, se garder de, se dérober à »

I ~ v. tr. ind. **ÉVITER À** VX ou MAR. *Éviter au vent, à la marée :* changer de direction, cap pour cap. ➤ **évitage.** *Le navire est évité au vent,* il présente la proue au vent.

II ~ v. tr. dir. **A. ÉVITER** qqch., qqn ■ **1** COUR. Faire en sorte de ne pas rencontrer (qqn, qqch.), de ne pas subir (une chose nuisible, désagréable). *Éviter un coup.* ➤ **esquiver ; détourner, 1 écarter, 2 parer.** *Éviter un projectile en se baissant, en se jetant à plat ventre. Éviter un choc, un obstacle. Cheval qui évite l'obstacle. Le toreador « irritant le taureau et l'évitant d'un mouvement gracieux »* MICHELET. ◆ *Éviter qqn,* faire en sorte de ne pas le voir, de ne pas le rencontrer. ➤ **fuir.** *Elle m'évite depuis quelque temps. « Vois-tu cet importun que tout le monde évite ! »* BOILEAU. PRONOM. (RÉCIPR.) *Depuis leur dispute, ils s'évitent.* — PAR EXT. *Éviter le regard de qqn.* ■ **2** Écarter, ne pas subir (ce qui menace), se préserver de. *Éviter un danger, un mal, un accident, une catastrophe.* ➤ **conjurer, 1 écarter, éluder, empêcher, prévenir.** *Difficulté qu'on ne peut éviter* (➤ **incontournable, inévitable**). *Il est facile d'éviter cet inconvénient,* d'y échapper. *On a évité le pire. Éviter la guerre, le chômage, la contagion. Éviter le combat.* ➤ **fuir.** *Éviter toute discussion. Éviter une corvée, une obligation.* ➤ **couper** (à), se **dérober**, se **dispenser** (de), **s'épargner, passer** (outre, au travers), se **soustraire** (à). *« il y a du courage à souffrir avec constance les maux qu'on ne peut éviter »* ROUSSEAU. *« pour éviter une tracasserie d'une heure, je me rendrais esclave pendant un siècle »* CHATEAUBRIAND. — *Éviter le café, le tabac, les gros efforts.* ➤ **s'abstenir** (de), **s'interdire.** — *Éviter les barbarismes, le jargon. Tournure, emploi à éviter. « Qu'il s'applique donc à fuir – s'il ne les a d'instinct évitées – les expressions toutes faites, les fausses grâces »* PAULHAN. — PRONOM. (PASS.) *« La guerre peut toujours s'éviter »* SARTRE.

B. ÉVITER qqch. **À** qqn (1808) *Éviter une peine, un choc, une corvée à qqn.* ➤ **épargner ; décharger, délivrer, dispenser.** *« Pour lui éviter un malheur »* PROUST. — (Sujet chose) *Cela lui évitera des ennuis, lui évitera d'avoir des ennuis.* — **S'ÉVITER** qqch. *Évitez-vous cet effort. « quelles peines ne s'éviterait-on point en y réfléchissant davantage ! »* LACLOS.

C. ÉVITER DE, QUE ÉVITER DE (et l'inf.) : faire en sorte de ne pas. *Évitez de céder.* ➤ se **défendre,** se **garder ; résister.** *Éviter de prendre le métro aux heures de pointe. Évitez de lui parler, de mentir.* ➤ **s'abstenir,** se **dispenser.** ◆ **ÉVITER QUE** (et le subj.). *J'évitais qu'il ne m'en parlât* (ou qu'il m'en parlât). *« ma règle : éviter qu'une femme puisse fouiner dans mes affaires »* ROMAINS. ■ CONTR. Approcher, chercher, poursuivre, rechercher. Heurter, rencontrer.

ÉVOCABLE [evɔkabl] adj. – 1690 ◇ de *évoquer* ■ Qui peut être évoqué. — DR. *Cause, affaire évocable,* qui peut être évoquée devant le tribunal.

ÉVOCATEUR, TRICE [evɔkatœʀ, tʀis] adj. – 1857 ◇ de *évoquer* ■ **1** Qui a la propriété, le pouvoir d'évoquer (par la magie). *Médium évocateur.* — SUBST. *Gilles de Rais « évocateur de démons, hérétique, apostat et relaps »* HUYSMANS. ■ **2** Qui a un pouvoir d'évocation (3°). *Sensation évocatrice du passé, de souvenirs effacés. Mot évocateur, image évocatrice,* qui crée dans l'esprit des associations d'idées, etc. (➤ **suggestif**). *Style évocateur.*

ÉVOCATION [evɔkasjɔ̃] n. f. – 1348 ◇ latin juridique *evocatio* ■ Action d'évoquer, d'appeler. ■ **1** DR. *Droit d'évocation :* droit accordé aux juridictions d'appel saisies d'un recours contre un jugement de statuer sur le fond du litige. DR. CRIM. Obligation, pour la cour d'appel, de statuer sur le fond, lorsqu'elle infirme un jugement correctionnel sur un incident. ■ **2** (1680 ◇ d'après *évoquer,* I, 1°) Action d'évoquer les esprits, les démons par la magie, l'occultisme. ➤ **incantation,**

sortilège. *Évocation des démons, des ombres.* ◆ L'ombre, l'âme évoquée (➤ **apparition**). *«Il semblait que ce fût une évocation qui vous parlait à travers la cloison de la tombe»* HUGO. ■ **3** (1835) Action de rappeler une chose oubliée, et PAR EXT. de rendre présent à l'esprit. *Évocation de souvenirs communs, du passé.* ➤ **rappel.** *Il sourit à l'évocation de ce souvenir. Évocation d'une image, d'une idée.* ➤ **représentation.** *Le pouvoir d'évocation d'un mot.* ➤ **connotation.**

ÉVOCATOIRE [evɔkatwaʀ] **adj.** – 1395 ◇ latin *evocatorius*, de *evocare* → évoquer ■ **1** DR. Qui sert de fondement à l'évocation. *Motifs évocatoires.* ■ **2** LITTÉR. Qui donne lieu à une évocation (2° ou 3°). *«Manier savamment une langue, c'est pratiquer une espèce de sorcellerie évocatoire»* BAUDELAIRE.

ÉVOLUÉ, ÉE [evɔlɥe] **adj.** – 1865 ◇ de *évoluer* ■ **1** Qui a subi une évolution. *Peuples, pays évolués,* qui ont atteint un certain degré de développement économique, technique, social, culturel. ■ **2** (PERSONNES) Qui est indépendant, éclairé, cultivé, SPÉCIALT Qui a les idées larges. *«Elle pensait : "Il doit avoir raison : c'est moi qui ne suis pas assez évoluée pour comprendre"»* DUTOURD. ■ CONTR. Archaïque, arriéré, primitif, sauvage.

ÉVOLUER [evɔlɥe] **v. intr.** ⟨1⟩ – 1536 «manœuvrer» ◇ de *évolution* ■ **1** Exécuter des évolutions (I, 1°). MILIT. *Escadre qui évolue.* ➤ **manœuvrer.** — PAR EXT. *Danseuse qui évolue sur une scène. Salle de danse où évoluent des couples.* — FIG. Vivre dans un milieu déterminé. *Les «gens au milieu desquels évoluait son magnifique époux»* HENRIOT. ■ **2** Passer par une série de transformations, de phases progressives. ➤ **changer,** 1**devenir,** se **modifier,** se **transformer.** *Idée, conception qui évolue. La chirurgie a beaucoup évolué depuis le siècle dernier.* ➤ **progresser.** *La situation évolue favorablement. Ses opinions ont évolué.* — *Parti qui évolue lentement vers l'anarchisme.* ➤ **glisser.** ◆ *Maladie qui évolue,* qui suit son cours, son développement (➤ **évolutif**). ■ CONTR. Arrêter (s').

ÉVOLUTIF, IVE [evɔlytif, iv] **adj.** – avant 1830 ◇ du radical de *évolution* ■ **1** Qui produit l'évolution, qui est susceptible d'évolution. *Le devenir «qui va de la fleur au fruit ne ressemble pas à celui qui va de la larve à la nymphe... : ce sont des mouvements évolutifs différents»* BERGSON. ◆ *Carrière évolutive, poste évolutif,* où les responsabilités, le salaire peuvent augmenter. ■ **2** MÉD. *Maladie évolutive,* qui se modifie incessamment, généralement en s'aggravant.

ÉVOLUTION [evɔlysjɔ̃] **n. f.** – 1536 ◇ latin *evolutio* «action de dérouler», de *volvere* «rouler»

I ■ **1** MILIT. Mouvement exécuté par des troupes qui changent leur position pour une nouvelle. ➤ 1**manœuvre.** *Les évolutions des troupes au cours d'une bataille, d'une revue.* ◆ COUR. AU PLUR. Suite de mouvements variés. *Les évolutions d'un avion au-dessus d'une ville. Suivre du regard les évolutions d'une danseuse, d'un patineur.* ■ **2** LITTÉR. et VIEILLI Action de faire un tour, une rotation. ➤ **révolution.** *«l'évolution des corps célestes»* MIOMANDRE.

II (fin XVIIIe en sciences) FIG. ■ **1** Suite de transformations dans un même sens ; transformation graduelle assez lente, ou formée de changements successifs insensibles. ➤ **changement*, transformation.** *Moments, phases, stades, étapes d'une évolution. Évolution lente* (➤ **glissement**), *rapide, continue, discontinue ; progressive, régressive. Considérer les choses dans leur évolution.* ➤ 2**devenir, mouvement.** *Évolution des évènements, d'un conflit.* ➤ **développement, histoire,** 2**marche, processus, progression ;** 1**tournure.** *Lente évolution qui provoque une révolution. Évolution des idées. Évolution des mœurs. Évolution d'une notion, d'une doctrine, d'une science ; description d'une évolution* (➤ **historique**). *Refuser toute évolution* (➤ **immobilisme**). *Évolution d'une langue ; évolution phonétique, sémantique d'un mot.* — *En (pleine) évolution. Science en pleine évolution.* ◆ Changement dans le caractère, les conceptions d'une personne, d'un groupe. *Il est venu à cette doctrine par une lente évolution. Évolution personnelle.* ◆ MÉD. *Évolution d'une maladie,* les différentes phases par lesquelles elle passe. ➤ **cours, processus.** ■ **2** (1870 ◇ traduction de l'anglais *evolution* employé par Lyell [1832], Darwin [1859]) BIOL. Transformation progressive, sur plusieurs générations, d'une espèce vivante aboutissant à des modifications génétiques, morphologiques, physiologiques et parfois à la constitution d'une espèce nouvelle. ➤ **macroévolution, microévolution ; spéciation.** *L'idée d'évolution s'oppose dès la fin du XVIIIe siècle à celle de la fixité des espèces professée par Linné. «À l'origine, la théorie de l'évolution était basée sur des données morphologiques, embryologiques et paléontologiques. Pendant ce siècle, elle a été renforcée par une série de résultats obtenus par la génétique, la biochimie et la biologie moléculaire»* F. JACOB. *Doctrines, théories de l'évolution* (➤ **darwinisme, évolutionnisme, gradualisme, lamarckisme, neutralisme, sélectionnisme, transformisme**), *refusant l'évolution* (➤ **créationnisme, fixisme**). *Évolution discontinue* (➤ **mutationnisme**). *Une espèce peut disparaître au cours de l'évolution. Facteurs d'évolution* : migrations, pression de sélection, dérive génétique, mutations. ➤ **coévolution.**
■ CONTR. Immobilité. Permanence, stabilité. Fixité.

ÉVOLUTIONNISME [evɔlysjɔnism] **n. m.** – 1873 ◇ de *évolution* ■ BIOL. Théorie du fait de l'évolution des espèces au cours des âges. ➤ **transformisme.** — ANTHROP., SOCIOL. Doctrine qui considère que toute culture est le résultat constant d'un processus d'évolution. ■ CONTR. Fixisme ; créationnisme.

ÉVOLUTIONNISTE [evɔlysjɔnist] **adj.** et **n.** – 1870 ◇ de *évolution* ■ Adepte de l'évolutionnisme. ◆ Qui se rapporte à l'évolutionnisme. *Doctrine évolutionniste.* ➤ **transformiste.** ■ CONTR. Fixiste ; créationniste.

ÉVOLUTIVITÉ [evɔlytivite] **n. f.** – 1958 ◇ de *évolutif* ■ **1** MÉD. Caractère évolutif (d'une maladie). *L'évolutivité d'un ulcère.* ■ **2** (1980) INFORM. Capacité d'évolution et de progression en terme de puissance et de performances.

ÉVOQUER [evɔke] **v. tr.** ⟨1⟩ – XIVe ; «faire venir, appeler» XVe ◇ latin *evocare,* de *vocare* «appeler» → voix

I ■ **1** Appeler, faire apparaître par la magie. *Évoquer les âmes des morts, les démons, les esprits.* ➤ **invoquer.** *Formule, sortilège servant à évoquer les démons* (➤ **évocatoire**). ■ **2** (XVIIIe) LITTÉR. Apostropher, interpeler dans un discours (les mânes d'un héros, les choses inanimées) en leur prêtant l'existence, la parole (➤ **prosopopée**). *«Je ne t'interroge pas, toi qui évoquais les mânes de Marathon»* DIDEROT. ■ **3** (début XIXe) Rappeler à la mémoire. ➤ **remémorer.** *Évoquer un souvenir.* ➤ **éveiller, réveiller, susciter.** *Évoquer un fait ancien, un ami disparu. Il évoqua son enfance, sa jeunesse. «Et Murger évoque les soirées d'hiver passées dans la petite chambre* [...] *les longues promenades, au printemps»* GAUTIER. *«Je sais l'art d'évoquer les minutes heureuses»* BAUDELAIRE. ■ **4** (1832) Faire apparaître à l'esprit, par des images et des associations d'idées. ➤ **représenter.** *Évoquer un pays, une région dans un livre.* ➤ **décrire, montrer.** *«il évoquait en larges gestes la majesté des forêts»* CÉLINE. — *Évoquer un problème, une question,* les mentionner. *Nous n'avons fait qu'évoquer le problème.* ➤ **aborder, effleurer, poser.** ◆ (Sujet chose) Faire penser à. *Mots qui évoquent des images, des idées. «Tigre» évoque la puissance.* ➤ **connoter.** *Visage qui en évoque un autre.* ➤ **rappeler.** *«Ces avions évoquent des idées de guerre, de bombardement»* MAUROIS. ➤ **suggérer.** *Ce nom ne m'évoque rien.*

II (1479) DR. Attirer à soi la connaissance d'une cause, en parlant d'une juridiction. ➤ **évocation ; examiner,** se **saisir.**
■ CONTR. Chasser, conjurer, 1écarter, effacer, éloigner, oublier, 1repousser.

ÉVULSION [evylsjɔ̃] **n. f.** – *evulsion* 1540 ◇ latin *evulsio* ■ CHIR. et VX ➤ **extraction.**

EVZONE [ɛvzɔn ; evzon] **n. m.** – 1907 ; *eizone* fin XIXe ◇ grec *euzônos* «qui a une belle ceinture» ■ Soldat de l'infanterie grecque. *Evzones vêtus de la fustanelle.*

1**EX-** ■ Élément, du latin *ex* «hors de» (➤ **é-**), présent dans des composés d'origine latine *(exciter, exclure, expulser),* et qui a formé quelques composés français *(expatrier, exproprier).*

2**EX-** ■ Élément, de même origine que 1*ex-*, qui, placé devant un nom, signifie «antérieurement» (cf. Ci-devant). *M. X, ex-député.* ➤ **ancien.** *L'ex-ministre. L'ex-directeur. Flaubert «connaissait trop son ex-muse* [Louise Colet] *pour s'émouvoir de ses manifestations»* HENRIOT. *Son ex-mari, son ex-femme ;* ELLIPT FAM. *son ex* (conjoint, amant, maîtresse).

EXA- ■ MÉTROL. Préfixe du système international (SYMB. E), déform. du grec *hexa* «six», qui multiplie par 10^{18} l'unité dont il précède le nom. ◆ INFORM. Préfixe qui multiplie par 2^{60} l'unité d'information dont il précède le nom : *exaoctet.*

EX ABRUPTO [ɛksabʀypto] **loc. adv.** – 1607 ◇ latin, de *ex,* marquant le point de départ, et *abruptus* «abrupt» ■ Brusquement, sans préambule. ➤ **abruptement.** *Entrer ex abrupto dans un sujet, dans le vif du sujet. «j'aurai quelque difficulté à m'y remettre* ex abrupto*»* CHATEAUBRIAND. *Question posée ex abrupto.* ➤ **brûle-pourpoint** (à).

EXACERBATION [ɛgzasɛʀbasjɔ̃] **n. f.** – 1503, repris XVIIIe ◊ latin *exacerbatio* «irritation» → acerbe ■ DIDACT. OU LITTÉR. Aggravation passagère des symptômes d'une maladie. ➤ **exaspération, intensification, paroxysme, redoublement.** *Exacerbation d'une douleur.* — FIG. *L'exacerbation d'une passion, d'un désir.* ■ CONTR. Apaisement.

EXACERBÉ, ÉE [ɛgzasɛʀbe] **adj.** – 1611 ◊ de *exacerber* ■ Poussé au paroxysme. *Orgueil exacerbé. Une sensibilité exacerbée,* à vif (cf. À fleur* de peau). *Désirs exacerbés.*

EXACERBER [ɛgzasɛʀbe] **v. tr.** ‹1› – XIVe ◊ latin *exacerbare* «irriter» → acerbe ■ Rendre (un mal) plus aigu, porter à son paroxysme. *Ce traitement n'a fait qu'exacerber la douleur.* PRONOM. *La douleur s'exacerbe.* ◆ Rendre plus violent, plus acerbe. *Exacerber les passions, la colère, le désir.* ➤ **exaspérer, irriter.** ■ CONTR. Apaiser, atténuer, calmer.

EXACT, EXACTE [ɛgza(kt), ɛgzakt] **adj.** – XVIe ◊ latin *exactus* «poussé jusqu'au bout, accompli», de *exigere* «achever»

I ■ **1** VX OU LITTÉR. Qui est fait avec soin, en observant les règles prescrites, les normes. ➤ **minutieux, rigoureux, scrupuleux, strict.** *Discipline, obéissance, observance exacte.* ➤ **absolu.** *«Simple dans sa mise et d'une exacte propreté»* FRANCE. ■ **2** (PERSONNES) VIEILLI OU LITTÉR. Qui fait ponctuellement tout ce qu'il doit faire, sans rien omettre. ➤ **assidu, consciencieux, minutieux, régulier, scrupuleux, zélé.** *«On leur prête parce qu'ils rendent, et passent pour exacts»* P.-L. COURIER. ◆ MOD. Qui arrive à l'heure convenue. ➤ **ponctuel.** *Être exact au rendez-vous. Elle est toujours exacte.*

II MOD. ■ **1** Qui est entièrement conforme à la réalité, à la vérité. ➤ **correct, juste, réel, véridique, véritable, vrai.** *C'est l'exacte vérité, c'est exact, absolument exact. Description exacte. Rendre un compte exact de ses actions.* ➤ 1 **complet, sincère.** *Le lieu, les circonstances exactes du crime.* ➤ 1 **précis.** — (En incise) *Cela s'est passé, pour être exact, à dix heures.* — (Dans un dialogue, pour marquer l'approbation). *«Ça ne veut plus rien dire d'être un écrivain. – Exact, dit Julien. Ça me donne même envie de me remettre à écrire»* BEAUVOIR. ■ **2** Qui reproduit fidèlement la réalité, l'original, le modèle. ➤ **conforme.** *Reproduction, copie exacte d'un texte.* ➤ **authentique, fidèle, littéral, textuel.** ■ **3** Qui est adéquat à son objet. ➤ **juste.** *Un raisonnement exact. Se faire une idée exacte de qqch. Définition exacte. Souci, culte du mot exact.* ➤ **propre.** *Au sens exact du terme.* ➤ **strict.** ■ **4** Qui est égal à la grandeur mesurée. *Une mesure est exacte, ou absolument exacte, lorsqu'elle n'est ni supérieure, ni inférieure à la grandeur mesurée.* ➤ 1 **précis.** *Nombre exact. Valeur exacte.* ◆ PAR EXT. Qui exclut toute approximation. *Addition exacte. L'heure exacte. Partir de données exactes.* ➤ **certain,** 2 **net, solide, sûr.** *Connaissance exacte.* ➤ **mathématique.** — *Sciences exactes,* celles qui sont constituées par des propositions exactes. *On appelle «sciences exactes, les sciences mathématiques, qui, étant purement abstraites et déductives, ne dépendent pas du degré de perfection de nos sens ni de nos instruments»* GOBLOT. ■ CONTR. Inexact. Approximatif ; erroné, fautif, 1 faux, imaginaire, imprécis, incorrect, 3 vague.

EXACTEMENT [ɛgzaktəmɑ̃] **adv.** – 1539 ◊ de *exact* ■ D'une manière exacte (dans tous les sens de ce mot). ■ **1** LITTÉR. *Observer exactement la règle, les prescriptions.* ➤ **lettre** (à la lettre), **religieusement, scrupuleusement.** *Il paye très exactement aux échéances.* ➤ **ponctuellement, régulièrement.** ■ **2** COUR. (➤ **exact,** II) Conformément à la vérité, à la réalité. *Les faits y sont exactement rapportés. Que vous a-t-il dit exactement ?* (cf. Au juste). *C'est exactement ce que je voulais dire. Au troisième top, il sera exactement sept heures.* ➤ **juste,** 3 **pile.** *Il y a 200 km, plus exactement 217 km.* ➤ **précisément.** — Conformément à un modèle. *Reproduire exactement un texte.* ➤ **fidèlement, littéralement, textuellement** (cf. Mot* à mot). — Tout à fait. *Ce n'est pas exactement la même chose.* — *Deux choses qui s'adaptent exactement l'une à l'autre.* ➤ **parfaitement.** *Il gagne exactement autant que moi. «il est toujours difficile de se mettre exactement à la place d'un autre»* SAINTE-BEUVE. — *Pas exactement* (EUPHÉM.). *Il n'est pas exactement ce qu'on appelle un grand travailleur.* ◆ (Dans une réponse) Tout à fait. ➤ **exact** (II, 1°).

EXACTEUR [ɛgzaktœʀ] **n. m.** – *exauteur* 1304 ◊ latin *exactor* «percepteur, receveur» ■ **1** ANCIENNT Celui qui recouvrait les redevances, l'impôt. ■ **2** VX Celui qui commet une exaction, extorque de l'argent.

EXACTION [ɛgzaksjɔ̃] **n. f.** – 1365 ; «impôt» 1201 ◊ latin *exactio* «action d'exiger le paiement d'un tribut, d'un impôt» ■ **1** DIDACT., ADMIN. Action d'exiger ce qui n'est pas dû ou plus qu'il n'est dû (SPÉCIALT en parlant d'un agent public). ➤ **extorsion, malversation, rançonnement,** 2 **vol.** *Exactions commises par un fonctionnaire.* ➤ **concussion.** *«On a accusé les exactions cruelles de Sévère, de Caracalla, des princes qui épuisaient le pays au profit du soldat»* MICHELET. ■ **2** PAR EXT., AU PLUR. Mauvais traitements, sévices. *Les exactions d'un gouvernement, d'un régime.* ➤ **excès.**

EXACTITUDE [ɛgzaktityd] **n. f.** – 1644 ; *exactesse* 1632 ; *exacteté* 1643 ◊ de *exact* ■ **1** VX OU LITTÉR. Soin scrupuleux que l'on apporte à faire ce que l'on doit faire en observant ponctuellement les règles prescrites ou les conditions acceptées. ➤ **application, assiduité, attention, conscience, minutie, régularité, soin.** *Ces gamins «remplissent avec exactitude, parfois avec subtilité, des missions qui ne sont pas toujours commodes»* ROMAINS. ◆ MOD. Qualité de qqn qui arrive à l'heure convenue. *Il est toujours d'une parfaite exactitude.* ➤ **ponctualité.** *Exactitude militaire.* LOC. PROV. *L'exactitude est la politesse des rois* (phrase de Louis XVIII). ■ **2** (XVIIIe) Conformité avec la réalité, la vérité. ➤ **correction, fidélité, justesse, rigueur, véracité, vérité.** *Exactitude d'un récit, des faits rapportés. Exactitude historique. «Virgile, qui décrit avec une si scrupuleuse exactitude les mœurs et les rites des Romains»* FUSTEL DE COULANGES. *«Il commence par décrire, avec une exactitude photographique»* R. ROLLAND. ◆ (Dans l'ordre logique). *Exactitude d'une assertion, d'un raisonnement.* ➤ **justesse.** ■ **3** SPÉCIALT (fin XVIIIe) Égalité de la mesure avec la grandeur mesurée. *Exactitude d'une mesure, d'un compte. Vérifier l'exactitude d'une observation.* ◆ Qualité de ce qui exprime cette égalité. *Calculer avec exactitude.* ➤ **précision, rigueur.** *«des hommes qui se piquent d'appliquer l'exactitude des sciences physiques à la physiologie et à la médecine»* C. BERNARD. ■ CONTR. Inexactitude. Approximation, contresens, erreur, imprécision, infidélité.

EX ÆQUO [ɛgzeko] **loc. adv.** – 1837 ◊ loc. latine «également», d'abord terme scolaire ■ Sur le même rang. *Candidats, élèves classés ex æquo. Ils sont arrivés ex æquo.* — SUBST. INV. *Départager les ex æquo.* — SPORT **Recomm. offic. pour** ***dead heat.***

EXAGÉRATEUR, TRICE [ɛgzaʒeʀatœʀ, tʀis] **adj.** et **n.** – début XVIIe ◊ latin *exaggerator* ■ RARE Qui exagère. *«Toutes les passions sont exagératrices et elles ne sont des passions que parce qu'elles exagèrent»* CHAMFORT.

EXAGÉRATION [ɛgzaʒeʀasjɔ̃] **n. f.** – 1549 ◊ latin *exaggeratio* «entassement, amplification» ■ **1** Fait de présenter une chose en lui donnant plus d'importance qu'elle n'en a réellement. *«L'exagération, en voulant agrandir les petites choses, les fait paraître plus petites encore»* D'ALEMBERT. *L'exagération des faits, des mérites de qqn. Il y a beaucoup d'exagération dans ce qu'il raconte.* ➤ **amplification, broderie, enflure, fanfaronnade, hâblerie, vantardise.** *On peut dire sans exagération que...* ➤ **hyperbole.** ◆ SPÉCIALT, VIEILLI *Une, des exagérations* : propos exagérés. ➤ **invention.** *Les exagérations du plaignant.* ■ **2** Caractère de ce qui est exagéré (➤ **exagérer,** 3°). *Il est économe, sans exagération,* sans l'être trop. *Vous pouvez boire, mais sans exagération,* modérément. ➤ **abus, excès.** ■ CONTR. Mesure, modération. Adoucissement, amoindrissement, atténuation.

EXAGÉRÉ, ÉE [ɛgzaʒeʀe] **adj.** – XVIe ◊ de *exagérer* ■ **1** Qui dépasse la mesure. ➤ **excessif ; hyper-, ultra-.** *«Terrassier, constata le docteur. Cela impliquait le développement exagéré des muscles de la jambe droite, qui enfonce la pelle»* ARAGON. *Luxe exagéré.* ➤ **outrancier.** — *Il est exagéré, c'est exagéré de dire, de croire...* ■ **2** Qui amplifie la réalité. *Il m'en a fait un récit, un tableau très exagéré. Louanges, compliments exagérés.* ➤ **hyperbolique, superlatif.** *Prix, chiffres exagérés.* ➤ **astronomique, exorbitant,** FAM. 1 **salé.** *On peut dire, sans pessimisme exagéré, que...* ➤ **excessif, extrême, outré.** *Réputation exagérée.* ➤ **surfait.** LOC. PROV. *«Tout ce qui est exagéré est insignifiant»* TALLEYRAND. — VIEILLI Qui manque de mesure (personnes). ➤ **excessif.** *«une nature enflammée, violente, exagérée, aimant les cris, la casse»* DAUDET. ■ CONTR. Insuffisant ; faible, modéré.

EXAGÉRÉMENT [ɛgzaʒeʀemɑ̃] **adv.** – v. 1805 ◊ de *exagéré* ■ D'une manière exagérée. ➤ **excessivement, trop** (cf. À l'excès). *Un critique exagérément louangeur. Il est exagérément modeste.*

EXAGÉRER [ɛgzaʒeʀe] **v. tr.** ‹6› – 1535 ◊ latin *exaggerare* «entasser» ■ **1** Parler de (qqch.) en présentant comme plus grand, plus important que dans la réalité. ➤ **agrandir, amplifier, développer, enfler, forcer, grossir.** *Exagérer l'étendue des dégâts,* *l'importance d'un fait, la difficulté d'une entreprise, les défauts de qqn. Exagérer ses exploits en les racontant.* ➤ **broder ; bluffer, se vanter** (cf. En rajouter). *Il ne faut rien exagérer !* — ABSOLT Grossir, déformer la réalité. «*Parler des petites choses comme si elles étaient grandes, c'est, d'une manière générale, exagérer*» BERGSON. *Sans exagérer, j'ai bien attendu deux heures.* ▪ **2** VIEILLI ou LITTÉR. Grossir, accentuer en donnant un caractère (taille, proportion, intensité, etc.) qui dépasse la normale. ➤ **amplifier, grandir.** «*tout en chargeant et en exagérant les traits originaux, il* [Daumier] *est sincèrement resté dans la nature*» BAUDELAIRE. *Exagérer une attitude.* ➤ **forcer, outrer.** *Il exagère son accent pour nous amuser.* PRONOM. «*Il y a quelque complaisance qui fait que chaque sentiment que nous éprouvons s'exagère*» GIDE. ♦ **S'EXAGÉRER QQCH. :** se représenter une chose comme plus importante qu'elle n'est, la grossir dans son imagination. *S'exagérer la valeur de qqch.* ➤ **surestimer.** *Il s'exagère l'importance des détails, la gravité de la situation* (➤ **dramatiser ;** cf. Se faire un monde*, une montagne* de). «*Une imagination passionnée le portait à s'exagérer les bonheurs dont il ne pouvait jouir*» STENDHAL. ▪ **3** ABSOLT Abuser de qqch. *Vous pouvez pratiquer ce sport, mais sans exagérer.* — En prendre trop à son aise. ➤ FAM. **abuser, attiger, charrier, pousser ;** RÉGION. **ambitionner** (cf. Aller trop loin*, dépasser les bornes*). *Vraiment il exagère ! Me déranger à cette heure-ci, il ne faut tout de même pas exagérer !* ■ CONTR. Affaiblir ; amoindrir, atténuer, minimiser, modérer.

EXALTANT, ANTE [ɛgzaltɑ̃, ɑ̃t] adj. – 1865 ◊ de *exalter* ▪ **1** Qui stimule les facultés sensibles, l'activité, l'énergie. ➤ **excitant, stimulant, vivifiant.** *Une expérience exaltante.* ▪ **2** Qui stimule l'intérêt, la curiosité. ➤ **passionnant.** *Cette perspective n'a rien de très exaltant.* ➤ FAM. **emballant.** ■ CONTR. Déprimant.

EXALTATION [ɛgzaltasjɔ̃] n. f. – XIIIe ◊ latin ecclésiastique *exaltatio,* du supin de *exaltare* → exalter ▪ **1** RELIG. *Exaltation* (élévation) *de la sainte Croix :* fête de l'Église commémorant l'élévation de la sainte Croix à Jérusalem. ▪ **2** (1651) LITTÉR. Action de glorifier, de célébrer hautement (les mérites de). ➤ **glorification, louange.** «*l'exaltation du nom et de la grandeur de Dieu*» PASCAL. *L'exaltation du nationalisme.* ▪ **3** ANC. CHIM. ➤ **activation.** — MOD. MÉD. *Exaltation de virulence d'une bactérie,* intensification de ses propriétés pathogènes. ▪ **4** (début XVIe) LITTÉR. Fait de devenir très intense, très actif. *Exaltation des forces, de l'énergie, de l'imagination, d'une passion* (➤ **déchaînement**). «*Ce délire dura deux années entières, pendant lesquelles les facultés de mon âme arrivèrent au plus haut point d'exaltation*» CHATEAUBRIAND. ▪ **5** COUR. Grande excitation de l'esprit. ➤ **agitation, animation, ardeur, délire, effervescence, emballement, emportement, enivrement, enthousiasme,** LITTÉR. **éréthisme, excitation, extase, exultation, 1 feu, fièvre, griserie, ivresse, ravissement, surexcitation, transport, véhémence.** *État d'exaltation. Exaltation intellectuelle, mystique. Il en parlait avec exaltation.* «*L'exaltation naturelle d'une âme poétique, exaspérée par l'excitation artistique*» MAUPASSANT. ♦ PSYCHIATR. État délirant qui donne au malade une impression de grande puissance, d'euphorie intense. ■ CONTR. Abaissement, avilissement, 2 critique. Abattement, apathie, 1 calme, dépression, impassibilité, indifférence, sang-froid.

EXALTÉ, ÉE [ɛgzalte] adj. et n. – XVIIIe ; *gloire exaltée* 1656 ◊ de *exalter* ▪ **1** Qui est devenu très intense, très actif. *Sentiments exaltés.* ➤ **délirant.** *Imagination exaltée.* ➤ **surexcité.** ▪ **2** (PERSONNES) Qui est dans un état d'exaltation. *Il est trop exalté.* ➤ **ardent, enthousiaste, passionné.** — PAR EXT. Qui traduit des sentiments exaltés. «*l'attitude grave et exaltée d'un homme qui fait un sacrifice solennel*» VIGNY. ♦ n. *Cet attentat est le fait de quelques exaltés.* ➤ **fanatique.** «*Je suis croyante, moi. N'allez pas me prendre pour une exaltée, une mystique*» GREEN. ■ CONTR. 2 Calme, 1 froid, impassible, paisible.

EXALTER [ɛgzalte] v. tr. ⟨1⟩ – Xe ◊ latin *exaltare* «élever», au sens fig. du latin ecclésiastique, de *ex-* intensif et *altus* «haut» ▪ **1** LITTÉR. Élever très haut par ses discours, ses enseignements ; proposer à l'admiration. ➤ **glorifier, magnifier.** *Exalter les mérites de qqn.* ➤ **célébrer, 1 louer, vanter.** «*Les enfants ont toujours une tendance soit à déprécier, soit à exalter leurs parents*» PROUST. ➤ **admirer** (cf. Porter aux nues*). ▪ **2** (XVIIe) CHIM. ANC. Redoubler la vertu de (une substance), accroître l'activité, l'énergie de. ➤ **augmenter, renforcer.** «*il se trouve dans ce ballon une poudre solaire souverainement propre à exalter le feu qui est en nous*» FRANCE. ♦ MÉD. Rendre plus actif (un agent pathogène). *Certaines conditions exaltent la virulence du microbe.* ♦ LITTÉR. Rendre plus fort (une odeur, une sensation lumineuse, etc.). ➤ **rehausser.** *La tiédeur de la pièce exaltait le parfum des fleurs.* «*La nuit tombait, exaltant les lumières*» GIDE. ▪ **3** (Sujet chose) Élever à un haut degré de perfection. *Vous supposez* «*que tout ce qui n'exalte pas l'homme jusqu'au séjour des béatitudes, le rabaisse nécessairement au niveau de la brute*» SENANCOUR. ▪ **4** (fin XVIIIe) Élever (un sentiment) à un haut degré d'intensité. ➤ **animer, exciter, grandir.** «*cette fierté qu'exalte la pauvreté chez les hommes d'élite*» BALZAC. ▪ **5** Élever (qqn) au-dessus de l'état d'esprit ordinaire, échauffer son imagination, son besoin d'idéal. ➤ **animer, électriser, enflammer, enivrer, enthousiasmer, exciter, galvaniser, passionner, soulever, transporter.** *Orateur qui exalte la foule.* ♦ PRONOM. (RÉFL.) *Elle s'exalte à la pensée de ce grand projet.* «*on rêve, on fait des châteaux en Espagne, on se crée sa chimère ; peu à peu l'imagination s'exalte*» LACLOS. ■ CONTR. Abaisser, décrier, dénigrer, déprécier, mépriser, rabaisser. Adoucir, attiédir, éteindre, refroidir ; calmer.

EXAMEN [ɛgzamɛ̃] n. m. – 1339 ◊ mot latin «aiguille de balance», de *exigere* «peser» ▪ **1** Action de considérer, d'observer avec attention. ➤ **considération** (1°), **étude, inspection, investigation, observation, recherche.** *Examen destiné à apprécier* (➤ **appréciation, 2 critique, estimation, évaluation**), *constater* (➤ **constatation**), *vérifier* (➤ **contrôle, vérification**). *Examen superficiel, sommaire* (➤ **survol**) ; *approfondi, détaillé, minutieux* (➤ **analyse, épluchage**). «*il me toisa de la tête aux pieds ; puis, comme satisfait de son examen* [...]» MÉRIMÉE. «*Je me borne à l'examen de quelques questions qui me paraissent les plus importantes*» CONDILLAC. *Cette thèse ne résiste pas à l'examen. Examen collectif d'une affaire, d'une question.* ➤ **débat, délibération, discussion.** *Examen d'expert.* ➤ **estimation, expertise.** *Examen des lieux.* ➤ **exploration, reconnaissance, visite.** *Examen comparé de manuscrits.* ➤ **collation.** ♦ PHILOS., ABSOLT *Esprit d'examen :* esprit critique. *Libre examen :* fait de n'accepter comme vrai que ce qu'admet la raison ou l'expérience. ♦ DR. *Examen légal.* **MISE EN EXAMEN :** procédure pénale qui a remplacé l'inculpation. *Il a été écroué et mis en examen pour meurtre.* — *Examen d'une substance pour en éprouver les qualités physiques* (➤ **essai, expérience, 2 test**). *Examen spectroscopique.* «*Le moindre objet avait subi un examen rigoureux, comme ces pièces de métallurgie fine dont dix instruments d'épreuve vérifient le calibre, le son, le grain, l'élasticité*» ROMAINS. ♦ SPÉCIALT *Examen médical :* ensemble des investigations cliniques et techniques effectuées par un médecin pour apprécier l'état de santé d'un sujet. *Examen clinique. Examen au stéthoscope* (➤ **auscultation**), *examen radioscopique, échographique* (➤ **exploration**) ; *examens de laboratoire. Examen complet.* ➤ **check-up** (cf. Bilan* de santé). *Se faire faire des examens. Examens d'urine (E. C. B. U.), de sang.* ➤ **analyse.** *Examen prénuptial*.* ▪ **2 EXAMEN DE CONSCIENCE :** examen attentif de sa propre conduite, du point de vue moral ou religieux. *Faire son examen de conscience.* «*Cette heure du soir, qui pour les croyants est celle de l'examen de conscience*» CAMUS. ▪ **3** Épreuve ou série d'épreuves destinées à déterminer l'aptitude d'un candidat à poursuivre sa formation, entrer dans une école, obtenir un titre, un grade, une fonction. *Examens et concours. Examen écrit, oral. L'oral d'un examen. Examen et contrôle* continu.* ➤ **partiel.** *Examen de passage*. Examens passés au cours des études* (➤ **baccalauréat, brevet, certificat, diplôme, doctorat, licence**). *Préparer à la hâte un examen* (➤ **bachoter**). *Se présenter à un examen. Être reçu à un examen avec mention. Être collé, recalé, refusé à un examen.* ➤ RÉGION. **buser, mofler, péter.** *Examen d'entrée, de sortie d'une grande école. Examen probatoire. Examen blanc,* destiné à vérifier si les candidats sont suffisamment préparés. *Jury d'examen.* ABRÉV. FAM. **EXAM.** *Passer des exams.*

EXAMINATEUR, TRICE [ɛgzaminatœʀ, tʀis] n. – 1307 ◊ bas latin *examinator* ■ Personne qui examine. ▪ **1** VX Personne qui considère, observe avec attention. ➤ **2 critique, observateur.** «*de froids examinateurs de la nature humaine*» DIDEROT. ▪ **2** MOD. Personne qui fait passer un examen, qui soumet un candidat à une épreuve (écrite ou orale). ➤ **correcteur, interrogateur.** *Examinatrice du permis de conduire. Jury formé de plusieurs examinateurs.*

EXAMINER [ɛgzamine] v. tr. ⟨1⟩ – XIIIe ◊ latin *examinare* ▪ **1** Considérer avec attention, avec réflexion. ➤ **étudier, inspecter, observer.** *Examiner qqch. pour apprendre, connaître, savoir. Examiner les qualités et les défauts, la valeur de qqch.* ➤ **apprécier, critiquer, estimer, évaluer, 1 juger, supputer ; éprouver, essayer, expérimenter.** *Examiner une chose pour contrôler, vérifier. Examiner le pour et le contre.* ➤ **balancer, comparer, peser.** *Examiner à plusieurs reprises.* ➤ **ressasser, revoir** (cf. Retourner* dans son esprit). *Examiner superficiellement.* ➤ **effleurer, parcourir, survoler** (cf. Jeter un coup d'œil*). *Exa-*

miner une affaire en comité, en conférence. ➤ **débattre, délibérer, discuter.** *Examiner sérieusement, avec attention, à fond.* ➤ **analyser, approfondir, disséquer** (FIG.), **éplucher,** 2 **scanner** (FIG.). *Il va falloir examiner cela de plus près.* ➤ **regarder, voir.** «*Enfin, tout pesé, tout retourné, tout examiné*» HUGO. *Examiner des documents, des manuscrits, des notes.* ➤ **compulser, consulter, dépouiller, feuilleter.** «*Les œuvres que tout le monde admire sont celles que personne n'examine*» FRANCE. *Examiner si..., comment..., pourquoi.* ➤ **rechercher.** ♦ SPÉCIALT *Examiner un malade.* ▪ **2** Regarder très attentivement. *Examiner un objet, un mécanisme. Examiner une préparation au microscope.* Instrument servant à examiner (➤ **-scope**). *Examiner un lieu, un endroit.* ➤ **explorer, scruter, visiter.** *Examiner un terrain.* ➤ **prospecter.** *Pasteur prend un cocon, «le tourne, le retourne entre les doigts ; curieusement il l'examine, comme nous le ferions d'un objet singulier venu de l'autre bout du monde»* FABRE. *Examiner qqn.* ➤ **contempler, dévisager, regarder.** *Examiner qqn de la tête aux pieds.* ➤ **toiser.** ♦ PRONOM. (RÉFL.) *S'examiner dans la glace, sous toutes les coutures.* — (RÉCIPR.) *Ils s'examinaient à la dérobée.* ▪ **3** VIEILLI Faire subir un examen à (qqn), soumettre (un candidat) à une épreuve. ➤ **interroger.** «*L'abbé Pirard examina Julien sur la théologie*» STENDHAL.

EXANTHÉMATIQUE [ɛgzɑ̃tematik] **adj.** – 1765 ◊ du latin *exanthema* ▪ MÉD. De la nature de l'exanthème ; caractérisé par l'exanthème. *Éruption, rougeur exanthématique. Fièvres exanthématiques,* dues aux rickettsies. *Typhus* exanthématique.* On a dit *exanthémateux.*

EXANTHÈME [ɛgzɑ̃tɛm] **n. m.** – 1565 ; *exanthemate* 1545 ◊ latin des médecins *exanthema,* mot grec «efflorescence», de *anthos* «fleur» ▪ MÉD. Rougeur cutanée qui accompagne les maladies infectieuses et contagieuses. *L'exanthème est caractéristique de certaines maladies* (énanthème, érythème, érysipèle, rickettsiose, roséole, rougeole, rubéole, scarlatine, typhus exanthématique, urticaire, variole).

EXARCHAT [ɛgzaʀka] **n. m.** – XVIe ◊ de *exarque* ▪ HIST. Dignité d'exarque ; province gouvernée par un exarque. *L'exarchat de Ravenne* (568-752).

EXARQUE [ɛgzaʀk] **n. m.** – XVIe ◊ latin *exarchus,* grec *exarkhos,* de *arkhein* «commander» ▪ **1** HIST. Dans l'empire d'Orient, Grand dignitaire investi d'une autorité considérable. SPÉCIALT Du VIe au VIIIe s., Vice-roi gouvernant une province d'Italie ou d'Afrique dépendant de l'empire d'Orient. «*Les exarques apportèrent à Ravenne la décadence de leur empire*» CHATEAUBRIAND. ▪ **2** Dans l'Église orthodoxe, Délégué hiérarchiquement situé entre le patriarche et le métropolitain chargé d'une province. ♦ Titre du chef de l'Église nationale bulgare.

EXASPÉRANT, ANTE [ɛgzaspeʀɑ̃, ɑ̃t] **adj.** – 1294, repris 1845 ◊ de *exaspérer* ▪ Qui exaspère, qui est de nature à exaspérer (qqn). ➤ **agaçant, crispant, énervant, excédant, irritant.** *Cette petite est exaspérante. Il est exaspérant avec ses questions idiotes. Une mauvaise foi exaspérante. C'est exaspérant, ce bruit !* ▪ CONTR. Calmant, lénifiant.

EXASPÉRATION [ɛgzaspeʀasjɔ̃] **n. f.** – 1588, repris fin XVIIIe ◊ latin *exasperatio* ▪ **1** VIEILLI Extrême aggravation (d'un mal). ➤ **aggravation.** *Exaspération d'un mal, d'une douleur.* ➤ **exacerbation.** ♦ FIG. et LITTÉR. *Exaspération d'un désir, d'un besoin, d'un sentiment.* ➤ **exaltation, excitation.** *Cette sorte d'ironie «allait à un tel point d'exaspération et de frénésie»* BLOY. ▪ **2** COUR. État de violente irritation. ➤ **colère ; agacement, énervement, horripilation, irritation.** *Flaubert bouillonne «d'exaspération contre son temps»* THIBAUDET. «*La rage en elle refluait : la rage, ou simplement peut-être l'exaspération ?*» MAURIAC. *L'exaspération des manifestants dégénéra en violence.* ▪ CONTR. Adoucissement ; diminution ; 1 calme ; douceur, 1 patience.

EXASPÉRÉ, ÉE [ɛgzaspeʀe] **adj.** – 1611 ◊ de *exaspérer* ▪ **1** VX D'une intensité extrême. *Douleur exaspérée.* ➤ **aigu, vif.** — LITTÉR. Poussé à l'excès. *Des crises «de réaction furieuse, de nationalisme exaspéré»* ROMAINS. ➤ **exacerbé.** ▪ **2** (PERSONNES) Très irrité. ➤ **courroucé, enragé, furibond, furieux** (cf. En rage, à cran*). «*Les embêtements recommencent de plus belle, je suis si exaspéré et fatigué*» FLAUBERT. *Exaspéré d'avoir attendu si longtemps.*

EXASPÉRER [ɛgzaspeʀe] **v. tr.** ⟨6⟩ – 1308, repris 2e moitié XVIIIe ◊ latin *exasperare* «rendre rude, raboteux», de *asper* «âpre» ▪ **1** VIEILLI OU LITTÉR. Rendre plus intense, plus pénible (un mal physique ou moral). ➤ **aggraver, exacerber.** *Je t'aime trop pour «te dire de ces choses banales qui exaspèrent la souffrance»* FLAUBERT. «*La pensée gâte le plaisir et exaspère la peine*» VALÉRY. ♦ PAR EXT. Augmenter à l'excès. *Exaspérer un désir, un besoin, un sentiment.* ➤ **affoler, exciter.** «*Je suis excédé par ce travail de pion. Il exaspère en moi ce besoin de logique verbale à quoi mon esprit n'est déjà que trop enclin*» GIDE. PRONOM. *Souffrance, désir qui s'exaspère.* ▪ **2** COUR. Irriter (qqn) excessivement. ➤ **agacer, crisper, énerver** (3o), **fâcher, hérisser, horripiler, impatienter, irriter** (cf. Pousser à bout*, mettre hors* de soi, faire sortir de ses gonds*). «*La mauvaise fortune, au lieu de l'abattre, l'exaspéra. Du soir au matin, ce fut une colère formidable*» DAUDET. «*on déteste ce qui nous est semblable, et nos propres défauts vus du dehors nous exaspèrent*» PROUST. *Il commence à m'exaspérer ! Elle m'exaspère, avec ses accusations !* ➤ **excéder ; assommer, fatiguer ;** FAM. **courir, gonfler.** PRONOM. «*quand on songe à la quantité de ménages où deux êtres s'exaspèrent, se dégoûtent autour de la même table, du même lavabo*» MAURIAC. ▪ CONTR. Adoucir, affaiblir, atténuer, diminuer ; calmer.

EXAUCEMENT [ɛgzosmɑ̃] **n. m.** – *exaulcement* XVIe ◊ de *exaucer* ▪ Action d'exaucer ; son résultat. *L'exaucement d'une prière, d'un vœu.* ▪ HOM. Exhaussement.

EXAUCER [ɛgzose] **v. tr.** ⟨3⟩ – XVIIe ; *exaulcer* 1543 ◊ variante de *exhausser,* au sens fig. de «écouter une prière», avec influence du latin *exaudire* ▪ **1** Satisfaire (qqn) en lui accordant ce qu'il demande (en parlant de Dieu, d'une puissance supérieure). ➤ **combler, contenter.** *Dieu, le ciel l'a exaucé.* ➤ **écouter.** «*Les vents nous auraient-ils exaucés cette nuit ?*» RACINE. ▪ **2** Accueillir favorablement (un vœu, une demande). ➤ **accomplir, réaliser.** *Exaucer une prière, un souhait.* «*La ferveur des fidèles, priant contre la pluie, était grande... Nos vœux ont été exaucés : la soirée est devenue charmante*» CHATEAUBRIAND. ▪ HOM. Exhausser.

EX CATHEDRA [ɛkskatedʀa] **loc. adv.** – 1677 ◊ latin ecclésiastique moderne ▪ Du haut de la chaire ; avec autorité, solennité. *Parler ex cathedra.* SPÉCIALT *Le pape est infaillible lorsqu'il parle ex cathedra.* ♦ D'un ton doctoral, dogmatique ; dans la situation de qqn qui parle seul en chaire. *S'exprimer dans un débat ou ex cathedra, c'est très différent.* ♦ **loc. adj.** *Cours, enseignement ex cathedra.* ➤ **magistral.**

EXCAVATEUR, TRICE [ɛkskavatœʀ, tʀis] **n.** – 1843 ◊ anglais *excavator* ▪ **1 n. m.** et **n. f.** Machine destinée à creuser le sol, à faire des déblais. ➤ **bulldozer, pelle** (mécanique), **pelleteuse, roue-pelle, tunnelier.** *Excavateur à air comprimé. Excavateur pour les travaux sous-marins.* ➤ **drague.** *Le «tumulte des excavatrices, pelles mécaniques, marteaux piqueurs»* C. MAURIAC. ▪ **2 n. m.** Petite curette utilisée en chirurgie dentaire.

EXCAVATION [ɛkskavasjɔ̃] **n. f.** – 1566 ◊ latin *excavatio* → excaver ▪ **1** RARE Action de creuser dans le sol. *Procéder à l'excavation d'un puits.* ▪ **2** COUR. Creux dans un terrain. ➤ **cavité.** *Excavation naturelle.* ➤ **caverne, creux, crevasse,** 2 **faille, grotte.** *Excavation pratiquée dans le sol.* ➤ **fosse, puits, souterrain, tranchée.** *Excavation creusée par une explosion.* ➤ **entonnoir, trou.** *Des trous béants, «des excavations profondes qui ont servi naguère à creuser des galeries souterraines»* THARAUD.

EXCAVER [ɛkskave] **v. tr.** ⟨1⟩ – XIIIe, rare avant XVIIIe ◊ latin *excavare* «creuser», de *cavus* «creux» ▪ Creuser. *Excaver le sol, le flanc d'un coteau.*

EXCÉDANT, ANTE [ɛksedɑ̃, ɑ̃t] **adj.** – 1747 ; «qui dépasse» XIVe (→ excédent) ◊ de *excéder* ▪ Qui excède (II, 2o). ➤ **exaspérant, irritant.** *Démarches, visites excédantes,* insupportables. *Bavardage excédant.* ▪ HOM. Excédent.

EXCÉDENT [ɛksedɑ̃] **n. m.** – 1392 ; écrit *excédant* jusqu'en 1878 ◊ latin *excedens,* p. prés. de *excedere* → excéder ▪ Ce qui est en plus du nombre, de la quantité fixés. ➤ **excès, reste, surcroît, surplus.** *Je vous rends ce que vous m'avez donné en excédent. Excédent des exportations sur les importations. La balance commerciale se solde par un excédent. Excédent brut d'exploitation :* solde du compte d'exploitation. ➤ **bénéfice, boni, gain.** *Balance, budget en excédent. Excédent budgétaire. Excédent de bagages :* ce qui dépasse le poids de bagages transporté gratuitement par les compagnies de transport. ➤ **surcharge.** ABSOLT *Payer cent euros d'excédent.* ➤ **supplément.** ▪ CONTR. Déficit, insuffisance, 2 manque. ▪ HOM. Excédant.

EXCÉDENTAIRE [ɛksedɑ̃tɛʀ] **adj.** – 1932 ◊ de *excédent* ▪ Qui est en excédent. *Écouler la production excédentaire sur les marchés extérieurs.*

EXCÉDER [ɛksede] **v. tr.** ‹6› – v. 1300 ✧ latin *excedere* «sortir de», d'où «dépasser»

I EXCÉDER qqch. ■ **1** Dépasser en nombre, en valeur, en dimension. *Un studio dans Paris dont le prix n'excède pas quatre-vingt mille euros. «Celui-là est pauvre, dont la dépense excède la recette»* LA BRUYÈRE. — Dépasser en durée. *Un bail dont la durée excède trois ans. Un délai qui ne saurait excéder deux mois.* ■ **2** (Sujet chose) Aller au-delà de (certaines limites) ; être plus fort que (une force, une capacité). *Cette décision excède son pouvoir, ses pouvoirs, son droit, ses compétences.* ➤ **outrepasser.** *«Mon travail quotidien n'excède ni mes forces, ni mon intelligence»* FRANCE. ➤ **dépasser.**

II EXCÉDER qqn. ■ **1** VX Accabler au-delà de ce qu'on peut supporter. *Excéder de fatigue.* ➤ **épuiser, exténuer, harasser.** *Être excédé de travail.* ■ **2** MOD. Fatiguer en irritant. *Sa présence m'excède.* ➤ **exaspérer, importuner, irriter.** *Je suis excédé par ses enfantillages. Tout m'excède aujourd'hui.* ➤ **agacer, énerver, ennuyer.** — **p. p. adj.** *«un amant excédé, qui veut reconquérir sa liberté»* HENRIOT. *Un air excédé.* ➤ **exaspéré.**

■ CONTR. Ragaillardir, réconforter, 1 reposer. Ravir, réjouir.

EXCELLEMMENT [ɛkselamɑ̃] **adv.** – *excellentement* XIVe ✧ de *excellent* ■ LITTÉR. D'une manière excellente, éminemment bonne. ➤ 1 **bien** (très bien), **remarquablement.** *Il se porte excellemment. Comment allez-vous ? Excellemment.*

EXCELLENCE [ɛkselɑ̃s] **n. f.** – 1160 ✧ latin *excellentia,* de *excellere* → exceller ■ **1** LITTÉR. Degré éminent de perfection qu'une personne, une chose, a en son genre. ➤ **perfection, supériorité.** *L'excellence d'un vin. «S'ils connaissaient l'excellence de l'homme, ils en ignoraient la corruption»* PASCAL. ■ **2** COUR. **PRIX D'EXCELLENCE,** décerné à la fin de l'année scolaire à l'élève de chaque classe des lycées et collèges qui s'est le plus distingué dans l'ensemble des matières. — **loc. adj.** *D'excellence,* de haut niveau, de premier plan. *Lycée d'excellence. «Normale Sup, Sciences Po, Polytechnique, ces filières d'excellence n'étaient pas pour nous»* O. ADAM. *Parcours d'excellence.* ■ **3** (fin XIIIe ✧ emprunté à l'italien) (Avec une majuscule) Titre honorifique donné aux ambassadeurs, ministres, archevêques, évêques. *Son Excellence l'ambassadeur, l'archevêque.* ABRÉV. *Exc., S. E., V. E.* pour *Excellence, Son Excellence, Votre Excellence.* — VIEILLI Ministre. *«il reçut une lettre ministérielle par laquelle une Excellence assez connue lui annonçait sa nomination»* BALZAC. ■ **4 loc. adv.** (1524) **PAR EXCELLENCE :** d'une manière hautement représentative, caractéristique. *Aristote fut appelé le philosophe par excellence.* ➤ **type.** *«On dit que l'homme est un animal sociable. Sur ce pied-là, il me paraît qu'un Français est plus homme qu'un autre, c'est l'homme par excellence»* MONTESQUIEU. ■ CONTR. Infériorité, médiocrité.

EXCELLENT, ENTE [ɛkselɑ̃, ɑ̃t] **adj.** – XIIe ✧ latin *excellens,* p. prés. de *excellere* → exceller ■ Qui, dans son genre, atteint un degré éminent de perfection ; très bon. ➤ **admirable, merveilleux, parfait, supérieur. A.** ■ **1** (CHOSES) *Un lit excellent.* ➤ **confortable.** *Un plat excellent.* ➤ **succulent.** *D'excellents vins.* ➤ **délicieux, exquis, fameux.** *Cela paraît excellent. Voiture en excellent état. D'excellents conseils. Voilà une excellente idée !* ➤ **génial,** FAM. 2 **super.** *C'est un excellent film. Être d'excellente humeur. Être en termes excellents avec qqn.* ■ **2** (PERSONNES) Qui est remarquable dans son action. *Un excellent professeur. Une excellente pianiste.* ➤ **compétent, doué, talentueux.** *«les acteurs doivent être comme les vers, les melons et les vins, c'est-à-dire excellents, sans quoi ils sont détestables»* GAUTIER. ■ **3** (Personnes et actions jugées sur le plan moral) Qui a une grande bonté, une nature généreuse. *Une excellente personne. «La faculté de rire aux éclats est preuve d'une âme excellente»* COCTEAU. *«un excellent garçon, trop bon, stupide de confiance et de bonté»* MAUPASSANT. ➤ **brave.** — VIEILLI *Mon cher et excellent ami.*

B. (Constructions particulières) *C'est excellent pour la santé. Sirop excellent contre la toux. Être excellent en latin. Acteur excellent dans le rôle de Sganarelle.* ➤ **exceller.** — *Ce n'est pas excellent,* pas bon. — RARE *Moins, plus excellent que... Très excellent.* ■ CONTR. Déplorable, détestable, exécrable, mauvais, médiocre, passable.

EXCELLENTISSIME [ɛkselɑ̃tisim] **adj.** – XIIIe, repris 1550 ✧ italien *eccellentissimo* ■ RARE Très excellent. *«en prenant son excellentissime café»* STENDHAL. ◆ Titre donné aux sénateurs de Venise. *Excellentissimes seigneurs.*

EXCELLER [ɛksele] **v. intr.** ‹1› – 1544 ✧ latin *excellere* ■ Être supérieur, excellent. *Exceller dans sa profession.* ➤ **briller** (cf. Être très fort*). *Exceller en poésie, en musique... «les Arabes excellaient dans l'art d'exprimer avec de l'eau et avec des fleurs leurs rêveries indéfinies»* BARRÈS. — **EXCELLER À.** *Il excelle à ce jeu.* (Et l'inf.) *«Il excelle à conter les douleurs élégantes»* FRANCE.

EXCENTRATION [ɛksɑ̃trasjɔ̃] **n. f.** – 1875 ✧ de *excentrer* ■ SC. et TECHN. Déplacement du centre. — Non-coïncidence du centre avec l'axe de rotation.

EXCENTRÉ, ÉE [ɛksɑ̃tre] **adj.** – 1901 ✧ de *excentrer* ■ **1** TECHN. Dont le centre s'est déplacé. ■ **2** COUR. Qui n'est pas placé au centre de (la ville, le pôle d'attraction). *Quartier excentré.* ➤ **excentrique.**

EXCENTRER [ɛksɑ̃tre] **v. tr.** ‹1› – 1865 ✧ de *ex-* et *centrer* ■ TECHN. Déplacer le centre, l'axe de (une pièce). ➤ **décentrer.** *Excentrer une pièce à tourner, une roue.*

EXCENTRICITÉ [ɛksɑ̃trisite] **n. f.** – 1562 ✧ latin médiéval *excentricitas*

I (→ excentrique, I) ■ **1** SC. Éloignement du centre. — GÉOM. *Excentricité d'une conique* (ellipse, hyperbole, parabole) : rapport constant des distances d'un point de cette conique au foyer et à la directrice associée. — ASTRON. *Excentricité de l'orbite d'une planète,* par rapport au Soleil. ■ **2** Caractère excentrique, éloigné du centre (➤ **excentré**). *L'excentricité d'un quartier.*

II (1621, repris 1832 à l'anglais ✧ cf. *excentrique,* II) ■ **1** COUR. Manière d'être (de penser, d'agir...) qui s'éloigne de celle du commun des êtres humains. ➤ **anticonformisme, bizarrerie, extravagance, originalité, singularité.** *L'excentricité de son caractère, de sa conduite. S'habiller avec excentricité. «vous êtes modeste en ne vous croyant pas singulier ; savez-vous donc, monsieur Fortunio, que vous êtes d'une excentricité parfaite ?»* GAUTIER. ■ **2** Acte qui révèle cette manière d'être. *«La vraie supériorité [...] n'admet aucune excentricité»* DELACROIX. *«une espèce de turbulence intérieure qui le faisait inventer sans cesse quelque excentricité pleine de risque»* GIDE. *Faire des excentricités.* ➤ **fantaisie, folie.**

■ CONTR. Équilibre. Banalité, conformisme.

EXCENTRIQUE [ɛksɑ̃trik] **adj.** et **n.** – 1361 ✧ latin médiéval *excentricus* «qui est hors du centre»

I ■ **1 adj.** Dont le centre s'écarte d'un point donné. — GÉOM. *Courbes, cercles excentriques,* renfermés les uns dans les autres et de centres différents. ◆ COUR. *Quartiers excentriques d'une ville,* situés loin du centre. ➤ **excentré, périphérique.** *«Espèce de petite cité bourgeoise, à prétention de jardins, comme il s'en trouve dans les quartiers excentriques»* BLOY. ■ **2 n. m.** (1845) TECHN. Mécanisme conçu de telle sorte que l'axe de rotation de la pièce motrice n'en occupe pas le centre. *L'excentrique permet de transformer un mouvement rotatif en un mouvement de va-et-vient et inversement. Excentrique à came, à galet, à cadre.*

II (1611, repris 1830 à l'anglais *eccentric,* latin *excentricus*) ■ **1 adj.** Dont la manière d'être est en opposition avec les habitudes reçues. ➤ **bizarre, étrange, extravagant, fantaisiste, farfelu, insolite,** 2 **original, singulier, spécial.** *Conduite excentrique.* ➤ **anticonformiste.** *Idées excentriques.* ➤ **baroque.** *«Ces animaux se parent [...] des livrées splendides d'une flore excentrique et luxuriante»* MICHELET. *«nous vivons dans un temps trop excentrique, pour s'étonner un instant de ce qui pourrait arriver»* LAUTRÉAMONT. — **n. m.** Ce qui est excentrique. *«l'excentrique et le bizarre»* GAUTIER. ■ **2 n.** VIEILLI *Un, une excentrique.* ➤ 2 **original.** *Un vieil excentrique* (cf. Un vieux fou*). *E. Poe, «cet excentrique maudit»* BAUDELAIRE.

■ CONTR. Concentrique. Central. — Banal, coincé, commun, mesuré, ordinaire, raisonnable, rigide, strict.

EXCENTRIQUEMENT [ɛksɑ̃trikmɑ̃] **adv.** – 1511 ✧ de *excentrique* ■ D'une manière excentrique.

1 **EXCEPTÉ** [ɛksɛpte] **prép.** – XIIIe ; accordé avec le subst. jusqu'au XVIe ✧ de *excepter* ■ À l'exception de, en excluant (placé devant le nom). ➤ **hormis, hors, sauf, sinon** (cf. À l'exclusion de, à part). *Tous furent découverts, excepté trois d'entre eux. «Il y a tout dans ce jeune homme, disaient les vieux officiers goguenards, excepté de la jeunesse»* STENDHAL. *Tous les jours, excepté les dimanches et fêtes. Je m'y rends à pied, excepté quand il fait mauvais. Je suis content de tous, excepté de vous. «Elles sont infidèles à leur époux avec le monde entier, excepté avec les hommes»* GIRAUDOUX. — (Devant un inf., introduit par *de* ou *à*) *On leur permet tout excepté de ne pas réussir.* ◆ **loc. conj. EXCEPTÉ QUE** (cf. À cela près*, si* ce n'est que). *«nous avons eu beau temps,* excepté qu'*il a un peu plu vers midi»* BRUNOT. ■ CONTR. Compris (y compris).

2 **EXCEPTÉ, ÉE** [ɛksɛpte] **adj.** – XVIIe ✧ de *excepter* ■ Non compris (placé apr. le nom, et accordé). *«Meurent les protestants, les princes exceptés»* M.-J. CHÉNIER. ➤ 1 **excepté.** ■ CONTR. Compris, inclus.

EXCEPTER [ɛksɛpte] **v. tr.** ‹1› – fin XIIe ◇ latin *exceptare* «recevoir», pour servir de verbe à *exception*, fréquentatif de *excipere*, de *capere* ■ Ne pas comprendre dans. *«je veux bien vous excepter de la règle générale ; mais je n'excepterai que vous»* LACLOS. ➤ **exclure.** *«si l'on excepte deux ou trois époques lumineuses et de très courte durée* [...] *en général les littératures vivent dans la décadence»* BENDA. *Tous les peuples, sans excepter celui-là.* ➤ 1 **écarter, négliger, oublier.** ■ CONTR. Comprendre, englober, inclure.

EXCEPTION [ɛksɛpsjɔ̃] **n. f.** – 1243 dr. ◇ latin *exceptio*, de *excipere* «retirer, excepter» → exciper ■ **1** Action d'excepter. *Il ne sera fait aucune exception à cette consigne.* ➤ **dérogation, restriction.** *Faire une exception pour qqn, en faveur de qqn. Faire exception* : ne pas être touché par la règle générale. *Exception faite de.* ➤ 1 **excepté, sauf.** *La circulation est difficile, exception faite du dimanche. Tout le monde sans exception, sans aucune exception.* ◆ DR. Moyen invoqué pour faire écarter une demande judiciaire, pour critiquer la procédure, sans discuter le principe du droit, le fond du débat. *Alléguer, opposer une exception.* ➤ **exciper.** *Exception de prescription, de nullité. Exception dilatoire. Exception péremptoire. Exception d'illégalité, d'incompétence.* ◆ **D'EXCEPTION** : en dehors de ce qui est courant. ➤ **exceptionnel, extraordinaire, spécial.** *«il faut l'isoler et tenter un traitement d'exception»* CAMUS. *Les êtres d'exception,* uniques, remarquables (➤ **élite**). *Tribunal d'exception* (opposé à *tribunal de droit commun*), compétent seulement pour les matières qui lui sont expressément attribuées par une loi. — *Régime, mesure d'exception ; loi d'exception,* qui déroge au droit commun à l'égard d'une catégorie de personnes. ◆ **loc. prép. À L'EXCEPTION DE.** ➤ 1 **excepté, sauf.** *«son visage entier fut enveloppé de lumière, à l'exception du front»* GREEN. ■ **2** Ce qui est en dehors du général, du commun. ➤ **anomalie, particularité, singularité.** *Ce fait est, constitue une exception. «ce qu'on appelle actuellement exception est simplement un phénomène dont une ou plusieurs conditions sont inconnues»* C. BERNARD. *Les gouvernements de ce type, les personnes de ce genre sont l'exception,* sont rares. *À part quelques exceptions, à de rares exceptions près, on peut dire que...* (cf. Dans l'ensemble). *L'exception culturelle*. Une règle grammaticale qui admet des exceptions.* — LOC. *Il n'y a pas de règle sans exception* : il n'y a pas de règle absolue. *«Les Français ont édifié une grammaire surprenante, compliquée, tissue de règles strictes et d'exceptions à la règle»* DUHAMEL. *L'exception confirme la règle* (de l'adage juridique *l'exception confirme la règle pour les cas non exceptés*) : il n'y aurait pas d'exception s'il n'y avait pas de règle. ◆ Personne, chose qui échappe à la règle générale, qui est unique en son genre. *«il n'est donné qu'à bien peu de gens de se dire une exception»* FROMENTIN. ■ CONTR. Généralité, principe, règle.

EXCEPTIONNEL, ELLE [ɛksɛpsjɔnɛl] **adj.** – 1739 ◇ de *exception* ■ **1** Qui constitue une exception (1°). *Congé exceptionnel.* ➤ **occasionnel, rare.** *«la situation était grave* [...] *Cela prouvait qu'il fallait des mesures encore plus exceptionnelles»* CAMUS. ■ **2** (1832) Qui est hors de l'ordinaire. ➤ **extraordinaire.** *Des circonstances exceptionnelles. Une remise exceptionnelle de x% sur tous les articles du magasin. Convoi exceptionnel.* — (Choses heureuses, bonnes) ➤ **remarquable, supérieur.** *Une occasion, une chance exceptionnelle.* ➤ **inattendu.** *C'est une réussite exceptionnelle.* ➤ **étonnant.** — *«Une recrue de grande valeur. Intelligence et habileté exceptionnelles»* ROMAINS. *«Ce mariage ne fut pas heureux et cela n'aurait rien en soi d'exceptionnel»* HENRIOT. ◆ SUBST. Ce qui est exceptionnel. *«Le merveilleux n'était pas pour lui l'exceptionnel ; c'était l'état normal»* RENAN. ■ CONTR. Régulier. Banal, commun, 1 courant, habituel, normal, ordinaire.

EXCEPTIONNELLEMENT [ɛksɛpsjɔnɛlmɑ̃] **adv.** – 1838 ◇ de *exceptionnel* ■ **1** Par exception (1°). *La réunion aura lieu exceptionnellement le soir.* ■ **2** D'une manière exceptionnelle (2°). ➤ **extraordinairement, extrêmement.** *Un paysage exceptionnellement beau. Des éléments «qui rendent exceptionnellement complexe la crise»* SIEGFRIED. ■ CONTR. Communément.

EXCÈS [ɛksɛ] **n. m.** – 1287 ◇ bas latin *excessus*, de *excedere* → excéder ■ **1** DIDACT. Différence en plus (d'une grandeur par rapport à une autre) ; ce qui dépasse une quantité. *L'excès d'une longueur sur une largeur. Cette combinaison chimique laisse un excès d'oxygène.* ➤ **excédent, reste, surplus.** *L'excès de l'offre sur la demande, des dépenses sur les recettes.* ◆ MATH. *Approximation par excès. Total approché par excès,* arrondi au chiffre supérieur (opposé à *par défaut*). ■ **2** Trop grande quantité ; dépassement de la mesure moyenne, des limites ordinaires. ➤ **disproportion, pléthore, profusion ; hyper-, super-, sur-, ultra- ;** 2 **outre, trop.** *Contravention pour excès de vitesse. Excès de poids. Excès de zèle. «L'excès de zèle consiste à rappeler ce que le chef voulait oublier»* ALAIN. *Excès de précautions, de scrupules. «L'excès de la douleur, comme l'excès de la joie, est une chose violente qui dure peu»* HUGO. *Tomber dans l'excès. Tomber dans l'excès inverse. Excès dans les opinions, les idées* (➤ **extrémisme, fanatisme**). *L'excès de ses prétentions.* ➤ **énormité, exagération, outrance.** — PROV. *L'excès en tout est un défaut.* — **AVEC EXCÈS** : sans mesure. *Manger, dépenser avec excès.* ➤ **démesure, frénésie.** — **SANS EXCÈS** : modérément. *Vous pouvez pratiquer ce sport, mais sans excès.* ◆ **loc. adv. À L'EXCÈS ; JUSQU'À L'EXCÈS.** ➤ **excessivement, immodérément, très, trop** (cf. Outre* mesure). *Scrupuleux, consciencieux à l'excès. Indulgence portée à l'excès,* poussée trop loin. ◆ DR. **EXCÈS DE POUVOIR** : action dépassant le pouvoir légal ; décision d'un juge qui dépasse sa compétence. *Recours pour excès de pouvoir,* devant le Conseil d'État à fin d'annulation d'un acte administratif contraire à la loi ou au droit objectif. *Révoquer qqn pour excès de pouvoir.* ■ **3 UN, DES EXCÈS.** Chose, action qui dépasse la mesure ordinaire ou permise. ➤ **abus, licence.** *Excès de langage* : paroles peu respectueuses, peu courtoises. ➤ 1 **écart.** — *Des excès de table* : abus de nourriture et de boisson. ➤ **intempérance.** ABSOLT *Vivre sans faire d'excès. Se laisser aller à des excès.* — *Excès de conduite.* ➤ **débauche, débordement, dérèglement.** ABSOLT *Usé par les excès. «La réalité est une création de nos excès, de nos démesures et de nos dérèglements»* CIORAN. ◆ Abus de la force. ➤ **violence.** *Les excès d'un tyran.* ➤ **cruauté, exaction.** ■ CONTR. Défaut, déficit, insuffisance, 2 manque, modération.

EXCESSIF, IVE [ɛksesif, iv] **adj.** – 1265 ◇ de *excès* ■ **1** Qui dépasse la mesure souhaitable ou permise ; qui est trop grand, trop important. ➤ **démesuré, énorme, extrême, monstrueux, prodigieux, surabondant.** *Chaleur excessive.* ➤ **effrayant, effroyable, incroyable, terrible.** *Froid excessif.* ➤ **rigoureux.** *«Il donnait des explications en s'entourant de gestes excessifs»* MAC ORLAN. *Prix excessif.* ➤ **ahurissant, démentiel, exorbitant, fou*.** *Gaieté, joie excessive.* ➤ **effréné, immodéré.** *Parole, opinion excessive.* ➤ **exagéré, outrancier, outré.** *«En France, les admirations et les mépris sont toujours excessifs. Tout écrivain est un dieu ou un âne : il n'y a pas de milieu»* GAUTIER. — SUBST., LITTÉR. *«L'excessif, l'immense, sont le domaine naturel de Victor Hugo»* BAUDELAIRE. ■ **2** (Emploi critiqué) Très grand (sans idée d'excès). ➤ **extrême.** *«cette fille avait des traits d'une excessive douceur»* BALZAC. ■ **3** (PERSONNES) Qui pousse les choses à l'excès, qui est incapable de nuances, de modération. ➤ **extrême.** *Les Méridionaux sont souvent excessifs. Il est excessif en tout.* — *«sa nature excessive n'envisage aucun juste milieu»* COCTEAU. ■ CONTR. Modéré, 1 moyen, normal.

EXCESSIVEMENT [ɛksesivmɑ̃] **adv.** – 1359 ◇ de *excessif* ■ **1** D'une manière excessive, qui dépasse la mesure. ➤ **démesurément, exagérément, trop.** *Manger excessivement. Denrée excessivement chère.* ➤ **outrageusement.** *«Les âmes excessivement bonnes sont volontiers imprudentes»* MARIVAUX. ■ **2** (Emploi critiqué) Très, tout à fait. ➤ **extrêmement, infiniment.** *«cette liberté me déplaît excessivement»* BEAUMARCHAIS. ■ CONTR. Assez, peu.

EXCIPER [ɛksipe] **v. tr. ind.** ‹1› – 1279, rare avant XVIIIe ◇ latin juridique *excipere* «excepter» → excepter ■ **1** DR. Soulever une exception en justice. *Exciper de la chose jugée, de la prescription.* — S'appuyer, s'autoriser (d'une pièce). *Exciper d'un acte, d'un contrat.* ■ **2** (1774) LITTÉR. Se servir (de qqch.) pour sa défense. *Exciper de sa bonne foi. «il protestait avec dédain, faisant arrogamment toute une histoire en excipant de son état de sous-directeur d'usine»* ECHENOZ.

EXCIPIENT [ɛksipjɑ̃] **n. m.** – 1747 ◇ latin *excipiens*, de *excipere* «recevoir» ■ Substance neutre qui entre dans la composition d'un médicament, et qui sert à rendre les principes actifs plus faciles à absorber. *Excipient sucré.*

EXCISE [ɛksiz] **n. f.** – 1688, francisé en *accise* ◇ mot anglais, probablt de l'ancien français *acceis*, de °*accensum*, du latin *ad* et *census* ■ Impôt indirect, en Grande-Bretagne. ➤ **accise.**

EXCISER [ɛksize] **v. tr.** ‹1› – XVIe ◇ du radical de *excision* ■ Enlever par excision. *Exciser une tumeur.* — SPÉCIALT Pratiquer l'excision du clitoris sur (une fille, une femme). — **p. p. adj.** *Fillettes africaines excisées. «Femmes castratrices, heureuses de perpétuer leur être de femme excisée»* A. ERNAUX.

EXCISION [ɛksizjɔ̃] **n. f.** – 1340 ◇ latin *excisio*, de *excidere* «couper» ■ **1** Ablation, au moyen d'un instrument tranchant (d'un fragment peu volumineux d'organe ou de tissu). ➤ **incision ; -ectomie ; exérèse, extirpation.** *Excision d'un cor. Excision des parties nécrosées d'une plaie.* ■ **2** SPÉCIALT Ablation rituelle du prépuce (➤ **circoncision**) ou (plus cour.) du clitoris (➤ **clitoridectomie**) et parfois des petites lèvres dans certaines sociétés. *Rites d'excision. Excision et infibulation.*

EXCITABILITÉ [ɛksitabilite] **n. f.** – 1808 ◊ de *excitable*, d'après l'anglais *excitability* ■ PHYSIOL. Propriété de toute structure vivante de réagir spécifiquement aux excitations. ➤ **irritabilité, sensibilité.** *Excitabilité musculaire. Excitabilité directe, indirecte.* ◆ Qualité de ce qui est excitable. « *Cette excitabilité nerveuse et maladive de l'épiderme et de tous les organes* » MAUPASSANT. ■ CONTR. Inexcitabilité.

EXCITABLE [ɛksitabl] **adj.** – 1812 ◊ de *exciter* ■ **1** COUR. Prompt à s'exciter, à s'énerver. ➤ **coléreux, irritable, nerveux, susceptible.** « *Quand les hommes sont trop malheureux, ils deviennent excitables* » TAINE. ■ **2** PHYSIOL., BIOL. CELL. Qui est capable de réagir à une excitation (stimulus). *Les neurones sont des cellules excitables.* ■ CONTR. Flegmatique, impassible, imperturbable, inexcitable.

EXCITANT, ANTE [ɛksitɑ̃, ɑ̃t] **adj.** et **n. m.** – 1613 ◊ de *exciter* ■ **1** Qui excite ; qui éveille des sensations, des sentiments. ➤ **émouvant, troublant.** *Lecture, étude excitante pour l'esprit.* ➤ **enivrant, grisant, passionnant.** *Projet excitant.* ➤ **alléchant, motivant, tentant.** « *Si ce beau mot de politique, très séduisant et excitant pour l'esprit, n'éveillait de grands scrupules* » VALÉRY. ➤ **attrayant, séduisant.** ◆ SPÉCIALT Qui provoque, excite le désir sexuel. ➤ **aphrodisiaque,** FAM. **bandant, érotique.** *Une sensation, une vision excitante.* ➤ 1 **piquant, voluptueux.** — *Femme excitante.* « *qu'elle était belle ! ...Excitante à défroquer tous les moines de la terre* » FALLET. *Ce garçon est assez excitant.* ➤ **appétissant, émoustillant, séduisant, sexy.** ◆ COUR. (à la négative) Intéressant, stimulant. ➤ **agréable, engageant, plaisant.** *Ce n'est pas (très) excitant.* ■ **2** Qui excite, stimule l'organisme ; qui est capable de produire une excitation, un stimulus. *Le café est excitant.* ◆ **n. m.** (1825) *Prendre, absorber un excitant.* ➤ **réconfortant, remontant, stimulant,** 1 **tonique.** *Le café, la cola sont des excitants.* — FIG. « *l'ivresse pouvait servir d'excitant aussi bien que de repos* » BAUDELAIRE. *Un excitant pour l'esprit.* ■ CONTR. Apaisant, calmant, réfrigérant. Anesthésique, calmant, sédatif.

EXCITATEUR, TRICE [ɛksitatœʀ, tʀis] **n.** – 1335 ◊ latin *excitator* ■ **1** LITTÉR. Personne qui excite. *Excitateur de troubles.* ➤ **fauteur, fomentateur, instigateur.** *Stendhal* « *fut surtout un excitateur d'idées* » SAINTE-BEUVE. ➤ **stimulateur.** ■ **2 n. m.** (1755) ÉLECTR. Appareil formé de deux branches métalliques, qui sert à décharger un condensateur.

EXCITATION [ɛksitasjɔ̃] **n. f.** – v. 1300, rare jusqu'au XIXe ◊ latin *excitatio* ■ **1** Action d'exciter (qqn) ; ce qui excite. ➤ **encouragement, invitation.** « *Rien n'y manque pour aggraver l'émeute, ni les excitations plus vives pour la provoquer* » TAINE. ➤ **appel, exhortation.** « *Ses silences étaient si attentifs, que la pensée d'autrui, loin d'en être paralysée, y trouvait excitation* » MARTIN DU GARD. ➤ **stimulation.** — **EXCITATION À (qqch.).** *Excitation au travail, à l'action. Excitations à la haine, à la violence.* ➤ **incitation.** *Excitation des militaires à la désobéissance.* ➤ **provocation.** — DR. *Excitation des mineurs à la débauche.* ■ **2** État d'une personne excitée par l'accélération du processus psychique. ➤ **agitation, animation, énervement, fièvre** (FIG.), **surexcitation,** 2 **trouble.** *Excitation sexuelle.* ➤ **besoin, désir, émoi.** *Excitation intellectuelle, mentale ; excitation de l'esprit.* ➤ **exaltation ; enthousiasme.** *Il était dans un tel état d'excitation...* « *Une grande fatigue succède toujours à l'excitation* » SAINTE-BEUVE. « *Quand un homme a peur, la colère n'est pas loin ; l'irritation suit l'excitation* » ALAIN. *État d'excitation d'un maniaque.* ■ **3** PHYSIOL. Modification survenant dans l'organisme à l'endroit où agit un stimulus, susceptible de déclencher une réponse spécifique dans un tissu ou un organe ; réponse à une telle modification, se traduisant par une activité physiologique ou psychique. *Le stimulus* est la cause physique de l'excitation. Excitation d'une extrémité nerveuse. L'organisme* « *s'adapte à l'intensité variable des excitations en diminuant ou en augmentant sa réceptivité* » CARREL. ■ **4** PHYS. Création d'un champ magnétique (dans l'inducteur d'un électroaimant, d'une dynamo). *Excitation par aimant, par enroulements où passe un courant* (courant d'excitation) *produit par une source extérieure* (excitation séparée) *ou par la dynamo elle-même* (autoexcitation). *Excitation en série, en dérivation.* — PHYS., CHIM. Changement de structure d'un atome ou d'une molécule, accompagnant le passage à un niveau d'énergie supérieur. — RADIO Action par laquelle on produit des oscillations électriques dans un circuit. *Excitation par choc, par impulsion.* ■ CONTR. Adoucissement, apaisement ; 1 calme, flegme, tranquillité. Inhibition.

EXCITATRICE [ɛksitatʀis] **n. f.** – 1889 ◊ de *excitateur* ■ ÉLECTR. Dynamo qui envoie le courant continu à un alternateur.

EXCITÉ, ÉE [ɛksite] **adj.** et **n.** – 1846 ◊ de *exciter* ■ **1** COUR. Qui a une activité mentale, psychique très vive ou plus vive qu'à l'habitude. ➤ **agité, énervé, nerveux** (cf. Dans tous ses états*). *Il était tout excité et ne tenait plus en place. Excité comme une puce :* très excité. ➤ **surexcité ;** FAM. **speed.** « *se trouvant excité comme il arrive aux enfants qui rompent leurs habitudes, il eut plus d'esprit, plus de curiosité et plus de raisonnement qu'à l'ordinaire* » SAND. — **n.** *Une bande d'excités.* ■ **2** PHYS. Se dit d'une particule, d'un atome ou d'une molécule amenés à un niveau énergétique supérieur à leur niveau de stabilité maximale. ■ CONTR. 2 Calme, tranquille.

EXCITER [ɛksite] **v. tr.** ⟨1⟩ – fin XIIe ◊ du latin *excitare* « réveiller » et « stimuler, animer », famille de *citare* « mettre en mouvement » et « susciter » puis « appeler, convoquer » → citer

I EXCITER qqch. ■ **1** Faire naître, provoquer (une réaction physique, ou psychologique). ➤ **animer, appeler,** 1 **causer, éveiller, provoquer, susciter.** *L'art* « *d'exciter les rires et les larmes* » D'ALEMBERT. *Exciter le goût, l'envie de.* ➤ **donner, insuffler.** *Exciter la passion, les sentiments.* ➤ **allumer, embraser, enflammer, éperonner.** *Exciter l'appétit* (cf. Mettre, faire venir l'eau à la bouche*). *Exciter l'imagination. Ce livre excite l'intérêt, cette question excite l'attention.* ➤ **solliciter.** *Exciter la curiosité.* ➤ **éveiller, susciter.** *Exciter l'amour-propre, la jalousie de qqn.* ➤ **aiguillonner, piquer.** « *La singularité de sa vie n'excitait plus que de l'étonnement* » RENAN. *Exciter l'admiration, l'enthousiasme.* ➤ **enthousiasmer, ravir.** *La peinture de Delacroix* « *excita des enthousiasmes et des dénigrements d'une égale violence* » GAUTIER. *Exciter la pitié.* ➤ **apitoyer.** — *Exciter les cris, le scandale.* « *le chœur de* Fidelio *est d'une nuance trop délicate pour exciter de bien vifs applaudissements* » BERLIOZ. ■ **2** (1587) Accroître, rendre plus vif (une sensation, un sentiment). ➤ **activer, aiguillonner, aviver, exalter.** *Cela excita encore sa colère, sa rage. Exciter le courage, l'ardeur des combattants.* ➤ **relever, réveiller, stimuler.** *Cela ne fit qu'exciter la douleur.* ➤ **aggraver, envenimer, exacerber, exaspérer.** ■ **3** (1613) VIEILLI Provoquer (un mouvement). ➤ **déclencher.** « *les sons excitent dans les corps sonores des ébranlements sensibles au tact* » ROUSSEAU. ➤ **provoquer.** ■ **4** PHYSIOL. Soumettre (un organe, un tissu) à un agent susceptible de déclencher une réponse spécifique. *Exciter un nerf, un muscle au moyen de l'électricité.* ■ **5** PHYS. Envoyer un courant dans (les électroaimants inducteurs d'un moteur). ➤ **excitation.** — Créer un état d'excitation dans. *Exciter un noyau atomique.*

II EXCITER À ■ **1** VX Inciter à ; donner le désir ou la volonté de. « *Ma gloire, mon repos, tout m'excite à partir* » RACINE. ■ **2** MOD. Pousser fortement à (une détermination difficile, une action violente). ➤ **entraîner, exhorter, inciter,** 1 **porter, pousser, provoquer.** « *L'effort excitant à l'effort* » VALÉRY. — DR. Pousser à (une activité blâmable). *Exciter à la révolte. Exciter des mineurs à la débauche.*

III EXCITER qqn ■ **1** (début XIIIe) Augmenter l'activité psychique, intellectuelle de (qqn). — (Sujet chose) ➤ **agiter, émouvoir, énerver, passionner, remuer, surexciter.** *Ces lectures l'excitent beaucoup trop.* « *Le crépuscule excite les fous* » BAUDELAIRE. *La boisson l'excite.* ➤ **échauffer, enivrer, griser.** FAM. (négatif) *Ce travail ne l'excite pas beaucoup,* ne l'intéresse guère. ■ **2** (Sujet être animé) Mettre en colère, en fureur. ➤ **irriter.** *Exciter qqn par des railleries. Exciter une personne contre une autre.* ➤ **dresser** (cf. Monter* la tête à qqn). *On les a excités l'un contre l'autre.* ➤ **braquer, monter.** *Le toréro excite le taureau. Arrête d'exciter le chien !* ➤ **énerver, taquiner.** ■ **3** Éveiller le désir sexuel de (qqn). ➤ **aguicher, allumer, émoustiller, troubler.** « *cette vicieuse, qui savait comment on excite les hommes* » ZOLA. ■ **4 S'EXCITER v. pron.** S'énerver, s'irriter ou ressentir de l'excitation. *Il n'y a pas de quoi s'exciter.* FAM. *S'exciter sur qqch.,* y prendre un très grand intérêt. *S'exciter sur un projet.*

■ CONTR. Adoucir, arrêter, calmer, empêcher, endormir, étouffer, refouler, réfréner, réprimer, retenir. Apaiser ; inhiber.

EXCITOMOTEUR, TRICE [ɛksitomɔtœʀ, tʀis] **adj.** – 1841 ◊ du radical de *excitation* et *moteur* ■ PHYSIOL. Qui stimule une fonction motrice ou une activité fonctionnelle. *Centres excitomoteurs du cerveau.*

EXCITON [ɛksitɔ̃] **n. m.** – 1963 ◊ de *excit(ation)* et suffixe *-on*, d'après l'anglais *exciton* (1936) ■ PHYS. Excitation élémentaire d'un cristal constituée par l'ensemble d'un électron et d'un trou* positif liés par la force électrostatique. *Au déplace-*

ment d'une onde d'excitation dans un cristal peut être associé un boson, l'exciton.

EXCLAMATIF, IVE [ɛksklamatif, iv] **adj.** – 1747 ◊ latin °*exclamativus*, du bas latin *exclamative* adv. ■ Qui marque ou exprime l'exclamation. *Phrase exclamative. Les adverbes et adjectifs interrogatifs ont souvent une valeur simplement exclamative* (ex. Quel homme ! Que de propos inutiles ! Oh ! combien !).

EXCLAMATION [ɛksklamasjɔ̃] **n. f.** – 1311 ◊ latin *exclamatio*, de *exclamare* ■ **1** Cri, paroles brusques exprimant de manière spontanée une émotion, un sentiment. ➤ **interjection.** *Pousser des exclamations.* ➤ **s'exclamer.** *Retenir, étouffer une exclamation. Une exclamation de joie, de surprise... Parfois « la parole, se produisant comme conséquence immédiate, a l'insignifiance et la valeur d'un réflexe, comme on le voit par l'exclamation, l'interjection, le juron, le cri de guerre »* VALÉRY. ■ **2** *Point d'exclamation :* signe de ponctuation (!) qui suit toujours une exclamation ou une phrase exclamative.

EXCLAMER (S') [ɛksklame] **v. pron.** ⟨1⟩ – 1516 ◊ latin *exclamare*, de *ex-* et *clamare* « crier » ■ Pousser des exclamations. ➤ **s'écrier,** se **récrier.** *S'exclamer d'admiration, d'indignation. « le fait de marmotter et de s'exclamer dans sa solitude est une des petites disgrâces de la vieillesse »* GREEN. — En incise *Par exemple ! s'exclama-t-il.*

EXCLU, UE [ɛkskly] **adj.** – 1467 ◊ de *exclure* ■ **1** (PERSONNES) Renvoyé ; refusé. *Exclu d'un endroit. Membres exclus.* ➤ **évincé, radié. n.** *Les exclus.* ♦ Qui n'est pas accepté, pas admis (dans un groupe, une situation). *Il se sent toujours exclu.* ■ **2** Qui n'a pas accès au mode de vie, aux services courants dans la société. — **n.** *Les exclus des soins, de la croissance. Exclus bancaires.* — ABSOLT Victime de l'exclusion sociale. *Les pauvres et les exclus.* ■ **3** (CHOSES) Qu'on refuse d'envisager. *C'est tout à fait exclu, c'est une chose exclue :* c'est hors de question. — IMPERS. *Il est, il n'est pas exclu que* (et subj.) : il est impossible, possible que. ♦ LOG. *Principe du tiers exclu* (l'un ou l'autre exclusivement, le troisième étant exclu). ■ **4** (CHOSES) Qui n'est pas compris dans un compte, une énumération. ➤ **exclusivement.** *Je suis libre cette semaine, mardi exclu,* non compris. ■ CONTR. Admis, compris, inclus.

EXCLURE [ɛksklyʀ] **v. tr.** ⟨35⟩ – 1355 ◊ latin *excludere*, de *claudere* « fermer » ; cf. *éclore*, ancien français *esclore* « exclure » ■ **1** Renvoyer, chasser (qqn) d'un endroit où il était admis. ➤ **bannir, chasser, évincer, expulser,** VX **forclore, ostraciser,** 2 **radier, rejeter, renvoyer** (cf. Frapper d'ostracisme*, mettre en quarantaine*, à l'index*). *Exclure qqn d'un parti, d'une équipe.* ➤ FAM. **jarter.** ■ **2** Interdire à (qqn) l'accès (de qqch. auquel il pensait avoir droit). ➤ 1 **écarter.** *L'empereur Julien « exclut les chrétiens non seulement des honneurs, mais des études »* BOSSUET. — *« un paradis trop beau dont l'homme est exclu »* ROMAINS. ■ **3** Ne pas admettre, ne pas employer (qqch.). *Exclure le sel d'un régime.* ➤ **proscrire.** *Un vrai pays de Cocagne « d'où le désordre, la turbulence et l'imprévu sont exclus »* BAUDELAIRE. ♦ Refuser d'envisager. *J'exclus votre participation à cette affaire. Nous n'excluons pas que ces deux faits soient liés,* il n'est pas exclu que... *Il n'exclut pas de se présenter aux élections.* ■ **4** (Sujet chose) Être incompatible avec (qqch.). *Fait qui en exclut un autre,* le rend impossible. *Qualités, sentiments qui en excluent d'autres* (➤ **exclusif, inconciliable**). *La confiance n'exclut pas le contrôle.* PRONOM. *Idées, actions qui s'excluent l'une l'autre.* ➤ **s'annuler,** se **neutraliser.** ■ CONTR. Accueillir, admettre. Autoriser, permettre. Impliquer, inclure.

EXCLUSIF, IVE [ɛksklyzif, iv] **adj.** – 1453 ◊ latin médiéval *exclusivus*, du supin de *excludere* → exclure ■ **1** ANC. DR. Qui a force d'exclure. *Avoir voix exclusive :* avoir le droit d'exclure un candidat proposé. ■ **2** (fin XVIIe) Qui exclut de tout partage, de toute participation. *Privilèges, droits exclusifs,* qui appartiennent à une seule personne ou à un seul groupe de personnes ou de choses. ➤ **exclusivité ; particulier, personnel, propre, spécial, spécifique.** *Jouir de privilèges exclusifs. L'État se réserve le droit exclusif de vendre le tabac* (➤ **monopole**). — **EXCLUSIF DE :** qui exclut comme incompatible. *« un patriotisme non exclusif du droit de critique »* BENDA. ♦ MATH. *Le* ou *exclusif* (➤ **disjonction ; ou** [II]). ■ **3** COMM. Qui est produit, vendu seulement par une firme. *Modèle exclusif. — Concessionnaire, distributeur exclusif* (d'une marque). ■ **4** (XVIIIe) Qui tend à exclure tout ce qui est gênant ou simplement étranger. *« cette préoccupation exclusive et passionnée qu'ils appellent de l'amour »* STENDHAL. ➤ **absolu, unique.** *« Tout grand amour est exclusif, et l'admiration d'un amant pour sa maîtresse le rend insensible à toute beauté différente »* GIDE. *« Les liens qui n'avaient pas pour but exclusif le renforcement du petit groupe »* PROUST. ■ **5** ABSOLT (PERSONNES) Absolu dans ses opinions, ses goûts, ses sentiments. *Être exclusif en amour, en amitié.* ➤ **entier.** ■ CONTR. Inclusif. Éclectique, large, ouvert, tolérant. Oblatif.

EXCLUSION [ɛksklyzjɔ̃] **n. f.** – 1486 ; *esclusion* av. 1350 ◊ latin *exclusio* ■ **1** Action d'exclure qqn (en le chassant d'un endroit où il avait précédemment sa place, ou en le privant de certains droits). ➤ **élimination, expulsion,** 1 **radiation.** *Prononcer l'exclusion de qqn. Son exclusion du parti a été un coup de théâtre.* ➤ **éviction ; épuration, purge.** *Exclusion des fonctions, emplois ou offices publics.* ➤ 1 **dégradation, destitution, révocation.** *L'exclusion d'un élève.* ➤ **renvoi.** *« Faire des vers français passait pour un exercice des plus dangereux et eût entraîné l'exclusion »* RENAN. ■ **2** RARE Action d'exclure en tenant à l'écart, en interdisant l'accès. ➤ **forclusion, ostracisme.** ♦ SPÉCIALT *Exclusion (sociale) :* marginalisation de certaines catégories de personnes, qui vivent en dehors des conditions normales d'existence de la société. *« Depuis cinquante ans, l'exclusion, loin de disparaître, est devenue une caractéristique durable de la société contemporaine »* ABBÉ PIERRE. *Lutte contre l'exclusion. Exclusion et fracture sociale.* ■ **3** Action d'exclure qqch. d'un ensemble. — DR. *Exclusion de certains biens d'une succession.* ♦ CHIR. Opération par laquelle on sépare une partie d'organe sans l'exciser. *Exclusion d'un segment intestinal.* ■ **4** PHYS. *Principe d'exclusion de Pauli,* selon lequel les électrons d'un même atome ne peuvent avoir les quatre mêmes nombres quantiques. ■ **5** loc. prép. (1649) **À L'EXCLUSION DE :** telle personne ou telle chose étant exclue. ➤ **exception** (à l'exception de). *Cultiver un don à l'exclusion des autres.* ■ CONTR. Admission, inclusion, réintégration.

EXCLUSIVE [ɛksklyziv] **n. f.** – XVIe ◊ de *exclusif* ■ **1** DR. CAN. Vote, mesure d'exclusion de la part des membres d'un conclave, contre un candidat au pontificat. *« il ne faut qu'un tiers des voix du conclave, plus une, pour donner l'*exclusive *qu'il ne faut pas confondre avec le droit d'*exclusion *»* CHATEAUBRIAND. ■ **2** PAR EXT. (1908) *Prononcer l'exclusive :* déclarer l'exclusion (1° et 2°). ➤ **veto** (cf. Jeter l'interdit*). *Frapper d'exclusive. Sans exclusive, sans esprit d'exclusive :* sans rien rejeter, ni personne. *En Angleterre, « une exclusive silencieuse écarte du pouvoir les gens éloquents ou trop bien doués »* SIEGFRIED.

EXCLUSIVEMENT [ɛksklyzivmɑ̃] **adv.** – 1410 ◊ de *exclusif*

I ■ **1** En excluant tout le reste, à l'exclusion de toute autre chose. ➤ **seulement, uniquement.** *Lire exclusivement des romans policiers.* ■ **2** D'une manière exclusive, absolue. *Le dilettante « qui comprend tout, précisément parce qu'il n'aime rien passionnément, c'est-à-dire exclusivement »* GIDE.

II En ne comprenant pas (qqch.). ➤ **exclu.** *Du mois de janvier au mois d'août exclusivement,* en ne comptant pas le mois d'août.

■ CONTR. Compris (y compris), inclus, inclusivement.

EXCLUSIVISME [ɛksklyzivism] **n. m.** – 1835 ◊ de *exclusif* ■ RARE Caractère de ce qui est exclusif (4°, 5°). *Tomber dans un exclusivisme étroit.* ➤ **sectarisme.** *« Le mot "national" s'y trouvait prononcé, et l'on sait de reste tout ce que ce mot porte avec soi d'exclusivisme »* GIDE.

EXCLUSIVITÉ [ɛksklyzivite] **n. f.** – 1820 ◊ de *exclusif* ■ **1** VX Qualité de ce qui est exclusif, sans partage. *Les courtisanes qui « ont soif [...] des dévouements du véritable amour, et qui en pratiquent alors l'exclusivité (ne faut-il pas faire un mot pour rendre une idée si peu mise en pratique !) »* BALZAC. ■ **2** Propriété exclusive ; droit exclusif (de vendre, publier). *Avoir, acheter l'exclusivité d'une marque, d'un modèle. Contrat d'exclusivité.* — **EN EXCLUSIVITÉ :** d'une manière exclusive. *Film en exclusivité,* qui sort pour la première fois dans l'ensemble d'un pays. *« Les disques sont donnés en exclusivité par des artistes éminents »* DUHAMEL. ■ **3** SPÉCIALT (1911, jusqu'en 1970) Projection d'un film dans un seul (ou quelques) cinéma(s). *Première, deuxième exclusivité.* ♦ PAR EXT. Produit vendu, exploité par une seule firme. *C'est une exclusivité X.* ♦ Information importante donnée en exclusivité par un journal, une chaîne de radio, de télévision (recomm. offic. pour *scoop**). — ABRÉV. FAM. **EXCLU.**

EXCOMMUNICATION [ɛkskɔmynikasjɔ̃] **n. f.** – XIVe ; *escomination* 1160 ◊ latin ecclésiastique *excommunicatio* ■ **1** Peine ecclésiastique par laquelle qqn est retranché de la communion de l'Église catholique. ➤ **excommunier.** *Excommunication de droit* (➤ **anathème**), *de fait. Bulle d'excommunication lancée par le pape. Excommunication prononcée par l'évêque. Fulminer, lever une excommunication contre les hérétiques, les intégristes.* ■ **2** PAR

ANAL. Exclusion d'un groupe, d'une société, d'un parti politique.

EXCOMMUNIER [ɛkskɔmynje] v. tr. ⟨7⟩ – 1120 ◊ latin ecclésiastique *excommunicare* «mettre hors de la communauté» ; d'après *communier* ■ **1** Retrancher (qqn) de la communion de l'Église catholique. ➤ **anathématiser.** *Excommunier un hérétique.* — **p. p. adj.** *Schismatiques excommuniés.* SUBST. «*Des excommuniés qui ne peuvent paraître en aucun lieu et dont tout le monde doit s'éloigner*» BOURDALOUE. ■ **2** LITTÉR. Rejeter (qqn, qqch.). «*cette femme incompréhensible qui m'avait excommunié de sa vie*» BARBEY. ➤ **bannir, chasser, exclure.**

EXCORIATION [ɛkskɔʀjasjɔ̃] n. f. – 1377 ◊ de *excorier* ■ DIDACT. Écorchure superficielle. ➤ **érosion.**

EXCORIER [ɛkskɔʀje] v. tr. ⟨7⟩ – 1532 ◊ bas latin *excoriare,* de *ex* et *corium* «cuir, peau» ■ DIDACT. Écorcher légèrement. ➤ **égratigner, érafler.** *L'ongle a excorié la peau.*

EXCRÉMENT [ɛkskʀemɑ̃] n. m. – 1534 ◊ latin médiéval *excrementum* «sécrétion», de *excretus,* p. p. de *excernere* «cribler, évacuer» ■ **1** VX Matière solide (matières fécales) ou fluide (mucus nasal, sueur, urine) évacuée du corps humain ou de celui des animaux par les voies naturelles. ➤ **excrétion.** ◆ FIG. et VX Ce qui est rejeté ; déchet, rebut. «*Va-t'en, chétif insecte, excrément de la terre*» LA FONTAINE. ■ **2** MOD. Les matières fécales. *Excréments humains.* ➤ **déjection, étron, fèces, selle ;** FAM. **bran** (RÉGION.), **caca,** 2 **colombin, crotte, merde.** *Excrément du nouveau-né.* ➤ **méconium.** *Évacuation des excréments* (➤ **défécation ;** aussi **constipation, diarrhée).** *Expulser les excréments.* ➤ **déféquer, évacuer,** 1 **faire ;** RÉGION. **caguer,** FAM. **chier,** VIEILLI **foirer** (cf. Aller à la selle*). *Utilisation des excréments comme engrais.* ➤ **fumier.** *Étude chimique et bactériologique des excréments.* ➤ **coprologie.** — *Excréments des bêtes fauves* (➤ **fumée),** *des bêtes noires* (➤ **laissées).** *Excréments des animaux domestiques.* ➤ **bouse, crotte, crottin, purin.** *Excréments des oiseaux.* ➤ **fiente, guano.** *Excréments d'insectes* (➤ **chiasse),** *de mouches.* ➤ **chiure.** — *Relatif aux excréments.* ➤ **scatologique, stercoral ; copro-.** *Le Français «est scatophage. Il raffole des excréments. Les littérateurs d'estaminet appellent cela le* sel gaulois» BAUDELAIRE.

EXCRÉMENTIEL, IELLE [ɛkskʀemɑ̃sjɛl] adj. – 1560 ◊ de *excrément* ■ Qui est de la nature des excréments, relatif aux excréments. *Matière excrémentielle.*

EXCRÉTER [ɛkskʀete] v. tr. ⟨6⟩ – 1836 ◊ de *excrétion* ■ PHYSIOL. Évacuer par excrétion. **p. p. adj.** *Matières excrétées.*

EXCRÉTEUR, TRICE [ɛkskʀetœʀ, tʀis] adj. – 1560 ◊ de *excrétion* ■ Qui sert à l'excrétion. *Canal excréteur* (➤ **déférent).**

EXCRÉTION [ɛkskʀesjɔ̃] n. f. – 1534 ◊ bas latin *excretio* «action de séparer» ■ PHYSIOL. ■ **1** Action par laquelle les déchets de l'organisme sont rejetés au dehors. *Excrétion des matières fécales, de l'urine.* ➤ **élimination, évacuation, expulsion.** «*Dans tout organisme vivant et bien constitué, il existe des appareils dont le rôle est d'expulser les détritus, les déchets de la vie, les produits de l'excrétion, les matières usées*» DUHAMEL. — SPÉCIALT Action par laquelle le produit des sécrétions d'une glande est versé hors de cette glande par les conduits excréteurs. ➤ **sécrétion.** *Excrétion du sébum.* ■ **2** AU PLUR. Déchets de la nutrition rejetés hors de l'organisme. ➤ **excrément.**

EXCRÉTOIRE [ɛkskʀetwaʀ] adj. – 1536 ◊ de *excrétion* ■ DIDACT. Relatif à l'excrétion. *Troubles excrétoires.*

EXCROISSANCE [ɛkskʀwasɑ̃s] n. f. – *excressance* 1314 ◊ bas latin *excrescientia,* de *excrescere* «croître» ; d'après *croissance* ■ Petite tumeur bénigne superficielle de la peau, d'une muqueuse (verrue, condylome, polype, fongosité, kyste, panicule, loupe, etc.). ➤ **protubérance.** «*ces excroissances multiples, boutons, points noirs, verrues, comédons, grains de beauté*» PEREC. ◆ Développement qui dépasse. *Excroissance charnue des gallinacés.* ➤ **crête.** — BOT. *Excroissances des plantes.* ➤ **galle, tubercule.**

EXCURSION [ɛkskyʀsjɔ̃] n. f. – 1530, rare avant XVIIIe ◊ latin *excursio* «voyage, incursion, digression», de *excurrere* «courir hors de» ■ **1** Action de parcourir une région pour l'explorer, la visiter. *Partir en excursion, faire une excursion. Petite excursion.* ➤ **promenade, randonnée, sortie,** 3 **tour ;** FAM. **balade.** *Excursion de plusieurs jours.* ➤ **tournée, voyage.** *Excursion à pied* (➤ 2 **marche),** *à bicyclette, en voiture, en car. Excursion en mer* (➤ **croisière),** *en montagne* (➤ **ascension, course).** *Excursion mouvementée.* ➤ **aventure, équipée.** *Nous terminons un voyage qui «a été une fort jolie excursion. Sac au dos et souliers ferrés aux pieds, nous avons fait sur les côtes environ 160 lieues à pied»* FLAUBERT. ■ **2** (1741 mécan.) SC. Étendue de la variation d'une grandeur. *Excursion de fréquence.* ■ **3** PHYSIOL. *Excursion diaphragmatique :* mouvement d'élévation et de descente du diaphragme au cours de la respiration.

EXCURSIONNER [ɛkskyʀsjɔne] v. intr. ⟨1⟩ – 1871 ◊ de *excursion* ■ VIEILLI Faire une excursion.

EXCURSIONNISTE [ɛkskyʀsjɔnist] n. – 1852 ◊ de *excursion* ■ VIEILLI Personne qui fait une excursion.

EXCUSABLE [ɛkskyzabl] adj. – fin XIIIe ◊ de *excuser,* d'après le latin *excusabilis* ■ Qui peut être excusé. ➤ **justifiable, pardonnable.** *Une colère bien excusable. À son âge, c'est excusable.* «*On n'est jamais excusable d'être méchant, mais il y a quelque mérite à savoir qu'on l'est*» BAUDELAIRE. ■ CONTR. Impardonnable, inexcusable.

EXCUSE [ɛkskyz] n. f. – fin XIVe ◊ de *excuser* ■ **1** Raison alléguée pour se défendre d'une accusation, d'un reproche, pour expliquer ou atténuer une faute. ➤ 1 **défense, explication, justification, motif, raison.** *Alléguer, donner, fournir une bonne excuse, une excuse valable.* «*Mais votre amour n'a plus d'excuse légitime*» RACINE. *Avoir pour excuse l'inexpérience. Chercher, inventer une excuse. De mauvaises excuses ; excuse inacceptable, inadmissible.* «*L'état de souffrance où je suis continuellement est ma seule excuse*» SAINTE-BEUVE. IRON. *La belle excuse !* ◆ DR. *Excuses légales :* faits déterminés par la loi et qui entraînent l'exemption *(excuses absolutoires)* ou une atténuation de la peine *(excuses atténuantes).* — POP. *Faites excuse* [fɛtɛkskyz] : acceptez mes excuses. ■ **2** Regret que l'on témoigne à qqn de l'avoir offensé, contrarié, gêné. ➤ **pardon, regret.** *De plates excuses. Faire, présenter des excuses, ses excuses à qqn* (cf. Faire amende* honorable). *Je vous fais toutes mes excuses. Se confondre en excuses. Exiger des excuses :* demander réparation de l'offense dont on a été victime. *Vous lui devez des excuses. Accepter, recevoir des excuses.* «*Ainsi, de fautes en pardons, et d'erreurs en excuses, je passerai ma vie à mériter votre indulgence*» BEAUMARCHAIS. «*les excuses rappellent la faute plus certainement qu'elles ne l'atténuent*» LOUŸS. ■ **3** Motif que l'on invoque pour se dispenser de qqch., pour se soustraire à quelque devoir. ➤ **alibi, échappatoire, faux-fuyant,** 2 **prétexte ;** RÉGION. **défaite.** *Se trouver une (bonne) excuse pour refuser.* «*La fatalité, c'est l'excuse des âmes sans volonté*» R. ROLLAND. ◆ SPÉCIALT Motif justifiant un élève qui a été absent, n'a pas fait son travail, etc. *Apporter un mot d'excuse.* ◆ DR. Motif qui, dans certains cas déterminés par la loi, dispense d'être tuteur, de siéger comme juré. *Exciper d'une excuse.* — PROCÉD. Justification d'un défaut de comparution en justice par une partie ou par un témoin. ■ **4** JEUX Au tarot, Carte qui permet de ne pas fournir de la couleur ou de l'atout demandé. ■ CONTR. Accusation, blâme, imputation ; condamnation, inculpation, reproche.

EXCUSER [ɛkskyze] v. tr. ⟨1⟩ – *escuser* 1190 ◊ latin *excusare* «mettre hors de cause»

I ■ **1** S'efforcer de justifier (une personne, une action) en alléguant des excuses. ➤ **défendre.** *Il s'efforce vainement de l'excuser.* ➤ **blanchir, disculper.** «*Ne croyez pas que je cherche un détour pour excuser ou pour pallier ma faute ; je m'avoue coupable*» LACLOS. ◆ (CHOSES) Servir d'excuse à (qqn). *L'intention n'excuse pas la faute. Rien n'excuse une telle conduite.* ■ **2** Décharger (qqn) d'une accusation, d'un reproche, en admettant des motifs qui atténuent ou justifient sa faute. ➤ **absoudre, décharger, pardonner.** *Veuillez m'excuser, excuser mon retard. Pour cette fois, je vous excuse, mais ne recommencez pas. Vous êtes tout excusé.* ■ **3** Dispenser (qqn) d'une charge, d'une obligation. ➤ **exempter.** *M. X, absent, s'est fait excuser.* — DR. *Excuser un juré.* ■ **4** (Formules de politesse) COUR. *Excusez-moi, vous m'excuserez,* se dit quand on veut manifester à qqn son regret de le gêner, de lui refuser qqch., de le contredire, etc. *Oh ! Excusez-moi, j'espère que je ne vous ai pas fait mal !* ➤ **pardon.** *Excusez-moi si je ne peux vous accompagner. Excusez-moi, mais je ne suis pas de votre avis.* (Soutenu) *Je vous prie de m'excuser.* ◆ ELLIPT et FAM. *Excusez ma mauvaise écriture :* excusez-moi d'écrire mal. ◆ FAM. et IRON. *Excusez du peu !* se dit pour exprimer son étonnement devant les prétentions de qqn.

II (XVIe «refuser, se dispenser») **S'EXCUSER** v. pron. ■ **1** Alléguer ses raisons pour se disculper, se justifier. ➤ **se défendre.** PROV. *Qui s'excuse s'accuse :* la personne qui cherche à se justifier avant d'être accusée reconnaît sa faute. ■ **2** (1690, répandu XIXe) Présenter ses excuses, exprimer ses regrets (de qqch.) (cf. Demander pardon*). «*Je m'excuserais d'abord d'écrire cette préface, si déjà je n'écrivais cette préface pour m'excuser* *d'avoir écrit la pièce»* GIDE. *«Il s'était excusé de son mouvement d'humeur»* CAMUS. — *Je m'excuse,* s'emploie incorrectement pour *excusez-moi.* ▪ **3** Alléguer des motifs pour se dispenser (de qqch.). VX (avec inf.) *«Monsieur le Prince s'est excusé de servir cette campagne* [comme général]*»* Mme DE SÉVIGNÉ. MOD. ABSOLT *Deux administrateurs se sont excusés et ont donné leur pouvoir.* ELLIPT *Présents, absents, excusés.* ▪ **4** (PASS.) Être excusé, excusable. *«Tout s'excuse ici-bas, hormis la maladresse»* MUSSET.

▪ CONTR. Accuser, blâmer, charger, condamner, imputer, reprocher.

EXEAT [ɛgzeat] **n. m.** /EXÉAT/ – 1622 ◇ mot latin «qu'il sorte», subj. de *exire* «sortir» ▪ **1** VX ou ADMIN. Permission de sortir, billet de sortie. *Des exeats* ou *des exeat* (inv.). *Exeat délivré à un élève qui change d'établissement.* ▪ **2** RELIG. Autorisation donnée à un clerc d'exercer les fonctions de son ministère dans un autre diocèse.

EXÉCRABLE [ɛgzekRabl ; ɛksekRabl] **adj.** – 1355 ◇ latin *execrabilis* → exécrer ▪ **1** LITTÉR. Qu'on doit exécrer, avoir en horreur. ➤ **abominable, détestable, odieux, répugnant.** *Fouquier-Tinville «devint de plus en plus exécré et exécrable»* MICHELET. ▪ **2** COUR. Extrêmement mauvais. *La nourriture y est exécrable.* ➤ **dégoûtant, infect.** *Un film exécrable. Il a un goût exécrable.* ➤ **déplorable.** *Il fait un temps exécrable. Être d'une humeur exécrable.* ➤ **affreux, épouvantable, horrible.** — adv. **EXÉCRABLEMENT,** XVe. ▪ CONTR. 1 Bon, excellent, exquis. Parfait.

EXÉCRATION [ɛgzekRasjɔ̃ ; ɛksekRasjɔ̃] **n. f.** – XIIIe ◇ de *execratio* → exécrer ▪ **1** VX Imprécation, malédiction. *«des exécrations horribles contre tous ceux qui entreprendraient de la rétablir* [la royauté, à Rome]*»* BOSSUET. ▪ **2** LITTÉR. Haine violente pour ce qui est digne de malédiction. ➤ **abomination, aversion, dégoût, horreur, répulsion.** *«Je me sens contre elle* [la Règle] *une exécration qui m'emplit l'âme»* FLAUBERT. *«la malheureuse Pompadour, vouée par sa fortune même à l'exécration de la foule et des historiens vertueux»* HENRIOT. — *Avoir* (qqn, qqch.) *en exécration :* exécrer. ▪ CONTR. Admiration, adoration, affection, amour, bénédiction.

EXÉCRER [ɛgzekRe ; ɛksekRe] **v. tr.** ⟨6⟩ – 1495 ◇ latin *execrari* «maudire», de *sacer* ▪ **1** LITTÉR. Haïr au plus haut point. ➤ **abhorrer, abominer, détester*.** *«d'anciens amis devenus gênants, et qu'il exécrait»* ZOLA. ▪ **2** PAR EXT. (1870) Avoir de l'aversion, du dégoût pour (qqch.). *Exécrer l'odeur du tabac. «ce ton supérieur et doctoral qu'elles* [les femmes] *exècrent»* MAURIAC. ▪ CONTR. Adorer, aimer, bénir, chérir.

EXÉCUTABLE [ɛgzekytabl] **adj.** – XIVe ◇ de *exécuter* ▪ Qui peut être exécuté. ➤ **praticable, réalisable.** *«Mina forma dans son esprit tout le projet de sa vengeance ; était-il exécutable ?»* STENDHAL. *Plan facilement exécutable.* — INFORM. *Fichier exécutable,* contenant un programme qui peut être directement exécuté par le processeur et qui permet de lancer une application ou une commande. ▪ CONTR. Impossible, impraticable, inexécutable, irréalisable.

EXÉCUTANT, ANTE [ɛgzekytɑ̃, ɑ̃t] **n.** – XIVe ◇ de *exécuter* ▪ **1** Personne qui exécute (un ordre, une tâche, une œuvre...). ➤ 2 **agent.** *Responsable qui prétend n'être qu'un exécutant. Les exécutants ont payé pour les dirigeants. Ce n'est pas un créateur, mais un simple exécutant.* ➤ **praticien, technicien** (cf. Petite main*). ▪ **2** (1767) Interprète dans un ensemble musical. ➤ **chanteur, choriste, instrumentiste, musicien.** *Orchestre, chorale de cinquante exécutants.* — PAR EXT. Interprète de musique (même soliste). *C'est un grand compositeur, mais un médiocre exécutant.*

EXÉCUTER [ɛgzekyte] **v. tr.** ⟨1⟩ – fin XIIIe ◇ du radical de *exécuteur, exécution*

I EXÉCUTER qqch. ▪ **1** Mettre à effet, mener à accomplissement (ce qui est conçu par soi : projet, ou par d'autres : ordre). ➤ **accomplir, effectuer,** 1 **faire, opérer, réaliser.** *Exécuter une mission.* ➤ **remplir.** *Projet difficile à exécuter. «je formai mon plan ; je le lui communiquai, et nous l'exécutâmes avec succès»* LACLOS. *«à quoi bon exécuter des projets, puisque le projet est en lui-même une jouissance suffisante ?»* BAUDELAIRE. ➤ **concrétiser.** *Commencer à exécuter* (cf. Mettre à exécution*). *Exécuter de bout en bout.* ➤ **achever, parachever, parfaire, terminer** (cf. Mener à bien*). *Exécuter une promesse.* ➤ **tenir.** *Exécuter un travail à la hâte.* ➤ **bâcler, expédier.** — *Exécuter les volontés, les ordres de qqn.* ➤ **obéir, observer.** *«On ne sait jamais bien commander que ce qu'on sait exécuter soi-même»* ROUSSEAU. *Exécuter une ordonnance. Exécuter un rite.* ◆ ABSOLT ➤ **agir, réaliser** (cf. Passer à l'acte*, aux actes). *Le chef commande, les autres exécutent. La main qui exécute.* ▪ **2** DR. Rendre réelles, effectives les dispositions de (un acte, un jugement, un texte). *Exécuter une convention, un contrat, un traité. Exécuter un arrêt, un jugement.* ➤ **exécution ; exécutoire.** *Exécuter une peine.* ➤ **purger.** ▪ **3** Faire (un ouvrage) d'après un plan, un projet, un devis... ➤ **confectionner,** 1 **faire.** *Exécuter une fresque, une décoration. Broderie entièrement exécutée à la main. Le décorateur «exécute, après lecture du scénario, les maquettes des décors»* R. CLAIR. ▪ **4** (1761) Interpréter, jouer (une œuvre musicale). *Exécuter un morceau avec virtuosité.* ▪ **5** Faire (un mouvement complexe, un ensemble de gestes prévu ou réglé d'avance). *Exécuter un pas de danse, un mouvement de gymnastique, des acrobaties. Artiste qui exécute son numéro. «L'officier avait fait exécuter une volte à son cheval»* MAC ORLAN. ➤ **effectuer.** ◆ INFORM. Réaliser la fonction prévue par (une instruction). *L'ordinateur exécute une opération d'entrée-sortie.*

II EXÉCUTER qqn ▪ **1** (XVe) DR. *Exécuter un débiteur,* procéder à l'exécution forcée sur ses biens. ➤ **exécution ; saisie.** *«la Rappinière, à qui l'hôte devait de l'argent, le menaça de le faire exécuter»* SCARRON. ▪ **2** (1391) COUR. Faire mourir (qqn) conformément à une décision de justice. ➤ **décapiter, guillotiner ; fusiller ; électrocuter,** 2 **gazer, pendre.** *Les bourreaux «exécutèrent le roi le chapeau sur la tête»* HUGO. ◆ PAR EXT. Faire mourir sans jugement (pour se venger). ➤ **abattre, assassiner, éliminer, lyncher, supprimer, tuer ;** FAM. 1 **buter, liquider, refroidir.** *Mafieux qui exécutent un rival, un traître.* ▪ **3** FIG. Discréditer, déconsidérer socialement (qqn). ➤ **condamner, descendre** (en flammes), **éreinter ;** FAM. **démolir, esquinter.** *«Péguy disait : "je ne juge pas ; je condamne." Ils exécutèrent ainsi Régnier, Mme de Noailles, Ibsen»* GIDE. — SPORT, FAM. Battre complètement. *Il s'est fait exécuter en deux rounds.*

III S'EXÉCUTER v. pron. (1687) ▪ **1** (réfl.) Se décider à faire une chose pénible, désagréable. *Je lui ai demandé de m'aider, il s'est exécuté sans trop se faire prier. «J'ai reconnu mes torts, je me suis exécuté de bonne grâce»* PASTEUR. ▪ **2** (pass.) S'effectuer, se réaliser. *«Les mouvements mesurés et réguliers s'exécutent avec moins de fatigue»* CONDORCET.

EXÉCUTEUR, TRICE [ɛgzekytœR, tRis] **n. et adj.** – v. 1200 ◇ latin *exsecutor,* de *exsequi* «accomplir, poursuivre» ▪ **1** VX Personne qui exécute (I). ➤ **exécutant, réalisateur.** *«Le prince est l'exécuteur de la loi de Dieu»* BOSSUET. *«Il* [Colomb] *était le vrai créateur de l'entreprise, et il en fut aussi l'exécuteur très-héroïque»* MICHELET. — adj. *«la puissance exécutrice»* MONTESQUIEU. ➤ **exécutif.** ▪ **2** DR. *Exécuteur testamentaire :* personne désignée par le testateur pour assurer l'exécution de ses dernières volontés. ▪ **3** n. m. (1583) Personne qui exécute un condamné. ➤ **bourreau.** VX *Exécuteur de la haute justice, des hautes, des basses œuvres. «la guillotine avait été disloquée exprès par quelqu'un* qui voulait nuire à l'exécuteur des hautes œuvres*»* HUGO.

EXÉCUTIF, IVE [ɛgzekytif, iv] **adj. et n. m.** – 1764 ; «qui exécute» 1361 ◇ du radical de *exécuteur, exécution* ▪ Relatif à l'exécution, à la mise en œuvre des lois. *Pouvoir exécutif.* ➤ **gouvernement.** *Séparation du pouvoir législatif, du pouvoir exécutif et du pouvoir judiciaire, dans une démocratie libérale.* — *Le couple exécutif :* le président de la République et le Premier ministre, sous la Ve République. ◆ n. m. **L'EXÉCUTIF :** le pouvoir exécutif. *«une crise entre l'exécutif et la magistrature»* I. JABLONKA.

EXÉCUTION [ɛgzekysjɔ̃] **n. f.** – 1265 ◇ latin *exsecutio,* de *exsequi,* de *ex* et *sequi* «poursuivre, suivre»

I ▪ **1** Action d'exécuter (qqch.), de passer à l'acte, à l'accomplissement. ➤ **réalisation.** *Exécution d'un projet, d'une décision. Surseoir à l'exécution de qqch. Être chargé de l'exécution d'une affaire.* ➤ **conduite.** *Commencement, début d'exécution* (cf. Mise en train*, mise en route*). — *Exécution d'un ordre, d'un commandement* (➤ **obéissance**). *Exécution immédiate. «Les militaires, lorsqu'ils ont bien pesé les conséquences d'un ordre, ont coutume de mettre fin au débat par le mot : "Exécution !"»* MAUROIS. — **METTRE À EXÉCUTION :** commencer à faire, à exécuter (ce qui a été prévu, décidé, ordonné) (cf. Mettre en application*, en pratique*). *«les lois une fois votées, il restait à les mettre à exécution»* FUSTEL DE COULANGES. ◆ ABSOLT Action effective, réalisation (opposé à *projet, dessein*). *Passer rapidement de la conception à l'exécution. À l'exécution, le projet s'avéra irréalisable.* ▪ **2** DR. Mise à fin d'un jugement, d'un acte. *Exécution d'un jugement, d'une convention. Actes d'exécution,* ayant pour objet de contraindre la partie condamnée ou le débiteur à exécuter les dispositions du jugement ou de l'acte. *Exécution forcée,* imposée à un débiteur. ➤ **contrainte, saisie.** PROCÉD. *Voies d'exécution :* ensemble des règles juridiques concernant l'exécution ;

l'étude de ces règles. ◆ DR. CR. *Exécution d'une peine* : fait, pour un condamné, de subir effectivement la peine. ■ **3** Action d'exécuter d'après une règle, un plan ; manière d'exécuter (un ouvrage, un travail). *L'exécution des travaux a été confiée à cette entreprise. Exécution d'un tableau ; d'un ouvrage littéraire* (➤ **composition, rédaction**). *La sculpture «réclame, en même temps qu'une exécution très parfaite, une spiritualité très élevée»* BAUDELAIRE. — *Facilité d'exécution* : adresse, tour de main. ◆ INFORM. Action d'exécuter (un programme) ; son résultat. *Temps, durée d'exécution. Exécution en temps* réel, différé.* ■ **4** Action, manière d'interpréter (en chantant, en jouant sur un instrument) une œuvre musicale. ➤ **interprétation.** *Exécution d'une sonate, d'un opéra. Ce morceau présente de grandes difficultés d'exécution.*

II Action d'exécuter (qqn). ■ **1** DR. *Exécution d'un débiteur*, exécution forcée de sa dette. *Saisie*-exécution.* — DR. COMM. *Exécution en Bourse* : vente, achat de titres effectués d'office par l'agent de change pour le compte d'un donneur d'ordres qui n'a pas remis les titres ou les fonds dans les délais voulus. — Mode de réalisation consistant en la vente forcée des valeurs appartenant aux actionnaires qui n'ont pas effectué les versements nécessaires. ■ **2** *Exécution capitale*, et ABSOLT *exécution* : mise à mort (d'un condamné). *Modes d'exécution.* ➤ **asphyxie, décapitation, électrocution, fusillade,** 2 **garrot, gaz** (chambre à gaz), **injection** (létale), **pendaison.** *L'exécution n'a lieu qu'après la notification du refus de la grâce. En France, l'exécution capitale a été supprimée en même temps que la peine de mort, en 1981. Peloton*, piquet, poteau* d'exécution. «Les gens qui vont aux exécutions capitales participent à l'action du bourreau»* FLAUBERT. ◆ PAR EXT. Mise à mort en dehors de toute procédure légale. *Exécution sommaire, sans jugement. Une odieuse exécution d'otages.*
■ CONTR. Inexécution, non-exécution.

EXÉCUTOIRE [ɛgzekytwaʀ] **adj.** – 1337 ◊ bas latin *executorius* → exécuteur ■ DR. Qui doit être mis à exécution ; qui donne pouvoir de procéder à une exécution. *Force exécutoire d'un acte*, qualité qui impose ou permet le recours à la force publique pour en assurer l'exécution. *Les lois, règlements, décrets ; les jugements rendus en France ont force exécutoire.* — *Formule exécutoire*, donnant à certains actes la force exécutoire. ■ CONTR. 1 Conservatoire.

EXÈDRE [ɛgzɛdʀ] **n. f.** – 1547 ◊ grec *exedra* ■ ANTIQ. Salle de conversation munie de sièges. ◆ ARCHÉOL. Partie garnie de sièges, au fond d'une basilique romaine ; partie garnie d'un banc en demi-cercle, dans une basilique chrétienne ; PAR EXT. Ce banc.

EXÉGÈSE [ɛgzeʒɛz] **n. f.** – 1705 ◊ grec *exêgêsis* «explication» ■ Interprétation philologique, historique ou doctrinale d'un texte dont le sens, la portée sont obscurs ou sujets à discussion. ➤ **commentaire,** 2 **critique, herméneutique.** *Exégèse biblique, sacrée*, et ABSOLT *l'Exégèse. «même pour le Nouveau Testament, il n'y a pas de complète exégèse sans la connaissance de l'hébreu»* RENAN. — *Exégèse historique*, fondée sur l'étude des documents. ◆ PAR EXT. Commentaire détaillé, analyse (d'un texte). *Exégèse littéraire. Faire l'exégèse d'un discours politique, d'une dépêche diplomatique.*

EXÉGÈTE [ɛgzeʒɛt] **n.** – 1732 ◊ grec *exêgêtês* ■ Personne qui s'occupe d'exégèse (➤ **commentateur, interprète**), et SPÉCIALT d'exégèse biblique. *Exégètes juifs, chrétiens. Exégètes et théologiens. Une exégète.*

EXÉGÉTIQUE [ɛgzeʒetik] **adj.** – 1694 ◊ grec *exêgêtikos* ■ DIDACT. Qui concerne l'exégèse. *Méthode exégétique. Notes exégétiques.*

EXÉMA ; EXÉMATEUX ➤ **ECZÉMA ; ECZÉMATEUX**

1 **EXEMPLAIRE** [ɛgzɑ̃plɛʀ] **adj.** – 1150 ◊ latin *exemplaris* ■ **1** Qui peut servir d'exemple. ➤ 1 **bon, édifiant, parfait.** *Piété, vertu exemplaire. Conduite exemplaire. Être d'une ponctualité exemplaire. «Il faut mettre le poids d'une vie exemplaire Dans les corrections qu'aux autres on veut faire»* MOLIÈRE. ■ **2** Dont l'exemple doit servir d'avertissement, de leçon. *Châtiment exemplaire.* ➤ **dissuasif.** ■ CONTR. Mauvais, scandaleux.

2 **EXEMPLAIRE** [ɛgzɑ̃plɛʀ] **n. m.** – *essemplarie* début XIIe ◊ latin *exemplarium*, de *exemplum* ■ **1** VX Exemple, modèle à suivre. *«Ce roi, des bons rois l'éternel exemplaire»* MALHERBE. ➤ **archétype, prototype.** ■ **2** (1580) Chacun des objets reproduisant un type commun (livres, et PAR EXT. médailles, gravures, photographies, etc.). ➤ **copie, épreuve.** *Imprimer, tirer un livre à dix mille exemplaires. Exemplaires d'un journal, d'une revue. Achetez deux exemplaires de ce numéro. Exemplaire unique. Exemplaire numéroté. Exemplaire sur vélin. Ensemble des exemplaires tirés en une fois* (➤ **édition**). *Les exemplaires d'une gravure, d'une estampe* (➤ **épreuve**). *Photocopier un texte en dix exemplaires.* ■ **3** Chacun des individus d'une même espèce. *De beaux exemplaires d'une plante, d'un animal rare.* ➤ **échantillon, spécimen.**

EXEMPLAIREMENT [ɛgzɑ̃plɛʀmɑ̃] **adv.** – v. 1280 ◊ de 1 *exemplaire* ■ D'une manière exemplaire. *Vivre exemplairement.* ➤ **vertueusement.** *Accomplir exemplairement son devoir.* — *Il a été puni, châtié exemplairement*, de manière à servir de leçon.

EXEMPLARITÉ [ɛgzɑ̃plaʀite] **n. f.** – 1573 «conduite, comportement exemplaire» ◊ de 1 *exemplaire* ■ DIDACT. Qualité de ce qui est exemplaire. *«ce qu'il appelait l'exigence de "l'exemplarité"»* MAURIAC. — (1818 ◊ traduction de l'anglais) DR. Caractère exemplaire (d'une disposition légale). *Exemplarité d'une peine.*

EXEMPLATIF, IVE [ɛgzɑ̃platif, iv] **adj.** – date inconnue (avant 1925) ◊ de *exemple* ■ **(Belgique, Luxembourg, Burundi)** Relatif à l'exemple (II, 2°). *À titre exemplatif.*

EXEMPLE [ɛgzɑ̃pl] **n. m.** – 1080 ; var. *essample, essemple*, parfois fém. ◊ latin *exemplum* «échantillon» puis «exemple»

I MODÈLE À IMITER ■ **1** Action, manière d'être, considérée comme pouvant être imitée. *Bon exemple, exemple à suivre.* ➤ **modèle, règle ;** 1 **exemplaire.** *Mauvais, dangereux exemple ; exemple à fuir, à éviter. «On m'incite à suivre les bons exemples ; parce qu'il n'y a que les mauvais qui vous décident à agir»* G. DARIEN. *«Toi, Galal, toi qui es l'aîné, tu donnes le mauvais exemple à tes frères»* COSSERY. *Donner l'exemple de ce qu'il faut faire.* ➤ **montrer.** ABSOLT *Donner l'exemple* : faire le premier qqch. (cf. Montrer, tracer le chemin*, frayer la voie*). *Suivre l'exemple de qqn, prendre exemple sur qqn, prendre qqn comme exemple*, l'imiter. *Tu devrais suivre l'exemple de ton frère. Citer, donner qqn en exemple.* — LOC. LITTÉR. *Prêcher d'exemple* : agir conformément à ce qu'on préconise pour les autres. *«Je riais, et je lui remontrais que, par deux fois, elle m'avait prêché d'exemple !»* COLETTE. ◆ **À L'EXEMPLE DE :** pour se conformer, pour imiter (cf. À l'image, à l'instar* de). *Il agit en tout à l'exemple de son père.* ➤ **comme.** ■ **2** Personne dont les actes sont dignes d'être imités. ➤ **modèle, parangon.** *C'est un exemple pour nous tous. «les hommes tiennent à se proposer des exemples et des modèles qu'ils appellent héros»* CAMUS. ■ **3** (Dans les expr. *faire un (des) exemple(s) ; pour l'exemple*) Châtiment considéré comme pouvant servir de leçon (pour les autres) ; leçon, enseignement qu'on en tire. *Punir, châtier qqn pour l'exemple* (➤ **exemplarité**). *«On n'a droit de faire mourir, même pour l'exemple, que celui qu'on ne peut conserver sans danger»* ROUSSEAU. *Faire un exemple, des exemples* : punir sévèrement pour dissuader.

II CHOSE COMPARABLE ■ **1** Chose semblable ou comparable à celle dont il s'agit. *L'unique, le seul exemple que je connaisse, l'exemple le plus connu.* ➤ 1 **cas.** *Citer l'exemple de... «On cita des exemples de gens n'ayant jamais eu qu'un amour sérieux»* MAUPASSANT. *C'est une aventure sans exemple*, extraordinaire, unique. ➤ **précédent.** ■ **2** Cas, évènement particulier, chose précise qui entre dans une catégorie, un genre... et qui sert à confirmer, illustrer, préciser un concept (➤ **exemplifier**). *Voici un exemple de sa bêtise.* ➤ **aperçu, échantillon, spécimen.** *Ce cas offre un exemple typique de cette maladie.* ➤ **type.** *Prendre un exemple. Prenons, citons comme exemple le cas évoqué précédemment. Voilà un exemple parmi d'autres. Exemple bien, mal choisi. Un bel exemple de présence d'esprit ! Exemple concret illustrant une idée abstraite.* ➤ **image.** *Donnez-moi un exemple d'arbre feuillu. Exemple qui illustre le contraire de ce qu'on veut démontrer.* ➤ **contre-exemple.** *«Quelques exemples rapportés en peu de mots et à leur place donnent plus d'éclat, plus de poids et plus d'autorité aux réflexions»* VAUVENARGUES. ◆ SPÉCIALT Passage d'un texte, phrase ou membre de phrase que l'on cite à l'appui d'une explication pour illustrer l'emploi d'un fait linguistique. *Recueil d'exemples.* ➤ **exemplier.** *Exemple de grammaire, de conjugaison.* ➤ **paradigme.** *Les exemples d'un dictionnaire. Exemple forgé. Exemple signé.* ➤ **citation.**

III PAR EXEMPLE loc. adv. (XVIIe) Pour confirmer, expliquer, illustrer par un exemple ce qui vient d'être dit. *Considérons, par exemple, ce cas* (cf. Si vous voulez*). *Une invention moderne, par exemple la photo numérique* (➤ **comme, notamment**). — (Dans le même emploi, en fin de phrase) **EXEMPLE...** *Il existe en Italie des volcans en activité ; exemple : le Vésuve.* ◆ (1736) FAM. *Par exemple !* exclamation qui marque l'étonnement, la surprise, l'incrédulité. *Ça, par exemple ! «Par* *exemple !... répondit Élisabeth. Je n'ai jamais rencontré une main pareille»* COCTEAU. *Ah ! non, par exemple !* ♦ FAM. *Par exemple,* marquant l'opposition. ➤ **mais** (cf. En revanche, par contre). *Il ne pouvait pas supporter le chou ; par exemple, il aimait bien la choucroute.*

EXEMPLIER [ɛgzɑ̃plije] **n. m.** – 1992 ♦ de *exemple* ■ DIDACT. Document présentant les exemples accompagnant un exposé.

EXEMPLIFICATION [ɛgzɑ̃plifikasjɔ̃] **n. f.** – 1949 ♦ de *exemplifier* ■ DIDACT. Action d'exemplifier. *«À titre d'illustration ou d'exemplification»* RICŒUR.

EXEMPLIFIER [ɛgzɑ̃plifje] **v. tr.** ‹7› – 1810 ♦ de *exemple* ■ Illustrer d'exemples. *Exemplifier une théorie.*

EXEMPT, EMPTE [ɛgzɑ̃(pt), ɑ̃(p)t] **adj. et n. m.** – XVIe ; *exant* v. 1265 ♦ latin *exemptus,* p. p. de *eximere* «tirer hors de, affranchir»

I adj. EXEMPT DE (qqch.). ■ **1** Qui est affranchi d'une charge, d'un devoir commun (➤ **exemption**). *Être exempt de toute obligation.* ➤ **dégagé, dispensé.** *Être exempt d'impôts.* ➤ **déchargé, exonéré.** — (CHOSES) *Revue exempte de timbre. Colis exempt de port.* ➤ 2 **franc.** ■ **2** (PERSONNES) Qui est préservé de certains maux, de certains désagréments (cf. À l'abri de). *«exempt de toute sorte de blâme»* LA BRUYÈRE. ■ **3** Qui n'est pas sujet à (un défaut, une tendance). ➤ **dépourvu.** *«Exempt de tout fanatisme, je n'ai point d'idole»* VIGNY. *Vous n'êtes pas exempt de vous tromper ; personne n'en est exempt.* — (CHOSES) ➤ **sans.** *Vie exempte de soucis. Calcul exempt d'erreurs. «un tel accent de conviction tranquille, exempte de pose et de paradoxe»* COURTELINE.

II n. m. (XVIe) ■ **1** (1617) VX Sous-officier de cavalerie (exempt du service ordinaire), commandant en l'absence du lieutenant. *«MM. de Thou et de Cinq-Mars, gardés par un exempt des gardes du Roi»* VIGNY. ■ **2** (1655) VX Officier de police qui procédait aux arrestations. ■ **3** MOD. Personne exempte, exemptée d'une charge, d'un service. *Les exempts d'éducation physique vont à l'étude.* ➤ **dispensé, exempté.**

■ CONTR. Assujetti, astreint, obligé, tenu. 1 Sujet, susceptible (de). Doué, muni, nanti.

EXEMPTER [ɛgzɑ̃(p)te] **v. tr.** ‹1› – *essenter* 1320 ♦ de *exempt,* adj. ■ **1** Rendre (qqn) exempt d'une charge, d'un service commun. ➤ **dispenser.** *Exempter qqn d'impôts.* ➤ **dégrever, exonérer.** *Exempter d'une obligation* (➤ **décharger**), *d'une peine* (➤ **gracier**). *«La Guillaumette, que le médecin-major avait la veille exempté de bottes vingt-quatre heures, coupa encore à la manœuvre»* COURTELINE. *Exempter un jeune homme du service militaire* (➤ **réformer**). — *Soldat exempté de corvée.* SUBST. *Les exemptés.* ➤ **exempt** (II, 3°). ■ **2** Dispenser, mettre à l'abri de. ➤ **garantir, préserver.** *«Son goût du travail l'exemptait de la paresse»* FLAUBERT. ■ **3 S'EXEMPTER v. pron.** ➤ **se dispenser.** *«Le pacha d'Acre, par cette odieuse conduite, espérait [...] s'exempter du tribut»* LAMARTINE. ■ CONTR. Assujettir, astreindre, contraindre, obliger.

EXEMPTION [ɛgzɑ̃psjɔ̃] **n. f.** – 1411 ♦ latin *exemptio* → exempt ■ **1** Dispense (d'une charge, d'un service commun). *Exemption du service militaire* (➤ **réforme**). *Exemption d'impôts, de taxes.* ➤ **exonération, franchise.** *Exemption fiscale. Exemption d'obligations.* ➤ **décharge.** *Exemption de peine.* ➤ **immunité, grâce.** *Demander une exemption.* ♦ DR. CAN. Privilège de certaines abbayes exemptes de la juridiction des évêques, et ressortissant directement au Saint-Siège. ■ **2** LITTÉR. Fait d'être exempt de. *«Heureux par l'exemption des peines plutôt que par le goût des plaisirs»* ROUSSEAU. ■ CONTR. Assujettissement, contrainte, obligation.

EXEQUATUR [ɛgzekwatyʀ] **n. m. inv.** /**EXÉQUATUR n. m.**/ – 1752 ♦ mot latin «qu'il exécute», subj. du v. *exsequi* → exécuter ■ **1** DR. Décision par laquelle un tribunal rend exécutoire sur le territoire national un jugement ou un acte étranger. *Donner l'exequatur.* ■ **2** (1781) DR. INTERNAT. PUBL. Décret par lequel le gouvernement d'un pays autorise un consul étranger à remplir ses fonctions dans ce pays.

EXERCÉ, ÉE [ɛgzɛʀse] **adj.** – 1690 ♦ de *exercer* ■ Devenu habile à force de s'exercer ou d'avoir été exercé. *Caricaturiste à la main exercée.* ➤ **adroit.** *Une oreille exercée. L'œil exercé d'un observateur.* ➤ **averti, expérimenté.** *«Ils voient, ils entendent, ils sentent ce qui échappe aux hommes moins sensiblement organisés, moins exercés»* VOLTAIRE. ■ CONTR. Inhabile, inexercé, inexpérimenté, maladroit.

EXERCER [ɛgzɛʀse] **v. tr.** ‹3› – XIVe ; *essercer* début XIIe ♦ latin *exercere* «mettre ou tenir en mouvement»

I ~ v. tr. A. SOUMETTRE À UN ENTRAÎNEMENT ■ **1** Soumettre à une activité méthodique, à des mouvements réguliers, en vue d'entretenir ou de développer. ➤ **entraîner.** *Exercer ses muscles, sa résistance. Chanteur qui exerce sa voix.* ➤ **entretenir.** *«Pour apprendre à penser, il faut donc exercer nos membres, nos sens, nos organes, qui sont les instruments de notre intelligence»* ROUSSEAU. — *Exercer son esprit, sa mémoire.* ➤ **cultiver, développer.** *«Pour moi, j'aime terriblement les énigmes. – Cela exerce l'esprit»* MOLIÈRE. *«plus la sensibilité est exercée, plus elle est vive»* STENDHAL. ■ **2** Soumettre à un entraînement destiné à créer une aptitude ou une habitude. *Exercer qqn à qqch.* ➤ **façonner, former, habituer.** *«Un esprit qu'on n'exerce à rien devient lourd et pesant dans l'inaction»* ROUSSEAU. *Les «poupons de bois, qui exercent les enfants aux douceurs de la caresse et de l'amour»* SUARÈS. *Exercer un animal de cirque.* ➤ **dresser.** — **EXERCER À** (et l'inf.). *Exercer les soldats à marcher au pas. Exercer le corps à supporter le froid.* ➤ **accoutumer, endurcir, habituer.** ■ **3** VX ou LITTÉR. Soumettre à une épreuve. ➤ **éprouver.** *Texte difficile qui exerce la sagacité des érudits.*

B. FAIRE AGIR, PRATIQUER ■ **1** Mettre en usage (un moyen d'action, une disposition à agir), faire agir (ce qui est en sa possession, à sa disposition). *Exercer un pouvoir, une influence, une autorité.* Ce souvenir *«exercera son éternelle tyrannie»* BAUDELAIRE. *Exercer un contrôle, une surveillance. Exercer des pressions, un chantage sur qqn. «chacun exerce sur chacun des attractions et des répulsions»* MAUPASSANT. *«pourquoi le visage endormi d'un être jeune exerce-t-il une telle fascination !»* MARTIN DU GARD. *L'attrait qu'elle exerce.* — *Exercer sa bonté, sa méchanceté. «Nous n'exerçons ni la bienfaisance ni la philanthropie [...] mais nous pratiquons la charité»* BALZAC. — *Exercer son droit en justice* (cf. Faire valoir*). *Exercer un privilège* (➤ **exercice**). *«son droit est égal et partant complet. Il n'a besoin, pour l'exercer, du consentement de personne»* TAINE. *Exercer des poursuites contre qqn.* — *Exercer une aptitude. Un métier où il peut exercer son vrai talent.* ➤ **déployer, employer.** *Mirabeau «exerçait déjà ce don de séduction irrésistible»* BARTHOU. *Exercer sa verve contre qqn.* ■ **2** Pratiquer (des activités professionnelles). *Exercer un art, un métier.* ➤ 1 **faire.** *Exercer une industrie, un commerce. Exercer la médecine.* ➤ **pratiquer.** *Exercer les fonctions de maire.* ➤ **s'acquitter** (de), **remplir.** — ABSOLT *Ce notaire n'exerce plus, son fils lui a succédé.* ➤ **travailler.** ■ **3** Opérer. *Exercer une pression sur une partie du corps.*

II ~ v. pron. S'EXERCER ■ **1** Avoir une activité réglée pour acquérir la pratique. *Athlète qui s'exerce.* ➤ **s'entraîner.** *Un bon pianiste s'exerce tous les jours.* ➤ **étudier.** *«une jeune fille s'exerçait au violon, avec une phrase toujours recommencée»* ARAGON. *S'exercer à la patience.* — **S'EXERCER À** (et l'inf.). *S'exercer à tirer. Un bon correcteur d'imprimerie doit s'exercer à négliger le sens du texte.* ➤ **apprendre.** ■ **2** Se manifester, se produire. *Sa méfiance s'exerce contre tout le monde. «ce n'était pas seulement sur autrui, mais aussi sur lui-même, que s'exerçait rageusement sa manie»* BAUDELAIRE. ■ **3** (PASS.) Être exercé. *Force, pression qui s'exerce sur un corps. Pouvoir, autorité, influence qui s'exerce sur qqn, dans un domaine* (cf. Se faire sentir*).

EXERCICE [ɛgzɛʀsis] **n. m.** – XIIIe ♦ latin *exercitium,* de *exercere*

I PRATIQUE D'ENTRAÎNEMENT A. L'EXERCICE ■ **1** Action ou moyen d'exercer ou de s'exercer (en vue d'entretenir ou de développer des qualités physiques ou morales). *Acquérir une bonne technique par un long, un constant exercice.* ➤ **application, apprentissage, entraînement,** 1 **travail.** *«l'exercice des cinq sens veut une initiation particulière»* BAUDELAIRE. *Exercice de la mémoire, des facultés intellectuelles. Un exercice de volonté. Exercices respiratoires.* ■ **2** COUR. *L'exercice physique :* activité physique dont le but est d'améliorer le rendement musculaire ou de maintenir le corps en forme. ➤ **gymnastique, sport.** ■ **3** ABSOLT Exercice physique. *Faire de l'exercice. Prendre un peu d'exercice. «Le défaut d'exercice est fatal aux enfants [...] quelles lésions profondes [...] une privation continuelle d'air, de mouvement, de gaieté, ne doit-elle pas produire chez les écoliers !»* BALZAC. ♦ SPÉCIALT Entraînement des soldats au maniement des armes et aux mouvements sur le terrain. ➤ **évolution, instruction,** 1 **manœuvre.** *Le lieutenant instructeur fait faire l'exercice à sa section. Aller à l'exercice. Champ d'exercice.*

B. UN EXERCICE, DES EXERCICES ■ **1** Activité réglée, ensemble de mouvements, d'actions s'exerçant dans un domaine particulier. *Exercice d'évacuation. Exercices de gymnastique. Exercices d'assouplissement à la barre, au sol. Réussir un exercice difficile.* ♦ Devoir scolaire aux difficultés graduées. *Exercices de calcul, de grammaire. Exercices d'appli-*

cation faits au tableau. — *« Exercices de style », de R. Queneau.* — SPÉCIALT *Livre, cahier d'exercices,* où sont rassemblés des exercices. — VAR. FAM. **EXO** [ɛgzo]. *Des exos de chimie.* ◆ Fait de jouer, de chanter des passages musicaux pour assimiler les difficultés. *Chanteuse qui fait des exercices.* ➤ **vocalise.** *Faire des exercices au piano. « est-ce que j'en ai fait, moi, des exercices ! Laissez-moi donc tranquille ! On apprend à jouer en jouant »* GIDE. — Passage écrit dans cette intention. *Cahier d'exercices pour le piano.* ➤ **étude.** ■ **2** RELIG. Acte de piété, prière destinée à élever l'âme. *« Exercices spirituels », œuvre d'Ignace de Loyola.*

III MISE EN PRATIQUE ■ **1** (XVe) **EXERCICE DE :** action d'exercer (B, 1°) en employant, en mettant en usage. *L'exercice du pouvoir.* ➤ 1 **pratique.** *« ils avaient recours, toujours, à la brutalité, à l'exercice de la force »* CALAFERTE. *« L'exercice de la vie de l'esprit me semble conduire nécessairement à l'universalisme »* BENDA. — *Exercice d'un droit.* ■ **2 L'EXERCICE DE :** le fait d'exercer (B, 2°) une activité d'ordre professionnel. *Exercice d'une profession, d'un métier. Exercice illégal de la médecine. Outrage à magistrat dans l'exercice de ses fonctions.* — **EN EXERCICE :** en activité, en service. *Entrer en exercice.* ➤ **fonction.** *Président en exercice.* ■ **3** Fait de pratiquer (un culte). *« La République garantit le libre exercice des cultes »* (article 1er de la loi du 9 décembre 1905). *Édifices consacrés, biens affectés à l'exercice du culte.*

III TERME DE DROIT ■ **1** DR. FISC. Droit des agents de l'Administration des contributions indirectes de contrôler par des visites les activités donnant lieu à perception. *Agents préposés à l'exercice. L'exercice des débits de boissons.* ■ **2** DR. COMM. Période comprise entre deux inventaires, deux budgets (souvent une année). *Bilan en fin d'exercice. Clôture d'un exercice. Exercice comptable. Exercice social :* période choisie pour l'établissement des comptes d'exploitation et des bilans. — DR. FIN. *L'exercice budgétaire ne coïncide pas avec l'année d'exercice du budget, mais est augmenté de la période dite complémentaire nécessaire à l'ordonnancement et au paiement de certains travaux et dépenses.*

■ CONTR. 1 Calme, inaction, repos. — Congé, disponibilité, 1 retraite.

EXERCISEUR [ɛgzɛʀsizœʀ] n. m. – 1901 ◇ anglais *exerciser,* de *to exercise* « s'exercer » ■ **1** Appareil de gymnastique destiné à faire travailler les muscles. ➤ **extenseur.** ■ **2** Logiciel qui propose des exercices d'apprentissage, d'entraînement.

EXÉRÈSE [ɛgzeʀɛz] n. f. – 1617 ◇ grec *exairêsis,* de *exairein* « retirer » ■ MÉD. Opération chirurgicale par laquelle on enlève (un organe, une tumeur, un corps étranger). ➤ **ablation, excision, extraction.**

EXERGUE [ɛgzɛʀg] n. m. – 1636 ◇ latin moderne *exergum* « espace hors d'œuvre », de *ex-* et du grec *ergon* « œuvre » ■ **1** NUMISM. Petit espace réservé dans une médaille pour recevoir une inscription, une date. — PAR EXT. L'inscription même. *« Ne montrez pas le revers et l'exergue à ceux qui n'ont pas vu la médaille »* JOUBERT. ■ **2** FIG. Ce qui présente, explique. *Mettre un proverbe en exergue à un tableau, à un texte.* ➤ **épigraphe.** — PAR EXT. *Mettre (qqch.) en exergue,* en avant. *Mettre ses victoires en exergue.*

EXFILTRATION [ɛksfiltʀasjɔ̃] n. f. – 1983 ◇ anglais *exfiltration,* argot des militaires « fait de s'esquiver hors d'un lieu hostile » ■ Action d'exfiltrer (un agent secret).

EXFILTRER [ɛksfiltʀe] v. tr. ⟨1⟩ – 1985 ◇ anglais *to exfiltrate,* argot des militaires « quitter à la dérobée un lieu hostile » ■ **1** Assurer le rapatriement de (un agent secret) au terme de sa mission. — Organiser clandestinement la fuite de (qqn qui se trouve en milieu hostile). *Exfiltrer des dissidents, des criminels de guerre. « D'abord, nous allons te mettre à l'abri quelque part et ensuite, on t'exfiltrera »* CHALANDON. ■ **2** INFORM. Extraire frauduleusement (des données informatiques). *Virus qui exfiltre des informations personnelles.*

EXFOLIANT, IANTE [ɛksfɔljɑ̃, jɑ̃t] adj. – 1962 ◇ de *exfolier* ■ *Crème exfoliante,* qui enlève les cellules mortes de la peau.

EXFOLIATION [ɛksfɔljasjɔ̃] n. f. – 1478 ◇ latin *exfoliatio* ■ Le fait de s'exfolier ; son résultat. *Exfoliation de l'écorce d'un arbre. Lamelles qui se détachent par exfoliation* (écailles, plaques). ◆ MÉD. Élimination, sous forme de lamelles, de certaines parties nécrosées (os, tendons, etc.). — Desquamation. ➤ **gommage, peeling.**

EXFOLIER [ɛksfɔlje] v. tr. ⟨7⟩ – 1560 ◇ latin impérial *exfoliare,* de *folium* « feuille » ■ RARE Détacher par feuilles, par lamelles. *Exfolier un tronc d'arbre, une ardoise.* ◆ Plus cour. **S'EXFOLIER** v. pron. *L'écorce rude « s'exfolie en fortes couches »* CLAUDEL. MÉD. Se dit d'un os, d'un tendon, d'un cartilage malade dont les parties mortes se détachent par parcelles. *Os nécrosé qui s'exfolie. Peau qui s'exfolie après un coup de soleil.* ➤ **desquamer.** ◆ p. p. adj. **EXFOLIÉ, IÉE.** *« un chêne exfolié ou chargé de mousse »* CHATEAUBRIAND.

EXHALAISON [ɛgzalɛzɔ̃] n. f. – XIVe ◇ var. francisée de *exhalation* ■ Ce qui s'exhale d'un corps. ➤ **émanation, fumée, gaz, souffle,** 1 **vapeur.** *Exhalaisons arrivant par bouffées. Exhalaisons odorantes.* ➤ **effluve, odeur, parfum, senteur.** *« le parfum des citronniers rendait encore plus lourde l'exhalaison de cette foule en sueur »* FLAUBERT. *« L'air tiède y venait du dehors avec les exhalaisons du jardin en fleur »* FROMENTIN.

EXHALATION [ɛgzalasjɔ̃] n. f. – 1361 ; « exhalaison » fin XIIIe ◇ latin *exhalatio* → exhaler ■ DIDACT. Action d'exhaler. PHYSIOL. Rejet de l'air chargé de vapeur lors de l'expiration (opposé à *inhalation*).

EXHALER [ɛgzale] v. tr. ⟨1⟩ – 1390 ◇ latin *exhalare,* de *halare* « souffler » ■ **1** Dégager de soi et répandre au dehors (une chose volatile, odeur, vapeur, gaz). *Exhaler des effluves, un arôme, une odeur* (agréable, désagréable). ➤ **sentir** (bon, mauvais) ; **embaumer, empester, fleurer, puer.** *Des violettes « exhalent au loin leurs doux parfums »* BERNARDIN DE SAINT-PIERRE. *« la terre, fraîchement ouverte par le tranchant des charrues, exhalait une vapeur légère »* SAND. ➤ 1 **fumer.** PRONOM. *Vapeurs, fumées qui s'exhalent.* ➤ **émaner.** ◆ LITTÉR. *Exhaler une chaleur, un son.* ➤ **émettre, produire.** *Ce lieu exhale la tristesse.* ➤ **respirer.** *« Une fraîcheur, de la mer exhalée »* VALÉRY. PRONOM. *« Une volupté calme s'exhalait de toute sa personne »* FRANCE. ■ **2** RARE Laisser passer et s'échapper par un orifice. *Des narguilés « exhalaient leur fumée enjôleuse »* LOTI. ■ **3** COUR. Laisser échapper de sa gorge, de sa bouche (un souffle, un son, un soupir). *Exhaler le dernier soupir.* ➤ **pousser, rendre.** *« Un jour, le dernier d'entre eux* [les hommes] *exhalera sans haine et sans amour dans le ciel ennemi le dernier souffle humain »* FRANCE. PRONOM. *« leurs soupirs n'osaient s'exhaler »* ROUSSEAU. ◆ FIG. et LITTÉR. Manifester (un sentiment) de manière audible (par des paroles, des pleurs, etc.). ➤ **exprimer, manifester.** *Exhaler sa joie dans un chant. « Nos deux cœurs, exhalant leur tendresse paisible »* VERLAINE. ■ **4** PHYSIOL. Éliminer (l'air chargé de vapeur) lors de l'expiration (opposé à *inhaler*). ■ CONTR. Aspirer. Comprimer, garder, réprimer, taire.

EXHAURE [ɛgzɔʀ] n. f. – 1872 ◇ du latin *exhaurire* « épuiser » ■ TECHN. Épuisement des eaux d'infiltration (mines, carrières, etc.). ◆ Installation (pompes) qui assure cet épuisement.

EXHAUSSEMENT [ɛgzosmɑ̃] n. m. – milieu XVe ; *essaucement* fin XIIe ◇ de *exhausser* ■ Action d'exhausser ; son résultat. ➤ **élévation, surélévation.** *Exhaussement d'un mur, d'un édifice.* ■ HOM. Exaucement.

EXHAUSSER [ɛgzose] v. tr. ⟨1⟩ – XVIIe ; *eshalcier* v. 1175 ◇ latin *ex* et ancien français *haucier* « hausser » ; la variante *exaucer* s'est spécialisée au XVIe → exaucer ■ **1** Augmenter (une construction) en hauteur. ➤ **élever, hausser, surélever, surhausser.** *Exhausser un mur. Exhausser une maison d'un étage. « ces coiffures qui nécessitèrent d'exhausser de plusieurs coudées le cintre des portes féodales »* VILLIERS. ■ **2** FIG. et LITTÉR. ➤ **élever, relever.** *La douleur « seule peut, en les épurant, exhausser les âmes »* HUYSMANS. ■ CONTR. Abaisser, diminuer. ■ HOM. Exaucer.

EXHAUSTEUR [ɛgzostœʀ] n. m. – 1873 ◇ du latin *exhaustum* → exhaustion ■ **1** TECHN. Appareil qui épuise le liquide d'un réservoir en l'amenant plus haut (dans une nourrice, un conduit, etc.). ■ **2** (v. 1970) CHIM. *Exhausteur de saveur, de goût :* additif alimentaire destiné à renforcer une saveur, un goût (ex. glutamate).

EXHAUSTIF, IVE [ɛgzostif, iv] adj. – 1818 ◇ anglais *exhaustive,* de *to exhaust* « épuiser », du latin *exhaustus* ■ Qui épuise une matière, qui traite à fond un sujet. ➤ 1 **complet.** *Étude exhaustive. Liste exhaustive. Bibliographie à peu près exhaustive. Faire un compte rendu exhaustif.* — (PERSONNES) *Je serai le plus exhaustif possible.* ■ CONTR. Élémentaire. Incomplet.

EXHAUSTION [ɛgzostjɔ̃] n. f. – 1740 ◇ bas latin *exhaustio,* de *exhaurire* « épuiser » ■ **1** LOG. Méthode d'analyse qui consiste à épuiser toutes les hypothèses possibles dans une question. ■ **2** (1858) VX Action d'épuiser (un fluide). *Pompe d'exhaustion.* ➤ **exhaure.**

EXHAUSTIVEMENT [ɛgzostivmɑ̃] adv. – 1955 ◇ de *exhaustif* ■ D'une manière exhaustive. *Les mots de ce texte ont été relevés exhaustivement.*

EXHAUSTIVITÉ [ɛgzostivite] **n. f.** – 1966 ◊ de *exhaustif* ■ DIDACT. Caractère de ce qui est exhaustif. *Un grand souci de rigueur et d'exhaustivité.*

EXHÉRÉDATION [ɛgzeʀedasjɔ̃] **n. f.** – 1437 ◊ latin *exheredatio*, de *ex* et *heres, edis* «héritier» ■ ANC. DR. Action de déshériter ; exclusion des héritiers présomptifs de la succession.

EXHÉRÉDER [ɛgzeʀede] **v. tr.** ‹6› – 1468 ◊ latin *exheredare* ■ ANC. DR. ➤ **déshériter.** *Exhéréder un parent.* ABSOLT *Droit d'exhéréder.*

EXHIBER [ɛgzibe] **v. tr.** ‹1› – XIIe ◊ latin *exhibere*, de *ex* «hors de» et *habere* «avoir, tenir» ■ **1** DR. Produire (un document officiel, une pièce) devant l'autorité. ➤ **montrer, présenter, produire, représenter.** *Exhiber ses papiers, ses titres, son passeport.* ■ **2** (1541) COUR. Montrer, faire voir (à qqn, au public). *Montreur qui exhibe des singes, des ours.* «*Ainsi exhibé, il* [un portemonnaie] *attire l'attention d'un vieux chemineau, qui me demande l'aumône*» LECOMTE. ■ **3** Montrer avec ostentation ou impudeur. *Exhiber ses décorations, des toilettes tapageuses.* ➤ **arborer, déployer, 1 étaler, exposer.** *Exhiber ses cuisses, ses seins.* — (1797) FIG. *Exhiber sa science, ses vices* (cf. Faire étalage*, faire parade* de). ◆ **S'EXHIBER v. pron.** Se produire, se montrer en public. «*Il ne pouvait supporter de s'exhiber en public, d'être le point de mire de toute une société*» R. ROLLAND. ■ CONTR. Cacher, dissimuler.

EXHIBITION [ɛgzibisjɔ̃] **n. f.** – *exibition* XIIe ◊ latin *exhibitio* ■ Action d'exhiber. ■ **1** DR. Présentation (d'une pièce). *Exhibition de pièces, de titres.* ➤ **présentation, représentation.** ■ **2** (1314) Action de montrer (SPÉCIALT au public). ➤ **présentation.** *Exhibition de fauves dans un cirque.* «*comme un hercule forain qui va faire des poids, Hamel, les manches retroussées, donnait une exhibition*» DORGELÈS. — VX *Une exhibition de tableaux.* ➤ **exposition.** ■ **3** Exposition (avec une idée d'ostentation, d'impudeur). ➤ **déploiement, étalage, 1 montre, parade.** *Exhibition de toilettes fastueuses, de luxe. Chacun se sentit* «*presque choqué de cette exhibition de sentiments*» PROUST. ■ **4** DR. *Exhibition (sexuelle)* : délit consistant à montrer une partie du corps à caractère sexuel ou un acte sexuel à la vue d'une personne non consentante dans un lieu accessible aux regards du public.

EXHIBITIONNISME [ɛgzibisjɔnism] **n. m.** – 1866 ◊ de *exhibition* ■ **1** MÉD. Impulsion, souvent d'ordre obsessionnel, qui pousse certains sujets à exhiber leurs organes génitaux à des inconnus. — PAR EXT. Goût de se montrer tout nu. ■ **2** FIG. Fait d'afficher en public ses sentiments, sa vie privée, ce qu'on devrait cacher. *Exhibitionnisme d'un écrivain.*

EXHIBITIONNISTE [ɛgzibisjɔnist] **n.** – 1880 ◊ de *exhibitionnisme* ■ Personne qui fait de l'exhibitionnisme. *Les voyeurs et les exhibitionnistes.* **adj.** *Avoir des tendances exhibitionnistes.* «*Ils ne sont pas exhibitionnistes, ils ne cherchent pas à s'exciter par le regard d'autrui, à saisir ce regard, à observer l'autre qui les observe*» KUNDERA. — ABRÉV. FAM. **EXHIBI.**

EXHORTATION [ɛgzɔʀtasjɔ̃] **n. f.** – 1130 ◊ latin *exhortatio* ■ **1** Discours, paroles pour exhorter. ➤ **admonestation, appel, incitation, invite, recommandation.** «*notre correspondance de guerre, qui ne fut qu'une longue et mutuelle exhortation à la patience, au travail, et même à la sérénité*» DUHAMEL. *Les exhortations des médecins.* ■ **2** RELIG. Prédication familière d'un prêtre pour inciter à la dévotion, à la pratique. ➤ **sermon.** ■ CONTR. Menace, reproche.

EXHORTER [ɛgzɔʀte] **v. tr.** ‹1› – 1150, repris XVIe ◊ latin *exhortari*, de *ex* intensif et *hortari* «exhorter» ■ LITTÉR. **EXHORTER (qqn) À :** s'efforcer par des discours persuasifs d'amener qqn à faire qqch. ➤ **encourager, engager, inciter, inviter.** «*un beau sermon Pour l'exhorter à la patience*» LA FONTAINE. «*Tu m'exhortais à chercher fortune*» VILLIERS. ➤ **persuader** (de). ◆ VX ou LITTÉR. **EXHORTER (qqn) DE.** «*je l'exhortai plus que jamais de secouer un joug aussi dangereux*» ROUSSEAU. *Je vous exhorte de sortir.* ◆ (Sans compl. ind.) «*La voix du patron* [...] *ne cesse d'exhorter l'équipage par des objurgations, des plaisanteries*» THARAUD. ➤ **stimuler.** ■ CONTR. Décourager, dissuader.

EXHUMATION [ɛgzymasjɔ̃] **n. f.** – 1690 ◊ de *exhumer* ■ Action d'exhumer ; son résultat. ■ **1** *L'exhumation d'un corps.* ■ **2** PAR ANAL. *Exhumation de ruines, de vestiges de l'Antiquité.* ■ **3** (ABSTRAIT) Action de tirer de l'oubli ; son résultat. *L'exhumation d'un document enfoui dans des archives ; de souvenirs.* ■ CONTR. Enfouissement, inhumation.

EXHUMER [ɛgzyme] **v. tr.** ‹1› – avant 1614 ◊ latin médiéval *exhumare*, d'après *inhumare* ; de *ex* «hors de» et *humus* «terre» ■ **1** Retirer (un cadavre) de la terre, de la sépulture. ➤ **déterrer.** *Exhumer un corps pour le transporter dans une nouvelle sépulture, l'autopsier.* — **p. p. adj.** «*et l'on achemina vers le four crématoire tous les restes exhumés*» CAMUS. ■ **2** PAR ANAL. Retirer (une chose enfouie) du sol, SPÉCIALT par des fouilles. «*on venait d'exhumer une maison antique remontant à peu près au premier siècle*» GAUTIER. ■ **3** (ABSTRAIT) Tirer de l'oubli. ➤ **produire.** *Exhumer de vieux titres.* «*d'un tiroir j'ai exhumé* [...] *un instantané d'amateur*» COLETTE. ◆ Ranimer. ➤ **rappeler, ressusciter.** *Exhumer de vieilles rancunes, des souvenirs.* ■ CONTR. Enfouir, ensevelir, enterrer, inhumer.

EXIGEANT, ANTE [ɛgziʒɑ̃, ɑ̃t] **adj.** – 1762 ◊ de *exiger* ■ **1** Qui est habitué à exiger beaucoup. *Caractère exigeant,* difficile à contenter. ➤ **difficile* ; délicat.** *Un enseignant peu exigeant. Les peuples latins* «*sont exigeants en fait de bonheur ; il leur faut des plaisirs nombreux, variés*» TAINE. *Être exigeant envers qqn, à l'égard de qqn. Être exigeant sur la propreté.* — (Du point de vue moral, intellectuel) ➤ **intraitable, pointilleux, sévère ; perfectionniste.** *C'est un censeur, un critique exigeant. Professeur exigeant avec ses élèves.* — (Du point de vue matériel) ➤ **avide, intéressé ; insatiable.** *Un créancier, un propriétaire trop exigeant.* ■ **2** (En parlant d'une disposition, d'un sentiment, d'une activité) Qui a besoin de beaucoup pour s'affirmer, s'exercer, s'assouvir. *Profession exigeante.* ➤ **absorbant, accaparant, prenant.** «*un de ces orgueils exigeants qui s'accommodent mal du "nous"*» DUHAMEL. «*un christianisme exigeant, également éloigné du libertinage moderne et de l'obscurantisme des siècles passés*» CAMUS. ■ CONTR. Accommodant, arrangeant, 1 coulant, facile, traitable.

EXIGENCE [ɛgziʒɑ̃s] **n. f.** – 1361 ◊ latin *exigentia* ■ Action d'exiger ; ce qui est exigé. ■ **1** VIEILLI Ce qui est commandé par les circonstances. ➤ **besoin, nécessité.** *Selon l'exigence des affaires, de la situation :* selon ce que les affaires, la situation requièrent. ■ **2** (1787) AU PLUR. Ce qu'une personne (et PAR EXT. une collectivité, un pays) réclame, exige d'autrui. *Si tu te laisses faire, ses exigences ne connaîtront bientôt plus de bornes.* ➤ **revendication.** ◆ SPÉCIALT Ce qu'on demande, en argent (prix, salaire). *Quelles sont vos exigences ?* ➤ **condition, prétention.** — *Satisfaire aux exigences d'un client.* ➤ **demande.** ■ **3** Ce que l'être humain réclame comme nécessaire à la satisfaction de ses besoins, de ses désirs, de ses aspirations. ➤ **besoin, désir.** «*Comme ses exigences* [de l'homme] *croissent avec ses satisfactions, il tourne les trois quarts de son effort vers l'acquisition du bien-être*» TAINE. ◆ *Exigences de la nature, de l'instinct* (➤ **appétit**). «*La constance, c'est ma première exigence en amour*» CHARDONNE. «*cette exigence de clarté et de cohésion*» CAMUS. ■ **4** (1870) Caractère d'une personne exigeante, difficile à contenter. *Il est d'une exigence insupportable* (➤ **tyrannie**). «*Cette idée positive que les femmes se font du bonheur, et cette exigence qu'elles ont vis-à-vis de lui*» MONTHERLANT. *Être d'une grande exigence morale, intellectuelle envers soi-même.* ➤ **rigueur.** ■ **5** Ce qui est imposé par une discipline, une soumission. ➤ **contrainte, discipline, impératif, 1 loi, obligation, ordre, règle.** «*la nouvelle est bien près de former un genre depuis qu'elle doit se limiter aux exigences de la revue ou du journal*» GIDE.

EXIGER [ɛgziʒe] **v. tr.** ‹3› – 1373 ◊ latin *exigere*, proprt «pousser dehors», d'où «faire payer, exiger» ■ **1** Demander impérativement (ce que l'on a, croit ou prétend avoir le droit, l'autorité ou la force d'obtenir). ➤ **réclamer, requérir, revendiquer.** *Être en droit d'exiger qqch. Il exige une compensation, des réparations.* «*Il finit par élever la voix et par exiger ses dossiers*» COURTELINE. *Les malfaiteurs exigent une rançon. La police exige la libération de tous les otages. Exiger le silence, la soumission, l'obéissance. Exiger de qqn un sacrifice. Qu'exigez-vous de moi ?* ➤ **attendre.** *Je le ferai puisque vous l'exigez.* «*Celui qui exige beaucoup de lui-même se sent naturellement porté à beaucoup exiger d'autrui*» GIDE. — Requérir comme nécessaire pour remplir tel rôle, telle fonction. *Qualités qu'on exige d'une secrétaire. Diplômes exigés pour être admis à un emploi.* ◆ **EXIGER (de qqn) QUE** (et le subj.). *Elle exige qu'il revienne.* ➤ **commander, ordonner, 1 sommer.** (Suivi du condit.) *Il exigea, avant de signer, qu'on lui réserverait ce droit.* (Suivi de l'inf.) *Il exigea d'être payé immédiatement.* ■ **2** (Sujet chose) Rendre indispensable, inévitable, obligatoire. *Les circonstances exigent la plus grande prudence.* ➤ **appeler, commander, demander, imposer, nécessiter, réclamer, requérir ; obliger** (à). *Travail qui exige beaucoup d'attention.* — **EXIGER QUE** (et subj.). «*La discipline exige que le subordonné respecte* *le chef ; elle exige aussi que le chef soit digne d'être respecté»* MAUROIS. ■ CONTR. Offrir, donner. Dispenser, exempter.

EXIGIBILITÉ [ɛgziʒibilite] n. f. – 1783 ◊ de *exigible* ■ Caractère de ce qui est exigible. *Exigibilité d'une dette. Date d'exigibilité.* ■ CONTR. Inexigibilité.

EXIGIBLE [ɛgziʒibl] adj. – 1603 ◊ de *exiger* ■ Qu'on a le droit d'exiger. *Dette exigible,* dont le créancier peut exiger l'exécution immédiate. *Impôt exigible à telle date.* ■ CONTR. Inexigible.

EXIGU, UË [ɛgzigy] adj. /fém. EXIGÜE/ – 1495, rare et plaisant jusqu'au XVIIIe ◊ latin *exiguus* «exactement pesé», de *exigere* «peser» ■ 1 VIEILLI Insuffisant en quantité. *Ressources exiguës.* ➤ **modique.** ■ 2 (1846) MOD. Qui a un espace insuffisant. ➤ **étriqué, étroit, minuscule, petit, restreint.** *Un appartement, un jardin exigu.* ■ CONTR. Grand, vaste.

EXIGUÏTÉ [ɛgzigɥite] n. f. /EXIGÜITÉ/ – XIVe, rare avant 1812 ◊ latin *exiguitas* → exigu ■ 1 VIEILLI Caractère de ce qui est insuffisant en quantité. ➤ **médiocrité, modicité.** *«ces petits dîners qu'il paraissait aimer, malgré leur exiguïté»* Mme DE SOUZA. ■ 2 MOD. Petitesse d'un espace. *Cette bergère énorme «ferait ressortir encore l'exiguïté de la pièce»* SARRAUTE. ■ CONTR. Ampleur, énormité, grandeur, immensité.

EXIL [ɛgzil] n. m. – XIIIe ; *exil'* 1080 ◊ de l'ancien français *essil,* d'après le latin *ex(s)ilium,* de *exsilire* «sauter hors de» ■ 1 Expulsion de qqn hors de sa patrie, avec défense d'y rentrer ; situation de la personne ainsi expulsée. ➤ **ban, bannissement, déportation, expulsion, ostracisme, proscription, relégation, transportation.** *Condamner qqn à l'exil. Envoyer en exil. Dissident en exil. Être rappelé d'exil. Lieu, terre d'exil. «L'exil est quelquefois, pour les caractères vifs et sensibles, un supplice beaucoup plus cruel que la mort»* Mme DE STAËL. *Blavène «rappelé de Jersey par l'amnistie après cinq ans d'exil»* GIRAUDOUX. — *Exil volontaire,* qu'on s'impose selon les circonstances, le danger. ➤ **expatriation.** *Exil fiscal :* fait de résider dans un pays étranger pour bénéficier d'avantages fiscaux. ◆ RARE Lieu où qqn est exilé. *«S'il y avait de beaux exils, Jersey serait un exil charmant»* HUGO. ■ 2 PAR EXT. LITTÉR. Obligation de séjourner hors d'un lieu, loin d'une personne qu'on regrette. ➤ **éloignement, séparation.** *Vivre loin d'elle est pour lui un dur exil. «La vie présente n'est qu'un exil ; tournons nos regards vers la patrie céleste»* TAINE. ■ CONTR. Rappel ; retour.

EXILÉ, ÉE [ɛgzile] adj. et n. – fin XIIIe ; *eissilled* avant 1125 ◊ de *exiler* ■ 1 Qui est en exil. ➤ **banni, expatrié, expulsé, proscrit.** *Opposant politique exilé.* — n. *Pays qui accueille des exilés politiques.* ➤ **réfugié.** *Exilé qui bénéficie du droit d'asile. Exilé fiscal :* personne qui réside dans un pays étranger pour bénéficier d'avantages fiscaux. ■ 2 PAR EXT. Retiré très loin. *«Les prêtres missionnaires exilés au bout du monde»* BAUDELAIRE. — FIG. et LITTÉR. *Notes exilées dans un coin de journal.* ➤ **perdu, relégué.**

EXILER [ɛgzile] v. tr. ⟨1⟩ – XIIIe ; *exilier* XIIe ◊ de *exil* ■ 1 Envoyer (qqn) en exil. ➤ **bannir, déporter, expatrier, expulser, proscrire.** *«On mit en prison un conseiller, on en exila quelques autres»* VOLTAIRE. *«J'ai été exilé de France pour avoir combattu le guet-apens de décembre* [...] *je suis exilé de Belgique pour avoir fait* Napoléon le Petit» HUGO. ■ 2 PAR EXT. Éloigner (qqn) d'un lieu et lui interdire d'y revenir. ➤ **chasser, éloigner, reléguer.** *«Le marquis de Villeroi a eu ordre de se retirer de la cour pour sa mauvaise conduite* [...] *C'est à Lyon qu'il est exilé»* Mme DE SÉVIGNÉ. ■ 3 **S'EXILER** v. pron. réfl. Se condamner à un exil volontaire. ➤ **émigrer, s'expatrier, fuir.** *S'exiler de France.* ◆ Se retirer loin, se mettre à l'écart. *S'exiler à la campagne.* ■ CONTR. Rappeler.

EXINSCRIT, ITE [ɛgzɛ̃skri, it] adj. – 1877 ◊ de 1 *ex-* et *inscrit* ■ GÉOM. Tangent à un côté d'un triangle et aux prolongements des deux autres (cercle, circonférence). *Cercle exinscrit.*

EXISTANT, ANTE [ɛgzistɑ̃, ɑ̃t] adj. et n. m. – 1690 ◊ de *exister* ■ 1 DIDACT. Qui existe, qui a une réalité. ➤ 1 **positif, réel.** *«Dans cette passion terrible* [la jalousie], *toujours une chose imaginée est une chose existante»* STENDHAL. — SUBST., PHILOS. *Un existant :* un être vivant. *«Tout existant naît sans raison, se prolonge par faiblesse et meurt par rencontre»* SARTRE. ■ 2 COUR. Qui existe actuellement. ➤ **actuel,** 1 **présent.** *Les lois existantes. Majorer les tarifs existants* (cf. En vigueur). — n. m. COMM. *L'existant :* l'ensemble des biens appartenant à une entreprise à une date donnée. *L'existant en portefeuille. L'existant en magasin.* ➤ **exister ; stock.** ■ CONTR. Irréel, virtuel.

EXISTENCE [ɛgzistɑ̃s] n. f. – XIVe ◊ bas latin *existentia*
I ■ 1 PHILOS. Le fait d'être ou d'exister, abstraction faite de ce qui est. ➤ 2 **être.** *Le Cogito de Descartes assure l'homme de son existence. «Le sentiment de l'existence dépouillé de toute autre affection est par lui-même un sentiment précieux de contentement et de paix»* ROUSSEAU. *Débat sur l'existence de Jésus-Christ.* ➤ **historicité.** *Preuves de l'existence de Dieu. «On ne sait pas ce qu'il* [Dieu] *fait en dehors de nous, et c'est ce en quoi il ne nous touche en rien, qui établirait son existence»* VALÉRY. — (1925) (Opposé à *essence*) *Selon Sartre l'existence précède l'essence*.* ➤ **existentialisme.** ■ 2 (XIXe) COUR. Le fait d'exister, d'avoir une réalité (pour un observateur). *Découvrir l'existence d'un corps chimique. J'ignorais l'existence de ce testament. Déceler l'existence d'une tumeur.* ➤ **présence.** *L'enfant tourna la tête «vers elle, le temps de s'assurer de son existence»* DURAS. *«il était renseigné sur l'existence d'une organisation qui s'occupait de ce genre d'opérations»* CAMUS.
II PAR EXT. (début XVIIIe) ■ 1 Vie considérée dans sa durée, son contenu. *Avoir une existence agitée, bien remplie. Les joies, les peines de l'existence. Au cours de son existence. Évènement qui marque un tournant dans une existence. Une existence heureuse, malheureuse. «Mon existence que j'avais rêvée si belle, si poétique, si large, si amoureuse, sera comme les autres monotone, sensée, bête»* FLAUBERT. *Traîner une existence misérable. Conditions, moyens d'existence* (➤ **ressources**). — PAR EXT. (en parlant d'une situation, d'une institution) ➤ **durée.** *Coutume qui a plusieurs siècles d'existence. On ne donne guère à ce gouvernement plus de trois mois d'existence.* ■ 2 Mode, type de vie. *S'habituer à une nouvelle existence. «Dans cet intérieur à la fois comique et sinistre, où tout proclamait la petitesse d'une existence bourgeoise»* GREEN. ■ 3 Être vivant. *«Il n'y a vraiment que le mariage pour unir deux existences»* MAUPASSANT.
■ CONTR. Inexistence, non-être, non-existence ; essence. Absence. — 1 Mort.

EXISTENTIALISME [ɛgzistɑ̃sjalism] n. m. – 1925, répandu v. 1945 ◊ de *existentiel* ■ PHILOS. Caractère d'une philosophie qui est centrée sur l'être humain, avec ses caractères irréductibles. *L'existentialisme de Socrate, de Heidegger.* — SPÉCIALT Doctrine philosophique selon laquelle l'être humain n'est pas déterminé d'avance par son essence, mais est libre et responsable de son existence. *L'existentialisme de Sartre.* ■ CONTR. Essentialisme.

EXISTENTIALISTE [ɛgzistɑ̃sjalist] adj. – v. 1940 ◊ de *existentiel* ■ Qui se rapporte, qui adhère à l'existentialisme. *Philosophe existentialiste.* n. *Les existentialistes.* ◆ PAR EXT. VIEILLI Qui fait de l'existentialisme une mode (idées, mœurs, tenue). *Caves existentialistes de Saint-Germain-des-Prés.* — n. *Les zazous et les existentialistes.*

EXISTENTIEL, IELLE [ɛgzistɑ̃sjɛl] adj. – *existensiel* 1907 ◊ de *existence* ■ 1 PHILOS. Relatif à l'existence en tant que réalité vécue. *Philosophie existentielle. Malaise existentiel.* ■ 2 MATH., LOG. *Quantificateur* existentiel.*

EXISTER [ɛgziste] v. intr. ⟨1⟩ – XIVe, rare avant XVIIe ◊ latin *exsistere,* de *ex* et *sistere* «être placé» ■ 1 Avoir une réalité. ➤ 1 **être.** *Le bonheur existe-t-il ! Tout ce qui existe.* ➤ **nature, univers ; réel.** *Un héros légendaire qui n'a jamais existé, qui a peut-être existé. «Il est indispensable de reconnaître que le monde existe en dehors de l'homme, qu'il n'est pas le reflet de son rêve»* DANIEL-ROPS. *«Ce qui existe a une grande vertu, c'est d'exister»* MAUROIS. — FAM. *Des choses pareilles ne devraient pas exister.* LOC. *Si ça n'existait pas, il faudrait l'inventer.* ◆ (Dans le temps) *Commencer à exister.* ➤ **naître.** *Exister en même temps.* ➤ **coexister ; contemporain.** *Cette ancienne coutume existe encore.* ➤ **continuer, demeurer, durer, persister, subsister.** *Une loi qui n'existe plus* (cf. Avoir cours*, être en vigueur*). *Cesser d'exister* (➤ **disparaître**). ◆ (Dans l'espace) Se trouver quelque part. ➤ 1 **être, se rencontrer.** *Cette variété d'oiseau n'existe pas en Europe. Marchandises existant en magasin, en stock.* ➤ **existant** (2°). ◆ IMPERS. ➤ 1 **avoir** (il y a). *Il en existe de plusieurs sortes. «Il existe une façon pratique d'éviter la contagion des maladies : c'est de supprimer les malades»* PAULHAN. ■ 2 Vivre. *Quand j'aurai cessé d'exister. Depuis qu'elle existe :* depuis qu'elle est née. *«Il se livrait au plaisir d'exister, si vif à cet âge»* STENDHAL. *«Exister, c'est ça : se boire sans soif»* SARTRE. ◆ PÉJ. Mener une vie purement végétative. *«cette lettre qui lui permettrait de vivre pendant quelques mois. C'est-à-dire qui lui permettrait d'exister sans âme et sans volonté»* MAC ORLAN. ■ 3 (Sens fort) Avoir de l'importance, de la valeur. ➤ **compter.** *«Bon ou mauvais, ça existe tout de même l'esprit français»* RENARD. — (Surtout en tournure négative) *Faire comme si qqch. n'existait pas. Il n'existe plus pour moi. Le passé n'existe pas pour elle. Plus rien n'existe pour lui lorsqu'il travaille.*

EXIT [ɛgzit] v. et n. m. – v. 1840 ◊ mot latin «il sort», de *exire* ■ **1** *Exit (tel personnage)* : il sort (indication scénique dans une pièce de théâtre). ◆ PAR EXT. FAM. *Exit Un tel,* se dit de qqn aux fonctions duquel on a mis fin, qui disparaît. (CHOSES) *«Dix ans plus tard, exit la belle usine, déménagée à l'autre bout du monde»* P. GARNIER. ■ **2** n. m. Sortie d'un personnage. *«Après l'exit des girls l'orchestre reprend»* QUENEAU. *Des exits* ou *des exit* (inv.).

EX-LIBRIS [ɛkslibʀis] n. m. /EXLIBRIS/ – 1870 ◊ mots latins signifiant «(faisant partie) des livres (de)...» ■ Inscription apposée sur un livre pour en indiquer le propriétaire. PAR EXT. Vignette artistique portant le nom, la devise, les armes du bibliophile. *Collectionner les ex-libris.*

EX NIHILO [ɛksniilo] adv. et adj. inv. – date inconnue ◊ mots latins «de rien» ■ DIDACT. En partant de rien. *Créer quelque chose ex nihilo.* — adj. *Création ex nihilo.*

EXO- ■ Élément, du grec *exô* «au-dehors». ■ CONTR. Endo-.

EXOBIOLOGIE [ɛgzobjɔlɔʒi] n. f. – v. 1960 ◊ de *exo-* et *biologie* ■ DIDACT. Science dont l'objet est l'étude des possibilités de vie dans l'univers extraterrestre. — n. **EXOBIOLOGISTE,** 1971 ; adj. **EXOBIOLOGIQUE.**

EXOCET [ɛgzɔsɛ] n. m. – 1558 ◊ latin *exocœtus,* grec *exôkoitos* proprt «qui sort de sa demeure» ■ **1** Poisson des mers chaudes, pourvu de grandes nageoires pectorales qui lui permettent de sauter hors de l'eau et de planer un instant dans l'air, d'où son nom de *poisson volant.* ■ **2** n. m. inv. [ɛgzɔsɛt] (1969 ◊ marque déposée) Missile autoguidé, à trajectoire rasante, utilisé pour la destruction des navires. *Des exocet mer-mer, air-mer.* ADJT INV. *Un missile exocet.*

EXOCRINE [ɛgzɔkʀin] adj. – 1906 ◊ de *exo-* et du grec *krinein* «sécréter» ■ PHYSIOL. Qui déverse le produit de sécrétion à la surface de la peau ou d'une muqueuse (opposé à *endocrine*). *Les glandes salivaires sont exocrines.* PAR EXT. *Sécrétion exocrine.*

EXOCYTOSE [ɛgzositoz] n. f. – 1963 ◊ de *phagocytose,* avec changement d'élément → exo- ■ BIOL. CELL. Processus de libération de molécules à l'extérieur de la cellule, par fusion de vésicules cytoplasmiques avec la membrane plasmique. *Exocytose d'acétylcholine.* ■ CONTR. Endocytose.

EXODE [ɛgzɔd] n. m. – 1293, rare avant XVIIe ◊ latin ecclésiastique *exodus,* grec *exodos,* de *ex* «hors de» et *hodos* «route» ■ **1** (Avec un *E* majuscule) Émigration des Hébreux hors d'Égypte. ■ **2** PAR EXT. (XIXe) Émigration, départ en masse (d'une population). ➤ **émigration, fuite.** *L'exode des Irlandais au XIXe siècle.* PAR EXT. *Exode rural* : dépeuplement des campagnes au profit des villes. ◆ PAR ANAL. *Exode des capitaux,* leur départ à l'étranger. ➤ **évasion, fuite.** — *Exode des cerveaux**. ■ **3** SPÉCIALT Fuite des populations civiles devant l'avance allemande en mai et juin 1940.

EXOGAME [ɛgzɔgam] adj. et n. – 1874 ◊ de *exo-* et *-game* ■ SOCIOL. Qui pratique l'exogamie. *Les tribus exogames.* — n. *Les exogames.* ■ CONTR. Endogame.

EXOGAMIE [ɛgzɔgami] n. f. – 1874 ◊ de *exo-* et *-gamie* ■ **1** SOCIOL. Coutume suivant laquelle les mariages se font entre les membres de clans différents (➤ **exogame, exogamique**). *«Exogamie : va aimer plus loin. Va chercher ta femme ailleurs. Respecte ta mère, ta sœur, ta cousine»* TOURNIER. ■ **2** BIOL. Reproduction par fécondation de gamètes provenant de deux individus de la même espèce, mais non apparentés, ou de variétés différentes (➤ **allogamie**). ■ CONTR. (de 1°) Endogamie.

EXOGAMIQUE [ɛgzɔgamik] adj. – 1893 ◊ de *exogamie* ■ SOCIOL. Relatif à l'exogamie. *Le «principe exogamique qui prohibe l'inceste»* TOURNIER. ■ CONTR. Endogamique.

EXOGÈNE [ɛgzɔʒɛn] adj. – 1813 bot. ◊ de *exo-* et *-gène* ■ DIDACT. Qui provient de l'extérieur, qui se produit à l'extérieur (de l'organisme, d'un système), ou qui est dû à des causes externes. *Intoxication exogène.* ◆ SPÉCIALT. GÉOL. Qui affecte la partie superficielle de l'écorce terrestre. *Processus exogène. Roches exogènes,* formées à la surface (sédimentaires). ■ CONTR. Endogène. ■ HOM. Hexogène.

EXOGÉNOSE [ɛgzɔʒenoz] n. f. – fin XXe ◊ de *exogène* et *2-ose* ■ MÉD. Intoxication alcoolique chronique. ➤ **alcoolisme.**

EXON [ɛgzɔ̃] n. m. – 1979 ◊ mot anglais, de *ex(pressed) (regi)on* ■ GÉNÉT. Séquence d'un gène eucaryote codant pour les acides aminés d'une protéine. *«beaucoup de gènes semblent présenter, à côté de séquences actives qualifiées d'exons, des séquences muettes : les* introns*»* J. RUFFIÉ.

EXONDATION [ɛgzɔ̃dasjɔ̃] n. f. – 1870 ; *exundation* 1560 ◊ latin *exundatio* ■ DIDACT. Action de s'exonder ; retrait des eaux d'inondation. — On dit aussi **EXONDEMENT** n. m.

EXONDER (S') [ɛgzɔ̃de] v. pron. ‹1› – 1870 ; *exondé* 1839 ◊ de 1 *ex-* et *onde* ■ GÉOGR. Se découvrir, émerger (lieu précédemment inondé). — p. p. adj. *Terre exondée.*

EXONÉRATION [ɛgzɔneʀasjɔ̃] n. f. – 1552 sens 2° ◊ latin *exoneratio* ■ **1** (1865) Action d'exonérer ; son résultat. ➤ **abattement, affranchissement, décharge, déduction, dégrèvement, diminution, dispense, exemption, franchise, immunité, remise.** *Exonération fiscale. Exonération totale. Exonération partielle,* portant sur certains revenus. ■ **2** PHYSIOL. Évacuation des matières fécales. ■ CONTR. Majoration, surcharge, surtaxe.

EXONÉRER [ɛgzɔneʀe] v. tr. ‹6› – 1829 ; «décharger» 1680 ◊ latin juridique *exonerare,* de *onus, oneris* «charge» ■ VIEILLI Décharger (qqn) de qqch. d'onéreux, d'une obligation. *Exonérer qqn d'un devoir.* ➤ **affranchir, exempter, libérer.** ◆ SPÉCIALT. MOD. Décharger (qqn) d'une obligation financière. ➤ **dégager, dégrever, dispenser.** *Exonérer les employeurs des cotisations sociales.* — *Être exonéré d'impôts* : ne pas être imposable. — PAR EXT. ➤ **défiscaliser, détaxer.** *Exonérer certains revenus. Marchandises exonérées,* dispensées du droit de douane. ■ CONTR. Majorer, surcharger, surtaxer.

EXOPHTALMIE [ɛgzɔftalmi] n. f. – 1741 ◊ grec *exophthalmos,* de *ex* «hors» et *ophthalmos* «œil» ■ MÉD. Saillie anormale du globe oculaire hors de l'orbite. *Hyperthyroïdie avec exophtalmie.*

EXOPHTALMIQUE [ɛgzɔftalmik] adj. – 1836 ◊ de *exophtalmie* ■ MÉD. Qui se rapporte à l'exophtalmie ou s'en accompagne. *Goitre exophtalmique.*

EXOPLANÈTE [ɛgzoplanɛt] n. f. – 1998 ◊ calque de l'anglais *exoplanet* (1996), de *extrasolar planet* «planète extrasolaire» ; → exo- et planète ■ ASTRON. Corps céleste analogue à une planète, orbitant autour d'une étoile autre que le Soleil. *La première exoplanète découverte est un Jupiter* chaud.*

EXORBITANT, ANTE [ɛgzɔʀbitɑ̃, ɑ̃t] adj. – 1455 ◊ latin *exorbitans,* p. prés. du bas latin *exorbitare* «s'écarter de», de *orbita* «voie tracée» ■ **1** Qui sort des bornes, qui dépasse la juste mesure. ➤ **excessif.** *Sommes exorbitantes. Prix exorbitant.* ➤ **exagéré.** *Prétentions exorbitantes.* ➤ **démesuré, extraordinaire, extravagant.** *«l'opulence exorbitante des uns et la pauvreté affreuse des autres»* FÉNELON. ■ **2** DR. *Exorbitant de* : qui sort de. ➤ **dérogatoire.** *Clauses exorbitantes du droit commun.* ■ CONTR. Modéré, modique.

EXORBITÉ, ÉE [ɛgzɔʀbite] adj. – 1887 ◊ de 1 *ex-* et *orbite* ■ *Yeux exorbités,* qui sortent de l'orbite, PAR EXT. qui paraissent sortir de l'orbite ; tout grands ouverts d'étonnement, de peur, etc. *Des yeux exorbités de terreur.*

EXORCISATION [ɛgzɔʀsizasjɔ̃] n. f. – XVIe ◊ de *exorciser* ■ DIDACT. Action d'exorciser.

EXORCISER [ɛgzɔʀsize] v. tr. ‹1› – XIVe, rare avant XVIIe ◊ latin ecclésiastique *exorcisare,* grec *exorkizein,* de *horkos* «conjuration» ■ **1** Chasser (les démons) du corps des possédés à l'aide de formules et de cérémonies. ➤ **conjurer ; exorcisme.** *«des espèces de farfadets et de lutins tels qu'en exorcisa le moyen âge»* HUYSMANS. ABSOLT *L'Église a le pouvoir d'exorciser.* — FIG. *Exorciser la haine, la peur. «La jalousie est aussi un démon qui ne peut être exorcisé»* PROUST. ■ **2** PAR EXT. Délivrer (un possédé, un objet, un lieu) de ses démons en faisant des exorcismes. *Exorciser une maison.* — LITURG. Consacrer par des exorcismes. *Exorciser l'eau bénite.* ■ CONTR. Ensorceler.

EXORCISEUR ➤ **EXORCISTE**

EXORCISME [ɛgzɔʀsism] n. m. – 1495 ◊ latin ecclésiastique *exorcismus,* grec *exorkismos* ■ Pratique religieuse ou magique dirigée contre les démons. ➤ **adjuration, conjuration.** *Faire des exorcismes* (➤ **exorciste**). *Formules d'exorcisme. La cérémonie «spectaculaire de l'exorcisme, avec crucifix brandi et invocations à tous les saints du ciel, où Satan est sommé de se nommer et de fuir»* M. ROUANET. ◆ FIG. et LITTÉR. Ce qui chasse un tourment, une angoisse. *«Pensant trouver dans la tendresse le seul exorcisme efficace»* MARTIN DU GARD.

EXORCISTE [ɛgzɔʀsist] n. – 1488 ◊ latin *exorcista,* grec *exorkistês* ■ **1** Personne qui exorcise. — On dit aussi **EXORCISEUR, EUSE.** ■ **2** n. m. THÉOL. ROM. Clerc ayant reçu le troisième ordre mineur, l'*exorcistat* (n. m.), qui confère le pouvoir d'exorciser. *L'exorciste du diocèse.*

EXORDE [ɛgzɔʀd] **n. m.** – 1488 ◊ latin *exordium,* de *exordiri* «commencer» ■ **1** RHÉT. La première partie (d'un discours). ➤ **introduction, préambule, prologue** (cf. Entrée* en matière). *«Belle conclusion, et digne de l'exorde !»* RACINE. ■ **2** Introduction (d'une œuvre). *«L'ouverture, l'exorde, le prélude servent à l'orateur, au poète, au musicien, à disposer leur propre esprit»* JOUBERT. ■ CONTR. Conclusion, épilogue, péroraison. Suite. 1 Fin.

EXORÉIQUE [ɛgzɔʀeik] **adj.** – 1928 ◊ de *exo-* et du grec *rhein* «couler» ■ GÉOGR. Se dit des régions dont le réseau hydrographique est raccordé au niveau des océans. ■ CONTR. Endoréique.

EXORÉISME [ɛgzɔʀeism] **n. m.** – 1926 ◊ de *exo-* et du grec *rhein* «couler» ■ GÉOGR. Caractère des régions exoréiques*. ■ CONTR. Endoréisme.

EXOSPHÈRE [ɛgzɔsfɛʀ] **n. f.** – 1951 ◊ de *exo-* et *(atmo)sphère* ■ GÉOPHYS. Partie la plus élevée de l'atmosphère* (au-dessus de 750 km) où les molécules les plus légères échappent à la pesanteur et sont attirées vers l'espace intersidéral.

EXOSQUELETTE [ɛgzoskəlɛt] **n. m.** – 1853 ◊ de *exo-* et *squelette* ■ **1** BIOL. Structure externe et dure, que sécrètent certains invertébrés (carapace d'insectes, coquille de mollusques), jouant un rôle de protection et de soutien. *«Leur exosquelette se fend par le milieu et elles* [les cigales] *s'en extraient, blanches et molles»* M. DARRIEUSSECQ. ■ **2** TECHN. Appareil motorisé fixé sur un ou plusieurs membres du corps humain pour lui redonner sa mobilité ou en augmenter les capacités. *«un exosquelette qui permet une marche moins pénible aux amputés»* (Le Soir, 2015).

EXOSTOSE [ɛgzɔstoz] **n. f.** – 1575 ◊ du grec *exostôsis,* de *ostêon* «os» ■ MÉD. Production osseuse anormale, circonscrite, à la surface d'un os. ➤ **ostéophyte.** ◆ BOT. Excroissance sur le tronc ou sur les branches de certains arbres. ➤ **galle.**

EXOTÉRIQUE [ɛgzɔteʀik] **adj.** – 1568 ◊ latin *exotericus,* grec *exôterikos,* de *exô* «en dehors» ■ DIDACT. Qui peut être enseigné en public, qui peut être divulgué (en parlant d'une doctrine philosophique). ■ CONTR. Ésotérique (plus cour.).

EXOTHERMIQUE [ɛgzɔtɛʀmik] **adj.** – 1865 ◊ de *exo-* et *thermique* ■ CHIM. Qui dégage de la chaleur. *Combinaison, réaction chimique exothermique.* ■ CONTR. Endothermique.

EXOTIQUE [ɛgzɔtik] **adj.** et **n.** – 1548, rare avant XVIIIe ◊ latin *exoticus,* grec *exôtikos* «étranger» ■ **1** VIEILLI Qui n'appartient pas aux civilisations de l'Occident. *Mots exotiques. Mœurs exotiques.* ■ **2** MOD. Qui provient des pays lointains et chauds. *Plante exotique.* ➤ **tropical.** *Fruits exotiques* (mangue, kiwi, papaye, litchi, etc.). *Bois exotiques* (acajou, amarante, calambac, casuarina, courbaril, ébène, fromager, gaïac, ipé, iroko, jacaranda, macassar, méranti, merbau, okoumé, palissandre, santal, sipo, tchitola, teck, wengé, etc.). *Jardin exotique,* où poussent des plantes des pays chauds. *Cuisine exotique.*

EXOTISME [ɛgzɔtism] **n. m.** – 1845 ◊ de *exotique* ■ **1** Caractère de ce qui est exotique. *Décoration qui met une note d'exotisme dans une maison. Rechercher l'exotisme.* ■ **2** Goût des choses exotiques, des mœurs, coutumes et formes artistiques des peuples lointains (souvent appréhendées de manière superficielle). *«Remplis de clinquant, de verroteries, de beaux noms étrangers, les livres de Morand sonnent pourtant le glas de l'exotisme»* SARTRE.

EXOTOXINE [ɛgzotɔksin] **n. f.** – 1905 ◊ de *exo-* et *toxine* ■ BACTÉRIOL., MÉD. Toxine bactérienne diffusant dans le milieu extérieur. ■ CONTR. Endotoxine.

EXPANSÉ, ÉE [ɛkspɑ̃se] **adj.** – 1964 ◊ de *expansion ;* cf. latin *expansus* «déployé» ■ TECHN. Qui a subi une expansion* (1°). *Polystyrène expansé :* polystyrène contenant des bulles de gaz formées par expansion* du pentane gazeux lors de la polymérisation.

EXPANSIBILITÉ [ɛkspɑ̃sibilite] **n. f.** – 1756 ◊ de *expansible* ■ PHYS. Propriété qu'ont les fluides d'occuper un plus grand espace. *Expansibilité d'un gaz, de l'eau.*

EXPANSIBLE [ɛkspɑ̃sibl] **adj.** – 1756 ◊ du radical de *expansion* ■ PHYS. Qui est susceptible d'expansion. ➤ **dilatable.** *Les gaz sont expansibles.*

EXPANSIF, IVE [ɛkspɑ̃sif, iv] **adj.** – 1721 ◊ de *expansion* ■ **1** PHYS. Qui tend à distendre, à dilater. *La force expansive de la vapeur.* ■ **2** (1770) COUR. (PERSONNES) Qui s'épanche avec effusion. ➤ **communicatif, démonstratif, exubérant, ouvert ; volubile.** *«Ce poète si communicatif, si expansif, devint froid et réservé»* BALZAC. — *Caractère, naturel expansif.* ◆ Qui ne peut être contenu. ➤ **débordant.** *Une joie expansive.* ■ CONTR. Renfermé, réservé, sournois, taciturne, timide.

EXPANSION [ɛkspɑ̃sjɔ̃] **n. f.** – 1584 ◊ latin *expansio,* de *expandere* «déployer» ■ **1** PHYS. Accroissement de volume (d'un fluide). *Expansion de l'air, d'un gaz par élévation de la température* (➤ **dilatation**), *par diminution de pression* (➤ **décompression**). *La brusque expansion d'un gaz.* ➤ **détente, explosion.** *Vase* d'expansion.* ◆ ZOOL., BOT. Développement (d'un organe, de tissus vivants) ; son résultat. ➤ **développement, épanouissement.** *«L'œil doit être regardé comme une expansion du nerf optique»* BUFFON. ◆ ASTRON. *Expansion de l'univers :* théorie cosmologique de l'éloignement des galaxies. *La notion de big bang est induite de la théorie de l'expansion de l'univers.* ◆ LING. Mot, groupe de mots facultatifs qui accompagne(nt) un mot dont ils dépendent. ■ **2** (XIXe) COUR. Extension à l'intérieur d'un espace, d'un territoire. *«on sentait la discrète expansion du flot qui déjà recouvrait les palissades noires des viviers»* CHARDONNE. — *Expansion d'un pays hors de ses frontières. Expansion coloniale.* ➤ **colonialisme, expansionnisme, impérialisme.** ■ **3** Augmentation en importance (d'une activité, d'un phénomène). ➤ **croissance, développement, explosion.** *Expansion démographique.* ➤ **accroissement.** *L'expansion des chemins de fer.* ◆ SPÉCIALT *Expansion économique :* phase de croissance économique relativement forte sur une courte période. *Secteur, marché en pleine expansion.* ■ **4** Mouvement par lequel qqch. (idée, technique, etc.) se propage, se répand. ➤ **diffusion, propagation.** *L'expansion des idées nouvelles.* ■ **5** (1801) Mouvement par lequel une personne épanche, communique ses pensées, ses sentiments. ➤ **débordement, effusion, épanchement.** *Besoin d'expansion* (➤ **expansif**). — Moment d'effusion. *«Ses expansions étaient devenues régulières ; il l'embrassait à de certaines heures»* FLAUBERT. ■ CONTR. Compression, contraction. Diminution. Récession, recul, régression, stagnation. Défiance, froideur, réserve, retenue, timidité.

EXPANSIONNISME [ɛkspɑ̃sjɔnism] **n. m.** – 1911 ◊ de *expansion* ■ **1** Attitude politique d'un pays visant à étendre son pouvoir sur d'autres pays. ➤ **colonialisme, impérialisme.** ■ **2** Régime économique dans lequel l'État favorise systématiquement la croissance.

EXPANSIONNISTE [ɛkspɑ̃sjɔnist] **n.** et **adj.** – 1866 ◊ de *expansion* ■ Partisan de l'expansion territoriale et économique, de l'influence sur d'autres pays. ➤ **impérialiste.** **adj.** *Politique expansionniste.* ➤ **expansionnisme.**

EXPANSIVITÉ [ɛkspɑ̃sivite] **n. f.** – 1875 ◊ de *expansif* ■ Caractère expansif. *L'expansivité de sa nature de Méridional.*

EXPATRIATION [ɛkspatʀijasjɔ̃] **n. f.** – XIVe ◊ de *expatrier* ■ Action d'expatrier ou de s'expatrier ; son résultat. *Expatriation de personnes.* ➤ **bannissement, déportation, émigration, exil, expulsion, proscription.** *Expatriation de capitaux.* ➤ **évasion, exode, fuite.** ■ CONTR. Rapatriement.

EXPATRIÉ, IÉE [ɛkspatʀije] **adj.** et **n.** – 1390 ◊ de *expatrier* ■ Qui a quitté sa patrie ou qui en a été chassé. ➤ **déplacé, exilé, réfugié.** *Salarié expatrié,* qui exerce son activité professionnelle à l'étranger. — **n.** *Les expatriés et les impatriés.* — ABRÉV. FAM. **EXPAT** [ɛkspat]. ■ CONTR. Rapatrié.

EXPATRIER [ɛkspatʀije] **v. tr.** ‹7› – 1731 ; au p. p. 1390 ◊ de 1 *ex-* et *patrie* ■ **1** RARE Obliger (qqn) à quitter sa patrie. ➤ **bannir, exiler, expulser.** — PAR ANAL. *Expatrier des capitaux,* les placer à l'étranger. *«Le rentier français ne craignait pas d'expatrier son argent»* SIEGFRIED. ■ **2** **S'EXPATRIER** **v. pron.** Quitter sa patrie pour s'établir ailleurs. ➤ **émigrer, s'exiler, se réfugier.** *«Il aima mieux sortir de Genève, et s'expatrier pour le reste de sa vie»* ROUSSEAU. *S'expatrier pour des raisons politiques.* ■ CONTR. Rapatrier.

EXPECTANT, ANTE [ɛkspɛktɑ̃, ɑ̃t] **adj.** – 1826 ; n. v. 1460 ◊ latin *exspectans,* p. prés. de *exspectare* «attendre» ■ LITTÉR. Qui reste dans l'expectative, l'attente. ➤ **attentiste.** *Une attitude expectante. Politique expectante.* ➤ **opportuniste.** ■ CONTR. Agissant.

EXPECTATION [ɛkspɛktasjɔ̃] **n. f.** – 1488 ◊ latin *exspectatio* ■ **1** VX Attente. ➤ **expectative.** *«Harcourt tenait tout le monde en expectation»* SAINT-SIMON. ■ **2** MÉD. Abstention de tout traitement (à l'exception des mesures habituelles d'hygiène et de diététique) quand les manifestations de la maladie ne sont pas suffisamment précises.

EXPECTATIVE [ɛkspɛktativ] n. f. – 1552 ◊ de *expectatif* « qui donne droit d'attendre, d'espérer » (1461), latin médiéval *exspectativus* ■ LITTÉR. Attente fondée sur des promesses ou des probabilités. ➤ **attente, espérance, espoir, perspective.** *Être dans l'expectative de qqch.* « *La longue et démoralisante expectative* » DUHAMEL. ◆ Attente prudente qui consiste à ne pas prendre parti avant qu'une solution certaine ne se présente. *Rester dans l'expectative.*

EXPECTORANT, ANTE [ɛkspɛktɔʀɑ̃, ɑ̃t] adj. – 1752 ◊ de *expectorer* ■ Qui aide à expectorer. *Sirop expectorant.* ➤ **fluidifiant.** SUBST. *Un expectorant.*

EXPECTORATION [ɛkspɛktɔʀasjɔ̃] n. f. – 1611 ◊ du latin *expectorare* → expectorer ■ MÉD. Expulsion par la bouche de sécrétions provenant des voies respiratoires. ➤ **crachement, toux.** ◆ Les matières ainsi rejetées. ➤ **crachat.**

EXPECTORER [ɛkspɛktɔʀe] v. tr. ‹1› – 1752 ; « exprimer franchement, du fond du cœur » 1664 ◊ latin *expectorare,* de *pectus* « poitrine » ■ Rejeter par la bouche (des sécrétions provenant des voies respiratoires). ➤ **cracher, tousser ; expulser.** « *La toux se fit de plus en plus rauque.* [...] *Le soir enfin, le Père expectora cette ouate qui l'étouffait* » CAMUS.

1 **EXPÉDIENT, IENTE** [ɛkspedjɑ̃, jɑ̃t] adj. – XIVe ◊ latin *expediens,* p. prés. de *expedire* « apprêter, arranger » ■ LITTÉR. Qui convient pour la circonstance. ➤ 1 **commode, convenable, opportun, utile.** *Vous ferez ce que vous jugerez expédient.* — « *il est plus sage, plus expédient* [...] *de tout apporter soi-même* » DUHAMEL. ➤ **indiqué.**
■ CONTR. Inopportun, inutile. ■ HOM. Expédiant (expédier).

2 **EXPÉDIENT** [ɛkspedjɑ̃] n. m. – v. 1550 ; « avantage » XIVe ◊ de 1 *expédient* ■ **1** Moyen de se tirer d'embarras, d'arriver à ses fins en surmontant les obstacles. ➤ **astuce,** 2 **moyen, procédé, ressource ;** FAM. **combine,** 1 **truc.** *Chercher un expédient. Expédient pour sortir d'un mauvais pas, échapper à une corvée* (➤ **échappatoire**). *Le Latin* « *est ingénieux, fertile en expédients, débrouillard* » SIEGFRIED (cf. Avoir plus d'un tour dans son sac*). ■ **2** Plus cour. PÉJ. Mesure qui permet de se tirer d'embarras momentanément, sans résoudre les difficultés. ➤ **palliatif.** *Recourir à des expédients.* « *un expédient ne remédie jamais à rien si, le péril un moment écarté, on ne bâtit pas un système capable de le conjurer à jamais* » MADELIN. — SPÉCIALT *Vivre d'expédients :* être obligé, pour vivre, de recourir à des moyens peu honnêtes.

EXPÉDIER [ɛkspedje] v. tr. ‹7› – 1360 ◊ du radical de 1 *expédient*
I ■ **1** Accomplir rapidement, sans attendre. *Expédier une affaire, un travail* (➤ **expéditif**). *Expédier les affaires courantes.* ■ **2** Faire (qqch.) rapidement et sans soin, pour s'en débarrasser. *Expédier son travail.* ➤ **bâcler,** FAM. **torcher.** « *ils expédièrent en moins d'une heure le repas préparé pour six personnes* » NERVAL. — Au p. p. *Une cérémonie vite expédiée.* ➤ **hâtif.** ◆ *Expédier qqn,* en finir au plus vite avec lui pour s'en débarrasser. « *tu es un des secrétaires chargés de trier les visiteurs,* [...] *d'expédier le menu fretin* » ROMAINS.
II ■ **1** DR. Délivrer une copie conforme à la minute d'un jugement, d'un acte notarié. *Bon à expédier :* formule permettant au greffier de délivrer la grosse d'un jugement. ■ **2** (1723 ; « envoyer un courrier » 1676) Assurer le départ de (un courrier, des marchandises) en vue de leur acheminement vers une destination. ➤ **envoyer.** *Faire enregistrer ses bagages pour les expédier par le train. Expédier une lettre, un colis par la poste* (cf. Mettre à la poste), *des marchandises par avion, par camion. Expédier un pli en recommandé.* ■ **3** (avec influence du sens I, 2o) FAM. Envoyer (qqn) quelque part pour s'en débarrasser. *Expédier un général au front. Expédier les enfants au lit.* — FIG. *Expédier qqn dans l'autre monde** (cf. Envoyer ad* patres).
■ CONTR. Arrêter ; négliger. Fignoler, traîner (faire). — Recevoir.

EXPÉDITEUR, TRICE [ɛkspeditœʀ, tʀis] n. – 1730 ; « celui qui se hâte d'exécuter » XVe ◊ de *expédier* ■ Personne qui expédie (II, 2o) qqch. *L'expéditeur d'une lettre, d'un colis. L'expéditeur et le destinataire. Retour à l'expéditeur.* ➤ **envoyeur.** ◆ adj. *Gare expéditrice. Société, compagnie expéditrice.* ■ CONTR. Destinataire.

EXPÉDITIF, IVE [ɛkspeditif, iv] adj. – 1546 ◊ de *expédier* ■ Qui expédie, termine rapidement les affaires, le travail. ➤ **actif, prompt, rapide, vif.** *Être expéditif en affaires. C'est une personne expéditive.* — PAR EXT. (CHOSES) *Le moyen le plus expéditif.* ➤ 1 **court.** *Méthode expéditive et sûre.* DR. *Procédure expéditive,* rapide et efficace. *Jugement expéditif,* qui règle le sort de l'accusé hâtivement. ➤ **hâtif, sommaire.** ■ CONTR. Lent ; indécis, traînard.

EXPÉDITION [ɛkspedisjɔ̃] n. f. – XIIIe ◊ latin *expeditio*
I ■ **1** VX Action d'expédier (I, 1o) ce qu'on a à faire. *L'expédition d'une affaire.* ➤ **achèvement, exécution.** ADMIN. *Le président du Conseil démissionnaire est chargé de l'expédition des affaires courantes.* ■ **2** (1500) Opération militaire exigeant un déplacement de troupes (➤ **guerre ; campagne**). *Conduire une expédition contre l'assaillant. Expéditions entreprises pour délivrer les lieux saints.* ➤ **croisade.** *Expédition française en Égypte, au Mexique. Expédition rapide pour surprendre l'ennemi.* ➤ **coup** (de main), **raid.** — PAR EXT. *Expédition punitive.* ◆ (1835) Voyage d'exploration dans un pays lointain, difficilement accessible ; personnes et matériel nécessaires à ce voyage. *Préparer, organiser, financer une expédition scientifique.* ➤ **mission.** *Expédition polaire, africaine* (➤ **safari**). *Les membres, le matériel, les véhicules d'une expédition.* — IRON. *C'est une véritable expédition ; quelle expédition !* se dit d'un déplacement qui exige de nombreux préparatifs, beaucoup de matériel. ➤ **équipée.**
II ■ **1** (1680) DR. Copie littérale d'un acte ou d'un jugement. ➤ **ampliation, copie, double.** *Expédition revêtue de la formule exécutoire.* ➤ **grosse.** *Délivrer l'expédition d'un contrat.* ■ **2** (1780) Opération par laquelle on assure le départ (des marchandises, du courrier) en vue de leur acheminement vers une destination. ➤ **envoi.** *Service chargé de l'expédition du courrier* (➤ 1 **départ**). *Expédition d'un colis par la poste. Expédition par bateau, par avion, par camion, par chemin de fer. Déclaration, bordereau, récépissé d'expédition.* — Quantité des marchandises expédiées. *Les expéditions ont augmenté.* ➤ **chargement.** ◆ (1988) DR. Envoi de marchandises d'un pays de la C. E. E. à destination d'un autre État membre. ➤ **exportation.**
■ CONTR. Réception.

EXPÉDITIONNAIRE [ɛkspedisjɔnɛʀ] adj. et n. – 1553 ◊ de *expédition*
I ■ **1** Qui est employé à l'expédition, à la copie d'actes, etc. *Commis expéditionnaire.* SUBST. *Expéditionnaire au greffe.* ■ **2** n. (1781) Employé(e) chargé(e) des expéditions dans une maison de commerce.
II Envoyé en expédition militaire. *Forces expéditionnaires. Le corps expéditionnaire français en Italie, en 1944.*

EXPÉDITIVEMENT [ɛkspeditivmɑ̃] adv. – 1769 ◊ de *expéditif* ■ D'une façon expéditive. ➤ **promptement, rapidement ; hâtivement.**

EXPÉRIENCE [ɛkspeʀjɑ̃s] n. f. – v. 1260 ◊ latin *experientia,* de *experiri* « faire l'essai de »
I CONNAISSANCE ACQUISE ■ **1** Le fait d'éprouver qqch., considéré comme un élargissement ou un enrichissement de la connaissance, du savoir, des aptitudes. ➤ 1 **pratique, usage.** *Avoir une longue expérience, l'expérience prolongée d'une chose.* ➤ **habitude, routine.** *L'expérience du monde, de l'humanité. De longues années d'expérience.* « *Celui qui a eu l'expérience d'un grand amour néglige l'amitié* » LA BRUYÈRE. « *Il connaissait par expérience la prodigieuse crédulité de ces hommes* » MAC ORLAN. — *Faire l'expérience de qqch.* ➤ **éprouver, expérimenter, ressentir.** ■ **2** Évènement vécu par une personne, susceptible de lui apporter un enseignement. *Ses premières expériences dans le métier.* ➤ **apprentissage.** *C'est une expérience qu'il ne recommencera pas ! Retirer qqch., tirer profit d'une expérience. Vivre une expérience douloureuse. Une nouvelle expérience amoureuse, sentimentale. Des expériences sexuelles. Avoir une expérience homosexuelle.* — COLLECT. *L'expérience rend prudent* (cf. Chat* échaudé craint l'eau froide). « *Plutôt que répéter sans cesse à l'enfant que le feu brûle, consentons à le laisser un peu se brûler. L'expérience instruit plus sûrement que le conseil* » GIDE. « *L'expérience individuelle est intransmissible* » J. ROSTAND. ◆ Pratique, généralement prolongée, que l'on a eue de qqch., considérée comme un enseignement. *Elle manque encore d'expérience, au volant. Un jeune conducteur sans expérience,* inexpérimenté. *L'expérience lui a montré, appris que... La sagesse est le fruit de l'expérience.* ◆ SPÉCIALT **EXPÉRIENCE (PROFESSIONNELLE) :** expérience acquise au cours de l'exercice d'une profession. *Recruter un jeune diplômé sans expérience professionnelle, un ingénieur avec cinq ans d'expérience minimum. Validation des acquis* de l'expérience.* ■ **3 L'EXPÉRIENCE :** la connaissance de la vie acquise par les situations vécues. ➤ **connaissance,** 2 **savoir, science.** *Avoir plus de courage, de bonne volonté que d'expérience. Acquérir de l'expérience en vieillissant.* ➤ **mûrir.** *Il a trop d'expérience pour qu'on lui apprenne ce qu'il en est* (cf. Ce n'est pas à un vieux singe* qu'on apprend à faire des grimaces). *Les jeunes manquent d'expérience. Une*

personne d'expérience (➤ **expérimenté**). *L'homme «tire avantage non seulement de sa propre expérience, mais encore de celle de ses prédécesseurs»* PASCAL.

II ESSAI, TENTATIVE Le fait de provoquer un phénomène dans l'intention de l'étudier. ➤ **épreuve, essai, expérimentation ; évènement.** *«Une expérience unique sur l'accélération des corps fait découvrir les lois de leur chute»* D'ALEMBERT. *Expérience scientifique. Faire une expérience, des expériences de physique, de chimie.* ➤ **analyse ; manipulation.** *Se livrer à des expériences dangereuses. Expérience nucléaire. Laboratoire d'expériences. Sujet d'expérience.* ➤ **cobaye.** *Expérience de psychologie* (➤ 2 **test**). *Expérience de sociologie.* ➤ **enquête, sondage.** *Expérience concluante, décisive.* — *L'expérience* (distinguée de l'observation*, opposée à l'hypothèse et à la déduction). ➤ **expérimentation.** *Hypothèse confirmée, infirmée par l'expérience. Sciences reposant sur l'observation et l'expérience.* ➤ **empirisme.** *«L'expérience* [...] *est le seul procédé que nous ayons pour nous instruire sur la nature des choses qui sont en dehors de nous»* C. BERNARD. ➤ **expérimental.** ◆ PAR EXT. COUR. ➤ **essai, tentative.** *Tenter une expérience. Expérience malheureuse. Les expériences d'un pays dans le domaine économique, social.*
■ CONTR. Théorie. Raison. Ignorance, inexpérience.

EXPÉRIMENTAL, ALE, AUX [ɛkspeʀimɑ̃tal, o] adj. – 1503 ◇ bas latin *experimentalis* ■ **1** Qui est fondé sur l'expérience (4°) scientifique ; qui emploie systématiquement l'expérience ; qui possède les caractères d'une expérience. ➤ **empirique.** *Méthode expérimentale,* qui consiste dans l'observation, la classification, l'hypothèse et la vérification par des expériences appropriées. *Science expérimentale,* qui utilise l'expérience scientifique (opposé à *science abstraite,* hypothéticodéductive). *Études, recherches expérimentales. Médecine, psychologie expérimentale. «Dans l'ordre des faits, ce qui n'est pas expérimental n'est pas scientifique»* RENAN. ■ **2** (XXe) Qui sert à l'expérimentation (2°), qui est fait, construit pour éprouver les qualités d'un objet. *Résultats expérimentaux. Produit expérimental.* ➤ **prototype,** 2 **test.** *Fusée expérimentale. École expérimentale.* ➤ **pilote.** *Laboratoire expérimental. À titre expérimental* : pour en faire l'expérience (cf. À titre d'essai). *Cette opération chirurgicale, ce médicament en est encore au stade expérimental.* ◆ *Musique expérimentale* : musique d'avant-garde utilisant les nouvelles techniques de son (électroacoustique). ■ CONTR. Théorique.

EXPÉRIMENTALEMENT [ɛkspeʀimɑ̃talmɑ̃] adv. – XVIIIe ◇ de *expérimental* ■ D'une manière expérimentale, par l'expérience scientifique. *Prouver expérimentalement qqch. Produire expérimentalement un phénomène naturel.* ■ CONTR. Abstraitement, théoriquement.

EXPÉRIMENTATEUR, TRICE [ɛkspeʀimɑ̃tatœʀ, tʀis] n. – 1832 ; hapax XIVe ◇ de *expérimenter* ■ Personne qui effectue des expériences scientifiques. *Une expérimentatrice habile, exercée. «Pour être digne de ce nom, l'expérimentateur doit être à la fois théoricien et praticien»* C. BERNARD. ◆ PAR EXT. Personne qui essaie quelque chose de nouveau.

EXPÉRIMENTATION [ɛkspeʀimɑ̃tasjɔ̃] n. f. – 1834 ◇ de *expérimenter* ■ **1** Action d'expérimenter (2°). *L'expérimentation d'un nouveau produit, d'un médicament sur des animaux.* ➤ **essai, expérience.** *Champ d'expérimentation.* ■ **2** SC. Emploi systématique de l'expérience scientifique. *Expérimentation animale. L'expérimentation est essentielle en physique, en chimie.*

EXPÉRIMENTÉ, ÉE [ɛkspeʀimɑ̃te] adj. – 1453 ◇ de *expérimenter* ■ Qui est instruit par l'expérience (d'une activité, de la vie). ➤ **chevronné, compétent, éprouvé, exercé, expert, rompu** (à), **versé** (dans) (cf. N'être pas né d'hier*, de la dernière couvée ; n'être pas tombé de la dernière pluie*). *«son regard de femme mûre, expérimentée et hardie»* MAUPASSANT. *Professionnel expérimenté.* ➤ **confirmé, sénior.** *Artiste, médecin expérimenté.* ➤ **adroit, émérite, habile.** *Acheteur expérimenté.* ➤ **averti, connaisseur.** *Expérimenté en, dans qqch.* ◆ PAR EXT. *Avoir un œil expérimenté.* ➤ **exercé.** ■ CONTR. Apprenti, bleu, commençant, débutant, ignorant, inexpérimenté, novice.

EXPÉRIMENTER [ɛkspeʀimɑ̃te] v. tr. ⟨1⟩ – 1372 ◇ bas latin *experimentare,* de *experimentum* «essai» ■ **1** Éprouver, connaître par expérience. ➤ **éprouver.** *On ne peut parler de cela sans l'avoir expérimenté.* ➤ 1 **vivre** (II, 2°). *«Lui, toujours, avait expérimenté que le travail était le meilleur régulateur de son existence»* ZOLA. ➤ **constater, observer.** ■ **2** Pratiquer des opérations destinées à étudier, à juger (qqch.). ➤ **éprouver, essayer,** 2 **tester, vérifier.** *Expérimenter un vaccin sur un cobaye. Expérimenter un nouveau procédé.* — *Un remède longuement expérimenté.* — ABSOLT Provoquer un phénomène et l'étudier (➤ **expérience, expérimentation**). *«sur un seul fait, s'il est certain, ne peut-on, comme le savant qui expérimente, dégager la vérité pour tous les ordres de faits semblables ?»* PROUST.

EXPERT, ERTE [ɛkspɛʀ, ɛʀt] adj. et n. – *espert* XIIIe ◇ latin *expertus,* p. p. de *experiri* → expérience

I adj. Qui a, par l'expérience, par la pratique, acquis une grande habileté. ➤ **adroit, exercé, expérimenté, habile.** *Un technicien expert.* ➤ 1 **bon, capable, compétent, éprouvé.** *Elle est experte dans cet art, dans cette science.* ➤ **versé** (cf. Elle s'y connaît). *Expert en la matière.* ➤ **averti, connaisseur, instruit, savant.** *«c'est une arme que les femmes sont expertes à manier»* R. ROLLAND. — PAR EXT. *Des drapiers «palpant de leurs mains expertes les draps tissés par les femmes normandes»* MAUROIS.

II n. (XVIe) ■ **1** Personne experte. ➤ **spécialiste.** *Cette femme est une experte en la matière.* ■ **2** Personne choisie pour ses connaissances techniques et chargée de faire des examens, des constatations, des évaluations à propos d'un fait, d'un sujet précis (➤ **expertise**). *Les experts d'une entreprise.* ➤ **brain-trust.** *Expert en assurances. Expert en automobile, en écritures. Faire appel à un expert en bâtiment pour une malfaçon.* — SPÉCIALT **EXPERT JUDICIAIRE,** ou ELLIPT **EXPERT** : professionnel(le) habilité(e) commis(e) par une juridiction en vue de donner un avis technique sur des questions qui lui sont soumises. *Liste des experts près les tribunaux. Vacation* d'expert. L'avis des experts. Rapport, conclusion des experts. Querelle d'experts.* APPOS. *Médecin expert.* ➤ **légiste.** ◆ *Expert en antiquités, meubles et objets d'art,* spécialement chargé d'en vérifier l'authenticité et d'en apprécier la valeur. *Expert chargé de l'estimation des objets dans une vente aux enchères* (➤ **commissaire-priseur**), *de l'estimation des marchandises* (➤ **sapiteur**). ■ **3** Spécialiste chargé(e) de résoudre un problème technique auquel est confronté son client. ➤ **conseil.** *Expert fiduciaire.* ➤ **expert-comptable.** *Expert en acoustique, en climatisation. Expert-économiste. Expert-géographe.* ■ **4** ADJT (v. 1970) ANGLIC. INFORM. **SYSTÈME EXPERT** : logiciel travaillant sur une base de connaissances et capable, par des traitements logiques de nature heuristique, de simuler les raisonnements et les prises de décision d'un expert humain (cf. Intelligence artificielle).
■ CONTR. Incapable, inexpérimenté. Amateur.

EXPERT-COMPTABLE, EXPERTE-COMPTABLE [ɛkspɛʀkɔ̃tabl, ɛkspɛʀt(ə)kɔ̃tabl] n. – 1927 ◇ de *expert* et *comptable* ■ Personne faisant profession d'organiser, vérifier, apprécier ou redresser les comptabilités, en son nom propre et sous sa responsabilité. *Cabinet d'experts-comptables* (➤ **fiduciaire**).

EXPERTEMENT [ɛkspɛʀtəmɑ̃] adv. – 1834 ◇ de *expert* ■ RARE D'une manière experte.

EXPERTISE [ɛkspɛʀtiz] n. f. – avant 1614 ; *expertice* «habileté» 1580 ◇ de *expert*

I ■ **1** Mesure d'instruction par laquelle des experts* sont chargés de procéder à un examen technique et d'en exposer le résultat dans un rapport au juge. *Jugement ordonnant l'expertise. Rapport d'expertise. Évaluation d'un dommage par expertise. Nouvelle expertise.* ➤ **contre-expertise.** *Expertise médicolégale. Expertise mentale, psychiatrique, génétique*.* ■ **2** Estimation de la valeur (d'un objet d'art), étude de son authenticité par un expert. *Expertise d'un bijou. L'expertise a établi que ce tableau est une copie.*

II (d'après l'anglais, mais conforme à l'étymologie) Compétence d'un expert. *Le laboratoire peut apporter son expertise à l'industrie. Avoir une expertise confirmée dans un domaine.*

EXPERTISER [ɛkspɛʀtize] v. tr. ⟨1⟩ – 1807 ◇ de *expertise* ■ Soumettre à une expertise. *L'assureur fait expertiser les dégâts.* ➤ **apprécier, estimer, évaluer.** *Faire expertiser un bijou.* — *Un tableau expertisé.*

EXPIABLE [ɛkspjabl] adj. – XIVe ◇ de *expier* ■ RARE Qui peut être expié. *Faute expiable.* ■ CONTR. Inexpiable.

EXPIATEUR, TRICE [ɛkspjatœʀ, tʀis] adj. – XVIe ; fém. XVIIIe ◇ latin *expiator* ■ VX ou LITTÉR. Propre à expier. *Des victimes expiatrices.* ➤ **expiatoire.** *Larmes expiatrices.*

EXPIATION [ɛkspjasjɔ̃] n. f. – XIIe ◇ latin *expiatio* ■ **1** ANCIENNT Cérémonie religieuse faite en vue d'apaiser la colère céleste. *«Dès qu'il y eut des religions établies, il y eut des expiations»* VOLTAIRE. ■ **2** LITTÉR. Souffrance imposée ou acceptée à la suite d'une faute et considérée comme un remède ou une purification, la faute étant assimilée à une maladie ou à une souillure de l'âme. *Le remords d'une faute* *entraîne un désir d'expiation.* ➤ **rachat, réparation, repentir.** *Châtiment infligé en expiation d'un crime. « Je bois la coupe amère des expiations »* BALZAC. ♦ Dans la religion chrétienne, Réparation du péché par la pénitence. ■ CONTR. Récompense.

EXPIATOIRE [ɛkspjatwaʀ] **adj.** – 1562 ◊ latin *expiatorius* ■ Qui est destiné à une expiation. *La victime expiatoire. Chapelle expiatoire.* — *« Par ce moyen expiatoire, tu effaçais les taches du passé »* LAUTRÉAMONT.

EXPIER [ɛkspje] **v. tr.** ‹7› – XIVe ◊ latin *expiare,* de *pius* « pieux » ■ **1** Réparer, en subissant une expiation imposée ou acceptée. *« était-il moins coupable que d'autres, qui expient leur crime sur l'échafaud ? »* MAUROIS. PRONOM. *Ici-bas tout s'expie.* ➤ **se payer.** — RELIG. CHRÉT. *Expier ses péchés par la pénitence. Jésus-Christ a expié les péchés des hommes* (➤ **rédemption**). ■ **2** (v. 1355) Subir les conséquences pénibles de (qqch.), souvent avec un sentiment de culpabilité. *Expier ses imprudences,* en être puni. *« Ô bonheurs ! je vous ai durement expiés »* HUGO.

EXPIRANT, ANTE [ɛkspiʀɑ̃, ɑ̃t] **adj.** – 1667 ◊ de *expirer* ■ LITTÉR. ■ **1** (PERSONNES) Qui expire, qui est près de mourir. ➤ **agonisant, mourant.** *« une apoplexie le saisit, et on l'emporta expirant »* VOLTAIRE. ■ **2** (CHOSES) Qui finit, qui va cesser d'être. *Une flamme expirante. Parler d'une voix expirante,* qui se fait à peine entendre. *Pouvoir expirant d'un régime politique.* ➤ **finissant.** ■ CONTR. Naissant.

EXPIRATEUR, TRICE [ɛkspiʀatœʀ, tʀis] **adj.** et **n. m.** – 1735 ◊ de *expirer* ■ ANAT. Qui sert à l'expiration. *Muscles expirateurs,* ou ELLIPT *les expirateurs :* muscles qui contractent le thorax. ■ CONTR. Inspirateur.

EXPIRATION [ɛkspiʀasjɔ̃] **n. f.** – XIVe ◊ latin *expiratio* ■ **1** Action par laquelle les poumons expulsent l'air qu'ils ont inspiré. *Inspiration et expiration.* ➤ **respiration.** *Air chassé pendant l'expiration.* ➤ **haleine, souffle.** *Expiration par le nez, la bouche.* ■ **2** FIG. Moment où se termine un temps prescrit ou convenu. ➤ **échéance,** 1 **fin, terme.** *À l'expiration des délais.* — Fin de la validité d'une convention. *L'expiration d'une trêve. L'expiration d'un bail. Mandat qui vient, arrive à expiration.*

EXPIRATOIRE [ɛkspiʀatwaʀ] **adj.** – 1852 ◊ de *expiration,* d'après *respiratoire* ■ MÉD. Qui se rapporte à l'expiration. *Dyspnée expiratoire.*

EXPIRER [ɛkspiʀe] **v.** ‹1› – XIIe ◊ latin *exspirare* ■ **1 v. tr.** Expulser des poumons (l'air inspiré, un corps gazeux). ➤ **exhaler.** *Expirer du gaz carbonique. « Les chevaux expiraient par les naseaux une vapeur blanche »* FRANCE. ➤ **souffler.** — ABSOLT *Inspirez profondément, expirez lentement.* ■ **2 v. intr.** LITTÉR. (PERSONNES) Rendre le dernier soupir. ➤ **s'éteindre, mourir*.** *Il est sur le point d'expirer* (➤ **agoniser**). *Le malade a expiré dans la nuit.* VX *Il est expiré depuis l'aube. Elle expira dans les bras de sa fille.* ♦ (CHOSES) Cesser d'être ; prendre fin en diminuant, en s'affaiblissant. ➤ **disparaître,** se **dissiper, s'évanouir.** *« À son aspect la parole expira sur les lèvres des témoins »* BALZAC. — POÉT. *« Les flots tranquilles viennent expirer au pied des canneliers en fleurs »* CHATEAUBRIAND. ■ **3 v. intr.** Arriver à son terme (temps prescrit, convention). ➤ **finir.** *Bail qui expire à la fin de l'année. Ce passeport expire le 1er septembre* (➤ **périmé**). *Le délai a expiré hier, est expiré depuis hier.* ■ CONTR. Aspirer, inspirer. Naître. Commencer.

EXPLANT [ɛksplɑ̃] **n. m.** – v. 1937 ◊ de 1 *ex-* et *plant,* d'après *implant* ■ BIOL. Fragment d'organe ou de tissu prélevé sur un organisme et cultivé in vitro.

EXPLÉTIF, IVE [ɛkspletif, iv] **adj.** – fin XIIIe ◊ du latin *expletivus,* de *explere* « remplir » ■ GRAMM. Qui est usité sans nécessité pour le sens ou la syntaxe d'une phrase. *Dans « Il craint que je ne sois trop jeune », « Regardez-*moi *ce maladroit »,* ne, moi *sont explétifs. Le* ne *explétif.* SUBST. *Un explétif.*

EXPLICABLE [ɛksplikabl] **adj.** – 1554 ◊ latin *explicabilis* ■ **1** RARE Qu'on peut éclaircir, rendre intelligible. *Ce passage est explicable.* ■ **2** (XIXe) Qui s'explique ; dont on peut donner la cause, la raison, le motif. ➤ **compréhensible.** *« La condition même de la science est de croire que tout est explicable naturellement, même l'inexpliqué »* RENAN. *Cette erreur n'est pas explicable.* ■ CONTR. Inintelligible. Incompréhensible, inexplicable.

EXPLICATIF, IVE [ɛksplikatif, iv] **adj.** – 1587 ◊ latin *explicativus* ■ **1** (CHOSES) Qui explique, éclaire. *Note explicative jointe à un dossier, un rapport. Commentaires explicatifs au bas d'une page.* ➤ **annotation.** — Qui indique comment se servir de qqch. *Notice explicative jointe à un appareil, un produit* (cf. Mode d'emploi*). ■ **2** LOG., GRAMM. *Proposition relative explicative* (opposé à *relative déterminative*), qui ne fait qu'expliquer l'antécédent sans en restreindre le sens (ex. Son père *qui était en Italie* lui écrivait rarement).

EXPLICATION [ɛksplikasjɔ̃] **n. f.** – 1322 ◊ latin *explicatio* ■ Action d'expliquer, son résultat. ■ **1** Développement destiné à faire comprendre qqch. ➤ **commentaire, éclaircissement.** *Les explications de l'Écriture.* ➤ **exégèse, interprétation.** *Explications jointes à un texte* (➤ **annotation, glose, note, remarque, scolie**), *à une carte* (➤ **légende**). *« Cette fameuse explication des songes de Pharaon »* BOSSUET. ♦ *Explication de texte :* étude littéraire, philosophique, stylistique d'un texte. ■ **2** Ce qui rend compte d'un fait. ➤ **cause, motif, origine, raison.** *Quelle est l'explication de ce retard dans le courrier ? Je vais vous en donner l'explication. Explication scientifique. Je ne vois qu'une seule explication à cela.* ■ **3** Éclaircissement (sur les intentions, la conduite de qqn). ➤ **éclaircissement, justification.** *Demander des explications à qqn sur une parole équivoque, une critique injustifiée. Exiger une explication, des explications. Partir sans un mot d'explication.* ♦ Discussion au cours de laquelle on demande à qqn des éclaircissements sur ses intentions, des justifications de sa conduite. ➤ **discussion, dispute*** (cf. Mise au point*, règlement* de compte). *Avoir une explication avec qqn. Une explication orageuse. « Comme chaque fois qu'il doit y avoir une explication entre nous, j'ai commencé par faire sortir les enfants »* GIDE.

EXPLICITATION [ɛksplisitasjɔ̃] **n. f.** – 1840 ◊ de *expliciter* ■ Action d'expliciter, de rendre explicite. *Explicitation d'une métaphore.*

EXPLICITE [ɛksplisit] **adj.** – 1488 ◊ latin *explicitus,* p. p. de *explicare* → expliquer ■ **1** DR. Qui est réellement exprimé, formulé. ➤ 1 **exprès, formel, formulé** (cf. En toutes lettres*). *Clause, condition explicite dans un texte.* ■ **2** COUR. Qui est suffisamment clair et précis dans l'énoncé ; qui ne peut laisser de doute. ➤ **clair,** 2 **net,** 1 **positif,** 1 **précis.** *Sa déclaration est parfaitement explicite. Parler de qqch. en termes explicites. « Jamais les plus explicites protestations n'eussent si vite, si totalement dissipé son angoisse ! »* MARTIN DU GARD. ♦ (PERSONNES) Qui s'exprime avec clarté, sans équivoque. *Soyez plus explicite ! Il n'a pas été très explicite sur ce point.* ■ CONTR. Implicite, tacite. Allusif, confus, évasif, sous-entendu.

EXPLICITEMENT [ɛksplisitmɑ̃] **adv.** – 1488 ◊ de *explicite* ■ D'une manière explicite, formelle. *Demande formulée explicitement.* ■ CONTR. Implicitement.

EXPLICITER [ɛksplisite] **v. tr.** ‹1› – 1870 ◊ de *explicite* ■ Énoncer formellement. ➤ **formuler.** *Expliciter une clause implicite d'un contrat.* ♦ Rendre explicite (2o). *Expliciter sa pensée.*

EXPLIQUER [ɛksplike] **v. tr.** ‹1› – milieu XVe ◊ du latin *explicare* « déployer, développer », de *plicare* → plier

I FAIRE CONNAÎTRE OU COMPRENDRE ■ **1** Faire connaître, comprendre nettement, en développant. *Expliquer ses projets, ses intentions à qqn.* ➤ **expliciter, exposer.** *Explique-lui ton problème. « Explique, explique mieux le fond de ta pensée »* CORNEILLE. ➤ **exprimer.** *Ce serait trop long à expliquer.* — (CHOSES) Constituer un motif compréhensible de. ➤ **manifester, montrer, prouver, trahir.** ■ **2** Rendre clair, faire comprendre (ce qui est ou paraît obscur). ➤ **commenter, éclaircir, éclairer.** *Expliquer un texte difficile, un théorème. « expliquer un phénomène, c'est le considérer comme l'effet visible d'une cause cachée »* F. JACOB. *Expliquez et commentez la phrase de...* (dans un sujet de dissertation). *Expliquer un symbole.* ➤ **interpréter.** *Expliquer une énigme, une affaire.* ➤ **débrouiller, démêler, élucider.** *Expliquer le sens d'un mot.* ➤ **définir.** *Expliquer par des exemples* (➤ **illustrer**), *par une démonstration. Se faire expliquer qqch.* — LOC. *Expliquer le pourquoi du comment :* donner des explications très complexes. *« Les gens exigent qu'on leur explique la poésie. Ils ignorent que la poésie est un monde fermé où l'on reçoit très peu »* COCTEAU. — ABSOLT *Ce professeur explique bien. « Bon intellectuel, il ne voulait pas seulement expliquer, mais convaincre »* MALRAUX. ♦ Donner les indications, la recette (pour faire qqch.). ➤ **apprendre, enseigner.** *Expliquer à qqn la règle d'un jeu.* ➤ **montrer.** *Expliquez-moi comment il faut faire.* ♦ (CHOSES) *« Une institution est quelquefois expliquée par le mot qui la désigne »* FUSTEL DE COULANGES. *Notice qui explique comment se servir d'un objet* (➤ **explicatif**), *le mode d'emploi d'un appareil.* ■ **3** Faire connaître la raison, la cause de (qqch.). *Expliquer un phénomène. Expliquer pourquoi :* donner la cause, la raison. *Comment expliquer ce* *brusque revirement ? Pouvez-vous expliquer votre retard ?* ➤ **justifier, motiver.** *Explique-moi ce que tu fais là.* ◆ (CHOSES) Être la cause, la raison visible de ; rendre compte de. *Cela explique bien des choses ! Ceci explique cela.* ▪ **4 EXPLIQUER QUE** (et indicatif ou conditionnel) : faire comprendre que. *« Il m'a expliqué gravement qu'il est amoureux de la petite Josette »* BEAUVOIR. *Il m'a expliqué que cela ne changerait rien.* **EXPLIQUER QUE** (et subj.). Donner des raisons. *Comment expliquez-vous qu'il puisse vivre avec de si faibles revenus ?* ◆ **S'EXPLIQUER qqch.** : trouver la raison, la cause de (qqch.). *On s'explique facilement qu'il soit satisfait. Je m'explique mal ce que vous faites ici, votre présence. « Il ne s'expliquait pas comment l'arôme exquis des grains de café pouvait se transformer en cette boisson très amère »* CHARDONNE. *Il ne s'explique pas qu'elle n'écrive plus.*

II S'EXPLIQUER v. pron. ▪ **1** Faire connaître sa pensée, sa manière de voir. *« Voilà un garçon qui parle clairement, qui s'explique comme il faut »* MOLIÈRE. *Je ne sais si je me suis bien expliqué. Je m'explique* : je donne des précisions sur ce que je viens de dire. *Explique-toi !* ▪ **2** Rendre raison d'un fait, d'une opinion. *Elle s'est expliquée sur ce qu'on lui reproche ; elle s'en est expliquée.* ➤ **justifier.** — *S'expliquer avec qqn,* se justifier auprès de lui. ▪ **3** (RÉCIPR.) Avoir une discussion. *Vous devriez vous expliquer. Ils se sont expliqués et ont fini par se mettre d'accord.* — FAM. Se battre. *Ils sont partis s'expliquer dehors.* ▪ **4** (PASS.) Être ou être rendu intelligible. *Cet accident ne peut s'expliquer que par une négligence. La chose s'explique d'elle-même* (cf. Aller de soi*). *Tout s'explique.*

▪ CONTR. Embrouiller, obscurcir.

EXPLOIT [ɛksplwa] n. m. – XIVe ; *espleit* 1080 ◇ latin *explicitum*, de *explicare* « accomplir » ▪ **1** VX ou LITTÉR. Action d'éclat accomplie à la guerre. ➤ 2 **fait** (fait d'armes ; haut fait), 2 **geste.** *Glorieux, brillant exploit. « les départements bretons, théâtre de ses exploits en 1799 et 1800 »* BALZAC. ▪ **2** MOD. Action remarquable, exceptionnelle. ➤ **prouesse, réussite.** *Exploit sportif, athlétique.* ➤ **performance, record.** *En gagnant cette course, il a réalisé un véritable exploit.* ▪ **3** FAM. Action réussie, succès. *Racontez-nous vos exploits ! Exploits galants, amoureux* : succès auprès des femmes ; performance sexuelle. *Se vanter de ses exploits.* ◆ IRON. *« Avoir plaqué sa femme et son gosse [...] voilà son plus grand exploit »* QUENEAU. *Le bel exploit !* ▪ **4** (XVIe) DR. *Exploit d'huissier* ou *exploit* : acte judiciaire rédigé et signifié par un huissier. *Dresser un exploit.*

EXPLOITABLE [ɛksplwatabl] adj. – 1690 ; dr. 1583 ; *esploitable* XIIIe ◇ de *exploiter* ▪ **1** Qui peut être exploité avec profit. *Domaine exploitable.* ➤ **cultivable.** *Un gisement de pétrole exploitable.* ◆ *Document exploitable. Corpus exploitable pour dater des mots.* ▪ **2** (PERSONNES) Dont on peut abusivement tirer profit. *Les naïfs sont facilement exploitables.* (CHOSES) *Témoignage exploitable contre l'accusé.* ▪ CONTR. Inexploitable.

EXPLOITANT, ANTE [ɛksplwatɑ̃, ɑ̃t] adj. et n. – 1843 ; *huissier exploitant* 1690 (cf. *exploit*) ◇ de *exploiter* ▪ **1** Qui tire abusivement profit d'une situation, d'une personne. ➤ **exploiteur.** *La classe exploitante.* ▪ **2** n. (1760) Personne qui gère une exploitation (2°). *Exploitant forestier. Exploitant agricole.* ➤ **agriculteur, cultivateur, fermier, métayer, paysan.** *Un petit exploitant.* ◆ (1912) Propriétaire ou directeur d'une salle de cinéma.

EXPLOITATION [ɛksplwatasjɔ̃] n. f. – 1662 ; « saisie judiciaire » 1340 ◇ de *exploiter* ▪ **1** Action d'exploiter, de faire valoir une chose en vue d'une production (cf. Mise en valeur*). *Exploitation du sol, d'un domaine.* ➤ 1 **culture.** *Mise en exploitation d'une terre. Méthodes, systèmes, modes d'exploitation.* ➤ **faire-valoir, fermage, métayage.** *« L'homme a mis en exploitation à peu près tout l'espace dont il pouvait espérer tirer parti »* GIDE. *Exploitation du sous-sol, d'une mine. Exploitation d'un brevet.* ◆ Action de faire fonctionner en vue d'un profit. *Exploitation d'une ligne aérienne, d'une ligne de chemin de fer. Exploitation concédée par l'État à une société privée.* ➤ **concession.** ◆ COMPTAB. *Compte d'exploitation générale* : compte exposant les charges et produits tirés à l'activité courante d'une entreprise. ◆ INFORM. *Système d'exploitation* : ensemble de programmes constituant le logiciel de base d'un ordinateur et assurant la gestion des composants électroniques et la communication avec l'extérieur. ➤ aussi **superviseur.** ◆ CIN. *Visa d'exploitation d'un film.* ▪ **2** (1776) Bien exploité ; lieu où se fait la mise en valeur de ce bien. ➤ **entreprise, établissement, firme, maison.** *Exploitation industrielle* (➤ **fabrique, industrie, manufacture, usine**), *commerciale* (➤ **commerce**). *Exploitation minière.* **EXPLOITATION AGRICOLE** : terre exploitée ; entreprise agricole. ➤ **domaine,** 2 **ferme, plantation, propriété, terre.** *Une grande, une grosse exploitation de plusieurs centaines d'hectares. Exploitation familiale. « ces exploitations agricoles, petites en surface, grandes en rendement »* CH. GIDE. *Chef d'exploitation.* ➤ **exploitant.** *Exploitation agricole d'Amérique latine* (➤ **estancia, fazenda, hacienda**), *d'Israël* (➤ **kibboutz**). *Exploitation vinicole.* ▪ **3** (ABSTRAIT) Utilisation méthodique (cf. Mise à profit*). *Exploitation rationnelle d'une idée originale, d'une situation, d'un renseignement. « le goût des noms propres, l'exploitation de leurs physionomies et de leurs sonorités »* LANSON. — MILIT. Phase où l'on utilise les avantages d'une situation. *L'exploitation d'une victoire.* ▪ **4** Action d'abuser (de qqn) à son profit. *Exploitation de la crédulité publique. Exploitation de dupes par un escroc.* ◆ (1829) *Exploitation de l'homme par l'homme* : le fait, pour une classe, de tirer un profit (➤ **plus-value**) du travail d'autres hommes. *L'exploitation capitaliste, patriarcale.* — *Exploitation sexuelle, économique des femmes. Exploitation des enfants dans les pays pauvres. C'est de l'exploitation !* (en parlant d'un travail mal payé).

EXPLOITÉ, ÉE [ɛksplwate] adj. et n. – 1690 ◇ de *exploiter* ▪ **1** Mis en exploitation. *Terre, mine exploitée* (opposé à *en friche, à l'abandon*). ▪ **2** Utilisé pour le profit. *Une classe sociale exploitée.* — n. *Les exploiteurs et les exploités.* — SPÉCIALT Souspayé. *Un employé exploité.*

EXPLOITER [ɛksplwate] v. ‹1› – XIIIe ; *espleitier* 1080 ◇ latin populaire °*explicitare* « accomplir » puis « faire valoir »

I v. tr. ▪ **1** Faire valoir (une chose) ; tirer parti de (une chose), en vue d'une production ou dans un but lucratif. *Exploiter un domaine, une terre. Exploiter une mine, un filon. Exploiter un réseau de chemin de fer, une industrie. Exploiter un brevet, une licence.* ▪ **2** (ABSTRAIT) Utiliser d'une manière avantageuse, faire rendre les meilleurs résultats à. ➤ **profiter** (de). *Exploiter la situation. Exploiter son talent. Exploiter une idée, un sujet. « Le mouvement fut spontané... Mais ensuite, selon toute vraisemblance, on exploita le mouvement »* MICHELET. *« Certains propos qu'on lui attribuait étaient exploités contre lui »* FRANCE. ▪ **3** (1840 polit.) Se servir de (qqn, qqch.) en n'ayant en vue que le profit, sans considération des moyens. ➤ **abuser** (de). *Exploiter qqn.* ➤ **spolier** (cf. Presser* qqn comme un citron). *Il s'est fait exploiter par son associé.* ➤ **escroquer, rouler,** 2 **voler.** *« Le Romain conquiert pour acquérir ; il exploite les peuples vaincus comme une métairie »* TAINE. — PAR EXT. *Exploiter la crédulité du public, la naïveté de la foule. Exploiter la xénophobie à des fins politiques* (cf. Tirer parti de). ◆ SPÉCIALT Faire travailler (qqn) à bas salaire en tirant un profit injuste. ➤ **sous-payer.** *Patron qui exploite ses employés* (cf. FAM. Faire suer le burnous*).

II v. intr. VX ou DR. Signifier des exploits (4°).

EXPLOITEUR, EUSE [ɛksplwatœʀ, øz] n. – 1839 ; 1803 « exploitant (2°) » ; 1583 « huissier » (cf. *exploit*) ; *exploiteresse* 1340 ◇ de *exploiter* ▪ PÉJ. Personne qui tire un profit abusif d'une situation ou d'une personne. ➤ **profiteur, spoliateur.** *Exploiteur de la misère du peuple.* ➤ **affameur.** *« Que le blanc se soit comporté comme un négrier, un pirate, un exploiteur avide et insatiable, ce n'est, hélas, que trop vrai »* SIEGFRIED. *Exploiteurs de la crédulité publique.* ➤ **charlatan.** ◆ *Son patron est un exploiteur* (opposé à *exploité*).

EXPLORATEUR, TRICE [ɛksplɔʀatœʀ, tʀis] n. – 1718 ; « espion » 1265 ◇ latin *explorator* ▪ **1** Personne qui explore un pays lointain, peu accessible ou peu connu. *Les explorateurs du XVIe siècle.* ➤ **navigateur.** *« un explorateur casqué de blanc »* SARTRE. ◆ PAR EXT. *Un explorateur des fonds marins. Les explorateurs de l'espace* : les astronautes. ▪ **2** n. m. MÉD. Instrument servant à accéder à un conduit ou à une cavité interne en vue de leur examen direct. adj. *Stylet, trocart explorateur.*

EXPLORATION [ɛksplɔʀasjɔ̃] n. f. – 1455, repris 1797 ◇ latin *exploratio* ▪ **1** Action d'explorer (un pays, une région). *L'exploration de l'Afrique, du Congo à l'Éthiopie, par la mission Marchand. Partir en exploration.* ➤ **découverte, expédition, voyage** (scientifique). *Exploration sous-marine, spatiale. Exploration ethnologique.* ◆ PAR EXT. *L'exploration d'un terrain, d'une forêt, d'une caverne.* ➤ **examen.** ◆ PAR ANAL. *Exploration d'une bande de fréquence.* ➤ **balayage.** ▪ **2** (ABSTRAIT) *L'exploration systématique d'un sujet, d'un problème.* ➤ **approfondissement.** *L'exploration de la vie intérieure, du subconscient.* ➤ **introspection, psychanalyse.** ▪ **3** (1771) MÉD. Recherche diagnostique consistant à examiner la forme des organes, des appareils et des tissus et à apprécier leur fonctionnement. *Exploration clinique.* ➤ **auscultation, palpation, percussion.** *Exploration des organes internes, complétant l'examen clinique.* ➤ **échogra-**

phie, endoscopie, fibroscopie, radiographie, radioscopie, résonance (magnétique), scanographie, scintigraphie.

EXPLORATOIRE [ɛksplɔʀatwaʀ] adj. – v. 1966 ◇ de *explorer* ■ Qui vise à explorer. *Techniques exploratoires en médecine.* ♦ POLIT. Qui a pour but d'examiner la possibilité d'entreprendre une négociation ultérieure. ➤ **préalable, préliminaire, préparatoire.** *Entretiens exploratoires.*

EXPLORER [ɛksplɔʀe] v. tr. ‹1› – 1546 «examiner, vérifier» ; repris 1797 ◇ latin *explorare* ■ **1** Parcourir (un pays mal connu) en l'étudiant avec soin. *Découvrir et explorer une île, une zone polaire. Explorer un pays pour en connaître la topographie, les ressources* (➤ **prospecter**), *les habitants.* ♦ PAR EXT. Parcourir en observant, en cherchant. *Explorer le ciel à la jumelle. «Boulatruelle avait exploré, sondé et fureté toute la forêt, et fouillé partout où la terre lui avait paru fraîchement remuée»* HUGO. ➤ **battre.** *«Des celliers aux mansardes, elle avait exploré, pièce par pièce, les profondeurs de la vieille demeure»* BOSCO. ■ **2** (ABSTRAIT) Faire des recherches en étudiant (un ensemble d'informations, un domaine du savoir). *Explorer une science, une question.* ➤ **approfondir, étudier.** *Ces signes «que mon attention explorant mon inconscient allait chercher»* PROUST. ➤ **sonder.** — *Un sujet peu exploré.* ■ **3** MÉD. Procéder à l'exploration* (3°) de. ➤ **ausculter, examiner, sonder.** *Sonde pour explorer les plaies, les cavités naturelles.*

EXPLOSER [ɛksploze] v. ‹1› – 1801, répandu début XXe ◇ de *explosion*
I v. intr. ■ **1** Faire explosion. *Gaz qui explose au contact d'une flamme.* ➤ **détoner.** *Bombe, obus qui explose.* ➤ **éclater,** FAM. **péter, sauter.** *L'avion a explosé en plein ciel. Une fuite de gaz qui fait exploser un immeuble.* ■ **2** FIG. Se manifester brusquement et violemment. ➤ **éclater.** *Sa colère, son mécontentement explose. «sa passion, trop longtemps contenue, explose furieusement»* HENRIOT. ♦ (PERSONNES) *Exploser en injures, en imprécations.* ➤ **déborder.** ABSOLT. FAM. *Sa réponse m'a fait exploser* (de colère). ■ **3** S'étendre, se développer largement ou brusquement. *Les ventes ont explosé en décembre.* ■ **4** (PERSONNES) Se révéler brusquement.
II v. tr. ■ **1** FAM. *Exploser qqch.* : démolir, casser violemment qqch. *Il a explosé sa voiture.* PAR EXAGÉR. *Elle s'est explosé le genou en tombant.* Au p. p. *Avoir les yeux explosés,* marqués par la fatigue, la prise de drogue. — *Exploser qqn,* le frapper violemment ; le tuer. *«fais-moi tout de suite des excuses ou je t'explose»* V. RAVALEC. ■ **2** FIG. *Exploser un record,* le battre largement. *Sportif qui explose le record du monde.* ➤ **pulvériser.** ♦ FAM. *Exploser son forfait téléphonique,* le dépasser.

EXPLOSEUR [ɛksplozœʀ] n. m. – 1867 ◇ de *exploser* ■ TECHN. Appareil électrique permettant de faire exploser à distance un explosif (mine, etc.).

EXPLOSIBILITÉ [ɛksplozibilite] n. f. – 1870 ◇ de *explosible* ■ SC. ou LITTÉR. Qualité de ce qui est explosible. *«L'instabilité, dirait un chimiste, a deux formes : la fragilité et l'explosibilité»* JARRY.

EXPLOSIBLE [ɛksplozibl] adj. – 1848 ◇ de *exploser* ■ Qui peut faire explosion. *Mélange gazeux explosible.* ➤ 1 **explosif.** *«Pour moi, la terre fût-elle un globe explosible, je n'hésiterais pas à y mettre le feu s'il s'agissait de délivrer mon pays»* CHATEAUBRIAND.

1 **EXPLOSIF, IVE** [ɛksplozif, iv] adj. – 1816 ; méd. 1691 ◇ de *explosion*
I ■ **1** Relatif à l'explosion. *Phénomènes explosifs. Onde explosive,* créée par l'explosion et entraînant des effets mécaniques brisants. — MÉTAPH. *«Le groupement corporatif recélait plus de force explosive que la dynamite»* ROMAINS. ■ **2** Qui peut faire explosion. ➤ **explosible.** *Mélange explosif. Obus explosifs percutants et fusants.* ■ **3** FIG. *Une situation explosive,* qui peut provoquer des conflits. ➤ 1 **critique, tendu.** *«Il y avait, certes, en Europe, quantité de situations explosives»* VALÉRY. — Qui peut susciter des réactions violentes. *Un rapport explosif. Une affaire explosive.* — *Un tempérament explosif,* sujet aux brusques colères. ➤ **fougueux, impétueux, volcanique.** ■ **4** FIG. Qui augmente fortement et soudainement. *Une démographie explosive.* ➤ **galopant.**
II (1878) PHONÉT. *Consonne explosive* (opposé à *implosive*), à tension croissante au début d'une syllabe (ex. [p] et [t] dans «partir»).

2 **EXPLOSIF** [ɛksplozif] n. m. – 1874 ◇ de 1 *explosif* ■ Composé ou mélange de corps susceptible de dégager en un temps extrêmement court un grand volume de gaz portés à haute température (➤ **détonique**). *Explosifs primaires,* qui détonent sous l'effet d'un choc (➤ **détonateur**). *Explosifs secondaires* (poudres colloïdales, trinitrotoluène, acide picrique) qui brûlent sans détoner et sont utilisés dans les armes à feu pour la propulsion des projectiles (➤ **déflagration**). *Principaux explosifs.* ➤ **cheddite, dynamite, hexogène, mélinite, nitrobenzène, nitroglycérine, pentrite, semtex, trinitrotoluène.** *Une charge d'explosif. Explosif plastique* ➤ **plastic.** — *Explosifs thermonucléaires* ou *atomiques* : corps donnant lieu à des réactions nucléaires. ➤ 1 **bombe** (atomique).

EXPLOSION [ɛksplozjɔ̃] n. f. – 1701 ; méd. 1581 ◇ latin *explosio* «action de huer», de *explodere* ■ **1** Le fait de se rompre brutalement en projetant parfois des fragments ; SC. Phénomène au cours duquel des gaz sous pression sont produits dans un temps très court. ➤ **commotion, déflagration, éclatement, fulmination.** *Les explosions sont accompagnées de phénomènes mécaniques* (➤ **choc, souffle ; éclat**), *sonores* (➤ **crépitement, détonation**), *lumineux* (➤ **éclair**). *Faire explosion.* ➤ **éclater, exploser ;** 1 **partir.** *Explosion provoquée par une étincelle électrique, un choc, un détonateur. Explosion d'une mine, d'une torpille, d'un obus, d'une grenade. Explosion d'une bombe atomique* (➤ **désintégration**). *Explosion volcanique. Explosion de gaz, de grisou dans une galerie de mine. «Une explosion [...] retentit. Il sembla que toute l'île tremblait sur sa base»* J. VERNE. — *Explosion atomique, nucléaire. Explosion solaire.* ♦ Rupture violente, accidentelle (produite par un excès de pression, une brusque expansion de gaz, etc.). *La chaudière a fait explosion. Explosion d'une voiture piégée.* ♦ *Moteur à explosion,* qui emprunte son énergie à l'expansion d'un gaz provoquée par la combustion rapide d'un mélange carburé (mélange détonant). ■ **2** FIG. Manifestation soudaine et violente. ➤ **flambée.** *Une explosion de joie, d'enthousiasme* (➤ **bouffée, débordement**), *de colère* (➤ FAM. **gueulante**). *«Ce fut une explosion de cris, de pleurs, de serments»* MICHELET. ➤ **tempête.** — *«L'œuvre de Berlioz [...] est une explosion de génie»* R. ROLLAND. ♦ Expansion soudaine et spectaculaire (➤ 1 **explosif,** I, 4°). *Explosion démographique.* ➤ **boom.** *L'explosion des ventes.* ♦ MÉD. Apparition rapide (d'une épidémie, d'une pandémie, de manifestations pathologiques aiguës).

EXPO ➤ **EXPOSITION**

EXPONENTIEL, IELLE [ɛkspɔnɑ̃sjɛl] adj. et n. f. – 1711 ◇ latin scientifique *exponentialis,* de *exponens* «exposant» ■ **1** MATH. Dont l'exposant est variable ou inconnu. *Fonction exponentielle* ou n. f. *une exponentielle* : fonction réciproque de la fonction logarithme*. *Exponentielle de base e** (2, 4°). ■ **2** MATH. Qui se développe selon une courbe exponentielle. *Croissance exponentielle.* — COUR. Se dit d'un processus d'accroissement rapide et continu. *Le marché est en progression exponentielle. Hausse exponentielle.*

EXPORT ➤ **EXPORTATION**

EXPORTABLE [ɛkspɔʀtabl] adj. – 1859 ◇ de *exporter* ■ Qui peut être exporté. *Une expérience exportable.*

EXPORTATEUR, TRICE [ɛkspɔʀtatœʀ, tʀis] n. et adj. – 1756 ◇ de *exporter* ■ Personne qui exporte des marchandises, etc. ➤ **expéditeur, vendeur ; commerçant, négociant.** *Les exportateurs de céréales.* — adj. *Organisation des pays exportateurs de pétrole (O. P. E. P.).* ■ CONTR. Importateur.

EXPORTATION [ɛkspɔʀtasjɔ̃] n. f. – 1734, d'après l'anglais *exportation* ; «action d'emporter» XVIe ◇ latin *exportatio* → exporter ■ **1** Action d'exporter ; sortie de marchandises nationales vendues à un pays étranger. ➤ **expédition, réexportation, vente.** — (1988) DR. Dans les pays de la C. E. E., Sortie de marchandises nationales vendues à un pays hors de la C. E. E. — *Exportation de matières premières par un pays. Licence d'exportation. Exportation dans, vers un pays. Exportation à un prix inférieur au prix pratiqué sur le marché intérieur.* ➤ **dumping.** *Détaxation de marchandises à l'exportation* (ABRÉV. COUR. **EXPORT** [ɛkspɔʀ] n. m.). *Commissionnaire, auxiliaire à l'exportation.* ➤ **exportateur, transitaire.** VIEILLI *Maison d'exportation et d'importation.* ➤ **import-export.** — *Exportations de capitaux* : placements à l'étranger. ♦ Ce qui est exporté. *«Chaque année, dit-on, l'Amérique augmente ses exportations de céréales. On nous menace d'une vraie inondation du marché»* ZOLA. *Équilibre entre les importations et les exportations.* ➤ 1 **balance** (commerciale). *Exportations invisibles* : rentrée de devises provenant d'activités telles que le tourisme, les prestations de services (transport, assurances, etc.), les transferts de technologie, ou des intérêts et dividendes rémunérant les capitaux placés à l'étranger, etc. ■ **2** FIG. *«L'anticléricalisme n'est pas un article d'exportation»* GAMBETTA. ■ CONTR. Importation.

EXPORTER [ɛkspɔʀte] v. tr. ⟨1⟩ – 1750 ◇ d'après l'anglais *to export* «porter au-dehors, emporter» (XIVe) ; «emporter» 1314 ; latin *exportare* ■ **1** Envoyer et vendre hors d'un pays (des produits de l'économie nationale). *Pays en voie de développement qui exporte des produits bruts. Pays industrialisé exportant des produits transformés, manufacturés.* ABSOLT *Pour exporter, il faut produire.* — AU P. P. *Les produits exportés.* — PRONOM. *S'exporter* : se vendre à l'étranger. *Les parfums français s'exportent bien.* ◆ FIG. *Exporter une mode,* la transporter à l'étranger. ■ **2** INFORM. Enregistrer (des données) dans un logiciel sous un format propre à les rendre compatibles avec un autre logiciel dans lequel on pourra les introduire. *Exporter un fichier.* ■ CONTR. 1 Importer.

EXPOSANT, ANTE [ɛkspozɑ̃, ɑ̃t] n. – 1389 dr. «demandeur» ◇ subst. particip. de *exposer* ■ **1** (1820) Personne dont les œuvres, les produits sont présentés dans une exposition (2°). *Le stand d'un exposant, dans une foire. Les exposants d'un Salon de peinture.* — **adj.** *Les entreprises exposantes.* ■ **2** n. m. (1620) MATH. Expression numérique ou algébrique exprimant la puissance à laquelle une quantité est élevée. *Qui a un exposant variable ou inconnu.* ➤ **exponentiel.** *Chiffre, lettre, expression qui entre en exposant dans une équation. Deux est l'exposant du carré, trois celui du cube. Quatre exposant douze* (4^{12}). ➤ **puissance.**

EXPOSÉ [ɛkspoze] n. m. – 1638 ◇ de *exposer* ■ **1 UN EXPOSÉ DE :** développement par lequel on expose (un ensemble de faits, d'idées). ➤ **analyse, compte rendu, description, énoncé, narration, rapport, récit.** *Faire un exposé complet de la situation. Exposé chronologique des faits.* ➤ **historique.** ◆ DR. *Exposé des motifs* : considérants qui précèdent le dispositif d'un projet, d'une proposition de loi. ■ **2 UN EXPOSÉ :** développement méthodique sur un sujet précis, didactique. *Exposé oral.* ➤ **communication, conférence, leçon ;** FAM. **laïus, topo.** *Exposé écrit.* ➤ **discours,** 1 **écrit,** 2 **mémoire, note.** *Élève qui fait un exposé sur un sujet.* ➤ RÉGION. **élocution.**

EXPOSER [ɛkspoze] v. tr. ⟨1⟩ – XIIe ◇ latin *exponere,* d'après *poser* ; a remplacé l'ancien verbe *espondre*

I ~ v. tr. **MONTRER, PRÉSENTER A. EXPOSER QQCH.** ■ **1** Disposer de manière à mettre en vue. ➤ 1 **étaler, exhiber, montrer, présenter.** *Exposer divers objets dans une vitrine, sur une table. Le corps de Newton «fut exposé sur un lit de parade dans la chambre de Jérusalem»* FONTENELLE. *Exposer des dessins, des affiches.* ➤ **afficher, placarder.** — *Exposer aux yeux, aux regards, à la vue de qqn. «Dans un rang qui l'expose aux yeux de tout le monde»* RACINE. — SPÉCIALT (Pour vendre). *Exposer des livres en vitrine.* ◆ Placer (des œuvres d'art) dans un lieu d'exposition publique. *Cette galerie, ce musée expose en ce moment des Dufy.* — (En parlant de l'artiste) *Il expose deux toiles au Salon d'automne.* — ABSOLT *Il expose à la galerie X. «Et Survage, qui exposa cinquante ans sans rien vendre ni baisser une seule fois ses prix!»* VIALATTE. ■ **2** (ABSTRAIT) Présenter en ordre (un ensemble de faits, d'idées). ➤ **décrire, énoncer, expliquer, raconter, retracer.** *Exposer un fait en détail. «Nous ne fîmes qu'exposer, moi, la nature de mes doutes, lui, le jugement qu'il devait en porter»* RENAN. *Exposer son cas.* ◆ LITTÉR. Faire l'exposition* de (dans un ouvrage dramatique). *Exposer l'action, le sujet, dans le premier acte.*

B. EXPOSER À ■ **1** *Exposer (qqch.) à* : disposer, placer dans la direction de. ➤ **disposer,** 1 **placer, tourner** (vers). *Exposer un bâtiment au sud.* ➤ **orienter.** — *Maison bien exposée. Façade exposée à l'ouest.* ◆ Disposer de manière à soumettre à l'action de. ➤ **présenter, soumettre.** *Exposer à la chaleur, au rayonnement. Exposer une pellicule, un film à la lumière.* ➤ **impressionner ; sous-exposer, surexposer.** *Cliché exposé. Exposer son corps, son visage au soleil. Site exposé au vent.* ■ **2** *Exposer (qqn) à.* VX Abandonner, livrer à. *«Saint Ignace, évêque d'Antioche, fut exposé aux bêtes farouches»* BOSSUET. — SPÉCIALT *Exposer un enfant,* l'abandonner. *«De pauvres filles tentées par les sens ont la seule ressource de les exposer* [leurs enfants] *et les paroisses nous les amènent»* J.-CH. RUFIN. ◆ FIG. et MOD. Mettre (qqn) dans une situation périlleuse. *Le péril auquel on l'expose. Son métier, sa profession l'expose au danger. «L'amour est comme les maladies épidémiques : plus on les craint, plus on y est exposé»* CHAMFORT. *Ses maladresses l'ont exposé plusieurs fois à perdre son poste.* ◆ ABSOLT *Exposer qqn,* le mettre en péril. *Le détachement «loin de vous mettre à l'abri, vous expose»* GIDE. ◆ PAR EXT. Risquer de perdre. *Exposer sa vie, sa fortune, son honneur, sa réputation.* ➤ **compromettre, engager, hasarder, jouer, risquer.**

II ~ v. pron. **S'EXPOSER** ■ **1** Se soumettre à l'action de. *S'exposer au soleil.* ■ **2** Se mettre dans le cas de subir. *S'exposer à un péril, à un danger.* ➤ **affronter, chercher, risquer.** *S'exposer à la critique, aux critiques* (cf. Prêter le flanc*, donner prise* à). *En faisant cela, il s'exposera à de graves reproches.* ➤ **encourir.** ■ **3** ABSOLT Se mettre en danger, courir des risques. *«sans m'exposer j'ai massacré quatre ennemis»* JARRY. — FIG. Se compromettre. *Fuir devant les responsabilités pour ne pas avoir à s'exposer.*

■ CONTR. Abriter, cacher, dissimuler. Taire. Détourner, enlever. Couvrir, protéger ; défendre. — Cacher (se), dérober (se), fuir.

EXPOSITION [ɛkspozisjɔ̃] n. f. – *esposicium* 1119 ◇ latin *expositio* ■ **1** Action d'exposer, de mettre en vue. ➤ **étalage, exhibition,** 1 **montre, présentation.** *Exposition d'objets, de marchandises dans une vitrine, à une devanture. Local, salle d'exposition.* ➤ ANGLIC. **show-room** (cf. RÉGION. Salle de montre*). — LITURG. *Exposition du Saint-Sacrement* : action d'exposer l'hostie consacrée dans l'ostensoir. ◆ ANC. DR. PÉN. *Exposition d'un criminel, exposition publique.* ➤ 1 **carcan, pilori.** ■ **2** (1797) Présentation publique (d'œuvres d'art). *Exposition de peinture, de sculpture, de photographies.* ➤ **galerie** (d'art), **salon.** *Exposition des œuvres de Van Gogh ;* ELLIPT *l'exposition Van Gogh. Inauguration d'une exposition.* ➤ **vernissage.** *Commissaire* d'exposition. Fréquenter les expositions et les musées*.* ◆ PAR EXT. Présentation publique de documents, d'objets se rapportant à un thème. *Exposition sur l'évolution du costume.* ELLIPT *Exposition Rimbaud.* ◆ (1565) Grande manifestation présentant les produits et les activités économiques d'un ou plusieurs pays. ➤ 1 **foire, salon.** *Exposition internationale. Exposition coloniale. «l'Exposition universelle* [de 1889], *qui a montré au monde* [...] *la force, la vitalité, l'activité et la richesse inépuisable de ce pays surprenant : la France»* MAUPASSANT. *Participants d'une exposition.* ➤ **exposant.** *Les stands d'une exposition. Le parc des expositions d'une grande ville. Exposition-vente. Foire*-exposition.* — ABRÉV. FAM. **EXPO** [ɛkspo]. *Des expos.* ■ **3** FIG. Action de faire connaître, d'expliquer. ➤ **explication, exposé, narration, récit.** *«L'Exposition du système du monde», ouvrage de Laplace* (1797). ◆ Partie initiale d'une œuvre littéraire et SPÉCIALT dramatique, où l'auteur fait connaître les circonstances et les personnages de l'action, les principaux faits qui ont préparé cette action. ➤ **argument, protase.** *«l'histoire demande le même art que la tragédie, une exposition, un nœud, un dénouement»* VOLTAIRE. ◆ MUS. Dans une fugue, un morceau écrit dans la forme sonate, Partie où les idées, les thèmes principaux sont présentés. *Première, seconde exposition.* ■ **4** Situation (d'un édifice, d'un terrain) par rapport à une direction donnée. ➤ **orientation, situation.** *Exposition d'un bâtiment, d'une façade à l'ouest. Cet appartement a une bonne exposition.* ➤ **ensoleillement.** ■ **5** Action de soumettre à l'action de. *Évitez les expositions prolongées au soleil.* — PHOTOGR. *Exposition du papier à la lumière dans le tirage des épreuves. Durée d'exposition.* — SPÉCIALT PHYS. Quantité d'éclairement* reçue par une surface pendant un certain temps. *Exposition en radiothérapie.* ➤ **dose.** ■ **6** RARE (PERSONNES) Le fait d'être exposé (I, B, 2°). *«l'Église condamne vigoureusement l'exposition des enfants, l'avortement et l'infanticide»* É. BADINTER. ■ CONTR. Dissimulation. 1 Défense, protection.

1 **EXPRÈS, ESSE** [ɛksprɛs] adj. – 1265 ◇ latin *expressus,* p. p. de *exprimere* «exprimer» ■ **1** VX ou DR. Qui exprime formellement la pensée, la volonté de qqn. ➤ **explicite, formel.** *Condition expresse d'un contrat. Défense expresse de...* ■ **2** Qui est chargé spécialement de transmettre la pensée, la volonté de qqn. VX *Courrier, messager exprès.* SUBST. *Un exprès* : un envoyé, un messager. *«J'envoie cet exprès pour en avertir madame»* BOSSUET. ◆ MOD. (INV.) *Envoi par exprès* ou *envoi exprès,* distribué dès son arrivée dans le bureau de poste du destinataire (cf. Par porteur* spécial). *Lettre exprès.* SUBST. *Un exprès,* envoi qui porte cette mention. ■ CONTR. Tacite. ■ HOM. Express.

2 **EXPRÈS** [ɛksprɛ] adv. – XIVe, var. *par exprès* ◇ de 1 *exprès* ■ Avec intention spéciale, formelle ; à dessein. ➤ **délibérément, intentionnellement, spécialement, volontairement.** ◆ (Avec un verbe) *Elles sont venues exprès, tout exprès pour vous voir, pour que nous parlions ensemble.* — **FAIRE EXPRÈS.** *Pardon, je ne l'ai pas fait exprès. Il fait exprès de vous contredire. C'est fait exprès,* ou FAM. *c'est exprès* : c'est voulu, intentionnel (cf. FAM. C'est fait pour* [II, 3°]). — PAR EXT. *Fait exprès* : parfaitement adapté. *Ce fut «une jolie traversée. J'eus toujours un temps fait exprès»* VIGNY. ◆ ELLIPT **UN FAIT EXPRÈS** [fɛtɛksprɛ] n. m. : coïncidence généralement fâcheuse qui, bien que due au hasard, semble spécialement préparée. *On dirait un fait exprès, le seul livre*

dont j'ai besoin n'est pas en librairie. Nous étions pressés et, comme un fait exprès (ou *comme par un fait exprès*), *le train avait du retard.* ■ CONTR. Involontairement, malgré (soi).

1 **EXPRESS** [ɛkspʀɛs] adj. et n. m. – 1849 ◊ mot anglais, du français 1 *exprès*

I adj. ■ **1** Qui assure un déplacement ou un service rapide. *Train express,* qui ne s'arrête qu'à un petit nombre de stations (cf. ci-dessous II). *Le réseau express régional.* ➤ **R. E. R.** — PAR EXT. *Routes, voies express,* dont les chaussées sont à sens unique (ce qui permet une circulation plus rapide), et interdites à certains véhicules lents. *La voie express rive droite* (le long de la Seine à Paris). ■ **2** Qui a été exécuté à la hâte ; qui se fait, se prépare rapidement. *Un repas express.* ➤ **minute.**

II n. m. VIEILLI Train express. *Des express. Prendre l'express de vingt heures. L'Orient*-Express.*

■ HOM. 1 Exprès.

2 **EXPRESS** [ɛkspʀɛs] adj. et n. m. – 1957 ◊ de l'italien *(caffè) espresso,* d'après l'anglais ■ **1** *Café express,* fait à la vapeur, à l'aide d'un percolateur. ■ **2** n. m. plus cour. Café préparé de cette manière. ➤ **expresso.** *Boire deux express. Un express serré.*

EXPRESSÉMENT [ɛkspʀesemɑ̃] adv. – XIIe ◊ de 1 *exprès* ■ **1** En termes exprès, formels. ➤ **explicitement, nettement, précisément.** *« Il défendit expressément qu'on touchât à rien »* FRANCE. ■ **2** Avec une intention, une volonté spéciale bien déterminée. ➤ 2 **exprès.** *« Les tas de sable des squares sont faits expressément pour que les enfants y montent »* MONTHERLANT.

■ CONTR. Tacitement.

EXPRESSIF, IVE [ɛkspʀesif, iv] adj. – 1483, repris début XVIIIe ◊ de *expression* ■ **1** Qui exprime bien ce qu'on veut exprimer, faire entendre. *Un terme particulièrement expressif. Un langage riche et expressif.* ➤ **coloré.** *Un geste, un silence expressif.* ➤ **démonstratif, éloquent, parlant, significatif ; mimique.** *« Toute musique expressive, descriptive, suggestive [...] était taxée d'impure »* R. ROLLAND. ■ **2** Qui a beaucoup d'expression, de vivacité. ➤ **animé, mobile,** 2 **vivant.** *Une physionomie expressive. Une mélodie populaire, plus expressive que savante.* ■ CONTR. Inexpressif. Figé, 1 morne.

EXPRESSION [ɛkspʀesjɔ̃] n. f. – début XIVe, au sens concret et technique (III) ◊ du latin *expressio* « action de presser » et « expression de la pensée », famille de *premere* « serrer, presser » → presser

I ACTION OU MANIÈRE D'EXPRIMER, DE S'EXPRIMER *L'expression d'un sentiment, d'une sensation, d'un évènement vécu.* ➤ **extériorisation.** *Le langage a deux fonctions essentielles, l'expression et la communication.* **A.** (LE MOYEN D'EXPRESSION EST LE LANGAGE) ■ **1** (début XVIIe) Le fait d'exprimer par le langage. *Revendiquer la libre expression de la pensée, des opinions de chacun. Liberté d'expression. Le droit d'expression des salariés dans l'entreprise. « Notre langue s'oppose très souvent à une expression immédiate de la pensée »* VALÉRY. — *Au-delà de toute expression* : d'une manière inexprimable. ➤ **extrêmement.** *Ce travail l'ennuie au-delà de toute expression.* — (Formule de politesse) *Veuillez agréer l'expression de mes sentiments distingués.* ◆ (1547) Manière de s'exprimer. *Expression écrite, orale. Auteur canadien d'expression française,* francophone. ➤ **langue.** ■ **2** Ce qui est dit, exprimé par le langage (mot ou groupe de mots). ➤ **énoncé ; locution, mot, terme,** 3 **tour,** 1 **tournure.** *Expression propre à une langue.* ➤ **idiotisme.** *Expression adoucie.* ➤ **euphémisme.** *Selon, suivant sa propre expression* : d'après ce qu'il a dit lui-même. *« Entre toutes les différentes expressions qui peuvent rendre une seule de nos pensées, il n'y en a qu'une qui soit la bonne »* LA BRUYÈRE. *« En causant, elle avait le don du mot propre, le goût de l'expression exacte et choisie ; l'expression vulgaire et triviale lui faisait mal et dégoût »* SAINTE-BEUVE. *Passez*-moi l'expression.* — SPÉCIALT Groupe de mots employés ensemble avec un sens particulier. ➤ **locution.** *Expression familière, populaire, argotique. Expression figurée.* ➤ **figure, image, métaphore, symbole.** *Expression toute faite.* ➤ **cliché, formule.** ■ **3** LING. Partie sensible (d'un signe). ➤ **signifiant.** *L'expression et le contenu.* ■ **4** MATH. Formule par laquelle on exprime une valeur, un système. *Expression algébrique. Expressions rationnelles, irrationnelles.* ◆ *Réduire une fraction, une équation à sa plus simple expression.* LOC. FIG. *Réduire à sa plus simple expression,* réduire (qqch.) à la forme la plus simple, élémentaire.

B. (LE MOYEN D'EXPRESSION EST L'ART) ■ **1** Le fait d'exprimer, de s'exprimer par l'art. ➤ **style.** *L'inspiration et l'expression. L'expression littéraire, picturale, plastique, musicale. « L'exactitude d'expression est, à mon sens, une exigence en littérature »* MITTERRAND. *« Parmi les différentes expressions de l'art plastique, l'eau-forte est celle qui se rapproche le plus de l'expression littéraire »* BAUDELAIRE. *« Le moyen de reproduction du cinéma, c'est la photo qui bouge, mais son moyen d'expression, c'est la succession des plans »* MALRAUX. ■ **2** L'EXPRESSION. Qualité d'un artiste ou d'une œuvre d'art qui exprime qqch. avec force et vivacité. *Portrait, masque remarquables par l'expression, pleins d'expression. Tableau qui manque d'expression. — Musique pleine d'expression. Ce pianiste joue avec beaucoup d'expression.* ➤ **chaleur.**

C. LE FAIT D'EXPRIMER (LES ÉMOTIONS, LES SENTIMENTS) PAR LE COMPORTEMENT EXTÉRIEUR (1766) Ensemble des signes apparents, particulièrement sur le visage, par lesquels se manifeste un état affectif ou un caractère. ➤ 2 **air,** 1 **mine.** *Une expression de surprise passa sur son visage. « Relevez seulement un des coins de la bouche, l'expression devient ironique, et le visage vous plaira moins »* DIDEROT. *« L'expression indifférente, obtuse de son visage, ou plutôt son inexpressivité absolue »* GIDE. — *Elle a les mêmes expressions que sa mère.* ➤ **mimique.** ◆ **L'EXPRESSION.** Animation, aptitude à manifester vivement ce qui est ressenti. ➤ **caractère, vie.** *Un sourire plein d'expression* (➤ **expressif**). *« Ses yeux, petits et sans expression, avaient un air toujours le même »* STENDHAL.

D. APTITUDE DE L'ÊTRE HUMAIN À S'EXPRIMER, PAR RAPPORT À LA COMMUNAUTÉ ET À LUI-MÊME *Activités, techniques d'expression en pédagogie. Expression libre* (dans la pédagogie de Freinet). ◆ (Avec un adj. qualifiant le moyen d'expression) *Expression ludique. Expression corporelle* : techniques et pratiques d'expression mettant en jeu le corps. *Expression dramatique* : moyens de développement ou d'enrichissement de l'expression par le théâtre.

II CE PAR QUOI QQN OU QQCH. S'EXPRIME, SE MANIFESTE ➤ **écho.** *La faim est l'expression d'un besoin.* ➤ **manifestation.** *La loi est l'expression de la volonté générale.* ➤ **émanation.** *« La littérature actuelle peut être en partie le résultat de la révolution, sans en être l'expression »* HUGO. — (PERSONNES) *Roland est la plus pure expression de la chevalerie féodale.* ➤ **incarnation, personnification.** *« Delacroix est la dernière expression du progrès dans l'art »* BAUDELAIRE.

III SENS TECHNIQUE (début XIVe) Action de faire sortir (un liquide) par pression (➤ **exprimer,** III). *L'expression des huiles essentielles, en parfumerie. Expression à froid.*

IV EN GÉNÉTIQUE (de l'anglais *expression,* de même origine) Ensemble des processus par lesquels un gène est transcrit en ARN messager* et ce dernier traduit en protéine. *Expression d'un gène. Taux, vecteur d'expression.*

■ CONTR. Mutisme, silence. Impassibilité ; froideur.

EXPRESSIONNISME [ɛkspʀesjɔnism] n. m. – 1921 ◊ de *expression* ■ Forme d'art faisant consister la valeur de la représentation dans l'intensité de l'expression (d'abord en peinture). *L'expressionnisme allemand, flamand.* — PAR EXT. *L'expressionnisme dans le ballet, au théâtre, au cinéma. « Sur le plan technique, l'expressionnisme évolua sans perdre son principe : une vision subjective du monde [...] L'emploi expressif de la lumière devint la marque du cinéma allemand, expressionniste ou non »* SADOUL.

EXPRESSIONNISTE [ɛkspʀesjɔnist] adj. et n. – 1904 ◊ de *expression* ■ Qui s'inspire de l'expressionnisme. *Peinture, toile, peintre expressionniste.* — n. Artiste expressionniste. *« De Van Gogh à Rouault, en passant par les expressionnistes flamands et germaniques, la volonté d'expression est domestiquée par la volonté du style »* MALRAUX.

EXPRESSISTE [ɛkspʀesist] n. m. – 1998 ◊ de 1 *express* ■ COMM. Entreprise de messagerie express internationale, spécialisée dans l'acheminement rapide de documents et colis.

EXPRESSIVEMENT [ɛkspʀesivmɑ̃] adv. – avant 1825 ◊ de *expressif* ■ RARE D'une manière expressive.

EXPRESSIVITÉ [ɛkspʀesivite] n. f. – 1910 ◊ de *expressif* ■ DIDACT. Caractère expressif. *L'expressivité d'un regard.* — SPÉCIALT Caractère expressif (d'un procédé de langage). *L'expressivité de l'intonation, d'une tournure syntaxique.*

EXPRESSO [ɛkspʀeso] n. m. – 1968 ◊ italien *espresso* avec influence de 2 *express* ■ Café express. *« la machine à expressos dont l'eau sous pression s'échapperait »* J. ALMIRA. ➤ **percolateur.**

EXPRIMABLE [ɛkspʀimabl] adj. – 1599 ◊ de *exprimer* ■ Qui peut être exprimé. *« la nature n'a pas juré de ne nous offrir que des objets exprimables par des formes simples de langage »* VALÉRY. *Une nuance, un sentiment difficilement exprimable.* ➤ **traduisible.** ■ CONTR. Inexprimable.

EXPRIMER [ɛkspʀime] v. tr. ⟨1⟩ – fin XIVe ◊ du latin *exprimere,* famille de *premere* → presser

II RENDRE SENSIBLE PAR UN SIGNE ▪ **1** (fin XIVe) Faire connaître par le langage. *Exprimer sa pensée clairement, en termes non équivoques. Je ne sais comment vous exprimer ma reconnaissance.* ➤ **prouver.** *« Une espèce de délicatesse morale qui empêche d'exprimer les sentiments trop profonds »* PROUST. ♦ *Mots, termes, locutions, tournures qui expriment une idée, une nuance.* ➤ **rendre, signifier, traduire ; expression.** ▪ **2** VX Définir, représenter (une chose, un évènement). ➤ **énoncer, expliquer.** ▪ **3** SC. Servir à noter (une quantité, une relation). *Le signe = exprime l'égalité. « Ces équations expriment des rapports et, si les équations restent vraies, c'est que ces rapports conservent leur réalité »* POINCARÉ. *Forces exprimées en unités du système international.* ▪ **4** Rendre sensible, faire connaître par le moyen de l'art. *L'artiste exprime son univers intérieur.* ➤ **peindre, représenter.** *« Voir, sentir, exprimer, – tout l'art est là ! »* GONCOURT. *« la poésie, qui n'a jamais su exprimer le bonheur comme elle exprime la douleur »* LAMARTINE. *« Gavarni saisit toutes ces nuances, et il les exprime d'un crayon rapide et facile »* GAUTIER. ▪ **5** Rendre sensible par le comportement. ➤ **extérioriser, manifester.** *Exprimer son mécontentement en fronçant les sourcils. « Que de choses on peut exprimer avec la main, avec la tête, avec les épaules ! »* R. BRESSON. ♦ (1645) (Visage, gestes, apparence) *Regard qui exprime l'étonnement, l'admiration. Tout en lui exprime la franchise.* ➤ **respirer.** ♦ Rendre sensible en tant que symbole. *Les rêves expriment certaines tendances refoulées.*

III S'EXPRIMER v. pron. ▪ **1** (RÉFL.) Manifester sa pensée, ses sentiments (par le langage, les gestes, l'art, etc.). *S'exprimer couramment en français, en arabe, dans une langue. Savoir s'exprimer en plusieurs langues. Il s'exprime bien.* ➤ 1 **parler.** *Elle a du mal à s'exprimer. « Je sais si mal m'exprimer que je déçois aussitôt que j'ouvre la bouche »* GIDE. *Dans ce pays, on empêche l'opposition de s'exprimer.* LOC. *Si j'ose m'exprimer ainsi.* ➤ 1 **dire.** — *S'exprimer par gestes, par une mimique.* ➤ **mimer.** — Se manifester par l'art. *Son génie s'exprime librement, audacieusement.* ♦ Manifester sa personnalité, ses tendances (plus ou moins bien). *« Il me semble parfois qu'écrire empêche de vivre, et qu'on peut s'exprimer mieux par des actes que par des mots »* GIDE. — Se manifester librement, agir selon ses tendances profondes. *Laissez cet enfant s'exprimer.* ▪ **2** (PASS.) Être exprimé. *Sensation qui peut s'exprimer.* ➤ **exprimable.** *Ces résultats s'expriment par une simple formule mathématique.*

III LITTÉR. ou **TECHN.** (1595) Faire sortir par pression (un liquide). ➤ **extraire.** *Exprimer le jus d'un citron.*

IV EN BIOLOGIE (d'après l'anglais *to express*) Procéder à l'expression génétique de. ➤ aussi **surexprimer.** *Une cellule n'exprime pas tous les gènes de son génome.* ♦ **v. pron.** Se manifester au niveau du phénotype. — Être transcrit, puis traduit en protéine (gène). — **p. p. adj.** *Information génétique exprimée. ADN exprimé.*

▪ CONTR. Cacher, celer, dissimuler, taire.

EX PROFESSO [ɛkspʀɔfeso] **loc. adv.** – 1612 ◇ loc. latine « ouvertement », sens influencé par *professeur* ▪ En personne compétente, qui connaît parfaitement son sujet. *Il a traité cette matière ex professo.*

EXPROMISSION [ɛkspʀɔmisjɔ̃] **n. f.** – 1585 ◇ latin *expromissio*, de *ex* et *promissio* « promesse » ▪ DR. ROM. Le fait de s'engager comme nouveau débiteur, sans accord préalable avec l'ancien débiteur.

EXPROPRIANT, IANTE [ɛkspʀɔpʀijɑ̃, ijɑ̃t] **adj.** – 1935 ◇ de *exproprier* ▪ DR. Qui exproprie. *L'administration expropriante.* — SUBST. *Un(e) expropriant(e).* — On dit aussi **EXPROPRIATEUR, TRICE n.** et **adj.**

EXPROPRIATION [ɛkspʀɔpʀijasjɔ̃] **n. f.** – 1789 ◇ de *exproprier* ▪ DR. Action d'exproprier. ▪ **1** DR. CIV. *Expropriation forcée.* ➤ **exécution, saisie.** ▪ **2** Opération administrative par laquelle le propriétaire d'un immeuble est obligé d'abandonner à l'Administration la propriété de son bien moyennant indemnité, lorsque l'utilité publique l'exige (➤ **alignement**). *L'expropriation d'une personne,* et PAR EXT. *Expropriation d'une maison, d'un terrain. Être touché par une expropriation. L'expropriation pour cause d'utilité publique. Procédure de l'expropriation :* déclaration d'utilité publique, arrêté de cessibilité, ordonnance d'expropriation, fixation d'indemnité. *Juge de l'expropriation.*

EXPROPRIER [ɛkspʀɔpʀije] **v. tr.** ‹7› – 1611 ◇ du latin *proprius*, d'après *approprier* ▪ DR. Déposséder légalement (qqn) de la propriété d'un bien. ➤ **expropriation.** ▪ **1** DR. CIV. *Exproprier un débiteur.* ➤ **exécuter, saisir.** ▪ **2** COUR. (contexte administratif) *Exproprier qqn pour cause d'utilité publique. « C'est un bien sacré, dont je n'entends pas qu'on m'exproprie »* VILLIERS. *Se faire exproprier.* — PAR EXT. *Exproprier des immeubles. Propriétaire, immeuble exproprié.* — SUBST. (1865) *Indemnisation des expropriés.*

EXPULSÉ, ÉE [ɛkspylse] **adj.** – 1690 ◇ de *expulser* ▪ Chassé par une expulsion. *Étranger expulsé. Locataire expulsé.* — SUBST. *Des expulsés.*

EXPULSER [ɛkspylse] **v. tr.** ‹1› – v. 1460 ◇ latin *expulsare*, de *pellere* « pousser » ▪ **1** Chasser par la loi (qqn) du lieu où il était établi. ➤ **expulsion.** *Expulser des squatteurs manu militari. Expulser un locataire.* ➤ **déloger.** *Expulser qqn de son pays.* ➤ **bannir, exiler, expatrier.** *Expulser un criminel.* ➤ **extrader.** *Expulser des étrangers en situation irrégulière* (cf. Reconduire* à la frontière). ♦ PAR EXT. Faire sortir (qqn) avec violence, impérativement. ➤ **chasser.** *Le président a fait expulser les manifestants.* ➤ **évacuer.** *Des « ivrognes expulsés des cafés emplissaient les rues »* CAMUS. ➤ FAM. **éjecter, jarter, vider, virer.** ♦ Exclure d'une assemblée, d'un groupe (➤ **exclure, renvoyer ; épurer**), d'un pays (➤ **extrader**). *Expulser un élève d'un établissement scolaire.* ▪ **2** Faire évacuer (qqch.) de l'organisme. ➤ **éliminer, évacuer.** ▪ CONTR. Accueillir, admettre, recevoir.

EXPULSIF, IVE [ɛkspylsif, iv] **adj.** – 1309 ◇ de *expulsion* ▪ MÉD. Qui accompagne ou favorise l'expulsion (2°). *Gingivite expulsive,* entraînant le déchaussement des dents.

EXPULSION [ɛkspylsjɔ̃] **n. f.** – 1309 ◇ latin *expulsio* → expulser ▪ Action d'expulser ; son résultat. ▪ **1** Action d'expulser (qqn) d'un lieu où il était établi. *Expulsion d'une personne hors de sa patrie.* ➤ **bannissement, exil, expatriation.** *L'expulsion des religieuses de Port-Royal, au XVIIe siècle.* — *Expulsion d'un locataire qui ne paie pas son loyer. Expulsion d'un étranger,* prononcée contre lui quand on estime que sa présence sur le territoire national constitue une menace pour l'ordre public. ➤ **reconduite** (à la frontière). *Arrêté, procédure d'expulsion.* ♦ Action de faire sortir d'un endroit. *L'expulsion d'un contradicteur dans une réunion.* ♦ Action d'exclure d'un groupe, d'une assemblée. ➤ **exclusion ; éviction,** 2 **rejet, renvoi.** *Expulsion de membres indisciplinés.* ▪ **2** Action d'expulser de l'organisme. ➤ **élimination, évacuation, expectoration.** *Expulsion de calculs. Expulsion du placenta après l'accouchement.* ➤ **délivrance.** — ABSOLT Phase de l'accouchement au cours de laquelle l'enfant sort du corps de la mère. *Expulsion et délivrance.* ▪ CONTR. Accueil, admission, appel. Convocation. Rétention.

EXPURGER [ɛkspyʀʒe] **v. tr.** ‹3› – 1503 ; « épurer » v. 1370 ◇ du latin *expurgare* → purger ▪ Abréger (un texte) en éliminant ce qui est contraire à une morale, à un dogme. ➤ **corriger, couper, épurer.** *Expurger un auteur, un livre destiné aux enfants. La censure a expurgé le scénario de ce film.* ➤ **châtrer** (FIG.), **mutiler.** — **p. p. adj.** *Édition expurgée.* PAR EXT. *Une théorie expurgée.* — **n. f. EXPURGATION** [ɛkspyʀgasjɔ̃], 1795.

EXQUIS, ISE [ɛkski, iz] **adj.** – 1393 ◇ latin *exquisitus* « recherché », ancien français *esquis*, p. p. du v. *esquerre* « rechercher », du latin *exquærere* ▪ **1** VX Remarquable dans son genre. ➤ **extraordinaire, raffiné, rare.** *Des « supplices exquis »* BOSSUET. — MOD. MÉD. *Douleur exquise,* vive et nettement localisée. ♦ VX ou LITTÉR. (objets matériels) ➤ **précieux.** *« Une rose d'automne est plus qu'une autre exquise »* AUBIGNÉ. ▪ **2** FIG. ; VIEILLI ou LITTÉR. ➤ **excellent, parfait.** *Choix exquis.* ➤ **judicieux.** *Idées exquises.* — (PERSONNES) Admirable, remarquable. ▪ **3** MOD. Qui est d'une délicatesse recherchée, raffinée. ➤ **délicat, raffiné.** *Avec une politesse exquise. « Ils veulent savourer des sensations exquises ; ils ne peuvent se contenter de sensations ternes »* TAINE. ▪ **4** (XVIe) COUR. Qui produit une impression très agréable par sa délicatesse. ➤ **délicieux.** *Mets exquis, nourriture exquise.* ➤ **délectable, savoureux.** *Un morceau exquis* (cf. Un morceau de roi*). *C'est exquis. Arabesques, courbes exquises.* ➤ **ravissant.** *Teint d'une fraîcheur exquise.* — *Un être exquis d'élégance et de beauté. Moue exquise.* ➤ **adorable, aimable, charmant, délicieux.** *Une personne exquise.* ➤ **attentionné, prévenant.** *« Le sourire exquis des hommes tristes qui sourient rarement »* FRANCE. — *Sensation, impression exquise.* ➤ **doux.** *Heure, journée exquise.* — SUBST. *L'exquis :* ce qui est exquis. ▪ CONTR. Commun, ordinaire ; imparfait. Vulgaire. 1 Amer, détestable, exécrable, mauvais, médiocre ; laid ; désagréable, repoussant.

EXQUISÉMENT [ɛkskizemɑ̃] **adv.** – *exquisement* 1507 ◇ de *exquis* ▪ LITTÉR. D'une manière exquise. *« L'air était exquisément tiède »* R. ROLLAND.

EXQUISITÉ [ɛkskizite] **n. f.** – 1855 ◇ de *exquis* ■ RARE Qualité de ce qui est exquis. « *Il était beau, léger comme une bulle, bondissant comme un petit cheval, et mettant de l'exquisité dans le cœur* » MONTHERLANT.

EXSANGUE [ɛksɑ̃g ; ɛgzɑ̃g] **adj.** – 1549 ◇ latin *exsanguis*, de *sanguis* ■ **1** MÉD. Qui a perdu beaucoup de sang. *Organe exsangue. Blessé exsangue.* ■ **2** PAR EXT. LITTÉR. Très pâle (parties colorées du corps). ➤ **anémique, blafard, blême, cadavérique, livide, pâle.** *Lèvres exsangues.* « *Sa face exsangue au nez pointu de moribond* » VERLAINE. « *Toute humanité s'était effacée de ce front pâle, de cette bouche exsangue* » GREEN. ■ **3** FIG. Vidé de sa substance, de sa force. *Une littérature, un art exsangue.* ■ CONTR. Pléthorique, sanguin ; enluminé, rubicond. Vigoureux.

EXSANGUINOTRANSFUSION [ɛksɑ̃ginotʀɑ̃sfyzjɔ̃] **n. f.** – 1953 ◇ du latin *exsanguis* (→ exsangue) et *transfusion* ■ MÉD. Opération par laquelle on remplace le sang d'un sujet par celui d'autres individus du même groupe sanguin. *Exsanguinotransfusion d'un nouveau-né.* — On écrit aussi *exsanguino-transfusion*.

EXSTROPHIE [ɛkstʀɔfi] **n. f.** – 1867 ◇ de 1*ex-* et du grec *strophê* « retournement » ■ MÉD. Anomalie de conformation d'un organe membraneux renversé de telle manière que sa muqueuse est à nu. *Exstrophie de la vessie.*

EXSUDAT [ɛksyda] **n. m.** – 1855 ◇ de *exsudation* ■ MÉD. Liquide organique qui suinte au niveau d'une surface enflammée, qui passe dans les tissus à travers les parois de vaisseaux et contient de nombreux leucocytes. *Exsudat séreux, fibrineux, muqueux.* ♦ PAR ANAL. BOT. Excrétion élaborée par un végétal et libérée dans le milieu.

EXSUDATION [ɛksydasjɔ̃] **n. f.** – 1755 ◇ latin *exsudatio* ■ **1** MÉD. Suintement (d'un liquide organique) à travers la paroi d'une cavité naturelle ; SPÉCIALT Passage de liquides provenant du sang à travers les parois vasculaires. ➤ **extravasation.** ■ **2** VX Transpiration. ♦ ARBOR. Suintement (de gomme, résine).

EXSUDER [ɛksyde] **v.** ‹1› – 1560 ◇ latin *exsudare*, de *sudare* « suer » ■ DIDACT. ■ **1 v. intr.** Sortir à la façon de la sueur. ➤ **suinter.** ■ **2 v. tr.** Émettre par suintement. ➤ **distiller, sécréter.** *Arbre qui exsude de la gomme, de la résine.* ♦ FIG. et LITTÉR. *Une joie « que la terre exsude à l'appel du soleil »* GIDE.

EXTASE [ɛkstɑz] **n. f.** – v. 1470 ◇ latin ecclésiastique *extasis* ou *ecstasis*, grec ecclésiastique *extasis* « action d'être hors de soi » ■ **1** LITTÉR. État dans lequel une personne se trouve comme transportée hors de soi et du monde sensible. *Je me perdais « dans les moments d'extases physiques ou affectives, dans l'enchantement du souvenir »* BEAUVOIR. ♦ SPÉCIALT *Extase mystique.* ➤ **contemplation, ravissement, transport, vision.** *Tomber en extase.* ♦ PATHOL. Se dit d'états provoqués par un déséquilibre nerveux qui présentent certains aspects de l'extase mystique (immobilité, inaccessibilité sensorielle, expression de joie sublime). ■ **2** (1669) COUR. État d'exaltation provoqué par une joie ou une admiration extrême qui absorbe tout autre sentiment. ➤ **béatitude, émerveillement, enivrement, exaltation, félicité, ivresse, ravissement.** « *Cette étourdissante extase à laquelle mon esprit se livrait sans retenue* » ROUSSEAU. ♦ Vive admiration. *Tomber, être en extase devant qqn, qqch.* ➤ **s'extasier.** *Regarder qqn, qqch. avec extase.*

EXTASIER (S') [ɛkstɑzje] **v. pron.** ‹7› – 1600 ◇ de *extasie*, var. de *extase* ■ **1** VX Tomber dans une extase (mystique ou maladive). ■ **2** (1674) Manifester par des démonstrations de joie, d'enthousiasme son admiration, son émerveillement. ➤ **s'émerveiller,** se **pâmer.** *S'extasier devant qqch., qqn. « On s'extasia beaucoup sur le savoir de la petite Fadette »* SAND. *Il n'y a pas de quoi s'extasier.* ♦ **EXTASIÉ, IÉE p. p. adj.** « *Il avait le visage extasié, ensoleillé, fendu par un sourire de bonheur* » DUHAMEL. ➤ **radieux.** ■ CONTR. Décrier, désapprouver.

EXTATIQUE [ɛkstatik] **adj.** – 1546 ◇ grec *extatikos*, de *extasis* → extase ■ **1** Qui a le caractère de l'extase. *Transport, ravissement, vision extatique. « Cet état extatique où le pressentiment équivaut à la vision des Voyants »* BALZAC. *Les attitudes extatiques des grands mystiques.* — **n.** « *Son attitude était celle d'un extatique, d'un somnambule qui dort les yeux ouverts* » GAUTIER. ■ **2** Qui est ravi, en extase. *Personne, air extatique.* ➤ **extasié.**

EXTEMPORANÉ, ÉE [ɛkstɑ̃pɔʀane] **adj.** – 1527 ◇ bas latin *extemporaneus*, synonyme du latin classique *extemporalis* « improvisé » ■ **1** PHARM. Que l'on fabrique au moment du besoin. *Préparation magistrale extemporanée* (opposé à *officinal*). ■ **2** MÉD. Qui se fait à l'instant même. *Analyse histologique, ponction extemporanée*, qui se fait au cours d'une opération.

EXTENSEUR [ɛkstɑ̃sœʀ] **adj. m.** et **n. m.** – 1654 ◇ de *extension* ■ **1** ANAT. Qui sert à étendre. *Muscles extenseurs* (opposé à *muscles fléchisseurs*). **n. m.** *L'extenseur commun des doigts.* ■ **2 n. m.** (1901) Appareil composé de plusieurs câbles élastiques (ou d'une bande élastique) et de deux poignées, utilisé pour les exercices de musculation. ➤ **exerciseur.**

EXTENSIBILITÉ [ɛkstɑ̃sibilite] **n. f.** – 1732 ◇ de *extensible* ■ Qualité de ce qui est extensible. *Extensibilité de certains métaux* (➤ **ductilité**), *de fibres végétales.*

EXTENSIBLE [ɛkstɑ̃sibl] **adj.** – 1390, repris 1762 ◇ de *extension* ■ **1** Susceptible de s'étendre, de s'étirer (➤ **extension**). *L'or, métal extensible.* ➤ **ductile, malléable.** *Le caoutchouc, matière extensible qui peut reprendre sa forme.* ➤ **élastique.** *Extensible en hauteur. Maille extensible.* — ANAT. *Organes extensibles.* ■ **2** FIG. Qui peut augmenter, prendre de l'extension selon les besoins. *Budget extensible.* ➤ **élastique.** *Garantie extensible.* ■ **3** (ABSTRAIT) Qui, par sa généralité, sa souplesse peut s'appliquer à plusieurs choses, englober d'autres choses. *Idées, jugements, définitions extensibles. « Leur formule d'appréciation est la plus commode, la plus extensible, la plus malléable [...] qu'un critique ait jamais pu imaginer »* GAUTIER. ■ CONTR. Inextensible.

EXTENSIF, IVE [ɛkstɑ̃sif, iv] **adj.** – 1520 ◇ du radical de *extension* ■ **1** DIDACT. Qui produit l'extension. *Force extensive.* ■ **2** (1859) *Culture extensive*, qui met à profit la fertilité naturelle du sol, sur de grandes surfaces (avec repos périodique de la terre et rendement assez faible). *Substitution des cultures intensives* aux cultures extensives.* ■ **3** (1834) LOG., LING. Qui marque une extension (4°). *Signification extensive d'un mot. Mot pris dans un sens extensif.* ➤ **large.** ■ **4** PHILOS. Qui a rapport à l'étendue (➤ **extension,** 5°). ■ CONTR. Intensif. Étroit, restreint.

EXTENSION [ɛkstɑ̃sjɔ̃] **n. f.** – 1361 ◇ bas latin *extensio*, de *extendere* « étendre » ■ **1** DIDACT. Action de se développer dans le sens de la longueur ; son résultat. « *Une matière ductile qui par son extension devient un filet herbacé* » BUFFON. ➤ **allongement, croissance, développement.** *Extension mécanique, par traction.* ♦ COUR. Mouvement par lequel on étend un membre. ➤ **déploiement.** *Mouvements d'extension et de flexion.* ♦ MÉD. Traction mécanique opérée sur une partie luxée ou fracturée pour la ramener à sa position naturelle. *Après l'opération on pratiquera l'extension de la jambe à l'aide de poids.* ♦ TECHN. *Calcul de la résistance à la rupture par extension. Ressort en extension.* ♦ PAR MÉTON. *Extensions (de cheveux)* : mèches postiches fixées sur la chevelure pour la faire paraître plus fournie, plus longue. ■ **2** Action de donner (à qqch.) une plus grande étendue dans l'espace ; fait de s'étendre dans l'espace. ➤ **augmentation*.** *L'extension du volume d'un corps.* ➤ **dilatation.** *Extension d'un sinistre, d'une épidémie.* ➤ **développement, propagation.** « *Les foyers d'infection sont en extension croissante* » CAMUS. ♦ FIG. Action de prendre plus d'importance, d'ampleur. *L'extension de son pouvoir, de son autorité. Donner de l'extension à une affaire. « La maison avait bientôt pris une extension considérable »* GIDE. ➤ **essor, expansion.** ♦ Ce qui résulte de cette action. « *Le groupe social était une extension de la famille* » RENAN. ➤ **prolongement.** ■ **3** Action de donner à qqch. une portée plus générale, la possibilité d'englober un plus grand nombre de choses. *Extension donnée à une loi, à une clause de contrat.* ■ **4** INFORM. *Extension de mémoire* : augmentation de la mémoire d'un ordinateur ; mémoire ainsi ajoutée. *Carte d'extension.* ♦ *Extension de fichier* : suite de caractères qui vient après un nom de fichier, précédée d'un point. ■ **5** LOG. Ensemble des objets concrets ou abstraits auxquels s'applique un concept, une proposition (ensemble des cas où elle est vraie), un signe, un nom (ensemble des objets désignés ; ➤ **étendue**) ou une relation (ensemble des systèmes qui la vérifient) (opposé à *compréhension, intension**). ➤ **dénotation.** *La notion de jaune*, le mot « jaune », *a moins d'extension et plus de compréhension que celle de couleur*, que le mot « couleur ». ♦ LING. Le fait d'acquérir une plus grande extension logique, de s'appliquer à plus d'objets (pour un mot). *Par extension* : par une application à d'autres objets (opposé à *spécialisation*). ➤ aussi **analogie.** ♦ MATH. *Ensemble défini en extension*, défini par l'énumération* de tous ses éléments. ■ **6** PHILOS. L'étendue* considérée comme qualité. ■ CONTR. Contraction, diminution, rétrécissement.

EXTENSIONALITÉ [ɛkstɑ̃sjɔnalite] **n. f.** – XXe ◇ de *extension* ■ LOG. Caractère de ce qui est extensionnel.

EXTENSIONNEL, ELLE [ɛkstɑ̃sjɔnɛl] **adj.** – 1969 ◇ de *extension* ■ LOG. Qui satisfait à la totalité des propriétés définies à l'intérieur d'un champ conceptuel. *Énoncé extensionnel.*

EXTENSO (IN) ➤ **IN EXTENSO**

EXTENSOMÈTRE [ɛkstɑ̃sɔmɛtʀ] **n. m.** – 1903 ◇ du radical de *extension* et *-mètre* ■ TECHN. Instrument qui mesure les déformations produites dans un corps sous l'effet des contraintes mécaniques.

EXTÉNUANT, ANTE [ɛkstenɥɑ̃, ɑ̃t] **adj.** – 1845 ◇ de *exténuer* ■ Qui exténue ; extrêmement fatigant*. ➤ **épuisant, harassant.** *Tâche exténuante.*

EXTÉNUATION [ɛkstenɥasjɔ̃] **n. f.** – *extenuacion* XIVe ◇ latin *extenuatio* ■ LITTÉR. OU DIDACT. Action d'exténuer, de s'exténuer ; son résultat. *État d'exténuation.* ➤ **asthénie, épuisement, fatigue.**

EXTÉNUER [ɛkstenɥe] **v. tr.** ⟨1⟩ – 1344 ◇ latin *extenuare* «rendre mince, affaiblir», de *tenuis* «ténu» ■ **1** VX Rendre mince ; amaigrir, dessécher. — **p. p. adj.** «*Cette malheureuse* [Arachné] *dont tous les membres exténués se défiguraient et se changeaient en araignée*» FÉNELON. ◆ FIG. ; VX et LITTÉR. Amoindrir, réduire beaucoup. «*Ah ! je voudrais exténuer l'ardeur de ce souvenir radieux !*» GIDE. ➤ **atténuer.** ■ **2** (XVIIIe p. p.) MOD. Rendre faible par épuisement des forces. ➤ **affaiblir, anéantir, épuiser, éreinter, fatiguer*.** *Cette longue marche l'a exténué.* «*vous, exténué par les patients travaux de la science*» BALZAC. *Être exténué de fatigue.* — **p. p. adj.** *Sportifs exténués après une épreuve.* ◆ **S'EXTÉNUER v. pron.** *S'exténuer à crier.* «*Louisa, ainsi que lui, s'exténuait tout le jour*» R. ROLLAND.

1 **EXTÉRIEUR, IEURE** [ɛksteʀjœʀ] **adj.** – *exterior* 1447 ◇ latin *exterior,* compar. de *exter* → êtres

I ■ **1 EXTÉRIEUR À :** qui est situé dans l'espace hors de qqch. (cf. En dehors de, hors de). *Point extérieur à un triangle.* ◆ (ABSTRAIT) Qui ne fait pas partie de, ne concerne pas. ➤ **étranger, extrinsèque.** *Des considérations extérieures au sujet. Si «l'artiste choisit, pour des raisons souvent extérieures à l'art, d'exalter la réalité brute»* CAMUS. ■ **2** (Sans compl. ind.) Qui est dehors. *Cour extérieure. Éclairage extérieur. «Dans les quartiers extérieurs, plus peuplés* [...] *que dans le centre de la ville»* CAMUS. ➤ **extra-muros.** — *Activités extérieures de qqn* (hors de son lieu de travail, de son activité principale). ◆ Qui concerne les pays étrangers. *Politique extérieure. Commerce extérieur.* ◆ Qui vient du dehors. *Jugement extérieur.* ■ **3** Qui existe en dehors d'un individu, qui n'appartient pas à la vie intérieure. *Le monde extérieur. La réalité extérieure.* ➤ 1 **objectif.** «*Certains philosophes disent que le monde extérieur n'existe pas et que c'est en nous-même que nous développons notre vie*» PROUST.

II ■ **1** Se dit d'une partie d'un corps qui est en contact direct avec l'espace que ce corps n'occupe pas. ➤ **externe.** *Poche extérieure d'une veste. Isoler les murs extérieurs. Le tracé extérieur d'un dessin,* son contour. *La surface extérieure d'un récipient. Boulevards extérieurs,* sur le pourtour d'une ville. ➤ **périphérique.** ■ **2** Que l'on peut voir du dehors. ➤ **apparent,** 1 **manifeste, visible.** *Aspect extérieur. Signes extérieurs de richesse.* ◆ (Opposé à *psychologique, moral*) ➤ 1 **physique.** *Défauts extérieurs. Manifestation extérieure d'un sentiment par des rires, des pleurs, des gestes.* ➤ **extérioriser ; démonstration, expression.** — PÉJ. *Une politesse extérieure.* ➤ **affecté, superficiel.**

■ CONTR. Intérieur, interne.

2 **EXTÉRIEUR** [ɛksteʀjœʀ] **n. m.** – 1636 ◇ de 1 *extérieur*

I ■ **1** Ce qui est en dehors, qui n'est pas à l'intérieur (d'un objet, d'un groupe, d'un ensemble). ➤ **dehors.** (Plus souvent avec une prép.) *Chambre qui communique avec l'extérieur par une porte-fenêtre. Porte qui s'ouvre vers l'extérieur.* ◆ **À L'EXTÉRIEUR.** *Point à l'extérieur d'une figure. Usines situées à l'extérieur de la ville. Rester à l'extérieur d'un conflit. Faire exécuter un travail à l'extérieur (d'une entreprise),* le sous-traiter. ➤ **externaliser.** *Match joué à l'extérieur,* sur le terrain de l'équipe adverse (par oppos. à *à domicile*). — **DE L'EXTÉRIEUR.** *Regarder de l'extérieur. Inviter des personnes de l'extérieur. Vue de l'extérieur, la maison semble grande. Voir, juger de l'extérieur,* en n'étant pas au sein du débat, de la question (➤ **objectivement**) ou en ne se fiant qu'aux apparences. ■ **2** SPÉCIALT Les pays étrangers. *Relations avec l'extérieur. Nouvelles de l'extérieur.* ■ **3** CIN. *Prises de vues en extérieur,* dehors, en plein air et non en studio. — (1914) *Un extérieur :* une prise de vues hors des studios. *Les extérieurs de ce film ont été tournés en Italie.* ■ **4** Le monde extérieur (opposé à *la conscience*). *Nos sens nous font communiquer avec l'extérieur.* «*Rien n'est venu de l'extérieur ; rien de neuf ne s'observe en dehors de nous*» MAURIAC.

II ■ **1** Partie (d'une chose) en contact direct avec l'espace qui l'environne et visible de cet endroit. *L'extérieur de ce coffret est peint à la main, l'intérieur est doublé de soie. Extérieur délabré d'une maison.* ■ **2** (1669) VIEILLI OU LITTÉR. Apparence (de qqn quant à son habillement, sa tenue, ses manières). ➤ 2 **air, allure, aspect, dehors, figure,** FAM. **look.** *Une personne d'un extérieur agréable. Un extérieur étudié.* ➤ **attitude, façade, masque.** «*Chacun affecte une mine et un extérieur, pour paraître ce qu'il veut qu'on le croie*» LA ROCHEFOUCAULD. — Apparence. *Ne voir que l'extérieur des choses.* ➤ **surface.**

■ CONTR. Intérieur. Dedans.

EXTÉRIEUREMENT [ɛksteʀjœʀmɑ̃] **adv.** – 1470 ◇ de 1 *extérieur* ■ **1** À l'extérieur. *Extérieurement, la maison est très jolie.* ■ **2** Dans les manifestations, les gestes ; en apparence. ➤ **apparemment.** *Il a l'air gai, mais il ne l'est qu'extérieurement.*

■ CONTR. Intérieurement.

EXTÉRIORISATION [ɛksteʀjɔʀizasjɔ̃] **n. f.** – 1897 ◇ de *extérioriser* ■ Action d'extérioriser. *L'extériorisation d'un sentiment.* ➤ **expression.** «*dans ces moments d'extériorisation de ses rêves où il* [Balzac] *enfantait des chefs-d'œuvre*» HENRIOT.

EXTÉRIORISER [ɛksteʀjɔʀize] **v. tr.** ⟨1⟩ – 1870 ◇ de 1 *extérieur* ■ **1** PSYCHOL. Placer en dehors de soi la cause de (ce qu'on éprouve). ■ **2** COUR. Donner une réalité extérieure à (ce qui n'existait que dans la conscience). ➤ **exprimer, manifester, montrer.** *Extérioriser ses sentiments, sa joie.* «*Tout, chez elle, était immédiatement extériorisé, proclamé, déclamé, claironné, projeté au-dehors*» R. GARY. — **S'EXTÉRIORISER v. pron.** *Sa colère ne s'extériorise pas.* ■ CONTR. Intérioriser, refouler, renfermer.

EXTÉRIORITÉ [ɛksteʀjɔʀite] **n. f.** – 1541 ◇ de 1 *extérieur* ■ DIDACT. Caractère de ce qui est extérieur. ◆ Caractère d'apparence objective présenté par ce que nous percevons. «*La Nature, comme dit Hegel si profondément, est extériorité*» SARTRE.

■ CONTR. Intériorité.

EXTERMINATEUR, TRICE [ɛkstɛʀminatœʀ, tʀis] **adj.** et **n.** – XIIIe ◇ latin chrétien *exterminator* → exterminer ■ LITTÉR. Qui extermine. *L'ange exterminateur :* l'ange de la mort. *Rage, fureur exterminatrice.* ◆ **n.** «*les combattants de la première heure ont seuls le droit d'être les exterminateurs de la dernière*» HUGO.

EXTERMINATION [ɛkstɛʀminasjɔ̃] **n. f.** – 1160, rare avant XVIe ◇ latin chrétien *exterminatio* → exterminer ■ Action d'exterminer, de faire périr jusqu'au dernier ; son résultat. ➤ **anéantissement, destruction, massacre.** *Guerre d'extermination,* visant à l'anéantissement d'un peuple ennemi. *L'extermination d'un peuple.* ➤ **génocide.** HIST. *Camp* d'extermination.* — *Risque d'extermination des éléphants.*

EXTERMINER [ɛkstɛʀmine] **v. tr.** ⟨1⟩ – XIIe «dévaster» ◇ latin *exterminare* «chasser», de *terminus* «frontière» ■ **1** Faire périr jusqu'au dernier. ➤ **anéantir, détruire, massacrer, supprimer, tuer.** «*Toute cette tribu fut exterminée, de façon qu'il ne resta pas un des fils de ceux qui se vantaient d'avoir brûlé Rome*» MICHELET. «*Purgez la terre des vaniteux, des niais, des faibles de cœur et d'esprit ; exterminez les crédules, les timides* [...] *et toute société devient impossible*» VALÉRY. ■ **2** PLAISANT Massacrer (une personne). — FIG. «*À pédant, pédant et demi. Qu'il s'avise de parler latin... je l'extermine*» BEAUMARCHAIS. — FAM. et VX **S'EXTERMINER À...** ➤ **s'épuiser.** «*je m'exterminais à travailler*» BALZAC.

EXTERNALISER [ɛkstɛʀnalize] **v. tr.** ⟨1⟩ – 1989 ◇ anglais *to externalize* ■ Confier à une entreprise extérieure (une tâche, une activité secondaire). «*Ils ont externalisé tous les emplois dangereux pour la santé chez des sous-traitants*» M. DUGAIN. — **n. f. EXTERNALISATION** (1987).

EXTERNAT [ɛkstɛʀna] **n. m.** – 1829 ◇ de *externe* ■ **1** École qui ne reçoit que des élèves externes ; régime de l'externe. ■ **2** Fonction d'externe dans les hôpitaux. *À la fin de son externat. L'externat et l'internat.* ■ CONTR. Internat.

EXTERNE [ɛkstɛʀn] **adj.** et **n.** – *esterne* «étranger» XVe ◇ latin *externus,* de *exter* «extérieur» ■ **1** Qui est situé en dehors, se présente au dehors, est tourné vers l'extérieur. ➤ 1 **extérieur, extrinsèque.** *Face, bord externe de qqch. Coin externe de l'œil. Médicament à usage externe,* à appliquer sur les régions superficielles du corps, à ne pas avaler. ➤ **topique.** — GÉOM. *Angles externes,* formés par deux lignes coupées par une sécante et situés à l'extérieur. *Angles alternes*-externes.* — MATH. *Loi de composition* externe.* ■ **2** **n.** (1623) *Un, une* *externe* : élève qui vient suivre les cours d'une école, mais n'y vit pas en pension. *Externe surveillé,* qui reste à l'école après les cours pour travailler à l'étude. *«Je suis maintenant externe libre, ce qui est on ne peut mieux, en attendant que je sois tout à fait parti* [du collège]*»* FLAUBERT. ◆ (1835) Étudiant(e) en médecine ayant effectué plus de trois ans d'études, qui assiste les internes dans le service des hôpitaux. *Externe des hôpitaux* (➤ **externat**). ■ CONTR. Interne, pensionnaire.

EXTÉROCEPTIF, IVE [ɛksteʀosɛptif, iv] **adj.** – 1935 ◇ de l'anglais *exteroceptive* (1906), du latin *exterus* «extérieur» et *capere* «prendre» ■ PHYSIOL. Qui recueille les excitations venues du milieu extérieur. *Réflexe extéroceptif. Sensibilité extéroceptive,* qui a pour organes les sens. ■ CONTR. Proprioceptif.

EXTERRITORIALITÉ [ɛksteʀitɔʀjalite] **n. f.** – 1845 ◇ de 1*ex-* et *territorial* ■ DR. INTERNAT. «Fiction diplomatique... en vertu de laquelle les agents diplomatiques régulièrement accrédités auprès d'un gouvernement étranger sont censés résider dans le pays qu'ils représentent et non sur le territoire où ils exercent leur fonction» (Capitant). ➤ **extraterritorialité.** *Prérogatives d'exterritorialité.* ➤ **immunité, inviolabilité.** ◆ MAR. Privilège qu'ont les navires d'être considérés comme une parcelle de leur pays quand ils sont à l'étranger.

EXTINCTEUR, TRICE [ɛkstɛ̃ktœʀ, tʀis] **adj. et n. m.** – 1862 ; «destructeur» 1719 ◇ du radical de *extinction* ou latin *extinctor* ■ RARE Se dit d'un appareil capable d'éteindre un foyer d'incendie (par projection d'une substance sous pression). — **n. m.** COUR. *Un extincteur à anhydride carbonique, à mousse carbonique.*

EXTINCTION [ɛkstɛ̃ksjɔ̃] **n. f.** – 1374 ◇ latin *exstinctio,* de *exstinguere* «éteindre» ■ **1** Action d'éteindre. *L'extinction d'un feu, d'un incendie.* — *Extinction des feux, des lumières* : moment où toutes les lumières doivent être éteintes. *Clairon qui sonne l'extinction des feux dans un casernement.* ■ **2** Fait de s'éteindre ; perte de l'existence, de l'efficacité. ➤ **disparition,** 1**fin.** *Déplorer l'extinction d'un nom, d'une famille. Espèce animale menacée d'extinction, en voie d'extinction. Extinction de masse :* disparition massive d'une espèce animale. *Lutter jusqu'à l'extinction de ses forces.* ➤ **épuisement.** — **EXTINCTION DE VOIX.** ➤ **aphonie.** ◆ DR. *Extinction d'un droit, d'un privilège, d'une obligation.* ➤ **abolition, annulation.** *Prescription entraînant l'extinction de l'action* (prescription *extinctive* ou libératoire). ■ **3** PHYS., CHIM. Grandeur exprimant la quantité de lumière absorbée par un échantillon. *Coefficient d'extinction.* ■ CONTR. Allumage, attisement, embrasement. Développement, propagation.

EXTINGUIBLE [ɛkstɛ̃gibl] **adj.** – XVIe ◇ latin *exstinguibilis,* de *exstinguere* → éteindre ■ RARE Qui peut être éteint, soulagé. ■ CONTR. Inextinguible.

EXTIRPABLE [ɛkstiʀpabl] **adj.** – 1870 ◇ de *extirper* ■ Qui peut être extirpé. *Tumeur facilement extirpable.* ■ CONTR. Inextirpable.

EXTIRPATEUR [ɛkstiʀpatœʀ] **n. m.** – 1838 ; «celui qui extirpe (un mal, un abus)» XIVe ◇ latin *extirpator* ■ AGRIC. Sorte de herse destinée à extirper les mauvaises herbes. ➤ **déchaumeuse, scarificateur.**

EXTIRPATION [ɛkstiʀpasjɔ̃] **n. f.** – XVe ◇ latin *extirpatio* ■ **1** LITTÉR. Action d'extirper ; son résultat. ➤ **destruction.** *«l'extirpation du faux goût»* HUGO. ■ **2** DIDACT. Le fait d'arracher. AGRIC. *Extirpation des mauvaises herbes.* CHIR. *Extirpation d'un polype.* ➤ **ablation, arrachement, éradication, excision, exérèse, extraction.**

EXTIRPER [ɛkstiʀpe] **v. tr.** ‹1› – 1336 ◇ latin *extirpare,* de *stirps, stirpis* «racine» ■ **1** LITTÉR. Arracher (FIG.), faire disparaître complètement. ➤ **détruire, éradiquer, supprimer.** *Extirper les abus, les vices. «ce n'est pas par des lois somptuaires qu'on vient à bout d'extirper le luxe : c'est du fond des cœurs qu'il faut l'arracher»* ROUSSEAU. ■ **2** AGRIC. Arracher (une plante) avec ses racines, de sorte qu'elle ne puisse pas repousser. ➤ **déraciner.** *Extirper les mauvaises herbes.* ➤ **sarcler ; extirpateur.** ◆ CHIR. Enlever radicalement. ➤ **extraire.** *Extirper un polype, une tumeur.* ■ **3** FAM. Faire sortir (qqn, qqch.) avec difficulté. ➤ **arracher, tirer.** *Extirper qqn de son lit. «Ils doivent faire une drôle de tête les gens quand on les extirpe des oubliettes»* CÉLINE. *«Gabriel extirpa de sa manche une pochette de soie»* QUENEAU. — **S'EXTIRPER v. pron.** ➤ **s'extraire.** *«Elle s'extirpa de la cabine comme d'un mauvais lieu»* ARAGON. ■ CONTR. Enfoncer, enraciner.

EXTORQUER [ɛkstɔʀke] **v. tr.** ‹1› – 1330 ◇ latin *extorquere,* de *torquere* «tourmenter, tordre» ■ Obtenir (qqch.) sans le libre consentement du détenteur (par la force, la menace ou la ruse). ➤ **arracher, escroquer, soutirer, tirer,** 2**voler ;** FAM. **carotter.** *Extorquer à qqn une signature, de l'argent* (➤ **extorsion**), *des aveux.* — Obtenir par une pression morale. *Extorquer une promesse, une permission à qqn. «J'extorquai son consentement plus à force d'importunités et de caresses que de raisons»* ROUSSEAU.

EXTORQUEUR, EUSE [ɛkstɔʀkœʀ, øz] **n.** – 1390 ◇ de *extorquer* ■ RARE Personne qui extorque.

EXTORSION [ɛkstɔʀsjɔ̃] **n. f.** – 1290 ◇ bas latin *extorsio* ■ DIDACT. Action d'extorquer. *L'extorsion d'un consentement, d'une signature.* — *Extorsion de fonds sous la menace.* ➤ **chantage ; racket.** *«il n'y eut point d'extorsion que l'on n'inventât sous le nom de taxe et d'impôt»* VOLTAIRE.

EXTRA [ɛkstʀa] **n. et adj.** – 1732 «jour extraordinaire auquel on tient l'audience» ◇ abrév. de *extraordinaire*

I n. ■ **1 n. m.** Ce que l'on fait d'extraordinaire ; chose ajoutée à ce qui est habituel. ➤ **supplément.** *S'offrir un extra, des extras.* — SPÉCIALT (en parlant de boissons, de mets inhabituels et meilleurs) *Nous allons faire un petit extra, nous dînerons au champagne.* ■ **2** Serveur, domestique supplémentaire engagé pour peu de temps. *Engager deux extras pour un cocktail. Elle «prenait une extra pour préparer une partie du repas, assurer le service»* D. DE VIGAN. ◆ PAR MÉTON. **n. m.** Travail occasionnel de courte durée, SPÉCIALT dans la restauration. *«En attendant les emplois fixes on peut déjà vous trouver quelques extras»* MODIANO.

II adj. (1825) ■ **1** De qualité supérieure. *Un rosbif extra. Des dragées extras.* ■ **2** FAM. Très bien, formidable. ➤ **épatant, sensationnel,** 2**super, terrible.** *C'est extra. On a vu un film extra.* ➤ **géant.** *Elle est extra, sa copine.*

1**EXTRA-** ■ Élément, du latin *extra* «en dehors» : *extra-atmosphérique, extracellulaire, extrarénal.* ■ CONTR. Intra-

2**EXTRA-** ■ Élément, de *extra,* servant de préfixe augmentatif : *extrafrais, extraplat.* ➤ **hyper-, super-, ultra-.**

EXTRACOMMUNAUTAIRE [ɛkstʀakɔmynotɛʀ] **adj.** – 1986 ◇ de 1*extra-* et *communautaire* ■ Qui ne provient pas, ne fait pas partie de la Communauté, puis de l'Union, européenne. *Ressortissants extracommunautaires.* ■ CONTR. Intracommunautaire.

EXTRACONJUGAL, ALE, AUX [ɛkstʀakɔ̃ʒygal, o] **adj.** – 1825 ◇ de 1*extra-* et *conjugal* ■ Qui se produit en dehors du mariage. *Une aventure extraconjugale.* ➤ 1**adultère.**

EXTRACORPOREL, ELLE [ɛkstʀakɔʀpɔʀɛl] **adj.** – milieu XXe ◇ de 1*extra-* et *corporel* ■ MÉD. *Circulation extracorporelle :* circuit circulatoire établi à l'extérieur du corps, au moyen du cœur*-poumon artificiel. ➤ aussi **exsanguinotransfusion.**

EXTRACOURANT [ɛkstʀakuʀɑ̃] **n. m.** – 1847 ◇ de 1*extra-* et 2*courant* ■ PHYS. Courant électrique d'induction prolongeant temporairement un courant établi lors de l'ouverture ou de la fermeture d'un circuit. *Extracourant de fermeture, de rupture, dans un circuit muni d'un interrupteur à rupture brusque. Des extracourants.* — On écrit aussi *un extra-courant, des extra-courants.*

EXTRACTEUR [ɛkstʀaktœʀ] **n. m.** – XVIe *extracteur de quintessence* ◇ latin *extractor,* de *extractum,* supin de *extrahere* → extraire ■ (1816) TECHN. Appareil destiné à l'extraction d'un corps. *Extracteur pour abattre le charbon dans les mines. Extracteur d'air.* ➤ **aérateur.** — Appareil servant à séparer le miel de la cire à l'aide de la force centrifuge. ◆ Dispositif qui retire la douille du canon d'une arme. ◆ CHIR. Instrument pour extraire (un calcul, un corps étranger) de l'organisme.

EXTRACTIBLE [ɛkstʀaktibl] **adj.** – 1877 ◇ de *extraction* ■ **1** DIDACT. Qui peut être extrait. *Graisse extractible par l'éther.* ■ **2** *Autoradio extractible,* conçu pour être retiré lorsqu'on quitte le véhicule.

EXTRACTIF, IVE [ɛkstʀaktif, iv] **adj.** – 1555, rare avant XVIIIe ◇ du latin *extractum* → extracteur ■ TECHN. Qui sert à extraire. *Machine extractive.* ➤ **extracteur.** *Distillation extractive.* ◆ *Industries extractives,* exploitant les richesses du sous-sol.

EXTRACTION [ɛkstʀaksjɔ̃] **n. f.** – XIVe ; *estration* XIIe (sens II) ◇ du latin *extractum* → extracteur

I ■ **1** Action d'extraire, de retirer (une chose) d'un lieu (où elle se trouve enfouie ou enfoncée). *Extraction de sable, de pierres dans une carrière. Puits d'extraction d'une mine. L'extraction de la houille :* abattage, roulage et montée. CHIR. Action de retirer de l'organisme (un corps étranger, un élément inutile ou gênant). ➤ **ablation, arrachement, avulsion, énucléation, évulsion, exérèse, extirpation.** *Extraction d'une dent* *cariée* (➤ **arrachage**), *d'un fragment d'os. Extraction d'une balle.* ▪ **2** Action de séparer un élément du mélange, de la matière première dont il fait partie. *Extraction d'une essence par distillation. Extraction de l'huile par un solvant organique à chaud.* ▪ **3** (fin XVe) MATH. *Extraction de la racine* carrée, de la racine* cubique d'un nombre.* ▪ **4** INFORM. Action d'extraire (un fichier, des données) d'une archive (II).

II VX Origine d'où qqn tire sa naissance. ➤ **condition, descendance, lignage, naissance, origine, souche.** *Cacher son extraction.* — VIEILLI *Être de haute, de basse extraction. « sa noblesse d'ancienne extraction »* CHATEAUBRIAND.

EXTRADER [ɛkstʀade] v. tr. ‹1› – 1777 ◊ de *extradition*, d'après le latin *tradere* « livrer » ▪ DR. Livrer par l'extradition. *Extrader un terroriste vers le pays requérant.*

EXTRADITION [ɛkstʀadisjɔ̃] n. f. – 1763 ◊ de 1*ex-* et du latin *traditio* « action de livrer » ▪ Procédure internationale permettant à un État de se faire livrer un individu poursuivi ou condamné et qui se trouve sur le territoire d'un autre État dont il n'est pas ressortissant. *Demande d'extradition. Refuser l'extradition d'un criminel. Extradition vers un pays.*

EXTRADOS [ɛkstʀado] n. m. – 1676 ◊ de 1*extra-* et *dos* ▪ **1** ARCHIT. Surface extérieure d'un claveau, d'une voûte, d'un arc. ▪ **2** TECHN. Surface supérieure d'une aile d'avion. ▪ CONTR. Intrados.

EXTRADRY ou **EXTRA-DRY** [ɛkstʀadʀaj] adj. inv. et n. m. – 1878 ◊ de 2*extra-* et de l'anglais *dry* « sec » ▪ ANGLIC. Très sec (boisson alcoolisée). *Champagne, martini extradry.* — n. m. *Les bruts et les extradrys, les extra-dry* (inv.).

EXTRAFIN, FINE [ɛkstʀafɛ̃, fin] adj. – 1828 ◊ de 2*extra-* et *fin* ▪ **1** Très fin, très petit. *Aiguille, plume extrafine. Petits-pois extrafins.* ▪ **2** COMM. Supérieur. *Qualité extrafine. Beurre extrafin. Chocolat extrafin.* — On écrit aussi *extra-fin ; des cornichons extra-fins.*

EXTRAFORT, FORTE [ɛkstʀafɔʀ, fɔʀt] adj. et n. m. – 1870 ◊ de 2*extra-* et *fort* ▪ **1** Très fort, très résistant ; d'une qualité supérieure à la qualité dite « forte ». *Moutarde extraforte.* ▪ **2** n. m. (1922) Ruban dont on garnit intérieurement les ourlets, les coutures. *Des extraforts en soie.* — On écrit aussi *extra-fort ; colles extra-fortes.*

EXTRAGALACTIQUE [ɛkstʀagalaktik] adj. – 1904 ◊ de 1*extra-* et *galactique* ▪ ASTRON. Qui est extérieur à la galaxie, à une galaxie. *Matière extragalactique.* ▪ CONTR. Galactique.

EXTRAIRE [ɛkstʀɛʀ] v. tr. ‹50› – XVe ; *estraire* 1080 ◊ latin populaire °*extragere*, classique *extrahere*, de *trahere* « tirer » → traire

I ▪ **1** Tirer (une chose) du lieu dans lequel elle se trouve enfouie, retenue. ➤ **extraction.** *Extraire la pierre d'une carrière, la houille d'une mine. Extraire un minerai de sa gangue.* ➤ **dégager.** — CHIR. Enlever, retirer (un corps étranger, une dent) par une opération. *« Il avait fallu débrider la plaie, extraire le projectile »* FLAUBERT. ➤ **arracher, extirper, retirer.** ▪ **2** Faire sortir (qqn) d'un lieu étroit où il était retenu. *Il était occupé « à extraire les cadavres et les blessés de dessous les décombres »* GIDE. — FAM. PRONOM. *S'extraire de sa voiture*, en sortir à grand-peine. ➤ **s'extirper.** ▪ **3** Tirer (un passage) d'un livre, d'un écrit (➤ **extrait**). *Dépouiller un livre pour en extraire des citations.* ➤ **relever.** *Extraire des passages de plusieurs ouvrages.* ➤ **compiler.** ▪ **4** Tirer (une information) de qqn. ➤ **extorquer.** *« il brûlait de lui extraire ses secrets »* BARRÈS.

II ▪ **1** Séparer (une substance) du corps dont elle fait partie. ➤ **exprimer, tirer.** *Extraire le jus d'un fruit* ➤ **presser.** *Extraire l'essence des fleurs* (➤ **extrait**). — CHIM. *Extraire un gaz par distillation.* ➤ **isoler.** ▪ **2** FIG. et LITTÉR. Dégager, faire sortir, faire apparaître. *Extraire la quintessence d'un long traité.* ➤ **résumer.** *L'artifice de notre perception « consiste à extraire de ces devenirs très variés la représentation unique du devenir en général »* BERGSON. ▪ **3** MATH. *Extraire la racine carrée, la racine cubique d'un nombre*, la calculer. — *Extraire les entiers contenus dans un nombre fractionnaire*, chercher combien de fois ce nombre contient l'unité. ▪ **4** INFORM. Redonner à (un fichier, des données archivés) leur taille et leur format d'origine.

▪ CONTR. Ajouter. Enfermer, enfouir.

EXTRAIT [ɛkstʀɛ] n. m. – 1447 ; *estrait* 1312 ◊ de *extraire* ▪ **1** Produit retiré (d'une substance) par une opération physique ou chimique. *Extrait d'aloès, de quinquina. Extraits de matières colorantes*, employés en teinture. ♦ Parfum concentré. ➤ **essence.** *Extrait de violette, de lavande.* ♦ Préparation alimentaire concentrée. ➤ **concentré.** *Extrait de viande :* concentration solide du bouillon de bœuf. *Extrait de café.* ▪ **2** Passage tiré d'un texte. *Citer des extraits, de larges extraits d'un auteur.* ➤ **citation.** *Journal qui publie des extraits d'un discours. Lire quelques extraits d'un ouvrage pour en avoir une idée.* ➤ **bribe, fragment, morceau.** *« les extraits ne peuvent servir qu'à nous renvoyer à l'œuvre »* ALAIN. *Projeter des extraits de film en avant-première.* ➤ **séquence.** ♦ **EXTRAITS :** morceaux choisis d'un auteur. *Extraits de Rousseau à l'usage des classes. Extraits des poètes du XVIe siècle.* ➤ **anthologie.** ♦ (1593) Partie d'un acte copiée littéralement sur la minute ou l'original. ➤ **copie** (conforme). *Extrait de naissance*, établi d'après les registres de l'état civil. *Extrait de baptême. Extrait de casier judiciaire.*

EXTRAJUDICIAIRE [ɛkstʀaʒydisjɛʀ] adj. – XVIe ◊ de 1*extra-* et *judiciaire* ▪ DR. Qui ne fait pas partie de la procédure d'une instance judiciaire. *Acte extrajudiciaire*, produisant des effets juridiques en dehors d'une instance (ex. sommation). *Procédure extrajudiciaire*, menée en dehors du cadre juridictionnel. ▪ CONTR. Judiciaire.

EXTRALÉGAL, ALE, AUX [ɛkstʀalegal, o] adj. – 1824 ◊ de 1*extra-* et *légal* ▪ En dehors de la légalité. ➤ **illégal.** *Procédés extralégaux.* ▪ CONTR. Légal.

EXTRALUCIDE [ɛkstʀalysid] adj. – 1857 ◊ de 2*extra-* et *lucide* ▪ *Voyante extralucide*, qui voit tout ce qui est caché. ♦ n. Personne effectuant des travaux de voyance. ➤ **voyant.** *Des extralucides.*

EXTRA-MUROS ou **EXTRAMUROS** [ɛkstʀamyʀos] adv. et adj. – 1796 ◊ mots latins « hors des murs » ▪ Hors de la ville. *« Il proposa une promenade extra-muros »* FRANCE. adj. *Quartier extra-muros.* ➤ 1**extérieur.** ▪ CONTR. Intra-muros.

EXTRANÉITÉ [ɛkstʀaneite] n. f. – 1870 ◊ du latin *extraneus* « étranger » ▪ DIDACT., DR. Situation juridique d'un étranger dans un pays donné. *Exception d'extranéité.* — Caractère de ce qui est étranger. ♦ FIN. Régime d'un dépôt en devises effectué en dehors du pays émetteur.

EXTRANET [ɛkstʀanɛt] n. m. – 1996 ◊ de 1*extra-*, sur le modèle de *intranet* ▪ Intranet dont l'accès est étendu à certaines personnes extérieures (fournisseurs, clients, adhérents, partenaires...).

EXTRAORDINAIRE [ɛkstʀaɔʀdinɛʀ] adj. – XIIIe ◊ latin *extraordinarius* « qui sort de l'ordre » ▪ **1** Qui n'est pas selon l'usage ordinaire, selon l'ordre commun. ➤ **anormal, exceptionnel, inhabituel, inusité.** *Les moyens habituels ne suffisant pas, on prit des mesures extraordinaires.* ➤ **particulier, spécial** (cf. D'exception). *« Une visite de M. le sous-préfet présageait évidemment quelque chose d'extraordinaire »* DAUDET. ➤ **insolite, rare, singulier, unique.** — *Dépenses extraordinaires*, qui excèdent les dépenses ordinaires ou qui n'étaient pas prévues. ➤ **imprévu.** *Budget extraordinaire.* — *Assemblée, tribunal extraordinaire. Session extraordinaire. Ambassadeur extraordinaire.* — **PAR EXTRAORDINAIRE :** par un évènement peu probable. ▪ **2** COUR. Qui étonne, suscite la surprise ou l'admiration par sa rareté, sa singularité. ➤ **anormal, bizarre, curieux, étonnant, étrange, fou, insolite, singulier ;** FAM. **délirant, dément, dingue.** *Accident, aventure, évènement extraordinaire.* ➤ **incroyable, inouï.** *Récit, conte, nouvelle extraordinaire.* ➤ **fabuleux, fantastique, féérique, merveilleux, prodigieux, surnaturel.** *Les « Histoires extraordinaires », d'E. Poe. Il a inventé une histoire extraordinaire pour justifier son retard.* ➤ **abracadabrant, extravagant, invraisemblable.** *Un costume, un langage extraordinaire et déplacé.* ➤ **excentrique, extravagant.** *Je trouve extraordinaire qu'il ne nous ait pas prévenus.* ➤ **bizarre, drôle.** *Cela n'a rien d'extraordinaire.* ▪ **3** Remarquable dans son genre ; très grand, fort, intense. ➤ **exceptionnel, extrême.** *Qualités extraordinaires, beauté extraordinaire.* ➤ **admirable, remarquable, sublime.** *Les yeux « avaient une limpidité, un éclat et une expression extraordinaires »* GAUTIER. *Appétit, force extraordinaire.* ➤ **effrayant.** *Frayeur, peur extraordinaire.* ➤ **intense, terrible.** *« le chant de la flûte coula, à travers un extraordinaire silence »* GIDE. ➤ **parfait, total.** *Succès extraordinaire.* ➤ **phénoménal.** *Fortune extraordinaire.* ➤ **colossal, fabuleux.** *Joie, plaisir extraordinaire.* ➤ **ineffable, intense.** *Des prétentions extraordinaires.* ➤ **exorbitant, insensé.** — (PERSONNES) *Personne extraordinaire :* génie, prodige. ♦ FAM. Très bon. ➤ **extra, géant,** 2**super.** *Ce vin, ce plat est extraordinaire.* ➤ **fameux.** — (Négatif) *Ce film n'est vraiment pas extraordinaire*, est médiocre, quelconque. ➤ FAM. **terrible.** *Elle n'a rien d'extraordinaire.* ▪ **4** SUBST. **L'EXTRAORDINAIRE :** ce qui est extraordinaire (1° ou 2°). Le rare, le singulier. *« C'est dans l'extraordinaire que je me sens le plus* *naturel»* GIDE. ■ CONTR. Banal, commun, familier, habituel, normal, ordinaire, quelconque.

EXTRAORDINAIREMENT [ɛkstʀaɔʀdinɛʀmɑ̃] **adv.** – XIVe ◊ de *extraordinaire* ■ **1** RARE D'une manière contraire à l'ordinaire, à la coutume, à l'habitude. — DR. *L'officier public désavoué sera poursuivi extraordinairement* : il fera l'objet de poursuites disciplinaires. ■ **2** Par extraordinaire. *«Si, extraordinairement, la monarchie disparaissait»* ROMAINS. ■ **3** D'une manière étrange, bizarre. *Elle est vêtue, coiffée extraordinairement.* ■ **4** COUR. D'une manière peu commune ; au-delà de la mesure ordinaire. ➤ **extrêmement, 2fort, très.** *Des doigts «extraordinairement plats, larges et carrés du bout»* GIDE. *Il l'aime extraordinairement.* ➤ **beaucoup.** — (Laudatif) *Il a chanté extraordinairement* ; (plus cour.) *extraordinairement bien.* ■ CONTR. Communément, ordinairement. Faiblement, peu.

EXTRAPARLEMENTAIRE [ɛkstʀapaʀləmɑ̃tɛʀ] **adj.** – 1833 ◊ de 1*extra-* et *parlementaire* ■ ADMIN., POLIT. Qui agit hors du Parlement. *Commission extraparlementaire.* ■ CONTR. 1 Parlementaire.

EXTRAPOLABLE [ɛkstʀapɔlabl] **adj.** – 1959 ◊ de *extrapoler* ■ DIDACT. Qui peut être extrapolé. *Les réactions observées chez l'animal ne sont pas toujours extrapolables à l'être humain.* ➤ **transposable.**

EXTRAPOLATION [ɛkstʀapɔlasjɔ̃] **n. f.** – 1877 ◊ de 1*extra-* et du latin *polare* «tourner», d'après *interpolation* ■ Action d'extrapoler ; de déduire en généralisant. ➤ **déduction, généralisation.** *Expérimentation animale et extrapolation à l'être humain.*

EXTRAPOLER [ɛkstʀapɔle] **v. intr.** ⟨1⟩ – 1893 ◊ de 1*extra-* et du latin *polare* «tourner», d'après *interpoler* ■ **1** SC. Calculer, pour des valeurs de la variable situées en dehors de la série des valeurs observées, les valeurs d'une fonction connue empiriquement. ■ **2** PAR EXT. Appliquer une chose connue à un autre domaine pour en déduire des conséquences, des hypothèses. ➤ **généraliser, transposer.** *«trop de détails rappellent ce que nous savons de l'adolescence de l'auteur pour que nous échappions à la tentation d'extrapoler»* MAUROIS. ■ CONTR. Interpoler.

EXTRASCOLAIRE [ɛkstʀaskɔlɛʀ] **adj.** – 1886 ◊ de 1*extra-* et *scolaire* ■ Qui a lieu en dehors de l'école, du cadre scolaire. *Activités extrascolaires.*

EXTRASENSIBLE [ɛkstʀasɑ̃sibl] **adj.** – 1914 ◊ de 1*extra-* et *sensible* ■ DIDACT. Qui n'est pas perçu par les sens. ➤ **suprasensible.**

EXTRASENSORIEL, IELLE [ɛkstʀasɑ̃sɔʀjɛl] **adj.** – milieu XXe ◊ de 1*extra-* et *sensoriel* ■ PSYCHOL. Qui ne se fait pas par les sens. *Perception extrasensorielle.* ➤ **télesthésie.** ■ CONTR. Sensoriel.

EXTRASOLAIRE [ɛkstʀasɔlɛʀ] **adj.** – 1890 ◊ de 1*extra-* et *solaire* ■ ASTRON. Extérieur au système solaire. *Planète extrasolaire.* ➤ **exoplanète.** *Vie extrasolaire* (➤ **exobiologie**).

EXTRASYSTOLE [ɛkstʀasistɔl] **n. f.** – 1905 ◊ de 1*extra-* et *systole* ■ PHYSIOL. Contraction cardiaque anticipée, suivie d'une pause plus longue que la pause normale (➤ **arythmie**).

EXTRATERRESTRE [ɛkstʀatɛʀɛstʀ] **adj.** et **n.** – 1841 ◊ de 1*extra-* et *terrestre* ■ **1** Extérieur à la Terre ou à l'atmosphère terrestre. *Vol extraterrestre, trajectoire extraterrestre. Possibilités de vie extraterrestre* (➤ **exobiologie**). ■ **2** Qui vient d'une autre planète que la Terre (dans la littérature d'anticipation, les spéculations scientifiques). *Engin extraterrestre.* ➤ **ovni.** — **n.** *Croire aux extraterrestres.* ➤ **alien.** ◆ **n.** FIG. Personne étrange, qui semble venir d'une autre planète.

EXTRATERRITORIAL, IALE, IAUX [ɛkstʀatɛʀitɔʀjal, jo] **adj.** – 1987 ◊ de 1*extra-* et *territorial* ■ FIN. Qui est domicilié dans une place étrangère offrant des avantages pour l'exercice de son activité internationale (banque, institution financière). ➤ **offshore,** ANGLIC.

EXTRATERRITORIALITÉ [ɛkstʀatɛʀitɔʀjalite] **n. f.** – 1905 ◊ de 1*extra-* et *territorialité* ■ Fiction juridique qui permet de considérer une ambassade comme située sur le territoire du pays représenté. ➤ **exterritorialité.**

EXTRA-UTÉRIN, INE [ɛkstʀayteʀɛ̃, in] **adj.** – 1808 ◊ de 1*extra-* et *utérin* ■ MÉD. Qui se produit anormalement hors de la cavité utérine. *Grossesse extra-utérine.* ➤ **ectopique, tubaire.** ■ CONTR. Intra-utérin.

EXTRAVAGANCE [ɛkstʀavagɑ̃s] **n. f.** – fin XVe ◊ de *extravagant* ■ **1** État d'une personne qui n'a pas le sens commun. ➤ **déraison, insanité, folie.** ◆ Caractère de ce qui est extravagant. ➤ **absurdité, bizarrerie.** *«Que son aîné fût amoureux expliquait l'extravagance de sa conduite»* ARAGON. ■ **2** Idée, parole, action extravagante. ➤ **excentricité.** *Je n'ai pas le temps d'écouter ses extravagances.* ➤ **divagation.** *Faire des extravagances.* ➤ **folie, incartade.** *«il m'échappait des extravagances que le plus violent amour seul semblait pouvoir inspirer»* ROUSSEAU. ■ CONTR. Mesure, raison.

EXTRAVAGANT, ANTE [ɛkstʀavagɑ̃, ɑ̃t] **adj.** – 1380 ◊ latin *extravagans*, de *vagans*, p. prés. du v. *vagari* «errer» ■ **1** DR. CAN. VX Non incorporé dans les recueils canoniques. ■ **2** (XVIe) MOD. Qui sort des limites du bon sens ; qui est à la fois extraordinaire et déraisonnable. *Idées, conceptions, théories extravagantes.* ➤ **biscornu, bizarre*, grotesque.** *Costume extravagant.* ➤ **excentrique.** *Dépenses extravagantes.* ➤ **exagéré, excessif.** *«il était extravagant d'aller ainsi devant soi sans savoir si cela servirait à quelque chose»* HUGO. — (PERSONNES) *«Ce gros garçon si raisonnable* [Louis XIV] *faillit se jeter dans les bras de la créature la plus extravagante, la plus dangereuse et la plus funeste qu'il pût rencontrer* [Marie Mancini]*»* L. BERTRAND. ■ **3** VIEILLI Qui extravague, est hors du sens commun (personnes). *Un personnage extravagant.* ➤ **bizarre, déséquilibré.** — SUBST. *Les «sottes visions de cette extravagante»* MOLIÈRE. ➤ **détraqué, fou*.** ■ CONTR. Équilibré, modéré, normal, raisonnable, sage, sensé.

EXTRAVAGUER [ɛkstʀavage] **v. intr.** ⟨1⟩ – 1538 ◊ latin *extra* et *vagari* «s'écarter de la voie» ■ VX OU PLAISANT Penser, parler, agir sans raison ni sens. ➤ **déraisonner*, divaguer.** *La fièvre le fait extravaguer.* ➤ **délirer.** *«Pourquoi extravaguais-tu jusqu'à vouloir l'impossible ?»* BALZAC.

EXTRAVASATION [ɛkstʀavazasjɔ̃] **n. f.** – 1695 ◊ de *extravaser* ■ MÉD. Épanchement d'un liquide organique (sang, urine) dans les tissus, par lésions de la paroi de l'organe ou du conduit où il est contenu normalement. ➤ **exsudation, infiltration.**

EXTRAVASER (S') [ɛkstʀavaze] **v. pron.** ⟨1⟩ – 1673 ◊ du latin *extra* et *vas* «vase», d'après *transvaser* ■ DIDACT. Se répandre hors de son contenant naturel (liquide organique). ➤ **couler, s'épancher, exsuder.** *Sang, bile ; sève, résine qui s'extravase.* — *«Dans sa bouche, le sang extravasé donne à la salive une saveur infecte»* MARTIN DU GARD.

EXTRAVERSION [ɛkstʀavɛʀsjɔ̃] **n. f.** – 1913 ◊ mot allemand (Jung) ; du latin *extra* et *vertere*, d'après *introversion* ■ PSYCHOL. Attitude, comportement d'un individu qui montre une grande facilité à établir des contacts avec les personnes qui l'entourent, qui exprime aisément ses sentiments. On dit aussi **EXTROVERSION,** d'apr. *introversion*. ■ CONTR. Introversion.

EXTRAVERTI, IE [ɛkstʀavɛʀti] **adj.** et **n.** – 1921 ◊ de l'allemand, du latin *extra* et *vertere*, d'après *introverti* ■ PSYCHOL. Qui est tourné vers le monde extérieur. *Caractère extraverti.* — **n.** *Un(e) extraverti(e).* — On dit aussi **EXTROVERTI, IE** (1922), d'apr. *introverti*. ■ CONTR. Introverti.

EXTRÊME [ɛkstʀɛm] **adj.** et **n. m.** – fin XIVe, comme nom ◊ du latin *extremus*, superlatif de *exter* → 1 extérieur

I ~ **adj.** ■ **1** (1563) Qui est tout à fait au bout, qui termine (un espace, une durée). *L'extrême limite.* ➤ **dernier.** *À l'extrême pointe* : tout au bout. *Point, zone extrême* ➤ **confins, limite.** *La partie extrême d'un objet.* ➤ **final, 1terminal.** *L'Extrême-Orient* : la partie de l'Asie la plus éloignée de l'Europe (opposé à *Proche-Orient*). ➤ **extrême-oriental.** *L'extrême droite, l'extrême gauche d'une assemblée politique* : la partie de la droite, de la gauche la plus éloignée du centre (➤ **extrémiste**). ◆ Près de la fin. ➤ **dernier, ultime.** *«une allégresse qui lui dura jusqu'à son extrême vieillesse»* MONTAIGNE. ◆ FIG. *Pousser qqch. à son point extrême. À l'extrême opposé.* ■ **2** (fin XIVe) LITTÉR. Qui est au plus haut point, au dernier degré ou à un très haut degré. ➤ **grand, intense ; exceptionnel, extraordinaire.** *«Si* Peau d'âne *m'était conté, J'y prendrais un plaisir extrême»* LA FONTAINE. *Joie extrême.* ➤ **suprême.** *Extrême désir.* ➤ **éperdu, passionné, profond.** *Un auteur «qui a l'extrême modestie de travailler d'après quelqu'un»* LA BRUYÈRE. *Extrême malheur, extrême pauvreté.* ➤ **affreux.** *«Je n'éprouvais que l'extrême besoin de me tremper dans une eau très chaude»* COLETTE. *Il est d'une maigreur extrême.* ◆ COUR. *À l'extrême rigueur. Extrême urgence.* ■ **3** (Après le nom) Qui est le plus éloigné de la moyenne, du juste milieu. ➤ **excessif, immodéré.** *Climat extrême*, très chaud ou très froid. *Situations extrêmes*, anormales, très graves, peu communes. *Avoir des opinions extrêmes en politique* (➤ **extrémiste**). *Dostoïevski, «toujours bizarre, d'une humeur extrême, sujet à la tristesse et à la mélancolie comme à une passion»* SUARÈS. *Moyen extrême.* ➤ **brutal, radical.** *«Nous ne pouvons tout de même pas être réduits à appeler la force armée contre nos ouvriers. Il y a là* *quelque chose d'extrême à quoi je répugne»* ARAGON. SPÉCIALT *Sport, discipline, ski extrême,* dans des conditions extrêmes de difficulté, de danger. — (PERSONNES) Qui n'a pas de mesure, dont les sentiments sont extrêmes. *Il est extrême en tout.* ➤ **excessif, outré.**

II ~ n. m. (fin XIVe) ■ **1** (Surtout au plur.) Situation extrême. *«Il s'est porté aux extrêmes, il a voulu sortir de lui»* SARTRE. ◆ SPÉCIALT, VIEILLI (Au sing.) Dernière extrémité ; parti extrême. *«Quelle est la grande action qui ne soit pas* un extrême *au moment où on l'entreprend ?»* STENDHAL. ◆ **L'EXTRÊME :** ce qui est extrême (sport, situation). *«ils essaient de voir jusqu'où ils pourront aller dans la douleur, comme les sportifs de l'extrême»* HOUELLEBECQ. ■ **2** COUR. *Les extrêmes :* les deux extrêmes limites d'une chose, celles qui sont le plus éloignées l'une de l'autre. ➤ **antipode** (FIG.), **contraire, opposé.** LOC. *Passer d'un extrême à l'autre,* d'une attitude à l'attitude opposée. *Les extrêmes se touchent :* il arrive souvent que des choses opposées soient pourtant comparables, voisines, d'un certain point de vue, ou bien qu'elles conduisent au même résultat. *Ils «ne pouvaient choisir qu'entre l'abjection et l'héroïsme, c'est-à-dire entre les deux extrêmes de la condition humaine, au-delà desquels il n'y a plus rien»* SARTRE. ■ **3** LOG. *Les extrêmes d'une proportion,* le premier et le dernier terme. *Le produit des extrêmes est égal au produit des moyens, dans une proportion algébrique.* — *Les extrêmes d'un syllogisme,* les deux termes de sa conclusion. ■ **4** loc. adv. **À L'EXTRÊME :** à la dernière limite ; au-delà de toute mesure. *Pousser, porter tout à l'extrême, jusqu'à l'extrême. Poussons le raisonnement à l'extrême,* jusqu'à ses ultimes implications.
■ CONTR. 1 Moyen. Faible, ordinaire, petit. Mesuré, modéré. — Milieu (juste milieu).

EXTRÊMEMENT [ɛkstʀɛmmɑ̃] adv. – 1549 ◇ de *extrême* ■ **1** adv. de quantité (modifiant un v.) VX ➤ **beaucoup.** *«nous parlâmes extrêmement de vous»* Mme DE SÉVIGNÉ. ■ **2** adv. de manière (modifiant un adj. ou un adv.) MOD. D'une manière extrême, à un très haut degré. ➤ **exceptionnellement, extraordinairement,** 2 **fort, infiniment, très*.** *Elle est extrêmement belle, extrêmement intelligente.* ➤ **supérieurement.** *Sa famille est extrêmement riche.* ➤ **immensément ; fabuleusement.** *Un été extrêmement pluvieux.* ➤ **terriblement.** *Une opération extrêmement douloureuse.* ➤ **affreusement, horriblement.** *«Un nom propre est une chose extrêmement importante dans un roman»* FLAUBERT. *Il m'a extrêmement déplu.* ➤ **souverainement.** ■ CONTR. Médiocrement, peu.

EXTRÊME-ONCTION [ɛkstʀɛmɔ̃ksjɔ̃] n. f. – 1549 ◇ de *extrême* et *onction* ■ Sacrement de l'Église destiné aux fidèles en péril de mort. *Le prêtre administre l'extrême-onction au moyen d'onctions d'huile d'olive* (saintes huiles) *et des paroles prescrites par les rituels. «on le trouva comme mort ; on ne put que lui donner l'extrême-onction»* SAINTE-BEUVE. *Des extrêmes-onctions.*

EXTRÊME-ORIENTAL, ALE, AUX [ɛkstʀɛmɔʀjɑ̃tal, o] adj. et n. – 1902 ◇ de *Extrême-Orient* ■ De l'Extrême*-Orient (Asie orientale). — n. *Les Extrême-Orientaux.*

EXTREMIS (IN) ➤ **IN EXTREMIS**

EXTRÉMISME [ɛkstʀemism] n. m. – 1911 ◇ de *extrême* ■ Attitude de l'extrémiste. *Extrémisme en politique.* ➤ **jusqu'au-boutisme.** *Extrémisme religieux.* ➤ **fondamentalisme, intégrisme.** ■ CONTR. Modération.

EXTRÉMISTE [ɛkstʀemist] n. et adj. – 1911 ◇ de *extrême* ■ Partisan d'une idéologie poussée jusqu'à ses limites, ses conséquences extrêmes ; personne favorable aux idées, aux opinions extrêmes. *Extrémistes catholiques, musulmans.* — adj. *Organisation, parti extrémiste. «C'était l'élément extrémiste dans ce parlement d'imbéciles»* GREEN. ■ CONTR. Modéré.

EXTRÉMITÉ [ɛkstʀemite] n. f. – 1260 ◇ latin *extremitas,* de *extremus* ■ **1** La partie extrême, qui termine une chose. ➤ **bout,** 1 **fin ; bord, terminaison.** *Les deux extrémités d'un segment de droite. L'extrémité du doigt. L'extrémité d'un objet pointu* (➤ **pointe**). *Loger à l'extrémité de la rue, de la ville. L'extrémité d'une voie ferrée.* ➤ **terminus.** *Extrémité d'un champ, d'un bois.* ➤ **limite, lisière.** *«elle alla s'asseoir à l'extrémité du cap, sur le bord de la mer»* Mme DE STAËL. ■ **2** AU PLUR. **LES EXTRÉMITÉS :** les pieds et les mains. *Le sang se porte aux extrémités. Avoir les extrémités glacées.* ■ **3** FIG. et VX La dernière limite à laquelle qqch. peut arriver. ➤ **extrême.** *«toutes les extrémités des choses humaines : la félicité sans borne, aussi bien que les misères»* BOSSUET. ◆ VX Situation extrême. *Tout leur faisait croire «qu'en me poussant à la dernière extrémité, ils me réduiraient à crier merci»* ROUSSEAU. ◆ MOD. *Le malade est à toute extrémité, à la dernière extrémité,* à l'agonie, près de mourir (cf. À l'article* de la mort). ■ **4** Parti, décision, action extrême. *«Ne me poussez pas à quelque fâcheuse extrémité par vos extravagances»* MUSSET. *«songeant aux extrémités où peuvent se porter les femmes»* FRANCE. — SPÉCIALT Excès d'emportement, de violence. *En venir aux pires extrémités.* ■ CONTR. Centre, milieu. 2 Moyen. Mesure.

EXTREMUM ou **EXTRÉMUM** [ɛkstʀemɔm] n. m. – 1929 ◇ latin *extremum,* d'après *maximum* ■ MATH. Maximum ou minimum de la valeur d'une fonction. *Extremum absolu sur un intervalle,* lorsque la fonction n'admet aucun maximum supérieur, ou aucun minimum inférieur. *Des extremums, des extrémums.*

EXTRINSÈQUE [ɛkstʀɛ̃sɛk] adj. – 1314 ◇ latin *extrinsecus* «au dehors» ■ DIDACT. Qui est extérieur à l'objet dont il s'agit, n'appartient pas à son essence. ➤ **étranger,** 1 **extérieur.** *Causes extrinsèques.* — *Valeur extrinsèque d'une chose, d'une monnaie,* valeur qu'elle tient d'une convention. ➤ **conventionnel, fictif, nominal.** ◆ MÉD. Qui vient de l'extérieur ou d'une autre région de l'organisme. *Asthme extrinsèque. Ligament extrinsèque. Facteur extrinsèque :* vitamine B12. ■ CONTR. Intrinsèque.

EXTRINSÈQUEMENT [ɛkstʀɛ̃sɛkmɑ̃] adv. – 1541 ◇ de *extrinsèque* ■ DIDACT. D'une manière extrinsèque. ■ CONTR. Intrinsèquement.

EXTRORSE [ɛkstʀɔʀs] adj. – 1834 ◇ latin *extrorsus* ■ BOT. *Étamine extrorse,* dont l'anthère est ouverte vers l'extérieur. ■ CONTR. Introrse.

EXTROVERSION ; EXTROVERTI ➤ **EXTRAVERSION ; EXTRAVERTI**

EXTRUDÉ, ÉE [ɛkstʀyde] adj. – v. 1960 ◇ du latin *extrudere* → extrusion ■ TECHN. Obtenu par extrusion. *Bouteille en plastique extrudé. Biscotte extrudée.*

EXTRUDEUSE [ɛkstʀydøz] n. f. – v. 1960 ◇ du latin *extrudere* → extrusion ■ TECHN. Machine de transformation des matières par extrusion. ➤ **boudineuse.**

EXTRUSION [ɛkstʀyzjɔ̃] n. f. – 1905 ◇ du latin *extrudere* «pousser hors de», d'après *intrusion* ■ **1** GÉOL. Sortie de lave qui forme aiguille ou dôme. ■ **2** (1922) TECHN. Fabrication de pièces métalliques par écoulement du métal dans une filière profilée. — Procédé de mise en forme d'un objet, d'un aliment, qui consiste à pousser la matière à fluidifier à travers une filière (➤ **boudineuse, extrudeuse**).

EXTUBER [ɛkstybe] v. tr. ⟨1⟩ – 1902 ◇ de 1 *ex-* et *(in)tuber,* d'après l'anglais *to extubate* ■ MÉD. Retirer la sonde d'intubation de (un conduit de l'organisme [trachée, larynx], un patient). *Le malade a été extubé.* — n. f. **EXTUBATION,** 1892. ■ CONTR. Intuber.

EXUBÉRANCE [ɛgzybeʀɑ̃s] n. f. – 1560 ◇ latin *exuberantia* ■ **1** (repris XVIIIe, seult dr. et didact. ; répandu XIXe) État de ce qui est très abondant. ➤ **abondance, profusion.** *L'exubérance de la végétation.* ➤ **luxuriance.** *Exubérance des formes.* ➤ **épanouissement, plénitude.** *«La poitrine n'a pas l'exubérance de contour de la beauté flamande»* GAUTIER. ◆ *Une certaine exubérance de paroles.* ➤ **débordement, faconde, volubilité.** *L'exubérance du style.* ➤ **prolixité.** ■ **2** ABSOLT (fin XIXe) Vitalité qui se manifeste dans le comportement, les propos. *Manifester sa joie, ses sentiments avec exubérance.* ➤ **expansivité.** ◆ Action exubérante. *«Mais elle ne se livra à aucune exubérance, nulle gaieté irresponsable»* COLETTE. ■ CONTR. Indigence, pauvreté, pénurie. Concision, laconisme. 1 Calme, flegme, froideur, réserve.

EXUBÉRANT, ANTE [ɛgzybeʀɑ̃, ɑ̃t] adj. – XVe ◇ latin *exuberans,* p. prés. de *exuberare* «regorger», de *uber* «fertile» ■ **1** Qui a de l'exubérance. ➤ **abondant, débordant, surabondant.** *Végétation exubérante.* ➤ **luxuriant.** ◆ PATHOL. Qui prolifère, s'accroît de façon excessive et désordonnée. *Cal exubérant.* ◆ FIG. *«Modeste n'était-elle pas sublime en déployant une sauvage énergie à comprimer son exubérante jeunesse»* BALZAC. *Rabelais «a une imagination puissante, fougueuse, exubérante»* LANSON. ■ **2** (fin XIXe) Qui se comporte ou se manifeste sans retenue (personne, sentiment). ➤ **communicatif, démonstratif, expansif ; pétulant.** *Caractère exubérant. Joie exubérante.* ➤ **délirant.** *«ce jovial garçon* [Balzac], *bonhomme, exubérant, débordant de vie, d'idées et de projets»* HENRIOT. ■ CONTR. 1 Maigre, pauvre. 2 Calme, 1 froid, muet, réservé, taciturne.

EXULCÉRATION [ɛgzylseʀasjɔ̃] n. f. – 1537 ◇ de *exulcérer* ■ MÉD. Ulcération très superficielle, peu étendue, d'une muqueuse ou de la peau. ➤ **érosion, excoriation.**

EXULCÉRER [ɛgzylseʀe] **v. tr.** ⟨6⟩ – 1534 ◊ latin *exulcerare*, de *ulcus, ulceris* «plaie» → ulcère ▪ MÉD. Former une exulcération* sur, dans. — «*De cette tête exulcérée* [du Christ de Grünewald] *filtraient des lueurs*» HUYSMANS.

EXULTATION [ɛgzyltasjɔ̃] **n. f.** – XIIe ◊ latin *exsultatio*, de *exsultare* ▪ RELIG. OU LITTÉR. Transport de joie, état de celui qui exulte. ➤ **allégresse, gaieté, jubilation, liesse.** «*je vois déjà l'exultation barbare de mes ennemis*» ROUSSEAU.

EXULTER [ɛgzylte] **v. intr.** ⟨1⟩ – XVe ◊ latin *exsultare*, de *saltare* «sauter» ▪ Être transporté d'une joie extrême, qu'on ne peut contenir ni dissimuler. ➤ **déborder** (de joie), **jubiler.** *Il exulte, il est aux anges !* «*Ici l'on exulte ; on éclate ; on s'enivre par tous les sens*» GIDE. — *Exulter de* (et inf.). ➤ **se réjouir.** «*Nos voisins exultaient de nous voir ainsi nous affaiblir*» SAINT-SIMON.
▪ CONTR. Désespérer (se), désoler (se).

EXUTOIRE [ɛgzytwaʀ] **n. m.** – 1767 ◊ du latin *exutus*, p. p. de *exuere* «dépouiller» ▪ **1** ANC. MÉD. Ulcère artificiel destiné à entretenir une suppuration locale (cautère, moxa, vésicatoire). ▪ **2** TECHN. Orifice ou conduit servant au rejet des eaux usées, polluées ou pluviales. ➤ 2 **émissaire.** «*un égout à ciel ouvert, qui sert d'exutoire aux boues de Roubaix-Tourcoing*» VAN DER MEERSCH. ▪ **3** (1825) Ce qui permet de se soulager, de se débarrasser (d'un besoin, d'une envie). *Chercher un exutoire à qqch.* ➤ **dérivatif.** «*Pour moi, j'ai un exutoire (comme on dit en médecine). Le papier est là, et je me soulage*» FLAUBERT. «*Leur métier* [des comédiens] *est un exutoire par où s'épanche leur déraison*» FLAUBERT (cf. Soupape* de sûreté). — (CONCRET) «*une possibilité d'expansion coloniale, exutoire pour une prolificité trop à l'étroit dans ses frontières*» GIDE.

EXUVIE [ɛgzyvi] **n. f.** – 1930 ◊ latin *exuviæ* «dépouille», de *exuere* → exutoire ▪ ZOOL. Peau rejetée par un animal lors de la mue. ➤ **dépouille.**

EX-VOTO [ɛksvɔto] **n. m. inv.** /EXVOTO **n. m.**/ – 1643 ◊ de la formule latine *ex voto suscepto* «suivant le vœu fait» ▪ Tableau, objet symbolique, plaque portant une formule de reconnaissance, que l'on place dans une église, une chapelle, en accomplissement d'un vœu ou en remerciement d'une grâce obtenue. *Suspendre des ex-voto, qqch. en ex-voto.*

EYE-LINER [ajlajnœʀ] **n. m.** /EYELINER/ – 1962 ◊ anglais *eyeliner*, de *eye* «œil» et *liner* «ce qui sert à tracer des lignes» ▪ ANGLIC. Cosmétique liquide de couleur sombre, servant à souligner le bord des paupières. ➤ **khol.** *Un trait d'eye-liner. Des eye-liners.*

EYRA [ɛʀa] **n. m.** – 1839 ◊ mot du latin des zoologistes, du guarani *eirara* ▪ ZOOL. Petit puma du Brésil. *Des eyras.*

F

1 **F** [ɛf] **n. m. inv.** ▪ Sixième lettre et quatrième consonne de l'alphabet : *f majuscule* (F), *f minuscule* (f). — PRONONC. Lettre qui, lorsqu'elle est prononcée, note la fricative labiodentale sourde [f] *(fa, café, chef)* ou la sonore correspondante [v] dans *neuf heures* [nœvœʀ] et *neuf ans* [nœvɑ̃]. *On écrit* fantasme *ou* phantasme (➤ 1 **p**).

2 **F** **abrév. et symboles** ▪ **1 f...** [futʀ]. Réticence de plume pour *foutre. Il s'en f...* [ilsɑ̃fu]. ▪ **2 F∴** [fʀɑ̃] ou [fʀɛʀ] **n. m. inv.** Dans la franc-maçonnerie, Franc ou Frère. ▪ **3 F** [ɛf] **n. m. inv.** La note *fa,* dans les notations anglo-saxonne et germanique. — **f** [fɔʀte] **adv.** (en italique au-dessus de la portée) Fort. — **ff** [fɔʀtisimo] **adv.** Très fort. ▪ **4** (1953 ✧ abrév. de *familial*) $\mathbf{F_1, F_2, F_3}$**...** [ɛfœ̃, ɛfdø, ɛftʀwɑ] **n. m. inv.** Logement de une, deux, trois... pièces principales. ▪ **5 F** [faʀad] **n. m. inv.** Farad. ◆ **f** [ɛf] **n. f. inv.** Fonction. *f(x)* [ɛfdəiks]. ◆ **°F** [dəgʀefaʀɛnajt] **n. m. inv.** Degré Fahrenheit. ▪ **6 F** [fʀɑ̃] **n. m. inv.** Franc (unité monétaire). *100 F. FB :* franc belge. *FF :* franc français. *FS :* franc suisse. *F C. F. A. :* franc C. F. A.*.

FA [fɑ] **n. m. inv.** – XIIIe ✧ 1re syllabe du mot *famuli,* au 2e vers de l'hymne de saint Jean Baptiste → ut ▪ Note de musique, sixième degré de l'échelle fondamentale, quatrième son de la gamme naturelle. ➤ 2 **f.** *Fa naturel, fa dièse, fa bémol. Clé de fa, placée sur la quatrième ligne de la portée et employée surtout pour les parties de basse.* — Ton correspondant. *Concerto, sonate en fa majeur, mineur.* — Cette note représentée. ▪ HOM. poss. Fat.

F. A. B. [ɛfabe] **adj. inv.** – avant 1977 ✧ sigle de *franco à bord* ▪ COMM. *Valeur F. A. B. d'une marchandise exportée,* non compris les frais d'assurance et de transport international (recomm. offic. pour *F. O. B.*).

FABACÉES [fabase] **n. f. pl.** – milieu XXe ; *fabaceae* 1836 ✧ du latin *faba* « fève » ▪ BOT. Famille de plantes dicotylédones ligneuses ou herbacées dont le fruit est une gousse (autrefois appelée *légumineuses*). — Au sing. *Une fabacée.*

FABLAB [fablab] **n. m.** – 2005 ; marque déposée ✧ mot anglais, de *fab(rication) lab(oratory)* « laboratoire de fabrication » ▪ ANGLIC. Atelier mettant à la disposition du public des outils de fabrication d'objets assistée par ordinateur. *L'imprimante 3D d'un fablab. Des fablabs.*

FABLE [fabl] **n. f.** – v. 1155 ✧ latin *fabula,* de *fari* « parler »

I Récit à base d'imagination (populaire ou artistique). ▪ **1** VX ou LITTÉR. Récit de fiction dont l'intention est d'exprimer une vérité générale. ➤ **conte, fiction, légende.** *« Les annales humaines se composent de beaucoup de fables mêlées à quelques vérités »* CHATEAUBRIAND. *« Au commencement était la Blague. Et en effet, toutes les histoires s'approfondissent en fables »* VALÉRY. — *La Fable :* l'ensemble des récits mythologiques. *Les divinités de la Fable.* ▪ **2** COUR. Petit récit en vers ou en prose, destiné à illustrer un précepte. ➤ **apologue.** *La morale de la fable. Les fables indiennes, les fables grecques d'Ésope. Les Fables de La Fontaine. « Cette fable contient plus d'un enseignement »* LA FONTAINE. *Le renard ; la cigale et la fourmi de la fable.* — COLLECT. *« La Fable est un genre naturel, une forme d'invention inhérente à l'esprit de l'homme, et elle se retrouve en tous lieux et en tous pays »* SAINTE-BEUVE. ◆ *Fable express :* récit bref et humoristique se réduisant souvent à une ou deux phrases et dont la moralité repose sur un jeu de mots. ▪ **3** LITTÉR. Anecdote, nouvelle ou allégation mensongère. *C'est une pure fable.* ➤ **conte, histoire, imagination, invention.** *« Fausses alarmes, fausses nouvelles ; fables, inventions de toutes sortes »* MICHELET. *« Quinette ne sait pas encore quelle fable il inventerait pour expliquer la présence de la malle »* ROMAINS. ➤ **mensonge.**

II ▪ **1** DIDACT. VX Ce qui constitue l'élément narratif d'une œuvre. ➤ **récit,** 3 **sujet.** *« Il faut un événement important pour faire le fond d'une tragédie ; il faut une fable riche de matière »* FAGUET. ▪ **2** MOD. LOC. *Être la fable de* (un groupe, une collectivité), un sujet de moquerie (cf. Être la risée* de...). *Il est la fable du quartier.*

FABLIAU [fablijo] **n. m.** – XIIe ✧ forme picarde, reprise au XVIe, de l'ancien français *fablel, fableau* (XIIe) ; de *fable* ▪ Petit récit en vers octosyllabes, plaisant ou édifiant, propre à la littérature des XIIIe et XIVe s.

FABLIER [fablije] **n. m.** – 1803 ; « fabuliste » 1729 ✧ de *fable* ▪ Recueil de fables.

FABRICANT, ANTE [fabʀikɑ̃, ɑ̃t] **n.** – 1740 ✧ latin *fabricans,* de *fabricare* ▪ Personne qui fabrique des produits destinés à la vente, ou dirige, possède l'entreprise qui les fabrique. *Fabricant de tissus, de papier. Un gros fabricant.* ➤ **constructeur, entrepreneur, industriel, manufacturier.** *Un petit fabricant.* ➤ **artisan.** *Fabricant de pianos.* ➤ 1 **facteur.** ▪ HOM. Fabriquant (fabriquer).

FABRICATEUR, TRICE [fabʀikatœʀ, tʀis] **n.** – XVe ✧ latin *fabricator* « ouvrier, artisan » ▪ VX Personne qui fabrique qqch. ➤ **artisan, fabricant.** LOC. *Le fabricateur souverain :* Dieu. ◆ MOD. PÉJ. *Fabricateur de fausse monnaie, de faux papiers.* ➤ **falsificateur, faussaire, faux-monnayeur.** — FIG. *Fabricateur de fausses nouvelles.* ➤ **forgeur, inventeur.**

FABRICATION [fabʀikasjɔ̃] **n. f.** – 1488 ✧ latin *fabricatio* ▪ **1** Art ou action de fabriquer. *Fabrication artisanale, à la main, à la machine, industrielle, en grande série. Fabrication assistée par ordinateur (F. A. O.). « le changement de la production en fabrication, de l'opération individuelle en exécution mécanique d'objets faits "à la chaîne" »* VALÉRY. *Atelier de fabrication automatisée. Produit de fabrication française.* ➤ **production.** *Défaut de fabrication. Secret de fabrication. Fabrication maison*. La fabrication du chocolat, du papier. Fabrication de machines.* ➤ **construction.** *Produits chimiques entrant dans la fabrication de certains colorants. Frais de fabrication :* dépenses occasionnées par une fabrication en dehors de la matière première, de la main-d'œuvre et des fournitures. *Les différentes* *étapes de fabrication d'un livre. Chef de fabrication.* ◆ PAR EXT. ➤ **confection.** *Est-ce une robe de votre fabrication ?* ■ **2** Production (d'objets sans valeur ou destinés à tromper). *La fabrication de fausse monnaie. « Un travail où il était novice : la fabrication d'un faux »* ROMAINS. — FIG. *Fabrication de fausses nouvelles.* ◆ PÉJ. Production mécanique, sur commande (opposé à *inspiration*). *Lamartine, « un génie inspiré, tombé pour vivre dans la fabrication »* HENRIOT.

FABRICIEN [fabʀisjɛ̃] **n. m.** – 1569 ◇ de *fabrice*, forme ancienne de *fabrique* (3°) ■ VX Membre du conseil de fabrique* d'une église. ➤ **marguillier.**

FABRIQUE [fabʀik] **n. f.** – XIVe « construction » ◇ latin *fabrica*, de *faber*, *fabri* « artisan, ouvrier » ■ **1** VX Manière dont une chose est fabriquée. ➤ **fabrication, façon.** *Ce drap est de bonne fabrique.* — LOC. FIG. *Ces deux personnes sont bien de même fabrique,* de la même espèce (cf. Du même bois, de même farine*). ■ **2** (1679) Établissement de moyenne importance ou peu mécanisé ayant pour objet la transformation de matières premières ou de produits semi-finis en produits manufacturés. ➤ **manufacture, usine.** *Cette fabrique groupe plusieurs ateliers. Fabrique de chaussures, de meubles.* ◆ (d'abord au sens 1° : « de fabrication ») **DE FABRIQUE.** *Marque* de fabrique. Prix de fabrique,* d'un objet acheté directement chez le fabricant. ■ **3** (*fabrice* 1374 ◇ latin *fabrica*) VX Petit édifice qui ornait un parc. ◆ BX-ARTS Édifice, dans un tableau. *Paysage avec des fabriques.* ■ **4** ANCIENNT *Le conseil de fabrique* ou *la fabrique* : l'ensemble des clercs et des laïcs administrant les fonds et revenus affectés à la construction, à l'entretien d'une église. ➤ **fabricien, marguillier.** — (Canada) *Fabrique* : ensemble des biens et des revenus d'une paroisse.

FABRIQUER [fabʀike] **v. tr.** ⟨1⟩ – fin XIIe, repris XVIe ◇ latin *fabricare* « fabriquer » ■ **1** Faire (qqch.) par un travail exécuté sur une matière. ➤ **confectionner, façonner,** 1 **faire.** *Il a fabriqué de ses propres mains ce petit appareil.* ➤ **construire.** *« fabriquer des livres n'est pas moins indispensable que de fabriquer du pain »* PÉGUY. *« L'homme se fabriqua des outils bien avant d'avoir fixé son langage »* RENAN. ◆ FAM. Faire. ➤ FAM. 2 **ficher,** 1 **foutre.** *Qu'est-ce que tu fabriques ? Tout le monde t'attend.* ■ **2** SPÉCIALT Faire, produire à l'aide de matières premières transformées par des procédés mécaniques (des objets destinés au commerce). *Faire fabriquer un modèle en grande série.* ➤ **manufacturer, produire, usiner.** *Éléments fabriqués à l'avance.* ➤ **préfabriqué.** — PAR MÉTAPH. et souvent péj. (compl. personne) *Fabriquer un champion, une vedette.* ■ **3** Élaborer, faire (en imitant, en imaginant et de manière à tromper). ➤ **forger.** *Fabriquer de la fausse monnaie, de faux papiers.* ➤ **fabricateur, faussaire.** ◆ *Fabriquer de fausses nouvelles. Fabriquer de toutes pièces une histoire.* ➤ **forger, inventer.** *Il s'est fabriqué un bon alibi. « Vous concevez de mauvais desseins, vous fabriquez des tromperies, vous machinez des fraudes »* BOSSUET. — **p. p. adj.** *C'est une histoire fabriquée de toutes pièces.* ➤ 1 **faux, inventé.** *Un sourire fabriqué.* ➤ **artificiel, factice, forcé.** ■ **4** Faire, par des procédés, par l'imitation (une œuvre qui devrait être créée, sentie). *« De purs ouvriers, les uns sachant fabriquer des figures académiques, les autres des fruits, les autres des bestiaux »* BAUDELAIRE. ◆ FIG. *Fabriquer un sentiment,* le susciter d'une manière artificielle. *« Jean-Paul fabrique son amour avec des souvenirs littéraires »* MAURIAC. ■ HOM. *Fabriquant* : fabricant.

FABULATEUR, TRICE [fabylatœʀ, tʀis] **adj. et n.** – v. 1370 « fabuliste » ◇ latin *fabulator* « conteur » → fable ■ DIDACT. ■ **1** Relatif à la fabulation (3°). *« La religion était la raison d'être de la fonction fabulatrice »* BERGSON. ■ **2 n.** (1946) PSYCHOL. Personne qui a l'habitude de la fabulation (2°). ➤ **mythomane.** *Les enfants sont souvent des fabulateurs.*

FABULATION [fabylasjɔ̃] **n. f.** – 1830 ◇ latin *fabulatio* « discours, conversation », de *fari* → fable ■ **1** VX Représentation imaginaire, version romanesque d'un ensemble de faits. ➤ **affabulation.** ■ **2** PSYCHOL. Récit imaginaire présenté comme réel, mais sans adaptation aux circonstances. *La fabulation est normale chez le petit enfant, pathologique chez l'adulte.* ➤ **mythomanie.** ■ **3** PHILOS. Activité de l'imagination. *« Convenons alors de mettre à part les représentations fantasmatiques et appelons "fabulation" ou "fiction" l'acte qui les fait surgir »* BERGSON.

FABULER [fabyle] **v. intr.** ⟨1⟩ – 1892 « raconter des choses fabuleuses » ; début XVIe « dire en inventant » ; répandu milieu XXe ◇ de *fabulation* ■ Présenter comme réels des faits imaginés. ➤ **inventer.** *Jeune enfant qui fabule.* ➤ **affabuler.** *« Mauvais coucheur, fabulant intarissablement autour de son mécontentement »* BARTHES.

FABULEUSEMENT [fabyløzmɑ̃] **adv.** – 1488 ◇ de *fabuleux* ■ D'une manière fabuleuse (2°), inimaginable. *Il est fabuleusement riche.* ➤ **excessivement, extraordinairement, extrêmement, incroyablement, prodigieusement.**

FABULEUX, EUSE [fabylø, øz] **adj.** – XIVe ◇ latin *fabulosus* ■ **1** LITTÉR. Qui appartient à la fable, au merveilleux antique. ➤ **légendaire, mythique, mythologique.** *Hercule, héros fabuleux. Animaux, êtres fabuleux. Les temps fabuleux,* les plus reculés où l'histoire se confond avec la légende. ◆ Qui a le caractère imaginaire de la fable. ➤ **chimérique, fictif, irréel.** *« L'histoire ancienne de l'Orient est absolument fabuleuse »* RENAN. ■ **2** (1835) COUR. Invraisemblable quoique réel. ➤ **étonnant, extraordinaire, fantastique, incroyable, prodigieux.** *Une vie aux aventures fabuleuses.* ➤ **romanesque.** — (INTENSIF) Énorme. *Une chance fabuleuse. Des sommes fabuleuses.* ➤ **astronomique, colossal, exorbitant.** — FAM. Hors du commun. ➤ **exceptionnel.** *Un spectacle fabuleux.* ■ CONTR. Certain, exact, historique, réel, vrai ; commun, ordinaire.

FABULISTE [fabylist] **n. m.** – 1668 ; « conteur de fables » 1588 ◇ espagnol *fabulista*, du latin *fabula* ■ Auteur qui compose des fables. *« Ésope, ni Phèdre, ni aucun des fabulistes »* LA FONTAINE.

FAC [fak] **n. f.** – 1920 ◇ abrév. de *faculté* (II) ■ FAM. Faculté. *Aller à la fac. Elle est en fac de droit. Des facs.* ■ HOM. Faq.

FAÇADE [fasad] **n. f.** – 1611 ; *fassade* 1565 ◇ italien *facciata*, de *faccia* « face » ■ **1** Face antérieure d'un bâtiment où s'ouvre l'entrée principale, donnant le plus souvent sur la rue. ➤ 2 **devant, front.** *« Le plan de cette belle façade du Louvre [...] qui fut construite par Perrault et par Louis Le Vau »* VOLTAIRE. *« La façade de bois des maisons, [...] la façade de pierre des châteaux, [...] la façade de marbre des palais »* HUGO. *Cet immeuble a vingt mètres de façade. Quatre pièces en façade et deux sur cour. Refaire, ravaler la façade* (➤ **façadier**). *Façade d'un magasin.* ➤ **devanture.** *Derrière la façade* : à l'intérieur. ◆ VIEILLI Un des côtés, exposé à la vue, d'un bâtiment. *Façade latérale.* ■ **2** Partie avant, face supérieure (d'un appareil). *Autoradio à façade détachable.* ■ **3** GÉOGR. Région côtière. *La façade atlantique de la France.* ■ **4** FIG. Ce qui se voit d'abord, apparence (généralement trompeuse). ➤ **dehors,** 2 **extérieur.** *N'avoir qu'une façade d'honnêteté. Ce n'est qu'une façade. Pure façade ! Tout pour la façade,* pour les apparences. *Amabilité de façade,* simulée, peu sincère. *« Il y eut quelquefois plus de façade que de fonds, plus de tenture que de solide »* SAINTE-BEUVE. ■ **5** LOC. FAM. *Se ravaler la façade* : se remaquiller. ■ CONTR. Arrière-corps, 2 derrière, dos. Intérieur, fond, réalité.

FAÇADIER, IÈRE [fasadje, jɛʀ] **n.** – 1973 ◇ de *façade* ■ Professionnel(le) du bâtiment qui réalise le traitement technique (étanchéité, isolation) et esthétique (décoration, ravalement) des façades.

FACE [fas] **n. f.** – milieu XIIe ◇ du latin *facia* « portrait », autre forme de *facies* « forme, air, façon, aspect » (→ faciès), famille de *facere* → 1 faire

I VISAGE HUMAIN ■ **1** Partie antérieure de la tête humaine. ➤ **figure, tête, visage.** *« La face ne ment point : c'est le miroir du cœur »* MATISSE. *Une face large, pleine, colorée. « dans sa face rasée, ronde, rouge, plaquée de cheveux jaunes et rares »* TOULET. — *Détourner la face. Tomber la face contre terre.* — FAM. (injure) *Face de rat ! — Une face de carême*.* — *Le squelette, les os de la face* : malaire, maxillaire, palatin, unguis, vomer, os propres et cornets du nez. *Chirurgie, traumatisme de la face.* ➤ **facial.** *La face et le crâne. « Mutilés de la face, héros pour grands jours »* H. CALET. ◆ RELIG. (t. bibl.) *Que l'Éternel tourne sa face vers toi.* ■ **2** LOC. FIG. *À la face de qqn, du monde,* devant, en présence de. *Dénoncer une pratique à la face du monde. Cracher à la face de qqn,* lui manifester son mépris. *Jeter la vérité à la face de qqn. — Se voiler* la face.* — (1850 ◇ traduction du chinois) **PERDRE LA FACE :** perdre son prestige en tolérant une atteinte à son honneur, à sa dignité, à sa réputation. *Sauver la face* : sauvegarder son prestige, sa dignité, en dépit de la défaite, de l'échec qu'on vient de subir. *« Nous avons manqué notre coup mais nous pourrons peut-être sauver la face »* SARTRE.

II CÔTÉ D'UN OBJET ■ **1** (1819) Côté (d'une médaille, d'une monnaie) qui porte une figure (opposé à 3 *pile*). *La face d'une médaille, d'une pièce.* ➤ **avers.** LOC. *Jouer à pile* ou face.* — APPOS. *Le côté face* : l'endroit. — *Tissu, adhésif double* face.* ■ **2** RELIG. ou LITTÉR. Surface. *« Il apparaît de temps en temps sur la face de la terre des hommes rares »* LA BRUYÈRE. *« de légères rides sur la face de l'Océan »* CHATEAUBRIAND. ■ **3** (milieu XIVe) Chacun des côtés d'une chose. *Face interne, externe d'un rempart. La face cachée de la lune. « Qui n'a pas une face cachée, de nos jours ? »*

DUTOURD. *Circuit imprimé simple, double face.* ◆ GÉOM. Chacun des plans qui limitent un solide. *Les faces d'un prisme. — Les deux faces d'un disque.* ◆ ANAT. Surface (d'un organe, d'une partie du corps), définie par sa situation par rapport au corps. *La face interne* (d'un organe), qui regarde l'axe du corps (opposé à *face externe*). *La face interne des cuisses.* — BOT. *Face inférieure, externe ou dorsale des feuilles ; la face supérieure, interne ou ventrale.* — GÉOGR. Plan déclive et orienté (d'une montagne). *Face nord, face sud.*

III ASPECT SOUS LEQUEL UNE CHOSE SE PRÉSENTE (milieu XIIIe) ➤ **aspect, physionomie.** « *Quatre années avaient suffi pour changer la face de ce bourg* » BALZAC. — (ABSTRAIT) *Examiner la situation sous toutes ses faces.* ➤ **angle, côté, point de vue.** *La face des choses* : l'apparence, l'aspect des évènements. LOC. *Changer (renouveler) la face des choses, du monde* : tout transformer. « *Le nez de Cléopâtre : s'il eût été plus court, toute la face de la terre aurait changé* » PASCAL. « *c'est entre 25 et 50 ans que les gens, sans s'en rendre compte, changent la face du monde* » AYMÉ.

IV LOCUTIONS ▪ 1 (1671) **FAIRE FACE (À) :** présenter la face, l'avant tourné vers un certain côté. « *L'hôtel où logeaient les solitaires, faisait face au cloître* » SUARÈS. PRONOM. *Se faire face* : être face à face. « *Le long des murs, deux rangées de moines se font face, immobiles* » GREEN. ◆ *Faire face à l'ennemi, à des assaillants* : présenter le front des lignes. ➤ **front.** *Les cuirassiers « durent faire face de tous les côtés »* HUGO. ABSOLT *Faire face* (devise de Guynemer). — FIG. (1798) Réagir efficacement en présence d'une difficulté. ➤ 2 **parer (à), pourvoir (à), répondre (à) ; satisfaire (à).** *Faire face à une dépense, à ses engagements.* « *La mairie devait faire face, avec un personnel diminué, à des obligations écrasantes* » CAMUS. ABSOLT *Il faut faire face.* ▪ **2 loc. prép. FACE À :** en faisant face à ; vis-à-vis de. *Acteur qui joue face au public. Chambre d'hôtel face à la mer,* ayant vue sur la mer. — FIG. En étant confronté à. *Face à cette situation, il ne savait comment réagir.* ▪ **3 loc. adv.** (1534) **EN FACE :** par-devant. *Regarder qqn en face,* le fixer des yeux, soutenir hardiment son regard. « *Et maintenant, elle vous regarde bien en face, trop en face, avec des yeux suppliants et incendiés* » GIONO. — *Il le lui a dit en face,* directement. — FIG. *Regarder le péril, la mort en face,* sans crainte. *Il faut voir les choses en face,* sans biaiser, sans chercher à se leurrer. ◆ **loc. prép. EN FACE DE :** vis-à-vis de. *Ils restaient muets l'un en face de l'autre, en face l'un de l'autre.* ➤ 1 **devant.** *Il habite en face de la mairie.* — POP. ou RÉGION. (sans *de*) « *En face le pont de la Tournelle* » FLAUBERT. — ELLIPT *La maison d'en face* (du lieu dont on parle). *Je vais en face.* — ABSTRAIT En présence de. ➤ 1 **devant.** « *Un homme énergique n'a jamais peur en face du danger pressant* » MAUPASSANT. ▪ **4 loc. adv.** (XVIIe) **FACE À FACE :** les faces tournées l'une vers l'autre. ➤ **vis-à-vis.** « *Les mains dans les mains restons face à face* » APOLLINAIRE. *Il se trouva face à face avec un ancien camarade* (cf. Nez à nez). — **n. m.** *Un face-à-face* (voir ce mot). ▪ **5 loc. adv. DE FACE :** la figure, la partie antérieure s'offrant aux regards. *Un portrait de face* (opposé à *de profil, de trois-quarts*). — De là où l'on voit la face, le devant (opposé à *de côté*). *Photographier un monument de face. Choisir au théâtre une loge de face,* qui fait face à la scène. — FIG. Sans détour, franchement. *Attaquer de face. Aborder une question de face* (cf. De front). — (Dans un train) *Le coin de face côté couloir,* la place dans le sens de la marche du train.

▪ CONTR. 2 Derrière, dos. 2 Pile, revers. 2 Envers, opposé, rebours. ▪ HOM. Fasce.

FACE-À-FACE [fasafas] **n. m. inv.** – 1965 ◇ de *face à face* ▪ Débat, portant souvent sur un sujet politique, entre deux personnalités qui représentent des opinions, des milieux, des intérêts différents ou divergents. *Un face-à-face télévisé entre deux candidats aux élections. Organiser un face-à-face et une table ronde.*

FACE-À-MAIN [fasamɛ̃] **n. m.** – 1872 ◇ de *face, à* et *main* ▪ Binocle à manche que l'on tient à la main. *Des faces-à-main* [fasamɛ̃].

FACÉTIE [fasesi] **n. f.** – 1580 ; *facecie* fin XVe ◇ latin *facetia,* de *facetus* «bien fait, plaisant» ▪ Plaisanterie burlesque. ➤ **baliverne, bouffonnerie.** *Être victime d'une facétie.* ➤ 2 **farce, mystification.**

FACÉTIEUX, IEUSE [fasesjø, jøz] **adj.** – *facecieux* fin XVe ◇ de *facétie* ▪ **1** VX ou LITTÉR. Qui a le caractère de la facétie. ➤ **comique, drôle, plaisant, réjouissant, spirituel.** *Conte facétieux.* ▪ **2** MOD. Qui aime à dire ou à faire des facéties. ➤ **farceur, moqueur.** *Esprit, caractère facétieux.* « *À minuit, une main facétieuse ajoute un treizième coup aux douze coups du beffroi* » GIRAUDOUX. — **adv. FACÉTIEUSEMENT.** — **n.** *Un petit facétieux.* ▪ CONTR. Grave, sérieux.

FACETTE [fasɛt] **n. f.** – 1589 *fasette* ; XIIIe «petit visage» ◇ de *face* ▪ Une des petites faces d'un corps qui en a beaucoup. *Corps à facettes égales,* isoédrique. *Tailler à facettes un diamant, un cristal.* « *une pierre précieuse à mille facettes* » MUSSET. *Boule à facettes* : sphère recouverte de petits miroirs, destinée à créer des effets lumineux en tournant. *La boule à facettes d'une boîte de nuit.* — FIG. *À facettes* : à plusieurs aspects. « *Tout est à facettes, tout est vrai, c'est le monde* » Mme DE SÉVIGNÉ. *Personnage à facettes,* divers, difficile à déchiffrer. ◆ ZOOL. *Œil à facettes des insectes,* composé de nombreux petits yeux rudimentaires formant chacun une lentille. ➤ **ommatidie.** ◆ ANAT. Petite surface plane (d'un os, d'une dent). *Facette articulaire.*

FACETTER [fasete] **v. tr.** ⟨1⟩ – 1454 ◇ de *facette* ▪ TECHN. Tailler à facettes. *Diamant facetté.*

FÂCHÉ, ÉE [fɑʃe] **adj.** – XVe ◇ de *fâcher* ▪ **1** *Fâché de,* qui est désolé, regrette. ➤ **désolé, navré.** *Je suis fâché de ce contretemps. — Fâché que* (et subj.), *de* (et inf.). *Je ne serais pas fâché qu'il parte, de le voir partir* : je serais heureux qu'il parte. ▪ **2** Mécontent. *Elle serait fâchée si je ne venais pas.* ➤ **vexé.** *Je suis fâché de devoir partir. Il a un air fâché.* ➤ **contrarié.** — *Fâché contre qqn,* en colère contre lui. ▪ **3** *Fâché avec qqn,* brouillé. *Ils sont fâchés à mort depuis dix ans* (cf. En mauvais termes*, en froid). — FAM. *Être fâché avec qqch.,* ne rien y comprendre, être incompétent. *Il est fâché avec l'orthographe.* ▪ CONTR. Content, heureux, satisfait.

FÂCHER [fɑʃe] **v. tr.** ⟨1⟩ – 1442 mot régional «dégoûter» ◇ latin populaire °*fasticare,* de *fastidiare,* classique *fastidire* «éprouver du dégoût» → fastidieux ▪ **1** VX Affecter d'un sentiment pénible. ➤ **affliger, attrister,** 1 **chagriner, contrarier, peiner.** « *ton trépas fâcherait tes amis* » MOLIÈRE. ▪ **2** (1539) MOD. Mettre dans un état d'irritation. ➤ **agacer, exaspérer, indisposer, irriter, mécontenter.** *Il était « dangereux d'encourir la colère de Max ou de le fâcher »* BALZAC. *Soit dit sans vous fâcher.* — ABSOLT LOC. *Des sujets qui fâchent* : des sources de discorde. « *les problèmes qui fâchent, l'immigration, l'éducation* » (Libération, 1995). ▪ **3** COUR. **SE FÂCHER v. pron.** Se mettre en colère. ➤ **s'emporter, s'irriter,** se **hérisser ; crier, gronder ;** FAM. **gueuler, râler ;** RÉGION. se **choquer** (cf. Se mettre en rogne*, voir rouge*). *Se fâcher contre qqn. Se fâcher tout rouge. Se fâcher pour un rien.* « *Entre deux controversistes, celui qui aura tort se fâchera* » DIDEROT. *Si tu continues, je vais me fâcher.* ◆ *Se fâcher avec qqn.* ➤ se **brouiller, rompre.** *Il s'est fâché avec son frère. Se fâcher à mort.* — (RÉCIPR.) *Ils se sont fâchés.* ▪ CONTR. Réjouir. Adoucir, calmer. Réconcilier (se).

FÂCHERIE [fɑʃʀi] **n. f.** – 1470 ◇ de *fâcher* ▪ **1** VX État d'une personne qui est fâchée, contrariée. « *La fâcherie que lui donne quelque perte de ses biens* » BOSSUET. ▪ **2** (1777) MOD. Refroidissement ou rupture dans les relations de deux personnes qui se sont fâchées l'une avec l'autre. ➤ **bouderie, brouille, désaccord.** *Fâcherie provenant d'un malentendu.* ▪ CONTR. Joie, 1 plaisir. Accord, entente, réconciliation.

FÂCHEUSEMENT [fɑʃøzmɑ̃] **adv.** – XVIe ◇ de *fâcheux* ▪ D'une manière fâcheuse (2°, 3°). « *Après la séance royale si fâcheusement semblable à un lit de justice* » BARTHOU.

FÂCHEUX, EUSE [fɑʃø, øz] **adj. et n.** – XVe ◇ de *fâcher* ▪ **1** VX Qui exige un effort pénible. ➤ **difficile.** ▪ **2** (1538) MOD. Qui est pour qqn une cause de déplaisir (➤ **déplaisant, ennuyeux*, gênant**) ou de souffrance (➤ **affligeant, cruel, pénible**). « *Quelque fâcheuse nouvelle, cher Monsieur ? – Oh ! rien de très grave* » GIDE. ➤ **mauvais.** *Évènement fâcheux.* ➤ **malheureux.** *Fâcheuse affaire. Il est fâcheux de* (et inf.), *que* (et subj.). ▪ **3** Qui comporte quelque inconvénient ; qui porte préjudice. ➤ **déplorable, regrettable.** « *il protesta que la peinture des passions était fatalement d'un fâcheux exemple* » GIDE. *C'est fâcheux pour nos projets.* ➤ **contrariant, malencontreux.** *Contretemps fâcheux. Fâcheuse initiative.* ➤ **intempestif.** *C'est fâcheux* : cela arrive mal à propos. ➤ **inopportun.** ▪ **4** VX ou LITTÉR. (PERSONNES) Qui importune, dérange. ◆ **n.** (XVIIe) *Un fâcheux, une fâcheuse.* ➤ **gêneur, importun, indiscret ;** FAM. **casse-pied.** « *Les Fâcheux* », comédie de Molière. ▪ CONTR. Agréable, heureux, opportun, propice. Bienvenu. 1 Discret.

FACHO [faʃo] **n. et adj.** – v. 1968 ◇ de *fasciste* ▪ FAM. Fasciste. ➤ **faf.** *Espèce de facho ! Elles sont un peu fachos.*

FACHOSPHÈRE [faʃɔsfɛʀ] **n. f.** – 2009 ◇ de *facho* et *sphère* ▪ FAM. Ensemble des personnes qui diffusent des idées jugées conservatrices et réactionnaires sur Internet et dans les médias.

FACIAL, IALE, IAUX [fasjal, jo] **adj.** – 1545, repris 1800 ◊ latin médiéval *facialis,* du latin *facies* ■ **1** Qui appartient à la face, de la face. *Les muscles faciaux.* VAR. PLUR. **facials.** *Paralysie faciale. Chirurgie faciale. Angle facial :* indice anthropométrique, angle formé par une droite menée des incisives au front et une autre droite menée des incisives à l'oreille. ■ **2** *Valeur faciale :* valeur imprimée sur un timbre, spécifiée sur une monnaie. *Timbre sans valeur faciale,* à validité permanente.

FACIÈS [fasjɛs] **n. m.** – 1823 ; bot. 1758 ◊ latin *facies* «face» ■ **1** DIDACT. Aspect du visage (en médecine, anthropologie). *Le faciès indien, mongol. «Quelle admirable figure aura le père Babinet* [...] *Je vois de là son facies, comme dirait mon pharmacien»* FLAUBERT. LOC. *Délit de faciès* (cf. Délit de sale gueule*). *Contrôle au faciès :* contrôle d'identité motivé par l'origine ethnique supposée d'un individu. ◆ COUR. Expression, forme du visage. ➤ **face, physionomie.** *«elle est ivre et son visage prend le faciès impudique de l'aveu»* DURAS. ■ **2** (Parfois écrit aussi *facies*) MINÉRAL. Aspect typique d'une espèce minérale, dû au développement inégal des faces cristallines. — (1838) GÉOGR., GÉOL. Ensemble des caractères d'un sédiment, qui renseignent sur son origine. *Faciès éolien, continental, glaciaire.* — PRÉHIST. Ensemble des éléments particuliers à une période donnée de civilisation.

FACILE [fasil] **adj.** – 1441 ◊ latin *facilis* «qui se fait aisément», de *facere* ■ **1** Qui se fait, qui s'obtient sans peine, sans effort. ➤ **aisé,** 1 **commode, élémentaire, enfantin, simple ;** et aussi **faisable, possible.** *Affaire, opération facile. C'est facile, très facile.* ➤ FAM. **fastoche** (cf. C'est l'enfance* de l'art ; c'est un jeu d'enfant* ; FAM. c'est du billard* ; c'est du gâteau* ; c'est du tout cuit ; c'est dans la poche ; c'est du nanan, du nougat). *Facile comme bonjour, facile comme tout :* très facile. *Il est d'un abord facile. Avoir la parole facile,* la prendre volontiers et bien s'exprimer. FAM. *L'argent facile,* obtenu sans peine et rapidement. — (Avec un inf. sujet) *«Bavarder est facile. Vaticiner et ennuyer l'est également»* LÉAUTAUD. — IMPERS. *Il est facile de refuser* (cf. Il n'y a qu'à). ◆ **FACILE À, POUR** (qqn). *«Il m'est, disait-elle, facile D'élever des poulets»* LA FONTAINE. *La chose est facile pour quelqu'un de sa trempe* (cf. C'est un jeu pour lui). ◆ PAR EXT. *Avoir la vie facile,* agréable, sans souci. ■ **2 FACILE À** (et inf.) : qui ne demande pas d'effort pour être (fait, etc.). *Chose facile à faire, à réussir. Cela est plus facile à dire qu'à faire,* et ELLIPT *facile à dire !* (cf. Cela est vite dit). *Chose facile à comprendre,* claire, compréhensible, intelligible, simple. *Logiciel facile à utiliser.* ➤ **convivial.** — ELLIPT *Problème, calcul facile* (à résoudre). ➤ FAM. **fastoche.** *Texte, auteur facile* (à comprendre). — (PERSONNES) *Une personne facile à contenter, à satisfaire,* que l'on contente facilement. *Facile à vivre :* dont l'humeur est accommodante, égale (cf. ci-dessous, 5°). — VX *Mirabeau, «sensible à l'amitié, facile à pardonner les offenses»* CHATEAUBRIAND. ■ **3** (XVIIe) Qui semble avoir été fait, composé sans effort, sans peine ; qui ne sent pas la gêne. *Style facile.* ➤ **aisé,** 1 **coulant.** *«si l'élégance a toujours l'air facile, tout ce qui est facile et naturel n'est pas élégant»* VOLTAIRE. ◆ PÉJ. Sans profondeur, sans recherche. *C'est une raillerie un peu facile. «Je hais l'esprit satirique comme étant le plus petit, le plus commun et le plus facile de tous»* CHATEAUBRIAND. *Son raisonnement est un peu facile. Musique facile.* ■ **4** (PERSONNES) VIEILLI Qui fait, qui exécute sans peine. ➤ **habile.** *«Fénelon est un esprit facile et jaillissant»* LANSON. ■ **5** (1636) (PERSONNES) Qui se prête sans peine à ce qu'on attend de lui ; qui supporte facilement. ➤ **accommodant, arrangeant, complaisant, conciliant, doux, malléable, tolérant.** *Un enfant facile.* ➤ **docile.** *Il n'est pas facile avec ses subordonnés.* ➤ 1 **commode.** — PAR EXT. *Caractère, humeur facile,* aimable. — SPÉCIALT (1761) VIEILLI En parlant d'une femme, Qui accepte facilement des relations sexuelles. ➤ **léger.** *Femme, fille facile.* ➤ **gourgandine, grisette, lorette, sauteur** (2°) ; FAM. **belette, gigolette.** ■ **6 adv.** FAM. Pour le moins. *Pour y aller, il faut trois heures facile. «Elle a facile dix ans de moins que moi»* V. DESPENTES. ■ CONTR. Difficile, incommode. Maladroit ; profond, recherché. Emprunté, inhabile. Âpre, chicaneur, dur, exigeant, 1 ferme, inabordable ; 2 farouche.

FACILEMENT [fasilmɑ̃] **adv.** – 1470 ◊ de *facile* ■ **1** Avec facilité ; sans effort, sans peine. ➤ **aisément, commodément, naturellement.** *Il y est arrivé facilement* (cf. FAM. Les doigts dans le nez*). *«Les idées ne venaient pas facilement, il peinait pour s'exprimer»* CÉLINE. *Ce clou s'enfonce facilement* (cf. Comme dans du beurre*). *Cela se boit facilement* (cf. Comme du petit lait*). ◆ Pour peu de chose. *Il se vexe facilement. Cette matière se casse facilement.* ■ **2** Au moins. ➤ **facile** (6°). *Il faut facilement trois heures pour aller là-bas.* ■ CONTR. Difficilement.

FACILITANT, ANTE [fasilitɑ̃, ɑ̃t] **adj.** – 1972 ◊ de *faciliter* ■ Qui facilite, simplifie. *Méthode, situation facilitante.*

FACILITATEUR, TRICE [fasilitatœʀ, tʀis] **n.** – 1987 ; autre sens, adj., 1854 ◊ de *faciliter* ■ Personne chargée de favoriser l'aboutissement d'une négociation. ➤ **médiateur, négociateur.** *Il «lui avait été présenté comme le facilitateur de la transaction»* M. DUGAIN.

FACILITATION [fasilitasjɔ̃] **n. f.** – avant 1877 ◊ de *faciliter* ■ DIDACT. Action de faciliter. ◆ TECHN. Ensemble des mesures destinées à accélérer le transport des marchandises, par air et par mer. ◆ PHYSIOL. Accroissement de l'excitabilité à la suite d'un stimulus*, unique ou répété. ➤ **frayage.**

FACILITÉ [fasilite] **n. f.** – 1495 ◊ latin *facilitas* ■ **1** Caractère, qualité de ce qui se fait sans peine, sans effort. *Travail d'une grande facilité.* ➤ **simplicité.** *Facilité d'emploi d'un logiciel.* ➤ **convivialité.** *Une impudence «peut-être uniquement due à la facilité de vos premiers succès»* LACLOS. ■ **2** (Surtout plur.) Moyen qui permet de faire qqch. sans effort, sans peine. ➤ 2 **moyen, occasion, possibilité.** *Apporter, fournir, procurer à qqn toutes facilités pour qqch., pour faire qqch.* ➤ 1 **aide, appui, secours.** LITTÉR. *«voyageurs* [...] *qui eûtes toutes facilités de mentir»* FRANCE. ➤ **latitude, liberté, marge.** ◆ SPÉCIALT (1901) DR. COMM. *Facilités de paiement, pour le paiement,* et ABSOLT *facilités :* conditions spéciales, délais accordés à un acheteur, à un débiteur ; échelonnement des paiements. *Maison qui accorde toutes les facilités à ses clients. Facilité de caisse :* crédit à court terme ; tolérance par un banquier d'un solde débiteur. ■ **3** Disposition à faire qqch. sans peine, sans effort. ➤ **aptitude, disposition,** 1 **don ;** 2 **adresse, aisance, habileté.** *Écrire avec facilité. «J'avais une grande facilité de parole»* MAURIAC. — VIEILLI *Facilité de* (et inf.). *«L'apparente facilité d'apprendre est cause de la perte des enfants»* ROUSSEAU. — MOD. *Facilité à, pour. Facilité à s'exprimer. «sans facilité pour apprendre»* ZOLA. — PAR EXT. *«La facilité que l'on a de croire ce que l'on souhaite»* LA ROCHEFOUCAULD. ◆ ABSOLT Aptitude, don pour l'étude, pour le travail ; aptitude à composer, créer (une œuvre). *Cet enfant n'a aucune facilité. «Plein de facilité, faisant des vers plus volontiers que de la prose»* SAINTE-BEUVE. *«À l'école, ma facilité, véritable paresse, me faisait prendre pour un bon élève»* RADIGUET. *Il a des facilités en mathématiques.* ■ **4** VX Caractère de ce qui est ou semble être écrit, composé sans effort, sans peine. *Son style a de la grâce et de la facilité.* ➤ **agrément, naturel.** ■ **5** MOD. Absence d'exigence ou d'effort qui entraîne un manque de qualité. *Céder, renoncer à la facilité. Solution* de facilité.* Effet, procédé facile. *«La facilité se vend mieux : c'est le talent enchaîné* [...] *l'art de rassurer par des discours harmonieux et prévus»* SARTRE. ■ **6** VX ou LITTÉR. Tendance d'une personne à se prêter, à consentir à ce que l'on attend d'elle. ➤ **complaisance, condescendance.** *Sa facilité à se laisser convaincre, à croire ce qu'on lui raconte.* ■ **7** MOD. Aptitude à être sociable, accommodant. *Facilité de caractère.* ■ CONTR. Difficulté, incommodité ; embarras, ennui, obstacle, opposition. Inaptitude.

FACILITER [fasilite] **v. tr.** ⟨1⟩ – XVe ◊ italien *facilitare,* de *facilità* «facilité» ■ Rendre facile, moins difficile. ➤ **aider, arranger.** *Faciliter une entrevue.* ➤ **favoriser.** *Cela lui facilitera la tâche. Son entêtement ne facilitera pas les choses.* — *Se faciliter la vie.* ➤ **simplifier.** ■ CONTR. Compliquer, empêcher, 1 entraver.

FAÇON [fasɔ̃] **n. f.** – début XIIe au sens d'«air, tournure» (III, 1°) ◊ du latin *factio,* qui a également donné *faction,* famille de *facere* → 1 faire

I ACTION DE DONNER UNE FORME À QQCH. (fin XIVe ◊ de *façonner*) ■ **1** VIEILLI **DE (LA, MA, SA...) FAÇON.** *Il lui a joué un tour de sa façon,* un mauvais tour. ■ **2** Travail de l'artiste, de l'artisan qui met en œuvre une matière. ➤ **exécution,** 1 **travail.** *Première façon.* ➤ **ébauchage, ébauche, esquisse.** *Payer la façon d'un vêtement dont on a fourni le tissu.* ➤ **confection.** *Coûter cinquante euros de façon.* ➤ **main-d'œuvre.** ◆ **À FAÇON :** en exécutant le travail, sans fournir la matière première. *Travailler à façon. Couturière à façon.* ■ **3** (1606) AGRIC. Chacune des opérations qui ont pour objet le travail de la terre au moyen d'instruments aratoires. ➤ **ameublissement, binage, hersage, labour, roulage, sarclage.** *Terre qui demande trois façons.* ■ **4** Manière dont une chose est faite ; forme qu'on lui a donnée. ➤ **forme ;** 1 **facture,** 1 **travail.** *«une robe de petite étoffe, remarquable seulement par la façon»* BALZAC. ➤ 2 **coupe.** ◆ EN APPOS. *Châle façon cachemire,* imitant le cachemire. *«Elle se taille une jaquette en chèvre façon loup dans la dépouille d'un lapin domestique»* VIALATTE. ■ **5** VX ou LITTÉR. **UNE FAÇON DE :** une espèce, une sorte de.

II MANIÈRE D'ÊTRE OU D'AGIR ➤ **manière,** 2 **mode.** ■ **1 FAÇON DE** (et inf.) : manière d'agir, de faire, de procéder, de se comporter. ➤ **comportement, conduite, habitude, procédé.** *Façon de marcher.* PROV. *La façon de donner vaut mieux que ce qu'on donne. «Vos ordres sont charmants ; votre façon de les donner* *est plus aimable encore»* LACLOS. *Il y a plusieurs façons de procéder. Je n'ai pas aimé la façon qu'il a eue de me regarder. Une façon de parler, de s'exprimer,* expression, tour, locution. LOC. (1553) *C'est une façon de parler :* il ne faut pas prendre à la lettre ce qui vient d'être dit. *C'est une façon de voir,* un point de vue. FAM. *C'est une drôle de façon de voir les choses.* (1807) *Dire sa façon de penser à qqn,* lui dire sans détours ce qu'on pense. — **LA FAÇON DONT...** *Voilà la façon dont les choses se sont passées.* ➤ **comment.** *«La façon désinvolte dont vous parlez de la mort de votre père [...] m'a outré»* MONTHERLANT. *À la façon dont il s'y prend, on dirait...* ▪ **2 DE... FAÇON.** *D'une façon, de la façon... De cette façon.* ➤ **ainsi, comme** (comme ça). *De quelle façon l'accident s'est-il produit ?* ➤ **comment.** *De toute façon :* quoi qu'il en soit, en tout état de cause. *De toute façon, il est trop tard. D'une façon ou d'une autre, il faudra bien le faire. De quelque façon que ce soit.* — *Exprimer d'une façon approximative ; dire de façon plus précise... On peut dire, d'une façon générale... Vêtu d'une façon extravagante.* — **DE FAÇON QUE** VIEILLI (avec l'indic.). *«tout alla de façon Qu'il ne vit plus aucun poisson»* LA FONTAINE. MOD. (avec le subj.) *Approche-toi de façon qu'on te voie* (cf. De telle sorte* que). ◆ **DE FAÇON À** (et inf.). *Il se plaça de façon à être vu.* — **DE FAÇON À CE QUE...** *«Elle plaçait son éventail de façon à ce qu'il pût le prendre»* STENDHAL. ➤ **afin** (de, que). ▪ **3 À LA FAÇON DE.** ➤ **comme.** *Il parlait à la façon d'un orateur. Écarquiller les yeux à la façon d'une personne étonnée.* — *Il veut vivre à sa façon.* ➤ **guise, idée.** *«Tu fus une grande amoureuse À ta façon, la seule bonne»* VERLAINE. ▪ **4 EN AUCUNE FAÇON :** en aucun cas. ➤ **nullement.** *«Entendez-vous le latin ? – En aucune façon»* MOLIÈRE.

III APPARENCE, MANIÈRE D'ÊTRE EXTÉRIEURE D'UNE PERSONNE ▪ **1** (début XIIe) VX Air, allure, tournure. *«Bien fait et beau, d'agréable façon»* LA FONTAINE. ▪ **2** LOC. (Suisse) *Avoir bonne, mauvaise façon :* présenter bien ou mal, faire bonne ou mauvaise impression. — *Faire façon de qqn,* réussir à lui imposer son autorité. ◆ (1896) (Canada) *Avoir de la façon :* être poli, agréable, gentil. ▪ **3** (1578) AU PLUR. Manières propres à une personne ; procédés dont elle use. ➤ **comportement, manière.** *Il a de curieuses façons. Ses façons me déplaisent. «sa taille était élégante, son air noble comme toutes ses façons»* CASANOVA. ▪ **4** Manières affectées. ➤ 1 **chichi, minauderie,** 1 **mine, simagrée.** *Elle fait beaucoup de façons.* ◆ Manières cérémonieuses, politesse excessive. ➤ **cérémonie, embarras, politesse.** *Ne faites pas tant de façons pour accepter.* ➤ **histoire** (cf. Se faire prier*). ▪ **5 SANS FAÇON :** simplement. *J'accepte sans façon l'offre que vous me faites. Non merci, sans façon.* ➤ **franchement, sincèrement.** — **adj.** *Un dîner, une réception sans façon,* très simple. *Une personne sans façon,* peu cérémonieuse. ▪ CONTR. Simplicité ; naturel.

FACONDE [fakɔ̃d] **n. f.** – v. 1150 *facunde ;* repris fin XVIIIe ◇ latin *facundia* «éloquence» ▪ LITTÉR. (aujourd'hui, souvent péj.) Élocution facile, abondante. ➤ **facilité ; éloquence, volubilité ;** RÉGION. **barjaque.** *Avoir de la faconde. Quelle faconde ! «Ma grande hostilité pour la prolixité, la faconde et le boniment en sont cause»* GIDE. ▪ CONTR. Mutisme, silence. Concision.

FAÇONNAGE [fasɔnaʒ] **n. m.** – 1838 ; «forme, apparence» XIIe ◇ de *façonner* ▪ **1** Action ou manière de façonner (une matière, un ouvrage) ; son résultat. ➤ **façonnement.** *Façonnage des métaux.* — *Le façonnage d'un chapeau.* ◆ SPÉCIALT, ARBOR. Action de tirer des produits utiles des arbres abattus. *L'abattage et le façonnage de bois de mine.* — IMPRIM. Opération consistant, à l'aide du massicot, à rogner le papier. ▪ **2** (de *à façon*) TECHN. Travail à forfait dans l'industrie pétrolière. ➤ **sous-traitance.**

FAÇONNÉ, ÉE [fasɔne] **adj.** – 1334 ◇ de *façonner* ▪ Travaillé, ouvré. *Étoffe façonnée,* tissée de manière à former des dessins. ➤ **broché, damassé.**

FAÇONNEMENT [fasɔnmɑ̃] **n. m.** – 1552 ◇ de *façonner* ▪ **1** RARE Action de façonner (une matière, un ouvrage) ; son résultat. ➤ **façonnage.** ▪ **2** FIG. (plus cour.) Action de façonner, de former (qqn, son esprit) d'une certaine manière. ➤ **éducation, formation.** *«Songez que ce façonnement de l'esprit commence dès la plus tendre enfance»* GIDE.

FAÇONNER [fasɔne] **v. tr.** ⟨1⟩ – 1175 ◇ de *façon*

I ▪ **1** Mettre en œuvre, travailler (une matière, une chose), en vue de donner une forme particulière. ➤ **élaborer, ouvrer, préparer, travailler.** *Façonner de la terre glaise pour en faire un pot.* ➤ **modeler.** *Ouvrage grossièrement façonné.* — FIG. *«l'effort d'une âme qui façonne la matière»* BERGSON. ▪ **2** Faire (un ouvrage) en travaillant la matière. ➤ **confectionner, fabriquer, former.** *Façonner un chapeau sur la forme. Façonner une pièce mécanique à l'aide d'une machine-outil.* ➤ **usiner.** ▪ **3** AGRIC. Donner à (une terre) les façons* nécessaires. *Façonner une terre, un champ.*

II LITTÉR. Former peu à peu (qqn) par l'éducation, l'habitude. ➤ **dresser** (FIG.), **éduquer, former, modifier, transformer.** *«La forte éducation puritaine par quoi mes parents avaient façonné mon enfance»* GIDE. *«Elle oublie que toute une existence misérable l'a ainsi façonnée, qu'elle s'est durcie, qu'elle s'est armée de sécheresse»* MAURIAC. — *Façonner qqn à.* ➤ **accoutumer, habituer, plier.** *«des hommes sûrs, intelligents, façonnés au travail comme lui-même»* BALZAC.

FAÇONNIER, IÈRE [fasɔnje, jɛʀ] **n. et adj.** – 1564 ◇ de *façon* ▪ **1** RARE Personne qui travaille à façon. ➤ **artisan, ouvrier.** *Façonnier en porcelaine.* — APPOS. *Ouvriers façonniers.* ▪ **2 adj.** LITTÉR. Qui fait trop de façons, de cérémonies. ➤ **maniéré, minaudier.** *«Mme Tite-le-Long était façonnière et très simple, selon qu'elle pensait à sa mère ou à son mari»* JOUHANDEAU. *«l'éducation façonnière des riches»* ROUSSEAU. ▪ CONTR. Naturel, simple.

FAC-SIMILÉ [faksimile] **n. m.** /FACSIMILÉ/ – 1821 ; *fac simile* 1796 ◇ latin *fac simile* «fais une chose semblable» ▪ Reproduction exacte, parfois à une autre échelle (d'un écrit, d'un dessin, d'un tableau), soit à la main, soit au moyen d'un procédé photographique ou mécanique. ➤ **copie, photocopie, reproduction.** *Des fac-similés. Édition en fac-similé. Fac-similé en autographie, en photogravure, en phototypie. Transmission des fac-similés.* ➤ **fax, télécopie.** ▪ CONTR. 1 Original.

FACTAGE [faktaʒ] **n. m.** – 1845 ◇ du radical de 1 *facteur* ▪ VIEILLI Transport des marchandises au domicile du destinataire ou au dépôt de consignation. *Services de factage et de camionnage :* livraison, enlèvement à domicile. ◆ (1872) Distribution par le facteur des lettres, dépêches, imprimés.

1 **FACTEUR, TRICE** [faktœʀ, tʀis] **n.** – XIVe divers sens ; évince l'ancien français *faitre, faitor* «créateur, auteur» ◇ latin *factor,* de *factum,* supin de *facere* «faire» ▪ **1** (1421) Fabricant (de certains instruments de musique). *Facteur d'orgues, de pianos, de flûtes.* ▪ **2** (1326) VX Personne qui fait le commerce pour le compte d'une autre. ➤ 2 **agent, commis, intermédiaire.** SPÉCIALT (1793) *Facteur des Halles.* ➤ **mandataire.** ▪ **3** (1651 *facteur de lettres*) **LE FACTEUR, LA FACTRICE** (officiellement *agents préposés*). Personne qui porte et distribue à leurs destinataires le courrier envoyé par la poste. *La tournée du facteur. Facteur rural. «Je guettai dans la rue le facteur qui devait apporter une lettre»* RADIGUET. — LOC. FAM. *Le fils, la fille du facteur :* un enfant né d'amours illégitimes. ▪ **4** CH. DE FER Agent chargé d'un service du bureau de mouvement.

2 **FACTEUR** [faktœʀ] **n. m.** – 1699 ◇ d'après l'anglais *factor* ▪ **1** MATH. Chacun des éléments constitutifs d'un produit (➤ **coefficient, multiplicande, multiplicateur ; diviseur, quotient**). *Facteurs d'un produit a·b,* chacun des éléments constitutifs *a, b. Facteur premier d'un nombre n. Facteur algébrique, numérique. Mise en facteur commun d'une expression arithmétique ou algébrique.* ➤ **factorisation.** ◆ PHYS. Rapport de deux grandeurs de même espèce caractéristiques de ce corps. *Facteur de charge, de qualité, de réflexion, d'activité.* ◆ BIOL., BIOCHIM. Substance, molécule qui favorise ou rend possible une fonction physiologique ou un processus pathologique. *Facteur de croissance* (métabolites essentiels, oligoéléments). — MÉD., GÉNÉT. *Facteurs sanguins* (de la coagulation, des groupes sanguins). *Facteur rhésus*. Facteur antianémique. Les facteurs de l'hérédité. Facteur de résistance. Facteur de fertilité.* — PSYCHOL. *Un facteur d'émotivité.* ▪ **2** COUR. Chacun des éléments contribuant à un résultat. ➤ **élément.** *Facteurs économiques, géographiques.* ➤ **paramètre.** *Maladie qui dépend de plusieurs facteurs* (➤ **multifactoriel**). — Suivi d'une appos. *Le facteur chance ; le facteur prix.* — ÉCON. *Les facteurs de production.* ➤ **input, intrant.**

FACTICE [faktis] **adj.** – 1534 ◇ latin *facticius* «artificiel», de *facere* «faire» → fétiche ▪ **1** VX Qui n'est pas de création naturelle. ➤ **artificiel, fabriqué.** *«Le vin est une boisson factice»* (Dictionnaire de Trévoux). ◆ BIBLIOGRAPHIE *Recueil factice :* réunion sous une même reliure de pièces, œuvres diverses (d'un même auteur, se rapportant à un même sujet). ▪ **2** MOD. Qui est fait artificiellement, à l'imitation de la nature. ➤ **imité ;** 1 **faux.** *Diamant factice. Marbre factice, en stuc. Chignon factice.* ➤ **postiche.** — SPÉCIALT Qui représente qqch. *Étalage factice,* composé d'emballages vides. *Livre factice.* ➤ **maquette.** ▪ **3** FIG. (XVIIIe) Qui n'est pas naturel. ➤ **affecté, artificiel** (cf. De commande, d'emprunt). *Gaieté, enjouement factice.* ➤ 1 **faux, forcé.** *«Dépouillez-le, par la pensée, de ses habitudes factices, de ses besoins surajoutés, de ses préjugés faux»* TAINE. *Argument factice.* ➤ **artéfact.** *Amabilité, douceur factice.* ➤ **feint.** *Tout, dans* *ce livre, est factice.* ➤ **fabriqué, insincère.** ◆ SUBST., LITTÉR. *Le factice :* ce qui est factice. *«La littérature sentait furieusement le factice et le renfermé»* GIDE. ■ CONTR. Naturel, réel, sincère, vrai.

FACTICITÉ [faktisite] n. f. – 1873 ◇ de *factice* ■ **1** DIDACT. Caractère de ce qui est factice, artificiel. ■ **2** PHILOS. Caractère d'un fait contingent. ➤ **contingence.**

FACTIEUX, IEUSE [faksjø, jøz] adj. et n. – 1488 ◇ latin *factiosus* ■ **1** VIEILLI Qui exerce contre le pouvoir établi une opposition violente tendant à provoquer des troubles. *Parti factieux ; ligue factieuse.* ➤ **révolutionnaire, séditieux.** *Des discours factieux.* ➤ **subversif.** ■ **2** n. MOD. ➤ **agitateur, insurgé, mutin, rebelle, révolté.** *Une poignée de factieux.* ■ CONTR. Fidèle, obéissant.

FACTION [faksjɔ̃] n. f. – 1330 aussi «action de faire» ◇ latin *factio* «groupement», de *facere* «faire» ■ **1** Groupe, parti se livrant à une activité factieuse dans un État, une société. ➤ **ligue.** *Factions révolutionnaires.* — Machination subversive visant à faire prévaloir les intérêts d'un petit groupe. *Pays en proie aux factions.* ➤ **agitation, complot, conspiration, intrigue.** *La monarchie «s'efforcera de maintenir l'équilibre et de rester au-dessus des factions»* BAINVILLE. ■ **2** (XVIe ◇ p.-ê. italien *fazione*) Service d'un soldat en armes (➤ **factionnaire, sentinelle**) qui surveille les abords d'un poste. ➤ 1**garde, guet.** *«les factions rudes et oisives, la vie somnolente des casernes»* ZOLA. — **EN, DE FACTION.** *Être de faction, en faction :* être chargé de monter la garde. *«On plaçait chaque jour un soldat de faction dans le corridor qui conduisait aux appartements du ministre»* MAUPASSANT. — PAR EXT. Surveillance, attente prolongée. *Être, rester en faction au coin d'une rue* (cf. Faire le guet*).

FACTIONNAIRE [faksjɔnɛʀ] n. m. – 1671 ; «factieux» v. 1560 ◇ de *faction* ■ Soldat en faction. ➤ **sentinelle.** *«Un factionnaire, qu'on relevait de deux heures en deux heures, se promenait le fusil chargé»* HUGO.

FACTITIF, IVE [faktitif, iv] adj. – fin XIXe ◇ latin *factitare*, fréquentatif de *facere* «faire» ■ GRAMM. *Emploi factitif,* où le sujet du verbe est la cause de l'action, sans agir lui-même. ➤ **causatif.** SUBST. *Le factitif,* cet emploi, surtout avec *faire* devant le verbe à l'infinitif (ex. faire réparer qqch.). *Chute du pronom complément au factitif* (ex. on l'a fait asseoir).

FACTORERIE [faktɔʀʀi] n. f. – 1568 ; *factorie* 1428 ◇ de 1*facteur* «agent commercial», d'après le latin *factor* ■ VIEILLI Agence ou comptoir d'un établissement commercial à l'étranger (surtout aux colonies).

FACTORIEL, IELLE [faktɔʀjɛl] adj. et n. f. – 1846 ◇ de 2*facteur* ■ **1** Relatif à un facteur (2). *Analyse factorielle :* méthode statistique destinée à extraire les éléments principaux déterminant les variations d'une grandeur observable. ■ **2** n. f. MATH. Produit des nombres entiers inférieurs ou égaux à un nombre donné. *La factorielle de 4 est :* $4! = 1 \times 2 \times 3 \times 4 = 24$, *et correspond au nombre des permutations de 4 objets.* ■ **3** GÉNÉT. *Recombinaison* factorielle.*

FACTORING [faktɔʀiŋ] n. m. – 1966 ◇ mot anglais ■ ANGLIC. Affacturage (recomm.).

FACTORISATION [faktɔʀizasjɔ̃] n. f. – 1904 ◇ de *factoriser* ■ MATH. Écriture (d'une expression) sous la forme d'un produit de facteurs.

FACTORISER [faktɔʀize] v. tr. ‹1› – 1913 ◇ du radical de 2*facteur* ■ MATH. Effectuer la factorisation de. *Factoriser une somme.*

FACTOTUM [faktɔtɔm] n. m. – 1552 ; *factoton* 1545 ◇ loc. latine *fac totum* «fais tout» ■ Personne dont les fonctions consistent à s'occuper de tout dans une maison, auprès de qqn. ➤ **intendant.** *Des factotums.*

FACTUEL, ELLE [faktɥɛl] adj. – milieu XXe ◇ adaptation de l'anglais *factual,* de *fact* «fait» d'après *actual* «actuel» ■ PHILOS. Qui est de l'ordre du fait. ➤ **attesté, observable, réel.** *Données factuelles. Preuve factuelle.*

FACTUM [faktɔm] n. m. – 1532 dr. ◇ mot latin proprt «fait» ■ **1** DIDACT., DR. Mémoire dépassant l'exposé du procès et dans lequel l'une ou l'autre des parties mêle attaques et justifications. *Les factums de Furetière à l'occasion de son procès avec l'Académie française. «Je conseille à Beaumarchais de faire jouer ses Factums, si son Barbier ne réussit pas»* VOLTAIRE. ■ **2** (1601) Mémoire, libelle d'un ton violent dirigé contre un adversaire (à l'occasion d'un différend quelconque). ➤ **diatribe, pamphlet.** *Des factums politiques.*

FACTURATION [faktyʀasjɔ̃] n. f. – 1934 ◇ de *facturer* ■ Action d'établir une facture. — Dans un bureau, Service où l'on établit les factures.

1**FACTURE** [faktyʀ] n. f. – XVIe ; «fabrication» XIIIe, puis «travail, œuvre» ; ◇ du latin *factura* «fabrication», de *facere* «faire» ■ **1** (1548) DIDACT. Manière dont est faite une œuvre d'art, dont est réalisée la mise en œuvre des moyens matériels et techniques. *Facture propre à un poète.* ➤ **manière, style, technique.** *La facture d'un sonnet, d'une strophe. «une petite eau-forte* [de Rembrandt], *de facture hachée, impétueuse»* FROMENTIN. ■ **2** TECHN. Fabrication des instruments de musique (➤ 1**facteur**). *La facture d'un piano, d'une harpe.* ◆ *Jeux de la petite, de la grosse facture :* jeux d'orgue dont les tuyaux sont étroits, larges.

2**FACTURE** [faktyʀ] n. f. – 1583 ; *lettre de facture* 1540 ◇ de *facteur* «agent commercial» ■ **1** Pièce comptable indiquant la quantité, la nature et les prix des marchandises vendues, des services exécutés. ➤ **compte, état, note.** *Vendre aux prix de facture. — Facture pro forma* (➤ **pro forma**) : devis précisant les conditions d'une commande avant signature d'un contrat, document souvent nécessaire dans le cas d'un paiement par crédit documentaire. ◆ Décompte, note d'une somme à payer. *Dresser, établir, faire une facture.* ➤ **facturer.** *Envoyer, présenter une facture. Payer, régler, solder une facture* (➤ aussi **addition, note**). *Facture détaillée du téléphone.* ➤ **fadette.** *Facture protestable. Fausses factures destinées à alimenter une caisse noire* (➤ aussi **surfacturer ;** 2**taxi**). *Marchandises conformes à la facture, garanties sur facture.* — LOC. FIG. *Présenter la facture à qqn,* lui faire payer qqch. ; le punir. ■ **2** FAM. Ensemble de dépenses ; SPÉCIALT dépenses occasionnées par un évènement public. *La facture de la guerre. La facture énergétique. Qui va payer la facture ?*

FACTURER [faktyʀe] v. tr. ‹1› – 1829 ; «fabriquer» 1616 ◇ de 2*facture* ■ Porter (une marchandise) sur une facture, dresser la facture de. *Cet article n'a pas été facturé. On a facturé cet objet à l'ancien prix. — Produit facturé cent euros.*

FACTURETTE [faktyʀɛt] n. f. – 1986 ◇ diminutif de *facture* ■ Petit reçu attestant un paiement par carte bancaire.

FACTURIER, IÈRE [faktyʀje, jɛʀ] n. – 1849 ◇ de *facture* ■ **1** n. m. Livre dans lequel on enregistre les factures d'achat ou de vente. ■ **2** Employé(e) de bureau chargé(e) d'établir les factures, de tenir les livres. ➤ **comptable.** — APPOS. *Secrétaires facturières.* ■ **3** n. f. Machine informatique destinée aux travaux de facturation.

FACULE [fakyl] n. f. – 1678 ; sens latin début XIVe ◇ latin *facula* «petite torche» ■ ASTRON. Région très chaude et brillante observée à la surface du Soleil. — adj. **FACULAIRE.** *Plages faculaires.*

FACULTAIRE [fakyltɛʀ] adj. – 1970 ◇ de *faculté* ■ Qui appartient, est relatif à une faculté* (II, 1°).

FACULTATIF, IVE [fakyltatif, iv] adj. – 1836 ; relig. 1694 *bref facultatif* «qui donne pouvoir, faculté de» ◇ de *faculté* ■ Qu'on peut faire, employer, observer ou non. *Épreuves d'examen facultatives. Matières facultatives d'un programme d'étude* (cf. À option). *Arrêt facultatif sur une ligne d'autobus,* où le véhicule ne s'arrête qu'à la demande d'un voyageur. *Pourboire facultatif.* ■ CONTR. Forcé, obligatoire.

FACULTATIVEMENT [fakyltativmɑ̃] adv. – 1840 ◇ de *facultatif* ■ D'une manière facultative.

FACULTÉ [fakylte] n. f. – v. 1200 ◇ latin *facultas* «capacité, aptitude», de *facere* «faire»

I ■ **1** Possibilité de faire qqch. ➤ 3**droit, liberté,** 2**moyen, possibilité,** 2**pouvoir.** *Laisser, accorder à qqn la faculté de choisir. Vous avez toujours la faculté de refuser. Faculté de jouir d'un avantage qui n'est pas commun.* ➤ **privilège.** — DR. Droit qu'a un individu (de faire qqch.). *Le propriétaire foncier a la faculté d'exploiter son bien comme il l'entend. Faculté de rachat* (réméré). ■ **2** PHILOS. ANC. Fonction spécifique de l'être, considérée comme constituant un pouvoir spécial de faire ou de subir un certain genre d'action. ➤ **fonction.** *Les facultés de l'âme :* activité, intelligence, sensibilité. *La faculté cognitive de l'esprit humain :* compréhension, entendement. *Le raisonnement, le jugement, la mémoire, l'imagination étaient conçus comme des facultés. «Si nous employons encore le mot* facultés, *si même il nous arrive de parler des* facultés *de l'âme, nous ne songeons plus à des pouvoirs résidant en l'âme»* GOBLOT. VX Propriété, pouvoir d'une chose. ◆ COUR. Aptitude, capacité. *Il ne jouit plus de toutes ses facultés (mentales). «Il ne montrait à aucun degré les facultés transcendantes que son père déployait dans la mimique et la déclamation»* FRANCE. ➤ **disposition,** 1**don.** *Des facultés intellectuelles au-dessus de la moyenne.* ➤ **ressource.** *Il a une grande faculté d'attention, de travail.* ➤ **puissance.** — FAM. *C'est au-dessus de ses facultés.* ➤ **force.** ■ **3** VIEILLI ou DR. **FACULTÉS :** biens,

ressources dont qqn peut disposer. ➤ 2 **moyen, ressource.** *Dépenses au-delà de ses facultés.* — DR. MAR. Marchandises chargées sur un navire.
II (1261 ◊ latin médiéval *facultas*) ■ **1** Corps des professeurs qui, dans une même université, sont chargés de l'enseignement supérieur dans une discipline déterminée (REM. Cette valeur est vieillie ou passe pour un anglic.) ; la partie de l'université où se donne cet enseignement. ➤ **université ;** FAM. **fac.** *Aujourd'hui une université comprend les facultés de droit et de sciences économiques, des lettres et sciences humaines, de médecine et de pharmacie, des sciences. Doyen, recteur d'une faculté. Les unités de formation et de recherche (U. F. R.) d'une faculté. S'inscrire en faculté, à la faculté des sciences. Entrer en faculté. Enseigner à la faculté de Nice. Docteur de la faculté de médecine de Paris.* — Au Canada, *Faculté des arts,* l'équivalent de la faculté des lettres. ■ **2** VIEILLI **LA FACULTÉ :** la faculté de médecine ; la médecine. « *Ce n'est jamais sans trembler que je plaisante un peu la Faculté* » BEAUMARCHAIS. ◆ FAM. Le corps médical, le médecin traitant. *Ce qu'ordonne, permet, défend la faculté.*

FADA [fada] **adj.** et **n.** – 1891 ◊ mot de l'ancien occitan, p. p. de « ensorceler, charmer », de *fada* « fée » avec influence de *fadas* « sot », du latin *fatuus* (→ fat) ■ RÉGION. **(Midi)** Un peu fou*. ➤ **cinglé.** *Ils sont complètement fadas.* — **n.** « *Oh ! le pauvre fada ! Quelle mentalité ! Mais il est fou, ce pauvre vieux !* » PAGNOL. *Une fada. Quels fadas !*

FADAISE [fadɛz] **n. f.** – 1541 ◊ ancien occitan *fadeza* « sottise », de *fat* « sot » ■ **1** Propos plat et sot ; plaisanterie fade et plate. ➤ **baliverne, niaiserie, platitude.** « *Personne n'est exempt de dire des fadaises* » MONTAIGNE. ■ **2** Chose insignifiante, dépourvue d'intérêt. ➤ **bagatelle, niaiserie.** « *Tu veux quitter le solide pour t'occuper de fadaises* » LESAGE.

FADASSE [fadas] **adj.** – 1755 ◊ de *fade* ■ FAM. Qui est d'une fadeur déplaisante. *Plat fadasse.* ➤ **insipide.** *Une chevelure d'un blond fadasse.* ➤ 1 **terne.** « *Votre poésie subjective sera toujours horriblement fadasse* » RIMBAUD. ➤ 1 **plat.** — **n. f. FADASSERIE,** 1756.

FADE [fad] **adj.** – XIIe ◊ latin populaire °*fatidus,* classique *fatuus* « fade », d'après *sapidus* ; cf. *saveur* ■ **1** Qui manque de saveur, de goût. *Aliment, boisson fade.* ➤ **insipide ; douceâtre, écœurant.** *Il aime la cuisine épicée, ici tout lui paraît fade.* — Qui procure à l'odorat une sensation faible et désagréable. « *L'odeur doucereuse et fade du sang* » MAC ORLAN. ◆ Sans éclat. *Une couleur fade.* ➤ **délavé, pâle,** 1 **terne.** *Des cheveux d'un blond fade.* ➤ FAM. **fadasse.** ■ **2** FIG. Qui est sans caractère, sans intérêt particulier. ➤ **ennuyeux, fastidieux, insignifiant, monotone.** « *Des injures ? J'aime mieux cela ; c'est moins fade que vos sucreries* » MUSSET. « *Le pays était plat, pâle, fade et mouillé* » FROMENTIN. — *Compliment, amabilité fade.* ➤ **conventionnel,** 1 **plat.** ■ CONTR. Assaisonné, épicé, 1 relevé, savoureux. 1 Brillant, excitant, intéressant, 1 piquant, vif, 2 vivant.

FADÉ, ÉE [fade] **adj.** – 1725, argot *fader* « partager les objets volés » ◊ du provençal *fada* « qui a reçu un don des fées », famille du latin *fatum* « sort » → fatal, fado, fée, 2 feu, mauvais ■ FAM. et IRON. Réussi dans son genre. « *lui, alors, je crois qu'il est fadé dans son genre !* » CÉLINE. *Ses films sont toujours moches, mais le dernier, il est fadé !* ➤ **gratiné.**

FADEMENT [fadmɑ̃] **adv.** – 1574 ; « sottement » 1548 ◊ de *fade* ■ D'une manière fade. *Tout ce qu'il dit, il le dit fadement.*

FADER (SE) [fade] **v. pron.** ‹1› – 1953, au sens de « se servir avantageusement » ◊ de *fader* « partager le butin » (1821), de l'occitan *fadar* « enchanter », de *fada* « fée », de même origine que *fée* ■ FAM. Subir (qqn, qqch.), faire (une corvée). *Se fader deux heures d'attente. Elle s'est fadé tout le boulot.* ➤ **se farcir.**

FADETTE [fadɛt] **n. f.** – 1999 ◊ mot-valise, de *facture détaillée* ■ Relevé des échanges téléphoniques d'un mobile, établi par les opérateurs de téléphonie. « *La "fadette" est un outil privilégié de police judiciaire* » (Le Monde, 1999).

FADEUR [fadœʀ] **n. f.** – XIIIe, repris 1611 ◊ de *fade* ■ **1** Caractère de ce qui est fade. *La fadeur d'un plat insuffisamment assaisonné.* — *J'avais beau « relever la fadeur de mes tresses blondes par des rubans cerise »* BALZAC. ■ **2** FIG. Caractère de ce qui est insignifiant, plat, ennuyeux. ➤ **platitude.** « *des banalités d'une fadeur insurpassable* » GIDE. ■ **3** VX *Des fadeurs* : des discours, des compliments fades (➤ **fadaise**). ■ CONTR. Mordant, 2 piquant, saveur.

FADING [fadiŋ ; fediŋ] **n. m.** – 1924 ◊ mot anglais « action de disparaître, de s'effacer » ■ TÉLÉCOMM. Évanouissement momentané du son (ou de l'intensité d'un signal radioélectrique). « *Le passé s'évanouissait* [...] *C'était comme le fading dans un récepteur radiophonique* » MAC ORLAN. — Recomm. offic. **évanouissement*.**

FADO [fado] **n. m.** – 1907 ◊ mot portugais « destin », latin *fatum* ■ Chant portugais sur des poésies populaires sentimentales et dramatiques. *Des fados.*

FAF [faf] **n.** – v. 1968 ◊ de *fasciste* ■ FAM. Fasciste. ➤ **facho.** « *Tu traînes avec des fafs* » V. DESPENTES.

FAFIOT [fafjo] **n. m.** – 1847 ; « papier » puis « billet » sens populaire 1821 ; « jeton, marque » 1627 ◊ radical onomatopéique *faf-,* désignant un objet de peu de valeur ■ FAM. VIEILLI Billet de banque. *Des fafiots* : de l'argent.

FAGNE [faɲ] **n. f.** – 1838 ◊ mot dialectal wallon ; francique °*fanja* → fange ■ Lande marécageuse et tourbeuse qui s'étend sur les hauts plateaux ardennais, à l'est de la Belgique.

FAGOT [fago] **n. m.** – v. 1200 ◊ origine obscure ■ Faisceau de menu bois, de branchages. ➤ **bourrée,** 1 **brande, cotret, fascine, javelle.** *Le menu bois, les brindilles forment l'intérieur, l'âme du fagot ; les parements, les jarrets en forment le tour. Ouvrier qui fait les fagots (fagotier* **n. m.**). ◆ LOC. *Vin, bouteille de derrière les fagots* : le meilleur vin, vieilli à la cave (derrière les fagots). « *quatre sortes de vins vieux et parfaits : Sauternes, Beaune, Pouilly, et je ne sais plus quoi de derrière les fagots* » GIDE. PAR EXT. *De derrière les fagots* : qui présente une qualité remarquable (en parlant d'une chose). ◆ *Sentir le fagot* : être suspect d'hérésie (les hérétiques étant autrefois condamnés au bûcher) ; PAR EXT. inspirer de la méfiance, donner une impression de danger (cf. Sentir le roussi*).

FAGOTAGE [fagɔtaʒ] **n. m.** – 1580 ; « fagots » 1571 ◊ de *fagoter* ■ **1** VX Arrangement hâtif ; travail bâclé. ■ **2** MOD. Accoutrement. « *belle fille peut-être sous le vermillon de son visage et le fagotage de sa personne* » FRANCE.

FAGOTER [fagɔte] **v. tr.** ‹1› – v. 1268 ◊ de *fagot* ■ **1** VX ou RÉGION. Mettre en fagots. « *le vieux jardinier Clovis fagotant du bois mort* » BERNANOS. ■ **2** (1585) FIG. et COUR. Arranger, habiller mal, sans goût. ➤ **accoutrer, affubler,** FAM. **ficeler.** « *Pourvu qu'elle se mette bien ce jour-là ! Par jalousie, sa mère la fagote si mal !* » BALZAC. — **p. p. adj.** *Mal fagoté, fagoté* : mal habillé. ➤ **mis.**

FAGOTIN [fagɔtɛ̃] **n. m.** – 1584 ◊ de *fagot* ■ VX ou RÉGION. Petit fagot pour allumer le feu.

FAIBLARD, ARDE [fɛblaʀ, aʀd] **adj.** – 1878 ◊ de *faible* ■ FAM. Un peu faible. *Se sentir faiblard.* — FIG. Qui manque de consistance, de force. *Son raisonnement est assez faiblard.*

FAIBLE [fɛbl] **adj.** et **n. m.** – fin XIe ◊ du latin populaire *febilis,* de *flebilis* « digne d'être pleuré » et « pitoyable », famille de *flere* « pleurer »
I ~ **adj.** ■ **1** Qui manque de force, de vigueur physique. *Un homme, une femme faible ; organisme faible.* ➤ **anémique, chétif, débile, délicat, fluet, fragile ;** FAM. **crevard, faiblard.** *Homme petit et faible.* ➤ **mauviette ;** PÉJ. **avorton, gringalet.** *Le convalescent est encore très faible. Se sentir faible.* ➤ **affaibli, fatigué,** 1 **las.** « *La fièvre, et même assez forte, me rend si faible qu'il faut dans peu qu'elle s'en aille, ou que je m'en aille* » ROUSSEAU. *Faible sur ses jambes.* ➤ **chancelant.** — **FAIBLE DE...** *Faible de constitution. Virgile « était faible de corps, rustique d'apparence »* CHATEAUBRIAND. — **(Organe)** *Avoir le cœur faible. Avoir, se sentir les jambes faibles* (cf. FAM. Les jambes* en coton). *Avoir la vue faible.* ■ **2** (CHOSES) Qui a peu de résistance, de solidité. ➤ **fragile.** *Poutre, voûte trop faible pour supporter un poids. Le maillon* faible.* ■ **3** Qui n'est pas en état de résister, de lutter. *État, pays faible. Armée faible. La royauté « restait solitaire et faible à la pointe de cette pyramide »* MICHELET. — (début XIIIe) *Monnaie faible,* dont le cours est bas par rapport à une monnaie de référence. ◆ (PERSONNES) Sans défense. ➤ **désarmé, impuissant.** *Se sentir faible devant l'adversité, devant l'épreuve.* « *me montrer à vous si nu, si déshabillé, si faible* » FLAUBERT. ◆ PLAISANT *Le sexe faible* : les femmes. — **(Avant le nom)** *Une faible femme* : une femme sans défense (par rapport aux hommes). ◆ *Être économiquement* faible.* — **n.** *Les économiquement faibles.* ■ **4** VIEILLI Qui manque de capacité (en parlant des facultés intellectuelles). *La faible raison, les faibles facultés humaines.* ➤ **impuissant.** *Esprit, jugement faible.* ◆ (PERSONNES) *Élève faible,* qui suit difficilement sa classe. ➤ **mauvais, médiocre.** *Cet enfant est trop faible pour passer en sixième. Être faible en français, en physique. Il est faible dans cette matière.* ■ **5** (CHOSES) Sans force, sans valeur. *Argument, raisonnement faible* (➤ **réfutable**). *Cet acte est le plus faible de la pièce. Style faible,* sans vigueur. ➤ **fade, languissant.** *Devoir faible.* ➤ **insuffisant, médiocre.** ■ **6** (fin XIIe) (PERSONNES) Qui manque de force morale, d'énergie, de fer-

meté. ➤ **apathique, bonasse, indécis, inerte, lâche, 1mou, pusillanime, velléitaire, veule** (cf. Sans caractère, sans volonté). *C'est une personne faible et craintive. Être faible devant la tentation :* céder, succomber. *Il a toujours été trop faible avec ses enfants.* ➤ **indulgent.** ■ **7** (fin XIIe) (CHOSES) Qui a peu d'intensité, qui est suivi de peu d'effet. ➤ **insuffisant.** *Un jour faible. Une faible lumière.* ➤ **blême, pâle.** *Un faible bruit.* ➤ **étouffé, imperceptible, léger.** *« Il pâlit, et d'une voix navrante et faible, oh ! si faible »* DAUDET. ◆ MÉTÉOR. *Vent faible à modéré ; houle faible.* ■ **8** (1680) Peu considérable. ➤ **petit.** *Faible quantité. À faible hauteur.* ➤ **1bas.** *À une faible profondeur. Rendement très faible. De faibles revenus.* — (ABSTRAIT) *Faible indice. Faible espoir. Ne retirer qu'un faible avantage de qqch.* ➤ **mince.** ■ **9** *Le côté, le point, la partie faible* (d'une personne, d'une chose), ce qu'il y a de faible, de vulnérable, ET PAR EXT. de défectueux en elle. ➤ **défaut, faiblesse, insuffisance** (cf. Le défaut de la cuirasse*, le talon* d'Achille). *Le point faible d'une armée. Les maths sont le point faible de cet élève.*

II ~ **n. m.** ■ **1** PLUR. OU COLLECTIF Personne faible, sans défense. *Défendre le droit des faibles. « J'aime, autant que le fort, le faible courageux »* VIGNY. ◆ **FAIBLE D'ESPRIT :** personne dont les facultés intellectuelles sont peu développées (➤ **débile, demeuré, imbécile, simple**), ou affaiblies. *Les faibles d'esprit.* ◆ (1658) Personne sans force morale, sans fermeté. ➤ **aboulique, apathique, indécis, 1mou, velléitaire.** *C'est un faible, on le mène facilement. « la brutalité intermittente qui, chez les faibles, tient lieu d'énergie »* CAILLOIS. ■ **2** (v. 1650) **LE FAIBLE DE... :** ce qu'il y a de moins fort, ET PAR EXT. de défectueux dans une chose. *Le faible d'une œuvre, d'un raisonnement. « Toutes les grandeurs ont leur faible »* BOSSUET. ■ **3** VX OU LITTÉR. Défaut d'une personne. ➤ **défaut, faiblesse.** *« Louis XV, avec toutes sortes de faibles, n'avait qu'une seule force, celle d'être inexorable »* MUSSET. *Prendre qqn par son faible.* ◆ (1762) MOD. ➤ **goût, penchant.** *Il a un faible pour cette équipe. Il a toujours eu un faible pour cet enfant.* ➤ **prédilection.** *Le champagne, c'est mon faible.*

■ CONTR. 1Fort. Robuste, vigoureux. Solide. Courageux, énergique, 1ferme, vaillant, volontaire. Considérable, grand. — 1Fort. Qualité, vertu. Dégoût, répulsion.

FAIBLEMENT [fɛbləmɑ̃] **adv.** – 1080 *fieblement* ◇ de *faible* ■ **1** D'une manière faible ; avec peine. *Combattre, résister, se défendre faiblement. « L'Assemblée réclama faiblement, mollement »* MICHELET. ➤ **mollement, vaguement.** ■ **2** À un faible degré. ➤ **doucement, peu** (cf. À peine). *« La lueur des réverbères de la place éclairait la chambre, mais si faiblement qu'on ne discernait que les draps du lit »* GREEN. ■ CONTR. Fortement, énergiquement, puissamment, vigoureusement. Beaucoup, très.

FAIBLESSE [fɛblɛs] **n. f.** – 1265 *foiblece* ◇ de *faible*

I (PERSONNES) MANQUE DE FORCE ■ **1** Manque de force, de vigueur physique. ➤ **anémie, asthénie, débilité, épuisement, fatigue.** *Faiblesse extrême, grande faiblesse. Faiblesse momentanée.* ➤ **abattement, affaiblissement, défaillance.** *« Une grande faiblesse ; vous avez, comme on dit, des mains de beurre, une lourdeur de tête »* BAUDELAIRE. — *Faiblesse d'un organisme.* ➤ **délicatesse, fragilité.** *La faiblesse de sa vue.* ◆ LOC. (milieu XVIe) VIEILLI *Tomber en faiblesse :* s'évanouir. — MOD. *Une faiblesse :* perte momentanée des forces physiques. ➤ **défaillance, étourdissement, évanouissement, pâmoison, syncope.** *« brusquement, une faiblesse la saisit et ses jambes fléchirent »* GREEN. ■ **2** Manque de résistance, de solidité, incapacité à se défendre, à résister. ➤ **fragilité, vulnérabilité.** *« Ce sont les peuples au contraire qui font la force et la faiblesse des régimes »* PÉGUY. ■ **3** État d'une personne qui est sans défense, désarmée. *La faiblesse humaine face à la nature.* ➤ **impuissance, petitesse.** — DR. *Abus de faiblesse :* délit consistant à profiter de l'ignorance ou de la vulnérabilité d'une personne pour lui faire prendre des engagements dont elle ne mesure pas la portée. ■ **4** Manque de capacité, de valeur intellectuelle, de mérite. *« la faiblesse de notre raison »* PASCAL. — SPÉCIALT *La faiblesse d'un élève.* ➤ **insuffisance, médiocrité.** *La faiblesse d'un écrivain.*

II (OBJETS) MANQUE DE QUALITÉ ■ **1** Défaut de qualité (d'une œuvre d'art, d'un ouvrage, d'une production de l'esprit). *Roman, tableau d'une grande faiblesse.* ➤ **indigence, pauvreté ; insignifiance.** *Faiblesse d'un argument, d'un raisonnement.* ➤ **insuffisance.** ◆ *Une faiblesse.* ➤ **défaut, 2faille, lacune.** *Les faiblesses d'une démonstration. « Comme toute doctrine humaine, celle-ci a ses lacunes et ses faiblesses »* MAUROIS. ■ **2** Défaut localisé de résistance (d'un objet). *Faiblesse dans une construction, dans un équipement. Sa voiture donne des signes de faiblesse,* d'usure.

III (PERSONNES) MANQUE DE FORCE MORALE ■ **1** Manque de force morale, d'énergie. ➤ **aboulie, apathie, aveulissement, indécision, irrésolution, lâcheté, mollesse, pusillanimité, veulerie.** *Faiblesse de caractère. Se laisser conduire, entraîner, mener par faiblesse. « la faiblesse vous conduit au pire plus certainement que la méchanceté ou la violence »* BOUDARD. *Être d'une grande faiblesse, d'une faiblesse coupable envers qqn.* ➤ **complaisance, indulgence.** *« Lui laisser par dépit l'héritage de vos enfants ! Ce n'est pas vertu, c'est faiblesse »* BEAUMARCHAIS. *Avoir un moment de faiblesse :* céder par surprise. — *Avoir la faiblesse de* (et inf.). *Si vous avez la faiblesse de lui céder, il recommencera. J'ai la faiblesse de penser, de croire...* ■ **2 UNE, DES FAIBLESSES :** côté faible, défaut ou passion qui dénote un manque de force morale, de fermeté (➤ **défaut**) ; actions qui en sont la suite (➤ **erreur, faute**). *Chacun a ses faiblesses. « Songe que la colère, l'envie, l'indignation, la pitié sont des faiblesses indignes d'un philosophe »* DIDEROT. ◆ VIEILLI Le fait de céder à qqn, à sa passion. *« Quelle folie que celle d'un jeune homme qui croit à la fidélité d'une femme déjà célèbre par ses faiblesses »* MARMONTEL.

IV (CHOSES ABSTRAITES) INSIGNIFIANCE Manque d'intensité, d'importance. ➤ **petitesse ; indigence, insignifiance.** *Faiblesse du nombre. La faiblesse d'une monnaie,* sa faible valeur par rapport à une monnaie de référence. *La faiblesse de ses revenus. — La faiblesse d'une voix, d'un bruit.*

■ CONTR. Force, vigueur. Puissance, supériorité. Talent, valeur. — Énergie, fermeté, volonté. Qualité, vertu.

FAIBLIR [febliʀ] **v. intr.** ⟨2⟩ – XIIe var. *flebir* ; repris XVIIe ◇ de *faible* ■ **1** (PERSONNES) VX Devenir faible. *Malade qui faiblit.* ➤ **s'affaiblir, baisser.** — MOD. *Ses forces faiblissent.* ➤ **décliner.** *Le pouls faiblit. « Quelqu'un dont la tête faiblit et qui ne gouverne plus bien sa mémoire »* SAINTE-BEUVE. ■ **2** Perdre de sa force, de son ardeur, de sa fermeté. *Faiblir devant l'adversité.* ➤ **mollir,** se **troubler.** *Son courage faiblit peu à peu.* ➤ **s'amollir, fléchir,** se **relâcher.** ◆ Diminuer son effort, son action. *Il a faibli cent mètres avant l'arrivée.* ■ **3** (CHOSES) Perdre de son intensité, de son importance. ➤ **diminuer*.** *Le vent faiblit. Bruit qui faiblit.* — FIG. *Son espoir, sa patience faiblit.* ■ **4** Ne plus opposer de résistance. ➤ **céder, fléchir, plier, ployer.** *Branche, poutre qui faiblit sous un poids.* ■ **5** Devenir faible, moins bon (œuvres). *Cette pièce commence bien, mais faiblit au troisième acte.* ■ CONTR. Fortifier (se), relever (se), renforcer (se). Affermir (s'), durcir (se). Résister.

FAÏENCE [fajɑ̃s] **n. f.** – *faiance* 1642 ; *faenze, fayence* 1589 ◇ de *Faenza,* ville d'Italie ■ Poterie de terre, à pâte opaque, vernissée ou émaillée. ➤ **céramique.** *Pâte de faïence.* ➤ **cailloutage.** *Assiettes, carreaux de faïence.* — LOC. *Se regarder en chiens de faïence :* se faire face dans une attitude hostile, sans parler. — Objet de faïence. *Décorer les murs, les étagères avec des faïences de Delft, de Nevers, de Rouen.* — PAR ANAL. APPOS. INV. *Des yeux bleu faïence.*

FAÏENCÉ, ÉE [fajɑ̃se] **adj.** – 1752 *fayencé* ◇ de *faïence* ■ Qui imite la faïence.

FAÏENCERIE [fajɑ̃sʀi] **n. f.** – 1743 ◇ de *faïence* ■ **1** Industrie et commerce de la faïence. — Fabrique de faïence. ■ **2** Objets de faïence. *Acheter de la faïencerie.*

FAÏENCIER, IÈRE [fajɑ̃sje, jɛʀ] **n.** – 1676 ◇ de *faïence* ■ Fabricant(e) ou marchand(e) de faïence. — **adj.** *Ouvrier faïencier. L'industrie faïencière.*

1**FAILLE** [faj] **n. f.** – XIIIe « voile de femme » ; d'où *taffetas à failles* et, par ellipse, *faille* « étoffe » (1824) ◇ mot du Nord, d'origine inconnue ■ Tissu de soie ou de rayonne à gros grain, qui se tient.

2**FAILLE** [faj] **n. f.** – 1771 ◇ wallon, t. de mineurs « interruption d'un filon », ancien français *faille* « manque », de *faillir* ■ **1** GÉOL. Fracture de l'écorce terrestre, suivie du glissement d'une des deux lèvres (ou bord de chaque compartiment) le long de l'autre. ➤ **décrochement.** *Ligne de faille,* sa trace à la surface. *Plan de faille :* plan du glissement. *Faille de transformation :* frontière entre deux plaques de la lithosphère où il n'y a ni création ni destruction de la croûte terrestre (➤ **tectonique**). ■ **2** Point faible, défaut. *Ce raisonnement présente une faille.* ➤ **faiblesse.** *Une volonté sans faille. Il y a désormais une faille dans notre amitié.* ➤ **cassure, fêlure, fissure.**

FAILLER (SE) [faje] **v. pron.** ⟨1⟩ – v. 1900 ◇ de *2faille* ■ GÉOL. Être affecté, disloqué par une faille, des failles. — **p. p. adj.** *Pli faillé. Relief faillé.*

FAILLI, IE [faji] **n. et adj.** – 1606 ◇ italien *fallito,* d'après *faillir* ■ DR. Commerçant(e) qui a fait faillite. *Dépôt de bilan par le failli.* — **adj.** *La boutique de la bijoutière faillie est en vente.*

FAILLIBILITÉ [fajibilite] **n. f.** – début XIVe, repris 1697 ◇ latin médiéval *fallibilitas* ■ DIDACT. Possibilité de faillir, de se tromper, de commettre une faute. ■ CONTR. Infaillibilité.

FAILLIBLE [fajibl] **adj.** – v. 1275, repris 1762 ◇ latin médiéval *fallibilis* ■ Qui peut se tromper ou commettre une faute. *La justice humaine, la raison humaine est faillible. Tout homme est faillible.* ■ CONTR. Infaillible (plus cour.).

FAILLIR [fajiʀ] **v. intr.** ⟨2 ou archaïque *Je faux, tu faux, il faut, nous faillons, vous faillez, ils faillent ; je faillais, nous faillions ; je faillis ; je faudrai ; je faudrais ; que je faille ; que je faillisse ; faillant ; failli* ; surtout inf., passé simple et temps composés⟩ – fin XIe ◇ latin populaire °*fallire*, classique *fallere* « tromper ; échapper à » ; doublet de *falloir* jusqu'au XVe siècle

I ■ **1** VX ou LITTÉR. **FAILLIR À qqn :** faire défaut, faire faute. ➤ **manquer.** « *Quand parfois le cœur me faut* » DUHAMEL. « *Le cœur lui faillait* » GREEN. ■ **2** LITTÉR. **FAILLIR À (qqch. ; faire qqch.) :** manquer à, négliger (ce que l'on doit faire). *Faillir à son devoir, à faire son devoir.* ➤ **se dérober, s'esquiver, manquer.** « *Il n'y faillirait pas* » MAURIAC. « *un devoir auquel elles n'osaient point faillir* » LOTI. ■ **3** VIEILLI Commettre une faute, tomber dans l'erreur. ➤ **fauter, pécher, 1tomber.** « *la raison et l'instinct de l'honneur l'empêchèrent de faillir* » FLAUBERT.

II (XVIe) ■ **1** VX **FAILLIR À, DE :** n'être pas loin de, être sur le point de faire qqch. ; y manquer de peu. « *Elles faillirent à geler sur place* » LA VARENDE. ■ **2** MOD. et COUR. **FAILLIR (et inf.).** *J'ai failli tomber.* ➤ **manquer** (cf. Je suis presque* tombé ; il s'en est fallu* de peu que...). *J'ai failli attendre* (attribué à Louis XIV), se dit lorsque l'on a attendu très peu de temps. *Notre projet a failli échouer.*

FAILLITE [fajit] **n. f.** – 1566 ◇ italien *fallito*, de *fallire* « manquer » (de l'argent nécessaire), d'après *faillir* ■ **1** DR. COMM. Situation d'un commerçant dont le tribunal a constaté la cessation de paiements ; procédure organisée pour le règlement collectif de cette situation. *Faillite accompagnée d'actes délictueux.* ➤ **banqueroute.** *Procédure adoucissant les règles de la faillite.* ➤ **liquidation** (judiciaire). *Faillite simple ; frauduleuse. Faillite personnelle. Jugement déclaratif de faillite*, rendu par le tribunal de commerce du domicile du débiteur. *Entreprise déclarée en faillite. Personnel de la faillite :* le débiteur (➤ **failli**), les syndics, le juge-commissaire, les créanciers (➤ **1masse**), les contrôleurs et le tribunal de commerce. *Solutions de la faillite.* ➤ **concordat, 1union.** ◆ COUR. État d'un débiteur ne pouvant pas payer ses dettes, tenir ses engagements. ➤ **débâcle, déconfiture, ruine ;** FAM. **culbute.** *Être en faillite, faire faillite. Son affaire est près de la faillite. Faillite civile :* procédure de rétablissement personnel en cas d'insolvabilité du débiteur surendetté. ■ **2** Échec complet d'une entreprise, d'une idée, etc. ➤ **échec.** *Faillite d'une politique, d'une tentative.* « *La faillite de la deuxième internationale* » CAMUS. — *La faillite de ses espérances. Leur mariage est une faillite.* ■ CONTR. Prospérité, réussite, succès, triomphe.

FAIM [fɛ̃] **n. f.** – fin XIe ◇ latin *fames* ■ **1** Sensation qui, normalement, traduit le besoin de manger. *Manger sans faim ni appétit. Avoir faim, très faim* (FAM.), *grand-faim* (LITTÉR.). FAM. *Il fait faim :* j'ai, on a faim. *Je n'ai plus faim.* « *Avoir faim* [...] *c'est avoir conscience d'avoir faim ; c'est être jeté dans le monde de la faim. c'est voir les pains, les viandes briller d'un éclat douloureux aux devantures des boutiques* » SARTRE. — *La faim règne dans le pays.* ➤ **disette, famine.** *Lutter contre la faim dans le monde.* ➤ **malnutrition, sous-alimentation.** *Mourir de faim :* mourir d'épuisement par manque de nourriture. ➤ **inanition.** FIG. Avoir une faim extrême. — *C'est un meurt-de-faim, un crève-la-faim.* ➤ **famélique.** — *Faim maladive, insatiable.* ➤ **boulimie, hyperphagie.** *Faim pressante.* ➤ **fringale.** *Faim canine*, faim dévorante. Avoir une faim de loup*.* FAM. *J'ai une de ces faims !* (cf. Avoir l'estomac* creux, vide, l'estomac* dans les talons ; avoir le ventre creux* ; FAM. claquer* du bec ; avoir les crocs, la dalle, la dent ; la crever, la sauter). *Calmer, tromper sa faim. Ça se mange sans faim*, par pure gourmandise. *Médicament qui supprime la faim.* ➤ **anorexigène, coupe-faim.** — LOC. **DONNER FAIM :** causer la sensation de faim. *Cette marche leur a donné faim.* ➤ **affamer, creuser. RESTER SUR SA FAIM :** ne pas manger à satiété ; FIG. demeurer insatisfait. **MANGER À SA FAIM,** suffisamment. *Ne pas manger à sa faim :* manquer du nécessaire. PROV. *La faim fait sortir le loup du bois :* la nécessité d'assurer son existence, sa subsistance force à certains actes. *La faim est mauvaise conseillère*, conduit à des actes répréhensibles. — *Grève* de la faim.* ■ **2** FIG. Appétit, besoin éprouvé. *Avoir faim de tendresse, de liberté.* ➤ **désir, envie, soif.** « *Heureux ceux qui ont faim et soif de la justice, car ils seront rassasiés !* » (BIBLE). ■ CONTR. Anorexie, satiété. ■ HOM. Feint, fin.

FAINE [fɛn] **n. f.** – XIIe ◇ latin populaire °*fagina (glans)* « (gland) de hêtre », de *fagus* « hêtre » ■ Fruit du hêtre. — On écrit aussi *faîne.* « *Une faine bien remplie, volumineuse et lourde, qu'il avait choisie dans sa cupule triangulaire* » PERGAUD.

FAINÉANT, ANTE [fɛneɑ̃, ɑ̃t] **n. et adj.** – 1306 ◇ de *fais* (faire) et *néant*, altération de *faignant* « négligent » (v. 1200), de *feindre* « paresser » → feignant ■ **1** Personne qui ne veut rien faire. ➤ **paresseux* ;** FAM. **feignant, feignasse.** *Lève-toi, fainéant !* — Qui n'a rien à faire. ➤ **désœuvré, oisif.** « *Je suis un fainéant, bohème, journaliste* » NERVAL. ■ **2** adj. Paresseux*. ➤ **inactif, indolent, nonchalant ;** RÉGION. **lâche.** *Un élève fainéant.* — LOC. *Les Rois fainéants :* les derniers Mérovingiens réduits à l'inaction par les maires du palais. ■ CONTR. Actif, diligent, laborieux, travailleur.

FAINÉANTER [fɛneɑ̃te] **v. intr.** ⟨1⟩ – 1690 ◇ de *fainéant* ■ Faire le fainéant, vivre en fainéant. ➤ **paresser ;** FAM. **flemmarder.**

FAINÉANTISE [fɛneɑ̃tiz] **n. f.** – 1570 ◇ de *fainéant* ■ Caractère d'une personne fainéante (➤ **indolence, nonchalance, paresse***) ; état du fainéant (➤ **inaction, oisiveté**). *Une vie de fainéantise.* ■ CONTR. Activité, diligence.

1**FAIRE** [fɛʀ] **v. tr.** ⟨60⟩ – milieu IXe comme substitut d'un autre verbe (VI) ◇ du latin *facere*, dont le sens ancien « placer, mettre, poser » se retrouve dans des dérivés → faction. REM. Les formes en *fais-* (*faisons, faisions*, etc.) se prononcent [fəz-]

I RÉALISER (QQCH. OU QQN) ■ **1** (fin XIe) Réaliser hors de soi (une chose matérielle). ➤ **construire, fabriquer.** *Faire une maison, un meuble, une pendule. Oiseau qui fait son nid. Faire le pain. Faire des confitures, un gâteau. Se faire un café. Faire un costume.* ➤ **confectionner.** *Faire un tableau, une statue. C'est ce que l'on fait de mieux dans le genre.* ABSOLT « *Faire est le propre de la main* » VALÉRY. — SPÉCIALT *Dieu a fait l'homme à son image.* ➤ **créer.** LOC. *Tous les jours que Dieu fait :* chaque jour. — LOC. FAM. *Je le connais comme si je l'avais fait. C'est un homme comme on n'en fait plus.* ■ **2** Réaliser (une chose abstraite). *Faire son bonheur soi-même.* ➤ **construire.** « *La bourgeoisie, laquelle fait les renommées et dispense les honneurs* » BENDA. — *Faire une loi, une institution.* ➤ **établir, instaurer, instituer.** — *Faire une œuvre.* ➤ **composer, créer, écrire.** *Faire un poème, un roman.* « *C'est un métier que de faire un livre, comme de faire une pendule* » LA BRUYÈRE. ■ **3** (milieu XIVe) Produire de soi, hors de soi (qqch.) (emplois spéciaux). ◆ **FAIRE UN ENFANT.** ➤ **engendrer, procréer.** *Elle a fait deux beaux enfants.* ➤ **1avoir, enfanter.** *Faire un enfant à sa femme. Ils ont fait trois enfants.* — (Des animaux) Mettre bas. *La chatte a fait six petits.* LOC. FIG. *Faire des petits :* se multiplier, proliférer. *Une idée qui va faire des petits.* ◆ Évacuer (les déchets de l'organisme). — EUPHÉM. *Faire ses besoins*, et ABSOLT. *Enfant qui fait au lit, dans sa culotte. Vieillard qui fait sous lui*, incontinent. — FAM. (lang. enfantin) *Faire caca, pipi.* ➤ **déféquer, uriner ;** FAM. **chier, pisser.** — LOC. FAM. *Il fait où on lui dit de faire :* il fait exactement ce qu'on lui demande (comme l'animal domestique bien dressé qui fait ses besoins à l'endroit adéquat), il est aux ordres. « *Les flics ici, ils font là où je leur dis de faire* » O. ADAM. ◆ Produire (se dit de l'organisme). *Le bébé fait ses dents*, ses dents poussent. ◆ (Sujet chose) Produire, émettre (une substance). *Ce savon fait beaucoup de mousse.* ■ **4** PAR EXT. Se fournir en ; prendre (qqch.). ➤ **s'approvisionner.** *Automobiliste qui s'arrête pour faire de l'essence. Faire de l'eau* (en bateau). *Faire des, ses provisions.* ◆ Obtenir. *Il a fait beaucoup d'argent avec ce commerce.* ➤ **gagner.** *Faire des bénéfices.* FAM. *Faire son beurre*.* ◆ Fournir, produire (qqch.) par l'industrie, la culture, le commerce. — AGRIC. *Faire du maïs.* ➤ **cultiver, produire, récolter.** — (1606) COMM. *Faire le gros, le demi-gros.* ➤ **1débiter, vendre.** *Nous ne faisons pas cet article*, nous ne vendons pas. « *Je voulais des lis blancs, mais la fleuriste me les a déconseillés, on ne les fait que pour les enfants, les jeunes filles à la rigueur* » A. ERNAUX. ➤ **proposer.** ■ **5** (1877) FAM. Prendre à qqn ; obtenir (qqch.) aux dépens d'autrui. ➤ **extorquer,** FAM. **piquer, 2voler.** *Le pickpocket lui a fait son portefeuille.* — FAM. Dévaliser. *Faire un joaillier.* ■ **6** (fin XIIe) (CHOSES) Constituer (quant à la quantité, la forme, la qualité). ➤ **constituer.** *Deux et deux font quatre.* ➤ **égaler, équivaloir** (à). *Cent centimètres font un mètre. Cela ne fait pas assez :* il n'y en a pas assez. LOC. FAM. *Ça commence à bien faire :* cela suffit, en voilà assez. — *Couleurs qui font un ensemble harmonieux.* ➤ **composer, former.** *Chose qui fait contrepoids, pendant, obstacle. Un site exceptionnel fait le charme de cet hôtel. Ces moulins « faisaient la joie et la richesse de notre pays »* DAUDET. ➤ **1être.** *Faire l'affaire*. Faire autorité*.* PROV. *L'habit* ne fait pas le moine. Une hirondelle* ne fait pas le printemps.* — PAR EXT. (PERSONNES) Parvenir à être, devenir. *Il fera un bon mari. Elle fera une excellente femme d'affaires.* — **NE FAIRE QU'UN*, N'EN FAIRE QU'UN*.**

II RÉALISER (UNE MANIÈRE D'ÊTRE) ; ÊTRE LE SUJET DE (UNE ACTIVITÉ), LA CAUSE DE (UN EFFET) ■ **1** Effectuer (un mouvement). *Faire un pas, un saut, une danse.* ➤ **exécuter.** *Faire un plongeon.* «*Elle n'osait dire un mot ni faire un mouvement*» GREEN. *Faire des signes, des grimaces. Faire un clin d'œil.* — Prendre (une expression). *Faire les yeux doux*. Faire grise mine*.* FAM. *Faire une sale tête*. Faire la tête, la gueule.* ➤ **bouder.** — *Faire mine* de, semblant* de... Faire comme si :* se donner l'apparence, feindre de. ■ **2** Effectuer (une opération, un travail), s'occuper à (qqch.). ➤ **effectuer, exécuter, opérer.** *Faire un calcul, des recherches. Faire un travail. Faire tout le boulot.* ➤ FAM. **s'envoyer,** se **farcir,** se **taper.** *Faire le ménage, la cuisine. Faire une course. Faire du sport. Faire du yoga, du tennis.* ➤ **pratiquer.** LOC. *Ce n'est ni fait ni à faire :* c'est très mal fait. — (Avec un compl. indéf.) «*Rien n'est fait tant qu'il reste quelque chose à faire*» R. ROLLAND. *Il ne fait rien à l'école :* il ne travaille pas. ➤ FAM. 2 **ficher,** 1 **foutre.** *Il ne sait rien faire :* il est incompétent, maladroit en tout. *Avoir beaucoup à faire* (➤ **occupé**). *Ne pas savoir quoi faire :* s'ennuyer. «*Qu'est-ce que je peux faire ? J'sais pas quoi faire*» GODARD, «Pierrot le Fou», film. *Ne rien faire de ses dix doigts :* être oisif. ➤ FAM. **glander.** «*que diable allait-il faire à cette galère ?*» MOLIÈRE. *Qu'est-ce que vous faites ici ? Nous n'avons plus rien à faire ici.* — SPÉCIALT (lorsqu'on attend qqn avec impatience) *Mais qu'est-ce qu'ils font ?* ➤ **fabriquer ;** VULG. **branler.** — FAM. *(Il) faut le faire !* il faut être capable de faire ce dont il est question (considéré comme une performance, une gageure à tenir). ◆ **AVOIR À FAIRE AVEC, À :** avoir à faire un travail avec qqn. — PAR EXT. *Je n'ai rien à faire avec lui,* je ne veux avoir aucune relation. *Nous n'avons plus rien à faire ensemble,* séparons-nous. *Avoir fort* à faire avec qqn.* ■ **3** (début XIe) Exercer (une activité suivie). *Faire un métier. Que fait-il ? Que fait-il dans la vie ?* — VIEILLI ou RÉGION. *Faire dans la charcuterie,* travailler dans, être dans le commerce de. — *Faire des études ;* PAR ANAL. *Faire de la géographie, de l'italien.* ➤ **étudier.** *Faire son droit, faire médecine,* ses études de droit, de médecine. *Faire une licence, sa licence.* ➤ **préparer.** PAR EXT. *Faire l'École normale ;* ELLIPT «*il avait fait Polytechnique, dont il était sorti avec un numéro plus qu'honorable*» SIMENON. *Faire trois années d'étude.* — *Criminel qui a fait vingt ans de prison.* PAR EXT. *Faire de la prison.* ■ **4** (début XIe) Accomplir, exécuter (une action). *Faire une bonne, une mauvaise action* (➤ **commettre**). *Faire des reproches, des compliments. Faire une erreur, une bêtise. Faire des folies. Faire l'amour*. Faire des efforts, faire ce qu'on peut, faire son possible. Quoi qu'il fasse, il n'y arrivera pas. Faire ce qu'il faut, faire le nécessaire. Faire bien les choses. Le faire exprès*.* (D'un exposé écrit ou oral) *Faire long. Faire court.* — *Aussitôt* dit, aussitôt fait. Ce qui est fait n'est plus à faire. C'est plus facile à dire qu'à faire. En faire trop :* exagérer. *Il ne sait plus ce qu'il fait :* il perd la tête. *Il ne veut rien faire sans vous consulter.* ➤ **décider, entreprendre.** *C'est bien fait :* c'est mérité. *Que faire ? Il faut faire quelque chose ! Il n'y a plus rien à faire :* le cas est désespéré. LOC. PROV. *Ce qui est fait est fait :* ne revenons pas sur ce qui est accompli. — *N'en Rien* faire.* — FAM. *Rien* à faire !* — «*Qui peut tout dire, arrive à tout faire ! Cette maxime est de Napoléon et se comprend*» BALZAC. ◆ INTRANS. **FAIRE :** agir. *Il a bien fait.* PROV. *Bien faire et laisser dire*. Pour bien faire, il faudrait tout vérifier. Faites comme vous voulez. Faites comme chez vous. Laissez-moi faire.* FAM. *Il faut faire avec,* s'en contenter, s'y résigner. ◆ *N'en faire qu'à sa tête*.* ◆ **FAIRE BIEN DE, MIEUX DE** (et inf.). *Vous feriez bien de partir maintenant :* vous devriez partir. *Vous feriez mieux de vous en aller :* vous auriez grand avantage... à. «*Ce samedi-là, il aurait mieux fait d'aller se pendre*» ZOLA. ◆ **AVOIR MIEUX À FAIRE QUE DE** (et inf.). *J'ai mieux à faire que d'écouter ces bêtises.* ◆ (fin XIIe) **NE FAIRE QUE** (et inf.) : faire seulement. PAR EXT. Ne pas cesser de. *Il ne fait que bâiller. Pourquoi n'essayez-vous pas de lui expliquer la chose ? – Mais je ne fais que cela depuis une heure !* — *Ne faire que, que de :* venir de (exprimant un passé récent). ➤ **venir.** *Il ne fait que d'arriver, laissez-lui le temps de se reposer.* ◆ (fin XIe) **FAIRE TANT, SI BIEN QUE :** agir, faire qqch. avec ténacité, persévérance. «*Je fis si bien, des pieds, des poings, des dents, de tout que je l'arrachai de sa place*» DAUDET. *Il fit tant et si bien qu'il tomba.* ◆ **À TANT FAIRE QUE ; TANT QU'À FAIRE.** ➤ **tant.** ◆ **FAIRE** qqch. **POUR** (qqn), l'aider, lui rendre service. ➤ **aider.** *Puis-je faire qqch. pour vous ?* en quoi puis-je vous être utile ? *Pouvez-vous faire qqch. pour ces orphelins ?* (donner de l'argent). — (Qqch.) [résultat, conséquence]. *Il n'est pas responsable, il n'a rien fait pour cela.* ◆ FAM. **LE FAIRE À :** agir, faire qqch. d'une certaine manière (généralement pour abuser qqn). *Le faire au chiqué, au bluff, au sentiment.* «*Oh ! il l'a fait à la dignité, dit Nadine, il a pris de grands airs*» BEAUVOIR. ABSOLT *Il ne faut pas nous la faire,* essayer de nous tromper. «*Pascal, je ne te crois pas. On ne me la fait pas*» GRAINVILLE. ■ **5** Exécuter (une prescription). *Faire son devoir.* ➤ **s'acquitter.** «*Fais énergiquement ta longue et lourde tâche*» VIGNY. *Faire l'aumône, la charité. Faire pénitence. Faire sa communion.* — *Faire la volonté, les quatre volontés*, les caprices de qqn.* — DR. *Obligation de faire, de ne pas faire* (qqch.). ■ **6** Être la cause, l'agent de. ➤ 1 **causer, déterminer, occasionner, provoquer.** *Faire un drôle de bruit. Bombe qui fait des dégâts. Attention, vous allez faire un malheur ! Faire une blessure, une injure à qqn. Faites-moi plaisir. Vous lui avez fait mal, du mal.* — PROV. *Ne fais pas à autrui ce que tu ne voudrais pas qu'on te fît à toi-même.* — «*Elle ne craignait plus rien. Qu'est-ce que les gens pouvaient bien lui faire maintenant ?*» ARAGON. ◆ (CHOSES) Avoir (un effet). *Cela fait mal, du mal. Médicament qui fait du bien, de l'effet. Faire sensation, peur, pitié.* — Avoir pour conséquence. *Qu'est-ce que cela fera si je refuse ? Qu'est-ce que cela fait ? Cela ne fait rien,* c'est sans importance. ➤ 2 **importer.** *Qu'est-ce que ça peut bien vous faire ?* en quoi cela vous importe, vous concerne-t-il ? *La vue du sang ne lui fait rien.* ➤ **ébranler, émouvoir, impressionner.** *Cela ne lui fait ni chaud, ni froid,* le laisse indifférent. ◆ **FAIRE... (À** qqch.**), Y FAIRE.** *Cela ne fait rien à la chose, à l'affaire.* ➤ **changer.** *Nous ne pouvons rien y faire :* nous ne pouvons empêcher que cela soit. FAM. *Savoir y faire :* être habile, débrouillard. ➤ **savoir-faire.** ◆ **FAIRE QUE,** suivi d'une complétive. — (Avec le subj.) Employé à l'impératif ou au subjonctif (souhait). ➤ **permettre, plaire** (plaise à). «*Dieu fasse qu'il ne soit pas parti*» M. ARLAND. *Ne pouvoir faire que :* ne pouvoir empêcher. «*Rien ne peut faire que je ne sois pas lucide*» MONTHERLANT. — (Avec l'indic.) Avoir pour conséquence, pour résultat. *Sa négligence a fait qu'il a perdu beaucoup d'argent.* «*Cette colère sacrée, qui fait que l'amour ressemble à la haine*» FRANCE. — Reprenant une question contenant déjà le verbe *faire.* «*Qu'est-ce que j'ai fait ? – Tu as fait que tu nous a lassés*» LAVEDAN. — FAM. *Ça fait que :* c'est pour cela que. *Il pleuvait à verse, ça fait qu'on est resté à la maison.* — FAM. (langage des jeunes) *Ça le fait, ça le fait pas :* cela marche, agit, réussit (ou pas). ◆ **SE LAISSER* FAIRE.** ■ **7** SPÉCIALT Parcourir (un trajet, une distance) ; franchir. *Chemin* faisant. Faire un circuit, un trajet. Faire route vers :* se diriger. *Faire dix kilomètres à pied. Faire cent kilomètres à l'heure,* et PAR EXT. *faire du cent à l'heure. Le T. G. V. fait Paris-Lyon en deux heures. Il a fait toute l'avenue sans rencontrer personne.* LOC. *Faire le trottoir*. Faire le mur,* passer par-dessus pour sortir. ◆ FAM. Parcourir pour visiter. *Cet été, ils ont fait la Bretagne. Faire le Cervin,* l'escalader. *Agent commercial qui fait Paris, la province.* ➤ **prospecter, visiter.** — *Faire tous les magasins pour trouver un produit. Cet employé a fait plusieurs maisons avant d'entrer dans notre société.* ◆ Fouiller dans, pour chercher qqch. *Faire les poches de qqn. Faire les poubelles.* ■ **8** FAM. Durer, quant à l'usage. ➤ **durer.** *Ce manteau m'a fait cinq ans.* ■ **9** (fin XIIe) Exprimer par la parole (surtout en incise). ➤ 1 **dire, répondre.** *Il a fait «non» en hochant la tête.* «*Chut ! Chut ! fit Emma en désignant du doigt l'apothicaire*» FLAUBERT. ◆ (Devant une onomatopée ou pour présenter un signe qui n'est pas du langage : geste, grimace...). *La pendule fait tic-tac. Ça a fait boum !* ■ **10** (CHOSES ou PERSONNES) Présenter en soi (un aspect physique, matériel). ➤ 1 **avoir.** *Ce tissu fait des plis.* ➤ **former.** *La route fait un coude.* ➤ **dessiner.** ◆ Avoir pour variante morphologique. ➤ 1 **devenir.** Journal *fait* journaux *au pluriel.* ◆ Avoir pour mesure, pour valeur, pour puissance. *Mur qui fait six mètres de haut.* ➤ **mesurer.** *Ce réservoir fait cinquante litres.* ➤ **contenir.** *Cette ampoule fait 100 watts. Combien cela fait-il ? Ça fait cent euros.* ➤ **coûter.** — (Taille, mesures d'une personne) *Quelle pointure faites-vous ?* ➤ **chausser.** *Ce garçon fait bien un mètre quatre-vingts.* — IMPERS. Constituer (un certain temps). *Ça fait huit jours qu'il n'est pas venu. Ça va faire deux heures que je l'attends.* ➤ **voilà.** FAM. *Ça fait un bail, une paye* qu'on ne l'a pas vu.* ■ **11** Subir (quelque trouble physique). FAM. *Faire de la température.* ➤ 1 **avoir.** *Il a fait une dépression.* ■ **12** *Faire face*, faire front*.*

III DÉTERMINER (QQN, QQCH.) DANS SA MANIÈRE D'ÊTRE ■ **1** Arranger, disposer (qqch.) comme il faut. *Faire un lit. Faire la chambre.* ➤ **nettoyer,** 1 **ranger.** *Faire la vaisselle. Faire ses chaussures.* ➤ **cirer.** *Faire sa valise*.* — *Faire les ongles, les mains de qqn.* ➤ **manucurer.** ■ **2** Former (qqn, qqch.). ➤ **former.** *Cette école fait de très bons techniciens.* ➤ **instruire.** «*Les événements l'avaient fait* [Napoléon], *il va faire les événements*» CHATEAUBRIAND. PROV. *L'occasion* fait le larron.* ■ **3** (début XIe) Donner une qualité, un caractère, un état à. — **FAIRE** qqn (et subst.), lui donner le titre de, l'élever au rang de. *On l'a fait chevalier de la Légion d'honneur.* ➤ **nommer.** *Je vous fais juge :* je vous donne le rôle de juge. — **FAIRE** qqn (et adj.).

➤ **rendre.** *Un héritage les a faits riches. Faire la vie dure à qqn.* LOC. *Faire place nette*. Faire table rase*.* Avec un pronom possessif ➤ **s'approprier.** *« Je fais mien tout votre passé »* BOURGET. ◆ Représenter, donner comme. *Ne le faites pas plus méchant qu'il n'est !* ◆ FAM. Donner un prix à (qqch.). ➤ **évaluer, vendre.** *Faire un objet deux cents euros. Je vous le fais cent euros, à cent euros.* ■ **4 FAIRE... DE** (qqn, qqch.). ➤ **changer, transformer** (en). *Je m'en suis fait un ami. Elle en a fait son amant. Nous en ferons un médecin.* — (Quant au caractère) *Vous en avez fait un enfant gâté, un ingrat. On en fait ce qu'on veut :* c'est une personne malléable. ◆ (CHOSES) *« Je fais de patience vertu »* GIDE. *Faire tout un drame d'une histoire sans importance.* LOC. *Il en fait tout un plat*. N'en faites pas une montagne*. Faire ses choux* gras de qqch.* — Aménager en, se servir comme de. *Faire un hôpital d'un bâtiment privé. Faites-en ce que vous voudrez.* ◆ (milieu XIIe) **N'AVOIR QUE FAIRE DE :** n'avoir aucun besoin de. *Il n'a que faire de tous ces costumes. Je n'ai que faire de son amitié, de ses compliments.* ➤ **se passer.** ◆ Disposer de, mettre en un endroit. *Qu'avez-vous fait de votre chien pendant les vacances ?* FAM. (lorsqu'on cherche qqch.) *Qu'ai-je bien pu faire de mes lunettes ?,* où les ai-je mises ? ■ **5** Représenter (qqn, qqch.). ◆ Jouer un rôle dans un spectacle, un jeu. *Il fait Harpagon dans l'« Avare » de Molière.* ➤ **interpréter.** *Faire le mort*, au bridge. Vous ferez les gendarmes et, nous, les voleurs* (au jeu). ◆ Agir comme ; avoir, remplir le rôle de. *Faire le domestique.* POP. Exercer le métier de. *« Mon frère est parti à la ville. Il fait électricien à Beaune »* TOURNIER. — *Faire le difficile.* — (CHOSES) Servir aussi de. *Salle à manger qui fait salon. Canapé qui fait lit.* ◆ (milieu XIIe) Imiter intentionnellement, chercher à passer pour. ➤ **contrefaire, imiter, simuler.** *Faire le mort*. Faire l'enfant*. Elle fait l'innocente. Vieillard qui veut faire le jeune homme.* ➤ **jouer.** *Cesse de faire l'imbécile ! Encore en train de faire le pitre !* — *Faire son, sa* (et subst.) : faire habituellement ou par tendance naturelle, le, la... *Elle fait sa mijaurée. « Ne faites donc pas votre Cassandre »* BEAUVOIR. ■ **6** (Avec l'attribut) **FAIRE** suivi d'un adj., d'un nom sans article (le plus souvent inv.). Avoir l'air de, donner l'impression. ➤ **paraître.** *Elle fait vieux, elle fait vieille pour son âge. Une cravate qui fait chic. Ça fait prétentieux. Faire bien*. « J'aurais préféré Jo. Djo plus exactement. Ça fait américain »* P. CAUVIN.

IV FAIRE (suivi d'un v. à l'inf.) ■ **1** (début Xe) Être cause que (➤ **factitif**). *Faire tomber un objet. Faire taire qqn. Cette femme, je l'ai fait venir* (*fait* reste inv.). *L'émotion le fit crier.* (FIG. et FAM.) *Faire suer, chier (qqn).* — *Cette personne me fait penser à X. Faire savoir que. Faire voir qqch. à qqn. Je ne lui fais pas dire :* il le reconnaît lui-même. — SPÉCIALT Charger (qqn) de. *Faire faire* (au sens I, 1°) *un costume à, par son tailleur. Faire réparer sa voiture.* ■ **2** Attribuer, prétendre. ➤ **attribuer.** *Ses biographes le font mourir vers 1450. On le fait à tort descendre des Bourbons.* ■ **3** REM. Construction. ◆ Avec un inf. sans compl. d'objet. *Faire manger un malade. Faire partir des enfants en Suisse ; je les ai fait partir en Suisse.* ◆ L'inf. ayant un compl. d'objet direct (sujet construit sans prép.). *Faire obéir un enfant à ses maîtres ; faites-le obéir à ses maîtres.* — (sujet construit avec *à*). *Faites-lui renoncer à ses prétentions. Faites-leur penser à se munir du nécessaire. « Si vous croyez que c'est commode de lui faire changer d'idée »* P. BENOIT. ◆ L'inf. ayant un compl. d'objet direct — Avec un sujet non exprimé. *Faire prévenir un ami. Faites-le prévenir.* — Avec un sujet exprimé. Le nom sujet se construit avec *à* ou *par.* *Faire construire une maison à un architecte, par un architecte.* — Avec un pronom sujet. *On le fait étudier les sciences ; on lui fait étudier les sciences. Faites écrire la lettre par lui. Faites-le, faites-lui écrire la lettre. Faites-la-lui écrire.* ◆ On omet généralement le pronom réfl. devant l'inf. introduit par FAIRE. *Faire asseoir qqn. Faites-le asseoir* (RARE *faites-le s'asseoir*).

V FAIRE avec un sujet impers. ■ **1** (début XIIe) Pour exprimer les conditions de l'atmosphère ou du milieu. *Il fait jour ; il fait nuit ; il fait clair. « Qu'il fasse beau, qu'il fasse laid »* DIDEROT. *Il fait lourd. Il fait soleil, du soleil. Il faisait trente degrés à l'ombre.* FAM. *Il fait faim ; il fait soif :* on a faim, soif. ■ **2** *Il fait bon, beau, mauvais* (et inf.). *Auprès de ma blonde, qu'il fait bon dormir !* (chans. pop.). *Il fait bon vivre ici.* LOC. *Il ferait beau voir qu'il refuse. Il faisait mauvais les provoquer. « Il fait bon chasser au bois par les frais matins d'hiver »* MAUPASSANT.

VI FAIRE, employé comme substitut d'autres verbes (milieu IXe) ■ **1** (milieu XIIIe) VX ou LITTÉR. Dans le second terme d'une comparaison *« On n'agit point comme vous faites »* MOLIÈRE. *« Françoise employait le verbe plaindre dans le même sens que fait La Bruyère »* PROUST. ■ **2** Avec le second terme de la comparaison, suivi d'un compl. d'objet direct. VX *Il m'aime comme il fait sa mère.* — MOD. (avec *de* ou *pour*) *« Je me pris à considérer les Haudouin et les Maloret un peu comme j'aurais fait des Gaulois »* AYMÉ. *« Il regarda Gilbert, comme il aurait fait pour un poulain »* R. BAZIN.

VII SE FAIRE (emplois spéciaux) ■ **1** Se former. *Ces chaussures vont se faire. Fromage, vin qui se fait.* ➤ **s'améliorer,** se **bonifier, mûrir.** *« Les consciences ne sont pas : elles se font »* SARTRE. — *Cet homme s'est fait seul.* ■ **2 SE FAIRE** (et adj.) : commencer à être, devenir. ➤ 1 **devenir.** *Se faire vieux. Sa respiration se faisait plus haletante. Produit qui se fait rare.* — IMPERS. *Il se fait tard :* il commence à être tard. ■ **3** Devenir volontairement. ➤ se **rendre.** *Se faire humble. Se faire tout petit. Elles se sont faites très conciliantes.* — LOC. VERB. *Se faire beau. Elles se sont fait belles* (le p. p. est invariable). — *Se faire prêtre, avocat.* ■ **4 SE FAIRE À :** s'habituer à. ➤ **s'accoutumer.** *Se faire à un genre de vie. Je ne peux pas m'y faire. « À la longue, il m'épousera, il se fera à cette idée »* ARAGON. ◆ FAM. *Se faire qqn,* le posséder sexuellement. ➤ **s'envoyer,** se **taper.** — PAR EXT. Le tuer. *Il s'est fait un policier dans la bagarre.* — FAM. *Se le (la) faire,* supporter qqn. *Il est gentil, mais il faut se le faire !* ➤ **s'appuyer,** se **farcir.** ■ **5** Se procurer. *Se faire des relations.* ➤ **s'attirer.** *Se faire huit mille euros par mois.* ➤ **gagner.** ■ **6** Former en soi, se donner. *Se faire une idée exacte de qqch. Se faire une raison. Il ne se fait plus d'illusions.* ◆ *Se faire des soucis ; se faire de la bile, du mauvais sang :* se tracasser, se tourmenter. ◆ **S'EN FAIRE** (FAM.), même sens. *Ne vous en faites pas, vous aurez sûrement des nouvelles demain. Ne vous en faites pas pour moi.* FAM. *Faut pas s'en faire pour si peu !* — PAR EXT. (FAM.) Se gêner. *Il ne s'en fait pas, celui-là !* (cf. Il ne manque pas de culot*). ■ **7** (PASS.) Être fait. PROV. *Paris ne s'est pas fait en un jour. Voilà ce qui se fait de mieux dans le genre.* ◆ Être pratiqué couramment, être en usage. *Cela se faisait au Moyen Âge.* — Être à la mode. *Les bottes se font beaucoup cette année.* ➤ se **porter.** ◆ Devoir être fait quant aux usages, à la morale (surtout à la forme négative). *Ne parlez pas la bouche pleine : cela ne se fait pas.* ■ **8** Être, arriver (IMPERS.). *Il pourrait bien se faire que... Comment se fait-il qu'il parte déjà ?*

VIII PASSIF ■ **1 ÊTRE FAIT POUR,** destiné à. *Cet outil est fait pour découper,* est conçu, étudié pour ; destiné à. *Cette voiture n'est pas faite pour transporter dix personnes. Ce genre de vie n'est pas fait pour lui,* ne lui est pas adapté. — IRON. FAM. *Le paillasson n'est pas fait pour les chiens !,* vous devez vous en servir. ➤ aussi 1 **fait.** — *Ils n'étaient pas faits l'un pour l'autre.* ■ **2** LITTÉR. **C'EN EST FAIT DE... :** c'est fini de... *C'en est fait de la vie facile.* — *C'en est fait de moi :* je suis perdu.

■ CONTR. Anéantir, défaire, détruire, supprimer. ■ HOM. Fer ; *font :* fond (fondre) ; *faites :* fête (fêter) ; *fis :* fie (fier).

2 **FAIRE** [fɛʀ] **n. m.** – XVIIIe ◊ de 1 *faire* ■ **1** BX-ARTS, LITTÉR. Manière de faire une œuvre. ➤ **façon,** 1 **facture, manière, style, technique.** *Le faire d'un artiste, d'un écrivain. « Il y a dans cette esquisse un faire plus libre, une manière plus large »* FRANCE. ■ **2** DIDACT. Fait d'agir. ➤ 1 **action.** *Il y a loin du dire au faire,* de la parole à l'action, du projet à sa réalisation.

FAIRE-PART [fɛʀpaʀ] **n. m. inv.** /FAIREPART **n. m.**/ – 1830 ◊ de 1 *faire* et *part* ■ Lettre imprimée qui annonce une nouvelle ayant trait à la vie civile. *Envoyer un faire-part, des faire-part. Faire-part de mariage, de décès* (bordé de noir ou de gris). *Cette annonce tient lieu de faire-part.*

FAIRE-VALOIR [fɛʀvalwaʀ] **n. m. inv.** – 1877 t. bancaire ◊ de *faire* et *valoir* ■ **1** AGRIC. Exploitation du domaine agricole. *Faire-valoir direct,* par le propriétaire lui-même. ■ **2** Personne qui met en valeur quelqu'un, en lui laissant la première place. *Son mari lui sert de faire-valoir.*

FAIR-PLAY [fɛʀplɛ] **n. m. inv.** /FAIRPLAY **n. m.**/ – 1849 ◊ loc. anglaise « franc jeu », « jeu loyal » ■ Acceptation loyale des règles (d'un jeu, d'un sport). *« Toute la vie anglaise n'est qu'une partie de sport, un fair-play qui a ses lois et ses usages chevaleresques »* CENDRARS. — PAR EXT. Loyauté, bonne foi (en affaires, en politique, etc.). ➤ **franc-jeu.** ◆ **adj. inv.** *Il n'est pas très fair-play,* beau joueur*. ➤ **loyal, régulier.**

FAIRWAY [fɛʀwɛ] **n. m.** – 1933 ◊ mot anglais, de *fair* « bon » et *way* « chemin » ■ ANGLIC. GOLF Partie du parcours où l'herbe est entretenue. *Des fairways.*

FAISABILITÉ [fəzabilite] **n. f.** – milieu XXe ◊ de l'anglais *feasibility,* d'après *faisable* ■ INGÉN. Caractère de ce qui est faisable, réalisable, compte tenu des possibilités techniques et économiques. *Étude, critère de faisabilité.* ■ CONTR. Infaisabilité.

FAISABLE [fəzabl] **adj.** – 1361 ◊ de 1 *faire* ■ Qui peut être fait. *La chose est faisable.* ➤ **possible, réalisable.** *Très faisable.* ➤ **facile.** *Un trajet faisable à pied.* ■ CONTR. Impossible, infaisable.

FAISAN, ANE [fəzɑ̃, an] **n. et adj.** – 1522 ; *faisant* 1170 ◊ ancien provençal *faisan* ; latin *phasianus*, grec *phasianos* « (oiseau) du *Phase* », fleuve de Colchide ▪ **1** Oiseau gallinacé *(phasianidés)* à plumage coloré et longue queue (mâle), dont la chair est très estimée. *Le faisan criaille. Jeune faisan.* ➤ **faisandeau, pouillard.** *Faisan doré, argenté. Chasser le faisan.* **adj.** *Poule faisane,* la femelle du faisan. — CUIS. *Faisan aux choux.* ▪ **2 n. m.** (1866 ◊ d'après *faiseur*) ARG. Individu qui vit d'affaires louches. ➤ **aigrefin, escroc, filou.**

FAISANDAGE [fəzɑ̃daʒ] **n. m.** – 1875 ; fig. 1866 ◊ de *faisander* ▪ Opération par laquelle on faisande le gibier.

FAISANDÉ, ÉE [fəzɑ̃de] **adj.** – 1393 ◊ de *faisander* ▪ **1** *Viande faisandée,* qui commence à se corrompre. ▪ **2** FIG. et VIEILLI *Littérature faisandée.* ➤ **corrompu, malsain, pourri.** « *le goût des jeunes intellectuels d'alors pour ces mêmes aristocrates faisandés* » BERNANOS. ■ CONTR. 1 Frais, pur, 1 sain.

FAISANDEAU [fəzɑ̃do] **n. m.** – 1393 *faisandeaulx* ◊ de *faisan* ▪ Jeune faisan. — On dit aussi **FAISANNEAU** [fəzano], 1564.

FAISANDER [fəzɑ̃de] **v. tr.** ⟨1⟩ – 1393 ◊ de *faisan* ▪ Soumettre (le gibier) à un commencement de décomposition, pour lui faire acquérir un fumet. — PRONOM. *Viande qui commence à se faisander.* ➤ **se corrompre.**

FAISANDERIE [fəzɑ̃dʀi] **n. f.** – 1690 ; *fézanderie* 1669 ◊ de *faisan* ▪ Élevage de faisans (par un éleveur appelé *faisandier*).

FAISANNEAU ➤ **FAISANDEAU**

FAISCEAU [fɛso] **n. m.** – 1549 ; *faissel, fassel* XIIe ◊ latin populaire °*fascellus,* de *fascis* ▪ **1** Assemblage de choses semblables, de forme allongée, liées ensemble. *Balai fait d'un faisceau de brindilles. Faisceau de branchages* (➤ **fagot**), *de végétaux* (➤ 1 **botte,** 1 **bouquet,** 1 **gerbe, javelle**). « *Les faisceaux de boulins et de planches* » CHARDONNE. *Faisceau de fils d'acier.* ➤ **câble.** *Lier, nouer en faisceau.* ▪ **2** ANTIQ. ROM. *Les faisceaux :* assemblages de verges liées autour d'une hache, portés par les licteurs devant le titulaire d'une grande magistrature comme symbole de son autorité. « *Sylla marche en public sans faisceaux et sans haches* » CORNEILLE. ◆ HIST. MOD. Emblème analogue du fascisme italien. ▪ **3** (1851) Pyramide de fusils appuyés les uns contre les autres. *Formez les faisceaux ! Rompez les faisceaux !* ▪ **4** SPÉCIALT (choses comparées à des faisceaux [1°]) ◆ ARCHIT. *Colonne en faisceau,* formée d'un assemblage de petites colonnes (➤ **fasciculé**). ◆ *Faisceau lumineux :* ensemble de rayons lumineux. ➤ **pinceau.** *Le faisceau d'une lampe, d'un phare. Prendre qqch. dans, sous le faisceau des projecteurs. Faisceau de croisement selon le code européen.* ◆ *Faisceau électrique, de conducteurs.* ◆ PHYS. Rayonnement émis sous un angle de faible ouverture. *Faisceau électronique, de neutrons. Faisceau laser. Faisceau hertzien :* liaison radioélectrique établie entre un émetteur et un récepteur (➤ **relais**) pour acheminer des informations (radio, télévision, télécommunications). ◆ MATH. Ensemble (de droites, de courbes) dépendant d'un paramètre. *Faisceau harmonique**. ◆ ANAT. Ensemble de fibres de même origine, de même trajet et de même terminaison. *Faisceau nerveux, musculaire.* ◆ BOT. Ensemble structuré d'éléments du bois ou du liber. *Faisceau ligneux, libérien.* ◆ *Faisceau de tir. Faisceau de voies.* ▪ **5** Ensemble d'éléments abstraits rassemblés. *Un faisceau de preuves, d'arguments.* « *ces prétendues lois morales, qu'est-ce que c'est ? Un faisceau d'habitudes* » MARTIN DU GARD.

FAISEUR, EUSE [fəzœʀ, øz] **n.** – XIVe ◊ de *faire* ▪ **1** RARE Personne qui agit. PROV. *Les grands diseurs ne sont pas les grands faiseurs.* ▪ **2 FAISEUR DE :** celui qui fait, fabrique (qqch.). *Un faiseur de meubles d'art :* un ébéniste. *Un faiseur de barrages, de ponts.* ➤ **bâtisseur, constructeur.** — VX ou PLAISANT « *Quant aux faiseurs de vers, ces vauriens, ces maroufles* » VERLAINE. ▪ **3** ABSOLT, VIEILLI Spécialiste des métiers de l'habillement. *S'habiller chez un bon faiseur.* ➤ **tailleur.** *Cette veste vient de chez le bon faiseur,* d'une boutique réputée pour la qualité de ses articles. ▪ **4** PLAISANT Personne qui se livre habituellement à tel ou tel genre d'activité, d'occupation. *C'est un grand faiseur de mots croisés.* ➤ **amateur.** *Une faiseuse de mariages* (cf. Marieuse). « *Jésus n'est pas un fondateur de dogmes, un faiseur de symboles* » RENAN. *C'est un faiseur d'embarras.* ◆ *Faiseuse d'anges**. ▪ **5 n. m.** (1789) ABSOLT, PÉJ. Celui qui cherche à se faire valoir ➤ **hâbleur.** ◆ VX ou LITTÉR. Homme d'affaires peu scrupuleux. « *Mercadet ou le Faiseur* », *comédie de Balzac.* ■ CONTR. Démolisseur, destructeur.

FAISSELLE [fɛsɛl] **n. f.** – fin XIVe ; *fisselle* fin XIIe ◊ latin *fiscella,* diminutif de *fiscus* « corbeille » ▪ **1** TECHN. Récipient percé de trous, pour faire égoutter le fromage. *Fromage blanc vendu en faisselle.* ▪ **2** Fromage frais égoutté dans ce récipient. *Faisselle aux fines herbes.*

1 **FAIT, FAITE** [fɛ, fɛt] **adj.** – 1690 ◊ de 1 *faire* ▪ **1** Qui est constitué, a tel aspect. ◆ Quant au physique. *Être bien fait, mal fait.* ➤ 1 **bâti ;** FAM. **foutu, gaulé.** *Il est bien fait de sa personne. Une femme bien faite.* ➤ FAM. **girond** (cf. FAM. Bien balancée*, bien roulée*). « *jeune et faite à ravir* » MUSSET. *Femme mal faite, dénuée de charme.* ➤ PÉJ. **boudin, cageot.** ◆ VIEILLI *Comme vous voilà fait !* ➤ **accoutré, habillé, vêtu.** ◆ Quant à l'esprit, au caractère. « *un conducteur* [précepteur] *qui eût plutôt la tête bien faite que bien pleine* » MONTAIGNE. *Les gens sont ainsi faits.* ▪ **2** Qui est arrivé à son plein développement. *Un homme fait.* ➤ **mûr.** ◆ Arrivé à un certain point de maturation nécessaire à la consommation. *Un fromage fait, bien fait* (cf. À point), *fait à cœur.* ▪ **3** Fabriqué, composé, exécuté. *Un travail bien fait.* **loc. adv.** *Vite fait bien fait,* aisément (cf. D'un seul coup* d'un seul). *Je vais le mater vite fait bien fait.* — LOC. *Ce n'est ni fait ni à faire**. — **TOUT FAIT :** fait à l'avance, tout prêt. *Traiteur qui vend des plats tout faits.* ➤ **cuisiné.** *Acheter un costume tout fait* (opposé à *sur mesure*). SUBST. *Acheter du tout fait.* ➤ **confection, prêt-à-porter.** — FIG. *Phrase, expression toute faite.* ➤ **cliché.** « *des phrases toutes faites, des banalités destinées à nous préserver* » A. DESARTHE. *Idées toutes faites :* préjugés ou lieux communs. — *Vite** *fait.* ◆ Qui est fardé. *Des yeux faits.* — Verni. *Ongles faits.* ▪ **4** (PERSONNES) FAM. *Être fait :* être pris par la police (cf. Refait). *Être fait comme un rat**, *comme un voleur.* « *Ils avaient refermé la porte en douce derrière nous les civils. On était faits, comme des rats* » CÉLINE. ■ HOM. Faix ; faîte, fête.

2 **FAIT** [fɛ] **n. m.** – milieu XIIe au sens de « prouesse » (I, 2°) ◊ du latin *factum,* de *facere* → 1 faire

I ACTE, ACTION (VX en emploi libre) ▪ **1 (LE) FAIT DE :** action de faire. ➤ 1 **acte,** 1 **action.** *Le fait de parler, de rire ; le fait de s'en aller. Il est coutumier du fait :* il fait souvent cela. — *Prendre qqn* **SUR LE FAIT** (prononc. fam. [fɛt]), le surprendre au moment où il agit (cf. En flagrant délit*, la main dans le sac*). — PLUR. *Les faits et gestes de qqn,* ses activités. ▪ **2** (milieu XIIe) (dans des expressions) Action mémorable, remarquable. ➤ **exploit, prouesse.** *Fait d'armes, de guerre. — Les hauts faits des chevaliers du Moyen Âge.* ▪ **3** DR. Évènement susceptible de produire un effet juridique. *Fait qualifié crime par la loi. Fait qui comporte une peine. — Fait du prince**. *Responsabilité du fait de l'homme, du fait des choses. Faits justificatifs.* ◆ *Voie de fait :* coup, violence. *Être condamné pour voies de fait.* ◆ *Prendre fait et cause pour qqn,* prendre sa défense, son parti. ▪ **4** (début XIIIe) **(ÊTRE) LE FAIT DE :** (constituer) la manière d'être de qqn. *La générosité n'est pas son fait* (cf. N'est pas son fort*). ▪ **5** *Dire son fait* (à qqn), lui dire sans ménagement ce qu'on pense de lui (cf. Dire ses quatre vérités*).

II CE QUI A EU LIEU OU CE QUI EXISTE ▪ **1** (milieu XIIe) Ce qui est arrivé, ce qui a eu lieu. ➤ **affaire, aventure,** 1 **cas, chose, épisode, évènement,** 1 **incident.** *Fait rare, singulier, unique ; fait courant, habituel. Enchaînement des faits. Succession, déroulement des faits. Dire, rapporter un fait, des faits. Fait rapporté par un chroniqueur.* ➤ **anecdote,** 1 **trait.** *Rétablir les faits, la réalité des faits. Faits véridiques, réels, alternatifs.* « *Je hais les petits faits* » VOLTAIRE. *La politique* « *c'est l'art de créer des faits, de dominer, en se jouant, les événements et les hommes* » BEAUMARCHAIS. — *Fait de société.* ◆ *Le fait accompli**. ◆ **LE FAIT QUE** (et indic. ou subj., selon le degré de réalité). *Le fait que Napoléon est mort en exil. Le fait que vous soyez mon ami ne vous autorise pas à me critiquer en tout.* ◆ **DU FAIT DE ;** LITTÉR. **PAR LE FAIT DE :** par suite de. ◆ **DU FAIT QUE.** ➤ **puisque.** *Du seul fait que :* pour cette seule raison que. ◆ Information (dans un journal). *Lire un fait important. — Fait divers**. ▪ **2** Ce qui existe réellement ; ce qui est du domaine du réel (opposé à *idée,* à *rêve,* à *imagination*). ➤ 1 **pratique, réalité, réel.** *Le domaine des faits* (➤ **factuel**). *S'incliner devant les faits. Laisser parler les faits. Juger sur les faits, d'après les faits. — Une question de fait, et non de principe. Erreur de fait,* matérielle. — *C'est un fait :* c'est certain, sûr, vrai. — **LE FAIT EST QUE :** il est vrai, il faut admettre que. *Le fait est que vous avez raison.* — DR. *Pouvoir de fait ; gouvernement de fait,* qui n'est pas reconnu. ➤ **de facto.** *État de fait.* ◆ **loc. adv. PAR LE FAIT ; DE FAIT ; EN FAIT** (FAM. [fɛt]) : en réalité. ➤ **de facto, effectivement, effet** (en effet), **réellement, véritablement.** « *Il est de fait que l'homme jouit du soleil* » LA BRUYÈRE. — **loc. adv. TOUT À FAIT** [tutafɛ]. ➤ 1 **complètement, entièrement.** *Il est tout à fait guéri. Ce n'est pas tout à fait fini. Vous avez tout à fait raison.* — (En réponse) *Vous êtes satisfait ? – Tout à fait.* ➤ **absolument.** — PAR EXT. FAM. (critiqué) ➤ **oui.** *Pouvez-vous venir demain ? – Tout à fait.* ◆ DR. Tout

évènement matériel. *Énonciation, articulation des faits. Interrogatoire sur faits et articles. Fait nouveau,* non encore soumis à la procédure du tribunal ; révélé après une condamnation. *Le prévenu a reconnu les faits.* — *Point de fait :* question qui met en jeu l'existence d'un fait à prouver par opposition au point de droit. *Juger en fait, et non en droit.* ♦ SC. Ce qui est reconnu, constaté par l'observation. ➤ **phénomène.** *Faits zoologiques, faits sociaux.* « *Il faut que les théories sortent lentement et laborieusement des faits* » A. DE CANDOLLE. ▪ **3** Cas, sujet particulier dont il est question. *Il n'a encore rien dit du fait.* ➤ 3 **sujet.** — **(Après** *au***)** *Aller au fait, venir au fait,* à l'essentiel. *Venons-en au fait.* ELLIPT *Au fait !* allons au fait. *Être au fait de,* au courant de. « *Un brave de province, qui ne paraissait pas au fait des usages de la cour* » VOLTAIRE. — **(En tête de phrase) AU FAIT :** à propos, à ce sujet. *Au fait, ne devait-il pas venir nous voir ?* ♦ *Être sûr de son fait,* de ce qu'on avance ou du succès de ce qu'on entreprend. — *De ce fait :* à cause de ce qui précède ; par suite de. ♦ **EN FAIT DE :** en ce qui concerne (qqn, qqch.), en matière de. « *L'autre était passé maître en fait de tromperie* » LA FONTAINE. *En fait de cadeaux, il n'a pas été gâté !*
▪ **CONTR.** Abstraction, idée, théorie.

FAÎTAGE [fɛtaʒ] **n. m.** /FAITAGE/ – 1676 ; *festage* «droit payé au seigneur pour toute construction ayant un faîte» 1233 ◇ de *faîte* ▪ **1** TECHN. Faîte (I°). ♦ Couverture du faîte (plomb, zinc, tuiles). ▪ **2** LITTÉR. La toiture. « *le castel dessinant ses faîtages pointus sur le ciel* » GAUTIER.

FAÎTE [fɛt] **n. m.** /FAITE/ – 1552 ; *fest, feste* XIIe ◇ francique °*first ;* d'après le latin *fastigium* ▪ **1** TECHN. Poutre qui forme l'arête supérieure d'un comble et sur laquelle s'appuient les chevrons. ➤ **faîtage.** *Couvrir le faîte d'un toit avec des faîtières.* — *Ligne de faîte.* ▪ **2** COUR. La partie la plus élevée d'un édifice. *Le faîte d'une maison.* ♦ PAR EXT. La partie la plus haute de qqch. d'élevé. ➤ **cime, haut, sommet.** *Grimper au faîte d'un arbre. Le faîte d'une montagne.* — *Ligne de faîte :* la crête d'une chaîne de montagnes. *La ligne de faîte détermine le partage des eaux des deux versants.* ▪ **3** FIG. Le plus haut point, le plus haut degré. ➤ **apogée*,** 1 **comble, pinacle** (cf. Point culminant*). *Être au faîte des honneurs, de la gloire.* « *l'homme tombé du faîte de ses espérances* » BALZAC. ▪ **CONTR.** Base, pied. ▪ **HOM.** Faite (1 fait), fête.

FAÎTEAU [fɛto] **n. m.** /FAITEAU/ – 1824 ; *festel* «tuile faîtière» 1521 ◇ de *faîte* ▪ Ornement en métal ou en poterie vernissée qui recouvre parfois le faîtage. ▪ **HOM.** poss. Fœtaux (fœtal).

FAÎTIER, IÈRE [fetje, jɛʀ] **adj. et n. f.** /FAITIER, IÈRE/ – *festiere* 1287 ◇ de *faîte*

I TECHN. ▪ **1** Qui appartient au faîte. *Tuile faîtière* **ou n. f.** *une faîtière :* tuile courbe destinée à recouvrir le faîte d'un toit, d'un mur. ➤ **enfaîteau.** *L'arêtier et la faîtière.* ▪ **2 n. f.** (1680) Barre de raidissement placée entre les mâts avant et arrière d'une tente et servant à soutenir le toit. ▪ **3 n. f.** (1845 ; adj. 1676) Lucarne pratiquée dans un toit pour éclairer l'espace qui s'étend sous le comble.

II (1974) **(Suisse)** ▪ **1** Central. *L'organe faîtier de l'économie. Marque faîtière,* qui coiffe d'autres sociétés. ▪ **2 n. f.** Organisation centrale. *La faîtière syndicale. La faîtière des retraités.* ➤ **fédération.**

FAITOUT [fɛtu] **n. m.** – v. 1890 ◇ de 1*faire* et *tout* ▪ Récipient à deux poignées et à couvercle, remplaçant souvent les anciennes marmites. ➤ 2 **cocotte, marmite.** *Des faitouts en aluminium.* — On écrit aussi *fait-tout* (inv.).

FAIX [fɛ] **n. m.** – v 1360 ; 1080 *fais* ◇ latin *fascis* ▪ **1** VX **ou** LITTÉR. **(dans quelques expr.)** Charge très pesante, pénible à porter. ➤ **fardeau ; portefaix.** *Plier, ployer, succomber sous le faix.* « *Sous le faix du fagot aussi bien que des ans* » LA FONTAINE. — FIG. *Le faix des obligations, des soucis.* ➤ **poids.** ▪ **2** TECHN. Tassement qui se produit dans une maison qu'on vient de construire. ▪ **HOM.** Fait.

FAJITA [faxita] **n. f.** – 1994 ◇ mot hispano-américain, diminutif de *faja* «bande», du latin *fascia* ▪ Galette de farine de maïs (➤ **tortilla**) garnie d'un mélange de viande et de légumes rissolés, accompagnée d'une purée d'avocat épicée (➤ **guacamole**) et de sauce tomate pimentée (cuisine mexicaine).

FAKIR [fakiʀ] **n. m.** – 1653 ◇ arabe *faqîr* «pauvre» ▪ **1** RELIG., SOCIOL. Ascète musulman. ➤ **derviche.** ♦ En Inde, Ascète qui vit d'aumônes et se livre à des mortifications en public. ▪ **2** COUR. Personne qui donne un spectacle d'exercices, de tours imités de ceux des fakirs (1°).

FAKIRISME [fakiʀism] **n. m.** – 1890 ◇ de *fakir* ▪ Activités de fakir.

FALAFEL [falafɛl] **n. m.** – 1985 ◇ mot arabe, plur. de *filfil* «poivre» ▪ Petite boulette frite de farine de pois chiches et de fèves (cuisine libanaise).

FALAISE [falɛz] **n. f.** – *faleise* XIIe ◇ p.-ê. mot normanno-picard ; francique °*falisa* ▪ Escarpement situé sur les côtes et qui est dû à l'érosion marine. *Falaises calcaires, crayeuses. Les falaises de Normandie, de Douvres.* « *L'avantage des falaises, c'est qu'au pied de ces hauts murs bien plus sensiblement qu'ailleurs, on apprécie la marée* » MICHELET. — GÉOL. *Falaise morte :* abrupt placé en retrait du littoral. — PAR ANAL. Escarpement, paroi rocheuse dominant une rivière. *La rivière* « *dont l'eau rapide, en venant buter contre la falaise schisteuse, l'avait profondément creusée* » GIDE.

FALARIQUE [falaʀik] **n. f.** – 1284 ◇ latin *falarica* ▪ ARCHÉOL. Arme de jet incendiaire, javelot garni d'étoupe enflammée.

FALBALA [falbala] **n. m.** – 1692 ◇ probablt provençal *farbella ;* cf. ancien français *frepe* → fripier ▪ **1** ANCIENNT Bande d'étoffe plissée qui servait d'ornement au bas d'une robe, d'un rideau. ➤ 2 **volant.** « *Une robe de soie bleue à quatre falbalas* » FLAUBERT. ▪ **2** (1844) AU PLUR. Ornements sur une toilette. « *Sa robe en brocart d'or, divisée régulièrement par des falbalas de perles, de jais et de saphirs* » FLAUBERT. — MOD. Ornements excessifs (➤ **fanfreluche**) ; grande toilette. *Les falbalas d'une réception officielle.* ➤ **tralala.**

FALCIFORME [falsifɔʀm] **adj.** – 1812 ◇ latin scientifique *falsiformis* (XVIIIe) ; du latin classique *falx, falcis* «faux» et *-forme* ▪ DIDACT. En forme de croissant ou de faucille. — PAR EXT. *Anémie falciforme :* drépanocytose.

FALCONIFORMES [falkɔnifɔʀm] **n. m. pl.** – date inconnue ◇ latin *falco, onis* → faucon ▪ ZOOL. Ordre de rapaces diurnes, au bec et aux serres puissants. *Les aigles, les buses, les vautours, les faucons sont des falconiformes.*

FALDISTOIRE [faldistwaʀ] **n. m.** – 1668 ◇ latin ecclésiastique *faldistorium,* par l'italien ; origine francique → fauteuil ▪ LITURG. Siège liturgique des évêques.

FALLACIEUX, IEUSE [fa(l)lasjø, jøz] **adj.** – v. 1460 ◇ latin *fallaciosus,* de *fallacia* «ruse», de *fallere* ▪ **1** VX **ou** LITTÉR. Qui est destiné à tromper, à égarer. ➤ 1 **faux, fourbe, hypocrite, mensonger, perfide, trompeur.** *Promesses fallacieuses. Arguments fallacieux.* ➤ **captieux, spécieux.** *Appellation fallacieuse.* ♦ **(PERSONNES)** *Un* « *témoin direct et plus croyable que ces fallacieux commentateurs* » HENRIOT. ▪ **2 (CHOSES)** Illusoire, vain. *Un espoir fallacieux.* — **adv. FALLACIEUSEMENT,** 1552. ▪ **CONTR.** 1 Droit, 2 franc, honnête, loyal, sincère.

FALLOIR [falwaʀ] **v. impers.** ‹29› – milieu XIIe ◇ du latin populaire *fallire* «manquer à», qui a aussi donné *faillir,* de *fallere* «tromper» (→ fallacieux, 1 faux), «échapper à» d'où «manquer»

I S'EN FALLOIR DE ▪ **1 IL S'EN FAUT DE :** il manque **(avec un subst. exprimant la quantité qui manque).** *Je n'ai pu réunir la somme, il s'en faut de la moitié, de mille euros. J'ai failli tomber, il s'en est fallu d'un rien.* — *Il s'en faut que* **(et subj.).** *Il s'en faut d'un point qu'il n'ait été admissible.* ▪ **2 Avec un adv. de quantité IL S'EN FAUT DE BEAUCOUP.** *Je n'ai pas récupéré l'argent que j'ai avancé, il s'en faut de beaucoup.* — ABSOLT *Il s'en faut* (bien, de beaucoup). *Lui, content ? il s'en faut !* « *Hélène n'a pas l'oreille prude, il s'en faut* » COLETTE. ♦ LITTÉR. **TANT S'EN FAUT :** au contraire, bien au contraire (cf. Loin* de là). *Il n'est pas sot, tant s'en faut.* ♦ **IL S'EN FAUT DE PEU..., PEU S'EN FAUT.** *Il est perdu, ou peu s'en faut.* ➤ **presque. (Avec** *que* **et le subj.)** *Peu s'en fallut qu'il ne perdît sa place.* ➤ **faillir** (il a failli...). « *Il s'en est fallu de peu, ce soir-là, que je ne me misse à genoux* » MAURIAC. — (v. 1970 ◇ p.-ê. confusion entre *tant s'en faut* et *loin de là*) **LOIN S'EN FAUT :** loin de là.

II ÊTRE L'OBJET D'UN BESOIN, D'UNE NÉCESSITÉ ▪ **1** (milieu XIIe) **IL FAUT (qqch.) À (qqn).** *Voilà l'outil qu'il vous faut. Il me faudrait aussi du vinaigre. Combien vous faut-il ? Il me faut dix mille dollars pour demain. C'est plus qu'il n'en faut. Il a fallu une heure pour y aller. Que vous faut-il de plus ? Qu'est-ce qu'il te faut !,* tu es vraiment difficile. (1799) FAM. *(Il) faut ce qu'il faut :* on ne saurait se contenter de moins. *Il lui en faut peu pour se mettre en colère. Point trop n'en faut :* il ne faut pas en abuser. LOC. *Il faut de tout pour faire un monde* (se dit en constatant la diversité des goûts, des façons d'être, des manières de procéder). *Il en faut du courage pour...* — **(Avec un nom de personne)** *Il lui faut qqn pour l'aider.* « *Vous n'avez pas la femme qu'il vous faut !* » GREEN. *Des gens comme ça, il en faut !* ▪ **2 IL FAUT (et inf.) :** il est nécessaire de. *Il faut l'avertir tout de suite.* PROV. *Quand le vin est tiré*, il faut le boire.* « *Que faut-il donc faire ? dit Pangloss. – Te taire* » VOLTAIRE. *Qui faut-il* *inviter ? Il va falloir lui en parler. Je ne suis pas sûr qu'il faille accepter. Puisqu'il faut tout vous expliquer.* LOC. *Il faut vous dire que...* FAM. *Qu'est-ce qu'il faut entendre ! Il faut le voir pour y, pour le croire ! Quand (il) faut y aller, (il) faut y aller,* se dit pour se donner de l'allant. ♦ *Il faut voir* : il convient de voir, de réfléchir. *Cela me semble intéressant, mais il faut voir. Il faut voir ce que cela donnera.* ▪ **3 IL FAUT QUE** (et subj.). *Il faut qu'il vienne, c'est indispensable. Il faudra bien qu'il l'apprenne un jour. Je veux bien lui pardonner, encore faut-il qu'il me prouve sa bonne foi.* ♦ *Il a fallu qu'il arrive à ce moment-là !,* il est arrivé comme par une fatalité. *Il faut toujours qu'il dise des choses désagréables,* il ne peut pas s'en empêcher. ▪ **4 IL LE FAUT** (*le* remplaçant l'inf. ou la proposition). *Vous irez le voir, il le faut. Elle le ferait s'il le fallait.* ▪ **5** (1548) (Avec ellipse de la séquence) *Intervenir quand il faut.* « *Elle jette à propos la parole qu'il faut* » PROUST. « *Rien ne la contentait, rien n'était comme il faut* » LA FONTAINE. ♦ loc. adv. (1790) **COMME IL FAUT.** *Se conduire, s'exprimer comme il faut.* ➤ 1 **bien, convenablement.** — loc. adj. (PERSONNES) *Un jeune homme bien comme il faut* (cf. Bon chic, bon genre* ; propre* sur lui). *Robespierre* « *était un bourgeois très comme il faut* » BERNANOS. « *Ils cherchaient toujours à être de* bon ton *ou* comme il faut, *ainsi qu'on disait à Grenoble en 1793* » STENDHAL.

III IL FAUT (et inf.) ; **IL FAUT QUE** (milieu XVe) Il est nécessaire, selon la logique du raisonnement (en tant qu'explication d'un fait autrement inexplicable). *Dire des choses pareilles ! il faut avoir perdu la tête ! Il faut vraiment qu'il soit malade pour ne pas être venu.* « *Je l'ai vu en entrant au salon. – Il faut que tu te sois trompée* » MUSSET. *Encore faut-il que ce soit possible.* ♦ FAM. (sans *il*) *Faut pas t'en faire. Faudra voir.* « *Faut encore que je choisisse la marchandise, répondit aigrement la cordonnière* » FRANCE. ♦ LOC. FAM. *Faut voir,* se dit avec une nuance d'admiration, d'étonnement (pour désigner qqch. de remarquable en bien ou en mal). *Faut voir comme il lui parle !* « *Un joueur de volley-ball dans les un mètre quatre-vingt-sept, des dents faut voir* » ARAGON. — *Faut le faire !,* la chose est remarquable, difficile.

1 **FALOT** [falo] n. m. – 1371 ♦ toscan *falò*, altération du grec *pharos* « phare » ▪ **1** Grande lanterne. ➤ **fanal.** « *Quelques ombres passaient, un falot à la main* » MUSSET. ▪ **2** (1888) ARG. MILIT. Conseil de guerre. « *Surtout ne cassez pas vos képis, hein ? dit l'adjudant, ou alors je vous fais passer au falot* » MAC ORLAN.

2 **FALOT, OTE** [falo, ɔt] adj. – 1466 ; subst. jusqu'au XVIIe « joyeux compagnon » ; adj. « joyeux » 1534 ♦ p.-ê. anglais *fellow* « compagnon » ▪ **1** VX Joyeux, gai. « *Un bon couplet, chez ce peuple falot* [les Français], *De tout mérite est l'infaillible lot* » VOLTAIRE. ♦ PAR EXT. VX ou LITTÉR. Grotesque. ➤ **ridicule.** « *J'avais cet empressement falot que montrent les hommes au milieu des troubles domestiques* » DUHAMEL. ▪ **2** (1922) MOD. Qui manque de personnalité, d'éclat. *Personnage falot.* ➤ **anodin, effacé, insignifiant,** 1 **terne.** ▪ CONTR. 1 Brillant.

FALOURDE [faluʀd] n. f. – 1419 ; *vallourde* 1311 ♦ par attraction de l'ancien français *falourde* « tromperie » ▪ VX ou RÉGION. Fagot de bûches liées ensemble.

FALSIFIABLE [falsifjabl] adj. – 1580 ♦ de *falsifier* ▪ **1** Qui peut être falsifié. *Billet difficilement falsifiable.* ▪ **2** (v. 1960 ♦ de l'anglais) DIDACT. Qui peut être caractérisé comme faux. ▪ CONTR. Infalsifiable. Vérifiable.

FALSIFICATEUR, TRICE [falsifikatœʀ, tʀis] n. – 1510 ♦ de *falsifier* ▪ Personne qui falsifie. ➤ **contrefacteur, faussaire.**

FALSIFICATION [falsifikasjɔ̃] n. f. – 1369 ♦ de *falsifier* ▪ **1** Action d'altérer volontairement (une substance) en vue de tromper ; son résultat. ➤ **fraude.** *Falsification du lait, du vin par addition d'eau* (mouillage). — *Falsification des monnaies métalliques par altération du titre ou du poids.* ▪ **2** Action de dénaturer, de donner une fausse apparence. *Falsification d'un document, d'une pièce d'identité.* ➤ **maquillage.** — FIG. *Falsification de l'histoire, de la vérité.* ➤ **travestissement.** ▪ **3** Action d'usurper le nom d'un auteur ou de l'imiter frauduleusement.

FALSIFIER [falsifje] v. tr. ⟨7⟩ – 1531 ♦ latin médiéval *falsificare*, de *falsus* « faux », du p. p. de *fallere* ▪ **1** Altérer volontairement dans le dessein de tromper. *Falsifier une marchandise par addition d'éléments étrangers ou suppression d'une partie de substance.* ➤ **adultérer, altérer, frelater.** *Falsifier du lait.* « *un vin lourd et râpeux* [...] *avec lequel on pouvait falsifier de meilleurs crus* » ARAGON. — *Falsifier des billets de banque.* ▪ **2** Donner une fausse apparence à. *Falsifier un document.* ➤ **contrefaire ; maquiller, trafiquer, truquer.** « *J'avais falsifié mon bulletin de naissance, l'usage de la poste restante n'étant permis qu'à partir de dix-huit ans* » RADIGUET. — *Signature falsifiée.* ♦ FIG. *Falsifier la pensée de qqn,* en la rapportant inexactement. ➤ **défigurer, dénaturer, fausser, travestir.**

FALUCHE [falyʃ] n. f. – 1888, rare avant 1938 ♦ mot lillois « galette » ▪ Béret de velours noir traditionnel des étudiants (rarement porté de nos jours).

FALUN [falœ̃] n. m. – 1720 ♦ mot dialectal d'origine inconnue ▪ Roche sédimentaire formée d'amas de coquilles enrobées dans une matrice d'argile et de sable. ➤ aussi **lumachelle.** *Utilisation des faluns pour l'amendement des terres pauvres en calcaire. Carrière de falun* (ou **FALUNIÈRE** [falynjɛʀ] n. f., 1720).

FALUNER [falyne] v. tr. ⟨1⟩ – 1720 ♦ de *falun* ▪ TECHN. (AGRIC.) Couvrir (un sol argileux) de falun pour l'amender.

FALZAR [falzaʀ] n. m. – 1878 ♦ p.-ê. grec moderne *salvári* « culotte bouffante », turc *chalvar* ▪ FAM. Pantalon*.

FAMÉ, ÉE [fame] adj. – milieu XVe ♦ de l'ancien français *fame*, du latin *fama* « renommée » → fameux ▪ Qui a une certaine réputation. VX (PERSONNES) « *Les négociants les mieux famés* » BALZAC. MOD. (LIEU) *Un quartier pas très bien famé le soir.* ➤ **fréquenté.** « *j'avais rendez-vous avec un jeune dealer dans la partie de la ville qui n'était pas la mieux famée* » DJIAN. *Bar mal famé.* ➤ **malfamé.**

FAMÉLIQUE [famelik] adj. – XVe ♦ latin *famelicus*, de *fames* « faim » ▪ Qui ne mange pas à sa faim. *Pauvre diable famélique.* ➤ **affamé, crève-la-faim, meurt-de-faim, miséreux.** « *On voyait errer de cour en cour nombre de chats faméliques* » GIDE. ➤ **étique,** 1 **maigre.** — PAR EXT. *Un air famélique.* ▪ CONTR. Rassasié, repu.

FAMEUSEMENT [famøzmɑ̃] adv. – 1642 ♦ de *fameux* ▪ **1** RARE D'une manière fameuse, remarquable. ▪ **2** FAM. Très. ➤ **rudement.** « *il sera fameusement content* » J. VERNE.

FAMEUX, EUSE [famø, øz] adj. – XVe ♦ latin *famosus*, de *fama* « renommée » ▪ **1** LITTÉR. Qui a une grande réputation, bonne ou mauvaise. ➤ **célèbre, connu.** « *Le fameux Scipion* » CORNEILLE. *Nom fameux.* ➤ 1 **brillant, glorieux, grand, illustre.** « *Messaline, fameuse par ses débauches* » DIDEROT. — *Bataille fameuse.* ➤ **mémorable.** — *Région fameuse par* (ou *pour*) *ses crus.* ➤ **renommé, réputé.** ▪ **2** COUR. (avant le nom) IRON. Dont on a beaucoup parlé. *C'était le fameux jour où nous nous sommes disputés. Vos fameux principes ne tiennent pas debout.* ▪ **3** (1730) COUR. (avant le nom) Remarquable en son genre, très bon ou très mauvais. « *Une fameuse canaille* » BAUDELAIRE. ➤ 1 **beau, fier, grand,** 1 **insigne,** FAM. 1 **sacré.** *Il a attrapé un fameux coup de soleil.* ♦ Très bon. ➤ **excellent, formidable ;** FAM. **épatant, extra,** 2 **super.** *C'est un fameux pianiste, ton copain.* — SPÉCIALT Très bon au goût (aliments, boisson). *Il est fameux, votre vin.* — **PAS FAMEUX :** pas très bon. *Ce n'est pas fameux pour la santé. Ce devoir n'est pas fameux.* ➤ **médiocre.** FAM. *Il n'est pas fameux en mathématiques.* ▪ CONTR. Inconnu, obscur. Insignifiant, petit. Mauvais.

FAMILIAL, IALE, IAUX [familjal, jo] adj. et n. f. – v. 1830 ♦ latin *familia* ▪ **1** Relatif à la famille en général. *La cellule familiale. Planning familial.* — *Allocations familiales :* aide financière de l'État aux personnes qui ont des enfants. ▪ **2** Qui concerne une famille, la famille comme groupe humain, milieu affectif, etc. *Aimer la vie familiale* (plus cour. *de famille*). *Avoir des ennuis familiaux.* ➤ **domestique.** *Fête familiale. Le milieu familial.* ▪ **3** n. f. (1952) Automobile de tourisme conçue dans certaines séries pour transporter six à neuf personnes.

FAMILIARISER [familjaʀize] v. tr. ⟨1⟩ – 1551 ♦ du latin *familiaris* « familier »

I Rendre (qqn) familier (avec qqch.). ➤ **accoutumer, dresser, entraîner, habituer.** *Familiariser un soldat avec le maniement des armes.*

II SE FAMILIARISER v. pron. ▪ **1** (1584) Devenir familier avec qqn, avec les gens. ➤ **s'apprivoiser.** *Enfant, oiseau qui se familiarise.* ▪ **2** *Se familiariser avec qqch.,* se rendre familier par l'habitude, la pratique, l'exercice. ➤ **s'accoutumer, s'habituer.** *Se familiariser avec une technique.* — *Peu familiarisé avec ce jargon.*

FAMILIARITÉ [familjaʀite] n. f. – XIIe ♦ latin *familiaritas* ▪ **1** Relations familières (comme celles qu'entretiennent les membres d'une même famille les uns avec les autres). *La familiarité d'une personne et d'une autre, avec une autre, entre des personnes. Vivre dans la plus grande familiarité avec qqn.* ➤ **intimité.** — FIG. *Une longue familiarité avec les grandes œuvres classiques.* ➤ **commerce, fréquentation.** ▪ **2** Manière familière de se comporter à l'égard de qqn. ➤ **abandon, bonhomie, liberté.** *Parler à qqn avec familiarité. Traiter qqn avec une familiarité excessive, déplacée.* ➤ **désinvolture, effronterie, impertinence.** *« Il lui vint une velléité de familiarité bourrue, assez ordinaire aux médecins et aux prêtres »* HUGO. ♦ AU PLUR. PÉJ. Façons trop libres, inconvenantes. ➤ **liberté, privauté.** *Prendre, se permettre des familiarités avec qqn. Allons, pas de familiarités ! « Je vous prie de m'épargner vos familiarités »* SARTRE. ▪ **3** VIEILLI OU LITTÉR. Manière de parler, d'écrire qui a le ton familier de la conversation ordinaire. *Il s'exprime avec familiarité.* ➤ **naturel, simplicité.** ■ CONTR. Dignité, raideur, suffisance. Discrétion, réserve, retenue. Recherche.

FAMILIER, IÈRE [familje, jɛʀ] adj. et n. – XIIe ◊ latin *familiaris* ▪ **1** VX Qui est considéré comme faisant partie de la famille. *« Mes plus familiers amis »* LA BRUYÈRE. ♦ n. m. MOD. Personne qui est considérée comme un membre de la famille, qui la fréquente assidûment ou est dans des relations intimes avec qqn. ➤ **ami, intime.** *C'est un de ses familiers.* — Personne qui fréquente assidûment un lieu. *Les familiers d'un club.* ➤ **habitué.** ▪ **2** Qui est bien connu ; dont on a l'expérience habituelle. *Vivre au milieu d'objets familiers. « Le monde familier, rassurant, apaisant est là autour d'elle de nouveau »* SARRAUTE. *Voix familière.* ♦ **FAMILIER À (qqn).** Dont la connaissance, la pratique, l'usage est ordinaire à qqn. *Le maniement de cette machine lui est devenu familier.* ➤ **aisé, facile, usuel.** — Qui est habituel à qqn (comportement). ➤ **coutumier.** *C'est là une de ses attitudes familières. Le mensonge lui est familier.* ▪ **3** (PERSONNES) Qui montre dans ses rapports avec ses semblables, ses subordonnés, une simplicité qui les met à l'aise. ➤ **accessible, liant, simple** (cf. POP. Pas fier*). — PÉJ. Qui est trop libre, trop désinvolte dans ses manières (➤ **familiarité**). *Cet élève est très familier avec ses professeurs.* — PAR EXT. *Manières familières* (➤ **simple**), *trop familières* (➤ **cavalier, désinvolte**). ♦ Qui vit au foyer. *Animaux familiers.* ➤ **domestique.** — Qui se familiarise, devient plus libre. *« L'humilité des enchères encouragea la troupe des petits brocanteurs, qui se mêlèrent à nous et devinrent familiers »* FRANCE. ▪ **4** (1680) Qu'on emploie naturellement en tous milieux dans la conversation courante, et même par écrit, mais qu'on évite dans les relations avec des supérieurs, les relations officielles et les ouvrages qui se veulent sérieux. Emmerdant *est un mot familier. Expression, locution familière. Langue familière.* ■ CONTR. Étranger ; inconnu. Distant, fier, 1 froid, grave, 1 hautain, réservé. Cérémonieux, respectueux. Académique, noble, recherché, soutenu.

FAMILIÈREMENT [familjɛʀmɑ̃] adv. – XIIe-XIIIe ◊ de *familier* ▪ Avec une simplicité libre et naturelle, sans façon. ➤ **simplement.** *Ils s'entretenaient, ils causaient familièrement. « Elle traita d'abord Jean-Jacques très familièrement »* BALZAC.

FAMILLE [famij] n. f. – milieu XIVe, au sens de « personnes vivant sous le même toit » ◊ du latin *familia*, d'abord « ensemble des esclaves », famille de *famulus* « serviteur, esclave »

I ENSEMBLE DE PERSONNES APPARENTÉES ▪ **1** (1580) (Sens restreint) Les personnes apparentées vivant sous le même toit, et SPÉCIALT les parents (➤ 1 **mère, père**) et les enfants. *Un village d'une trentaine de familles.* ➤ 1 **feu, foyer.** *Fonder une famille* : avoir un, des enfants. *« La famille sera toujours la base des sociétés »* BALZAC. *La famille Dupont. Famille conjugale sans enfants.* ➤ **ménage.** *Famille monoparentale, recomposée*. Un enfant abandonné, sans famille.* ➤ **orphelin.** *Pensionnaire qui rentre dans sa famille.* ➤ **bercail, foyer, maison.** *« Familles, je vous hais ! foyers clos ; portes refermées ; possessions jalouses du bonheur »* GIDE. — **EN FAMILLE.** *Passer le week-end en famille* (cf. aussi 2°). — **DE FAMILLE.** *La vie de famille. Pension* de famille. Médecin de famille.* — LOC. *Faire partie de la famille* : être traité comme un membre de la famille, en parlant d'un ami proche, d'un « ami de la maison ». ➤ **familier.** FAM. et VULG. *Famille tuyau* de poêle.* — *La Sainte Famille* : Marie, Joseph et Jésus. — **DES FAMILLES :** à l'usage des familles. *L'almanach des familles.* FAM. *On va se taper un petit gueuleton des familles,* agréable et sans prétention. ♦ SPÉCIALT Les enfants issus d'un couple. *Père, mère de famille. Élever sa famille. Une famille de trois enfants.* — PLAISANT *Promener toute sa petite famille.* ➤ **marmaille, progéniture.** ♦ **FAMILLE NOMBREUSE,** formée des parents et de nombreux enfants ; les enfants seuls. *Carte de famille nombreuse* (délivrée à partir de trois enfants, en France). ♦ (Suisse) *Grande famille* : famille nombreuse. *Avoir de la famille,* des enfants. — (Belgique) *Attendre famille,* (Suisse) *attendre de la famille,* (Canada) FAM. *être en famille* : être enceinte. *« Isabelle est en famille. Elle attend pour décembre »* M. LABERGE. ♦ DR. *Livret* de famille. Soutien* de famille. Conseil* de famille. Code de la famille.*

▪ **2** (1611) (Sens large) L'ensemble des personnes liées entre elles par le mariage et par la filiation ou, exceptionnellement, par l'adoption. *Le droit de la famille. Membres d'une même famille* (➤ **parent ; parenté**). *Famille proche, éloignée. Branches de la famille. Ils ont de la famille en Italie. Nom de famille.* ➤ **patronyme.** *Famille naturelle et famille adoptive d'un enfant adopté.* — *Être de la même famille.* ➤ **sang.** *Entrer dans une famille* (par son mariage). *Famille par alliance.* ➤ **belle-famille.** — **EN FAMILLE :** avec les siens. *Passer Noël en famille, dans sa famille. Régler qqch. en famille.* LOC. *Laver* son linge sale en famille.* — **DE FAMILLE.** *Réunion, fête, dîner, photo de famille* (➤ **familial**). LOC. *Avoir un air de famille,* une ressemblance. *« Bien qu'elles ne fussent ni sœurs ni cousines, il y avait entre elles un air de famille »* MUSSET. *C'est de famille* : c'est (un trait de caractère, un comportement) hérité, commun à d'autres membres de la famille (cf. Bon chien chasse* de race, les chiens* ne font pas des chats, tel père tel fils*). *Esprit de famille* : goût des relations entre membres de la famille. *Il n'a pas l'esprit de famille* (cf. aussi 1°). — LOC. *Ces messieurs de la famille...* (à une cérémonie funéraire, pour annoncer les membres de la famille de la personne défunte). ♦ SOCIOL. *Famille étendue ; famille restreinte, nucléaire*.* ▪ **3** Succession des individus qui descendent les uns des autres, de génération en génération. *La famille d'Abraham.* ➤ **descendance, génération, lignage, lignée, postérité, race, sang, souche.** *La famille royale. La famille des Habsbourg.* ➤ **dynastie, maison.** *« Le comte Adam appartient à l'une des plus vieilles et des plus illustres familles de la Pologne »* BALZAC. *Une famille de musiciens,* où l'on est musicien de génération en génération. *Origine et filiation d'une famille.* ➤ **généalogie ; ascendance.** — LOC. *Les deux cents familles* : les familles qui possèdent la puissance économique, la richesse (en France). *Biens de famille.* ➤ **patrimoine.** *Une maison de famille. Bijoux* de famille.* — LOC. *De bonne famille* : qui appartient à une famille bien considérée (souvent iron.). *Jeune homme de bonne famille. Fils de famille,* qui profite de la situation privilégiée de ses parents. *Vertus, tares de famille.* ➤ **atavique, héréditaire.**

II ENSEMBLE D'ÊTRES OU DE CHOSES AYANT DES CARACTÈRES COMMUNS ▪ **1** (1658) (Avec un adj., un déterminatif) Personnes ayant des caractères communs. *Famille d'esprits. Famille littéraire, artistique, politique.* ➤ **clan, coterie, école.** ▪ **2** (1676) PHYLOG. Unité de la classification des êtres vivants, supérieure à l'espèce, fondée sur une communauté de caractères morphologiques et physiologiques (➤ **sous-famille, superfamille, tribu**). *La famille des bovidés, des renonculacées.* ♦ *Famille multigénique*.* ▪ **3** PHYS. *Famille radioactive* : ensemble d'éléments dérivant les uns des autres par transmutations spontanées. *Les familles radioactives naturelles sont celles de l'actinium, du thorium et de l'uranium.* ♦ ÉLECTRON. *Famille de circuits intégrés* : ensemble des circuits intégrés issus d'une même technologie. ▪ **4** *Famille de mots* : groupe de mots provenant d'un même radical par dérivation ou composition (➤ **étymologie**). Œuvre *et* manœuvrer *sont de la même famille.* ♦ *Famille de langues* : groupe de langues ayant une origine commune. *Le français, l'italien, l'espagnol appartiennent à la famille des langues romanes.*

FAMINE [famin] n. f. – 1155 ◊ du radical du latin *fames* « faim » ▪ **1** Manque d'aliments qui fait qu'une population souffre de la faim. ➤ **disette.** *Pays qui souffre de la famine.* ➤ **faim.** *Famine endémique. La famine règne dans tout le pays. Les grandes famines du Moyen Âge. « On commence à concevoir la réalité et à pressentir l'approche de l'affreuse famine, qui, avant l'arrivée aux Indes, vous semblait un fléau préhistorique »* LOTI. ▪ **2** Faim (dans certaines expr.). *Crier famine* : se plaindre de ses modestes ressources, demander une aide matérielle (cf. Crier misère*). *La cigale « alla crier famine Chez la fourmi sa voisine »* LA FONTAINE. *Salaire de famine,* misérable, très faible, qui ne donne pas de quoi vivre (cf. De misère). *On a dit « le malheur de notre peuple. Sous-alimentation. Salaire de famine »* GLISSANT. ■ CONTR. Abondance.

FAN [fan] n. – 1923, répandu après 1950 ◊ mot anglais, abrév. de *fanatic* → fanatique (3°) ■ ANGLIC. ▪ **1** Admirateur, admiratrice enthousiaste (d'une célébrité, d'un groupe, d'une série...). *Club des fans.* ➤ **fan-club.** *Une fan d'Elvis Presley.* ➤ **groupie.** ▪ **2** Amateur. *Il n'est pas fan de cuisine chinoise.* ■ HOM. Fane.

FANA [fana] adj. – 1793 ◊ nom donné aux royalistes à Saint-Etienne, abrév. de *fanatique* ▪ FAM. Fanatique (3°). *Elles sont fanas de moto.* — n. *Un, une fana. Ce sont des fanas du tiercé.* — (1987) *Les fanas-milis* : fanatiques des écoles militaires.

FANAGE [fanaʒ] **n. m.** – 1312 ◊ de *faner* ■ Action de faner ; étalement de l'herbe coupée afin qu'elle sèche.

FANAL, AUX [fanal, o] **n. m.** – *phanal* 1548 ◊ italien *fanale*, du grec *phanos* « lumière » ■ **1** Grosse lanterne devant servir de signal, fixée sur un véhicule. ➤ 1 **feu.** « *le petit fanal en haut du mât a l'air d'une grosse étoile se promenant parmi les autres* » MAUPASSANT. *Fanal rouge de locomotive.* ◆ ANCIENNT Feu placé au sommet d'une tour pour guider les navires la nuit. ➤ **phare.** ■ **2** Lanterne. *Circuler dans la nuit un fanal à la main.* ➤ 1 **falot, flambeau.** — LOC. FAM. (1909) **(Canada)** *Attendre qqn avec une brique et un fanal* : l'attendre de pied ferme.

FANATIQUE [fanatik] **adj.** et **n.** – 1532 ◊ latin *fanaticus* « inspiré, en délire », de *fanum* « temple » ■ **1** VX Qui se croit inspiré de la divinité, de l'esprit divin. ➤ **illuminé.** *Les convulsionnaires fanatiques du cimetière Saint-Médard.* ■ **2** (XVIe) MOD. Animé envers une religion, une doctrine, une personne, d'une foi intraitable et d'un zèle aveugle. ➤ **intolérant, sectaire.** *Partisan, zélateur fanatique. Des intégristes fanatiques.* — PAR EXT. *Des opinions fanatiques.* ◆ **n.** *Un, une fanatique. Attentat commis par des fanatiques. Excès, violences, fureurs de fanatiques.* ➤ **exalté, extrémiste.** ■ **3** Qui a une passion, une admiration excessive pour qqn ou qqch. ➤ **enthousiaste, fervent, passionné.** *Partisans, supporteurs fanatiques.* ➤ **fan ;** et aussi **tifosi.** *Être fanatique de musique.* ➤ **amoureux, enragé, fou*.** — (CHOSES) Marqué par le fanatisme. *Admiration, enthousiasme fanatique.* ➤ **ardent.** ◆ **n.** « *Les fanatiques de Corneille* » VOLTAIRE. *Un fanatique du football.* ➤ FAM. **fana, fondu, mordu.**
■ CONTR. Sceptique, tiède. Impartial, tolérant.

FANATIQUEMENT [fanatikmɑ̃] **adv.** – 1769 ◊ de *fanatique* ■ D'une manière fanatique. *Être fanatiquement dévoué à qqn. Admirer fanatiquement qqn, qqch.*

FANATISER [fanatize] **v. tr.** ⟨1⟩ – 1793 ; intr. « faire l'inspiré » 1752 ◊ de *fanatique* ■ Rendre fanatique. ➤ **enflammer, exciter.** *Fanatiser les foules. — Militants fanatisés.*

FANATISME [fanatism] **n. m.** – 1688 ◊ de *fanatique* ■ **1** VX Inspiration de fanatique (1°). ■ **2** (1758) Foi exclusive en une doctrine, une religion, une cause, accompagnée d'un zèle absolu pour la défendre, conduisant souvent à l'intolérance et à la violence. *Fanatisme religieux, politique. Combattre, exciter le fanatisme.* « *Rien n'égale la puissance de surdité volontaire des fanatismes* » HUGO. « *on ne fait rien de grand sans le fanatisme* » FLAUBERT. ■ **3** Enthousiasme excessif. *Fanatisme intellectuel, artistique (pour, à l'égard de qqn, qqch.).* « *Ce fanatisme presque toujours aveugle qui nous pousse tous à l'imitation des grands maîtres* » DELACROIX. ■ CONTR. Scepticisme, tiédeur ; impartialité, tolérance.

FANCHON [fɑ̃ʃɔ̃] **n. f.** – 1828 ◊ diminutif de *Françoise* ■ RÉGION. Coiffure paysanne de femme, faite d'un fichu, d'un mouchoir posé sur la tête et noué sous le menton.

FAN-CLUB [fanklœb] **n. m.** /FANCLUB/ – relevé en 1976 ◊ mot anglais (1941), de *fan* et *club* ■ ANGLIC. Association, club d'admirateurs (➤ **fan**) d'une célébrité, d'un groupe, d'une série, etc. *Les fan-clubs d'un chanteur.*

FANCY-FAIR [fansifɛr ; fɑ̃si-] **n. f.** – 1892 ◊ mot anglais « vente de charité », de *fancy* « curiosité » et *fair* « foire » ■ ANGLIC. **(Belgique)** Fête de bienfaisance au profit d'une école, d'une association. ➤ **kermesse.** *Des fancy-fairs.*

FANDANGO [fɑ̃dɑ̃go] **n. m.** – 1756 ◊ mot espagnol, probablt de *fado* ■ Danse espagnole d'origine andalouse, sur un rythme à 6/8 avec accompagnement de castagnettes. Air de cette danse. *Des fandangos.*

FANE [fan] **n. f.** – 1385 « feuille sèche » ◊ de *faner* ■ **(Surtout plur.)** *Fanes* : tiges et feuilles de certaines plantes potagères herbacées dont on consomme une autre partie. *Fanes de carottes, de pommes de terre, de radis, de haricots. Donner des fanes aux lapins. Détruire les fanes* (➤ **défanant**). ■ HOM. Fan.

FANÉ, ÉE [fane] **adj.** – XVIe ◊ de *faner* ■ **1** Qui a perdu sa fraîcheur (fleur, plante) par la fin de son épanouissement ou par manque d'eau. *Ôter les fleurs fanées des géraniums. Un bouquet fané.* ■ **2** PAR ANAL. Qui est défraîchi, flétri. *Un visage fané, une beauté fanée.* ➤ **flétri.** *Une étoffe, une toilette fanée. — Couleur fanée,* passée, très douce. *Un joli rose fané.*
■ CONTR. Épanoui. Éclatant, 1 frais, vif.

FANER [fane] **v. tr.** ⟨1⟩ – v. 1360 ; *fener* XIIe ◊ latin populaire *fenare*, de *fenum* « foin »

I Retourner (un végétal fauché) pour faire sécher. *Faner de l'herbe, de la luzerne à la fourche, avec une faneuse.* — ABSOLT Faire les foins. « *les prés couverts de gens qui fanent et chantent* » ROUSSEAU.

II ■ **1** Faire perdre à (une plante) sa fraîcheur. ➤ 1 **flétrir, sécher.** *Le vent chaud a fané les dernières roses.* ◆ PAR EXT. LITTÉR. Altérer dans son éclat, sa fraîcheur (une étoffe, une couleur, un teint). ➤ **décolorer, défraîchir, ternir.** *Ce toit* « *dont le temps n'arrivait pas à faner les tuiles trop rouges et trop neuves* » GREEN. — FIG. et LITTÉR. « *Rien ne l'intéressait plus ; son regard fanait toutes choses* » ALAIN. ■ **2 SE FANER v. pron.** COUR. Se dit des plantes qui sèchent et meurent, en perdant leur couleur, leur port, leur consistance. *Plante, fleur qui se fane.* ➤ **se flétrir ; fané.** « *Et dans les champs les coquelicots se fanent en se violaçant* » APOLLINAIRE. ◆ Perdre sa fraîcheur, son éclat. « *Sa jeunesse, l'éclat de ses cheveux, de son visage s'étaient fanés* » TOULET. ◆ INTRANS. LITTÉR. « *Chaque fleur se doit de faner pour son fruit* » GIDE.
■ CONTR. Éclore, épanouir (s').

FANEUR, EUSE [fanœr, øz] **n.** – 1690 ; *feneor* XIIe ◊ de *faner* ■ **1** ANCIENNT Personne qui fane l'herbe. ■ **2 n. f.** (1855) Machine à faner. *Faneuse rotative.* ■ **3 n. m.** *Faneur-andaineur* : machine qui peut étaler le foin et former des andains.

FANFARE [fɑ̃far] **n. f.** – 1532 ◊ formation expressive, titre d'un livre ■ **1** Air dans le mode majeur et d'un mouvement vif et rythmé, généralement exécuté par des trompettes, des cuivres. « *"Vive Tartarin ! vive le tueur de lions !" Et des fanfares, des chœurs d'orphéons éclatèrent* » DAUDET. — *Fanfare militaire,* ou ABSOLT *fanfare* : air guerrier. *Sonner le réveil en fanfare.* LOC. FAM. *Réveil en fanfare* : réveil brutal. FIG. *En fanfare* : avec éclat, sans discrétion. *Retour, lancement en fanfare.* ◆ VÉN. Sonnerie annonçant une phase de la chasse. ■ **2** Orchestre de cuivres auxquels peuvent être adjoints des instruments à percussion. ➤ **orphéon.** L'ensemble des musiciens de cet orchestre. *La fanfare des chasseurs à pied. La fanfare municipale. La fanfare militaire.* — LOC. FAM. (VIEILLI) *C'est un sale coup pour la fanfare,* un évènement inattendu et désagréable. ◆ *Batterie*(-)fanfare.* ■ **3** *Reliure à la fanfare,* nom donné à certaines reliures du XVIe s. remarquables par leur somptueux décor de feuillages et d'arabesques à petits fers.

FANFARON, ONNE [fɑ̃farɔ̃, ɔn] **adj.** et **n.** – 1609 ◊ espagnol *fanfarrón*, de même origine que l'arabe *farfâr* « bavard, léger » ■ **1** Qui se vante avec exagération de sa bravoure, réelle ou supposée. ➤ **hâbleur.** — Qui marque une affectation de bravoure. *Il est plus fanfaron que courageux. Attitude fanfaronne en face du danger.* ◆ PAR EXT. Qui se vante trop d'un exploit. ➤ **vantard.** *Les propos fanfarons d'un don juan.* ■ **2 n.** Personne qui se vante de son courage, de ses exploits (réels ou non). ➤ **bravache, capitan, faraud, fier-à-bras ;** FAM. **crâneur, esbroufeur, fendant, flambard, frimeur, matamore, ramenard, tartarin ;** VX **olibrius ;** LITTÉR. **rodomont, tranche-montagne.** *Faire le fanfaron* : faire le brave. ➤ **fanfaronner.** ■ CONTR. Modeste.

FANFARONNADE [fɑ̃farɔnad] **n. f.** – 1598 ◊ de *fanfaron* ■ Disposition à faire le fanfaron. *Il dit cela par fanfaronnade.* « *La vantardise, la fanfaronnade, l'admiration naïve de nous-mêmes* » FUSTEL DE COULANGES. — Plus cour. Propos, acte de fanfaron. ➤ **exagération, forfanterie, gasconnade, hâblerie, rodomontade, vantardise.** *Ses fanfaronnades ne nous impressionnent pas.* ■ CONTR. Modestie.

FANFARONNER [fɑ̃farɔne] **v. intr.** ⟨1⟩ – 1642 ◊ de *fanfaron* ■ VIEILLI Faire des fanfaronnades. ➤ **plastronner,** se **vanter ;** FAM. **frimer** (cf. FAM. La ramener).

FANFICTION [fanfiksjɔ̃] **n. f.** – 2001 ; *fan fiction* 2000 ◊ anglais *fan fiction* → fan et fiction ■ ANGLIC. Récit de fiction reprenant les éléments d'une série, d'un film, etc., écrit par un fan et publié sur Internet. « *Les fanfictions sont notre manière de nous réapproprier notre destin* » E. PIREYRE. — ABRÉV. FAM. **FANFIC.** *Des fanfics.*

FANFRELUCHE [fɑ̃frəlyʃ] **n. f.** – 1534 ◊ ancien français *fanfeluce* « bagatelle », bas latin *famfaluca*, altération du grec *pompholux* « bulle d'air » → farfelu ■ Ornement léger (nœud, dentelle, volant, pompon, plume) de la toilette ou de l'ameublement **(souvent péj.)**. *Baldaquin à fanfreluches.* « *ces fanfreluches dont s'ornent les femmes en des attitudes provocantes* » GREEN.

FANGE [fɑ̃ʒ] **n. f.** – XIIe ◊ mot germanique °*fanga* d'origine gotique *(fani)* ; cf. corse *fangu, fanga* ■ LITTÉR. ■ **1** Boue presque liquide et souillée. *Cochon qui barbote dans la fange.* ➤ **bauge.** « *Un horrible mélange, D'os et de chairs meurtris et traînés dans la fange* » RACINE. « *À vous voir ainsi, ma belle délicate, les pieds dans la fange et les yeux tournés vaporeusement vers le ciel* » BAUDELAIRE. ■ **2** FIG. Ce qui souille moralement. ➤ **abjection,**

ignominie. *Couvrir qqn de fange. «Plongé, traîné par vous dans la fange de l'opprobre et de la diffamation»* ROUSSEAU.

FANGEUX, EUSE [fɑ̃ʒø, øz] **adj.** – XIIe ◊ de *fange* ■ **1** LITTÉR. Plein de fange. ➤ 1 **boueux.** *Mare fangeuse.* ➤ **vaseux.** *Une eau fangeuse.* ➤ 1 **trouble.** ■ **2** FIG. et LITTÉR. ➤ **abject,** 1 **trouble.** *«le labyrinthe obscur et fangeux de mes confessions»* ROUSSEAU.

FANGOTHÉRAPIE [fɑ̃goteʀapi] **n. f.** – 1952 ◊ de *fange,* au sens étymologique de «boue», et *-thérapie* ■ DIDACT. Traitement par les bains de boue chaude.

FANION [fanjɔ̃] **n. m.** – 1673 ◊ de *fanon,* avec changement de suffixe → gonfalon ■ **1** Petit drapeau servant d'emblème, d'insigne, notamment militaire. *Fanion de commandement. Fanion de la Légion.* ◆ Emblème d'une organisation. *Fanion d'un club, fanion des scouts.* ■ **2** (Sans valeur d'emblème) Petit drapeau, souvent triangulaire, fixé sur une hampe et servant de repère, de jalon. *Fanions balisant une piste de compétition de ski.*

FANON [fanɔ̃] **n. m.** – XIIe «manipule» ◊ francique °*fano* «morceau d'étoffe» ; cf. allemand *Fahne* «drapeau» ■ **1** (1418) Chacun des deux pendants de la mitre d'un évêque. — (1678) MAR. Partie flottante d'une voile carguée. ■ **2** (1538) COUR. Repli cutané qui pend sous le cou (des bœufs, de certains reptiles). *Fanon de taureau. Fanon d'iguane.* — FIG. Repli, pli du cou (d'une personne maigre, âgée). *«Le col empesé, haut et large, escamotait les bajoues et les fanons»* MAURIAC. ◆ (XIVe) Membrane granuleuse, rouge violacé, à la base des mandibules supérieure et inférieure (de certains oiseaux). *Fanon de dindon.* ■ **3** Touffe de crins à la partie postérieure du pied d'un cheval, cachant l'ergot. ■ **4** (1685) COUR. Chacune des lames cornées qui garnissent transversalement la bouche de certains cétacés et notamment de la baleine. *La baleine retient avec ses fanons les petits poissons dont elle se nourrit. — Fanons de baleine utilisés autrefois pour la garniture des corsets.* ➤ **baleine.**

FANTAISIE [fɑ̃tezi] **n. f.** – 1361 ; *fantasie* «vision» XIIe ◊ latin *fantasia, phantasia,* mot grec ■ **1** VX ➤ **imagination.** ◆ (1798) MOD. **DE FANTAISIE,** se dit des objets fabriqués qui s'écartent de l'ordinaire et dont la valeur réside principalement dans la nouveauté, l'originalité. *«Mis comme un garçon de la ville, en veston et en pantalon de fantaisie, achetés tout faits»* ZOLA. *Uniforme de fantaisie,* qui s'écarte de l'uniforme réglementaire. ◆ APPOS. INV. **FANTAISIE :** de fantaisie. *Des bijoux fantaisie. Pain fantaisie* (ou *de fantaisie*) : pain de luxe qui ne se vend pas au poids mais à la pièce. — Se dit d'un produit qui n'est pas ce que son nom désigne. *Kirsch fantaisie :* eau-de-vie imitant le kirsch. ■ **2** (1690) Chose originale et peu utile, qui plaît. *Ce bijou, ce bibelot est une fantaisie. Magasin de fantaisies.* ■ **3** (1370) VX Chimère. ➤ **illusion.** *Les «vaines fantaisies de nos songes»* PASCAL. ◆ (1636) MOD. Œuvre d'imagination, dans laquelle la création artistique n'est généralement pas soumise à des règles formelles. *«On m'a souvent demandé si* Boubouroche *était une simple fantaisie ou si la vie elle-même m'en avait fourni le sujet et les détails»* COURTELINE. — Pièce musicale de forme libre. *Fantaisie chromatique en ré mineur pour clavecin de Bach.* ■ **4** (XVIe) COUR. Désir, goût passager, singulier, qui ne correspond pas à un besoin véritable. ➤ **caprice, désir, envie.** *Avoir brusquement la fantaisie de partir en voyage. Il lui a pris la fantaisie de... Quelle fantaisie lui a pris ! Satisfaire, se passer une fantaisie. L'amour «n'est que l'échange de deux fantaisies et le contact de deux épidermes»* CHAMFORT. *«En proie à ces fantaisies de malade dont la bizarrerie semble inexplicable [...] il se refusait à toute espèce de soin»* BALZAC. ➤ **extravagance, lubie.** *Une fantaisie coûteuse.* ➤ **folie.** *Se plier à toutes les fantaisies de qqn.* ➤ **volonté.** ■ **5** *À, selon la fantaisie de qqn :* de la manière qui plaît à qqn. *Agir selon sa fantaisie.* ➤ **goût, gré, humeur, volonté.** *Vivre à sa fantaisie,* comme on l'entend. *À votre fantaisie,* comme il vous plaira. ■ **6** Imagination créatrice, faculté de créer librement, sans contrainte. *L'artiste a donné libre cours à sa fantaisie.* ◆ (1932) Plus cour. Tendance à agir en dehors des règles par caprice et selon son humeur. *Il a trop de fantaisie pour faire un bon fonctionnaire. «Je ne remplis qu'avec nonchalance et fantaisie mes devoirs de stagiaire»* LECOMTE. *«je sais bien que la plus grande fantaisie règne dans les tenues, mais ne mettez pas un brassard et un revolver»* COCTEAU. — (Laudatif) Originalité amusante, imagination dans les initiatives. ➤ **originalité.** *Elle est pleine de fantaisie. N'avoir aucune fantaisie.* ◆ Ensemble de choses imprévues et agréables. ➤ **imprévu.** *Vie, existence qui manque de fantaisie,* monotone, terne. ■ CONTR. Raison. Classique. Besoin, nécessité. Banalité, régularité. ■ HOM. Fantasy.

FANTAISISTE [fɑ̃tezist] **adj.** et **n.** – 1845 ◊ de *fantaisie*

I adj. ■ **1** VIEILLI Qui s'abandonne à sa fantaisie, suit son imagination. *Peintre, littérateur fantaisiste.* ■ **2** (1850) Qui agit à sa guise, au mépris de ce qu'il faut faire ou de ce qui se fait ordinairement ; qui n'est pas sérieux. ➤ **amateur, dilettante, fumiste.** *Historien fantaisiste qui invente, brode. Cet étudiant est un peu trop fantaisiste, on ne le voit pas souvent aux cours.* ■ **3** (CHOSES) Qui n'est pas sérieux (peu orthodoxe ou sans fondement réel). *Remède fantaisiste. Étymologie fantaisiste donnée à un mot.* ➤ 1 **faux.** *Interprétation fantaisiste d'une œuvre. Nouvelle, information fantaisiste. Il nous a donné une version fantaisiste de l'incident.*

II n. ■ **1** (XXe) Personne qui agit par caprice, et généralement en dehors des usages (➤ **bohème,** 2 **original**), qui n'a ni sérieux ni esprit de suite (➤ **fumiste**). *«Le fantaisiste, individu néfaste, [est] vite confondu avec le poète»* COCTEAU. *C'est une fantaisiste.* ■ **2** (1959) VIEILLI Artiste de music-hall, de cabaret qui chante, imite, raconte des histoires. ➤ **comique, humoriste.**

■ CONTR. Consciencieux, sérieux. Exact, orthodoxe, réel, vrai.

FANTASIA [fɑ̃tazja] **n. f.** – 1833 titre d'un tableau de Delacroix ◊ mot espagnol «fantaisie», arabe *fantaziya* «ostentation», lui-même de l'espagnol ■ Divertissement équestre de cavaliers arabes qui exécutent au galop des évolutions variées en déchargeant leurs armes et en poussant de grands cris. ➤ RÉGION. **baroud.** *«Déjà une autre fantasia s'est élancée dans la poussière, jette ses cris, excite ses chevaux»* THARAUD. ◆ PAR ANAL. Réjouissance débridée, qui s'accompagne de cris et d'un désordre joyeux.

FANTASMAGORIE [fɑ̃tasmagɔʀi] **n. f.** – *phantasmagorie* 1797 ◊ du grec *phantasma* «fantôme» et *agoreuein* «parler en public», d'après *allégorie* ■ **1** Art de faire voir des fantômes par illusions d'optique dans une salle obscure, à la mode au XIXe s. PAR EXT. Ce spectacle. *Aller voir des fantasmagories.* — PAR EXT. ➤ **féerie.** *«Ce pays où tout devient toujours spectacle imprévu pour les yeux, fantasmagorie, changeant mirage»* LOTI. ■ **2** Représentation imaginaire et illusoire. ➤ **fantasme, illusion.** *«La peur est une fantasmagorie du démon»* BERNANOS. ■ **3** Usage abondant des effets surnaturels et fantastiques (dans une œuvre littéraire). ➤ **artifice, bric-à-brac.** *La fantasmagorie des romans noirs du XIXe siècle.*

FANTASMAGORIQUE [fɑ̃tasmagɔʀik] **adj.** – 1798 ◊ de *fantasmagorie* ■ Qui tient de la fantasmagorie. *Une apparition fantasmagorique.* ➤ **fantastique.** *«Sur le mur de ma chambre, quelle ombre dessine [...] la fantasmagorique projection de sa silhouette racornie !»* LAUTRÉAMONT.

FANTASMATIQUE [fɑ̃tasmatik] **adj.** – 1837 ; hapax 1604 «fantomatique» ◊ de *fantasme* ■ (XXe) PSYCHOL. Relatif aux fantasmes.

FANTASME [fɑ̃tasm] **n. m.** – 1891, répandu au XXe par la psychanalyse ; 1836 méd. «hallucination» ; XIVe «fantôme» ; 1190 «illusion» ◊ latin *phantasma,* mot grec «vision» ■ Production de l'imagination par laquelle le moi cherche à échapper à l'emprise de la réalité. ➤ **imagination, rêve.** *Vivre de fantasmes. Des fantasmes de richesse. Fantasmes sexuels. «Il n'avait jamais pensé que sa femme en eût, des fantasmes»* D. FOENKINOS. — On a écrit aussi *phantasme. «Il eut l'idée de rentrer chez lui, puis il se rendit compte qu'il ne travaillerait pas, qu'il retomberait, tout seul, dans ses phantasmes»* HUYSMANS.

FANTASMER [fɑ̃tasme] **v.** ‹1› – v. 1960 ◊ de *fantasme* ■ **1 v. intr.** Se laisser aller à des fantasmes. *Il fantasme sur son avenir* (cf. FAM. Se faire tout un cinéma*). — ABSOLT *«Il regarde les femmes, il "fantasme," il pense à l'amour l'après-midi»* J. DONIOL-VALCROZE. ■ **2 v. tr.** Avoir le fantasme de, imaginer en tant que fantasme. *Fantasmer une idylle avec une inconnue qui passe. — Des réussites fantasmées.*

FANTASQUE [fɑ̃task] **adj.** – XVe ◊ réfection, d'après *fantastique,* de l'ancien français *fantaste,* lui-même forme abrégée de *fantastique* ■ **1** Qui est sujet à des fantaisies, des sautes d'humeur ; dont on ne peut prévoir le comportement. ➤ **bizarre, capricieux, changeant*, fantaisiste, lunatique,** 2 **original.** *«le père Pierre de Saint-Louis était fantasque, inégal, d'humeur inquiète et vagabonde»* GAUTIER. *— Humeur, caractère fantasque.* ■ **2** LITTÉR. (CHOSES) Bizarre. ➤ **extraordinaire, fantastique.** *«les voiles dessinaient de fantasques figures qui fuyaient emportées par le vent»* BALZAC. ■ CONTR. Égal, posé, raisonnable. Banal.

FANTASSIN [fɑ̃tasɛ̃] **n. m.** – 1567 ; *fantachin* 1578 ◊ italien *fantaccino,* de *fante,* proprt «enfant» ■ Soldat d'infanterie (➤ ARG. **biffin**). *«Voici des fantassins aux pas pesants, aux pieds boueux»* APOLLINAIRE.

FANTASTIQUE [fɑ̃tastik] **adj.** et **n. m.** – XIVe ◊ bas latin *phantasticus*, grec *phantastikos*, de *phantasia* → fantaisie, fantasque ■ **1** Qui est créé par l'imagination, qui n'existe pas dans la réalité. ➤ **fabuleux, imaginaire, irréel, mythique, surnaturel.** *Être, animal fantastique.* «*Nous vivions un grand roman de geste, dans la peau de personnages fantastiques*» CÉLINE. ◆ SPÉCIALT (1859) Où domine le surnaturel. *Histoire, conte, film fantastique. La* «*Symphonie fantastique*»*, de Berlioz.* «*les tableaux fantastiques de Brueghel*» BAUDELAIRE. ■ **2** Qui paraît imaginaire, surnaturel. ➤ **bizarre, extraordinaire.** «*La fantastique beauté des Pyrénées, ces sites étranges*» MICHELET. ■ **3** (1833) COUR. Étonnant par son importance, par sa grandeur, etc. ➤ **énorme, étonnant, extravagant, formidable, incroyable, inouï, invraisemblable, sensationnel.** *Une réussite fantastique. Un luxe fantastique.* ◆ Excellent, remarquable. *Cette femme est absolument fantastique.* ➤ **épatant, formidable, génial, sensationnel.** *C'est vraiment fantastique !* ➤ FAM. 2 **super.** ■ **4** **n. m.** *Le fantastique* : ce qui est fantastique, irréel. «*Il me fallait le fantastique, le macabre*» BLOY. — (1859) Le genre fantastique dans les œuvres d'art, les ouvrages de l'esprit. *Le fantastique en littérature.* ➤ aussi **fantasy.** «*Tout le fantastique est rupture de l'ordre reconnu, irruption de l'inadmissible au sein de l'inaltérable légalité quotidienne*» CAILLOIS. ■ CONTR. Réel, vrai. Naturaliste, réaliste. Banal, ordinaire. Naturalisme, réalisme.

FANTASTIQUEMENT [fɑ̃tastikmɑ̃] **adv.** – v. 1380 ◊ de *fantastique* ■ **1** D'une manière extraordinaire, qui semble hors du réel. «*Le projecteur du navire éclaire fantastiquement le maquis*» GIDE. ■ **2** COUR. ➤ **extraordinairement, formidablement, remarquablement, terriblement, très.** *Il est fantastiquement intelligent.*

FANTASY [fɑ̃tazi ; fɑ̃tezi] **n. f.** – 1982 ; *heroic fantasy* 1977 ◊ mot anglais (1949), du français *fantaisie* ■ ANGLIC. Genre littéraire dans lequel l'action se déroule dans un monde imaginaire peuplé d'êtres surnaturels, mythiques ou légendaires. «*Le Seigneur des anneaux*» *de Tolkien est une saga de fantasy.* — Recomm. offic. *fantasie.* ■ HOM. Fantaisie.

FANTOCHE [fɑ̃tɔʃ] **n. m.** – 1842 ◊ italien *fantoccio* «marionnette», de *fante* «enfant» ■ **1** Marionnette articulée que l'on meut à l'aide de fils. ➤ **pantin, polichinelle.** ■ **2** MOD. et FIG. Personne sans consistance ni volonté, qui est souvent l'instrument des autres, et qui ne mérite pas d'être prise au sérieux. *Cet homme n'est qu'un fantoche.* ➤ **pantin.** — APPOS. *Un gouvernement fantoche.* «*une armée fantoche qui ne sait plus très bien où elle va*» G. DORMANN. *Des régimes fantoches.*

FANTOMATIQUE [fɑ̃tɔmatik] **adj.** – 1807 ◊ du radical grec de *fantôme*, *phantasma*, au génitif ■ Dont l'apparence évoque un fantôme (en parlant d'une chose, d'une personne réelle). ➤ **spectral.** «*droite, blanche et fantomatique, avec son air de somnambule*» HENRIOT.

FANTÔME [fɑ̃tom] **n. m.** – v. 1160 *fantosme* ◊ grec ionien °*phantagma* (attique *phantasma*), d'où °*phantauma* par altération à Marseille ■ **1** Apparition surnaturelle d'une personne morte (soit sous son ancienne apparence, soit dans la tenue caractéristique attribuée aux fantômes : suaire, chaîne, etc.). ➤ **apparition, esprit, lémure,** 1 **ombre, revenant, spectre, vampire, vision, zombie.** *Maison hantée par les fantômes. L'Écosse, terre d'élection des fantômes. Apparaître, disparaître, s'évanouir comme un fantôme. Les fantômes dans le roman fantastique.* ➤ **fantasmagorie.** «*Les tiges blanches des bouleaux semblaient une rangée de fantômes dans leurs suaires*» SAND. ◆ PAR EXT. Personne, animal très maigre, squelettique. ■ **2** FIG. *Un fantôme de*, ce qui n'a d'une personne, d'une chose, que l'apparence. ➤ **simulacre.** «*Il y a des fantômes d'auteurs et des fantômes d'ouvrages*» JOUBERT. ◆ Papier, fiche matérialisant l'absence d'un document, d'un livre sorti d'un rayon de bibliothèque. ■ **3** Personnage ou chose du passé, souvenir qui hante la mémoire. *Les fantômes du passé.* «*trop de scrupules, trop de remords, trop de fantômes contre lesquels il fallait lutter*» GREEN. ■ **4** Idée, être imaginaire, chimère. *Les fantômes de l'imagination.* ➤ **fantasme, illusion.** *Se battre contre des fantômes.* ■ **5** APPOS. Qui apparaît et disparaît comme un fantôme. *La charrette fantôme des légendes scandinaves.* «*Le Vaisseau fantôme*»*, opéra de Wagner.* — *Les villes fantômes*, abandonnées. «*quelques baraques donnent l'illusion d'un village fantôme du Far West*» BAUBY. *Train fantôme* (attraction de fête foraine). ◆ FIG. Qui n'a guère de réalité. *Un gouvernement fantôme.* ➤ **fantoche, inexistant.** — MÉD. *Membre* fantôme.* ◆ *Écrivain(e) fantôme*, qui écrit anonymement les œuvres signées par un(e) autre. ➤ **prête-plume ;** VIEILLI **nègre.**

FANTON ➤ **FENTON**

FANZINE [fɑ̃zin] **n. m.** – 1963 ◊ mot-valise anglais américain, de *fan* «amateur» et *magazine* ■ ANGLIC. Petite revue de faible diffusion, rédigée par des amateurs sur les thèmes qui les passionnent (bandes dessinées, science-fiction, musique, cinéma, etc.).

FAON [fɑ̃] **n. m.** – XIIe ◊ latin populaire °*feto, fetonis*, de *fetus* «enfantement, portée des animaux» → fœtus ■ **1** VX Petit de toute bête fauve*. «*Mère lionne avait perdu son faon*» LA FONTAINE. ■ **2** (1549) MOD. Petit du cerf, du daim ou du chevreuil.

FAQ [fak ; ɛfɑky] **n. f. inv.** – 1995 ◊ sigle anglais, de *Frequently Asked Questions* «questions fréquemment posées» ■ Rubrique d'un site web, d'un forum, qui regroupe les questions les plus fréquemment posées par les utilisateurs et leurs réponses. *Consulter la FAQ, la Faq.* — Recomm. offic. *foire aux questions.* ■ HOM. Fac.

FAQUIN [fakɛ̃] **n. m.** – 1534 «portefaix» ◊ de l'ancien français *facque*, néerlandais *fak* «poche» ■ VX Individu sans valeur, plat et impertinent (t. d'injure au XVIIe). ➤ **coquin, maraud.**

FAR [faʀ] **n. m.** – 1799 ◊ breton *fars*, de l'ancien français *fars* «farci», du latin *farsus*, p. p. de *farcire* «remplir, bourrer» ■ Sorte de flan compact fait dans le Finistère. *Far breton. Far aux pruneaux.* ■ HOM. Fard, phare.

FARAD [faʀad] **n. m.** – 1874 ◊ du nom du physicien *Faraday* ■ MÉTROL. Unité de mesure de capacité électrique (SYMB. F), correspondant à la capacité d'un condensateur dans lequel une charge de 1 coulomb cause une différence de potentiel de 1 volt.

FARADAY [faʀadɛ] **n. m.** – 1873 ◊ du n. du physicien *Faraday* ■ MÉTROL. Ancienne unité de mesure de quantité d'électricité utilisée en électrochimie et valant 96 487 coulombs par mole.

FARADIQUE [faʀadik] **adj.** – 1851 ◊ du nom du physicien *Faraday*, d'après l'anglais *faradic* ■ **1** VX Se disait d'un courant alternatif obtenu par induction et de tout ce qui s'y rapporte. *Courant faradique. Électricité faradique.* ■ **2** Qui se rapporte aux théories de Faraday.

FARAMINEUX, EUSE [faʀaminø, øz] **adj.** – *pharamineux* 1834 ◊ de *(bête) faramine*, animal fantastique de l'Ouest et du Centre, de *feramina*, pl. neutre du bas latin *feramen* «bête sauvage», de *ferus* «sauvage» ■ Anormalement important (quantités). ➤ **étonnant, extraordinaire, fabuleux, fantastique, prodigieux.** *Des prix faramineux*, très élevés. *Une quantité faramineuse, un nombre faramineux de...*

FARANDOLE [faʀɑ̃dɔl] **n. f.** – 1793 ; *farandoule* 1776 ◊ provençal *farandoulo*, p.-ê. altération de *b(a)randello*, de *branda* «remuer» ■ **1** Danse provençale, sur un allégro à six-huit, exécutée par une file de danseurs qui se déplacent en sautant et se tenant par la main. *Danser la farandole.* ◆ Danse analogue ; cortège dansant. «*Hortense en tête, la farandole se déroule à travers la longue enfilade des salons*» DAUDET. *Entrer dans la farandole.* ■ **2** Ensemble, suite (de choses). *Une farandole de couleurs.* ➤ **cortège, tourbillon.** «*farandoles de comètes*» P. GRAINVILLE. *La farandole des desserts* (dans un restaurant).

FARAUD, AUDE [faʀo, od] **n.** et **adj.** – 1740 pop. ◊ espagnol *faraute* «interprète», du français *héraut* ■ VX ou RÉGION. Personne qui affecte maladroitement l'élégance, le bon ton, qui cherche à se faire valoir. ➤ **fanfaron, fat, fier.** *Faire le faraud* : crâner, faire le malin. «*Elle pouvait bien jouer les faraudes à présent*» SAGAN. ◆ **adj.** Prétentieux avec affectation. ➤ **fanfaron*, fat.** *Un air faraud. Être tout faraud de qqch.*, fier avec naïveté et ostentation. «*tout faraud de son aisance et d'une particule qu'on disait usurpée par son grand-père*» LECOMTE. ■ CONTR. Effacé. ■ HOM. Faro.

1 **FARCE** [faʀs] **n. f.** – XIIe ◊ latin populaire °*farsa*, de °*farsus*, p. p. de *farcire* → farcir ■ Hachis d'aliments (certains légumes, viande, volaille, etc.) garnissant l'intérieur de quelques préparations culinaires. *Farce fine*, à base de veau et de fines herbes. *Farce de chair à saucisse. Garnir de farce des poivrons, des tomates.* ➤ **farcir.**

2 **FARCE** [faʀs] **n. f.** – XVe ◊ de 1 *farce*, fig. «petit intermède comique introduit dans une pièce sérieuse» ■ **1** Petite pièce comique populaire très simple où dominent les jeux de scène. *La Farce de maître Pathelin.* «*Le Médecin malgré lui*» *de Molière est une farce. Être le dindon* de la farce.* ◆ Genre littéraire de cette pièce ; comique grossier. «*Il l'a fait jouer dans un ton de farce, même un ton de guignol*» LÉAUTAUD. ◆ (XVIe ◊ par anal.) Action réelle qui se déroule comme une farce, qui a qqch. de bouffon. ➤ **comédie.** *Cela tourne à la farce.* ■ **2** PAR EXT. (1870 ; «bouffonnerie» 1573) Acte destiné à se moquer, à faire

rire aux dépens de qqn. *Faire une farce.* ➤ **canular, facétie, malice, mystification, 1 niche, plaisanterie, 3 tour, tromperie.** *Élèves qui font des farces à leur professeur. Une bonne farce,* drôle. *Une mauvaise farce,* qui nuit ou déplaît à celui à qui on la fait. — (1951) RÉGION. (Canada) FAM. *C'est pas des farces !* (cf. Sans blague). ◆ Objet vendu dans le commerce, servant à faire une farce. *Magasin de farces et attrapes. Ce malaise « que donnent par exemple les farces-attrapes, quand la cuiller fond brusquement dans la tasse à thé, quand le sucre remonte à la surface et flotte »* SARTRE. ■ **3** adj. (1784 ; à la mode jusqu'à la fin du XIXe) FAM. et VIEILLI ➤ **amusant, burlesque, cocasse, comique, drôle.** *« J'irai voir Mme Foucaud, ce sera singulièrement amer et farce, surtout si je la trouve enlaidie »* FLAUBERT.

FARCEUR, EUSE [farsœr, øz] n. et adj. – v. 1450 « bouffon » ◇ de l'ancien français *farcer* « railler », de *farce* ■ **1** (XVIIIe) VX Personne qui dit, fait des bouffonneries pour amuser ; amuseur. ■ **2** Personne qui a l'habitude de faire des farces, de jouer des tours. *Cette petite fille est une farceuse.* — adj. *Un gamin farceur.* ➤ **espiègle, facétieux, polisson.** ◆ Personne qui raconte des histoires pour mystifier et, en général, qu'on ne prend pas au sérieux. ➤ **blagueur, plaisantin.** *« Ces farceurs de républicains »* BALZAC. *Sacré farceur ! Une farceuse.* — adj. *Il est très farceur.*

FARCI, IE [farsi] adj. et n. m. – XVIe ◇ de *farcir*

I adj. ■ **1** Rempli de farce. *Tomates, courgettes, aubergines farcies. Chou farci. Cailles farcies.* ■ **2** FIG. et PÉJ. Rempli de. ➤ **bourré, plein.** *« Nous autres, critiques, avons la tête farcie de tout ce qu'il nous faut lire et examiner »* SAINTE-BEUVE.

II n. m. (1766) RÉGION. ■ **1** (Sud-Ouest, Languedoc) Farce garnissant une volaille ou enveloppée de feuilles de chou, cuite dans un bouillon. *Farci poitevin.* ■ **2** (Provence) Petit légume (tomate, aubergine, courgette...) garni d'un hachis et cuit au four. *Petits farcis à la niçoise.*

■ HOM. Farsi.

FARCIN [farsɛ̃] n. m. – XIIIe ◇ latin *farcimen* « farce », confondu en latin populaire avec *farciminum* « farcin » ■ VÉTÉR. Manifestations cutanées de la morve*, les fosses nasales n'étant pas atteintes.

FARCIR [farsir] v. tr. ⟨2⟩ – XIIIe ◇ latin *farcire* ■ **1** Remplir, garnir de farce (un mets). *Farcir une volaille, un poisson, des tomates.* — PRONOM. PASS. *La dinde se farcit avec des marrons.* ■ **2** FIG. Surcharger de (connaissances, notions, idées, etc.). *Farcir la tête d'un enfant de connaissances inutiles.* ➤ **bourrer, encombrer.** *Farcir un écrit de citations.* ➤ **truffer.** ■ **3** (1932) FAM. **SE FARCIR (qqch.)** : prendre et consommer. ➤ **s'envoyer, se taper.** *Se farcir un bon repas.* — Faire (une corvée). *Se farcir tout le travail.* ➤ **s'enfiler, se fader, se payer.** ◆ VULG. *Se farcir qqn,* posséder sexuellement. ➤ **se faire.** — FAM. et PÉJ. Supporter. *J'ai dû me farcir le gosse.* LOC. FAM. *Il faut se le (la, les) farcir* (chose, personne), le (la, les) supporter, et c'est pénible (cf. Il faut se le faire*).

FARD [far] n. m. – 1213 ◇ de 1 *farder* ■ **1** Produit qu'on applique sur le visage pour en changer l'aspect naturel. ➤ **maquillage.** *Fard blanc ; fards teintés. Fard pour le teint.* ➤ **fond** (de teint), **poudre.** *Fard à joues.* ➤ **blush.** *Fard à paupières.* ➤ 1 **ombre** (à paupières). *Fard pour les yeux* (➤ **eye-liner, khol, mascara, rimmel**), *pour les lèvres* (➤ 2 **brillant, rouge**). *« des joues plâtrées de fard, des lèvres peintes »* HUYSMANS. *Fards liquides, fards gras, fards secs. Fard en bâton, en crayon. Se mettre du fard.* ➤ **se farder.** *Enlever son fard.* ➤ **se démaquiller.** ◆ *Piquer* un fard.* ■ **2** FIG. et VX Procédé par lequel on essaie de dissimuler ou d'embellir la vérité. ➤ **artifice.** MOD. *Sans fard :* sans artifice. *« Son naturel nu et simple, son élégance sans fard »* SAINTE-BEUVE. *Parler sans fard,* avec franchise. ➤ **naturellement.** ■ HOM. Far, phare.

1 **FARDAGE** [fardaʒ] n. m. – 1896 ◇ de 1 *farder* ■ COMM. Fraude qui consiste à farder sa marchandise.

2 **FARDAGE** [fardaʒ] n. m. – *fardaige* « fardeau, bagage » 1392 ◇ de 2 *farder* ■ MAR. ■ **1** Prise qu'offrent au vent les superstructures et la partie émergée de la coque d'un navire. ■ **2** Plan de bois, au fond de la cale d'un bateau, sur lequel on dispose les marchandises.

1 **FARDE** [fard] n. f. – 1775 ; « fardeau » XIIe ◇ arabe *farda* « demi-charge d'un chameau » ■ COMM. Balle de café de 185 kg.

2 **FARDE** [fard] n. f. – 1812 ◇ probablt de l'ancien français *fardes* XIIe ; var. de *hardes* ■ RÉGION. (Belgique, Luxembourg) ■ **1** Chemise, dossier. *Une farde à rabats. « les nombreuses enveloppes, fardes et portefeuilles de toute sorte où j'avais l'habitude d'enfermer les reproductions »* F. HELLENS. ■ **2** Classeur peu épais. ■ **3** Liasse de feuilles à usage scolaire. *Feuille de farde,* feuille libre. ■ **4** Cartouche (de cigarettes).

FARDÉ, ÉE [farde] adj. – 1690 ◇ de *farder* ■ Qui a du fard sur le visage, qu'on a fardé. ➤ **maquillé.** *Femme fardée, très fardée. Des yeux fardés.* ➤ 1 **fait.** *Comédien fardé pour la scène.* ➤ **grimé.** PROV. *Ciel pommelé et femme fardée ne sont pas de longue durée.* ■ CONTR. 1 Nu, naturel.

FARDEAU [fardo] n. m. – XIIIe « ballot » ◇ de 1 *farde* ■ **1** Chose pesante qu'il faut lever, soulever, élever ou transporter. ➤ **charge, chargement,** VX **faix, poids ;** FAM. **barda.** *Un lourd, un pesant fardeau. Porter un fardeau sur ses épaules, sur sa tête. Déposer son fardeau. Outils, appareils de levage* pour soulever, élever des fardeaux.* ■ **2** FIG. Chose pénible qu'il faut supporter. *« Comment ! pas un de vos amis, pas une de vos maîtresses qui vous soulage de ce fardeau terrible, la solitude ! »* MUSSET. — *Le fardeau des impôts, des dettes.* ➤ **charge.** *Le fardeau de ses responsabilités.* ➤ **poids.** *« c'est un fardeau d'élever trois enfants »* SAND.

1 **FARDER** [farde] v. tr. ⟨1⟩ – XIIe ◇ francique °*farwidhon* « teindre » ■ **1** Mettre du fard à (qqn), sur son visage, sa peau. ➤ **maquiller.** *Farder un acteur.* ➤ **grimer.** *Se farder les yeux.* ➤ **se faire.** *« Quand elle avait fini de se parfumer, de se farder les yeux, les lèvres, les joues »* GIONO. ◆ **SE FARDER** v. pron. ➤ **se maquiller** (cf. Se faire une beauté*). *Se farder outrageusement, discrètement. « Se mettre du rouge ou se farder est, je l'avoue, un moindre crime que parler contre sa pensée »* LA BRUYÈRE. *« Elle s'habillait gentiment, se fardait pour autant qu'on le pût dans le patelin sans passer pour une pute »* QUENEAU. ■ **2** FIG. et LITTÉR. Déguiser la véritable nature de (qqch.) sous un revêtement trompeur. ➤ **dissimuler, embellir, envelopper, masquer,** 1 **voiler.** *Farder sa pensée.* ➤ **travestir.** *« Je répondrai, Madame, avec la liberté D'un soldat qui sait mal farder la vérité »* RACINE. — (XVIe) COMM. *Farder sa marchandise :* dissimuler les produits médiocres (le fond du panier) sous de bons produits (le dessus du panier) pour flatter l'œil de l'acheteur.

2 **FARDER** [farde] v. intr. ⟨1⟩ – 1834 ; « peser de tout son poids » 1704 ; « se charger » XIVe ◇ de 1 *farde* ■ MAR. *Voile qui farde,* qui se gonfle convenablement sous l'effet du vent.

FARDIER [fardje] n. m. – 1776 ◇ de *farde* ■ ANCIENNT Chariot à deux ou quatre roues servant à transporter des fardeaux très pesants (blocs de pierre, troncs d'arbres, madriers). *« le fardier, l'épaisse et basse voiture chargée de deux blocs de pierre »* ZOLA.

FARDOCHES [fardɔʃ] n. f. pl. – 1667 ; *ferloches* 1661 ◇ mot canadien, d'origine inconnue ■ RÉGION. (Canada) Broussailles. *« Parmi les roches, les troncs d'arbres enchevêtrés, les souches et les fardoches »* A. HÉBERT.

FARÉ [fare] n. m. – date inconnue ◇ mot tahitien ■ Habitation traditionnelle de Tahiti.

FARFADET [farfadɛ] n. m. – 1532 ◇ mot de l'ancien languedocien, forme renforcée de *fadet,* de *fado* « fée » ■ Esprit follet, lutin d'une grâce légère et vive.

FARFALLE [farfal(e)] n. f. – 1995 ◇ mot italien, plur. de *farfalla* « papillon » ■ AU PLUR. Pâtes alimentaires en forme de petit nœud papillon. *Des farfalles à la mozzarella.*

FARFELU, UE [farfəly] adj. – 1546 *fafelu* « dodu » ; *fafelu* « espiègle » 1865, par contresens ; repris 1928, répandu v. 1950 ◇ du radical expressif *faf-,* et à rapprocher de l'ancien français *fanfelue* (cf. *fanfreluche*) ■ FAM. Un peu fou, bizarre. *Il est farfelu.* ➤ **loufoque ;** FAM. **barjo.** *Une idée farfelue,* cocasse. ➤ **biscornu, saugrenu.**

FARFOUILLER [farfuje] v. intr. ⟨1⟩ – 1546 ◇ forme populaire renforcée de *fouiller* ■ FAM. Fouiller en bouleversant tout. ➤ **fourgonner, fureter, trifouiller.** *Farfouiller dans son sac.*

FARGUES [farg] n. f. pl. – 1694 ◇ forme altérée de *falque,* du latin médiéval *falca,* mot d'origine hispano-arabe ■ MAR. Bordages supérieurs d'une embarcation, dans lesquels sont pratiquées les entailles des dames des avirons.

FARIBOLE [faribɔl] n. f. – 1532 ◇ p.-ê. latin *frivolus* « frivole » ■ Chose, propos vain et frivole. ➤ **baliverne, bêtise, sornette.** *Dire, conter des fariboles. « Et n'ayez aucun égard pour le nom, le titre et autres fariboles »* BERNANOS. — Idée sans intérêt ni consistance.

FARIGOULE [farigul] n. f. – 1528 *férigole,* repris en 1828 ◇ du provençal *farigoulo,* probablement du latin *fericula* « (plante) sauvage », famille de *ferus* « sauvage » → féroce, fier, effaré ■ RÉGION. (Provence) Thym. — Eau de toilette parfumée au thym.

FARINACÉ, ÉE [farinase] adj. – 1798 ◇ bas latin *farinaceus,* de *farina* « farine » ■ DIDACT. Qui a l'apparence de la farine. *Substances farinacées.* ➤ **farineux.**

FARINE [faʀin] **n. f.** – XIIe ◇ latin *farina*, de *far, farris* «blé» ▪ **1** Poudre obtenue par la mouture de certaines graines de céréales et servant à l'alimentation. *Farine de blé, de maïs* (➤ **maïzena**), *de seigle, de riz. Farine lactée, farine infantile,* pour les bouillies des bébés. ▪ **2** ABSOLT La farine de froment. *Fabrication de la farine.* ➤ **meunerie, minoterie, moulin ; mouture.** *Séparer le son de la farine.* ➤ **bluter.** *Fleur* de farine. Faire une pâte avec la farine* (➤ **pain, pâtisserie**). *Farine levante, tamisée. Lier une sauce avec un peu de farine. Rouler un poisson dans la farine.* ➤ **fariner.** *Couvert de farine.* ➤ **enfariné.** ♦ LOC. (latin *ejusdem farinæ*) *De la même farine* : se dit de choses ou de personnes de même nature qui ne valent pas mieux l'une que l'autre (cf. À mettre dans le même sac* ; les deux font la paire*). *Des escrocs de la même farine.* — FAM. *Rouler qqn dans la farine,* le tromper. *Il s'est fait rouler dans la farine.* ▪ **3** Poudre résultant du broyage de certaines graines ou plantes (fèves, pois, soja). ➤ **farineux.** *Farine de manioc* (➤ **cassave**), *de pomme de terre* (➤ **fécule**), *de l'arbre à pain* (➤ **sagou**). *Farine de lin, de moutarde. «Vous préparerez un cataplasme de farine de moutarde, afin d'appliquer des sinapismes aux pieds de monsieur»* BALZAC. ♦ Poudre obtenue par broyage de substances animales. *Farine d'os, de poisson. Farines animales,* destinées à l'alimentation des animaux d'élevage.

FARINER [faʀine] **v. tr.** ⟨1⟩ – XVe ◇ de *farine* ▪ Saupoudrer, enrober de farine. *Fariner des filets de sole.*

FARINEUX, EUSE [faʀinø, øz] **adj. et n. m.** – 1539 ◇ latin *farinosus* ▪ **1** Qui contient de la farine, et PAR EXT. de la fécule. ♦ **n. m.** (1756) (Surtout plur.) Végétal comestible contenant de la fécule. ➤ **féculent.** *Les haricots, les lentilles, les pois, les pommes de terre sont des farineux.* ▪ **2** Couvert de farine. *Pain dont la croûte est encore farineuse.* — PAR ANAL. BOT. *Des plantes, des feuilles farineuses,* couvertes d'une poussière blanchâtre. ▪ **3** Dont la consistance, le goût évoquent la farine. *Pommes de terre farineuses,* qui s'émiettent après cuisson. *Cette poire est un peu farineuse. Gruyère, chocolat farineux.* ▪ CONTR. Fondant.

FARIO [faʀjo] **n. f.** – 1868 n. m. ◇ mot latin «truite» ▪ *Truite fario* ou *fario* : truite de rivière. *Élevage de truites farios* ou *de farios.* — On écrit aussi *des truites fario.*

FARLOUCHE ➤ **FERLOUCHE**

FARLOUSE [faʀluz] **n. f.** – 1555 ◇ origine inconnue ▪ Petit oiseau *(passereaux)* à plumage jaune rayé de brun, appelé aussi *pipit* des prés.*

FARNIENTE [faʀnjɛnte ; faʀnjɑ̃t] **n. m.** – 1676 ◇ italien *far niente,* de *far(e)* «faire» et *niente* «rien» ; cf. *fainéant* ▪ Douce oisiveté. *Aimer le farniente.*

FARO [faʀo] **n. m.** – 1826 ◇ origine inconnue ▪ VIEILLI Bière belge fabriquée dans la région de Bruxelles, faite avec du malt d'orge additionné de froment non germé. *Le faro et la gueuze. Des faros.* ▪ HOM. Faraud.

1 **FAROUCHE** [faʀuʃ] **n. m.** – 1804 ; *farouch* 1796 ◇ provençal *farouge,* latin *farrago* «mélange de grains» ▪ RÉGION. Trèfle incarnat cultivé comme fourrage.

2 **FAROUCHE** [faʀuʃ] **adj.** – *faroche* XIIIe ◇ métathèse de l'ancien français *forasche* ; bas latin *forasticus* «étranger, sauvage» ▪ **1** Qui n'est pas apprivoisé et s'enfuit quand on l'approche. ➤ **indompté, sauvage.** *Bête farouche. Ces moineaux ne sont pas farouches.* — (PERSONNES) Qui redoute par tempérament le contact avec d'autres personnes. ➤ **insociable, misanthrope, sauvage.** *Un enfant farouche.* ➤ **timide.** *Rendre farouche.* ➤ **effaroucher.** ♦ VIEILLI Qui ne se laisse pas courtiser. — MOD. *Femme peu farouche.* ➤ **facile.** *«Hortense n'était pas farouche, et elle était libre ; Chateaubriand [...] s'en éprit aussitôt»* HENRIOT. ▪ **2** D'une rudesse sauvage. ➤ **barbare, cruel, violent.** VX *Un tyran, un peuple farouche.* — MOD. *Farouche ennemi. C'est mon adversaire le plus farouche.* ➤ **acharné, implacable.** ♦ Qui a qqch. d'absolu et de violent, de peu civilisé (caractère, comportement). ➤ **sauvage.** *Un air, un regard farouche. Haine farouche.* ➤ **âpre, opiniâtre, véhément, violent.** *Opposer une farouche résistance.* ➤ **acharné, tenace.** ▪ CONTR. Apprivoisé. Accueillant, doux, familier, sociable. Soumis, traitable.

FAROUCHEMENT [faʀuʃmɑ̃] **adv.** – XIVe repris début XXe ◇ de *farouche* ▪ D'une manière rude, brutale, acharnée. ➤ **violemment.** *Il a nié farouchement. Farouchement décidé à... Il s'y est farouchement opposé.*

FARRAGO [faʀago] **n. m.** – 1791 ; *farrage* 1600 ◇ mot latin, de *far* «blé» ▪ AGRIC. Mélange de diverses sortes de grains qu'on sème pour servir de fourrage. *Des farragos.*

FARSI [faʀsi] **n. m.** – 1952 ◇ mot persan, de *Fars* «Perse» ▪ Nom que les Iraniens donnent à leur propre langue (le persan). ▪ HOM. Farci.

FART [faʀt] **n. m.** – 1904 ◇ mot norvégien ▪ Substance dont on enduit la semelle des skis pour les empêcher d'adhérer à la neige et améliorer la glisse.

FARTAGE [faʀtaʒ] **n. m.** – 1932 ◇ de *farter* ▪ Action de farter (des skis) ; son résultat.

FARTER [faʀte] **v. tr.** ⟨1⟩ – 1908 ◇ de *fart* ▪ Enduire de fart. *«Le magasin de sport où je faisais farter mes skis»* BEAUVOIR.

FAR WEST [faʀwɛst] **n. m. inv.** – 1849 ◇ expression américaine, de *far* «éloigné» et *West* «Ouest» ▪ *Le Far West* : territoire situé à l'ouest du Mississippi. *La conquête du Far West* (➤ **western**). ♦ FIG. Territoire vierge, inorganisé ; milieu sans lois ni règles morales. *Débrouillez-vous, ici c'est le far west.*

FASCE [fas] **n. f.** – XIIe «bande» ◇ latin *fascia* «bandelette» ▪ BLAS. Pièce honorable qui coupe l'écu horizontalement par le milieu et en occupe le tiers. *Fasce rétrécie.* ➤ **burelle.** ▪ HOM. Face.

FASCÉ, ÉE [fase] **adj.** – 1667 ◇ de *fasce* ▪ BLAS. Chargé de bandes horizontales, de même largeur et dont l'émail alterne. *Écu fascé d'argent et d'azur.*

FASCIA [fasja] **n. m.** – 1806 ◇ mot latin «bande» ▪ ANAT. Membrane de tissu conjonctif, qui enveloppe des groupes de muscles et certains organes dont elle assure le maintien. ➤ **aponévrose.**

FASCIATION [fasjasjɔ̃] **n. f.** – 1829 ◇ du latin *fascia* ▪ BOT. Disposition particulière de certaines structures végétales (branches, rameaux, pédoncules) qui s'aplatissent au lieu de conserver leur forme cylindrique. *Les fasciations des forsythias.*

FASCICULE [fasikyl] **n. m.** – 1690 ; «petit paquet» XVe ◇ latin *fasciculus,* diminutif de *fascis* → faix ▪ **1** Ensemble de feuilles, cahier ou groupe de cahiers formant une partie d'un ouvrage publié par fragments. ➤ **livraison.** *La publication d'un ouvrage par fascicules. Fascicules reliés en volumes.* ▪ **2** *Fascicule de mobilisation* : pièce annexée au livret militaire pour indiquer au réserviste ce qu'il doit faire en cas de mobilisation.

FASCICULÉ, ÉE [fasikyle] **adj.** – 1778 ◇ latin *fasciculus* «petit faisceau» ▪ Disposé en faisceau. — BOT. *Racine fasciculée,* sans pivot, formée de nombreuses racines fines. — ARCHIT. *Colonne fasciculée,* formée d'un faisceau de petites colonnes.

FASCIÉ, IÉE [fasje] **adj.** – 1824 ; «orné de bandes de couleur» 1737 ◇ de *fascie* «bandelette», latin *fascia* ▪ SC. NAT. Marqué de bandes. *Coquillage fascié. Élytres fasciés d'un coléoptère.*

FASCINANT, ANTE [fasinɑ̃, ɑ̃t] **adj.** – avant 1850 ◇ de *fasciner* ▪ Qui fascine. *Un regard fascinant.* ♦ FIG. Qui attire fortement, éblouit. *Un esprit, un être fascinant.* ➤ **attachant, captivant, éblouissant, séduisant.** *D'une beauté fascinante.* ➤ **ensorcelant, envoûtant, troublant.** *Je n'ai «pas ce qu'il y a de fascinant, d'irrésistible dans le vrai séducteur»* ROMAINS.

FASCINATEUR, TRICE [fasinatœʀ, tʀis] **n. et adj.** – 1550, rare avant XIXe ◇ de *fasciner* ▪ **1** VX Personne qui fascine. ➤ **charmeur, séducteur.** *Chateaubriand «avait de l'enchanteur et du fascinateur»* SAINTE-BEUVE. ▪ **2** **adj.** LITTÉR. ➤ **fascinant.** *«à sa beauté séduisante, à son geste fascinateur»* BALZAC.

FASCINATION [fasinasjɔ̃] **n. f.** – XIVe ◇ latin *fascinatio* ▪ Action de fasciner (2). ▪ **1** Action qu'exerce (qqn, qqch.) sur une personne en fixant son regard, sa pensée. *Pouvoir de fascination d'un hypnotiseur.* ➤ **hypnotisme.** ▪ **2** Vive influence, profonde impression exercée sur qqn ou subie par qqn. ➤ **enchantement, ensorcellement, envoûtement, séduction.** *Elle exerce sur lui une étrange fascination.* ➤ **magnétisme.** *«Quiconque excède les limites que la moyenne des hommes s'assigne exerce une sorte de fascination»* DANIEL-ROPS. *La fascination de l'aventure.* ➤ **appel.**

FASCINE [fasin] **n. f.** – XVIe ◇ réfection du latin ou de l'italien *fascina,* de l'ancien français *faissine* (XIIIe) «fardeau, fagot», du latin *fascina,* de *fascis* → faix ▪ Fagot. — SPÉCIALT Fagot serré de branchages, employé dans les travaux de terrassement, de fortification, d'hydraulique. *Parapet de fascines.*

1 **FASCINER** [fasine] **v. tr.** ⟨1⟩ – XVIIe ; *fessiner* XVe ◇ de *fascine* ▪ TECHN. Garnir de fascines.

2 **FASCINER** [fasine] **v. tr.** ⟨1⟩ – XIVe ; aussi jusqu'au milieu XIXe «ensorceler» ◇ latin *fascinare,* de *fascinum* «charme, maléfice» ▪ **1** Maîtriser, immobiliser par la seule puissance du regard.

➤ **hypnotiser.** *Ses yeux me fascinaient. « On a dit qu'une vipère [...] le fixant lorsqu'il* [le rossignol] *chante, le fascine par le seul ascendant de son regard »* BUFFON. — Immobiliser et captiver par l'éclat, le reflet. *L'alouette est fascinée par le miroir. « Je restais là, fasciné par ce feu comme une bête »* BOSCO. ▪ **2** (XVIe) FIG. Éblouir par la beauté, l'ascendant, le prestige. ➤ **captiver, charmer, émerveiller, hypnotiser, séduire.** *Il a fasciné son auditoire. Le « magique ascendant par lequel il avait fasciné le monde »* VIGNY. *Se laisser fasciner par des promesses, par l'argent.*

FASCISANT, ANTE [faʃizɑ̃, ɑ̃t] **adj.** – 1936 ◊ de *fasciste,* d'après *communisant* ▪ Qui a des tendances fascistes, préconise ou emploie des méthodes fascistes. *Des intellectuels fascisants.*

FASCISER [faʃize] **v. tr.** ⟨1⟩ – v. 1930 ◊ d'après *fasciste* ▪ Rendre fasciste. *Fasciser un groupe.* — **n. f. FASCISATION.**

FASCISME [faʃism ; fasism] **n. m.** – 1921 ◊ italien *fascismo,* de *fascio* « faisceau (des licteurs romains) », l'emblème du parti ▪ **1** Doctrine, système politique que Mussolini établit en Italie en 1922 (totalitarisme, corporatisme, nationalisme et respect des structures capitalistes). ▪ **2** Doctrine, tendance ou système politique visant à instaurer un régime autoritaire, nationaliste, totalitaire comparable au fascisme ; ce régime. ➤ **totalitarisme.** *Le fascisme hitlérien et le communisme stalinien. « Le fascisme a toujours été une entreprise de désensibilisation »* É. AJAR.

FASCISTE [faʃist ; fasist] **n. et adj.** – 1921-1922 ◊ italien *fascista* → fascisme ▪ **1** Partisan du fascisme (cf. Chemise* noire). *Fascistes et néofascistes.* ▪ **2** PAR EXT. Tout partisan d'un régime analogue. *Les fascistes espagnols.* ➤ **phalangiste.** ▪ **3** COUR. Partisan d'un régime autoritaire, conservateur, réactionnaire et nationaliste. ➤ **réactionnaire ;** FAM. **facho, faf.** *Bande de fascistes ! « Les communistes disent toujours de leurs ennemis qu'ils sont des fascistes »* MALRAUX. ▪ **4 adj.** Relatif, propre au fascisme. *Régime fasciste. « J'avais dans mes premiers écrits lancé tout l'essentiel du cri fasciste »* DRIEU LA ROCHELLE. ◆ PAR EXT. Partisan d'une idéologie conservatrice, nationaliste et autoritaire, et PAR EXT. (hors du contexte politique), d'une autorité imposée, de l'ordre, de la contrainte. ➤ FAM. **facho.** *« Observez comment un homme devient fasciste, à mesure que la partie souple de sa pensée se change en coquillage »* ALAIN. *« L'adolescence, dans les classes aisées, est fasciste d'instinct »* MAURIAC. — *« La langue est fasciste »* BARTHES (elle impose une vision du monde).

FASEYER [faseje ; fazeje] **v. intr.** ⟨1⟩ – 1771 ; *fasier* 1687 ◊ néerlandais *faselen* « agiter » ▪ MAR. Battre au vent, en parlant d'une voile que le vent n'enfle pas. ➤ **ralinguer.**

FASHIONISTA [faʃjɔnista] **n.** – 2000 ◊ mot anglais (1993), de *fashion* « mode » et suffixe espagnol *-ista* ▪ ANGLIC. Personne passionnée par la mode, qui suit les nouvelles tendances. ➤ **modeux.** *Les fashionistas qui assistent aux défilés.*

1 **FASTE** [fast] **n. m.** – 1540 ; aussi « affectation » XVIIe ◊ latin *fastus,* proprt « orgueil, dédain » ▪ Déploiement de pompe et de magnificence. ➤ **apparat, appareil, éclat, luxe,** 1 **pompe, splendeur.** *Le faste d'une cérémonie.* ➤ 2 **brillant, magnificence.** *Le faste oriental. « Un grand faste soulignait la majesté princière : trône d'or, sceptre d'or »* DANIEL-ROPS. — REM. La forme plurielle *les fastes* est devenue fréquente par confus. avec *fastes**. *Les fastes du mariage princier.* ▪ CONTR. Simplicité. ▪ HOM. Fastes.

2 **FASTE** [fast] **adj.** – 1845 t. d'antiquité romaine ; *fauste* hapax XIVe ◊ latin *fastus,* de *fas* « expression de la volonté divine » ▪ **1** ANTIQ. ROM. *Jour faste,* où il était permis de procéder à certains actes publics, les auspices s'étant montrés favorables. ▪ **2** COUR. (opposé à *néfaste*) *Jour faste,* heureux, favorable, où l'on a de la chance. ▪ CONTR. Néfaste.

FASTES [fast] **n. m. pl.** – 1488 ◊ latin *fasti (dies)* « calendrier des jours fastes » ▪ **1** ANTIQ. ROM. Tables chronologiques des Romains. ➤ **calendrier.** — *Fastes consulaires :* tables où étaient inscrits dans l'ordre les noms des consuls, des magistrats. ▪ **2** DIDACT. Registres qui conservent le souvenir d'évènements mémorables. ➤ **annales, histoire.** *« votre situation presque sans exemple dans les fastes judiciaires »* BALZAC. ▪ HOM. Faste.

FAST-FOOD ou **FASTFOOD** [fastfud] **n. m.** – 1972 ◊ anglais américain *fast-food,* de *fast* « rapide » et *food* « nourriture » ▪ ANGLIC. ▪ **1** Restauration* rapide, à bon marché. ▪ **2** Établissement offrant ce type de restauration. *Des fast-foods, des fastfoods. « elle me poussait dans les fast-foods, dans ces mangeoires bigarrées où, aux sons d'une musique californienne, nous nous gavions de hamburgers, de frites »* P. BRUCKNER. — Recomm. offic. *restauration rapide.*

FASTIDIEUX, IEUSE [fastidjø, jøz] **adj.** – XIVe ◊ latin *fastidiosus,* de *fastidium* « dégoût » ▪ Qui rebute en provoquant l'ennui, la lassitude. ➤ **ennuyeux*, fatigant, insipide, insupportable.** *Une énumération fastidieuse. Des détails fastidieux. « Plus qu'inutile, il* [Necker] *était fastidieux par ses avis stériles, par ses remontrances vaines »* JAURÈS. — **adv. FASTIDIEUSEMENT,** 1762. ▪ CONTR. Amusant, intéressant.

FASTIGIÉ, IÉE [fastiʒje] **adj.** – 1796 ◊ bas latin *fastigiatus,* classique *fastigatus* « élevé en pointe », de *fastigium* « faîte » ▪ BOT. Caractérisé par des ramifications dressées verticalement formant un angle aigu avec le tronc, la tige. *Cyprès fastigié.* — *Port fastigié.*

FASTOCHE [fastɔʃ] **adj.** – 1970 ◊ de *facile* ▪ FAM. Facile. *Un devoir fastoche. « j'ai même flingué Julius. C'est fastoche de tuer »* Y. QUEFFÉLEC.

FASTUEUX, EUSE [fastyø, øz] **adj.** – 1537 ◊ bas latin *fastuosus* ▪ Qui aime le faste. *« Colbert soutint l'État, malgré le luxe d'un maître fastueux, qui prodiguait tout pour rendre son règne éclatant »* VOLTAIRE. — PAR EXT. *Un fastueux décor.* ➤ **éclatant, luxueux, riche, somptueux.** *Mener une vie fastueuse.* — **adv. FASTUEUSEMENT,** 1558. ▪ CONTR. Simple, modeste, pauvre.

FAT, FATE [fa(t), fat] **adj. et n. m.** – 1622 ; « sot » 1534 ◊ mot provençal « sot » ; latin *fatuus* → fatuité ▪ Qui montre sa prétention de façon déplaisante et quelque peu ridicule. ➤ **content** (de soi), **fiérot, infatué, plein** (de soi-même), **poseur, prétentieux, suffisant, vaniteux.** *Il est un peu fat. « Rien de plus fat qu'un niais »* GIDE. — *Un air fat.* ➤ **avantageux.** *« une attitude à la fois très fate et très gênée »* ALAIN-FOURNIER. — **n. m.** VIEILLI Personne qui affiche une très haute opinion de soi, sans raison et de manière ridicule. *Quel fat ! « Sans être un fat, je me rendais compte que je n'avais rien pour déplaire »* BOURGET. ▪ CONTR. Modeste. ▪ HOM. poss. Fa.

FATAL, ALE [fatal] **adj.** – XIVe ◊ latin *fatalis,* de *fatum* « destin » ▪ **1** Du destin ; fixé, marqué par le destin. *Le moment, l'instant fatal.* ➤ **fatidique.** *« cette grande figure une et multiple, lugubre et rayonnante, fatale et sacrée, l'Homme »* HUGO. *Un héros fatal,* marqué par un destin malheureux. ▪ **2** LITTÉR. Qui est signe de mort ou qui accompagne la mort. *« à la seule idée d'assister aux fatals apprêts, je sens un frisson de mort dans mes veines »* BALZAC. ◆ Qui donne la mort. *Porter le coup fatal.* ➤ **mortel.** *Issue fatale.* ▪ **3 FATAL À, POUR (qqn, qqch.) :** qui entraîne inévitablement la ruine, qui a des conséquences désastreuses. ➤ **funeste, malheureux, néfaste.** *C'est une maladresse qui peut vous être fatale. « Il eût été fatal pour sa raison que je me mette à le contredire »* CÉLINE. — (Sans compl.) *Un oubli fatal. Erreur fatale.* ◆ Choisi par le destin pour perdre, porter malheur. ➤ **funeste.** *« L'œil câlin et fatal »* BAUDELAIRE. — *Une femme fatale, une beauté fatale,* qui attire irrésistiblement ceux qui l'approchent. ➤ **vamp.** *« Être à la fois femme fatale et amazone, épouse irréprochable et maîtresse adorée »* MAUROIS. ▪ **4** PAR EXT. (fin XIXe) Qui doit arriver inévitablement. ➤ **immanquable, inéluctable, inévitable, obligatoire.** *« Et il faut que ça arrive, c'est fatal »* ZOLA. ➤ **forcé.** *« Le paupérisme est la conséquence fatale du capitalisme »* R. GONNARD. ▪ CONTR. Favorable, heureux, propice.

FATALEMENT [fatalmɑ̃] **adv.** – 1549 ◊ de *fatal* ▪ D'une manière fatale, inévitable ; par une conséquence nécessaire. ➤ **forcément, inéluctablement, inévitablement.** *L'aventure devait fatalement tourner mal. Le génie « est fatalement condamné à n'être qu'imparfaitement compris de la foule »* R. ROLLAND.

FATALISME [fatalism] **n. m.** – 1724 ◊ de *fatal* ▪ **1** Doctrine selon laquelle tous les évènements sont fixés à l'avance par le destin, la fatalité. *Le fatalisme des anciens Grecs. Fatalisme et déterminisme.* ▪ **2** PAR EXT. Attitude morale, intellectuelle par laquelle on pense que ce qui arrive devait arriver et qu'on ne peut rien faire pour s'y opposer. ➤ **aquoibonisme.** *Se résigner par fatalisme. « Un fatalisme foncier et paisible de petite bourgeoise »* COLETTE.

FATALISTE [fatalist] **n. et adj.** – 1730 ; hapax 1584 ◊ de *fatal* ▪ Personne qui professe le fatalisme, accepte les évènements avec fatalisme. *« Jacques le Fataliste », roman de Diderot.* ◆ **adj.** COUR. *Attitude fataliste. Devenir fataliste en vieillissant. « Fataliste comme un Turc, je crois que tout ce que nous pouvons faire pour le progrès de l'humanité, ou rien, c'est exactement la même chose »* FLAUBERT.

FATALITÉ [fatalite] **n. f.** – XVe ◊ latin *fatalitas* ▪ **1** Caractère de ce qui est fatal (1°, 4°). *Fatalité de la mort. « Tout ne commence vraiment à être irrémédiable qu'à partir du moment où [...] les meilleurs renoncent, et s'inclinent devant ce mythe : la fatalité* *des événements»* MARTIN DU GARD. ▪ **2** Force surnaturelle par laquelle tout ce qui arrive (surtout ce qui est désagréable) est déterminé d'avance d'une manière inévitable. ➤ **destin, destinée, fatum.** *La croyance en la fatalité.* ➤ **fatalisme.** *Fatalité et prédestination. La fatalité dans la tragédie grecque. Accuser la fatalité* (cf. FAM. C'est la faute à pas de chance). *«La fatalité jouit d'une certaine élasticité qui s'appelle liberté humaine»* BAUDELAIRE. *«La fatalité, c'est l'excuse des âmes sans volonté»* R. ROLLAND. ▪ **3** PAR EXT. Nécessité, détermination. *La fatalité historique. Fatalité intérieure qui pousse un être à agir selon sa nature.* ▪ **4** Suite de coïncidences fâcheuses, inexpliquées qui semblent manifester une finalité supérieure et inconnue ; sort contraire. ➤ **adversité, malédiction.** *Par quelle fatalité en est-il arrivé là ?* — Hasard malheureux. *C'est une fatalité qu'il ait justement pris l'avion qui a explosé.*

FATIDIQUE [fatidik] **adj.** – XVe ◇ latin *fatidicus* «qui prédit le destin» ▪ Qui marque une intervention du destin. *Heure, jour fatidique. «Je me rappelle une date que nous avions crue fatidique, le 31 décembre 1900, seuil du nouveau siècle»* SIEGFRIED.

FATIGABILITÉ [fatigabilite] **n. f.** – 1904 ◇ de *fatigable* ▪ Fait d'être fatigable. *Fatigabilité excessive, symptomatique de certaines maladies.*

FATIGABLE [fatigabl] **adj.** – 1504 ; «fatigant» 1486 ◇ latin *fatigabilis* ▪ Sujet à la fatigue. *Convalescent fatigable.* ▪ CONTR. Infatigable.

FATIGANT, ANTE [fatigɑ̃, ɑ̃t] **adj.** – 1666 ◇ de *fatiguer* ▪ **1** Qui cause de la fatigue physique. *Exercice, travail fatigant.* ➤ **épuisant, éreintant, exténuant, pénible, rude ;** FAM. **claquant, crevant, esquintant.** *Journée fatigante.* ➤ **accablant, harassant, tuant.** *Il est fatigant de travailler. Ce n'est pas très fatigant.* ➤ FAM. **cassant, foulant.** — *Travail fatigant à faire.* ◆ Qui exige une attention soutenue, pénible, qui fatigue l'esprit. *Lecture, étude fatigante.* ➤ **abrutissant, casse-tête.** ▪ **2** Qui importune, lasse. ➤ **assommant, ennuyeux*, fastidieux, lassant, usant ;** FAM. **barbant, rasant ;** RÉGION. **achalant, pelant.** *«La vie que je mène ici est réellement fatigante, par l'excès de son repos et son insipide uniformité»* LACLOS. *C'est fatigant de ne jamais trouver ce qu'on cherche. Il est fatigant avec ses histoires.* ➤ **importun.** *Il est fatigant à écouter.* ▪ CONTR. Reposant. Aisé, facile. Agréable. ▪ HOM. Fatiguant (fatiguer).

FATIGUE [fatig] **n. f.** – XIVe ◇ de *fatiguer* ▪ **1** État résultant du fonctionnement excessif d'un organe, d'un organisme, et qui se traduit par une diminution des forces, de l'activité, généralement accompagné d'une sensation caractéristique (*sentiment de fatigue*). *Légère fatigue* (➤ **lassitude**), *grande fatigue* (➤ **épuisement, éreintement, exténuation, harassement**). *Fatigue des jambes ; fatigue générale* (➤ **asthénie**). *Effets de la fatigue.* ➤ **abattement, accablement, affaiblissement, alanguissement, anéantissement, faiblesse.** *Tituber, tomber, être mort de fatigue.* ➤ **fatigué.** *«Il se sentit recru de fatigue, les jambes raides et douloureuses, les reins brisés»* BERNANOS. *Supporter la fatigue* (➤ **infatigable**). *Fatigue nerveuse* (➤ **stress**) ; *fatigue cérébrale, intellectuelle.* ➤ **surmenage.** — *La fatigue du voyage,* causée par le voyage. ▪ **2** VIEILLI ➤ **ennui, lassitude, tracas.** *«Ô la grande fatigue que d'avoir une femme !»* MOLIÈRE. ▪ **3** (Surtout au plur.) Ce qui est cause de fatigue. *Se remettre des fatigues du voyage.* ▪ **4** TECHN. Déformations, changements d'état subis par un matériau, une pièce mécanique, etc., sous des efforts excessifs. *Fatigue des métaux. Rupture par fatigue.* ▪ CONTR. Détente, repos ; délassement.

FATIGUÉ, ÉE [fatige] **adj.** – v. 1460 ◇ de *fatiguer* ▪ **1** Dont l'activité est diminuée par suite d'un effort excessif. *Muscle, cœur, cerveau fatigué. Personne fatiguée,* qui ressent de la fatigue. *Se sentir très fatigué.* ➤ **brisé, courbatu, courbaturé, épuisé, éreinté, exténué, fourbu, harassé,** 1 **las,** 2 **mort** (FIG.), **moulu, recru, rendu, rompu, surmené ;** FAM. **claqué, crevé, décalqué, esquinté, flagada, flapi, H. S., K.-O., lessivé,** 2 **naze, pompé, raplapla, rétamé, rincé, vanné, vidé** (cf. Être à bout*, à bout de course*, à plat ; être sur le flanc*, sur les genoux*, sur la jante, sur les rotules* ; n'en plus pouvoir* ; être au bout du rouleau*, mort de fatigue ; en avoir plein les bottes). *Fatigué et sans énergie.* ➤ **abattu, accablé, déprimé,** FAM. **vaseux.** *Fatigué par le bruit, le tumulte :* abruti, assommé, étourdi. PLAISANT *Il est fatigué de naissance, il est né fatigué.* ◆ PAR EXT. VIEILLI Qui marque, dénote la fatigue. *Une figure fatiguée.* ➤ **tiré.** *Un air fatigué.* ▪ **2** PAR EXT. Dérangé. *Avoir l'estomac, le foie fatigué.* — Faible, un peu malade. ➤ **indisposé, souffrant,** FAM. **vaseux.** *Elle est un peu fatiguée et n'ira pas en classe aujourd'hui.* ▪ **3** FIG. (1878) Qui a beaucoup servi, a perdu son éclat, sa fraîcheur. ➤ **abîmé, avachi, déformé, défraîchi, usagé, usé, vieux.** *Vêtements, souliers fatigués. Livre fatigué.* ▪ **4** PAR EXT. *Fatigué de :* las de. ➤ **blasé, dégoûté, ennuyé, excédé, lassé, saturé,** RÉGION. **fiu, tanné** (cf. En avoir assez* de). *Être fatigué de sa maîtresse. Être fatigué de la vie. «Fatigué d'écrire, ennuyé de moi, dégoûté des autres»* BEAUMARCHAIS. ▪ **5** RÉGION. (Savoie, Provence) *Être (bien, très) fatigué,* gravement malade. ▪ CONTR. Dispos, 1 frais, reposé. 2 Neuf.

FATIGUER [fatige] **v.** ‹1› – XIVe ◇ latin *fatigare* «épuiser ; tourmenter»

I v. tr. ▪ **1** Causer de la fatigue à (un organe, un organisme). *Cet exercice fatigue les bras, le cœur. Cette lecture lui a fatigué les yeux. Cette longue marche m'a fatigué.* ➤ **briser, épuiser, éreinter, exténuer, harasser, tuer ;** FAM. **claquer, crever, esquinter, pomper,** 1 **vanner, vider ;** RÉGION. **maganer.** *Les études le fatiguent.* — (Sujet personne) Faire fournir des efforts excessifs à. *Fatiguer son personnel ; ses élèves* (➤ **surmener**). *Fatiguer son cheval. Fatiguer une bête en la poursuivant.* ➤ **forcer.** ◆ AGRIC. *Fatiguer un champ, fatiguer la terre,* l'épuiser par la culture répétée d'une même plante. *Fatiguer un arbre,* lui laisser produire trop de fruits. ▪ **2** PAR EXT. Remuer, retourner. *Fatiguer la terre.* — FAM. *Fatiguer la salade.* ▪ **3** Rebuter par l'ennui, par l'importunité. *Fatiguer ses auditeurs.* ➤ **assommer, endormir, ennuyer*, lasser.** *Fatiguer qqn par des demandes, des plaintes répétées.* ➤ **énerver, harceler, importuner, obséder.** FAM. *Arrête, tu nous fatigues !*

II v. intr. ▪ **1** VX ou RÉGION. Se donner de la fatigue, se fatiguer. — COUR. (d'un mécanisme) ➤ **peiner.** *Le moteur fatigue dans la montée.* ▪ **2** Subir des déformations consécutives à un trop grand effort. ➤ se **déformer, plier.** *Poutre qui fatigue sous une trop forte poussée.* — MAR. *Navire qui fatigue,* dont la mâture, les liaisons sont ébranlées par l'effet d'un vent violent, d'une mer agitée, etc.

III SE FATIGUER v. pron. ▪ **1** Fournir un effort excessif ; se donner de la fatigue. *Se fatiguer en travaillant trop* (cf. Se tuer* de travail). *Il ne s'est pas trop fatigué.* ➤ FAM. se **casser,** se **fouler.** *Je me fatigue à lui expliquer cela depuis deux heures.* ➤ se **démener, s'échiner, s'époumoner, s'évertuer,** se **tuer ;** FAM. se **décarcasser, s'esquinter.** ◆ FAM. Faire des efforts inutiles. *«Laisse donc tomber, ne te fatigue pas»* SARRAUTE. *Ne vous fatiguez pas* (à mentir), *je sais tout.* ▪ **2 SE FATIGUER DE :** avoir assez, se lasser de. ➤ RÉGION. se **tanner.** *On se fatigue des meilleures choses. «On se fatigue de la pitié quand la pitié est inutile»* CAMUS.

▪ CONTR. Délasser, détendre, 1 reposer. Amuser, intéresser. ▪ HOM. *Fatiguant :* fatigant.

FATIHA [fati(h)a] **n. f.** – 1927 ◇ de l'arabe *fātiḥa'* littéralt «ouverture» ▪ RELIG. Première sourate du Coran, dite en particulier dans des circonstances solennelles (mariage, funérailles). *«Il prononce la fatiha, lève ses mains au ciel et prie Dieu pour que ce garçon soit homme de bien, droit et vertueux»* BEN JELLOUN.
REM. Souvent écrit avec une majuscule.

FATMA [fatma] **n. f.** – 1900 ◇ mot arabe, de *Fatima* nom de la fille de Mahomet ▪ Femme arabe, domestique dans les pays du Maghreb, au temps de la colonisation. *Les fatmas. «des fatmas pour les nettoyages, la lessive et tout ça»* J. ANGLADE.

FATRAS [fatʀɑ] **n. m.** – *fastras* 1320 ◇ p.-ê. du latin *farsura* «remplissage» ▪ Amas confus, hétéroclite, de choses sans valeur, sans intérêt. *«Tout ce fatras pittoresque qu'un docteur Faust entasse dans son cabinet ou son atelier»* GAUTIER. ➤ **bric-à-brac, fouillis.** — FIG. Ensemble confus, incohérent d'idées, de paroles ou d'écrits. ➤ **ramassis, salmigondis.** *Esprit encombré d'un fatras de connaissances mal assimilées.*

FATRASIE [fatʀazi] **n. f.** – XIIIe ◇ de *fatras* ▪ HIST. LITTÉR. Poème du Moyen Âge, d'un caractère incohérent ou absurde, formé de dictons, proverbes, etc., mis bout à bout et contenant des allusions satiriques.

FATUITÉ [fatɥite] **n. f.** – fin XVIIe ; «sottise» XIVe ◇ latin *fatuitas* → fat ▪ Satisfaction de soi-même qui s'étale d'une manière insolente, déplaisante ou ridicule. ➤ **autosatisfaction, infatuation, prétention, suffisance, vanité.** *Être plein de fatuité. Un air de fatuité. «Blachevelle sourit avec la fatuité voluptueuse d'un homme chatouillé à l'amour-propre»* HUGO. *«La fatuité s'accompagne toujours d'un peu de sottise»* GIDE. ▪ CONTR. Modestie.

FATUM [fatɔm] **n. m.** – 1584 ◇ mot latin «chose dite, destin irrévocable, ce qui est écrit» ▪ LITTÉR. Destin. ➤ **destinée, fatalité.**

FATWA [fatwa] **n. f.** – répandu 1989 ◇ mot arabe ▪ Dans l'islam, Consultation juridique donnée par une autorité religieuse ; décision qui en résulte. *Ayatollah, mufti qui lance une fatwa. Recueil de fatwas.*

FAUBERT [fobɛʀ] **n. m.** – 1687 ; *fauber* 1643 ◇ origine inconnue, p.-ê. du néerlandais *zwabber* ■ MAR. Sorte de balai de vieux cordages servant à sécher le pont des navires après le lavage ou la pluie.

FAUBOURG [fobuʀ] **n. m.** – *faux bourg* XIVᵉ, altération de *fors borc* XIIᵉ ◇ de *fors* «hors» et *borc* «bourg» ; latin *foris* «dehors» et *burgus* «bourg» ■ **1** HIST. Partie d'une ville qui déborde son enceinte, ses limites. *«sous Charles VII, les loups entraient dans les faubourgs de Paris»* TAINE. ■ **2** Quartier, localité à la périphérie d'une grande ville. ➤ aussi **banlieue, couronne.** *Faubourgs industriels, populeux. L'accent des faubourgs.* ➤ **faubourien.** *«il détestait la ville basse, le faubourg avec l'usine»* ARAGON. ◆ PAR MÉTON. La population ouvrière des faubourgs. *«Santerre, un brasseur que le faubourg s'était donné pour commandant, proposait d'incendier la place»* MICHELET. ■ **3** Dans une grande ville, Nom conservé par un quartier qui, anciennement, était hors de son enceinte. *Il habite rue du Faubourg Montmartre* (à Paris), OU ELLIPT *Faubourg Montmartre. Les femmes «qui étaient admises dans la société du faubourg Saint-Germain»* BALZAC. ■ CONTR. Centre.

FAUBOURIEN, IENNE [fobuʀjɛ̃, jɛn] **n. et adj.** – 1801 ◇ de *faubourg* ■ **1** Personne qui habite un faubourg, et notamment un faubourg populaire (de Paris). ■ **2 adj.** Qui appartient aux faubourgs (de Paris). *Accent faubourien. «Son accent l'a seulement préservé des ignobles prononciations faubouriennes dont j'ai horreur»* ROMAINS.

FAUCARD [fokaʀ] **n. m.** – XIVᵉ, repris XIXᵉ ◇ du picard *fauquer* «faucher» ■ AGRIC. Grande faux pour faucher les herbes des rivières et des marais.

FAUCARDER [fokaʀde] **v. tr.** ‹1› – 1838 ◇ de *faucard* ■ AGRIC. Faucher avec le faucard. — **adj. et n. FAUCARDEUR, EUSE.**

FAUCHAGE [foʃaʒ] **n. m** – 1374 ◇ de *faucher* ■ **1** Action de faucher. ➤ **fauchaison.** *Le fauchage d'un pré. Fauchage et javelage du blé.* ■ **2** ARTILL. Mécanisme de tir destiné à battre un terrain. ■ **3** SPORT Au football, Action de faire tomber irrégulièrement le possesseur du ballon.

FAUCHAISON [foʃɛzɔ̃] **n. f.** – XIIᵉ ◇ de *faucher* ■ Action de faucher (➤ **fauchage**). *«en attendant de commencer la fauchaison des luzernes»* ZOLA. — Époque, saison où l'on fauche. ➤ **fenaison, moisson.**

FAUCHARD [foʃaʀ] **n. m.** – *faussard* XIIIᵉ ; repris XVIIIᵉ ◇ de 2*faux* ■ **1** ARCHÉOL. Arme en forme de faux, tranchante dans sa partie convexe. ■ **2** AGRIC. Serpe à deux tranchants munie d'un long manche.

FAUCHE [foʃ] **n. f.** – 1611 ◇ de *faucher* ■ **1** VX Fauchage ; fauchaison. ■ **2** (1933) FAM. et VIEILLI Le fait d'être fauché, sans le sou. *Plus un sou, c'est la fauche.* ■ **3** (1920) MOD. FAM. Vol. *Il y a de la fauche dans ce supermarché.* — PAR MÉTON. Chose fauchée, volée. *«Ton cochon [...], on dirait tout de suite : c'est de la fauche»* AYMÉ.

FAUCHÉ, ÉE [foʃe] **adj.** – XIIIᵉ ◇ de *faucher* ■ **1** Qu'on a fauché. *Blés fauchés. Pré fauché.* ■ **2** (1876) FAM. Qui n'a pas, qui a peu d'argent. ➤ **désargenté.** *Je suis (complètement) fauché, fauché comme les blés* (cf. FAM. Raide comme un passe-lacet*, sans* le sou, sans* un, à sec*). *«cette année nous étions trop fauchés pour aller à l'étranger»* BEAUVOIR. — **n.** *Ils «courent après quatre sous aussi bien les fauchés que ceux qui en ont à ne savoir qu'en faire»* C. SIMON. ◆ LOC. IRON. *On n'est pas fauchés (avec qqn, qqch.)* : ça ne nous aide pas. ■ **3** (CHOSES) À petit budget, organisé avec peu de moyens. *Un film fauché. Mariage fauché.*

FAUCHER [foʃe] **v.** ‹1› – XIIᵉ ◇ latin populaire °*falcare*, de *falx, falcis* «faux»

I **v. tr.** ■ **1** Couper avec une faux ou une faucheuse. *Faucher des céréales, du blé.* ➤ **moissonner.** *Faucher l'herbe, le foin.* PAR EXT. *Faucher un pré* (cf. Faire les foins*). ABSOLT *Il est temps de faucher.* — *Faucher l'herbe* sous le pied de qqn.* ■ **2** Faire tomber. ➤ **abattre,** 1**coucher.** *Des rafales «secouant les buissons, fauchant les fleurs»* GREEN. — *Faucher qqn* : faire tomber en blessant, en tuant. *Assaillants fauchés par le tir des mitrailleuses.* ➤ **abattre, tuer.** *Un groupe d'enfants fauché par un camion.* ➤ **renverser.** ■ **3** (1904) SPORT Faire tomber brutalement (un adversaire) par un moyen irrégulier. ➤ aussi **plaquer.** ■ **4** (1713 argot) FAM. Voler*. ➤ **piquer.** *On m'a fauché mon portefeuille. «Quand j'ai fauché cette fiole dans le sac de Paule, je comptais la jeter»* BEAUVOIR. ABSOLT *On l'a prise à faucher dans les magasins.* — PAR EXT. *Il lui a fauché sa place.* ➤ **prendre.**

II **v. intr.** ■ **1** Marcher en décrivant un demi-cercle avec la jambe. *Un cheval qui fauche.* ■ **2** ARTILL. Donner à une arme un mouvement de va-et-vient horizontal de manière à battre une zone déterminée. *Tirer en fauchant.*

FAUCHET [foʃɛ] **n. m.** – 1213 ◇ de 2*faux* ■ AGRIC. Râteau de bois, droit ou oblique, muni de chaque côté d'une rangée de dents et servant pour les foins.

FAUCHETTE [foʃɛt] **n. f.** – 1811 ◇ de *fauchet* ■ AGRIC. Serpe pour faire des fagots, tailler des arbustes.

FAUCHEUR, EUSE [foʃœʀ, øz] **n.** – *faucheor* fin XIIᵉ ◇ de *faucher* ■ **1** Personne qui fauche. *«Les faucheurs s'avançaient sans un arrêt, d'un même mouvement rythmique, le torse balancé [...] la faux lancée et ramenée»* ZOLA. — *Faucheur volontaire, faucheur d'OGM* : militant écologiste qui détruit des cultures transgéniques pour s'opposer aux OGM. — PAR MÉTAPH. LITTÉR. *La Faucheuse* : la Mort. ■ **2 n. f.** (1860) Machine agricole destinée à couper les récoltes fourragères. ➤ **moissonneuse, motofaucheuse.** *Faucheuse automotrice. Faucheuse conditionneuse,* qui coupe et conditionne les fourrages. *Faucheuse-hacheuse-chargeuse. «Jean conduisait la faucheuse mécanique»* ZOLA. ■ **3 n. m.** (1756) Faucheux.

FAUCHEUX [foʃø] **n. m.** – 1690 ◇ de *faucher* ■ Arachnide à quatre paires de pattes longues et ténues. ➤ **faucheur.** ◆ PAR MÉTAPH. FAM. *De longs bras de faucheux.*

FAUCHON [foʃɔ̃] **n. m.** – XIᵉ «arme» ◇ de *faux* ■ AGRIC. Faux armée d'un râteau, pour la coupe des céréales.

FAUCILLE [fosij] **n. f.** – XIIᵉ ◇ bas latin *falcicula*, de *falx* «faux» ■ Instrument tranchant fait d'une lame d'acier courbée en demi-cercle fixée à une poignée de bois, dont on se sert pour couper les céréales, l'herbe. ➤ **serpe.** *Moissonner à la faucille.* MÉTAPH. POÉT. *La lune, «cette faucille d'or dans le champ des étoiles»* HUGO. — *La faucille et le marteau,* outils symbolisant les classes paysanne et ouvrière ; emblème de l'U. R. S. S., du parti communiste.

FAUCON [fokɔ̃] **n. m.** – *falcun* 1080 ◇ bas latin *falco, falconis*, probablt de *falx* «faux», d'après la courbure du bec ou des ailes ■ **1** Oiseau rapace diurne *(falconiformes)*, au bec court et crochu et aux ailes pointues. *Faucon crécerelle, émerillon, émouchet. Faucon gerfaut, hobereau, pèlerin.* ➤ aussi **laneret, lanier.** *Faucon mâle.* ➤ **tiercelet.** — *Chasse au faucon.* ➤ **fauconnerie, volerie.** *Apprivoiser, dresser un faucon* (➤ **affaitement**). *Chaperon qui couvre la tête du faucon. Porter un faucon sur le poing. Faucon qui vole* le gibier.* ◆ (1960 ◇ adaptation de l'anglais américain *hawk* «aigle») FIG. POLIT. Partisan de la force dans le règlement d'un conflit. ➤ **épervier, va-t-en-guerre.** *Les faucons et les colombes.* ■ **2** (1511) ANCIENNT Petit canon en usage aux XVIᵉ et XVIIᵉ s. ➤ **fauconneau.**

FAUCONNEAU [fokɔno] **n. m.** – 1498 ◇ de *faucon* ■ **1** Jeune faucon. ■ **2** (1534) Petit canon léger (XVIᵉ et XVIIᵉ s.).

FAUCONNERIE [fokɔnʀi] **n. f.** – 1360 ◇ de *faucon* ■ **1** Art d'élever et de dresser les faucons et les autres oiseaux de proie. ➤ **affaitement.** ■ **2** Chasse au moyen d'oiseaux de proie. ➤ **volerie.** *Fauconnerie de haut vol,* employant les émerillons, faucons, gerfauts, laniers. *Fauconnerie de bas vol,* employant autours, éperviers. ■ **3** Lieu où l'on élève les faucons. ◆ Ensemble du personnel, des faucons, chevaux, chiens destinés à la chasse au faucon.

FAUCONNIER [fokɔnje] **n. m.** – v. 1165 ◇ de *faucon* ■ Celui qui dresse et fait voler les faucons et autres oiseaux de proie.

FAUCRE [fokʀ] **n. m.** – *faucre, faultre, fautre* XIIᵉ-XIIIᵉ ◇ germanique *filz, felt* → feutre ■ ARCHÉOL. Crochet qui était fixé sur le côté droit des armures pour soutenir la lance en arrêt.

FAUFIL [fofil] **n. m.** – 1865 ◇ de *faufiler* ■ Fil passé en faufilant. ➤ 2**bâti.**

FAUFILAGE [fofilaʒ] **n. m.** – 1841 mar. ◇ de *faufiler* ■ Action de faufiler (1°).

FAUFILER [fofile] **v. tr.** ‹1› – 1684 ◇ altération, d'après *faux*, de *farfiler, fourfiler* (XIVᵉ) ; de *fors* «hors» et *fil* ■ **1** Coudre à grands points pour maintenir provisoirement (les parties d'un ouvrage) avant de les fixer définitivement. ➤ **bâtir.** *Faufiler un ourlet, une couture. Faufiler une manche.* ■ **2** FIG. VX Introduire adroitement. *Parmi ces pièces d'argent, il en a faufilé une fausse.* ■ **3 SE FAUFILER v. pron.** (1694) S'introduire habilement. ➤ **s'insinuer, s'introduire.** *Il «s'était faufilé à la maison comme être subalterne, ne s'offensant de rien, bon flatteur de tous»* STENDHAL. ◆ (1823) (CONCRET) Passer, se glisser adroitement à travers. ➤ se **couler,** se **glisser.** *Se faufiler dans la foule, à travers la foule.* ➤ RÉGION. **zigonner.** *Un resquilleur qui se faufile* entre les files d'attente. *Le serpent «se faufila entre les pierres avec un léger bruit de métal»* SAINT-EXUPÉRY. — (CHOSES) *«la route se faufile dans un vallon si resserré qu'il garde à peine la voie d'une voiture»* CHATEAUBRIAND.

1**FAUNE** [fon] **n. m.** – 1372 ◊ latin *Faunus,* dieu champêtre ■ Divinité champêtre mythologique, à l'image de Pan. ➤ **chèvre-pied, sylvain.** *Les faunes sont représentés avec le corps velu, de longues oreilles pointues, des cornes et des pieds de chèvre. Les faunes, les satyres et les nymphes. «L'Après-midi d'un faune», églogue de Mallarmé, poème symphonique de Debussy.*

2**FAUNE** [fon] **n. f.** – 1783 ◊ latin scientifique *fauna,* de 1*faune* ■ **1** VX Description des animaux d'un pays ; ouvrage qui donne cette description. ➤ 2**bestiaire.** ■ **2** MOD. Ensemble des animaux (d'une région ou d'un milieu déterminés). *«la faune, plus que la flore, fait l'intérêt constant du paysage»* GIDE. *La faune d'un parc régional. Faune ailée.* ➤ **avifaune.** *Faune préhistorique. Faune polaire, tropicale.* ■ **3** FIG. et PÉJ. Ensemble de gens qui fréquentent un lieu et ont des mœurs caractéristiques et pittoresques. *La faune des boîtes de nuit. «Rue Maître-Albert défilait une faune gaie et insouciante ; c'était avant le premier choc pétrolier»* BEIGBEDER.

FAUNESQUE [fonɛsk] **adj.** – 1788 ◊ de 1*faune* ■ Qui évoque un faune. *Visage faunesque.*

FAUNESSE [fonɛs] **n. f.** – v. 1850 ◊ de 1*faune* ■ Faune (1) femelle. *«la reine de toutes les diablesses, de toutes les faunesses et de toutes les satyresses»* BAUDELAIRE.

FAUNIQUE [fonik] **adj.** – 1896 ◊ de 2*faune* ■ DIDACT. Qui concerne la faune. *Les grandes régions fauniques de l'Eurasie.* — On dit aussi **FAUNISTIQUE,** qui semble plus courant de nos jours. ■ HOM. poss. Phonique.

FAUSSAIRE [fosɛʀ] **n.** – XIIᵉ ◊ latin *falsarius,* de *falsus* → 1faux ■ Personne qui fait un faux. ➤ **contrefacteur.** *Faussaire qui fabrique des billets de banque* (➤ **faux-monnayeur**)*, imite une signature. «le faux n'était même pas adroit et le faussaire avoua»* MAUROIS. *Faussaire littéraire.*

FAUSSE COUCHE [foskuʃ] **n. f.** – 1671 ◊ de *faux* et *couche* ■ Avortement non provoqué, involontaire. *Elle a fait plusieurs fausses couches.* — FAM. (t. d'insulte) *Résidu de fausse couche.* ➤ **avorton.**

FAUSSEMENT [fosmɑ̃] **adv.** – *falsement* 1190 ◊ de 1*faux* ■ **1** Contre la vérité. *Être faussement accusé de vol,* à tort. ■ **2** D'une manière fausse. *Raisonner faussement.* ➤ 1**faux.** *Se persuader faussement d'une chose.* ■ **3** (Devant un adj.) D'une manière affectée, simulée. *Une tenue faussement négligée. Un air faussement modeste, faussement naïf.* ■ CONTR. Droitement, réellement, véritablement.

FAUSSER [fose] **v. tr.** ⟨1⟩ – XIIᵉ, aussi «falsifier, tromper» ; *falser* «démentir» 1080 ◊ bas latin *falsare,* de *falsus*

I ■ **1** Rendre faux, déformer la vérité, l'exactitude de (une chose abstraite). ➤ **altérer, déformer, dénaturer.** *Erreur qui fausse un résultat, un calcul. «Sa pensée est faite de telles nuances qu'il est presque impossible de la résumer sans la fausser»* BILLY. ➤ **défigurer, falsifier, travestir.** ■ **2** Déformer (qqch.) ; faire perdre sa justesse, sa perfection à. — VX *Fausser une note.* INTRANS. RÉGION. (Canada) FAM. Chanter faux. — MOD. PRONOM. *«Pendant qu'il disait ces derniers mots, sa voix se faussa un peu»* ROMAINS. ♦ (ABSTRAIT) ➤ **déformer, pervertir.** *Ces lectures lui ont faussé le jugement. «La persécution fausse l'esprit et rétrécit le cœur»* RENAN. ■ **3** (milieu XIIᵉ) Déformer (un instrument, un objet) par une pression excessive qui le rend inutilisable. ➤ **forcer.** *Fausser un mécanisme, une pièce en la courbant, en la pliant, en la tordant. Fausser une clé, une lame. Fausser une serrure.* PRONOM. *La direction de la voiture s'est faussée.*

II (avant 1565 ◊ de l'ancien sens «manquer à sa promesse, enfreindre» XIIᵉ) **FAUSSER COMPAGNIE À qqn,** le quitter brusquement ou sans prévenir. ➤ **abandonner, quitter** (cf. Brûler la politesse* ; filer à l'anglaise*). — PAR ANAL. *«il ne me paraissait plus possible de fausser politesse à mes hôtes»* GIDE.

■ CONTR. (de I) Redresser, rétablir. ■ HOM. Fossé.

1**FAUSSET** [fosɛ] **n. m.** – v. 1175 ◊ de 1*faux,* cette voix semblant artificielle chez un homme ■ **1** *Voix de fausset* ou *fausset* : registre vocal situé dans l'aigu (cf. Voix de tête*). *Le fausset est utilisé pour iodler.* — COUR. Voix suraiguë, SPÉCIALT chez un homme. *«son aigre fausset Semble un violon qui jure sous l'archet»* BOILEAU. ■ **2** Personne, chanteur qui utilise cette voix (➤ **haute-contre, sopraniste**). ■ CONTR. 1Basse.

2**FAUSSET** [fosɛ] **n. m.** – 1322 ◊ de *fausser* «percer» ■ TECHN. Petite cheville de bois pour boucher le trou fait à un tonneau en vue de goûter le vin. *Tirer du vin au fausset.*

FAUSSETÉ [foste] **n. f.** – 1130 ◊ bas latin *falsitas*

I Caractère d'une chose fausse, contraire à la vérité. *Démontrer la fausseté d'une accusation.* ABSOLT *«Ni la contradiction n'est marque de fausseté, ni l'incontradiction n'est marque de vérité»* PASCAL. ➤ **erreur.** — Caractère de ce qui manque de justesse. *La fausseté d'un jugement, d'un raisonnement.*

II Ce qui est contraire à la franchise. ■ **1** VX ➤ **mensonge.** *«J'ai sur le cœur ces deux faussetés»* Mᵐᵉ DE SÉVIGNÉ. ■ **2** MOD. Défaut du caractère qui consiste à dissimuler ses pensées, ses intentions véritables, à dire des mensonges, pour en tirer parti. ➤ **déloyauté, dissimulation, duplicité, fourberie, hypocrisie** (cf. Mauvaise foi*). *Elle a «une certaine fausseté naturelle* [...] *qui réussira d'autant mieux que sa figure offre l'image de la candeur et de l'ingénuité»* LACLOS.

■ CONTR. Authenticité, exactitude, réalité, véracité, vérité ; justesse. Franchise, sincérité.

FAUT (IL) ➤ **FALLOIR**

FAUTE [fot] **n. f.** – fin XIIᵉ au sens de «manquement» (II, 1°) ◊ du latin parlé *fallita,* famille de *fallere* «tromper» puis «manquer» → faillir, falloir

I VX OU EN LOC. **LE FAIT DE MANQUER, D'ÊTRE EN MOINS** (milieu XIIIᵉ) *«Faute d'argent, c'est douleur non pareille»* RABELAIS. ➤ **défaut.** — *Ne pas se faire faute de* : ne pas manquer de, ne pas se priver de. *Il ne se fit pas faute d'en parler.* ♦ **loc. prép.** (1636) **FAUTE DE :** par manque de. *Il n'a pu partir en voyage, faute d'argent. Elle a accepté ce travail, faute de mieux. «Et le combat cessa, faute de combattants»* CORNEILLE. *Faute de quoi* : sans quoi. ➤ **autrement, sinon.** *Les Martiens «ont aussi un pape* [...] : *faute de quoi ils n'auraient pu se civiliser»* BARTHES. PROV. *Faute de grives*, on mange des merles.* ➤ **défaut** (à défaut de). — (Avec un inf.) *Ce n'est pas faute d'avoir essayé.* ♦ **loc. adv.** (début XIVᵉ) **SANS FAUTE :** à coup sûr, certainement. *Venez à neuf heures sans faute.*

II MOD. **LE FAIT DE MANQUER À CE QU'ON DOIT** ■ **1** (fin XIIᵉ) Manquement à la règle morale ; mauvaise action. ➤ **attentat, crime,** 1**délit,** 1**forfait, inconduite, infraction, méfait.** *Commettre, faire une faute. Qui a commis une faute.* ➤ **coupable, fautif.** *Faute légère, insignifiante, vénielle.* ➤ **peccadille.** *Faute grave. «Elle était sévère pour les autres : elle n'admettait aucune faute, ni presque aucun travers»* R. ROLLAND. *Avouer, reconnaître sa faute.* PROV. *Faute avouée est à moitié pardonnée.* — *Punition d'une faute.* ♦ *Prendre qqn en faute* (cf. En flagrant délit*). *«Il me questionnait de l'air d'un homme sûr de me prendre en faute»* ROUSSEAU. *Être en faute.* — SPÉCIALT Manquement à la morale, aux prescriptions d'une religion. ➤ **coulpe, péché ; faillir, pécher.** *Confesser sa faute* (cf. Se couvrir la tête de cendres*, faire son mea-culpa). ■ **2** DR. Acte ou omission constituant un manquement à une obligation légale ou conventionnelle dont la loi ordonne la réparation quand il a causé à autrui un dommage matériel, pécuniaire ou moral. *Faute positive.* ➤ 2**fait.** *Faute civile,* engageant la responsabilité civile. *Faute contractuelle. Faute inexcusable* (en matière d'accidents du travail ou de la circulation). *Faute professionnelle. Licenciement pour faute grave.* ♦ Manquement au devoir (action ou omission) qui peut être érigé en infraction ; SPÉCIALT Imprudence, négligence (ex. homicide par imprudence, blessures et coups involontaires). ■ **3** Manquement à une règle, à un principe (dans une discipline intellectuelle, un art). ➤ **erreur ; inexactitude, irrégularité, omission.** *Lourde faute, faute grossière. Faute commise par bêtise* (➤ **ânerie, bêtise, imbécillité ;** FAM. **connerie, couillonnade**)*, par étourderie, inattention, maladresse, négligence. Faute d'inattention,* commise par inattention. *Faute de goût. Fautes de langage.* ➤ **incorrection ; barbarisme, solécisme ; lapsus.** *Il y a de nombreuses fautes dans ce texte.* ➤ **défaut, imperfection.** *Faute d'orthographe, de prononciation, d'usage, de grammaire, de syntaxe. «On voit mieux ses fautes quand elles sont imprimées»* VOLTAIRE. *Faire des fautes de français. Faute de liaison.* ➤ **cuir, pataquès, velours.** — SANS COMPL. *Il a fait cinq fautes dans sa dictée. Fautes dans une version* (cf. Faux* sens, contresens, non-sens). — *Faute de frappe, de saisie. Faute d'impression, faute typographique.* ➤ 3**bourdon, coquille,** 2**doublon, mastic.** *Liste de fautes.* ➤ **errata.** ♦ SPORT Erreur technique, manquement aux règles entraînant une sanction. *Faute de main* (au football). ABSOLT *Faute ! Parcours hippique effectué sans faute.* ELLIPT *Un sans faute.* ➤ **sans-faute.** ■ **4** Manière d'agir maladroite ou fâcheuse ; défaut d'habileté, de prudence.

➤ **bévue*, erreur, maladresse, sottise.** *Rejeter* une faute sur qqn. Une faute de jeunesse. «Toutes les passions nous font faire des fautes, mais l'amour nous en fait faire de plus ridicules»* LA ROCHEFOUCAULD. ▪ **5** (Dans des expressions) Responsabilité d'une action. *C'est sa faute, c'est bien sa faute s'il lui est arrivé malheur* (cf. Il l'a cherché). *C'est la faute de son frère.* FAM. *La faute à. La faute à qui ? «Je suis tombé par terre, c'est la faute à Voltaire»* HUGO. *C'est la faute à pas de chance*.* — PAR EXT. *Ce n'est vraiment pas sa faute s'il a si bien réussi,* il n'y est pour rien ; il n'a pas à s'en vanter. ◆ *C'est de sa faute* (même sens). *Tout est de sa faute. C'est sa faute. C'est pas ma faute.* ◆ *Par la faute de. «Cette femme était malheureuse par la faute du mari»* CHARDONNE. *À qui la faute ?* ◆ Avec à renforçant le possessif *Est-ce ma faute, à moi ? «ce n'est pas tout à fait leur faute, à ces enfants»* DAUDET.

▪ CONTR. Abondance, excès, quantité. — Bienfait, mérite. Exactitude ; correction.

FAUTER [fote] v. intr. ‹1› – 1864 ; «commettre une faute» 1568 ◇ de *faute* ▪ **1** FAM. VIEILLI Se laisser séduire, se donner, en parlant d'une femme, d'une jeune fille. *«protégez votre servante qui a fauté dans un moment d'oubli»* MAUPASSANT. ▪ **2** (Fr. d'Afrique) Faire une, des fautes (d'orthographe, de français).

FAUTEUIL [fotœj] n. m. – 1642 ; *faudeteuil* 1611 ; *faldestoel* 1080 ◇ francique °*faldistôl* «siège pliant» → faldistoire ▪ **1** Siège à dossier et à bras, à une seule place. ➤ **bergère, cabriolet, 1club, crapaud, voltaire.** *Fauteuil rembourré, capitonné. Les coussins, l'appuie-tête, les accotoirs d'un fauteuil. Salon composé de deux fauteuils et d'un canapé. Fauteuil en cuir. — Fauteuil de jardin en osier. Fauteuil de toile, pliant.* ➤ **transatlantique.** *Fauteuil à bascule.* ➤ **rocking-chair ;** RÉGION. **berceuse.** *Fauteuil roulant pour handicapé moteur.* APPOS. *Basket fauteuil, rugby fauteuil,* pratiqués par des joueurs en fauteuil roulant (handisport). — *Avancer, offrir un fauteuil. S'asseoir, s'affaler dans un fauteuil. «elles se laissaient aller dans un fauteuil dont la mollesse et la profondeur invitaient au repos»* MARIVAUX. ◆ SPÉCIALT *Fauteuil de coiffeur, de dentiste. — Fauteuil du souverain* (➤ **trône**), *d'un prélat* (➤ **chaire, faldistoire**) *dans les cérémonies officielles. — Fauteuil d'orchestre* (au théâtre). ▪ **2** Siège attribué à un membre d'une assemblée. *Fauteuil d'académicien.* — PAR MÉTON. Le titre d'académicien. *Briguer le fauteuil. — Fauteuil de président, dans une assemblée. Siéger au fauteuil, occuper le fauteuil :* présider. ▪ **3** (v. 1889 turf) LOC. FAM. *Arriver dans un fauteuil :* arriver premier, sans peine, dans une compétition. PAR EXT. *Dans un fauteuil :* avec facilité, sans peine pour obtenir la réussite, le succès (cf. Les doigts dans le nez*).

FAUTEUR, TRICE [fotœr, tris] n. – 1323 ◇ latin *fautor* «qui favorise» ▪ **1** VX Personne qui favorise, protège (qqn). ➤ **appui.** *«On cherche un fauteur de ses goûts»* VAUVENARGUES. *Les fauteurs d'un tyran.* ➤ **suppôt.** ▪ **2** (influence de *faute*) MOD. Personne qui favorise, qui cherche à provoquer (qqch. de blâmable). *Fauteur de désordre, de rébellions, de troubles.* ➤ **fomentateur, provocateur.** *Fauteurs de guerre.*

FAUTIF, IVE [fotif, iv] adj. – XVIe ◇ de *faute* ▪ **1** VX Sujet à faillir. ➤ **faillible.** *Mémoire fautive.* ➤ **défectueux.** ▪ **2** Qui est en faute. ➤ **coupable.** *Il se sentait fautif. Il est fautif envers elle. Conjoint fautif d'avoir abandonné le domicile conjugal* (cf. Dans son tort*). *«Je me sentais rougir et me troubler comme un enfant fautif»* GIDE. — n. ➤ **responsable.** *C'est lui le fautif, le grand fautif dans cette affaire* ▪ **3** (CHOSES) Qui renferme des fautes, des erreurs, des défauts. *Médaille, monnaie fautive. — Citation fautive.* ➤ **inexact.** *Calcul, texte fautif.* ➤ **erroné, 1faux, incorrect.** *«Tous les états que traverse l'humanité sont fautifs et attaquables»* RENAN. — adv. **FAUTIVEMENT,** 1845. ▪ CONTR. Innocent. Correct, exact.

FAUVE [fov] adj. et n. m. – *falve* 1080 ◇ bas latin *falvus* (IXe), francique °*falw* ▪ **1** D'un jaune tirant sur le roux. ➤ **roussâtre.** *Cheval fauve. «un gazon brûlé, fauve comme une peau de lion»* GAUTIER. ▪ **2** (1573) *Bête fauve :* (VX) bête sauvage au pelage fauve (lièvre, cerf, lion, etc.) ; MOD. félin de grande taille. ➤ **félidés.** — ELLIPT *Un fauve. Chasse aux fauves, aux grands fauves. Fauve en cage. Dompter des fauves.* ▪ **3** *Odeur fauve,* forte et animale, comparable à celle des fauves. *«la fauve et fade odeur de l'abattoir»* DUHAMEL. — n. m. *Sentir le fauve,* très mauvais ; SPÉCIALT la transpiration. ▪ **4** n. m. pl. (1923) *Les Fauves :* membres d'une école française de peinture, vers 1900 (➤ **fauvisme**), qui utilisaient des couleurs pures, violentes, employées par tons juxtaposés (expressionnisme). — adj. *La période fauve de Matisse, de Braque, de Dufy.*

FAUVERIE [fovri] n. f. – 1949 ◇ de *fauve* ▪ Lieu où vivent les grands fauves, dans un jardin zoologique, un cirque. ➤ **ménagerie.**

FAUVETTE [fovɛt] n. f. – XIIIe ◇ de *fauve* ▪ Petit oiseau *(passériformes)* à plumage parfois fauve, au chant agréable. *Fauvette des marais, des roseaux* (➤ **phragmite, rousserolle**), *des jardins* (➤ **passerinette**).

FAUVISME [fovism] n. m. – 1927 ◇ de *fauve* (4°) ▪ Mouvement pictural des Fauves (4°).

1**FAUX, FAUSSE** [fo, fos] adj. et n. m. – fin XIe ◇ du latin *falsus,* famille de *fallere* «tromper» → faillir, falloir

I ~ adj. ▪ **1** (Idée, énoncé) Qui n'est pas vrai, qui est contraire à la vérité (pensable, observable). *Une fausse opinion. Avoir des idées fausses sur une question.* ➤ **erroné.** *Propositions, assertions contradictoires dont l'une est vraie et l'autre fausse. — Un faux bruit. Un faux rapport.* ➤ **apocryphe, controuvé, imaginaire, inventé, mensonger.** *C'est faux, archifaux ! «Rien n'est plus difficile à réfuter que ce qui est entièrement faux»* MAUROIS. *Fausse déclaration. Faux serment.* ➤ **fallacieux.** *Faux témoignage.* PAR EXT. *Un faux témoin,* qui fait un faux témoignage. — *Il est faux que* (et subj.). *Il est faux que vous m'ayez vu là, je n'y étais pas. — Il est faux de* (et inf.). *Il est faux de dire, de prétendre, de croire...* ▪ **2** Qui n'est pas vraiment, réellement ce qu'il paraît être (➤ **imitation**). (Le plus souvent avant le nom) *Fausses perles, faux bijoux. Faux marbre. Fausses fleurs.* ➤ **artificiel, factice.** *Faux sucre.* ➤ **édulcorant.** *Fausse fenêtre, fausse porte.* ➤ **trompe-l'œil.** *Une fausse maigre,* une femme bien moins maigre qu'elle n'en a l'air. *«La Fausse Maîtresse», nouvelle de Balzac.* ◆ (milieu XIIe) Qui a frauduleusement une apparence conforme à la réalité (➤ **contrefaçon**). *Fabriquer de la fausse monnaie. Fausses clés. Tricheur qui se sert de fausses cartes.* ➤ **truqué ; falsifié.** *Fausse facture. Faux nom.* ➤ **pseudonyme.** *Faux papiers, faux passeport. Un faux Vermeer* (cf. ci-dessous, III). — *Un faux air de (qqn) :* une vague ressemblance avec (qqn). — LOC. *Faire une fausse sortie*.* — (ABSTRAIT) *Faux motifs. De fausses raisons.* ➤ **2prétexte.** *Faux-semblant*. Fausse modestie, fausse naïveté.* ➤ **affecté, étudié, feint, simulé, trompeur.** *«les faux désespoirs, les grands mots, la scène des larmes»* COURTELINE. ▪ **3** (Devant une dénomination de chose) Qui n'appartient pas à la catégorie qu'il évoque (pour marquer une désignation impropre ou approximative). ➤ **pseud(o)-.** *Faux acacia, fausse oronge. Faux albâtre, faux diamant. Fausses côtes ; fausse couche*. Faux-filet*. Faux plafond, faux plancher. Faux ourlet. Faux col. Faux-titre*. Faux frais*.* ◆ (PERSONNES) Qui ne mérite pas son nom, sa réputation. ➤ **prétendu, soi-disant.** *Un faux grand homme. Faux savant. Un faux dur. Boucher «est un faux bon peintre, comme on est un faux bel esprit»* DIDEROT. ▪ **4** (milieu XIIe) (PERSONNES) Qui n'est pas ce qu'il veut paraître (en trompant délibérément). ➤ **imposteur.** *Faux prophète. Faux frère*. «Il est de faux dévots ainsi que de faux braves»* MOLIÈRE. ◆ *Une personne fausse,* qui trompe, qui dissimule. ➤ **déloyal, fourbe, hypocrite, perfide, pharisien, sournois.** *Il est faux comme un jeton.* FAM. *C'est un faux jeton*, un faux cul*, un faux derche*. Il a le visage, le regard faux.* ◆ *Un faux ami*.* ▪ **5** (Partie du corps) Qui n'est pas naturel à qqn, qui ne lui appartient pas naturellement. ➤ **factice, postiche ; emprunté.** *Porter une fausse barbe, des faux cils, un faux nez. Faux cheveux.* ➤ **perruque.** *Fausses dents.* ➤ **prothèse.** ▪ **6** (Sentiment, état) Qui n'est pas justifié, fondé. *Éprouver une fausse joie à la suite d'une bonne nouvelle bientôt démentie. Fausse crainte, fausses espérances.* ➤ **injustifié, vain** (cf. Mal fondé). *Une fausse alerte. Allons, pas de fausse honte ! — Un faux problème,* qui n'a pas lieu de se poser. *Les faux besoins créés par la publicité.* ➤ **fictif, illusoire.** ▪ **7** (Circonstance, fait) Qui n'est pas comme il doit être (par rapport à ce qui est correct, normal). *Faire un faux mouvement, une fausse manœuvre.* ➤ **mauvais.** *Jupe qui fait un faux pli. — Faire un faux pas*. Faire fausse route*. — Être dans une situation fausse.* ➤ **ambigu, équivoque.** ▪ **8** (Opération) Qui marque un écart par rapport à ce qui est correct, juste, exact. ➤ **inexact.** *Votre opération, votre solution est fausse. Statistique fausse. Argument, raisonnement faux. Faire un faux numéro* (au téléphone). *Faire un faux sens :* interpréter d'une manière erronée le sens d'un mot dans un texte. ◆ LOC. FAM. *Avoir tout faux :* s'être trompé en tout (opposé à *avoir tout bon*). *«J'ai tout faux dans ma vie Zéro pointé vers l'infini»* GAINSBOURG. ▪ **9** (Esprit, facultés) Qui juge mal, ne peut atteindre la vérité. *Avoir le jugement faux, le goût faux, l'esprit faux.* ▪ **10** (Œuvre d'art) Qui n'est pas naturel, vraisemblable. *Ses personnages sont faux, on n'y croit pas une seconde. Couleur, ton faux. «Tu n'es vrai que dans les milieux, tes contours sont faux»* BALZAC. ▪ **11** (Dans le domaine musical) Qui n'est pas dans le ton juste, qui manque d'harmonie. *Avoir la voix fausse. Ce piano est faux, il a besoin d'être accordé. «Quatre violons faux grincent avec* *la flûte»* BANVILLE. ◆ *Fausse note*.* — ADVT *Chanter faux, jouer faux.* ➤ **détonner,** RÉGION. **fausser.** *Sonner* faux.*

II ~ loc. adv. À FAUX ■ **1** À tort, injustement. ➤ **faussement.** *Accuser qqn à faux.* ■ **2** Sans aplomb. *Porter à faux,* se dit d'une pièce mal assise ou ne portant pas directement sur son point d'appui. *En porte à faux.* ➤ **porte-à-faux.**

III ~ n. m. ■ **1** (début XIIIe) Ce qui est faux. *Le faux peut être erroné ou mensonger. Distinguer le vrai du faux. Plaider* le faux pour savoir le vrai. «Dans le mélange du vrai et du faux, le vrai fait ressortir le faux, le faux empêche de croire au vrai»* R. BRESSON. ■ **2** (1611) Contrefaçon ou falsification d'un écrit. *Faux en écriture,* de nature à porter préjudice à autrui. *Faire, commettre un faux* (➤ **faussaire**). *Ce testament est un faux grossier. Faux matériel,* consistant à falsifier matériellement une écriture. *Faux intellectuel,* portant sur les énonciations d'un acte. *Être condamné pour faux et usage de faux.* — *Procédure et inscription en faux* (ou *de faux*). — LOC. *S'inscrire* en faux contre...* ■ **3** Pièce artistique ou rare qui est fausse, soit par copie ou contrefaçon frauduleuse d'un original, soit par fabrication dans le style des œuvres authentiques (➤ **pastiche**). *Ce tableau est un faux. «Le beau musée que l'on ferait avec les faux !»* R. PEYREFITTE. — *C'est du faux,* se dit de ce qui, dans sa matière, est une imitation d'une matière précieuse ou noble (or, argent, diamant, fourrure, cuir, etc.). ➤ FAM. 2**toc.**

■ CONTR. Vrai. Réel, véritable ; avéré, certain, historique ; authentique. Sincère ; 2franc. Juste ; correct, exact. ■ HOM. Fosse.

2**FAUX** [fo] **n. f.** – *fauz* XIIe ◇ latin *falx* ■ **1** Instrument tranchant, formé d'une lame arquée fixée au bout d'un long manche, que l'on manie à deux mains pour couper le fourrage, l'herbe aux lapins, nettoyer des hautes herbes (➤ **faucard, fauchard**). *Aiguiser sa faux. Faux à râteaux* ou *à ramassette.* ➤ **fauchon.** — LITTÉR. *La faux de la Mort. «Laissez agir la faux du temps»* LA FONTAINE. ■ **2** ANAT. Repli membraneux en arc. *Faux du cerveau, du cervelet. Grandes, petites faux du péritoine.*

FAUX-BOURDON [foburdɔ̃] **n. m.** – milieu XVe ◇ de 1*faux* et *bourdon,* italien *falso bordone* «fausse basse» ■ MUS. ■ **1** HIST. MUS. Procédé d'écriture musicale (déchant) à partir d'une voix de référence ; voix grave ainsi produite. ■ **2** Chant à une voix accompagnée par l'orgue. ■ **3** Harmonisation à quatre voix de certains psaumes, sur un plain-chant. *Des faux-bourdons.*

FAUX-FILET [fofilɛ] **n. m.** – XIXe ◇ de 1*faux* et *filet* ■ Morceau de bœuf situé à côté du filet (le long de l'échine). ➤ **contre-filet.** — Tranche de ce morceau servi à table. *Deux faux-filets saignants.*

FAUX-FUYANT [fofɥijɑ̃] **n. m.** – v. 1550 vén. ◇ altération (par attraction de *faux*) de *forfuyant,* de *fors* «en dehors» et *fuir* ■ **1** VX Chemin détourné par où s'échappe le gibier. Sentier dans un bois. ■ **2** (1664) FIG. et MOD. Moyen détourné par lequel on évite de s'expliquer, de se prononcer, de se décider. *Chercher vainement un faux-fuyant.* ➤ **échappatoire, excuse,** 2**prétexte, subterfuge.** *«Allons ! assez de faux-fuyants ! assez de réticences !»* AYMÉ. ➤ **atermoiement, tergiversation.**

FAUX-MONNAYEUR [fomɔnɛjœʀ] **n. m.** – 1332 ◇ de 1*faux* et *monnayeur* ■ Personne qui fabrique de la fausse monnaie. — FIG. *«Ces faux-monnayeurs en dévotion»* MOLIÈRE. *«Les Faux-Monnayeurs», roman de Gide.*

FAUX-SEMBLANT [fosɑ̃blɑ̃] **n. m.** – 1176 ◇ de 1*faux* et *semblant* ■ Apparence trompeuse. ➤ **semblant.** *Des faux-semblants.* — Affectation de sentiments que l'on n'éprouve pas. ➤ **feintise, simulacre.** *Un faux-semblant de tendresse. «Mme de Sévigné était parfaitement sincère, ouverte, et ennemie des faux-semblants»* SAINTE-BEUVE.

FAVÉLA [favela] **n. f.** – milieu XXe ◇ portugais du Brésil *favela* ou *favella* ■ Au Brésil, Ensemble d'habitations populaires de construction sommaire et dépourvues de confort. *Les favélas de Rio* (➤ aussi **bidonville**). — On écrit aussi *favela* [favela].

FAVEROLE ➤ **FÉVEROLE**

FAVEUR [favœʀ] **n. f.** – fin XIIe ◇ latin *favor*

I ■ **1** Disposition à accorder son appui, des avantages à une personne de préférence aux autres. ➤ 1**aide ; bienveillance.** *Il doit la rapidité de sa carrière à la faveur d'un ministre.* ➤ **favoritisme,** FAM. **piston ;** RÉGION. **couloir.** ■ **2** Considération (du public, d'un personnage puissant) qui confère une importance sociale (à qqn). ➤ **considération, crédit.** *Il a gagné la faveur du public, du pays.* ➤ **popularité** (cf. Avoir la cote*). — **EN FAVEUR :** qui a la faveur de qqn, du public. *Être en faveur auprès de qqn* (cf. Être bien en cour*, être dans les bonnes grâces* de qqn). *«Un homme en faveur, un homme de cour»* BALZAC. ■ **3** *Une, des faveurs.* Avantage que l'on tire de la préférence de qqn, du pouvoir qu'on a sur qqn. ➤ **bénéfice, distinction.** *Il la combla de faveurs.* ➤ **bienfait.** — VIEILLI Marques de préférence qu'une personne donne à une autre. ➤ **complaisance.** *«Vous régnerez longtemps par l'amour, si vous rendez vos faveurs rares et précieuses»* ROUSSEAU. — LOC. (VIEILLI ou LITTÉR.) *Accorder ses faveurs, les dernières faveurs :* se donner sexuellement. ➤ 1**don.** ■ **4** COUR. Bienfait, décision indulgente qui avantage qqn. *Demander, solliciter une faveur. Accorder une faveur à qqn* (cf. FAM. Faire une fleur* à qqn). *Être exempt d'une obligation par faveur spéciale.* ➤ **passe-droit.** *Faites-moi la faveur d'intervenir pour moi auprès du ministre. Nous ferez-vous la faveur de nous accompagner ?* ➤ 1**plaisir.** *La chatte «ne lui accorde plus, au jardin, la faveur d'un regard»* COLETTE. ➤ **aumône, grâce.** ◆ **DE FAVEUR :** obtenu par faveur. *Jouir d'un traitement de faveur.* ➤ **préférentiel.** ■ **5 loc. prép. EN FAVEUR DE :** en considération de. *«Les formules de fin de lettre sont bien reçues, non en dépit mais en faveur de ce qu'elles ont de conventionnel»* ROMAINS. — Au profit, au bénéfice, dans l'intérêt de. *Le jugement a été rendu en votre faveur. Il y a erreur de calcul en ma faveur. Se déclarer, se prononcer en faveur de qqn, de qqch.* ➤ **pour.** *Cela prévient, plaide* en sa faveur.* ■ **6 loc. prép. À LA FAVEUR DE :** au moyen de, à l'aide de, en profitant de. *Il s'est enfui à la faveur de la nuit.* ➤ **grâce** (à).

II (1564 «ruban donné à un chevalier par sa dame») Ruban léger et étroit. *«deux paquets noués d'une faveur rose»* BARBEY. ➤ **bolduc.**

■ CONTR. (de I) Défaveur, discrédit, disgrâce. Malveillance, rigueur.

FAVISME [favism] **n. m.** – XXe ◇ du latin *faba* «fève» ■ MÉD. Maladie génétique ne se manifestant qu'après ingestion de fèves et se traduisant par la destruction des hématies.

FAVORABLE [favɔʀabl] **adj.** – v. 1150 ◇ latin *favorabilis* «qui attire la faveur» ■ **1** VX Qui attire la faveur. ➤ **agréable.** *«De David à ses yeux le nom est favorable»* RACINE. ■ **2** MOD. *Favorable à (qqn, qqch.).* Qui est animé d'une disposition bienveillante, de bonnes intentions à l'égard de (qqn, qqch.). ➤ **bienveillant, clément, indulgent ; sympathique.** *Il a été favorable à mon projet. L'opinion publique ne lui est pas favorable. — Les dieux lui étaient favorables.* ➤ **propice.** ■ **3** ABSOLT Qui est à l'avantage de qqn ou de qqch., qui aide à l'accomplissement de qqch. ➤ 1**bon.** *Cette plante a trouvé un terrain favorable pour se développer.* ➤ **convenable.** *Le moment était favorable pour lui parler.* ➤ **opportun, propice ;** 1**commode.** *Circonstances favorables.* ➤ **heureux.** *Jouir d'un préjugé favorable. Se montrer sous un jour favorable.* ➤ **avantageux, flatteur.** *Sa demande a reçu un accueil favorable.* ➤ 1**positif.** ■ CONTR. Défavorable ; contraire, hostile, fâcheux.

FAVORABLEMENT [favɔʀabləmɑ̃] **adv.** – XIIIe ◇ de *favorable* ■ D'une manière favorable. ➤ 1**bien, heureusement.** *Ma requête a été accueillie favorablement.* ➤ **positivement.** *La situation évolue favorablement.* ■ CONTR. Défavorablement.

FAVORI, ITE [favɔʀi, it] **adj.** et **n.** – 1535 ; fém. 1564 (*favorie* 1541) ◇ italien *favorito, ita,* p. p. de *favorire* «favoriser» ; cf. moyen français *favorir,* de *faveur*

I adj. ■ **1** Qui est l'objet de la prédilection de qqn, qui plaît particulièrement. ➤ **préféré.** *Balzac est son auteur favori. C'est sa lecture favorite,* son livre de chevet. *«Le vieillard aimait beaucoup le trictrac, jeu favori des gens d'Église»* BALZAC. ■ **2** Qui est considéré comme le gagnant probable. *Ce cheval est parti favori.*

II n. ■ **1** VIEILLI Personne qui a les faveurs (de qqn). *Cet acteur est le favori du public.* ➤ **coqueluche.** *C'est le favori de sa maman.* ➤ 1**chouchou, préféré.** *«Elle était la bête noire des unes et la favorite des autres»* BEAUVOIR. ■ **2 n. m.** HIST. Celui qui occupait la première place dans les bonnes grâces d'un roi, d'un grand personnage. ➤ aussi **favorite.** ■ **3 n. m.** TURF Le cheval considéré comme devant gagner la course. *Il a joué le favori. Les favoris et les outsiders.* ■ **4 n. m.** INFORM. Adresse d'une page, d'un site web choisie par l'internaute et mémorisée par le navigateur, en vue de faciliter l'accès ultérieur à ce site. ➤ **marque-page, signet.** *«il ouvrit un navigateur Internet et déroula la barre des favoris»* F. THILLIEZ.

III n. m. pl. Touffe de poils qu'un homme laisse pousser sur la joue, de chaque côté du visage. *Il porte des favoris.* ➤ 1**patte** (de lapin), **rouflaquette.**

FAVORISANT, ANTE [favɔʀizɑ̃, ɑ̃t] **adj.** – 1890 ◇ de *favoriser* ■ Qui contribue à l'apparition, au développement d'un phénomène, d'une situation. *Les facteurs favorisants de* *l'obésité. Facteurs favorisants et facteurs déclenchants. Circonstance favorisante.*

FAVORISER [favɔʀize] v. tr. ⟨1⟩ – 1330 ◊ latin *favor* «faveur» ■ **1** (PERSONNES) Agir en faveur de. ➤ **aider, appuyer, encourager, protéger, soutenir.** *Favoriser un débutant.* ➤ **pousser.** *L'examinateur a favorisé ce candidat.* ➤ **avantager ; favoritisme.** ♦ (CHOSES) Être favorable à (qqn). *Les évènements l'ont favorisé. La nature ne l'a pas favorisé.* — *«des hommes favorisés par les dons, par le talent»* DUHAMEL. — **p. p. adj.** *Catégories sociales favorisées* (opposé à *défavorisé*). ➤ **privilégié.** ■ **2** LITTÉR. **FAVORISER (qqn) DE :** gratifier (d'un avantage). *La nature l'a favorisé de ses dons.* ➤ **douer.** ■ **3** COUR. Aider, contribuer au développement, au succès de (qqch.). *Le maire a favorisé ce plan d'urbanisme. La faiblesse du pouvoir favorisa l'insurrection. L'obscurité a favorisé sa fuite.* ➤ **faciliter, seconder, servir.** ■ CONTR. Défavoriser. Contrarier, empêcher, 1 entraver.

FAVORITE [favɔʀit] n. f. – 1690 ◊ subst. de *favorite* adj. fém. (→ favori) ■ Maîtresse préférée d'un roi, d'un souverain. *Les femmes «ne perdirent jamais leur empire en France, soit comme reines, soit comme favorites»* NERVAL.

FAVORITISME [favɔʀitism] n. m. – 1819 ◊ de *favori*, d'après *népotisme* ■ Attribution des situations, des avantages par faveur et non selon la justice ou le mérite. ➤ **népotisme.** *Le triomphe du favoritisme de clan, de parti.* ➤ **clientélisme ;** FAM. **combine, copinage, piston.** *C'est du favoritisme !*

FAVOUILLE [favuj] n. f. – XVIIe ◊ origine inconnue ■ RÉGION. (Provence) Petit crabe de la Méditerranée. *Soupe de favouilles.*

FAVUS [favys] n. m. – 1836 ◊ mot latin «gâteau de miel» ■ MÉD. Dermatose parasitaire contagieuse due à un champignon et caractérisée par des croûtes jaunâtres qui recouvrent des ulcérations suppurantes. *Le favus du cuir chevelu entraîne la chute définitive des cheveux.*

FAX [faks] n. m. – 1987 ◊ abrév. de *téléfax* n. déposé ; anglais *telefax*, abrév. de *telefacsimile* ■ ANGLIC. ■ **1** Système de télécopie passant par une ligne téléphonique. ➤ **télécopie** (recomm.). *Envoyer un message par fax.* ♦ PAR EXT. L'appareil reproduisant la copie. ➤ **télécopieur** (recomm.). *«Le seul hôtel convenable à Paris, car je peux avoir un fax dans ma chambre»* KRISTEVA. — La copie elle-même. *Recevoir des fax.* ■ **2** (de «sans épaisseur comme une feuille de papier») FAM. PÉJ. Fille, femme plate, maigre.

FAXER [fakse] v. tr. ⟨1⟩ – 1987 ◊ de *fax* ■ Envoyer par fax, transmettre par télécopie. *Faxer un document à qqn.*

FAYARD [fajaʀ] ou **FOYARD** [fwajaʀ ; fɔjaʀ] n. m. – début XVIIIe ◊ latin *fageus*, de *fagus* «hêtre» ■ RÉGION. (Centre, Est ; Suisse) Hêtre. *«Voilà autour de lui les fayards et les rouvres»* GIONO. — Bois de cet arbre.

FAYOT, OTE [fajo, ɔt] n. – 1784 argot mar. ; *fayol* 1721 ◊ provençal *faiol, fayol* ; latin *phaseolus* → 2 flageolet ■ **1** n. m. FAM. Haricot sec. *Manger des fayots, un gigot avec des fayots.* ■ **2** n. m. (1833 mar.) ARG. MILIT. PÉJ. Sous-officier rengagé. ■ **3** PAR EXT. (ARG. MILIT. et SCOL.) Personne qui fait du zèle pour se faire bien voir de ses supérieurs. *C'est un fayot.* ➤ **lèche-cul.** *La fayote de la classe.* adj. *Ce qu'elle peut être fayot* ou *fayote !*

FAYOTER [fajɔte] v. intr. ⟨1⟩ – 1936 ◊ de *fayot* ■ ARG. MILIT. et SCOL. Faire du zèle. *Fayoter pour se faire bien voir, pour avoir une permission.* — n. m. **FAYOTAGE.**

FAZENDA [fazɛnda] n. f. – 1822 ◊ mot portugais du Brésil, de *facienda* «choses à faire» ; cf. espagnol *hacienda* ■ Grande exploitation agricole, au Brésil. *Des fazendas.*

FÉAL, ALE, AUX [feal, o] adj. et n. m. – v. 1200 ◊ de *fei*, ancienne forme de *foi* ■ **1** VX Fidèle à la foi jurée. ➤ **dévoué, fidèle, loyal.** *À nos aimés et féaux conseillers,* formule de l'ancienne chancellerie royale. ■ **2** n. m. LITTÉR. Partisan, ami dévoué et fidèle. *«J'allais sous le ciel, Muse ! et j'étais ton féal»* RIMBAUD.

FÉBRICULE [febʀikyl] n. f. – 1626, repris au XIXe ◊ du latin *febricula* «petite fièvre» ■ MÉD. et VIEILLI État subfébrile*.

FÉBRIFUGE [febʀifyʒ] adj. – 1666 ◊ latin *febrifugia*, de *febris* «fièvre» et *fugare* «mettre en fuite» ■ Qui combat et guérit la fièvre. ➤ **antipyrétique.** *Remèdes fébrifuges :* amidopyrine, antipyrine, aspirine, cinchonine, quinine. — n. m. *Administrer un fébrifuge.*

FÉBRILE [febʀil] adj. – 1503 ◊ bas latin *febrilis* ■ **1** MÉD. Qui a rapport à la fièvre, qui accuse de la fièvre. ➤ **fiévreux.** *Pouls fébrile. Chaleur fébrile. Courbe fébrile,* de température. — COUR. *État fébrile* («état fiévreux» ne se dit pas). *Il est fébrile :* il a un peu de fièvre. ■ **2** COUR. Qui manifeste une agitation excessive. *«avec l'inquiétude fébrile d'une âme exaltée»* RENAN. *Une agitation fébrile. Mouvements fébriles. Il, elle est fébrile.* ➤ **énervé, excité, nerveux.**

FÉBRILEMENT [febʀilmɑ̃] adv. – 1845 ◊ de *fébrile* ■ D'une manière fébrile. *S'agiter fébrilement. Compulser fébrilement ses notes.* ➤ **fiévreusement, nerveusement.**

FÉBRILITÉ [febʀilite] n. f. – 1842 ◊ de *fébrile* ■ État d'excitation, d'agitation intense. ➤ **agitation, excitation, fièvre, nervosité.** *Fouiller partout avec fébrilité. Attendre avec fébrilité les résultats d'un examen. «la fébrilité qui naît du mécontentement de soi et de l'ennui»* PROUST.

FÉCAL, ALE, AUX [fekal, o] adj. – 1503 ◊ du latin *fæx, fæcis* «lie, excrément» ■ Qui a rapport aux fèces, aux excréments. *Les matières fécales.* ➤ **excrément, fèces, selle.**

FÉCALOME [fekalom] n. m. – 1959 ◊ de *fécal* ■ MÉD. Masse de matières fécales durcies, dans le rectum ou le côlon, pouvant faire croire à une tumeur lors de la palpation.

FÈCES [fɛs] n. f. pl. – 1515 ◊ latin *fæces*, de *fæx* «lie, excrément» ■ **1** PHARM. (CHIM. ANC.) Lie qui se dépose au fond d'un récipient contenant un liquide trouble qu'on laisse reposer. ■ **2** PHYSIOL. Excréments solides de l'être humain et des animaux, formés des résidus de la digestion. ➤ **selle.** *Expulsion des fèces.* ➤ **défécation.** — On dit aussi *fécès* [fesɛs]. ■ HOM. Fesse.

FÉCIAL, IAUX [fesjal, jo] n. m. – XIVe ◊ latin *fecialis* ■ ANTIQ. ROM. (rare au sing.) Héraut sacré chargé de faire respecter les règles du droit international, notamment en cas de guerre. *Collège des féciaux.*

FÉCOND, ONDE [fekɔ̃, ɔ̃d] adj. – fin XIIe ◊ latin *fecundus* ■ **1** DIDACT. Capable de se reproduire (opposé à *stérile*). *Les hybrides (mulets) ne sont pas féconds. La femme n'est féconde que pendant la période de l'ovulation.* ♦ PAR EXT. *Œuf fécond.* — *Fleur féconde,* qui peut donner un fruit. *Graine, semence féconde,* capable de se développer. ■ **2** DIDACT. LITTÉR. ou style soutenu (PERSONNES) Qui est capable d'avoir beaucoup d'enfants. ➤ **prolifique.** — (Animaux) Qui peut produire, qui produit beaucoup de petits. *Les lapins sont très féconds. Race féconde,* qui se fait remarquer dans l'espèce par son abondante multiplication. ■ **3** LITTÉR. Qui produit (peut produire) abondamment (terre). *Champs féconds. Terres fécondes.* ➤ **fertile, généreux, productif, riche.** ■ **4** FIG. Qui produit beaucoup. *Un travail fécond.* ➤ **fructueux.** *Principe fécond, idée féconde. Sujet fécond,* qui offre beaucoup de possibilités de développements. ➤ **abondant, inépuisable.** *«Siècle fécond, touffu, plantureux, où la vie et le mouvement surabondent !»* GAUTIER. *Fécond en... :* qui produit (qqch.) en abondance. *Journée féconde en évènements.* ➤ **riche.** — *Esprit fécond,* imaginatif. *Écrivain fécond,* qui produit beaucoup. ■ CONTR. Stérile, improductif, infécond, ingrat, pauvre.

FÉCONDABILITÉ [fekɔ̃dabilite] n. f. – milieu XXe ◊ de *fécondable* ■ PHYSIOL. Probabilité de fécondation selon la période du cycle menstruel. ♦ DÉMOGR. Aptitude des femmes à être fécondées. *Taux de fécondabilité :* nombre de fécondations intervenues dans un groupe de couples fertiles pendant une durée déterminée.

FÉCONDABLE [fekɔ̃dabl] adj. – 1805 ◊ de *féconder* ■ Qui peut être fécondé. *Femelle fécondable. Ovule fécondable.*

FÉCONDANT, ANTE [fekɔ̃dɑ̃, ɑ̃t] adj. – 1771 ◊ de *féconder* ■ Qui féconde, qui rend fécond. *Le pollen fécondant.*

FÉCONDATEUR, TRICE [fekɔ̃datœʀ, tʀis] adj. et n. m. – 1762 ◊ de *féconder* ■ **1** LITTÉR. Qui a le pouvoir de féconder. ➤ **fécondant.** ■ **2** n. m. MÉD. Canule servant à introduire le sperme dans l'utérus, dans l'insémination artificielle.

FÉCONDATION [fekɔ̃dasjɔ̃] n. f. – 1488, rare avant 1729 ◊ de *féconder* ■ Action de féconder ; résultat de cette action. ➤ **conception, génération, reproduction.** *Fécondation de l'ovule par le spermatozoïde, de la femelle par le mâle. La fécondation consiste en la fusion* (➤ **amphimixie ; caryogamie**) *d'un gamète mâle* (➤ **anthérozoïde, pollen ; semence, spermatozoïde**) *avec un gamète femelle* (➤ **oosphère ; ovule**) *formant une cellule unique diploïde, à l'origine du développement d'un nouvel individu. Empêcher la fécondation par des moyens contraceptifs. «Cet acte naturel de la fécondation, [...] par lequel le grand mystère de la vie se perpétue»* GIDE. (1864) *Fécondation artificielle.* ➤ **GIFT, insémination.** *«la fécondation se déroulant à l'intérieur de l'organisme féminin, l'ovule et le jeune embryon sont inaccessibles à l'analyse sauf par le biais de la FIV»* J. TESTART. *Fécondation in vitro* (cf. Bébé*-éprouvette) *et transfert d'embryon* (➤ **FIV, fivète**). — BOT. *Fécondation croisée :* fécondation de l'ovule d'un individu par le pollen d'un autre individu.

FÉCONDER [fekɔ̃de] v. tr. ‹1› – XIIIe, rare avant XVIIIe ◊ latin *fecundare* ■ **1** Transformer (un ovule chez les vivipares, un œuf chez les ovipares) en embryon (➤ **frayer**). *L'ovule est fécondé par le spermatozoïde.* — BOT. Transformer (l'oosphère) en œuf. *Le pollen féconde l'oosphère.* — p. p. adj. *Œuf fécondé.* ➤ **zygote.** ◆ PAR EXT. Rendre (une femme) enceinte, (une femelle) pleine. *Femelle fécondée par le mâle.* ➤ aussi **inséminer.** ■ **2** Rendre fertile, productif (la terre, le sol). ➤ **fertiliser.** *Cours d'eau qui fécondent des terres arides.* ■ **3** FIG. et LITTÉR. Mettre en mesure de se développer. *Culture, méditation qui féconde l'esprit.* « *Seules, les passions fécondent l'intelligence du poète* » SUARÈS. ➤ **enrichir.**

FÉCONDITÉ [fekɔ̃dite] n. f. – fin XIe ◊ latin *fecunditas* ■ Qualité de ce qui est fécond. ■ **1** Faculté qu'ont les êtres organisés de se reproduire. *La castration supprime la fécondité. La contraception, suppression volontaire et réversible de la fécondité. Fécondité d'une espèce animale.* ◆ Le fait de se reproduire fréquemment, d'avoir beaucoup d'enfants, de petits (en parlant de la femme, de la femelle). « *Sa mère, douée d'une fécondité égale à celle de la très célèbre mère Gigogne [...] lui donna une ample compagnie de frères et de sœurs* » GAUTIER. — DÉMOGR. *Taux de fécondité* : rapport du nombre de naissances annuelles dans un groupe à l'effectif de ce groupe. ■ **2** Faculté que possède la terre de produire. ➤ **fertilité, productivité.** *Fécondité d'un sol.* ■ **3** FIG. Qualité, aptitude à ouvrir un vaste champ de réflexion. *La fécondité de l'esprit, de l'imagination. La fécondité d'une idée, d'un sujet.* ➤ **richesse.** « *Un des premiers dons du génie, c'est l'abondance, la fécondité* » GAUTIER. ◆ Richesse (en quantité). *Écrivain d'une rare fécondité,* dont les productions sont abondantes. ■ CONTR. Infécondité, stérilité. Aridité, sécheresse.

FÉCULE [fekyl] n. f. – 1679 ◊ latin *fæcula* « tartre », diminutif de *fæx* « lie » ■ Substance blanche et farineuse composée d'amidon, extraite des pommes de terre et d'autres tubercules végétaux, des céréales. *La pomme de terre est très riche en fécule* (12 à 20 % de son poids). *Fécule de maïs.* ➤ **maïzena.** *Emploi de la fécule dans l'industrie alimentaire, en cuisine* (pâtisserie, potages). ➤ **arrow-root, sagou, tapioca.**

FÉCULENCE [fekylɑ̃s] n. f. – XIVe ◊ latin *fæculentia* « abondance de boue », de *fæx* « lie » ■ DIDACT. ■ **1** VX État d'un liquide épais qui dépose. ■ **2** État d'un corps qui contient de la fécule.

FÉCULENT, ENTE [fekylɑ̃, ɑ̃t] adj. – 1520 ◊ latin *fæculentus* « bourbeux », de *fæx* « lie » ■ **1** DIDACT. Qui dépose une lie. *Liquide féculent.* ■ **2** (1849) COUR. Qui contient de la fécule, est riche en fécule ou autres substances amylacées. *Les pommes de terre sont des aliments féculents.* — n. m. Légume contenant de la fécule (haricots, pois, lentilles, etc.). *Des féculents. Régime amaigrissant sans féculents ni graisses.*

FÉCULER [fekyle] v. tr. ‹1› – 1865 ◊ de *fécule* ■ TECHN. Extraire la fécule de. *Féculer des pommes de terre, du manioc.*

FÉCULERIE [fekylʀi] n. f. – XVIIIe ◊ de *fécule* ■ Industrie de la fécule ; usine où l'on extrait la fécule.

FEDAYIN n. m. inv. ou **FÉDAYIN** [fedajin] n. m. – 1956, répandu v. 1965 ◊ mot arabe, plur. de *fedaï* « celui qui se sacrifie » ■ Combattant palestinien engagé dans des opérations de guérilla. *Un fedayin* (incorrect du point de vue étym.). *Camp d'entraînement des fedayin, des fédayins.*

FÉDÉRAL, ALE, AUX [fedeʀal, o] adj. – 1783 ◊ du latin *fœdus, eris* « alliance » ■ **1** Qui concerne une fédération d'États. ➤ **fédératif.** *Système, régime fédéral.* ➤ **fédéralisme.** *Lien, pacte fédéral entre plusieurs États. Organisation, constitution fédérale. Autorité fédérale.* — *Gouvernement, député fédéral* (généralt opposé à *provincial* au Canada, à *cantonal* en Suisse). *Conférence fédérale-provinciale* : réunion entre le gouvernement fédéral et les provinces, au Canada. SUBST. *Le fédéral.* ◆ Se dit d'un État dans lequel les diverses compétences constitutionnelles sont partagées entre un gouvernement central et les collectivités locales qui forment cet État (➤ **confédération**). *République fédérale. L'Allemagne fédérale.* — Qui appartient à un État fédéral. *Armée, marine fédérale.* ■ **2** Relatif au gouvernement central, dans un État fédéral. *Justice, police fédérale. District fédéral* : portion de territoire où est bâtie la capitale de certains États fédéraux et qui ne fait partie d'aucun État membre. *Washington est la capitale fédérale des États-Unis.* — (En Suisse) *Palais fédéral* : siège du gouvernement à Berne. *Conseil fédéral* : exécutif central formé de sept *conseillers fédéraux.* ■ **3** n. m. (1863) Partisan, soldat du Nord durant la guerre de Sécession aux États-Unis. *Les fédéraux ou Nordistes défendaient la fédération contre les séparatistes du Sud ou confédérés.* ■ **4** Relatif à une fédération de sociétés, etc. *Bureau fédéral d'une association. Union fédérale de syndicats.*

FÉDÉRALISER [fedeʀalize] v. tr. ‹1› – 1793 ◊ de *fédéral* ■ Organiser en fédération, donner la forme d'un État fédéral à.

FÉDÉRALISME [fedeʀalism] n. m. – avant 1755 ◊ de *fédéral* ■ Système politique dans lequel le gouvernement central d'un État (gouvernement fédéral) partage avec les gouvernements des collectivités qui forment cet État les diverses compétences constitutionnelles : législation, juridiction et administration. *Dans le fédéralisme, le gouvernement central se réserve l'exercice exclusif des compétences d'ordre international.* — SPÉCIALT En Suisse, Politique consistant à maintenir ou à promouvoir l'autonomie des cantons par rapport au pouvoir central. En Belgique, Politique prônant l'autonomie des Régions et des Communautés face au gouvernement central. Au Canada, Politique prônant un gouvernement central fort (opposé à *séparatisme*). ◆ HIST. Projet de décentralisation de la France (1789) soutenu par les Girondins. ■ CONTR. Centralisation, unification.

FÉDÉRALISTE [fedeʀalist] adj. et n. – 1793 ◊ de *fédéral* ■ Relatif au fédéralisme, au système fédéral. *Doctrines, tendances fédéralistes.* ◆ Partisan du fédéralisme (SPÉCIALT en Suisse, en Belgique, au Canada). — n. *Les fédéralistes.*

FÉDÉRATEUR, TRICE [fedeʀatœʀ, tʀis] adj. et n. – 1965 ◊ de *fédérer* ■ Qui tend à fédérer. *Tendances fédératrices.* — n. m. Personne ou entité qui favorise une organisation collective d'entreprise.

FÉDÉRATIF, IVE [fedeʀatif, iv] adj. – 1748 ◊ latin *fœderatus* « allié » ■ **1** VIEILLI Qui constitue, qui forme une fédération d'États. *Un État fédératif.* ➤ **fédéral.** ■ **2** VX Qui concerne une fédération. *Système fédératif.* ➤ **fédéralisme.** — Qui concerne un État fédéral. *Gouvernement fédératif.*

FÉDÉRATION [fedeʀasjɔ̃] n. f. – fin XVIIIe ; « alliance, union » XIVe ◊ latin *fœderatio* ■ **1** Groupement, union de plusieurs États en un seul État fédéral*. *Fédération de Russie.* — REM. *Fédération* a longtemps été employé comme syn. de *confédération.* — DR. INTERNAT. État fédéral considéré en tant que force unificatrice. ■ **2** HIST. Mouvement national issu des provinces, en 1789, et tendant à l'unité nationale française ; chacune des associations de gardes nationaux qui furent à l'origine de ce mouvement. *Fête de la Fédération.* ◆ Pendant les Cent-Jours, Enrôlement des volontaires par Napoléon Ier. ◆ En 1871, Groupement révolutionnaire des gardes nationaux de Paris (➤ **fédéré**). ■ **3** Association de plusieurs sociétés, clubs, partis politiques, syndicats, groupes sous une autorité commune. ➤ **association, ligue,** 1 **union.** *Fédération sportive ; Fédération française de football.* — *Fédération ouvrière.* ➤ **syndicat.** *Fédération de l'Éducation nationale (F. E. N.).*

FÉDÉRÉ, ÉE [fedeʀe] adj. – 1790 ; hapax 1521 « allié, ami » ◊ latin *fœderatus* ■ Qui fait partie d'une fédération ; membre d'un État fédéral. *Les États fédérés formant les États-Unis. Les cantons fédérés de Suisse.* ◆ n. m. HIST. Membre d'une fédération pendant la Révolution ou les Cent-Jours. *Les fédérés de 1792, de 1815.* — Soldat insurgé de la Commune de Paris, en 1871. ➤ **communard.** *Le mur des Fédérés* : mur du cimetière du Père-Lachaise, devant lequel furent fusillés des fédérés en 1871.

FÉDÉRER [fedeʀe] v. tr. ‹6› – 1815 ; pron. 1792 ◊ de *fédéré* ■ Réunir en une fédération. *Fédérer de petits États.* — Grouper de manière à former une association sous une autorité commune (➤ **fédération,** 3o). *Fédérer des comités.* ◆ **SE FÉDÉRER** v. pron. Se réunir pour former un État fédéral, une fédération. « *La nécessité de se fédérer s'impose aux unités qui ne sont plus à la taille de cette époque nouvelle* » SIEGFRIED.

FÉE [fe] n. f. – v. 1140 ◊ latin populaire *fata*, n. des Parques, latin classique *Fata*, de *fatum* « sort, destin » ■ **1** Être imaginaire de forme féminine auquel la légende attribue un pouvoir surnaturel et une influence sur la destinée des humains. *Bonne fée, fée bienfaisante. La (bonne) fée est souvent représentée comme une jolie femme à l'abondante chevelure, vêtue d'une robe longue et tenant à la main une baguette magique. Avoir pour marraine une fée. Fée méchante et revêche, fée Carabosse. L'enchanteur Merlin et la fée Morgane.* — *Conte* de fées.* ◆ adj. VIEILLI Qui est enchanté, a des pouvoirs magiques. « *Ses doigts semblaient être fées, pour se servir d'une expression de Perrault* » BALZAC. ■ **2** LOC. *La bonne fée de qqn,* sa bienfaitrice. — *Les fées se sont penchées sur son berceau*.* *Avoir des doigts de fée, travailler comme une fée* : être extrêmement habile dans les travaux délicats (en parlant d'une femme). VX ou

IRON. *La fée du logis* : une maîtresse de maison attentive et habile. *La fée verte* : l'absinthe. *La fée blanche* : la cocaïne.

FEED-BACK [fidbak] **n. m. inv.** – 1950 ◊ mot anglais, de *to feed* «nourrir» et *back* «en retour» ■ ANGLIC. ■ **1** AUTOMAT. Réglage des causes par les effets. ➤ **contre-réaction, rétroaction.** — PAR EXT. Dans un processus, Modification de ce qui précède par ce qui suit. PHYSIOL. *Activation, inhibition par feed-back.* ➤ **rétroactivation, rétro-inhibition.** ■ **2** BIOCHIM. Mécanisme par lequel les métabolites agissent directement comme des signaux de régulation de leur propre synthèse ou de leur propre dégradation. ➤ **autorégulation.**

FEEDER [fidœʀ] **n. m.** /FEEDEUR/ – 1888 ◊ mot anglais, de *to feed* «nourrir» ■ ANGLIC. ■ **1** INGÉN. Voie reliant un système producteur d'énergie ou de matière première à un lieu d'utilisation. *Feeder électrique* (cf. recomm. offic. Ligne* d'alimentation). ■ **2** Câble coaxial* (recomm. offic.).

FEELING [filiŋ] **n. m.** – 1922 ◊ mot anglais «sentiment», de *to feel* «sentir» ■ ANGLIC. ■ **1** MUS. Expressivité musicale des sentiments, notamment dans le jazz, le blues. ■ **2** COUR. FAM. Intuition qui permet de bien sentir les évènements, la situation. *Avoir du feeling, un bon feeling.* ➤ **flair.** *Faire qqch. au feeling,* en suivant son intuition.

FÉÉRIE [feeʀi] ou **FÉERIE** [fe(e)ʀi] **n. f.** – 1718 ; *faerie* v. 1188 ◊ de *fée* ■ **1** VIEILLI Pouvoir, puissance des fées. ➤ **sorcellerie.** ♦ Monde fantastique où figurent les fées. *«La vraie religion a le singulier mérite d'avoir créé parmi nous l'âge de la féerie et des enchantements»* CHATEAUBRIAND. ■ **2** (1823) Pièce de théâtre, spectacle où paraissent des personnages surnaturels (fées, enchanteurs) et qui exige des moyens scéniques considérables (cf. Pièce à machines*). *Féérie à grand spectacle. Dans les débuts du cinéma, de nombreux films furent des féeries ; les féeries de Méliès.* ■ **3** FIG. Spectacle splendide, merveilleux. ➤ **enchantement.** *La féerie d'un coucher de soleil. Cette réception était une vraie féerie.* — PAR EXT. *Une féerie de couleurs, de lumières.* ♦ Univers irrationnel et poétique. *L'enfance, «dont l'interrogatoire des grandes personnes dérange brutalement la féerie»* COCTEAU. ■ CONTR. Banalité, laideur. ■ HOM. Férie.

FÉERIQUE [feeʀik] ou **FÉERIQUE** [fe(e)ʀik] **adj.** – 1828 ◊ de *féerie* ■ **1** Qui appartient au monde des fées. *«L'Orient féerique des* Mille et une Nuits*»* DAUDET. ■ **2** D'une beauté irréelle. ➤ **enchanteur, magnifique.** *Lumière, vision féerique.* ■ HOM. Ferrique.

FEIGNANT, ANTE [fɛɲɑ̃, ɑ̃t] **n. et adj.** – *faignant* v. 1200 ◊ p. prés. de *feindre* «rester inactif, paresser», altéré dès 1321 en *fainéant,* d'après *néant* ■ FAM. Paresseux invétéré. *Quel feignant !* ➤ **fainéant, paresseux*.** *«tu te la coules douce, c'est un métier de feignant que le tien»* QUENEAU. — **adj.** *Ce qu'il est feignant !* ■ CONTR. Bûcheur, travailleur.

FEIGNASSE [fɛɲas] **adj. et n. f.** – 1885 ◊ de *feignant* et suffixe péjoratif *-asse* ■ FAM. Fainéant, fainéante. — **n. f.** *«je suis pas une feignasse, je vais tous les jours au travail»* É. LOUIS.

FEINDRE [fɛ̃dʀ] **v. tr.** ‹52› – 1080 ◊ latin *fingere* «modeler» ■ **1** VX Forger, imaginer (➤ **fiction**). ■ **2** Donner pour réel (un sentiment, une qualité que l'on n'a pas). ➤ 1 **affecter,** VIEILLI **contrefaire, imiter, simuler.** *Feindre l'étonnement, l'innocence, l'indifférence, l'enthousiasme, la joie, la tristesse. «Il continuait de feindre l'évanouissement, les paupières closes, les jambes et les bras morts»* ZOLA. *«Les hommes savent, mieux que les femmes, feindre la vertu»* MAUROIS. ♦ **FEINDRE DE** (et inf.) : faire semblant de, faire mine de. *«Brigitte faisait la sourde, feignait de ne rien comprendre aux allusions»* MAURIAC. ♦ ABSOLT, LITTÉR. Cacher à autrui ce qu'on sent, ce qu'on pense, en déguisant ses sentiments. ➤ **déguiser, dissimuler, mentir.** *Inutile de feindre.*

FEINT, FEINTE [fɛ̃, fɛ̃t] **adj.** – XIIe ◊ de *feindre* ■ **1** VX Qui est inventé de toutes pièces. ➤ 1 **faux, imaginaire.** *«Par de feintes raisons je m'en vais l'abuser»* RACINE. ■ **2** MOD. Qui n'est pas véritable, sincère, et vise généralement à tromper. ➤ **artificiel, étudié,** 1 **faux, fictif, simulé** (cf. De commande). *Une douleur feinte. Son émotion n'était pas feinte.* ■ **3** Imité pour la symétrie ou pour l'agrément. ➤ **postiche, trompe-l'œil.** *Porte, fenêtre, arcade feinte.* ■ CONTR. Réel. Authentique. Sincère. ■ HOM. Faim, fin.

FEINTE [fɛ̃t] **n. f.** – 1220 ◊ de *feindre* ■ **1** VX Fiction. ■ **2** VIEILLI Le fait de cacher ses véritables sentiments, ses intentions pour donner comme vrais des intentions et des sentiments simulés. ➤ **artifice, comédie, dissimulation,** FAM. **frime, hypocrisie, mensonge, ruse, tromperie.** *Dites-nous sans feinte ce qu'il en est,* réellement. *«incapable d'une mauvaise pensée, mais aussi d'une feinte»* SAINTE-BEUVE. ■ **3** MOD. (ART MILIT., SPORT) Coup, mouvement simulé par lequel on trompe l'adversaire en menaçant un côté alors qu'on se propose d'en attaquer un autre. *«Les généraux qui jugent que, pour qu'une feinte réussisse à tromper l'ennemi, il faut la pousser à fond»* PROUST. *Les feintes d'un boxeur, d'un footballeur.* ■ **4** (début XXe) Ruse. ➤ **attrape, piège.** *Faire une feinte à qqn.* ➤ **feinter.** *C'est une feinte, il veut nous rouler.*

FEINTER [fɛ̃te] **v.** ‹1› – 1859 ◊ de *feinte*
I **v. intr.** SPORT Faire une feinte. *L'escrimeur feinte et touche.*
II **v. tr.** ■ **1** (1931) SPORT Tromper (un adversaire) par une feinte, au football, au rugby. *Après avoir feinté les joueurs de la défense, l'avant a marqué un but.* ■ **2** FAM. Tromper (qqn) par ruse, induire en erreur. ➤ **duper*.** *Il a été plus malin que moi, j'ai été bien feinté.*

FEINTEUR, EUSE [fɛ̃tœʀ, øz] **n.** – 1924 ◊ de *feinte* ■ SPORT FAM. Personne qui fait des feintes habiles.

FEINTISE [fɛ̃tiz] **n. f.** – 1150 ◊ de *feindre,* au p. p. ■ VX Action de feindre, habitude de feindre. ➤ **dissimulation, faux-semblant.** *Sans feintise. «nous avions déjà toute une vie de feintises et de séductions»* D. BOULANGER.

FELD-MARÉCHAL, AUX [fɛldmaʀeʃal, o] **n. m.** – 1787 ◊ allemand *Feldmarschall,* de *Marschall* «maréchal» et *Feld* «champ» ■ Ancien grade, le plus élevé de la hiérarchie militaire, en Allemagne, en Autriche. *Des feld-maréchaux.*

FELDSPATH [fɛldspat] **n. m.** – 1762 *feld-spath* ◊ mot allemand «spath des champs *(Feld)*» ■ MINÉR. Silicate d'aluminium, potassium et sodium *(feldspath alcalin)* ou calcium et sodium (plagioclase), se présentant en cristaux de couleur blanche ou rosée, plus rarement incolores. *Les feldspaths sont les minéraux les plus abondants dans les roches de la croûte terrestre.*

FELDSPATHIQUE [fɛldspatik] **adj.** – 1802 ◊ de *feldspath* ■ MINÉR. Qui contient du feldspath. *Roche feldspathique.*

FÊLÉ, ÉE [fele] **adj.** – *fellé* 1423 ◊ de *fêler* ■ **1** Qui est fêlé, présente une fêlure. *Une assiette fêlée et ébréchée. «La faible voix sonnait comme un grelot fêlé»* GIDE. — PAR EXT. *«L'horloge éleva sa voix grêle et fêlée»* HUGO. ■ **2** (1672) FAM. *Avoir la tête, le cerveau, le timbre fêlé* : être un peu fou. — Qui n'a pas tout son bon sens. *Il est complètement fêlé.* ➤ **fou*.** — **n.** *Une bande de fêlés.*

FÊLER [fele] **v. tr.** ‹1› – 1422 ; XIIIe *faelé* «lézardé» ◊ probablt latin populaire °*flagellare,* classique *flagellare* «fouetter» ■ Fendre (un objet cassant) sans que les parties se disjoignent. *Fêler une assiette.* — PRONOM. *Le vase s'est fêlé.*

FÉLIBRE [felibʀ] **n. m.** – 1868 ◊ mot provençal moderne recueilli par Mistral (1854) dans une vieille cantilène, probablt du bas latin *fellebris* «nourrisson (des muses)», de *fellare* «sucer, téter» ■ Écrivain, poète de langue d'oc. *Les sept félibres du félibrige.*

FÉLIBRIGE [felibʀiʒ] **n. m.** – 1876 ◊ de *félibre* ■ École littéraire fondée en Provence (1854) par sept jeunes félibres.

FÉLICITATION [felisitasjɔ̃] **n. f.** – 1623 ◊ probablt d'origine genevoise ; de *féliciter* ■ **1** VX *Compliment de félicitation,* par lequel on félicite. ■ **2** MOD., AU PLUR. Compliments que l'on adresse à qqn pour lui témoigner la part que l'on prend à ce qui lui arrive d'heureux. ➤ **compliment, congratulation.** *Adresser des félicitations, ses plus vives félicitations à qqn. Lettre de félicitations. Toutes mes félicitations.* ♦ **interj.** *Félicitations !* ➤ **bravo.** ■ **3** Chaleureuse approbation. ➤ **applaudissement, éloge, louange.** *Recevoir les félicitations d'un supérieur pour le travail qu'on a exécuté. Reçu avec les félicitations du jury.* ■ CONTR. Condoléances ; blâme, 2 critique.

FÉLICITÉ [felisite] **n. f.** – v. 1265 ◊ latin *felicitas,* de *felix* «heureux» ■ **1** LITTÉR., RELIG. Bonheur sans mélange, généralement calme et durable. ➤ **béatitude.** *Rien ne trouble leur félicité. «La félicité est le bonheur qui paraît complet, et qui s'annonce comme permanent»* SENANCOUR. ■ **2** LITTÉR. Bonheur causé par une circonstance particulière (souvent au plur.). ➤ **contentement, joie,** 1 **plaisir.** *Les félicités de l'amour. J'aimais ma fille «pour toutes les félicités qu'elle me prodiguait»* BALZAC. *«Les catastrophes et les félicités entrent, puis sortent, comme des personnages inattendus»* HUGO. ■ CONTR. Infélicité, infortune ; malheur ; affliction, calamité ; douleur, peine, tourment.

FÉLICITER [felisite] **v. tr.** ‹1› – 1460 «rendre heureux» ◊ bas latin *felicitare* ■ **1** (XVIIe) Assurer (qqn) de la part qu'on prend à sa joie, à son succès, à ce qui lui arrive d'heureux. ➤ **complimenter, congratuler.** *Féliciter un couple qui annonce son* mariage. *« Il le félicitait de son mariage par bienveillance »* CHARDONNE. *Je vous félicite d'y être parvenu.* ▪ **2** Complimenter (qqn) sur sa conduite. ➤ **applaudir, approuver, complimenter,** 1**louer.** *On le félicita pour son courage. « On ne félicite pas un instituteur d'enseigner que deux et deux font quatre »* CAMUS. IRON. *Je ne vous félicite pas pour votre perspicacité.* ▪ **3 SE FÉLICITER** v. pron. S'estimer heureux, content. ➤ **se réjouir.** *Nous nous félicitons de l'heureuse issue de cette affaire.* ♦ SPÉCIALT S'approuver soi-même, se savoir bon gré. ➤ **se louer.** *« On croit pardonner ; on va jusqu'à se féliciter de sa propre grandeur d'âme »* LARBAUD. *« Chaque fois que j'ai refréné un mouvement agressif je m'en suis félicité »* CHARDONNE (cf. Bien* m'en a pris de...). FAM. *Je suis sévère, et je m'en félicite,* et je trouve cela très bien. ➤ **se vanter.** ▪ CONTR. Corriger, critiquer. Déplorer ; reprocher (se).

FÉLIDÉS [felide] **n. m. pl.** – 1834 ◊ du latin *felis* → félin ▪ ZOOL. Famille de mammifères carnivores digitigrades qui vivent de la chair de vertébrés à sang chaud (ex. caracal, chat, eyra, guépard, jaguar, léopard, lion, lynx, ocelot, once, panthère, puma, tigre). *Les félidés possèdent des canines énormes* (➤ **croc**) *et des griffes puissantes, courbes et rétractiles ; ils chassent à l'affût et sautent sur leur proie.*

FÉLIN, INE [felɛ̃, in] **adj.** et **n. m.** – 1792 ◊ latin *felinus,* de *felis* « chat » ▪ **1** Qui tient du chat, ressemble au chat. *La race féline.* ♦ **n. m. UN FÉLIN :** un carnassier du type chat. ➤ **félidés.** *Les grands félins.* ➤ **fauve.** *« Les serviteurs, distingués et silencieux, aux allures de félin »* LOTI. ▪ **2** FIG. Qui a les mouvements doux, souples et gracieux du chat. *Une grâce féline.*

FÉLINITÉ [felinite] **n. f.** – 1875 ◊ de *félin* ▪ LITTÉR. Caractère félin d'une personne qui a la souplesse ou (AU FIG.) l'attitude doucereuse et hypocrite du chat.

FELLAGA [felaga ; fɛllaga] **n. m.** – 1915, répandu v. 1954 ◊ arabe *fellager,* plur. de *fellag* « coupeur de route » ▪ Combattant contre l'autorité française pour obtenir l'indépendance de son pays pendant l'époque coloniale en Tunisie puis en Algérie. *Les fellagas du Sud tunisien* (1915 à 1918). *« le poste de Djanet, pris par les Fellagas, repris par nous »* R. BAZIN. — SPÉCIALT Indépendantiste algérien (1954 à 1962). — On écrit aussi *fellagha.*

FELLAH [fela ; fɛlla] **n. m.** – 1661 ◊ arabe *fallâh* « cultivateur » ▪ Paysan ; petit propriétaire agricole (en Égypte, en Afrique du Nord, etc.). *Les fellahs.*

FELLATION [felasjɔ̃ ; fɛllasjɔ̃] **n. f.** – 1843 ◊ latin *fellatio,* de *fellare* « sucer, téter » ▪ Acte sexuel consistant à exciter les parties génitales masculines par des caresses buccales. ➤ VULG. **pipe,** FAM. 2**turlutte.**

FÉLON, ONNE [felɔ̃, ɔn] **adj.** – 980 ; var. *fel* ◊ latin médiéval *fellones ;* du francique °*fillo,* de même origine que l'ancien haut allemand *fillen* « battre, flageller » ▪ FÉOD. Qui agit contre la foi due à son seigneur. *Un vassal félon.* ➤ **déloyal, hypocrite, traître.** *Un chevalier félon.* — PAR EXT. *« C'est assez d'arrogance et trop d'actes félons »* LECONTE DE LISLE. ♦ **n.** *Ganelon, type du félon* (dans la « Chanson de Roland »). — VX et PLAISANT *« Ne me répondez point, félonne, j'ai de quoi vous confondre ! »* LESAGE. ▪ CONTR. Féal, fidèle.

FÉLONIE [felɔni] **n. f.** – fin XIe ◊ de *félon* ▪ FÉOD. Déloyauté du vassal envers son suzerain. ➤ **forfaiture, trahison.** *Commettre un acte de félonie.* ♦ LITTÉR. Acte déloyal. *« Cette félonie lui paraissait odieuse, et, soudain, lui remontaient à la mémoire tous les mensonges, toutes les impostures, toutes les ignominies »* MADELIN.

FELOUQUE [fəluk] **n. f.** – 1611 ; *falouque* 1606 ; *pelouque* 1595 ◊ espagnol *faluca,* de l'arabe *foulk* « navire » ▪ Petit bâtiment de la Méditerranée, long, léger et étroit, qui marche à la voile ou à l'aviron. *Les felouques ont deux mâts inclinés sur l'avant.*

FÊLURE [felyʀ] **n. f.** – v. 1560 ; *faiel* XIIIe ◊ de *fêler* ▪ Fente d'une chose fêlée. ➤ **fissure.** *Ce vase a une fêlure. « Les vieux ustensiles gardent en leur peau plaintive on ne sait quelles fêlures qui craquent en une fois et les vident »* CH.-L. PHILIPPE. ♦ FIG. et LITTÉR. *Les querelles entre amants « créent des fêlures que rien ne ressoude »* MONTHERLANT. ➤ **cassure, fissure.**

FEMELLE [fəmɛl] **n. f.** et **adj.** – XIIe ◊ latin *femella* « petite femme »
I **n. f.** ▪ **1** Animal du sexe produisant des ovules pouvant être fécondés par les gamètes du mâle. *« Dans le monde animal, l'odeur de la femelle détermine souvent la recherche du mâle »* G. BATAILLE. *Une paire d'animaux, mâle et femelle. La chèvre, femelle du bouc. Femelle qui met bas. La femelle et ses petits.* ➤ 1**mère.** *Femelle nullipare, unipare, multipare. Femelle bréhaigne.* ▪ **2** POP. et PÉJ. Femme.
II **adj.** ▪ **1** COUR. (animaux) Qui est une femelle, qui appartient au sexe des femelles. *Souris femelle. Un canari femelle.* FAM. *« Vous êtes un être humain femelle, Mademoiselle, une des deux formes du développement de l'embryon humain »* GIRAUDOUX. ➤ **féminin.** ▪ **2** BOT. Se dit de l'organe qui donne un fruit après fécondation, de la plante qui porte un tel organe. *Le pistil, organe femelle des plantes phanérogames. Palmier femelle. Fleurs femelles :* fleurs sans étamines. ▪ **3** TECHN. Se dit de pièces d'assemblage destinées à en recevoir une autre, dite « mâle ». *Tuyau, agrafe, pression femelle. Fiche, prise, connecteur femelle.*

FÉMINICIDE [feminisid] **adj.** et **n.** – 1855 ◊ du radical du latin *femina* « femme » et *-cide* ▪ DIDACT. ▪ **1** RARE Qui tue une femme. — **n.** *Un, une féminicide.* ▪ **2 n. m.** Meurtre d'une femme, d'une fille en raison de son sexe. *Le féminicide est un crime reconnu par plusieurs pays d'Amérique latine.*

FÉMININ, INE [feminɛ̃, in] **adj.** – XIIe ◊ latin *femininus,* de *femina* → femme ▪ **1** Qui est propre à la femme. — *Le sexe féminin :* les femmes. — *Charme féminin.* ➤ **féminité.** *L'intuition féminine. L'intelligence féminine.* ♦ **n. m.** LOC. **L'ÉTERNEL FÉMININ :** les traits, considérés traditionnellement comme permanents, de la psychologie des femmes. *« Que restera-t-il de cet "éternel féminin" freudien, lorsque demain toutes les femmes auront accès, à l'égal des hommes, au savoir et au pouvoir ? »* É. BADINTER. ▪ **2** Qui est du sexe féminin. *Les personnages féminins d'un roman.* — *La population féminine d'un quartier.* ▪ **3** Qui a les caractères de la femme, tient de la femme, ressemble à la femme. (En parlant d'une femme) *Elle est très féminine :* elle correspond à l'image stéréotypée de la femme, de la féminité. *« Cette femme si peu féminine redevient femme, comme on les aime »* HENRIOT. (En parlant d'un homme) *Il a un beau visage, des traits un peu féminins.* ➤ **efféminé.** ▪ **4** (XXe) Des femmes, qui a rapport aux femmes. *L'électorat féminin. Les succès féminins d'un homme,* ses conquêtes amoureuses. *Les revendications féminines.* ➤ **féministe.** — Destiné aux femmes. *Magazine féminin.* — Subst. *Le cinéma au féminin.* ▪ **5** (XXe) Qui est composé de femmes. *Une équipe féminine. Une profession majoritairement féminine.* ▪ **6** RARE (animaux, plantes) ➤ **femelle.** ▪ **7** GRAMM. Qui appartient au genre marqué (quand il y a deux genres). *Genre féminin. Nom, adjectif, article, pronom féminin.* — SUBST. *Le féminin. Ce nom est du féminin. Adjectif au féminin. Féminin syntaxique* (ex. une élève). ➤ **épicène.** *Féminin lexical* (ex. une institutrice). — VERSIF. *Rime féminine,* terminée par un *e* muet. ▪ CONTR. Masculin, viril.

FÉMINISANT, ANTE [feminizɑ̃, ɑ̃t] **adj.** – 1936 ◊ de *féminiser* ▪ BIOL. Qui féminise. *Gènes féminisants.*

FÉMINISATION [feminizasjɔ̃] **n. f.** – 1788 ◊ de *féminiser* ▪ Action de féminiser ; son résultat. *Féminisation d'une profession. Féminisation des noms de métier.*

FÉMINISER [feminize] **v. tr.** ⟨1⟩ – 1501 ◊ de *féminin* ▪ **1** Donner à (un homme) un aspect féminin. ➤ **efféminer.** *Cette coiffure le féminise.* — PRONOM. (sujet homme ou femme) Prendre un aspect (plus) féminin. *Cette petite fille s'est féminisée en grandissant.* ▪ **2** BIOL. Provoquer chez (un mâle) l'apparition de caractères sexuels femelles. *« Un crapaud mâle castré [...] se féminise totalement »* L. GALLIEN. ▪ **3** (v. 1960) Faire accéder un plus grand nombre de femmes à. *Féminiser une profession. Métier féminisé à plus de 80 %.* — PRONOM. Se composer d'un plus grand nombre de femmes qu'auparavant. *Parti politique qui se féminise.* ▪ **4** GRAMM. Faire du genre féminin. *Le mot* entrecôte, *qui était masculin, a été féminisé par l'Académie.* — Donner un féminin à. *Féminiser les noms de métier.* ▪ CONTR. Masculiniser.

FÉMINISME [feminism] **n. m.** – v. 1840 ◊ du latin *femina* ▪ **1** Attitude des personnes qui souhaitent que les droits des femmes soient les mêmes que ceux des hommes. *Le féminisme politique des suffragettes. À partir de 1960, le féminisme se développe dans les pays occidentaux. Les revendications du féminisme.* ▪ **2** MÉD. Aspect d'un individu mâle qui présente certains caractères secondaires du sexe féminin.

FÉMINISTE [feminist] **adj.** – 1872 ◊ de *féminisme* ▪ Qui a rapport au féminisme (1°). *Mouvements féministes. Roman, magazine féministe.* ♦ Partisan du féminisme. — **n.** *Un, une féministe.*

FÉMINITÉ [feminite] **n. f.** – XIIIe ◊ de *féminin* ▪ **1** Caractère féminin ; ensemble des caractères propres aux femmes. ➤ **féminitude.** *Accepter, refuser sa féminité. « Le degré de "masculinité" ou de "féminité" »* J. ROSTAND. ▪ **2** Ensemble de caractères stéréotypés correspondant à une image sociale traditionnelle des femmes (charme, douceur, délicatesse) que l'on oppose à une image sociale des hommes. *On lui reproche de manquer de féminité. «une femme qui joue la féminité à l'excès, la faiblesse, la fragilité, la puérilité»* M. PERREIN. *«Toutes ses manières, et jusqu'à celle de s'asseoir, sont d'une parfaite féminité. Ou comment occuper dans l'espace du monde le moins de place possible»* A. GARRÉTA. ■ CONTR. Masculinité.

FÉMINITUDE [feminityd] **n. f.** – v. 1960 ◊ du radical du latin *femina* «femme», d'après *négritude* ■ DIDACT. Caractère propre à l'ensemble des femmes.

FEMME [fam] **n. f.** – début XIe ◊ du latin *femina*

I ÊTRE HUMAIN ADULTE DE SEXE FÉMININ ■ **1** Être humain de sexe féminin lorsque son âge permet d'envisager sa sexualité (par oppos. à *enfant*), et, le plus souvent, après la nubilité et à l'âge adulte, sociologiquement lié à l'âge où le mariage est possible (par oppos. à *fille*). ➤ FAM. **gonzesse, greluche, meuf, nana, 2 nénette ;** POP. **femelle, mouquère, mousmé.** *Une femme, des femmes. Les femmes et les hommes. Un homme, une femme et deux enfants. Une petite fille, une jeune fille et une femme. «la plus délicate des transitions, l'adolescence, les deux crépuscules mêlés, le commencement d'une femme dans la fin d'une enfant»* HUGO. *«J'ai été aimé des quatre femmes dont il m'importait le plus d'être aimé, ma mère, ma sœur, ma femme et ma fille»* RENAN. ♦ (COLLECTIF) **LA FEMME :** l'ensemble des femmes. *Caractères génétiques* (➤ **2 X**), *physiologiques de la femme* (➤ **gynécologie**). *Fonction reproductrice, vie génitale* de la femme* (➤ **menstruation, ovulation ; grossesse, maternité ; puberté, ménopause**). *Maternité volontaire, contrôlée de la femme.* ➤ **contraception, contrôle** (des naissances), **planning** (familial) ; **avortement, I. V. G., 2 P. M. A.** — *Intuition, imagination, sensibilité attribuées à la femme. La femme, compagne de l'homme* (cf. ci-dessous, II ; et ➤ **amante, amie, épouse, maîtresse**). *Femme qui est attirée par les femmes.* ➤ **homosexuelle, lesbienne.** — *Mépris des femmes.* ➤ **machisme, misogynie, phallocratie.** *Violences faites aux femmes. Femme battue, harcelée, maltraitée. Les droits des femmes* (➤ **féminisme, parité**). *Mouvement de libération des femmes (M. L. F.). «En Amérique, l'indépendance de la femme vient se perdre sans retour au milieu des liens du mariage»* TOCQUEVILLE. *«Quand sera brisé l'infini servage de la femme, quand elle vivra pour elle et par elle [...] elle sera poète, elle aussi !»* RIMBAUD. *«cette infériorité morale attribuée à la femme a révolté mon jeune orgueil»* SAND. *«L'homme est le fils de la femme. Sa mère le commence, ses maîtresses le finissent»* AUDIBERTI. *Femme libérée, indépendante.* ■ **2** (En attribut) *Naître femme.* ➤ **féminitude.** *«On ne naît pas femme, on le devient»* BEAUVOIR. — *Elle est femme, très femme :* elle a tous les caractères qu'on prête aux femmes. ➤ **féminité.** *«Elle est femme dans toute l'acception du mot, par ses cheveux blonds, par sa taille fine [...] par le timbre argentin de sa voix»* GAUTIER. *«Réponse bien féminine ! Que vous êtes femme, mon Dieu, que vous êtes femme ! Que vous êtes charmante !»* AVELINE. ■ **3 ÊTRE FEMME À** (et inf.) : être capable de. ➤ **homme** (être homme à). *Elle n'est pas femme à capituler.* ■ **4** (Opposé à *enfant, fille, fillette, jeune fille*) Femme physiquement adulte. *«Cosette devenait peu à peu une femme et se développait»* HUGO. *«Il y avait dans le gazouillis de ces jeunes filles des notes que les femmes n'ont plus»* PROUST. — *Être une femme :* être nubile. (En attribut) *Elle se fait femme.* ■ **5 BONNE FEMME.** VIEILLI Femme simple et assez âgée. MOD. LOC. *De bonne femme :* transmis par la tradition populaire. *Remèdes de bonne femme. Recettes, trucs, secrets de bonne femme.* — APPOS. *Rideaux* bonne femme.* ♦ MOD. *Une vieille bonne femme :* une vieille femme. *Une petite bonne femme :* une petite fille. ♦ FAM. et COUR. Femme (quels que soient son âge, sa classe sociale). *«ils s'inclinent, ils tiennent la chaise de la bonne femme pendant qu'elle s'assied»* SARTRE. *C'est une sacrée bonne femme. Des bonnes femmes.* ♦ FAM. et PÉJ. Épouse. *Il est venu avec sa bonne femme* (cf. infra, II). ■ **6** *Une femme, des femmes* (qualifiée, au physique, au moral, etc.). — (Apparence physique) *Grande femme. Femme grande et maigre* (FAM. PÉJ. grande bringue, échalas, grande gigue, girafe, sauterelle), *forte, plantureuse, imposante et robuste* (PÉJ. baleine, grand cheval*, jument, grosse vache). *Femme petite et grosse, boulotte* (FAM. PÉJ. boudin, pot à tabac). *Grosse femme mal faite* (PÉJ. dondon). *Femme plate* (PÉJ. fax, planche à pain). — *Une jolie femme. Les belles femmes des magazines de mode* (➤ **cover-girl, top-modèle**), *du cinéma* (➤ **pin-up, sexe-symbole, starlette**). *Une femme agréable, avenante, charmante. Une femme jeune et bien faite,* (FAM.) *bien roulée. Femme laide* (laideron ; PÉJ. cageot, 1 chouette, guenon, mocheté, thon). — (Âge) *Femme jeune* (cf. ci-dessous Jeune femme). *Femme mûre, d'un certain âge. Femme âgée. Une vieille femme.* ➤ **mamie, mémé. JEUNE FEMME :** femme au statut social assimilable à celui de femme mariée et considérée socialement comme jeune (opposé à *fille, jeune fille*). Qualifié *Une jolie jeune femme.* **UN (PETIT) BOUT* DE FEMME. FEMME-ENFANT :** femme qui semble avoir conservé les attributs de l'enfance, qui cultive un comportement enfantin. *Jouer les femmes-enfants.* — (Apparence sociale) *Femme élégante, distinguée, négligée. «C'était une femme grande, majestueuse, et si noble»* BAUDELAIRE. ➤ **1 dame.** — **FEMME DU MONDE :** femme appartenant à la haute société ou à un groupe social en vue. ➤ VIEILLI **mondaine.** *Femme dans les ordres.* ➤ **religieuse, sœur.** — (Statut matrimonial) *Nom de jeune fille d'une femme mariée. Une femme célibataire, divorcée, veuve* (une célibataire*, une divorcée*, une veuve*). *Femme monogame*, polyandre*.* — (Caractère) *Femme de caractère. Femme énergique, résolue, volontaire, autoritaire* (dragon, gendarme, virago). IRON. *Une faible femme. Femme de devoir. Femme d'action.* **FEMME DE TÊTE,** intelligente et avisée, qui a le sens des intérêts matériels ou ne se laisse pas mener par ses affects. **MAÎTRESSE FEMME :** femme d'un caractère bien trempé, énergique, qui sait se faire obéir. — (Comportement sentimental et sexuel) *Femme réservée, pudibonde. Femme facile*. Femme sensuelle, lascive. Femme sexy, provocante.* ➤ **bimbo,** VULG. **pétasse.** *Femme mangeuse d'hommes* (cf. Mante* religieuse). *Femme insatiable.* ➤ **nymphomane.** *Femme frigide.* **FEMME-OBJET :** femme considérée (par les hommes) comme un objet (sexuel) et non comme un sujet, une personne. *«L'amazone du féminisme, vaincue, tombait à deux genoux en parfaite femme-objet»* FALLET. *Des femmes-objets.* **FEMME FATALE*.** ➤ aussi **allumeuse, tombeuse, vamp.** *Femme entretenue*. Femme qui se fait payer pour des passes.* ➤ **prostituée.** *Homme habillé en femme.* ➤ **1 travesti.** — (Statut socioprofessionnel) *Femme active. Femme qui travaille, gagne sa vie. Le travail des femmes. Les femmes veulent la parité* des métiers, des fonctions et des salaires. Cette femme est professeur, c'est une professeur. Femme de loi. Une femme d'affaires*.* ➤ **businesswoman.** *Pays gouverné par une femme. Femme politique*, femme d'État*. Le P.-D. G.* est une femme. Une femme de lettres*.* **FEMME AU FOYER :** femme qui n'exerce pas de profession et reste chez elle. ■ **7** (Contexte de l'amour) *C'est la femme de sa vie. Courir les femmes.* ➤ VIEILLI **cotillon, jupon.** *Un homme* à femmes. Séduire une femme. Coucher* avec une femme. Violer une femme. Épouser une femme. Tromper, abandonner une femme.* — (*Femme* est sujet de la phrase) *Cette femme a pris un amant, s'est mariée. «C'était une femme qui passait la nuit avec un homme et qui repartait le lendemain»* DURAS. — (Maternité) *Femme qui n'a jamais eu d'enfants* (➤ **nullipare**), *a un, des enfant(s)* (➤ **1 mère**). *Femme qui attend un bébé, un enfant* (future maman). *Femme enceinte*. Femme qui fait une fausse couche, se fait avorter. Femme qui accouche.* ➤ **parturiente.** *Femme qui prend la pilule*. Femme qui fait un enfant pour d'autres* (cf. Mère* porteuse). ♦ PROV. *Ce que femme veut, Dieu le veut. La plus belle femme du monde ne peut donner que ce qu'elle a.* LOC. *Cherchez la femme :* cherchez le mobile passionnel qui a poussé un homme à agir.

II ÉPOUSE (fin XIe) Femme unie par le mariage. ➤ **conjoint, époux ; marital.** *Le mari et la femme.* ➤ **couple.** *C'est sa femme. Son ancienne femme, son ex-femme. La nouvelle femme de son père :* sa belle-mère, sa marâtre. *Il est venu avec sa femme* (POP. sa bourgeoise, sa dame, sa légitime, sa régulière). ➤ FAM. **bobonne.** *Mes amitiés à votre femme.* ➤ **madame.** *Femme adultère.* — LOC. *Prendre qqn pour femme,* l'épouser. *Vivre comme mari et femme,* maritalement, en concubinage. ♦ DR. *La femme (Untel) :* Madame (Untel). ➤ **1 dame.**

III DOMESTIQUE (1680) **FEMME DE CHAMBRE,** attachée au service intérieur d'une maison, d'un hôtel. ➤ **bonne,** LITTÉR. **caméριste, domestique,** VIEILLI **servante,** FAM. **soubrette.** ♦ (1835) **FEMME DE MÉNAGE,** (Belgique) *femme d'ouvrage, femme à journée,* qui vient faire le ménage dans une maison et qui est généralement payée à l'heure (cf. Employée* de maison).

FEMMELETTE [famlɛt] **n. f.** – XIVe ◊ de *femme* ■ **1** VIEILLI Femme faible, sans force, craintive. *«C'est que je me demande si Madame ne va pas être... effrayée. – Vous me prenez pour une femmelette»* GREEN. ■ **2** FAM. Homme faible, sans énergie. *Il tremble, c'est une femmelette.*

FÉMORAL, ALE, AUX [femɔral, o] **adj.** – 1790 ◊ bas latin *femoralis,* de *femur* ■ ANAT. Qui a rapport ou qui appartient à la cuisse. ➤ **crural.** *Artère, veine fémorale,* ELLIPT *la fémorale.* ♦ Qui appartient au fémur. *Diaphyse fémorale.*

FEMTO- ▪ MÉTROL. Préfixe du système international (SYMB. f), du danois *femten* « quinze », qui divise par 10^{15} l'unité dont il précède le nom : *femtogramme* [fɛmtɔgʀam], *femtoseconde.*

FÉMUR [femyʀ] **n. m.** – 1541 ◊ latin *femur* « cuisse » ▪ **1** Os long qui constitue le squelette de la cuisse (➤ **fémoral**). *Tête, col du fémur. L'extrémité inférieure du fémur s'articule avec l'extrémité supérieure du tibia* (➤ **genou**). *Fracture du fémur, du col du fémur. « les vieilles dames se cassent facilement le fémur, mais pas assez, pas assez »* BECKETT. ▪ **2** ENTOMOL. Troisième division de la patte des insectes.

FENAISON [fənɛzɔ̃] **n. f.** – 1240 ◊ de *fener,* ancienne forme de *faner* ▪ Action de couper et de récolter les foins. — Époque de ce travail.

FENDAGE [fɑ̃daʒ] **n. m.** – 1845 ◊ de *fendre* ▪ TECHN. Action de fendre. *Le fendage du diamant, de l'ardoise.*

FENDANT [fɑ̃dɑ̃] **n. m.** – 1548 ◊ de *fendre*
I VX Coup d'épée donné de haut en bas avec le tranchant.
II (XVIIe) FAM. VX. OU RÉGION. (Canada) *Faire le fendant,* le fanfaron, le malin. — **adj.** (Canada) Arrogant, prétentieux. *Je ne voudrais pas paraître baveux ni fendant. « Alex est arrivé, la cigarette au bec et l'air fendant »* M. LABERGE.
III (1738 *raisins fendants* « à peau qui se fend ») Cépage de chasselas cultivé dans le Valais. — PAR EXT. Vin blanc issu de ce cépage.

FENDARD ou **FENDART** [fɑ̃daʀ] **n. m.** – 1896, -XXe ◊ de *fendu,* à cause de la fente de la braguette ▪ ARG. Pantalon*.

FENDEUR, EUSE [fɑ̃dœʀ, øz] **n.** – 1403 ◊ de *fendre* ▪ TECHN. Personne qui travaille à fendre le bois, l'ardoise.

FENDILLEMENT [fɑ̃dijmɑ̃] **n. m.** – 1841 ◊ de *fendiller* ▪ Action de se fendiller. *Le fendillement de la peau.* ➤ **gerçure.** *« un Christ Louis XIII encadré de chêne [...] avec des fendillements verticaux dans l'ivoire »* MONTHERLANT.

FENDILLER [fɑ̃dije] **v. tr.** ⟨1⟩ – 1588 ◊ de *fendre* ▪ Faire de petites fentes superficielles à (qqch.). *Le grand froid fendille les pierres.* ➤ **fissurer.** — PRONOM. *Peau qui se fendille sous l'effet du froid.* ➤ **se crevasser, se gercer.** *« une terre qui craque de soif et se fendille »* COLETTE. ➤ **craqueler.** — **p. p. adj.** *Vernis fendillé.* ➤ **craquelé, truité.** *Porcelaine fendillée.*

FENDOIR [fɑ̃dwaʀ] **n. m.** – 1701 ◊ de *fendre* ▪ TECHN. Outil qui sert à fendre.

FENDRE [fɑ̃dʀ] **v. tr.** ⟨41⟩ – Xe ◊ latin *findere*
I ▪ **1** Couper ou diviser (un corps solide), le plus souvent dans le sens de la longueur. *Fendre du bois avec une hache. Fendre une bûche en deux. Fendre un diamant, de l'ardoise.* ➤ **cliver, diviser ; fendage.** — *Geler* à pierre fendre. Il s'est fendu le crâne en tombant.* ➤ **s'ouvrir.** FAM. *Se fendre la pipe, la gueule, la pêche, la poire :* rire aux éclats. *« on est une bande de jeunes, on s'fend la gueule »* COLUCHE. ◆ FIG. *Fendre le cœur, l'âme :* faire éprouver un vif sentiment de chagrin, de pitié. *« Tu me fends le cœur »* (PAGNOL, « Marius », film). ➤ **affliger, désoler.** *Des soupirs à fendre l'âme.* ▪ **2** Pénétrer en coupant. *Le coutre de la charrue fend la terre.* ➤ **éventrer.** ◆ (1549) LITTÉR. S'ouvrir un chemin à travers (un fluide). *Le navire fend les flots, l'onde.* ➤ **sillonner.** *L'hirondelle fend l'air d'un vol rapide.* FAM. *Fendre la bise :* aller très vite. — COUR. *Fendre la foule pour se frayer un passage.* ➤ 1 **écarter.**
II ▪ **1 SE FENDRE v. pron.** S'ouvrir, se couvrir de fentes. *Sous l'effet du tremblement de terre, ce gros rocher s'est fendu.* ➤ **se disjoindre, s'entrouvrir, s'ouvrir.** *Un vieux mur qui se fend.* ➤ **se craqueler, se crevasser, se fendiller, se fissurer, se lézarder.** *Vase qui se fend.* ➤ **se fêler.** *Dans le feu, les châtaignes se fendent.* ➤ **éclater.** *Matière qui peut se fendre.* ➤ **fissile, scissile.** ◆ FIG. Se briser. *« son cœur, à lui, se fendait de chagrin »* SAND. ▪ **2** ESCR. Porter vivement une jambe loin en avant pour toucher l'adversaire. *« il se fendit comme un escrimeur »* MARTIN DU GARD. ▪ **3** (1846) FAM. *Se fendre de :* se décider à offrir, à payer. *Il s'est fendu d'une bouteille.* ABSOLT *Il ne s'est pas fendu :* ce cadeau n'a pas dû lui coûter cher.

FENDU, UE [fɑ̃dy] **adj.** – XIIIe ◊ de *fendre* ▪ **1** Coupé. *Du bois fendu.* ▪ **2** Qui présente une fente. *Jupe fendue derrière.* — Qui présente une entaille. ➤ **ouvert.** *Crâne fendu. Lèvre fendue.* ▪ **3** Qui présente une lézarde, une fêlure. *Marbre fendu.* ➤ **fêlé.** ▪ **4** Ouvert en longueur, comme une fente. *Bouche fendue jusqu'aux oreilles. Yeux fendus en amande.*

FENESTRAGE ➤ **FENÊTRAGE**

FENESTRATION [fənɛstʀasjɔ̃] **n. f.** – v. 1900 ◊ du latin *fenestra* ▪ **1** TECHN. Jour, ouverture (réelle ou simulée) percés dans une cloison, une lame pleine. ▪ **2** MÉD. Création d'une ouverture dans la paroi d'une cavité organique (notamment l'oreille).

FENESTRON [fənɛstʀɔ̃] **n. m.** – 1975 ◊ mot provençal « petite fenêtre », du latin *fenestra* → fenêtre ▪ AÉRONAUT. (n. déposé) Ouverture pratiquée dans la paroi de la dérive verticale d'un hélicoptère et dans laquelle tourne un rotor destiné à annuler le couple de rotation du fuselage. — PAR EXT. Ce rotor.

FENÊTRAGE [fənɛtʀaʒ] **n. m.** – 1230 ◊ de *fenêtre* ▪ **1** ARCHIT. Ensemble des fenêtres d'une maison ; leur disposition sur une façade. *Le fenêtrage d'un édifice* (on dit aussi **FENESTRAGE** [fənɛstʀaʒ]). ▪ **2** INFORM. Division de l'écran d'une console de visualisation en fenêtres.

FENÊTRE [f(ə)nɛtʀ] **n. f.** – XIIe ◊ latin *fenestra* ▪ **1** Ouverture faite dans un mur, une paroi, pour laisser pénétrer l'air et la lumière ; l'encadrement de cette ouverture. ➤ 2 **baie, bow-window, lucarne, lunette, œil-de-bœuf.** *Percer une fenêtre. « Les fenêtres m'ont toujours intéressé car elles sont un passage entre l'extérieur et l'intérieur »* MATISSE. *L'embrasure d'une fenêtre. L'appui de la fenêtre. Volets, persiennes d'une fenêtre. Mettre des rideaux aux fenêtres. La fenêtre donne, a vue sur le parc. Se mettre à la fenêtre. Regarder par la fenêtre. « Emma était accoudée à sa fenêtre (elle s'y mettait souvent : la fenêtre, en province, remplace les théâtres et la promenade) »* FLAUBERT. *Fenêtre à meneaux. Fenêtre qui fait porte.* ➤ **porte-fenêtre.** *Passer, sauter, se jeter, tomber par la fenêtre.* ➤ **défenestration, défenestrer.** *Donner une sérénade sous les fenêtres de qqn.* — *Fenêtres d'un train. Réserver un coin fenêtre* (opposé à *coin couloir*). *Fenêtres d'un bateau.* ➤ **hublot, sabord.** ◆ PAR EXT. Châssis vitré qui ferme cette ouverture. ➤ **croisée, tabatière, vasistas ;** RÉGION. **châssis ; carreau, vitrage, vitre ; verrière, vitrail.** *Fenêtre dormante ou à châssis dormant. Les battants, les carreaux de la fenêtre. Fenêtre à guillotine. Fenêtre basculante, pivotante, coulissante. Fenêtre de toit.* ➤ **velux.** *Fenêtre à double vitrage. Ouvrir, fermer une fenêtre* (➤ **crémone, espagnolette**). *Laisser la fenêtre entrouverte. Dormir la fenêtre ouverte. Fenêtres grandes ouvertes.* ◆ LOC. *Jeter son argent* par les fenêtres.* — *Chassez-le par la porte, il rentrera par la fenêtre,* se dit d'un importun dont on ne peut se débarrasser. — FIG. *Ouvrir une fenêtre sur :* faire entrevoir, donner un aperçu de. *Fenêtre ouverte sur l'avenir.* ▪ **2** PAR ANAL. Espace libre qu'on laisse dans un acte, un manuscrit pour être rempli ultérieurement. ➤ 2 **blanc.** — *Enveloppe à fenêtre,* comportant un rectangle de papier transparent dans lequel apparaît l'adresse écrite sur la lettre. ◆ ANAT. Chacune des deux ouvertures de la paroi interne de la caisse du tympan. *La fenêtre ovale et la fenêtre ronde relient l'oreille moyenne à l'oreille interne.* ▪ **3** DIDACT. Intervalle de temps, défini avec précision, à l'intérieur duquel une opération est réalisée. *Fenêtre de tir (d'une fusée).* ➤ **créneau.** — Plage d'accès. *« L'Internet fonctionne par intermittence — avec des fenêtres d'à peine dix minutes »* D. LAFERRIÈRE. ▪ **4** INFORM. Partie de l'écran d'un ordinateur, de forme rectangulaire, à l'intérieur de laquelle sont affichées des informations relatives à une tâche déterminée et fonctionnant comme un écran propre. *Ouvrir plusieurs fenêtres.* ➤ **fenêtrage.** *La fenêtre du navigateur. Fenêtre publicitaire ; fenêtre intruse* (recomm. offic.). ➤ **pop-up** (ANGLIC.)

FENÊTRER [fənetʀe] **v. tr.** ⟨1⟩ – *fenestré* 1198 ◊ de *fenêtre* ▪ ARCHIT. Pourvoir de fenêtres en les perçant ou en les équipant. *Fenêtrer un bâtiment.* ◆ PAR ANAL. Pratiquer des trous dans. *Fenêtrer une compresse, un plâtre.*

FENG SHUI [fɛngʃwi ; fɛ̃gʃɥi] **n. m. inv.** – 1988 ◊ mot chinois « énergie vitale », de *feng* « vent » et *shui* « eau » ▪ Art de vivre d'inspiration chinoise qui cherche à harmoniser les rapports de l'être humain et de son environnement. ➤ aussi **géobiologie.**

FENIL [fəni(l)] **n. m.** – XIIe ◊ latin *fenile,* de *fenum* « foin » ▪ Grenier où l'on conserve le foin. ➤ **grange.**

FENNEC [fenɛk] **n. m.** – 1791 ◊ mot arabe ▪ Mammifère carnivore *(canidés)* appelé aussi *renard des sables,* à très grandes oreilles pointues, vivant dans les déserts d'Arabie et d'Afrique du Nord.

FENOUIL [fənuj] **n. m.** – *fenoil* 1176 ◊ latin populaire °*fenuculum,* latin classique *feniculum* « petit foin » ▪ Plante herbacée à goût anisé *(ombelliféracées),* cultivée comme potagère ou aromatique, dont on consomme les graines comme condiment et la base charnue des pétioles comme légume. *Bulbe de fenouil.* CUIS. *Loup grillé au fenouil.* — *Fenouil bâtard.* ➤ **aneth.** *Fenouil marin.* ➤ **criste-marine.**

FENTE [fɑ̃t] n. f. – 1332 ◇ latin populaire °*findita*, p. p. fém. de *findere* → fendre

I ■ **1** Ouverture étroite et longue, plus ou moins profonde, à la surface d'une matière solide. *Fentes de l'écorce terrestre, d'une surface.* ➤ **brisure, cassure, coupure, crevasse, déchirure,** 2 **faille, fissure.** ◆ ANAT. Séparation étroite, allongée, entre deux parties ou structures. *Fente palpébrale. Fente vulvaire.* — *Fente labiale, palatine* : bec-de-lièvre. ■ **2** Interstice très étroit. ➤ 1 **espace, intervalle, jour, vide.** *Calfater les fentes d'une barque.* « *mettre son œil aux fentes des palissades* » ROMAINS. ■ **3** Ouverture étroite et allongée pratiquée dans toute l'épaisseur d'une matière. *Fente dans un mur.* ➤ **chantepleure, meurtrière.** *Fente d'une tirelire, d'une boîte à lettres. Volets métalliques à fentes. Fentes d'une cape, pour passer les bras. Fente d'une poche.* — Coupure pratiquée perpendiculairement au bord et dans toute l'épaisseur (➤ **fendu**). *Fente d'une jupe. Veston à fentes sur les côtés.*

II Action de fendre (dans quelques emplois). ■ **1** TECHN. *Bois de fente*, destiné à être fendu, débité. ■ **2** Action de se fendre, à l'escrime. — SKI Action d'avancer un ski par rapport à l'autre ; l'écart ainsi obtenu.

FENTON [fɑ̃tɔ̃] n. m. – 1676 ◇ de *fente*, proprt « fer fendu en tringles » ■ TECHN. Tige de fer pour soutenir des ouvrages de plâtre. — On écrit aussi *fanton*.

FENUGREC [fənygʀɛk] n. m. – *fenugreu* XIIIe ◇ latin *fenugræcum* « foin grec » ■ Plante *(papilionacées)* dont les grains riches en mucilage sont employés en cataplasmes. ➤ **trigonelle.**

FÉODAL, ALE, AUX [feɔdal, o] adj. et n. m. – 1328 ◇ latin médiéval *feodalis*

I adj. ■ **1** Qui appartient à un fief. *Château féodal. Barons féodaux.* ■ **2** Qui appartient à l'ordre politique et social fondé sur l'institution du fief. *Régime féodal.* ➤ **seigneur, suzerain, vassal ; serf.** « *Le régime féodal* [...] *consiste essentiellement dans le morcellement de la souveraineté, laquelle échappe au pouvoir central, et se disperse entre les mains d'un certain nombre de grands seigneurs, possesseurs de fiefs ou d'alleux importants* » É. CHÉNON. *Société féodale. Armée féodale.* ➤ **ost.** *Époque, période féodale, du Xe au XIVe siècle en France. Institutions et coutumes féodales.* ➤ **féodalité.** *Le droit féodal* (➤ **feudiste**). ◆ PAR ANAL. Qui a rapport à un régime semblable à celui qu'ont connu la France et l'Europe occidentale au Moyen Âge. *Sociétés féodales du Proche-Orient.* ■ **3** FIG. Qui date d'un autre âge. ➤ **archaïque.** *Une coutume féodale.*

II n. m. HIST. Seigneur féodal. — PAR ANAL. Riche possesseur de terres avec leurs paysans. *Dans certains pays, les terres appartiennent encore à de grands féodaux.*

FÉODALISME [feɔdalism] n. m. – 1823 ◇ de *féodal* ■ Caractère féodal. *Le féodalisme des institutions, de la société.*

FÉODALITÉ [feɔdalite] n. f. – 1515 ◇ de *féodal* ■ **1** Forme d'organisation politique et sociale médiévale, caractérisée par l'existence de fiefs et seigneuries. *Féodalité de l'Europe occidentale.* — *Féodalité musulmane ; japonaise.* ■ **2** FIG. PÉJ. Grande puissance économique, financière ou sociale, qui tend à devenir autonome dans l'État. *Restaurer l'autorité de l'État en abattant les féodalités. Féodalité financière.*

FER [fɛʀ] n. m. – début XIe au sens d'« épée » (II, 3o) ◇ du latin *ferrum*

I MÉTAL ■ **1** (fin XIe) Élément atomique (Fe ; no at. 26 ; m. at. 55, 847), métal blanc grisâtre ductile et malléable. ➤ **ferro-.** *Minerai de fer.* ➤ **hématite, limonite, magnétite, marcassite,** 1 **minette, pyrite, sidérose.** *Mine de fer, gisement de fer. Fer doux*, contenant peu de carbone. *Fer Armco*, ayant subi un affinage très poussé. *Fer électrolytique*, très pur. *Oxydes et sels de fer* (➤ **ferreux, ferrique**). *Alliages de fer.* ➤ **acier,** 1 **fonte.** *Fer étamé.* ➤ **fer-blanc.** *Industries du fer.* ➤ **métallurgie, sidérurgie.** *Propriétés magnétiques du fer.* ➤ **ferromagnétisme.** *Le fer s'altère, rouille.* ➤ **rouille.** *Battre le fer.* ➤ **battre, forger.** *Fer battu. Fer forgé*, servant à fabriquer de la ferronnerie* d'art. *Grille, balustrade en fer forgé. Plaque de fer.* ➤ 1 **tôle.** *Fil* de fer. Barre, tige de fer. Débris de fer.* ➤ **ferraille, limaille.** *Paille* de fer.* — *Garniture en fer* ➤ **ferrure.** *Récipients, ustensiles en fer* (➤ **chaudronnerie, ferblanterie, quincaillerie**). *Rideau* de fer.* — *Chemin de fer* (voir ce mot). ELLIPT *Transport par fer et par air.* ➤ aussi **ferroutage.** ◆ *Âge du fer* : période de la protohistoire qui succède à l'âge du bronze (vers l'an 1000 av. J.-C.). ➤ **hallstattien.** ◆ APPOS. INV. *Gris fer* : gris moyen. « *le ciel tourné au gris-fer pesait ainsi qu'un couvercle brûlant* » J. ROUMAIN. ◆ LOC. *Croire dur comme fer (à, que)*, avec une grande conviction. *Il faut battre* le fer quand il est chaud. Croix* de bois, croix de fer, si je mens je vais en enfer. Le pot* de terre contre le pot de fer.* ■ **2** PAR EXT. Sels de fer. *Aliments riches en fer.* ■ **3** loc. adj. (milieu XIIIe) **DE FER.** ➤ 1 **fort, résistant, robuste, rude, vigoureux.** *Avoir une santé de fer. Avoir une main, une poigne de fer. Une main* de fer dans un gant de velours.* — *Bras* de fer.* ◆ (ABSTRAIT) Très dur. *Avoir une volonté de fer.* ➤ **inébranlable, inflexible.** *Siècle de fer* : dans la mythologie, période de violences, de duretés.

II OBJET, INSTRUMENT EN FER, EN ACIER ■ **1** (fin XIe) Partie en fer, partie métallique d'un instrument, d'une arme. *Le fer et le manche d'une pelle. Le fer d'une lance, d'une flèche.* ➤ **pointe.** *En fer de lance* : pointu. ➤ **hasté.** FIG. *Le fer de lance d'une armée*, l'unité d'élite, la troupe de choc. *Le fer de lance d'une organisation*, l'élément le plus combatif, le plus dynamique. ■ **2** (milieu XIIIe) Objet en fer, en métal. — TECHN. *Fer en T, en U, en I* : barre de fer profilée en forme de T, de U, de I, utilisée dans les constructions métalliques. ◆ Instrument en fer servant à donner une forme, à faire une empreinte. *Fer à gaufrer les étoffes, à tuyauter.* — *Fers de relieur* : instruments servant à faire des empreintes sur le cuir, à froid ou à chaud. *Reliure aux fers, aux petits fers.* — **FER À REPASSER,** et ABSOLT (1660) **FER :** instrument en métal, à base plane, muni d'une poignée, qui une fois chaud sert à repasser le linge. *Gros fer de tailleur.* ➤ **carreau.** *Fer électrique. Fer à vapeur. Brancher le fer. Coup de fer* : repassage rapide. *Donner un coup de fer à une chemise.* LOC. FAM. *Nager comme un fer à repasser* : nager très mal, être sujet à couler à pic. *Avoir deux fers au feu* : mener deux affaires de front. — **FER À FRISER :** instrument qu'on applique chaud sur les cheveux pour les friser. *Frisé au (petit) fer. Fer à lisser.* ➤ **lisseur.** ◆ *Fer à souder.* ➤ **soudage.** ◆ **FER ROUGE :** tige de fer que l'on porte au rouge. *Le marquage des bœufs au fer rouge.* ➤ **ferrade.** — VIEILLI **FER CHAUD :** cautère. ■ **3** (début XIe) Épée, fleuret. *Engager, croiser* le fer.* ➤ **ferrailler.** — Arme blanche. « *La civilisation a été imposée à nos ancêtres par le fer et par le feu* » BAINVILLE. LOC. *Remuer le fer dans la plaie*.* — (1905) SPORT Club de golf à tête métallique. ◆ VIEILLI **LES FERS :** le forceps. *Accouchement avec les fers.* ■ **4** (fin XIIe) Bande de métal formant semelle. **FER À CHEVAL** ou **FER :** demi-cercle ou sole de métal dont on garnit le dessous des sabots de certains équidés. « *Les chevaux s'affolaient, hennissant, tapant de leurs fers contre les parois* » R. MARTEAU. *Mettre des fers à un cheval.* ➤ **ferrer, ferrure ; maréchal-ferrant.** *Des fers à cheval. Le fer à cheval, symbole de chance.* — *Cheval qui tombe les quatre fers en l'air*, sur le dos, à la renverse. LOC. FAM. (d'une personne) *Il a glissé et il est tombé les quatre fers en l'air.* — **EN FER À CHEVAL :** en forme de demi-cercle outrepassé. *Arc, table, aimant en fer à cheval.* ◆ PAR ANAL. Renfort métallique. *Chaussure munie de fers.* ➤ **ferré.** ■ **5** (fin XIIe) AU PLUR. **LES FERS.** Ce qui sert à enchaîner, à immobiliser un prisonnier. ➤ **chaîne, menottes.** *Mettre un prisonnier aux fers.* — (1552, Ronsard) FIG. et LITTÉR. ➤ **captivité, esclavage.** *Être dans les fers.* ➤ **captif, esclave, prisonnier.** « *L'homme est né libre, et partout il est dans les fers* » ROUSSEAU.
■ HOM. Faire.

FÉRA [feʀa] n. f. – *ferra* 1558 ◇ mot dialectal de la Suisse romande, d'origine probablt préromane ■ Poisson du lac Léman, du genre corégone *(salmonidés)*.

FÉRALIES [feʀali] n. f. pl. – 1824 *férales* ◇ latin *feralia*, de *feralis* « qui concerne les dieux mânes » ■ DIDACT. Fêtes annuelles en l'honneur des morts, chez les Romains.

FER-BLANC [fɛʀblɑ̃] n. m. – 1317 ◇ de *fer* et *blanc* ■ Tôle de fer doux, laminé ou battu, recouverte d'une couche d'étain pour la protéger de la rouille. *Des fers-blancs. Boîte de conserve, ustensiles en fer-blanc.* ➤ **ferblanterie.**

FERBLANTERIE [fɛʀblɑ̃tʀi] n. f. – 1831 ◇ de *ferblantier* ■ **1** Ustensiles en fer-blanc, laiton. ➤ **quincaillerie.** — FIG. Chose, marchandise sans valeur. ■ **2** Industrie, commerce des objets de fer-blanc, de zinc, de laiton. — Boutique de ferblantier.

FERBLANTIER [fɛʀblɑ̃tje] n. m. – 1704 ◇ de *fer-blanc* ■ Celui qui fabrique, vend de la ferblanterie. *Cisaille, gouge, établi de ferblantier. Ferblantier-zingueur.*

-FÈRE ■ Élément, du latin *-fer* « qui porte », de *ferre* « porter, renfermer » : *florifère, diamantifère.*

FÉRIA [feʀja] n. f. – 1926 ◇ espagnol *feria* « jour de fête » ■ En Espagne et dans certaines régions du sud de la France, Fête annuelle comportant des activités foraines et des courses de taureaux. *La féria de Nîmes.*

FÉRIE [feʀi] n. f. – v. 1119 *ferie* « jour de la semaine » ◇ latin *feriæ* « jour de repos » → 1 foire ■ **1** ANTIQ. ROM. Jour pendant lequel le travail était interdit par la religion. ■ **2** LITURG. CATHOL. Jour de la semaine, à l'exception du samedi et du dimanche. — adj. **FÉRIAL, IALE, IAUX.** ■ HOM. Féerie.

FÉRIÉ, IÉE [ferje] **adj.** – v. 1150 *ferier* «chômer» ; rare avant XVIIe ◊ latin *feriatus* ■ *Jour férié,* où il y a cessation de travail pour la célébration d'une fête religieuse ou civile. ➤ **chômé.** *Les dimanches sont des jours fériés.* ◆ SPÉCIALT Jour chômé autre que le dimanche. *Magasin fermé les dimanches et jours fériés.* FAM. *Demain c'est férié.* ■ CONTR. Ouvrable.

FÉRIR [feʀiʀ] **v. tr.** ‹seult inf.› – Xe ◊ latin *ferire* ■ **1** VX ➤ **frapper.** ■ **2** LOC. **SANS COUP FÉRIR :** VX sans combattre ; MOD. sans rencontrer la moindre résistance, sans difficulté. *Il s'en sortira sans coup férir.*

FERLER [fɛʀle] **v. tr.** ‹1› – *fresler* 1606 ◊ p.-ê. anglais *to furl* ■ MAR. Relever (une voile) pli par pli tout le long et au-dessus d'une vergue sur l'avant. *On ferle les voiles carrées.* ■ CONTR. Déployer.

FERLOUCHE [fɛʀluʃ] ou **FARLOUCHE** [faʀluʃ] **n. f.** – 1917 ◊ origine inconnue ■ RÉGION. (Canada) Mélange de raisins secs et de mélasse pour garnir une tarte. «*Et je vous recommande le dessert : il y a des œufs à la neige, de la crème brûlée,* [...] *de la tarte à la ferlouche*» GUÈVREMONT.

FERMAGE [fɛʀmaʒ] **n. m.** – 1367 ◊ de 2*ferme* ■ Mode d'exploitation agricole par ferme. ◆ PAR EXT. Loyer d'une ferme.

FERMAIL, AUX [fɛʀmaj, o] **n. m.** – XIIe ◊ de *fermer* ■ VX ou ARCHÉOL. Agrafe ; fermoir de livre.

FERMANT, ANTE [fɛʀmɑ̃, ɑ̃t] **adj.** – XIIIe ◊ de *fermer* ■ **1** Qui peut se fermer. *Un meuble fermant.* ◆ *Guillemets fermants,* placés à la fin de l'énoncé cité. ■ **2** VX *À jour fermant :* à la fin du jour. ■ HOM. Ferment, ferrement.

1**FERME** [fɛʀm] **adj.** et **adv.** – *ferm* masc. v. 1180 ; *ferme* XIIIe pour les deux genres, d'après le fém. ◊ latin *firmus*

I ~ **adj.** ■ **1** Qui a de la consistance, qui se tient, sans être très dur. ➤ **compact, consistant, résistant.** *Poisson à chair ferme. Des tomates fermes. Ces pêches sont un peu fermes,* pas très mûres. — *Cuisses, seins fermes. Rendre plus ferme.* ➤ **raffermir.** — *Sol ferme,* où l'on n'enfonce pas. *Terre* ferme.* ■ **2** (Personnes ; parties du corps servant à se tenir ; dans quelques expr.) Qui se tient, sans fléchir, ni chanceler. ➤ **solide, stable.** *Ce bébé est déjà ferme sur ses jambes.* — **DE PIED FERME :** sans bouger, sans reculer. ➤ **immobile.** *Attendre qqn de pied ferme,* sans quitter son poste, sa place ; l'attendre sans crainte, prêt à l'affronter. ➤ **courageusement, hardiment, résolument.** FIG. *Ils attendent la critique de pied ferme.* ■ **3** Qui n'hésite pas, qui a de l'assurance. ➤ **assuré, décidé.** *D'une voix ferme. Marcher d'un pas ferme.* FIG. *Avoir la main ferme,* de la poigne, de l'autorité. *Écriture ferme. Style ferme.* ■ **4** (Personnes ; traits psychologiques) Que rien n'ébranle. «*Ce vieillard, si ferme et si brave devant un tel danger*» HUGO. ➤ **impassible, imperturbable, maître** (de soi), **stoïque.** ◆ Qui ne se laisse pas influencer, qui montre une calme autorité. ➤ **décidé, déterminé, énergique, inébranlable, inflexible, résolu, tenace.** *Des parents fermes avec leurs enfants. Doux, mais ferme. Elle a été ferme sur ce point.* PAR EXT. *Répliquer d'un ton ferme. Un refus poli mais ferme.* — *Être ferme dans ses résolutions.* ➤ **constant.** PAR EXT. *Avoir la ferme intention, résolution, volonté de faire qqch.* ➤ 2**arrêté, déterminé.** ■ **5** Qui ne change pas, sur quoi on peut compter. *Un engagement ferme. Des règles fermes.* ➤ 1**fixe, immuable, stable.** — BOURSE *Valeur ferme,* dont le cours ne change pas. ➤ **solide.** *Marché ferme.* PAR EXT. *Le coton est ferme.* ◆ Qui est conclu, sur quoi on ne revient pas. ➤ **définitif.** *Achat, commande, vente ferme.* ➤ **sûr.** *Prix fermes et définitifs.* — PAR EXT. *Vendeur, acheteur ferme.*

II ~ **adv. de manière** ■ **1** Avec force, vigueur. ➤ **dur,** 1**fort.** «*Déjà les cuillers tapaient ferme au fond des assiettes*» ZOLA. *Cogner ferme. Souquer ferme. Discuter ferme,* avec ardeur, avec de nombreux arguments (cf. Discuter serré*). *Ça discute ferme, là-bas.* ➤ **vigoureusement.** *Tenir ferme :* tenir bon, résister. ➤ **solidement.** ■ **2** PAR ANAL. ➤ **beaucoup, intensément.** «*On avait bu ferme*» ARAGON. ➤ **sec.** *Travailler ferme. S'ennuyer ferme.* ■ **3** D'une manière définitive. *Acheter, vendre ferme. Retenir ferme.* ■ **4** Sans sursis. *Être condamné à deux ans (de prison) ferme.*

■ CONTR. 1Flasque, 1mou. Chancelant, vacillant. Hésitant, faible. Fluctuant, indexé. — Doucement. Provisoirement.

2**FERME** [fɛʀm] **n. f.** – v. 1175 ◊ de *fermer* «établir de manière ferme, fixer», de 1*ferme*

I DR. ➤ **louage.** ■ **1** Convention par laquelle un propriétaire abandonne à qqn pour un temps déterminé la jouissance d'un domaine agricole, moyennant une redevance en argent ou en nature (surtout dans *à ferme*). *Donner ses terres à ferme.* ➤ **affermer ; affermage.** *Bail à ferme.* ■ **2** Convention par laquelle le propriétaire d'un droit en abandonne à qqn la jouissance pour un temps déterminé et moyennant un prix fixé. *La ferme des jeux.* ◆ ANCIENNT Système de perception des impôts indirects dans lequel le fonctionnaire (➤ **fermier,** 1°) traitait à forfait pour une somme déterminée à remettre d'avance au roi, se réservant pour salaire la différence entre cette somme et les sommes effectivement perçues. — Administration de cette perception. *Ferme des gabelles.*

II PAR EXT. ■ **1** Exploitation agricole donnée à ferme ; COUR. Toute exploitation agricole. ➤ **domaine, métairie.** *Exploiter une ferme. Les grandes fermes de la Beauce. Les grandes fermes d'Amérique du Sud* (➤ **estancia, fazenda, hacienda**), *des États-Unis* (➤ **ranch**). *Les fermes d'un kolkhoze, d'un sovkhoze, d'un kibboutz.* — *Ferme agricole, ferme d'élevage, ferme viticole.* PAR EXT. *Ferme aquacole, marine* (➤ **aquaculture**). — *Bâtiments d'une ferme :* maison d'habitation, bâtiments réservés aux animaux, aux récoltes, etc. (➤ **écurie, étable ; cellier, fenil, grange, hangar, remise**). *Cour de ferme.* ➤ **bassecour.** — *Valet, fille de ferme,* qui étaient employés aux travaux de la ferme. *Valet de ferme :* machine agricole, petite chargeuse articulée. — *Lait, beurre de ferme.* ➤ **fermier.** ■ **2** COUR. Les bâtiments de la ferme. ➤ **maison.** *Les troupeaux rentrent le soir à la ferme. Ferme provençale.* ➤ **bastide, mas.** *Ferme normande à colombages. Acheter une vieille ferme pour en faire une résidence secondaire.* ➤ 2**fermette.** *Ferme auberge.* ■ **3** Ensemble de machines, de dispositifs similaires regroupés en un même lieu. *Ferme éolienne*.* ➤ **parc.** *Ferme photovoltaïque.* ➤ **centrale.** ◆ INFORM. *Ferme de serveurs.* — *Ferme de contenus :* plateforme, site Web publiant des contenus de faible valeur dans le but de générer des revenus publicitaires.

3**FERME** [fɛʀm] **n. f.** – 1690 ◊ de *fermer* «fixer» ■ **1** ARCHIT. Assemblage de pièces destinées à porter le faîtage, les pannes et les chevrons d'un comble. ➤ **charpente,** 1**comble ; arbalétrier, chantignole, contrefiche, entrait, poinçon.** ■ **2** (1752 ◊ de «*fermer* [une ouverture]») THÉÂTRE Décor de théâtre monté sur châssis, qui se détache en avant de la toile de fond ou s'élève des dessous par des trappes.

FERMÉ, ÉE [fɛʀme] **adj.** – 1296 ◊ de *fermer* ■ **1** Qui ne communique pas avec l'extérieur. *Mer fermée :* vaste lac. — Qu'on a fermé. ➤ 1**clos.** *Porte fermée, fermée à clé ; définitivement fermée.* ➤ **condamné.** *Boutique fermée, lieu public fermé,* où l'on n'a momentanément pas accès, qui n'assure pas le service habituel. *Musée fermé le mardi. Fermé pour inventaire.* ◆ FIG. *Une société, un club, un milieu fermés,* où l'on s'introduit très difficilement. ➤ **sélect.** ■ **2** GÉOM. *Courbe fermée,* qui limite une surface (ex. cercle, ellipse). ◆ MATH. *Ensemble fermé,* comprenant les éléments de sa frontière*. ■ **3** (PERSONNES) Qui a du mal à communiquer, peu expansif. *Il a l'air fermé,* replié sur lui-même. ➤ **introverti.** — *Visage fermé.* ➤ **hermétique, impénétrable.** ■ **4** *Fermé à :* inaccessible, insensible à. *Il a l'esprit fermé aux mathématiques.* ➤ **étranger, rebelle.** *Il est fermé à toutes les nouveautés.* ■ **5** PHONÉT. Se dit d'un son qui comporte l'occlusion ou le resserrement du canal vocal. *É fermé* [e] ; *o fermé* [o]. ◆ *Syllabe fermée,* terminée par une consonne prononcée (➤ **entravé**). Médecine *se compose de deux syllabes fermées.* ■ **6** *Question* fermée.* ■ CONTR. Ouvert.

FERMEMENT [fɛʀməmɑ̃] **adv.** – XIIe ◊ de 1*ferme* ■ **1** D'une manière ferme. *Tenir fermement un objet dans ses mains.* — *Silhouette fermement esquissée.* ■ **2** Avec assurance, volonté, fermeté. *Persister fermement dans une résolution. Croire fermement qqch.,* avec conviction (cf. Dur comme fer*). *Être fermement décidé à réagir.*

FERMENT [fɛʀmɑ̃] **n. m.** – 1380 ◊ latin *fermentum* «levain», du supin de *fervere* «bouillir» ■ **1** Ce qui fait naître un sentiment, une idée, ce qui détermine un changement interne. *Un ferment de discorde.* ➤ **germe, levain.** *Individus qui sont des ferments d'indiscipline.* ➤ 1**agent.** «*un sourd ferment de jalousie et de haine*» ZOLA. ■ **2** (1694) VX Enzyme*. — MOD. ABUSIVEMENT Micro-organisme capable de provoquer une fermentation (appelé aussi, autrefois, *ferment figuré*). ➤ aussi **levure.** *Ferment lactique.* ➤ **lactobacille ; bifidus.** ■ HOM. Fermant, ferrement.

FERMENTABLE [fɛʀmɑ̃tabl] **adj.** – 1824 ◊ de *fermenter* ■ DIDACT. Qui peut fermenter. ➤ **fermentescible.** *Déchets fermentables.*

FERMENTATION [fɛʀmɑ̃tasjɔ̃] **n. f.** – 1539 ◊ latin *fermentatio* → ferment ■ **1** BIOL., BIOCHIM. Transformation de substances organiques sous l'influence d'enzymes produites par des micro-organismes. *Fermentation lactique :* processus de transformation des sucres en acide lactique par l'action de bactéries (➤ **lactobacille**). *Fermentation alcoolique,* qui transforme le sucre en alcool. *Fermentation basse,* qui se déroule à basse température, les levures coulant au fond de la cuve (moût, bière...) ; *fermentation haute,* à température ambiante, les levures remontant à la surface. *Fermentation acétique*, butyrique*. Fermentation aérobie, anaérobie. Fermentation du foin.* ➤ **échauffement.** *Bio-industrie des fermentations* (➤ **biogaz, méthanisation).** ▪ **2** FIG. (fin XVIIe) Agitation fiévreuse (des esprits). ➤ **agitation, bouillonnement, ébullition, effervescence.** *« la multiplication des clubs, l'immense fermentation de Paris* [au début de la Révolution] *»* MICHELET. ▪ CONTR. Apaisement, 1 calme.

FERMENTER [fɛʀmɑ̃te] v. intr. ⟨1⟩ – 1270 ◇ bas latin *fermentare,* de *fervere* « bouillir » ▪ **1** Être en fermentation. *Pâte à pain qui fermente.* ➤ 1 **lever.** *Le moût de raisin fermente dans la cuve.* — *Faire fermenter une substance,* la soumettre au processus de fermentation. — p. p. adj. *Fromage fermenté* (opposé à *fromage frais*). *Boissons fermentées et alcoolisées.* ▪ **2** FIG. (1798) Se préparer sourdement, être agité de remous internes. ➤ **s'agiter, s'échauffer.** *La révolte, la haine fermentent dans les esprits.* ➤ **couver.** *« il ne savait pas avec quelle furie cette mer des passions humaines fermente et bouillonne lorsqu'on lui refuse toute issue »* HUGO. ▪ CONTR. Apaiser (s'), calmer (se).

FERMENTESCIBLE [fɛʀmɑ̃tesibl] adj. – 1765 ◇ latin *fermentescere* « entrer en fermentation » ▪ DIDACT. Qui est susceptible de fermenter. ➤ **fermentable ; biodégradable.** ▪ CONTR. Infermentescible.

FERMENTEUR [fɛʀmɑ̃tœʀ] n. m. – 1961 ◇ de *fermenter* ▪ TECHN. Récipient de grande dimension dans lequel on cultive des micro-organismes ou des cellules (animales ou végétales) en vue d'isoler un (ou des) produit(s) de leur métabolisme (protéines, glucides, etc.). ➤ **bioréacteur.** *Fermenteur en continu.*

FERMER [fɛʀme] v. ⟨1⟩ – milieu XIIe ◇ du latin *firmare* « rendre solide », d'où, en ancien français, les sens d'« attacher » (fin XIe) et « fortifier » (milieu XIIe), famille de *firmus* → 1 ferme

I ~ v. tr. **FERMER** qqch. ▪ **1** Appliquer (une partie mobile) de manière à boucher un passage, une ouverture. *Fermer une porte, la porte. « Et quand viendra l'hiver aux neiges monotones, Je fermerai partout portières et volets »* BAUDELAIRE. *Elle « ferma tout de suite au volet, à la barre et au verrou la porte-fenêtre du perron »* HUGO. ➤ **barricader, cadenasser, verrouiller.** *Fermer une grille, une vanne. La fenêtre est mal fermée. Fermer les rideaux.* — FIG. *Fermer sa porte à qqn,* refuser de le recevoir, de l'entendre. ▪ **2** (1547) Priver de communication avec l'extérieur, par la mise en place d'un élément mobile. ➤ **clore.** *Fermer sa chambre. Fermer une armoire, une valise.* ➤ **boucler.** *Fermer sa voiture,* la fermer à clé. ➤ RÉGION. **barrer.** *La vendeuse a fermé la boutique.* ABSOLT *Dépêchez-vous, on ferme !* — *Fermer la maison avant de partir,* en clore les issues (portes, fenêtres, etc.). ◆ Interdire l'accès de. *Fermer définitivement une pièce.* ➤ **condamner.** Au passif *La bibliothèque sera fermée au mois d'août. Magasin fermé pour cause d'inventaire.* — (Par décision d'une autorité) *Salle de jeu fermée par ordre du préfet.* ➤ **interdire.** — (Sujet chose) *Théâtre qui ferme ses portes.* ◆ VIEILLI et POP. Enfermer. *« Poil de Carotte, va fermer les poules ! »* RENARD. ▪ **3** Rapprocher, réunir (les parties d'un organe, les éléments d'un objet) de manière à ne pas laisser d'intervalle ou à replier vers l'intérieur ; et PAR EXT. Mettre (cet organe, cet objet) dans cette nouvelle disposition. *Fermer la main, le poing.* ➤ **serrer.** *Fermer les paupières, les yeux*. Fermer la bouche.* — FAM. *Fermer sa gueule*. Fermez-la !* ➤ **boucler** (bouclez-la). *La ferme !,* taisez-vous. ◆ (XVIe) *Fermer son sac, son portemonnaie. Fermer une lettre, un paquet.* ➤ **cacheter, plier, sceller.** *Fermez vos livres et vos cahiers ! Fermer son parapluie après l'averse. Fermer son veston.* ➤ **boutonner.** — PAR EXT. *Fermer le verrou* (d'une porte). ➤ **mettre, tirer.** ◆ FIG. *Fermer un angle,* par réduction de son ouverture. ▪ **4** (1606) Rendre infranchissable ; empêcher d'utiliser (un moyen d'accéder, d'avancer). *Fermer un chemin, un passage.* ➤ **barrer,** 1 **boucher, obstruer.** *Barrière qui ferme l'entrée d'un champ. Fermer les frontières. « le quartier fut fermé et des voitures de police envahirent les rues »* BEN JELLOUN. — CH. DE FER *Fermer la voie,* à l'aide du signal qui indique que la voie n'est pas libre. *« Misard, après avoir fermé la voie montante derrière le train, allait rouvrir la voie descendante »* ZOLA. ▪ **5** FIG. et FAM. Arrêter (un flux, un courant) par un mécanisme. *Fermer l'eau, l'électricité, le gaz.* ➤ **couper.** PAR EXT. *Fermer le robinet, l'interrupteur.* — Faire cesser de fonctionner. *Fermer la radio, la télévision.* ➤ **éteindre.** ▪ **6** (ABSTRAIT) Empêcher l'accès à (qqch.). *Fermer une carrière à qqn. Fermer son cœur à la pitié :* se rendre inaccessible à la pitié. ▪ **7** RARE Rendre inaccessible, difficilement accessible, en entourant. ➤ **enclore, enfermer.** *Fermer une ville de remparts.* — COUR. au p. p. *« Un vaste terrain fermé par des haies »* BALZAC. ▪ **8** (1580) Mettre une borne, une fin à. *Fermer une liste, un compte, une souscription.* ➤ **arrêter, clore.** *Fermer la parenthèse, les guillemets.* ◆ Constituer une borne, le dernier élément de. *Montagne qui ferme l'horizon.* ➤ **borner.** *Proust « vient non pas annoncer le vingtième siècle, mais fermer ostensiblement le dix-neuvième siècle »* GRACQ. *Le plus petit fermait la marche.*

II ~ v. pron. **SE FERMER** ▪ **1** (RÉFL.) Devenir fermé. *La porte s'est fermée toute seule. Ses yeux se ferment,* il s'endort. — Se refermer. *La plaie s'est fermée en quelques jours. Ces fleurs se ferment le soir.* ◆ *Se fermer à... :* refuser l'accès de. *Pays qui se ferme à l'immigration, aux produits étrangers* (➤ **protectionnisme).** *« Son intelligence se fermait de jour en jour davantage aux abstractions mathématiques »* LOTI. ▪ **2** (PASS.) Pouvoir être fermé. *Cette boîte se ferme facilement. Robe qui se ferme dans le dos.*

III ~ v. intr. ▪ **1** (XVe) Être, rester fermé. *Magasin qui ferme un jour par semaine. Le musée ferme à vingt heures. Entreprise qui ferme pour dépôt de bilan.* ▪ **2** Être en état d'être fermé ou de fermer qqch. *Cette porte, cette serrure ferme mal. Cette boîte ferme hermétiquement. Tiroir qui ferme à clé.*

▪ CONTR. Ouvrir, rouvrir. Dégager.

FERMETÉ [fɛʀmәte] n. f. – v. 1165 « forteresse » → ferté ; *fermeteit* « solidité » v. 1200 ◇ latin *firmitas,* de *firmus* « solide » ▪ **1** État de ce qui est ferme, consistant. ➤ **consistance, dureté.** *Fermeté des chairs. Pâte qui a de la fermeté.* ◆ FIG. *Fermeté de l'esprit, du jugement.* ➤ **solidité.** ▪ **2** État de ce qui est assuré, de ce qui n'hésite pas, ne tremble pas. *Fermeté de la main.* ➤ **sûreté, vigueur.** — *Fermeté d'exécution* (peinture, etc.). *La fermeté de son écriture.* — FIG. *Fermeté du style.* ➤ **concision, rigueur.** ▪ **3** (XIIIe) LITTÉR. Qualité d'une personne que rien n'ébranle. ➤ **assurance, constance, courage, cran, détermination, endurance, énergie, force, impassibilité, résolution, sang-froid.** *Fermeté d'âme, de caractère. « la fermeté d'une femme qui résiste à son amour est seulement la chose la plus admirable qui puisse exister sur la terre »* STENDHAL. ▪ **4** COUR. Qualité d'une personne qui a de l'autorité sans brutalité. ➤ **autorité, inflexibilité, poigne.** *Ces parents manquent de fermeté avec leur fils. Sa douceur cache une grande fermeté* (cf. Une main* de fer dans un gant de velours). *Parler à qqn avec fermeté.* — *Avoir de la fermeté dans ses résolutions.* ➤ **persévérance, persistance, ténacité.** ▪ **5** (du sens 1°) *Fermeté des cours,* se dit des cours de la Bourse qui ne fléchissent pas. ➤ **stabilité, tenue** (bonne tenue). *Fermeté du dollar face à l'euro.* ▪ CONTR. Mollesse. Défaillance, faiblesse. Instabilité.

1 **FERMETTE** [fɛʀmɛt] n. f. – 1690 ◇ diminutif de 3 *ferme* ▪ TECHN. Ferme de faux-comble ou de lucarne. — Ferme qui soutient un barrage mobile sur un cours d'eau.

2 **FERMETTE** [fɛʀmɛt] n. f. – 1941 ◇ diminutif de 2 *ferme* (II) ▪ Petite ferme servant de maison de campagne.

FERMETURE [fɛʀmәtyʀ] n. f. – début XIVe ; « dispositif pour fermer » v. 1190 ; *ferméure* « forteresse » v. 1180 ◇ de *fermer,* d'après *fermeté* « forteresse » ▪ **1** Dispositif servant à fermer. *Fermeture d'une porte.* ➤ **barre, cadenas, clé, loquet, serrure, verrou.** *Fermeture d'une fenêtre.* ➤ **crémone, espagnolette, tourniquet.** *Fermeture d'un coffre-fort.* ➤ **chiffre.** *Fermeture d'une boîte. Fermeture hermétique, étanche. Fermeture velcro*. Fermeture à glissière,* constituée de deux bandes qui s'engagent l'une dans l'autre. ➤ RÉGION. **tirette.** ◆ (1926 ◇ marque déposée) **FERMETURE ÉCLAIR :** fermeture à glissière munie de dents, de la marque de ce nom. ➤ **zip.** *Blouson à fermeture éclair. Des fermetures éclair.* ▪ **2** (XVIIe) Action de fermer ; état de ce qui est fermé (local, etc.). *Procéder à la fermeture des portes d'un bâtiment public. Attention à la fermeture automatique des portes.* — *Heures de fermeture d'un magasin, d'un musée. Fermeture annuelle. Arriver après la fermeture des bureaux. Fermeture de l'autoroute pour travaux.* ◆ Cessation d'activités de ce qui est fermé. *Fermeture d'un édifice réservé au culte.* ➤ **interdiction.** ◆ LOC. FAM. *Faire la fermeture :* être présent au moment où on ferme un local ; être le dernier à partir, dans une réunion d'amis, une soirée. ▪ **3** Le fait de fermer (une ouverture). *Fermeture de l'objectif* (en photographie). *Fermeture des paupières.* ➤ **occlusion.** — *Fermeture d'un compte,* par l'établissement de la balance des sorties. ➤ **clôture.** ▪ **4** MATH. *Fermeture d'un ensemble :* réunion de cet ensemble et de son dérivé. ▪ **5** PHONÉT. *Fermeture d'une syllabe, d'un phonème.* ➤ **fermé** (5°). ▪ CONTR. Ouverture.

FERMI [fɛʀmi] n. m. – 1968 ◇ de *Fermi,* n. pr. (→ fermion) ▪ MÉTROL. Ancienne unité de mesure de longueur, correspondant au femtomètre.

FERMIER, IÈRE [fɛʀmje, jɛʀ] **n.** – 1207 ◇ de 2*ferme* ▪ **1** ANCIENNT ou DR. Personne qui tient à ferme un droit. — APPOS. *Société fermière des jeux.* ◆ **FERMIER GÉNÉRAL :** financier qui, sous l'Ancien Régime, prenait à ferme le recouvrement des impôts. ▪ **2** MOD. Personne qui tient à ferme une propriété agricole ; et PAR EXT. COUR. Toute personne, propriétaire ou non, exploitant un domaine agricole. ➤ **agriculteur, cultivateur, exploitant** (agricole), **paysan ;** RÉGION. **habitant.** *Riche fermier qui emploie de nombreux ouvriers agricoles. La fermière est en train de traire ses vaches.* ▪ **3** APPOS. De ferme ; qui n'est pas industrialisé, pasteurisé. *Poulet fermier :* poulet « qui court », élevé en liberté. *Des porcs fermiers. Beurre fermier. Fromage fermier* (opposé à *laitier*) : fromage de lait cru. ◆ *Satin fermière :* satin de coton imprimé (comme en portaient les fermières).

FERMION [fɛʀmjɔ̃] **n. m.** – 1955 ◇ de *Fermi,* n. d'un physicien italien ▪ PHYS. Particule fondamentale ou atome dont le nombre de spin est demi-entier. *Les électrons, les nucléons sont des fermions.*

FERMIUM [fɛʀmjɔm] **n. m.** – 1957 ◇ de *Fermi,* n. pr. (→ fermion) ▪ CHIM., PHYS. Élément artificiel radioactif (Fm ; n° at. 100 ; m. at. [des isotopes] 248 à 256), huitième élément transuranien découvert dans la série des actinides.

FERMOIR [fɛʀmwaʀ] **n. m.** – XIIIe ◇ de *fermer* ▪ Attache ou agrafe destinée à tenir fermé (un sac, un bijou, un livre...). « *Son livre d'heures aux fermoirs d'émail* » VILLIERS. ➤ **fermail.** *Collier à fermoir de sécurité.* « *Son sac à main de cuir noir marqué d'un fermoir en métal doré* » LE CLÉZIO.

FÉROCE [feʀɔs] **adj.** – 1460 « orgueilleux, hautain » ◇ latin *ferox,* de *ferus* « sauvage » ▪ **1** (Animaux) Qui est cruel par instinct. ➤ 1 **sanguinaire, sauvage.** *Les fauves sont des bêtes féroces.* — FIG. *Cet homme est une vraie bête féroce !* ▪ **2** (PERSONNES) Cruel et brutal. ➤ **dur, impitoyable, inhumain.** « *Un jour, cœur féroce, tu assassineras ton père et ta mère* » FLAUBERT. — PAR EXT. *Air, sourire, regard féroce.* ▪ **3** Très dur, impitoyable. ➤ **implacable, méchant.** *Une ironie féroce.* « *Il avait, quand il s'y mettait, la verve facile et féroce* » COURTELINE. ▪ **4** PAR EXAGÉR. ➤ **terrible.** *J'ai une envie féroce de lui dire ce que je pense. Un féroce appétit.* — **adv. FÉROCEMENT,** 1530. ▪ CONTR. Apprivoisé. 1 Bon, doux, inoffensif.

FÉROCITÉ [feʀɔsite] **n. f.** – XIVe ; « fierté » XVIe ; rare avant XVIIe ◇ latin *ferocitas,* de *ferox* → féroce ▪ **1** (Animaux) Naturel féroce. *La férocité du tigre.* ➤ **cruauté.** ▪ **2** (PERSONNES) Caractère féroce. ➤ **barbarie, cruauté, sauvagerie.** « *Un fonds persistant de brutalité, de férocité, d'instincts violents et destructeurs* » TAINE. ▪ **3** Dureté impitoyable. *Se moquer de qqn avec férocité.* ▪ CONTR. Bonté, douceur. Indulgence.

FERRADE [feʀad] **n. f.** – 1624 ◇ provençal *ferrado,* de *ferra* « ferrer » ▪ RÉGION. Action de marquer le bétail au fer rouge. — Fête célébrée à cette occasion, en Provence.

FERRAGE [feʀaʒ] **n. m.** – 1338 ◇ de *ferrer* ▪ **1** Action de ferrer (un objet, un animal). *Ferrage d'un cheval.* ➤ 2 **ferrement, ferrure.** — SPÉCIALT Pose des ferrures nécessaires au fonctionnement d'une porte ; ces éléments métalliques. ▪ **2** ANCIENNT Action de mettre les fers aux bagnards. ▪ **3** Action de ferrer un poisson.

FERRAILLAGE [feʀɑjaʒ] **n. m.** – 1953 ◇ de *ferraille* ▪ TECHN. Ensemble des éléments métalliques d'une construction en béton armé.

FERRAILLE [feʀɑj] **n. f.** – v. 1349 ◇ de *fer* ▪ **1** Déchets de fer, d'acier ; vieux morceaux ou instruments de fer hors d'usage. *Tas de ferraille. Commerce de la ferraille, des ferrailles* (➤ 2 **ferrailleur**). *La foire à la Ferraille,* à Paris. *Cette voiture est bonne à mettre à la ferraille,* à jeter (cf. À la casse). — *Un tas de ferraille :* un vieux véhicule en mauvais état (cf. Tas de boue*). *Faire un bruit de ferraille,* un bruit sourd et confus d'objets en fer heurtés (➤ **ferrailler**). ▪ **2** (1878) FAM. Petite monnaie. ➤ **mitraille.** *Je vous donne toute ma ferraille.*

FERRAILLEMENT [feʀɑjmɑ̃] **n. m.** – 1881 ◇ de *ferrailler* ▪ **1** Action de ferrailler. ▪ **2** Bruit de ferraille.

FERRAILLER [feʀɑje] **v. intr.** ⟨1⟩ – 1665 ; 1654 tr. ◇ de *ferraille* ▪ **1** PÉJ. Se battre au sabre ou à l'épée (à cause du bruit des lames heurtées). ◆ FIG. Batailler. *Ferrailler contre un adversaire politique.* ▪ **2** Faire un bruit de ferraille.

1 **FERRAILLEUR** [feʀɑjœʀ] **n. m.** – avant 1692 ◇ de *ferrailler* ▪ PÉJ. Celui qui aime à ferrailler, à se battre à l'épée. ➤ **bretteur, duelliste.** « *Ce temps de ferrailleurs vulgaires où l'on tient une épée comme un manche à balai* » GAUTIER.

2 **FERRAILLEUR, EUSE** [feʀɑjœʀ, øz] **n.** – 1630 ◇ de *ferraille* ▪ Marchand(e) de ferraille.

FERRATE [feʀat] **n. m.** – 1839 ◇ de *fer* ▪ CHIM. Sel d'un acide ferrique H_2FeO_4 (non isolé).

FERRATIER [feʀatje] **n. m.** – 1690 ◇ de *fer* ▪ TECHN. Marteau de maréchal-ferrant, servant à forger les fers. — On dit aussi **FERRETIER** [fɛʀtje].

FERRÉ, ÉE [feʀe] **adj.** – XIIe ◇ de *ferrer* ▪ **1** Garni de fer ; muni d'une garniture de fer, d'acier. *Bâton, lacet ferré. Des coffres « cloutés et ferrés »* HUYSMANS. *Voie ferrée,* de chemin de fer. *Réseau ferré.* ➤ **ferroviaire.** ◆ Qui a des fers. *Cheval ferré. Souliers ferrés ; brodequins ferrés et cloutés.* ➤ **crampon.** ▪ **2** FIG. *Être ferré sur un sujet, une question.* ➤ **calé,** 1 **fort, instruit, trapu** (cf. S'y connaître).

1 **FERREMENT** [fɛʀmɑ̃] **n. m.** – fin XIIe « arme de fer » ◇ latin *ferramentum,* de *ferrum* « fer » ▪ TECHN. Garniture en fer. ➤ **ferrure.** ▪ HOM. Fermant, ferment.

2 **FERREMENT** [fɛʀmɑ̃] **n. m.** – 1813 ◇ de *ferrer* ▪ **1** Action de river les fers d'un forçat. ▪ **2** Action de ferrer (un cheval). ➤ **ferrage, ferrure.**

FERRER [feʀe] **v. tr.** ⟨1⟩ – début XIIe ◇ latin *ferrare,* de *ferrum* « fer » ▪ **1** Garnir de fer, d'acier. *Ferrer une roue, un bâton. Ferrer des lacets.* ▪ **2** SPÉCIALT *Ferrer un cheval, un mulet,* garnir ses sabots de fers (➤ **maréchal-ferrant**). « *Une maréchalerie voisine, où les paysans profitaient du marché pour faire ferrer leurs bêtes* » ZOLA. — PAR ANAL. *Ferrer un soulier.* ▪ **3** *Ferrer le poisson :* engager le fer d'un hameçon dans les chairs du poisson qui vient de mordre, en tirant le fil d'un coup sec.

FERRET [feʀɛ] **n. m.** – XIVe ◇ de *fer*

I Bout métallique qui termine un lacet, une aiguillette. — PAR EXT. *Des ferrets de diamants,* ornés de diamants. *L'anecdote des ferrets de la reine* (dans « Les Trois Mousquetaires » d'Alexandre Dumas).

II MINÉR. *Ferret d'Espagne :* hématite rouge.

FERRETIER ➤ **FERRATIER**

FERREUR [feʀœʀ] **n. m.** – XIIe ◇ de *ferrer* ▪ Ouvrier qui ferre. *Ferreur de chevaux. Ferreur de charrettes.* — Ouvrier qui pose des ferrets, des ferrures. *Ferreur de lacets.*

FERREUX, EUSE [feʀø, øz] **adj.** – 1838 ◇ de *fer* ▪ CHIM. Se dit d'un composé ou d'un ion où le fer est bivalent. *Chlorure ferreux* ($FeCl_2$). *Sulfate ferreux* (ou vitriol vert). ◆ Qui contient du fer. *Minerai ferreux. Métaux non ferreux :* les métaux usuels qui ne sont pas du fer, n'en contiennent pas (cuivre, bronze, etc.).

FERRICYANURE [feʀisjanyʀ] **n. m.** – 1890 ◇ de *ferri(que)* et *cyanure* ▪ CHIM. Ion ou composé contenant le complexe $[Fe(CN)_6]$ où l'atome de fer est trivalent. *Ferricyanure de potassium.*

FERRIQUE [feʀik] **adj.** – 1842 ◇ de *fer* ▪ CHIM. Se dit d'un composé ou d'un ion dans lequel le fer est trivalent. *Chlorure ferrique. L'hématite est un oxyde ferrique.* ▪ HOM. Féerique.

FERRITE [feʀit] **n. m. et f.** – milieu XXe ; 1878 chim. ◇ de *fer* ▪ PHYS., CHIM. ▪ **1 n. m.** Mélange d'oxyde de fer et d'autres oxydes métalliques (chrome, manganèse, zinc...) utilisé, grâce à ses propriétés magnétiques et électromagnétiques particulières, dans les mémoires de calculateur, les antennes de radio, etc. *Tore de ferrite.* ▪ **2 n. f.** Variété allotropique du fer.

FERRITINE [feʀitin] **n. f.** – 1961 ◇ anglais *ferritin* (1937) ; de *ferri-,* sur le modèle de *ferratine* vx, du latin *ferratus* « de fer » ▪ BIOCHIM. Protéine qui assure le stockage du fer dans l'organisme (foie, rate, moelle osseuse...). *Ferritine et transferrine.*

FERRO- ▪ Élément, du latin *ferrum* « fer », indiquant la présence du fer dans un alliage : *ferroalliages (ferrochrome, ferromanganèse, ferroaluminium, ferrocérium).*

FERROCIMENT [feʀosimɑ̃] **n. m.** – 1932 ◇ de *ferro-* et *ciment* ▪ MATÉR. Matériau obtenu par projection de mortier sur une armature métallique.

FERROCYANURE [feʀosjanyʀ] **n. m.** – 1868 ◇ de *ferro-* et *cyanure* ▪ Ion ou composé contenant le complexe $[Fe(CN)_6]$ où l'atome de fer est bivalent.

FERROÉLECTRICITÉ [feʀoelɛktʀisite] **n. f.** – milieu XXe ◇ de *ferro-* et *électricité* ▪ PHYS. Phénomène lié à une polarisation spontanée dans les cristaux, sous l'action d'un champ électrique extérieur.

FERROMAGNÉTISME [feʀomaɲetism] n. m. – 1900 ◊ de *ferro-* et *magnétisme*, d'après l'anglais *ferromagnetism* (1851) ■ PHYS. Propriété de certains métaux (fer, cobalt, nickel) et alliages qui sont fortement magnétiques. — adj. **FERROMAGNÉTIQUE**, 1881.

FERRONICKEL [feʀonikɛl] n. m. – 1889 ◊ de *ferro-* et *nickel* ■ MÉTALL. Alliage de fer et de nickel contenant plus de 25 % de nickel.

FERRONNERIE [feʀɔnʀi] n. f. – 1297 ◊ de *ferron* « marchand de fer », de *fer* ■ **1** Fabrique d'objets, d'ornements de fer. — Éléments métalliques d'une construction. ■ **2** Fabrication d'objets artistiques en fer forgé. *Ferronnerie d'art.* ➤ **serrurerie.** — PAR EXT. Objets, ornements, garnitures artistiques en fer. *Décoration de ferronnerie.*

FERRONNIER, IÈRE [feʀɔnje, jɛʀ] n. – 1560 ◊ de *ferron* → ferronnerie ■ Personne qui fabrique, vend des objets en fer, et SPÉCIALT des objets artistiques. *Ferronnier d'art.*

FERRONNIÈRE [feʀɔnjɛʀ] n. f. – 1832 ◊ du n. du portrait dit *La Belle Ferronnière*, p.-ê. de *ferronnier* ■ Ornement porté sur le front, chaînette ou bandeau garni d'un joyau en son milieu.

FERROPROTÉINE [feʀopʀɔtein] n. f. – milieu XXe ◊ de *ferro-* et *protéine* ■ BIOCHIM. Protéine qui contient du fer. *L'hémoglobine est une ferroprotéine.*

FERROTYPIE [feʀotipi] n. f. – v. 1900 ◊ de *ferro-* et *typie* ■ TECHN. Ancien procédé de photographie aux sels de fer.

FERROUTAGE [fɛʀʀutaʒ] n. m. – 1970 ◊ de *fer* et *route*, *routage* ■ TECHN. Transport intermodal de marchandises par remorques routières spéciales acheminées sur wagons plats. — v. tr. ‹ 1 › **FERROUTER** ; adj. **FERROUTIER, IÈRE.**

FERROVIAIRE [feʀɔvjɛʀ] adj. – 1911 ◊ italien *ferroviario*, de *ferrovia* « chemin de fer » ■ Relatif aux chemins de fer. *Réseau ferroviaire. Trafic ferroviaire. Nœud ferroviaire.* — Relatif au système de transport par voie ferrée, à son organisation. ➤ **chemin de fer.** *Une société ferroviaire privée, d'État.*

FERRUGINEUX, EUSE [feʀyʒinø, øz] adj. – 1610 ◊ du latin *ferrugo, inis* « rouille » ■ Qui contient du fer, le plus souvent à l'état d'oxyde. *Roches ferrugineuses. Eaux, boues ferrugineuses.*

FERRURE [feʀyʀ] n. f. – *ferreüre* 1268 ◊ de *ferrer* ■ **1** Garniture de fer, de métal. *Les ferrures d'une porte.* ➤ **penture.** *Fabrication des ferrures.* ➤ **ferronnerie, serrurerie.** ◆ Pièce d'assemblage métallique (charnières, etc.). « *Il essaya de secouer cette porte sur ses ferrures* » LOTI. ■ **2** (1636) Opération par laquelle on ferre un cheval ; manière dont un cheval est ferré.

FERRY ➤ **CAR-FERRY ; FERRY-BOAT**

FERRY-BOAT [feʀibot] n. m. – 1848 ; *ferry* « bateau de transport » 1782 ◊ mot anglais de *to ferry* « transporter » et *boat* « bateau », avec influence de *fer, ferré* (chemin de fer, voie ferrée) pour le sens ■ ANGLIC. Navire spécialement conçu pour le transport des trains ou des véhicules et de leurs passagers, d'une rive à l'autre d'un fleuve, d'un lac, d'un bras de mer. *Le ferry-boat de Dunkerque à Douvres. Des ferry-boats.* ➤ 1 **bac, car-ferry, transbordeur** (recomm. offic.), RÉGION. **traversier.** — ABRÉV. **FERRY.** *Des ferrys,* aussi *des ferries* (plur. angl.).

FERTÉ [fɛʀte] n. f. – XIIe ◊ forme populaire de *fermeté* « forteresse » ■ Forteresse, place forte (dans un nom de ville). *La Ferté-Milon ; La Ferté-Bernard.*

FERTILE [fɛʀtil] adj. – XIVe ◊ latin *fertilis* ■ **1** Qui produit beaucoup de végétation utile (sol, terre). ➤ **fécond, productif, riche.** *Terre fertile* (cf. De la bonne terre). *Champ fertile. Terre fertile en blés, en vignes. Rendre un sol fertile.* ➤ **engraisser, fertiliser.** ◆ BIOL. Se dit d'une femelle qui peut être fécondée et qui est capable de procréer. ◆ PHYS. *Élément, produit fertile,* qui, après capture de neutrons peut donner naissance, directement ou par radioactivité, à des produits fissiles. ■ **2** FIG. **FERTILE EN :** qui fournit beaucoup de. ➤ **fécond, prodigue.** *Période fertile en évènements.* « *Si ma vie est douce, elle n'est pas fertile en facéties* » FLAUBERT. — *Personne fertile en expédients, en subterfuges.* ➤ **ingénieux, subtil.** *Montaigne est l'écrivain* « *le plus naturellement fertile en métaphores* » SAINTE-BEUVE. ◆ ABSOLT *Il a une imagination fertile.* ➤ **inventif.** — adv. **FERTILEMENT.** ■ CONTR. Aride, improductif, inculte, infertile, infructueux, 1 maigre, stérile.

FERTILISABLE [fɛʀtilizabl] adj. – 1865 ◊ de *fertiliser* ■ Qui peut être fertilisé.

FERTILISANT, ANTE [fɛʀtilizɑ̃, ɑ̃t] adj. – 1771 ◊ de *fertiliser* ■ Qui fertilise. *Principes fertilisants du fumier. Produit fertilisant,* ou n. m. *un fertilisant.* ➤ **engrais.**

FERTILISATION [fɛʀtilizasjɔ̃] n. f. – 1764 ◊ de *fertiliser* ■ Action de fertiliser. *La fertilisation des sols.* ➤ **amendement, fumure.** ■ CONTR. Épuisement.

FERTILISER [fɛʀtilize] v. tr. ‹ 1 › – 1564 ◊ de *fertile* ■ Rendre fertile (une terre). ➤ **améliorer, amender,** 1 **bonifier, enrichir.** *Fertiliser un sol pauvre avec du fumier* (➤ 2 **fumer**), *du terreau* (➤ **terreauter**), *des engrais* (➤ **engraisser**). — (Sujet chose) « *Les cendres fertilisent la terre* » GAUTIER. ■ CONTR. Épuiser.

FERTILITÉ [fɛʀtilite] n. f. – 1361 ◊ latin *fertilitas* ■ **1** Qualité de ce qui est fertile. *La fertilité d'un sol, d'une terre.* ➤ **fécondité, richesse.** ◆ Capacité de production par unité de surface. *Fertilité à l'hectare.* ➤ **rendement.** ■ **2** DÉMOGR. Capacité d'avoir des enfants. *Fertilité d'un couple.* ■ **3** FIG. Capacité intellectuelle d'un individu à créer. ➤ **fécondité, richesse.** *Une grande fertilité d'esprit, d'imagination.* ➤ **créativité.** ■ CONTR. Aridité, stérilité. Pauvreté, sécheresse.

FÉRU, UE [fery] adj. – XVe ◊ de *férir* ■ VX Qui est très épris. ➤ **entiché.** *Il est féru de cette femme.* ◆ MOD. *Il est féru d'archéologie.* ➤ **passionné ;** FAM. **fana, mordu.**

FÉRULE [feryl] n. f. – 1372 ◊ latin *ferula* ■ **1** Plante herbacée *(ombellifères)* aux racines énormes, dont une espèce fournit l'assa fœtida. ■ **2** (1385 ◊ p.-ê. du bois de la férule) Petite palette de bois ou de cuir avec laquelle on frappait la main des écoliers en faute. « *Le seau plein de saumure* [...] *dans lequel trempaient les férules pour rendre le cuir plus cinglant* » DAUDET. ◆ LOC. LITTÉR. (XVIIe) *Être sous la férule de qqn,* dans l'obligation de lui obéir. ➤ **autorité, direction,** 2 **pouvoir.**

FERVENT, ENTE [fɛʀvɑ̃, ɑ̃t] adj. – fin XIIe ◊ latin *fervens,* de *fervere* « bouillir » ■ **1** Qui a de la ferveur religieuse. *Chrétien fervent.* ➤ **dévot.** ◆ Ardent, enthousiaste, passionné. *C'est un républicain fervent. C'est un fervent admirateur de Marilyn Monroe.* — SUBST. *Les fervents de Beethoven.* ➤ **admirateur, fanatique.** ■ **2** Où il entre de la ferveur. *Un amour fervent.* ➤ **brûlant.** *Une prière fervente.* — adv. RARE **FERVEMMENT** [fɛʀvamɑ̃]. ■ CONTR. 1 Froid, indifférent, tiède.

FERVEUR [fɛʀvœʀ] n. f. – fin XIIe ◊ latin *fervor* « chaleur » ■ **1** Ardeur vive et recueillie des sentiments religieux. ➤ **dévotion, zèle.** *Prier, servir Dieu avec ferveur.* ➤ **amour.** *La ferveur d'une prière.* ■ **2** Élan d'une personne qui agit, réagit avec enthousiasme. *La ferveur de qqn pour une cause ; sa ferveur envers qqn, à l'égard de qqn. Remercier qqn avec ferveur.* ➤ **chaleur, effusion.** *Travail accompli avec ferveur.* ➤ **ardeur, zèle.** *Ferveur amoureuse.* ➤ **passion.** ■ CONTR. Froideur, indifférence, tiédeur.

FESSE [fɛs] n. f. – 1360 ◊ latin populaire *fissa* « fente », de *findere* « fendre » ■ **1** Chacune des deux parties charnues (musculo-adipeuses) de la région postérieure du bassin, dans l'espèce humaine et chez certains mammifères. (Dans l'usage courant) *Les fesses.* ➤ FAM. et ARG. 1 **fessier, postérieur, cul*,** 2 **meule, miche ;** RÉGION. **foufoune(s) ; -pyge.** *Avoir de belles fesses* (➤ **callipyge**), *de grosses fesses* (➤ **stéatopyge**). *Une bonne paire de fesses. Fesses hautes, basses ; rondes,* FAM. *en goutte d'huile. Pantalon qui moule les fesses. Jupe lustrée aux fesses. Série de coups sur les fesses.* ➤ **fessée.** ◆ LOC. FAM. *Donner (à qqn) un coup de pied aux fesses. Mettre, appliquer, flanquer (à qqn) son pied aux fesses. À grands coups de pied aux fesses ;* FIG. avec énergie, pour expulser, etc. *Botter les fesses à qqn, de qqn. Gare à tes fesses !* (menace de fessée). — *Poser ses fesses :* s'asseoir, se reposer. *Être assis sur le bout des fesses,* inconfortablement, par gêne, etc. *Se retrouver sur les fesses :* tomber assis. FIG. *Il en est resté sur les fesses,* ahuri (cf. Sur le cul). — *Pousse, gare tes fesses :* pousse-toi. *Serrer les fesses* (de peur). VIEILLI *N'y aller que d'une fesse :* agir avec réticence. — *Montrer ses fesses :* se produire nu dans un spectacle ; être tout nu. — *Avoir qqn aux fesses,* derrière soi (avec l'idée de poursuite). *Il a les flics aux fesses. Avoir le feu aux fesses :* être pressé (cf. Au cul). *Avoir eu chaud aux fesses :* avoir eu peur d'un danger pressant. — *Occupe-toi de tes fesses :* occupe-toi de tes affaires (cf. Occupe-toi de tes oignons*). — *Coûter* la peau des fesses.* — (Valeur dépréciative) *De mes fesses :* sans valeur (cf. De mon cul, de mes deux). *Va donc, intellectuel de mes fesses !* ◆ (Contexte sexuel) *Se faire pincer les fesses* (➤ **pince-fesses**). *Les fesses, la fesse :* la sexualité, l'amour physique. ➤ **cul.** *Une affaire de fesses. Il y a de la fesse,* des partenaires sexuel(le)s possibles. « *pas mal de jeunesses et de la fesse* » CENDRARS. ■ **2** (1736) MAR. Partie arrondie de la voûte d'un navire formant la transition de la voûte à la muraille. ■ HOM. Fèces.

FESSÉE [fese] n. f. – 1526 ◊ de *fesser* ■ Coups donnés sur les fesses. *Donner une fessée à un enfant.* ➤ **correction.** *Il a reçu la fessée, une bonne fessée.* ◆ FIG. et FAM. Défaite humiliante. ➤ **déculottée, raclée.**

FESSE-MATHIEU [fɛsmatjø] **n. m.** – 1570 ◊ de *fesser* et *Matthieu*, proprt «celui qui bat saint *Matthieu* (patron des changeurs) pour en tirer de l'argent» ■ VX Usurier. — PAR EXT. VIEILLI ➤ **avare.** *Des fesse-mathieux. «Ça dort sur des sacs d'écus. Ladre, fesse-mathieu, pas davantage»* BOSCO.

FESSER [fese] **v. tr.** ‹1› – 1489 ◊ du latin *fascia* «lien, bande», avec influence de *fesse* ■ Battre en donnant des coups sur les fesses, donner la fessée à (qqn). *Fesser un enfant pour le punir.* ➤ **corriger.** *Leurs père et mère «les ont suffisamment fessés, et leur ont fait entrer les vertus par le cul»* FRANCE.

1 **FESSIER** [fesje] **n. m.** – 1530 ◊ de *fesse* ■ FAM. Les deux fesses. ➤ **cul***, 2 **derrière.** *Un imposant fessier.*

2 **FESSIER, IÈRE** [fesje, jɛʀ] **adj.** – 1560 ◊ de *fesse* ■ **1** ANAT. Relatif à la région postérieure du bassin. *Région fessière. Muscles fessiers,* et **n. m.** *le grand fessier, le petit fessier. Exercices pour les abdominaux et les fessiers.* ➤ **abdofessiers.** ■ **2** FAM. *«La poche fessière de son short»* AYMÉ.

FESSU, UE [fesy] **adj.** – XIIIe ◊ de *fesse* ■ FAM. Qui a de grosses fesses.

FESTIF, IVE [fɛstif, iv] **adj.** – XVe relig. ; répandu 1970 ◊ du latin *festivus* «de fête» ■ Qui se rapporte à la fête ; de la fête ; qui est de la nature de la fête, qui constitue une fête. *Un évènement festif.* — *Consommation d'alcool festive,* qui se produit lors d'une fête, occasionnellement. *Alcoolisme festif.*

FESTIN [fɛstɛ̃] **n. m.** – 1527 ; hapax 1382 ◊ italien *festino* «petite fête», de *festa* «fête» ■ Repas de fête, d'apparat, au menu copieux et soigné. ➤ **agape, banquet, bombance ;** FAM. **gueuleton, ripaille ;** VX **frairie.** ALLUS. BIBL. *Festin de Balthazar* : repas somptueux, excellent. *Faire un festin.* ➤ **festoyer.**

FESTIVAL [fɛstival] **n. m.** – 1830 ◊ mot anglais «fête», de l'ancien français *festival* ; latin *festivus* «de fête» ■ **1** Grande manifestation musicale. *Des festivals. Festival de Salzbourg, d'Édimbourg, de Bayreuth. Festival international. Festival de jazz.* ♦ PAR EXT. Série de représentations où l'on produit des œuvres d'un art ou d'un artiste. *Un festival de danse. Festival cinématographique. Ce film a obtenu la Palme d'or au Festival de Cannes. Le Festival d'Avignon. Festival Fellini.* ➤ **rétrospective.** ■ **2** FIG. et FAM. Démonstration remarquable (cf. Un feu d'artifice*). *Un festival de gaffes.*

FESTIVALIER, IÈRE [fɛstivalje, jɛʀ] **n.** – 1955 ◊ de *festival* ■ Personne qui fréquente les festivals. *Hôtel envahi par les festivaliers.* — **adj.** Qui concerne les festivals.

FESTIVITÉ [fɛstivite] **n. f.** – XIIe-XVIe «fête, allégresse» ; repris 1801, rare avant 1870 ◊ latin *festivitas* «gaieté» ■ **(Surtout plur.)** Fête, réjouissance. *Le mariage princier a donné lieu à de grandes festivités. Ouvrir les festivités,* en marquer le commencement. *Un concert de jazz ouvrira les festivités.*

FEST-NOZ [fɛstnoz] **n. m.** /FESTNOZ/ – v. 1970 ◊ mot breton, proprt «fête de nuit» ■ RÉGION. Fête bretonne traditionnelle. *Des fest-noz* **ou plur. bret.** *des festou-noz* [fɛstunoz].

FESTON [fɛstɔ̃] **n. m.** – 1533 ◊ italien *festone* «ornement de fête», de *festa* «fête» ■ **1** Guirlande de fleurs et de feuilles liées en cordon, que l'on suspend, en forme d'arc. *Murs d'une salle de fête ornés de festons.* — PAR ANAL. *«Les chaînes de feuillage, les pommes d'or, les grappes empourprées, tout pend en festons sur les ondes»* CHATEAUBRIAND. ♦ (1550) ARCHIT. Ornement figurant un feston. ■ **2** Broderie en forme de dent arrondie utilisée comme bordure. *Col, bavoir, lingerie à festons. Faire des festons.* ➤ **festonner.** — *Point de feston* : point noué qui prend l'étoffe avec le fil et sert à arrêter un contour découpé.

FESTONNER [fɛstɔne] **v. tr.** ‹1› – 1533 ◊ de *feston* ■ **1** Orner de festons. *La nature «Festonne les rochers d'arbustes et de mousse»* LAMARTINE. ■ **2** Découper, broder, de manière à faire des festons. *Festonner une pièce de lingerie.* — **p. p. adj.** *Drap festonné.*

FESTOYER [fɛstwaje] **v.** ‹8› – *festeer* XIIe ◊ de *fête* ■ **1 v. tr.** VX Faire fête à (qqn), recevoir par un festin. ■ **2 v. intr.** MOD. Prendre part à un festin ; faire bombance, bonne chère. ➤ **banqueter ;** FAM. **gueuletonner, ripailler.**

FETA ou **FÉTA** [feta] **n. f.** – milieu XXe ◊ mot grec ■ Fromage grec à pâte molle, fabriqué traditionnellement à partir de lait de brebis. *Des fetas.*

FÊTARD, ARDE [fɛtaʀ, aʀd] **n.** – 1859 ◊ de *fête* ■ FAM. Personne qui aime faire la fête, s'amuser. ➤ **noceur, teufeur, viveur ;** RÉGION. **ambianceur.** *Une bande de joyeux fêtards.*

FÊTE [fɛt] **n. f.** – fin XIe ◊ du latin *festa,* féminin de l'adjectif *festus* «de fête», apparenté à *feria* «fête» → 1 foire et féria ; fiesta

I SOLENNITÉ, ENSEMBLE DE RÉJOUISSANCES DE CARACTÈRE COMMÉMORATIF *Jour de fête.* ➤ **férié, festif.** *Les fêtes du jubilé, du bicentenaire.* ➤ **anniversaire.** ■ **1** Solennité religieuse célébrée à certains jours de l'année. *Fêtes catholiques* (Ascension, Épiphanie, Noël, Pâques, Pentecôte). *Fête du Saint-Sacrement* (➤ **fête-Dieu**), *de la Vierge* (Assomption), *des Saints* (Toussaint). *Les dimanches et fêtes. Fêtes fixes,* qui reviennent chaque année à la même date. *Fêtes mobiles,* qui dépendent de la date de Pâques. *Fêtes carillonnées. Veille d'une grande fête.* ➤ 1 **vigile.** — *Fêtes juives* (Pâque, fête des lumières, des tabernacles, Yom Kippour, etc.), *musulmanes* (fête du sacrifice, de rupture du jeûne), *des religions d'Extrême-Orient* (Têt), etc. *Fêtes antiques grecques* (dionysies, fêtes orphiques, panathénées), *romaines* (bacchanales, lupercales, saturnales, etc.). *Fête religieuse bretonne* (pardon). ■ **2** (XVIIe) Jour de la fête du saint dont qqn porte le nom. *Souhaiter à qqn sa fête, bonne fête.* — LOC. FAM. *Ça va être ta fête ; je vais te faire ta fête,* formule par laquelle on menace qqn de coups, on lui prédit des ennuis. *C'est ma fête ! «lui qui a horreur de l'imprévu et des efforts gaspillés, c'est vraiment sa fête aujourd'hui !»* TOURNIER. ♦ *La fête d'une compagnie, d'une profession* : le jour de la fête du saint qui est son patron. *La Sainte-Barbe, fête des artilleurs et des pompiers.* ♦ *Fête votive, patronale* (d'un lieu, d'un village). ➤ aussi **ducasse, kermesse ;** RÉGION. **assemblée, frairie.** ■ **3** Réjouissance publique et périodique (➤ **anniversaire**) en mémoire d'un évènement, d'un personnage. *La fête nationale française du 14 Juillet. La fête du Travail, le 1er Mai. Le 11 Novembre, fête de l'Armistice. Fête légale* : jour de fête civile ou religieuse reconnu par la loi. — AU PLUR. Réjouissances étalées sur plusieurs jours. ➤ **festivité.** *Les fêtes du Carnaval. Les fêtes de fin d'année* : Noël, réveillon du Nouvel An. SANS COMPL. *Où irez-vous pour les fêtes ?* **(Canada)** *Le temps des fêtes* : la période allant de début décembre à début janvier. *Horaires du temps des fêtes.* ♦ Réjouissance en l'honneur d'une chose qui contribue au bien ou au plaisir de tous. *La fête des vendanges, de la bière, de la moisson. La fête de la musique.* — LOC. FAM. *La fête du slip*.* ♦ Jour fixé pour honorer une catégorie de personnes. *La fête des Mères.*

II ENSEMBLE DE RÉJOUISSANCES ORGANISÉES OCCASIONNELLEMENT *Les fêtes de Versailles sous Louis XIV. «il y eut, à propos de je ne sais plus quelle solennité officielle, des fêtes dans Paris, revue au Champ de Mars, joutes sur la Seine, théâtres aux Champs-Élysées, feu d'artifice à l'Étoile, illuminations partout»* HUGO. *Fête de bienfaisance, de charité.* ➤ 1 **gala, kermesse ;** RÉGION. **fancy-fair.** *Comité des fêtes. Salle des fêtes.* — *Fête foraine*. Fête folklorique. Fêtes populaires du Midi* (➤ **féria**), *de Bretagne* (➤ **fest-noz**). *Fête techno* (recomm. offic.). ➤ 2 **rave** (ANGLIC.). *Fête annuelle d'une grande école.* ➤ ARG. SCOL. **boom, gamma.** *Ils ont fait une grande fête pour leur anniversaire de mariage.* ➤ **réception, raout** (VIEILLI). *Fête dans son nouveau logement.* ➤ **crémaillère.** *Une fête de famille,* pour célébrer un évènement familial. *Repas de fête.* ➤ **festin.** *«Le repas du soir fut un vrai repas de fête, avec du homard, une selle d'agneau, des fromages, une tarte aux fraises et du café»* HOUELLEBECQ. ♦ LOC. *Faire la fête* : s'amuser en compagnie, mener joyeuse vie. ➤ FAM. **bamboche, bamboula,** 2 **bombe,** 2 **bringue, chouille, fiesta,** 1 **foire, java, noce, nouba, teuf, vie ; fêtard ;** s'**enjailler.** *Être de la fête.* ♦ LOC. PROV. *Ce n'est pas tous les jours fête* : il y a des moments moins agréables que d'autres.

III BONHEUR, GAIETÉ, JOIE, PLAISIR *«Il faut toujours écrire le mot Fête avec une majuscule. Notre vie dans sa durée n'en est qu'une. Fête elle était. Fête elle est. Fête elle sera»* D. ROLIN. *Un air de fête. «Le premier mérite d'un tableau est d'être une fête pour l'œil»* DELACROIX. — LOC. **EN FÊTE :** gai. *La nature est en fête.* (1680) **FAIRE FÊTE À qqn,** lui réserver un accueil, un traitement chaleureux. *«Ce joli enfant à qui chacun faisait fête, à qui tout le monde voulait plaire»* BAUDELAIRE. — *Se faire une fête de* : se réjouir à l'avance, se promettre beaucoup de plaisir de. — *Être à la fête* : éprouver la plus grande satisfaction. — *Ne pas être à la fête* : être dans une situation pénible. *Il n'a jamais été à pareille fête,* dans une situation aussi agréable.

IV FÊTES GALANTES Genre de peinture qui présente des groupes de jeunes gens et de jeunes femmes se divertissant en costumes de théâtre. *Les fêtes galantes, genre créé par Watteau.*

■ **HOM.** Faîte.

FÊTE-DIEU [fɛtdjø] **n. f.** – 1521 ◇ de *fête* et *Dieu* ; appelée *Corpus Domini* en 1264 (date d'institution) ■ Solennité religieuse en l'honneur du Saint-Sacrement, au cours de laquelle une hostie consacrée est offerte à l'adoration des fidèles. *Procession de la Fête-Dieu. Des Fêtes-Dieu.*

FÊTER [fete] **v. tr.** ⟨1⟩ – XIIe *fester* ◇ de *fête* ■ **1** Consacrer, marquer par une fête. ➤ **célébrer, commémorer, solenniser.** *Fêter Noël, la naissance de qqn. Fêter une victoire, un anniversaire.* — Faire une fête à l'occasion de. *Fêter un succès, une promotion.* ➤ FAM. **arroser.** — PRONOM. « *"Quarante ans quand même ! Ça se fête !", qu'elles lui répétaient* » C. ADERHOLD. ■ **2** Honorer (qqn) d'une fête. *Fêter un saint.* — FIG. Faire fête à (qqn), l'accueillir chaleureusement. « *Celui-ci, furieux de me voir fêté dans mon infortune, et lui délaissé* » ROUSSEAU. ■ HOM. *Fête* : faites (1 faire).

FÉTICHE [fetiʃ] **n. m.** – 1669 ; *fétisso* 1605 ; ◇ du portugais *feitiço* «artificiel» ; du latin *facticius* «artificiel» ■ **1** Nom donné par les Blancs aux objets de culte des civilisations dites primitives. « *Les manitous des sauvages, les fétiches des Nègres* » ROUSSEAU. — En Afrique. Objet, animal, végétal ou minéral chargé d'un pouvoir surnaturel, bénéfique ou maléfique. ■ **2** Objet auquel on attribue un pouvoir magique et bénéfique. ➤ **amulette, grigri, porte-bonheur, talisman.** *Personnes, animaux considérés comme des fétiches.* ➤ **mascotte.** — APPOS. *Jouer son numéro fétiche. Des objets fétiches.* ■ **3** FIG. Ce qui est révéré sans discernement (➤ **fétichisme**).

FÉTICHEUR [fetiʃœʀ] **n. m.** – 1893 ◇ de *fétiche* ; *fétichières* 1832 ; *fetissero* 1605 ; du portugais p.-ê. par le néerlandais → fétiche ■ Prêtre des religions traditionnelles (animistes), en Afrique ; initié capable de susciter et de faire agir des fétiches.

FÉTICHISER [fetiʃize] **v. tr.** ⟨1⟩ – 1949 ◇ de *fétiche* ■ **1** Accorder une admiration, une valeur exagérée à (qqn, qqch.). ■ **2** Fixer le désir érotique sur (un objet, une partie du corps sans signification érotique). ➤ **fétichisme** (3°).

FÉTICHISME [fetiʃism] **n. m.** – 1756 ◇ de *fétiche* ■ **1** Culte des fétiches ; religion (animisme) qui comporte ce culte. « *Le fétichisme, c'est-à-dire l'adoration d'un objet matériel, auquel on attribuait des pouvoirs surnaturels* » RENAN. — En Afrique, Religion traditionnelle (animiste) dont les prêtres sont les féticheurs. ➤ **animisme.** ■ **2** (1845) Admiration exagérée et sans réserve d'une personne ou d'une chose. ➤ **vénération.** « *Il avait – jusqu'au fétichisme – le culte de l'énergie et de la volonté* » MARTIN DU GARD. ■ **3** (1901) MÉD. Perversion sexuelle dans laquelle l'excitation et la satisfaction sexuelles sont recherchées par le contact ou la vue de certains objets ou parties du corps normalement dénués de signification érotique. *Fétichisme du pied, de la chaussure, du satin, du latex.*

FÉTICHISTE [fetiʃist] **adj. et n.** – 1760 ◇ de *fétiche* ■ **1** Qui pratique le fétichisme. ♦ Qui concerne les fétiches, les religions traditionnelles animistes, en Afrique. *Cérémonie fétichiste.* ■ **2** FIG. Qui respecte scrupuleusement qqch. ■ **3** Relatif au fétichisme (3°). — **n.** *Un, une fétichiste.* « *N'enlève pas le soutien-gorge, je lui dis, je suis un fétichiste !* » B. BLIER.

FÉTIDE [fetid] **adj.** – 1464 ◇ latin *fœtidus*, de *fœtere* «puer» ■ Qui a une odeur très désagréable. ➤ **empesté, infect, malodorant, nauséabond, puant.** *Une haleine fétide. Émanations, exhalaisons fétides.* ➤ **miasme.** — (De l'odeur) ➤ **dégoûtant*, repoussant.** « *une fétide odeur de tabac mêlée à je ne sais quelle nauséabonde moisissure* » BAUDELAIRE. — FIG. et LITTÉR. ➤ **immonde.** « *Un fétide apostat* » HUGO.

FÉTIDITÉ [fetidite] **n. f.** – 1478 ◇ de *fétide* ■ DIDACT. Caractère de ce qui est fétide. ➤ **infection, puanteur.** « *La Bête rote dévotement dans l'air rustique. [...] De son sabot à ses vaines défenses, elle est enveloppée de fétidité* » R. CHAR.

FETTUCINE [fetutʃin(e)] **n. f.** – 1956 ◇ mot italien, plur. de *fettucina* «petite tranche *(fetta)*» ■ AU PLUR. Pâtes alimentaires en forme d'étroit ruban. *Les fettucines sont moins larges que les tagliatelles.*

FÉTU [fety] **n. m.** – XIIe ◇ latin populaire °*festucum*, classique *festuca* «brin de paille» ■ Brin (de paille). COUR. *Fétu de paille* : brin de paille. — LOC. *Être emporté, traîné comme un fétu.*

FÉTUQUE [fetyk] **n. f. ou m.** – 1786 ◇ latin *festuca* «brin de paille» ■ Graminée des prés et des bois. *La fétuque des moutons.* « *le balancement des fétuques chargés de graines* » GIONO.

1 **FEU** [fø] **n. m.** – début Xe, au sens de «supplice du bûcher» (I, 6°) ◇ du latin *focus*, à l'origine de *foyer, fougasse* et *fouace*, ou encore *fusil*

I COMBUSTION VIVE (AVEC CHALEUR ET FLAMME) ■ **1** (milieu XIIe) **LE FEU :** dégagement d'énergie calorifique et de lumière accompagnant la combustion vive. ➤ **combustion, crémation, ignition, incandescence ; flamme ; pyro-.** *Les Anciens considéraient le feu comme l'un des quatre éléments. Principe du feu.* ➤ **phlogistique.** *Le feu de l'Enfer. Adorateurs du feu.* ♦ LOC. FIG. (de l'*autel du feu*, entretenu par les vestales) *Le feu sacré* : ardeur, enthousiasme. *Il n'a pas le feu sacré.* — FAM. *Du feu de Dieu* : exceptionnel (cf. Du tonnerre). ♦ *Allumer, faire du feu* : réunir des matières combustibles et les faire brûler. « *L'homme est le seul animal qui fasse du feu, ce qui lui a donné l'empire du monde* » RIVAROL. *Faire feu de tout bois* ; FIG. utiliser tous les moyens en son pouvoir (cf. Faire flèche* de tout bois). *Faire feu des quatre fers*, se dit d'un cheval qui frappe le pavé de ses fers ; FIG. être plein de pétulance. — *Prendre feu.* ➤ **brûler, s'enflammer, flamber.** *Le toit de la maison a pris feu.* — *Mettre le feu à qqch.* : faire brûler. ➤ **allumer, brûler, calciner, consumer, embraser, enflammer.** *Un pyromane a mis le feu à la grange.* FAM. (d'un artiste, d'un chanteur) *Mettre le feu, allumer le feu* : enthousiasmer son public, mettre une chaude ambiance. LOC. *Mettre le feu aux poudres*.* — *Jouer avec le feu* ; FIG. avec le danger. « *Comme tous ceux qui jouent avec le feu, ce fut lui qui se brûla* » BALZAC. — LOC. *J'en mettrais ma main au feu* : j'en jurerais, j'en suis sûr, j'en ai la conviction (cf. J'en mettrais ma tête à couper*). *Cracheur* de feu. Les langues de feu* (➤ **flamme**) *de la Pentecôte.* FIG. LITTÉR. *Cela s'est inscrit en lettres de feu dans sa mémoire*, de manière indélébile. ♦ **EN FEU :** en train de brûler. ➤ **flamme** (en). *Plusieurs hectares de forêt sont en feu. Matière en feu.* ➤ **embrasé, enflammé, igné, incandescent.** *Morceau de bois en feu* (braise, charbon ardent, tison). ♦ SPÉCIALT (début XIIIe) Étincelle, flamme ou matière enflammée, dans la nature. *Le feu du ciel, le feu céleste.* ➤ 1 **foudre, météore.** ♦ ANCIENNT *Le feu central* : matières incandescentes qu'on croyait exister au centre de la Terre. — FAM. *Péter* le feu.* ♦ SPÉCIALT *Feu follet*.* ➤ **flammerole.** *Feu Saint-Elme* : étincelle due à l'électricité atmosphérique. ■ **2** (début XIe) Ensemble de matières rassemblées et allumées (pour produire de la chaleur, etc.). ➤ **foyer.** *Allumer un feu. Faire un feu. Ranimer, raviver un feu. Jeter de l'huile* sur le feu. Attiser le feu. Mettre des bûches dans le feu. Feu de courte durée.* ➤ **flambée.** *Un grand feu.* ➤ **brasier.** *Un feu d'enfer. Feux de bivouac d'une armée en campagne. Feu qui brille, crépite, danse.* « *Un grand feu pétillait, clair, dans la cheminée* » RIMBAUD. *Les flammes, la fumée, la chaleur du feu.* PROV. *Il n'y a pas de fumée sans feu*, pas d'effet sans cause. *Feu de braises* (➤ **braséro**). *Feu de bois, de tourbe. Feu de paille* ; FIG. sentiment vif et passager. — *S'installer près d'un feu, près, auprès du feu.* ➤ **âtre.** *Se chauffer, se sécher devant le feu.* « *Le dos au feu, le ventre à table, l'idéal de Béranger et de M. Prudhomme* » LARBAUD. — (Belgique, Luxembourg) *Feu ouvert* : cheminée dans laquelle les bûches brûlent à l'air libre. *Salon avec feu ouvert.* — LOC. *Le coin du feu* : l'endroit où l'on allume du feu (âtre, cheminée). *Veillée au coin du feu.* — (1414) **FEU DE JOIE :** feu allumé en signe de réjouissance à l'occasion d'une fête. *Feux de la Saint-Jean.* (XXe) **FEU DE CAMP :** feu allumé dans un camp de scouts, etc., et autour duquel on se réunit pour chanter, jouer des saynètes. ■ **3** (milieu XIIe) Source de chaleur (à l'origine, foyer enflammé) dans la transformation des aliments, etc. *Mettre un plat sur le feu. La soupe est sur le feu.* ➤ **cuire.** — **À, AU FEU.** *Cuire à feu doux, à grand feu, à feu vif. Plat qui va au feu*, qui résiste au feu. *Avoir deux fers* au feu.* — LOC. FIG. **SUR LE FEU :** en préparation. *Il m'arrive « d'avoir des déjeuners professionnels car j'ai trois films sur le feu »* (ELLE, 2010). — **COUP DE FEU :** action vive du feu. *Rôti qui a pris un coup de feu*, qui est un peu brûlé. — (1835) *Le coup de feu*, le moment où le cuisinier achève la cuisson. *Le coup de feu de midi.* — FIG. Moment de presse où l'on doit déployer une grande activité. ♦ PAR EXT. Foyer d'une cuisinière, d'un réchaud. *Cuisinière électrique, à gaz à quatre feux.* ➤ **foyer.** ♦ TECHN. Chaleur ; source de chaleur dans les opérations techniques. *Premier, second, troisième feu* : degré de cuisson d'une matière vitrifiable. — *Feu nu*, qui chauffe directement, par opposition au *feu de réverbère*, qui chauffe par réverbération. — *Feu de forge.* — MAR. *Pousser les feux* : activer la chauffe (en vue de l'appareillage) ; FIG. augmenter les forces de pression pour activer un processus en cours. — *Les arts du feu.* ➤ **céramique, émail, porcelaine, verre.** — LOC. *Faïence de grand feu*, cuite à haute température. — *Argile réfractaire au feu. Terre à feu.* — *Pointes de feu* : application répétée d'une pointe incandescente sur des tissus vivants. ➤ **cautérisation.** ■ **4** (milieu XIIIe) VIEILLI Foyer, famille (dans un village). « *La ville compte cent quarante feux, trois écarts et la maison du garde* » AUDIBERTI. — (1549) LOC. *N'avoir* *ni feu ni lieu,* ni foyer ni domicile fixe. *«on est sans feu ni lieu. Sans foi ni loi. On passe»* SARTRE. ▪ **5** Foyer destructeur, allumé involontairement ou criminellement. ➤ **embrasement, incendie ; brasier, fournaise.** *Le feu a pris, a gagné, s'est propagé. Feu qui couve,* sans flammes, mais qui part au premier souffle. *Départ de feu :* lieu où commence l'incendie. *Front de feu. Hectares dévastés par le feu.* LOC. (Canada) *Passer au feu :* être détruit par un incendie. ➤ **brûler.** *Un seul quartier de la ville a échappé au feu. — Il y a le feu à la maison.* LOC. FIG. *(Il n')y a pas le feu :* rien ne presse. *Il n'y a pas le feu au lac.* — FAM. *Avoir le feu au derrière (au cul, quelque part) :* être très pressé, filer très vite ; (Canada) être en colère. *Avoir le feu au cul :* avoir des besoins sexuels impérieux (surtout d'une femme). *«Le feu au cul comme elle avait, ça lui était difficile de trouver assez d'amour»* CÉLINE. — *Mettre le feu à un bâtiment, une voiture, une forêt.* ➤ **incendier ; incendiaire, pyromane.** *Défense, protection contre le feu.* ➤ 1 **pompier ; bombardier** (d'eau), **canadair ; lance, pare-feu,** 2 **pompe.** *Les soldats du feu :* les pompiers. *Protéger des matériaux contre le feu.* ➤ **ignifuger.** *Éteindre, noyer un feu* (➤ **extincteur**). *Les pompiers ont éteint le feu, se sont rendu maîtres du feu.* ➤ **incendie.** *Crier au feu,* pour alerter, appeler au secours. *Au feu ! —* LOC. *Faire la part du feu :* se résigner à perdre ce qui ne peut plus être sauvé pour préserver le reste. ➤ **abandonner, sacrifier.** *«Quelques-uns meurent pour que les autres soient sauvés. On fait la part du feu dans l'incendie»* SAINT-EXUPÉRY. — **FEU DE CHEMINÉE :** embrasement de la suie accumulée dans la cheminée. — **FEU DE BROUSSE :** incendie (accidentel ou allumé volontairement) dans la végétation arbustive sèche de la brousse africaine. — FIG. *Pantalon feu de plancher,* trop court. ♦ LOC. FIG. *Mettre un pays à feu et à sang*.* ➤ **ravager, saccager.** *Conquérir un pays par le fer et par le feu.* ➤ **violence.** ▪ **6** (début Xe) VX Supplice du bûcher. *«Urbain Grandier, condamné au feu comme magicien»* VOLTAIRE. (1554) **À PETIT FEU.** *Brûler qqn à petit feu.* FIG. *Le chagrin le fait mourir à petit feu,* lentement et cruellement. ▪ **7** (1690) Ce qui sert à allumer le tabac. *Avez-vous du feu ?* ➤ **allumette,** 1 **briquet.** ▪ **8** LITTÉR. AU PLUR. Chaleur. *Les feux de l'été.*

II DÉFLAGRATION, TIR (1572 ◊ de *mettre le feu aux poudres*) ▪ **1 COUP DE FEU.** ➤ **décharge, détonation** (d'une matière fulminante dans une arme). *On a entendu des coups de feu.* — **ARME À FEU :** arme lançant un projectile par l'explosion d'une matière fulminante (SPÉCIALT une telle arme individuelle ➤ **fusil, mitraillette, pistolet, révolver**). — **MISE À FEU** *(d'une fusée, d'un engin spatial) :* lancement des moteurs. *La mise à feu d'une navette spatiale.* ♦ **FAIRE LONG FEU,** se dit d'une cartouche dont l'amorce brûle trop lentement, de sorte que le coup manque son but. *«Mon pistolet avait fait long feu»* VIGNY. — FIG. *Faire long feu :* ne pas atteindre son but. ➤ **échouer.** *Cette vieille plaisanterie a fait long feu,* elle ne prend plus. — FIG. *Ne pas faire long feu :* ne pas durer longtemps. *Leur association n'a pas fait long feu.* ▪ **2** (1680) Tir d'armes à feu ; combat où l'on tire. ➤ **tir.** *Ouvrir le feu sur un objectif. Faire feu. Feu !,* commandement militaire. *Cessez le feu.* ➤ **cessez-le-feu.** *Être sous le feu de l'ennemi. Puissance de feu d'un char d'assaut, d'un avion. Feu rasant, feux croisés*, feu roulant*. — Se trouver, être entre deux feux ;* FIG. être pris entre deux dangers. FIG. *La puissance de feu d'un pays,* sa puissance militaire. ▪ **3** Combat, guerre. *Aller au feu. Baptême* du feu.* ▪ **4 FEU D'ARTIFICE.** ➤ **artifice.** — *Feu de Bengale :* composition chimique qui en s'enflammant produit une lueur colorée ; cette lueur. — *Feu grégeois*.* ▪ **5** (1899 ◊ de *arme à feu*) FAM. Pistolet, révolver. ➤ **calibre, pétard.** *«Il y eut un bruit de pas dans le couloir. Instinctivement, je sortis mon feu»* L. MALET.

III LUMIÈRE ▪ **1** (fin XIIe) Toute source de lumière (d'abord flamme d'un feu). ➤ **flambeau, lampe, lumière, torche.** *Les feux de la ville. Extinction* des feux* (➤ aussi **couvre-feu**). *Feux des projecteurs. Les feux de la rampe*.* LOC. FIG. **PLEINS FEUX SUR (qqn, qqch.) :** le fait d'attirer l'attention, de faire l'actualité (cf. Être sous les projecteurs*). *Être sous les feux de l'actualité :* faire l'objet de l'attention des médias. ▪ **2** Signal lumineux (aujourd'hui électrique) destiné à l'éclairage et au balisage des véhicules (automobiles, avions, trains, navires, etc.). MAR. ➤ **fanal.** *Feux réglementaires d'un navire. Feux de côté : feu vert de tribord, feu rouge de bâbord. «Je vis ses feux de position, vert et rouge, et son fanal blanc suspendu au grand mât de misaine»* J. VERNE. *Naviguer tous feux éteints. — Les feux d'un avion. — Feux d'une automobile.* ➤ **antibrouillard, code, lanterne, phare, veilleuse ;** et aussi **gyrophare.** *Feu de position. Feux de détresse* (recomm. offic.). ➤ **warning** (ANGLIC.). *Feu de direction.* ➤ **clignotant.** *Feu de recul ; feu (de) stop. Allumer, éteindre ses feux. Feux de croisement, de route. — Feu rouge arrière d'une bicyclette* (➤ aussi **cataphote**). ♦ Signal lumineux destiné à guider, à réglementer le déplacement des véhicules (automobiles, trains, navires, avions, etc.). — *Les feux de la côte.* ➤ **phare.** *Bateau*-feu. Feu fixe, tournant, à éclipse. «C'est un feu à secteurs et à deux éclats»* TOURNIER. *Terre de Feu :* la Patagonie, nommée *Terre des Feux* par Magellan (1520), à cause des nombreux feux allumés sur la côte. — *Feux de signalisation, feux tricolores,* réglementant la circulation routière. ➤ RÉGION. **lumière.** *Passage pour piétons protégé par un feu tricolore. Le feu est passé au rouge. Feu rouge :* passage interdit. *Feu orange,* qui annonce le feu rouge. *Feu vert :* voie libre. *Brûler, griller* un feu rouge.* LOC. FIG. **DONNER LE FEU VERT À (qqch., qqn) :** autoriser (une action ; qqn à agir). *Demander, avoir, obtenir le feu vert,* toute liberté (de faire, d'agir) (cf. Carte* blanche). ▪ **3** Bougie dont on faisait usage aux audiences des criées, lors d'une adjudication (leur durée déterminait le temps des enchères). ▪ **4** POÉT. *Les feux du firmament, de la nuit.* ➤ **astre, étoile.** *Les feux de l'aurore, du couchant.* ▪ **5** LOC. FIG. (1792) **N'Y VOIR QUE DU FEU :** ne rien y voir (comme celui qui est ébloui), et PAR EXT. n'y rien comprendre. *Le prestidigitateur a substitué l'objet et le public n'y a vu que du feu.* ▪ **6** (début XIe) Éclat. *Les feux d'un diamant. Pierre qui jette des feux, mille feux. — Le feu du regard. «Le bleu foncé de l'iris jetait un feu d'un éclat sauvage»* BALZAC. ▪ **7** (1660) Couleur de feu. *«L'Oiseau de feu», de Stravinski.* adj. *Rouge feu :* rouge orangé très vif.

IV FIG. CE QUI EST ARDENT, CHAUFFE OU BRÛLE (XIIIe) ▪ **1** VX Saveur excitante d'une boisson alcoolique. *Je goûtais «l'épaisse rosée d'un vin de feu»* FRANCE. ▪ **2** (fin XIIe) Sensation de chaleur intense, de brûlure. *Le feu lui monta au visage. Le feu du rasoir :* irritation, sensation de brûlure après s'être rasé. — **EN FEU.** *Le piment met la bouche en feu. Avoir les joues en feu,* très chaudes et rouges. *«Elle était rouge, elle avait, comme on dit, le visage en feu»* G. BATAILLE. — (1903) RÉGION. (Canada) FAM. *Feu sauvage :* herpès labial. ♦ *Feu bactérien :* maladie bactérienne qui noircit et dessèche les bouquets floraux et les jeunes pousses des rosacées, pouvant entraîner la mort de l'arbre. ▪ **3** (milieu XIIe) LITTÉR. Ardeur des sentiments, des passions. ➤ **ardeur, exaltation,** 1 **fougue, vivacité.** *Dans le feu de la colère. — De feu :* bouillant, enthousiaste, passionné. *Tempérament de feu. «Quelle âme de feu ! quelle vie ravissante avec lui !»* STENDHAL. — LOC. FAM. **ÊTRE TOUT FEU TOUT FLAMME,** passionné, enthousiaste et irréfléchi (dans une circonstance). — *Feu de l'imagination, de l'inspiration. Le feu de l'éloquence. Parler avec feu.* ➤ **chaleur, conviction, véhémence, vivacité.** *«Le feu des passions est souvent celui du génie»* MIRABEAU. *Le feu de la dispute, de la discussion.* — COUR. *Dans le feu de l'action.* ➤ **entraînement.** ▪ **4** (milieu XIIe) VX ou LITTÉR. Passion amoureuse. ➤ **amour, flamme.** *Le feu, les feux de l'amour, de la passion.*

2 **FEU, FEUE** [fø] **adj.** – *fadude* fém. XIe ; puis *faü, feü* ◊ latin populaire °*fatutus* «qui a accompli son destin», de *fatum* ▪ DR., LITTÉR. OU PLAISANT (avant le nom) Qui est mort depuis peu de temps. ➤ **défunt.** *Feu Monsieur X. Feu Madame Y.* — (Entre le déterm. et le nom) *«La feue impératrice a gardé la Hongrie»* HUGO. *Son feu père.* ♦ (Avant l'art., le poss. : inv.) *«Feu la mère de Madame»,* pièce de Feydeau.

FEUDATAIRE [fødatɛʀ] **n.** – XVe, repris XVIIIe ◊ latin médiéval *feudatarius,* de *feudum* → fief ▪ HIST. Titulaire d'un fief (➤ **vassal**). *Grands feudataires :* les principaux vassaux de la couronne. — FIG. et IRON. Les soutiens d'un chef d'État puissant. ▪ CONTR. Suzerain.

FEUDISTE [fødist] **n.** – 1586 ◊ latin médiéval *feudista,* de *feudum* → fief ▪ DIDACT. Spécialiste du droit féodal.

FEUIL [fœj] **n. m.** – 1961 ◊ latin *folia* ▪ TECHN. Revêtement de très faible épaisseur. ➤ **film, pellicule.** *Un feuil de vernis.* ▪ HOM. Feuille.

FEUILLAGE [fœjaʒ] **n. m.** – 1324 ◊ de *feuille* ▪ **1** Ensemble des feuilles d'un arbre ou d'une plante de grande taille. *Feuillage du chêne, du houx, du lierre. Feuillage vert.* ➤ **verdure.** *S'asseoir sous le feuillage, à l'ombre du feuillage.* ➤ **feuillée, frondaison,** 1 **ramée, ramure.** *Berceau de feuillage.* ➤ **charmille, tonnelle.** ▪ **2** Rameaux coupés, couverts de feuilles. *Se faire un lit de feuillage.* ▪ **3** Représentation de feuilles. *Feuillages d'un chapiteau.*

FEUILLAGISTE [fœjaʒist] **n.** – 1872 ◊ de *feuillage* ▪ TECHN. Personne qui fabrique du feuillage artificiel.

FEUILLAISON [fœjɛzɔ̃] **n. f.** – 1763 ◊ de 1*feuiller* ■ Renouvellement annuel des feuilles. ➤ **foliation.** « *La subite et folle feuillaison avait changé les bois* » BERGOUNIOUX. ■ **CONTR.** Défeuillaison, défoliation.

FEUILLANT, ANTINE [fœjɑ̃, ɑ̃tin] **n.** – 1611 ◊ du n. du monastère de *Feuillants* (Haute-Garonne) où fut fondée la congrégation en 1586 ■ **1** Religieux, religieuse de l'ordre de Cîteaux, réformé par Jean de La Barrière. ■ **2 n. m. pl.** (1790) HIST. *Les Feuillants* : les modérés, ou constitutionnels, dont le club siégeait dans un ancien couvent de feuillants.

FEUILLARD [fœjaʀ] **n. m.** – 1465, à La Rochelle, à nouveau 1780 ; *foillart* « branchage » XIVe ◊ de *feuille* ■ TECHN. ■ **1** Branche flexible fendue en deux qui sert à faire des cerceaux de tonneaux. *Feuillard de châtaignier, de saule.* — PAR ANAL. *Feuillard de fer* : bande étroite de fer servant au même usage. ■ **2** PAR ANAL. Bande étroite de fer servant à consolider un emballage. — **adj.** *Fer feuillard,* vendu en lames larges et plates.

FEUILLE [fœj] **n. f.** – milieu XIIe ◊ du latin *folia,* autre forme de *folium* → trèfle

I ORGANE VÉGÉTAL ■ **1** Partie des végétaux qui naît de la tige et quelquefois de la racine, et dont l'aspect est le plus souvent celui d'une lame mince de couleur verte (due à la chlorophylle*). ➤ **-phylle.** « *Une feuille, c'est la partie terminale d'un végétal, qui est mince et plate, sur laquelle, avers et revers, deux côtés forment symétrie, que l'automne dépouille* » QUIGNARD. *Parties de la feuille.* ➤ **gaine, limbe, pétiole.** *Feuille sans pétiole* (acaule, engainante, sessile). *Nervures d'une feuille. Tissu de la feuille* : parenchyme. *Feuille verte, rouge, argentée, blanche. Feuille simple ; composée* (➤ **foliole**). *Feuille découpée, dentée, dentelée, lobée, digitée. Feuilles alternes, opposées, verticillées. Feuilles aciculaires* : aiguilles. *Feuilles caduques, persistantes. Fonction chlorophyllienne* de la feuille.* — *Feuille de chêne, de rosier, de menthe, de nénuphar. Feuilles de chou, feuilles de salade. Feuilles de carotte* (➤ **fane**). *Feuille de tabac. Jeunes feuilles.* ➤ **bouton, pousse.** *Ensemble des feuilles d'un arbre.* ➤ **feuillage.** « *Vois donc les pousses vertes, dans dix jours, tout sera en feuilles, ce sera le printemps* » CLANCIER. *Apparition* (➤ **feuillaison**), *chute des feuilles. Feuilles sèches, séchées. Feuilles mortes.* « *Les feuilles mortes se ramassent à la pelle, les souvenirs et les regrets aussi* » PRÉVERT. *Tapis de feuilles mortes.* « *Les Feuilles d'automne* », poèmes de V. Hugo. — LOC. *Descendre en feuille morte,* se dit d'un avion qui se laisse descendre par grands mouvements obliques, comme une feuille morte. — *Trembler* comme une feuille.* ♦ PAR ANAL. *Feuille de chêne* : laitue à feuilles très découpées et, en partie, rouges. *Feuille morte* : cocktail à base de pastis, menthe et grenadine. ♦ Se dit couramment des folioles *(trèfle à quatre feuilles),* des bractées qui ressemblent à des feuilles *(feuilles d'artichaut).* ♦ Représentation de certaines feuilles. *Feuilles de chêne d'un képi de général. Chapiteau à feuille d'acanthe. Feuille de vigne* : feuille sculptée cachant le sexe des statues nues. ■ **2** LITTÉR. Pétale. « *Languissante, elle* [la rose] *meurt, feuille à feuille déclose* » RONSARD. — FIG. et FAM. *Giroflée* à cinq feuilles.* ■ **3** (1928 ◊ de *feuille de chou* « oreille » 1867) LOC. FAM. **(d'abord argotique)** *Être dur de la feuille,* dur d'oreille, un peu sourd.

II SURFACE MINCE ET PLANE ■ **1** (XIIIe) Morceau de papier rectangulaire. *Feuille de papier de formats* divers. Endroit, envers d'une feuille* (➤ **recto, verso**). *Face d'une feuille.* ➤ 1**page.** *Feuille unie, lignée, quadrillée. Feuille blanche, vierge ; feuille écrite, manuscrite, imprimée. Écrire sur une feuille. Feuille de papier à lettres. Feuille perforée. Feuille simple, double* (➤ **copie**). (1751) *Feuille volante. Assemblage de feuilles.* ➤ **bloc, cahier,** 1**livre, livret.** *Plier une feuille.* ➤ **feuillet.** — *Feuilles de papier à dessin, de papier calque...* — IMPRIM. *Feuille d'impression,* pliée autant de fois que le comporte le format, et constituant un cahier. *Imposer une feuille. Nombre de pages fournies par une feuille* ➤ **in-dix-huit, in-douze, in-folio, in-octavo, in-plano, in-quarto, in-seize.** *Bonnes feuilles,* tirées définitivement ; PAR EXT. extrait d'un livre à paraître publié dans une revue, un journal. — *Impression feuille à feuille* **(opposé à** *en continu***).** ♦ **(Papiers, documents, états)** *Feuille d'impôt. Feuille de paye* (➤ **bulletin,** 1**fiche**). *Feuille de présence. Feuille de maladie* ou *feuille de soins* : imprimé rempli par le médecin et le patient, et destiné à la Sécurité sociale. *Feuille de soins électronique (FSE). Feuille imprimée à remplir.* ➤ **formulaire.** *Feuille de route*. Feuille de température.* ♦ INFORM. *Feuille de calcul* : document (tableau à deux dimensions) créé à l'aide d'un tableur pour présenter des données et calculer des valeurs. — *Feuille de style(s),* permettant de définir des styles de paragraphes et de mettre en forme des documents. ■ **2** (XVIIIe) Feuille imprimée à caractère pamphlétaire. — (1789) MOD. Périodique (journal, hebdomadaire). *Feuille d'annonces, d'information.* FAM. *Feuille de chou*.* ■ **3** (fin XIIe) Plaque mince (d'une matière quelconque). *Feuille de carton, de contreplaqué. Feuilles de métal. Feuille d'or.* ■ **4** BOUCH. Gros couteau à large lame rectangulaire pour découper la viande. ➤ **couperet.** « *une feuille de boucher qui terminerait sa course fichée dans une côte de bœuf* » J. SORMAN.

■ **HOM.** Feuil.

FEUILLÉ, ÉE [fœje] **adj.** – XIIe ◊ de *feuille* ■ VX Garni de feuilles. ➤ **feuillu.** « *Les arbres étaient encore verts et feuillés au milieu du mois de novembre* » BALZAC.

FEUILLÉE [fœje] **n. f.** – XIIe ◊ de *feuille* ■ **1** VX, RÉGION. ou LITTÉR. Abri que forme le feuillage des arbres. *Danser sous la feuillée.* ➤ 1**ramée.** « *La pluie ne perce pas la feuillée de ces gros chênes* » SAND. ■ **2** (1916) **LES FEUILLÉES :** tranchée destinée à servir de latrines aux troupes en campagne.

FEUILLE-MORTE [fœjmɔʀt] **adj. inv.** – v. 1590 n. f. ◊ de *feuille* et 2*mort* ■ De la couleur des feuilles mortes, brun-roux assez clair. *Des soies feuille-morte.*

1**FEUILLER** [fœje] **v. intr.** ‹1› – milieu XIIe ◊ de *feuille* ■ RARE Se garnir de feuilles. *Arbre qui commence à feuiller.*

2**FEUILLER** [fœje] **v. tr.** ‹1› – 1872 ◊ de l'ancien picard *foeller* (XIVe), du sens de *fouiller* « creuser », avec infl. de *feuille* ■ TECHN. Pratiquer une feuillure dans. *Feuiller une planche.*

FEUILLERET [fœjʀɛ] **n. m.** – 1676 ◊ de *feuille* ■ TECHN. Rabot pour faire des feuillures.

FEUILLET [fœjɛ] **n. m.** – XIVe ; *foillet* « petite feuille » v. 1130 ◊ de *feuille* ■ **1** Chaque partie d'une feuille de papier pliée une ou plusieurs fois sur elle-même pour former une feuille double, un cahier. ➤ **folio.** *Les deux faces d'un feuillet.* ➤ 1**page.** *Tourner les feuillets d'un livre.* ➤ **feuilleter.** « *son petit agenda de l'homme moderne à feuillets mobiles* » PEREC. ■ **2** (1690 ◊ à cause des plis) Troisième poche de l'estomac des ruminants. ■ **3** EMBRYOL. *Feuillets embryonnaires* : les trois assises cellulaires (ectoderme, mésoderme et endoderme) qui se développent lors de la gastrulation et desquelles se différencient plus tard les divers tissus et organes de l'individu. ■ **4** INFORM. *Feuillet magnétique* : mince bande plastique recouverte d'une substance magnétisable et servant de mémoire de masse pour un ordinateur.

FEUILLETAGE [fœjtaʒ] **n. m.** – 1680 « pâtisserie feuilletée » ; autre sens XVIe ◊ de *feuilleter* ■ **1** Action de feuilleter la pâte ; aspect feuilleté d'une pâte. — Pâte feuilletée. *Croûte en feuilletage.* ■ **2** (1882) Action de feuilleter (un livre...). *Feuilletage d'un ouvrage en ligne.*

FEUILLETÉ, ÉE [fœjte] **adj.** et **n. m.** – 1234 *foilleté* ◊ de *feuilleter* ■ **1** Qui présente des feuilles, des lames superposées. *Roche feuilletée. Verre feuilleté,* constitué de minces lamelles de verre superposées. ➤ aussi 1**triplex.** ■ **2** (1566) *Pâte feuilletée* : pâte légère formée de fines feuilles superposées, obtenue par des pliures successives. *Pâte feuilletée du millefeuille, du vol-au-vent, de la pastilla. Gâteau feuilleté.* ■ **3 n. m.** (1865) Pâtisserie feuilletée. *Un feuilleté aux amandes.*

FEUILLETER [fœjte] **v. tr.** ‹4 /5/› – 1549 *fueilleter* ; autre sens XIIIe ◊ de *feuillet* ■ **1** Tourner les pages de (un livre, un cahier), SPÉCIALT en les regardant, en les lisant rapidement et un peu au hasard. *Feuilleter un livre, une revue.* ➤ **compulser.** *Feuilleter un catalogue pour trouver un article. Je n'ai pas lu ce roman, je n'ai fait que le feuilleter.* ➤ **parcourir.** *Feuilleter un ouvrage en ligne.* ■ **2** (1680) *Feuilleter de la pâte,* la beurrer et la plier plusieurs fois, afin que cuite elle présente des feuilles.

FEUILLETIS [fœjti] **n. m.** – 1755 ◊ de *feuilleter* ■ **1** Endroit où l'ardoise est facile à diviser en feuilles. ■ **2** Contour tranchant d'un diamant.

FEUILLETON [fœjtɔ̃] **n. m.** – 1790 ◊ de *feuillet* ■ TECHN. ■ **1** IMPRIM. VX Petit cahier contenant le tiers de la feuille d'impression. ♦ MOD. Papier fort (carte) de qualité inférieure. ■ **2** (1811) COUR. Partie réservée au bas d'un journal pour une rubrique régulière. — Article de littérature, de sciences, de critique, qui paraît régulièrement dans un journal, généralement au bas d'une page. ➤ **article,** 1**chronique, rubrique.** ■ **3** Fragment, chapitre d'un roman qui paraît régulièrement dans un journal. *Lire le feuilleton du jour.* — Émission dramatique radiodiffusée ou télévisée dont l'histoire est fractionnée en épisodes généralement courts et de même durée, dont chacun est la suite du précédent. *Regarder tous les soirs le feuilleton à la télévision.* ➤ RÉGION. **téléroman.** « *Le vrai feuilleton, celui qui* *fait qu'un pays s'arrête chaque jour, à heure fixe, pour savoir, le feuilleton qui alimente conversations et impatiences, le vrai feuilleton aux ressorts innombrables et dont l'histoire ne retombe jamais»* ORSENNA. *Séries* et feuilletons.* — FIG. *Un feuilleton judiciaire :* succession de rebondissements dans une affaire judiciaire. ◆ VX *Feuilleton-roman ;* (1840) MOD. **ROMAN-FEUILLETON :** roman populaire qui paraît par fragments dans un journal. *Lire, suivre le roman-feuilleton d'un quotidien du soir. «Cette grande banlieue équivoque autour de Paris, cadre des scènes les plus troublantes des romans-feuilletons et des films à épisodes français»* ARAGON. — FIG. Histoire invraisemblable, très longue. *C'est du roman-feuilleton !*

FEUILLETONESQUE [fœjtɔnɛsk] **adj.** – 1839 ◊ de *feuilleton* ■ Qui a les caractéristiques du feuilleton. *Un style feuilletonesque.*

FEUILLETONISTE [fœjtɔnist] **n.** – 1814 ◊ de *feuilleton* ■ Personne qui fait des feuilletons dans un journal ; qui écrit des romans-feuilletons.

FEUILLETTE [fœjɛt] **n. f.** – 1678 ; «mesure pour les liqueurs» XVe ; var. *fillette* XIVe ◊ origine inconnue, p.-ê. de *feuille* «planche» ■ Tonneau dont la capacité varie de 114 à 140 litres.

FEUILLU, UE [fœjy] **adj.** – *foillu* XIIe ◊ de *feuille* ■ **1** Qui a beaucoup de feuilles. ➤ **touffu.** *Chêne feuillu.* ■ **2** Qui porte des feuilles. *Arbres feuillus,* à feuilles caduques (**opposé à** *arbres résineux* **à aiguilles**). — **n. m.** *Une forêt de feuillus.*

FEUILLURE [fœjyʀ] **n. f.** – 1334 ◊ de 2*feuiller* ■ TECHN. Entaille, rainure dans un panneau, pour y loger une autre pièce. *«Quelques photos insérées dans la feuillure de la glace»* MARTIN DU GARD. — Entaille des piédroits, du linteau d'une baie, recevant le bâti.

FEUJ [fœʒ ; føʒ] **n.** – 1984 ◊ verlan, avec apocope, de *juif* ■ FAM. Juif. *Les beurs et les feujs.*

FEULEMENT [følmɑ̃] **n. m.** – 1923 ◊ de *feuler* ■ Cri du tigre (➤ **rauquement**) ; bruit de gorge que fait entendre le chat en colère.

FEULER [føle] **v. intr.** ⟨1⟩ – 1892 ◊ altération de *feler,* du radical *felis* «chat» ■ Crier (tigre). ➤ **rauquer.** — Grogner (chat).

FEUTRAGE [føtʀaʒ] **n. m.** – 1723 ◊ de *feutrer* ■ Action de feutrer (1o), de se feutrer (2o).

FEUTRE [føtʀ] **n. m.** – *feltre* fin XIe ◊ francique °*filtir ;* cf. *filtre* ■ **1** Étoffe obtenue en foulant et en agglutinant du poil ou de la laine (➤ **feutrine**). *Semelle de feutre. Tricot usagé qui prend l'aspect du feutre.* ➤ **feutrage.** ■ **2** PAR MÉTON. Objet de feutre. ◆ (XVIIe) Chapeau de feutre. *Il est coiffé d'un feutre gris.* ◆ *Feutres d'un piano, d'une machine à écrire :* petites pièces de feutre servant à empêcher les vibrations. ■ **3** Stylo à encre grasse où la plume est remplacée par une pointe en feutre ou en nylon. ➤ **marqueur, stylo-feutre, surligneur.** *Écrire avec un feutre. Colorier au feutre. Un feutre rouge, bleu. Un marchand «de buvards du temps où on écrivait pas au feutre dans les écoles»* R. FORLANI. **adj.** *Des crayons feutres.*

FEUTRÉ, ÉE [føtʀe] **adj.** – 1196 ◊ de *feutrer* ■ **1** TECHN. Fait de feutre ou travaillé comme du feutre. *Étoffe feutrée.* ◆ Garni de feutre, ou de qqch. qui donne l'impression du feutre. ➤ **ouaté.** *«l'appartement me sembla très vaste et bien feutré de tapis doux, de tentures lourdes»* BOSCO. ■ **2** Qui a pris l'aspect du feutre. *Lainage feutré par l'usure ou le lavage.* ■ **3** Étouffé, peu sonore. *Bruit feutré. Marcher à pas feutrés.* ➤ 1**discret, silencieux.** — PAR EXT. *Une ambiance feutrée.*

FEUTRER [føtʀe] **v. tr.** ⟨1⟩ – *feltrer* XIe ◊ de *feutre* ■ **1** TECHN. Mettre en feutre (du poil, de la laine). ◆ Garnir de feutre. *Feutrer une selle.* ■ **2** Donner l'aspect du feutre à. *Une pluie «qui feutrait le poil des bêtes»* R. BAZIN. — PRONOM. *Se feutrer :* prendre l'aspect du feutre après lavage. — INTRANS. *Un lainage qui feutre.* ■ **3** FIG. Amortir, étouffer (un bruit). *Les flocons de neige «qui feutraient les échos de la rue»* MARTIN DU GARD.

FEUTRINE [føtʀin] **n. f.** – 1951 ◊ de *feutre* ■ Épais tissu de laine feutré, souvent teint de couleurs vives. *Des marionnettes en feutrine.*

FÈVE [fɛv] **n. f.** – fin XIIe-XIIIe ◊ latin *faba* → favisme ■ **1** Plante *(légumineuses)* annuelle, vesce dont les graines se consomment fraîches ou conservées. *Champ de fèves.* ■ **2** COUR. La graine de cette plante. *Grosse fève* ou *fève des marais.* ➤ RÉGION. **gourgane.** *Petite fève.* ➤ **féverole.** *Gousse, cosse des fèves. Écosser des fèves.* ◆ (v. 1220) *Fève des Rois :* fève (**et** PAR EXT. petite figurine, etc.) que l'on met dans un gâteau le jour de la fête des Rois. ■ **3** PAR ANAL. *Fève de cacao* **ou** ABSOLT *fève :* graine de cacaoyer (contenue dans la cabosse). — *Fève de Calabar.* ➤ **physostigma.** ◆ (**Canada**) Haricot*. *Fèves vertes, jaunes, rouges. Fèves au lard.*

FÉVEROLE [fɛvʀɔl] **n. f.** /FÈVEROLE/ – 1680 ◊ de *fève* ■ Variété de fève à petit grain utilisée pour l'alimentation du bétail. — On dit aussi **FAVEROLE** [favʀɔl], 1255.

FÉVIER [fevje] **n. m.** – 1786 ◊ de *fève* ■ Arbre épineux *(césalpiniacées)* dont le fruit est une longue gousse renfermant des graines plates semblables aux fèves.

FÉVRIER [fevʀije] **n. m.** – XIIe ◊ bas latin *febrarius,* classique *februarius* «mois de purification» ■ Second mois de l'année, dans le calendrier grégorien, qui a vingt-huit jours dans les années ordinaires et vingt-neuf (➤ **bissexte**) dans les années bissextiles (correspondait à pluviôse*, ventôse*, dans le calendrier révolutionnaire). *On fête la Chandeleur le 2 février. Elle part faire du ski en février.* RARE, PLUR. *Des févriers ensoleillés.*

FEZ [fɛz] **n. m.** – 1679 ; *fes* 1677 ◊ de *Fez,* ville du Maroc ■ Coiffure tronconique, de laine rouge ou blanche, ornée parfois d'un gland ou d'une mèche de soie ou de laine. *De nombreux musulmans portent encore le fez.* ➤ **chéchia.**

F. F. I. [ɛfɛfi] **n. m. inv.** – 1944 ◊ sigle de *Forces Françaises de l'Intérieur* ■ Membre des Forces Françaises de l'Intérieur, sous l'occupation allemande. ➤ **résistant.**

FI [fi] **interj.** – XIIIe ◊ onomat., p.-ê. radical du latin *fimus* «fumier» ■ **1** VX OU PLAISANT Interjection exprimant la désapprobation, le dédain, le mépris, le dégoût. ➤ **pouah.** *«Fi donc ! lui dit-elle en le repoussant»* STENDHAL. ■ **2** (1835) MOD. **loc. verb. FAIRE FI DE :** dédaigner, mépriser. *Il a fait fi de mes conseils.* ■ HOM. Phi.

FIABILISER [fjabilize] **v. tr.** ⟨1⟩ – v. 1980 ◊ de *fiable* ■ Rendre fiable, plus fiable. *Fiabiliser les prévisions.*

FIABILISTE [fjabilist] **adj.** et **n.** – 1972 ◊ d'après *fiabilité* ■ TECHN. Qui concerne les études de fiabilité. *Analyse fiabiliste. Ingénieur fiabiliste.* **n.** *Un, une fiabiliste.*

FIABILITÉ [fjabilite] **n. f.** – répandu 1962 ; *fiableté* XIIIe ◊ de *fiable* ■ **1** TECHN. Aptitude d'un système, d'un matériel, à fonctionner sans incidents pendant un temps donné. *Appareil de haute fiabilité. Étude de fiabilité :* étude mathématique destinée à prévoir le comportement des systèmes (sécurité et rentabilité). ➤ **fiabiliste.** ■ **2** Caractère d'une chose, d'une personne fiable. *La fiabilité d'une méthode. La fiabilité de qqn.* ➤ **crédibilité.** *Accord de fiabilité.*

FIABLE [fjabl] **adj.** – XIIe, repris et spécialisé v. 1968 ◊ de *se fier* ■ **1** TECHN. Se dit d'un matériel dans lequel on peut avoir confiance, qui fonctionne bien. ➤ **fiabilité.** ■ **2** PAR EXT. COUR. Auquel on peut se fier. *Une méthode fiable. Ma mémoire n'est pas très fiable.* ➤ **fidèle.** — (PERSONNES) *Un ami fiable. Cette personne n'est pas fiable.* ➤ **consciencieux, crédible, sérieux.**

FIACRE [fjakʀ] **n. m.** – 1650 ◊ du n. de saint *Fiacre,* à cause de l'image de ce saint «qui pendait à un logis de la rue Saint-Antoine où se trouvaient ces sortes de voitures» (Ménage) ■ ANCIENNT Voiture à cheval qu'on louait à la course ou à l'heure. *Prendre un fiacre. Cocher de fiacre. La scène du fiacre, dans «Madame Bovary».*

FIANÇAILLES [fjɑ̃saj] **n. f. pl.** – 1268 ; «promesse» XIIe ◊ de *fiancer* ■ Promesse solennelle de mariage, échangée entre futurs époux. *Ils ont annoncé leurs fiançailles. Bague de fiançailles. Rompre ses fiançailles.* — Le temps qui s'écoule entre cette promesse et la célébration du mariage. *Durant leurs fiançailles.*

FIANCÉ, ÉE [fjɑ̃se] **n.** – 1367 ; «engagé d'honneur» 1180 ◊ de *fiancer* ■ Personne engagée par une promesse solennelle de mariage. *Les deux fiancés.* ➤ **futur, prétendu, promis ;** VX **accordé.** *«Alors j'ai devant moi le fiancé d'Isabelle ! – Fiancé est trop dire. J'ai demandé sa main»* GIRAUDOUX. ◆ **adj.** *Jeunes gens fiancés.*

FIANCER [fjɑ̃se] **v. tr.** ⟨3⟩ – XIIe «prêter serment, promettre» ; *fiancer sa foi* (pour le mariage) XIIIe ◊ de l'ancien français *fiance* «état de l'âme qui se fie ; engagement» → fier (se) ■ Engager par une promesse de mariage. *Ses parents l'avaient fiancée à, avec ce jeune homme.* ➤ **promettre.** ◆ PRONOM. *Ils se sont fiancés hier.* — FIG. Se rapprocher (groupes économiques).

FIASCO [fjasko] **n. m.** – v. 1822 ◊ de la loc. italienne *far fiasco* «échouer» ■ **1** Défaillance, échec d'ordre sexuel chez l'homme. ■ **2** Échec complet et notoire. ➤ FAM. **bide.** *L'entreprise a fait fiasco.* ➤ **échouer.** *Cette pièce est un fiasco.* ➤ **four.** *Des fiascos.* ■ CONTR. Réussite.

FIASQUE [fjask] n. f. – 1803 ; « mesure italienne » XVIe ◊ italien *fiasco* ■ Bouteille à col long et à large panse garnie de paille, en usage en Italie. *Une fiasque de chianti.*

FIAT [fjat] n. m. inv. – 1893 ; en anglais 1881 ◊ mot latin « que cela soit » ■ PSYCHOL. Décision volontaire après délibération.

FIBRANNE [fibʀan] n. f. – 1941 ◊ de *fibre* ■ Textile artificiel à fibres courtes associées par torsion.

FIBRE [fibʀ] n. f. – 1372 ◊ latin *fibra* ■ **1** ANAT. Formation élémentaire, végétale ou animale, d'aspect filamenteux, se présentant généralement sous forme de faisceaux. *Fibre conjonctive, musculaire, nerveuse.* ➤ **nerf.** *Petite fibre.* ➤ **fibrille.** ♦ COUR. *Cette viande est pleine de fibres.* ➤ **filandre ; fibreux.** *Les fibres d'une racine, d'une plante, du bois.* — AU PLUR. *Fibres alimentaires* : résidus des aliments végétaux non transformés par la digestion (cellulose, mucilages, pectine). *Les fibres régularisent le transit intestinal.* ■ **2** SPÉCIALT *Fibre textile* : substance filamenteuse susceptible d'être filée et tissée. ➤ **textile.** *Fibres d'origine animale* (laine, poil, soie), *végétale* (aloès, bambou, chanvre, coco, coton, crin, jonc de mer, jute, kapok, lin, ramie, raphia, sisal), *minérale* (amiante, verre). *Fibre artificielle* (cupro, fibranne, modal, viscose). *Fibre synthétique* (dacron, nylon, orlon, polyamide, polyester, rhodia, tergal, etc.). *Fibres de carbone. Titrage des fibres textiles* (➤ **denier, tex**). ♦ *Fibre de bois* : bois découpé mécaniquement en fibres minces, employé pour l'emballage, comme matière calorifuge, dans la fabrication du papier. ♦ *Fibre de verre,* utilisée dans l'isolation thermique. ➤ aussi **silionne.** ♦ **FIBRE OPTIQUE :** filament de verre de section circulaire, de très petit diamètre, conducteur de lumière par réflexion totale, utilisé dans la fabrication d'instruments d'optique, dans la transmission de données (Internet, télévision, etc.). *Endoscope miniaturisé contenant un faisceau de fibres optiques* (➤ **fibroscope**). COLLECT. *La fibre optique est utilisée en télédistribution et télécommunication* (➤ **câble**). ABSOLT *Équiper un immeuble de la fibre* (➤ **fibrer**). ■ **3** Matière fabriquée à partir de fibres agglomérées (de bois, synthétiques). « *Tout son bagage tenait dans une mallette en fibre* » AYMÉ. ■ **4** (XVIIIe ◊ de *fibres nerveuses*) PAR MÉTAPH. *Les fibres,* considérées comme organes de la sensibilité. *Ces liens « qui touchent à toutes nos fibres, parce qu'ils se sont attachés dans les replis de notre cœur »* BALZAC. ♦ Au sing. collect. Disposition à ressentir certaines émotions ; sensibilité particulière. *Avoir la fibre paternelle. Faire jouer la fibre patriotique.* ➤ **corde, sentiment.** « *Une nation chez qui la fibre militaire a toujours palpité si facilement* » GAUTIER.

FIBRER [fibʀe] v. tr. ‹1› – 2006 ; 1999 au p. p. ◊ de *fibre* ■ Équiper de la fibre optique. *Fibrer un immeuble.* — P. p. adj. *Les foyers fibrés.*

FIBREUX, EUSE [fibʀø, øz] adj. – 1545 ◊ de *fibre* ■ **1** ANAT. Qui a des fibres. *Tissu fibreux. Tumeur fibreuse.* ➤ **fibrome.** — BOT. *Plantes fibreuses servant à l'industrie textile, à l'industrie du papier.* ■ **2** COUR. Dont les fibres sont apparentes ou sensibles. *Viande fibreuse,* qui présente des éléments allongés et durs (tendons, fibres musculaires...). ➤ **filamenteux, tendineux.** — *La consistance fibreuse de l'ananas.*

FIBRILLAIRE [fibʀijɛʀ ; fibʀi(l)lɛʀ] adj. – 1811 ◊ de *fibrille* ■ MÉD. Qui est constitué de fibrilles, qui s'y rapporte. *Contraction fibrillaire* (d'un muscle).

FIBRILLATION [fibʀijasjɔ̃ ; fibʀi(l)lasjɔ̃] n. f. – 1907 ◊ de *fibrille* ■ MÉD. Contractions rapides et désordonnées des fibres musculaires, SPÉCIALT de celles du muscle cardiaque. « *une tachycardie qui approche les deux cents battements minute, il risque la fibrillation ventriculaire* » KERANGAL.

FIBRILLE [fibʀij ; fibʀil] n. f. – 1674 ◊ de *fibre* ■ Petite fibre. *Les fibrilles d'une racine. Fibrilles musculaires.* ➤ **myofibrille.** — PAR EXT. (généralt au plur.) Petites lignes en réseau ; ridules, veinules. « *La figure vive, fine, était striée de fibrilles roses sur les joues* » HUYSMANS.

FIBRINE [fibʀin] n. f. – 1800 ◊ de *fibre* ■ BIOCHIM. Protéine filamenteuse, élastique et insoluble, formée par action de la thrombine sur le fibrinogène, et constituant le caillot sanguin au cours de la coagulation. — adj. **FIBRINEUX, EUSE,** 1837.

FIBRINOGÈNE [fibʀinɔʒɛn] n. m. – 1855 ◊ de *fibrine* et *-gène* ■ BIOCHIM. Protéine du plasma sanguin que la thrombine transforme en fibrine au cours de la coagulation du sang.

FIBRINOLYSE [fibʀinɔliz] n. f. – 1937 ◊ de *fibrine* et *-lyse* ■ BIOCHIM. Dissolution du caillot sanguin lors de la cicatrisation, par digestion de la fibrine par la plasmine. — adj. **FIBRINOLYTIQUE.**

FIBRO- ■ Élément, de *fibre* : *fibro-cartilagineux.*

FIBROBLASTE [fibʀoblast] n. m. – 1893 ◊ de *fibro-* et *-blaste* ■ BIOL. CELL. Cellule jeune, peu différenciée, précurseur du tissu conjonctif.

FIBROCIMENT [fibʀosimɑ̃] n. m. – 1907 ◊ marque déposée, de *fibro-* et *ciment* ■ Matériau de construction constitué de ciment renforcé de fibres naturelles ou synthétiques. ➤ **aggloméré.** *Le fibrociment est dur, isolant, ininflammable.*

FIBROÏNE [fibʀɔin] n. f. – 1872 ◊ de *fibre* ■ BIOCHIM. Protéine insoluble dans l'eau, homogène et transparente constituant en partie la soie du cocon des insectes séricigènes (vers à soie, etc.). *La fibroïne et la séricine.*

FIBROMATEUX, EUSE [fibʀɔmatø, øz] adj. – 1925 ◊ de *fibrome* ■ Relatif au fibrome, à la fibromatose. *Col de l'utérus fibromateux.* ♦ (PERSONNES) Qui a un fibrome. — n. *Un fibromateux, une fibromateuse.*

FIBROMATOSE [fibʀɔmatoz] n. f. – 1929 ◊ de *fibrome* ■ MÉD. Développement de tumeurs fibreuses, de fibromes. *Fibromatose cutanée.*

FIBROME [fibʀom] n. m. – 1856 ◊ de *fibre* ■ Tumeur bénigne formée par du tissu fibreux.

FIBROMYALGIE [fibʀomjalʒi] n. f. – 1996 ◊ de *fibro-* et *myalgie* ■ MÉD. Syndrome associant des douleurs diffuses osseuses et musculaires, une raideur à la mobilisation et une fatigue chronique.

FIBROMYOME [fibʀomjom] n. m. – 1890 ◊ de *fibrome* et *myome* ■ PATHOL. Tumeur bénigne constituée de tissu musculaire et de tissu fibreux. *Fibromyome de la prostate.*

FIBROSCOPE [fibʀɔskɔp] n. m. – v. 1970 ◊ de *fibro-* et *-scope* ■ Endoscope souple, réalisé à partir de fibres optiques, permettant l'exploration de cavités profondes de l'organisme.

FIBROSCOPIE [fibʀɔskɔpi] n. f. – v. 1970 ◊ de *fibro-* et *-scopie* ■ Exploration d'un organe au fibroscope. ➤ **endoscopie.** *Fibroscopie gastro-intestinale, bronchique, vésicale.* — ABRÉV. FAM. **FIBRO.**

FIBROSE [fibʀoz] n. f. – 1886 ◊ de *fibre* et 2 *-ose* ■ MÉD. Augmentation anormale de la quantité de tissu conjonctif fibreux dans un tissu ou un organe. *Fibrose pulmonaire, hépatique.*

FIBULA [fibyla] n. f. – 1693 ◊ mot latin « agrafe, aiguille » → fibule ■ ANAT. Péroné. *Le tibia et la fibula.*

FIBULAIRE [fibylɛʀ] adj. – 1731 ◊ de *fibula* ■ ANAT. Du péroné. ➤ **péronier.** *Nerf fibulaire.*

FIBULE [fibyl] n. f. – 1530 ◊ latin *fibula* ■ Agrafe, broche antique pour retenir les extrémités d'un vêtement.

FIC [fik] n. m. – 1492 ; *fi* XIIIe ◊ latin *ficus* ■ VÉTÉR. Verrue des bovins, des chevaux.

FICAIRE [fikɛʀ] n. f. – 1786 ◊ latin des botanistes *ficaria,* de *ficus* « verrue » (on croyait qu'elle les guérissait) ■ Petite plante de printemps, à fleurs jaunes *(renonculacées)* appelée aussi *fausse-renoncule, éclairette.* « *Ses ficaires vernies, étoiles jaunes parmi des feuilles grasses dont chacune a la forme d'un cœur* » GENEVOIX.

FICELAGE [fis(ə)laʒ] n. m. – 1765 ◊ de *ficeler* ■ Action de ficeler (1°) ; son résultat.

FICELÉ, ÉE [fis(ə)le] adj. – 1694 ◊ de *ficeler* ■ **1** Qu'on a ficelé. *Paquet ficelé.* FAM. Ligoté. *On a retrouvé l'otage ficelé comme un saucisson**. ■ **2** (1830) FAM. *Mal ficelé* : mal habillé. ➤ **fagoté.** ■ **3** FIG. FAM. (d'un projet, d'une œuvre) *Bien, mal ficelé* : bien, mal conçu, construit (cf. Bien, mal foutu*). *Un travail bien ficelé,* bien fait. *Scénario, roman bien ficelé.*

FICELER [fis(ə)le] v. tr. ‹4 /5/› – 1694 ◊ de *ficelle* ■ **1** Attacher, lier avec de la ficelle. *Ficeler un paquet, une liasse. Ficeler un rôti, une volaille.* ➤ **brider.** ■ **2** (1837) FAM. et RARE Habiller. ➤ **ficelé** (2°).

FICELLE [fisɛl] n. f. – 1564 ; *fincelle* 1350 ◊ latin populaire °*filicella,* de *filum*

I ■ **1** Corde mince. *Ficelle de coton, de jute, de papier. Pelote de ficelle. Lier, attacher avec des ficelles.* ➤ **ficeler.** *Défaire la ficelle d'un colis.* — CUIS. *Bœuf à la ficelle,* cuit à la vapeur, suspendu par une ficelle. — *Vin à la ficelle,* facturé au client d'un restaurant en fonction de la quantité consommée (parfois mesurée avec une ficelle). — LOC. FIG. *Tirer sur la ficelle* : exagérer, aller trop loin (dans la recherche d'un avantage, etc.). *Il ne faudrait pas trop tirer sur la ficelle* (cf. Tirer sur la corde*, pousser le bouchon* trop loin). *Bouts de ficelle.* LOC. FAM. (1982) *Marchandage de bouts de ficelle*, qui porte sur des choses insignifiantes (cf. Bout de chandelle*). *Avec des bouts de ficelle* : avec des moyens dérisoires, les moyens du bord. « *J'en ai assez du théâtre avec trois bouts de ficelle et des tournées miteuses* » J.-M. GUENASSIA. ▪ **2** SPÉCIALT Fil servant à faire mouvoir les marionnettes. — FIG. *Tirer les ficelles* : agir, manœuvrer dans l'ombre. « *un de ces politiciens usés qui tiraient leurs vieilles ficelles* » ROUART. ♦ PAR EXT. (1841) Artifice caché. *Il connaît bien les ficelles du métier*, les procédés cachés. ➤ 1 **truc.** — *La ficelle est un peu grosse* (cf. C'est cousu de fil* blanc). ▪ **3** adj. (1792) VX Malin, retors. *Cadet Rousselle est très ficelle* (chans.). « *on a un des patronats les plus ficelles du monde* » M. DUGAIN.

II PAR ANAL. ▪ **1** (1895) FAM. Galon. *Le capitaine attend sa quatrième ficelle.* ▪ **2** (XXe) Pain de fantaisie, très mince, de poids équivalant à celui d'une demi-baguette. ▪ **3** (1957) RÉGION. Crêpe roulée, fourrée de jambon, de champignons. *Ficelles picardes.*

FICELLERIE [fisɛlʀi] n. f. – 1872 ◊ de *ficelle* ▪ TECHN. Fabrique, magasin ou dépôt de ficelle.

FICHAGE [fiʃaʒ] n. m. – 1971 ◊ de 3*ficher* ▪ Action de mettre dans un fichier ; de faire des fiches de documents concernant des personnes. *Fichage de militants syndicaux. Fichage scolaire.*

FICHANT, ANTE [fiʃɑ̃, ɑ̃t] adj. – 1678 ◊ de *ficher* ▪ MILIT. Qui frappe l'obstacle presque à angle droit. *Tir fichant.*

1 **FICHE** [fiʃ] n. f. – 1413 ; « pointe » XIIe ◊ de 1*ficher* ▪ **1** Cheville, tige de bois ou de métal destinée à être fichée, enfoncée. *Fiche d'arpenteur* : grosse aiguille à anneau qu'on fixe au sol. — ÉLECTR. *Fiches d'alimentation* : fiches métalliques qu'on enfonce dans les douilles d'une prise de courant. ➤ **broche.** *Fiche mâle.* ➤ **jack.** « *Le téléphoniste plantait ses fiches dans le standard* » SAINT-EXUPÉRY (➤ **enficher**). ▪ **2** (1690) Plaque ou jeton qui servait de marque à certains jeux. « *Un piquet à deux sous la fiche* » MUSSET. ▪ **3** (1865) MOD. Carte ou feuille cartonnée sur laquelle on écrit des renseignements en vue d'un classement. *Fiches de petit, de grand format. Fiche de bibliothèque. Faire, établir, remplir une fiche. Mettre en fiche, sur fiches.* ➤ 3 **ficher.** *Fiches perforées, mécanographiques.* ➤ **carte.** *Trier, classer des fiches. Consulter des fiches dans un fichier.* ♦ Feuille de papier, document numérique comportant des renseignements concis. *Fiche médicale, anthropométrique. Fiche bancaire. Fiche de lecture, de révision. — Les fiches-tricot, les fiches-cuisine d'un magazine. Fiche pratique. Fiche bricolage. — Fiche S*.*

2 **FICHE** ➤ 2 **FICHER**

1 **FICHER** [fiʃe] v. tr. ‹1› – 1120 *fichier* ◊ latin populaire *figicare*, puis °*ficcare*, latin classique *figere* « ficher, fixer » ▪ VIEILLI Faire pénétrer et fixer par la pointe. ➤ **planter.** *Ficher un clou dans un mur.* ➤ **clouer, enfoncer.** PRONOM. « *Une épine aiguë se fiche dans son pied* » FÉNELON. — MOD. (au p. p.) « *Des piquets fichés obliquement en terre* » THARAUD.

2 **FICHER** [fiʃe] ou **FICHE** [fiʃ] (seult inf.) v. tr. ‹1 ; p. p. *fichu* → 2 fichu› – 1606 au sens de « coïter » ◊ de 1*ficher* ▪ FAM. (REM. Dans tous les emplois, *fiche* peut être remplacé par *foutre*, plus mod.) ▪ **1** LOC. *Envoyer qqn se faire fiche*, l'envoyer promener, paître. ➤ 1 **foutre** (cf. Se faire mettre*, se faire voir*). *Va te faire fiche.* ▪ **2** Faire. *Qu'est-ce que tu fiches ici ? Il ne fiche rien. Elle n'en a pas fichu lourd. Ils n'en fichent pas une rame, un coup, une secousse* : ils ne travaillent pas, ne font rien. *Je n'en ai rien à fiche* : ça ne m'intéresse pas, ça m'est égal. ➤ **branler, cirer.** ♦ Donner. *Fiche des coups.* ➤ 2 **flanquer.** FIG. *Ça lui a fichu un coup* : il a été très touché, ému. *Ça me fiche la trouille, le cafard, le trac. Fiche-moi la paix !* laisse-moi tranquille. *Qu'est-ce qui m'a fichu un mec pareil ? Je te fiche mon billet*.* — IRON. *Je t'en ficherai !* je ne te donnerai plus de ces choses-là puisque tu ne sais pas les apprécier. PRONOM. *Se fiche dedans* : se tromper. « *Je le reconnais : je me suis trompé, fichu dedans, fourré le doigt dans l'œil* » C. SIMON. — *Ça la fiche mal* : cela fait mauvais effet. « *Il s'aperçut que sa braguette était déboutonnée et pensa que ça la fichait mal dans un endroit pareil* » FALLET. *Je t'en fiche* : détrompe-toi, ce n'est pas ce que tu crois. ♦ Mettre. *Il a fichu son poing sur la table. Je l'ai fichu aux ordures.* — Répandre. *Elle en a fichu partout. — Fiche par terre.* ➤ **renverser.** PRONOM. *Elle s'est fichue par terre.* ➤ 1 **tomber.** FIG. *Ils ont fichu le gouvernement par terre. Cela fiche par terre tous mes plans.* ➤ **bouleverser.** — *Il a été fichu dehors, à la porte.* ➤ **chasser, expulser.** *Ça l'a fichu en colère. Il fiche son argent par les fenêtres. — Fiche, ficher le camp*.* ▪ **3** **SE FICHER, SE FICHE DE** qqn, qqch. : se moquer* de, ne pas prendre au sérieux. *Elle se fiche de ce qui peut arriver. Elle s'est fichue de nous.* « *on se fiche de moi lorsque je raconte ma petite mésaventure romaine* » J. RÉDA. — *Je m'en fiche* : ça m'est égal. ➤ 1 **foutre ; je-m'en-fichisme.** *Je m'en fiche et je m'en contrefiche.* LOC. *Je me fiche du tiers* comme du quart. Il s'en fiche comme de sa première chemise*, comme de l'an quarante*.* « *Vous vous fichez pas mal de son bonheur* » COLETTE. (Avec inf.) *Je me fiche d'être là ou ailleurs.* (Avec *que* et subj.) *Elle se fiche pas mal qu'on parte.*

3 **FICHER** [fiʃe] v. tr. ‹1› – 1934 ◊ de 1*fiche* ▪ Mettre sur une fiche, sur des fiches (classées dans un fichier). — *Ficher une personne*, établir une fiche à son nom portant des informations personnelles (➤ **fichage**). *Être fiché par la police.*

FICHET [fiʃɛ] n. m. – 1740 ; autre sens 1611 ◊ diminutif de 1*fiche* ▪ Petite fiche (1°) qu'on met dans les trous, au trictrac.

FICHIER [fiʃje] n. m. – 1922 ◊ de 1*fiche* ▪ **1** Collection de fiches. *Fichier d'adresses. Tenir un fichier. Méthode de classement d'un fichier.* ▪ **2** INFORM. Ensemble structuré de données constituant une unité, conservée dans la mémoire de l'ordinateur ou sur un support de stockage. *Format de fichier. Ensemble de fichiers.* ➤ **dossier, répertoire.** *Fichiers archivés.* ➤ **archive.** *Ouvrir, enregistrer, fermer un fichier. Télécharger, podcaster des fichiers.* ▪ **3** Meuble, boîte, classeur contenant des fiches.

FICHISTE [fiʃist] n. – 1960 ◊ de 1*fiche* (3°) ▪ Spécialiste qui fait des fiches de documentation. ➤ **documentaliste.**

FICHTRE [fiʃtʀ] interj. – 1808 ◊ croisement entre *ficher* et *foutre* ▪ FAM., VIEILLI Exprime l'étonnement, l'admiration, la contrariété. ➤ **bigre,** 2 **foutre.** *Fichtre non !* « *Une belle opération, fichtre, la vente de son hôtel à des Américains !* » COLETTE.

FICHTREMENT [fiʃtʀəmɑ̃] adv. – v. 1900 ◊ de *fichtre* ▪ FAM. et VIEILLI Extrêmement. ➤ **bigrement, bougrement, diablement, drôlement, foutrement, rudement, vachement.** *C'est fichtrement bon !*

1 **FICHU** [fiʃy] n. m. – 1669 ◊ probablt de 2*fichu* « mis à la hâte » ▪ Pièce d'étoffe dont les femmes se couvrent la tête, la gorge et les épaules. ➤ **carré, châle, mantille, pointe.** *Fichu de laine. Nouer un fichu sous le menton.*

2 **FICHU, UE** [fiʃy] adj. – 1611 ◊ de 2*ficher*, d'après *foutu* ▪ FAM. ▪ **1** Détestable, mauvais. ➤ **sale.** *Il a un fichu caractère. Fichu temps ! Fichu métier !* ➤ **maudit.** « *Je maudis la fichue idée que j'ai eue de venir ici* » GIDE. ➤ **fâcheux.** ▪ **2** Dans une fâcheuse situation, un mauvais état. *Il n'en a plus pour longtemps, il est fichu.* ➤ **condamné, perdu ;** FAM. **foutu,** 2 **naze.** *Mon costume est fichu. Tout est fichu, il n'y a plus d'espoir. C'est de l'argent fichu*, gaspillé. ▪ **3** (PERSONNES) Arrangé, mis dans un certain état. *Il est fichu comme quatre sous, comme l'as* de pique.* ➤ **habillé ;** FAM. **fringué.** — **BIEN FICHU** : bien bâti, bien fait. *Une femme bien fichue* (cf. FAM. Bien balancée, bien gaulée, bien roulée). — **MAL FICHU** : un peu malade, souffrant (➤ **vaseux**) ; contrefait, difforme. ▪ **4** Capable de. ➤ **foutu** (de). *Elle n'est pas fichue de gagner sa vie. Il est fichu de nous faire entrer dans un arbre, en conduisant comme ça !*

FICTIF, IVE [fiktif, iv] adj. – 1609 ; hapax XVe ◊ latin *fictus*, p. p. de *fingere* « feindre » ▪ **1** Créé par l'imagination. *Des personnages fictifs.* ➤ **allégorique, fabuleux, imaginaire.** — SUBSTANT. « *Mêlant le réel au fictif, je flottais dans un monde d'images* » BOSCO. ▪ **2** Qui n'existe qu'en apparence. ➤ 1 **faux, feint.** *Promesses fictives.* « *Cette scène de séparation fictive finissait par me faire presque autant de chagrin que si elle avait été réelle* » PROUST. — *Emploi fictif*, qui permet à une personne de percevoir le salaire correspondant (appelé parfois *salaire fictif*) sans exercer cet emploi. ▪ **3** (1731) ÉCON. Qui n'a de valeur qu'en vertu d'une convention, d'une fiction. ➤ **conventionnel, extrinsèque, supposé.** *Valeur fictive de la monnaie fiduciaire.* ▪ CONTR. 1 Effectif, intrinsèque, réel.

FICTION [fiksjɔ̃] n. f. – XIIIe ◊ latin *fictio*, de *fictus*, p. p. de *fingere* « feindre » ▪ **1** VX Mensonge. « *Si la fiction est excusable, c'est où il faut feindre de l'amitié* » LA BRUYÈRE. ▪ **2** (v. 1361) Construction de l'imagination (opposé à *réalité*). ➤ **chimère.** *Tout cela n'est qu'une pure fiction. La réalité* dépasse la fiction.* « *La vérité est, quoi qu'on dise, supérieure à toutes les fictions* » RENAN. « *La fiction, quand elle a de l'efficace, est comme une hallucination naissante* » BERGSON. ♦ Création de l'imagination, en littérature, au cinéma. *Livre de fiction.* ➤ **conte, nouvelle,** 1 **roman ; science-fiction.** ♦ (En valeur d'adj., sur le modèle de *science-fiction*) *Politique-fiction, urbanisme-fiction.* ▪ **3** (1690) DR., ÉCON. Procédé qui consiste à supposer un fait ou une situation différente de la réalité pour en déduire des conséquences juridiques. ➤ **convention.** ▪ CONTR. Réalité, vérité.

FICTIONNEL, ELLE [fiksjɔnɛl] **adj.** – 1967 ◊ de *fiction* ▪ Qui relève de la fiction. *Récit, univers fictionnel.*

FICTIVEMENT [fiktivmɑ̃] **adv.** – XVe ◊ de *fictif* ▪ D'une manière fictive. *Fictivement promis.*

FICUS [fikys] **n. m.** – 1870 ◊ mot latin «figuier» ▪ Plante d'appartement *(ulmacées)* se présentant en Inde comme un arbre de grande taille que l'on cultive pour son latex. ➤ **caoutchouc** (4°). *«Les ficus qui bordent la rue»* CAMUS.

FIDÉICOMMIS [fideikɔmi] **n. m.** – XIIIe ◊ latin juridique *fideicommissum* «ce qui est confié à la bonne foi» ▪ DR. Disposition (don, legs) par laquelle une personne (le *disposant*) gratifie une autre personne (le *grevé de restitution*) d'un bien, pour qu'elle le remette à un tiers (l'*appelé* ou *fidéicommissaire*) à l'époque fixée par le disposant (généralement à son décès).

FIDÉICOMMISSAIRE [fideikɔmisɛʀ] **n. m.** – XIIIe ◊ latin *fideicommissarium* ▪ Personne à qui un bien doit être remis en exécution d'un fidéicommis.

FIDÉISME [fideism] **n. m.** – 1838 ◊ latin *fides* → foi ▪ **1** RELIG. Doctrine selon laquelle la vérité absolue est fondée sur la révélation, sur la foi. — **adj.** et **n.** **FIDÉISTE,** 1842. ▪ **2** PHILOS. Doctrine admettant des vérités de foi et s'opposant au rationalisme.

FIDÉJUSSEUR [fideʒysœʀ] **n. m.** – 1358 ◊ latin *fidejussor,* de *fides* «foi» et *jubere* «ordonner» ▪ DR. VIEILLI Celui qui se porte garant de la dette d'un autre. ➤ **caution.**

FIDÉJUSSION [fideʒysjɔ̃] **n. f.** – XVIe ◊ latin *fidejussio* ▪ DR. VIEILLI Caution, garantie donnée par le fidéjusseur. — **adj. FIDÉJUSSOIRE.**

FIDÈLE [fidɛl] **adj.** et **n.** – *fidel* subst. Xe ◊ du latin *fidelis,* de *fides* «foi» → féal

I ~ adj. A. ÊTRE FIDÈLE (à qqn) ▪ **1** Qui ne manque pas à la foi donnée (à qqn), aux engagements pris (envers qqn). ➤ **dévoué, loyal.** *Être, rester fidèle à qqn. «Il y avait là des compagnons bien fidèles, bien loyalement dévoués à leur seigneur»* MICHELET. *Serviteur fidèle* (à son maître). ➤ **honnête, probe, sûr.** ▪ **2** Dont les affections, les sentiments (envers qqn) ne changent pas. ➤ 1 **attaché, constant.** *«C'est ainsi qu'une mère est fidèle à son enfant quoi qu'il fasse»* ALAIN. *Ami fidèle.* ➤ 1 **bon, sincère, sûr, vrai.** *Compagnon fidèle. Chien fidèle.* — PAR EXT. *Être fidèle à un fournisseur. Nous informons notre fidèle clientèle* (➤ **fidéliser**). *Je suis l'un de vos fidèles lecteurs.* ➤ **régulier.** ◆ SPÉCIALT Qui n'a de relations amoureuses qu'avec celui (celle) envers qui il (elle) est engagé(e). *Mari fidèle. Femme, maîtresse fidèle. Elle est fidèle à son mari. Elle ne lui a pas été fidèle longtemps :* elle l'a vite trompé (I, A, 2°). — *Un amour fidèle.*

B. ÊTRE FIDÈLE À (qqch.) ▪ **1 FIDÈLE À :** qui ne manque pas à, qui ne trahit pas. *Être fidèle à ses promesses, à ses engagements, à sa parole.* ➤ **observer, tenir.** — LOC. COUR. **FIDÈLE AU POSTE :** qui ne bouge pas de là où il est. ➤ **constant, solide.** FIG. Qui a les mêmes occupations, responsabilités. *Alors, toujours fidèle au poste !* ◆ PAR EXT. *Être fidèle à ses habitudes, à ses idées. «Ils resteront presque tous fidèles à leurs partis pris antérieurs, ou à une discipline de groupe»* ROMAINS. *Fidèle à la tradition. Rester fidèle à soi-même :* ne pas changer ; garder ses qualités. IRON. *Fidèle à lui-même, il est arrivé en retard. Être fidèle à sa réputation :* ne pas la démentir. *Il est resté fidèle à cette marque, au quartier.* ▪ **2** VX Qui professe une religion (considérée comme la vraie). *Le peuple fidèle* (au vrai Dieu, à la vraie religion) (cf. ci-dessous II, 2°). ▪ **3** Qui ne s'écarte pas de la vérité. ➤ **exact, fiable.** *Historien, rapporteur, traducteur fidèle.* ◆ Conforme à la vérité. ➤ **correct, sincère, vrai.** *Récit, témoignage fidèle.* ➤ **véridique.** *Traduction fidèle,* qui suit de près le texte original. *Un portrait fidèle.* ➤ **ressemblant.** — *Fidèle à :* qui imite, respecte (un modèle). *Une description fidèle à la réalité. Le film est fidèle au roman dont il a été tiré. Réalisation fidèle à la conception de l'auteur.* ➤ **conforme, respectueux.** — *Souvenir fidèle,* exact et durable. — *Mémoire fidèle,* qui retient avec exactitude. ▪ **4** MÉTROL. Dont les résultats ne sont pas altérés au cours du temps lors de mesures répétées. *Balance, instrument de mesure fidèle.* ➤ **fiable.**

II ~ n. UN FIDÈLE, DES FIDÈLES ▪ **1** Partisan fidèle. *Les fidèles du gouvernement. «une petite cour de fidèles l'entourait et ponctuait ses phrases de rires enchantés»* TOURNIER. *Un fidèle parmi ou d'entre les fidèles.* — Personne qui fréquente assidûment. ➤ **habitué.** *C'est un fidèle de la maison.* ➤ **familier.** *Je suis une fidèle des Galeries,* une cliente fidèle. ▪ **2** (XVIe) Personne unie à une Église, à une religion par la foi. ➤ **croyant.** SPÉCIALT *Les fidèles* (de l'Église catholique). *L'assemblée des fidèles. «ce beau nom que l'Église donne à son peuple :* les fidèles*»* MADELIN.

▪ CONTR. Infidèle. Déloyal, félon, traître ; 1 adultère, inconstant, volage. Menteur, parjure ; 1 faux, inexact. — Incroyant.

FIDÈLEMENT [fidɛlmɑ̃] **adv.** – 1547 ◊ de *fidèle* ; a remplacé *feoilment* ▪ D'une manière fidèle. *Servir fidèlement.* ➤ **loyalement.** *Fidèlement vôtre* (à la fin d'une lettre). *Recopier fidèlement un texte.* ➤ **exactement, scrupuleusement.**

FIDÉLISER [fidelize] **v. tr.** (1) – 1971 ◊ de *fidèle* ▪ Rendre fidèle (un client) ; rendre (le consommateur) attaché à un produit. *Une clientèle fidélisée.* — **n. f. FIDÉLISATION,** 1972.

FIDÉLITÉ [fidelite] **n. f.** – fin XIIIe ◊ latin *fidelitas* ; a remplacé *féalté, feauté,* de *féal* ▪ **1** Qualité d'une personne fidèle (à qqn). ➤ **dévouement, loyalisme.** *Fidélité à, envers qqn. Jurer fidélité. Serment de fidélité.* ➤ 2 **allégeance.** ▪ **2** Constance dans les affections, les sentiments. ➤ **attachement, constance.** *La fidélité d'un ami, d'un compagnon. Éprouver la fidélité de qqn. Fidélité du chien.* ◆ Le fait d'être fidèle en amour. *Fidélité conjugale. Les époux se doivent fidélité. «les femmes fidèles* [...] *ne pensent qu'à leur fidélité et jamais à leurs maris»* GIRAUDOUX. ▪ **3** *Fidélité à* (qqch.) : le fait de ne pas manquer à, de ne pas trahir. *Fidélité à un serment, à une promesse. Fidélité à une habitude, à ses convictions.* ➤ **attachement.** — COMM. *Fidélité à un produit. Carte de fidélité d'un magasin* (➤ **fidéliser**). ▪ **4** Conformité à la vérité. ➤ **exactitude, iconicité, véracité.** *Fidélité d'un traducteur ; d'une traduction, d'une copie, d'une photo, d'une reproduction.* ➤ **correction.** *Fidélité d'un récit.* ➤ **objectivité, vérité.** ▪ **5** MÉTROL. Qualité de ce qui est fidèle* (6°). *Fidélité d'un instrument de mesure.* ➤ **fiabilité.** ◆ COUR. Restitution sans altération du son ou de l'image dans un appareil de radio, de télévision, une chaîne stéréo (surtout dans l'expr. *haute-fidélité*). — **adj.** *Une chaîne haute-fidélité.* ➤ **hifi.** ▪ CONTR. Déloyauté, trahison ; inconstance, infidélité. Mensonge. Erreur, inexactitude.

FIDUCIAIRE [fidysjɛʀ] **adj.** et **n.** – 1596 ◊ latin juridique *fiduciarius,* de *fiducia* «confiance» ▪ **1** DR. *Héritier fiduciaire,* chargé d'un fidéicommis. ◆ **n.** Légataire chargé(e) de restituer les biens en vertu d'un fidéicommis. — Personne qui gère une fiducie. — **adv. FIDUCIAIREMENT,** 1839. ▪ **2** (1870) ÉCON. Se dit de valeurs fondées sur la confiance accordée à la personne qui les émet. *Monnaie fiduciaire :* monnaie de papier (➤ **billet, papier**[-**monnaie**]), pièces de bronze, aluminium, etc. *Circulation fiduciaire.* ◆ *Société fiduciaire,* ou **n. f.** *une fiduciaire :* établissement s'occupant de l'organisation commerciale, comptable, administrative et fiscale pour le compte de sociétés privées (➤ **expert-comptable**). *La fiduciaire Untel.*

FIDUCIE [fidysi] **n. f.** – 1732 ; «confiance» XVIe ◊ latin *fiducia* «confiance» ▪ DR. Disposition juridique permettant à une personne de transférer à un tiers (➤ **fiduciaire**) des biens, des droits ou des sûretés, que ce dernier doit gérer dans des conditions définies. *La fiducie est un transfert temporaire de propriété.*

FIEF [fjɛf] **n. m.** – milieu XIIIe ; *feu, fiet* 1080 ◊ francique °*fêhu* «bétail» ; bas latin *feudum, feodum* → féodal ▪ **1** Au Moyen Âge, Domaine concédé à titre de tenure noble par le seigneur à son vassal (➤ **feudataire**), à charge de certains services (➤ **féodal, féodalité**). *Domaine, bien donné en fief. Fief servant :* fief du vassal, subordonné au *fief dominant* du seigneur. ▪ **2** FIG. Domaine où qqn est maître, exerce une influence prépondérante. *Fief (électoral),* lieu où l'on est toujours réélu. *La ministre a voté dans son fief.*

FIEFFÉ, ÉE [fjefe] **adj.** – 1546 ; *feffed* «pourvu d'un fief» v. 1140 ◊ de l'ancien français *fieffer* «pourvoir d'un *fief*» (XIIe) ▪ VIEILLI Qui possède au plus haut degré un défaut, un vice. ➤ **achevé,** 1 **complet, consommé, fini, parfait.** *Un ivrogne, un coquin fieffé.* — MOD. *Un fieffé menteur.* ➤ 1 **sacré.**

FIEL [fjɛl] **n. m.** – 1160 ◊ latin *fel* «bile, fiel» ▪ **1** VX Bile. — MOD. Bile des animaux de boucherie, de la volaille. *Fiel de bœuf.* ▪ **2** MÉTAPH. Amertume qui s'accompagne de mauvaise humeur, de méchanceté. ➤ **acrimonie, aigreur, animosité, haine.** *Propos pleins de fiel.* ➤ **fielleux.** *«le fiel que distille la critique sur les beaux-arts»* LAUTRÉAMONT.

FIELD ➤ **FJELD**

FIELLEUX, EUSE [fjelø, øz] **adj.** – 1478 ◊ de *fiel* ■ Plein de fiel (2°). ➤ **haineux, méchant.** *Paroles fielleuses.* ➤ **acrimonieux, venimeux.** *« Qui de nous n'est pas maltraité dans ces pages fielleuses ? »* MAURIAC. — (PERSONNES) *Il a été fielleux.* ➤ **acerbe, malveillant.**

FIENTE [fjɑ̃t] **n. f.** – v. 1170 ◊ latin populaire °*femita*, classique *fimus* → fumier ■ Excrément mou ou liquide d'oiseau et de quelques animaux. *Fiente de pigeon, de volaille* (➤ 2 **colombin**), *d'oiseaux marins* (➤ **guano**). *La seconde pyramide « a son sommet tout blanchi par les fientes d'aigles et de vautours »* FLAUBERT. *Fiente des bovins.* ➤ **bouse.**

FIENTER [fjɑ̃te] **v. intr.** ‹1› – XIVe-XVe ◊ de *fiente* ■ Faire de la fiente. *Les pigeons fientent sur les statues* (➤ **déshonorer**).

FIER (SE) [fje] **v. pron.** ‹7› – 1080 ◊ latin populaire °*fidare* « confier », de *fidus* « fidèle » ■ Accorder sa confiance (à qqn ou à qqch.). *Je me fie entièrement à vous.* ➤ **s'abandonner, remettre** (s'en) ; cf. Avoir confiance* en, faire confiance* à. *On ne sait plus à qui se fier. Se fier aux apparences. Candidat à un examen qui se fie à la chance.* ➤ **compter, tabler** (sur). *Je me fie à votre expérience.* — *Ne vous y fiez pas :* méfiez-vous. *Il a l'air gentil, mais à votre place je ne m'y fierais pas trop.* ■ CONTR. Défier (se), méfier (se), suspecter. ■ HOM. *Fie :* fis (1 faire).

FIER, FIÈRE [fjɛʀ] **adj.** – v. 1050 ◊ latin *ferus* « sauvage »
I VX ■ **1** Féroce, cruel. *« Et le farouche aspect de ses fiers ravisseurs »* RACINE. ♦ (Animaux) Farouche, sauvage. ■ **2** LITTÉR. Qui a de l'audace, de la fougue. *« quand un fier aquilon, ramenant l'hiver, fait gémir les troncs des vieux arbres »* FÉNELON.
II ■ **1** (XIIe) VIEILLI Qui, par son attitude hautaine, ses manières distantes, montre qu'il se croit supérieur aux autres. ➤ **arrogant, dédaigneux, distant, 1 hautain, méprisant, orgueilleux, prétentieux, suffisant.** *« Un homme fier et superbe n'écoute pas celui qui l'aborde »* LA BRUYÈRE. *« Noblesse, fortune, un rang, des places, tout cela rend si fier ! »* BEAUMARCHAIS. ➤ **altier, avantageux, satisfait.** ♦ MOD. PLAISANT *« Tu es bien fière, que tu passes sans dire bonjour aux amis »* ZOLA. LOC. *Être fier comme Artaban, comme un coq, comme un paon, comme un pou**, très fier, prétentieux. — POP. *Il n'est pas fier :* il est familier (avec les gens simples). ➤ FAM. **bêcheur, ramenard.** *« Lui était de bonne humeur, cordial, jovial, s'arrêtant à causer avec les ouvriers, les soldats, les paysans. "Au moins celui-là n'est pas fier !" disaient-ils »* MADELIN. ♦ SUBST. *Faire le fier :* être prétentieux, suffisant, se donner des grands airs* (➤ FAM. **crâneur**). *Elle fait la fière.* ■ **2** LITTÉR. Qui a un vif sentiment de sa dignité, de son honneur ; qui a des sentiments élevés, nobles. ➤ **digne, noble.** *« Fière est cette forêt dans sa beauté tranquille, Et fier aussi mon cœur »* MUSSET. *Il est trop fier pour accepter votre argent.* — PAR EXT. *Un port fier et majestueux.* ■ **3 FIER DE (qqn, qqch.) :** qui a de la joie, de la satisfaction de. ➤ **content, heureux, satisfait.** *Fier de ses droits, de sa force, de sa beauté. Elle est fière de ses enfants. Je l'ai fait et j'en suis fier. « Il comptait des héros parmi ses ancêtres, et il en était fier, orgueil bien légitime »* GAUTIER. (Avec inf.) *« Elle était toute fière de savoir s'y reconnaître, et de lui servir de guide »* ROMAINS. (Avec *que* et subj.) *Je suis fier que tu aies réussi.* — IRON. *Tu es fier de toi, maintenant ? Il n'y a pas de quoi être fier.* ➤ **se vanter ;** FAM. **pavoiser.** ■ **4** (Avant le nom) ➤ **fameux, fieffé.** VIEILLI (PERSONNES) *« Il y a de fières canailles »* BOYLESVE. MOD. *Il a un fier culot !* ➤ FAM. 1 **sacré.** *Devoir une fière chandelle* à qqn.*
■ CONTR. Affable. Familier, humble, modeste, simple. Indigne, veule. Honteux.

-FIER ■ Groupe suffixal, du latin *-ficare*, de *facere* « faire », servant à former des verbes, et signifiant « rendre, transformer en » : *bêtifier, statufier.*

FIER-À-BRAS [fjɛʀabʀɑ] **n. m.** – XIVe ◊ du n. pr. d'un géant sarrasin des chansons de geste, p.-ê. de *fera bracchia* « bras redoutables », d'après *fier* ■ VIEILLI Fanfaron. ➤ **matamore.** *Des fiers-à-bras. « On se tient à égale distance de la fanfaronnade et de la mièvrerie. Ni fier-à-bras, ni joli cœur »* HUGO.

FIÈREMENT [fjɛʀmɑ̃] **adv.** – 1080 ◊ de *fier* ■ **1** VX D'une manière fière, hautaine. ■ **2** MOD. D'une manière courageuse et digne. *Marcher fièrement au combat.* ➤ **bravement.** *« Je portais ma pauvreté fièrement »* BALZAC. ➤ **dignement.** ■ **3** (v. 1200) VIEILLI Extrêmement, fortement. *« Sans elle je m'ennuierais fièrement ici »* CONSTANT.

FIÉROT, OTE [fjeʀo, ɔt] **adj.** et **n.** – XVIe, repris 1808 ◊ de *fier* ■ **1** Prétentieux, fat d'une manière puérile. *Il est un peu fiérot ; il fait le fiérot.* ■ **2** Fier (3°) de qqch. d'une manière enfantine. *Il est tout fiérot de son succès.*

FIERTÉ [fjɛʀte] **n. f.** – 1080 ◊ de *fier*, d'après le latin *feritas* ■ **1** VX Férocité. Courage, intrépidité. ■ **2** VIEILLI Caractère d'une personne qui se croit supérieure aux autres, s'enorgueillit d'avantages réels ou supposés. ➤ **orgueil, présomption, vanité.** — Attitude arrogante. ➤ **arrogance, condescendance, hauteur, 1 morgue, suffisance.** *« Sa fierté l'abandonne, il tremble, il cède, il fuit »* BOILEAU. ■ **3** LITTÉR. Sentiment élevé de la dignité, de l'honneur. ➤ **amour-propre, orgueil.** *« Quand de fortes émotions saisissent notre peuple, le sang monte à ce front et le sentiment tout-puissant de la fierté l'illumine »* VALÉRY. LOC. *On a sa fierté !* on n'accepte pas les choses humiliantes. ■ **4** COUR. Le fait d'être fier (3°) de qqch., de s'enorgueillir. ➤ **contentement, satisfaction.** *Il en tire une juste fierté, une fierté légitime. « Le gamin est déjà parti, rose de fierté et de reconnaissance »* ROMAINS. *Annoncer qqch. avec fierté. « il se défendait mal de la fierté d'être Normalien »* ROMAINS. — Ce qui fait concevoir de la fierté. *Regardez mon jardin, c'est ma fierté, il fait ma fierté.*
■ CONTR. Humilité. Familiarité, modestie, simplicité. Dépit, honte.

FIESTA [fjɛsta] **n. f.** – 1964 ◊ mot espagnol « fête » ■ FAM. Partie de plaisir, fête*. *Il va organiser une petite fiesta.* ➤ **java.** *« des fiestas à n'en plus finir chez lui le samedi soir »* D. FOENKINOS. *Faire la fiesta.* ➤ 2 **bringue,** 1 **foire, noce.**

FIÈVRE [fjɛvʀ] **n. f.** – 1155 ◊ latin *febris* ■ **1** Élévation anormale de la température du corps (en médecine, supérieure à 38 °C ➤ **hyperthermie**). *Avoir de la fièvre, un accès, une poussée de fièvre.* ➤ **température ; fébrile, subfébrile.** *« Il passait son temps à trembler, claquant des dents, disant qu'il avait la fièvre »* HUGO. *La fièvre monte. Une grosse, une forte fièvre.* LOC. FAM. *Une fièvre de cheval,* très forte. *Yeux brillants de fièvre.* ➤ **fiévreux.** *Fièvre erratique, périodique, rémittente. Médicaments pour faire baisser, tomber la fièvre.* ➤ **antipyrétique, fébrifuge.** *Chute de la fièvre.* ➤ **défervescence.** — FAM. *Bouton de fièvre :* vésicule d'herpès sur la lèvre. ■ **2** PAR EXT. Maladie fébrile. ➤ **pyrexie.** *Fièvres cérébrales* (méningite). *Fièvre de croissance* (VIEILLI). ➤ **ostéomyélite.** *Fièvres exanthématiques*, hémorragiques*. Fièvre typhoïde. Fièvre de Malte.* ➤ **brucellose, mélitococcie.** *Fièvre jaune :* arbovirose, endémique (mais susceptible de provoquer des épidémies) dans les régions tropicales. ➤ **vomito negro ;** aussi **aédès ; amaril.** *Fièvre quarte,* forme de paludisme. AU PLUR. *Les fièvres :* le paludisme. — *Fièvre aphteuse*, catarrhale*.* ■ **3** FIG. Vive agitation, état passionné. ➤ **agitation, éréthisme, exaltation, excitation, fébrilité.** *Discuter avec fièvre.* ➤ **animation, chaleur, 1 feu, passion.** *La fièvre des sens. La fièvre du départ.* PLAIS. *La fièvre acheteuse. « Agitation, émotion, fièvre universelle »* MICHELET. *Dans la fièvre d'une campagne électorale. La ville était en fièvre.* ♦ **FIÈVRE DE** (et inf.) : désir ardent. ➤ **fringale, passion.** *« Quelle est cette fièvre d'écrire qui me prend, aujourd'hui ? »* MAURIAC.

FIÉVREUSEMENT [fjevʀøzmɑ̃] **adv.** – avant 1872 ◊ de *fiévreux* ■ D'une manière fiévreuse (2°). *Se préparer fiévreusement au départ.* ➤ **fébrilement.**

FIÉVREUX, EUSE [fjevʀø, øz] **adj.** – v. 1155 ◊ de *fièvre* ■ **1** Qui a ou dénote la fièvre. *Pouls fiévreux.* ➤ **fébrile.** *Des joues, des mains fiévreuses.* ➤ **chaud.** *Se sentir fiévreux.* — SUBST. *Un fiévreux, une fiévreuse.* ■ **2** FIG. Qui a qqch. d'intense, de hâtif. *Activité fiévreuse.* ➤ **fébrile, frénétique.** *« l'excitation fiévreuse des capitales »* TAINE. ♦ Qui a un caractère inquiet et tourmenté. *« Quelle âme fiévreuse habitait ce corps frêle ! »* MAURIAC. — Qui est dans l'agitation de l'inquiétude. *Attente fiévreuse.* ➤ **inquiet.** ■ CONTR. 1 Sain. 2 Calme, impassible.

FIFILLE [fifij] **n. f.** – 1783 ◊ de *fille* ■ T. enfantin Fille (I). *La fifille à son papa.*

FIFRE [fifʀ] **n. m.** – 1507 ◊ suisse allemand *pfifer ;* allemand *Pfeifer* « joueur de fifre *(Pfeife)* » ; de la racine latine *pipare* → pipeau ■ **1** Petite flûte traversière en bois au son aigu (longtemps en usage dans les musiques militaires). ■ **2** Joueur de fifre. *« Le Fifre », tableau de Manet.*

FIFRELIN [fifʀəlɛ̃] **n. m.** – 1838 ◊ de l'allemand *Pfifferling* « girolle » ■ VX (OU LOC.) Petite chose, menue monnaie sans valeur. *Cela ne vaut pas un fifrelin* (cf. Pas un clou).

FIFTY-FIFTY [fiftififti] **loc. adv.** et **n. m.** – 1928 ◊ anglais « cinquante (pour cent)-cinquante (pour cent) » ■ ANGLIC. ■ **1 loc. adv.** FAM. Moitié*-moitié. *Partager fifty-fifty.* ■ **2 n. m.** Yacht de croisière pouvant marcher à la voile ou au moteur. *Des fifty-fiftys.* On emploie aussi le pluriel anglais *des fifty-fifties.*

FIGARO [figaʀo] **n. m.** – 1867 ◊ du n. du personnage du *Barbier de Séville* de Beaumarchais ■ FAM. et VX Coiffeur. *Des figaros.*

FIGEMENT [fiʒmɑ̃] **n. m.** – 1549 ◊ de *figer* ■ RARE Action de figer, de se figer ; état de ce qui est figé. ♦ LING. Processus par lequel les éléments d'un syntagme perdent leur autonomie. *Figement et lexicalisation.*

FIGER [fiʒe] **v. tr.** ‹3› – v. 1225 ; *fegier* XIIe ◊ latin populaire °*feticare* «prendre l'aspect du foie», de °*feticus,* latin classique *ficatus* «foie» ■ **1** Coaguler (le sang). ➤ **cailler.** PRONOM. (MÉTAPH.) *«Le soleil s'est noyé dans son sang qui se fige»* BAUDELAIRE. — LOC. FIG. *Figer le sang* (sous l'effet de la terreur). ➤ **glacer.** *Cris d'effroi qui me figent le sang. «La nuit avait figé notre sang dans nos veines»* HUGO. ■ **2** PAR ANAL. Épaissir, solidifier (un liquide gras) par le froid. *Le froid fige l'huile.* PRONOM. *«La soupe était froide, couverte d'yeux de graisse qui se figeaient»* ZOLA. — *Sauce refroidie et figée.* ■ **3** (1858) Rendre immobile, fixer dans une certaine attitude, un certain état. *La surprise le figea sur place.* ➤ **immobiliser, paralyser, pétrifier.** — PRONOM. *«Il vit le sourire de la jeune femme se figer et son regard durcir»* MARTIN DU GARD. FIG. *Se figer dans une attitude,* la garder obstinément. — **p. p. adj.** *Sourire, regard figé. Attitude figée.* ➤ **hiératique, immobile.** FIG. *Société, morale figée.* ➤ **sclérosé.** GRAMM. *Expression, locution figée,* dont on ne peut changer aucun des termes, et dont le sens global ne correspond pas au sens des différents composants. ■ CONTR. Dégeler, fondre. Animer (s'). Évoluer. Mobile, 2 vivant.

FIGNOLAGE [fiɲɔlaʒ] **n. m.** – 1874 ◊ de *fignoler* ■ Action de fignoler. ➤ **léchage.** *Le fignolage d'un dessin.* ■ CONTR. Bâclage.

FIGNOLER [fiɲɔle] **v. tr.** ‹1› – 1743 ◊ de *fin* et d'un suffixe obscur ■ FAM. Exécuter avec un soin minutieux jusque dans les détails. ➤ **finaliser, finir, parfaire, peaufiner, soigner.** *Fignoler les réglages.* ABSOLT *Ce n'est pas la peine de fignoler.* ➤ **raffiner.** — *Travail, devoir fignolé.* ➤ **léché.** *Fignolé avec amour.* ■ CONTR. Bâcler.

FIGNOLEUR, EUSE [fiɲɔlœʀ, øz] **n.** – 1767 ; *fignoleux* 1749 ◊ de *fignoler* ■ Personne qui fignole.

FIGUE [fig] **n. f.** – XIIe ◊ ancien provençal *figa* ; a remplacé *fige, fie* (XIIe) ; latin populaire °*fica,* classique *ficus* ■ **1** Fruit charnu et comestible du figuier. (REM. N'est pas un fruit au sens botanique, mais un réceptacle charnu portant les fruits.) *Figues d'été, d'automne. Maturation artificielle des figues.* ➤ **caprification.** *Figues blanches, vertes, violettes. Figues fraîches, sèches.* ■ **2** PAR ANAL. DE FORME **FIGUE DE BARBARIE :** fruit de l'oponce. *«Il y a des figues de Barbarie sur ces cactus en Algérie»* APOLLINAIRE. — *Figue de mer :* ascidie comestible de la Méditerranée. ➤ **violet.** ■ **3** **loc. adj.** (1487 *moitié figue, moitié raisin*) **MI-FIGUE, MI-RAISIN :** qui présente une ambiguïté, par un mélange de satisfaction et de mécontentement, ou de sérieux et de plaisant (➤ **mitigé**). *Il m'a fait un accueil mi-figue, mi-raisin.* ■ **4** LOC. (XIIIe ◊ italien *far la fica,* geste obscène de provocation) VIEILLI *Faire la figue à qqn :* se moquer de ; braver, mépriser. ➤ **nique** (faire la nique). *«c'est cela qui met les gens en colère ! Qu'ils s'y mettent ! Je leur fais la figue»* CLAUDEL.

FIGUERIE [figʀi] **n. f.** – XIIIe ◊ de *figue* ■ RARE Lieu planté de figuiers. — On dit aussi **FIGUERAIE n. f.**

FIGUIER [figje] **n. m.** – XIIe ◊ de *figue* ■ **1** Arbre ou arbrisseau méditerranéen *(moracées),* à feuilles lobées, aux fleurs attachées à la paroi interne d'un réceptacle charnu piriforme qui, après fécondation, donne la figue. *Figuier commun.* ♦ Grand arbre exotique (de la même famille). *«Ces figuiers de l'Inde dont chaque rameau, en se courbant jusqu'à terre, y prend racine et devient un figuier»* HUGO. ➤ **banian.** *Le figuier élastique donne un latex à caoutchouc.* ■ **2** **FIGUIER DE BARBARIE :** oponce.

FIGULINE [figylin] **n. f.** – XVIe ◊ latin *figulina* ■ ARCHÉOL. Vase en terre cuite.

FIGURANT, ANTE [figyʀɑ̃, ɑ̃t] **n.** – 1800 ; «danseur qui exécute des figures» 1740 ; adj. «figuratif» 1662 ◊ de *figurer* ■ **1** Personnage de théâtre, de cinéma, remplissant un rôle secondaire et généralement muet ; dans un ballet, Rôle non dansé. ➤ **comparse, silhouette.** *Rôle de figurant. Les figurants d'une revue à grand spectacle, d'un film historique.* ■ **2** Personne dont le rôle est effacé ou simplement décoratif dans une réunion, une société. ➤ **potiche.** *Nation réduite au rôle de figurant dans une conférence internationale.*

FIGURATIF, IVE [figyʀatif, iv] **adj.** – XIIIe ◊ latin *figurativus* ■ **1** VX Qui représente (qqch.) par symbole. ➤ **symbolique.** *«l'Ancien Testament n'est que figuratif»* PASCAL. ■ **2** DIDACT. Qui représente la forme d'un objet. *Plan figuratif. Carte figurative. Écriture figurative,* qui imite ou évoque l'objet signifié. ➤ **hiéroglyphique, idéographique, pictographique.** ■ **3** (1952) *Art figuratif,* qui s'attache à la représentation de l'objet (opposé à *art abstrait,* ou *non-figuratif*). ♦ **n. m.** (surtout au plur.) Artiste dont l'œuvre est figurative. *Les figuratifs et les abstraits.* — *Le figuratif :* l'art, le genre figuratif. ■ CONTR. Non-figuratif.

FIGURATION [figyʀasjɔ̃] **n. f.** – 1314 autre sens ◊ latin *figuratio*

I (XIVe) Fait de rendre sensible à la vue par des moyens graphiques, picturaux, plastiques, etc. *La figuration des êtres et des choses.* — SPÉCIALT Représentation schématique. *La figuration des montagnes par des hachures sur une carte.* ♦ ABSOLT Peinture figurative. *La nouvelle figuration :* courant d'art figuratif moderne. ➤ **hyperréalisme, pop art.** *La figuration libre.*

II (1866) ■ **1** Rôle de figurant. *«refuser une figuration dans une suite de tableaux vivants»* COLETTE. — LOC. *Faire de la figuration :* avoir un rôle de figurant dans un spectacle ; FIG. faire acte de présence* sans intervenir, dans une réunion. ■ **2** Ensemble des figurants (d'un spectacle). *Régler la figuration d'un opéra.*

FIGURE [figyʀ] **n. f.** – début Xe ◊ du latin *figura* «configuration», «choses façonnées» et «symbole», famille de *fingere* «façonner» et «se représenter, imaginer» → feindre, fiction ; effigie

I FORME EXTÉRIEURE A. VX FORME EXTÉRIEURE D'UN CORPS, ASPECT *Des outils «dont il ne connaît ni l'usage, ni le nom, ni la figure»* LA BRUYÈRE. ♦ MOD. *Ne plus avoir figure humaine :* être si mal en point que la forme humaine n'est plus reconnaissable. — ALLUS. LITTÉR. *Le chevalier* à la Triste Figure.*

B. REPRÉSENTATION D'UNE FORME ■ **1** (début XIIe) RARE Représentation visuelle d'une forme (par le dessin, la peinture, la sculpture). ➤ **image ; figurine, statue.** *«les enfants se portent d'eux-mêmes à faire des figures sur le papier»* FÉNELON. ■ **2** **FIGURE DE PROUE :** tête, buste (d'une personne, d'un animal) à la proue des anciens navires à voile. FIG. Personnalité majeure d'un mouvement (en histoire, etc.). ■ **3** Représentation à deux dimensions, et SPÉCIALT. dessin au trait, mis en rapport avec un texte écrit ou imprimé, et destiné à en faciliter la lecture, la compréhension. ➤ **croquis, graphique, illustration, schéma, tableau, tracé.** *Voir figure page 4. Livre orné de figures.* ➤ 2 **estampe, vignette ; illustré.** ■ **4** ARTS Représentation d'un personnage. ➤ **effigie, portrait, statue.** *«Ah, peindre des figures comme Claude Monet peint les paysages !»* VAN GOGH. ■ **5** (1845) Carte à jouer représentant un personnage (roi, dame, cavalier, valet). ➤ **honneur, tête.** ■ **6** BLAS. *Figure naturelle, de fantaisie :* pièce de l'écu représentant des objets, des formes imaginaires.

C. LOCUTIONS LITTÉR. **FAIRE FIGURE :** jouer un personnage important, tenir un rang. *«ceux qui sont appelés à faire figure dans le monde et qui consentent, qui parviennent à demeurer naturels»* GIDE. ♦ **FAIRE BONNE, MAUVAISE FIGURE :** avoir une apparence (bonne, mauvaise). ♦ **FAIRE PÂLE FIGURE :** obtenir de moins bons résultats que les concurrents, ne pas être à la hauteur. *L'équipe française a fait pâle figure devant l'Allemagne.* ♦ **FAIRE FIGURE DE :** avoir l'air de, paraître, passer pour (en bien ou en mal). *«Il est gênant et fatigant de faire figure de grand homme»* VALÉRY. — (CHOSES) *Ce qu'on lui a donné fait figure d'aumône.* ♦ **PRENDRE FIGURE :** prendre forme.

D. FORME CORRESPONDANT À UNE ABSTRACTION (MATH) OU À UNE ACTION ORGANISÉE (DANSE) ■ **1** (XVIe ; d'abord «surface» ou «volume») GÉOM. Représentation dans le plan ou dans l'espace euclidien des points, droites, courbes, surfaces ou volumes. PAR EXT. Ces objets géométriques eux-mêmes. *Figure plane. Tracer, construire une figure.* — **CAS DE FIGURE :** représentation graphique obtenue lorsqu'on fait varier un ou plusieurs paramètres dans l'expression analytique qui définit une figure. FIG. Représentation mentale d'une «figure» dans un cas particulier. COUR. Situation envisagée à titre d'hypothèse, parmi d'autres. *Dans ce cas de figure, il faudrait...* ■ **2** (1680) DANSE Chemin décrit par les danseurs suivant des lignes déterminées. — *Figure de ballet :* position respective des danseurs dans les évolutions. ♦ *Figures libres, imposées,* en patinage artistique. ➤ **axel, huit, lutz, salchow, salto.** — FIG. *«transformer une doctrine politique en une figure imposée des discours commémoratifs»* J. ATTALI.

II PERSONNE Personnalité marquante. ➤ **caractère, personnage, type.** *Les grandes figures de l'histoire, d'une époque.* ➤ **nom.** *Disparition d'une figure du syndicalisme.*

III VISAGE ■ **1** (XVIIIe) Partie antérieure de la tête de l'être humain. ➤ **face, tête, visage ;** FAM. 2 **balle,** 2 **bouille, gueule, museau, tronche.** *Figure d'enfant* (➤ **frimousse, minois**), *comique* (➤ FAM. 1 **bille,** 2 **binette, bobine, trombine**), *grotesque* (➤ FAM. **trogne**), *peu sympathique. Recevoir un coup en pleine figure.* ➤ FAM. 1 **fraise, poire,** 1 **pomme.** *casser* la figure à qqn.* ➤ FAM. **gueule.** *Se casser**

la figure. « Ce n'était pas une figure, c'était une physionomie, une âme » SAND. « des Chinoises à la figure ronde, harmonieuses comme la lune » BODARD. Ça se voit comme le nez* au milieu de la figure. ▪ 2 (1662) Air, mine. Il fait une drôle de figure. ➤ FAM. 2 **bouille, gueule, trombine, tronche.** *Sa figure s'allongea. Tu as une petite figure, ce matin,* l'air fatigué.

IV DANS LE LANGAGE Représentation par le langage (vocabulaire ou style). (début XIIe) RHÉT., GRAMM. « Tours de mots et de pensées qui animent ou ornent le discours » (Dumarsais). *Figures de rhétorique* (VIEILLI), *figures de style* (MOD.) ou ABSOLT *figures.* « De figures sans nombre égayez votre ouvrage » BOILEAU. « Dans l'ordre du langage, les figures, qui jouent communément un rôle accessoire, semblent n'intervenir que pour illustrer ou renforcer une intention » VALÉRY. *Figures de diction* (aphérèse, apocope, crase, diérèse, épenthèse, métathèse, prosthèse, syncope, synérèse). *Figures de construction* (anacoluthe, anaphore, chiasme, ellipse, hyperbate, oxymore, parataxe, pléonasme, syllepse, zeugma). *Figures de mots* (allégorie, allusion, antiphrase, antonomase, catachrèse, euphémisme, hypallage, ironie, métaphore, métonymie, symbole, synecdoque). ➤ **trope.** *Figures de pensée* (antithèse, apostrophe, épiphonème, hyperbole, hypotypose, litote, prétérition, prolepse, prosopopée).

FIGURÉ, ÉE [figyʀe] adj. – v. 1050 « bien dessiné » ◇ de *figurer*

I ▪ 1 (XIIe) Qui est représenté ou composé par une figure, un dessin. *Plan figuré d'une maison, d'une terre.* MILIT. *Ennemi figuré,* représenté par des soldats, des obstacles, dans les manœuvres. ▪ 2 ARCHIT. Qui porte des représentations humaines, animales. *Chapiteau figuré.* ➤ **historié.** ▪ 3 DIDACT. Qui présente une forme visible, reconnaissable (opposé à *amorphe*). *Éléments figurés du sang :* les cellules sanguines (globules blancs, globules rouges et plaquettes).

II (1666 ◇ de *figurer* « exprimer par un symbole, une métaphore ») ▪ 1 **SENS FIGURÉ,** qui comporte le transfert sémantique d'une image concrète à des relations abstraites. SUBST. *Au propre et au figuré :* au sens propre et au sens figuré. ▪ 2 *Langage, style figuré,* riche en figures, en métaphores et en comparaisons. ➤ **imagé.** « le style figuré fait un très grand effet, en ébranlant l'imagination » VOLTAIRE. — adv. **FIGURÉMENT.** *Mot employé figurément.*

FIGURER [figyʀe] v. ‹1› – XIe « créer » ◇ latin *figurare*

I v. tr. ▪ 1 (XIIIe) Représenter (une personne, une chose) sous une forme visible. ➤ **dessiner, peindre, sculpter.** « Polygnote avait figuré sur les murs du temple de Delphes le sac de Troie » CHATEAUBRIAND. ◆ SPÉCIALT Représenter (une abstraction) par un symbole. *On figure la justice avec un bandeau sur les yeux.* — Représenter d'une manière sommaire ou conventionnelle. *Figurer des montagnes sur une carte par des hachures.* ◆ (Sujet chose) Être l'image de. *Le drapeau figure la patrie.* ➤ **incarner.** *La scène figure un intérieur bourgeois.* ➤ **représenter.** ▪ 2 (XVe) VX Représenter à l'esprit, à l'imagination (une personne, une chose) sous certains traits, avec certains caractères (cf. Se figurer). ◆ Exprimer par symbole, métaphore. ➤ **symboliser.** *Vérité figurée par une parabole, par une fable.*

II v. intr. ▪ 1 (XVIIe) VX Faire figure, jouer un rôle à son avantage. ▪ 2 Être un figurant (au théâtre, au cinéma) (cf. Faire de la figuration*). « Il figurait souvent et gagnait quelques sous » QUENEAU. — PAR EXT. *Ne faire que figurer quelque part :* jouer un rôle sans importance. ▪ 3 (XIXe) Apparaître, se trouver. *Figurer dans une cérémonie.* ➤ **participer** (à). *Son nom ne figure pas sur la liste,* il n'y est pas mentionné. *Ce mot ne figure pas dans le dictionnaire. Figurer parmi les premiers, les vainqueurs.*

III SE FIGURER v. pron. (1606) Se représenter par la pensée, l'imagination. ➤ **s'imaginer, se représenter.** *Se figurer les choses autrement qu'elles ne sont.* « je me le figurais là-bas couché, malade » DAUDET. *Elle s'est figuré que j'allais accepter. Tu te figures que... ?* ➤ **croire.** *Il se figure pouvoir réussir. Je l'aime, figure-toi ! Tu ne peux pas te figurer comme il est bête.*

FIGURINE [figyʀin] n. f. – 1625 ; peint. 1578 ◇ italien *figurina,* diminutif de *figura* ▪ Statuette de petite dimension (bilboquet, magot, poupée, poussah). *Les tanagras, figurines de terre cuite découvertes à Tanagra. Figurine de Noël.* ➤ 2 **santon.** « Les horlogers d'autrefois construisaient des figurines capables d'imiter la nature » DUHAMEL. — n. **FIGURINISTE.**

FIGURISTE [figyʀist] n. – XIXe ; autre sens 1604 ◇ de *figure* « symbole » ▪ TECHN. Personne qui fait des personnages en plâtre. *Mouleur-figuriste* (opposé à *sculpteur ornemaniste*).

FIL [fil] n. m. – fin XIIe ◇ du latin *filum*

I BRIN LONG ET FIN A. MATIÈRE TEXTILE ▪ 1 Brin long et fin (➤ fibre) des matières textiles. Réunion des brins de ces matières tordus et filés. *Fil de lin, de chanvre, de coton, de laine, de soie, de nylon, de polyester. Chaussettes en fil d'Écosse. Fil cardé, peigné, câblé, retors. Fil de trame, de chaîne d'un tissu. Tirer les fils.* ➤ **effiler, effilocher.** — **DROIT FIL :** le sens des fils (trame ou chaîne) d'un tissu (opposé à *biais*). APPOS. INV *Une jupe droit fil.* LOC. FIG. (1954) *Dans le droit fil de :* dans la ligne de pensée, l'orientation de. *Dans le droit fil de la politique gouvernementale.* ➤ **conforme** (à), **orthodoxe.** ◆ Fil de lin. *Des draps de fil, pur fil.* « Sa main gantée de fil » GREEN. ▪ 2 SPÉCIALT **FIL À COUDRE** ou ABSOLT **FIL :** brins filés et tordus utilisés pour la couture. *Bobine de fil. Fil à bâtir, à broder. Fil à boutons. Gros fil. Un dé, du fil et une aiguille. Passer un fil pour bâtir* (➤ **faufil**), *pour border* (➤ **surfil**). ◆ LOC. FIG. **COUSU DE FIL BLANC :** trop apparent pour abuser quiconque. « invoquer je ne sais quels prétextes cousus de fil blanc pour aller la rejoindre » LEIRIS. — (fin XIIIe) **DE FIL EN AIGUILLE :** petit à petit, insensiblement. — *Mince comme un fil :* très mince. ➤ **filiforme.** — *Donner du fil à retordre* à qqn.* ▪ 3 (fin XIVe) Brin de matière textile, de fibre ou de toute matière souple, servant à tenir, attacher. *Les fils d'un câble, d'une corde, d'une ficelle. Fil de caret** (MAR.). *Fil de canne à pêche.* ➤ **ligne.** « Les perles ne font pas le collier ; c'est le fil » FLAUBERT. — Fibre utilisée pour les sutures, les ligatures en chirurgie. *Se faire retirer les fils. Fils qui se résorbent.* ➤ **catgut.** — *Fil dentaire,* utilisé pour nettoyer l'espace entre les dents. — (1824) **FIL À PLOMB :** instrument formé d'une masse de plomb fixée à un fil, servant à donner la verticale. *Des fils à plomb.* ◆ *Marionnette à fils.* — *Ne tenir qu'à un fil,* à très peu de chose, être fragile, précaire. *Sa vie ne tient plus qu'à un fil.* « Les choses ne tiennent qu'à un fil d'une extrême robustesse » CALAFERTE. — FAM. *Avoir un fil à la patte :* être tenu par un engagement dont on voudrait bien se libérer. « Ah ! non ! Ce n'est pas à son âge qu'on se laissait attacher un fil à la patte » DABIT. ◆ **FIL D'ARIANE** (de la pelote de fil qu'Ariane remit à Thésée pour lui permettre de ne pas s'égarer dans le Labyrinthe) ; **FIL CONDUCTEUR ; FIL ROUGE :** ce qu'on peut suivre pour se diriger. *Le fil rouge d'une émission de radio,* sa ligne conductrice. *Ce personnage est le fil rouge de la série. Le fil conducteur d'une enquête.* ▪ 4 PAR ANAL. Morceau d'une matière qui s'étire en brins longs et minces. *Les fils du gruyère fondu.* ▪ 5 SPORT Limite d'arrivée d'une course à pied. *Être coiffé sur le fil* (cf. Au poteau).

B. MATIÈRE MÉTALLIQUE ▪ 1 Matière métallique étirée en long brin mince. *Fil métallique* (➤ **filière, tréfilerie**). *Fil de plomb, de cuivre, d'or* (➤ **filigrane**). *Fil de laiton.* ➤ **archal.** *Câble en fil d'acier.* ◆ COUR. **FIL DE FER :** fil métallique (fer, acier). *Clôture en fil de fer. Fil de fer barbelé*. — Le fil de fer d'un équilibriste* (➤ **fildefériste**). LOC. FIG. *Marcher sur le fil :* être dans une situation périlleuse. ◆ **FIL À COUPER LE BEURRE :** instrument formé d'un fil métallique portant à ses extrémités deux poignées, et qui sert à débiter les mottes de beurre. — LOC. FAM. *Il n'a pas inventé* le fil à couper le beurre.* ▪ 2 SPÉCIALT **FIL ÉLECTRIQUE,** ou ABSOLT **FIL :** conducteur électrique fait de fil métallique entouré d'une gaine isolante. ➤ **câble.** *Fil d'une lampe.* (1856) *Fils télégraphiques, téléphoniques. Fil de terre. Fil d'antenne. Télégraphie, téléphonie sans fil.* ➤ 2 **radio, T. S. F.** *Appareil électrique, téléphone sans fil,* muni d'une batterie rechargeable. *Accès sans fil à Internet* (recomm. offic.). ➤ **wifi** (ANGLIC.). ▪ 3 FAM. SANS COMPL. Fil téléphonique ; téléphone. *Qui est au bout du fil ?,* à l'appareil. *Il l'entendait rire au bout du fil.* **COUP DE FIL.** ➤ **appel, communication.** *Donner, passer, recevoir des coups de fil.*

C. PRODUCTION ANIMALE OU VÉGÉTALE ▪ 1 Matière produite et filée par l'organisme de quelques animaux. *Les fils du ver à soie.* SPÉCIALT Ce que l'araignée sécrète pour se mouvoir dans l'espace, faire sa toile, piéger ses proies. « Un seul fil remué fait sortir l'araignée » HUGO. — *Fils de la vierge :* fils de certaines araignées qui ne font pas de nid et que le vent emporte (par allusion poétique à des fils soyeux échappés du fuseau de la Vierge Marie). ➤ VX **filandre.** ▪ 2 Filament durci de certains légumes, de certains fruits (notamment les haricots). *Enlever les fils des haricots verts.* ➤ **effiler.** *Haricots verts sans fils.*

D. PAR ANALOGIE DE FORME ▪ 1 Sens des fibres. *Couper un morceau de viande dans le fil.* « Il prescrivait de tailler des planchettes dans le fil du bois » VALÉRY. *Bois de fil et bois de bout.* ▪ 2 (1783) Défaut, sorte de veine dans une pierre le long de laquelle une brisure peut se faire. *Cette tablette de marbre a un fil.*

II SENS, DIRECTION, SUITE ▪ **1** VIEILLI Sens dans lequel un cours d'eau coule (➤ 2 **courant**). *Suivre le fil d'une rivière.* LOC. COUR. (début XIIIe) *Au fil de l'eau. « La rue m'emporta, comme un noyé au fil de l'eau »* DUHAMEL. — FIG. **AU FIL DE :** tout au long de ; à mesure que le temps passe. *Au fil du temps, des ans. Le brouillard se dissipe au fil des heures.* ▪ **2** (fin XIIe) Cours, enchaînement. *Le fil des évènements.* ➤ **suite.** *Le fil de la conversation. Remonter le fil (de qqch.) :* revenir au point de départ, à l'origine (de qqch.). *Suivre le fil de ses idées, de ses pensées. « Il sentait le fil de ses idées lui échapper »* E. SUE. *Perdre le fil :* ne plus savoir ce qu'on voulait dire. *« Mais conteur exécrable, il pouffait nerveusement à chaque mot, perdait le fil à tout instant »* A. SCHWARZ-BART. *« Je perds le fil de mon pauvre courage, comme un orateur maladroit perd le fil de son discours »* BERNANOS. ▪ **3** *Fil RSS :* fichier dynamique produit automatiquement en fonction des mises à jour d'un site web. ➤ **flux.** *S'abonner à des fils RSS. « on ouvre son fil d'actualité juste pour vérifier qu'il ne se passe rien de grave »* V. DESPENTES. ♦ *Fil de discussion :* suite de messages traitant d'un même sujet, sur un forum, un réseau social. *Dérouler* le fil.*

III PARTIE COUPANTE D'UNE LAME (1559) Tranchant. *Fil d'un couteau, d'un rasoir, d'une épée* (➤ 1 **taille**). *« Il sortait les lames les plus tranchantes et les passait [...] sur l'aiguiseur pour refaire le fil »* O. ADAM. LOC. *Sur le fil du rasoir :* dans une situation instable et dangereuse. *Donner le fil à une lame.* ➤ **affiler.** (1555) *Passer au fil de l'épée :* tuer en passant l'épée au travers du corps.

▪ HOM. File.

FILABLE [filabl] adj. – 1604 ◇ de *filer* ▪ Qui peut être filé. *Matières filables.*

FIL-À-FIL [filafil] n. m. inv. – 1930 ◇ de *fil* ▪ Tissu de laine ou de coton très solide, en fils de deux couleurs alternées. *Chemise en fil-à-fil.*

FILAGE [filaʒ] n. m. – XIIIe ◇ de *filer* ▪ **1** Action de filer un textile à la main. *Filage de la laine.* ▪ **2** TECHN. Opération finale de la filature par laquelle la mèche est transformée en fil. — Travail du fileur. ♦ Fabrication du fil métallique. ➤ **extrusion.** ▪ **3** CIN. Défaut résultant d'un manque de synchronisation entre le défilement intermittent du film et l'obturation. ♦ Mouvement de caméra rapide ne laissant sur l'image qu'une traînée lumineuse. ▪ **4** THÉÂTRE Répétition (d'une pièce), dans son intégralité, sans public. *Filage en costumes.* ➤ **couturière.**

1 **FILAIRE** [filɛʀ] n. f. – 1809 ◇ latin des zoologistes *filaria*, de *filum* « fil » ▪ Ver long et fin *(nématodes)*, parasite de divers vertébrés. *Filaire de Médine. Parasitose due à une filaire.* ➤ **filariose, loase, onchocercose.** ▪ HOM. Fillér.

2 **FILAIRE** [filɛʀ] adj. – milieu XXe ◇ de *fil* ▪ **1** TÉLÉCOMM. Dont la transmission se fait par fil (opposé à *sans fil*). *Appareils filaires. Réseaux filaires.* ▪ **2** INFORM. *Représentation filaire,* des seuls contours d'un objet. ▪ CONTR. Radiophonique.

FILAMENT [filamɑ̃] n. m. – 1539 ◇ bas latin *filamentum*, de *filum* « fil » ▪ **1** Production organique longue et fine comme un fil. *Filaments de bave, de moisissures. Filament qui maintient le jaune d'œuf.* ➤ **chalaze.** ♦ ANAT. Structure en forme de fil. *Filament axile de la cellule nerveuse.* ➤ **axone.** *Filament spermatique.* ➤ **spermatozoïde.** *Filaments contractiles des muscles.* ➤ **myofibrille, myofilament.** ♦ COUR. Filandre de la viande. ▪ **2** (1904) Fil conducteur extrêmement fin porté à incandescence dans les ampoules électriques. *Ampoule à filament de carbone, de tungstène.* ♦ ÉLECTRON. Fil mince chauffé par un courant électrique et servant à l'émission thermoélectronique. ▪ **3** ASTRON. Zone de matière sombre à la surface du Soleil correspondant à une protubérance* vue de dessus.

FILAMENTEUX, EUSE [filamɑ̃tø, øz] adj. – 1588 ◇ de *filament* ▪ Qui est constitué de filaments, qui est en forme de filament. *Matière filamenteuse.* ➤ **fibreux, filandreux.**

FILANDIÈRE [filɑ̃djɛʀ] n. f. – *filandrier, ière* XIIIe ◇ bas latin *filanda* « ce qui est à filer » ▪ VX Femme qui file à la main. *Une jeune filandière.* ➤ **fileuse.** — adj. f. LOC. *Les sœurs filandières :* les Parques.

FILANDRE [filɑ̃dʀ] n. f. – XVIe ; « filet de pêche » 1392 ◇ altération de °*filande*, bas latin *filanda* « ce qui est à filer » ▪ **1** RARE Fibre longue et coriace de certaines viandes, de certains légumes (➤ **filandreux**). ▪ **2** VX Fil d'araignée qui vole dans l'air (cf. Fil* de la Vierge).

FILANDREUX, EUSE [filɑ̃dʀø, øz] adj. – 1603 ◇ de *filandre* ▪ **1** Rempli de filandres. *Légumes filandreux. Viande filandreuse.* ▪ **2** FIG. *Phrase filandreuse,* interminable, enchevêtrée, confuse. *Cet exposé est bien filandreux !* ➤ **fumeux.** ▪ CONTR. Clair, concis, explicite.

FILANT, ANTE [filɑ̃, ɑ̃t] adj. – 1835 ◇ de *filer* ▪ **1** Qui coule lentement sans se diviser et s'allonge en une sorte de fil continu. *Matière visqueuse et filante. Sirop filant.* ▪ **2** *Pouls filant,* très faible. ➤ **filiforme.** ▪ **3** *Étoile* filante.* ▪ **4** *Balcon filant,* s'étendant sur la façade d'un bâtiment. ▪ HOM. Philanthe.

FILANZANE [filɑ̃zan] n. m. – 1895 ◇ d'un parler malgache ▪ ANCIENNT Chaise à porteurs (Madagascar).

FILAO [filao] n. m. – 1750 ◇ mot malgache ▪ Arbre des pays tropicaux *(casuarina)*, qui croît dans les régions humides et que l'on cultive pour son bois utilisé en menuiserie. ➤ **casuarina.** *« le bruit du vent dans les filaos »* LE CLÉZIO.

FILARIOSE [filaʀjoz] n. f. – 1901 ◇ du latin des zoologistes *filaria* (→ 1 filaire) et 2 *-ose* ▪ MÉD. Maladie due à la présence dans l'organisme de filaires, transmise à l'être humain par l'intermédiaire des moustiques. ➤ **éléphantiasis, loase.**

FILASSE [filas] n. f. – *filace* XIIe ◇ latin populaire °*filacea*, dérivé de *filum* « fil » ▪ **1** Matière textile végétale non encore filée. ➤ **étoupe.** *Filasse de chanvre, de lin. Utilisation de la filasse pour l'étanchéité des raccords en plomberie.* ▪ **2** APPOS. INV *Cheveux blond filasse,* et ADJT INV. *cheveux filasse,* d'un blond fade et sans éclat. *« S'ils vous prennent pour un Espagnol, vous aurez de la chance, avec vos cheveux filasse »* SARTRE.

FILATEUR [filatœʀ] n. m. – 1823 ◇ de *filature* ▪ Industriel dirigeant l'exploitation d'une filature.

FILATURE [filatyʀ] n. f. – 1724 ◇ de *filer*

I ▪ **1** Ensemble des opérations industrielles qui transforment les matières textiles en fils à tisser. *Filature de la laine, du coton, de la soie. Opérations de filature :* nettoyage, battage, cardage, peignage ; étirage, doublage ; filage, envidage, bobinage, moulinage, dévidage. ▪ **2** Usine où est fabriqué le fil. *Les filatures de Roubaix. « la filature où les grands métiers manœuvraient doucement leurs larges nappes de fils blancs »* MAUROIS.

II (1829) Action de filer, de suivre qqn pour le surveiller. ➤ FAM. **filoche.** *Prendre qqn en filature. Filature à pied, en voiture.*

FIL DE FER ➤ **FIL** (I, B, 1°)

FILDEFÉRISTE [fildəfeʀist] n. – 1943 ◇ de *fil de fer* ▪ Acrobate, équilibriste qui fait des exercices sur un fil métallique (➤ **funambule**). *Des fildeféristes.* — On écrit aussi *fil-de-fériste.* *« Acrobate ça m'aurait assez plu. Fil-de-fériste : épatant »* QUENEAU.

FILE [fil] n. f. – avant 1464 ◇ de *filer* ▪ **1** Suite (de personnes, de choses) dont les éléments sont placés un par un et l'un derrière l'autre (à la différence du rang*). *File de gens.* ➤ **colonne, procession.** *« Barca vit avancer un des miliciens, puis une dizaine, puis une longue file »* MALRAUX. *File d'attente devant un guichet, à un guichet.* ➤ 1 **queue.** *« des files d'acheteurs stationnaient »* CAMUS. *Prendre la file :* se ranger dans une file après la dernière personne. *« Suivons la file de voitures qui, de Paris à Versailles, roule incessamment comme un fleuve »* TAINE. (Belgique, Luxembourg, Suisse, Canada) *Faire la file :* faire la queue. — *Théorie des files d'attente :* étude mathématique des trafics et des flux (applications multiples : téléphonie, magasinage, trafics aérien et maritime). ▪ **2** MILIT. Ligne de soldats disposés les uns derrière les autres. *Section, peloton de trois files sur dix rangs.* ▪ **3** FIG. **CHEF DE FILE :** personne qui vient la première dans une hiérarchie, qui est à la tête d'un groupe, d'une entreprise. ➤ **leader.** ▪ **4** loc. adv. **EN FILE ; À LA FILE :** les uns derrière les autres, l'un derrière l'autre (cf. À la queue* leu leu, en rang d'oignons*). *Objets en file.* ➤ **enfilade.** *Marcher, se suivre à la file.* ➤ 2 **défiler.** *Avancer en file indienne, à la file indienne,* immédiatement l'un derrière l'autre comme faisaient les guerriers indiens. ♦ **À LA FILE :** successivement (cf. D'affilée, de suite). *Boire trois verres à la file.* ♦ **EN DOUBLE FILE :** le long de la file des voitures déjà stationnées sur un côté de la chaussée. *Stationner en double file.* ▪ **5** PAR EXT. Partie (généralement délimitée) de la chaussée de la largeur d'une voiture. ➤ **voie.** *Les voitures roulent sur trois files. Changer de file.* ➤ **déboîter.** *File réservée aux autobus.* ➤ **couloir.** ▪ HOM. Fil.

FILÉ [file] n. m. – XIIIe ◇ p. p. subst. de *filer* ▪ **1** TECHN. Fil employé pour le tissage. ▪ **2** Fil de métal (or, argent) très fin, entourant un fil de soie, de lin.

FILER [file] **v.** ‹1› – v. 1165 «couler, s'écouler» ◊ bas latin *filare,* de *filum* «fil»

I ~ v. tr. ▪ **1** Transformer en fil (une matière textile). *Filer du lin, de la laine. Filer de la laine à la main avec une quenouille, un fuseau, un rouet.* ➤ **filage.** ABSOLT *Filer gros.* FIG. *Filer doux*.* — ABSOLT *Filer selon des procédés industriels.* ➤ **filature.** *Métier à filer.* — PAR EXT. *Filer sa quenouille.* «*Hercule fila sa quenouille aux pieds d'Omphale*» GAUTIER. — ALLUS. MYTH. *Les Parques* filent nos jours, nos destinées.* — FIG. *Filer un mauvais coton*.* ◆ (1690 ◊ du ver à soie, de l'araignée qui sécrètent un fil) *L'araignée file sa toile.* ◆ Passer (un métal) à la filière. *Filer de l'or, de l'acier.* — *Filer du verre,* l'étirer en fil. *Bibelots en verre filé.* — *Sucre filé.* ▪ **2** (XVIe) Dérouler de façon égale et continue. — MAR. *Filer une écoute, les amarres.* ➤ **dévider.** PAR EXT. *Navire qui file trente nœuds,* qui a une vitesse de trente nœuds. — MUS. *Filer un son,* le tenir, le prolonger sur une seule respiration ou un seul coup d'archet. *Un son filé.* «*Le rossignol, en filant sa note si pure, si pleine*» BALZAC. — LITTÉR. *Filer une période, une métaphore,* la développer longuement, progressivement. — *Filer une pièce de théâtre,* la répéter dans son intégralité (➤ **filage**). — *Filer le parfait amour :* se donner réciproquement des témoignages constants d'un amour partagé. ▪ **3** JEU *Filer les cartes,* les découvrir lentement (poker). ▪ **4** (1815) Marcher derrière (qqn), le suivre à son insu pour le surveiller, épier ses faits et gestes. ➤ **pister ;** FAM. **filocher ; filature** (II). *Policier qui file un suspect.* FAM. *Filer le train* à qqn.* ▪ **5** (1835 argot) FAM. Donner. ➤ **refiler.** *File-moi une clope !* «*m'a filé une châtaigne, j'y ai filé mon blouson*» RENAUD. *Elle m'a filé son rhume.* ➤ **passer, repasser.** *Ils se sont filé rencard.*

II ~ v. intr. ▪ **1** (Prendre la forme d'un fil) Couler lentement en un mince filet sans former de gouttes. *Sirop qui file.* ◆ Former des fils (matière visqueuse). *Le gruyère fondu file.* PAR EXT. «*Un délicieux macaroni qui filait très bien*» FLAUBERT. ◆ (D'une flamme de lampe) S'allonger, monter en fumant. PAR EXT. «*La lampe filait et dessinait au plafond* [...] *un cercle noirâtre*» MAURIAC. ▪ **2** Se dérouler, se dévider. *Câble qui file.* ◆ *Une maille qui file,* dont la boucle de fil se défait, entraînant les mailles de la même rangée verticale. PAR EXT. *Son collant a filé* (➤ **échelle**). ▪ **3** Aller droit devant soi, en ligne droite ; aller vite. *Oiseau qui file à tire d'aile. Filer comme une flèche, comme le vent, comme un bolide, comme un zèbre, à toutes jambes.* ➤ **courir, foncer.** «*de longues ambulances blanches qui filaient à toute allure*» CAMUS. «*voyant une étoile filer*» MUSSET. — FIG. et FAM. *Le temps file,* passe vite. ▪ **4** (1754 argot ; cf. *filer* [«enfiler»] *la venelle* 1650) FAM. S'en aller, se retirer. ➤ **déguerpir, 1partir.** *Il faut que je file. Filer à la poste, voir qqn. Filer à l'anglaise*.* «*une heure moins le quart ! File et que je ne te revoie plus !*» COLETTE. ➤ **décamper, disparaître.** *Ils ont filé par là.* ➤ **s'échapper, s'enfuir*.** *Le chat a filé entre mes jambes.* ▪ **5** (CHOSES) «*L'argent file entre mes doigts comme du sable*» BERNANOS. ➤ **fondre.** *Cent euros, ça file vite ! La chance nous file entre les doigts.* ➤ **échapper.**

1**FILET** [filɛ] **n. m.** – 1080 «petit fil» ◊ de *fil*

I Ce qui ressemble à un fil fin. ▪ **1** (XVe) ANAT. Fine ramification. *Filet nerveux.* — Repli muqueux de certains organes. ➤ **frein.** *Filet de la langue, du prépuce.* ◆ BOT. Partie mince et allongée de l'étamine qui porte l'anthère. ▪ **2** ARCHIT. Petite moulure. ➤ **listel.** *Filets d'un chapiteau.* ▪ **3** TYPOGR. Trait fin, continu. *Texte entouré d'un filet* (➤ **encadré**). — Marque fine et longue. *Filet de peinture.* ▪ **4** TECHN. Saillie en hélice (d'une vis). ➤ **1filetage.**

II (1549) Écoulement fin et continu. *Un filet de sang, de salive.* «*Un maigre filet d'eau coula du robinet*» HUGO. PAR ANAL. *Un filet de fumée, d'air.* — PAR EXT. *Un filet de vinaigre,* une très petite quantité. ◆ FIG. *Un filet de voix :* une voix très faible qui se fait à peine entendre.

2**FILET** [filɛ] **n. m.** – XIVe ; probablt «morceau roulé et entouré d'un *fil*» ◊ de *fil* ▪ **1** Morceau de l'aloyau, partie charnue et tendre qu'on lève le long de l'épine dorsale de quelques animaux. *Filet et faux-filet. Tranche de filet de bœuf rôti, grillé* (➤ **chateaubriand, tournedos**), *cru* (➤ **carpaccio**). *Filet de mouton, de porc* (➤ **lomo**), *de veau* (➤ **grenadin**). *Filet de volaille.* ➤ **aiguillette, 2blanc, magret.** — *Filet mignon :* pointe du filet. — (Belgique) *Filet américain*.* ▪ **2** Morceau de chair levé de part et d'autre de l'arête d'un poisson. *Lever des filets.* ➤ **2fileter.** *Filets de sole* (➤ **goujonnette**), *de merlan, de cabillaud. Filets de hareng au vin blanc* (➤ **rollmops**). *Boîte de filets de maquereaux.*

3**FILET** [filɛ] **n. m.** – XVIe ◊ altération de *filé* «ouvrage de fil» XIIIe ; de *filer* ▪ **1** Réseau à larges mailles servant à capturer des animaux. *Filets de pêche. Filet à poissons, à crevettes.* ➤ **ableret, araignée, 1balance, bolier, carrelet, chalut, 1drège, épervier, épuisette, 1folle, gabare, guideau, haveneau, langoustier, picot, seine, thonaire, traîne, tramail, truble, vannet, 1verveux.** *Pêche au filet.* ➤ **fileyeur.** *Les mailles d'un filet. Enceinte de filets.* ➤ **madrague.** *Jeter un filet.* «*déployant derrière eux, en demi-cercle, la longue toile du filet avec ses lièges et ses plombs*» GENEVOIX. *Filet maillant, dérivant*. Radouber les filets.* — *Filet pour prendre les oiseaux.* ➤ **nasse, pantière, ridée, tirasse.** — *Filet à papillons.* — *Filet de chasse.* ➤ **panneau.** *Filet du rétiaire.* ➤ **rets.** ◆ LOC. *Tendre ses filets :* tendre un piège. «*À la Préfecture, à l'Intérieur, ils tendent déjà leurs filets*» MARTIN DU GARD. — *Attirer qqn dans ses filets.* ➤ **piéger, séduire.** — *Coup de filet :* action de police, rapide destinée à prendre des malfaiteurs sur le fait. *Réussir un beau coup de filet.* ➤ **1rafle.** *Passer à travers les mailles* du filet.* ▪ **2** Réseau de mailles pour envelopper, tenir, retenir. *Filet de ballon aérostatique :* les cordages qui l'entourent et tiennent la nacelle. — *Filet à cheveux,* pour les maintenir (➤ **résille, réticule**). — *Filet de roue arrière* (sur une bicyclette), pour éviter que les jupes ne se prennent dans les rayons. ◆ Réseau de fils qui servait à retenir des bagages dans certains véhicules de transport en commun. MOD. ➤ **porte-bagage.** ◆ **FILET À PROVISIONS :** sac en réseau de fils. *Remplir son filet.* — *Filet de pommes de terre, d'oignons.* ◆ *Filet de ping-pong, de tennis, de volleyball,* qui sépare la table, le terrain de jeu en deux parties et au-dessus duquel la balle doit passer. *Envoyer la balle au ras du filet* (➤ **1net**), *dans le filet. Filet ! :* recomm. offic. pour *let !* **MONTER AU FILET :** jouer près du filet pour réceptionner la balle avant qu'elle ne rebondisse ; FIG. s'engager seul, avant le groupe qu'on représente, dans une démarche délicate, difficile (cf. Monter au créneau*). ◆ Grand filet tendu par précaution sous des acrobates. LOC. *Travailler sans filet ;* FIG. prendre des risques. «*Les acteurs doivent faire comme les trapézistes d'antan. Jouer sans filet !*» M. SERRAULT. ▪ **3** PAR EXT. Réseau à grands jours exécutés à la navette ou mécaniquement, et souvent orné de motifs brodés. *Rideaux, nappe en filet* (➤ aussi **macramé**).

1**FILETAGE** [filtaʒ] **n. m.** – 1865 ◊ de 1*fileter* ▪ **1** TECHN. Action de fileter (des vis). ◆ Façon dont une pièce est filetée. *Filetage à droite.* ◆ État des filets d'une vis. PAR EXT. Ces filets eux-mêmes. *Vis dont le filetage est écrasé.* ▪ **2** RARE Braconnage exercé avec des filets.

2**FILETAGE** [filtaʒ] **n. m.** – mil. XXe ◊ de 2*fileter* ▪ TECHN. Opération par laquelle on prélève les filets (d'un poisson).

FILETÉ [filte] **n. m.** – 1930 ; adj. XIIIe ◊ de 1*filet* ▪ Tissu dont un fil de chaîne est plus gros et forme de fines rayures en relief. *Fileté de coton. Chemise en fileté.*

1**FILETER** [filte] **v. tr.** ‹5› – 1838 ◊ de 1*filet* ▪ **1** TECHN. Faire un filet, une saillie en hélice sur (une pièce cylindrique ou conique). *Fileter une pièce pour faire une vis.* — **p. p. adj.** *Tige filetée.* ➤ **boulon.** ▪ **2** Tirer (un métal) à la filière (➤ **tréfilerie**).

2**FILETER** [filte] **v. tr.** ‹5› – mil. XXe ◊ de 2*filet* ▪ TECHN. Prélever les filets de (un poisson). — **p. p. adj.** *Merlan fileté.*

FILEUR, EUSE [filœʀ, øz] **n.** – XIVe ; *filaresse* 1268 ◊ de *filer* ▪ Personne qui file une matière textile, à la main, à la machine. *Fileuse à son rouet.* ➤ **filandière.** ◆ TECHN. Conducteur, conductrice d'un métier à filer.

FILEYEUR [filɛjœʀ] **n. m.** – avant 1990 ◊ de *filet* ▪ Bateau équipé pour pratiquer la pêche au filet (filet droit ou dérivant, seine, tramail). *Fileyeurs et chalutiers.*

FILIAL, IALE, IAUX [filjal, jo] **adj.** – 1330 ◊ latin *filialis,* de *filius* → fils ▪ Qui émane d'un enfant à l'égard de ses parents (surtout positif). *Amour, respect filial.*

FILIALE [filjal] **n. f.** – 1844 ◊ de *filial* ▪ Société jouissant d'une personnalité juridique distincte (à la différence de la succursale) mais dirigée ou étroitement contrôlée par la société mère. *Nos filiales à l'étranger.*

FILIALEMENT [filjalmɑ̃] **adv.** – XVe ◊ de *filial* ▪ D'une manière filiale. *Aimer filialement son oncle, son tuteur.*

FILIALISER [filjalize] **v. tr.** ‹1› – avant 1972 ◊ de *filiale* ▪ DR., FIN. Prendre le contrôle direct ou indirect de (une entreprise) par le rachat d'actions ou de parts sociales ; transférer à une ou plusieurs filiales tout ou partie de l'activité de (une entreprise). — **n. f. FILIALISATION.**

FILIATION [filjasjɔ̃] **n. f.** – XIIIe ◊ latin *filiatio,* de *filius* → fils ▪ **1** Lien de parenté unissant l'enfant à son père *(filiation paternelle)* ou à sa mère *(filiation maternelle).* ➤ **agnat ; cognation, consanguinité.** *Filiation légitime, naturelle.* «*Pantagruel est fils* *de Gargantua. On ne peut douter de cette filiation»* FRANCE. *Filiation adoptive. Filiation matrilinéaire, patrilinéaire.* ■ **2** LITTÉR. Lien de descendance directe entre les personnes qui sont issues les unes des autres. ➤ **descendance, famille, lignée.** *Établir sa filiation.* ➤ **généalogie.** ■ **3** (XVIIIe) Succession de choses issues les unes des autres. ➤ **enchaînement, liaison.** *La filiation des idées, des évènements. La filiation des mots* (➤ **étymologie**), *des sens.*

FILIÈRE [filjɛʀ] **n. f.** – 1352 «fil» ; 1244 «pelote de fil» ◇ de *fil*

I ■ **1** (1382) Instrument, organe destiné à étirer ou à produire des fils (I, 5°). *Dégrossir un métal en le faisant passer par la filière.* ➤ **étirer ; tréfilerie.** ■ **2** TECHN. Pièce servant à fileter* en vis. ■ **3** ZOOL. Organe, orifice par lequel les araignées, les chenilles produisent leur fil.

II (avant 1791 ◇ par allus. à la *filière* servant à réduire le métal en fils de plus en plus fins) ■ **1** Succession d'états à traverser, de degrés à franchir, de formalités à accomplir avant de parvenir à un résultat. *Passer par la filière,* par les degrés d'une hiérarchie. *«Tu veux faire la bête à concours, suivre toute la filière»* ARAGON. ➤ **canal.** ■ **2** PAR EXT. Cursus menant à l'obtention d'un diplôme. *Les filières techniques du baccalauréat. Filière courte, longue. «Ils voulaient un bon collège, une bonne filière, un bon lycée, de bons professeurs»* A. ERNAUX. ■ **3** Succession d'intermédiaires, d'étapes par lesquels passe un trafic. ➤ **réseau.** *Filière de trafiquants de drogue. Remonter la filière. «Une importante filière de cannabis était démantelée dans la région»* M. DARRIEUSSECQ. ■ **4** ÉCON. Ensemble des activités productrices qui, de l'amont à l'aval, alimentent un marché final déterminé (➤ **intégration**). *La filière bois. La filière agroalimentaire.* ■ **5** PHYS. Technique utilisée pour produire de l'énergie électrique dans un réacteur nucléaire. *Filière uranium naturel, filière plutonium.*

III (1863 ; déjà 1234 en champenois) FIN. Titre à ordre émis par le vendeur et par lequel le porteur est invité à prendre livraison de la marchandise à un terme et un prix fixés.

FILIFORME [filifɔʀm] **adj.** – 1762 ◇ latin *filum* «fil» et *-forme* ■ **1** Mince, fin et allongé comme un fil. *Antennes, pattes filiformes.* ◆ D'une extrême minceur. *Elle a des jambes filiformes.* ➤ 2 **grêle.** *«Sa croissance brusque de long garçonnet filiforme»* COLETTE. ■ **2** MÉD. *Pouls filiforme,* très faible, donnant au doigt la sensation d'un fil. ➤ **filant.** ■ CONTR. Épais, gros.

FILIGRANE [filigʀan] **n. m.** – 1665 ◇ italien *filigrana* «fil à grains» ■ **1** Ouvrage fait de fils de métal (argent, or), de fils de verre, entrelacés et soudés. *«les brûle-parfum en filigrane d'or et d'argent»* GAUTIER. ◆ PAR EXT. Fil de métal entourant la poignée d'une épée, d'un sabre. ■ **2** Dessin imprimé dans la pâte du papier par un ensemble de fils entrelacés sur le châssis, et qui peut se voir par transparence. *Filigrane des billets de banque, des timbres-poste. Filigranes qui caractérisaient les formats* de papier* (aigle, couronne, etc.). — LOC. **EN FILIGRANE :** d'une façon implicite *Idée qui apparaît en filigrane dans une œuvre. Lire en filigrane* (cf. Entre les lignes*).

FILIGRANER [filigʀane] **v. tr.** ⟨1⟩ – 1845 ◇ de *filigrane* ■ **1** Façonner en filigrane (1°). **p. p. adj.** *«Ses lourds bracelets d'argent filigrané* [...] *venaient de Tolède»* MAC ORLAN. ■ **2** *Papier filigrané,* qui présente un filigrane (2°).

FILIN [filɛ̃] **n. m.** – 1611 ◇ de *fil* ■ MAR. Cordage en chanvre. *Filin goudronné.* — Cordage (quelle que soit la matière). *Filin de nylon, d'acier.*

FILIPENDULE [filipɑ̃dyl] **adj.** et **n. f.** – XVe ◇ du latin *filum* «fil» et *pendulus* «suspendu» ■ **1** SC. NAT. VIEILLI Suspendu à un fil. ■ **2** **n. f.** BOT. Spirée.

FILLASSE [fijas] **n. f.** – XVIe «fille de mauvaise vie» ◇ de *fille* et suffixe *-asse* ■ PÉJ. Fille, jeune fille. *Une grande fillasse un peu niaise.*

FILLE [fij] **n. f.** – fin XIe ◇ du latin *filia,* forme féminine de *filius* → fils Enfant ou personne jeune du sexe féminin.

I LA FILLE DE qqn (opposé à *fils*). ■ **1** Personne de sexe féminin, considérée par rapport à ses parents (➤ 1 **mère, père**) ou à l'un des deux seulement. *La fille de M. Untel ; sa fille. Ils ont deux filles et un fils. Fille aînée. Fille cadette. Leur plus jeune fille.* ➤ **benjamin, dernier.** *C'est la fille de sa femme, la fille de son mari* (➤ **belle-fille**). *La fille de son frère, de sa sœur* (➤ **nièce**), *de sa tante, de son oncle* (➤ 1 **cousin**), *la fille d'un de ses enfants.* ➤ **petite-fille.** — IRON. *Elle est bien la fille de son père, de sa mère,* elle a les mêmes défauts, les mêmes qualités. — *Fille adoptive. Il aime cette petite comme sa propre fille.* — FAM. *La fille Untel.* ➤ **mademoiselle.** ◆ *La fille de la maison,* du maître, de la maîtresse de maison. ◆ (En appellatif ; sans lien de parenté) FAM. *Ma fille* (condescendant). *Écoute-moi bien, ma fille. Ma pauvre fille !* ◆ *La France, fille aînée* de l'Église. Jouer la fille de l'air*.* ◆ *Une fille du peuple, de la campagne, du pays,* considérée par rapport à ses origines. ■ **2** LITTÉR. Descendante. *Une fille de rois.* HIST. *Les filles de France,* de la famille royale de France. *«Cependant mon amour pour notre nation A rempli ce palais de filles de Sion»* RACINE. — PAR PLAIS. *Fille d'Ève* : femme. — POÉT. *Les filles du Parnasse.* ➤ **muse.** *Les filles de la nuit* : les étoiles. ■ **3** (1601) LITTÉR. Chose qui résulte d'une autre. ➤ **enfant ;** 1 **fruit.** *La jalousie, fille du soupçon. «Fille de la douleur ! harmonie ! harmonie !»* MUSSET.

II UNE FILLE (opposé à *garçon*). **A. ENFANT OU ADOLESCENTE** ■ **1** Enfant ou jeune être humain du sexe féminin. *«l'œuf fécondé, portant deux chromosomes X, produira une fille»* J. ROSTAND. *Garçons et filles. Elle a accouché d'une fille.* ◆ (Même sens que *fillette, petite fille,* avec une nuance plus fam.) *Des jeux de fille, vélo de fille. Rose, la couleur des filles, bleu, celle des garçons.* ◆ Jeune fille ou jeune femme. ➤ FAM. **gonzesse, nana,** 2 **nénette ;** PÉJ. **greluche.** *«Boris n'aurait pas su aimer une fille de son âge»* SARTRE. ◆ (En appellatif ; au plur. seult) *Salut les filles !* ◆ VIEILLI **FILLE À MARIER :** jeune fille pour laquelle ses parents cherchent un mari. ◆ (Avec un qualificatif) *Une fille sympa. Une fille facile.* ➤ FAM. **belette.** *Une belle, une jolie fille.* ➤ FAM. 1 **canon,** VIEILLI **pépée, pin-up,** 1 **souris** (cf. Une minette). *Un beau brin de fille. «Et si tu avais vu quel morceau de fille c'était quand je l'ai rencontrée»* GAVALDA. *Une fille laide*. Une grande fille dégingandée.* ➤ FAM. 1 **bringue,** 1 **gigue.** PROV. *La plus belle fille du monde ne peut donner que ce qu'elle a.* — (En attribut) *Être fille à,* capable de. *«Elle aurait été fille à s'en aller avec lui»* MOLIÈRE. — *Elle est bonne fille, brave fille. Elle est assez belle fille. C'est une chic fille.* ■ **2 PETITE FILLE :** enfant du sexe féminin jusqu'au début de la puberté. ➤ 1 **fillette,** FAM. **gamine,** PÉJ. **pisseuse.** *Une jolie petite fille. Les «Petites Filles modèles», roman de la comtesse de Ségur.* — (Au sens I) *Une dame et ses deux petites filles. Tu es une grande fille,* se dit à une petite fille pour lui marquer de la considération, faire appel à sa raison. ■ **3** (1528) (Équivalent moins fam. de *fille*) **JEUNE FILLE :** adolescente ou femme jeune non mariée. ➤ **femme ; demoiselle.** *«Elle avait quatorze ans, elle était une jeune fille»* I. NÉMIROVSKY. *Une toute, une très jeune fille.* ➤ FAM. **môme.** *Une jeune fille nubile et vierge.* ➤ FAM. **pucelle.** *Une vraie jeune fille,* encore vierge. *Une grande, une petite jeune fille. Faire la jeune fille de la maison*. Une jeune fille au pair.* «À quoi rêvent les jeunes filles», pièce de Musset. «À l'ombre des jeunes filles en fleurs», œuvre de Proust.* VIEILLI *Jeune fille qui coiffe Sainte-Catherine.* ➤ **catherinette.** *Enterrer* sa vie de jeune fille. Nom de jeune fille* : patronyme que l'on porte avant son mariage (et que seul l'usage conduit les femmes à abandonner pour adopter celui du mari). *Une jeune fille et un jeune homme. Des jeunes filles et des jeunes gens. «une innocence d'enfant, une douceur de jeune fille»* YOURCENAR.

B. FEMME CÉLIBATAIRE VIEILLI ou RURAL Personne non mariée (opposé à *femme*). *«Elle ne supportait pas l'idée de mourir fille»* BALZAC. — (1797) VIEILLI ou PÉJ. **FILLE-MÈRE** (cf. MOD. Mère célibataire*). *Des filles-mères.* — PÉJ. **VIEILLE FILLE :** femme qui a atteint ou passé l'âge mûr sans se marier (implique des idées étroites, une vie monotone). ➤ **célibataire, demoiselle.** *Des habitudes de vieille fille. «ces "vieilles filles" qui tirent leurs soixante-dix ans de hargne et d'ennui»* AYMÉ. (En épithète) *Elle ne s'est jamais mariée, mais elle n'est pas du tout vieille fille.*

C. PROSTITUÉE VIEILLI Jeune femme qui mène une vie de débauche ; SPÉCIALT Prostituée. ➤ **prostituée.** *Fréquenter les filles. «une fille bien connue pour telle»* LACLOS. — LOC. VIEILLI *Fille des rues ; fille publique. Fille perdue.* (fin XIVe) *Fille de joie. Fille à soldats.*

D. RELIGIEUSE Nom donné à certaines religieuses. *Filles du Calvaire. «elles appartiennent à la congrégation des lazaristes que fonda saint Vincent de Paul, et leur vrai nom est Filles de charité»* M. DU CAMP.

E. VIEILLI **FILLE DE...** Jeune fille ou femme employée à une fonction, un travail. *Fille d'auberge, de ferme.* VIEILLI *Fille de salle* (cf. MOD. Aide*-soignante). *«Elle avait été fille de cuisine dans une grande ferme»* ARAGON. *Fille d'honneur* : femme attachée à la personne d'une princesse (➤ 1 **dame**).

FILLÉR [filɛʀ] **n. m.** – 1930 ◇ mot hongrois ■ Monnaie hongroise. *Cent fillérs.* ➤ **forint.** ■ HOM. Filaire.

1 **FILLETTE** [fijɛt] **n. f.** – XIIe ◇ de *fille* ■ Petite fille. *Une fillette de huit ans.* — APPOS. INV. VIEILLI *Rayon fillette d'un grand magasin.* FAM. et PLAISANT *Chausser du 42 fillette* : avoir de grands pieds.

2 **FILLETTE** [fijɛt] **n. f.** – 1878 ; autre sens fin XIVe ◇ altération de *feuillette* «tonneau» ■ RÉGION. Demi-bouteille, utilisée surtout pour les vins d'Anjou.

FILLEUL, EULE [fijœl] **n.** – *filluel* XIIe ◊ latin *filiolus,* diminutif de *filius* «fils» ■ Personne qui a été tenue sur les fonts baptismaux, par rapport à son parrain et à sa marraine. *Offrir un cadeau à son filleul pour son anniversaire.* — PAR EXT. *Filleul de guerre :* soldat, combattant qu'une femme a choisi pour lui servir de marraine (envois de lettres, de colis). ◆ Enfant à qui une personne ou une famille apporte une aide matérielle et un soutien moral. *Avoir un filleul en Inde* (➤ **parrainage**).

FILM [film] **n. m.** – 1889 ◊ mot anglais «pellicule» ■ **1** Pellicule photographique. *Développer un film. Rouleau de film.* ◆ (1896) Plus cour. Pellicule cinématographique ; bande régulièrement perforée. *Film de 35 mm* (format professionnel). *Films de format réduit* (16 mm ; 9,5 mm ; 8 mm). *Un film super 8. Bobine de film. Image d'un film* (➤ **photogramme**). ■ **2** Œuvre cinématographique enregistrée sur film. ➤ **cinéma.** *Scénario, synopsis d'un film. Réaliser, tourner un film. Visionner les rushs d'un film. Montage ; plans, séquences, scènes d'un film.* «*Le film est le type même de l'œuvre qui réclame un style ; il faut un auteur, une écriture*» R. BRESSON. *Musique de film. Générique, bande-annonce d'un film. Film de long, moyen, court métrage. Film muet, parlant. Film vidéo* (➤ 2 **clip**). *Film doublé. Film en version originale (en v. o.). Film en noir et blanc, en couleur. Film sur écran panoramique. Film interdit aux moins de seize ans. Mauvais film.* ➤ **navet.** *Film à gros budget.* ➤ **blockbuster** (ANGLIC.), **superproduction.** *Film à grand spectacle sur l'Antiquité.* ➤ **péplum.** *Film de cow-boys.* ➤ **western.** *Film d'aventures. Film de science-fiction. Film fantastique. Film policier. Film de gangsters. Film noir. Film catastrophe*. Film d'épouvante. Film de genre*. Films d'animation :* dessins* animés, images de synthèse. *Film pour enfants. Film de divertissement.* ➤ **comédie.** *Film comique. Film documentaire, scientifique.* ➤ **documentaire.** *Film publicitaire. Film érotique. Film pornographique, hard, classé X. — La sortie d'un nouveau film. Film qui passe dans tel cinéma. Aller voir un film au cinéma* (cf. FAM. Se payer une toile*). *Film en exclusivité*. Reprise d'un film. Film fait pour la télévision.* ➤ **téléfilm.** *Regarder un film à la télévision. Le réalisateur, les acteurs, la vedette d'un film. La production, la distribution, l'exploitation d'un film.* — LOC. FAM. *Il n'a rien compris au film,* à ce qui s'est passé, ce qui s'est dit. *Se faire un film (dans la tête),* rêver, se bercer d'illusions. «*Un qui se raconte des films, un mythomane, voilà ce qu'on murmure*» G. LEROY. ◆ PAR EXT. L'art cinématographique. ➤ **cinéma.** *Histoire du film français. Festival du film policier de Cognac.* ■ **3** FIG. Déroulement (d'évènements). *Le film des évènements du mois.* «*On se repasse le film dans la tête, pendant des mois, on comble les failles une à une*» DAENINCKX. ■ **4** ANGLIC. Pellicule, mince couche d'une matière. ➤ **feuil.** *Film d'huile. Recouvert d'un film protecteur* (➤ **pelliculé**), *adhésif. Film alimentaire :* film transparent servant à emballer, à protéger les aliments. — (1933) *Film dentaire :* mince couche liquide, plus ou moins bactérienne, à la surface des dents. ➤ **plaque.** ■ **5** Support recouvert d'une émulsion photosensible utilisé en photogravure. *Flasher des films.*

FILMAGE [filmaʒ] **n. m.** – 1912 ◊ de *filmer* ■ Action de filmer. ➤ **tournage.**

FILMER [filme] **v. tr.** ‹1› – 1908 ◊ de *film* ■ **1** Enregistrer (des vues) sur un film cinématographique ; PAR EXT. sur un support magnétique. *Filmer une scène en studio, en extérieur.* ➤ **tourner.** *Filmer un enfant avec une caméra d'amateur, un caméscope.* — ABSOLT «*des caméras cachées qui filmaient tout le temps*» LE CLÉZIO. — *Théâtre, opéra filmé.* ■ **2** (v. 1930) TECHN. Recouvrir d'un film (4°). *Viande en barquette filmée. Liège filmé.*

FILMIQUE [filmik] **adj.** – 1936 ◊ de *film* ■ DIDACT. Relatif au film, à l'œuvre cinématographique. *L'univers filmique.*

FILMOGRAPHIE [filmɔgʀafi] **n. f.** – 1947 ◊ de *film* et *-graphie,* d'après *bibliographie* ■ Liste raisonnée des films (d'un auteur, d'un acteur, d'un genre, etc.). *Une filmographie du western.* — ABRÉV. FAM. **FILMO.**

FILMOLOGIE [filmɔlɔʒi] **n. f.** – 1946 ◊ de *film* et *-logie* ■ Domaine du savoir qui a pour objet l'étude du cinéma, en tant que phénomène esthétique, social, etc. *Institut français de filmologie.*

FILMOTHÈQUE [filmɔtɛk] **n. f.** – 1969 ◊ de *film,* dans *microfilm,* et *-thèque* ■ Collection de microfilms constituée en dépôt d'archives. — REM. Ne pas confondre avec *cinémathèque*.*

FILO [filo] **n. m.** – 1988 ◊ du grec *phullon* «feuille» → -phylle ■ *Pâte filo* ou *filo :* pâte extrêmement fine utilisée dans la cuisine orientale pour des préparations feuilletées (baklava, pastilla...). *Feuilles de brick* (➤ 2 **brick**) *et pâte filo.* — La graphie *phyllo,* utilisée au Canada, est conforme à l'étymologie. ■ HOM. Philo.

FILOCHE [filɔʃ] **n. f.** – v. 1950 ◊ de *filocher* ■ FAM. Filature policière.

FILOCHER [filɔʃe] **v.** ‹1› – 1921 ◊ de *filer* ■ FAM. ■ **1 v. intr.** (de *filer* [II, 4°]) Aller vite, filer*. ■ **2 v. tr.** (de *filer* [I, 4°]) Suivre (qqn) pour l'épier. ➤ **filer.**

FILOGUIDÉ, ÉE [filogide] **adj.** – 1975 ◊ de *fil* et *guidé* ■ INGÉN. Guidé à partir d'un fil. *Missile filoguidé.*

FILON [filɔ̃] **n. m.** – 1566 ◊ italien *filone,* augmentatif de *filo* «fil» ■ **1** Masse allongée de roches éruptives, de substances minérales existant dans le sol au milieu de couches de nature différente. *Filon de cuivre, d'argent.* ➤ **veine.** *Découvrir, exploiter, épuiser un filon. Filon affleurant.* ➤ **dyke.** *Puissance d'un filon,* son épaisseur. ■ **2** Source de profits. ➤ 2 **mine.** *Exploiter un filon.* ■ **3** (1882 «affaire» de malfaiteurs) FAM. Moyen, occasion de s'enrichir ou d'améliorer son existence. Situation lucrative ou agréable. *Trouver le filon.* ➤ **combine,** 1 **truc.** *Un bon filon.* ➤ **aubaine.**

FILONIEN, IENNE [filɔnjɛ̃, jɛn] **adj.** – 1877 ◊ de *filon* ■ DIDACT. Qui forme, qui contient des filons. *Gîtes filoniens.*

FILOSELLE [filozɛl] **n. f.** – 1544 ; *filloisel* 1369 ◊ italien dialectal *filosello* «cocon», p.-ê. du latin populaire °*follicellus* «petit sac», d'après *filo* «fil» ■ ANCIENNT Bourre de soie mélangée à du coton et utilisée en bonneterie. ➤ **bourrette.** *Gants de filoselle.*

FILOU [filu] **n. m.** et **adj.** – 1564 ◊ forme de *fileur,* de *filer* ■ **1** VIEILLI Celui qui vole avec ruse, adresse, qui triche au jeu. ➤ **aigrefin, escroc, estampeur, tricheur, voleur.** ◆ PAR EXT. Homme malhonnête, sans scrupules. *Cet homme d'affaires est un vrai filou.* ➤ **pirate.** «*Les filous connaissent bien les règles et en profitent*» CHARDONNE. — **adj.** *Il est filou,* très rusé. ■ **2** Enfant malin. *Ah le filou !* ➤ **bandit, coquin, voyou.** — REM. On trouve le fém. *filoute* [filut]. *Petite filoute !*

FILOUTER [filute] **v. tr.** ‹1› – 1656 ◊ de *filou* ■ VIEILLI ■ **1** Voler* adroitement. *Filouter une montre.* ➤ **chaparder, faucher.** — **p. p. adj.** «*Elle fumait sans arrêt ses cigarettes filoutées*» YOURCENAR. ■ **2** (PERSONNES) Escroquer. *Se faire filouter.*

FILOUTERIE [filutʀi] **n. f.** – 1644 ◊ de *filouter* ■ VIEILLI Manœuvre, action de filou. ➤ **larcin ; escroquerie, tricherie.** ◆ DR. PÉN. Délit consistant dans le fait de consommer en sachant être dans l'impossibilité de payer. ➤ **grivèlerie.** *Filouterie de restaurant, de taxi.*

FILOVIRUS [filoviʀys] **n. m.** – 1993 ◊ latin scientifique *filovirus* (P. Kiley, 1982), de *filo-,* du latin *filum* «fil», à cause de son aspect, et *virus* ■ VIROL. Famille de virus à ARN à simple brin et à polarité négative, responsable de fièvres hémorragiques. *Les virus Ebola et Marburg sont des filovirus.*

FILS [fis] **n. m.** – v. 980 ◊ latin *filius* ■ **1** Personne du sexe masculin, considérée par rapport à ses parents (➤ 1 **mère, père**) ou à l'un des deux seulement. ➤ FAM. **fiston.** *C'est le fils de M. X ; c'est son fils. Fils légitime, naturel. Fils adoptif. Avoir deux fils et une fille.* ➤ **garçon.** *Fils unique. Considérer qqn comme son propre fils. Fils aîné, cadet. Leur plus jeune fils.* ➤ **benjamin, dernier.** *C'est le fils de sa femme, le fils de son mari.* ➤ **beau-fils.** *Le fils de son frère, de sa sœur.* ➤ **neveu.** *Les fils de ses enfants.* ➤ **petit-fils.** *Alexandre Dumas fils. Untel et fils ; Untel, père et fils,* désigne une entreprise commerciale dirigée par le père et le fils. *De père en fils. Amour d'un fils pour ses parents.* ➤ **filial.** FAM. *C'est bien le fils de son père, de sa mère :* il a les mêmes défauts, les mêmes qualités (cf. Il a de qui tenir*). PROV. *Tel père, tel fils :* les fils ressemblent à leur père. *À père avare, fils prodigue.* ◆ FAM. *Le fils, les fils Durand.* ◆ PÉJ. *Fils à papa,* qui profite de la situation de son père (cf. Gosse de riche*). *Effacer* «*de ce visage de fils à papa gavé son air de supériorité, d'obtuse satisfaction*» SARRAUTE. ◆ *Fils de* (sans compl.) : fils d'un artiste célèbre, d'une personnalité (cf. Se faire un prénom*). «*Il y en avait encore pour se plaindre que ce sont toujours les "fils de" qui monopolisent l'attention*» V. DESPENTES. ◆ (En appellatif) *Mon fils,* terme d'amitié (condescendant ou région.) à l'égard d'un jeune homme. ➤ **petit** (mon petit). *Bonjour, fils !* ➤ **fiston.** — (Injures) *Fils de garce, de pute.* ■ **2** RELIG. CHRÉT. *Fils de Dieu, Fils de l'homme :* Jésus-Christ. ■ — ABSOLT *Le Fils :* la deuxième personne de la Trinité. *Au nom du Père, du Fils et du Saint-Esprit.* ■ **3** LITTÉR., AU PLUR. Descendant. ➤ **postérité.** *Les fils de Saint Louis.*

➤ **race.** ♦ LITTÉR. Homme considéré par rapport à son pays natal (➤ **citoyen**). *Les fils de la France. Un fils du pays.* — Par rapport à ses origines sociales. *« Fils du peuple », de M. Thorez. Fils de famille**. — VX ou PLAIS. *Les fils du ciel :* les Chinois. ■ **4 FILS SPIRITUEL :** celui qui a reçu l'héritage spirituel de qqn, qui continue son œuvre, etc. ➤ **disciple.** *« Les écrivains du dix-neuvième siècle, sont les fils de la Révolution française »* HUGO. — (D'un ecclésiastique à un homme) *Je vous bénis, mon fils.* ■ **5** Celui qui doit son état à. *Fils de ses œuvres :* celui qui ne doit sa situation, son état qu'à lui-même, qu'à son travail (➤ **self-made-man ; autodidacte**).

FILTRABLE [filtʀabl] adj. – 1754 ◊ de *filtrer* ■ Que l'on peut filtrer. — SPÉCIALT *Virus filtrable.* ➤ **filtrant.**

FILTRAGE [filtʀaʒ] n. m. – 1842 ◊ de *filtrer* ■ **1** Action de filtrer ; son résultat. *Élimination des impuretés, du dépôt d'une boisson par filtrage.* ➤ **clarification, filtration.** ÉLECTRON. Élimination de certaines fréquences du spectre (d'un signal). *Filtrage optique.* ■ **2** FIG. Contrôle (➤ **filtrer,** I, 3°). *Le filtrage des nouvelles.* ➤ **censure.**

FILTRANT, ANTE [filtʀɑ̃, ɑ̃t] adj. – 1752 ◊ de *filtrer* ■ **1** Qui sert à filtrer. *Cartouche filtrante d'un filtre à air.* ■ **2** *Verre filtrant :* filtre optique. ■ **3** *Barrage filtrant :* barrage routier laissant s'écouler la circulation sur une seule voie. ■ **4** (les filtres ne retenant pas ces particules) VIEILLI *Virus* filtrant.* ➤ **filtrable.**

FILTRAT [filtʀa] n. m. – 1891 ◊ de *filtre* ■ CHIM. Liquide, fluide filtré.

FILTRATION [filtʀasjɔ̃] n. f. – 1578 ◊ de *filtrer* ■ SC. ■ **1** Action de filtrer (I). ➤ **filtrage.** *Filtration sous vide.* ■ **2** Passage à travers un filtre. ♦ Liquide, rayonnements qui filtrent (II). ➤ **infiltration.**

FILTRE [filtʀ] n. m. – 1560 ◊ latin médiéval *filtrum,* d'origine francique → feutre ■ **1** COUR. Appareil (tissu ou réseau, passoire) à travers lequel on fait passer un liquide pour le débarrasser des particules solides qui s'y trouvent. *Filtre en étoffe, en molleton.* ➤ **chausse** (2°), 1**étamine.** *Filtre pour le bouillon, le thé.* ➤ **passoire.** *Filtre pour les sauces.* ➤ **chinois.** ♦ *Filtre servant à préparer le café infusé* (➤ **percolateur**). *Filtre en papier. Papier*-filtre.* VIEILLI *Café-filtre,* passé directement dans la tasse au moyen d'un filtre individuel. *Le café « passait dans le filtre, avec un bruit chantant de grosses gouttes »* ZOLA. ■ **2** SC., TECHN. Corps poreux ou percé de trous, appareil servant à débarrasser un fluide des particules en suspension. *Filtre de Chamberland.* ➤ **bougie.** *Filtre à air, à essence, à huile. Filtre à particules*. Filtre d'un lave-vaisselle, d'un lave-linge.* ■ **3** PHYS. Dispositif destiné à éliminer certaines composantes fréquentielles d'un spectre (électrique, acoustique, optique, mécanique). *Filtre passe-bas, passe-haut, passe-bande* (➤ **ces mots**). *Filtre numérique, analogique. Filtre antiparasite. Filtre grave, aigu d'une chaîne haute-fidélité* (➤ **égaliseur**). ♦ SPÉCIALT PHOTOGR. *Filtre absorbant, polarisant, coloré, monté sur un appareil photographique.* — PAR EXT. Modification de l'aspect général d'une photo numérique effectuée par un logiciel, une application de traitement d'images. *Filtre sépia. Photo sans filtre.* — loc. adj. FIG. *Sans filtre :* brut, spontané. *Un témoignage sans filtre.* ADVT *Parler sans filtre.* ➤ **cash.** ■ **4** *Filtre, bout filtre,* servant à filtrer la nicotine (d'une cigarette, etc.). ➤ **dénicotiniseur.** *Cigarette avec, sans filtre.* ■ HOM. Philtre.

FILTRE-PRESSE [filtʀəpʀɛs] n. m. – 1865 ◊ de *filtre* et *presse* ■ TECHN. Appareil pour filtrer les liquides sous pression. *Des filtres-presses.*

FILTRER [filtʀe] v. ‹1› – 1560 ◊ de *filtre*

I v. tr. ■ **1** Faire passer à travers un filtre. *Filtrer un liquide pour en éliminer les impuretés, de l'eau pour la rendre potable.* ➤ **clarifier, dépurer, épurer, purifier.** *Roches sédimentaires qui filtrent les eaux pluviales.* ♦ PAR ANAL. *Filtrer la lumière.* ➤ **tamiser.** *« Le fin brouillard rose filtre le soleil »* COLETTE. *Filtrer un son, des rayonnements.* — *Jour filtré.* ■ **2** PAR EXT. Retenir (un élément) au moyen d'un filtre. *Filtrer les impuretés de l'eau. Organe qui filtre les déchets de l'organisme.* ♦ PAR ANAL. *Filtrer un signal pour éliminer le bruit de fond.* ■ **3** Soumettre à un contrôle, à une vérification, à un tri (cf. Passer au crible*). *La police filtre les passants. « Londres est la bourse mondiale des informations. Elles sont reçues et filtrées ici »* MORAND. ♦ Prendre le bon et laisser le mauvais de (qqch.). *« L'artiste regarde le monde pour le filtrer »* MALRAUX.

II v. intr. ■ **1** S'écouler en passant à travers un filtre. ➤ **couler, passer.** *Ce sirop, ce café filtre lentement.* — PAR ANAL. Traverser les pores, les interstices d'un corps quelconque (en parlant d'un liquide, d'un gaz). *L'eau filtre à travers le sable* (➤ **pénétrer**). *« Tout près du lac filtre une source, Entre deux pierres, dans un coin »* GAUTIER. ➤ **sourdre, transsuder.** ■ **2** (XVIIe) *Lumière, rayon qui filtre à travers les volets. Vitraux qui laissent filtrer le jour. Cloisons qui laissent filtrer le bruit.* — Se répandre malgré les obstacles. ➤ **transpirer.** *« un de ces sujets du jour qui ne manquent jamais de filtrer jusqu'au fond des sérails »* LOTI.

1**FIN** [fɛ̃] n. f. – début XIe, au sens de « mort » (I, 5°) ◊ du latin *finis* « borne, limite » et « but, terme » → confins

I LIMITE DANS LE TEMPS ■ **1** Moment, instant auquel s'arrête un phénomène, une période, une action. ➤ **limite, terme.** *Du début, du commencement à la fin, jusqu'à la fin. La fin de l'année. La fin du jour.* ➤ **crépuscule.** *Fin de la séance.* ➤ **clôture.** *Jusqu'à la fin des temps, des siècles.* ➤ **consommation.** *Avant la fin de l'hiver.* — ELLIPT *Traite à payer fin mai. Effet payable fin courant. Le film sort fin 2008.* ♦ loc. adv. **À LA FIN.** ➤ **enfin, finalement** (cf. En définitive). *À la fin, elle a cédé. « Ce qui d'abord est gloire, à la fin est fardeau »* HUGO. — FAM. *Tu m'ennuies, j'en ai assez à la fin !* ■ **2** (XIIIe « frontière, limite ») Point auquel s'arrête un objet que l'on parcourt, dont on fait usage. ➤ 1**point** (final). *Arriver à la fin d'un livre.* ➤ **bout.** *La fin d'une bobine de fil.* ■ **3** (XIIe) Derniers éléments d'une durée, dernière partie d'une action, d'un ouvrage. *Une belle fin de journée. Je n'ai pas aimé la fin de ce roman.* ➤ **dénouement, épilogue.** *La fin heureuse d'un film.* ➤ **happy end.** *Écouter la fin d'un discours.* ➤ **conclusion, péroraison.** *La fin d'un morceau de musique.* ➤ **coda,** 2**finale.** LOC. *Avoir des fins de mois difficiles :* avoir du mal à équilibrer son budget (cf. Ne pas pouvoir joindre* les deux bouts). *Arrondir* ses fins de mois.* — *En fin de semaine* (plus étendu que le week-end). (Canada) *Fin de semaine*.* ➤ **week-end.** — *En fin de carrière. Son nom est en fin de liste. En fin de compte*.* — *En fin de course*.* — loc. adj. inv. *Un personnage fin de siècle.* ➤ **décadent.** *Il est très fin de race*.* ♦ SPÉCIALT *Faire une fin :* adopter un mode de vie stable, notamment en se mariant. ➤ **se ranger.** ■ **4** Arrêt, cessation de l'existence d'un être, de l'action d'un phénomène, d'un sentiment. ➤ **disparition.** *La fin du monde.* ➤ **apocalypse.** *« Quelle belle soirée... Y a tout ce que j'aime... Le côté sans espoir... Fin du monde »* (J. SIGURD, « Les Tricheurs », film). *La fin d'un empire.* ➤ **chute.** *La fin de la guerre, des hostilités. « cette formidable lutte qui ne trouverait sa fin qu'aux champs de Waterloo »* MADELIN. *Solder des articles de fin de série. C'est la fin de tous mes espoirs.* ➤ **ruine.** *On n'en verra jamais la fin :* c'est interminable. ➤ **bout.** — FAM. *C'est la fin de tout, la fin des haricots !,* il n'y a plus rien à faire, tout est perdu. *C'est le commencement de la fin. Les meilleures choses ont une fin. Le mot* de la fin.* — *Chômeur en fin de droits*. Malade en fin de vie. « il cessa de s'alimenter. Il fut transporté dans un centre de fin de vie, dans lequel il mourut quelques semaines plus tard »* D. DE VIGAN. ♦ **N'AVOIR NI FIN NI CESSE :** ne pas cesser. *Il n'a ni fin ni cesse que* (et subj.) : il n'a de cesse* que. — **METTRE FIN À :** faire cesser, arrêter. ➤ **finir.** *La nuit mit fin au combat. Il est temps de mettre fin à cette affaire.* ➤ **terminer.** *Mettre fin à sa vie, à ses jours :* se suicider. *« Il s'étendit sur son matelas et se proposa différents moyens de mettre fin à ses jours »* Y. QUEFFÉLEC. — **PRENDRE FIN :** cesser. *La réunion, la délibération a pris fin très tard.* ➤ **se terminer.** — **TIRER, TOUCHER À SA FIN :** être sur le point de finir. *Notre travail touche à sa fin.* — **SANS FIN.** loc. adv. *Discourir sans fin.* ➤ **continuellement, indéfiniment, interminablement** (cf. Sans cesse*). *L'univers « recommencera sans fin l'œuvre avortée »* RENAN. loc. adj. *Un jour sans fin.* ➤ **immense, indéfini, infini.** TECHN. *Courroie, chaîne, vis sans fin,* permettant une transmission continue du mouvement. FIG. *« La chaîne sans fin de l'exploitation roulant sur la poulie de la sottise humaine »* G. DARIEN. ■ **5** (début XIe) Cessation de la vie humaine. ➤ 1**mort.** *Fin prématurée, tragique. Une belle, une triste fin.* ■ **6** Cessation par achèvement. ➤ **aboutissement.** *Ce n'est pas une fin, mais une étape.* — *Mener à bonne fin une étude, une affaire,* à terme. ➤ **accomplir, achever.**

II BUT OU TERME, INTENTION (début XIVe) ■ **1** (Souvent plur.) Chose qu'on veut réaliser, à laquelle on tend volontairement. ➤ **but,** 2**objectif.** *Arriver, en venir, parvenir à ses fins.* ➤ **réussir.** *Fins cachées, secrètes.* ➤ **visée.** *« Nous ne sommes juges ni des moyens, ni de la fin du Tout-Puissant »* BALZAC. LOC. PROV. *Qui veut la fin veut les moyens :* celui qui veut atteindre son but accepte d'y arriver par tous les moyens. *La fin justifie les moyens,* thèse du machiavélisme politique. — PHILOS. (chez Kant) *Fin en soi,* objective et absolue ; COUR. résultat cherché pour lui-même. ♦ LOC. *À cette fin, à ces fins :* pour arriver à ce résultat. *À cette fin, nous avons décidé... « Il surveille l'évacuation* [...] *à cette fin que personne ne tire au* *flanc»* BARBUSSE. *À toutes fins utiles :* pour servir le cas échéant et en tout cas. *À quelle fin ?* pourquoi ? — (altération de *à celle* [«cette»] *fin) À seule fin de, à seules fins de* (et inf.) : dans le seul but de. *Il est venu à seule fin de vous rencontrer.* ▪ **2** Terme auquel un être ou une chose tend ou va instinctivement ou par nature. ➤ **destination, finalité, tendance.** *Les principes et la fin de la poésie. «l'homme est sa propre fin. S'il veut être quelque chose, c'est dans cette vie»* CAMUS. — THÉOL. *Les fins dernières :* la mort, le jugement dernier, le ciel et l'enfer ➤ **eschatologie.** *«L'Église ne parle plus des fins dernières, elle garde le silence comme s'il n'y avait rien»* GREEN. ▪ **3** (milieu XVe) DR. But juridiquement poursuivi. *Les fins et conclusions du demandeur.* ◆ *Fin de non-recevoir :* moyen tendant à faire déclarer l'adversaire irrecevable en sa demande, sans examen du fond, pour défaut de droit d'agir. — COUR. Refus. *Opposer une fin de non-recevoir à qqn. «Je désire fort qu'il n'y ait pas trop de difficultés et de fins de non-recevoir»* SAINTE-BEUVE.

▪ CONTR. Commencement, début. 1 Départ, naissance, origine. Condition, principe. ▪ HOM. Faim, feint.

2 **FIN, FINE** [fɛ̃, fin] adj. – fin XIe, au sens de «pur» (II, A, 1°) ◊ du latin *finis* «fin, extrémité», pris comme adjectif → 1 fin

I EXTRÊME ▪ **1** (début XVIe) VX ou RÉGION. (Belgique, Canada) (toujours avant le nom) Extrême ; qui est au bout, à la fin. — MOD. LOC. **LE FIN FOND :** la partie la plus reculée. *Le fin fond des bois. «le pays jusqu'au fin fond»* GIONO. — **LE FIN MOT DE** qqch. : le dernier mot, le mot qui donne la clé du reste. *Voici le fin mot de l'histoire, de l'affaire.* ▪ **2** adv. (fin XIIIe) Complètement, tout à fait. *Elle est fin prête. Ils étaient fin soûls. «Phil était presque toujours fin seul avec lui-même»* V.-L. BEAULIEU.

II QUI PRÉSENTE UN CARACTÈRE DE PERFECTION
A. CONCRET ▪ **1** (fin XIe) Qui est d'une très grande pureté. ➤ **affiné, pur.** *Métal fin. Or fin.* — SUBST. *Le fin.* ➤ **titre.** *Un kilogramme d'or à 9/10 de fin. — Pierres, perles fines.* ➤ **précieux.** — *La fine fleur*.* ▪ **2** Qui est de la matière la plus choisie, la meilleure (opposé à *commun, ordinaire*). ➤ **raffiné.** *Lingerie fine. — Épicerie fine,* où l'on trouve les produits de qualité supérieure. *«Assoupi par la digestion du fin déjeuner qu'il avait fait»* ZOLA. *Souper fin. Vins fins. Eau-de-vie fine.* ➤ **fine.** *Beurre fin et beurre extrafin.* PAR EXT. *Partie* fine.* — SUBST. *Des fines de claire*.* ◆ (Odeur, parfum) *Arôme fin et pénétrant.* — *Fines herbes*.* ◆ SUBST. LOC. **LE FIN DU FIN :** ce qu'il y a de mieux dans le genre, le dernier raffinement. ➤ **must, nec plus ultra,** 2 **top.**
B. ABSTRAIT ▪ **1** D'une grande acuité. ➤ **sensible.** *Avoir l'oreille, l'ouïe fine. Odorat fin.* ▪ **2** FIG. (milieu XIIIe) Qui discerne les moindres rapports des choses. ➤ 1 **délié, perspicace, sagace, subtil.** *Esprit fin, très fin, assez fin.* ◆ Qui marque de la subtilité d'esprit, une sensibilité délicate. *Observations justes et fines.* PAR EXT. ➤ 1 **piquant, spirituel.** *Un regard fin. Sourire fin. Une fine plaisanterie* (souvent iron. : plaisanterie bête). ◆ Qui est appliqué avec précision et exactitude ; qui est établi d'après les caractères les plus différenciés de son objet (en parlant d'un calcul, d'une estimation, etc.). *Une analyse très fine.* ➤ **pointu.**
C. QUALIFIE DES PERSONNES ▪ **1** Qui excelle dans une activité réclamant de l'adresse et du discernement. ➤ **adroit, habile.** *Fin limier. Fin connaisseur. Fin gourmet. Fine cuisinière. Fin cordon-bleu.* PAR MÉTON. *Une fine lame :* un escrimeur habile. *Une fine bouche,* (FAM.) *une fine gueule :* un gourmet. LOC. *Faire la fine bouche :* être difficile sur la nourriture ; PAR EXT. sur ce qu'on vous propose. ▪ **2** PAR EXT. (début XIVe) D'une habileté qui s'accompagne de ruse. ➤ **astucieux, avisé, finaud, futé, habile, malin, retors, rusé, subtil.** *Jouer au plus fin.* ➤ **finasser.** *«Le vrai moyen d'être trompé, c'est de se croire plus fin que les autres»* LA ROCHEFOUCAULD. *«Perspicace, fine à la manière des paysans fins»* COLETTE. — *Il n'est pas très fin,* pas intelligent. IRON. *Avoir l'air fin,* ridicule. PAR EXT. (IRON.) *C'est fin, ce que tu as fait là !* ➤ **intelligent, malin.** — *Une fine mouche*.* ▪ **3** (1864) (Canada) FAM. Aimable, gentil. *«Je connais une veuve bien fine»* GUÈVREMONT.

III TRÈS DÉLICAT (DE MATIÈRE, DE FORME) ▪ **1** Dont les éléments sont très petits. ➤ 1 **menu ; extrafin.** *Sable fin. Poudre fine. Sel fin. Petits-pois fins, très fins, extrafins. — Particules* fines. — Une pluie fine.* adv. *Moudre fin.* ▪ **2** Délié. *Branches fines. Cheveux fins et soyeux. Pull en laine fine.* — PAR EXT. Mince avec élégance. *Taille fine.* ➤ **svelte.** *Mains, jambes, attaches fines. «Le temps, qui change si malheureusement les figures à traits fins et délicats»* BALZAC. ▪ **3** Très aigu. *Aiguille fine. Feutre à pointe fine. Oiseau au bec fin.* ➤ **bec-fin.** *Pinceau fin.* ▪ **4** (milieu XVe) Peu épais. ➤ **mince.** *Saucisson coupé en tranches fines. Tarte* fine.* ◆ (Avec une idée de beauté ; cf. II). ➤ **délicat, léger.** *Peau fine. Tissu fin. Papier fin* (SPÉCIALT papier de soie). *Souliers fins.* ▪ **5** Mince et délicat dans l'exécution. *Écriture fine. Broderie fine.* ◆ FIG. Difficile à percevoir. *Les plus fines nuances de la pensée.* ➤ **subtil, ténu.**

IV ~ adv. BILLARD *Prendre fin sa bille*. Jouer fin sur la rouge :* effleurer à peine la bille (opposé à *jouer gros*).

▪ CONTR. Gros, grossier. Balourd, bête, lourd, niais, sot, stupide. — Épais, gros.
▪ HOM. Faim, feint, 1 fin ; fine, fines, finn.

FINAGE [finaʒ] n. m. – XIVe ; *finaige* 1231 ◊ de 1 *fin* ▪ Limites, étendue d'une paroisse ou d'une juridiction (VX) ; d'un territoire communal (MOD.), dans certaines régions.

FINAL, ALE, ALS ou **AUX** [final, o] adj. – XIIe ◊ bas latin *finalis,* de *finis* → 1 fin ▪ **1** Qui est à la fin, qui sert de fin (sens I). ➤ 1 **terminal.** *Voyelle finale. Mesure, note, accords finals d'un air.* ➤ **dernier.** *«trois pas finaux»* ARTAUD. *Résultat final. Proposition finale. «C'est la lutte finale»* (refrain de «L'Internationale»). — **POINT FINAL,** à la fin d'une phrase. *Mettre le point final à une affaire, à un débat,* y apporter une conclusion définitive. — *Effet, terme final.* ➤ **extrême, ultime.** — *La solution* finale.* — ÉCON. Qui est en bout de chaîne, dans le processus de production économique (opposé à *intermédiaire*). *La demande finale. Objet final. Utilisateur final.* ▪ **2** loc. adv. (critiqué) **AU FINAL :** en fin de compte. ➤ **finalement, in fine** (cf. À l'arrivée). *C'est une bonne idée au final.* ▪ **3** PHILOS. Qui marque une fin (sens II), un but. *Cause* finale.* ▪ CONTR. Initial. ▪ HOM. Finaud.

1 **FINALE** [final] n. f. – 1721 ◊ de *final* ▪ **1** GRAMM. Syllabe ou éléments en dernière position dans un mot ou une phrase. *Finale accentuée. Consonne qui s'assourdit à la finale.* — PAR EXT. *«Certains airs dont elle escamotait toutes les finales»* CÉLINE. — DANSE Figure finale (d'un quadrille, etc.). ▪ **2** COUR. Dernière épreuve (d'un tournoi, d'une coupe) qui, après les éliminatoires et parfois le repêchage, désigne le vainqueur. *Arriver en finale. Jouer en finale. Seizièmes, huitièmes, quarts de finale, demi-finales d'un tournoi de tennis, d'échecs. La finale opposera la France à l'Irlande. La finale dames, messieurs. — Petite finale,* disputée entre les demi-finalistes pour la troisième place. ◆ FIG. *En finale :* pour terminer. *«Toute la traversée de Paris en plein noir [...] avec la montée de Montmartre en finale»* AYMÉ.

2 **FINALE** [final] n. m. – 1779 ◊ italien *finale,* de *fine* «fin» ▪ MUS. Dernier morceau d'un opéra. *Ouverture et finale.* — Dernier mouvement de toute composition de la forme sonate. ➤ **coda.** *«L'Hymne à la joie», finale de la IXe Symphonie de Beethoven.*

FINALEMENT [finalmɑ̃] adv. – XIIIe ◊ de *final* ▪ À la fin, pour finir. *Ils se sont finalement réconciliés.* ◆ En dernière analyse. *«Et moi aussi, finalement, je suis un transsexuel d'un genre abstrait»* SOLLERS (cf. En définitive, en fin de compte*, somme* toute, à l'arrivée).

FINALISER [finalize] v. tr. ⟨1⟩ – 1936 ◊ de *final* ▪ **1** Donner une fin, une orientation précise à. ▪ **2** (calque de l'anglais *to finalize*) Mettre au point de manière détaillée ; présenter sous sa forme quasi définitive. *Finaliser un projet, un accord. — Une maquette finalisée.* — n. f. **FINALISATION,** 1927.

FINALISME [finalism] n. m. – 1907 ◊ de 1 *finaliste* ▪ DIDACT. Philosophie finaliste.

1 **FINALISTE** [finalist] adj. et n. – 1824 ◊ de *final* (2°) ▪ PHILOS. Qui croit à la finalité comme explication de l'univers. *Théories finalistes en biologie.*

2 **FINALISTE** [finalist] n. – 1924 ◊ de 1 *finale* (2°) ▪ Concurrent(e), équipe qualifié(e) pour une finale. *Être plusieurs fois finaliste d'un tournoi. Le finaliste vainqueur.*

FINALITAIRE [finalitɛʀ] adj. – 1953 ◊ de *finalité* ▪ DIDACT. Qui présente un caractère de finalité.

FINALITÉ [finalite] n. f. – 1819 ◊ de *final* (2°) ▪ **1** Caractère de ce qui tend à un but ; le fait de tendre à ce but, par l'adaptation de moyens à des fins. *Finalité obscure d'actes passionnels. Expression de la finalité dans le langage. Principe de finalité.* ➤ **téléologie.** ◆ Adaptation des parties au tout (principe de la beauté, dans certaines théories esthétiques). ➤ **harmonie.** ▪ **2** HIST. SC. Interprétation des adaptations observées des êtres vivants, des organes, selon une fin. *La finalité conçue comme «principe interne de direction» et «élan vital», chez Bergson.*

FINANCE [finɑ̃s] n. f. – 1283 «paiement, rançon», puis «argent» ◊ du v. *finer* «payer», altération de *finir* «mener à fin, venir à bout» ▪ **1** VX Ressources pécuniaires. ➤ **argent, ressource.** — MOD. LOC. **MOYENNANT FINANCE :** en échange d'argent. — AU PLUR., FAM. *Ses finances vont mal. Cela dépendra de l'état de mes finances.*

«Les finances de Chateaubriand seraient un chapitre à écrire de son histoire» SAINTE-BEUVE. FAM. *La pompe à finances* (Jarry), la source des revenus. ■ **2** (1314) MOD. **LES FINANCES :** ensemble des recettes et des dépenses de l'État et des collectivités publiques ; gestion financière de l'État et des collectivités publiques. *Finances publiques.* ➤ **denier, fonds** (public), **recette ; dépense.** *Organisation, gestion des Finances. Ministère de l'Économie et des Finances. Ministre des Finances* (cf. FAM. Grand argentier* ; chancelier de l'Échiquier*). *Inspecteur* des finances. Surintendant* des finances. Lois de finances :* ensemble de lois dont la plus importante *(loi de finances initiale)* fixe le budget annuel de l'État et sa répartition fonctionnelle. — *Faites-nous de bonne politique et je vous ferai de bonnes finances,* mot attribué au baron Louis (1755-1837), ministre des Finances sous la Restauration. ♦ PAR EXT. (1832 ; «fisc» XVIIIe) Administration des Finances. *Être employé aux Finances.* ♦ Science ayant pour objet l'analyse des recettes et des dépenses publiques. *Suivre un cours de finances à la faculté.* ■ **3 LA FINANCE :** art, science traitant de la monnaie ou de l'argent ; grandes affaires d'argent. ➤ **affaire ; banque,** 2**bourse, commerce ; capitalisme.** *S'occuper de finance, être dans la finance. Termes de finance.* — PAR EXT. Ensemble des personnes qui ont de grosses affaires d'argent. ➤ **financier.** *Un magnat de la finance. La haute finance internationale.*

FINANCEMENT [finɑ̃smɑ̃] n. m. – 1916 ◇ de *financer* (II, 2°) ■ **1** Ensemble des méthodes et moyens de règlement mis en œuvre pour la réalisation d'un projet. ➤ **montage** (financier). *Plan de financement pour l'acquisition d'un logement. Financement participatif* (recomm. offic. pour *crowdfunding*), faisant appel à la participation du public, notamment sur Internet. *Site de financement participatif.* ■ **2** Affectation de ressources à une entreprise, à un service public. ➤ **fonds.** *Financement d'une industrie par le capital privé, par l'État* (➤ aussi **autofinancement**). *Financement public des actions de l'État, des collectivités locales.* ➤ **budget, emprunt, impôt, prélèvement.** ♦ PAR EXT. *Financement des partis politiques.*

FINANCER [finɑ̃se] v. ‹3› – 1544 ◇ de *finance*

I v. intr. VX OU PLAISANT Payer. *«Le père Goriot a galamment financé pour elle»* BALZAC.

II v. tr. (fin XIXe) Soutenir financièrement (une entreprise), procurer les capitaux nécessaires au fonctionnement de. *Financer une affaire. Financer un projet à plusieurs.* ➤ **cofinancer.** *Financer une société en commandite.* ➤ **commanditer.** *Société qui finance un journal. Financer un spectacle, une compétition sportive, une émission de télévision.* ➤ **parrainer, sponsoriser.** *Emprunt permettant de financer ses études.*

FINANCIARISER [finɑ̃sjarize] v. tr. ‹1› – 1986 ◇ de *financier* ■ **1** Recourir à l'emprunt public, à l'endettement pour financer. ■ **2** Accorder une part croissante aux activités financières dans le financement de (l'économie). — n. f. **FINANCIARISATION.**

FINANCIER, IÈRE [finɑ̃sje, jɛʀ] n. et adj. – *financhière* «celui qui finance, qui paye» v. 1420 ◇ de *finance*

I n. ■ **1** n. m. (1549) ANCIENNT Celui qui s'occupait des finances publiques ; qui avait la ferme ou la régie des droits du roi. ➤ **fermier.** — PAR EXT. Homme opulent. *«Le Savetier et le Financier», fable de La Fontaine.* ■ **2** MOD. Personne qui fait de grosses affaires d'argent, des opérations de banque, de bourse. ➤ **banquier, capitaliste.** *«un des maîtres du monde, un de ces financiers omnipotents, plus forts que des rois»* MAUPASSANT. ♦ Spécialiste de la gestion des finances publiques ou privées. *Les financiers et les commerciaux d'une entreprise.* ■ **3** n. m. Petit gâteau rectangulaire à base de poudre d'amandes et de blancs d'œufs.

II adj. (1752) Relatif à la finance, aux finances. ■ **1** Relatif aux ressources pécuniaires, à l'argent. *Soucis financiers. Aide financière d'une entreprise à une association.* ➤ **mécénat, parrainage, partenariat, sponsoring.** ■ **2** Relatif aux finances publiques. *Politique financière, monétaire et fiscale. Législation financière. Équilibre financier. Crise financière.* ■ **3** Relatif aux affaires d'argent. *Capital financier,* investi dans des affaires de banque. ➤ **bancaire.** *Holding* financier. Les marchés financiers. Scandales financiers. «Les assassinats sur la grande route me semblent des actes de charité comparés à certaines combinaisons financières»* BALZAC. ♦ (PERSONNES) Qui s'occupe des affaires d'argent (d'une entreprise). *Directeur financier.* ■ **4** CUIS. *Sauce financière,* et SUBST. *financière :* sauce garnie de ris de veau, quenelles de volailles, etc. *Vol-au-vent financière.*

FINANCIÈREMENT [finɑ̃sjɛʀmɑ̃] adv. – 1865 ◇ de *financier* ■ En matière de finances ; au point de vue financier. *Société, État financièrement prospère.* — PAR EXT. FAM. En ce qui concerne l'argent, l'aspect pécuniaire. ➤ **matériellement.** *Un contrat financièrement intéressant.*

FINASSER [finase] v. intr. ‹1› – 1680 ; var. *finesser* ◇ de *finesse* ■ Agir avec une finesse qui est proche de la déloyauté ; user de subterfuges. ➤ **ruser.** *«On peut toujours finasser dans les nuances»* TOURNIER.

FINASSERIE [finasʀi] n. f. – 1718 ◇ de *finasser* ■ Procédé d'une personne qui finasse. *Assez de finasseries !*

FINASSIER, IÈRE [finasje, jɛʀ] n. – 1740 ◇ de *finasser* ■ VIEILLI Personne qui finasse. — On dit aussi **FINASSEUR, EUSE,** 1718.

FINAUD, AUDE [fino, od] adj. – 1762 ◇ de 2*fin* ■ Qui cache de la finesse sous un air de simplicité. ➤ 2**fin, futé, malin, matois, retors, roué, rusé.** *Un paysan finaud. Il unit «la blague du vieux soldat à la malice finaude du Normand»* MAUPASSANT. *Elle n'est pas très finaude.* — SUBST. *La petite finaude avait tout deviné.* ■ HOM. Finaux (final).

FINAUDERIE [finodʀi] n. f. – avant 1850 ◇ de *finaud* ■ Caractère ou façon d'agir de qqn qui est finaud. ➤ **malice.**

FINE [fin] n. f. – XIXe ◇ de 2*fin* ■ Eau-de-vie de raisin de qualité supérieure. ➤ **cognac.** *Fine champagne* (la Champagne désignant une région autour de Cognac). *Une bouteille de fine.* — Verre de fine. *Garçon, une fine ! Une fine à l'eau.* ■ HOM. Fines, finn.

FINE DE CLAIRE ➤ **CLAIRE**

FINEMENT [finmɑ̃] adv. – XIIe ◇ de 2*fin* ■ **1** Avec finesse, subtilité. *Apprécier finement un son, une sensation.* ■ **2** VIEILLI Avec habileté. ➤ **adroitement.** *Il a finement manœuvré.* ■ **3** D'une manière fine, délicate. *Objet finement ciselé. Tissu finement rayé,* à rayures fines.

FINES [fin] n. f. pl. – 1973 ; «charbon» 1865 ◇ de 2*fin* ■ TECHN. Granulat constitué d'éléments de très petites dimensions, utilisé comme charge de remplissage pour augmenter la compacité du béton, d'un sol, etc. ■ HOM. Fine, finn.

FINESSE [finɛs] n. f. – 1330 ◇ de 2*fin*

I Qualité de ce qui est fin (2 ; II). **A. UNE, LES FINESSES.** ■ **1** VIEILLI Plan ou action marquant la ruse. ➤ **artifice, astuce, ruse, stratagème.** *«La plus subtile de toutes les finesses est de savoir bien feindre de tomber dans les pièges que l'on nous tend»* LA ROCHEFOUCAULD. ■ **2** MOD. Chose difficile à comprendre, à manier (qui demande de la finesse). *Connaître toutes les finesses d'une langue, d'un art.* ➤ **subtilité.** *Les finesses d'un métier.* ➤ **ficelle.**

B. (XVe) **LA FINESSE :** caractère de ce qui est fin. ■ **1** Qualité de ce qui est délicat et bien exécuté. *Finesse d'un ouvrage. Finesse d'exécution.* ➤ **légèreté.** *Finesse d'une broderie. «Le linge était d'une finesse et d'une beauté que n'avait jamais soupçonnées Edmond»* ARAGON. *Finesse du trait.* ➤ **délicatesse.** — *La finesse d'un vin, d'un parfum.* ■ **2** Acuité (des sens). *«Les sens deviennent d'une finesse et d'une acuité extraordinaires. Les yeux percent l'infini. L'oreille perçoit les sons les plus insaisissables»* BAUDELAIRE. ■ **3** Aptitude à discerner les plus délicats rapports des pensées et des sentiments. ➤ **clairvoyance, pénétration, perspicacité, sagacité, subtilité.** *Finesse d'esprit, de jugement, de goût.* ➤ **raffinement.** — ABSOLT *«Esprit de finesse»* PASCAL (opposé à *esprit de géométrie**). *Aperçus, propos pleins de finesse.*

II Qualité de ce qui est fin (2 ; III). ■ **1** Extrême délicatesse de forme ou de matière. ➤ **étroitesse, minceur.** *Finesse d'une poudre. Finesse d'un fil, d'une aiguille. Finesse des traits, des cheveux. Finesse de la taille.* ➤ **sveltesse.** ■ **2** AÉRONAUT. Rapport entre les coefficients de portance et de traînée d'un avion, mesurant son aptitude à planer. ■ **3** Étroitesse des lignes d'eau de l'avant et de l'arrière d'un navire.

■ CONTR. Grossièreté. Balourdise, bêtise, ineptie, maladresse, niaiserie, sottise, stupidité. — Épaisseur.

FINETTE [finɛt] n. f. – 1519 ◇ de 2*fin* ■ Étoffe de coton croisée dont l'envers est pelucheux. *«le pyjama de finette était trop léger pour la saison»* LE CLÉZIO.

FINI, IE [fini] adj. – XIIIe ◇ de *finir* ■ **1** Qui a été mené à son terme, achevé, terminé. *Mon travail est fini. Ses études sont finies.* ♦ PAR EXT. *Produits finis,* qui peuvent être utilisés dès leur sortie d'usine. *Produits semi-finis.* ♦ SPÉCIALT Mené à son point d'achèvement, de perfection. *Un livre «doit être composé, sculpté, posé, taillé, fini et limé»* VIGNY. ➤ **léché,** 2**poli.** — Dont la finition est de qualité. *Vêtement bien fini.* ♦ SUBST.

(1771) *Le fini* : la qualité de ce qui est soigné jusque dans les détails. ➤ **perfection.** *« L'art assyrien, comme l'art roman, se refusaient au fini autant que Corot »* MALRAUX. ■ **2** PÉJ. Parfait en son genre. ➤ **accompli, achevé.** *Un menteur fini.* ➤ **fieffé.** ■ **3** Qui est arrivé à son terme. *Les vacances sont finies.* ELLIPT *Finie la belle vie ! Une époque, un monde fini.* ➤ **disparu, évanoui, révolu.** *« Il s'agissait de sentiments révolus, finis »* MAURIAC. *C'est fini, on ne m'y reprendra plus* (cf. C'est terminé). *Tout est fini entre eux* : ils sont séparés. *C'est fini, bien fini* (cf. C'en est fait). ♦ (PERSONNES) *C'est un homme fini,* diminué, usé au point d'avoir perdu toute possibilité d'agir, de réussir ; qui a perdu toute considération, discrédité. ➤ **has been.** *« On racontait tout haut un scandale affreux. Ce pauvre Vandeuvre était fini »* ZOLA. ■ **4** PHILOS. Qui a des bornes. ➤ **limité ; finitude.** *Univers, corps, êtres finis.* SUBST. *Le fini et l'infini.* — MATH. *Ensemble fini,* dont le nombre d'éléments est limité. ■ CONTR. Imparfait, inachevé ; infini.

FINIR [finiʀ] v. ‹2› – fin XIe ◊ du latin *finire* « achever »

I ~ **v. tr.** MENER À SA FIN ■ **1** Conduire (une occupation, un travail) à son terme en faisant ce qui reste à faire. ➤ **accomplir, achever, terminer.** *Finir un ouvrage. Finir une dissertation.* ➤ **conclure.** *Il commence tout et ne finit rien.* — SANS COMPL. *Il commence par où il devrait finir. Coureur qui finit en beauté* (➤ **finish, finisseur**). *Interrompre qqn sans le laisser finir. Il a presque fini. Je finirai demain.* FAM. *Je suis à vous dès que j'ai fini avec Monsieur,* dès que j'ai terminé de m'occuper de lui. — **FINIR DE** (et l'inf.) *Ils finissaient de dîner, quand je suis arrivé.* ♦ SPÉCIALT (milieu XVIIe) Conduire à son point de perfection. ➤ **finaliser, parachever, parfaire, polir ; finition.** *S'appliquer à finir une pièce, un ouvrage.* ➤ **fignoler.** ■ **2** Mener (une période) à son terme, en passant le temps qui reste à passer. *Finir sa vie dans la misère. Il a fini sa carrière comme chef de service. Finir ses jours à la campagne. Nous avons fini la soirée chez des amis.* ■ **3** Mener (une quantité) à épuisement, en prenant ce qui reste à prendre. *Finir son pain ; son verre* (➤ **vider**). *Il finit tous les plats.* — FAM. Utiliser jusqu'au bout. *« les vêtements qu'on lui donnait à finir »* GREEN. ➤ **user.** ■ **4** (fin XIIIe) Mener brusquement à son terme, mettre un terme à. ➤ **arrêter, cesser** (cf. Mettre fin à). *Finissez vos bavardages.* (1573) **FINIR DE** (et l'inf.) *Quand vous aurez fini de jouer. « Quand on mettra les cons sur orbite, t'as pas fini de tourner »* (M. AUDIARD, « Le Pacha », film). ELLIPT *Fini de rire, passons aux choses sérieuses.* SANS COMPL. *Tu as fini, oui ?* ■ **5** PAR EXT. (CHOSES) Être le dernier élément de. ➤ **clore, conclure, terminer.** *Mot qui finit une phrase.*

II ~ **v. intr.** ARRIVER À SA FIN ■ **1** (milieu XIIe) Arriver à son terme dans le temps. ➤ **s'achever,** se **terminer.** *Le spectacle finira vers minuit. Bail qui finit au 1er avril, le 1er avril.* ➤ **expirer.** *Il est temps que cela finisse !* ➤ **cesser.** *« Tout commence en ce monde, et tout finit ailleurs »* HUGO. — LOC. *Pour finir* : en manière de conclusion. ♦ (1669) Avoir telle ou telle issue, telle ou telle conclusion. *Tout cela finira mal. « Les films qui "finissent bien" et qui chaque soir montrent aux foules éreintées la vie en rose »* SARTRE (➤ **happy end**). — LOC. PROV. *Tout est bien qui finit bien* : une fin heureuse vient corriger les péripéties désagréables. *« Tout finit par des chansons »,* derniers mots du « Mariage de Figaro ». — LOC. *Finir en queue de poisson*, en beauté.* PAR EXT. (PERSONNES) *Ce garçon commence à mal tourner, je crois qu'il finira mal.* — SPÉCIALT Arriver au terme de sa vie. ➤ **mourir, périr.** *Britannicus a fini empoisonné.* ■ **2** (CHOSES) Arriver à son terme dans l'espace. *Le sentier finit là. « Ils croyaient que le monde finissait où finissait leur île »* BERNARDIN DE SAINT-PIERRE. ➤ **s'arrêter.** *Rue finissant en cul-de-sac.* ➤ se **terminer.** *Mot qui finit en, par -ou.* ■ **3** (1805) **FINIR PAR** (et inf.) : arriver, après une série de faits, à tel ou tel résultat. *Je finirai bien par trouver. Il a fini par comprendre. Tout finit par s'arranger. « Toutes les choses sur terre ont toujours fini par finir »* A. GUERNE.

III **EN FINIR** ■ **1** (1798) Mettre fin à une chose longue, désagréable. *Il faut en finir, en finir une fois pour toutes. « le moment vient toujours où il faut en finir, bien ou mal »* B. NOËL. *Finissons-en vite. Que d'explications ! il n'en finit plus !* — Se suicider. *« Je suis dans un de mes jours, de plus en plus fréquents, où j'ai envie d'en finir »* TRUFFAUT. — **EN FINIR AVEC** qqch. ➤ **régler, résoudre.** *On n'en finira jamais avec cette affaire.* ➤ **épuiser.** — **EN FINIR AVEC** qqn : se débarrasser de lui ; rompre ses relations, ses activités avec lui. — FAM. **EN FINIR DE** (et inf.). *On n'en finirait pas de raconter ses aventures.* ➤ **s'arrêter.** ■ **2** (Toujours négatif) *Qqch. qui n'en finit pas, plus,* qui n'arrive pas à son terme, qui ne s'arrête pas. ➤ **interminable.** *Un discours qui n'en finit plus. Des applaudissements à n'en plus finir.* — (Dans l'espace) *Des bras qui n'en finissent pas,* démesurément longs. — (Avec *de* et l'inf.) *La pluie n'en finit pas de tomber.* ➤ **discontinuer, s'interrompre.**

■ CONTR. Commencer ; ébaucher, engager, entamer. — Débuter.

FINISH [finiʃ] n. m. – 1887 ◊ mot anglais « 1 fin » ■ ANGLIC. SPORT ■ **1** Fin d'un combat de boxe dont la durée n'est pas limitée. *Des finishs. Match au finish,* qui doit se terminer par le knock-out ou l'abandon d'un adversaire. — FIG. et FAM. *Au finish* : à l'usure, en épuisant les résistances. *« même au finish tu ne m'auras pas »* CH. ROCHEFORT. ■ **2** Aptitude à finir (dans une course, une compétition). *Coureur bien doué, mais qui manque encore de finish. Gagner au finish. Victoire au finish* : recomm. offic. *victoire à l'arraché.* ■ **3** Fin décisive (d'une compétition). *Un finish très serré.*

FINISSAGE [finisaʒ] n. m. – 1786 ◊ de *finir* ■ TECHN. Action de finir une fabrication, une pièce. ➤ **finition ; ajustage.** ♦ Dernier apprêt d'une étoffe.

FINISSANT, ANTE [finisɑ̃, ɑ̃t] adj. et n. – 1836 ◊ de *finir* ■ **1** En train de finir. *Dans la lumière de l'automne finissant. Le siècle finissant.* ■ **2** n. (Canada) Élève, étudiant(e) qui termine ses études. *Bal des finissants. « il porte la robe et le chapeau carré des "finissants" »* M. WINCKLER.

FINISSEUR, EUSE [finisœʀ, øz] n. – 1756 « horloger » ; fém. 1872 ; *finisseor* « qui limite » 1353 ◊ de *finir*

I ■ **1** RARE Personne qui finit qqch. TECHN. Ouvrier, ouvrière chargé(e) des travaux de finissage, de finition. *Finisseuse d'une maison de couture.* ■ **2** SPORT Athlète, coureur, coureuse qui finit bien une épreuve (➤ **finish**). *Un bon finisseur.*

II n. m. (1973) TECHN. Engin routier automoteur qui reçoit les matériaux prêts à l'emploi, les répand, les nivelle, les dame et les lisse, livrant après son passage un tapis fini.

FINITION [finisjɔ̃] n. f. – 1872 ; « fin » 1829 ; *finicion* XIVe ◊ latin *finitio* ■ **1** Opération ou ensemble d'opérations (finissage, etc.) qui termine la fabrication d'un objet, d'un produit livré au public. ■ **2** Caractère de ce qui est plus ou moins bien fini. *Vêtement d'une finition impeccable.* ➤ **fini.** *Des modèles « dont il déplorait le manque d'allure ou de finition »* M. NDIAYE. ■ **3 LES FINITIONS** : les derniers travaux. *Les finitions d'une maison. Couturière qui fait les finitions* (ourlets, surfilage, boutonnières, etc.).

FINITUDE [finityd] n. f. – 1933 ◊ de *fini,* d'après l'anglais *finitude* (XVIIe) ■ DIDACT. Le fait d'être fini, borné. *« La finitude d'un monde resserré entre le macrocosme et le microcosme »* FOUCAULT. ♦ MATH., LOG. Le fait de comporter un nombre fini d'éléments, d'opérations.

FINN [fin] n. m. – 1962 ◊ mot suédois ■ Petit voilier monotype* pour régates en solitaire, à une seule grand-voile encastrée dans un mât pivotant. ■ HOM. Fine, fines.

FINNOIS, OISE [finwa, waz] adj. et n. – 1732 ; *finnes* début XVIIIe ◊ latin *finnicus* ■ Du peuple de langue non indo-européenne qui vit en Finlande (avec des populations suédoises) et dans les régions limitrophes. *Culture, civilisation, littérature finnoise.* ♦ n. m. *Le finnois* : langue finno-ougrienne parlée en Finlande.

FINNO-OUGRIEN, IENNE [finougʀijɛ̃, ijɛn] adj. et n. m. – *ougro-finnois* 1863 ◊ de *finno-* (finnois) et *ougrien,* de *ougre,* n. de peuple → hongrois ■ *Langues finno-ougriennes,* et SUBST. *le finno-ougrien* : groupe de langues comprenant le finnois, le lapon, l'estonien et le hongrois, ainsi que plusieurs langues des pays baltes et de la C. E. I. qui, avec la famille samoyède, forme le groupe ouralien.

FIOLE [fjɔl] n. f. – 1180 ◊ latin médiéval *phiola,* latin classique *phiala* ; grec *phialê* ■ **1** Petite bouteille de verre à col étroit utilisée spécialement en pharmacie. ➤ **flacon.** ■ **2** (1848) FAM. et VIEILLI ➤ **tête.** *« faire succéder sur votre fiole la couronne de Pologne à celle d'Aragon »* JARRY. *Se payer la fiole de qqn.* ➤ se **moquer.**

1 **FION** [fjɔ̃] n. m. – 1744 ◊ origine obscure ; mot région. de l'Est ; p.-ê. altération de *fignoler* ■ FAM. ■ **1** Bonne tournure, cachet final, dernière main. *« le petit coup de fion nécessaire à sa présentation effective [d'un projet] »* MAC ORLAN. ■ **2** (1793) RÉGION. (Centre-Est ; Suisse, Canada) Remarque blessante. *Lancer des fions.*

2 **FION** [fjɔ̃] n. m. – 1880 ◊ de *fignon* → troufignon (étym.) ■ **1** POP. Derrière ; anus. LOC. *Se casser le fion* (cf. Se casser le cul*). ■ **2** FAM. Chance. ➤ 1 **bol, pot.** *Avoir du fion. Quel coup de fion !*

FIORD ➤ **FJORD**

FIORITURE [fjɔrityr] n. f. – 1823 ◊ italien *fioritura*, racine *fiore* «fleur» ■ **1** MUS. Ornement ajouté à la phrase musicale (appogiature, mordant, trille). *Fioritures improvisées sur un thème.* «*Les fioritures infinies du chant italien*» NERVAL. ■ **2** PAR EXT. Détail accessoire servant à orner. *Les fioritures d'un dessin, d'un motif décoratif.* — *Fioritures de style* (souvent péj.). «*Pur, nature, sans fioriture*» VERLAINE.

FIOTTE ou **FIOTE** [fjɔt] n. f. – 1895 au sens de «lâche» ◊ contraction de *fillotte*, variante régionale (Franche-Comté) de *fillette* ■ VULG. ■ **1** Homosexuel. ■ **2** Injure adressée à un homme, dénonçant sa lâcheté. «*Il a failli renoncer à son entreprise, puis s'est galvanisé en se traitant de fiotte*» SIMONIN. *Bande de fiottes !*

FIOUL [fjul] n. m. – 1983 ◊ forme francisée de *fuel* ■ Mazout. *Fioul domestique.* — Recomm. offic. pour *fuel.*

-FIQUE ■ Élément, du latin *ficus*, de *facere* «faire» : *maléfique, prolifique, soporifique,* etc.

FIRMAMENT [firmamɑ̃] n. m. – XIIe ◊ latin religieux *firmamentum*, classique «appui, soutien», de *firmare* «rendre ferme» ■ LITTÉR. La voûte céleste. ➤ **ciel, empyrée.** *Le bleu du firmament.*

FIRMAN [firmɑ̃] n. m. – 1663 ◊ turc *fermân*, d'origine persane, par l'anglais *firman* ■ HIST. Édit, ordre ou permis émanant d'un souverain musulman. *Des firmans.*

FIRME [firm] n. f. – 1844 ◊ anglais *firm* «signature» puis «maison de commerce», de l'italien *firma*, du latin *firmare* «confirmer» ■ Entreprise industrielle ou commerciale telle qu'elle est désignée sous un nom patronymique, une raison sociale. «*La Compagnie industrielle des laits pasteurisés et oxygénés. – Firme Cilpo*» DUHAMEL. — PAR EXT. ➤ **entreprise, établissement, maison.** *Les grandes firmes multinationales.* ➤ **groupe.**

FISC [fisk] n. m. – *fisque* 1278, jusqu'au XVIIe ◊ latin *fiscus* «panier (pour recevoir l'argent)» ■ L'État considéré comme titulaire de droits de puissance publique, de pouvoirs de contrainte sur le contribuable. — COUR. Ensemble des administrations chargées de l'assiette, de la liquidation et du recouvrement des impôts. *Les recettes, les caisses du fisc.* ➤ **trésor** (public). *Les inspecteurs du fisc. Frauder le fisc.*

FISCAL, ALE, AUX [fiskal, o] adj. – XIVe, rare avant XVIIe ◊ latin *fiscalis* ■ Qui se rapporte au fisc, à l'impôt. *Droit fiscal. Politique, législation, lois fiscales. Charges fiscales. Timbre fiscal. Dégrèvements fiscaux. Paquet* fiscal. Bouclier* fiscal. Fraude fiscale. Exil*, évitement* fiscal. Évasion* fiscale.* — *Éden, paradis fiscal* : territoire où existe le secret bancaire et où l'imposition est très faible. «*de sublimes berlines immatriculées dans les paradis fiscaux*» GAVALDA. — adv. (1791) **FISCALEMENT.**

FISCALISATION [fiskalizasjɔ̃] n. f. – v. 1960 ◊ de *fiscaliser* ■ Action de fiscaliser ; son résultat. *La fiscalisation de certains revenus.* ■ CONTR. Défiscalisation.

FISCALISER [fiskalize] v. tr. ‹1› – 1919 autre sens ◊ de *fiscal* ■ FIN. Soumettre à l'impôt. *Fiscaliser certains revenus.* ■ CONTR. Défiscaliser.

FISCALISTE [fiskalist] n. – milieu XXe ◊ de *fiscal* ■ Spécialiste du droit fiscal.

FISCALITÉ [fiskalite] n. f. – 1749 ◊ de *fiscal* ■ Système fiscal ; ensemble des lois, des mesures relatives au fisc, à l'impôt. *Fiscalité locale, directe.*

FISH-EYE [fiʃaj] n. m. – v. 1960 ◊ mot anglais «œil de poisson», parce que le poisson a une vision panoramique ■ ANGLIC. Objectif photographique couvrant un angle d'au moins 180°. ➤ **grand-angle.** *Des fish-eyes.*

FISSA [fisa] adv. – 1909 ◊ arabe *fis-saea* «à l'heure même» ■ ARG. Vite. *Faire fissa.* «*une cellule de crise se réunit fissa*» KERANGAL.

FISSIBLE [fisibl] adj. – 1953 ◊ de *fission* ■ PHYS. NUCL. Susceptible de subir une fission sous l'effet de neutrons d'énergie supérieure à une valeur appelée *seuil de fission. L'uranium 235 est fissible et fissile.*

FISSILE [fisil] adj. – XVIe, repris 1842 ◊ latin *fissilis* ■ **1** DIDACT. Qui tend à se fendre, à se diviser en feuillets minces. *Schiste fissile.* ■ **2** PHYS. NUCL. Susceptible de subir une fission nucléaire sous l'effet de neutrons. ➤ **fissible.** *Corps fissile. Noyau, atome fissile.*

FISSION [fisjɔ̃] n. f. – 1938 biol. ◊ mot anglais (1919, en astronomie) ; du latin *fissus* «fendu» ■ PHYS. NUCL. Division d'un noyau atomique en deux ou plusieurs nucléides qui peuvent subir ensuite une série de transmutations. *La fission s'accompagne de l'émission de neutrons, de rayons gamma et d'un grand dégagement d'énergie* (➤ **nucléaire**). *Fission créant une réaction en chaîne* utilisée dans la bombe atomique.*

FISSURATION [fisyrasjɔ̃] n. f. – 1834 ◊ de *fissurer* ■ Le fait de se diviser par fissures. ➤ **fendillement.** *Fissuration d'un mur.*

FISSURE [fisyr] n. f. – 1314, rare avant XVIIIe ◊ latin *fissura*, de *fissus*, p. p. de *findere* «fendre» ■ Petite fente. ➤ **cassure, crevasse, scissure.** *Fissure d'un mur, d'une cloison.* ➤ **lézarde.** *Fissure profonde, superficielle. Fissure d'un vase, d'un tuyau.* ➤ **fêlure, fuite.** *Fissure dans le sol.* ➤ **diaclase, 2 faille, fleurine.** *Fissures de la peau.* ➤ **gerçure.** ◆ FIG. ➤ **1 brèche, 2 faille.** «*Ce sera la première fissure* réelle *dans l'estime que j'ai pour vous*» MONTHERLANT.

FISSURER [fisyre] v. tr. ‹1› – 1611 ; *fissiré* XVIe ; repris XIXe ◊ de *fissure* ■ Diviser par fissures. ➤ **crevasser, fendiller, fendre.** PRONOM. *Mur, plafond qui se fissure de mille lézardes.* — p. p. adj. *Murs fissurés.* ◆ FIG. Rompre l'unité de. ➤ **diviser.** «*l'événement fissurait l'Europe en deux blocs*» ROMAINS.

FISTON [fistɔ̃] n. m. – XVIe ◊ de *fils* ■ FAM. Fils. ➤ **petit.** ◆ (Appellatif pour un jeune garçon) *Écoute-moi fiston !*

FISTULAIRE [fistylɛr] adj. – XIVe ◊ de *fistule*, d'après le latin *fistularius* ■ DIDACT. ■ **1** Qui présente un canal dans toute sa longueur. *Stalactite fistulaire.* ■ **2** ➤ **fistuleux.**

FISTULE [fistyl] n. f. – 1314 ◊ latin des médecins *fistula* «tuyau, tube» ■ PATHOL. Canal d'origine congénitale, accidentelle ou artificielle, par lequel s'écoule un produit physiologique (urine, matières fécales) ou pathologique (pus). *Fistule anale. Fistule externe,* avec écoulement vers la surface du corps. *Fistule interne,* avec écoulement entre deux organes. *Fistule artério-veineuse,* faisant communiquer la circulation veineuse et la circulation artérielle.

FISTULEUX, EUSE [fistylø, øz] adj. – 1490 ◊ latin *fistulosus* ■ MÉD. Qui est de la nature de la fistule. *Ulcère fistuleux.*

FISTULINE [fistylin] n. f. – 1808 ◊ de *fistule* ■ Champignon *(basidiomycètes)* comestible à chapeau épais, rouge, appelé couramment *foie-de-bœuf,* ou *langue-de-bœuf.*

FITNESS [fitnɛs] n. m. – 1985 ◊ mot anglais «santé, forme» ■ ANGLIC. Ensemble d'activités destinées à maintenir la forme par des exercices physiques (➤ **abdofessiers, aérobic, pilates, zumba**). *Club de fitness. Appareils de fitness. Cours collectif de fitness.* — Recomm. offic. *gymnastique de forme.*

FIU [fju] n. m. inv. et adj. inv. – 1949 ◊ mot tahitien ■ (Polynésie) FAM. ■ **1** Grande lassitude. *Cela «lui fiche même un sacré coup de fiu, de blues polynésien»* (Le Temps, 2014). ■ **2** adj. inv. *Être fiu* : être fatigué ; être blasé, en avoir assez. *Elles se sentent fiu.*

FIV ou **F. I. V.** [fiv ; ɛfive] n. f. – 1983 ◊ sigle de *Fécondation In Vitro* ■ Fécondation in vitro ; méthode de procréation médicalement assistée consistant à prélever des ovocytes, les mettre en présence de spermatozoïdes et à replacer l'œuf fécondé dans l'utérus. ➤ **fivète.** *Jumeaux conçus par FIV.*

FIVÈTE [fivɛt] n. f. – 1984 ◊ acronyme de *Fécondation in vitro et transfert d'embryon* ■ FIV. *Grossesse obtenue par fivète.*

FIXAGE [fiksaʒ] n. m. – 1845 ◊ de *fixer* ■ **1** TECHN. Action de fixer (des couleurs, etc.). ■ **2** PHOTOGR. Opération par laquelle l'image photographique est rendue inaltérable à la lumière.

FIXATEUR, TRICE [fiksatœr, tris] adj. et n. m. – 1824 ◊ de *fixer* ■ **1** RARE Qui a la propriété de fixer. ➤ **2 fixatif.** *Fonction fixatrice d'azote des rhizobiums.* ■ **2** n. m. Vaporisateur qui projette un fixatif. ◆ Substance qui fixe l'image photographique. ◆ BIOL. CELL. Substance chimique en solution, servant à maintenir une préparation de cellules ou de tissus sous une forme inaltérable, sans modifications essentielles de leur structure, en vue d'un examen au microscope. ◆ Produit permettant de fixer une coiffure. ➤ **gel, laque.**

1 **FIXATIF** [fiksatif] n. m. – 1872 ; adj. 1827 ◊ de *fixer* ■ TECHN. Préparation liquide qui fixe les traces de fusain, pastel, etc., sur un support, les empêche de s'effacer.

2 **FIXATIF, IVE** [fiksatif, iv] adj. – 1803 ◊ de *fixer* ■ **1** Qui fixe. ➤ **fixateur.** ■ **2** PSYCHAN. Relatif à la fixation. «*l'action fixative des expériences sexuelles de l'enfance*» LAGACHE.

FIXATION [fiksasjɔ̃] n. f. – 1557 chim. ; repris XVIIe ◊ de *fixer* **I** ■ **1** Action de fixer. SC. *Fixation de l'oxygène par l'hémoglobine du sang. Fixation de l'azote atmosphérique par des bactéries du sol.* — *Fixation de l'image photographique.* ➤ **fixage.** — *Abcès* de fixation.* ◆ (1879) Le fait de faire tenir solidement (une chose matérielle). *Gel coiffant à fixation souple, forte. La fixation d'un tableau au mur* (➤ **accrochage**), *d'une cargaison sur un bateau* (➤ **arrimage**). *Crochets de fixa-*

tion. *Organes de fixation des plantes* (➤ **crampon, vrille**), *de certains animaux* (➤ **byssus, 1ventouse**). — PAR EXT. Dispositif servant à fixer, tenir. *Fixations de sécurité d'un ski.* ◆ BIOL. CELL. Opération par laquelle on soumet une préparation de cellules ou de tissus à l'action d'un fixateur. *Fixation des cellules avant leur observation sur lame au microscope.* ▪ **2** (PERSONNES) Le fait de se fixer. *La fixation des nomades.* ➤ **établissement.** ▪ **3** (1922) PSYCHAN. « Attachement intense de la libido à une personne, à un objet ou à un stade du développement » (Lagache). *Fixation au père, au stade anal. Fixation de la condition infantile.* ➤ **régression.** — COUR. *Faire une fixation sur qqch.*, ne pas pouvoir en détacher son esprit, être obsédé par qqch. ➤ FAM. **fixette** (cf. Idée fixe*).

II (1669) Action de déterminer. ➤ **détermination.** *La fixation d'une heure, d'un lieu de rendez-vous. La fixation des prix agricoles.* ➤ **limitation, réglementation.**

▪ CONTR. (du I) Arrachement, ébranlement.

1 FIXE [fiks] adj. et n. m. – *fix* v. 1265 ◇ latin *fixus*, p. p. de *figere* « enfoncer, fixer »

I (Position) ▪ **1** Qui ne bouge pas, qui demeure toujours à la même place à l'intérieur d'un système donné. ➤ **immobile.** *Un point fixe. Châssis fixe d'une fenêtre.* ➤ **dormant.** — *Barre* fixe d'une salle de gymnastique.* — *Téléphone fixe* (opposé à *mobile, portable*). n. m. *Un fixe. Donne-moi ton numéro de fixe.* — *Appareils fixes* (opposé à *nomade*). — *Personne sans domicile* fixe.* — *Virgule* fixe.* — MATH. *Point fixe*, invariant dans une fonction ou une transformation. — HIST. ASTRON. *Étoile* fixe.* ▪ **2** (1680) *Avoir le regard fixe, les yeux fixes* : regarder le même point, sans dévier ; regarder dans le vague, les yeux grands ouverts et immobiles. « *Une de ces figures mélancoliques où le regard trop fixe, signifie qu'on se fait pour un rien de la bile* » PROUST. *Regarder d'un œil fixe.* ▪ **3** interj. (1845) **FIXE !** Commandement militaire prescrivant aux soldats, soit de replacer la tête en position directe, soit de se tenir immobiles. ➤ **garde-à-vous.** *À vos rangs, fixe !*

II (État) ▪ **1** Qui ne change pas ; qui est établi d'une manière durable dans un état déterminé. ➤ **continu, immuable, invariable, persistant, stationnaire.** *Menu à prix fixe. Couleur fixe.* ➤ **inaltérable.** *Encre bleu fixe. Feu fixe* (opposé à *feu clignotant*). ◆ MÉTÉOROL. **BEAU FIXE** : beau temps durable. *Le baromètre est au beau fixe.* FIG. *Avoir le moral au beau fixe.* ▪ **2** Réglé d'une façon précise et définitive. ➤ **défini, déterminé.** *Emprunt à taux fixe.* ➤ **constant, invariable, stable.** *Prélèvement à date fixe. Recevoir à jour fixe, manger à heure fixe.* ◆ **IDÉE FIXE** : idée dominante, dont l'esprit ne peut se détacher. ➤ **fixation, monomanie, obsession** ; FAM. **dada, fixette.** « *Les préventions qu'il avait contre moi sont devenues une idée fixe, une espèce de folie* » BALZAC. « *L'Idée fixe* », œuvre de Valéry. ▪ **3** Assuré et régulier. *Revenu fixe, appointements fixes.* — n. m. *Un fixe* : appointements fixes (opposé à *commission*). *Représentant qui touche un fixe.*

▪ CONTR. Mobile. Changeant, mouvant, variable. 1Incertain, instable. Éventuel.

2 FIXE [fiks] n. m. – v. 1974 ◇ anglais américain *fix*, de *to fix* ▪ ANGLIC. Injection de drogue. ➤ **shoot.** *Se faire un fixe.*

FIXE-CHAUSSETTE [fiksəʃosɛt] n. m. – 1936 ◇ de *fixer* et *chaussette* ▪ Support-chaussette. *Des fixe-chaussettes. Il « apparut en gilet de flanelle, caleçon long et fixe-chaussettes »* QUENEAU.

FIXEMENT [fiksəmɑ̃] adv. – 1503 ◇ de 1*fixe* ▪ RARE D'une manière fixe. ◆ COUR. D'un regard fixe. « *Le soleil ni la mort ne se peuvent regarder fixement* » LA ROCHEFOUCAULD.

FIXER [fikse] v. tr. ‹1› – 1330 ◇ de 1*fixe*

I ÉTABLIR À UNE PLACE, RENDRE FIXE ▪ **1** Établir d'une manière durable à une place, sur un objet déterminé. ➤ **assujettir, attacher*, immobiliser, maintenir.** *Fixer les volets avec des crochets. Fixer différentes pièces entre elles.* ➤ **assembler.** *Clous qui fixent les tuiles à la charpente.* ➤ **retenir.** *Fixer qqch. au mur.* ➤ **accrocher, agrafer, clouer, coller, cramponner, punaiser, sceller, scotcher, visser.** *Fixer un pieu en terre, dans la terre.* ➤ 1**ficher.** ▪ **2** Faire demeurer en un lieu. *Fixer des populations nomades.* ➤ **sédentariser.** PRONOM. COUR. *Il s'est définitivement fixé à Paris.* ➤ **s'établir, s'installer.** « *Les populations, si longtemps flottantes, se sont enfin fixées et assises* » MICHELET. ◆ FIG. *Fixer ses idées sur le papier*, les écrire pour les ordonner et les conserver (➤ 1**coucher**). *Fixer un souvenir dans sa mémoire.* ➤ **graver.** ▪ **3** Arrêter la progression de. *L'incendie n'est pas encore fixé.* ▪ **4** (1740) *Fixer les yeux, sa vue, son regard sur qqn, sur qqch.* ➤ **arrêter, attacher.** PRONOM. *Regard qui se fixe sur qqn.* p. p. adj. *Les yeux fixés au ciel, à terre.* — PAR EXT. *Fixer qqn, qqch. (du regard).* « *Thérèse sourit, puis le fixa d'un air grave* » MAURIAC. *Fixer l'horizon.* ◆ *Fixer son attention sur qqch.* — PRONOM. *Son choix se fixa sur une robe bleue.*

II ÉTABLIR DURABLEMENT DANS UN ÉTAT DÉTERMINÉ ▪ **1** (CONCRET) Rendre stable (une matière). *Fixer les couleurs sur un tissu. Fixer un pastel, un fusain* (➤ 1**fixatif**). — PHOTOGR. *Fixer une image, un cliché*, les rendre inaltérables à la lumière avec un fixateur*. — CHIM. Empêcher (un corps) de se perdre. *Organisme qui fixe mal le calcium*, qui a du mal à le conserver. ▪ **2** ABSTRAIT Rendre stable et immobile (ce qui évolue, change). ➤ **arrêter.** *Usage qui fixe le sens d'une expression.* ➤ **coder, entériner.** PRONOM. « *La langue française n'est point fixée et ne se fixera point. Une langue ne se fixe pas* » HUGO. ➤ **se stabiliser** ; **se figer.** ▪ **3** SPÉCIALT (1878 ; *se fixer à* 1680) Faire qu'une personne ne soit plus dans l'indécision ou l'incertitude. *Fixer qqn sur* : le renseigner exactement sur. « *Les récits d'Albertine ne pouvaient nullement me fixer là-dessus* » PROUST. — COUR. p. p. adj. *Je ne suis pas encore fixé, pas très fixé* : je ne sais pas quel parti prendre. ➤ **décidé.** *Être fixé sur le compte de qqn* : savoir à quoi s'en tenir. *Être fixé sur son sort.* « *C'est son droit, n'est-ce pas ? d'être fixée sur ce qui lui revient* » ZOLA. ▪ **4** (XVIIe) Régler d'une façon déterminée, définitive. ➤ **arrêter, définir, déterminer.** *Fixer une règle, un principe, des conditions.* ➤ **formuler, poser.** *Les limites fixées par la loi. Se fixer une ligne de conduite. Elle s'est fixé un objectif. Fixer un rendez-vous. Fixer une date, un délai.* ➤ **assigner, indiquer, prescrire.** *Fixer d'avance l'intérêt d'un emprunt.* ➤ 1**préfixer.** *Fixer un prix, une rémunération, la base d'un impôt* (➤ **asseoir**). *Fixer le montant des importations.* ➤ **limiter.** p. p. adj. *Au jour fixé*, dit, décidé, convenu.

▪ CONTR. Déplacer, 1détacher, ébranler. Détourner, distraire. — Changer, modifier.

FIXETTE [fiksɛt] n. f. – 1987 ◇ de *fixation* ▪ FAM. Fixation* sur un objet, une idée ; idée fixe. *Faire une fixette.*

FIXEUR, EUSE [fiksœʀ, øz] n. – 1931 « intermédiaire entre le crime organisé et les "officiels" » ◇ anglais *fixer*, de *to fix* « corrompre » ▪ Personne qui sert d'intermédiaire, d'interprète et de guide à un(e) journaliste en zone inconnue ou sensible. « *Est-ce que mon fixeur est un type fiable ?* » K. TUIL.

FIXIE [fiksi] n. m. – 2006 ◇ mot anglais, de *fixed* « fixé » dans *fixed-gear bicycle* « bicyclette à pignon fixe » ▪ ANGLIC. Bicyclette sans roue libre, au pignon solidaire de la roue arrière. — Recomm. offic. *vélo à pignon fixe.*

FIXISME [fiksism] n. m. – 1922 ; en apiculture, 1894 ◇ de 1*fixe* ▪ **1** HIST. SC. Doctrine de la fixité* des espèces, selon laquelle les espèces actuelles seraient apparues de novo telles quelles au cours des temps géologiques (opposé à *évolutionnisme, transformisme*). ▪ **2** GÉOGR. Théorie selon laquelle les continents seraient restés immobiles depuis le pliocène, toute érosion étant due à l'abaissement du niveau des océans.

FIXISTE [fiksist] adj. – 1931 ; autre sens 1878 ◇ de *fixisme* ▪ HIST. DES SC. Qui a rapport au fixisme. *Théories fixistes.*

FIXITÉ [fiksite] n. f. – 1603 ◇ de 1*fixe* ▪ **1** RARE État de ce qui est fixe, immobile, invariable. « *figés dans une fixité cadavérique* » LOTI. ➤ **rigidité.** ◆ COUR. Caractère d'un regard fixe. « *deux gros yeux bleu-faïence, d'une fixité de bœuf au repos* » ZOLA. ▪ **2** LITTÉR. ou DIDACT. Caractère de ce qui est invariable, définitivement fixé. ➤ **constance, invariabilité, permanence.** *L'apparente fixité d'une langue. Doctrine de la fixité des espèces*, selon laquelle les espèces vivantes ne se modifient pas au cours des générations. ➤ **fixisme.** ▪ CONTR. Déplacement, mobilité. Changement, évolution, transformation.

FJELD ou **FIELD** [fjɛld] n. m. – 1878 ◇ mot norvégien ▪ GÉOGR. Plateau rocheux usé par un glacier continental.

FJORD ou **FIORD** [fjɔʀ(d)] n. m. – 1795 ◇ mot norvégien ▪ Ancienne vallée glaciaire envahie par les eaux marines durant la déglaciation, caractéristique des côtes scandinaves et écossaises. *Les fjords de Norvège.* « *comme une flamme liquide et bleue, le fjord dort entre les monts à pic* » SUARÈS.

FLAC [flak] interj. – fin XVe ◇ onomat. ▪ Onomatopée imitant le bruit de l'eau qui tombe, de ce qui tombe dans l'eau (➤ **floc**), ou à plat. ▪ HOM. Flaque.

FLACCIDITÉ [flaksidite] n. f. – 1756 ◇ du latin *flaccidus* « flasque » ▪ DIDACT. État de ce qui est flasque. *Flaccidité des chairs, des tissus.* ▪ CONTR. Fermeté, tonicité.

FLACHE [flaʃ] n. f. – XIVe ; adj. v. 1180 ◇ latin *flaccus* « flasque » ▪ **1** TECHN. Dépression, creux à l'arête d'une poutre ; à la surface d'un bois, d'une pierre. ▪ **2** (XVe) RÉGION. Creux dans le sol où séjourne l'eau. ➤ **flaque.** « *Dans une flache laissée par l'inondation du mois précédent* » RIMBAUD. ▪ **3** (1440) Partie affaissée d'un pavage. ▪ HOM. Flash.

FLACHERIE [flaʃʀi] **n. f.** – 1870 ◇ de l'ancien français *flache* «mou» ■ Maladie mortelle des vers à soie.

FLACON [flakɔ̃] **n. m.** – 1314 ◇ bas latin *flasco, onis,* du germanique *flaska* → fiasque, 2 flasque ■ **1** VX Bouteille fermée par une vis. ■ **2** Petit récipient ouvragé, de forme et de matière variables, fermé par un bouchon. ➤ **fiole.** *Flacon plat.* ➤ 2 **flasque.** *Flacon de verre, en porcelaine. «le cristal des flacons à bouchons de vermeil»* CHARDONNE. *Flacon de parfum, de liqueur.* ◆ PAR EXT. Petite bouteille servant au conditionnement des liquides. *Produit vendu en flacon d'un litre.* ➤ **bidon.** *Flacons de laboratoire. Flacon d'éther.* ■ **3** FIG. Le contenant, la forme (par opposition au contenu). *«Aimer est le grand point, qu'importe la maîtresse ? Qu'importe le flacon pourvu qu'on ait l'ivresse»* MUSSET.

FLACONNAGE [flakɔnaʒ] **n. m.** – 1894 ◇ de *flacon* ■ **1** Fabrication des flacons. *Flaconnage de luxe.* ■ **2** Ensemble de flacons ; série de flacons. *«le flaconnage qui encombrait la coiffeuse»* BAZIN.

FLACONNIER [flakɔnje] **n. m.** – 1906 ◇ de *flacon* ■ **1** Ouvrier qui fait des flacons. ■ **2** Étui contenant plusieurs flacons.

FLAFLA [flafla] **n. m.** – 1830 ◇ de *fla* «coup de tambour» ■ FAM. VIEILLI Recherche de l'effet. ➤ 1 **chichi, chiqué, esbroufe, façon, tralala.** *Faire des flaflas. «Au bout de tous ces chichis, de ces approches diplomatiques et de ces flaflas»* CÉLINE. — On écrit aussi *fla-fla* (inv.).

FLAG [flag] **n. m.** – 1935 ◇ abrév. de *flagrant délit* ■ ARG. Flagrant délit. *«Le proxénétisme, c'est un délit, merde ! Il est perpétuellement en flag, ce mec là»* M. ROLLAND. *Des flags.*

FLAGADA [flagada] **adj.** – 1936 ◇ probablt dérivé argotique du radical *flac-*, dialectal méridional *flac* «mou, faible», *flaca,* du latin *flaccus* → 1 flasque ■ FAM. Sans force, fatigué. ➤ **flapi, ramollo, raplapla.** *Se sentir flagada, complètement flagada. Elles sont flagadas.*

FLAGELLAIRE [flaʒelɛʀ ; flaʒɛllɛʀ] **adj.** – 1834 «qui ressemble à un fouet» ◇ de *flagelle* ■ SC. Relatif au flagelle. *Mouvements flagellaires.*

FLAGELLANT [flaʒelɑ̃ ; flaʒɛllɑ̃] **n. m.** – 1694 ◇ de *flageller* ■ Membre d'une secte religieuse (XIIIe-XIVe s.), qui se flagellait en public.

FLAGELLATEUR, TRICE [flaʒelatœʀ ; flaʒɛllatœʀ, tʀis] **n. et adj.** – XVIe ◇ de *flageller* ■ Personne qui flagelle. ◆ **adj.** Qui recourt à la flagellation. *Pratiques flagellatrices.*

FLAGELLATION [flaʒelasjɔ̃ ; flaʒɛllasjɔ̃] **n. f.** – XIVe, rare avant XVIIe ◇ latin ecclésiastique *flagellatio* ■ Action de flageller. ➤ **fustigation.** *Supplice de la flagellation.* ➤ **fouet.** *La flagellation de Jésus-Christ. — Flagellation thérapeutique :* massage consistant à frapper avec les doigts. ◆ Action de se flageller (pour faire pénitence) (➤ **flagellant**). ◆ Pratique consistant à se faire fouetter ou à fouetter une autre personne dans le but d'obtenir une satisfaction sexuelle.

FLAGELLE [flaʒɛl] **n. m.** – 1910 ; *flagellum* 1873 ◇ latin *flagellum* «fouet» → fléau ■ SC. Filament mobile servant d'organe locomoteur à certaines bactéries, aux protozoaires (➤ **cil**) et aux spermatozoïdes.

FLAGELLÉ, ÉE [flaʒele] **adj. et n. m.** – fin XIXe ◇ de *flagelle* ■ SC. Qui est muni d'un ou plusieurs flagelles. — **n. m. pl.** ZOOL. *Les flagellés :* superclasse de protozoaires qui se déplacent par battement des flagelles. ➤ **zoïde.**

FLAGELLER [flaʒele] **v. tr.** ⟨1⟩ – XIVe ◇ latin *flagellare,* de *flagellum* «fouet» → fléau ■ Battre de coups de fouet. ➤ **fouailler, fouetter, fustiger.** PRONOM. *Se flageller.* ◆ FIG. *«La nuit s'était faite, le vent glacé le flagellait»* ZOLA. ➤ 2 **cingler.** *Des «pamphlets vils qui flagellent sans cesse Quiconque vient du ciel»* HUGO. ➤ **fustiger.**

FLAGEOLANT, ANTE [flaʒɔlɑ̃, ɑ̃t] **adj.** – 1833 ◇ de *flageoler* ■ Qui flageole ; dont les jambes flageolent. ➤ **chancelant.** *Convalescent flageolant.*

FLAGEOLEMENT [flaʒɔlmɑ̃] **n. m.** – 1894 ◇ de *flageoler* ■ Action, fait de flageoler. ➤ **vacillement.**

FLAGEOLER [flaʒɔle] **v. intr.** ⟨1⟩ – 1756 ; *flaioller* 1604 ◇ de *flageolet* «jambe grêle» ■ Trembler de faiblesse, de fatigue, de peur (jambes d'une personne, d'un cheval). *«ses jambes flageolaient au point qu'il tomba dans un fauteuil»* BALZAC. ◆ PAR EXT. *Flageoler sur ses jambes.* ➤ **chanceler** (cf. Avoir les jambes* en flanelle). — FIG. Prendre peur. ➤ **vaciller.**

1 **FLAGEOLET** [flaʒɔlɛ] **n. m.** – v. 1234 ◇ diminutif de l'ancien français *flageol ;* latin populaire °*flabeolum* «souffle» ■ Flûte à bec, généralement percée de six trous. *Flageolet de berger. Flageolet à clés. Air de flageolet.* — PAR EXT. Jeu d'orgue le plus aigu.

2 **FLAGEOLET** [flaʒɔlɛ] **n. m.** – *haricot flageolet* 1872 ; *flajolet* 1813 ; *flageolle* 1705 ◇ croisement entre 1 *flageolet* (allus. aux propriétés flatulentes des haricots) et un dérivé soit du latin *phaseolus* «haricot» (→ fayot), soit du latin *faba* «fève» ■ Haricot nain très estimé, dont on consomme les grains imparfaitement mûrs. *Flageolets verts. Gigot aux flageolets.*

FLAGORNER [flagɔʀne] **v. tr.** ⟨1⟩ – 1690 ; «parler à l'oreille» 1470 ◇ p.-ê. d'un croisement entre l'ancien verbe *flaer* «souffler» et *corner* «répandre une nouvelle» ■ VIEILLI Flatter* bassement, servilement. *«André Chénier a remarqué spirituellement qu'au théâtre on flagorne le peuple, depuis qu'il est souverain, aussi platement qu'on flagornait le roi»* SAINTE-BEUVE.

FLAGORNERIE [flagɔʀnəʀi] **n. f.** – 1583 ◇ de *flagorner* ■ VIEILLI Flatterie grossière et basse. *«Les courtisans exerçant près des rois l'art de la flagornerie»* P.-L. COURIER. ➤ **courbette.**

FLAGORNEUR, EUSE [flagɔʀnœʀ, øz] **n. et adj.** – XVe ◇ de *flagorner* ■ VIEILLI Personne qui flagorne. ➤ **flatteur.** *De vils flagorneurs.* **adj.** *«On ne l'a jamais vu si flagorneur, si aimable, distribuant les poignées de main, les compliments»* JOUHANDEAU.

FLAGRANCE [flagʀɑ̃s] **n. f.** – XVIe ◇ de *flagrant* ■ DR. État de ce qui est flagrant. *La flagrance du délit. Enquête de flagrance,* faisant suite à un flagrant délit*.

FLAGRANT, ANTE [flagʀɑ̃, ɑ̃t] **adj.** – 1413 ◇ latin *flagrans,* de *flagrare* «flamber» ■ **1** DR. Qui est commis, vient de se commettre sous les yeux mêmes de celui qui le constate. LOC. COUR. *Flagrant délit*.* ➤ ARG. **flag.** ■ **2** (début XIXe) Qui éclate aux yeux de tous, qui n'est pas niable. ➤ **certain, évident, incontestable, patent.** *Injustice, erreur flagrante. En opposition, en contradiction flagrante.*

FLAIR [flɛʀ] **n. m.** – 1175 ◇ de *flairer* ■ **1** Faculté de discerner par l'odeur. ➤ **odorat.** *Le flair du chien. «Si j'en crois mon flair de vieux renard, nous aurons à dîner une poularde d'un fumet délicat»* FRANCE. ■ **2** FIG. Aptitude instinctive à prévoir, deviner. ➤ **clairvoyance, intuition, perspicacité ; feeling.** *Avoir du flair* (cf. Avoir du nez*, le nez* fin, le nez* creux). *Manquer de flair. «Cela ne se voyait point d'une façon manifeste, éclatante ; mais, avec son flair inquiet, elle le sentait et le devinait»* MAUPASSANT.

FLAIRER [flɛʀe] **v. tr.** ⟨1⟩ – 1265 ; «exhaler une odeur» XIIe ◇ latin *fragrare* ■ **1** (Animaux) Discerner, reconnaître ou trouver par l'odeur. ➤ **sentir.** *Animal qui flaire sa nourriture. Chien qui flaire son maître. — Flairer le gibier.* ➤ **éventer.** *«l'excitation d'un fox qui flaire un rat»* MONTHERLANT. ◆ (PERSONNES) Sentir avec insistance, comme fait un animal. ➤ **humer, renifler.** *«Tous, le nez tourné vers le poêle où se rissolaient les alouettes, flairaient la bonne odeur»* ZOLA. ■ **2** (1538) FIG. Discerner (qqch.) par intuition. ➤ **deviner, pressentir, prévoir, sentir, soupçonner, subodorer.** *Flairer la bonne aubaine. Flairer un piège. «les amoureux sont si soupçonneux qu'ils flairent tout de suite le mensonge»* PROUST. *«Dès le seuil, je flairai l'insolite»* GIDE. *Il a flairé qu'il y avait un danger.*

FLAIREUR, EUSE [flɛʀœʀ, øz] **n. et adj.** – 1539 ◇ de *flairer* ■ RARE Personne qui flaire. — **adj.** *«Son nez mobile, flaireur, sensuel»* MIRBEAU.

FLAMAND, ANDE [flamɑ̃, ɑ̃d] **adj. et n.** – *flameng* 1080 ◇ du germanique *flaming* ■ **1** De Flandre (française, belge ou néerlandaise). *Lille et Anvers, villes flamandes. Vaches flamandes. — École flamande :* école de peinture du XVe s. *Peintres flamands.* ■ **2** SPÉCIALT De la Flandre belge. ◆ **n.** *Les Flamands et les Wallons. «Les Flamands, eux, veulent leur genièvre, quelqu'un qui comprenne leur langue, et tout...»* SIMENON. ➤ **flamingant.** — **n. m.** *Le flamand :* ensemble des dialectes néerlandais en usage dans le nord de la Belgique et de la France. ■ **3** Où l'on parle, qui parle le flamand. ➤ **néerlandophone.** *Les provinces flamandes. Les Communautés française, flamande et germanophone de Belgique.* ■ HOM. Flamant.

FLAMANT [flamɑ̃] **n. m.** – 1534 ◇ catalan *flamenc,* du latin *flamma* «flamme» ■ Oiseau échassier palmipède *(phœnicoptériformes),* au plumage généralement rose, nichant en colonies sur les lagunes salées. *Flamant rose. «un long flamant debout sur une seule patte»* FARGUE. ■ HOM. Flamand.

FLAMBAGE [flɑ̃baʒ] **n. m.** – 1771 ◇ de *flamber* ■ **1** Action de flamber, de passer à la flamme. *Flambage d'un poulet ; d'un instrument chirurgical.* ■ **2** TECHN. Déformation, courbure d'une pièce longue sous l'effet de la compression qu'elle subit en bout. (On dit aussi **FLAMBEMENT,** 1922.)

FLAMBANT, ANTE [flɑ̃bɑ̃, ɑ̃t] adj. – XVIᵉ ◊ de *flamber* ▪ **1** Qui flambe. ➤ **ardent, brûlant.** « *la cheminée flambante et parfumée d'une bourrée de genièvre* » A. BERTRAND. — *Charbon flambant,* et SUBST. *Flambant :* charbon qui produit de grandes flammes en brûlant (plus de 35 % de matières volatiles). ▪ **2** (1837) VIEILLI Beau, superbe. *Une voiture* « *toute flambante ! elle est peinte en rouge et or à faire crever les Touchard de dépit !* » BALZAC. ♦ (1808) MOD. LOC. **FLAMBANT NEUF :** tout neuf. *Maison flambant neuf* ou *flambant neuve.* « *Des titres de propriété flambant neufs* » CENDRARS. REM. *Flambant* est toujours inv. et *neuf* peut varier en genre et en nombre ou rester inv.

FLAMBARD [flɑ̃baʀ] n. m. – 1690 ; *flambart* autre sens 1285 ◊ de *flambe* ▪ **1** Charbon à demi consumé. ▪ **2** (1837) FAM. et VIEILLI Gai luron. *Faire le flambard,* le fanfaron. ➤ **crâneur.**

FLAMBE [flɑ̃b] n. f. – 1080 « flamme » ◊ ancien français *flamble,* du latin *flammula,* de *flamma* « flamme » ▪ **1** RÉGION. Feu clair. ➤ **flambée.** ▪ **2** TECHN. Épée à lame ondulée. ▪ **3** Nom donné à certains iris.

FLAMBÉ, ÉE [flɑ̃be] adj. – fin XVIᵉ ◊ de *flamber* ▪ **1** Passé à la flamme. *Aiguille flambée.* — (adaptation de l'alsacien *flammekueche*) *Tarte flambée,* cuite à la chaleur des flammes dans un four à bois. ➤ **flammekueche.** — *Bananes, crêpes flambées,* arrosées d'un alcool, d'une liqueur auxquels on met le feu. *Caneton farci flambé au calvados.* ▪ **2** FIG. (XVIIᵉ) FAM. Perdu, ruiné. ➤ 2 **fichu, foutu.** *Un joueur flambé.*

FLAMBEAU [flɑ̃bo] n. m. – XIVᵉ ◊ de *flambe* ▪ **1** ANCIENNT Appareil d'éclairage portatif, formé d'une ou plusieurs mèches enduites de cire, de résine. ➤ **bougie, brandon, torche.** *Allumer, rallumer un flambeau. À la lueur des flambeaux.* MOD. *Marche, retraite* aux flambeaux.* — POÉT. VIEILLI *Le flambeau du jour, du monde :* le soleil. ▪ **2** PAR MÉTAPH. LITTÉR. Ce qui éclaire (intellectuellement ou moralement). ➤ **lumière.** *Le flambeau de la liberté, du progrès.* « *Le savoir est le patrimoine de l'humanité, le flambeau qui éclaire le monde* » PASTEUR. — LOC. (allus. aux coureurs antiques qui se transmettaient le flambeau de main en main) *Passer le flambeau à qqn,* lui laisser le soin d'assurer la continuité d'une action déjà commencée. « *Le flambeau de l'Europe, c'est-à-dire de la civilisation, a été porté d'abord par la Grèce, qui l'a passé à l'Italie, qui l'a passé à la France* » HUGO. *Reprendre le flambeau* (cf. Prendre le relais*). ▪ **3** Chandelier. ➤ **candélabre, torchère.** *Flambeau d'or, d'argent. Flambeau Louis XV, Louis XVI.*

FLAMBÉE [flɑ̃be] n. f. – 1320 ◊ de *flamber* ▪ **1** Feu vif et assez bref. *Faire une flambée pour se réchauffer.* ➤ **chaude.** ▪ **2** Explosion d'un sentiment violent, d'une action. *Flambée de colère. La flambée des passions.* « *L'extraordinaire flambée musicale qui illumina l'Allemagne* » R. ROLLAND. *Flambée de terrorisme.* « *des flambées de violences inouïes,* [...] *dans les rues, des voitures incendiées, des slogans affreux et racistes barbouillés sur les murs* » LE CLÉZIO. ♦ *La flambée des cours de l'or, des prix,* leur hausse soudaine.

FLAMBEMENT ➤ **FLAMBAGE**

FLAMBER [flɑ̃be] v. ⟨1⟩ – fin XIIIᵉ ; « étinceler » milieu XIIᵉ ◊ de *flambe*

I v. intr. ▪ **1** Brûler, être l'objet d'une combustion vive avec flammes et production de lumière. *Bois sec, papier qui flambe. Bâtisse qui flambe en quelques instants.* ➤ FAM. **cramer.** *Faire flamber une allumette.* — « *Un feu clair flambait dans la cheminée de mon cabinet de travail* » FRANCE. — PAR ANAL. Produire une vive lumière, jeter de l'éclat. ➤ **étinceler, flamboyer.** « *Un soleil de juillet flambait au milieu du ciel* » MAUPASSANT. ▪ **2** LITTÉR. Être animé d'une vive ardeur. ➤ **brûler.** *Rousseau* « *les désirait toutes* [les femmes], *il flambait pour toutes* » HENRIOT. *Flamber de passion, de colère.* ▪ **3** Être brûlant. « *ça lui incendia la gorge ;* [...] *son gosier flambait* » SARTRE. ▪ **4** *Les prix flambent,* augmentent très rapidement.

II v. tr. ▪ **1** (1393) Passer à la flamme. *Flamber une volaille,* pour brûler le duvet, les dernières plumes. *Flamber un instrument de chirurgie,* pour le stériliser. *Flamber les cheveux,* en passer l'extrémité à la flamme, après les avoir coupés (➤ **brûlage**). ▪ **2** Arroser (un mets) d'alcool que l'on fait brûler. *Flamber un caneton au calvados.* — INTRANS. *Faire flamber des crêpes* (➤ **flambé**). ▪ **3** FIG. Dépenser follement. *Flamber une fortune en peu de temps.* ♦ INTRANS. Jouer gros jeu (➤ **flambeur**). *Flamber au casino.*

FLAMBERGE [flɑ̃bɛʀʒ] n. f. – 1517 ◊ nom de l'épée de Renaud de Montauban, d'abord *Froberge, Floberge,* n. pr. germanique, puis *Flamberge,* par attraction de *flamme* ▪ VX Longue épée. LOC. *Mettre flamberge au vent :* tirer l'épée ; partir en guerre, s'apprêter à se battre. « *Lazare, au moment de l'affaire Dreyfus, mit flamberge au vent* » GIDE.

FLAMBEUR, EUSE [flɑ̃bœʀ, øz] n. – 1885 ◊ de *flamber* (II, 3°) ▪ Personne qui joue gros jeu. « *l'habitué des casinos, le flambeur* » P.-J. REMY.

FLAMBOIEMENT [flɑ̃bwamɑ̃] n. m. – 1528, repris XIXᵉ ◊ de *flamboyer* ▪ Éclat de ce qui flamboie. *Le flamboiement d'un incendie, du soleil.* ♦ FIG. Lumière. « *sa prunelle éteinte s'illumina d'un flamboiement hideux* » HUGO.

FLAMBOYANT, ANTE [flɑ̃bwajɑ̃, ɑ̃t] adj. et n. m. – XIIᵉ ◊ de *flamboyer* ▪ **1** Qui produit une vive lueur, un vif éclat. ➤ 1 **brillant*, éclatant, étincelant.** *Épée, armure flamboyante.* ♦ PAR EXT. Qui a l'éclat, la couleur d'une flamme. ➤ **ardent.** *Yeux, regards flamboyants de haine, de colère.* — D'une couleur rouge vif, qui évoque les flammes. ➤ **rutilant.** *Chevelure flamboyante.* ▪ **2** BLAS. Qui se termine par une flamme (en parlant d'une pièce ondée). *Pals flamboyants.* ▪ **3** (1830) *Gothique flamboyant :* style caractéristique de l'architecture gothique française tardive (XVᵉ s.), où certains ornements (soufflets, mouchettes) sont en forme de flamme. SUBST. « *le flamboyant, toutes ces flammes de pierre d'un enfer si prophétique...* » J.-P. AMETTE. — PAR EXT. *Cathédrale flamboyante.* ▪ **4** FIG. Qui se manifeste avec éclat. *Un mélo flamboyant.* ▪ **5** n. m. Arbre tropical *(césalpiniacées)* à fleurs rouge vif. « *Les flamboyants dressés déploient leurs armoiries de feu* » GRAINVILLE.

FLAMBOYER [flɑ̃bwaje] v. intr. ⟨8⟩ – *flambeier* 1080 ◊ de *flambe* ▪ Jeter par intervalles des flammes, et PAR EXT. un reflet éclatant. *Bûches qui flamboient dans la cheminée.* ➤ **brûler, flamber.** *Métal qui flamboie au soleil.* ➤ **scintiller ; flamboyant.** — PAR EXT. *Yeux qui flamboient.* ➤ **briller.**

FLAMENCO [flamɛnko] n. m. – 1927 ; « flamand » 1890 ◊ mot espagnol utilisé pour désigner les Gitans venus des Flandres ▪ Musique populaire andalouse héritée des Gitans, chantée et dansée. *Danseuse de flamenco* (➤ **taconéos**). *Guitariste de flamenco.* — ADJT *Chants flamencos* (espagnol *cante jondo*).

FLAMICHE [flamiʃ] n. f. – 1568 ; *flamique* XVᵉ ◊ de *flamme* ▪ RÉGION. (Nord) Tourte aux poireaux.

FLAMINE [flamin] n. m. – 1372 ◊ latin *flamen, inis,* de *flare* « souffler (sur le feu sacré) » ▪ ANTIQ. ROM. Prêtre attaché au service d'une divinité.

FLAMINGANT, ANTE [flamɛ̃gɑ̃, ɑ̃t] adj. et n. – 1740 ; *flamengel* XIIᵉ ◊ de *flameng,* ancienne forme de *flamand* ▪ PÉJ. Partisan du flamingantisme ; nationaliste flamand. *Manifestation flamingante.*

FLAMINGANTISME [flamɛ̃gɑ̃tism] n. m. – 1902 ◊ de *flamingant* ▪ Mouvement qui revendique l'émancipation politique et culturelle de la Flandre vis-à-vis des francophones belges ou, plus radicalement, la reconnaissance d'une nation flamande.

FLAMME [flɑm] n. f. – Xᵉ ◊ latin *flamma*

I ▪ **1** Phénomène lumineux produit par une substance ou un mélange gazeux en combustion (cf. Langue* de feu). *Ce feu ne fait pas de flamme. Flamme jaune, claire, bleuâtre. La lumière, la chaleur de la flamme. Flammes vacillantes, ondoyantes, qui dansent. Jeter des flammes.* ➤ **flamber, flamboyer.** *Dragon qui crache des flammes. Flamme d'une bougie, d'un chalumeau. Régler la flamme d'une lampe, d'un briquet.* « *Il faut se hâter de nourrir la lampe. Mais il faut aussi protéger la flamme du grand vent qu'il fait* » SAINT-EXUPÉRY. *Flamme du gaz. Petite flamme d'un chauffe-eau.* ➤ **veilleuse.** *Retour* de flamme.* — *Passer à la flamme.* ➤ **flamber.** ♦ **LES FLAMMES :** l'incendie ; le feu* qui détruit. *Édifice qui est la proie des flammes, dévoré par les flammes. Jeter, livrer aux flammes.* ➤ **brûler, enflammer.** *Les flammes de l'enfer. En flammes.* ➤ **ardent, enflammé.** *L'avion est tombé en flammes. Descendre* en flammes.* — LOC. FIG. *Jeter, lancer feu et flammes :* être irrité, en colère. *Péter* des flammes.* ♦ SPÉCIALT Flamme symbolique. *Ranimer la flamme sur la tombe du Soldat inconnu. La flamme olympique.* ▪ **2** Éclat brillant. « *sa vitalité semblait vraiment toute concentrée dans la flamme sombre du regard* » MARTIN DU GARD. ▪ **3** FIG. Ardeur, feu. ➤ 1 **fougue.** « *Cette flamme intérieure qui l'habite* » GIDE. *Orateur plein de flamme.* ➤ **animation, éloquence.** *Parler avec, sans flamme. Être tout feu* tout flamme.* ♦ VX et LITTÉR. Passion amoureuse, désir amoureux. ➤ 1 **feu.** « *Tu vis naître ma flamme et mes premiers soupirs* » RACINE. *Déclarer sa flamme à qqn.*

II (1669 ◊ d'après la représentation allongée et ondoyante des flammes, par ex. en blas.) ▪ **1** ANCIENNT Petite banderole à deux pointes qui garnissait les lances, les mâts des navires. ➤ **banderole ; bannière, oriflamme.** MOD. Pavillon long et étroit.

Flamme de guerre, aux couleurs nationales. ▪ **2** (1690) Ornement architectural long et ondé. ▪ **3** Petite ampoule électrique allongée et pointue. *Les flammes d'un lustre.* EN APPOS. *Des ampoules flammes.* ▪ **4** Marque postale allongée, imprimée sur les lettres, généralement à côté de l'oblitération et portant souvent une légende, un symbole.

FLAMMÉ, ÉE [flame] **adj.** – 1808 ◊ de *flamme* ▪ TECHN. Qui a des taches allongées et ondoyantes. *Grès flammé.*

FLAMMÈCHE [flamɛʃ] **n. f.** – *flammasche, flammesche* XIIe ◊ francique °*falawiska* «cendre», d'après *flamma* ▪ Parcelle enflammée qui se détache d'un brasier, d'un foyer. «*De longues flammèches s'envolaient au loin et rayaient l'ombre, et l'on eût dit des comètes combattantes*» HUGO.

FLAMMEKUECHE [flam(ə)kyʃ(ə)] **n. f. ou m.** – 1894 ◊ mot alsacien, littéralt «tarte *(kueche)* à la flamme» ▪ Préparation de pâte à pain garnie d'un mélange de fromage blanc et de crème, d'oignons émincés, de lardons, cuite au four à bois, appelée aussi *tarte flambée* (spécialité alsacienne).

FLAMMEROLE [flamʀɔl] **n. f.** – 1528 ◊ de *flamme* ▪ VX OU RÉGION. Feu follet.

1 **FLAN** [flɑ̃] **n. m.** – XIVe ; *flaon* XIIe ◊ francique °*flado* ; cf. allemand *Fladen* ▪ **1** Crème à base de lait, d'œufs et de farine, que l'on fait prendre au four. ➤ **dariole.** *Flan aux pruneaux* (➤ **far**), *aux cerises* (➤ **clafoutis**). *Tarte au flan.* ◆ PAR EXT. Crème moulée parfumée, cuite sur le feu. *Flan au caramel.* ▪ **2** (1376) Disque destiné à recevoir une empreinte par pression. *Flan d'une monnaie, d'une médaille.* ◆ TYPOGR. Carton spécial recouvert d'un enduit épais que l'on applique humide sur des caractères mobiles afin d'en prendre l'empreinte pour le clichage ; moule ainsi obtenu. ▪ **3** LOC. FAM. (1901 ◊ origine inconnue) *En être, en rester comme deux ronds de flan* : être stupéfait, muet d'étonnement. *En faire (tout) un flan* : grossir exagérément l'importance d'un fait (cf. Faire toute une histoire, un fromage, un plat). ▪ HOM. Flanc.

2 **FLAN** [flɑ̃] **n. m.** – 1638 «coup de poing» ◊ rattaché à 1*flan*, d'origine inconnue ▪ FAM. *C'est du flan*, de la blague. ◆ **loc. adv. AU FLAN :** au hasard. *Dire qqch. au flan* (cf. Au petit bonheur*). — VIEILLI **À LA FLAN :** sans valeur.

FLÂNAGE [flɑnaʒ] **n. m.** – 1955 ◊ de *flâner* ▪ (Canada) ▪ **1** Fait de rôder, de traîner sur la voie publique, dans un lieu public. *Loi sur le flânage.* ▪ **2** (1975) Flânerie. *Flânage et magasinage en ville.*

FLANC [flɑ̃] **n. m.** – 1080 ◊ francique °*hlanka* ▪ **1** Partie latérale du corps de l'être humain et de certains animaux. — Chacune des deux régions symétriques, droite et gauche, situées sous les côtes. *Se coucher sur le flanc*, sur le côté. «*La fatigue lui brisait les côtes ; il porta la main à ses flancs et fit effort pour respirer*» GREEN. — LOC. **ÊTRE SUR LE FLANC,** alité, et PAR EXT. extrêmement fatigué. ➤ **éreinté, fatigué*,** FAM. **flapi** (cf. Être sur les rotules*, sur les genoux*). *Mettre sur le flanc* : exténuer, briser les forces. *Se battre* les flancs.* FAM. *Tirer au flanc* : chercher à échapper à une corvée ; PAR EXT. paresser (cf. Tirer au cul*). ◆ Région latérale de l'abdomen et des côtes d'un animal. *Presser, éperonner les flancs de son cheval. Cheval qui bat des flancs*, essoufflé. ▪ **2** (v. 1250) VX OU LITTÉR. La partie du corps où la vie semble profondément logée. *Percer le flanc.* ➤ **entrailles.** — SPÉCIALT Le ventre maternel. ➤ **sein.** «*Croit-on que dans ses flancs un monstre m'ait porté ?*» RACINE. ▪ **3** (1559) Partie latérale de certaines choses. *Flanc d'un vaisseau.* ➤ **travers.** *Flanc à flanc* : côte à côte (navires). *Les flancs d'un vase. — Le flanc d'une montagne.* — **À FLANC DE :** sur le flanc de. *À flanc de coteau.* ◆ (1564) FORTIF. Partie du bastion comprise entre la courtine et la face. ▪ **4** (1559) Côté droit ou gauche d'une troupe, d'une armée (opposé à *front*). ➤ **aile.** *Les flancs d'une colonne. Sur son flanc droit, sur ses flancs.* ◆ **PRÊTER LE FLANC :** exposer son flanc aux attaques de l'ennemi. FIG. S'exposer (à qqch. de pénible, ou de dangereux) (cf. Donner prise). *Prêter le flanc à la critique, à la médisance.* ▪ **5** (1640) BLAS. Une des divisions qui touchent au bord de l'écu, quand il est tiercé en pal. ▪ HOM. Flan.

FLANC-GARDE [flɑ̃gaʀd] **n. f.** – 1888 ◊ de *flanc* (4o) et *garde* ▪ MILIT. Détachement de sûreté rapprochée protégeant les flancs d'une troupe en marche. *Des flancs-gardes.*

FLANCHER [flɑ̃ʃe] **v. intr.** ⟨1⟩ – 1862 ; «blaguer» argot 1846 ◊ altération de *flenchir* «détourner» ; francique °*hlankjan* «ployer» (→ flanc), ou de *flacher* «mollir» ▪ FAM. Céder, faiblir. *Le cœur du malade a flanché brusquement.* ➤ 1 **lâcher.** *Sa mémoire commence à flancher. Flancher près du but.* ➤ **abandonner,** FAM. **se dégonfler** (cf. Lâcher pied*). *Ce n'est pas le moment de flancher !* ➤ FAM. **mollir.**

FLANCHET [flɑ̃ʃɛ] **n. m.** – 1541 ; «flanc» 1376 ◊ diminutif de *flanc* ▪ Morceau de bœuf, de veau, dans la surlonge, entre la poitrine et la tranche grasse. — Partie de la morue située près des filets.

FLANDRICISME [flɑ̃dʀisism] **n. m.** – 1778 ◊ de *Flandre* ▪ Emprunt ou calque du flamand, dans le français en usage en Belgique et dans le nord de la France. ➤ aussi **belgicisme, wallonisme.**

FLANDRIN [flɑ̃dʀɛ̃] **n. m.** – 1655 ; «grand, élancé» XVe ◊ de *Flandre* ▪ FAM. VIEILLI Homme grand, d'allure gauche. *Grand flandrin.* ➤ **dadais.**

FLANELLE [flanɛl] **n. f.** – 1656 ◊ anglais *flannel*, gallois *gwlanen*, de *gwlân* «laine» ▪ Tissu de laine peignée ou cardée, peu serré, doux et pelucheux. *Pantalon de flanelle.* ANCIENNT *Ceinture, gilet de flanelle* : vêtements masculins de dessous. — PAR MÉTON. Vêtement de flanelle. *Mettre une flanelle. — Flanelle de coton* : tissu de coton employé comme doublure ou ouatine. ◆ FAM. *Avoir les jambes* en flanelle.*

FLÂNER [flɑne] **v. intr.** ⟨1⟩ – 1807 ◊ du v. région. *flanner* 1638 ; ancien scandinave *flana* «courir çà et là» ▪ **1** Se promener sans hâte, au hasard, en s'abandonnant à l'impression et au spectacle du moment. ➤ **baguenauder, se balader, musarder ;** RÉGION. **bader.** «*J'ai flâné dans les rues ; j'ai marché devant moi, libre, bayant aux grues*» MUSSET. ▪ **2** S'attarder, se complaire dans une douce inaction. ➤ FAM. **flemmarder, traînasser.** *Faire qqch. sans flâner.* ➤ **lanterner, traîner.** ▪ CONTR. Hâter (se). Travailler.

FLÂNERIE [flɑnʀi] **n. f.** – 1826 ; dialectal XVIe ◊ de *flâner* ▪ Action ou habitude de flâner ; promenade faite en flânant. ➤ **baguenaude, balade ;** RÉGION. **flânage.** *Flâneries dans la vieille ville.*

FLÂNEUR, EUSE [flɑnœʀ, øz] **n. et adj.** – 1808 ; dialectal XVIe ◊ de *flâner* ▪ Personne qui flâne, ou qui aime à flâner. ➤ **badaud, musard, promeneur.** «*Le Flâneur des deux rives*», ouvrage d'Apollinaire. — **adj.** Qui aime à ne rien faire. ➤ **oisif.** *Je le crois* «*un peu flâneur et médiocrement âpre au travail*» FLAUBERT.

FLANQUEMENT [flɑ̃kmɑ̃] **n. m.** – 1794 ◊ de 1*flanquer* ▪ FORTIF. Ouvrage défensif qui en flanque un autre.

1 **FLANQUER** [flɑ̃ke] **v. tr.** ⟨1⟩ – 1555 fortif. ◊ de *flanc* ▪ **1** Garnir sur les flancs, à l'aide d'un ouvrage défensif, d'une construction ou d'un élément architectural (➤ **flanquement**). ▪ **2** Être sur le côté de (un ouvrage fortifié, un bâtiment). *Tourelles flanquant une gentilhommière. Château flanqué d'une tour.* — PAR EXT. Se trouver près de, tout contre. «*Deux bergères en tapisserie flanquaient la cheminée en marbre*» FLAUBERT. «*une route flanquée de remblais*» GAUTIER. ▪ **3** MILIT. Protéger sur le flanc. *Détachement flanquant une colonne.* ➤ **flanc-garde.** ▪ **4** RARE Accompagner. — COUR. (souv. péj.) *Chef de bande flanqué de ses acolytes.*

2 **FLANQUER** [flɑ̃ke] **v. tr.** ⟨1⟩ – 1680 ; «attaquer de flanc» 1596 ◊ de 1*flanquer*, ou altération de *flaquer*, d'origine onomatopéique ▪ FAM. ▪ **1** Lancer, jeter brutalement ou brusquement. ➤ 2 **ficher,** 1 **foutre.** *Flanquer un coup, une gifle à qqn.* ➤ **allonger, appliquer, envoyer.** «*C'est vrai, il y a des jours où je flanquerais tout en l'air*» ZOLA. ➤ **bazarder.** «*Des gens qui jouaient aux cartes et qui se les flanquaient par la figure*» ARAGON. *Flanquer qqn dehors, un employé à la porte.* ➤ **congédier, renvoyer.** *Flanquer qqch. par terre*, le faire échouer. *Ça a tout flanqué par terre.* — PRONOM. *Se flanquer par terre* : tomber. ▪ **2** Donner. ➤ **coller.** *Flanquer la trouille à qqn. Ça m'a flanqué la migraine, le cafard.*

FLAPI, IE [flapi] **adj.** – fin XIXe ◊ mot lyonnais, de *flapir* «flétrir» (XVe) ; probablt de °*falappa*, variante du latin *faluppa* → envelopper ▪ FAM. Épuisé, éreinté. *Se sentir tout flapi.* ➤ **flagada.**

FLAQUE [flak] **n. f.** – *flasque* XIVe ; repris 1718 ◊ forme picarde de *flache* (XVe), subst. de l'ancien français *flache* «creux, mou» ; latin *flaccidus* ▪ Petite nappe de liquide stagnant. *Chemin couvert de flaques d'eau. Flaque de sang.* ➤ **mare.** *Flaques d'huile.* — ABSOLT Flaque d'eau. ➤ RÉGION. **flache, gouille.** *Patauger dans les flaques.* «*Le soleil pompait les flaques des dernières averses*» CAMUS. ◆ FIG. «*Une flaque de soleil est apparue sur le bas du mur de la chambre, [...] elle est grande comme une main, elle tremble sur la pierre du mur*» DURAS. ▪ HOM. Flac.

FLASH [flaʃ] **n. m.** – 1918 ◊ mot anglais ▪ ANGLIC. ▪ **1** Lampe émettant une lumière brève et intense qui permet de prendre des photographies en milieu sombre, ou en intérieur ; appareil, dispositif associé à cette lampe. *Des flashs.* On emploie parfois le pluriel anglais *des flashes. Prendre une photo au flash. Appareil photo avec flash intégré.* ◆ PAR EXT. Éclair produit par cet appareil. *Ébloui par les flashs.* — LOC. FIG. *Avoir un flash,* une idée soudaine, un souvenir qui revient (cf. Faire tilt*). *«je ne me souviens plus de grand-chose, ou bien des éclairs, des flashes, des images très nettes qui m'apparaissent au milieu du flou»* O. ADAM. ▪ **2** CIN. Scène rapide d'un film. Plan de très courte durée (cinéma, télévision). *Flash publicitaire.* ➤ **message, spot.** ▪ **3** Message transmis en urgence (à la radio, à la télévision) pour annoncer une nouvelle importante. *Flash spécial.* ◆ Bref résumé (de nouvelles). *Flash d'information.* ➤ **bulletin.** ▪ **4** Effet intense ressenti immédiatement après l'injection d'une substance psychoactive. *«oublier dans le "flash" et la défonce ses problèmes»* OLIEVENSTEIN. ▪ **5** APPOS. *Vente flash :* vente promotionnelle de très courte durée. *Vente flash au rayon lingerie. Des ventes flash.* — INFORM. *Mémoire flash :* type de mémoire qui conserve les données même sans alimentation électrique. ▪ **HOM.** Flache.

FLASHANT, ANTE [flaʃɑ̃, ɑ̃t] **adj.** – 1981 ◇ de *flash* ▪ FAM. Qui fait l'effet d'un flash. ➤ **éblouissant.** — PAR EXT. Qui séduit, fait une grosse impression.

FLASH-BACK n. m. inv. ou **FLASHBACK** [flaʃbak] **n. m.** – 1923 ◇ mot anglais «scène de rappel (du passé)» ▪ ANGLIC. Séquence d'un film rompant la continuité chronologique et évoquant un fait antérieur à l'action présentée. *Des flash-back, des flashbacks.* — **Recomm. offic.** *retour en arrière* **(au Québec** *rétrospective***).** ◆ PAR ANAL. Retour en arrière dans un récit. ➤ **analepse.**

FLASH-BALL [flaʃbol] **n. m.** /FLASHBALL/ – 1989 ◇ marque déposée ; faux anglic., de l'anglais *flash* «éclair» et *ball* «balle» ▪ Arme de défense qui utilise des balles de caoutchouc non perforantes comme projectiles. *Policiers équipés de flash-balls.* — **Recomm. offic.** *arme de défense à balles souples.*

FLASHCODE [flaʃkɔd] **n. m.** – 2007 ◇ marque déposée ; faux anglic., de *flash* et *code* ▪ TÉLÉCOMM. Code représenté par un dessin en deux dimensions composé de carrés, qui, photographié avec un téléphone mobile équipé du lecteur adéquat, permet d'obtenir certaines informations (cf. Code QR*). *Flashcode donnant les horaires des bus en temps réel.*

FLASHER [flaʃe] **v.** ‹1› – v. 1960 ◇ de *flash*
▪ ANGLIC.

I v. intr. FAM. ▪ **1 FLASHER SUR :** être très intéressé par, avoir le coup de foudre pour. *Flasher sur qqch., qqn. «On se connaissait depuis janvier, et Anna a tout de suite flashé sur moi»* F. THILLIEZ. ▪ **2** Attirer le regard par sa couleur, sa luminosité. *«tout ce qu'elle n'ose jamais porter parce que ça flashe ou que c'est trop décolleté»* P. BAILLY.

II v. tr. ▪ **1** TECHN. Produire (des films, des bromures composés et mis en pages) à l'aide d'une photocomposeuse à laser (*flasheuse* **n. f.**). ▪ **2** Photographier (un véhicule en infraction à la réglementation routière pour excès de vitesse, non-respect de la signalisation...) en parlant d'un radar. *Moto flashée sur l'autoroute. «Les radars nous flashent, à intervalles réguliers»* V. DESPENTES. ▪ **3** Lire (un code-barre) à l'aide d'une douchette. ➤ **biper.**

FLASHY [flaʃi] **adj.** – 1984 ◇ mot anglais «tape-à-l'œil, voyant» ▪ ANGLIC. Se dit d'une couleur très vive, criarde. *Des tons flashys* ou *flashy* **(inv.).** *«lunettes colorées et coiffures voyantes, écharpes fluorescentes et touches de rose flashy»* J.-PH. TOUSSAINT. — *Un maquillage flashy,* qui utilise ces couleurs.

1 **FLASQUE** [flask] **adj.** – 1421 ; variantes *flac, flache, flaque* → flache ◇ latin *flaccidus* ▪ Qui manque de fermeté. ➤ **avachi,** 1 **mou ;** 1 **mollasse.** *Chair flasque* (➤ **flaccidité**). *Peau flasque. «une tige flasque parmi des feuilles pleureuses»* BECKETT. ➤ **flétri.** ◆ (ABSTRAIT) *«Hélas ! me voici lâche et flasque comme une corde brisée»* SAND. *«Le flasque caractère de mon Jérôme impliquant la flasque prose»* GIDE. ▪ **CONTR.** Dur, 1 ferme, raide, rigide, tendu.

2 **FLASQUE** [flask] **n. f.** – 1535 ◇ italien *fiasca* «bonbonne» (→ fiasque), mot germanique → flacon ▪ VX Poire* à poudre. ◆ MOD. Petit flacon plat.

3 **FLASQUE** [flask] **n. m.** – 1445 ◇ probablt var. de *flache* (1408), *flacque* «partie plate, planche» ▪ TECHN. ▪ **1** Chacune des deux pièces latérales d'un affût de canon qui supportent les tourillons. ▪ **2** Pièce mécanique verticale servant de support.

FLATTER [flate] **v. tr.** ‹1› – milieu XIIe au sens d'«abuser» (I, A, 2°) ◇ peut-être du francique *flat* «plat»

I ~ v. tr. A. (SUJET PERSONNE ; COMPL. ÊTRE ANIMÉ) ▪ **1** (début XIIIe) Louer excessivement ou faussement (qqn), pour plaire, séduire. ➤ **aduler, encenser, flagorner.** *Flatter pour obtenir qqch.* ➤ **amadouer.** *Il ne cesse de le flatter bassement, servilement* (cf. Lécher, cirer les bottes*, faire de la lèche*, du plat*, des courbettes*, passer de la pommade*). *«Plus on aime quelqu'un, moins il faut qu'on le flatte»* MOLIÈRE. *Vous me flattez !,* votre compliment est aimable mais excessif. *Sans vous flatter, vous êtes le meilleur.* ▪ **2** (milieu XIIe) VX Chercher à tromper (qqn) en déguisant la vérité, en entretenant des illusions. ➤ **abuser, mentir.** *«Que tout autre que moi vous flatte et vous abuse»* CORNEILLE. — (1669) LITTÉR. *Flatter qqn de qqch.,* le lui laisser faussement espérer. *«Ne m'a-t-on point flatté d'une fausse espérance ?»* RACINE. ➤ **allécher, bercer, leurrer.** ▪ **3** (fin XIVe) Caresser (un animal) avec la main. *Flatter un chien. Un cheval «qu'il flatta, à plusieurs reprises, en lui frappant du plat de la main le col et la croupe»* GAUTIER.

B. (SUJET CHOSE) ▪ **1** (1643) Être agréable à, faire concevoir de la fierté ou de l'orgueil à. *Cette distinction me flatte et m'honore.* ➤ 1 **toucher.** *«Il sied de se défier de ce qui vous flatte»* GIDE. PAR EXT. *Cela flatte son amour-propre.* ◆ **p. p. adj. FLATTÉ, ÉE.** ➤ **content, fier, satisfait.** *«Il souriait, flatté dans son orgueil»* FLAUBERT. *«ils s'empressèrent, très flattés de le voir chez eux»* ZOLA. *Être flatté que* (et le subj.). *«Je ne serais pas flatté du tout qu'on m'en parlât»* PROUST. ▪ **2** (1667) Faire paraître plus beau que la réalité. ➤ **avantager, embellir, idéaliser.** *Cette photo la flatte. Portrait flatté,* où la personne est représentée plus belle qu'elle n'est. — *Couleur qui flatte le teint.*

C. (COMPL. CHOSE) ▪ **1** Encourager, favoriser avec complaisance. *Flatter les manies, les défauts, les vices de qqn. «Flattez les passions du moment, vous devenez partout un héros»* BALZAC. ▪ **2** (1550) Affecter agréablement (les sens). ➤ **caresser, charmer, délecter, plaire (à).** *Douce musique, harmonie qui flatte l'oreille. Mets qui flatte le palais.*

II ~ v. pron. SE FLATTER ▪ **1** VX S'entretenir dans une espérance, une illusion. ➤ **s'illusionner.** *«La jeunesse se flatte et croit tout obtenir»* LA FONTAINE. ◆ MOD. **SE FLATTER DE (et inf.) :** être persuadé, se croire assuré de. ➤ **compter, espérer,** 1 **penser, prétendre.** *«Il ne comprenait pas tout. Mais qui de nous peut se flatter de tout comprendre ?»* FRANCE. — LITTÉR. **SE FLATTER QUE (et indic.).** *«Je me flatte que ma juste curiosité ne vous déplaira pas»* VOLTAIRE (cf. Aimer à croire* que). ▪ **2 SE FLATTER DE (et subst. ou inf.) :** tirer orgueil, vanité de. ➤ **se féliciter, se prévaloir, se targuer.** *«Les plus rebelles, et qui se flattent de l'être»* SUARÈS. *Je suis commerçant et je m'en flatte* (en réponse à une attaque). ▪ **3** SANS COMPL., LITTÉR. Se juger trop favorablement, faire preuve de vanité en se décernant des éloges à soi-même. ➤ **se vanter.** *«On est accessible à la flatterie dans la mesure où soi-même on se flatte»* VALÉRY.
▪ **CONTR.** Blâmer, critiquer.

FLATTERIE [flatʀi] **n. f.** – 1265 ◇ de *flatter* ▪ Action de flatter ; louange fausse ou exagérée que l'on adresse à qqn par complaisance, calcul. *De basses flatteries. Flatterie servile.* ➤ **adulation, flagornerie.** *Il nous a fait mille flatteries.* ➤ **courbette.** *«Les hommes sont si sensibles à la flatterie que, lors même qu'ils pensent que c'est flatterie, ils ne laissent pas d'en être dupes»* VAUVENARGUES. ▪ **CONTR.** Blâme, 2 critique.

FLATTEUR, EUSE [flatœʀ, øz] **n. et adj.** – fin XIIIe ◇ de *flatter*

I n. Personne qui flatte, qui donne des louanges exagérées ou fausses. ➤ **enjôleur, flagorneur,** RÉGION. **frotte-manche, hypocrite, louangeur, thuriféraire ;** FAM. **fayot, lèche-botte, lèche-cul.** *Chœur, cortège de flatteurs autour des puissants.* ➤ **adulateur, caudataire, courtisan.** *Un vil flatteur* (VX ou PLAISANT). *«Apprenez que tout flatteur Vit aux dépens de celui qui l'écoute»* LA FONTAINE.

II adj. ▪ **1** VIEILLI Qui loue avec exagération ou de façon intéressée. ➤ **complimenteur.** *Courtisans flatteurs.* ➤ **obséquieux.** ▪ **2** VX Qui berce d'un espoir, d'une illusion. *«Une flatteuse erreur emporte alors nos âmes»* LA FONTAINE. ▪ **3** Qui flatte l'amour-propre, l'orgueil. ➤ **agréable, avantageux, élogieux, obligeant.** *«Cette confiance de votre Directeur m'apparaît comme la plus flatteuse des promotions»* CÉLINE. *Une comparaison flatteuse. Ce n'est pas flatteur !* la comparaison, la remarque est dure. ▪ **4** Qui embellit. *Un éclairage flatteur. Faire un tableau flatteur de la situation. «le portrait peu flatteur des carnets inédits, où il est dépeint comme un petit homme laid, de figure commune»* HENRIOT.

FLATULENCE [flatylɑ̃s] **n. f.** – 1747 ◇ de *flatulent* ▪ Accumulation de gaz dans les intestins, se traduisant par un ballonnement abdominal et des flatuosités. ➤ **météorisme.**

FLATULENT, ENTE [flatylɑ̃, ɑ̃t] **adj.** – 1575 ◇ du latin *flatus* «vent» ▪ Qui s'accompagne de gaz, qui en produit. *Dyspepsie, colique flatulente. Propriétés flatulentes des féculents.*

FLATUOSITÉ [flatɥozite] **n. f.** – 1552 ◇ de *flatueux* 1538, d'après le latin médiéval *flatuosus* ▪ Gaz accumulé dans les intestins ou expulsé du tube digestif. ➤ **vent.** *Flatuosités causant des borborygmes, du ballonnement.*

FLAUGNARDE ➤ **FLOGNARDE**

FLAVESCENT, ENTE [flavesɑ̃, ɑ̃t] **adj.** – 1833 ✧ latin *flavescens,* de *flavescere* «jaunir» ■ LITTÉR. Qui tire sur le jaune, le blond. *Moissons flavescentes.* ➤ **doré.**

FLAVEUR [flavœʀ] **n. f.** – v. 1970 ✧ anglais *flavour,* du latin *flare* «odeur» (cf. *fleurer*) et *savor* ■ DIDACT. ou LITTÉR. Sensation provoquée conjointement par le goût et l'odeur d'un aliment.

FLAVINE [flavin] **n. f.** – 1878 ✧ du latin *flavus* «jaune» ■ BIOCHIM. Pigment jaune des organismes vivants, coenzyme combiné à des protéines intervenant dans les processus biologiques d'oxydoréduction. *La vitamine B2 est une flavine.* ➤ **lactoflavine, riboflavine.**

FLAVONOÏDE [flavɔnɔid] **n. m.** – 1956 ✧ de *flavone* «pigment jaune présent dans la pellicule du raisin», du latin *flavus* «jaune», et *-oïde ;* cf. anglais *flavonoïd* (1945) ■ BIOCHIM. **(souvent au plur.)** Pigment jaune d'origine végétale, dont la molécule contient un groupe cétone et trois cycles (dont deux benzéniques).

FLÉAU [fleo] **n. m.** – XIIe *flael ;* Xe *flaiel* ✧ latin *flagellum* «fouet»

I ■ **1** Instrument à battre les céréales, composé de deux bâtons liés bout à bout par des courroies. *Battre le blé avec le fléau, au fléau.* «*Un fléau, au long manche et au battoir de cornouiller, que des boucles de cuir reliaient entre eux*» ZOLA. ■ **2** (XIVe) ANCIENNT **FLÉAU D'ARMES :** arme offensive composée d'un manche court terminé par une chaîne au bout de laquelle était attachée une boule hérissée de clous. ➤ **plombée, plommée.** ■ **3** (1549) Pièce rigide (d'une balance), mobile dans le plan vertical, aux extrémités de laquelle sont fixés les plateaux. ➤ **joug.**

II (*flaiel* Xe) ■ **1** Personne ou chose qui semble être l'instrument de la colère divine. *Attila, le fléau de Dieu.* ■ **2** Calamité qui s'abat sur une population. ➤ **cataclysme, catastrophe, désastre.** *Le fléau de la guerre, de la peste. Les fléaux de la nature :* avalanche, inondation, raz-de-marée. *Fléaux sociaux* (alcoolisme, drogue...). «*Le fléau n'est pas à la mesure de l'homme, on se dit donc que le fléau est irréel, c'est un mauvais rêve qui va passer*» CAMUS. ■ **3** Personne, chose nuisible, funeste, redoutable. ➤ **plaie.** *L'ennui, fléau de la solitude.* «*Mon père était la terreur des domestiques, ma mère le fléau*» CHATEAUBRIAND. — PAR EXAGÉR. *Quel fléau ce gosse !* ➤ **poison.**

FLÉCHAGE [fleʃaʒ] **n. m.** – 1951 ✧ de *flécher* ■ Action de flécher un itinéraire ; ensemble des flèches indiquant un parcours. *Suivre le fléchage de la déviation.*

1 **FLÈCHE** [flɛʃ] **n. f.** – XIIe «tige (de la flèche [*saiette, sagette*])» ✧ francique °*fliugika* «celle qui fuit» ; cf. moyen néerlandais *vliecke*

I PROJECTILE ■ **1** Projectile de certaines armes de jet (arc, arbalète) consistant en une tige (de bois, de métal) munie d'une pointe à une extrémité et d'ailerons à l'autre. ➤ **carreau, fléchette,** 1 **trait.** *En forme de flèche.* ➤ **sagittal, sagitté.** *Lancer une flèche avec un arc, une arbalète, une sarbacane. Étui à flèches.* ➤ **carquois.** *Tirer, décocher une flèche. Flèche empoisonnée. Cribler de flèches. Une volée de flèches. Les flèches de l'Amour, de Cupidon,* censées transpercer les cœurs et les rendre amoureux. — PAR ANAL. *Pistolet à flèches :* jouet qui lance des tiges munies d'un bout de caoutchouc. ◆ LOC. *Partir, filer* **COMME UNE FLÈCHE,** très vite. — **MONTER EN FLÈCHE,** en ligne droite, à la façon d'une flèche. *Avion qui monte en flèche.* FIG. Augmenter très rapidement. *Prix qui montent en flèche* (➤ **flamber ; envolée**). — *Faire flèche de tout bois :* utiliser tous les moyens disponibles, même s'ils ne sont pas adaptés. ■ **2** FIG. Trait d'esprit, attaque plus ou moins déguisée, critique. ➤ **épigramme,** 2 **pique, pointe, raillerie, sarcasme.** «*Trépignements du public à chaque flèche anticléricale*» GIDE. ◆ LITTÉR. *La flèche du Parthe :* trait piquant que qqn lance à la fin d'une conversation (par allus. aux Parthes qui tiraient leurs flèches en fuyant). ■ **3** LOC. FAM. *Ça n'est pas une flèche !* ce n'est pas quelqu'un de très vif, de très intelligent. «*je n'étais pas une flèche à l'école, c'est moi qui te le dis*» PENNAC. ■ **4** SKI Épreuve de ski, slalom géant à parcourir en un temps donné ; récompense attribuée pour cette épreuve. *Flèche d'or.*

II OBJET POINTU, ÉLANCÉ ■ **1** Ce qui est droit et pointu. ◆ (XVe) AGRIC., TECHN. Tige droite. — Piquet d'arpenteur. ◆ (1573) MAR. Partie effilée d'un bas mât. *Mât, voile de flèche.* ◆ (1690) COUR. Comble pyramidal ou conique d'un clocher, d'une tour. ➤ **aiguille.** *La flèche de la Sainte-Chapelle.* «*cette tour était la flèche la plus hardie, la plus ouvrée*» HUGO. ◆ BOT. Partie terminale de la branche principale (d'un arbre). ➤ **cime, faîte.** — Décoration effilée destinée à garnir la cime (d'un sapin de Noël). ■ **2** (1636) Ce qui avance en pointe, comme une flèche posée sur un arc. *La flèche d'un char, d'une charrette :* longue pièce de bois fixée à l'avant et destinée à l'attelage des bêtes de trait. ➤ **timon.** — ARTILL. Partie de l'affût d'un canon qui sert à «asseoir» la pièce. ◆ **EN FLÈCHE.** *Attelage en flèche,* où les chevaux sont attelés l'un derrière l'autre. — FIG. *Se trouver en flèche :* être à l'avant-garde (d'un mouvement, d'un groupe) (cf. À la pointe*). ◆ TECHN. *La flèche d'une grue :* l'arbre qui porte la poulie. ➤ **volée.** ■ **3** (1835) COUR. Signe figurant une flèche et servant à indiquer un sens, ou à attirer l'attention sur un point. *Flèches de signalisation. Flèche lumineuse. Flèches indiquant une direction à suivre, un sens obligatoire. Suivez les flèches !* — INFORM. Élément d'interface. *Flèche de défilement,* icone figurant une flèche permettant de faire défiler dans un sens ou dans l'autre le contenu d'une fenêtre. — ANCIENNT *Flèches de direction :* signal de changement de direction (sur les anciennes automobiles), remplacé par les clignotants.

III PAR MÉTAPHORE DE LA FLÈCHE ET DE L'ARC (1690) GÉOM. Segment de droite qui joint le milieu de la corde à celui de l'arc qu'elle sous-tend. — ARCHIT. Hauteur verticale de la clef de voûte au-dessus des naissances de cette voûte. — BALIST. La plus grande hauteur de la trajectoire d'un projectile. — TECHN. Amplitude de la déformation transversale d'une pièce sous l'action d'une charge. «*un rayonnage en latté prenait de la flèche sous les annuaires*» ECHENOZ.

2 **FLÈCHE** [flɛʃ] **n. f.** – fin XIVe ✧ croisement de l'ancien picard *flec,* du néerlandais *vlecke,* et de l'ancien français *fliche,* du norrois *flikki,* tous deux de même sens que le français ■ Pièce de lard sur le côté du porc, de l'épaule à la cuisse.

FLÉCHÉ, ÉE [fleʃe] **adj.** – 1933 ✧ de *flécher* ■ **1** Dont l'extrémité porte un signe en forme de pointe de flèche. *Croix fléchée.* ◆ Qui porte une flèche, est indiqué par des flèches. *Itinéraire, parcours fléché.* ■ **2** (1845) **(Canada)** *Ceinture fléchée :* ceinture traditionnelle décorée de motifs en forme de flèche. ■ **3** *Mots fléchés :* jeu de lettres qui se joue sur une grille, qui consiste à trouver des mots dont le sens d'écriture est indiqué par des flèches.

FLÉCHER [fleʃe] **v. tr.** ‹6› – 1933 ; intr. 1808 agric. ; «atteindre d'une flèche» XVIe ✧ de 1 *flèche* ■ Indiquer (une route à suivre) par des flèches, des panneaux de signalisation. ➤ **baliser.** *Flécher un itinéraire.*

FLÉCHETTE [fleʃɛt] **n. f.** – 1895 ✧ de 1 *flèche* ■ Petit projectile empenné, muni d'une pointe, qui se lance à la main contre une cible. *Jeu de fléchettes. Jouer aux fléchettes.*

FLÉCHI, IE [fleʃi] **adj.** – 1916 ✧ de *fléchir* «modifier par une flexion (2°)» ■ LING. Qui a subi une flexion* (2°). *Formes fléchies du substantif* (➤ 2 **cas**), *du verbe* (➤ **conjuguer**).

FLÉCHIR [fleʃiʀ] **v.** ‹2› – XIIe ✧ de l'ancien français *flechier,* latin populaire °*flecticare,* fréquentatif de *flectere* «courber, ployer»

I v. tr. ■ **1** Faire plier progressivement sous un effort, une pression. ➤ **courber, plier, ployer.** *Fléchir les bras, les jambes* (➤ **flexion**). — **FLÉCHIR LE GENOU, LES GENOUX.** ➤ **s'agenouiller.** FIG. VX S'abaisser. «*Il n'a devant Aman pu fléchir les genoux*» RACINE. ■ **2** FIG. Faire céder peu à peu. ➤ **adoucir, attendrir, ébranler,** 1 **toucher.** *Fléchir ses juges.* «*Quel moyen puis-je avoir de vous fléchir ? quelle expiation, quel sacrifice puis-je vous offrir ?*» MUSSET. — LITTÉR. *Fléchir la colère de qqn.* «*Par mon amour et ma constance, J'avais cru fléchir ta rigueur*» NERVAL.

II v. intr. ■ **1** Plier, se courber peu à peu sous un effort, une pression. ➤ **arquer, plier, ployer.** *Poutre qui fléchit* (➤ 1 **flèche**). «*Toute la ramure est pesante de fruit. Elle va fléchir, craquer peut-être*» DUHAMEL. ◆ Se plier (membre). *Allongez la jambe droite, pendant que la gauche fléchit. Sentir ses genoux, ses jambes fléchir.* ■ **2** FIG. Perdre de sa force, de sa rigueur. ➤ **céder, faiblir,** FAM. **flancher.** *Appliquer toute son énergie à une tâche sans jamais fléchir.* «*Je sentis ma fierté naturelle fléchir sous le joug de la nécessité*» ROUSSEAU. ■ **3 (Image de la courbe d'un graphique)** Diminuer* de valeur. ➤ **baisser.** *Valeurs cotées en Bourse qui fléchissent.*

■ CONTR. Dresser, redresser. Dominer, maintenir, résister, tenir. Durcir, endurcir.

FLÉCHISSEMENT [fleʃismɑ̃] **n. m.** – v. 1300 ✧ de *fléchir* ■ **1** Action de fléchir ; état d'un corps qui fléchit. ➤ **courbure, flexion.** *Le fléchissement du genou.* ➤ **génuflexion.** ■ **2** Fait de céder. «*aucun fléchissement de l'espérance*» JAURÈS. *Le fléchissement de la volonté.* ■ **3** ➤ **baisse, diminution.** *Fléchissement des cours en Bourse, de la natalité, des exportations.*

FLÉCHISSEUR [fleʃisœʀ] adj. et n. m. – 1586 ◇ de *fléchir* ■ ANAT. *Muscle fléchisseur*, qui accomplit une flexion (opposé à *extenseur*). *Muscle fléchisseur du pouce*, ou n. m. *le fléchisseur du pouce*.

FLEGMATIQUE [flɛgmatik] adj. – 1495 ; *fleumatique* fin XIIe ◇ latin *phlegmaticus*, mot grec → flegme ■ 1 MÉD. ANC. ➤ **lymphatique.** ■ 2 (XVIIe) Qui a un tempérament, un comportement calme et lent, qui contrôle facilement ses émotions. ➤ 2 **calme*, impassible, imperturbable.** « *Calme, flegmatique, l'œil pur, la paupière immobile, c'était le type achevé de ces Anglais à sang-froid* » J. VERNE. — PAR EXT. *Tempérament flegmatique.* — n. Personne qui a du flegme. ■ CONTR. Émotif, emporté, enthousiaste, excité, exubérant, passionné.

FLEGMATIQUEMENT [flɛgmatikmɑ̃] adv. – 1742 ◇ de *flegmatique* ■ Avec flegme.

FLEGME [flɛgm] n. m. – XIIIe ; *fleume* 1256 ◇ latin *phlegma* « humeur », mot grec ■ 1 MÉD. ANC. Lymphe (une des quatre humeurs). PAR EXT. Mucosité qu'on expectore. ➤ **pituite.** ■ 2 (1583 « principe épais d'un liquide » en chimie ancienne) TECHN. Liquide obtenu par la première distillation d'un produit de fermentation alcoolique. ■ 3 (1651) COUR. Tempérament, comportement calme, non émotif. ➤ **froideur, impassibilité, indifférence, placidité.** *Le flegme britannique. Sans se départir de son flegme. Faire perdre son flegme à qqn.* ■ CONTR. Emportement, enthousiasme, exaltation, excitation.

FLEGMON ➤ **PHLEGMON**

FLEIN [flɛ̃] n. m. – 1907 ◇ origine inconnue ■ TECHN. Petit panier, corbeille ovale ou rectangulaire servant au conditionnement des fruits ou légumes fragiles (fraises, framboises, champignons...).

FLÉMINGITE [flemɛ̃ʒit] n. f. – 1879 *flemmingite* ◇ de *flemme*, avec finale de *laryngite, méningite...* ■ PLAIS. Flemme (considérée comme pathologique). *Crise de flémingite aiguë.*

FLEMMARD, ARDE [flemaʀ, aʀd] adj. et n. – 1888 ◇ de *flemme* ■ FAM. Qui n'aime pas faire d'efforts, travailler. *Elle est flemmarde.* ➤ 1 **mou, paresseux** ; FAM. **cossard, feignant.** n. *Bande de flemmards !*

FLEMMARDER [flemaʀde] v. intr. ⟨1⟩ – 1905 ; anciennes variantes *flémer* (1894), *flemmer* ◇ de *flemmard* ■ FAM. Paresser ; ne rien faire. ➤ **buller.** « *Je ne flemmarde pas, Monsieur, je reprends le souffle* » VIAN.

FLEMMARDISE [flemaʀdiz] n. f. – milieu XXe ◇ de *flemmard* ■ FAM. Comportement, conduite de flemmard. ➤ **flemme, paresse.** *Quelle flemmardise !*

FLEMME [flɛm] n. f. – 1821 ; adj. « paresseux » v. 1795 ◇ italien *flemma*, de *phlegma* → flegme ■ FAM. Grande paresse. ➤ **fainéantise, indolence** ; FAM. 2 **cosse.** *Avoir la flemme, tirer sa flemme* : paresser. ➤ **flemmarder.** *Avoir la flemme de faire qqch.*, ne pas en avoir le courage, l'énergie. *Avoir une grosse flemme* (➤ PLAIS. **flémingite**).

FLÉOLE [fleɔl] n. f. – 1786 ◇ grec *phleos* « roseau » ■ Plante *(graminées)* herbacée, fourragère. *Fléole des prés.* — On écrit aussi *phléole* (1805).

FLEROVIUM [fleʀɔvjɔm] n. m. – 2012 ◇ du nom de *Fliorov* ou *Flerov*, physicien russe ■ CHIM. Élément atomique artificiel (Fl ; n° at. 114).

FLESSUM ➤ **FLEXUM**

FLET [flɛ] n. m. – XIIIe ◇ moyen néerlandais *vlete* « sorte de raie » ■ Poisson plat euryhalin *(pleuronectiformes)*, à la chair peu estimée.

FLÉTAN [fletɑ̃] n. m. – 1554 ◇ néerlandais *vleting* ; → flet ■ Grand poisson plat des mers froides *(pleuronectiformes)*, à chair blanche et délicate. ➤ RÉGION. **elbot.** *Huile de foie de flétan. Filets de flétan fumés.*

FLÉTRI, IE [fletʀi] adj. – XIIIe ◇ de *flétrir* ■ 1 Qui a perdu sa sève, sa forme, ses couleurs. ➤ **fané.** *Feuilles de salade flétries.* ■ 2 Qui est flasque et ridé. *Peau flétrie. Visage flétri.* ■ CONTR. 1 Frais. 1 Lisse.

1 **FLÉTRIR** [fletʀiʀ] v. tr. ⟨2⟩ – *fleistrir* XIIe ◇ de l'ancien français *flaistre, flestre* « flasque », latin *flaccidus* « flasque », de *flaccus* ■ 1 Faire perdre sa forme naturelle, son port et ses couleurs à (une plante) en privant d'eau. ➤ **faner, sécher.** *Le vent, la chaleur, la sécheresse ont flétri ces fleurs.* « *les lilas, qu'une nuit flétrit, mais qui sentent si bon !* » FLAUBERT. — **SE FLÉTRIR** v. pron. Se faner. *Plante qui se flétrit par manque d'eau.* ■ 2 LITTÉR. Dépouiller de son éclat, de sa fraîcheur. ➤ **altérer, décolorer,** ternir. « *Les chagrins avaient prématurément flétri le visage de la vieille dame* » BALZAC. — PRONOM. *Beauté qui se flétrit.* ■ 3 (influence de 2 *flétrir*) FIG. et LITTÉR. Faire perdre la pureté, l'innocence à. ➤ **avilir*, enlaidir.** « *Cette vie-là m'ennuie, me pèse, me flétrit mon peu de poésie* » SAINTE-BEUVE. « *Le désir fleurit, la possession flétrit toutes choses* » PROUST.

2 **FLÉTRIR** [fletʀiʀ] v. tr. ⟨2⟩ – XVIe ◇ altération, p.-ê. d'après 1 *flétrir*, de *flatrir* (XIIIe), *fleutrir* (1549), du francique °*flat* « plat » → flatter ■ 1 ANCIENNT Marquer (un criminel) d'un fer rouge (en forme de fleur de lys, puis de lettres). *On flétrissait les criminels à l'épaule.* — PAR EXT. Frapper d'une condamnation ignominieuse, infamante. « *ce n'est pas le pouvoir qui flétrit, c'est le public* » VOLTAIRE. ■ 2 VIEILLI Vouer à l'opprobre. ➤ **stigmatiser.** *Flétrir le nom, la mémoire, la réputation de qqn.* — Déshonorer. « *L'or aux mains flétrit plus que le fer sur l'épaule* » HUGO. ◆ *Flétrir (qqn, qqch.) d'une épithète infamante.* ■ CONTR. Exalter, honorer, réhabiliter.

FLÉTRISSEMENT [fletʀismɑ̃] n. m. – 1912 ◇ de 1 *flétrir* ■ 1 Maladie (des plantes) par laquelle le végétal se flétrit. *Flétrissement bactérien de la pomme de terre.* ■ 2 LITTÉR. Fait de perdre sa jeunesse. *Le flétrissement de la peau. Sa figure « était comme suspendue entre la fraîcheur et le flétrissement »* BECKETT.

1 **FLÉTRISSURE** [fletʀisyʀ] n. f. – XVe ◇ de 1 *flétrir* ■ 1 État d'une plante flétrie. ■ 2 LITTÉR. Altération de la fraîcheur, de l'éclat (du teint, de la beauté). *Les flétrissures de l'âge.* ➤ **flétrissement.** ◆ FIG. « *un chant si pathétique et si pur qu'il me fait sentir plus amèrement la flétrissure de mon cœur* » GIDE. ■ CONTR. Éclat, fraîcheur.

2 **FLÉTRISSURE** [fletʀisyʀ] n. f. – 1611 ; *flastrissure* 1404 ◇ de 2 *flétrir* ■ 1 ANCIENNT Marque au fer rouge. ➤ **stigmate.** *La flétrissure fut abolie en 1832.* ■ 2 VIEILLI Grave atteinte à la réputation, à l'honneur. *Imprimer une flétrissure à la mémoire de qqn.* ➤ **avilissement, déshonneur, infamie, opprobre, souillure.** ■ CONTR. Considération, honneur ; gloire, réhabilitation.

FLEUR [flœʀ] n. f. – fin XIe ◇ du latin *flos, floris* → flor(i)-, -flore

I PARTIE COLORÉE D'UN VÉGÉTAL A. SENS PROPRES ■ 1 Production colorée, parfois odorante, de certains végétaux (souvent considérée avec la tige) ; BOT. Organe caractéristique des végétaux supérieurs (phanérogames) comprenant des pièces protectrices et des pièces fertiles. ➤ **-anthe, flor(i)- ; flore.** *Parties de la fleur.* ➤ **périanthe,** 2 **étamine, pistil.** *Fleur mâle ; fleur femelle ; fleur hermaphrodite. Pollinisation, fécondation d'une fleur. Transformation de la fleur en fruit. Fleur de courgette, de houblon.* — *Fleur composée.* ➤ **capitule, fleuron, inflorescence, ligule.** *Fleur double*. Fleur en bouton, qui s'ouvre, s'épanouit* (➤ **éclosion**). *Fleur qui se fane, se flétrit, coule.* ➤ **défloraison.** *Arbres en fleur(s).* ➤ **fleuri.** *Parfum, suc des fleurs. La rose, reine des fleurs. Couper, cueillir des fleurs. Bouquet, couronne, gerbe, guirlande de fleurs. Fleurs séchées. Porter une fleur à sa boutonnière. Offrir des fleurs. Le langage des fleurs. Dites-le avec des fleurs* : exprimez vos remerciements, vos souhaits en offrant des fleurs (formule publicitaire). *Mettre des fleurs dans un vase. Déposer des fleurs sur une tombe. Ni fleurs ni couronnes*. Marché aux fleurs. Commerce des fleurs.* ➤ **bouquetière, fleuriste.** — LOC. *Être belle, fraîche comme une fleur.* — *La fleur au fusil*.* — PROV. *Il ne faut pas battre une femme, même avec une fleur.* ■ 2 Plante considérée dans sa fleur ; plante qui porte des fleurs (belles, grandes). *Fleurs des champs. Fleur cultivée, ornementale* (➤ **floriculture**). *Fleurs coupées. Fleur de jardin, de serre. Exposition de fleurs.* ➤ **floralies.** *Massif de fleurs. Fleurs en pot, en caisse.* ➤ **jardinière.** *Pot* de fleurs. Bac à fleurs.* ■ 3 Reproduction, imitation de cette partie du végétal. *Fleurs artificielles*, en tissu, en papier, en plastique... *Couronne de fleurs d'oranger*. Papier, tissu à fleurs*, représentant des fleurs. *Robe à fleurs.* — SPÉCIALT (XIIe) **FLEUR DE LYS.** ➤ **lis.**

B. SENS FIGURÉS ■ 1 Dans des expressions *Lancer des fleurs à qqn. Couvrir qqn de fleurs.* ➤ **complimenter, encenser, flatter.** ◆ **FLEUR BLEUE.** (VIEILLI) *La petite fleur bleue* : sentimentalité un peu mièvre et romanesque. ➤ **sentimentalisme.** « *Un timide employé de banque, sentimental, prêt à tout croire, épris de petite fleur bleue* » ARAGON. — loc. adj. inv. *Ils sont très fleur bleue.* ➤ **sentimental.** « *Le côté fleur bleue de ses états d'âme* » A. JARDIN. ◆ FAM. **COMME UNE FLEUR** : très facilement. « *j'avais dormi presque toute la nuit et m'étais réveillé comme une fleur* » DJIAN. ◆ LOC. FAM. **FAIRE UNE FLEUR À qqn** : accorder une faveur, un avantage. *Il ne lui a pas fait de fleur.* ➤ **cadeau.** ■ 2 Ornement poétique. *Les fleurs de rhétorique.* ■ 3 VX ou LITTÉR. **LA FLEUR DE qqch.** : ce qui plaît, attire par sa fraîcheur, son innocence.

«l'émotion perdrait sa fleur de spontanéité sincère» GIDE. ■ **4 À LA, DANS LA FLEUR DE :** en plein épanouissement. *«Elle périt à la fleur de la jeunesse et de la beauté»* STENDHAL. *Mourir à la fleur de l'âge,* en pleine jeunesse.

C. CE QU'IL Y A DE MEILLEUR DANS UNE CHOSE ■ **1** (fin XIe) Ce qu'il y a de mieux, de plus beau, de plus distingué. ➤ **crème, élite** (cf. Le dessus* du panier). *La fleur d'une civilisation, des arts.* — LOC. *La fine fleur de qqch.* : ce qu'il y a de mieux parmi le meilleur. ➤ **nec plus ultra.** *La fine fleur de la société.* ➤ FAM. **gratin.** FAM. et VIEILLI *La fleur des pois :* un homme à la mode, élégant, recherché. ■ **2** (Matière) **FLEUR DE FARINE :** farine très blanche et très fine. *Fine fleur de froment.* ➤ **gruau.** — *Fleur de sel.* — CHIM. ANC. *Fleur de chaux, de plâtre, de soufre.*

II CHAMPIGNON (1611) *Fleurs de vin, de vinaigre :* mycodermes qui se développent à la surface du vin, du vinaigre.

III SURFACE (D'UNE CHOSE) ■ **1** (fin XIVe) **À FLEUR DE :** presque au niveau de, sur le même plan que (➤ **affleurer, effleurer**). *Écueils à fleur d'eau. «Il y avait des gisements de cuivre à fleur de sol»* F. WEYERGANS. *Yeux à fleur de tête,* peu enfoncés dans les orbites. ➤ **saillant.** *Frisson à fleur de peau.* ➤ **superficiel.** FIG. *Sensibilité à fleur de peau,* qui réagit à la plus petite excitation ; vive mais superficielle. ➤ **épidermique.** *Avoir les nerfs à fleur de peau* (cf. Avoir les nerfs* à vif). ■ **2** (1611) TECHN. Dessus, côté du poil d'une peau tannée. *La fleur d'une peau* (opposé à *croûte*). *Cuir pleine fleur.* ■ **3** TECHN. *Monnaie à fleur de coin*.*

1 **FLEURAGE** [flœʀaʒ] n. m. – 1552 ◊ de *fleur* ■ Ensemble de fleurs décoratives, sur un tapis, une tenture.

2 **FLEURAGE** [flœʀaʒ] n. m. – 1832 ◊ de *fleurer* «saupoudrer de son fin» ■ Son fin qui sert à saupoudrer le pain.

FLEURAISON ➤ **FLORAISON**

FLEURDELISÉ, ÉE [flœʀdəlize] adj. – 1680 ; *fleurdeliser* 1542 ◊ de *fleur de lys* ■ **1** Orné de fleurs de lys. *Drapeau fleurdelisé. «La reine Mathilde* [...] *tient un sceptre fleurdelisé dans sa main droite»* ECHENOZ. ■ **2** n. m. (1948) (Canada) *Le fleurdelisé :* le drapeau québécois.

FLEURER [flœʀe] v. tr. ⟨1⟩ – XIVe ◊ de l'ancien français *fleiur* (fin XIIe) ou *flour* «odeur» ; latin populaire °*flator,* de *flatare* «souffler» ■ LITTÉR. Répandre (une odeur agréable). ➤ **exhaler, sentir ; embaumer.** *Fleurer bon. Le vent «qui va fleurant la menthe et le thym»* VERLAINE. FIG. *Il «aimait tout ce qui fleurait l'intrigue et le théâtre»* DUHAMEL.

FLEURET [flœʀɛ] n. m. – *floret* 1580 ◊ italien *fioretto* «petite fleur», à cause du bouton du fleuret, comparé à celui d'une fleur ; d'après *fleur* ■ **1** ANCIENNT Épée à lame de section carrée, au bout garni d'un bouton de cuir (➤ **mouche**) pour s'exercer. *Fleuret moucheté*.* ◆ AUJ. Épée d'escrime. *Fleuret électrique. Escrime au fleuret.* — n. **FLEURETTISTE.** ■ **2** TECHN. Tige d'acier montée sur les engins mécaniques (marteau-piqueur, perforateur), servant à creuser des trous de mine.

FLEURETTE [flœʀɛt] n. f. – *florette* XIIe ◊ de *fleur*

I ■ **1** VIEILLI Petite fleur. ◆ MOD. *Fleurettes du chou-fleur, du brocoli.* ■ **2** (1533) VX Propos galants. — MOD. LOC. *Conter fleurette à une femme,* la courtiser.

II (1864 en Normandie ◊ de *fleur* I, C, avec infl. de *affleurer*) APPOS. INV. *Crème fleurette :* première crème très fluide qui se forme au-dessus du lait.

FLEURI, IE [flœʀi] adj. – *flori* XIIe ◊ de *fleurir* ■ **1** En fleurs. *Arbre fleuri.* — Couvert de fleurs. *Jardin, pré fleuri. Avril «fleuri de pawlonias* [sic], *de tulipes»* COLETTE. — VX *Pâques fleuries :* les Rameaux. ■ **2** (fin XIXe ◊ traduction de l'ancien français *flori* «blanc de poils») *Charlemagne, l'empereur à la barbe fleurie,* blanche. ■ **3** Garni de fleurs. *Vase fleuri. Un corso fleuri. Les villages fleuris de France.* — Orné de fleurs représentées. *Tissu fleuri. Elles «étaient vêtues de robes légères et fleuries»* MAC ORLAN. ◆ Qui présente des moisissures (croûte* du fromage). ■ **4** FIG. Qui a la fraîcheur, les vives couleurs de la santé. *«Il a l'oreille rouge et le teint bien fleuri»* MOLIÈRE. ➤ **florissant ; coloré,** 1 **frais, vermeil, vif.** ■ **5** (1680) Très orné. *«Des majuscules fleuries,* [...] *des fioritures étranges»* CHARDONNE. — FIG. *Style fleuri.* ➤ **précieux.** *«une épître dédicatoire bien fleurie»* MOLIÈRE. IRON. *Un langage fleuri,* grossier.

FLEURINE [flœʀin] n. f. – 1798 ◊ p.-ê. de l'occitan *fleurar* «souffler» ■ RÉGION. Fissure due à l'érosion, assurant la ventilation de cavités souterraines.

FLEURIR [flœʀiʀ] v. ⟨2⟩ – *florir* XIIe ◊ latin populaire °*florire,* latin classique *florere,* de *flos* «fleur»

I v. intr. ■ **1** Produire des fleurs, être en fleur (plante). ➤ **floraison.** *Plante qui fleurit à l'automne, deux fois par an* (➤ **remontant**). *«Çà et là les premiers pêchers, d'un rose un peu fiévreux, fleurissent en houppes»* COLETTE. ◆ S'ouvrir (fleurs). ➤ **éclore, s'épanouir.** ■ **2** (1680) PAR PLAIS. Se couvrir de poils, de boutons, etc. *Un nez qui fleurit.* ➤ **bourgeonner.** ■ **3** PAR MÉTAPH. Éclore et s'épanouir comme une fleur. *«L'amour ne fleurit que dans la douleur»* FRANCE. *«Les défauts de nos morts se fanent, leurs qualités fleurissent* [...] *dans le jardin de notre souvenir»* RENARD. ■ **4** FIG. Être dans tout son éclat, dans toute sa splendeur ; être en crédit, en honneur, en vogue. ➤ **briller, prospérer** (cf. Faire florès*). *À cette époque les arts fleurissaient* (➤ **florissant**). — REM. Imparfait *florissait* (LITTÉR.) ou *fleurissait. «Homère florissait deux générations après la guerre de Troie»* VOLTAIRE.

II v. tr. Orner de fleurs, d'une fleur. ➤ **fleurissement.** *Fleurir un salon, une table. Fleurir une tombe de chrysanthèmes. Fleurir sa boutonnière.* — (En parlant des fleurs) *Les boutons d'or qui fleurissent le pré.* PAR ANAL. *«Le ruban rouge qui fleurissait la boutonnière de son habit»* BALZAC.

■ CONTR. Défleurir, faner (se). Dépérir, mourir.

FLEURISSEMENT [flœʀismɑ̃] n. m. – 1604 ; *florissemens* XIVe ◊ de *fleurir* ■ **1** LITTÉR. Floraison. ■ **2** Ornementation florale. *Le fleurissement d'une terrasse, d'une ville.*

FLEURISTE [flœʀist] n. – 1634 *floriste* ◊ de *fleur* ■ **1** VX Amateur de fleurs. ■ **2** MOD. Personne qui cultive des fleurs pour les vendre. ➤ **horticulteur.** — Personne qui vend des fleurs coupées ou en pots, prépare les bouquets. ■ **3** Personne qui fait ou vend des fleurs artificielles. adj. *Ouvrière fleuriste.*

FLEURON [flœʀɔ̃] n. m. – *floron* 1302 ◊ de *fleur,* d'après l'italien *fiorone* ■ **1** Ornement en forme de fleur. *Fleurons d'une couronne :* fleurs ou feuilles qui en forment le bord supérieur. — PAR MÉTAPH. *Le plus beau fleuron* (d'une collection) : l'élément le plus précieux, le plus beau. ■ **2** Ornement sculpté qui termine un couronnement (gables, pignons, dais). ■ **3** (1680) Ornement en typographie, en reliure ; fer servant à faire cet ornement. ■ **4** (1636 ; «fleurette» 1530) BOT. Élément floral du capitule de certaines composées. *Les fleurons du bleuet.* ■ **5** CUIS. Petite pièce de pâte feuilletée servant à la décoration des plats.

FLEURONNÉ, ÉE [flœʀɔne] adj. – XVe ◊ du v. *fleuronner* XVe ; de *fleuron* ■ **1** Orné de fleurons. *Diadème fleuronné.* ■ **2** BOT. Formé de fleurons (4°).

FLEUVE [flœv] n. m. – XIIe *flueve, fluive* ◊ latin *fluvius* ■ **1** COUR. Grande rivière (remarquable par le nombre de ses affluents, l'importance de son débit, la longueur de son cours) ; SPÉCIALT lorsqu'elle aboutit à la mer. *Source, cours, lit, méandres, bras d'un fleuve* (➤ **fluvial**). *Bords, rives d'un fleuve. En amont, en aval du fleuve. Fleuve qui arrose une région* (➤ **bassin**). *Fleuve qui se jette dans la mer* (➤ **bouche, delta, embouchure, estuaire**). *«Les vertus se perdent dans l'intérêt comme les fleuves se perdent dans la mer»* LA ROCHEFOUCAULD. *Rivière qui se jette dans un fleuve.* ➤ **affluent.** *Fleuve navigable. Descendre, remonter un fleuve.* ◆ GÉOGR. Cours d'eau (même petit) aboutissant à la mer. *Fleuve côtier.* ◆ PAR ANAL. *Fleuve de boue, de lave. Fleuve de glace.* ➤ 1 **glacier.** ◆ PAR MÉTAPH. *La vie est (n'est pas) un long fleuve tranquille.* ■ **2** LITTÉR. Ce qui coule, ce qui est répandu en abondance. ➤ **flot.** *Fleuve de sang, de larmes.* — PAR ANAL. *«Le boulevard, ce fleuve de vie, grouillait»* MAUPASSANT. *Le fleuve du temps, de la vie.* ➤ 2 **courant, flot.** ◆ (Élément de mots composés) Très long, qui semble ne pas avoir de fin. *Un discours-fleuve. Des films-fleuves. Roman*-fleuve.*

FLEXIBILISER [flɛksibilize] v. tr. ⟨1⟩ – 1984 ◊ de *flexible* ■ Rendre flexible (les horaires, l'emploi...). *Flexibiliser les salaires.*

FLEXIBILITÉ [flɛksibilite] n. f. – 1381 ◊ de *flexible* ■ **1** Caractère de ce qui est flexible, se ploie facilement. ➤ **élasticité, souplesse.** *Flexibilité de l'osier. Flexibilité du cou.* — FIG. *«J'admire toujours la fécondité et la flexibilité de votre langue* [l'italien]*»* VOLTAIRE. ■ **2** Aptitude à changer facilement pour pouvoir s'adapter aux circonstances. *La flexibilité de l'emploi, des horaires. Flexibilité salariale.*

FLEXIBLE [flɛksibl] adj. – 1314 ◊ latin *flexibilis,* de *flexus,* p. p. de *flectere* → fléchir ■ **1** Qui se laisse courber, plier. ➤ **élastique, pliable, souple.** *Jonc, roseau flexible. Lame d'acier flexible. Cou flexible. Rendre flexible.* ➤ **assouplir.** *Une femme «mince, allongée, flexible comme un jonc de rivière»* FROMENTIN. ◆ (1930) TECHN. *Une transmission flexible* ou n. m. *un flexible :* tube articulé réunissant deux pièces susceptibles de se déplacer l'une par rapport à l'autre. *Un flexible de douche, d'aspirateur.* ■ **2** (1611) FIG. (PERSONNES) Qui cède aisément aux impressions, aux influences ; qui s'adapte facilement aux circonstances. ➤ **docile, malléable, maniable, souple.** *Caractère flexible.* ▪ **3** (CHOSES) Que l'on peut changer pour adapter aux circonstances. ➤ **modulable.** *Horaire flexible.* ➤ **aménagé** (cf. À la carte*). *Budget flexible. Atelier* flexible.* ▪ **CONTR.** Inflexible. Dur, rigide.

FLEXION [flɛksjɔ̃] **n. f.** – 1411 ◇ latin *flexio, onis,* de *flexus* → flexible ▪ **1** Mouvement par lequel une chose fléchit ; état de ce qui est fléchi. ➤ **fléchissement ; courbure.** *Flexion d'un ressort.* MÉCAN. Courbure d'une pièce (poutre, barre) sous l'action de forces perpendiculaires à l'axe longitudinal, appliquées en des points où la pièce n'est pas soutenue. ➤ 1 **flèche.** *Module de flexion. Résistance à la flexion.* — Mouvement par lequel une partie du corps (segment de membre, etc.) fait un angle avec la partie voisine ; position qui résulte de ce mouvement (opposé à *extension*). *Flexion de l'avant-bras* (sur le bras), *de la cuisse* (sur l'abdomen). *La main en flexion* (en position fléchie). ▪ **2** (XIXe ; on disait *inflexion* ; en anglais dès 1605) LING. Modification d'un mot à l'aide d'éléments (➤ **désinence**) qui expriment certains aspects et rapports grammaticaux. *Flexion radicale :* désinence jointe directement à la racine. *Flexion thématique* (➤ **thème**). *Flexion verbale* (➤ **conjugaison**) ; *nominale, pronominale* (➤ **déclinaison**). *Langue à flexions.* ➤ **flexionnel.**

FLEXIONNEL, ELLE [flɛksjɔnɛl] **adj.** – 1864 ; *flexional* 1845 ◇ de *flexion* ▪ LING. Susceptible de flexion ; qui présente des flexions. *Langue flexionnelle,* qui exprime les rapports grammaticaux par des flexions. ➤ 2 **casuel.**

FLEXITARIEN, IENNE [flɛksitaʀjɛ̃, jɛn] **adj.** et **n.** – 2006 ◇ anglais *flexitarian,* mot-valise, de *flexi(ble)* et *(vege)tarian* « végétarien » ▪ Qui limite sa consommation de viande, sans être exclusivement végétarien. — **n.** « *les flexitariens, végétariens à temps partiel* » (Le Progrès, 2016). — **n. m. FLEXITARISME** (2006).

FLEXOGRAPHIE [flɛksɔgʀafi] **n. f.** – milieu XXe ◇ du radical de *flexible* et *-graphie* ▪ IMPRIM. Procédé d'impression avec des supports en relief souples.

FLEXUEUX, EUSE [flɛksɥø, øz] **adj.** – 1549 ◇ latin *flexuosus,* de *flexum* ▪ DIDACT. ou LITTÉR. Qui présente des courbures en divers sens. ➤ **ondoyant, sinueux.** *Tige flexueuse.* — « *Les lignes infiniment flexueuses de la marche des sociétés humaines* » RENAN.

FLEXUM [flɛksɔm] **n. m.** – 1974 ◇ mot du latin des médecins, probablt d'une forme du latin *flectere* « fléchir » ▪ MÉD. Position fléchie permanente et irréductible d'un segment de membre par rapport au segment avec lequel il est articulé. *Le flexum est généralement dû à une rétraction tendineuse.* — On dit aussi *flessum.*

FLEXUOSITÉ [flɛksɥozite] **n. f.** – 1520 « repli » ◇ de *flexueux* ▪ DIDACT. État de ce qui est flexueux. ♦ LITTÉR. Ligne flexueuse.

FLEXURE [flɛksyʀ] **n. f.** – 1890 ◇ du latin *flexura* « courbure » ▪ GÉOL. Pli monoclinal. *Flexure continentale :* zone mobile où l'enveloppe des continents et du fond des océans change de sens de courbure.

FLIBUSTE [flibyst] **n. f.** – 1689 ; *fribuste* v. 1642 ◇ de *flibustier* ▪ ANCIENNT Piraterie des flibustiers ; ensemble des flibustiers.

FLIBUSTIER [flibystje] **n. m.** – 1666 ◇ anglais *flibutor ;* altération du néerlandais *vrijbuiter* « qui fait du butin librement » ▪ **1** Aventurier de l'une des associations de pirates qui, du XVIe au XVIIIe s., écumaient les côtes et dévastaient les possessions espagnoles en Amérique. ➤ **boucanier, corsaire, pirate.** ▪ **2** VIEILLI Homme malhonnête. ➤ **escroc, pirate** (FIG.).

FLIC [flik] **n.** – 1856 ; *flique* « commissaire » v. 1830 ; *fligman* 1792 ◇ p.-ê. allemand *Fliege* « mouche, policier » ▪ **1** FAM. Agent de police et PAR EXT. Policier. ➤ **keuf, poulet ;** ARG. 3 **bourre,** POP. **cogne, vache.** *Appeler les flics. Se faire embarquer par les flics.* ➤ **flicaille.** *Flic en civil.* ➤ **condé.** *Car de flics.* — LOC. *Le premier flic de France :* le ministre de l'Intérieur. — *Vingt*-deux voilà les flics !* — APPOS. *Des femmes flics.* — *Une flic* (ou *fliquesse, fliquette*). ▪ **2** PAR EXT. PÉJ. Personne qui aime faire régner l'ordre, surveiller. *C'est un vrai flic !* (➤ **flicage, fliquer**).

FLICAGE [flikaʒ] **n. m.** – 1972 ◇ de *fliquer* ▪ FAM. Surveillance exercée par la police. *Le flicage d'un point chaud.* ♦ PAR EXT., PÉJ. Surveillance systématique et répressive.

FLICAILLE [flikɑj] **n. f.** – 1896 ◇ de *flic* ▪ PÉJ. et FAM. Ensemble des agents de police. « *La flicaille avait depuis belle lurette baissé les bras devant le commerce du cannabis* » TH. JONQUET.

FLICARD, ARDE [flikaʀ, aʀd] **n.** et **adj.** – 1883 ◇ de *flic* ▪ FAM. ▪ **1** Flic. *Un jeune flicard.* ▪ **2 adj.** Qui a rapport aux flics. ➤ **policier.** *La mentalité flicarde.*

FLIC FLAC [flikflak] **interj.** – 1610 *flique flaque* ◇ onomat. → flac ▪ Exprime un clapotement, un bruit d'eau. — **n. m. inv.** *Les flic flac de la pluie.*

FLINGUE [flɛ̃g] **n. m.** – 1881 ◇ abrév. de *flingot* (1858) ; de l'allemand régional *Flinke, Flingge* « pierre à aiguiser » ▪ FAM. Fusil (II) et PAR EXT. Arme à feu. *Sortir son flingue.* ➤ **pétard.**

FLINGUER [flɛ̃ge] **v.** ⟨1⟩ – 1947 ◇ de *flingue*

I **v. tr.** FAM. ▪ **1** Tirer sur (qqn) avec un flingue, une arme à feu. « *le premier qui se baisse, je le flingue* » SIMONIN. — PRONOM. Se suicider avec une arme à feu. *Si tu pars, je me flingue ! Il y a de quoi se flinguer.* ▪ **2** Détruire, abîmer* (qqch.). *Flinguer le moteur.* ➤ **bousiller, fusiller.** ▪ **3** Critiquer violemment (qqn). ➤ **démolir.** *Journaliste qui flingue un ministre.*

II **v. intr.** ▪ **1** Éclater en critiques virulentes. ▪ **2** CYCL. Foncer, tenter une échappée.

FLINGUEUR, EUSE [flɛ̃gœʀ, øz] **n.** et **adj.** – 1963 ◇ de *flinguer* ▪ FAM. Qui use d'armes à feu. « *Les Tontons flingueurs* », *film de G. Lautner.*

FLINT-GLASS [flintglas] **n. m. inv.** ou **FLINT** [flint] **n. m.** – 1764, – 1855 ◇ anglais *flint* « silex » et *glass* « verre » ▪ ANGLIC., OPT. Verre à base de plomb, très dispersif, utilisé en optique.

FLIP [flip] **n. m.** – v. 1975 ◇ de 2 *flipper* ▪ FAM. État de dépression consécutif à l'absorption de stupéfiants. ♦ PAR EXT. Déprime.

FLIPOT [flipo] **n. m.** – 1732 ◇ probablt du nom pr. *Phelipot,* de *Philippe* ▪ TECHN. Pièce rapportée dans un ouvrage de menuiserie pour couvrir et dissimuler une fente.

1 **FLIPPER** ou **FLIPPEUR** [flipœʀ] **n. m.** – 1964 ◇ anglais américain *flipper,* de *to flip* « secouer » ▪ ANGLIC. Mécanisme placé dans un billard électrique et qui sert à renvoyer la bille vers le haut. *Actionner les flippers.* — PAR MÉTON. Ce billard. *Jouer au flipper.*

2 **FLIPPER** [flipe] **v. intr.** ⟨1⟩ – 1971 au p. p. ◇ de l'anglais américain *to flip* « secouer, agiter » ▪ FAM. ▪ **1** Être abattu, déprimé lorsque la drogue a fini son effet. ▪ **2** PAR EXT. Être déprimé. ♦ Être angoissé, avoir peur. ➤ **baliser.** *Flipper avant de passer un examen. Ça me fait flipper.* — **adj. FLIPPANT, ANTE,** 1974.

FLIQUER [flike] **v. tr.** ⟨1⟩ – v. 1970 ◇ de *flic* ▪ FAM. Exercer une surveillance policière sur. ♦ PAR EXT. Exercer une surveillance répressive sur (qqn). *Fliquer ses enfants.*

FLIQUESSE ou **FLIQUETTE** ➤ **FLIC**

FLIRT [flœʀt] **n. m.** – 1866 ; *flirtation* 1817 ◇ anglais *flirt,* de *to flirt* → flirter ▪ VIEILLI ▪ **1** Relation amoureuse plus ou moins chaste, généralement dénuée de sentiments profonds. ➤ 1 **amourette, béguin.** *Avoir un flirt avec qqn. Un flirt de vacances. Son premier flirt.* — FIG. Rapprochement momentané (notamment entre adversaires politiques). *Un flirt avec l'opposition.* ▪ **2** Personne avec laquelle on flirte. ➤ **amoureux.** « *On ne se marie évidemment pas avec tous ses flirts* » ROMAINS. ♦ **adj. inv.** VX Qui aime flirter. ➤ **flirteur.**

FLIRTER [flœʀte] **v. intr.** ⟨1⟩ – 1855 ◇ anglais *to flirt* « jeter ; agiter », puis (XVIIIe) « badiner avec, faire la cour à » ▪ Avoir un flirt (avec qqn). *Ils ont flirté ensemble.* ➤ 1 **sortir** (ensemble). ABSOLT *Adolescents qui commencent à flirter.* ♦ FIG. *Flirter avec :* approcher, se rapprocher de ; prendre des libertés avec.

FLIRTEUR, EUSE [flœʀtœʀ, øz] **adj.** et **n.** – 1849 ◇ de *flirter* ▪ VIEILLI Qui aime à flirter. *Elle est assez flirteuse.*

FLOC [flɔk] **interj.** – v. 1480 ◇ onomat. ▪ Exprime le bruit d'un plongeon. ➤ **plouf.** — SUBST. *Un gros floc dans l'eau.*

FLOCAGE [flɔkaʒ] **n. m.** – 1938 ◇ de l'anglais *flock* « bourre de laine » ▪ TECHN. Procédé qui consiste à projeter des fibres sur une surface (dite *floquée*) pour lui donner l'aspect du velours.

1 **FLOCHE** [flɔʃ] **adj.** – 1611 ◇ probablt ancien gascon *floche* « flasque » (XVIe) ; latin *fluxus* « mou, lâche » ▪ TECHN. Dont la torsion est faible (en parlant d'un fil). *Soie floche. Fil floche.* ▪ **HOM.** Flush.

2 **FLOCHE** [flɔʃ] **n. f.** – XIVe « flocon » ◇ de l'ancien français *floc* « petite touffe » ; latin *floccus* ▪ **1** RÉGION. Amas floconneux. « *Les dernières floches de brume avaient fondu dans l'espace blond* » GENEVOIX. ▪ **2** (Belgique) Houpette ornementale. ♦ Pompon amovible agité au-dessus d'un manège et que les enfants tentent d'attraper pour obtenir un tour gratuit (cf. La queue* du Mickey).

FLOCK-BOOK [flɔkbuk] **n. m.** – 1921 ◇ anglais *flock* « troupeau » et *book* « livre » ▪ ZOOTECHN. Livre généalogique pour les moutons, les brebis et les chèvres. *Des flock-books.*

FLOCON [flɔkɔ̃] **n. m.** – 1178 ◇ de l'ancien français *floc* «petite touffe» → 2 floche ■ **1** Petite touffe de laine, de soie, de coton. *Flocon de laine.* ■ **2** (1622) Petite masse peu dense (de neige, vapeur, etc.). *La neige tombait à gros flocons. Flocons de brume accrochés aux montagnes.* ➤ RÉGION. 2 **floche.** *«Les flocons d'écume, volant de toutes parts, ressemblaient à de la laine»* HUGO. ■ **3** Petite lamelle (de céréales). *Flocons d'avoine, de maïs* (➤ **cornflakes**). ◆ PAR EXT. *Purée en flocons.*

FLOCONNER [flɔkɔne] **v. intr.** ⟨1⟩ – 1836 ; autre sens XVe ◇ de *flocon* ■ Former des flocons (2o). *Brume qui floconne.*

FLOCONNEUX, EUSE [flɔkɔnø, øz] **adj.** – 1796 ◇ de *flocon* ■ Qui est en flocons, ou ressemble à des flocons. *Toison floconneuse. Nuages floconneux.*

FLOCULATION [flɔkylasjɔ̃] **n. f.** – 1908 ◇ du latin *flocculus* «petit flocon» ■ CHIM. Rassemblement, sous forme de petits flocons, des particules d'une suspension colloïdale. ➤ **agglutination, précipitation.**

FLOCULER [flɔkyle] **v. intr.** ⟨1⟩ – 1911 ◇ du latin *flocculus* «petit flocon» ■ CHIM. Précipiter par floculation.

FLOGNARDE ou **FLAUGNARDE** [flɔɲaʀd] **n. f.** – 1879 *flognarde* ; 1733 dans le Limousin ◇ du dialectal (Limousin) *flougnardo*, du germanique *flado* → 1 flan ■ RÉGION. **(Limousin, Périgord)** Sorte de grosse crêpe à base de lait, de sucre, d'œufs battus et de farine, parfois enrichie de fruits et parfumée et cuite au four. *Faute «de clafoutis, Catherine fit une flaugnarde aux raisins secs»* CLANCIER.

FLONFLON [flɔ̃flɔ̃] **n. m.** – v. 1660 ◇ onomat. ■ VX Refrain. ◆ MOD. AU PLUR. Accords bruyants de certains morceaux de musique populaire. *Les flonflons du bal.*

FLOP [flɔp] **interj.** et **n. m.** – 1952 ◇ de l'anglais *to flop* «se laisser tomber» ■ **1** Bruit de chute (notamment de choses molles, pâteuses) ou bruit analogue. ➤ **floc.** *Faire flop* : tomber. ■ **2** **n. m.** FAM. Échec. ➤ **bide, four.** *Auteur qui fait un flop au théâtre. Le film fit un flop retentissant.*

FLOPÉE [flɔpe] **n. f.** – 867 ; «volée de coups» 1849 ◇ de *floper* «battre» (1816), du radical du latin *faluppa* → flapi ■ FAM. Grande quantité. ➤ **multitude.** *Avoir une flopée de mômes. Il y en a toute une flopée.*

FLOQUÉ, ÉE [flɔke] **adj.** – 1938 *flocké* ◇ de l'anglais *flock* → flocage ■ *Tissu, papier floqué,* obtenu par flocage*.

FLORAISON [flɔʀɛzɔ̃] **n. f.** – 1731 ◇ réfection de *fleurson* (1600), *fleuraison*, d'après le latin ■ **1** Épanouissement des fleurs. ➤ **fleurissement.** *Floraison des arbres fruitiers. Pommiers en pleine floraison. «entre deux floraisons printanières»* CHARDONNE. — PAR EXT. Temps de l'épanouissement des fleurs. *La floraison approche.* ■ **2** FIG. Épanouissement. *Une floraison de talents.* — On dit aussi **FLEURAISON** [flœʀɛzɔ̃].

FLORAL, ALE, AUX [flɔʀal, o] **adj.** – 1546 ◇ latin *floralis*, de *Flora* → flore ■ **1** *Jeux floraux* : concours littéraire toulousain existant depuis le XIVe s. (les lauréats reçoivent une fleur d'or, d'argent). ◆ Qui présente des fleurs, est composé de fleurs (en tant qu'éléments de décoration). — *Parc floral. Exposition florale.* ➤ **floralies.** *Décoration florale. Art floral.* ➤ aussi **ikebana.** ■ **2** (XVIIIe) BOT. Qui appartient à la fleur ou qui la concerne. *Les organes floraux. Enveloppe florale.* ➤ **périanthe.**

FLORALIES [flɔʀali] **n. f. pl.** – 1842 ◇ latin *floralia (loca)* «parterre de fleurs» ■ Exposition de fleurs. *Les floralies de Vincennes.*

FLORE [flɔʀ] **n. f.** – 1771 ◇ latin *Flora*, n. de la déesse des fleurs, de *flos, floris* «fleur» ■ **1** Ensemble des espèces végétales qui croissent dans une région déterminée. *La flore du désert. Une flore riche, variée. Étudier la faune et la flore alpestres (étude floristique). La flore et la fonge. Flore marine.* ◆ Ouvrage décrivant des plantes. *La flore de Bonnier.* ■ **2** MICROBIOL. Ensemble des micro-organismes vivant dans un écosystème donné. *Flore intestinale.* ➤ **microbiote, microflore.**

FLORÉAL [flɔʀeal] **n. m.** – 1793 ◇ du latin *floreus* «fleuri» ■ HIST. Huitième mois du calendrier républicain (du 20 ou 21 avril suivant les années au 19 ou 20 mai). *Des floréals.*

FLORÈS [flɔʀɛs] **n. m.** – 1638 ◇ p.-ê. provençal *faire flori*, latin *floridus* «fleuri» ■ LOC. LITTÉR. et VIEILL. *Faire florès* : obtenir des succès, de la réputation. ➤ **briller, réussir.**

FLOR(I)-, -FLORE ■ Éléments, du latin *flos, floris* «fleur».

FLORIBONDITÉ [flɔʀibɔ̃dite] **n. f.** – 1907 ◇ de *floribond* (1834), du latin *floribunda* «florifère» ■ COMM. Qualité d'une plante qui produit beaucoup de fleurs. *Rosier d'une grande floribondité.*

FLORICOLE [flɔʀikɔl] **adj.** – 1834 ◇ de *flori-* et *-cole* ■ DIDACT. Qui vit sur les fleurs. *Insecte floricole.*

FLORICULTURE [flɔʀikyltyʀ] **n. f.** – 1852 ◇ de *flori-* et *culture* ■ AGRIC. Branche de l'horticulture qui s'occupe de la culture des fleurs, des plantes d'ornement.

FLORIFÈRE [flɔʀifɛʀ] **adj.** – 1783 ◇ de *flori-* et *-fère* ■ BOT. Qui porte des fleurs. *Tige florifère.* — Qui donne beaucoup de fleurs. *Plante florifère* (➤ **floribondité**). ■ CONTR. Pauciflore.

FLORILÈGE [flɔʀilɛʒ] **n. m.** – 1697 ◇ latin moderne *florilegium*, de *flos* «fleur», d'après *spicilegium* → spicilège ■ Recueil de pièces choisies. ➤ **anthologie ; best of.**

FLORIN [flɔʀɛ̃] **n. m.** – 1278 ◇ italien *fiorino*, de *fiore* «fleur» ■ **1** ANCIENNT Pièce de monnaie qui eut cours en France et dans différents pays. ■ **2** Ancienne unité monétaire des Pays-Bas.

FLORISSANT, ANTE [flɔʀisɑ̃, ɑ̃t] **adj.** – XIIIe ◇ de *florir* «fleurir» ■ **1** Qui fleurit (FIG.), est en plein épanouissement, en pleine prospérité. *Peuple, pays florissant.* ➤ **heureux, prospère, riche.** *Commerce florissant. «le théâtre n'est florissant que dans la contrainte ou la protection de la collectivité»* JOUVET. ■ **2** *Santé florissante,* très bonne. — PAR EXT. Qui témoigne d'une bonne santé. *Un teint florissant, une mine florissante.* ➤ **fleuri ; rayonnant, resplendissant.** ■ CONTR. Pauvre ; décadent.

FLOSCULEUX, EUSE [flɔskylø, øz] **adj.** – 1792 ◇ latin *flosculus*, de *flos* «fleur» ■ BOT. Qui est uniquement composé de fleurons. *Fleur flosculeuse.*

FLOT [flo] **n. m.** – milieu XIIe ◇ d'un radical francique °*flot-* «flux» **I** ■ **1** AU PLUR. Eaux en mouvement. ➤ **lame, onde,** 1 **vague.** *Les flots de la mer, d'un lac. «Les mois, les jours, les flots des mers, les yeux qui pleurent, Passent sous le ciel bleu»* HUGO. — ABSOLT, POÉT. La mer. *Flots bleus, tranquilles, agités, écumeux. Naviguer sur les flots. «Ô flots, que vous savez de lugubres histoires ! Flots profonds, redoutés des mères à genoux !»* HUGO. ◆ AU SING. Masse d'eau qui s'écoule, se déplace. ➤ 2 **courant.** *Le flot monte.* — PAR EXT. *Un flot de lave* (➤ **coulée**), *de boue.* ◆ SPÉCIALT *Le flot* : la marée montante (opposé à *jusant*). ➤ **flux.** ■ **2** Ce qui est ondoyant, se déroule en vagues. *Les flots d'une chevelure. Des flots de ruban. «Ton cou svelte émergeant d'un flot de mousseline»* SAMAIN. ■ **3** (XVIIe) Quantité considérable de liquide versé, répandu. ➤ **déluge, fleuve, torrent.** ◆ FIG. *Verser des flots de larmes. Flot de sang qui monte au visage.* ➤ **afflux.** — PAR MÉTAPH. *Évènement qui fait couler des flots d'encre,* sur lequel on écrit beaucoup. ■ **4** Ce qui est comparé aux flots (écoulement abondant). ➤ **affluence, fleuve.** *Flots de lumière. «les flots du soleil levant»* GIRAUDOUX. — *Un flot de voyageurs.* ➤ **foule, multitude.** *Flot ininterrompu de voitures.* ➤ **fluide.** ◆ (ABSTRAIT) *Un flot de souvenirs, d'idées, d'impressions. Flots de paroles, d'injures, d'éloquence.* ➤ **débordement, torrent.** ◆ **loc. adv.** *À flots, à grands flots.* ➤ **abondamment.** *Le soleil entre à flots. L'argent y coule à flots.*

II **loc. adj.** (1636 ◇ ancien français °*flot* «surface de l'eau») **À FLOT :** qui flotte. *Navire à flot* : qui a assez d'eau pour flotter. *Remettre à flot un bateau.* ➤ **renflouer.** — LOC. FIG. *Être à flot* : cesser d'être submergé par les difficultés (d'argent, de travail). *Mettre, remettre à flot* (qqn, une entreprise). ➤ **renflouer.**

FLOTTABLE [flɔtabl] **adj.** – 1572 ◇ de 1 *flotter* ■ **1** Qui permet le flottage. *Cours d'eau navigable et flottable.* ■ **2** Qui peut flotter. *Un caisson flottable.* ➤ **insubmersible.** — **n. f. FLOTTABILITÉ,** 1856.

FLOTTAGE [flɔtaʒ] **n. m.** – 1611 ◇ de 1 *flotter* ■ Transport par eau de bois flotté. ➤ RÉGION. 2 **drave.** *Train de flottage.* ➤ **radeau.** *«le flottage des bûches qui se poursuivent et s'entrechoquent»* RENARD.

FLOTTAISON [flɔtɛzɔ̃] **n. f.** – *flotaison* 1446 ◇ de 1 *flotter* ■ **1** MAR. Intersection de la surface externe d'un navire à flot avec le plan horizontal d'une eau tranquille. — COUR. *Ligne de flottaison,* que le niveau de l'eau trace sur la coque d'un bâtiment. *Plan de flottaison,* passant par la ligne de flottaison. *Flottaison en charge* : limite supérieure de la flottaison quand le navire est chargé au maximum. ■ **2** BIOL. État d'un organisme vivant qui possède la particularité de flotter naturellement sur l'eau.

FLOTTANT, ANTE [flɔtɑ̃, ɑ̃t] **adj.** – XVIe ◇ de 1 *flotter* ■ **1** Qui flotte. *Glaces flottantes.* ➤ **iceberg.** *Bois flottants. Pêche à la ligne flottante. Mine* flottante. Ancre* flottante.* **ÎLES FLOTTANTES,** formées de végétaux entrelacés et d'une légère couche de terre, qui se maintiennent à la surface de l'eau. (AU SING.) Entremets composé de blancs d'œufs battus en neige flottant sur une crème anglaise. — **USINE FLOTTANTE,** construite au bord de l'eau et acheminée jusqu'à son lieu d'exploitation par voie d'eau. ➤ **plateforme.** — PAR MÉTAPH. *Les grands paquebots, villes flottantes. «notre vaisseau, ma flottante prison»* VIGNY. ■ **2** PAR ANAL. Qui flotte dans les airs au gré du vent. *Nuages flottants. Brume flottante.* — Qui ondoie librement. *Étendards flottants. Cheveux flottants,* dénoués. ➤ **épars.** — *Vêtement flottant.* ➤ **ample,** 3 **vague. n. m.** *Un flottant :* short de sport, ample. ➤ RÉGION. **cuissettes.** ◆ TECHN. Qui n'est pas attaché fixement et a une relative liberté de mouvements. *Moteur flottant. Dalle* flottante. Parquet flottant.* — PATHOL. *Rein* flottant.* ➤ **mobile.** ■ **3** FIG. Qui n'est pas fixe ou assuré. *Effectifs flottants.* ➤ **fluctuant, variable.** — *Soldes flottants :* période de soldes dont la date est fixée librement par chaque commerçant (en dehors des soldes fixes). — (1826) *Dette flottante :* dette à court terme de l'État, dont le montant fluctue au rythme des souscriptions et des remboursements (opposé à *dette consolidée*). *Change flottant :* système où le taux de change d'une monnaie varie librement. *Capitaux flottants,* qui se déplacent, en quête du meilleur placement, d'une place financière à une autre (en fonction des variations des taux d'intérêt et des taux de change). — INFORM. *Virgule* flottante.* ◆ (ABSTRAIT) Incertain dans ses jugements, ses décisions. ➤ **hésitant,** 1 **incertain, inconstant, indécis, irrésolu.** *«Vous avez toujours été flottant en politique»* FÉNELON. — Qui ne s'applique, ne s'arrête à rien de précis. *«Les pensées flottantes, les songes sans formes»* TAINE. *«l'attention de Casimir, qui est souvent un peu flottante»* GIDE. *L'écoute, l'attention flottante du psychanalyste.* ■ CONTR. Assuré, 1 fixe, 1 précis, résolu, sûr.

FLOTTATION [flɔtasjɔ̃] **n. f.** – 1923 ◇ anglais *flotation* ■ DIDACT. Méthode de séparation des mélanges de particules solides, fondée sur la différence de leurs densités dans un milieu liquide. *Densité de flottation.* — TECHN. Triage de certaines matières poudreuses (minerais, charbon) utilisant les différences de leurs propriétés physicochimiques.

1 **FLOTTE** [flɔt] **n. f.** – XIIe, repris XVIe ◇ ancien scandinave *flotti ;* influence de l'ancien français *flote* «troupe, multitude» (du latin *fluctus* «flux», par l'italien), et de 2 *flotte* ■ **1** Réunion de navires de guerre ou de commerce naviguant ensemble, destinés aux mêmes opérations ou se livrant à la même activité. *La flotte de la Méditerranée.* ➤ **escadre.** *La flotte de Philippe II.* ➤ **armada.** *Petite flotte.* ➤ **flottille.** ■ **2** PAR EXT. Ensemble des forces navales d'un pays. *La flotte de guerre,* ou ABSOLT *la Flotte.* ➤ 1 **marine.** *Amiral, équipages de la Flotte. Flotte marchande :* ensemble des navires de commerce. — *La flotte d'une compagnie maritime, pétrolière.* ■ **3** PAR ANAL. *Flotte aérienne :* formation d'avions, ensemble des forces aériennes.

2 **FLOTTE** [flɔt] **n. f.** – XIIIe «radeau» ◇ déverbal de 1 *flotter,* ou même origine que 1 *flotte,* avec influence de *flotter* ■ **1** TECHN. VIEILLI Flotteur. *Ligne de pêche munie d'une flotte.* ➤ **bouchon.** *Flottes en liège.* ■ **2** RÉGION. Train de bois flottant.

3 **FLOTTE** [flɔt] **n. f.** – 1883 «bain» ◇ origine inconnue, p.-ê. de *flotter* «pleuvoir», mais le mot désigne en ancien français une inondation ■ FAM. Eau. *Boire de la flotte. Tomber à la flotte.* ◆ Pluie (➤ 2 **flotter**).

FLOTTEMENT [flɔtmɑ̃] **n. m.** – v. 1320 «mouvement des flots» ◇ de 1 *flotter* ■ **1** Mouvement d'ondulation. ➤ **agitation, balancement.** *Le flottement d'un drapeau.* — MILIT. *Il y a du flottement dans les rangs,* un mouvement d'ondulation qui rompt l'alignement. ■ **2** (1801) FIG. État incertain dû à des hésitations. ➤ **hésitation, incertitude, indécision.** *Flottement dans le comportement, les opinions de qqn. «Nos flottements portent la marque de notre probité ; nos assurances, celle de notre imposture»* CIORAN. *Il y a du flottement dans l'application de la loi.* ■ **3** (XXe) État d'une monnaie dont la valeur fluctue selon le jeu de l'offre et de la demande sur le marché des changes.

1 **FLOTTER** [flɔte] **v.** ‹1› – 1080 *floter* ◇ du radical francique °*flot-* «action de couler à flots» avec influence du latin *fluctuare* «être agité (mer)»

I **v. intr.** ■ **1** Être porté sur un liquide. ➤ **surnager.** *Flotter sur l'eau, à la surface de l'eau, au gré des eaux. Faire flotter une bouée, un radeau. Épave qui flotte à la dérive. «La blanche Ophélia flotte comme un grand lys»* RIMBAUD. ■ **2** Être en suspension dans les airs. ➤ 1 **voler, voltiger.** *Vapeur, brume qui flotte au-dessus des prés.* IMPERS. *«Il flottait encore dans l'air un reste d'encens»* GREEN. ■ **3** Bouger, remuer au gré du vent ou de quelque autre impulsion variable. ➤ **ondoyer, onduler.** *Les drapeaux flottent aux fenêtres. «Leurs beaux cheveux pendaient sur leurs épaules et flottaient au gré du vent»* FÉNELON. *Laisser flotter les rênes d'un cheval.* ◆ SPÉCIALT Être libre, non ajusté. *Vêtements amples qui flottent autour du corps.* — PAR MÉTON. (PERSONNES) *Flotter dans son pantalon, sa robe.* ➤ **nager.** *«rien ne lui va, tout est trop grand pour elle, et c'est beau, elle flotte, trop mince»* DURAS. ■ **4** (1669) Être instable, errer. *Un sourire flottait sur ses lèvres.* — (ABSTRAIT) *Laisser flotter ses pensées, son attention,* renoncer à les diriger, à les contrôler. *«Je laissais au hasard flotter ma rêverie»* MUSSET. ◆ (PERSONNES) VX Hésiter. *Ce cœur «flottant toujours entre la faiblesse et le courage»* ROUSSEAU. ■ **5** (1971) Fluctuer selon l'offre et la demande, en parlant d'une monnaie. *Laisser flotter l'euro.*

II **v. tr.** *Flotter du bois,* le lâcher dans un cours d'eau pour qu'il soit transporté. ➤ RÉGION. **draver.** — **p. p. adj.** *Bois flotté,* venu par flottage.

■ CONTR. Couler, enfoncer (s'), sombrer. Fixer (se). Décider (se).

2 **FLOTTER** [flɔte] **v. impers.** ‹1› – 1886 ◇ de 3 *flotte,* à moins que *flotte* n'en soit le déverbal ; dans ce cas, d'origine inconnue ■ FAM. Pleuvoir abondamment. *Il a flotté toute la journée.*

1 **FLOTTEUR** [flɔtœʀ] **n. m.** – 1415 ◇ de 1 *flotte* ou de 1 *flotter* (II) ■ Ouvrier employé au transport du bois par flottage*. ➤ RÉGION. **draveur.** *Maître flotteur.*

2 **FLOTTEUR** [flɔtœʀ] **n. m.** – 1832 ◇ de 1 *flotter* ■ **1** Objet (généralement creux) capable de flotter à la surface de l'eau et destiné soit à effectuer des mesures ou des réglages (niveau, vitesse), soit à soutenir ou maintenir à la surface des corps submersibles. ➤ **bouée,** 2 **flotte.** *Flotteurs en liège d'une ligne* (➤ **bouchon**), *en verre d'un filet de pêche.* — MÉCAN. *Flotteur de carburateur d'une automobile,* maintenant le niveau du carburant. *Flotteur de chasse d'eau.* ◆ SPÉCIALT Organe qui repose sur l'eau et fait flotter un véhicule. *Les flotteurs d'un hydravion, d'un pédalo, d'un catamaran.* ■ **2** DIDACT. Corps solide dont la densité est plus faible que celle d'un liquide.

FLOTTILLE [flɔtij] **n. f.** – 1691 ◇ espagnol *flotilla,* diminutif de *flota* «flotte» ■ Réunion de petits navires. *Flottille de pêche* (d'un port, d'un armateur, sur les lieux de pêche). *«Toute la flottille des canaux se met en marche»* LOTI. ◆ Formation aérienne (dans l'aéronavale). ➤ **escadrille.**

FLOU, FLOUE [flu] **adj.** et **n. m.** – 1676, répandu au XVIIIe ◇ repris de l'ancien français *flo, flou* «fatigué», latin *flavus* «jauni», d'où «fané, flétri» → fluet ■ **1** ARTS Dont les contours sont adoucis, estompés. ➤ **fondu, vaporeux.** *Dessin flou.* — SUBST. *«Ce "flou" délicieux des peintures de Lawrence, en harmonie avec la douceur de son caractère»* BALZAC. ■ **2** (1855) COUR. Dont le contour est trouble, indécis. *Photo floue. Rendre volontairement flou* (par ex. un visage à l'écran). ➤ **flouter.** — **n. m.** CIN., PHOTOGR. Diminution de la netteté des images obtenue par modification de la mise au point. *Effet de flou. Objectif à flou.* LOC. *Flou artistique :* effet de flou à des fins esthétiques. FIG. *Laisser les choses dans un flou artistique,* dans une imprécision volontaire. ■ **3** PAR EXT. Qui n'a pas de forme nette. *Coiffure floue. Robe floue,* vague, non ajustée. ➤ **ample.** ■ **4** FIG. Incertain, indécis. ➤ 3 **vague.** *Souvenir flou.* ➤ **imprécis.** *«Ma pensée est encore floue, ouatée de neige»* BOSCO. SUBST. *Laisser les choses dans le flou.* ◆ (anglais *fuzzy set*) MATH. *Ensemble* flou.* ■ CONTR. Distinct, 2 net, 1 précis.

FLOUER [flue] **v. tr.** ‹1› – 1527, repris 1827 ◇ p.-ê. var. de *frouer* «tricher au jeu», ancien français *froer,* du latin *fraudare* ■ VX Voler* (qqn) en le dupant. ➤ **escroquer.** ◆ MOD. (surtout au passif) Tromper (moralement). ➤ **duper*.** *Il a été floué.*

FLOUTER [flute] **v. tr.** ‹1› – 1976 ◇ de *flou* ■ TECHN. Rendre volontairement flou (2°). *Flouter un visage à l'écran pour préserver l'anonymat.* ➤ aussi **pixéliser.** — **n. m. FLOUTAGE.**

FLOUVE [fluv] **n. f.** – 1786 ◇ origine inconnue ■ Graminée qui donne au foin son odeur particulière et agréable.

FLOUZE ou **FLOUSE** [fluz] **n. m.** – *flouss* 1916 ◇ arabe maghrébin *flus* «l'argent» ■ POP. Argent*. *Avoir du flouze. C'est bon «de palper du pognon, de savourer son flouze»* Y. HAENEL.

FLUAGE [flyaʒ] **n. m.** – 1918 ◇ de *fluer* ■ TECHN. Déformation d'un métal soumis à de très fortes pressions (comparée à celle d'un fluide visqueux).

FLUATE [flyat] **n. m.** – 1787 ◇ de *fluor* ■ CHIM. VX Fluorure. — MOD. Nom commercial de certains silicates contenant du fluor.

FLUCTUANT, ANTE [flyktyɑ̃, ɑ̃t] **adj.** – XIVe ◇ latin *fluctuans,* de *fluctuare* ■ **1** Qui varie, va d'un objet à un autre et revient au premier. ➤ **changeant*, hésitant, indécis.** *Être fluctuant dans ses opinions, dans ses goûts.* ➤ **inconstant, instable.** *Opinions fluctuantes.* ■ **2** Qui subit des fluctuations, est sujet à des variations. ➤ **flottant.** *Prix fluctuants.* ■ CONTR. 1 Ferme, invariable.

FLUCTUATION [flyktɥasjɔ̃] n. f. – XIIe ◇ latin *fluctuatio*, de *fluctuare* «flotter» ■ 1 RARE Mouvement alternatif comparable à l'agitation des flots. ➤ **balancement, oscillation.** ■ 2 FIG. (surtout au plur.) Variations successives en sens contraire. ➤ **changement*.** *Fluctuations de l'opinion publique.* «*Son esprit oscilla toute une grande heure dans les fluctuations auxquelles se mêlait bien quelque lutte*» HUGO. — SPÉCIALT *Les fluctuations d'un marché, de la cote des changes.* ■ 3 SC. Écart, variation (par rapport à une moyenne). *Mesurer les fluctuations d'une grandeur.* ➤ **variance.**

FLUCTUER [flyktɥe] v. intr. ‹1› – XVIe ◇ latin *fluctuare* «flotter» ■ 1 RARE Flotter. ■ 2 Être fluctuant, changer. *Idées, opinions qui fluctuent.*

FLUER [flye] v. intr. ‹1› – 1288 ◇ latin *fluere* «couler» ■ LITTÉR. Couler. *La crue «fluant largement d'est en ouest»* BAZIN. ◆ MÉD. S'épancher, couler (sérosité).

FLUET, ETTE [flyɛ, ɛt] adj. – 1690 ◇ altération de *flouet* (XVe) ; de l'ancien français *flo* → flou ■ Mince et d'apparence frêle (corps ou partie du corps). ➤ **délicat, gracile, 2 grêle.** *Corps long et fluet. Jambes fluettes.* «*ses doigts fluets aux larges bagues*» VERLAINE. ◆ PAR ANAL. Aigu et de faible intensité (son). *Une voix fluette. La musique fluette d'un pipeau.* ■ CONTR. Épais.

FLUIDE [flɥid ; flyid] adj. et n. m. – XIVe ◇ latin *fluidus*, de *fluere* → fluer

I adj. ■ 1 VX Liquide. «*Le sang, véhicule fluide*» LA FONTAINE. ■ 2 MOD. Qui n'est ni solide ni épais, coule aisément. *Huile très fluide. Pâte fluide.* ➤ **clair.** ■ 3 (XVIe) PAR MÉTAPH. OU FIG. Qui coule avec facilité et harmonie. *Style fluide.* ➤ **1 coulant.** «*fluide comme un filet d'eau pure, un chant de flûte ruisselait dans l'ombre*» DUHAMEL. — Souple, ondoyant. *Tissu, vêtement fluide.* ◆ Qui a tendance à échapper, qu'il est difficile de saisir, de fixer, d'apprécier. ➤ **fluctuant, indécis, insaisissable.** «*En cristallisant les formes si fluides de la vie spirituelle*» PAULHAN. — POLIT., MILIT. *Situation fluide*, instable, changeante. — ÉCON. *Marché fluide.* ➤ **liquide.** ■ 4 En parlant de la circulation routière, Qui se fait à une cadence et à une vitesse normales (sans embouteillages, sans ralentissements). *Circulation fluide sur l'autoroute de l'Ouest.*

II n. m. ■ 1 Corps qui épouse la forme de son contenant. *Fluides condensés* (➤ **liquide**), *dilués* (➤ **gaz**). *Étude de l'écoulement des fluides et ses applications.* ➤ **aérodynamique, hydrodynamique, hydrostatique.** *Mécanique*, statique des fluides. Fluide parfait*, sans viscosité. *Expansivité des fluides.* ◆ *Fluide glacial* : liquide à forte évaporation donnant une impression de froid intense. ■ 2 Force, influence subtile, mystérieuse, qui émanerait des astres, des êtres ou des choses (principe d'explication des formes d'énergie inexpliquées). ➤ **émanation, flux, influx, onde, 1 radiation, rayonnement.** *Fluide astral. Fluide électrique, nerveux.* «*Si, par des faits incontestables, la pensée est rangée un jour parmi les fluides qui ne se révèlent que par leurs effets*» BALZAC. «*relié à elle, même absent* [...] *par un fluide permanent*» JOUHANDEAU. ◆ SPÉCIALT Énergie occulte d'une personne. *Le fluide d'un médium, d'un magnétiseur, d'un guérisseur. Avoir du fluide.*

■ CONTR. Solide. Compact, concret, épais, visqueux.

FLUIDIFIANT, IANTE [flɥidifjɑ̃, jɑ̃t] adj. – 1856 ◇ de *fluidifier* ■ DIDACT. Propre à fluidifier. — SPÉCIALT, MÉD. *Remède fluidifiant*, ou n. m. *un fluidifiant* : médicament qui rend plus fluides certaines sécrétions, notamment bronchiques, facilitant ainsi leur élimination. ➤ **expectorant, mucolytique.**

FLUIDIFIER [flɥidifje] v. tr. ‹7› – 1830 ◇ de *fluide* ■ Rendre fluide — n. f. **FLUIDIFICATION.**

FLUIDIQUE [flɥidik] adj. et n. f. – 1851 ◇ de *fluide* ■ 1 Qui se rapporte au fluide magnétique. ■ 2 (1973) AUTOMAT. Qui permet de réaliser des opérations logiques à l'aide des fluides. *Système, dispositif fluidique.* — n. f. *La fluidique* : ensemble des techniques utilisant les interactions de jets de fluide dans des dispositifs dépourvus de pièces mobiles et pouvant traiter des informations en réalisant des fonctions essentiellement logiques.

FLUIDISATION [flɥidizasjɔ̃] n. f. – 1949 ; 1904, autre sens ◇ de *fluide* ■ TECHN. Procédé qui permet de transporter des particules solides grâce à un très fort courant d'air ascendant. *Séchage par fluidisation.*

FLUIDITÉ [flɥidite] n. f. – 1565 ◇ de *fluide* ■ État de ce qui est fluide. *Fluidité du sang. Fluidité de la circulation routière.* — PHYS. (opposé à *viscosité*) *Degré de fluidité.* — FIG. *La fluidité de la parole, d'un style, d'une musique.* ◆ Caractère de ce qui est changeant et insaisissable. «*La lucidité et la fluidité de ses pensées*» CHATEAUBRIAND. ◆ ÉCON. État d'un marché où la concurrence est parfaite. ■ CONTR. Consistance, épaisseur.

FLUO ➤ **FLUORESCENT**

FLUOCOMPACT, E [flyokɔ̃pakt] adj. – 1989 ◇ de *fluo(rescent)* et *compact* ■ *Ampoule, lampe fluocompacte* : tube fluorescent de taille réduite.

FLUOR [flyɔʀ] adj. et n. m. – 1723 ; *flueur* 1534 ◇ latin *fluor* «écoulement» ■ 1 adj. et n. VX Minéral fusible ou utilisable comme fondant. MOD. *Spath fluor.* ➤ **fluorine.** ■ 2 n. m. (1823) MOD. Élément atomique (F ; n° at. 9 ; m. at. 18,998) du groupe des halogènes, gaz toxique jaune pâle à l'état non combiné (➤ **difluor**). *Fluor à l'état naturel.* ➤ **cryolithe, fluorine.** *Dentifrice au fluor.* ➤ **fluorure.** *Intoxication par le fluor.* ➤ **fluorose.**

FLUORATION [flyɔʀasjɔ̃] n. f. – 1968 ◇ de *fluor* ■ DIDACT. Adjonction de fluorures à l'eau de consommation pour prévenir les caries dentaires. ◆ Application protectrice de produits fluorés sur les dents.

FLUORÉ, ÉE [flyɔʀe] adj. – 1838 ◇ de *fluor* ■ Qui contient du fluor. *Composés fluorés. Dentifrice fluoré.*

FLUORESCÉINE [flyɔʀesein] n. f. – 1878 ◇ du radical de *fluorescent* ■ CHIM. Matière colorante fluorescente en solution (rouge par transparence, verte par réflexion), dont la fluorescence peut être détectée à des dilutions extrêmes.

FLUORESCENCE [flyɔʀesɑ̃s] n. f. – 1856 ◇ mot anglais (1852), de *fluor*, d'après *phosphorescence* ■ PHYS. Luminescence d'une substance (solide, liquide ou gaz) due à une transition spontanée des molécules, d'un état excité vers l'état fondamental. *Fluorescence cristalline. Fluorescence de la chlorophylle. Fluorescence persistant après l'excitation.* ➤ **phosphorescence.** *Fluorescence obtenue par l'excitation de rayons ultraviolets.*

FLUORESCENT, ENTE [flyɔʀesɑ̃, ɑ̃t] adj. – 1864 ◇ mot anglais (1853) ; cf. *fluorescence* ■ 1 Relatif à la fluorescence ; doué de fluorescence. *Corps fluorescent. Lumière fluorescente* (➤ **phosphorescent**). ◆ PAR MÉTON. *Lampe fluorescente, tube fluorescent.* ➤ **néon ; fluocompact.** *Écran de télévision fluorescent.* ■ 2 Qui évoque la fluorescence. *Rose, vert, jaune fluorescent.* ➤ **flashant.** «*des bandes fluorescentes jaunes qui servent de réflecteurs afin que de nuit les voitures m'aperçoivent et puissent m'éviter*» PH. CLAUDEL. — PAR MÉTON. *Un feutre fluorescent.* — ABRÉV. FAM. (1976) **FLUO** [flyo]. *Rose fluo. Des marqueurs fluos.*

FLUORHYDRIQUE [flyɔʀidʀik] adj. – 1838 ◇ de *fluor* et *-hydrique* ■ CHIM. *Acide fluorhydrique* : acide incolore HF, fumant et toxique en solution, obtenu à partir de la fluorine, utilisé dans la gravure.

FLUORINE [flyɔʀin] n. f. – 1833 ◇ de *fluor* ■ CHIM. Fluorure de calcium naturel CaF_2 (cf. Spath* fluor). — On dit aussi **FLUORITE.**

FLUOROSE [flyɔʀoz] n. f. – 1925 ◇ de *fluor* et *2 -ose* ■ Intoxication par le fluor et ses dérivés.

FLUORURE [flyɔʀyʀ] n. m. – 1823 ◇ de *fluor* ■ CHIM. Sel de l'acide fluorhydrique. *Fluorure de sodium. Fluorure double d'aluminium et de sodium.* ➤ **cryolithe.** — Composé binaire du fluor. *Fluorure de soufre.*

FLUOTOURNAGE [flyotuʀnaʒ] n. m. – milieu XXe ◇ du latin *fluere* «couler, s'amollir» et *tournage* ■ MÉTALL. Usinage par déformation en vue d'obtenir des pièces de révolution.

FLUSH [flœʃ ; flɔʃ] n. m. – 1896 ◇ mot anglais ; origine inconnue, p.-ê. de *flux*, employé dans ce sens ■ ANGLIC. Au poker, Réunion de cinq cartes de la même couleur. *Des flushs.* On emploie aussi le pluriel anglais *des flushes. Quinte flush* : quinte dans la même couleur. ■ HOM. Floche.

1 **FLÛTE** [flyt] n. f. /FLUTE/ – *flehute* XIIe ◇ cf. provençal *flaüto*, d'origine inconnue, p.-ê. onomat., avec l'initiale du latin *flare* «souffler» ■ 1 Instrument à vent formé d'un tube percé de plusieurs trous, ou de tubes d'inégale longueur. *Flûte de Pan*, faite de roseaux de longueur décroissante. ➤ **syrinx.** *La flûte, instrument de musique traditionnel des bergers.* ➤ **chalumeau, diaule, 1 flageolet, flûtiau, galoubet, pipeau.** *Petite flûte en bois encore utilisée dans la musique militaire.* ➤ **fifre.** *Flûte à l'oignon.* ➤ **mirliton.** «*La Flûte enchantée*», opéra de Mozart. — *Flûte à bec* ou *flûte douce* : flûte en bois, en plastique, à embouchure en forme de bec. — *Flûte traversière* ou *grande flûte* : flûte en métal (souvent précieux), à ouverture latérale, tenue parallèlement aux lèvres. — *Petite flûte.* ➤ **piccolo.** *Être du bois* dont on fait les flûtes.* — VX *Accorder* ses flûtes.*

■ **2** (1793) Pain de forme mince et allongée, plus petit que la baguette et plus gros que la ficelle. ■ **3** (1669) Verre à pied, haut et étroit. *Une flûte à champagne.* ■ **4** (1808) FAM. PLUR. Les jambes. *Jouer des flûtes.* ➤ **courir.** *Se tirer des flûtes.* ➤ **se sauver.** ■ **5** (1858) VIEILLI Interjection marquant l'impatience, la déception, la désapprobation. ➤ **mince, zut.**

2**FLÛTE** [flyt] n. f. /FLUTE/ – *fluste* 1559 ◊ p.-ê. néerlandais *fluit* ■ ANCIENNT Navire de guerre qui servait au transport du matériel. *Les flûtes de la marine royale.*

FLÛTÉ, ÉE [flyte] adj. /FLUTÉ, ÉE/ – 1740 ◊ p. p. de *flûter* ■ Semblable au son de la flûte. *Une voix flûtée.* ➤ **aigu.** *Les jeux flûtés de l'orgue.*

FLÛTER [flyte] v. ‹1› /FLUTER/ – 1680 ◊ de 1*flûte* ■ **1** v. intr. VX Jouer de la flûte. LOC. FAM. *C'est comme si on flûtait* : c'est sans effet (cf. Comme si on pissait dans un violon*). ■ **2** v. tr. MOD. Produire, dire avec un son analogue à celui de la flûte.

FLÛTIAU [flytjo] n. m. /FLUTIAU/ – *flusteau* 1600 ; *flaihutel* XIIIe ◊ de *flehute* «flûte» ■ **1** Petite flûte sommaire. ➤ **chalumeau.** ◆ Mirliton (jouet d'enfant). ■ **2** (1802) Plantain d'eau.

FLÛTISTE [flytist] n. /FLUTISTE/ – 1828 ◊ de *flûte* ■ Instrumentiste qui joue de la flûte.

FLUTTER [flœtœʀ] n. m. – 1924 ◊ mot anglais «palpitation» (Mac William, 1887) ■ PATHOL. Trouble du rythme des oreillettes cardiaques dont les contractions, régulières, se font à une fréquence anormale (280 à 300 par minute).

FLUVIAL, IALE, IAUX [flyvjal, jo] adj. – 1823 ; *fluviel* XIIIe ; *fleuvial* 1512 ◊ latin *fluvialis* ■ Relatif aux fleuves, aux rivières. *Régime fluvial. Bassin fluvial. Port fluvial.* — Qui s'effectue sur un fleuve, une rivière. *Navigation, pêche fluviale.*

FLUVIATILE [flyvjatil] adj. – 1559 ◊ latin *fluviatilis* ■ SC. NAT. Qui vit ou pousse dans les eaux douces courantes ou au bord des fleuves, des rivières. *Faune fluviatile.* PAR EXT. *Sédiments, dépôts fluviatiles.*

FLUVIOGLACIAIRE [flyvjoglasjɛʀ] adj. – 1886 ◊ latin *fluvius* «fleuve» et *glaciaire* ■ GÉOL. Qui provient à la fois de l'action des cours d'eau et des glaciers. *Cône fluvioglaciaire.*

FLUVIOMÈTRE [flyvjɔmɛtʀ] n. m. – 1865 ◊ latin *fluvius* «fleuve» et *-mètre* ■ SC. Appareil servant à mesurer le niveau, les variations du niveau d'un cours d'eau. — On dit aussi **FLUVIOGRAPHE.**

FLUVIOMÉTRIQUE [flyvjɔmetʀik] adj. – 1865 ◊ de *fluviomètre* ■ Relatif au niveau de l'eau, à ses variations, dans un cours d'eau. *Échelle fluviométrique.*

FLUX [fly] n. m. – 1306 ◊ latin *fluxus* «écoulement», de *fluere* «couler» ■ **1** DIDACT. Action de couler, de s'écouler. ➤ **écoulement.** *Flux artériel, veineux. Flux menstruel* : les règles. — *Flux laminaire* (d'un gaz, de l'air). — MÉTÉOROL. *Flux (d'air)* : courant aérien de grande étendue. *Flux d'ouest.* ■ **2** (1532) LITTÉR. Grande quantité mouvante. ➤ **abondance, afflux.** *Contrôler le flux des nouveaux arrivants. Un flux de paroles, de protestations.* ➤ **débordement, déluge, flot.** ■ **3** Mouvement ascensionnel de la mer, marée montante (opposé à *reflux*). «*au moment du flux, quand la vague monte sur la vague*» MICHELET. — FIG. *Flux et reflux d'opinions contraires.* ➤ **fluctuation.** «*ce flux et ce reflux misérable de vie et de mort*» SUARÈS. ■ **4** PHYS. Quantité d'une grandeur scalaire ou vectorielle qui traverse pendant l'unité de temps une aire donnée. *Unité de flux lumineux* (lumen), *énergétique* (watt), *électrique* (coulomb), *magnétique* (weber ; maxwell). ■ **5** ÉCON. Mouvement, déplacement. *Flux monétaires.* — *Flux tendu* : gestion visant la réduction maximale des stocks. ■ **6** INFORM. *Flux RSS.* ➤ **fil.** — *Diffusion en flux* : recomm. offic. pour remplacer l'anglic. *streaming.*

FLUXION [flyksjɔ̃] n. f. – fin XIVe ◊ latin *fluxio* «écoulement», de *fluere* «couler» ■ **1** MÉD. Afflux de sang ou d'autres liquides en certains tissus. ➤ **congestion.** — VX *Fluxion de poitrine.* ➤ **pneumonie.** ■ **2** COUR. Gonflement inflammatoire de la joue, provoqué par un abcès dentaire, une anesthésie locale. ➤ **tuméfaction.** «*avec des joues gonflées par la fluxion*» GIRAUDOUX.

FLUXMÈTRE [flymɛtʀ] n. m. – 1908 ◊ de *flux* et *-mètre* ■ MÉTROL. Galvanomètre sans couple de rappel qui, à l'aide d'une petite bobine, peut mesurer des flux d'induction magnétique.

FLYER [flajœʀ] n. m. – 1995 ◊ mot anglais «prospectus» ■ ANGLIC. Tract, prospectus servant à annoncer un spectacle (concert, rave...), un évènement. «*Le vent chaud emporte les flyers des soirées disparues*» BEIGBEDER.

FLYSCH [fliʃ] n. m. – 1875 ◊ mot suisse alémanique ■ GÉOL. Empilement de sédiments détritiques déposés par un même courant de turbidité. *Des flyschs.*

F. M. [ɛfɛm] n. f. inv. – milieu XXe ◊ sigle de l'anglais *Frequency Modulation* ■ ANGLIC. Modulation* de fréquence (recomm. offic.).

F. O. B. [ɛfobe] adj. inv. – 1944 ◊ sigle de l'anglais *Free On Board* «franco à bord» ■ DR. MAR., COMM. Franco à bord (recomm. offic.). ➤ **F. A. B.** *Selon les conditions F. O. B.* — On trouve aussi **FOB** [fɔb], 1905.

FOC [fɔk] n. m. – 1722 ; *foque* 1702 ; *focquemast* 1602 ◊ néerlandais *fok* ■ Voile triangulaire à l'avant du navire. *Le clinfoc, le grand foc et le petit foc, amurés sur le beaupré* (➤ **génois, trinquette**). *Foc d'artimon* : voile d'étai placée entre le grand mât et le mât d'artimon. ■ HOM. Phoque.

FOCACCIA [fɔkatʃja] n. f. – 1832 ◊ mot italien, du latin °*focacia* → fouace ■ Pain plat cuit au four, parfois garni d'herbes, d'olives, de tomates, etc. (spécialité italienne proche de la fougasse). «*Francisco commandait sa focaccia aux aubergines grillées*» C. CUSSET. *Des focaccias.*

FOCAL, ALE, AUX [fɔkal, o] adj. et n. f. – 1812 ◊ du latin *focus* «foyer» ■ **1** PHYS. Qui concerne le foyer, les foyers d'un instrument d'optique. ➤ **bifocal.** *Axe focal, plan focal.* — n. f. Distance focale. *Objectif à focale variable.* ➤ **zoom.** ■ **2** GÉOM. Relatif aux foyers d'une conique. *Distance focale* ou *la focale* : distance entre les deux foyers d'une conique. *Axe focal* : axe de symétrie passant par le ou les foyers. ■ **3** MÉD. *Maladie focale,* n'affectant qu'une partie du corps. *Dystonie focale. Inflammation focale* (opposé à *diffuse*).

FOCALISER [fɔkalize] v. tr. ‹1› – 1929 ◊ de *focal* ■ SC. Concentrer en un point (foyer). *Focaliser un faisceau d'électrons au moyen d'une lentille électrostatique, magnétique.* — PRONOM. *Faisceau lumineux qui se focalise.* ◆ FIG. Concentrer. *Focaliser des aspirations de toutes tendances, toute son attention sur.* — PRONOM. *Se focaliser sur les points essentiels.* — n. f. **FOCALISATION.**

FOCUS [fɔkys] n. m. – 1666, en optique ◊ mot latin «foyer» ■ **1** PHOTOGR. Mise au point (➤ **autofocus**). ■ **2** Gros plan (sur qqn, qqch.). ➤ **zoom.** *Focus sur la formation. Des focus.* ■ **3** INFORM. Activation d'une zone de l'écran, dans une interface graphique.

FOEHN [føn] n. m. – *foen* 1760 ◊ mot allemand, du latin *favonius* «zéphyr» ■ **1** Vent chaud et sec des Alpes suisses et autrichiennes. ■ **2** RÉGION. (Alsace, Lorraine ; Suisse) Sèche-cheveux.

FOÈNE [fwɛn] n. f. – *foine* XIIe ◊ du latin *fuscina* «trident» ■ Gros harpon. *Pêcher la sole à la foène.* — On écrit aussi *foëne.*

FŒTAL, ALE, AUX [fetal, o] adj. – 1813 ◊ de *fœtus* ■ Relatif au fœtus. *Membranes fœtales* : placenta, chorion, amnios. *Sang fœtal. Biologie et médecine fœtales.* — Du fœtus. *Souffrances fœtales. Développement fœtal.* — *Attitude, posture fœtale,* du fœtus, et PAR EXT. d'une personne prostrée, la tête rapprochée des genoux (cf. En chien* de fusil). ■ HOM. poss. Faîteau.

FŒTICIDE [fetisid] n. m. – 1861 ◊ de *fœtus* et *-cide* ■ Interruption de grossesse réalisée après le seuil de viabilité fœtale. *Fœticide des filles, en Asie.*

FŒTOSCOPIE [fetɔskɔpi] n. f. – v. 1980 ◊ de *fœtus* et *-scopie* ■ DIDACT. Technique de vision directe du fœtus in utero, par introduction d'un endoscope par la voie abdominale. — adj. **FŒTOSCOPIQUE.**

FŒTUS [fetys] n. m. – 1541 ◊ mot latin, variante de *fetus* «grossesse» ■ Chez les animaux vivipares, Produit de la conception encore renfermé dans l'utérus, lorsqu'il commence à présenter les caractères distinctifs de l'espèce. SPÉCIALT Dans l'espèce humaine, Produit de la conception à partir du troisième mois de développement dans l'utérus. ➤ **embryon ; bébé.** *Expulsion du fœtus hors de l'utérus.* ➤ **accouchement, avortement.** *Examen du fœtus par amniocentèse, échographie, fœtoscopie.*

FOFOLLE ➤ **FOUFOU**

FOI [fwa] n. f. – fin XIe, au sens de «croyance en Dieu» (I, 3°) ◊ du latin *fides* «confiance» et «promesse» → fidèle, perfide, (se) fier

I (SENS OBJECTIF) FIDÉLITÉ, GARANTIE VX OU EN LOC. ■ **1** Assurance donnée d'être fidèle à sa parole, d'accomplir exactement ce que l'on a promis. ➤ **engagement, promesse, serment.** *Jurer sa foi. Violer sa foi.* ➤ **parjure, perfide.** — FÉOD. *Foi et hommage* : serment de fidélité du vassal. — VIEILLI (pour affirmer) *Par ma foi, sur ma foi. Foi d'honnête homme* (cf. Parole d'honneur*). *« Avant l'août, foi d'animal »* LA FONTAINE. — MOD. **MA FOI :** certes, en effet. *Ma foi oui. C'est ma foi vrai.* ▪ **2** VX Garantie résultant d'un serment, d'une promesse. — MOD. *Sous la foi du serment.* ◆ **SUR LA FOI DE.** *Sur la foi des témoins,* en se fondant sur leur témoignage, sur leurs déclarations. *Croire qqch. sur la foi de qqn,* en lui accordant créance. ➤ **créance.** ◆ (Sujet chose) **FAIRE FOI :** démontrer la véracité, porter témoignage, donner force probante. ➤ **prouver, témoigner.** *Le cachet* de la poste faisant foi* (de la date). ◆ DR. **EN FOI DE QUOI :** en se fondant sur ce qu'on vient de rapporter. *En foi de quoi, j'ai signé le présent certificat.* ▪ **3** (Avec *bon* ou *mauvais*) **BONNE FOI :** qualité d'une personne qui parle avec sincérité, agit avec une intention droite. ➤ **droiture, franchise, honnêteté, loyauté, sincérité.** *« Je l'écrivis de bonne foi et sans aucun dessein de la tromper »* MUSSET. *Prouver sa bonne foi. En toute bonne foi.* ➤ **sincèrement.** *Être de bonne foi :* dire ce que l'on croit (même si la réalité est autre). *Abuser de la bonne foi de qqn.* — DR. Conviction erronée que l'on agit conformément au droit. *Possesseur de bonne foi.* ◆ **MAUVAISE FOI :** déloyauté, duplicité, perfidie. *Être de mauvaise foi. Quelle mauvaise foi ! « Sa mauvaise foi dépassait tellement les normes admises dans sa profession qu'il suscitait l'admiration et la jalousie de ses concurrents plus modérés »* COSSERY.

II (SENS SUBJECTIF) LE FAIT DE CROIRE ▪ **1** Le fait de croire qqn, d'avoir confiance en qqch. (Avec quelques v. et adj.) *Une personne, un témoin digne de foi,* que l'on peut croire sur parole. *Ajouter* foi à.* ▪ **2** Confiance absolue que l'on met (en qqn ou en qqch.). *Avoir foi, une foi totale en qqn.* ➤ **se fier.** *Une foi aveugle. Avoir foi en l'avenir.* ➤ **espérer.** *« La foi était immense dans ce peuple ; il fallait avoir foi en lui »* MICHELET. ◆ TECHN. **LIGNE DE FOI,** servant de repère pour observer avec exactitude (dans un instrument optique). *Lignes de foi horizontales et verticales d'un collimateur.* ▪ **3** Le fait de croire à un principe par une adhésion profonde de l'esprit et du cœur qui emporte la certitude. ➤ **croyance ; conviction.** *Un élan de foi. « la sublime foi patriotique, démocratique et humaine »* HUGO. LOC. *C'est la foi qui transporte les montagnes.* ▪ **4** SPÉCIALT (fin XIe) Croyance en une religion. (REM. En emploi absolu, il s'agit généralt du christianisme.) *« Voilà ce que c'est que la foi : Dieu sensible au cœur, non à la raison »* PASCAL. *« la foi, c'est la certitude que chacun peut aimer son prochain et être aimé en retour. On ne bâtit que sur l'amour »* ABBÉ PIERRE. *Avoir la foi.* ➤ **croire.** *Perdre la foi. Foi chancelante. « Le doute accompagne fatalement la foi »* MITTERRAND. *« Hommes de peu de foi »* (ÉVANGILE, saint Matthieu). *La foi, l'espérance et la charité, vertus théologales. Acte de foi. Article* de foi.* **PROFESSION DE FOI :** déclaration publique de sa foi, renouvellement des promesses du baptême (cf. Communion* solennelle) ; PAR EXT. exposition des principes auxquels on adhère. *Les professions de foi des candidats à une élection.* ◆ LOC. *Il n'y a que la foi qui sauve :* formule des protestants selon laquelle la foi peut sauver sans les œuvres. IRON. Se dit de ceux qui se forgent des illusions. — *La foi du charbonnier*.* — *N'avoir ni foi ni loi :* n'avoir ni religion ni morale ; être capable des pires actions. *Personne sans foi ni loi.* ▪ **5** L'objet de la foi. ➤ **confession, dogme, religion.** *Professer la foi chrétienne, la foi musulmane. « Celui qui propose une foi nouvelle est persécuté, en attendant qu'il devienne persécuteur »* CIORAN. *Renoncer à une foi.* ➤ **abjurer, apostasier.** *Prêcher, répandre la foi* (➤ **catéchiser ; catéchisme, 1 prédication, propagation, prosélytisme**).

▪ CONTR. Infidélité, trahison. 2 Critique, doute. Agnosticisme, incrédulité, incroyance, scepticisme ; athéisme. ▪ HOM. Foie, fois.

FOIE [fwa] n. m. – *fedie, feie* XIIe ; *figido* VIIIe ◇ latin *ficatum,* traduction du grec *(hêpar) sukôton* « (foie) de figues, engraissé avec des figues » ▪ **1** Organe situé dans la partie supérieure droite de l'abdomen, qui joue un rôle physiologique essentiel : sécrétion de la bile, métabolisme des glucides, des protides et des lipides, épuration et détoxication, synthèse de substances régissant la coagulation, stockage de vitamines (A, B, K). ➤ **hépatocyte.** *Lobe et lobules du foie. Hile du foie. Relatif au foie.* ➤ **hépatique.** *Chez le fœtus, le foie produit des globules rouges* (➤ **hématopoïèse**). *Affections du foie.* ➤ **cirrhose, hépatite, ictère, jaunisse.** — COUR. *Crise de foie :* trouble digestif. — *Prométhée, condamné à avoir chaque jour le foie dévoré par un aigle.* — LOC. FAM. *Avoir les foies :* avoir peur. ▪ **2** Cet organe, chez certains animaux (animaux de boucherie, volaille, gibier), faisant partie des abats* et utilisé par l'être humain pour sa consommation. *Acheter du foie chez le tripier. Une tranche de foie de veau, de génisse. Foies de volaille. Huile de foie de morue,* riche en vitamines A et B. — *Pâté de foie.* FIG. et FAM. *Avoir les jambes* en pâté de foie.* — **FOIE GRAS :** foie hypertrophié d'oie ou de canard que l'on engraisse par gavage, qui constitue un mets recherché. *Foie gras truffé. Médaillons de foie gras.* ▪ **3** PAR ANAL. **FOIE-DE-BŒUF** [fwadbœf] n. m. Fistuline*. *Des foies-de-bœuf.* ▪ HOM. Foi, fois.

FOIL [fɔjl] n. m. – 1979 ◇ mot anglais « feuille, lame », de l'ancien français *foille, fueille* « feuille » ▪ ANGLIC. Plan porteur équipant les bateaux capables de déjauger. *Foils latéraux de l'hydroptère.* — Recomm. offic. *plan sustentateur.*

1 **FOIN** [fwɛ̃] n. m. – XVe ; *fein* XIIe ◇ latin *fenum* ▪ **1** Herbe des prairies fauchée* ou coupée, destinée à la nourriture du bétail. ➤ **1 fourrage ;** RÉGION. **cabouillat.** *Faire les foins :* couper l'herbe, l'étaler (➤ **fanage**), la mettre en lignes (➤ **andain**), en faire des bottes. *Étaler, retourner les foins. Botte de foin.* ANCIENNT *Meule de foin. « La pénétrante odeur des foins coupés s'exhale »* SAMAIN. — LOC. FIG. *Quand il n'y a plus de foin dans le râtelier :* quand l'argent, les ressources manquent. *Chercher une aiguille* dans une botte de foin. Il est bête* à manger du foin. Avoir du foin dans ses bottes*.* — *Rhume des foins :* coryza spasmodique qui affecte certains sujets allergiques, à l'époque de la floraison des graminées (➤ **pollinose**). ▪ **2** PAR ANAL. *Foin d'artichaut :* poils soyeux qui garnissent le fond de l'artichaut. ▪ **3** FAM. *Faire du foin :* faire du scandale, du bruit ; protester. *« Et mon père ! il en ferait un foin »* QUENEAU.

2 **FOIN** [fwɛ̃] interj. – XVIe ◇ emploi iron. de 1 *foin* (dans une ancienne expression) ou altération de *fi* ▪ VIEILLI Marque le dédain, le mépris, le rejet. *Foin des richesses ! « Foin de l'obsession »* COLETTE.

FOIRADE [fwaʀad] n. f. – 1920 ; sens pr. 1793 ◇ de *foirer* ▪ FAM. Le fait de foirer, de rater.

FOIRAIL [fwaʀaj] n. m. – 1874 ◇ mot du Centre et du Sud, de 1 *foire* ▪ RÉGION. (Sud-Ouest) Champ de foire, SPÉCIALT de foires aux bestiaux. — PAR MÉTON. Foire aux bestiaux. *Des foirails.*

1 **FOIRE** [fwaʀ] n. f. – 1130 *feire* ◇ bas latin *feria* « marché, foire », classique *feriae* « jours de repos, fêtes » ▪ **1** Grand marché public où l'on vend diverses sortes de marchandises et qui a lieu à des dates et en des lieux fixes (généralement en milieu rural). *Les grandes foires du Moyen Âge. Champ de foire.* ➤ **foirail.** *Marchands qui font les foires.* ➤ **forain.** *Foire aux bestiaux. Foire à la ferraille.* — *Foire à tout.* ➤ **vide-grenier.** — LOC. *Ils s'entendent comme larrons* en foire. Foire d'empoigne*.* ▪ **2** Grande réunion périodique où des échantillons de marchandises diverses sont présentés au public. ➤ **exposition, salon.** *La foire de Leipzig, de Bruxelles, de Paris. La foire-exposition de Lyon.* ▪ **3** Fête foraine ayant lieu à certaines époques de l'année. ➤ **ducasse, fête, frairie, kermesse.** *La foire du Trône, à Paris.* ▪ **4** FIG. (1922) FAM. Lieu bruyant où règnent le désordre* et la confusion. ➤ **bazar.** *« Garçon, veillez à notre paix. C'est une foire ici ! »* GIRAUDOUX. ◆ FAM. *Faire la foire :* s'adonner à une vie de débauche. ➤ **2 bombe, 2 bringue, fête*, noce.** ▪ **5** *Foire aux questions :* recomm. offic. pour *FAQ**.

2 **FOIRE** [fwaʀ] n. f. – XIIe ◇ latin *foria* ▪ VULG. et VIEILLI Évacuation d'excréments à l'état liquide. ➤ **diarrhée.**

FOIRER [fwaʀe] v. intr. ‹1› – 1576 ; *foirier* XIIe ◇ de 2 *foire* ▪ **1** VULG. et VIEILLI Évacuer des excréments à l'état liquide. ▪ **2** FIG. Mal fonctionner. *Écrou, vis qui foire,* qui tourne sans mordre. *Fusée, obus qui foire,* qui fait long feu. ▪ **3** FAM. Échouer lamentablement. ➤ **rater ;** FAM. **merder, merdouiller.** *Un coup qui foire.* — *Un coup foiré.* ▪ **4** TRANS. Ne pas réussir. *Foirer un examen.*

FOIREUX, EUSE [fwaʀø, øz] adj. et n. – v. 1200 ◇ de 2 *foire* ▪ **1** VULG. Qui a la foire, la diarrhée ; sali d'excréments. *« Ta mère fit un pet foireux Et tu naquis de sa colique »* APOLLINAIRE. ▪ **2** (1829) FAM. et VIEILLI Peureux, lâche. ➤ **péteux.** ▪ **3** FAM. Qui risque d'échouer lamentablement. *Un projet foireux.*

FOIS [fwa] n. f. – fin XIe ◇ du latin *vices,* forme plurielle d'un nom décliné seulement à certains cas, signifiant « tour, succession » → vice versa

I (MARQUANT LE DEGRÉ DE FRÉQUENCE) Cas où un fait se produit ; moment du temps où un évènement, conçu comme identique à d'autres évènements, se produit. ▪ **1** (Sans prép.) *C'est arrivé une fois, une seule fois. La seule et unique fois. Se produire une fois sur deux, une fois de plus. Qui est répété deux fois* (➤ **double**), *trois fois* (➤ **triple**), *plusieurs fois* (➤ **multiple**). *Un numéro qui revient deux fois* (➤ **2 bis**), *trois fois* (➤ **1 ter**). *Cela dépend des fois. Je l'ai vu quelques fois.* — *Plus d'une fois, plusieurs fois, maintes fois :* souvent. — *Bien des fois, de nombreuses fois* (REM. On ne dit pas *beaucoup de fois*). — *Autant de fois qu'il le faudra.* — ELLIPT *Encore une fois* (c.-à-d. Je le dis encore une fois, je le répète). *Encore une fois,* *laissez-moi tranquille.* ➤ **coup.** — *Une fois* (sens fort), *une bonne fois, une fois pour toutes,* d'une manière définitive, sans qu'il y ait lieu d'y revenir. ➤ **définitivement.** *Expliquez-vous une bonne fois.* — *Ne pas se le faire dire deux fois :* faire aussitôt et volontiers. *Plutôt* deux fois qu'une.* PAR EXAGÉR. *Trente-six fois. Je vous l'ai dit vingt, cinquante, cent fois.* — *Une fois, deux fois, trois fois... :* triple sommation adressée dans les enchères, ou avant l'exécution d'une menace. — LOC. PROV. *Une fois n'est pas coutume*. On ne vit qu'une fois.* ♦ (Marquant la fréquence à l'intérieur d'une unité de temps) VIEILLI *Une fois l'an.* COUR. *Une fois par mois. Plusieurs fois par jour. Une fois tous les huit jours.* ♦ (Avec un ordinal) *La première, la seconde, la dernière fois. C'est la première et la dernière fois que je vous en parle.* «*toutes les premières fois, celle du rire édenté, de la tête qui se soulève en tremblotant*» ERNAUX. ♦ (fin XIe) (Avec des adj. dém., indéf.) *On le tient, cette fois !* dans cette circonstance. *Cette fois-ci. Ce n'était pas cette fois-là, c'était une autre fois. Il le fera une autre fois.* ➤ **jour.** *Chaque fois, toutes les fois.* ➤ **toujours.** *La prochaine fois. Certaines fois. C'était la même fois.* ♦ (1853) POP. (sans déterm.) **DES FOIS :** certaines fois. ➤ **parfois, quelquefois.** *Des fois..., des fois...* ➤ **tantôt.** «*Des fois, il boit à crédit. D'autres fois il a de l'argent*» FARGUE. *Si des fois vous allez le voir, dites-lui* (cf. Des fois que, ci-dessous, 7°). ♦ (Servant d'antécédent à un rel.) *Pensez aux fois où il est venu vous rendre visite.* «*Une fois qu'il passait devant la porte ouverte* [...] *il aperçut le bureau vide*» COURTELINE. ➤ **jour.** ■ **2** (Précédé d'une prép.) **À... FOIS.** *Y regarder, s'y prendre à deux fois.* ➤ **reprise.** *S'y reprendre à plusieurs fois. À chaque fois.* «*À la septième fois, les murailles tombèrent*» HUGO. ♦ **EN... FOIS.** *En plusieurs fois* (➤ **répartition**). *Payer en une, en trois fois* (➤ **versement**). *Faire qqch. en une fois,* d'un seul coup. ♦ LITTÉR. **PAR... FOIS.** *Par deux fois, par trois fois* (pour insister). «*Les ombres par trois fois ont obscurci les cieux*» RACINE. ♦ **POUR... FOIS.** *C'est juste pour une fois. Pour une fois, il est à l'heure. Pour cette fois, on ne vous dira rien.* ➤ **exceptionnellement.** *Répéter qqch. pour la énième fois.* ■ **3** loc. adv. (1530) **À LA FOIS :** en même temps. *Être à la fois ceci et cela.* «*est-il possible pour une histoire des origines de fonctionner à la fois comme théorie scientifique et comme mythe ?*» F. JACOB. *Ne parlez pas tous à la fois.* ➤ 1 **ensemble.** *Une personne à la fois* (cf. Un à un ; chacun à son tour). PROV. *Il ne faut pas courir deux lièvres à la fois.* ■ **4** (v. 1170) VX OU RÉGION. **UNE FOIS :** un certain jour, à une certaine époque passée. ➤ **autrefois, jadis.** «*J'étais une fois à Versailles*» (Dictionnaire de Trévoux). *Il y avait une fois, il était une fois,* commencement classique des contes de fées. «Il était une fois... *Ainsi commencent toutes les histoires qui n'ont jamais eu lieu. Les mythes, les fables, les légendes*» S. GERMAIN. ♦ LITTÉR. (dans une propos. rel.) «*Aucune force au monde ne l'empêcherait jamais d'accomplir ce qu'il avait une fois résolu*» MAURIAC. ♦ (calque du néerlandais) (Belgique, Luxembourg) Donc (pour souligner une injonction, une affirmation). *Vide une fois ton verre !* ■ **5 UNE FOIS QUE** (gouvernant une propos. temporelle de postériorité) : dès que, dès l'instant où. *Une fois qu'il s'est mis qqch. en tête, il ne veut plus rien entendre.* ♦ (1559) (Ellipt, et dans une propos. participe) «*une fois pris dans l'événement, les hommes ne s'en effraient plus*» SAINT-EXUPÉRY. ■ **6** (Dans diverses loc. conj. avec *que*) «*Pour une fois qu'il s'était emballé, quels regrets et quelle chute !*» HUYSMANS. *À chaque fois, toutes les fois que. La dernière fois que je l'ai vu.* — (avec *où*) «*Pour une fois où le sort avait préparé avec ce soin ses offres*» GIRAUDOUX. ■ **7** POP. *Des fois que* (et condit.) : pour le cas où, si par hasard, si jamais. «*fallait que je reste dehors pour surveiller ce putain de cadre, des fois qu'on nous le piquerait*» B. BLIER. — ABSOLT «*Fallait mater quand même, des fois que*» TH. JONQUET. ♦ *Non, mais des fois !* formule de menace (cf. Sans blague). *Non mais des fois, pour qui vous vous prenez !*

II (MARQUANT UN DEGRÉ DE GRANDEUR) ■ **1** (1487) Servant d'élément multiplicateur ou diviseur. *Quantité deux fois plus grande, plus petite qu'une autre. Trois fois quatre font douze ; trois fois quatre, douze. Zoom qui grossit trois fois.* — PAR HYPERB. *Cent fois pire, mille fois plus avantageux.* (Devant un nom attribut) *Je suis trois fois grand-père.* — (Devant un adj. à valeur numérique) *Un chêne trois fois centenaire. Une civilisation, un usage plusieurs fois séculaire.* ■ **2** (1661) FIG. et LITTÉR. Équivalent d'un superlatif. «*Ô jour trois fois heureux !*» RACINE. — COUR. *Vous avez mille fois raison. C'est trois fois rien* (➤ **insignifiant**).

■ HOM. Foi, foie.

FOISON [fwazɔ̃] n. f. – XIIe ◊ latin *fusio* «écoulement, action de se répandre» → fusion ■ VX Très grande quantité. ➤ **abondance.** «*Je vois donc des foisons de religions en plusieurs endroits du monde*» PASCAL. — MOD. loc. adv. **À FOISON :** en grande quantité. ➤ **abondamment, beaucoup** (cf. À profusion). «*Il y a là des choses charmantes, de l'esprit à foison*» GAUTIER. ■ CONTR. 2 Manque, rareté. Peu.

FOISONNANT, ANTE [fwazɔnɑ̃, ɑ̃t] adj. – 1551 ◊ de *foisonner* ■ **1** Qui foisonne. ➤ **abondant.** — FIG. *Actualité foisonnante.* ■ **2** Qui augmente de volume.

FOISONNEMENT [fwazɔnmɑ̃] n. m. – 1554 ◊ de *foisonner* ■ Action de foisonner. ■ **1** Abondance, pullulement. *Un foisonnement de plantes.* ■ **2** Augmentation de volume. *Foisonnement de la chaux.* ■ **3** FIG. «*Il arrive que mes brouillons soient très surchargés, mais cela vient du foisonnement des pensées*» GIDE.

FOISONNER [fwazɔne] v. intr. ⟨1⟩ – XIIe ◊ de *foison* ■ **1** Être en grande abondance, à foison. ➤ **abonder.** *Le gibier foisonne dans ce bois.* ➤ **pulluler.** «*Et comme les honneurs foisonnent quand l'honneur manque !*» FLAUBERT. ■ **2** (XVIe) **FOISONNER EN, DE :** être pourvu abondamment de. ➤ **abonder, regorger.** *Sous-sol qui foisonne en, de richesses minières.* «*Comme le champ semé en verdure foisonne*» DU BELLAY. ■ **3** Se multiplier rapidement (certains animaux). *Lapins qui foisonnent.* ■ **4** (1864 ; cuis. 1771) DIDACT. Augmenter de volume. ➤ **gonfler.** *La chaux mouillée foisonne.* ■ CONTR. Manquer. Diminuer, réduire (se).

FOL ➤ **FOU**

FOLÂTRE [fɔlɑtʀ] adj. – *folastre* 1394 ◊ de *fol* → fou ■ VIEILLI Qui aime à plaisanter, à jouer. ➤ 1 **badin, espiègle, guilleret.** *Enfant folâtre.* ♦ PAR EXT. MOD. *Gaieté, humeur folâtre.* ➤ **léger, plaisant.** ■ CONTR. Grave, sérieux, triste.

FOLÂTRER [fɔlɑtʀe] v. intr. ⟨1⟩ – XVe ◊ de *folâtre* ■ Jouer, s'agiter de façon folâtre. ➤ **badiner, batifoler.** «*voir de petits bambins folâtrer et jouer ensemble*» ROUSSEAU. *Folâtrer avec les femmes.* ➤ **papillonner.** *Des poissons* «*faisaient des sauts, des cabrioles et folâtraient avec la vague*» GAUTIER.

FOLÂTRERIE [fɔlɑtʀəʀi] n. f. – XVIe ◊ de *folâtrer,* a remplacé *folastrie, folâtrie* ■ VIEILLI OU LITTÉR. Humeur folâtre ; manifestation d'une gaieté folâtre. «*Cette folâtrerie et ces éclats de rire* [...] *apparaissent comme une véritable folie*» BAUDELAIRE.

FOLDINGUE [fɔldɛ̃g] n. et adj. – 1983 ◊ de *fol, folle* et *dingue* ■ FAM. Fou*. ➤ **cinglé.** *Une vieille foldingue.* — adj. ➤ **folingue.** — On trouve *folledingue* au fém.

FOLIACÉ, ÉE [fɔljase] adj. – 1751 ◊ latin *foliaceus* → feuille ■ DIDACT. Qui a l'aspect d'une feuille ; en forme de feuille. *Pétiole foliacé. Lichen foliacé. Roche à structure foliacée.*

FOLIAIRE [fɔljɛʀ] adj. – 1778 ◊ du latin *folium* «feuille» ■ BOT. Qui appartient à la feuille. *Glande foliaire.*

FOLIATION [fɔljasjɔ̃] n. f. – 1757 ◊ du latin *folium* «feuille» ■ **1** BOT. Disposition des feuilles sur la tige. — Développement des feuilles. ➤ **feuillaison.** ■ **2** GÉOL. Structure en feuillets observée dans certaines roches.

FOLICHON, ONNE [fɔliʃɔ̃, ɔn] adj. – 1637 ◊ de *fol* ■ FAM. VIEILLI Qui est léger, gai. ➤ 1 **badin, folâtre.** *Une humeur folichonne.* — (Plus cour. en emploi négatif) *Cela n'a rien de folichon, n'est pas très folichon.* ➤ **amusant, réjouissant.** *Ma vie* «*n'est pas précisément folichonne*» FLAUBERT.

FOLIE [fɔli] n. f. – 1080 ◊ de *fol* → fou

I LA FOLIE A. SENS FORT (REM. En psychiatrie moderne, on parle de *maladie mentale* ou de *troubles mentaux.*) COUR. Altération plus ou moins grave de la santé psychique, entraînant des troubles du comportement. ➤ **aliénation, délire, démence, déséquilibre** (mental), **névrose, psychose ;** FAM. **déglingue, dinguerie ; fou.** «*L'attitude à l'égard de la folie est fondamentalement une attitude de peur*» É. ZARIFIAN. *Accès, crise, coup de folie. Folie furieuse* (➤ **amok**), *douce,* avec, sans violence. *Les divagations, les hallucinations de la folie. Simuler la folie. La folie, signe de possession démoniaque au Moyen Âge.* «*Folie et déraison, Histoire de la folie à l'âge classique*», *ouvrage de M. Foucault.* «*Aucun des sophismes de la folie, – la folie qu'on enferme, – n'a été oublié par moi*» RIMBAUD. — HIST. PSYCHIATR. *Folie discordante.* ➤ **schizophrénie.** *Folie intermittente, périodique, circulaire,* formes de psychose maniaque* dépressive. *Folie raisonnante*. Folie de la persécution.* ➤ **paranoïa.** *Folie du doute. Folie des grandeurs.* ➤ **mégalomanie.** LOC. FAM. *Avoir la folie des grandeurs :* avoir le goût des choses luxueuses qu'on ne peut pas s'offrir.

B. SENS ATTÉNUÉ ■ **1** Caractère de ce qui échappe au contrôle de la raison. ➤ **irrationnel.** «*J'ai toujours préféré la folie des passions à la sagesse de l'indifférence*» FRANCE. *Comment expliquer la folie de ce geste ?* — ABSOLT L'irrationnel. «*L'Éloge de la folie*», d'Érasme. ■ **2** Manque de jugement, de bon sens ; absence de raison. ➤ **déraison, extravagance, insanité.** LITTÉR. *C'est folie de vouloir... :* il est fou, absurde de... — *Avoir la folie de* (et inf.). *J'ai eu la folie de lui faire confiance.* ➤ **aveuglement, inconscience.** *C'est de la folie, de la pure folie.* ➤ **aberration, absurdité, bêtise, délire** (FIG.). *C'est de la folie douce,* sans conséquence grave. FAM. *C'est la folie !* c'est incroyable, inimaginable. *Grain de folie,* élément déraisonnable, pointe de fantaisie ▪ **3** loc. adv. **À LA FOLIE.** ➤ **follement, passionnément.** «*Quand elles sont aimées à la folie, elles veulent être aimées raisonnablement*» BALZAC. — loc. adj. FAM. **DE FOLIE :** extraordinaire, démesuré. *Il s'est acheté une voiture de folie. Des soldes de folie.* ➤ **monstre.**

II UNE FOLIE ▪ **1** Idée, parole, action déraisonnable, extravagante. ➤ **absurdité, bizarrerie, extravagance.** *C'est encore une de ses folies.* ➤ **lubie.** ♦ *Faire une folie, des folies.* ➤ **extravagance, sottise.** *Je ferais des folies pour cela. Folies de jeunesse.* ➤ **coup** (de tête), **escapade, frasque, fredaine.** — VIEILLI ou PLAIS. *Faire des folies de son corps :* avoir une vie sexuelle intense. ♦ SPÉCIALT Dépense excessive. «*j'avais fini par acheter le livre. Une folie : le prix en était ruineux pour mes modestes finances*» J. SEMPRUN. ♦ VIEILLI Action ou parole gaie, insouciante. *Dire des folies.* ▪ **2** Passion violente, déraisonnable, et PAR EXT. la passion, l'amour (opposé à *raison*). «*Il n'est pas de véritable amour qui ne soit une folie : "une folie manifeste et de toutes les folies la plus folle," s'écrie Bossuet*» MAURIAC. ▪ **3** MUS. ANC. *Les folies d'Espagne,* danse. «*Les Folies françaises*», *de Couperin.* ▪ **4** (XVIIe et XVIIIe) VX Maison de plaisance. «*Des parcs du XVIIe et du XVIIIe siècle, qui furent les "folies" des intendants et des favorites*» PROUST.

▪ CONTR. Équilibre, santé. Jugement, raison, sagesse. Tristesse.

FOLIÉ, IÉE [fɔlje] adj. – 1713 ◊ latin *foliatus* «feuillu» ▪ Garni de feuilles. ➤ **feuillé.** ♦ DIDACT. Qui a la forme, l'épaisseur d'une feuille.

FOLINGUE [fɔlɛ̃g] adj. – 1935 ◊ de *fol, folle* ▪ FAM. Un peu fou*.

FOLIO [fɔljo] n. m. – 1571 ◊ ablatif du latin *folium* «feuille» ▪ **1** Feuillet (SPÉCIALT des manuscrits de certaines éditions anciennes, numérotés par feuillets et non par pages). *Le folio 18 recto, verso.* ▪ **2** TYPOGR. Chiffre qui numérote chaque page d'un livre. *Changer les folios.* — ABRÉV. graphique **f°.**

FOLIOLE [fɔljɔl] n. f. – 1749 ◊ bas latin *foliolum* ▪ BOT. Chacune des petites feuilles qui forment une feuille composée. *Les trois folioles d'une feuille de trèfle.* — PAR EXT. Chaque pièce du calice, de l'involucre. ➤ **bractée, sépale.**

FOLIOTER [fɔljɔte] v. tr. ‹1› – 1832 ◊ de *folio* ▪ Numéroter (un feuillet, un livre) feuillet par feuillet. — TYPOGR. Numéroter (une page, un livre) page par page. ➤ **paginer.** — n. m. **FOLIOTAGE,** 1845.

FOLIOTEUR [fɔljɔtœʀ] n. m. et **FOLIOTEUSE** [fɔljɔtøz] n. f. – *folioteuse* 1872 ◊ de *folioter* ▪ TYPOGR. Machine à imprimer les folios (2°).

FOLIQUE [fɔlik] adj. – v. 1900 ◊ du latin *folium* «feuille» ▪ BIOCHIM., PHARM. *Acide folique :* vitamine du groupe B présente dans les feuilles vertes et le foie, utilisée dans le traitement de certaines anémies.

FOLK [fɔlk] n. f. ou m. et adj. – v. 1960 ◊ anglais *folk-song* «chanson populaire traditionnelle» ▪ ANGLIC. Musique traditionnelle populaire modernisée. *Chanteur de folk.* ➤ **country.** — adj. *Des groupes folks* ou *folk* (inv.). — n. et adj. **FOLKEUX, EUSE,** 1980.

FOLKLORE [fɔlklɔʀ] n. m. – 1877 ◊ anglais *folk-lore* (1846) «science *(lore)* du peuple *(folk)*» ▪ Science des traditions, des usages et de l'art populaires d'un pays, d'une région, d'un groupe humain (➤ aussi **ethnomusicologie**). ♦ PAR EXT. Ensemble de ces traditions. *Chants, légendes populaires du folklore national, provincial.* ♦ Aspect pittoresque mais sans importance ou sans signification profonde. *Le folklore des prix littéraires.* — LOC. FAM. *C'est du folklore :* ce n'est pas sérieux, pas crédible.

FOLKLORIQUE [fɔlklɔʀik] adj. – 1884 ◊ de *folklore* ▪ Relatif au folklore. *Danses folkloriques. Costume folklorique.* ➤ **traditionnel.** *Groupe folklorique.* ♦ (1969) FAM. Pittoresque, mais dépourvu de sérieux. *La dernière réunion était plutôt folklorique.* — ABRÉV. FAM. **FOLKLO** [fɔlklo]. *Des types folklos. C'est très folklo.*

FOLKLORISER [fɔlklɔʀize] v. tr. ‹1› – 1964 ◊ de *folklore* ▪ Traiter comme un folklore. *Folkloriser une culture, une fête.* — n. f. **FOLKLORISATION,** 1960.

FOLKLORISTE [fɔlklɔʀist] n. – 1882 ◊ de *folklore* ▪ DIDACT. Spécialiste du folklore.

1 **FOLLE** [fɔl] n. f. – 1553 ◊ latin *follis* «enveloppe» ▪ RÉGION. (Normandie) Filet fixe à grandes mailles pour la pêche en mer.

2 **FOLLE** ➤ **FOU**

FOLLEDINGUE ➤ **FOLDINGUE**

FOLLEMENT [fɔlmɑ̃] adv. – XIIe ◊ de *fol* → fou ▪ D'une manière folle, déraisonnable, excessive. *Il est follement amoureux.* ➤ **éperdument.** «*il continua de taper sourdement, follement*» ZOLA. — PAR EXT. Au plus haut point. *C'est follement cher. Un spectacle follement drôle.* ➤ **extrêmement, très.**

FOLLET, ETTE [fɔlɛ, ɛt] adj. et n. m. – XIIe ◊ diminutif de *fol* → fou ▪ **1** VX ou DIAL. Un peu fou ; déraisonnable, étourdi. — SUBST. *Une petite follette.* ♦ *Esprit follet,* et SUBST. *Follet :* lutin. ➤ **farfadet.** «*Le follet fantastique erre sur les roseaux*» HUGO. ▪ **2** FIG. Qui a qqch. de capricieux, d'irrégulier. ➤ **fou.** *Poil follet :* première barbe légère, ou duvet des petits oiseaux. «*les petits cheveux follets en rébellion contre la morsure du peigne*» GAUTIER. ▪ **3** (1611) **FEU FOLLET :** petite flamme due à une exhalaison de gaz (hydrogène phosphoré) spontanément inflammable. ➤ **flammerole,** RÉGION. **furole.** «*Devant le feu follet, l'un dit âme des morts, et l'autre dit hydrogène sulfuré*» ALAIN. — FIG. *C'est un vrai feu follet,* se dit d'une personne très vive, rapide, insaisissable.

1 **FOLLICULAIRE** [fɔlikylɛʀ] n. m. et adj. – 1759 ◊ du latin *folliculum,* pris à tort pour un dérivé de *folium* «feuille» → follicule ▪ PÉJ. et LITTÉR. Mauvais journaliste, pamphlétaire sans talent, sans scrupule. *On était venu «pour être un grand écrivain, on se trouve un impuissant folliculaire»* BALZAC.

2 **FOLLICULAIRE** [fɔlikylɛʀ] adj. – 1814 ◊ de *follicule* ▪ BIOL. Relatif à un follicule. *Phase folliculaire :* première moitié du cycle ovarien durant laquelle un follicule parvient à maturité.

FOLLICULE [fɔlikyl] n. m. – 1523 ◊ latin *folliculus* «petit sac», de *follis* → 1 folle ▪ **1** BOT. Fruit sec, déhiscent, formé par un carpelle imparfaitement soudé. ▪ **2** (1560) ANAT. Petite formation arrondie au sein d'un tissu, d'un organe, délimitant une cavité ou une structure particulière. *Follicule dentaire. Follicule pilosébacé. Follicule ovarien* ou *de De Graaf* (➤ **folliculine**). ▪ **3** PATHOL. Amas de cellules inflammatoires. *Follicule tuberculeux.*

FOLLICULINE [fɔlikylin] n. f. – 1932 ; «infusoire» 1827 ◊ de *follicule* ▪ BIOCHIM. Un des œstrogènes élaborés par le follicule ovarien. ➤ **œstrone.**

FOLLICULITE [fɔlikylit] n. f. – 1836 ◊ de *follicule* et *-ite* ▪ MÉD. Toute inflammation du follicule pilosébacé (de la peau). ➤ **furoncle.** *Folliculite de la barbe.* ➤ **sycosis.**

FOMENTATEUR, TRICE [fɔmɑ̃tatœʀ, tʀis] n. – 1613 ◊ de *fomenter* ▪ Personne qui fomente (des troubles, une révolte). ➤ **fauteur, fomenteur.** *Fomentateur de troubles.* ➤ **agitateur, provocateur.**

FOMENTATION [fɔmɑ̃tasjɔ̃] n. f. – XIIIe ◊ latin *fomentatio* → fomenter ▪ **1** MÉD. ANC. Action d'appliquer un topique chaud. ▪ **2** LITTÉR. FIG. Action de préparer ou d'entretenir en sous-main quelque trouble. ➤ **excitation.** «*la fomentation des haines les plus injustifiées*» PROUST.

FOMENTER [fɔmɑ̃te] v. tr. ‹1› – v. 1220 *foumenter* «appliquer un topique» (→ fomentation) ◊ latin des médecins *fomentare,* de *fomentum* «cataplasme» ; de *fovere* «chauffer» ▪ LITTÉR. Susciter ou entretenir (un sentiment ou une action néfaste). *Fomenter la discorde.* ➤ **envenimer, exciter.** *Fomenter des troubles, une sédition, la révolte.* — «*Je rencontrai une violente opposition fomentée par le maire ignorant, à qui j'avais pris sa place*» BALZAC. ▪ CONTR. Apaiser, calmer.

FOMENTEUR, EUSE [fɔmɑ̃tœʀ, øz] n. – 1864 ◊ de *fomenter* ▪ Fomentateur. *Fomenteur de troubles, de complot, de guerre.*

FONÇAGE [fɔ̃saʒ] n. m. – 1840 ◊ de *foncer* (I) ▪ TECHN. ▪ **1** Action de foncer, de munir d'un fond. *Le fonçage d'un tonneau.* ▪ **2** Action de creuser. *Le fonçage d'un puits.* ➤ **forage.** On dit aussi **FONCEMENT.** ▪ **3** Dans la fabrication des papiers peints, Opération par laquelle on enduit le papier d'une couche uniforme de couleur qui sert de fond.

FONCÉ, ÉE [fɔ̃se] adj. – 1690 ◊ de *foncer* (II) ▪ Qui est d'une nuance sombre. *Une couleur foncée, très foncée.* ➤ **profond, sombre.** *Des cheveux châtain foncé. Peau foncée, teint foncé.* ➤ **basané, bistre, brun.** «*Un vert et un bleu très foncés envahissent l'image*» RIMBAUD. ▪ CONTR. Clair, pâle.

FONCER [fɔ̃se] v. ‹3› – 1389 au p. p. «muni d'un fond» ◇ de *fond*

I v. tr. ■ 1 TECHN. Garnir d'un fond. *Foncer un tonneau.* ♦ (1802) CUIS. Garnir le fond de (un ustensile) avec de la pâte, des bardes de lard. *Foncer un moule à tarte, une cocotte, une terrine.* ■ 2 (1839) TECHN. Creuser (un puits de mine, etc.).

II (1798) ■ 1 v. tr. Charger en couleur de manière à rendre plus sombre (une teinte sombre paraissant comme enfoncée). *Foncer une teinte.* ■ 2 v. intr. Devenir foncé. *Ses cheveux ont foncé.*

III v. intr. (1680 ◇ d'après *fondre*) Faire une charge à fond, se jeter impétueusement sur. ➤ **attaquer*, charger, fondre** (sur). «*ces mouvements qu'on voit dans le cou du taureau quand cette bête voudrait foncer et n'ose plus*» BARRÈS. *Foncer sur l'ennemi.* FAM. *Foncer dans le tas.* ♦ Aller très vite, droit devant soi. ➤ **filer ;** FAM. **bomber, bourrer, 1 droper.** *Foncer tête baissée, à toute allure. Il a foncé comme un fou sur l'autoroute.* — FIG. Aller de l'avant (➤ **fonceur**). «*Il n'écoute que ses passions, ses désirs. Il fonce*» DUHAMEL. LOC. FAM. *Foncer dans le brouillard,* sans s'occuper des obstacles ou des difficultés.

■ CONTR. Éclaircir.

FONCEUR, EUSE [fɔ̃sœʀ, øz] adj. et n. – 1966 ◇ de *foncer* (III) ■ FAM. Dynamique et audacieux. *Elle est fonceuse, elle ira loin.* — n. *C'est un fonceur et un battant*.*

FONCIER, IÈRE [fɔ̃sje, jɛʀ] adj. – 1370 ◇ de *fons,* ancienne forme de *fonds* ■ 1 Qui constitue un bien-fonds. *La propriété foncière,* ou n. m. *le foncier.* ♦ Qui possède un fonds, des terres. *Propriétaire foncier.* ♦ Relatif à un bien-fonds. *Crédit foncier. Impôt foncier. Taxe foncière.* ■ 2 FIG. Qui est au fond de la nature, du caractère de qqn. ➤ **inné.** *Qualités, aptitudes foncières. Il est d'une honnêteté foncière.* ■ CONTR. Mobilier, viager. 2 Acquis, artificiel, superficiel.

FONCIÈREMENT [fɔ̃sjɛʀmɑ̃] adv. – avant 1475 ◇ de *foncier* ■ Dans le fond, au fond. ➤ **fondamentalement, profondément.** *Foncièrement bon, égoïste. Il est foncièrement honnête.*

FONCTION [fɔ̃ksjɔ̃] n. f. – 1566 ◇ du latin *functio* «accomplissement» et «office», famille de *fungi* «s'acquitter de, accomplir» → fongible

I ACTION, RÔLE CARACTÉRISTIQUE (D'UN ÉLÉMENT, D'UN ORGANE) DANS UN ENSEMBLE A. (PERSONNES) ■ 1 Exercice d'un emploi, d'une charge ; PAR EXT. Ce que doit accomplir une personne pour jouer son rôle dans la société, dans un groupe social. ➤ **activité, 2 devoir, ministère, mission, occupation, office, rôle, service, tâche, 1 travail.** *S'acquitter de ses fonctions.* ♦ DR. CONSTIT. Activité de l'État dans un domaine précis. *Fonction législative, exécutive ou administrative ; fonction juridictionnelle.* ■ 2 (1585) Profession considérée comme contribuant à la vie de la société. ➤ **charge, emploi, métier, place, 2 poste, profession, situation.** *Attributs, insignes d'une fonction ; rang, honneurs attachés à une fonction.* ➤ **dignité, titre.** *Remplir une fonction en titre* (➤ **titulaire**), *en remplacement* (➤ **suppléant**), *par intérim. Cumul de fonctions. Fonction de directeur, de magistrat.* ♦ *Les fonctions de qqn,* l'ensemble des obligations de sa profession. *Dans l'exercice de ses fonctions. Se démettre de ses fonctions* (démission). *Relever qqn de ses fonctions.* ♦ **EN FONCTION.** *Être, rester en fonction.* ♦ **DE FONCTION.** *Logement, véhicule de fonction,* mis à la disposition d'une personne dans le cadre de son emploi. ♦ **FAIRE FONCTION DE :** jouer le rôle de. *Il fait fonction de directeur.* ♦ SPÉCIALT *Fonction publique, administrative,* poste impliquant la gestion des affaires publiques ; ensemble de ces postes ; situation juridique de l'agent d'un service public. *Être dans la fonction publique.* ➤ **fonctionnaire.**

B. (CHOSES) ■ 1 (1680) Rôle caractéristique que joue une chose dans l'ensemble dont elle fait partie (souvent opposé à *structure*). ➤ **1 action, rôle ; utilité.** *Remplir une fonction :* agir, fonctionner (➤ **fonctionnel**). *Les différentes fonctions d'un appareil* (➤ **multifonction, multifonctionnel**). *Faire fonction de :* tenir lieu de, servir de. *Ce canapé fait fonction de lit.* ➤ **office.** ■ 2 (1680) Ensemble des propriétés structurelles, rendant possible une activité, chez l'être vivant. *Fonctions biologiques. Fonctions de nutrition, de relation, de reproduction.* «*La vie est l'ensemble des fonctions qui résistent à la mort*» BICHAT. *Les «fonctions les plus banales de la vie de tous les jours – dormir, manger, lire, bavarder, se laver –»* PEREC. *Fonctions du foie, du cœur.* «*l'attention que l'on croit une fonction de l'intelligence est presque toujours une fonction des yeux*» ALAIN. LOC. PROV. *La fonction crée l'organe :* toute fonction que doit accomplir un être vivant pour subsister détermine l'apparition chez cet être des moyens de l'accomplir (transformisme de Lamarck). ■ 3 LING. Ensemble des propriétés d'une unité par rapport aux autres dans un énoncé. *Nature et fonction. Fonction, catégorie et sens d'une unité lexicale. Fonctions de l'adjectif* (épithète, attribut). *Fonction sujet* (du nom, du pronom). — SÉMIOL. *Fonctions du langage. Fonction de symbole, de signal ; d'expression, de communication.* ■ 4 CHIM. Ensemble déterminé d'atomes conférant à une molécule des propriétés caractéristiques (suivi d'un nom en appos.). *Fonction acide, alcool...* ■ 5 (1845) Action propre (d'un organe, d'un instrument, d'une machine). *La fonction de l'arcboutant. Les fonctions d'un logiciel.* ➤ **fonctionnalité ; multifonctionnel.**

II RELATION DE DÉPENDANCE ■ 1 (1694) MATH. Relation qui existe entre deux quantités, telle que toute variation de la première entraîne une variation correspondante de la seconde (ou en termes d'ensembles, étant donné deux ensembles X et Y, «toute opération qui associe à tout élément *x* de X un élément *y* de Y que l'on note *f(x)*» [Choquet]). ➤ **application.** *Dans l'expression* y = f(x), y *égale* f *de* x, f *est la fonction,* x *est la variable (ou variable indépendante) et* y *l'image de* x *(ou variable dépendante). Fonction trigonométrique, exponentielle. Fonction continue, dérivable, intégrable. Fonction bornée, monotone.* ■ 2 PHYS. Relation entre plusieurs grandeurs interdépendantes. *La masse d'un objet relativiste est fonction de sa vitesse. Fonction d'état :* fonction thermodynamique des variables macroscopiques caractérisant l'état d'équilibre d'un système. ➤ **enthalpie, entropie.** *Fonction d'onde d'un quanton,* amplitude de sa localisation spatiale. ■ 3 COUR. (dans des expr.) Ce qui dépend de qqch. ➤ **conséquence, effet.** *Être fonction de :* dépendre de. *Le prix est fonction de la demande. — Considérer qqch. en fonction de.* ➤ **rapport** (par rapport à), **relativement** (à) ; RÉGION. **dépendamment** (de). *Agir en fonction de ses intérêts.* ➤ **selon, 2 suivant.**

FONCTIONNAIRE [fɔ̃ksjɔnɛʀ] n. – 1770 ◇ de *fonction* ■ Personne qui remplit une fonction publique ; personne qui occupe, en qualité de titulaire, un emploi permanent dans les cadres d'une administration publique (SPÉCIALT l'État). ➤ **administrateur, 2 agent, employé ;** FAM. et PÉJ. **bureaucrate, rond-de-cuir ;** PLAIS. **budgétivore.** *Fonctionnaires de la poste, des douanes. Fonctionnaire de police. Haut fonctionnaire.* ➤ **technocrate.** *Statut de fonctionnaire* (➤ **fonctionnariat**). «*un État supérieurement bureaucratique où des milliers de fonctionnaires contrôlaient le pauvre monde*» DANIEL-ROPS. «*Où finit l'employé commence le fonctionnaire, où finit le fonctionnaire commence l'homme d'État*» BALZAC. *Énarque* fonctionnaire. Fonctionnaire civil* (opposé à *militaire*). *Fonctionnaire international de l'ONU, des institutions européennes* (➤ **eurocrate**). *Fonctionnaire en poste à l'étranger. Nommer, révoquer, casser un fonctionnaire. Position d'un fonctionnaire :* activité, détachement, disponibilité, retraite. *Grève de fonctionnaires. — Crimes et délits de fonctionnaires :* forfaiture ; concussion, détournement, exaction, malversation, prévarication, soustraction. *Corruption de fonctionnaire.* — IRON. «*tu aimes cette vie-là, calme, réglée, une vraie vie de fonctionnaire*» SARTRE.

FONCTIONNALISME [fɔ̃ksjɔnalism] n. m. – 1866 ◇ de *fonctionnel* ■ DIDACT. ■ 1 ARCHIT. Théorie d'après laquelle la beauté de l'œuvre d'art dépend de son adaptation à sa fonction. ■ 2 SC. HUMAINES Théorie qui accorde à la fonction des éléments d'un système et au fonctionnement du système la primauté sur le classement des éléments (taxinomie) et sur les modifications du système. *Fonctionnalisme béhavioriste, en psychologie. Fonctionnalisme et structuralisme.* — n. et adj. **FONCTIONNALISTE.**

FONCTIONNALITÉ [fɔ̃ksjɔnalite] n. f. – avant 1966 ◇ du radical de *fonctionnel* ■ Caractère de ce qui est fonctionnel, pratique. ♦ Possibilité, fonction potentielle (d'un système électronique, informatique). *Les fonctionnalités d'une calculette, d'un logiciel.*

FONCTIONNARIAT [fɔ̃ksjɔnaʀja] n. m. – 1865 ◇ de *fonctionnaire* ■ État, profession de fonctionnaire. «*Pour être libre je pris un poste dans le fonctionnariat au bureau des téléphones*» M. DE CHAZAL.

FONCTIONNARISER [fɔ̃ksjɔnaʀize] v. tr. ‹1› – 1931 ; v. pron. «devenir fonctionnaire» 1863 ◇ de *fonctionnaire* ■ 1 Assimiler aux fonctionnaires. p. p. adj. *Personnel fonctionnarisé d'une entreprise publique.* ■ 2 Pénétrer de fonctionnarisme. *Fonctionnariser une entreprise.* — n. f. (1911) **FONCTIONNARISATION.**

FONCTIONNARISME [fɔ̃ksjɔnaʀism] n. m. – v. 1850 ◇ de *fonctionnaire* ■ PÉJ. Prépondérance des fonctionnaires dans un État où, par leur nombre, leurs méthodes, ils entravent ou paralysent les activités individuelles et privées.

FONCTIONNEL, ELLE [fɔ̃ksjɔnɛl] **adj.** – v. 1830 ◊ de *fonction* ▪ **1** SC. Relatif à une fonction. MÉD., PSYCHOL. *Trouble fonctionnel* (ou *inorganique*), qui dénote un mauvais fonctionnement sans cause organique décelable. — CHIM. *Caractère fonctionnel d'un groupement, d'un radical.* ◆ LING. Qui est pertinent pour la communication. *Opposition fonctionnelle entre consonnes sourdes et sonores.* ◆ Qui étudie les fonctions, tient compte des fonctions. *Psychologie, linguistique fonctionnelle.* ▪ **2** MATH. Relatif aux fonctions (II, 1°). *Espace fonctionnel :* espace vectoriel dont les éléments sont des fonctions. *Relation fonctionnelle.* ➤ **fonction.** *Analyse fonctionnelle.* ▪ **3** COUR. (CHOSES) Qui remplit une fonction pratique avant d'avoir tout autre caractère. ➤ 1 **commode,** 2 **pratique.** *Meubles fonctionnels. Choisir des vêtements fonctionnels pour les enfants. Pas joli mais fonctionnel.*

FONCTIONNELLEMENT [fɔ̃ksjɔnɛlmɑ̃] **adv.** – avant 1755 ◊ de *fonctionnel* ▪ **1** VX Relativement à une fonction. ▪ **2** BIOL. Du point de vue de la fonction. ▪ **3** D'une manière fonctionnelle, pratique. *Cuisine aménagée fonctionnellement.*

FONCTIONNEMENT [fɔ̃ksjɔnmɑ̃] **n. m.** – 1838 ◊ de *fonctionner* ▪ Action, manière de fonctionner. ➤ 1 **action, jeu,** 2 **marche,** 1 **travail.** *Fonctionnement d'un organe. Vérifier le bon fonctionnement d'un mécanisme. En (plein) fonctionnement. Entraver, gêner le fonctionnement de. — Le fonctionnement d'une affaire, des institutions.* ➤ **activité,** 2 **marche.**

FONCTIONNER [fɔ̃ksjɔne] **v. intr.** ‹1› – 1787 ; *functionner* «remplir une charge» 1637 ◊ de *fonction* ▪ **1** Accomplir une fonction (organe, mécanisme, etc.). ➤ 1 **aller, marcher.** *Machine, appareil qui fonctionne bien. Mon briquet ne fonctionne plus. Faire fonctionner.* ➤ **actionner, manœuvrer.** *Ce moteur fonctionne à l'essence.* ▪ **2** Jouer, remplir son rôle. *L'imagination «paralysée ne saurait plus fonctionner sans le secours du haschisch ou de l'opium»* BAUDELAIRE. ➤ **travailler.** — *Organisation, système qui fonctionne mal.* ▪ **3** FAM. (PERSONNES) Se comporter, agir. *Je ne comprends pas comment elle fonctionne. — Il fonctionne au café.* ➤ **carburer, marcher.**

FOND [fɔ̃] **n. m.** – fin XIe ◊ du latin *fundus* «fond (d'un récipient)», «partie essentielle» et «bien foncier». REM. En français, une distinction orthographique a été faite pour qu'à ces deux sens différents, celui de «fond» et de «bien foncier», correspondent deux graphies. On a donc ajouté un *-s* à *fond* au XVIIe (Vaugelas) pour désigner un capital qui rapporte un profit

I CONCRET **A.** PARTIE LA PLUS BASSE DE QQCH. DE CREUX, DE PROFOND ▪ **1** Paroi ou partie inférieure (d'un contenant). *Le fond du verre est sale. Fond d'une bouteille, d'une casserole.* ➤ **cul.** *Le fond d'un puits, d'un tonneau. Garnir d'un fond* (➤ **foncer**). *Fond d'un navire :* partie inférieure de la coque. *Barque à fond plat. À fond de cale*. Valise à double fond,* qui possède un second fond dissimulé sous le premier, ménageant un espace secret. *Fouiller au fond de sa poche, de son sac. Au fond, dans le fond d'un récipient. «Le ciel a mis l'oubli pour tous au fond d'un verre»* MUSSET. ▪ **2** Substance contenue près du fond (paroi) ou au fond (espace) d'un récipient. *Laissez le fond du verre, il y a du dépôt. Finir les fonds de bouteille.* — PAR EXT. *Un fond* (de verre, etc.) : une petite quantité. *Il en reste un fond.* ▪ **3** Sol où reposent des eaux. ➤ **bas-fond, haut-fond.** *Le fond de l'eau, de la mer, d'un fleuve. «Dans une mer sans fond, par une nuit sans lune»* HUGO. *Le bateau a touché le fond.* ➤ **échouer.** *Envoyer un navire par le fond, précipiter au fond.* ➤ **couler.** FIG. *Envoyer par le fond,* évincer. ➤ **torpiller.** PÊCHE *Ligne de fond.* ➤ **cordeau.** ◆ Couche inférieure des eaux, eaux profondes. *Les grands fonds sous-marins.* ➤ **abysse.** *Lame* de fond.* ▪ **4** Hauteur d'eau. ➤ **profondeur.** *Il n'y a pas assez de fond pour plonger.* ▪ **5** Le point le plus bas, le point extrême. *Toucher le fond du désespoir.* ABSOLT *Toucher le fond :* atteindre le point le plus bas (physiquement, moralement, dans ses affaires). *«J'ai touché le fond. Tout ne peut aller qu'en s'arrangeant»* Y. QUEFFÉLEC. ▪ **6** Partie basse (d'une dépression naturelle). ➤ **bas-fond.** *Le fond de la vallée.* ▪ **7** (1872) Intérieur de la mine (opposé à *surface* ou *jour*). *Mineur de fond. Travailler au fond.*

B. PARTIE LA MOINS IMMÉDIATE, QUI N'EST PAS APPARENTE ▪ **1** (fin XIIe) Partie la plus reculée, opposée à l'entrée. *Le fond d'une grotte. La chambre du fond. Au fond du couloir, à gauche.* ➤ **bout.** *«J'aime le son du cor, le soir au fond des bois»* VIGNY. *Le fond d'un court de tennis. Venir du fin* fond de sa province. «au fond d'une nuit elle-même au fond d'une banlieue défoncée elle-même presque au fond de l'Europe, presque aux limites d'un autre continent»* C. SIMON. ▪ **2** (1606) La partie opposée à l'orifice, à l'ouverture. *Le fond d'une armoire. Racler les fonds de tiroir.* ▪ **3** (début XIVe) Partie d'un vêtement éloignée des bords. *Le fond d'une casquette, d'un chapeau. Le fond d'une culotte, les fonds de culotte*.* ◆ Pièce rapportée à cet endroit. *Mettre un fond à un pantalon.* ▪ **4** (milieu XIIIe) (De certains organes) *Examiner le fond de la gorge. Mots, cris qui restent au fond de la gorge, de la poitrine. Examen du fond de l'œil* (➤ **ophtalmoscopie**). PAR MÉTON. *Un fond d'œil,* cet examen. ▪ **5** (fin XIIIe) Partie qui est dessous et qui supporte, renforce. *Fond de lit :* châssis. *Fond d'un violon :* table de dessous. ◆ *Fond d'artichaut*.* ▪ **6** TECHN. Ce qui supporte un édifice. *Le mur monte de fond,* repose directement sur les fondations (opposé à *mur en encorbellement* ou *en porte-à-faux*). *Colonne montant de fond, du fond. — De fond en comble*. Faire fond sur qqch.* (cf. ci-dessous, II, B, 6°).

C. PARTIE QU'ON VOIT DERRIÈRE, QUI SERT DE SUPPORT ▪ **1** (1543) Partie de la scène la plus éloignée des spectateurs, et devant laquelle jouent les acteurs. *Toile* de fond.* ▪ **2** (1677) La partie (d'un tissu d'art) sur laquelle le décor est broché, brodé ; la superficie unie (d'un tissu) sur laquelle les motifs sont imprimés. *Armure de fond,* utilisée pour le fond. *Fond d'une tapisserie.* ➤ **canevas.** *Fond d'une dentelle.* ➤ **réseau.** *Jupe à pois blancs sur fond bleu.* ▪ **3** (1547) Plan uniforme, arrière-plan, sur lequel se détachent les figures et objets représentés. ➤ 1 **champ.** *Vases grecs anciens à figures noires sur fond rouge.* ◆ *Fond d'écran*.* ◆ PAR EXT. Arrière-plan d'un paysage, arrière-plan naturel. *Se détacher, se découper sur un fond sombre. «Le vert est le fond de la nature»* BAUDELAIRE. — FIG. *«Sur un fond d'hostilité, tous les détails prennent du relief»* RENARD. *Des élections sur fond de scandale.* ▪ **4** (1885) Base sensible mettant en valeur des sensations d'un autre ordre. *Fond sonore :* bruits, sons, musique accompagnant un spectacle. *Bruit* de fond, musique* de fond.* ▪ **5** (1910) **FOND DE TEINT :** crème colorée destinée à donner au visage un teint uniforme. ▪ **6** *Fond de robe :* combinaison qui couvre parfaitement les sous-vêtements, destinée à être portée sous une robe transparente. ▪ **7** (1800) FAM. *Le fond de l'air :* ce qui semble être la température réelle, de base, indépendamment des accidents momentanés (vent, ensoleillement). *Le fond de l'air est frais.* ▪ **8** CUIS. *Fond de sauce :* base d'une sauce, bouillon aromatisé. *Fond de veau. — Fond de tarte :* pâte amincie. ➤ **abaisse.**

II ABSTRAIT **A.** CE QUI, AU-DELÀ DES APPARENCES, SE RÉVÈLE L'ÉLÉMENT INTIME, VÉRITABLE ▪ **1** (début XIIIe) (Pensées, sentiments humains) *Découvrir le fond de son cœur. Je vous remercie du fond du cœur,* très sincèrement. *«si vous voulez le fond de ma pensée, préparez-vous à une chute vertigineuse»* CALAFERTE. ◆ PSYCHOL. *Fond mental :* structure psychique de base sur laquelle s'organise un processus pathologique. *Fond mental de l'hystérie, de la névrose. Fond mélancolique, démentiel.* ▪ **2** La réalité profonde. *Aller au fond des choses. Nous touchons ici au fond du problème, de la question.* ➤ **nœud.** *«une philosophie critique, qui tient toute connaissance pour relative et le fond des choses pour inaccessible à l'esprit»* BERGSON. ▪ **3** loc. adv. (1585) **AU FOND ;** FAM. **DANS LE FOND :** à considérer le fond des choses (et non l'apparence ou la surface) (cf. En réalité*). *On l'a blâmé, mais au fond il n'avait pas tort. «Elle se croyait le centre du monde et, malgré sa passion pour moi, au fond, elle ne pensait qu'à elle»* (QUENEAU et H. MILLS, «Monsieur Ripois», film). *«mais, dans le fond, il était sensible»* CHAMFORT. ▪ **4** loc. adv. (1656) **À FOND :** en allant jusqu'au fond, jusqu'à la limite du possible. ➤ 1 **complètement, entièrement.** *Étudier, traiter qqch. à fond. Connaître son sujet à fond. Soutenir qqn à fond. Se donner à fond. Respirer à fond. Visser à fond* (cf. À bloc). *Faire le ménage à fond.* ◆ *À fond de train*.* FAM. *À fond la caisse*, les manettes*, les ballons, à fond la gomme.* ELLIPT et FAM. *Aller, rouler à fond,* à toute allure (cf. Plein pot*). ➤ FAM. **donf (à).**

B. ÉLÉMENT FONDAMENTAL, ESSENTIEL OU PERMANENT, QUI SE MANIFESTE EN CERTAINES CIRCONSTANCES ET DÉTERMINE LA NATURE DE QQCH. ▪ **1** (1656) (PERSONNES) *Avoir un fond de bon sens.* ➤ VX **fonds.** *Elle a un bon fond. L'homme «possède un fond d'instincts mauvais, haineux, avides, agressifs»* J. ROSTAND. ▪ **2** (Fait humain général) *Le fond populaire du langage, le fond historique d'une légende.* ➤ **base, fondement, substrat.** *Il y a un fond de vérité dans ce que vous dites.* ▪ **3** DR. (1585) Ce qui appartient à la matière, au contenu essentiel du droit et de tout acte juridique (opposé à *forme*). *Condition de fond et de forme du mariage. Plaider au fond.* ▪ **4** (1657) Ce qui fait la matière, le sujet d'une œuvre (opposé à *forme*). ➤ 2 **contenu, idée, matière, substance,** 3 **sujet, thème.** *Critiques, remarques sur le fond. «la forme importe peu, quand le fond est si touchant»* MICHELET. ▪ **5** loc. adj. **DE FOND :** essentiel, fondamental. (1834) *Article de fond* (dans un journal), faisant le point sur un sujet

important. *Livre, ouvrage de fond,* de base, de référence. *Débat de fond. Faire un travail de fond.* ▪ **6 FAIRE FOND SUR (qqn, qqch.) :** s'appuyer sur ; avoir confiance en. ▪ **7** SPORT Qualités physiques essentielles de résistance. *Avoir du fond.* — *Épreuve de fond,* disputée sur une longue distance. — ATHLÉT. *Courses de fond, de demi-fond, de grand fond.* ELLIPT *Le fond :* épreuves sur des distances supérieures à 5 000 m, *le grand fond,* de 10 000 m au marathon. ➤ aussi **demi-fond.** *Coureur de fond. — Ski* de fond. Skieur de fond.* ➤ 2 **fondeur.**
▪ CONTR. Surface. Haut ; 2 dessus. Bord, entrée, ouverture. Apparence, dehors, 2 extérieur. ▪ HOM. Fonds, fonts.

FONDAMENTAL, ALE, AUX [fɔ̃damɑ̃tal, o] adj. – avant 1475 ◇ bas latin *fundamentalis,* de *fundamentum* → fondement ▪ Qui sert de fondement. ▪ **1** Qui a l'importance d'une base, un caractère essentiel et déterminant. ➤ **essentiel.** *Lois fondamentales de l'État, d'un régime.* ➤ **constitutif.** *La thèse fondamentale d'un philosophe, d'une doctrine. Une question fondamentale.* ➤ 1 **capital, crucial, vital.** « *L'intelligence n'est pas plus la vertu fondamentale pour un poète que la prudence pour un militaire* » CLAUDEL. *Le « respect des droits de l'homme et des libertés fondamentales »* (DÉCLARATION DES DROITS DE L'HOMME). — *Le français fondamental.* ➤ 2 **basique.** *Couleurs* fondamentales,* primaires. *Particules* fondamentales,* élémentaires. ◆ Qui se manifeste, qui s'exerce à la base même (des personnes, des choses), et à fond. ➤ **foncier, radical.** *Un irrespect, un mépris fondamental. Une contradiction fondamentale.* « *La première critique fondamentale de la bonne conscience,* [...] *nous la devons à Hegel* » CAMUS. ▪ **2** (1701) MUS., ACOUST. *Fréquence fondamentale :* fréquence la plus basse fournie par un système vibrant. SUBST. *Le fondamental :* la vibration la plus grave à la fréquence fondamentale. *Le fondamental et ses harmoniques.* ◆ PHYS. *État, niveau d'énergie fondamental,* le plus bas d'un système quantifié. ▪ **3** *Recherche fondamentale,* orientée vers l'étude des fondements d'une discipline (opposé à *recherche appliquée*). ➤ **pur.** ▪ **4** n. m. pl. *Les fondamentaux :* les connaissances de base, les principes (d'une science, d'une discipline). *Acquérir les fondamentaux avant l'entrée au collège.* ▪ CONTR. Accessoire, complémentaire, secondaire.

FONDAMENTALEMENT [fɔ̃damɑ̃talmɑ̃] adv. – XVe ◇ de *fondamental* ▪ D'une manière fondamentale (1°). ➤ **essentiellement, totalement.** *Notions fondamentalement opposées.*

FONDAMENTALISME [fɔ̃damɑ̃talism] n. m. – v. 1980 ; v. 1920 nom d'un courant conservateur protestant, aux États-Unis ◇ de *fondamental* ▪ Courant religieux conservateur et intégriste. *Le fondamentalisme islamique.* ➤ **islamisme.**

FONDAMENTALISTE [fɔ̃damɑ̃talist] adj. et n. – 1966 ◇ de *(recherche) fondamentale* ▪ **1** DIDACT. Qui se livre à la recherche fondamentale. ▪ **2** RELIG. Qui appartient au fondamentalisme.

FONDANT, ANTE [fɔ̃dɑ̃, ɑ̃t] adj. et n. m. – 1611 ; « où l'on enfonce » 1553 ◇ de *fondre*

I ▪ **1** adj. Qui fond. *La température de la glace fondante est le zéro de l'échelle centésimale.* ▪ **2** Qui se dissout, fond dans la bouche. *Poire fondante. Bonbons fondants,* faits d'une pâte de sucre parfumée. — n. m. *Des fondants.* ◆ *Du fondant :* préparation à base de sucre. ◆ n. m. Pâtisserie de consistance fondante. *Un fondant au chocolat.* ▪ **3** DIDACT. *Monnaie fondante,* qui perd de sa valeur avec le temps. « *une "monnaie fondante", non spéculative, conçue pour être utilisée et non épargnée* » (Sud-Ouest, 2014).

II n. m. (1732) TECHN. Substance qu'on ajoute à une autre pour en faciliter la fusion. *Alumine, chaux, silice utilisées comme fondant.*

FONDATEUR, TRICE [fɔ̃datœʀ, tʀis] n. et adj. – 1330 ◇ latin *fundator,* de *fundare* → fonder **A.** n. ▪ **1** Personne qui prend l'initiative de créer et d'organiser une œuvre qui devra ou se trouvera subsister après lui. ➤ **créateur.** *Fondateur d'une cité, d'une colonie, d'un empire.* ➤ **bâtisseur.** *Fondatrice d'un ordre religieux. Hérodote est le fondateur de l'histoire.* ➤ **père.** « *Les fondateurs viennent d'abord. Les profiteurs viennent ensuite* » PÉGUY. — DR. COMM. *Fondateur d'une société. Part* de fondateur,* ou *bénéficiaire.* adj. *Membre fondateur. Les pères fondateurs de l'Europe.* ▪ **2** DR. Personne qui fait une fondation (3°). *Fondateur d'un hôpital, d'un prix.*
B. adj. (avec n. abstrait) Qui sert de fondement. *Mythe, texte fondateur. Idée fondatrice d'une théorie.*

FONDATION [fɔ̃dasjɔ̃] n. f. – XIIIe ◇ bas latin *fundatio,* de *fundare* → fonder ▪ **1** (Généralt au plur.) Ensemble des travaux et ouvrages destinés à assurer à la base la stabilité d'une construction. ➤ RÉGION. **solage ; infrastructure.** *Faire, creuser, jeter les fondations d'un édifice. Fondations profondes, solides. Fondation simple, à semelle ; sur pieux, pilotis, radier.* ◆ MÉTAPH. ➤ **assiette, assise, base, fondement.** « *Tout détruire, c'est se vouer à construire sans fondations* » CAMUS. ▪ **2** (Généralt au sing.) Action de fonder (une ville, un établissement, une institution). ➤ **création.** *L'an 350 après la fondation de Rome. Fondation d'un ordre religieux* (➤ **institution**), *d'un parti* (➤ **formation**), *d'une société* (➤ **constitution**). ▪ **3** DR. Création par voie de donation ou de legs d'un établissement d'intérêt public ou d'utilité sociale *(fondation d'un hôpital, d'un asile)* ; attribution à une œuvre d'intérêt général ou pieuse d'un fonds affecté selon les vœux du donateur. « *Aussitôt que j'ai pu établir une fondation, j'ai donné à Saint-Sulpice la somme nécessaire pour y faire dire quatre messes par an* » BALZAC. ◆ PAR EXT. Établissement créé par une fondation. *La fondation Rothschild. La fondation Maeght.* « *Toutes mes toiles furent vendues, elles partirent vers des fondations américaines, des musées* » GAROUSTE.

FONDÉ, ÉE ➤ **FONDER** (4°)

FONDÉ, ÉE DE POUVOIR [fɔ̃de d(ə)puvwaʀ] n. – 1792 ◇ de *fonder* (4°) et *pouvoir* ▪ Personne qui est chargée d'agir au nom d'une autre ou pour le compte d'une société. *Elle est fondée de pouvoir à la banque X.* — On écrit aussi *fondé, ée de pouvoirs.*

FONDEMENT [fɔ̃dmɑ̃] n. m. – v. 1120 « fondation » ◇ latin *fundamentum,* de *fundare* → fonder

I ▪ **1** (Généralt au plur.) VX ➤ **fondation.** ◆ MOD. (MÉTAPH. et FIG.) ➤ **base ; assise.** *Jeter, poser les fondements d'un empire, d'une religion,* en commencer l'établissement. « *Sur tant de fondements sa puissance établie* » RACINE. *Saper les fondements d'une institution.* ▪ **2** (XIIIe) FIG. (généralt au sing.) Ce qui détermine l'assentiment légitime de l'esprit ; fait justificatif d'une croyance, d'une réalité. « *La volonté du peuple est le fondement de l'autorité des pouvoirs publics* » (DÉCLARATION DES DROITS DE L'HOMME). *Rumeur sans fondement, dénuée de tout fondement.* ➤ **consistance ; infondé.** *Des craintes sans fondement.* ➤ **motif, raison,** 3 **sujet.** ▪ **3** Point de départ logique, système d'idées le plus simple et le plus général d'où l'on peut déduire un ensemble de connaissances. ➤ **principe.** *« Fondement de la métaphysique des mœurs », ouvrage de Kant. Problème du fondement de l'induction.* « *lorsqu'on donne la religion pour fondement à la morale* » BERGSON.

II (XIIe) FAM. Rectum, anus. « *elle en éprouvait un mal affreux au fondement* » CÉLINE.

FONDER [fɔ̃de] v. tr. ‹1› – début XIIe ◇ latin *fundare,* de *fundus* → fond ▪ **1** (CONCRET) RARE **FONDER (qqch.) SUR :** établir sur des fondations (un ouvrage dont on entreprend la construction). « *il fonde le kiosque sur un massif en béton pour qu'il n'y ait pas d'humidité* » BALZAC. — PAR MÉTAPH. LITTÉR. ➤ **bâtir.** « *Je fondais sur le sable et je semais sur l'onde* » LAMARTINE. ▪ **2** COUR. Prendre l'initiative de construire (une ville), d'édifier (une œuvre) en faisant les premiers travaux d'établissement. ➤ **créer.** *Romulus, selon la tradition, a fondé Rome en 753 av. J.-C. Fonder une école* (➤ **ouvrir**). *Fonder un ordre religieux, une secte* (➤ **instituer**), *un parti* (➤ **former**), *une société* (➤ **constituer**). — SPÉCIALT *Fonder un foyer, une famille :* se marier, avoir des enfants. — FIG. *Fonder une science, une école littéraire.* ◆ DR. (➤ **fondation**). *Fonder un lit dans un hôpital, un prix.* ▪ **3 FONDER (qqch.) SUR :** établir sur (une base). ➤ **asseoir, baser.** *Fonder son pouvoir sur la force.* « *On peut fonder des empires glorieux sur le crime, et de nobles religions sur l'imposture* » BAUDELAIRE. *C'est sur ce fait qu'il fonde ses prétentions, ses espoirs.* — PRONOM. *Sur quoi vous fondez-vous pour affirmer cela ?* ➤ **s'appuyer.** — *Récit fondé sur des documents authentiques.* ◆ VX *Fonder en :* fonder sur. — MOD. *Cela est fondé en droit.* ◆ Placer, mettre en qqn (une croyance). *Je fonde de grands espoirs sur lui.* ▪ **4** Pourvoir d'un fondement rationnel. ◆ Constituer le fondement de. ➤ **justifier, motiver.** *Voilà ce qui fonde la réclamation. Cet usage ne saurait fonder un droit.* « *on conçoit un temps où la force fonde réellement le règne de la raison* » RENAN. ◆ Au pass. et au p. p. (la chose ayant reçu son fondement) *Une confiance bien ou mal fondée. Un reproche, un bruit fondé. C'est une interprétation qui me paraît fondée.* ➤ **juste, légitime, raisonnable, valable.** ◆ (PERSONNES) **ÊTRE FONDÉ À** (et inf.) : avoir de bonnes raisons pour. *Être fondé à croire, à prétendre qqch.* ◆ DR. *Être fondé de pouvoir.* ➤ **fondé de pouvoir.**
▪ CONTR. Abolir, détruire, renverser. ▪ HOM. *Fondent :* fondent ; *fonderai :* fondrai (fondre).

FONDERIE [fɔ̃dʀi] n. f. – XVIe ; *fondrie* « action de fondre » 1373 ◇ de *fondre* ▪ **1** Technique et industrie de la fabrication des objets en métal fondu et coulé dans des moules. ➤ 1 **fonte.** *Opérations de fonderie :* fusion, coulée, démoulage, ébarbage.

Pièces de fonderie. ▪ **2** (XVIe) Usine où l'on fond le minerai pour en extraire le métal. ➤ **aciérie, forge.** *Fontes préparées dans une fonderie.* ◆ Atelier où l'on coule du métal en fusion pour fabriquer certains objets. *Cubilots* d'une fonderie.* — *Brut* de fonderie.*

1 **FONDEUR** [fɔ̃dœʀ] n. m. – 1260 ◊ de *fondre* ▪ **1** Celui qui dirige une fonderie (cf. Maître de forges*). ▪ **2** (1694) Ouvrier qui fabrique en fondant. *Fondeur de cloches.* ◆ SPÉCIALT Ouvrier des hauts-fourneaux qui surveille la coulée de la fonte.

2 **FONDEUR, EUSE** [fɔ̃dœʀ, øz] n. – 1947 ◊ de *fond* ▪ **1** Personne qui pratique le ski de fond. ▪ **2** Coureur, coureuse de fond.

FONDEUSE [fɔ̃døz] n. f. – 1907 ◊ de *fondre* ▪ TECHN. Machine employée en fonderie.

FONDOIR [fɔ̃dwaʀ] n. m. – 1680 ; *fondeur* «creuset» v. 1210 ◊ de *fondre* ▪ TECHN. Endroit où l'on fond les suifs, les graisses dans un abattoir.

FONDOUK [fɔ̃duk] n. m. – 1659 ; *fondic* XVIe ; *fondech, fondegue* en ancien provençal XIIIe ◊ arabe *funduk* «magasin» ▪ Dans les pays arabes, Emplacement où se tient le marché ; entrepôt où l'on entasse toutes sortes de marchandises ; auberge. ➤ **caravansérail.** «*nous avons pris pour cette nuit nos logements dans le* fondouk» FROMENTIN.

FONDRE [fɔ̃dʀ] v. ‹41› – fin XIIe ◊ du latin *fundere* «verser», d'où, en ancien français, *fondre larmes* «verser des larmes» (début XIIe), «couler (des métaux)» et «chasser (d'un lieu)»

I ~ v. tr. **FONDRE** qqch. ▪ **1** Rendre liquide (un corps solide ou pâteux) par l'action de la chaleur. ➤ **liquéfier ; fusion.** *Le soleil a fondu la neige. Corps que l'on fond aisément* (➤ **fusible**). *Fondre un métal, du minerai* (➤ **fonderie,** 1 **fonte**). ◆ FIG. Attendrir, diminuer. «*ces bonnes paroles, qui semblaient lui tomber du ciel, venaient fondre sa dureté*» BARRÈS. ▪ **2** (milieu XIIe) Fabriquer avec une matière fondue. ➤ **mouler.** *Fondre une cloche, une statue.* ▪ **3** FIG. (XIIIe) Combiner intimement de manière à former un tout. ➤ **amalgamer, fusionner, incorporer.** «*un romancier qui fond ensemble divers éléments empruntés à la réalité pour créer un personnage imaginaire*» PROUST. ◆ (1752) PEINT. Joindre (des couleurs, des tons) en graduant les nuances. ➤ **adoucir,** 2 **dégrader, mélanger, mêler. p. p. adj.** «*Tous les tons y sont fondus, fusionnés, pour une couleur neuve*» GIDE.

II ~ v. intr. **Qqch. FOND A. CHANGER D'ÉTAT, DE FORME** ▪ **1** (milieu XIIIe) Entrer en fusion, passer de l'état solide à l'état liquide par l'effet de la chaleur. ➤ se **liquéfier.** *La neige commence à fondre. Faire fondre du beurre. Le fer fond à 1 510 degrés.* — *L'oseille fond à la cuisson.* ◆ LOC. FIG. (début XIIIe) *Fondre en pleurs*, en larmes.* ▪ **2** (1580) Se dissoudre dans un liquide. *Laisser fondre le sucre dans son café.* — *Fondre dans la bouche :* être très tendre, se manger sans mâcher. ➤ **fondant.** ▪ **3** Diminuer rapidement. ➤ **disparaître.** *Fondre comme neige au soleil. Le stock fond à vue d'œil.* LOC. *L'argent* lui fond dans les mains.* ◆ SPÉCIALT (fin XIVe) (PERSONNES) Maigrir. «*Le pauvre petit avait fondu pendant sa maladie, il avait l'air d'un pauvre poulet déplumé*» SARRAUTE. ▪ **4** (début XIVe) S'attendrir. *J'ai fondu devant sa gentillesse.* ➤ FAM. **craquer.** «*fondant de bonheur au bras d'un riche jeune homme*» NIMIER.

B. FONDRE SUR (fin XIIe) S'abattre avec impétuosité, avec violence sur. ➤ **assaillir, foncer,** se **jeter,** se **précipiter,** 1 **tomber.** *L'aigle fond sur sa proie. Fondre sur l'ennemi.* — FIG. «*Sans les malheurs qui fondirent bientôt sur moi, j'aurais graduellement perdu mes bonnes qualités*» BALZAC.

III ~ v. pron. **SE FONDRE** ▪ **1** VX Se liquéfier, se dissoudre. ▪ **2** MOD. Se réunir, s'unir en un tout. ➤ se **confondre, fusionner,** se **mêler,** se **rejoindre.** «*tous les bruits se fondaient en un seul bourdonnement*» FLAUBERT. ◆ *Silhouette qui se fond dans la brume.* ➤ **disparaître,** se **dissiper,** s'**évanouir.** *Nous tentions de nous fondre dans la masse, la foule.* «*Au sein d'une fête, je n'avais pas mon pareil pour me fondre au décor*» P. BAILLY. FIG. *Ça se fond dans la masse,* ce n'est guère perçu.

▪ CONTR. Coaguler, congeler, figer. 1 Détacher, diviser, séparer. — Durcir. Augmenter, grossir. ▪ HOM. *Fond :* font (1 faire) ; *fondent :* fondent ; *fondrai :* fonderai (fonder).

FONDRIÈRE [fɔ̃dʀijɛʀ] n. f. – 1488 ; hapax XIIe ◊ de *fondrier* adj. «qui s'effondre», de l'ancien français *fondrer ;* cf. *effondrer* ▪ Affaissement, trou plein d'eau ou de boue dans un chemin défoncé. ➤ **ornière.**

FONDS [fɔ̃] n. m. – début XIIIe ◊ du latin *fundus* «fond (d'un récipient)» et «bien foncier» (voir *fond*)

I BIEN, PROPRIÉTÉ ▪ **1** Bien immeuble constitué par un domaine qu'on exploite ou un sol sur lequel on bâtit. *Fonds de terre.* ➤ **propriété ; bien-fonds, foncier.** — Immeuble bâti ou non bâti, au profit duquel est établie une servitude. ▪ **2** (1680) *Fonds de commerce,* ou ABSOLT *Fonds :* ensemble des éléments corporels et incorporels appartenant à un commerçant ou à un industriel et lui permettant d'exercer son activité. ➤ **établissement, exploitation.** *Être propriétaire d'un fonds. Vendre son fonds.* ➤ aussi **pas-de-porte.** FIG. *Fonds de commerce :* thème privilégié. *La sécurité, fonds de commerce d'un parti politique.*

II CAPITAL ▪ **1** (1591) Capital immobilisé (opposé à *revenus, intérêts*). Jean «*Mangea le fonds avec le revenu*» LA FONTAINE. *Aliénation à fonds perdu.* ➤ **viager.** FIG. *Prêter à fonds perdu,* à un débiteur insolvable. — PAR MÉTAPH. (Le travail représentant le capital le plus sûr) «*Travaillez, prenez de la peine, C'est le fonds qui manque le moins*» LA FONTAINE. ▪ **2** (1606) Généralt au plur. Capital servant au financement. *Posséder les fonds nécessaires à une entreprise. Bailleur de fonds.* ➤ **commanditaire.** *Chercher, trouver, lever des fonds* (➤ **intermédiation**). *Appel* de fonds. Levée de fonds. Mise de fonds :* investissement de capitaux. *Rentrer dans ses fonds. Fonds d'amorçage*. Fonds de roulement. Fonds propres :* ressources internes d'une entreprise (opposé à *endettement, emprunt*). — (1757) *Fonds publics, fonds d'État :* ressources en capital constituées par les titres émis ou garantis par l'État et les collectivités publiques (bons du Trésor, obligations, etc.). ▪ **3** Capital affecté à une utilisation déterminée. *Fonds de garantie, de prévoyance,* affecté à l'assurance. *Fonds commun de placement :* ensemble de valeurs mobilières et de liquidités détenues en copropriété. ➤ **sicav.** *Fonds éthiques. Fonds de pension :* fonds de placement constitué pour assurer une retraite par capitalisation individuelle. *Fonds de retraite. Fonds d'investissement :* investissement consistant pour l'investisseur à entrer au capital de sociétés non cotées en Bourse et ayant besoin de capitaux propres. *Fonds structurels, fonds de cohésion :* instruments financiers de la politique régionale de l'Union européenne, destinés à réduire les écarts de développement entre les régions. — PAR EXT. (1924) Organisme chargé de gérer ce capital. *Fonds de développement économique et social (F. D. E. S.). Fonds monétaire international (FMI),* chargé d'assurer la convertibilité des monnaies, la stabilité des changes, et de distribuer des aides aux États membres. *Fonds de stabilisation des changes,* chargé d'intervenir sur le marché des changes pour limiter les fluctuations des taux. *Fonds vautour*.* ▪ **4** (1690) AU PLUR. Argent* comptant et, en général, avoir en argent. *Manier des fonds considérables.* ➤ 1 **somme.** *Dépôts de fonds à une banque.* ➤ **espèce.** *Convoyeur de fonds. Mouvement de fonds.* ➤ **caisse.** *Détournement, extorsion de fonds.* — **ÊTRE EN FONDS :** disposer d'argent. «*il n'était pas en fonds ; il n'avait pas chez lui toute la somme*» LESAGE.

III FIG. ENSEMBLE DE RESSOURCES ▪ **1** (1662) Ressources propres à qqch. ou personnelles à qqn. *Il y a là un fonds très riche que les historiens devraient exploiter.* ➤ **filon,** 2 **mine.** ◆ SPÉCIALT *Manuscrit du fonds ancien à la Bibliothèque nationale. Le fonds Untel :* les œuvres provenant de la collection de monsieur Untel et léguées à une bibliothèque, un musée. *Enrichir un fonds.* — *Fonds documentaire. Fonds patrimoniaux.* ➤ **legs.** ▪ **2** VX et LITTÉR. Employé pour *fond** (II, B, 1° et 2°). «*Vous avez un fonds de santé admirable*» MOLIÈRE. «*Il a un fonds de dignité et de probité dans son aigreur*» SAINTE-BEUVE. ◆ PSYCHOL. *Fonds mental :* ensemble des disponibilités psychiques d'un individu. *Intégrité, altération, détérioration du fonds mental.*

▪ HOM. Fond, fonts.

FONDU, UE [fɔ̃dy] adj. et n. m. – 1170 «détruit, effondré» ◊ de *fondre*

I adj. ▪ **1** Amené à l'état liquide. *Neige fondue. Plomb fondu. Statue de bronze fondu.* ➤ **moulé.** *Beurre fondu. Fromage* fondu.* ◆ PAR EXT. Flou, vaporeux. *Contours fondus.* ➤ **estompé.** ▪ **2** PEINT. Qui passe par des tons gradués. *Des tons fondus.* ➤ **dégradé.** SUBST. *Le fondu d'un tableau :* la dégradation (2) progressive des teintes. ▪ **3** FAM. Un peu fou*. *Il est fondu, ce type.* ➤ **givré.** *Il est fondu de musique.* — n. *Les fondus du ski.* ➤ **fana.**

II n. m. ▪ **1** (1908) CIN. *Ouverture, fermeture en fondu :* apparition, disparition progressive de l'image. *Fondu enchaîné :* effet où une image se substitue à une autre (qui s'efface). *Fondu au noir,* l'image devient lentement noire. «*Le soleil de la mi-journée renvoyait sur l'étang une image trouble de la demeure qui disparaissait parfois comme en un fondu de cinéma*» M. DUGAIN. ◆ RADIO Abaissement progressif du son. Recomm. offic. pour *shunt.* ▪ **2** (Belgique) *Fondu au fromage :* croquette de pâte au fromage, panée et frite.

FONDUE [fɔ̃dy] **n. f.** – 1735 « œufs brouillés au fromage fondu » ◊ mot suisse, de *fondu* ■ **1** Plat composé de fromage à pâte dure (gruyère, emmental) fondu dans du vin blanc additionné d'ail et de kirsch, dans lequel chaque convive trempe des morceaux de pain. *Fondue savoyarde.* ■ **2** PAR ANAL. *Fondue bourguignonne* : morceaux de viande crue que chaque convive trempe dans l'huile bouillante, accompagnés de diverses sauces. ♦ *Fondue chinoise* : fines lamelles d'un aliment cru (viande, poisson, légumes...) à cuire dans le bouillon. ■ **3** Préparation de légumes cuits, tendres et fondants. *Fondue de poireaux, de poivrons.*

FONGE [fɔ̃ʒ] **n. f.** – 1887 ; « champignon » 1528 ; « bolet comestible » XIVe ◊ latin *fungus* « champignon » ■ DIDACT. Ensemble des champignons d'un lieu déterminé. *La fonge des tourbières. La flore et la fonge.*

FONGIBLE [fɔ̃ʒibl] **adj.** – 1752 ◊ dérivé savant du latin *fungi* « s'acquitter de, consommer » ■ DR. Se dit des choses qui se consomment par l'usage et peuvent être remplacées par une chose analogue (denrée, argent comptant). *Biens fongibles.*

FONGICIDE [fɔ̃ʒisid] **adj.** – 1867 ◊ de *fongus* et *-cide* ■ DIDACT. Qui détruit les champignons parasites (mildiou, oïdium ; mycoses, chez l'être humain). ➤ **anticryptogamique, antifongique.** *Pommade fongicide.* — **n. m.** *Un fongicide.*

FONGIFORME [fɔ̃ʒifɔʀm] **adj.** – *fungiforme* 1825 ◊ de *fongus* et *-forme* ■ DIDACT. Qui a la forme d'un champignon.

FONGIQUE [fɔ̃ʒik] **adj.** – 1834 ◊ du latin *fungus* « champignon » ■ DIDACT. De la nature des champignons ; qui ressemble aux champignons. *Végétation fongique. Médication fongique,* antibiotique. — Causé par les champignons. *Intoxication fongique. Affections fongiques du vignoble.* ➤ **cryptogamique.**

FONGISTATIQUE [fɔ̃ʒistatik] **adj.** – v. 1970 ◊ du latin *fungus* « champignon » et *statique* ■ MÉD. Qui arrête le développement des champignons pathogènes. *Médicament fongistatique.* — **n. m.** *Un fongistatique.*

FONGOSITÉ [fɔ̃gozite] **n. f.** – 1561 ◊ de *fongueux*, d'après le latin *fongosus* ■ MÉD. Excroissance charnue et molle apparaissant à la surface d'une plaie de la peau ou d'une muqueuse.

FONGUEUX, EUSE [fɔ̃gø, øz] **adj.** – 1561 ◊ du latin *fongosus* « spongieux », de *fungus* « champignon » ■ MÉD. Qui présente l'aspect d'une éponge ou d'un champignon.

FONGUS [fɔ̃gys] **n. m.** – 1575 ◊ latin *fungus* « champignon » ■ **1** (1752) BOT. Champignon. « *La muraille par places était couverte de fongus difformes* » HUGO. ■ **2** (1560) MÉD. Tumeur à l'aspect d'une éponge ou d'un champignon.

FONIO [fɔnjo] **n. m.** – 1884 ◊ mot d'une langue africaine ■ Graminée aux grains très fins, cultivée comme céréale en Afrique de l'Ouest.

FONNE ➤ **FUN**

FONTAINE [fɔ̃tɛn] **n. f.** – v. 1160 ◊ latin populaire *fontana*, de *fons, fontis* « source » ■ **1** Eau vive qui sort de terre et se répand à la surface du sol. *Bassin, source d'une fontaine. Fontaine jaillissante, pétrifiante. Cresson de fontaine. Fontaine de Jouvence*. Nymphes des fontaines.* ➤ **naïade.** « *À la claire fontaine* » (chans. pop.). — PROV. *Il ne faut pas dire « Fontaine (je ne boirai pas de ton eau) »* : il ne faut pas jurer qu'on ne fera pas telle chose, qu'on n'y recourra pas un jour. — LOC. *Pleurer comme une fontaine,* abondamment, facilement. ♦ FIG. Principe, source. « *une fontaine toujours jaillissante de séductions irrésistibles* » GAUTIER. ■ **2** Construction aménagée de façon à donner issue aux eaux amenées par canalisation, et généralement accompagnée d'un bassin. *Fontaine publique en forme de vasque, de coupe. Borne-fontaine à un carrefour. Les fontaines Wallace de Paris. Boire à la fontaine.* ANCIENNT Récipient contenant de l'eau muni d'un robinet et d'un petit bassin pour les usages domestiques. ■ **3** CUIS. Creux ménagé dans un tas de farine pour incorporer des ingrédients. ■ **4** *Fontaine à eau* : distributeur d'eau fraîche, alimenté par une bonbonne ou branché sur le réseau.

FONTAINEBLEAU [fɔ̃tɛnblo] **n. m.** – v. 1930 ◊ de *Fontainebleau*, ville au sud de Paris ■ Fromage frais à base de lait caillé et de crème fouettée. *Des fontainebleaux.*

FONTAINIER [fɔ̃tenje] **n. m.** – *fontenier* 1292 ◊ de *fontaine* ■ ANCIENNT Celui qui fabriquait et vendait des fontaines de ménage. ♦ MOD. Personne qui s'occupe de la pose, de l'entretien des pompes, machines hydrauliques, conduites d'eau, etc. ♦ Personne qui fait des sondages pour découvrir les eaux souterraines utilisables.

FONTANELLE [fɔ̃tanɛl] **n. f.** – 1690 ◊ réfection de l'ancien français *fontenelle* « petite fontaine », d'après le latin des médecins *fontanella* ■ Espace membraneux compris entre les os du crâne des jeunes enfants, qui s'ossifie au cours de la croissance.

FONTANGE [fɔ̃tɑ̃ʒ] **n. f.** – v. 1680 ◊ de Mademoiselle de *Fontanges*, favorite de Louis XIV ■ ANCIENNT Coiffure féminine, faite d'une monture en laiton supportant des ornements de toile séparés par des rubans et des boucles de cheveux postiches.

FONTANILI [fɔ̃tanili] **n. m. pl.** – 1940 ◊ mot italien, de *fontana* « fontaine » ■ GÉOGR. Sources situées en ligne, en aval d'une plaine de piémont. *Des fontanili /fontanilis/.*

1 **FONTE** [fɔ̃t] **n. f.** – *fer de fonte* 1472 ◊ latin populaire °*fundita*, p. p. de *fundere* « fondre »

I ■ **1** Le fait de fondre (II). *La fonte des neiges, des glaces* (➤ **débâcle**). *La fonte de la banquise.* ■ **2** VX Opération qui consiste à fondre les métaux par l'action de la chaleur. ➤ **fusion.** ■ **3** (1551) Fabrication par fusion et moulage d'un métal. *Fonte d'une cloche, d'une statue.*

II (XVIe) Alliage de fer et de carbone obtenu dans les hauts-fourneaux par le traitement des minerais de fer au moyen de coke métallurgique (fusion réductrice). *La fonte engendre l'acier par fusion oxydante* (affinage). ➤ **sidérurgie.** *Fontes de moulage, fontes grises,* relativement faciles à usiner, contenant de 3,5 à 6 % de carbone. — *Fontes d'affinage, fontes blanches,* dures et cassantes, contenant de 2,5 à 3,5 % de carbone à l'état de carbure de fer (destinées à la fabrication de l'acier et du fer). *Fontes spéciales,* qui contiennent de petites quantités de silicium, d'aluminium, de manganèse, de nickel, de chrome. *Gueuse, lingot, saumon de fonte. Épuration de la fonte* : affinage, déphosphoration, finage, puddlage. *Une cocotte, une poêle en fonte. Tuyaux, radiateurs de fonte. Disques de fonte des haltères.* — LOC. *Soulever de la fonte* : pratiquer l'haltérophilie, la musculation. « *elle a l'air physique, la dame. Pas épaisse, mais le genre à pousser un peu de fonte* » V. DESPENTES.

III (1680) IMPRIM. ANCIENNT Ensemble de caractères d'un même type (fondus ensemble). *Une fonte de cicéro.*

2 **FONTE** [fɔ̃t] **n. f.** – 1733 ◊ altération, avec influence de 1 *fonte*, de l'italien *fonda* « bourse » ; latin *funda* ■ **Généralt au plur.** *Les fontes* : les deux fourreaux de cuir attachés à l'arçon d'une selle pour y placer des pistolets.

FONTIS [fɔ̃ti] **n. m.** – *fontiz* 1287 ◊ de *fondre* « s'affaisser » ■ GÉOL. Effondrement d'une galerie souterraine naturelle ou artificielle. « *Qu'est-ce qu'un fontis ! C'est le sable mouvant des bords de la mer tout à coup rencontré sous terre* » HUGO.

FONTS [fɔ̃] **n. m. pl.** – *funz* 1080 ◊ latin *fontes*, plur. de *fons* « fontaine » ■ *Fonts baptismaux* : bassin placé sur un socle et destiné à l'eau du baptême. ➤ **baptistère.** *Tenir un enfant sur les fonts baptismaux,* en être le parrain, la marraine. ■ HOM. Fond, fonds.

FOOTBALL [futbol] **n. m.** – 1888 ; 1698 dans un récit de voyage ◊ mot anglais « balle *(ball)* au pied *(foot)* » ■ **1** VX *Football rugby* (➤ **rugby**), *football association* (ou *association**) : sports de ballon en équipe. ■ **2** MOD. Sport d'équipe (d'abord appelé *football association*) opposant deux équipes de onze joueurs, où il faut faire pénétrer un ballon rond dans les buts adverses, sans le toucher de la main ni du bras. ➤ RÉGION. **soccer.** *Équipe de football* (➤ **onze**) *composée d'avants, de demis, d'arrières et d'un gardien (de but) ou goal.* ➤ **aussi libéro,** 2 **stoppeur.** « *L'équipe de football c'est le mur de la chistera, soudain intelligent, la bande de billard douée de génie* » GIRAUDOUX. *Club, coupe, championnat, terrain de football. Match de football* (➤ 1 **arbitre ; attaque, but,** 2 **corner, mi-temps, prolongation ; descente, envoi,** 2 **franc** [**coup franc**], **hors-jeu,** 1 **passe, pénalty, réparation, shoot, tacle, tête, tir, touche, volée ;** 1 **bloquer, dégager, se démarquer, dribbler, feinter, intercepter, lober, marquer, plonger, shooter, talonner**). *Football féminin. Football en salle.* ➤ **futsal.** ABRÉV. FAM. **FOOT** [fut]. *Jouer au foot.* ♦ *Football de table.* ➤ **babyfoot,** RÉGION. **kicker.** ■ **3** En Amérique du Nord, Sport opposant deux équipes de onze *(football américain)* ou douze joueurs *(football canadien)* qui doivent porter un ballon ovale jusqu'à une zone adverse en bout de terrain. — (Canada) [futbal] *Ligue canadienne de football.* — **adj. FOOTBALLISTIQUE.** *L'actualité footballistique.*

FOOTBALLEUR, EUSE [futbolœʀ, øz] **n.** – 1892 ◊ de l'anglais *footballer* ■ Personne qui joue au football. *Footballeur professionnel.*

FOOTEUX, EUSE [futø, øz] **n. et adj.** – 1980 ◊ de *foot* ■ FAM. Joueur de football, amateur de football.

FOOTING [futiŋ] **n. m.** – 1885 ◇ mot anglais détourné de son sens «pied, position» ■ Course à pied, à allure modérée, pratiquée pour le plaisir ou à titre d'exercice physique. ➤ aussi **jogging, running.** *Il fait du footing le dimanche au bois de Boulogne.*

FOR [fɔʀ] **n. m.** – 1235 ; «loi, coutume» en ancien gascon ◇ latin *forum* «place publique», «tribunal» ■ LITTÉR. **LE FOR INTÉRIEUR :** le tribunal de la conscience. *«Nous pénétrons si mal, si peu avant, dans le for intérieur d'autrui»* GIDE. COUR. *En, dans mon (son, etc.) for intérieur :* dans la conscience, au fond de soi-même. *Dans son for intérieur, il le sait bien.* ■ HOM. Fors, fort.

FORAGE [fɔʀaʒ] **n. m.** – 1335 ◇ de *forer* ■ Action de forer. *Utilisation d'une perceuse pour le forage des pièces métalliques. Forage d'un puits.* ➤ **fonçage.** — *Forage pétrolier.* ➤ **turboforage.** *Tour de forage* (recomm. offic.). ➤ **derrick** (ANGLIC.). *Plateforme de forage.* ➤ **offshore.** *Forages de prospection, d'exploration.* ➤ **sondage.** ♦ CHIR. Prélèvement d'un fragment d'os, de tumeur, au moyen d'un foret, en vue d'une biopsie.

FORAIN, AINE [fɔʀɛ̃, ɛn] **adj. et n.** – v. 1170 «étranger» ; sens moderne d'après *marchand forain* ◇ bas latin *foranus* «étranger», de *foris* «dehors» ■ **1** VX Qui vient du dehors. ♦ MAR. *Rade foraine,* ouverte aux vents et aux vagues du large. *Mouillage forain,* non protégé. — DR. *Audience foraine,* tenue par un juge en dehors du siège de sa juridiction. *Saisie* foraine.* ■ **2** (1549 *marchand forain* «ambulant», avec influence de *foire*) Qui exerce son activité, qui a lieu dans les foires. *Marchand* ou *commerçant forain,* qui, sans magasin, s'installe sur les marchés et les foires. — **n.** *Des forains.* ♦ *Fête foraine :* ensemble de baraques, attractions et manèges installés à l'occasion d'une foire. ➤ 1 **foire.** *Baraque foraine. Tir forain.* ♦ **n.** Personne itinérante qui organise des distractions foraines (théâtre, cirque, attractions diverses). *Forains et saltimbanques.*

FORAMINÉ, ÉE [fɔʀamine] **adj.** – 1834 ◇ du latin *foramen* «trou» ■ DIDACT. Percé de petits trous (coquillages, plantes).

FORAMINIFÈRE [fɔʀaminifɛʀ] **n. m.** – 1826 ◇ du latin *foramen* «trou» et *-fère* ■ ZOOL., GÉOL. Protozoaire surtout marin *(rhizopodes)* recouvert d'un test calcaire percé de trous par où passent les pseudopodes. *Foraminifères fossiles.* ➤ **globigérine, nummulite.**

FORBAN [fɔʀbɑ̃] **n. m.** – 1659 ; *forsban* «pirate» 1273 ◇ de l'ancien français *forbannir* «bannir», francique °*firbannjan* ■ **1** Pirate qui entreprenait à son profit une expédition armée sur mer sans autorisation. ➤ **boucanier.** ■ **2** LITTÉR. Individu sans scrupules capable de tous les méfaits. ➤ **bandit, brigand.**

FORÇAGE [fɔʀsaʒ] **n. m.** – v. 1175 «violence» ◇ de *forcer* ■ **1** Action de forcer (une bête qu'on chasse, qu'on fait courir). *Forçage d'un cerf.* ■ **2** HORTIC. Culture des plantes hors de saison, ou dans un milieu pour lequel elles ne sont pas faites (en châssis, serres, etc.). *Forçage des primeurs.* ■ **3** (anglais *gene drive*) BIOL. *Forçage génétique :* technique consistant à modifier le génome de manière à forcer un caractère à s'exprimer dans toute la descendance d'un individu à reproduction sexuée.

FORÇAT [fɔʀsa] **n. m.** – 1528 ◇ italien *forzato,* de *forzare* «forcer» ■ **1** ANCIENNT Criminel condamné à ramer sur les galères de l'État (➤ **galérien**) ou à travailler dans un bagne (➤ **bagnard**). *«ces misérables forçats qui, dans leurs prisons flottantes, gémissent sous le travail de la rame»* FLÉCHIER. *«Un ancien forçat libéré, nommé Jean Valjean»* HUGO. ■ **2** Condamné aux travaux forcés. — LOC. *Travailler comme un forçat,* très dur, excessivement. *Un travail de forçat,* très pénible, inhumain. ■ **3** FIG. Personne réduite à une condition très pénible. *Les forçats du travail, de la faim. — Les forçats de la route :* les coureurs cyclistes.

FORCE [fɔʀs] **n. f.** – fin XIe ◇ du latin *fortia,* de *fortis* → 1 fort

I LA FORCE DE qqn. **QUALITÉ PHYSIQUE OU MORALE** ■ **1** Puissance d'action physique (d'un être, d'un organe). *Force physique ; force musculaire.* ➤ **résistance, robustesse, vigueur.** *Avoir de la force* (➤ 1 **fort**). *Avoir de la force dans les bras. Ne pas sentir sa force :* frapper, pousser, etc., trop fort sans s'en rendre compte. *Lutter à forces égales, à égalité de forces. «Patience et longueur de temps Font plus que force ni que rage»* LA FONTAINE. *Être à bout de forces, sans force. Ne plus avoir la force de marcher, de parler. «les enfants sont maigres, épuisés, n'ayant plus la force de faire un geste pour chasser les mouches»* KUNDERA. ♦ AU PLUR. Ensemble des capacités d'action. ➤ **énergie.** *Ménager ses forces. Ce travail est au-dessus de ses forces. Ses forces l'ont trahi. Reprendre des forces. Aliment qui redonne des forces,* qui fortifie, réconforte. ➤ **énergétique, fortifiant.** *De toutes ses forces :* en mobilisant toutes ses forces ; PAR EXT. le plus fort possible. *Crier, taper de toutes ses forces.* ♦ (Opposé à *adresse, souplesse*) **EN FORCE.** *Courir, nager en force.* FIG. *Passer en force :* imposer de manière autoritaire. — **DE FORCE :** qui exige de la force. *Tour de force. Épreuve de force* (➤ aussi ci-dessous III, 1°). *Travailleur de force,* dont le métier exige une grande dépense de force physique. *Travail, exercice de force. Bracelet, poignet de force :* bracelet de cuir destiné à protéger le poignet des travailleurs de force, des lutteurs. — **À LA FORCE DE.** *Se hisser à la force des bras.* FIG. *À la force du poignet*.* ♦ MAR. VIEILLI *Faire force (de rames, de voiles) :* ramer, naviguer le plus vite possible. ♦ LOC. *Être dans la force de l'âge,* au moment où l'on atteint la plénitude de ses moyens, la maturité. ➤ **fleur.** ■ **2** (milieu XVIIe) Capacité de l'esprit ; possibilités intellectuelles et morales. *La science des géomètres qui «exerce la force de l'esprit»* SUARÈS. ♦ (milieu XIIe) Dans l'ordre moral. ➤ **constance, courage, cran, détermination, énergie, fermeté, volonté.** *Force morale ; force de caractère. La force d'âme des héros cornéliens. «Elle avait la force devant qui les autres plient : le calme»* R. ROLLAND. *S'opposer avec force. Ce sacrifice est au-dessus de mes forces.* LOC. *La force tranquille*.* ■ **3 DE** (telle ou telle) **FORCE.** *Ils sont de la même force* (physique, morale). — SPÉCIALT (sur le plan intellectuel ou de l'habileté) *Ce joueur n'est pas de force. Il n'est pas de force contre elle.* ➤ 2 **taille.** *Ils sont de la même force au tennis, aux échecs, en mathématiques.* ➤ **niveau.** ■ **4** *Faire la force de qqn,* constituer sa supériorité. *C'est ce qui fait sa force.*

II LA FORCE D'UN GROUPE, DE qqch. **CAPACITÉ À AGIR, À RÉSISTER** ■ **1** Pouvoir, puissance, influence (d'un groupe). PROV. *L'union fait la force. La force de l'Église, d'un parti. Force militaire d'un pays.* PAR EXT. *La force publique :* ensemble des agents armés du gouvernement, chargé de maintenir l'ordre et de veiller à l'exécution des lois et des décisions de justice. ➤ **armée, gendarmerie,** 1 **police.** *La force armée :* les troupes. *Force d'intervention, d'interposition. Force multinationale.* — (1959) *Force de frappe :* ensemble des moyens militaires techniques (fusées, armes atomiques) destinés à écraser rapidement l'ennemi. FIG. (1961) Autorité, force, puissance. — *Force de dissuasion*. Force de proposition*.* — COMM. *Force de vente :* personnel commercial (d'une entreprise) en contact avec la clientèle. ♦ **EN FORCE.** *Être en force ; arriver, attaquer en force,* en nombre, avec des effectifs considérables. ■ **2** (XIIe) PLUR. Ensemble des armées. ➤ **armée, troupe.** *Les forces armées :* les éléments de la puissance militaire (d'un pays, d'une organisation). *Forces navales, aériennes. Forces françaises de l'intérieur (F. F. I.),* pendant la Deuxième Guerre mondiale. *Forces de défense antiaérienne. Regrouper, concentrer ses forces.* ADMIN. *Les forces de police, les forces de l'ordre :* police et gendarmerie intervenant en cas de troubles. — PAR EXT. *Forces politiques, syndicales. Les forces d'opposition. Les forces vives de la nation :* les éléments actifs de la population. ■ **3** TECHN. Résistance d'un objet. ➤ **résistance, robustesse, solidité.** *Force d'un mur, d'une barre.* SPÉCIALT *Jambe de force,* ou *force :* pièce de charpente qui sert à soulager la portée des longues poutres. ■ **4** Intensité ou pouvoir d'action (d'une chose) ; caractère de ce qui est fort (III). *La force du vent. Vent de force 5 sur l'échelle de Beaufort. Force d'un coup, d'un choc. La force d'un acide. Force d'un médicament.* ➤ **activité, efficacité.** ♦ (début XIIIe) (Choses abstraites) *La force d'un sentiment, d'un désir.* ➤ **violence.** *«Un muscle perd sa vigueur, un désir sa force»* COLETTE. — *Force d'un argument, d'une idée. Ici, «le mensonge a autant de force que la vérité»* GREEN. — LOC. *Dans toute la force du mot, du terme :* dans l'acception la plus signifiante. — (1690) *Force du style.* ➤ **couleur, vie, vigueur.** *S'exprimer avec force.* ➤ **éloquence,** 1 **feu, véhémence.** ■ **5** TYPOGR. *Force de corps* d'un caractère,* sa dimension, mesurée en points. *Un corps de force 6* (ELLIPT *du 6*).

III LA FORCE. POUVOIR DE CONTRAINTE ■ **1** (fin XIe) Employé absolt, en parlant d'une personne, d'un groupe. ➤ **contrainte, oppression, violence.** *Employer alternativement la force et la douceur. Imposer qqch. par la force. Céder, obéir à la force. — La force et le droit. La force prime le droit,* mot attribué à BISMARCK. *Le gouvernement menace de recourir à la force* (en employant des forces de police, la force publique ; cf. ci-dessus, II). ➤ **répression.** LOC. *Montrer sa force pour n'avoir pas à s'en servir* (cf. Force de dissuasion*). ♦ **DE FORCE.** *Coup de force. Rapports* de force. Être en position de force,* en mesure d'imposer ses vues dans une négociation, un conflit. — Pouvoir de contraindre donné par la supériorité militaire. *Situation de force. Épreuve de force,* tout espoir de conciliation étant écarté (cf. Bras* de fer). — VIEILLI *Maison de force :* prison d'État pour les condamnés aux travaux forcés et à la réclusion. ➤ **forçat.** — *Camisole* de force.* ■ **2** (1690) *La force de* (qqch.), son caractère irrésistible. *La force de l'évidence,* devant laquelle on s'incline. *Faire qqch. par la force de l'habitude,* automatiquement, machinalement. — *La force des choses :* la nécessité qui résulte d'une situation. ➤ **nécessité, obligation.** *« C'est précisément parce que la force des choses tend toujours à détruire l'égalité, que la force de la législation doit toujours tendre à la maintenir »* ROUSSEAU. *Par la force des choses :* obligatoirement, inévitablement. ◆ DR. *Force d'une loi,* son caractère obligatoire. ➤ **autorité.** *Avoir force de loi :* être assimilable à une loi, en avoir le caractère obligatoire. *Décret qui a force de loi.* — *Force majeure :* évènement imprévisible, inévitable et irrésistible qui libère le débiteur de son obligation. COUR. *C'est un cas de force majeure.* — *Force exécutoire* d'un acte.* ◆ LOC. *Force est de* (et l'inf.) : il faut, on ne peut que. *Force est de constater que... Force lui fut de reconnaître qu'il avait tort.* ■ **3** loc. adv. **DE FORCE :** en faisant effort pour surmonter une résistance. *Faire entrer de force une chose dans une autre. Prendre, enlever de force qqch. à qqn.* ➤ **arracher, extorquer.** *De gré* ou de force.* — **PAR FORCE :** en recourant à la force ; en cédant à la force. *Prendre, obtenir qqch. par force. Il n'a pas accepté de son plein gré, mais par force,* parce que les évènements l'y contraignaient. — **À TOUTE FORCE :** en dépit de tous les obstacles, de toutes les résistances. ➤ **absolument** (cf. À tout prix*, coûte que coûte, par tous les moyens). *Il voulait à toute force que nous l'accompagnions.*

IV PRINCIPE D'ACTION PHYSIQUE OU MORALE ■ **1** PHYS. Cause physique d'une accélération ou d'une déformation. *La mécanique, science de l'équilibre des forces et des mouvements qu'elles produisent.* ➤ **cinématique, dynamique, statique.** *Direction, sens, point d'application, intensité d'une force.* ➤ **vecteur.** *Résultante de deux forces. Moment* d'une force par rapport à un point, un axe. Force d'inertie. Forces centrifuge et centripète dans un mouvement circulaire. Force de contact,* entre deux corps ayant une surface commune. *Forces de frottement. Forces électrostatiques, électromagnétiques. Forces gravitationnelles, nucléaires, forces qui s'exercent entre particules fondamentales.* ➤ **interaction.** — *Le newton, unité de mesure des forces.* ➤ aussi **dyne.** *Force électromotrice*, magnétomotrice*.* ◆ COUR. Courant électrique triphasé. *Prise de force. Brancher sur la force.* ■ **2** (1580) Principe d'action, cause quelconque de mouvement, de changement. *« notre volonté est une force qui commande à toutes les autres forces »* BUFFON. — *Idées-force.* ➤ **idée.** ◆ *Les forces aveugles, mystérieuses, occultes de l'univers, du destin.* — FIG. *C'est une force de la nature,* une personne dotée d'une vitalité irrésistible. ■ **3** Les forces, dans la nature, dans l'univers. *Forces et formes. « Les formes sont des cicatrices de forces, et les forces vibrent dans les formes »* MERLEAU-PONTY. ■ **4** ABSOLT **LA FORCE** (dans une légende, un mythe, par référence à l'anglais *Force,* dans la saga *Star Wars*) Énergie globale reliant tous les êtres vivants dans les galaxies. *Le côté lumineux, le côté obscur de la Force.* « [frapper à sa porte] *C'est vraiment me risquer du côté obscur de la Force »* E. CARRÈRE. *« Que la Force soit avec toi »* (formule).

V ~ adv. de quantité. ■ **1** VX ou LITTÉR. **FORCE (qqch.) :** beaucoup de. *« J'ai dévoré force moutons »* LA FONTAINE. *Une île « pleine de beaux et grands arbres, et force vignes »* J. CARTIER. ■ **2** loc. adv. VX **À FORCE.** ➤ **beaucoup, extrêmement.** *« Ne vois-tu pas le sang, lequel dégoutte à force »* RONSARD. ◆ loc. prép. MOD. **À FORCE DE :** par beaucoup de, grâce à beaucoup de. *À force de patience, il finira par réussir.* ➤ **avec.** *« À force de plaisir notre bonheur s'abîme »* COCTEAU. — Suivi d'un v., exprime la répétition, l'intensité *« Quels cheveux sans couleur, à force d'être blonds ! »* STENDHAL. *« À force de penser à Marthe, j'y pensai de moins en moins »* RADIGUET. — loc. adv. FAM. **À FORCE :** à la longue. *À force, il a fini par y arriver.*

■ CONTR. Affaiblissement, asthénie, débilité, faiblesse, fatigue. Apathie, inertie, mollesse. Impuissance. Inefficacité. Douceur, persuasion. ■ HOM. Forces.

FORCÉ, ÉE [fɔʀse] adj. – XVIe « involontaire » ◇ de *forcer* ■ **1** Qui est imposé par la force humaine ou celle des choses. *Conséquence forcée.* ➤ **inéluctable, inévitable, nécessaire.** *« Le Mariage forcé », comédie de Molière* (1664). *Emprunt forcé.* ➤ **obligatoire.** *Cours forcé d'une monnaie* (➤ **inconvertible**). *Travaux* forcés. Résidence* forcée. L'avion a dû faire un atterrissage forcé. Un bain forcé.* ➤ **involontaire.** *Vente forcée. Carte* forcée.* MILIT. *Marche* forcée.* ◆ FAM. (Pour marquer le caractère nécessaire d'un évènement passé ou futur). *C'est forcé.* ➤ **évident, fatal, inévitable.** *Il perdra, c'est forcé !* (➤ **forcément**). *C'est forcé qu'il perde !* ■ **2** VIEILLI Qui manque de sincérité ou de naturel. ➤ **affecté, artificiel, contraint, embarrassé.** *« Vous vous moquez, me dit-il d'un air forcé »* MARIVAUX. MOD. *Un rire, un sourire forcé.* ➤ **factice.** ■ **3** Qui s'écarte du vrai ou du naturel. *Une comparaison forcée* (cf. Tiré par les cheveux*). *Effet forcé,* mal amené, trop recherché. ■ CONTR. Facultatif, libre. Naturel, vrai.

FORCEMENT [fɔʀsəmɑ̃] n. m. – 1341 ◇ de *forcer* ■ Action de forcer. ➤ **forçage.** *Le forcement d'un coffre, d'une serrure.* ➤ **effraction.** *Forcement d'un passage, d'un obstacle.*

FORCÉMENT [fɔʀsemɑ̃] adv. – XIVe ◇ de *forcé* ■ **1** VX D'une manière forcée, contrainte. *Elle me répondit « en souriant forcément »* BALZAC. ■ **2** MOD. D'une manière nécessaire, par une conséquence inévitable. ➤ **fatalement, inévitablement, nécessairement, obligatoirement ;** FAM. **automatiquement.** *Cela doit forcément se produire. Tu n'auras pas forcément raison. « Et il faut que ça arrive, c'est fatal, comme un caillou* [...] *qu'on a lancé en l'air et qui retombe, forcément »* ZOLA. ■ CONTR. Éventuellement, probablement.

FORCENÉ, ÉE [fɔʀsəne] adj. et n. – *forsenede* adj. XIe ◇ p. p. de l'ancien verbe *forsener* « être hors de sens », de *fors* et *sen* « sens »

I adj. ■ **1** VX Qui est hors de sens, qui perd la raison. ➤ **fou.** ■ **2** Fou de colère ; qui marque une rage folle. ➤ **furibond, furieux.** *« il continuait sa promenade forcenée* [...] *sans fatiguer sa rage impuissante »* GAUTIER. ■ **3** Emporté par une folle ardeur ; enragé, acharné. *Un chasseur forcené. Une imagination forcenée.*

II n. Personne en proie à une crise furieuse. *« Des bandes de forcenés parcourent la ville en semant la terreur »* GAUTIER. *Maîtriser un forcené. S'agiter, crier comme un forcené.* ◆ PAR EXT. Personne forcenée (2° ou 3°). *Travailler comme un forcené.*

■ CONTR. Raisonnable ; 2 calme.

FORCEPS [fɔʀsɛps] n. m. – 1692 ◇ mot latin « pinces » ■ Instrument obstétrical en forme de pinces à branches séparables (cuillères), qui sert à saisir la tête du fœtus pour en faciliter l'expulsion lors de certains accouchements. ➤ **fer.** *Accoucher au forceps.* ◆ FIG. *Loi votée au forceps,* difficilement (cf. À l'arraché).

FORCER [fɔʀse] v. ⟨3⟩ – début XIIIe, au sens de « faire céder (qqn) » (I, 2°) ◇ du latin populaire *fortiare,* famille de *fortis* → 1 fort

I ~ v. tr. ■ **1** Faire céder (qqch.) par force. *Forcer une porte, un coffre, un tiroir.* ➤ **briser, enfoncer, fracturer, rompre.** *Forcer une serrure.* ➤ **crocheter.** ◆ (début XIIIe) *Forcer un passage, l'entrée d'une ville.* ➤ **s'emparer, emporter, prendre.** *Forcer le blocus, un barrage.* — FIG. (1573) *Forcer la porte de qqn,* pénétrer chez lui malgré son interdiction. ■ **2** (début XIIIe) Faire céder (qqn) par la force ou la contrainte. ➤ **astreindre, contraindre, obliger.** *Il faut le forcer. Forcer la main à qqn,* le faire agir contre son gré. *Agir contraint et forcé.* ◆ **FORCER À... (qqch.).** *Cela me force à des démarches compliquées.* ➤ **condamner, entraîner, obliger, réduire.** *J'y suis forcé !* — *Forcer à, forcer de* (et inf.). *Forcer un malade à manger. Me voilà forcé de partir.* ■ **3** VX Venir à bout de (un adversaire). *« il fallut les poursuivre et les forcer* [les assiégés] *de maison en maison »* ROLLIN. ➤ **traquer.** — *Forcer une femme,* lui imposer un rapport sexuel non consenti. ➤ **violer.** ◆ S'assurer la maîtrise, la disposition d'une puissance comparable à un adversaire humain. *Forcer le destin. Forcer la chance.* ■ **4** VIEILLI Soumettre à une pression, une sujétion (les sentiments, les volontés). *Il prétend forcer les consciences.* ➤ **tyranniser.** *Je ne veux pas forcer ton cœur, ton inclination.* ➤ **violenter** (cf. Faire violence* à). ◆ MOD. Obtenir, soit par la contrainte, soit par l'effet d'un ascendant irrésistible. *Forcer l'admiration, l'estime de tout le monde.* ➤ **s'attirer, emporter, gagner.** *Forcer le respect.* ■ **5** (début XIIIe) Pousser au-delà de l'activité normale, de l'état normal ; imposer un effort excessif à. *Forcer un cheval.* ➤ **claquer, crever, fatiguer.** VÉN. *Forcer un cerf, un lièvre à la course,* les épuiser par une longue poursuite jusqu'à ce qu'ils soient aux abois. ◆ Soumettre à un exercice ou à un rythme excessif. (1668) *Forcer son talent. Chanteur qui force sa voix. Coureur qui passe en tête pour forcer l'allure.* ➤ **accélérer.** *Forcer un moteur.* ➤ **pousser.** ◆ HORTIC. *Forcer des fleurs, des plantes fourragères,* en hâter la floraison et la maturation, les faire produire hors de saison (➤ **forçage**). — p. p. adj. *Cultures forcées.* ■ **6** Dépasser (la mesure normale). ➤ **augmenter, exagérer.** *Forcer la dose. Forcer la note. Forcer le trait*.* ■ **7** Altérer, déformer par une interprétation abusive. ➤ **dénaturer, solliciter.** *Forcer la vérité. « Je ne veux pas forcer ce vers de Corneille. Je ne veux pas en forcer le sens »* PÉGUY.

II ~ v. intr. ■ **1** MAR. *Forcer de voiles, de rames, de vapeur :* aller vite en faisant agir les voiles, les rames, etc., le plus possible (cf. Faire force* de...). *Forcer sur les avirons :* ramer le plus vigoureusement possible. (1859) *La brise force,* devient plus violente. ➤ **forcir, fraîchir.** ◆ TECHN. Fournir ou subir un effort excessif (pièce, mécanisme). ◆ FAM. *Forcer sur* *qqch.*, en user sans modération. *Le cuisinier a forcé sur le sel.* ➤ **abuser** (de). *« un bombardier palestinien qui aurait forcé sur les amphétamines »* PENNAC. ▪ **2** Aux cartes, Monter. ▪ **3** Fournir un gros effort, se dépenser. *Il a gagné sans forcer. Prends ton temps, ne force pas.*

III ~ v. pron. SE FORCER Faire un effort sur soi-même. ➤ se **contraindre**, se **dominer.** *Mange, force-toi un peu ! Il n'aime pas se forcer. — Se forcer à :* s'imposer la pénible obligation de. ➤ **s'obliger.** *« Il faut donc se forcer à travailler tous les jours »* STENDHAL.

FORCERIE [fɔʀsəʀi] **n. f.** – 1862 ; « violence » 1283 ◊ de *forcer* ▪ Serre chaude pour le forçage. *Forcerie d'endives.*

FORCES [fɔʀs] **n. f. pl.** – XIIe ◊ latin *forfices*, plur. de *forfex* ▪ TECHN. Grands ciseaux destinés à tondre les moutons, à couper les étoffes, les feuilles de métaux. ▪ HOM. Force.

FORCING [fɔʀsiŋ] **n. m.** – 1912 ◊ mot anglais, de *to force* « forcer » ▪ ANGLIC. ▪ **1** Attaque sportive soutenue contre un adversaire qui se tient sur la défensive. *Faire le forcing.* — **Recomm. offic.** *pression.* ◆ FIG. (1968) FAM. Attaque à outrance, pression (contre un adversaire réel ou supposé). *Faire du forcing. Obtenir un rendez-vous au forcing.* ▪ **2** (1953) Effort ou entraînement intensif. *« Possibilités de forcing dans des boîtes à bachot »* (Le Monde, 1964).

FORCIPRESSURE [fɔʀsipʀesyʀ] **n. f.** – 1877 ◊ du latin *forceps* « pinces » et *presser* ▪ MÉD. Méthode d'hémostase provisoire par application d'une pince sur un vaisseau sanguin lésé.

FORCIR [fɔʀsiʀ] **v. intr.** ‹2› – 1865 ◊ de *fort* ▪ Devenir plus fort, plus gros. ➤ **engraisser, grossir.** *« il ne semblait pas avoir grandi, pas avoir forci »* GIRAUDOUX. ◆ *Le vent forcit.* ➤ **fraîchir.**

FORCLORE [fɔʀklɔʀ] **v. tr.** ‹45 ; surtout inf. et p. p.› – 1120 ◊ de *fors* et *clore* ▪ **1** VX Exclure. *N'est-ce pas « l'enfer de connaître le lieu du repos, d'en savoir le chemin, la porte, et de rester forclos ! »* GIDE. ▪ **2** DR. Priver du bénéfice d'une faculté ou d'un droit non exercé dans les délais fixés. *Il s'est laissé forclore.* — **p. p. adj.** (1549 ; « exclu » XIVe) Qui s'est laissé prescrire un droit. *Plaignant forclos.* ▪ **3** FIG. et DIDACT. **(surtout au p. p.)** Exclure en empêchant d'entrer. ◆ PSYCHAN. *Événement traumatique forclos du symbolique.* ➤ **forclusion** (3°).

FORCLUSION [fɔʀklyzjɔ̃] **n. f.** – 1446 ◊ de *forclore* ▪ **1** DR. Déchéance d'un droit non exercé dans les délais prévus par la loi. *Sous peine de forclusion.* ▪ **2** FIG. et DIDACT. Exclusion forcée ; impossibilité d'entrer, de participer. ▪ **3** PSYCHAN. Mécanisme psychique par lequel des représentations insupportables sont rejetées avant même d'être intégrées à l'inconscient du sujet (à la différence du refoulement*). *La forclusion serait à l'origine d'états psychotiques.*

FORDISME [fɔʀdism] **n. m.** – 1927 ◊ du nom du constructeur automobile *Henry Ford* ▪ ÉCON. Mode d'organisation du travail industriel visant à accroître la productivité par la standardisation, la rationalisation du travail (production en série, travail à la chaîne) et la spécialisation des ouvriers. ➤ aussi **ohnisme, taylorisme.**

FORENSIQUE [fɔʀɑ̃sik] **adj.** – 1817 ◊ anglais *forensic* (1659), latin *forensis* « de la place publique », de *forum* ▪ DIDACT. Qui s'applique aux problèmes légaux. *Psychiatrie forensique. — Science forensique* ou **n. f.** *la forensique.* ➤ **criminalistique.** — *Médecin forensique.* ➤ **légiste.**

FORER [fɔʀe] **v. tr.** ‹1› – fin XIIe ◊ latin *forare*, p.-ê. par l'italien ou le provençal ▪ **1** Percer un trou dans (une matière dure) à l'aide d'un outil perforant. *Forer une clé ; un canon. Forer une roche. Instruments servant à forer.* ➤ **foret, foreuse, perceuse, perforatrice, trépan.** ▪ **2** Former (un trou, une excavation) en creusant mécaniquement. *Forer un tunnel* (➤ **tunnelier**), *un puits de pétrole.* ▪ CONTR. 1 Boucher, combler.

FORESTERIE [fɔʀɛstəʀi] **n. f.** – 1946 ◊ de *forestier* ▪ TECHN. Ensemble des activités d'aménagement et d'exploitation des forêts. — On dit aussi **FORESTAGE n. m.**

FORESTIER, IÈRE [fɔʀɛstje, jɛʀ] **n. et adj.** – 1160 ◊ bas latin *forestarius* (IXe) ; de *forest* → forêt

I n. Personne qui exerce une charge dans une forêt, et SPÉCIALT une forêt du domaine public. ➤ **sylviculteur.** APPOS. *Technicien forestier. Les gardes forestiers.*

II adj. (XVIe) Qui est couvert de forêt ; qui appartient à la forêt. *Région forestière. Essences forestières. Chemin forestier. Maison forestière :* habitation du garde forestier. — *Code forestier,* qui détermine le régime des bois et forêts. ◆ CUIS. *(À la) forestière :* cuisiné avec des champignons (généralt de cueillette). *Perdreaux forestière.*

FORET [fɔʀɛ] **n. m.** – XIIIe ◊ de *forer* ▪ Instrument de métal servant à forer. ➤ 2 **drille,** 1 **mèche, vilebrequin, vrille.** *Foret à bois, à métaux. Foret en acier au carbure de tungstène pour forer le béton. Foret aléseur. Foret à centrer.* — SPÉCIALT (1967) CHIR. Instrument tranchant agissant par rotation, destiné à percer des trous dans un os ou à perforer le tissu d'une dent (➤ 4 **fraise, roulette, trépan**). ▪ HOM. Forêt.

FORÊT [fɔʀɛ] **n. f.** – *forest* XIIe ◊ bas latin *forestis*, probablt de *(silva) forestis* « (forêt) en dehors *(foris)* de l'enclos » ou « (forêt) du tribunal royal *(forum)* » ▪ **1** Vaste étendue de terrain peuplée principalement d'arbres ; ensemble de ces arbres. ➤ **bois, futaie ; sylv(i)-.** *« c'étaient des forêts et des forêts : à perte de vue [...] s'étendait ce superbe et sauvage manteau vert, qui abrite encore ses brigands et ses ours »* LOTI. *« la forêt s'est emplie de bruits étranges, inquiétants, cris et chants d'oiseaux, appels d'animaux inconnus, froissements de feuillage »* GIDE. *Forêt dense, impénétrable, sombre. La forêt amazonienne, équatoriale, tropicale. Forêt vierge. Forêt primaire,* qui n'a jamais connu d'intervention humaine ou qui est retournée à un état d'équilibre naturel, après au moins un siècle de régénération. *La forêt de Fontainebleau. Forêt de feuillus, de résineux. Forêt domaniale. À la lisière, à l'orée de la forêt. Promenade en forêt, dans la forêt. Pénétrer, s'enfoncer dans la forêt. Le sous-bois, les sentiers* (➤ 1 **layon**), *les clairières, les trouées d'une forêt. — L'écosystème de la forêt. Plantation, entretien et exploitation des forêts.* ➤ **foresterie, sylviculture ; aménagiste.** *Coupes* (➤ 2 **laie**) *d'une forêt en exploitation. Aménagement d'une forêt.* ➤ **futaie, gaulis, taillis.** *Destruction des forêts.* ➤ **déboisement, déforestation.** *Incendie de forêt.* — LOC. PROV. *Les arbres cachent la forêt :* les détails empêchent de voir l'ensemble. *C'est l'arbre qui cache la forêt.* ◆ **LES EAUX ET FORÊTS :** administration chargée de la délimitation, de la police, de la conservation, de la gestion et de l'exploitation des forêts de l'État. *Ingénieur des Eaux et Forêts.* ▪ **2** Quantité considérable d'objets verticaux, longs et serrés. ➤ **multitude, quantité.** *Une forêt de colonnes, de mâts. La ville est « une forêt d'aiguilles, de flèches et de tours qui se hérissent de toutes parts »* GAUTIER. ▪ **3** MÉTAPH. Ensemble touffu, inextricable. ➤ **labyrinthe.** *« dans la forêt de la pensée hindoue »* R. ROLLAND. ▪ HOM. Foret.

FORÊT-NOIRE [fɔʀɛnwaʀ] **n. f.** – XXe ◊ du n. propre *Forêt-Noire*, forêt d'Allemagne ▪ Gâteau au chocolat fourré de cerises et de crème chantilly. *Des forêts-noires.*

FOREUR [fɔʀœʀ] **n. m.** – 1838 ◊ de *forer* ▪ Ouvrier qui fore.

FOREUSE [fɔʀøz] **n. f.** – 1894 ◊ de *forer* ▪ Machine servant à forer le métal (➤ **perceuse**), les roches (➤ **perforatrice, trépan**).

FORFAIRE [fɔʀfɛʀ] **v.** ‹60 ; seult inf., indic. prés. (au sing.) et temps comp.› – 1080 ◊ de *fors* et *faire* ▪ **1 v. intr.** VX ou LITTÉR. Agir contrairement à ce qu'on a le devoir de faire (➤ 1 **forfait**). — **TRANS. IND.** *Forfaire à :* manquer gravement à. ➤ **forligner.** *« La vraie marque d'une vocation est l'impossibilité d'y forfaire »* RENAN. ▪ **2 v. tr.** ANCIENNT (DR. FÉOD.) *Forfaire un fief pour cause de félonie,* le rendre confiscable par quelque forfait.

1 **FORFAIT** [fɔʀfɛ] **n. m.** – XIe ◊ de *forfaire* ▪ LITTÉR. Crime énorme. ➤ **crime, faute.** *Commettre, expier un forfait. « La fortune toujours du parti des grands crimes ; Les forfaits couronnés devenus légitimes »* LAMARTINE.

2 **FORFAIT** [fɔʀfɛ] **n. m.** – *for-fait* 1647 ; *fayfort* 1580 ◊ de *fur* « taux » (→ fur) et *fait*, altération sous l'influence de 1 *forfait* ▪ **1** Convention par laquelle il est stipulé un prix fixé par avance d'une manière invariable pour l'exécution d'une prestation, d'un service. *Faire un forfait avec un entrepreneur pour la construction d'une maison. Forfait séjour, forfait vacances, (voyage à) forfait :* ensemble de prestations proposé par un voyagiste (dit *forfaitiste*, 1982). *Forfait pour les remontées mécaniques.* ➤ **abonnement,** 3 **passe.** *Forfait de téléphonie mobile. — Forfait hospitalier :* en France, somme fixe due pour un séjour dans un établissement de santé et restant à la charge du patient. ◆ **loc. adj. et adv. À FORFAIT :** à un prix fixé d'avance. *Travail à forfait* (opposé à *travaux en régie**). *Vendre, acheter à forfait. Tarification à forfait* (ou *forfaitisée*). ▪ **2** DR. FISC. Évaluation approximative du revenu des personnes non salariées pour déterminer leur imposition. *Le régime du forfait.*

3 **FORFAIT** [fɔʀfɛ] **n. m.** – 1829 ◊ anglais *forfeit*, de l'ancien français *forfait*, de *forfaire* ▪ HIPP. Indemnité que doit payer le propriétaire pour retirer d'une course un cheval déjà engagé. ➤ **dédit.** ◆ LOC. COUR. *Déclarer forfait :* annoncer qu'on ne prendra pas part à une épreuve. FIG. Ne pas participer à la compétition, abandonner, se retirer (cf. Jeter l'éponge*).

FORFAITAIRE [fɔʀfɛtɛʀ] adj. – 1893 ◊ de 2*forfait* ■ Fixé par un forfait ; à forfait. *Contrat forfaitaire. Achat, vente, prix forfaitaire. Impôt forfaitaire.*

FORFAITURE [fɔʀfetyʀ] n. f. – v. 1300 ; *forfeture* XIIIe ◊ de *forfaire* ■ 1 FÉOD. Violation du serment de foi* et hommage. ➤ **félonie, trahison.** — LITTÉR. Manque de loyauté. ■ 2 DR. Crime dont un fonctionnaire public se rend coupable en commettant certaines graves infractions dans l'exercice de ses fonctions (➤ **prévarication**). *Être accusé de forfaiture.* ■ CONTR. Fidélité, foi, loyauté.

FORFANTERIE [fɔʀfɑ̃tʀi] n. f. – 1669 ; «imposture, forfaiture» 1560 ◊ italien *furfanteria* «action malhonnête», de *furfante* «coquin», du français *forfaire* ■ 1 (sous l'influence de *fanfaron*) Caractère de qqn qui fait montre d'une impudente vantardise. ➤ **charlatanisme, hâblerie.** *«les actes de vertu où je ne vois ni forfanterie ni ostentation me font toujours tressaillir de joie»* ROUSSEAU. ■ 2 Action, parole de fanfaron, de vantard. ➤ **fanfaronnade, rodomontade, vantardise.** *«en dépit de ses forfanteries de langage,* [elle] *n'avait aucune force de caractère»* R. ROLLAND. ■ CONTR. Modestie, naturel.

FORFICULE [fɔʀfikyl] n. m. – 1791 ◊ latin *forficula,* diminutif de *forfex* → forces ■ ZOOL. Insecte *(dermaptères),* dont l'abdomen se termine par une paire de pinces cornées. ➤ **perce-oreille, pince-oreille.**

FORGE [fɔʀʒ] n. f. – XIIe aussi *faverge* ◊ du latin *fabrica* «atelier» ■ 1 COUR. Atelier où l'on travaille les métaux au feu et au marteau. *Artisans, ouvriers d'une forge.* ➤ **forgeron.** *Forge d'orfèvre, de serrurier. Forge de maréchal-ferrant. L'enclume, le soufflet, les outils* (tenailles, marteau) *de la forge.* ♦ (Par allus. au bruit de la forge) *Ronfler, souffler comme une forge :* avoir le souffle court, oppressé. — (Par allus. au feu) *Rougir, rougeoyer comme une forge.* ♦ PAR MÉTON. Fourneau (plateforme surmontée d'une hotte) sur lequel on met le métal à chauffer. *Travailler le métal à la forge. Au fond, «il y avait l'enclume, la forge, le grand soufflet noir»* BOSCO. ■ 2 MÉTALL. Installation où l'on façonne par traitement mécanique (à froid ou à chaud) les métaux et alliages. *Outillage de la grosse forge* (emboutisseuse, filière, laminoir, marteau-pilon, presse). ■ 3 VX Établissement où l'on fabrique le fer à partir du minerai ou de la fonte. ➤ **fonderie, fourneau.** — PLUR. Fonderie. *Maître de forges :* propriétaire d'une aciérie. ➤ 1 **fondeur.**

FORGEABLE [fɔʀʒabl] adj. – 1627 ◊ de *forger* ■ TECHN. Qui peut être forgé.

FORGEAGE [fɔʀʒaʒ] n. m. – 1755 ◊ de *forger* ■ TECHN. Mise en forme (d'un métal, d'un alliage) par déformation plastique. *Forgeage à froid par étirage, laminage, tréfilage. Forgeage à chaud par pressage, pilonnage. Forgeage au marteau.*

FORGER [fɔʀʒe] v. tr. ‹3› – v. 1120 *forgier* ◊ latin *fabricare* «fabriquer, façonner» ■ 1 Travailler (un métal, un alliage) à chaud, sur l'enclume et au marteau. ➤ **battre, bigorner, corroyer.** *Forger le fer, l'argent.* p. p. adj. *Métaux forgés. Fer* forgé.* PAR EXT. Travailler (un métal) pour lui donner une forme ou en améliorer la qualité. *Forger au marteau, au martinet. Presse à forger hydraulique. Forger à froid.* ➤ **écrouir.** — PROV. *C'est en forgeant qu'on devient forgeron :* c'est à force de s'exercer à qqch. qu'on y devient habile. — LOC. *Forger le caractère,* le former par des épreuves. *Partir étudier à l'étranger, ça forge le caractère.* ■ 2 Façonner (un objet de métal) à la forge. *Forger un fer à cheval, une pièce de mécanique, une clé.* LOC. FIG. VIEILLI *Forger les fers, les chaînes de qqn,* le rendre esclave. *«Le temps n'a pas forgé encore les chaînes de nos habitudes»* MAURIAC. ■ 3 FIG. Élaborer d'une manière artificielle ou pénible (➤ **fabriquer**). *Forger un mot nouveau. Forger une image, une métaphore, un plan.* ➤ **construire*, inventer.** p. p. adj. *Exemple forgé* (opposé à *cité*). ■ 4 Imaginer à sa fantaisie. *Se forger un idéal, des illusions. «je me forgeai bientôt des consolations»* ROUSSEAU. — Inventer. *Forger un prétexte, une excuse. Se forger un alibi. Nom, renseignement, récit forgé de toutes pièces.* ➤ **controuvé,** 1 **faux.**

FORGERON [fɔʀʒəʀɔ̃] n. m. – XIVe ◊ de *forger,* d'après *forgeur ;* a éliminé l'ancien français *fèvre* ■ Celui qui travaille le fer au marteau après l'avoir fait chauffer à la forge (➤ **forgeur**). SPÉCIALT Celui qui façonne à la forge les gros ouvrages en fer. *Le tablier de cuir du forgeron. Forgeron qui ferre un cheval* (➤ **maréchal-ferrant**). — PROV. *C'est en forgeant* qu'on devient forgeron.*

FORGEUR, EUSE [fɔʀʒœʀ, øz] n. – XIIIe ◊ de *forger* ■ 1 n. m. TECHN. Celui qui façonne un objet, un métal à la forge (➤ **forgeron**). *Un forgeur de couteaux.* MÉTAPH. *Napoléon «ce forgeur de jougs»* CHATEAUBRIAND. ■ 2 Personne qui forge (3°, 4°). ➤ **fabricant, inventeur.** *Un forgeur de contes, de calomnies* (ACADÉMIE).

FORINT [fɔʀint] n. m. – 1946 ◊ mot hongrois ■ Unité monétaire hongroise, divisée en 100 fillérs. *Des forints.*

FORJETER [fɔʀʒəte] v. ‹4› – XIIe ◊ de *fors* et *jeter* ■ ARCHIT. ■ 1 v. tr. Construire en saillie, hors d'un alignement. ■ 2 v. intr. Sortir de l'alignement, de l'aplomb. *Mur, bâtiment qui forjette.*

FORLANCER [fɔʀlɑ̃se] v. tr. ‹3› – 1690 ◊ de *fors* et *lancer* ■ VÉN. Faire sortir (une bête) de son gîte.

FORLANE [fɔʀlan] n. f. – 1732 ◊ italien *furlana* «danse du Frioul», fém. de *furlano,* dialectal pour *friulano* «du Frioul» ■ Ancienne danse italienne à deux temps, vive et animée ; sa musique dans la suite instrumentale au XVIIIe s.

FORLIGNER [fɔʀliɲe] v. intr. ‹1› – XIIe «descendre d'ancêtres» ◊ de *fors* et *ligne* ■ 1 VX Dégénérer de la vertu de ses ancêtres. *«Souviens-toi de qui tu es fils, et ne forligne pas»* CHATEAUBRIAND. ■ 2 Déchoir, forfaire. *«Les nobles d'autrefois croyaient forligner en s'occupant de littérature»* RENAN. ➤ **déroger.**

FORLONGER [fɔʀlɔ̃ʒe] v. tr. ‹3› – 1778 ; intr. 1375 ; *forsloignier* XIIe ◊ de *fors* et *longer* ■ VÉN. Laisser en arrière, distancer. *Cerf qui forlonge la meute.*

FORMAGE [fɔʀmaʒ] n. m. – 1877 ; «dessin» 1512 ◊ de *former* ■ TECHN. Opération de mise en forme (d'un objet). *Procédés de formage d'un métal :* cintrage, emboutissage, étirage, fluotournage, profilage, etc.

FORMALDÉHYDE [fɔʀmaldeid] n. m. – 1848 ◊ de *form(ique)* et *aldéhyde* ■ CHIM. Aldéhyde formique, gaz incolore et irritant (HCHO), utilisé en solution comme désinfectant (➤ **formol**) et dans la synthèse organique. ➤ **méthanal.**

FORMALISATION [fɔʀmalizasjɔ̃] n. f. – 1945 ◊ de *formaliser,* probablt d'après l'anglais *formalization* ■ DIDACT. Réduction aux structures formelles. *La formalisation de la logique.* ➤ **axiomatisation.** *Formalisation en linguistique.*

FORMALISER [fɔʀmalize] v. tr. ‹1› – 1878 ◊ de *formel,* d'après l'anglais *to formalize* ■ DIDACT. Réduire (un système de connaissances) à ses structures formelles. *Formaliser un raisonnement.* ➤ **axiomatiser ; formalisation.** *Syntaxe formalisée.* — p. p. adj. *Opérations logiques formalisées. Logique formalisée.* ➤ **axiomatique, logistique.** — adj. **FORMALISABLE.** *Description formalisable.*

FORMALISER (SE) [fɔʀmalize] v. pron. ‹1› – 1539 ◊ de *formel,* d'après le latin *formalis* ■ Être choqué d'un manquement à la politesse formelle, au savoir-vivre, aux conventions sociales. ➤ **s'offenser, s'offusquer, se piquer, se vexer.** *Se formaliser pour un rien, de tout. Ne vous formalisez pas. Ils «se formalisèrent qu'on n'eût pas commencé par eux»* VOLTAIRE.

FORMALISME [fɔʀmalism] n. m. – 1823 ◊ de *formel,* d'après le latin *formalis* ■ Considération exclusive de la forme. ■ 1 Attachement scrupuleux aux formes extérieures, aux règles de la vie sociale, religieuse, etc. ■ 2 PHILOS. Doctrine qui soutient que les vérités scientifiques sont purement formelles, et reposent sur des conventions. ■ 3 DR. Principe par lequel la validité des actes est strictement subordonnée à l'observation de formes, de formalités. *Formalisme juridique, administratif, diplomatique.* ■ 4 Tendance à rechercher trop exclusivement la beauté formelle en art. — Doctrine selon laquelle les formes artistiques se suffisent à elles-mêmes (opposé à *réalisme*). *Le formalisme russe* (1916-1930) : école de critique littéraire fondée sur l'analyse structurale, formelle des textes.

FORMALISTE [fɔʀmalist] adj. – 1570 ◊ du latin *formalis* «relatif à la forme» ■ 1 Qui observe les formes, les formalités avec scrupule. *Secrétaire juridique formaliste* (métier). PAR EXT. Où les formes, les règles sont strictement observées. *Religion, droit, société formaliste.* — PÉJ. Qui est trop attaché aux conventions sociales, aux usages reçus. ➤ **protocolaire.** *Il est très formaliste. «cette Compagnie, esclave des règles et formaliste, n'entend faire la guerre que par arrêts et par huissiers»* SAINTE-BEUVE. ■ 2 Qui est partisan du formalisme, en philosophie, en art, en littérature ; relatif au formalisme. *Mathématicien, écrivain, peintre formaliste. École formaliste.* n. *Les formalistes russes.* ■ CONTR. Naturel, simple.

FORMALITÉ [fɔʀmalite] n. f. – 1425 ◊ du latin *formalis* «relatif à la forme» ■ 1 Opération prescrite par la loi, la règle, et qui est liée à l'accomplissement de certains actes (juridiques, administratifs, religieux) comme condition de leur validité. ➤ **forme, procédure.** *«Il ne faut point de formalités pour* *voler, et il en faut pour restituer»* VOLTAIRE. *Formalités administratives, douanières. Formalités des donations, des testaments. «nous allons accomplir les petites formalités d'usage»* SARTRE. *Sans autre formalité* (cf. Sans autre forme de procès*). *Attachement excessif aux formalités.* ➤ **formalisme, formaliste.** ▪ **2** Acte, geste imposé par le respect des convenances, des conventions mondaines. ➤ **cérémonial, cérémonie, étiquette.** *Se plier aux formalités d'usage en pareil cas. Pas de formalités entre nous, on se tutoie !* ➤ **manière ;** FAM. 1 **chichi.** ▪ **3** Acte qu'on doit accomplir, mais auquel on n'attache pas d'importance ou qui ne présente aucune difficulté. *Ce n'est qu'une petite, une simple formalité.*

FORMANT [fɔʀmɑ̃] **n. m.** – 1951 *formans* ◇ p. prés. du latin *formare* ▪ **1** LING. Élément (morphème lexical) de formation d'un mot complexe. ▪ **2** ACOUST., MUS. Dans un spectrogramme, Fréquence renforcée par un résonateur, qui détermine le timbre caractéristique. *Les formants d'un a, d'un i.*

FORMAT [fɔʀma] **n. m.** – 1723 ◇ probablt de l'italien *formato,* de *formare* «former» ▪ **1** Dimension caractéristique d'un imprimé (livre, journal), déterminée par le nombre de feuillets d'une feuille pliée ou non. *Format in-plano, in-folio, in-quarto, in-octavo, in-douze, in-seize, in-dix-huit.* — PAR EXT. Dimensions d'un livre en hauteur et en largeur. *Livre de petit format, format de poche.* ▪ **2** Dimension caractéristique de la feuille de papier, généralement désignée par son filigrane. ➤ **aigle, cavalier,** 2 **colombier, coquille,** 1 **écu, jésus, raisin, tellière, univers.** — PAR ANAL. *Format d'une gravure, d'un tableau.* ▪ **3** Dimension fixée, standard (d'un matériel, d'un support d'information). *Film de format 35 mm. Photo de format 9×13. Pellicule de format 24×36. Format portrait*, paysage*, à l'italienne, à la française. Journal de format tabloïd. «Quoique ce disque d'un petit format ne soit pas bien long»* MICHAUX. ➤ **calibre.** *Format d'écran :* longueur de la diagonale ou rapport entre la largeur et la hauteur. ▪ **4** (d'après l'anglais) INFORM. Mise en forme de la structure (d'un support informatique) selon laquelle seront disposées les données. *Définir le format d'une disquette vierge* (➤ **formater**).

FORMATER [fɔʀmate] **v. tr.** ‹1› – v. 1970 ◇ anglais *to format,* de *format* ▪ **1** INFORM. Donner un format à (un support de données). *Formater le disque dur.* ▪ **2** FIG. Rendre conforme à un modèle. *Formater les élèves. «Ils aspiraient peut-être à autre chose, ils avaient été formatés, n'avaient pas pu y échapper»* CH. ANGOT. — *Pensées formatées.* — **n. m. FORMATAGE.**

FORMATEUR, TRICE [fɔʀmatœʀ, tʀis] **n. et adj.** – XVe ◇ latin *formator,* de *formare ;* a remplacé *formere, formeor* ▪ **1** RARE Ce qui donne une forme, qui impose un ordre. VX *«Dieu, parfait architecte et absolu formateur de tout ce qui est»* BOSSUET. ➤ **créateur, démiurge.** ▪ **2** Personne chargée de former des professionnels. *Formation de formateurs.* ▪ **3** Dans certains pays (Belgique, Luxembourg, Pays-Bas...), Homme ou femme politique chargé(e) par le chef de l'État de former une coalition gouvernementale après des élections ou la démission du gouvernement. *Le formateur est souvent appelé à devenir le chef du nouveau gouvernement.* ▪ **4 adj.** Qui forme. *Influence, expérience formatrice.* — LING. *Éléments formateurs.* ➤ **formant.** ▪ CONTR. Destructeur ; déformateur.

FORMATIF, IVE [fɔʀmatif, iv] **adj.** – v. 1280, repris en 1808 ◇ du latin *formare* ▪ DIDACT. Qui sert à former. ➤ **formateur.**

FORMATION [fɔʀmasjɔ̃] **n. f.** – 1160 ◇ latin *formatio,* de *formare* → former

I LE FAIT DE FORMER, DE SE FORMER Action de former, de se former ; manière dont une chose se forme ou est formée. ➤ **composition, constitution, création, élaboration.** *Être en cours, en voie de formation, en formation. Concourir à la formation d'une entreprise, d'une société, d'une équipe.* ➤ **fondation, institution, organisation.** *Formation d'un nouveau parti. Formation d'une nation, d'un empire.* — *Formation des fruits.* ➤ **nouaison.** — *Formation de l'embryon.* ➤ **développement ; embryogenèse.** *Formation et différenciation du système nerveux.* ABSOLT, FAM. *Époque, âge de la formation,* où l'organisme arrive à l'état physiologique adulte. ➤ **puberté.** *«j'ai la poitrine plate et aucun signe de formation»* A. ERNAUX. — (1550) *Formation de mots par composition, dérivation. Mot de formation savante. Élément de formation.* ➤ **formant.** *Formation d'un énoncé, de la phrase.* ➤ **morphosyntaxe, syntaxe.** *Formation du pluriel en français.*

II CE QUI EST FORMÉ ▪ **1** (XVIIIe) GÉOL. Couche de terrain d'origine définie. *Formation quaternaire, sédimentaire, métamorphique.* ▪ **2** BOT. Ensemble de végétaux présentant un faciès analogue. *Formation arbustive.* ▪ **3** (1835) MILIT. Mouvement par lequel une troupe prend une disposition ; cette disposition. *Formation en carré, en ligne. Avions en formation triangulaire.* ▪ **4** Groupement militaire. ➤ **groupe, unité.** *Formation aérienne. «Nous apercevons une formation de 50 à 70 avions ennemis, des Heinkel précédés de Junker 87 escortés par des Messerschmitt 110»* CENDRARS. — MAR. Groupe articulé de bâtiments de guerre. ▪ **5** PAR ANAL. Groupe de personnes ayant un intérêt, un but commun. *Les grandes formations politiques, syndicales.* ➤ **organisation,** 1 **parti.** *Formation sportive.* ➤ **équipe.** — *Formation musicale, instrumentale, symphonique. Grande, petite formation* (de jazz). ➤ 2 **ensemble, groupe, orchestre.** *«Piano, basse, batterie. La plus belle formation selon Simon»* CH. GAILLY.

III ÉDUCATION, INSTRUCTION ▪ **1** (XXe) Éducation intellectuelle et morale d'un être humain (➤ **développement**) ; moyens par lesquels on la dirige, on l'acquiert (➤ **éducation, instruction**) ; résultats ainsi obtenus (➤ **connaissance,** 2 **culture**). *La formation du caractère, du goût. Avoir reçu une solide formation littéraire, juridique. Céline était médecin de formation. «Je ne puis me retenir d'espérer qu'entre gens de même formation, de même culture, on puisse toujours à peu près s'entendre»* GIDE. ▪ **2** SPÉCIALT Ensemble de connaissances théoriques et pratiques dans une technique, un métier ; leur acquisition. *Formation des jeunes.* ➤ **apprentissage.** *Formation professionnelle, continue, permanente des adultes.* ➤ **recyclage.** *Congé individuel de formation (CIF). Droit individuel à la formation. Formation et autoformation. Stage de formation* (➤ **qualifiant**). *Suivre une formation en informatique. «Après quelques mois de formation interne, il était parti au Venezuela — sa première mission»* HOUELLEBECQ. *Formation en ligne :* recomm. offic. pour *e-learning. Personne sans formation.* ➤ **qualification.** *Formation pédagogique des maîtres.*
▪ CONTR. Déformation, destruction.

FORME [fɔʀm] **n. f.** – fin XIe, au sens technique (V. I°) ◇ du latin *forma,* qui a également donné *fourme* → formule, fromage

I APPARENCE, ASPECT VISIBLE A. MANIÈRE DONT QQCH., QQN SE MANIFESTE À LA VUE, AU TOUCHER ▪ **1** (début XIIe) Ensemble des contours (d'un objet, d'un être) résultant de la structure de ses parties et le rendant identifiable. ➤ **apparence, aspect, configuration, conformation, contour, dehors (n. m.),** 2 **extérieur, figure ; morph(o)-.** *Avoir une forme régulière, symétrique, irrégulière, bizarre. Objet de forme allongée, sphérique. Qui présente des formes différentes.* ➤ **hétéromorphe, multiforme, polymorphe ; protéiforme.** *Sans forme, sans forme précise.* ➤ **informe.** *Changer de forme :* se transformer. ➤ **se métamorphoser ; avatar, métamorphose.** *N'avoir plus forme humaine.* ➤ **figure.** *Prendre forme, acquérir une forme :* se former. FIG. *Le projet prend forme.* ➤ 1 **tournure.** *Étude des formes des minéraux, des êtres vivants.* ➤ **morphologie.** ♦ Être ou objet confusément aperçu et dont on ne peut préciser la nature. *Une forme imprécise disparaît dans la nuit.* ➤ **apparition,** 1 **ombre, vision.** *«J'ai cru qu'une forme voilée Flottait là-bas sur la forêt»* MUSSET. ▪ **2** (milieu XIIe) Apparence extérieure donnant à un objet ou à un être sa spécificité ; modèle à imiter, à reproduire. *Donner sa forme à une matière* (➤ **formage, préformage**). *La forme d'un vase. Forme d'un vêtement.* ➤ 2 **coupe, façon.** ♦ (fin XIIe) **EN FORME DE.** *Un pendentif en forme de cœur.* ♦ **EN FORME.** *Jupe en forme,* qui, par sa coupe, s'applique aux hanches puis s'évase. ♦ *Sous la forme de :* avec l'apparence de. *Zeus séduisit Danaé sous la forme d'une pluie d'or.* — **SOUS FORME DE,** se dit de l'aspect variable que prend une chose dont la nature demeure inchangée. *Carbone sous forme de graphite, de diamant. Médicament présenté sous forme de gélules.* ▪ **3** LITTÉR. Apparence physique (d'un être humain pris individuellement). ➤ **silhouette,** 1 **tournure.** *«elle suivait de l'œil les ondulations de sa forme longue dans le fourreau de satin noir»* FRANCE. ♦ COUR. *Les formes :* les contours du corps humain ; SPÉCIALT les rondeurs féminines. *Formes pleines, généreuses, parfaites. Elle a de jolies formes* (cf. Être bien faite*, FAM. bien foutue*, bien roulée*). *Vêtement, robe qui épouse, moule les formes.* FAM. *Prendre des formes* (➤ **grossir**). ▪ **4** Ces apparences sensibles, visuelles ou plastiques considérées d'un point de vue esthétique. ➤ **dessin, galbe, ligne, modelé, relief, tracé.** *Beauté d'une forme, des formes* (➤ **plastique**). *Formes pures, géométriques. «Quand la couleur est à sa richesse, la forme est à sa plénitude»* CÉZANNE. *L'artiste «pense et sent directement avec les formes, comme d'autres avec les mots»* R. HUYGHE. *«La Vie des formes»,* ouvrage d'Henri Focillon. *«la mise en situation esthétique, à un niveau correspondant à l'homme de Néanderthal, celui des formes nées du jeu des forces naturelles»* LEROI-GOURHAN.

B. RÉALISATION PARTICULIÈRE ET CONCRÈTE D'UN FAIT GÉNÉRAL

■ 1 (XVe) Manière variable dont une notion, une idée, un évènement, une action, un phénomène se présente. *Les différentes formes de l'énergie, de la vie.* ➤ **apparence, aspect, état, modalité, variété.** *De forme variable, constante. Les différentes formes que prend, que revêt l'expérience humaine. « l'esclavage et la traite des esclaves sont interdits sous toutes leurs formes »* (DÉCLARATION DES DROITS DE L'HOMME). *« l'éternelle monotonie de la passion, qui a toujours les mêmes formes et le même langage »* FLAUBERT. *« cette entrevue prit la forme d'un déjeuner d'affaires »* ROMAINS. ➤ **allure, 3tour.** ■ 2 (XVIe) Mode particulier selon lequel une société, un ensemble est organisé. ➤ **organisation, 1régime, statut.** *« Quelle que soit la forme de gouvernement, monarchie, aristocratie, démocratie »* FUSTEL DE COULANGES. *Forme d'une société de commerce.* ■ 3 (1835) Aspect matériel sous lequel se présente un terme ou un énoncé. *Étude des variations de forme.* ➤ **morphosyntaxe.** *Forme canonique d'un mot. Forme du singulier, du pluriel ; du masculin, du féminin. Forme active, passive d'un verbe.* ➤ **voix.** ◆ LING. Unité linguistique. *L'affixe est une forme liée.* — Structure de l'expression ou du contenu (opposé à *substance*). *La langue est un ensemble de formes.* ◆ MATH. Fonction à valeur scalaire, caractérisée par un qualificatif. *Forme algébrique, cartésienne d'un nombre complexe. Forme extensive, indéterminée.* ■ 4 (XIVe) Manière dont une pensée, une idée s'exprime (➤ **expression, langage**). *Donner à sa pensée, à une idée une forme nouvelle. Des maximes qui « sous une forme abrupte, concise et bizarre, contiennent toute l'esthétique de la peinture »* GAUTIER. — SPÉCIALT Type déterminé sur le modèle duquel on compose, on construit une œuvre d'art. *Poème en forme d'acrostiche. Poème à forme fixe,* dont le nombre de vers, la disposition des rimes, la composition sont réglés. *« ces petits genres qu'on peut appeler les "formes fixes" de la prose, ont été le portrait et la maxime »* LANSON. *Composition de forme sonate.* ◆ Manière dont les moyens d'expression sont organisés en vue d'un effet esthétique ; l'effet produit par cette organisation. ➤ **expression, style.** *Opposer la forme au fond, au contenu, à la matière. « Ce que j'aime par-dessus tout, c'est la forme, pourvu qu'elle soit belle, et rien au delà »* FLAUBERT. *« Il convient que la beauté de la forme s'ajoute aux mérites du contenu, et non qu'elle les remplace »* CAILLOIS.

II MANIÈRE D'AGIR, DE PROCÉDER ■ 1 PLUR. Manières polies, courtoises. *Apprenez-lui cet échec en y mettant les formes,* avec des précautions, des atténuations. — Au sing. *« sans avoir tenté d'y mettre la moindre forme pour m'épargner »* DJIAN. ■ 2 (fin XIIIe) Manière de procéder, d'agir selon les règles convenues, établies. ➤ **formalité, règle.** *Les formes de l'étiquette. Respecter la forme, les formes consacrées* (➤ **formalisme**). ◆ *Dans les formes, en forme :* avec les formes habituelles. *Demande déposée dans les formes.* ■ 3 DR. (1549) Aspect extérieur d'un acte juridique, d'un jugement. *Forme libre. Forme réglementée. Forme déterminée par la loi.* ➤ **formalité, formule.** *Nullité pour vice* de forme. En forme, en bonne forme :* dans le respect des formalités, des conventions de forme. *Contrat en bonne forme. En bonne et due forme. Rédiger dans les formes.* ➤ **libeller.** — FIG. (1585) *Sans autre forme de procès*.* — (1587) **POUR LA FORME :** par simple respect des usages ou conventions. *« moi, son fils, je ne l'ai jamais consulté que pour la forme, après m'être renseigné ailleurs et décidé en dehors de lui »* MARTIN DU GARD. **DE PURE FORME :** uniquement formel, sans examen du fond. *Contrôle de pure forme.*

III CONDITION PHYSIQUE (1858) Condition physique (d'un cheval, d'un sportif, etc.) favorable aux performances. *Être en pleine forme pour courir un cent mètres, pour passer un examen. Athlète au mieux de sa forme. Être dans une forme éblouissante, olympique. Mauvaise forme.* ➤ **méforme.** *Club de mise en forme, de remise en forme.* ➤ **fitness.** — ABSOLT Bonne condition physique et intellectuelle. *Être, se sentir en forme, en pleine forme* (cf. FAM. Être d'équerre). FAM. *Avoir la forme.* ➤ **frite, 1pêche.** *Tenir, péter la forme.*

IV DIDACT. PRINCIPE INTERNE D'UNITÉ ■ 1 (fin XIIIe) PHILOS. ANC. Chez Aristote, Principe d'organisation et d'unité de chaque être. — Chez les scolastiques, Principe substantiel d'un être individuel (opposé à *matière* ou *substance* et à *accident, apparence*). ■ 2 LOG. Ce qui règle l'exercice de la pensée, ou impose des conditions à notre expérience. *Forme d'un jugement, d'un raisonnement.* — Chez Kant, Lois de la pensée, qui établissent des rapports entre les données immédiates de la sensation (ou « matière »). *Formes de l'entendement.* ➤ **catégorie.** *Formes de la raison.* ➤ **idée.** ■ 3 (XXe) PSYCHOL., BIOL. *Théorie de la Forme* (➤ **gestaltisme**) : théorie selon laquelle les propriétés d'un phénomène psychique ou d'un être vivant ne résultent pas de la simple addition des propriétés de ses éléments, mais de l'ensemble des relations entre ces éléments. ➤ **structure.** ◆ Toute réalité (organisme, fait psychique, ensemble concret ou abstrait) considérée dans sa structure. *« Les faits psychiques sont des formes »* P. GUILLAUME. *« La langue est une forme et non une substance »* SAUSSURE.

V DANS DES APPLICATIONS TECHNIQUES (XIIe) ■ 1 Ce qui sert à donner une forme déterminée à un produit manufacturé. ➤ **gabarit, modèle, 1moule, 2patron.** Pièce ayant la forme du pied et servant à la fabrication ou au maintien en bon état des chaussures. *Bottier qui monte une chaussure sur une forme. Formes que l'on place dans les chaussures.* ➤ **embauchoir.** — (1636) Moule plein servant à la fabrication des chapeaux. *Forme de modiste.* ➤ **champignon.** PAR MÉTON. Partie du chapeau destinée à recevoir la tête (opposé à *bord*). COUR. *Chapeau haut de forme.* ➤ **haut-de-forme.** ■ 2 (1636) Moule creux. ➤ **matrice.** *Forme à pain de sucre ; forme à fromage.* ➤ **cagerotte, caseret.** ◆ (1555) Châssis utilisé dans la fabrication manuelle du papier. *Papier à la forme.* ■ 3 (1549) IMPRIM. Composition imposée, serrée dans un châssis ; châssis qui maintient la composition. *« Les rotativistes débarrassaient les cylindres des formes du journal »* DAENINCKX. ■ 4 (1386) MAR. Bassin. *Forme de radoub, forme sèche.* ➤ **ber, 1cale.** *Forme flottante.* ➤ **dock** (flottant). *Un navire avarié qui passe en forme.* ■ 5 (1680) PONTS ET CHAUSSÉES Couche de sable sur laquelle on établit le pavé. — Lit de poussier, etc., sur lequel on pose des carreaux. ■ 6 (*fourme* v. 1320) VX ou VÉN. Gîte du lièvre, du renard. *Lièvre en forme,* au gîte.

■ CONTR. Essence, matière, réalité. Âme, esprit. Fond ; 2contenu, matière, substance, 3sujet. — Accident, apparence ; matière.

-FORME ■ Élément, du latin *-formis,* de *forma* « forme » : *épileptiforme, multiforme, piriforme.*

FORMÉ, ÉE [fɔʀme] adj. – 1160 ◊ de *former* ■ 1 Qui a pris sa forme, qui a achevé son développement normal. *Fruit formé. Épi formé.* ◆ *Jeune fille formée.* ➤ **nubile, pubère.** *« Ne dit-on pas des filles impubères qu'elles ne sont pas "formées" ? C'est qu'on estime qu'elles ne ressemblent pas encore à grand-chose »* C. MILLET. ◆ *Avoir le jugement, le goût, l'esprit formé. « L'habitude, une fois formée, enchaîne et délivre »* VALÉRY. ■ 2 *Mot bien formé, phrase bien formée,* dont la construction est correcte, conforme aux règles de la langue (➤ **élément ; morphologie**). ■ 3 MAR., MÉTÉOROL. *Mer formée,* avec de grandes vagues. *« mer formée, houle régulière, vent faible »* KERANGAL.

FORMEL, ELLE [fɔʀmɛl] adj. – v. 1270 ◊ latin *formalis,* de *forma* → forme ■ 1 Dont la précision et la netteté excluent toute méprise, toute équivoque. ➤ **clair, explicite, 1positif, 1précis.** *Déclaration formelle ; démenti formel. Consentement, refus formel.* ➤ **catégorique.** *Affirmer en termes formels, d'une manière formelle.* ➤ **assuré, certain, sûr.** *Preuve formelle.* ➤ **incontestable, indéniable, indiscutable, irréfutable.** *« Elle s'offre à moi dans les termes les plus formels »* MONTHERLANT. — PAR EXT. Qui énonce qqch. d'une manière formelle. ➤ **absolu.** *Il a été formel sur ce point. La loi est formelle.* ■ 2 Qui concerne uniquement la forme. *Une distinction purement formelle. Qualités formelles d'une œuvre.* ◆ Qui considère la forme, l'apparence plus que la matière, le contenu. *Classement, plan formel. Politesse formelle,* tout extérieure. ➤ **formaliste.** ◆ DR. *Critère formel de la loi* (opposé à *critère matériel*). *Acte juridique formel,* dont un document atteste l'existence. ■ 3 PHILOS. Qui concerne la forme (IV), qui possède une existence actuelle, effective. *Cause formelle.* ■ 4 LOG., MATH. Qui concerne la forme (IV, 2°, 3°), l'ensemble des relations entre éléments. ➤ **structural.** *La logique formelle* (➤ **logistique**) *étudie la forme des opérations de l'entendement sans considérer la matière sur laquelle elles s'effectuent. « En mathématiques, la relation* $(a + b)^2 = a^2 + b^2 + 2ab$ *est* formelle *en tant qu'elle reste vraie pour tous les nombres réels »* LALANDE. *Arithmétique* formelle. Rendre un raisonnement entièrement formel.* ➤ **formaliser.** ■ CONTR. Ambigu, douteux, tacite. Informel.

FORMELLEMENT [fɔʀmɛlmɑ̃] adv. – *fourmelement* XIVe ◊ de *formel* ■ 1 De façon formelle. *La vérité a été formellement établie.* ➤ **certainement, clairement, nettement, rigoureusement.** *Il est formellement interdit de fumer.* ➤ **absolument.** *S'engager formellement à payer sa dette.* ■ 2 En considérant la forme. *Raisonnement formellement juste.*

FORMER [fɔʀme] v. tr. ⟨1⟩ – milieu XIIe ◊ du latin *formare,* famille de *forma* → forme

I DONNER L'ÊTRE ET LA FORME À ■ 1 (En parlant du Créateur, de la Nature) ➤ **créer, 1faire, informer.** *« Dieu forma l'homme à son image »* (BIBLE). ■ 2 (1647) VX Concevoir, engendrer. *« Songez*

qu'une barbare en son sein l'a formé» RACINE. ▪ **3** (1604) Concevoir par l'esprit. ➤ **imaginer.** *Former un projet, le dessein de... Former des vœux pour la réussite de qqch.* ➤ **formuler.** ▪ **4** Faire exister (un ensemble, une chose complexe) en arrangeant des éléments. *Former une collection, une bibliothèque. Former un train, un convoi.* ◆ FIG. *Former un gouvernement. Former une société.* ➤ **constituer, établir, fonder, instituer, organiser.** ▪ **5** (CHOSES) Être la cause de. ➤ 1 **causer, produire.** *L'eau calcaire forme du tartre.* ◆ Constituer. *Le sable forme des dunes.*

II DONNER UNE CERTAINE FORME À (QQCH.) ▪ **1** (milieu XIIe) Façonner en donnant une forme déterminée. *Bien former ses lettres.* ➤ **calligraphier, écrire.** — *Former un numéro de téléphone.* ➤ **composer.** ▪ **2** (1580, Montaigne) Développer (une aptitude, une qualité) ; exercer ou façonner (l'esprit, le caractère de qqn). ➤ **cultiver, éduquer, élever, enseigner, instruire.** *Former l'intelligence.* ➤ **développer.** *Former le caractère.* ➤ **forger.** *Former son goût par de bonnes lectures. «Afin de me "former le caractère," mes parents m'avaient placé en demi-pension»* ÉTIEMBLE. — *Former des soldats.* ➤ **discipliner, dresser, entraîner.** *Former un apprenti. «cette discipline était énergique, bien propre à former des hommes»* DUHAMEL. — PROV. *Les voyages forment la jeunesse.*

III COMPOSER (UNE FORME) ▪ **1** (milieu XVIIe, Pascal) Entrer dans un ensemble en tant qu'élément constitutif. ➤ **composer, constituer.** *Parties qui forment un tout, un ensemble, une synthèse. Former un contraste. Lettres formant un mot.* — *Former un attroupement. Les personnes qui forment une assemblée. «Aux armes citoyens ! Formez vos bataillons !»* (La Marseillaise). *Musiciens qui forment un groupe. Ils forment un beau couple. «Nos deux âmes ne forment plus Qu'une âme»* LAMARTINE. ▪ **2** (1563) Prendre la forme, l'aspect, l'apparence de. ➤ 1 **faire.** *La route forme une série de courbes.* ➤ **dessiner, présenter.** *Les arbres forment une voûte.* — *Ils formaient cercle autour du feu de camp.*

IV SE FORMER v. pron. ▪ **1** (1580) Acquérir, recevoir l'être et la forme. ➤ **apparaître,** se **constituer,** se **créer, naître.** *Manière dont la terre s'est formée. Une pellicule s'est formée sur le lait.* — *«Des couples se formaient et se déformaient»* ARAGON. — **(Idées, sentiments)** *«Ces idées se formèrent dans mon esprit en moins d'une seconde»* FRANCE. ▪ **2** Prendre une certaine forme. *L'armée se forma en carré, en ordre de bataille. Les manifestants se formèrent en cortège.* ▪ **3** Prendre, achever de prendre sa forme normale. ➤ se **développer.** *Les fruits commencent à se former.* ➤ **nouer.** ▪ **4** (1688, Bossuet) S'instruire, se cultiver, apprendre son métier. *Se former sur le tas. «Corneille s'était formé tout seul»* VOLTAIRE.

▪ CONTR. Déformer, détruire.

FORMERET [fɔʀməʀɛ] n. m. – *fourmoyret* 1397 ◇ de *forme* «fenêtre d'église» en moyen français ▪ ARCHIT. Arc dans l'axe de la voûte, recevant sa retombée. *Les formerets et les doubleaux.*

FORMIATE [fɔʀmjat] n. m. – 1787 adj. ◇ de *formique* et suffixe chimique *-ate* ▪ CHIM. Sel ou ester de l'acide formique. *Formiate de sodium.*

FORMICA [fɔʀmika] n. m. – 1950 ◇ nom déposé, d'après *formique* ▪ Matériau stratifié recouvert de résine artificielle.

FORMICANT, ANTE [fɔʀmikɑ̃, ɑ̃t] adj. – XVIe ◇ latin *formicans,* p. prés. de *formicare* «fourmiller» ▪ MÉD. VIEILLI Qui produit une sensation analogue au picotement de fourmis. *Pouls formicant.*

FORMICATION [fɔʀmikasjɔ̃] n. f. – 1520, repris XIXe ◇ latin *formicatio,* de *formicare* «fourmiller» ▪ MÉD. VIEILLI Fourmillement.

FORMIDABLE [fɔʀmidabl] adj. – v. 1537 ; hapax 1392 ◇ latin *formidabilis,* de *formidare* «craindre, redouter» ▪ **1** VIEILLI Qui inspire ou est de nature à inspirer une grande crainte. ➤ **effrayant, épouvantable, redoutable, terrible.** *«Son aspect était formidable et monstrueux ; il avait cent têtes, et de ses cent bouches sortaient avec des flammes des cris si horribles que les dieux et les hommes en tremblaient»* GAUTIER. *«Rien de sinistre et formidable comme cette côte de Brest»* MICHELET. ▪ **2** (v. 1830) MOD. Dont la taille, la force, la puissance est très grande. ➤ **énorme, extraordinaire, imposant.** *Une puissance, une volonté formidable.* ➤ **considérable, étonnant, stupéfiant.** *«recevoir un formidable coup de tête dans le ventre»* PROUST. *«Une nuit, ils sont réveillés par une détonation formidable»* DAUDET. ▪ **3** COUR. avec une valeur de superlatif exprimant l'admiration. ➤ **épatant, extra, fabuleux, fantastique, fumant, géant, génial, sensationnel,** 2 **super, terrible ;** RÉGION. **écœurant** (cf. D'enfer). ABRÉV. FAM. (1957) *formide. Un livre, un film formidable. J'ai une idée formidable ! C'est une femme formidable. Ce chien est formidable pour la chasse.* ➤ **champion, remarquable.** *Ce vin n'est pas formidable.* ➤ **terrible.** ◆ Qui étonne. ➤ **étonnant, renversant.** *Vous êtes formidable, qu'est-ce que je pouvais faire d'autre ! C'est quand même formidable, cette histoire !* ▪ CONTR. Faible, petit. Mauvais.

FORMIDABLEMENT [fɔʀmidabləmɑ̃] adv. – 1769 ◇ de *formidable* ▪ **1** VX D'une manière qui fait peur. ▪ **2** PAR EXT. Énormément. FAM. ➤ **terriblement, très.** *«ça me fait formidablement plaisir de les voir»* BEAUVOIR. *«ils sont formidablement jeunes !»* CÉLINE.

FORMIQUE [fɔʀmik] adj. – 1787 ; «relatif aux fourmis» 1370 ◇ du latin *formica* «fourmi» ▪ CHIM. *Acide formique* (HCOOH) : liquide incolore, piquant et corrosif, qui existe à l'état naturel dans l'organisme des fourmis rouges, dans les orties et certains liquides biologiques (urine, sang). *Aldéhyde formique* (HCHO). ➤ **formaldéhyde, méthanal.**

FORMOL [fɔʀmɔl] n. m. – 1892 ◇ de *formaldéhyde* ▪ Solution de formaldéhyde employée comme désinfectant. *Conserver un organe dans le formol. Désinfecter au formol.* — v. tr. 〈1〉 **FORMOLER.** *Solution, eau formolée.*

FORMULABLE [fɔʀmylabl] adj. – avant 1866 ◇ de *formuler* ▪ Qui peut être formulé. ➤ **exprimable.** *Un désir difficilement formulable.*

FORMULAIRE [fɔʀmylɛʀ] n. m. – 1426 ◇ latin *formularius,* adj. substantivé ▪ **1** Recueil de formules. *Formulaire des notaires* (recueil de modèles d'actes). *Formulaire des pharmaciens.* ➤ **codex.** ▪ **2** COUR. Imprimé comportant une série de questions, généralement d'ordre administratif, en face desquelles la personne intéressée doit inscrire ses réponses. ➤ **formule, questionnaire.** *Un formulaire d'inscription. «Voulez-vous avoir l'obligeance de remplir ces formulaires ! Vous signerez au bas des feuilles»* SARTRE.

FORMULATION [fɔʀmylasjɔ̃] n. f. – v. 1840 ◇ de *formuler* ▪ **1** Action d'exposer avec précision ; manière dont qqch. est formulé. *Modifier la formulation d'une question* (➤ **reformuler**). ▪ **2** Action de mettre en formule (II). *Formulation d'une loi mathématique.*

FORMULE [fɔʀmyl] n. f. – fin XIVe ◇ du latin *formula,* diminutif de *forma* → forme

I EXPRESSION CONVENUE ▪ **1** DR. Modèle qui contient les termes exacts dans lesquels un acte doit être rédigé. ➤ **énoncé, libellé.** *Formule d'un contrat, d'un testament. Formule du titre d'une loi.* ➤ **intitulé.** *Formule exécutoire d'un jugement,* qui permet à un plaideur d'en poursuivre l'exécution. ▪ **2** Paroles rituelles qui doivent être prononcées dans certaines circonstances, pour obtenir un résultat (en religion, magie). *Formule sacramentelle. Formule incantatoire, cabalistique* (➤ **mantra**). *«une formule incantatoire propre à conjurer un envoûtement»* TOURNIER. *Formule magique.* ▪ **3** (fin XVIIe) Expression consacrée dont le code des convenances, les coutumes sociales prescrivent l'emploi dans certaines circonstances. ➤ **cérémonial, étiquette.** *Formules de politesse. Formules épistolaires. Formule d'usage et signature, à la fin d'une lettre.*

II EXPRESSION CONCISE RÉSUMANT UN ENSEMBLE DE SIGNIFICATIONS ▪ **1** Expression concise, générale (souvent symbolique), définissant avec précision soit des relations fondamentales entre termes qui entrent dans la composition d'un tout, soit les règles à suivre pour un type d'opérations. ◆ (1752) MATH. Égalité ou inégalité remarquable. *Formule intégrale de Cauchy. Formule des probabilités composées. Formules de trigonométrie*. Formule des accroissements finis.* ◆ BIOL. *Formule cytologique. Formule leucocytaire. Formule sanguine.* ➤ **hémogramme.** *Formule dentaire*.* — CHIM. *Formule chimique :* expression figurant par leurs symboles les éléments qui entrent dans un corps composé. *H_2O est la formule moléculaire de l'eau. Formule brute. Formule développée,* qui fait apparaître les liaisons entre atomes et les groupements fonctionnels. *Formule stéréochimique :* représentation tridimensionnelle. — *Formule d'un médicament.* ➤ **composition.** *Recueil de formules pharmaceutiques.* ➤ **codex, formulaire.** *Selon la formule* (ABRÉV. *S. F.*). ◆ BOT. *Formule florale,* donnant le nombre des sépales, pétales, étamines et carpelles. ▪ **2** Solution type d'un problème ; manière de procéder pour se tirer de difficulté, parvenir à un résultat. *Il a trouvé une bonne formule pour remédier au problème.* ➤ **méthode, procédé.** *C'est la formule idéale !* ➤ **solution.** *Formule de paiement.* ➤ 2 **mode.** ◆ SPÉCIALT Schéma de composition artistique propre à une époque, une école, etc. (➤ 1 **parti**). ◆ Manière de concevoir, de présenter (un divertissement, un service, etc.). *Une nouvelle formule de voyage, de revue,* *de restaurant.* — Suivi d'un subst. en appos. *Formule vacances. Formule week-end.* — Dans certains restaurants, Menu rapide comportant un plat et une entrée ou un dessert. *Choisir la formule à quinze euros.* ◆ Catégorie de voitures aux caractéristiques techniques définies, destinées uniquement aux compétitions. *Une voiture de formule 1,* et ELLIPT *une formule 1* (ABRÉV. *F1*). *Courir en formule 2.* ■ **3** Expression concise, nette et frappante, d'une idée ou d'un ensemble d'idées. *La formule du cogito. Formule renfermant un conseil moral.* ➤ **aphorisme, précepte, proverbe, sentence.** *Formule publicitaire.* ➤ **slogan.** LOC. *Avoir le sens de la formule :* savoir s'exprimer de manière percutante. ◆ Mode d'expression, considéré dans sa valeur stylistique. ➤ **expression, locution, phrase,** 1**tournure.** *Une formule évasive. Une formule heureuse. Formule toute faite, stéréotypée.* ➤ **cliché.** *Selon la formule consacrée. Chercher la formule qui convient.* «*il tenait le crayon d'une main tremblante, et se torturait l'esprit pour trouver une formule de début*» COSSERY. ■ **4** Feuille de papier imprimée à de nombreux exemplaires, contenant quelques indications et destinée à recevoir un texte court. *Une formule de mandat. Demander, remplir une formule.* ➤ **formulaire.**

FORMULER [fɔʀmyle] **v. tr.** ‹1› – XIVe ◇ de *formule* ■ **1** DIDACT. Mettre ou réduire en formule (I ou II), rédiger d'après une formule. *Formuler une ordonnance médicale. Formuler un acte notarial.* ➤ **établir.** — (1752) *Formuler un médicament.* ■ **2** (1845) COUR. Énoncer avec la précision, la netteté d'une formule juridique. ➤ **expliciter, exposer, exprimer.** *Formuler un jugement. Formuler une demande, une réclamation, des objections.* «*Je vous somme de formuler vos griefs contre moi*» VILLIERS. *Si vous avez des revendications de salaire à formuler.* SPÉCIALT *Formuler une plainte* (en justice). ➤ 1**déposer.** ■ **3** Exprimer (avec ou sans précision). ➤ **émettre, exprimer.** *Bien formuler une lettre, une invitation.* ➤ **tourner.** *Formuler tout haut ses craintes. Formulez plus clairement vos critiques. Formuler un souhait, des vœux.* ➤ **former.** «*Il sentait vaguement des pensées lui venir ; il les aurait dites, peut-être, mais il ne les pouvait point formuler avec des mots écrits*» MAUPASSANT. *Ce livre* «*contient quelque chose que je sens et n'arrive pas à formuler*» MAUROIS. — PRONOM. (PASS.) «*Ce sont des choses qu'on ne peut pas dire, ça ne se formule pas*» SARTRE. ■ CONTR. Cacher, dissimuler, taire.

FORMYLE [fɔʀmil] **n. m.** – 1872 ◇ de *form(ique)* et *-yle* ■ CHIM. Radical monovalent –CHO.

FORNICATEUR, TRICE [fɔʀnikatœʀ, tʀis] **n.** – fin XIIe ◇ latin ecclésiastique *fornicator, trix* ■ RELIG. ou PLAIS. Personne qui commet le péché de fornication.

FORNICATION [fɔʀnikasjɔ̃] **n. f.** – début XIIe ◇ latin ecclésiastique *fornicatio,* de *fornix* «voûte», parce que les prostituées habitaient à Rome des chambres voûtées ■ RELIG. (t. bibl.) Péché de la chair (relations charnelles entre deux personnes qui ne sont ni mariées ni liées par des vœux). — PLAISANT Relations sexuelles. ➤ **copulation.**

FORNIQUER [fɔʀnike] **v. intr.** ‹1› – XIVe ◇ latin ecclésiastique *fornicari* → fornication ■ RELIG. Commettre le péché de fornication. — PLAISANT Avoir des relations sexuelles. ➤ **copuler.**

FORS [fɔʀ] **prép.** – *foers* adv. Xe ◇ latin *foris* «dehors» ; élément de formation, cf. *forligner, forlonger, formariage* ■ VX Excepté, hormis, sauf. «*Tout est perdu, fors l'honneur*», mot attribué à FRANÇOIS Ier lors de la défaite de Pavie. «*Tout se tait fors les gardes*» MUSSET. ■ HOM. For, fort.

FORSYTHIA [fɔʀsisja] **n. m.** – *forsythie* 1823 ◇ latin des botanistes, de *Forsyth,* horticulteur anglais ■ Arbrisseau *(oléacées)* à fleurs jaunes décoratives très précoces. «*En mars tous ensemble les forsythias s'allumaient comme une traînée de feu vif*» A. JENNI.

1**FORT, FORTE** [fɔʀ, fɔʀt] **adj. et n. m.** – début XIe, au sens d'«intense» (III, 3°) ◇ du latin *fortis* «vigoureux, solide» et «courageux»

I QUI A DE LA FORCE, UN GRAND POUVOIR D'ACTION ■ **1** (fin XIe) Qui a de la force physique. ➤ **puissant, résistant, robuste, solide, vigoureux ;** FAM. **balèze, baraqué, costaud, mastard ;** RÉGION. **castard.** *Un homme grand et fort.* ➤ **hercule,** FAM. **malabar** (cf. Armoire* à glace). *Être fort comme un Turc, comme un bœuf,* très fort. «*heureusement que je suis fort comme un taureau et que ce n'étaient pas trois types, même des marins, qui m'auraient fait peur*» P. ÉMOND. PAR EXT. *Forte constitution. Le sexe fort :* les hommes. — LOC. PROV. «*La raison du plus fort est toujours la meilleure*» (LA FONTAINE) : le plus fort fait toujours prévaloir sa volonté. — FIG. *Prêter main-forte.* ➤ **main-forte.** *La manière forte :* la contrainte, la violence. *Recourir à la manière forte.* ■ **2** (XVIe) Considérable par les dimensions. ➤ **important,** FAM. **maous, massif.** — (PERSONNES) euphémisme pour *gros. Femme forte, un peu forte.* ➤ **corpulent, gros.** — *Personne forte des hanches.* ➤ **large.** *Une forte poitrine,* très développée. ➤ **opulent.** *Mains fortes. Nez fort,* gros et grand. ■ **3** (1659) Qui a une grande force intellectuelle, de grandes connaissances (dans un domaine), qui excelle dans la pratique (de qqch.). ➤ 1**bon, capable, doué, habile, savant ;** FAM. **calé, fortiche.** «*En atteignant à la fin de sa seconde année de droit, Oscar, déjà beaucoup plus fort que beaucoup de licenciés*» BALZAC. *Il n'est pas très fort* (cf. Il n'a pas inventé* la poudre, le fil à couper le beurre). *Il est trop fort ! Être fort en maths, en français.* ➤ FAM. **trapu.** PAR PLAIS. «*Je sais que t'es forte en mensonges... la vérité ça ne te gêne pas*» CÉLINE. SUBST. *Un fort en thème*.* — *Être fort sur une question, un point, un sujet. Être fort dans sa partie.* — *Être fort à un exercice, un jeu,* savoir très bien le pratiquer. *Fort au tir, à la course. Elle est très forte aux échecs.* ➤ **imbattable.** — PAR PLAIS. *Il est toujours très fort pour parler, critiquer. Être fort en gueule,* et SUBST. *C'est un fort en gueule.* ➤ FAM. **braillard,** 2**gueulard** (cf. Une grande gueule*). ◆ FAM. (CHOSES) ➤ **adroit, intelligent, malin.** *J'ai lu sa dernière critique : ce n'est pas très fort !* ➤ **terrible.** *C'est trop fort pour moi.* ➤ **ardu,** FAM. **calé, difficile.** — *C'est son point fort.* «*Le point fort de l'établissement, l'atout majeur de son argumentaire*» HOUELLEBECQ.

II CAPABLE DE RÉSISTER ■ **1** (fin XIe) (CHOSES) Qui résiste, a de la force (II, 3°). ➤ **résistant, solide.** *Papier fort.* ➤ **épais.** *Fil, ruban fort* (➤ **extrafort**). *Colle forte.* ➤ **tenace.** *Terre forte,* argileuse, difficile à labourer. ➤ **gras.** — FIG. *Ils sont unis par des liens très forts.* ■ **2** (fin XIIe) *Une place, une ville forte.* ➤ **fortifié ;** 3**fort** (II), **fortification.** *Un château* fort.* — *Coffre-fort* (voir ce mot). *Chambre*-forte.* ■ **3** (milieu XIIIe) (Sur le plan moral) Qui est capable de résister au monde extérieur ou à soi-même. ➤ **aguerri,** 2**armé, courageux, énergique,** 1**ferme.** *Être fort dans l'adversité, l'épreuve* (cf. Tenir* bon). *Une forte nature.* — SPÉCIALT *Une forte tête*. Les esprits forts :* les incrédules.

III QUI AGIT BEAUCOUP OU EFFICACEMENT A. INTENSE, ACTIF ■ **1** Intense (mouvement, effort physique). *Coup très fort.* ➤ **énergique, violent.** *Forte poussée. Un vent fort.* — MAR. *Mer forte :* état* de la mer lorsque la hauteur moyenne des vagues est comprise entre 2,5 et 4 mètres. *Mer très forte,* dont les vagues ont entre 4 et 6 mètres. ◆ (Avant le nom) Qui dépasse la normale. *Forte montée, forte descente.* ➤ **raide.** *Fortes chutes de neige, de pluie.* ➤ **abondant.** *Forte fièvre.* ➤ FAM. **carabiné** (cf. Une fièvre de cheval*). *Payer une forte somme.* ➤ **gros.** *De fortes chances de succès, de réussite.* ➤ **grand.** — (Après le nom) *Payer le prix fort.* ■ **2** (fin XIe) Dont l'intensité a une grande action sur les organes des sens. *Lumière forte* (opposé à *doux, léger*). *Voix forte.* ➤ **claironnant, sonore.** SPÉCIALT *Accent fort, forte accentuation d'une syllabe. Consonne forte,* «qui comporte une intensité notable de l'effort musculaire exigé par l'articulation» (Marouzeau). — MUS. *Temps* fort.* — *Des odeurs fortes.* ➤ **lourd, violent.** *Un parfum très fort.* ➤ **enivrant, pénétrant.** *Haleine forte.* ➤ **mauvais.** *Goût fort, saveur forte.* — PAR EXT. *Fromage fort.* ➤ **avancé,** 1**fait.** *Moutarde très forte.* ➤ **extrafort,** 1**piquant.** *Sauce trop forte qui emporte la bouche* (➤ **épicé,** 1**relevé**). *Tabac fort, cigarettes fortes* (opposé à *light*). ◆ SPÉCIALT (début XIIIe) Qui affecte violemment le goût, par la concentration de l'infusion, du mélange. *Café fort.* ➤ **serré.** *Thé fort.* — (Par le degré d'alcool.) *Vin fort,* très alcoolisé. *Liqueurs fortes.* ■ **3** (début XIe) (ABSTRAIT) ➤ **grand, intense.** *Éprouver des sentiments très forts pour qqn. Douleur trop forte. Aimer les sensations fortes. Faire une forte impression sur qqn.* ➤ **vif.** *La tentation était trop forte. Les moments, les temps forts d'un film,* où l'émotion est intense, l'intérêt soutenu. «*Dans les "allocutions" qu'il prononce, il y a des "temps forts." On appelle ainsi les moments où, par extraordinaire, il ne parle pas pour ne rien dire*» DUTOURD. — ADVT *La soirée commence fort !* — *À plus forte raison :* d'autant plus. ➤ **a fortiori.** *De fortes présomptions pèsent sur lui.* ➤ **grave, lourd.** *Une forte opposition au sein du gouvernement.* ■ **4** (milieu XVIIe) Dont l'intensité a un grand pouvoir d'évocation (moyens d'expression). *L'épithète est un peu forte !* ➤ **outré.** *Ce mot n'est pas assez fort.* «*le mouvement de révolte est plus qu'un acte de revendication au sens fort du mot*» CAMUS. — *Un signe* fort.* — *Une œuvre forte.* ➤ **puissant, vigoureux.** ■ **5** (XVIIe) Difficile à croire ou à supporter par son caractère excessif. *La plaisanterie est un peu forte.* ➤ **exagéré, poussé** (cf. Passer les bornes, la mesure ; aller trop loin). — FAM. *Elle est forte celle-là !,* se dit d'une histoire, d'une aventure étonnante. *C'est un peu fort, où est-il passé !* ➤ **formidable, inouï, raide.** *C'est un peu fort de café*. Ça, c'est trop fort !* ➤ **inadmissible.** — *Ce qu'il y a de plus fort, le plus fort c'est que...* ➤ **extraordinaire, incroyable, invraisemblable ; pire.** *Le plus*

fort, c'est qu'il est sincère. C'est plus fort que de jouer au bouchon ; c'est plus fort que le roquefort. De plus en plus fort !
B. EFFICACE ■ **1** Qui agit avec force, est capable de grands effets. *Remède fort.* ➤ **agissant, 1efficace** (cf. Un remède de cheval*). *Prendre des somnifères de plus en plus forts. Ces lunettes sont trop fortes pour moi. Les explosifs les plus forts.* ➤ **puissant.** ◆ PHYS. *Interaction forte,* responsable de la cohésion des noyaux atomiques. ■ **2** (PERSONNES) Qui a un grand pouvoir d'action, de l'influence (souvent opposé à *faible*). ➤ **influent, puissant.** *Avoir affaire à forte partie,* à un adversaire puissant et redoutable. *Trouver plus fort que soi.* ◆ **ÊTRE FORT DE :** puiser sa force, sa confiance, son assurance dans. *Être fort du soutien de qqn. Fort de son innocence, il nie les accusations. Forte de son expérience en la matière. « Eux, forts de ce qu'un fermier se remplace malaisément, réclamèrent d'abord une diminution du loyer »* GIDE. ◆ *Se porter fort pour qqn,* répondre de son consentement, se porter garant, caution pour lui. ◆ **loc. verb.** (XIVe) **SE FAIRE FORT DE** (*fort* inv.) : se déclarer assez fort pour faire telle chose, obtenir tel résultat. ➤ **se piquer, se targuer, se vanter.** *« Elle se faisait fort d'amener Octavie à des confidences »* MAURIAC. *Ils se font fort de nous aider.* ■ **3** Qui a la force (II, 1°), ou n'hésite pas à employer la contrainte (➤ **force,** III), surtout en politique. *État, gouvernement fort. Régime fort. — L'homme fort d'un régime, d'un État :* celui qui dispose de la puissance réelle (militaire, policière) et n'hésite pas à employer la force. ■ **4** Qui dispose d'une force militaire, économique, etc. *Une armée forte,* efficace au combat (par l'armement, le nombre). *« un peuple, pour être fort, doit être nombreux »* BENDA. — JEU Se dit d'une carte, etc., qui permet de battre l'adversaire. *À la belote, le valet d'atout est plus fort que la dame. Une couleur forte.* ■ **5** (début XIVe) Qui agit efficacement, produit des effets importants (qualités morales ou intellectuelles). *Sentiment, croyance plus forts que la raison. — « L'amour est fort comme la mort »,* vers du Cantique des cantiques. — *C'est plus fort que moi,* se dit d'une habitude, d'une passion, d'un désir, d'un préjugé auquel on ne peut résister. ➤ **invincible, irrésistible.** *C'est plus fort que lui, il ne peut pas la supporter.* ■ **6** *Monnaie, devise forte,* qui a un cours élevé sur le marché des changes et varie peu.

IV ~ **n. m.** ■ **1** (XIVe) Le côté fort, l'aspect sous lequel une personne, une chose révèle le plus de puissance, de valeur, d'efficacité. *Le fort et le faible d'une chose, d'une personne. « Après avoir examiné le fort et le faible des sciences »* VOLTAIRE. — (Après un poss.) Ce en quoi qqn est fort, excelle. *C'est son fort.* FAM. et IRON. *La patience n'est pas son fort* (➤ 2fait). *« La bêtise n'est pas mon fort »* VALÉRY. ■ **2** (1611) Partie forte, résistante d'une chose. — ARCHIT. *Le fort d'une voûte, d'une poutre.* — MAR. La plus grande largeur d'un navire. *Largeur au fort.* ■ **3** (XIVe ◇ d'un ancien sens de l'adj.) **loc. prép. AU FORT DE.** *Au fort, au plus fort de l'été, de l'hiver.* ➤ **cœur, milieu.** *Au fort, au plus fort de la crise, de la lutte.*
■ CONTR. Faible ; débile, fragile, malingre. Anodin, inefficace, doux. 1Mou, peureux, timide. Ignorant, nul. ■ HOM. For, fors.

2**FORT** [fɔʀ] **adv.** – XVe ◇ de 1*fort* ■ **1 adv. de manière** ◆ Avec de la force physique, en fournissant un gros effort. *Appuyer fort, pousser fort. Cogner, frapper fort.* ➤ **dur, vigoureusement, violemment.** *Serrer très fort. Lancez la balle plus fort ! Toussez fort. Respirez fort !* à fond. *De plus en plus fort :* en augmentant. ◆ Avec une grande intensité. *Cœur qui bat fort. Le vent souffle fort. Il pleut fort. Couler fort. Chauffage qui marche trop fort. — Parler, crier fort. Mettre la radio très fort,* à plein volume (cf. FAM. À tout[e] berzingue, à fond* la caisse, à pleins tubes*). *Jouer fort* (➤ **forte, fortissimo**). *Sentir fort :* dégager une odeur violente. — LOC. FAM. *Aller fort. Y aller fort, un peu fort. Tu y vas un peu fort !* ➤ **exagérer** (cf. Dépasser les bornes*). *Ça ne va pas fort :* ça ne va pas bien, ça ne marche pas. *Ses affaires ne vont pas bien fort. — Faire fort :* employer les grands moyens, se faire remarquer. *« Et pour ce qui était d'être paumée elle faisait fort »* Y. QUEFFÉLEC. *Ils ont fait très fort.* ■ **2** (XVe) **adv. de quantité** (avec un v. ; rare dans la langue parlée) ➤ **beaucoup, excessivement, extrêmement.** *Cette personne me déplaît fort.* ➤ **souverainement.** *Vous m'obligeriez fort.* ➤ **1bien.** *J'en doute fort.* ➤ **fortement.** COUR. *Il aura fort à faire* [fɔʀtafɛʀ] *pour nous convaincre.* ◆ (Devant un adj. ou une expr. ayant valeur d'adj., devant un autre adv.) VIEILLI, RÉGION. ou LITTÉR. (sauf dans quelques tours) ➤ **1bien, très.** (REM. On fait la liaison.) *Homme fort riche, fort occupé. J'en suis fort aise. Il m'a fort mal reçu. Voilà un fait fort étrange. Je le sais fort bien. Fort bien !* exprime l'accord, l'assentiment. ■ CONTR. Faiblement. Peu.

3**FORT** [fɔʀ] **n. m.** – XIIIe ◇ de 1*fort*
I ■ **1** Personne qui a une grande force musculaire, une bonne santé (rare en emploi général). ◆ (XVIIe) *Fort des Halles :* employé des Halles de Paris qui manipulait et livrait les marchandises ; PAR EXT. homme très fort. ■ **2** Personne qui a la force, la puissance (matérielle). ➤ **puissant.** *C'est la lutte du faible contre le fort* (cf. Le pot* de terre contre le pot de fer). *Protéger le faible contre le fort.* ■ **3** Personne qui a une force morale, de l'énergie, de la fermeté, du courage. *« Les charmes de l'horreur n'enivrent que les forts ! »* BAUDELAIRE.
II Ouvrage destiné à protéger un lieu stratégique, une ville. ➤ **citadelle, forteresse, fortification, fortin.** *Abris blindés, casemates, coupoles cuirassées d'un fort. En 1916, les forts de Vaux et de Douaumont ont brisé l'offensive allemande.*

FORTE [fɔʀte] **adv.** – 1705 ; on employait 2*fort* ◇ italien *forte* « fort » ■ MUS. Fort. *Passage à exécuter forte,* en jouant ou en chantant fort (➤ **fortissimo**). **n. m. inv.** Passage à exécuter fort. *Des forte.* ■ CONTR. 2Piano.

FORTEMENT [fɔʀtəmɑ̃] **adv.** – XIIIe ; *fortment, forment* XIe ◇ de 1*fort* ■ **1** Avec force. *Appuyer, serrer fortement.* ➤ **2fort, vigoureusement.** *Cela tient fortement au mur.* ➤ **fermement, solidement.** *Des traits, des contours fortement marqués.* ➤ **nettement.** ◆ FIG. *Désirer, espérer fortement.* ➤ **intensément, profondément.** *Je vous y exhorte fortement.* ➤ **vivement.** ■ **2** PAR EXT. ➤ **beaucoup, très.** *Il a été fortement intéressé par votre projet. — Il est fortement question d'une réunion internationale.* ➤ **grandement.** ■ CONTR. Faiblement ; doucement. Peu.

FORTE-PIANO [fɔʀtepjano] **adv.** et **n. m.** – 1758 ◇ mot italien
I adv. MUS. Indication de nuance, passage du forte au piano. ◆ **n. m.** Passage exécuté dans cette nuance. *Des forte-pianos.*
II n. m. (1768) HIST. MUS. Piano-forte. *Des forte-pianos.*

FORTERESSE [fɔʀtəʀɛs] **n. f.** – *forterece* XIIe ◇ du latin *fortis,* avec le suffixe *-aricius* ■ **1** Lieu fortifié pour défendre une zone territoriale, une ville. ➤ **1château** (fort), **citadelle, fortification, place** (forte). *Investir, abattre une forteresse. Forteresse imprenable, inexpugnable.* ◆ Fort servant de prison d'État. *Arrêts de forteresse.* ■ **2** FIG. Ce qui résiste à l'action extérieure. ➤ **citadelle, rempart.** *« Une énorme forteresse de préjugés, de privilèges, de superstitions »* HUGO. ■ **3** (v. 1943 ◇ calque de l'anglais *flying fortress*) *Forteresse volante :* bombardier lourd américain mis en service au cours de la Seconde Guerre mondiale.

FORTICHE [fɔʀtiʃ] **adj.** – 1915 ; au physique 1897 ◇ de 1*fort* ■ FAM. Habile, malin, calé. *Il est fortiche à ce jeu.* — **n.** *C'est un fortiche.*

FORTIFIANT, IANTE [fɔʀtifjɑ̃, jɑ̃t] **adj.** et **n. m.** – 1690 ; « celui qui fortifie (une ville) » 1543 ◇ de *fortifier* ■ Qui accroît ou rétablit les forces physiques (aliments, boissons). ➤ **analeptique,** VIEILLI **cordial, reconstituant, roboratif, stimulant, 1tonique.** *Une nourriture fortifiante.* ◆ **n. m.** Aliment, médicament fortifiant. ➤ **remontant.** *Prendre des fortifiants. Administrer un fortifiant à un convalescent.* ■ CONTR. Affaiblissant, amollissant, anémiant, débilitant.

FORTIFICATION [fɔʀtifikasjɔ̃] **n. f.** – 1360 ◇ latin *fortificatio,* de *fortis* « fort » ■ **1** Action de fortifier une place, de la munir d'ouvrages défensifs. *Travailler à la fortification d'une position clé.* ■ **2** (XVe) Souvent plur. Ouvrage défensif, ou ensemble des ouvrages fortifiés destinés à la défense d'une position, d'une place. ➤ **bastion, blockhaus, casemate, citadelle, 1enceinte, 3fort, forteresse, fortin, redoute, 1tour.** *Fortification romaine.* ➤ **oppidum.** *Fortification arabe.* ➤ **casbah, ksar.** *Fortifications dominantes du Moyen Âge :* escarpements et fossés avec pont-levis. ➤ **1château** (fort). *Fortifications rasantes de Vauban. Fortifications permanentes. — Fortifications naturelles :* obstacle naturel qui protège (une position stratégique quelconque). ◆ Emplacement des anciennes fortifications entourant Paris. ABRÉV. FAM. (1901) VIEILLI *Les fortifs* [fɔʀtif].

FORTIFIER [fɔʀtifje] **v. tr.** ⟨7⟩ – 1308 ◇ latin *fortificare,* de *fortis* → 1fort ■ **1** Rendre fort, vigoureux ; donner plus de force à. *L'exercice fortifie le corps.* ➤ **développer.** *« marcher sur les mains pour se fortifier les poignets »* GONCOURT. *« Le plaisir nous use. Le travail nous fortifie »* BAUDELAIRE. ABSOLT *Nourriture, régime, remède qui fortifie.* ➤ **réconforter, soutenir ; fortifiant.** ◆ Donner de la solidité à. ➤ **consolider, renforcer,** RÉGION. **renforcir.** *Pilier qui fortifie une construction.* ➤ **étayer, soutenir.** ■ **2** FIG. *Fortifier son âme, sa volonté.* ➤ **durcir, tremper.** *Le temps fortifie l'amitié.* ➤ **augmenter, renforcer.** *« Ces sortes de rancunes que le temps fortifie »* MAURIAC. *Mon premier entretien « fortifia l'impression que, avant de le connaître, j'avais eue en l'apercevant au café »* LECOMTE. ➤ **appuyer, confirmer, conforter.** *« Loin de le rendre raisonnable, mes discours fortifiaient ce jeune seigneur dans son obstination »* FRANCE. ➤ **encourager.** ■ **3** Munir d'ouvrages de défense. ➤ **armer.** — **p. p. adj.** *Côte fortifiée. Ville fortifiée* (opposé à *ville ouverte*). ➤ **bastide, citadelle,** 3 **fort.** ◆ PRONOM. S'abriter derrière des fortifications. ➤ **se retrancher.** ■ CONTR. Affaiblir, débiliter, consumer, réduire, ruiner.

FORTIN [fɔʀtɛ̃] **n. m.** – 1642 ◇ italien *fortino* ■ Petit fort. ➤ **blockhaus, casemate.**

FORTIORI (À) ➤ **A FORTIORI**

FORTISSIMO [fɔʀtisimo] **adv.** et **n. m.** – 1705 ◇ mot italien, de *forte* «fort» ■ MUS. Très fort. — ADJT INV. *Une séquence fortissimo.* — **n. m.** Passage qui doit être exécuté fortissimo. *Des fortissimos.* ■ CONTR. Pianissimo.

FORTRAIT, AITE [fɔʀtʀɛ, ɛt] **adj.** – fin XVIIe ◇ de l'ancien français *fortraire* «tirer excessivement» d'où «surmener», de *fors* et *traire* ■ VX ou t. de manège Se dit d'un cheval excédé de fatigue. — **n. f.** (1762) **FORTRAITURE.**

FORTUIT, ITE [fɔʀtɥi, it] **adj.** – XIVe ◇ latin *fortuitus*, de *fors* «hasard» ■ Qui arrive ou semble arriver par hasard, d'une manière imprévue. ➤ **accidentel, contingent, imprévu, inattendu, inopiné, occasionnel.** *Une rencontre fortuite.* «*Un décès prématuré et qui nous semble fortuit parce que les causes dont il est l'aboutissant nous sont restées inconnues*» PROUST. «*Ne fallait-il voir là qu'une suite fortuite d'événements, ou chercher entre eux quelque rapport ?*» GIDE. ◆ DR. *Cas fortuit,* qui exclut la faute de l'auteur apparent du dommage. ◆ SUBST. *Le fortuit.* ➤ **accidentel.** ■ CONTR. Nécessaire, obligatoire.

FORTUITEMENT [fɔʀtɥitmɑ̃] **adv.** – XIVe ◇ de *fortuit* ■ D'une manière fortuite. *C'est arrivé fortuitement.* ➤ **accidentellement** (cf. Par hasard).

FORTUNE [fɔʀtyn] **n. f.** – milieu XIIe ◇ du latin *fortuna* «sort, hasard», «chance» et «malchance» et, au pluriel, «biens»

I SORT, DESTIN ■ **1** VX ou LITTÉR. Puissance qui est censée distribuer le bonheur et le malheur sans règle apparente. ➤ **hasard, sort.** *Les caprices de la fortune. Être favorisé par la fortune.* ➤ **fortuné, heureux.** *La fortune sourit aux audacieux.* «*Mon enfant la fortune t'a donné d'excellents parents qui te guideront*» FRANCE. ■ **2** Divinité antique qui représente cette puissance. *La Fortune est représentée les yeux bandés, debout sur une roue et tenant une corne d'abondance. La roue* de la Fortune.*

II HASARD HEUREUX OU MALHEUREUX A. ÉVÈNEMENTS DUS À LA CHANCE ■ **1** (milieu XIIIe) (Dans des expr.) Ce qui advient par l'action de la fortune ; évènement ou suite d'évènements considérés dans ce qu'ils ont d'heureux ou de malheureux. ➤ **chance** (I°), **hasard.** *La fortune des armes. Bonne fortune :* chance heureuse ; SPÉCIALT succès galant. «*plus un homme est signalé pour avoir eu des bonnes fortunes, plus le sourire des assistants le complimente*» SAND. — *Avoir la bonne, l'heureuse fortune de. Mauvaise fortune :* adversité, malheur, malchance. *Faire contre mauvaise fortune bon cœur :* ne pas se laisser abattre par les revers. — *Chercher, tenter fortune.* ➤ **aventure.** — *À la fortune du pot :* sans façon, sans cérémonie. *Ils nous ont reçus à la fortune du pot* (cf. À la bonne franquette*). ◆ **DE FORTUNE :** improvisé pour parer au plus pressé. ➤ **provisoire.** *Il «dut lui confectionner un biberon de fortune avec une bouteille dont il brisa le fond pour en faire une sorte d'entonnoir»* TOURNIER. *Avec des moyens de fortune* (cf. Avec les moyens* du bord). *Une réparation, une solution de fortune.* — MAR. *Voile de fortune,* et ABSOLT *fortune. Fortune carrée :* voile carrée que l'on peut gréer sur une vergue (SPÉCIALT la vergue de misaine des goélettes). ■ **2** ABSOLT (fin XIIIe) VX ou LITTÉR. Hasard heureux, chance. *Il eut la fortune de vivre dans une société brillante.* «*Il arrive à Ziegler une de ces fortunes rares qu'un artiste peut attendre en vain toute sa vie*» GAUTIER. ■ **3** DR. MAR. *Fortune de mer :* tout risque fortuit (perte, avarie) dont l'armateur est responsable. PAR EXT. Ensemble des valeurs que le propriétaire de navire doit abandonner pour limiter sa responsabilité. *Clause de meilleure fortune* (dans un contrat).

B. LA VIE, LA CARRIÈRE DUE À LA CHANCE ■ **1** (CHOSES) Carrière, destin. *La fortune d'une œuvre d'art, d'un livre.* ■ **2** Situation dans laquelle se trouve qqn. ➤ **état, situation.** *Revers, revirement de fortune.* ➤ **accident, traverse, vicissitude.** — ABSOLT Situation élevée. ➤ **prospérité, réussite, succès.** *Être l'artisan de sa fortune, bâtir sa fortune* (compris au sens III, de nos jours). «*À Paris, la fortune est de deux espèces : il y a la fortune matérielle, l'argent [...] et la fortune morale, les relations, la position*» BALZAC.

III MOD. RICHESSE ■ **1** (1580) Ensemble des biens, des richesses qui appartiennent à un individu, à une collectivité. ➤ **argent*,** 2 **avoir,** 2 **bien,** 2 **capital, patrimoine, ressources, richesse.** *Évaluer la fortune de qqn. Les biens qui composent sa fortune. Situation de fortune :* situation financière d'une personne. *Grande, grosse fortune. Léguer sa fortune. Impôt de solidarité sur la fortune (ISF),* remplacé par *l'impôt sur la fortune immobilière (IFI). Administrer, gérer sa fortune. Fortune publique.* ➤ **domaine, trésor.** ■ **2** Ensemble de biens d'une valeur considérable. *Avoir, posséder de la fortune,* une fortune qui permet de vivre largement (cf. Avoir du bien au soleil*). *Fortune personnelle. Il a un gros salaire, mais pas de fortune.* — **FAIRE FORTUNE.** ➤ **s'enrichir.** *Faire fortune dans l'immobilier.* «*De mes petits fabricants en chambre, il en est qui font fortune, d'autres qui font faillite*» VALÉRY. *Perdre sa fortune.* ➤ **se ruiner ; banqueroute, faillite.** *Dilapider sa fortune.* PROV. *La fortune vient en dormant*.* — FAM. *Une fortune, des fortunes :* une somme importante. *Il a payé sa maison une fortune. Ça coûte, ça vaut une fortune, une petite fortune, des fortunes. Gagner des fortunes* (cf. Des mille et des cents). ◆ PAR EXT. Opulence, richesse. «*Une vedette qui veut bien lancer une de vos œuvres, ça peut être la fortune*» ROMAINS. ◆ (Souv. au plur.) Personne possédant une grande fortune. *C'est une des plus grandes fortunes du pays.* «*PDG de l'un des plus grands groupes de téléphonie mobile, dixième fortune française*» K. TUIL.

■ CONTR. Adversité, infortune, malchance, misère, pauvreté.

FORTUNÉ, ÉE [fɔʀtyne] **adj.** – XIVe ◇ latin *fortunatus* ■ **1** VX ou LITTÉR. Favorisé par la fortune, par le sort. ➤ **chanceux, heureux.** «*Le monde, voyant un homme qui a ce qu'il veut, s'écrie avec un grand applaudissement : qu'il est heureux ! qu'il est fortuné !*» BOSSUET. — (CHOSES) ➤ **heureux.** «*Ô fortuné séjour ! ô champs aimés des cieux*» BOILEAU. *Les îles Fortunées :* les Canaries. ■ **2** (1783) MOD. Qui possède de la fortune. ➤ **aisé, riche.** *Une famille fortunée.* «*Fortuné prend le sens de riche : il suit l'évolution de fortune et les grammairiens n'y peuvent rien*» R. DE GOURMONT. ■ CONTR. Infortuné, malheureux. Pauvre.

FORUM [fɔʀɔm] **n. m.** – 1757 ◇ mot latin «place publique» → for, fur ■ **1** ANTIQ. ROM. Place du marché. ◆ SPÉCIALT Place où se tenaient les assemblées du peuple et où se discutaient les affaires publiques (comme en Grèce l'agora). *Le forum romain. Les forums impériaux.* ■ **2** FIG. et LITTÉR. Lieu où se discutent les affaires publiques. *L'éloquence du forum.* ➤ **prétoire, tribune.** ■ **3** (1955) Réunion où l'on débat d'un sujet. ➤ **colloque, symposium.** *Organiser un forum sur l'art.* ■ **4** INFORM. Espace virtuel consacré à l'échange de messages écrits, aux discussions sur un thème, en temps différé entre utilisateurs d'un réseau télématique. Recomm. offic. pour remplacer l'anglic. *newsgroup.* «*Il avait trouvé un forum de jeunes papas sur Internet*» V. DESPENTES. *Contribuer à un forum. La FAQ d'un forum.*

FORURE [fɔʀyʀ] **n. f.** – 1680 ◇ de *forer* ■ TECHN. Trou fait avec un foret. *La forure d'une clé.*

FOSSE [fos] **n. f.** – 1080 ◇ latin *fossa* ■ Cavité assez large et profonde. ■ **1** Cavité creusée pour servir de réceptacle. ➤ **excavation, fossé.** *Creuser, faire une fosse. Fosse servant de piège pour les gros animaux.* ◆ *Fosse d'orchestre :* emplacement situé devant la scène d'un théâtre, d'une salle de spectacle, où se placent les musiciens. ◆ SPÉCIALT, TECHN. Puits d'une exploitation houillère ; lieu aménagé pour le chargement du charbon. *Fosse de remplissage.* — Cavité pratiquée dans le sol d'un garage pour avoir accès au dessous d'une voiture. *Les ponts remplacent de plus en plus les fosses.* ◆ *Fosse aux ours, aux lions,* où on les tient en captivité. *Daniel fut jeté dans la fosse aux lions.* LOC. FIG. *La fosse aux lions :* lieu où l'on affronte de redoutables adversaires. ◆ (XIIe «cachot») *Jeter un prisonnier dans une fosse.* ➤ **cul-de-basse-fosse, oubliette.** ◆ *Fosse à purin, à fumier.* — *Fosse d'aisances,* destinée à recevoir les matières fécales. ➤ **latrines.** *Fosse fixe, étanche, septique. Fosses mobiles.* ➤ **tinette.** ■ **2** Trou creusé en terre pour l'inhumation des morts. ➤ **tombe.** *Les fosses d'un cimetière. Creuser une fosse* (➤ **fossoyeur**). *Fosse commune,* où sont déposés ensemble plusieurs cadavres ou cercueils (➤ **charnier**). — FIG. *Creuser* sa fosse avec ses dents. Avoir un pied dans la fosse :* être sur le point de mourir. ■ **3** Cavité naturelle. ➤ **géosynclinal.** *Fosse abyssale :* grande dépression océanique profonde de 5 à 11 000 mètres, longue de milliers de kilomètres, qui longe les continents ou les archipels volcaniques. *Fosse marginale.* ➤ **marge** (continentale). ■ **4** ANAT. Cavité que présentent certains organes et dont l'entrée est plus évasée que le fond. *Fosses orbitaires. Fosse iliaque.* COUR. *Fosses nasales.* ■ HOM. Fausse (1 faux).

FOSSÉ [fose] **n. m.** – *fosset* 1080 ◇ bas latin *fossatum,* de *fossa* «fosse» ■ **1** Fosse creusée en long dans le sol et servant à l'écoulement des eaux, à la séparation des terrains. ➤ **canal, tranchée,**

watergang. *Fossé formant la clôture d'un parc, d'un enclos.* ➤ **saut-de-loup.** *Fossé servant à drainer les eaux, à irriguer.* ➤ **rigole, ruisseau.** *Fossés bordant une route. La voiture est allée dans le fossé.* LOC. PROV. *Au bout du fossé, la culbute.* — FORTIF. Tranchée entourant un ouvrage fortifié et servant à la défense. *Fossé plein d'eau.* ➤ 1 **douve.** *Fossé antichar.* ◆ GÉOL. Bande de terrains affaissés, limitée par des failles. *Fossé tectonique* (➤ **graben ; effondrement**). ▪ **2** FIG. (1916) Cassure, coupure. *Un fossé nous sépare. «ils ne s'entendent plus, et [...] le fossé s'est creusé davantage entre eux»* HENRIOT. ➤ **abîme.** *Le fossé des générations.* ▪ HOM. Fausser.

FOSSETTE [fosɛt] **n. f.** – v. 1121 ◇ diminutif de *fosse*

I Petit creux dans une partie charnue (joues, menton, etc.). *Avoir une fossette, des fossettes. «une fossette, comme elle pleure en se mordant les lèvres, marque l'emprise du sourire et du plaisir»* BOUSQUET. — ANAT. Dépression peu profonde. *Fossette lacrymale.*

II Petite cavité (au jeu de billes). PAR EXT. *Jouer à la fossette.*

FOSSILE [fosil] **adj. et n. m.** – 1556 ◇ latin *fossilis* «tiré de la terre», de *fodere* «creuser» ▪ **1** Qui a vécu, existé dans une ère passée et a été conservé dans les roches par enfouissement ou infiltration. *Espèce fossile,* disparue à l'heure actuelle. *Le dinosaure fait partie des grands reptiles fossiles.* — PAR EXT. *Énergies fossiles :* matériaux combustibles formés dans les roches par transformation de végétaux fossiles. ➤ **charbon, gaz** (naturel), **naphte, pétrole.** *Industrie fossile,* qui exploite ces énergies. *Rayonnement fossile :* onde électromagnétique de radiofréquence de faible intensité, émise dans toutes les directions de l'espace et interprétée comme un écho de l'explosion primordiale de l'Univers (➤ **big bang**). *«la découverte du rayonnement fossile nous apprend que l'expansion universelle se poursuit depuis un état initial»* H. REEVES. ▪ **2 n. m.** Organisme (animal ou végétal) fossile. *Étude des fossiles.* ➤ **paléobiologie, paléontologie.** *Terrain contenant des fossiles* (➤ **fossilifère**). — *Fossile vivant :* animal ou végétal, seul ou l'un des seuls représentants trouvé actuellement d'une espèce autrefois florissante (cf. Animal venu du fond des âges*). ▪ **3** (1833) FIG. et FAM. Qui est très arriéré. ➤ **démodé, dépassé, obsolète, suranné, vieux.** *Littérature fossile. «Le rigorisme presque fossile des préjugés aristocratiques du prince»* PROUST. ◆ **n. m.** (1840) Personne aux idées démodées. *Un vieux fossile.*

FOSSILIFÈRE [fosilifɛʀ] **adj.** – 1837 ◇ de *fossile* et *-fère* ▪ GÉOL. Qui contient des fossiles. *Calcaire fossilifère.*

FOSSILISATION [fosilizasjɔ̃] **n. f.** – 1832 ◇ de *fossiliser* ▪ Passage d'un corps organisé à l'état de fossile. *Fossilisation par carbonisation, pétrification.*

FOSSILISER [fosilize] **v. tr.** ⟨1⟩ – 1832 ◇ de *fossile* ▪ **1** Rendre fossile ; amener à l'état de fossile. ➤ **pétrifier. p. p. adj.** *Animal fossilisé.* PRONOM. Devenir fossile. *«les êtres se fossilisent d'autant mieux que leur squelette abonde en calcaire»* J. CARLES. ▪ **2** (1845) FIG. et FAM. Rendre fossile (3°). **p. p. adj.** *Mœurs fossilisées.* ➤ **arriéré, figé, rétrograde.**

FOSSOIR [fDswaʀ] **n. m.** – fin XIe ◇ latin *fossorium,* de *fodere* «creuser» ▪ AGRIC. Houe employée en viticulture. — Charrue vigneronne.

FOSSOYEUR [foswajœʀ] **n. m.** – 1328 ◇ du v. *fossoyer* (XIIIe), de *fosse* ▪ **1** COUR. Celui qui creuse les fosses dans un cimetière. *«les fossoyeurs, ayant demandé leur pourboire, s'empressèrent de combler la fosse»* BALZAC. ▪ **2** FIG. et LITTÉR. Personne qui anéantit, ruine qqch. ➤ **démolisseur, naufrageur.** *Le fossoyeur d'une civilisation, d'une doctrine.* On *«m'accuse d'être un fossoyeur [...] Je préfère plaider coupable : si j'en avais le pouvoir, j'enterrerais la littérature de mes propres mains»* SARTRE. ▪ CONTR. (du 2°) Animateur, créateur, défenseur, sauveur.

FOU (ou FOL), FOLLE [fu, fɔl] **n. et adj.** – fin XIe, au sens d'«insensé» (I, 3°) ◇ du latin *follis* «soufflet», «outre gonflée» (→ 1 folle, follicule) puis «fou», c'est-à-dire «gonflé d'air, de vide»

I ~ n. UN FOU, UNE FOLLE ▪ **1** COUR. (ne s'emploie plus en psychiatrie ; on dit *malade mental*) Personne atteinte de troubles, de désordres mentaux. ➤ **aliéné, dément, malade** (mental) ; **folie.** *Au fou ! Fou délirant. Fou visionnaire, illuminé. Divagations, égarements d'un fou. Fou dangereux, fou furieux. Les Français «enferment quelques fous dans une maison, pour persuader que ceux qui sont dehors ne le sont pas»* MONTESQUIEU. *«C'est consolant de savoir que dans les pays pauvres, on n'exclut pas les fous. Ils occupent leur fonction de fou avec le droit de faire le fou»* D. LAFERRIÈRE. **MAISON DE FOUS :** VX asile d'aliénés ; MOD. lieu dont les habitants agissent bizarrement et font régner le désordre. FAM. **HISTOIRE DE FOUS :** anecdote comique dont les personnages sont des aliénés, et PAR EXT. histoire, aventure absurde, incroyable. *C'est une véritable histoire de fous que vous me racontez là !* ◆ FIG. et LITTÉR. *«La folle du logis»* (MALEBRANCHE) : l'imagination. ▪ **2** (1580) Bouffon qui était attaché à la personne de certains hauts personnages (rois, princes). *Le fou du roi. Le bonnet à clochettes, la marotte du fou.* — *Fête des fous :* cérémonie bouffonne, très populaire au Moyen Âge (➤ **fatrasie, sottie**). *Prince, pape des fous.* ◆ (fin XIIIe ◇ a remplacé *aufin,* de l'arabe *al-fil* «l'éléphant», l'éléphant se trouvant à côté du roi, place qu'occupait le fou du roi) ÉCHECS Pièce qui se place, en début de jeu, à côté du roi ou de la dame et qui peut circuler sur autant de cases qu'on le veut, en diagonale. ▪ **3** (fin XIe) Personne qui, sans être atteinte de troubles mentaux, se comporte d'une manière déraisonnable, extravagante. ➤ **insensé ; écervelé ; étourneau ; foufou.** *Un jeune fou. Une vieille folle.* ◆ **COMME UN FOU :** avec l'agitation que manifesterait un fou. *Courir, crier comme un fou.* — Extrêmement, exagérément. *Il travaille comme un fou* (cf. Comme une bête*). ▪ **4** SPÉCIALT, FAM. **FOLLE.** Homosexuel efféminé. *Une grande folle. "La Cage aux folles", pièce de Jean Poiret.* ▪ **5** Personne d'une gaieté vive et exubérante. *Faire le fou* (➤ **folâtrer**). *Les enfants ont fait les fous toute la journée.* PROV. *Plus on est de fous, plus on rit :* plus on est nombreux, plus on s'amuse. ▪ **6 UN FOU DE (qqch.).** Personne qui a un goût extrême pour qqch. ➤ **fanatique ;** FAM. **fana, fondu, mordu.** *C'est un fou de jazz.* — *Un fou du volant :* un automobiliste passionné. *Un fou du boulot :* une personne qui ne pense qu'à son travail. ▪ **7 n. m.** (avant 1627) Oiseau des îles et des littoraux qui chasse les poissons en plongeant et dont le vol paraît incohérent. *«Le fou de Bassan modère soudain sa vitesse, ferme à moitié ses ailes, se laisse tomber, tête première, comme une flèche, à la verticale»* A. HÉBERT.

II ~ adj. (*Fol* [fɔl] devant un subst. sing. commençant par une voyelle ou un *h* muet : *fol espoir, fol héroïsme,* ou dans des loc. : *fol qui s'y fie*) ▪ **1** (VX en psychiatr.) Atteint de désordres, de troubles mentaux. ➤ **délirant, dément, déséquilibré, hystérique.** *Il est fou, il est devenu fou et on a dû l'enfermer.* ▪ **2** Qui est hors de soi. *«Ce que je ne peux pas supporter, ce sont les imbéciles, les gens qui m'ennuient, ça me rend folle»* PROUST. ➤ **agacer, énerver, impatienter.** *Il y a de quoi devenir fou !* (cf. Perdre* la raison, la boule, la tête, l'esprit). *Amoureux fou. Fou de joie.* ➤ **ravi.** *«l'idée qui nous rend fous de douleur ne peut s'arracher de l'âme»* VALÉRY. — SPÉCIALT *Fou d'amour, de désir.* ▪ **3 FOU DE (qqn, qqch.) :** qui a un goût extrême pour. ➤ **amoureux, engoué, entiché, passionné ; raffoler.** *Elle est folle de lui. Être fou de musique, de peinture.* ➤ **enragé, fanatique, féru ; mordu.** *«Moi fou de vers et toi de musique»* VERLAINE. *Femme folle de son corps.* ▪ **4** (fin XIe) Qui agit, se comporte d'une façon peu sensée, anormale. ➤ **anormal, bizarre, déraisonnable, dérangé, désaxé, détraqué, loufoque, malade** (EUPHÉM.) ; FAM. **allumé, atteint, azimuté, barjo, barré, branque, braque, brindezingue, chtarbé, cinglé, cintré, déjanté,** 2 **dingo, dingue, fada, fêlé, foldingue, folingue, fondu, foutraque, frappadingue, frappé, givré,** 2 **jeté, maboul, marteau,** 2 **ouf, perché, pété,** 1 **piqué, ravagé, secoué, sinoque, siphonné, sonné, tapé, timbré, toqué, tordu,** 1 **zinzin ;** RÉGION. **jobastre.** *Être fou, complètement fou.* ➤ **déraisonner* ;** FAM. **débloquer, déconner, déménager, dérailler ;** RÉGION. 2 **capoter** (cf. Avoir une araignée* au plafond, un petit vélo*, une case en moins, une case de vide ; avoir le timbre fêlé* ; avoir un grain* ; travailler* du chapeau ; perdre la boule ; battre la breloque ; être bon pour le cabanon ; être tombé sur la tête ; ne pas être tout seul dans sa tête* ; RÉGION. ne pas avoir toutes ses frites* dans le même sachet ; VX être piqué de la tarentule ; VIEILLI yoyoter de la touffe). *Il est fou à lier, à enfermer. Il est un peu fou.* ➤ **excentrique, extravagant, farfelu.** *Il faut être fou pour... Ils sont complètement fous d'avoir accepté.* ➤ **crétin, idiot.** *Fou, fol qui s'y fie. Il n'est pas assez fou pour... ; pas si fou. Il n'est pas fou* (FAM.) : il est malin, il sait ce qu'il fait. FAM. *Pas folle, la guêpe ! Soyons fous !* laissons-nous aller, oublions les contraintes. — *Vache* folle.* ◆ Qui est léger, écervelé, et SPÉCIALT gai, fantasque. ➤ **foufou.** (Canada) *Être fou comme un balai,* joyeux, agité. ◆ Qui dénote la folie, l'étrangeté, la bizarrerie. *Regard fou.* ➤ **hagard.** *Fou rire :* rire que l'on ne peut réprimer. *Piquer un fou rire. Une crise de fou rire. Des fous rires.* ◆ (début XIIe) (Choses, notions abstraites) Contraire à la raison, à la sagesse, à la prudence. ➤ **absurde, déraisonnable, insane, insensé, irrationnel.** *Idée folle. Tentative folle, folle équipée.* ➤ **dangereux, hasardé, hasardeux, téméraire.** *Une course folle.* ➤ **éperdu.** *De folles espérances. Une folle envie de rire. «L'Amour fou», œuvre d'André Breton. Folle passion. «La Folle Journée ou le Mariage de Figaro», de Beaumarchais.* — DR.

Folle enchère, faite par qui ne peut payer le prix. ▪ **5** (après le subst.) Dont le mouvement est irrégulier, imprévisible, incontrôlable. *Moteur fou.* ➤ **emballé.** *Boussole, aiguille folle. Balance folle,* possédant un équilibre instable. *Roue, poulie folle,* libre de tourner sur son axe. *Camion fou, voiture folle,* qui semble hors de contrôle. *Le camion fou a renversé trois passants.* FAM. *Avoir une patte folle :* boiter. ♦ Se dit de brins végétaux, de poils s'agitant au vent. ➤ **follet.** *Herbes folles. Mèches folles.* ▪ **6** (XVIe) Se dit de plantes sauvages. *Folle avoine.* ▪ **7** (début XIXe) (après le subst.) ➤ **énorme, excessif, extraordinaire, immense, prodigieux.** *Il y avait un monde fou à cette réception. Une gaieté folle. Ce film a eu un succès fou.* ➤ **démentiel.** *Nous avons mis un temps fou pour venir. Ça me donne un mal fou. Ces vacances m'ont fait un bien fou. Dépenser un argent fou. Prix fou.* ➤ **astronomique, exorbitant, prohibitif.** — FAM. *C'est fou ce que c'est cher.* « *C'est fou comme vous pouvez prendre les choses au sérieux ! On dirait que vous jouez votre tête* » BEAUVOIR.

▪ CONTR. Équilibré, normal, sensé. 2 Calme, raisonnable, sage. 1 Froid. Judicieux, rationnel. Réglé, régulier. ▪ HOM. 1 Folle.

FOUACE [fwas] n. f. – XIIe ◊ latin populaire °*focacia* ; cf. *focacius panis* « pain cuit sous la cendre du foyer » (VIIe), de *focus* « foyer » → fougasse ▪ RÉGION. Galette de fleur de froment cuite au four ou sous la cendre. « *bergers et bergères firent chère lie avec ces fouaces* » RABELAIS.

FOUAGE [fwaʒ] n. m. – XIIIe ◊ de l'ancien français *fou* « feu » ▪ FÉOD. Redevance qui se payait par foyer.

FOUAILLE [fwaj] n. f. – 1571 ; *fouail* « bois de chauffage » XIIIe ◊ de l'ancien français *fou* « feu » ▪ VÉN. Abats de sanglier cuits au feu, que l'on donne aux chiens après la chasse (correspond à la curée* du cerf).

FOUAILLER [fwaje] v. tr. ‹1› – 1680 ; « se frapper les flancs de sa queue » XIVe ◊ du radical *fou-*, de *fagus* → fouet ▪ VX ou LITTÉR. Frapper de coups de fouet répétés. ➤ **battre, fouetter.** « *Le cocher, alors, hurlant : "Hue !" de toute sa poitrine, fouailla les bêtes à tour de bras* » MAUPASSANT. — FIG. « *Ses souvenirs le fouaillaient, plus encore que ce vent glacé* » MARTIN DU GARD. ▪ HOM. poss. Foyer.

FOUCADE [fukad] n. f. – 1614 ◊ altération de *fougade* fin XVIe ; du radical de *fougue,* du latin *fuga* ▪ VX ou LITTÉR. Élan capricieux, emportement passager. ➤ **caprice, fantaisie, lubie, tocade.** « *Le danger vient moins des foucades du sexe que des emballements du cœur* » C. M. CLUNY.

FOUCHTRA [fuʃtʀa] interj. – 1847 ; *fouchetre* 1829 ◊ de *foutre* ▪ Juron attribué aux Auvergnats. ➤ **fichtre.**

1 **FOUDRE** [fudʀ] n. f. et m. – 1180 ; 1080 *fuildres* plur. ◊ latin *fulgur* « éclair » ▪ **1** Décharge électrique qui se produit par temps d'orage entre deux nuages ou entre un nuage et le sol, avec une lumière et une détonation (➤ **éclair, tonnerre**). *La foudre éclate, tombe. Arbres frappés par la foudre.* ➤ **foudroyer.** *Avec la rapidité de la foudre.* ♦ MYTH. Faisceau enflammé, arme et attribut de Jupiter. ▪ **2 COUP DE FOUDRE.** VX Évènement désastreux, qui atterre. — MOD. Manifestation subite de l'amour dès la première rencontre. *Avoir un coup de foudre pour qqn.* « *à votre âge, les coups de foudre sont à craindre* » CRÉBILLON. « Des coups de foudre. *Il faudrait changer ce mot ridicule ; cependant la chose existe* » STENDHAL. — *J'ai eu le coup de foudre pour ce tableau.* ➤ FAM. **craquer, flasher** (sur). ▪ **3** (PLUR.) **FOUDRES :** condamnation, reproche. *Les foudres de l'Église, du Vatican.* ➤ **excommunication ; fulminer.** *S'attirer les foudres de qqn.* ▪ **4** n. m. VIEILLI *Un foudre de guerre :* un grand capitaine. — MOD. *Ce n'est pas un foudre de guerre :* il n'est pas très malin (➤ 1 **flèche**).

2 **FOUDRE** [fudʀ] n. m. – 1690 ; *voudre* XVe ◊ allemand *Fuder* ▪ Tonneau de grande dimension pouvant contenir de 50 à 300 hectolitres. « *Dans les caves interminables, les attendaient les foudres et les barriques* » PEREC.

FOUDROIEMENT [fudʀwamɑ̃] n. m. – XIIIe ◊ de *foudroyer* ▪ RARE Action de foudroyer ; fait d'être foudroyé.

FOUDROYANT, ANTE [fudʀwajɑ̃, ɑ̃t] adj. – XVIIe ; « qui lance la foudre » 1552 ◊ de *foudroyer* ▪ Qui a la brutalité, la violence, la rapidité de la foudre. *Mort foudroyante. Attaque foudroyante. Apoplexie foudroyante.* ➤ **mortel.** *Démarrage foudroyant. Succès foudroyant.* ➤ **fulgurant.** « *cet adieu, d'une si foudroyante soudaineté qu'elle en demeurait comme paralysée d'étonnement* » BOURGET.

FOUDROYER [fudʀwaje] v. tr. ‹8› – 1170 ◊ de 1 *foudre* ▪ **1** Frapper, tuer par la foudre. *Deux personnes ont été foudroyées pendant l'orage.* — PAR ANAL. *Il a été foudroyé par le courant à haute tension.* ➤ **électrocuter.** ▪ **2** Tuer, anéantir avec soudaineté et violence. *Une crise cardiaque l'a foudroyé.* ➤ 2 **terrasser.** « *il ajusta lestement et fit feu. L'oiseau, foudroyé en plein vol, sembla se précipiter plutôt qu'il ne tomba* » FROMENTIN. — FIG. p. p. adj. Confondu, stupéfait. *Il* « *resta muet, foudroyé, stupide* » BALZAC. ♦ PAR MÉTAPH. *Foudroyer qqn du regard,* le regarder méchamment.

FOUET [fwɛ] n. m. – XIIIe « verges » ◊ diminutif de l'ancien français *fou* « hêtre », avec évolution probable de « petit hêtre » à « baguette de hêtre »

I ▪ **1** Instrument formé d'une corde de chanvre, d'une lanière au bout d'un manche. *Mèche d'un fouet. Faire claquer son fouet. Donner un coup de fouet.* ➤ **fouetter, fustiger.** *Fouets servant à infliger une punition* (➤ **knout, martinet ;** cf. Chat* à neuf queues), *une mortification* (➤ **discipline**). *Fouet de cavalier.* ➤ **cravache.** *Fouet de cocher. Fouet de manège.* ➤ **chambrière.** ANCIENNT *Fouet de guerre, fouet d'armes.* ➤ **fléau** (d'armes). ♦ *De plein* fouet.* ♦ FIG. **COUP DE FOUET :** excitation, impulsion vigoureuse. *Médicament qui donne un coup de fouet à l'organisme.* ➤ **fortifiant, remontant.** « *Quelque chose de fort... J'ai besoin d'un coup de fouet...* » MODIANO. ▪ **2** (1694) Petite corde. Cordelette qui sert à serrer un livre à la reliure. — MAR. Cordage souple et solide. *Poulie à fouet.* ▪ **3** ZOOL. *Le fouet de l'aile :* l'extrémité de l'aile des oiseaux. — (1743) *Le fouet de la queue :* touffe de poils. « *Le lévrier tourne autour de lui, les oreilles couchées, le fouet battant* » TOURNIER. ▪ **4** Appareil servant à battre les sauces, les blancs d'œufs, etc. *Fouet mécanique, électrique.* ➤ **batteur.** *Fouet à champagne.*

II (XVIe) Châtiment infligé avec un fouet ou des verges. *Jadis on donnait le fouet dans les collèges. Le supplice du fouet.* ➤ **flagellation.**

FOUETTARD, ARDE [fwɛtaʀ, aʀd] adj. – XVIIIe ◊ de *fouetter* ▪ *Père Fouettard :* personnage dont on menaçait les enfants. ➤ **croquemitaine.**

FOUETTÉ, ÉE [fwete] adj. et n. m. – XVIIe ◊ de *fouetter* ▪ **1** adj. *Crème fouettée,* battue vivement. ➤ **chantilly.** ▪ **2** n. m. (1820) CHORÉGR. *Un fouetté :* pirouette dont l'impulsion est donnée par la jambe libre faisant un rond de jambe, et exécutée le plus souvent en série.

FOUETTEMENT [fwɛtmɑ̃] n. m. – avant 1553 ◊ de *fouetter* ▪ RARE Action de fouetter. *Le fouettement de la pluie sur les vitres.*

FOUETTER [fwete] v. ‹1› – 1534 ◊ de *fouet*

I v. tr. ▪ **1** Frapper avec un fouet. ➤ **flageller, fouailler, fustiger.** *Être fouetté jusqu'au sang. Fouetter un cheval. Fouette, cocher !* FIG. allons-y. — *Il n'y a pas de quoi fouetter un chat*. Avoir d'autres chats* à fouetter.* ▪ **2** (XVIIe) Frapper, comme avec un fouet. *La pluie lui fouette le visage.* « *Les bourrasques de novembre fouettaient depuis trois jours le faubourg populeux* » FRANCE. ♦ (1680) Battre vivement, rapidement. *Fouetter des œufs, une crème* (➤ **fouetté**). ▪ **3** FIG. Donner un coup de fouet à ; stimuler. *Fouetter le désir.* ➤ **allumer, animer, exciter.** « *Mme de Cambremer aimait à se "fouetter le sang" en se chamaillant sur l'art, comme d'autres sur la politique* » PROUST.

II v. intr. ▪ **1** Frapper, cingler comme le fait un fouet. *La pluie fouette contre les volets. Une jument qui fouette de la queue,* qui agite sa queue avec impatience. ♦ Tourner à vide (pièce mécanique). ▪ **2** (1878) FAM. Sentir mauvais. ➤ **cogner, chlinguer, empester*.** « *Ça fouette dans ton escalier. Pire qu'un terrier* » COLETTE. ▪ **3** (1946) FAM. Avoir peur.

FOUFOU, FOFOLLE [fufu, fɔfɔl] adj. – 1928 ◊ redoublement de *fou, folle* ▪ Un peu fou*, folle ; léger et folâtre. *Ils sont un peu foufous.*

FOUFOUNE [fufun] n. f. – 1968 ◊ origine inconnue ▪ FAM. ▪ **1** (Canada) *Les foufounes :* les fesses. ▪ **2** (1982) Sexe de la femme. — Diminutif **FOUFOUNETTE** (1982).

FOUGASSE [fugas] n. f. – 1600 ◊ mot occitan, du latin populaire °*focacia* « du foyer » → fouace ▪ RÉGION. (Sud) Galette de froment cuite au four. ➤ **fouace.** « *une fougasse aux fritons, petite pâtisserie salée en forme de gril* » M. ROUANET.

FOUGER [fuʒe] v. intr. ‹3› – XIVe ◊ latin *fodicare,* de *fodere* → fouiller ▪ VÉN. Fouiller le sol à coups de boutoir (sanglier).

FOUGERAIE [fuʒʀɛ] n. f. – 1611 ◊ de *fougère* ▪ Champ, lieu où poussent les fougères. *Fougeraie artificielle.*

FOUGÈRE [fuʒɛʀ] n. f. – *feugière, fouchière* XIIe ◊ latin populaire °*filicaria,* de *filix, filicis* « fougère » ▪ Plante cryptogame *(ptéridophytes)* à feuilles (frondes) très découpées, souvent enroulées en crosse au début du développement. *Fougère mâle,* ainsi appelée pour son port dressé. *Fougère polypode* *commune. Fougère ornementale.* ➤ **adiante, capillaire.** *Fougères arborescentes. Spores, frondes des fougères.*

1**FOUGUE** [fug] **n. f.** – 1580 ◊ italien *foga* «fuite précipitée» ; latin *fuga* → fugue ■ Ardeur impétueuse. ➤ 1**élan, emportement, entrain,** 1**feu, impétuosité.** *Avec la fougue de la jeunesse. Agir, parler avec fougue. Elle a introduit à l'Opéra «la fougue, la pétulance, la passion et le tempérament»* GAUTIER. *La fougue d'un orateur.* ➤ **véhémence, verve.** *Pamphlet plein de fougue.* ➤ **mordant, virulence.** ■ CONTR. 1Calme, flegme, placidité. Froideur.

2**FOUGUE** [fug] **n. f.** – *mât de fougue* 1678 ◊ altération de *mât de foule* «mât qui supporte le plus l'effort du vent» ■ MAR. Mât de hune et vergue de hune d'artimon. ➤ **perroquet.**

FOUGUEUSEMENT [fugøzmɑ̃] **adv.** – 1840 ◊ de *fougueux* ■ Avec fougue. *Attaquer fougueusement.*

FOUGUEUX, EUSE [fugø, øz] **adj.** – XVIe ◊ de 1*fougue* ■ Qui a de la fougue. *Jeunesse fougueuse.* ➤ **ardent, bouillant, enthousiaste, impétueux, pétulant.** *Caractère, tempérament fougueux. Discours fougueux.* ➤ 1**explosif, véhément, violent.** — *Cheval fougueux.* ➤ **vif.** ■ CONTR. 2Calme, 1froid, posé, 1serein.

FOUILLE [fuj] **n. f.** – 1578 *faire fouille* «fouiller» ◊ de *fouiller* ■ **1** (1678) Action de fouiller la terre. ♦ (1704) Excavation pratiquée dans la terre pour mettre à découvert ce qui y est enfoui ; SPÉCIALT (surtout au plur.) Ensemble des opérations et des travaux qui permettent de mettre au jour et d'étudier les vestiges ensevelis de civilisations disparues. *Entreprendre, faire des fouilles. Un chantier de fouilles. L'archéologue qui dirige les fouilles.* ■ **2** Toute action de creusement faite dans la terre (pour les constructions, travaux publics, etc.). *Fouille à ciel ouvert, sous l'eau.* ■ **3** (1794) Action d'explorer, en vue de découvrir qqch. de caché. *Fouille d'individus arrêtés dans une rafle. Fouille au corps. Fouille corporelle. Fouille des bagages à la douane.* ➤ **visite.** *«Les soldats commencèrent la fouille des maisons»* HUGO. ➤ **perquisition.** ■ **4** (1881 ; «bourse» XVIe ◊ de l'argot ancien *fouillouse* «poche» [1632], antérieurement «bourse» 1486, de *fouiller*) POP. Poche (d'un vêtement). *Se remplir les fouilles.* — LOC. FIG. *C'est dans la fouille* (cf. C'est dans la poche*).

FOUILLÉ, ÉE [fuje] **adj.** – de *fouiller* ■ PEINT. Travaillé de manière à figurer, à suggérer la profondeur. ♦ Ciselé, travaillé avec minutie. *Des détails fouillés.* ♦ Approfondi dans le détail. *Une étude très fouillée.* ➤ **poussé.**

FOUILLE-MERDE [fujmɛʀd] **n.** – 1542 ◊ de *fouiller* et *merde* ■ FAM. Personne qui fouine dans les moindres détails de la vie des autres pour y rechercher les histoires scandaleuses ou scabreuses. *«vous étiez une sale petite fouille-merde»* A. NOTHOMB. *Des fouille-merdes.*

FOUILLER [fuje] **v.** ‹1› – *fooiller* 1283 ◊ latin populaire °*fodiculare*, de *fodicare* «percer», de *fodere* → fouir

I **v. tr.** ■ **1** Creuser (un sol, un emplacement) pour mettre à découvert ce qui peut y être enfoui. *Fouiller un terrain riche en vestiges de l'Antiquité. Des corbeaux qui viennent «gratter la terre et la fouiller de leurs pattes et du bec»* BALZAC. ➤ **fouir.** ♦ Creuser (une terre que l'on cultive). ➤ **remuer, retourner.** ■ **2** (XIVe) Explorer avec soin en tous sens. *Fouiller les buissons.* ➤ **battre, explorer, inspecter, scruter.** *Douanier qui fouille des bagages.* ➤ **examiner, visiter.** *La police a fouillé la maison.* ➤ **perquisitionner** (cf. Passer au peigne* fin). *«Et il fouilla dans sa poche. Une poche fouillée, il fouilla l'autre. Il passa aux goussets, explora le premier, retourna le second»* HUGO. ♦ (XVIe) *Fouiller qqn,* chercher soigneusement ce qu'il peut cacher dans ses poches, dans ses vêtements, ou sur sa personne. *Fouiller un voleur. Se faire fouiller à la frontière.* — (ABSTRAIT) *Fouiller un problème,* l'étudier à fond. ➤ **approfondir, creuser.** *Il faudrait fouiller un peu plus cette étude.* ■ **3** (1704) ARTS Tailler en évidant. *«Les trophées, les bas-reliefs, les médaillons de sa façade sont fouillés par un ciseau hardi, fier, patient»* GAUTIER.

II **v. intr.** ■ **1** Faire un creux dans le sol. *Animaux qui fouillent pour trouver leur nourriture.* ➤ **fouger.** ■ **2** Faire des recherches, en déplaçant tout ce qui peut cacher ce que l'on cherche. ➤ **chercher, fouiner, fourgonner, fureter ;** FAM. **farfouiller,** 1**fourrager.** *Qui a fouillé dans mes affaires ? Clochard qui fouille dans les poubelles.* — SPÉCIALT *Fouiller dans les poches,* en explorer le contenu (cf. FAM. Faire les poches* à qqn). ♦ FIG. *Fouiller dans le passé, dans ses souvenirs, dans sa mémoire,* pour retrouver ce qui était perdu, oublié. *Fouiller dans la vie de qqn.* ➤ **fouille-merde.**

III **SE FOUILLER v. pron.** ■ **1** Chercher dans ses poches. *«Il se crut volé, il se fouilla, pâlissant»* ZOLA. ■ **2** (1869) FAM. *Tu peux toujours te fouiller !* tu ne dois pas compter obtenir ce que tu demandes. ➤ se **brosser, courir.**

FOUILLEUR, EUSE [fujœʀ, øz] **n.** – XVe ◊ de *fouiller* ■ **1** Personne qui fouille, qui aime à fouiller. *Un fouilleur d'archives.* ➤ **fouineur, fureteur ; rat** (de bibliothèque). *«c'était un voyou de famille, un fouilleur d'armoires»* DURAS. *«Brocanteur de secrets, marchand de mystères, fouilleur de ténèbres»* HUGO. — Personne qui pratique des fouilles archéologiques. ♦ **n. f. FOUILLEUSE :** femme qui, dans les services de police ou de douane, est chargée de fouiller les femmes. ■ **2** **n. f.** (1860) AGRIC. Charrue destinée à remuer et à ameublir le sous-sol sans retourner la terre.

FOUILLIS [fuji] **n. m.** – fin XVIIIe ; «action de fouiller» 1392 ◊ de *fouiller* ■ **1** Entassement d'objets disparates réunis pêle-mêle. ➤ **désordre*, pagaille.** *Quel fouillis ! «C'est un fouillis où une poule ne retrouverait pas ses poussins !»* BALZAC. *«Un fouillis de hautes lianes inextricables, de plantes parasites»* LAUTRÉAMONT. ■ **2** APPOS. (1836) FAM. Qui manque d'ordre. *Un musée fouillis.*

FOUINE [fwin] **n. f.** – *foïne* 1160 ◊ altération de *faïne* ; latin populaire °*fagina (mustela)* «(martre) du hêtre», avec influence de l'ancien français *fou, foe* «hêtre» → fouet ■ Petit mammifère carnivore *(mustélidés),* au corps mince et au museau allongé, proche de la martre. *La fouine saigne les volailles, les pigeons.* — PAR COMPAR. *Tête, nez de fouine.* ➤ **chafouin.** *«L'abbé Dubois était un petit homme maigre, effilé, chafouin* [...] *à mine de fouine»* SAINT-SIMON.

FOUINER [fwine] **v. intr.** ‹1› – 1820 ; «fuir, se dérober» 1749 ◊ de *fouine* ■ **1** Se livrer à des recherches méticuleuses. *Fouiner dans une bibliothèque.* ■ **2** PÉJ. Fouiller indiscrètement dans les affaires des autres (comme la fouine qui fourre partout son museau). ➤ **fouiller, fureter.** *Il n'aime pas qu'on vienne fouiner dans ses affaires. «Ils ont fouiné partout, perquisitionné comme ils disent»* GENEVOIX.

FOUINEUR, EUSE [fwinœʀ, øz] **adj. et n.** – 1866 ◊ de *fouiner* ■ **1** Qui cherche indiscrètement, fouine partout. ➤ **curieux, fureteur ;** RÉGION. **écornifleur ;** aussi FAM. **fouille-merde.** *«il a l'air fouineur et soupçonneux»* DUHAMEL. ■ **2** **n.** INFORM. Recomm. offic. pour *hackeur.*

FOUIR [fwiʀ] **v. tr.** ‹2› – début XIIe ◊ latin populaire °*fodire,* du latin classique *fodere* ; cf. *enfouir* ■ Creuser (la terre, le sol), surtout en parlant des animaux. *«Je l'entendais* [le sanglier] *qui grattait de ses pattes robustes* [...] *Enfoncé jusqu'aux reins dans la neige, il fouissait le sol de son nez dur»* BOSCO.

FOUISSEUR, EUSE [fwisœʀ, øz] **n. m. et adj.** – v. 1250 ◊ de *fouir* ■ Se dit des animaux qui creusent le sol avec une grande facilité. *La courtilière, la taupe sont des animaux fouisseurs.* ♦ ZOOL. *Pattes fouisseuses,* aptes à creuser la terre (en forme de pelles).

FOULAGE [fulaʒ] **n. m.** – 1284 «droit féodal sur le foulage des pommes» ◊ de *fouler* ■ **1** Action de fouler. *Foulage du raisin.* ➤ **écrasement.** ♦ TECHN. Opération par laquelle on foule certaines matières pour leur donner de l'apprêt. *Foulage des cuirs* (➤ **chamoisage, tannage**), *des peaux* (➤ **corroyage**). *Foulage d'un tissu de laine,* destiné à resserrer et à enchevêtrer les fibres de la laine, et à donner ainsi de l'épaisseur, de la force et du moelleux au tissu. *Foulage à la machine* (➤ **foulon**). ■ **2** IMPRIM. Relief produit par l'impression au verso du papier. *Il y a trop de foulage, le cylindre était trop serré.*

FOULANT, ANTE [fulɑ̃, ɑ̃t] **adj.** – 1704 ◊ de *fouler* ■ **1** Qui foule. *Pompe foulante,* qui élève le niveau d'un liquide par pression. *Pompe aspirante et foulante.* ■ **2** (XXe ◊ de *se fouler*) FIG. et FAM. Fatigant*. — Surtout négatif *Ce n'est pas un travail bien foulant.* ➤ **cassant.**

FOULARD [fulaʀ] **n. m.** – 1747 ◊ p.-ê. provençal *foulat* «foulé», drap léger d'été ■ **1** Étoffe de soie ou de soie et coton très légère. *Foulard imprimé. Une robe de foulard à pois.* ■ **2** COUR. Pièce d'étoffe (en foulard, etc.) que l'on porte autour du cou ou en pointe sur la tête. ➤ **écharpe,** 1**fichu.** *Foulard carré.* ➤ **bandana, carré, châle.** *Un foulard de soie blanche.* — *Foulard islamique,* dont certaines femmes musulmanes se recouvrent la tête. ➤ aussi **tchador,** 1**voile.** ♦ Coiffure faite d'un mouchoir noué autour de la tête. *Les Antillaises portent des foulards aux couleurs vives.* ➤ **madras.**

FOULE [ful] **n. f.** – 1538 ; «endroit où l'on est foulé, pressé» XIIIe ◊ de *fouler* ■ **1** Multitude de personnes rassemblées en un lieu. ➤ **affluence, monde.** *«Il y avait une foule immense, bigarrée, diaprée, fourmillante»* GAUTIER. *Foule grouillante.* ➤ **bousculade,**

cohue, presse. *Se mêler à la foule. Prendre un bain* de foule. Fendre la foule. La foule se presse à l'entrée du théâtre. Un mouvement de foule. Foule en marche.* ➤ **cortège, troupe.** *Contenir la foule. La foule des badauds, des curieux. — Il y a foule :* il y a beaucoup de monde, d'affluence. ◆ SOCIOL. Réunion d'êtres humains considérée comme une unité psychologique et sociale ayant un comportement, des caractères propres. ➤ 1 **masse.** *« Psychologie des foules », de G. Le Bon.* ■ **2 LA FOULE :** le commun des êtres humains (opposé à *l'élite*). ➤ 1 **masse, multitude, peuple ;** FAM. **populo,** 1 **tourbe, troupeau, vulgaire.** *La voix, le jugement de la foule. « Quant à flatter la foule, ô mon esprit, non pas ! [...] Ah ! le peuple est en haut, mais la foule est en bas »* HUGO. *Fuir la foule. L'engouement de la foule pour un artiste* (cf. Grand public*). ■ **3 UNE FOULE DE :** un grand nombre (de personnes ou de choses de même catégorie). ➤ **armada, armée, collection,** 1 **masse, quantité, tas ;** FAM. **chiée, flopée, foultitude, tapée.** REM. Accord. Totalité considérée collectivement : v. au sing. ; pluralité considérée individuellement : v. au plur. *Une foule de clients, de visiteurs est venue aujourd'hui. Une foule de gens pensent que c'est faux. — Elle nous a donné une foule de détails. J'ai une foule de choses à faire aujourd'hui.* ■ **4 EN FOULE :** en masse, en grand nombre, en quantité. *Se presser en foule à une exposition. Le public est venu en foule. Les idées « ne viennent point ou elles viennent en foule »* ROUSSEAU. ■ HOM. Full.

FOULÉE [fule] **n. f.** – XIIIe ◇ de *fouler* ■ **1** VÉN. (AU PLUR.) Trace que la bête laisse sur l'herbe ou les feuilles mortes. ➤ **piste, voie.** *Les foulées du cerf.* ■ **2** (1846) Appui que le cheval prend sur le sol à chaque temps de trot ou de galop ; PAR EXT. Mouvement effectué à chaque temps de galop de course (pour le trot, on dit *battue*). *Les foulées puissantes, légères d'un pur-sang.* ◆ SPORT Enjambée de l'athlète en course. *Ce coureur a une foulée magnifique. Courir à grandes, à petites foulées. Allonger la foulée. Suivre un adversaire dans sa foulée,* de près, en se réglant sur son allure. — Le pas dans la marche. *« Il a de longues jambes infatigables et, quand il se met en mouvement, il fait des foulées de chasseur et de paysan »* DUHAMEL. ◆ FIG. *Dans la foulée :* sur son élan* ; dans le prolongement d'un évènement. *Il a passé l'agrégation et a écrit sa thèse dans la foulée.*

FOULER [fule] **v. tr.** ⟨1⟩ – fin XIIe ; *foler* XIe ◇ latin populaire °*fullare* « fouler une étoffe », d'après *fullo* « foulon » ■ **1** TECHN. Presser (qqch.) en appuyant à plusieurs reprises, avec les mains, les pieds, un outil. *Fouler du drap* (➤ **foulage**). *Tissus foulés* (feutres, draps). *Fouler des peaux, le cuir.* ➤ **corroyer.** — *Fouler la vendange,* le raisin. ■ **2** LITTÉR. Presser (le sol) en marchant dessus. *Fouler le sol natal après une longue absence. « Et le pied des coursiers n'y foulait de poussière Que la cendre de tes cités ! »* HUGO. ◆ (1538) *Fouler aux pieds :* marcher avec violence, colère ou mépris sur (qqn, qqch.). ➤ **piétiner.** — FIG. Traiter avec le plus grand mépris. ➤ **bafouer, braver, mépriser, piétiner.** *Fouler aux pieds les convenances, les lois* (cf. Faire litière* de). ■ **3** Blesser en donnant une foulure. *Se fouler la cheville, le pied.* ➤ **luxer ; foulure.** *« Je sautai, je me fis mal [...] je m'étais un peu foulé le pied et je fuyais en boitant »* STENDHAL. — *Avoir la cheville foulée.* ◆ FIG. (1808) FAM., VIEILLI *Se fouler la rate :* se donner du mal, de la peine. — MOD. PRONOM. *Ne pas se fouler :* ne pas se donner beaucoup de peine. *Elle ne s'est pas foulée.* ➤ se **casser,** se **fatiguer*.** *Tu ne t'es pas foulé pour écrire cette lettre.*

FOULERIE [fulʀi] **n. f.** – 1549 ; autre sens XIIIe ◇ de *fouler* ■ TECHN. Atelier où l'on foule les draps, les cuirs. — Machine à fouler.

FOULEUR, EUSE [fulœʀ, øz] **n.** – XIIIe ◇ de *fouler* ■ TECHN. Personne qui effectue le foulage. ➤ VX **foulon.**

FOULOIR [fulwaʀ] **n. m.** – 1585 ; *follour* 1274 ◇ de *fouler* ■ TECHN. Instrument servant à fouler. *Fouloir à raisin. — Fouloir de dentiste,* servant à enfoncer l'amalgame lors de l'obturation.

FOULON [fulɔ̃] **n. m.** – XIIe ◇ latin *fullo* ■ VX Ouvrier qui effectue l'opération du foulage du drap, du feutre. ➤ **fouleur.** ◆ MOD. *Terre à foulon :* argile servant au dégraissage du drap destiné au foulage. — *Moulin à foulon,* ou ELLIPT *un foulon :* machine servant au foulage (des étoffes de laine, des cuirs).

FOULQUE [fulk] **n. f.** – 1534 ; *fourque* 1393 ◇ ancien provençal *folca,* du latin *fulica* ■ Oiseau aquatique proche du râle *(gruiformes),* au plumage noir.

FOULTITUDE [fultityd] **n. f.** – 1848 ◇ croisement de *foule* et de *multitude* ■ FAM. Foule, grande quantité.

FOULURE [fulyʀ] **n. f.** – XIIe « blessure » ◇ de *fouler* ■ Légère entorse par distension des ligaments articulaires. *Foulure du poignet. Elle s'est fait une foulure à la cheville.*

FOUR [fuʀ] **n. m.** – v. 1180 *for* ◇ latin *furnus* ■ **1** Ouvrage de maçonnerie généralement voûté, de forme circulaire, muni d'une ouverture par-devant, et où l'on fait cuire le pain, la pâtisserie, etc. *Four de boulanger. Four à pizza. Four à bois. « elle ouvre la porte du four, elle regarde à l'intérieur le brasillement, elle tire un fagot qu'elle enfourne et pousse vers le brasier »* R. MARTEAU. *Bouche, gueule, voûte d'un four. Mettre au four* (➤ **enfourner**) ; *sortir du four* (➤ **défourner**). ANCIENNT *Four banal. — On ne peut être à la fois au four et au moulin*.* ◆ LOC. *Ouvrir la bouche comme un four.* PAR EXT. FAM. *Ouvrir un grand four. — Il fait noir comme dans un four.* ◆ *Petits fours.* ➤ **petit-four.** ◆ (1656 *faire four* ◇ p.-ê. à cause de l'extinction des chandelles, faute de public, la salle devenant sombre comme un four) FIG. Échec complet, en parlant d'une représentation dramatique, et PAR EXT. de tout spectacle, réunion, manifestation artistique. ➤ **désastre, échec, fiasco, insuccès ;** FAM. **bide.** *Faire un four. La représentation a été un four complet, un four noir. « Si votre Nana ne chante ni ne joue, vous aurez un four, voilà tout... un four ! un four ! »* ZOLA. ■ **2** (XIXe) Partie fermée d'un fourneau, d'une cuisinière, ou appareil indépendant encastrable, où l'on peut mettre les aliments pour les faire cuire, les réchauffer. *Faire cuire à four chaud, tiède. Mettre un poulet au four.* ➤ **enfourner.** *Rôti, gigot cuit au four. Tomates séchées au four. Des pommes au four,* cuites au four avec leur peau. *Four électrique, à gaz. Thermostat d'un four. Four à catalyse,* autonettoyant par oxydation catalytique des graisses déposées sur les parois au cours de la cuisson. *Four à pyrolyse,* autonettoyant par brûlage des graisses déposées sur les parois durant la cuisson. — *Four à chaleur tournante* ou *à air pulsé. Four multifonctionnel* ou *multifonction,* qui conjugue convection et chaleur tournante. *Four à micro-ondes* (➤ 2 **micro-onde**). *Four muni d'un tournebroche.* ➤ **rôtissoire.** ■ **3** Ouvrage ou appareil, constitué le plus souvent d'une chemise intérieure (ou massif) en matériaux réfractaires et d'une armature extérieure, dans lequel on fait subir à diverses matières, sous l'effet d'une chaleur intense, des transformations physiques ou chimiques (affinage, calcination, cémentation, combinaison, combustion, cuisson, dessiccation, fusion, grillage, mélange, réduction, séchage). *Cheminée, chemise, creuset, foyer, gueulard, gueule, sole, soufflerie d'un four. Four au charbon, au gaz, au pétrole, à mazout ; fours électriques (fours à arc, à résistance, à induction). Fours à chauffe directe* (combustible et matière mélangés ou alternés), *fours à bas foyer* (➤ **forge**) ; *fours oscillants* (➤ **convertisseur**). ➤ aussi **cubilot, haut-fourneau.** *Fours à chauffe distincte, à réverbère, à coupellation, fours rotatifs. Fours à minerai. Four à chaux* (➤ **chaufour**), *à ciment,* destiné à la fabrication de la chaux, du ciment. *Four à brique. — Four crématoire*. Four Martin,* pour l'affinage de la fonte. *Four solaire,* à énergie solaire concentrée par un miroir concave. ■ **4** Lieu où règne une température très élevée. *La voiture en plein soleil, quel four !* ➤ **étuve, fournaise.** *« la température était encore très élevée, un four »* LIBERATI. ■ HOM. Fourre.

FOURBE [fuʀb] **adj.** et **n.** – 1455 n. m. « voleur » ◇ de *fourbir* « nettoyer », au fig. « voler » ; cf. italien *furbo,* ancien français *forbeter* « tromper » ■ VIEILLI Qui trompe ou agit mal en se cachant, en feignant l'honnêteté. ➤ 1 **faux, hypocrite, perfide, sournois.** *Il est fourbe et menteur.* — PAR EXT. Qui manifeste la ruse, la perfidie. *Il a un air fourbe. « cette gentillesse un peu fourbe qui m'ouvrait si aisément les cœurs, dès que je m'en donnais la peine »* MAURIAC. — **n.** VIEILLI *« Louis XI, jugé d'après notre conscience, est un fourbe »* FUSTEL DE COULANGES. ■ CONTR. 1 Droit, 2 franc, honnête, loyal.

FOURBERIE [fuʀbəʀi] **n. f.** – 1640 ◇ de *fourbe* ■ VIEILLI Caractère d'une personne fourbe ; disposition à tromper par des ruses, des artifices. ➤ **duplicité, fausseté, hypocrisie, perfidie, sournoiserie.** *« Je ne trouve partout que lâche flatterie, Qu'injustice, intérêt, trahison, fourberie »* MOLIÈRE. ◆ LITTÉR. *Une, des fourberies.* Tromperie hypocrite. ➤ **ruse, trahison, traîtrise.** *« Les Fourberies de Scapin », comédie de Molière.* ■ CONTR. Droiture, franchise, honnêteté, loyauté, probité.

FOURBI [fuʀbi] **n. m.** – 1835 « jeu » ; 1532 *fourby* ◇ du radical de *forbeter, fourber* « tromper, voler » (cf. *fourbe*) ; d'abord « maraude, trafic, affaire » ■ FAM. ■ **1** Ensemble des armes, des affaires que possède un soldat. ➤ **attirail*, fourniment.** *Se mettre en route avec son fourbi.* ➤ **bagage,** FAM. **barda.** — Les affaires, les effets que possède qqn. *Tu ne vas pas emporter tout ton fourbi !* ■ **2** Choses en désordre. ➤ **fouillis.** *« Qu'est-ce que c'est que ce fourbi ? Elle désigne, du menton, la malle, les vêtements, les cartons pêle-mêle »* COLETTE. ■ **3** Tout objet dont on ne peut dire le nom. ➤ **bidule, chose, machin,** 1 **truc.**

FOURBIR [furbir] v. tr. ‹2› – 1080 ◊ francique °*furbjan* «nettoyer» ■ Nettoyer (un objet de métal) de façon à le rendre brillant. ➤ **astiquer, nettoyer, polir.** ABSOLT *Ils «commençaient à fourbir ; les cuivres, les ferrures, même les simples boucles, devaient briller clair comme des miroirs»* LOTI. — *Armes fourbies.* ♦ FIG. *Fourbir ses armes :* s'armer, se préparer à la guerre. PAR EXT. Se préparer au mieux à affronter un danger, une épreuve ; préparer ses arguments.

FOURBISSAGE [furbisaʒ] n. m. – 1402 ◊ de *fourbir* ■ Action de fourbir ; nettoyage des objets métalliques. ➤ **astiquage.**

FOURBISSEUR [furbisœr] n. m. – XIIe ◊ de *fourbir* ■ TECHN. Celui qui polit et qui monte les armes blanches. ➤ **armurier.**

FOURBU, UE [furby] adj. – 1546 ◊ p. p. de l'ancien français *forboire* «boire hors de raison, à l'excès» ■ **1** (1563) VÉTÉR. En parlant d'un animal de trait, Qui est atteint de fourbure. *Cheval fourbu.* — COUR. *Cheval, animal fourbu,* épuisé de fatigue, forcé, surmené. ■ **2** (PERSONNES) Qui est harassé, très fatigué. ➤ **éreinté, moulu, rompu ;** FAM. **crevé, vidé.** *Rentrer fourbu d'une longue marche. «Durtal se sentait vidé [...] fourbu, réduit à l'état de filament, à l'état de pulpe»* HUYSMANS.

FOURBURE [furbyr] n. f. – 1611 ◊ de *fourbu* ■ VÉTÉR. Congestion inflammatoire des tissus du pied du cheval (➤ **fourbu**).

FOURCHE [furʃ] n. f. – XIVe ; fin XIe *forches* (plur.) «gibet» ◊ latin *furca*

I ■ **1** Instrument à main, formé d'un long manche muni de deux ou plusieurs dents (➤ **fourchon**), utilisé pour divers travaux, surtout agricoles. *Fourche à deux dents* (➤ **bident**), *trois dents* (➤ 1 **fuscine, trident**). *Fourche à foin, à fumier. Paysans armés de fourches.* — *Fourche à trois dents servant à harponner le poisson.* ➤ **foène, harpon.** ■ **2** Objet à deux branches. ♦ VX *Fourches patibulaires :* gibet composé à l'origine de deux fourches plantées en terre, supportant une traverse à laquelle on suspendait les suppliciés. ♦ (XXe) *Fourche de bicyclette, de motocyclette :* partie formée de deux tubes parallèles entre lesquels est fixée la roue. *Fourche avant, fourche arrière. Fourche télescopique d'une motocyclette.*

II Disposition en forme de fourche ; partie présentant cette disposition. ■ **1** FAM. Angle formé par les jambes. — COUT. *Fourche d'un pantalon :* partie où les jambes se séparent. ■ **2** *Fourche d'un arbre :* endroit où les grosses branches se séparent du tronc. ➤ **enfourchure.** ■ **3** (*forc* XIIIe) Endroit où un chemin se divise en plusieurs directions. ➤ **bifurcation, carrefour, embranchement.** *À la fourche, prenez à droite.* — ALLUS. HIST. *Les Fourches Caudines :* défilé (de plus en plus étroit, en forme de fourche) près de Caudium, où les Romains furent battus (en 321 av. J.-C.) et contraints de passer sous le joug. LOC. FIG. *Passer sous les fourches caudines :* subir des conditions dures ou humiliantes. ■ **4** Extrémité divisée d'un cheveu fourchu. *Faire un brûlage pour éliminer les fourches.*

III RÉGION. (Belgique) Temps libre dans un horaire entre deux périodes de cours. ➤ **battement.**

FOURCHÉE [furʃe] n. f. – 1769 ◊ de *fourche* ■ Quantité (de foin, paille, etc.) qu'on prend en une fois avec une fourche. *«elle s'éloigna, soulevant des fourchées d'herbe»* ZOLA.

FOURCHER [furʃe] v. ‹1› – XIIe ◊ de *fourche*

I v. intr. VX Se diviser en forme de fourche. *Arbre, chemin qui fourche.* — MOD. *La langue lui a fourché :* il a prononcé un mot au lieu d'un autre, par méprise. ➤ **lapsus.** (On dit par plais. *La fourche lui a langué.*) *«ma langue fourcha. Je dus tomber sur l'un de ces couples de mots, un couple trompeur, comme il y en a beaucoup en français»* A. MAKINE.

II v. tr. AGRIC. Manipuler avec une fourche. *Fourcher la terre, le fumier.*

FOURCHET [furʃɛ] n. m. – 1690 ◊ de *fourche* ■ VÉTÉR. Maladie du pied du mouton et de la vache.

FOURCHETTE [furʃɛt] n. f. – 1313 ◊ de *fourche* ■ **1** Ustensile de table (d'abord à deux, puis à trois, quatre dents), dont on se sert pour piquer les aliments. *La fourchette, la cuillère et le couteau.* ➤ 1 **couvert.** *Fourchette à dessert, à gâteaux. Fourchette à poisson, à escargots, à huîtres. «Pauline prit une fourchette à long manche pour rôtir les tartines devant les braises»* CHARDONNE. Dent de fourchette. ➤ **fourchon.** — LOC. FAM. *La fourchette du père Adam :* les doigts. — *Avoir un joli, un bon, un sacré coup de fourchette :* manger de bon appétit et beaucoup. *«Qu'est-ce qu'il a comme coup de fourchette. Il dévore»* QUENEAU. PAR MÉTON. *C'est une solide fourchette,* un gros mangeur. *«c'était une bonne fourchette et elle ne vous cassait pas les pieds avec son régime et sa ligne»* P. ÉMOND. ■ **2** (1600 «bâton fourchu pour poser l'arquebuse») Pièce qui soutient le fléau d'une balance au repos. — Pièce qui transmet au balancier d'une horloge le mouvement de l'échappement. ➤ **pendillon.** — AUTOM. Pièce du changement de vitesse qui sert à actionner le train baladeur. ■ **3** (1690 ; «cartilage du sternum» 1560) ANAT. Soudure des deux clavicules de l'oiseau. ♦ (1824) *Fourchette sternale :* échancrure médiane située à l'extrémité supérieure du sternum. — (1732) *Fourchette vulvaire :* commissure postérieure des grandes lèvres. ■ **4** (1680) VÉTÉR. Partie du sabot du cheval formant le milieu de sa face inférieure. ■ **5** (1930) ARTILL. Le plus petit bond en portée, tel que le sens du coup suit sûrement (sauf coup anormal) le sens du bond. ♦ JEUX Aux échecs, Attaque par un pion de deux pièces à la fois. — CARTES *Prendre son adversaire en fourchette :* avoir deux cartes, l'une supérieure, l'autre inférieure à celle d'un adversaire. *Avoir, garder la fourchette à trèfle.* ■ **6** *Coup de fourchette,* ou *fourchette :* coup qui consiste à enfoncer l'index et le médius tendus dans les yeux d'un adversaire. ■ **7** ÉCON., STATIST. Écart entre deux valeurs extrêmes dans une prévision, une évaluation. *Les résultats sont dans la fourchette.* — *La fourchette des prix, des salaires.*

FOURCHON [furʃɔ̃] n. m. – 1539 ◊ de *fourche* ■ RARE Dent d'une fourche, d'une fourchette.

FOURCHU, UE [furʃy] adj. – fin XIIe ◊ de *fourche* ■ Qui a la forme, l'aspect d'une fourche ; qui fait une fourche. *Cheveux fourchus,* qui se séparent à leur extrémité (➤ **fourche**). ♦ *Arbre fourchu,* dont le tronc se sépare en plusieurs grosses branches. ♦ *Pied fourchu :* pied fendu des ruminants. *On prête un pied fourchu aux satyres, aux diables.*

1 **FOURGON** [furgɔ̃] n. m. – 1265 ◊ du latin populaire °*furicare* (p.-ê. par un dérivé °*furico*) ; classique *furari* «voler» ■ VIEILLI Longue tige de métal ou de bois garni de métal, servant à disposer les braises dans un four. *Le fourgon du boulanger.* ➤ 1 **râble.** ♦ Instrument formé d'une barre de fer crochue servant à attiser le feu dans un foyer. ➤ **pique-feu, tisonnier ; fourgonner.**

2 **FOURGON** [furgɔ̃] n. m. – v. 1640 ◊ origine inconnue, p.-ê. de 1 *fourgon* «voiture à ridelles» ; cf. ancien provençal *fourgoun* «ridelle» ■ **1** Long véhicule couvert pour le transport de bagages, de vivres, de munitions. ♦ *Fourgon funéraire, funèbre.* ➤ **corbillard.** — *Fourgon à bétail.* ➤ **bétaillère.** — *Fourgon cellulaire :* véhicule servant au transport des prisonniers (cf. FAM. Panier* à salade). ■ **2** Dans un train de voyageurs, Voiture servant au transport des bagages, bicyclettes, etc. *Fourgon de tête, de queue.*

FOURGONNER [furgɔne] v. intr. ‹1› – XIIIe ◊ de 1 *fourgon* ■ VIEILLI ■ **1** Remuer la braise du four, le combustible d'un feu avec un fourgon. ➤ **tisonner.** ■ **2** FIG. Fouiller (dans qqch.), en dérangeant tout. ➤ **fouiller,** 1 **fourrager.** *«la Jondrette continuait à fourgonner dans ses ferrailles»* HUGO.

FOURGONNETTE [furgɔnɛt] n. f. – 1949 ◊ de 2 *fourgon* ■ Petite camionnette. ➤ **aussi** 1 **break.**

FOURGUE [furg] n. m. et f. – 1835 ; *fourgat* 1821 ◊ de *fourguer* ■ ARG. ■ **1** n. m. Marchand recéleur. ■ **2** n. f. Trafic du recéleur. — PAR EXT. La marchandise recélée. *«Toute la petite fourgue ils l'ont paquetée»* CÉLINE.

FOURGUER [furge] v. tr. ‹1› – 1821 ◊ du latin populaire °*furicare* → 1 fourgon ■ **1** ARG. Vendre à un recéleur. ■ **2** (1901) FAM. Vendre, placer (une mauvaise marchandise). ➤ **refiler.** *«cette taule, j'allais la fourguer aussi vite que possible»* SIMONIN. ■ **3** (1958) ARG. Dénoncer (qqn) à la police. *Il s'est fait fourguer.* ➤ FAM. **balancer.**

FOURIÉRISME [furjerism] n. m. – 1832 ◊ de *Charles Fourier* ■ Doctrine d'organisation sociale et politique exposée par Fourier, selon laquelle les individus doivent s'associer harmonieusement en groupements (phalanstères) avec des occupations correspondant à leurs goûts, leurs tendances. ➤ **associationnisme, socialisme.**

FOURIÉRISTE [furjerist] adj. et n. – 1832 ◊ de *Fourier* ■ Partisan du fouriérisme. ♦ Relatif au fouriérisme. *«les systèmes saint-simonien, phalanstérien, fouriériste»* CHATEAUBRIAND.

FOURME [furm] n. f. – 1845 ; *forme* 1803 ◊ de l'ancien provençal *forma* «meule de fromage» ■ Fromage cylindrique de lait de vache, fabriqué dans le centre de la France. *Fourme du Cantal,* à pâte pressée non cuite. ➤ **cantal.** *Fourme d'Ambert,* à pâte persillée.

FOURMI [furmi] n. f. – *formiz* fin XIIe ◊ latin *formica* ■ **1** Petit insecte *(hyménoptères)* vivant en société organisée dans des fourmilières. *On compte environ 2 000 espèces de fourmis. Fourmis noires, fourmis rousses* (dites *rouges*).

Fourmis ailées (mâles et femelles, avant la fécondation), *fourmis aptères* (femelles fécondées et ouvrières). *Œufs, larves* (appelées à tort œufs) *de fourmis* (➤ **couvain**). *Acide formique, que contient l'organisme des fourmis. Qui vit en association avec les fourmis.* ➤ **myrmécophile.** *« La cigale et la fourmi », fable de La Fontaine.* ◆ ABUSIVEMENT *Fourmis blanches.* ➤ **termite.** ■ **2** LOC. *Avoir des fourmis dans les membres, dans les jambes,* y éprouver une sensation de picotement (comparable à la sensation que procureraient des fourmis courant sur la peau). ➤ **formication, fourmillement, picotement.** ■ **3** PAR COMPAR. OU FIG. (symbole de petitesse) *« L'avion était à trois cents mètres. En bas, devant l'Alcazar, des fourmis en chapeaux ronds tout blancs »* MALRAUX. ◆ (avant 1664 ◊ allusion au travail anonyme et obstiné des fourmis) *Un travail de fourmi. C'est une vraie fourmi,* une personne laborieuse, économe. *« la fourmi, c'est lui. Il calcule. Il pense à l'avenir. Il investit l'argent »* C. CUSSET. ■ **4** ARG. Petit passeur de drogue. *« Quelqu'un a fait de lui une fourmi, l'a fait voyager pour transporter de la drogue »* M. CARDINAL.

FOURMILIER [furmilje] n. m. – 1757 ◊ de *fourmi* ■ **1** Mammifère primitif d'Amérique *(édentés)* qui chasse dans les tunnels des fourmilières avec sa longue langue gluante. *Grand fourmilier.* ➤ **tamanoir.** *Petit fourmilier.* ➤ **tamandua.** ◆ *Fourmilier d'Australie :* petit marsupial. ■ **2** *Fourmilier à face noire :* petit oiseau d'Amérique centrale *(passériformes),* à bec crochu, voisin du fournier* et se nourrissant de fourmis.

FOURMILIÈRE [furmiljɛr] n. f. – 1564 ◊ de *fourmi,* altération de *fourmillère, fourmillière,* réfection de l'ancien français *fourmïere, formïere* (fin XIIe), d'après *fourmiller* ■ **1** Habitation commune, souvent à plusieurs étages, pourvue de galeries, de loges, etc., où vivent les fourmis. *Ils « pullulent et grouillent* [...] *comme des fourmis dont on vient de renverser la fourmilière »* GAUTIER. LOC. FIG. *Donner un coup de pied dans la fourmilière :* déclencher volontairement une agitation inquiète. *Ceux « qui rénoveraient l'art d'écrire, balanceraient le grand coup de pied dans la fourmilière... »* CAVANNA. ■ **2** FIG. Lieu où vit et s'agite une multitude de personnes. ➤ **ruche.** *Cette agglomération est une véritable fourmilière.*

FOURMILION [furmiljɔ̃] n. m. – 1745 ◊ calque du latin des zoologistes *formica-leo* ■ Insecte du désert *(planipennes)* dont la larve attire les fourmis dans son trou en entonnoir et les broie avec ses mandibules. *Des fourmilions.* — On écrit aussi *un fourmi-lion, des fourmis-lions.*

FOURMILLANT, ANTE [furmijɑ̃, ɑ̃t] adj. – 1608 ◊ de *fourmiller* ■ Qui s'agite, qui grouille à la façon des fourmis. ➤ **grouillant.** *« Fourmillante cité, cité pleine de rêves »* BAUDELAIRE. *Une place fourmillante de monde.*

FOURMILLEMENT [furmijmɑ̃] n. m. – 1636 ; *fourmiement* 1545 ◊ de *fourmier,* puis *fourmiller* ■ **1** Agitation désordonnée et continuelle d'une multitude d'êtres. ➤ **grouillement, pullulement.** *Un fourmillement d'insectes. « Ce fourmillement continuel qui caractérise la multitude »* GAUTIER. ◆ FIG. *Un fourmillement d'idées, d'évènements.* ➤ **foisonnement, multitude.** ■ **2** Sensation comparable à celle que donnent des fourmis courant sur la peau. ➤ **formication, picotement.**

FOURMILLER [furmije] v. intr. ‹1› – 1552 ◊ réfection de *formier* (XIIe), du latin *formicare* ■ **1** S'agiter en grand nombre (comme font les fourmis). ➤ **grouiller, pulluler.** ◆ PAR EXT. Être en grand nombre (sans idée de mouvement). ➤ **abonder.** *« Cerfs, daims, faisans, perdreaux, jamais on ne pourrait nombrer toutes les espèces de gibier qui fourmillent en Corse »* MÉRIMÉE. *Les erreurs fourmillent dans ce texte.* ◆ **FOURMILLER DE :** être rempli d'un grand nombre de. *« Des espions ! le pays en fourmille »* BALZAC. *« Son édition fourmille de fautes »* FRANCE. ■ **2** Être le siège d'une sensation de picotement. ➤ **démanger.** *Toute la main me fourmille.*

FOURNAISE [furnɛz] n. f. – *fornaise* v. 1130 ◊ fém. de l'ancien français *fornaiz,* du latin *fornax, fornacis,* de *furnus* « four » ■ **1** VX Grand four où brûle un feu violent. ➤ **four, fourneau.** — PAR EXT. Feu ardent. ◆ (XIXe ◊ d'après l'anglais *furnace*) RÉGION. (Canada ; critiqué) Chaudière de chauffage central. *« C'est grâce à ce froid terrible que le propriétaire a rallumé la fournaise. C'est une fournaise à moteur »* R. DUCHARME. ■ **2** Endroit très chaud, surchauffé. ➤ **étuve.** *Cette chambre sous les combles est une vraie fournaise en été. « Quand le soleil y donne, c'est une fournaise ; quand la tramontane souffle, une glacière »* DAUDET. ■ **3** FIG. Lieu de combat, où la bataille fait rage.

FOURNEAU [furno] n. m. – *fournel* XIIe ◊ diminutif de l'ancien français *forn* « four »

I ■ **1** TECHN. Four de forme et de matière variables, dans lequel on soumet à un feu violent certaines substances à fondre, à calciner. *Fourneau à bois, à charbon. Fourneau de forge, de chaufferie. Fourneau de fusion des métaux* (➤ **fonderie**), *d'affinage. Bas fourneau :* four à cuve (pour l'élaboration de la fonte, des ferroalliages). (milieu XVIIIe) *Fourneau de sidérurgie.* ➤ **haut-fourneau.** ■ **2** VIEILLI Appareil fixe où l'on brûlait du bois, du charbon et sur lequel on faisait chauffer l'eau, cuire les aliments. ➤ **cuisinière.** *Foyer, four, sole, plaque d'un fourneau. Fourneaux en fonte.* — LOC. *Être à ses fourneaux :* faire la cuisine. *Le chef est aux fourneaux.* ◆ VX Appareil portatif servant à faire cuire ou chauffer. ➤ **réchaud.** *Fourneau à gaz.* ◆ (1423) RÉGION. (Suisse) Poêle (à bois, à mazout), servant à chauffer.

II ■ **1** (1671) *Fourneau de mine :* cavité dans laquelle on met une charge d'explosifs. ■ **2** (1808) Partie évasée d'une pipe où brûle le tabac. *Fourneau et tuyau d'une pipe. De petites pipes « pas plus grosses de fourneau qu'un dé de jeune fille »* GIONO.

FOURNÉE [furne] n. f. – 1180 ◊ de l'ancien français *forn* « four » ■ **1** Quantité de pains que l'on fait cuire à la fois dans un four. *Le boulanger fait deux fournées par jour.* ◆ Ensemble de tout ce qu'on expose à la fois à la chaleur d'un four. *Fournée de tuiles.* ■ **2** FIG. et IRON. Ensemble de personnes nommées à la fois aux mêmes fonctions ou dignités. *« lorsqu'un nouveau parti s'emparait du pouvoir, il proscrivait la moitié du Sénat et créait d'urgence une nouvelle fournée de sénateurs pour boucher les trous »* SARTRE. ◆ Groupe de personnes qui accomplissent une même action ou subissent un même sort. *Fournée de visiteurs, de touristes. Ils « avaient été tirés de leurs lits, en pleine nuit, conduits par fournées au cimetière, abattus d'une balle dans la tête »* BERNANOS.

FOURNI, IE [furni] adj. – XIIe ◊ de *fournir* ■ **1** Approvisionné, pourvu, rempli. *Une table bien fournie. Une librairie vraiment bien fournie* (REM. Ne pas confondre avec *achalandé,* qui est couramment, mais à tort, pris dans ce sens). ■ **2** Où la matière abonde. *Une barbe, une chevelure fournie.* ➤ **dru, épais.** ■ CONTR. Pauvre, vide ; clairsemé, rare. ■ HOM. Fournil.

1 **FOURNIER, IÈRE** [furnje, jɛr] n. – 1153 ◊ latin *furnarius,* de *furnus* → four ■ ANCIENNT Personne qui tenait un four à pain. ➤ 1 **boulanger.**

2 **FOURNIER** [furnje] n. m. – avant 1773 ◊ de *1 fournier,* à cause de la forme de son nid ■ Oiseau *(passériformes)* d'Amérique du Sud, construisant un nid en forme de four.

FOURNIL [furni] n. m. – XIIe ◊ de l'ancien français *forn* → four ■ Local où est placé le four du boulanger et où l'on pétrit la pâte. ■ HOM. Fourni.

FOURNIMENT [furnimɑ̃] n. m. – XVe ◊ de *fournir,* avec influence de l'italien *fornimento* ■ Ensemble des objets composant l'équipement du soldat. ➤ FAM. **fourbi.** ◆ FAM. Objets, matériel, vêtements propres à une profession ou à qqn. ➤ **barda, équipement.** *« Chacun de nous avait dans une petite armoire un fourniment complet d'ecclésiastique »* DAUDET. *Partir avec tout son fourniment.* ➤ **attirail*, bazar.**

FOURNIR [furnir] v. tr. ‹2› – *fornir* 1160 ◊ francique °*frumjan* « exécuter »

I v. tr. dir. **A.** Pourvoir de ce qui est nécessaire. ➤ **alimenter, approvisionner.** *Fournir qqn de qqch.* (VIEILLI), *en qqch.* (MOD.). *Négociant qui fournit de vins et de boissons un grand restaurant.* — *« Une maison soigneusement close, fournie de biscuit, de beurre fondu, de poisson sec »* BALZAC. p. p. adj. ➤ **fourni.** ◆ Sans compl. ind., l'objet de la fourniture étant sous-entendu *Grossiste qui fournit un commerce.* ➤ **fournisseur.** PRONOM. *Se fournir chez un commerçant.* ➤ **se ravitailler, se servir.**

B. Donner, procurer. **FOURNIR QQCH. À QQN.** ■ **1** Faire avoir (qqch. à qqn). *Fournir le vivre et le couvert à des réfugiés.* ➤ **offrir.** *Fournir du travail à un chômeur. École qui fournit les manuels scolaires.* ➤ **prêter.** — SPÉCIALT *Fournir une carte,* et ABSOLT *fournir :* jouer une carte de la couleur demandée. *Fournir à trèfle.* ◆ (ABSTRAIT) *Fournir des renseignements à qqn. Je vous fournirai les moyens. Cela me fournira l'occasion, le prétexte de le voir. Il n'était pas fâché « qu'on insistât pour lui fournir les garanties qu'il ne réclamait pas »* ROMAINS. *« une nouvelle étourderie vint fournir un prétexte à de nouvelles rigueurs »* GREEN. ◆ SPÉCIALT Présenter. ➤ **produire.** *Fournir des preuves, un alibi.* ➤ **apporter.** *Il devra fournir les pièces nécessaires.* ■ **2** Procurer à un client en échange d'une somme d'argent. ➤ **vendre.** *Tapissier qui fournit le tissu. Fournir au client ce qu'il désire.* ➤ **servir.** *Fournir des armes, du matériel, des vivres à une armée, à un pays.* ➤ **équiper ; livrer.** ■ **3** Produire. *Vignoble qui fournit un vin estimé.* — PAR ANAL. *École qui fournit des*

spécialistes, des ingénieurs. ♦ FIG. *Il a dû fournir un effort considérable.* ➤ 1faire. SPORT *L'équipe a fourni un jeu remarquable.*

II v. tr. ind. VIEILLI **FOURNIR À :** contribuer, en tout ou en partie, à. ➤ **participer.** *Fournir à la dépense, aux frais, à l'entretien.* «*Attentif comme un père, il fournissait à tous mes besoins*» BALZAC. ➤ **satisfaire, subvenir.**

■ CONTR. Dégarnir, démunir. Priver.

FOURNISSEMENT [furnismɑ̃] n. m. – début XIIIe ◇ de *fournir* ■ COMM. Apport de chaque associé au fonds commun dans une société. DR. Action d'établir des lots entre copartageants. *Compte de fournissement.*

FOURNISSEUR, EUSE [furnisœr, øz] n. – 1415, repris XVIIIe ◇ de *fournir* ■ **1** Personne, établissement qui fournit des marchandises à un client. *Les fournisseurs d'une entreprise. Régler ses fournisseurs en fin de mois. Entrée réservée aux fournisseurs.* ♦ ADJT *Les pays fournisseurs de la France,* ceux qui vendent à la France (opposé à *client*). ■ **2** n. m. *Fournisseur d'accès (à Internet, FAI) :* société assurant la connexion de ses abonnés au réseau Internet (recomm. offic. pour remplacer l'anglic. *provider*). *Fournisseur de services,* offrant des services télématiques en plus de l'accès à Internet.

FOURNITURE [furnityr] n. f. – *forniture* 1393 ; *fornesture,* v. 1185 ◇ de *fournir* ■ **1** Action de fournir. *Être chargé de la fourniture des vivres.* ➤ **approvisionnement, livraison.** *Fourniture d'armes à un pays allié.* ■ **2** (Généralt au plur.) Petit outillage nécessaire à l'exercice d'un métier. ➤ **accessoire.** *Matériel et fournitures pour boulangerie. — Fournitures de bureau, fournitures scolaires :* petit matériel, articles de papeterie utilisés pour écrire, classer... ■ **3** SPÉCIALT Accessoires divers que fournissent les professionnels à leurs clients lors de l'exécution des travaux demandés. *Facture détaillant le prix de la main-d'œuvre, des pièces détachées et des fournitures.* — DR. COMM. Livraisons faites par des commerçants à des non-commerçants, pour des besoins non commerciaux.

1**FOURRAGE** [furaʒ] n. m. – fin XIIe ◇ de l'ancien français *feurre, fuerre,* du francique °*fodar* «paille» ■ Plantes servant à la nourriture du bétail (➤ 2fourrager) ; cette nourriture. ➤ **avoine, betterave, colza, luzerne, maïs, sainfoin, trèfle ;** 1**foin.** *Fourrage de fin d'hiver.* ➤ **hivernage.** *Fourrage vert,* brouté sur place ou coupé pour être mangé à l'étable ; *fourrage sec,* récolté et séché pour être consommé ultérieurement. *Parc, grenier à fourrage. Fourrage conservé en silo.* ➤ **ensilage.**

2**FOURRAGE** [furaʒ] n. m. – 1489 autre sens ◇ de *fourrer* ■ Action de fourrer (un gâteau, etc.) de crème, de confiture... ; la garniture elle-même. *Fourrage à la praline d'une bûche de Noël.*

1**FOURRAGER** [furaʒe] v. ⟨3⟩ – 1357 «faire du fourrage, généralt en ravageant les champs, pour les chevaux des soldats» ◇ de 1*fourrage* ■ **1** v. intr. Chercher en mettant du désordre, en remuant. ➤ **fouiller, fourgonner, fureter.** *Fourrager dans un tiroir, dans ses papiers.* «*elle fourrage nerveusement des dix doigts dans ses cheveux*» BAZIN. ■ **2** v. tr. Mettre en désordre en manipulant, en fouillant. *Fourrager des papiers.*

2**FOURRAGER, ÈRE** [furaʒe, ɛr] adj. – 1829 ◇ de 1*fourrage* ■ Qui fournit du fourrage (usité surtout au fém.). *Betterave fourragère. Plantes fourragères.* ➤ 1**fourrage.**

FOURRAGÈRE [furaʒɛr] n. f. – 1822 ◇ de 1*fourrager*

I ■ **1** Champ consacré à la production du fourrage. *Fourragère de luzerne.* ■ **2** Charrette, remorque servant au transport du fourrage. «*Pendant qu'on chargeait les sacs et les bagages sur deux fourragères*» CHARDONNE.

II (1850 ◇ p.-ê. d'un sens «corde à fourrage») Ornement de l'uniforme militaire ou insigne formé d'une tresse agrafée à l'épaule, entourant le bras et se terminant par des aiguillettes de métal. *La fourragère d'un régiment.*

FOURRE [fur] n. f. – XVe «fourreau» ◇ francique °*fôdr* ■ (Suisse) ■ **1** Taie d'oreiller, housse d'édredon. ■ **2** *Fourre de livre* (➤ **couvre-livre**), *de disque* (➤ **pochette**), *de coussin* (➤ **housse**). ♦ Chemise en papier, en plastique pour classer des documents. ■ HOM. Four.

1**FOURRÉ** [fure] n. m. – 1761 ; *bois fourré* 1694 ◇ p. p. subst. de *fourrer* ■ Massif épais et touffu de végétaux sauvages de taille moyenne, d'arbustes à branches basses. *Fourrés d'un bois.* ➤ **hallier, taillis.** *Fourré de broussailles, de ronces.* ➤ **buisson.** *Fourrés des régions méditerranéennes.* ➤ **maquis.** «*La végétation va s'épaississant et forme un fourré impénétrable*» GAUTIER.

2**FOURRÉ, ÉE** [fure] adj. – v. 1200 ◇ de *fourrer*

I Garni extérieurement. ■ **1** VX *Médaille, monnaie fourrée :* fausse monnaie de cuivre, recouverte d'or, d'argent. ■ **2** FIG. VX **PAIX FOURRÉE :** paix de pure forme qui cache de mauvais desseins et ne saurait être durable. ♦ ESCR. **COUP FOURRÉ :** coup porté et reçu en même temps par chacun des deux adversaires ; moyen par lequel on déjoue un adversaire qui ne se méfie pas en utilisant les faiblesses ou la témérité de son attaque. — COUR. Attaque hypocrite, coup en traître. ➤ **traîtrise ;** FAM. 2**crasse, vacherie.** ■ **3** VX Garni de fourrure. *Robe fourrée d'hermine.* ♦ MOD. Dont le poil, le duvet est épais. *Renard bien fourré.* — PAR PLAIS. *Les chats fourrés :* nom donné par Rabelais aux magistrats, par allus. à leur robe ornée d'hermine.

II Garni intérieurement. ■ **1** Doublé de fourrure, PAR EXT. de qqch. de chaud (➤ **molletonné, ouatiné**). *Bottes fourrées. Manteau fourré.* ➤ **pelisse.** *Veste fourrée en mouton retourné.* ■ **2** Dont on a garni l'intérieur de confiture, de crème... (➤ 2**fourrage**). *Chocolats fourrés à la praline. Gâteau fourré à la crème.*

FOURREAU [furo] n. m. – *furrel* 1080 ◇ de l'ancien français *fuerre,* du francique °*fôdr* «fourrage» ■ **1** Enveloppe allongée, destinée à recevoir une chose de même forme (SPÉCIALT une arme blanche) pour la préserver quand on ne s'en sert pas. ➤ **étui, gaine.** *Fourreau d'épée. Corps, bouterolle d'un fourreau. Tirer l'épée du fourreau.* ➤ **dégainer.** — *Fourreau de parapluie.* ♦ ZOOL. Repli cutané protégeant la verge de certains animaux (cheval, etc.). ■ **2** (v. 1780) Robe de femme très étroite, dont le haut et la jupe moulent le corps. — APPOS. *Robe, jupe fourreau.* ➤ **moulant.** *Des robes fourreaux.*

FOURRER [fure] v. tr. ⟨1⟩ – *forrer* XIIe ◇ de l'ancien français *fuerre* → fourreau

I ■ **1** VX Recouvrir de qqch. qui garnit ou protège. — *Fourrer une médaille,* la couvrir d'une lame d'or ou d'argent. ■ **2** MOD. (XIIIe) Doubler de fourrure. *Fourrer un manteau avec du lapin.* ■ **3** Garnir intérieurement (une pâtisserie, une confiserie). *Fourrer des dattes avec de la pâte d'amande.*

II FAM. ■ **1** (XVe) Faire entrer (comme dans un fourreau). *Fourrer ses mains dans ses poches, ses doigts dans son nez.* ➤ **enfoncer.** — *Fourrer son nez* partout, dans (les affaires d'autrui).* FAM. *Se fourrer le doigt* dans l'œil.* — *S'en fourrer jusque-là :* se gaver de nourriture. ➤ **s'empiffrer, se goinfrer.** ■ **2** Faire entrer brutalement ou sans ordre. ➤ **enfourner.** *Fourrer des objets dans un sac, un tiroir ; fourrer une valise sous un meuble.* ➤ 2**flanquer,** FAM. 1**foutre.** «*Un panier, dit Simon, c'est pratique. On y fourre tout ce qu'on veut*» CARCO. ♦ ➤ **mettre.** *Fourrer qqch. dans la tête, le crâne de qqn* (soit pour le faire apprendre, soit pour le faire croire, accepter). *Je ne sais qui vous a fourré de telles idées dans la tête.* ♦ Insérer mal à propos, mettre sans discernement. *Ce candidat a fourré dans son devoir tout ce qu'il savait.* ■ **3** VULG. Posséder sexuellement. ♦ (Canada) Posséder, tromper. *Fourrer l'impôt.* ➤ **frauder.** *Se faire fourrer* (cf. Se faire avoir, baiser, duper, rouler). «*À force de te faire fourrer tu deviens comme fataliste, résigné*» R. DUCHARME. ■ **4** Déposer, mettre, placer sans soin. *Je ne sais plus où j'ai fourré ce papier.*

III **SE FOURRER** v. pron. ■ **1** Se mettre, se placer (dans, sous qqch.). *Se fourrer sous les couvertures. — Je voudrais bien savoir «pourquoi ma bonne est tout le temps fourrée chez ta femme ?»* ARAGON. — LOC. *Ne plus savoir où se fourrer :* ne savoir comment se dérober à la confusion, à la honte qu'on éprouve. ■ **2** *Se fourrer dans une sale histoire, dans un guêpier.* ➤ **se jeter.** «*Il les tire du sale pétrin où ils venaient de se fourrer*» CÉLINE.

FOURRE-TOUT [furtu] n. m. inv. /FOURRETOUT n. m./ – 1858 ◇ de *fourrer* et *tout* ■ **1** FAM. Pièce (➤ **débarras**), placard, meuble où l'on fourre toute sorte de choses. *Des fourre-tout.* — APPOS. INV. *Une armoire fourre-tout.* ■ **2** Sac de voyage souple et sans compartiments. «*Un grand fourre-tout de toile bise*» PEREC. ♦ FIG. «*le vaste fourre-tout lyrique de la légende des siècles*» HENRIOT. — APPOS. INV. *Loi, texte fourre-tout,* contenant des sujets qu'on n'a pas su placer ailleurs. «*Je ne réponds pas à ces questions fourre-tout*» GREEN.

FOURREUR [furœr] n. m. – 1268 ◇ de *fourrer* ■ Personne qui s'occupe de pelleterie et plus spécialement qui confectionne et vend des vêtements de fourrure. *Acheter un manteau de vison chez un fourreur. Fourreur qui garde les fourrures de ses clients pendant l'été.*

FOURRIER [furje] n. m. – fin XIIe «fourrageur» ◇ de *fuerre* → 1fourrage ■ **1** Autrefois, Sous-officier chargé du cantonnement des troupes et du couchage, des distributions de vivres, de

vêtements. (Élément de composés) *Caporal fourrier. Des sergents fourriers.* — MAR. Marin comptable chargé de l'administration du personnel sur le plan financier ainsi que de la gestion du matériel. ■ **2** FIG., LITTÉR. Personne, chose qui annonce ou prépare qqch. ➤ **avant-coureur.** *Le fourrier du printemps.*

FOURRIÈRE [fuʀjɛʀ] **n. f.** – 1771 ; «grenier à fourrage» 1268 ◊ de *fuerre* → 1 fourrage ■ Lieu de dépôt d'animaux errants, de véhicules saisis et retenus par la police jusqu'au paiement d'une amende ou de dommages. *«la fourrière gardait les chiens trois jours à la disposition de leurs propriétaires»* CAMUS. *Mise à la fourrière, en fourrière d'un véhicule en stationnement interdit.*

FOURRURE [fuʀyʀ] **n. f.** – *forreüre* 1160 ◊ de *fourrer*

I ■ **1** Peau d'animal munie de son poil, préparée pour servir de vêtement, de doublure, d'ornement. ➤ **pelleterie.** *Fourrure à long poil, à poil ras. Fourrure unie, tachetée. Couverture, descente de lit en fourrure. Chasseur de fourrures.* ➤ **trappeur.** *Préparation des fourrures :* lavage, dégraissage, assouplissement, teinture, brossage, peignage, lustrage, dressage. *Industrie, commerce de la fourrure* (➤ **fourreur**). *Principales fourrures :* agneau, astrakan, castor, chat, chèvre, chinchilla, civette, colobe, écureuil, genette, hamster, hermine, kolinski, lapin, loup, loutre, lynx, marmotte, martre, mouflon, mouton, murmel, ocelot, opossum, otarie, ours, ourson, panthère, petit-gris, phoque, poulain, putois, ragondin, rat musqué ou ondatra, renard, singe, sconse, taupe, vison, zibeline. *«Le marché aux fourrures étalait des dépouilles d'animaux sans nombre* [...] *L'ours blanc, le renard bleu, l'hermine, étaient les moindres curiosités de cette incomparable exhibition»* NERVAL. *Manteau de fourrure. Col, étole, manchon, toque de fourrure. Vêtement doublé de fourrure.* ➤ **canadienne, pelisse.** *Fausse fourrure :* tissu synthétique imitant la fourrure. ➤ **peluche, teddy-bear.** — PAR EXT. (1816) Vêtement de fourrure. *Elle aime les bijoux et les fourrures.* ♦ BLAS. Émail de l'écu représentant de la fourrure. ➤ **hermine, vair ;** aussi **contre-hermine, contre-vair.** ■ **2** Poil particulièrement beau, épais de certains animaux. ➤ 1 **pelage.** *Le chat angora a une très belle fourrure.*

II (1324 «mélange de textiles» ◊ de *fourrer*, I, 1°) BÂT. Pièce rapportée pour doubler un élément.

FOURVOIEMENT [fuʀvwamɑ̃] **n. m.** – XVe ◊ de *fourvoyer* ■ LITTÉR. Le fait de s'égarer, de se tromper. FIG. ➤ **égarement, erreur.** *«Les aventures d'Ulysse, il lui semblait qu'elles disaient tout : les désirs d'un homme, ses réussites et ses fourvoiements»* Y. HAENEL.

FOURVOYER [fuʀvwaje] **v. tr.** ‹8› – XIIe ◊ de *fors* et *voie* ■ **1** LITTÉR. Mettre hors de la voie, détourner du bon chemin. ➤ **égarer.** *Ce guide nous a fourvoyés.* — PRONOM. *Se fourvoyer.* ➤ **se perdre.** — **p. p. adj.** *«Ils étaient mal partis, fourvoyés en un véritable et inextricable labyrinthe, en un enchevêtrement de ruelles obscures»* COURTELINE. ■ **2** FIG. et LITTÉR. ➤ **détourner, égarer, tromper.** *«Les demi-savants sont nombreux pour accepter une théorie de tradition, qui les guide ou qui les fourvoie»* GIDE. — PRONOM. (plus cour.) *Se fourvoyer dans une entreprise dangereuse.* ABSOLT *Persuadé «de s'être fourvoyé dès le début et n'apercevant pas le moyen de se tirer d'affaire»* ROBBE-GRILLET. ➤ **se tromper** (cf. Faire fausse route*). ■ CONTR. Guider.

FOUTA [futa] **n. f.** – 1553 *fota* ◊ de l'arabe ■ RÉGION. (Maghreb) ■ **1** Rectangle de tissu multicolore, souvent rayé, porté traditionnellement par les femmes autour de leur jupe et attaché à la ceinture. ■ **2** Grande serviette de coton de couleurs vives, dont on se couvre au hammam.

FOUTAGE [futaʒ] **n. m.** – relevé en 1996 ◊ de 1 *foutre* dans l'expression *se foutre de la gueule (de qqn)* ■ FAM. *Foutage de gueule :* action de se moquer de qqn.

FOUTAISE [futɛz] **n. f.** – 1668 ◊ de 1 *foutre* ■ FAM. Chose insignifiante, sans intérêt. *C'est de la foutaise ! J'ai «le cœur gros qu'on se soit quitté pour des foutaises»* ZOLA. ➤ **futilité.**

FOUTEUR, EUSE [futœʀ, øz] **n.** – XIIIe, autre sens ◊ de 1 *foutre* ■ FAM. *Fouteur, fouteuse de* (désordre, pagaille...) : personne qui aime semer la discorde. *Une fouteuse de merde.*

FOUTOIR [futwaʀ] **n. m.** – 1610 ◊ de *foutre* ■ FAM. Grand désordre*. ➤ **bordel.** *Quel foutoir dans sa chambre !*

FOUTRAQUE [futʀak] **adj. et n.** – 1922 ◊ de *fou* ■ FAM. Un peu fou, excentrique.

1 **FOUTRE** [futʀ] **v. tr.** ‹*je fous, nous foutons ; je foutais ; je foutrai ; que je foute, que nous foutions ; foutant ; foutu ;* inus. aux passés simple et antérieur de l'indic., aux passé et plus-que-parfait du subj.› – fin XIIe ◊ du latin *futuere* «avoir des rapports sexuels avec une femme»

I VIEILLI et TRIVIAL **SENS SEXUEL** ■ **1** Posséder sexuellement, pénétrer. ➤ VULG. **enfiler, tringler.** *«J'ai foutu trois femmes et tiré quatre coups»* FLAUBERT. ♦ (1731) FIG. et MOD. *Va te faire foutre !,* va-t'en. *Tu peux aller te faire foutre !,* tu n'auras rien de moi. *«Si vous n'aimez pas la mer, si vous n'aimez pas la montagne, si vous n'aimez pas la ville, allez vous faire foutre !»* (GODARD et TRUFFAUT, «À bout de souffle», film). *Envoyer* qqn se faire foutre.* ➤ VULG. **chier.** ■ **2** Faire l'amour. ➤ 1 **baiser.** *«Une jolie fille ne doit s'occuper que de foutre et jamais d'engendrer»* SADE.

II FAM. **SENS GÉNÉRAL A.** ~ **v. tr.** ■ **1** (1790) Faire. ➤ 2 **ficher,** 2 **fiche.** *Il ne fout rien de la journée. Tu n'as vraiment rien d'autre à foutre ? Ne pas en foutre une rame*.* ♦ *Qu'est-ce que j'ai foutu de mon stylo ? «Qu'est-ce que ça peut me foutre ? Ça me fout que je te nourris et que tu n'es qu'un propre à rien»* CH.-L. PHILIPPE. *Je n'en ai rien à foutre :* cela m'est bien égal, je m'en moque. *Ton problème, j'en ai rien à foutre* (cf. Rien à battre*, à branler*, à carrer*, à cirer*, à secouer*). ♦ *Qu'est-ce qu'il fout ? ça fait une heure qu'on l'attend.* ➤ **fabriquer.** *Qu'est-ce que tu fous là ?* ■ **2** (1789) Mettre. ➤ 2 **ficher,** 2 **flanquer.** *Foutez tout ça dans un coin. Où as-tu foutu mon bouquin ?* — *Foutre une baffe, une beigne, des coups à qqn.* ➤ **donner.** *Il lui a foutu son pied au cul. «Et si je te foutais mon poing sur la gueule* [...] *tu t'en foutrais peut-être un peu moins ?»* GIDE. — *Foutre sur la gueule à qqn,* le frapper. *Arrête ou je te fous sur la gueule.* ♦ (1789) Mettre avec violence. ➤ **jeter.** *Foutre qqch. par terre,* le renverser brusquement. RÉGION. (Suisse) *Foutre bas :* démolir. *«Ils ont fait tomber le pont-levis* [...] *Ils sont entrés, ils ont tout foutu bas»* RAMUZ. *Foutre en l'air* (➤ 1 **air**). *Fous-moi ça au panier, à la poubelle :* jette-moi ça. — *Foutre qqn à la porte,* le renvoyer. *Foutre qqn en tôle.* (1790) *Foutre le camp*. Foutre qqn dedans,* l'abuser, le tromper. ♦ *Ça la fout mal :* cela fait mauvais effet. *«Je prends des expressions banlieusardes en ce moment, même involontairement. Ça la fout mal au Pen Club (on dit : cela ne convient pas au Pen Club)»* P. CAUVIN. ■ **3** LOC. *Je t'en fous* (formule de refus) : ça n'est pas vrai, contrairement à ce que tu crois. *«Tu peux rentrer en Europe. Mais je t'en fous ! Je suis sûr que tu ne partiras pas !»* CÉSAIRE. *Je t'en foutrais des...* (formule de refus) : tu n'en auras pas, je ne te donnerai rien. *«Je te leur en foutrais des permis»* COURCHAY. — (1790) *Foutre la paix* à qqn. Foutre les jetons*, les boules*.*

B. ~ **v. pron. SE FOUTRE** ■ **1** (RÉFL.) Se mettre (avec violence, rapidité). ➤ **se jeter.** *Se foutre par terre :* tomber. *Se foutre à l'eau. Se foutre en l'air :* se tuer. *Se foutre dans un sacré pétrin. Se foutre dedans :* se tromper. — (RÉCIPR.) *Se foutre sur la gueule, se foutre dessus :* se battre. ♦ *Se foutre à* (et l'inf.) : se mettre à. *Elle s'est foutue à chialer.* ■ **2** (milieu XVIIe) **SE FOUTRE DE :** se moquer de. *Tu te fous de moi ? Tu te fous de ma gueule ?* ♦ Ne pas s'intéresser, être indifférent à. *Il se fout vraiment du monde. Il s'en fout complètement.* ➤ **taper (s'en).** *Il s'en fout et contrefout. Il se fout de tout* (➤ **je-m'en-foutiste**). — (Avec *que* et le subj.) Ne pas se soucier que. *Je me fous qu'il parte ou qu'il reste.*

2 **FOUTRE** [futʀ] **interj.** – 1618 ◊ de 1 *foutre* ■ FAM. et VIEILLI ➤ **fichtre ; diable.**

3 **FOUTRE** [futʀ] **n. m.** – XVe ◊ de 1 *foutre* ■ VULG. Sperme.

FOUTREMENT [futʀəmɑ̃] **adv.** – 1891 ◊ de 2 *foutre* ■ FAM. Beaucoup, très. ➤ **bigrement, drôlement, fichtrement, salement, vachement.** *C'est foutrement dangereux.*

FOUTRIQUET [futʀikɛ] **n. m.** – 1791 ◊ de 1 *foutre* ■ VIEILLI Personnage insignifiant et incapable.

FOUTU, UE [futy] **adj.** – 1416 «parjure ; méchant» ◊ → 1 foutre ■ FAM. ➤ 2 **fichu.** ■ **1** (Avant le nom) Mauvais. *Il a un foutu caractère.* ➤ 1 **sacré, sale.** *Pas moyen de faire démarrer cette foutue bagnole !* ■ **2** (Après le nom) Perdu, ruiné ou condamné. *C'est un type foutu.* ➤ **fini.** (CHOSES) *Sa télé est foutue.* ➤ 2 **naze.** *«La mayonnaise est ratée* [...] *Elle est foutue !»* BEAUVOIR. *«Des années perdues ! que dis-je : foutues !»* QUENEAU. ■ **3** Arrangé, conçu, fait (plus ou moins bien). *Une fille bien foutue,* bien faite. ➤ **roulé.** *C'est drôlement foutu, mal foutu chez eux. Un appareil bien foutu. Scénario bien foutu.* ➤ **ficelé.** — **MAL FOUTU :** (personnes) en mauvaise forme physique. ➤ **fatigué.** *Se sentir mal foutu,* souffrant. ➤ **patraque.** ■ **4** (Attribut) Capable. *Il est foutu de gagner le prix ; il en est foutu. Il n'est même pas foutu d'y arriver.*

FOVÉA [fɔvea] **n. f.** – 1900 ◊ du latin scientifique *fovea centralis* «fosse centrale» ■ ANAT. Dépression médiane de la tache jaune («*macula lutea*»), au centre de la rétine, zone où la vision est la plus nette. — **adj. FOVÉAL, ALE, AUX.**

FOX ➤ **FOX-TERRIER**

FOXÉ, ÉE [fɔkse] **adj.** – 1874 ◊ de l'anglais *fox* «renard» ■ VITIC. *Goût foxé, saveur foxée* : goût particulier à certains cépages américains. ➤ **framboisé.**

FOX-HOUND [fɔksaund] **n. m.** /FOXHOUND/ – 1828 ◊ anglais *foxhound* «chien *(hound)* pour chasser le renard *(fox)*» ■ Chien courant de grande taille. *Des fox-hounds.*

FOX-TERRIER ou **FOXTERRIER** [fɔkstɛʀje] **n. m.** – 1865 ◊ anglais *fox terrier* ■ Chien terrier à poil lisse et dur, blanc avec des taches fauves ou noires. *Des fox-terriers, des foxterriers.* — ABRÉV. **FOX.** *Des fox.*

FOX-TROT **n. m. inv.** ou **FOXTROT** [fɔkstʀɔt] **n. m.** – v. 1919 ◊ anglais *fox-trot* «trot *(trot)* du renard *(fox)*» ■ Danse que l'on exécutait avec des pas glissés en avant ou en arrière, sur une musique syncopée à deux temps au tempo modéré. *Des fox-trot, des foxtrots.*

FOYARD ➤ **FAYARD**

FOYER [fwaje] **n. m.** – milieu XIIe ◊ du latin parlé *focarium*, famille de *focus* → 1 feu

I LIEU OÙ L'ON FAIT DU FEU ■ **1** Espace aménagé dans les pièces d'une maison pour y faire du feu. ➤ **cheminée.** *Soirées passées devant le foyer* (cf. Au coin du feu*). ♦ Partie de la cheminée où brûle le feu. ➤ **âtre.** «*La cheminée en pierre, dont le foyer toujours propre atteste qu'il ne s'y fait de feu que dans les grandes occasions*» BALZAC. — PAR EXT. Dalle (de marbre, etc.) qu'on scelle en avant du foyer pour l'isoler du parquet. ■ **2** Le feu qui brûle dans le foyer, dans l'âtre. «*Mon foyer* [...] *ne brûlait pas tout bonnement, comme les autres* [...] *Il était aussi le feu saint, sur lequel* [...] *mijote le repas du voyageur*» BOSCO. ♦ *Foyer d'incendie* : brasier d'où se propage l'incendie. ■ **3** Partie (d'un appareil de chauffage) dans laquelle brûle le combustible. *Foyer d'un fourneau. Chaudière à deux foyers.*

II LIEU SERVANT D'ABRI, D'ASILE ■ **1** (1572) Lieu où vit, où habite la famille (➤ **demeure, home, maison, toit**) ; la famille elle-même. *Être sans foyer* (cf. Être sans feu ni lieu*). *Le foyer conjugal, familial.* ➤ **domicile.** «*L'humanité entière comprend la joie du foyer, les affections de famille*» CHATEAUBRIAND. *Foyer monoparental. La femme, la mère au foyer,* qui n'exerce pas d'activité professionnelle. *Homme au foyer. Fonder un foyer* : se marier, fonder une famille. PAR EXT. *Jeune foyer.* ➤ **ménage.** — *Foyer fiscal* : famille ou personne vivant seule assujettie à l'impôt sur le revenu. ♦ PLUR. VIEILLI *Rentrer dans ses foyers,* dans son pays natal, à son domicile. ➤ **pénates** (FIG.). *Soldat renvoyé dans ses foyers,* démobilisé. ■ **2** Lieu de réunion ou de vie réservé à une catégorie de personnes et offrant certains services collectifs. *Foyer de jeunes travailleurs. Foyer pour étudiants.* ➤ **résidence** (universitaire). *Foyer d'hébergement. Foyer d'accueil* : établissement prenant en charge des jeunes en danger qui ne peuvent plus rester dans leur famille. *Vivre en foyer.* ■ **3** Salle d'un théâtre qui accueille les spectateurs pendant l'entracte (où se rassemblaient les acteurs, les spectateurs, pour se chauffer). *Le foyer de l'Opéra.* ♦ Recomm. offic. pour *club-house.*

III POINT D'ORIGINE (par analogie avec le feu qui rayonne) ■ **1** (1680) PHYS. Source d'un rayonnement. — OPT. Point image par réflexion (avec un miroir), réfraction ou transmission (avec une lentille) d'un faisceau de rayons parallèles dont le point objet est à l'infini (➤ **focal**). *Foyer réel. Foyer virtuel* : point où convergeraient les rayons réfléchis prolongés. COUR. *Lunettes à double foyer* (➤ **bifocal**). ELLIPT «*il frôlait le gâtisme, portait des doubles foyers*» T. BENACQUISTA. ■ **2** (1690) GÉOM. *Foyer d'une conique* : point fixe du plan affine euclidien associé à une droite fixe (ou directrice) tel que le rapport des distances (ou excentricité) de tout point de la conique au foyer et à la directrice est constant. *Les orbites des planètes décrivent des ellipses dont le Soleil est un foyer.* ■ **3** FIG. Point central, d'où provient qqch. ➤ **centre.** *Le foyer de la révolte.* ♦ (1575) MÉD. Siège principal d'une maladie ; lésion. *Foyer d'infection. Foyer tuberculeux.* — Lieu d'où se propage une maladie. *Les îlots insalubres, foyers d'épidémie.* ♦ *Foyer d'un séisme.* ➤ **hypocentre.**

■ HOM. poss. Fouailler.

FRAC [fʀak] **n. m.** – 1767 ◊ probablt de l'anglais *frock,* lui-même du français *froc* ■ Habit masculin de cérémonie, noir, à basques en queue de morue. ➤ **habit,** 1 **queue** (queue-de-pie).

FRACAS [fʀaka] **n. m.** – 1598 «rupture violente» ◊ italien *fracasso* → fracasser ■ **1** Bruit qui résulte d'une rupture violente, de chocs ; PAR EXT. Bruit violent. *Le fracas de l'orage, des vagues.* ➤ **vacarme.** *Il* «*laissa tout tomber par terre, avec un grand fracas*» FLAUBERT. «*un fracas clair et violent de vitres secouées, de sabots claquant sur le seuil*» ALAIN-FOURNIER. ■ **2** (du sens étymologique) LOC. *Avec perte et fracas* : brutalement. *Il s'est fait renvoyer avec perte et fracas.* — *À grand fracas* : de manière à faire sensation. *Une nouvelle annoncée à grand fracas par les médias.* ♦ MÉD. Fracture à plusieurs fragments osseux, avec contusions et blessures importantes des tissus environnants.

FRACASSANT, ANTE [fʀakasɑ̃, ɑ̃t] **adj.** – 1891 ◊ de *fracasser* ■ **1** Qui fracasse ; qui fait un bruit violent. «*L'avion passe avec un bruit fracassant*» SARTRE. ■ **2** (v. 1950) FIG. Qui fait sensation, scandale. ➤ **provocant.** *Produit qui fait une entrée fracassante sur le marché.* ➤ **retentissant.** *Une déclaration fracassante.*

FRACASSER [fʀakase] **v. tr.** ⟨1⟩ – 1554 ◊ italien *fracassare* ■ Mettre en pièces, briser avec violence. ➤ **briser, casser, rompre.** «*elle a fracassé contre le sol son vase préféré*» BEAUVOIR. **p. p. adj.** «*Buteau avait lancé le premier coup et Jean, baissé encore, aurait eu la tête fracassée, s'il ne s'était jeté d'un saut en arrière*» ZOLA. — PRONOM. *La barque s'est fracassée sur un écueil.*

FRACTAL, ALE [fʀaktal] **adj.** et **n. f.** – 1975 ◊ dérivé savant du latin *fractus* «brisé» ■ DIDACT. *Objet fractal* : objet mathématique servant à décrire des objets de la nature dont les formes découpées laissent apparaître à des échelles d'observation de plus en plus fines des motifs similaires (éponge, flocon de neige...). *Les objets fractals.* — **n. f.** *Une fractale* : un objet fractal. ♦ *Dimension fractale* : nombre décimal qui exprime l'occupation d'un objet dans l'espace (par opposition aux trois dimensions traditionnelles de la géométrie euclidienne).

FRACTION [fʀaksjɔ̃] **n. f.** – 1187 ; «rupture» v. 1400 ◊ bas latin *fractio,* de *frangere* «briser»

I LITURG. *La fraction du pain* : action de rompre le pain eucharistique avant de communier.

II ■ **1** (1538) MATH. Nombre rationnel, élément de l'ensemble Q. COUR. Couple d'entiers *(p, q)* qui représente le rationnel *p/q* (écrit aussi £). *Numérateur et dénominateur d'une fraction. La fraction 6/10 (six dixièmes), 3/4 (trois quarts). Barre de fraction* : barre qui sépare le numérateur du dénominateur. *Réduire des fractions au même dénominateur. Fraction périodique,* dans laquelle les mêmes chiffres se reproduisent périodiquement et dans le même ordre (ex. 3/11, qui peut s'écrire 0,272727...). ■ **2** (1829) Partie d'une totalité. ➤ **parcelle, partie, portion.** *Une fraction de la population. Pendant une fraction de seconde* (cf. L'espace d'un éclair*). — CHIM. *L'essence est l'une des fractions les plus légères issues de la distillation* fractionnée du pétrole.* ■ **3** (Luxembourg, Suisse) Groupe parlementaire. *Chef de fraction.*

■ CONTR. Entier, unité. Totalité.

FRACTIONNAIRE [fʀaksjɔnɛʀ] **adj.** – 1725 ◊ de *fraction* ■ **1** MATH. Qui est écrit sous forme de fraction. *Nombre fractionnaire. Expression algébrique fractionnaire. Exposant fractionnaire. Partie fractionnaire d'un réel* : différence entre ce réel et sa partie entière. ■ **2** COMM. *Livre fractionnaire* : livre de commerce sur lequel n'est portée qu'une catégorie particulière d'opérations.

FRACTIONNEL, ELLE [fʀaksjɔnɛl] **adj.** – 1925 ◊ de *fractionner* ■ POLIT. Qui tend à diviser. *Activité fractionnelle au sein d'un parti.* ➤ **fractionniste.**

FRACTIONNEMENT [fʀaksjɔnmɑ̃] **n. m.** – 1838 ◊ de *fractionner* ■ **1** Action de réduire en fractions ; état de ce qui est fractionné. ➤ **morcellement, segmentation.** *Fractionnement des partis.* ➤ **éparpillement.** *Le fractionnement d'un pays en plusieurs États.* ➤ **scission.** ■ **2** CHIM. *Méthode de fractionnement,* pour la séparation, par étapes successives, des composants d'un mélange liquide ou gazeux. ➤ **distillation.** *Fractionnement du pétrole.* ■ CONTR. Réunion, synthèse.

FRACTIONNER [fʀaksjɔne] **v. tr.** ⟨1⟩ – 1789 ◊ de *fraction* ■ Diviser (une totalité) en parties, en fractions. ➤ **partager, sectionner.** *Fractionner un domaine en plusieurs lots.* PRONOM. *L'assemblée s'est fractionnée en trois groupes.* ➤ **se scinder.** — **p. p. adj.** *Distillation* fractionnée.* SPORT (course) *Entraînement fractionné* ou **n. m.** *un fractionné,* consistant à alterner de courtes périodes d'effort intense et de récupération.

FRACTIONNISME [fʀaksjɔnism] n. m. – 1925 ◊ de *fraction* ■ POLIT. Attitude tendant à briser l'unité d'un groupe ou d'un parti politique. ➤ **séparatisme.**

FRACTIONNISTE [fʀaksjɔnist] n. et adj. – 1925 ◊ de *fraction* ■ POLIT. Qui s'efforce de briser la cohésion d'un groupement politique. *Activités fractionnistes au sein d'un parti.* ➤ **fractionnel.**

FRACTURATION [fʀaktyʀasjɔ̃] n. f. – 1803 ◊ de *fracturer* ■ GÉOPHYS. Fait de se casser. *La fracturation des massifs granitiques.* ◆ (milieu XXe) TECHN. Procédé utilisé dans l'extraction d'hydrocarbures pour augmenter la perméabilité de la couche productrice en y pratiquant des fractures. — *Fracturation hydraulique*, par injection d'un fluide à très haute pression, employée notamment pour l'extraction du gaz de schiste.

FRACTURE [fʀaktyʀ] n. f. – 1391 ; *fraiture* fin XIIe ◊ latin *fractura*, de *frangere* → fraction ■ **1** VX Rupture avec violence, avec effort. ➤ **bris.** État de ce qui est fracturé, rompu. ➤ **cassure.** — MOD. GÉOL. Cassure de l'écorce terrestre. ➤ 2 **faille ; coupure.** *Plan de fracture.* ■ **2** (XVe) COUR. Lésion osseuse formée par une solution de continuité avec ou sans déplacement des fragments. *Fracture incomplète* (➤ **fêlure**), *complète. Double fracture. Fracture ouverte*, avec plaie. *Fracture du col du fémur. Fracture du crâne. Réduire une fracture.* ■ **3** FIG. *La fracture (sociale)* : séparation sociale et économique profonde entre les nantis et les exclus. « *La fracture entre les riches et les pauvres ne résulte pas nécessairement d'une méchanceté des possédants et d'une passivité des démunis* » A. JACQUARD. — *Fracture numérique* : inégalité d'accès au réseau Internet. — *Ligne de fracture* : cause d'une opposition, objet d'une divergence d'opinions. « *Ce thème pourrait être la nouvelle ligne de fracture entre les candidats* » (Le Progrès, 2011).

FRACTURER [fʀaktyʀe] v. tr. ‹1› – fin XVIIIe ; au p. p. 1560 ◊ de *fracture* ■ **1** Blesser par une fracture. *Le choc lui a fracturé deux côtes.* ➤ **casser, rompre.** — PLUS COUR. *Elle s'est fracturé la clavicule.* — p. p. adj. *Plâtrer un os fracturé.* ■ **2** (1809) Briser avec effort. *Fracturer une porte.* ➤ **forcer ; bris, effraction.**

FRAGILE [fʀaʒil] adj. – 1361 ◊ latin *fragilis* (→ frêle), de *frangere* « briser » ■ **1** Qui se brise, se casse facilement (de par sa nature même). ➤ **cassant.** *Fragile comme du verre* : très fragile. *Emballer soigneusement un objet fragile. Attention, c'est fragile !* ■ **2** Qui manque de solidité, est sujet à se briser, à être détruit ou altéré (par accident). ➤ **cassable, faible.** *Un échafaudage fragile* (cf. Château de cartes*). ■ **3** (PERSONNES) De constitution faible ou de fonctionnement délicat ; sujet à se détériorer, à durer peu. ➤ **délicat.** *Cet enfant est très fragile.* ➤ **chétif, faible, malingre.** — *Organisme, organe fragile*, souvent ou facilement malade. *Être fragile de l'estomac. Avoir l'estomac fragile. Shampoing doux pour cheveux fragiles.* ➤ **cassant.** *Peau fragile.* ➤ **sensible.** — PAR EXT. *Une santé fragile.* ➤ **précaire.** ◆ Qui manque de résistance psychologique, morale. ➤ **vulnérable.** « *des adolescents anxieux, à la personnalité fragile* » OLIEVENSTEIN. *Public fragile* (enfants, personnes âgées, en difficulté, en situation de handicap...). ■ **4** (ABSTRAIT) Qui, n'étant pas établi sur des bases fermes, est facile à ébranler, menacé de ruine. ➤ **éphémère, précaire** (cf. Colosse aux pieds d'argile*). *Prospérité, autorité, puissance fragile.* ➤ **instable.** *Bonheur fragile.* « *Les œuvres des humains sont fragiles comme eux* » VOLTAIRE. ➤ **labile.** *Une argumentation fragile.* ➤ **attaquable.** — adv. **FRAGILEMENT,** 1580. ■ CONTR. Résistant, robuste, solide ; incassable. 1 Ferme, 1 fort. Assuré, durable, éternel, stable.

FRAGILISER [fʀaʒilize] v. tr. ‹1› – 1956 ◊ de *fragile* et *-iser* ■ Rendre fragile, plus fragile (qqn, qqch.). *Infection qui fragilise des tissus.* ➤ **affaiblir.** — FIG. LITTÉR. Rendre plus précaire. ➤ aussi **déstabiliser.** « *le rapport critique s'est à son tour fragilisé* » FOUCAULT. *Gouvernement fragilisé par des scandales.* — n. f. **FRAGILISATION.** ■ CONTR. Consolider.

FRAGILITÉ [fʀaʒilite] n. f. – XIIe ◊ latin *fragilitas* → fragile ■ **1** Facilité à se casser. *Fragilité du verre, de la porcelaine.* — PAR MÉTAPH. « *Et comme elle* [la félicité] *a l'éclat du verre, Elle en a la fragilité* » CORNEILLE. ■ **2** Manque de solidité ; facilité à être cassé. *La fragilité d'un mécanisme, d'un échafaudage.* ■ **3** Délicatesse, faiblesse de la constitution. ➤ **faiblesse.** *Fragilité d'un organisme, d'un organe, d'un tissu. Fragilité d'un enfant.* ➤ **délicatesse.** — PAR EXT. *La fragilité de sa santé.* ➤ **précarité.** ◆ Manque de résistance psychologique. *La fragilité des adolescents.* ➤ **vulnérabilité.** ■ **4** Caractère éphémère. ➤ **instabilité, précarité.** « *Souviens-toi de la fragilité des choses humaines* » FÉNELON. *Fragilité de la gloire. Fragilité d'une théorie, d'une hypothèse.* ➤ **inconsistance.** ALLUS. LITTÉR. « *Fragilité, ton nom est Femme* » (trad. de SHAKESPEARE). ■ CONTR. Résistance, robustesse, solidité. Force, stabilité. Infaillibilité.

FRAGMENT [fʀagmɑ̃] n. m. – v. 1500 ; *frament* v. 1250 ◊ latin *fragmentum* ■ **1** Morceau d'une chose qui a été cassée, brisée. ➤ **bout, brisure, débris, éclat, miette, morceau ;** RÉGION. **brique.** *Les fragments d'un vase, d'une statue antique. Fragment de roche. Réduire, briser en fragments.* ➤ **concasser, émietter, fragmenter.** ■ **2** Partie d'une œuvre dont l'essentiel a été perdu ou n'a pas été composé. « *Sous le titre de "Pensées," Pascal n'a laissé que des fragments d'un livre qu'il projetait sur la religion chrétienne* » LITTRÉ. ◆ Partie extraite d'une œuvre, d'un texte quelconque. ➤ **citation, extrait.** *Fragments d'une lettre, d'une déposition.* ➤ **passage.** « *Fragments d'un discours amoureux* », œuvre de R. Barthes. ■ **3** (ABSTRAIT) Part, partie. ➤ **bribe, parcelle.** « *ce fragment de ma vie que je passe sous silence* » DAUDET. ■ CONTR. 2 Ensemble, tout, unité.

FRAGMENTAIRE [fʀagmɑ̃tɛʀ] adj. – 1801 ◊ de *fragment* ■ Qui existe à l'état de fragments. *Débris fragmentaires d'une statue brisée. Informations fragmentaires.* ➤ **incomplet, partiel.** — adv. **FRAGMENTAIREMENT,** 1840. ■ CONTR. 1 Complet, entier, total.

FRAGMENTATION [fʀagmɑ̃tasjɔ̃] n. f. – 1840 ◊ de *fragmenter* ■ Action de fragmenter, fait de se fragmenter. ➤ **division, éclatement, segmentation.** *Fragmentation d'une propriété en parcelles dispersées. Fragmentation du chromosome, interrompant la succession des gènes, et provoquant une mutation.* — MILIT. *Bombe, grenade à fragmentation*, qui se divise en multiples fragments, constituant chacun un projectile.

FRAGMENTER [fʀagmɑ̃te] v. tr. ‹1› – v. 1845 ; *fragmenté* 1808 ◊ de *fragment* ■ Partager, séparer en fragments. ➤ **diviser, morceler, parcelliser, partager ; atomiser.** *Fragmenter un bloc de pierre.* ➤ **concasser.** — *Fragmenter la publication d'un ouvrage.* — *Œuvre fragmentée.* FIG. « *Nous n'avons de l'univers que des visions informes, fragmentées* » PROUST. — PRONOM. *Structure qui se fragmente.* ➤ **éclater.** ■ CONTR. Rassembler, réunir.

FRAGON [fʀagɔ̃] n. m. – 1378 ; *fregon* XIIe ◊ bas latin *frisco* « houx », p.-ê. d'origine gauloise ■ Arbrisseau vivace épineux *(liliacées)* aussi nommé *petit houx, buis piquant, myrte épineux, épine de rat. Baies rouges du fragon.*

FRAGRANCE [fʀagʀɑ̃s] n. f. – XIIIe, repris v. 1830 ◊ latin *fragrantia*, de *fragrare* « sentir » → flairer ■ VX ou LITTÉR. Odeur agréable. ➤ **parfum.** « *tout un bouquet de douces odeurs* [...] *Ces fragrances exaltaient Alain* » COLETTE.

FRAGRANT, ANTE [fʀagʀɑ̃, ɑ̃t] adj. – 1516 ◊ latin *fragrans*, de *fragrare* « sentir » ■ VX ou LITTÉR. Qui exhale une odeur suave.

1 **FRAI** [fʀɛ] n. m. – *frois* « œufs » 1388 ◊ de *frayer*, II ■ **1** Ponte des œufs par la femelle des poissons ; fécondation de ces œufs par le mâle. *La saison, le temps du frai. La pêche est interdite pendant le frai.* ◆ Œufs fécondés de batraciens, de poissons. *Du frai de carpes.* ■ **2** Très jeunes poissons dont on peuple un étang, un vivier. ➤ **alevin, fretin.** ■ HOM. Frais, fret.

2 **FRAI** [fʀɛ] n. m. – 1690 ◊ de *frayer* « frotter, s'user » ■ TECHN. Usure des monnaies en circulation.

FRAÎCHE (À LA) [alafʀɛʃ] loc. adv. /FRAICHE (À LA)/ – fin XVIIe ◊ de 1 *frais* ■ **1** loc. exclam. VX Cri des marchands ambulants de rafraîchissements, ou de diverses denrées. ■ **2** loc. adv. À l'heure où il fait frais (matin ou soir). *Partir à la fraîche.* Dans un endroit où il fait frais. *Ils « s'en allaient sans doute déjeuner à la fraîche, dans les bois »* MARTIN DU GARD.

FRAÎCHEMENT [fʀɛʃmɑ̃] adv. /FRAICHEMENT/ – *freschement* XIIe ◊ de 1 *frais* ■ **1** Depuis très peu de temps. ➤ **récemment.** *Fraîchement débarqué à Paris.* ➤ 1 **frais** (II), **nouvellement.** *Café fraîchement moulu.* « *la terre fraîchement ouverte par le tranchant des charrues* » SAND. ■ **2** FIG. Avec une froideur marquée. ➤ **froidement.** *Il fut fraîchement reçu par la population.* ■ **3** (1798) RARE Dans des conditions de fraîcheur. *Être habillé trop fraîchement pour la saison.* COUR. et FAM. « *Comment ça va ? – Fraîchement !* », il fait frais. ■ CONTR. Anciennement. Chaleureusement, chaudement.

FRAÎCHEUR [fʀɛʃœʀ] n. f. /FRAICHEUR/ – *fraiscor* XIIIe ; repris XVIe ◊ de 1 *frais*

I ■ **1** Propriété de ce qui est frais. *La fraîcheur de l'air, du vent. La fraîcheur du crépuscule, de la nuit, des matinées de printemps. La fraîcheur d'une eau. La fraîcheur d'une cave.* « *Ces nuits de printemps toutes remplies de la fraîcheur de la rosée* » CHATEAUBRIAND. ■ **2** ABSOLT Température fraîche, air frais ou rafraîchissant. ➤ 2 **froid.** *Une sensation de fraîcheur. Chercher, trouver un peu de fraîcheur.* « *Ces rochers dont l'ombre donnait une fraîcheur délicieuse* » STENDHAL. ■ **3** FIG. Absence marquée de chaleur. *La fraîcheur d'un accueil.*

II ■ **1** LITTÉR. Qualité de ce qui est frais (II), de ce qui est nouvellement arrivé. ➤ **nouveauté.** *« Il est bien vrai que l'expérience ôte de la fraîcheur à ce qui vous arrive »* ROMAINS. ◆ COUR. Qualité de ce qui est nouvellement produit ou fourni, et, par suite, de ce qui n'a subi aucune altération. *La fraîcheur d'un œuf, d'un poisson. « Une barbue dont la marchande lui avait garanti la fraîcheur »* PROUST. *Ces moules ne sont pas de la première fraîcheur.* ■ **2** Qualité de ce qui respire la santé et la vie. *Beauté et fraîcheur du teint. « il avait le teint fatigué et Fabrice avait tant de fraîcheur »* STENDHAL. ◆ Qualité de ce qui garde son éclat, sa vivacité, sans se faner ou se ternir. ➤ **éclat,** 2 **lustre.** *Lessive qui n'altère pas la fraîcheur des couleurs.* ■ **3** FIG. Qualité de ce qui a qqch. de vivifiant, de jeune et de pur. ◆ (En parlant de ce qui touche la vue, l'odorat, l'ouïe) *Fraîcheur d'un coloris, d'une toilette printanière. La fraîcheur d'un parfum* (➤ **légèreté**). ◆ (En parlant des sentiments, des idées) *La fraîcheur d'un premier amour.* ➤ **pureté.** *Fraîcheur d'âme.* ➤ **innocence, jeunesse.** *Fraîcheur des impressions d'un enfant.* ➤ **sincérité, spontanéité, vivacité.** *« elle arrivait avec une jeunesse d'esprit, une fraîcheur d'idées, de sentiments, d'impressions, à rajeunir les politiques les plus fatigués »* MICHELET.

■ CONTR. Chaleur, sécheresse ; corruption.

FRAÎCHIN [fʀɛʃɛ̃] n. m. /FRAICHIN/ – 1573 ; mot dialectal (Ouest) *freschume* v. 1375 ◇ de 1*frais* ■ Odeur du poisson frais ; odeur de marée. *« une odeur fade et coupante de fraîchin »* SARTRE.

FRAÎCHIR [fʀeʃiʀ] v. intr. ⟨2⟩ /FRAICHIR/ – *frescir* XIIe ; rare avant XVIIIe ◇ de 1*frais* ■ **1** MAR. Augmenter de force, en parlant du vent. ➤ **se lever.** *La brise fraîchit. « le vent fraîchissait, les vagues couraient rapides, vertes et sombres »* MICHELET. IMPERS. *Il fraîchit.* ■ **2** Devenir frais, ou plus frais, en parlant de la température. ➤ **se rafraîchir.** *Le temps fraîchit depuis quelques jours.*

FRAIRIE [fʀeʀi] n. f. – *frarie* « confrérie » XIIe ◇ bas latin *fratria* ■ VX Joyeuse partie de plaisir et de bonne chère. ➤ **banquet, festin.** ◆ RÉGION. (Ouest) Fête patronale d'un village.

1 **FRAIS, FRAÎCHE** [fʀɛ, fʀɛʃ] adj. /fém. FRAICHE/ – fin XIe, au sens II, 2° ◇ du germanique *friska-*, comme l'allemand *frisch* et l'anglais *fresh*

I QUI A UNE TEMPÉRATURE LÉGÈREMENT FROIDE ■ **1** (début XIIIe) Légèrement froid. *Une belle et fraîche matinée de printemps. Le fond de l'air est frais. Les nuits sont fraîches en cette saison. Avoir les mains fraîches. Cave, maison fraîche.* — (en parlant d'une boisson) Agréablement froid. *Servir des boissons fraîches, qqch. de frais.* ➤ **rafraîchissement.** *Servir frais mais non glacé. Boire de l'eau fraîche. Vivre d'amour et d'eau* fraîche.* ◆ adv. *Il fait frais ce matin.* ➤ **frisquet.** *Boire frais.* ■ **2** FIG. Sans chaleur, sans cordialité. *On lui a réservé un accueil plutôt frais.*

II QUI EST D'ORIGINE OU D'APPARITION RÉCENTE ET A GARDÉ SES QUALITÉS A. QUI EST RÉELLEMENT RÉCENT ■ **1** Qui est arrivé, qui s'est produit tout nouvellement. ➤ 2 **neuf, nouveau, récent.** *Découvrir des traces toutes fraîches. Vous n'avez pas de nouvelles plus fraîches ?* (1643) *Peinture, encre fraîche,* qui vient d'être appliquée et n'a pas encore séché. — (1563) *Argent frais :* argent nouvellement reçu, fonds nouveaux alimentant une trésorerie. — *De fraîche date :* récent. ◆ adv. (fin XIVe) (devant un p. p.) LITTÉR. Depuis très peu de temps. ➤ **fraîchement, nouvellement, récemment.** Avec accord : *« dans cette baraque fraîche peinte »* DAUDET. Sans accord : *« Elle disposait des lauriers d'or sur ma tête frais tondue »* MAURIAC. — COUR. (PERSONNES) *Frais émoulu* du lycée.* ■ **2** Qui est tout nouvellement produit, fourni ou employé, qui n'est pas encore altéré. *Du pain, du beurre frais. Des œufs frais, extrafrais* (cf. Du jour*). *Cette sole n'est pas très fraîche. L'Ogre « flairait à droite et à gauche, disant qu'il sentait la chair fraîche »* PERRAULT. ■ **3** (fin XIIe) Qui est présenté à la consommation sans avoir subi de préparation de longue conservation (opposé à *en conserve, surgelé, sec,* etc.). *Figues, noix fraîches. Pâtes fraîches. Petits-fours frais. Acheter au marché des légumes frais. Produits frais,* qui doivent être conservés à basse température (laitages, charcuterie, quatrième gamme*, etc.). *Poisson frais, salé, fumé, séché...*

B. QUI A OU GARDE DES QUALITÉS INALTÉRÉES D'ÉCLAT, DE VITALITÉ, DE JEUNESSE ■ **1** (fin XIIe) (En parlant de l'être humain, d'êtres vivants) Qui respire la santé et la vie. ➤ 1 **sain.** *Une fille appétissante et fraîche, fraîche comme une rose.* — *Avoir le teint frais* (➤ **fleuri**). ■ **2** (1790) FAM. et IRON. Dans une fâcheuse situation. *Nous voilà frais !* ➤ **propre** (cf. Dans de beaux draps* ; avoir bonne mine*). ■ **3** (milieu XIIe) Qui a gardé intacte, ou a retrouvé sa vitalité ; qui n'est pas ou n'est plus fatigué. ➤ **reposé** (cf. En forme). *Se lever tout frais après une bonne nuit. Frais et dispos*. Frais comme l'œil, comme un gardon*. Envoyer des troupes fraîches en renfort.* ■ **4** (1559) MAR. *Vent frais,* qui souffle avec une force favorable à la navigation. SUBST. (1691) (accolé à une épithète) La force de ce vent. *Joli frais, bon frais* (de force 6 sur l'échelle de Beaufort), *grand frais* (de force 7). *Il vente gros frais.*

C. QUI SEMBLE PUR ■ **1** FIG. Qui donne une impression vivifiante de pureté, de jeunesse. *La fraîche odeur d'un bouquet de violettes. Haleine fraîche. Robe d'été aux couleurs fraîches.* ➤ **éclatant.** *« Les oiseaux gazouillaient un hymne si charmant, Si frais, si gracieux, si suave et si tendre »* HUGO. ■ **2** (Dans l'ordre moral, psychologique) Candide, pur. *« une fille sage, fraîche de cœur autant que de figure »* LOTI. *« la fraîche joie d'un premier engagement »* PAULHAN. *Un film très frais.*

III LE FRAIS n. m. ■ **1** (1549) *Le frais :* l'air frais. ➤ **fraîcheur.** *« comme le frais de la nuit tombait »* GIONO. (1553) **PRENDRE LE FRAIS :** respirer l'air frais du dehors. **AU FRAIS :** dans un endroit plus froid que l'air ambiant. *Tenir qqch. au frais et au sec* (cf. À l'abri de la chaleur et de l'humidité). *Mettre, garder du beurre au frais.* FAM. *Mettre (qqn) au frais,* en prison (cf. À l'ombre). ■ **2** Produits frais. *Le rayon frais d'un supermarché.* ■ **3** loc. adv. **DE FRAIS :** récemment, depuis peu. *Chambre repeinte de frais.*

■ CONTR. Brûlant, chaud, desséchant. Ancien, vieux. — Desséché, rassis, sec ; corrompu, 1 gâté, 3 passé, rance. Défraîchi, fatigué, 1 las. Décoloré, éteint, fané, flétri, 3 passé, usé. ■ HOM. Frai, fret.

2 **FRAIS** [fʀɛ] n. m. pl. – milieu XIIIe ◇ de l'ancienne expression *paier le fret* « payer les dégâts matériels, les bris », du latin *fractum* « frais », de *frangere* « briser » → enfreindre, fracture, infraction et effraction, naufrage et fragile

I ARGENT DÉPENSÉ POUR UNE RAISON PRÉCISE ■ **1** Dépenses occasionnées par une opération quelconque. ➤ **coût, débours, dépense.** *Frais de déplacement, de transport, d'habillement. Frais d'inscription. Frais bancaires.* ➤ **agio, commission, intérêt.** *Participation aux frais d'envoi* (port et emballage). *Faire beaucoup de frais sur une voiture. Ils ont eu de gros frais. « Villa et château, par leurs frais d'entretien et de personnel, eussent englouti plus que le revenu total des Genillé »* ROMAINS. *Tous frais payés :* une fois toutes les dépenses soldées. *Partager les frais. Rentrer* dans ses frais. Couvrir les frais.* — Somme donnée pour être affectée à certains frais. ➤ **allocation.** *Frais de représentation*. Frais professionnels,* inhérents à la profession. *Note* de frais.* ■ **2** Dans des loc. **À GRANDS FRAIS :** en dépensant beaucoup ; FIG. en se donnant beaucoup de peine. — **À PEU DE FRAIS ; À MOINDRES FRAIS :** économiquement ; FIG. en se donnant peu de mal, moins de mal. — **AUX FRAIS DE** qqn, les frais étant assumés par lui. *À mes frais. Voyager aux frais de l'État, de la princesse*.* ◆ **SE METTRE EN FRAIS ; FAIRE DES FRAIS :** faire des dépenses inhabituelles. *Faire des frais pour recevoir ses invités* (cf. Mettre les petits plats* dans les grands). — FIG. Faire des efforts (notamment pour plaire). *« Compère Renard se mit un jour en frais »* LA FONTAINE. *Il ne mérite pas que vous vous mettiez en frais pour lui.* ◆ **FAIRE LES FRAIS DE** qqch. **:** participer à la dépense engagée. PAR EXT. Être la personne qui paie, qui est victime (cf. Payer les pots* cassés, porter le chapeau*). *Ce sont encore les contribuables qui feront les frais de cette politique. Enfants qui font les frais du divorce de leurs parents.* FIG. Fournir la matière principale de qqch., être la personne qui y contribue le plus. *Faire les frais de la conversation.* ◆ **EN ÊTRE POUR SES FRAIS :** ne rien obtenir en échange de la dépense qu'on a faite ; FIG. avoir perdu sa peine, être déçu dans son attente, dans son espoir (cf. En être pour sa peine*). *« Je ne pipais pas pendant qu'il me parlait. Il en fut donc pour ses frais de confidences »* CÉLINE. ◆ FAM. *Arrêter les frais :* cesser de se donner du mal (inutilement). *« si cet amour* [...] *n'est qu'un dialogue avec des fantômes, j'arrête immédiatement les frais »* ORSENNA.

II DÉPENSES ET CHARGES ENTRAÎNÉES PAR LE FONCTIONNEMENT D'UNE ENTREPRISE *Frais d'une entreprise,* les dépenses et les charges entraînées par sa création, son fonctionnement. ➤ **coût.** *Frais d'établissement,* engagés par l'entreprise pour se constituer. *Frais de production, d'exploitation, de fabrication.* ◆ COMM. Ensemble des dépenses et charges. **FRAIS DIRECTS :** dépenses se rapportant à des opérations spécifiques. *Frais d'approvisionnement, de main-d'œuvre, de transport.* **FRAIS GÉNÉRAUX :** dépenses liées au fonctionnement normal d'une entreprise, non proportionnelles au volume de production, au chiffre d'affaires et qui se répartissent sur l'ensemble de l'exploitation. *Frais fixes :* charges permanentes. *Frais financiers,* occasionnés par les capitaux empruntés.

III (1585) **DÉPENSE OCCASIONNÉE PAR L'ACCOMPLISSEMENT D'UN ACTE JURIDIQUE, D'UNE FORMALITÉ LÉGALE** *Frais d'enregistrement.* ➤ 3 **droit, taxe.** *Frais de notaire. Frais de*

jugement (droit de timbre, d'enregistrement, de greffe). *Frais de justice.* ➤ **dépens.** *Frais irrépétibles**. *Frais de garde.* ♦ **FAUX FRAIS :** dépenses nécessaires exposées par un officier ministériel en dehors des frais légaux. COUR. Dépense accidentelle, généralement minime s'ajoutant aux dépenses principales. *Sans compter les faux frais.*
■ CONTR. Économie, épargne.

FRAISAGE [fʀɛzaʒ] **n. m.** – 1842 ◇ de 2*fraiser* ■ Travail des métaux à froid, à la fraise (4).

1 **FRAISE** [fʀɛz] **n. f.** – *freise* XIIe ◇ altération d'après la finale de °*frambaise* (→ framboise), de °*fraie* du latin populaire °*fraga*, plur. neutre de *fragum*, pris comme fém. sing. ■ **1** Fruit rouge, dont la partie comestible est un réceptacle épanoui en masse charnue qui porte les akènes. *Fraises des bois* ou *fraises sauvages. Fraises de culture* (dites *fraises*, ABSOLT). *La gariguette, la mara, fraises parfumées. Fraises au sucre, à la crème. Confiture de fraises, de fraise. Tarte aux fraises. Gâteau aux fraises.* ➤ **fraisier.** *Sorbet, glace à la fraise. Eau-de-vie de fraise* (ELLIPT *de la fraise*). ♦ ADJT INV. De la nuance de rouge propre à la fraise. *Des rubans fraise, fraise écrasée.* ♦ LOC. **ALLER AUX FRAISES :** aller cueillir des fraises ; FIG. aller dans les bois (en parlant d'amants), flâner*. — FAM. **SUCRER LES FRAISES :** être agité d'un tremblement. « *Je tremble de partout, regardez mes mains, je sucre les fraises* » AYMÉ. PAR EXT. Être gâteux. *Il commence à sucrer les fraises.* (XXe) FAM. **AUX FRAISES :** au printemps. « *Dix-huit ans aux fraises, et mignonne comme une poupée* » J. DEVAL. ■ **2** *Fraise chinoise.* ➤ **arbouse.** *Fraise du désert :* fruit d'un cactus. — *Fraise des arbres* ou *fraise d'écorce :* champignon parasite de l'écorce. ➤ **polypore.** ■ **3** FAM. Lésion de la peau (➤ **angiome, nævus**). ■ **4** FAM. Figure. « *je lui rabats deux baffes en pleine fraise* » AYMÉ. *Ramener* sa fraise.*

2 **FRAISE** [fʀɛz] **n. f.** – 1300 ; « tripes » v. 1160 ◇ probablt de 1*fraiser*, au sens d'« enveloppe » ■ BOUCH. Membrane qui enveloppe les intestins du veau et de l'agneau (➤ **mésentère**). *Fraise de veau en blanquette.*

3 **FRAISE** [fʀɛz] **n. f.** – XVIe ◇ origine inconnue ; probablt emploi fig. de 2*fraise* ■ **1** Collerette empesée et plissée sur plusieurs rangs que portaient hommes et femmes au XVIe et au début du XVIIe s. *Fraise à l'espagnole, à la Médicis.* ■ **2** Membrane charnue, granuleuse et plissée d'un rouge violacé, qui pend sous le bec du dindon. ➤ **caroncule.**

4 **FRAISE** [fʀɛz] **n. f.** – 1676 ◇ métaph. de 2*fraise* ou 3*fraise*, à cause des découpures faites par l'outil ■ TECHNOL. Outil de coupe entraîné par une machine rotative (➤ **fraiseuse**) pour usiner le bois, le métal. *Taille, forme, denture d'une fraise.* — CHIR. Instrument muni de dents tranchantes, agissant par rotation, utilisé pour percer des trous dans un os ou évider les parties cariées d'une dent. ➤ **foret, roulette.** « *chez le dentiste, lorsque la fraise électrique s'arrête de fouiller une dent malade* » SIMENON.

1 **FRAISER** [fʀeze] **v. tr.** ⟨1⟩ – 1572 ; *fraser* XIVe ; *fèves frasées* « dépouillées de leur enveloppe » XIIe ◇ latin *fresa*, p. p. fém. de *frendere* « broyer, moudre » ■ CUIS. Mélanger intimement les éléments de (une pâte) avec la paume de la main.

2 **FRAISER** [fʀeze] **v. tr.** ⟨1⟩ – 1676 ◇ de 4*fraise* ■ TECHN. Évaser l'orifice de (un trou percé dans le bois ou le métal) pour y insérer une vis. PAR MÉTON. *Vis à tête fraisée,* usinée pour pouvoir entrer dans un trou fraisé. — PAR EXT. Usiner (un matériau) à l'aide d'une fraise. ABSOLT *Machine à fraiser.* ➤ **fraiseuse.**

FRAISERAIE [fʀɛzʀɛ] **n. f.** – 1914 ◇ de *fraisier* ■ Plantation de fraisiers. — On a dit aussi *fraisière*, 1823.

FRAISEUR, EUSE [fʀɛzœʀ, øz] **n.** – 1930 ◇ de 2*fraiser* ■ Ouvrier, ouvrière qui exécute des travaux de fraisage. — EN APPOS. *Ouvriers fraiseurs.*

FRAISEUSE [fʀɛzøz] **n. f.** – 1873 ◇ de 2*fraiser* ■ Machine-outil utilisée pour le fraisage. *Une fraiseuse à commande numérique.*

FRAISIER [fʀezje] **n. m.** – XVIe ; *frasier* XIIIe ◇ de *fraise* ■ **1** Plante basse *(rosacées)*, cultivée ou sauvage, qui se propage par stolons et fournit les fraises. *Cultiver des fraisiers* (**n.** *fraisiériste* ou *fraisiculteur, trice*). ■ **2** Gâteau fait d'une superposition de génoise, de crème et de fraises.

FRAISIL [fʀezil] **n. m.** – 1676 ◇ de l'ancien français *fesil, faisil* XIIIe, du latin populaire °*facilis*, de *fax, facis* « tison » ■ TECHN. Cendre de charbon de terre incomplètement brûlé.

FRAISURE [fʀezyʀ] **n. f.** – 1792 ◇ de 2*fraiser* ■ TECHN. Évasement conique pratiqué avec une fraise (➤ 2 **fraiser**).

FRAMBOISE [fʀɑ̃bwaz] **n. f.** – *frambaise* XIIe ◇ francique °*brambasia* « mûre », avec changement d'initiale d'après *fraise* ■ Fruit rouge (parfois blanc) composé de petites drupes et produit par le framboisier. *Confiture, sirop, gelée de framboise, de framboises. Framboises au sucre.* ♦ Liqueur, eau-de-vie de framboise. *Boire un verre de framboise,* OU PAR MÉTON. *une framboise.* ♦ APPOS. *Couleur framboise (écrasée).* « *Rose framboise ardent* » J. RÉDA. — **adj. inv.** « *un pantalon de velours côtelé framboise* » KERANGAL.

FRAMBOISER [fʀɑ̃bwaze] **v. tr.** ⟨1⟩ – 1651 ◇ de *framboise* ■ Parfumer à la framboise. — **p. p. adj.** *Glaçage framboisé.* ♦ Donner un goût de framboise à. *Vin framboisé.* ➤ **foxé.**

FRAMBOISIER [fʀɑ̃bwazje] **n. m.** – 1306 ◇ de *framboise* ■ **1** Arbrisseau *(rosacées)*, ronce dont la souche vivace émet des tiges annuelles qui portent les framboises. ■ **2** Gâteau fait d'une superposition de génoise, de crème et de framboises.

FRAMÉE [fʀame] **n. f.** – 1559 ◇ latin *framea*, donné par Tacite comme germanique ■ HIST. Long javelot, dont se servaient les Francs.

1 **FRANC, FRANQUE** [fʀɑ̃, fʀɑ̃k] **n. et adj.** – fin XIe n. ; v. 1000 adj. ◇ latin *francus* « relatif aux Francs », du francique *frank* ■ **1** Membre des peuplades germaniques qui, à la veille des grandes invasions, occupaient les rives du Rhin *(Francs Ripuaires)* et la région maritime de la Belgique et de la Hollande *(Francs Saliens).* « *ces Francs, lesquels en très petit nombre et en très peu de temps, s'emparèrent de toutes les Gaules* » VOLTAIRE. Relatif aux Francs Saliens. ➤ **salique.** ♦ **adj.** *Les tribus franques. Langue franque.* ➤ **francique.** ■ **2** (depuis les Croisades) VX Européen, Européenne des ports de la Méditerranée orientale. *Le quartier des Francs.* ♦ **adj.** *La colonie franque de Tripoli. La langue franque :* le sabir. ➤ **lingua franca.**

2 **FRANC, FRANCHE** [fʀɑ̃, fʀɑ̃ʃ] **adj.** – 1080 ◇ de 1*franc*

I LIBRE, LIBÉRÉ DE ■ **1** VX De condition libre. ♦ Métaphysiquement ou moralement libre. *Franc arbitre* [fʀɑ̃kaʀbitʀ] : libre arbitre. ■ **2** MOD. (en loc.). Sans entrave, ni gêne, ni obligation. *Avoir les coudées* franches. Franc du collier*. Franche lippée*.* ♦ *Corps francs :* troupes ne faisant pas partie des unités combattantes régulières. ➤ **franc-tireur.** — (1921) SPORT *Coup franc :* coup tiré sans opposition de l'adversaire, pour sanctionner une faute. *But, panier marqué sur coup franc.* — MAR. *Barre franche :* barre de gouvernail qu'on manœuvre directement à la main, sans l'aide d'une roue ou d'un palan. *Pompe franche,* qui ne rejette plus d'eau. ■ **3** Libéré de certaines servitudes ; exempt de charges, taxes, impositions (➤ **franchise**). ♦ ANCIENNT *Ville franche,* qui avait obtenu une charte de franchise. ♦ MOD. *Port* franc. Zone* franche. Boutique franche,* située dans une zone (aéroports, bateaux, etc.) où les produits vendus sont exemptés de taxes (cf. Boutique hors taxes*). — *Franc de port* (généralt inv.) : dont le destinataire n'a pas à payer les frais de port et d'emballage. ➤ 1 **franco.** *Expédier franc de port une caisse de vins* (opposé à *en port dû*).

II SINCÈRE, DROIT, LOYAL ■ **1** (XIIe) Qui s'exprime ou se présente ouvertement, en toute clarté, sans artifice, ni réticence. ➤ 1 **droit, honnête, loyal, ouvert, sincère, spontané.** *Personne franche, d'un naturel franc. Je serai franc avec vous :* je vous parlerai franchement. ➤ 1 **direct.** LOC. *Franc comme l'or :* très franc. *Franc du collier*.* — **adv.** LITTÉR. ➤ **franchement.** *Parler franc.* « *Nos pères voyaient clair et parlaient plus franc que les gens de maintenant* » NIZAN. ■ **2** Qui exprime la loyauté. *Un regard franc. Un rire franc. Avoir une franche explication avec qqn.* ■ **3** Qui est sans dissimulation, sans ambiguïté. « *Un sourire de franche curiosité* » H. THOMAS. *Une franche hostilité :* une hostilité déclarée. ➤ 2 **net, ouvert.** LOC. *Jouer* **FRANC JEU :** agir loyalement, sans rien dissimuler, en respectant les règles. ➤ **fair-play** (cf. Cartes* sur table). ■ **4** (Belgique) Hardi, intrépide. — Effronté. *Elle a été trop franche avec son directeur.*

III (CHOSES) NATUREL OU ENTIER ■ **1** Qui présente des caractères de pureté, de naturel. ➤ **pur, simple.** *Couleur franche,* proche des couleurs primaires. « *Il emploie rarement les couleurs franches, il préfère les nuances indécises* » STENDHAL. ➤ **tranché.** *Un rouge franc.* ♦ SPÉCIALT, AGRIC. *Terre franche,* contenant dans des proportions harmonieuses les éléments nécessaires à la culture. — ARBOR. *Arbre franc,* appartenant à la même espèce que le greffon. — (1865) *Franc de pied :* non greffé, issu directement d'un semis de graine, d'une bouture. *Pommier, rosier franc de pied.* ■ **2** (Av. le nom) PÉJ. Qui est véritablement tel. ➤ **achevé, fieffé, parfait, vrai.** *Une franche*

canaille. C'est une franche comédie. ➤ **véritable.** ▪ **3** DR. *Huit jours francs* : huit jours complets non compris celui de l'acte, de l'évènement, de la décision ou de la notification qui fait courir le délai. ▪ **4** (Canada) *Bois franc,* très dur (érable, chêne, merisier, etc.). *Plancher en bois franc.*
▪ CONTR. Assujetti, taxé. — Artificieux, dissimulé, hypocrite, menteur, sournois. Équivoque, 1 louche. Douteux.

3 **FRANC** [fʀɑ̃] **n. m.** – 1360 ◊ probablt de la devise *Francorum rex* «roi des Francs» sur les premières pièces de ce nom, frappées sous les règne de Jean II le Bon ▪ **1** ANCIENNT Monnaie d'or équivalant à une livre, ou vingt sols. ♦ (depuis 1795) Unité monétaire légale de la France (avant l'euro), dont la valeur a souvent varié, en particulier en 1960, où un *nouveau franc* (FAM., VIEILLI *franc lourd*) a été institué, valant cent *anciens francs* (➤ **centime**). ABRÉV. F. ➤ 2 **f.** *Un billet de cinquante francs, une pièce de dix francs.* ➤ FAM. 4 **balle,** 1 **boule.** *Ça coûtait 10 francs 50* (centimes). *Avoir cent francs en poche. Mille francs.* ➤ **kilofranc.** *Dix mille francs.* ➤ FAM. **bâton, brique, patate ; million.** *Dévaluation du franc.* — LOC. *Au marc* le franc. Trois francs six sous* : peu d'argent. *Je l'ai eu pour trois francs six sous,* pour presque rien. *Il «ne s'était pas fait prier pour lui racheter 3 francs 6 sous une collection de livres qu'on disait d'assez grande valeur»* BENOZIGLIO. — *Zone* franc.* ▪ **2** (Hors de France) *Franc belge, franc luxembourgeois* : ancienne unité monétaire légale de la Belgique, du Luxembourg (avant l'euro). *Franc C. F. A.* (➤ **C. F. A.**). *Franc Pacifique* ou *franc C. F. P.* : unité monétaire qui a cours dans les territoires français de l'océan Pacifique (Nouvelle-Calédonie, Polynésie française, Wallis et Futuna). — *Franc suisse* : unité monétaire légale de la Suisse.

FRANÇAIS, AISE [fʀɑ̃sɛ, ɛz] **adj. et n.** – 1080 ◊ de *France,* bas latin *Francia,* proprt «pays des Francs» ▪ **1** Qui appartient, est relatif à la France et à ses habitants. *Avoir la nationalité française. «Il n'y a pas de race française, mais il y a une nation française»* ARAGON. *La République française. L'Académie française. La cuisine française. L'équipe française.* ➤ **hexagonal, tricolore.** *Les lycées français à l'étranger. Exclusivement français.* ➤ **franco-français.** *Le Théâtre*-Français* ou ELLIPT *le Français.* ♦ Propre à la langue française. *D'expression française.* ➤ **francophone.** *«Ce qui n'est pas clair n'est pas français»* RIVAROL. — De la langue française. *Dictionnaire français-anglais. Littérature française. Linguistique française.* VIEILLI *Un Canadien français,* francophone. ♦ **loc. adv.** *À la française* : à la manière ou la mode française. *Jardin* à la française.* ♦ ADVT *Acheter français.* ▪ **2 n.** Personne de nationalité française. *Un Français, une Française. Français de souche.* ➤ FAM. **gaulois.** — *C'est un Français moyen* (➤ FAM. et PÉJ. **beauf, franchouillard**). — (Au sing. collect.) *On dit que le Français est râleur.* ▪ **3 n. m.** La langue française, parlée en tant que langue maternelle en France, dans quelques pays de civilisation analogue (Belgique, Suisse romande, Canada, etc.), langue privilégiée dans plusieurs régions du monde (Afrique, Antilles...). ➤ **francophonie.** *Les étapes du français* (roman ; *ancien français,* IXe-XIIIe s. ; *moyen français,* XIVe-XVIe s. ; *français classique,* XVIIe-XVIIIe s. ; *français moderne*). *Apprendre le français. «Le français, qui nous semble si simple, est une langue très difficile»* GIDE. *Écrire, traduire en bon français. Parler le français comme une vache* espagnole. Les idiotismes du français.* ➤ **gallicisme.** *Les anglicismes en français* (➤ **franglais**). *«Mais qu'est-ce que le français ? Et qui parle le français ? Les Français qui s'adressent aux Français et non les grammairiens aux grammairiens»* QUENEAU. — PÉDAG. *Le français fondamental* : le français parlé le plus courant, susceptible de servir de base à l'enseignement du français à l'étranger. — LOC. FAM. *Vous ne comprenez pas le français ?* vous n'avez donc pas compris ce qu'on vous dit ? *En bon français* : pour parler plus clairement, plus simplement. ♦ Usage socialement délimité du français. *Le français de Belgique, du Midi, de Marseille.* ➤ **régionalisme.** FAM. *Le français-banane,* créolisé. ♦ Langue française en tant que matière enseignée. *Professeur de français.* ➤ **lettres.** *Français langue étrangère (FLE),* enseigné comme langue seconde. ♦ **adv.** *Parlez-vous français ?*

FRANC-ALLEU [fʀɑ̃kalø] **n. m.** – *franc aluel* 1260 ; *aloé* v. 1125 ◊ de 2 *franc* «libre» et du francique °*al-ôd* «totale propriété» ▪ FÉOD. Terre de pleine propriété, affranchie de toute obligation ou redevance (opposé à *fief*). *Des francs-alleux* [fʀɑ̃kalø].

FRANC-BORD [fʀɑ̃bɔʀ] **n. m.** – 1752 ◊ de 2 *franc* «libre» et *bord* ▪ **1** Terrain libre de propriétaire, en bordure d'une rivière ou d'un canal. *Des francs-bords.* ▪ **2** (1829) Distance entre le niveau de l'eau et la partie supérieure du pont, mesurée au milieu de la longueur du navire.

FRANC-BOURGEOIS [fʀɑ̃buʀʒwa] **n. m.** – XIIIe ◊ de 2 *franc* «libre» et *bourgeois* ▪ Au Moyen Âge, Habitant d'une ville exempt des charges municipales. *Des francs-bourgeois.*

FRANC-FIEF [fʀɑ̃fjɛf] **n. m.** – XIIIe ◊ de 2 *franc* «libre» et *fief* ▪ FÉOD. ▪ **1** Héritage noble, féodal ou tenu en franc-alleu. ♦ Fief non assujetti à l'hommage. *Des francs-fiefs.* ▪ **2** Droit que devait payer au roi un roturier qui acquérait un fief (sans devenir noble pour autant).

FRANCFORT [fʀɑ̃kfɔʀ] **n. f.** – 1937 ◊ de *saucisse de Francfort* ▪ Saucisse de Francfort. *Une paire de francforts-frites.*

FRANCHEMENT [fʀɑ̃ʃmɑ̃] **adv.** – 1130 ◊ de 2 *franc* ▪ **1** Sans hésitation, d'une manière décidée. ➤ **carrément, résolument.** *Y aller franchement.* ➤ **rondement ;** FAM. 2 **franco.** ▪ **2** Sans équivoque, nettement. ➤ **clairement.** *Poser franchement un problème.* ♦ (Devant un adj.) Indiscutablement, vraiment. *«Sa visite devenait franchement désagréable»* PROUST. *C'est franchement mauvais.* ▪ **3** (XVIe) Sans détour, sans dissimulation (dans les rapports humains). ➤ **loyalement, sincèrement.** *Dites-moi franchement ce que vous en pensez.* ➤ FAM. **cash.** *Je vous parlerai franchement.* ♦ ELLIPT *«Franchement, non, je ne pensais pas à vous»* DUHAMEL. *Franchement !* exclamation marquant l'irritation, l'impatience. *Franchement, il exagère !*
▪ CONTR. Timidement. Hypocritement.

FRANCHIR [fʀɑ̃ʃiʀ] **v. tr.** ⟨2⟩ – 1130 «affranchir» ◊ de 2 *franc*
I MAR. *Franchir une pompe,* la rendre franche (après avoir pompé toute l'eau de la cale).
II ▪ **1** (XIVe) Passer par-dessus (un obstacle), en sautant, en gravissant, etc. ➤ **enjamber, escalader, sauter.** *«Il franchit résolument une barrière de bois»* HUGO. *«De longs escarpements dont chacun nous coûtait une heure à franchir»* FROMENTIN. — *Franchir le Rubicon* (allusion à la décision de César qui, en franchissant cette rivière, frontière entre la Gaule cisalpine et l'Italie, déclarait la guerre au Sénat) : prendre une décision irrévocable, passer hardiment à l'action. — (Sujet chose) *Pont qui franchit une rivière.* ♦ FIG. Surmonter, vaincre (une difficulté). ➤ **triompher** (de). *Franchir les barrières sociales. «les examens je les ai franchis, à hue à dia, tout en gagnant ma croûte»* CÉLINE. ▪ **2** Aller au-delà de (une limite). ➤ **passer.** *Coureur qui franchit la ligne d'arrivée. Avion qui franchit le mur du son. «j'entrai dans la maison comme on franchit le seuil d'une prison»* FROMENTIN. *Franchir une porte.* — FIG. *«Sans franchir les limites posées à sa raison»* CHATEAUBRIAND. ➤ **dépasser, outrepasser.** ▪ **3** Traverser (un passage). *Franchir un col. «Le Petit Chose franchit bravement la passerelle»* DAUDET. *Franchir le pas*.* ♦ Aller d'un bout à l'autre de. ➤ **parcourir, traverser.** *Franchir un espace, les océans.* — (Temps) *Sa réputation a franchi les siècles.*

FRANCHISAGE [fʀɑ̃ʃizaʒ] **n. m.** – 1973 ◊ francisation de l'anglais *franchising* ▪ DR. COMM. Contrat par lequel une entreprise (➤ **franchiseur**) concède, moyennant redevances (et souvent droit d'entrée) à une entreprise (➤ **franchisé**) le droit d'exploiter sa marque, sa raison sociale ou un brevet en s'engageant généralement à lui fournir son assistance. ➤ **franchise.**

FRANCHISE [fʀɑ̃ʃiz] **n. f.** – début XIIe ◊ de 2 *franc* ▪ **1** VX Liberté, indépendance. ♦ ANCIENNT Droit (privilège, immunité, etc.) limitant l'autorité souveraine au profit d'une ville, d'un corps, d'un individu. *Charte, lettre de franchise* (cf. Ville franche*). *«Qu'elles s'appelassent villes privilégiées ou communes, qu'elles eussent obtenu ou arraché leurs franchises»* MICHELET. ♦ MOD. Exemption, exonération (de certaines taxes, de certains droits). *Franchise douanière* : exonération (temporaire ou définitive, partielle ou totale) des droits de douane sur certaines marchandises. *Admission, importation en franchise.* — DR. FISC. Exemption légale de taxe ou d'impôts. — *Franchise postale* : exemption de la taxe sur la correspondance (militaires, etc.) (cf. Dispense* d'affranchissement). *Franchise de bagages* : poids de bagages admis sans paiement de supplément. — COMM. ➤ **franchisage.** *Fédération française de la franchise.* — ASSURANCES Part d'un dommage que l'assuré conserve à sa charge. *Contrat d'assurance avec, sans franchise.* ♦ Droit d'exploitation des éléments d'une œuvre de fiction, notamment de ses personnages. ➤ **licence.** — Ensemble des œuvres utilisant ces mêmes éléments. ▪ **2** (XVe) Qualité d'une personne franche. ➤ **droiture, franc-parler, loyauté, sincérité, spontanéité.** *Parler avec une franchise brutale* (cf. Ne pas mâcher* ses mots). *J'apprécie sa franchise. «Tout son visage largement ouvert respirait la franchise»* FRANCE. — ELLIPT *En toute franchise* : bien franchement. ➤ **sincèrement.** *En toute franchise, je préfère y aller seul.* ▪ **3** (XVIIe) RARE

Qualité de ce qui est net dans l'exécution, bien tranché. « *Un tapis de fleurs, d'une franchise de couleurs incomparable* » RENAN. ■ CONTR. Dissimulation, fausseté, hypocrisie, sournoiserie.

FRANCHISÉ, ÉE [fʀɑ̃ʃize] adj. et n. – 1973 ◊ de *franchisage* ■ Qui exploite la marque d'une entreprise par un contrat de franchisage*. *Boutiques, magasins franchisés.* — n. *Un franchisé, une franchisée.*

FRANCHISER [fʀɑ̃ʃize] v. tr. ‹1› – 1973 ◊ de *franchisage* ■ Mettre sa marque à la disposition de (un commerçant, une entreprise) par un contrat de franchisage*.

FRANCHISEUR [fʀɑ̃ʃizœʀ] n. m. – 1973 ◊ de *franchisage* ■ Entreprise qui met sa marque à la disposition d'une autre entreprise par un contrat de franchisage*.

FRANCHISSABLE [fʀɑ̃ʃisabl] adj. – 1831 ◊ de *franchir* ■ Qui peut être franchi. *Col franchissable en été.* ➤ aussi **guéable, traversable.** ■ CONTR. Infranchissable.

FRANCHISSEMENT [fʀɑ̃ʃismɑ̃] n. m. – 1864 ; « dépassement » XIVe ; « affranchissement » XIIIe ◊ de *franchir* ■ Action de franchir. ➤ **passage.** *Le franchissement d'un col, d'un obstacle.*

FRANCHOUILLARD, ARDE [fʀɑ̃ʃujaʀ, aʀd] adj. et n. – avant 1964 ◊ de l'argot *tranchouillard* « sot », de *tranche* « tronche », avec influence de *français* ■ FAM. et PÉJ. Caractéristique du Français moyen avec ses défauts. ➤ **beauf.** « *Céline fut un franchouillard paroxystique* » NOURISSIER.

FRANCIEN [fʀɑ̃sjɛ̃] n. m. – 1889 ◊ de *France* ■ LING. Dialecte de langue d'oïl, parlé en Île-de-France et en Orléanais au Moyen Âge, qui a supplanté les autres dialectes pour donner le français.

FRANCIQUE [fʀɑ̃sik] n. m. – 1872 ; adj. « des Francs » 1833 ; surnom « vainqueur des Francs » 1643 ◊ bas latin *francicus*, de *Francus* → 1 franc ■ 1 Langue des Francs, dialecte du germanique occidental (reconstituée de façon hypothétique). — adj. *Mots français d'origine francique.* ■ 2 Ensemble des parlers de l'Allemagne centrale, faisant partie du haut allemand. *Le francique rhénan.*

FRANCISATION [fʀɑ̃sizasjɔ̃] n. f. – 1793 ◊ de *franciser* ■ 1 Action de franciser. — SPÉCIALT (1803) LING. Action de donner une forme française, un caractère français (à un mot, un nom étranger). *La francisation de « beefsteak » en « bifteck ».* ■ 2 (1824) DR. MAR. Formalité conférant à un navire le droit de naviguer sous le pavillon français, avec les avantages s'y rattachant. *Acte de francisation.*

FRANCISCAIN, AINE [fʀɑ̃siskɛ̃, ɛn] n. – 1757 ; *francisquin* adj. 1544 ◊ latin ecclésiastique *Franciscanus*, du latin médiéval *Franciscus* « François » ■ 1 n. m. Religieux de l'ordre fondé, au début du XIIIe s., par saint François d'Assise, et qui comprend aujourd'hui les Frères mineurs, les Conventuels et les Capucins. ➤ **cordelier.** ♦ COUR. Religieux de l'ordre des Frères mineurs. ♦ adj. Qui appartient, est propre à cet ordre. *Les scolastiques franciscains. L'art franciscain.* ■ 2 n. f. Religieuse du tiers ordre régulier de Saint-François d'Assise. ♦ ABUSIVEMENT Clarisse.

FRANCISER [fʀɑ̃size] v. tr. ‹1› – 1534 ; var. *françaiser* XVIe ◊ de *français* ■ 1 Donner à (un mot, une expression) une prononciation, une orthographe conformes au système du français. *Franciser* « bulldog » *en* « bouledogue ». « *Le vrai nom de Bonaparte est Buonaparte.* [...] *Il le francisa ensuite* » CHATEAUBRIAND. *Mot que l'on peut franciser* (**francisable**, adj.). ♦ Revêtir d'un caractère français. « *on en était venu à tout franciser, sentiments et costumes* » SAINTE-BEUVE. ■ 2 Introduire ou favoriser l'emploi de la langue française dans (le commerce, l'enseignement...), là où une autre langue domine. ➤ **francophoniser.** *Mesure pour franciser le monde du travail au Canada.* ■ 3 MAR. Reconnaître pour français par l'acte de francisation.

FRANCISME [fʀɑ̃sism] n. m. – 1939 ; « gallicisme » 1572, attestation isolée ◊ de *France* ■ LING. Fait de langue (mot, tournure...) propre au français parlé en France (par rapport au français parlé hors de France) ; régionalisme de France. *Francismes et gallicismes.* Myrtille *est un francisme pour les Québécois qui emploient* bleuet.

FRANCISQUE [fʀɑ̃sisk] n. f. – 1599 ◊ bas latin *(securis) francisca* « (hache) franque » ■ Hache de guerre des Francs. ♦ (1940) Emblème du gouvernement de Vichy, représentant une hache de guerre.

FRANCITÉ [fʀɑ̃site] n. f. – 1936, répandu v. 1965 ◊ de *France* ■ Caractères propres à la culture française, à la communauté de langue française (➤ **francophonie**). *La Maison de la francité, à Bruxelles.*

FRANCIUM [fʀɑ̃sjɔm] n. m. – 1939 ◊ de *France*, n. du pays du savant qui découvrit cet élément ■ CHIM. Élément atomique radioactif (Fr. ; n° at. 87 ; m. at. [de l'isotope le plus stable] 223,02), de très courte période (22 min.), de la colonne des alcalins.

FRANC-JEU [fʀɑ̃ʒø] n. m. – 1973 ◊ de *jouer franc jeu* → 2 franc (II, 1°) ■ RARE Fair-play. *Des francs-jeux.*

FRANC-MAÇON, ONNE [fʀɑ̃masɔ̃, ɔn] n. et adj. – 1735 ◊ anglais *free mason*, proprt « maçon libre » ■ Adepte de la franc-maçonnerie. ➤ **frère, maçon.** *Les francs-maçons.* « *radical et franc-maçon d'étroite observance* » MAURIAC. — adj. ➤ **franc-maçonnique, maçonnique.** *Les associations franc-maçonnes.*

FRANC-MAÇONNERIE [fʀɑ̃masɔnʀi] n. f. – 1747 ; *franche-maçonnerie* 1742 ◊ de *franc-maçon* ■ Association ésotérique et initiatique, à caractère philosophique, et progressiste, qui se consacre à la recherche de la vérité, à l'amélioration de la condition humaine et de la société. ➤ **maçonnerie.** *Organisation de la franc-maçonnerie.* ➤ **atelier, convent, loge, orient** (Grand-Orient), **temple ; vénérable.** *Les symboles de la franc-maçonnerie* (le triangle équilatéral, l'équerre et le compas, etc.). ♦ FIG. Camaraderie spontanée, alliance secrète entre personnes de même profession, de mêmes idées. ➤ **clan, coterie.** *Des franc-maçonneries. Cette « franc-maçonnerie des gens de mer, qui n'aiment pas voir les terriens s'occuper de leurs affaires »* SIMENON.

FRANC-MAÇONNIQUE [fʀɑ̃masɔnik] adj. – 1788 ◊ de *franc-maçon* ■ DIDACT. Qui a rapport à la franc-maçonnerie. ➤ **maçonnique.** *Symboles franc-maçonniques.*

1 **FRANCO** [fʀɑ̃ko] adv. – 1754 ◊ italien *franco (porto)*, proprt « (port) franc » ■ Sans frais de transport (pour le destinataire). *Expédier un colis franco,* ou *franco de port* (cf. Franc* de port, en port payé). — (Précédant une indication de lieu) Désignation du lieu physique (localité, moyen de transport, etc.) jusqu'où les frais et les risques d'une expédition sont à la charge du vendeur. ➤ **incoterm.** *Franco Marseille. Franco camion. Franco à bord.* ➤ **F. A. B., F. O. B.** ■ CONTR. 2 Port (en port dû).

2 **FRANCO** [fʀɑ̃ko] adv. – 1879 ◊ de *franchement* ■ FAM. Franchement, carrément. *Allez-y franco.* ■ CONTR. Mollo.

FRANCO- ■ 1 Élément, du radical de *français (francophile).* ■ 2 Élément d'adjectifs composés exprimant un rapport entre la France et un autre peuple. *Une coproduction franco-italienne.* ■ 3 Élément de noms composés, signifiant « d'ascendance française ». *Les Franco-Américains du Maine.* ■ 4 Élément invariable d'adjectifs et de noms composés désignant l'usage du français propre à certaines régions. *Le franco-provençal, le franco-canadien* (voir ces mots).

FRANCO-CANADIEN, IENNE [fʀɑ̃kokanadjɛ̃, jɛn] n. m. et adj. – 1880 ◊ de *franco-* (4°) et *canadien* ■ n. m. VIEILLI Français propre aux régions francophones du Canada. ➤ **acadien, québécois ; joual.** — adj. *Une expression franco-canadienne.*

FRANCOCENTRISME [fʀɑ̃kosɑ̃tʀism] n. m. – 1958 ◊ de *franco-* et *centrisme* ■ Attitude qui consiste à tout rapporter à la France et à en faire le modèle de référence.

FRANCO-FRANÇAIS, AISE [fʀɑ̃kofʀɑ̃sɛ, ɛz] adj. – 1968 ◊ de *franco-* et *français* ■ 1 Qui concerne des rapports entre deux groupes (généralement antagonistes) de Français. *La concurrence franco-française.* ■ 2 FAM. Inhérent aux Français ; qui ne pourrait se produire ailleurs qu'en France. *Une réaction toute franco-française.* ➤ **franchouillard.** — Qui est exclusivement français.

FRANCOLIN [fʀɑ̃kɔlɛ̃] n. m. – début XIVe ◊ italien *francolino* ■ Oiseau très voisin de la perdrix *(galliformes)*, mais de plus grande taille, très répandu en Afrique.

FRANCOPHILE [fʀɑ̃kɔfil] adj. et n. – 1591, repris 1834 ◊ de *franco-* et *-phile* ■ Qui aime la France et les Français, la culture française. — n. *Un francophile.* ■ CONTR. Francophobe.

FRANCOPHILIE [fʀɑ̃kɔfili] n. f. – 1919 ◊ de *franco-* et *-philie* ■ Disposition d'esprit favorable, attitude d'une personne francophile. ■ CONTR. Francophobie.

FRANCOPHOBE [fʀɑ̃kɔfɔb] adj. et n. – 1864 ◊ de *franco-* et *-phobe* ■ Hostile à la France et aux Français. ■ CONTR. Francophile.

FRANCOPHOBIE [fʀɑ̃kɔfɔbi] **n. f.** – 1877 ◊ de *franco-* et *-phobie* ■ État d'esprit hostile, attitude d'une personne francophobe. ■ **CONTR.** Francophilie.

FRANCOPHONE [fʀɑ̃kɔfɔn] **adj. et n.** – 1880, répandu v. 1960 ◊ de *franco-* et *-phone* ■ **1** Qui emploie habituellement le français, au moins dans certaines circonstances de la communication, comme langue première ou seconde. *Les Africains francophones.* ◆ (En parlant d'un groupe, d'une région) Dans lequel le français est pratiqué en tant que langue maternelle, officielle ou véhiculaire (même si les individus ne parlent pas tous le français). *La communauté francophone. La partie francophone de Montréal. La Suisse francophone.* ➤ **romand.** *Université francophone d'Alexandrie.* ◆ **n.** (surtout au plur.) Personne appartenant à une telle communauté. *Les francophones de Belgique* (➤ **wallon**), *de Louisiane* (➤ **cajun**), *du Canada* (➤ **acadien, québécois**). ■ **2** Relatif à la francophonie. *La littérature francophone.*

FRANCOPHONIE [fʀɑ̃kɔfɔni] **n. f.** – 1880, répandu v. 1960 ◊ de *francophone* ■ **1** Ensemble constitué par les populations francophones (France, Belgique, Canada [Québec, Nouveau-Brunswick, Ontario], Louisiane, Suisse, Afrique, Madagascar, Antilles, Proche-Orient...). *La francophonie dans le monde.* ■ **2** Mouvement en faveur de la langue française. *Grand prix de la francophonie,* décerné par l'Académie française. ■ **3** Organisation politique réunissant des pays ayant le français en partage. *Secrétaire général de la francophonie.*

FRANCOPHONISER [fʀɑ̃kɔfɔnize] **v. tr.** ⟨1⟩ – 1973 ◊ de *francophone* ■ **DIDACT.** Rendre francophone. ➤ **franciser.** *Francophoniser les organismes internationaux.* — **n. f. FRANCOPHONISATION.**

FRANCO-PROVENÇAL, ALE, AUX [fʀɑ̃kopʀɔvɑ̃sal, o] **n. m. et adj.** – 1890 ◊ de *franco-* et *provençal* ■ **n. m.** Ensemble des dialectes français de la Suisse romande (à l'exception du canton du Jura), de la Savoie, du Dauphiné, du Lyonnais et de la Bresse. — **adj.** *Dialecte franco-provençal.*

FRANC-PARLER [fʀɑ̃paʀle] **n. m.** – 1765 ◊ de 2*franc* «libre» et 2*parler* ■ Liberté de langage ; absence de contrainte et de réserve dans ses propos. *«Je dis les choses comme elles me viennent* [...] *J'use en plein de mon franc-parler»* DIDEROT. *Avoir son franc-parler :* avoir ou prendre la liberté d'exprimer toute sa pensée. *«Marie n'avait pas son franc-parler, maman ne l'eût point toléré»* GIDE. — **RARE** *Des francs-parlers.*

FRANC-QUARTIER [fʀɑ̃kaʀtje] **n. m.** – 1681 ◊ de 2*franc* «libre» et *quartier* ■ **BLAS.** Quartier entier occupant le quart de l'écu à l'un quelconque des angles. *Des francs-quartiers.*

FRANC-TIREUR, EUSE [fʀɑ̃tiʀœʀ, øz] **n.** – 1792, répandu 1870 ◊ de 2*franc* «libre» et *tireur* ■ **1 n. m. ANCIENNT** Membre d'une unité (appelée *corps franc*) de volontaires qui était levée en cas d'invasion. ■ **2 n. m.** Combattant qui n'appartient pas à une armée régulière. ➤ **guérilléro, maquisard, partisan, résistant.** *Francs-tireurs et partisans (F. T. P.),* organisation de lutte armée contre l'occupant (1941-1944). ■ **3 FIG.** Personne qui mène une action indépendante, isolée, n'observe pas la discipline d'un groupe. ➤ **indépendant.** *Agir en franc-tireur. «Peut-être cette franc-tireuse effraie-t-elle une programmation trop prudente ?»* (Libération, 1995).

FRANGE [fʀɑ̃ʒ] **n. f.** – fin XIIe ◊ latin populaire °*frimbia,* métathèse du latin classique *fimbria* ■ **1** Bande de tissu d'où pendent des fils tirés ou des filets rapportés, servant à orner en bordure des vêtements, des meubles, etc. ➤ **crépine,** 2**effilé.** *Les franges d'un tapis. «l'écharpe de prière à franges bleues»* THARAUD. **FIG.** *«La mer jetait mollement sa frange argentée au sable fin»* FRANCE. ■ **2** *Frange de cheveux* ou *frange :* cheveux coupés plus ou moins courts, couvrant le front sur toute sa largeur. *Avoir, porter la frange. «Son front à demi mangé par une frange noire»* MARTIN DU GARD. ■ **3** (1872 ◊ par anal.) **OPT.** Raie lumineuse blanche ou irisée, dont la partie centrale est plus brillante ou plus sombre que les bords. *Franges d'interférence :* bandes étroites, alternativement brillantes et sombres produites par l'interférence de deux vibrations lumineuses. ■ **4 ANAT.** *Franges synoviales :* replis graisseux de la membrane interne d'une articulation. ■ **5 FIG.** Limite imprécise entre deux états, deux notions. ➤ **marge.** *Frange de conscience* (entre la conscience claire et la conscience obscure). *«une frange où se rencontraient le rationalisme du XVIIIe siècle et le romantisme du XIXe»* MAUROIS. ■ **6** (v. 1966) Minorité, plus ou moins marginale (d'un groupe humain, d'un mouvement d'opinion). *Une frange importante d'étudiants politisés.*

FRANGEANT [fʀɑ̃ʒɑ̃] **adj. m.** – 1885 ◊ anglais *fringing (reef)* (1842), de *to fringe* «franger» ■ **GÉOGR.** Se dit des récifs coralliens qui bordent immédiatement la terre ferme.

FRANGER [fʀɑ̃ʒe] **v. tr.** ⟨3⟩ – 1213 ◊ de *frange* ■ Garnir, orner de franges. *«les boules de laine qui frangeaient le tapis de table»* CAMUS. ◆ **PAR ANAL.** Orner d'une sorte de frange. ➤ **border.** (RARE, sauf au p. p.) *«ses paupières frangées de longs cils»* GAUTIER.

FRANGIN, INE [fʀɑ̃ʒɛ̃, in] **n.** – 1821 ◊ déformation argotique de *frère,* probablt d'origine italienne ■ **FAM.** ■ **1** Frère, sœur. *«ça doit être son frangin, il lui ressemble»* CÉLINE. ■ **2** Copain, ami. *«Pierrot, mon gosse, mon frangin, mon poteau, mon copain»* RENAUD.

FRANGIPANE [fʀɑ̃ʒipan] **n. f.** – 1646 ◊ de *Frangipani,* n. de l'inventeur italien du parfum ■ **1** Parfum qu'on utilisait surtout pour parfumer les peaux (gants, etc.), les limonades. ■ **2** (1740) Crème pâtissière à base d'amandes pilées. *Galette des rois à la frangipane.* ◆ Gâteau garni de cette crème. ➤ **pithiviers.**

FRANGIPANIER [fʀɑ̃ʒipanje] **n. m.** – 1700 ◊ de *frangipane* ■ Arbrisseau exotique *(apocynacées)* dont les fleurs ont un parfum qui rappelle celui de la frangipane.

FRANGLAIS [fʀɑ̃glɛ] **n. m.** – 1953, répandu par Étiemble 1964 ◊ de *français* et *anglais* ■ Emploi, usage de la langue française où l'influence anglaise (lexique, syntaxe) est très sensible. *Le «franglais, ce français émaillé de vocables britanniques, que la mode actuelle nous impose»* M. RAT. ◆ **adj.** *Tournures franglaises.* ➤ **américanisme, anglicisme.** — **adv.** *«Parlez-vous franglais ?», ouvrage d'Étiemble.*

FRANQUETTE (À LA BONNE) [alabɔnfʀɑ̃kɛt] **loc. adv.** – milieu XVIIIe ; *à la franquette* milieu XVIIe ◊ d'un diminutif populaire de 2*franc* ■ **VX** Franchement, tout bonnement. ◆ **MOD.** Sans façon, sans cérémonie. ➤ **simplement.** *Recevoir un ami à la bonne franquette* (cf. À la fortune* du pot). *«le laisser-aller du docteur, à la bonne franquette, était autrement sympathique»* ARAGON.

FRANQUISTE [fʀɑ̃kist] **n. et adj.** – 1936 ◊ de *Franco,* n. pr. ■ Partisan du général Franco et de son régime instauré en Espagne en 1936. — **adj.** *L'Espagne franquiste.* — **n. m. FRANQUISME.**

FRANSQUILLON, ONNE [fʀɑ̃skijɔ̃, ɔn] **n.** – 1793 ◊ mot wallon *franskilion, francillon* XVIIe ; de *français* et suffixe diminutif ■ **PÉJ.** (Belgique) ■ **1** En Belgique francophone, Personne qui parle le français avec affectation, en prenant l'accent de Paris. ■ **2** (1922) Flamand(e) qui, en Flandre, affecte de parler le français.

FRANSQUILLONNER [fʀɑ̃skijɔne] **v. intr.** ⟨1⟩ – 1842 ◊ de *fransquillon* ■ (Belgique) Parler le français de manière affectée.

FRAPPADINGUE [fʀapadɛ̃g] **adj. et n.** – 1975 ◊ de *frappé* et *dingue.* On relève en argot la forme *frappe-dingue* «prisonnier» ■ **FAM.** Fou. ➤ **cinglé, frappé.** *Il est un peu frappadingue.* — **n.** *Passer pour un frappadingue.*

FRAPPANT, ANTE [fʀapɑ̃, ɑ̃t] **adj.** – avant 1742 ◊ de *frapper* ■ Qui frappe, fait une vive impression. ➤ **impressionnant, marquant, saisissant.** *«attirer l'attention des hommes par des images frappantes»* VOLTAIRE. ◆ Qui est d'une évidence indiscutable, qui saute* aux yeux. *Une ressemblance frappante.* ➤ **étonnant.** ■ **CONTR.** Douteux, faible.

1**FRAPPE** [fʀap] **n. f.** – 1576 ◊ de *frapper* ■ **1 TECHN.** Choc qui fait entrer le poinçon formant la matrice d'un caractère ou d'une monnaie ; empreinte ainsi obtenue. *«il faut que la pièce ne soit plus neuve, que la frappe ait cessé d'être nette»* SUARÈS. ◆ Pression du cylindre d'une machine à imprimer sur la forme. ■ **2 COUR.** Action, manière de taper à la machine. ➤ **dactylographie.** *Le manuscrit est à la frappe. Faute de frappe. Frappe sur clavier d'ordinateur.* ➤ **saisie.** ■ **3 SPORT** Action, manière de frapper à la boxe, d'attaquer la balle. *Une frappe puissante.* ■ **4 MILIT.** Opération militaire pouvant utiliser différents moyens. *Frappe aérienne. Force* de frappe.*

2**FRAPPE** [fʀap] **n. f.** – 1888 ◊ apocope de *frapouille,* var. de *fripouille* ■ **FAM.** Voyou. ➤ **gouape, malfrat.** *«C'est une sale petite frappe.* [...] *C'est un voleur»* SARTRE.

FRAPPÉ, ÉE [fʀape] **adj.** – XIXe ◊ p. p. de *frapper* ■ **FAM.** Fou*. *Il est complètement frappé ce type.* ➤ **frappadingue,** 2**jeté, toqué.**

FRAPPEMENT [fʀapmɑ̃] **n. m.** – XIIIe ◊ de *frapper* ■ **RARE** Action de frapper ; bruit de ce qui frappe. *«le frappement alternatif et symétrique des sabots au grand trot»* HUGO.

FRAPPER [fʀape] **v. tr.** ⟨1⟩ – fin XIIe ◊ du radical onomatopéique *frap-* exprimant un choc violent

I ~ v. tr. ▪ **1** Toucher (qqn) plus ou moins rudement en portant un ou plusieurs coups. ➤ **battre***. *Frapper qqn au visage. Frapper un enfant.* ➤ 2**taper** (cf. Porter la main sur). *« Il le frappa très vite deux fois à la pointe du menton, puis encore un coup dans les côtes »* GIONO. *Frapper un adversaire à terre.* SANS COMPL. *Un boxeur qui frappe sec.* ➤ **cogner.** — *« Avec des marques de repentir, en me frappant la poitrine »* CHATEAUBRIAND (cf. Battre sa coulpe*). *Se frapper le front,* pour signifier qu'on a une idée ou qu'on trouve son interlocuteur insensé. ◆ (Avec une arme) *Frapper qqn avec un couteau.* ➤ **poignarder.** *« ne l'ai-je pas vu en songe, vous frappant de sa masse d'armes ! »* JARRY. ➤ **assommer.** SANS COMPL. LOC. *L'assassin a encore frappé,* a commis un nouveau meurtre. *Frappé à mort :* mortellement atteint. — *La balle l'a frappé en pleine poitrine.* ➤ **atteindre,** 1**toucher.** ◆ (Compl. chose) *« en frappant des touches, il réussit à produire un accord »* LARBAUD. *Frapper le ballon du pied.* ➤ **botter, shooter.** ▪ **2** RÉGION. (Canada) Heurter, accrocher. *Frapper un arbre, un cycliste.* — LOC. (1979) *Frapper un nœud :* rencontrer une difficulté (cf. Tomber sur un bec, un os). ▪ **3** TECHN. Marquer (qqch.) d'une empreinte par un choc, une pression. ➤ **estamper.** *Frapper un décor sur le plat d'une reliure.* — *Velours frappé,* orné de motifs en relief. — ABUSIVEMENT *Frapper un texte.* ➤ 2**taper.** ◆ (1636) **FRAPPER LA MONNAIE :** imprimer à un disque de métal l'empreinte d'un coin* pour obtenir une pièce (cf. Battre* monnaie). — FIG. et LITTÉR. *Des vers bien frappés,* pleins de relief, de netteté. ➤ **ciseler.** *Frappé au coin* (2°) du bon sens.* ▪ **4** (Sujet chose) Toucher à la suite d'un mouvement rapide, tomber sur. *Pluie, vent qui frappe le visage, les vitres.* ➤ 2**cingler, fouetter.** *« La lueur du soleil couchant qui frappait en plein son visage »* FLAUBERT. ◆ (1813, *frappé de glace*) *Vin blanc frappé,* refroidi au réfrigérateur ou dans un seau à glace. *Café frappé.* ▪ **5** Donner, porter (un coup). ➤ **asséner.** *« des coups réguliers frappés sur des tambourins »* FROMENTIN. — *Frapper les trois coups* (indiquant que le rideau va se lever, au théâtre). ◆ FIG. *Frapper un grand coup, un coup décisif.* ▪ **6** (fin XVIe) Atteindre de quelque mal. *Épidémie qui frappe une population. « Elle s'accommoda du grand malheur qui la frappait »* CÉLINE. ➤ **affliger.** AU PASS. *Être frappé de paralysie.* ➤ **atteint.** ◆ (D'un châtiment) Punir. *« La loi frappait les grands coupables d'un châtiment réputé terrible, la privation de sépulture »* FUSTEL DE COULANGES. — *Contrat, jugement frappé de nullité. Propriété frappée d'alignement*.* ◆ (D'une charge, taxe, etc.) *« Des droits qui frappent le misérable »* ZOLA. ▪ **7** Affecter d'une certaine impression, généralement vive et soudaine. ➤ **impressionner, saisir.** *« ce qui frappe et tire l'œil »* VALÉRY. — *Être frappé de stupeur, d'étonnement.* ◆ Affecter violemment. ➤ **choquer, marquer.** *La mort de son frère l'a beaucoup frappé.* ➤ **éprouver.** ◆ Surprendre, en excitant l'imagination, l'attention ou l'intérêt de l'être tout entier. ➤ **étonner, saisir ; frappant.** *Cela ne m'a pas frappé. Je suis frappé de constater... Frapper les esprits.*

II ~ v. intr. Donner un coup, des coups. ➤ 2**taper.** *Frapper dans ses mains,* pour accompagner un rythme, pour applaudir. *Frapper sur la table, contre un mur.* ◆ **FRAPPER À LA PORTE,** ou **FRAPPER,** pour se faire ouvrir. ➤ **heurter,** FAM. **toquer.** *Entrez sans frapper. Frappez fort.* — LOC. FIG. *Frapper à toutes les portes :* solliciter tout le monde (pour obtenir une aide). *« J'ai frappé à toutes les portes, j'ai fait le tour des copains »* T. TOPIN. *Frapper à la bonne, à la mauvaise porte :* s'adresser à la personne qui est ou n'est pas celle qu'il faut en l'occurrence.

III ~ v. pron. réfl. SE FRAPPER S'inquiéter plus que de raison. *Il irait mieux s'il ne se frappait pas tant.* — FAM. Se tracasser. *« Ne te frappe pas, je me débrouillerai »* SARTRE. *Sans se frapper :* sans s'en faire, tout tranquillement.

FRAPPEUR, EUSE [frapœr, øz] **n. et adj.** – XVe ◇ de *frapper* ▪ **1** TECHN. Ouvrier chargé de frapper (les monnaies), d'estamper (le cuir, le papier). ▪ **2** adj. *Esprit frappeur :* esprit qui, dans les séances de spiritisme, se signale en frappant des coups sur qqch. (➤ **typtologie**). ▪ **3** SPORT Batteur (5°). *Le lanceur et le frappeur.*

FRASIL [frazi(l)] **n. m.** – 1810 ◇ mot canadien, probablt de 1*fraiser* ▪ RÉGION. (Canada) Cristaux ou fragments de glace entraînés par le courant et flottant à la surface d'un cours d'eau ; pellicule formée par la glace qui commence à prendre.

FRASQUE [frask] **n. f.** – 1440 ◇ italien *frasca* ▪ **1** VX Mauvaise farce, mauvais tour. ▪ **2** (1762) MOD. (surtout au plur.) Écart de conduite. ➤ **équipée, extravagance, fredaine, incartade.** *Des frasques de jeunesse. « Ce n'est pas toi qui ferais de ces frasques-là. Tu ne quitterais pas ta famille pour aller voir une créature »* HUGO.

FRATERNEL, ELLE [fratɛrnɛl] **adj.** – XIIe ◇ latin *fraternus* ▪ **1** Qui concerne les relations entre frères ou entre frères et sœurs (➤ aussi **sororal**). *L'amour fraternel.* ▪ **2** Propre à des êtres qui se traitent en frères. *Une amitié fraternelle.* ➤ **affectueux, amical, cordial.** *« Cette formation soudaine d'une âme collective et fraternelle »* MARTIN DU GARD. — SPÉCIALT Qu'inspire la charité envers le prochain. ➤ **bienveillant.** *« Le geste de ce rude Samaritain est attentif, délicat, fraternel »* BERNANOS. ◆ (PERSONNES) Qui se conduit comme un frère (envers qqn). *Il s'est montré très fraternel avec moi.*

FRATERNELLEMENT [fratɛrnɛlmɑ̃] **adv.** – v. 1340 ◇ de *fraternel* ▪ D'une manière fraternelle. *« Ils se serrèrent la main, fraternellement »* MARTIN DU GARD. *Partager fraternellement avec des camarades.*

FRATERNISATION [fratɛrnizasjɔ̃] **n. f.** – 1792 ◇ de *fraterniser* ▪ Action de fraterniser. *« La bataille était finie. La fraternisation commença »* ROBIDA.

FRATERNISER [fratɛrnize] **v. intr.** ‹1› – 1548 ◇ du radical de *fraternel* ▪ Faire acte de fraternité (2°), de sympathie ou de solidarité. *Personnes qui fraternisent, qui fraternisent ensemble. Fraterniser avec qqn.* ➤ **s'entendre, sympathiser.** *« des provinces, naguère divisées, [...] se donnaient la main, et fraternisaient »* MICHELET. ▪ CONTR. Brouiller (se), disputer (se).

FRATERNITÉ [fratɛrnite] **n. f.** – XIIe ◇ latin *fraternitas* ▪ **1** RARE Parenté entre frères et sœurs. ▪ **2** Lien existant entre les individus considérés comme membres de la famille humaine ; sentiment profond de ce lien. ➤ **charité, solidarité** (cf. Amour du prochain). *Un élan de fraternité. « Dieu a établi la fraternité des hommes en les faisant tous naître d'un seul »* BOSSUET. *Liberté, Égalité, Fraternité,* devise de la République française. ▪ **3** Lien particulier établissant des rapports fraternels. ➤ **camaraderie, confraternité.** *Fraternité d'armes,* entre compagnons d'armes. *« Vive l'unité et la fraternité entre les peuples »* R. GARY. ➤ **amitié, entente.** *Il y a entre eux une fraternité d'esprit.* ➤ **communion.** ▪ **4** Nom de certaines communautés religieuses. ▪ CONTR. Inimitié.

1**FRATRICIDE** [fratrisid] **n. m.** – *fratrecide* XIIe ; rare avant XVIIIe ◇ bas latin *fratricidium* ▪ Meurtre d'un frère, d'une sœur.

2**FRATRICIDE** [fratrisid] **n. et adj.** – XVe ◇ latin *fratricida* ▪ **1** n. Personne qui tue son frère ou sa sœur. ▪ **2** adj. Qui conduit des membres d'une communauté (compatriotes, compagnons d'armes, etc.) à s'entretuer. *Guerre, lutte fratricide.*

FRATRIE [fratri] **n. f.** – v. 1970 ◇ du latin *frater* « frère » ▪ DÉMOGR. Ensemble des frères et sœurs d'une famille. ▪ HOM. Phratrie.

FRAUDE [frod] **n. f.** – *fraulde* 1255 ◇ latin *fraus, fraudis* ▪ **1** VX Action faite de mauvaise foi dans le but de tromper. ▪ **2** MOD. Tromperie ou falsification punie par la loi. *Délit de fraude. « On dut recourir à l'alcool de grain et le mélanger à l'alcool de vin. M. Pommerel se résigna à cette fraude »* CHARDONNE. ➤ **frelatage.** *Inspecteurs chargés de la répression des fraudes dans la vente des marchandises.* — *Fraude électorale.* ➤ FAM. **cuisine, tripatouillage, tripotage.** *Fraude fiscale. Fraude à l'assurance, à la T. V. A. Fraude dans les examens et concours.* ➤ **tricherie.** *Enlever un mineur par fraude ou par violence.* ◆ SPÉCIALT Acte accompli dans l'intention de porter atteinte aux droits ou intérêts d'autrui (créanciers, héritiers, etc.). ➤ **dol, escroquerie,** 1**faux, tromperie ;** FAM. **arnaque.** ◆ loc. adv. **EN FRAUDE :** par un acte qui constitue une fraude. ➤ **frauduleusement.** *« Un déserteur français qui fabriquait des liqueurs en fraude »* CÉLINE. *Produit qui passe la frontière en fraude.* ➤ **contrebande ;** RÉGION. **frauder.** *S'introduire en fraude dans un pays.* ➤ **clandestinement.** — FIG. En cachette, secrètement.

FRAUDER [frode] **v.** ‹1› – 1355 ◇ latin *fraudare* ▪ **1** v. tr. VX Tromper, abuser. ◆ MOD. Commettre une fraude au détriment de (un créancier, l'État, une administration...). ➤ 2**voler.** *Frauder la douane, le fisc.* ▪ **2** v. intr. Être coupable de fraude. *Frauder dans les transports en commun :* voyager sans titre de transport valable. ➤ **resquiller.** *Frauder à un examen.* ➤ **tricher,** FAM. **truander ;** ARG. SCOL. **gruger.** *« frauder sur le poids des denrées »* HUYSMANS. ▪ **3** v. tr. RÉGION. (Belgique) Introduire en fraude. *Frauder de l'alcool.*

FRAUDEUR, EUSE [frodœr, øz] **n.** – 1370 ; adj. « frauduleux » 1340 ◇ de *frauder* ▪ Personne qui fraude. *Les fraudeurs du fisc. Un fraudeur à la Sécurité sociale.*

FRAUDULEUSEMENT [frodyløzmɑ̃] **adv.** – XIVe ◇ de *frauduleux* ▪ Avec intention frauduleuse, en fraude. *Marchandises introduites frauduleusement dans un pays.*

FRAUDULEUX, EUSE [fʀodylø, øz] **adj.** – 1361 ◇ latin juridique *fraudulosus* ▪ **1** Entaché de fraude. *Trafic frauduleux. Banqueroute, concurrence frauduleuse. Intention frauduleuse :* intention de tourner la loi ou de tromper qqn. ♦ VX Falsifié, faux. ▪ **2** *Banqueroutier frauduleux,* coupable de banqueroute frauduleuse. ▪ CONTR. Honnête.

FRAXINELLE [fʀaksinɛl] **n. f.** – 1561 ◇ latin des botanistes *fraxinella,* de *fraxinus* «frêne» ▪ BOT. Dictame (1°).

FRAYAGE [fʀɛjaʒ] **n. m.** – avant 1946 ◇ de *frayer,* pour traduire l'allemand *Bahnung* ▪ PHYSIOL. Phénomène consistant dans le fait que le passage d'un flux nerveux dans les conducteurs devient plus facile en se répétant.

FRAYEMENT [fʀɛjmɑ̃] **n. m.** – v. 1560 «frottement» ◇ de *frayer* ▪ VÉTÉR. Inflammation cutanée, érythème causé par le frottement.

FRAYER [fʀeje] **v.** ‹8› – *freier, froier* XIIe ◇ latin *fricare* «frotter»
I v. tr. ▪ **1** VÉN. Frotter. *Le cerf fraye sa tête, son bois aux arbres.* ♦ VÉTÉR. Excorier, enflammer par frottement. **p. p. adj.** *Cheval frayé aux ars**. ▪ **2** (fin XIVe) COUR. Tracer (un chemin) par le passage. — **p. p. adj.** *«le sentier frayé dans lequel ils avaient marché jusqu'alors»* BERNARDIN DE SAINT-PIERRE. ♦ Ouvrir, pratiquer (un chemin) en écartant les obstacles. *«écartant les branches pour lui frayer un chemin»* CHARDONNE. — *Se frayer un chemin dans la cohue.* — FIG. *«Une critique créatrice, propre à frayer les voies au drame et au poème»* PAULHAN.
II v. intr. ▪ **1** (1307 ◇ la femelle frottant son ventre contre le sable) Déposer ses œufs, en parlant de la femelle du poisson ; PAR EXT. Féconder ces œufs, en parlant du mâle. *Poisson qui remonte les cours d'eau pour frayer.* ▪ **2** FIG. (1740) Avoir des relations familières et suivies, fréquenter. *«Il frayait peu avec ses collègues»* COURTELINE.

FRAYÈRE [fʀɛjɛʀ] **n. f.** – 1819 ◇ de *frayer* ▪ Lieu où les poissons déposent leurs œufs. *Frayère naturelle, artificielle.*

FRAYEUR [fʀɛjœʀ] **n. f.** – 1460 ; *freor* (XIIe) «bruit», avec influence de *effrayer* ◇ latin *fragor* «fracas», puis «peur» ▪ Peur très vive, généralement passagère, provoquée par un danger réel ou supposé. ➤ **affolement, effroi.** *Avoir, éprouver une grande frayeur. Les frayeurs nocturnes des enfants. Se faire des frayeurs. Se remettre de ses frayeurs. «J'ai les frayeurs les plus ridicules, j'ai peur d'être quittée, je tremble d'être vieille et laide»* BALZAC. *Causer une grande frayeur.* ➤ **effrayer.**

FREAK [fʀik] **n.** – 1966 ◇ mot anglais américain «monstre» ▪ ANGLIC. Jeune refusant les valeurs de la société bourgeoise sans pour autant appartenir à un mouvement. — SPÉCIALT Toxicomane qui consomme des drogues dures. ▪ HOM. Fric.

FREDAINE [fʀədɛn] **n. f.** – 1420 ◇ ancien français *fredain* «mauvais», de l'ancien occitan *fradin* «scélérat», probablt d'origine germanique ▪ **(Surtout au plur.)** VIEILLI Écart de conduite sans gravité, que l'on regarde généralement avec indulgence. ➤ **équipée, folie, frasque, incartade.** *«Florian a raconté ses premières aventures, ses fredaines de jeunesse»* SAINTE-BEUVE.

FREDONNEMENT [fʀədɔnmɑ̃] **n. m.** – 1546 ◇ de *fredonner* ▪ Action de fredonner un air. ➤ **chantonnement.**

FREDONNER [fʀədɔne] **v. tr.** ‹1› – 1547 ◇ de *fredon* «refrain», du latin *fritinnire* «gazouiller» ▪ Chanter (un air) à mi-voix, à bouche fermée. ➤ **chantonner ; lalala.** *«On entend, du matin au soir, fredonner par les rues le fameux* Toréador*»* MAUPASSANT. — **p. p. adj.** *Mélodie fredonnée.* — ABSOLT *Elle fredonne toute la journée.*

FREE-JAZZ **n. m. inv.** ou **FREEJAZZ** [fʀidʒaz] **n. m.** – 1965 ◇ anglais *free* «libre» et français *jazz* ▪ ANGLIC. Style de jazz fondé sur l'improvisation collective hors toute contrainte harmonique, et avec une grande liberté mélodique et rythmique.

FREE-LANCE ou **FREELANCE** [fʀilɑ̃s] **adj. inv. et n.** – 1957 ◇ anglais *freelance,* proprt «franc-tireur» ▪ ANGLIC. Qui est indépendant dans sa profession, qui n'a pas de contrat de longue durée avec un employeur particulier. *Un journaliste, une styliste free-lance.* — **n.** *Un, une free-lance. Des free-lances, des freelances.* — **n. m.** Ce type de travail. *Travailler en free-lance* (cf. À son compte).

FREE-MARTIN [fʀimaʀtɛ̃] **n. m.** /FREEMARTIN/ – 1863 ◇ anglais *freemartin* (1681) ; origine inconnue, p.-ê. du gaélique *mart* «génisse» ▪ BIOL. Jumeau femelle d'une vache ou d'une chèvre dont le développement ovarien a été arrêté au stade embryonnaire par un échange anormal de sang avec le jumeau mâle, et qui est stérile. *Des free-martins.*

FREESIA ou **FRÉSIA** [fʀezja] **n. m.** – 1872 ◇ du n. pr. allemand *Freese* latinisé ▪ Plante ornementale à bulbe *(iridacées),* cultivée pour ses fleurs odorantes aux couleurs vives. *Un bouquet de freesias.*

FREESTYLE [fʀistajl] **n. m.** – 1976 ◇ mot anglais «style libre» ▪ ANGLIC. (SPORT) Pratique d'un sport (ski, snowboard, skateboard...) privilégiant les figures de style plutôt que la vitesse. *Démonstrations de freestyle. Les freestyles.* — APPOS. *Ski freestyle.*

FREEZER [fʀizœʀ] **n. m.** /FREEZEUR/ – 1953 ◇ mot anglais américain, de *to freeze* «geler» ▪ ANGLIC. Compartiment d'un réfrigérateur où se forme la glace. *Mettre une bouteille de champagne dans le freezer.*

FRÉGATE [fʀegat] **n. f.** – 1525 ◇ italien *fregata,* d'origine inconnue ▪ **1** ANCIENNT Petit bâtiment à rames. — Aux XVIIIe et XIXe s., Bâtiment de guerre à trois mâts ne portant pas plus de soixante canons. ♦ MOD. Bâtiment d'escorte anti-sous-marin. *Capitaine* de frégate.* ▪ **2** (1637) Oiseau de mer *(pélécaniformes),* de grande envergure, à la queue fourchue et au bec très long et crochu. *«les frégates noires portant leurs goitres rouges»* LE CLÉZIO.

FRÉGATER [fʀegate] **v. tr.** ‹1› – v. 1680 ◇ de *frégate* ▪ TECHN. Modifier (un bateau) en en affinant les formes, pour le rendre plus rapide.

FREIN [fʀɛ̃] **n. m.** – 1080 ◇ latin *frenum*
I ▪ **1** VX Mors (du cheval). — MOD. LOC. FIG. **RONGER SON FREIN** (comme un cheval impatient) : contenir difficilement sa colère, son impatience, son dépit. ▪ **2** FIG. LITTÉR. Ce qui ralentit, entrave le développement de qqch. *«Les lois ne sont que les freins mis aux passions d'un seul par l'intérêt de tous les autres»* SUARÈS. — *Mettre un frein à* (qqch.) : empêcher l'essor de (qqch.). *Mettre un frein à la hausse des prix.* ➤ 2 **enrayer, freiner.** — *Sans frein :* excessif, sans limites. ➤ **effréné.** *«l'essor d'une imagination sans frein»* SAINTE-BEUVE.
II PAR ANAL. ▪ **1** (1690) ANAT. Repli muqueux cutané ou fibreux (servant à retenir). *Frein du prépuce. Frein de la langue.* ➤ 1 **filet.** ▪ **2** (1818 ◇ pour traduire l'anglais *brake* «cerceau autour du rouet d'un moulin à vent, qui arrête le moulin» [1680]) TECHN. Organe ou dispositif servant à ralentir, à arrêter le mouvement d'un ensemble mécanique. *Freins d'appareils. Freins à sabot ou à patin, à ruban, à tambour ou à mâchoires, à disque. Freins d'atterrissage d'un avion :* dispositif de freinage par augmentation des forces de traînée. ➤ **aérofrein, déviateur.** *Frein hydraulique, hydropneumatique* (sur les camions). — COUR. Le dispositif adapté aux roues d'un véhicule. *Freins avant, arrière. Pédale de frein. Avoir de bons freins, des freins usés. Garnitures, plaquettes de frein. Freins assistés.* ➤ **A. B. S.** *Liquide de frein. Frein à main. Les freins ont lâché. Bloquer les freins. Donner un coup de frein.* — FIG. (XXe) **COUP DE FREIN :** action qui vise à ralentir une évolution. *Coup de frein donné aux investissements. Coup de frein sur les prix.* ♦ *Frein d'essais* ou *dynamométrique :* appareil servant à mesurer la puissance d'une machine. ▪ **3** PAR EXT. *Frein moteur :* résistance opposée par le moteur ralenti à la rotation des roues.
▪ CONTR. Accélérateur.

FREINAGE [fʀɛnaʒ] **n. m.** – 1892 ◇ de *freiner* ▪ Action, manière de freiner (une machine, un mécanisme en mouvement). *Distance de freinage. «Tout véhicule automobile doit être pourvu de deux dispositifs de freinage»* (CODE DE LA ROUTE). *Bon, mauvais freinage. Freinage d'une fusée.* ➤ **rétropropulsion.** — SPORT AUTOM. *Épreuve de démarrage-freinage.* ♦ FIG. Retenue, ralentissement. *Le freinage des augmentations de salaire.* ▪ CONTR. Accélération.

FREINER [fʀene] **v.** ‹1› – 1899 ◇ de *frein* ▪ **1 v. intr.** Ralentir, arrêter la marche d'une machine (SPÉCIALT un véhicule) au moyen d'un frein. *Freiner dans un virage. «Il freina brusquement et rangea l'auto au bout du chemin»* SARTRE. *Cycliste qui freine avec les pieds.* — PAR EXT. *Voiture qui freine bien,* qui a de bons freins. ▪ **2 v. tr.** Ralentir dans son mouvement. *Le vent freinait les coureurs.* ♦ FIG. Ralentir (une évolution, un essor), empêcher de se développer pleinement. ➤ **contrarier, gêner.** *Freiner ses dépenses.* ➤ **diminuer.** *Freiner ses désirs.* ➤ **brider, réfréner.** *«Ce qui freinait la joie des convives»* MAURIAC. *Freiner le progrès, l'économie.* ➤ **modérer, retenir** (II). *Freiner qqn,* le modérer dans ses ardeurs, ses initiatives. ▪ **3 v. pron.** FIG. et FAM. *Se freiner :* se modérer. ▪ CONTR. Accélérer, encourager.

FREINTE [fʀɛ̃t] **n. f.** – 1877 ; «vacarme» XIIe ◇ mot dialectal, ancien français *frainte* «chose brisée, bruit de chose brisée», du p. p. de *fraindre* XIe ; latin *frangere* ▪ COMM. Perte de volume ou de poids subie par certaines marchandises pendant la fabrication ou le transport.

FRELATAGE [fʀəlataʒ] **n. m.** – 1684 ◊ de *frelater* ■ Action de frelater ; son résultat. ➤ **fraude.**

FRELATER [fʀəlate] **v. tr.** ‹1› – 1546 ; « transvaser » après 1350 ◊ moyen néerlandais *verlaten* ■ Altérer dans sa pureté en mêlant des substances étrangères. ➤ **dénaturer, falsifier.** *Frelater de l'alcool, des médicaments.* — **p. p. adj.** *Vin frelaté.* ◆ **FIG.** **(au p. p.)** Qui n'est pas pur, pas naturel. *« le succès n'en est qu'une imitation frelatée* [de la gloire] *»* GIDE.

FRÊLE [fʀɛl] **adj.** – XVIIe ; *fraile* fin XIe ◊ latin *fragilis* → fragile ■ **1** Dont l'aspect ténu donne une impression de fragilité. *« Un bateau frêle comme un papillon de mai »* RIMBAUD. ■ **2** Qui semble manquer de ressources vitales, de force. ➤ **débile, délicat, fragile.** *Un enfant frêle.* ➤ **fluet, malingre.** *Une frêle silhouette. Mains frêles. « Cette femme frêle et souffreteuse »* SAND. ■ **3** LITTÉR. ➤ **faible, léger, ténu.** *De frêles espérances. « Une voix frêle de vieillard »* HUYSMANS. *« Mes vers fuiraient, doux et frêles »* HUGO. ■ CONTR. 1 Fort, gros, robuste.

FRELON [fʀəlɔ̃] **n. m.** – *frelun* fin XIIe ◊ francique °*hurslo* ■ Grosse guêpe rousse et jaune à corselet noir, dont la piqûre est très douloureuse. *Un essaim, un nid de frelons. Frelon asiatique :* espèce très invasive aujourd'hui répandue en Europe.

FRELUQUET [fʀəlykɛ] **n. m.** – 1609 ◊ de *freluque* (1493) « mèche », var. de *freluche* « houppe » ■ VIEILLI Jeune homme frivole et prétentieux. ➤ **godelureau.** *« un jeune freluquet, [...] tournant autour de ma femme, et lui adressant des vers »* BALZAC.

FRÉMIR [fʀemiʀ] **v. intr.** ‹2› – début XIIe ; « gronder » XIIIe ◊ latin populaire °*fremire*, du latin classique *fremere* ■ **1** Être agité d'un faible mouvement d'oscillation ou de vibration qui produit un son léger, confus. ➤ **bruire, frissonner, vibrer.** *« tandis que le feuillage frémissait et que les joncs sifflaient »* FLAUBERT. CUIS. Être sur le point de bouillir. *« Nous écoutions frémir l'eau dans la panse du samovar »* COLETTE. — (1721) Cuire lentement à la limite de la température d'ébullition (liquides). *Laisser frémir un court-bouillon.* ■ **2** Être agité d'un tremblement causé par le froid, la peur, une émotion. *« Le froid le tira de cette hébétude douce. Il frémit tout entier »* MAURIAC. *« Il frémit, haletant d'effroi »* GREEN. ■ **3** **FRÉMIR DE... :** ressentir une vive agitation morale, psychique sous l'action de. *« tout mon corps frémit de plaisir »* BERNARDIN DE SAINT-PIERRE. *Frémir de rage, d'indignation.* ◆ ABSOLT Trembler d'horreur. *C'est à faire frémir !* c'est horrible. ■ **4** (1985) ABSTRAIT Être en légère progression. *Les ventes ont frémi.* ➤ **reprendre.**

FRÉMISSANT, ANTE [fʀemisɑ̃, ɑ̃t] **adj.** – 1826 ; « retentissant » 1480 ◊ de *frémir* ■ **1** Qui frémit. ➤ **tremblant.** *« les sommets frémissants des grands arbres »* MAUPASSANT. *« Sa voix, son regard, tout son corps, étaient plus frémissants que les flammes »* BARRÈS. — *Eau frémissante,* sur le point de bouillir. ■ **2** Prompt à s'émouvoir. ➤ **vibrant.** *Une sensibilité frémissante.* ◆ **FRÉMISSANT DE :** agité par un tremblement dû à (une vive émotion). *Une voix frémissante de colère. Être frémissant de désir.*

FRÉMISSEMENT [fʀemismɑ̃] **n. m.** – début XIIe ◊ de *frémir* ■ **1** Faible mouvement d'oscillation ou de vibration qui rend un léger bruit. ➤ **bruissement, friselis, murmure.** *Le « frémissement argentin des grelots »* GAUTIER. — *Le frémissement de l'eau près de bouillir.* ■ **2** Tremblement léger, causé par une émotion. ➤ **frisson.** *« La douceur de cette voix émut la jeune femme, lui fit passer dans la chair un frémissement rapide »* MAUPASSANT. *Un frémissement de colère, de plaisir.* ◆ Agitation qui se propage dans un groupe sous l'effet d'une émotion partagée. *« elle n'a qu'à paraître pour produire dans la salle un frémissement passionné »* GAUTIER. ■ **3** Changement positif presque imperceptible (en économie, politique) ; légère reprise. ➤ **reprise, sursaut.** *Frémissement du marché.*

FRÊNAIE [fʀɛnɛ] **n. f.** – XVIIe ; *fragnée* 1280 ◊ de *frêne* ■ Terrain planté de frênes.

FRENCH CANCAN [fʀɛnʃkɑ̃kɑ̃] **n. m.** – 1935 ◊ de l'anglais *french* « français » et de 2 *cancan* ■ Danse constituant le spectacle traditionnel des bals publics du Montmartre 1900, encore pratiquée dans certains cabarets. *Des french cancans.*

FRÊNE [fʀɛn] **n. m.** – XVIIe ; *fraisne* 1080 ◊ latin *fraxinus* ■ Arbre commun des forêts d'Europe *(oléacées)*, à bois clair, dur et élastique. ◆ Bois de cet arbre. *Outil à manche de frêne.*

FRÉNÉSIE [fʀenezi] **n. f.** – 1544 ; « délire » début XIIIe ◊ latin, du grec *phrenêsis*, de *phrên* « esprit » ■ **1** VIEILLI État d'agitation fébrile, d'exaltation violente qui met hors de soi. ➤ **fièvre, folie.** *Être pris de frénésie. « c'était une vraie frénésie qui m'ôtait jusqu'au sommeil »* SAINTE-BEUVE. ■ **2** Ardeur ou violence extrême. ➤ **fureur, furie.** *Travailler avec frénésie. Applaudir avec frénésie.* ➤ **enthousiasme.** *« la passion y atteint un rare degré de frénésie »* L. DAUDET. ■ CONTR. 1 Calme, mesure.

FRÉNÉTIQUE [fʀenetik] **adj.** – fin XIIe ◊ latin d'origine grecque *phreneticus* ■ **1** VX MÉD. ➤ **fou.** — SUBST. *Un, une frénétique.* ■ **2** (milieu XVIe) Qui marque de la frénésie, est poussé jusqu'à la frénésie. ➤ **délirant, effréné, passionné, violent.** *« La passion frénétique de l'art »* BAUDELAIRE. *Applaudissements frénétiques.* ➤ **enthousiaste.** *Un morceau de jazz au rythme frénétique.* ➤ **endiablé.** ■ **3** HIST. LITTÉR. Se dit d'une littérature qui a porté à leur paroxysme certaines tendances romantiques (exaltation de l'individu, fantastique, goût de l'horreur ou du macabre, satanisme, etc.). *« Les Chants de Maldoror, monologue frénétique en six chants »* THIBAUDET.

FRÉNÉTIQUEMENT [fʀenetikmɑ̃] **adv.** – 1615 ◊ de *frénétique* ■ D'une manière frénétique. *Applaudir frénétiquement.*

FRÉON [fʀeɔ̃] **n. m.** – 1947 ◊ n. déposé, du radical de *froid,* d'après *néon, argon* ■ Fluide frigorifique ; gaz propulseur d'aérosols. ➤ **chlorofluorocarbone.** *Les fréons pourraient jouer un rôle dans la destruction de la couche d'ozone. Turbine à fréon.*

FRÉQUEMMENT [fʀekamɑ̃] **adv.** – fin XIVe ◊ de *fréquent* ■ D'une manière fréquente. ➤ **souvent.** *Cela arrive fréquemment. « ces procès de magie si fréquemment intentés aux bohémiennes »* HUGO. ■ CONTR. Rarement.

FRÉQUENCE [fʀekɑ̃s] **n. f.** – 1587 ; « affluence, foule » 1190 ◊ latin *frequentia* ■ **1** Caractère de ce qui arrive plusieurs fois, et SPÉCIALT de ce qui se reproduit périodiquement, à intervalles rapprochés. ➤ **nombre, répétition.** *« la fréquence de ces phénomènes commença à me donner de fortes inquiétudes »* BAUDELAIRE. ◆ LING. *Fréquence d'un mot :* nombre d'occurrences de ce mot dans un corpus. ■ **2** (1890 électr. ; 1753 phys.) Nombre de cycles identiques d'un phénomène par unité de temps (en général, par seconde). *Fréquence d'un diapason. Fréquence sonore. Fréquence respiratoire :* nombre de cycles respiratoires par minute. *Fréquence cardiaque :* nombre de contractions cardiaques par minute. ➤ **pouls.** *Fréquence temporelle, circulaire, angulaire. Inverse de la fréquence.* ➤ **période.** *Fréquence d'un courant alternatif ou d'une onde électromagnétique* (➤ **audiofréquence, hyperfréquence, radiofréquence**). *L'unité de fréquence est le hertz. Bande de fréquence* (➤ **fréquentiel ; passe-bas, passe-haut**). *Bande de fréquences banalisée* (ou *publique*) : recomm. offic. pour 1 *CB. Intervalle de fréquence.* ➤ **décade, octave.** *Fréquence musicale* ou *acoustique,* correspondant aux tons audibles. *Modulation* de fréquence* (recomm. offic.). ➤ **F. M.** — COUR. *Radio émettant sur telle fréquence.* ◆ ACOUST. *Fréquence d'un son :* nombre de vibrations sonores par unité de temps (dont dépend la sensation de hauteur). ◆ STATIST. Nombre d'observations d'un évènement. ➤ **probabilité.** ■ CONTR. Rareté.

FRÉQUENCEMÈTRE [fʀekɑ̃smɛtʀ] **n. m.** – 1907 ◊ de *fréquence* et *-mètre* ■ MÉTROL. Appareil servant à mesurer la fréquence d'un phénomène périodique.

FRÉQUENT, ENTE [fʀekɑ̃, ɑ̃t] **adj.** – 1552 ; « fréquenté, peuplé » fin XIVe ◊ latin *frequens* ■ **1** Qui se produit souvent, se répète à intervalles plus ou moins rapprochés. ➤ **continuel, nombreux, répété.** *« Les sentiments qui reposent sur des rapports fréquents, l'amour, l'amitié, les relations de voisinage »* CHARDONNE. *Les métros sont moins fréquents les jours fériés.* ◆ Dont on voit de nombreux exemples dans un cas, une circonstance donnée. ➤ **commun, 2 courant, habituel, ordinaire.** *C'est une chose fréquente. « Contraste fréquent dans les choses humaines »* BALZAC. *Mot fréquent chez un auteur.* ■ **2** Marqué par la répétition d'actes semblables. *J'en fais un fréquent usage. Notre liaison « ne peut être fréquente »* HUYSMANS. ■ CONTR. Espacé ; rare.

FRÉQUENTABLE [fʀekɑ̃tabl] **adj.** – 1865 ; « fréquent » avant 1526 ◊ de *fréquenter* ■ Que l'on peut fréquenter. *Un individu peu fréquentable.* ➤ **recommandable.** *Un quartier pas très fréquentable,* malfamé, dangereux. ■ CONTR. Infréquentable.

FRÉQUENTATIF, IVE [fʀekɑ̃tatif, iv] **adj.** – fin XIIIe ◊ latin des grammairiens *frequentativus* ■ LING. Qui marque la répétition, la fréquence de l'action. ➤ **itératif.** *Formes fréquentatives des verbes en anglais. Préfixe, suffixe fréquentatif. Verbe fréquentatif.* SUBST. Exciter *vient du latin* excitare, *fréquentatif de* excire.

FRÉQUENTATION [frekɑ̃tasjɔ̃] n. f. – 1350 ◊ latin *frequentatio* «emploi fréquent» ■ **1** Action de fréquenter (un lieu, une personne). *Ce que peut nous apporter la fréquentation des théâtres, des musées. «la fréquentation du monde»* MONTAIGNE. *«La seule habitude qu'on lui connût était la fréquentation assidue des danseurs et des musiciens espagnols»* CAMUS. ♦ Fait d'être fréquenté, pour un lieu. ➤ RÉGION. **achalandage.** *La fréquentation des cinémas est en hausse.* ■ **2** Relations habituelles, personnes que l'on fréquente. ➤ **relation.** *Avoir de bonnes, de mauvaises fréquentations. Surveiller les fréquentations de ses enfants.* ■ **3** FIG. VIEILLI Pratique, usage habituel. *La fréquentation des sacrements. La fréquentation des grandes œuvres.*

FRÉQUENTÉ, ÉE [frekɑ̃te] adj. – 1629 ; «pratique» fin XVe ◊ de *fréquenter* ■ Où il y a habituellement du monde. *Une rue très fréquentée.* ➤ **passant.** *Un établissement bien, mal fréquenté,* où viennent des gens convenables, douteux. ➤ **famé.** ■ CONTR. 1 Désert.

FRÉQUENTER [frekɑ̃te] v. ⟨1⟩ – XIVe ; «célébrer» 1190 ◊ latin *frequentare*

I v. tr. ■ **1** Aller souvent, habituellement dans (un lieu). ➤ **hanter.** *«Il ne fréquentait plus avec assiduité notre maison»* FRANCE. *Élève qui fréquente telle école. Fréquenter la bibliothèque.* — ABSOLT, RÉGION. (Afrique noire) Aller à l'école, être scolarisé. ■ **2** Avoir des relations habituelles avec (qqn) ; rencontrer, voir fréquemment. ➤ **frayer** (avec), **pratiquer.** *«À Trouville, il fréquentait des voisins de plage»* ROMAINS. *«Il fréquente moins le grand monde que le monde où l'on s'amuse»* VALÉRY. PRONOM. *Ils ont cessé de se fréquenter.* ➤ **voir.** ♦ RÉGION. Voir fréquemment pour des raisons sentimentales. ➤ **courtiser.** *«Je suis fâché que tu n'aies pas eu le courage de renoncer à la fréquenter»* SAND. — ABSOLT, RÉGION. Sortir avec une fille, un garçon. *Il commence à fréquenter.* ♦ LITTÉR. Pratiquer (un auteur).

II v. intr. VIEILLI Aller souvent, habituellement. *Le «Moulin de la Galette où fréquentent indistinctement trottins et gigolettes»* CARCO.

■ CONTR. Abandonner, éviter.

FRÉQUENTIEL, IELLE [frekɑ̃sjɛl] adj. – v. 1980 ◊ de *fréquence* ■ Relatif à la fréquence. *Analyse fréquentielle. Données fréquentielles.*

FRÈRE [frɛr] n. m. – 1080 ; 842 *fradre* ◊ latin *frater* ■ **1** Celui qui est né des mêmes parents que la personne considérée *(frère germain),* ou seulement (DR.) du même père *(frère consanguin)* ou de la même mère *(frère utérin).* ➤ **demi-frère.** *Frère aîné* (FAM. *grand frère*), *cadet, puîné* (FAM. *petit frère*). ➤ FAM. **frangin, frérot.** *Frères jumeaux. Les frères de ses parents.* ➤ **oncle.** *Le frère de son conjoint.* ➤ **beau-frère.** *Amitié entre frères.* ➤ **fraternel.** *Frères et sœurs.* ➤ **fratrie.** — PAR COMPAR. *Ressembler à qqn comme un frère,* beaucoup. *Aimer qqn comme un frère. Vivre comme des frères,* en amitié étroite. *Être, vivre comme frère et sœur,* chastement. — ALLUS. MYTH. *Frères ennemis :* Étéocle et Polynice ; hommes du même parti qui ne s'entendent pas. — *Caïn tua son frère Abel* (➤ 1 et 2 **fratricide**). ♦ LOC. *Frère de lait**. — *Grand frère :* jeune homme qui encadre, surveille les plus jeunes, dans les quartiers difficiles. ♦ RÉGION. (Afrique noire) Enfant mâle né de l'un des parents ou des deux parents, par rapport aux autres enfants. *Frère même mère* (utérin), *même père* (consanguin), *même père même mère* (germain). — Cousin (dans une même famille). ■ **2** Ami fraternel. *Tu es un vrai frère pour moi.* FAM. *Dis donc, vieux frère !* ➤ **copain, pote.** — (Langage des jeunes) *Wech, mon frère !* (Appellatif) *T'énerve pas, frère ! — Le frère :* l'ami, le camarade. *«Il y va fort, le frère !»* CURTIS. ■ **3** Individu considéré par rapport à ses semblables, comme membre de l'espèce, de la famille humaine. *«Frères humains qui après nous vivez»* VILLON. ♦ RELIG. (AU PLUR.) Êtres humains considérés en tant que créatures d'un même Dieu. *Aimer ses frères,* son prochain. *«Vous êtes tous mes frères, [...] catholiques, protestants, athées, car la parole de Dieu est pour tous»* SARTRE. — SPÉCIALT Fidèle de la même religion. *Mes (bien chers) frères,* termes par lesquels un prêtre s'adresse aux fidèles. ♦ Appellation des membres de certains ordres religieux. *Les Frères mineurs* (➤ **capucin, franciscain**), *prêcheurs* (➤ **dominicain**). *Les frères des écoles chrétiennes.* ABSOLT *Il a été élevé chez les frères.* — Religieux auxiliaire, dans certains ordres. *Frère convers, frère lai.* ■ **4** Homme qui a (avec la personne considérée) une communauté d'origine, d'intérêts, d'idées, et qui a (avec elle) un lien affectif, intellectuel. ➤ **ami, camarade, compagnon, confrère, copain...** *«Sa mort survint, presque inaperçue des matelots, ses frères»* LOTI. *Frères de couleur, de race.* APPOS. *Des peuples frères.* — LOC. (1541) **FAUX FRÈRE :** traître à ses amis, ses associés, et PAR EXT. fourbe, hypocrite (cf. FAM. Faux cul*). — **FRÈRE D'ARMES :** celui qui a combattu aux côtés de la personne considérée. — *Les frères maçons* (ou FAM. *frères Trois-points*) : les membres de la franc-maçonnerie. ♦ *Frère de sang :* celui avec qui la personne considérée a fait l'échange de son sang en signe d'amitié et de fidélité. ■ **5** FIG. Chose, notion apparentée. *«Les vertus devraient être sœurs, Ainsi que les vices sont frères»* LA FONTAINE. *«Tel mythe peut être considéré comme frère d'un autre»* BAUDELAIRE. ■ **6** FAM. Un des éléments d'une paire ; animal, objet semblable à un autre. *Vous avez un joli vase, j'ai vu son frère chez mon antiquaire.*

FRÉROT [frero] n. m. – avant 1544 ◊ de *frère* ■ FAM. Petit frère.

FRÉSIA ➤ **FREESIA**

FRESQUE [frɛsk] n. f. – 1669 ◊ italien *(dipingere a) fresco* «(peindre sur un enduit) frais» → 1 frais ■ **1** Procédé de peinture murale qui consiste à utiliser des couleurs délayées à l'eau sur un enduit de mortier frais. *«un peintre de Paris est venu pour peindre en fleurs* à fresque *son corridor»* BALZAC. ■ **2** Œuvre peinte d'après ce procédé. *Les fresques romaines de Pompéi. La fresque de la coupole du Val-de-Grâce, de Mignard, célébrée par Molière.* ■ **3** PAR EXT. Vaste peinture murale (fresque proprement dite, détrempe, peinture à l'huile, à l'encaustique, sgraffite, marouflage). ■ **4** FIG. (1861) Composition littéraire, présentant un tableau d'ensemble d'une époque, d'une société, etc. *«La Comédie humaine» de Balzac, «les Rougon-Macquart» de Zola, sont de vastes fresques dépeignant toute une époque.*

FRESQUISTE [frɛskist] n. – 1865 ◊ de *fresque* ■ Peintre de fresques.

FRESSURE [fresyr] n. f. – *froissure* 1220 ◊ latin *frixura* «poêle à frire», p.-ê. «friture» en latin populaire ■ Ensemble des gros viscères d'un animal de boucherie (cœur, foie, rate, poumons). *«vous n'avez pas de la fressure pour mon chat !»* SARTRE.

FRET [frɛ(t)] n. m. – XIIIe ◊ néerlandais *vrecht* ■ **1** Prix du transport des marchandises par mer, et PAR EXT. par air ou par route. ♦ Prix de location d'un navire. ➤ **nolis.** ■ **2** LOC. **À FRET :** en louant le bâtiment servant au transport des marchandises. *Prendre un navire à fret.* ➤ **affréter.** *Donner à fret.* ➤ **fréter.** ■ **3** (1596) Cargaison d'un navire ; chargement d'un avion ou d'un camion. *Débarquer, décharger son fret. Fret d'aller, fret de retour.* — Objet transporté en vertu d'un contrat de transport. ■ **4** Transport de marchandises. *Avions de fret.* ■ HOM. Frai, frais ; frette.

FRÉTER [frete] v. tr. ⟨6⟩ – XIIIe ◊ de *fret* ■ **1** RARE Affréter (un navire). ♦ Prendre en location (un véhicule). *«Ils frétèrent une voiture de louage»* LOTI. ■ **2** (1424) Donner en location (un navire, un avion). ➤ **noliser.** ■ HOM. Fretter.

FRÉTEUR [fretœr] n. m. – 1609 ◊ de *fréter* (2°) ■ Personne qui donne en location (un navire). ➤ **armateur.** ■ CONTR. Affréteur.

FRÉTILLANT, ANTE [fretijɑ̃, ɑ̃t] adj. – XVe ◊ de *frétiller* ■ Qui frétille. *Poisson frétillant. Chien à la queue frétillante.* — (PERSONNES) *«un petit vieux frétillant, [...] alerte et gai»* DAUDET. ➤ **guilleret, remuant, sémillant.** *Frétillant de joie.*

FRÉTILLEMENT [fretijmɑ̃] n. m. – 1361 ◊ de *frétiller* ■ Mouvement de ce qui frétille. *«Les ruisseaux d'eau limpide, pleins d'un frétillement de crevettes»* ZOLA.

FRÉTILLER [fretije] v. intr. ⟨1⟩ – XIIe ◊ de l'ancien français *freter* «frotter», du latin populaire °*frictare,* classique *fricare* ■ Remuer, s'agiter par petits mouvements rapides. *Poisson qui frétille au bout de la ligne. «le chien, en frétillant de la queue»* BAUDELAIRE. ♦ S'agiter vivement (sous l'effet de la joie, de l'excitation). ➤ se **trémousser.** *Il frétillait d'impatience.*

FRETIN [frətɛ̃] n. m. – 1536 ; «débris, menus objets» XIIIe ◊ de *fret, frait,* p. p. de l'ancien français *fraindre* → freinte ■ **1 MENU FRETIN :** petits poissons que le pêcheur rejette généralement à l'eau. *Du fretin. «des vairons, [...] des épinoches [...], négligeable fretin»* GENEVOIX. ■ **2** Ce qu'on considère comme négligeable ou insignifiant, dans un groupe, une collection. *«Il n'y avait là que le fretin des parieurs»* ZOLA. *«trier les visiteurs, [...] expédier le menu fretin»* ROMAINS.

FRETTAGE [fretaʒ] n. m. – 1723 ◊ de *fretter* ■ TECHN. Renforçage (d'une pièce) avec une frette (1).

1 **FRETTE** [frɛt] n. f. – fin XIIe ◊ probablt du francique °*fetur* «chaîne» ■ **1** Anneau ou ceinture métallique dont on entoure (une pièce) pour la renforcer, l'empêcher de se fendre. *La frette*

de moyeu d'une roue. Frette au manche d'un outil. ➤ **virole.** ▪ **2** MUS. Barrette de métal incrustée sur le manche de certains instruments à cordes (guitare, viole...). ➤ **touchette.** ▪ HOM. Fret.

2 **FRETTE** [fʀɛt] **n. f.** – 1360 ◊ fém. subst. du p. p. *frait, fret,* de l'ancien français *fraindre* «briser» → freinte, fretin ▪ **1** BLAS. Pièce de l'écu formée d'un entrecroisement de cotices en bande et en barre. ▪ **2** (1856) ARCHIT. Demi-baguette dessinant des lignes brisées (grecque, méandre, etc.) sur une moulure.

FRETTER [fʀete] **v. tr.** ⟨1⟩ – 1198 ◊ de 1*frette* ▪ Garnir d'une frette (1). *Fretter un moyeu, un canon.* ▪ HOM. Fréter.

FREUDIEN, IENNE [fʀødjɛ̃, jɛn] **adj. et n.** – 1910 ◊ du nom de *Freud* ▪ **1** Propre ou relatif à Freud et au freudisme. *Psychanalyse freudienne. Interprétation freudienne des rêves.* ♦ Partisan de Freud, de sa psychanalyse. — **n.** *Les freudiens.* ▪ **2** FAM. Qui relève de la psychanalyse selon Freud. *«Sans qu'on sache pourquoi — ce doit être freudien — elle a conçu dès le départ contre Murphy une aversion bizarre»* P. LAPEYRE.

FREUDISME [fʀødism] **n. m.** – 1913 ◊ du nom de *Freud* ▪ DIDACT. Ensemble des théories et des méthodes psychanalytiques de Freud et de ses disciples.

FREUX [fʀø] **n. m.** – 1493 ; *fros* début XIIIᵉ ◊ francique °*hrôk* ▪ Corneille *(corvidés)* à bec étroit dont la base n'est pas garnie de plumes. APPOS. *Corbeaux freux.*

FRIABILITÉ [fʀijabilite] **n. f.** – 1641 ◊ de *friable* ▪ Caractère de ce qui est friable. *La friabilité de la craie.*

FRIABLE [fʀijabl] **adj.** – 1535 ◊ latin *friabilis,* de *friare* «broyer» ▪ Qui peut facilement se réduire en menus fragments, en poudre. *«un coteau lézardé, éraillé, friable à force de sécheresse»* GAUTIER. *Galette à pâte friable.*

1 **FRIAND, FRIANDE** [fʀijɑ̃, fʀijɑ̃d] **adj.** – *friant* XIIIᵉ ◊ p. prés. de *frier, frire,* au sens de «brûler d'envie», en ancien français ▪ **1** VX ou RÉGION. Qui a le goût fin. ➤ **gourmet.** *«Excessivement friande, elle aimait à se faire de bons petits plats»* BALZAC. ▪ **2 FRIAND DE :** qui recherche, aime particulièrement (un aliment). *Il est friand de gibier.* ♦ FIG. Qui aime, recherche (qqch.) avec empressement. ➤ **amateur, avide.** *Être friand de compliments. «jamais le public ne s'est montré plus avide ni plus friand de poésie»* GIDE. ▪ **3** VX (CHOSES) D'un goût exquis. *«des préparations légères et friandes»* BRILLAT-SAVARIN.

2 **FRIAND** [fʀijɑ̃] **n. m.** – 1906 ◊ de 1*friand* ▪ **1** Petit pâté feuilleté garni d'un hachis de viande. *Friand au jambon.* ▪ **2** Petit gâteau frais très sucré et fondant, généralement à la pâte d'amandes.

FRIANDISE [fʀijɑ̃diz] **n. f.** – XIVᵉ ◊ de 1*friand* ▪ **1** VX Gourmandise. ▪ **2** (1541) Petite pièce de confiserie ou de pâtisserie qu'on mange avec les doigts. ➤ **bonbon, sucrerie.** ▪ **3** *Friandises pour chien, chat :* petit encas donné en plus de la nourriture habituelle.

FRIC [fʀik] **n. m.** – 1879 ◊ probablt abrév. de *fricot* → fricoter ▪ FAM. Argent*. ➤ **flouze, pèze, pognon.** *«Mon cheminot se fout de ton fric : il en gagne»* CARCO. ▪ HOM. Freak.

FRICADELLE [fʀikadɛl] **n. f.** – 1742 ◊ du radical de *fricasser* (→ fricandeau), croisé peut-être avec l'italien *frittadella* «ce qui est frit à la poêle», famille du latin *frigere* «frire» ▪ RÉGION. (Nord, Belgique) Boulette, saucisse de viande hachée. — On dit aussi *fricandelle.*

FRICANDEAU [fʀikɑ̃do] **n. m.** – 1552 ◊ probablt radical de *fricasser, fricot* ▪ Grenadin de veau lardé qu'on met à braiser. *Un fricandeau servi sur lit d'oseille. Des fricandeaux.*

FRICASSÉE [fʀikase] **n. f.** – 1490 ◊ de *fricasser* ▪ **1** Ragoût fait de morceaux de viande blanche ou de volaille (et PAR EXT. d'agneau, de poisson), sautés au beurre, puis mijotés dans une sauce. *Fricassée de lapin.* ➤ **gibelotte.** ▪ **2** (Belgique) Œufs sur le plat accompagnés de lard, de jambon ou de saucisse. ▪ **3** (1881) FAM. VIEILLI *Fricassée de museaux :* embrassade, gros baisers. *«Tu me mouilles [...] Et tu me mets du rouge. Quelle fricassée de museaux»* SARTRE.

FRICASSER [fʀikase] **v. tr.** ⟨1⟩ – XVᵉ ◊ croisement probable entre *frire* et *casser* ▪ **1** Faire cuire en fricassée. ▪ **2** FIG. VX Gaspiller, dissiper (de l'argent). *Il «l'accusa d'avoir fricassé les cinq francs, à de la boisson»* ZOLA.

FRICATIF, IVE [fʀikatif, iv] **adj.** – 1873 ◊ latin *fricatum,* supin de *fricare* «frotter» ▪ PHONÉT. *Consonne fricative,* ou **n. f.** *une fricative :* consonne dont l'articulation comporte un resserrement du canal vocal, tel que l'air expiré détermine un bruit de frottement ou de souffle. ➤ **constrictif, spirant.** *Phonème fricatif.*

FRICFRAC **n. m.** ou **FRIC-FRAC** [fʀikfʀak] **n. m. inv.** – 1669 onomat. ; repris 1836 argot ◊ d'après *fracture* ▪ FAM. et VIEILLI Effraction, cambriolage avec effraction. *Une série de fricfracs, de fric-frac.* ➤ 4 **casse.**

FRICHE [fʀiʃ] **n. f.** – 1251 ◊ moyen néerlandais *versch* «frais» ▪ **1** Terre non cultivée. *Faire paître du bétail dans une friche.* ➤ **pâtis.** *La friche reste inculte plus longtemps que la jachère*. «les longues friches où foisonnent les bruyères»* GENEVOIX. ♦ *Friche industrielle :* terrain occupé autrefois par des bâtiments industriels et leurs annexes, aujourd'hui à l'abandon. *Les friches industrielles de Lorraine. «une côte bordée d'entrepôts désaffectés, une friche industrielle»* TH. JONQUET. *Friche urbaine :* terrain vague*. ▪ **2** loc. adv. et adj. **EN FRICHE :** inculte. *Pré qui tombe en friche. Désherber un jardin en friche. Terres en friche* (cf. À l'abandon). ♦ FIG. **EN FRICHE,** se dit de ce qu'on laisse sans soins, inemployé, et SPÉCIALT d'un esprit dont on a négligé de développer les dons. *«Il ne faut jamais laisser en friche les facultés de la nature»* FLAUBERT.

FRICHTI [fʀiʃti] **n. m.** – 1864 ; *fricheti* «festin» 1834 ◊ argot des militaires, de l'allemand *Frühstück* «petit-déjeuner», par l'alsacien ▪ FAM. Repas, plat que l'on cuisine. ➤ **fricot.** *Préparer le frichti.*

FRICOT [fʀiko] **n. m.** – 1767 ◊ du radical de *fricasser* ▪ FAM. VIEILLI ▪ **1** Viande en ragoût (modeste ou de qualité médiocre). ➤ **fricassée.** ♦ PAR EXT. Mets grossièrement cuisiné, mauvaise cuisine. ➤ **rata.** *«La misère des villes a partout la même haleine de fricot et de latrines»* MAURIAC. ▪ **2** PAR EXT. Repas. ➤ 2 **bouffe, frichti.** *«quand on sert le fricot sur la table»* RENARD. *Faire le fricot,* la cuisine.

FRICOTAGE [fʀikɔtaʒ] **n. m.** – 1895 ; «cuisine» 1856 ◊ de *fricoter* ▪ FAM. Trafic malhonnête. ➤ **magouille, tripotage.**

FRICOTER [fʀikɔte] **v.** ⟨1⟩ – 1807 ◊ de *fricot*

I v. tr. FAM. ▪ **1** Accommoder en ragoût, préparer (un plat). ➤ **fricasser.** *Fricoter des abattis de canard.* ▪ **2** FIG. Manigancer, mijoter, tramer. *Qu'est-ce qu'il fricote encore ?*

II v. intr. FAM. ▪ **1** S'occuper d'affaires louches, trafiquer. ▪ **2** *Fricoter avec qqn :* avoir des relations sexuelles (avec). *«l'Adèle fricotait avec Tardivaux»* G. CHEVALLIER.

FRICOTEUR, EUSE [fʀikɔtœʀ, øz] **n.** – 1843 ; «maraudeur, pillard» 1812 ◊ de *fricoter* ▪ FAM. Trafiquant malhonnête, profiteur. ➤ **aigrefin.**

FRICTION [fʀiksjɔ̃] **n. f.** – v. 1370 ◊ latin *frictio* ▪ **1** Manœuvre de massage consistant à frotter vigoureusement une partie du corps pour provoquer une révulsion* ou faire absorber un produit par la peau. *«une cyanose épaisse avait dépassé le genou [...] Toutefois sous les frictions [...] la chair s'amollissait, tiédissait»* GIONO. *Friction au gant de crin. Friction à l'eau de Cologne. Se faire faire une friction* (du cuir chevelu) *chez le coiffeur.* ▪ **2** (1752) PHYS. Résistance à un mouvement relatif entre des surfaces de contact. ➤ **frottement.** *La friction est une cause d'usure et de grippage que le graissage atténue. Forces de friction* (➤ **frictionnel**). *Bruit de friction.* ➤ **fricatif.** — MÉCAN. *Cône, galet, roue de friction,* organes qui transmettent un mouvement de rotation par leur contact sans glissement. *Embrayage à friction, conique, cylindrique.* ▪ **3** GÉOL. *Brèche de friction :* roche résultant du broyage réciproque de deux couches géologiques. ▪ **4** FIG. Heurt, désaccord entre personnes. ➤ **frottement, tirage.** *«Il y avait de perpétuels conflits [...] tout devenait cause de friction»* MAUROIS.

FRICTIONNEL, ELLE [fʀiksjɔnɛl] **adj.** – 1962 ◊ de *friction* ▪ SC. Relatif à la friction, aux frottements. *Pertes frictionnelles* (de l'énergie mécanique), lors de l'écoulement d'un fluide. ♦ FIG. *Chômage frictionnel :* inactivité temporaire entre deux contrats de travail due à une mobilité insuffisante de la main-d'œuvre.

FRICTIONNER [fʀiksjɔne] **v. tr.** ⟨1⟩ – 1782 ◊ de *friction* ▪ Administrer une friction à (qqn, une partie du corps). ➤ **frotter.** *Frictionner une personne évanouie. «il fallait me frictionner à l'eau de Cologne»* RADIGUET. PRONOM. *Se frictionner après le bain.*

FRIDOLIN [fʀidɔlɛ̃] **n. m.** – 1917 ◊ prénom allemand, de *Fritz* ▪ FAM. et PÉJ. Allemand (durant la Seconde Guerre mondiale). ➤ **boche,** 2 **chleuh,** 2 **frisé, fritz.**

FRIGIDAIRE [fʀiʒidɛʀ] **n. m.** – 1920 ◊ nom déposé, du latin *frigidarium* «glacière» ▪ **1** Armoire munie d'un dispositif frigorifique*, permettant de conserver à basse température des denrées périssables. ➤ **réfrigérateur ;** FAM. **frigo.** *«Je suis descendu chercher de la glace dans le frigidaire»* SIMENON. ▪ **2** LOC. FAM. (1956) *Mettre (qqch.) au frigidaire :* (le) mettre en attente, de côté, pour (l')utiliser plus tard. *Mettre un dossier, un projet, une réforme au frigidaire.*

FRIGIDARIUM [fʀiʒidaʀjɔm] **n. m.** – 1838 ; *frigidaire* 1636 ◊ mot latin ■ ARCHÉOL. Partie des thermes* antiques où l'on prenait des bains froids (opposé à *caldarium*).

FRIGIDE [fʀiʒid] **adj.** – 1706 ◊ latin *frigidus* ■ **1** POÉT. Froid. « *une douce obscurité,* [...] *une frigide pénombre* » GONCOURT. ■ **2** LITTÉR. Froid, incapable d'éprouver une émotion tendre et SPÉCIALT incapable d'amour. ➤ **insensible.** « *le seul trouble de ce cœur frigide, son seul amour* » LA VARENDE. ■ **3** (avant 1841) COUR. Qui n'éprouve pas le plaisir sexuel, en parlant d'une femme. *Femme frigide.* ■ CONTR. Chaud, sensuel.

FRIGIDITÉ [fʀiʒidite] **n. f.** – 1752 ; « état de l'homme impuissant » 1495 ; « froid » 1330 ◊ bas latin *frigiditas* ■ Absence d'orgasme chez la femme (➤ **anorgasmie**) ; PAR EXT. Absence de désir sexuel et de satisfaction sexuelle (rare en parlant d'un homme et alors distinct de l'impuissance*). ➤ **anaphrodisie.** *Frigidité permanente, temporaire. Frigidité anatomique, physiologique, psychologique.*

FRIGO [fʀigo] **n. m.** – 1915 ◊ abrév. de *frigorifié, frigorifique* ■ FAM. ■ **1** Viande frigorifiée. *Il « découpe du "frigo" bien rouge* [...] *il jette les tranches glacées sur un sac* » DORGELÈS. ■ **2** Chambre frigorifique. *Mettre qqch. au frigo.* ■ **3** Réfrigérateur*. ➤ **frigidaire.**

FRIGOLITE [fʀigɔlit] **n. f.** – date inconnue ◊ de *Frigolith,* marque déposée ■ (Belgique) Polystyrène expansé. *Panneau de frigolite.*

FRIGORIE [fʀigɔʀi] **n. f.** – 1890 ◊ latin *frigus, frigoris* « froid », d'après *calorie* ■ MÉTROL. Ancienne unité de mesure du froid (SYMB. fg), correspondant à la quantité d'énergie nécessaire pour abaisser de 1 °C la température d'un kilogramme d'eau à 15,5 °C. *La frigorie est utilisée en génie climatique. Frigories et calories. « la vitre rayonnait des frigories de la nuit »* A. JENNI. ■ CONTR. Calorie.

FRIGORIFIER [fʀigɔʀifje] **v. tr.** ‹7› – 1894 intr. ◊ de *frigori(fique)* ■ Soumettre au froid pour conserver (les viandes). ➤ **congeler, réfrigérer, surgeler.** ◆ FAM. (au p. p.) *Être frigorifié :* avoir très froid. ➤ **gelé,** 2 **transi.**

FRIGORIFIQUE [fʀigɔʀifik] **adj.** – 1676 ◊ latin *frigorificus* ■ Qui sert à produire le froid. ➤ **réfrigérant.** *Agents frigorifiques.* ➤ **chlorofluorocarbone, fréon, halon.** *Machine frigorifique. Installation frigorifique.* — *Chambre, armoire, wagon, camion frigorifique,* équipés d'une installation frigorifique en vue de la conservation des denrées. ■ CONTR. Calorifique.

FRIGORISTE [fʀigɔʀist] **n.** – 1948 ◊ du latin *frigus, frigoris* « froid » ■ Technicien(ne) des installations frigorifiques.

FRILEUSEMENT [fʀiløzmɑ̃] **adv.** – 1842 ◊ de *frileux* ■ Avec un geste frileux. *L'abbé « ramena frileusement sur ses genoux la couverture »* BERNANOS.

FRILEUX, EUSE [fʀilø, øz] **adj.** – *frieleus* XIIIe ; *friuleus* fin XIIe ◊ bas latin *frigorosus* ■ **1** Qui craint beaucoup le froid, y est très sensible. « *il voyageait, toutes portières ouvertes, malgré le froid* [...] *Mme de Maintenon, très frileuse, ne pouvait pas s'accoutumer à ces façons* » L. BERTRAND. ■ **2** Qui dénote l'effet, la crainte du froid. *Assise « dans une posture un peu frileuse »* ROMAINS. ■ **3** FIG. Qui hésite à agir, craintif. ➤ **pusillanime, timoré.** *Une attitude frileuse en matière économique. « une réalité pour eux si inconnue qu'elle les rendait frileux »* O. ADAM.

FRILOSITÉ [fʀilozite] **n. f.** – 1845 ; *frillouseté* fin XIVe ◊ de *frileux* ■ **1** LITTÉR. Grande sensibilité au froid. ■ **2** FIG. Comportement craintif, qui manque d'audace. ➤ **pusillanimité, timidité.** *La frilosité du marché bancaire.*

FRIMAIRE [fʀimɛʀ] **n. m.** – 1793 ◊ de *frimas* ■ Troisième mois de l'année républicaine (du 21-22 novembre au 20-21 décembre).

FRIMAS [fʀimɑ] **n. m.** – 1456 ; de l'ancien français *frime* XIIe ◊ francique °*frim* ■ **1** POÉT. (souvent au plur.) Brouillard épais et froid formant des dépôts de givre*. ➤ **grésil, verglas.** ■ **2** VX FIG. *Être coiffé, poudré à frimas,* avec une légère couche de poudre blanche sur la chevelure.

FRIME [fʀim] **n. f.** – XVe ◊ altération de l'ancien français *frume* XIIe ; bas latin *frumen* « gosier » ■ **1** FAM. Comportement volontairement trompeur. ➤ **blague, comédie.** *C'est de la frime.* ➤ **bluff, esbroufe, fanfaronnade, vantardise.** « *Le père malade !* [...] *Peut-être bien que ce n'était qu'une frime* » ZOLA. *Pour la frime :* pour se rendre intéressant (cf. Pour la galerie*). *Faire de la frime* (➤ **frimer**). ■ **2** (1836) ARG. Visage, mine. « *Il changeait de frime, Riton, depuis le début de la conversation* » SIMONIN. — **loc. adv.** *En frime :* en tête à tête.

FRIMER [fʀime] **v. intr.** ‹1› – 1836 argot « envisager » ◊ de *frime* ■ FAM. Chercher à en imposer, à se faire admirer. ➤ **bluffer, crâner, esbroufer, fanfaronner, parader, plastronner,** se **vanter** (cf. Faire le beau*, jeter de la poudre* aux yeux ; FAM. faire de l'épate, de la frime, se la jouer, se la péter, se la raconter, faire le kéké ; RÉGION. faire le cacou). *Pas la peine de frimer.*

FRIMEUR, EUSE [fʀimœʀ, øz] **n.** – v. 1972 ◊ de *frimer* ■ FAM. Personne qui frime. ➤ **bluffeur, crâneur, esbroufeur, fanfaron*, kéké, vantard.** « *C'est un m'as-tu-vu, un frimeur. L'oseille lui monte à la tête* » J. CORDELIER.

FRIMOUSSE [fʀimus] **n. f.** – 1743 ; *phrymouse* 1577 ◊ probablt de *frime* ■ **1** Visage agréable (d'enfant, de personne jeune). ➤ 2 **bouille, minois.** ■ **2** INFORM. Recomm. offic. pour remplacer l'anglic. *smiley.* ➤ **émoticone.**

FRINGALE [fʀɛ̃gal] **n. f.** – 1807 ; fig. 1774 ◊ altération de *f(r)aimvalle,* de *faim* et du breton *gwall* « mauvais » ■ **1** Faim* violente et pressante. *J'ai une de ces fringales !* ■ **2** FIG. Désir violent, irrésistible. ➤ **boulimie, envie.** « *J'ai une fringale de spectacle* » BALZAC.

FRINGANT, ANTE [fʀɛ̃gɑ̃, ɑ̃t] **adj.** – 1493 ◊ de *fringuer* « gambader » ■ **1** Très vif, toujours en mouvement (animal de selle). *Chevaux fringants.* ■ **2** (PERSONNES) Dont l'allure vive et décidée, la mise élégante dénotent de la vitalité, une belle humeur. ➤ 2 **alerte, guilleret, pétulant, pimpant, sémillant, vif.** *Ce Don Juan « resté, à cet âge avancé, élégant, déluré, fringant, ardent »* MADELIN. — PAR EXT. *Allure fringante.* ■ CONTR. Lourd.

FRINGILLIDÉS [fʀɛ̃ʒilide] **n. m. pl.** – 1839 ◊ du latin *fringilla* « pinson » ■ ZOOL. Famille d'oiseaux granivores *(passereaux)* à bec conique, de petite taille (bec-croisé, bouvreuil, bruant, canari, chardonneret, gros-bec, linotte, ortolan, pinson, serin, sizerin, 1 tarin, verdier...).

FRINGUE [fʀɛ̃g] **n. f.** – 1886 ; « belle toilette » 1878 ◊ de *fringuer* ■ FAM. (surtout plur.) Vêtement. *S'acheter des fringues. Une fringue de marque.* ◆ COLLECT. *La fringue :* le commerce des vêtements ; la mode.

FRINGUER [fʀɛ̃ge] **v.** ‹1› – XVe ◊ de *faire fringues* XIIIe, d'origine inconnue ■ **1** **v. intr.** VX Gambader. ◆ (1743) VX Faire l'élégant. ■ **2** **v. tr.** (1878) FAM. Habiller (bien ou mal). ➤ **accoutrer, nipper.** — PRONOM. *Elle se fringue mal.* ➤ **se saper.** — **p. p. adj.** « *Paul alors entra tout fringant et bien fringué* » QUENEAU.

FRIPE [fʀip] **n. f.** – *frippe* 1616 ◊ bas latin *faluppa* « fibre, chose sans valeur » ■ **1** Vieux vêtement, haillon. ➤ **hardes.** « *jamais il se déshabillait, il gardait sur lui toutes ses fripes, ses pélerines et son turban* » CÉLINE. ■ **2** Plus cour. Vêtements d'occasion (rare au sing.). *Porter des fripes de marque.* — COLLECT. *La fripe :* ensemble de ces vêtements ; commerce des vêtements d'occasion.

FRIPER [fʀipe] **v. tr.** ‹1› – 1534 ◊ de *fripe* ■ Défraîchir en chiffonnant, en froissant. *Friper ses vêtements.* — *Une vieille lettre fripée.* — PRONOM. « *Les œuvres exquises des artistes couturiers se fripaient grotesquement sous les torrents de pluie* » ROBIDA. ◆ PAR ANAL. Rider, flétrir. « *l'eau m'avait fripé le bout des doigts* » G. DORMANN. **p. p. adj.** *Visage fripé.* ➤ **flétri, marqué.**

FRIPERIE [fʀipʀi] **n. f.** – 1541 ; *freperie* XIIIe ◊ de *fripe* ■ **1** Vieux habits, linge usagé. ■ **2** (1587) Commerce, boutique de fripier. « *s'étant précautionnés à la friperie de vêtements chauds* [...] *les comédiens ne souffraient pas du froid* » GAUTIER.

FRIPIER, IÈRE [fʀipje, jɛʀ] **n.** – 1485 ; *frepier* 1268 ◊ de *fripe* ■ Personne qui revend d'occasion des habits, du linge, de vieux objets. ➤ **brocanteur, chiffonnier.** *Tout ce monde « s'habillait à petits frais* [...] *chez Latreille, fripier en renom »* DUHAMEL.

FRIPON, ONNE [fʀipɔ̃, ɔn] **n.** – 1558 « gourmand, débauché » ; *friponnier* XVe ◊ de *friponner* « voler » ■ **1** VX Personne malhonnête, voleur adroit. ➤ **coquin, escroc, filou, gredin.** « *moins il y a de fripons aux galères, plus il y en a dehors* » NERVAL. ■ **2** MOD. et FAM. Enfant malicieux, personne espiègle et éveillée. ➤ **brigand, coquin, vaurien.** *Petit fripon !* — **adj.** Qui a qqch. de malin, d'un peu provocant. ➤ **espiègle, polisson.** « *Le chat qui la regarde D'un petit air fripon* » (Il était une bergère..., chanson). ■ CONTR. Probe. Pudique, réservé.

FRIPONNERIE [fʀipɔnʀi] **n. f.** – 1530 ◊ de *fripon* ■ VX Caractère ou acte de fripon. ➤ **canaillerie, malhonnêteté.** ■ CONTR. Probité.

FRIPOUILLE [fʀipuj] **n. f.** – 1797 ◊ radical de *friper,* avec influence de *fripon* ■ **1** VX Racaille. ■ **2** FAM. Personne sans scrupules, qui se livre à l'escroquerie et à toutes sortes de trafics. ➤ **canaille, crapule, escroc, voyou.** *Dans la politique, « comme dans la presse, il y a tout un tas de fripouilles »* AYMÉ.

FRIPOUILLERIE [fʀipujʀi] **n. f.** – 1897 ◇ de *fripouille* ■ RARE et FAM. Caractère ou acte de fripouille. ➤ **crapulerie.**

FRIQUÉ, ÉE [fʀike] **adj.** – 1930 ◇ de *fric* ■ FAM. Riche. « *elle n'était au fond qu'une bourgeoise libertine et friquée* » HOUELLEBECQ.

FRIQUET [fʀikɛ] **n. m.** – 1555 ◇ de l'ancien français *frique, friche* « vif, éveillé », probablt d'origine germanique ■ Moineau des champs.

FRIRE [fʀiʀ] **v.** ‹seult *je fris, tu fris, il frit ; je frirai, tu friras, ils friront ; je frirais, tu frirais, ils friraient ; fris ; frit, frite*› – v. 1180 ◇ latin *frigere* ■ **1 v. tr.** Faire cuire par immersion dans un corps gras bouillant, notamment dans l'huile. *Frire des beignets dans de l'huile.* — **p. p. adj.** *Poisson frit* (➤ **friture**). *Œufs frits. Pommes de terre frites* (➤ **chips, frite**). — ABSOLT *Poêle à frire. Pâte à frire,* utilisée pour les beignets. ■ **2 v. intr.** Cuire dans la friture. *Mettre à frire, faire frire des pommes de terre dans une friteuse.*

FRISAGE [fʀizaʒ] **n. m.** – 1827 ◇ de *friser* ■ RARE Action de friser (les cheveux). — TECHN. *Frisage de l'acier à l'usinage* (➤ **friser,** I, 1°).

FRISANT, ANTE [fʀizɑ̃, ɑ̃t] **adj.** – 1869 ◇ de *friser* ■ Se dit de la lumière, d'un rayon qui effleure une surface avec un angle d'incidence très faible. *Lumière frisante,* rasante.

FRISBEE [fʀizbi] **n. m.** – v. 1978 ◇ marque déposée ; mot anglais américain, probablt du n. de la *Frisbie Pie Company,* livrant des tartes dans des moules légers qui étaient utilisés par les étudiants de Yale pour un jeu semblable ■ ANGLIC. Disque en plastique, légèrement bombé, destiné à être lancé (de façon à le faire planer) et renvoyé avec un mouvement de rotation. — PAR EXT. Jeu qui se joue avec ce disque. ➤ aussi **ultimate.** *Jouer au frisbee. Des frisbees.* — Recomm. offic. *disque volant.*

FRISE [fʀiz] **n. f.** – 1528 ; *frize* 1520 ; *freis* « bandeau brodé d'or » XIIIe ◇ latin *phrygium,* proprt « ouvrage phrygien » ■ **1** Partie de l'entablement entre l'architrave et la corniche. « *La frise du péristyle se compose de petits tableaux de marbre régulièrement divisés par un triglyphe* » CHATEAUBRIAND. ■ **2** (1835) Bordure ornementale en forme de bandeau continu (d'un mur, d'une cheminée, d'un chambranle, d'un meuble, etc.). *Frise de papier peint.* ■ **3** PAR ANAL. Bande de toile fixée au cintre d'un théâtre et qui descend au niveau des décors. ■ **4** TECHN. Planche à parquet. ➤ **lame ; 2 frisette.**

FRISE (CHEVAL DE) [ʃ(ə)valdəfʀiz] **n. m.** – 1572 ◇ néerlandais *friese ruiter* « cavalier de la *Frise* », province des Pays-Bas ■ Pièce de bois ou de fer hérissée de pointes, utilisée dans les retranchements. *Des chevaux de frise.*

1 **FRISÉ, ÉE** [fʀize] **adj.** – milieu XVIe ◇ de *friser* ■ Disposé en boucles fines et serrées. ➤ **bouclé, crépu,** RÉGION. **crollé.** *Des cheveux frisés.* « *sa grosse tignasse frisée* » ROMAINS. — Aux cheveux frisés. *Il est frisé comme un mouton.* — **n.** *Un petit frisé.* ♦ *Velours frisé,* dont le poil reste frisé au lieu d'être coupé. ♦ Aux feuilles finement dentelées. *Chou* frisé. Chicorée frisée.* ➤ **frisée.** ■ CONTR. 1 Lisse, 1 plat, raide.

2 **FRISÉ** [fʀize] **n. m.** – 1941 ◇ altération de *Fritz,* prénom allemand ■ FAM. et PÉJ. Allemand (durant la Seconde Guerre mondiale). ➤ **boche, 2 chleuh, fridolin, fritz.**

FRISÉE [fʀize] **n. f.** – date inconnue (XXe) ◇ du p. p. de *friser* ■ Chicorée aux feuilles finement dentelées, consommée en salade. — Cette salade. *Une frisée aux lardons.*

FRISELIS [fʀizli] **n. m.** – 1864 ◇ de *friser* ■ LITTÉR. Faible frémissement. *Les joncs « reprenaient leur friselis monotone »* GENEVOIX.

FRISER [fʀize] **v.** ‹1› – début XVe ◇ p.-ê. de *frire,* les aliments se tordant sous l'effet de la vive chaleur

I v. tr. ■ **1** Mettre en boucles fines et serrées (des cheveux, poils, fibres, etc.). ➤ **boucler.** *Friser les cheveux au fer, avec des bigoudis, des papillotes, à l'aide d'une permanente.* « *on me frisait souvent les cheveux avec des papillotes, des fers chauds, tout l'attirail ridicule et barbare dont on se servait en ces temps-là* » Mme ROLAND. ABSOLT *Fer* à friser.* ♦ *Friser qqn,* lui friser les cheveux. *Se faire friser.* ♦ *Machine à friser les étoffes.* ➤ **ratiner.** ♦ TECHN. Parer (une pièce d'aluminium) en y imprimant des rayures concentriques. ■ **2** (fin XVIe) RARE Plisser, rider finement en effleurant. ■ **3** (1504) Passer au ras de, effleurer. ➤ **frôler, raser.** « *quand la lumière frise l'épaule* » MARTIN DU GARD. *Balle de tennis qui frise le filet.* ■ **4** (1690) FIG. Approcher de très près. *Elle « devait bien friser la soixantaine »* BOSCO. *Scène qui frise le ridicule.*

II v. intr. ■ **1** Être ou devenir frisé. ➤ **frisotter.** « *Ses cheveux blonds, très courts, frisaient* » FRANCE. — *Elle frise naturellement.* LOC. FAM. *Friser à plat :* ne pas friser du tout. ■ **2** PAR EXT. S'enrouler. « *De fins copeaux qui frisent* » CHARDONNE. ■ **3** (1694) TYPOGR. Donner une impression de tremblé. ♦ Rendre un son tremblé, double. « *le vieil instrument, dont les cordes frisaient* » FLAUBERT. ■ **4** LOC. FAM. *Avoir l'œil qui frise,* qui pétille (de malice, de plaisir). « *chapeau mou à large bord sous lequel le regard frise* » C. MILLET.

■ CONTR. Défriser.

1 **FRISETTE** [fʀizɛt] **n. f.** – 1827 ◇ de *friser* ■ Petite boucle de cheveux frisés. ➤ **accroche-cœur, bouclette, 2 frison, frisottis.** « *les frisettes des petits cheveux sur la nuque* » ARAGON. *Se faire des frisettes.*

2 **FRISETTE** [fʀizɛt] **n. f.** – 1928 ◇ de *frise* ■ Planche fine utilisée dans la construction et la décoration intérieure. *Frisette de pin.* « *La frisette donnait à la cuisine un air de faux chalet* » P. CONSTANT.

FRISKO [fʀisko] **n. m.** – 1963 ◇ marque déposée ; probablt du néerlandais *fris,* emprunté au français *frais,* et p.-ê. finale de *Miko* ■ (Belgique) Crème glacée que l'on tient par un bâton. ➤ **esquimau.** *Des friskos.*

FRISOLÉE [fʀizɔle] **n. f.** – 1785 ◇ de *friseler, frisoler,* diminutif dialectal de *friser* ■ AGRIC. Maladie de dégénérescence de la pomme de terre, qui donne aux feuilles un aspect frisé.

1 **FRISON, ONNE** [fʀizɔ̃, ɔn] **adj.** et **n.** – 1512 ◇ de *Frise,* du latin *Frisius,* nom de peuple ■ De la Frise (néerlandaise et orientale). *L'archipel frison. Les Frisons.* — **n. m.** Langue constituant une branche du bas allemand, représentée par divers parlers en Hollande du Nord, Schleswig, etc. ♦ De la Frise néerlandaise. *Race frisonne :* race de vaches laitières.

2 **FRISON** [fʀizɔ̃] **n. m.** – 1560 ◇ de *friser* ■ **1** Petite mèche qui frise près du visage ou sur la nuque. ➤ **frisottis.** *Une petite blonde « avec des frisons plein le front »* ALLAIS. ■ **2** Copeau, rognure en forme de boucle.

FRISOTTANT, ANTE [fʀizɔtɑ̃, ɑ̃t] **adj.** /FRISOTANT, ANTE/ – 1873 ◇ de *frisotter* ■ Qui frisotte.

FRISOTTER [fʀizɔte] **v.** ‹1› /FRISOTER/ – 1552 ◇ de *friser* ■ **1 v. tr.** Friser, enrouler en petites boucles serrées. **p. p. adj.** « *une chevelure de mouton frisotté* » HENRIOT. ■ **2 v. intr.** Friser (II) en petites ondulations serrées. *Barbe qui frisotte.*

FRISOTTIS [fʀizɔti] **n. m.** /FRISOTIS/ – 1957 ◇ de *frisotter* ■ LITTÉR. Petite mèche frisottée. ➤ **1 frisette.** *Des « frisottis noirs derrière les oreilles »* C. SIMON.

FRISQUET, ETTE [fʀiskɛ, ɛt] **n. m.** et **adj.** – 1827 ◇ de *frisque,* mot dialectal du Nord, du flamand *frisch* → 1 frais ■ **1 n. m.** LITTÉR. Petit froid vif et piquant. « *dans le frisquet de l'aube* » GENEVOIX. ■ **2 adj.** (1845) COUR. Un peu froid. ➤ **1 frais.** *Vent frisquet.* — **adv.** *Il fait frisquet ce matin.*

FRISSON [fʀisɔ̃] **n. m.** – *friçon* fin XIe ◇ bas latin *frictio,* du latin classique *frigere* « avoir froid » ■ **1** Tremblement fin, irrégulier et passager, accompagné d'une sensation de froid (dû à un abaissement de la température ambiante ou à un début de maladie fébrile). *Malade secoué de frissons.* « *Un grand frisson lui secouait les épaules, et elle devenait plus pâle que le drap* » FLAUBERT. ■ **2** Mouvement convulsif qui accompagne une émotion, une impression. ➤ **frémissement, saisissement, tremblement, tressaillement.** — (Désagréable) « *le frisson d'angoisse et de terreur qui venait de m'envahir* » DAUDET. « *prise d'une répulsion insurmontable, au point d'en avoir le frisson* » ROMAINS. ➤ **haut-le-corps, soubresaut, sursaut.** LOC. *Donner le frisson :* faire peur (cf. Faire froid* dans le dos ; glacer* le sang). — (Agréable) *Frisson délicieux. L'essentiel « c'est qu'on ait la tête à l'envers. Tout ce qui fait passer un frisson sous la peau est bon à prendre »* AYMÉ. *Frisson d'aise, de désir. Le grand frisson :* l'orgasme. « *un frisson, infiniment agréable, né à la racine des cheveux* » ROMAINS. *Frisson d'admiration, d'enthousiasme.* « *ce frisson sacré qu'on éprouve à relire* le Lac » HENRIOT. ♦ (1859) Courant d'émotion, état d'âme collectif qui se propage. « *de nouveaux frissons parcourent l'atmosphère intellectuelle* » LAUTRÉAMONT. *Un frisson d'indignation passa dans l'assemblée.* ➤ **1 vague.** ■ **3** POÉT. Léger mouvement qui se propage par ondulation ou vibration. ➤ **frémissement, friselis, frissonnement, tremblement.** « *La rivière avait des frissons de lumière* » FROMENTIN. ♦ Bruit léger qui accompagne ce mouvement. ➤ **bruissement, froissement.** « *Écoutez la chanson bien douce [...] Un frisson d'eau sur de la mousse* » VERLAINE.

FRISSONNANT, ANTE [fʀisɔnɑ̃, ɑ̃t] **adj.** – v. 1540 ◇ de *frissonner* ■ Qui frissonne. *Être, se sentir fiévreux et frissonnant.* « *tressaillant de tout, effarée, frissonnante* » HUGO. *Frissonnant de froid.* ➤ **grelottant.**

FRISSONNEMENT [fʀisɔnmɑ̃] n. m. – 1540 ◊ de *frissonner* ■ LITTÉR. Léger frisson dû à une émotion. « *On ne pouvait entrer dans une église gothique sans éprouver* [...] *une sorte de frissonnement* » CHATEAUBRIAND. ♦ Tremblement, accompagné d'un faible bruit. « *le frissonnement des petites feuilles de l'arbre* » VALÉRY.

FRISSONNER [fʀisɔne] v. intr. ⟨1⟩ – fin XVe ◊ de *frisson* ■ **1** Avoir le frisson, être agité de frissons. *Frissonner de fièvre.* ➤ **trembler.** « *Une sueur froide la faisait frissonner* » MARTIN DU GARD. ■ **2** Être saisi d'un léger tremblement produit par une vive émotion. ➤ **frémir, tressaillir.** « *des choses qui me firent frissonner aussitôt de remords et de volupté* » PROUST. ■ **3** (CHOSES) POÉT. Trembler légèrement (avec ou sans bruit). « *l'herbe effleurée frissonnait comme le pelage d'une bête vivante* » GENEVOIX. « *Une large lueur frissonnait sur l'eau* » HUGO.

FRISURE [fʀizyʀ] n. f. – 1515 ◊ de *friser* ■ Façon de friser, état des cheveux frisés. *Frisure légère. Belle frisure.* ♦ Boucle, frisette.

FRIT, FRITE [fʀi, fʀit] adj. – v. 1460 sens 2 ◊ de *frire* ■ **1** ➤ **frire.** ■ **2** FAM. Perdu, fichu. *Nous sommes frits.* ➤ **cuit, foutu.** ■ HOM. Frite, fritte.

FRITE [fʀit] n. f. – 1842 ; *pomme de terre frite* 1808 ◊ de *frire* ■ **1** (Généralt au plur.) Petit morceau de pomme de terre, le plus souvent de forme allongée (par oppos. à *chips*), que l'on mange frit et chaud. « *De la bière !... Et des frites !... Et des moules !...* » SIMENON. *Un cornet de frites. Bifteck frites,* accompagné de frites. *Petites frites fines et croustillantes* (cf. Pommes allumettes*). *Marchand de frites.* ➤ **friterie,** RÉGION. **friture.** ■ **2** (1965) LOC. FAM. *Avoir la frite :* être en forme. ➤ 1 **pêche.** ♦ (Belgique) *Ne pas avoir toutes ses frites dans le même sachet* (ou *cornet*) : être fou, anormal. ■ **3** FAM. Coup sur les fesses donné du revers de la main. *Faire une frite.* ■ **4** Long cylindre de mousse légère utilisé pour apprendre à nager ou pratiquer l'aquagym. ■ HOM. Fritte.

FRITER (SE) [fʀite] v. pron. ⟨1⟩ – 1978 ◊ p.-ê. de *frite* fam. « coup » ■ FAM. Avoir une altercation plus ou moins vive (avec qqn). « *on s'est frités grave, on se parle plus* » C. LAURENS. — On écrit aussi *se fritter.* « *Pascal de Gancieux, très chic, mais se frittait avec le fils de la maison* » PENNAC.

FRITERIE [fʀitʀi] n. f. – 1909 ◊ de *frire* ■ **1** Dans les fabriques de conserves, Installation pour la friture, ou la cuisson des poissons. ■ **2** Baraque de marchand de frites. ➤ RÉGION. **friture** (4°).

FRITEUSE [fʀitøz] n. f. – 1955 ◊ de *frire* ■ Ustensile de cuisine, muni d'un couvercle et d'un égouttoir amovible, servant à cuire les aliments dans un bain de friture. *Friteuse électrique.*

FRITILLAIRE [fʀitilɛʀ] n. f. – 1658 ◊ latin des botanistes *fritillaria,* de *fritillus* « cornet à dés » ■ Plante herbacée bulbeuse *(liliacées)* dont l'espèce la plus connue, appelée *couronne impériale,* est cultivée pour ses fleurs décoratives en forme de cloche.

FRITONS [fʀitɔ̃] n. m. pl. – 1879 *friton* ◊ de *frire* ■ Résidu de viande de porc ou d'oie qu'on a fait fondre pour en obtenir la graisse. ➤ **grattons ;** RÉGION. **cretons, greubons, rillons.**

FRITTAGE [fʀitaʒ] n. m. – 1834 ◊ de 1 *fritter* ■ TECHN. Vitrification préparatoire destinée à éliminer les éléments volatils. ♦ Agglomération des poudres métalliques par chauffage.

FRITTE [fʀit] n. f. – 1690 ◊ de *frire* ■ TECHN. Mélange de sable et de soude, auquel on fait subir une demi-fusion, employé dans la fabrication du verre, de la céramique... ♦ VX Frittage. ■ HOM. Frite.

1 **FRITTER** [fʀite] v. tr. ⟨1⟩ – 1765 ◊ de *fritte* ■ TECHN. Soumettre au frittage. — p. p. adj. *Verre fritté. Nickel fritté.*

2 **FRITTER (SE)** ➤ **FRITER (SE)**

FRITURE [fʀityʀ] n. f. – début XIIe ◊ latin populaire °*frictura,* de *frigere* « frire » ■ **1** Action, manière de frire un aliment. *Friture au beurre, à l'huile, à la graisse.* « *Tout le mérite d'une bonne friture provient de la* surprise » BRILLAT-SAVARIN. ♦ PAR ANAL. (1885) FAM. *Bruit de friture,* ou ELLIPT *friture :* grésillement qui se produit par moments dans les transmissions radio ou téléphoniques. ➤ **parasite.** *Il « ajustait l'antenne pour atténuer la friture »* G. FAYE. ■ **2** Matière grasse qui sert à frire et qu'on garde ensuite pour le même usage. *Bain de friture.* « *une marchande de pommes de terre frites* [...] *plongeant l'écumoire dans la friture chantante* » FRANCE. ■ **3** Aliment frit. *Une friture de goujons, de gardons, d'éperlans.* — ABSOLT Petits poissons frits. *Aimer la friture.* — PAR EXT. « *Tu nous as pêché une bonne friture* » RENARD. ■ **4** (Belgique, Luxembourg) Baraque à frites sur la voie publique. ➤ **friterie.** « *une friture où l'on sert des bocks, des moules* [...] *et des pommes frites* » SIMENON.

FRITZ [fʀits] n. m. – 1915 ◊ de *Fritz,* prénom allemand courant ■ FAM. et VIEILLI Soldat allemand. — Allemand. ➤ **fridolin,** 2 **frisé.**

FRIVOLE [fʀivɔl] adj. – XIIe ◊ latin *frivolus* ■ **1** Qui a peu de sérieux et, par suite, d'importance. ➤ **futile, inconsistant, insignifiant, léger, superficiel, vain.** *Lectures, pensées, distractions frivoles.* « *La philosophie est, selon les jours, une chose frivole* [...] *ou la seule chose sérieuse* » RENAN. ■ **2** (XVIIe) (PERSONNES) Qui ne s'occupe que de choses futiles, ou traite à la légère les choses sérieuses. ➤ **futile, léger.** *Ils doivent me trouver « bien frivole, n'abordant pas les graves sujets »* SAINTE-BEUVE. ♦ SPÉCIALT Qui est inconstant dans les relations amoureuses. ➤ **volage.** *Un amant, une femme frivole.* — adv. **FRIVOLEMENT,** XVe. ■ CONTR. Grave, sérieux.

FRIVOLITÉ [fʀivɔlite] n. f. – avant 1718 ◊ de *frivole*

I ■ **1** Caractère d'une personne frivole. ➤ **légèreté.** « *ma frivolité* [...] *me faisait désireux de plaire* » PROUST. *Il en parle avec frivolité.* ♦ SPÉCIALT Légèreté, inconstance dans les relations amoureuses. ■ **2** (1760) *Une, des frivolités.* Chose frivole. ➤ **bagatelle, futilité.** « *des billets de théâtre, des invitations à dîner, mille frivolités de la vie* » GAUTIER.

II (1872) AU PLUR., VIEILLI Petits articles de mode, de parure. *Magasin de frivolités.* ➤ **colifichet, fanfreluche, fantaisie.**

■ CONTR. Gravité, sérieux.

FROC [fʀɔk] n. m. – XIIe ◊ francique °*hrok ;* cf. allemand *Rock* « habit » ■ **1** VIEILLI Partie de l'habit des moines qui couvre la tête, les épaules et la poitrine, ET PAR EXT. Habit monacal tout entier. « *un vieillard en froc de bure, avec un chapelet au côté* » FLAUBERT. — LOC. (symb. de l'état monacal) « *Cet ancien professeur de l'Oratoire, qui, sans avoir été prêtre, avait cependant porté le froc* » MADELIN. LOC. *Jeter le froc aux orties :* quitter les ordres. ➤ **défroquer.** « *On l'accusait d'avoir été capucin dans sa jeunesse, et d'avoir jeté le froc aux orties* » STENDHAL. ■ **2** (1905 argot) FAM. Pantalon*. « *son froc s'est déchiré* » BARBUSSE. — LOC. FAM. *Faire dans son froc :* avoir très peur (cf. Faire dans sa culotte*). *Mouiller* son froc. Baisser son froc :* subir une humiliation sans oser réagir ; se soumettre. ➤ se **déculotter** (cf. Baisser son pantalon*, baisser culotte*).

1 **FROID, FROIDE** [fʀwa, fʀwad] adj. – début XIIe ◊ du latin *frigidus,* qui a aussi donné *frigide,* famille de *frigere* « avoir froid », « être froid » → frigidaire, frigorifier, frisson

I (SENSATION PHYSIQUE) ■ **1** Qui est à une température sensiblement plus basse que celle du corps humain. *Un peu froid.* ➤ 1 **frais, frisquet.** *Très froid.* ➤ **glacé, glacial ;** RÉGION. **caillant.** *Eau froide. Prendre une douche froide. Courant d'air froid.* « *Le parloir me sembla plus froid, plus humide* [...] *que jamais* » FRANCE. ➤ RÉGION. 2 **cru.** *L'hiver a été froid.* ➤ **rude.** *Sueurs* froides. — Chambre froide.* ➤ **frigorifique.** ♦ Qui est habituellement froid. *Les pays froids. Mers froides. Climat froid.* ♦ PAR EXT. Qui n'a pas d'éclat. *Un froid soleil.* « *une froide lumière électrique* » VAN DER MEERSCH. — *Le bleu, le violet, le gris, le vert, couleurs froides.* ■ **2** Qui a perdu sa chaleur naturelle ou transmise, qui s'est refroidi. *Avoir les mains, les pieds froids.* ➤ **gelé.** *Une odeur de tabac froid.* ♦ (Aliments) *À table ! tout va être froid ! Mon café est froid,* n'est plus assez chaud. ➤ **tiède.** *Viandes froides,* servies cuites et froides. *Assiette anglaise garnie de viandes froides. Un repas, un buffet froid.* — LOC. *La vengeance* est un plat qui se mange froid.* ♦ (Machines) Qui n'a pas fonctionné depuis un certain temps, dont les organes ne sont pas à la température convenable. *Moteur froid qui démarre difficilement, qui a des ratés.* ■ **3** PHYSIOL. *Animaux à sang froid* (➤ **poïkilotherme**).

II QUALIFIANT DES ATTITUDES, DES SENTIMENTS ■ **1** (début XIIIe) Qui ne s'anime ou ne s'émeut pas facilement. ♦ Par tempérament. « *aussi ouvert avec moi que le permet son caractère froid* » STENDHAL. — Dépourvu de sensualité. ➤ **indifférent, insensible ; frigide ; glaçon.** « *C'est pas qu'elle était froide,* [...] *mais il lui fallait du temps* » CÉLINE. ♦ Par maîtrise de soi. ➤ 2 **calme, impassible, imperturbable.** « *ce tranquille courage Si froid dans le danger, si calme dans l'orage* » VOLTAIRE. *Garder la tête froide :* ne pas s'affoler. ➤ **sang-froid.** *Une colère, une rage froide,* qui n'éclate pas. *Guerre* froide.* ■ **2** Dont la réserve marque de l'indifférence, de la distance ou une certaine hostilité. ➤ **distant, glaçant, glacial,** 1 **hautain, réservé, sévère.** *Rester froid devant les avances de qqn.* « *je pris un air froid qui coupa court aux effusions* » PROUST. ➤ **réfrigérant.** LOC. **LAISSER (qqn) FROID,** ne lui causer aucune émotion, aucun effet. *Ses critiques me laissent froid,* ne me touchent pas.

➤ **indifférent** (cf. De glace, de marbre). ▪ **3** Qui manque de sensibilité, de générosité, de ferveur... ➤ **dur, insensible, sec.** *« sa froide cruauté de Hohenzollern »* LOTI. *Conduite qui obéit à de froids calculs.* ▪ **4** (En art) Qui ne suscite aucune émotion, par défaut de sensibilité, de vie. ➤ **ennuyeux, languissant, monotone, 1terne.** *Beauté froide.* ➤ **inexpressif.** *« des génies froids, sans flamme de sentiment »* FAGUET.

III À FROID loc. adv. Sans mettre au feu, sans chauffer. *Souder à froid. Pour démarrer à froid, tirez le starter.* ◆ *Opérer à froid* : pratiquer une opération chirurgicale quand les phénomènes inflammatoires ont disparu. — SPORT *Prendre, cueillir un adversaire à froid,* le surprendre d'entrée de jeu par une action ou un coup rapide. ◆ FIG. Sans chaleur apparente, sans émotion véritable. *« Il faut juger à froid et agir à chaud. »* VALÉRY. — **loc. adj.** *Les plaisanteries à froid d'un pince-sans-rire.*

▪ CONTR. Chaud, brûlant. — Ardent, fougueux. Affectueux, chaleureux, enthousiaste, expansif. Généreux, sensible. Animé, émouvant, expressif. — À chaud.

2**FROID** [fʀwa] **n. m.** – XIIIe ; *freit* 1080 ◇ subst. de 1*froid* ▪ **1** État de la matière, de l'atmosphère quand elle est froide (par rapport au corps humain) ; sensation thermique spécifique résultant du contact avec un corps ou un milieu froid. *La saison des grands froids.* ➤ **froidure, hiver.** *Coup de froid* : abaissement subit de la température ; rhume. ➤ **refroidissement.** *Vague de froid. « ce froid pénétrant des montagnes, qui gèle le sang et paralyse les membres »* MAUPASSANT. *Un froid intense.* ➤ RÉGION. **cramine.** FAM. *Un froid de canard, de loup, un froid de gueux* : un grand froid. *Souffler le chaud* et le froid. Supporter, craindre le froid. Seuil de résistance au froid. Défense de l'organisme contre le froid* (➤ **thermorégulation**). *Les frissons, l'horripilation, réflexes de défense contre le froid. Mourir de froid* cf. Hypothermie. PAR EXAGÉR. *On meurt, on crève de froid ici.* ➤ **geler ;** FAM. **cailler, peler.** ◆ (NOMINAL) *Il fait froid* : le temps est froid. ➤ **frisquet.** *Avoir froid* : éprouver une sensation de froid. *Avoir froid aux pieds.* LOC. *N'avoir pas froid aux yeux* : être audacieux, décidé. — *Prendre, attraper froid,* un refroidissement, un chaud* et froid. — *Ne faire ni chaud* ni froid à qqn.* ◆ *Froid artificiel,* ou *industriel,* produit par les divers procédés de réfrigération et de congélation. ➤ **cryo-.** *Applications industrielles du froid* (conservation des denrées, climatisation, essais de matériaux, etc.). ➤ **cryogéniser.** *Production du froid* (➤ **cryogénique, frigorifique**). *La chaîne* du froid.* — PHYS. *Pôle du froid* : le zéro absolu. — MÉD. *Thérapeutique par le froid.* ➤ **cryochirurgie, cryothérapie, hibernation.** ▪ **2** État ou sensation comparable. *Il « sentit, en entrant dans la ville, le froid le saisir jusqu'au cœur »* DAUDET. *« Nous sentons venir le froid du danger et nous en avons le frisson »* VALLÈS. LOC. *Donner, faire froid dans le dos à qqn,* l'effrayer. *Cela me fait froid dans le dos rien que d'y penser. Jeter un froid* : produire une impression de gêne, de malaise (cf. Faire l'effet d'une douche*). *Ces mots ont jeté un froid dans l'assistance.* ▪ **3** Absence de chaleur, d'affection dans les relations humaines. — LOC. *Être en froid avec qqn* : entretenir des relations moins cordiales (➤ **brouille**). *Fanny « vivait très en froid avec son père »* ZOLA. ▪ CONTR. Chaleur, chaud.

FROIDEMENT [fʀwadmɑ̃] **adv.** – XIIe ◇ de 1*froid* ▪ **1** PLAISANT *Comment allez-vous ? – Bien, mais froidement,* comme ça peut aller par temps froid. ▪ **2** Avec froideur, sans empressement. ➤ **fraîchement.** *Être froidement reçu.* ◆ En gardant la tête froide et lucide. ➤ **calmement.** *Raisonnons froidement.* ◆ Avec une entière insensibilité, sans aucun scrupule de conscience. *Abattre froidement qqn* (cf. De sang-froid). ▪ CONTR. Chaleureusement, chaudement.

FROIDEUR [fʀwadœʀ] **n. f.** – XIIe ◇ de 1*froid* ▪ **1** VX Froid (2). ▪ **2** MOD. Absence relative d'émotivité, de sensibilité. ➤ **1calme, flegme, impassibilité, réserve.** *« Les gens superficiels l'accusent de froideur »* BALZAC. ◆ SPÉCIALT Manque de sensualité. ➤ **indifférence, insensibilité ; frigidité.** *« d'une froideur qu'on a pu comparer à celle de la vierge Pallas »* SAINTE-BEUVE. ▪ **3** Indifférence marquée, manque d'empressement et d'intérêt. ➤ **détachement.** *« elle me traita avec une froideur qui avait l'air de tenir du mépris »* MUSSET. ▪ **4** Défaut de chaleur, d'éclat, en art. ➤ **sécheresse.** *« tant de délicatesse nous semble de la froideur ou de la fadeur »* TAINE. *La froideur d'une interprétation musicale.* ▪ CONTR. Chaleur. Ardeur, émotion, sensibilité. Cordialité, effusion, éclat, verve.

FROIDURE [fʀwadyʀ] **n. f.** – XIIe ◇ de 1*froid* ▪ VX ou LITTÉR. Atmosphère, saison froide. *« Le temps a laissé son manteau De vent, de froidure et de pluie »* CHARLES D'ORLÉANS. ◆ MÉD. Lésion de la peau causée par le froid ; gelure atténuée.

FROISSABLE [fʀwasabl] **adj.** – XVIe ◇ de *froisser* ▪ Qui se froisse facilement. *Le lin est très froissable.* ▪ CONTR. Infroissable.

FROISSANT, ANTE [fʀwasɑ̃, ɑ̃t] **adj.** – 1845 ◇ de *froisser* ▪ Qui froisse (4o), blesse l'amour-propre. ➤ **blessant, choquant, désobligeant, vexant.** *« Il y a là une faute de goût, quelque chose de profondément froissant »* CLAUDEL.

FROISSEMENT [fʀwasmɑ̃] **n. m.** – XIIIe ◇ de *froisser* ▪ **1** Action de froisser, de chiffonner, de plisser ; son résultat. *« de petits froissements de la bouche »* GONCOURT. *Froissement d'un muscle.* ➤ **claquage, élongation.** ◆ Bruissement de ce qui est froissé. *J'entendis « des froissements d'étoffes qu'on pliait »* LAMARTINE. *« elle percevait des froissements légers de papier de soie »* CHARDONNE. ▪ **2** FIG. Choc de caractères, d'intérêts en conflit. ➤ **friction, heurt.** *« Malgré l'absence, les froissements, l'incompréhension, Marcelle lui restait chère »* CHARDONNE. ◆ Ce qui blesse qqn dans son amour-propre, sa sensibilité. ➤ **blessure, vexation.** *« Mon orgueil sans cesse s'irrite de mille infimes froissements »* GIDE. ▪ CONTR. Entente, satisfaction.

FROISSER [fʀwase] **v. tr.** ⟨1⟩ – *froissier* 1080 ◇ latin populaire °*frustiare,* de *frustum* « morceau » ▪ **1** VX Briser. ◆ VIEILLI Meurtrir par un choc brutal. *Le mourant « Que le sabot du cheval froisse »* BAUDELAIRE. ◆ MOD. Meurtrir par une pression violente. *Se froisser un muscle.* ▪ **2** Endommager par frottement ou compression (un corps offrant peu de résistance). ➤ **écraser.** *« l'herbe livre son suc dès qu'on la froisse »* COLETTE. ➤ **fouler, piétiner.** — *Tôle froissée.* ▪ **3** (XVe) Faire prendre de faux plis à (une substance souple). *Froisser une toile de lin.* ➤ **chiffonner, friper.** PRONOM. (PASS.) *Ce tissu ne se froisse pas.* ➤ **infroissable.** ▪ **4** (XVIe) FIG. Blesser légèrement dans son amour-propre, dans sa délicatesse. ➤ **désobliger, indisposer, offenser, piquer, vexer.** *Elle a été froissée par ce manque de tact.* ➤ **choquer.** *« Je vous ai souvent froissée. Je ne ménageais pas assez votre délicatesse »* FRANCE. *« J'avais, sans le savoir, froissé certains écrivains en ne les nommant pas »* MAUROIS. — **SE FROISSER v. pron.** Se vexer. *Ne vous froissez pas pour si peu !* ➤ **se formaliser.** ▪ CONTR. Défriper, défroisser, repasser. Contenter, flatter, 1ménager.

FROISSURE [fʀwasyʀ] **n. f.** – 1803 ; « brisure » XIIe ◇ de *froisser* ▪ RARE Trace laissée par le froissement. ➤ **1pli.** *Froissure d'une étoffe qui ne disparaît pas au repassage.*

FRÔLEMENT [fʀolmɑ̃] **n. m.** – 1700 ◇ de *frôler* ▪ Léger et rapide contact d'un objet qui se déplace le long d'un autre. *« donner des coups très légers, qui sont presque des frôlements et qui accompagnent le cerceau »* ROMAINS. *Doux frôlements.* ➤ **attouchement, caresse.** ◆ Bruit léger qui en résulte. ➤ **frémissement, froissement, froufrou.** *« percevoir le frôlement d'une robe comme un bruit d'ailes »* HUGO.

FRÔLER [fʀole] **v. tr.** ⟨1⟩ – 1670 ; « rosser » milieu XVe ◇ origine inconnue ▪ **1** Toucher légèrement en glissant, en passant. ➤ **effleurer.** *« de cordes que les archets frôleraient à peine »* LOTI. ▪ **2** Passer très près de, en touchant presque. ➤ **raser.** *La voiture l'a frôlé mais ne l'a pas accroché.* ◆ FIG. Échapper de justesse à. *« J'ai frôlé quatre fois la mort »* APOLLINAIRE. *Frôler le ridicule.* ➤ **friser.**

FRÔLEUR, EUSE [fʀolœʀ, øz] **n.** – 1879 ; adj. « caressant » 1876 ◇ de *frôler* ▪ Personne qui cherche toutes les occasions de frôler, de toucher d'autres personnes, pour obtenir des émotions érotiques. ➤ FAM. **peloteur, tripoteur.** *Frôleurs et frotteurs.* ◆ **n. f.** (1882) Femme provocante. ➤ **aguicheuse.** *« elle agaçait les mâles [...] c'était une enragée frôleuse »* R. ROLLAND.

FROMAGE [fʀɔmaʒ] **n. m.** – milieu XIIe ◇ du latin populaire *formaticus (caseus),* c'est-à-dire « (fromage) moulé », famille de *forma* → forme (V)

I LAITAGE ▪ **1** Aliment obtenu par la coagulation du lait, suivie ou non de fermentation. VAR. FAM. **FROMEGI** [fʀɔmʒi], **FROMETON** [fʀɔmtɔ̃]. *Fabrication du fromage* : emprésurage, caillage, égouttage, moulage, démoulage, salage, affinage. ➤ **fromagerie, 2fruitier** (fruitière). *Fromage (de lait) de vache, de chèvre, de brebis,* etc. *« le fameux fromage mou de la Touraine et du Berry, fait avec du lait de chèvre »* BALZAC. *Le fromage est riche en calcium. La croûte, la pâte du fromage. Fromage fermier, laitier. Fromage à la coupe*. Acheter du fromage chez le crémier, le fromager.* ◆ *Un fromage* : une masse de fromage moulée, se présentant sous une forme déterminée. *Fromages frais* (salés ou non), obtenus à partir de lait écrémé (totalement ou partiellement), entier ou enrichi en crème (double crème) : brocciu, 2brousse, burrata, caillé, caillebotte, cottage, demi-sel, faisselle, feta, fontainebleau, *fromage blanc* (cf. infra), jonchée, mascarpone, mozzarella, pavé d'affinois, petit-suisse, ricotta, yaourt. *Fromages fer-*

mentés à pâte molle et à croûte fleurie :* bondon, brie, brillat-savarin, camembert, carré de l'Est, chaource, cœur de Bray, coulommiers, neufchâtel. *Fromages fermentés à pâte molle et à croûte lavée :* cancoillotte, époisses, géromé, livarot, maroilles, munster, pavé d'Auge, pont-l'évêque, puant de Lille, reblochon, vacherin. *Fromages fermentés à pâte molle et à croûte naturelle : (vache)* banon, saint-marcellin ; *(brebis)* niolo, pérail ; *(chèvre)* bouton de culotte, cabécou, chabichou, chevrotin, crottin de Chavignol, pavé blésois, pélardon, picodon, rigotte, sainte-maure, valençay. *Fromages fermentés à pâte pressée non cuite :* appenzell, cantal, cheddar, chester, édam, gouda, hollande, laguiole, mimolette, morbier, port-salut, provolone, raclette, saint-nectaire, saint-paulin, tomme, vacherin. *Fromages fermentés à pâte pressée cuite :* beaufort, comté, emmental, gruyère, parmesan, pécorino. *Fromages fermentés à pâte persillée :* bleu (II, 6°), fourme, gorgonzola, roquefort, sassenage, stilton. *Fromages fondus (fromages à tartiner*),* obtenus par fusion de plusieurs espèces de fromages (cheddar, comté, emmental, gruyère, gouda, etc.) additionnés éventuellement de beurre (crème de gruyère, crème de roquefort, etc.). *Fromage à pâte aromatisée,* de toutes variétés, dont la saveur est relevée par du poivre, du cumin, du piment, des fines herbes, de l'ail, etc. : banon à la sarriette, dauphin, fromage frais aux fines herbes, gouda au cumin, munster au cumin. — *Fromage bien fait, coulant, crémeux ; pas assez fait, plâtreux.* — *Soufflé, omelette, fondue au fromage. Pizza quatre fromages,* garnie de quatre fromages différents. *Fromage râpé. Sandwich au fromage. Plateau, couteau, cloche* à fromage. De la nature du fromage.* ➤ **caséeux.** — *Fromage et dessert, fromage ou dessert* (sur les menus des restaurants). LOC. FIG. et FAM. *Fromage et dessert :* il n'est pas nécessaire de choisir, on peut bénéficier de ce qui se fait de mieux. *«Fromage ou dessert ? [...] Boire ou conduire ? Fallait-il choisir ?»* (Le Monde, 1996). — LOC. *Entre la poire et le fromage :* à la fin du repas, quand les propos deviennent moins sérieux. ◆ *Fromage blanc :* lait caillé égoutté, à texture onctueuse *(fromage blanc battu, lissé)* ou granuleuse. *Pot, faisselle de fromage blanc. Gâteau au fromage blanc.* ▪ **2** FIG. (1878 *se retirer dans un fromage,* par allus. à la fable de La Fontaine «Le rat qui s'est retiré du monde») FAM. Situation, place avantageuse et peu fatigante. ➤ **sinécure.** ▪ **3** LOC. FAM. (1928) *Faire de qqch. (en faire) un fromage :* grossir démesurément l'importance d'un fait (cf. Faire tout un plat de...).

II PRÉPARATION MOULÉE (Plats que l'on prépare dans un moule, une terrine, une forme). *Fromage de tête :* pâté fait avec des morceaux de tête de porc pris en gelée.

FROMAGER, ÈRE [fʀɔmaʒe, ɛʀ] **n. et adj.** – XIIIe ◇ de *fromage*

I ▪ **1** Personne qui fabrique ou vend des fromages. ➤ 2**fruitier.** ▪ **2** **adj.** (1846) Relatif au fromage. *Industrie fromagère.* — *Tourteau* fromager.*

II **n. m.** (1724) Très grand arbre tropical *(malvacées),* à bois blanc et tendre, dont les fruits fournissent le kapok. *«un gros fromager dont les racines ressemblaient à des corps d'enfants couchés»* SEMBENE.

FROMAGERIE [fʀɔmaʒʀi] **n. f.** – *fourmagerie, formagerie* avant 1320 ◇ de *fromager* ▪ Local où l'on fabrique et vend en gros des fromages ; industrie fromagère, commerce des fromages. ➤ 2**fruitier** (une fruitière). — Boutique où l'on vend des fromages. ➤ **crémerie.**

FROMENT [fʀɔmɑ̃] **n. m.** – début XIIe ◇ du latin *frumentum,* famille de *frui* «avoir la jouissance de (qqch.)» (voir 1*fruit*) ▪ **1** AGRIC. Blé. ◆ Grains de blé. *Farine de froment.* ▪ **2** ADJT INV. Se dit de la couleur blonde de la robe des bovidés. *Vache à robe froment clair, froment foncé.*

FROMENTAL, AUX [fʀɔmɑ̃tal, o] **n. m.** – 1760 ◇ de *froment* ▪ Avoine fourragère, dite aussi *avoine élevée.*

FRONCE [fʀɔ̃s] **n. f.** – fin XIe ◇ francique °*hrunkja* «ride» ▪ Chacun des plis courts et très serrés qu'on donne à une étoffe en exécutant une série de points devant, dits *coulissés* (l'aiguille glissant dans le tissu pour ne sortir qu'en fin de travail). ➤ aussi **smocks.** *Jupe à fronces.*

FRONCEMENT [fʀɔ̃smɑ̃] **n. m.** – 1530 ◇ de *froncer* ▪ Action de froncer (le sourcil).

FRONCER [fʀɔ̃se] **v. tr.** ‹3› – fin XIIe ◇ de *fronce* ▪ **1** Plisser, rider en contractant, en resserrant. *«elle fronçait souvent les sourcils, ce qui couvrait son front de rides»* RADIGUET. *«tu ne peux donc pas rire sans froncer ton nez comme ça ?»* COLETTE. — PRONOM. *«les sourcils descendent et se froncent»* BUFFON. ▪ **2** Plisser (une étoffe) en exécutant des fronces qui resserrent l'ampleur. *Ruban permettant de froncer la tête des rideaux* (ruban *fronceur*). — *«une petite jupe froncée sur le ventre»* HUYSMANS. ▪ CONTR. Défroncer.

FRONCIS [fʀɔ̃si] **n. m.** – 1563 ◇ de *froncer* ▪ Suite de fronces, de plis que l'on fait à une étoffe ; bande d'étoffe froncée.

FRONDAISON [fʀɔ̃dɛzɔ̃] **n. f.** – 1823 ◇ de 1*fronde* ▪ **1** BOT. Apparition des feuilles sur les arbres. *Le printemps, époque de la frondaison.* ➤ **feuillaison.** ▪ **2** LITTÉR. Ensemble des feuilles (d'un végétal), notamment lorsqu'il est abondant, vaste. ➤ **feuillage.** *«la jeune frondaison des marronniers et des platanes»* DUHAMEL.

1**FRONDE** [fʀɔ̃d] **n. f.** – XVe ◇ latin *frons, frondis* «feuillage» ▪ BOT. Feuille des plantes acotylédones. *Les frondes des fougères.* — Thalle aplati en lame (de certaines algues).

2**FRONDE** [fʀɔ̃d] **n. f.** – v. 1240 ◇ altération de *fonde, flondre,* du latin populaire °*fundula,* classique *funda* ▪ **1** Arme de jet utilisant la force centrifuge, formée d'une poche de cuir suspendue par deux cordes et contenant un projectile (balle ou pierre). *Faire tournoyer une fronde. Lancer une pierre avec une fronde.* ▪ **2** PAR ANAL. Jouet d'enfant composé d'une petite fourche et d'un caoutchouc. ➤ **lance-pierre.**

3**FRONDE** [fʀɔ̃d] **n. f.** – 1649 ◇ de *fronder* ▪ **1** Nom donné à la sédition qui éclata contre Mazarin et la reine mère Régente Anne d'Autriche, sous la minorité de Louis XIV. *Couplets satiriques chantés pendant la Fronde.* ➤ **mazarinade.** — PAR EXT. Le parti des insurgés. ▪ **2** FIG. *Un esprit de fronde, un vent de fronde,* de révolte.

FRONDER [fʀɔ̃de] **v.** ‹1› – 1611 ; *fonder* XIIIe ◇ de 2*fronde*

I **v. intr.** ▪ **1** VX Lancer un projectile avec une fronde. ▪ **2** HIST. Appartenir au parti de la Fronde (1649). — PAR ANAL. Être frondeur. *Cette fâcheuse manie «de fronder et de gronder à propos de tout»* AMIEL.

II **v. tr.** FIG. et LITTÉR. Attaquer ou railler (une personne, une chose, généralement entourée de respect), en usant contre elle de traits d'impertinence, de moquerie, de satire. ➤ **attaquer, critiquer.** *Fronder le gouvernement, le pouvoir.* ▪ CONTR. Flatter.

FRONDEUR, EUSE [fʀɔ̃dœʀ, øz] **n.** – 1290 ◇ de 2*fronde* ▪ **1** ANCIENNT Soldat armé de la fronde. ▪ **2** HIST. Personne qui appartenait au parti de la Fronde. *«les Frondeurs avaient voulu soulever le peuple»* RETZ. ▪ **3** LITTÉR. Personne qui critique, sans retenue ni déférence, le gouvernement, l'autorité, les règlements, etc. *«le nom de frondeurs qu'on donne aux censeurs du gouvernement»* VOLTAIRE. — **adj.** *Peuple frondeur. Propos frondeurs.* — PAR EXT. Qui est porté à la contradiction, à l'opposition. *«frondeuse comme une lycéenne, irrévérencieuse envers les vieillards»* COLETTE. COUR. *Esprit frondeur,* enclin à l'impertinence. ➤ **moqueur, railleur.** ▪ CONTR. Respectueux.

FRONT [fʀɔ̃] **n. m.** – 1080 ◇ latin *frons, frontis*

I PARTIE DE LA TÊTE ▪ **1** Partie supérieure de la face humaine, comprise entre les sourcils et la racine des cheveux, et s'étendant d'une tempe à l'autre. *Un front haut, élevé, large, bombé, fuyant. Les rides du front. Cheveux sur le front* (➤ **frange**). *S'éponger, s'essuyer le front. Gagner son pain à la sueur* de son front.* — *Un front soucieux.* — LOC. *Bas du front :* stupide. (Canada) *Avoir du front tout le tour de la tête,* de l'audace. ◆ Partie antérieure et supérieure de la tête (de certains animaux). *Cheval qui a une étoile au front.* ◆ Tête, visage. *Baisser, pencher le front, son front.* — LOC. FIG. *Courber* le front.* ➤ **s'incliner,** se **soumettre.** *Les opprimés, les vaincus commencent à relever le front.* ➤ se **révolter ; résister.** *Il peut marcher le front haut,* avec fierté (cf. Tête* haute). ▪ **2** VX Façon de se présenter. ➤ 2**air, maintien.** *«De quel front soutenir ce fâcheux entretien ?»* RACINE. — MOD. Air effronté. ➤ **audace, toupet ;** FAM. **culot.** *«Quoi ? Vous avez le front de trouver cela beau ?»* MOLIÈRE.

II FACE, PARTIE ANTÉRIEURE OU SUPÉRIEURE ▪ **1** VX ou POÉT. Partie supérieure (de qqch. d'élevé). ➤ **sommet.** ▪ **2** Face antérieure que présentent des choses d'une certaine étendue. *Front d'un bâtiment.* ➤ **façade, fronton.** *Front de mer :* avenue en bordure de mer. *Le front de Seine, à Paris.* — SPÉCIALT, MILIT. Troupe rangée face à l'ennemi. *Front de bataille :* les premiers rangs d'une troupe déployée en ordre de bataille. *Exécuter un changement de front.* ➤ **revirement.** — *Front fortifié.* ➤ **ligne.** — LOC. FIG. *Faire front :* faire face, tenir tête. ➤ **affronter, résister, tenir.** *Sur tous les fronts :* dans tous les domaines ; partout. *Être présent sur tous les fronts.* ▪ **3** ABSOLT (1914) *Le front :* la ligne des positions occupées face à l'ennemi, la zone des batailles (opposé à *l'arrière*). *«Ne fût-ce que pour cacher à ceux*

de l'arrière les choses effroyables qui se passent au front !» MARTIN DU GARD. *Partir pour le front.* ➤ **guerre.** *Monter au front. Mourir, tomber au front.* ➤ 1**champ** (d'honneur). *Nouvelles du front.* ■ **4** PAR ANAL. Union étroite constituée entre des partis ou des individus s'accordant sur un programme commun. ➤ **bloc, coalition, groupement, ligue.** *Front populaire. Front de libération nationale (F. L. N.). Front national (F. N.).* ➤ **frontiste.** *Front républicain,* coalition de partis politiques formée pour faire barrage au Front national. *Le front du refus,* ensemble des personnes qui rejettent (qqch.). ■ **5** TECHN. Face, plan vertical. *Front de taille :* surface verticale selon laquelle est pratiquée la coupe dans une exploitation minière. *Front d'attaque :* endroit du terrain où l'on attaque les travaux de percement. — GÉOM. *Plan de front, ligne de front,* parallèles au plan vertical. — MÉTÉOROL. Surface de séparation entre deux masses* d'air de température et d'origine différentes. *Front chaud* (l'air chaud repoussant l'air froid), *front froid d'un cyclone. «les ondulations d'un front mettant en contact air polaire et air tropical»* O. ROLIN. ■ **6** loc. adv. **DE FRONT :** du côté de la face, par-devant. *Choc de front.* ➤ **frontal.** *Attaque de front.* FIG. *Attaquer, heurter de front qqn, une opinion, des préjugés...,* directement et sans ménagement. *«Heurter de front des sentiments est le moyen de tout gâter»* MOLIÈRE. *Aborder de front un problème* (cf. Prendre le taureau par les cornes*, ne pas y aller par quatre chemins*). ◆ Sur la même ligne, côte à côte. *Chevaux attelés de front. «un sentier si étroit qu'on n'y pouvait circuler deux de front»* GIDE. FIG. *Mener, faire marcher de front plusieurs affaires.* ➤ 1**ensemble, simultanément.**
■ CONTR. 2 Arrière, dos. Biais (de), file (à la file), séparément.

FRONTAIL [fʀɔ̃taj] n. m. – 1762 ; «bandeau royal» 1559 ◇ de *front* ■ Partie de la têtière du cheval qui passe sur le front. *Des frontails.*

FRONTAL, ALE, AUX [fʀɔ̃tal, o] n. m. et adj. – *frontel* XIIe ◇ latin *frontalis* ■ **1** n. m. Bandeau de front. ◆ Frontail. ■ **2** adj. (XVIe) ANAT. Du front. *Os frontal,* ou n. m. *le frontal :* os impair, médian et symétrique, formant la partie antérieure du crâne. *Fosses frontales,* où sont logés les lobes antérieurs du cerveau. PATHOL. *Syndrome frontal,* causé par une lésion du lobe frontal du cerveau. — COUR. Qui se porte sur le front. *Lampe frontale* ou n. f. *une frontale.* ■ **3** Qui se fait de front, par-devant. *Attaque frontale. Lave-linge à chargement frontal.* — *Choc frontal.* ■ **4** (XXe) GÉOM. *Plan frontal, droite frontale :* plan, droite de front*, parallèles au plan vertical de projection. ■ **5** INFORM. *Ordinateur frontal,* situé entre un terminal et un ordinateur pour soulager ce dernier de tâches ne requérant pas une grande puissance de calcul. n. m. *Un frontal.* ■ HOM. Fronteau.

FRONTALIER, IÈRE [fʀɔ̃talje, jɛʀ] n. et adj. – 1730, repris 1827 ◇ gascon *frountalié* «limitrophe» ■ Habitant(e) d'une région frontière et SPÉCIALT qui va travailler chaque jour dans un pays limitrophe. ➤ **transfrontalier.** *Carte de frontalier.* — adj. *Population frontalière. Ville frontalière.* ➤ **frontière, limitrophe.**

FRONTALITÉ [fʀɔ̃talite] n. f. – fin XIXe ◇ de *frontal* ■ ARCHIT., BX-ARTS *Loi de la frontalité,* par laquelle une statue humaine reste dans un plan vertical (sculpture archaïque), sans se déporter de côté. ■ CONTR. Hanchement.

FRONTEAU [fʀɔ̃to] n. m. – 1393 ; *frontel* XIIe ◇ de *front* ■ **1** ➤ **frontal** (1°). — (1704) Bandeau de toile faisant partie du vêtement de certaines religieuses. — Bijou porté sur le front (➤ **ferronnière**). ■ **2** (1611) ARCHIT. Petit fronton surmontant une baie. ■ HOM. Frontaux (frontal).

FRONTIÈRE [fʀɔ̃tjɛʀ] n. f. – XVe ; «front d'armée» 1213 ◇ de *front* ■ **1** Limite d'un territoire qui en détermine l'étendue. ➤ **borne, lisière.** *Dans nos frontières. Au-delà des frontières.* — PAR EXT. Limite séparant deux États. ➤ **démarcation.** *Parties d'un territoire avoisinant la frontière.* ➤ **confins.** *Frontières naturelles,* constituées par un obstacle géographique. *Le Rhin, frontière naturelle entre la France et l'Allemagne.* — *Frontière artificielle, conventionnelle :* ligne idéale, au tracé arbitraire, généralement jalonnée par des signes conventionnels (bornes, barrières, poteaux, bouées). *Poste de police, de douane installé à la frontière* (➤ **garde-frontière**). *Police aux frontières (PAF),* chargée du contrôle des frontières et de la lutte contre l'immigration irrégulière. *Passer, franchir la frontière. Il a été arrêté à la frontière.* — *Défendre, protéger ses frontières contre l'ennemi.* — *Incident de frontière.* — *Sans frontières :* international. *Médecins sans frontières.* — APPOS. ➤ **frontalier, limitrophe.** *Région, zone frontière.* ➤ **no man's land.** *Les villes frontières. Poste frontière.* ➤ 3**poste.** *Province frontière.* ➤ 1**marche.** ◆ PAR EXT. *Frontières linguistiques,* délimitant des aires linguistiques (➤ **isoglosse**). ◆ MATH. L'ensemble des éléments délimitant un domaine (cf. Ensemble fermé*). ■ **2** FIG. Limite, séparation. *Reculer les frontières du savoir. Être à la frontière de.* ➤ **confiner, friser, frôler.** *Aux frontières de la vie et de la mort.* ■ CONTR. Centre, intérieur, milieu.

FRONTIGNAN [fʀɔ̃tiɲɑ̃] n. m. – 1653 ; *frontignac* 1613 ◇ n. d'une localité de l'Hérault ■ Cépage cultivé près de Frontignan ; vin blanc muscat produit par ce cépage. *Des frontignans.*

FRONTISPICE [fʀɔ̃tispis] n. m. – 1529 ◇ bas latin *frontispicium* «façade» ■ **1** ARCHIT. VX Façade principale (d'un grand édifice). ■ **2** TYPOGR. Grand titre (d'un ouvrage). *Vignettes ornant un frontispice.* ◆ Planche illustrée placée avant la page de titre ; gravure placée face au titre.

FRONTISTE [fʀɔ̃tist] adj. et n. – 1916 autre sens ◇ de *front* ■ Du Front national. *Le programme frontiste.* ◆ Partisan du Front national. — n. *Les frontistes.* — n. m. **FRONTISME.**

FRONTON [fʀɔ̃tɔ̃] n. m. – 1624 ◇ italien *frontone,* augmentatif de *fronte* «front» ■ **1** Couronnement (d'un édifice ou d'une partie d'édifice) consistant en deux éléments de corniche obliques (➤ **rempart**) ou en une corniche courbe se raccordant avec la corniche d'un entablement. *Partie intérieure du fronton.* ➤ **tympan.** *Ornements aux extrémités, au sommet d'un fronton.* ➤ **acrotère.** *Fronton surmontant le portique d'un temple. Fronton gothique.* ➤ **gable.** *Devises, inscriptions gravées, peintes au fronton d'un édifice.* ◆ FIG. *Les principes qui sont inscrits au fronton de la Constitution.* ■ **2** SPÉCIALT Partie supérieure du mur contre lequel on joue à la pelote basque. PAR EXT. Ce mur et le terrain qui s'étend devant lui.

FROTTAGE [fʀɔtaʒ] n. m. – 1690 ◇ de *frotter* ■ Action de frotter. *Frottage d'un plancher.*

FROTTÉE [fʀɔte] n. f. – 1611 ◇ de *frotter* ■ **1** Tartine frottée d'ail. ■ **2** (1807) VX et FAM. Volée* de coups. ➤ 2**pile, raclée.**

FROTTE-MANCHE [fʀɔtmɑ̃ʃ] n. m. – date inconnue ◇ de *frotter* (I, 2°) *la manche* ■ (Belgique) FAM. Flatteur. ➤ **lèche-botte.** *Des frotte-manches.*

FROTTEMENT [fʀɔtmɑ̃] n. m. – 1490 ◇ de *frotter* ■ **1** Action de frotter ; contact de deux corps dont l'un se déplace par rapport à l'autre. ➤ **friction.** *Produire du feu par frottement. Bruit de frottement.* ➤ **crissement.** — PAR EXT. Ce bruit. *On entendait un léger frottement.* — MÉD. *Frottement pleural, péricardique :* bruit perçu à l'auscultation dans les cas d'inflammation de la plèvre ou du péricarde. ◆ FIG. et VX Contact, relations. *«le frottement continuel des esprits et des intérêts»* BALZAC. ■ **2** (1690) Force qui s'oppose au glissement d'une surface sur une autre. *Étude du frottement.* ➤ **tribologie.** — *Frottement des liquides, des gaz.* — TECHN. *Freinage par frottement. Ajustage à frottement.* — *Frottement anormal des pièces d'une machine, d'un mécanisme.* ➤ **grippage.** *Chaleur produite par le frottement. User, usure par frottement.* ➤ **abrasion,** 2**frai, rodage.** *Augmenter le frottement par un adhésif, le diminuer par un lubrifiant. Frottement à sec, onctueux, visqueux. Graisse, huile oxydée par frottement* (➤ **cambouis**). *Protection des pièces en frottement par un coussin, un coussinet, un alliage antifriction.* ■ **3** FIG. Difficulté, désaccord provenant de contacts trop fréquents, trop étroits. ➤ **friction, tirage.** *Il y a eu des frottements.*

FROTTER [fʀɔte] v. ‹ 1 › – XIIe ◇ ancien français *freter,* devenu *froter* par substitution du suffixe ; *freter* est issu du latin populaire °*frictare,* fréquentatif de *fricare*

I ~ v. tr. ■ **1** Exercer sur (qqch.) une pression accompagnée de mouvement (➤ **friction, frottement**), soit en imposant un mouvement à un corps en contact avec un autre *(frotter son doigt contre, sur une table),* soit en imposant à un corps la pression d'un autre corps en mouvement *(frotter une table du doigt). Frotter fort* (➤ **appuyer**), *doucement* (➤ **effleurer, frôler**). *Frotter deux silex l'un contre l'autre. Frotter une allumette* (contre le frottoir). ➤ **gratter.** ■ **2** SPÉCIALT Rendre plus propre, plus luisant, en frottant. ➤ **astiquer, briquer, fourbir, lustrer.** *Frotter les cuivres* (pour les faire reluire), *le parquet. «Les meubles étaient si bien cirés et frottés qu'ils en prenaient une sorte de douceur et l'on oubliait leur pauvreté»* CLANCIER. *Frotter le poil d'un cheval* (➤ **bouchonner, brosser, étriller**). *Frotter le linge.* ➤ **nettoyer.** — *Frotter pour enlever un dépôt* (➤ **décaper, gratter, racler**), *pour polir* (➤ **polir, poncer, roder**). — *Frotter ses semelles sur un paillasson.* ◆ (Belgique) LOC. FIG. FAM. *Frotter la manche à qqn,* le flatter (cf. Lécher* les bottes). ➤ **frotte-manche.** ■ **3** *Frotter qqn pour le laver, le sécher*

(➤ essuyer) ; *pour le réchauffer* (➤ frictionner). — *Se frotter le nez. Frotter ses mains avec du savon. Frotter ses yeux, se frotter les yeux* (en se réveillant). *Se frotter les mains* ; FIG. en signe de contentement. ➤ se réjouir. «*Il se frottait les mains* [...] ; *il ne pouvait dissimuler sa joie*» HUGO. — *Chat qui se frotte le museau.* ▪ 4 **FROTTER... DE... :** enduire par frottement, par friction. *Frotter d'huile, de graisse...* ➤ **graisser, huiler, oindre ; passer** (à). *Pain frotté d'ail* (➤ **frottée**). — FIG. et VIEILLI *Être frotté de...* : avoir une légère teinture, un vernis (de science). «*étant un peu frotté de théologie*» FRANCE. ◆ ABSOLT, PEINT. Appliquer un frottis sur. — **p. p. subst.** *Un frotté* : toile recouverte d'un frottis ; dessin au crayon usé par le frottement. ▪ 5 VIEILLI Donner des coups à (qqn). ➤ **battre, étriller, frapper ; frottée.** LOC. *Frotter les oreilles (à qqn),* morigéner, punir. ▪ 6 FIG. et LITTÉR. Mettre en contact ; faire entrer en relations. «*frotter et limer notre cervelle contre celle d'autrui*» MONTAIGNE.

II ~ **v. pron. SE FROTTER** ▪ 1 Frotter son corps (➤ **friction**). *Se frotter au gant de crin.* «*Le chat siamois bondit silencieusement et se frotta contre l'un des pieds nus*» ARAGON. ▪ 2 **SE FROTTER DE... :** s'enduire. *Se frotter d'huile solaire.* FIG. VIEILLI *Se frotter de latin, de grec,* en prendre une connaissance superficielle. ➤ **apprendre,** se **teinter.** ▪ 3 *Se frotter à qqn* : avoir des relations avec qqn (➤ **frayer** [avec], **fréquenter**) ; attaquer qqn (➤ **défier, provoquer**). «*ces types-là préféraient ne pas se frotter aux gendarmes*» P. ÉMOND. *Ne vous y frottez pas.* PROV. *Qui s'y frotte s'y pique**. — PAR EXT. *Il a eu tort de s'y frotter,* de courir le risque. ▪ 4 FAM. *Se frotter sur qqn,* profiter d'une occasion de contacts érotiques (➤ **frotti-frotta**). — SPÉCIALT Profiter de la promiscuité des lieux publics pour rechercher l'excitation sexuelle par des contacts subreptices. ABSOLT «*Le genre de types qui profitent de la foule pour se frotter*» D. DE VIGAN (➤ **frotteur**).

III ~ **v. intr.** Exercer, produire un frottement en se mouvant au contact de qqch. *Roue qui frotte contre le trottoir. Pièces d'un mécanisme qui frottent.* ➤ **gripper.**

▪ CONTR. Glisser.

FROTTEUR, EUSE [fʀɔtœʀ, øz] **n.** – XVIIIe ; 1372 adj. ◇ de *frotter* ▪ 1 Personne qui frotte les planchers, les parquets. ▪ 2 **n. m.** TECHN. Pièce destinée à produire un frottement. *Frotteur à sabot, à patin.* ▪ 3 Personne, homme le plus souvent, qui profite de la promiscuité des lieux publics, notamment des transports en commun, pour rechercher l'excitation sexuelle par des contacts subreptices avec une autre personne. «*les frotteurs qui vont dans les transports publics sans slip se donner des sensations*» GODBOUT. *Les frotteurs du métro. En France, les frotteurs peuvent être condamnés pour agression sexuelle.*

FROTTI-FROTTA [fʀɔtifʀɔta] **n. m. inv.** – 1924 ◇ de *frotter,* sur le modèle de *prêchi-prêcha* ▪ FAM. Action de se frotter sur qqn pour le plaisir (surtout en dansant). «*c'est dans cette boîte à frotti-frotta que notre belle modiste passait le meilleur de son temps*» M. ROLLAND.

FROTTIS [fʀɔti] **n. m.** – 1611 ◇ de *frotter* ▪ 1 (1872) Mince couche de couleur, laissant paraître le grain de la toile. *Glacis et frottis des peintres.* ▪ 2 Préparation en couche mince d'un produit organique en vue d'un examen au microscope (après étalement, coloration et fixation sur lame de verre). *Frottis vaginal, du col utérin* (dépistage du cancer).

FROTTOIR [fʀɔtwaʀ] **n. m.** – 1423 ◇ de *frotter* ▪ Objet, ustensile dont on se sert pour frotter. *Frottoir à allumettes.* ➤ **grattoir.** — Brosse (à parquet, etc.).

FROUER [fʀue] **v. intr.** ‹1› – 1732 ; argot XVe «tromper au jeu» ◇ latin *fraudare* (→ flouer) ; p.-ê. onomat. au sens actuel ; cf. *froufrou* ▪ CHASSE Imiter le cri de la chouette, du geai pour attirer les oiseaux (➤ 1 **pipée**).

FROUFROU [fʀufʀu] **n. m.** – 1738 ◇ onomat. ▪ 1 Bruit léger produit par le frôlement ou le froissement d'une étoffe soyeuse, de plumes, etc. ➤ **bruissement, frémissement, friselis.** *Elle les entendait «passer en grands froufrous d'ailes»* PERGAUD. — On écrit aussi *frou-frou, des frous-frous.* «*En sa longue robe bleue Toute en satin qui fait frou-frou*» VERLAINE. ▪ 2 Vêtement féminin orné, aguichant. *Aimer les froufrous.* «*Leurs froufrous, leurs chiffons, leurs dessous*» MIRBEAU.

FROUFROUTANT, ANTE [fʀufʀutɑ̃, ɑ̃t] **adj.** – 1883 ◇ de *froufrou* ▪ Qui froufroute. *Lingeries froufroutantes.*

FROUFROUTEMENT [fʀufʀutmɑ̃] **n. m.** – 1910 ◇ de *froufrouter* ▪ Action de froufrouter ; son résultat.

FROUFROUTER [fʀufʀute] **v. intr.** ‹1› – 1876 ◇ de *froufrou* ▪ Produire un froufrou. ➤ **bruire.** «*La rivière froufroutait, en se brisant sur les bateaux du pont*» DORGELÈS.

FROUSSARD, ARDE [fʀusaʀ, aʀd] **adj.** et **n.** – 1890 ◇ de *frousse* ▪ FAM. Qui a la frousse. ➤ **peureux, poltron ;** FAM. **pétochard, trouillard.** — **n.** *Un froussard, une froussarde.*

FROUSSE [fʀus] **n. f.** – 1858 ◇ onomatopée *fru-,* indiquant un bruit (qui provoque la peur) ; cf. occitan *frous* «bruit strident» ▪ FAM. Peur. *Avoir la frousse.* ➤ **pétoche, trouille.** *Des gens «qui sont partis à l'aveuglette, par frousse»* SARTRE.

FRUCTICULTEUR, TRICE ➤ **FRUITICULTEUR**

FRUCTIDOR [fʀyktidɔʀ] **n. m.** – 1793 ◇ du latin *fructus* «fruit» et du grec *dôron* «don, présent» ▪ Douzième et dernier mois du calendrier républicain (du 18, 19 août au 17, 18 septembre). *Coup d'État du 18 Fructidor, sous le Directoire.*

FRUCTIFÈRE [fʀyktifɛʀ] **adj.** – 1505 ◇ composé savant, du latin *fructus* «fruit» et *-fère* ▪ BOT. Qui porte des fruits ou des organes reproducteurs. *Les rameaux fructifères de l'olivier.*

FRUCTIFICATION [fʀyktifikasjɔ̃] **n. f.** – XIVe ◇ bas latin *fructificatio* ▪ 1 Formation, production de fruits. *Époque, saison de la fructification.* — Ensemble des fruits que porte un végétal. *Une belle fructification. Les «vignes dont les fructifications grêles et poudreuses sont l'objet des craintes annuelles»* BALZAC. ▪ 2 BOT. Ensemble des organes reproducteurs chez les cryptogames (➤ **périthèce**).

FRUCTIFIER [fʀyktifje] **v. intr.** ‹7› – XIIe ◇ bas latin *fructificare,* de *fructus* ▪ 1 Produire, donner des récoltes (en parlant d'une terre). ▪ 2 Produire des fruits. *Arbre qui fructifie tardivement.* ▪ 3 FIG. Produire un effet, des résultats avantageux, heureux. *Idée qui fructifie.* ➤ se **développer.** ▪ 4 Produire des bénéfices. *Capital qui fructifie.* ➤ **rapporter, rendre.** *Faire fructifier de l'argent.*

FRUCTOSE [fʀyktoz] **n. m.** – 1890, n. f. ◇ du latin *fructus* «fruit» et 1 *-ose* ▪ Sucre d'origine végétale, isomère du glucose. ➤ **lévulose.**

FRUCTUEUSEMENT [fʀyktɥøzmɑ̃] **adv.** – XIVe ◇ de *fructueux* ▪ Avec fruit, succès. ➤ **profitablement.**

FRUCTUEUX, EUSE [fʀyktɥø, øz] **adj.** – XIIe ◇ latin *fructuosus* ▪ 1 VX ou POÉT. Qui donne des fruits (➤ **fructifère**). ▪ 2 COUR. Qui donne des résultats avantageux. *Opération financière, spéculation fructueuse.* ➤ **avantageux,** FAM. **juteux, lucratif, profitable, rentable.** *Ses travaux, ses efforts ont été fructueux.* ➤ **fécond, utile.** *Essai peu fructueux. Collaboration fructueuse.* ▪ CONTR. Improductif, infructueux, stérile.

FRUGAL, ALE, AUX [fʀygal, o] **adj.** – 1534 ◇ du latin *frugalis,* à l'origine «bonne récolte de fruits», famille de *fruges* «fruit» (voir 1 *fruit*) ▪ 1 Qui consiste en aliments simples, peu recherchés, peu abondants. *Nourriture frugale, repas frugal.* ▪ 2 Qui se contente d'une nourriture simple. ➤ **sobre.** «*Sénèque était frugal ; riche, il vivait comme s'il eût été pauvre*» DIDEROT. — PAR EXT. *Vie frugale. Habitudes frugales.* ➤ **ascétique, austère, simple.** — **adv. FRUGALEMENT,** 1547. ▪ CONTR. Glouton, vorace.

FRUGALITÉ [fʀygalite] **n. f.** – XIVe ◇ latin *frugalitas* ▪ 1 Qualité de ce qui est frugal. *La frugalité d'un repas.* ▪ 2 Qualité d'une personne frugale. ➤ **modération, sobriété, tempérance.** *La frugalité célèbre des Spartiates.* ▪ CONTR. Goinfrerie, voracité.

FRUGIVORE [fʀyʒivɔʀ] **adj.** – 1762 ◇ du latin *frux, frugis* «récolte, fruit de la terre» et *-vore* ▪ DIDACT. Qui se nourrit de fruits. *L'ours, le singe sont frugivores.* **n.** *Un frugivore.*

1 **FRUIT** [fʀɥi] **n. m.** – début XIe, au sens figuré (III) ◇ du latin *fructus* «servitude d'usufruit», «revenu, rapport», «produit de la terre» et «récompense», de *frui* «avoir la jouissance de (qqch.)». Le latin avait trois mots rattachés au verbe *frui,* pour désigner les produits du sol : *fructus,* le produit des arbres, *fruges,* plus général, et *frumentum* «céréales». Ils sont à l'origine de *fruit, frugal* et *froment.*

I PRODUIT NATUREL COMESTIBLE A. PRODUIT DE LA TERRE OU DE LA MER ▪ 1 (AU PLUR.) VX ou LITTÉR. Produits de la terre en général, qui servent à la nourriture des êtres humains, des animaux. — COUR. *Les fruits de la terre.* ▪ 2 (fin XVIIIe ◇ traduction de l'italien *frutti di mare*) LOC. COUR. **FRUITS DE MER :** animaux marins comestibles à l'exclusion des poissons. ➤ **coquillage, crustacé, mollusque ; calmar, oursin,** 1 **seiche.** *Plateau de fruits de mer.*

B. PRODUCTION VÉGÉTALE ▪ 1 (fin XIIe) Production des plantes apparaissant après la fleur ; BOT. Ovaire développé de la fleur des plantes phanérogames qui contient et protège les ovules devenus graines. ➤ **péricarpe ; fécondation, pollinisation.** *Les plantes à fleurs n'ont pas toutes des fruits et les graines peuvent être nues. Fruit charnu* (➤ 3 **baie, drupe**), *et* (BOT.) *fruit sec* (➤ **akène, capsule, caryopse, follicule, gousse, pyxide, samare,**

silique). *Fruit déhiscent, indéhiscent. Fruit composé.* ➤ **grappe, 2 régime.** *Le pédoncule, la peau, la chair, la pulpe, les graines, les pépins, le noyau d'un fruit. Fruit des graminées, des céréales.* ➤ **grain.** *Fruits légumiers des plantes herbacées* (➤ **légume**) : aubergine, avocat, citrouille, concombre, courge, courgette, gombo, pois, poivron, potiron, tomate. *Fruits servant d'épices, de condiment :* olive, piment, poivre, vanille. ▪ **2** COUR. Fruit (B, 1°) comestible, lorsqu'il est sucré, que l'on consomme généralement au dessert, parfois comme accompagnement (canard à l'orange, porc aux pruneaux, dinde aux marrons, etc.). *Culture des fruits.* ➤ **arboriculture, pomoculture, pomologie ; fruiterie, verger.** *Cueillir des fruits. Fruit sain ; taché, tavelé, véreux, pourri. Fruit vert, mûr, talé, blet ; fruit aqueux, juteux, fondant, cotonneux, farineux, pierreux. Fruit doux, sucré, savoureux, succulent ; aigre, aigrelet, sur, suret, acide ; parfumé. Principes nutritifs des fruits.* ➤ **fructose, pectine, suc, vitamine.** — *Fruits du même genre que l'orange.* ➤ **agrume.** *Fruits frais, crus. Corbeille, coupe de fruits. Salade, macédoine, soupe de fruits. Mordre dans un fruit. Éplucher, dénoyauter, équeuter, évider, peler un fruit. Écorce, pelure, pulpe, trognon, zeste de fruits.* — *Fruits secs*, fruits séchés.* — *Fruits cuits.* ➤ **compote, confiture, gelée, marmelade.** *Fruits confits*, déguisés*. Fruits au sirop. Fruits à l'eau-de-vie. Fermentation et distillation des fruits.* ➤ **alcool, eau-de-vie, vin.** *Jus, sirop de fruit. Pâte* de fruits. Gâteaux aux fruits.* ➤ **charlotte, clafoutis, crumble, fraisier, framboisier, tarte.** *Bonbons, sorbet aux fruits. Yaourts aux fruits. Condiment à base de fruits et de légumes.* ➤ **achards, chutney, pickles.** — *Fruits rouges,* **(Suisse, Canada)** *petits fruits :* airelle, cassis, fraise, framboise, groseille, mûre, myrtille. *Fruits à noyau :* abricot, brugnon, cerise, mirabelle, nectarine, pêche, prune, quetsche. *Fruits à pépins :* citron, clémentine, coing, cornouille, mandarine, melon, nèfle, orange, pamplemousse, pastèque, poire, pomme, raisin, sorbe, tangerine. *Fruits exotiques, tropicaux :* ananas, anone, arbouse, banane, carambole, caroube, corossol, datte, durian, figue, *fruit à pain*, fruit de la passion**, gingembre, goyave, grenade, grenadille, icaque, jambose, 2 jaque, jujube, 1 kaki, 2 kiwi, kumquat, 2 lime, litchi, longane, mangoustan, mangue, maracuja, nashi, noix de coco, papaye, pastèque, physalis, ramboutan, sapotille. *Fruits farineux :* châtaigne, faine, marron. *Fruits oléagineux :* amande, arachide, argan, cajou, noisette, noix, olive, pécan, pignon, pistache. — *C'est au fruit qu'on connaît l'arbre*. Couper l'arbre* pour avoir le fruit.* ▪ **3** LOC. **LE FRUIT DÉFENDU :** dans la Bible, fruit de l'arbre de la science du bien et du mal que Dieu avait défendu à Adam et Ève de manger. ➤ **1 pomme.** FIG. Chose dont on doit s'abstenir, et PAR EXT. Chose qu'on désire d'autant plus qu'on doit s'en abstenir. *« Ces vols n'avaient que le vol pour mobile. Il ne s'y mêlait ni lucre ni goût du fruit défendu »* COCTEAU. — FIG. (1831) **FRUIT SEC :** intellectuel qui n'a rien donné de ce qu'il semblait promettre. ➤ **raté.** — **FRUIT VERT,** se dit d'une jeune fille qui n'est pas encore épanouie.

II PRODUIT, RÉSULTAT ▪ **1** (fin XIIe) LITTÉR. Enfant, considéré comme produit de sa mère, de l'union des sexes. *« Le fruit de vos entrailles est béni »* (« Je vous salue Marie », prière). *Le fruit d'une union, d'un mariage, de l'amour.* ▪ **2** (XVIe ◊ d'après le latin juridique) DR. AU PLUR. Produits que donne une chose à intervalles périodiques, sans altération ni diminution de sa substance. ➤ **rapport, revenu, usufruit.** *Fruits naturels ; fruits industriels ; fruits civils. Fruits pendants par branches ou par racines :* produits agricoles encore sur pied, non récoltés.

III RÉSULTAT AVANTAGEUX (QUE PRODUIT QQCH.) (début XIe) ➤ **avantage, profit, récompense.** *« était-ce possible de perdre, en un quart d'heure, le fruit d'un an de travail ! »* ZOLA. ◆ **AVEC FRUIT, SANS FRUIT :** avec, sans profit. *Il a lu avec fruit les auteurs classiques.* ➤ **utilement.** *Ses efforts furent sans fruit.* ➤ **infructueux.** ◆ Produit, effet bon ou mauvais de qqch. ➤ **conséquence, effet, produit, résultat.** *Le fruit de profondes réflexions. Le fruit de l'expérience. Une telle erreur ne tarda pas à porter ses fruits.*

2 **FRUIT** [fʀɥi] **n. m.** – 1676 ; *frit* 1576 ◊ cf. *effriter* ▪ TECHN. Diminution d'épaisseur qu'on donne à un mur à mesure qu'on l'élève, l'inclinaison ne portant que sur la face extérieure du mur et la face intérieure restant verticale.

FRUITÉ, ÉE [fʀɥite] **adj.** – 1906 ; blas. 1690 ◊ de 1 *fruit* ▪ Qui a un goût de fruit frais (SPÉCIALT en parlant des huiles, des alcools de fruits). *Vin fruité. Huile d'olive très fruitée.*

FRUITERIE [fʀɥitʀi] **n. f.** – 1611 ; « fruits » 1261 ◊ de 1 *fruit* ▪ **1** Local industriel où l'on garde des fruits frais (➤ **1 fruitier**). ▪ **2** COUR. Boutique où l'on vend au détail des fruits et, accessoirement, des légumes, des laitages. — PAR EXT. Commerce du fruitier.

FRUITICULTEUR, TRICE [fʀɥitikyltœʀ, tʀis] **n.** – 1973 ◊ de 1 *fruit* et *-culteur*, d'après *agriculteur* ▪ Personne qui cultive des arbres fruitiers, pour la vente des fruits. ➤ **arboriculteur.** REM. La forme *fructiculteur* est le doublet savant de ce mot.

1 **FRUITIER, IÈRE** [fʀɥitje, jɛʀ] **adj. et n.** – 1285 « personne qui prend soin des fruits » ◊ de 1 *fruit*

I adj. (1519) ▪ **1** Qui donne des fruits comestibles, en parlant d'un arbre (généralement cultivé à cet effet). *Culture des arbres fruitiers.* ➤ **arboriculture.** *Haie fruitière,* formée de plantes produisant des fruits comestibles. PAR EXT. *Cultures fruitières.* ▪ **2** MAR. *Cargo fruitier,* spécialement aménagé pour le transport des fruits.

II n. ▪ **1 n. m.** Lieu planté d'arbres fruitiers. ➤ **verger.** *« un demi-arpent de potager et de fruitier »* ZOLA. ◆ Local domestique où l'on garde les fruits frais (➤ **fruiterie**). *Pommes, poires, conservées dans un fruitier.* — SPÉCIALT Étagère à claire-voie où l'on étale les fruits. ▪ **2** Commerçant(e) qui tient une fruiterie.

2 **FRUITIER, IÈRE** [fʀɥitje, jɛʀ] **n.** – 1542 ; *fructiere* 1524 ◊ de *fruit,* mot suisse, « produit du bétail, laitage », du latin *fructus* ▪ RÉGION. **(Franche-Comté, Savoie, Isère ; Suisse)** ▪ **1 n. f.** Lieu où l'on fabrique les fromages. ➤ **fromagerie.** *Les fruitières du Jura, de Savoie.* ◆ Coopérative de fabrication des fromages. ▪ **2** (1872) Personne qui fabrique des fromages. ➤ **fromager.** *Maître fruitier.*

FRUMENTAIRE [fʀymɑ̃tɛʀ] **adj.** – XVIe ◊ latin *frumentarius,* de *frumentum* « froment » ▪ ANTIQ. ROM. *Lois frumentaires,* qui réglaient la distribution du blé.

FRUSQUES [fʀysk] **n. f. pl.** – 1800 ; au sing. 1790 ◊ de *saint-frusquin* ▪ FAM. Habits, et SPÉCIALT Mauvais habits. ➤ **fringue, hardes, nippe.** *De vieilles frusques.*

FRUSTE [fʀyst] **adj.** – 1580 ◊ italien *frusto* « usé », latin *frustum* « morceau » ▪ **1** TECHN. Qui est usé, altéré par le temps, le frottement. *Sculpture fruste. Monnaie fruste* **(opposé à** ***monnaie à fleur de coin*).*** *« des médailles frustes et couvertes de rouille, dont la légende est effacée »* VOLTAIRE. ▪ **2** PAR EXT. (XIXe) Dont le relief est grossier. *Un marbre encore fruste* HATZFELD. ▪ **3** (1831 ◊ avec influence de *rustre*) COUR. Non poli, mal dégrossi. ➤ **grossier, rude.** *Un art un peu fruste.* ➤ **rudimentaire.** *Manières frustes. Homme fruste.* ➤ **balourd, inculte, lourd, lourdaud, primitif.** ▪ CONTR. Affiné, cultivé, évolué, 2 fin, raffiné, sophistiqué.

FRUSTRANT, ANTE [fʀystʀɑ̃, ɑ̃t] **adj.** – 1967 ◊ du p. prés. de *frustrer* ▪ Qui frustre*, qui est de nature à produire une frustration. *Une attitude frustrante. « une mère ambivalente tantôt gratifiante, tantôt frustrante »* LAGACHE. ▪ CONTR. Gratifiant, satisfaisant.

FRUSTRATION [fʀystʀasjɔ̃] **n. f.** – 1549 ◊ latin *frustratio* ▪ **1** Action de frustrer (qqn) d'un bien. *Frustration d'un héritier.* ▪ **2** État d'une personne frustrée ou qui se refuse la satisfaction d'une demande pulsionnelle. ➤ **inassouvissement, insatisfaction.** *« Les frustrations, c'est tout ce qui déçoit notre attente, prive notre désir et blesse notre narcissisme »* É. ZARIFIAN. *Il supporte mal les frustrations. Sentiment de frustration,* qui dévalorise le sujet à ses propres yeux, par suite de cette privation. — PSYCHOL. *Frustration affective.* SPÉCIALT *Frustration sexuelle. Test de frustration :* test projectif analysant la capacité d'un sujet à résoudre une situation conflictuelle ou frustrante. ▪ CONTR. Satisfaction ; gratification.

FRUSTRATOIRE [fʀystʀatwaʀ] **adj.** – 1367 ◊ bas latin *frustratorius* ▪ DR. Qui est fait pour frustrer. *Acte frustratoire.*

FRUSTRER [fʀystʀe] **v. tr.** ‹1› – 1330 ◊ latin *frustrare* ▪ **1** Priver (qqn) d'un bien, d'un avantage escompté, promis ou attendu. *Frustrer un héritier de sa part.* ➤ **déposséder, dépouiller.** — ABSOLT *Frustrer un héritier au profit d'un autre.* ➤ **défavoriser, désavantager, déshériter, léser, spolier.** ▪ **2** Priver (qqn) d'une satisfaction. *« On l'a frustré de toutes les satisfactions nobles que le métier procurait à l'artisan »* MARTIN DU GARD. ▪ **3** Ne pas répondre à (un espoir, une attente). ➤ **décevoir, désappointer, tromper.** *Frustrer l'attente, l'espoir de qqn.* — *Frustrer qqn dans sa curiosité, son désir...* ▪ **4** Mettre (qqn) dans une situation de frustration. *Cet échec l'a frustré. Être, se sentir frustré.* **p. p. subst.** *Les exclus et les frustrés.* ▪ CONTR. Avantager, favoriser, satisfaire ; combler, gratifier.

FRUTESCENT, ENTE [fʀytesɑ̃, ɑ̃t] **adj.** – 1811 ◊ dérivé savant du latin *frutex* « arbrisseau », d'après *arborescent* ▪ BOT. Qui a des tiges ligneuses, sans être un arbre. *La myrtille, plante frutescente.*

FUCACÉES [fykase] **n. f. pl.** – 1813 ◊ du latin *fucus* et *-acées* ■ BOT. Famille d'algues brunes *(phéophycées)* marines, comme le fucus et la sargasse. — **Au sing.** *Une fucacée.*

FUCHSIA [fyʃja ; fyksja] **n. m.** – 1693 ◊ de *Fuchs,* botaniste bavarois du XVIe s. ■ Arbrisseau d'origine chilienne *(œnothéracées),* aux fleurs pourpres, roses, en clochettes pendantes, cultivé comme plante ornementale. — APPOS. INV. *Rose fuchsia :* couleur des fleurs de cette plante. ADJT INV. *Un chemisier fuchsia.*

FUCHSINE [fyksin] **n. f.** – 1859 ◊ nom commercial formé (avec allusion probable à *fuchsia*) de *Fuchs,* traduction allemande de *Renard,* nom des fabricants, et *-ine* ■ CHIM. Matière colorante rouge, toxique, utilisée en cytologie et en chimie comme réactif des aldéhydes.

FUCOXANTHINE [fykogzɑ̃tin] **n. f.** – 1921 ◊ de *fuco-,* de *fucus, xanth(o)-* et *-ine* ■ BIOCHIM. Pigment végétal qui confère leur couleur brun-jaune à certaines algues.

FUCUS [fykys] **n. m.** – 1562 ◊ latin *fucus,* du grec *phukos,* nom d'un lichen ■ Algue brune *(phéophycées)* de la famille des fucacées, constituant la plus grande partie de ce qu'on nomme communément *goémon* et improprement *varech.* «*Sur la mer épaissie les fucus gélatineux se dévident*» GIDE.

FUDGE [fɔdʒ] **n. m.** – 1970 ◊ mot anglais d'origine inconnue ■ ANGLIC. RÉGION. (Canada) ■ **1** Confiserie fondante au chocolat. «*De gros morceaux de fudge très noirs nous barbouillent les dents et la langue*» A. HÉBERT. *Fudge à la menthe, à la vanille.* ■ **2** (1993) Crème glacée au chocolat, qu'on tient par un bâton. ➤ **esquimau.**

FUEL [fjul] **n. m.** – 1944 ; *fuel-oil* 1921 ◊ mot anglais «huile combustible» ■ ANGLIC. Mazout. ➤ **fioul** (recomm.).

FUGACE [fygas] **adj.** – 1726 ; hapax 1550 ◊ latin *fugax,* de *fugere* «fuir» ■ **1** VX Qui s'enfuit, s'échappe. ➤ **fugitif, fuyant.** *Bêtes fugaces.* ■ **2** MOD. Qui disparaît promptement, dure très peu. ➤ **fugitif, passager.** *Parfum, odeur fugace. Lueur, reflet fugace.* ➤ 1 **bref.** *Beauté fugace.* ➤ **éphémère, labile, momentané, passager, périssable.** — MÉD. *Symptôme fugace.* — *Impression, sensation, souvenir fugace.* ■ CONTR. Durable, éternel, permanent, stable, tenace.

FUGACITÉ [fygasite] **n. f.** – 1791 ◊ bas latin *fugacitas* → fugace ■ **1** LITTÉR. Caractère de ce qui est fugace. *La fugacité d'une lueur, d'une impression.* ■ **2** CHIM. Valeur qu'il faudrait attribuer à la pression d'un gaz pour qu'il suive les lois thermodynamiques des gaz parfaits. ■ CONTR. Permanence.

-FUGE ■ **1** Élément, du latin *-fuga* et *-fugus,* de *fugere* «fuir» : *lucifuge, transfuge.* ■ **2** Élément, du latin *fugare* «faire fuir» : *ignifuge, vermifuge.*

FUGITIF, IVE [fyʒitif, iv] **adj. et n.** – v. 1300 ◊ latin *fugitivus* ■ **1** Qui s'enfuit, qui s'est échappé. *Esclave, forçat fugitif.* ➤ 2 **marron.** — FIG. «*une pensée fugitive et indocile*» DUHAMEL. ➤ **vagabond.** ♦ **n.** PLUS COUR. Personne qui s'est enfuie. ➤ **évadé, fuyard.** *La police est à la poursuite des fugitifs.* ■ **2** PAR EXT. (CHOSES) Qui passe, disparaît, s'éloigne rapidement ; qui est bref. ➤ **fugace.** *Vision, image fugitive.* ➤ **évanescent.** «*Fugitive beauté*» BAUDELAIRE. *Ombres fugitives. Les formes fugitives des nuages, de la fumée.* ➤ **instable, mobile, mouvant.** ■ **3** FIG. Qui s'écoule rapidement. «*de l'heure fugitive, hâtons-nous, jouissons*» LAMARTINE. — Qui est de brève durée. ➤ 1 **bref,** 1 **court, éphémère, fugace, passager.** *Idée, émotion fugitive.* «*Les impressions de la musique sont fugitives et s'effacent promptement*» BERLIOZ. «*il se sentait pour lui des tendresses fugitives, mais sincères*» PROUST. ■ CONTR. Durable, 1 fixe, permanent, solide, stable, tenace.

FUGITIVEMENT [fyʒitivmɑ̃] **adv.** – 1828 ◊ de *fugitif* ■ D'une manière fugitive, brève. ■ CONTR. Durablement.

FUGU [fugu] **n. m.** – 1973 ◊ mot japonais ■ Poisson comestible, très apprécié au Japon, dont les viscères contiennent un poison violent.

FUGUE [fyg] **n. f.** – 1598 «canon» ◊ italien *fuga*

I Composition musicale écrite dans le style du contrepoint, caractérisée par une entrée successive des voix, un thème répété ou suivi de ses imitations, qui forme plusieurs parties (exposition, contre-exposition, réponse ; développement ; strette, pédale, conclusion) qui semblent «se fuir et se poursuivre l'une l'autre» (Rousseau). ➤ 2 **canon ; imitation.** «*L'Art de la fugue*», de *J.-S. Bach.* — PAR EXT. L'écriture des fugues. *Classe de fugue.*

II (1728) Action de s'enfuir momentanément du lieu où l'on vit habituellement. ➤ **absence, échappée, équipée, escapade, fuite.** «*La fugue — paraît-il — est un appel au secours et quelquefois une forme de suicide*» MODIANO. *Faire une fugue.* «*Ces fugues sont fréquentes. Ça se termine classiquement par une rentrée au bercail, l'oreille basse*» ARAGON. — Escapade (pour un mineur) sous l'influence d'une impulsion morbide. *Enfant qui fait des fugues.* ➤ **fugueur.**

FUGUÉ, ÉE [fyge] **adj.** – 1817 ◊ de *fugue* ■ MUS. Dont la forme est semblable ou comparable à celle de la fugue. *Composition, partie fuguée.* ➤ **invention.**

FUGUER [fyge] **v. intr.** ⟨1⟩ – v. 1960 ; mus. 1803 ◊ de *fugue* (II) ■ FAM. Faire une fugue ; s'enfuir* du milieu familial. *Adolescent qui fugue.*

FUGUEUR, EUSE [fygœʀ, øz] **adj. et n.** – 1930 ◊ de *fugue* (II) ■ Qui fait des fugues. *Enfant fugueur.* — **n.** *Un fugueur, une fugueuse.*

FÜHRER [fyʀœʀ] **n. m.** – v. 1930 ◊ mot allemand «guide», traduction de l'italien *duce* «chef», appliqué à Hitler ■ Titre porté par Adolf Hitler. PAR EXT. ➤ **dictateur.** ■ HOM. Fureur.

FUIE [fɥi] **n. f.** – XIIIe «fuite» puis «refuge» ◊ latin *fuga* ■ RÉGION. Petit colombier, généralement dressé sur piliers.

FUIR [fɥiʀ] **v.** ⟨17⟩ – v. 900 *fuiet* 3e pers. passé simple ◊ bas latin *fugire,* classique *fugere*

I ~ v. intr. ■ **1** S'éloigner en toute hâte pour échapper à qqn ou à qqch. de menaçant. ➤ **s'enfuir*,** 1 **partir** (cf. Prendre la fuite*, s'en aller). *Fuir loin de sa patrie.* ➤ **se réfugier.** *Fuir devant qqn, devant un danger.* «*l'angoisse survient lorsqu'on ne peut agir, c'est-à-dire ni fuir, ni lutter*» H. LABORIT. *Fuir précipitamment, à toutes jambes, sans demander son reste*.* ➤ **décamper, détaler ;** FAM. **calter, cavaler, se débiner, se tirer.** *Fuir de chez qqn sans prévenir.* ➤ **s'esquiver, filer** (cf. aussi Brûler la politesse*, filer à l'anglaise*). *Faire fuir qqn.* ➤ **chasser, effrayer.** — FIG. *Laid à faire fuir.* ♦ FIG. Chercher à échapper à quelque difficulté d'ordre moral. ➤ **se dérober, éluder, se soustraire.** *Fuir devant ses responsabilités.* ➤ **se défiler, se récuser.** «*Il y a plusieurs façons de fuir. Certains utilisent les drogues dites "psychotogènes". D'autres la psychose. D'autres le suicide. D'autres la navigation en solitaire*» H. LABORIT. — *Regard qui fuit,* ne regarde pas en face (➤ **fuyant**). ■ **2** (CHOSES) S'éloigner par un mouvement rapide. «*L'eau bleue où fuit la nef penchante*» HUGO. — (Par l'effet d'une illusion) «*Les arbres qui bordaient la route fuyaient à mes côtés*» FRANCE. ■ **3** LITTÉR. S'écouler rapidement. ➤ **couler, se dissiper, s'écouler, passer ;** FAM. **filer.** «*Le temps m'échappe et fuit*» LAMARTINE. *L'été, les beaux jours ont fui.* ➤ **s'envoler, s'évanouir.** ■ **4** ARTS Paraître s'enfoncer dans le lointain par l'effet de la perspective. ➤ **fuyant.** *Ligne qui fuit vers l'horizon* (➤ **fuite**). *Dégradé qui fait fuir les derniers plans.* ■ **5** S'échapper, s'écouler par quelque issue étroite ou cachée. *Eau qui fuit d'un réservoir.* ■ **6** PAR EXT. Présenter une issue, une fente par où s'échappe, s'écoule ce qui est contenu. *Stylo qui fuit. Bouteille de gaz qui fuit.* ➤ **perdre.** *Le robinet fuit.* ➤ **goutter.**

II ~ v. tr. ■ **1** Chercher à éviter (en s'éloignant, en se tenant à l'écart). *Fuir qqn que l'on craint, que l'on déteste. On le fuit comme la peste. Fuir la présence de qqn.* ➤ **éviter.** *Fuir le monde, son pays.* ➤ **abandonner, quitter.** *Fuir la ville, la société. Fuir un danger.* ➤ **esquiver, éviter, se garder, se soustraire.** *Navire qui fuit le vent. Une mode à fuir. Fuir ses responsabilités.* — PROV. (d'après le latin *fugax sequax, sequax fugax*) *Fuis-moi je te suis, suis-moi je te fuis* (se dit de certaines relations amoureuses). ♦ **v. pron. (récipr.).** Chercher à s'éviter. *Voilà deux mois qu'ils sont brouillés et qu'ils se fuient.* — **(réfl.)** Chercher à échapper à soi-même, à se distraire de quelque tourment intérieur. *Selon Pascal, l'être humain cherche dans le divertissement un moyen de se fuir.* ■ **2** (Sujet chose) LITTÉR. Échapper à la possession de..., se refuser à... (qqn). *Le sommeil me fuit.* «*Cette paix que je cherche et qui me fuit toujours*» RACINE. «*une dame dont le nom m'a fui*» GREEN.

■ CONTR. Approcher, demeurer, résister, rester, tenir. — Affronter, chercher, endurer ; endosser, rechercher.

FUITE [fɥit] **n. f.** – XIIe ◊ p. p. ancien de *fuir,* du latin *fugitus*

I (ÊTRES VIVANTS) ■ **1** Action de fuir ; mouvement de qqn qui fuit. ➤ **échappée, évasion.** *Une fuite rapide, éperdue, précipitée. La fuite générale d'une armée.* ➤ **débâcle, débandade, déroute, panique, sauve-qui-peut.** *Ses complices sont en fuite,* en train de fuir. ➤ FAM. 2 **cavale ; fugitif, fuyard.** *Prendre la fuite :* se mettre à fuir. «*Il y a toujours plus de sûreté en la défense qu'en la fuite*» DESCARTES. *Mettre en fuite :* faire fuir. ➤ **disperser.** *Fuite d'un époux, d'un enfant qui quitte le foyer.* ➤ **abandon, escapade, fugue.** *La fuite de Louis XVI à Varennes en 1791. Fuite de tout un peuple.* ➤ **émigration, exode.** — SPÉCIALT, DR. *Délit de fuite,* dont se rend coupable l'auteur d'un accident qui poursuit sciemment sa route. ◆ (1968) *Fuite en avant :* accélération d'un processus (politique, économique) jugé nécessaire bien que dangereux ; fait d'accompagner une évolution que l'on ne peut contrôler. *« La pensée productiviste [...] a entraîné le monde dans une crise dont il faut sortir par une rupture radicale avec la fuite en avant du "toujours plus" »* S. HESSEL. ▪ 2 FIG. Action de se dérober (à une difficulté, à un devoir). ➤ **dérobade, échappatoire, excuse, faux-fuyant.** *Fuite de qqn devant ses responsabilités.* — PSYCHOL. *Fuite dans le sommeil, la drogue.*

II (CHOSES) ▪ 1 Action de fuir, de s'éloigner. *La fuite des galaxies*. Fuite des capitaux à l'étranger. Fuite des devises.* ➤ **évasion ; hémorragie.** — *Fuite des cerveaux*.* ◆ FIG. *La fuite du temps, des jours.* ➤ **écoulement.** — PSYCHIATR. *Fuite des idées :* succession rapide d'idées fugaces, sans lien apparent, caractéristique de la psychose maniaque. ➤ **mentisme.** ▪ 2 Écoulement par quelque issue étroite ou cachée. *Fuite d'eau, de gaz. Fuite nucléaire. Fuite de courant, fuites électriques, magnétiques :* énergies qui se dissipent en pure perte. ➤ **déperdition, perte.** *Résistance de fuite :* résistance de grille d'un poste de T. S. F. — PAR EXT. L'issue elle-même, la fissure. ➤ **fente, trou.** *Il y a une fuite dans le tuyau.* ◆ (fin XIXe, sens répandu au cours de l'affaire Dreyfus) FIG. Disparition de documents destinés à demeurer secrets. *« au ministère de la Guerre, on constate des fuites de pièces »* MARTIN DU GARD. *Il y a eu des fuites.* ➤ **indiscrétion ;** FAM. **fuiter.** ▪ 3 Aspect de choses qui semblent fuir. — GÉOM., PERSPECT. *Point de fuite :* point de convergence des lignes parallèles (en perspective).

▪ CONTR. Approche, résistance. Permanence.

FUITER [fɥite] v. intr. ⟨1⟩ – 1988 ; 1910 pronom. « s'enfuir » ◇ de *fuite* ▪ FAM. Être divulguée, en parlant d'une information qui doit rester confidentielle. *« C'est ainsi que les secrets fuitent hors de leurs caches, [...] cheminant d'une personne qui le jure à une personne qui le jure »* F. VARGAS.

FULGURANCE [fylgyʀɑ̃s] n. f. – 1866 ◇ de *fulgurer* ▪ LITTÉR. Fulguration*.

FULGURANT, ANTE [fylgyʀɑ̃, ɑ̃t] adj. – 1488, rare avant XIXe ◇ latin *fulgurans,* de *fulgurare* « faire des éclairs », de *fulgur* → 1 foudre ▪ 1 Qui produit des éclairs, est environné d'éclairs. ▪ 2 FIG. Qui jette une lueur vive et rapide comme l'éclair. ➤ 1 **brillant*, éblouissant, éclatant.** *Clarté fulgurante. Regard fulgurant.* ➤ **foudroyant.** ▪ 3 (1488) MÉD. *Douleur fulgurante,* très vive et de courte durée. ▪ 4 Qui frappe vivement et soudainement l'esprit, l'imagination (➤ **violent**). *Idée, découverte fulgurante. « Soupçon fulgurant et furtif, pareil à l'éclair »* MARTIN DU GARD. ▪ 5 PAR EXT. Rapide comme l'éclair. *Progrès fulgurants. Une carrière fulgurante.* ➤ **météorique.**

FULGURATION [fylgyʀasjɔ̃] n. f. – 1532 ◇ latin *fulguratio* ▪ 1 PHYS. Lueur électrique qui se produit dans les hautes régions de l'atmosphère, sans qu'on entende le tonnerre. ➤ **éclair** (de chaleur). MÉTALL. Éclair de la coupelle. — FIG. *« la fulguration qui m'avait aveuglé quand ma mère était dans mes bras »* G. BATAILLE. ▪ 2 (1890) MÉD. Action de la foudre sur les êtres animés, accident causé par l'électricité. — Emploi des étincelles de haute fréquence et de haute tension dans la thérapeutique. ➤ **étincelage ; électrothérapie.**

FULGURER [fylgyʀe] v. intr. ⟨1⟩ – 1845 ◇ latin *fulgurare* ▪ Briller comme l'éclair, d'un éclat vif et passager (➤ **étinceler**). *Là-bas « la ligne d'un torrent forestier fulgure »* CLAUDEL. FIG. *« une volonté superbe fulgurait dans ses yeux »* FLAUBERT.

FULIGINEUX, EUSE [fyliʒinø, øz] adj. – 1549 ◇ latin impérial *fuliginosus,* de *fuligo* « suie » ▪ 1 Qui rappelle la suie, qui donne de la suie, qui en a la couleur. ➤ **noirâtre.** *Teinte fuligineuse. Flamme fuligineuse.* — MÉD. *Langue fuligineuse.* ▪ 2 FIG. D'une obscurité épaisse. ➤ **fumeux, obscur.** *« la rhétorique fuligineuse de ces orateurs révolutionnaires »* R. ROLLAND. ➤ **incompréhensible.** ▪ CONTR. Clair, limpide, lumineux.

FULIGULE [fyligyl] n. m. – 1922 ◇ d'après le latin *fuligo* « suie », par allus. à leur plumage terne ▪ ZOOL. Canard plongeur au corps rond et trapu, tel que le milouin, la macreuse, le morillon.

FULL [ful] n. m. – 1884 ◇ mot anglais « plein » ▪ ANGLIC. Au poker, Ensemble formé par un brelan* et une paire (SYN. **main pleine**). *Full aux as, rois, dames...,* comprenant un brelan d'as, de rois, de dames. ▪ HOM. Foule.

FULL-CONTACT [fulkɔ̃takt] n. m. – 1976 ◇ mot anglais américain, littéralt « contact total » ▪ Sport de combat à mains nues, proche du karaté, où les coups sont portés sans contrôle, appelé aussi *boxe américaine. Des full-contacts.*

FULLERÈNE [fylʀɛn] n. m. ou f. – 1992 ◇ anglais américain *fullerene,* de *Fuller,* n. de l'architecte qui créa un dôme géodésique ▪ CHIM. (surtout plur.) Forme moléculaire du carbone présentant une structure en cage, dont le représentant le plus connu (C_{60}) a la forme d'un ballon de football.

FULMICOTON [fylmikɔtɔ̃] n. m. – 1847 ◇ du latin *fulmen, inis* « foudre » et de *coton* ▪ Nitrocellulose qui a l'aspect du coton. ➤ **coton-poudre, pyroxyle.** *La dynamite, explosif à base de fulmicoton et de nitroglycérine.*

FULMINANT, ANTE [fylminɑ̃, ɑ̃t] adj. – XVe ◇ de *fulminer* ▪ 1 VX Qui lance la foudre. *Jupiter fulminant.* ◆ MOD. Qui éclate en menaces sous l'empire de la colère. *Un patron toujours fulminant.* — Qui est chargé de menaces, trahit une violente colère. ➤ **menaçant.** *Une lettre fulminante.* ▪ 2 Qui peut détoner sous l'effet de la chaleur ou d'un choc. *Mélange fulminant.* ➤ **détonant,** 1 **explosif.** *Sels fulminants.* ➤ **fulminate.** *Capsule fulminante.* ➤ **amorce.** ▪ 3 MÉD. *Hépatite fulminante :* forme grave, souvent mortelle, de l'hépatite virale. — *Douleur fulminante,* qui survient brutalement.

FULMINATE [fylminat] n. m. – 1823 ◇ du latin *fulmen, inis* « foudre », et suffixe chimique *-ate* ▪ CHIM. Dérivé de l'acide fulminique, qui explose à la moindre friction. *Fulminate d'argent :* explosif obtenu par action de l'alcool et de l'acide nitrique sur l'argent. *Fulminate d'or, de mercure :* explosif servant d'amorce, formé par action de l'ammoniaque sur un chlorure ou un oxyde de ces métaux.

FULMINATION [fylminasjɔ̃] n. f. – 1406 ◇ de *fulminer* ▪ DR. CAN. Publication d'une décision canonique (➤ **fulminer,** II, 1°). *La fulmination d'une bulle.*

FULMINATOIRE [fylminatwaʀ] adj. – 1521 ◇ de *fulmination* ▪ DR. CAN. Relatif à la fulmination. *Sentence fulminatoire.*

FULMINER [fylmine] v. ⟨1⟩ – XIVe ◇ latin *fulminare* « lancer la foudre »

I v. intr. ▪ 1 VX Lancer la foudre. ▪ 2 MOD. Se laisser aller à une violente explosion de colère, se répandre en menaces, en reproches. ➤ **éclater, s'emporter, exploser, invectiver, pester, tempêter, tonner.** *Fulminer contre qqn.* ▪ 3 (XVIIe) CHIM. VIEILLI Faire explosion. ➤ **détoner, exploser.**

II v. tr. ▪ 1 DR. CAN. Lancer (une condamnation) dans les formes. ➤ 1 **lancer, prononcer ; fulmination.** *Fulminer l'anathème. « les excommunications qu'il avait fulminées »* STENDHAL. ➤ 1 **foudre** (3°). ▪ 2 PAR EXT. Formuler avec véhémence. *Fulminer des imprécations, des reproches contre qqn.*

FULMINIQUE [fylminik] adj. – 1824 ◇ du latin *fulmen, inis* « foudre » ▪ CHIM. Qui fait détoner. *Acide fulminique :* acide instable (H—CNO), qui a pour sels les fulminates.

FUMABLE [fymabl] adj. – 1829 ◇ de 1 *fumer* ▪ Qui peut être fumé. *Drogue fumable.* ▪ CONTR. Infumable.

1 **FUMAGE** [fymaʒ] n. m. – 1752 ◇ de 1 *fumer* ▪ Action d'exposer à la fumée (des aliments, pour les conserver). *Le fumage des jambons, du lard.*

2 **FUMAGE** [fymaʒ] n. m. – *femage* 1356 ◇ de 2 *fumer* ▪ Action de fumer une terre. — On dit aussi **FUMAISON** n. f.

FUMAGINE [fymaʒin] n. f. – 1845 ◇ du latin *fumus* « fumée » ▪ HORTIC. Maladie des plantes, caractérisée par un dépôt couleur de suie sur la tige et les feuilles.

1 **FUMAISON** [fymɛzɔ̃] n. f. – 1865 ◇ de 1 *fumer* ▪ TECHN. Ensemble des procédés de conserve par fumage. *Fumaison du saumon.* — Durée de l'opération de fumage. ➤ 1 **fumage.**

2 **FUMAISON** ➤ 2 **FUMAGE**

FUMANT, ANTE [fymɑ̃, ɑ̃t] adj. – avant 1559 ◇ p. prés. de 1 *fumer* ▪ 1 Qui émet de la fumée. *Bûches, cendres encore fumantes. Un cratère fumant.* ▪ 2 Qui émet (ou semble émettre) de la vapeur. *Soupe fumante. Naseaux fumants.* ◆ CHIM. Se dit d'un acide qui émet de la fumée au contact de l'air humide, quand il est très concentré. *Acide nitrique fumant.* ▪ 3 FIG. (1586) *Fumant de colère.* ➤ **bouillonnant, fou.** ▪ 4 (de l'ancienne expression *bloc fumant* « coup par lequel le joueur de billard bloque la bille en faisant un petit nuage de poussière ») FAM. *Un coup fumant,* admirablement réussi. — PAR EXT. ➤ **formidable, sensationnel.** *C'est fumant !*

FUMASSE [fymas] adj. – 1918 ◇ même origine que 1 *fumer* ▪ FAM. En colère, furieux. ➤ **furax, furibond** (cf. En pétard). *Il est sorti fumasse, en claquant la porte.*

1 **FUMÉ, ÉE** [fyme] adj. – 1690 ◇ de 1 *fumer* ▪ 1 Qui a été exposé à la fumée (aliments). *Jambon, lard, saumon fumé. Harengs fumés.* ➤ **saur.** — Qui a un goût de fumée. *Pouilly fumé.*

▪ **2** Noirci à la fumée. — (1724) *Verres fumés :* verres de lunettes noirs, teintés.

2**FUMÉ** [fyme] **n. m.** – 1835 «empreinte d'un poinçon» ◇ de 1*fumer* ▪ Épreuve de gravure sur bois, tirée sur la planche préalablement noircie à la fumée. — IMPRIM. Empreinte d'un caractère neuf, noirci à la fumée.

FUME-CIGARE [fymsigaʀ] **n. m.** – 1871 ◇ de 1*fumer* et *cigare* ▪ Tube court au bout duquel on adapte un cigare pour le fumer. *Des fume-cigares.*

FUME-CIGARETTE [fymsigaʀɛt] **n. m.** – 1894 ◇ de 1*fumer* et *cigarette* ▪ Petit tube (de bois, d'ambre...) au bout duquel on adapte une cigarette pour la fumer. *Des fume-cigarettes.*

FUMÉE [fyme] **n. f.** – XIIe ◇ de 1*fumer* ▪ **1** Mélange plus ou moins dense et de couleur variable de produits gazeux et de très fines particules solides, qui se dégage des corps en combustion ou portés à haute température. *Fumée du feu, d'un incendie, d'une bougie. Fumée qui sort de la cheminée d'un paquebot. Fumée épaisse, opaque, légère ; blanche, noire. «Une petite fumée bleuâtre, montant de la cheminée de brique»* DAUDET. *Fumée âcre, étouffante ; qui pique les yeux, fait pleurer, prend à la gorge, fait tousser. Nuage, panache, volutes de fumée. Du noir* de fumée.* ➤ **suie.** *Fumées polluant l'atmosphère.* ➤ **smog.** *Fumées industrielles. Dispositif qui absorbe la fumée* (➤ **fumivore**) *ou qui en produit* (➤ **fumigène**). — MAÇONN. *Conduit de fumée :* tuyau qui évacue la fumée d'une cheminée. *Bouche de fumée :* orifice par lequel un poêle communique avec le conduit de fumée. PROV. *Il n'y a pas de fumée sans feu*.* ◆ SPÉCIALT *La fumée du tabac.* ➤ RÉGION. **boucane.** *Fumée de cigarette, d'opium. Il «aspira la fumée de son cigare et la rendit par le nez»* BALZAC. *Fumeur qui avale la fumée. Faire des ronds de fumée. La fumée ne vous gêne pas ? Pièce envahie par la fumée* (➤ **enfumer ; tabagie**). ◆ LOC. FIG. *S'en aller, s'évanouir en fumée :* être consommé sans profit, ne rien donner. ▪ **2** PAR EXT. Vapeur qu'exhale un liquide ou un corps humide dont la température est plus élevée que l'air ambiant. ➤ **exhalaison, fumet.** *Fumée s'élevant d'un étang, d'une rivière.* — ALLUS. LITTÉR. (Rabelais) *La fumée du rôt :* l'apparence d'une satisfaction dont la réalité est réservée à un autre. ▪ **3** PLUR. Vapeurs qui sont supposées monter au cerveau sous l'effet de l'alcool, brouillant ainsi les idées. *Les fumées du vin, de l'ivresse.* ➤ **excitation.** — FIG. *«déjà les fumées de l'ambition me montaient à la tête»* ROUSSEAU. ▪ **4** (XIVe ◇ à cause de la vapeur qui s'en dégage) PLUR. VÉN. Excréments des cerfs et autres bêtes sauvages. ➤ **laissées.** *«Quel gibier ? On consulte les traces ; on se penche sur les fumées»* GIDE.

1**FUMER** [fyme] **v.** ‹1› – v. 1120 ◇ latin *fumare*

I **v. intr.** ▪ **1** Dégager de la fumée. *La bouche du canon fume encore. Cratère de volcan qui fume* (➤ **fumerolle**). *«près du feu qui palpite et qui fume»* BAUDELAIRE. *«Quand reverrai-je hélas, de mon petit village Fumer la cheminée»* DU BELLAY. ◆ **(Par suite d'un mauvais tirage, d'un mauvais fonctionnement de l'appareil)** *La cheminée fume :* la fumée est rabattue sur le foyer. *La lampe fume, baissez la mèche.* ➤ **filer.** ▪ **2** Exhaler de la vapeur (surtout en parlant d'un liquide ou d'un corps humide plus chaud que l'air ambiant). *Potage qui fume. Vêtements mouillés qui fument devant le feu. «Sur l'allée, où l'eau du ciel fume en épousant la terre chaude»* COLETTE. — CHIM. **(en parlant de certaines substances volatiles en contact avec la vapeur d'eau atmosphérique)** *Neige carbonique qui fume.* ▪ **3** (XVe) FAM. Ressentir une colère, un dépit violents. ➤ **fulminer, pester, rager ; fumasse.**

II **v. tr.** ▪ **1** (1611) Exposer, soumettre à l'action de la fumée. *Fumer de la viande, du lard, du poisson,* pour les sécher et les conserver. ➤ **boucaner, saurer ;** 1**fumage,** 1**fumé.** ▪ **2** (1664) Faire brûler (du tabac ou une autre substance) en aspirant la fumée par la bouche. *Fumer du tabac, de l'opium, du haschich, de l'herbe* (➤ **fumette ; crapoter**). *Fumer une cigarette, un cigare, un joint.* ➤ FAM. 1**griller.** *Fumer avec une cigarette électronique.* ➤ FAM. **vapoter.** *Fumer une pipe. Il fume deux paquets* (de cigarettes) *par jour.* — FIG. *Fumer le calumet* de la paix.* FAM. *Fumer la moquette*.* — ABSOLT ➤ FAM. **cloper.** *«Dans ma jeunesse, tout le monde fumait. Dans les réunions de travail, les discussions dans les cafés, on fumait tout le temps»* HOUELLEBECQ. *Fumer comme un pompier, un sapeur,* beaucoup. *Défense de fumer. S'arrêter de fumer.* SPÉCIALT Fumer de la drogue. *«un concert où tout le monde fume ou prend de l'ecstasy»* OLIEVENSTEIN.

▪ HOM. *Fume :* fûmes (1 être).

2**FUMER** [fyme] **v. tr.** ‹1› – XIVe, par attraction de 1*fumer** ; *femer* fin XIIe ◇ latin populaire *fimare,* de *fimus* → fumier ▪ Amender (une terre) en y épandant du fumier. ➤ **engraisser, fertiliser.** *Fumer un champ.*

FUMERIE [fymʀi] **n. f.** – 1786 ◇ de 1*fumer* ▪ **1** RARE Action ou habitude de fumer (du tabac, de l'opium, etc.). *«il s'enfonça dans une fumerie sans arrêt»* GIDE. ▪ **2** COUR. Lieu où l'on fume de l'opium. *Une fumerie clandestine.*

FUMEROLLE [fymʀɔl] **n. f.** /FUMEROLE/ – 1813 ◇ italien *fumaruolo* «orifice de cheminée», appliqué au Vésuve ▪ Émanation de gaz (chlorures, oxydes, sulfures, gaz carbonique, etc.) à haute température, s'échappant d'un volcan. *Fumerolles apparaissant sur les flancs d'un volcan éteint* (➤ aussi **solfatare**). *Fumerolles froides.* ➤ **mofette.**

FUMERON [fymʀɔ̃] **n. m.** – 1611 ◇ de 1*fumer* ▪ **1** Morceau de charbon de bois insuffisamment carbonisé et qui jette encore de la fumée. ▪ **2** (1833) PLUR. FAM. Jambes, et SPÉCIALT jambes maigres.

FUMET [fymɛ] **n. m.** – 1558 ◇ de 1*fumer* ▪ **1** Odeur agréable et pénétrante émanant de certaines viandes pendant ou après la cuisson. ➤ **fumée.** *Un fumet délicat. «le fumet du rôt tournant devant le feu de sarments»* GIDE. ▪ **2** Bouquet (d'un vin). ▪ **3** CUIS. Sauce faite de jus de viande assaisonné de truffes et de champignons. *«perdrix relevées d'un fumet surprenant»* MOLIÈRE. — Bouillon corsé obtenu par réduction d'un liquide aromatisé. *Fumet de poisson,* préparé avec les parures. ▪ **4** (1845) Émanation odorante (du gibier, de certains animaux sauvages, des lieux où ils ont passé). ➤ **odeur, senteur.** — PAR EXT. Odeur naturelle (d'une personne ; de la terre). ▪ **5** FIG. Ce qui se dégage de (qqch.) et caractérise (qqch.). ➤ **goût, odeur, parfum, saveur.** *Un fumet de luxe.*

FUMETERRE [fymtɛʀ] **n. f.** – 1372 ◇ latin médiéval *fumus terrae* «fumée de la terre», parce que, selon O. de Serres, «son jus fait pleurer les yeux comme la fumée» ▪ Plante dicotylédone *(fumariacées)* à feuilles très découpées et à fleurs roses. *Fumeterre officinale,* employée comme dépuratif.

FUMETTE [fymɛt] **n. f.** – 1978 ◇ de 1*fumer* ▪ FAM. ▪ **1** Drogue (haschich, opium, herbe, etc.) à fumer. *Prendre de la fumette.* ▪ **2** Fait, habitude de fumer de la drogue. *Être tenté par la fumette.*

FUMEUR, EUSE [fymœʀ, øz] **n.** – 1690 ◇ de 1*fumer* ▪ Personne qui a l'habitude de fumer (du tabac, ou d'autres substances). *Fumeuse de cigares. Fumeur d'opium. Fumeur qui utilise une cigarette électronique.* ➤ FAM. **vapoteur.** ◆ ABSOLT Fumeur de tabac. *Un grand, un gros fumeur,* qui fume beaucoup. *Le cancer des fumeurs.* APPOS. *Espace fumeurs.* ➤ **fumoir.** *Articles pour fumeurs.* ▪ CONTR. Non-fumeur. ▪ HOM. Fumeuse (fumeux).

FUMEUX, EUSE [fymø, øz] **adj.** – XIIe ◇ latin *fumosus,* de *fumus* «fumée» ▪ **1** Qui répand de la fumée, qui s'enveloppe de fumée. *Flamme, bûche fumeuse.* ▪ **2** Qui exhale une vapeur, qui se couvre de vapeur. ➤ **fumant, vaporeux.** *Ciel, fond, lointains fumeux* (➤ **sfumato**). ▪ **3** (1840) FIG. Qui manque de clarté ou de netteté. ➤ **brumeux, obscur,** 3**vague.** *Idées, explications fumeuses.* ➤ **nébuleux.** ▪ CONTR. Clair, compréhensible, 1précis. ▪ HOM. Fumeuse (fumeur).

FUMIER [fymje] **n. m.** – XIIe var. *femier* ◇ latin populaire °*femarium,* de *fimus* «fumier» ▪ **1** Engrais naturel d'origine animale, mélange des litières et des déjections liquides et solides des chevaux, bestiaux, lapins, décomposé par la fermentation sous l'action de micro-organismes (➤ **lisier, purin**). *Fumier et compost*. Fumier de cheval, de vache, de mouton. Fumier pailleux*. Trou, fosse à fumier. Épandre du fumier sur un champ.* ➤ 2**fumer.** *Tas de fumier.* ALLUS. BIBL. *Job sur son fumier.* ▪ **2** FIG. Ce qui est sale, corrompu, répugnant. *«Les plus hautes fleurs de la civilisation humaine ont poussé sur le fumier de la misère»* BERNANOS. ◆ FAM. **(très injurieux)** Homme méprisable. ➤ **ordure, salaud.** *C'est un beau fumier !*

FUMIGATEUR [fymigatœʀ] **n. m.** – 1929 ; «celui qui fumige» 1803 ◇ de *fumiger* ▪ TECHN. Appareil servant à faire les fumigations (en médecine, en horticulture). — Préparation combustible pour les fumigations.

FUMIGATION [fymigasjɔ̃] **n. f.** – 1314 ◇ bas latin *fumigatio* → fumiger ▪ **1** TECHN. Action d'utiliser la fumée ou la vapeur de substances chimiques pour la désinfection de locaux ou l'extermination d'espèces animales nuisibles (insectes, rongeurs). — AGRIC. Opération qui consiste à combattre les parasites des plantes au moyen de vapeurs insecticides. ▪ **2** (XVe) MÉD. Action de soumettre une partie du corps à des fumées ou vapeurs, obtenues en brûlant ou chauffant des substances médicamenteuses. *Fumigation des voies respiratoires,* servant de remède contre le rhume. ➤ **inhalation.** *Fumigation à l'eucalyptus. «Je fais sans cesse des fumigations qui m'aident à respirer»* PROUST.

FUMIGATOIRE [fymigatwaʀ] **adj.** – 1503 ◇ de *fumigation* ■ MÉD., TECHN. Qui sert aux fumigations. *Appareil fumigatoire.*

FUMIGÈNE [fymiʒɛn] **adj.** – 1909 ◇ latin *fumus* «fumée» et *-gène* ■ Qui produit de la fumée. *Engins, grenades, pots fumigènes,* produisant d'épais nuages de fumée destinés à dissimuler des mouvements de troupes, d'unités navales, etc., à donner un signal de détresse. — **n. m.** (1932) *Un fumigène.* ♦ SPÉCIALT, AGRIC. *Appareil fumigène,* ou **n. m.** *un fumigène,* produisant une fumée qui protège les jeunes plantes contre les gelées.

FUMIGER [fymiʒe] **v. tr.** ⟨3⟩ – XIVe, rare avant XVIIIe ◇ latin *fumigare,* de *fumus* «fumée» ■ DIDACT. Soumettre à des fumigations. ➤ **désinfecter, enfumer, 1fumer.**

FUMISTE [fymist] **n.** – 1735 ◇ de *1fumer* ■ **1 n. m.** Personne dont le métier est d'installer ou de réparer les cheminées et appareils de chauffage. ■ **2** (1852 ◇ d'après un vaudeville de 1840, dont le héros, un fumiste enrichi, se vante de ses bons tours en répétant «*C'est une farce de fumiste*») FAM. Personne qui se moque du monde, farceur. ➤ **mystificateur, plaisantin.** *«pour beaucoup de nos grands hommes, ce poète* [Rimbaud] *est un fou ou un fumiste»* MAUPASSANT. — Personne qui ne fait rien sérieusement, sur qui on ne peut compter. ➤ **amateur, fantaisiste, plaisantin.** *Il n'a rien fait de ce qu'il a promis, quel fumiste !* **adj.** *Un élève fumiste.* ■ CONTR. Sérieux.

FUMISTERIE [fymistəʀi] **n. f.** – 1845 ◇ de *fumiste* ■ **1** Métier de fumiste. ■ **2** (1852) FIG. FAM. Tour, plaisanterie de fumiste. ➤ **canular, mystification.** ♦ Plus cour. Action, chose entièrement dépourvue de sérieux. ➤ **2farce.** *Ce beau programme est une vaste fumisterie.* ■ CONTR. Sérieux.

FUMIVORE [fymivɔʀ] **adj.** – 1799 ; alchim. XVIIe ◇ latin *fumus* «fumée» et *-vore* ■ Qui absorbe de la fumée. *Appareil, foyer fumivore,* ou **n. m.** *un fumivore,* destiné à absorber les fumées. *Une bougie fumivore.*

FUMOIR [fymwaʀ] **n. m.** – 1821 ◇ de *1fumer* ■ **1** Local où l'on fume les viandes, les poissons. *«une petite cheminée, montée sur un four et garnie d'un fumoir»* ZOLA. ■ **2** (1859) Pièce d'appartement où l'on se tient pour fumer ; local, salon disposé pour les fumeurs. *«Les bars et clubs ont aussi improvisé des fumoirs, presque clandestins»* (Le Figaro, 2010).

FUMURE [fymyʀ] **n. f.** – 1327 ◇ de *2fumer* ■ Amendement d'une terre par incorporation d'engrais. *Fumure par compost. «le fumier des moutons utilisé pour les fumures de printemps»* É. GUILLAUMIN. — PAR EXT. Quantité de fumier ou d'engrais apporté sur un champ.

FUN [fœn] **n. m.** – 1865 ◇ mot anglais «amusement» ■ ANGLIC. ■ **1** RÉGION. (Canada) **FUN** [fɔn] ou **FONNE :** amusement. *C'est le fun ! Avoir du fun,* du plaisir, de l'agrément. *«Si t'es pas venu ici pour avoir du fonne, décolle, laisse la place aux autres»* R. DUCHARME. ■ **2** (1974) Joie exubérante. *Jouer pour le fun,* pour le plaisir. — **adj. inv.** *Des vacances fun.*

FUNAMBULE [fynɑ̃byl] **n.** – v. 1500 ◇ latin *funambulus,* de *funis* «corde» et *ambulare* «marcher» ■ Personne qui marche, danse sur la corde raide. ➤ **acrobate, danseur** (de corde), **équilibriste, fildeferiste.** *Funambules forains.* ➤ **bateleur, saltimbanque.**

FUNAMBULESQUE [fynɑ̃bylɛsk] **adj.** – 1856 ◇ de *funambule* ■ Qui a rapport au funambule, à l'art du funambule. *«Odes funambulesques», poèmes de Th. de Banville* (1857). ♦ FIG. ➤ **bizarre, extravagant.** *Projet funambulesque.*

FUNBOARD [fœnbɔʀd] **n. m.** – 1983 ◇ mot anglais américain «planche à plaisir», de *fun* «amusement» et *(surf-)board* → surf ■ ANGLIC. ■ **1** Planche* à voile très courte, légère et dépourvue de dérive afin de permettre la pratique du saut. ■ **2** Sport acrobatique pratiqué avec cette planche à voile. *Adepte du funboard.* ➤ **véliplanchiste.** — ABRÉV. **FUN.**

FUNDUS [fɔ̃dys] **n. m.** – date inconnue ◇ mot latin «fond» ■ ANAT. Partie supérieure de l'estomac, dont les cellules de revêtement sécrètent l'acide chlorhydrique.

FUNÈBRE [fynɛbʀ] **adj.** – XIVe ◇ latin *funebris* ■ **1** Qui a rapport aux funérailles. *Ornements funèbres.* ➤ **funéraire, mortuaire.** — **POMPES FUNÈBRES.** *Service des pompes funèbres :* entreprise spécialisée dans l'organisation des funérailles. *Ordonnateur*, conducteur, employé des pompes funèbres.* ➤ FAM. **croque-mort.** *Cérémonie funèbre.* ➤ **funérailles.** *Char funèbre.* ➤ **corbillard.** *Décoration, estrade funèbre.* ➤ **catafalque, chapelle** (ardente). *Marche funèbre. Service* funèbre.* ➤ **absoute, office** (des morts). *Discours, éloge, oraison funèbre.* ➤ **panégyrique.** ■ **2** Qui se rapporte à la mort. ➤ **mortuaire.** *«J'étais assis en silence au chevet du lit funèbre»* CHATEAUBRIAND. *Veillée funèbre. Cloche funèbre.* ➤ **glas.** ■ **3** PAR EXT. Qui évoque l'idée de la mort, inspire un sentiment de sombre tristesse. ➤ **lugubre, 1sinistre ; funeste.** *Une mine, un air funèbre* (cf. FAM. Une tête d'enterrement*). *Ton, voix funèbre.* ➤ **sépulcral.** *«Un silence funèbre cernait la patrouille»* MAC ORLAN. *Des idées funèbres.* ➤ **noir.** ■ CONTR. Gai, plaisant, riant.

FUNÉRAILLES [fyneʀɑj] **n. f. pl.** – 1406 ◇ latin ecclésiastique *funeralia,* plur. neutre de *funeralis* «relatif aux funérailles» ■ Ensemble des cérémonies accomplies pour rendre les derniers devoirs à la dépouille de qqn. ➤ **crémation, ensevelissement, enterrement, incinération, inhumation, levée** (du corps), **obsèques, sépulture** (cf. Mise au tombeau*). *Funérailles nationales.*

FUNÉRAIRE [fyneʀɛʀ] **adj.** – 1565 ◇ bas latin *funerarius* ■ **1** Qui concerne les funérailles. ➤ **funèbre.** *Frais funéraires.* ■ **2** (1807) Qui est relatif aux tombes ; qui commémore les morts. *Colonne funéraire.* ➤ **cippe, stèle.** *Dalle, pierre, caveau funéraire.* ➤ **crypte, hypogée.** *Vase, urne funéraire.* ➤ **cinéraire.** ■ **3** (d'après l'anglais *funeral home* ou *parlor*) Au Canada, *Salon funéraire :* entreprise de pompes funèbres. SPÉCIALT Établissement où le mort est embaumé et préparé pour être placé en chapelle ardente dans un salon réservé à la famille et aux amis du défunt. ➤ **funérarium ; mortuaire.**

FUNÉRARIUM [fyneʀaʀjɔm] **n. m.** – 1967 au Canada ◇ de *funérailles,* d'après *crématorium,* etc. ■ Établissement où le corps est conservé jusqu'aux obsèques et où les proches du défunt se réunissent.

FUNESTE [fynɛst] **adj.** – XIVe ◇ latin *funestus* ■ **1** VX Qui concerne la mort, cause la mort. ➤ **mortel.** ■ **2** Qui annonce, fait présager la mort. *Funeste pressentiment.* ■ **3** (1660) Qui porte avec soi le malheur et la désolation, et PAR EXT. Qui est de nature à entraîner de sérieux maux, de graves dommages. ➤ **catastrophique, déplorable, désastreux*, lamentable, tragique.** *Erreurs funestes. Cela peut avoir des suites funestes.* ➤ **dangereux, grave, néfaste, nuisible, regrettable.** *«les vieux préjugés sont moins funestes que les nouveaux»* FRANCE. ♦ **FUNESTE À.** ➤ **fatal.** *Politique funeste aux intérêts du pays.* ➤ **contraire, nuisible.** ■ **4** LITTÉR. ➤ **1sinistre, sombre, triste.** *«pendant ce funeste récit»* BERNARDIN DE SAINT-PIERRE. — **adv. FUNESTEMENT,** 1613. ■ CONTR. 1Bon, favorable, heureux, propice, salutaire.

FUNICULAIRE [fynikylɛʀ] **adj.** – 1725 ◇ du latin *funiculus* «petite corde» ■ **1** Qui fonctionne au moyen de cordes, de câbles. *Chemin de fer, tramway funiculaire.* SUBST. (1890) COUR. *Un funiculaire. Le funiculaire de Montmartre, de San Francisco.* ■ **2** ANAT. Qui a rapport à un cordon, notamment au cordon spermatique. *Hernie funiculaire.* — Qui a rapport au segment d'une racine nerveuse au niveau de son passage entre les vertèbres. *Sclérose funiculaire.*

FUNICULE [fynikyl] **n. m.** – 1808 ◇ latin *funiculus* ■ BOT. Filament qui relie l'ovule au placenta chez les angiospermes.

FUNIN [fynɛ̃] **n. m.** – *funain* XIIe ◇ latin populaire °*funamen,* de *funis* «corde» ■ MAR. Cordage non goudronné.

FUNK [fœnk] **n. m. et adj.** – v. 1980 ◇ mot anglais américain (v. 1968), apocope de *funky* ■ ANGLIC. Style de rock des années 70, issu du funky. — **adj.** Relatif au funk. *Musique funk. Un groupe funk.*

FUNKY [fœnki] **n. m. et adj. inv.** – 1970 ◇ mot d'argot américain, proprt «malodorant» ■ ANGLIC. ■ **1 n. m.** Musique d'origine noire américaine qui tient de la soul et du disco. *Des funkys.* — **adj. inv.** Qui pratique ou aime cette musique. *Musiciens funky.* ■ **2 adj. inv.** FAM. Gai, joyeux ; réjouissant. *Une ambiance pas très funky.*

FUR [fyʀ] **n. m.** – XVIe ; *feur* XIIe ◇ latin *forum* «marché» ■ **1** (VX depuis XVIIIe) Taux. — (XVIe) *Au fur :* à proportion, à mesure. ■ **2** (XVIIe) MOD. LOC. (où *mesure* reprend le sens de *fur* devenu obscur) **AU FUR ET À MESURE** [ofyʀeam(ə)zyʀ] : en même temps et proportionnellement ou successivement. — **loc. conj.** *Au fur et à mesure que... :* à mesure que. *S'apercevoir des difficultés au fur et à mesure qu'on avance.* — **loc. adv.** *Regardez ces photos et passez-les nous au fur et à mesure.* — **loc. prép.** (1835) *«Je vous le remettrai au fur et à mesure de vos besoins»* ROMAINS.

FURANE [fyʀan] **n. m.** – 1902 ◇ abrév. de *furfurane,* fin XIXe allemand *Furfuran,* du radical de *furfurol* → furfural ■ CHIM. Liquide incolore (C_4H_4O) de structure hétérocyclique, préparé à partir du furfural et utilisé comme solvant pour les matières plastiques ou les résines. *Le furane est un toxique très polluant.* — On écrit aussi *furanne.*

FURAX [fyʀaks] **adj.** – 1944 ◊ mot formé sur *furieux* ■ FAM. Furieux. *Elle est furax !* ➤ **fumasse.**

FURET [fyʀɛ] **n. m.** – XIIIe ◊ latin populaire °*furittus,* de *fur* «voleur» ■ **1** Mammifère carnivore *(mustélidés)* plus petit que le putois, au pelage blanc et aux yeux rouges. *Chasser le lapin au furet.* — FIG. et VX Personne qui cherche partout pour découvrir qqch. ➤ **fouineur, fureteur.** ■ **2** Jeu de société dans lequel des joueurs assis en rond se passent rapidement de main en main un objet *(le furet),* tandis qu'un autre joueur se tenant au milieu du cercle doit deviner dans quelle main se trouve ce «furet». *Il court, il court le furet,* chanson accompagnant ce jeu. ■ **3** TECHN. Tige flexible utilisée pour dégorger des canalisations.

FURETAGE [fyʀ(ə)taʒ] **n. m.** – 1811 autre sens ◊ de *fureter* ■ Action de fureter (1° et 2°).

FURETER [fyʀ(ə)te] **v. intr.** ⟨5⟩ – XIVe ◊ de *furet* ■ **1** Chasser au furet. ■ **2** (1549) COUR. Chercher, s'introduire partout avec curiosité dans l'espoir d'une découverte. ➤ **fouiller, fouiner.** *Fureter dans tous les coins.*

FURETEUR, EUSE [fyʀ(ə)tœʀ, øz] **n. et adj.** – 1514 ◊ de *fureter* ■ **1** VX Celui qui chasse avec un furet. ■ **2** (1611) MOD. FIG. Personne qui cherche, fouille partout en quête de découvertes. ➤ **chercheur, fouilleur.** ♦ **adj.** (1806) ➤ **curieux, fouineur, indiscret.** *Yeux fureteurs. Regard fureteur.*

FUREUR [fyʀœʀ] **n. f.** – Xe ◊ latin *furor* ■ **1** LITTÉR. Folie poussant à des actes de violence. — Délire inspiré. ➤ **enthousiasme, exaltation, inspiration, possession, transport.** *Fureur poétique, prophétique.* ■ **2** Passion sans mesure, créant un état voisin de la folie. *«Il aimait les femmes à la fureur»* VOLTAIRE. ➤ **folie.** *La fureur de vivre, de discuter.* ➤ **frénésie, rage.** — LOC. **FAIRE FUREUR :** connaître un grand succès auprès du public (cf. FAM. Casser* la baraque, faire un malheur*). *Mode, chanson, nouveauté qui fait fureur.* ■ **3** Colère folle, sans mesure. *Accès, crise de fureur.* ➤ **courroux.** *Entrer, être, mettre en fureur.* ➤ **enrager.** *Une fureur noire.* — Colère qu'engendre et entretient l'action violente. *Attaquer, se battre avec fureur.* ➤ **acharnement, furie, impétuosité, violence.** ■ **4** (CHOSES) Caractère d'extrême violence. *La fureur des éléments déchaînés, des combats.* ■ **5** AU PLUR. Mouvement de folle colère. *Entrer dans des fureurs inexprimables.* — Mouvement de violence. *«toutes les fureurs de l'imagination»* FRANCE. ■ CONTR. Raison, 1 sens (bon). 1 Calme, douceur. ■ HOM. Führer.

FURFURACÉ, ÉE [fyʀfyʀase] **adj.** – 1795 ◊ latin tardif *furfuraceus,* de *furfur* «son (de céréales)» ■ DIDACT. Qui a l'apparence du son. — MÉD. *Desquamation furfuracée,* par petites plaques.

FURFURAL [fyʀfyʀal] **n. m.** – 1878 ◊ du latin *furfur* «son (de céréales)» ■ CHIM. Aldéhyde ($C_5H_4O_2$), liquide incolore utilisé comme solvant et dans la synthèse des colorants, laques et résines (autrefois appelé *furfurol*). *Des furfurals.*

FURIA [fyʀja] **n. f.** – 1867 ◊ mot italien, dans des expressions comme *furia francese* ■ Emportement enthousiaste, impétuosité. *Notre équipe, dépassée par la furia adverse.*

FURIBARD, ARDE [fyʀibaʀ, aʀd] **adj.** – 1895 ◊ de *furibond* ■ FAM. Furibond.

FURIBOND, ONDE [fyʀibɔ̃, ɔ̃d] **adj.** – v. 1355 ◊ latin *furibundus* «délirant, égaré» ■ Qui ressent ou annonce une grande fureur, généralement disproportionnée à l'objet qui l'inspire, au point d'en être légèrement comique. ➤ **furieux ;** FAM. **fumasse, furibard.** *Il est furibond. Air furibond. Rouler des yeux furibonds.* — D'une furieuse violence. *Colère furibonde.* ■ CONTR. 2 Calme.

FURIE [fyʀi] **n. f.** – XIVe ; *fuire* XIIe ◊ latin *furia* → fureur ■ **1** MYTH. ROM. Chacune des trois divinités infernales (Alecto, Mégère, Tisiphone) chargées d'exercer sur les criminels la vengeance divine. ♦ FIG. (1559) Femme donnant libre cours à sa colère, à sa haine avec violence. ➤ **harpie, mégère.** *Elle s'est jetée sur lui comme une furie.* ■ **2** Fureur particulièrement vive qui se manifeste avec éclat. ➤ **passion.** *La furie du jeu.* ➤ **manie.** — *Mettre qqn en furie.* ➤ **colère, rage.** *Lionne en furie.* — SPÉCIALT Colère que développe l'action violente. *Attaquer avec furie. La furie française* (d'après l'expression italienne *furia francese*). ➤ **ardeur, courage, impétuosité.** ♦ Violente agitation. *Mer en furie. «Le vent soufflait en furie»* ZOLA. FIG. *La furie des passions.* ■ CONTR. 1 Calme, douceur.

FURIEUSEMENT [fyʀjøzmɑ̃] **adv.** – v. 1400 ◊ de *furieux* ■ **1** D'une manière furieuse, avec fureur. ■ **2** PAR HYPERB. (VX ou PLAISANT) Extrêmement ; énormément.

FURIEUX, IEUSE [fyʀjø, jøz] **adj.** – v. 1290 ◊ latin *furiosus* → fureur ■ En fureur, plein de fureur. ■ **1** En proie à la fureur qui caractérise certaines folies. *Un fou furieux. Accès de folie furieuse. «Roland furieux»* («Orlando furioso»), *épopée de l'Arioste.* — SUBST. *Il faut enfermer ces furieux !* ➤ **énergumène, enragé, fanatique, forcené.** ■ **2** Qui est animé, excité par une passion folle, sans frein. *Une haine furieuse.* ➤ **exacerbé, exalté.** ■ **3** En proie à une folle colère. ➤ **furibond ;** FAM. **fumasse, furax, furibard.** *Être furieux contre qqn.* ➤ **remonté** (cf. Hors* de soi). *Il est furieux que je lui aie dit ses vérités, d'avoir attendu.* — *Un lion, un taureau furieux.* — Qui dénote une folle colère. *Air, regards, gestes, cris furieux.* ➤ **exaspéré.** ■ **4** Qui a un caractère d'extrême violence. ➤ **violent.** *Vent, torrent furieux.* ➤ **déchaîné.** *Une attaque, une charge furieuse.* ➤ **acharné, enragé.** — Très fort. *Avoir une furieuse envie de dormir.* ➤ **violent.** ■ CONTR. 2 Calme, doux, paisible, tranquille.

FURIOSO [fyʀjozo] **adj.** – 1836 ◊ mot italien «furieux, fou» ■ MUS. Qui a un caractère violent, furieux. *Allégro furioso.*

FUROLE [fyʀɔl] **n. f.** – *furolle* 1520 ; *fuirole* 1549 ◊ ancien anglais *fyr, fuir,* moderne *fire* «feu» ■ VX ou RÉGION. Feu follet.

FURONCLE [fyʀɔ̃kl] **n. m.** – 1538 ; *ferongle* 1372 ◊ latin *furunculus* ■ Infection d'un follicule pilosébacé causée par un staphylocoque et se présentant sous la forme d'un bourbillon* entouré d'inflammation. ➤ FAM. **clou.** *Il lui est sorti «toute une quantité de furoncles, d'abord sous les bras et puis, ensuite derrière le cou»* CÉLINE. *Furoncle à foyers multiples.* ➤ **anthrax.** *Ouvrir un furoncle.* — **adj. FURONCULEUX, EUSE.**

FURONCULOSE [fyʀɔ̃kyloz] **n. f.** – 1864 ◊ de *furunculus* ■ Éruption simultanée ou successive de furoncles en des endroits différents de la peau.

FURTIF, IVE [fyʀtif, iv] **adj.** – 1545 ; «de voleur» 1370 ◊ latin *furtivus,* de *furtum* «vol», de *fur* «voleur» ■ **1** VX ➤ **clandestin, 1 secret.** *«un magasin clandestin d'éditions furtives»* VOLTAIRE. ■ **2** MOD. Qui se fait à la dérobée, qu'on veut faire passer inaperçu, qui passe presque inaperçu par sa rapidité. ➤ **1 discret, rapide.** *Regard, coup d'œil furtif. Sourire furtif.* ➤ **fugace, fugitif.** *Geste furtif. «L'innocent paradis, plein de plaisirs furtifs»* BAUDELAIRE. *Écraser une larme furtive.* ■ **3** TÉLÉDÉTECT. Qui ne peut être détecté par les radars, les systèmes de défense. *Avion, navire furtif.*

FURTIVEMENT [fyʀtivmɑ̃] **adv.** – v. 1350 ◊ de *furtif* ■ D'une manière furtive. ➤ **discrètement, secrètement, subrepticement** (cf. En cachette, à la dérobée). *S'esquiver furtivement* (cf. Sur la pointe* des pieds). ■ CONTR. Ostensiblement, ouvertement.

FURTIVITÉ [fyʀtivite] **n. f.** – v. 1986 ◊ de *furtif* ■ TÉLÉDÉTECT. Aptitude (d'un engin) à déjouer la détection adverse. *Recherches pour accroître la furtivité des avions.*

FUSAIN [fyzɛ̃] **n. m.** – fin XIIe ◊ latin populaire °*fusago,* de *fusus* «fuseau» ■ **1** Arbuste ornemental *(célastracées),* à feuilles sombres et luisantes, appelé aussi *bonnet de prêtre, bonnet carré* à cause de ses fruits capsulaires rouges. *Massif, haie, bordure de fusains. Tailler des fusains.* ■ **2** (1704) Charbon friable fait avec le bois du fusain dont on se sert comme d'un crayon pour dessiner. *Portrait au fusain.* APPOS. INV. *Crayons fusain.* — PAR MÉTON. Dessin exécuté au fusain. *Fixer un fusain.*

FUSAINISTE [fyzenist] **n.** – 1877 ◊ de *fusain* ■ ARTS Artiste qui dessine au fusain. — On dit aussi **FUSINISTE.**

FUSANT, ANTE [fyzɑ̃, ɑ̃t] **adj.** – 1865 ◊ de *fuser* ■ Qui fuse. — *Obus fusant,* ou SUBST. *un fusant,* qui éclate en l'air avant le choc (opposé à *percutant*).

1 **FUSCINE** [fysin] **n. f.** – 1413 ◊ latin *fuscina* ■ ANTIQ. ROM. Fourche à trois dents des pêcheurs de l'Antiquité, emblème de Neptune, dieu de la mer. ➤ **trident.**

2 **FUSCINE** [fysin] **n. f.** – 1834 «colorant brun» ◊ du latin *fuscus* «noir» ■ BIOCHIM. Pigment noir de la rétine et du cerveau.

FUSEAU [fyzo] **n. m.** – XIIe ◊ de l'ancien français *fus,* du latin *fusus* ■ **1** Petit instrument en bois tourné, renflé au milieu, effilé aux deux extrémités, qui sert à tordre et à enrouler le fil, lorsqu'on file à la quenouille. *Fil d'un fuseau.* ➤ **fusée.** *Le fuseau des Parques.* ■ **2** PAR EXT. La forme de cet instrument. *Colonne en fuseau.* ➤ **fusiforme.** *Jambes en fuseau.* ➤ **fuselé.** — (1938) PAR APPOS. *Pantalon fuseau :* pantalon dont les jambes, se rétrécissant jusqu'à la cheville, sont terminées par un sous-pied. *Des pantalons fuseaux pour le ski.* ABSOLT *Porter un fuseau, des fuseaux.* ▪ **3** PAR ANAL. TECHN. Broche conique autour de laquelle on envide un textile (➤ 2 **rochet**), le fil d'une dentelle. *Dentelle du Puy au fuseau.* — AÉRONAUT. Élément fuselé d'un avion, généralement externe, recevant un moteur, un réacteur. — ZOOL. Mollusque *(gastéropodes)* à spire longue et pointue. — ANAT. *Fuseau neuromusculaire :* récepteur constitué de fibres nerveuses, situé au niveau des muscles squelettiques. — BIOL. CELL. *Fuseau mitotique* ou *achromatique :* disposition fusiforme de microtubules et de protéines lors de la mitose, assurant la séparation des chromosomes. ▪ **4** GÉOM. *Fuseau sphérique :* portion de la surface d'une sphère comprise entre deux demi-grands cercles ayant leur diamètre commun. ◆ (1911) *Fuseau horaire :* chacun des 24 fuseaux sphériques arbitrairement tracés à la surface du globe avec les pôles pour extrémités, soumis à la même heure légale. *Avancer, retarder sa montre en changeant de fuseau horaire.*

FUSÉE [fyze] **n. f.** – XIIIe ◇ ancien français *fus* → fuseau

I ▪ **1** VX Quantité de fil enroulé sur le fuseau d'une fileuse. ▪ **2** ANCIENNT Fuseau (forme). — Partie de l'épée qui forme la poignée. MOD. Chacune des extrémités de l'essieu d'une voiture qui entrent dans les moyeux des roues. ➤ **boîte.** — HORLOG. Cône cannelé où s'enroule la chaîne (montres de marine, etc.).

II Par anal. de forme Projectile autopropulsé par réaction grâce à l'éjection à grande vitesse d'un gaz obtenu par combustion. ▪ **1** (v. 1400) Pièce de feu d'artifice, tube contenant une préparation fusante (poudre, etc.) et une préparation lumineuse qui, lorsqu'on l'allume, s'élève et éclate en parcelles incandescentes. ➤ **chandelle** (romaine). *Fusée volante* ou *à baguette :* longue fusée attachée à une baguette de bois qui en maintient la direction. ➤ **serpenteau.** *Gerbe, faisceau de fusées.* ➤ 1 **bouquet, girandole, soleil.** — PAR EXT. (servant de signal lumineux) *Lancer, tirer une fusée.* « *Les fusées éclairantes éclatent au-dessus des arbres, sans bruit, retombent en pluie d'étincelles* » LE CLÉZIO. *Fusée de détresse.* — *Partir comme une fusée,* brusquement. ➤ **fuser.** ▪ **2** PAR ANAL. (avec le trajet de la fusée) Jet de liquide qui gicle. ➤ 1 **gerbe.** Trajet long et sinueux d'une fistule. ◆ (avec le bruit de la fusée) MUS. Trait rapide, ascendant ou descendant, entre deux notes éloignées l'une de l'autre. ▪ **3** Engin propulsé par un moteur anaérobie à réaction (➤ **moteur-fusée**). *Fusées de l'armée propulsant les ogives vers leurs objectifs.* ➤ **lanceur, missile,** 1 **roquette, V1, V2 ; lance-fusée.** *Fusées nucléaires à longue portée.* — *Fusée spatiale, interplanétaire. Lancement, tir, mise à feu d'une fusée. Fusée à propergol liquide. Fusée à trois étages. Booster d'une fusée. Fusée porteuse* (de satellites, de stations orbitales, de sondes). ➤ **lanceur.** *Fusée qui revient sur terre.* ➤ 1 **navette.** — COUR. Tout véhicule spatial. ➤ **vaisseau.** « *Au temps des fusées et de l'automation, les gens gardent la même mentalité qu'au XIXe siècle* » BEAUVOIR. ▪ **4** Épreuve de descente de l'École de ski français. ▪ **5** TECHN. Composition fusante destinée à mettre le feu à un explosif. *Fusée cylindrique pour faire exploser une mine.* ➤ **boudin, saucisson.** — ARTILL. *Fusée d'obus :* petite fusée fixée sur l'ogive du projectile destinée à le faire éclater. ➤ **détonateur.** *Fusée fusante. Fusée percutante.*

▪ HOM. Fuser.

FUSEL [fyzɛl] **n. m.** – 1910 ; *fusel-oïl* 1855 ◇ mot anglais, de l'allemand *Fusel* ▪ *Huile de fusel* ou *fusel :* mélange de liquides provenant de la rectification des alcools, eau-de-vie de goût désagréable.

FUSELAGE [fyz(ə)laʒ] **n. m.** – 1908 ◇ de *fuselé,* ou de l'expr. *fuseau moteur* ▪ Corps (d'un avion, d'un planeur) auquel sont fixées les ailes.

FUSELÉ, ÉE [fyz(ə)le] **adj.** – XIVe ◇ de *fusel, fuseau* ▪ En forme de fuseau. ➤ **fusiforme.** *Doigts fuselés. Jambes fuselées.* ARCHIT. *Colonne fuselée,* dont le fût est légèrement renflé vers le tiers de sa hauteur.

FUSELER [fyz(ə)le] **v. tr.** ‹4 /5/› – 1838 ◇ de *fuselé* ▪ Donner la forme d'un fuseau à (qqch.).

FUSER [fyze] **v. intr.** ‹1› – 1566 ◇ latin *fusus,* p. p. de *fundere* → fondre ▪ **1** TECHN. Couler, se répandre en fondant. *Cire, bougie qui fuse.* CHIM. En parlant de certains sels, se décomposer en crépitant sous l'action de la chaleur. *Le salpêtre fuse.* PYROTECHN. Brûler sans détoner. *La poudre déflagre ou fuse.* ◆ (1866) FIG. Se répandre peu à peu. ➤ **glisser, se répandre.** *La contrebande « fusait souterrainement dans la circulation commerciale »* HUGO. ▪ **2** (1868 ◇ d'après *fusée*) Partir, jaillir comme une fusée. ➤ **jaillir.** « *Un vieux mâle* [chameau] *s'arcbouta et fit fuser un jet d'urine sur le sable* » TOURNIER. FIG. *Cris, plaisanteries qui fusent de toutes parts.* ▪ HOM. Fusée.

FUSETTE [fyzɛt] **n. f.** – 1936 ◇ de *fusée* «fuseau» ▪ COMM. Petit tube de carton, de matière plastique sur lequel est enroulé du fil, pour la vente au détail.

FUSIBILITÉ [fyzibilite] **n. f.** – 1641 ◇ de *fusible* ▪ PHYS. Qualité de ce qui est fusible ; disposition à fondre, à se liquéfier. *Fusibilité des métaux. Degré de fusibilité.* ▪ CONTR. Infusibilité.

FUSIBLE [fyzibl] **adj.** et **n. m.** – XIVe ◇ bas latin *fusibilis,* du latin *fusilis* ▪ **1** Qui peut fondre, passer à l'état liquide sous l'effet de la chaleur. ◆ Qui fond facilement, à une température peu élevée. ▪ **2** **n. m.** (1897) Petit fil d'un alliage fusible qu'on interpose dans un circuit électrique et qui coupe celui-ci en fondant en cas de surintensité. ➤ **coupe-circuit, plomb.** *Les fusibles ont sauté. — Péter* un fusible, les fusibles.* ◆ FIG. Personne susceptible de perdre son poste (de « sauter ») pour en protéger une autre plus importante. *Le Premier ministre sert de fusible.* ▪ CONTR. Infusible, réfractaire.

FUSIFORME [fyzifɔʀm] **adj.** – 1784 ◇ du latin *fusus* «fuseau» et *-forme* ▪ DIDACT. Qui a la forme d'un fuseau. *Coquille, poisson fusiforme.*

FUSIL [fyzi] **n. m.** – avant 1105 *foisil, focil* ◇ probablt du latin populaire °*focilis (petra)* «(pierre) à feu», de *focus* → 1 feu

I PIÈCE OU INSTRUMENT D'ACIER ▪ **1** (1369) VX Petite pièce d'acier avec laquelle on bat un silex pour faire jaillir des étincelles. ➤ 1 **briquet.** *Pierre* à fusil.* ▪ **2** MOD. Instrument pour aiguiser les couteaux, composé d'une tige d'acier munie d'un manche.

II ARME À FEU PORTATIVE ▪ **1** (v. 1630) VX Platine* à silex d'une arme à feu. *Mousquet à fusil.* ◆ (v. 1670) MOD. Arme à feu portative constituée d'un long canon et d'une monture munis de dispositifs de visée et de mise à feu des projectiles. ➤ FAM. **flingue, pétoire,** ARG. **seringue.** *Ancêtres du fusil.* ➤ **arquebuse, escopette, espingole, mousquet, tromblon.** *Fusil à canon court* (➤ **carabine, mousqueton**), *long* (➤ **rifle**). — *Fusil de guerre. Fusil à baïonnette. Anciens fusils à piston, à capsule, à percussion, à aiguille* (➤ **chassepot**). *Ancien fusil à répétition de l'armée française* (➤ **lebel**), *allemande* (➤ **mauser**). *Fusil à lunette. Fusil semi-automatique, automatique. Fusil d'assaut.* ➤ **kalachnikov.** *Grenades à fusil. — Fusil de chasse.* ➤ **canardière.** *Fusil à pompe*. Fusil à* (deux) *canons superposés, juxtaposés. Fusil à canons choke-bore, fusil hammerless. Fusil à deux coups. — Le fusil est composé d'un canon* (➤ **âme, guidon, hausse, œilleton, viseur**), *d'un mécanisme de culasse et de détente* (➤ **chien, détente, éjecteur, extracteur, gâchette, percuteur, verrou**), *d'un mécanisme de répétition* (➤ **magasin**), *d'une monture* (➤ **crosse, fût**) *et de garnitures* (➤ **bretelle, embouchoir, grenadière, pontet, quillon, sous-garde**). *Munitions du fusil.* ➤ 1 **balle,** 2 **cartouche, chevrotine, grenade, grenaille, plomb.** — *Charger, épauler un fusil.* « *l'homme qui m'avait menacé de son fusil me rejoignit et de nouveau me coucha en joue* » HUGO. *Il « épaula son fusil et appuya sur la gâchette. La crosse lui heurta la mâchoire* » MAC ORLAN. *Coup de fusil. Tir au fusil. À portée* de fusil. Porter son fusil en bandoulière, à la bretelle. Nettoyer son fusil* (➤ **écouvillon**). *Ranger son fusil au râtelier d'armes.* ◆ PAR EXT. *Fusil sous-marin :* arme du chasseur sous-marin, qui décoche une flèche attachée par un fil. ▪ **2** PAR MÉTON. Le tireur, chasseur ou combattant. « *le baron était l'un des fusils les plus fameux de tout le canton* » TOURNIER. ▪ **3** LOC. *Être couché, dormir en chien* de fusil. Changer son fusil d'épaule :* changer radicalement de projet, d'opinion, d'activité. loc. adv. *La fleur au fusil,* avec enthousiasme et gaieté. *Défiler la fleur au fusil.* « *On ne s'en doute jamais, quand on part la fleur au fusil, qu'il y a quelque part un pays qui s'appelle Verdun* » FALLET. FAM. *Coup de fusil :* prix trop élevés pratiqués par un hôtelier, un restaurateur. *N'y allez pas, c'est le coup de fusil* (cf. Coup de bambou*, de barre*). PLAISANT *Fusil à tirer dans les coins.* ▪ **4** (1862) POP. (d'o. milit.) et VIEILLI Gosier, estomac. « *Il ajouta en lui donnant la plus grosse part : – Colle-toi ça dans le fusil* » HUGO.

FUSILIER [fyzilje] **n. m.** – 1589 ◇ de *fusil* ▪ VX Soldat armé d'un fusil. MOD. *Fusilier marin :* marin, gradé ou non, assurant à bord l'ordre, la discipline et l'instruction, et participant aux combats d'abordage et de débarquement. — *Fusilier mitrailleur.* ➤ **tireur.**

FUSILLADE [fyzijad] **n. f.** – 1771 ◇ de *fusiller* ▪ **1** Décharge de coups de fusil, et PAR EXT. Combat à coups de fusil. *Une fusillade a éclaté.* « *le crépitement de la fusillade* » FRANCE.

▪ **2** Action de fusiller pour exécuter. « *Les miliciens et suspects arrêtés sont passés par les armes... Les fusillades continuent* » MALRAUX.

FUSILLER [fyzije] v. tr. ‹1› – 1732 ◊ de *fusil* ▪ **1** Exécuter (un condamné) par une décharge de coups de fusil (cf. Passer par les armes*). *Être fusillé pour trahison.* « *on les fusille immédiatement, douze balles dans la peau, vlan !* » PROUST. ▪ **2** RARE Tuer (qqn) ou tirer sur (qqn) avec une arme à feu. ➤ FAM. **flinguer.** ♦ FIG. et FAM. *Les photographes n'ont cessé de la fusiller toute la journée de leurs caméras.* ➤ **mitrailler.** — *Fusiller qqn du regard.* ➤ **foudroyer.** ▪ **3** (1911) FAM. Abîmer*, détériorer. ➤ **bousiller, flinguer.** *Fusiller un moteur.* — (1878) POP. et VIEILLI Dépenser. *Le dernier billet est fusillé.*

FUSILLEUR [fyzijœʀ] n. m. – 1797 ◊ de *fusiller* ▪ Celui qui fusille (1°) ou en donne l'ordre. « *les fusilleurs concentrent leur tir sur la région du cœur* » CAMUS.

FUSILLI [fuzili ; fyzili] n. m. – 1993 ◊ mot du sud de l'Italie, plur. de *fusillo* « petit fuseau *(fuso)* » ▪ AU PLUR. Pâtes alimentaires torsadées. *Salade de fusillis.*

FUSIL-MITRAILLEUR [fyzimitʀajœʀ] n. m. – 1919 ◊ de *fusil* et *mitrailleur* ▪ Arme collective automatique, alimentée par boîte-chargeur (ABRÉV. **F.-M.**). *Bipied, cache-flamme d'un fusil-mitrailleur. Tireur, chargeur, pourvoyeur d'un fusil-mitrailleur. Des fusils-mitrailleurs.*

FUSINISTE ➤ **FUSAINISTE**

FUSION [fyzjɔ̃] n. f. – 1547 ◊ latin *fusio,* de *fundere* → fondre

I ▪ **1** Passage d'un corps solide à l'état liquide sous l'action de la chaleur. ➤ 1 **fonte, liquéfaction.** *Température de fusion. Le point de fusion de la glace sous la pression de 760 mm de mercure est zéro degré Celsius.* TECHN. *Fusion d'un minerai.* ➤ **fondant ; creuset, four.** *Fusion réductrice, oxydante. Lit de fusion :* mélange de matières que l'on place dans le four ou le creuset. ▪ **2** État d'une matière liquéfiée par la chaleur. *Métal en fusion.* ➤ **coulée.** *Coulées de roches en fusion.* ➤ **lave.** ▪ **3** SC. Combinaison, mélange intime. — GÉNÉT. *Fusion chromosomique :* soudure de deux chromosomes non homologues par leur centromère. — *Fusion des noyaux des gamètes.* ➤ **fécondation ; caryogamie.** ♦ PHYS. *Fusion nucléaire :* combinaison de deux nucléides avec dégagement d'énergie. *Fusion et fission. Fusion thermonucléaire*.* ♦ INFORM. *Fusion de deux fichiers :* réunion des articles en un fichier unique ordonné selon les mêmes critères.

II FIG. (1801) Union intime résultant de la combinaison ou de l'interpénétration d'êtres ou de choses. ➤ **se fondre ; se confondre ; interpénétration, réunion,** 1 **union.** *Fusion des cœurs, des esprits dans une communion parfaite. Fusion entre l'être humain et la nature.* ♦ SPÉCIALT (en parlant des personnes morales, de réalités sociales, historiques) *Fusion de plusieurs systèmes, religions, philosophies.* ➤ **éclectisme, syncrétisme.** *Fusion des populations dans le creuset américain.* ➤ **assimilation, intégration.** — ÉCON. *Fusion de sociétés, d'entreprises* (opposé à *scission*). ➤ **absorption, concentration, entente, intégration, rapprochement,** 1 **union.** *Fusion-acquisition :* opération de croissance externe. *Des fusions-acquisitions.* ABRÉV. **FUSAC** ou **FUSACQ.** *Des fusacs, des fusacqs.* ♦ APPOS. *Cuisine fusion,* qui mêle des spécialités, des techniques de différentes origines.

▪ CONTR. Congélation, solidification. Fission. Séparation.

FUSIONNEL, ELLE [fyzjɔnɛl] adj. – 1921 ◊ anglais *fusional* ▪ Qui se vit sur le mode de la symbiose, de l'unité retrouvée. *Amour, couple fusionnel.* « *aucune* [femme] *qui ait eu une relation avec sa mère, comme moi, aussi fusionnelle* » C. CUSSET.

FUSIONNEMENT [fyzjɔnmɑ̃] n. m. – 1861 ◊ de *fusionner* ▪ Action de fusionner. *Fusionnement de deux entreprises.*

FUSIONNER [fyzjɔne] v. ‹1› – 1802 ◊ de *fusion* ▪ **1** v. tr. Unir par fusion (des collectivités auparavant distinctes). ➤ **mêler, réunir, unifier.** — *Fusionner des fichiers informatiques.* ▪ **2** v. intr. S'unir par fusion. « *la maison Russel fusionnait avec sa vieille concurrente* » P. BENOIT. ➤ **se fondre.** *Groupuscules qui fusionnent en un seul parti. Les deux sociétés ont fusionné.*

FUSTANELLE [fystanɛl] n. f. – 1844 ◊ du latin médiéval *fustana* → futaine ▪ Court jupon masculin, tuyauté et empesé, qui fait partie du costume traditionnel grec. *Evzones portant la fustanelle.*

FUSTET [fystɛ] n. m. – 1351 ◊ arabe *fustuq* « pistachier » ▪ BOT. Sumac à houppes plumeuses, dont le bois fournit une matière tinctoriale jaune (la *fustine*).

FUSTIGATION [fystigasjɔ̃] n. f. – 1411 ◊ de *fustiger* ▪ **1** RARE et LITTÉR. Action de fustiger. ▪ **2** MÉD. Massage consistant à appliquer des coups légers sur une région du corps.

FUSTIGER [fystiʒe] v. tr. ‹3› – v. 1400 ◊ latin juridique *fustigare,* de *fustis* « bâton » ▪ **1** VX Corriger à coups de bâton, et PAR EXT. à coups de verges, de fouet. ➤ **flageller, fouetter.** ▪ **2** FIG. et LITTÉR. ➤ **blâmer, stigmatiser.** « *il exalte la probité, fustigeant les jouisseurs* » CAMUS.

FÛT [fy] n. m. /FUT/ – *fust* 1080 ◊ latin *fustis* « bâton ; tronc »

I ▪ **1** Tronc d'arbre dans sa partie droite et dépourvue de branches, et PAR EXT. Tronc d'arbre. *Bois de haut fût.* ➤ **futaie.** ▪ **2** PAR ANAL. Tige d'une colonne entre la base et le chapiteau. ➤ **escape.** *Fût monolithe*, appareillé*. Demi-diamètre du fût.* ➤ **module.** *Fût lisse, cannelé.* ▪ **3** TECHN. Monture de bois d'une arme. ➤ **affût.** Partie antérieure de la monture (d'un fusil) prolongeant la crosse et soutenant le canon. — Bois formant le corps (d'un meuble, d'un outil, d'un instrument). *Le fût d'un archet de violon.*

II (XIIIe) Tonneau pour mettre le vin, l'eau-de-vie. ➤ **futaille.** *Petit fût d'eau-de-vie.* ➤ **baril, tonnelet ;** RÉGION. **barricot.** *Cognac vieilli en fût de chêne. Fût mis en perce. Vin qui sent le fût,* qui s'est dénaturé dans un fût moisi. *Fût métallique.*

FUTAIE [fytɛ] n. f. – XIIIe ◊ de *fût* ▪ Groupe d'arbres de haut fût dans une forêt. PAR EXT. Forêt d'arbres très élevés. — SPÉCIALT EAUX ET FORÊTS Peuplement forestier composé d'arbres destinés généralement à atteindre un plein développement avant d'être exploités. *Arbre qui croît en futaie.* ➤ **baliveau.** *Haute futaie :* futaie parvenue à tout son développement. *Taillis* sous futaie.*

FUTAILLE [fytaj] n. f. – XIIIe ◊ de *fût* ▪ **1** Récipient de bois en forme de tonneau, pour le vin, les alcools, l'huile. ➤ **fût.** *Futailles de vin.* ➤ **barrique, bordelaise, feuillette,** 2 **foudre, muid, pièce, quartaut,** 2 **queue, tonneau.** *Futaille servant au transport de denrées sèches.* ➤ **baril.** ▪ **2** COLLECT. Ensemble de tonneaux, de fûts, etc. *Ranger la futaille dans un chai.*

FUTAINE [fytɛn] n. f. – *fustaine* XIIe ◊ latin médiéval *fustaneum,* de *fustis* « bois » (→ fût), d'après le grec *xulina (lina)* « (fils) d'arbre », désignant le coton ▪ Tissu croisé, dont la chaîne est en fil et la trame en coton. ➤ **basin.**

FUTAL [fytal] n. m. – 1916 ◊ origine inconnue ▪ FAM. Pantalon*. *Des futals.* « *j'y ai filé mon futal* » RENAUD. — ABRÉV. **FUTE** (1981).

FUTÉ, ÉE [fyte] adj. – 1645 ◊ du moyen français *se futer* « échapper au chasseur et éviter les filets », du latin *fugere* ▪ Qui est plein de finesse, de malice, sait déjouer les pièges, esquiver les coups. ➤ **débrouillard, finaud, malin, roué, rusé.** *Un paysan futé.* ➤ **madré.** n. *Une petite futée.* — PAR EXT. *Air futé.* ➤ **fripon, malicieux.** — FAM. **FUTE-FUTE** [fytfyt]. « *Tu préfères qu'on te confie aux gendarmes ? Là mon gars t'es pas fute-fute* » R. FORLANI.

▪ CONTR. Benêt, bête, niais, nigaud.

FUTÉE [fyte] n. f. – 1676 ◊ de *fût* ▪ TECHN. Mastic composé de sciure de bois et de colle forte, servant à boucher les trous, les fentes du bois ou à garnir une feuillure.

FUTE-FUTE ➤ **FUTÉ**

FUTILE [fytil] adj. – XIVe ◊ latin *futilis* ▪ **1** Qui est dépourvu de sérieux, qui ne mérite pas qu'on s'y arrête. ➤ **insignifiant.** *Discours, propos futiles.* ➤ **creux, frivole, vain, vide.** *Sous le prétexte le plus futile.* ➤ **léger ; puéril.** *S'occuper de choses futiles* (➤ **futilité**). « *je me laissai d'abord entraîner par le tourbillon du monde, et je me livrai toute entière à ses distractions futiles* » LACLOS. ▪ **2** (PERSONNES) Qui ne se préoccupe que de choses sans importance. ➤ **frivole, léger, superficiel.** — adv. **FUTILEMENT,** 1769. ▪ CONTR. Grave, important, profond, sérieux.

FUTILITÉ [fytilite] n. f. – 1672 ; *futileté* XVIe ◊ latin *futilitas* ▪ **1** Caractère futile. ➤ **frivolité, inanité, vanité.** *La futilité d'un raisonnement, d'une objection.* ➤ **insignifiance, légèreté.** *Futilité d'esprit.* ➤ **enfantillage, puérilité.** ▪ **2** PAR EXT. Propos, action futile. *Dire des futilités.* ➤ **baliverne, fadaise,** RÉGION. **niaiserie.** « *On parle à Paris, et on ne pense guère ; la journée se passe en futilités* » VOLTAIRE. ➤ **bagatelle, bêtise,** FAM. **connerie.** ▪ CONTR. Gravité, importance, intérêt, poids, sérieux, utilité.

FUTON [fytɔ̃] n. m. – 1917 ◊ mot japonais ▪ **1** Matelas de coton, couchage traditionnel au Japon. ▪ **2** Canapé-lit garni d'un matelas de coton qui, replié, sert d'assise.

FUTSAL [futsal] n. m. – 1994 ◊ mot brésilien, de *fut(bol)* et *sal(a)* « salle » ▪ Football qui se pratique en salle (sur un terrain de handball), opposant deux équipes de cinq joueurs pendant deux périodes de vingt minutes.

FUTUR, URE [fytyʀ] adj. et n. m. – fin XIIe, en gramm. (II, 2°) ◊ latin *futurus,* participe futur de *esse* « être »

I adj. ▪ **1** (1267) Qui appartient à l'avenir. ➤ **prochain, ultérieur.**

Les générations futures. ➤ 1suivant. *Les siècles futurs* (cf. À venir*). *Besoins actuels et futurs. L'évolution future de l'humanité.* ➤ futurologie, prospective. — RELIG. *La vie future,* celle qui doit succéder à la vie terrestre. ➤ éternité, immortalité. ▪ 2 (L'adj. précédant presque toujours le nom) Qui sera tel dans l'avenir. *Les futurs époux. Sa future épouse.* SUBST. (1730) *Le futur, la future.* ➤ fiancé. *Vos futurs collègues. Le futur Louis XIV. Voir en qqn un futur génie, un futur champion* (cf. En herbe* ; graine* de). *Futur papa, future maman :* les parents pendant la grossesse.

II n. m. ▪ 1 (v. 1275) Partie du temps qui vient après le présent. ➤ 1avenir. REM. Sous l'infl. de l'anglais *future,* ce mot est abusivement employé pour *avenir. Le passé, le présent et le futur. Dans le futur. Le réactionnaire «se soucie de préparer un futur qui soit identique au passé»* SARTRE. *Romans d'anticipation* qui évoquent le futur.* ▪ 2 (fin XIIe) GRAMM. Ensemble des formes d'un verbe qui expriment qu'une action, un état sont placés dans un moment de l'avenir considéré par rapport au moment de la parole (*futur simple :* je partirai), ou par rapport à un autre évènement à venir (*futur antérieur :* je serai parti quand vous arriverez). *Conjuguer un verbe au futur. Vous feriez mieux d'en parler au futur,* en employant le futur et non comme d'une chose présente, assurée. ◆ Temps à venir dans lequel se situe l'action verbale. *On peut exprimer le futur proche par l'auxiliaire aller* (il va venir), *par un complément de temps* (il vient demain). *Futur du* (ou *dans le*) *passé,* exprimé par le conditionnel présent dépendant d'un verbe au passé (Je lui ai écrit que je viendrais).

▪ CONTR. Antérieur, 2 ex-, 3 passé, 1 présent.

FUTURIBLE [fytyʀibl] adj. et n. – 1966 ◇ de *futur* et *(poss)ible* ▪ DIDACT. Qui s'adonne à des recherches prospectives sur l'avenir de l'humanité. ➤ futurologue.

FUTURISME [fytyʀism] n. m. – 1909 ◇ italien *futurismo,* de *futuro* «futur» ▪ 1 HIST. DE L'ART Mouvement esthétique, fondé par le poète italien Marinetti, exaltant le mouvement et tout ce qui dans le présent (vie ardente, vitesse, machinisme, révolte, goût du risque, etc.) préfigurerait le monde futur. ▪ 2 Caractère futuriste (2°). *Le futurisme d'une œuvre, d'un bâtiment, d'un véhicule.* ➤ aussi rétrofuturisme.

FUTURISTE [fytyʀist] adj. – 1909 ◇ italien *futurista,* de *futuro* «futur» ▪ 1 HIST. DE L'ART Partisan du futurisme. — Relatif au futurisme (1°). ▪ 2 (1966) Qui évoque l'état futur de l'humanité tel qu'on croit pouvoir l'imaginer (surtout dans l'aspect fantastique des progrès techniques et scientifiques). *Une architecture futuriste.*

FUTUROLOGIE [fytyʀɔlɔʒi] n. f. – 1969 ◇ de *futur* et *-logie* ▪ DIDACT. Ensemble des recherches prospectives concernant l'évolution future, scientifique, économique, sociale, technique, de l'humanité. ➤ prospective. *Vous avez fait «n'ayant que votre scalpel pour "machine à explorer le temps" [...] de la futurologie expérimentale»* J. ROSTAND.

FUTUROLOGUE [fytyʀɔlɔg] n. – 1969 ◇ de *futurologie* ▪ DIDACT. Spécialiste de futurologie. ➤ futurible.

FUYANT, ANTE [fɥijɑ̃, ɑ̃t] adj. et n. – 1539 ; n. 1213 ◇ p. prés. de *fuir*

I adj. ▪ 1 POÉT. Qui s'éloigne rapidement, qui court. *«les eaux fuyantes»* BAUDELAIRE. ▪ 2 (fin XIXe) Qui échappe, qui se dérobe à toute prise. ➤ insaisissable. *Regard fuyant. Caractère fuyant, personne fuyante,* qu'on ne peut retenir, comprendre, amener à une position franche. ➤ évasif. ▪ 3 ARTS Qui paraît s'éloigner, s'enfoncer dans le lointain. *D'autres semeurs «s'enfonçaient en face, dans la perspective fuyante des terrains plats»* ZOLA. ◆ (1838) COUR. Dont les lignes s'incurvent vers l'arrière. *Front, menton fuyant.*

II n. m. *Le fuyant :* l'ensemble des lignes fuyantes ; la perspective (d'un point). — n. f. *Une fuyante :* une ligne fuyante.

▪ CONTR. 1 Fixe, stable ; certain, sûr.

FUYARD, ARDE [fɥijaʀ, aʀd] adj. et n. – 1538 ◇ de *fuir* ▪ 1 VX Qui est porté à s'enfuir. ➤ lâche. ▪ 2 n. Personne qui s'enfuit (➤ fugitif), et SPÉCIALT n. m., Soldat qui fuit devant l'ennemi. *Rejoindre un fuyard. «Napoléon court au galop le long des fuyards»* HUGO. ▪ 3 Qui fuit, n'est pas étanche. *Toit, tuyau fuyard.*

G

1**G** [ʒe] **n. m. inv.** ▪ Septième lettre et cinquième consonne de l'alphabet : *g majuscule* (G), *g minuscule* (g). — PRONONC. Lettre qui, lorsqu'elle est prononcée, note l'occlusive vélaire sonore [g] devant *a, o, u (gaga, fagot, déguster),* devant une consonne autre que *n* ou en finale *(gris, gag)* et qui note une fricative sonore [ʒ] devant *i, e, y (gîte, gel, gypse, rouge),* sauf dans certains emprunts où il note [g] *(geisha, hamburger). Digrammes comportant g : gg,* qui note [g] *(agglomération)* ou [gʒ] *(suggérer) ; gu,* qui note [g] devant *e, i (guerre, guitare)* et parfois devant *a, o* notamment dans la conjugaison *(naviguons)* (REM. *gua* note [gwa] dans les noms et les adjectifs *(guano, jaguar, lingual) ; gui* note [gɥi] dans *aiguille, linguiste* et leurs dérivés.) ; *ge,* qui note [ʒ] devant *a, o (geai, bougeons) ; gh,* qui note [g] *(ghetto, afghan) ; gn,* qui note généralement la nasale palatale [ɲ] *(gnole, agneau, cygne)* ou parfois [gn] dans des mots savants ou des emprunts *(gnome, diagnostic) ; ng,* qui note la nasale vélaire [ŋ] notamment dans la finale *...ing* des emprunts à l'anglais *(camping).*

2**G** **abrév. et symboles** ▪ **1** La note *sol,* dans la nomenclature anglo-saxonne. ▪ **2 g** [gʀam] Gramme. ▪ **3 G** [ʒiga] Giga-. *Gt :* gigatonne. *Go :* gigaoctet. ▪ **4 G** [ʒe] Constante universelle de gravitation égale à $6{,}67.10^{-11}$ Nm^2/kg^2. — **g** [ʒe] Accélération due à la pesanteur à la surface de la Terre, égale à $9{,}81$ m/s^2. ▪ **5 G** [ʒe] Groupe. *Le G7,* le groupe des sept pays les plus industrialisés. *Le sommet du G20.* ▪ **6 G** [ʒe] TECHN. Génération (II, 3°). *La téléphonie 3G, 4G,* de troisième, de quatrième génération.

GABA [gaba] **n. m. inv.** – 1971 ◊ mot anglais, acronyme de *gamma-aminobutyric acid* ▪ BIOCHIM., PHARM. Principal neurotransmetteur inhibiteur du système nerveux* central, utilisé dans le traitement de l'épilepsie et de l'hémorragie cérébrale. *Le baclofène, dérivé halogéné du GABA. L'acide glutamique, précurseur du GABA.*

GABARDINE [gabaʀdin] **n. f.** – 1925 ◊ probablt mot anglais (1904), du moyen français *gaverdine* (fin XVe) emprunté à l'espagnol *gabardina* ▪ **1** Tissu croisé de laine ou de coton, à fines côtes sur l'endroit. *Gabardine de laine. Pantalon de gabardine.* ▪ **2** Imperméable en gabardine. *Mettre sa gabardine.*

GABARE [gabaʀ] **n. f.** – 1338 ◊ gascon *gabarra,* du grec *karabos* «langouste», «bateau» en grec byzantin → caravelle ▪ **1** MAR. Ancien bâtiment de charge dans la marine de guerre. — Embarcation, souvent plate, pour le transport des marchandises. ➤ **allège.** *«le quai, d'où jadis partaient tant de gabares»* CHARDONNE. ▪ **2** Filet de pêche. ➤ **seine.** — On écrit aussi *gabarre.*

GABARIAGE [gabaʀjaʒ] **n. m.** – 1839 ◊ de 2*gabarier* ▪ TECHN. Fabrication d'un gabarit ; comparaison avec un gabarit.

1**GABARIER** [gabaʀje] **n. m.** – 1478 ◊ de *gabar(r)e* ▪ VX Patron ou manœuvre, sur une gabare. — On écrit aussi *gabarrier.*

2**GABARIER** [gabaʀje] **v. tr.** ⟨7⟩ – 1764 ◊ de *gabarit* ▪ TECHN. Construire conformément à un gabarit.

GABARIT [gabaʀi] **n. m.** – *gabari* 1643 ◊ provençal *gabarrit,* altération de *garbi,* du gotique °*garwi* «préparation, modèle» → galbe ▪ **1** MAR. Modèle (d'une pièce de construction) établi en vraie grandeur. *Gabarit de l'étrave. Salle des gabarits,* dans un arsenal. ◆ PAR EXT. Modèle servant à vérifier la forme, les dimensions. ▪ **2** TECHN. Appareil de mesure pour vérifier forme ou dimensions. CH. DE FER *Gabarit de chargement, de voie.* ▪ **3** COUR. Dimension, forme déterminée ou imposée d'avance. *Une forêt de navires «de tout gabarit et de tout tonnage»* GAUTIER. — (XIXe) Forme type. ➤ **modèle.** — Taille, stature. *Il «examina le gabarit de Gabriel et se dit c'est un malabar»* QUENEAU. — PAR EXT. *Un grand, un petit gabarit :* une personne de grande, de petite stature. ◆ FIG. *Du même gabarit.* ➤ **acabit, genre.** *«les prêtres de son gabarit»* HUYSMANS.

GABARRE ; GABARRIER ➤ **GABARE ;** 1**GABARIER**

GABBRO [gabʀo] **n. m.** – 1778 ◊ mot florentin, p.-ê. du nom d'un village toscan ▪ GÉOL. Roche plutonique proche du basalte, à structure grenue. *Des gabbros.*

GABEGIE [gabʒi] **n. f.** – 1790 ◊ mot de l'Est, probablt du radical de l'ancien français *gaber* «railler», de l'ancien scandinave *gabb* «raillerie» ▪ Désordre résultant d'une mauvaise administration ou gestion. ➤ **gaspillage.** *Quelle gabegie ! Lutter contre la gabegie.* ▪ CONTR. Économie, ordre.

GABELLE [gabɛl] **n. f.** – 1330 ◊ italien *gabella,* de l'arabe *qabâla* «impôt» ▪ HIST. ▪ **1** Impôt indirect, taxe. ▪ **2** Impôt indirect sur le sel, aboli en 1790. *Pays de petite gabelle* (prix imposé), *de grande gabelle* (prix et quantité achetée imposés). *L'impôt exécré, «c'était la gabelle odieuse»* ZOLA. ◆ PAR EXT. Administration qui percevait cet impôt. *Employé des gabelles.* ➤ **gabelou.**

GABELOU [gablu] **n. m.** – 1585 ◊ mot de l'Ouest, de *gabelle* ▪ HIST. Commis de la gabelle. ◆ MOD. PÉJ. Employé d'octroi, douanier.

GABIER [gabje] **n. m.** – 1678 ◊ du moyen français *gabie* «demi-hune», de l'ancien provençal *gabia* «cage» ▪ Matelot chargé de l'entretien, de la manœuvre des voiles, du gréement. *«Étant gabier, il vivait dans sa mâture»* LOTI. *Les gabiers de misaine.* — Matelot breveté de la spécialité manœuvre.

GABION [gabjɔ̃] **n. m.** – 1525 ◊ italien *gabbione,* de *gabbia* «cage» ▪ **1** TECHN., MILIT. Cylindre de clayonnage, de branchages tressés, de grillage, destiné à être rempli de terre, etc., pour servir de protection. *Les gabions d'un parapet.* ▪ **2** RÉGION. Grand panier à anses pour le transport du fumier, de la terre. ▪ **3** CHASSE Abri pour les chasseurs de gibier d'eau.

GABLE [gɑbl] **n. m.** – XIIIe ◊ ancien scandinave *gafl* «plafond» ▪ ARCHIT. Couronnement triangulaire souvent ajouré et orné, coiffant l'arc d'une baie, d'une voûte. *Rampants, fleuron d'un gable gothique.* ◆ Charpente de forme triangulaire (d'une lucarne). ➤ 1**pignon.** — On écrit aussi *gâble.*

GÂCHAGE [gɑʃaʒ] **n. m.** – 1807 ◇ de *gâcher* ■ **1** Action de délayer le plâtre, le mortier. ■ **2** FIG. Action de gâcher. « *Rien ne le dégoûtait autant que le sabotage, le gâchage du travail* » R. ROLLAND. ➤ **bousillage, sabotage.** *C'est un gâchage de temps et d'argent.* ➤ **gâchis, gaspillage, perte.**

1 **GÂCHE** [gɑʃ] **n. f.** – 1294 ◇ francique °*gaspia* « crampon » ■ TECHN. Pièce métallique fixe présentant une mortaise dans laquelle s'engage le pêne d'une serrure, la crémone d'une fenêtre. *Serrure à gâche électrique.*

2 **GÂCHE** [gɑʃ] **n. f.** – 1585 régional ◇ de *gâcher*
I (1636) TECHN. Outil avec lequel on gâche le plâtre. — Spatule de pâtissier.
II (de *gâcher* « pétrir ») RÉGION. ■ **1** (Normandie, Bretagne) Petit pain rond, ou allongé, et plat. ■ **2** (Vendée) Brioche en forme de pain court.

GÂCHER [gɑʃe] **v. tr.** ‹1› – début XIVe ; « laver » XIIe ◇ francique °*waskan* ■ **1** Délayer (du mortier, du plâtre) avec de l'eau. « *Dès demain mon gars montera aux échelles et il gâchera le plâtre comme son père* » GUILLOUX. ■ **2** (XVIIIe) FIG. Faire (un ouvrage) grossièrement, sans aucun soin. ➤ **bâcler, saboter ;** FAM. **cochonner, saloper.** *Gâcher la besogne.* ◆ Perdre, manquer (qqch.) faute d'en tirer parti, de savoir, de pouvoir en profiter. ➤ **gaspiller.** *Gâcher son argent, son talent* (➤ **galvauder**), *une occasion* (➤ **manquer**), *ses chances. Gâcher le métier :* travailler à trop bon marché. — « *vacances médiocres gâchées par la pluie et le manque d'argent* » PEREC. **p. p. adj.** *Une vie gâchée.* ◆ Gâter, troubler. *Il nous gâche le plaisir.*

GÂCHETTE [gaʃɛt] **n. f.** – *glachette* 1478 ◇ de 1 *gâche* ■ **1** TECHN. Tige, pièce de métal qui maintient le pêne d'une serrure dans la position de la fermeture. ■ **2** Dans une arme à feu, Pièce interne immobilisant le percuteur ou le chien. *La détente commande la gâchette.* ◆ ABUSIVEMENT, COUR. La détente. *Appuyer sur la gâchette.* ➤ **tirer.** *Il s'arrêta, « le doigt sur la gâchette »* GIONO. ◆ PAR MÉTON. Le tireur. *La meilleure gâchette de l'Ouest.* ■ **3** ÉLECTRON. Électrode de commande de certains dispositifs semi-conducteurs. ➤ **grille.**

GÂCHEUR, EUSE [gɑʃœʀ, øz] **n.** – 1292 ◇ de *gâcher* ■ **1 n. m.** Ouvrier qui gâche le plâtre, le mortier. ■ **2** (XVIIIe) FIG. Personne qui gâche, bâcle, gaspille. ➤ **gaspilleur, saboteur.** « *Propre à rien ! gâcheur de besogne* » ZOLA. *Quel gâcheur !*

GÂCHIS [gɑʃi] **n. m.** – 1564 ◇ de *gâcher* ■ **1** Mortier fait de plâtre, de chaux, de ciment. ■ **2** Amas de choses gâchées (abîmées, brisées, renversées). *Tu as fait un beau gâchis.* ■ **3** (1775) FIG. Situation confuse, embrouillée. ➤ **désordre, pagaille.** *Gâchis politique. Être en plein gâchis.* ➤ FAM. **pastis.** ■ **4** Gâchage, gaspillage. *Il y a du gâchis dans cette maison.*

GADELIER [gadəlje] **n. m.** – 1867 ◇ de *gadelle* ■ (Canada) Groseillier. *Gadelier rouge.* ◆ *Gadelier noir.* ➤ 1 **cassis.** — On écrit aussi *gadellier.*

GADELLE [gadɛl] **n. f.** – 1651 ◇ mot normand, du norrois *gaddr* « piquant » ■ RÉGION. (Normandie ; Canada) Groseille. *Gelée de gadelle.* ◆ *Gadelle noire :* cassis.

GADES [gad] **n. m. pl.** – 1788 ◇ grec *gados* « morue » ■ ZOOL. Famille de poissons *(gadiformes),* généralement marins, activement pêchés dans les eaux froides et tempérées (ex. brosme, églefin, lieu, merlan, merlu, morue, tacaud). On dit aussi *gadidés.* — Au sing. *Le colin est un gade.*

GADGET [gadʒɛt] **n. m.** – v. 1946 ◇ mot anglais, argot des marins (1866) ; p.-ê. du français *gâchette* appliqué à des mécanismes, ou français dialectal *gagée* « outil » ■ Dispositif, objet amusant et nouveau, parfois dénué d'utilité. ➤ **bidule, bricole,** 1 **truc ;** RÉGION. **bébelle.** *Gadget électronique.* ◆ FIG. Innovation, solution dont l'efficacité est mise en doute. *Cette loi n'est qu'un gadget.* — **v. tr.** ‹1› **GADGÉTISER.**

GADIN [gadɛ̃] **n. m.** – 1901, argot ◇ origine inconnue ■ FAM. Chute* (d'une personne). *Ramasser, prendre un gadin :* tomber. ➤ 2 **bûche, gamelle, pelle.**

GADJO [gadʒo] **n. m.** – 1849 ◇ mot tsigane (romani) *kadjo* ■ Homme qui n'appartient pas à la communauté des Gitans. *Des gadjos* ou *des gadjé.* — FÉM. *Une gadji.* ◆ ARG. Homme, mec. *Les meufs et les gadjos.*

GADOLINIUM [gadɔlinjɔm] **n. m.** – 1886 ◇ de *gadolinite,* silicate, du n. du minéralogiste *Gadolin* ■ CHIM., PHYS. Élément chimique (Gd ; n° at. 64 ; m. at. 157,25) de la famille des lanthanides.

GADOUE [gadu] **n. f.** – XVIe ◇ origine inconnue ■ **1** Matières fécales et immondices employées comme engrais (➤ **vidange**). ■ **2** COUR. Terre détrempée. ➤ **boue, bouillasse.** *Patauger dans la gadoue.* VAR. FAM. *gadouille* [gaduj]. ■ **3** (Canada) Neige fondante et salie. ➤ FAM. **sloche.**

GAÉLIQUE [gaelik] **adj.** et **n.** – 1828 ◇ anglais *gaelic* ■ Relatif aux Gaëls. *Caractères de l'alphabet gaélique.* ➤ **oghamique.** PAR EXT. Celtique. *Ballades gaéliques.* ◆ **n. m.** LING. Groupe des parlers celtiques d'Irlande et d'Écosse. ➤ **irlandais ; écossais,** 2 **erse.** *Le gaélique et le brittonique.*

1 **GAFFE** [gaf] **n. f.** – XIVe ◇ ancien provençal *gaf* « crochet, perche », de *gaffar* « saisir », d'origine gotique ■ Perche munie d'un croc et d'une pointe, ou de deux crocs, et servant à la manœuvre d'une embarcation, à accrocher le poisson, etc. « *Tantôt on rame, tantôt on se sert de la gaffe* » MAUPASSANT.

2 **GAFFE** [gaf] **n. f.** – 1872 ◇ probablt de 1 *gaffer* ■ FAM. Action, parole intempestive ou maladroite. ➤ **bévue*, boulette, bourde, impair.** *Faire une gaffe monumentale.*

3 **GAFFE** [gaf] **n. f.** – début XIXe argot *porter gaffe* « faire sentinelle » ◇ de 3 *gaffer* ■ FAM. **FAIRE GAFFE :** faire attention. ➤ 3 **gaffer.**

1 **GAFFER** [gafe] **v. tr.** ‹1› – 1694 ◇ de 1 *gaffe* ■ PÊCHE Accrocher avec une gaffe. *Gaffer un poisson.*

2 **GAFFER** [gafe] **v. intr.** ‹1› – 1883 ◇ de 2 *gaffe* ■ Faire une gaffe, un impair (cf. Mettre les pieds dans le plat*). « *Hubert pensait que sa lourde sœur gaffait* » MAURIAC.

3 **GAFFER** [gafe] **v.** ‹1› – 1829 ◇ probablt de 1 *gaffer* « accrocher (du regard) » ■ ARG. FAM. VIEILLI ■ **1 v. tr.** Regarder attentivement. ➤ **zieuter.** *Gaffe un peu la moto !* ➤ 1 **viser.** ■ **2 v. intr.** Faire attention (cf. Faire gaffe).

GAFFEUR, EUSE [gafœʀ, øz] **n.** – 1888 ◇ de 2 *gaffer* ■ FAM. Personne qui commet une gaffe, fait des gaffes. ➤ **balourd, lourdaud, maladroit.** *Quel gaffeur !* **adj.** *Elle est très gaffeuse.*

GAG [gag] **n. m.** – 1922 ◇ mot anglais ■ CIN., TÉLÉV. Effet comique rapide, burlesque. *Un bon gag. Les gags des films burlesques. Auteur de gags.* ➤ **gagman.** — PAR EXT. Situation burlesque, incroyable. *C'est un gag, ton histoire !* ➤ **gaguesque.**

GAGA [gaga] **n.** et **adj.** – 1879 ◇ de *gâteux* ■ FAM. Gâteux. « *Dansez à poil pour les gagas* » VIAN. — **adj.** (surtout attribut) *Elles sont complètement gagas de lui.* ➤ **fou.**

GAGE [gaʒ] **n. m.** – XIe ◇ francique °*waddi*
I Ce qu'on dépose ou laisse entre les mains de qqn à titre de garantie. ■ **1** Contrat de remise d'une chose mobilière à un créancier pour garantir le paiement d'une dette. ➤ **caution, dépôt, garantie, nantissement ; arrhes.** *Un gage de grande valeur.* — LOC. *Prêteur sur gages.* « *une reconnaissance du mont-de-piété qui attestait que le valet avait mis sa montre en gage* » BALZAC. ➤ **engager.** ■ **2** Biens meubles ou immeubles affectés à la garantie d'une dette. ➤ **sûreté ; hypothèque, privilège ;** aussi **non-gage.** *Les biens du débiteur sont le gage commun de ses créanciers. Gage commercial.* ■ **3** (JEUX DE SOCIÉTÉ) VX Objet que le joueur dépose chaque fois qu'il se trompe et qu'il ne peut retirer, à la fin du jeu, qu'après avoir subi une pénitence ; MOD. Pénitence que les autres joueurs imposent au perdant. *Avoir un gage.* ■ **4** Ce que l'on consigne entre les mains d'un tiers, en cas de contestation, pour être ensuite remis à la personne qui aura gain de cause. ■ **5** FIG. Ce qui représente un garant ou une garantie. — (La garantie portant sur l'avenir) ➤ **assurance, promesse.** *Un gage de fidélité. Donner, prendre des gages.* « *D'une éternelle paix Hermione est le gage* » RACINE. « *ces politiciens dont on dit qu'ils donnent des gages aux partis extrêmes* » ROMAINS. — (La garantie s'appliquant au passé ou au présent) ➤ **preuve, témoignage.** *Gage d'amour. Il « donna des gages de sa sympathie au gouvernement »* HENRIOT. *En gage d'amitié.*
II (XIIe) AU PLUR. Salaire* (d'un domestique, d'un employé de maison). ➤ **appointements.** *Les gages d'une cuisinière. Mes gages, mes gages !* (Sganarelle dans *Dom Juan* de Molière). — PAR EXT. *Être aux gages de qqn,* être payé par lui pour une activité à son service ; PAR EXT. être dévoué à qqn (cf. Être à la solde* de). **loc. adj. À GAGES :** payé pour accomplir un travail. *Tueur à gages.*

GAGER [gaʒe] **v. tr.** ‹3› – 1080 ◇ de *gage* ou du francique °*wadjare* ■ **1** VX ou RÉGION. (Canada) Parier. « *Je gage cent pistoles que c'est toi* » MOLIÈRE. — (XVIe) MOD. LITTÉR. Parier, supposer. *Gageons qu'il ne tiendra pas ses promesses.* ■ **2** VX Payer, donner des gages à (qqn). ➤ **salarier.** ■ **3** (1872) Garantir par un gage. *Gager une émission de billets. — Emprunt d'État gagé sur les recettes fiscales.*

GAGEURE [gaʒyʀ], critiqué mais fréquent [gaʒœʀ] **n. f.** /GAGEÜRE/ – XIIIe dr. ◇ de *gager* ■ **1** VX Promesse réciproque de payer le gage convenu si on perd un pari. *Soutenir la gageure,* l'accepter ; FIG. persévérer dans une entreprise, comme pour tenir un pari. ■ **2** (1694) MOD. et LITTÉR. Action, projet, opinion si étrange, si difficile, qu'on dirait un pari à tenir, un défi à relever. ➤ **défi.** *«c'était une entreprise difficile et [...] comme une gageure»* PÉGUY. *C'est une gageure de lui faire confiance.*

GAGISTE [gaʒist] **n. m.** – 1680 ◇ de *gage* ■ (fin XIXe) DR. Personne dont la créance est garantie par un gage. — PAR APPOS. *Créanciers gagistes.*

GAGMAN [gagman] **n. m.** – 1922 ◇ mot anglais, de *gag* et *man* «homme» ■ ANGLIC. Auteur de gags. *Le «meilleur gagman de Bob Hope»* GODARD. *Des gagmans.* On dit aussi *des gagmen* [gagmɛn] (plur. angl.).

GAGNABLE [gaɲabl] **adj.** – XVIe ; «cultivable» XIIe ◇ de *gagner* ■ RARE Que l'on peut gagner. *Arrondissement gagnable par l'opposition. Pari aisément gagnable.* ■ CONTR. Ingagnable.

GAGNAGE [gaɲaʒ] **n. m.** – milieu XIIe ◇ de *gagner* ■ VX ou RÉGION. Pâturage ; champ où le gibier va prendre sa nourriture. *«Guetter le lièvre [...] allant au gagnage»* E. LE ROY.

GAGNANT, ANTE [gaɲɑ̃, ɑ̃t] **adj.** et **n.** – XIIIe ◇ p. prés. de *gagner* ■ **1** Qui fait gagner. *Trouver les numéros gagnants du loto, la combinaison gagnante du tiercé.* ■ **2** Qui gagne, remporte une épreuve. *Partir, jouer gagnant,* en ayant une forte probabilité de gagner. *Donner un cheval gagnant,* prévoir sa victoire. *Jouer un cheval gagnant et placé.* — *Candidat donné gagnant aux élections.* ◆ **n.** La personne, le concurrent qui gagne. *Les gagnants du concours. Le gagnant du tournoi.* ➤ **vainqueur.** *Dans cette affaire, nous ne serons pas les gagnants.* — LOC. *Gagnant-gagnant :* avec une issue favorable, profitable pour chacune des parties. *Une négociation, une solution gagnant-gagnant.* ■ CONTR. Perdant.

GAGNE [gaɲ] **n. f.** – 1968 ◇ déverbal de *gagner* ■ SPORT, FAM. *La gagne :* la volonté de gagner ; victoire. ➤ **niaque.** *«c'est le "mental" qui fait la différence... La gagne»* F. GIROUD.

GAGNE-PAIN [gaɲpɛ̃] **n. m.** – 1566 ; «ouvrier peu payé» XIIIe ◇ de *gagner* et *pain* ■ Ce qui permet à qqn de gagner sa vie. *«ils tressent des paniers ; c'est leur métier, leur gagne-pain depuis des siècles»* CHÂTEAUBRIANT. *Des gagne-pain* (inv.) ou *des gagne-pains.*

GAGNE-PETIT [gaɲpəti] **n. m. inv.** – 1597 ◇ de *gagner* et *petit* «peu» ■ Personne qui a un métier peu rémunérateur. ➤ **besogneux, miteux.**

GAGNER [gaɲe] **v. tr.** ⟨1⟩ – milieu XIIe ◇ du francique *waiđanjan.* À l'origine, ce verbe germanique signifiait probablt «faire paître (le bétail)», donc «mettre un champ en pâture», puis l'année suivante, le cultiver, d'où «tirer un profit»

I S'ASSURER (UN PROFIT MATÉRIEL) ■ **1** (Par un travail, par une activité). *Gagner de l'argent.* ➤ **gain.** *Gagner tant par mois, de l'heure.* ➤ 1 **toucher.** *Il a gagné tant sur la vente.* ➤ **encaisser.** *Gagner son pain à la sueur de son front. Gagner de quoi vivre. Gagner sa vie,* (FAM.) *sa croûte, son bifteck.* ➤ **travailler.** *Il gagne très bien sa vie. Gagner des mille et des cents.* POP. *Il gagne bien. — Tenez, voilà cent euros, vous les avez bien gagnés,* mérités. — *Manque* à gagner.* — PAR ANTIPHR. *J'ai gagné ma journée,* se dit quand on perd le bénéfice de sa journée, de ses efforts par une action, un fait malheureux. ■ **2** (début XIIIe) (Par le jeu, par un hasard favorable). ➤ **empocher, encaisser, rafler, ramasser.** *Gagner le gros lot*. Gagner le tiercé.* ➤ 1 **toucher.** *Gagner au loto. Se retirer du jeu après avoir gagné* (cf. Faire charlemagne*). *Gagner sur tous les tableaux. À tous les coups l'on gagne !* — PAR EXT. *Le numéro tant gagne un lot de trois mille euros. La carte qui gagne,* qui fait la levée. ➤ **gagnant.**

II S'ASSURER (UN AVANTAGE) ■ **1** (1571) Acquérir, obtenir (un avantage). *Il y a gagné une certaine notoriété, beaucoup d'assurance. Gagner ses galons.* ➤ **acquérir, conquérir, moissonner, recueillir.** *Vous avez bien gagné vos vacances.* ➤ **mériter.** *«Avec Jules, on économisera le prix du train. Ce sera toujours ça de gagné»* C. LÉPIDIS. **p. p. adj.** *Repos bien gagné.* — *Gagner deux kilos, dix centimètres.* ➤ **prendre.** — *Gagner du temps :* obtenir l'avantage de disposer d'un temps plus long, en différant une échéance (➤ 2 **différer, retarder, temporiser**). Faire une économie de temps. *Prenez ce raccourci, vous gagnerez un bon quart d'heure.* ➤ **économiser.** — *Gagner de la place.* — (Avec un compl. indéterminé) *Ne vous embarquez pas dans cette affaire, vous n'y gagnerez rien, rien de bon.* ➤ **retirer, tirer.** *Avoir tout à gagner et rien à perdre.* ◆ SANS COMPL. *Gagner au change.* ➤ **bénéficier.** ◆ **GAGNER EN,** sous le rapport de. *«la passion y gagne en profondeur ce qu'elle paraît perdre en vivacité»* BALZAC. SANS COMPL. *Son style a gagné en force, en précision.* ➤ **s'améliorer, progresser.** ◆ **GAGNER SUR qqch.,** en obtenir davantage. *En jouant sur l'épaisseur, on peut gagner sur la quantité.* ◆ INTRANS. **GAGNER À** (et inf.) : retirer un avantage, avoir une meilleure position. *C'est qqn qui gagne à être connu. Ce vin gagnerait à vieillir. Achetez le lot, vous y gagnerez.* — **GAGNER DE** (et inf.) : obtenir l'avantage de, arriver à ce résultat que. *Vous y gagnerez d'être enfin tranquille.* ■ **2** IRON. ➤ **attraper,** 1 **contracter, prendre.** *Je n'y ai gagné que des ennuis.* ➤ **récolter, retirer.** ■ **3** (fin XIIIe) Obtenir (les dispositions favorables d'autrui). ➤ **s'attirer, capter, conquérir.** *Gagner la faveur, l'amitié, l'estime de qqn.* ➤ **plaire.** *«je ne sais quoi qui gagne le cœur»* CHATEAUBRIAND. ➤ **séduire, subjuguer.** ◆ LITTÉR. Se rendre favorable (qqn). ➤ **amadouer, s'attacher, se concilier, séduire.** *Se laisser gagner par les prières de qqn.* ➤ **convaincre, persuader.** *Gagner de nouveaux partisans, des fidèles.* ➤ **convertir, rallier.**

III (DANS UNE COMPÉTITION, UNE RIVALITÉ) ■ **1** Obtenir, remporter (l'enjeu). *Gagner le prix. Gagner la coupe.* ➤ **enlever.** ■ **2** (fin XIIIe) Être vainqueur dans (la compétition). *Gagner une bataille, la guerre. Gagner les élections. Gagner un combat. — Gagner un procès. Gagner un pari, la partie.* — **p. p. adj.** *Avoir cause gagnée.* FAM. *C'est pas gagné !* SANS COMPL. *Gagner haut* la main. Vous avez gagné, félicitations !* ➤ **réussir.** *Jouer à qui perd gagne.* ◆ *Gagner une épreuve, une course.* — SANS COMPL. ➤ **emporter** (l'emporter). *Boxeur qui gagne aux points, par K.-O. On a gagné ! On ne change pas une équipe qui gagne. Volonté de gagner* (➤ FAM. **gagne, niaque**). ■ **3** (milieu XIIe) L'emporter sur (l'adversaire). ➤ **battre*, vaincre ;** FAM. 1 **avoir, gratter.** *«Jean-Jacques Rousseau, qui me gagnait toujours aux échecs»* DIDEROT. — *Gagner qqn de vitesse,* arriver avant lui en allant plus vite. ➤ **dépasser, devancer.** FIG. *Gagner de vitesse un rival* (cf. Prendre de vitesse). ■ **4 GAGNER DU TERRAIN SUR qqn,** s'en rapprocher (si on le poursuit), s'en éloigner (si on est poursuivi). *L'ennemi a gagné du terrain.* ➤ **avancer, progresser.** FIG. *L'incendie gagne du terrain.* ➤ **s'étendre.** *Idées qui gagnent du terrain.* ■ **5** INTRANS. S'étendre au détriment de qqch. *L'incendie gagne.* ➤ **se propager.**

IV ATTEINDRE (UNE POSITION, UN INDIVIDU) ■ **1** (début XVIe) Atteindre en se déplaçant. *Le navire a gagné le large, le port* (➤ **aborder,** 1 **toucher**). *Veuillez gagner la sortie.* ■ **2** (1606) Atteindre en s'étendant. ➤ **progresser, se propager, se répandre.** *L'inondation gagne les bas quartiers. La grève gagne tous les secteurs.* ➤ **atteindre,** 1 **toucher.** *«Le froid, l'insensibilité, la paralysie, commencent à gagner mes membres»* ROBBE-GRILLET. ◆ FIG. en parlant d'une contagion d'ordre moral ➤ **se communiquer.** *Son pessimisme nous gagne. Être gagné par le doute.* ■ **3** (milieu XIIIe, à nouveau début XVIe) Agir sur (qqn) par une impression. *Le froid, le sommeil, la faim, la fatigue commençaient à le gagner.* ➤ **s'emparer** (de), **envahir.** *«Idriss percevait l'angoisse et l'impatience qui gagnaient son compagnon»* TOURNIER.
■ CONTR. Perdre. Échouer, reculer. — Abandonner, éloigner (s'), quitter.

GAGNEUR, EUSE [gaɲœʀ, øz] **n.** et **adj.** – XIIe ◇ de *gagner* ■ Personne qui gagne, qui aime gagner dans une compétition, une lutte. *Un gagneur de batailles. C'est un gagneur, il a un tempérament de gagneur.* — **n. f.** ARG. *Gagneuse :* prostituée.
■ CONTR. Loser, perdant.

GAGUESQUE [gagɛsk] **adj.** – 1977 ◇ de *gag* ■ FAM. Qui tient du gag. *Une situation gaguesque.*

GAI, GAIE [ge ; gɛ] **adj.** – v. 1170 ◇ gotique °*gâheis* «rapide, vif» ■ **1** (ÊTRES VIVANTS) Qui a de la gaieté. ➤ **allègre, content, enjoué, espiègle, folâtre,** 1 **gaillard, guilleret, hilare, jovial, joyeux, mutin, réjoui, rieur, souriant.** *Elle «était bonne fille, gaie, et riait souvent»* HENRIOT. *Être toujours gai et de bonne humeur. Un caractère gai et facile. Gai comme un pinson :* très gai. *Un gai luron*.* ◆ SPÉCIALT Dont la gaieté provient d'une légère ivresse. *Être un peu gai.* ➤ **éméché, gris, pompette.** — PAR MÉTON. *Avoir le vin* gai.* ■ **2** (CHOSES) Qui marque de la gaieté ; où règne la gaieté. *Un visage gai et riant.* ➤ **épanoui.** *«La soirée fut vive, gaie, aimable»* HUGO. ➤ **animé.** *Il n'a pas une vie bien gaie.* ➤ **drôle,** FAM. **folichon.** LITTÉR. *Le gai savoir :* la poésie des troubadours (titre français d'une œuvre de Nietzsche). ◆ VIEILLI ➤ **égrillard,** 1 **gaillard, leste, libre.** *Tenir des propos un peu gais.* ■ **3** Qui inspire de la gaieté. *Un auteur gai.* ➤ **amusant, comique, divertissant, drôle** (cf. Qui n'engendre* pas la mélancolie). *Des couleurs gaies.* ➤ **riant, vif.** *«ce n'était pas gai, cette cuisine sombre et nue»* ZOLA. ➤ **agréable, plaisant.** — *Tout cela n'est pas gai, hélas !* ➤ **encourageant, réjouissant.** PAR ANTIPHR. *Nous voilà en panne, c'est gai !* ➤ **charmant.** ■ **4** interj. VX (par ellipse pour *que l'on soit gai !*) *Gai, gai ! marions-nous !* ■ **5** (francisation graphique de *gay*) Homosexuel. ➤ **gay.** ■ CONTR. Triste. Ennuyeux, sérieux, sombre. Attristant, décourageant, désolant. ■ HOM. Gué ; gay, guai, guet.

GAÏAC [gajak] **n. m.** – 1534 ◊ espagnol *guayaco*, mot d'Haïti ■ **BOT.** Arbre *(zygophyllacées)* d'Amérique centrale et des Antilles, à fleurs bleues ornementales, à feuilles persistantes, à bois dur, compact et résineux. *Gaïac officinal dit* bois de vie.

GAÏACOL [gajakɔl] **n. m.** – 1859 ◊ de *gaïac* ■ **CHIM.** Éther phénolique extrait de la résine de gaïac, ou de la créosote du goudron de bois. *Le gaïacol est un expectorant.*

GAIEMENT ou **GAIMENT** [gemɑ̃ ; gɛmɑ̃] **adv.** – XIVe ◊ de *gai* ■ Avec gaieté. ➤ **joyeusement.** *Chanter gaiement.* — Avec entrain, de bon cœur. *Allons-y gaiement !* **(souvent iron.).** — On écrit aussi *gaîment.* La graphie *gaiment,* sans accent circonflexe et sans *e* muet comme dans *vraiment,* est régulière. ■ **CONTR.** Tristement.

GAIETÉ [gete] **n. f.** – 1160 ◊ de *gai* ■ On écrit aussi *gaîté, gaité* (cf. *gaiment*). ■ **1** État ou disposition d'une personne animée par le plaisir de vivre, une humeur riante. ➤ **alacrité, allégresse, enjouement, entrain, hilarité, joie, jovialité, jubilation, vivacité.** *Franche gaieté. « une gaîté naturelle que les déboires [...] n'avaient pas encore entamée »* GENEVOIX. *Perdre, retrouver sa gaieté. Accès de gaieté, de folle gaieté. Mettre en gaieté.* ➤ **amuser, égayer, réjouir.** *Gaieté débordante, communicative.* — **loc. adv. DE GAIETÉ DE CŒUR :** de son propre mouvement, sans y être obligé (volontairement et volontiers). *Il ne renonce pas de gaieté de cœur à ce privilège.* ■ **2** Caractère de ce qui marque ou traduit un tel état. *La gaieté de la conversation. Un décor somptueux, mais sans gaieté. Mettre une note de gaieté dans un appartement.* ■ **3** Caractère d'une œuvre qui traduit un tel état et y dispose. ➤ **humour, ironie, sel.** *« j'ai tenté, dans le Barbier de Séville, de ramener au théâtre l'ancienne et franche gaieté »* BEAUMARCHAIS. ■ **4** *Une, des gaietés.* Trait, acte, geste, propos manifestant un tel état ; chose plaisante. ➤ **plaisanterie.** *« Les Gaietés de l'escadron », de Courteline.* **PAR ANTIPHR.** *Voilà les gaietés de la province, de l'administration,* les côtés ennuyeux. ➤ **joie.** ■ **CONTR.** 2 Chagrin, mélancolie, tristesse. Ennui. ■ **HOM.** Guetter.

1 **GAILLARD, ARDE** [gajaʀ, aʀd] **adj.** et **n.** – 1080 ◊ du gallo-roman °*galia*, de la racine celtique *gal-* « force »

I adj. ■ **1** Plein de vie, du fait de sa robuste constitution, de sa bonne santé. ➤ 1 **alerte, allègre,** 1 **frais, vif.** *Malgré son âge, il est encore très gaillard.* ➤ **vert.** ■ **2** **VIEILLI** Plein d'entrain et de gaieté. ➤ **enjoué, gai*, jovial, joyeux.** *Humeur gaillarde.* ◆ (XVIIe) **MOD.** D'une gaieté un peu libre. ➤ **égrillard, grivois, léger, leste, licencieux.** *« chacun lui adressait quelque compliment gaillard sur sa tournure »* MÉRIMÉE.

II n. ■ **1 UN GAILLARD :** un homme plein de vigueur et d'entrain. ➤ **luron.** *Un grand et solide gaillard.* ➤ **costaud.** *« un immense gaillard blond et musclé »* ARAGON. — **VIEILLI** *Une gaillarde :* une femme hardie, aux allures un peu libres. *« c'est une gaillarde. Elle n'a pas froid aux yeux, elle n'a besoin de personne pour conduire sa barque »* ZOLA. ■ **2 n. m. FAM.** Garçon, jeune homme. ➤ **drôle, gars, lascar.** *Ce sont de sacrés gaillards. Ah ! mon gaillard !*
■ **CONTR.** Faible ; fatigué, triste.

2 **GAILLARD** [gajaʀ] **n. m.** – 1516 ◊ ellipt pour *château gaillard* « château fort » ■ **MAR.** ■ **1** Sur les voiliers, Partie extrême du pont supérieur. *Gaillard d'arrière,* à l'arrière du grand mât. *Gaillard d'avant.* ■ **2** **MOD.** Superstructure à l'avant du pont supérieur. *Le gaillard d'avant et la dunette.*

1 **GAILLARDE** [gajaʀd] **n. f.** – XVe ◊ de 1 *gaillard* ■ Danse animée des XVe et XVIe s., de rythme ternaire ; sa musique.

2 **GAILLARDE** [gajaʀd] **n. f.** – 1839 ◊ de *Gaillard,* botaniste français ■ **BOT.** Plante herbacée ornementale *(composées)* à fleurs jaunes ou rouges. — On dit parfois *gaillardie.*

GAILLARDEMENT [gajaʀdəmɑ̃] **adv.** – 1080 ◊ de 1 *gaillard* ■ D'une manière gaillarde ; avec entrain, bonne humeur. *Porter gaillardement ses quatre-vingts ans.*

GAILLARDISE [gajaʀdiz] **n. f.** – v. 1510 ◊ de 1 *gaillard* ■ **VIEILLI** Bonne humeur, gaieté un peu libre. ◆ Propos gaillard, un peu libre. ➤ **gaudriole, gauloiserie, grivoiserie.**

GAILLET [gajɛ] **n. m.** – 1786 ◊ latin scientifique *galium,* grec *galion,* par croisement avec *caille-lait,* autre nom du gaillet ■ **BOT.** Plante herbacée *(rubiacées),* astringente et vulnéraire, à fleurs jaunes. *Gaillet qui accroche.* ➤ **grateron.**

GAÎMENT ➤ **GAIEMENT**

GAIN [gɛ̃] **n. m.** – XIIe ◊ de *gagner* ■ **1** **LITTÉR.** Action de gagner. *Le gain d'une bataille.* ➤ **succès, victoire.** *Le gain d'un procès.* — **COUR.** *Avoir, obtenir gain de cause*.* **ABSOLT** *Chances égales de gain et de perte.* ■ **2** Ce qu'on gagne ; profit, bénéfice financier. ➤ **acquêt, bénéfice, boni, commission, dividende, excédent, gratification, intérêt,** 2 **prime, produit, rapport, récolte, rémunération*, rendement, rétribution, revenu.** *Les gains d'un ouvrier, d'un chef d'entreprise. Gain illicite.* ➤ **bakchich, dessous-de-table, gratte, pot-de-vin, ristourne,** 1 **usure.** *Faire, réaliser de gros gains à la Bourse. Tirer, retirer un gain, du gain de qqch.* (➤ **lucratif**). ◆ Avantage. *Le gain que l'on retire d'une lecture.* ➤ 1 **fruit, profit.** *Un gain de temps, de place.* ➤ **économie.** *Gain de puissance.* ➤ **accroissement, augmentation.** ■ **3** *Le gain.* L'argent, considéré en lui-même et recherché avec avidité ; sa recherche. ➤ **lucre.** *Amour, soif du gain* (➤ **cupidité**). *Être âpre* au gain. Céder à l'appât du gain. « son sang de paysanne la poussant au gain »* FLAUBERT. ■ **4** **ÉLECTRON.** Mesure de l'amplification apportée par un dispositif, exprimée en décibels. *Contrôle automatique de gain.* ➤ **C. A. G.** ■ **CONTR.** Dépense, perte. Déperdition, désavantage, dommage, ruine.

GAINAGE [gɛnaʒ] **n. m.** – 1930 ◊ de *gainer* ■ **1** **TECHN.** Action de gainer. *Le gainage d'un écrin.* ■ **2** **SPORT** Fait de contracter la sangle abdominale lors d'un exercice sportif. ◆ Exercice visant à renforcer la sangle abdominale. *Faire du gainage.*

GAINE [gɛn] **n. f.** – début XIIIe ◊ latin *vagina* « fourreau », devenu °*wagina* sous l'influence germanique ■ **1** Enveloppe ayant la forme de l'objet qu'elle protège. ➤ **étui, fourreau.** *La gaine d'un pistolet. Tirer un poignard de sa gaine* (➤ **dégainer**), *le remettre dans sa gaine* (➤ **rengainer**). *Fabrication des gaines.* ➤ **gainerie, gainier.** *Gaine d'un parapluie.* — *Vêtement, robe qui moule comme une gaine* (➤ **gainer**). ◆ **SPÉCIALT** (1909) Sous-vêtement féminin en tissu élastique enserrant les hanches et la taille. ➤ **ceinture, corset.** *Gaine de maintien. Gaine-culotte.* ➤ **ANGLIC. panty.** ■ **2** **FIG.** et **LITTÉR.** Contrainte qui gêne un développement, une évolution. *« Aucun développement ne se peut sans briser des gaines »* GIDE. ➤ 1 **carcan, corset.** ■ **3** **ANAT.** Enveloppe résistante qui protège (un organe). *Gaine des muscles.* ➤ **aponévrose. BOT.** Base du pétiole d'une feuille entourant un segment de tige. ■ **4** (1676) Support quadrangulaire plus étroit à la base qu'au sommet. *Gaine de stuc, de marbre.* ➤ **piédestal, sellette, socle.** *Balustre, pilastre en gaine.* **APPOS. INV.** *Pieds gaine.* — *Statue, atlante, cariatide dont la partie inférieure se termine en gaine.* ➤ **hermès, terme ; engainer.** — *La gaine d'une horloge.* ➤ **caisse, coffre.** ■ **5** **TECHN.** *Gaine d'aérage,* qui protège les parois d'une cheminée d'aération (mines). — **BÂT.** *Gaine de ventilation. Gaine technique,* pour le passage des colonnes d'alimentation et d'évacuation (cf. Colonne montante). — **MAR.** *Gaine d'une voile,* ourlet qui l'entoure pour la renforcer. ◆ **SPÉCIALT** Enveloppe métallique protégeant, dans les réacteurs nucléaires, les lames d'uranium de la corrosion et évitant la contamination du fluide de refroidissement.

GAINER [gene] **v. tr.** ⟨1⟩ – 1773 ◊ de *gaine* ■ **1** **TECHN.** Faire, mettre une gaine à. *Gainer un fil électrique.* ➤ **guiper. MAR.** *Gainer une voile.* ■ **2** Mouler comme fait une gaine. *« leurs belles jambes gainées de dentelles »* JOUHANDEAU. ■ **3** **SPORT** Contracter (la sangle abdominale) [➤ **gainage**].

GAINERIE [gɛnʀi] **n. f.** – 1412 ◊ de *gaine* ■ Technique, ouvrage, commerce du gainier. — Fabrique de gaines, d'étuis.

GAINIER, IÈRE [genje, jɛʀ] **n.** – XIIIe ◊ de *gaine* ■ **1** Personne qui vend ou fabrique des gaines, des étuis. ■ **2 n. m.** (1587) Arbre d'ornement *(légumineuses césalpiniacées)* appelé aussi *arbre de Judée,* dont les fleurs roses apparaissent par bouquets sur le tronc et les branches.

GAÎTÉ ➤ **GAIETÉ**

GAL [gal] **n. m.** – 1901 ◊ de *Galilée* ■ **MÉTROL.** Unité C. G. S. de mesure d'accélération (**SYMB.** Gal), valant 10^{-2} mètre par seconde carrée. *Des gals. Le gal est employé en géodésie et en géophysique (gravimétrie).* ■ **HOM.** Gale, galle.

1 **GALA** [gala] **n. m.** – *galla* 1736 ; à propos de l'Espagne 1666 ◊ mot espagnol ou italien, de l'ancien français *gale* « réjouissance » ■ Grande fête*, souvent de caractère officiel. ➤ **cérémonie, réception.** *Gala de bienfaisance. Des galas. Tenue de gala. Soirée de gala.*

2 **GALA** [gala] **n. f.** – 1994 ◊ de 1 *gala* ou du prénom *Gala* ■ Variété de pomme bicolore, jaune et rouge, originaire de Nouvelle-Zélande, sucrée et juteuse.

GALA-, GALACT(O)- ■ Éléments, du grec *gala, galaktos* « lait ».

GALACTIQUE [galaktik] **adj.** – 1877 ; « du lait » 1808 ◊ de *galaxie* ■ **1** Relatif à la Voie lactée. ■ **2** (XXe) **ASTRON.** Qui appartient à une galaxie, et **SPÉCIALT** à la Galaxie. *Nuage, nébuleuse galactique.* ■ **CONTR.** Extragalactique.

GALACTOGÈNE [galaktɔʒɛn] **adj. et n. m.** – 1866 ◊ de *galacto-* et *-gène* ■ PHYSIOL. Qui détermine ou favorise la sécrétion du lait. *Hormone galactogène* (on dit aussi *lactogène*).

GALACTOMÈTRE [galaktɔmɛtʀ] **n. m.** – 1796 ◊ de *galacto-* et *-mètre* ■ TECHN. Instrument pour mesurer la densité du lait. ➤ **lactomètre, pèse-lait.**

GALACTOPHORE [galaktɔfɔʀ] **adj.** – 1729 ◊ de *galacto-* et *-phore* ■ PHYSIOL. *Canaux galactophores,* conduisant le lait sécrété par les glandes mammaires vers le mamelon.

GALACTOSE [galaktoz] **n. m.** – 1793 ; «formation du lait dans les mamelles» 1665 ◊ du grec *galaktôsis* ■ BIOCHIM. Sucre, isomère du glucose, obtenu par hydrolyse du lactose ou de certaines gommes.

GALACTOSIDASE [galaktozidɑz] **n. f.** – 1953 ◊ de *galact(o)-, oside* et *-ase* ■ BIOCHIM. ➤ **lactase.**

GALALITHE [galalit] **n. f.** – 1906 ◊ nom déposé, de *gala-* et *-lithe* ■ Matière plastique obtenue par le traitement au formol de la caséine pure. *Peigne en galalithe.*

GALAMMENT [galamɑ̃] **adv.** – XVIIe ; remplace l'ancien *galantement* ◊ de *galant* ■ D'une manière galante. ■ **1** COUR. Avec une politesse, une prévenance qui plaît (ou vise à plaire) aux femmes. *Offrir galamment sa place à une dame.* ■ **2** LITTÉR. En galant homme. *Se conduire galamment,* avec délicatesse.

GALANDAGE [galɑ̃daʒ] **n. m.** – 1706 ◊ altération de *garlandage,* de *garlande* «guirlande» ■ TECHN. Cloison de briques posées de chant.

GALANT, ANTE [galɑ̃, ɑ̃t] **adj.** – 1318 ◊ p. prés. de l'ancien verbe *galer* «s'amuser», du francique °*walare,* de °*wala* «bien» ■ **1** (de l'ancien sens «vif, hardi») SUBST. VX Homme vif et rusé. — LOC. **VERT GALANT** : (ANCIENNT) bandit qui se postait dans les bois. Homme redoutable pour la vertu des femmes. *Henri IV, surnommé le Vert-Galant.* ■ **2** (XVIe ◊ italien *galante*) Empressé, entreprenant auprès des femmes. — Poli, délicat, attentionné (notamment à l'égard des femmes). *Un homme galant avec les femmes. Soyez galant et offrez votre place à cette dame.* ◆ PÉJ. *Femme galante,* de mœurs légères. *«Vies des dames galantes», de Brantôme.* ◆ PAR EXT. Qui a rapport aux relations amoureuses. *Une aventure galante. Rendez-vous galant. Surprendre qqn en galante compagnie.* — *Poésie, peinture galante. Conte galant.* ➤ **érotique, libertin.** ■ **3** VX Gracieux et distingué, avec qqch. de vif, de piquant. ➤ **coquet, élégant,** 2 **fin.** *«Ah ! qu'en termes galants ces choses-là sont mises»* MOLIÈRE. *«Les Indes galantes», opéra-ballet de Rameau.* ■ **4** VIEILLI *Un galant homme :* un homme d'honneur aux sentiments nobles, aux procédés délicats. ➤ **chevaleresque.** *Se conduire en galant homme.* ➤ **gentleman.** ■ **5 n. m.** VIEILLI Homme qui aime courtiser les femmes. ➤ **bourreau** (des cœurs), **cavalier, coureur, don juan, godelureau, marcheur, séducteur.** VIEILLI Amoureux. *«tu as déjà un galant dans la tête»* SAND. ➤ **soupirant.** ■ CONTR. 1 Froid, lourdaud ; goujat, impoli, mufle ; commun.

GALANTERIE [galɑ̃tʀi] **n. f.** – 1611 ; autre sens 1537 ◊ de *galant* ■ **1** VX Distinction, élégance de l'esprit et des manières. ■ **2** Courtoisie que l'on témoigne aux femmes par des égards, des attentions. ➤ **amabilité, civilité, politesse.** *La galanterie française.* — Geste galant, courtois. *«Il se lève à demi en me voyant arriver. C'est une galanterie d'un autre temps et qui me fait fondre un peu plus pour lui»* N. APPANAH. ◆ SPÉCIALT Empressement inspiré par le désir de séduire une femme ; goût des succès féminins. *Le manège, le langage de la galanterie.* ➤ **coquetterie, cour, flirt, marivaudage, séduction.** ■ **3** VIEILLI Propos flatteur, écrit galant (adressé à une femme). *Débiter des galanteries.* ➤ **compliment, douceur** (cf. Conter fleurette*). ■ **4** VIEILLI Intrigue amoureuse. ➤ **aventure, fredaine, intrigue, liaison** (cf. Bonne fortune). *«toute la première partie de sa vie avait été donnée au monde et aux galanteries»* HUGO. ■ CONTR. Froideur. Brutalité, goujaterie, impolitesse, muflerie.

GALANTINE [galɑ̃tin] **n. f.** – XIIIe ◊ altération de *galatine,* du latin médiéval *galatina,* p.-ê. variante de *gelatina* → gélatine ■ Charcuterie à base de viandes blanches désossées (SPÉCIALT cochon de lait, veau, volaille) et de farce, que l'on sert dans sa gelée. ➤ **ballottine.** *Galantine de volaille, galantine truffée.*

GALAPIAT [galapja] **n. m.** – 1790 ◊ altération probable de *galapian,* variante dialectale de *galopin* ■ FAM. Galopin. *Un petit galapiat.* ➤ **polisson.**

GALAXIE [galaksi] **n. f.** – 1557 ◊ latin *galaxias,* mot grec, de *gala* «lait» ■ **1** La Voie lactée. ■ **2** (XXe) ASTRON. *La Galaxie :* nébuleuse spirale composée d'une centaine de milliards d'étoiles dont le Soleil, de gaz et de poussières interstellaires, se présentant à l'observateur terrestre sous la forme de la Voie lactée. ◆ Toute nébuleuse spirale. ➤ aussi **radiogalaxie.** *La galaxie d'Andromède. Les nombreuses galaxies de l'univers* (➤ **intergalactique**). *Éloignement, fuite, récession des galaxies,* phénomène qui est à la base de la théorie de l'expansion de l'univers. ■ **3** FIG. Ensemble important d'éléments, plus ou moins organisé. ➤ **nébuleuse.** *Les «entreprises de la galaxie Trump»* (Les Échos, 2016). *La galaxie djihadiste.*

GALBE [galb] **n. m.** – 1676 ; «grâce» 1578 ◊ italien *garbo* «jolie forme», probablt de *garbare* «plaire», du gotique °*garwon* → gabarit ■ **1** Contour ou profil harmonieux plus ou moins courbe (d'une œuvre d'art). *Le galbe d'un vase.* ◆ Profil chantourné (d'un meuble, d'un ouvrage de menuiserie). *Le galbe d'une commode Louis XV.* ➤ **arrondi, cintrage, courbure, panse.** ■ **2** Contour harmonieux d'un corps, d'un visage humain. *Le galbe des hanches.*

GALBÉ, ÉE [galbe] **adj.** – 1611 «gracieux» ◊ de *galbe* ■ **1** Qui présente un galbe caractéristique. *Colonne galbée,* légèrement renflée au tiers de sa hauteur. ■ **2** PAR EXT. Bien fait. *«ces belles jambes bien galbées»* DUHAMEL.

GALBER [galbe] **v. tr.** ‹1› – 1907 ◊ de *galbe* ■ TECHN. Donner du galbe à. *Galber une colonne, un vase.*

GALE [gal] **n. f.** – 1508 ◊ var. de *galle*

I ■ **1** Maladie cutanée contagieuse, très prurigineuse, due à un acarien parasite, le sarcopte, qui creuse sous l'épiderme des sillons ayant l'aspect de fines lignes grisâtres. *Avoir la gale* (➤ **galeux**). — PAR EXT. Dermatose prurigineuse d'autre origine. *Gale du ciment, du nickel.* ◆ LOC. FIG. *Méchant, mauvais comme la gale.* — *Ne pas avoir la gale :* être sain, fréquentable. ■ **2** RÉGION. (Canada) Croûte qui se forme sur une lésion de la peau. ■ **3** VÉTÉR. Maladie cutanée contagieuse des animaux, produite par des acariens. ■ **4** BOT. Maladie cryptogamique provoquant des pustules sur les tissus végétaux. *La gale de la pomme de terre.*

II *Une gale,* personne méchante, haïssable. ➤ **peste, teigne.** *«Je suis une gale, une peste»* SARTRE.

■ **HOM.** Gal, galle.

GALÉASSE [galeas] **n. f.** – 1420 ◊ italien *galeazza,* augmentatif de *galea* «galère» ■ MAR. ANC. Bâtiment à voiles et à rames, grande galère surchargée d'artillerie. ➤ **mahonne.** — On rencontre parfois la graphie *galéace.*

GALÉJADE [galeʒad] **n. f.** – 1881 ◊ provençal *galejado,* de *galeja* «plaisanter», de *gala* «s'amuser» → galant ■ RÉGION. (Provence) Histoire inventée ou exagérée, plaisanterie généralement destinée à mystifier. ➤ **blague.** *«Comment ! vous avez cru... mais c'est une galéjade»* DAUDET.

GALÉJER [galeʒe] **v. intr.** ‹6› – 1888 ◊ de *galéjade* ■ RÉGION. (Provence) Dire des galéjades. ➤ **blaguer, plaisanter.** *Tu galèjes !*

GALÈNE [galɛn] **n. f.** – 1533 ◊ grec *galênê* «plomb» ■ MINÉR. Sulfure naturel de plomb, gris bleuâtre, contenant des traces d'argent, de fer ou de zinc. *Cristaux de galène utilisés comme détecteurs dans d'anciens postes de T. S. F.* dits *postes à galène.*

GALÉNIQUE [galenik] **adj.** – 1581 ◊ du latin *Galenus,* n. latin de *Galien,* célèbre médecin grec ■ PHARM. *Pharmacie galénique,* ou **n. f.** *la galénique :* partie de la pharmacie qui traite de la mise en forme des produits pharmaceutiques. *Formes galéniques d'un médicament* (sirop, gélules, suppositoires, etc.).

GALÉNISME [galenism] **n. m.** – 1771 ◊ de *Galenus* ■ HIST. MÉD. Doctrine médicale de Galien.

GALÉOPITHÈQUE [galeɔpitɛk] **n. m.** – 1545 ◊ du grec *galeos* «belette» et *pithêkos* «singe» ■ ZOOL. Mammifère frugivore nocturne de Malaisie et des Philippines *(dermoptères),* qui possède une membrane parachute reliant les membres antérieurs aux membres postérieurs et à la queue lui permettant de planer.

GALÈRE [galɛʀ] **n. f.** – 1402 ◊ catalan *galera,* de l'ancien italien *galea ;* cf. ancien français *galée* → galion, galiote ■ **1** MAR. ANTIQ. Bâtiment de guerre à voiles et à rames. ➤ **birème, trière, trirème.** ■ **2** Bâtiment de guerre long et de bas bord, ponté, à deux mâts à antennes, marchant ordinairement à rames et utilisé jusqu'au XVIIIe s. ➤ **galéasse, galiote.** *Rameurs des galères.* ➤ **chiourme, galérien ;** 2 **espalier.** *Officier des galères.* ➤ **argousin.** *Galères des pirates ; des Turcs,* où des chrétiens captifs servaient de rameurs. *Galère réale.* — LOC. PROV. *«Mais que diable allait-il faire dans cette galère ?»* MOLIÈRE. *Je me suis laissé entraîner dans une drôle de galère !* ➤ **mésaventure.** ◆ *Vogue la galère !* advienne que pourra. ■ **3** AU PLUR. *Peine des galères,* ou ELLIPT *les galères :* la peine de ceux qui étaient condamnés à ramer sur les galères du roi. *Condamner, envoyer qqn aux galères.* — PAR EXT. (la peine des galères ayant été abolie en 1748) Peine des fers, des travaux forcés. ■ **4** FIG. et FAM. Travail pénible, situation difficile. *Quelle galère !* (➤ **galérer**). *C'est la galère.* ADJT *C'est galère.* APPOS. INV. *Des voyages galère.* — (Souvent plur.) Ennui, difficulté. *Des galères d'argent.*

GALÉRER [galeʀe] v. intr. ⟨6⟩ – 1980 ◊ de *galère,* 4° ■ FAM. Se lancer dans des entreprises pénibles, hasardeuses, souvent sans résultat. ➤ 1 **ramer.** *On a drôlement galéré pour trouver ton immeuble !* ◆ SPÉCIALT Vivre de travaux épisodiques et peu rémunérateurs. *Il galère pour s'en sortir.*

GALERIE [galʀi] n. f. – 1316 ◊ italien *galleria,* du latin médiéval *galeria* ■ **1** Lieu de passage ou de promenade, couvert, beaucoup plus long que large, ménagé à l'extérieur ou à l'intérieur d'un édifice ou d'une salle. *Galerie autour d'un bâtiment.* ➤ **péristyle.** *Galerie vitrée.* ➤ **véranda.** *Galerie ouverte, cintrée, voûtée, à arcades.* ➤ **portique.** *Les galeries du Palais-Royal.* ➤ **arcade.** ◆ **GALERIE MARCHANDE :** galerie bordée de boutiques, notamment dans un centre commercial. — AU PLUR. Nom de grands magasins. *Les Galeries Lafayette.* ◆ *Galerie intérieure d'un appartement.* ➤ **corridor, couloir, vestibule.** *La galerie des Glaces du château de Versailles.* ■ **2** (1893) (Canada) Balcon couvert qui s'étend sur toute la largeur d'une maison. *« une galerie, où les habitants vont se bercer pendant les chaudes soirées estivales »* M. LABERGE. ■ **3** Salle où sont réunies des collections. *Grande galerie du Louvre.* — PAR EXT. Magasin où sont exposés des objets d'art en vue de la vente. *Galerie d'art, de peinture* (➤ **galeriste**). *Exposer dans une galerie.* ◆ PAR MÉTON. Collection d'objets d'art ou de science dans un musée. *Les galeries du Muséum.* ■ **4** (d'abord au jeu de paume) Emplacement réservé aux spectateurs ; les spectateurs eux-mêmes. ◆ PAR EXT. Le monde, l'opinion. ➤ **auditoire, public, spectateur, témoin.** *Parler, poser pour la galerie. Il fait cela pour amuser, épater la galerie.* ◆ Dans un théâtre, Balcon à encorbellement, à plusieurs rangs de spectateurs. *Premières, secondes galeries.* ➤ **paradis, poulailler.** — *Galerie d'une église.* ➤ **jubé, tribune.** ■ **5** Cadre métallique fixé sur le toit d'une voiture et qui sert de porte-bagage. *Fixer des skis sur une galerie.* ◆ Devant de foyer d'une cheminée. ◆ Rebord métallique couronnant un meuble. *« Une table de chevet, ceinturée sur trois faces d'une galerie de cuivre ajourée »* PEREC. ■ **6** Passage souterrain ou couvert, pratiqué par l'assiégeant pour s'approcher d'une place. ➤ 2 **sape.** ◆ Passage souterrain permettant l'exploitation d'une mine. *Galerie d'épuisement, de recette, d'aération* (➤ **aérage**), *de roulage. Boisage d'une galerie.* ◆ Passage souterrain. ➤ **boyau, tunnel.** *Galeries dans une cave, un égout. Galeries d'une nécropole.* ➤ **catacombe.** ◆ Petit chemin souterrain creusé par divers animaux (rongeurs, insectivores). *Galeries de taupe, de mulot. Réseau de galeries d'une termitière.*

GALÉRIEN [galeʀjɛ̃] n. m. – 1568 ◊ de *galère* ■ Homme condamné à ramer sur les galères du roi (ou sur celles des Turcs dans le cas d'un chrétien captif). *Ensemble des galériens.* ➤ **chiourme.** ◆ PAR EXT. Bagnard, forçat. *Chaîne de galérien. « Les galères font le galérien »* HUGO. — LOC. FIG. *Mener une vie de galérien,* extrêmement pénible, surchargée de travail. *« ils se tuaient à la peine comme les galériens »* R. ROLLAND.

GALERISTE [galʀist] n. – 1983 ◊ de *galerie* ■ Personne qui tient une galerie d'art.

GALERNE [galɛʀn] n. f. – v. 1150 ◊ mot de l'Ouest, probablt d'origine gauloise ■ MAR. *Galerne* ou *vent de galerne* : vent d'ouest-nord-ouest.

GALET [galɛ] n. m. – XIIe ◊ diminutif de l'ancien français *gal* « caillou », d'origine gauloise ■ **1** Caillou arrondi, poli par le frottement, que l'on trouve sur le rivage ou dans le lit des torrents. *Plage de galets. Rue pavée de galets* (➤ **calade**). ■ **2** (1832) TECHN. Disque, petite roue de bois, de métal, d'ivoire. *Les galets d'un fauteuil, d'un lit, d'une table de nuit.* ➤ **roulette.** — MÉCAN. *Galet simple,* roulant dans une rainure. *Galet à gorge. Mécanisme à galets.*

GALETAS [galta] n. m. – XIVe ◊ de *Galata,* n. d'une tour de Constantinople qui domine la ville ■ **1** VX Logement pratiqué sous les combles. ➤ **grenier, mansarde.** ■ **2** (XVIIe) MOD. Logement misérable et sordide. ➤ **bouge,** 2 **réduit, taudis.** *« d'immondes réduits, taudis, galetas »* MONDOR. ■ **3** RÉGION. (Centre-Est, Sud-Est ; Suisse, Vallée d'Aoste) Local sous les combles servant de débarras. ➤ **grenier.** *Maison avec cave et galetas.*

GALETTE [galɛt] n. f. – XIIIe ◊ de *galet,* à cause de sa forme

I ■ **1** Gâteau rond et plat, à base de farine ou de féculents, cuit au four ou à la poêle. *Galette de pommes de terre.* ➤ 2 **crique, rösti.** *« Elle avait râpé des pommes de terre et préparait en les roulant dans ses mains de petites galettes »* PH. CLAUDEL. *Galette au fromage. Galette de maïs.* ➤ **tortilla.** *Galette indienne.* ➤ **chapati, naan.** *Galettes sablées.* — *Galette des Rois**, confectionnée à l'Épiphanie et contenant une fève. ◆ (1774) RÉGION. (Ouest ; Canada) Crêpe salée de farine de sarrasin ou de maïs. — (Belgique) Gaufre (de dimension variée). ◆ LOC. *Plat comme une galette* : très plat. ■ **2** PAR ANAL. Objet en forme de galette. *Siège recouvert d'une galette de cuir.* ◆ CIN. Enroulement de film non maintenu par des joues. ■ **3** FAM. Disque (vinyle, CD, DVD).

II (1849 ◊ par anal. avec les pièces de monnaie rondes et plates) FAM. VIEILLI ➤ **argent*.** *Avoir de la galette.* ➤ **blé ; galetteux.** *La grosse galette.* ➤ **fortune.**

GALETTEUX, EUSE [galetø, øz] adj. – 1891 ◊ de *galette* ■ FAM. VIEILLI Qui a de la fortune. ➤ **riche.**

GALEUX, EUSE [galø, øz] adj. – 1495 ◊ de *gale* ■ **1** Atteint de la gale. *Chien galeux. Arbre galeux.* — SUBST. *« ce maudit animal, Ce pelé, ce galeux, d'où venait tout le mal »* LA FONTAINE. ◆ FIG. *Brebis* galeuse.* ■ **2** Qui a rapport à la gale. *Éruption galeuse.* ■ **3** PAR EXT. Qui semble atteint de la gale. *Bois galeux,* hérissé de protubérances. — FIG. *Murs galeux.* ➤ **lépreux.** ■ CONTR. Propre, 1 sain.

GALGAL [galgal] n. m. – 1825 ◊ de *Galgal,* n. de lieu biblique, de l'hébreu *gal* « ce qui est sphérique ; pierre, caillou » ■ ARCHÉOL. Tumulus renfermant une crypte. *Des galgals.*

GALHAUBAN [galobɑ̃] n. m. – 1634 ◊ altération de *cale-hauban,* de *caler* et *hauban* ■ MAR. Cordage servant à assujettir les mâts supérieurs par le travers, et vers l'arrière.

GALIBOT [galibo] n. m. – 1871 ◊ mot picard, de *galibier* « polisson » ■ TECHN. Jeune manœuvre travaillant au service des voies dans les galeries de mines.

GALICIEN, IENNE [galisjɛ̃, jɛn] adj. et n. – 1740 ◊ de *Galice* ■ De Galice, région d'Espagne. — n. *Les Galiciens.* — n. m. *Le galicien* : langue romane proche du portugais, parlée dans le nord-ouest de l'Espagne.

1 **GALILÉEN, ENNE** [galileɛ̃, ɛn] adj. et n. – 1544 ◊ de *Galilée* ■ DIDACT. De Galilée, région du nord d'Israël. — *Le Galiléen* : Jésus-Christ, qui passa une partie de sa vie en Galilée.

2 **GALILÉEN, ENNE** [galileɛ̃, ɛn] adj. – 1929 ◊ du nom de *Galilée,* en italien *Galilei,* mathématicien, physicien et astronome italien ■ PHYS. Relatif aux travaux de Galilée, à la physique telle qu'il l'a définie. *Repère galiléen. Transformation galiléenne,* dans laquelle le temps est invariant.

GALIMAFRÉE [galimafʀe] n. f. – 1398 ◊ p.-ê. ancien français *galer* « s'amuser » (→ galant) et picard *mafrer* « manger beaucoup » ■ VX et PÉJ. Mets peu appétissant. ➤ **ragougnasse.**

GALIMATIAS [galimatja] n. m. – 1580 ◊ origine inconnue ; p.-ê. bas latin *ballimathia* « chanson obscène » ■ Discours, écrit confus, embrouillé, inintelligible. ➤ **amphigouri, charabia, pathos.**

GALION [galjɔ̃] n. m. – 1272 ◊ de l'ancien français *galie, galée* → galère ■ MAR. ANC. Grand bâtiment armé destiné au commerce avec l'Amérique, au transport de l'or que l'Espagne tirait de ses colonies.

GALIOTE [galjɔt] n. f. – XIIIe ◊ de l'ancien français *galie, galée* → galère ■ **1** MAR. ANC. Petite galère. *Une galiote barbaresque.* — Navire à voiles, à formes rondes, dont se servaient les Hollandais. — MOD. (Nord) Caboteur, voilier de pêche hollandais. ■ **2** MAR. Traverse métallique qui supporte les panneaux de fermeture des écoutilles.

GALIPETTE [galipɛt] n. f. – 1883 ; *calipette* dans l'Ouest ◊ origine inconnue ■ Cabriole, culbute. ➤ **roulade, roulé-boulé ;** RÉGION. **cumulet.** *Faire des galipettes.* — LOC. FAM. *Faire des galipettes (avec qqn)* : avoir des ébats érotiques (avec qqn). *« Et quel est l'accident le plus probable quand une femme fait des galipettes ? Un infarctus ou un polichinelle dans le tiroir ? »* M. WINCKLER.

GALIPOT [galipo] n. m. – 1571 ; *garipot* « pin résineux » XVIe ◊ origine inconnue ■ Matière résineuse qui exsude en hiver des incisions des pins, appelée aussi *térébenthine de Bordeaux.* ◆ MAR. Mastic fait de résines, de matières grasses, qu'on étale à chaud sur les surfaces à protéger de l'eau de mer (carène, pièces métalliques). *Enduire de galipot* (v. tr. ⟨1⟩ **GALIPOTER**).

GALIPOTE [galipɔt] n. f. – 1810 ◊ origine obscure ; p.-ê. de *galipette* ou du n. d'un animal imaginaire ■ (Canada) LOC. FAM. *Courir la galipote* : rechercher les aventures amoureuses. *« sa folle et*

aventureuse nièce qui aimait tant courir la galipote» V. BEAUCHEMIN.

GALLE [gal] n. f. – 1213 ◇ latin *galla* ■ Excroissance apparaissant sur un tissu végétal, provoquée par un agent pathogène (animal, végétal ou bactérien ; cf. Gallicole). ➤ **cécidie.** *Galle du chêne* ou *noix de galle :* galle en forme de noix, provoquée par un cynips. *La noix de galle, riche en tanin, est utilisée en pharmacologie* (➤ **gallique, tannique**). ■ HOM. Gal, gale.

GALLEC ➤ **GALLO**

GALLÉRIE [galeʀi] n. f. – 1808 ◇ latin scientifique *galleria* ■ Insecte lépidoptère, appelé aussi *fausse teigne des ruches,* dont la chenille creuse des galeries dans la cire des ruches, détruisant le couvain et provoquant l'écoulement du miel.

GALLICAN, ANE [ga(l)likɑ̃, an] adj. – 1355 ◇ latin médiéval *gallicanus* «gaulois» ■ Qui concerne l'Église catholique de France, considérée comme jouissant d'une certaine indépendance à l'égard du Saint-Siège. *Le rite gallican. Les libertés de l'Église gallicane.* ◆ Partisan des libertés de l'Église de France. — n. *Les gallicans.* ■ CONTR. Ultramontain.

GALLICANISME [ga(l)likanism] n. m. – 1810 ◇ de *gallican* ■ Principes et doctrines de l'Église gallicane. — Attachement à ces principes. *Le gallicanisme de Bossuet.*

GALLICISME [ga(l)lisism] n. m. – 1578 ◇ du latin *gallicus* «gaulois, français» ■ **1** Idiotisme propre à la langue française (par rapport à d'autres langues). *Gallicisme de vocabulaire* (ex. à la bonne heure), *de construction* (ex. s'en donner à cœur joie). *Gallicismes et francismes.* ■ **2** Emprunt fait au français par une autre langue. *L'anglais moderne emploie de nombreux gallicismes.*

GALLICOLE [ga(l)likɔl] adj. – 1817 *les gallicoles* ◇ de *galle* et *-cole* ■ DIDACT. Qui vit dans les galles, cause l'apparition de galles. *Le cynips, insecte gallicole.*

GALLINACÉ, ÉE [galinase] adj. et n. m. – 1770 ◇ latin *gallinaceus,* de *gallina* «poule» ■ Qui se rapporte ou ressemble à la poule ou au coq. *Oiseau gallinacé.* ◆ n. m. pl. Tribu d'oiseaux terrestres *(galliformes)* à laquelle appartiennent les espèces du genre *gallus* (➤ 1 **coq,** 1 **poule**). *Principaux gallinacés :* argus, bartavelle, caille, coq, coq de bruyère, dindon, faisan, francolin, ganga, gélinotte, hocco, lagopède, paon, perdrix, pintade, poule, tétras (genre), tinamou. — Au sing. *Un gallinacé.*

GALLIQUE [galik] adj. – 1789 ; au XVIe (1538) *gallique* correspond au latin *gallicus* «gaulois, français» ◇ de *galle* ■ CHIM. *Acide gallique,* provenant de la noix de galle ou de la décomposition du tanin, utilisé en photographie et dans la fabrication d'encres et de colorants.

GALLIUM [galjɔm] n. m. – 1875 ◇ du latin *gallus* «coq», traduction latine du nom de son inventeur, *Lecoq de Boisbaudran* ■ CHIM., PHYS. Élément atomique (Ga ; n° at. 31 ; m. at. 69,723), métal gris qui fond à 29,8 °C, du même groupe que le bore et l'aluminium. *L'arséniure de gallium est un composé semi-conducteur utilisé en électronique.*

GALLO [galo] n. et adj. – XIVe ◇ du breton *gall,* du latin *gallus* ■ n. m. Dialecte gallo-roman parlé dans la partie de la Bretagne où le celtique n'est pas en usage. *Le gallo se rapproche des dialectes de Basse-Normandie.* ◆ adj. De Bretagne non bretonnante. *Le pays gallo.* n. *Un, une Gallo.* — On écrit aussi *gallot.* — On dit aussi **GALLEC** [galɛk]. ■ HOM. Galop.

GALLO- ■ Élément, du latin *gallus* «gaulois». ➤ **franco-.**

GALLOIS, OISE [galwa, waz] adj. et n. – avant 1713 ◇ de *Galles,* anglais *Wales* ■ Du pays de Galles (Grande-Bretagne). *L'équipe galloise de rugby.* ◆ n. *Les Gallois.* — n. m. Langue celtique du pays de Galles. ➤ **kymrique.**

GALLON [galɔ̃] n. m. – 1669 ◇ mot anglais, anglo-normand *galon* ■ MÉTROL. Unité anglo-saxonne de mesure de capacité utilisée pour les grains et les liquides, égale à 4,54 litres en Grande-Bretagne et au Canada, et à 3,78 litres aux États-Unis. *Le gallon canadien correspond à 4 pintes ou 8 chopines. Le boisseau fait 8 gallons. «recalibrer les pompes à essence, de gallons en litres»* GODBOUT. ■ HOM. Galon.

GALLO-ROMAIN, AINE [ga(l)lorɔmɛ̃, ɛn] adj. et n. – 1833 ; *Gaulo-Romain* 1599 ◇ de *gallo-* et *romain* ■ Se dit de la population, de la civilisation issue du contact des Romains, envahisseurs puis occupants et administrateurs, et des Gaulois après la conquête de la Gaule. *L'époque gallo-romaine. Vestiges gallo-romains. La population gallo-romaine.* n. *Les Gallo-Romains.*

GALLO-ROMAN, ANE [ga(l)lorɔmɑ̃, an] n. m. et adj. – 1887 ◇ de *gallo-* et 1 *roman* ■ Langue romane, forme de latin tardif, parlée en Gaule. ◆ adj. *Dialectes gallo-romans d'oc et d'oïl.*

GALLOT ➤ **GALLO**

1 **GALOCHE** [galɔʃ] n. f. – 1351 ; *galochier* 1292 ◇ p.-ê. du radical gaulois °*gallos* «pierre plate» → galet ■ **1** Sabot à dessus de cuir et semelle de bois qui se porte par-dessus les souliers ou les chaussons. *«les galoches noires de mon pays, en bois, bâtées de cuir, sont lourdes et sonores»* COLETTE. — Chaussure montante à semelle de bois épaisse. ➤ **brodequin.** ◆ FIG. et FAM. *Menton en galoche,* long et relevé vers l'avant comme le bout d'une galoche. ■ **2** MAR. Poulie longue et aplatie dont la caisse est ouverte sur l'une de ses faces.

2 **GALOCHE** [galɔʃ] n. f. – 1971 ◇ probablement de 1 *galoche,* d'après *rouler un patin,* par le sens de «chaussure» commun aux deux mots ■ FAM. Baiser langue en bouche. ➤ **palot, patin, pelle.** *«je lui ai roulé une galoche infernale»* P. CAUVIN. ➤ **galocher.**

GALOCHER [galɔʃe] v. tr. ⟨1⟩ – 1983 ; autre sens 1635 ◇ de 2 *galoche* ■ FAM. Embrasser avec la langue (cf. Rouler une galoche*). *«il avait été surpris un quart de seconde puis l'avait galochée à pleine bouche»* V. DESPENTES. — PRONOM. *Ils se galochent en public.*

GALON [galɔ̃] n. m. – 1379 ◇ de *galonner* ■ **1** Ruban de passementerie, fait de tissu épais et serré, qui sert à border ou orner (les vêtements, les rideaux). ➤ **brandebourg, extrafort, ganse, lézarde, soutache, tresse.** *Galon de soie, d'or. Galon adhésif.* ◆ (Canada) Ruban gradué en pieds*, en pouces* et en lignes*. ➤ **mètre.** *Galon de couturière, de tailleur.* ■ **2** Signe distinctif des grades et des fonctions dans l'armée. ➤ **chevron ;** FAM. **ficelle, sardine.** *Porter des galons au bras, à l'épaule, à la coiffure. Lieutenant à deux galons.* — PAR EXT. Insigne d'un grade, en forme de galons. *Galons métalliques. — Gagner ses galons.* ◆ *Prendre du galon :* monter en grade ; FIG. obtenir de l'avancement, une promotion. *Arroser* ses galons.* ■ HOM. Gallon.

GALONNER [galɔne] v. tr. ⟨1⟩ – XIIe «orner les cheveux de rubans» ◇ p.-ê. de la famille de *galant,* ou de *jalon* «scion, lien» ■ Orner ou border de galon. ➤ **soutacher.** *Galonner un chapeau. Revers galonnés.* — SUBST. FAM. **UN GALONNÉ :** un officier ou un sous-officier.

GALOP [galo] n. m. – *galos* plur. 1080 ◇ de *galoper* ■ **1** Allure la plus rapide que prend naturellement le cheval (et certains équidés) lancé et faisant une suite de bonds accomplis en trois temps (battues). *Cheval qui prend le galop. Cheval qui part au galop, au petit, au grand, au triple galop. Un cheval au galop,* en train de galoper. *Galop d'essai* (➤ **canter**) ; FIG. mise à l'épreuve des qualités de qqn, de qqch. ◆ PAR EXT. Allure du cavalier dont le cheval est au galop. *Au galop !* commandement militaire. ◆ FIG. **AU GALOP** *(au grand, au triple galop) :* très rapidement. ➤ **vite.** PROV. *Chassez* le naturel, il revient au galop.* ■ **2** PATHOL. *Bruit de galop :* «triple bruit du cœur constitué par l'addition aux deux temps normaux d'un troisième temps étranger à ceux-ci» (Potain). ■ **3** (1829) Danse très rapide à deux temps où les couples exécutent des pas chassés autour de la salle de bal ; dernière figure du quadrille ; air sur lequel se faisait cette danse. ■ HOM. Gallo.

GALOPADE [galɔpad] n. f. – 1611 ◇ de *galoper* ■ **1** ÉQUIT. Galop d'école, raccourci et ralenti. ◆ COUR. Chevauchée faite au galop. *«de belles galopades à travers les labours»* ZOLA. ■ **2** Course précipitée. *Ses jambes «endolories par la galopade forcenée de la veille»* MONTHERLANT.

GALOPANT, ANTE [galɔpɑ̃, ɑ̃t] adj. – 1836 ◇ de *galoper* ■ Qui galope. — FIG. *Phtisie* galopante.* — (d'après l'anglais) Qui a une croissance très rapide. *Démographie galopante.*

GALOPE [galɔp] n. f. – 1820 ◇ de *galoper* ■ TECHN. Outil de relieur servant à tracer rapidement les raies.

GALOPER [galɔpe] v. ⟨1⟩ – v. 1135 ◇ francique °*wala-hlaupan ;* cf. allemand *wohl laufen* «bien courir» ■ **1** v. intr. Aller au galop. *Galoper ventre à terre. «leurs chevaux libérés, étriers fous et clinquants, galopaient à vide»* CÉLINE. ◆ PAR EXT. Courir rapidement. *Les gamins galopaient derrière lui.* Courir de côté et d'autre, multiplier les déplacements, les démarches. — FIG. Aller vite, se hâter. *Son imagination galope.* ➤ **s'emballer.** ■ **2** v. tr. RARE Mettre, faire aller au galop. *Galoper un cheval,* le faire galoper (1°).

GALOPEUR, EUSE [galɔpœʀ, øz] n. – 1589 *gallopeur* ◇ de *galoper* ■ Cheval ayant des aptitudes pour le galop. — Cheval spécialisé dans les courses au galop (opposé à *trotteur*).

GALOPIN [galɔpɛ̃] **n. m.** – 1388 ; comme n. pr. et surnom de messagers XIIe ◇ de *galoper* ■ **1** VX Jeune garçon chargé des commissions. « *Elle toucha de sa baguette* [...] *Cuisiniers, Marmitons, Galopins* » PERRAULT. ■ **2** (1750) MOD. FAM. Gamin des rues. — Enfant espiègle, effronté. ➤ **chenapan, galapiat, garnement, polisson, vaurien.** *Petits galopins !* RARE *Une galopine.* ■ **3** Petit verre de bière, consommation qui équivaut à la moitié d'un demi.

GALOUBET [galubɛ] **n. m.** – 1731 *galobet* ◇ provençal, p.-ê. de l'ancien provençal *galaubia*, du gotique *galaubei* « beau, de valeur » ■ RÉGION. Instrument à vent ressemblant au flageolet, dont on joue surtout dans la France méridionale.

GALUCHAT [galyʃa] **n. m.** – 1762 ◇ nom de l'inventeur ■ Produit de maroquinerie préparé à partir de la peau de certains poissons sélaciens (squale, raie), utilisé pour couvrir des gaines, des étuis, etc.

GALURIN [galyʀɛ̃] **n. m.** – 1866 ◇ cf. ancien français *galere*, du latin *galerus* ■ FAM. Chapeau. — ABRÉV. **GALURE**, 1881.

GALVANIQUE [galvanik] **adj.** – 1797 ◇ de *Galvani*, nom propre ■ **1** SC. Relatif aux courants électriques continus de basse tension. *Pile, électricité galvanique. Courants galvaniques.* ◆ Relatif à la continuité électrique pour le courant continu. *Liaison galvanique.* ■ **2** DIDACT. Relatif au galvanisme. *Théories galvaniques.* ■ **3** Qui se fait par galvanisation (3°). *Dorure galvanique.*

GALVANISATION [galvanizasjɔ̃] **n. f.** – 1802 ◇ de *galvaniser* ■ **1** Application de courants continus de faible intensité à des structures vivantes (nerfs, muscles) dans une intention expérimentale, diagnostique ou thérapeutique. ■ **2** FIG. Fait de galvaniser (2°) ; son résultat. *La galvanisation des esprits.* ■ **3** (1839) Action de galvaniser (3°) ; dépôt d'un métal sur un autre métal par électrolyse pour le préserver de l'oxydation. ➤ **électrolyse, métallisation ; argenture, chromage, dorure, nickelage, zingage.**

GALVANISER [galvanize] **v. tr.** (1) – 1799 ◇ de *Galvani*, n. pr. ■ **1** Électriser au moyen d'un courant galvanique. ◆ SPÉCIALT Effectuer une galvanisation (1°) sur (un organisme). *Galvaniser une grenouille.* ■ **2** COUR. Animer d'une énergie soudaine, souvent passagère. ➤ **animer, électriser, enflammer, entraîner, exalter, exciter.** *Orateur qui galvanise la foule. Son énergie « galvanise ceux qui l'entourent »* GIDE. *Ils étaient galvanisés.* ■ **3** TECHN. Recouvrir (un métal) d'une couche d'un autre métal par galvanisation. ➤ **électrolyser, métalliser ; argenter, chromer, dorer, nickeler, zinguer.** — **p. p. adj.** *Fil de fer galvanisé, tôle galvanisée*, recouverts d'une couche de zinc fondu.

GALVANISME [galvanism] **n. m.** – 1797 ◇ de *Galvani*, n. pr. ■ PHYS. Phénomènes électriques découverts par Galvani et dont les muscles et les nerfs sont le siège.

GALVANO ➤ **GALVANOTYPE**

GALVANO- ■ Élément, de *Galvani*, nom propre.

GALVANOMÈTRE [galvanɔmɛtʀ] **n. m.** – 1802 ◇ de *galvano-* et *-mètre* ■ MÉTROL. Instrument de mesure des faibles intensités des courants électriques continus. ➤ **ampèremètre.** *Galvanomètre à cadre mobile, à aimant mobile. Galvanomètre balistique*, à faible couple de rappel pour la mesure des quantités d'électricité. ➤ **fluxmètre.**

GALVANOPLASTIE [galvanoplasti] **n. f.** – 1840 ◇ de *galvano-* et *-plastie* ■ TECHN. Procédé qui permet d'appliquer un dépôt de métal par électrolyse sur des objets que l'on veut recouvrir ou dont on veut prendre l'empreinte. ➤ **galvanotypie.** *Galvanoplastie en creux, en relief. Déposer une couche de métal par galvanoplastie.* ➤ **bronzage, chromage, dorure, nickelage ; ruolz.** — **adj. GALVANOPLASTIQUE**, 1840.

GALVANOTYPE [galvanotip] **n. m.** – v. 1900 ◇ de *galvano-* et *-type* ■ TECHN. Cliché en relief obtenu par galvanotypie. — ABRÉV. FAM. **GALVANO.** *Des galvanos.*

GALVANOTYPIE [galvanotipi] **n. f.** – 1845 ◇ de *galvano-* et *-typie* ■ TECHN. Procédé de galvanoplastie qui permet de reproduire des gravures, des caractères d'imprimerie, etc.

GALVAUDAGE [galvodaʒ] **n. m.** – 1842 ◇ de *galvauder* ■ RARE Action de galvauder. *Le galvaudage d'un talent.*

GALVAUDER [galvode] **v.** (1) – 1690 ◇ origine inconnue ; p.-ê. de *galir* « sauter, s'élancer » et d'un normand °*vauder* « aller de côté et d'autre »

I **v. tr.** ■ **1** VX Gâter, gâcher (un ouvrage). ■ **2** MOD. Compromettre (un avantage, un don, une qualité) par un mauvais usage. *Galvauder un nom prestigieux.* ➤ **avilir, déshonorer.** *Galvauder sa gloire, sa réputation.* — *Galvauder son talent, ses dons*, en les consacrant à des objets indignes de soi. ➤ **gaspiller, perdre.** — PRONOM. **SE GALVAUDER.** ➤ **s'abaisser, se dégrader.** « *vous galvaudez ainsi dans ce milieu de faux monde* » PROUST. — *Galvauder un mot en l'employant à tort et à travers.* ➤ **déprécier.** « *Le terme de révolution a été galvaudé. Tout le monde s'en sert, à propos de n'importe quoi* » SIEGFRIED. — *Une idée galvaudée.*

II **v. intr.** VIEILLI Traîner, flâner sans rien faire. « *Il reste là à galvauder* » (ACADÉMIE). ➤ **galvaudeux.**

GALVAUDEUX, EUSE [galvodø, øz] **n.** – 1865 ◇ de *galvauder* ■ VIEILLI Vagabond, propre à rien, vivant d'expédients.

GAMAY [gamɛ] **n. m.** – 1816 ; *gamés* 1728 ◇ de *Gamay*, n. d'un village de Côte-d'Or ■ Cépage de la Côte-d'Or ; vin de ce cépage. *Les gamays de Touraine. Les gamays beaujolais.*

GAMBADE [gɑ̃bad] **n. f.** – 1480 ◇ ancien occitan *cambado*, de *cambo* « jambe » ■ Saut avec mouvement des jambes (ou des pattes), marquant la gaieté, le besoin de s'ébattre. ➤ **bond, cabriole, culbute, entrechat, galipette.** *Faire des gambades. Gambades de clown.*

GAMBADER [gɑ̃bade] **v. intr.** (1) – 1532 ◇ de *gambade* ■ Faire des gambades. ➤ **bondir, danser, folâtrer, sautiller.** *Gambader de joie.* « *Gais poulains qui vont gambadant sur l'herbe* » VERLAINE. *Gambader dans les prés.*

GAMBAS [gɑ̃bas] **n. f. pl.** – répandu v. 1960 ◇ catalan *gamba*, du latin populaire *cambarus*, classique *cammarus*, du grec *kammaros* ■ Grosses crevettes comestibles des eaux chaudes et tempérées. *Gambas frites* (➤ **scampi**), *grillées. Brochette de gambas.* — RARE *Une gamba* [gɑ̃ba].

GAMBE [gɑ̃b] **n. f.** – 1646 ◇ forme normanno-picarde de *jambe* ■ **1** MAR. *Gambes, gambes de revers* : filins qui fournissent aux haubans de hune le point d'appui nécessaire pour permettre leur ridage. ■ **2** (emprunté à l'italien *gamba* « jambe ») MUS. *Viole de gambe* : instrument à cordes, sans pique, ancêtre du violoncelle. *Joueur de viole de gambe.* ➤ **gambiste, violiste.**

GAMBERGE [gɑ̃bɛʀʒ] **n. f.** – 1952 « calcul » ◇ de *gamberger* ■ ARG. FAM. Réflexion, raisonnement. « *rien sous la permanente ! Pas un pion de gamberge !* » SIMONIN.

GAMBERGER [gɑ̃bɛʀʒe] **v.** (3) – 1926 ; « compter » 1844 ◇ var. de *comberger*, p.-ê. altération de *compter* ■ ARG. FAM. ■ **1** **v. intr.** Réfléchir, méditer. ■ **2** **v. tr.** Calculer, combiner. ➤ **manigancer, mijoter.** « *on sait jamais ce qu'elles gambergent* » QUENEAU.

GAMBETTE [gɑ̃bɛt] **n. f. et m.** – XIIIe *gambete*, var. picarde de *jambette* ◇ de *gambe* « jambe » ■ **1** **n. f.** FAM. Jambe. ➤ **canne, guibolle.** *Elle a de belles gambettes.* LOC. *Jouer des gambettes* : s'enfuir. VIEILLI *Tricoter des gambettes* : danser. ■ **2** **n. m.** (1793) Échassier du genre chevalier*, à pieds rouges.

GAMBILLER [gɑ̃bije] **v. intr.** (1) – 1609 ; *gambayer* 1540 ◇ de *gambe* « jambe » → gambette ■ FAM. ■ **1** VX Remuer les jambes quand elles sont pendantes. ➤ **gigoter.** ■ **2** (1623) MOD. Danser sur un rythme très vif. ➤ **se trémousser.**

GAMBISTE [gɑ̃bist] **n.** – 1987 ◇ de *viole de gambe* ; cf. anglais *gambist* (1823) ■ Musicien(ne) qui joue de la viole de gambe. ➤ **violiste.** « *les cals aux gras des doigts de la main gauche des gambistes* » QUIGNARD.

GAMBIT [gɑ̃bi] **n. m.** – 1743 ◇ italien *gambetto* « croc-en-jambe » ■ Aux échecs, Coup qui consiste à sacrifier un pion, une pièce, pour dégager le jeu, ou pour s'assurer un avantage d'attaque ou de position. *Jouer gambit.*

GAMBUSIE [gɑ̃byzi] **n. f.** – 1930 *gambusia* ◇ hispano-américain *gambuxia* ■ ZOOL. Poisson des étangs et marais *(athériniformes)*, originaire d'Amérique, qui détruit les larves de moustiques.

-GAME, -GAMIE ■ Éléments, du grec *gamos* « mariage » : *cryptogame, bigamie.* ➤ aussi **gamopétale, gamosépale.**

GAMELAN [gamlɑ̃] **n. m.** – 1872 *gamelhang* ◇ du javanais *gamel* « instrument » ■ DIDACT. Orchestre traditionnel indonésien comprenant gongs, xylophones, tambours, etc.

GAMELLE [gamɛl] **n. f.** – 1584 ◇ italien *gamella*, du latin *camella* « coupe » ■ **1** ANCIENNT Écuelle dans laquelle plusieurs matelots ou soldats mangeaient ensemble. ■ **2** (1831) Récipient individuel pour la nourriture à emporter, muni d'un couvercle. *Gamelle d'un soldat, d'un ouvrier.* ➤ RÉGION. **boîte** (à lunch, à tartines) ; **bento.** — *La gamelle d'un chien.* ➤ **écuelle.** ◆ PAR MÉTON. Le contenu de ce récipient. *Faire chauffer sa gamelle.* FAM. *Préparer la gamelle du chien.* ■ **3** Table commune des officiers d'un navire. ➤ **carré ; mess.** *Chef de gamelle.* ■ **4** FAM.

Chute*. ➤ **gadin, pelle.** *Ramasser, prendre une gamelle* : tomber ; FIG. subir un échec.

GAMÈTE [gamɛt] **n. m.** – 1884 ◊ grec *gametê, gametês* «épouse, époux», de *gamos* «mariage» ■ BIOL. Cellule reproductrice sexuée possédant la moitié des chromosomes des autres cellules de l'organisme (➤ **génome ; haploïde**), et qui, en s'unissant à une cellule reproductrice de sexe opposé, forme l'œuf (➤ **zygote**) à partir duquel se développera un nouvel être vivant (➤ **germen**). *Gamète mâle animal* (➤ **spermatozoïde**), *végétal* (➤ **anthérozoïde**), *gamète femelle animal* (➤ **ovule**), *végétal* (➤ **oosphère**).

GAMÉTOGENÈSE [gametoʒənɛz] **n. f.** – 1935 ◊ de *gamète* et *-genèse* ■ BIOL. Processus de formation des gamètes. ➤ **ovogenèse, spermatogenèse.**

GAMEUR, EUSE [gɛmœʀ, øz] **n.** ou **GAMER** [gɛmœʀ] **n. m.** – 1997 au Canada ; autre sens 1990 ◊ anglais *gamer*, de *game* «jeu» ■ ANGLIC. Amateur de jeux vidéos, SPÉCIALT de jeux en ligne.

GAMIN, INE [gamɛ̃, in] **n.** – 1804 ; «jeune aide d'artisan» 1765 ◊ mot dialectal de l'Est, d'origine inconnue ■ **1** VX Petit garçon ou petite fille «qui passe son temps à jouer et à polissonner dans les rues» (Laveaux). ➤ **galopin, garnement, polisson.** *Gamins des rues. Un gamin de Paris* (➤ **gavroche, poulbot, 1 titi**), *de Bruxelles* (➤ **ket**). ■ **2** MOD. Garçon, fille jeune et espiègle. *«un esprit de gamine expérimentée qui voit les choses avec insouciance»* MAUPASSANT. ♦ **adj.** ➤ **espiègle, mutin, taquin.** *Air, ton, esprit gamin. Gaieté gamine.* PAR EXT. *«Un petit chapeau de cuir, sportif et gamin»* COLETTE. ■ **3** FAM. Enfant, adolescent(e). ➤ **1 gosse ;** RÉGION. **drôle, gone, 2 minot.** *Une gamine de onze ans. Quand j'étais gamin.* **adj.** *Elle est restée gamine.* — FAM. Fils, fille encore jeune. *Son gamin.* ➤ **gars** (VIEILLI), **môme.** ■ CONTR. Adulte, sérieux.

GAMINERIE [gaminʀi] **n. f.** – 1836 ◊ de *gamin* ■ Comportement, acte, propos de gamin, dignes d'un gamin. ➤ **enfantillage.** *«les gamineries n'étaient plus de saison»* COLETTE.

GAMMA [ga(m)ma] **n. m. inv.** – 1655 ◊ mot grec ■ **1** Troisième lettre de l'alphabet grec (Γ, γ), correspondant au G [g]. ■ **2 POINT GAMMA.** ASTRON. Intersection de l'écliptique avec le plan de l'équateur. ➤ **vernal.** ARG. SCOL. Fête de l'École polytechnique. ■ **3** PHYS. *Rayons gamma* : rayonnements électromagnétiques très pénétrants, de fréquence élevée (10^{19} à 10^{21} hertz). *Utilisation des rayons gamma en médecine.* ➤ **gammathérapie, radiochirurgie.**

GAMMAGLOBULINE [ga(m)maglɔbylin] **n. f.** – 1950 ◊ de *gamma* et *globuline* ■ IMMUNOL. Anticorps présent dans le sang, impliqué dans la réponse immunitaire contre certaines infections (microbe, toxine, etc.) et utilisé dans la prévention temporaire de certaines maladies infectieuses (rougeole, hépatite). ➤ **immunoglobuline.**

GAMMAGRAPHIE [ga(m)magʀafi] **n. f.** – 1953 ◊ de *(rayons) gamma* et *-graphie* ■ **1** TECHN. Étude de la structure interne des corps opaques, au moyen des rayons gamma. ■ **2** MÉD. ➤ **scintigraphie.**

GAMMARE [gamaʀ] **n. m.** – 1534 ◊ latin *gammarus, cammarus* «écrevisse» ■ ZOOL. Petit crustacé appelé couramment *crevette* d'eau douce, puce d'eau.*

GAMMATHÉRAPIE [ga(m)mateʀapi] **n. f.** – 1923 ◊ de *gamma* et *-thérapie* ■ MÉD. Traitement (des cellules cancéreuses) par rayons gamma.

GAMME [gam] **n. f.** – début XIIe ◊ de la lettre grecque *gamma* «première note de la gamme» ■ **1** MUS. Échelle de sons établie selon une répartition conventionnelle. *Gamme diatonique* naturelle, tempérée. Gamme chromatique*. Note de la gamme.* ➤ **degré.** ♦ COUR. Suite des sept notes comprises dans l'intervalle d'une octave. *Gamme ascendante, descendante. Monter, descendre la gamme. La gamme de do majeur, de la mineur.* — *Faire ses (des) gammes au piano.* FIG. *Faire ses gammes* : s'exercer. *«je viens juste de débuter à mon compte mais j'ai fait mes gammes chez un vieux confrère»* CH. GIUDICELLI. ■ **2** Série, succession (de teintes, de couleurs) en gradation naturelle. *Une gamme de nuances. «une gamme qui va du blanc au brun en passant par les ocres»* MALRAUX. ■ **3** FIG. (1840) Série continue où tous les degrés, toutes les espèces sont représentés. *Toute la gamme des sentiments, des sensations. Proposer une gamme de prix.* ➤ **éventail.** *«La charité, l'indulgence, la mansuétude, voilà toute une gamme de vertus»* DUHAMEL. — Série de produits comparables, appartenant à une même catégorie, classés selon leur utilisation, leur prix, etc. *Une gamme assez large de services. Un nouveau produit qui vient enrichir une gamme.* ♦ LOC. **HAUT DE GAMME ; BAS DE GAMME** (ou *entrée de gamme*) : l'ensemble des produits les plus chers, les moins chers dans une telle série. *Choisir un produit de qualité dans le bas de gamme.* **loc. adj. inv.** *Téléviseurs haut de gamme, bas de gamme. Haut de gamme* : **recomm. offic.** pour **2** *premium*. — PAR EXT. *Une émission bas de gamme.* — REM. On trouve aussi *milieu de gamme*. — *Montée en gamme. «Ne devra-t-elle pas monter en gamme, se concentrer sur les vins les meilleurs, donc les plus chers ?»* ORSENNA. ♦ COMM. Catégorie de produits alimentaires classés selon leur mode de conservation (frais, surgelés ou conservés). *Quatrième gamme* : produits frais, crus, prêts à l'emploi. *Cinquième gamme* : produits précuits ou cuits conservés sous vide.

GAMMÉE [game] **adj. f.** – 1872 ◊ de *gamma* ■ **CROIX GAMMÉE,** dont les branches sont coudées en forme de gamma majuscule. ➤ **svastika.** *La croix gammée, emblème nazi* (branches orientées vers la droite).

GAMOPÉTALE [gamopetal] **adj.** – 1829 ◊ du grec *gamos* «mariage» et *pétale* ■ BOT. Dont les pétales sont soudés. *Corolle gamopétale.*

GAMOSÉPALE [gamosepal] **adj.** – 1834 ◊ du grec *gamos* «mariage» et *sépale* ■ BOT. Dont les sépales sont soudés. *Calice gamosépale.*

1 GANACHE [ganaʃ] **n. f.** – 1642 ◊ italien *ganascia* «mâchoire» ■ **1** Région latérale de la tête du cheval entre la joue et les bords inférieur et postérieur du maxillaire inférieur (➤ **mâchoire**). ■ **2** (1740) FAM. VIEILLI Personne sans intelligence, sans capacité. ➤ **bête, incapable, sot.** *Traiter qqn de vieille ganache. «se venger de ses ganaches de députés»* MICHAUX. — **adj.** *Il est un peu ganache.* — **n. f. GANACHERIE,** 1892.

2 GANACHE [ganaʃ] **n. f.** – 1947 ; *crème ganache* 1922 ◊ origine inconnue ■ Crème à base de chocolat fondu et de crème fraîche.

GANADÉRIA ou **GANADERIA** [ganadeʀja] **n. f.** – 1840 ◊ espagnol *ganaderia*, de *ganado* «troupeau» ■ TAUROM. Domaine où l'on élève des taureaux de combat. *Les ganadérias d'Andalousie. «les toros sauvages d'une ganaderia castillane»* R. GUÉRIN. — Le troupeau.

GANDIN [gɑ̃dɛ̃] **n. m.** – 1710, répandu 1855 ◊ p.-ê. «habitué du boulevard de *Gand*», aujourd'hui boulevard des Italiens, à Paris ■ VIEILLI Jeune élégant raffiné et plus ou moins ridicule. ➤ **freluquet, godelureau ; minet.**

GANDOURA [gɑ̃duʀa] **n. f.** – 1852 ◊ arabe maghrébin ■ Tunique sans manches, que l'on porte dans les pays du Maghreb. *Des gandouras.*

GANG [gɑ̃g] **n. m.** – 1837 «bande, clan», sens vivant au Québec sous la forme *gagne* n. f. ; repris au XXe ◊ mot anglais «équipe» ■ Bande organisée, association de malfaiteurs (➤ **gangster**). *Lutte contre les gangs.* ➤ **antigang.** *Chef de gang.* ■ HOM. Gangue.

GANGA [gɑ̃ga] **n. m.** – 1771 ◊ mot catalan ■ ZOOL. Oiseau d'Europe et d'Asie *(ptéroclidés)* appelé couramment *gélinotte des Pyrénées. Des gangas.*

GANGÉTIQUE [gɑ̃ʒetik] **adj.** – 1838 ◊ de *Gange* ■ DIDACT. Qui appartient, qui a rapport au Gange. *Le bassin gangétique.*

GANGLION [gɑ̃glijɔ̃] **n. m.** – XVIe ◊ bas latin *ganglion*, du grec *gagglion* ■ Petit renflement sur le trajet des vaisseaux lymphatiques et de certains nerfs. *Ganglion lymphatique.* ➤ FAM. **1 glande.** *Ganglion nerveux. Ganglion sympathique, parasympathique. Ganglions du cou, de l'aisselle, de l'aine. Inflammation, engorgement des ganglions lymphatiques.* ➤ **adénite, bubon, lymphogranulomatose.** — FAM. *Cet enfant a des ganglions*, une inflammation des ganglions.

GANGLIONNAIRE [gɑ̃glijɔnɛʀ] **adj.** – 1816 ◊ de *ganglion* ■ ANAT. Qui concerne les ganglions nerveux. *Système ganglionnaire.* — Qui concerne les ganglions lymphatiques. *Chaîne ganglionnaire. Fièvre ganglionnaire.* ➤ **adénite.** *Curage ganglionnaire.*

GANGRÈNE [gɑ̃gʀɛn] **n. f.** – 1503 ; *cancrène* v. 1370 ◊ latin *gangraena*, du grec *gaggraina* «pourriture» ■ **1** Mort et destruction des tissus (➤ **nécrose**) à la suite de l'arrêt de l'irrigation sanguine. *Gangrène due au gel, à une brûlure, à l'artériosclérose. Gangrène humide, sèche,* avec ou sans invasion bactérienne. *Gangrène gazeuse,* due à l'infection bactérienne d'une blessure, généralement par des bactéries anaérobies. — *Escarre* provoquée par la gangrène. Ablation des tissus gangrenés pour arrêter la gangrène.* ■ **2** FIG. Ce qui pourrit, corrompt et s'étend. ➤ **corruption, décomposition, destruction, pourriture.** *Gangrène de l'âme. «la gangrène du fanatisme»* VOLTAIRE. ➤ **cancer** (FIG.).

GANGRÉNER [gɑ̃gʀene] ‹6› ou **GANGRENER** [gɑ̃gʀəne ; gɑ̃gʀene] **v. tr.** ‹5› – 1503 ◇ de *gangrène* ■ **1** RARE Affecter de gangrène. — PRONOM. (1680) COUR. *Membre, plaie qui se gangrène.* — *Membre gangréné jusqu'à l'os.* ■ **2** (XVIIIe) FIG. ➤ **corrompre, empoisonner, ronger, vicier.** *Gangréner le cœur, les esprits.* « *Il fallait se détourner des questions morales et politiques, gangrénées par le poison de l'actualité* » J. FERRARI.

GANGRÉNEUX, EUSE [gɑ̃gʀenø, øz] ou **GANGRENEUX, EUSE** [gɑ̃gʀənø ; gɑ̃gʀenø, øz] **adj.** – 1539 ◇ de *gangrène* ■ Qui est de la nature de la gangrène. *Ulcère gangréneux. Plaie gangréneuse.*

GANGSTER [gɑ̃gstɛʀ] **n. m.** – v. 1925 ◇ mot anglais américain, de *gang* ■ Membre d'un gang. ➤ **bandit.** *Les gangsters de Chicago dans les années trente. Film de gangsters.* PAR EXT. Malfaiteur. « *dans notre roman noir, le gangster héroïque a succédé au policier génial* » MALRAUX. ◆ Crapule. *Ce financier est un vrai gangster.* ➤ **escroc, pirate, truand, voleur.**

GANGSTÉRISME [gɑ̃gsteʀism] **n. m.** – 1934 ◇ de *gangster* ■ Activités criminelles des gangsters. ➤ **banditisme.** « *un haut-lieu du gangstérisme,* [...] *un Chicago européen* » JOFFO. FIG. Comportement digne d'un gangster. ➤ **brigandage.** *C'est du gangstérisme !*

GANGUE [gɑ̃g] **n. f.** – 1552 ◇ allemand *Gang*, vocabulaire de la mine « chemin » et « filon » dans les mots composés ■ **1** Substance qui entoure un minerai, une pierre précieuse à l'état naturel. *Gangue terreuse, métallique. Débarrasser un minerai de sa gangue par lavage, broyage, fusion.* — PAR ANAL. *Épave entourée d'une gangue de boue.* ■ **2** FIG. ➤ **enveloppe.** *Dégager des idées de leur gangue.* « *Briser sa gangue, sortir de soi* » LEIRIS. ■ HOM. Gang.

GANGUÉ, ÉE [gɑ̃ge] **adj.** – 1910 ◇ de *gangue* ■ LITTÉR. Entouré d'une gangue. ➤ **enveloppé.** « *Des perce-neige en pied, avec leur bulbe gangué de terre* » COLETTE.

GANIVELLE [ganivɛl] **n. f.** – 1738 « merrain de seconde qualité » ◇ origine obscure ■ RÉGION. (Bretagne, Sud-Ouest) Barrière, clôture faite de planches ou de piquets de bois.

GANOÏDE [ganɔid] **adj. et n. m.** – 1834 ◇ du grec *ganos* « éclat » ■ ZOOL. *Écailles ganoïdes*, caractérisées par une couche épaisse d'émail brillant. — **n. m. pl.** VX *Les ganoïdes.* ➤ **chondrostéens.**

GANSE [gɑ̃s] **n. f.** – 1594 ◇ provençal *ganso*, proprt « boucle d'un lacet », du grec *gampsos* « courbé » ■ **1** Cordonnet ou ruban étroit servant à border, à faire des brides, à orner. ➤ **cordon, galon, passement.** « *son veston noir bordé de ganses* » GIRAUDOUX. *Ganse de coton, de soie. Coudre, poser une ganse. Ganse de botte.* ➤ **tirant.** ■ **2** RÉGION. (Canada) Petit morceau de tissu cousu sur un vêtement pour l'accrocher, maintenir une ceinture (➤ **passant**).

GANSER [gɑ̃se] **v. tr.** ‹1› – 1765 ◇ de *ganse* ■ Garnir d'une ganse. *Ganser une couverture. Veste gansée de noir.*

GANT [gɑ̃] **n. m.** – v. 1155 ; *guant* 1080 ◇ francique °*want* ■ **1** Pièce de l'habillement qui s'adapte exactement à la main et la recouvre au moins jusqu'au poignet en épousant la forme de chaque doigt séparément. *Une paire de gants. Doigts, empaumure, manchette d'un gant. Gant laissant à nu les premières phalanges* ➤ **mitaine.** *Fabrication des gants.* ➤ **ganterie, gantier.** *Pointures de gants. Gants façon sellier, nervurés. Gants de cuir, d'agneau, de pécari. Gants de laine. Gants d'homme, de femme. Gants vénitiens,* qui montent au-dessus du coude. *Gants à crispin. Gants fourrés, doublés. Gants blancs, beurre frais.* « *Les autres femmes mettent des gants pour se parer* » GAUTIER. ➤ **se ganter.** « *Le gant est à la main comme une seconde peau, comme une mue. Enfiler des gants, c'est enfiler l'image de sa main sur sa main* » J.-C. BAILLY. *Enlever, retirer ses gants.* ➤ **se déganter.** — *Boîte à gants d'une automobile.* ➤ **vide-poche.** ■ **2** SPÉCIALT Gant, moufle que l'on utilise pour protéger la main. *Gants de caoutchouc. Gant de cuisine,* pour tenir des plats chauds. ➤ **manique.** *Gants de ménage, de jardinage. Gants de chirurgien. Gant d'ouvrier, d'artisan.* ➤ **gantelet, manicle, 1 paumelle.** — **GANT DE BOXE, GANT :** grosse moufle de cuir bourrée de crin. *Gants de 5, 6 onces. Remettre, reprendre les gants :* pratiquer de nouveau la boxe. ◆ **GANT DE CRIN,** avec lequel on se frictionne. — *Gant de friction.* — **GANT DE TOILETTE :** poche généralement en tissu éponge dans laquelle on enfile la main pour se laver. ➤ **main.** *Tissu éponge tenant lieu de gant de toilette.* ➤ **débarbouillette, lavette.** ◆ SPÉCIALT *Gant de pelote basque.* ➤ **chistéra.** « *Les lanières qui tiennent le gant de bois, d'osier et de cuir* » LOTI. ◆ (anglais *dataglove*) **GANT DE DONNÉES** ou **GANT NUMÉRIQUE** (recomm. offic.) : gant doté de capteurs permettant de numériser les mouvements de la main lors de la manipulation d'un objet virtuel. ◆ FIG. *Gant de Notre-Dame :* campanule, digitale. ■ **3** LOC. *Être souple comme un gant :* avoir un caractère docile, servile. — *Se Retourner* comme un gant. Retourner* qqn comme un gant.* — *Aller comme un gant à qqn :* convenir parfaitement. « *Il sera cuistot* [...] *ça lui ira comme un gant* » SARTRE. — *Une main* de fer dans un gant de velours.* — *Jeter le gant à qqn,* le défier, le provoquer. *Ramasser, relever le gant :* accepter le combat, se disposer à la riposte. ◆ FAM. *Prendre, mettre des gants :* agir avec ménagement, précaution (cf. Y mettre des formes). « *Il n'a pas pris de gants pour le lui dire* » BALZAC. *Prendre des gants avec qqn.* — LITTÉR. *Se donner les gants de qqch., de* (et inf.), s'en attribuer l'honneur, le mérite, généralement mal à propos. ➤ **se flatter, se vanter.** *Il* « *s'était donné les gants de le défendre* » ROMAINS.

GANTELET [gɑ̃t(ə)lɛ] **n. m.** – 1260 ◇ de *gant* ■ **1** ANCIENNT Gant de peau couvert de lames de fer, d'acier, qui faisait partie de l'armure. ■ **2** Gant de cuir épais pour la chasse au faucon. ■ **3** Morceau de cuir avec lequel certains artisans (bourreliers, relieurs, cordonniers, chapeliers) protègent la paume de leurs mains. ➤ **manicle, 1 paumelle.**

GANTER [gɑ̃te] **v. tr.** ‹1› – 1488 ◇ de *gant* ■ **1** Mettre un gant, des gants à. *Main difficile à ganter.* — **p. p. adj.** *Un monsieur ganté et cravaté.* — PAR EXT. *Main gantée de blanc.* — PRONOM. *Se ganter en hiver.* ■ **2** ABSOLT Avoir comme pointure de gants. *Ganter du sept.* ■ CONTR. Déganter.

GANTERIE [gɑ̃tʀi] **n. f.** – 1337 ◇ de *gantier* ■ Industrie, commerce du gantier. ◆ Lieu où l'on fabrique, où l'on vend des gants.

GANTIER, IÈRE [gɑ̃tje, jɛʀ] **n.** – *wantier* 1241 ◇ de *gant* ■ Personne qui confectionne, qui vend des gants. — **adj.** *Ouvrier gantier.*

GAP [gap] **n. m.** – 1948 ◇ mot anglais « trou » ■ ANGLIC. Décalage entre deux réalités. *Gap technologique.* ➤ **retard.** *Gap inflationniste.* ➤ **1 écart** (recomm. offic.).

GARAGE [gaʀaʒ] **n. m.** – 1865 ; autre sens 1802 ◇ de *garer* ■ **1** RARE Action de garer (un véhicule). — CH. DE FER Action de garer (des wagons) à l'écart de la voie principale. **VOIE DE GARAGE :** voie se détachant de la voie principale par un aiguillage, où l'on gare les trains, les wagons. FIG., FAM. Poste, activité sans avenir. *Enfant en échec scolaire orienté sur une voie de garage.* « *On y est tous allés comme un seul homme, dans ces voies de garage, ces sections surchargées qui ne menaient nulle part* » O. ADAM. ◆ RARE ➤ **stationnement.** *Voiture en garage.* ■ **2** (1891) Lieu couvert généralement clos, abri destiné à recevoir des véhicules de toute sorte à l'exclusion des véhicules hippomobiles (➤ **remise**). *Garage d'avions.* ➤ **hangar.** *Garage de canots. Garage d'autobus* (➤ **dépôt**). *Garage à bicyclettes.* SPÉCIALT, COUR. (pour automobiles) *Villa avec garage au sous-sol, au rez-de-chaussée. Louer un emplacement, un box dans un garage.* ➤ **parking.** « *un garage à étages équipé de rampes hélicoïdales menant à quatre niveaux de parking* » J.-P. DUBOIS. *Sortie de garage. Rentrer sa voiture au garage.* ➤ **garer.** — (Canada) *Vente* de garage.* ■ **3** (1896) Entreprise commerciale s'occupant de tout ce qui concerne la garde, l'entretien et les réparations des automobiles. *Atelier de réparation, bureau, magasin d'un garage. Garage avec pompes à essence.* ➤ **station-service.** *Personnel d'un garage.* ➤ **garagiste, laveur, mécanicien, pompiste.** *Conduire sa voiture au garage pour une révision.* ■ **4** (calque de l'anglais *garage rock*, en référence aux garages familiaux qui servaient de lieux de répétition) *Garage* ou *rock garage :* genre de rock né dans les années 1960, caractérisé par la simplicité des compositions et la mauvaise qualité des enregistrements. *Écouter du garage.* — APPOS. *Groupes garage.*

GARAGISTE [gaʀaʒist] **n.** – 1922 ◇ de *garage* ■ Propriétaire, gérant d'un garage.

GARANCE [gaʀɑ̃s] **n. f.** – XIe ◇ latin médiéval *warantia*, du francique °*wratja* ■ **1** Plante herbacée *(rubiacées)* des régions chaudes et tempérées, cultivée autrefois pour la matière colorante rouge (➤ **alizarine, purpurine**) extraite de sa racine (➤ **alizari**). *Champ de garance* (**GARANCIÈRE n. f.,** XVIe). ■ **2** Teinture tirée de cette plante. *Teindre avec la garance* (**GARANCER v. tr.** ‹3›). — ADJT INV. Couleur de cette teinture, rouge vif. *Les pantalons garance de l'ancienne infanterie de ligne.*

GARANT, ANTE [gaʀɑ̃, ɑ̃t] **n.** – 1080 ◇ p. prés. du francique °*warjan* « garantir comme vrai » ; cf. allemand *wahr* « vrai » → aussi warrant ■ **1** DR. Personne tenue légalement envers une autre de l'obligation de garantie*. *Vous serez garant des avaries, des*

GARDE-CHASSE [gaʀdəʃas] **n.** – 1669 ◊ de 2*garde* et *chasse* ■ Personne préposée à la garde du gibier et à la répression des infractions dans un domaine privé. *Des gardes-chasses /garde-chasses/.*

GARDE-CHIOURME [gaʀdəʃjuʀm] **n.** – 1828 ◊ de 2*garde* et *chiourme* ■ **1 n. m.** ANCIENNT Surveillant des forçats, dans un bagne ou une galère. *Des gardes-chiourmes /garde-chiourmes/.* ■ **2** PÉJ. Surveillant brutal et sans scrupules.

GARDE-CORPS [gaʀdəkɔʀ] **n. m. inv.** – 1812 ; «pièce d'armure» 1360 ◊ de *garder* et *corps* ■ **1** MAR. Cordage tendu sur le pont d'un navire pour servir d'appui aux matelots. ➤ **bastingage.** — *Faux garde-corps :* cordage fixé à la tête du beaupré, servant à diriger ce mât quand on le met en place. ■ **2** Parapet établi pour empêcher de tomber d'un pont, d'un lieu élevé. ➤ **garde-fou ; balustrade, rambarde.** *Des garde-corps.*

1**GARDE-CÔTE** [gaʀdəkot] **n. m.** – 1599 ◊ de *garder* et *côte* ■ **1** ANCIENNT Service de guet le long des côtes. ■ **2** (av. 1627) ANCIENNT Vaisseau cuirassé à faible rayon d'action, chargé de défendre les côtes. *Des garde-côtes.* ■ **3** Petite embarcation chargée de la surveillance douanière et de surveiller la pêche le long des côtes. ➤ 1**garde-pêche.**

2**GARDE-CÔTE** [gaʀdəkot] **n.** – attesté 1983 ◊ de 2*garde* et *côte* ■ Personne chargée de la surveillance du littoral, de la sécurité et du sauvetage en mer. *Des gardes-côtes /garde-côtes/.*

GARDE-FEU [gaʀdəfø] **n. m.** – 1619 ◊ de *garder* et 1*feu* ■ Grille de toile métallique ou plaque de tôle que l'on place devant une cheminée pour se préserver des étincelles. ➤ **pare-feu.** *Des garde-feux.*

GARDE-FOU [gaʀdəfu] **n. m.** – 1400 ◊ de *garder* et *fou* ■ Parapet, balustrade que l'on met au bord d'un fossé, d'un pont, d'un quai, d'une terrasse pour empêcher les gens de tomber. ➤ **barrière, garde-corps.** *Se tenir au garde-fou.* — FIG. *«tous les garde-fous qu'il s'était patiemment construits entre sa vie présente et sa vie passée»* IZZO.

GARDE-FRONTIÈRE [gaʀd(ə)fʀɔ̃tjɛʀ] **n.** – 1854 ◊ de 2*garde* et *frontière* ■ **1** Militaire chargé(e) de surveiller le passage des personnes aux frontières. *Des gardes-frontières /garde-frontières/.* ■ **2** (1892 ◊ calque de l'allemand *Grenzwächter*) En Suisse, Membre de la police chargé de la surveillance des frontières. *Le Corps des gardes-frontières.*

GARDE-MAGASIN [gaʀd(ə)magazɛ̃] **n.** – 1634 ◊ de 2*garde* et *magasin* ■ **1** Employé(e) chargé(e) de garder un magasin (➤ **magasinier**). ■ **2** MILIT. Sous-officier chargé de surveiller les magasins d'un corps de troupe. ➤ ARG. **garde-mite.** *Des gardes-magasins /garde-magasins/.*

GARDE-MALADE [gaʀd(ə)malad] **n.** – 1754 ◊ de 2*garde* et *malade* ■ Personne qui garde et soigne les malades. ➤ 3**garde.** *Des gardes-malades /garde-malades/.*

GARDE-MANGER [gaʀd(ə)mɑ̃ʒe] **n. m.** – 1304 ◊ de *garder* et 2*manger* ■ **1** VX Pièce dans laquelle on met des aliments pour les conserver. ■ **2** MOD. Petite armoire mobile, placard extérieur, généralement garni de toile métallique, qui sert à conserver des aliments. *Des garde-mangers.*

GARDE-MEUBLE [gaʀdəmœbl] **n. m.** – 1824 ; «officier préposé à la garde des meubles du roi» 1352 ◊ de *garder* et *meuble* ■ Lieu où l'on garde les meubles (de l'État ou des particuliers). *Des garde-meubles. Mettre un piano au garde-meuble.*

GARDE-MITE [gaʀdəmit] **n.** – 1909 ◊ de 2*garde* et *mite ;* d'après *garde-magasin* ■ ARG. MILIT. ➤ **garde-magasin.** *Des gardes-mites /garde-mites/.*

GARDÉNAL [gaʀdenal] **n. m.** – 1920 ◊ nom déposé ; de l'avis exprimé par un chimiste de la société Rhône-Poulenc, qu'il fallait «garder *nal*» de *véronal* dans le nom à donner au nouveau produit ■ Phénobarbital*, barbiturique utilisé comme sédatif général et tranquillisant. *Des gardénals.*

GARDÉNIA [gaʀdenja] **n. m.** – 1777 ◊ latin des botanistes *gardenia,* de *Garden,* nom d'un botaniste écossais du XVIIIe s. ■ Arbuste exotique *(rubiacées)* à feuillage persistant, à fleurs simples ou doubles, souvent d'un beau blanc mat, particulièrement odorantes. — Cette fleur. *Des gardénias bleus.*

GARDEN-PARTIE [gaʀdɛnpaʀti] **n. f.** – 1882 ◊ anglais *garden party,* de *garden* «jardin» et *party* «partie de plaisir» ■ ANGLIC. VIEILLI Réception mondaine donnée dans un grand jardin ou dans un parc. *Des garden-parties.* — On écrit aussi *garden-party, des garden-partys.*

1**GARDE-PÊCHE** [gaʀdəpɛʃ] **n. m.** – 1907 ◊ de *garder* et 2*pêche* ■ **1** Petite embarcation utilisée pour la surveillance des pêches côtières. *Des garde-pêches.* ➤ 1**garde-côte.** — APPOS. *Vedette garde-pêche.* ■ **2** Navire de guerre qui protège les pêcheurs dans certaines zones éloignées des côtes. *Des garde-pêches.*

2**GARDE-PÊCHE** [gaʀdəpɛʃ] **n.** – 1762 ◊ de 2*garde* et 2*pêche* ■ Agent chargé de surveiller la pêche. *Des gardes-pêches /garde-pêches/.* ➤ aussi 2**garde-côte.**

GARDE-PORT [gaʀdəpɔʀ] **n. m.** – 1641 ◊ de 2*garde* et *port* ■ COMM. Personne qui reçoit et dispose les marchandises, dans un port fluvial. *Des gardes-ports /garde-ports/.*

GARDER [gaʀde] **v. tr.** ‹1› – fin XIe ◊ du germanique *wardôn* «regarder»

I SURVEILLER, PROTÉGER (UN ÊTRE VIVANT, UN LIEU) ■ **1** Prendre soin de (une personne, un animal). ➤ **veiller** (sur) ; **surveiller.** *Garder des bêtes, un troupeau* (➤ **berger, gardeur, gardien**). PROV. *«Chacun son métier, Les vaches seront bien gardées»* FLORIAN. *Nous n'avons pas gardé les cochons* ensemble.* — *Garder des enfants,* rester avec eux et les surveiller en l'absence de leurs parents. *Jeune fille qui garde des enfants le soir.* ➤ **babysitter.** ■ **2** (fin XIe) Empêcher (une personne) de sortir, de s'en aller. ➤ **enfermer, séquestrer.** *Garder un prisonnier.* ➤ **détenir.** *Garder à vue :* surveiller soigneusement, ne pas perdre de vue (➤ 1**garde** [à vue]). ■ **3** (milieu XIIe) Rester dans (un lieu) pour surveiller, défendre ce qui s'y trouve. *Un chien garde la propriété. Sentinelle, patrouille qui garde un arsenal, une caserne. Garder une porte, une entrée :* surveiller tous ceux qui entrent ou qui sortent. *Agent de sécurité qui garde l'entrée d'une banque* (➤ **gardiennage**). — FIG. (le sujet désigne une statue, un bâtiment, etc.) *«le bistrot des mariniers [...] garde l'entrée du canal»* CÉLINE. ♦ (fin XIIIe) *Garder la chambre, le lit :* rester chez soi, rester couché par suite de maladie. ■ **4** LITTÉR. ou RÉGION. Protéger ; préserver (d'un mal, d'un accident, d'un danger). ➤ **garantir, protéger, sauvegarder.** *Garder qqn de l'erreur.* SANS COMPL. *Ces chapeaux «sont trop plats ; ils ne gardent pas du soleil»* É. GUILLAUMIN. — Au subj., sans *que* (valeur optative) (1664) *Dieu me garde de la maladie.* ➤ **protéger.** *«Dieu me garde de mes amis ! Quant à mes ennemis, je m'en charge»* (mot attribué à VOLTAIRE). *Dieu vous garde !*

II CONSERVER ■ **1** (milieu XIVe) Préserver (qqch.) de la destruction, d'altérations. *Produit à garder à l'abri de la chaleur et de l'humidité.* ➤ **conserver.** *Garder des fruits dans du sucre* (➤ **confire**), *de la viande au réfrigérateur.* — Mettre en lieu sûr. *Garder des marchandises en entrepôt.* ➤ **entreposer.** ■ **2** Conserver pour soi, ne pas se dessaisir de. *Garder un double du contrat. Gardez la monnaie*. «Il est plus difficile de garder une fortune que de la gagner»* BAINVILLE. *Garder un objet volé.* ➤ **recéler.** *Garder sa voiture dix ans,* ne pas en changer. *Il garde tout,* ne jette rien. ➤ **accumuler, entasser.** ♦ Ne pas rendre. *Il a gardé ce qu'on lui avait confié, prêté. Tu peux garder ce livre, je te le donne.* — SPÉCIALT *Il ne peut rien garder, il vomit tout.* ■ **3** Conserver sur soi (un vêtement, un bijou). *Gardez votre veste.* ■ **4** (1738) Retenir (une personne) avec soi. *Garder qqn à dîner. Il m'a gardé une heure.* ➤ **tenir.** ♦ (1675) Conserver un employé, un domestique à son service. *Il ne garde jamais longtemps ses collaborateurs.* — *Garder un client,* le conserver dans sa clientèle. ■ **5** Ne pas dévoiler, ne pas divulguer. *Garder un secret. Garde ça pour toi :* n'en dis pas un mot, sois discret. — Ne pas communiquer, garder pour soi. *Gardez vos réflexions, vos remarques pour vous,* je vous dispense de me les faire connaître. ■ **6** (milieu XIIe) Continuer à avoir (une qualité, une idée, un sentiment, une attitude, une position). *«L'œuvre garde le jeune éclat, la juste harmonie et la fraîcheur vivace»* GAUTIER. — *Suivre un régime pour garder la ligne.* ♦ (PERSONNES) *Garder son calme, son sérieux, son sang-froid. Il a gardé toute sa tête. Garder une attitude digne.* — *Garder qqch. en mémoire. «Gardez de cette nuit, gardez, belle nature, Au moins le souvenir !»* LAMARTINE. *J'en garde un souvenir ému.* — *Garder le silence.* ➤ **observer.** *Garder rancune*. Garder les apparences*. Garder l'espoir.* ♦ *Garder un sentiment à qqn,* continuer à éprouver un sentiment pour lui. *Je lui garde toute ma confiance.* ■ **7** (Avec un adj. attribut du compl.) *Garder les yeux baissés.* ➤ **tenir.** *Garder la tête froide, les idées claires.* — *Garder les cheveux longs. «Il avait gardé intacte la chambre de sa compagne»* MAUPASSANT. ■ **8** (CHOSES) Préserver, conserver (une qualité). *Cette lessive garde aux couleurs leur vivacité.*

III RÉSERVER (milieu XIIe) Mettre de côté, en réserve. *Garder de la viande froide pour le dîner. Si vous arrivez le premier, gardez-moi une place. Garder le meilleur pour la fin.* — FIG. *Garder une dent* contre qqn. Garder à qqn un chien* de sa chienne. Garder une poire* pour la soif.* — *Garder pour la bonne bouche*.*

IV RESPECTER CONSCIENCIEUSEMENT (milieu XIIe) Observer fidèlement, avec soin. ➤ **observer, pratiquer, respecter.** *Garder une discrétion absolue. Il faut garder une mesure en tout,* ne pas dépasser certaines limites. *Garder son rang, ses distances :* s'abstenir de toute familiarité. ➤ **maintenir.**

V SE GARDER v. pron. ▪ **1** VX Se protéger, se défendre. *Se garder à carreau*.* ▪ **2** (fin XIIe) **SE GARDER DE :** prendre garde à. ➤ se **défier,** se **méfier,** se **préserver.** *Gardez-vous des flatteurs. Il faut se garder des jugements hâtifs.* — (Suivi d'un inf.) S'abstenir soigneusement de, avoir soin de ne pas (faire). «*Gardez-vous, leur dit-il, de vendre l'héritage*» LA FONTAINE. *Elle s'est bien gardée de m'en parler. Le provoquer ? Gardez-vous en bien !* ▪ **3** (PASS.) Se conserver. *La viande se garde au réfrigérateur.*

▪ CONTR. Abandonner, céder, changer, congédier, détruire, donner, enlever, gâter, laisser, rendre, renoncer (à). — Débarrasser (se), défaire (se). Négliger, oublier, perdre. Révéler. — Enfreindre.

GARDERIE [gaʀdəʀi] n. f. – 1579 ◊ de *garder* ▪ **1** ADMIN. Étendue de bois que surveille un seul garde forestier. ▪ **2** (1877) Local où l'on garde les enfants en bas âge. ➤ **crèche** (cf. Jardin* d'enfants). ◆ Accueil des jeunes enfants en dehors des heures et jours de classe (cf. Centre* de loisirs). *Laisser ses enfants le mercredi à la garderie.*

GARDE-ROBE [gaʀdəʀɔb] n. f. – v. 1190 ◊ de *garder* et *robe* ▪ **1** VIEILLI ou RÉGION. (Lyonnais, Sud-Ouest ; Belgique, Luxembourg, Canada) Armoire dans laquelle on range les robes, les vêtements. ➤ **penderie.** «*dans la garde-robe, tous les vestons sont rangés, brossés*» M. LABERGE. ◆ (Luxembourg) Vestiaire (à l'entrée de certains établissements publics). ▪ **2** PAR EXT. Ensemble des vêtements d'une personne. *Renouveler sa garde-robe.* «*J'avais en outre besoin de vêtements légers. Ma garde-robe d'été était en ruine*» CH. OSTER. ▪ **3** (XVIe ; 1314 dans un texte anglais) VX Lieu où l'on plaçait la chaise percée. *Aller à la garde-robe.* ➤ **cabinet, selle, toilettes.** *Des garde-robes.*

GARDEUR, EUSE [gaʀdœʀ, øz] n. – XIIe ◊ de *garder* ▪ Personne qui garde (des animaux). ➤ **berger, gardien.** *Gardeuse d'oies.*

GARDE-VOIE [gaʀdəvwa] n. m. – 1872 ◊ de 2*garde* et *voie* ▪ Employé de chemin de fer, soldat (en temps de guerre), chargé de garder la voie. *Des gardes-voies /garde-voies/.*

GARDE-VUE [gaʀdəvy] n. m. inv. – 1642 ◊ de *garder* et *vue* ▪ TECHN. Visière que l'on met sur les yeux pour les protéger contre l'excès de lumière. «*il était obligé de mettre la main sur ses sourcils, comme un garde-vue*» BARBEY.

GARDIAN [gaʀdjɑ̃] n. m. – 1911 ◊ mot provençal moderne «gardien» ▪ Gardien de bœufs, de taureaux, de chevaux, en Camargue. *Le gardian conduit la manade.*

GARDIEN, IENNE [gaʀdjɛ̃, jɛn] n. – 1255 ; *gardenc* 1160 ◊ de *garder* ▪ **1** Personne qui a charge de garder qqn, un animal, un lieu, un bâtiment, etc. ➤ 2**garde.** *Gardien de prison.* ➤ **geôlier, surveillant ;** ARG. **maton.** *Poster des gardiens à toutes les portes.* ➤ **sentinelle.** *Gardien sévère, vigilant.* ➤ **cerbère, dragon.** *Le gardien d'un bureau.* ➤ **huissier, portier.** *Gardien d'immeuble.* ➤ **concierge.** *Demander les clés à la gardienne. Un couple de gardiens.* — *Gardien de nuit.* ➤ **veilleur.** *Gardien de square. Gardien de musée. Gardien de phare. Gardien d'objets, de marchandises en dépôt, en entrepôt.* ➤ **consignataire, dépositaire, magasinier.** *Gardien de troupeaux, de bestiaux.* ➤ **berger, bouvier, gardeur,** 1**vacher ; cow-boy, gardian, gaucho.** *Gardien judiciaire* (ou *des scellés*), préposé par la justice à la garde des objets saisis mis sous scellés. — SPORT **GARDIEN, GARDIENNE DE BUT :** joueur, joueuse chargé(e) de défendre le but au football, au hockey... ➤ **goal** (ANGLIC.), **portier.** ◆ (Canada) Personne qui garde des enfants en l'absence de leurs parents, moyennant rétribution. ➤ ANGLIC. **babysitter.** «*sa mère était partie faire des courses et sa gardienne n'arrivait qu'à cinq heures*» Y. BEAUCHEMIN. ▪ **2** PAR EXT. Personne, institution qui garde, qui défend, protège. ➤ **défenseur, garant, protecteur.** *Un sénat, gardien de la Constitution. Gardien du temple*.* — (1870) **GARDIEN, GARDIENNE DE LA PAIX :** agent d'exécution de la Police nationale, en uniforme. ➤ 2**agent** (de police). ◆ adj. *Ange* gardien.* ▪ **3** (Belgique) *École gardienne :* école maternelle. — n. f. pl. *Les gardiennes :* les années d'école maternelle. *Faire ses gardiennes.*

GARDIENNAGE [gaʀdjenaʒ] n. m. – 1803 ◊ de *gardien* ▪ **1** Emploi de gardien. ▪ **2** Fait de garder, de surveiller ; service du gardien. *Frais de gardiennage. Société de gardiennage et de surveillance,* qui assure la sécurité d'un lieu (usine, banque... ➤ 2**vigile**). — *Gardiennage électronique.* — SPÉCIALT Service de surveillance dans un port.

GARDIENNÉ, ÉE [gaʀdjene] adj. – 1975 ◊ de *gardien* ▪ Dont la surveillance est assurée par un gardien. *Parc gardienné.*

GARDON [gaʀdɔ̃] n. m. – 1220 ◊ origine inconnue, p.-ê. germanique ▪ Poisson *(cyprinidés)* comestible, mais dont la chair a peu de goût, vivant dans les eaux douces tranquilles. «*Les gardons frais aux nageoires de pourpre*» FALLET. *Gardon rouge.* ➤ **rotengle.** *Gardon du Léman.* ➤ **vengeron.** — LOC. *Frais comme un gardon :* en bonne santé, en bonne forme.

1**GARE** [gaʀ] n. f. – 1690 ◊ de *garer* ▪ **1** NAVIG. Bassin, élargissement d'un cours d'eau navigable où les bateaux peuvent se croiser, se garer. *Gare fluviale.* ▪ **2** (1831) VX Emplacement disposé sur une voie de chemin de fer pour le croisement des trains. *Gare d'évitement.* — (1835) MOD. Ensemble des bâtiments et installations établis aux stations des lignes de chemin de fer pour l'embarquement et le débarquement des voyageurs et des marchandises. *Gare de voyageurs, de marchandises. Gare de départ, d'arrivée,* d'où l'on part, où l'on arrive. *Gare terminus. Gare de triage,* où se fait le triage des wagons de marchandises et se forment les trains. *Gare maritime,* dont les voies aboutissent aux quais du port d'embarquement ou de débarquement. *Salle d'attente, hall, bureaux, guichets, consigne, kiosque à journaux, buffet, buvette d'une gare. Quais d'une gare. Chef de gare. La gare Montparnasse* (à Paris), *la gare du Midi* (à Bruxelles). *Petite gare de campagne.* ➤ **halte.** *Les gares de banlieue. Aller à la gare.* — **EN GARE.** *Le train arrive, entre en gare. Livraison en gare de...* — LOC. *Littérature, roman* **DE GARE,** que l'on trouve dans les kiosques de gare, de lecture facile. — PAR EXT. TECHN. Station de métro. *La gare du R. E. R.* ▪ **3** *Gare aérienne.* ➤ **aérogare, héligare.** — *Gare de fret :* bâtiment affecté au trafic des marchandises sur les aéroports. ◆ **GARE ROUTIÈRE :** espace destiné à accueillir les véhicules routiers de gros tonnage (cars, camions). «*à la gare des autocars, j'ai pris un billet pour Bologne*» LE CLÉZIO.

2**GARE** [gaʀ] interj. – 1460 ◊ impératif de *garer* ▪ Interjection pour avertir de se garer ; de laisser passer qqn, qqch., et PAR EXT. de prendre garde à quelque éventualité fâcheuse. *Gare !* ➤ **attention.** *Crier gare.* ➤ **casse-cou.** — LOC. **SANS CRIER GARE :** sans prévenir, inopinément. *Ils sont arrivés sans crier gare.* — **GARE À...** *Gare à la peinture. Gare à la casse !* (MENACE) *Gare à toi, gare à tes fesses si tu désobéis.*

GARENNE [gaʀɛn] n. f. – XIIIe ◊ latin médiéval *warenna,* p.-ê. du germanique *wardôn* «garder», *wâron* «garer» ▪ **1** FÉOD. Réserve de gibier, domaine de chasse réservée. ▪ **2** Bois, étendue boisée où les lapins vivent et se multiplient à l'état sauvage. *Terriers d'une garenne.* — **LAPIN DE GARENNE,** et ELLIPT *un garenne* (par oppos. à *lapin de clapier*). *Un garenne en civet. Des garennes.* ▪ **3** PÊCHE Endroit d'une rivière où la pêche est réservée.

GARER [gaʀe] v. tr. ‹1› – *guerrer* 1415 ; *varer* en Bretagne (1180) ◊ francique °*warôn* «avoir soin»

I v. tr. ▪ **1** Mettre (un bateau, un véhicule) à l'écart, à l'abri, en un lieu sûr ou spécialement aménagé. ➤ **abriter,** 1**ranger ; garage.** *Avion garé dans un hangar.* ▪ **2** Ranger (un véhicule) momentanément à l'écart de la circulation. *Garer sa voiture sur le bas-côté. Où as-tu garé la voiture ?* ▪ **3** *Garer de :* mettre à l'abri de.

II SE GARER v. pron. ▪ **1** Se ranger de côté pour laisser passer. «*une trompe d'automobile [...] nous fit garer sur la piste*» THARAUD. ▪ **2** Se mettre à l'écart dans un lieu de stationnement. ➤ **parquer.** *Voitures qui se garent le long du trottoir.* ➤ **stationner.** — PAR EXT. FAM. *Quartier où il est difficile de se garer. Faire un créneau pour se garer.* — *Être mal garé.* ▪ **3 SE GARER DE :** prendre garde d'éviter, faire en sorte d'éviter. *Se garer des voitures. Se garer des coups.* ➤ se **préserver,** se **protéger.**

GARGAMELLE [gaʀgamɛl] n. f. – 1468 ◊ provençal *gargamela* «gosier», de la racine *garg-* «gorge» ▪ VX et FAM. Gorge, gosier. ➤ **gargoulette.**

GARGANTUA [gaʀgɑ̃tɥa] n. m. – 1802 ◊ personnage de Rabelais (1532), doué d'un appétit prodigieux ▪ Gros mangeur. *Un appétit, un repas de gargantua.* ➤ **gargantuesque.** *Une famille de gargantuas.*

GARGANTUESQUE [gaʀgɑ̃tɥɛsk] adj. – 1836 ◊ de *Gargantua* ▪ Digne de Gargantua. *Repas gargantuesque.* ➤ **pantagruélique.**

GARGARISER (SE) [gaʀgaʀize] v. pron. ‹1› – *gargarisier* v. 1350 ; tr. «prendre en gargarisme» XIIIe ◊ latin *gargarizare*, du grec *gargarizein* ■ **1** Se rincer l'arrière-bouche, la gorge avec de l'eau ou un liquide médicamenteux. ■ **2** FIG. et FAM. Tirer un plaisir narcissique de. ➤ **se délecter, savourer.** *Se gargariser de ses bons résultats.*

GARGARISME [gaʀgaʀism] n. m. – XIIIe ◊ latin *gargarisma*, d'origine grecque ■ **1** Médicament liquide dont on fait usage pour se gargariser. ➤ **collutoire.** ■ **2** Action de se gargariser. *Ordonner des gargarismes et des pulvérisations. Faire un gargarisme matin et soir.*

GARGOTE [gaʀgɔt] n. f. – 1680 ; de *gargoter* (XIVe) «manger malproprement» ◊ du radical *garg-* «gorge» ■ PÉJ. Restaurant à bon marché, où la cuisine et le service manquent de soin. *Cuisine de gargote.*

GARGOTIER, IÈRE [gaʀgɔtje, jɛʀ] n. – 1642 ◊ de *gargote* ■ Personne qui tient une gargote. — PÉJ. Cuisinier, traiteur qui fait de la cuisine de gargote.

GARGOUILLE [gaʀguj] n. f. – 1500 ; *gargoule* 1295 ◊ du radical *garg-* «gorge» et 2*goule* ■ **1** Dégorgeoir en saillie par lequel s'écoulent, à distance des murs, les eaux de pluie recueillies dans les gouttières, les chéneaux. *Les gargouilles sculptées* (en démon, dragon...) *des églises gothiques.* ■ **2** Partie d'une gouttière ou d'un tuyau servant à l'écoulement des eaux pluviales.

GARGOUILLEMENT [gaʀgujmɑ̃] n. m. – 1532 ◊ de *gargouiller* ■ Bruit analogue à celui de l'eau tombant d'une gargouille. ➤ **gargouillis, glouglou.** *Les gargouillements d'un siphon d'évier.* ◆ Bruit produit par le passage de bulles de gaz à travers un liquide, dans une cavité d'un organisme. *Gargouillements gastro-intestinaux.* ➤ **borborygme.**

GARGOUILLER [gaʀguje] v. intr. ‹1› – 1337 ◊ de *gargouille* ■ Produire un bruit analogue à celui de l'eau tombant d'une gargouille. *Tuyau, siphon qui gargouille.* ◆ Produire des gargouillements dans le corps. *Avoir les intestins qui gargouillent* (cf. Avoir des grenouilles* dans le ventre).

GARGOUILLIS [gaʀguji] n. m. – 1581 ◊ de *gargouiller* ■ ➤ **gargouillement.** FIG. «*les gargouillis d'une radio*» DUHAMEL.

GARGOULETTE [gaʀgulɛt] n. f. – 1686 ; «petite gargouille» 1337 ◊ de *gargoule*, ancienne forme de *gargouille* ■ **1** Vase poreux dans lequel les liquides se rafraîchissent par évaporation. ➤ **alcarazas.** ■ **2** FAM. et VIEILLI Gosier. *Il lui a serré la gargoulette.* ➤ **gargamelle.**

GARGOUSSE [gaʀgus] n. f. – 1687 ; *gargouches* 1659 ◊ altération du provençal *cargousse*, de *carga* «charger» ■ TECHN. Charge de poudre à canon, dans son enveloppe cylindrique. *La gargousse, cartouche à canon.*

GARIBALDIEN, IENNE [gaʀibaldjɛ̃, jɛn] adj. et n. – 1859 ◊ de *Garibaldi* ■ HIST. Relatif à Garibaldi. — n. m. Soldat de Garibaldi (campagnes de 1860-1862 ; 1866-1870) (cf. Chemise* rouge).

GARIGUETTE [gaʀigɛt] n. f. – 1976, répandu v. 1990 ◊ de *garrigue*, cette variété ayant été obtenue sur un domaine nommé les Garrigues ■ Fraise de forme oblongue, d'une variété précoce, très parfumée. — On écrit parfois *garriguette.*

GARNEMENT [gaʀnəmɑ̃] n. m. – 1380 ◊ de *garnir*, d'abord au sens «ce qui garnit, protège» 1080, puis «protecteur, souteneur» XIVe, et enfin «voyou, vaurien» ■ **1** VIEILLI ➤ **vaurien, voyou.** ■ **2** MOD. Enfant turbulent, insupportable. ➤ **galopin** (cf. Affreux jojo*). «*Oh ! le petit garnement ! Aussi leste que joli*» BEAUMARCHAIS. *Cette petite n'est qu'un garnement !*

GARNI [gaʀni] n. m. – 1829 ◊ p. p. subst. de *garnir* ■ VIEILLI Maison, chambre meublée, affectée à la location. *Loger en garni.* ➤ **meublé.**

GARNIÉRITE [gaʀnjeʀit] n. f. – 1876 ◊ du n. du voyageur *Garnier* ■ MINÉR. Minerai de nickel (silicate de nickel et de magnésium).

GARNIR [gaʀniʀ] v. tr. ‹2› – XIIe pron. «se tenir sur ses gardes» ; Xe «mettre en garde» ◊ francique °*warnjan* «prendre garde», d'où «protéger» ■ Pourvoir (une chose) de ce qu'il est nécessaire ou utile d'y mettre ou d'y ajouter. ■ **1** Pourvoir d'éléments destinés à protéger ou à renforcer. ➤ **munir.** *Garnir qqch., une paroi de plaques d'acier* (➤ **blinder, cuirasser**), *de bois* (➤ **boiser**), *d'un revêtement* (➤ **chemiser, revêtir**), *de piquants* (➤ **hérisser**). — MAR. *Garnir un cordage, un espar*, l'entourer d'un bitord. ■ **2** Pourvoir des éléments dont la présence est nécessaire ou normale. ➤ **approvisionner, équiper, outiller, remplir.** *Garnir des sièges.* ➤ 1**canner, capitonner,** 2**pailler, rembourrer.** — ABSOLT *Bourse, portefeuille bien garnis* (d'argent). — VIEILLI *Maison, appartement, chambre garnis* (des meubles et objets nécessaires). ➤ **garni, meublé.** — *Bouquet* garni.* — PRONOM. (PASS.) *La salle se garnissait peu à peu* (de gens). ➤ **s'emplir.** ◆ Remplir, recouvrir, en tant que garniture. *Livres qui garnissent les rayons d'une bibliothèque.* — PAR EXT. Couvrir, recouvrir (un espace). ➤ **occuper, remplir.** «*La plupart des internés garnissaient les tribunes*» CAMUS. ■ **3** *Garnir de, avec...* Pourvoir d'éléments qui s'ajoutent à titre d'accessoires ou d'ornements. *Garnir une robe de dentelle, de broderies, de passementeries.* ➤ **agrémenter, enrichir, orner.** *Garnir un manteau de fourrure.* ➤ 1**doubler, fourrer.** — AU P. P., ABSOLT *Plat de viande garni*, servi avec un accompagnement de légumes (➤ **garniture**). *Choucroute garnie*, accompagnée de charcuteries diverses. ◆ Orner, en tant que garniture. *Guirlandes qui garnissent le sapin de Noël.* ■ CONTR. Dégarnir, priver. Dépeupler, vider.

GARNISON [gaʀnizɔ̃] n. f. – 1285 ; «action de garnir» XIe ◊ de *garnir* ■ Troupes qu'on met dans une place, pour en assurer la défense et tenir le pays. *Garnison d'une ville frontière.* PAR EXT. Corps de troupes caserné dans une ville. *Être en garnison, tenir garnison à Metz. Major de garnison.* ◆ *Ville de garnison*, où séjourne une garnison. — *Vie de garnison*, telle qu'on la mène dans une garnison.

GARNISSAGE [gaʀnisaʒ] n. m. – 1785 ◊ de *garnir* ■ TECHN. Action de garnir ; son résultat. Placement des petites pièces nécessaires au montage d'un métier à tisser et des armures. — Opération dans l'apprêt des draps destinée à les rendre laineux. — Mise en place des ornements dans les ouvrages de céramique. ◆ Action de remplir un coussin, un édredon, etc. ; ce qu'il contient. *Plumettes, fibres de garnissage.*

GARNISSEUR, EUSE [gaʀnisœʀ, øz] n. – XIIIe ◊ de *garnir* ■ TECHN. Ouvrier qui garnit, qui pose des garnitures.

GARNITURE [gaʀnityʀ] n. f. – 1327 ◊ de *garnir* ■ **1** Ce qui peut servir à garnir, à compléter, à orner. ➤ **ornement, parure.** *Garniture de cheminée* : ensemble des objets ornant le dessus d'une cheminée. *Garniture de foyer* : pelle, pincettes, chenets, etc. ◆ SPÉCIALT, MAR. *Garniture d'un mât, d'une voile, d'une vergue.* ➤ **armement, gréement.** — CÉRAM. Pièce fabriquée à part (anse, bec, pied) et collée aux poteries. — Petite pièce d'artifice destinée à augmenter l'effet des fusées. ■ **2** TECHN. Pièce destinée à protéger, à renforcer. ➤ **enveloppe, protection, renfort.** *Garnitures métalliques, en cuir, en caoutchouc.* — *Garniture de frein*, matériau de friction à la périphérie des mâchoires. — Dispositif, joint assurant l'étanchéité. *Garnitures d'une pompe.* ◆ VIEILLI *Garniture hygiénique, périodique.* ➤ **protection, serviette.** ■ **3** COUR. Ce qui remplit, accompagne, en cuisine. *La garniture d'un plat de viande*, les légumes qui l'accompagnent. ➤ **accompagnement.** *Changement de garniture.*

GARNOTTE [gaʀnɔt] n. f. – 1911 ◊ p.-ê. d'un mot dialectal angevin (cf. *grenot* «état de la terre qui s'effrite»), du latin *granum* «grain» ■ (Canada) ■ **1** Gravier, gravillon. ➤ RÉGION. **gravelle.** *Des chemins de garnotte, en garnotte.* ■ **2** SPORT Tir puissant (baseball, hockey). — REM. On trouve aussi les formes *gernotte, guernotte.* «*Le terrain était en gernottes et les petites pierres rentraient dans ses souliers de satin ouverts*» GODBOUT.

1**GAROU** [gaʀu] n. m. – v. 1170 *garwaf, garval* ◊ francique °*werwolf* ■ Personnage maléfique mythique, mi-homme mi-loup, errant la nuit. ➤ **loup-garou.**

2**GAROU** [gaʀu] n. m. – 1700 ◊ provençal moderne *garoup* (XVIe) ; mot germanique ■ Variété de daphné (plante). ➤ **sainbois.**

GARRIGUE [gaʀig] n. f. – 1544 ◊ provençal *garriga*, de *garric* «chêne ; terrain pierreux», d'un radical préceltique °*carra* «pierre» ■ Terrain aride à sous-sol calcaire de la région méditerranéenne ; végétation broussailleuse qui couvre ce genre de terrain. ➤ **lande, maquis.** *Se promener dans la garrigue.* «*ces garrigues brûlées sur lesquelles végètent* [...] *les chênes-verts et les buissons épineux*» DUHAMEL.

GARRIGUETTE ➤ **GARIGUETTE**

GARROCHER [gaʀɔʃe] v. tr. ‹1› – 1747 au Canada ◊ de l'ancien français *garroc* «trait d'arbalète», du germanique *wrokkôn* «tordre», auquel se rattache 2*garrot* ■ RÉGION. (Ouest ; Canada, Louisiane) FAM. ■ **1** Lancer. *Il me garrochait des cailloux.* «*Une grosse branche que le vent vous garroche sur la tête*» J.-Y. SOUCY. ■ **2** v. pron. Se précipiter. «*Quelquefois, il m'arrive de courir et de me garrocher sur le mur*» M.-S. LABRÈCHE.

1 **GARROT** [gaRo] **n. m.** – 1549 ; *gerrot* 1444 ◊ p.-ê. provençal *garrot,* d'origine gauloise comme *jarret* ■ Chez les grands quadrupèdes, Partie du corps située au-dessus de l'épaule et qui prolonge l'encolure. *Hauteur au garrot d'un cheval, d'un chien.*

2 **GARROT** [gaRo] **n. m.** – 1611 ◊ du germanique *wrokkôn* «tordre» → garrocher ■ **1** Morceau de bois passé dans une corde pour la serrer en tordant. *Le garrot d'une scie.* ■ **2** PAR EXT. Lien servant à comprimer circulairement un membre pour arrêter une hémorragie. *Poser un garrot.* ■ **3** *Supplice du garrot,* et ABSOLT *le garrot :* instrument de supplice composé d'un collier de fer serré par une vis, pour étrangler. *Condamné au garrot* (autrefois en Espagne).

GARROTTAGE ou **GARROTAGE** [gaRɔtaʒ] **n. m.** – 1588 ◊ de *garrotter* ■ Action de garrotter ; son résultat.

GARROTTER ou **GARROTER** [gaRɔte] **v. tr.** (1) – 1535 ◊ de 2 *garrot* ■ Attacher, lier très solidement, comme un garrot (2°). *Garrotter un prisonnier.* SPÉCIALT *Garrotter les jambes sur des éclisses.* ◆ (avant 1592) FIG. *Garrotter l'opposition.* ➤ **bâillonner, museler.** — «*je me sentais lié, garrotté, par d'autres serments*» SAINTE-BEUVE. ➤ **lier, ligoter.** ■ CONTR. Délier, délivrer, libérer.

GARS [gɑ] **n. m.** – XII° ◊ ancien cas sujet de *garçon* ■ FAM. Garçon, jeune homme, et PAR EXT. Homme. *Un petit gars. C'est un drôle de gars.* ➤ **mec, type.** *Un brave, un bon gars. Un beau gars. Des gars du milieu.* — *Les gars de la marine.* — VIEILLI ou RÉGION. *Le gars Ernest.* ◆ (1846) Garçon résolu. ➤ 1 **gaillard.** «*Ça c'est un gars !*» ROMAINS. ◆ APPELLATIF FAM. *Salut les gars ! Alors mon petit gars, qu'est-ce qui ne va pas ?*

GASCON, ONNE [gaskɔ̃, ɔn] **adj.** et **n.** – 1080 ◊ latin *Vasco,* devenu *Wasco* → 2 basque ■ **1** De la Gascogne, ancienne province de France. ◆ **n.** *Les Gascons.* — **n. m.** *Le gascon :* parler occitan de Gascogne. ■ **2** FIG. (XVII°) PÉJ. et VIEILLI Qui a des traits de caractère attribués aux Gascons. ➤ **fanfaron*, hâbleur.** *Un ton gascon.* **n.** *Histoire de Gascon.* ➤ **gasconnade.** *Offre, promesse de Gascon,* peu sérieuse.

GASCONNADE [gaskɔnad] **n. f.** – fin XVI° ◊ de *gascon* ■ LITTÉR. Action, propos de Gascon, digne d'un Gascon. ➤ **fanfaronnade, hâblerie, vantardise.**

GASCONNISME [gaskɔnism] **n. m.** – 1584 ◊ de *gascon* ■ LING. Tour, mot gascon employé en français.

GASOIL [gazwal ; gazɔjl] **n. m.** – 1920 ◊ anglais *gas oil* ■ ANGLIC. Gazole. *Des gasoils.* — On écrit parfois *gas-oil.*

GASPACHO [gaspatʃo] **n. m.** – 1776, répandu milieu XX° ◊ espagnol *gazpacho* ■ Potage d'origine espagnole, à base de tomate, de piments et d'épices, que l'on sert froid et dans lequel on met à volonté des petits morceaux de tomate crue, de concombre, de pain. *Gaspacho andalou. Des gaspachos.*

GASPILLAGE [gaspijaʒ] **n. m.** – 1732 ◊ de *gaspiller* ■ Action de gaspiller. ➤ **dilapidation, dissipation, prodigalité.** *Gaspillage par manque de soin ou d'attention.* ➤ **coulage, déprédation, perte.** «*C'était, à l'office, un gaspillage effréné, un coulage féroce*» ZOLA. *Gaspillage alimentaire. Gaspillage de l'énergie.* — ABRÉV. FAM. (1979) **GASPI.** *Faire la chasse, la guerre au gaspi. Gestes anti-gaspi.* ◆ FIG. *Gaspillage de forces, de talent, de temps.* ■ CONTR. Conservation, économie, épargne.

GASPILLER [gaspije] **v. tr.** (1) – 1549 ◊ mot dialectal de l'Ouest *gapailler* et provençal *gaspilha ;* probablt d'origine gauloise ■ Dépenser, consommer sans discernement, inutilement. *Gaspiller sa fortune, son argent.* ➤ **dilapider ;** FAM. **claquer, croquer** (cf. Jeter l'argent par les fenêtres, brûler la chandelle par les deux bouts). «*il faut dilapider et chacun gaspille à qui mieux mieux ses richesses, ses vivres*» CAILLOIS. — *Gaspiller l'eau en période de sécheresse.* ➤ **gâcher ; perdre.** ◆ FIG. *Gaspiller son temps, ses forces, ses dons* (➤ **galvauder**). ■ CONTR. Conserver, économiser, épargner.

GASPILLEUR, EUSE [gaspijœR, øz] **n.** – 1538 ◊ de *gaspiller* ■ Personne qui gaspille. ➤ **dépensier, dissipateur, prodigue.** — **adj.** *Il est très gaspilleur.* ■ CONTR. Avare, économe.

GASTÉRO-, GASTR(O)-, -GASTRE ■ Éléments, du grec *gastêr, gastros* «ventre ; estomac».

GASTÉROPODES [gasteRɔpɔd] **n. m. pl.** – 1795 ◊ de *gastéro-* et *-pode* ■ ZOOL. Classe de mollusques qui possèdent une sole de reptation et une masse viscérale généralement enfermée dans une coquille univalve. ➤ **buccin, crépidule, escargot,** 1 **limace, limnée, paludine, patelle.** — Sing. *Un gastéropode.* — On dit parfois *gastropode(s).*

GASTRALGIE [gastRalʒi] **n. f.** – 1824 ◊ de *gastr(o)-* et *-algie* ■ MÉD. Douleur vive, localisée au niveau de l'estomac.

GASTRALGIQUE [gastRalʒik] **adj.** – 1845 ◊ de *gastralgie* ■ MÉD. De la gastralgie. ◆ Atteint de gastralgie. — **n.** *Un gastralgique.*

GASTRECTOMIE [gastRɛktɔmi] **n. f.** – 1879 ◊ de *gastr(o)-* et *-ectomie* ■ CHIR. Ablation totale ou partielle de l'estomac.

GASTRINE [gastRin] **n. f.** – 1905 ◊ anglais *gastrin ;* cf. *gastr(o)-* et *-ine* ■ BIOCHIM. Hormone polypeptidique produite dans la muqueuse de l'estomac et stimulant la sécrétion gastrique.

GASTRIQUE [gastRik] **adj.** – XVI° ◊ du grec *gastros* «estomac» ■ De l'estomac. *Suc gastrique. Embarras* gastrique. Ulcère gastrique. Pansement gastrique.* — MÉD. *Cerclage gastrique :* opération chirurgicale pratiquée sur des personnes souffrant d'obésité morbide, qui consiste à cercler la partie supérieure de l'estomac avec un anneau en silicone *(anneau gastrique),* pour en réduire la capacité. ➤ **gastroplastie.**

GASTRITE [gastRit] **n. f.** – 1803 ◊ latin moderne *gastritis,* du grec *gastros* et *-ite* ■ MÉD. Inflammation aiguë ou chronique de la muqueuse de l'estomac.

GASTRO [gastRo] **n.** – 1972 ◊ abrév. ■ FAM. ■ **1** Gastroentérologue. *Consulter un gastro.* ■ **2** **n. f.** (1979) Gastroentérologie. ■ **3** **n. f.** Gastroentérite. *Attraper une gastro.*

GASTR(O)- ➤ **GASTÉRO-**

GASTRODUODÉNAL, ALE, AUX [gastRodɥodenal, o] **adj.** – 1805 ◊ de *gastro-* et *duodénal* ■ ANAT., MÉD. Relatif à l'estomac et au duodénum. *Des ulcères gastroduodénaux.*

GASTROENTÉRITE [gastRoɑ̃teRit] **n. f.** – 1821 ◊ de *gastro-* et *entérite* ■ Inflammation simultanée des muqueuses gastrique et intestinale. ➤ FAM. **gastro.** *Des gastroentérites.*

GASTROENTÉROLOGIE [gastRoɑ̃teRɔlɔʒi] **n. f.** – 1938 ◊ de *gastro-, entéro-* et *-logie* ■ MÉD. Médecine du tube digestif. ➤ FAM. **gastro.** *Service de gastroentérologie d'un hôpital.*

GASTROENTÉROLOGUE [gastRoɑ̃teRɔlɔg] **n.** – milieu XX° ◊ de *gastroentérologie* ■ MÉD. Médecin spécialiste du tube digestif. ➤ FAM. **gastro.**

GASTRO-INTESTINAL, ALE, AUX [gastRoɛ̃tɛstinal, o] **adj.** – 1808 ◊ de *gastro-* et *intestinal* ■ MÉD. Qui a rapport à la fois à l'estomac et à l'intestin. *Troubles gastro-intestinaux.*

GASTRONOME [gastRɔnɔm] **n.** – 1803 ◊ de *gastronomie* ■ Amateur de bonne chère, de repas fins. ➤ **gourmet** (cf. FAM. Fine gueule*).

GASTRONOMIE [gastRɔnɔmi] **n. f.** – 1800 ; hapax 1623 ◊ grec *gastronomia* ■ Art de la bonne chère (cuisine, vins, ordonnance des repas, etc.). ➤ **cuisine.** *Brillat-Savarin, théoricien de la gastronomie.* «*on ne saurait surestimer l'importance de la gastronomie dans l'existence d'une collectivité*» CIORAN.

GASTRONOMIQUE [gastRɔnɔmik] **adj.** – 1807 ◊ de *gastronomie* ■ Qui a rapport à la gastronomie. ➤ **culinaire.** *Critique, guide gastronomique. Restaurant, repas gastronomique.*

GASTROPLASTIE [gastRoplasti] **n. f.** – 1895 ◊ de *gastro-* et *-plastie* ■ MÉD. Traitement chirurgical de l'obésité consistant à réduire la capacité de l'estomac, notamment par la pose d'un anneau autour de sa partie haute, afin de limiter l'apport alimentaire (cf. Cerclage gastrique*).

GASTROPODES ➤ **GASTÉROPODES**

GASTROSCOPIE [gastRɔskɔpi] **n. f.** – 1896 ◊ de *gastro-* et *-scopie* ■ MÉD. Examen visuel de l'intérieur de l'estomac à l'aide d'un *gastroscope* introduit par l'œsophage.

GASTROTOMIE [gastRɔtɔmi] **n. f.** – 1611 ◊ de *gastro-* et *-tomie* ■ CHIR. Opération qui consiste à ouvrir l'estomac pour un examen.

GASTRULA [gastRyla] **n. f.** – 1874 ◊ latin savant (1872, Haeckel), diminutif de *gastra* «vase», du grec *gastêr* → gastéro- ■ EMBRYOL. Stade du développement embryonnaire caractérisé par la présence d'une cavité endodermique primitive.

GASTRULATION [gastRylasjɔ̃] **n. f.** – 1893 ◊ de *gastrula* ■ EMBRYOL. Ensemble des mouvements qui mettent en place les deux ou trois feuillets* de l'embryon, selon le plan d'organisation de l'animal.

-GATE [gɛt] ■ Élément emprunté à l'anglais, d'après *Watergate,* nom d'une affaire qui éclata aux États-Unis en 1972, servant à former des noms de scandales, souvent politiques : *l'Angolagate, le dieselgate.*

1 **GÂTÉ, ÉE** [gɑte] **adj.** – de *gâter* ■ **1** Abîmé par putréfaction. *Fruits gâtés. Dent gâtée.* ➤ **carié, malade.** *Ses dents «étaient si gâtées qu'on eût dit des trous d'encre dans sa bouche»* A. FERNEY.

■ 2 **ENFANT GÂTÉ,** à qui l'on passe tous ses caprices. FIG. Personne capricieuse, habituée à voir satisfaire ses moindres désirs. — *Être l'enfant gâté de... :* être très choyé par. ➤ **chéri.** *« J'étais un peu l'enfant gâté du bord, mais [...] il m'est indifférent de les quitter »* LOTI.

2 **GÂTÉ** [gɑte] n. m. – 1969 ◇ occitan *cateto* « petite chatte » puis « chatterie, caresse », de *catet, gatet* « petit chat » → 1 chat ■ RÉGION. (sud de la France ; océan Indien) Câlin. *Viens me faire un gâté.*

GÂTEAU [gɑto] n. m. – *gastel, wastel* XIIe ◇ probablt francique *°wastil* « nourriture »

I ■ 1 Pâtisserie ordinairement à base de farine, de beurre et d'œufs, le plus souvent sucrée. *Principaux gâteaux :* amandine, 2 baba, baklava, barquette, bavarois, bûche, cake, cannelé, charlotte, chausson, chou, chouquette, clafoutis, conversation, cramique, croquembouche, cupcake, diplomate, éclair, far, feuilleté, 1 flan, fondant, forêt-noire, fraisier, framboisier, 2 friand, génoise, kouglof, makrout, manqué, meringue, 2 millefeuille, miroir, moelleux, moka, mont-blanc, paris-brest, pastis, pavlova, pièce* montée, petit-four, pithiviers, plum-cake, polonaise, profiterole, pudding, puits* d'amour, quatre-quarts, religieuse, saint-honoré, savarin, strudel, tarte, tartelette, vacherin. *Servir des gâteaux au dessert. Des gâteaux individuels, un gâteau pour six personnes. Part de gâteau. Gâteau au chocolat. Gâteau fait à la maison, acheté chez le pâtissier. Moule, pelle, service à gâteau.* — **GÂTEAUX SECS ; PETITS GÂTEAUX,** de petite taille, sans crème, qui peuvent se conserver : biscuit, boudoir, cigarette, congolais, financier, galette, gaufre, gaufrette, macaron, madeleine, massepain, nonnette, palmier, petit-beurre, 2 sablé, tuile. — *Gâteau d'anniversaire,* que l'on garnit de bougies. *Gâteau des Rois.* ➤ **galette.** ◆ PAR EXT. Entremets moulé. *Gâteau de riz, de semoule.* ◆ FIG. et FAM. *Avoir, réclamer, vouloir sa part du gâteau,* du profit. *Se partager le gâteau. N'avoir que des miettes* du gâteau.* — *La cerise* sur le gâteau.* — *C'est du gâteau !* se dit de qqch. d'agréable, de facile. ➤ **billard, nanan.** *C'est pas du gâteau.* ➤ **tarte.** ■ 2 (1785 ◇ avec influence de *gâter,* II) APPOS. FAM. *Avoir une maman gâteau, un grand-père gâteau,* qui gâte les enfants. *Des papas gâteaux.*

II PAR ANAL. Masse d'une substance analogue à la pâte et prenant la forme moulée et cylindrique d'un gâteau. *Gâteau de plâtre. Gâteau de graines pressées.* ➤ 1 **tourteau.** — SPÉCIALT *Gâteau de cire, de miel :* masse d'alvéoles, où les abeilles déposent leur miel. ➤ 2 **rayon.** ◆ TECHN. Morceau de cire ou de terre dont les sculpteurs garnissent les creux d'un moule.

GÂTE-BOIS [gɑtbwa] n. m. inv. – 1829 ; « mauvais menuisier » 1397 ◇ de *gâter* et *bois* ■ Cossus, insecte dont la larve mange le bois.

GÂTE-PAPIER [gɑtpapje] n. m. – XVIe ◇ de *gâter* et *papier* ■ VX Mauvais écrivain. ➤ **écrivailleur.** *Des gâte-papiers* ou *des gâte-papier* (inv.).

GÂTER [gɑte] v. tr. ⟨1⟩ – *guaster* 1080 ; « dévaster » jusqu'au XVIIe ◇ latin *vastare* « ravager », devenu *wastare*, sous l'influence du germanique

I Mettre (une chose) en mauvais état. ■ 1 VIEILLI ou RÉGION. Détériorer en abîmant, en salissant. ■ 2 (Surtout au pass.) Détériorer en pourrissant, en putréfiant. ➤ **altérer, avarier, corrompre.** *Des fruits gâtés par l'humidité.* ■ 3 LITTÉR. Priver de sa beauté, de ses qualités naturelles. ➤ **abîmer*, défigurer, déparer, enlaidir.** *La figure était « gâtée par un trop gros nez »* HUYSMANS. — *Gâter un texte. « L'art gâte quelquefois la nature »* LA BRUYÈRE. *« Un auteur gâte tout quand il veut trop bien faire »* LA FONTAINE. ■ 4 Priver de ses avantages, de ses effets profitables, heureux, favorables. *Gâter les affaires.* VX *Gâter le métier.* ➤ **gâcher.** — *Tout gâter :* compromettre, ruiner toutes les possibilités de succès. — *Ce qui ne gâte rien :* c'est un avantage supplémentaire. *Elle est jolie et riche, ce qui ne gâte rien.* ■ 5 Affaiblir, diminuer, détruire en privant de son effet agréable. *« Nous te regrettons tous, cela gâte un peu le plaisir que nous avons à être ici »* FLAUBERT. *Cette mauvaise nouvelle nous a gâté nos vacances.* ➤ **empoisonner, gâcher.**

II (Compl. personne) ■ 1 (1530) VIEILLI Traiter (un enfant) avec une faiblesse et une indulgence extrêmes, qui risquent d'entretenir ses défauts. *« Moi seul ai causé les désordres de mes filles, je les ai gâtées »* BALZAC. ■ 2 MOD. Traiter (qqn) en comblant de prévenances, de cadeaux, de gentillesses... ➤ **pourrir.** *Sa grand-mère l'a gâté pour Noël. C'est trop, vous me gâtez !* ➤ **combler.** *La vie ne l'a pas gâté.* LOC. FAM. *N'être pas gâté par la nature :* avoir reçu peu de dons, SPÉCIALT être laid. ◆ En parlant d'un temps, d'évènements exceptionnellement favorables *Quel beau temps, nous sommes gâtés.* PAR ANTIPHR. *Quelle pluie, nous sommes gâtés !*

III SE GÂTER v. pron. ■ 1 S'abîmer, pourrir. *Les fruits commencent à se gâter.* ■ 2 Se détériorer. *Le temps se gâte,* commence à devenir mauvais. ➤ **se brouiller.** *On dirait que les choses se gâtent,* tournent mal. *Attention, cela va se gâter.* ➤ 2 **barder.**

■ CONTR. Améliorer, conserver, corriger, maintenir. Décorer, embellir.

GÂTERIE [gɑtʀi] n. f. – 1815 ; « altération d'un texte » 1609 ◇ de *gâter* ■ 1 Action ou moyen de gâter, de choyer (qqn). ➤ **cajolerie, indulgence, prévenance, soin.** — SPÉCIALT Petit présent (surprise, friandise...). *Apporter des gâteries à un malade.* ■ 2 (1951) FAM. *Faire une gâterie à qqn,* lui procurer un plaisir érotique (notamment fellation).

GÂTE-SAUCE [gɑtsos] n. m. – 1804 ◇ de *gâter* et *sauce* ■ VX Mauvais cuisinier. — MOD. Marmiton. ➤ **tournebroche.** *Des gâte-sauces.*

GÂTEUX, EUSE [gɑtø, øz] adj. et n. – 1835 ◇ argot des hôpitaux, variante péj. de *gâteur* « qui *gâte* ses draps, ses vêtements », de *gâter* ■ 1 Dont les fonctions physiologiques et les facultés intellectuelles sont amoindries par l'effet de l'âge ou plus rarement de la maladie. *Être complètement gâteux* (cf. Retomber en enfance*, FAM. sucrer les fraises*). *Un vieillard gâteux.* SUBST. *« C'est un pauvre gâteux. Il fait plutôt pitié »* SARRAUTE. ■ 2 PAR EXAGÉR. (1872) Dénué d'intelligence (comme un gâteux). ➤ **idiot.** — SPÉCIALT Qui devient stupide sous l'empire d'un sentiment violent auquel l'intelligence critique ne s'oppose plus. *Il adore cette petite, il en est gâteux !* ➤ FAM. **gaga.**

GÂTIFIER [gɑtifje] v. intr. ⟨7⟩ – 1939 ◇ de *gâteux* ■ FAM. Devenir gâteux ; se comporter comme un vieillard gâteux. *Il gâtifie avec son petit-fils.* ➤ **bêtifier.**

GÂTINE [gɑtin] n. f. – début XIIe « terrain inculte ; ruine » ◇ latin *vastus* « vide, désert », avec influence du francique *°wost* ■ RÉGION. Terre marécageuse et stérile, par suite de l'imperméabilité du sous-sol.

GÂTISME [gɑtism] n. m. – 1868 ◇ de *gâteux* ■ État d'une personne gâteuse (1° et 2°). *En voilà un raisonnement ! c'est du gâtisme. Gâtisme précoce.* ➤ **sénilité.**

GATTE [gat] n. f. – 1525 « hune » ◇ francique *°wahta* « guet » ■ MAR. Emplacement à l'avant du navire où sont lovées les chaînes d'ancre.

GATTILIER [gatilje] n. m. – 1755 ◇ espagnol *gatillo,* altération de *(agno) castil,* par croisement avec *gato* « chat » ■ BOT. ➤ **agnus-castus.**

GAUCHE [goʃ] adj. et n. – début XIIIe ◇ mot d'origine inconnue

I IDÉE DE DÉVIATION, DE MALADRESSE ■ 1 Qui est de travers, qui présente une déviation. ➤ **dévié, oblique, tordu.** *Table, planche gauche.* — (1676) MATH. *Figure géométrique, courbe gauche,* qui n'est pas contenue dans un plan (ex. l'hélice). *Quadrilatère gauche,* dont les sommets ne sont pas coplanaires. *Droites gauches,* non coplanaires deux à deux. *Surface gauche :* surface réglée non développable. ■ 2 (1660) (PERSONNES) Dépourvu de grâce, d'adresse, d'assurance. ➤ **balourd, empoté, emprunté, godiche, inhabile, lourdaud, maladroit, malhabile, nigaud, pataud.** *Il se sent gauche avec ce bébé.* — PAR EXT. *Geste gauche,* maladroit ou disgracieux. *Manières gauches. Attitude, air gauche,* gêné et mal à l'aise. ➤ **contraint, embarrassé.**

II DU CÔTÉ DU CŒUR (a remplacé *senestre* → sénestre, 1 sinistre) ■ 1 (fin XVe) (En parlant de la main) Qui est situé du côté du cœur, parce que cette main est ordinairement malhabile, *gauche* (I, 2°). PAR EXT. Se dit du côté où est la main gauche (opposé à *droit*). *Main, bras, œil gauche. Écrire de la main gauche* (➤ **gaucher**). n. m. (1936) Le poing gauche. *Crochet, direct du gauche.* ◆ LOC. *À main gauche :* du côté gauche. — VX *Mariage de la main gauche :* union libre, concubinage. — FIG. *Se lever du pied gauche :* être de mauvaise humeur, mal commencer la journée. FAM. *Avoir deux mains gauches :* être maladroit. ■ 2 (début XVIe) (en parlant des choses orientées qui ont un avant et un arrière, ou un sens défini) Qui est du côté correspondant au côté gauche d'une personne orientée de même manière. *Flanc gauche d'une armée. Côté gauche d'un navire.* ➤ **bâbord.** *Aile gauche d'un château, d'une voiture. Rive* gauche* (de la Seine). — CHIM. *Acide tartrique gauche.* ➤ **lévogyre.** ◆ (en parlant d'une partie d'une chose) Qui est du côté gauche dans le champ visuel de l'observateur. *Le côté gauche de la chaussée, de la scène* (cf. Côté* jardin). *Habiter au troisième étage du côté gauche,* ELLIPT *au troisième gauche.* ■ 3 n. f. (1549) **LA GAUCHE :** orientation de l'espace correspondant au côté gauche d'une personne, d'une chose. *S'asseoir à la gauche de qqn. À ma* *gauche, sur notre gauche. La file de gauche.* — LOC. FAM. *Jusqu'à la gauche :* complètement. *Affaire compliquée «que les journaux surent exploiter jusqu'à la gauche»* CENDRARS. — Partie, côté d'une chose qu'un observateur voit à sa gauche. ▪ **4** loc. adv. **À GAUCHE :** du côté gauche, sur la gauche. *Au fond à gauche. Prenez la première rue à gauche. Tourner à gauche.* MILIT. *Demi-tour à gauche, gauche !* — loc. prép. *À gauche de l'escalier.* — FIG. *Passer l'arme à gauche.* ➤ **mourir.** — *Mettre de l'argent à gauche,* de côté ; épargner. *Il «doit avoir mis assez de dollars à gauche pour arroser tout le monde»* ECHENOZ. MATH. *Limite à gauche* (d'une fonction). *Intervalle fermé à gauche. Suite bornée à gauche,* bornée inférieurement. — *De gauche à droite. «Lucas tournait la tête à droite et à gauche ainsi qu'un dindon inquiet»* MAC ORLAN. FIG. *Fureter à droite et à gauche,* de tous les côtés, de toute part. — *De droite et de gauche :* de tous côtés.

III EN POLITIQUE ▪ **1** (1672 ◇ traduction de l'anglais) Se dit dans une assemblée délibérante du côté situé à main gauche du président. — *Le centre gauche,* composé des centristes les plus proches des positions de gauche. ▪ **2** n. f. (1790) **LA GAUCHE :** les membres d'une assemblée politique qui siègent à la gauche du président et professent des idées avancées, progressistes. La fraction de l'opinion que représentent ces membres de l'assemblée. *«Si la gauche fait une politique de droite, ce n'est plus la gauche»* BEAUVOIR. *«C'est une affaire de cœur, la gauche, une idée de la générosité, de la justice, de la solidarité, de la dignité»* B. KOUCHNER. *Gouvernement, politique de gauche. Partis de gauche. Union de la gauche,* des partis de gauche. *Presse de gauche. Radicaux de gauche. La gauche caviar**. *La gauche américaine* (➤ **démocrate, libéral**), *anglaise* (➤ **travailliste**). — *Extrême gauche :* partie de la gauche dont les opinions sont les plus révolutionnaires (➤ **gauchiste**). — HIST., AU PLUR. Les partis de gauche. *Le bloc, le cartel des gauches.* — LOC. *Être à gauche, de gauche :* avoir des opinions de gauche. ➤ aussi **gauchisant.** *«Ça devient dur d'être de gauche. Surtout quand on n'est pas de droite»* BEDOS. *Voter à gauche.*

▪ CONTR. 1 Droit, 1 plan. Adroit, habile. — Dextre, 2 droit. — Droite.

GAUCHEMENT [goʃmɑ̃] adv. – 1575 ◇ de *gauche* (I) ▪ D'une manière gauche, maladroite ou contrainte. ➤ **maladroitement.** *Imiter gauchement un geste. S'y prendre gauchement.*
▪ CONTR. Adroitement, habilement.

GAUCHER, ÈRE [goʃe, ɛʀ] adj. et n. – XVe ◇ de *gauche* (II) ▪ Qui se sert de la main gauche pour effectuer certaines activités, en particulier l'écriture. *Ce joueur de tennis est gaucher. Être à la fois gaucher et droitier.* ➤ **ambidextre.** — n. *Une gauchère. Ciseaux pour les gauchers. Gaucher contrarié,* que l'on a forcé à employer la main droite. ▪ CONTR. Droitier.

GAUCHERIE [goʃʀi] n. f. – 1762 ◇ de *gauche* (I) ▪ **1** Manque d'adresse, d'aisance, de grâce. *Une gaucherie d'adolescent.* ➤ **embarras, timidité.** *Gaucherie dans l'expression.* ➤ **lourdeur, maladresse.** ▪ **2** Acte, geste gauche, faute qui dénote de la maladresse. *Gaucherie commise par ignorance.* ➤ **balourdise.** ▪ **3** (v. 1950) PHYSIOL. Prédominance fonctionnelle de la main gauche ou de l'œil gauche. ▪ CONTR. 2 Adresse, dextérité ; aisance, grâce.

GAUCHIR [goʃiʀ] v. ‹2› – v. 1210 ◇ ancien français *guenchir* «faire des détours», du francique °*wenkjan* «vaciller», avec influence de *gauchier* «fouler (la vérité)», d'où «déformer»

I v. intr. ▪ **1** (En parlant de choses planes) Perdre sa forme, se contourner. ➤ se **courber,** se **déformer, gondoler,** se **tordre,** 2 se **voiler.** *Règle, planche qui gauchit.* ▪ **2** VX Se détourner de la position qu'on a, de la route qu'on suit (pr. et fig.). ➤ **dévier.**
II v. tr. ▪ **1** Rendre gauche. ➤ **déformer, tordre.** *L'humidité a gauchi la porte.* — AVIAT. Abaisser (les extrémités mobiles, les ailerons d'une aile d'avion) pour incliner ou redresser l'appareil. ▪ **2** (XVIIe) FIG. Altérer, déformer, fausser. *Gauchir un fait, une idée.* ▪ **3** POLIT. Infléchir vers la gauche. *Gauchir sa position, son discours.*
▪ CONTR. Dresser, redresser.

GAUCHISANT, ANTE [goʃizɑ̃, ɑ̃t] adj. et n. – 1959 ◇ de *gauche* ▪ Dont les idées se rapprochent de celles de la gauche, qui est plutôt favorable à la gauche. *Journal gauchisant.*

GAUCHISME [goʃism] n. m. – 1838 «opinion de gauche» ◇ de *gauche* ▪ Courant politique d'extrême gauche. ▪ CONTR. Droitisme.

GAUCHISSEMENT [goʃismɑ̃] n. m. – 1547 ◇ de *gauchir* ▪ Action de gauchir ; son résultat. ➤ **déformation.** — FIG. ➤ **altération, déviation.**

GAUCHISTE [goʃist] n. et adj. – 1954 ; «homme de gauche» 1839 ◇ de *gauche* ▪ Partisan extrême des solutions de gauche, révolutionnaires, dans un parti. ➤ **anarchiste, maoïste, trotskiste.** *Les gauchistes de mai 68.* — adj. *Des groupuscules gauchistes.* — ABRÉV. FAM. (1974) **GAUCHO** [goʃo]. *Les réacs et les gauchos. Des idées gauchos.* ▪ CONTR. Droitiste.

GAUCHO [go(t)ʃo] n. m. – 1822 ◇ mot espagnol, tiré de l'araucan ou du quéchua *cachu* «camarade» ▪ Cavalier chargé de surveiller les troupeaux de bovins dans la pampa. *Des gauchos adroits au lasso.*

GAUDE [god] n. f. – 1268 ◇ germanique °*walda* ▪ **1** BOT. Variété de réséda, fournissant une teinture jaune. ▪ **2** AU PLUR. RÉGION. Mets à base de bouillie de farine de maïs.

GAUDRIOLE [godʀijɔl] n. f. – 1761 ◇ de *gaudir* (XIIIe) «se réjouir», sur le modèle de *cabriole* ▪ FAM. ▪ **1** (Souvent plur.) Propos gai, plaisanterie un peu leste. ➤ **gauloiserie, grivoiserie.** *Dire, débiter des gaudrioles.* ▪ **2** *La gaudriole.* Les relations amoureuses et sexuelles. ➤ **bagatelle, débauche.** *Il ne pense qu'à la gaudriole.*

GAUFRAGE [gofʀaʒ] n. m. – 1806 ◇ de *gaufrer* ▪ Action de gaufrer ; son résultat. *Le gaufrage du papier, du tissu. Un joli gaufrage.* ➤ **gaufrure.**

GAUFRE [gofʀ] n. f. – *walfre* XIIe ◇ ancien francique °*wafla* «rayon de miel» ▪ **1** Pâtisserie de pâte légère, cuite entre deux plaques alvéolées qui lui impriment un dessin en relief. ➤ VX **oublie ;** RÉGION. **bricelet, galette.** *Marchand de gaufres et de crêpes. Gaufre au sucre. Moule à gaufre.* ➤ **gaufrier.** *Petite gaufre.* ➤ **gaufrette.** ▪ **2** (1585) Gâteau de cire des abeilles.

GAUFRER [gofʀe] v. tr. ‹1› – 1439 ◇ de *gaufre* ▪ **1** Imprimer sur (une étoffe, du cuir, du papier, etc.) des motifs ornementaux en relief ou en creux. *Gaufrer une étoffe.* ➤ **cloquer.** *Fer à gaufrer.* ➤ **gaufroir.** — *Papier gaufré. Tissu gaufré.* ➤ **seersucker.** ▪ **2** v. pron. FAM. Tomber, faire une chute. *Elle s'est gaufrée avec sa moto.* ♦ Connaître un échec cuisant. ➤ **échouer.** *Il s'est gaufré à l'examen.*

GAUFRETTE [gofʀɛt] n. f. – 1536 ◇ de *gaufre* ▪ Petite gaufre. ♦ COUR. Biscuit sec feuilleté, alvéolé, fourré de crème, de confiture. *Gaufrette au chocolat, à la vanille.*

GAUFREUR, EUSE [gofʀœʀ, øz] n. – 1604 ◇ de *gaufrer* ▪ TECHN. ▪ **1** Personne qui gaufre. ▪ **2** n. f. Machine à gaufrer.

GAUFRIER [gofʀije] n. m. – 1365 ◇ de *gaufre* ▪ Moule formé de deux plaques métalliques articulées entre lesquelles on fait cuire les gaufres.

GAUFROIR [gofʀwaʀ] n. m. – 1784 ◇ de *gaufrer* ▪ TECHN. Fer à gaufrer. *Gaufroir de relieur.*

GAUFRURE [gofʀyʀ] n. f. – XVe ◇ de *gaufrer* ▪ Apprêt, empreinte, résultant du gaufrage.

GAULAGE [golaʒ] n. m. – 1845 ◇ de *gauler* ▪ Action de gauler. *Le gaulage des noix.*

GAULE [gol] n. f. – 1278 ◇ francique °*walu* ▪ **1** Longue perche. *Il «piquait le flanc des bœufs avec une gaule longue et légère»* SAND. — SPÉCIALT Canne à pêche. — LOC. FIG. FAM. *Plier les gaules :* cesser une activité en cours ; s'en aller. ▪ **2** VX Bâton ou baguette (dont on se sert pour frapper). ▪ **3** LOC. FAM. *Avoir la gaule :* être en érection (cf. Avoir la trique). *«De quoi donner la gaule à tous les mecs de Paris !»* GAVALDA. ▪ HOM. Goal.

GAULÉ, ÉE [gole] adj. – 1948, *mal gaulé* «mal venu» ◇ de *gauler* au sens argotique «posséder charnellement» (1876), d'après *foutu* ▪ FAM. (personnes) *Bien gaulé :* bien bâti, bien fait. *Elle est bien gaulée, cette fille !* ➤ **balancé,** 1 **fichu, foutu, roulé.** *«Un bel article, avec une photo d'elle en maillot. Elle était vraiment gaulée»* R. JAUFFRET.

GAULEITER [golajtœʀ] n. m. – v. 1940 ◇ mot allemand, de *Gau* «district» et *Leiter* «chef» ▪ HIST. Chef de district, dans l'Allemagne hitlérienne. *Des gauleiters.*

GAULER [gole] v. tr. ‹1› – 1360 ◇ de *gaule* ▪ **1** Battre (un arbre) avec une gaule pour faire tomber les fruits. *Gauler un châtaignier.* PAR EXT. *Gauler des noix, des pommes.* ▪ **2** FAM. Prendre, arrêter*. *Il s'est fait gauler par les flics.*

GAULIS [goli] n. m. – 1392 ◇ de *gaule* ▪ AGRIC. Branche d'un taillis qu'on a laissé croître. ♦ Ensemble forestier dont les pousses, devenues grandes, sont encore minces. *Le gaulis est intermédiaire entre le taillis et la futaie.*

GAULLIEN, IENNE [goljɛ̃, jɛn] adj. – v. 1958 ◇ de *de Gaulle* ▪ Relatif à la personne du général de Gaulle, à sa pensée (et non à la tendance politique qu'il représente ; ➤ **gaulliste**). *Conceptions gaulliennes, style gaullien.*

GAULLISME [golism] **n. m.** – 1941 ◊ de *de Gaulle* ▪ Attitude politique des gaullistes (1° et 2°). *Se réclamer du gaullisme.*

GAULLISTE [golist] **adj.** et **n.** – v. 1941 ◊ de *de Gaulle* ▪ **1** Partisan du général de Gaulle ; relatif à sa politique de lutte contre l'occupant. *La résistance gaulliste et communiste.* **n.** *Les gaullistes s'opposaient aux collaborateurs.* ▪ **2** (après 1945) COUR. Partisan du général de Gaulle comme homme politique et président de la République. *Député gaulliste. L'électorat gaulliste.*

GAULOIS, OISE [golwa, waz] **adj.** et **n.** – XVe ◊ de *Gaule*, francique °*Walha* «pays des Walh ou Romans» ▪ **1** De Gaule. *Les peuples gaulois.* ➤ **celtique ; aussi gallo-romain.** *Poète gaulois.* ➤ 1 **barde.** *Prêtres gaulois.* ➤ **druide, eubage.** *Divinités gauloises. Braies gauloises. Torque gaulois.* LOC. *Moustache à la gauloise,* longue et tombante. — **n.** *Nos ancêtres les Gaulois.* «*Les aventures d'Astérix le Gaulois*», *bande dessinée de Goscinny et Uderzo.* ◆ LOC. FIG. *Village gaulois :* minorité incarnant la résistance farouche à une oppression extérieure ; PÉJ. symbole du repli identitaire. ▪ **2** De la France, qui a succédé à la Gaule. *Le coq gaulois,* symbole de la France. ◆ FAM. Qui est français de souche. — **n.** «*nous n'étions plus des leurs, nous étions devenus des bourges, ou des Gaulois, ce qui revenait au même*» **O. ADAM.** ▪ **3** **n. m.** *Le gaulois :* langue celtique parlée en Gaule. — **adj.** *Mots, substrat gaulois.* ▪ **4** (XVIIe) Qui a une gaieté franche, rude, et un peu libre. *L'esprit gaulois des fabliaux, de Rabelais.* ➤ **rabelaisien.** *Histoire gauloise.* ➤ 1 **gaillard, grivois, leste, licencieux ; gauloiserie.** ▪ **5** **n. f.** (1910) Cigarette, de tabac brun à l'origine, de la Régie française. *Fumer des gauloises.* VAR. FAM. (v. 1974) **GOLDO** [gɔldo]. *Un paquet de goldos.*

GAULOISEMENT [golwazmɑ̃] **adv.** – 1877 ◊ de *gaulois* ▪ D'une manière gauloise (2°).

GAULOISERIE [golwazʀi] **n. f.** – 1865 ◊ de *gaulois* ▪ **1** Propos licencieux ou leste. *Dire, raconter des gauloiseries.* ➤ **gaudriole, grivoiserie.** ▪ **2** Caractère gaulois (2°), grivois. *La gauloiserie d'un récit.*

GAULTHÉRIE [golteʀi] **n. f.** – *gaulthéria* 1824 ◊ du nom du botaniste français *Gaulthier* ▪ BOT. Arbuste *(éricacées)* dont les feuilles persistantes fournissent l'essence de wintergreen*.

GAUPE [gop] **n. f.** – 1401 ◊ allemand du Sud *Walpe* «femme sotte» ▪ POP. et VX Femme malpropre (➤ **souillon**) ; prostituée.

GAUR [gɔʀ] **n. m.** – 1865 ◊ hindoustani *gour,* transcrit *gore, gaur* en anglais ▪ Bœuf sauvage de l'Inde et de la Malaisie (➤ **gayal**). ▪ **HOM.** Gord, gore.

GAUSS [gos] **n. m.** – 1882 ◊ du nom du mathématicien *C. F. Gauss* ▪ MÉTROL. Unité C. G. S. de mesure d'induction magnétique (SYMB. G), valant 10^{-4} tesla.

GAUSSER (SE) [gose] **v. pron.** ‹1› – XVIe ◊ origine inconnue, p.-ê. de l'espagnol *gozarse* «se réjouir» ▪ LITTÉR. OU PLAISANT Se moquer ouvertement de (qqn ou qqch.). ➤ **railler.** — ABSOLT ➤ **se moquer, plaisanter.** *Vous vous gaussez !*

GAVAGE [gavaʒ] **n. m.** – 1877 ◊ de *gaver* ▪ Action de gaver ; son résultat. *Gavage des oies, des canards pour la production du foie gras* (➤ **gaveur**). ◆ MÉD. Introduction d'aliments dans l'estomac (d'un malade) à l'aide d'une sonde gastrique.

GAVE [gav] **n. m.** – fin XIVe ◊ gascon *gabe* ▪ Cours d'eau, torrent pyrénéen. *Le gave de Pau.*

GAVER [gave] **v. tr.** ‹1› – 1642 pron. ◊ d'un prélatin *gaba* «gorge, gésier», p.-ê. d'origine gauloise ▪ **1** Faire manger de force et abondamment (la volaille). *Autrefois, on gavait les volailles de bassecour pour les engraisser. Gaver des oies, des canards avec un entonnoir, une gaveuse.* ▪ **2** PAR ANAL. Nourrir abondamment. «*Léa le réveillait pour le gaver de fraises, de crème, de lait*» **COLETTE.** ➤ **bourrer, gorger.** — **v. pron. réfl.** *Se gaver :* manger* énormément. *Se gaver de bonbons.* ➤ **se bourrer,** FAM. **se goinfrer.** ▪ **3** FIG. *Gaver qqn de compliments, d'honneurs.* ➤ **combler.** «*Ils étaient tellement gavés d'ennuis, de soucis, d'une télévision stupide*» **SAGAN.** ◆ FAM. *Gaver qqn :* l'ennuyer, l'énerver. ➤ **gonfler, soûler.** «*Il va me gaver avec son enfance studieuse, ses études supérieures*» **PH. CARRESE.** *Les ordinateurs, ça me gave. Ça me gave d'en parler.* ▪ **4** AVIAT. *Gaver un moteur,* le munir de compresseurs pour le vol à haute altitude. ▪ **CONTR.** Priver.

GAVEUR, EUSE [gavœʀ, øz] **n.** – 1870 ◊ de *gaver* ▪ **1** Personne qui gave les volailles. *Une gaveuse d'oies.* ◆ **n. f.** (1889) Appareil pour gaver les volailles. ▪ **2** **n. m.** TECHN. Compresseur employé pour les moteurs d'avion.

GAVIAL [gavjal] **n. m.** – 1789 ◊ hindi *ghariyal* ▪ ZOOL. Reptile piscivore *(crocodiliens)* des fleuves d'Asie du Sud, au long museau étroit élargi à l'extrémité (appelé couramment *crocodile*). *Les gavials du Gange.*

GAVOT, OTE [gavo, ɔt] **n.** et **adj.** – 1575 ◊ ancien provençal *gavot,* de *gava,* °*gaba* «gorge» ▪ RÉGION. (Provence) Habitant(e) de la région de Gap ; montagnard(e) des Alpes. ◆ **n. m.** Dialecte provençal de la région de Gap. ▪ **HOM.** Gavotte.

GAVOTTE [gavɔt] **n. f.** – 1588 ◊ provençal *gavoto* «danse des *gavots*» ▪ **1** Danse ancienne à rythme binaire ; air sur lequel on la dansait. ▪ **2** Danse traditionnelle bretonne, à pas réglé sur une séquence de huit temps. ▪ **HOM.** Gavote (gavot).

GAVROCHE [gavʀɔʃ] **n. m.** et **adj.** – 1866 ◊ nom d'un personnage des «Misérables», de Hugo (1862) ▪ **1** Gamin de Paris, frondeur et gouailleur. ➤ **poulbot,** 1 **titi.** — **adj.** «*un côté gavroche, un côté blagueur*» **GONCOURT.** ▪ **2** Petit foulard plié en diagonale, qui se noue autour du cou.

GAY [gɛ] **adj.** – 1952 dans un contexte américain ◊ mot anglais «gai» par euphém. ▪ ANGLIC. Relatif à l'homosexualité, surtout masculine, aux homosexuels. *Des bars gays. Des revues gays. Elle est gay. La communauté lesbienne, gay, bisexuelle et transgenre.* ➤ **LGBT ; aussi** ANGLIC. **queer.** — **n.** Homosexuel(le). *Les gays.* (Parfois francisé en *gai,* courant au Canada) ▪ **HOM.** Gai, guai, guet.

GAYAL [gajal] **n. m.** – 1861 ◊ mot hindi ▪ Bœuf domestiqué d'Asie du Sud-Est, ressemblant au gaur. *Des gayals.*

GAZ [gɑz] **n. m.** – 1670 ◊ mot créé par le médecin Van Helmont (1577-1644), par rapprochement avec le latin *chaos,* prononcé [kaɔs]

I À L'ÉTAT NATUREL ▪ **1** VX Vapeur invisible, émanation. ▪ **2** (1787) Corps fluide indéfiniment expansible, occupant tout le volume dont il dispose. — PHYS. État de la matière dans lequel les molécules ont la plus faible cohésion. *Gaz parfait*, gaz réel. Chaleur* spécifique, température critique*, coefficient de dilatation, de compressibilité des gaz. Théorie cinétique des gaz,* selon laquelle les molécules qui les composent sont des points matériels obéissant aux lois de la mécanique. — CHIM. *Gaz rares :* éléments gazeux appartenant à la dernière colonne de la classification périodique, qui se trouvent en très faible quantité dans l'atmosphère terrestre. ➤ **argon, hélium, krypton, néon, radon, xénon.** *Gaz nobles*.* — *Gaz formant l'atmosphère.* ➤ 1 **air.** *Gaz les plus courants.* ➤ **azote, hydrogène, oxygène, ozone.** *Gaz carbonique, sulfureux.* ➤ **anhydride.** — *Gaz à effet de serre*.* — *Gaz propulseur d'un aérosol.* ◆ COUR. Émanation gazeuse. ➤ **émanation, exhalaison, fumée, fumerolle,** 1 **vapeur.** *Gaz des marais* (➤ **biogaz, méthane**), *des houillères* (➤ **grisou**). ▪ **3** (1825) Air ou produit volatil présent dans l'organisme. *Gaz dans les tissus.* ➤ **emphysème, gangrène** (gazeuse). — (1863) AU PLUR. Gaz accumulés dans le tube digestif (estomac, gros intestin). ➤ **flatulence, météorisme,** FAM. 1 **pet.** *Avoir des gaz.* ➤ **vent.** «*je me soulève sur mon séant pour évacuer discrètement des gaz*» **J. STÉFAN.**

II UTILISÉ PAR LES HUMAINS ▪ **1** (1826) Corps gazeux naturel ou manufacturé utilisé comme matière première ou source d'énergie. *Gaz combustibles.* — TECHN. *Gaz à l'eau,* obtenu par l'action du carbone sur la vapeur d'eau. *Gaz riche :* mélange d'hydrogène et d'oxyde de carbone. *Gaz pauvre, gaz à l'air* (azote et oxyde de carbone), *gaz mixte* (obtenu par addition d'air humide) (➤ **gazogène**). *Gaz de houille, gaz Lebon,* obtenu par distillation de la houille. — **GAZ NATUREL :** mélange d'hydrocarbures où domine le méthane. *Gisement de gaz naturel. Gaz brut, gaz épuré. Gaz naturel liquéfié (G. N. L.),* rendu liquide pour faciliter son transport par bateau. *Gaz naturel pour véhicules (G. N. V.),* carburant automobile. — *Gaz de pétrole :* gaz naturel exploité par puits. *Gaz de pétrole liquéfié.* ➤ **GPL.** *Rouler au G. P. L.* — *Gaz de schiste*, gaz de charbon* (➤ **grisou**), principalement constitué de méthane. ◆ COUR. **LE GAZ** (*gaz de ville,* fabriqué, ou *gaz naturel*). *Usine* à gaz. Transport du gaz par canalisations* (➤ **gazoduc**), *par bateaux* (➤ **méthanier**). *Stockage et distribution du gaz.* ➤ **gazomètre.** *Compagnie du gaz ; employé, contrôleur du gaz. Compteur à gaz. Facture de gaz et d'électricité.* — *Gaz en bouteilles* (butane, propane). *Bouteille de gaz.* — (Gaz distribué). ANCIENNT *Gaz à tous les étages.* MOD. *Chaudière, chauffe-eau, radiateur à gaz. Chauffage au gaz. Réchaud, cuisinière à gaz.* ➤ **camping-gaz, gazinière ; butane, propane.** *Mettre une casserole sur le gaz,* sur la flamme du réchaud. ➤ 1 **feu.** *Éteindre le gaz. Ça sent le gaz ;* FIG. : les choses tournent mal. *Fuite de gaz. Se suicider au gaz.* «*ils étaient sans nouvelles de leur fils depuis un mois, la femme parlait d'ouvrir le robinet du gaz*» **CLANCIER.** — ANCIENNT *Gaz d'éclairage.* **BEC DE GAZ,** pour l'éclairage public. ➤ **réverbère.** — LOC. FIG. et

FAM. *Vite fait sur le gaz* (cf. Vite fait bien fait). — *Il y a de l'eau dans le gaz :* l'atmosphère est à la querelle. «*Il y a de l'orage dans l'air Il y a de l'eau dans le gaz entre le jazz et la java*» NOUGARO. — *Être dans le gaz :* être hébété, mal réveillé (cf. Être dans les vapes). «*Après m'être levé dans le gaz parce que j'avais picolé la veille*» M. DUGAIN. — *Je sens le gaz !* (se dit quand on se sent indésirable, délaissé). ■ **2** (1916) Corps gazeux destiné à produire des effets nocifs sur l'organisme. *Gaz lacrymogènes, hilarants. Gaz toxique, gaz de combat,* utilisé comme arme de guerre. ➤ **chloropicrine, cyanogène, phosgène, sarin, tabun, ypérite, zyklon ; neurotoxique ; incapacitant, innervant.** *Gaz vésicant, asphyxiant. Gaz moutarde*. Masque à gaz,* protection contre les gaz toxiques. *Intoxiqué par les gaz.* ➤ **gazé.** — **CHAMBRE À GAZ,** utilisée pour l'exécution des déportés dans les camps d'extermination nazis et pour l'exécution des condamnés (dans certains États des États-Unis). ■ **3** (1923) Mélange gazeux utilisé dans les moteurs à explosion. *Gaz d'admission, d'échappement. La poignée, la manette des gaz d'une moto,* qui commande le câble d'accélérateur. *Compression, combustion, explosion, détente des gaz.* LOC. FAM. (1929) *À pleins gaz,* et ELLIPT **PLEINS GAZ :** à pleine puissance. *Rouler pleins gaz.* — *Mettre les gaz :* accélérer à l'aide de la manette des gaz d'un avion (cf. FAM. Mettre la gomme*). *Remettre les gaz :* renoncer à atterrir et reprendre de l'altitude.

■ CONTR. Liquide, solide. ■ HOM. Gaze.

GAZAGE [gazaʒ] n. m. – 1873 ◊ de 2*gazer* ■ **1** TECHN. Action de gazer les fils (des tissus). ■ **2** Action d'intoxiquer ou de tuer par un gaz. *Le gazage des déportés.*

GAZE [gaz] n. f. – 1461 ◊ p.-ê. de la ville de *Gaza* ■ **1** Tissu léger et transparent, de soie, de lin ou de laine, à armure complexe, à fils sinueux. *Robe de gaze.* ◆ SPÉCIALT *Bande, compresse de gaze* (de coton). «*La gaze enveloppait le crâne et tournait autour du cou*» ARAGON. ■ **2** PAR ANAL. Voile transparent. — FIG. et VIEILLI Ce qui voile légèrement la pensée. ■ HOM. Gaz.

GAZÉ, ÉE [gaze] adj. et n. – 1914-1918 ◊ de 2*gazer* ■ Intoxiqué par les gaz de combat. n. *Les gazés de la Grande Guerre.*

GAZÉIFICATION [gazeifikasjɔ̃] n. f. – 1824 ◊ de *gazéifier* ■ TECHN. Action de gazéifier. *Gazéification souterraine :* transformation du charbon en gaz combustible dans la mine.

GAZÉIFIER [gazeifje] v. tr. ‹7› – 1802 ◊ de *gaz* et *-fier* ■ **1** CHIM. Faire passer à l'état de gaz. ➤ **sublimer, vaporiser.** ■ **2** Rendre (un liquide) pétillant par addition de gaz carbonique. — p. p. adj. *Boisson gazéifiée.* ➤ **gazeux.**

GAZELLE [gazɛl] n. f. – *gazel* 1272 ◊ arabe *gazâl, gazâla* ■ **1** Mammifère *(bovidés)* à cornes annelées, à longues pattes fines, très répandu dans les déserts d'Afrique et d'Asie. — FIG. *Des yeux de gazelle :* de grands yeux doux. ◆ PÂTISS. *Cornes* de gazelle.* ■ **2** (Maghreb) FAM. Jeune fille, jeune femme. «*Gazelle, princesse, baisse les yeux*» BEN JELLOUN.

1 **GAZER** [gaze] v. tr. ‹1› – avant 1742 ◊ de *gaze* ■ **1** VX Couvrir d'une gaze. ■ **2** FIG. VX ou LITTÉR. Dissimuler (ce qu'on dit, ce qu'on écrit) en suggérant. ➤ **déguiser,** 1 **voiler.** «*le drôle n'avait pas pris la peine de gazer son opinion*» BALZAC.

2 **GAZER** [gaze] v. ‹1› – 1829 ◊ de *gaz*

I v. tr. ■ **1** TECHN. Passer à la flamme (des fils dont on veut enlever le duvet). ➤ **flamber.** ■ **2** (v. 1915) Intoxiquer par un gaz de combat. ➤ **asphyxier.** *Il est mort* «*des suites de la guerre ; il avait été gazé*» SARTRE. ■ **3** Exterminer dans une chambre à gaz. ABSOLT «*Jour où les nazis ont gazé un peu plus qu'à l'ordinaire*» D. FOENKINOS. ■ **4** Utiliser du gaz lacrymogène contre (qqn). *Les forces de l'ordre ont gazé les manifestants.*

II v. intr. (1915 ◊ de *mettre les gaz*) FAM. VIEILLI ■ **1** Aller à toute vitesse, à pleins gaz. ➤ **filer, foncer.** ■ **2** Aller à souhait, marcher. *Ça ne gazera pas. Ça gaze ?* ➤ **boumer, coller.**

GAZETIER, IÈRE [gaz(ə)tje, jɛʀ] n. – 1578 ◊ de *gazette* ■ ANCIENNT Personne qui rédigeait, publiait une gazette.

GAZETTE [gazɛt] n. f. – 1600 ◊ italien *gazzetta,* du vénitien *gazeta* «petite monnaie», prix d'une gazette ■ **1** VX, RÉGION. ou PLAISANT Écrit périodique contenant des nouvelles. ➤ **journal, revue.** *La «Gazette», de Théophraste Renaudot* (1631). *J'ai vu ça dans les gazettes,* dans la presse. ◆ FIG. Colportage de nouvelles ; récit. ■ **2** VIEILLI Personne qui aime à colporter des nouvelles. ➤ **bavard, commère, concierge.** *Il était «la gazette du faubourg»* BALZAC.

GAZEUX, EUSE [gazø, øz] adj. – 1775 ◊ de *gaz* ■ **1** Relatif au gaz ; de la nature des gaz. *État gazeux* (opposé à *liquide, solide*). — *Corps, fluide gazeux.* ■ **2** COUR. Qui contient du gaz en dissolution. *Eau, boisson gazeuse.* ➤ **pétillant.** *Eau gazeuse naturelle. Eau minérale non gazeuse.* ◆ MÉD. *Gangrène, embolie gazeuse.* ■ **3** SC. Formé de gaz. ASTRON. *Planète gazeuse,* formée de matière à l'état gazeux (Jupiter, Saturne, Uranus, Neptune).

GAZIER, IÈRE [gazje, jɛʀ] adj. et n. – 1802 ◊ de *gaz* ■ **1** Relatif au gaz. *Industrie, politique gazière. Groupe pétrolier et gazier.* ■ **2** n. m. Ouvrier dans une usine à gaz. — Employé d'une compagnie du gaz. ◆ ARG. MILIT. Homme, personnage. ➤ **mec, type.** ■ **3** n. m. Navire conçu pour le transport du gaz. ➤ **butanier, méthanier, propanier.**

GAZINIÈRE [gazinjɛʀ] n. f. – 1934 ◊ de *gaz* et *(cuis)inière* ■ Cuisinière à gaz.

GAZODUC [gazodyk] n. m. – 1958 ◊ de *gaz* et *-duc* ■ TECHN. Conduite transportant le gaz naturel sur de longues distances. ➤ **pipeline.**

GAZOGÈNE [gazɔʒɛn] n. m. – 1884 ; autre sens 1823 ◊ de *gaz* et *-gène* ■ **1** VX Appareil portatif pour fabriquer de l'eau de Seltz. ■ **2** TECHN. Appareil servant à produire un gaz combustible par action de l'air (gaz pauvre) ou de la vapeur d'eau (gaz à l'eau) sur du charbon incandescent. *Gaz de gazogène :* gaz à l'air, à l'eau, mixte. — SPÉCIALT, ANCIENNT Cet appareil, muni d'un épurateur, alimentant un moteur à explosion. «*Il équipa sa camionnette au gazogène*» DUTOURD. *Camion à gazogène.*

GAZOLE [gazɔl] n. m. – 1973 ◊ adaptation, d'après *pétrole,* de l'anglais *gas oil,* de *gas* «essence» et *oil* «huile» ■ Produit combustible de la distillation du pétrole, utilisé comme carburant dans les moteurs diesels. ➤ **diesel.** *Émulsion d'eau dans du gazole.* ➤ **aquazole.** Recomm. offic. pour remplacer l'anglic. *gasoil.*

GAZOLINE [gazɔlin] n. f. – 1890 ◊ de *gaz, -ol* et *-ine* ■ COMM. Éther de pétrole.

GAZOMÈTRE [gazɔmɛtʀ] n. m. – 1789 ◊ de *gaz* et *-mètre* ■ **1** VX Appareil pour mesurer le volume des gaz. ■ **2** (1809) Appareil mesurant le volume et réglant le débit du gaz de ville. ➤ **compteur.** ◆ (1858) COUR. Grand réservoir de gaz régularisant la pression, à partir duquel s'effectue la distribution. «*Les gazomètres de Vanves, carcasses de Colisées*» MORAND.

GAZON [gazɔ̃] n. m. – *gason* 1213 ◊ francique °*waso* ■ **1** HORTIC. Motte, plaque de terre couverte d'herbe. *Acheter des gazons.* — PAR EXT. Terre garnie d'herbe. *Motte de gazon.* ■ **2** COUR. Herbe fine entretenue pour qu'elle reste courte et dense. ➤ **gramen, ray-grass.** *Gazon anglais. Semer du gazon. Tondeuse à gazon.* — *Bordure, pelouse de gazon.* ■ **3** Surface couverte de gazon. ➤ **pelouse, pré, verdure.** *Marcher, se coucher sur le gazon. Hockey, tennis sur gazon. Gazon d'un golf.* ➤ **green.**

GAZONNAGE ➤ **GAZONNEMENT**

GAZONNANT, ANTE [gazɔnɑ̃, ɑ̃t] adj. – 1338 ◊ de *gazonner* ■ Qui pousse, se développe en formant du gazon. *Plantes gazonnantes.* — On dit aussi **GAZONNEUX, EUSE,** 1791.

GAZONNÉ, ÉE [gazɔne] adj. – XVIe ◊ de *gazonner* ■ Couvert de gazon. *Talus gazonné.*

GAZONNEMENT [gazɔnmɑ̃] n. m. – 1701 ◊ de *gazonner* ■ Action de revêtir de gazon. *Gazonnement d'une pente de montagne.* — On dit aussi **GAZONNAGE,** avant 1683.

GAZONNER [gazɔne] v. ‹1› – *wassonner* 1295 ◊ de *gazon* ■ **1** v. tr. Revêtir de gazon. ■ **2** v. intr. Pousser en gazon. *Herbe qui gazonne.* — Se couvrir de gazon. *Les prés gazonnent.*

GAZOUILLANT, ANTE [gazujɑ̃, ɑ̃t] adj. – avant 1712 ◊ de *gazouiller* ■ Qui gazouille. *Un ruisseau gazouillant.*

GAZOUILLEMENT [gazujmɑ̃] n. m. – XIVe ◊ de *gazouiller* ■ Action de gazouiller ; bruit qui en résulte. ➤ **murmure,** 1 **ramage.** *Le gazouillement des oiseaux.* «*sa voix est un gazouillement si mélodieux*» GAUTIER. SPÉCIALT *Le gazouillement d'un enfant.* ➤ **babil, gazouillis ; areu areu ; lallation.**

GAZOUILLER [gazuje] v. intr. ‹1› – 1316 ◊ onomat. → jaser ■ **1** Produire un bruit modulé, léger et doux «tel que celui d'un petit ruisseau sur des cailloux, ou celui des petits oiseaux» (Furetière). ➤ **bruire, murmurer.** *Oiseaux qui gazouillent.* ➤ **babiller, chanter, jaser.** ■ **2** (XIVe) Parler avec douceur ; SPÉCIALT Émettre des sons peu articulés, en parlant d'un petit enfant. ➤ **babiller.**

GAZOUILLEUR, EUSE [gazujœʀ, øz] adj. – 1571 ◊ de *gazouiller* ■ Qui gazouille. *Enfant gazouilleur.*

GAZOUILLIS [gazuji] n. m. – 1552 ◊ de *gazouiller* ■ Bruit produit par un ensemble de gazouillements. *Le gazouillis des oiseaux, d'un bébé.* «*Ces doux gazouillis des fontaines*» R. BELLEAU.

GEAI [ʒɛ] n. m. – XIIe ◊ bas latin *gaius,* onomatopée ou n. pr. ■ Oiseau *(passériformes)* au plumage bigarré. *Geai bleu.* ➤ **rollier.** *Le geai jase.* — ALLUS. LITTÉR. (titre d'une fable de La Fontaine) *Le geai paré des plumes du paon,* se dit d'une personne qui se fait gloire d'une chose empruntée. ■ HOM. Jais, 1 jet.

GÉANT, ANTE [ʒeɑ̃, ɑ̃t] n. et adj. – *jaiant* 1080 ◊ latin populaire °*gagantem,* accusatif de °*gagas,* altération de *Gigas,* personnage mythologique

I n. Être d'une taille anormalement grande. ■ **1** n. m. MYTH. (*G* majuscule) Être fabuleux, né de la Terre (Gaïa) et du Ciel (Ouranos). ➤ **cyclope, titan.** *Le Géant Atlas. Combat des Géants et des dieux.* ➤ **gigantomachie.** ◆ Être fabuleux, gigantesque, génie bienfaisant ou malfaisant. ➤ **ogre.** *Le géant Gargantua.* — n. Grand personnage que l'on fait défiler dans les cortèges de carnaval, de ducasse, dans le Nord et en Belgique. *La Belle Hélène, géante de Steenvoorde. Géants et dragons processionnels de Belgique.* ◆ GÉOL. *Marmite* de géants.* ■ **2** Personne atteinte de gigantisme. ◆ PAR EXT. Personne dont la taille, sans être la conséquence de troubles pathologiques, dépasse largement la moyenne. ➤ **colosse.** — LOC. *À pas de géant* : très rapidement. *Avancer, progresser à pas de géant.* ■ **3** FIG. Personne remarquable, hors du commun. ➤ **génie, héros, surhomme, titan.** *Les géants de la pensée, de l'art.* — LOC. *Les géants de la route* : les champions cyclistes. ◆ (Choses ; pays, forces, etc.) « *Le monde est simplifié : deux géants se dressent seuls* » SARTRE. ➤ **supergrand, superpuissance.** *Le géant de la sidérurgie.*

II adj. ■ **1** Dont la taille dépasse de beaucoup la moyenne. ➤ **colossal, énorme, gigantesque, grand, immense.** *Projection sur écran géant. Tortue géante. Ville géante.* ➤ **mégapole.** — SPORT *Slalom géant. Spécialiste du slalom géant* (**GÉANTISTE** n.). SUBST. *Course de géant, coupe du monde de géant. Géant et super-géant.* ■ **2** ASTRON. *Étoile géante,* très lumineuse et de grand rayon. SUBST. « *L'étoile devient une géante rouge, comme Antarès dans le Scorpion* » H. REEVES. *Une naine est moins lumineuse qu'une géante.* ■ **3** (Intensif) FAM. VIEILLI Extraordinaire (en bien). *C'est géant !* ➤ **fabuleux, formidable, génial, 2 super.** « *Ce serait géant si tu venais* » Y. QUEFFÉLEC.
■ CONTR. Nain, petit.

GECKO [ʒeko] n. m. – 1768 ◊ mot malais ■ Lézard grimpeur *(lacertiliens)* portant aux doigts des quatre pattes des lamelles adhésives. ➤ **tarente.** *Des geckos.*

-GÉE ■ Élément, du grec *gê* « terre ». ➤ **géo-.**

GEEK [gik] n. – 1996 ◊ mot anglais, de *geek* « personnage de carnaval qui mord la tête d'un poulet ou d'un serpent », d'origine germanique ■ ANGLIC. FAM. Personne passionnée d'informatique et de nouvelles technologies. « *Le "geek" scotché à sa machine, le zombie asocial qui s'abandonne aux forces du réseau* » (Le Monde, 2009). *Les geeks et les nerds.* — Pour parler d'une femme, on emploie aussi la forme fam. *geekette* [gikɛt].

GEEKER [gike] v. intr. ⟨1⟩ – 2011 ◊ de *geek* ■ ANGLIC. FAM. Passer du temps sur son ordinateur. *Geeker toute la journée.*

GÉGÈNE [ʒeʒɛn] n. f. – avant 1958 ◊ de *groupe électrogène,* avec influence de *Gégène,* diminutif populaire du prénom *Eugène* ■ Groupe électrogène utilisé à des fins de torture ; la torture ainsi infligée. « *ces bourreaux raisonneurs, ces cartésiens de la gégenne* » MAURIAC.

GÉHENNE [ʒeɛn] n. f. – XIIIe ◊ latin *gehenna,* de l'hébreu *ge-hinnom* « vallée de Hinnom », près de Jérusalem ■ **1** Séjour des réprouvés dans la Bible. ➤ **enfer.** ■ **2** (par croisement avec *gêne*) FIG. et VIEILLI Torture appliquée aux criminels. ➤ **question.** ◆ Souffrance intense, intolérable. ➤ **douleur, martyre, supplice, torture.**

GEIGNARD, ARDE [ʒɛɲaʀ, aʀd] adj. – 1867 ◊ de 1 *geindre* et *-ard* ■ FAM. Qui se lamente à tout propos. ➤ **pleurnicheur ;** RÉGION. **plaignard.** — SUBST. *Quelle geignarde !*

GEIGNEMENT [ʒɛɲmɑ̃] n. m. – 1842 ◊ de 1 *geindre* ■ RARE Action de geindre. ➤ **gémissement, jérémiade, lamentation, plainte.** « *avec des geignements et de sourdes malédictions* » BARBUSSE.

1 **GEINDRE** [ʒɛ̃dʀ] v. intr. ⟨52⟩ – *giembre* XIIe ◊ latin *gemere* ■ **1** Faire entendre des plaintes faibles et inarticulées. ➤ **gémir,** se **plaindre.** *Malade qui geint.* ■ **2** (CHOSES) Émettre un bruit plaintif. « *sous l'ouragan Un vieux sapin geint et se couche* » APOLLINAIRE. *L'orgue* « *geignait lamentablement* » GAUTIER. ■ **3** (XIVe) FAM. et PÉJ. Se lamenter à tout propos, sans raison valable (➤ **geignard**). *Arrête de geindre !* ➤ **pleurnicher.**

2 **GEINDRE** ➤ **GINDRE**

GEISHA [gɛʃa ; gɛjʃa] n. f. – *guécha* 1887 ◊ mot japonais ■ Chanteuse et danseuse japonaise qui se loue pour certaines réunions et divertit les hommes par sa conversation, sa musique et sa danse. *École de geishas.*

GEL [ʒɛl] n. m. – 1080 *giel* ◊ latin *gelu* ■ **1** Temps de gelée. *Persistance, rigueur du gel.* « *Un matin de gel, où les traîneaux glissaient* » APOLLINAIRE. ■ **2** Congélation des eaux (et de la vapeur d'eau atmosphérique). ➤ **givre, glace.** *Arborisations produites par le gel sur les vitres. Le gel a fait éclater les tuyauteries* (➤ **antigel**). ◆ SPÉCIALT Congélation de l'eau des tissus végétaux, des eaux d'infiltration. *Protection des jeunes pousses contre le gel* (➤ **accot, paillage**). « *le gel m'a grillé mes fraisiers* » BLONDIN. ■ **3** PHYS., CHIM. État semi-liquide obtenu par chauffage, floculation, polymérisation de peptides ou glucides hydratés ; substance caractérisée par cet état. *Gels employés en chromatographie, électrophorèse. Gel thixotrope. Gel de silice.* ➤ **aérogel.** ■ **4** Produit translucide à base d'eau ou d'huile. ➤ **gelée.** *Gel douche,* pour se laver. *Gel coiffant* (➤ **brillantine, gomina**). « *Cheveux blonds et raides faussement désordonnés à grand renfort de gel* » É. CHERRIÈRE. *Fard en gel.* ■ **5** FIG. Arrêt, blocage, interruption (d'une activité, SPÉCIALT d'un processus économique ou financier). *Gel des crédits, des prix* (➤ **gelé**). *Gel des armements. Gel républicain :* blocage observé en période électorale dans l'octroi des crédits et subventions de l'État. ■ CONTR. Dégel.

GÉLATINE [ʒelatin] n. f. – 1611 ◊ italien *gelatina* ■ Substance protidique obtenue à partir du collagène des tissus animaux soumis à l'action prolongée de l'eau bouillante. *Feuilles de gélatine alimentaire. Les gélatines sont des supports utilisés en photographie, en gravure, dans l'industrie pharmaceutique, pour la fabrication des colles.*

GÉLATINÉ, ÉE [ʒelatine] adj. – 1874 ◊ de *gélatine* ■ Enduit de gélatine. *Plaque photographique gélatinée.*

GÉLATINEUX, EUSE [ʒelatinø, øz] adj. – 1743 ◊ de *gélatine* ■ Qui a la nature, la consistance ou l'aspect de la gélatine, de la gelée. *Une sauce gélatineuse. Champignon gélatineux.*

GÉLATINIFORME [ʒelatinifɔʀm] adj. – 1845 ◊ de *gélatine* et *-forme* ■ MÉD. Semblable à de la gélatine. *Tumeur gélatiniforme.*

GÉLATINOBROMURE [ʒelatinobʀɔmyʀ] n. m. – 1871 ◊ de *gélatine* et *bromure* ■ CHIM., TECHN. Composition de bromure d'argent en suspension dans la gélatine. *Émulsion photographique au gélatinobromure d'argent.*

GÉLATINOCHLORURE [ʒelatinoklɔʀyʀ] n. m. – 1891 ◊ de *gélatine* et *chlorure* ■ CHIM., TECHN. Composition de chlorure d'argent en suspension dans la gélatine.

GELÉ, ÉE [ʒ(ə)le] adj. – XIIe ◊ de *geler* ■ **1** Dont l'eau a gelé. *Rivière, terre gelée. Patiner sur un lac gelé.* ■ **2** PAR EXAGÉR. Très froid. *Avoir les pieds gelés.* ➤ **glacé.** *Être gelé jusqu'aux os.* ➤ **frigorifié, 2 transi.** *Je ne me baigne pas, l'eau est gelée.* ➤ **glacé.** ■ **3** (de l'anglais) ÉCON. *Crédits gelés,* immobilisés dans des investissements, donc indisponibles. ■ **4** FAM. (Canada) Sous l'effet d'une drogue. ➤ **défoncé.** « *Ne conduis pas gelé* » (campagne de communication).

GELÉE [ʒ(ə)le] n. f. – début XIIe ; « givre, glace » fin XIe ◊ bas latin *gelata,* de *gelare* → geler ■ **1** État de la température lorsqu'elle s'abaisse au-dessous du zéro de l'échelle thermométrique et provoque la congélation de l'eau. ➤ **gel, glace, verglas.** *Gelées hâtives* ou *gelées d'automne. Gelées tardives, gelées de printemps.* — **GELÉE BLANCHE :** congélation de la rosée avant le lever du soleil par temps clair. ■ **2** Suc de substance animale, transparent, qui a pris une consistance ferme en se refroidissant. *Gelée de veau. Bouillon qui prend en gelée,* qui flocule. *Œuf en gelée. Poulet à la gelée.* ➤ **3 aspic, chaud-froid.** *Gelée au porto.* — PAR ANAL. Préparation à base de jus de fruits riches en pectine, cuits avec du sucre, qui se coagule en se refroidissant (➤ **confiture**). *Gelée de coings, de pommes.* ■ **3** Corps de consistance gélatineuse. — **GELÉE ROYALE :** sécrétion des glandes pharyngiennes de l'abeille servant à nourrir les larves et la reine.

GELER [ʒ(ə)le] v. ⟨5⟩ – XIIe ◊ latin *gelare*

I v. tr. ■ **1** Transformer en glace, solidifier par le froid. ➤ **congeler, surgeler.** *Un temps* « *à geler le mercure* » GAUTIER. — PAR EXT. Durcir par le froid. *L'hiver sibérien gèle profondément le sol.* ■ **2** Endommager, détruire par un froid excessif (des tissus organiques). *Le vent glacial nous gelait le nez et les oreilles. Les nuits printanières trop froides gèlent les bourgeons.* ➤ **1 griller.** ■ **3** Faire souffrir du froid. *Ce vent me gèle.* FAM. *Se les geler* (les fesses) : avoir très froid. — PRONOM. *Ne restez pas dehors à vous geler.* « *on se gèle, répéta-t-il en se* *frottant les mains»* ECHENOZ. ▪ **4** FIG. Arrêter, bloquer, suspendre. *Geler une partie de la production. Geler les crédits. Geler les prix, les salaires,* les fixer sans hausse possible. *«d'importantes négociations avaient été gelées»* K. TUIL. — **p. p. adj.** *Capitaux gelés.* ▪ **5** Mettre mal à l'aise. ➤ **glacer, paralyser, réfrigérer, refroidir** (cf. Jeter un froid*). *Sa remarque a gelé l'assistance.*

II **v. intr.** ▪ **1** Se transformer en glace. ➤ se **congeler,** se **figer,** se **prendre.** *La mer gèle rarement dans les fjords.* ◆ PAR EXT. Être endommagé, détruit par le froid. *Plantes qui gèlent sur pied. Ses orteils ont gelé. — Amputer un doigt gelé.* ▪ **2** Souffrir du froid. ➤ **grelotter, transir ;** FAM. **cailler, peler.** *Fermez donc la fenêtre, on gèle ici !* ▪ **3** Dans les jeux de recherches, les devinettes, Être loin du but, de la solution. *Je brûle ? – Non, tu gèles.*

III **(Sujet impers.)** *Il a gelé cette nuit. Il gèle à pierre fendre :* il fait très froid (si froid que les pierres peuvent éclater par la congélation de leur eau d'imbibition).

▪ **CONTR.** Dégeler, fondre, liquéfier, réchauffer. Brûler.

GÉLIF, IVE [ʒelif, iv] **adj.** – XVIe ◇ de *geler* ▪ DIDACT. Susceptible de se fendre sous l'action du gel (➤ **gélivure**). *Arbres gélifs.* — GÉOL. *Roches gélives.*

GÉLIFIANT, IANTE [ʒelifjɑ̃, jɑ̃t] **adj.** et **n. m.** – 1975 ◇ de *gélifier* ▪ Qui donne une consistance de gel à une préparation. *L'agar-agar, la gomme de guar sont des substances gélifiantes.* — **n. m.** *Gélifiant pour confitures* (agar-agar, gélose, pectine).

GÉLIFIER [ʒelifje] **v. tr.** ‹7› – *se gélifier* 1922 ; p. p. v. 1900 ◇ de *gel* ▪ CHIM., PHYS. Transformer en gel (3°). *Se gélifier.* — **p. p. adj.** (plus cour.) *Peinture gélifiée qui ne coule pas. Dessert gélifié, confiserie gélifiée.* — **n. f.** (1890) **GÉLIFICATION.**

GÉLINOTTE [ʒelinɔt] **n. f.** – 1519 ◇ ancien français *géline* «poule» ▪ Oiseau *(galliformes),* voisin de la perdrix, communément appelé *coq des marais. Gélinotte commune,* dite *poule des bois. Gélinotte des Pyrénées.* ➤ **ganga.** *Gélinotte d'Écosse.* ➤ **grouse.** *Gélinotte blanche.* ➤ **lagopède.**

GÉLIVURE [ʒelivyʀ] **n. f.** – 1737 ◇ de *gélif* ▪ DIDACT. Fente creusée par le gel dans les arbres, les pierres. ➤ **gerçure.**

GÉLOSE [ʒeloz] **n. f.** – 1858 ◇ de *gél(atine)* et 1-*ose* ▪ Substance mucilagineuse, extraite d'algues rouges marines, utilisée comme milieu de culture. ➤ **agar-agar.** *Levures et bactéries cultivées sur gélose.*

GÉLULE [ʒelyl] **n. f.** – 1909 ◇ de *gél(atine),* sur le modèle de *capsule* ▪ Capsule de gélatine dure, formée de deux parties emboîtées l'une dans l'autre, contenant des substances médicamenteuses. *Médicament en gélule. Prendre deux gélules matin et soir.*

GELURE [ʒ(ə)lyʀ] **n. f.** – 1807 ◇ de *geler* ▪ MÉD. Lésion très grave de la peau causée par le froid, pouvant aller jusqu'à la nécrose des tissus. ➤ **engelure, froidure.**

GÉMEAU, ELLE [ʒemo, ɛl] **adj.** et **n.** – fin XIIe ◇ réfection de *jumeau,* d'après le latin *gemellus* ▪ **1** VX ➤ **jumeau.** ▪ **2** **n. m. pl.** (1546) ASTRON. *Les Gémeaux* (Castor et Pollux) : constellation zodiacale de l'hémisphère boréal. ◆ ASTROL. Troisième signe du zodiaque (21 mai-21 juin). *«Nous sommes deux sœurs jumelles Nées sous le signe des Gémeaux»* (J. DEMY, «Les Demoiselles de Rochefort», film). — ELLIPT *Elle est Gémeaux,* née sous le signe des Gémeaux. ▪ **HOM.** Gemmaux (gemmail).

GÉMELLAIRE [ʒemelɛʀ ; ʒemɛllɛʀ] **adj.** – 1842 ◇ du latin *gemellus* «jumeau» ▪ DIDACT. Qui se rapporte aux jumeaux. *Grossesse, portée gémellaire.*

GÉMELLIPARE [ʒemelipaʀ ; ʒemɛllipaʀ] **adj.** – 1842 ◇ du latin *gemellus* «jumeau» et *-pare* ▪ BIOL. Qui porte des jumeaux. *Femelle gémellipare.* — **n. f. GÉMELLIPARITÉ,** XIXe.

GÉMELLITÉ [ʒemelite ; ʒemɛllite] **n. f.** – 1866 ◇ du latin *gemellus* «jumeau» ▪ **1** Cas où se présentent des jumeaux. *«Le taux de la gémellité»* J. ROSTAND. ▪ **2** Caractère de deux choses exactement semblables.

GÉMINATION [ʒeminasjɔ̃] **n. f.** – v. 1472 «nature de ce qui est double» ◇ latin *geminatio* ▪ DIDACT. État de ce qui est disposé par paire. RHÉT. Répétition d'un mot. — (1905 ◇ de *géminer*) LING. Redoublement d'un phonème ou d'une syllabe (ex. la fifille à sa mémère). Immense *peut se prononcer avec ou sans gémination* (➤ **géminé**).

GÉMINÉ, ÉE [ʒemine] **adj.** – 1529 ◇ latin *geminatus* ▪ Doublé. — ARCHIT. *Colonnes, fenêtres, arcades géminées,* groupées deux par deux sans être en contact direct. ➤ **jumelé.** — BIOL. Disposé par paires. *Noyaux, organes géminés.* — PHONÉT. *Consonne géminée* et **n. f.** *une géminée :* deux consonnes identiques consécutives prononcées (ex. illusion [illyzjɔ̃], elle l'a vu [ɛllavy]). — FIG. *«des raisonnements conjugués, appariés, couplés, géminés»* PÉGUY.

GÉMINER [ʒemine] **v. tr.** ‹1› – fin XVe «joindre» ◇ latin *geminare* ▪ DIDACT. ou LITTÉR. Grouper deux par deux.

GÉMIR [ʒemiʀ] **v. intr.** ‹2› – v. 1170 ◇ latin *gemere* → 1 geindre ▪ **1** Exprimer une sensation intense, souffrance, plaisir, d'une voix plaintive et par des sons inarticulés. ➤ **crier,** 1 **geindre,** se **lamenter,** se **plaindre.** *«À chaque pas elle s'arrêtait, gémissait, geignant»* JOUHANDEAU. *Gémir de douleur, de plaisir. Voix qui gémit et pleure.* PAR EXT. Manifester sa douleur, son infortune, par des plaintes. ➤ se **plaindre, pleurer.** *Cesse de gémir.* ▪ **2** Faire entendre un cri, un chant plaintif. *Le ramier gémit.* ▪ **3** (CHOSES) Émettre un son prolongé et plaintif. *Le vent gémit dans les arbres. «La porte de fer gémissait»* COCTEAU. ▪ **4** FIG. Éprouver des tourments ; être accablé, opprimé. ➤ **souffrir.** *Gémir sous l'oppression, la tyrannie. «Ceux qui cherchent en gémissant»* PASCAL. ▪ **5** TRANS. LITTÉR. Faire entendre en gémissant. *Gémir une plainte. Elle gémit qu'elle a mal aux pieds.*

GÉMISSANT, ANTE [ʒemisɑ̃, ɑ̃t] **adj.** – XVe ◇ de *gémir* ▪ Qui gémit. *Parler d'une voix gémissante.* ➤ **plaintif.** — PAR EXT. *«l'essieu gémissant»* LAMARTINE.

GÉMISSEMENT [ʒemismɑ̃] **n. m.** – v. 1120 ◇ de *gémir* ▪ **1** Expression vocale, inarticulée et plaintive d'une sensation intense, en particulier de la douleur. ➤ **lamentation, plainte.** *Gémissements de douleur, de plaisir. Pousser, laisser échapper des gémissements. Gémissement étouffé. Gémissements outrés.* ➤ **jérémiade.** ◆ PAR ANAL. Cri (de certains oiseaux). *Le gémissement de la tourterelle.* ▪ **2** Son plaintif. *Le gémissement du vent dans les ramures. «les gémissements des deux essuie-glaces»* LE CLÉZIO. ▪ **3** FIG. Expression de la douleur. ➤ **plainte.** *«les longs et sourds gémissements d'un cœur serré de détresse»* ROUSSEAU.

GEMMAGE [ʒemaʒ] **n. m.** – 1864 ◇ de *gemmer* ▪ ARBOR. Action de gemmer (les pins).

GEMMAIL, AUX [ʒemaj, o] **n. m.** – 1957 ◇ de *gemme* et *vitrail* ▪ Panneau constitué de morceaux de verre colorés juxtaposés et superposés sans plomb (➤ **aussi vitrail**). ▪ **HOM.** Gémeau.

GEMMATION [ʒemasjɔ̃] **n. f.** – 1798 ◇ du latin *gemmare* «bourgeonner» ▪ BOT. Développement des bourgeons.

GEMME [ʒɛm] **n. f.** – 1080 ◇ latin *gemma* «pierre précieuse» et «bourgeon»

I ▪ **1** Matière minérale (pierre fine, pierre précieuse) ou organique (perle, ambre) utilisée en bijouterie, joaillerie et orfèvrerie (➤ **gemmologie**). — **adj.** (XVIe) *Sel gemme :* chlorure de sodium extrait des mines. ▪ **2** (1391) Suc résineux qui coule des pins par les incisions de l'écorce du tronc (➤ **résine**).

II (1808) BOT. VX Bourgeon.

GEMMÉ, ÉE [ʒeme] **adj.** – XVIe ; *gemé* 1080 ◇ de *gemme* ▪ LITTÉR. Orné de gemmes, de pierres précieuses.

GEMMER [ʒeme] **v. tr.** ‹1› – 1820 ◇ latin *gemmare* ▪ ARBOR. Inciser l'écorce de (certains pins) pour recueillir la gemme.

GEMMEUR, EUSE [ʒemœʀ, øz] **adj.** et **n.** – avant 1872 ◇ de *gemmer* ▪ ARBOR. Qui gemme les pins. ➤ **résinier.** *Ouvrier gemmeur.*

GEMMIFÈRE [ʒemifɛʀ] **adj.** – 1596 ◇ latin *gemmifer* ▪ MINÉR. Qui contient des gemmes. ◆ ARBOR. Qui produit de la gemme. *Le pin maritime est gemmifère.*

GEMMOLOGIE [ʒemɔlɔʒi] **n. f.** – 1950 ◇ de *gemme* et *-logie,* d'après l'anglais *gemmology* (1811) ▪ DIDACT. Science qui a pour objet de déterminer la nature des gemmes (pierres fines). — **n. GEMMOLOGUE** (1953) ou **GEMMOLOGISTE** (1975).

GEMMULE [ʒemyl] **n. f.** – 1808 ◇ latin *gemmula,* diminutif de *gemma* → gemme ▪ BOT. Bourgeon de l'embryon, partie sommitale de la plantule appelée à se développer en pousse feuillue. ➤ **plumule.**

GÉMONIES [ʒemɔni] **n. f. pl.** – 1548 ◇ latin *gemoniae (scalae)* «(escalier) des gémissements», à Rome, où on exposait les cadavres des condamnés après leur strangulation, avant de les jeter dans le Tibre ▪ LOC. **VOUER (qqn, qqch.) AUX GÉMONIES,** l'accabler publiquement de mépris, d'opprobre. ➤ **vilipender.**

GÊNANT, ANTE [ʒɛnɑ̃, ɑ̃t] **adj.** – *gesnant* XVIIe ; *gehinnant* XVIe ◇ de *gêner* ▪ **1** Qui cause une gêne physique. *Un meuble gênant.* ➤ **embarrassant, encombrant.** *Une douleur gênante.* ➤ **handicapant.** *Ces talons sont gênants pour courir.* ➤ **malcommode.**

▪ **2** Qui importune, dérange, met dans l'embarras. *Supprimer un témoin gênant.* ➤ **dérangeant.** *Un silence gênant.* ➤ **pesant.** *Cette situation est très gênante pour elle.* ➤ **déplaisant, ennuyeux*, inconfortable, malaisant.** *Ce n'est pas bien gênant.* ▪ **3** (Canada) Intimidant. *Je le trouve gênant.* ▪ CONTR. Agréable, 1 commode.

GENCIVE [ʒɑ̃siv] **n. f.** – XIIe ◊ adaptation du latin *gingiva* ▪ Portion de la muqueuse buccale qui recouvre le bord alvéolaire des deux maxillaires, et entoure le collet des dents (➤ **gingival**). *Inflammation, tumeur des gencives.* ➤ **gingivite.** ◆ PAR EXT. et FAM. La mâchoire, les dents. *Un grand coup dans les gencives.* — FIG. *Prends ça dans les gencives* (cf. Dans les dents).

GENDARME [ʒɑ̃daʀm] **n.** – XVe ; *gensdarmes* 1330 ◊ de 1 *gens* et *arme*
I n. m. ANCIENNT Homme de guerre à cheval, ayant sous ses ordres un certain nombre d'autres cavaliers. ◆ SPÉCIALT Gentilhomme cavalier. ◆ PAR EXT. Soldat, en général.
II (1790) MOD. Militaire appartenant à un corps spécialement chargé de veiller au maintien de l'ordre et de la sûreté publique, à la recherche et à la constatation de certaines infractions, et à l'exécution des arrêts judiciaires. ➤ FAM. et VX 2 **pandore.** *Brigade de gendarmes* (➤ **brigadier**). *Gendarme mobile. Elle est gendarme. Une gendarme. Être arrêté par les gendarmes, ramené entre deux gendarmes. Jouer au(x) gendarme(s) et au(x) voleur(s).* ◆ **LE GENDARME,** symbole de la force publique, de l'autorité. *La peur du gendarme* : la peur de la sanction, du châtiment, qui retient d'agir. ◆ LOC. *Chapeau de gendarme* : ancien bicorne des gendarmes ; PAR ANAL. chapeau de papier plié en forme de bicorne. — FAM. *Faire le gendarme* : faire régner l'ordre, la discipline en exerçant une surveillance autoritaire et répressive. ➤ **flic.** ◆ Personne, en particulier grande femme, à l'air autoritaire et revêche. ➤ **virago.** *« un grand gendarme de femme avare et maigre qui lui faisait peur »* DAUDET. ◆ FIG. *Le gendarme de la Bourse* : l'autorité des marchés financiers (AMF). *Gendarme couché* : ralentisseur (3°).
III n. m. FIG. ▪ **1** (1477 dialectal, d'après sa raideur) FAM. Hareng saur. ◆ Saucisse sèche et plate. ▪ **2** (1599) Paillette, défaut dans une pierre précieuse, un diamant. ▪ **3** RÉGION. Poisson (vairon, en Lorraine), oiseau, insecte (punaise des bois), plante. ▪ **4** Piton rocheux difficile à franchir.

GENDARMER (SE) [ʒɑ̃daʀme] **v. pron.** ⟨1⟩ – 1547 « gouverner despotiquement » ◊ de *gendarme* ▪ S'irriter, s'emporter pour une cause légère. *Se gendarmer contre qqn, qqch.* ➤ **s'emporter.** *« Mon goût correct s'est gendarmé Contre ces vers de Mallarmé »* MALLARMÉ. — Protester, réagir vivement. *Il a dû se gendarmer pour le faire tenir tranquille.* ➤ **se fâcher.**

GENDARMERIE [ʒɑ̃daʀməʀi] **n. f.** – 1473 ◊ de *gendarme*
I ANCIENNT Corps de gendarmes, cavalerie lourde. — Corps de troupes de police qui relevaient des maréchaux de France. *Gendarmerie de la maréchaussée.* — Corps d'élite, attaché à la maison royale.
II MOD. ▪ **1** (En France) « Corps militaire, chargé d'assumer la police administrative du territoire, la surveillance des armées de terre et de mer (➤ **prévôté**) et de collaborer à la police judiciaire » (Capitant). *Corps de gendarmerie.* ➤ **légion.** *Capitaine, brigadier de gendarmerie. Gendarmerie nationale. Gendarmerie départementale, gendarmerie mobile. Gendarmerie de l'air. Groupe d'intervention de la gendarmerie nationale (G. I. G. N.).* — (Hors de France) *La gendarmerie espagnole.* ▪ **2** PAR EXT. Caserne où les gendarmes sont logés ; bureaux où ils remplissent leurs fonctions administratives. *« la gendarmerie pour les plaintes contre les maraudeurs »* C. SIMON.

GENDARMESQUE [ʒɑ̃daʀmɛsk] **adj.** – XXe ◊ de *gendarme* et *-esque* ▪ FAM., IRON. Propre aux gendarmes (dans la tradition comique).

GENDELETTRE [ʒɑ̃d(ə)lɛtʀ] **n. m.** – 1843 ◊ de *gens de lettres* 1156 ; → 1 gens ▪ FAM. et VIEILLI Homme, femme de lettres. *« gendelettre dans l'âme, elle faisait passer la copie avant tout »* PROUST.

GENDRE [ʒɑ̃dʀ] **n. m.** – XIIe ◊ latin *gener* ▪ Le mari d'une personne par rapport aux parents de celle-ci. ➤ **beau-fils.** *« Quand la marierons-nous ? quand aurons-nous des gendres ? »* LA FONTAINE. LOC. *Le gendre idéal* : jeune homme bien sous tous rapports, de bonne apparence. *« Père voulait me présenter à un gendre idéal, le fils de ses rêves, sans doute »* G. LEROY.

GÈNE [ʒɛn] **n. m.** – 1911 ◊ d'abord allemand, puis anglais *gene*, du grec → -gène ▪ GÉNÉT. Unité génétique porteuse d'informations héréditaires et correspondant à une ou des protéines (➤ **génotype, phénotype**), localisée sur un chromosome (➤ **locus**), et composée d'ADN codant (➤ **exon**), d'ADN non codant régulateur et d'introns. *Gène dominant, récessif, opérateur, régulateur. Gène homéotique. Gène de structure,* gouvernant un point précis du fonctionnement de l'organisme (par ex. production d'une protéine). *Gène d'intérêt,* qui code pour les caractères étudiés. *Gènes liés,* portés par le même chromosome. *Gène du développement,* contrôlant la mise en place du plan* d'organisation de l'individu. *Allèles d'un gène. Présence d'ADN dans les gènes. « Un gène ne définit pas une espèce ; il ne définit qu'une caractéristique »* A. KAHN. *« les gènes qui sont les éléments ultimes du patrimoine héréditaire »* J. ROSTAND. *Pénétrance d'un gène. Banque de gènes.* ➤ **génothèque.** *Intervention sur les gènes.* ➤ **génie** (génétique), **transgenèse ; OGM ; bioéthique.** *Famille de gènes. Caractère qui implique un gène, plusieurs gènes.* ➤ **monogénique, multigénique.** — COUR. *C'est dans les gènes* : c'est inné, c'est héréditaire (cf. Dans le sang). ▪ HOM. Gêne.

-GÈNE ▪ Élément, du grec *-genês,* de *genos* « naissance, origine » : *thermogène.*

GÊNE [ʒɛn] **n. f.** – 1538 ◊ altération, d'après *géhenne,* de l'ancien français *gehine* « torture », de *gehir* « avouer » ; francique °*jehhjan* ▪ **1** VX Torture. ➤ **géhenne.** ◆ Tourment, peine extrême. ▪ **2** (1580) MOD. Malaise ou trouble physique que l'on éprouve dans l'accomplissement de certaines fonctions ou de certains actes. *Avoir, sentir de la gêne dans la respiration ; avoir de la gêne à respirer* : étouffer, suffoquer. *Éprouver une sensation de gêne* : être incommodé. *Éprouver une certaine gêne à avaler, pour marcher.* ➤ **difficulté.** ▪ **3** (1762) Situation embarrassante, imposant une contrainte, un désagrément. ➤ **embarras, ennui, incommodité, sujétion.** *Je voudrais être sûr de ne vous causer aucune gêne.* ➤ **dérangement.** — PROV. *Où (il) y a de la gêne (il n') y a pas de plaisir,* se dit de qqn qui ne s'inquiète pas de savoir s'il gêne les autres. ◆ SPÉCIALT (avant 1813) VIEILLI Situation embarrassante due au manque d'argent. ➤ **pauvreté, privation.** *Être dans la gêne.* ➤ **besoin.** *« payer toutes ses dettes et sortir de la gêne »* SUARÈS. ◆ DR. ➤ **nuisance.** ▪ **4** Impression désagréable que l'on éprouve devant qqn quand on se sent mal à l'aise. ➤ **confusion, embarras, 2 trouble.** *« Il n'y a entre nous aucune contrainte, aucune gêne »* LÉAUTAUD. *Éprouver de la gêne* (cf. Perdre contenance* ; ne pas savoir où se mettre* ; être dans ses petits souliers*). *Il y eut un moment de gêne, de silence* (cf. Cela a jeté un froid*). *Parlez sans gêne. « sans gêne, il traversait la cuisine, à moitié nu »* ZOLA. — **adj.** et **n.** ➤ **sans-gêne.** ◆ (Canada) Timidité. *Vaincre sa gêne* (➤ **dégêner**). ▪ CONTR. Aisance, facilité, liberté ; fortune. Aplomb, assurance, familiarité. ▪ HOM. Gène.

GÉNÉALOGIE [ʒenealɔʒi] **n. f.** – XIIe ◊ bas latin *genealogia,* du grec *genealogos* « personne qui étudie la généalogie » ▪ **1** Suite d'ancêtres qui établit une filiation (➤ **ascendance, descendance, famille, filiation, lignée, race**). *Faire la généalogie d'un individu, d'une famille. Généalogie des dieux antiques.* ➤ **théogonie.** — PAR EXT. *Généalogie d'un pur-sang, d'animaux de race.* ➤ **pedigree.** ◆ *Généalogie des espèces vivantes, en biologie.* ➤ **évolutionnisme, phylogenèse, phylogénétique.** ▪ **2** Science qui a pour objet la recherche de l'origine et de la filiation des familles. *Connaître l'héraldique et la généalogie.* ▪ **3** Historique d'un évènement. *La généalogie des faits.*

GÉNÉALOGIQUE [ʒenealɔʒik] **adj.** – 1480 ◊ de *généalogie* ▪ Relatif à la généalogie. *Degrés généalogiques. Pièce, document généalogique.* ➤ **nobiliaire.** — *Livres généalogiques,* établissant la généalogie des animaux de race pure (➤ **flock-book, herd-book, stud-book**). — *Arbre* généalogique.* — **adv. GÉNÉALOGIQUEMENT,** 1845.

GÉNÉALOGISTE [ʒenealɔʒist] **n.** – 1654 ◊ de *généalogie* ▪ Personne qui s'occupe de généalogie.

GÉNÉPI [ʒenepi] **n. m.** – 1723 ◊ mot savoyard ▪ Plante sauvage des hautes montagnes *(composées),* armoise naine. *Génépi des glaciers. Génépi noir, blanc.* ◆ Liqueur (absinthe) ou vulnéraire fait avec ces plantes.

GÊNER [ʒene] **v. tr.** ⟨1⟩ – 1530 ; *gesner* du XVIe au XVIIIe ; *gehinner* 1381 ; *gehenner* 1363 ◊ de *gêne*
I ~ **v. tr.** ▪ **1** VX Torturer, supplicier. — PAR EXT. Faire souffrir. ➤ **tourmenter.** *« Et le puis-je, Madame ? Ah ! que vous me gênez ! »* RACINE. ▪ **2** (1669) MOD. Mettre (un être vivant) à l'étroit ou mal à l'aise, en causant une gêne physique. *Ces souliers me gênent.* ➤ **serrer.** *Cette veste me gêne aux emmanchures.* **p. p. adj.** *Être gêné dans des vêtements trop raides.* ➤ **engoncé.** *Être gêné aux entournures*.* — *Est-ce que le soleil, la fumée vous gêne ?* ➤ **déranger, incommoder, indisposer.** *« Le cigare vous gêne-t-il, madame ? demanda le voisin »* D. BOULANGER. *Cela vous gênerait-il de vous pousser un peu ?* ◆ Entraver, freiner, empê-

cher le mouvement, l'action de. *Donnez-moi ce paquet qui vous gêne.* ➤ **embarrasser, encombrer.** — PAR EXT. *Le terrain difficile gêne le mouvement des troupes.* ➤ 1 **entraver.** *Travaux qui gênent la circulation.* ▪ **3** Mettre dans une situation embarrassante, difficile, où s'exerce une contrainte. ➤ **embarrasser, empêcher.** *Il me gêne dans mes projets.* ➤ **contrarier, perturber.** *J'ai été gêné par le manque de temps, de place.* ➤ **contraindre.** ◆ Infliger à qqn l'importunité d'une présence, d'une démarche. ➤ **déplaire, déranger, importuner ;** RÉGION. **encoubler.** *Je ne voudrais pas vous gêner.* ABSOLT *Il a toujours peur de gêner.* ◆ SPÉCIALT Mettre dans une situation financière embarrassante. « *Je me figurais que ça ne te gênait pas de me prêter une pièce de vingt francs* » GONCOURT. **p. p. adj.** *Je me trouve un peu gêné, en ce moment.* ➤ **serré** (cf. À court). ▪ **4** Mettre mal à l'aise. ➤ **intimider, troubler.** *Votre question me gêne. Ça me gêne qu'il me rende un tel service.* — **p. p. adj.** *Sourire gêné.* « *la contenance gênée de l'homme tombé mal à propos* » COURTELINE. ➤ **contraint, emprunté, gauche.** *Avoir l'air gêné. Se sentir gêné. J'étais terriblement gêné.* « *Il était d'autant plus gêné* [...] *d'avoir paru gêné* » PROUST. (Canada) Timide.

II ~ **v. pron. SE GÊNER** ▪ **1** S'imposer quelque contrainte physique ou morale. *Tu n'as pas à te gêner devant moi. C'est qqn avec qui l'on ne se gêne pas.* ➤ **se contraindre.** « *Il nous engueulait de plus belle, ne se gênait plus avec nous* » CALAFERTE. *Elle ne s'est pas gênée pour lui dire ce qu'elle pensait. On ne lui dit rien, il aurait tort de se gêner !* IRON. *Ne vous gênez pas !* se dit à qqn d'indiscret, d'inconvenant, qui en prend un peu trop à son aise (➤ **sans-gêne**). « *C'est ça, insulte-moi* [...] *Ne te gêne pas !* » ARAGON. FAM. *Je vais me gêner !* je ne vais pas hésiter à le faire. « *tu ne vas pas prendre le métro dans cette tenue ? C'est ça, je vais me gêner, a dit Edwige* » M. DESPLECHIN. ▪ **2** (Suisse) Être intimidé, avoir honte. *Il se gêne lorsqu'il doit parler en public.*

▪ CONTR. Soulager. Aider, dégager, libérer, servir. 1 Aise (mettre à l'aise).

1 GÉNÉRAL, ALE, AUX [ʒeneʀal, o] **adj.** – v. 1120-1130 ◊ latin *generalis* « qui appartient à un genre » ▪ **1** Qui s'applique, se réfère à un ensemble de cas ou d'individus (opposé à *particulier*). « *les phénomènes les plus simples sont nécessairement les plus généraux* » COMTE. *Idée* générale. S'en tenir à des considérations générales.* ➤ 3 **vague.** *D'une manière générale :* sans application à un cas spécial (➤ **généralement**). Animal *est plus général que* chien, s'applique à plus d'individus. ➤ **extensif,** 1 **générique, large.** — LOG. *Proposition générale.* ◆ **n. m.** *Conclure du particulier au général.* ➤ **généraliser.** *Il n'y a de science que du général* (maxime d'Aristote). ▪ **2** Qui s'applique à l'ensemble ou à la majorité des cas ou des individus d'une classe. *En règle* générale. C'est maintenant la tendance générale.* ➤ 1 **courant, dominant, habituel, ordinaire.** *L'opinion générale. Situation générale. Travailler au bien général.* ➤ **commun.** *Dans l'intérêt général,* de tous. ▪ **3** Qui intéresse, réunit sans exception tous les individus, tous les éléments d'un ensemble. ➤ **total.** *Assemblée générale. Amnistie générale. Un cri général.* ➤ **unanime.** *À la demande générale. La mêlée devint générale. Concours général. Grève générale. Mobilisation générale. États* généraux. Culpabilité, responsabilité générale.* ➤ **collectif.** *Récapitulation générale.* — *Une vue générale,* d'ensemble. ➤ **global.** ◆ MILIT. *Assemblée générale, alarme générale,* ou ELLIPT **n. f.** *générale :* batterie ou sonnerie militaire appelant au rassemblement. *Sonner la générale.* ◆ THÉÂTRE *Répétition générale,* ou ELLIPT **n. f. LA GÉNÉRALE :** ultime répétition d'ensemble d'une pièce sous la forme d'une représentation devant un public de privilégiés. *La couturière, la générale et la première. Être invité à la générale d'une pièce.* ◆ (En parlant de la connaissance, des notions relatives à un ensemble de connaissances) *Culture* générale. Histoire générale.* ➤ **universel.** *Médecine*, philosophie générale. Tableau général.* ➤ **synoptique.** *Dictionnaire général,* non spécialisé. *Littérature générale :* dans l'édition, les œuvres littéraires opposées aux ouvrages spécialisés ou non littéraires. ◆ Qui intéresse toutes les parties d'un individu, d'un organisme. *État* général. Paralysie* générale. Anesthésie générale* (opposé à *local, locorégional*). *Fatigue générale.* ▪ **4** Qui embrasse l'ensemble d'un service, d'une organisation. *Direction générale. Quartier général.* — (Qualifiant le titulaire lui-même d'une haute fonction, d'un grade supérieur) *Fermiers généraux. Officiers généraux. La secrétaire générale. Président-directeur général, présidente-directrice-générale. Trésorier-payeur général.* ▪ **5 loc. adv.** (v. 1270) **EN GÉNÉRAL :** d'un point de vue général, en ne considérant que les caractères généraux (opposé à *en particulier*). *Parler en général,* abstraction faite des cas spéciaux. « *c'est l'homme en général et non tel homme qu'ils représentent* » TAINE. — Dans la plupart des cas, le plus souvent. ➤ **communément, généralement.** *C'est en général ce qui arrive.*

▪ CONTR. Individuel, particulier, singulier, spécial, spécialisé ; exceptionnel, inhabituel, local, partiel, rare.

2 GÉNÉRAL, ALE, AUX [ʒeneʀal, o] **n.** – fin XVIe ; « trésorier général » 1463 ◊ de *capitaine général* ▪ **1 n. m.** Celui qui commande en chef une armée, une unité militaire importante. *Général en chef. Alexandre, Hannibal, César comptent parmi les plus fameux généraux de l'Antiquité* (➤ **capitaine**). ▪ **2** PAR ANAL. Personne qui est à la tête d'un ordre religieux. ➤ **supérieur.** *Le général des Jésuites, des Dominicains.* ▪ **3 n. m.** HIST. *Général des finances.* ➤ **généralité** (II). ▪ **4** Officier du plus haut grade commandant une grande unité dans les armées de terre et de l'air. *Général de brigade* (2 étoiles), *de division* (3), *de corps d'armée* (4), *d'armée et commandant en chef* (5). *La première femme « à revêtir les deux étoiles de générale de brigade aérienne »* (Le Monde, 1998). *Général en chef.* ➤ **généralissime.** *Général (à) deux, trois étoiles. Insignes des généraux* (feuilles de chêne, étoiles). *Le général de Gaulle. À vos ordres, mon général.* ◆ Ce titre, dans la vie civile. *Bonjour, mon général.* (Venant d'une femme) *Bonjour, général.* ▪ **5 n. f.** (1802) VIEILLI Épouse d'un général. « *La générale Hugo* » MAUROIS. *Madame la générale.*

GÉNÉRALAT [ʒeneʀala] **n. m.** – 1554 ◊ de 2 *général* ▪ RARE ▪ **1** Grade, fonction de général (dans l'armée). ◆ Dignité de général d'un ordre religieux. *Le généralat de l'Oratoire.* ▪ **2** Temps que dure cette fonction. *À la fin de son généralat.*

GÉNÉRALE ➤ 1 **GÉNÉRAL** (3°) et 2 **GÉNÉRAL**

GÉNÉRALEMENT [ʒeneʀalmɑ̃] **adv.** – 1190 ◊ de 1 *général* ▪ **1** D'un point de vue général, à prendre les choses en général. *Généralement parlant.* « *une conversation généralement partisane et particulièrement neutre* » DURAS. ▪ **2** Dans l'ensemble ou la grande majorité des individus. ➤ **communément.** *Usage très généralement répandu.* ▪ **3** Dans la plupart des cas, le plus souvent. ➤ **habituellement, ordinairement** (cf. En général). *Généralement, cela se passe ainsi. Il fait généralement beau à cette époque de l'année.* ▪ CONTR. Particulièrement, spécialement. Jamais, rarement.

GÉNÉRALISABLE [ʒeneʀalizabl] **adj.** – 1845 ◊ de *généraliser* ▪ Qui peut être généralisé. *Mesures généralisables.*

GÉNÉRALISATEUR, TRICE [ʒeneʀalizatœʀ, tʀis] **adj.** – 1792 ◊ de *généraliser* ▪ Qui généralise. *Point de vue généralisateur.*

GÉNÉRALISATION [ʒeneʀalizasjɔ̃] **n. f.** – v. 1760 ◊ de *généraliser* ▪ **1** Action de généraliser ou de se généraliser. *Souhaiter la généralisation d'une mesure. Risques de généralisation d'un conflit.* ➤ **extension.** — MÉD. *Généralisation d'un cancer par métastases.* ▪ **2** (ABSTRAIT) Opération intellectuelle par laquelle on étend à l'ensemble d'une classe, ou à une autre classe, les propriétés et caractères observés sur un nombre limité de cas ou d'individus (➤ **analogie, induction**) ; son résultat. ➤ **extrapolation.** *L'abstraction est inséparable de la généralisation. Généralisation hâtive, imprudente, abusive.* ◆ LOG. « Opération par laquelle, reconnaissant des caractères communs entre plusieurs objets singuliers, on réunit ceux-ci sous un concept unique dont ces caractères forment la compréhension » (Lalande). ➤ **concept, idée** (générale).

▪ CONTR. Individualisation, limitation, localisation, particularisation.

GÉNÉRALISER [ʒeneʀalize] **v. tr.** ⟨1⟩ – 1578 ◊ de 1 *général* ▪ Rendre général. ▪ **1** Étendre, appliquer (qqch.) à l'ensemble ou à la majorité des individus. ➤ **étendre, universaliser.** *Généraliser une mesure.* PRONOM. *L'instruction s'est généralisée en France.* ➤ **répandre.** — **p. p. adj.** *Crise généralisée.* ◆ S'étendre à l'ensemble d'un organisme. *Le mal tend à se généraliser.* — **p. p. adj.** *Cancer généralisé.* ▪ **2** (ABSTRAIT) Affecter d'une extension ou d'une portée plus grande. « *une tête capable de généraliser des idées* » VOLTAIRE. *Généraliser les résultats d'une expérience.* ◆ ABSOLT Raisonner par généralisation, en allant du particulier au général. *Il ne faudrait pas trop généraliser.* ➤ **extrapoler.** « *Le savant généralise, l'artiste individualise* » RENARD. ▪ CONTR. Limiter, localiser, restreindre. Distinguer, individualiser, particulariser, spécialiser, spécifier.

GÉNÉRALISSIME [ʒeneʀalisim] **n. m.** – 1558 ◊ italien *generalissimo,* superlatif de *generale* « général » ▪ Général chargé du commandement en chef, ayant sous ses ordres les autres généraux. *Foch fut nommé en 1918 généralissime des armées alliées.*

GÉNÉRALISTE [ʒeneʀalist] **adj.** – 1962 ◊ de *(médecine) générale* ▪ **1** Qui pratique la médecine générale. *Médecin généraliste.* — **n.** *Un, une généraliste.* ➤ **omnipraticien.** ▪ **2** Qui n'est pas spécialisé. *Ingénieur généraliste.* ◆ (CHOSES) *Formation généra-*

liste. Télévision, radio généraliste, pour le grand public. *Chaîne* (de télévision) *généraliste* (opposé à *spécialisé, thématique, ciblé*). ■ CONTR. Spécialiste.

GÉNÉRALITÉ [ʒeneʀalite] **n. f.** – v. 1280 ; «espèce» 1265 ◊ latin des philosophes *generalitas*

I (de 1*général*) ■ **1** Caractère de ce qui est général (I°). *Généralité d'une proposition.* Réflexion générale qui n'entre pas dans le détail (surtout au plur.). *Ouvrir un cours par des généralités.* — PÉJ. (surtout au plur.) Vérité générale qui n'informe pas sur le sujet abordé. *Un tissu de généralités.* ➤ **banalité, 1 lieu** (commun). ■ **2** VX L'ensemble des individus, des citoyens. ➤ **communauté.** «*La puissance exécutrice ne peut appartenir à la généralité*» ROUSSEAU. — MOD. (CHOSES) *La généralité des... :* le plus grand nombre des. ➤ **majorité, plupart** (Ia). *Dans la généralité des cas.*

II (1443 ◊ de 2*général*) HIST. Sous l'Ancien Régime, Circonscription financière dirigée par un *général des finances* (au XVIIe s. *intendance*).

■ CONTR. Particularité, spécialité ; détail, précision. Exception. Minorité.

GÉNÉRATEUR, TRICE [ʒeneʀatœʀ, tʀis] **adj.** et **n.** – 1519 ◊ latin *generator*

I **adj.** ■ **1** Qui engendre, sert à engendrer. *Fonction génératrice.* ➤ **reproduction.** — FIG. *Principe générateur* (de certains effets). *Acte, mouvement générateur de désordres.* ➤ **créateur.** *Une économie génératrice de chômage* (➤ **source**). ■ **2** (XVIIIe) GÉOM. Qui engendre par son mouvement (une ligne, une surface, un solide). *Ligne génératrice d'une surface.* **n. f. GÉNÉRATRICE :** courbe permettant de définir une surface réglée, une surface de révolution (➤ **directrice**). ◆ MATH. *Système générateur :* ensemble de vecteurs dont les combinaisons engendrent tous les vecteurs de l'espace.

II **n.** ■ **1** **n. m.** (1857 ◊ ellipse de *appareil générateur*) TECHNOL. Dispositif producteur. *Générateur de vapeur :* chaudière. *Générateur de particules, de rayons X.* ◆ ÉLECTROTECHN. Appareil, machine convertissant en énergie électrique une autre forme d'énergie. ➤ **aérogénérateur, 1 pile, photopile.** ◆ ÉLECTRON. Appareil produisant une forme particulière de signal. *Générateur sinusoïdal d'impulsions, de fonctions.* ◆ INFORM. *Générateur de programme :* logiciel permettant de fournir, à partir d'informations fonctionnelles, un programme d'application. ■ **2** **n. f.** (1883 ◊ de *machine génératrice*) *Génératrice à courant continu,* ABSOLT **GÉNÉRATRICE :** machine produisant un courant continu à partir d'énergie mécanique. ➤ **dynamo, 1 magnéto.** *Constituants d'une génératrice.* ➤ **balai, collecteur, inducteur, induit.**

■ CONTR. Destructeur. 1 Récepteur.

GÉNÉRATIF, IVE [ʒeneʀatif, iv] **adj.** – 1314 ◊ du radical du latin *generatum,* supin de *generare* «engendrer» ■ VX Relatif à la génération. ◆ (1965 ◊ emprunté à l'anglais) LING. *Grammaire générative :* description systématique, plus ou moins formalisée, de la génération* des phrases d'une langue (formation des phrases possibles, et seulement de ces phrases). *Grammaire générative et grammaire transformationnelle.*

GÉNÉRATION [ʒeneʀasjɔ̃] **n. f.** – XIIIe ; *generatiun* v. 1120 ◊ latin *generatio*

I **ACTION D'ENGENDRER** ■ **1** Production d'un nouvel individu ; fonction par laquelle les êtres se reproduisent. ➤ **reproduction.** *Génération asexuée.* ➤ **multiplication ; scissiparité, sporulation ; clonage ; parthénogenèse.** *Génération sexuée.* ➤ **sexe ; fécondation, gamète.** *Organe de la génération chez les animaux* (➤ **génital**), *chez les plantes. Génération par accouplement, par insémination artificielle. Génération ovipare* (➤ **œuf**), *vivipare* (➤ **embryon, fœtus ; conception, gestation, grossesse ; accouchement**). *Aptitude* (➤ **fécondité**), *inaptitude* (➤ **agénésie, stérilité**) *à la génération. Génération et hérédité.* ➤ **génétique.** — (après 1750, Buffon) *Génération spontanée :* théorie répandue avant les travaux de Pasteur, d'après laquelle certains êtres organisés naîtraient spontanément, par la seule force de la matière. ➤ **abiogenèse, hétérogénie.** ■ **2** SPÉCIALT *L'acte de la génération,* et ELLIPT VX *La génération :* l'acte sexuel. «*La génération est le procédé par lequel l'amour sert la vie universelle dans la matière*» HUGO. ■ **3** FIG. et DIDACT. ➤ **genèse, production.** «*la génération des mots*» BAUDELAIRE. — GÉOM. *Génération d'une surface, d'un solide,* par mouvement ou révolution. *Définition par génération,* qui définit une figure par la façon dont elle est engendrée. — MATH. *Génération d'un nombre,* sa formation à l'aide de l'unité ou d'autres nombres. — MUS. *Génération d'un accord,* par le son fondamental et les harmoniques. — ANGLIC. LING. Production des phrases par le locuteur (➤ **génératif**).

II **CE QUI EST ENGENDRÉ** ■ **1** (1511) COUR. Ensemble des êtres qui descendent de qqn à chacun des degrés de filiation. ➤ **progéniture.** *De génération en génération. C'est ainsi depuis des générations. Trait héréditaire qui saute une génération. Liens entre générations* (➤ **intergénérationnel**). *La deuxième génération* (d'immigrés), celle des enfants nés dans le pays d'immigration de leurs parents. «*La "troisième génération" apparaissait comme une nouvelle vague d'immigration, une immigration intérieure*» ERNAUX. ◆ PAR EXT. Espace de temps correspondant à l'intervalle qui sépare chacun des degrés d'une filiation (évalué à une trentaine d'années). ■ **2** Ensemble des individus ayant à peu près le même âge. *La jeune, la nouvelle génération. La génération montante. Une génération sacrifiée. Ils sont de la même génération. Elle est de ma génération. Toutes générations confondues,* des plus jeunes aux plus âgés. *Le conflit, le fossé des générations.* — *La génération Internet,* celle qui est née avec Internet. *La génération X,* succédant à celle des babyboomers. *La génération Y,* les personnes nées entre 1980 et 1999. *La génération Z.* ■ **3** Famille de produits appartenant à un même stade de développement, de recherche. *Téléphonie de troisième, de quatrième génération.* ➤ 2 **G** (6°). *Pilule de quatrième génération.*

GÉNÉRATIONNEL, ELLE [ʒeneʀasjɔnɛl] **adj.** – 1842 ◊ de *génération* ■ Propre à une génération (II, 2°). *Une crise générationnelle.*

GÉNÉRER [ʒeneʀe] **v. tr.** ‹6› – 1875 ; «engendrer» v. 1180 ◊ latin *generare* ■ **1** DIDACT. Produire, avoir pour conséquence. ➤ **engendrer.** *Générer du froid. Installation d'une usine qui génère des emplois.* ■ **2** (v. 1960 ◊ repris à l'anglais *to generate*) LING. Dans les théories génératives, Produire (une phrase).

GÉNÉREUSEMENT [ʒeneʀøzmɑ̃] **adv.** – XVIe «courageusement» ◊ de *généreux* ■ **1** LITTÉR. En montrant de la grandeur d'âme, de la magnanimité. *Se conduire généreusement envers un vaincu.* ■ **2** COUR. Avec libéralité, sans compter. *Récompenser généreusement qqn. Généreusement entretenu.* — Sans épargner sa peine, son dévouement. ■ **3** Avec abondance. ➤ **abondamment, copieusement.** *Verser généreusement à boire.*

■ CONTR. Mesquinement. Parcimonieusement.

GÉNÉREUX, EUSE [ʒeneʀø, øz] **adj.** – XIVe ◊ latin *generosus* «de bonne race», de *genus* «race» ■ **1** VX De race noble. *Prince d'un sang généreux.* ■ **2** VIEILLI Qui a l'âme grande et noble. ➤ **brave, chevaleresque, courageux, intrépide, vaillant.** «*Qui m'aima généreux me haïrait infâme*» CORNEILLE. ◆ MOD. Qui a un grand cœur, de nobles sentiments qui le portent au désintéressement, au dévouement pour son prochain. ➤ **1 bon, charitable, humain.** *Vainqueur généreux envers le vaincu.* ➤ **magnanime.** PAR EXT. *Sentiments, idées, actes généreux.* ➤ **élevé, grand, noble ; bienveillant, fraternel, obligeant.** ■ **3** (1677) COUR. Qui donne, est enclin à donner plus qu'il n'est tenu de le faire. ➤ **charitable, large, libéral, prodigue** (cf. Avoir le cœur* sur la main). *Elle s'est montrée généreuse envers ses enfants.* «*Les gens généreux font de mauvais commerçants*» BALZAC. *Généreux donateur.* ➤ **mécène.** *C'est très généreux de sa part.* — *Don, geste généreux. Pourboire généreux.* — PAR EXT. *Estimation, note trop généreuse.* ➤ **élevé.** — SUBST. *Faire le généreux.* ◆ (CHOSES) *Sol généreux, terre généreuse,* qui a une grande force productive. ➤ **fécond, fertile, productif, riche.** *Sève généreuse.* ➤ **1 fort, 1 vivace.** *Vin généreux.* ➤ **corsé, 1 tonique.** *Part généreuse.* ➤ **copieux.** — *Une poitrine, une gorge généreuse.* ➤ **plantureux.** *Femme aux formes généreuses.* ■ CONTR. 1 Bas, lâche, mesquin, vil ; avare, cupide, égoïste, intéressé. Aride, pauvre, stérile.

1 **GÉNÉRIQUE** [ʒeneʀik] **adj.** – 1548 ◊ latin *genus, eris* → genre ■ **1** DIDACT. Qui appartient à la compréhension logique du genre (opposé à *spécifique*). *Caractère générique.* — Qui désigne un genre entier. *Terme générique.* ➤ **hyperonyme.** *Voie est le nom générique désignant les chemins, routes, rues, etc.* ➤ **commun, 1 général.** ■ **2** *Médicament générique,* ou ELLIPT *un générique :* médicament synthétique qui a le(s) même(s) principe(s) actif(s) et la même forme pharmaceutique qu'un médicament de référence dont le brevet est tombé dans le domaine public, et, par conséquent, meilleur marché. — PAR EXT. *Produit générique,* commercialisé sans nom de marque.

■ CONTR. Spécifique ; spécial. Individuel, particulier.

2 **GÉNÉRIQUE** [ʒeneʀik] **n. m.** – 1934 ◊ de 1*générique* ■ Partie (d'un film, d'une émission) où sont indiqués le titre, le nom des auteurs, des interprètes, des collaborateurs, au début ou à la fin. *Générique de fin. Musique de générique. Son nom figure au générique.* — FIG. Liste des responsables, des auteurs.

GÉNÉROSITÉ [ʒeneʀozite] **n. f.** – 1509 ◊ latin *generositas* ▪ Caractère d'un être généreux, d'une action généreuse. ▪ **1** VX Qualité d'une âme fière, bien née ; sentiment de l'honneur. ➤ **courage, noblesse, vaillance, valeur.** ▪ **2** MOD. Qualité qui élève l'être humain au-dessus de lui-même et le dispose à sacrifier son intérêt personnel, son avantage à celui des autres, à se dévouer. ➤ **abandon,** 1 **don, oubli** (de soi-même) ; **abnégation, altruisme, désintéressement ; cœur, grandeur** (d'âme), **noblesse.** *Agir par générosité.* ◆ SPÉCIALT Sentiment d'humanité qui porte à se montrer bienveillant, charitable, à pardonner, à épargner un ennemi. ➤ **bonté, indulgence, magnanimité.** *Allons, un peu de générosité ! Il en a parlé sans générosité.* ▪ **3** COUR. Disposition à donner plus qu'on n'est tenu de le faire. ➤ **largesse, libéralité, munificence.** *Faire preuve de générosité. Récompenser qqn avec générosité. « La générosité est si sacrée chez ce peuple qu'il est permis de voler pour donner »* STENDHAL. *Générosité démesurée, excessive.* ➤ **prodigalité.** *Un homme d'une grande générosité.* ◆ *Une, des générosités.* Acte généreux. *Faire des générosités.* ➤ **bienfait, cadeau,** 1 **don, libéralité.** *« ceux-là même qui s'enrichissent de ses générosités trouvent qu'il ne fait que son devoir »* CONSTANT.

GENÈSE [ʒənɛz] **n. f.** – v. 1119 ◊ latin d'origine grecque *genesis* « naissance, génération » ▪ **1** (traduction grecque de l'hébreu biblique). *La Genèse :* premier livre de la Bible qui contient le récit de la Création. ◆ PAR EXT. ➤ **cosmogonie.** ▪ **2** (avant 1865) Ensemble des formes ou des éléments qui ont contribué à produire qqch. ; manière dont une chose s'est formée. ➤ **élaboration, formation, gestation.** *Genèse d'une œuvre d'art. Genèse d'un sentiment. « la genèse des actions et des pensées humaines »* CAMUS. *Les « problèmes fondamentaux de la vie organique : formation de l'être, évolution des espèces, genèse de la vie »* J. ROSTAND.

-GENÈSE ou vieilli **-GÉNÈSE, -GÉNÉSIE** ▪ Groupes suffixaux, du grec *genesis* « naissance, formation, production » : *biogenèse, épigénèse, parthénogenèse.* ➤ **-génie.**

GÉNÉSIAQUE [ʒenezjak] **adj.** – 1834 ◊ bas latin *genesiacus* ▪ DIDACT. Relatif à la Genèse. *Jours génésiaques. Les récits génésiaques.*

GÉNÉSIQUE [ʒenezik] **adj.** – 1825 ◊ de *genèse* ▪ **1** VX Relatif à la fonction sexuelle reproductrice. ➤ **sexuel.** *« les entraînements génésiques »* HUYSMANS. ▪ **2** DIDACT. Relatif à la génération, la reproduction. *Histoire génésique d'une femme. La « fonction génésique de conservation de l'espèce »* ABELLIO.

GENET [ʒ(ə)nɛ] **n. m.** – XIVe ◊ espagnol *jinete* « cavalier armé à la légère », d'origine arabe ▪ Petit cheval de race espagnole. ▪ HOM. Genêt.

GENÊT [ʒ(ə)nɛ] **n. m.** – 1600 ; *geneste* n. f. v. 1175 ◊ latin *genesta, genista* ▪ Arbrisseau *(légumineuses papilionées)* à fleurs jaune d'or odorantes et toxiques. *Genêt commun* ou *genêt à balai,* dont les sommités fleuries fournissent la spartéine. *Genêt d'Espagne,* aux rameaux cylindriques presque dépourvus de feuilles. *Terrain couvert de genêts* (**GENÊTIÈRE** n. f.). ▪ HOM. Genet.

GÉNÉTHLIAQUE [ʒenetlijak] **adj.** – 1690 ; « horoscope » 1552 ◊ latin *genethliacus,* du grec *genethliakos* ▪ VX Relatif à la naissance d'un enfant. ◆ MOD. ASTROL. Relatif à l'horoscope. — Qui prédit le destin d'après le ciel de naissance.

GÉNÉTICIEN, IENNE [ʒenetisjɛ̃, jɛn] **n.** – 1931 ◊ de *génétique* ▪ Spécialiste de la génétique.

GÉNÉTIQUE [ʒenetik] **adj.** et **n. f.** – 1800 ◊ grec *gennêtikos* « propre à la génération » ▪ **1** PHILOS. Qui concerne une genèse. — *Critique génétique et manuscriptologie.* ◆ BIOL. Relatif à l'hérédité. ➤ **héréditaire.** PAR EXT. Relatif aux gènes (➤ **génique**), à l'ensemble des gènes (d'un organisme, d'une espèce) et à leur effet. ➤ **héréditaire.** *« Quelle est l'origine de la diversité génétique de l'espèce ? »* J. ROSTAND. *Patrimoine*, code*, information* génétique. Génie* génétique. Ingénierie* génétique. Maladies génétiques. Manipulation, thérapie génétique* (ou *génique**). *Empreinte, profil génétique,* caractéristique structurale d'une portion de l'ADN des cellules, propre à chaque individu, et qui permet son identification à partir d'un échantillon organique. *Test, expertise génétique,* par analyse comparative d'ADN. *Distance génétique :* longueur de la molécule d'ADN ou du chromosome séparant deux gènes ou deux mutations. — *Théories génétiques.* ➤ **génétisme.** ▪ **2 n. f.** (1911) Branche de la biologie, science de l'hérédité. *La génétique étudie les caractères héréditaires et les variations accidentelles* (➤ **mutation**) ; *dans le domaine appliqué, elle contribue à l'amélioration des espèces végétales et animales. Génétique évolutive,* qui traite des questions relatives à l'évolution des espèces. *Génétique formelle, biochimique. Génétique des populations. Génétique inverse :* étude de la fonction des gènes par cartographie et clonage de ceux-ci avant d'avoir identifié leurs produits. *Génétique et bioéthique.*

GÉNÉTIQUEMENT [ʒenetikmɑ̃] **adv.** – 1941 ◊ de *génétique* ▪ D'un point de vue génétique. *« Est interdite toute intervention ayant pour but de faire naître un enfant génétiquement identique à une autre personne »* (CODE CIVIL). *Organisme génétiquement modifié (OGM).* ➤ **transgénique.**

GÉNÉTISME [ʒenetism] **n. m.** – fin XIXe ◊ anglais *genetism,* du radical de *genetics* → génétique ▪ PHILOS. Théorie d'après laquelle la perception de l'espace, du monde extérieur par les sens n'est pas naturelle mais acquise (opposé à *nativisme*). ➤ **empirisme** (3°). — adj. et n. **GÉNÉTISTE.**

GENETTE [ʒ(ə)nɛt] **n. f.** – XIIIe ◊ espagnol *jineta,* d'origine arabe ▪ Petit mammifère *(carnivores)* à la robe tachetée, à la longue queue rayée. *Les genettes des forêts tropicales d'Afrique.*

GÊNEUR, EUSE [ʒɛnœʀ, øz] **n.** – 1863 ◊ de *gêner* ▪ Personne qui gêne, empêche d'agir librement. ➤ **fâcheux, importun ;** FAM. **casse-pied, emmerdeur.** *Faire taire les gêneurs.*

GENÉVRIER [ʒənevʀije] **n. m.** – 1522 ; *gennouvrier* XIIIe ◊ de *genièvre* ▪ Arbre d'Europe *(cupressacées)* aux feuilles acérées et aux fruits globuleux bleu-noir (➤ **genièvre**). *Genévrier des montagnes.* ➤ **sabine.** *Genévrier méditerranéen.* ➤ **cade.**

GÉNIAL, IALE, IAUX [ʒenjal, jo] **adj.** – 1837 ; « agréable, voluptueux » 1509 ◊ latin *genius* → génie ▪ **1** Inspiré par le génie. *Géniale invention.* ◆ (Sens affaibli) *Idée géniale.* ➤ **excellent, ingénieux.** ◆ FAM. Extraordinaire. *Un film génial.* ➤ **extra, géant,** 2 **super.** *Un mec génial. C'est génial !* ➤ **fantastique, sensationnel.** ▪ **2** (1890) PERSONNES Qui a du génie. *Un mathématicien génial. Shakespeare, « le plus génial des hommes de lettres »* R. ROLLAND. ▪ CONTR. Faible, médiocre.

GÉNIALEMENT [ʒenjalmɑ̃] **adv.** – 1613 ◊ de *génial* ▪ D'une manière géniale. *Œuvre génialement traduite.* ➤ **magistralement.**

GÉNIALITÉ [ʒenjalite] **n. f.** – 1803 ◊ de *génial* ▪ RARE Caractère de ce qui est génial. *« La génialité de son verbe »* HENRIOT.

GÉNICULÉ, ÉE [ʒenikyle] **adj.** – 1808 ◊ latin *geniculum,* de *genu* « genou » ▪ Coudé (en parlant d'un organe, d'une structure).

GÉNIE [ʒeni] **n. m.** – 1532 ◊ latin *genius* « divinité tutélaire », au fig. « inclination, talent »

I UN GÉNIE. ÊTRE SURNATUREL ▪ **1** MYTH. Esprit qui présidait à la destinée de chacun, à une collectivité, une organisation, un lieu. *Génie tutélaire.* ◆ (1625) MOD. Être mythique, esprit bon ou mauvais qui influe sur la destinée. *Bon génie, génie protecteur. Mauvais génie.* PAR ANAL. Personne qui a une influence déterminante sur qqn. ➤ **ange** (bon, mauvais ange). *« Il assure que vous êtes son bon génie »* Mme DE SÉVIGNÉ. ▪ **2** Être surnaturel doué d'un pouvoir magique. ➤ **esprit*.** *Le génie enfermé dans la lampe d'Aladin. « Tous les Malinkés ont entendu parler des génies chasseurs, ces génies vivant de sang chaud et surtout avides de sang humain »* KOUROUMA. ▪ **3** Être allégorique personnifiant une idée abstraite. *Le génie de la liberté.* — Sa représentation. *Le génie de la Bastille, à Paris.*

II LE GÉNIE. TALENT (du latin *ingenium*) ▪ **1** (XVIIe) VX Aptitudes innées, dispositions naturelles ; l'esprit, la personne qui possède ces aptitudes. ➤ **caractère, esprit, nature.** *« ceux que l'on choisit pour de différents emplois, chacun selon son génie »* LA BRUYÈRE. ▪ **2** MOD. **LE GÉNIE DE :** ensemble des caractères distinctifs qui forment la nature propre d'une chose, d'une réalité vivante, son originalité, son individualité. *Le génie d'un peuple, d'un pays. « cette merveilleuse langue française, dont le génie est celui de l'incidente »* CLAUDEL. *« Le Génie du christianisme »,* œuvre de Chateaubriand. — Disposition naturelle, aptitude remarquable. ➤ **disposition,** 1 **don, goût, penchant, talent.** *Il a le génie des affaires.* ➤ FAM. **bosse.** *Il « avait le génie de la chicane »* FRANCE. *Il a le génie de, pour tout compliquer.* ▪ **3** (fin XVIIe) Aptitude supérieure de l'esprit qui rend qqn capable de créations, d'inventions, d'entreprises qui paraissent extraordinaires ou surhumaines. *Le génie de Napoléon, de Molière, de Mozart. Génie poétique, musical. Avoir du génie. Croire en son génie. « Le talent sans génie est peu de chose. Le génie sans talent n'est rien »* VALÉRY. *« On sait que le propre du génie est de fournir des idées aux crétins une vingtaine d'années plus tard »* ARAGON. — LOC. PROV. *Le génie est une longue patience* (d'après un mot attribué à BUFFON). ◆ **DE GÉNIE :**

qui a du génie ou qui en porte la marque. ➤ **génial.** *Un homme, une femme de génie. Œuvre, invention de génie.* — (Sens affaibli) *Idée, trait de génie,* plein d'ingéniosité, d'astuce. ◆ Personne qui a du génie. *Un génie sublime. Génie méconnu.* «*Qu'on se le dise : il n'y a guère de génies méconnus*» C. CUSSET. *Il se prend pour un génie. Ce n'est pas un génie* (➤ **aigle, as,** 1**flèche, phénix**) : c'est une personne médiocre.

III LE GÉNIE. ART DES INGÉNIEURS ▪ **1** (avant 1708 ◇ d'après *ingénieur*) MILIT. *Génie militaire* : art des fortifications. PAR EXT. Arme, service technique chargés de travaux (construction et entretien des casernements, fortifications, mise en œuvre de ponts, chemins de fer, transmissions). *Soldats, officiers du génie :* sapeurs, mineurs, électromécaniciens, mineurs-artificiers, pontonniers, sapeurs de chemins de fer et de communications, télégraphistes, radiotélégraphistes. ◆ *Génie maritime :* art des constructions navales. PAR EXT. Corps d'officiers chargés de la construction des bâtiments de l'État. ▪ **2** *Génie civil :* art des constructions ; ensemble des ingénieurs civils (cf. Travaux* publics). — *Génie rural :* ingénierie appliquée au monde rural. ▪ **3** *Génie chimique, atomique :* connaissances et techniques de l'ingénieur* (en chimie, physique atomique). ➤ **ingénierie.** ▪ **4** *Génie cognitif :* conception de systèmes experts. *Génie logiciel.* ▪ **5** *Génie informatique :* méthodes de conception, de mise en œuvre et de maintenance des produits informatiques. ▪ **6** *Génie génétique :* méthodes d'investigation et d'expérimentation sur les gènes.

▪ CONTR. (de II) Médiocrité, nullité. ▪ HOM. Jenny.

-GÉNIE ▪ Élément, du grec *-geneia* «production, formation» : *embryogénie.* ➤ **-genèse.**

GENIÈVRE [ʒənjɛvʀ] **n. m.** – 1377 ; *geneivre* XIIe ◇ latin *juniperus* ▪ **1** Genévrier. *Baies de genièvre.* ▪ **2** Fruit aromatique du genévrier, violet ou noir. *Le genièvre est employé en cuisine, notamment dans la choucroute.* ▪ **3** Eau-de-vie obtenue par distillation de moûts fermentés de céréales (orge, seigle, maïs), distillés sur des baies de genièvre. ➤ RÉGION. **péquet, schiedam.** *Fabrique de genièvre* (**GENIÈVRERIE n. f.,** 1791).

GÉNIQUE [ʒenik] **adj.** – 1936 ◇ de *gène* ▪ GÉNÉT. Des gènes ; relatif aux gènes (➤ **génétique**). *Amplification génique. Thérapie génique,* par intervention sur les gènes. ➤ **génothérapie.**

GÉNISSE [ʒenis] **n. f.** – 1538 ; *genice* v. 1160 ◇ latin populaire °*junicia,* classique *junix* ▪ Jeune vache qui n'a pas encore vêlé. ➤ RÉGION. **taure ; veau.** *Foie de génisse.*

GÉNITAL, ALE, AUX [ʒenital, o] **adj.** – v. 1560 ; *nombres génitaux* v. 1378 ◇ latin *genitalis* «qui engendre» ▪ Qui a rapport à la reproduction sexuée des animaux et de l'être humain. *Parties génitales. Organes génitaux externes* (➤ **sexe**), *internes. Appareil génital mâle* (➤ **pénis, prostate, testicule**), *femelle* (➤ **ovaire, utérus, trompe, vagin, vulve**). ➤ aussi **urogénital ; génito-urinaire.** *Glandes* génitales.* ➤ **gonade.** *Productions des organes génitaux.* ➤ **ovule, spermatozoïde, sperme.** *Hormones génitales mâles* (➤ **testostérone**), *femelles* (➤ **folliculine, progestérone**). ◆ Qui concerne la reproduction, les organes de la reproduction. ➤ **sexuel.** *Vie génitale. Cycle génital.* PSYCHAN. *Stade génital :* dernier stade de la libido (opposé à *oral, anal*).

GÉNITALITÉ [ʒenitalite] **n. f.** – 1877 ◇ de *génital* ▪ **1** BIOL. Capacité de reproduction des organismes sexués. *Génitalité et sexualité.* ▪ **2** Ensemble des caractères et activités liés aux organes génitaux et au plaisir sexuel. *Découverte de la génitalité par l'enfant.*

GÉNITEUR, TRICE [ʒenitœʀ, tʀis] **n.** – 1137 ◇ latin *genitor* «père» ▪ **1** PLAISANT Personne qui a engendré (qqn). *Nos géniteurs.* ➤ **parent.** ◆ Parent biologique, personne apte à la reproduction. «*Son visage des beaux quartiers, son large bassin de génitrice*» É. REINHARDT. **adj.** *Parents géniteurs et mère* porteuse.* ▪ **2 n. m.** (1865) ZOOL. Animal mâle destiné à la reproduction. ➤ **reproducteur.**

GÉNITIF [ʒenitif] **n. m.** – 1380 ◇ latin *genitivus casus* «cas qui engendre», parce qu'il marque l'origine ▪ GRAMM. Dans les langues à déclinaisons, Cas des noms, adjectifs, pronoms, participes, qui exprime le plus souvent la dépendance ou l'appartenance. *Génitif possessif, de qualité. Désinence du génitif. Mettre un mot au génitif pluriel. Génitif absolu :* participiale dont le sujet et le verbe sont au génitif.

GÉNITO-URINAIRE [ʒenitoyʀinɛʀ] **adj.** – 1840 ◇ de *génital* et *urinaire* ▪ ANAT. Qui a rapport aux fonctions de la reproduction et à l'excrétion urinaire. ➤ **urogénital.** *Appareil génito-urinaire. Maladies génito-urinaires.*

GÉNOCIDAIRE [ʒenɔsidɛʀ] **adj.** et **n.** – 1988 ◇ de *génocide,* d'après *suicidaire* ▪ **1** Propre au génocide. *La violence génocidaire.* ▪ **2** Qui participe à un génocide. — **n.** *Juger une génocidaire.*

GÉNOCIDE [ʒenɔsid] **n. m.** et **adj.** – 1945 ◇ du grec *genos* «race» et *-cide* ▪ **1** Destruction méthodique d'un groupe ethnique. ➤ **ethnocide.** *L'extermination des juifs par les nazis est un génocide. Le génocide des Arméniens.* «*retenez les noms des génocides / pour qu'en votre temps vous n'ayez pas les vôtres*» G. MIRON. — PAR EXT. Extermination (d'un groupe important de personnes en peu de temps). — DR. *Crime de génocide :* acte commis dans l'intention de détruire, en tout ou partie, un groupe national, ethnique, racial ou religieux, comme tel. ▪ **2 adj.** Qui pousse au génocide, tient du génocide. ➤ **génocidaire.** *Des actes génocides.*

GÉNOIS, OISE [ʒenwa, waz] **adj.** et **n.** – 1587 ◇ de *Gênes* ▪ **1** De Gênes. ▪ **2 n. f.** (1735) Pâte à biscuit légère, à base de sucre et d'œufs fouettés. *Génoise fourrée.* ◆ Frise provençale composée de tuiles superposées. ▪ **3 n. m.** MAR. **GÉNOIS** Grand foc en tissu léger, à bordure basse. *Hisser le génois.*

GÉNOME [ʒenom] **n. m.** – 1930 ◇ allemand *Genom,* de *Gen* «gène» et finale de *chromosome* ▪ GÉNÉT. Ensemble des gènes d'un organisme, présent dans chacune de ses cellules. *Le génotype d'un être humain est constitué du génome venant de son père et de celui venant de sa mère. Le séquençage du génome humain. Le génome du virus du sida.*

GÉNOMIQUE [ʒenomik] **adj.** et **n. f.** – milieu XXe ◇ de *génome* ▪ GÉNÉT. ▪ **1** Qui concerne le génome. *ADN génomique,* qui contient des exons et des introns (opposé à *complémentaire*). *Banque, bibliothèque* génomique.* ➤ **génothèque.** ▪ **2 n. f.** Étude des séquences d'ADN et des propriétés globales du génome. *La génomique humaine, végétale.* «*la génomique fonctionnelle qui regroupe tout ce que les chercheurs mettent en œuvre pour passer de la connaissance de la séquence génétique à sa signification biologique*» A. KAHN.

GÉNOTHÈQUE [ʒenɔtɛk] **n. f.** – 1990 ◇ de *gène* et *-thèque* ▪ GÉNÉT. ▪ **1** Banque de génotypes conservés à l'état de gamètes ou d'embryons. ➤ **banque** (génomique). ▪ **2** Ensemble de fragments d'ADN clonés représentant le génome entier d'une cellule ou les ADN complémentaires «double brin» correspondant à ses ARN messagers.

GÉNOTHÉRAPIE [ʒenoteʀapi] **n. f.** – 1987 ◇ de *gène* et *-thérapie* ▪ GÉNÉT. Utilisation thérapeutique des manipulations génétiques ; thérapie génique.

GÉNOTYPAGE [ʒenotipaʒ] **n. m.** – v. 1995 ◇ de *génotype* ▪ GÉNÉT. Détermination de la structure génétique d'un organisme. *Centre national de génotypage.*

GÉNOTYPE [ʒenotip] **n. m.** – 1930 ◇ allemand *Genotypus,* du grec *genos* «naissance» et de *type* ▪ GÉNÉT. Ensemble des gènes d'un individu, d'une cellule, qu'ils soient exprimés ou non (opposé à *phénotype*). ➤ **patrimoine** (génétique). *Les vrais jumeaux ont le même génotype. Banque de génotypes.* ➤ **génothèque.** — **adj. GÉNOTYPIQUE.**

GENOU [ʒ(ə)nu] **n. m.** – 1080 *genoil* ; Xe *genolz* plur. ◇ bas latin *genuculum,* classique *geniculum,* diminutif de *genu* ▪ **1** Articulation du fémur (cuisse) et du tibia (jambe), et région avoisinante, chez l'être humain. *Face antérieure* (➤ **rotule**), *face postérieure du genou* (➤ **jarret ; poplité**). ANAT. *Ménisques du genou. Séreuse articulaire du genou* (➤ **synovie**). *Douleur* (➤ **gonalgie**), *arthrose* (➤ **gonarthrose**) *du genou. Genoux tournés en dedans* (➤ **cagneux**). COUR. «*J'ai les genoux comme râpés et fendillés, calleux, cornés*» R. DUCHARME. *Jupe qui couvre le genou, qui s'arrête au-dessus du genou. S'enfoncer jusqu'aux genoux. Genoux écorchés* (➤ **genouillère, protège-genou**). — *Faire du genou à qqn,* le toucher du genou pour attirer son attention (souvent sensuellement). — *Fléchir, plier, ployer le genou, les genoux* (➤ **génuflexion**). *Genoux fléchis, en extension.* «*Une demoiselle doit garder les genoux serrés. Marthe optempère. Elle vient d'avoir dix ans*» M. GAZIER. — *Mettre un genou en, à terre,* pour tirer ou en signe de dévouement, de soumission. — FIG. *Avoir un genou à terre,* être sévèrement touché, demander grâce. *Être aux genoux de qqn,* en signe de soumission, pour le supplier. ➤ **pied.** FAM. *Être sur les genoux,* très fatigué (cf. Être sur les rotules*). *Mou du genou,* qui manque de dynamisme, de caractère. *Il* «*avait présenté la motion suivante à son approbation, la trouvant trop molle du genou*» DAENINCKX. *Chauve* comme un genou.* ◆ **loc. adv. À GENOUX :** les genoux posés par terre. *Se mettre à genoux.* ➤ **s'agenouiller.** ELLIPT *À genoux !* FIG. *C'est à se mettre à genoux :* c'est admirable. *Tomber, se jeter à genoux. Demander, supplier à genoux,* *à deux genoux,* avec une grande insistance, en s'abaissant. *Prier à genoux.* FIG. *Mettre qqn à genoux,* le soumettre. *Mettre un pays à genoux.* ♦ Partie d'un vêtement, à l'endroit des genoux. *Pantalon usé aux genoux.* ♦ SPÉCIALT, AU PLUR. Cuisses d'une personne assise. ➤ **giron.** *Écrire sur ses genoux. Assieds-toi sur mes genoux. Prendre un enfant sur ses genoux.* ▪ **2** PAR ANAL. Chez les quadrupèdes, Articulation du membre antérieur, entre l'avant-bras et le canon. *Cheval à genoux arqués, effacés. Genou couronné*.* ▪ **3** TECHN. Articulation, joint constitué par l'emboîtement d'une partie convexe et d'une partie concave. — MAR. Pièce courbée unissant la varangue à l'allonge.

GENOUILLÈRE [ʒ(ə)nujɛʀ] **n. f.** – v. 1570 ; *ginulière* 1542 ; *genoillère* v. 1130 ◇ de *genoil* → genou ▪ **1** Ce qu'on attache au genou, sur le genou pour le protéger. ➤ **protège-genou.** *Bottes à genouillère. Genouillère de gardien de but, de joueur de hockey. Mettre ses genouillères et ses coudières pour faire de la planche à roulettes.* — MÉD. Manchon élastique que l'on met au genou. ▪ **2** (XVIIe) TECHN. Charnière mobile. — Partie coudée d'un tuyau.

GENRE [ʒɑ̃ʀ] **n. m.** – début XIIIe, au sens I, 2° ◇ du latin *genus, generis,* famille de *generare* → 1 et 2 gens, gendre, engendrer, -gène

I ENSEMBLE D'ÊTRES OU D'OBJETS PRÉSENTANT DES CARACTÈRES COMMUNS ▪ **1** (début XIVe) DIDACT. Idée générale d'un groupe d'êtres ou d'objets présentant des caractères communs. ➤ **concept.** *Caractères communs à tout un genre.* ➤ 1 **générique.** ▪ **2** (début XIIIe) *Le genre humain :* l'ensemble des êtres humains. ➤ **espèce ; humanité.** *Histoire du genre humain. Ennemi* (➤ **misanthrope**), *bienfaiteur* (➤ **philanthrope**) *du genre humain.* ▪ **3** PHYLOG. Subdivision de la classification (taxinomie) des êtres vivants, située au-dessous de la famille. *Les organismes appartenant au même genre portent le même nom latin, suivi d'un adjectif qui les subdivise en espèces. Toutes les roses appartiennent au genre* rosa. ▪ **4** (anglais *gender*) DIDACT. Construction sociale de l'identité sexuelle. ➤ **féminité, masculinité ; transgenre.** *Genre et sexe.* «*L'identité de genre est le sexe dans lequel se reconnaît le sujet*» J.-D. VINCENT [➤ **transgenre, transsexuel**]. *Distinction entre les genres* (➤ **genré**). ▪ **5** (1549) Catégorie d'œuvres, définie par la tradition (d'après le sujet, le ton, le style). «*nous recourrons à tous les genres littéraires pour familiariser le lecteur avec nos conceptions*» SARTRE. *Genres en vers :* lyrisme, épopée, drame, poésie didactique, bucolique. *Genres en prose :* éloquence, philosophie, histoire, critique, correspondance *(genre épistolaire),* science, roman, nouvelle, essai. *Genre oratoire. Genre dramatique, grave, comique, genre anecdotique.* ♦ ARTS Classe ou nature du sujet traité par l'artiste. *Le genre (du) portrait, (du) paysage. Tableau, peinture de genre :* jusqu'au XVIIIe s., tout ce qui n'était pas peinture d'histoire (ou de style) ; MOD. les tableaux d'intérieurs, natures mortes, peintures d'animaux. *Un peintre de genre.* ▪ **6** ➤ **espèce, sorte, type.** *Quel genre de musique écoutez-vous ? Elle apprécie ce genre d'esprit* (➤ **forme**). «*si j'avais voulu, j'aurais eu des centaines d'occasions de ce genre*» SARTRE. *Chaussures en tout genre, en tous genres. C'est ce qu'on fait de mieux dans le genre. Du même genre :* de même espèce, de même famille. *Voici un autre modèle du même genre. Dans son genre, en son genre,* dans le genre dont fait partie la personne ou la chose en question. *Dans son genre, il a du charme. Unique* en son genre. Il n'est pas du genre à se laisser faire,* ce n'est pas dans son caractère. *Mélange, confusion des genres.* — LOC. *Film de genre,* d'un genre caractéristique (ex. polar, western, fantastique, etc.). «*on est plus habitué au cinéma de genre en Amérique qu'en France*» TRUFFAUT. ▪ **7** (XVIIe) **GENRE DE VIE :** façon de vivre, ensemble des habitudes d'un individu ou d'un groupe d'individus. ➤ **façon, manière,** 2 **mode.** *Se faire à un nouveau genre de vie.* ➤ **style.**

II CATÉGORIE GRAMMATICALE (milieu XIIIe) Catégorie exprimant parfois l'appartenance au sexe masculin, au sexe féminin ou aux choses (neutre). En français, Catégorie de certains mots (nom, pronom, adjectif, article, participe passé) qui est soit le masculin, soit le féminin, et qui est exprimée soit par leur propre forme (au féminin, *elle, la,* recouver*te,* son ami*e*), soit par la forme de leur entourage, par l'accord (*le* sort, *la* mort, des manches long*ues*, *une* dentiste, l'acrobate brun*e*). *De quel genre est ce mot ? Mot du genre masculin, du genre féminin. Mot qui varie en genre et en nombre. Accord en genre. Mot invariable en genre.* ➤ **épicène.** *Genre marqué :* le féminin. *Le mot* amour *change de genre au pluriel.*

III FAÇONS DE SE COMPORTER ▪ **1** Façons de s'habiller, de se comporter. ➤ **allure, attitude,** FAM. **look, manières, tenue.** *Je n'aime pas son genre. Elle a un mauvais genre, un drôle de genre,* l'air vulgaire. *Ça fait mauvais genre. Avoir bon genre :* être bien élevé, élégant, distingué. **adj.** *Il est très bon genre.* PÉJ. *Bon chic, bon genre.* ➤ **B. C. B. G.** — *C'est un genre qu'il se donne. Ce n'est pas le genre de la maison.* ➤ **style.** «*dans la famille [...] j'étais le premier à divorcer ainsi, ce n'était pas le genre de la maison*» O. ADAM. *C'est un nouveau genre.* «*ses cheveux rouges sont un peu excentriques, mais c'est un genre qui lui va*» LE CLÉZIO. — Suivi d'un nom ou d'un adjectif en apposition *Le genre bohème, le genre artiste.* FAM. Quelque chose comme. «*Un jeune homme à barbe et pipe, genre qui veut se vieillir par des ustensiles*» ORSENNA. *Dans le genre pénible, il est champion !* ABSOLT «*une mère de famille, genre, le klaxonna*» DJIAN. ♦ *Ce n'est pas mon genre :* ce n'est pas de mon goût, ce n'est pas dans mes goûts. ➤ **style.** «*une femme qui ne me plaisait pas, qui n'était pas mon genre !*» PROUST. *Ce n'est pas son genre de partir sans rien dire,* ce n'est pas dans ses habitudes. *C'est bien son genre !,* c'est tout lui. ▪ **2** *Faire du genre, se donner un genre ;* FAM. *faire genre :* affecter certaines manières. ➤ 2 **affectation.** «*je me rendais à mes rendez-vous sur un vélo pliant, non pour faire genre*» FOTTORINO.

GENRÉ, ÉE [ʒɑ̃ʀe] **adj.** – v. 1983 ; répandu début XXIe ◇ de *genre,* d'après l'anglais *gendered* ▪ DIDACT. Qui repose sur une distinction entre les genres masculin et féminin. *Une vision genrée de la société.* — *Marketing genré,* qui segmente l'offre en fonction du sexe des consommateurs.

1 **GENS** [ʒɑ̃] **n. m. et f. pl.** – X^e *genz* ◇ ancien plur. de 1 *gent* ▪ REM. *Gens* gouverne le masculin, sauf quand il est immédiatement précédé par un adj. à forme féminine distincte : *toutes ces bonnes gens, ces vieilles gens sont ennuyeux ; les braves gens sont hospitaliers.* ▪ **1** Personnes, en nombre indéterminé (jusqu'au XVIIe s., on a dit *cent, mille gens*). ➤ **homme,** 1 **personne.** *Il y a des gens qui exagèrent. Peu de gens, beaucoup de gens. Bien des gens. La plupart des gens. Tous les gens. Certaines gens. Toutes sortes de gens. Ces gens-là.* FAM. *Un tas de gens.* — Avec un adj. épithète, un déterm. *Gens simples. Braves, bonnes gens :* gens honnêtes et bons. *Honnêtes gens. Gens de bien,* moralement bons. *Les vraies gens :* les citoyens, les anonymes (par opp. aux vedettes, aux politiques). «*Ce sont de vraies gens, avec un vrai quotidien, et je me fous de savoir s'il est banal*» T. BENACQUISTA. *Des gens comme vous et moi.* — *Des gens bien. Des gens très sympathiques. Les pauvres gens. Des gens du peuple. De(s) petites gens, des gens de peu :* des gens de condition modeste. «*des petites gens polis*» CENDRARS. *Des gens simples,* aux habitudes simples et modestes. — «*tous les gens du village, hommes, femmes, enfants*» HUGO. ➤ **habitant.** *Gens du Nord, du Midi.* — *Rencontrer des gens de connaissance.* — *Vieilles gens :* personnes âgées. ♦ ABSOLT Les êtres humains en général. *Bêtes et gens. Les gens sont fous.* ➤ **monde.** — SPÉCIALT (en parlant de personnes déterminées et, parfois, d'une seule personne) *Appeler les gens par leur nom. Il a une façon de regarder les gens sous le nez ! On ne traite pas les gens ainsi ! Ce genre de gens est insupportable. J'ai vu de drôles de gens.* «*Il ne faut point juger des gens sur l'apparence*» LA FONTAINE. LOC. *Être gens à,* des gens capables de. *Ils ne sont pas gens à exagérer.* ▪ **2 JEUNES GENS :** jeunes filles et jeunes hommes. ➤ **adolescent.** *Un groupe de jeunes gens.* ➤ **jeune** (n.). *Aimer la compagnie des jeunes gens.* ➤ **jeunesse.** ♦ Plur. de *jeune homme*. Les jeunes filles et les jeunes gens.* ➤ **garçon.** ▪ **3 GENS DE,** suivi d'un nom désignant l'état, la profession. *Gens de justice, gens de loi, gens de robe*. Gens d'Église. Gens d'armes* (VX). ➤ **gendarme.** *Gens de mer.* ➤ 2 **marin.** *Gens de maison.* ➤ **domestique.** *Les gens du spectacle ; du voyage*. Les gens de lettres.* ➤ **auteur, écrivain, gendelettre.** ▪ **4** VIEILLI Les personnes qui font partie d'un ensemble déterminé (troupe, parti). — Domestiques, serviteurs. *Un grand seigneur et ses gens.* ➤ **suite.** ▪ **5** *Droit des gens.* ➤ 1 **gent,** 3°.
▪ HOM. Gent, jan.

2 **GENS** [ʒɛ̃s ; gɛns] **n. f.** – 1834 ◇ mot latin ▪ ANTIQ. ROM. Groupe de familles dont les chefs descendaient d'un ancêtre commun (➤ **éponyme**).

1 **GENT** [ʒɑ̃] **n. f.** – 980 ◇ latin *gens, gentis* «nation, race, peuple» ▪ **1** VX ➤ **nation, peuple.** ▪ **2** VIEILLI ou LITTÉR. (souvent iron.) ➤ **race.** «*La gent trotte-menu*» LA FONTAINE (les souris). — (En parlant des personnes) ➤ **espèce, famille.** *La gent épicière. La gent féminine.* REM. On entend parfois [ʒɑ̃t]. ▪ **3** (1668 ; plur. archaïque ◇ traduction du latin *jus gentium,* qui désigne aussi le droit naturel, le droit international public) **DROIT DES GENS :** droit des nations. ▪ HOM. 1 Gens, jan.

2 GENT, GENTE [ʒɑ̃, ʒɑ̃t] adj. – 1080 ◊ du latin *genitus* «né» ■ VX ou RÉGION., LITTÉR. Gracieux, joli. ➤ 2 gentil. *«Ces gentes épaules menues»* VILLON. — *Gente dame,* de qualité. ➤ **noble.** ■ HOM. 1 Gens, jan ; jante.

GENTAMICINE ou **GENTAMYCINE** [ʒɑ̃tamisin] n. f. – 1963 ◊ p.-ê. de *gent(iane)* et *-mycine* ■ MÉD. Antibiotique à large spectre d'action, isolé d'un actinomycète du sol et utilisé en association dans le traitement des infections cutanées et rénales.

GENTIANE [ʒɑ̃sjan] n. f. – XIIIe ◊ latin *gentiana* ■ Plante herbacée *(gentianacées)* dont les racines produisent un suc amer aux propriétés toniques. *Grande gentiane,* à fleurs jaunes. *Gentiane acaule :* plante des montagnes, aux fleurs bleu vif. ♦ Boisson alcoolisée apéritive, à base de racine de gentiane. ➤ 1 **amer.**

1 GENTIL [ʒɑ̃ti] n. m. – 1488 ◊ latin *gentiles* «étrangers, païens» ■ HIST. RELIG. Nom que les juifs et les premiers chrétiens donnaient aux païens. ➤ **infidèle ; gentilité.** *Saint Paul, l'apôtre des gentils.*

2 GENTIL, ILLE [ʒɑ̃ti, ij] adj. – XIe ◊ latin *gentilis* «de famille, de race» ■ **1** VX Noble de naissance. ➤ **gentilhomme.** ♦ Noble de cœur (➤ **généreux**) ; brave, vaillant (➤ **preux**). ■ **2** (XIIIe) MOD. Qui plaît par la grâce familière de ses formes, de son allure, de ses manières. ➤ **agréable, aimable, 1 beau, gracieux, joli, mignon, plaisant.** *Elle est gentille comme un cœur. «de petits êtres gentils, fort mignons et fort poupins»* GAUTIER. — (CHOSES) ➤ **charmant.** *Un gentil minois. Une gentille petite robe. C'est gentil chez vous. C'est gentil comme tout.* FAM. *C'est gentil tout plein.* — PÉJ. Agréable mais un peu superficiel. ➤ **gentillet.** ■ **3** (v. 1360) Qui plaît par sa délicatesse morale, sa douceur, sa bienveillance. ➤ **délicat, généreux, prévenant.** *Une gentille attention. J'ai reçu votre gentille lettre. C'est gentil de sa part. C'est gentil à vous d'être venus.* ➤ **aimable.** — LOC. FAM. *C'est bien gentil, mais...* (marquant la réticence ou le désaccord). *C'est bien gentil, mais c'est l'heure de partir.* — *Être gentil avec qqn, pour qqn,* avoir pour lui des égards, des attentions. ➤ **attentionné.** *Vous êtes trop gentil. Vous serez gentille de fermer la porte derrière vous. Sois gentil, fais-le à ma place.* ■ **4** (ENFANTS) ➤ **sage, tranquille ;** RÉGION. 2 **fin.** *Si tu es gentil, tu auras un bonbon.* ■ **5** D'une certaine importance. ➤ **coquet.** *Il en coûte la gentille somme de...* ■ CONTR. Laid. Désagréable, dur, égoïste, méchant, vilain. Insupportable.

GENTILÉ [ʒɑ̃tile] n. m. – 1752 ◊ latin *gentile nomen* «nom de gens», de *gens, gentis* «race, famille» ■ DIDACT. Dénomination des habitants d'un lieu, relativement à ce lieu.

GENTILHOMME [ʒɑ̃tijɔm], plur. **GENTILSHOMMES** [ʒɑ̃tizɔm] n. m. – XIIIe ; *gentil home* XIIe ; *gentil hume* 1080 ◊ de 2 *gentil* et *homme* ■ **1** ANCIENNT Homme noble de race, de naissance. ➤ **noble.** *Nom et armes d'un gentilhomme. Gentilhomme campagnard.* ➤ **hobereau.** *«Le Bourgeois gentilhomme», comédie de Molière.* ♦ SPÉCIALT Noble attaché à la personne du roi, d'un prince, d'un grand. ➤ **chambellan, écuyer.** *Compagnie de gentilshommes.* ➤ **cadet, mousquetaire.** ■ **2** VX ou LITTÉR. Homme qui montre de la noblesse, de la générosité dans ses actes, de la distinction dans ses manières. *Agir en gentilhomme.* ➤ **gentleman, seigneur.** ■ CONTR. Bourgeois.

GENTILHOMMIÈRE [ʒɑ̃tijɔmjɛʀ] n. f. – 1604 ◊ de *gentilhomme* ■ **1** Maison de campagne d'un gentilhomme. ■ **2** Petit château à la campagne. ➤ **castel, manoir.**

GENTILITÉ [ʒɑ̃tilite] n. f. – 1495 ◊ latin *gentilitas* ■ RELIG. Ensemble des peuples païens. *«la religion chrétienne a transformé la gentilité, et par elle, sur d'immenses territoires, l'homme est devenu humain»* A. COHEN. PAR EXT. ➤ **idolâtrie, paganisme.** ■ CONTR. Chrétienté.

GENTILLESSE [ʒɑ̃tijɛs] n. f. – XIIIe ; *gentillece* v. 1265 ; *jantillesce* «noblesse» v. 1175 ◊ de 2 *gentil* ■ **1** RARE Charme de ce qui est joli, gentil (2°). ➤ **grâce.** ■ **2** VX Chose spirituelle. *«Peste ! où prend mon esprit toutes ces gentillesses ?»* MOLIÈRE. — IRON. Trait méchant, injure. *«les gentillesses qu'on a débitées sur mon compte»* ROUSSEAU. ■ **3** (XIXe) COUR. Qualité de qqn qui a de la bonne grâce, de l'empressement à être agréable, serviable. ➤ **amabilité, aménité, complaisance, obligeance.** *Auriez-vous la gentillesse de m'aider ? «Il poussait même la gentillesse jusqu'à faire la conversation avec la servante»* HENRIOT. *Il l'a fait par gentillesse. Recevoir qqn avec gentillesse, beaucoup de gentillesse. Il abuse de votre gentillesse.* ➤ **bienveillance, bonté, générosité, indulgence.** ■ **4** *Une, des gentillesses.* Action, parole pleine de gentillesse. ➤ **attention, prévenance.** *Je vous remercie de toutes les gentillesses que vous avez eues pour moi. Faire une gentillesse à qqn. Faites-moi la gentillesse d'accepter.* ■ CONTR. Méchanceté ; dureté, grossièreté.

GENTILLET, ETTE [ʒɑ̃tijɛ, ɛt] adj. – XVIe ◊ de 2 *gentil* ■ Assez gentil ; petit et gentil. *C'est gentillet ce petit jardin.* ➤ **mignonnet.** ♦ Plutôt péj. Agréable mais insignifiant. *Un roman gentillet.*

GENTILSHOMMES ➤ **GENTILHOMME**

GENTIMENT [ʒɑ̃timɑ̃] adv. – v. 1200 ; *gentil(le)ment* XIIe ◊ de 2 *gentil* ■ **1** D'une manière gentille. *Accueillez-le gentiment.* ➤ **aimablement.** *Elle a gentiment proposé son aide.* ➤ **obligeamment.** — Sagement. *Jouez gentiment.* ■ **2** (Belgique, Suisse) Lentement ; calmement. *Skier gentiment. Le travail reprend gentiment.* ■ CONTR. Méchamment.

GENTLEMAN [ʒɑ̃tləman ; dʒɛntləman] n. m. – 1698 ; *gentilleman* 1558 ◊ anglais *gentleman,* d'après *gentilhomme* ■ **1** Homme distingué, d'une parfaite éducation. ➤ **gentilhomme** (2°). *Se comporter en gentleman. Arsène Lupin, le gentleman cambrioleur. Des gentlemans.* On dit aussi *des gentlemen* [dʒɛntləmɛn] (plur. angl.). ■ **2** (de l'anglais *gentleman-rider*) TURF Jockey amateur. *Course de gentlemen.*

GENTLEMAN-FARMER [ʒɑ̃tləmanfaʀmœʀ ; dʒɛntləman faʀmœʀ] n. m. – 1801 ◊ mot anglais «gentilhomme fermier» ■ ANGLIC. Propriétaire foncier qui vit sur ses terres et s'occupe de leur exploitation. *Des gentlemans-farmers* ou *des gentlemen-farmers.*

GENTLEMAN'S AGREEMENT [dʒɛntləmansagʀimɛnt] n. m. – 1930 ◊ loc. anglaise «accord reposant sur l'honneur» ■ ANGLIC. Accord international engageant moralement les personnes publiques ou privées, mais dépourvu de force juridique ; PAR EXT. Accord, promesse qui n'a pour garant que l'honneur de ceux qui ont donné leur parole. *Des gentleman's agreements.* — On dit aussi *gentlemen's agreement* et *gentleman agreement.*

GENTRIFICATION [ʒɑ̃tʀifikasjɔ̃ ; ʒɛn-] n. f. – 1984 ◊ mot anglais (1963), de *gentry* → gentry ■ SOCIOL. Processus par lequel la population d'un quartier populaire fait place à une couche sociale plus aisée. ➤ **embourgeoisement.**

GENTRIFIER [ʒɑ̃tʀifje] v. tr. ‹7› – 1986 au p. p. ◊ anglais *to gentrify,* de *gentry* ■ SOCIOL. Transformer par gentrification. — PRONOM. *Quartier populaire qui se gentrifie.* ➤ **s'embourgeoiser ; boboïser.** — P. p. adj. *Banlieue gentrifiée.*

GENTRY [dʒɛntʀi] n. f. – 1669 ◊ mot anglais ■ Noblesse anglaise non titrée. *Des gentrys* ou *des gentries* (plur. angl.).

GÉNUFLECTEUR, TRICE [ʒenyflɛktœʀ, tʀis] adj. et n. – 1840 ; n. m. «catéchumène admis à s'agenouiller» 1797 ◊ adaptation du latin chrétien *genuflectens* ■ DIDACT. Qui fait des génuflexions. — n. *Un génuflecteur.* FIG. Adulateur servile.

GÉNUFLEXION [ʒenyflɛksjɔ̃] n. f. – 1372 ◊ latin médiéval *genuflexio,* de *genuflectere* ■ Action de fléchir le genou, les genoux en signe d'adoration, de respect, de soumission. ➤ **agenouillement, prosternation.** *Faire, esquisser des génuflexions devant l'autel. «L'oblique génuflexion des dévots pressés»* FLAUBERT. ♦ FIG. et LITTÉR. Acte de respect, de soumission. ➤ **flatterie, obséquiosité, servilité.**

GÉO ➤ **GÉOGRAPHIE**

GÉO- ■ Élément, du grec *gê* «Terre».

GÉOBIOLOGIE [ʒeobjɔlɔʒi] n. f. – 1955 ◊ de *géo-* et *biologie* ■ **1** DIDACT. Science qui étudie les rapports entre l'évolution géologique de la Terre et celle de la vie et des organismes vivants. ■ **2** (1985) Étude de l'influence de l'environnement naturel (tellurisme, magnétisme, radiesthésie) sur les êtres vivants. ➤ aussi **feng shui.** — adj. **GÉOBIOLOGIQUE.**

GÉOCENTRIQUE [ʒeosɑ̃tʀik] adj. – 1721 ◊ de *géo-* et *centre* ■ ASTRON. Qui est repéré par rapport à la Terre prise comme centre. *Les coordonnées astronomiques qui décrivent les objets de la sphère céleste constituent un repère géocentrique.*

GÉOCENTRISME [ʒeosɑ̃tʀism] n. m. – 1955 ◊ de *géocentrique* ■ HIST. DES SC. Théorie faisant de la Terre le centre de l'univers.

GÉOCHIMIE [ʒeoʃimi] n. f. – 1838 ◊ de *géo-* et *chimie,* d'après l'allemand *Geochemie* (1838) ■ Science qui a pour objet l'étude de la composition chimique de la croûte terrestre (genèse, répartition...). ➤ **climatologie, minéralogie, pétrographie.** — adj. **GÉOCHIMIQUE ;** n. **GÉOCHIMISTE.**

GÉOCHRONOLOGIE [ʒeokʀɔnɔlɔʒi] n. f. – v. 1950 ◊ de *géo-* et *chronologie* ■ GÉOGR., GÉOPHYS. Chronologie des évènements géologiques classés en intervalles de temps (➤ **âge, ère, période**) ou en structure de terrain (➤ **étage, série, système**). — adj. **GÉOCHRONOLOGIQUE.** *Divisions géochronologiques.*

GÉOCROISEUR [ʒeokʀwazœʀ] **n. m.** – 1996 ◊ de *géo-* et *croiseur* (de *croiser*), d'après l'anglais *earth-crosser* (1975) ■ ASTRON. Astéroïde dont l'orbite croise celle de la Terre. — APPOS. *Astéroïdes géocroiseurs.*

GÉODE [ʒeɔd] **n. f.** – 1752 ; *géodès* 1556 ◊ du grec *geôdês* «terreux» ■ **1** MINÉR. Masse pierreuse sphérique ou ovoïde, creuse, dont l'intérieur est tapissé de cristaux. ■ **2** PATHOL. Petite cavité bien circonscrite, constituée dans un tissu (surtout osseux) à la suite d'un processus pathologique. ■ **3** Sphère d'acier creuse contenant une salle de projection dont l'écran est constitué par la surface intérieure de la demi-sphère. *La Géode de la Villette, à Paris.*

GÉODÉSIE [ʒeɔdezi] **n. f.** – 1647 ◊ grec *geôdaisia* «partage de la Terre» ■ Science qui a pour objet l'étude de la forme, des dimensions et du champ de gravitation de la Terre.

GÉODÉSIQUE [ʒeɔdezik] **adj.** – 1584 ◊ de *géodésie* ■ Relatif à la géodésie. — *Ligne géodésique*, ou **n. f.** *une géodésique* : ligne la plus courte reliant deux points d'une surface. *Dans l'espace euclidien, les géodésiques d'une sphère sont des arcs de grands cercles.*

GÉODYNAMIQUE [ʒeodinamik] **n. f.** – 1886 ◊ de *géo-* et *dynamique* ■ DIDACT. Étude des modifications de l'écorce terrestre dues aux agents externes et internes. *Géodynamique interne, externe.* — **adj.** *Laboratoire géodynamique.*

GÉOGLYPHE [ʒeɔglif] **n. m.** – 1983 ; autre sens 1911 ◊ de *géo-* et *glyphe* ■ DIDACT. Réseau de lignes creusées dans le sol, formant d'immenses motifs géométriques visibles du ciel. *Les géoglyphes zoomorphes de Nazca, au Pérou. L'origine controversée des géoglyphes.*

GÉOGRAPHE [ʒeɔgʀaf] **n.** – 1532 ◊ bas latin *geographus*, du grec *geôgraphos* ■ Spécialiste de la géographie. ♦ PAR APPOS. *Ingénieurs géographes.*

GÉOGRAPHIE [ʒeɔgʀafi] **n. f.** – 1513 ◊ latin *geographia*, du grec *geôgraphia* «description de la Terre» ■ **1** Science qui étudie et décrit la Terre à sa surface, en tant qu'habitat de l'être humain et de tous les organismes vivants. *La géographie est une science naturelle et humaine. Géographie générale, régionale, locale. Géographie physique.* ➤ **climatologie, météorologie ; hydrographie, hydrologie ; géomorphologie, orographie.** *Géographie humaine, géographie linguistique, géographie économique, sociale. Géographie urbaine, rurale. Carte de géographie. Livre de géographie. Professeur d'histoire-géographie.* ABRÉV. FAM. **GÉO** [ʒeo]. *Faire de la géo. Prof d'histoire-géo.* ♦ PAR EXT. Livre, traité de géographie. ♦ Étude de la répartition géographique. *Géographie littéraire, artistique.* ■ **2** Réalité physique, biologique, humaine qui fait l'objet d'étude de la science géographique. *La géographie de la France, du Bassin parisien, de la Méditerranée.*

GÉOGRAPHIQUE [ʒeɔgʀafik] **adj.** – 1532 ◊ bas latin *geographicus*, du grec *geôgraphikos* ■ Relatif à la géographie. *Réalité géographique. Carte géographique. Service géographique de l'armée.* — (En France) *Institut géographique national (IGN).* — *Situation géographique d'un lieu.*

GÉOGRAPHIQUEMENT [ʒeɔgʀafikmɑ̃] **adv.** – 1559 ◊ de *géographique* ■ Quant à la géographie. *Ville géographiquement isolée.*

GÉOÏDE [ʒeɔid] **n. m.** – 1890 ◊ de *géo-* et *-oïde* ■ GÉOPHYS. Surface équipotentielle de la pesanteur, qui correspond au niveau moyen des mers. *La pesanteur est perpendiculaire au géoïde.*

GEÔLE [ʒol] **n. f.** – XIVe ; *jeole* XIIIe ; *gaiole* v. 1105 ◊ bas latin *caveola*, de *cavea* «cage» ■ VX ou LITTÉR. ➤ **cachot, prison.** *« La Ballade de la geôle de Reading », d'Oscar Wilde.*

GEÔLIER, IÈRE [ʒolje, jɛʀ] **n.** – XVIIe ; *jeolier* 1298 ◊ de *geôle* ■ VX ou LITTÉR. Personne qui garde les prisonniers ; concierge d'une prison. ➤ **gardien, guichetier.** *Être gardé, surveillé par un geôlier.*

GÉOLOCALISATION [ʒeolɔkalizasjɔ̃] **n. f.** – 1989 ◊ de *géo-* et *localisation* ■ Localisation à partir de l'espace d'objets situés à la surface de la Terre. *Géolocalisation par satellite.* ➤ **GPS.**

GÉOLOCALISER [ʒeolɔkalize] **v. tr.** ‹1› – 2001 au p. p. ◊ de *géo-* et *localiser* ■ Repérer, situer grâce à la géolocalisation. *Géolocaliser un véhicule. « On l'a géolocalisé sur une borne-relais de Nouakchott »* J.-CH. RUFIN.

GÉOLOGIE [ʒeɔlɔʒi] **n. f.** – 1751 ◊ en italien 1603 ; latin médiéval *geologia* ■ **1** Science qui a pour objet la connaissance de la Terre et de sa dynamique, par l'observation directe de sa surface solide et de ses structures *(géologie structurale)*, qui vise à reconstituer la formation et l'évolution des déformations (➤ **orogenèse, orogénie**) ainsi que la nature et les mécanismes de mise en place des roches présentes en surface. *Les observations en géologie constituent l'outil principal de la cartographie, des exploitations minières et sont préalables à toute construction.* — Sciences de la Terre ; étude de l'ensemble des enveloppes de la Terre et sa place dans l'Univers. ➤ **géochimie, géodynamique, géophysique.** *Parties de la géologie.* ➤ **cristallographie, géobiologie, géomorphologie, minéralogie, orographie, paléontologie, pétrographie, pétrologie, sédimentologie, stratigraphie, tectonique.** *Géologie environnementale* : étude des interactions entre les différentes couches de la Terre, les roches, les océans, l'atmosphère, la biosphère et les activités humaines, notamment l'aménagement du territoire (risques sismiques, volcaniques, d'inondation...). ♦ PAR EXT. Livre qui traite de géologie. ■ **2** Ensemble des géologies d'une région. *La géologie du Bassin parisien.* ➤ **orographie, structure.**

GÉOLOGIQUE [ʒeɔlɔʒik] **adj.** – 1797 ◊ de *géologie* ■ Qui concerne la géologie. *Étude géologique d'une région, d'un terrain. Carte géologique. Divisions des temps géologiques* (étage, époque, période, ère, éon). *Formations géologiques.* — **adv. GÉOLOGIQUEMENT,** 1843.

GÉOLOGUE [ʒeɔlɔg] **n.** – 1798 ; «devin» 1616 ◊ de *géologie* ■ Spécialiste de la géologie.

GÉOMAGNÉTISME [ʒeomaɲetism] **n. m.** – 1953 ◊ de *géo-* et *magnétisme* ■ Magnétisme terrestre (➤ **boussole, déclinaison, inclinaison, magnétomètre, méridien**). — **adj. GÉOMAGNÉTIQUE.**

GÉOMANCIE [ʒeɔmɑ̃si] **n. f.** – 1495 ; *jomansie* XIIIe ◊ bas latin *geomantia*, d'origine grecque ■ DIDACT. Divination par la terre, la poussière, les cailloux ou par des points marqués au hasard et réunis pour former des figures. — **n.** (1532) **GÉOMANCIEN, IENNE.**

GÉOMARKETING [ʒeomaʀketiŋ] **n. m.** /GÉOMARKÉTING/ – 1995 ◊ de *géo-* et *marketing* ■ Technique de marketing qui prend en compte des données géographiques et les caractéristiques démographiques et socioéconomiques de la population. Recomm. offic. *géomercatique.*

GÉOMATIQUE [ʒeɔmatik] **n. f.** – 1971 ◊ mot-valise, de *géo(graphie)* et *(auto)matique* ■ DIDACT. Traitement informatique des données géographiques (obtenues par la topométrie, la cartographie, la géodésie, la photogrammétrie, la télédétection...).

GÉOMÉTRAL, ALE, AUX [ʒeɔmetʀal, o] **adj.** – 1665 ◊ de *géomètre* ■ DIDACT. Qui représente un objet avec ses dimensions relatives exactes, sans tenir compte de la perspective. *Plan géométral*, ou SUBST. *un géométral. Dessin géométral. Coupe, élévation géométrale.*

GÉOMÈTRE [ʒeɔmɛtʀ] **n.** – v. 1300 ◊ latin *geometres*, du grec *geômetrês* ■ **1** Spécialiste de la géométrie. ■ **2** PAR APPOS. *Arpenteur, arpenteuse géomètre*, et ABSOLT *géomètre* : technicien(ne) qui s'occupe du levé des plans, du nivellement. ➤ **arpenteur.** *Des arpenteurs géomètres.* ■ **3** VX Mathématicien (➤ **géométrie,** 2°). *« Newton fut un grand géomètre »* LITTRÉ. ■ **4 n. m.** Phalène* dont la chenille arpente le sol en semblant le mesurer. ➤ **arpenteuse.**

GÉOMÉTRIE [ʒeɔmetʀi] **n. f.** – 1175 «arpentage» ◊ latin *geometria*, d'origine grecque ■ **1** Science des figures de l'espace physique. *« La géométrie [...] science de toutes les espèces d'espace »* (d'après KANT). ■ **2** MATH. VX Étude des relations entre points, droites, courbes, surfaces et volumes de l'espace réel. — MOD. Étude des invariants du groupe opérant sur des ensembles de points. *Géométrie affine et géométrie vectorielle. Géométrie algébrique. Géométrie analytique*, où l'on utilise le calcul algébrique sur les coordonnées des points. *Géométrie descriptive*, où les figures de l'espace sont définies par leurs projections orthogonales sur deux plans perpendiculaires. *Géométrie différentielle.* — *Géométrie euclidienne* ou *géométrie de l'angle droit plane (dans R^2)* ou *dans l'espace (dans R^3). Les géométries non euclidiennes : la géométrie elliptique, géométrie de Riemann* ou *géométrie de l'angle obtus, et la géométrie hyperbolique* ou *géométrie de l'angle aigu.* — *Figure de géométrie. Étudier, enseigner la géométrie.* ♦ Traité, manuel de géométrie. *Acheter une géométrie.* ■ **3** (au XVIIe) VX Mathématiques. *« Esprit de géométrie »* PASCAL. ■ **4** Configuration* (d'un avion, de ses ailes). *Avion à géométrie variable*, dont la voilure peut être modifiée en fonction des besoins en vol. — FIG. *À géométrie variable* : qui peut varier dans ses dimensions, son fonctionnement, selon les besoins. *Une justice à géométrie variable.*

GÉOMÉTRIQUE [ʒeɔmetʀik] **adj.** – 1371 ◊ latin *geometricus*, du grec ■ **1** De la géométrie. *Figure géométrique. Lieu* géométrique. Progression* ou *suite géométrique* (opposé à *progression arithmétique*) : série de termes dont l'un procède du précédent en le multipliant par un nombre constant (➤ **raison**). *5, 10, 20, 40 est une progression géométrique de raison 2.* ■ **2** Simple et régulier comme les figures géométriques. *Un immeuble de forme géométrique. Ville à plan géométrique.* — *Ornementation géométrique,* sans éléments animaux ou végétaux (ex. damiers, dents de scie, grecques). ■ **3** Qui procède avec la rigueur, la précision de la géométrie (au sens ancien de « mathématiques »). *Exactitude, précision, rigueur géométrique.* ➤ **mathématique.**

GÉOMÉTRIQUEMENT [ʒeɔmetʀikmɑ̃] **adv.** – 1561 ◊ de *géométrique* ■ **1** Par la géométrie. *Démontrer, prouver géométriquement.* ■ **2** D'une manière géométrique (2°). ■ **3** D'une manière rigoureuse. ➤ **mathématiquement.**

GÉOMORPHOLOGIE [ʒeomɔʀfɔlɔʒi] **n. f.** – 1939 ◊ de *géo-* et *morphologie* ■ SC. Partie de la géologie qui décrit et explique les formes du relief terrestre.

GÉOPHAGIE [ʒeɔfaʒi] **n. f.** – 1846 ◊ de *géo-* et *-phagie* ■ DIDACT. Absorption de terre (par un animal ou un être humain).

GÉOPHILE [ʒeɔfil] **n. m.** – 1827 ◊ de *géo-* et *-phile* ■ ZOOL. ■ **1** Gastéropode terrestre à coquille réduite, interne ou absente. ➤ 1 **limace.** ■ **2** Petit arthropode appelé aussi *géophilien.* ➤ 2 **scolopendre.**

GÉOPHONE [ʒeɔfɔn] **n. m.** – 1962 ◊ de *géo-* et *-phone* ■ DIDACT. Instrument servant à écouter les bruits provenant du sol.

GÉOPHYSICIEN, IENNE [ʒeofizisjɛ̃, jɛn] **n.** – 1944 ◊ de *géophysique* ■ DIDACT. Spécialiste de géophysique.

GÉOPHYSIQUE [ʒeofizik] **n. f.** – fin XIXe ◊ de *géo-* et *physique* ■ SC. Étude de la Terre par les méthodes de la physique. ➤ **aéronomie, climatologie, géomagnétisme, gravimétrie, hydrologie, sismologie, volcanologie.** — **adj.** *Études, prospection géophysiques.*

GÉOPOLITIQUE [ʒeopɔlitik] **n. f. et adj.** – 1924 ◊ anglais *geopolitics* (1904), ou allemand *Geopolitik* (1924) ; adj. dès 1889 en suédois ; de *géo-* et *politique* ■ Étude des rapports entre les données naturelles de la géographie et la politique des États. — **adj.** *Théories géopolitiques. « victimes de conflits géopolitiques qui les dépassent »* C. CUSSET. — **n. GÉOPOLITICIEN, IENNE.**

GÉORGIEN, IENNE [ʒeɔʀʒjɛ̃, jɛn] **adj. et n.** – 1540 ◊ de *Géorgie* ■ **1** Relatif à la Géorgie, qui habite la Géorgie (République caucasienne). — **n.** *Les Géorgiens.* ♦ **n. m.** LING. Langue caucasienne de Géorgie. ■ **2** (1840) De la Géorgie (État des États-Unis d'Amérique).

GÉORGIQUE [ʒeɔʀʒik] **adj.** – 1374 ◊ latin *georgicus*, du grec *geôrgikos*, de *gê* « terre » et *ergon* « travail » ■ HIST. LITTÉR. Qui concerne les travaux des champs. *Genre, poème géorgique.* — **n. f. pl.** Poèmes géorgiques. *« Les Géorgiques », de Virgile.*

GÉOSCIENCES [ʒeosjɑ̃s] **n. f. pl.** – 1972 ◊ de *géo-* et *science* ■ SC. Ensemble des disciplines scientifiques qui contribuent à la connaissance de la Terre. ➤ **géologie, géomorphologie, hydrogéologie, limnologie, minéralogie, paléontologie,** 2 **pédologie, pétrographie, pétrologie, sédimentologie, tectonique, volcanologie.** *Géosciences marines.*

GÉOSPHÈRE [ʒeɔsfɛʀ] **n. f.** – 1889 ◊ de *géo-* et *sphère* ■ GÉOGR. Ensemble des éléments solides de la Terre. ➤ **lithosphère.** *La géosphère, l'atmosphère, l'hydrosphère et la biosphère.*

GÉOSTATION [ʒeostasjɔ̃] **n. f.** – 1973 ◊ de *géo-* et *station* ■ ASTRONAUT. Station scientifique établie à terre.

GÉOSTATIONNAIRE [ʒeostasjɔnɛʀ] **adj.** – 1966 ◊ de *géo-* et *stationnaire* ■ ASTRONAUT. Se dit d'un satellite géosynchrone* décrivant une orbite équatoriale dans le sens de la rotation de la Terre. *Les satellites géostationnaires semblent immobiles à l'observateur terrestre.*

GÉOSTRATÉGIE [ʒeostʀateʒi] **n. f.** – v. 1965 ◊ de *géo-* et *stratégie* ■ Ensemble des facteurs stratégiques en liaison avec la géographie et la démographie. — **adj. GÉOSTRATÉGIQUE.**

GÉOSYNCHRONE [ʒeosɛ̃kʀɔn ; ʒeosɛ̃kʀon] **adj.** – 1971 ◊ de *géo-* et *synchrone* ■ ASTRONAUT. Se dit d'un satellite dont la période de révolution égale un jour sidéral (➤ **géostationnaire**). *L'orbite d'un satellite géosynchrone.*

GÉOSYNCLINAL, AUX [ʒeosɛ̃klinal, o] **n. m.** – 1886 ◊ anglais *geosynclinal* (1873) ; cf. *géo-* et *synclinal* ■ GÉOL. Vaste dépression synclinale, caractérisée par une grande épaisseur de sédiments (➤ **fosse**).

GÉOTECHNIQUE [ʒeotɛknik] **adj.** – 1967 ◊ de *géo-* et *technique* ■ DIDACT. Qui concerne les applications techniques (mines, routes, voies ferrées) de recherches géologiques.

GÉOTEXTILE [ʒeotɛkstil] **n. m.** – 1977 ◊ de *géo-* et *textile* ■ Membrane textile perméable qui, posée sur ou dans le sol, sert de filtre, de renforcement ou de séparation entre deux couches de terre. *Géotextile utilisé dans la construction des routes.* — APPOS. *Toiles géotextiles pour l'horticulture.*

GÉOTHERMIE [ʒeotɛʀmi] **n. f.** – 1867 ◊ de *géo-* et *thermie* ■ **1** GÉOPHYS. Science dont l'objet est l'étude de l'énergie calorifique interne de la Terre. ■ **2** TECHN. Technique de récupération de cette énergie. *Chauffage d'une maison par géothermie.*

GÉOTHERMIQUE [ʒeotɛʀmik] **adj.** – 1860 ◊ de *géothermie* ■ Relatif à la géothermie. GÉOPHYS. *Gradient* ou *degré géothermique* : mesure de l'augmentation de la température de la Terre avec la profondeur (cette hausse dépend de la nature des roches). — TECHN. *Chauffage géothermique.*

GÉOTROPISME [ʒeotʀɔpism] **n. m.** – 1868 ◊ de *géo-* et *tropisme* ■ BIOL. Orientation d'un organe vers le haut *(géotropisme négatif)* ou vers le bas *(géotropisme positif)*, sous l'action de la pesanteur.

GÉOTRUPE [ʒeɔtʀyp] **n. m.** – 1801 ◊ de *géo-* et du grec *trupân* « percer » ■ ZOOL. Insecte d'Europe et d'Asie du Nord *(coléoptères)* qui creuse son terrier sous les crottins et les bouses. ➤ **bousier.**

GÉPHYRIEN [ʒefiʀjɛ̃] **n. m.** – 1890 ◊ latin scientifique *gephyrea*, du grec *gephura* « pont » ■ ZOOL. Animal marin non segmenté vivant dans la vase *(hémicordés). Les géphyriens se situent entre les échinodermes et les annélides.*

GÉRABLE [ʒeʀabl] **adj.** – 1968 ◊ de *gérer* ■ Qui peut être géré. *Entreprise difficilement gérable.* ■ CONTR. Ingérable.

GÉRANCE [ʒeʀɑ̃s] **n. f.** – 1843 ◊ de *gérant* ■ Fonction de gérant. *Assumer la gérance d'une société.* ➤ **administration, gestion.** *Mettre un fonds de commerce en gérance. Gérance libre* (ou *location-gérance*) : exploitation d'un fonds de commerce par un gérant. *Des locations-gérances.* — Temps que dure cette fonction. *Gérance de trois ans.*

GÉRANIOL [ʒeʀanjɔl] **n. m.** – 1900 ◊ de *géranium* et *(alco)ol* ■ CHIM. Le plus important des alcools terpéniques doublement insaturés ($C_{10}H_{17}OH$). *Le géraniol donne leur odeur aux roses.*

GÉRANIUM [ʒeʀanjɔm] **n. m.** – 1545 ◊ latin des botanistes, du latin classique *geranion*, mot grec, de *geranos* « grue » ■ **1** BOT. Plante herbacée *(géraniacées)* aux fleurs roses et aux feuilles très fortement aromatiques. *Géranium herbe à Robert.* ■ **2** COUR. Pélargonium*. *Géranium-lierre,* aux longues pousses fleuries retombantes. *Des géraniums-lierres.*

GÉRANT, ANTE [ʒeʀɑ̃, ɑ̃t] **n.** – 1787 ◊ p. prés. de *gérer* ■ Personne qui gère pour le compte d'autrui, assume une gérance*. ➤ **administrateur,** 2 **agent, directeur, dirigeant, gestionnaire, mandataire.** *Gérant de portefeuille. Gérant d'affaires. Gérant d'immeubles.* ➤ **syndic.** ♦ Mandataire placé(e) à la tête d'une entreprise. *Gérant d'un fonds de commerce, d'une succursale, d'un établissement.* ♦ Dans certains types de société, Personne chargée par la loi, les statuts ou les associés, de l'administration des affaires sociales. ♦ *Gérant d'un journal, d'un périodique,* directeur responsable de la publication.

GERBAGE [ʒɛʀbaʒ] **n. m.** – fin XVIe ◊ de *gerber* ■ AGRIC. Action de gerber (des céréales). *Gerbage des blés.* ♦ TECHN. Action d'empiler (des marchandises).

1 **GERBE** [ʒɛʀb] **n. f.** – XIVe ; *jarbe* XIIe ◊ francique °*garba* ■ **1** Botte de céréales coupées, où les épis sont disposés d'un même côté. *Gerbe de blé, d'avoine. Mettre le blé en gerbes. Lier une gerbe. « Elle soulevait trois, quatre javelles [...] puis, avec un lien tout prêt, elle nouait sa gerbe »* ZOLA. *Mettre les gerbes en tas, en meule après la moisson.* ■ **2** PAR ANAL. Botte de fleurs coupées à longues tiges. *Gerbes de fleurs, de roses, de glaïeuls. Gerbe d'osier :* botte d'osier, des vanniers. ■ **3** Par anal. de forme ➤ 1 **bouquet, faisceau.** *Une gerbe de colonnes.* — (De ce qui s'élance, jaillit en forme de gerbe) *Gerbe d'eau qui gicle* (➤ **fusée**), *qui jaillit* (➤ **geyser** FIG.) *d'un bassin. Gerbe d'écume, de flammes. « Des étincelles qui montaient en gerbes pour retomber en pluie d'or »* FRANCE. — ARTILL. Ensemble des trajectoires parcourues par les projectiles lancés sur un même but dans les tirs successifs d'une même pièce. *Gerbe d'éclatement :* ensemble des trajectoires des éclats d'obus. ♦ PHYS. *Gerbe de particules :* faisceau du rayonnement cosmique* secondaire qui semble provenir d'une même particule et conserve la direction de

celle-ci. — *Gerbe atmosphérique* (ou *gerbe d'Auger*), dont les particules pénètrent l'atmosphère. *Gerbes en cascade,* issues d'un électron ou d'un photon. ▪ **4** FIG. Ensemble de choses semblables réunies. *« La Dernière Gerbe », recueil de poèmes de Victor Hugo.*

2 **GERBE** [ʒɛʀb] **n. f.** – vers 1980 ◇ de *gerber* « vomir » ▪ FAM. Vomissure. *Ça pue la gerbe.* ◆ *Avoir la gerbe :* avoir envie de vomir. *Donner la gerbe à qqn,* lui donner l'envie de vomir, l'écœurer (aussi fig.). *Le racisme me file la gerbe.*

GERBÉE [ʒɛʀbe] **n. f.** – 1432 ◇ de 1*gerbe* ▪ AGRIC. Botte de paille où il reste quelques épis. — Botte de fanes, de tiges de céréales, etc., servant de fourrage.

GERBER [ʒɛʀbe] **v.** ‹1› – XIIIe ◇ de 1*gerbe*

I v. tr. ▪ **1** VX Mettre en gerbes. ▪ **2** TECHN. Empiler (des colis, des marchandises). *Gerber des palettes.*

II v. intr. FAM. ▪ **1** (1925) Vomir. — FIG. *C'est à gerber. Ça me fait gerber :* ça me dégoûte. — **adj. GERBANT, ANTE.** ▪ **2** Partir, s'en aller. *Gerbe de là !*

GERBÉRA ou **GERBERA** [ʒɛʀbeʀa] **n. m.** – XVIIIe ◇ latin des botanistes *gerbera jamesonii,* du nom du naturaliste allemand *Trangott Gerber* ▪ BOT. Plante ornementale *(composacées),* appelée aussi *marguerite du Transvaal,* cultivée pour ses grands capitules orange vif ou rouges. *Des gerbéras pourpres.*

GERBEUR, EUSE [ʒɛʀbœʀ, øz] **adj. et n. f.** – XVIe ◇ de *gerber* ▪ AGRIC., TECHN. ▪ **1** Qui sert au gerbage. ▪ **2 n. f.** Engin de levage pour déplacer, gerber les charges.

GERBIER [ʒɛʀbje] **n. m.** – XVe ◇ de 1*gerbe* ▪ Grand tas de gerbes isolé dans les champs. ➤ 2**meule.** *« de petits gerbiers comme des taupinières »* GIONO.

GERBILLE [ʒɛʀbij] **n. f.** – 1804 ◇ latin des zoologistes *gerbillus,* de *gerboa* → gerboise ▪ Petit rongeur des savanes et des déserts apparenté aux rats et souris. *Gerbille de l'Inde. Petite gerbille d'Égypte.*

GERBOISE [ʒɛʀbwaz] **n. f.** – 1712 ; *gerbo* 1700 ◇ latin des zoologistes *gerboa,* de l'arabe maghrébin *gerbu,* classique *yarbu* ▪ Petit rongeur d'Asie et d'Afrique, bien adapté au saut grâce à ses pattes postérieures quatre fois plus longues que les antérieures.

GERCE [ʒɛʀs] **n. f.** – 1607 ◇ de *gercer* ▪ TECHN. ▪ **1** Teigne qui ronge les étoffes, les papiers. ▪ **2** (1777) Fente dans le bois causée par la dessiccation.

GERCER [ʒɛʀse] **v.** ‹3› – 1530 ; début XIIIe pronom. « se blesser » ◇ latin populaire °*charissare,* du grec *kharassein* « entailler » ▪ **1 v. tr.** Faire des petites crevasses à, en parlant de l'action du froid ou de la sécheresse. *Le froid gerce les mains, les lèvres.* ➤ **crevasser, fendiller, fendre.** — PRONOM. *Mains qui se gercent.* — **p. p. adj.** *Lèvres gercées.* ▪ **2 v. intr.** Se couvrir de petites crevasses. *Lèvres qui gercent.*

GERÇURE [ʒɛʀsyʀ] **n. f.** – *gerseure* v. 1375 ◇ de *gercer* ▪ **1** Petite fissure de la peau altérée par un processus inflammatoire. ➤ **crevasse.** *Gerçures aux mains.* ▪ **2** Petite fente qui se produit à la surface de la terre, aux troncs d'arbres. ➤ **gélivure.** ▪ **3** TECHN. Fendillement à la surface d'une matière, d'un revêtement. *Gerçures de l'enduit d'un tableau.*

GÉRER [ʒeʀe] **v. tr.** ‹6› – 1445 ◇ latin *gerere* ▪ **1** Administrer (les intérêts, les affaires d'un autre). ➤ **gestion.** *Gérer un commerce, un domaine, une affaire. Gérer en commun.* ➤ **cogérer.** *Gérer les biens d'un mineur, d'un incapable, gérer une tutelle* (➤ **tuteur**). ▪ **2** Administrer (ses propres affaires). ➤ **conduire, diriger, gouverner, régir.** *Gérer son avoir avec économie.* — *Affaire bien, mal gérée. Entreprise gérée par son personnel.* ➤ **autogéré.** ▪ **3** *Gérer un problème,* y faire face, s'en occuper. *Situation très difficile à gérer* (➤ **ingérable**). *Gouvernement qui doit gérer une crise économique, une situation sociale complexe.* — ABSOLT FAM. Maîtriser la situation. *T'inquiète, je gère !* — PAR EXT. Organiser, utiliser au mieux. *Gérer son temps, son avenir, son corps.*

GÉREUR [ʒeʀœʀ] **n. m.** – 1950 ◇ de *gérer* ▪ RÉGION. (Antilles) Contremaître, dans une plantation de canne à sucre. *Se faire « cravacher par un commandeur (ou, pire, un géreur à cheval) »* GLISSANT.

GERFAUT [ʒɛʀfo] **n. m.** – fin XIIe ◇ probablt du moyen haut allemand *girvalke, gervalke,* du germanique *gera-* « avide » (à l'origine de l'allemand *Gier* « avidité »), puis « ardent, rapide » et soit le germanique *falwa* « pâle », le gerfaut se caractérisant par son plumage clair, soit le latin *falx* « faux », à cause des griffes coupantes de l'oiseau ▪ Grand rapace diurne, qui vit dans les pays du Nord. *Gerfaut d'Islande, de Norvège. Le gerfaut était très estimé au Moyen Âge pour la fauconnerie. « Comme un vol de gerfauts hors du charnier natal »* HEREDIA.

GÉRIATRIE [ʒeʀjatʀi] **n. f.** – 1915 ◇ du grec *gerôn, gerontos* « vieillard » et *-iatrie* ▪ MÉD. Médecine de la vieillesse. ➤ **gérontologie.** *Service de gériatrie d'un hôpital.* — **n. GÉRIATRE ; adj. GÉRIATRIQUE.**

1 **GERMAIN, AINE** [ʒɛʀmɛ̃, ɛn] **adj. et n.** – v. 1165 ◇ latin *germanus* « qui est du même sang », de *germen* ▪ **1** VX ou DR. Né des mêmes père et mère. *Frères germains* (opposé à *utérin* et à *consanguin*). **n.** *Les germains :* frères, sœurs, parents. ▪ **2** (XIXe) COUR. *Cousins germains,* ayant au moins une grand-mère ou un grand-père commun. SUBST. *Cousins issus de germains,* qui descendent d'un cousin germain (ou d'une cousine germaine) ou dont les parents sont cousins germains entre eux. ▪ HOM. Germen.

2 **GERMAIN, AINE** [ʒɛʀmɛ̃, ɛn] **adj. et n.** – fin XIIIe ; *germaniens* 1284 ◇ repris au latin *Germanus,* p.-ê. du celte *gair* « voisin » et *maon, man* « peuple » ▪ **1** Qui appartient à la Germanie, région correspondant à peu près à l'Allemagne, à l'époque du Bas-Empire et du haut Moyen Âge. ➤ **germanique.** ▪ **2 n.** Habitant de la Germanie. *Les Germains* (Burgondes, Francs, Goths, Lombards, Saxons, Suèves, Teutons, Vandales).

GERMANDRÉE [ʒɛʀmɑ̃dʀe] **n. f.** – XIVe ; *gemandree* XIIe ◇ altération du latin médiéval *calamendria,* croisement probable de *calamentum* « menthe » et de *camedria,* du grec *khamaidrus* « chêne nain » ▪ BOT. Herbe ou arbrisseau aromatique *(labiées). Germandrée sauvage,* dite *sauge des bois, mélisse des bois. Germandrée aquatique.*

GERMANIQUE [ʒɛʀmanik] **adj. et n.** – 1532 ◇ latin *germanicus* ▪ **1** Qui a rapport aux Germains. ➤ 2**germain, teuton.** *Le Saint-Empire romain germanique.* — *Langues germaniques :* langues des peuples que les Romains nommaient Germains, et celles qui en dérivent. **n. m.** *Le germanique. Germanique oriental :* gotique. *Germanique septentrional :* norrois ou nordique (inscriptions runiques), islandais, norvégien, suédois, danois. *Germanique occidental :* allemand ; haut allemand (bavarois, alémanique, francique), yiddish ; bas allemand, néerlandais, flamand, frison ; anglo-saxon, anglais. ▪ **2** De l'Allemagne. ➤ **allemand.** *La Confédération germanique* (1815-1866). ◆ Des régions de langue et de civilisation allemandes (Allemagne, Suisse, Autriche...). *Les pays latins et les pays germaniques. La culture germanique.* — **n.** *Un, une Germanique.*

GERMANISANT, ANTE [ʒɛʀmanizɑ̃, ɑ̃t] **adj.** – 1872 ; « qui a l'accent allemand » 1844 ◇ de *germaniser* ▪ **1** Qui affectionne ce qui est germanique, allemand. SUBST. *Un germanisant.* ▪ **2** RARE SUBST. Germaniste.

GERMANISER [ʒɛʀmanize] **v. tr.** ‹1› – 1556 ◇ de 2*germain* ▪ Rendre germanique ; imposer le caractère germanique à. *« Battus, nous serons germanisés »* SARTRE. — **n. f. GERMANISATION,** 1864.

GERMANISME [ʒɛʀmanism] **n. m.** – 1720 ◇ de *germanique* ▪ LING. Tournure, idiotisme propre à la langue allemande. — (XXe) Emprunt à l'allemand.

GERMANISTE [ʒɛʀmanist] **n.** – 1866 ◇ de *germanique* ▪ DIDACT. Linguiste spécialisé(e) dans l'étude des langues germaniques, et plus spécialement de l'allemand. — PAR EXT. Spécialiste d'études allemandes. ➤ **germanisant.**

GERMANIUM [ʒɛʀmanjɔm] **n. m.** – 1890 ◇ terme dû au chimiste allemand Winkler, du latin *Germania* « Allemagne » ▪ CHIM., PHYS. Élément atomique (Ge ; n° at. 32 ; m. at. 72,61), métal du même groupe que le carbone et le silicium, utilisé dans la fabrication de dispositifs électroniques. *Diode, transistor au germanium.*

GERMANO- ▪ Élément, du latin *germanus* « allemand », servant à former des adjectifs composés : *germano-soviétique.*

GERMANOPHILE [ʒɛʀmanɔfil] **adj. et n.** – 1894 ◇ de *germano-* et *-phile* ▪ Qui aime les Allemands. — **n. f. GERMANOPHILIE.**

GERMANOPHOBE [ʒɛʀmanɔfɔb] **adj. et n.** – 1894 ◇ de *germano-* et *-phobe* ▪ Qui déteste les Allemands. — **n. f. GERMANOPHOBIE.**

GERMANOPHONE [ʒɛʀmanɔfɔn] **adj. et n.** – v. 1945 ◇ de *germano-* et *-phone* ▪ DIDACT. Qui parle, où l'on parle l'allemand. *Les pays germanophones. La Suisse germanophone.* ➤ **alémanique.** — **n.** *Un, une germanophone.*

GERME [ʒɛʀm] **n. m.** – v. 1120 ◇ latin *germen* **A.** ▪ **1** Premier rudiment d'un être vivant (➤ **gamète ; embryon, graine**). *Pasteur réfuta la théorie de la génération* spontanée en démontrant la présence des germes.* ▪ **2** EMBRYOL. Œuf fécondé. COUR. *Germe de l'œuf.* ➤ **cicatricule.** — (1860) Micro-organisme (virus, bactérie, protiste) capable d'engendrer une maladie. *Germes microbiens, pathogènes, infectieux.* ◆ BOT. Partie de la semence, qui en se développant forme la plante. ➤ **embryon.** — COUR. Première pousse qui sort de la graine, du bulbe, du tubercule. ➤ **plantule ; germer.** *Germes de blé, d'orge. Enlever les germes des pommes de terre.* ➤ **dégermer.** CUIS. *Poulet aux germes de soja.*

B. FIG. Principe, élément de développement (de qqch.). ➤ **cause, principe, semence, source.** *Un germe de vie, de mort, de maladie. Germe d'une idée. Les germes d'une crise économique.* ➤ **origine.** *En germe :* à l'état latent. *« La réforme politique contient en germe les réformes sociales »* GAMBETTA.

GERMEN [ʒɛʀmɛn] **n. m.** – début XXe ◇ mot latin « germe » ■ BIOL. CELL. Lignée des gamètes d'un être vivant (opposé à *soma*) (➤ **germinatif**). ■ HOM. Germaine (germain).

GERMER [ʒɛʀme] **v. intr.** ‹1› – 1130 ◇ latin *germinare* ■ **1** Se dit des graines, bulbes ou tubercules destinés ou non à la semence, qui poussent leur germe au dehors (➤ **germination**). *Semence qui germe dans le sol. On fait germer l'orge pour la fabrication de la bière* (➤ **germoir**). **p. p. adj.** *Pommes de terre germées. Blé germé.* PAR EXT. *Plante qui germe,* dont la graine germe. ■ **2** FIG. Commencer à se développer. ➤ **se former, naître.** *Cette idée a germé dans les esprits.*

GERMICIDE [ʒɛʀmisid] **adj.** – hapax 1784 fig. ◇ de *germe* et *-cide* ■ DIDACT. Qui tue les germes microbiens.

1 **GERMINAL** [ʒɛʀminal] **n. m.** – 1793 ◇ du latin *germen, germinis* ■ HIST. Septième mois du calendrier républicain (21, 22 mars - 18, 19 avril), mois de la germination. *Des germinals.* — *« Germinal », roman de Zola.*

2 **GERMINAL, ALE, AUX** [ʒɛʀminal, o] **adj.** – 1831 ◇ → 1 germinal ■ BIOL. Relatif au germe ou au germen. *Cellule germinale :* cellule reproductrice. ➤ **gamète.**

GERMINATEUR, TRICE [ʒɛʀminatœʀ, tʀis] **adj.** – 1770 ◇ du radical de *germination* ■ BOT. Qui a le pouvoir de faire germer.

GERMINATIF, IVE [ʒɛʀminatif, iv] **adj.** – XVIe ◇ du latin *germinare* « germer » ■ **1** Qui a rapport au germe ou à la germination. *Les cônes « des pins conservaient leur pouvoir germinatif pendant trois ans »* BERGOUNIOUX. ■ **2** Relatif au germen* (opposé à *somatique* [2°]).

GERMINATION [ʒɛʀminasjɔ̃] **n. f.** – 1580 ◇ latin *germinatio*, de *germinare*, de *germen* « germe » ■ **1** BOT. Reprise de la vie active par un végétal, après une période de repos, sous forme de graine ou de spore. ■ **2** CHIM. *Germination des cristaux :* apparition de cristaux microscopiques qui se développent dans un corps pur non cristallisé.

GERMOIR [ʒɛʀmwaʀ] **n. m.** – 1700 ◇ de *germer* ■ **1** Caisse, pot destiné à recevoir certaines graines qui doivent être mises en terre après leur séparation de la plante, mais qu'on ne veut semer que plus tard. ◆ Récipient dans lequel on fait germer des graines pour les consommer. ■ **2** Bâtiment où l'on fait germer des semences, des plantes. *Germoir d'une brasserie,* où l'on fait germer l'orge.

GERMON [ʒɛʀmɔ̃] **n. m.** – 1769 ; *gernon* « tanche » XIVe ◇ mot poitevin, p.-ê. de *germe* ■ ZOOL. Thon blanc. ➤ **albacore.**

GERNOTTE ➤ **GARNOTTE**

GÉROMÉ [ʒeʀɔme] **n. m.** – 1845 ; *giraumé* 1757 ◇ prononciation régionale de *Gérardmer* ■ Fromage affiné à pâte molle, au lait de vache, fabriqué dans les Vosges. *Des géromés.*

GÉRONDIF [ʒeʀɔ̃dif] **n. m.** – fin XIVe ; *gerundif* fin XIIe ◇ latin *gerundivus*, de *gerere* « faire » ■ **1** En latin, Forme verbale, déclinaison de l'infinitif (ex. cantandi, cantandum, cantando). ■ **2** (1562) En français, Forme verbale en *-ant* (➤ **participe**), généralement précédée de la préposition *en*, et servant à exprimer des compléments circonstanciels de simultanéité, de manière, de moyen, de cause... (ex. En forgeant, on devient forgeron).

GÉRONTE [ʒeʀɔ̃t] **n. m.** – 1829 ; 1636 n. pr. ◇ grec *gerôn* « vieillard » ; nom des personnages de vieillards dans la comédie classique ■ VX Vieillard crédule, facile à berner.

GÉRONTISME [ʒeʀɔ̃tism] **n. m.** – 1866 ◇ de *géronte* ■ DIDACT. Vieillissement prématuré chez un adulte ou un enfant. ➤ **sénilisme.**

GÉRONT(O)- ■ Élément, du grec *gerôn, gerontos* « vieillard ».

GÉRONTOCRATIE [ʒeʀɔ̃tɔkʀasi] **n. f.** – 1825 ◇ de *géronto-* et *-cratie* ■ DIDACT. Gouvernement, domination exercés par les vieillards. *« les vieilles sociétés riches ont tendance à devenir des gérontocraties »* MAUROIS.

GÉRONTOLOGIE [ʒeʀɔ̃tɔlɔʒi] **n. f.** – 1950 ◇ de *géronto-* et *-logie* ■ MÉD. Étude des phénomènes, des problèmes liés au vieillissement de l'organisme humain ; étude de la vieillesse (sociologie, médecine). ➤ **gériatrie.** — **adj. GÉRONTOLOGIQUE.** *Clinique gérontologique.*

GÉRONTOLOGUE [ʒeʀɔ̃tɔlɔg] **n.** – 1965 ◇ de *gérontologie* ■ Spécialiste de la gérontologie. — On dit parfois *gérontologiste.*

GÉRONTOPHILIE [ʒeʀɔ̃tɔfili] **n. f.** – 1909 ◇ de *géronto-* et *-philie* ■ DIDACT. Attraction sexuelle pour les vieillards. — **adj.** et **n. GÉRONTOPHILE.**

GERSEAU [ʒɛʀso] **n. m.** – 1678 ◇ altération probable de *herseau*, diminutif de *herse* ■ MAR. Filin ou cordage qui renforce une poulie.

GERZEAU [ʒɛʀzo] **n. m.** – 1752 ; *jarzeu* « ivraie » XIIe ◇ p.-ê. de l'ancien français *jard* « poil dur de la laine » → 2 jarre ■ VX OU RÉGION. Nielle des blés.

GÉSIER [ʒezje] **n. m.** – v. 1560 ; *giser* début XIIIe ◇ bas latin °*gizerium*, de *gigeria* « entrailles de volailles sacrifiées » ■ Troisième poche digestive des oiseaux, faisant suite au jabot. *Jabot et gésier.* — *Salade de gésiers de canard confits.*

GÉSINE [ʒezin] **n. f.** – v. 1160 ◇ latin populaire *jacina*, du latin classique *jacere* → gésir ■ VX *Femme* **EN GÉSINE,** en train d'accoucher.

GÉSIR [ʒeziʀ] **v. intr. déf.** ‹seult *je gis, tu gis, il gît /git/, nous gisons, vous gisez, ils gisent ; je gisais,* etc. ; *gisant*› – Xe ◇ latin *jacere* « être étendu » ■ LITTÉR. ■ **1** Être couché, étendu, sans mouvement (➤ **gisant**). *Malade qui gît sur son lit.* — (CHOSES) Être tombé, renversé. *« Des chaises gisaient par terre »* ZOLA. ◆ Être enterré. *Ci-gît* (voir ce mot). ■ **2** PAR EXT. Se trouver (en parlant de choses cachées ➤ **gisement**). *Là, gisait la vraie difficulté.* ➤ **résider.** LOC. PROV. (du latin) *C'est là que gît le lièvre.*

GESSE [ʒɛs] **n. f.** – XVe ; *jaisse* 1080 ◇ provençal *jaisso*, p.-ê. du latin *(faba) aegyptia* « (fève) d'Égypte » ■ BOT. Plante herbacée *(légumineuses papilionées). Gesse fourragère. Gesse ornementale.* ➤ **pois** (de senteur).

GESTALTISME [gɛʃtaltism] **n. m.** – milieu XXe ◇ de l'allemand *Gestalt* « forme », pour traduire *Gestalttheorie* ■ PSYCHOL. Théorie de la forme*. — **adj.** et **n.** (1953) **GESTALTISTE.**

GESTALT-THÉRAPIE [gɛʃtalteʀapi] **n. f.** – v. 1960 ◇ anglais *gestalt-therapy*, de l'allemand *Gestalt* « forme » ■ PSYCHOL. Thérapie de groupe permettant à l'individu de reconnaître et d'accepter les parties antagonistes de son corps et de sa personnalité. *Des gestalt-thérapies.*

GESTANT, ANTE [ʒɛstɑ̃, ɑ̃t] **adj.** – milieu XXe ◇ du radical de *gestation* ■ DIDACT. *Femelle gestante,* en gestation. ➤ **gravide.** *« Des truies gestantes dorment et leur abdomen rond et dur bouge sous l'impulsion des gorets encore à naître »* DEL AMO.

GESTAPISTE [gɛstapist] **n. m.** et **adj.** – 1945 ◇ de *Gestapo* ■ **1** Membre de la Gestapo. ■ **2** **adj.** Propre à la Gestapo, ou qui l'évoque. *Des méthodes gestapistes. « un imperméable de cuir noir gestapiste »* KERANGAL.

GESTATION [ʒɛstasjɔ̃] **n. f.** – 1748 ; « action de se faire porter » 1537 ◇ latin *gestatio* « action de porter », de *gestare*, de *gerere* « porter » ■ **1** PHYSIOL. État d'une femelle vivipare qui porte son petit, depuis la conception jusqu'à l'accouchement. *Gestation de la femme.* ➤ **grossesse.** *Femme, femelle en gestation* (➤ 2 **enceinte, gestant, gravide**). *La durée de la gestation varie selon les espèces. Interrompre la gestation* (➤ **contragestif**). *Gestation pour autrui (GPA) :* pratique de procréation dans laquelle une femme porte un enfant qu'elle s'engage à remettre au couple demandeur à l'issue de la grossesse (cf. Mère* porteuse). *« Toute convention portant sur la procréation ou la gestation pour le compte d'autrui est nulle »* (CODE CIVIL). ■ **2** FIG. (1866) Travail latent qui prépare la naissance, la mise au jour d'une création de l'esprit, d'une situation nouvelle. *La gestation d'un poème* (ACADÉMIE). ➤ **genèse.** *Une œuvre en gestation,* qui se prépare.

GESTATIONNEL, ELLE [ʒɛstasjɔnɛl] **adj.** – 1871 ◇ de *gestation* ■ Lié à la gestation, à la grossesse. ➤ **gravidique.** *Diabète gestationnel.*

GESTATOIRE [ʒɛstatwaʀ] **adj.** – 1752 ; « portatif » 1537 ◇ latin *gestatorius*, dans l'expression *sedia gestatoria* ■ VX *Chaise gestatoire :* chaise à porteurs dont le pape faisait usage.

1 **GESTE** [ʒɛst] **n. m.** – XVe ◇ latin *gestus* ■ **1** Mouvement du corps (principalement des bras, des mains, de la tête) volontaire ou involontaire, révélant un état psychologique, ou visant à exprimer, à exécuter qqch. ➤ **attitude, mouvement.** *Faire des*

gestes en parlant. ➤ **gesticuler.** *S'exprimer par gestes.* ➤ **mimique, pantomime.** *Le langage par gestes des sourds.* ➤ **gestuel, mimique.** LOC. *Encourager qqn de la voix et du geste. Joindre le geste à la parole. Ne pas faire un geste :* ne pas bouger. — *Gestes lents, brusques, vifs. Précision des gestes du chirurgien. Les gestes rituels de la prière. Gestes codés* (➤ **gestique**). ◆ Simple mouvement expressif ou caractéristique (du bras, de la main, de la tête). *Faire un geste de la main.* ➤ **signe.** *Un geste d'adieu. Geste approbateur de la tête.* ➤ **hochement.** *Geste du salut, du serment.* « *Taor leva la main droite, geste universel qui signifie paix* » TOURNIER. « *Le geste auguste du semeur* » HUGO. *Un geste déplacé, obscène.* — LOC. *Avoir le geste large :* être généreux, faire des largesses. ▪ **2** (ABSTRAIT) ➤ 1 **acte,** 1 **action.** *Geste d'autorité, de générosité. Faire un beau geste. Pour la beauté* du geste.* — LOC. *Faire un geste :* intervenir en faveur de qqn ; se montrer généreux (cf. Avoir un bon mouvement). *Ne pas faire un geste pour* (et l'inf.) : ne rien faire pour (cf. Ne pas lever le petit doigt). (Canada) *Poser un geste :* entreprendre une action. *Poser un geste pour la planète.*

2 **GESTE** [ʒɛst] **n. f.** – 1080 ◇ latin *gesta* « exploits » ▪ **1** VX ➤ **exploit.** — HIST. LITTÉR. Ensemble des poèmes épiques du Moyen Âge, relatant les exploits d'un même héros. ➤ 1 **cycle.** *La geste de Guillaume d'Orange. Chanson de geste.* ▪ **2** (1615) AU PLUR. COUR. *Les* **FAITS ET GESTES** *de qqn,* toute sa conduite. *La police interrogea le prévenu sur ses faits et gestes.*

GESTICULANT, ANTE [ʒɛstikylɑ̃, ɑ̃t] **adj.** – 1758 ◇ de *gesticuler* ▪ Qui gesticule. *Un personnage excité et gesticulant. Une foule gesticulante et hurlante.*

GESTICULATION [ʒɛstikylasjɔ̃] **n. f.** – 1495 « mouvement violent » ◇ latin *gesticulatio* ▪ **1** Action de gesticuler. *Évoquer, exprimer qqch. par la gesticulation.* ➤ **pantomime.** *Des gesticulations frénétiques.* ▪ **2** MILIT. Manœuvres destinées à impressionner l'adversaire.

GESTICULER [ʒɛstikyle] **v. intr.** ⟨1⟩ – 1578 ◇ latin *gesticulari* ▪ Faire beaucoup de gestes, trop de gestes. *Gesticuler en parlant.*

GESTION [ʒɛstjɔ̃] **n. f.** – 1481 ◇ latin *gestio,* de *gerere* → gérer ▪ **1** Action de gérer (les affaires d'un autre, et PAR EXT. ses propres affaires). *La gestion d'un patrimoine, d'une fortune. Gérant responsable de sa gestion.* ➤ **gérance.** *Avoir la gestion des fonds.* ➤ **maniement.** *Une bonne, sage, saine gestion.* ◆ Science de l'administration, de la direction d'une organisation et de ses différentes fonctions ; économie d'entreprise. *Gestion d'entreprise* (➤ aussi **autogestion**). *Gestion financière. Gestion du personnel. École de gestion. Société de gestion,* conseillant les entreprises en matière de gestion. ➤ **administration, direction, management, organisation.** ◆ DR. CIV. Administration des biens d'une personne physique ou morale par son représentant. *Gestion des biens de la communauté.* ◆ FIN. PUBL. *Compte de gestion,* établi pour l'ensemble des opérations effectuées pendant l'année budgétaire. ➤ **exercice.** ◆ DR. CIV. *Gestion d'affaires :* acte d'une personne (➤ **gérant**) qui a voulu agir pour le compte d'un tiers, dans son intérêt, sans avoir reçu mandat de celui-ci. *Gestion publique, privée.* ➤ **mandat.** ▪ **2** FIG. Action de gérer (3°). *La gestion de la crise.* ◆ INFORM. *Langage de gestion* (➤ **cobol**). *Gestion de bases de données.* — TECHN. Contrôle du fonctionnement. *Programme d'ordinateur effectuant la gestion d'un périphérique.* ◆ *Gestion automatisée de l'habitat.* ➤ **domotique.** *Gestion de production assistée par ordinateur (GPAO).*

GESTIONNAIRE [ʒɛstjɔnɛʀ] **adj.** et **n.** – 1874 ◇ de *gestion* ▪ **1** Qui concerne la gestion d'une affaire, ou qui en est chargé. *Administrateur gestionnaire.* ➤ **gérant.** ▪ **2 n.** Personne chargée de la gestion. *C'est un excellent, un très mauvais gestionnaire.* SPÉCIALT Sous-officier qui administre un service, une manutention (mess, hôpital, etc.). ▪ **3 n. m.** INFORM. Logiciel effectuant la gestion (d'un périphérique, d'informations). *Gestionnaire de programmes, de fichiers, d'impression.*

GESTIQUE [ʒɛstik] **n. f.** – v. 1964 ◇ de 1 *geste* ▪ Ensemble de gestes codés, comme moyen d'expression. *La gestique d'un chef d'orchestre.* ➤ **gestuelle.**

GESTUALITÉ [ʒɛstɥalite] **n. f.** – v. 1960 ◇ de *gestuel* ▪ SÉMIOL. Ensemble des gestes, mouvements et postures d'une personne, variable selon les cultures. *La gestualité des Italiens.* ➤ **gestuelle.**

GESTUEL, ELLE [ʒɛstɥɛl] **adj.** et **n. f.** – 1935 ◇ de 1 *geste,* d'après *manuel* ▪ DIDACT. Du geste. *Expressions gestuelles des comédiens. Le langage gestuel des sourds. La peinture gestuelle,* privilégiant l'acte physique de peindre. — **n. f.** *La* **GESTUELLE :** l'ensemble des gestes expressifs considérés comme des signes. ➤ **gestique, gestualité.** *Étude sémiotique des gestuelles.*

GETTER [gɛtɛʀ] **n. m.** – 1933 ◇ mot anglais, de *to get* « obtenir » ▪ ANGLIC. PHYS. Substance métallique utilisée pour obtenir un vide poussé dans les tubes électroniques.

GEWURZTRAMINER [gevyʀtstʀaminɛʀ] **n. m.** – après 1870 ◇ allemand *gewürzt* « épicé » et *traminer,* nom d'un cépage blanc ▪ Vin blanc d'Alsace, très parfumé. *Des gewurztraminers.* — ABRÉV. **GEWURZ** [gevyʀts]. *Un gewurz parfumé.*

GEYSER [ʒɛzɛʀ] **n. m.** – 1824 ◇ du nom propre islandais *Geysir,* mot à mot « celui qui jaillit », nom d'une source chaude d'Islande, de *geysa* « jaillir » ▪ **1** Source d'eau chaude jaillissant par intermittence. *Les grands geysers d'Islande.* ▪ **2** Grande gerbe jaillissante (d'eau, de liquide, etc.). « *Des gros obus tombaient* [...] *soulevant des geysers noirs* » DORGELÈS.

GHASSOUL ➤ **RASSOUL**

GHB [ʒeaʃbe] **n. m.** – 1967 ; répandu 1996 ◇ de *acide gammahydroxybutyrique* ▪ Drogue de synthèse aux propriétés sédatives, qui peut provoquer des pertes de mémoire. *Le GHB est parfois appelé* drogue du violeur.

GHETTO [geto] **n. m.** – 1690 ; *guetto* 1536 ◇ mot italien d'origine vénitienne, « fonderie », de *ghettare* « jeter », désignant le quartier de résidence forcée des juifs à Venise ▪ **1** Quartier juif, quartier où les juifs étaient forcés de résider. ➤ VX **juiverie.** *Le ghetto de Varsovie. Ghetto en pays musulman.* — PAR EXT. Lieu où une communauté vit, séparée du reste de la population. *Les ghettos noirs des villes américaines.* « *un ghetto ouvrier construit autour d'une usine textile* » A. ERNAUX. ▪ **2** FIG. Situation de ségrégation. *Le ghetto gay.* « *Prolétaires de tous les pays, sortez de votre ghetto* » MAURIAC. *Transformer en ghetto.* ➤ **ghettoïser.**

GHETTOÏSATION [getoizasjɔ̃] **n. f.** – 1972 ◇ de *ghettoïser* ▪ Transformation (d'un lieu) en ghetto. — Mise à l'écart (d'une minorité, d'une communauté). ➤ **apartheid, ségrégation.**

GHETTOÏSER [getɔize] **v. tr.** ⟨1⟩ – 1971 ◇ de *ghetto* ▪ Transformer (un lieu) en ghetto. *Quartier ghettoïsé.* — Tenir à l'écart, isoler (une minorité, une communauté). ➤ **ségréguer.** « *La stigmatiser, la ghettoïser, la caricaturer n'est à mon sens pas la bonne manière de lui répondre* » (Le Monde, 2012).

GHILDE ➤ **GUILDE**

G. I. [dʒiaj] **n. m.** – v. 1945 ◇ sigle anglais américain, de *Government Issue* « fourniture du gouvernement » ▪ Soldat de l'armée américaine. *Des G. I., des G. I's.*

GIANDUJA [ʒjɑ̃dyʒa ; ʒjanduja] **n. m.** – *chocolat Gianduja* 1884 ◇ marque déposée ; mot italien, nom du personnage du carnaval de Turin ▪ Pâte onctueuse à base de chocolat et de noisettes finement pilées, d'origine italienne. *Chocolats (au) gianduja.*

GIAOUR [ʒjauʀ] **n. m.** – 1740 ◇ mot turc « incroyant » ▪ HIST. Terme de mépris appliqué aux non-musulmans en Turquie. ➤ **roumi.**

GIBBÉRELLINE [ʒibeʀelin] **n. f.** – 1958 ◇ latin scientifique *gibberella* « champignon ascomycète », de *gibber* « bosse » ▪ BIOCHIM. Hormone végétale à 19 ou 20 atomes de carbone, qui stimule la germination et la croissance des plantes.

GIBBEUX, EUSE [ʒibø, øz] **adj.** – XVe ◇ latin *gibbosus,* de *gibbus* « bosse » ▪ DIDACT. Qui a la forme d'une bosse. *La partie gibbeuse du foie.* ◆ Qui est pourvu d'une ou plusieurs bosses. ➤ **bossu.** *Des « chameaux profilant sur l'horizon fauve leurs dos gibbeux »* GAUTIER.

GIBBON [ʒibɔ̃] **n. m.** – 1766 ◇ origine inconnue, p.-ê. d'un dialecte de l'Inde ▪ Singe des forêts tropicales d'Asie, sans queue et à longs bras, le plus petit des hominoïdes.

GIBBOSITÉ [ʒibozite] **n. f.** – 1314 ◇ du latin *gibbosus* → gibbeux ▪ DIDACT. ou LITTÉR. Bosse produite par une difformité de la colonne vertébrale. « *des figurines grotesques ornées d'une double gibbosité* » GAUTIER. — PAR ANAL. Proéminence en forme de bosse.

GIBECIÈRE [ʒib(ə)sjɛʀ] **n. f.** – *gibechiere* 1280 ◇ de *gibiez,* forme ancienne de *gibier* ▪ **1** ANCIENNT Bourse qu'on portait à la ceinture. ▪ **2** Sac dont se servent les chasseurs, les paysans, les pêcheurs, et qu'on porte en bandoulière. ➤ 1 **sac ; carnassière, carnier, sacoche.** ◆ Cartable d'écolier à bretelles, porté sur l'épaule ou dans le dos.

GIBELIN [ʒiblɛ̃] **n. m.** – *guibelin* milieu XIVe ◇ de l'italien *ghibellino* « partisan de l'empereur d'Allemagne » (XIIIe), de l'allemand *Waiblingen,* nom d'un château de Frédéric II ▪ HIST. Partisan des empereurs d'Allemagne, en Italie. *Les gibelins étaient les ennemis des guelfes* qui soutenaient la papauté.*

GIBELOTTE [ʒiblɔt] **n. f.** – 1617 ◊ de l'ancien français *gibelet* «plat d'oiseaux» → gibier ■ Fricassée au vin blanc. *Gibelotte de lapin. Lapin en gibelotte.*

GIBERNE [ʒibɛʀn] **n. f.** – 1573 «sacoche» ◊ origine inconnue, p.-ê. du bas latin *zaberna* ou *gaberna* «bissac» ■ Boîte recouverte de cuir, portée à la ceinture ou en bandoulière, où les soldats mettaient leurs cartouches. ➤ **cartouchière.** — LOC. VIEILLI *Avoir le (son) bâton de maréchal dans sa giberne* : pouvoir, étant simple soldat, parvenir aux plus hauts grades.

GIBET [ʒibɛ] **n. m.** – 1155 «bâton servant d'arme» ◊ du francique °*gibb* «bâton fourchu» ■ **1** Potence où l'on exécute les condamnés à la pendaison. *Condamner, envoyer un criminel au gibet.* — Fourches* patibulaires où l'on exposait les cadavres des suppliciés. *Le gibet de Montfaucon.* ■ **2** DIDACT. Instrument de supplice. *Le gibet du Christ,* la croix.

GIBIER [ʒibje] **n. m.** – 1539 ; «viande d'oiseaux chassés» 1377 ◊ de l'ancien français *gibiez* «chasse aux oiseaux», du francique °*gabaite* «chasse au vol» ■ **1** Ensemble des animaux bons à manger que l'on prend à la chasse. *Pays qui abonde en gibier.* ➤ **giboyeux.** *Gros gibier.* ➤ **cerf, chevreuil, daim, sanglier.** *Menu, petit gibier.* ➤ **bécasse, caille, faisan, lapin, lièvre, perdrix.** *Gibier à plume* (➤ **oiseau**), *à poil. Gibier d'eau* (➤ **canard,** 1 **poule, sarcelle ; sauvagine**), *gibier de plaine, de passage* (➤ **bécasse, palombe**). *Appâts, pièges, collets à gibier* (➤ **braconnier**). *Poursuivre, rabattre le gibier.* ➤ **chasse.** *Pièce de gibier.* ♦ Viande du gibier. *Acheter du gibier chez un volailler. Manger du gibier. Gibier mariné, mortifié, faisandé.* ➤ **venaison.** *Le fumet du gibier. Gibier en civet.* ■ **2** FIG. Personne qu'on cherche à prendre, à attraper, à duper. — LOC. **GIBIER DE POTENCE :** personne qui mérite d'être pendue ; mauvais sujet. ♦ Ce que l'on poursuit ou dont on fait sa nourriture intellectuelle. *«L'homme qui vit avec force n'a que faire des idées mortes, ce gibier de savant»* SUARÈS. ➤ **pâture.**

GIBOULÉE [ʒibule] **n. f.** – 1547 ◊ origine inconnue, mot occitan ■ Pluie soudaine, quelquefois accompagnée de vent, de grêle ou même de neige, et bientôt suivie d'une éclaircie. ➤ **averse, ondée.** *Les giboulées de mars.*

GIBOYEUX, EUSE [ʒibwajø, øz] **adj.** – 1740 ◊ de *giboyer* (vx) «chasser» ■ Riche en gibier. *Pays giboyeux. Des forêts giboyeuses.*

GIBUS [ʒibys] **n. m.** – 1834 ◊ nom de l'inventeur ■ ANCIENNT Chapeau haut de forme qu'on peut aplatir grâce à des ressorts placés à l'intérieur de la coiffe. **adj.** *Un chapeau gibus.* ➤ 2 **claque.**

GICLÉE [ʒikle] **n. f.** – 1852 ◊ de *gicler* ■ **1** Jet de liquide qui gicle. ➤ 1 **gerbe, geyser.** ■ **2** FAM. Décharge (d'arme automatique). *Une giclée de mitraillette.* ➤ **rafale.**

GICLEMENT [ʒikləmɑ̃] **n. m.** – 1918 ◊ de *gicler* ■ L'action ou le fait de gicler. *«Le fatal giclement de mon sang»* APOLLINAIRE.

GICLER [ʒikle] **v. intr.** ⟨1⟩ – 1810 ; hapax 1542 ◊ franco-provençal *jicler*, du provençal *gisclar* ■ **1** Jaillir, rejaillir avec une certaine force (liquides). *La boue a giclé sur les passants.* ➤ **éclabousser.** *Le sang giclait de sa blessure.* PAR EXT. LITTÉR. *«La lumière a giclé sur l'acier»* CAMUS. ■ **2** TRANS. (Suisse) Asperger, éclabousser. *Il a giclé son pantalon.* — Projeter. *Gicler de l'insecticide.* ♦ INTRANS. Être projeté. *Ses affaires ont giclé partout.* ■ **3** FAM. Être expulsé, vidé.

GICLEUR [ʒiklœʀ] **n. m.** – 1907 ◊ de *gicler* ■ TECHN. Petit tube du carburateur servant à faire gicler l'essence dans le courant d'air aspiré par le moteur. *Gicleur de ralenti.* ♦ *Gicleur d'incendie* : dispositif qui réagit à une élévation anormale de température en libérant un flux d'eau (recomm. offic. pour *sprinkler*).

GIF **n. m.** ou **GIF** [ʒif] **n. m. inv.** – 1995 ◊ mot anglais (1987), abrév. de *Graphics Interchange Format* «format d'échange graphique» ■ INFORM. Format d'images numériques permettant de créer des images animées ou à fond transparent. *Gif et jpeg.* — APPOS. *Fichiers gif.* ♦ Image de ce format. *Générer des gifs, des GIF.* — *Gif animé* : fichier gif contenant plusieurs images affichées successivement.

GIFLE [ʒifl] **n. f.** – 1807 ; «joue» XIIIe-XVIIe ◊ mot du Nord-Est, du francique °*kifel* «mâchoire» ■ **1** Coup* donné du plat ou du revers de la main sur la joue de qqn. ➤ 1 **claque, soufflet ;** FAM. **baffe, beigne, calotte, emplâtre, giroflée** (à cinq feuilles), ARG. **mandale, mornifle, pain,** 1 **pêche,** 1 **taloche,** 2 **tape, tarte, torgnole.** *Donner, flanquer une gifle à qqn. Recevoir une gifle. Une paire de gifles* : deux gifles données sur les deux joues par un va-et-vient de la main, du plat et du revers (cf. Aller* et retour). ■ **2** FIG. Affront, humiliation. ➤ **camouflet.** *«Ce jour-là, les Lengaigne l'emportaient, c'était une vraie gifle pour les Macqueron»* ZOLA.

GIFLER [ʒifle] **v. tr.** ⟨1⟩ – 1808 ◊ de *gifle* ■ **1** Frapper (qqn) sur la joue, du plat ou du revers de la main. ➤ **claquer ;** FAM. **baffer.** *Gifler un insolent.* ➤ **souffleter.** *Gifler un enfant.* ■ **2** (CHOSES) Cingler, fouetter. *Visage giflé par la pluie, le vent.* ■ **3** FIG. Humilier. *«Des mots malpropres qui la giflent»* AYMÉ.

GIFT [gift] **n. m.** – 1987 ◊ acronyme de l'anglais *Gametes Intra-Fallopian Transfer*, *gift* signifiant «don» en anglais ■ MÉD. Technique de fécondation artificielle consistant à injecter ovules et spermatozoïdes dans la trompe de Fallope.

GIGA- ■ MÉTROL. Préfixe du système international (SYMB. G), du grec *gigas* «géant», qui multiplie par 10^9 l'unité dont il précède le nom : *gigawatt (GW), gigahertz.* ♦ INFORM. Préfixe qui multiplie par 2^{30} l'unité d'information dont il précède le nom : *gigabit, gigaoctet.*

GIGANTESQUE [ʒigɑ̃tɛsk] **adj.** – 1598 ◊ italien *gigantesco*, de *gigante* «géant» → géant ■ **1** Qui tient du géant ; qui, dans son genre, dépasse de beaucoup la taille ordinaire ou qui, à l'échelle humaine, paraît extrêmement grand. ➤ **grand ; colossal, cyclopéen, démesuré, éléphantesque, énorme, géant** (adj.), **immense, monstrueux, titanesque.** *Homme d'une taille gigantesque. Le dinosaure et le diplodocus, animaux gigantesques. Le séquoia, arbre gigantesque. Édifice, monument gigantesque.* ■ **2** FIG. Qui dépasse la commune mesure. ➤ **énorme, étonnant, formidable, prodigieux.** *L'œuvre gigantesque de Balzac. Entreprise, tâche gigantesque.* IRON. *Une erreur gigantesque.* ➤ **incommensurable, monumental.** — **adv.** (1847) **GIGANTESQUEMENT.** ■ CONTR. Petit ; minuscule, 1 moyen.

GIGANTISME [ʒigɑ̃tism] **n. m.** – XVIIIe ◊ du latin *gigas, antis* → géant ■ **1** Développement excessif du squelette dans toutes ses dimensions ; taille excessive par rapport à la taille normale des autres individus du même groupe humain et du même âge. *Gigantisme constitutionnel. Gigantisme acromégalique.* ■ **2** (1942) Caractère démesuré, gigantesque. *Le gigantisme des mégalopoles.* ■ CONTR. Nanisme.

GIGANTOMACHIE [ʒigɑ̃tɔmaʃi] **n. f.** – 1611 ◊ latin *gigantomachia*, mot grec, de *gigas, antos* et *makhê* (cf. *-machie*) ■ MYTH. Combat des Géants* contre les dieux. — Œuvre dont ce combat est le sujet.

GIGAOCTET [ʒigaɔktɛ] **n. m.** – 1983 ◊ de *giga-* et *octet* ■ INFORM. Unité de mesure de capacité de mémoire (SYMB. Go), valant 2^{30} octets, soit environ un milliard d'octets. — ABRÉV. FAM. **GIGA.** *Clé USB de 64 gigas. «Apprendre par cœur ? À l'heure où la mémoire se compte en gigas !»* PENNAC.

GIGOGNE [ʒigɔɲ] **n. f. et adj.** – 1842 ; 1659 *Mère Gigogne* ou *Dame Gigogne*, personnage de théâtre créé en 1602, femme géante, des jupes de laquelle sortaient une foule d'enfants ◊ altération probable de *cigogne* ■ **1 n. f.** *Une mère Gigogne* : une femme qui a beaucoup d'enfants ou qui aime à s'entourer de nombreux enfants. *«Affreuse mère Gigogne que tu es !»* BALZAC. ■ **2 adj.** Se dit d'objets identiques de taille décroissante, que l'on peut glisser les uns sous les autres *(lits, tables gigognes)* ou emboîter les uns dans les autres *(poupées, fusées gigognes). Poupées gigognes.* ➤ **matriochka.**

GIGOLETTE [ʒigɔlɛt] **n. f.** – 1864 ◊ origine inconnue, p.-ê. de 1 *gigue* → gigolo ■ **1** FAM. Fille délurée, facile. ■ **2** (de 1 *gigue*) Cuisse de dinde dont le haut est désossé. ➤ **jambonnette.**

GIGOLO [ʒigɔlo] **n. m.** – 1850 ◊ origine inconnue, p.-ê. du radical de 1 *gigue* ■ **1** VX Amant d'une gigolette. ■ **2** (v. 1900) MOD. FAM. Jeune amant d'une femme plus âgée qui l'entretient. *Elle a un gigolo.* — Jeune homme de bonne mine, élégant mais dont les allures et les moyens d'existence semblent suspects.

GIGOT [ʒigo] **n. m.** – fin XIVe ◊ de l'ancien français *gigue* (XIIe) «instrument à cordes», mot germanique, par anal. de forme ■ **1** Cuisse (de mouton, d'agneau, de chevreuil, ➤ **cuissot,** 1 **gigue**), coupée pour être mangée. *Gigot de mouton, d'agneau.* ABSOLT *Manger un gigot, du gigot. Gigot aux flageolets. Le manche, la crosse, la souris du gigot. Découper un gigot. Manche* à gigot.* ■ **2** Jambe de derrière (d'un cheval). ■ **3** FAM. Jambe, cuisse (d'un être humain). *Avoir de bons gigots.* ■ **4** Par anal. de forme Manche longue, ajustée dans le bas et bouffante aux épaules. *Porter des gigots* (VX), *des manches à gigot* (VX). MOD. APPOS. INV. *Des manches gigot.*

GIGOTER [ʒigɔte] **v. intr.** ⟨1⟩ – 1743 ; «donner des coups de pied» 1694 ◊ de *gigot*, ou fréquentatif de *giguer* «gambader» ■ FAM. Remuer vivement les jambes, et PAR EXT. Agiter ses membres, tout son corps. ➤ se **trémousser.** *Enfant, bébé qui gigote. Arrête de* *gigoter !* ➤ **bouger.** ◆ Se dit d'un animal (SPÉCIALT du lièvre) qui agite convulsivement ses pattes avant de mourir.

GIGOTEUSE [ʒigɔtøz] **n. f.** – 1982 ◊ de *gigoter,* sur le modèle de *barboteuse* ■ Sac de couchage pour bébé, muni de bretelles ou de manches. ➤ **turbulette.**

1 **GIGUE** [ʒig] **n. f.** – 1650 ◊ de *gigot* ■ FAM. ■ **1** VIEILLI ➤ **jambe.** *Avoir de grandes gigues.* ➤ **gigot.** — VÉN., CUIS. *Gigue de chevreuil.* ➤ **cuisse, cuissot, gigot.** ■ **2** (1650) PÉJ. *Une grande gigue :* une fille grande et maigre. ➤ 1 **bringue.**

2 **GIGUE** [ʒig] **n. f.** – 1650 ◊ anglais *jig ;* emprunté probablt à 1 *gigue* ■ Aux XVIIe et XVIIIe s., Danse de théâtre ternaire à deux temps, rapide et brillante. — MUS. Un des mouvements de la suite instrumentale. ◆ PAR EXT. *Danser la gigue :* danser, s'agiter violemment, se trémousser.

GILET [ʒilɛ] **n. m.** – *gillet* «camisole sans manche» 1664 ◊ espagnol *jileco,* de l'arabe maghrébin *galika,* du turc *yelek* ■ **1** Vêtement d'homme, court, sans manches, ne couvrant que le torse, qui se porte par-dessus la chemise et sous le veston. *Costume trois pièces comprenant un gilet. Dos de gilet en satin. Gilet de velours, de soie, de daim. Poche de gilet.* ➤ **gousset.** — LOC. *Venir pleurer dans le gilet de qqn :* venir se plaindre et chercher une consolation. ◆ *Gilet de sauvetage,* gonflé à l'air comprimé. ➤ **brassière.** — *Gilet d'armes,* pour se garantir des coups d'armes blanches. — *Gilet pare-balle.* ■ **2** Vêtement court, avec ou sans manches, se portant sur la peau ou sur la chemise. *Gilet de peau* (porté sur la peau), *de corps.* ➤ **maillot** (**de corps**) ; **tricot.** — *Gilet de flanelle, de coton.* ■ **3** Tricot à manches longues fermé devant. ➤ **cache-cœur, cardigan.** *Un gilet de laine.* ➤ FAM. **paletot.**

GILETIER, IÈRE [ʒil(ə)tje, jɛʀ] **n.** – 1828 ◊ de *gilet* ■ Personne qui fabrique des gilets. ➤ **tailleur.**

GILLE [ʒil] **n. m.** – 1640 ◊ nom d'un bouffon de foire, p.-ê. du latin *Ægidius* ■ VX Personnage niais et naïf. — MOD. *Les Gilles :* personnages emblématiques du carnaval de Binche, en Belgique.

GIMMICK [gimik] **n. m.** – 1967 ◊ mot anglais américain «procédé malhonnête pour tricher au jeu» ; origine inconnue, p.-ê. altération de *gimac,* anagramme de *magic* ■ ANGLIC. Procédé ou objet astucieux, truc destiné à provoquer un effet marquant. *Un gimmick publicitaire, promotionnel. Des gimmicks.*

GIN [dʒin] **n. m.** – 1794, hapax 1759 ◊ mot anglais, adaptation du néerlandais *genever* «genièvre» ■ Alcool à goût de genièvre obtenu par distillation de céréales. *Bouteille de gin. Gin-fizz :* cocktail à base de gin et de citron. *Des gin-fizz. Gin tonic,* à base de gin et de tonic. *Des gin tonics.* ■ **HOM.** Djinn, jean.

GINDRE [ʒɛ̃dʀ] **n. m.** – 1694 ; *joindre* 1268 ◊ latin *junior* «plus jeune» ■ TECHN. Ouvrier boulanger qui pétrit le pain. — On écrit aussi *geindre.* ■ **HOM.** 1 Geindre.

GINGEMBRE [ʒɛ̃ʒɑ̃bʀ] **n. m.** – v. 1330 ; *jenjevre* fin XIe ◊ latin *zingiberi,* du grec *ziggiberis,* d'un mot indien ■ Plante herbacée *(zingibéracées),* à rhizome charnu. Ce rhizome. *Gingembre confit.* ◆ PAR EXT. Le condiment tiré de ce rhizome. *Biscuits au gingembre.*

GINGER-ALE [dʒinʒœʀɛl] **n. m.** – 1907 ◊ mot anglais, de *ale* «bière» et *ginger* «gingembre» ■ ANGLIC. Boisson gazeuse aromatisée au gingembre. *Des ginger-ales.*

GINGIVAL, ALE, AUX [ʒɛ̃ʒival, o] **adj.** – 1837 ◊ latin *gingiva* «gencive» ■ DIDACT. Relatif aux gencives. *Muqueuse gingivale. Pâte gingivale.* ➤ **dentifrice.**

GINGIVITE [ʒɛ̃ʒivit] **n. f.** – 1832 ◊ du latin *gingiva* et *-ite* ■ MÉD. Inflammation des gencives, souvent associée à la stomatite. *Gingivite expulsive*.*

GINGLARD, GINGLET ➤ **GINGUET**

GINGUET, ETTE [ʒɛ̃gɛ, ɛt] **adj.** – 1549 ◊ de *ginguer* «sauter», parce que le vin acide fait sursauter ■ VX et FAM. *Vin ginguet,* un peu aigre, acide. — SUBST. M. *Boire du ginguet.* (**On dit aussi** *ginglet* [1852], *ginglard* [1878]. ➤ **reginglard.**)

GINKGO [ʒiŋko] **n. m.** – 1846 ; *gingo* 1786 ◊ mot chinois ■ Grand arbre originaire d'Extrême-Orient *(ginkgoacées),* aux feuilles en éventail, appelé aussi *arbre aux écus.* — On trouve aussi la variante *ginko* [ʒinko].

GIN-RUMMY ou **GIN-RAMI** [dʒinʀami] **n. m.** – 1949 ◊ anglais américain *gin rummy,* de *gin* et *rummy* «jeu de cartes» → rami ■ Jeu de cartes à deux joueurs et 52 cartes dont 10 distribuées à chacun. *Des gin-rummys, des gin-ramis.*

GINSENG [ʒinsɛŋ] **n. m.** – 1663 ; *jin-seng* 1844 ◊ du chinois *jên-shên* «plante-homme» ■ Plante herbacée d'Asie non tropicale *(araliacées),* dont la racine, qui peut atteindre un mètre, contient des stéroïdes. *Le ginseng est une panacée millénaire des Chinois.* — Cette racine et les drogues qu'on en tire.

GIORNO (À) [adʒɔʀno ; aʒjɔʀno] **loc. adv.** – 1838 ◊ loc. italienne *a giorno* ■ Aussi brillamment que par la lumière du jour. *Salles, jardins éclairés à giorno.* **adj.** *Éclairage à giorno.* — On écrit aussi *a giorno.*

GIRAFE [ʒiʀaf] **n. f.** – 1298 ◊ italien *giraffa,* de l'arabe *zarafah* ■ **1** Grand mammifère artiodactyle d'Afrique, à cou très long et rigide, à pelage roux marqué d'un système de raies claires formant un cloisonnement polygonal. *La girafe ne peut marcher que l'amble. La girafe se nourrit de feuilles d'acacia. Petit de la girafe* (**GIRAFEAU** [ʒiʀafo] ou **GIRAFON** [ʒiʀafɔ̃] **n. m.**). — *Cou de girafe,* très long. — LOC. FAM. *Peigner la girafe :* faire un travail inutile et long ; ne rien faire. *Faire ça, ou peigner la girafe !* ◆ PAR EXT. *L'okapi* est appelé girafe du Congo.* ■ **2** FAM. PÉJ. Personne grande et maigre. «*Des girafes. Toujours dix centimètres de plus que lui*» A. DE LIBERA. ■ **3** (1931) CIN., RADIO Longue perche ou potence articulée qui supporte un microphone et que l'on déplace pour suivre une source sonore mobile.

GIRANDOLE [ʒiʀɑ̃dɔl] **n. f.** – 1571 ◊ italien *girandola,* diminutif de *giranda* «gerbe de feu», du bas latin *gyrare* «tourner» ■ **1** Faisceau de jets d'eau, de fusées. ➤ 1 **gerbe.** *La girandole d'un feu d'artifice :* gerbe tournante. ➤ **soleil.** ■ **2** Chandelier à plusieurs branches disposées en pyramide. — Assemblage de diamants, de pierres précieuses formant pendants d'oreilles. ➤ 2 **pendant.** ◆ BOT. Grappe de fleurs. «*Le lilas de Perse, qui élève droit en l'air ses girandoles gris de lin*» BERNARDIN DE SAINT-PIERRE. ARBOR. Taille en pyramide des arbres à fruits. ■ **3** (par attraction de *guirlande*) COUR. Guirlande lumineuse servant d'enseigne, de décoration pour une fête, etc. *Girandole formant des festons.*

GIRASOL [ʒiʀasɔl] **n. m.** – 1611 ; *girasole* 1505 ◊ italien *girasole,* de *girare* «tourner» et *sole* «soleil» ■ **1** MINÉR. Variété d'opale (quartz hyalin), employée en joaillerie. ■ **2** VX Tournesol*.

GIRATION [ʒiʀasjɔ̃] **n. f.** – *gyration* 1377 ; repris 1866 ◊ bas latin *gyrare* «faire tourner» ■ DIDACT. Mouvement circulaire. ➤ **rotation.** *Rayon de giration.* MAR. *Cercle de giration,* décrit par un navire dans un tour complet.

GIRATOIRE [ʒiʀatwaʀ] **adj.** et **n. m.** – 1773 ◊ bas latin *gyrare* «faire tourner» ■ **1** Qui est circulaire (mouvement). *Mouvement giratoire.* ➤ **rotatif.** PAR EXT. *Point giratoire,* autour duquel s'effectue un mouvement giratoire. — COUR. *Sens giratoire :* sens obligatoire que doivent suivre les véhicules autour d'un rond-point. ■ **2 n. m. (Suisse)** *Un giratoire :* rond-point.

GIRAUMONT ou **GIRAUMON** [ʒiʀomɔ̃] **n. m.** – 1645 *giraumon* ◊ tupi ancien °*jirumum* ■ Courge d'Amérique (courge potiron).

GIRAVION [ʒiʀavjɔ̃] **n. m.** – 1962 ◊ du radical du bas latin *gyrare* «tourner» et *avion* ■ TECHN. Appareil volant dont la sustentation est assurée par des voilures tournantes. ➤ **autogire, girodyne, hélicoptère.**

-GIRE ➤ **-GYRE**

GIRELLE [ʒiʀɛl] **n. f.** – 1561 ◊ ancien provençal *gir* «tournoiement», du latin *gyrus* «cercle, tour» ■ Petit poisson *(perciformes)* des mers chaudes. *La girelle, poisson d'aquarium aux couleurs vives.* «*la girelle à baudrier d'azur*» COLETTE.

GIRIE [ʒiʀi] **n. f.** – 1789 ◊ ancien français *girer* «tourner», du latin *gyrare* ■ FAM. et VX Plainte affectée. ➤ **jérémiade.** «*Elle malade ! Mais c'est des giries*» BALZAC. — Manière affectée. ➤ 1 **chichi.**

GIRL [gœʀl] **n. f.** – 1910 ◊ mot anglais «fille, jeune fille» ■ Jeune danseuse de music-hall faisant partie d'une troupe. *Les girls et les boys d'une revue.*

GIR(O)- ➤ **GYR(O)-**

GIRODYNE [ʒiʀodin] **n. m.** – milieu XXe ◊ du radical du bas latin *gyrare* «tourner» et *-dyne* ■ TECHN. Giravion dont la propulsion n'est pas assurée par les voilures tournantes destinées à la sustentation.

GIROFLE [ʒiʀɔfl] **n. m.** – v. 1170 ◊ latin *caryophyllon,* d'origine grecque ■ Bouton des fleurs du giroflier, ayant la forme d'un clou à tête, utilisé comme épice, dit plus souvent *clou de girofle.* — *Essence de girofle,* extraite des feuilles de giroflier par distillation, utilisée en pharmacopée et en parfumerie.

GIROFLÉE [ʒiʀɔfle] **n. f.** – 1393 ◊ de *girofle,* parce qu'elle a l'odeur des clous de girofle ▪ **1** Plante herbacée *(crucifères)* aux fleurs odorantes, de couleurs diverses. ➤ **matthiole, quarantaine, ravenelle, violier.** ▪ **2** FIG. et FAM. *Giroflée (à cinq feuilles)* : gifle* qui laisse la marque des cinq doigts.

GIROFLIER [ʒiʀɔflije] **n. m.** – 1542 ; *giroffier* 1372 ◊ de *girofle* ▪ Arbre pyramidal sempervirent d'Indonésie, de Zanzibar et de Madagascar *(myrtacées),* qui produit les clous de girofle.

GIROLLE [ʒiʀɔl] **n. f.** /GIROLE/ – 1513 ◊ p.-ê. de l'ancien provençal *giroilla,* de *gir* «tournoiement», du latin *gyrus* «cercle» ▪ Champignon comestible, chanterelle jaune d'or en forme de calice, qui pousse sous les feuillus. *Poulet, omelette aux girolles.*

GIRON [ʒiʀɔ̃] **n. m.** – *gerun* 1140 ◊ francique °*gêro* «pièce d'étoffe en pointe» ▪ **1** ANCIENNT Pan de vêtement taillé en pointe, et SPÉCIALT Pan du vêtement allant de la ceinture aux genoux. ▪ **2** (XIIe) Partie du corps allant de la ceinture aux genoux, chez une personne assise. *«la petite déjà blottie dans son giron»* BALZAC. ▪ **3** FIG. LITTÉR. Milieu où l'on se sent protégé, en sécurité. ➤ **sein.** *Enfant élevé dans le giron maternel, le giron familial. Rentrer dans le giron de l'Église,* dans la communauté catholique. ▪ **4** (XVIe) BLAS. Surface triangulaire dont la pointe aboutit au centre de l'écu. ▪ **5** (1676) ARCHIT. Largeur de la marche d'un escalier. *Cette marche a vingt-cinq centimètres de giron* (➤ aussi **gironné**). ▪ HOM. Girond.

GIROND, ONDE [ʒiʀɔ̃, ɔ̃d] **adj.** – 1815 ◊ p.-ê. du radical de *girer* «tourner», du latin *gyrare* ▪ **1** FAM. (PERSONNES), VX **pour les hommes.** Beau, bien fait. *Une nana gironde.* ▪ **2** (par attraction de *rond*) Bien en chair. ➤ **rond.** *«Elle est charmante la caissière. Un peu gironde, peut-être»* ANOUILH. ▪ HOM. Giron.

GIRONDIN, INE [ʒiʀɔ̃dɛ̃, in] **adj.** et **n.** – 1792 ◊ de *Gironde* ▪ **1** De la Gironde. *Le vignoble girondin.* ▪ **2** HIST. *Le parti girondin* : parti qui se forma en 1791 autour de quelques députés de la Gironde. — **n.** *Les Girondins et les Jacobins.*

GIRONNÉ, ÉE [ʒiʀɔne] **adj.** – v. 1180 ◊ de *giron* ▪ **1** BLAS. *Écu gironné,* partagé en plusieurs triangles, à émaux alternés. ▪ **2** TECHN. *Marche gironnée* : marche triangulaire d'un escalier tournant.

GIROUETTE [ʒiʀwɛt] **n. f.** – 1509 ◊ ancien normand *wirewite,* croisé avec *girer* «tourner» et *pirouette* ▪ **1** Plaque de métal qui, en tournant autour d'un axe vertical placé au sommet d'un édifice, indique, par son orientation, la direction du vent. *Girouette en forme de banderole, de flèche, de pennon, de coq. Girouette d'une église.* ➤ 1 **coq.** *Girouette qui grince.* — *Girouette d'un voilier.* ▪ **2** FIG. (1597) Personne versatile qui change aisément d'avis, de sentiment. *Ne vous fiez pas à lui, c'est une girouette.*

GISANT, ANTE [ʒizɑ̃, ɑ̃t] **adj.** et **n. m.** – 1260 ◊ p. prés. de *gésir* ▪ **1** LITTÉR. Qui gît, est étendu immobile. *«ces masses inertes qui restaient gisantes comme des cadavres»* MICHELET. ▪ **2 n. m.** (1911) Statue représentant un mort étendu (**opposé à** *orant*). *«une tombe de pierre sur laquelle étaient sculptés des "Gisants," un seigneur et sa dame»* MAUROIS.

GISEMENT [ʒizmɑ̃] **n. m.** – 1632 ; *gissement* «action de se coucher» fin XIIe ◊ de *gésir* ▪ **1** MAR. VX Situation d'une côte précisée par le calcul. — MOD. Angle que fait une direction avec l'axe d'un navire. *Gisement d'une direction* : angle que forme cette direction avec celle du nord, compté dans le sens des aiguilles d'une montre. — Azimut d'un radar. ▪ **2** (1721) MINÉR. Disposition des couches de minéraux dans le sous-sol. *Un gisement continu, interrompu, horizontal, oblique.* ➤ **couche, filon, veine.** ♦ COUR. Masse minérale importante, propre à l'exploitation. *Prospecter une contrée riche en gisements.* ➤ **bassin, gîte.** *Gisement pétrolifère* (➤ **nappe, puits**), *métallifère.* ➤ 2 **mine.** *Un gisement d'or* (➤ 2 **placer**), *de tourbe, de soufre.* ▪ **3** Emplacement où vivent les coquillages, en nombre suffisant pour permettre une exploitation coquillière (**opposé à** *parc*). *Gisement d'huîtres.* ➤ **banc.** *Gisement de coquilles Saint-Jacques, de moules.* ▪ **4** PAR MÉTAPH. ou FIG. Ce qui contient des richesses à exploiter. *Un gisement de renseignements, d'informations.* ➤ 2 **mine.** *«Cette vieille terre parisienne est un gisement d'événements»* HUGO. ♦ Potentiel humain susceptible d'être touché (par un média, une firme). *Gisement d'audience d'une chaîne de télévision. Gisement de clientèle, d'emplois, de productivité.*

GÎT ➤ **GÉSIR**

GITAN, ANE [ʒitɑ̃, an] **n.** – 1823 ; *Gittani* plur. 1772 ◊ espagnol *gitano, gitana* «tsigane» ; latin *Ægyptanus* «Égyptien» car on croyait qu'ils venaient d'Égypte ▪ **1** Tsigane d'Espagne (ou originaire d'Espagne). ➤ **bohémien, manouche, romanichel, zingaro ; nomade.** *Gitans d'Andalousie, de Camargue. Gitanes qui disent la bonne aventure. Les Gitans et les gadjos.* — **adj.** *Le flamenco gitan. Le pèlerinage gitan aux Saintes-Maries-de-la-Mer.* ▪ **2 n. f.** *Une gitane* : cigarette de la Régie française des tabacs, de tabac brun à l'origine. *Fumer des gitanes filtre.*

GÎTE [ʒit] **n. m.** et **f.** /GITE/ – 1373 ; *giste* v. 1175 ◊ ancien p. p. de *gésir*

I n. m. ▪ **1** Lieu où l'on trouve à se loger, où l'on peut coucher. ➤ **abri, demeure, logement, maison.** *Chercher un gîte pour la nuit. Avoir le gîte assuré. Offrir le gîte et le couvert à qqn.* — (1965) *Gîte rural* : logement aménagé, à la campagne, pour recevoir des hôtes payants. *Gîte d'étape,* destiné aux randonneurs. ▪ **2** Lieu où s'abrite le gibier, et SPÉCIALT le lièvre. ➤ **bauge, forme, refuge, repaire,** 1 **retraite, tanière,** 1 **terrier.** *Lever un lièvre au gîte.* ▪ **3** MINÉR. Dépôt de minerai contenant des gisements. *Gîte houiller, aurifère. Étude des gîtes minéraux.* ➤ **gîtologie.** ▪ **4** (1393) Partie inférieure de la cuisse du bœuf vendue en boucherie. On dit aussi *gîte-gîte* /gite-gite/. — *Gîte à la noix* : le morceau du gîte où se trouve la noix.

II n. f. (XIXe) MAR. ▪ **1** ➤ 3 **bande.** *Donner de la gîte.* ➤ **gîter.** ▪ **2** Lieu où s'est enfoncé un navire échoué. ➤ **souille.**

GÎTER [ʒite] **v.** ⟨1⟩ /GITER/ – v. 1230 ◊ de *gîte* ▪ **1 v. intr.** VX ou LITTÉR. Avoir son gîte quelque part. ➤ 1 **coucher, demeurer, habiter, loger.** *Une auberge où gîter pour la nuit. «Le lièvre était gîté dessous un maître chou»* LA FONTAINE. ▪ **2 v. intr.** MAR. Donner de la gîte, s'incliner sur un bord. *Le bateau gîtait dangereusement.* — Être échoué. *Le bateau gîte sur ce fond.* ▪ **3 v. tr.** VX Pourvoir d'un gîte. PRONOM. *«J'ignore où il a été se gîter»* (ACADÉMIE).

GÎTOLOGIE [ʒitɔlɔʒi] **n. f.** /GITOLOGIE/ – v. 1960 ◊ de *gîte* et *-logie* ▪ DIDACT. Étude des gîtes minéraux. — **n. GÎTOLOGUE** /gitologue/.

GITON [ʒitɔ̃] **n. m.** – 1714 ◊ de *Gito,* nom d'un personnage du *Satiricon* de Pétrone ▪ LITTÉR. Jeune homme entretenu par un homosexuel. ➤ **mignon.**

GIVRAGE [ʒivʀaʒ] **n. m.** – 1939 ◊ de *givrer* ▪ Formation de givre sur une partie froide. *Le givrage d'un parebrise.* — SPÉCIALT Formation de givre, de glace sur les parties exposées (ailes, hélices) d'un avion ; dans un carburateur d'automobile, de camion.

GIVRANT, ANTE [ʒivʀɑ̃, ɑ̃t] **adj.** – milieu XXe ◊ p. prés. de *givrer* ▪ Qui givre. *Brouillards givrants.* ➤ **frimas.** ▪ CONTR. Antigivrant.

GIVRE [ʒivʀ] **n. m.** – 1611 ; *joivre* XVe ◊ mot prélatin ▪ **1** Couche fine et blanche de glace formée sur une surface froide par cristallisation de gouttes de vapeur d'eau en état de surfusion. ➤ **frimas, gelée** (blanche). *Cristaux de givre. Arbres couverts de givre. «Ma vitre est un jardin de givre»* NELLIGAN. *Ôter le givre d'un parebrise.* ➤ **dégivrer ; antigivrant.** ▪ **2** CHIM. Cristaux blancs apparaissant à la surface d'un récipient en cas de refroidissement dû à l'évaporation d'un liquide ou à la détente d'un gaz. ♦ PAR EXT. Petits cristaux blancs de diverses substances qui se déposent sur certains fruits desséchés, sur la vanille, etc.

GIVRÉ, ÉE [ʒivʀe] **adj.** – 1829 ◊ de *givrer* ▪ **1** Couvert de givre. *Arbres givrés. Vitres givrées. Fruit givré,* rempli d'un sorbet fait avec la chair du fruit et dont l'écorce est recouverte d'un léger givre. *Orange givrée. Citron, ananas givré.* ♦ PAR MÉTAPH. *Verre givré,* dont le bord est enduit de sucre glace. ▪ **2** FAM. Fou*. *Il est complètement givré, ce type !*

GIVRER [ʒivʀe] **v. tr.** ⟨1⟩ – 1863 impers. ◊ de *givre* ▪ Couvrir de givre. *Le froid givrait les arbres.* — PRONOM. Subir le phénomène du givrage. *Parebrise, pales d'hélice qui commencent à se givrer.*

GIVREUX, EUSE [ʒivʀø, øz] **adj.** – 1829 ◊ de *givre* ▪ JOAILL. Qui présente une petite tache blanche (➤ **givrure, glace**) provenant de l'éclat fait par l'outil du lapidaire. *Pierres, diamants givreux.* ➤ **glaceux.**

GIVRURE [ʒivʀyʀ] **n. f.** – 1755 ◊ de *givreux* ▪ JOAILL. Tache blanche et mate, défaut de la pierre givreuse. ➤ **glace.**

GLABELLE [glabɛl] **n. f.** – 1806 ◊ latin *glabella,* diminutif de *glaber* «glabre» ▪ ANAT. Région, légèrement proéminente, comprise entre les deux sourcils.

GLABRE [glabʀ] **adj.** – 1545 ◊ latin *glaber* ▪ **1** BOT. Sans poils, sans duvet. *Tiges, feuilles, plantes glabres.* ▪ **2** Dépourvu de poils (imberbe ou rasé). *Menton, visage glabre.* ▪ CONTR. Barbu, cotonneux, duveté, duveteux, 1 poilu, velouté.

GLAÇAGE [glasaʒ] n. m. – 1857 ◊ de *glacer* ▪ **1** Action de glacer (en polissant, en apprêtant). *Glaçage des étoffes, du papier, des épreuves photographiques.* ➤ 2**lissage, lustrage, satinage.** ▪ **2** CUIS. Action de recouvrir d'une couche de sucre ou d'une gelée. ➤ **nappage.** *Le glaçage des fruits confits ; des viandes froides.*

GLAÇANT, ANTE [glasɑ̃, ɑ̃t] adj. – 1716 ; «glissant» XIIe ◊ de *glacer* ▪ **1** VIEILLI. Qui glace. *Froid, vent glaçant.* ➤ **glacial.** ▪ **2** FIG. Qui décourage à force de froideur, de sévérité. *Attitude, manières glaçantes.* ➤ 1**froid, glacial, réfrigérant.** ▪ **3** Qui frappe d'effroi. ➤ **effrayant*.** *Un témoignage glaçant.* «*la glaçante découverte d'une araignée noire et velue*» GUILLOUX.

GLACE [glas] n. f. – 1160 ◊ bas latin °*glacia*, classique *glacies*

I MATIÈRE A. EAU CONGELÉE ▪ **1** Eau congelée (➤ **givre, neige, verglas**) formant un solide dur et translucide. *Cours d'eau, lac recouvert d'une couche de glace.* ➤ **embâcle.** *Mince couche de glace.* ➤ **verglas.** (anglais *black ice*) (Canada) *Glace noire :* mince couche de glace transparente sur la chaussée. *Patiner, glisser sur la glace. Danse sur glace. Patins à glace. Char à glace. Mer de glace.* ➤ 1**glacier.** *Froid comme la glace.* — *Pont de glace :* chemin de glace formé dans un cours d'eau, et utilisé pour le traverser l'hiver. ▪ **2** PLUR. Blocs de glace. *Navire pris dans les glaces polaires.* «*Depuis la mi-novembre jusqu'au quinzième jour d'avril, nous avons été continuellement enfermés dans les glaces, lesquelles avaient plus de deux brasses d'épaisseur*» J. CARTIER. *Glaces de fond, flottantes.* ➤ **banquise, iceberg.** *La fonte des glaces.* ➤ **débâcle, dégel.** ▪ **3** Eau congelée artificiellement. *Fabrication de la glace.* ➤ **congélateur, réfrigérateur ; frigorifique,** 2**froid.** *Barre, pain de glace, dans une glacière. Compartiment à glace d'un réfrigérateur.* ➤ **freezer.** *Bacs à glace d'un freezer. Seau à glace. Mettre de la glace, un cube de glace dans son whisky.* ➤ **glaçon.** *Glace pilée. Conserver une bouteille dans la glace.* — LOC. FAM. *Il n'a pas une tête à sucer de la glace :* il a l'air porté sur la boisson. ▪ **4** LOC. (Symbole de la froideur, de l'insensibilité) *Être, rester de glace,* absolument insensible. «*Qu'on ne me croie pas insensible, voire cruel, si devant les larmes ou la mort d'autrui je demeure de glace*» R. MILLET. *Un accueil de glace.* ➤ **glacial.** *Rompre, briser la glace :* dissiper la gêne ; faire cesser la contrainte dans un entretien, une entrevue, etc. «*Hommes et femmes... D'abord ils s'observent... Et puis peu à peu, la glace se brise... Ils forment des couples...*» MODIANO. *La glace est rompue.*

B. PRÉPARATION SUCRÉE ET CONGELÉE (1669) Préparation sucrée, congelée, parfumée à diverses essences ou substances employées en confiserie. *Glace au lait, à la crème* (➤ **parfait**), *à l'eau* (➤ **granité, sorbet**). *Un litre de glace. Glace artisanale, industrielle. Cornet de glace. Glace à deux, trois boules. Une glace à quel parfum ? Glace à la pistache, au chocolat, à la fraise, pralinée. Glace vanille-fraise. Glace au café, au chocolat et à la crème chantilly.* ➤ **liégeois.** *Glace aux fruits confits.* ➤ **cassate, plombières.** *Glace au citron arrosée de vodka.* ➤ **colonel.** *Coupe de glace.* ➤ **sundae.** *Marchand de glaces.* ➤ 2**glacier.** *Manger, déguster une glace. Glaces de formes spéciales.* ➤ **banana split,** 1**bombe, esquimau, mystère, tranche** (napolitaine) (cf. Fruit givré*). ◆ SPÉCIALT Crème glacée (Belgique : *crème-glace, crème à la glace*) (opposé à *parfait* et à *sorbet*). *Vous voulez une glace ou un sorbet ?* «*Depuis dix ans, j'ai renoncé à la crème à la glace quand je suis seule*» J. HARPMAN.

II OBJET A. PLAQUE DE VERRE ▪ **1** (1245) Plaque de verre ou de cristal employée à divers usages, selon qu'elle est ou non étamée. *Fabrication des glaces.* ➤ **glacerie, miroiterie.** *Glace sans tain.* ➤ **vitre.** *Glace de vitrine, d'une porte. Bris de glace.* ◆ SPÉCIALT. Châssis vitré, vitre fixe ou mobile d'une voiture, d'une automobile. ➤ **déflecteur, parebrise.** *Baisser, lever les glaces* (➤ **lève-glace**). «*il descend les glaces et sent l'air chaud sur son visage*» LE CLÉZIO. *Glaces de sécurité,* faites avec du verre spécialement trempé qui ne se brise pas en éclats dangereux. ▪ **2** Grande plaque de verre à l'étain, au mercure, qui reflète les images. «*Des glaces au cadre lourd dont les ors brillent doucement*» GREEN. *Glace taillée, biseautée, de Venise. La galerie des Glaces, au château de Versailles. Glace au-dessus d'une cheminée.* ➤ **trumeau.** *Glace ovale, articulée.* ➤ 1**psyché.** *Glace déformante. Armoire* à glace. Se voir, se regarder dans une glace.* — PAR EXT. (fin XIXe) Miroir (même de petite dimension). *Glace à main. Glace d'un poudrier.*

B. SENS SPÉCIAUX ▪ **1** (1669) PÂTISS. Couche brillante et lisse comme un vernis, à base de sucre et de blanc d'œuf, dont on recouvre certains gâteaux, certaines confiseries (➤ **glacer**). APPOS. *Sucre glace,* en poudre très fine, pour glacer (6°). ▪ **2** JOAILL. Petite trace d'éclat sur une pierre précieuse. ➤ **givrure.**

▪ HOM. Glass.

GLACÉ, ÉE [glase] adj. – XIIe ◊ → glacer ▪ **1** Converti en glace. ➤ **gelé.** *Neige glacée* (➤ **tôlé**). (calque de l'anglais *ice cream* ; usuel en Belgique et au Canada) *Crème glacée :* glace au lait et à la crème. ➤ **glace.** *Chocolat glacé.* ➤ **esquimau.** ▪ **2** Très froid. ➤ **glacial ;** RÉGION. **caillant.** *Eau, pluie glacée. Vent glacé.* «*un air glacé les refoula dans le hall*» CHARDONNE. ◆ Refroidi par de la glace artificielle. *Orangeade glacée. Café glacé.* ➤ **frappé.** *Servir glacé.* ▪ **3** Très froid, qui n'est pas à la température normale du corps. *Avoir les mains, les pieds glacés.* ➤ **gelé.** PAR EXT. *Être glacé :* avoir très froid. ➤ 2**transi.** ▪ **4** FIG. Empreint d'une grande froideur. *Regard glacé.* ➤ **dur.** *Accueil glacé.* ➤ **hostile, indifférent.** *Une politesse glacée.* ➤ **glacial.** ▪ **5** Recouvert d'une couche de sucre transparente. *Fruits, marrons glacés.* ▪ **6** Qui a un apprêt brillant. *Col glacé. Tissu glacé. Gants en chevreau glacé. Papier glacé.* ➤ **couché, satiné.** ▪ CONTR. Fondu, brûlant ; bouillant, chaleureux.

GLACER [glase] v. tr. ⟨3⟩ – fin XVe ; *glacier* «glisser» v. 1165 ◊ latin *glaciare,* bas latin *glacia* → glace ▪ **1** RARE Convertir (un liquide) en glace. ➤ **congeler, geler.** — FIG. et LITTÉR. LOC. *Glacer le sang :* saisir d'une émotion si forte que le sang paraît brusquement se figer. PRONOM. «*tout mon sang dans mes veines se glace*» RACINE. ◆ Durcir sous l'effet d'un froid intense. *Le gel a glacé le sol.* ➤ **geler.** ▪ **2** Rendre très froid. ➤ **refroidir.** «*L'hiver a quitté la plaine Qu'hier il glaçait encor*» HUGO. — Refroidir à la glace artificielle. *Glacer une boisson, du champagne.* ➤ **frapper.** ▪ **3** COUR. Causer une vive sensation de froid à, pénétrer d'un froid très vif. *Cette petite pluie fine me glace.* ➤ **transir.** — POÉT. Priver de la chaleur caractéristique de la jeunesse et de la vie. ➤ **engourdir, refroidir.** *Quand l'âge nous glace.* ▪ **4** FIG. Paralyser, décourager par sa froideur ou quelque aspect rebutant. *Abord, attitude qui glace les gens.* ➤ **glaçant, glacial, réfrigérant.** *Cet examinateur glace les candidats.* ➤ **inhiber, intimider.** ▪ **5** FIG. Frapper d'une émotion violente et profonde qui cloue sur place. ➤ **pétrifier.** *Ce hurlement dans la nuit les glaça d'horreur.* **p. p. adj.** *Être glacé d'horreur.* ▪ **6** (1549) Revêtir d'un vernis lisse et brillant. ◆ CUIS. Couvrir d'une couche de sucre unie et transparente. *Glacer des millefeuilles, des fruits.* — Couvrir d'une gelée. *Glacer des viandes froides.* ◆ TECHN. Garnir d'un apprêt, d'un enduit. ➤ **calandrer, cirer.** *Glacer des étoffes, un plastron, des peaux.* — PEINT. Revêtir d'une couleur brillante et transparente (une couleur déjà sèche). ➤ 2**glacis.** — Procéder au glaçage de (une épreuve photographique). ▪ CONTR. Dégeler, fondre, brûler, chauffer, échauffer, réchauffer ; attirer, émouvoir, encourager, enivrer, enthousiasmer, exciter.

GLACERIE [glasʀi] n. f. – 1765 ◊ de *glace* ▪ Industrie ou commerce des glaces de verre. ➤ **miroiterie.** ◆ Manufacture de glaces.

GLACEUR [glasœʀ] n. m. – 1829 ◊ de *glacer* ▪ TECHN. Ouvrier employé au glaçage.

GLACEUSE [glasøz] n. f. – 1962 ◊ de *glacer* ▪ TECHNOL. Machine effectuant le glaçage des épreuves photographiques.

GLACEUX, EUSE [glasø, øz] adj. – 1400 ◊ de *glacer* ▪ JOAILL. Qui présente des glaces. *Diamant glaceux.* ➤ **givreux.**

GLACIAIRE [glasjɛʀ] adj. – 1847 ◊ du radical du latin *glacies* «glace» ▪ **1** Propre aux glaciers. *Relief, érosion glaciaire. Lac glaciaire. Vallées glaciaires.* ➤ **fjord.** GÉOL. *Modelé glaciaire :* formes du relief façonné par l'avance des glaciers et leurs dépôts sédimentaires. ➤ **cailloutis, moraine, rimaye, sérac, verrou.** *Calotte* glaciaire. Régime glaciaire* (d'un cours d'eau), qui dépend de la fonte des glaciers. ▪ **2** GÉOL. *Période glaciaire :* période géologique consécutive à un abaissement considérable de la température atmosphérique et caractérisée par l'extension des glaciers sur d'immenses étendues. ➤ **glaciation.** SUBST. *Le glaciaire.* ▪ HOM. Glacière.

GLACIAL, IALE [glasjal] adj. – v. 1390 ◊ latin *glacialis,* de *glacies* → glace ▪ **1** Qui a la température de la glace, qui pénètre d'un froid très vif. ➤ RÉGION. **caillant.** *Air, vent glacial. Nuit glaciale d'hiver. Des hivers glacials* ou RARE *glaciaux.* — *Zone glaciale,* entre le cercle polaire et le pôle. *Océan glacial.* — PAR EXT. *Fluide* glacial.* — CHIM. *Acide acétique glacial :* acide acétique liquide qui, pur, se solidifie quand il est plongé dans la glace. ▪ **2** FIG. D'une froideur qui glace, rebute, paralyse. ➤ **glaçant, réfrigérant.** *Un accueil glacial.* ➤ **dur,** 1**froid,** 1**hautain, sec.** *Un silence glacial. Une personne glaciale.* ➤ **imperturbable, insensible** (cf. De glace*, de marbre*). — adv. **GLACIALEMENT.** ▪ CONTR. Ardent, brûlant, chaud ; accueillant, chaleureux, enthousiaste, sensible.

GLACIATION [glasjasjɔ̃] n. f. – 1560 ◊ de *glacer* ■ **1** Transformation en glace. ■ **2** GÉOL. Formation particulière des périodes glaciaires ; période pendant laquelle une région a été recouverte par les glaces. *Les quatre glaciations du quaternaire.*

1 **GLACIER** [glasje] n. m. – 1322 région., répandu XVIIIe ◊ de *glace* ■ Champ de glace éternelle, formé par l'accumulation de la neige. *Mouvement de descente des glaciers. Glaciers polaires,* couvrant des surfaces continentales importantes près des pôles et dont se détachent les icebergs. ➤ **inlandsis.** *Glaciers de cirque et de vallée,* en haute montagne. *Bord, cassure d'un glacier.* ➤ **crevasse, moraine, rimaye, sérac.** *Ski, randonnée sur glacier* (➤ **glaciériste**). *Lunettes de glacier.*

2 **GLACIER** [glasje] n. m. – 1741 ◊ de *glace* ■ **1** VX Fabricant, vendeur de glaces de verre. ➤ **miroitier.** ■ **2** (1797) MOD. Personne qui prépare ou débite des glaces, des sorbets. *Pâtissier-glacier.*

GLACIÈRE [glasjɛʀ] n. f. – 1640 ◊ de *glace* ■ **1** VX ➤ 1 **glacier.** ■ **2** ANCIENNT Cavité souterraine en maçonnerie dans laquelle on conservait la glace produite pendant l'hiver. — (1850) Armoire ou coffre hermétiquement clos et tapissés de matières isolantes dans lesquels la glace entretient une basse température favorable à la conservation des denrées. *Mettre un bloc de glace dans la glacière. Glacière de camping.* — ABUSIVEMENT Réfrigérateur. ■ **3** FAM. Lieu très froid. *Cette chambre exposée au nord est une vraie glacière.* ■ CONTR. (du 3°) Étuve, fournaise. ■ HOM. Glaciaire.

GLACIÉRISTE [glasjeʀist] n. – 1949 *glaciairiste* ◊ de *glacier* ■ Alpiniste qui pratique l'escalade sur les glaciers ou sur des surfaces glacées. — n. m. **GLACIÉRISME.**

GLACIOLOGIE [glasjɔlɔʒi] n. f. – 1892 ◊ du radical de *glace* et *-logie* ■ GÉOPHYS. Étude de la glace naturelle, des glaciers et des terres glacées. *Glaciologie et nivologie**. — n. (1901) **GLACIOLOGUE** ; adj. (1896) **GLACIOLOGIQUE.**

1 **GLACIS** [glasi] n. m. – 1421 ◊ de *glacer,* au sens ancien de « glisser » ■ **1** Talus incliné qui s'étend en avant d'une fortification. « *murailles doubles* [...] *précédées d'un glacis oblique qui favorisait le tir* » DANIEL-ROPS. — FIG. POLIT. Zone protectrice formée par des pays indépendants mais soumis à l'influence militaire d'un autre pays. ■ **2** GÉOL. Surface d'érosion, en pente. ■ **3** ARCHIT. Pente donnée à la saillie d'une corniche, d'une cimaise pour l'écoulement des eaux.

2 **GLACIS** [glasi] n. m. – 1757 ◊ de *glacer* ■ Mince couche de couleur, transparente comme une glace, qu'on étend sur des couleurs déjà sèches d'une peinture pour en harmoniser les teintes et leur donner plus d'éclat. *Étendre, poser les glacis.* ➤ **glacer.**

GLAÇON [glasɔ̃] n. m. – 1160 ◊ de *glace* ■ **1** Morceau de glace. *La rivière charrie des glaçons.* — Petit cube de glace artificielle. *Mettre un glaçon dans son verre. Avec ou sans glaçon ? Bac à glaçons d'un réfrigérateur.* ■ **2** FIG. et FAM. Personne froide, surtout en amour. *C'est un vrai glaçon.*

GLAÇURE [glasyʀ] n. f. – 1844 ◊ adaptation de l'allemand *Glasur* « vernis de la porcelaine », d'après *glacer* ■ TECHN. Enduit ou préparation qui donne à certaines matières un aspect vitrifié ou glacé. *Céramiques couvertes de glaçure.*

GLADIATEUR [gladjatœʀ] n. m. – 1580 ; *gladiator* XIIIe ◊ latin *gladiator* « qui combat avec le glaive *(gladius)* » ■ Homme qui combattait dans les jeux du cirque, à Rome, l'arme (SPÉCIALT le glaive) à la main. ➤ **belluaire,** 1 **bestiaire, mirmillon, rétiaire.** *Combat de gladiateurs dans l'arène.* — REM. Le féminin, rare, est *gladiatrice.*

GLAGLA [glagla] interj. – 1897 *cla cla* ◊ onomat. ■ Onomatopée qui exprime un frisson, un tremblement (de froid, de peur).

GLAGOLITIQUE [glagɔlitik] adj. – 1872 ◊ du slavon *glagol* « parole » ■ DIDACT. *Écriture glagolitique,* utilisée dans la littérature slave au XIe s.

GLAÏEUL [glajœl] n. m. – 1541 ; *glaiuel* XIIIe ◊ latin *gladiolus,* diminutif de *gladius* « glaive » ■ Plante herbacée *(iridacées)* à feuilles longues et pointues, à grandes fleurs décoratives disposées en épi le long d'une seule tige dressée. *Glaïeul des marais.* ➤ **iris.** — PAR EXT. La fleur coupée. *Gerbe de glaïeuls.*

GLAIRE [glɛʀ] n. f. – XIIe ◊ latin populaire °*claria,* de *clarus* « clair » ■ **1** VIEILLI Blanc d'œuf cru. ■ **2** Matière visqueuse (plus consistante que le mucus) d'origine physiologique ou pathologique, sécrétée par certaines muqueuses. *Vomir des glaires.* — MÉD. *Glaire cervicale,* sécrétée au niveau du col de l'utérus lors de l'ovulation.

GLAIRER [gleʀe] v. tr. ‹1› – 1680 ◊ de *glaire* ■ TECHN. Frotter de blanc d'œuf (glaire ou glairure) la couverture d'un livre pour lui donner du lustre.

GLAIREUX, EUSE [glɛʀø, øz] adj. – XIIIe ◊ de *glaire* ■ Qui a la nature ou l'aspect de la glaire ; visqueux et clair. *Selles glaireuses.*

GLAIRURE [gleʀyʀ] n. f. – 1810 ◊ de *glairer* ■ TECHN. Blanc d'œuf mélangé d'alcool dont on frotte la reliure d'un livre pour lui donner du lustre.

GLAISE [glɛz] n. f. – XIIe ◊ gaulois °*gliso-,* attesté par le latin *glisomarga* « marne blanche » ■ Terre grasse compacte et plastique, imperméable. ➤ **argile, marne.** *Carrière de glaise.* ➤ **glaisière.** *Pétrir la glaise. Ébauche en glaise d'une statue.* adj. **TERRE GLAISE.**

GLAISER [gleze] v. tr. ‹1› – 1690 ◊ de *glaise* ■ TECHN. ■ **1** Enduire de glaise. *Glaiser un bassin.* ■ **2** Amender (un sol) en y mêlant de la glaise. *Glaiser un champ, une terre.*

GLAISEUX, EUSE [glɛzø, øz] adj. – XIIIe ◊ de *glaise* ■ TECHN., AGRIC. Qui est de la nature de la terre glaise, qui contient de la glaise. *Sol glaiseux.*

GLAISIÈRE [glɛzjɛʀ] n. f. – 1759 ◊ de *glaise* ■ TECHN. Terrain d'où l'on tire de la glaise.

GLAIVE [glɛv] n. m. – 1160 ; *gladie* Xe ◊ latin *gladius* ■ **1** ANCIENNT Épée de combat à deux tranchants, pour frapper d'estoc et de taille. *Gladiateur combattant avec le glaive.* ■ **2** VX ou LITTÉR. Cette épée, symbole de la guerre, de la justice divine, du pouvoir judiciaire. *Le glaive de Dieu. Le glaive et la balance,* attributs de la Justice.

GLAMOUR [glamuʀ] n. m. – v. 1970 ◊ mot anglais « séduction, éclat », par dissimilation de *grammar* « savoir, érudition », associé aux pratiques occultes ■ ANGLIC. Charme sophistiqué (dans le domaine du spectacle, de la mode). *Le glamour hollywoodien.* — APPOS. *Le style glamour des années cinquante. Des tenues glamours.*

GLAMOUREUX, EUSE [glamuʀø, øz] adj. – 1981 ◊ anglais *glamourous* ■ ANGLIC. Empreint de glamour. ➤ **charmeur, séduisant.** *Une actrice glamoureuse.*

GLANAGE [glanaʒ] n. m. – 1596 ◊ de *glaner* ■ Action de glaner.

GLAND [glɑ̃] n. m. – XIIe ◊ latin *glans, glandis* ■ **1** Fruit du chêne, akène contenant une graine farineuse, enveloppé à sa base dans une cupule. *Sangliers qui se nourrissent de glands.* ■ **2** (1538) ANAT. Renflement antérieur de la verge. ➤ VULG. **nœud.** *Décalotter** *le gland.* « *la circoncision libère le gland viril du prépuce* » E. MORIN. *Inflammation du gland.* ➤ **balanite.** — (1721) Extrémité conique du clitoris. ♦ (1911) FIG. et FAM. Imbécile, balourd. *Quel gland !* — adj. « *Tu nous crois assez glands pour tomber dans le panneau ?* » DORGELÈS. ➤ **stupide.** ■ **3** (XIVe) Morceau de bois, de métal, de verroterie ayant la forme du gland du chêne. ♦ Ouvrage de passementerie de forme ovoïde, souvent orné de houppes ou de franges. *Glands de cordelière, de coussin. Gland d'or. Les glands du poêle,* terminant les cordons accrochés aux quatre coins d'un corbillard.

1 **GLANDE** [glɑ̃d] n. f. – *glandre* XIIIe ◊ latin médiéval *glandula,* diminutif de *glans* « gland » ■ **1** Organe dont la fonction est de produire une sécrétion. *Glandes ouvertes* ou *exocrines : glandes salivaires, mammaires, sudoripares, sébacées. Glandes endocrines : glande pituitaire* (➤ **hypophyse**), *glande thyroïde**, *glandes surrénales**. — *Glandes mixtes, endocrines et exocrines :* foie, pancréas, testicule ; ovaire. *Glandes génitales, reproductrices, sexuelles :* gonade, ovaire, testicule. *Usage médical des extraits de glandes.* ➤ **opothérapie.** *Tumeur d'une glande.* ➤ **adénome.** ■ **2** VIEILLI, FAM. Ganglion lymphatique, et PAR EXT. Engorgement, inflammation de ganglions lymphatiques (➤ **adénite ; ganglion**). *Cet enfant a des glandes.* ■ **3** LOC. FIG. et FAM. *Avoir les glandes :* être énervé ; être mal à l'aise ; avoir peur (cf. Avoir les boules*). *Filer, foutre les glandes à qqn.*

2 **GLANDE** [glɑ̃d] n. f. – attesté 2000 ◊ de *glander* ■ FAM. Fait de ne rien faire. « *si merveilleuse la glande sous toutes ses formes* » C. CUSSET.

GLANDÉE [glɑ̃de] n. f. – 1580 ◊ de *gland* ■ AGRIC. Récolte des glands.

GLANDER [glɑ̃de] v. intr. ‹1› – 1941 ◊ de *gland,* fig. ■ FAM. Ne rien faire, perdre son temps. *J'ai glandé toute la journée.* ♦ TRANS. Faire. *Qu'est-ce que tu glandes ?* ➤ **branler,** 1 **foutre.** — On dit aussi *glandouiller.* « *deux mois à glandouiller, à chercher des trucs pour occuper nos mornes journées* » G. FAYE.

GLANDEUR, EUSE [glɑ̃dœʀ, øz] **n.** – v. 1960 ◊ de *glander* ■ FAM. Personne qui ne fait rien, qui perd son temps. *Bande de glandeurs !* ➤ **branleur.**

GLANDOUILLER ➤ **GLANDER**

GLANDULAIRE [glɑ̃dylɛʀ] **adj.** – 1611 ◊ de *glandule* «petite glande» ■ **1** Qui a la nature ou la forme d'une glande. ➤ **glanduleux.** ■ **2** Qui a rapport aux glandes. *Troubles glandulaires.* ➤ **hormonal.**

GLANDULEUX, EUSE [glɑ̃dylø, øz] **adj.** – 1314 ◊ latin *glandulosus* ■ DIDACT. Glandulaire. *Organe glanduleux.*

GLANE [glan] **n. f.** – XIIIᵉ ◊ de *glaner* ■ **1** VX OU RÉGION. Poignée d'épis glanés. ◆ PAR EXT. *Glane d'oignons* : chapelet d'oignons attachés ensemble. ■ **2** Action de glaner. *Droit de glane.*

GLANER [glane] **v. tr.** ‹1› – XIIIᵉ ◊ bas latin *glenare*, d'origine gauloise ■ **1** Ramasser dans les champs, après la récolte (les épis qui ont échappé aux moissonneurs, les pommes de terre...). *Glaner quelques épis.* — PAR EXT. *Glaner un champ.* ABSOLT *Trouver à glaner.* ◆ Ramasser çà et là. *Des «petits vieux tremblotants se faufilaient dans la pagaille ambiante pour glaner fruits et légumes flétris, abandonnés sur les trottoirs»* TH. JONQUET. ■ **2** FIG. Recueillir par-ci par-là des bribes dont on peut tirer parti. ➤ **butiner, grappiller.** *«Tout est dit* [...] *l'on ne fait que glaner après les anciens»* LA BRUYÈRE. *Glaner quelques informations. Des connaissances glanées çà et là.*

GLANEUR, EUSE [glanœʀ, øz] **n.** – XIIIᵉ ◊ de *glaner* ■ Personne qui glane. *«Les Glaneuses», tableau de J.-F. Millet.*

GLANURE [glanyʀ] **n. f.** – XVIᵉ ◊ de *glaner* ■ AGRIC., DIDACT. ■ **1** Ce que l'on glane. ■ **2** FIG. Ce que l'on recueille dans un domaine déjà exploité. ➤ **glaner.** ◆ SPÉCIALT Courte note sur un sujet scientifique.

GLAPIR [glapiʀ] **v. intr.** ‹2› – v. 1200 ◊ altération de *glatir*, d'après *japper* ■ **1** (ANIMAUX) Pousser un cri bref et aigu. *Le lapin, l'épervier, le renard glapissent. Petit chien qui glapit.* ■ **2** (PERSONNES) Faire entendre une voix aigre, des cris aigus. TRANS. *Glapir des injures.* ◆ (CHOSES) *«Un phonographe glapissait dans un cabaret borgne»* MARTIN DU GARD.

GLAPISSANT, ANTE [glapisɑ̃, ɑ̃t] **adj.** – 1623 ◊ de *glapir* ■ Qui glapit. *Animal, personnage glapissant.* ➤ **criard.** *«Sa voix glapissante déchirait le tympan»* BALZAC.

GLAPISSEMENT [glapismɑ̃] **n. m.** – 1538 ◊ de *glapir* ■ Cri aigu (de certains animaux). *Le glapissement du renard, du chacal.* — (PERSONNES) *Il poussait des glapissements aigus.*

GLARÉOLE [glaʀeɔl] **n. f.** – 1770 ◊ latin scientifique *glareola*, de *glarea* «gravier» ■ ZOOL. Petit oiseau grégaire des marais *(charadriiformes)*, au bec incurvé vers le bas. *La glaréole à collier.*

GLAS [glɑ] **n. m.** – 1225 ◊ latin médiéval °*classum*, du latin classique *classicum* «sonnerie de trompette» ■ Tintement lent d'une cloche d'église pour annoncer l'agonie, la mort ou les obsèques d'un fidèle. *Sonner le glas. «Pour qui sonne le glas», titre français d'un roman d'Hemingway. «des glas noirs, lugubres, dont les notes tombaient une à une comme des larmes»* DAUDET. ◆ LOC. FIG. *Sonner le glas de qqch.*, annoncer sa fin, sa chute. *«Montaigne sonne le glas de la Renaissance»* L. BRUNSCHVICG.

GLASNOST [glasnɔst] **n. f.** – 1986 ◊ mot russe, de *glasny* «rendu public», du vieux slave *glas* «voix» et suffixe *-(n)ost'* ■ HIST. En Union soviétique, Politique de transparence et de divulgation de l'information, menée dans le cadre de la perestroïka*.

GLASS [glas] **n. m.** – 1628 *glace* ◊ allemand *Glas*, *glass* 1886 d'après l'anglais ■ ARG. VIEILLI Verre (d'une boisson alcoolisée). *Des glass.* ■ HOM. Glace.

GLATIR [glatiʀ] **v. intr.** ‹2› – 1080 «glapir» ◊ latin *glattire* «japper» ■ RARE Crier, en parlant de l'aigle.

GLAUCOME [glokom] **n. m.** – 1649 ◊ latin des médecins *glaucoma*, mot grec ■ MÉD. Maladie de l'œil caractérisée par une augmentation de la pression interne qui accroît la dureté du globe, et entraîne une compression du nerf optique et une diminution de l'acuité visuelle pouvant aller jusqu'à la cécité. *Glaucome aigu, congénital.* — adj. **GLAUCOMATEUX, EUSE,** 1866.

GLAUQUE [glok] **adj.** – 1503 ◊ latin *glaucus*, du grec *glaukos* «vert pâle» ■ **1** D'un vert qui rappelle l'eau de mer. ➤ **verdâtre.** *Mer glauque. «La mer nous regardait de son œil tendre et glauque»* APOLLINAIRE. ■ **2** FIG. (1983) Qui donne une impression de tristesse et de misère. ➤ **lugubre, sordide.** *Une atmosphère glauque.* ◆ FAM. Pénible, sinistre.

GLAVIOT [glavjo] **n. m.** – 1862 ◊ altération, probablt d'après *glaire*, de *claviot* (1808), de la famille de *clavus* «clou» ; cf. *clavelée* ■ POP. et VULG. Crachat. — **v. intr.** ‹1› **GLAVIOTER,** 1866.

GLÈBE [glɛb] **n. f.** – XVᵉ ◊ latin *gleba* ■ **1** VX Motte de terre. *Écraser les glèbes.* ■ **2** LITTÉR. Champ, sol cultivé. *Le «paysan qui ne veut pas se départir de sa glèbe»* SAND. ◆ FÉOD. Fonds de terre auquel les serfs étaient attachés et qu'ils devaient cultiver. *Serfs attachés à la glèbe.*

GLÉCOME [glekom] **n. m.** – 1816 ◊ latin scientifique *glechoma*, du grec *glêkhon* «pouliot» ■ BOT. Plante vivace *(labiacées)* à tiges rampantes, communément appelée *lierre terrestre, herbe Saint-Jean.* — On écrit aussi *gléchome.*

1 **GLÈNE** [glɛn] **n. f.** – 1560 ◊ grec *glênê* ■ ANAT. Cavité arrondie (d'un os) dans laquelle s'emboîte un autre os (➤ **glénoïde**). *Glène de l'omoplate.*

2 **GLÈNE** [glɛn] **n. f.** – 1783 ◊ provençal *gleno* ■ MAR. Portion de cordage pliée sur elle-même.

GLÉNER [glene] **v. tr.** ‹6› – 1803 ◊ de 2 *glène* ■ MAR. Lover (un cordage).

GLÉNOÏDE [glenɔid] **adj.** – 1541 ◊ de 1 *glène* et *-oïde* ■ ANAT. Se dit d'une cavité arrondie (➤ 1 **glène**) recevant un condyle. *Cavité glénoïde de l'omoplate*, où s'emboîte le condyle huméral. — On dit aussi **GLÉNOÏDAL, ALE, AUX,** 1754.

GLIAL, GLIALE, GLIAUX [glijal, glijo] **adj.** – 1928 ◊ de *glie* ■ ANAT. Qui appartient à la névroglie. *Cellules, fibres gliales.*

GLIE [gli] **n. f.** – 1908 ◊ grec *gloios* «glu» ■ ANAT. Névroglie.

GLIOME [glijom] **n. m.** – 1869 ◊ latin scientifique *glioma*, du grec *gloios* «glu» et suffixe *-ome* ■ MÉD. Tumeur constituée par la prolifération du tissu conjonctif de soutien d'une structure nerveuse (SPÉCIALT au niveau du cerveau).

GLISSADE [glisad] **n. f.** – 1553 ◊ de *glisser* ■ Action de glisser ; mouvement que l'on fait en glissant. ➤ RÉGION. **glisse.** *Faire des glissades sur la glace.* FIG. *La glissade du dollar* : baisse lente et continue. ◆ CHORÉGR. Pas de danse qui consiste à déplacer un pied, puis à y joindre l'autre en effleurant le sol. ◆ (1948) Manœuvre acrobatique (avion). *Glissade sur l'aile.*

GLISSAGE [glisaʒ] **n. m.** – 1866 ◊ de *glisser* ■ Opération consistant à faire descendre sur des glissoirs, le long des pentes, les bois abattus. ➤ **schlittage.**

GLISSANT, ANTE [glisɑ̃, ɑ̃t] **adj.** – v. 1370 ◊ de *glisser* ■ **1** Où l'on glisse facilement. *Chaussée mouillée et glissante. «la cire glissante du parquet»* FLAUBERT. ◆ FIG. Qui comporte des dangers. ➤ **dangereux, risqué.** *Être sur une pente glissante*, qui mène à un danger. ➤ **savonneux.** *«vous allez à la cour ; c'est un terrain glissant aujourd'hui»* VIGNY. ■ **2** Qui glisse facilement entre les mains ou le long d'un autre corps. *Savon, poisson glissant.* ■ **3** MATH. *Vecteur glissant.* ➤ **glisseur.** ■ **4** *Mois glissant*, de date à date (opposé à *calendaire*).

GLISSE [glis] **n. f.** – 1793 ◊ de *glisser* ■ **1** (Suisse) Luge, traîneau. ◆ Glissoire. ◆ Glissade. *Faire des glisses.* ■ **2** Aptitude d'un ski, d'un skieur à glisser sur la neige. *Le fartage des skis améliore la glisse.* ■ **3** *Sports de glisse* : ensemble des sports où l'on glisse (ski, snowboard, surf, planche à voile, barefoot, bodyboard, halfpipe, kitesurf, roller, skate-board, skeleton, bobsleigh...). ■ **4** *La glisse* : les sports de glisse. *Les plaisirs de la glisse. La glisse acrobatique, urbaine.*

GLISSÉ, ÉE [glise] **adj.** – 1752 ◊ de *glisser* ■ CHORÉGR. *Pas glissé*, ou **n. m.** *un glissé* : pas exécuté en effleurant le sol.

GLISSEMENT [glismɑ̃] **n. m.** – 1460 ◊ de *glisser* ■ **1** Action de glisser, mouvement de ce qui glisse. *Le glissement d'un traîneau sur la neige, d'un rideau le long de sa tringle, d'une barque sur l'eau.* ◆ Bruit de ce qui glisse. *«nous avons entendu le glissement d'une auto qui passait»* CAMUS. ◆ *Glissement de terrain* : mouvement de masse descendant, rapide, entraînant tout ou partie d'un versant. ➤ **affaissement.** ■ **2** FIG. Action de tendre progressivement et insensiblement vers qqch. ➤ **évolution.** *Mot qui change de sens par glissement d'une idée à une autre* (*glissement de sens* ou *glissement sémantique*). *Le résultat des élections marque un léger glissement à gauche, à droite.* ■ **3** STATIST. Variation du niveau d'une grandeur entre deux dates. *Glissement des prix.*

GLISSER [glise] **v.** ‹1› – *glicier* 1190 ◊ altération de l'ancien français *gliier*, du francique °*glidan*, par influence de *glacier*, ancienne forme de *glacer*

I ~ **v. intr. A.** ■ **1** Se déplacer d'un mouvement continu, volontaire ou non, sur une surface lisse ou le long d'un autre corps, les deux surfaces restant en contact permanent. *Glisser sur une pente. Glisser sur la glace avec des patins* (➤ 2 **patiner**), *sur la neige avec des skis* (➤ **skier ; glisse**). *Se laisser glisser le long d'une corde. Faire une chute en glissant sur un parquet ciré, sur une peau de banane. Son pied a glissé.* — *Voiture qui glisse sur le verglas.* ➤ **déraper.** — *Curseur qui glisse dans sa coulisse.* ➤ **coulisser.** *Faire glisser un meuble sur le sol.* — INFORM. *Faire glisser* (un objet à l'écran), le déplacer d'un emplacement à l'autre avec la souris. ◆ *Glisser de (qqch.)* : tomber accidentellement de. *J'ai glissé de ma chaise. Le verre m'a glissé des mains.* ➤ **échapper.** ◆ FIG. « *le pouvoir avait glissé des mains du roi* » TAINE. *Il nous a glissé entre les doigts comme une couleuvre, une anguille.* ➤ **filer.** ▪ **2** Avancer régulièrement et sans bruit comme en glissant. *Cygne, embarcation qui glisse au fil de l'eau.* « *je vois les étoiles filantes glisser silencieusement dans le ciel glacé* » LE CLÉZIO. ◆ PAR MÉTAPH. Passer doucement, graduellement, insensiblement. « *malgré elle, elle dut glisser dans une semi-inconscience* » CLANCIER. *L'opinion glisse vers la droite.* ➤ **évoluer.** « *plus d'un écrivain glisse à la morale* » PAULHAN. ▪ **3** FIG. Se laisser aller. ➤ **s'abandonner.** *Glisser sur une mauvaise pente.* FAM. *Se laisser glisser* : mourir. ▪ **4** Passer légèrement (sur qqch.). ➤ **courir, passer.** *Une larme glissa sur sa joue.* « *Ses doigts glissant doucement sur les touches* » MAUROIS. « *un fin grésil, glissant sur les vêtements sans les mouiller* » DAUDET. — PAR MÉTAPH. ➤ **effleurer.** *Regard qui glisse sur les choses.* « *un sourire glissait sur ses lèvres sévères* » FRANCE. ▪ **5** FIG. (Personnes) Ne pas approfondir, ne pas insister. *Glissons sur ce détail.* ➤ **passer.** ABSOLT *Glissons.* ◆ (Choses) *Glisser sur qqn,* ne lui faire qu'une impression faible ou nulle. *Un être indifférent sur qui tout glisse. Les injures glissent sur lui,* ne l'atteignent pas.

B. (Sans compl. prép.) ▪ **1** Être glissant (surface, sol). *Attention, ça glisse !* ▪ **2** Avoir une adhérence faible ou nulle. *Ce fer à repasser glisse bien. Les skis fartés glissent mieux.*

II ~ **v. tr.** Faire passer, introduire adroitement ou furtivement (qqch.). *Glisser un levier sous une pierre.* ➤ **engager.** *Glisser du courrier sous la porte de qqn ; un billet dans une enveloppe.* ◆ FIG. *Glisser un mot à l'oreille de qqn.* ➤ 1 **dire, souffler.** *Tâche de lui glisser que c'est le moment d'agir. Glisser une allusion dans un discours.* ➤ **insinuer.** — *Glisser un regard en coin.*

III ~ **v. pron. SE GLISSER** Passer, pénétrer adroitement ou subrepticement quelque part, dans qqch. ➤ **se couler, se faufiler, s'insinuer, s'introduire.** *Se glisser dans ses draps, sous une clôture.* « *Elle s'était glissée derrière un mur* » GIONO. *Il a réussi à se glisser au premier rang.* ◆ FIG. *Un soupçon s'était glissé en moi. Une erreur s'est glissée dans le texte.* — IMPERS. *Il s'est glissé quelques fautes dans l'impression de ce livre.*

▪ CONTR. Enfoncer, frotter ; approfondir, appuyer, insister.

GLISSEUR, EUSE [glisœʀ, øz] **n.** – 1636 ◇ de *glisser*

I VX Personne qui glisse sur la glace.

II n. m. (1930) MATH. *Glisseur* ou *vecteur glissant* : couple formé par une droite affine et un vecteur directeur de cette droite. *Ensemble de glisseurs.* ➤ **torseur.**

GLISSIÈRE [glisjɛʀ] **n. f.** – 1861 ◇ de *glisser* ▪ Pièce métallique fixe retenant par une rainure une autre pièce que le mouvement ferait dévier. ➤ **coulisse, toboggan.** *Fermeture à glissière.* ➤ **fermeture** (éclair), **zip.** *Porte à glissière,* dont les vantaux se déplacent parallèlement. ➤ **coulissant.** MÉCAN. *Glissière de la tige du piston dans une machine à vapeur.* ➤ **guide.** ◆ *Glissière de sécurité* : bordure métallique le long d'une route, d'une autoroute servant de protection aux véhicules ayant quitté la chaussée.

GLISSOIR [gliswaʀ] **n. m.** – 1636 ◇ de *glisser* ▪ TECHN. ▪ **1** Petit coulant mobile où passe une chaîne. ▪ **2** Couloir ménagé sur le versant d'une montagne pour l'opération du glissage. ➤ RÉGION. **dévaloir.** ▪ HOM. Glissoire.

GLISSOIRE [gliswaʀ] **n. f.** – 1608 ; « conduit pour écouler l'eau » 1308 ◇ de *glisser* ▪ (Canada) ▪ **1** Étendue ou piste de glace où les enfants s'amusent à glisser (➤ **glissade**). ▪ **2** Toboggan. ▪ HOM. Glissoir.

GLOBAL, ALE, AUX [glɔbal, o] **adj.** – 1864 ◇ de *globe* fig. « masse totale » → englober ▪ **1** Qui s'applique à un ensemble, qui est considéré en bloc. *Revenu global.* ➤ **entier, total.** *Somme globale. Vision globale,* d'ensemble. *Approche globale d'un problème.* ➤ 3 **molaire.** ◆ PÉDAG. *Méthode globale* : méthode d'apprentissage de la lecture consistant à faire reconnaître aux enfants un ensemble (mot, phrase) avant d'en analyser les éléments. ▪ **2** (de l'anglais *global* « mondial ») *Le village* global.* ▪ CONTR. Partiel.

GLOBALEMENT [glɔbalmɑ̃] **adv.** – 1840 ◇ de *global* ▪ D'une manière globale, dans son ensemble (cf. En bloc, en gros). *Le bilan est globalement positif. Globalement, nous sommes tous d'accord.* ▪ CONTR. Détail (en détail).

GLOBALISATION [glɔbalizasjɔ̃] **n. f.** – 1968 ◇ de *globaliser* ▪ **1** Action de globaliser ; son résultat. ▪ **2** (de l'anglais *globalization*) ANGLIC. Mondialisation. *La globalisation des marchés.*

GLOBALISER [glɔbalize] **v. tr.** ⟨1⟩ – 1965 ◇ de *global* ▪ **1** Prendre, présenter en bloc, d'une manière globale. *Globaliser les revendications.* ▪ **2** ANGLIC. Rendre mondial. *Globaliser le marché de l'énergie.* — PRONOM. Devenir mondial. *La crise se globalise.*

GLOBALISME [glɔbalism] **n. m.** – 1923 ◇ de *global* ▪ PHILOS. Doctrine d'après laquelle un tout composé a des propriétés que les composants n'ont pas. ➤ **structuralisme ; aussi holisme.**

GLOBALISTE [glɔbalist] **adj.** – 1998 ◇ de *global* ▪ DIDACT. Qui considère un sujet dans son ensemble. ➤ **holistique.** *Vision globaliste du langage.* ▪ CONTR. Partiel.

GLOBALITÉ [glɔbalite] **n. f.** – 1936 ◇ de *global* ▪ DIDACT. Caractère global, intégral. ➤ 2 **ensemble, intégralité, totalité.** *Appréhender un problème dans sa globalité.*

GLOBE [glɔb] **n. m.** – XIVe ◇ latin *globus* ▪ Corps sphérique ou sphéroïdal. ▪ **1** Boule, sphère. *Le centre, le diamètre d'un globe. Petit globe.* ➤ **globule.** LITTÉR. *Le globe d'un sein.* — ANAT. *Globe oculaire.* ➤ **œil.** ▪ **2** VIEILLI Sphère (d'un astre). ➤ 2 **orbe.** *Le globe du Soleil, de la Lune. Globe de feu* : météore. — MOD. **LE GLOBE TERRESTRE,** ou ABSOLT **LE GLOBE :** la Terre. *Formation du globe terrestre. Bouleversements, cataclysmes qui ont modifié la surface du globe. Moitié du globe.* ➤ **hémisphère.** *Une partie, une région du globe,* de la surface terrestre. *Carte du globe.* ➤ **mappemonde, planisphère.** *Voyageur qui parcourt le globe.* ➤ **globe-trotteur.** ▪ **3** Sphère matérielle représentant le globe terrestre, le globe céleste (cf. Sphère armillaire*). « *un globe terrestre de verre, éclairé intérieurement et qui tournait avec lenteur* » BOSCO. ▪ **4** Sphère ou demi-sphère creuse de verre, de cristal. *Le globe d'un luminaire. Couronne de mariée, pendule sous globe.* FIG. *Mettre qqn, qqch. sous globe,* le tenir à l'abri de tout danger.

GLOBE-TROTTEUR, EUSE [glɔbtʀɔtœʀ, øz] **n.** /GLOBETROTTEUR, EUSE/ – 1873 ◇ anglais *globe-trotter,* de *globe* et *trotter* « coureur » ▪ VIEILLI Personne qui voyage beaucoup à travers le monde. *Une globe-trotteuse.* PAR APPOS. *Des journalistes globe-trotteurs.* — Au masculin, on écrit aussi *globe-trotter* [glɔbtʀɔtœʀ ; -tʀɔtɛʀ].

GLOBICÉPHALE [glɔbisefal] **n. m.** – 1828 ◇ du latin *globus* (→ globe) et *-céphale* ▪ ZOOL. Grand mammifère marin *(delphinidés)* à tête globuleuse. *Le globicéphale noir.*

GLOBIGÉRINE [glɔbiʒeʀin] **n. f.** – 1826 ◇ latin *globus* et *gerere* « porter » ▪ ZOOL., PALÉONT. Protozoaire pélagique, foraminifère actuel ou fossile dont les coquilles constituent des dépôts calcaires. *Boue à globigérines.*

GLOBINE [glɔbin] **n. f.** – 1901 ◇ de *(hémo)globine, globuline* ▪ BIOCHIM. Protéine formée de un à quatre polypeptides et entrant dans la composition de l'hémoglobine*. *La famille de gènes des globines.*

GLOBISH [glɔbiʃ] **n. m.** – 2000 ◇ marque déposée ; mot-valise anglais, de *glob(al)* « mondial » et *(Engl)ish* « anglais » ▪ ANGLIC. Anglais au vocabulaire limité et à la syntaxe élémentaire, employé comme langue véhiculaire.

GLOBULAIRE [glɔbylɛʀ] **adj.** et **n. f.** – 1679 « composé de globules » ◇ de *globule*

I adj. ▪ **1** Qui a la forme d'un globe, d'une sphère. *Masses, protéines globulaires.* ▪ **2** Qui concerne les globules sanguins. *Numération* globulaire.* ▪ **3** ASTRON. *Amas globulaire* : concentration sphérique d'un grand nombre d'étoiles.

II n. f. (1694) Plante dicotylédone fournissant une décoction purgative (séné des Provençaux). *Les globulaires ont des fleurs bleues réunies en capitules globuleux.*

GLOBULE [glɔbyl] **n. m.** – XVIIe ◇ latin *globulus,* diminutif de *globus* → globe ▪ **1** VX Corpuscule sphérique ou sphéroïdal. ➤ **boulette ;** 2 **bulle, grain.** ▪ **2** (1742) MOD. Élément de forme sphérique qui se trouve en suspension dans certains liquides organiques. *Globules de la lymphe, du lait. Globules du sang, globules sanguins* (cf. Éléments figurés* du sang). *Globules rouges* (➤ **érythrocyte, hématie**), *globules blancs* (➤ **leucocyte**). ➤ **aussi plaquette.** *Formation des globules blancs* (➤ **leucopoïèse**), *rouges* (➤ **érythropoïèse**). *Les globules rouges adultes sont privés de noyau, les globules blancs sont des cellules complètes* (productrices d'antitoxines). *Matière colorante des globules* *rouges.* ➤ **oxyhémoglobine.** *Le foie détruit les vieux globules rouges.* ■ **3** (1875) BIOL. *Globules polaires :* chacune des deux petites masses sphériques expulsées par les ovocytes pour former, par réduction* chromosomique, le gamète femelle. ■ **4** PHARM. Petite pilule.

GLOBULEUX, EUSE [glɔbylø, øz] **adj.** – 1611 ◇ de *globule* ■ **1** DIDACT. Qui a la forme d'un globule, d'un petit globe. ➤ **globulaire.** ■ **2** COUR. *Œil globuleux,* dont le globe est saillant. *L'œil globuleux de la grenouille.*

GLOBULINE [glɔbylin] **n. f.** – 1830 ◇ de *globule* ■ BIOCHIM. Protéine de poids moléculaire très élevé, insoluble dans l'eau mais soluble dans les solutions salines diluées. *Globulines du sérum sanguin.* ➤ **gammaglobulines.** *Globulines du plasma.* ➤ **immunoglobuline.** *Le fibrinogène, la myosine sont des globulines.*

GLOCKENSPIEL [glɔkœnʃpil] **n. m.** – 1872 ◇ mot allemand «jeu *(Spiel)* de cloches» ■ MUS. Instrument de percussion, sorte de carillon à main.

GLOIRE [glwaʀ] **n. f.** – 1080 ; *glorie* v. 1050 ◇ latin *gloria*

I RENOMMÉE ■ **1** Grande renommée répandue dans un très vaste public, et tenant à des mérites, des actions ou des œuvres jugés remarquables. ➤ **célébrité, éclat, honneur, illustration,** 2 **lustre, renom, renommée, réputation.** *Amour de la gloire.* ➤ **ambition ; mégalomanie.** *Être avide de gloire. Se couvrir, être couvert de gloire.* ➤ **célèbre, glorieux.** *Être au sommet de la gloire, de sa gloire. Faire qqch.* **POUR LA GLOIRE,** gratuitement, sans autre dédommagement que le prestige qu'on en tire (cf. Pour la beauté du geste). *«À vaincre sans péril on triomphe sans gloire»* CORNEILLE. *«La gloire est le soleil des morts»* BALZAC. *La gloire des grands hommes, des héros, des conquérants.* ➤ **laurier.** *Célébrer, vanter la gloire de qqn.* ➤ **glorifier.** *Transmettre sa gloire à la postérité.* ➤ **nom, renom.** LOC. *Faire la gloire de qqn, de qqch.,* contribuer à sa renommée. *L'art antique a fait la gloire de la Grèce.* ◆ Personnification de cette renommée. ◆ *Dire, publier qqch. à la gloire de qqn,* pour contribuer à sa célébrité, à son honneur. *Poème à la gloire de...* ➤ **éloge.** ■ **2** Ce qui est source de célébrité, suscite l'admiration. *Ce livre est sa seule gloire.* ➤ **succès.** *«Le jour de gloire est arrivé»* («La Marseillaise»). *Les chevaux de course «sont la gloire de la race chevaline»* MAUPASSANT. ➤ **orgueil.** *Cette mode eut son heure de gloire.* — IRON. *Ce n'est pas la gloire :* c'est mauvais. ■ **3** *La gloire de :* honneur acquis par (une action, un mérite). *S'attribuer toute la gloire d'une réussite.* ➤ **mérite.** *«c'est le bonheur de vivre Qui fait la gloire de mourir»* HUGO. — LOC. *Se faire gloire, tirer gloire de qqch.,* s'en vanter, en tirer orgueil, fierté. *«Malherbe et les classiques se font gloire d'obéir aux règles de la rhétorique»* PONGE. *Je n'en tire aucune gloire.* ■ **4** PAR EXT. Personne célèbre. ➤ **célébrité.** *Il fut une des gloires de la ville, de son temps. Une gloire consacrée, une fausse gloire.*

II ÉCLAT, RAYONNEMENT ■ **1** VX ou LITTÉR. Éclat prestigieux dont la grandeur (d'une collectivité, d'une époque...) est environnée. ➤ **éclat,** 2 **lustre, prestige, rayonnement, splendeur.** *La gloire de Carthage, de Rome. Nostalgie de la gloire passée.* ■ **2** RELIG. Splendeur des manifestations divines. *La gloire de Dieu.* ➤ **majesté.** *Trône de gloire.* ■ **3** LOC. **RENDRE GLOIRE,** hommage (à la divinité). *Rendre gloire à Dieu.* ELLIPT *Gloire à Dieu.* ➤ **gloria.** ◆ Hommage de respect, d'admiration. *«Gloire à notre France éternelle»* HUGO. — LOC. *Rendre gloire à qqn, qqch.,* témoigner de ses mérites, de sa valeur. ➤ **hommage, justice, témoignage.** ■ **4** THÉOL. La béatitude des élus. *Élévation à la gloire éternelle.* ➤ **glorification, sainteté.** *Le séjour de gloire, la ville de gloire :* le paradis. ■ **5** (XVIIIe) ARTS Auréole enveloppant tout le corps du Christ (différent du nimbe*). *Christ en gloire, au tympan d'une église.* — Représentation picturale du ciel, avec des anges et des saints. *La «Gloire de Venise», du Tintoret.* — Faisceau de rayons divergents d'un triangle représentant la Trinité (style jésuite). ◆ FIG. et LITTÉR. ➤ **auréole, nimbe.** *«La gloire où Antonia était reçue se composait de rayons si éblouissants que Lorenzo ne put en supporter l'éclat»* ARTAUD.
■ CONTR. Déshonneur, 2 flétrissure, honte, humiliation, ignominie, infamie, obscurité, opprobre, turpitude.

GLOME [glom] **n. m.** – 1872 ◇ latin *glomus* «peloton, boule» ■ VÉTÉR. Renflement corné du sabot, chez les équidés.

GLOMÉRIS [glɔmeʀis] **n. m.** – 1802 ◇ latin *glomus, eris* «peloton» ■ ZOOL. Petit arthropode *(diplopodes)* au corps cylindrique. *Le gloméris se roule en boule en cas de danger.*

GLOMÉRULE [glɔmeʀyl] **n. m.** – 1819 ◇ latin moderne *glomerulus,* de *glomus* → glome ■ DIDACT. Petit amas. BOT. Inflorescence composée, formée par le regroupement dense de fleurs sessiles. *Les glomérules de la cuscute.* ANAT. Peloton vasculaire, glandulaire ou nerveux. *Glomérules sudoripares, olfactifs. Glomérules de Malpighi* ou *glomérules rénaux.* — **adj.** (1892) **GLOMÉRULAIRE.**

GLORIA [glɔʀja] **n. m.** – 1680 ◇ mot latin «gloire» ■ **1 inv.** Hymne de louange récitée ou chantée à la messe, après le Kyrie, et qui commence par les mots *Gloria in excelsis Deo* (Gloire à Dieu). *Chanter un gloria, des gloria. Le Gloria de Vivaldi.* ■ **2** (1816) FAM. et VX Café sucré mélangé d'eau-de-vie. *«les tables noires sont poissées par les glorias»* FLAUBERT.

GLORIETTE [glɔʀjɛt] **n. f.** – XIIe «petite chambre, pavillon» ◇ de *glorie* → gloire ■ **1** Petit pavillon. *La gloriette du château de Schönbrunn.* SPÉCIALT Pavillon de verdure, dans un jardin. ➤ **tonnelle.** ■ **2** (XIVe) Grande cage à oiseaux, en forme de pavillon. ➤ **volière.**

GLORIEUSEMENT [glɔʀjøzmɑ̃] **adv.** – XIIe ◇ de *glorieux* ■ D'une manière glorieuse, avec gloire. *Mourir glorieusement. «Finir glorieusement sa carrière»* VOLTAIRE. ◆ PAR EXT. ➤ **splendidement.** *Nudité glorieusement étalée.* ■ CONTR. Honteusement, modestement, piteusement.

GLORIEUX, IEUSE [glɔʀjø, jøz] **adj.** – *glorius* 1080 ; d'abord subst. en parlant de Dieu, des élus ◇ latin *gloriosus,* de *gloria* → gloire ■ **1** Qui donne, procure de la gloire ; qui est plein de gloire (action, évènement). ➤ **célèbre, éclatant, fameux, illustre, magnifique, mémorable.** *De glorieux exploits. Nom glorieux. Histoire glorieuse d'un pays. Mort glorieuse.* — *Journée, année glorieuse.* — ABSOLT et SUBST. *Les Trois Glorieuses :* les 27, 28 et 29 juillet 1830. *Les trente glorieuses :* la période 1945-1975 caractérisée par une forte croissance économique. — FAM. *Tes résultats ne sont pas très glorieux.* ➤ 1 **brillant.** ■ **2** Qui s'est acquis, qui a de la gloire (surtout militaire). ➤ **célèbre, fameux, illustre.** *Glorieux conquérant. Général glorieux.* — SUBST., RARE *«Les triomphants et les glorieux de ce monde»* GIDE. ➤ **célébrité, gloire, grand.** ■ **3** VIEILLI Qui a le sentiment d'une gloire personnelle dont il tire orgueil. ➤ **fier, orgueilleux.** — VIEILLI et PÉJ. Qui a trop bonne opinion de sa situation, qui affecte des airs de supériorité. ➤ **avantageux, fat, fier, présomptueux, suffisant, vain, vaniteux.** *Être glorieux de sa richesse, de son rang. Un air glorieux.* ➤ **important.** ◆ SUBST. et VX *Faire le glorieux.* ■ **4** RELIG. Qui participe de la gloire céleste. SUBST. *Les glorieux.* ➤ **élu, saint.** — THÉOL. *Corps glorieux :* les corps des bienheureux après la résurrection. ■ CONTR. Avilissant, déshonorant, ignominieux, infamant, infâme ; ignoré, méprisé, obscur. Humble, modeste.

GLORIFICATEUR, TRICE [glɔʀifikatœʀ, tʀis] **adj.** et **n.** – fin XVe n. ◇ de *glorification* ■ LITTÉR. Qui glorifie.

GLORIFICATION [glɔʀifikasjɔ̃] **n. f.** – 1361 ◇ latin ecclésiastique *glorificatio,* de *gloria* → gloire ■ Action de glorifier ; son résultat. ➤ **apologie, célébration, exaltation, louange.** *«la représentation de l'homme illustre, la glorification du génie humain»* GAUTIER.
■ CONTR. Abaissement, avilissement.

GLORIFIER [glɔʀifje] **v. tr.** ‹7› – début XIIe ◇ latin ecclésiastique *glorificare* ■ **1** Honorer (qqn, qqch.) en proclamant ses mérites, sa gloire. ➤ **célébrer, exalter,** 1 **louer, magnifier.** *On l'a glorifié à l'égal d'un dieu.* ➤ **déifier, diviniser.** *Glorifier une victoire, une révolution. «une pensée qui prône l'effort, qui glorifie l'effort»* DUHAMEL. ➤ **vanter.** *Poème qui glorifie les actions, les hauts faits de qqn.* ➤ **chanter.** ◆ **SE GLORIFIER v. pron. réfl.** Se faire gloire, tirer gloire de. ➤ **s'enorgueillir ;** se **flatter,** se **louer,** se **vanter.** *Se glorifier de ses exploits.* ■ **2** SPÉCIALT Rendre gloire à (Dieu). ➤ 1 **louer ; bénir.** ■ CONTR. Avilir, déshonorer, humilier, rabaisser.

GLORIOLE [glɔʀjɔl] **n. f.** – 1735 ◇ latin *gloriola,* diminutif de *gloria* ■ Vaine gloire, vanité qu'on tire de petites choses. ➤ **orgueil.** *Afficher, étaler ses richesses par pure gloriole.* ➤ **ostentation.** *«la gloriole littéraire»* ROUSSEAU. ■ CONTR. Humilité, simplicité.

GLOSE [gloz] **n. f.** – XIIe ◇ bas latin *glosa* «mot qui a besoin d'être expliqué», du grec *glôssa* «langue» ■ **1** Annotation entre les lignes ou en marge d'un texte, pour expliquer un mot difficile, éclaircir un passage obscur. ➤ **explication, interprétation, note.** *Glose interlinéaire, marginale. Les gloses de Reichenau.* ◆ PAR EXT. Commentaire, note explicative. *Ces éditions «illustrées de notes, gloses et commentaires très savants»* FRANCE. ■ **2** Commentaire oiseux ou malveillant. *Les gloses des bavards, des commères.*

GLOSER [gloze] **v. tr.** ‹1› – XIIe ◇ de *glose* ■ **1** Expliquer par une glose, un commentaire. ➤ **annoter, commenter, interpréter.** ◆ TRANS. IND. Se perdre en discussions, en vains discours à propos de tout. *«Nous glosions sur tout et coupions en quatre les plus ténus cheveux»* GIDE. ■ **2** FIG. VIEILLI ➤ **critiquer.**

GLOSS [glɔs] **n. m.** – 1979 ◊ mot anglais américain «lustre, brillant» ▪ ANGLIC. Fard à la texture grasse qui lustre la peau, les lèvres. *«Sa bouche pulpeuse brillait de gloss»* J. ALMIRA.

GLOSSAIRE [glɔsɛʀ] **n. m.** – 1664 ; *glosaire* XVIe ◊ bas latin *glossarium* ▪ Dictionnaire qui donne l'explication de mots anciens, spéciaux ou mal connus. *Le Glossaire du bas latin de Du Cange.* ♦ Lexique d'une langue vivante, SPÉCIALT d'un dialecte ou patois. ♦ Lexique d'un domaine spécialisé. *Glossaire de génétique.*

GLOSSATEUR [glɔsatœʀ] **n. m.** – 1426 ◊ du latin *glossa* ▪ DIDACT. Auteur d'une glose ou d'un recueil de gloses. ➤ **commentateur.**

GLOSSINE [glɔsin] **n. f.** – 1845 ◊ latin savant, du grec *glôssa* «langue» ▪ ZOOL. Mouche africaine qui ne pond pas d'œufs. *La mouche tsétsé est une glossine.*

GLOSSITE [glɔsit] **n. f.** – 1808 ◊ de *gloss(o)-* et *-ite* ▪ MÉD. Inflammation de la langue.

GLOSS(O)-, -GLOSSE ▪ Éléments, du grec *glôssa* «langue*».

GLOSSOLALIE [glɔsɔlali ; glosolali] **n. f.** – 1866 ◊ de *glosso-* et *-lalie* ▪ RELIG. Charisme se manifestant par un don surnaturel des langues. ♦ (v. 1950) PSYCHOL. Langage personnel utilisé par certains psychopathes ou dans un but ludique, constitué de néologismes organisés selon une syntaxe rudimentaire.

GLOSSOPHARYNGIEN, IENNE [glɔsofaʀɛ̃ʒjɛ̃, jɛn] **adj.** – 1747 ◊ de *glosso-* et *pharyngien* ▪ ANAT. Relatif à la langue et au pharynx. *Nerf glossopharyngien,* ou **n. m.** *le glossopharyngien.*

GLOSSOTOMIE [glɔsɔtɔmi] **n. f.** – 1771 ◊ de *glosso-* et *-tomie* ▪ CHIR. Incision ou amputation de la langue.

GLOTTAL, ALE, AUX [glɔtal, o] **adj.** – 1888 ◊ de *glotte* ▪ PHONÉT. Qui est émis au niveau de la glotte. *Consonne glottale,* ou **n. f.** *une glottale* (ex. *h* anglais dans *hot*).

GLOTTE [glɔt] **n. f.** – 1618 ◊ grec *glôttis* ▪ Orifice du larynx délimité par les cordes vocales, dont l'ouverture ou la fermeture contrôle le débit d'air expiré. *Coup de glotte :* occlusive produite par la brusque fermeture de la glotte. *Les voyelles initiales sont précédées d'un coup de glotte en allemand.*

GLOTTIQUE [glɔtik] **adj.** – 1856 ◊ de *glotte* ▪ DIDACT. Relatif à la glotte. *Espace glottique.*

GLOUGLOU [gluglu] **n. m.** – 1619 ◊ onomat. ▪ **1** FAM. Bruit que fait un liquide qui coule dans un conduit, hors d'un récipient, etc. *«un glouglou de bouteille qui se vide»* DORGELÈS. *Des glouglous.* ▪ **2** Cri du dindon, de la dinde.

GLOUGLOUTER [gluglute] **v. intr.** ⟨1⟩ – 1569 ◊ de *glouglou* ▪ Produire un glouglou. *La dinde glougloute. Un «jet d'eau glougloutait»* CÉLINE. ➤ **gargouiller.**

GLOUP [glup] ou **GLOUPS** [glups] **interj.** – 1950, -1973 ◊ onomatopée ▪ **1** Interjection exprimant une déglutition rapide ou difficile. ▪ **2** Interjection exprimant la stupeur, l'étonnement, en réaction à une mauvaise surprise.

GLOUSSANT, ANTE [glusɑ̃, ɑ̃t] **adj.** – 1600 ◊ de *glousser* ▪ Qui fait un bruit de gloussement. *«un petit rire gloussant»* DUHAMEL.

GLOUSSEMENT [glusmɑ̃] **n. m.** – *glocement* XVe ◊ de *glousser* ▪ **1** Cri de la poule, de la gélinotte (➤ **cot cot**). ▪ **2** PAR ANAL. Petits cris, rires étouffés. *Des gloussements de satisfaction.*

GLOUSSER [gluse] **v. intr.** ⟨1⟩ – *glosser* 1538 ; *clocir* XIIe ◊ latin populaire °*clociare,* de *glocire* ▪ **1** Pousser des cris brefs, répétés (gloussements). *La poule glousse pour appeler ses petits.* ▪ **2** PAR ANAL. Rire en poussant de petits cris. *Se pousser du coude en gloussant.*

GLOUTERON [glutʀɔ̃] **n. m.** – 1542 ◊ croisement de *gloton* (→ glouton) et de l'ancien français *cleton* «bardane» ▪ RÉGION. Bardane.

GLOUTON, ONNE [glutɔ̃, ɔn] **adj.** et **n. m.** – *gloton* «canaille» 1080 ◊ latin impérial *glutto,* de *gluttire* «avaler», de *gluttus* «gosier» ▪ **1** Qui mange avidement, excessivement, en engloutissant les morceaux. ➤ **goinfre, goulu,** ARG. **morfal, vorace ;** RÉGION. 2 **gueulard, goulafre.** *Un homme, un enfant glouton.* — PAR EXT. *Appétit glouton.* — SUBST. *S'empiffrer comme un glouton.* ▪ **2 n. m.** (1671) ZOOL. Mammifère carnivore appelé aussi *goulu* ou *carcajou,* qui vit dans la toundra. ▪ CONTR. Frugal, gourmet, sobre, tempérant.

GLOUTONNEMENT [glutɔnmɑ̃] **adv.** – début XVe ◊ de *glouton* ▪ À la façon d'un glouton. *«Les loups mangent gloutonnement»* LA FONTAINE. FIG. *Lire gloutonnement.* ➤ **avidement.**

GLOUTONNERIE [glutɔnʀi] **n. f.** – *glotonerie* XIIe ; *glutunie* 1119 ◊ de *glouton* ▪ Avidité de glouton. ➤ **goinfrerie, voracité.** *Une écœurante gloutonnerie.* ♦ FIG. ➤ **appétit, avidité.** *«une folle gloutonnerie de conquêtes»* LOTI.

GLOXINIA [glɔksinja] **n. m.** – 1824 *gloxine* ◊ du nom du botaniste *Gloxin* ▪ BOT. Plante originaire du Brésil *(gesnériacées)* acclimatée comme plante d'intérieur, à larges feuilles duveteuses, et dont les fleurs en forme de cloche sont souvent solitaires. *Des gloxinias.*

GLU [gly] **n. f.** – v. 1175 ; *ghe* 1155 ◊ bas latin *glus,* classique *gluten* ▪ **1** Matière visqueuse et collante, extraite de l'écorce du houx et des baies de gui. *Prendre de petits oiseaux à des bâtons enduits de glu* (➤ **gluau ; engluer**). ▪ **2** Colle forte. ♦ FIG. et FAM. Personne importune et tenace. ➤ **crampon** (cf. Pot de colle*). *Quelle glu, ce type ! «elle l'appelait tendrement "ma glu" parce que la petite la suivait comme son ombre»* V. OVALDÉ.

GLUANT, ANTE [glyɑ̃, ɑ̃t] **adj.** – v. 1265 ◊ de *gluer* «engluer», de *glu* ▪ **1** Qui est de la nature de la glu. ➤ **collant, visqueux.** *Une sauce gluante. — Riz gluant* (variété de riz). ▪ **2** Recouvert d'une matière comparable à la glu. *Mains gluantes.* ➤ **poisseux.** *«des bouleaux gluants de sève»* GIONO.

GLUAU [glyo] **n. m.** – v. 1375 ◊ de *glu* ▪ Branche ou planchette enduite de glu pour prendre les petits oiseaux. *La chasse aux gluaux est prohibée. «Il avait des gluaux perfectionnés pour les alouettes et les cailles»* ZOLA.

GLUCAGON [glykagɔ̃] **n. m.** – 1926 ◊ de *gluc(o)-* et d'un élément *-agon,* du grec *agô* «je conduis» ▪ BIOCHIM. Hormone polypeptidique pancréatique, sécrétée en réponse à l'hypoglycémie.

GLUCIDE [glysid] **n. m.** – 1826 ◊ de *gluc(o)-* et *-ide* ▪ BIOCHIM. Sucre, substance naturelle ou artificielle, composée de carbone, d'hydrogène et d'oxygène, de formule $C_x(H_2O)_y$. ➤ **hydrate** (de carbone), **ose, oside.** *L'amidon, la cellulose sont des glucides. Le glucose*, substance de référence de la classe des glucides. Aliments énergétiques riches en glucides. Trouble de l'assimilation des glucides.* ➤ **diabète, glycosurie.**

GLUCIDIQUE [glysidik] **adj.** – v. 1960 ◊ de *glucide* ▪ BIOCHIM. Relatif aux glucides ou au glucose. *Métabolisme glucidique.*

GLUCINIUM [glysinjɔm] **n. m.** – 1816 ◊ latin moderne, de *glucine* «oxyde de béryllium» ▪ CHIM. VX Béryllium.

GLUC(O)-, GLYCO- ▪ Éléments, du grec *glukus* «doux».

GLUCOMÈTRE [glykɔmɛtʀ] **n. m.** – 1872 ◊ de *gluco-* et *-mètre* ▪ TECHN. Aréomètre qui mesure la quantité de sucre des moûts (➤ **pèse-moût**).

GLUCONÉOGENÈSE ➤ **NÉOGLUCOGENÈSE**

GLUCOSE [glykoz] **n. m.** – 1838 ◊ de *gluc(o)-* et 1-*ose* ▪ BIOCHIM. Glucide à 6 atomes de carbone ($C_6H_{12}O_6$) très répandu dans la nature (miel, raisin, amidon), qui représente la source énergétique essentielle de l'organisme. ➤ **dextrose.** *Glucose du sang.* ➤ **glycémie.** *Le foie libère du glucose dans le sang* (➤ **glycogénolyse, néoglucogenèse**). *Glucose provenant de la décomposition du lactose* (sous l'action de la lactase), *du saccharose* (sous l'action de l'invertase). *Sirop de glucose utilisé en confiserie.*

GLUCOSERIE [glykozʀi] **n. f.** – 1904 ◊ de *glucose* ▪ TECHN. Fabrique de glucose.

GLUCOSIDE [glykozid] **n. m.** – 1859 ◊ de *glucose* et *-ide* ▪ BIOCHIM. Substance d'origine végétale constituée de glucose lié à une fraction non glucidique. *La saponine, la salicine sont des glucosides.* ➤ **hétéroside, holoside.**

GLUI [glɥi] **n. m.** – 1175 ◊ radical gallo-roman °*clodiu* ▪ VX Paille de seigle servant à couvrir les toits, à faire des liens.

GLUME [glym] **n. f.** – 1802 ; hapax 1584 ◊ latin *gluma* ▪ BOT. Enveloppe de l'épillet des graminées, formée de deux pièces scarieuses. ➤ 3 **balle.** *Glume du blé.*

GLUMELLE [glymɛl] **n. f.** – 1817 ◊ de *glume* ▪ BOT. Enveloppe de la fleur des graminées, formée de deux bractées.

GLUON [glyɔ̃] **n. m.** – 1974 ◊ de *glu* ▪ PHYS. Particule de charge et de masse théoriquement nulles, assurant la cohésion des quarks à l'intérieur d'un hadron.

GLUTAMATE [glytamat] **n. m.** – 1898 ◊ du radical de *glutamique* ▪ CHIM. Sel de l'acide glutamique. *Le glutamate de sodium,* ou ABSOLT *le glutamate, est utilisé comme agent de sapidité dans la cuisine asiatique* (➤ **umami**).

GLUTAMINE [glytamin] **n. f.** – 1884 ◊ de *glutamique* ▪ BIOCHIM. Un des vingt acides aminés constituant les protéines, amide de l'acide glutamique.

GLUTAMIQUE [glytamik] adj. – 1872 ◊ de *glut(en)* et *am(ide)* ■ BIOCHIM. *Acide glutamique* : diacide, un des vingt acides aminés constituant les protéines, important pour le métabolisme de l'ammoniac.

GLUTEN [glytɛn] n. m. – 1515 ◊ mot latin «glu, colle» ■ Matière protidique localisée à la périphérie des graines de graminées, qui subsiste après élimination de l'amidon des farines de céréales. *Le gluten rend la farine panifiable. Intolérance au gluten* (cf. Maladie cœliaque). *Régime sans gluten.*

GLUTINEUX, EUSE [glytinø, øz] adj. – *glutinos* v. 1265 «visqueux» ◊ latin *glutinosus* ; de *gluten* ■ TECHN. De la nature du gluten. ➤ **adhésif, gluant, visqueux.** ◆ Qui contient du gluten.

GLYCÉMIE [glisemi] n. f. – 1872 ◊ de *glyc(o)-* et *-émie* ■ BIOCHIM., PHYSIOL. Teneur du sang en glucose. *Dosage de la glycémie à jeun. Glycémie physiologique* (0,8 à 1,20 g par litre). *Élévation, baisse de la glycémie.* ➤ **hyperglycémie, hypoglycémie.**

GLYCÉMIQUE [glisemik] adj. – 1907 ◊ de *glycémie* ■ Relatif à la glycémie. *Troubles glycémiques.* ➤ **diabète, hyperglycémie, hypoglycémie.** — *Indice* ou *index glycémique (IG)* : critère de classement des aliments contenant des glucides selon leur effet sur la glycémie, par référence au glucose (indice 100). *Les sucres lents ont un indice glycémique faible, les sucres rapides un indice glycémique élevé.*

GLYCÉRIDE [gliseʀid] n. f. – 1868 ◊ de *glycérine* et *-ide* ■ CHIM. Ester du glycérol. *Les glycérides sont des lipides simples. Glycérides des corps gras.* ➤ **triglycéride.**

GLYCÉRIE [gliseʀi] n. f. – 1823 ◊ latin savant, du grec *glukeros* «doux» ■ BOT. Graminée des lieux humides, à épillets cylindriques ou aplatis.

GLYCÉRINE [gliseʀin] n. f. – 1823 ◊ grec *glukeros* «doux» ■ Trialcool $C_3H_5(OH)_3$, liquide incolore, sirupeux, de saveur sucrée, soluble dans l'alcool, existant sous forme d'esters dans divers lipides. ➤ **glycérol.** *La glycérine est obtenue comme sous-produit lors de la fabrication des savons et bougies. Suppositoires laxatifs de glycérine. Savon à la glycérine.*

GLYCÉRINER [gliseʀine] v. tr. ⟨1⟩ – *glycériné* 1856 ◊ de *glycérine* ■ Enduire de glycérine. ◆ *Savon glycériné,* préparé à base de glycérine.

GLYCÉRIQUE [gliseʀik] adj. – 1862 ◊ de *glycérine* ■ CHIM. *Acide glycérique,* obtenu par oxydation de la glycérine.

GLYCÉROL [gliseʀɔl] n. m. – 1905 ◊ de *glycérine* et *-ol* ■ CHIM. Glycérine.

GLYCÉROPHTALIQUE [gliseʀoftalik] adj. – 1953 ◊ de *glycérol* et *phtalique* ■ CHIM. Se dit d'une résine dérivée du glycérol et de l'acide phtalique. *La peinture glycérophtalique se dilue au white-spirit.* — ABRÉV. **GLYCÉRO.**

1 **GLYCINE** [glisin] n. f. – 1744 ◊ dérivé savant du grec *glukus* «doux» ■ Plante grimpante *(légumineuses papilionées)* d'origine exotique, à grappes de fleurs mauves, blanches ou roses très odorantes. «*une glycine extravagante : ses cent lianes se lacent, s'entremêlent, se nouent*» CLAUDEL.

2 **GLYCINE** [glisin] n. f. – 1866 ◊ var. de *glucine* «oxyde de béryllium», du grec *glukus* «doux, sucré» ■ BIOCHIM. Acide aminé, le plus simple des acides aminés constituant les protéines.

GLYCO- ➤ **GLUC(O)-**

GLYCOCOLLE [glikokɔl] n. m. – 1855 ◊ de *glyco-* et *colle* ■ BIOCHIM. VX ➤ **2 glycine.**

GLYCOGÈNE [glikɔʒɛn] n. m. – 1855 ◊ de *glyco-* et *-gène* ■ BIOCHIM. Glucide de réserve des cellules animales, constitué d'unités de glucose facilement utilisables. *Production* (➤ **glycogénogenèse, néoglucogenèse**), *dégradation* (➤ **glycogénolyse**) *du glycogène. Le glycogène est stocké principalement dans les cellules du foie et des muscles.*

GLYCOGENÈSE [glikoʒənɛz] n. f. – 1877 ◊ de *glyco-* et *-genèse* ■ BIOCHIM. Formation du glucose à partir du glycogène dans la cellule vivante, se produisant essentiellement dans le foie et les muscles.

GLYCOGÉNIQUE [glikoʒenik] adj. – 1853 ◊ de *glycogène* ■ PHYSIOL. Qui a rapport à la glycogenèse. *La fonction glycogénique du foie.*

GLYCOGÉNOGENÈSE [glikoʒenoʒənɛz] n. f. – 1962 ◊ de *glycogène* et *-genèse* ■ BIOCHIM. Synthèse du glycogène à partir du glucose.

GLYCOGÉNOLYSE [glikoʒenɔliz] n. f. – 1914 ◊ de *glycogène* et *-lyse* ■ BIOCHIM. Production de glucose par dégradation du glycogène (phénomène inverse de la glycogénogenèse).

GLYCOL [glikɔl] n. m. – 1855 ◊ de *glyc(o)-* et *-ol* ■ CHIM. Corps possédant deux fois la fonction alcool. ➤ **dialcool.** *Glycol ordinaire,* de formule $(CH_2OH)_2$, dérivé de l'éthane. *Glycol utilisé comme antigel.*

GLYCOLIPIDE [glikolipid] n. m. – v. 1970 ◊ de *glyco-* et *lipide* ■ BIOCHIM. Lipide contenant un ou plusieurs glucides.

GLYCOLYSE [glikɔliz] n. f. – 1896 ◊ de *glyco-* et *-lyse* ■ BIOCHIM. Dégradation du glucose libératrice d'énergie, sous l'action d'enzymes, lors du catabolisme. *Glycolyse dans les muscles. Le pyruvate, produit final de la glycolyse. Glycolyse par les levures.* ➤ **fermentation.** — adj. **GLYCOLYTIQUE.**

GLYCOPROTÉINE [glikopʀɔtein] n. f. – 1908 ◊ de *glyco-* et *protéine* ■ BIOCHIM. Protéine liée de façon covalente à un oligosaccharide (ABRÉV. gp [suivi d'un nombre représentant le poids moléculaire]). *La gp 41 et la gp 120 sont les glycoprotéines de l'enveloppe du virus du sida.* — adj. **GLYCOPROTÉIQUE.**

GLYCOSURIE [glikozyʀi] n. f. – 1853 ◊ de *glycose* VX «glucose» et *-urie* ■ MÉD. Présence anormale de sucre dans l'urine. *La glycosurie est un symptôme du diabète.* — adj. **GLYCOSURIQUE,** 1858.

GLYPHE [glif] n. m. – 1701 ◊ grec *gluphê* «ciselure» → anaglyphe ■ ARCHÉOL. Trait gravé en creux. ➤ **triglyphe.**

GLYPHOSATE [glifozat] n. m. – 1973 ◊ de 2 *gly(cine), phos(phonométhyl)* et suffixe chimique *-ate* ■ CHIM. Composé chimique $(C_3H_8NO_5P)$ employé comme herbicide. *Le glyphosate serait cancérogène.*

GLYPTIQUE [gliptik] n. f. – 1796 ◊ grec *gluptikos* «relatif à la gravure» ■ DIDACT. Art de graver sur pierres fines. ➤ **camée, intaille.**

GLYPTO- ■ Élément, du grec *gluptos* «gravé».

GLYPTODON [gliptɔdɔ̃] ou **GLYPTODONTE** [gliptɔdɔ̃t] n. m. – 1839, -1928 ◊ de *glypto-* et grec *odous, odontos* «dent» ■ PALÉONT. Mammifère fossile *(édentés)* couvert d'une carapace, que l'on trouve dans les terrains quaternaires d'Amérique.

GLYPTOGRAPHIE [gliptɔgʀafi] n. f. – 1756 ◊ de *glypto-* et *-graphie* ■ DIDACT. Science qui a pour objet l'étude des pierres gravées.

GLYPTOTHÈQUE [gliptɔtɛk] n. f. – 1829 ◊ de *glypto-* et *-thèque* ■ Cabinet, musée de pierres gravées, de camées, et PAR EXT. de sculptures. *La glyptothèque de Munich.*

G. M. T. [ʒeɛmte] loc. n.inale – 1948 ◊ abrév. de l'anglais *Greenwich mean time* «heure moyenne (du méridien) de Greenwich» ■ Temps* moyen de Greenwich. *Treize heures G. M. T.*

GNAC ➤ **NIAQUE**

GNAGNAGNA [ɲaɲaɲa] interj. – 1940 ◊ onomatopée ■ FAM. Onomatopée qui évoque des propos dont on se moque. «*Et maintenant, tu vas me dire qu'il faut être raisonnable, et gnagnagna !*» A. NOTHOMB. ➤ **blablabla.**

GNANGNAN [ɲɑ̃ɲɑ̃] adj. – 1842 ; *des gnans-gnans* 1825 ◊ onomat. 1784 ■ FAM. Mou, sans énergie. *Elles sont un peu gnangnans.* ➤ **1 mollasse.** *Une comédie romantique pas trop gnangnan.* ➤ **mièvre ; cucul.** — n. *Des gnangnans.*

GNAQUE ; GNAQUER ➤ **NIAQUE ; NIAQUER**

GNAULE ➤ **GNOLE**

GNEISS [gnɛs] n. m. – 1779 ◊ allemand *Gneis* ■ GÉOL., MINÉR. Roche métamorphique à grain grossier, où alternent les plages claires (quartz, feldspath) et foncées (mica, amphibole).

GNEISSIQUE [gnesik] adj. – 1834 ◊ de *gneiss* ■ MINÉR. Qui est de la nature du gneiss. *Massif gneissique.* — On dit aussi **GNEISSEUX, EUSE,** 1877.

GNÈTE [gnɛt] n. f. – *gnet* 1839 ◊ latin des botanistes *gnetum* ■ BOT. Gymnosperme ligneuse *(gnétacées),* liane volubile des forêts tropicales.

GNIOLE ➤ **GNOLE**

GNOCCHI [ɲɔki] n. m. – 1864 ; *niocki* 1851 ; *nioc* 1747 ◊ mot italien, plur. de *gnocco* «petit pain» ■ **1** Boulette de semoule ou de purée de pommes de terre que l'on fait pocher et gratiner. *Des gnocchis.* ■ **2** Tartelette garnie d'une préparation à base de béchamel et de gnocchis recouverte de fromage râpé.

GNOGNOTE [ɲɔɲɔt] n. f. – 1837 *gniogniote* ◊ onomat. ou forme région. de *niais* ■ FAM. Chose négligeable, de peu de valeur. *Ce tableau, c'est de la gnognote à côté du tien* (cf. C'est de la roupie* de sansonnet, de la petite bière*). *Ce bordeaux, c'est pas de la gnognote.* — On écrit aussi *gnognotte.*

GNOLE [ɲol] n. f. – 1882 ◇ mot franco-provençal ■ FAM. Eau-de-vie, alcool. *Un petit verre de gnole.* — On écrit aussi *gnôle, gnaule, gniole.*

GNOME [gnom] n. m. – 1583 ◇ latin des alchimistes *gnomus* «intelligence» ; cf. *gnomique* ■ Petit génie laid et difforme qui, selon le Talmud et les kabbalistes, habite à l'intérieur de la terre dont il garde les trésors. *Des «trésors gardés par des gnomes affreux, par un nain de force énorme»* MICHELET. ◆ VIEILLI PÉJ. Homme très petit et contrefait. ➤ **nabot, nain.**

GNOMIQUE [gnɔmik] adj. – 1616 ◇ grec *gnômikos* «sentencieux» ■ DIDACT. Qui se présente sous forme de sentences. *Poésie gnomique* : ensemble de maximes, de préceptes, de conseils pratiques versifiés. *Aoriste gnomique*, employé dans les proverbes et dictons.

GNOMON [gnɔmɔ̃] n. m. – 1547 ◇ mot latin, du grec ■ Ancien instrument astronomique composé d'une tige verticale (➤ **style**) faisant ombre sur une surface plane. ➤ **cadran** (solaire).

GNOMONIQUE [gnɔmɔnik] adj. et n. f. – 1547 ◇ de *gnomon* ■ Relatif aux gnomons. ◆ n. f. Art de construire des gnomons. *Traité de gnomonique.*

GNON [ɲɔ̃] n. m. – 1651 populaire «enflure provoquée par un coup» ◇ aphérèse de *oignon* ■ FAM. Coup*. ➤ **jeton.** *Donner, recevoir, prendre un gnon, des gnons.* ◆ Marque qui en résulte. *Il y a quelques gnons sur la carrosserie.*

GNOSE [gnoz] n. f. – 1697 ◇ grec *gnôsis* «connaissance» ■ **1** VX Connaissance suprême des mystères de la religion. ■ **2** HIST. RELIG. Éclectisme philosophique «prétendant à concilier toutes les religions et à en expliquer le sens profond par une connaissance ésotérique des choses divines, communicables par tradition et par initiation» (Lalande). ➤ **gnosticisme.** ■ **3** Philosophie suprême contenant toutes les connaissances sacrées, et PAR EXT. Savoir qui se donne comme le Savoir par excellence. ➤ **ésotérisme, théosophie.**

-GNOSE, -GNOSIE, -GNOSTIQUE ■ Éléments, du grec *gnôsis* «connaissance».

GNOSÉOLOGIE [gnozeɔlɔʒi] n. f. – 1954 ◇ du grec *gnôsis* «connaissance» et *-logie* ■ PHILOS. Théorie de la connaissance. *L'épistémologie* est la gnoséologie de la science.* — adj. **GNOSÉOLOGIQUE.**

GNOSIE [gnozi] n. f. – 1937 ◇ du grec *gnôsis* «connaissance» ■ PSYCHOL. Perception, connaissance élémentaire. *Gnosie tactile.* ➤ **stéréognosie.** — adj. **GNOSIQUE.**

GNOSTICISME [gnɔstisism] n. m. – 1828 ◇ de *gnostique* ■ HIST. RELIG. Ensemble des doctrines de la gnose des premiers siècles du christianisme. *«C'est par le gnosticisme que l'Église fit sa jonction avec les mystères antiques»* RENAN.

GNOSTIQUE [gnɔstik] n. – fin XVIe ◇ grec *gnôstikos* «qui sait» ■ **1** VX Personne qui a la connaissance des mystères de la religion. ■ **2** Adepte de la gnose (2°). adj. *La secte gnostique des ophites.* ■ **3** Initiateur d'une doctrine secrète de salut. adj. Qui a rapport à une telle doctrine.

GNOU [gnu] n. m. – *nou* 1775 ; var. *gnou, niou* 1782 ◇ mot hottentot ■ ZOOL. Mammifère herbivore *(périssodactyles)* du Sud-Est africain, qui effectue en troupeau de grandes migrations.

GNOUF [ɲuf] n. m. – 1938 ◇ de *bignouf*, d'origine inconnue ■ ARG. Prison, poste de police. *Il s'est fait mettre au gnouf.* ➤ **trou.**

1 **GO** [go] n. m. – 1964 ; *gô* 1893 ◇ mot japonais ■ Jeu de stratégie d'origine chinoise dans lequel deux joueurs placent des pions *(go-ishi)* blancs et des pions noirs sur les intersections d'un plateau quadrillé *(go-ban)* comprenant 19 lignes horizontales et 19 lignes verticales, le vainqueur étant celui qui a placé ses pions de manière à délimiter un territoire plus vaste que celui de son adversaire. *«ce joueur de go qui plaça sa première pierre en plein centre du go-ban»* PEREC.

GO (TOUT DE) [tud(ə)go] loc. adv. – 1579 *avaler tout de gob* «d'un trait» ◇ de *gober* ■ Directement, sans préambule*. *Ne lui annoncez pas ça tout de go. «il pouvait sortir tout de go ce qui lui passait par la tête»* GIDE. — PAR EXT. Librement, sans façon ni cérémonie. *Il est entré tout de go.*

2 **GO** [go] interj. et n. m. inv. – v. 1940 ◇ mot anglais, de *to go* «aller» ■ ANGLIC. ■ **1** Interjection indiquant le signal du départ (cf. Allez ! ; C'est parti !). *1, 2, 3, go ! «Georges a crié go sans prévenir et ils sont partis comme des coureurs»* KERANGAL. ■ **2** n. m. inv. FAM. Autorisation d'agir. *Ils ont donné leur go pour le lancement du projet* (cf. Donner le feu vert*).

GOAL [gol] n. m. – 1882 ◇ mot anglais ■ ANGLIC. ■ **1** VIEILLI But (football, rugby, polo, etc.). — (Belgique, Luxembourg) Cadre qui délimite le but, au football. ➤ **cage.** *Les montants du goal.* ■ **2** (1894 ◇ de l'anglais *goal-keeper*) Gardien de but (recomm. offic.). ➤ **gardien.** *Des bons goals.* ■ HOM. Gaule.

GOAL-AVERAGE [golavɛʀaʒ] n. m. – 1927 ◇ mot anglais, de *goal* «but» et *average* «moyenne» ■ ANGLIC. Dans certains jeux de ballon, Différence entre le total des points marqués par une équipe et le total de ceux qu'elle a concédés au cours de plusieurs matchs, permettant de départager deux équipes ex aequo. *Les goal-averages.*

GOBELET [gɔblɛ] n. m. – *gubulet* XIIIe ◇ de l'ancien français *gobel* → gober ■ **1** Récipient à boire, généralement plus haut que large, et ordinairement sans pied. ➤ **chope,** 1 **godet,** 2 **quart, tasse, timbale, verre.** *Gobelets en papier, en plastique. «la veste blanche du barman, la grâce avec laquelle il secouait les gobelets d'argent»* RADIGUET. ➤ **shakeur.** — PAR MÉTON. Son contenu. *Boire un gobelet de cidre, de vin.* ■ **2** (1549) Instrument de prestidigitation pour les tours d'escamotage, ayant la forme d'un gobelet à boire. ◆ Récipient tronconique servant à agiter et à lancer les dés.

GOBELETERIE ou **GOBELÈTERIE** [gɔblɛtʀi] n. f. – 1742 ◇ de *gobelet* ■ TECHN. Fabrication, commerce de verrerie pour la table (gobelets, verres, carafes).

GOBELETIER, IÈRE [gɔblətje ; gɔbletje, jɛʀ] n. /GOBELÉTIER, IÈRE/ – 1791 ◇ de *gobelet* ■ TECHN. Personne qui fabrique, vend de la gobeleterie.

GOBE-MOUCHE [gɔbmuʃ] n. m. /GOBEMOUCHE/ – 1548 ◇ de *gober* et *mouche* ■ **1** ZOOL. Oiseau insectivore *(passériformes). Gobe-mouche gris d'Europe. Les gobe-mouches d'Amérique.* ➤ **tyran.** ■ **2** FIG. et FAM. VIEILLI Personne crédule qui gobe toutes les nouvelles, toutes les opinions. ➤ **gobeur,** 2 **gogo,** 1 **naïf.**

GOBER [gɔbe] v. tr. ‹1› – 1549 ; *se gober* «se vanter» XIIIe ◇ d'un radical gaulois °*gobbo-* «bouche» ■ **1** Avaler vivement en aspirant, et généralement sans mâcher. *Gober une huître, un œuf cru. Grenouille qui gobe un insecte.* — LOC. *Gober l'hameçon*.* FAM. *Gober les mouches* : perdre son temps à rêvasser. ◆ FAM. ➤ 1 **manger.** ■ **2** (1650) FIG. et FAM. Croire sans examen. ➤ **avaler.** *Il gobe tout ce qu'on lui dit. «je demeurai pantelant, gobant leur propos»* GIDE. ◆ (1846) VIEILLI Estimer, apprécier. *Je ne peux pas le gober.* ➤ **blairer, encadrer.** — **SE GOBER** v. pron. VX Avoir une haute opinion de soi-même, être plein de suffisance, de fatuité.

GOBERGE [gɔbɛʀʒ] n. f. – 1866 ; 1672 pour désigner l'églefin ◇ mot ancien de l'Ouest (XIIIe), d'origine inconnue ■ (Canada) Poisson comestible de l'Atlantique Nord. ➤ 2 **lieu** (noir). *Goberge de l'Alaska.*

GOBERGER (SE) [gɔbɛʀʒe] v. pron. ‹3› – 1648 ; tr. «railler» XVe ◇ du moyen français *goberge* «forfanterie», d'un radical °*gobbo-* → gober ■ FAM. Prendre ses aises, bien se traiter, faire bombance. *«tu vis là, chez moi, comme un chanoine, comme un coq en pâte, à te goberger»* FLAUBERT. *Ils «se gobergeaient d'oursins»* MARTIN DU GARD.

GOBEUR, EUSE [gɔbœʀ, øz] n. – 1679 ◇ de *gober* ■ **1** Personne qui gobe. ■ **2** (1721) FIG. et FAM. Personne qui croit naïvement tout ce qu'on lui dit. ➤ **crédule, gobe-mouche,** 2 **gogo,** 1 **naïf.** *Gobeur de fausses nouvelles.*

GOBIE [gɔbi] n. m. – 1803 ◇ latin scientifique *gobius*, de *gobio* «goujon» ■ ZOOL. Poisson *(perciformes)* qui se fixe aux rochers par ses nageoires ventrales soudées. *Le gobie corail est un poisson d'aquarium.*

GODAILLER [gɔdaje] v. intr. ‹1› – 1923 ◇ de *goder* et *-ailler* ■ FAM. Faire des faux plis (vêtement). ➤ **goder.** *Sa jupe godaille.*

GODASSE [gɔdas] n. f. – 1888 ◇ de *godillot* ■ FAM. Chaussure. ➤ **grolle,** 2 **pompe.** *Grosses, vieilles godasses. Une belle paire de godasses.*

GODELUREAU [gɔd(ə)lyʀo] n. m. – v. 1550 ◇ d'un radical onomatopéique *god-* et *galureau*, croisement de *galer* (→ galant) et *lureau* «luron» ■ Jeune élégant prétentieux. ➤ **freluquet, gandin.**

GODEMICHÉ [gɔdmiʃe] n. m. – *godemichi, godmicy* XVIe ◇ traditionnellement rattaché au latin *gaude mihi* «réjouis-moi», plus probablt de l'espagnol *gaudameci* «cuir de *Ghadamès*» ■ Objet en forme de phallus, destiné au plaisir sexuel. ➤ **sexe-toy.** *«les godemichés simples, striés, annelés, nodulés ou barbelés dont l'usage lui échappait»* TOURNIER. — ABRÉV. **GODE.** *Une collection de godes.*

GODER [gɔde] **v. intr.** ‹1› – 1762 ◊ du radical de *godron* → 1 godet ■ COUT. Faire de faux plis en bombant, par suite soit d'une mauvaise coupe, soit d'un assemblage défectueux. ➤ **godailler, grigner.** *Jupe qui gode.*

1 **GODET** [gɔdɛ] **n. m.** – XIVe ◊ moyen néerlandais *kodde* «morceau de bois cylindrique» ■ **1** Petit récipient à boire sans pied ni anse. ➤ **gobelet.** ♦ FAM. Verre. ➤ **pot.** «*Viens prendre un godet avec nous*» MAC ORLAN. ♦ Très petit récipient de même forme où l'on délaie des couleurs, recueille la résine, le latex, etc. *Jeunes plantes en godets.* ■ **2** MÉCAN. Auge, auget. *Roue à godets. Chaîne à godets* : chaîne sans fin d'un élévateur, d'une drague. *Les godets d'une noria.*

2 **GODET** [gɔdɛ] **n. m.** – 1849 ◊ de *goder* ■ Faux pli d'un vêtement, d'une étoffe, d'un papier qui gode. — SPÉCIALT, COUT. *Jupe à godets*, à gros plis souples, ronds et sinueux, qui tombent en s'évasant.

GODICHE [gɔdiʃ] **adj.** et **n. f.** – 1752 ◊ p.-ê. du radical de *Godon*, diminutif de *Claude* ■ FAM. ■ **1** ➤ **benêt, maladroit, niais.** *Avoir l'air godiche.* ➤ **emprunté, gauche.** ■ **2 n. f.** *Quelle godiche, cette fille !* ■ CONTR. Débrouillard, dégourdi.

GODILLE [gɔdij] **n. f.** – *goudille* 1792 ◊ origine inconnue ■ **1** Aviron placé à l'arrière d'une embarcation et permettant la propulsion par un mouvement hélicoïdal de la pelle. *Les jonques «marchent sans bruit à la godille»* LOTI. ♦ **loc. adj.** FAM. *À la godille* : mal fait, qui ne convient pas. «*ses avis à la godille*» SIMONIN (cf. À la gomme*). ■ **2** SKI Technique de descente consistant en un enchaînement de virages effectués face à la pente, les skis parallèles.

GODILLER [gɔdije] **v. intr.** ‹1› – 1792 ◊ de *godille* ■ **1** Manœuvrer une embarcation avec la godille. ■ **2** Faire la godille, en ski. *Godiller dans un slalom.*

GODILLEUR, EUSE [gɔdijœʀ, øz] **n.** – 1840 ◊ de *godiller* ■ **1** Batelier qui godille. ■ **2** Skieur, skieuse qui pratique la godille.

GODILLOT [gɔdijo] **n. m.** – 1876 ◊ de *Alexis Godillot*, n. d'un fournisseur de l'armée ■ **1** Chaussure militaire à tige courte. ➤ **brodequin.** «*Les godillots sont lourds dans le sac*» (chans. milit.). ♦ FAM. Gros soulier. ➤ **croquenot, godasse.** ■ **2** FAM. Inconditionnel, fidèle qui marche sans discuter. *Les godillots du Général* (de Gaulle). — **adj.** *Une majorité godillot.*

GODIVEAU [gɔdivo] **n. m.** – *godebillaux* 1534 ◊ d'un radical *god-* «enflé» et *beille* «ventre», du latin *botulus* «boyau», d'après *veau* ■ CUIS. Hachis de viande façonné en boulettes oblongues (➤ **quenelle**), pochées à l'eau bouillante salée. ➤ 1 **farce.**

GODRON [gɔdʀɔ̃] **n. m.** – 1676 ; *goderon* 1369 ◊ de 1 *godet* ■ **1** Ornement creux ou saillant, de forme ovoïde, aux bords de la vaisselle d'argent. *Argenterie à godrons.* — PAR EXT. Pièce d'orfèvrerie à godrons. ♦ ARCHIT., MENUIS. Ornement de même forme. ■ **2** (XVIe) ANCIENNT Gros pli rond et empesé d'une fraise, d'un jabot. ➤ **tuyau.** *Collerette à godrons.*

GODRONNAGE [gɔdʀɔnaʒ] **n. m.** – 1842 ◊ de *godronner* ■ Action de godronner ; résultat de cette action. *Le godronnage élégant d'un jabot.*

GODRONNER [gɔdʀɔne] **v. tr.** ‹1› – 1704 ; *goderonné* 1379 ◊ de *godron* ■ **1** Border, orner de godrons. *Godronner de la vaisselle.* ■ **2** Plisser, friser en godrons. *Manchette godronnée.*

GOÉLAND [gɔelɑ̃] **n. m.** – *gaellans* 1484 ◊ breton *gwelan* «mouette» ■ Oiseau de mer *(lariformes)*, palmipède de la taille d'une grosse mouette, vivant en colonies. *Les «ailes relevées en ciseaux d'un goéland qui pêche»* FROMENTIN.

GOÉLETTE [gɔelɛt] **n. f.** – 1740 ◊ de *goéland* ■ Bâtiment léger à deux mâts et à voiles auriques ou triangulaires. *Goélette de pêche.* ➤ **schooner.** «*la silhouette fine et élancée des goélettes*» LE CLÉZIO.

GOÉMON [gɔemɔ̃] **n. m.** – 1686 ; *goumon* XIVe ◊ breton *gwemon* ■ Algue marine. ➤ **varech.** *Goémon blanc, frisé* (➤ **carragheen**). ♦ PAR EXT. Engrais fait de goémon ➤ **goémonier.**

GOÉMONIER [gɔemɔnje] **n. m.** – 1922 ◊ de *goémon* ■ Récolteur de goémon.

GOÉTIE [gɔesi] **n. f.** – 1570 ◊ grec *goêteia* «sorcellerie» ■ DIDACT. Dans l'Antiquité, Magie incantatoire par laquelle on invoquait les esprits malfaisants.

GOGLU [gɔgly] **n. m.** – 1845 ◊ p.-ê. même mot que l'adj. *goguelu* «qui se pavane», usité jusqu'au XVIIIe, rattaché à l'onomatopée *gog-*, comme *goguenard, goguette* ■ Au Canada, Passereau chanteur de l'Amérique du Nord.

1 **GOGO (À)** [agogo] **loc. adv.** – 1440 ◊ de l'ancien français *gogue* «réjouissance» ■ FAM. Abondamment, à discrétion (cf. À souhait*, à volonté*). *Servir du vin, du whisky à gogo.*

2 **GOGO** [gogo] **n. m.** – 1834 ◊ nom d'un personnage de «Robert Macaire», comédie de Frédérick Lemaître ■ FAM. et VIEILLI Personne crédule et niaise, facile à tromper. ➤ 1 **naïf** ; FAM. **jobard, pigeon, poire.** *C'est bon pour les gogos.*

GOGOL, E [gɔgɔl] **adj.** et **n.** – 1987 ◊ réduplication de la finale de *mongol*, populaire, «mongolien» ■ FAM. Débile, stupide. — **n.** *Ils nous prennent pour des gogols !*

GOGUENARD, ARDE [gɔg(ə)naʀ, aʀd] **adj.** – 1607 ◊ de l'ancien français *gogue* «réjouissance», d'un radical onomatopéique *gog-* → goglu, goguette ■ Qui plaisante en se moquant ; qui a l'air de se moquer d'autrui. ➤ **gouailleur, moqueur, narquois, railleur.** *Ton, sourire, œil goguenard. Regarder qqn d'un air goguenard.* «*son rire goguenard qui avait l'air de se ficher du monde*» ZOLA. ■ CONTR. Sérieux.

GOGUENARDISE [gɔg(ə)naʀdiz] **n. f.** – 1853 ◊ de *goguenard* ■ VIEILLI Plaisanterie, raillerie. ➤ **gouaille.** *Un ton de goguenardise.*

GOGUENOTS [gɔg(ə)no] **n. m. pl.** – 1861 ; *gogueneau* «pot à cidre» 1805 ◊ mot normand ■ FAM. Lieux d'aisances, toilettes*. ABRÉV. **GOGS** ou **GOGUES** [gɔg]. ➤ **chiotte.**

GOGUETTE [gɔgɛt] **n. f.** – XIIIe «propos joyeux» ◊ ancien français *gogue* «réjouissance», d'une radical onomatopéique *gog-* → goglu, goguenard ■ LOC. FAM. **EN GOGUETTE :** émoustillé, légèrement ivre. *Être en goguette. Des invités en goguette*, disposés à s'amuser, à faire la fête. — PAR EXT. De sortie, en promenade (cf. En balade, en vadrouille). *Des touristes en goguette.*

GOINFRE [gwɛ̃fʀ] **n. m.** et **adj.** – 1578 ◊ origine inconnue, p.-ê. du radical de *goujat* ■ Personne qui mange avec excès et salement. ➤ **glouton, goulu,** ARG. **morfal, vorace ;** RÉGION. **goulafre,** 2 **gueulard.** *Cette fille est un goinfre. Quel goinfre ! «il bâfra ; comme un goinfre, comme un pourceau»* GIDE. ■ CONTR. Frugal, sobre, tempérant ; gourmet.

GOINFRER (SE) [gwɛ̃fʀe] **v. pron.** ‹1› – v. 1628 ◊ de *goinfre* ■ FAM. Manger* comme un goinfre. ➤ **bâfrer,** se **bourrer, s'empiffrer,** se **gaver.** *Se goinfrer de pâtisseries.*

GOINFRERIE [gwɛ̃fʀəʀi] **n. f.** – avant 1646 ◊ de *goinfre* ■ Caractère du goinfre ; manière de manger du goinfre. ➤ **avidité, gloutonnerie, voracité.**

GOITRE [gwatʀ] **n. m.** – 1530 ; *goyetre* 1492 ◊ ancien français *goitron* «gorge» XIIe, du latin populaire °*gutturio, onis*, de *guttur* «gorge» ■ Gonflement de la partie antérieure du cou, résultant d'une augmentation de volume de la glande thyroïde, dans sa totalité ou sous forme de nodules. *Goitre endémique* (crétinisme). *Goitre exophtalmique.*

GOITREUX, EUSE [gwatʀø, øz] **adj.** et **n.** – 1411 ◊ de *goitre* ■ Qui est de la nature du goitre. *Tumeur goitreuse.* ♦ Qui est atteint d'un goitre. **n.** *Un goitreux, une goitreuse.*

GOJI [gɔdʒi] **n. m.** – 2008 ◊ mot chinois, par l'anglais (1973) ■ *Baie de goji* ou *goji* : baie d'un arbrisseau *(solanacées)* originaire de Chine et de l'Himalaya. *Propriétés antioxydantes du goji.*

GOLDEN [gɔldɛn] **n. f.** – 1902 ◊ anglais *golden (delicious)* «(délicieuse) dorée» ■ Pomme à couteau, à peau jaune et à chair juteuse. *Un kilo de goldens.* APPOS. *Des pommes goldens* ou *golden* (inv.).

GOLDEN RETRIEVER [gɔldɛnʀetʀivœʀ] **n. m.** /GOLDEN RÉTRIEVEUR/ – 1913 ◊ mot anglais, de *golden* «doré» et *retriever* ■ ANGLIC. Chien de la famille des retrievers, de taille moyenne, aux longs poils crème ou dorés. *Des golden retrievers.*

GOLD POINT [gɔldpɔjnt] **n. m.** – v. 1900 ◊ mot anglais, de *gold* «or» et *point* «point» ■ ANGLIC. ÉCON. Taux de change limite en deçà duquel il est avantageux d'importer de l'or ou au-delà duquel il est préférable d'en exporter. *Des gold points.*

GOLEM [gɔlɛm] **n. m.** – 1877 ◊ mot hébreu, «masse informe, embryon» en hébreu biblique, «homoncule» au Moyen Âge ■ Dans la tradition juive d'Europe orientale, Être artificiel à forme humaine que l'on dote momentanément de vie en fixant sur son front le texte d'un verset biblique.

GOLF [gɔlf] **n. m.** – *goff* 1792 ; répandu v. 1870 ◊ mot anglais ■ **1** Sport qui consiste à faire pénétrer une balle par le plus petit nombre de coups possible, dans des trous disposés le long d'un parcours. *Parcours de golf à neuf trous, à dix-huit trous. Parties d'un terrain de golf* (➤ 2 **bunker, fairway, green, rough ; practice**). *Cannes de golf* (➤ 2 **club**) *que porte un garçon* (➤ 1 **caddie**). *Joueur de golf.* ➤ **golfeur.** *Championnat de golf.*

Partie de golf. Jouer au golf avec un handicap vingt-quatre. Socle sur lequel on pose une balle de golf.* ➤ **tee.** *Les coups au golf* (➤ **albatros, birdie, eagle ; 1 drive, putt, swing ; 2 par**). ▪ **2** Terrain aménagé pour ce sport. *Un golf (de) dix-huit trous. Golf situé en bord de mer.* ➤ **links.** — (1930) *Golf miniature.* ➤ **minigolf.** ▪ **3** VIEILLI *Culottes (pantalon) de golf,* bouffantes et serrées au-dessous du genou. ➤ **knickerbockers.** ▪ HOM. Golfe.

GOLFE [gɔlf] **n. m.** – 1528 ; *golf* fin XIIe ◇ italien *golfo,* du grec *kolpos* → gouffre ▪ Vaste bassin en cul-de-sac plus ou moins largement ouvert, que forme la mer dans son avancée à l'intérieur des terres. ➤ **échancrure.** *Petit golfe.* ➤ **anse, 1 baie, calanque, 1 crique.** *Golfe étroit et profond, en Norvège.* ➤ **fjord.** *Golfe à l'embouchure d'un fleuve.* ➤ **estuaire.** *Le golfe de Gascogne.* — ABSOLT *Le Golfe :* le golfe Persique. *La guerre du Golfe.* ▪ HOM. Golf.

GOLFER [gɔlfe] **v. intr.** ‹1› – 1976 ◇ de *golf* ▪ Jouer au golf.

GOLFEUR, EUSE [gɔlfœʀ, øz] **n.** – 1901 ◇ de *golf* ▪ Joueur, joueuse de golf.

GOLFIQUE [gɔlfik] **adj.** – 1934 ◇ de *golf* ▪ Relatif au golf.

GOLMOTTE [gɔlmɔt] **n. f.** /GOLMOTE/ – début XXe ◇ origine inconnue ▪ Nom de quelques champignons (lépiote, amanite).

GOMASIO [gɔmazjo] **n. m.** – v. 1970 ◇ japonais *gomashio,* de *goma* «sésame» et *shio* «sel» ▪ Condiment d'origine japonaise, composé de sel marin et de sésame grillé et broyé.

GOMBO [gɔ̃bo] **n. m.** – 1757 ◇ mot des Antilles, du bantou (Angola) *ki-ngombo* ▪ BOT. Plante potagère tropicale *(malvacées)* dont on consomme les feuilles et les fruits riches en mucilage. *«gombos verts et fragiles qui tendaient à bout de bras leurs fruits en forme de cornes ouvragées»* A. SADJI. ◆ Ces fruits, employés comme légumes ou condiments. *Des gombos.*

GOMÉNOL [gɔmenɔl] **n. m.** – 1894 ◇ marque déposée, de *Gomen,* localité de Nouvelle-Calédonie ▪ Liquide huileux antiseptique et cicatrisant, utilisé en gouttes nasales.

GOMÉNOLÉ, ÉE [gɔmenɔle] **adj.** – 1908 ◇ de *goménol* ▪ Qui renferme du goménol. *Huile goménolée.*

GOMINA [gɔmina] **n. f.** – 1933 ◇ n. déposé, de l'espagnol *goma* «gomme» ▪ Pommade pour les cheveux. ➤ **brillantine, gel.** *«ses rouflaquettes, ses yeux trop bistrés et sa gomina argentina»* QUENEAU.

GOMINER [gɔmine] **v. tr.** ‹1› – 1931, pron. ◇ de *gomina* ▪ Passer des cheveux à la gomina. ➤ **pommader.** *«il gominait ses cheveux et ses moustaches»* PH. CLAUDEL. — PRONOM. *Se gominer :* passer ses cheveux à la gomina. — *Cheveux gominés.*

GOMMAGE [gɔmaʒ] **n. m.** – 1832 ◇ de *gommer* ▪ **1** Action de gommer, d'imprégner de gomme ; son résultat. *Gommage des tissus :* opération de teinture. *Gommage des étoffes :* apprêt. ▪ **2** Action de gommer (2°), d'effacer ; son résultat. — PAR EXT. Action d'atténuer, d'effacer (les caractères distinctifs de qqch.). ➤ **atténuation.** ▪ **3** Nettoyage (de la peau) avec un produit destiné à éliminer les cellules mortes superficielles. ➤ **peeling.** — Produit cosmétique utilisé à cet effet. *Gommage pour le corps.*

GOMMANT, ANTE [gɔmɑ̃, ɑ̃t] **adj.** – 1994 ◇ de *gommer* ▪ Qui réalise un gommage de la peau. *Soin, masque gommant pour le visage.*

GOMME [gɔm] **n. f.** – *gome* XIIe ◇ bas latin *gumma,* classique *gummi,* du grec *kommi,* d'origine orientale ▪ **1** Substance mucilagineuse transparente qui suinte de l'écorce de certains arbres (➤ **gommier**). *«Le cerisier qui est blessé élabore une gomme blanche dont il recouvre sa blessure»* RAMUZ. *Gomme adragante*. Gomme arabique*. Gomme de l'hévéa.* ➤ **latex.** *Gomme de sapin* ou *baume du Canada. Gomme-laque* ou *résine.* — **n. f. GOMME-RÉSINE :** mélange naturel de gomme et de résine. *Gommes-résines aromatiques.* ➤ **assa fœtida, calamite, encens, ladanum, myrrhe, opopanax.** — **n. f.** (1654) **GOMME-GUTTE** [gɔmgyt] : sorte de gomme-résine, de couleur jaune, utilisée en peinture et en médecine. *Pastilles, boules de gomme :* bonbons faits à partir de gomme-gutte. — FAM. *Mystère* et boule de gomme.* — (1928 ; cour. au Canada) *Gomme à mâcher :* chewing-gum. *Gomme sans sucre.* ▪ **2** Colle sèche, qui n'adhère que lorsqu'elle est mouillée. *Gomme d'un timbre.* ▪ **3** (1793) Plus cour. Bloc de caoutchouc, de plastique servant à effacer. *Gomme à crayon. Gomme à encre. Il «fut effacé comme un trait de crayon d'un coup de gomme»* MAC ORLAN. ▪ **4** (1742) BOT. Maladie de certains arbres qui se traduit par des ulcérations d'où suintent des liquides visqueux (on dit plutôt **GOMMOSE** [gɔmoz]). ◆ (1845) PATHOL. Nodosité inflammatoire infectieuse de la peau ou d'un autre tissu, évoluant vers le ramollissement et l'ulcération. *Gomme syphilitique, tuberculeuse.* ▪ **5** (1921 ◇ de *gomme* «chiqué» → gommeux II) FAM. *Un individu, un chanteur à la gomme,* incapable, sans valeur. *Des idées à la gomme* (cf. À la noix*). ▪ **6** (1925) FAM. *Mettre la gomme, toute la gomme :* activer l'allure (d'un véhicule, d'un moteur). ➤ **gaz.** *«Il mit la gomme sans que j'aie besoin de souligner l'urgence qui s'attachait à la situation»* DAENINCKX.

GOMMÉ, ÉE [gɔme] **adj.** – de *gommer* ▪ Enduit de gomme (2°). *Enveloppe gommée ; papier gommé.* ➤ **collant, préencollé.** *Taffetas gommé.*

GOMMER [gɔme] **v. tr.** ‹1› – XIVe ◇ de *gomme* ▪ **1** TECHN. Enduire de gomme. *Gommer les bords d'une enveloppe.* ➤ **coller.** Empeser par gommage. ◆ Mélanger de gomme. *Gommer une couleur,* pour la rendre adhésive. ▪ **2** (1930) COUR. Frotter avec une gomme de caoutchouc. *Gommer un dessin, un mot.* ➤ **effacer.** — FIG. *Gommer la réalité. Gommer un fait important de sa mémoire.* ▪ **3** Nettoyer (la peau) en éliminant les cellules mortes, les impuretés.

GOMMETTE [gɔmɛt] **n. f.** – XXe ◇ de *gomme* ▪ Petit morceau de papier gommé ou adhésif.

GOMMEUX, EUSE [gɔmø, øz] **adj. et n. m.** – 1314 ◇ de *gomme*
I adj. ▪ **1** Qui produit de la gomme. *Arbres gommeux et résineux.* ◆ Qui est de la nature de la gomme. *Substance gommeuse.* ▪ **2** PATHOL. *Lésion gommeuse.* ➤ **gomme** (4°).
II n. m. (1842) VX Jeune homme que son élégance excessive et son air prétentieux rendent ridicule.

GOMMIER [gɔmje] **n. m.** – 1645 ◇ de *gomme* ▪ Arbre fournissant de la gomme (acacia, mimosa). *Gommier bleu.* ➤ **eucalyptus.**

GOMORRHÉEN, ENNE [gɔmɔʀeɛ̃, ɛn] **adj. et n. f.** – 1837 ◇ de *Gomorrhe* (cf. aussi *sodomite*) ▪ LITTÉR. Relatif à l'homosexualité féminine.

GON [gɔ̃] **n. m.** – v. 1980 ◇ grec *gônia* «angle» ▪ MÉTROL. Unité de mesure d'angle plan. *Un angle droit comporte 100 gons.* ➤ **1 grade.** ▪ HOM. Gond, gong.

GONADE [gɔnad] **n. f.** – 1893 ◇ du grec *gonê* «semence» ▪ BIOL. Organe reproducteur qui produit les gamètes ; glande sexuelle. *Gonade mâle* (➤ **testicule**), *femelle* (➤ **ovaire**).

GONADIQUE [gɔnadik] **adj.** – 1936 ◇ de *gonade* ▪ BIOL. Qui a rapport aux gonades. *Régions gonadiques de l'embryon.*

GONADOSTIMULINE [gɔnadostimylin] **n. f.** – milieu XXe ◇ de *gonade* et *stimuline* ▪ BIOCHIM. Hormone sécrétée par l'hypophyse et le placenta, agissant sur le développement, stimulant l'activité des glandes sexuelles *(gonades)* et favorisant la gestation chez la femme. ➤ **gonadotrophine.**

GONADOTROPE [gɔnadɔtʀɔp] **adj.** – 1938 ◇ de *gonade* et *-trope* ▪ PHYSIOL. Qui agit sur les glandes sexuelles, les gonades. *Hormones gonadotropes,* sécrétées par l'hypophyse et qui stimulent l'activité fonctionnelle des glandes sexuelles (➤ **gonadostimuline, gonadotrophine**).

GONADOTROPHINE [gɔnadɔtʀɔfin] ou **GONADOTROPINE** [gɔnadɔtʀɔpin] **n. f.** – milieu XXe ◇ de *gonade* et du grec *trophê* «nourriture» ou de *gonadotrope* et *-ine* ▪ BIOCHIM. Gonadostimuline*.

GONALGIE [gɔnalʒi] **n. f.** – 1952 ◇ formé sur le grec *gonu* «genou» et *-algie* ▪ MÉD. Douleur du genou.

GONARTHROSE [gɔnaʀtʀoz] **n. f.** – 1951 ◇ formé sur le grec *gonu* «genou» et le français *arthrose* ▪ MÉD. Arthrose du genou.

GONCOURABLE [gɔ̃kuʀabl] **adj. et n.** – 1961 ◇ de *(prix) Goncourt* ▪ Susceptible de remporter le prix Goncourt. — **n.** *«Il est sur la liste officieuse des goncourables...»* DAENINCKX.

GOND [gɔ̃] **n. m.** – v. 1165 ◇ latin *gomphus* «cheville», du grec *gomphos* ▪ Pièce de fer coudée en équerre, sur laquelle tournent les pentures d'une porte ou d'une fenêtre. ➤ **charnière ; crapaudine, 1 paumelle.** *Sceller, fixer les gonds d'une porte. La porte «tourna aussitôt sur ses gonds rouillés et criards»* BALZAC. ◆ LOC. FIG. *Jeter, mettre qqn hors de ses gonds,* hors de lui-même, sous l'effet de la colère. ➤ **exaspérer.** *Sortir de ses gonds.* ➤ **s'emporter.** ▪ HOM. Gon, gong.

GONDOLAGE [gɔ̃dɔlaʒ] **n. m.** – 1845 ◇ de *gondoler* ▪ Action de se gondoler ; état de ce qui est gondolé. *Le gondolage du bois.* — On dit aussi **GONDOLEMENT.**

GONDOLANT, ANTE [gɔ̃dɔlɑ̃, ɑ̃t] **adj.** – 1884 ◇ de *se gondoler* ▪ FAM. Qui fait rire, se gondoler*. ➤ **amusant, drôle*,** FAM. **tordant.** *C'est gondolant, cette histoire.*

GONDOLE [gɔ̃dɔl] n. f. – 1549 ; *gondele* XIIIe ◇ vénitien *gondola,* du grec byzantin *kontoura,* de *kontouros* « à courte queue » ■ **1** Barque vénitienne à un seul aviron, longue et plate, aux extrémités relevées et recourbées. ➤ **péotte.** « *une gondole creva le rideau de la pluie* [...] *onze mètres de long, un mètre cinquante de large, bois noir verni, petit bouquet de fleurs artificielles piqué sur le pont avant* » TOURNIER. *Faire une promenade en gondole, sur une gondole.* ■ **2** COMM. Meuble servant à présenter la marchandise dans un magasin à libre-service. *Tête de gondole,* son extrémité (emplacement le plus visible). *Approvisionner une gondole* (➤ **gondolier,** 2°). « *il arpentait les gondoles un micro à la main, il annonçait les promos* » A. JENNI.

GONDOLEMENT ➤ **GONDOLAGE**

GONDOLER [gɔ̃dɔle] v. ‹1› – *gondolé* mar. « en forme de gondole » 1687 ◇ de *gondole* ■ **1** v. intr. (1845) Se bomber, se déformer (sous l'effet de la chaleur, de l'humidité). ➤ se **courber,** se **déjeter, gauchir,** se **gonfler.** *Carton qui gondole. Papier peint tout gondolé.* — PRONOM. *Cette planche s'est gondolée.* ■ **2 SE GONDOLER** v. pron. (1881) FIG. et FAM. Se tordre de rire. ■ CONTR. Aplatir (s'), redresser (se).

GONDOLIER, IÈRE [gɔ̃dɔlje, jɛʀ] n. – 1532 ◇ vénitien *gondoliere* → gondole ■ **1** n. m. Batelier qui conduit une gondole. *Les gondoliers de Venise.* ■ **2** COMM. Employé(e) chargé(e) d'approvisionner une gondole (2°).

GONE [gɔn] n. m. – 1868 ◇ évolution de l'ancien français *gonne* « manteau d'homme, de moine », d'où « guenille » puis « enfant des rues » en moyen français régional ■ RÉGION. (Lyon) Jeune enfant. ➤ **gamin,** 1 **gosse.** « *En remontant la rue Sergent-Blandan, nous avons croisé plusieurs gones qu'Ali et Babar connaissent* » A. BEGAG.

1 **-GONE, -GONAL, ALE, AUX** ■ Éléments, du grec *gônia* « angle » : *décagone, diagonal.*

2 **-GONE, -GONIE** ■ Éléments, du grec *gonos, gonia* « génération » : *cosmogonie, théogonie.*

GONELLE [gɔnɛl] n. f. – 1824 ◇ p.-ê. ancien français *gonnelle* (XIIe) « robe » ■ Poisson de l'Atlantique et du Pacifique Nord *(perciformes)* au corps allongé, aux flancs tachetés d'ocelles noirs. — On écrit aussi *gonnelle.*

GONFALON [gɔ̃falɔ̃] n. m. – XIIIe ; *gonfanon* XIe ◇ francique °*gunfano* « étendard de combat » → fanion ■ Au Moyen Âge, Bannière de guerre faite d'une bandelette à plusieurs pointes, suspendue à une lance. ➤ 1 **enseigne, oriflamme.**

GONFALONIER [gɔ̃falɔnje] n. m. – XIVe ; *gonfanonier* 1080 ◇ de *gonfalon* ■ ANCIENNT Porteur du gonfalon. ◆ *Gonfalonier de justice* : magistrat suprême de certaines municipalités italiennes.

GONFLABLE [gɔ̃flabl] adj. – 1957 ◇ de *gonfler* ■ Qui se gonfle. *Bateau, matelas gonflable.* ➤ **pneumatique.** *Poupée* gonflable. Sac* ou *coussin gonflable* : recomm. offic. pour *airbag.*

GONFLAGE [gɔ̃flaʒ] n. m. – 1893 ◇ de *gonfler* ■ Action de gonfler (un pneumatique) ; son résultat. *Vérifier le gonflage des pneus.* ➤ **pression.**

GONFLANT, ANTE [gɔ̃flɑ̃, ɑ̃t] adj. – 1925 ◇ de *gonfler* ■ **1** Qui a de l'ampleur, du volume. *Le duvet est gonflant. Une coiffure gonflante.* ➤ **bouffant.** n. m. *Le gonflant* : l'état de ce qui est gonflant. *Le gonflant du duvet, de fibres textiles.* ■ **2** FAM. Qui ennuie, énerve. *Il est gonflant, ce type !* ➤ **énervant, insupportable ;** FAM. **chiant.**

1 **GONFLE** [gɔ̃fl] n. f. – 1537 ◇ du latin *conflare* « rassembler en soufflant », « gonfler » ■ RÉGION. ■ **1** (Doubs, Suisse, Vallée d'Aoste) Amas de neige formé par le vent. ➤ **congère,** RÉGION. **menée.** ■ **2** (début XIXe ◇ de *gonfler*) (Est ; Suisse) Cloque, ampoule sur la peau. ■ **3** Gonflement de l'abdomen ; hydropisie. — Animaux (Auvergne, Périgord, Sud-Ouest) Météorisme.

2 **GONFLE** [gɔ̃fl] adj. – XVIe ◇ de *gonfler* ■ **1** RÉGION. (sud de la France, de la Saintonge à la Champagne ; Suisse, Louisiane, Canada, Algérie, Sénégal) Gonflé. ➤ **enflé ;** RÉGION. **enfle.** *Avoir les yeux gonfles.* ➤ **bouffi.** ■ **2** (de la Bourgogne à la Provence ; Suisse) *Se sentir gonfle après le repas* : avoir le ventre ballonné. — (1732) (ANIMAUX) Atteint de météorisme.

GONFLEMENT [gɔ̃fləmɑ̃] n. m. – 1542 ◇ de *gonfler* ■ Action de gonfler (➤ **gonflage**) ou de se gonfler ; état de ce qui est gonflé. *Gonflement d'un ballon. Gonflement d'une partie du corps, d'un organe.* ➤ **ballonnement, bouffissure, dilatation, distension, empâtement, enflure, engorgement, fluxion, grosseur, grossissement, hypertrophie, intumescence, météorisme, œdème, tuméfaction, turgescence.** ◆ FIG. Augmentation exagérée. *Gonflement de la masse monétaire.* ➤ **inflation.** ■ CONTR. Dégonflement ; contraction, dépression, diminution, rétrécissement.

GONFLER [gɔ̃fle] v. tr. ‹1› – 1559 ◇ latin *conflare,* de *flare* « souffler » ■ **1** Distendre en remplissant d'air, de gaz. *Gonfler un ballon, une chambre à air, un pneu, un canot pneumatique. Gonfler ses joues, ses narines* (➤ **dilater, enfler**). « *Parfois un soupir gonflait sa poitrine* » GAUTIER. — *Le vent gonfle les voiles.* ◆ (1945) FIG. FAM. au p. p. *Être gonflé à bloc,* rempli d'une ardeur et d'une assurance à toute épreuve. ➤ **remonté.** ELLIPT FAM. *Il est vraiment gonflé !* il est courageux ; il a du culot, il exagère. ➤ **effronté ;** FAM. **culotté.** *Il est gonflé de passer devant tout le monde !* (cf. Il ne manque pas d'air*). ■ **2** Faire augmenter de volume, sous l'action d'une cause quelconque. *La crue gonfle la rivière, les eaux.* — *Torrent gonflé par les pluies. Éponge gonflée d'eau.* ➤ **gorger.** — (Corps, organes) *Yeux gonflés de larmes.* ➤ **bouffir, boursoufler.** *Face congestionnée et gonflée.* ➤ **soufflé.** *Estomac gonflé après un repas trop copieux.* ➤ **ballonner, dilater.** ◆ LOC. VULG. *Les gonfler (à qqn),* l'ennuyer*, le mettre en colère. ◆ FAM. *Gonfler qqn. Tu nous gonfles avec tes histoires !* (cf. Faire chier*). *Ça me gonfle !* (cf. Ça me gave). « *Elle n'est pas faite pour ça, ces dîners la gonflent* » PH. JAENADA. ■ **3** FIG. Remplir à l'excès ou complètement. *Ses succès l'ont gonflé d'orgueil.* ➤ **remplir.** « *Un espoir immense me gonfle le cœur* » DUHAMEL. *Cœur gonflé de chagrin* (➤ **gros**), *d'enthousiasme* (➤ **débordant**). ■ **4** Augmenter le nombre, la puissance, la quantité de. *Gonfler un moteur,* accroître sa puissance. ➤ FAM. 2 **booster.** *Moteur gonflé.* — Exagérer, surestimer (un chiffre, une évaluation). ➤ **grossir.** *Gonfler l'importance d'un incident, le nombre des manifestants. Gonfler un devis.* ➤ **majorer ; surfacturer.** « *une note inférieure à la moyenne, un peu gonflée néanmoins par indulgence* » M. NDIAYE. ■ **5** INTRANS. Augmenter de volume, devenir volumineux. ➤ **grossir.** *La pâte gonfle.* ➤ **foisonner,** 1 **lever.** *Le bois a gonflé.* ➤ **travailler.** *Faire gonfler ses cheveux en les crêpant* (➤ **bouffer**). — *Le genou a gonflé.* ➤ **enfler.** *Avoir les pieds qui gonflent avec la chaleur. Son visage a gonflé avec l'âge.* ➤ s'**arrondir, bouffir,** s'**empâter.** ■ **6 SE GONFLER** v. pron. Devenir gonflé, enflé. ◆ FIG. ➤ **augmenter, croître, grandir, grossir.** — En parlant de qqn, du cœur (sous l'action de certains sentiments) *Se gonfler d'orgueil.* ■ CONTR. Dégonfler. Aplatir, comprimer, 2 contracter, déprimer, rétrécir, vider. — (du p. p.) 1 Plat.

GONFLETTE [gɔ̃flɛt] n. f. – v. 1970 ◇ de *gonfler* ■ FAM., parfois péj. Musculation culturiste visant à obtenir le volume musculaire le plus important possible. *Faire de la gonflette* (cf. Soulever de la fonte). ➤ **bodybuilding, culturisme.** — Musculation ainsi obtenue. ◆ FIG. Exagération.

GONFLEUR [gɔ̃flœʀ] n. m. – 1911 ◇ de *gonfler* ■ Appareil servant à gonfler. *Gonfleur à air comprimé.*

GONG [gɔ̃(g)] n. m. – 1691 ◇ malais *gung* ■ **1** Instrument de percussion employé en Extrême-Orient, composé d'un plateau de métal suspendu, sur lequel on frappe avec une baguette à tampon. *Vibrations d'un gong.* ■ **2** Instrument analogue utilisé pour donner un signal sonore. — (1910) BOXE « *Au coup de gong annonçant le commencement du premier round* » HÉMON. LOC. *Être sauvé par le gong* : échapper de justesse à qqch. de désagréable. ■ HOM. Gon, gond.

GONGORISME [gɔ̃gɔʀism] n. m. – 1842 ◇ de *Gongora,* poète espagnol, 1561-1627 ■ DIDACT. Préciosité, recherche dans le style (abus des images, des métaphores, etc.). ➤ **euphuisme.**

GONIO ➤ **RADIOGONIOMÈTRE** et **RADIOGONIOMÉTRIE**

GONIO- ■ Élément, du grec *gônia* « angle » (➤ 1 **-gone**).

GONIOMÈTRE [gɔnjɔmɛtʀ] n. m. – 1783 ◇ de *gonio-* et *-mètre* ■ TECHN. Instrument servant à mesurer les angles. *Goniomètre d'arpenteur.* — *Goniomètres d'application, à réflexion,* mesurant les indices des verres et cristaux taillés en prisme. ◆ MÉD. Appareil servant à mesurer les angles des articulations osseuses, en cas de déplacement.

GONIOMÉTRIE [gɔnjɔmetʀi] n. f. – 1724 ◇ de *goniomètre* ■ Science de la mesure des angles (adj. **GONIOMÉTRIQUE**). — MATH. Approche algébrique de la trigonométrie. ➤ **radiogoniométrie.**

GONNELLE ➤ **GONELLE**

GONOCHORISME [gɔnɔkɔʀism] n. m. – 1877 ◇ grec *gonos* « génération » et *khôrismos* « séparation » ■ BIOL. Caractère d'une espèce animale pour laquelle il y a séparation complète des sexes dans des individus distincts (mâles et femelles). — adj. **GONOCHORIQUE.** *Espèce gonochorique.* ■ CONTR. Hermaphrodisme.

GONOCOCCIE [gɔnɔkɔksi] n. f. – 1900 ◇ de *gonocoque* ■ MÉD. Infection provoquée par le gonocoque. ➤ **blennorragie.** — adj. **GONOCOCCIQUE.**

GONOCOQUE [gɔnɔkɔk] **n. m.** – 1890 ; *gonococcus* 1885, découvert en 1879 ◊ grec *gonos* «semence» et *kokkos* «grain» ■ Bactérie infectieuse responsable de la blennorragie.

GONOSOME [gɔnɔzom] **n. m.** – 1951 ; zool. 1865 ◊ du grec *gonos, gonê* «semence» et *(chromo)some* ■ GÉNÉT. Chromosome sexuel (opposé à *autosome*). ➤ **hétérochromosome.** — **adj.** (1951) **GONOSOMIQUE.** *Maladie gonosomique.*

GONOZOÏDE [gɔnozɔid] **n. m.** – 1946 ◊ du grec *gonos, gonê* «génération, semence», *zoo-* et *-oïde* ■ ZOOL. Polype reproducteur dans une colonie d'hydraires.

GONZE [gɔ̃z] **n. m.** – 1753 ◊ argot italien *gonzo* «individu stupide» ■ ARG. VIEILLI Homme, individu.

GONZESSE [gɔ̃zɛs] **n. f.** – 1811 ◊ fém. de *gonze* ■ FAM. Femme, fille. *Une belle gonzesse. Sa gonzesse.* ➤ **nana,** 1 **poule.**

GOOGLISER [gug(œ)lize] **v. tr.** ⟨1⟩ – 2003 ◊ de *Google* (marque déposée), nom d'un moteur de recherche ■ Rechercher des informations sur (qqch., qqn) sur Internet avec un moteur de recherche. *Recruteur qui googlise un candidat.* — On dit aussi *googler* [gug(œ)le] ⟨1⟩ (2001). «*la petite a googlé mon nom, elle a vu qui j'étais...*» V. DESPENTES.

GORD [gɔʀ] **n. m.** – *gort* XIIIe ◊ gaulois °*gorto* «haie» ■ PÊCHE Pêcherie formée d'une double rangée de perches en angle au fond d'une rivière, fermée au sommet par un filet. ■ **HOM.** Gaur, gore.

GORDIEN [gɔʀdjɛ̃] **adj. m.** – 1590 ◊ latin *Gordius,* n. pr. ■ *Nœud* gordien.*

GORE [gɔʀ] **adj.** – 1988 ◊ mot anglais «sang» ■ ANGLIC. Qui suscite l'épouvante par le sang abondamment versé. *Le cinéma gore. Des films gores* ou *gore* (inv.). — **n. m.** Ce genre en littérature, au cinéma. «*La drôlerie du gore vient de l'excès*» (Le Figaro, 1990). ■ **HOM.** Gaur, gord.

GORET [gɔʀɛ] **n. m.** – 1297 ; de l'ancien français *gore* «truie» ◊ onomatopée ■ **1** Jeune cochon. «*une centaine de petits gorets ronchonneurs*» MAC ORLAN. ➤ **cochonnet, porcelet.** ◆ FAM. Personne, en particulier enfant, sale, malpropre. ➤ **cochon ;** RÉGION. **cayon.** ■ **2** (1694) MAR. Balai très raide, grande brosse, pour nettoyer la carène.

GORETEX [gɔʀtɛks] **n. m.** – 1989 ◊ *Gore-tex* n. déposé, de *Gore* n. pr. et finale *tex* de *textile* ■ ANGLIC. Tissu synthétique microporeux, dérivé du téflon. *Gants de ski en goretex.*

GORFOU [gɔʀfu] **n. m.** – 1760 ◊ danois *goirfugl,* n. d'un pingouin ■ Manchot des mers australes, de la taille d'un canard. *Gorfou doré, huppé, sauteur.*

GORGE [gɔʀʒ] **n. f.** – début XIIe ◊ du latin populaire *gorga,* de *gurges* «tourbillon, gouffre»

I PARTIE AVANT DU COU, DU BUSTE ■ **1** Partie antérieure (ou latérale) du cou. *La gorge et la nuque. Se protéger la gorge avec une écharpe. Gorge nue, découverte. Serrer la gorge de qqn.* ➤ FAM. 1 **kiki, sifflet ; étrangler.** *Chien qui saute à la gorge d'un voleur. Couper la gorge à qqn* (➤ **égorger ; coupe-gorge**). *Veines de la gorge.* ➤ **jugulaire.** — LOC. *Prendre qqn à la gorge,* le contraindre par la violence, par une pression impitoyable. «*le danger est là qui les prend à la gorge*» TAINE. — *Mettre à qqn le couteau, le pistolet sous la gorge,* lui imposer sa volonté par la violence et les pires menaces. ➤ **contraindre.** *Avoir le couteau sous la gorge :* être contraint par une menace. — *Sauter à la gorge de qqn,* l'agresser violemment. ◆ *La gorge d'un oiseau, d'un pigeon* (➤ **gorge-de-pigeon, rouge-gorge**). ■ **2** (début XIIIe) LITTÉR. Seins, poitrine (d'une femme). ➤ **buste ; soutien-gorge.** *Un pectoral* «*couvrait la poitrine de la base du col à la naissance de la gorge*» GAUTIER.

II INTÉRIEUR DU COU ■ **1** Région située au fond de la bouche, à l'entrée du pharynx, correspondant à la partie antéro-latérale supérieure du cou et comprenant le voile du palais, la luette et les deux amygdales. ➤ **gosier.** *Avoir la gorge sèche, prise, irritée. Avoir mal à la gorge. Mal de gorge, maux de gorge.* ➤ **amygdalite, angine, laryngite, pharyngite.** *Pastilles pour la gorge. Avoir un chat*, une boule*, un nœud* dans la gorge. Gorge serrée par l'angoisse. Sanglot qui monte à la gorge. Odeur qui prend à la gorge, qui pique la gorge.* ➤ **suffoquer.** ◆ (Considéré comme le centre de production de la voix, avec le larynx, le pharynx.) *Crier, chanter à pleine gorge.* (1546) *Rire à gorge déployée. S'éclaircir, se racler la gorge. La voix* «*grosse et râpeuse de quelqu'un qui aurait eu besoin de se dégager la gorge*» M. DIB. — *Voix de gorge.* ➤ **guttural.** — *Faire rentrer à qqn ses mots dans la gorge,* l'obliger à se rétracter, à désavouer ses propos. — *Ça m'est resté dans la gorge, en travers de la gorge :* c'est difficile à admettre (cf. Je ne l'ai pas digéré*). ■ **2** (XVIe fauconn.) LOC. **GORGE CHAUDE :** chair encore chaude et palpitante qu'on donne à un oiseau de proie. — (1690) *Faire des gorges chaudes de qqch.,* se répandre en plaisanteries malveillantes, s'en régaler. ➤ se **moquer.** ◆ (1535) **RENDRE GORGE,** se disait de l'oiseau rendant la viande qu'il avait avalée. FIG. (1587) Restituer par force ce qu'on a pris par des moyens illicites. *Je vais lui faire rendre gorge.*

III LIEU, OBJET CREUX ET ÉTROIT ■ **1** (1675) Passage étroit, défilé entre deux montagnes ; vallée étroite et encaissée. ➤ **canyon, col, couloir,** 1 **porte.** *Les gorges du Tarn.* ◆ Entrée d'un ouvrage fortifié. ■ **2** Partie creuse, cannelure, rainure. «*Elle passa le bout de son doigt dans la gorge d'une moulure*» COLETTE. *Marbre à gorge. Creuser une gorge au gorget*. Gorge d'une poulie.* — TECHN. Échancrure, entaille. *Gorge d'une serrure. Gorge d'un isolateur électrique :* l'échancrure dans laquelle repose le fil.

GORGE-DE-PIGEON [gɔʀʒ(ə)dəpiʒɔ̃] **adj. inv.** – 1640 ◊ de *gorge* et *pigeon* ■ D'une couleur à reflets changeants comme la gorge du pigeon. *Des draperies gorge-de-pigeon.*

GORGÉE [gɔʀʒe] **n. f.** – 1175 ◊ de *gorge* ■ Quantité de liquide qu'on avale en une seule déglutition. ➤ **goulée, lampée.** *Boire à petites gorgées.* — «*Il huma une grande gorgée d'air glacé*» MAC ORLAN.

GORGER [gɔʀʒe] **v. tr.** ⟨3⟩ – 1220 ◊ de *gorge* ■ **1** RARE Remplir (qqn) de nourriture jusqu'à la gorge, avec excès. *Gorger un enfant de sucreries.* COUR. **SE GORGER v. pron.** ➤ se **bourrer,** s'**empiffrer,** se **goinfrer.** — *Abeille gorgée de miel.* ◆ SPÉCIALT *Gorger des volailles, pour les engraisser.* ➤ **gaver.** ■ **2** Remplir jusqu'à gonfler, imprégner, saturer (surtout au p. p.). *Une terre gorgée d'eau.* — *Des fruits gorgés de soleil, de vitamines.* ■ **3** FIG. Pourvoir à profusion. ➤ **combler, remplir.** «*J'ai longtemps marché dans ma chambre de long en large* [...] *alerte et gorgé d'idées claires*» GRACQ. ➤ **plein.** ■ **CONTR.** Priver, vider.

GORGERETTE [gɔʀʒəʀɛt] **n. f.** – v. 1260 ◊ diminutif de l'ancien français *gorgère,* de *gorge* ■ ANCIENNT Collerette de femme.

GORGERIN [gɔʀʒəʀɛ̃] **n. m.** – 1419 ◊ de *gorgère* → gorgerette ■ **1** ANCIENNT Partie inférieure (d'un casque) servant à protéger le cou. ■ **2** (1564) ARCHIT. Partie étroite du chapiteau dorique ou toscan, au-dessus de l'astragale de la colonne.

GORGET [gɔʀʒɛ] **n. m.** – 1757 ◊ de *gorge* ■ TECHN. ■ **1** Rabot pour creuser les gorges. ➤ **bouvet.** ■ **2** Moulure plus petite que la gorge.

GORGONE [gɔʀgɔn] **n. f.** – XVIe myth. ◊ latin *gorgon,* mot grec ■ **1** MYTH. Monstre mythologique à la chevelure de serpents et au regard pétrifiant. *La Gorgone.* ◆ ARTS Tête décorative de femme à la bouche ouverte et à la chevelure de serpents. ■ **2** (1856) ZOOL. Cnidaire coralliaire *(anthozoaires)* formant des colonies arborescentes. ➤ **polypier.** (On dit aussi **GORGONIE.**)

GORGONZOLA [gɔʀgɔ̃zɔla] **n. m.** – 1890 ◊ n. d'une ville italienne ■ Fromage italien à pâte persillée crémeuse. *Des gorgonzolas.*

GORILLE [gɔʀij] **n. m.** – 1749 ◊ latin des zoologistes *gorilla,* d'après un mot grec désignant des êtres humains velus ■ **1** Grand singe anthropoïde *(hominidés)* des forêts d'Afrique équatoriale, dont la taille peut atteindre deux mètres. *Gorille de montagne. Un homme* «*avec des bras et des mains de gorille*» GIDE. ■ **2** (1954) FIG. et FAM. Garde du corps. *Les gorilles du Président.*

GOSETTE [gozɛt] **n. f.** – 1823 à Liège ◊ du radical *goz-,* du wallon *gozâ, gozô* «grand chausson aux fruits, tarte couverte» ■ (Belgique) Chausson aux fruits, de forme semi-circulaire ou triangulaire. *Une gosette aux pommes, aux abricots.*

GOSIER [gozje] **n. m.** – 1512 ; *josier* 1270 ◊ bas latin *geusiae* «joue», d'origine gauloise ■ Gorge (II, 1°), dans sa partie intérieure. ■ **1** Arrière-gorge et première partie du pharynx, comme partie des voies digestives. ➤ FAM. **gargamelle, gargoulette, goulot,** 1 **kiki ;** VX **pipe, sifflet.** *Entrée du gosier.* ➤ **amygdale, luette.** — ANAT. *L'isthme du gosier.* LOC. FAM. *Avoir le gosier sec :* avoir soif. *S'humecter* le gosier* (cf. Se rincer la dalle*). ■ **2** Siège de la voix (➤ **guttural**). *Chanter, crier à plein gosier.* ➤ **s'égosiller ; gorge.** *Coup de gosier :* émission de voix, de son en un seul effort. «*Joseph le rattrapa d'un énergique coup de gosier*» DUHAMEL.

GOSPEL [gɔspɛl] **n. m.** – 1958 ◊ anglais américain *gospel song,* de *gospel* «évangile» et *song* «chant» ■ ANGLIC. Chant religieux des Noirs d'Amérique du Nord (le terme tend à se substituer à celui de *negro-spiritual*). *Des gospels.*

GOSPLAN [gɔsplɑ̃] **n. m.** – 1921 ◇ du russe *gossoudarstviennyï planovyï komitet* «comité de planification d'État» ■ HIST. Organe central de la planification soviétique créé en 1921 (jusqu'en 1990). ➤ 3 **plan.**

1 **GOSSE** [gɔs] **n.** – 1796 ◇ origine inconnue, p.-ê. altération de *gonze* ■ FAM. ■ **1** Enfant, jeune garçon ou fille. *Un gosse d'une dizaine d'années.* ➤ **bambin, gamin, mioche, môme, moutard ;** RÉGION. **drôle, gone,** 2 **minot.** *Un sale gosse :* un enfant insupportable. *C'est un grand gosse, un vrai gosse,* se dit de qqn qui est resté très enfant. **adj.** *J'étais encore tout gosse. Quand j'étais gosse.* ➤ **môme.** ◆ *Un beau gosse, une belle gosse :* beau garçon, belle fille. **adj.** *Être beau gosse.* «*J'étais beau gosse ! J'avais des mollets, mon vieux*» CÉLINE. ■ **2** Enfant (3e), fils ou fille. *Avoir des gosses. Je n'avais «pas une bourgeoise sur le dos ni les gosses à élever»* CENDRARS. — PÉJ. *Gosse de riche(s)**.

2 **GOSSE** [gɔs] **n. f.** – 1930 ◇ variante de *gousse* ou de 1 *cosse* ■ (Canada) FAM. Testicule. *Recevoir un coup dans les gosses.* «*Je devais avoir les gosses malades quand je l'ai fait, celui-là...*» Y. BEAUCHEMIN.

GOSSER [gɔse] **v.** ‹1› – 1842 ◇ mot de l'Ouest (Vendée, Poitou), d'origine inconnue ■ (Canada) FAM. ■ **1 v. tr.** Tailler (un morceau de bois). «*une jambe de bois gossée à la main*» TREMBLAY. ■ **2 v. intr.** Perdre son temps, s'occuper à des riens. ■ **3 v. tr.** Importuner, déranger (qqn). ➤ **exaspérer.** *Il la gosse. Ça me gosse.* ➤ **fatiguer.**

GOTHA [gɔta] **n. m.** – 1890 ◇ de l'*almanach de Gotha*, ville d'Allemagne où se publiait cet almanach ■ **1** Almanach contenant le relevé des familles aristocratiques. ➤ **nobiliaire.** *Être, figurer dans le Gotha.* ■ **2** Ensemble des personnalités de l'aristocratie, du monde politique, culturel, etc., considérées du point de vue de leur notoriété. *Fréquenter le gotha.* ➤ **gratin.** IRON. «*le gotha européen des négationnistes, des antisémites*» P. BRUCKNER.

GOTHIQUE [gɔtik] **adj. et n.** – 1440 «médiéval» ◇ bas latin *gothicus* «relatif aux Goths».

I VX et PÉJ. Du Moyen Âge. ➤ **médiéval.** *Les siècles gothiques.*

II ■ **1** (1615 ; s'est dit de tout l'art du Moyen Âge [cf. 2 *roman*] jusqu'au XIXe) *Style gothique :* style répandu en Europe du XIIe au XVIe s., entre le style roman et le style Renaissance. *Architecture gothique, anciennement nommée ogivale* (➤ **ogive**). *Notre-Dame de Paris, cathédrale gothique. Sculpture gothique. Chapelle gothique, flèche gothique. Peinture gothique.* SUBST. *Le gothique :* le style gothique. *Premier gothique ; gothique tardif (rayonnant, flamboyant). Gothique perpendiculaire anglais. Faux gothique* ou *néogothique* (du XIXe). — PAR EXT. *Architecte, peintre gothique.* ■ **2** *Écriture gothique :* écriture à caractères droits, à angles et à crochets, qui remplaça vers le XIIe s. l'écriture romane. *Écriture semi-gothique* ou *gothique onciale.* — SUBST. *La gothique. Écrire en gothique. Texte allemand imprimé en gothique.* ◆ **n. m.** LING. ➤ **gotique.**

III (anglais *gothic*) ■ **1** *Roman gothique :* récit fantastique à thèmes médiévaux et terrifiants, à la mode en Angleterre après 1760. ■ **2** *Mouvement gothique :* mouvement culturel caractérisé par une esthétique sombre et romantique, parfois macabre, reprenant des thèmes du roman gothique. «*blouson de moto, dentelles noires, look gothique*» VAN CAUWELAERT. — **n.** Adepte de ce mouvement. *Gothiques vêtus de noir.* «*Petites gothiques, maquillage noir et piercings aux lèvres*» V. DESPENTES.

■ HOM. Gotique.

GOTIQUE [gɔtik] **n. m.** – XIXe ◇ bas latin *gothicus* → gothique ■ LING. Langue des Goths, rameau oriental des langues germaniques. ■ HOM. Gothique.

GOUACHE [gwaʃ] **n. f.** – 1746 ◇ italien *guazzo* «détrempe», du latin *aquatio* «action de mouiller» ■ Peinture à l'eau gommée, mêlée de liants et d'ingrédients qui la rendent pâteuse. *Tube de gouache. Peindre à la gouache. Dessin rehaussé de gouache.* ◆ Tableau peint à la gouache. *Des aquarelles et des gouaches.*

GOUACHER [gwaʃe] **v. tr.** ‹1› – 1847 ◇ de *gouache* ■ Rehausser de touches de gouache. *Gouacher un dessin, une aquarelle.* — *Dessin gouaché.*

GOUAILLE [gwɑj] **n. f.** – 1748 ◇ de *gouailler* ■ Action, habitude de gouailler. ➤ **effronterie, goguenardise, insolence, moquerie.** *La gouaille des faubourgs.*

GOUAILLER [gwɑje] **v.** ‹1› – 1732 ◇ même radical *gab-* que dans *gaver, engouer* ■ **1 v. tr.** VIEILLI Railler sans délicatesse. *Gouailler qqn.* ➤ **plaisanter, railler.** ■ **2 v. intr.** MOD. Dire des railleries. ➤ **se moquer.** «*Cet être raille, braille, gouaille, bataille*» HUGO.

GOUAILLERIE [gwɑjʀi] **n. f.** – 1823 ◇ de *gouailler* ■ Caractère d'une personne qui aime à gouailler. «*cette façon de rire de soi et des autres [...], c'est cela qui constitue la gouaillerie provençale*» J. AICARD.

GOUAILLEUR, EUSE [gwɑjœʀ, øz] **adj.** – 1755 ◇ de *gouailler* ■ Qui gouaille, qui aime à railler. ➤ **goguenard, moqueur, narquois, railleur.** *Sourire gouailleur. Ton gouailleur.*

GOUALANTE [gwalɑ̃t] **n. f.** – 1821 ◇ de *goualer* «chanter», p.-ê. de *gouailler* ■ POP. et VIEILLI Chanson, complainte populaire.

GOUALEUSE [gwaløz] **n. f.** – 1836 ◇ de *goualer* ■ POP. et VIEILLI Chanteuse des rues. «*Elle chante en cousette et en goualeuse des rues*» COLETTE.

GOUAPE [gwap] **n. f.** – 1835 ◇ provençal *gouapo* «gueux», de l'argot espagnol *guapo* «brigand» ■ FAM. ➤ 2 **frappe, vaurien, voyou.** *Ce type est une petite gouape.*

GOUDA [guda] **n. m.** – 1926 ◇ de *Gouda*, n. d'une ville de Hollande ■ Fromage de Hollande de forme sphérique, à pâte pressée non cuite, lisse et sans trou, enrobé d'une couche de paraffine jaune. *Des goudas. Du gouda au cumin.*

GOUDOU [gudu] **n. f.** – 1962 ◇ mot d'origine inconnue ■ FAM. Homosexuelle, lesbienne. *Les goudous.*

GOUDRON [gudʀɔ̃] **n. m.** – 1647 ; *gotran* 1381 ◇ altération de *catran* XIIe ; arabe égyptien *qatran* ■ Produit huileux, visqueux, de couleur brune ou noire, à odeur empyreumatique, obtenu par la distillation sèche de nombreuses matières organiques. *Goudron végétal* ou *goudron de bois :* substance résineuse obtenue par distillation ou carbonisation du bois (➤ **poix**). *Goudron animal,* produit par la distillation des os. *Goudron de houille,* ou ABSOLT *goudron* (➤ **coaltar**), un des produits de la distillation de la houille. *Calfater un navire avec du goudron.* ◆ *Goudron (routier) :* goudron de houille, mélangé à du laitier, des cailloux, pour le revêtement des routes. ➤ **asphalte, bitume, macadam ; goudronnage.** «*telle était la chaleur que se liquéfiait le goudron des routes*» MAURIAC. ◆ *Goudrons de tabac. La teneur en goudrons et en nicotine d'une cigarette.*

GOUDRONNAGE [gudʀɔnaʒ] **n. m.** – 1675 ◇ de *goudronner* ■ Action de goudronner ; son résultat. *Goudronnage des routes :* opération consistant à répandre du goudron sur les voies macadamisées.

GOUDRONNER [gudʀɔne] **v. tr.** ‹1› – 1457 ◇ de *goudron* ■ Enduire ou imbiber de goudron. *Goudronner du carton, de la toile. Goudronner une route.* ➤ **bitumer, macadamiser.** — *Papier goudronné pour emballage. Chaussée goudronnée.*

GOUDRONNEUR [gudʀɔnœʀ] **n. m.** – 1532 *guoildronneur* ◇ de *goudronner* ■ Ouvrier qui goudronne.

GOUDRONNEUSE [gudʀɔnøz] **n. f.** – 1918 ◇ de *goudronner* ■ TECHN. Machine à goudronner. ■ HOM. Goudronneuse (goudronneux).

GOUDRONNEUX, EUSE [gudʀɔnø, øz] **adj.** – 1841 ◇ de *goudron* ■ De la nature du goudron. *La poix est une matière goudronneuse.* ■ HOM. Goudronneuse.

GOUET [gwɛ] **n. m.** – 1382 ◇ de *goi* (1376), du latin populaire °*gubius* → gouge ■ **1** VX ou RÉGION. Grosse serpe de vigneron, de bûcheron. ■ **2** COUR. Arum.

GOUFFRE [gufʀ] **n. m.** – XIIe ◇ bas latin *colpus*, du grec *kolpos* → golfe ■ **1** Trou vertical, effrayant par sa profondeur et sa largeur. ➤ **abîme.** *Les bords, les parois, le fond d'un gouffre. Gouffre béant. Spéléologue qui explore un gouffre. Gouffre d'un terrain accidenté* (➤ **précipice**). *Gouffre sous-marin.* ➤ **fosse.** ◆ SPÉCIALT Courant tourbillonnaire. *Le gouffre du Maelström.* ◆ GÉOL. Vaste cavité en forme d'entonnoir creusée par les eaux de ruissellement dans les terrains calcaires. ➤ **aven, bétoire, doline, igue.** *Le gouffre de Padirac.* ■ **2** FIG. En parlant de ce qui a la profondeur d'un gouffre, de ce qui est insondable *Le gouffre du néant, de l'oubli.* «*On se perd dans ces gouffres de misère qu'on appelle la nature humaine*» BARBEY. *Un gouffre de malheurs, de souffrances.* LOC. *Être au bord du gouffre,* devant un péril imminent (➤ **précipice**). — *Un gouffre nous sépare. Il y a un gouffre entre (la théorie et la pratique...).* ■ **3** SPÉCIALT Ce qui engloutit de l'argent, chose ruineuse. *Ce procès est un gouffre.* ➤ **ruine.** «*Prends garde ! dit Pécuchet, tu vas te lancer dans les réceptions. C'est un gouffre !*» FLAUBERT.

GOUGE [guʒ] **n. f.** – XIVe ◇ bas latin *gubia* → gouet ■ TECHN. Outil creusé en canal, à bout tranchant et courbe. *Gouge de menuisier, de sculpteur, de graveur.*

GOUGER [guʒe] **v. tr.** ‹3› – 1767 ◇ de *gouge* ■ TECHN. ■ **1** Travailler (un matériau, le bois) à la gouge. ■ **2** Reprendre (une soudure) en la creusant pour éliminer les irrégularités.

GOUGÈRE [guʒɛʀ] n. f. – *gocere* XIIIe ◊ origine inconnue ■ CUIS. Tarte ou chou au fromage.

GOUGNAFIER [guɲafje] n. m. – 1899 ◊ origine inconnue ■ FAM. Bon à rien ; personnage insignifiant. — Rustre, goujat.

GOUGOUNE [gugun] n. f. – 1980 ◊ origine inconnue ■ (Canada) FAM. Tong. *Une paire de gougounes.*

GOUILLE [guj] n. f. – 1750 ; *gollia* 1502 ; *gollye* 1368 ◊ mot dialectal, de l'ancien francique °*gullja* « flaque, mare » ■ RÉGION. (Est ; Suisse, Vallée d'Aoste) Flaque d'eau. *Marcher dans une gouille.* — Mare, étang ; endroit plus profond dans le lit d'un cours d'eau. *Se baigner dans une gouille.*

GOUINE [gwin] n. f. – *gouin* masc. XVe ◊ p.-ê. même origine que *goujat* ■ **1** VX Prostituée. ■ **2** MOD. et PÉJ. Homosexuelle, lesbienne.

GOUJAT [guʒa] n. m. – *gougeas* plur. XVe ◊ de l'ancien occitan *goyat* « garçon », de l'hébreu *goya* « servante chrétienne » → goy ■ **1** VX Valet d'armée. ■ **2** (v. 1720) FIG. VIEILLI Rustre. ◆ MOD. Homme sans usage, manquant de savoir-vivre et d'honnêteté, et dont les indélicatesses sont offensantes. ➤ **malotru, mufle, rustre ;** FAM. **gougnafier, pignouf.** *Quel goujat ! « de quoi vous mêlez-vous ? Vous êtes un goujat »* COURTELINE. — adj. **GOUJAT, GOUJATE.** *Des manières goujates.*

GOUJATERIE [guʒatʀi] n. f. – 1853 ; « fonction de goujat (1°) » 1611 ◊ de *goujat* ■ Caractère, conduite, action de goujat. ➤ **grossièreté, impolitesse, indélicatesse, muflerie.** *« Mais quant à faire des grossièretés gratuites à ce malheureux homme [...], ce serait d'une goujaterie imbécile »* FLAUBERT.

1 **GOUJON** [guʒɔ̃] n. m. – XIIe ◊ de *gouge* ■ TECHN. ■ **1** Petite gouge de sculpteur. ■ **2** Cheville de bois ; de métal. Broche qui unit les deux parties d'une charnière. ➤ **goupille.** — Clou à deux pointes. ■ **3** Axe de poulie.

2 **GOUJON** [guʒɔ̃] n. m. – 1392 ◊ latin *gobio, onis* ■ Petit poisson d'eau douce *(cypriniformes)*, très commun. *Friture de goujons.* LOC. *Taquiner le goujon* : pêcher à la ligne.

GOUJONNER [guʒɔne] v. tr. ⟨1⟩ – 1467 ◊ de 1 *goujon* ■ TECHN. Assembler avec des goujons (1). *Goujonner des planches.*

GOUJONNETTE [guʒɔnɛt] n. f. – 1933 ◊ de 2 *goujon* ■ CUIS. Petit filet de poisson. *Des goujonnettes de sole.*

GOUJONNIÈRE [guʒɔnjɛʀ] adj. f. – 1845 ◊ de 2 *goujon* ■ *Perche goujonnière.* ➤ **grémille.**

GOULACHE [gulaʃ] n. m. ou f. – 1893 *gulasch* ◊ hongrois *gulyás* ■ CUIS. Ragoût de bœuf préparé à la manière hongroise, avec du paprika. *Des goulaches.* — On écrit aussi *goulasch, goulash.*

GOULAFRE [gulafʀ] ou **GOULAFE** [gulaf] adj. et n. – *gouillafre* 1630 ◊ de 2 *goule* ■ RÉGION. (Belgique, Nord-Est) Goinfre, glouton.

GOULAG [gulag] n. m. – 1938 ◊ acronyme russe, de *Glavnoïé Oupravlenié Lagereï* « Direction générale des camps » ■ **1** Institution des camps de travail forcé, devenue le symbole de l'oppression, dans l'ex-U. R. S. S. *« Si le Goulag est une revanche par rapport à l'Inquisition, où est le progrès ? »* SOLLERS. — PAR EXT. Mise à l'écart, dans un régime totalitaire, des éléments jugés indésirables. ■ **2** Camp de travail forcé. *Des goulags.*

GOULASCH, GOULASH ➤ **GOULACHE**

1 **GOULE** [gul] n. f. – 1712 ◊ arabe *gūl* « démon » ■ Vampire femelle des légendes orientales.

2 **GOULE** [gul] n. f. – fin XIIe ◊ du latin *gula* → gueule ■ VX OU RÉGION. (Île-de-France, Orléanais, Ouest, Sud-Ouest) FAM. ■ **1** Bouche. LOC. *Fermer sa goule,* se taire. *Goule fine, fine goule* : gourmet ■ **2** Visage, figure. LOC. *Faire la goule* : bouder.

GOULÉE [gule] n. f. – XIIe ◊ de 2 *goule* ■ FAM. Grosse bouchée ou gorgée. — PAR EXT. *Une goulée d'air. « Elle respirait à toutes petites goulées »* LE CLÉZIO.

GOULET [gulɛ] n. m. – 1358 « ruisselet » ◊ de 2 *goule* ■ **1** (XVIe) VX ➤ **goulot.** ■ **2** (1555) Passage, couloir étroit dans les montagnes. ■ **3** (1743) Entrée étroite d'un port, d'une rade. ➤ 1 **passe.** *Franchir le goulet.* ■ **4** FIG. (1959) **GOULET D'ÉTRANGLEMENT :** passage difficile ; obstacles, difficulté qui retardent un processus. ➤ **goulot.** *Le péage de l'autoroute forme un goulet d'étranglement.*

GOULEYANT, ANTE [gulɛjɑ̃, ɑ̃t] adj. – 1931 ◊ de 2 *goule* ■ Frais et léger (en parlant d'un vin). ◆ FIG. Agréable.

GOULOT [gulo] n. m. – 1415 ; « goulet » 1611 ◊ de 2 *goule* ■ **1** Col étroit d'un récipient. *Goulot d'une bouteille. Boire au goulot.* ◆ POP. Bouche, gosier. *Refouler* du goulot.* ■ **2** **GOULOT D'ÉTRANGLEMENT.** ➤ **goulet** (4°).

GOULOTTE [gulɔt] n. f. – 1694 ; *goulette* 1611 ◊ de 2 *goule* ■ TECHN. ■ **1** Conduit d'écoulement des eaux (rigole, petit canal). ■ **2** Conduit incliné dans lequel passent différents matériaux ou produits entraînés par gravité. ■ **3** ALPIN. Ligne de glace insinuée dans les failles rocheuses, que l'on trouve en hiver et au printemps en haute montagne.

GOULU, UE [guly] adj. – XVe ◊ de 2 *goule* ■ **1** Qui mange avec avidité. ➤ **glouton, goinfre, vorace.** *Un animal goulu.* SUBST. *Un goulu.* — PAR EXT. *Regards goulus.* ➤ **avide.** ◆ FAM. VIEILLI Femme à grande bouche. *La Goulue, danseuse du Moulin-Rouge dont Toulouse-Lautrec fit le portrait.* ■ **2** (1771) *Pois goulus* (ou *gourmands*), que l'on mange avec les cosses. ➤ **mange-tout.** ■ **3** Carcajou. ➤ **glouton.** ■ CONTR. Frugal, sobre.

GOULÛMENT ou **GOULUMENT** [gulymɑ̃] adv. – 1546 ◊ de *goulu* ■ D'une façon goulue, à la manière d'un goulu. *Manger, boire goulûment.* ➤ **avidement.** — La graphie *goulument* sans accent circonflexe, comme dans *absolument, éperdument, résolument,* est régulière.

GOUM [gum] n. m. – 1842 ◊ arabe *qaum* « troupe » ■ ANCIENNT Durant la colonisation, Contingent militaire recruté en Afrique du Nord parmi la population locale. *Les goums marocains. Soldat d'un goum* (**GOUMIER** n. m.).

GOUPIL [gupi(l)] n. m. – début XIIe ◊ bas latin *vulpiculus,* de *vulpes,* avec influence germanique à l'initiale ■ VX ou LITTÉR. Renard.

GOUPILLE [gupij] n. f. – 1439 ◊ fém. de *goupil ;* cf. *goupiller* ■ Cheville ou broche métallique qui sert à assembler deux pièces percées chacune d'un trou. *Goupille pleine. Goupille cylindrique. Goupille fendue, dont on écarte les branches.* ➤ aussi 1 **goujon.** *Enlever la goupille d'une grenade* (➤ **dégoupiller**).

GOUPILLER [gupije] v. tr. ⟨1⟩ – 1670 ; en ancien français « ruser » ◊ de *goupille* ■ **1** TECHN. Fixer avec des goupilles. *Goupiller une roue sur un axe.* ■ **2** (1900) FAM. ➤ **arranger, combiner, préparer.** *Qu'est-ce qu'il est encore en train de goupiller ?* — PRONOM. *Ça s'est bien, mal goupillé.* ■ CONTR. Dégoupiller.

GOUPILLON [gupijɔ̃] n. m. – 1539 ; *guipellon* XIIe ◊ de l'ancien français *guipon ;* ancien nordique *vippa,* d'un radical *vip-* « se balancer » ■ **1** Tige garnie de touffes de poil, ou boule de métal creuse et percée de trous, montée au bout d'un manche, dont on se sert, dans les cérémonies de l'Église, pour asperger d'eau bénite. ➤ **aspersoir.** *Ils « aspergeaient la dépouille mortelle du portier d'un coup de goupillon »* BALZAC. — LOC. FAM. *Le sabre et le goupillon* : l'armée et l'Église. ■ **2** Brosse cylindrique à long manche pour nettoyer les bouteilles, les biberons. ➤ **écouvillon.**

1 **GOUR** [guʀ] n. m. – fin XIXe ◊ mot arabe, plur. de *gara* ■ GÉOGR. Fragment de plateau isolé par l'érosion éolienne, formant butte. *Les gours du Sahara. « les gours que les tourbillons ont creusés »* Y. BERGER. ■ HOM. Gourd.

2 **GOUR** [guʀ] n. m. – XIIe ◊ latin *gurges* « gouffre d'eau » ■ RÉGION. Partie creuse d'un cours d'eau remplie d'eau même en période sèche. — Lac profond.

GOURANCE [guʀɑ̃s] n. f. – 1913 ; « soupçon » 1899 ◊ de *se gourer* ■ FAM. Le fait de se gourer*, erreur. — On dit aussi **GOURANTE.**

GOURBI [guʀbi] n. m. – 1841 ◊ mot arabe d'Algérie ■ **1** Habitation rudimentaire en Afrique du Nord. ➤ **cabane, hutte.** *« il voyait à ses pieds les gourbis cubiques, les dômes et les terrasses du village »* TOURNIER. ■ **2** PAR EXT. MILIT. Abri de tranchée (➤ **cagna**). ■ **3** FAM. Habitation misérable et sale. ➤ **cambuse, taudis.**

GOURBIVILLE [guʀbivil] n. m. – 1959 ◊ de *gourbi* et *ville,* sur le modèle de *bidonville* ■ (Maghreb) Agglomération d'habitations sommaires et insalubres. ➤ **bidonville.** *Le gourbiville s'est étendu.*

GOURD, GOURDE [guʀ, guʀd] adj. – XIIe *gort,* fém. *gorde* ◊ bas latin *gurdus* « lourdaud, grossier » ■ Engourdi et comme perclus par le froid. *Avoir les doigts gourds.* ◆ FIG. Maladroit, mal à l'aise. *Se sentir gourd.* ■ CONTR. Agile, 2 délié, souple. Dégourdi. ■ HOM. Gour ; gourde.

GOURDE [guʀd] n. f. – XIVe ; *gorde* XIIIe ◊ altération de *coorde,* du latin *cucurbita* ■ **1** Espèce de courge dite *courge calebasse.* — PAR EXT. (XVIe) Récipient constitué par le fruit de la gourde après séchage et vidage. ◆ (XIXe) Plus cour. Bidon ou bouteille fait d'une matière résistante aux chocs fermant hermétiquement, et destiné à transporter de la boisson. *Prendre une gourde d'eau. Boire à la gourde.* ➤ **bidon, flacon.** ■ **2** FIG. et FAM. Personne niaise, maladroite. ➤ **cruche.** *Ce type est une gourde.* REM. Plus courant en parlant d'une femme. adj. *Ce qu'il est gourde !* ➤ **empoté, gauche, godiche** (cf. Gourd).

GOURDIN [gurdɛ̃] **n. m.** – début XVIe ◊ italien *cordino*, de *corda* «corde» ■ Bâton gros et lourd servant à frapper. ➤ **massue, matraque, trique.** *S'armer d'un gourdin. Coups de gourdin.*

GOURER (SE) [gure] **v. pron.** ‹1› – XVe tr. ; *gorré* XIIIe ◊ p.-ê. radical de *goret* ■ FAM. Se tromper. *Il s'est gouré dans son addition. Tu t'es complètement gouré !* ➤ se **planter.** «*je me suis un peu gourée de route en chemin*» QUENEAU.

GOURGANDINE [gurgɑ̃din] **n. f.** – 1642 dialectal ◊ p.-ê. du radical de *gouret, goret* et l'ancien français *gander* → gandin ■ VIEILLI Femme facile, dévergondée. ➤ **catin.**

GOURGANE [gurgan] **n. f.** – milieu XVIIe ◊ mot de l'Ouest (Normandie), d'origine inconnue ■ VX OU RÉGION. **(Canada)** Plante *(légumineuses papilionacées)* appelée aussi *fève des marais*, cultivée pour ses graines. — Ces graines. *Soupe aux gourganes.*

GOURMAND, ANDE [gurmɑ̃, ɑ̃d] **adj.** – 1354 ◊ origine inconnue → gourmet ■ **1** VX Gros mangeur. ➤ **glouton, goinfre.** ♦ MOD. Qui aime la bonne cuisine, mange par plaisir. *Il est très gourmand. Gourmand comme un chat.* — **(Suivi d'un compl.)** *Il est très gourmand de gibier.* ➤ **amateur, 1 friand.** — SUBST. *Un gourmand raffiné.* ➤ **gastronome, gourmet** (cf. Bec* fin, fine bouche*, fine gueule*). «*L'âme d'un gourmand est toute dans son palais*» ROUSSEAU. ♦ Où l'on mange bien. *Une région gourmande.* ➤ **gastronomique.** — Qui permet de donner libre cours à sa gourmandise. *Menu, plat gourmand. Salade gourmande au foie gras. Café gourmand,* accompagné de mignardises. ■ **2** FIG. Qui dénote le désir, l'avidité. *Jeter sur qqn des regards gourmands. Des lèvres gourmandes. Être gourmand d'honneurs, de flatteries.* ➤ **avide, désireux.** *Les âmes «vives et gourmandes de vivre»* R. ROLLAND. — SPÉCIALT Exigeant en matière d'argent. *Se montrer trop gourmand.* ■ **3** *Gourmand (en qqch.).* Se dit d'un appareil, d'une installation qui consomme beaucoup (d'énergie, de matière). *Une voiture gourmande en essence.* ♦ (XVIIe) ARBOR. *Branche gourmande,* dont la pousse nuit aux rameaux voisins en absorbant la sève à son profit. SUBST. *Élaguer les gourmands.* ■ CONTR. Frugal, sobre, tempérant.

GOURMANDER [gurmɑ̃de] **v. tr.** ‹1› – 1372 «dévorer avidement» ; «réprimander», sous l'influence de *gourmer* (→ gourmé) ◊ de *gourmand* ■ **1** VX Manier durement (un cheval). — FIG. Contenir, maîtriser. ■ **2** Reprendre (qqn) en lui adressant des critiques, des reproches sévères. ➤ **gronder, morigéner, réprimander*, tancer.** «*Elle le gourmandait sans cesse* [...], *lui reprochait aigrement ses moindres actes*» MAUPASSANT.

GOURMANDISE [gurmɑ̃diz] **n. f.** – v. 1400 ◊ de *gourmand* ■ **1** Défaut du gourmand. ➤ **gloutonnerie, voracité.** ♦ Caractère d'une personne gourmande. *Être d'une gourmandise extrême. Manger avec gourmandise. Je n'ai plus faim, j'en reprends par gourmandise.* ■ **2** (1866) PLUR. Mets, généralement sucrés, capables de plaire à un gourmand. ➤ **chatterie, douceur, friandise, gâterie, sucrerie.** *Aimer les gourmandises.* ■ CONTR. Frugalité, sobriété.

GOURME [gurm] **n. f.** – XIIIe ◊ francique °*worm* «pus» ■ **1** VIEILLI Dermatose qui affecte le visage et le cuir chevelu des enfants mal soignés. ➤ **eczéma, impétigo.** — VÉTÉR. Maladie spécifique du jeune cheval, caractérisée par une inflammation des voies respiratoires. ■ **2** LOC. VIEILLI *Jeter sa gourme,* se dit des jeunes gens qui font leurs premières frasques. «*Peut-être suis-je seulement en train de jeter ma gourme, de me faire les griffes*» VIALAR.

GOURMÉ, ÉE [gurme] **adj.** – XVIIIe ◊ de *gourmer* (1320) «brider un cheval» ; de *gourme* ■ LITTÉR. Qui affecte un maintien grave, raide. «*il était gourmé et précieux comme un âne chargé de reliques*» SARTRE. PAR EXT. *Air gourmé.* ➤ **affecté, compassé, guindé, important, prétentieux.**

GOURMET [gurmɛ] **n. m.** – XVe ; *grommes* 1352 ◊ de l'ancien français *gromet* «valet (de marchand de vins)», d'origine inconnue ■ **1** VX Dégustateur en vins. ➤ **goûteur.** ■ **2** (XVIIIe) MOD. Personne qui apprécie le raffinement en matière de boire et de manger. ➤ **gastronome, gourmand.** *C'est un fin gourmet. Savourer un plat en gourmet.* ♦ (XIXe) FIG. «*Les fins connaisseurs, gourmets de la littérature*» BALZAC.

GOURMETTE [gurmɛt] **n. f.** – 1442 ◊ de *gourme* «chaîne qui fixe le mors» ■ **1** Chaînette à mailles serrées qui fixe le mors dans la bouche du cheval, en passant sous la ganache. ■ **2** Chaîne de montre, ou bracelet en mailles de métal aplaties.

GOURNABLE [gurnabl] **n. f.** – 1678 ◊ néerlandais °*gordnagel* «clou de bois pour les bateaux» ■ MAR. Cheville de chêne employée sur les navires en bois pour fixer (ou **GOURNABLER v. tr.** ‹1›) les bordages.

GOUROU [guru] **n. m.** – 1732 ◊ sanskrit *gurúh* «lourd, grave» ■ Dans la religion brahmanique, Maître spirituel. *Le gourou d'un ashram.* ♦ (répandu v. 1960) Maître à penser ; personnage médiatique dont l'avis fait autorité. *Les gourous de la prospective. — Le gourou d'une secte.* ➤ **chef.** «*Comme tous les gourous, il cherchait des prosélytes qui appartiennent aux classes dirigeantes et non des clochards*» LIBERATI. REM. Pour une femme, on trouve *une gourou.*

GOUSSE [gus] **n. f.** – v. 1520 ; *gosse* XIIIe ◊ origine inconnue ■ **1** BOT. Fruit déhiscent allongé s'ouvrant à maturité en deux valves, fruit des légumineuses (➤ 1 **cosse**) et de quelques plantes. *Gousse de vanille.* ■ **2** COUR. Caïeu. «*Il mangeait des gousses d'ail cru tout le jour comme des bonbons*» GIONO.

GOUSSET [gusɛ] **n. m.** – 1278 ◊ de *gousse* ■ **1** VX Creux de l'aisselle. ■ **2** ANCIENNT Petite bourse, d'abord portée sous l'aisselle, et plus tard en dedans de la ceinture du pantalon. — MOD. Petite poche de gilet ou de pantalon. *Montre de gousset.* ■ **3** TECHN. Pièce d'assemblage triangulaire. — Support de console.

GOÛT [gu] **n. m.** /GOUT/ – fin XIIIe, au sens figuré de «saveur» (I, 2°) ◊ du latin *gustus*

I L'UN DES CINQ SENS ET CE QU'IL PERMET DE PERCEVOIR ■ **1** (fin XIIIe) Sens grâce auquel l'être humain et les animaux perçoivent les saveurs propres aux aliments. ➤ **1 goûter ; déguster, gustatif.** *La langue et le palais, organes du goût. Bourgeons* du goût. Aliment agréable au goût. «Physiologie du goût», ouvrage de Brillat-Savarin* (1824). *Perte du goût.* ➤ **agueusie.** ■ **2** (fin XIIIe) Saveur. ➤ **sapidité ; flaveur.** *Relever le goût d'une sauce.* ➤ **assaisonner.** *Goût acide, âcre, aigre, amer, doux, fade, fort, fruité, relevé, sucré. Aliment qui a bon goût* (➤ **délectable, délicieux, exquis, 2 fin, succulent**), *qui a mauvais goût* (➤ **dégoûtant, mauvais**). *Un goût indéfinissable. Un goût délicieux. Un sale goût. Goût de brûlé, de moisi, de pourri, de roussi. Vin qui a un goût de terroir, de pierre à fusil. Ça laisse un mauvais goût dans la bouche.* ➤ **arrière-goût.** — *Du goût :* un goût marqué, reconnaissable. *Aliment qui a du goût* (➤ **goûteux, goûtu, sapide**), *n'a pas de goût, n'a aucun goût* (➤ **insipide ; fade**). — *Avoir un goût,* un goût anormal et désagréable. *Cette eau a un goût.* — FIG. (fin XIIIe) «*Cette journée avait une saveur faible* [...], *un goût inconnu qui ne s'en irait plus*» FRANCE. ■ **3** (fin XIVe) Appétit, envie **(dans des expr.).** *N'avoir, ne prendre, ne trouver goût à rien.* **(Canada)** *Avoir le goût :* avoir envie. *J'ai le goût d'aller au cinéma.* «*Elle avait le goût qu'on la berce, elle avait le goût qu'on la caresse*» V.-L. BEAULIEU. ♦ LOC. FIG. *Faire passer à qqn le goût du pain,* lui ôter la vie ; PAR EXT. lui faire perdre l'envie de recommencer. *Je les recherchais «dans tous les bars belges de Paris pour leur faire passer le goût de la bière»* FALLET.

II CAPACITÉ À RECONNAÎTRE ET À APPRÉCIER CE QUI EST BEAU ■ **1** (1564) Aptitude à sentir, à discerner les beautés et les défauts d'une œuvre d'art, d'une production de l'esprit. *Avoir le goût délicat, difficile, fin, infaillible, sévère. Mauvais goût. Fiez-vous à son goût. C'est une affaire* de goût. Avoir un goût sûr.* — Avis, jugement, opinion. *À mon goût, ceci ne vaut rien.* ■ **2** (1643) **LE BON GOÛT,** ou **LE GOÛT :** jugement intuitif des valeurs esthétiques, selon des normes sociales délicates. «*Le bon goût est une chose bien embêtante et n'est au fond que le respect des vieilles consignes, le garde-à-vous dans la poussière d'un morne bric-à-brac*» AYMÉ. *Avoir du goût ; manquer de goût. Des gens sans goût. Elle n'a aucun goût. Homme, femme de goût. Contraire au bon goût. Une faute de goût. — Elle est toujours habillée avec goût.* ➤ **élégance** (cf. Bon ton*). *Salon arrangé avec goût, avec beaucoup de goût.* ■ **3 DE** *(bon, mauvais)* **GOÛT, D'UN GOÛT** (et adj.), se dit des choses qui dénotent, révèlent tel ou tel goût (bon ou mauvais). *Bijoux de mauvais goût. Vêtements, meubles de bon goût. C'est du meilleur goût, d'un goût très sûr. Une plaisanterie de mauvais goût, d'un goût déplorable, discutable, douteux. Il serait de mauvais goût d'insister.*

III DISPOSITION, PRÉFÉRENCE ■ **1 GOÛT DE, POUR (qqch.) :** penchant accompagné ou non de l'aptitude à le satisfaire. ➤ **amour, disposition, vocation.** *Il a peu de goût pour ce genre de travail. Avoir un goût très vif, un goût passionné pour qqch.* ➤ **aimer, apprécier.** *Le goût du risque. Goût de paraître, de plaire. Prendre goût à :* se mettre à apprécier. ➤ **s'attacher.** *Reprendre goût à la vie. Perdre le goût du travail, des sorties. Faire qqch. par goût, non par nécessité.* ♦ *Être au goût de.* ➤ **plaire.** *Cette mesure ne sera pas du goût de tout le monde. C'est à mon goût.* ➤ **convenance ; gré, guise.** ♦ AU PLUR. Tendances, préférences qui se manifestent dans le genre de vie, les habitudes de chacun. *Être liés par des goûts communs. Avoir des goûts très* *éclectiques. Avoir des goûts simples. Des goûts bizarres, dépravés.* ➤ **manie, singularité.** *Contrarier qqn dans ses goûts. Il y en a pour tous les goûts.* — LOC. PROV. *Des goûts et des couleurs on ne dispute point* (MOD. *on ne discute pas*). ➤ **opinion.** *Tous les goûts sont dans la nature ; chacun ses goûts :* il faut tolérer la diversité des goûts. ◆ Inclination amoureuse pour une personne. ➤ **attirance, attrait, désir, faible, prédilection.** *Trouver qqn à son goût. « Il a pris un goût vif pour de la passion »* GAUTIER. ■ **2 DANS LE, AU GOÛT...** ➤ **genre, manière,** 1**mode, style.** *Tableau dans le goût classique, moderne. Remettre qqch. au goût du jour.* FAM. *Dans ce goût-là :* de cette sorte. *Vous avez raison, ce doit être qqch. dans ce goût-là.*

■ CONTR. Dégoût. Antipathie, aversion, répulsion. Grossièreté, vulgarité.

1**GOÛTER** [gute] v. ‹1› /GOUTER/ – *guster* XIIe ◇ latin *gustare*

I v. tr. ■ **1** Percevoir, apprécier par le sens du goût la saveur de (un aliment, une boisson). ➤ **déguster, savourer.** *Prenez le temps de bien goûter ce plat.* — ABSOLT *Avaler sans goûter.* ■ **2** SPÉCIALT (plus cour.) Manger ou boire une petite quantité de (qqch.), afin d'en éprouver la saveur. ➤ **essayer.** *Goûter un plat. Cuisinier qui goûte une sauce. Expert qui goûte un vin.* ➤ **dégustateur.** ABSOLT *Goûtez ! Je peux goûter ?* ■ **3** FIG. Éprouver avec plaisir (une sensation, une émotion). ➤ **se délecter, jouir** (de), **savourer.** *Goûter les joies de la lecture, le calme d'un lieu. « je goûtai pour la première fois l'inexprimable bonheur de la solitude »* CONSTANT. ■ **4** LITTÉR. Trouver à son goût, juger favorablement. ➤ **aimer, apprécier, estimer.** *« je goûte vivement la poésie »* RENARD.

II v. tr. ind. ■ **1 GOÛTER À :** prendre un peu d'une chose dont on n'a pas encore bu ou mangé. *Goûtez-y, vous m'en direz des nouvelles. On lui avait servi un bon plat, il y a à peine goûté.* ➤ 1**toucher.** ■ **2 GOÛTER DE :** boire ou manger pour la première fois. FIG. et VIEILLI Faire l'épreuve de. *Il a goûté du métier.* ➤ **expérimenter ; essayer** (de), **tâter** (de).

III v. intr. (1538) Faire une collation, entre le déjeuner et le dîner. *Les enfants goûtent à quatre heures.* ➤ 2**goûter.** *Inviter à goûter.*

IV (Sujet chose) ■ **1** v. tr. dir. (Belgique, Canada, Afrique) Avoir le goût de. *« Ma cigarette goûtait le miel »* R. DUCHARME. ■ **2** v. tr. ind. (Belgique, Luxembourg, Afrique) Plaire par le goût. *Cette sauce me goûte. Rien ne lui goûte :* il n'aime rien, n'a envie de rien.

■ HOM. Goutter.

2**GOÛTER** [gute] n. m. /GOUTER/ – 1538 ◇ de 1*goûter* ■ Nourriture et boisson que l'on prend dans l'après-midi, entre le déjeuner et le dîner (surtout à propos d'enfants ; pour les adultes, on emploie plutôt *thé**). ➤ **collation.** *C'est l'heure du goûter. Voilà du chocolat pour ton goûter. Emporter son goûter.* ➤ FAM. **quatre-heures.** *Un goûter d'anniversaire.*

GOÛTEUR, EUSE [gutœr, øz] n. /GOUTEUR, EUSE/ – 1579 ; région. *goutour* « dégustateur » ◇ de 1*goûter* ■ **1** Personne qui goûte, dont le métier est de goûter (une boisson, une préparation). *Goûteur de cru.* ➤ **dégustateur,** VX **gourmet.** *Goûteur d'eau.* ■ **2** RARE Personne qui prend un goûter (2). ■ HOM. Goûteuse (goûteux), goutteuse (goutteux).

GOÛTEUX, EUSE [gutø, øz] adj. /GOUTEUX, EUSE/ – 1802 régional (Montpellier) ◇ du provençal *goustous*, famille du latin *gustare* → 1goûter ■ Qui a beaucoup de goût, qui a bon goût. ➤ RÉGION. **goûtu.** *Une bière goûteuse.* ■ HOM. Goutteux ; goûteuse (goûteur).

1**GOUTTE** [gut] n. f. – début XIe ◇ du latin *gutta*

I TRÈS PETITE QUANTITÉ DE LIQUIDE A. LIQUIDE QUELCONQUE ■ **1** Très petite quantité de liquide qui prend une forme arrondie. ➤ **globule.** *Goutte d'eau, de rosée. Arroser, verser par gouttes* (➤ **asperger**), *réduire en gouttes* (➤ **atomiser, pulvériser, vaporiser**). *Petites gouttes* (➤ **gouttelette**) ; *grosses, larges gouttes. Le brouillard se condense en gouttes d'eau. Il n'est pas tombé une goutte de pluie depuis des mois. Il pleut à grosses gouttes.* LOC. *Passer entre les gouttes :* échapper à la pluie ; FIG. échapper à une menace. *Il « s'était à peu près tenu tranquille sous l'Occupation et pouvait espérer à la Libération passer entre les gouttes »* E. CARRÈRE. ◆ *Goutte de sang.* PAR EXAGÉR. *Ne pas avoir une goutte de sang dans les veines :* être sans énergie, sans caractère (➤ **lâche,** 1**mou, veule**). *Se battre jusqu'à la dernière goutte de sang,* jusqu'au bout, jusqu'aux dernières limites. ◆ *Goutte de sueur. Suer à grosses gouttes :* transpirer abondamment. ◆ FAM. *Avoir la goutte au nez :* avoir le nez qui coule. ■ **2** LOC. (1664) *Se ressembler comme deux gouttes d'eau,* se dit de deux personnes, de deux choses, qui se ressemblent trait pour trait. — *Boire jusqu'à la dernière goutte. Pressurer jusqu'à la dernière goutte.* ➤ 1**fin.** — *Il n'y en a plus une goutte,* plus du tout. FIG. *« Je n'avais pas pour lui une goutte de tendresse »* STENDHAL. ◆ LOC. PROV. *C'est la goutte d'eau qui fait déborder* le vase. C'est une goutte d'eau dans la mer* (ou *dans l'océan*) : c'est une chose insignifiante, sans conséquence. ◆ loc. adv. **GOUTTE À GOUTTE :** une goutte après l'autre. ➤ **stillation.** *Verser un liquide goutte à goutte.* ➤ **instiller ; goutte-à-goutte.** *Couler goutte à goutte.* ➤ **dégouliner, dégoutter, s'égoutter, goutter.** *Arrosage goutte à goutte.* FIG. *« De petits bonheurs savourés goutte à goutte »* DAUDET. ■ **3** PAR MÉTAPH. (fin XIIe) *Une goutte de lumière. « Des gouttes de soleil »* MAUPASSANT.

B. BOISSON ■ **1** Très petite quantité d'une boisson quelconque. *Voulez-vous du café ? Juste une goutte.* ➤ **peu.** *Il a mis une goutte de lait dans son thé.* ■ **2** Petite quantité (de boisson alcoolique). ➤ **doigt, larme.** *Il ne boit jamais une goutte d'alcool.* — (1795) FAM. *Boire la goutte,* un petit verre d'eau-de-vie. *« la "goutte," le calva des fermes, puisé au cul de l'alambic clandestin »* P. HUET. ◆ (fin XIVe) TECHN. *Mère goutte,* ou *première goutte :* ce qui coule de la cuve ou du pressoir avant le pressurage du raisin ou des pommes. *Vin, cidre de mère goutte, de première goutte, de goutte.*

C. PLUR. MÉDICAMENT *Des gouttes :* médicament prescrit et administré en gouttes. *Se mettre des gouttes dans les yeux. Instruments pour administrer des gouttes.* ➤ **compte-goutte, goutte-à-goutte, pipette.**

II PETIT OBJET OU TACHE COMPARABLE À UNE GOUTTE *Oiseau « tout parsemé de gouttes blanches »* BUFFON. — JOAILL. *Goutte d'eau :* pierre précieuse taillée en forme de goutte et montée en pendentif. — ARCHIT. Petits ornements de forme conique (dans l'ordre dorique). — MÉTÉOROL. *Goutte froide :* dépression d'altitude fermée, qui peut se former à partir de l'isolement d'un talweg.

III NE... GOUTTE Négation renforcée (avec les v. *voir, entendre, comprendre, connaître*) (milieu XIIe) VX ou PLAISANT *N'y voir goutte :* ne rien voir du tout. *« Quand il n'y voit goutte, le plus malin n'est pas fier »* BERNANOS. *N'y entendre goutte :* ne rien comprendre (cf. Pas* du tout).

2**GOUTTE** [gut] n. f. – XIIIe ◇ de 1*goutte* « gouttes d'humeur viciée » ■ Maladie métabolique liée à un taux trop élevé d'acide urique dans le sang, caractérisée par des poussées inflammatoires articulaires, avec dépôt d'urates (➤ **tophus**). *Avoir la goutte.* — SPÉCIALT *Goutte articulaire* ou ABSOLT, COUR. *la goutte,* qui se présente sous forme d'accès douloureux. *Crises de goutte. Goutte aux pieds* (➤ **podagre**).

GOUTTE-À-GOUTTE [gutagut] n. m. inv. – 1931 ◇ de *goutte à goutte* ■ Appareil médical permettant de faire une perfusion* lente et régulière ; cette perfusion. *Pratiquer des goutte-à-goutte* (➤ **perfuser**).

GOUTTELETTE [gut(ə)lɛt] n. f. – XIIIe ◇ de 1*goutte* ■ Petite goutte d'un liquide. *« la rosée se déposait en gouttelettes serrées sur les planches de la barque »* LOTI.

GOUTTER [gute] v. intr. ‹1› – XIVe ◇ de 1*goutte* ou latin *guttare* ■ **1** Couler goutte à goutte. *Eau qui goutte d'un robinet.* ■ **2** Laisser tomber des gouttes. ➤ **dégoutter.** *Les toits gouttent après l'orage. Le robinet goutte.* ➤ **fuir.** ■ HOM. Goûter.

GOUTTEREAU [gutʀo] adj. m. – 1398 ◇ de *gouttière* ■ ARCHÉOL. *Murs gouttereaux :* murs latéraux des édifices gothiques, surmontés de gouttières.

GOUTTEUX, EUSE [gutø, øz] adj. – 1190 ◇ de 2*goutte* ■ **1** Atteint de la goutte. *Un vieillard goutteux. « le bon père Sallé, tordu et goutteux, avec ses mains comme des sarments »* COLETTE. — n. *Un goutteux.* ■ **2** MÉD. Relatif à la goutte, qui est causé par elle. *Déformation goutteuse de la cheville.* ■ HOM. Goûteux ; goûteuse (goûteur).

GOUTTIÈRE [gutjɛʀ] n. f. – 1120 ◇ de 1*goutte* ■ **1** VX Partie inférieure d'un toit, d'où l'eau tombe goutte à goutte (➤ **larmier**). ◆ *Chat de gouttière :* chat de race indéterminée et commune. ■ **2** Canal fixé au bord inférieur des toits. ➤ **chéneau,** RÉGION. 1**dalle.** *Gouttière en zinc. « Les gouttières gorgées vomissaient l'eau à pleine gueule »* COURTELINE. ◆ AUTOM. Bande métallique ou rebord sur le toit d'une automobile, pour évacuer l'eau de pluie. ■ **3** (1458) RÉGION. (Centre-Ouest, Sud-Ouest, Est, Languedoc ; Suisse) Voie d'eau dans une toiture ; eau qui s'en écoule. ■ **4** Appareil destiné à immobiliser un membre ou une partie du corps dans le cas de fracture. ■ **5** ANAT. Rainure à la surface d'un os. *Gouttières vertébrales :* sillons situés de part et d'autre de l'épine dorsale et occupés par les muscles spinaux.

GOÛTU, UE [guty] adj. /GOUTU, UE/ – 1859 ◇ de *goût* ■ RÉGION. (Bretagne, Normandie) Qui a du goût, un goût agréable. ➤ **goûteux.** *Un plat goûtu et parfumé.*

GOUVERNAIL [guvɛʀnaj] **n. m.** – v. 1130 *governail* ◊ latin *gubernaculum* «aviron», de *gubernare* ▪ **1** Plan mince orientable servant à régler la direction, les évolutions d'un navire. *Des gouvernails. Le gouvernail est généralement situé à l'arrière, en poupe. Parties du gouvernail :* aiguillot, jaumière, mèche, safran. *Manœuvre du gouvernail* (➤ **barre, timon**). *Être au gouvernail. Gouvernail automatique* (cf. Pilote* automatique). ◆ *Gouvernail de profondeur d'un sous-marin,* servant à régler la profondeur d'immersion (barre de plongée). ◆ (1911) AVIAT. *Gouvernail de direction, de profondeur.* ➤ **empennage, gouverne, palonnier.** ▪ **2** (XVIe) PAR MÉTAPH. ou FIG. Ce qui sert à diriger, à conduire ; conduite des affaires. ➤ **barre.** *Saisir, tenir, abandonner le gouvernail.*

GOUVERNANCE [guvɛʀnɑ̃s] **n. f.** – 1478 ; «gouvernement» XIIIe ◊ de *gouverner* ▪ **1** ANCIENNT Bailliages de l'Artois et de la Flandre. ▪ **2** MOD. Au Sénégal, Ensemble des services administratifs d'une région. *La gouvernance de Casamance.* — Édifice où ils se trouvent ; résidence du gouverneur. ▪ **3** (1987 ◊ anglais *governance,* du français) Manière de gouverner, exercice du pouvoir pour gérer les affaires nationales. *«la fin d'un système, la fin d'une gouvernance, la fin d'une façon de gérer les préoccupations des Français»* (L'Express, 2002). *«Livre blanc sur la gouvernance européenne»* (2001). — *Gouvernance mondiale :* ensemble des autorités et des réglementations mises en place à l'échelle planétaire. — Méthode de gestion (d'une entreprise).

GOUVERNANT, ANTE [guvɛʀnɑ̃, ɑ̃t] **adj.** et **n.** – 1437 ◊ de *gouverner*

I **adj.** RARE Qui gouverne (un pays, l'État). ➤ **dirigeant.** *«assurer le recrutement d'une classe gouvernante»* MAUROIS.

II **n.** ▪ **1** (XVe) VX ➤ **gouverneur.** ▪ **2** (1794) *Les gouvernants :* les personnes qui détiennent et exercent le pouvoir politique, et SPÉCIALT le pouvoir exécutif. ➤ **gouvernement.** COLLECT. *«le mouvement de bascule qui substitue le gouverné au gouvernant»* ALAIN.

▪ CONTR. Gouverné, 2 sujet.

GOUVERNANTE [guvɛʀnɑ̃t] **n. f.** – 1534 ◊ de *gouvernant* ▪ VIEILLI ▪ **1** Femme à qui l'on confie la garde et l'éducation d'un ou de plusieurs enfants chez soi. ➤ aussi **précepteur.** — VIEILLI ➤ **chaperon, duègne.** ▪ **2** (1690) Femme chargée de s'occuper d'une personne seule. *«mon rôle préféré, c'est gouvernante. La subalterne qui dirige tout dans l'ombre»* A. DESARTHE. *La gouvernante d'un curé.* ▪ **3** Femme qui dirige le personnel (d'un grand hôtel, d'un établissement de santé) chargé du ménage et de la lingerie. *Gouvernante d'étage, gouvernante générale.*

GOUVERNE [guvɛʀn] **n. f.** – 1292 «gouvernement, conduite» ◊ de *gouverner* ▪ **1** (1723 comm.) VX Ce qui doit servir de règle de conduite. MOD. LOC. *Pour ma (ta, sa) gouverne :* pour servir de règle de conduite. *«J'ai seulement pris ces chiffres pour votre gouverne»* ZOLA. ▪ **2** (XIXe) MAR. Direction d'une embarcation. — AVIAT. Surface mobile, et PAR EXT. dispositif servant à la conduite d'un aéronef, d'une fusée. *Les gouvernes d'un avion.* ➤ **empennage, gouvernail ; aileron.**

GOUVERNÉ, ÉE [guvɛʀne] **adj.** – de *gouverner* ▪ Qui est dirigé, gouverné. LITTÉR. (➤ **gouverner, II**). *«la simple humeur non gouvernée»* ALAIN. ◆ SUBST. *Les gouvernés :* l'ensemble de ceux qui doivent obéir au pouvoir politique. ➤ 2 **sujet.** *Les gouvernants et les gouvernés.*

GOUVERNEMENT [guvɛʀnəmɑ̃] **n. m.** – fin XIIe ◊ de *gouverner*

I **ACTION DE GOUVERNER** ▪ **1** VX Action ou manière de diriger, de régir (qqch. ou qqn). ➤ **administration, direction, gestion.** *Le gouvernement d'une maison.* ➤ **économie, ménage.** *«Le gouvernement de soi»* MONTAIGNE. ➤ **maîtrise.** ▪ **2** (fin XIIIe) LITTÉR. Action d'exercer le pouvoir politique sur (un groupe social). ➤ **administration.** *Prendre en main le gouvernement d'un pays.* — SANS COMPL. *Méthode de gouvernement. Organe de gouvernement.* — *Le gouvernement d'une classe sociale, de la bourgeoisie,* le fait qu'elle gouverne. PAR EXT. Le fait d'exercer une influence déterminante ou excessive sur la vie politique (cf. -crate). ▪ **3** (fin XVe) ANC. DR. Direction politique et administrative (d'une ville, d'une province) ; charge de gouverneur. *Le gouvernement d'une province.* ➤ **administration.** — PAR EXT. VIEILLI Ville, circonscription régie par un gouverneur.

II **LE POUVOIR QUI GOUVERNE UN ÉTAT** ▪ **1** (1748) Le pouvoir politique ; les organes de ce pouvoir (exécutif, législatif). ➤ **état.** *«Une société ne saurait subsister sans un gouvernement»* MONTESQUIEU. ➤ **autorité,** 2 **pouvoir, puissance.** *Gouvernement central, gouvernements locaux d'un État fédéral.* (Canada) *Travailler pour le gouvernement :* être fonctionnaire. — *Le gouvernement établi. Gouvernement instable, faible, fort. Gouvernement révolutionnaire, insurrectionnel.* — En parlant d'un régime politique précis *Le gouvernement des Bourbons, de l'Empire, de la Restauration.* ➤ **règne.** ▪ **2** (1762) Le pouvoir exécutif, suprême (opposé à *administration*) ; les organes qui l'exercent (opposé à *pouvoir législatif*). *Gouvernement provisoire. Faiblesse, renforcement du gouvernement par rapport au pouvoir législatif. Gouvernement français* (chef de l'État ; conseil des ministres). ▪ **3** (1887) Dans les régimes parlementaires, La partie du pouvoir exécutif qui est responsable devant le Parlement ; le corps des ministres. ➤ **cabinet, conseil, ministère.** *Le chef du gouvernement :* le Premier ministre. *Le gouvernement Poincaré.* ➤ **administration** (anglic.). *Les membres du gouvernement :* les ministres et les secrétaires d'État. *Les pouvoirs du gouvernement ; acte de gouvernement* (qui n'est susceptible d'aucun recours). ➤ 1 **arrêté, décision, décret, instruction ;** 1 **police** (cf. aussi Pouvoir réglementaire*). *Former le gouvernement. Soutenir le gouvernement. Mettre en minorité, faire tomber le gouvernement. Gouvernement de cohabitation*.*

III **ORGANISATION, STRUCTURE POLITIQUE DE L'ÉTAT** (1588, Montaigne) Régime politique de l'État. ➤ **constitution, institution, système.** *Gouvernement monarchique, impérial, consulaire. Gouvernement absolu* (➤ **absolutisme, despotisme, dictature**), *démocratique, républicain* (➤ **démocratie, république**). *Gouvernement parlementaire* (➤ **parlementarisme**), *représentatif.* *«Toute nation a le gouvernement qu'elle mérite»* J. DE MAISTRE.

▪ CONTR. Anarchie, désordre. Opposition.

GOUVERNEMENTAL, ALE, AUX [guvɛʀnəmɑ̃tal, o] **adj.** – 1801 ◊ de *gouvernement* ▪ **1** Relatif au gouvernement, au pouvoir exécutif. *Les organes gouvernementaux. Les institutions gouvernementales.* ▪ **2** Relatif au ministère. ➤ **ministériel.** *L'équipe gouvernementale. La politique gouvernementale.* ◆ Qui soutient le gouvernement, le ministère. *Journal, parti gouvernemental.*

GOUVERNEMENTALISME [guvɛʀnəmɑ̃talism] **n. m.** – 1842 ◊ de *gouvernemental* ▪ VIEILLI Attitude politique qui consiste à approuver, à soutenir le pouvoir, le gouvernement. — *Le «gouvernementalisme (nom barbare du parti correct)»* HUGO.

GOUVERNER [guvɛʀne] **v. tr.** ‹1› – XIe ◊ latin *gubernare,* du grec *kubernân* → cybernétique

I ▪ **1** Diriger (une embarcation). ➤ **diriger, manœuvrer.** — ABSOLT *Gouverner à la lame, vent arrière. Gouverner vers bâbord. Gouverner sur un cap.* ➤ **diriger.** ▪ **2** VX ➤ **conduire, mener.** *«la manière dont Itobad gouvernait son cheval»* VOLTAIRE. ▪ **3** INTRANS. ; MAR. Être gouverné, piloté (en parlant d'un navire). *Gouverner sur son ancre, sur sa bouée :* être poussé par le courant, le vent. *Bateau maniable qui gouverne bien,* qui obéit bien au gouvernail.

II Diriger la conduite de (qqch., qqn). ▪ **1** VX Administrer, gérer. ▪ **2** VIEILLI Exercer une influence déterminante sur la conduite de (qqn). ➤ **diriger, élever, instruire.** *Se laisser gouverner par qqn.* ➤ **mener, régenter.** — FIG. *Gouverner son cœur, ses sentiments.* ➤ **maîtriser.** *«Je ne prétends pas gouverner ma vie»* BERNANOS. — Exercer son empire sur. ➤ **dominer.** *L'intérêt, l'ambition, la crainte le gouvernent. «La fortune et l'humeur gouvernent le monde»* LA ROCHEFOUCAULD. ➤ **mener.** ▪ **3** GRAMM. VX ➤ **régir.** *En latin, le verbe actif gouverne l'accusatif.*

III Exercer le pouvoir politique sur (➤ **gouvernement**). *Gouverner les peuples.* ➤ **conduire, diriger.** *Chef, monarque qui gouverne un pays.* — v. pron. réfl. *Droit des peuples à se gouverner eux-mêmes.* ◆ ABSOLT Diriger les affaires publiques d'un État, détenir et exercer le pouvoir politique, et SPÉCIALT le pouvoir exécutif. *Ceux qui gouvernent.* ➤ **chef** d'État, **gouvernant.** *«Gouverner c'est prévoir»,* mot attribué à É. DE GIRARDIN, et parfois à THIERS. *Manière de gouverner* (➤ **gouvernance**). — *Le roi règne et ne gouverne pas.*

GOUVERNEUR [guvɛʀnœʀ] **n. m.** – *gouvernere* «chef militaire» milieu XIIe ◊ de *gouverner* ▪ REM. *Une gouverneuse* est le féminin normal, mais on trouve aussi *gouverneure* sur le modèle du français du Canada.

I ▪ **1** ANC. DR. Haut fonctionnaire royal à qui était confié un gouvernement militaire. ◆ PAR EXT. *Gouverneurs de provinces, dans divers temps et pays.* ➤ **bey, dey, légat, proconsul, satrape, stathouder, tétrarque, vicaire, voïvode.** ▪ **2** MILIT. *Gouverneur militaire :* officier général placé à la tête de certaines régions militaires. *Les gouverneurs d'une place forte.* ▪ **3** Chef de certaines grandes institutions financières, et SPÉCIALT de la Banque de France. ▪ **4** ANCIENNT Fonctionnaire qui, dans une colonie ou un territoire dépendant d'une métropole, était à la fois le principal représentant de l'autorité métropolitaine et le chef de l'administration. ▪ **5** MOD. Aux États-Unis, Chef du pouvoir exécutif d'un État, élu généralement pour un mandat de quatre ans, disposant d'un droit de veto et du droit de grâce. *L'élection du gouverneur du Texas.* ▪ **6** (1926 ; autre sens 1867) **GOUVERNEUR GÉNÉRAL, GOUVERNEURE GÉNÉRALE :** au Canada, représentant(e) de la reine (ou du roi), nommé(e) pour cinq ans par le souverain d'Angleterre, sur la recommandation du Premier ministre du Canada. *Le gouverneur général nomme les lieutenants-gouverneurs.* — (1867) **LIEUTENANT-GOUVERNEUR** (voir ce mot). ▪ **7** Au Sénégal, Fonctionnaire civil placé à la tête d'une région (➤ **gouvernance**).

II (XVe) VX ou HIST. Celui qui dirigeait l'éducation d'un ou plusieurs enfants. ➤ **mentor, précepteur, régent ; gouvernante.** *Le gouverneur des enfants royaux.*

III TECHN. Ouvrier papetier chargé de la préparation des matériaux destinés à la fabrication de la pâte à papier.

GOUZI-GOUZI [guziguzi] n. m. inv. – 1950 ◇ onomat. ▪ FAM. VIEILLI. ➤ **guili.** *«Alors ça lui a fait un gouzi-gouzi au cœur»* NIMIER.

GOY [gɔj] n. m. – XVIe ◇ mot hébreu «peuple» → goujat ▪ Nom donné par les juifs aux personnes étrangères à leur culte, et SPÉCIALT aux chrétiens. *Des goys,* ou plur. hébr. *des goyim* [gɔjim].

GOYAVE [gɔjav], région. [gwajav] n. f. – *gouiave* 1601 ; *guayaba* 1555 ◇ espagnol *guayaba,* du caraïbe *guava* ▪ Fruit du goyavier, baie parfumée et sucrée. *«ces goyaves abondantes au goût mélangé de poire et de figue verte»* P. RAMBAUD. *Gelée, confiture de goyaves.*

GOYAVIER [gɔjavje] n. m. – 1647 ; *gouiavier* 1601 ◇ de *goyave* ▪ Arbre originaire d'Amérique tropicale *(myrtacées)* qui produit les goyaves.

GPA [ʒepea] n. f. – 2005 ◇ sigle ▪ Gestation* pour autrui. *La GPA est légale dans certains pays.*

GPL ou **G. P. L.** [ʒepeɛl] n. m. – 1973 ◇ sigle ▪ Gaz de pétrole liquéfié, gaz résiduaire des raffineries, utilisé comme combustible (➤ **butane, propane**) et comme carburant. *Rouler au GPL.*

GPS [ʒepeɛs] n. m. – 1989 ◇ sigle anglais, de *Global Positioning System* «système de repérage universel» ▪ TECHN. Système de localisation qui permet de connaître la position d'un mobile grâce à un récepteur des signaux émis par un réseau de satellites. ➤ **géolocalisation.** — *Un GPS :* ce récepteur. *«Ils étaient tout à fait perdus. Elle ne pouvait le guider et n'avait pas de GPS»* C. CUSSET.

G. R. [ʒeɛʀ] n. m. – v. 1952, répandu v. 1970 ◇ n. déposé, sigle de *Grande Randonnée* ▪ Sentier de grande randonnée*. *Le G. R. 10 traverse les Pyrénées.*

GRAAL [gʀa(a)l] n. m. – mil. XIIe «plat creux» ◇ forme occitane du latin *gradalis* «plat large et creux», d'origine obscure ▪ **1** *Le Graal :* coupe qui aurait servi lors de la Cène, et dans laquelle aurait été recueilli le sang du Christ sur la Croix. ♦ Symbole du salut spirituel au Moyen Âge. *La quête du Graal, thème central des légendes du cycle arthurien.* ▪ **2** FIG. Objet d'une quête difficile. *Des graals inaccessibles. «Aujourd'hui le graal, c'est un CDI à temps complet»* O. ADAM.

GRABAT [gʀaba] n. m. – XIIe, rare jusqu'au XVIe ; *grabatum* v. 1050 ◇ latin *grabatus,* du grec *krabbatos* ▪ Lit misérable. *Le malheureux gisait sur un grabat.* ♦ PAR EXT. ; VX Lit de malade (➤ **grabataire**).

GRABATAIRE [gʀabatɛʀ] adj. et n. – 1777 ◇ de *grabat* ▪ Qui est malade et ne quitte pas le lit. ➤ **alité.** *«une personne en fin de vie, même grabataire, conserve tout de même une dignité intacte»* A. KAHN. *Vieillard grabataire.* ➤ **impotent, infirme.** — n. *Un, une grabataire.* ▪ CONTR. Ambulatoire.

GRABEN [gʀabɛn] n. m. – fin XIXe ◇ mot allemand «fossé» ▪ GÉOL. Bloc effondré entre deux compartiments soulevés (opposé à *horst*). ➤ **fossé** (tectonique). *Des grabens.*

GRABONS ➤ **GREUBONS**

GRABUGE [gʀabyʒ] n. m. – 1536 ; *gaburge* 1526 ◇ p.-ê. de *garbugio,* variante italienne de *garbuglio* «pagaille» ▪ Dispute, querelle bruyante ; désordre qui en résulte. — PAR EXT. ➤ **bagarre, bataille,** 4 **casse.** *«il pourrait bien y avoir du grabuge»* BALZAC.

GRÂCE [gʀɑs] n. f. – début XIe ◇ du latin *gratia,* famille de *gratus* → gré, ingrat

I ACTION, COMPORTEMENT A. ATTITUDE AIMABLE ▪ **1** (XIIe) Ce qu'on accorde à qqn pour lui être agréable, sans que cela lui soit dû. ➤ **avantage, bienfait,** 1 **don, faveur.** *Demander, solliciter, obtenir, recevoir une grâce. Implorer une grâce.* — (Formule de politesse) *Faire à qqn la grâce de* (et inf.). ➤ **amabilité, honneur, obligeance,** 1 **plaisir.** *Me ferez-vous la grâce d'accepter ?* ▪ **2 LES BONNES GRÂCES DE** qqn, les faveurs qu'il accorde ; ses dispositions favorables. *Être, rentrer dans les bonnes grâces de qqn.* ▪ **3** Disposition à faire des faveurs, à être agréable à qqn. ➤ **bienveillance, bonté, protection.** LOC. *Être en grâce auprès de qqn,* jouir de sa faveur. ➤ **plaire.** *Rentrer en grâce :* retrouver une faveur momentanément perdue. *Retour en grâce.* (1540) *Trouver grâce devant qqn, aux yeux de qqn,* gagner sa bienveillance, son indulgence. *Personne ne trouve grâce à ses yeux.* — DR. *Délai* de grâce. Terme de grâce :* délai que les juges peuvent accorder à un débiteur. *Accorder à qqn un jour de grâce.* — loc. adv. **DE GRÂCE.** VX Par bonté. MOD. Je vous en supplie. *«continuez, de grâce, et mettez-moi au fait en quelques mots»* GAUTIER. ▪ **4** (de l'anglais) Titre d'honneur (surtout dans les pays anglo-saxons). *Votre Grâce.*

B. FAVEUR DIVINE ▪ **1** (fin XIe) La bonté divine ; les faveurs qu'elle dispense. ➤ **bénédiction, faveur.** *La grâce de Dieu.* LOC. *Louis, par la grâce de Dieu, roi de France et de Navarre.* ➤ **volonté.** loc. adv. *À la grâce de Dieu :* comme il plaira à Dieu, en laissant les choses évoluer d'elles-mêmes. ♦ LOC. *An de grâce :* année de l'ère chrétienne. — *Havre* de grâce.* ▪ **2** THÉOL. CHRÉT. Aide surnaturelle qui rend l'être humain capable d'accomplir la volonté de Dieu et de parvenir au salut. ➤ **bénédiction, inspiration.** *Dieu accorde, donne, répand sa grâce. La grâce a touché ce pécheur. Grâce efficace*, suffisante*. Grâce et prédestination*. «Je vous salue, Marie, pleine de grâce»* (prière). — *Être en état de grâce,* sans péché (➤ **pureté**). *«L'état de grâce obtenu par la sainte communion, c'était la porte que Dieu daignait entr'ouvrir pour la refermer ensuite»* P. J. JOUVE. FIG. *État de grâce :* période d'euphorie où tout semble favorable. *L'état de grâce du gouvernement* (juste après sa formation). ▪ **3** PAR ANAL. *Avoir la grâce.* ➤ 1 **don, inspiration.** *Pour créer de telles œuvres, il faut avoir la grâce.*

C. DISPENSE D'UNE PEINE ▪ **1** (fin XIIe) Pardon, remise de peine, de dette accordée bénévolement. ➤ **amnistie, sursis.** *Demander la grâce de qqn.* — (Sans article) *Demander grâce.* ➤ **miséricorde, quartier.** *Crier grâce.* ➤ **supplier.** ELLIPT *Grâce !* ➤ **merci, pitié.** *Faire grâce.* ➤ **excuser, pardonner.** ♦ **FAIRE GRÂCE** *à qqn d'une dette.* ➤ **dispenser, exempter, remettre.** — FIG. Épargner. *Je te fais grâce du reste. Je vous fais grâce du détail.* IRON. *Faites-moi grâce de vos observations !* ▪ **2 COUP DE GRÂCE :** coup qui termine les souffrances d'un blessé, d'un supplicié en lui donnant la mort. *Donner le coup de grâce à un fusillé.* ♦ PAR EXT. Coup qui achève d'abattre, de perdre qqn ou qqch. *Cette défaite a asséné le coup de grâce à notre équipe.* ➤ **achever.** ▪ **3** DR. PÉN. Mesure de clémence que prend le pouvoir exécutif au profit d'un condamné. *Le droit de grâce* (➤ **gracier**). *Grâce présidentielle,* accordée par le président de la République. *Recours en grâce d'un condamné à la prison à vie.* ➤ **requête, supplique.** *Grâce simple, grâce amnistiante* (➤ **amnistie**).

II ACTION DE RECONNAÎTRE UN BIENFAIT (dans des expressions) (milieu XIIe) *Rendre grâce.* ➤ **remercier.** ♦ *Action de grâce(s) :* témoignage de reconnaissance rendu à Dieu. En Amérique du Nord, *Jour d'action de grâce :* jour férié commémorant la prière de remerciement à Dieu des colons de Plymouth, après leur première récolte (1621) (aux États-Unis, le quatrième jeudi de novembre ; au Canada, le deuxième lundi d'octobre). — *Cantique d'action de grâces.* ➤ **Te Deum ; doxologie, gloria.** — *Les grâces :* prière de remerciement qui se dit après les repas. ♦ ELLIPT *Grâce* (en soit rendue) *à Dieu.* loc. adv. *Grâce à Dieu, nous avons réussi.* ➤ **heureusement** (cf. Par bonheur* ; Dieu merci*). ♦ loc. prép. **GRÂCE À** (qqn, qqch.) **:** à l'aide, au moyen de (en parlant d'un résultat heureux). *Grâce à son aide, nous avons pu y arriver.* ➤ **avec.**

III CE QUI EST AGRÉABLE CHEZ QQN ▪ **1** (milieu XIIe) Charme, agrément (des formes, des mouvements...). ➤ **attrait.** *Grâce qui réside dans la douceur, l'harmonie, la simplicité. Grâce naturelle, juvénile. Avoir de la grâce. Manquer de grâce. Elle est sans grâce.* ➤ LITTÉR. **joliesse, vénusté.** — *Des manières pleines de grâce* (➤ **gracieux**). *Grâce des gestes, des attitudes.* ➤ **aisance, désinvolture, élégance, facilité.** *Évoluer, danser avec grâce.* ▪ **2** AU PLUR. **LES GRÂCES.** ➤ **beauté, finesse, ornement.** — VIEILLI *Les grâces d'une personne.* ➤ **attrait,** 2 **charme.** *«Et son cœur est épris des grâces d'Henriette»* MOLIÈRE. — PAR EXT. (souvent iron.) Manières gracieuses. *Faire des grâces.* ➤ **façon, minauderie,** 1 **mine.** — Démonstrations d'amitié, politesses. *«L'une d'elles refusa avec mille grâces»* CÉLINE. ▪ **3** (1549) **BONNE GRÂCE :** bonne volonté naturelle et aimable. ➤ **affabilité, amabilité, aménité, douceur, gentillesse.** *Faire qqch. de bonne grâce.* ➤ **bénévolement,**

volontiers (cf. De bon cœur* ; de bon gré*). *Il a accueilli ma demande avec beaucoup de bonne grâce. Il s'exécuta avec la meilleure grâce du monde.* ◆ **MAUVAISE GRÂCE :** mauvaise volonté. *Il l'a fait de mauvaise grâce* (cf. À contrecœur ; de mauvais gré*). *Avoir mauvaise grâce à, de :* être mal venu de, n'être pas bien placé pour. *Il aurait mauvaise grâce de se plaindre, à se plaindre.* ▪ **4** MYTH. *Les trois Grâces :* les trois déesses (Aglaé, Thalie et Euphrosyne), qui personnifiaient le don de plaire.

▪ CONTR. Dette, obligation ; défaveur, haine, malveillance. Condamnation, disgrâce. Laideur, lourdeur, maladresse ; grossièreté. ▪ HOM. Grasse (gras).

GRACIER [grasje] **v. tr.** ⟨7⟩ – 1832 ; «remettre une amende» 1336 ; «rendre grâce» v. 1050 ◇ p.-ê. du latin médiéval *gratiare* ; de *grâce* ▪ Faire grâce à (un condamné) ; remettre ou commuer la peine de (qqn). *Condamné gracié par le chef de l'État.* ▪ CONTR. Condamner, exécuter, punir.

GRACIEUSEMENT [grasjøzmɑ̃] **adv.** – 1302 ◇ de *gracieux* ▪ **1** D'une manière gracieuse, avec courtoisie. *Accueillir gracieusement qqn.* ➤ **aimablement.** ▪ **2** Avec grâce. *Elle sourit gracieusement.* ▪ **3** (1922) À titre gracieux. *Un cadeau sera remis gracieusement à tout acheteur.* ➤ **gratuitement.**

GRACIEUSETÉ [grasjøzte] **n. f.** – 1462 ◇ de *gracieux* ▪ LITTÉR. ▪ **1** Manière aimable, pleine de bonne grâce. ➤ **amabilité, civilité, politesse.** *Faire mille gracieusetés.* ▪ **2** VIEILLI Don gracieux. ➤ **gratification.**

GRACIEUX, IEUSE [grasjø, jøz] **adj.** – *gracios* XIIe ◇ latin *gratiosus* «obligeant» ▪ **1** VX Bienveillant, bon. *Notre gracieux souverain.* ▪ **2** MOD. Qui est aimable et souriant. ➤ **aimable, 1 avenant, 1 poli.** *Un enfant gracieux. «Et quel est cet abord ! qu'il est peu gracieux !»* ROTROU. ▪ **3** (CHOSES) Qui est accordé, sans être dû, sans que rien soit exigé en retour. ➤ **bénévole, gratuit.** *Prêter un concours gracieux. Faire qqch. à titre gracieux,* bénévolement. — DR. *Recours* gracieux.* ▪ **4** Qui a de la grâce. ➤ **attrayant, charmant, élégant, 2 gentil, joli, mignon.** *Une femme gracieuse.* ➤ **accort.** *Un corps svelte et gracieux. — Un gracieux animal. «les formes gracieuses d'une Diane chasseresse»* MUSSET. *Geste gracieux. Le port gracieux d'un arbre.* ▪ CONTR. Méchant, sévère. Abrupt, impoli, malgracieux, pesant. Onéreux. Disgracieux, laid.

GRACILE [grasil] **adj.** – 1545, repris XIXe ◇ latin *gracilis* → 2 grêle ▪ LITTÉR. Mince et délicat. ➤ **élancé, 2 grêle.** *Les formes graciles d'une fillette. Svelte et gracile.* ▪ CONTR. Épais, trapu.

GRACILITÉ [grasilite] **n. f.** – 1488 ◇ latin *gracilitas* → gracile ▪ LITTÉR. Minceur délicate. *Une gracilité juvénile.* ▪ CONTR. Grosseur, robustesse.

GRACIOSO [grasjozo] **adv.** – *grazioso* 1846 ◇ mot italien ▪ MUS. Gracieusement.

GRADATEUR [gradatœr] **n. m.** – 1974 ◇ de *gradation* ▪ TECHN. Dispositif électronique permettant de faire varier la puissance électrique délivrée à un circuit d'utilisation. *Gradateur de lampe halogène.* ➤ **variateur.**

GRADATION [gradasjɔ̃] **n. f.** – 1464 rhét. ◇ latin *gradatio*, de *gradus* «degré» ▪ **1** (1595) Progression par degrés successifs, et le plus souvent ascendante. ➤ **accroissement, augmentation ; graduer.** *Gradations d'effets. L'âme «est amenée par une gradation insensible, jusqu'à ce point d'attendrissement où les sanglots nous étouffent»* MARMONTEL. *Par gradation.* ➤ **graduellement.** ◆ MUS. Progression ascendante, suivant l'échelle des sons. *Gradation des notes de la gamme.* ◆ RHÉT. Figure qui consiste à disposer plusieurs mots ou expressions selon une progression de sens croissante ou décroissante. ◆ Passage insensible d'un ton à un autre (en peinture). *Une subtile gradation* (➤ aussi **dégradé**). ▪ **2** PAR EXT. ➤ **degré, 1 grade, palier.** *Passer par une suite de gradations, des gradations successives.* ▪ CONTR. Saut, saute.

1 **GRADE** [grad] **n. m.** – 1578 ◇ italien *grado*, ou latin *gradus* ▪ **1** Degré d'une hiérarchie. ➤ **échelon.** *Grades de la police. Assimilation, équivalence de grades. Avancer, monter en grade* (➤ **avancement, promotion**). ◆ (1798) Degré de la hiérarchie militaire, distinct de la dignité ou du titre. *Grades dans les armées de terre et de l'air.* ➤ **caporal ; sergent, adjudant, major ; aspirant, sous-lieutenant, lieutenant, capitaine ; commandant, lieutenant-colonel, colonel ; 2 général.** *Grades de sous-officiers*, d'officiers*. Grades dans l'armée de mer.* ➤ **quartier-maître ; maître, major ; aspirant, 2 enseigne, lieutenant ; capitaine ; contre-amiral, vice-amiral, amiral.** — *Épaulettes, étoiles, galons, insignes de grade. Casser un officier de son grade.* ➤ **1 dégrader.** ◆ LOC. FAM. (1908) *En prendre pour son grade :* se faire réprimander vertement. ◆ *Grade universitaire,* attesté par un diplôme* conféré après examen. *Être admis au grade de docteur ès lettres.* ➤ **titre.** ▪ **2** (1803) MÉTROL. Unité de mesure d'angle plan (SYMB. gr), valant 0,9°. ➤ **gon.** *200 grades valent π radians* ou 180 degrés. Le grade est utilisé en topographie et en géodésie, en France.* ▪ **3** PHYLOG. Unité systématique non fondée sur la phylogenèse (**opposé à** *clade*).

2 **GRADE** [grad] **n. m.** – 1960 ◇ mot anglais «degré» ▪ ANGLIC. (**affecté d'un numéro**) Catégorie S. A. E.* de viscosité d'une huile. ➤ aussi **monograde, multigrade.**

-GRADE ▪ Élément, du latin *-gradus*, de *gradi* «marcher» : *digitigrade, plantigrade.*

GRADÉ, ÉE [grade] **adj.** – 1796 ◇ de 1 *grade* ▪ Qui a un grade (inférieur) dans l'armée. SUBST. *Les simples soldats et les gradés.*

GRADER [gradœr] **n. m.** – 1931 ◇ mot anglais, de *to grade* «niveler» ▪ ANGLIC. TECHN. Niveleuse (recomm. offic.).

GRADIENT [gradjɑ̃] **n. m.** – 1876 ◇ du radical du latin *gradus* «degré», d'après *quotient*

I SC. Taux de variation (d'une grandeur physique) en fonction de la distance. ▪ **1** MÉTÉOR., GÉOGR. *Gradient de température :* variation de la température en fonction de l'altitude, mesurée en degrés Celsius par cent mètres. *Gradient de pression :* variation de la pression atmosphérique en fonction de la distance, mesurée en hectopascal par kilomètre. *Gradient géothermique*.* ▪ **2** (milieu XXe) ÉLECTR. *Gradient de potentiel :* variation du potentiel (électrique ou magnétique) entre deux points. ▪ **3** BIOL. Mesure d'une variation continue (d'une grandeur physiologique ou biochimique), chez un être vivant. *Gradient de pression veineuse. Gradient électrochimique des cellules. Gradient de concentration :* augmentation ou diminution régulière de la concentration d'une substance (entre deux localisations, deux compartiments).

II MATH. *Gradient d'une fonction numérique f :* le vecteur, noté $\overrightarrow{\mathrm{grad}}\, f$, dont les coordonnées, par rapport à une base canonique orthonormée, sont les dérivées partielles, en chacun des points de l'espace, de cette fonction par rapport aux coordonnées de ce point.

GRADIN [gradɛ̃] **n. m.** – 1727 ; «petite marche» 1643 ◇ italien *gradino*, diminutif de *grado* «degré d'escalier» → 1 grade ▪ **1** Chacun des bancs disposés en étages dans un amphithéâtre. *Les gradins d'un cirque, d'un hémicycle, d'un stade.* ▪ **2** PAR ANAL. Les différents plans d'un terrain. *Collines, cultures en gradins.* ➤ **étage, palier, terrasse.** ◆ TECHN. Petite marche formant étagère sur un meuble, un autel.

GRADUALISME [gradɥalism] **n. m.** – v. 1980 ◇ du radical de *graduel* ▪ DIDACT. ▪ **1** BIOL. Théorie selon laquelle l'évolution procède par petites étapes graduelles. ▪ **2** Attitude réformatrice, modérée, procédant par paliers et non brusquement. — **adj. GRADUALISTE.**

GRADUALITÉ [gradɥalite] **n. f.** – 1963 ◇ de 2 *graduel* ▪ DIDACT. Caractère de ce qui est graduel.

GRADUAT [gradɥa] **n. m.** – date inconnue ◇ de *graduation* ou de *graduer* ▪ En Belgique, Cycle d'études techniques de l'enseignement supérieur non universitaire ; grade sanctionnant ces études (➤ **gradué**).

GRADUATEUR [gradɥatœr] **n. m.** – 1864 ◇ de *graduer* ▪ ÉLECTROTECHN. Dispositif à transformateur permettant de faire varier la puissance délivrée à une charge par variation du rapport de transformation.

GRADUATION [gradɥasjɔ̃] **n. f.** – 1495 «dosage» ◇ latin médiéval *graduatio*, de *graduare*, ou de *graduer* ▪ **1** Division en degrés d'égale longueur effectuée sur un instrument de mesure. *Graduation centésimale d'un thermomètre. Graduation en centimètres.* — PAR EXT. Ensemble des divisions marquant ces degrés. ▪ **2** TECHN. Concentration graduelle de l'eau des marais salants pour recueillir le sel marin.

GRADUÉ, ÉE [gradɥe] **adj. et n.** – début XVe ◇ de *graduer*

I **adj.** ▪ **1** Progressif. *Recueil de problèmes, d'exercices gradués.* ▪ **2** (1690) Qui porte une graduation. *Thermomètre gradué. Règle graduée en centimètres.*

II **adj. et n.** (1960 ◇ de *graduer* au sens d'«élever qqn à un grade militaire, universitaire» [1848]) (**Belgique**) Qui a obtenu le graduat. — **n.** *Une graduée en informatique.*

1 **GRADUEL** [gradɥɛl] **n. m.** – *gradual* 1374 ◇ latin médiéval *gradualis*, de *gradus* «marche» ▪ LITURG. Partie de la messe qui se disait autrefois avant l'évangile, pendant la procession au jubé ou à l'ambon. *Chanter le graduel.* ◆ PAR EXT. Livre de chants pour la messe.

2 **GRADUEL, ELLE** [gʀadɥɛl] adj. – 1688 ◊ latin médiéval *gradualis,* d'après *grade* «degré» ■ Qui va par degrés. ➤ **progressif.** *Aggravation graduelle d'une maladie. Effort graduel. Théorie de l'évolution graduelle des espèces.* ➤ **gradualisme.** ■ CONTR. Brusque, soudain, subit.

GRADUELLEMENT [gʀadɥɛlmɑ̃] adv. – 1596 ; «sur les marches» 1374 ◊ de *graduel* ■ Par degrés, par échelons. ➤ **progressivement ; doucement** (cf. Petit à petit, peu à peu). *Augmentez la dose graduellement. Réforme appliquée graduellement.* ■ CONTR. Brusquement, subitement.

GRADUER [gʀadɥe] v. tr. ‹1› – 1545 ◊ latin médiéval *graduare,* de *gradus* → 1 grade ■ **1** Augmenter (qqch.) graduellement. *Graduer les difficultés. Graduer l'intérêt, les effets* (➤ **gradation**). — Augmenter graduellement l'intensité, la difficulté de. *«graduer l'expérience, c'est l'art d'instruire»* ALAIN. ■ **2** (1643) Diviser en degrés. *Graduer une éprouvette, un baromètre, une règle* (➤ **graduation**).

GRADUS [gʀadys] n. m. – 1821 ◊ mot latin, abrév. de *Gradus ad Parnassum* «Degré vers le Parnasse», œuvre de 1702 ■ Dictionnaire de prosodie latine. — PAR EXT. Dictionnaire poétique. *Un gradus français.*

GRAFF [gʀaf] n. m. – 1992 ◊ abréviation de *graffiti* ■ Fresque murale réalisée à la bombe. ➤ **bombage, graffiti, tag.** *«La cage d'escalier était bariolée de graffs aux couleurs violentes»* J. ALMIRA. — On écrit aussi *graphe.* ■ HOM. Graphe.

GRAFFER [gʀafe] v. tr. ‹1› – 1993 ◊ de *graff* ■ Réaliser un graff sur (une surface). *Graffer un mur.* ➤ 1 **bomber ; graffiter, taguer.** — ABSOLT *Ils graffent la nuit.* — On écrit aussi *grapher* (1995).

GRAFFEUR, EUSE [gʀafœʀ, øz] n. – 1992 ◊ de *graff* ■ Artiste qui réalise des graffs. ➤ **bombeur, graffiteur, tagueur.** — On écrit aussi *grapheur, euse.* ■ HOM. Grapheur.

GRAFFITER [gʀafite] v. tr. ‹1› – 1976 ; intr. 1968 ; hapax 1924 ◊ de *graffiti* ■ **1** Couvrir de graffitis, de tags. ➤ 1 **bomber, taguer.** *Graffiter une palissade.* — p. p. adj. *«la construction laissait voir son squelette de planchers, de plafonds, de cloisons graffitées»* DAENINCKX. ■ **2** Figurer au moyen de graffitis. ■ HOM. Graphiter.

GRAFFITEUR, EUSE [gʀafitœʀ, øz] n. – 1943 ◊ de *graffiti* ■ Auteur de graffitis. ➤ **bombeur, graffeur, tagueur.**

GRAFFITI [gʀafiti] n. m. – 1856 ◊ mot italien, plur. de *graffito* ■ **1** ARCHÉOL. Inscription, dessin tracés sur les murailles, les monuments des villes antiques. *Les graffitis des catacombes.* ■ **2** Inscription, dessin griffonnés ou gravés sur les murs, les portes. *Des graffitis. «des graffitis représentent un couple nu»* DABIT. On trouve aussi le pluriel italien *des graffiti. «des graffiti obscènes sont charbonnés à la porte des appartements»* PROUST. — *«Un graffiti qui rabâchait ses mots d'amour»* LE CLÉZIO. — SPÉCIALT Dessin, peinture à la bombe. ➤ **graff, tag.**

GRAFIGNER [gʀafiɲe] v. tr. ‹1› – milieu XIIIe ◊ du norrois *krafla* «gratter» ■ VX OU RÉGION. (Sud, Sud-Est ; Canada, Louisiane, Haïti) Égratigner. *Le chat m'a grafigné.* ➤ **griffer.** — n. f. (Canada) **GRAFIGNE.** ➤ **égratignure, éraflure.**

1 **GRAILLER** [gʀɑje] v. intr. ‹1› – 1552 ◊ de *graille* «corneille», du latin *gracula* ■ **1** Crier (en parlant des corneilles). ➤ **crailler.** ■ **2** (d'après 1 *graillon*) Parler d'une voix enrouée. ➤ 1 **graillonner.**

2 **GRAILLER** [gʀɑje] v. intr. ‹1› – 1606 ; «sonner du cor» fin XIIe ; var. *grailer,* ancien français *graile* «trompette» ◊ latin *gracilis* «fluet» (son) ■ VÉN. Sonner du cor pour rappeler les chiens. *«un piqueur graillait aux chiens perdus»* LA VARENDE.

3 **GRAILLER** [gʀɑje] v. tr. ‹1› – 1944 ◊ de *graille* «nourriture», de 2 *graillon* ■ FAM. Manger*. *Rien à grailler !* ABSOLT *Ils sont en train de grailler.* — n. f. **GRAILLE.** ➤ 2 **bouffe.**

1 **GRAILLON** [gʀɑjɔ̃] n. m. – 1808 ◊ var. de *craillon,* de *crailler* «cracher», du radical germanique °*krakk* ■ FAM. et VULG. Crachat épais. ➤ **mollard.**

2 **GRAILLON** [gʀɑjɔ̃] n. m. – 1642 ◊ région. *grailler* «griller» ■ **1** PLUR. Morceaux de gras frits qui restent d'un plat. ■ **2** (1762) Odeur ou goût de graisse brûlée. *Ça sent le graillon.* — Mauvaise cuisine trop grasse, mauvaise friture. *«j'ai l'estomac fragile et horreur du graillon»* ROMAINS.

1 **GRAILLONNER** [gʀɑjɔne] v. intr. ‹1› – 1808 ◊ de 1 *graillon* ■ FAM. Tousser pour expectorer des graillons. ➤ **cracher.** ◆ Parler d'une voix grasse, enrouée.

2 **GRAILLONNER** [gʀɑjɔne] v. intr. ‹1› – 1866 ◊ de 2 *graillon* ■ Prendre une odeur de graillon. *«des roux graillonnaient dans les poêlons»* ZOLA.

GRAIN [gʀɛ̃] n. m. – fin XIIe ◊ du latin *granum* → graine, grenier, grange et grenade, granule

I CHOSE ARRONDIE A. FRUIT ■ **1** Fruit comestible des graminées. ➤ **caryopse.** *Grain de blé, de maïs, de mil, de riz, d'orge. Ôter les grains d'un épi.* ➤ **égrener.** — MENUIS. **GRAIN D'ORGE.** *Assemblage à grain d'orge :* assemblage de deux pièces de bois taillées l'une à angle aigu, l'autre à angle rentrant. ◆ **LES GRAINS** ou **LE GRAIN** (COLLECT.) : les grains récoltés des céréales. *Le grain est séparé des tiges et enveloppes par le battage. Conservation du grain* (➤ **grange, grenier, silo**). *Moudre le grain* (➤ **farine**). — LOC. *Avoir du grain à moudre,* des éléments à utiliser (pour en tirer profit), matière à réfléchir, s'affairer. — *Jeter du grain aux oiseaux. Animaux se nourrissant de grains.* ➤ **granivore.** *Poulet de grain :* poulet de qualité supérieure nourri exclusivement de grain. *Alcool, eau-de-vie de grain(s),* de céréales. — LOC. *Séparer la paille des mots* (la forme) *et le grain des choses* (le fond, la substance), formule de Leibniz. ■ **2** (1538) Grain destiné à la semence, et PAR EXT. Semence comestible (légumineuses ; vesce, lentille, haricot). ➤ **graine.** *Semer le grain.* — BIBLE *Parabole du bon grain et de l'ivraie* ; du grain de sénevé. «Si le grain ne meurt»,* sous-entendu : la plante ne poussera pas (titre d'une œuvre de Gide). ■ **3** (début XIIIe) Fruit, graine ou toute autre partie menue et arrondie de certaines plantes. *Grain de raisin* (➤ **grume**), *de groseille* (➤ 3 **baie**). *Les grains d'une grenade, d'une framboise. Grain de poivre, de café. — Café, poivre en grains* (opposé à *moulu*).

B. OBJET ■ **1** (début XIIIe) Petite chose arrondie, rappelant un grain. *Grain d'ambre* (➤ **perle**). *Les grains d'un chapelet.* — PHARM. Petite pilule. ➤ **granule.** ■ **2** Parcelle de forme arrondie, ou trop petite pour qu'on en distingue la forme. ➤ **corpuscule, fragment.** *Grain de grêle.* ➤ **grêlon.** *Grains de métal.* ➤ **grenaille.** *Grain de poussière, de poudre, de farine, de pollen. Grain de sable. Il y a un grain de sable dans l'engrenage. «Le petit grain de sable qui dérange les événements»* ARTAUD. — LOC. FAM. *Mettre son grain de sel :* intervenir, s'immiscer mal à propos (dans une conversation, une affaire). *Il faut toujours qu'il vienne mettre son grain de sel.* — AUTOM. *Grains de contact :* petites pastilles formant les contacts du rupteur d'un allumeur de moteur à explosion. ➤ **vis** (platinées). ■ **3** FIG. *Grain de poudre :* drap de laine fin et serré.

C. ASPECT GRENU ■ **1** (fin XIIe) Aspérité grenue d'une surface, d'une matière (➤ **grené**). *Granit à gros grains, à petits grains. Grains d'une peau d'orange.* ■ **2 GRAIN DE BEAUTÉ :** petit nævus pigmenté de la peau, plat ou saillant. ➤ **lentigo.** *Avoir un grain de beauté sur la joue.* ■ **3 LE GRAIN :** aspect d'une surface plus ou moins grenue. *Grain de la peau. Le grain d'un cuir. Grain d'un papier. Grain d'un tissu. Soie gros grain.* ➤ **gros-grain.** SPÉCIALT *Grain d'une plaque photographique,* dimension des particules de bromure d'argent précipitées dans l'émulsion qui la recouvre. — GRAV. Effet produit par les tailles diversement croisées d'une gravure. ■ **4** Aspect des particules plus ou moins apparentes formant la masse d'une matière solide, inorganique ou organique. *L'acier a le grain plus fin que le bronze.*

D. UN GRAIN DE... (début XIIIe) Très petite quantité. ➤ **atome,** 1 **once, pointe.** *Il n'a pas un grain de bon sens.* ➤ **brin.** *Un grain de fantaisie, de folie.* SANS COMPL. *Avoir un grain, un petit grain :* être un peu fou*.

E. POIDS MÉTROL. Ancienne unité de mesure de masse, qui valait 0,053 gramme. *Le scrupule valait 24 grains.* — Au Canada, Unité de mesure de masse (SYMB. gr), équivalant à 1/7 000 de livre, soit 0,0648 gramme.

II PHÉNOMÈNE ATMOSPHÉRIQUE (1552 ◊ p.-ê. à cause des grêlons) ■ **1** MAR. Phénomène soudain et bref, caractérisé par de fortes rafales de vent et de violentes précipitations (pluie, neige, grêle). *Recevoir, essuyer un grain. «les grains violents et continuels amenèrent avec eux la pluie et la grêle»* BOUGAINVILLE. ◆ LOC. (1834) *Veiller au grain :* être prudent, veiller à toute éventualité. ■ **2** COUR. Averse soudaine et brève apportée par le vent. ➤ **averse, ondée.**

GRAINAGE [gʀɛnaʒ] n. m. – 1600 ◊ de *grainer* → grener ■ **1** ➤ **grenage.** ■ **2** Production, récolte des œufs du ver à soie.

GRAINE [gʀɛn] n. f. – v. 1175 ◊ latin *grana,* pl. neutre pris comme fém. de *granum* → grain ■ **1** Partie des plantes à fleurs (phanérogames) qui assure leur reproduction ; ovule fécondé de la fleur. *La graine est contenue dans le fruit* (angiospermes), ou *nue* (gymnospermes). *Les graines d'une baie.* ➤ 1 **pépin.** *La graine d'une drupe* (➤ **amande**) *est enfermée dans l'endocarpe lignifié* (➤ **noyau**). *Albumen, tégument de la graine. Graine ciliée, ailée, à aigrette. Semer des graines* (➤ **semence**). *Germination, pousse d'une graine. Graines germées. Collection de graines* ➤ **grainothèque.** *Les lentilles, les fèves sont des graines comestibles. La graine, de la graine de... :* collectif désignant les graines, la semence. *Acheter de la graine de laitue. Plante qui monte en graine,* qui produit sa semence (cf. le fig. ci-dessous). — *Graines oléagineuses,* dont on tire l'huile par concassage. — SPÉCIALT *Graine de paradis* : la cardamome. — *Épaulette à graine d'épinard**. ▪ **2** LOC. *Monter en graine,* se dit d'un enfant qui se met à grandir rapidement. ♦ *En prendre de la graine* : en tirer un exemple, une leçon (capable de produire les mêmes bons résultats). *Ton frère était bachelier à 16 ans ; prends-en de la graine.* ♦ PÉJ. **GRAINE DE,** pour exprimer ce qu'on pense qu'une personne sera dans l'avenir. *Graine d'assassin ! De la graine de voyou, graine de violence. « Billy Greenfield était un adolescent grandi trop vite, et sans repères. Une graine de vaurien »* PH. BESSON. — *Mauvaise graine,* se dit d'enfants dont on ne présage rien de bon (➤ **engeance**), et PAR PLAIS. d'enfants turbulents, malicieux. ♦ (1926 ◇ par métaph.) FAM. *Casser la graine* : manger (cf. Casser la croûte*). ▪ **3** PAR ANAL. (COLLECT.) Œufs du ver à soie. ♦ Semoule (du couscous). *« Youcef déposa la graine sur la table. Loussa nous servit en couscous »* PENNAC. ▪ **4** GÉOL. Partie centrale du noyau terrestre, solide.

GRAINER ➤ **GRENER**

GRAINETIER, IÈRE [gʀɛntje, jɛʀ] n. – *grenetier* 1534 ◇ de *grenier,* du latin médiéval *granatarius,* de *grana* → graine ▪ Personne qui vend des grains, des graines destinés à la consommation, et parfois des fourrages, des légumes. — n. f. **GRAINETERIE** [gʀɛntʀi].

GRAINIER, IÈRE [gʀenje, jɛʀ] n. – 1636 ◇ de *graine* ▪ **1** Personne qui vend des graines de semence. ▪ **2** n. m. AGRIC. Local où l'on conserve les graines de semence.

GRAINOTHÈQUE [gʀɛnɔtɛk] n. f. – 2007 ◇ de *graine* et *-thèque* ▪ Lieu destiné à la conservation et à l'échange de graines, de semences.

GRAISSAGE [gʀɛsaʒ] n. m. – *gressage* 1460 ◇ de *graisser* ▪ Action de graisser. — SPÉCIALT Interposition d'un corps lubrifiant entre deux surfaces de frottement. *Huiles* de graissage. Vidange et graissage d'une voiture.*

GRAISSE [gʀɛs] n. f. – *craisse* v. 1120 ◇ latin populaire *crassia,* classique *crassus* → gras ▪ **1** Substance onctueuse, de fusion facile, répartie en diverses parties du corps humain (et des animaux), surtout dans le tissu conjonctif sous-cutané. ➤ **adip(o)-, lipo-.** *Excès de graisse, mauvaise graisse.* ➤ **adiposité, embonpoint, obésité ; engraisser.** *Boule, bourrelet de graisse* (cf. Culotte de cheval* ; poignée* d'amour). *Aspiration chirurgicale de la graisse* (➤ **lipoaspiration, liposuccion**). *Destruction de la graisse* (➤ **adipolyse, lipolyse**). *Exercices, massages destinés à faire perdre la graisse.* ▪ **2** Cette substance, tirée du corps de certains animaux, et servant à divers usages industriels et domestiques. ➤ **gras.** *Graisse de porc.* ➤ **lard,** 1 **panne ; saindoux.** *Graisse de phoque. Graisse à frire.* ➤ **friture.** *Pommes de terre à la graisse d'oie. Odeur de graisse.* ➤ 2 **graillon.** *Ronds de graisse sur un bouillon.* ➤ **yeux.** ♦ LOC. FAM. VIEILLI **À LA GRAISSE** *(d'oie, de chevaux de bois)* : sans valeur. *Boniments, conseils à la graisse d'oie* (cf. À la manque* ; à la noix*). ▪ **3** Corps gras, matière grasse. *Graisses animales, végétales* (alimentaires ou industrielles). ➤ **beurre, huile, lanoline, margarine, spermacéti, suif.** *Les graisses sont insolubles dans l'eau, combustibles et saponifiables. L'oléine, la stéarine, la butyrine, principaux constituants de nombreuses graisses.* ➤ **lipide.** *Graisses minérales,* obtenues par distillation du pétrole. ➤ **paraffine, vaseline.** — *Graisse graphitée,* conductrice de l'électricité. *Graisses utilisées pour la lubrification des pièces de machine* (➤ **cambouis ; graissage**). — *Tache de graisse. Nettoyer un vêtement taché de graisse.* ➤ **dégraisser.** ▪ **4** TECHN. (IMPRIM.) Épaisseur des pleins de la lettre, dans les caractères d'imprimerie (qu'ils soient maigres, demi-gras ou gras). *Augmenter, diminuer la graisse d'un caractère. « la force et la graisse des titres »* FOTTORINO. ▪ **5** PAR ANAL. (1767) Altération des vins, bières, cidres, qui leur donne une consistance visqueuse. *Aspect filant du vin atteint de graisse.* ■ CONTR. 1 Maigre (n.).

GRAISSER [gʀese] v. ‹1› – début XVIe ◇ de *graisse*

I v. tr. ▪ **1** Enduire, frotter d'un corps gras. ➤ **oindre.** *Il « graissait ses souliers de chasse avec le lard de ses cochons »* FLAUBERT. *Faire graisser sa voiture, les engrenages d'une machine.* ➤ **huiler, lubrifier ; graissage.** ♦ FIG. et FAM. *Graisser ses bottes**. — LOC. *Graisser la patte à qqn,* lui remettre de l'argent pour obtenir des faveurs, le soudoyer. *« ceux dont les industriels graissent la patte, maires ou gouverneurs »* ORSENNA. ▪ **2** Tacher de graisse ; rendre gras. ➤ **salir.** *Ses cheveux, « luxuriants sur les épaules, graissent les places qu'ils caressent »* BALZAC.

II v. intr. (1767) TECHN. Tourner en graisse. *Le collage empêche le vin de graisser.*

■ CONTR. Dégraisser.

GRAISSEUR [gʀɛsœʀ] n. m. – 1532 ◇ de *graisser* ▪ TECHN. ▪ **1** (1845) Ouvrier qui opère le graissage. ▪ **2** Appareil assurant l'introduction sous pression de graisse dans un mécanisme. ♦ adj. m. *« Le godet graisseur du cylindre »* ZOLA. ♦ L'orifice par où la graisse est introduite.

GRAISSEUX, EUSE [gʀɛsø, øz] adj. – 1532 ◇ de *graisse* ▪ **1** De la nature de la graisse. ➤ **adipeux.** *Tissu graisseux. Tumeur graisseuse.* ➤ **lipome.** ▪ **2** Taché de graisse. ➤ **gras.** *Une nappe graisseuse. « sortant de sa poche un carnet graisseux »* ZOLA.

GRAM [gʀam] n. m. inv. – 1897 ◇ de *coloration de Gram,* nom d'un bactériologiste danois ▪ BACTÉRIOL. Méthode de coloration de la paroi des bactéries avec une solution à base d'iode et d'iodure de potassium, catégorisant les bactéries en *bactéries à gram positif* (qui répondent à la coloration) ou *gram négatif* (qui n'y répondent pas). ■ HOM. Gramme.

GRAMEN [gʀamɛn] n. m. – 1372 ◇ mot latin « herbe » ▪ VX ou LITTÉR. Herbe à gazon ; gazon. *« des sentiers sont comme feutrés par l'épaisseur magnifique des gramens »* LOTI. ➤ **graminée.**

GRAMINACÉES [gʀaminase] n. f. pl. – 1754 ◇ du latin *gramen* « herbe » ▪ BOT. Famille de plantes phanérogames angiospermes, appelées aujourd'hui *poacées,* à tige cylindrique (➤ **chaume**), à fleurs peu apparentes groupées en épillets, dont l'axe porte des bractées (glumes, glumelles). ➤ COUR. **graminée.**

GRAMINÉE [gʀamine] n. f. – 1732 ◇ latin *gramineus,* de *gramen* « herbe » ▪ Plante de la famille des graminacées. *La tige des graminées fournit la paille. Principales graminées :* agrostis, alfa, alpiste, avoine, blé, chiendent, crételle, dactyle, fétuque, fléole, flouve, gramen, ivraie, orge, oyat, panic, pâturin, phragmite, riz, seigle, sorgo, vétiver, vulpin. ♦ PAR EXT. ➤ **herbe, gazon.**

GRAMMAGE [gʀamaʒ] n. m. – v. 1950 ◇ de *gramme* ▪ TECHN. Poids de l'unité de surface (d'un papier ou carton). *Le grammage s'exprime en grammes par mètre carré.*

GRAMMAIRE [gʀa(m)mɛʀ] n. f. – *gramaire* v. 1120 ◇ dérivé irrégulier du latin *grammatica,* grec *grammatikê,* proprt « art de lire et d'écrire » → grimoire ▪ **1** VX ou COUR. Ensemble des règles à suivre pour parler et écrire correctement une langue. *Règle, faute de grammaire. Orthographe et grammaire. Livre, exercice de grammaire.* — LING. Ensemble des structures et des règles qui permettent de produire tous les énoncés appartenant à une langue et seulement eux (➤ **grammaticalité**). *La grammaire du français, de l'allemand, du chinois* (par oppos. à *lexique*). ➤ **morphologie, syntaxe.** ▪ **2** LING. Étude systématique des éléments constitutifs d'une langue. ➤ **phonétique, phonologie ; morphologie, syntaxe.** *La grammaire et la lexicologie, et la sémantique.* — SPÉCIALT Étude des formes et des fonctions (morphologie et syntaxe). *Grammaire descriptive* ou *synchronique. Grammaires structurales. Grammaire distributionnelle, par constituants immédiats. Grammaire transformationnelle, générative-transformationnelle. Grammaire historique* ou *diachronique. Grammaire normative* (cf. Le bon usage*). VX *Grammaire générale.* ➤ **linguistique.** — *Grammaire et philologie. Agrégation de grammaire. La grammaire latine, anglaise, du latin, de l'anglais.* ♦ INFORM. Ensemble de règles permettant de générer*, à partir d'un ensemble de symboles (➤ **vocabulaire**), des chaînes constituant les phrases autorisées d'un langage*. *Grammaires formelles* (➤ **algorithme**). ▪ **3** PAR EXT. Livre, traité, manuel de grammaire. *Grammaire scolaire. « Ces phrases que j'ai apprises là-bas, à coups de lexique et de grammaire »* LOTI. *Acheter une grammaire russe.* ▪ **4** PAR ANAL. (1867) Ensemble des règles d'un art. *Grammaire de la peinture.*

GRAMMAIRIEN, IENNE [gʀa(m)mɛʀjɛ̃, jɛn] n. – 1245 ◇ de *grammaire* ▪ **1** Personne spécialisée dans l'étude de la grammaire. — Lettré(e) qui étudie la langue et fixe les règles du bon usage qu'il justifie par la tradition, l'étymologie, la logique, le souci de clarté et d'élégance, etc. *Meigret, Vaugelas, Ménage, Arnauld, grammairiens français. Grammairien puriste.* ▪ **2** (XIXe) Linguiste spécialisé(e) dans l'étude de la morphologie et de la syntaxe. ➤ **syntacticien.**

GRAMMATICAL, ALE, AUX [gʀamatikal, o] adj. – XVe ◇ bas latin *grammaticalis,* de *grammatica* ▪ **1** Relatif à la grammaire ; de la grammaire (2e SPÉCIALT) (➤ **morphologique, syntaxique**). *Règle grammaticale. Faute grammaticale. Mots grammaticaux :*

mots invariables recensés et étudiés par la grammaire, qui comprennent notamment des termes de relation, en nombre déterminé et restreint dans chaque langue (par oppos. à *mots lexicaux**). *Les conjonctions, les pronoms sont des mots grammaticaux. Morphème grammatical,* dont l'apparition dépend de la syntaxe (ex. le *s* du pluriel français). — *Analyse grammaticale :* analyse de mots dans une production, une phrase donnée (nature, genre, nombre, fonction, groupe, voix, forme, sens, mode, temps, personne). ▪ **2** Conforme à la grammaire et à ses règles. *Phrases grammaticales.* ▪ CONTR. Agrammatical.

GRAMMATICALEMENT [gʀamatikalmɑ̃] **adv.** – 1529 ◇ de *grammatical* ▪ D'une manière grammaticale. *Phrase grammaticalement correcte.*

GRAMMATICALISER [gʀamatikalize] **v. tr.** ‹1› – 1927, pronom. ; au p. p. 1845 ◇ de *grammatical* ▪ LING. Donner à (un élément linguistique) le caractère grammatical, une fonction grammaticale, morphosyntaxique (opposé à *lexicaliser*). — PRONOM. *Le latin* mens, mentis *s'est grammaticalisé en français pour donner le suffixe adverbial* -ment. — *Les mots* pas, point *sont grammaticalisés dans la négation française* ne... pas, ne... point. — **n. f.** (1912) **GRAMMATICALISATION.**

GRAMMATICALITÉ [gʀamatikalite] **n. f.** – v. 1960 ◇ de *grammatical* ▪ LING. Caractère d'une phrase bien construite, dont la syntaxe est correcte. ➤ **acceptabilité.**

GRAMMATISTE [gʀa(m)matist] **n. m.** – 1575 ◇ latin *grammatista* ▪ ANTIQ. Celui qui enseignait à lire et à écrire, chez les Grecs.

GRAMME [gʀam] **n. m.** – 1793 ; sens étymologique 1790 ◇ grec *gramma,* traduction du latin *scrupulum* «vingt-quatrième partie d'une once» ▪ MÉTROL. Unité de masse de masse (SYMB. g) valant 10^{-3} kilogramme. *La masse d'un centimètre cube d'eau pure à 4^0 C est d'environ un gramme. Le gramme, unité de base du système C. G. S.* ✦ FIG. Très petite quantité. *Il n'a pas un gramme de bon sens.* ➤ FAM. **atome ; 1 once, poil.** «*Je n'avais plus un poil de force, plus un gramme de volonté*» DJIAN. ▪ HOM. Gram.

-GRAMME ▪ Élément, du grec *gramma* «lettre, écriture», signifiant «lettre» *(télégramme)* ou «graphique» *(marégramme, organigramme).*

GRAMOPHONE [gʀamɔfɔn] **n. m.** – 1901 ◇ anglais *grammophone* (1887) ; p.-ê. inversion de *phonogramme* ▪ ANCIENNT Phonographe à disques.

GRAND, GRANDE [gʀɑ̃, gʀɑ̃d] ou en liaison [gʀɑ̃t] **adj.** – fin IXe, au sens qualitatif (II, 1°) ◇ du latin *grandis,* qui a éliminé *magnus*

I DANS L'ORDRE PHYSIQUE (AVEC POSSIBILITÉ DE MESURE) ▪ **1** (fin XIe) Dont la hauteur, la taille dépasse la moyenne. *Grand et mince.* ➤ **élancé.** *Grand et fort. Extrêmement grand.* ➤ **géant, gigantesque, immense.** *Un homme grand, grand et maigre.* ➤ VIEILLI **escogriffe, flandrin ;** PÉJ. **asperge, échalas, 2 perche.** *Une femme grande et maigre.* ➤ PÉJ. **bique, 1 bringue, 1 gigue, girafe, sauterelle.** *Un personnage de grande taille.* ➤ **élevé, haut.** *Elle est grande pour son âge. Les grands singes. Grands arbres. Grand mât.* ▪ **2** SPÉCIALT Qui atteint toute sa taille ou une taille notable et le développement psychique correspondant. ➤ **adulte.** *Ses enfants sont déjà grands. C'est une grande fille, maintenant. Tu comprendras quand tu seras grand. Devenir grand. Les grandes personnes :* les adultes. LOC. PROV. *Petit poisson* deviendra grand.* ➤ **croître, grandir.** ✦ LOC. FAM. (1515) *Être assez grand pour :* être de taille à, en état de (sans avoir besoin de l'aide de personne). *Je suis assez grand pour savoir ce que j'ai à faire.* — Plus âgé. *Son grand frère.* ✦ SUBST. (fin XIe) FAM. *Les grands :* les enfants les plus âgés ; les adultes. *Le réfectoire des grands.* — *La cour* des grands. Tout seul, comme un grand :* sans aide. — FAM. *Mon grand, ma grande* (en s'adressant à un enfant). ▪ **3** Dont la longueur dépasse la moyenne. ➤ **long.** *Grands pieds. Marcher à grands pas. Une grande distance. Un grand couteau.* ▪ **4** Dont la surface dépasse la moyenne. ➤ **ample, étendu, large, spacieux, vaste.** *Grand appartement, grande pièce. Grand magasin*. Grande surface*. Grand ensemble :* groupe important d'habitations collectives présentant une unité architecturale, le plus souvent situé en zone urbaine. *Grande ville,* vaste et peuplée, importante. *Rendre plus grand.* ➤ **agrandir, augmenter, étendre.** — *Un grand F :* un F majuscule. «*Il y croyait lui, à la culture avec un grand C*» R. GUÉRIN. (Dans des subdivisions) *Grand A, petit b.* ✦ (D'un orifice) Ouvert. *Ouvrir la fenêtre toute grande.* «*J'ouvrais la bouche grande, comme font les animaux qui hurlent à la mort*» M. BATAILLE. *Grand ouvert, grande ouverte, grands ouverts :* ouvert autant qu'il est possible. *Les yeux grands ouverts* (cf. ci-dessous IV adv.). ▪ **5** Dont le volume, l'ensemble des dimensions en général dépasse la moyenne. ➤ **gros, volumineux.** *Extrêmement grand.* ➤ **colossal, démesuré, énorme, monumental, surdimensionné.** *Grand édifice. Grand trou.* ➤ **profond.** — SUBST. *L'infiniment* grand.* ▪ **6** (Mesures) Plus important que la moyenne. *Grande hauteur, profondeur, largeur. Les grandes profondeurs. Train à grande vitesse.* ➤ **T. G. V.** *Grand poids. Grande quantité. La loi des grands nombres*. À grande vitesse* (cf. À toute vitesse). *Grand âge.* — Un peu plus long que le nombre indiqué. ➤ **1 bon.** *Deux grandes heures :* deux heures et plus. ➤ **long.** — Qui paraît long. «*Depuis quinze grands jours vous n'êtes pas venue !*» BANVILLE. ▪ **7** Très abondant ou très intense, très important. *Grande foule.* ➤ **nombreux.** LOC. *Il n'y a pas grand monde dans la salle,* pas beaucoup de monde. — *Le grand public*.* — *Film à grand spectacle,* avec une mise en scène, des décors importants. — *Les grandes eaux* de Versailles. Laver à grande eau,* avec beaucoup d'eau. — *Grande fortune.* ➤ **ample, 1 beau, considérable, gros.** — *À grands frais :* en dépensant beaucoup. — *Grand vent. Grande marée. Grande chaleur, grand froid.* ➤ **intense, terrible, vif, violent.** «*Il y avait grand vent. La mer était grise*» D. BOULANGER. *Grand bruit. Grand effort. Grand coup.* — *Le grand air :* l'air sain et vif qui circule dans un espace découvert. LOC. *Au grand air :* en plein air, à l'air libre. — *Il fait grand jour. Au grand jour :* en plein jour ; FIG. sans se cacher.

II DANS L'ORDRE QUALITATIF (NON MESURABLE) ▪ **1** (fin IXe) Au sens général Considérable, important. *Une grande nouvelle. De grands évènements. Le grand amour. Un grand chagrin, un grand mérite.* — (Sans article) *Avoir grand avantage. Faire grand tort, grand cas. Avoir grand besoin. Il est grand temps.* ➤ **grandement.** ✦ SPÉCIALT (équivalent d'un superlatif) *Grand travailleur. Grand joueur, grand buveur. Grand amateur de vins. Grand blessé :* blessé grave. — LOC. *De grand matin. Au grand complet.* — Extrême. *Le Grand Nord. La grande banlieue*. Le grand Paris,* le centre jusqu'à la banlieue étendue. ▪ **2** Qui se distingue des autres par son importance. ➤ **essentiel, important, principal.** *La Grande Guerre. Les grandes écoles. Grands vins, grands crus.* ➤ **meilleur.** *Les grandes puissances.* SUBST. *Les trois, les cinq... Grands :* les trois, cinq plus grandes puissances. — *Les super-grands.* — *La grande industrie. Le grand commerce.* SUBST. *Les grands de l'informatique,* les entreprises les plus importantes. ▪ **3** (milieu XIIe) (PERSONNES) Qui a une importance sociale ou politique (condition, rang, dignité). *Un grand personnage. Grand seigneur. Grande dame. Le grand monde.* ➤ FAM. **gratin.** *La grande bourgeoisie.* ✦ Qui a le titre le plus haut. *Grand prêtre. Grand officier de la Légion d'honneur.* «*grand amiral, grand écuyer, grand maître de la Maison, grand veneur, enfin il réunissait en sa personne toutes les grandes charges du royaume de Naples*» J. POTOCKI. *Le Grand Turc.* ➤ **sultan.** *Les grands commis* de l'État.* SUBST. VX (début XVIe) Grand personnage, grand seigneur. ➤ **aristocrate, magnat, noble.** *Lutte de Richelieu contre les grands. Les grands de ce monde.* (début XVIIe) *Grand d'Espagne,* titre donné aux plus hauts seigneurs qui ont le privilège de rester couverts devant le roi. ▪ **4** PAR EXT. Propre aux grands personnages, à la grandeur (I, 3.). *Avoir grand air.* «*À la fois pittoresque et singulière, elle a naturellement grand air, ce qui ne doit pas se confondre avec les grands airs*» GREEN. *Être en grande tenue. En grande pompe. Un grand nom.* ➤ **1 auguste.** ▪ **5** Qui est célèbre pour sa valeur (mérite, qualités intellectuelles ou morales, talents). ➤ **fameux, glorieux, illustre, supérieur.** *Grand homme.* ➤ **génie, héros.** «*La science vénère ses grands hommes, mais elle ne s'y soumet pas*» H. LABORIT. REM. *Les grands hommes* inclut les femmes. — *Une grande figure du passé. Les grands créateurs. Les grands maîtres. Un grand champion.* — *Notre grand Molière.* — *Louis le Grand :* Louis XIV. *Pierre le Grand. La Grande Catherine.* — *Être grand* (intellectuellement, moralement). «*Rien ne nous rend si grands qu'une grande douleur*» MUSSET. ▪ **6** PAR EXT. (en parlant des choses et des qualités humaines) ➤ **1 beau, grandiose, magnifique, noble.** *Grandes actions. Grand ouvrage.* ➤ **magistral.** *Rien de grand ne se fait sans audace.* — *Grande âme, grand cœur.* ➤ **courageux, fier, généreux, magnanime.** *De grand cœur. Du grand art. De grande classe.* ➤ **excellent.** *Le Grand Siècle. La Grande Armée*.*

III VX OU DANS DES EXPRESSIONS (SOUS LA FORME MASCULINE, AU FÉMININ) REM. *Grand* est alors suivi d'un trait d'union. *Grand-rue :* la rue principale. «*La Grand'Rue, qu'on appelle aussi rue Grande*» AYMÉ. *Grand-route. La Grand-Place de Lille, de Bruxelles. Grand-messe. Grand-croix. Avoir grand-faim, grand-soif. J'ai grand-peur que cela ne tourne mal.* — **loc. adv.** *À grand-peine.* ➤ **peine.** — *Pas grand-chose.* ➤ **grand-chose.**

IV ~ **adv.** ▪ **1** *Voir grand, faire grand* : avoir de grands projets, de grandes vues, faire de grandes réalisations. *Il a su voir grand. Un architecte qui fait grand.* — *Grand ouvert. Les yeux grand ouverts* (cf. ci-dessus I, 4° adj.). « *Je l'ai reconduit vers la porte que j'ai ouverte grand* » PENNAC. ▪ **2** (1671) **EN GRAND :** en observant de grandes dimensions, un vaste plan ; hors de toute vue étroite. *Il a réalisé en grand ce que vous avez fait en petit. Il faut voir les choses un peu en grand.*
▪ CONTR. Petit. Minime. 1 Bref, 1 court. Exigu. Faible, médiocre, modeste. 1 Bas, mesquin.

GRAND-ANGLE [gʀɑ̃tɑ̃gl] **n. m.** – XXe ◊ de *grand* et *angle* ▪ OPT. Objectif à courte focale couvrant un angle important. ➤ **fish-eye.** *Panorama pris au grand-angle* (opposé à *téléobjectif*). *Des grands-angles.* — On dit parfois *grand-angulaire.*

GRAND-CHOSE [gʀɑ̃ʃoz] **n. inv.** – fin XVe ◊ de *grand* et *chose* ▪ **1 PAS GRAND-CHOSE :** peu de chose. *Cela ne vaut pas grand-chose. Il n'en sortira pas grand-chose de bon. Il n'y a plus grand-chose à faire.* ▪ **2** FAM. *Un, une pas-grand-chose* : personne qui ne mérite pas d'estime. « *les pas grand-chose de la ville affichaient à tout propos leur amour de la République* » É. GUILLAUMIN.

GRAND-CROIX ➤ **CROIX**

GRAND-DUC [gʀɑ̃dyk] **n. m.** – 1690 ◊ de *grand* et *duc* ▪ **1** Titre de princes souverains. *Le grand-duc et la grande-duchesse de Luxembourg.* ♦ Prince de la famille impériale de Russie. LOC. FAM. *Faire la tournée des grands-ducs,* la tournée des restaurants, des cabarets luxueux. ▪ **2** (1690) ➤ **duc** (III).

GRAND-DUCAL, ALE, AUX [gʀɑ̃dykal, o] **adj. et n.** – 1815 ◊ de *grand-duc,* d'après *ducal* ▪ **1** Du grand-duc. *Dignité grand-ducale. Les cours grand-ducales.* ▪ **2** Du grand-duché de Luxembourg. ➤ **luxembourgeois.** *Le français grand-ducal* (REM. Surtout usité en Belgique et au Luxembourg en ce sens). — **n.** *Les Grand-Ducaux.*

GRAND-DUCHÉ [gʀɑ̃dyʃe] **n. m.** – 1573 ◊ de *grand-duc,* d'après *duché* ▪ Pays gouverné par un grand-duc, une grande-duchesse. *Le grand-duché de Luxembourg. Les grands-duchés.*

GRANDE-DUCHESSE [gʀɑ̃ddyʃɛs] **n. f.** – 1610 ◊ d'après *grand-duc* ▪ **1** Femme ou fille d'un grand-duc. ▪ **2** Souveraine d'un grand-duché. *Les grandes-duchesses.*

GRANDELET, ETTE [gʀɑ̃dlɛ, ɛt] **adj.** – 1380 ◊ diminutif de *grand* ▪ VIEILLI Qui commence à devenir grand. « *Quoiqu'il fût grandelet, le fils du facteur* [...] *devait ouvrir la marche des enfants de chœur* » AYMÉ.

GRANDEMENT [gʀɑ̃dmɑ̃] **adv.** – XIVe ; *gramment* 1165 ◊ de *grand* ▪ **1** Beaucoup, tout à fait. *Il s'est grandement trompé. Il a grandement contribué au succès.* ➤ **fortement.** « *Il était grandement l'heure de déjeuner* » ARAGON. — Largement, en abondance. *Il a grandement de quoi vivre.* ➤ **amplement.** ▪ **2** Dans des proportions et avec une ampleur qui dépasse l'ordinaire. *Être logé grandement. Faire les choses grandement,* sans rien épargner. ➤ **généreusement.** ▪ **3** LITTÉR. D'une façon moralement grande, élevée. ➤ **noblement.** « *les grandes choses grandement exprimées* » V. COUSIN. ▪ CONTR. Peu. Peine (à peine). Mesquinement, petitement. Bassement.

GRAND ENSEMBLE ➤ **GRAND** (I, 4°)

GRANDESSE [gʀɑ̃dɛs] **n. f.** – 1667 ◊ espagnol *grandeza* ; XIIe « grandeur » ; de *grand* ▪ HIST. Dignité de grand d'Espagne.

GRANDET, ETTE [gʀɑ̃dɛ, ɛt] **adj.** – 1250 ◊ diminutif de *grand* ▪ VX OU RÉGION. Un peu grand, plutôt grand. ➤ **grandelet.**

GRANDEUR [gʀɑ̃dœʀ] **n. f.** – milieu XIIe ◊ de *grand*
I (Sens absolu) ▪ **1** VX Caractère de ce qui est de grande taille, de grande dimension. ♦ MOD. LOC. *Regarder qqn du haut de sa grandeur,* de haut en bas, avec un air de supériorité, de dédain. ▪ **2** (XIIe) Caractère de ce qui est grand, important. ➤ **ampleur, étendue, immensité, importance.** *La grandeur de la faute.* ➤ **énormité, gravité.** *Il est saisi* « *par la grandeur et l'imminence des dangers* » ROMAINS. ▪ **3** Importance sociale, politique (d'une personne). ➤ **gloire, 2 pouvoir, puissance.** *Air de grandeur.* ➤ **majesté.** *Du temps de sa grandeur.* ➤ **fortune, prospérité, splendeur.** *Grandeur d'un État.* « *Considérations sur les causes de la grandeur des Romains et de leur décadence* », œuvre de Montesquieu (1734). « *La vraie grandeur ignore les offenses des petits* » MAURIAC. ♦ Titre honorifique employé autrefois pour tous les grands seigneurs, et récemment encore pour les évêques. *Votre Grandeur.* ♦ LITTÉR. *Les grandeurs.* ➤ **dignité, distinction, honneur.** *L'éclat des grandeurs. Avoir le goût, l'amour des grandeurs.* — COUR. *Il a la folie* des grandeurs.* ▪ **4** ➤ **élévation, noblesse.** *Grandeur et misère de l'homme selon Pascal.* ♦ **GRANDEUR D'ÂME.** ➤ **générosité, magnanimité.**
II (Sens relatif) ▪ **1** Qualité de ce qui est plus ou moins grand, de ce qui peut devenir plus grand et plus petit. ➤ **dimension, étendue, 2 taille.** *De la grandeur d'une main. Choses d'égale grandeur.* ➤ **format.** *Un certain ordre de grandeur,* une valeur approximative. *Dans un autre ordre de grandeur. Grandeur d'un phénomène.* ➤ **amplitude.** ▪ **2 loc. adj. GRANDEUR NATURE :** aux dimensions réelles ; qui est représenté ni plus grand ni plus petit que nature. *Portrait, statue grandeur nature.* « *un cœur grandeur nature avec une flèche* » GIRAUDOUX. ♦ **loc. adv. EN VRAIE GRANDEUR :** dans des circonstances réelles, et non provoquées. *Réaliser une expérience en vraie grandeur.* ▪ **3** (XVIIe) ASTRON. Unité de mesure de l'éclat des étoiles. ➤ **magnitude.** *Étoile de première grandeur,* la plus brillante.
III (v. 1650) SC. Ce qui est susceptible de variation et peut être calculé, évalué ou mesuré. ➤ **variable ; quantité.** *Grandeur repérable, mesurable.* ➤ **valeur.** *Définition, mesure d'une grandeur. Échelle des grandeurs.*
▪ CONTR. Exiguïté, petitesse. Faiblesse, médiocrité. Décadence, misère. Bassesse, mesquinerie.

GRAND-GUIGNOLESQUE [gʀɑ̃giɲɔlɛsk] **adj.** – 1903 ◊ de *Grand-Guignol,* nom d'un théâtre fondé en 1897 et spécialisé dans les mélodrames horrifiants ▪ Digne du Grand-Guignol ; d'une outrance ridicule, invraisemblable. *Des cérémonies grand-guignolesques.*

GRANDILOQUENCE [gʀɑ̃dilɔkɑ̃s] **n. f.** – 1544, repris 1859 ◊ latin *grandiloquus,* de *grandis* « sublime » et *loqui* « parler », d'après *éloquence* ▪ Éloquence ou style affecté, qui abuse des grands mots et des effets faciles. ➤ **emphase.** « *la grandiloquence et l'excès de noblesse* » GIDE. ▪ CONTR. Naturel, simplicité.

GRANDILOQUENT, ENTE [gʀɑ̃dilɔkɑ̃, ɑ̃t] **adj.** – 1876 ◊ de *grandiloquence* ▪ **1** Qui s'exprime avec grandiloquence. ➤ **emphatique, pompeux.** ▪ **2** Où il entre de la grandiloquence. ➤ **2 pompier.** *Style, discours grandiloquent.*

GRANDIOSE [gʀɑ̃djoz] **adj.** – 1798 ◊ italien *grandioso* ▪ Qui frappe, impressionne par son caractère de grandeur, son aspect majestueux, son ampleur. ➤ **imposant, impressionnant, magnifique, majestueux.** « *un art magnifique, grandiose, solennel, mais* [...] *légèrement ennuyeux* » GAUTIER. *Paysage, spectacle grandiose. Œuvre grandiose.* ➤ **monumental.** ♦ SUBST. Caractère grandiose. ➤ **grandeur, noblesse.** « *Le grandiose de la campagne romaine* » CHATEAUBRIAND. ▪ CONTR. Médiocre, mesquin, petit.

GRANDIR [gʀɑ̃diʀ] **v.** ‹2› – v. 1260 ◊ de *grand*
I **v. intr.** ▪ **1** Devenir plus grand. *Il a grandi de cinq centimètres. Comme elle a grandi !* **p. p. adj.** *Je l'ai trouvée grandie.* — *Plante qui grandit.* ➤ **croître, se développer, pousser.** « *Comme au couchant Grandit l'ombre des arbres* » HUGO. ♦ FIG. (PERSONNES) *Grandir en sagesse, en vertu* : devenir plus sage, plus vertueux. ▪ **2** Devenir plus intense. *L'obscurité grandit. Le vacarme ne cessait de grandir.* ➤ **augmenter*.** ♦ FIG. *Son influence grandit, va grandissant.* ➤ **s'accroître, s'étendre.** *Le mécontentement grandissait, ne cessait de grandir.* ➤ **s'aggraver.** — « *Son orgueil a grandi dans l'humiliation* » SUARÈS. ▪ **3** PAR EXT. Gagner en autorité, en noblesse. ➤ **s'élever.** « *Le nom grandit quand l'homme tombe* » HUGO.
II **v. tr.** (rare avant XIXe) ▪ **1** Rendre plus grand. ➤ **hausser.** *De hauts talons qui la grandissent.* ▪ **2** (1824) Faire paraître plus grand. *Microscope qui grandit les objets.* ➤ **agrandir, grossir.** ▪ **3** Imaginer plus grand. *Les enfants grandissent ce qui les entoure. L'imagination grandit les dangers.* ➤ **exagérer.** ▪ **4** FIG. Donner plus de grandeur, de noblesse à. ➤ **ennoblir.** *Les vertus qui grandissent qqn.* ➤ **élever, exalter.** *Cela le grandissait à mes yeux.* « *Le pouvoir ne grandit que les grands* » BALZAC. ▪ **5** Donner plus d'intensité, de force à. ➤ **amplifier, développer, fortifier.** ▪ **6 SE GRANDIR v. pron.** Se rendre plus grand. *Se grandir en se haussant sur la pointe des pieds.* ♦ FIG. ➤ **s'élever.** *L'Angleterre* « *louera Napoléon pour se mieux grandir elle-même* » DUHAMEL.
▪ CONTR. Décroître, diminuer, rapetisser. Atténuer, réduire, restreindre.

GRANDISSANT, ANTE [gʀɑ̃disɑ̃, ɑ̃t] **adj.** – 1845 ◊ de *grandir* ▪ Qui grandit peu à peu, qui va croissant. *Une impatience grandissante.*

GRANDISSEMENT [gʀɑ̃dismɑ̃] **n. m.** – 1845 ◊ de *grandir* ▪ VIEILLI Fait de devenir plus grand, action de rendre plus grand. ➤ **agrandissement.** ♦ OPT. Rapport des dimensions d'un objet à son image donnée par un système optique. ➤ **grossissement.**

GRANDISSIME [gʀɑ̃disim] **adj.** – v. 1300 ◊ italien *grandissimo* ▪ FAM. Très grand.

GRAND-MÈRE [gʀɑ̃mɛʀ] **n. f.** – *grande-mère* 1529 ◊ de *grand* «âgé» et *mère* ■ **1** Mère du père ou de la mère (de la personne considérée). ➤ **aïeule, bonne-maman,** VX **mère-grand ;** FAM. **mamie, mémé ;** RÉGION. **mamé ;** POP. **mémère** (cf. aussi Grand-maman*). *Sa grand-mère maternelle, paternelle. Du temps de nos grands-mères.* ■ **2** FAM. Vieille femme. *Une vieille grand-mère assise devant sa porte.*

GRAND-MESSE [gʀɑ̃mɛs] **n. f.** – v. 1320 ◊ de *grand* et *messe* ■ Messe chantée. *Des grands-messes.* ♦ FIG. Réunion ou manifestation (politique, syndicale, culturelle) à caractère solennel. *La grand-messe annuelle du parti.*

GRAND-ONCLE [gʀɑ̃tɔ̃kl] **n. m.** – 1538 ◊ de *grand* et *oncle* ■ Frère du grand-père ou de la grand-mère. ➤ **oncle.** *Un de mes grands-oncles.*

GRAND-PEINE (À) ➤ **PEINE** (III, 3°)

GRAND-PÈRE [gʀɑ̃pɛʀ] **n. m.** – XIIe ◊ de *grand* et *père* ■ **1** Père du père ou de la mère (de la personne considérée). ➤ **aïeul, bon-papa ;** FAM. **papi, pépé ;** RÉGION. **papé ;** POP. **pépère** (cf. aussi Grand-papa*). *Grand-père paternel, maternel. Des grands-pères.* ■ **2** FAM. Homme âgé, vieillard.

GRANDS-PARENTS [gʀɑ̃paʀɑ̃] **n. m. pl.** – 1798 ◊ de *grand* et *parent* ■ Le grand-père* et la grand-mère* du côté paternel et maternel. ➤ **aïeul,** 2 **ascendant.**

GRAND-TANTE [gʀɑ̃tɑ̃t] **n. f.** – 1538 ◊ de *grand* et *tante* ■ Sœur du grand-père ou de la grand-mère ; femme du grand-oncle. ➤ **tante.** *«La cousine de mon grand-père – ma grand-tante»* PROUST. *Une de ses grands-tantes.*

GRAND-VOILE ➤ 2 **VOILE**

GRANGE [gʀɑ̃ʒ] **n. f.** – 1175 ◊ latin populaire °*granica*, de *granum* → grain ■ Bâtiment clos servant à abriter la récolte, dans une exploitation agricole. ➤ **fenil, grenier ; gerbier, magasin,** RÉGION. **raccard.** *Emmagasiner le foin dans une grange.* ➤ **engranger.** *Dormir dans une grange.*

GRANGÉE [gʀɑ̃ʒe] **n. f.** – 1564 ◊ de *grange* ■ AGRIC. Contenu d'une grange pleine. *Une grangée de blé.*

GRANIT ou **GRANITE** [gʀanit] **n. m.** – 1611 ◊ italien *granito* «grenu» → grain ■ Roche magmatique plutonique dure, formée de cristaux de feldspath, de quartz et de mica ou d'amphibole. *Le granit à texture grenue se présente en massif, en filons. Granit à gros éléments.* ➤ **pegmatite.** *Bloc de granit. Terrains, rivages, côtes de granit.* ➤ **granitique.** *Édifice, monument de granit. «ce chaume et ce granit brut qui jettent encore dans les villages bretons une note primitive»* LOTI. ♦ FIG. et LITTÉR. **(symbole de dureté)** *Cœur de granit,* insensible, impitoyable (➤ **pierre**).

GRANITÉ, ÉE [granite] **adj.** et **n. m.** – 1845 ◊ de *graniter*

I adj. Qui présente des grains comme le granit. ➤ **granuleux, grenu.** *Papier granité. Surface granitée.*

II n. m. ■ **1** Tissu de laine à gros grains. *L'armure du granité est dérivée de celle du satin.* ■ **2** (1848 *granit*) Sorbet granuleux. *Un granité de (au) café.*

GRANITER [gʀanite] **v. tr.** ‹1› – 1840 ◊ de *granit* ■ TECHN. Peindre, moucheter (une surface) de manière à imiter le granit. *Graniter des stucs, une toile.*

GRANITEUX, EUSE [gʀanitø, øz] **adj.** – 1783 ◊ de *granit* ■ MINÉR. Qui contient du granit. *Roche graniteuse.* ➤ **granitique.**

GRANITIQUE [gʀanitik] **adj.** – 1783 ◊ de *granit* ■ Qui est de la nature du granit. *Sol, terrain granitique. Roches granitiques.* ➤ **graniteux.** Qui est propre au granit. *Relief granitique.* ♦ FIG. et LITTÉR. De granit, de pierre. ➤ **dur.** *«Une sérénité granitique»* GAUTIER.

GRANITO [gʀanito] **n. m.** – milieu XXe ◊ nom déposé ; de *granit*, ou de l'italien *granito* ■ Béton coloré dont l'agrégat est formé de grains de marbre et présentant, après polissage, l'aspect du granit.

GRANITOÏDE [gʀanitɔid] **adj.** – 1783 ◊ de *granit* et *-oïde* ■ MINÉR. Qui a l'apparence du granit, qui ressemble au granit. *Roches granitoïdes* (diorite, syénite). — **n. m.** *Massif de granitoïdes.*

GRANIVORE [gʀanivɔʀ] **adj.** – 1751 ◊ du latin *granum* «grain» et *-vore* ■ ZOOL. Qui se nourrit de grains. *Oiseaux granivores.* SUBST. *Les granivores.*

GRANNY SMITH [gʀanismis] **n. f. inv.** – 1964 ◊ mot anglais, de *Maria Ann Smith* dite *Granny Smith* «mémé Smith» ■ ANGLIC. Pomme d'un vert éclatant, à chair ferme et acidulée. *Des granny smith.* ABRÉV. COUR. **GRANNY.** *Des grannys.*

GRANOLA [gʀanɔla] **n. m.** – 1909 ◊ marque déposée ; mot anglais, nom de marque, p.-ê. de *gran-* pour *grain* «graine» ■ Mélange de flocons d'avoine, d'autres céréales et de fruits, rendu croustillant par un passage au four. ➤ aussi **muesli.**

GRANULAIRE [gʀanylɛʀ] **adj.** – 1834 ◊ de *granule* ■ SC. Formé de petits grains. ➤ **granulé, granuleux.** *Roche granulaire.*

GRANULAT [gʀanyla] **n. m.** – v. 1900 ◊ de *granuler* ■ TECHN. Ensemble de matériaux inertes (sable, gravier, etc.) entrant dans la composition des mortiers et bétons. ➤ **agrégat ; fines.**

GRANULATION [gʀanylasjɔ̃] **n. f.** – 1651 ◊ de *granuler* ■ **1** TECHN. Formation d'une substance en petits grains (par réduction, agglomération). *Granulation d'un métal par fusion et passage au crible.* — MÉTALL. Opération consistant à mettre en contact un alliage en fusion, avec de l'eau, pour produire une fragmentation (➤ **grenaille**). ■ **2** COUR. **(surtout plur.)** *Surface qui présente des granulations.* ➤ **grain, granule, nodule.** PATHOL. Petite masse arrondie, de structure variable, constituée dans un tissu ou un organe au cours de divers processus pathologiques. *Granulations grises* ou *tuberculeuses* : tubercules miliaires. ➤ **granulie.** ♦ BIOL. CELL. *Granulations cytoplasmiques.* ➤ **granulocyte.**

GRANULE [gʀanyl] **n. m.** – 1828, bot. ◊ bas latin *granulum*, diminutif de *granum* «grain» ■ DIDACT. Petit grain. PHARM. Petite pilule. *Granules homéopathiques.*

GRANULÉ, ÉE [gʀanyle] **adj.** et **n. m.** – 1798 ◊ p. p. de *granuler* ■ **1** Qui présente des granulations, qui est formé de petits grains, de granules. ➤ **granulaire, granuleux.** ■ **2 n. m.** (1893) PHARM. *Des granulés* : préparation pharmaceutique constituée par du sucre granulé auquel est ajoutée une substance médicamenteuse. *Une cuillérée de granulés. Médicament en granulés.* PAR EXT. COUR. Chaque grain de la préparation. *Un granulé de phosphate de chaux.* ♦ Bâtonnet de matière extrudée. *Lapins nourris aux granulés* (aliment industriel). *Granulés de bois.* ➤ **pellet.** *Chaudière, poêle à granulés.*

GRANULER [gʀanyle] **v. tr.** ‹1› – 1611 ◊ latin *granulum* → granule ■ Réduire en granules. *Granuler du plomb, de l'étain* (➤ **grenaille**). *Granuler une poudre pharmaceutique.*

GRANULEUX, EUSE [gʀanylø, øz] **adj.** – 1560 ◊ latin *granulum* ■ **1** Formé de petits grains. ➤ **granulaire, granulé, grené, grenu.** *Roche, terre granuleuse.* — Dont la surface est ou semble couverte de petits grains. *Papier granuleux.* ■ **2** MÉD. Formé de granulations ; présentant des granulations. *Tumeur granuleuse. Méningite granuleuse* : méningite tuberculeuse. ■ CONTR. Compact, 1 lisse.

GRANULIE [gʀanyli] **n. f.** – 1866 ◊ latin *granulum* ■ MÉD. Forme aiguë et généralisée de la tuberculose, les poumons et de nombreux organes étant envahis de granulations grises. ➤ **tuberculose** (miliaire).

GRANULITE [gʀanylit] **n. f.** – 1889 ◊ latin *granulum* ■ MINÉR. Roche métamorphique granitoïde, à grain fin, contenant, à côté de quartz et feldspaths dominants, des grenats, spinelles...

GRANULOCYTE [gʀanylɔsit] **n. m.** – milieu XXe ◊ de *granule* et *-cyte* ■ BIOL. CELL. Leucocyte présentant des granulations spécifiques. ➤ **polynucléaire.** *La classe des granulocytes comprend les neutrophiles, les basophiles et les éosinophiles.*

GRANULOMATOSE [gʀanylomatoz] **n. f.** – 1911 ◊ de *granulome* et 2 *-ose* ■ MÉD. Affection caractérisée par la formation de nombreux granulomes. *Granulomatose hépatique, pulmonaire.*

GRANULOME [gʀanylom] **n. m.** – 1869 ◊ mot allemand, du latin *granulum* et *-ome* ■ MÉD. Tumeur de nature inflammatoire, dont l'aspect évoque le néoplasme, formée de cellules très diverses, au sein d'un tissu. *Granulome inguinal, rhumatismal.*

GRANULOMÉTRIE [gʀanylometʀi] **n. f.** – avant 1928 ◊ de *granule* et *-métrie* ■ MÉTROL. Mesure de la forme, de la dimension et de la répartition en différentes classes des grains et des particules de la matière divisée. *Méthodes de granulométrie* (➤ **tamisage**). ♦ TECHNOL. Classement des produits pulvérulents selon la taille des grains. *La granulométrie d'une poudre.* — **adj. GRANULOMÉTRIQUE,** 1928.

GRAPEFRUIT [gʀɛpfʀut] **n. m.** – 1910 ◊ anglais américain *grapefruit* ■ ANGLIC. Pomélo*. *Des grapefruits.* — On écrit aussi *un grape-fruit, des grape-fruits.*

GRAPHE [gʀaf] **n. m.** – 1926 ◊ du grec *graphein* «écrire» ■ **1** MATH., LOG. Ensemble des couples d'éléments vérifiant une relation donnée. *Diagramme représentant le graphe d'une relation. Théorie des graphes.* — Représentation graphique d'une fonction. ■ **2** (1989) ➤ **graff.** ■ HOM. Graff.

-GRAPHE, -GRAPHIE, -GRAPHIQUE ▪ Éléments, du grec *-graphos, -graphia,* de *graphein* « écrire ». Le suffixe *-graphe* sert à former des substantifs désignant des personnes (auteurs, écrivains : *biographe*) ou des instruments (*barographe* : baromètre enregistreur ; *télégraphe*) ; des adjectifs (*autographe*). Le suffixe *-graphie* entre dans la composition de substantifs désignant des procédés d'enregistrement (*photographie, télégraphie*), des ouvrages (*biographie*), des enregistrements (*radiographie*). Le suffixe *-graphique* sert à former des adjectifs.

GRAPHÈME [gʀafɛm] n. m. – 1913 ◇ de *graphie*, d'après *phonème* ▪ LING. La plus petite unité distinctive et significative de l'écriture, lettre ou groupe de lettres correspondant à un phonème ou à un repère morphologique, étymologique (ex. *ch* en français [ʃ]).

GRAPHÈNE [gʀafɛn] n. m. – 2007 ◇ de *graph(ite)* et suff. chimique *-ène* ▪ CHIM. Nanomatériau*, cristal de carbone bidimensionnel, dont les atomes sont organisés en cellules hexagonales. ➤ **fullerène, nanotube.** *Le graphite est formé de feuilles de graphène. « les transistors au graphène seront substantiellement plus rapides que ceux conçus à partir de silicium afin d'obtenir des ordinateurs plus efficaces »* (Le Monde, 2010).

GRAPHEUR, EUSE [gʀafœʀ, øz] n. – v. 1985 ◇ du grec *graphein* « écrire » ▪ **1** n. m. INFORM. Logiciel servant à présenter des données numériques sous forme de graphiques. ▪ **2** (1989) ➤ **graffeur.** ▪ HOM. Graffeur.

GRAPHIE [gʀafi] n. f. – 1877 ◇ du grec *graphein* « écrire » ▪ **1** LING. « Mode ou élément de représentation de la parole par l'écriture » (Marouzeau). ▪ **2** Manière dont un mot est écrit. *Graphies phonétiques.* ➤ **transcription.** *Graphie traditionnelle* (➤ **orthographe**). *Graphie fautive.*

GRAPHIOSE [gʀafjoz] n. f. – 1962 ◇ de *graphium*, nom du champignon qui cause cette maladie, et 2 *-ose* ▪ ARBOR. Maladie parasitaire de l'orme.

GRAPHIQUE [gʀafik] adj., n. m. et n. f. – 1757 ◇ grec *graphikos*
I adj. ▪ **1** Qui représente, par des lignes, des figures sur une surface. *Signes, caractères graphiques. Représentation graphique. Système graphique.* ➤ **alphabet, écriture.** *Arts graphiques.* ➤ **dessin, peinture.** ♦ (calque de l'anglais *graphic novel*) *Roman graphique* : bande dessinée aux caractéristiques formelles (format, pagination, graphisme) et narratives plus libres que celles des œuvres traditionnelles du genre. ▪ **2** Relatif aux procédés de représentation par lignes et figures. *Construction graphique* : représentation d'un corps par des coupes, plans, élévations. *Méthode, procédé graphique* : représentation graphique de relations abstraites ; emploi des appareils enregistreurs. — INFORM. Relatif au traitement d'images, de dessins, de graphiques. *Carte graphique.* ▪ **3** Relatif aux procédés d'impression, à la fabrication de l'imprimé, à l'édition de documents. *Industrie graphique. La chaîne graphique* (maquette, pré-presse, impression, façonnage...). *Charte graphique* : ensemble des codes formels, couleurs, etc. présidant à la mise en forme et à l'aspect d'un document.
II n. m. Représentation du rapport de deux variables par une ligne joignant des points caractéristiques (les abscisses représentant une grandeur, ex. le temps ; les ordonnées l'autre, ex. l'espace). ➤ **courbe, diagramme, tracé.** *Le graphique des températures d'un malade. Graphique tracé par un appareil enregistreur. Mise en graphique d'une statistique. Il inscrit « sur des graphiques les courbes de production de la fabrique »* ARAGON. ♦ PAR EXT. COUR. Représentation graphique (d'un phénomène). ➤ **graphe.** *Phénomène économique représenté par un graphique.* ➤ **histogramme.** *Graphique en colonnes, en demi-cercle* (➤ FAM. **camembert**).
III n. f. DIDACT. Technique de représentation d'un phénomène ou d'une réalité quelconque à l'aide de dessins, d'images ou de schémas, de graphiques.
▪ CONTR. Oral.

GRAPHIQUEMENT [gʀafikmɑ̃] adv. – 1762 ; « avec précision » 1669 ◇ de *graphique* ▪ Par le dessin, l'écriture. *Représenter graphiquement les sens du langage.*

GRAPHISME [gʀafism] n. m. – 1875 ◇ du grec *graphein* « écrire » ▪ **1** Caractère propre de l'écriture, et SPÉCIALT Caractères particuliers d'une écriture individuelle, donnant des indications sur la psychologie, les tendances du scripteur (➤ **graphologie**). ▪ **2** (1920) Aspect des signes graphiques, considérés sur le plan esthétique. *« Léonard de Vinci eut la fortune de dire presque tout dans l'idiome international du graphisme »* COCTEAU.

GRAPHISTE [gʀafist] n. – 1966 ◇ de *graphisme* ▪ Spécialiste chargé(e) de la conception de projets d'expression visuelle (illustration, typographie, mise en pages).

GRAPHITAGE [gʀafitaʒ] n. m. – 1896 ◇ de *graphiter* ▪ TECHN. Lubrification de pièces mobiles par enduit de graphite.

GRAPHITE [gʀafit] n. m. – 1799 ◇ du grec *graphein* « écrire », par l'allemand ▪ Variété naturelle de carbone cristallisé formée de carbone presque pur. *Le graphite est employé dans la fabrication des crayons.* ➤ **plombagine** (cf. Mine* de plomb). *Électrodes de graphite. Lubrifiant au graphite. Modérateur de neutrons en graphite.* ➤ **filière, réacteur.**

GRAPHITER [gʀafite] v. tr. ⟨1⟩ – 1907 ◇ de *graphite* ▪ Enduire de graphite ; mélanger à du graphite. — p. p. adj. *Lubrifiant graphité.* ▪ HOM. Graffiter.

GRAPHITEUX, EUSE [gʀafitø, øz] adj. – 1834 ◇ de *graphite* ▪ GÉOL. Qui contient du graphite. *Minerai graphiteux.* — On dit aussi **GRAPHITIQUE,** 1866.

GRAPHO- ▪ Élément, du grec *graphein* « écrire ».

GRAPHOLOGIE [gʀafɔlɔʒi] n. f. – 1868 ◇ de *grapho-* et *-logie* ▪ Étude du graphisme, de ses lois physiologiques et psychologiques.

GRAPHOLOGIQUE [gʀafɔlɔʒik] adj. – 1891 ◇ de *graphologie* ▪ Relatif à la graphologie. *Analyse, expertise graphologique.*

GRAPHOLOGUE [gʀafɔlɔg] n. – 1877 ◇ de *graphologie* ▪ Personne qui étudie, qui pratique la graphologie. *Le graphologue analyse le caractère et les tendances du scripteur.*

GRAPHOMANIE [gʀafɔmani] n. f. – 1782 ◇ de *grapho-* et *-manie* ▪ Besoin pathologique d'écrire. ➤ **graphorrhée.** — n. (1791) **GRAPHOMANE.**

GRAPHOMÈTRE [gʀafɔmɛtʀ] n. m. – 1597 ◇ de *grapho-* et *-mètre* ▪ Instrument de topographie destiné à la mesure des angles. *« Nous allions lever des plans au graphomètre et à la planchette »* STENDHAL.

GRAPHORRHÉE [gʀafɔʀe] n. f. – 1934 ◇ de *grapho-* et *-rrhée* ▪ DIDACT. ➤ **graphomanie.**

GRAPPA [gʀapa] n. f. – 1941 ◇ mot italien (1876), de même origine que *grappe* ▪ Eau-de-vie de marc de raisin fabriquée dans le nord de l'Italie. *Boire un verre de grappa, une grappa. Des grappas.*

GRAPPE [gʀap] n. f. – *grape* 1121 ◇ francique °*krappa* « crochet » ; cf. *grappin* ▪ **1** Assemblage de fleurs ou de fruits portés par des pédoncules étagés sur un axe commun (➤ **inflorescence**). *Grappes de cytise, de glycine. Fruits qui poussent en grappes* (➤ **grain,** 2 **rafle**). *Grappes composées.* — APPOS. *Tomates grappe.* — SPÉCIALT *Grappes de la vigne. Fouler les grappes de raisin pour en exprimer le jus.* — FIG. et VULG. Organes sexuels de l'homme. LOC. FAM. *Lâche-moi la grappe* : laisse-moi tranquille, fiche-moi la paix (cf. Lâche-moi les baskets*). ▪ **2** Assemblage serré de petits objets (grains, etc.), ou de personnes. *Certains animaux* (oiseaux, seiches, insectes) *portent ou déposent leurs œufs en grappes.* — *Grappes humaines. « ils s'accrochaient par grappes aux marchepieds »* SARTRE. ♦ TECHN. Groupe d'éléments réunis.

GRAPPILLAGE [gʀapijaʒ] n. m. – 1537 ◇ de *grappiller* ▪ Action de grappiller. *Le grappillage de la vigne.* — FIG. Petits larcins. ➤ **gratte.**

GRAPPILLER [gʀapije] v. ⟨1⟩ – 1549 ◇ de *grappe*
I v. intr. ▪ **1** Cueillir les petites grappes de raisin qui restent dans une vigne après la vendange. ▪ **2** (1683) FIG. Faire de petits profits secrets, plus ou moins illicites. ➤ **gratter.** ▪ **3** Prendre, recueillir des objets, des connaissances de-ci, de-là. *« j'aime bien grappiller un peu partout »* SARRAUTE.
II v. tr. ▪ **1** Prendre les grains de (raisin) un à un. *Grappiller du raisin.* — Prendre de-ci, de-là (des fruits, des fleurs). ➤ **cueillir, ramasser.** ▪ **2** FIG. Prendre, recueillir au hasard. *« en prenant des matériaux de-ci et de-là [...] grappillant au château les choses de rebut »* BALZAC. *Grappiller des nouvelles, des connaissances.* ➤ **glaner.** — SPÉCIALT ➤ **écornifler, gratter.** *Grappiller quelques sous.*

GRAPPILLEUR, EUSE [gʀapijœʀ, øz] n. – 1611 ◇ de *grappiller* ▪ VX ou FIG. Personne qui grappille.

GRAPPILLON [gʀapijɔ̃] n. m. – 1584 ◇ de *grappe* ▪ Partie d'une grappe de raisin ou petite grappe entière.

GRAPPIN [grapɛ̃] n. m. – 1376 ◊ de *grappe* «crochet, agrafe» ■ **1** MAR. Petite ancre d'embarcation à quatre pointes recourbées. — Crochet d'abordage à l'extrémité d'un cordage. ➤ **crampon, croc.** *Jeter le grappin sur un bâtiment.* — LOC. *Mettre le grappin sur qqn, qqch.*, l'accaparer, le retenir (➤ **harponner**). *C'est un raseur, quand il a mis le grappin sur vous, il ne vous lâche plus.* «*il avait dû jeter le grappin sur le magot de sa bourgeoise*» ZOLA. ■ **2** TECHN. Instrument muni de crochets. *Grappin de pêche.*

GRAS, GRASSE [gʀɑ, gʀɑs] adj. – XIIe *cras* ◊ latin *crassus* «épais ; dense, gras»

I ■ **1** Formé de graisse ; de nature graisseuse. *Matière**, *substance grasse.* CHIM. *Corps gras* : esters de la glycérine. ➤ **graisse ; lipide.** *Acides** *gras.* — *Crème grasse pour peaux sèches.* ◆ SPÉCIALT *Aliments gras*, à base de viande ou de graisse. *Bouillon gras. Choux gras*, accommodés avec du jus de viande ou de la graisse. FAM. *Faire ses choux** *gras de qqch.* PAR EXT. *Les jours gras*, où l'Église catholique permet à ses fidèles de consommer de la viande. *Mardi gras.* ◆ SUBST. *Le gras* : la partie grasse de la viande. *Gras du jambon. Enlever le gras.* — *Faire gras* : manger de la viande. — **adv.** *Manger gras.* — *Riz au gras.* «*Un plat appelé "dakhine", du riz au gras à l'arachide*» K. BUGUL. FAM. *Discuter** *le bout de gras.* ■ **2** (par allus. à la licence de langage des *jours gras*) VIEILLI *Propos gras.* ➤ **graveleux, licencieux.** «*Son discours était émaillé de paroles grasses, presque obscènes*» APOLLINAIRE. ■ **3** (PERSONNES) Qui a beaucoup de graisse. ➤ **adipeux, corpulent, dodu, grassouillet, gros, rond.** *Une femme un peu grasse.* ➤ FAM. **enrobé, enveloppé.** *Gras et bedonnant.* ➤ **obèse, pansu, replet, ventru.** *Visage gras et empâté.* ➤ **bouffi, plein.** *Être gras comme un porc, comme un moine ; gras à lard.* — FAM. *Gras du bide.* — SUBST. *Un gras du bide. Les gras et les maigres.* ➤ **gros.** ◆ (Animaux) *Chapon gras.* — SPÉCIALT *Bœuf** *gras. Les sept vaches** *grasses. Tuer le veau** *gras.* — *Foie** *gras.* — *Poisson gras*, riche en lipides (ex. saumon, thon, sardine, etc.). ■ **4** Qui sécrète du sébum. *Avoir la peau grasse, les cheveux gras.* ■ **5** Enduit, sali de graisse. ➤ **graisseux, huileux, poisseux.** *Avoir les mains grasses. Ramasser des papiers gras.*

II PAR ANALOGIE ■ **1** Qui évoque la graisse par sa consistance. ➤ **onctueux.** *Terre argileuse et grasse. Boue grasse.* ➤ **gluant.** — SPÉCIALT *Vin gras*, atteint de la graisse. — Couvert d'une substance grasse. «*Le pavé était gras, la brume tombait*» FLAUBERT. *Terrain gras*, boueux et glissant. ➤ **lourd.** ◆ PAR EXT. *Toux grasse*, accompagnée d'une expectoration de mucosités. ■ **2** Important par le volume, l'épaisseur. ➤ **épais.** ◆ TECHN. Très chargé en liant. *Chaux grasse, mortier gras.* ◆ (En parlant d'un son) ➤ **pâteux.** *Voix grasse. Rire gras. Avoir la langue grasse, le parler gras.* — **adv.** *Parler gras.* ➤ **grasseyer.** ◆ *Encre grasse. Caractères gras.* SUBST. *Renvois notés en gras.* — *Crayon gras.* «*un crayon rouge gras, de ceux qu'utilisent les monteurs de cinéma pour marquer la pellicule*» ALEXAKIS. ◆ BOT. *Plantes grasses*, à feuilles épaisses et charnues. ➤ **cactées.** ◆ SUBST. *Le gras de la jambe*, la partie la plus charnue, le mollet. *Le gras du pouce, de la joue.* ■ **3** FIG. ➤ **abondant, plantureux.** *Sol gras*, qui produit beaucoup. ➤ **fertile.** «*de gras pâturages*» GAUTIER. «*Tout autour, c'était la grasse Normandie, les prés, les vaches, [...] les pommiers ployant sous le poids des fruits rouges*» J. AMILA. — PAR MÉTAPH. *Distribuer de grasses récompenses* (➤ **grassement**). — LOC. *Faire la grasse matinée* ou ABRÉV. FAM. *la grasse mat* [gʀɑsmat], ELLIPT *la grasse*, se lever très tard. «*comme nous faisions la grasse matinée, elle nous apportait le petit déjeuner au lit*» SARTRE. — **n. m.** FAM. *Le gras* : le profit. *Faire du gras.* ■ **4** **adv.** FAM. *Il n'y a pas gras à manger*, pas beaucoup.

■ CONTR. 1 Maigre, pauvre, sec. ■ HOM. Grâce.

GRAS-DOUBLE [gʀɑdubl] n. m. – 1611 ◊ de *gras* et *double*, n. «panse» ■ Membrane comestible de l'estomac du bœuf. *Plat de gras-double à la lyonnaise. Des gras-doubles.*

GRASSEMENT [gʀɑsmɑ̃] adv. – 1355 ◊ de *gras* (II) ■ **1** Abondamment, largement. *Payer, rétribuer, entretenir grassement.* ➤ **généreusement.** ■ **2** D'une manière grasse (II, 2°). *Parler, rire grassement.* ■ CONTR. Chichement.

GRASSERIE [gʀɑsʀi] n. f. – 1763 ◊ de *gras* ■ TECHN. Maladie des vers à soie.

GRASSET [gʀɑsɛ] n. m. – 1757 ; adj. «un peu gras» XIIe ◊ de *gras* ■ Région du membre postérieur du bœuf, du cheval, comprenant la rotule et les parties molles environnantes.

GRASSEYANT, ANTE [gʀasɛjɑ̃, ɑ̃t] adj. – v. 1780 ◊ de *grasseyer* ■ Qui grasseye. «*un bel homme à la barbe blonde, au parler grasseyant*» R. ROLLAND.

GRASSEYEMENT [gʀasɛjmɑ̃] n. m. – 1665 ◊ de *grasseyer* ■ Prononciation d'une personne qui grasseye.

GRASSEYER [gʀaseje] v. intr. ⟨1⟩ – XVIIe ; *grassier* 1530 ◊ de *gras* ■ **1** Parler gras, avec une prononciation gutturale ou peu distincte des R. ■ **2** Prononcer les R sans battement de langue (prononciation dite parisienne, considérée comme un défaut quand le R était roulé). ◆ TRANS. *Grasseyer les r.* — **p. p. adj.** *R grasseyé* (opposé à *roulé*).

GRASSOUILLET, ETTE [gʀɑsujɛ, ɛt] adj. – 1680 ◊ de *gras* ■ Assez gras et rebondi. ➤ **potelé.** «*L'abbé Cruchot, petit homme dodu, grassouillet*» BALZAC.

GRATERON ou **GRATTERON** [gʀatʀɔ̃] n. m. – 1314 ◊ altération, d'après *gratter*, de *gleteron*, du francique °*kletto* «bardane» ■ Gaillet* (plante).

GRATICULATION [gʀatikylasjɔ̃] n. f. – 1845 ◊ de *graticuler* ■ TECHN. Action de graticuler (un dessin).

GRATICULER [gʀatikyle] v. tr. ⟨1⟩ – 1671 ◊ italien *graticolare*, de *graticola*, proprt «petit gril», du latin *craticula* «petite grille» ■ TECHN. Diviser (un dessin, une peinture) en carrés égaux que l'on reproduit en réduction, afin de conserver les proportions de l'original.

GRATIFIANT, IANTE [gʀatifjɑ̃, jɑ̃t] adj. – milieu XXe ◊ de *gratifier* ■ Qui procure une satisfaction psychologique, qui est de nature à gratifier. *Succès gratifiant.* ➤ **valorisant.** — (PERSONNES) *Il est très gratifiant avec, pour ses collaborateurs.* ■ CONTR. Frustrant.

GRATIFICATION [gʀatifikasjɔ̃] n. f. – 1362 ◊ latin *gratificatio* «libéralité» ■ **1** Somme d'argent donnée à qqn en sus de ce qui lui est dû. ➤ **cadeau, 1 don, libéralité, pourboire, récompense.** *Gratification de fin d'année.* ➤ **étrennes.** *Gratification cachée, illicite.* ➤ **dessous-de-table, pot-de-vin.** — SPÉCIALT Ce qui est fourni par un employeur en sus du salaire. *Gratifications diverses remises aux salariés* (➤ 2 **prime**), *aux vendeurs* (➤ **guelte**). ■ **2** PSYCHOL. Ce qui gratifie ; sentiment de satisfaction lié à une bonne image de soi (➤ **valorisation**). «*Toute sincérité mérite un peu d'attention, une petite gratification*» SARRAUTE. ■ CONTR. Retenue. Déception, frustration.

GRATIFIER [gʀatifje] v. tr. ⟨7⟩ – 1366 ◊ latin *gratificari* «faire plaisir» ■ **1** Pourvoir libéralement de quelque avantage (don, faveur, honneur). ➤ **nantir ; gratification.** *Un de «ces concerts dont la musique des régiments gratifie le peuple parisien»* BAUDELAIRE. «*On l'avait gratifié* [...] *de deux béquilles neuves*» DUHAMEL. ➤ **doter.** ■ **2** IRON. Affliger de qqch. de mauvais, de dérisoire. «*si nous voulions ne pas être gratifiés d'une solide volée de coups de bâton*» C. LAYE. *Auteur qui se voit gratifié des erreurs d'un autre.* ➤ **attribuer, imputer.** «*La haine dont je veux gratifier son mari*» LACLOS. ■ **3** PSYCHOL. Satisfaire sur le plan psychologique. Valoriser, revaloriser à ses propres yeux. *Son succès l'a gratifié* (➤ **gratifiant**). *Se sentir gratifié.* ■ CONTR. Priver. Frustrer.

GRATIN [gʀatɛ̃] n. m. – 1564 ◊ de *gratter* ■ **1** VX Partie de certains mets qui s'attache et rissole au fond ou sur les parois du récipient dans lequel on l'a fait cuire, et qu'on ne détache qu'en grattant. ➤ **grattons**, 3°. ■ **2** (1803) MOD. Manière d'apprêter certains mets que l'on met au four et fait rissoler après les avoir recouverts de chapelure, de fromage râpé. *Merlan, macaronis au gratin* (➤ **gratiné**). ◆ PAR EXT. Croûte légère qui se forme à la surface d'un mets ainsi préparé ; le mets lui-même. *Un gratin au fromage. Gratin d'endives. Gratin dauphinois* : plat composé de pommes de terre et de lait. — *Plat à gratin.* ■ **3** (1881) FAM. Partie d'une société particulièrement relevée par ses titres, son élégance, sa richesse. ➤ **crème, élite, gotha** (cf. aussi Fine fleur*, dessus du panier*). ■ CONTR. (du 3°) Lie.

GRATINÉ, ÉE [gʀatine] adj. – 1829 ◊ de *gratiner* ■ **1** Cuit au gratin. *Soupe gratinée.* SUBST. **UNE GRATINÉE** : soupe à l'oignon gratinée au fromage. ■ **2** FIG. et FAM. Extraordinaire, dans l'outrance ou le ridicule. ➤ **fadé.** *Une lettre gratinée.*

GRATINER [gʀatine] v. ⟨1⟩ – 1825 ◊ de *gratin* ■ **1** **v. intr.** VIEILLI S'attacher et rissoler en cuisant. ➤ **cramer.** ◆ MOD. Se couvrir d'une croûte dorée à la cuisson. *Faire gratiner des pâtes.* ■ **2** **v. tr.** Faire cuire en gratin. *Gratiner des pommes de terre.*

GRATIOLE [gʀasjɔl] n. f. – 1572 ◊ bas latin *gratiola*, diminutif de *gratia* «grâce», à cause de ses vertus médicales ■ Plante herbacée, vivace, à fleurs blanches, communément appelée *séné des prés*, qui croît dans les prés humides.

GRATIS [gʀatis] adv. – 1496 ◊ adv. latin ■ (REM. Aujourd'hui, souvent ressenti comme familier) Sans qu'il en coûte rien au bénéficiaire. ➤ **gratuitement** (cf. FAM. À l'œil). *Assister gratis à un spectacle.* — *Demain** *on rase gratis.* ◆ **adj.** *Spectacle, billet gratis.* ➤ **gratuit.** — VAR. FAM. **GRATOS** [gʀatos]. *C'est gratos.*

GRATITUDE [gratityd] n. f. – 1445 ◇ de *ingratitude*, ou du bas latin *gratitudo*, de *gratus* «reconnaissant» ■ Sentiment d'affection que l'on ressent pour qqn dont on est l'obligé. ➤ **reconnaissance.** *Sentiment de gratitude.* «*Celui-là n'a pas un bon cœur, que la gratitude fatigue*» BEAUMARCHAIS. *Avoir de la gratitude pour, envers qqn, à l'égard de qqn* (cf. Savoir gré* de qqch. à qqn). *Manifester, exprimer, témoigner toute sa gratitude à qqn. Remercier qqn avec gratitude, lui dire sa gratitude. Marques de gratitude.* ■ CONTR. Ingratitude.

GRATOUILLER ➤ **GRATTOUILLER**

GRATTAGE [grataʒ] n. m. – 1766 ◇ de *gratter* ■ Action de gratter ; son résultat. *Grattage de la façade d'une maison.* ➤ **ravalement.** *Effacer un mot par grattage. Jeu de grattage,* dans lequel le joueur gratte un ticket pour savoir s'il a gagné. — CHIR. *Grattage d'un os.*

GRATTE [grat] n. f. – milieu XIIIe ◇ de *gratter*

I RÉGION. ■ **1** (de l'ancien français *gratele* «gale légère») (Isère, Dauphiné, Ain, Haut-Jura, Franche-Comté) Démangeaison, prurit. *Avoir, donner la gratte.* ■ **2** (Belgique) FAM. Égratignure, éraflure. ➤ **griffe.**

II ■ **1** (1733) MAR. Raclette plate, triangulaire, tranchante, dont on se sert pour gratter les diverses parties d'un bâtiment. ■ **2** (1897) (Canada) FAM. Instrument à lame utilisé pour enlever la neige, la glace. ➤ **grattoir.** ◆ (critiqué) Chasse-neige. *La gratte est passée.* ■ **3** AGRIC. Sarcloir. ■ **4** (1838) FAM. Petit profit obtenu en grappillant (II, 2°). ➤ **grappillage.** *Faire de la gratte.* ■ **5** (v. 1970) FAM. Guitare.

GRATTE-CIEL [gratsjɛl] n. m. – fin XIXe ◇ calque de l'anglais *skyscraper* ; de *gratter* et *ciel* ■ Immeuble à très nombreux étages, atteignant une grande hauteur. ➤ **building,** 1 **tour.** *Les gratte-ciels* (ou *les gratte-ciel* inv.) *de Manhattan.*

GRATTE-CUL [gratky] n. m. – 1530 ◇ de *gratter* et *cul* ■ Fruit du rosier, fruit de l'églantier (➤ **cynorhodon**) ; capitule de la bardane commune. «*une s'écorchait les mains à récolter les gratte-culs, qu'on met chez nous en confiture*» COLETTE. *Le poil* à gratter provient des gratte-culs.*

GRATTE-DOS [gratdo] n. m. inv. – 1872 ◇ de *gratter* et *dos* ■ Baguette portant à l'une de ses extrémités une petite main d'os, d'ivoire..., permettant de se gratter le dos.

GRATTELLE [gratɛl] n. f. – XIIIe ◇ de *gratter* ■ FAM. et VX Gale légère.

GRATTEMENT [gratmɑ̃] n. m. – 1509 ◇ de *gratter* ■ Action de gratter. «*de pensifs grattements de tête*» GONCOURT. — Bruit de ce qui gratte.

GRATTE-PAPIER [gratpapje] n. – 1578 ◇ de *gratter* et *papier* ■ PÉJ. Modeste employé(e) chargé(e) des écritures. ➤ **copiste, rond-de-cuir, scribouillard.** — VX Mauvais écrivain. ➤ **plumitif.** *Des gratte-papiers* ou *des gratte-papier* (inv.).

GRATTE-PIED n. m. ou **GRATTE-PIEDS** [gratpje] n. m. inv. – 1930 ◇ de *gratter* et *pied* ■ Paillasson ou grille métallique servant à gratter les semelles des chaussures. ➤ **grattoir.** *Des gratte-pieds.*

GRATTER [grate] v. ‹1› – 1155 ◇ francique °*krattôn*

I ~ v. tr. ■ **1** Frotter avec qqch. de dur en entamant très légèrement. ➤ **racler.** *Gratter une surface métallique à décaper. Gratter des pommes de terre. Gratter les écailles d'un poisson.* — *Gratter une allumette,* l'enflammer. ➤ **craquer.** — ABSOLT *Éponge qui gratte. Plume qui gratte* (le papier), qui ne court pas aisément. ➤ **accrocher.** «*Une plume qui gratte, et mon style est embarrassé*» GIDE. — LOC. *Gratter le papier* : écrire (➤ **gratte-papier**). *Gratter la terre* : labourer superficiellement ; PAR EXT. faire de la culture. ■ **2** Racler avec les ongles, les griffes. *Gratter sa manche avec son ongle, pour enlever une tache. Chien qui gratte le sol.* ➤ **fouiller, remuer.** ◆ *Se gratter une partie du corps qui démange. Se gratter les jambes, les mains. Gratte-moi le dos. Envenimer une plaie en la grattant.* — FIG. *Gratter une vieille plaie, une vieille blessure d'amour-propre.* ➤ **entretenir, ranimer.** — LOC. *Se gratter la tête,* être perplexe ; chercher une solution. ◆ PAR EXT., FAM. Faire éprouver une démangeaison à, irriter la peau de. *Ça me gratte terriblement* (➤ **démanger**), *légèrement* (➤ **grattouiller**). *Gratter la gorge.* — ABSOLT *Étoffe, pull qui gratte. Poil* à gratter.* ■ **3** Faire disparaître en raclant (ce qui est sur la surface ainsi frottée). ➤ **enlever ; effacer.** *Gratter un mot, une inscription. Elle «gratte les gouttes de cire sur les bobèches»* CHARDONNE. *Gratter un vernis qui s'écaille, une vieille peinture.* — FIG. *Gratter (le vernis),* afin de faire apparaître la réalité profonde. *Il semble cultivé, mais il ne faut pas trop gratter.* ■ **4** FIG. et FAM. Recueillir tout ce qui peut être utilisé. *Gratter les fonds de tiroir.* ➤ **racler.** ◆ Prélever à son profit, mettre de côté par de petits moyens (➤ **gratte**). «*tout ce qu'il pouvait gratter pour payer le billet de chemin de fer*» MALLET-JORIS. ➤ **grappiller, récupérer.** ABSOLT *Gratter sur tout.* ➤ **économiser.** ■ **5** (1894 argot des cyclistes) FAM. et VIEILLI Dépasser (un concurrent). ➤ **devancer,** 1 **griller.** *Coureur cycliste qui gratte ses concurrents dans une côte. Il ne songe qu'à gratter les autres voitures sur la route.* ➤ 1 **doubler.** *Se faire gratter.*

II ~ v. intr. ■ **1** Faire entendre un grattement. *Gratter à la porte,* au lieu de frapper (par discrétion, timidité). *Gratter au carreau. Gratter du violon, de la guitare,* en jouer médiocrement. ■ **2** (1889) FAM. Travailler. ➤ 2 **bosser.** *Elle gratte dans un journal.*

III ~ v. pron. réfl. **SE GRATTER** ■ **1** Gratter son corps ; une partie du corps lorsqu'on a des démangeaisons. *Chien qui se gratte. Se gratter jusqu'au sang.* ■ **2** FAM. *Tu peux toujours te gratter* : tu n'obtiendras rien. ➤ **se brosser, se fouiller.**

GRATTERON ➤ **GRATERON**

GRATTEUR, EUSE [gratœr, øz] n. – XIIIe ◇ de *gratter* ■ Personne qui gratte. *Gratteur de papier.* ➤ **gratte-papier.**

GRATTOIR [gratwar] n. m. – 1611 ; «tige pour nettoyer un canon d'arquebuse» 1571 ◇ de *gratter* ■ **1** Instrument qui sert à gratter. ➤ **racloir ;** RÉGION. **gratte.** *Racler, ciseler, graver, inciser avec un grattoir.* SPÉCIALT Sorte de canif à lame ovale servant à gratter l'écriture ; les taches. ■ **2** Grille, lame de métal où l'on gratte ses chaussures avant d'entrer. ➤ **gratte-pied.** ■ **3** Enduit sur lequel on enflamme une allumette.

GRATTONS [gratɔ̃] n. m. pl. – XIVe ◇ de *gratter* ou de *creton* «morceau de gras frit», du néerlandais *kerte* «entaille» ■ **1** Résidus de la fonte de graisse animale (porc, oie, dinde), salés avant refroidissement et consommés froids. ➤ **fritons,** RÉGION. **greubons.** ■ **2** Charcuterie faite de morceaux de porc cuits dans la graisse. ➤ **rillons.** ■ **3** Partie d'un mets attachée au récipient de cuisson et qu'on détache en grattant. ➤ **gratin,** 1°.

GRATTOUILLER [gratuje] v. tr. ‹1› – 1895, -1881 ◇ de *gratter,* avec influence de *chatouiller* ■ FAM. Gratter légèrement, faire éprouver une démangeaison à. «*Est-ce que ça vous chatouille, ou est-ce que ça vous grattouille ?*» ROMAINS. — On rencontre parfois la graphie *gratouiller.*

GRATTURE [gratyr] n. f. – *grature* v. 1283 ◇ de *gratter* ■ TECHN. Débris provenant d'un grattage. *Grattures de cuivre.* ➤ **rognure.**

GRATUICIEL [gratɥisjɛl] n. m. – 1995, au Canada ◇ mot-valise, de *gratuit* et *logiciel,* pour traduire l'anglais *freeware* ■ INFORM. (courant au Canada) Logiciel gratuit, dont l'auteur conserve les droits.

GRATUIT, UITE [gratɥi, ɥit] adj. – XIVe ◇ latin *gratuitus,* de *gratis* ■ **1** LITTÉR. Qui se fait, qui se donne pour rien. ➤ **désintéressé.** *Bienveillance gratuite.* ➤ **bénévole, gracieux.** DR. *Avantage gratuit* (contrat de bienfaisance). ◆ COUR. Que l'on donne sans faire payer ; dont on jouit sans payer. *Consultation gratuite. Enseignement gratuit et obligatoire.* PAR EXT. *École gratuite,* où l'enseignement est gratuit. — *Entrée gratuite à un spectacle.* ➤ **libre.** *Billet gratuit. Échantillon gratuit. À titre gratuit* : sans avoir rien à payer. ➤ **gratis.** — *Journal gratuit* et n. m. *un gratuit. Logiciel gratuit.* ➤ **gratuiciel.** ■ **2** (XVIIIe) Qui n'a pas de raison valable ; de fondement, de preuve. ➤ **arbitraire, hasardeux,** 1 **incertain, infondé.** *Ce n'est «pas une supposition précaire ou gratuite»* BUFFON. *Hypothèse toute gratuite. Une accusation purement gratuite. Imputation gratuite.* ➤ **absurde, injustifié.** ◆ PAR EXT. Qui n'est pas déterminé par des motifs extérieurs ou des considérations rationnelles (➤ **irrationnel**). *Crime gratuit.* ➤ **immotivé.** *Théorie de l'acte gratuit.* «*un acte absolument gratuit, je veux dire que sa motivation n'est point extérieure*» GIDE. ■ CONTR. Intéressé. Payant. Fondé, motivé.

GRATUITÉ [gratɥite] n. f. – 1350 «exemption» ◇ latin *gratuitas* ■ **1** Caractère de ce qui est gratuit (1°), bénévole, et SPÉCIALT non payant. *La gratuité de l'enseignement.* ■ **2** FIG. Caractère de ce qui est injustifié, non motivé ou désintéressé. *La gratuité d'une insulte, d'une accusation.* ■ CONTR. Intérêt. Cherté. Utilité.

GRATUITEMENT [gratɥitmɑ̃] adv. – 1400 ◇ de *gratuit* ■ **1** Sans rétribution, sans contrepartie. ➤ **gracieusement, gratis.** *Soigner un malade gratuitement,* sans le faire payer. *Assister gratuitement à un spectacle,* sans payer (cf. Aux frais de la princesse*, sans bourse* délier ; FAM. à l'œil). ■ **2** Sans motif, sans fondement. ■ **3** (1671) Sans motif extérieur ou rationnel. *Agir gratuitement, par simple caprice, par jeu.* «*je prétends l'amener à commettre gratuitement le crime*» GIDE.

GRAU [gRo] n. m. – 1704 ◊ latin *gradus* «degré» ■ RÉGION. (Languedoc) Chenal par lequel un cours d'eau, un étang débouche dans la mer. ➤ **embouchure.** *Des graus.* ◆ Défilé, passage montagneux. ■ HOM. Gros.

GRAVATIER [gRavatje] n. m. – 1762 ◊ de *gravats* ■ TECHN. Celui qui enlève les gravats, les décombres d'un chantier.

GRAVATS [gRava] n. m. pl. – *gravaz* 1500 ; *gravoi* XIIe ◊ de °*grava* → 1 grève ■ **1** Partie du plâtre qui ne traverse pas le tamis. ■ **2** Débris provenant d'une démolition. ➤ **décombres, plâtras.** *Tas de gravats.* — On dit parfois *gravois* [gRavwa] n. m. pl., 1342.

GRAVE [gRav] adj. – début XIVe «important» ◊ latin *gravis*

I ABSTRAIT ■ **1** (1542) VIEILLI Qui se comporte, agit avec réserve et dignité ; qui donne de l'importance aux choses. ➤ **austère, digne, posé, sérieux.** *Un grave magistrat.* ➤ **imposant, majestueux, sévère, solennel.** ◆ MOD. *Un air, un visage grave.* ➤ **solennel, sombre.** *De graves réflexions. — Parler d'un ton grave.* ■ **2** (XVIe) Qui a de l'importance, du poids. ➤ **important, sérieux.** *C'est un grave problème. Une faute grave. C'est une grave erreur. Une grave responsabilité.* ➤ **lourd.** ■ **3** Susceptible de conséquences sérieuses, de suites fâcheuses, dangereuses. *La situation est grave.* ➤ **alarmant, préoccupant.** *De très graves ennuis.* ➤ **gravissime.** *L'heure, l'instant, le moment est grave.* ➤ 1 **critique, dramatique, tragique.** *Maladie grave. Grave accident. Rien de grave. Ce n'est pas grave ! —* PAR EXT. *Blessé grave,* gravement touché (cf. Un grand* blessé). «*Un mort, deux blessés graves, tous les autres blessés légers*» MALRAUX. ■ **4** FAM. Gravement troublé mentalement. ➤ **atteint.** *Il est grave, ce mec.* ◆ adv. (intensif) Beaucoup, gravement. *Je flippe grave.*

II CONCRET ■ **1** (XVIe) VX Lourd, pesant. ■ **2** (XVe) Se dit des sons produits par des ondes de faible fréquence (par ex. de 100 à 200 périodes par seconde), appartenant aux degrés inférieurs de l'échelle musicale. ➤ 1 **bas.** *Son, note grave. Voix grave.* ➤ **caverneux, profond ;** 1 **basse, contralto.** — SUBST. *Le grave :* le registre des sons graves. *Passer du grave à l'aigu. Belle voix dans les graves. Haut-parleur de graves :* recomm. offic. pour *woofer.* ■ **3** *Accent grave :* en français, signe (`) servant à noter le timbre de l'*e* ouvert [ɛ] et à distinguer certains mots de leurs homonymes *(à, où, là).*

III adj. et adv. (italien *grave* «lent, solennel») MUS. Lent, majestueux, solennel (en parlant d'un mouvement musical).

■ CONTR. 1 Badin, familier, frivole, insouciant ; futile. Anodin, bénin. — Léger. Aigu. ■ HOM. Graves.

GRAVELEUX, EUSE [gRav(ə)lø, øz] adj. – *gravillous* v. 1200 ◊ de *gravelle*

I ■ **1** Qui contient du gravier. *Terre graveleuse.* ➤ **caillouteux, pierreux.** — *Fruit graveleux,* dont la chair contient de petits amas de corps durs. ■ **2** (1478) MÉD. VX Relatif à la gravelle.

II Grossièrement licencieux. *Propos graveleux.* ➤ 2 **cru, obscène.**

GRAVELLE [gRavɛl] n. f. – début XIIe «gravier» et «calcul» ◊ du latin populaire *grava* «gravier», d'origine prélatine → 1 grève ■ **1** MÉD. VX Concrétion rénale, petit calcul. ◆ Maladie caractérisée par ces concrétions. ➤ **lithiase, pierre.** ■ **2** (1912 ◊ de l'anglais *gravel,* emprunté à l'ancien français) RÉGION. (Canada ; critiqué) Gravier. ➤ RÉGION. **garnotte.** *Route de, en gravelle.*

GRAVEMENT [gRavmɑ̃] adv. – 1461 ; «considérablement» 1396 ◊ de *grave* ■ **1** Avec gravité et sérieux. ➤ **dignement.** *Marcher, parler gravement.* ➤ **solennellement.** ■ **2** D'une manière importante, dangereuse. *Se tromper gravement.* ➤ **lourdement.** *L'avenir est gravement compromis.* ➤ **sérieusement.** *Gravement malade. Gravement blessé.* ➤ **grièvement.**

GRAVER [gRave] v. tr. ‹1› – XIVe ; «faire une raie dans les cheveux» XIIe ◊ francique °*graban* «creuser» ■ **1** Tracer en creux sur une matière dure (métal, pierre, bois), au moyen d'un instrument pointu (burin, ciseau). ➤ **buriner.** *Graver une inscription, des caractères. Graver un nom sur un arbre. Graver une image sur du bois.* ➤ **pyrograver.** FIG. *Graver dans le marbre*.* — PAR ANAL. *Graver un disque.* — Inscrire des informations sur (un CD, un CD-ROM, un DVD) à l'aide d'un faisceau laser. ■ **2** Tracer en creux (un dessin, des caractères, etc.), sur une matière dure, en vue de leur reproduction *(gravure). Graver une vignette sur cuivre. Portrait gravé au burin. Graver à l'eau-forte. Graver sur pierre.* ➤ **lithographier.** *Graver une médaille, une monnaie :* graver le poinçon avec lequel on frappe le coin d'une médaille, d'une monnaie. — *Graver des caractères d'imprimerie :* autrefois, graver les poinçons avec lesquels on frappe les matrices (➤ aussi **photogravure**). ◆ Reproduire par le procédé de la gravure. *Faire graver des cartes de visite, des faire-part.* ■ **3** FIG. Rendre durable (dans l'esprit, le cœur). ➤ **imprimer, marquer.** *Ce souvenir restera gravé dans ma mémoire.* — PRONOM. «*Certains mots se gravent dans la mémoire des enfants et, s'ils ne les comprennent pas sur le moment, ils les comprendront vingt ans plus tard*» MODIANO.

GRAVES [gRav] n. f. pl. et n. m. – 1380 *grave* «gravier» ◊ var. de 1 *grève* ■ **1** n. f. pl. GÉOL. Terrains tertiaires de la Gironde. ■ **2** n. m. (*grave* 1648 ; *vin de Graves* 1545) Vin des vignobles poussant sur les graves. *Un excellent graves.* ■ HOM. Grave.

GRAVEUR, EUSE [gRavœR, øz] n. – 1398 ◊ de *graver* ■ **1** Personne dont la profession est de graver. ➤ **ciseleur, nielleur, sculpteur.** *Graveur sur métaux, sur bois. Graveur en bijouterie* (➤ **bijoutier, orfèvre**). ◆ SPÉCIALT Artiste qui, par les divers procédés de la gravure, confectionne des planches destinées à la reproduction. *Graveur à l'eau-forte* (➤ **aquafortiste**), *à la pointe sèche. Graveur sur bois, sur pierre,* etc. (➤ **xylographe ; lithographe**). *Graveur de médailles, de monnaies* (➤ **médailliste**). *Ciseau, burin de graveur.* ◆ PAR EXT. En photogravure, Ouvrier qui traite à l'acide les copies sur métal. ■ **2** n. m. TECHN. Dispositif transducteur électromécanique utilisé pour la gravure des disques. ◆ Appareil à laser permettant de graver un support réinscriptible ou non. *Graveur de DVD.*

GRAVIDE [gRavid] adj. – 1863 ◊ latin *gravida* «enceinte», de *gravis* «lourd» ■ MÉD. Qui contient un embryon, un fœtus. *Utérus gravide.* ◆ Qui est en période de gestation (en parlant de la femelle des mammifères). ➤ **gestant.** *Jument gravide,* pleine.

GRAVIDIQUE [gRavidik] adj. – 1857 ◊ de *gravide* ■ MÉD. Relatif à la grossesse. ➤ **gestationnel.** *Albuminurie, ictère gravidique.*

GRAVIDITÉ [gRavidite] n. f. – 1872 ◊ latin *graviditas* ■ MÉD. État d'une femelle ou d'un utérus gravide (➤ **grossesse**).

GRAVIER [gRavje] n. m. – 1155 ; «grève, rivage» 1135 ◊ de 1 *grève* ■ **1** COUR. Ensemble de petits cailloux servant au revêtement des allées, dans un jardin, etc. ➤ RÉGION. **garnotte, gravelle, grenaille.** *Le gravier d'une allée ; une allée de gravier. Ratisser le gravier. Fin gravier.* ➤ **gravillon.** ◆ *Un, des graviers.* Petit caillou formant le gravier. ■ **2** GÉOL. Roche détritique à éléments assez gros (sables grossiers et cailloux), d'origine fluviale ou littorale (➤ **dégravoyer**). ■ **3** MÉD. VX Concrétion qui se forme dans les reins, la vessie, la vésicule biliaire. ➤ 2 **calcul, gravelle, pierre.**

GRAVIFIQUE [gRavifik] adj. – 1783 ◊ latin *gravis* «lourd» ■ PHYS. Qui se rapporte à la gravité (4°).

GRAVILLON [gRavijɔ̃] n. m. – 1571 «caillou» ◊ de *grave* «gravier» ■ Fin gravier. ➤ RÉGION. **grenaille.** *Répandre du gravillon sur une route.* ➤ **gravillonner.** ◆ *Un, des gravillons.* Petit caillou formant le gravillon. *Le «concasseur qui transformait la pierre en gravillons»* LE CLÉZIO.

GRAVILLONNER [gRavijɔne] v. tr. ‹1› – 1931 au p. p. ◊ de *gravillon* ■ Couvrir de gravillon. — p. p. adj. *Allée gravillonnée.* — n. m. **GRAVILLONNAGE.**

GRAVILLONNEUSE [gRavijɔnøz] n. f. – 1941 ◊ de *gravillonner* ■ TRAV. PUBL. Machine destinée à répandre uniformément du gravillon sur les routes goudronnées.

GRAVIMÉTRIE [gRavimetRi] n. f. – 1904 ◊ du latin *gravis* et *-métrie* ■ PHYS. Mesure de l'intensité de la pesanteur. — CHIM. Analyse par pesées. — adj. **GRAVIMÉTRIQUE.**

GRAVIR [gRaviR] v. ‹2› – v. 1180 ◊ probablt du francique °*krawjan* «griffer, grimper en s'aidant des griffes» ■ **1** v. tr. ind. VX **GRAVIR SUR, À...** Monter avec effort, en s'aidant des mains, et PAR EXT. S'élever sur une pente escarpée (➤ **ascensionner, grimper**). «*Gravir jusqu'au sommet de la colline*» LITTRÉ. ■ **2** v. tr. (XVIe) MOD. Monter avec effort (une pente rude). ➤ **escalader, monter.** *Gravir un raidillon, une côte. Gravir une colline. Gravir les étages, un escalier.* ◆ FIG. *Gravir les échelons de la hiérarchie.* ➤ **franchir.** ■ CONTR. Descendre. ■ HOM. *Gravîtes :* gravite (graviter).

GRAVISSIME [gRavisim] adj. – 1942 ◊ latin *gravissimus* ■ Extrêmement grave. *Une erreur, une faute gravissime. Une maladie gravissime.*

GRAVITATION [gRavitasjɔ̃] n. f. – 1717 ◊ latin scientifique *gravitatio,* de *gravitas* → gravité ■ PHYS., ASTRON. Phénomène par lequel deux corps quelconques s'attirent avec une force proportionnelle au produit de leur masse et inversement proportionnelle au carré de leur distance. ➤ **attraction ; gravité.** *Les lois de la gravitation universelle, pressenties par Kepler, ont été formulées par Newton.*

GRAVITATIONNEL, ELLE [gRavitasjɔnɛl] adj. – 1912 ◊ de *gravitation* ■ PHYS. Relatif à la gravitation. *Ondes gravitationnelles :* variations de la courbure de l'espace-temps causées par la collision d'objets célestes. — adv. **GRAVITATIONNELLEMENT.**

GRAVITÉ [gʀavite] n. f. – graviteit v. 1200 ◊ latin *gravitas* «pesanteur» ■ **1** Qualité d'une personne grave ; air, maintien grave. ➤ **austérité, dignité, majesté.** *Il quitta la tribune avec gravité.* «*la gravité solennelle* [...] *l'air compassé qui impressionnaient tout le monde*» GOBINEAU. — PAR EXT. *La gravité du ton, des paroles.* ■ **2** (XVIIe) Caractère de ce qui a de l'importance (surtout en mal). *La gravité d'une erreur, d'une maladresse.* ■ **3** Caractère de ce qui peut entraîner de graves conséquences. *La gravité de la situation. Comprenez-vous «la gravité de l'action que vous avez commise !»* FRANCE. — SPÉCIALT Caractère dangereux. *Gravité d'une maladie, d'une blessure. Un accident sans gravité.* ■ **4** (1377 ◊ sens pr. du latin *gravitas*) PHYS. VIEILLI Phénomène par lequel un corps est attiré vers le centre de la Terre. ➤ **pesanteur ; attraction, gravitation.** *Lois de la gravité,* de la chute des corps. ◆ MOD. *Centre* de gravité.* ➤ **barycentre.** ◆ TECHN. (CH. DE FER) Manœuvre des wagons sous l'effet de la pesanteur (par poussée, plan incliné). *Triage par gravité.* ■ **5** Caractère d'un son grave* (II, 2°). ■ CONTR. Gaieté, légèreté. Bénignité.

GRAVITER [gʀavite] v. intr. ‹1› – 1732 ◊ latin scientifique *gravitare,* de *gravitas* ■ Se mouvoir selon les lois de la gravitation. ■ **1** VX Tendre vers un point. *Graviter vers la terre.* ➤ 1 **tomber.** — FIG. et VIEILLI *Graviter à, vers qqch.* ➤ **se porter,** 1 **tendre** (vers). ■ **2** MOD. **GRAVITER AUTOUR :** tourner autour (d'un centre d'attraction). *Les planètes gravitent autour du Soleil* (➤ **orbite**). ◆ FIG. *Graviter autour du pouvoir. «Graviter autour de quelqu'un que l'on admire, que l'on aime»* GAUTIER. ■ HOM. *Gravite :* gravîtes (gravir).

GRAVLAX [gʀavlaks] n. m. – 1969 ◊ mot scandinave (suédois *gravlax,* norvégien *gravlaks*), de *grav* «creux, trou» et suédois *lax,* norvégien *laks* «saumon» ■ Filet de saumon cru mariné dans du sel, du poivre, du sucre, de l'aneth et de l'aquavit, servi découpé en fines tranches. — On écrit aussi *gravlaks* (1984).

GRAVOIS ➤ **GRAVATS**

GRAVURE [gʀavyʀ] n. f. – 1538 ; *graveure* «rainure d'arbalète» XIIIe ◊ de *graver* ■ **1** VX Sillon, trait gravé. ➤ **entaille, glyphe.** ■ **2** Action de graver. *La gravure d'une inscription.* — Manière dont un objet est gravé. *La gravure d'un bijou.* ■ **3** ABSOLT Art de graver, soit pour orner un objet dur, soit pour reproduire une œuvre graphique. *Gravure en pierres dures.* ➤ **glyptique.** *Gravure sur métaux. Gravure d'orfèvrerie.* ➤ **ciselure.** *Gravure sur bois, à l'aide d'une pointe rougie au feu.* ➤ **pyrogravure.** ◆ SPÉCIALT **LA GRAVURE :** procédé de reproduction par plaques gravées. «*La gravure est une véritable traduction, c'est-à-dire l'art de transporter une idée d'un art dans un autre*» DELACROIX. *Gravure directe :* procédés excluant tout agent chimique. *Gravure en relief, en taille d'épargne,* où les blancs du dessin sont évidés et les parties qui doivent venir en noir épargnées. *Gravure sur bois* (➤ **xylographie**). — *Gravure en creux,* où les parties creusées de la planche apparaissent en noir, après avoir été bourrées au tampon. *Gravure sur linoléum* (➤ **linogravure**), *sur métaux, sur cuivre* (➤ **chalcographie, sidérographie**). *Gravure au burin, en taille douce, à la pointe sèche. Gravure à l'eau-forte,* où les parties de la planche de cuivre dégarnies de vernis à la pointe sont attaquées par l'acide azotique. ➤ **eau-forte, mordant.** *Gravure au vernis mou. Gravure en pointillé au burin ou à l'eau-forte,* où la taille est remplacée par des pointillés. *Gravure à la manière noire* (➤ **mezzotinto**), *imitant le lavis* (➤ **aquatinte**). *Gravure sur pierre* (➤ **lithographie**). — *Gravure en couleurs : sur trois planches de cuivre* (trichromie), *sur pierre* (chromolithographie). ◆ PAR EXT. *Gravure photochimique, électrochimique :* procédés à plat (➤ **photolithographie, phototypie, zincographie ; offset**) ; procédés en relief ou typographiques (➤ **photogravure ; similigravure**) ; procédés en creux (➤ **héliogravure**). ■ **4** Reproduction de l'ouvrage du graveur, par un procédé quelconque. ➤ **épreuve,** 2 **estampe.** *Livre orné de gravures.* ➤ **illustration.** *Gravures sur bois, sur pierre. Gravures en couleurs.* — LOC. FIG. VIEILLI **GRAVURE DE MODE :** personne habillée d'une manière trop élégante et recherchée (cf. Être tiré à quatre épingles*). «*Ils voudraient tous avoir l'air de gravures de mode pour tailleurs*» MAUROIS. — PAR EXT. Toute image reproduisant un tableau, une photographie, etc. (➤ **reproduction ; photographie**). *Accrocher des gravures au mur.* ■ **5** Action de graver un disque phonographique ; son résultat. *Enregistrement et gravure.*

GRAY [gʀɛ] n. m. – 1975 ◊ de *Stephen Gray* ■ MÉTROL. Unité de mesure de dose absorbée de rayonnement ionisant (SYMB. Gy) communiquant à 1 kilogramme de matière irradiée une énergie de 1 joule. ➤ **rad.** *Le kerma se mesure en grays.* ■ HOM. Grès.

GRÉ [gʀe] n. m. – X^e *gred* ◊ latin *gratum,* neutre de *gratus* «agréable, bienvenu» ■ **1** Ce qui plaît, ce qui convient (dans des expr.). **AU GRÉ DE :** selon le goût, la volonté de. *Au gré de chacun. Trouver qqn, qqch. à son gré. Le matin ou le soir à votre gré.* ➤ **convenance, guise.** *Nous ne pouvons pas changer cela à notre gré* (cf. À volonté). «*Je changeais à mon gré de nature*» FRANCE. «*tout allait au gré de mes désirs*» ROUSSEAU. *Au gré de sa fantaisie.* — FIG. *Au gré des évènements, des circonstances :* comme, quand les circonstances le permettent. *Flotter au gré des flots. Le bateau avance au gré du vent.* PAR EXT. *Cela est préférable, à mon gré,* à mon avis, à mon sens. ◆ VX *Avoir, prendre en gré.* ➤ **agréer.** ◆ **DE SON GRÉ ; DE SON PLEIN GRÉ.** ➤ **bénévolement, volontairement, volontiers.** *Je suis venu de mon plein gré.* PLAIS. *À l'insu* de mon plein gré. Obéir de bon gré, sans rechigner* (cf. De bonne grâce*). — **DE GRÉ OU DE FORCE :** que cela plaise ou non. *Il obéira de gré ou de force.* — **DE GRÉ À GRÉ :** à l'amiable, en se mettant d'accord. — **CONTRE LE GRÉ :** contre la volonté. *Faire qqch. contre le gré de ses parents. Contre son gré :* à son corps défendant. ◆ loc. adv. **BON GRÉ MAL GRÉ :** en se résignant, malgré soi, que cela plaise ou non. ➤ **nolens volens.** *Il poursuit ses études bon gré mal gré.* ■ **2** VX Gratitude, reconnaissance. MOD. **SAVOIR GRÉ à qqn :** avoir de la reconnaissance pour qqn. *Il faut en savoir gré à l'auteur.* ➤ **remercier.** *Nous vous saurions gré de nous répondre rapidement :* nous vous en serions obligés. LITTÉR. «*il sut un gré extrême à sa mère de s'être conduite de la sorte*» PROUST. — VX *Savoir mauvais gré à qqn de qqch.,* être peu satisfait, mécontent de ce qu'il a dit ou fait. ➤ **maugréer.**

GRÉAGE ➤ **GRÉEMENT**

GRÈBE [gʀɛb] n. m. – 1557 ◊ probablement du latin *cribellum* «tamis, passoire», cet oiseau ayant les plumes tachetées ■ Oiseau aquatique palmipède *(podicipédidés),* dont la taille varie de celle du pigeon à celle du canard, selon les variétés. *Nid flottant du grèbe.*

1 **GRÉBICHE** [gʀebiʃ] n. f. – 1866 ◊ origine inconnue, p.-ê. variante de *gribiche* ■ TECHN. ■ **1** IMPRIM. Numéro d'inscription d'un manuscrit sur les registres d'un imprimeur. — Ligne où se trouve le nom de l'imprimeur (on dit aussi *grébige*). ■ **2** Reliure volante. ■ **3** Garniture métallique du bord d'un vêtement, d'un objet de maroquinerie.

2 **GRÉBICHE** ➤ **GRIBICHE**

GREC, GRECQUE [gʀɛk] adj. et n. – 1165 ◊ latin *graecus* ■ De Grèce. ■ **1** adj. *La péninsule, les îles grecques. Le peuple grec.* ➤ **hellénique.** — (Grèce anc.) *L'Antiquité grecque.* ➤ **préhellénique ; minoen, mycénien.** *Les cités, les républiques grecques. — Mythologie grecque. Le panthéon des dieux grecs. — Les trois ordres de l'architecture grecque* (corinthien, dorique, ionique). *Statue grecque. Le profil grec,* dont le nez est dans le prolongement du front. *Nez grec. La civilisation grecque antique.* «*le miracle grec*» RENAN. *La langue grecque. Alphabet grec. I grec.* ➤ 1 **y.** *Version grecque. — Renvoyer aux calendes* grecques. — Période de l'histoire grecque d'Alexandre* (mort en 323 av. J.-C.) *jusqu'à la conquête romaine.* ➤ **alexandrin, hellénistique.** *Empire grec,* ou empire romain d'Orient (476-1453). ➤ **byzantin.** — *L'Église orthodoxe grecque. Le rite grec. — Sandwich grec.* ➤ **kébab** (2°). n. m. Sandwich grec ; établissement où on le sert. ■ **2** n. *Les Grecs.* ➤ **hellène.** ■ **3** n. m. La langue grecque. *Le grec ancien. Le grec moderne* ou *néogrec.* ➤ **démotique, romaïque.** ■ **4** LOC. *À la grecque,* se dit de légumes, etc. préparés à l'huile d'olive et aux aromates. *Champignons à la grecque.* ■ HOM. Grecque.

GRÉCISER [gʀesize] v. tr. ‹1› – 1551 ◊ de *grec* ■ Donner une forme grecque à (un mot), soit à l'aide d'une désinence, soit en le traduisant. *L'humaniste Schwarzerd avait grécisé son nom en Melanchthon.* ➤ **helléniser.**

GRÉCITÉ [gʀesite] n. f. – 1800 ◊ de *grec* ■ DIDACT. Caractère de ce qui est grec. ➤ **hellénisme.**

GRÉCO- ■ Élément, du latin *graecus* «grec».

GRÉCO-BOUDDHIQUE [gʀekobudik] adj. – 1923 ◊ de *gréco-* et *bouddhique* ■ DIDACT. Se dit d'un art de l'Inde où paraissent des influences grecques.

GRÉCO-LATIN, INE [gʀekolatɛ̃, in] adj. – 1821 ◊ de *gréco-* et *latin* ■ Qui concerne à la fois le grec et le latin. *Les humanités gréco-latines. Études gréco-latines.*

GRÉCO-ROMAIN, AINE [gʀekoʀɔmɛ̃, ɛn] adj. – 1829 ◊ de *gréco-* et *romain* ■ Commun aux civilisations de la Grèce et de Rome, dans l'Antiquité. *Art gréco-romain.* — (fin XIXe) SPORT *Lutte gréco-romaine,* excluant coups et clés (contrairement au catch, au judo, à la lutte libre) et n'autorisant de prises qu'au-dessus de la ceinture.

GRECQUE [gʀɛk] **n. f.** – 1702 ◊ de *grec* ▪ **1** TECHN. Scie de relieur ; entaille obtenue avec cette scie. ▪ **2** (1828) BX-ARTS Ornement fait de lignes droites qui reviennent sur elles-mêmes à angle droit. *Grecque ornant une frise. Orner d'une grecque* (**v. tr.** ‹1› **GRECQUER**). ▪ HOM. Grec.

GREDIN, INE [gʀədɛ̃, in] **n.** – 1640 ◊ du moyen néerlandais *gredich* ▪ **1** VX Misérable, mendiant. ▪ **2** VIEILLI Personne malhonnête, méprisable. ➤ **bandit, coquin, malfaiteur.** « *Ce gredin de mari a pour lui la loi* » BALZAC. ♦ (Sens atténué) FAM. ➤ **chenapan, fripon, garnement.** *Petit gredin !* — **n. f.** VIEILLI **GREDINERIE.**

GRÉEMENT [gʀemɑ̃] **n. m.** – 1670 ◊ de *gréer* ▪ **1** COUR. Ensemble des objets et appareils nécessaires à la propulsion et à la manœuvre des navires à voiles ; aux mâts et cheminées des navires à vapeur ; à l'amarrage et à la sécurité de tous les navires (➤ **agrès, cordage,** 1 **manœuvre, mâture,** 2 **voile**). « *le bateau et un gréement tout neuf, voiles* [...] *cordages, ancre de fer* » LAMARTINE. ▪ **2** (1801) MAR. Action de gréer. *Achever le gréement d'une barque.* — On dit aussi **GRÉAGE.** — Manière dont un navire est gréé. *Gréement marconi*.* ▪ **3** *Vieux gréement* : voilier ancien. *Un rassemblement, une course de vieux gréements.*

GREEN [gʀin] **n. m.** – 1872 ◊ mot anglais « vert » ▪ ANGLIC. Partie rase et bien roulante du gazon d'un terrain de golf autour de chaque trou. *Envoyer la balle sur le green.*

GRÉER [gʀee] **v. tr.** ‹1› – 1666 ; *grayer* « abattre (un mât) » 1636 ; *agreier* XIIe ◊ du norrois *greida* « équiper » ▪ **1** MAR. Garnir (un bâtiment, et PAR EXT. un mât) de voiles, poulies, cordages, etc. (➤ **gréement**). *Gréer une vergue.* — *Navire gréé en goélette.* ▪ **2** (1841) RÉGION. (Normandie ; Canada) Équiper. — PRONOM. *Il s'est gréé d'une belle canne à pêche.* — **p. p. adj.** *Une débutante bien gréée.*

GREFFAGE [gʀefaʒ] **n. m.** – 1872 ◊ de *greffer* ▪ Action d'insérer un greffon sur (un végétal) ; ensemble des opérations dont la greffe est le résultat.

1 **GREFFE** [gʀɛf] **n. m.** – XIe *grafie* ◊ latin *graphium* « stylet », du grec *grapheion* ▪ **1** VX Stylet, poinçon pour écrire. ▪ **2** (1278) MOD. Bureau où l'on garde les minutes des actes de procédure. *Le greffe du tribunal. Déposer un dossier au greffe.*

2 **GREFFE** [gʀɛf] **n. f.** – 1538 ; *greife* n. m. XIIIe ◊ métaph. de 1 *greffe* ▪ **1** Pousse d'une plante (œil, branche, bourgeon) que l'on insère dans une autre plante *(porte-greffe)* pour que celle-ci produise les fruits de la première. ➤ **greffon ; ente, scion.** *Greffe qui prend bien.* ▪ **2** (XVIIe) Opération par laquelle on implante un greffon (➤ **greffage**) ; résultat de cette action. *Greffe en couronne, en écusson.* « *au moyen de la greffe, l'homme a pour ainsi dire créé des espèces secondaires* » BUFFON. ▪ **3** CHIR. Opération qui consiste à insérer une portion de l'organisme (organe, tissu, main, visage...) d'un individu *(donneur)* sur une autre partie du corps (➤ **autogreffe, autoplastie**) ou sur un autre individu *(receveur).* ➤ **allogreffe ; homogreffe, isogreffe ; hétérogreffe, hétéroplastie, xénogreffe.** *Greffe expérimentale opérée sur des animaux. Greffe réparatrice sur les plaies des accidentés, des brûlés. Greffe siamoise.* ➤ **parabiose.** *Greffe de la peau, de tissus. Greffe du visage. Greffe cutanée, osseuse, ovarienne. Greffes d'organes. Greffe du cœur.* ➤ **transplantation** (cardiaque). *Greffe cœur-poumon. Greffe de la cornée.* ➤ **kératoplastie.** *Pratiquer, subir une greffe du rein. La greffe n'a pas pris* (➤ 2 **rejet**).

GREFFER [gʀefe] **v. tr.** ‹1› – 1538 ; *graffer* 1496 ◊ de 2 *greffe* ▪ **1** Insérer une greffe *(greffon)* sur (un sujet). ➤ **enter.** *Greffer un rosier sur un églantier. Greffer* (une espèce d'arbre) *sur sauvageon.* — Soumettre (un sujet, un porte-greffe) à l'opération de la greffe. *Plants assez vigoureux pour être greffés. Greffer en écusson.* ➤ **écussonner.** ▪ **2** Implanter par une greffe chirurgicale. *Greffer une cornée prélevée sur un cadavre. Greffer un organe.* ➤ **transplanter.** *On lui a greffé un rein.* ♦ Pratiquer une greffe sur (qqn). *Greffer un brûlé.* — SUBST. *Les greffés du cœur.* ▪ **3** FIG. ➤ **ajouter, insérer, introduire.** ♦ **SE GREFFER v. pron.** *Des complications imprévues sont venues se greffer là-dessus.* « *Puis la maladie est venue se greffer* » C. ORBAN.

GREFFIER, IÈRE [gʀefje, jɛʀ] **n.** – 1278 ◊ de 1 *greffe* ▪ **1** Officier public préposé au greffe. *Greffier du tribunal d'instance. Registre du greffier d'audience.* ➤ **plumitif.** *Commis*-greffier.* ▪ **2 n. m.** (1821) ARG. VIEILLI Chat.

GREFFOIR [gʀefwaʀ] **n. m.** – 1700 ◊ de *greffer* ▪ TECHN. (AGRIC.) Outil, couteau à greffer.

GREFFON [gʀefɔ̃] **n. m.** – *grafon* XVIe ; repris v. 1870 ◊ de *greffer* ▪ **1** Partie d'un végétal dont on veut obtenir de nouveaux spécimens et qu'on greffe sur un autre végétal *(porte-greffe).* ➤ 2 **greffe.** *Choix des greffons sur les arbres-étalons.* ▪ **2** CHIR. Fragment de tissu ou d'organe, organe transplanté dans l'opération de la greffe. *Prélever un greffon.* ➤ **transplant.** *Greffon cornéen, aortique.*

GRÉGAIRE [gʀegɛʀ] **adj.** – 1829 ; *soldat grégaire* « simple soldat » 1520 ◊ latin *gregarius*, de *grex, gregis* « troupeau » ▪ **1** DIDACT. Se dit des espèces dont les individus vivent en troupes. *Des animaux grégaires.* ▪ **2** (1909) COUR. Qui provoque le groupement d'êtres vivants, ou qui en résulte. *Tendance, instinct grégaire.* SPÉCIALT Qui porte certains individus à suivre docilement les impulsions du groupe où ils se trouvent. *Esprit grégaire* (➤ **moutonnier**).

GRÉGARINE [gʀegaʀin] **n. f.** – 1828 ◊ du radical de *gregarius* → grégaire ▪ ZOOL. Sporozoaire parasite du tube digestif des insectes, des crustacés et des vers de terre.

GRÉGARISME [gʀegaʀism] **n. m.** – 1876 ◊ du latin *gregarius* ▪ Instinct grégaire. « *tout nous contraint à subir la loi du grégarisme le plus accablant* » DANIEL-ROPS.

GRÈGE [gʀɛʒ] **adj.** – 1576 ◊ italien *(seta) greggia* « (soie) brute » ▪ **1** *Soie grège*, telle qu'on l'obtient après simple dévidage du cocon. ➤ **brut ; écru.** PAR EXT. *Fil grège.* ▪ **2** De la couleur beige gris de la soie grège. « *tendres couleurs grèges des écorchures de dunes* » GRACQ.

GRÉGEOIS [gʀeʒwa] **adj. m.** – XIIe ◊ du latin *graecus* « grec » ▪ **FEU GRÉGEOIS :** mélange de soufre, de poix, de salpêtre, etc., que les Byzantins utilisaient à la guerre. « *les flammèches du feu grégeois se collaient à sa cuirasse* » FLAUBERT.

GRÉGORIEN, IENNE [gʀegɔʀjɛ̃, jɛn] **adj.** – 1410 ◊ de *Gregorius*, nom de pape ▪ **1** Se dit de modifications liturgiques introduites par le pape Grégoire Ier au VIe s. *Rite grégorien, réforme grégorienne.* ♦ *Chant grégorien*, et SUBST. *le grégorien* : le plain-chant. ▪ **2** *Calendrier* grégorien.*

GRÈGUES [gʀɛg] **n. f. pl.** – XVe ◊ provençal *grega* « grecque » ▪ ANCIENNT Haut-de-chausses. ➤ **culotte.** — LOC. VX *Tirer ses grègues* : s'enfuir.

1 **GRÊLE** [gʀɛl] **n. f.** – *gresle* fin XIe ◊ de *grêler* ▪ **1** Précipitation constituée de grains de glace. ➤ **grêlon, grésil.** *Averse de grêle. Récolte abîmée par la grêle.* « *La grêle jette sur nous* [...] *ses perles de verre* » LOTI. ▪ **2** Ce qui s'abat sur qqn comme la grêle. *Une grêle de coups, de balles.* — FIG. *Accabler qqn sous une grêle d'injures.*

2 **GRÊLE** [gʀɛl] **adj.** – *graisle* v. 1100 ◊ latin *gracilis* → gracile ▪ **1** D'une longueur, d'une finesse excessive. ➤ **filiforme,** 2 **fin, fluet,** 1 **maigre, mince.** *Un échassier perché sur ses pattes grêles. La silhouette grêle d'un pont métallique.* ▪ **2** PAR EXT. Aigu et peu intense. *Voix grêle.* ▪ **3** ANAT. *L'intestin grêle*, ou **n. m.** *le grêle* : portion de l'intestin comprise entre le duodénum et le cæcum. ➤ **iléon, jéjunum.** ▪ CONTR. Épais, 1 fort.

GRÊLÉ, ÉE [gʀele] **adj.** – 1611 ; « dévasté par la grêle » XIIIe ◊ de *grêler* ▪ Marqué par la petite vérole. *Visage grêlé. Il « était petit, laid et grêlé »* BALZAC.

GRÊLER [gʀele] **v. impers.** ‹1› – XIIe ◊ francique °*grisilôn* ▪ *Il grêle :* il tombe de la grêle. *Il va grêler.* ➤ 1 **grésiller.** ♦ TRANS. Gâter, dévaster par la grêle. *Toute la région a été grêlée.*

GRELIN [gʀəlɛ̃] **n. m.** – 1694 ; *guerlin* 1634 ◊ néerlandais *greling*, de 2 *grêle* ▪ MAR. Fort cordage (plus mince, plus grêle que le câble). « *un grelin gros comme un doigt* » VERCEL. *Grelin de halage, d'amarrage.*

GRÊLON [gʀɛlɔ̃] **n. m.** – XVIe ◊ de 1 *grêle* ▪ Grain de glace qui tombe pendant une averse de grêle. *Des grêlons gros comme des œufs de pigeon. Plantes hachées par les grêlons.* « *La nuit n'était plus si sombre, les grêlons l'éclairaient de rayures pâles, innombrables* » ZOLA.

GRELOT [gʀəlo] **n. m.** – *grilot* 1392 ◊ moyen haut allemand *grillen* « crier », de *grell* « aigu » ▪ **1** Sonnette constituée d'une boule de métal creuse, percée de trous, contenant un morceau de métal qui la fait résonner dès qu'on l'agite. *Hochet à grelots. Grelot attaché au collier d'un cheval, d'un chien. Tintement de grelots* (➤ **grelotter,** 1°). — LOC. FAM., VX *Avoir les grelots* : avoir peur, trembler. ♦ ARG., VX *Un coup de grelot*, de téléphone. ▪ **2** Objet de forme sphérique. *Oignon grelot* ou *grelot* : petit oignon blanc. *Grelots au vinaigre.* — Saucisson façonné en petites boules. *Grelots aux noix.*

GRELOTTANT, ANTE ou **GRELOTANT, ANTE** [gʀəlɔtɑ̃, ɑ̃t] **adj.** – 1838 ◊ de *grelotter* ▪ Qui grelotte. *Elle est toute grelottante. Ils étaient grelottants de froid. Un malade « ratatiné et grelottant »* GIONO.

GRELOTTEMENT ou **GRELOTEMENT** [gʀəlɔtmɑ̃] **n. m.** – 1829 ◇ de *grelotter* ■ Tremblement, bruit de ce qui grelotte. *Les «souvenirs que déclenche un grelottement de sonnette»* COLETTE. ◆ (PERSONNES) Fait de grelotter (2°). ➤ **tremblement.** *Grelottement de fièvre.*

GRELOTTER ou **GRELOTER** [gʀəlɔte] **v. intr.** ‹1› – *grilloter* 1562 ◇ d'après la loc. ancienne *trembler le grelot,* de *grelot* ■ **1** RARE Émettre un bruit de grelot. *«une sonnerie grelotte dans les couloirs de l'école»* P. MERTENS. ■ **2** COUR. Trembler de froid ou sous l'effet d'une vive émotion. ➤ **frissonner, trembler** (cf. Claquer des dents). *Grelotter de peur, de fièvre.*

GRELUCHE [gʀəlyʃ] **n. f.** – v. 1930 ◇ de *greluchon* ■ FAM. Jeune femme, jeune fille. ➤ **nana.** *«comme toutes les greluches en ce temps-là»* F. GIROUD. — Maîtresse. *Il est venu avec sa greluche.* — PÉJ. Fille stupide, superficielle. ➤ **pétasse.**

GRELUCHON [gʀəlyʃɔ̃] **n. m.** – 1725 ◇ de *grelu* «gueux» → 2 grêle ■ VIEILLI Amant de cœur. ➤ **gigolo.**

GRÉMIL [gʀemil] **n. m.** – XIIIe ◇ premier élément d'origine inconnue et ancien français *mil* «millet» ■ Plante dicotylédone *(borraginées),* dite *herbe aux perles,* dont une espèce est officinale.

GRÉMILLE [gʀemij] **n. f.** – 1788 ◇ mot région., p.-ê. du latin populaire °*grumellus* «petit tas», cf. *grumeau ;* évolution sémantique incertaine ■ Poisson originaire de l'Europe centrale *(percidés),* voisin de la perche, vivant en eau douce sur les fonds de gravier.

GRENACHE [gʀənaʃ] **n. m.** – 1846 ; *vernache* XIIIe ◇ italien *vernaccia,* de la ville de *Vernazza* ■ Cépage noir, à gros grains, cultivé dans le Languedoc, le Roussillon. — Vin produit par ce cépage.

GRENADAGE [gʀənadaʒ] **n. m.** – v. 1914 ◇ de *grenade* (II) ■ MILIT. Attaque à la grenade, lancement de grenades (contre un ennemi). *«vous êtes responsable du grenadage d'au moins trois de nos bâtiments coulés en sortie de rade»* M. DUGAIN.

GRENADE [gʀənad] **n. f.** – v. 1314 ; *pume* (pomme) *grenate* XIIe ◇ latin *granatum* «(fruit) à grains»

I Fruit du grenadier, baie ronde de la grosseur d'une orange, à saveur aigrelette, renfermant de nombreux pépins entourés d'une pulpe rouge. *Sirop de grenade.* ➤ 2 **grenadine.**

II PAR ANAL. DE FORME ■ **1** (1520) Projectile lancé à courte distance, formé d'une charge d'explosif enveloppée de métal et muni d'un détonateur pour régler l'explosion. *Grenade à main, à fusil. Grenade fumigène, incendiaire. Grenade défensive, offensive. Grenade de désencerclement. Grenade lacrymogène. «une sorte de grenade explosive, [...] un engin à retardement»* ROBBE-GRILLET. *Dégoupiller une grenade. Grenade sous-marine,* contre les submersibles. ■ **2** Ornement de l'uniforme des soldats du génie, des sapeurs-pompiers.

GRENADEUR [gʀənadœʀ] **n. m.** – v. 1950 ◇ de *grenade* ■ MILIT. Appareil servant au lancement des grenades sous-marines.

1 **GRENADIER** [gʀənadje] **n. m.** – 1425 ◇ de *grenade* ■ Arbrisseau épineux des régions tempérées *(punicacées),* à fleurs rouges, qui produit les grenades.

2 **GRENADIER** [gʀənadje] **n. m.** – 1671 ◇ de *grenade*

I ■ **1** ANCIENNT Soldat spécialisé dans le lancement des grenades, et PAR EXT. Soldat d'élite choisi parmi les hommes de haute taille. *«les hauts bonnets des grenadiers de la garde avec la large plaque à l'aigle»* HUGO. ■ **2** *Un vrai grenadier :* un homme de grande taille ; une femme grande, d'allure virile.

II (1869) Poisson téléostéen marin *(macrouridés)* au corps effilé terminé en pointe. *Filet de grenadier.* ◆ *Grenadier bleu.* ➤ **hoki.**

GRENADIÈRE [gʀənadjɛʀ] **n. f.** – 1680 ◇ de *grenade* ■ **1** ANCIENNT Sac à grenades porté en bandoulière. ➤ **giberne.** ■ **2** (1803) Bague métallique reliant le canon au fût d'un fusil.

GRENADILLE [gʀənadij] **n. f.** – 1647 ; «ébène rouge» 1598 ◇ de *grenade* ■ Espèce de passiflore dont le fruit rappelle la grenade. ◆ Fruit de cette plante (cf. Fruit de la passion*).

GRENADIN [gʀənadɛ̃] **n. m.** – 1775 ◇ de *grenade* ■ **1** Variété d'œillet rouge, très odorant. ■ **2** (1798) CUIS. Médaillon (de veau) taillé dans la sous-noix, préparé et cuit comme le fricandeau.

1 **GRENADINE** [gʀənadin] **n. f.** – 1813 ◇ de *grenade,* nom d'un tissu ■ TECHN. Fil de soie constitué de deux brins fortement tordus ; soierie légère tissée de ces fils.

2 **GRENADINE** [gʀənadin] **n. f.** – 1877 ; *sirop grenadin* 1866 ◇ de *grenade* ■ Sirop fait de jus de grenade ou imitant le sirop de grenade. *Un «verre de grenadine, jolie comme confiture de rubis»* FARGUE. — Verre de ce sirop. *Boire une grenadine.*

GRENAGE [gʀənaʒ] **n. m.** – 1730 ◇ de *grener* ■ TECHN. Action de réduire en grains (la poudre à canon, le sucre). ◆ Action de donner du grain*, du relief à la surface lisse d'un matériau. *Grenage d'une plaque à graver.* ➤ **grainage.**

GRENAILLAGE [gʀənɑjaʒ] **n. m.** – 1757 ◇ de *grenailler* ■ TECHN. Décapage, nettoyage par projection de grenaille.

GRENAILLE [gʀənɑj] **n. f.** – *greignaille* 1354 ◇ de *grain* ■ **1** Rebut de grain. *Jeter, donner la grenaille aux poules.* ■ **2** COUR. Métal réduit en grains. *Cartouche chargée de grenaille de plomb.* ➤ **cendrée.** *Pistolet à grenaille.* ■ **3** Pomme de terre de très petit calibre. *Poêlée de grenailles. «ces carottes que l'on aurait cru naines, ces pommes de terre si petites qu'on les nomme la grenaille»* M. ROUANET. — EN APPOS. *Pommes de terre grenailles.* ■ **4** (Belgique) Gravillon.

GRENAILLER [gʀənɑje] **v. tr.** ‹1› – 1757 ◇ de *grenaille* ■ TECHN. Réduire en petits grains. *Grenailler du plomb.*

GRENAISON [gʀənɛzɔ̃] **n. f.** – 1752 ; «récolte» XVIe ◇ de *grener* ■ AGRIC. Formation du grain des céréales. *Grenaison précoce.*

GRENAT [gʀəna] **n. m.** – *granat* adj. 1160 ◇ de *grenate* adj. → grenade ■ **1** Pierre fine très dure (silicates complexes), généralement d'un beau rouge sombre. ➤ **almandin, escarboucle.** *Variété noire de grenat.* ➤ **pyrénéite.** ■ **2** APPOS. INV. *Rouge grenat :* rouge sombre. ➤ **bordeaux.** *Des lèvres rouge grenat.* ADJT INV. *Des étoffes grenat.*

GRENÉ, ÉE [gʀəne] **adj.** – 1528 ◇ de *grener* ■ TECHN. Qui offre à la vue ou au toucher une multitude de petits grains très rapprochés. ➤ **grenu.** *Dessin grené, cuir grené.* SUBST. (1829) *Un beau grené. Le grené d'une gravure, d'une reliure de peau.*

GRENELER [gʀɛnle ; gʀənle] **v. tr.** ‹4 /5/› – 1353 ◇ de *grener* ■ TECHN. Préparer (un cuir, un papier) de telle sorte qu'il paraisse couvert de grains. **p. p. adj.** *Peau grenelée.* ➤ **grené.**

GRENER [gʀəne] **v.** ‹5› – XIIe ◇ du radical de *grain* ■ **1 v. intr.** AGRIC. Produire de la graine. *Le blé grène mal cette année.* ■ **2 v. tr.** TECHN. Réduire en petits grains. (On dit aussi **GRAINER** [gʀene] ‹1›) *Grener de la terre,* l'émietter. — **p. p. adj.** *Poudre grenée.* ■ **3 v. tr.** Donner du grain à (une pierre lithographique, une glace ou une pièce de métal).

GRÈNETIS [gʀɛnti] **n. m.** – *grenetis* 1676 ◇ du radical de *grain* ■ TECHN. Cordon fait de petits grains au bord des monnaies, des médailles. ➤ **crénelage.**

GRENEUR, EUSE [gʀənœʀ, øz] **n.** – 1907 ; *graineur* 1859 autre sens ◇ de *grener* ■ TECHN. Ouvrier, ouvrière qui donne le grain aux pierres, aux plaques de métal utilisées en gravure.

GRENIER [gʀənje] **n. m.** – début XIIIe ◇ latin *granarium,* de *granum* «grain» ■ **1** Partie d'un bâtiment de ferme, d'ordinaire située sous les combles, où l'on conserve les grains et les fourrages. ➤ **fenil, grange,** 1 **pailler.** (VIEILLI sauf dans *grenier à blé, à foin, à mil*). PAR EXT. ➤ **silo.** PAR ANAL. *Grenier à sel :* au temps de la gabelle, dépôt où l'on venait s'approvisionner en sel. ◆ FIG. Pays, contrée fertile en blé. *La Sicile «qui fut appelée le grenier de l'Italie»* MAUPASSANT. ■ **2** PAR EXT. COUR. Étage supérieur d'une maison sous les combles. ➤ 1 **comble, mansarde.** *Ranger des vieilles affaires au grenier. Aménager des chambres dans un grenier. — De la cave* au grenier.*

GRENOUILLAGE [gʀənujaʒ] **n. m.** – milieu XXe ◇ de *grenouiller* ■ FAM. Ensemble d'intrigues douteuses, de tractations malhonnêtes. ➤ **magouille.**

GRENOUILLE [gʀənuj] **n. f.** – 1503 ; *grenoilles* 1225 ◇ ancien français *reinoille* (XIIe), du latin populaire °*ranucula,* diminutif de *rana* «grenouille» → rainette ■ **1** Batracien anoure aux pattes postérieures longues et palmées, à peau lisse, nageur et sauteur. *Grenouille verte, rousse.* ➤ **rainette, roussette.** *Grenouille-taureau.* ➤ **ouaouaron.** *La grenouille coasse. Larve de grenouille.* ➤ **têtard.** *Grenouille mâle, grenouille femelle. Expériences physiologiques faites sur les grenouilles.* — ALLUS. LITTÉR. *«La grenouille qui veut se faire aussi grosse que le bœuf», fable de La Fontaine. — Manger des cuisses de grenouilles.* ◆ LOC. FAM. *Grenouille de bénitier*. — Mare aux grenouilles :* milieu politique malhonnête. — *Avoir des grenouilles dans le ventre.* ➤ **borborygme.** ■ **2** VX Tirelire en forme de grenouille. LOC. FIG. (1793) *Manger la grenouille :* s'approprier des fonds en dépôt (cf. Partir avec la caisse*). *«jouer au prince russe, au notaire de province qui a mangé la grenouille»* AYMÉ.

GRENOUILLER [gʀənuje] **v. intr.** ‹1› – avant 1945 ; autre sens 1527 ◊ de *grenouille* ■ FAM. Pratiquer le grenouillage. ➤ **magouiller.**

GRENOUILLÈRE [gʀənujɛʀ] **n. f.** – *grenolliere* 1299 ◊ de *grenouille* ■ **1** RARE (sauf comme nom de lieudit) Lieu marécageux, mare (à grenouilles). ■ **2** Combinaison pour bébé dont les jambes se terminent en chaussons.

GRENOUILLETTE [gʀənujɛt] **n. f.** – 1538 ◊ de *grenouille* ■ **1** Renoncule d'eau à fleurs blanches. ■ **2** (1615) Tumeur bénigne placée sous la langue.

GRENU, UE [gʀəny] **adj.** – XIIIe ◊ du radical de *grain* ■ **1** BOT. Riche en grains. *Épis grenus.* ■ **2** Qui semble formé de petits grains ; dont le grain est apparent. ➤ **granité, granuleux, grené.** *Tissu, cuir grenu. Papier grenu. «le bourrelet grenu de la nuque»* COLETTE. ♦ GÉOL. *Roches grenues,* dont les cristaux, de grande taille, sont visibles à l'œil nu (ex. les roches plutoniques : granit, diorite...). ■ **3** SUBST. *Le grenu* : l'aspect de ce qui est grenu. *Le grenu d'une peau.*

GRENURE [gʀənyʀ] **n. f.** – 1845 ; autre sens 1757 ◊ de *grener* ■ TECHN. État du cuir grené.

GRÈS [gʀɛ] **n. m.** – v. 1223 ; «bloc de pierre» 1175 ◊ francique °*greot* «gravier» ■ **1** Roche sédimentaire formée de nombreux petits éléments unis par un ciment de nature variable. *Grès siliceux, calcaires, ferrugineux (grès rouge des Vosges), gypseux, argileux.* ➤ **alios, molasse, psammite, quartzite.** *Carrière de grès* (**GRÉSIÈRE n. f.**). *«Des grès de teinte grise, entremêlés* [...] *de bruyères»* NERVAL. *Pavé, moellon de grès. Poudre de grès utilisée pour poncer.* ■ **2** (1330) Terre glaise mêlée de sable fin dont on fait des poteries. *Pot, pichet de grès. Grès cérame*. Service de table en grès. Grès flammé, flambé.* ■ HOM. Gray.

GRÉSAGE [gʀezaʒ] **n. m.** – 1872 ◊ de *gréser* ■ TECHN. Action de gréser.

GRÉSER [gʀeze] **v. tr.** ‹6› – 1676 ◊ de *grès* ■ **1** TECHN. Polir, poncer avec une meule, de la poudre de grès. ■ **2** TECHN. Rogner au grésoir.

GRÉSEUX, EUSE [gʀezø, øz] **adj.** – 1774 ◊ de *grès* ■ DIDACT. De la nature du grès ; contenant du grès. *Roche gréseuse.*

GRÉSIL [gʀezil] **n. m.** – *gresilz* 1080 ◊ p.-ê. d'un gallo-roman °*crisiculum* «treillis, crible» ■ Précipitation de fins granules de glace ou de neige fondue. *Pluie mêlée de grésil. Un vent froid «mouillé d'aiguilles de grésil»* DUHAMEL.

GRÉSILLEMENT [gʀezijmɑ̃] **n. m.** – 1721 ◊ de 2*grésiller* ■ **1** Crépitation analogue à celle du grésil qui tombe, à celle de certaines substances sur le feu. ➤ **crépitement.** *Le grésillement du beurre dans la poêle. Grésillement qui gêne une conversation au téléphone.* ➤ **parasite ;** FAM. **friture.** *«Le grésillement du sable* [...] *qui pleuvait finement contre les murs»* COLETTE. ■ **2** RARE Cri du grillon.

1 **GRÉSILLER** [gʀezije] **v. impers.** ‹1› – v. 1120 ◊ de *grésil* ■ RARE *Il grésille* : il y a du grésil. ➤ **grêler.**

2 **GRÉSILLER** [gʀezije] **v. intr.** ‹1› – 1398 ◊ altération de *grediller,* variante régionale de *griller,* sous l'influence de 1*grésiller* ■ Produire un crépitement rapide et assez faible. *«L'omelette grésillait dans la poêle»* GENEVOIX. *Appareil de radio qui grésille.* ➤ **crépiter,** RÉGION. et FAM. **gricher.**

GRÉSOIR [gʀezwaʀ] **n. m.** – 1676 ◊ de *gréser* ■ TECHN. Instrument du vitrier servant à rogner les pointes du verre coupé au diamant.

GRESSIN [gʀesɛ̃] **n. m.** – *greisin* 1853 ; *grisse* 1808 ◊ italien *grissino* ■ Petit bâtonnet allongé de pain séché, ayant la consistance des biscottes. ➤ **longuet.** *Des gressins de Turin.*

GREUBONS [gʀøbɔ̃] ou **GRABONS** [gʀabɔ̃] **n. m. pl.** – 1820, -1825 ◊ de l'ancien haut allemand *griubo* «graisse animale fondue» ■ RÉGION. (Suisse) Petits résidus solides qui se forment quand le lard fond. ➤ **fritons, grattons ;** RÉGION. **cretons.**

1 **GRÈVE** [gʀɛv] **n. f.** – v. 1140 ◊ latin populaire °*grava,* p.-ê. d'origine gauloise ■ **1** Terrain plat (formé de sables, graviers), situé au bord de la mer ou d'un cours d'eau. ➤ **bord, côte,** 2 **plage, rivage.** *Flots, vagues qui déferlent sur la grève. «La mer qui vient dormir sur la grève argentée»* LAMARTINE. *Grèves de la Gironde.* ➤ **graves.** — PAR EXT. Banc de sable mobile. *Les grèves de la Loire.* ■ **2** SPÉCIALT *La Grève, la place de Grève* : ancien nom de la place de l'Hôtel-de-Ville à Paris, située au bord de la Seine, où avaient lieu les exécutions (et où on embauchait, cf. 2 grève). *Être roué, pendu en Grève.*

2 **GRÈVE** [gʀɛv] **n. f.** – 1805, repris v. 1844 ◊ de *faire grève, être en grève* «se tenir sur la place de Grève, en attendant de l'ouvrage» ■ **1** Cessation volontaire et collective du travail, décidée par les salariés, un groupe professionnel dans un but revendicatif (augmentation de salaire, amélioration des conditions de travail, protestation contre les licenciements, etc.) et entraînant la suppression de la rémunération pendant cette période. ➤ **arrêt** (de travail), **débrayage.** *Droit de grève. Grève licite, illicite. Grève illimitée. Syndicat qui lance un ordre de grève. Préavis de grève. Voter la reconduction de la grève. Grève des cheminots, des transports. Grève des fonctionnaires. Journée, mouvements de grève dans la fonction publique. «C'est dans les grèves que le prolétariat affirme son existence»* G. SOREL. *Faire grève, faire la grève.* ➤ **débrayer.** *«Il faut que la vie sociale soit corrompue jusqu'en son centre lorsque les ouvriers se sentent chez eux dans l'usine quand ils font grève, étrangers quand ils y travaillent»* S. WEIL. *Se mettre, être en grève.* ➤ **gréviste.** *Usine en grève. Soutenir une grève. Casser, laisser pourrir la grève.* — *Grève générale,* touchant tous les services d'une entreprise, tous les secteurs d'une activité. *Grève perlée*. Grève sauvage,* qui éclate spontanément, en dehors de toute consigne syndicale. *Grève surprise,* déclenchée sans préavis. *Grève tournante,* qui affecte successivement tous les secteurs de production. *Grève sur le tas,* les salariés présents à leur poste de travail demeurant inactifs. *Grève du zèle*. — Briseur* de grève.* ➤ **renard ;** VIEILLI **jaune.** — *Comité de grève.* ➤ **coordination.** *Piquet* de grève.* ■ **2** Arrêt volontaire et collectif d'une activité, par revendication ou protestation. *Grève des étudiants. Détenus qui se mettent en grève dans les prisons.* ♦ **GRÈVE DE LA FAIM :** attitude de protestation, ou de revendication qui consiste à refuser toute nourriture.

GREVER [gʀəve] **v. tr.** ‹5› – v. 1160 «accabler» ◊ latin *gravare* ■ (Sujet chose) Frapper de charges financières, de servitudes. ➤ **charger, imposer.** *Dépenses qui grèvent un budget.* ➤ **alourdir.** *Hypothèques qui grèvent une succession. Succession grevée d'hypothèques. — Grever l'économie d'un pays.* ➤ **accabler, surcharger.** ♦ DR. Charger (qqn) d'une substitution, d'un fidéicommis. *Grever un légataire, un héritier.* ■ CONTR. Affranchir, aider, alléger, assister, décharger, dégrever, exonérer.

GRÉVISTE [gʀevist] **n.** – v. 1848 ; autre sens 1821 ◊ de 2*grève* ■ Salarié(e), personne qui fait grève. *Négocier la reprise du travail avec les grévistes. Une manifestation de grévistes.* — **adj.** *Le mouvement gréviste.* ♦ *Un, une gréviste de la faim.*

GRIBICHE [gʀibiʃ] **adj.** et **n. f.** – 1827 ◊ mot de l'Ouest et de l'Est, du moyen néerlandais *kribbich* «grognon» ■ **1** (Suisse, Canada) FAM. Femme acariâtre et méchante. ➤ **harpie, mégère.** — On dit aussi *grébiche. «Tu ne changeras pas l'idée de ta sœur. Elle sera toujours rétrograde et un peu grébiche»* M. LABERGE. ■ **2** (1891) **SAUCE GRIBICHE :** vinaigrette mêlée d'un hachis d'œuf dur, de cornichons, de câpres et de fines herbes. *Tête de veau sauce gribiche.*

GRIBOUILLAGE [gʀibujaʒ] **n. m.** – 1741 ◊ de *gribouiller* ■ Dessin informe comparable aux premières productions graphiques des jeunes enfants. ➤ **gribouillis.** ♦ Écriture informe, illisible. ➤ **griffonnage.**

GRIBOUILLE [gʀibuj] **n. m.** – 1548 nom d'un personnage naïf et sot ◊ de *gribouiller* ■ Personne naïve et mal avisée qui se jette stupidement dans les ennuis, les maux mêmes qu'elle voulait éviter. *Une politique de gribouille. Des gribouilles.*

GRIBOUILLER [gʀibuje] **v.** ‹1› – 1611 ◊ néerlandais *kriebelen,* ou variante de *grabouiller,* dialectal ■ **1 v. intr.** (fin XVIIe) Faire des gribouillages. ➤ **barbouiller, griffonner.** *Enfant qui gribouille sur les murs.* ■ **2 v. tr.** Écrire, dessiner de manière confuse. *Il gribouilla quelques notes sur un carnet.* — **p. p. adj.** *Message gribouillé.* ■ CONTR. Calligraphier.

GRIBOUILLEUR, EUSE [gʀibujœʀ, øz] **n.** – 1782 ◊ de *gribouiller* ■ Personne qui gribouille. ➤ **barbouilleur.** ♦ Mauvais peintre, mauvais écrivain.

GRIBOUILLIS [gʀibuji] **n. m.** – 1826 ; nom d'un diable 1540 ◊ de *gribouiller* ■ Dessin, écriture informe. ➤ **gribouillage.** *Un mur couvert de gribouillis.* ➤ **graffiti, tag.**

GRICHAGE [gʀiʃaʒ] **n. m.** – 1973 ◊ de *gricher* ■ (Canada) FAM. ■ **1** Grincement. *Grichage de dents. «le grichage des roues de la voiture»* J.-P. FILION. ■ **2** Grésillement. *Il y a du grichage sur la ligne.*

GRICHER [gʀiʃe] **v. intr.** ‹1› – 1859 en France ; autre sens 1849 ◊ variante dialectale de *grincer* ■ (Canada) FAM. ■ **1** Grincer. *Gricher des dents.* ■ **2** Grésiller (2). *«ça grichait comme une vieille radio»* F. PELLERIN.

GRIÈCHE ➤ **PIE-GRIÈCHE**

GRIEF [gʀijɛf] **n. m.** – 1269 ◊ de *grever* ■ **1** VX Dommage que l'on subit. — MOD. DR. *Griefs d'appel* : ce en quoi le demandeur se trouve lésé par un jugement dont il appelle. ■ **2** (PLUR. ou LOC.) Sujet, motif de plainte (généralement contre une personne). ➤ **doléance, plainte, reproche.** *Avoir des griefs contre qqn, à l'égard de qqn. Exposer, formuler ses griefs* : se plaindre, protester. *Ses griefs sont justifiés.* — *Faire grief de qqch. à qqn*, lui en savoir mauvais gré, le lui reprocher. ➤ **blâmer, incriminer.** *Il m'a fait grief de mon départ, d'être parti.* ◆ DR. *Griefs d'accusation.* ➤ **réquisitoire.** ■ **3** Au Canada, Plainte formulée par un employé, un groupe, un syndicat contre un employeur, en vertu d'une convention collective. *Déposer un grief.*

GRIÈVEMENT [gʀijɛvmɑ̃] **adv.** – XIVe ◊ ancien français *grief* « grave », du latin *grevis* ■ VX Gravement. ◆ MOD. **(en parlant d'une atteinte physique)** ➤ **gravement, sérieusement.** *Être grièvement atteint, brûlé. Une balle l'a grièvement blessé.* ■ CONTR. Légèrement.

GRIFFADE [gʀifad] **n. f.** – 1564 ◊ de *griffer* ■ VX Coup de griffe.

GRIFFE [gʀif] **n. f.** – v. 1500 ; *grif* n. m. v. 1220 ◊ de *griffer*

I ■ **1** Formation cornée pointue et crochue, qui termine les doigts de certains animaux (mammifères, oiseaux, reptiles). *Griffes acérées. Griffe fixe, rétractile. Les griffes du chat. Griffes des carnassiers ; des oiseaux de proie* (➤ 1 **serre**). *Sortir ses griffes* (pour attaquer ou se défendre). *Rentrer ses griffes* (cf. Faire patte de velours*). *Coup de griffe. Le chat se fait les griffes.* « *Des ongles invraisemblables, effilés en griffes* » LOTI. — PAR EXT. *La griffe, les griffes* : les pattes armées de griffes. — MÉD. *Main en griffe*, aux doigts figés en position incurvée, par paralysie de certains muscles. ◆ FIG. **LES GRIFFES,** symbole d'agressivité, de rapacité. LOC. *Montrer les griffes* : menacer. *Rentrer ses griffes* : revenir à des sentiments moins belliqueux, moins agressifs. *L'Allemagne avait « forcé l'Autriche à rentrer ses griffes »* MARTIN DU GARD. *Toutes griffes dehors* : avec agressivité. *Coup de griffe* : attaque, critique malveillante, remarque blessante. *Tomber sous la griffe de qqn*, en son pouvoir. *Être entre les griffes de qqn*, à la merci de ses mauvais desseins. *Arracher une personne des griffes d'une autre.* — RÉGION. **(Belgique)** Égratignure, éraflure. ➤ **griffure.** ■ **2** BOT. Racine tubéreuse de certaines plantes. *Griffes d'asperge, de renoncule.* ■ **3** TECHN. Outil, instrument, pièce à dents recourbées. *Griffe de plombier, de tapissier, de doreur. Embrayage à griffes* (➤ **crabot**). *Griffe à musique* : instrument permettant de tracer simultanément les cinq lignes de la portée. — BIJOUT. Petit crochet qui maintient une pierre sur un bijou. ◆ Crampons qui aident certains ouvriers à grimper (aux arbres, aux poteaux).

II ■ **1** (1835) Empreinte reproduisant une signature ; ce qui sert à faire cette empreinte. *Apposer sa griffe. Document portant la griffe d'un ministre.* ■ **2** (1852) FIG. Marque de la personnalité de qqn dans ses œuvres. ➤ **empreinte.** *La griffe voltairienne.* ■ **3** (1951) Morceau d'étoffe cousu sur un vêtement, généralement à l'intérieur, portant le nom du créateur. *Griffe de grand couturier. Enlever la griffe d'un vêtement* (➤ **dégriffé**). ◆ Marque d'un fabricant de produits de luxe. *Vendre divers produits sous sa griffe* (➤ **griffé**).

GRIFFÉ, ÉE [gʀife] **adj.** – 1964 ◊ de *griffe* ■ Qui porte une griffe (vêtements). *Foulard griffé.* ■ CONTR. Dégriffé, démarqué. ■ HOM. Griffer, gryphée.

GRIFFER [gʀife] **v. tr.** ⟨1⟩ – 1386 ◊ p.-ê. d'un ancien haut allemand *grifan*, cf. allemand *greifen* ■ Égratigner d'un coup de griffe ou d'ongle. *Le chat lui a griffé la joue.* ➤ RÉGION. **grafigner.** ABSOLT *Un chat qui griffe.* « *Il se battait comme une fille, les mains ouvertes, giflant et griffant* » MAUROIS. ◆ Provoquer une griffure. *Se faire griffer par les ronces.* ■ HOM. Griffé, gryphée.

GRIFFEUR, EUSE [gʀifœʀ, øz] **adj.** et **n.** – 1904 ◊ de *griffer* ■ Qui donne des coups de griffe. *Chat, enfant griffeur.*

GRIFFON [gʀifɔ̃] **n. m.** – 1080 ; ancien français *grif* ◊ du latin *gryp(h)us*, du grec *grups* ■ **1** Animal fabuleux, monstre à corps de lion, à tête et à ailes d'aigle (➤ aussi **hippogriffe**). ■ **2** (1672) Oiseau de proie de grande taille. ◆ Martinet noir. ■ **3** (1608) Chien de chasse (barbet) à poils longs et broussailleux. *Griffon courant, d'arrêt. Griffon vendéen.* ■ **4** VX Fontaine publique jaillissante (d'après l'ornementation des anciens robinets). MOD. Endroit où l'eau d'une source sort du sol.

GRIFFONNAGE [gʀifɔnaʒ] **n. m.** – 1608 ◊ de *griffonner* ■ Écriture mal formée, illisible ; dessin informe. ➤ **barbouillage, gribouillage, gribouillis.** « *le griffonnage inconscient, les jeux de la plume qui tourne en rond autour d'une tache d'encre* » COLETTE. ◆ Ce qu'on rédige hâtivement, avec maladresse. *Griffonnages de jeunesse.*

GRIFFONNEMENT [gʀifɔnmɑ̃] **n. m.** – v. 1630 ◊ de *griffonner* ■ ARTS Ébauche d'une sculpture, en cire ou en terre.

GRIFFONNER [gʀifɔne] **v. tr.** ⟨1⟩ – 1555 au p. p. ◊ de *griffer* ■ **1** Écrire (qqch.) d'une manière confuse, peu lisible. *Griffonner son nom sur un bout de papier. Les médecins qui « griffonnent, dit-on, des ordonnances illisibles »* ROMAINS. ◆ Dessiner (qqch.) grossièrement, confusément. ABSOLT *Elle griffonne pendant la réunion.* ■ **2** Rédiger à la hâte. *Griffonner un billet. Après avoir « griffonné de longues pages, je découvre n'avoir pas fait une phrase »* FLAUBERT. ■ CONTR. Calligraphier.

GRIFFONNEUR, EUSE [gʀifɔnœʀ, øz] **n.** – 1584 ◊ de *griffonner* ■ RARE Personne qui griffonne.

GRIFFU, UE [gʀify] **adj.** – 1555, repris 1846 ◊ de *griffe* ■ Armé de griffes, et PAR EXT. d'ongles longs et crochus. « *ces mains noueuses, griffues* » GAUTIER. ◆ FIG. Qui griffe, égratigne.

GRIFFURE [gʀifyʀ] **n. f.** – hapax 1494 ; 1867 ◊ de *griffer* ■ Égratignure. ➤ **écorchure, éraflure ;** RÉGION. **gratte, griffe.** *Griffure sur la joue.*

GRIFTON ➤ **GRIVETON**

GRIGNE [gʀiɲ] **n. f.** – 1782 ; autre sens 1694 ◊ de *grigner* ■ **1** TECHN. Couleur dorée du pain. ◆ (1839) Fente que le boulanger fait sur le pain. ■ **2** (1823) TECHN. Inégalité du feutre.

GRIGNER [gʀiɲe] **v. intr.** ⟨1⟩ – 1890 ; « plisser les lèvres et montrer les dents » 1180 ◊ francique °*grînan*, cf. anglais *grin* ■ TECHN. Faire des plis, des fronces (défaut). *Couture qui grigne.* ➤ **goder.**

GRIGNOTAGE [gʀiɲɔtaʒ] **n. m.** – 1882 ◊ de *grignoter* ■ Action de grignoter. — SPÉCIALT Prise d'aliments en dehors des repas. *Le grignotage, facteur de surpoids.* ◆ POLIT. Tactique d'usure consistant en opérations restreintes et répétées. « *La tactique du harcèlement et du grignotage* » A.-P. LENTIN.

GRIGNOTEMENT [gʀiɲɔtmɑ̃] **n. m.** – 1792 ◊ de *grignoter* ■ Action de grignoter. ◆ PAR EXT. Bruit ainsi produit. « *un grignotement de rat [...] prenait des résonances étranges* » GAUTIER.

GRIGNOTER [gʀiɲɔte] **v.** ⟨1⟩ – 1537 ◊ de *grigner* ■ **1 v. intr.** Manger en rongeant. SPÉCIALT (PERSONNES) Manger* très peu, du bout des dents. ➤ **chipoter.** Manger entre les repas. *Grignoter devant la télévision.* ■ **2 v. tr.** Manger (qqch.) petit à petit, lentement, en rongeant. ➤ RÉGION. **gruger.** *Grignoter un biscuit. Souris qui grignote un fromage.* ➤ **ronger.** ◆ FIG. Détruire peu à peu, lentement. *Grignoter son capital.* ➤ 1 **manger.** « *ce défilé infini des petites secondes pressées qui grignotent le corps et la vie des hommes* » MAUPASSANT. — *Coureur qui grignote ses concurrents.* ◆ S'approprier, gagner. *Il n'y a rien à grignoter dans cette affaire.* ➤ **gratter.**

GRIGNOTEUR, EUSE [gʀiɲɔtœʀ, øz] **adj.** et **n. f.** – 1564 ◊ de *grignoter* ■ **1** Qui grignote. ■ **2 n. f.** TECHN. Outil à main, ou machine électrique pour le découpage des bois, des métaux en feuille.

GRIGNOTIS [gʀiɲɔti] **n. m.** – 1788 ; autre sens v. 1500 ◊ de *grignoter* ■ TECHN. Taille en traits courts (gravure).

GRIGOU [gʀigu] **n. m.** – 1658 ◊ languedocien *grigou* « gredin, filou », de *grec*, péj. ■ FAM. Homme avare. *Un vieux grigou.*

GRIGRI [gʀigʀi] **n. m.** – 1643 ; autre sens 1557 ◊ origine inconnue ■ **1** Amulette (Afrique, Antilles). *Le vieux « ceinturé de grigris, — poils de singe et griffes de panthère, coquillages et dents de requin »* GENEVOIX. ■ **2** Petit objet magique, porte-bonheur (ou malheur). *Des grigris.* « *Cette pièce de bijouterie fantaisie s'ornait de toute une ribambelle de pendeloques et de grigris* » LIBERATI. — On trouve aussi les variantes *gris-gris, gri-gri, des gris-gris.*

GRIL [gʀil] **n. m.** – *grail* XIIe ◊ forme masc. de *grille* ■ **1** Ustensile de cuisine formé d'une grille métallique placée au-dessus d'un foyer ou plaque de fonte permettant une cuisson à feu vif. ➤ aussi **plancha.** *Bifteck cuit sur le gril, au gril.* ➤ **grillade.** *Gril électrique. Gril de plein air.* ➤ **barbecue.** *Le gril d'un four* : résistance électrique ou rampe de flammes, placée sur la paroi du haut. ➤ **grilloir.** ◆ Ancien instrument de supplice. *Le gril de saint Laurent.* — FIG. et FAM. *Être sur le gril*, extrêmement anxieux ou impatient (cf. Être sur des charbons* ardents). *Le candidat est sur le gril.* « *Paul se retournait sur le gril, brûlé de curiosité* » COCTEAU. *Tenir, mettre qqn sur le gril*, le mettre à l'épreuve. ■ **2** TECHN. Claire-voie en amont d'une vanne d'écluse. — Plancher à claire-voie au-dessus du cintre d'un théâtre. — MAR. Chantier de carénage à claire-voie. ■ **3** MÉD. *Gril costal* : cage thoracique. ■ HOM. Grill.

GRILL [gʀil] n. m. – 1896, répandu v. 1950 ; *grill-room* 1893 ◊ abrév. de l'anglais *grill-room* ■ Restaurant où on mange essentiellement des grillades. *Des grills.* ■ HOM. Gril.

GRILLADE [gʀijad] n. f. – 1623 ◊ de 1*griller* ■ Tranche de viande, de poisson cuite au gril. *Grillade d'agneau, de porc, de thon. Restaurant de grillades* (de viande). ➤ **grill.** *« Je te ferai une grillade. Tu fais toujours attention à ta ligne ? »* QUENEAU. ♦ Morceau de porc destiné à être grillé.

1**GRILLAGE** [gʀijaʒ] n. m. – 1328 ◊ de *grille* ■ **1** Treillis, le plus souvent métallique, qu'on met aux fenêtres, aux portes à jour, etc. *Les mailles d'un grillage. Grillage en bois des fenêtres arabes.* ➤ **moucharabieh.** ♦ Clôture en treillis de fils de fer. ➤ **claire-voie.** *Jardins enclos d'un grillage. Grillage galvanisé, électrifié.* ■ **2** Treillage bouchant un étang (pour y retenir le poisson). *« Des grillages à mailles fines [...] bouchaient de place en place le ruisseau d'écoulement »* GENEVOIX.

2**GRILLAGE** [gʀijaʒ] n. m. – 1735 ◊ de *griller* ■ **1** Action de griller. *Le grillage du café* (➤ **torréfaction**), *des cacahouètes.* ■ **2** TECHN. Opération consistant à chauffer au rouge un minerai en présence d'oxygène, soit pour le rendre plus friable, soit pour en dégager certaines substances combinées avec lui. *On obtient le mercure par grillage de son sulfure.*

GRILLAGER [gʀijaʒe] v. tr. ‹3› – 1832 ◊ de 1*grillage* ■ Munir d'un grillage. — p. p. adj. *Enclos grillagé.*

GRILLAGEUR [gʀijaʒœʀ] n. m. – 1845 ◊ de *grillager* ■ TECHN. Ouvrier qui fabrique ou pose des grillages.

GRILLE [gʀij] n. f. – 1508 ; *crille* 1402 ; *greille* XIIIe ; ancien français *gradilie* (980) « gril » ◊ latin *craticula* « petit gril »

I ■ **1** Assemblage à claire-voie de barreaux entrecroisés ou non, fermant une ouverture ou servant de séparation à l'intérieur d'un édifice. *Grille d'une cage de fauves. Grilles aux fenêtres d'une prison. La grille d'un château fort.* ➤ **herse.** *Grille d'égout. Un trou, « grillé d'une grille en fer à barreaux entrecroisés »* HUGO. — *Grille d'un confessionnal,* séparant le pénitent du confesseur. *Grille du parloir d'une prison,* séparant les détenus de leurs visiteurs. ■ **2** Ouvrage de ferronnerie servant à enclore un terrain. *Grille d'un square, d'un jardin.* ➤ **portail.** *Les grilles de la place Stanislas à Nancy. Barreaux, pilastres, sommiers, traverses d'une grille.* — Partie mobile d'une grille. *Sonner à la grille. Fermer la grille.* ■ **3** PAR ANAL. Châssis formé de barres parallèles, plaque ajourée, servant de support, de protection ou de filtre. *La grille d'un barbecue. Phare de moto protégé par une grille. Essorer un rouleau de peinture sur une grille.* — *Grille d'un fourneau :* coquille en fonte à claire-voie, où l'on brûle du coke, de la houille. ■ **4** ÉLECTRON. Électrode en forme de grille ou de spirale, placée entre la cathode et l'anode d'un tube* électronique, permettant de régler le courant anodique. — Électrode de commande, formée d'une jonction semi-conductrice, d'un transistor à effet de champ.

II ■ **1** (1864) Carton à jours conventionnels pour la lecture des textes rédigés en langage chiffré. *« Comme on ajuste sur les papiers diplomatiques la "grille" qui isole les mots vrais »* CLAUDEL. — Quadrillage pour le chiffrement et le déchiffrement des messages. ➤ **cryptographie.** ♦ FIG. *Grille de lecture :* interprétation (d'un phénomène) faite en fonction d'une idéologie. ■ **2** PAR ANAL. Figure quadrillée. *Grille de loto. Grille de mots* croisés, de sudoku. « un magazine ouvert à la page des mots fléchés ; grille déjà remplie au stylo bleu »* M. SIZUN. ■ **3** Tableau présentant une organisation, une répartition chiffrée ; cette organisation. *Grille d'horaires des trains. Grille de programmes de radio. La grille de rentrée d'une chaîne de télévision.* — *Grille de salaires, des salaires.*

GRILLÉ, ÉE ➤ 1 et 2 **GRILLER**

GRILLE-PAIN [gʀijpɛ̃] n. m. – 1835 ◊ de 1*griller* et *pain* ■ Petit appareil électroménager servant à griller des tranches de pain. ➤ **toasteur.** *Grille-pain électrique. Des grille-pains.*

1**GRILLER** [gʀije] v. ‹1› – *graeiller* XIIe ◊ de *gril*

I v. tr. ■ **1** Faire cuire, rôtir sur le gril. *Griller des saucisses.* — *Viande grillée* (➤ **grillade**), *grillée sur des braises* (➤ **carbonade**). *Griller du pain.* ➤ **toaster.** *Pain grillé.* ➤ **rôtie, toast.** ♦ Cuire à sec sur des charbons ou de la braise. *Griller des marrons. « l'odeur du feu de bois et la châtaigne grillée »* COLETTE. ♦ (1845) TECHN. Soumettre (une substance), en présence ou non d'oxygène, à l'action de la chaleur. ■ **2** Brûler*. *« je t'aurais avec délices écorché, grillé vif »* R. ROLLAND. — Chauffer à l'excès. *« La flambée qui lui grillait le visage »* MARTIN DU GARD. ♦ PAR EXT. Racornir par un excès de chaleur ou de froid. ➤ **dessécher.** *Le gel grille les bourgeons.* ■ **3** Torréfier. *Griller du café.* — p. p. adj. *Amandes grillées.* ■ **4** (1866) FAM. *Griller une cigarette.* ➤ 1**fumer.** *« faire des pauses en grillant des clopes »* V. DESPENTES. *S'en griller une.* ■ **5** ÉLECTR. Mettre hors d'usage par un court-circuit ou par un courant trop intense. *Griller le moteur d'un appareil électrique.* — p. p. adj. *Changer une ampoule grillée.* ■ **6** FIG. *Griller un feu rouge,* le franchir sans s'arrêter. ➤ **brûler.** ♦ (1907) FAM. Dépasser, supplanter (un concurrent). ➤ **gratter.** *Se faire griller.* ♦ *Être grillé :* être discrédité (auprès de qqn) ; être démasqué. ➤ 2**brûlé.**

II v. intr. ■ **1** Rôtir sur le gril. *Faire griller des châtaignes.* — FAM. Être exposé à une chaleur trop vive. *« Ce n'est plus tenable, nous grillons »* ZOLA. ■ **2** (1546) FIG. ➤ **brûler.** *Griller d'impatience. Griller d'envie de faire qqch. Je grille de vous voir.* — SPÉCIALT Dans les jeux de recherche ou de devinette, Être près du but. ➤ **brûler.**

2**GRILLER** [gʀije] v. tr. ‹1› – 1463 ◊ de *grille* ■ Fermer d'une grille. ➤ **grillager.** *Faites donc « griller les croisées qui donnent sur mes couches »* BEAUMARCHAIS. — p. p. adj. *Fenêtre grillée.* ♦ PAR EXT. VX Enfermer, cloîtrer.

GRILLOIR [gʀijwaʀ] n. m. – milieu XXe ; autre sens 1819 ◊ de 1*griller* ■ Gril d'un four.

GRILLON [gʀijɔ̃] n. m. – 1463 ◊ ancien français *grillet, grille,* du latin *grillus,* avec influence probable de l'ancien français *grésillon,* de même sens ■ Insecte orthoptère sauteur, de couleur noire, dont la stridulation est produite (chez le mâle) par le frottement des élytres. ➤ FAM. **cricri.** *Le chant du grillon. Grillon des champs, du foyer. Taupe-grillon.* ➤ **courtilière.**

GRIMAÇANT, ANTE [gʀimasɑ̃, ɑ̃t] adj. – v. 1660 ◊ de *grimacer* ■ Qui grimace. *Figure, bouche grimaçante. « le visage grimaçant, déformé de douleur »* ARAGON.

GRIMACE [gʀimas] n. f. – *grimache* fin XIVe ; ancien français *grimuche* (1202) ◊ probablt du francique °*grima* « masque » ■ **1** Expression caricaturale du visage due à la contraction de certains muscles faciaux. *Les grimaces comiques d'un clown. Faire une grimace à qqn par dérision, pour provoquer. Enfants qui s'amusent à se faire des grimaces. Grimace de dégoût, de douleur. Grimace convulsive* (➤ **tic**). *« il se renvoyait des grimaces [dans la glace]. Il fronçait le nez, tirait la langue »* COURTELINE. ♦ FIG. *Faire la grimace :* manifester son mécontentement, son dégoût. ➤ **bouder,** se **renfrogner.** LOC. FAM. *La soupe à la grimace :* accueil hostile, mauvaise ambiance ; PAR EXT. attitude maussade d'une personne mécontente. *« la soupe à la grimace dont on m'avait gratifié [...] en apprenant simultanément ma démission et mon départ au Québec »* M. WINCKLER. ■ **2** FIG. et VX Mine affectée par feinte. ➤ **dissimulation, frime, hypocrisie.** *« la grimace de la vertu »* FLAUBERT. — LOC. PROV. *On n'apprend pas à un vieux singe* à faire la grimace.* ♦ AU PLUR. LITTÉR. Politesses exagérées. ➤ **façon, simagrée, singerie.** *Voilà bien des grimaces !* ■ **3** ARCHÉOL. Figure grotesque sculptée sur les sièges des stalles. ■ **4** Mauvais pli (d'une étoffe, d'un habit).

GRIMACER [gʀimase] v. intr. ‹3› – 1428 ◊ de *grimace* ■ **1** Faire des grimaces. *Grimacer de dégoût, de douleur. « Pierre grimaçait un peu à cause du soleil »* SARTRE. ■ **2** Faire un faux pli (étoffe). ➤ **grigner.**

GRIMACIER, IÈRE [gʀimasje, jɛʀ] adj. – 1660 ; « sculpteur de *grimaces* (3°) » 1580 ◊ de *grimace* ■ **1** Qui a l'habitude de faire des grimaces. ■ **2** FIG. VIEILLI Affecté. *Pruderie grimacière.* ♦ Qui minaude avec affectation.

GRIMAGE [gʀimaʒ] n. m. – 1860 ◊ de *grimer* ■ Maquillage de théâtre, de scène. *Le grimage d'un clown.*

GRIMAUD [gʀimo] n. m. – 1480 n. pr. ◊ du francique °*grima* « masque » ■ VX ■ **1** Écolier des petites classes, élève ignorant. ■ **2** Homme inculte ou pédant. Mauvais écrivain. *« un terne et suffisant grimaud, [...] une plume banale par excellence »* VILLIERS.

GRIME [gʀim] n. m. – 1778 ; *faire la grime* « la moue » 1694 ◊ francique °*grima* « masque » ■ VX Rôle de vieillard ridicule ; acteur qui joue ce rôle.

GRIMER [gʀime] v. tr. ‹1› – 1819 v. pron. ◊ de *grime* ■ **1** VX Marquer (un acteur) de rides pour lui vieillir le visage. ■ **2** (1827) MOD. Farder, maquiller pour le théâtre, le cinéma, etc. (ou d'une manière outrancière). *Grimer un acteur en vieillard.* PRONOM. *« Il excellait à se déguiser, à se grimer »* BALZAC. — *« Sa figure grimée en rouge brique et blanc »* COLETTE.

GRIMOIRE [gʀimwaʀ] n. m. – XIIIe ◊ altération de *grammaire,* désignant la grammaire latine, inintelligible pour le vulgaire ■ **1** Livre de magie à l'usage des sorciers. ■ **2** PÉJ. Ouvrage ou discours obscur, inintelligible. *« le plus incroyable des galimatias, le plus inintelligible des grimoires »* HUYSMANS.

GRIMPANT, ANTE [gʀɛ̃pɑ̃, ɑ̃t] **adj.** et **n. m.** – 1691 ◊ de *grimper* ▪ **1** Qui grimpe, a l'habitude de grimper. — *Plante grimpante,* dont la tige s'élève en s'accrochant ou en s'enroulant aux corps voisins. « *Des plantes grimpantes* [...] *accrochant leurs vrilles à un treillage* » GAUTIER. *Rosier grimpant.* ▪ **2 n. m.** (1872) FAM., VIEILLI *Un grimpant.* ➤ **pantalon*.** « *Un gros type en sort en remontant son grimpant* » SAN-ANTONIO.

GRIMPE [gʀɛ̃p] **n. f.** – 1974 ◊ mot région. « escalade » ▪ Escalade à mains nues de parois abruptes naturelles ou non. ➤ **varappe.**

GRIMPÉE [gʀɛ̃pe] **n. f.** – 1811 ◊ de *grimper* ▪ Ascension rude et pénible (➤ **grimpette**).

GRIMPER [gʀɛ̃pe] **v.** ‹1› – 1495 ◊ forme nasalisée de *gripper*
I v. intr. A. ▪ **1** Monter en s'aidant des mains et des pieds. *Grimper aux arbres, sur un arbre. L'écureuil « grimpe en un instant sur un hêtre dont l'écorce est fort lisse »* BUFFON. *Grimper à l'échelle, à la corde. — Grimper aux rideaux*.* ♦ SUBST. **LE GRIMPER :** exercice à la corde lisse ou à nœuds. ▪ **2** (En parlant de plantes) *Vigne qui grimpe le long d'un mur. « Que le lierre vivant grimpe aux acanthes mortes »* HUGO. ➤ **grimpant.** ▪ **3** PAR EXT. Monter avec effort sur un lieu élevé, d'accès difficile. *Grimper à travers les éboulements de roches, jusqu'au sommet d'un glacier. Grimper à l'assaut de...* ➤ **escalader.** *Un couvreur grimpé sur un toit.* ➤ **juché, perché.** — (Sans idée d'effort ni de difficulté) « *Sans se presser, il grimpa sur un tabouret* » MAC ORLAN. FAM. *Grimper dans un taxi.* ➤ **sauter.** ▪ **4** (CHOSES) S'élever en pente raide. *La route grimpe dur.*
B. FIG. ▪ **1** Accéder à un échelon supérieur (notamment dans l'ordre social) (➤ RÉGION. **grimpion**). « *il était désireux de grimper aux sommets glacés de la société* » MORAND. ▪ **2** Monter, augmenter rapidement. *Les prix grimpent.* ➤ **hausse ; inflation.**
II v. tr. ➤ **escalader, gravir.** *Grimper un escalier quatre à quatre.*
▪ CONTR. Descendre, dévaler.

GRIMPEREAU [gʀɛ̃pʀo] **n. m.** – 1555 ◊ de *grimper* ▪ Passereau qui s'accroche aux troncs des arbres pour y chercher sa nourriture. ➤ **échelette, sittelle.**

GRIMPETTE [gʀɛ̃pɛt] **n. f.** – 1855 ◊ de *grimper* ▪ FAM. Chemin court en pente rapide. ➤ **côte.** — Action de grimper. ➤ **grimpe, grimpée.**

GRIMPEUR, EUSE [gʀɛ̃pœʀ, øz] **adj.** et **n.** – 1596 ◊ de *grimper* ▪ **1** Qui a l'habitude de grimper. *Les animaux grimpeurs.* ♦ VIEILLI *Oiseaux grimpeurs,* et ELLIPT **LES GRIMPEURS.** ➤ **coucou, perroquet, 1 pic, toucan.** ▪ **2 n.** Personne qui pratique l'escalade (➤ **alpiniste**), et SPÉCIALT la grimpe* (➤ **varappeur**). ▪ **3 n.** Cycliste qui excelle à monter les côtes. « *les purs grimpeurs, les attaquants au grand cœur, les seigneurs de l'Alpe-d'Huez* » O. ADAM.

GRIMPION, IONNE [gʀɛ̃pjɔ̃, jɔn] **n.** – 1829 ; « grimpereau » 1820 ◊ de *grimper* ▪ (Suisse) Personne ambitieuse, arriviste. *Quel grimpion, ce politicien !*

GRINÇANT, ANTE [gʀɛ̃sɑ̃, ɑ̃t] **adj.** – 1846 ◊ de *grincer* ▪ **1** Qui grince. *Des « antiques guimbardes aux essieux grinçants »* DORGELÈS. ▪ **2** FIG. *Une musique grinçante.* ➤ **discordant.** ♦ *Des compliments grinçants.* ➤ **aigre.** *Ironie grinçante.*

GRINCEMENT [gʀɛ̃smɑ̃] **n. m.** – 1530 ◊ de *grincer* ▪ Action de grincer ; bruit aigre ou strident qui en résulte. ➤ **couinement, crissement.** *Grincement d'une porte, des roues d'une charrette. « Le grincement d'une girouette ou d'une poulie rouillée »* LOTI. — **GRINCEMENT DE DENTS :** action de grincer des dents ; FIG. douleur, tristesse. ALLUS. BIBL. *Des pleurs et des grincements de dents. « Il y aura des larmes et des grincements de dents, des ruines et de la casse »* CENDRARS.

GRINCER [gʀɛ̃se] **v. intr.** ‹3› – 1311 ◊ forme nasalisée de l'ancien verbe *grisser,* doublet de *crisser* ▪ **1 GRINCER DES DENTS :** faire entendre un son en serrant les mâchoires et en frottant les dents d'en bas contre celles d'en haut. ➤ **crisser,** RÉGION. et FAM. **gricher ; bruxisme, bruxomanie.** *Grincer des dents pendant le sommeil. Bruit strident qui fait grincer les dents.* — FIG. *Faire grincer des dents ; faire grincer les dents de (qqn) :* faire des mécontents ; déplaire à. ▪ **2** (CHOSES) Produire un son aigu et prolongé, désagréable. ➤ **crier.** *Huiler une porte qui grince. « le sommier rebelle allait grincer »* DUHAMEL. *Faire grincer la craie sur le tableau.* ➤ **crisser.** ▪ **3** (Animaux) Émettre un cri grinçant. *La chauve-souris grince.* ➤ **couiner.**

GRINCHEUX, EUSE [gʀɛ̃ʃø, øz] **adj.** – 1844 ◊ variante dialectale de *grinceur* (1611) « qui grince facilement des dents » ▪ D'humeur maussade et revêche. ➤ **acariâtre, grognon, hargneux ;** RÉGION. **gringe, marabout.** « *Un homme du Nord, pas méchant, plutôt grincheux, quinteux* » DUHAMEL. — PAR EXT. *Humeur grincheuse.* ♦ SUBST. *C'est un vieux grincheux.*

GRINGALET [gʀɛ̃galɛ] **n. m.** – 1611 « bouffon » ◊ du suisse allemand *gränggeli,* ou de l'ancien français *guingalet* (XIIe) « cheval », du gallois ▪ PÉJ. Homme de petite taille, de corps maigre et chétif. ➤ **avorton, demi-portion. adj.** « *Il le trouvait* [...] *un peu gringalet* » FLAUBERT.

GRINGE [gʀɛ̃ʒ] ou **GRINCHE** [gʀɛ̃ʃ] **adj.** – 1784 ◊ du francique °*grisan* « craquer, crisser » ▪ RÉGION. (Savoie ; Suisse) Grincheux.

GRINGO [gʀiŋgo] **n.** et **adj.** – 1899 ◊ mot espagnol d'Amérique du Sud ▪ PÉJ. Américain des États-Unis, anglo-saxon, pour les Latino-Américains. *Les gringos.*

GRINGUE [gʀɛ̃g] **n. m.** – 1911 ; « pain » 1878 ◊ de *grignon* « croûton », du bas latin *crignum* ▪ LOC. FAM. *Faire du gringue à qqn,* lui faire la cour. ➤ **draguer** (cf. Faire du plat*). Chercher à plaire.

GRIOT, GRIOTTE [gʀijo, gʀijɔt] **n.** – v. 1680 ; *guiriot* 1637 ◊ p.-ê. portugais *criado,* de *criar* « nourrir, éduquer » ▪ En Afrique, Membre de la caste de poètes musiciens, dépositaires de la tradition orale. « *Les griots du Roi m'ont chanté la légende véridique de ma race aux sons des hautes kôras* » SENGHOR.
▪ HOM. Griotte.

GRIOTTE [gʀijɔt] **n. f.** – 1505 ◊ déglutination de *agriotte,* de l'ancien provençal *agriota,* de *agre* « aigre » ▪ **1** Cerise à queue courte, à chair molle et très acidulée, à jus coloré. *Confiture de griottes. Griottes à l'eau-de-vie.* ▪ **2** GÉOL. Calcaire d'aspect noduleux, verdâtre ou rougeâtre. ▪ HOM. Griotte (griot).

GRIP [gʀip] **n. m.** – 1936 ◊ mot anglais, de *to grip* « attacher, agripper » ▪ ANGLIC. Revêtement ergonomique permettant une meilleure prise en main (de l'objet). *Grip de raquette, de club de golf, de stylo.* ▪ HOM. Grippe.

GRIPPAGE [gʀipaʒ] **n. m.** – 1869 ◊ de *gripper* ▪ Ralentissement ou arrêt du mouvement (de pièces ou organes mécaniques), provoqué par le frottement et la dilatation des surfaces métalliques mal lubrifiées. ♦ FIG. Mauvais fonctionnement (d'un système). *Le grippage de l'économie.*

GRIPPAL, ALE, AUX [gʀipal, o] **adj.** – 1871 ◊ de *grippe* ▪ Propre à la grippe. *État grippal. Les virus grippaux.*

GRIPPE [gʀip] **n. f.** – XVIIe ; « griffe », fig. « rapine, querelle » XIIIe ◊ de *gripper* ▪ **1** VX Fantaisie soudaine, caprice. ♦ (1762) MOD. **PRENDRE EN GRIPPE :** avoir une antipathie soudaine contre (qqn, qqch.). « *j'avais pris en grippe cette belle ville* » MÉRIMÉE. ▪ **2** (1743 ◊ parce qu'elle saisit brusquement) COUR. Maladie infectieuse, virale, contagieuse, souvent épidémique, caractérisée par un abattement général et des symptômes variés (fièvre, courbatures, atteintes des voies respiratoires parfois compliquées d'infections bactériennes). ➤ **influenza.** *Virus de la grippe. Épidémie de grippe. Grippe saisonnière* ou *épidémique :* qui connaît un pic hivernal. *Grippe A, grippe* H_1N_1. *Attraper, avoir la grippe. Vaccin contre la grippe. — Grippe espagnole, asiatique, mexicaine* (pandémies). ♦ *Grippe aviaire* ou *grippe du poulet :* infection virale (influenza) qui touche les oiseaux, très contagieuse chez les volailles, transmissible au porc et exceptionnellement à l'être humain. *Grippe porcine.* ▪ **3** VIEILLI *Grippe intestinale.* ➤ **gastroentérite.** ▪ HOM. Grip.

1 **GRIPPÉ, ÉE** [gʀipe] **adj.** et **n.** – 1782 ◊ de *grippe* (2°) ▪ Atteint de la grippe. « *je me réveillais courbaturé, grippé* » GIDE. — SUBST. *Les enrhumés et les grippés.* ♦ PAR EXT. (ABUSIVEMENT) Enrhumé.

2 **GRIPPÉ, ÉE** [gʀipe] **adj.** – 1814 ◊ de *gripper* ▪ **1** MÉD. *Faciès grippé :* aspect contracté du visage dans certaines crises douloureuses suraiguës. ▪ **2** Arrêté, ralenti par l'effet du grippage. *Moteur grippé. Vis grippées par la rouille.*

GRIPPER [gʀipe] **v.** ‹1› – 1405 ◊ francique °*grîpan* « saisir »
I v. tr. ▪ **1** VX Attraper, saisir lestement et avidement. ➤ **happer.** — Prendre au collet, arrêter (un voleur). ▪ **2** MOD. TECHN. Provoquer un grippage dans (un mécanisme). *La rouille a grippé le mécanisme.* — PRONOM. *Le moteur s'est grippé.*
II v. intr. ▪ **1** (1752) Se froncer, se retirer (en parlant des étoffes). *Soie qui grippe sous le pied-de-biche.* ▪ **2** (1757) S'accrocher, se coincer, s'arrêter par l'effet du grippage. ➤ 1 se **bloquer.** *Le moteur va gripper si on ne le graisse pas.*
▪ CONTR. 1 Lâcher. — Tourner (rond).

GRIPPE-SOU [gʀipsu] **n.** – 1680 ◊ de *gripper* et *sou* ▪ Personne avare qui économise sur tout et cherche à obtenir de l'argent par tous les moyens. ➤ **rapia.** *Des grippe-sous.* — **adj.** *Il est assez grippe-sou.*

GRIS, GRISE [gʀi, gʀiz] **adj.** et **n.** – 1160 ◊ francique °*grîs*
I ▪ **1** D'une couleur intermédiaire entre le blanc et le noir. *Une souris grise. « Ses yeux sont gris.* GRIS. *Comme l'orage, la pierre, le ciel du Nord, la mer »* DURAS. *Un costume gris.* — PAR

MÉTON. *Éminence* grise.* ◆ *Gris de poussière* : couvert d'une couche de poussière grise. *« Les camions étaient gris de la poussière des routes »* BERNANOS. — PROV. *La nuit tous les chats* sont gris.* ◆ SPÉCIALT (en parlant du temps) *La lumière grise d'un jour sans soleil. Temps gris.* — ELLIPT *Il fait gris* : le temps est couvert. ◆ FIN. *Marché* gris. Économie* grise.* ◆ *Eau(x)* grise(s).* ■ 2 (En parlant des cheveux, des poils) ➤ **argenté ; grisonner** (cf. Poivre* et sel). *« Je n'avais pas un cheveu gris, ma moustache était noire »* PROUST. — *L'or* gris.* ■ 3 (Servant à désigner certains êtres ou objets, certaines espèces) *Ambre gris. Vin gris* (variété de rosé). *Crevette grise. Carte* grise.* — ANAT. *Substance grise du cerveau. Matière* grise.* ■ 4 FIG. Sans éclat, sans intérêt. ➤ 1 **morne.** *« tâcheron commis aux corvées les plus grises »* R. DEBRAY. ◆ (XVe) *Faire grise mine*.* ■ 5 (1690) VIEILLI Qui est près d'être ivre, pris de vin. ➤ **éméché, gai.** *Il tomba « la tête sur la table, non pas gris, mais ivre mort »* BALZAC. ■ 6 *Zone grise* : imprécision, ambiguïté de la législation sur une situation, un cas. *Zones grises et vides juridiques.*

II n. m. ■ 1 (XVe) Couleur grise. *Peindre des volets en gris. Passer une couche de gris. Gris clair, gris foncé. « L'ennui de toute peinture est le gris »* DELACROIX. *Gris perle. Gris souris. Gris ardoise. Gris anthracite. « le ciel tourné au gris-fer pesait ainsi qu'un couvercle »* J. ROUMAIN. — adj. *Robe gris souris. « une mer unie gris-perle »* CHARDONNE. ■ 2 SPÉCIALT Robe d'un cheval, caractérisée par un mélange de poils blancs, noirs et autres. *Gris pommelé.* ■ 3 Vêtements gris. *S'habiller de gris, en gris. Le gris est peu salissant.* ■ 4 Tabac ordinaire de la Régie (qui était enveloppé de papier gris). *Un paquet de gris.*

GRISAILLE [grizaj] n. f. – 1625 ◇ de *gris* ■ 1 ARTS Peinture monochrome en camaïeu gris. *Peindre en grisaille.* — PAR EXT. *Exécuter une grisaille.* ■ 2 (fin XIXe) LITTÉR. Ton ou aspect naturel qui fait songer à la peinture en grisaille. *« tout se fondait en une grisaille lugubre »* SIMENON. ■ 3 COUR. Caractère terne, atmosphère morne, manque d'éclat ou d'intérêt. *La grisaille du quotidien.* ➤ **monotonie, tristesse.** ■ CONTR. Couleur, éclat, fraîcheur.

GRISAILLER [grizaje] v. intr. ‹1› – 1649 « peindre en grisaille » ◇ de *grisaille* ■ VX Prendre une teinte grise, grisâtre.

GRISANT, ANTE [grizɑ̃, ɑ̃t] adj. – 1877 ◇ de *griser* ■ Qui grise en exaltant, en surexcitant. ➤ **enivrant, excitant.** *« Je ne sais rien de grisant comme l'odeur des filles de Provence, un soir de bal »* L. DAUDET. *Succès grisant.* — *Vin grisant.*

GRISARD [grizar] n. m. – 1786 ; « grisâtre » adj. 1351 ◇ de *gris* ■ Peuplier à cime majestueuse et feuillage argenté.

GRISÂTRE [grizɑtr] adj. – v. 1500 ◇ de *gris* ■ Qui tire sur le gris. *Bâtisses grisâtres. Ciel, jour grisâtre. « son visage est grisâtre ; les traits en sont tirés »* ROBBE-GRILLET. ◆ FIG. Désolant, morne.

GRISBI [grizbi] n. m. – 1895, répandu 1953 ◇ de *gris* « monnaie grise » ■ ARG. Argent*. *« Touchez pas au grisbi », roman de Simonin.*

GRISÉ [grize] n. m. – 1873 ◇ de *griser* (vx) « devenir gris » ■ Teinte grise obtenue par des hachures, par un pointillé (sur une gravure, une carte, un papier).

GRISER [grize] v. tr. ‹1› – 1538 ◇ de *gris*

I ■ 1 (1718) Rendre gris, un peu ivre. ➤ **enivrer, soûler.** *Alcool qui grise* (cf. Monter, porter à la tête*). ◆ Mettre dans un état d'excitation physique comparable aux premières impressions de l'ivresse. *« Cet air vif des montagnes qui grise et qui fait danser »* DAUDET. *Odeur, parfum qui grise.* ■ 2 Agiter psychologiquement, en étourdissant légèrement. ➤ **enivrer, étourdir, exciter.** *Griser qqn de beaux discours. « L'éblouissement, l'illumination, la plénitude de cet instant [...] le grisèrent aussitôt »* MONDOR. — *Se laisser griser par le succès* (➤ **grisant**).

II **SE GRISER** v. pron. ■ 1 S'enivrer. — PAR ANAL. *Se griser d'air pur.* ■ 2 FIG. S'exalter, se repaître (de qqch. d'exaltant). *Se griser de ses propres paroles. « Je me grise avec de l'encre, comme d'autres avec du vin »* FLAUBERT.

GRISERIE [grizri] n. f. – 1838 ◇ de *griser* ■ 1 Excitation comparable aux premiers effets de l'ivresse. ➤ **étourdissement, exaltation, ivresse.** *Une griserie de grand air. « La vitesse, griserie inconnue de nos pères »* MAURIAC. ■ 2 FIG. Exaltation morale, intellectuelle, s'accompagnant d'une certaine altération du jugement. *La griserie du succès, du pouvoir.*

GRISET [grizɛ] n. m. – 1721 ; « un peu gris » adj. XIIe ◇ de *gris* ■ 1 Jeune passereau qui a encore le plumage gris. ■ 2 (1780) Petit requin. ■ 3 Champignon, variété de tricholome comestible.

GRISETTE [grizɛt] n. f. – 1651 « étoffe » ; XIIe adj. ◇ de *gris* ■ 1 (1660 « fille vêtue de grisette ») VIEILLI Jeune fille de condition modeste, ouvrière dans les maisons de couture, de mœurs légères. ➤ **lorette.** ■ 2 RÉGION. Animal, plante de couleur grise (fauvette, macreuse, râle, papillon, agaric...).

GRIS-GRIS ➤ **GRIGRI**

GRISOLLER [grizɔle] v. intr. ‹1› – 1718 ◇ d'un radical onomatopéique ■ RARE Faire entendre son chant (en parlant de l'alouette). — On rencontre parfois la variante *grisoler* (1832).

1 **GRISON, ONNE** [grizɔ̃, ɔn] adj. et n. – 1449 ◇ de *gris* ■ 1 VX Qui grisonne. ■ 2 n. VX Personne qui grisonne. ◆ n. m. Âne.

2 **GRISON, ONNE** [grizɔ̃, ɔn] adj. et n. – 1872 ◇ romanche *grischun* ■ Du canton suisse des Grisons. ◆ n. Personne qui habite ce canton ou en est originaire. — n. m. RARE Langue romane parlée par les Grisons. ➤ **romanche.**

GRISONNANT, ANTE [grizɔnɑ̃, ɑ̃t] adj. – 1546 ◇ de *grisonner* ■ Qui grisonne. *Cheveux grisonnants. Tempes grisonnantes.* — *« Un homme entre deux âges, grisonnant et déplumé »* DAUDET.

GRISONNEMENT [grizɔnmɑ̃] n. m. – 1546 ◇ de *grisonner* ■ LITTÉR. État du poil, des cheveux qui grisonnent.

GRISONNER [grizɔne] v. intr. ‹1› – 1470 ◇ de 1 *grison* ■ Commencer à devenir gris (en parlant du poil). *Ses cheveux grisonnent.* — Commencer à avoir le poil gris par l'effet de l'âge (en parlant d'une personne, surtout d'un homme). *Il grisonne.*

GRISOU [grizu] n. m. – 1754 ◇ forme wallonne de *grégeois* ■ Gaz combustible formé de méthane, de petites quantités d'anhydride carbonique et d'azote, qui se dégage spontanément dans certaines mines de houille. *Jet de grisou.* ➤ **soufflard.** *Captage du grisou.* — **COUP DE GRISOU :** explosion du grisou au contact de l'air, dans les mines ; FIG. FAM. épisode mélancolique.

GRISOUMÈTRE [grizumɛtr] n. m. – 1877 ◇ de *grisou* et *-mètre* ■ TECHN. Appareil servant à mesurer la proportion de grisou dans l'air d'une mine.

GRISOUTEUX, EUSE [grizutø, øz] adj. – 1876 ◇ de *grisou* ■ TECHN. Qui contient du grisou. *Air grisouteux.*

GRIVE [griv] n. f. – v. 1280 ◇ p.-ê. fém. de l'ancien français *griu* « grec » (cf. *pie-grièche*), par allusion aux migrations de l'oiseau ■ Oiseau *(passériformes)* dont le plumage est brun plus ou moins clair, parsemé de taches noirâtres. *Grive commune, musicienne,* ou *grive des vignes* (➤ **vendangette**) ; *grosse grive* (➤ **draine, jocasse**) ; *grive à tête cendrée* (➤ **litorne, tourd**) ; *petite grive* (➤ **mauvis**). *La grive chante, babille. Chasser la grive. Pâté de grives.* ◆ LOC. (par allus. à l'habitude qu'a la grive de se gorger de raisin) *Soûl comme une grive* : complètement soûl. — PROV. *Faute de grives, on mange des merles* : faute de ce que l'on désire, il faut se contenter de ce que l'on a.

GRIVELÉ, ÉE [griv(ə)le] adj. – XIIIe ◇ de *grive* ■ Tacheté, mêlé de brun (ou de gris) et de blanc comme le plumage de la grive. *Oiseau grivelé.*

GRIVELER [griv(ə)le] v. intr. ‹4 /5/› – 1620 ◇ de *grive*, par allus. aux pillages des grives dans les vignes, ou de °*grivel* « crible » ; cf. *grivelé* ■ VX Tirer des profits illicites d'un emploi. ◆ Être coupable de grivèlerie.

GRIVÈLERIE [grivɛlri] n. f. – XVIe ◇ de *griveler* ■ Action de griveler. ◆ SPÉCIALT Petite escroquerie qui consiste à consommer sans payer, dans un café, un restaurant, un hôtel. ➤ **fraude, resquille.** *Ils « fichent au bloc pour six mois un mendiant coupable de grivèlerie »* BERNANOS.

GRIVELURE [griv(ə)lyr] n. f. – XVIe ; *grivolure* 1550 ◇ de *grivelé* ■ DIDACT. Coloration, nuance blanche, grise et brune.

GRIVETON [grivtɔ̃] n. m. – 1881 ◇ de *grive* « guerre », p.-ê. de *grief* avec l'influence de *grive*, oiseau maraudeur ■ POP. Simple soldat. ➤ **bidasse, troufion.** — On trouve aussi la graphie *grifton.*

GRIVOIS, OISE [grivwa, waz] adj. – 1707 ; n. m. « mercenaire, soldat » 1690 ◇ de *grive* « guerre » ■ Qui est d'une gaieté licencieuse socialement peu délicate, mais sans violence. ➤ **égrillard,** 1 **gaillard, gaulois, léger, leste, libertin, libre, licencieux.** *Un conteur grivois. Chansons grivoises.* ➤ 2 **cru, paillard,** 1 **salé ;** FAM. **cochon.** ■ CONTR. Honnête, prude, pudibond.

GRIVOISERIE [grivwazri] n. f. – 1843 ◇ de *grivois* ■ Caractère de ce qui est grivois. ➤ **gauloiserie, licence, paillardise.** ◆ Action ou parole grivoise. ➤ **gaudriole.**

GRIZZLI [grizli] n. m. – 1902 ; *grizzly* 1866 ; var. *grisly* 1860 ◇ anglais américain *grizzly (bear)* « (ours) grisâtre », de *grizzle* « gris » ■ Ours brun des montagnes Rocheuses. *Des grizzlis.* — On écrit aussi *grizzly. « chasseurs de bisons, tueurs de grizzlys »* PAGNOL.

GRŒNENDAEL [grɔ(n)ɛndal] n. m. – 1933 ◇ mot flamand, nom d'un village de Belgique ■ Chien de berger d'origine belge, à longs poils noirs.

GROG [gʀɔg] **n. m.** – 1776 ◇ mot anglais, sobriquet de l'amiral Vernon, *Old Grog* (il était habillé de gros grain, *grogram*), qui obligea ses marins à étendre d'eau leur ration de rhum ■ Boisson faite d'eau chaude sucrée et d'eau-de-vie, de rhum. *Grog au citron. « Je lui ferai faire un grog bien chaud [...] Je l'envelopperai de couvertures »* SAINT-EXUPÉRY.

GROGGY [gʀɔgi] **adj.** – 1910 ◇ mot anglais « ivre » ■ ANGLIC. BOXE Étourdi par les coups, qui semble près de s'écrouler. ➤ **sonné** (recomm. offic.). — PAR EXT. FAM. *« Je suis peut-être saoul. Sonné. Groggy »* R. GARY. *Elles sont complètement groggys.*

GROGNARD, ARDE [gʀɔɲaʀ, aʀd] **adj. et n. m.** – XIIIe ◇ de *grogner* ■ **1** VIEILLI Qui a l'habitude de grogner, de protester. ➤ **grognon.** — *« L'air grognard et maussade des valets »* ROUSSEAU. ■ **2** **n. m.** HIST. Soldat de la vieille garde, sous Napoléon Ier.

GROGNASSE [gʀɔɲas] **n. f.** – 1883 ◇ de *grogner* ■ VULG. et PÉJ. ■ **1** Femme laide et d'humeur acariâtre. ➤ **pouffiasse.** ■ **2** (Injurieux) Femme.

GROGNASSER [gʀɔɲase] **v. intr.** ‹1› – 1872 ◇ de *grogner* ■ FAM. et PÉJ. Grogner de façon continuelle. ➤ **grognonner.**

GROGNE [gʀɔɲ] **n. f.** – XIVe ◇ de *grogner* ■ FAM. Mécontentement exprimé par un groupe de personnes. *La grogne des ouvriers. Grogne sociale, syndicale. « la hargne, la rogne et la grogne »* DE GAULLE.

GROGNEMENT [gʀɔɲmɑ̃] **n. m.** – XVe ◇ de *grogner* ■ **1** Cri du cochon, du sanglier (➤ **grommellement**), de l'ours, consistant en une sorte de ronflement bref et sourd. — PAR EXT. *Le grognement du chien prêt à mordre.* ➤ **grondement ; grrr.** ■ **2** Action de grogner, bruit que fait une personne qui grogne. ➤ **bougonnement, grommellement.** *« Un grognement arriva du palier, la voix de Maheu bégayait, empâtée »* ZOLA. ♦ Murmure de mécontentement. *Des grognements de protestation.*

GROGNER [gʀɔɲe] **v. intr.** ‹1› – v. 1180 *grognier* ◇ altération, d'après *groin*, de l'ancien français *gronir*, du latin *grunnire* ■ **1** (1250) Pousser son cri, en parlant du cochon, du sanglier, et PAR EXT. de l'ours, etc. (➤ **grognement**). ♦ Émettre un bruit sourd, une sorte de grondement. ➤ **gronder.** *Chien qui grogne en montrant les dents.* ■ **2** Manifester son mécontentement par de sourdes protestations. ➤ **bougonner, grognasser, grognonner, grommeler, gronder, maugréer, ronchonner.** *Obéir en grognant.* ➤ **pester ;** FAM. **maronner, râler, rouscailler, rouspéter.** *Enfant fatigué qui grogne* (➤ **grognon**). *Grogner contre, après qqn.* ♦ TRANS. Dire en grognant. *Grogner des insultes. Qu'est-ce que tu grognes ?*

GROGNON, ONNE [gʀɔɲɔ̃, ɔn] **adj. et n.** – 1721 *mère Grognon* ◇ de *grogner* ■ Qui a l'habitude de grogner, qui est d'une humeur maussade, désagréable. ➤ **bougon, grincheux ;** RÉGION. **bougonneux.** *Enfant grognon,* qui pleure, se plaint sans cesse. ➤ **pleurnicheur.** *Une femme grognon, grognonne. « Tu sais bien qu'elle est toujours grognon »* BALZAC. — PAR EXT. *Un air grognon. Une moue grognon, grognonne.* — **n.** *Un vieux grognon.* ➤ **ronchon ;** FAM. **râleur, rouspéteur.** ■ CONTR. Affable, aimable, gai.

GROGNONNER [gʀɔɲɔne] **v. intr.** ‹1› – 1634 ◇ de *grognon* ■ RARE Pousser des grognements comme le pourceau ; faire le grognon. *« Le baron se plaignait de ses rhumatismes et grognonnait »* GIDE. ➤ **grognasser, ronchonner.**

GROIN [gʀwɛ̃] **n. m.** – *gruing* 1190 ◇ latin populaire °*grunnium*, de *grunnire* → grogner ■ Museau (du porc, du sanglier), et PAR EXT. Museau tronqué et propre à fouir. *Les porcs « enfonçaient en terre leur groin »* FLAUBERT. *Extrémité du groin.* ➤ **boutoir.** ♦ PAR ANAL. Visage hideux, bestial.

GROISIL [gʀwazi(l)] **n. m.** – 1771 ; *groizil* 1611 ; var. *grésil* 1640 ◇ même origine que *grès*, cf. région. *groise* « gravier » ■ TECHN. Débris de verre pulvérisés utilisés dans la fabrication des verres communs (➤ **calcin**).

GROLE [gʀɔl] **n. f.** – 1523 ◇ latin *gracula* → 1 grailler ■ RÉGION. (Ouest, Berry) Corneille, choucas, freux. — On a écrit *grolle* (1762).

GROLLE [gʀɔl] **n. f.** – 1574 ; « savate » XIIIe, d'abord régional ◇ latin populaire °*grolla*, d'origine inconnue ■ FAM. Chaussure. *Une paire de grolles.* — On écrit aussi *grole.*

GROMMELER [gʀɔm(ə)le] **v.** ‹4 /5/› – 1375 ; *grummeler* XIIIe ; *grommer* XIIe ◇ du moyen néerlandais *grommen* ■ **1** **v. intr.** Murmurer, se plaindre entre ses dents. ➤ **bougonner, grogner, gronder, ronchonner ;** FAM. **maronner, râler ;** RÉGION. **raboudiner, rouméguer.** *Céder qqch. en grommelant.* ♦ SPÉCIALT Grogner, en parlant du sanglier. ■ **2** **v. tr.** Dire de manière confuse et avec colère. *Grommeler des injures entre ses dents.* ➤ **marmonner.**

GROMMELLEMENT [gʀɔmɛlmɑ̃] **n. m.** /GROMMÈLEMENT/ – 1567 ◇ de *grommeler* ■ Action de grommeler ; bruit d'une personne qui grommelle. — Paroles grommelées.

GRONDANT, ANTE [gʀɔ̃dɑ̃, ɑ̃t] **adj.** – XVIe ◇ de *gronder* ■ Qui gronde. *Fauves grondants et rugissants.* — *« La foule grondante ne se calme plus »* ARAGON. ➤ **menaçant.**

GRONDEMENT [gʀɔ̃dmɑ̃] **n. m.** – XIIIe ◇ de *gronder* ■ **1** Son menaçant, sourd et prolongé (de certains animaux). ➤ **grognement.** *Les grondements d'un chien prêt à mordre.* ■ **2** Bruit sourd et prolongé. *Le grondement des canons. Grondement d'un moteur.* ➤ **ronflement.** *Grondement de tonnerre. Grondement assourdissant. « ce grondement homogène, étoffé, que propageait la terre ébranlée »* COLETTE. ■ CONTR. Gazouillis, murmure.

GRONDER [gʀɔ̃de] **v.** ‹1› – 1210 ; var. *grondir, grondre* ◇ latin *grundire*, var. de *grunnire* → grogner

I **v. intr.** ■ **1** Émettre un son menaçant et sourd. ➤ **grogner.** *Chien qui gronde* (➤ **grrr**). ■ **2** PAR ANAL. Produire un bruit sourd, grave et plus ou moins menaçant. *Le canon gronde. Le tonnerre gronde.* ➤ **tonner.** *« Nos passions sont comme les volcans : elles grondent toujours, mais l'éruption n'est qu'intermittente »* FLAUBERT. — (Sans idée de menace) *La mer gronde.* ♦ FIG. Être menaçant, près d'éclater. *La révolte gronde. Colère qui gronde.* ■ **3** VX ou LITTÉR. Murmurer, se plaindre à voix basse entre ses dents, sous l'effet de la colère, etc. ➤ **bougonner, grogner, grommeler, murmurer, ronchonner.** *Gronder entre ses dents.*

II **v. tr.** (1665) Réprimander* (un enfant). ➤ **sermonner, tancer ;** FAM. **attraper, engueuler, enguirlander, secouer ;** POP. **crier** (après), **disputer ;** RÉGION. **chicaner.** *Gronder un élève. « ma mère m'aurait grondé pour avoir oublié mon foulard »* CÉLINE. *Se faire gronder.* — Réprimander amicalement. *Nous devons vous gronder d'avoir fait un si beau cadeau.*

■ CONTR. (de II) 1 Louer, remercier.

GRONDERIE [gʀɔ̃dʀi] **n. f.** – XVIe ◇ de *gronder* ■ Action de gronder ; réprimande adressée à un enfant, ou faite sur un ton amical. ➤ **admonestation ;** FAM. **attrapade, engueulade.** *« ces charmantes gronderies tendres qui ont tant de grâce remontant de la fille au père »* HUGO.

GRONDEUR, EUSE [gʀɔ̃dœʀ, øz] **adj.** – 1586 ◇ de *gronder* ■ **1** (PERSONNES) Qui a l'habitude de gronder, de bougonner ou de réprimander. ➤ **bougon, grognon.** — PAR EXT. *Humeur, voix grondeuse.* ➤ **coléreux.** ■ **2** FIG. (CHOSES) Qui gronde, émet un grondement. ➤ **bruyant, ronflant, tonnant.** *« l'immense orgue des vents grondeurs »* BAUDELAIRE. ■ CONTR. Aimable, doux. Silencieux.

GRONDIN [gʀɔ̃dɛ̃] **n. m.** – 1796 ; « cochon » 1598 ◇ de *gronder*, à cause du grondement qu'il fait parfois entendre ■ Poisson comestible *(triglidés)*, au corps épineux, généralement rose ou rouge. ➤ **trigle.** APPOS. *Rougets grondins.*

GROOM [gʀum] **n.** – 1669, répandu 1813 ◇ mot anglais « jeune homme, valet » ■ **1** **n. m.** VX Jeune laquais d'écurie. — MOD. **n.** *Groom équestre,* chargé(e) de la préparation et des soins d'une écurie de compétition. ■ **2** (1828) **n. m.** Jeune employé en livrée, chargé de faire les courses dans les hôtels, les restaurants, les cercles. ➤ **chasseur, commissionnaire.**

GROOVE [gʀuv] **n. m.** – 1988 au Canada ◇ mot anglais « sillon (d'un disque) », dans la loc. *in the groove* « dans le rythme » ■ ANGLIC. Qualité rythmique propre aux musiques qui incitent à bouger, à danser. *« le groove organique des musiques noires américaines »* (Le Monde, 2000). — Musique de ce type (funk, reggae, salsa, soul...). *« des filles en mini-short faisaient onduler leur bassin au son d'un groove plutôt lent »* HOUELLEBECQ.

GROOVER [gʀuve] **v. intr.** ‹1› – 1988 au Canada ◇ anglais *to groove* → groove ■ ANGLIC. FAM. Produire un rythme qui incite à bouger, à danser. ➤ **swinguer.** *Un morceau de rap qui groove.*

GROS, GROSSE [gʀo, gʀos] **adj., adv. et n.** – fin XIe ◇ du latin *grossus*, synonyme populaire de *crassus* → gras et 1 crasse

I ~ **adj.** **A.** QUI DÉPASSE LA MESURE ORDINAIRE ■ **1** (CHOSES) Qui, dans son genre, dépasse la mesure ordinaire, moyenne. *Une grosse pierre. Gros nuage, grosse vague. Grosse goutte. Gros paquet, grosse valise.* ➤ **volumineux.** *Grosse voiture. Gros livre. Grosse écriture, gros caractères. Fruit à grosse peau.* ➤ **épais.** — (Animaux) *Grosse araignée. Gros chat. « La grenouille qui veut se faire aussi grosse que le bœuf »* LA FONTAINE. *Un gros poisson.* SUBST. (COLLECTIF) *La pêche au gros.* ■ **2** (PERSONNES) Qui est plus large ou plus gras que la moyenne des êtres humains. ➤ **corpulent, empâté, énorme, épais, 1 fort, gras, massif, obèse, pesant, rebondi, replet, rond, rondelet, ventripotent, ventru.** *Gros et petit.* ➤ **1 boulot, courtaud, trapu.** *Gros et grand.* ➤ **colossal, important, imposant,** FAM. **maous, mastard.** *« Il était fabuleusement* *gros* [...], *le ventre comme un tonneau»* R. ROLLAND. *Gros et gras**. *Un gros homme.* ➤ **mastodonte ;** PÉJ. **éléphant, hippopotame.** *Un gros père.* ➤ **patapouf, pataud, poussah.** *Grosse (bonne) femme, grosse fille, grosse dame ; grosse mémère.* ➤ PÉJ. **baleine, boudin, dondon, tas, vache.** *Gros bébé.* ➤ **joufflu, potelé.** *Être gros comme une vache, une baleine ; comme une boule, une barrique, une bonbonne, un tonneau, une tour,* très gros. *Elle se trouve trop grosse, elle voudrait maigrir.* — LOC. (par allusion au type pop. du Gros-Jean, homme du commun, modeste) *Être Gros-Jean comme devant :* éprouver une désillusion. ◆ (Parties du corps) *Un gros ventre.* ➤ **arrondi, bombé, renflé ; bedaine, brioche.** *Avoir une grosse tête. Grosse poitrine.* ➤ **opulent.** *Grosse figure.* ➤ **plein.** *Avoir de grosses joues* (➤ **joufflu**), *un gros nez. Grosses lèvres.* ➤ **charnu, épais.** *De gros yeux ronds.* ➤ **globuleux.** FIG. (fin XVIIIe) *Faire les gros yeux* (➤ **œil,** I). — LOC. *Chat qui fait le gros dos**. *Avoir les yeux plus gros que le ventre**. FAM. *Avoir, attraper la grosse tête**. ◆ (fin XIe) **GROS exprimant les dimensions relatives.** *Gros comme le poing, comme une tête d'épingle.* — FIG. *Gros comme le bras**.

B. DÉSIGNANT UNE CATÉGORIE DE GRANDE TAILLE (PAR RAPPORT À UNE AUTRE) (fin XIVe) *Gros sel. Le gros bétail. Le gros gibier**. *Les grosses dents :* les molaires. *Le gros intestin**. *Une grosse caisse**. *Gros grains :* froment, méteil et seigle. *Un gros plan** (photo, cinéma). *Une grosse cylindrée**. *Les gros titres** (des journaux).

C. QUI EST TEMPORAIREMENT, ANORMALEMENT GROS (fin XIIe) *Avoir une grosse joue à cause d'un abcès.* ➤ **enflé.** FIG. *Avoir le cœur gros :* avoir du chagrin. *«Le cœur gros de rancune et de désirs amers»* BAUDELAIRE. ◆ MAR. *Grosse mer :* mer houleuse dont les vagues s'enflent. MÉTÉOR. *Mer grosse :* état de la mer dont la hauteur des vagues est comprise entre 6 et 9 mètres. *Mer très grosse* (entre 9 et 14 mètres). — (milieu XIIIe) *Gros temps :* mauvais temps. ◆ (milieu XIIe) (Après le nom) VIEILLI *Femme grosse.* ➤ 2 **enceinte ; grossesse ; engrosser.** *«De l'encre aux doigts, ruminait le père, et la voilà grosse avec un vaurien dans les tripes»* Y. QUEFFÉLEC. *La vache est grosse.* ➤ **pleine.** ◆ FIG. (1549) (fém. ou masc.) **GROS DE... :** qui recèle (certaines choses) en germe, en puissance. *Nuée grosse d'orage. Un fait gros de conséquences.* ➤ **lourd.** *«Le présent est gros de l'avenir»* LEIBNIZ.

D. IMPORTANT, CONSIDÉRABLE ■ **1** (CHOSES) Abondant, important. *Grosse averse, grosse chute de neige. Grosse récolte. Gros bourg, gros village.* — *Gros appétit,* qui ne se satisfait que par une grande quantité de nourriture. ◆ SPÉCIALT (début XIIIe) Qui dépasse ou semble dépasser la mesure exprimée. ➤ 1 **bon** (I, C, 1°). *Un gros kilo. Un gros quart d'heure.* ➤ **grand.** ◆ (1690) *Grosse fortune. Grosse somme, gros héritage.* ➤ **considérable, immense, important.** *Faire de grosses dépenses.* ➤ **excessif.** *Subir de très grosses pertes. Il a une grosse situation. Grosse affaire. Jouer gros jeu. Gros travaux.* ➤ **grand.** *Faire de grosses réparations. Gros dégâts.* — *Gagner le gros lot**. — *Gros œuvre** (II, 2°). *Grosse industrie.* ➤ **lourd.** — (1531) *Le plus gros est fait.* ➤ **essentiel, principal.** ■ **2** (PERSONNES) *Gros buveur, gros mangeur :* personne qui boit, mange en très grande quantité. ➤ **grand.** ◆ (début XIIIe) Important par le rang, par la fortune. ➤ **influent, opulent, riche.** *Gros propriétaire. Gros capitaliste. Les gros et les petits commerçants. Une grosse héritière.* FAM. *Gros bonnet**, *grosse légume**. ■ **3** (fin XIIIe) (CHOSES) Dont les effets sont importants. ➤ 1 **fort, intense.** *Une grosse voix,* forte et grave. *Gros baiser ; gros bisou.* ➤ **sonore.** *Gros soupir.* ➤ **profond.** — (1796) (D'une couleur) *Un gros bleu :* un bleu soutenu. — *Grosse fièvre.* ➤ **violent.** — *Attraper un gros rhume. De gros ennuis. Gros chagrin. Grosse erreur.* ➤ **grave, grossier.** — LITTÉR. *Gros mot,* qui exprime qqch. de grave. ➤ **grand.** *«L'honneur [...] Avec toi, tout de suite les gros mots !»* ANOUILH.

E. QUI MANQUE DE RAFFINEMENT, DE FINESSE, DE DÉLICATESSE (fin XIIe) ➤ **commun, épais, grossier, ordinaire.** *Avoir de gros traits. Gros drap. Du gros rouge :* du vin très ordinaire. *Gros travaux.* ➤ **pénible.** — FIG. (fin XIIIe) *Gros rire. Grosse plaisanterie.* ➤ **vulgaire.** — *«des questions de gros bon sens»* GIDE. ➤ **simple, solide.** — (milieu XIIe) **GROS MOT :** mot grossier. ➤ **grossièreté.** *Dire des gros mots.* — (En attribut) *C'est gros comme une maison :* c'est énorme, exagéré. *Je trouve ça gros. C'est un peu gros :* c'est difficile à croire. — *Dire des bêtises grosses comme soi.*

F. (PERSONNES) SOULIGNE UNE QUALIFICATION PÉJORATIVE (fin XVIIe) *Gros fainéant. Gros malin. Gros bêta, gros nigaud !* ➤ **grand.**

II ~ **adv.** ■ **1** Dans de grandes dimensions. *Écrire gros,* avec de gros caractères. *On voit gros avec ces lunettes.* ◆ PAR EXT. ➤ **beaucoup.** *«Je gagne gros dans mon commerce»* STENDHAL. *Ça peut rapporter gros. Je donnerais gros pour le savoir. Jouer gros,* une grosse somme. FIG. *Il y a gros à parier que... :* il y a de bonnes raisons de penser que... *Risquer gros :* s'exposer à de graves difficultés. — LOC. FAM. *Gros comme une maison :* énormément ; de manière manifeste, patente, évidente. *Ça, on le voyait venir gros comme une maison.* — *En avoir gros sur le cœur,* (FAM.) *sur la patate :* avoir du chagrin, du dépit. *«C'est qu'il y a longtemps que je veux te dire tout ça... et que j'en ai gros là, va»* GONCOURT. ■ **2 loc. adv. EN GROS :** en grandes dimensions. *C'est écrit en gros sur l'écriteau.* — En grande quantité. *Vente en gros ou au détail.* FIG. *En gros et en détail :* dans l'ensemble et dans le détail. — Dans les grandes lignes, sans entrer dans les détails. ➤ **globalement, grosso modo, schématiquement.** *Savoir en gros ce qu'est une chose. Dites-moi en gros ce dont il s'agit* (cf. En abrégé, en substance).

III ~ **n. A. UN GROS, UNE GROSSE (PERSONNES)** ■ **1** (début XIIIe) Personne grosse. *Un bon gros. Une petite grosse.* FAM. *Un gros plein de soupe.* (1808) *Mon gros,* terme familier à l'adresse d'une personne (grosse ou non). ■ **2** FAM. (début XIIIe) Personne riche, influente. *Les petits payent pour les gros. «Que peut-on gagner [...] à plaider contre un gros !»* STENDHAL.

B. ~ **n. m. LE GROS** ■ **1** (1080) **LE GROS DE...** La partie la plus grosse d'une chose. *Le gros de l'arbre :* le tronc. — La plus grande quantité (de qqch.). *Le gros de l'assemblée, de la nation. Le gros de l'armée, des troupes.* ■ **2** Le moment le plus intense. *«Elle tremblait comme au gros de l'hiver»* ARAGON. ➤ 1 **fort.** — La partie la plus importante. ➤ **essentiel, important, principal.** *Le gros du travail est terminé.* ■ **3** (1704) *Commerce de gros,* d'achat et de revente en grandes quantités (opposé à *détail*). *Maison, magasin de gros* (➤ **grossiste**), *de demi***-gros. Prix de gros.* ■ **4** (1586) *Gros de Naples, de Tours :* tissu (de soie, etc.) à gros grains. ■ **5** FIG. et FAM. *Envoyer** *du gros.*

■ CONTR. 1 Fin, petit ; 1 maigre. Faible ; délicat, 1 fin ; distingué, recherché. — Détail. ■ HOM. Grau.

GROS-BEC [gʀobɛk] **n. m.** – 1553 ◊ de *gros* et *bec* ■ Variété de pinson qui se nourrit d'insectes, de graines, d'amandes de fruits. *Les gros-becs dévastent les cerisiers.*

GROSCHEN [gʀɔʃɛn] **n. m.** – 1832 ; «monnaie allemande» 1723 ◊ mot allemand, du latin *(denarius) grossus* «gros (denier)» ■ ANCIENNT Centième du schilling autrichien. *Une pièce de cinquante groschens.*

GROS-CUL [groky] **n. m.** – v. 1965 ◊ de *gros* et *cul,* pour *C. U.* «charge utile» ■ FAM. Poids* lourd. ➤ 1 **camion.** *Doubler un gros-cul. Des gros-culs.*

GROSEILLE [gʀozɛj] **n. f.** – *groselle* fin XIIe ◊ moyen néerlandais *croesel,* du francique °*krusil* ■ **1** Fruit du groseillier. ➤ RÉGION. **gadelle, raisinet.** *Groseilles rouges, blanches :* petites baies en grappes, de saveur acide. *Égrapper, égrener des groseilles. Gelée de groseille.* — *Groseille à maquereau :* grosse baie solitaire, verte, jaune ou rouge (employée notamment dans une sauce accompagnant le maquereau). ◆ *Groseille noire.* ➤ 1 **cassis.** ■ **2** PAR EXT. Couleur rose vif voisin du rouge. ADJT INV. *«des gants groseille»* COLETTE.

GROSEILLIER [gʀozeje] **n. m.** – XIIe ◊ de *groseille* ■ Arbuste cultivé pour ses fruits, les groseilles. ➤ RÉGION. **gadelier.** *Groseillier rouge* ou *groseillier à grappes,* à fruits rouges ou blancs en grappes. *Groseillier épineux,* dit *groseillier à maquereau. Des groseilliers à maquereau.* ◆ *Groseillier noir,* à feuilles odorantes et fruits noirs. ➤ 1 **cassis.**

GROS-GRAIN [gʀogʀɛ̃] **n. m.** – *grosgrain* XVIe ◊ de *gros* et *grain* ■ Tissu de soie à côtes plus ou moins grosses. ➤ **ottoman.** *Veste de gros-grain.* ◆ Ruban de ce tissu, vendu au mètre. *Monter une jupe sur un gros-grain. Des gros-grains.*

GROS-PLANT [gʀoplɑ̃] **n. m.** – 1727 ◊ de *gros* «productif» et *plant* «cépage» ■ Cépage blanc du vignoble nantais, connu ailleurs sous le nom de *folle blanche.* — COUR. Vin blanc issu de ce cépage. *Le muscadet et le gros-plant. Des gros-plants.*

GROS-PORTEUR [gʀopɔʀtœʀ] **n. m.** – 1969 ◊ de *gros* et *porteur* ■ Avion de transport de grande capacité. *Des gros-porteurs.* Recomm. offic. pour *jumbo jet.*

GROSSE [gʀos] **n. f.** – 1835 ◊ de *gros* ■ **1** VX Écriture en gros caractères. ■ **2** (XVe) DR. Expédition d'une obligation notariée ou d'une décision judiciaire, dont les caractères sont plus gros que ceux de la minute, et qui est revêtue de la formule exécutoire. ➤ **copie.** *«Cette minute, qui reste au dossier, s'appelle la grosse»* BALZAC. *La grosse d'un contrat, d'un jugement. Faire une grosse.* ➤ **grossoyer.** ■ **3** (1453) COMM. Douze douzaines. *Une grosse de peignes, de brosses.*

GROSSERIE [gʀosʀi] **n. f.** – 1611 ; «grossièreté» XVIe ◊ de *gros* ■ **1** TECHN. Ensemble des gros ouvrages de taillandier. ■ **2** TECHN. Vaisselle d'argent. ■ **3** VX Commerce de gros.

GROSSESSE [gʀosɛs] **n. f.** – 1283 aussi «grosseur» ◊ de *gros* ▪ État d'une femme enceinte, de la fécondation à l'accouchement. ➤ **gestation, gravidité, maternité ; 2 enceinte.** «*la grossesse est le plus immense secret des femmes : aucun homme n'a jamais idée de ce qu'elle est, un préjudice et une béatitude, une capitulation et un épanouissement*» A. FERNEY. *Les neuf mois de la grossesse. Être au sixième mois de sa grossesse. C'est sa première grossesse* (➤ **primigeste**). *Mener sa grossesse à terme.* ➤ **accouchement, délivrance.** «*après une grossesse non pas très pénible, mais assez troublée,* [elle] *avait mis au monde un fils, trois ou quatre semaines avant terme*» ROMAINS. *Grossesse gémellaire* (➤ **jumeau**), *trigémellaire* (➤ **triplé**), *multiple. Grossesse extra-utérine, ectopique. Test de grossesse,* permettant un diagnostic précoce. *Malaises, troubles de la grossesse.* ➤ **gestationnel, gravidique.** *Masque de grossesse.* ➤ **chloasma.** *Grossesse interrompue avant le 180e jour.* ➤ **avortement, fausse couche.** ◆ LOC. *Interruption volontaire de grossesse (I. V. G.) :* avortement provoqué et précoce avant quatorze semaines d'aménorrhée, et tel qu'il est autorisé en France par la loi. — *Grossesse nerveuse* ou *fausse grossesse :* ensemble de signes évoquant la grossesse (aménorrhée, nausées, tension mammaire, gonflement abdominal...) en l'absence d'embryon. *Faire une grossesse nerveuse.* — *Grossesse à risque,* où des complications sont prévisibles (malformation, maladie, anomalie chromosomique de l'enfant ; ou lorsque la femme est âgée de plus de 40 ans, etc.). — *Déni* de grossesse.*

GROSSEUR [gʀosœʀ] **n. f.** – 1216 ◊ de *gros* ▪ **1** (Sens absolu) État d'une personne grosse, d'un animal gros. ➤ **corpulence, embonpoint, obésité, rotondité.** *Elle «s'enfle, et se travaille Pour égaler l'animal en grosseur»* LA FONTAINE. ▪ **2** (Sens relatif) Volume de ce qui est plus ou moins gros. ➤ **dimension, épaisseur, largeur, 2 taille, volume.** *Trier des œufs, des fruits selon leur grosseur.* ➤ **calibre.** *La grosseur d'un paquet.* ➤ **volume.** *Des fils de grosseur différente. Une bague à la grosseur de son doigt. Le faisan est de la grosseur du coq.* ▪ **3** *Une, des grosseurs.* Enflure visible ou sensible au palper. ➤ **bosse, 1 boule, tumeur.** *Avoir une grosseur à l'aine.* ▪ CONTR. Finesse, minceur, petitesse.

GROSSIER, IÈRE [gʀosje, jɛʀ] **adj.** – XIIe au sens 3° ◊ de *gros* ▪ **1** (1555) Qui est de mauvaise qualité ou qui est façonné de manière rudimentaire. ➤ **brut, commun, gros** (I, E), **ordinaire.** «*de la mauvaise nourriture, du vin grossier*» ROMAINS. *Instrument grossier.* ➤ **rudimentaire.** *Vêtement grossier.* ◆ Qui manque de soin, de fini. *Travail grossier* (cf. Ni fait ni à faire*). *Dessin grossier.* ➤ **informe.** *C'est une grossière imitation.* ➤ **maladroit.** ◆ (ABSTRAIT) Qui manque d'élaboration, d'approfondissement, de précision. *Solution grossière.* ➤ **approximatif.** *Je n'en ai qu'une idée grossière.* ➤ **élémentaire, imparfait, imprécis, sommaire, 3 vague.** ▪ **2** Qui manque de finesse, de grâce. ➤ **épais, lourd.** *Visage aux traits grossiers. Attaches grossières.* ▪ **3** VX ou LITTÉR. Qui n'a pas été dégrossi, poli par la culture, l'éducation. *Peuples grossiers.* ➤ **barbare, fruste, inculte, primitif.** *Être grossier dans ses manières.* ➤ **balourd, incivil, indélicat, inélégant, lourdaud, rustre** (cf. Mal dégrossi*). «*Gens grossiers, sans esprit, à qui l'on n'apprend rien*» LA FONTAINE. ➤ **béotien, philistin.** ◆ PAR EXT. COUR. Digne d'un esprit peu subtil, peu cultivé. ➤ **gros, maladroit.** *C'est une ruse grossière* (cf. Cousu de fil* blanc). *Faute, erreur grossière.* ➤ **grave, lourd.** *Ignorance grossière.* ➤ **1 crasse.** ◆ LITTÉR. Relatif à ce qui est bassement matériel, charnel. *Préoccupations grossières. Plaisirs grossiers.* ➤ **2 animal, 1 bas, bestial.** ▪ **4** COUR. Qui offense la pudeur, qui est contraire aux bienséances. *Propos grossiers.* ➤ **2 cru, inconvenant, incorrect, malhonnête, obscène, ordurier, scatologique, trivial, vulgaire.** *Mot grossier.* ➤ **malsonnant ; gros** (mot), **grossièreté.** *Injure grossière.* ➤ **insultant.** *Geste grossier.* ▪ **5** (1690) COUR. (PERSONNES) Qui agit d'une manière contraire aux bienséances. *Être, se montrer grossier avec qqn. Un homme grossier envers les femmes.* ➤ **discourtois, incorrect, insolent.** *Grossier personnage.* ➤ **goujat.** ▪ CONTR. Fini, raffiné. Délicat, 1 fin, parfait, 1 précis. Civilisé, cultivé. Correct, décent, distingué, élégant ; civil, courtois.

GROSSIÈREMENT [gʀosjɛʀmɑ̃] **adv.** – XIVe ◊ de *grossier* ▪ **1** D'une manière grossière, sans soin. *Bois grossièrement équarri.* ➤ **imparfaitement, sommairement.** *Motif grossièrement dessiné, sculpté.* ➤ **maladroitement.** — D'une manière sommaire. *Calculer grossièrement un prix de revient.* ➤ **approximativement** (cf. En gros). ◆ *Se tromper grossièrement.* ➤ **lourdement.** *Une «couleur qui jurait grossièrement avec le ton de ses cheveux»* FLAUBERT. ▪ **2** D'une façon blessante ou inconvenante. *Répondre grossièrement à qqn.* ➤ **impoliment.** *Jurer grossièrement* (cf. Comme un charretier*).

GROSSIÈRETÉ [gʀosjɛʀte] **n. f.** – 1642 au sens 2° ◊ de *grossier* ▪ **1** Caractère de ce qui est grossier, de peu de valeur, ou imparfaitement façonné, exécuté. *Grossièreté de fabrication.* ▪ **2** VX ou LITTÉR. Manque de délicatesse, de culture, de raffinement. ➤ **brutalité, rudesse, rusticité.** ◆ COUR. Ignorance ou mépris des bonnes manières ; action peu délicate, dans les relations sociales. *Cette impolitesse «se rattachait à la grossièreté générale de l'époque»* ROMAINS. ➤ **goujaterie, impolitesse, incorrection, insolence, muflerie.** ▪ **3** (avant 1696) Caractère de ce qui offense la pudeur, les bienséances. ➤ **inconvenance, obscénité, trivialité, vulgarité.** *La grossièreté d'un mot, d'une plaisanterie, de certains graffitis.* — Caractère d'une personne grossière dans son langage. ◆ PAR EXT. *Une, des grossièretés.* Mot, propos grossier. *Dire, débiter des grossièretés.* ➤ **cochonnerie, obscénité, ordure, saleté** (cf. Gros* mot). ▪ CONTR. Finesse. Délicatesse. Civilité, politesse. Attention, égard. Bienséance, correction, distinction.

GROSSIR [gʀosiʀ] **v.** ⟨2⟩ – fin XIIe ◊ de *gros*

I v. intr. ▪ **1** Devenir gros, plus gros. — (PERSONNES) ➤ **engraisser, épaissir ; s'empâter** (cf. Prendre du poids*). *Cet enfant a bien grossi depuis qu'il est à la campagne.* ➤ **se développer, forcir.** *Les féculents font grossir. Régime qui empêche de grossir. Il a grossi de cinq kilos en trois mois. Grossir des hanches, des cuisses.* — (CHOSES) *La rivière a grossi.* ▪ **2** ➤ **enfler, gonfler.** «*Les ganglions avaient encore grossi*» CAMUS. ▪ **3** Augmenter* (en nombre, en importance, en intensité). *La foule des badauds grossissait. Bruit qui grossit.* ▪ **4** FIG. Prendre de l'ampleur, des proportions. ➤ **s'amplifier.** *Nouvelle qui s'enfle, grossit.*

II v. tr. (XVIe) ▪ **1** Rendre gros, plus gros, volumineux. *La pluie tombait «grossissant les rigoles d'eau boueuse»* GREEN. ◆ Faire paraître (qqn, qqch.) gros, plus gros. *Ce vêtement vous grossit.* ABSOLT *Les jupes froncées grossissent.* — *Verre qui grossit les objets* (➤ **grossissant**). ABSOLT *Microscope qui grossit mille fois.* ▪ **2** Rendre plus nombreux, plus important. ➤ **accroître, augmenter.** *Un autre cortège est venu grossir la manifestation.* ➤ **renforcer.** *Grossir le nombre des mécontents. Grossir la facture.* ➤ **gonfler.** ▪ **3** Rendre plus intense, plus fort. *Grossir sa voix pour intimider qqn.* ▪ **4** Accorder une importance exagérée ou accrue à (qqch.), par la pensée ou le langage. ➤ **amplifier, exagérer.** «*ma pauvre mère grossissait dans les mêmes proportions mes torts et mes fautes*» FRANCE. ➤ **dramatiser.** *On a grossi l'affaire à des fins politiques.*
▪ CONTR. Maigrir. Rapetisser. Décroître, faiblir. — Amincir. Minimiser.

GROSSISSANT, ANTE [gʀosisɑ̃, ɑ̃t] **adj.** – 1763 ◊ de *grossir* ▪ **1** RARE Qui devient de plus en plus gros. «*comme un flot grossissant*» HUGO. ▪ **2** COUR. Qui fait paraître plus gros. *Verre grossissant.* FIG. «*Mon imagination excessive, grossissante, qui me fait voir les choses et les gens en trop beau ou en trop laid*» MIRBEAU.

GROSSISSEMENT [gʀosismɑ̃] **n. m.** – 1560 ◊ de *grossir* ▪ **1** Fait de devenir gros, d'augmenter de volume. *Grossissement anormal* (d'une personne). *Grossissement d'une tumeur.* ➤ **accroissement, développement.** ▪ **2** Action de rendre plus gros. ➤ **agrandissement.** ◆ OPT. Rapport des angles sous lesquels l'image d'un objet est vue dans un instrument d'optique et l'objet vu à l'œil nu. *Loupe, lunette, télescope à fort grossissement. Le grossissement, sans unité, est parfois confondu avec la puissance de la lentille, mesuré en dioptries.* ▪ **3** FIG. ➤ **amplification, déformation, exagération.** *Le grossissement de l'imagination, du souvenir. Des choses qui, vues «sous un certain angle, avec un certain grossissement* [...] *offrent des côtés ridicules»* R. ROLLAND. ▪ CONTR. Amaigrissement. Amoindrissement, réduction.

GROSSISTE [gʀosist] **n.** – fin XIXe ◊ p.-ê. de l'allemand *Grossist,* ou de *gros* ▪ Commerçant de gros, intermédiaire dans les circuits de distribution entre le détaillant et le producteur ou le fabricant. *Un grossiste en matériel électrique.* — APPOS. *Fournisseurs grossistes.* ▪ CONTR. Détaillant.

GROSSO MODO [gʀosomɔdo] **loc. adv.** – 1566 ◊ latin scolastique «d'une manière grosse» ▪ En gros, sans entrer dans le détail. *Dites-nous grosso modo de quoi il s'agit.* ▪ CONTR. Exactement, précisément.

GROSSOPHOBIE [gʀosɔfɔbi] **n. f.** – 1994 ◊ de *gros* et *-phobie* ▪ Attitude de stigmatisation, de discrimination envers les personnes obèses ou en surpoids. — **adj.** et **n.** (1993) **GROSSOPHOBE.**

GROSSOYER [gʀoswaje] **v. tr.** ⟨8⟩ – 1335 ◊ de *grosse* n. f. ▪ DR. Faire la grosse de. ➤ **copier, expédier.** *Notaire, greffier qui grossoie un acte, un jugement, un contrat.*

GROTESQUE [gʀɔtɛsk] n. et adj. – 1532 ◇ italien *grottesca*, de *grotta* « grotte » et spécialt « cavité (italien *grotta*) des ruines antiques » → grotte

I n. m. ou f. pl. ARTS ■ **1** Ornements fantastiques découverts aux XVe et XVIe s. dans les ruines des monuments antiques italiens (appelées *grottes*). — PAR EXT. *Les grotesques de Raphaël*, à l'imitation des grotesques antiques. ■ **2** Figures fantasques, caricaturales. *Peintre de grotesques.* « *des grotesques et des fantaisies d'ornement qui dépassent ce que les monstres du Japon et les magots de la Chine ont de plus extravagant et de plus curieusement difforme* » GAUTIER.

II (XVIIe) COUR. ■ **1** adj. Risible par son apparence bizarre, caricaturale. ➤ **burlesque, extravagant.** *Personnage, figure, allure grotesque. Accoutrement, scène grotesque.* ◆ PAR EXT. Qui prête à rire par l'excès, l'aspect caricatural. ➤ **ridicule.** *Une idée grotesque. C'est grotesque !* ■ **2** n. m. Ce qui est grotesque, le genre grotesque. *Il est d'un grotesque achevé.* ◆ ARTS, LITTÉRATURE Le comique de caricature poussé jusqu'au fantastique, à l'irréel. « *le grotesque est, selon nous, la plus riche source que la nature puisse offrir à l'art* » HUGO.

■ CONTR. (de II) Ordinaire ; sérieux. Émouvant.

GROTESQUEMENT [gʀɔtɛskəmɑ̃] adv. – 1623 ◇ de *grotesque* ■ D'une manière grotesque (II). *Être grotesquement accoutré.* ➤ **absurdement, ridiculement.** *Forcer « grotesquement les traits de cette caricature »* SARRAUTE.

GROTTE [gʀɔt] n. f. – 1537 ; *grote* XIIIe ◇ italien *grotta*, du latin *crypta* → crypte ■ Cavité naturelle de grande taille dans le rocher, le flanc d'une montagne, etc. ➤ **antre, caverne ; spéléo-.** *Les stalactites et stalagmites d'une grotte. Grottes préhistoriques*, ayant servi d'abri aux hominiens. *Grottes à ossements. Grottes à peinture. Grotte marine. La grotte de Lourdes.* — PAR EXT. *Grotte artificielle.* — SPÉCIALT Espace creux dans une ruine antique (où se trouvaient les ornements dits « grotesques* »).

GROUILLANT, ANTE [gʀujɑ̃, ɑ̃t] adj. – 1540 ◇ de *grouiller* ■ **1** Qui grouille, remue en masse confuse. ➤ **fourmillant.** *Foule grouillante.* ■ **2** Qui grouille (de...). *Place grouillante de monde. Matelas grouillant de vermine.* ◆ Sans compl. Populeux. « *les bistrots grouillants de la rue Rochechouart* » SARTRE. ■ CONTR. Immobile. 1 Désert.

GROUILLEMENT [gʀujmɑ̃] n. m. – avant 1780 ◇ de *grouiller* ■ État de ce qui grouille. ➤ **fourmillement, pullulement.** *Un grouillement de vers, d'insectes. Le grouillement de la foule.*

GROUILLER [gʀuje] v. intr. ‹1› – v. 1460 ◇ p.-ê. de *grouler*, forme région. de *crouler*

I ■ **1** VX ou RÉGION. ➤ **bouger, remuer.** « *Le garçon, tournant manettes et leviers, grouille comme un mécanicien sur sa locomotive* » ROMAINS. ■ **2** MOD. Remuer, s'agiter en masse confuse, en parlant d'éléments nombreux. ➤ **fourmiller, pulluler.** *Les vers grouillent sur la viande avariée. La foule grouillait sur la place.* « *Ces enfants grouillaient tous, pêle-mêle, comme une nichée de chiens* » BALZAC. ■ **3** (CHOSES) **GROUILLER DE :** être plein de, abonder en (êtres en mouvement). *Plante qui grouille de pucerons. La rue grouille de monde.* ABSOLT *Le boulevard grouillait.* ◆ FIG. « *Je suis dévoré de comparaisons, comme on l'est de poux* [...] ; *mes phrases en grouillent* » FLAUBERT.

II SE GROUILLER v. pron. ■ **1** VX Se remuer, bouger. « *Vous ne vous grouillez pas !* » MOLIÈRE. ■ **2** (1649) MOD. FAM. Se dépêcher, se hâter. *Allez, grouille-toi un peu !* ➤ **se dégrouiller, se manier.** *Grouillez-vous ; on attend !*

GROUILLOT [gʀujo] n. m. – 1913 ◇ de *grouiller* ■ **1** BOURSE Jeune employé qui porte les ordres d'achat, de vente. *Une queue « composée de grouillots, de commis et de potaches »* QUENEAU. ■ **2** Apprenti, débutant, personne chargée de faire de petites besognes. *Le maçon et son grouillot.*

GROUP [gʀup] n. m. – 1723 ◇ italien *gruppo* → groupe ■ VX COMM. Sac d'espèces monnayées qu'on expédie cacheté d'un lieu à un autre. ■ HOM. Groupe.

GROUPAGE [gʀupaʒ] n. m. – 1806 ◇ de *grouper* ■ **1** Action de regrouper, pour les acheminer, des colis provenant de plusieurs expéditeurs ou adressés à plusieurs destinataires. *Lot de groupage.* ➤ **allotissement.** *Tarif de groupage.* ■ **2** MÉD., IMMUNOL. Détermination des caractéristiques immunologiques d'une personne. *Groupage sanguin.* ➤ **ABO.** *Groupage tissulaire.*

GROUPE [gʀup] n. m. – 1668 ◇ de l'italien *gruppo*, qui remonte au germanique *kruppa* « masse arrondie et compacte », à l'origine de *croupe*

I ÊTRES VIVANTS ■ **1** Réunion de plusieurs personnages, formant une unité organique dans une œuvre d'art (peinture, sculpture). *Le groupe des trois Grâces.* « *un de ces groupes comme on aimait alors à en composer, les personnages compassés, immobilisés dans des attitudes faussement naturelles* » C. SIMON. ■ **2** (1755) COUR. Ensemble de personnes réunies dans un même lieu. ➤ **réunion.** *Les invités discutaient par petits groupes. Des groupes de trois, quatre. Se mêler à un groupe. Diviser en plusieurs groupes.* ➤ **dégrouper.** *Un groupe de touristes. Groupe compact.* ➤ **essaim, grappe** (FIG.). *Des groupes se formèrent dans la rue.* ➤ **attroupement.** *Le groupe de tête, dans une course.* ➤ **peloton.** ■ **3** (1732) Ensemble de personnes ayant des caractères en commun (indépendamment de leur présence au même endroit). ➤ **association.** *Groupe humain, groupe social.* ➤ **collectivité, communauté, société ; classe.** *Groupe ethnique.* ➤ **ethnie, race.** *Opposition du groupe et de l'individu dans la société. Groupe d'âge*. Psychologie du, de groupe.* « *Les sociétés de pénurie possèdent vraisemblablement une conscience de groupe plus développée que les sociétés d'abondance* » H. LABORIT. *S'affilier, appartenir à un groupe. Groupe fermé.* ➤ **clan, coterie.** *Groupe de travail.* ➤ **comité, commission, séminaire.** *Travail en groupe.* ➤ **équipe ; collectif.** *Cabinet de groupe. Groupe de discussion sur Internet.* ➤ **forum.** *Tarif, billet de groupe.* — SOCIOL. *Dynamique* de groupe. Thérapie* de groupe.* — MÉD. *Groupe à risque* : groupe de personnes plus particulièrement exposées à une maladie. ◆ (1790) *Les divers groupes politiques de la majorité.* ➤ 1 **parti.** *Groupe parlementaire* : ensemble des parlementaires d'un même parti. *Groupe d'opposition. Discipline de groupe.* — (1955) ANGLIC. **GROUPE DE PRESSION :** ensemble de personnes ayant des intérêts communs et qui exercent une pression sur les organismes de décision. ➤ **lobby.** *Groupe d'intérêt économique (G. I. E.).* — *Groupe littéraire, artistique.* ➤ **cénacle, école.** *Le groupe de la Pléiade. Le groupe des Six* : groupe musical fondé en 1918, comprenant Poulenc, Honegger, Milhaud, G. Tailleferre, etc. — (1908) *Groupe financier. Groupe de presse. Groupe industriel* : ensemble d'entreprises généralement constitué d'une société mère et de sociétés dépendantes (filiales ou non). ➤ **holding, trust.** *Bilan consolidé d'un groupe.* ◆ Ensemble de musiciens et de chanteurs appartenant à une même formation. *Un groupe de rock.* ◆ MILIT. Unité élémentaire de combat, dans l'infanterie. *Section comprenant trois groupes. Groupe franc, groupe de combat.* ➤ **commando.** — Unité dans l'armée de l'air. *Le groupe comprend le plus souvent deux escadrilles.* — *Groupes armés. Groupe terroriste.* ■ **4** PAR EXT. Réunion (d'animaux vivant ensemble). ➤ **banc,** 2 **bande, essaim,** 1 **harde, horde, meute, troupeau.**

II CHOSES ■ **1** (1797) Ensemble (de choses) ayant une cohérence de nature ou spatiale. « *des bosquets d'arbustes, des groupes d'arbres* » CHATEAUBRIAND. *Groupe de mots.* ➤ **expression, locution, syntagme.** *Petit groupe d'îles.* ➤ **cluster.** ◆ MUS. Gruppetto. ◆ TECHN. Réunion (sous la forme d'une machine) d'appareils moteur et générateur assurant une conversion d'énergie. *Groupe électrogène, frigorifique.* ◆ *Groupe scolaire* : ensemble des bâtiments d'une école communale. ■ **2** (1898) MATH. *Ensemble ayant une structure de groupe*, où il existe une loi de composition interne, associative, ayant un élément neutre unique, et par laquelle tout élément a un seul symétrique ; cet ensemble lui-même. ➤ **anneau, corps.** *Le groupe* ($\mathbb{R}$,+) *est le groupe de l'ensemble des réels muni de la loi d'addition. Groupe abélien*.*

III DANS UNE CLASSIFICATION (1726) Ensemble de personnes, de choses ayant un caractère commun. ➤ **catégorie, classe, division, espèce, famille, ordre, taxon ; sous-groupe.** *Un groupe de corps chimiques. Groupe de langues, de dialectes. Dans la grammaire traditionnelle, les verbes sont répartis en trois groupes : verbes du premier groupe* (en -er), *du deuxième groupe* (en -ir, *p. prés. en* -issant) *et du troisième groupe (verbes irréguliers).* ◆ **GROUPES SANGUINS :** classification des individus selon la présence ou l'absence d'agglutinogènes (antigènes) et d'agglutinines (anticorps) spécifiques des globules rouges et du sérum. *Groupe AB* (receveurs universels) ; *groupe 0* (donneurs universels). — *Groupe tissulaire* : groupe de compatibilité permettant la greffe d'un organe (➤ **H. L. A.**).

■ HOM. Group.

GROUPEMENT [gʀupmɑ̃] n. m. – 1801 ◇ de *grouper* ■ **1** Action de réunir en groupe. ➤ **assemblage, rassemblement.** *Groupement d'usines dans une zone industrielle.* ➤ **concentration.** « *le groupement des enfants d'après l'âge se fait de lui-même* » ALAIN. — État de ce qui est en groupe. *Le groupement des parties.*

➤ **arrangement, disposition.** ▪ **2** Réunion importante (de personnes ou de choses volontairement groupées). ➤ **association.** *Groupement syndical.* ➤ **confédération, fédération.** *Groupement de partis politiques.* ➤ **bloc, coalition, front, rassemblement.** *Groupement d'achat.* ➤ **centrale.** *Groupement d'intérêt économique (G. I. E.).* — MILIT. *Groupement tactique* : réunion temporaire d'éléments de diverses armes, destinés à l'accomplissement d'une mission précise. ▪ **3** CHIM. Association d'atomes dans une molécule qui lui confère les propriétés d'une fonction. *Groupement acide, amine.* ▪ CONTR. Dispersion, division.

GROUPER [gʀupe] **v. tr.** ‹1› – 1680 ◇ de *groupe* ▪ **1** ARTS Disposer en groupe (I°). ➤ **réunir.** *Grouper des figures, des personnages.* ▪ **2** COUR. Mettre ensemble. ➤ **assembler, réunir.** *Grouper tous les adversaires du régime.* ➤ **coaliser.** — *Grouper des objets de provenances diverses.* ➤ **amasser, collectionner.** *«l'aptitude à grouper les faits, à confronter les signes»* DUHAMEL. ➤ **rapprocher.** ◆ *Grouper dans une même classe.* ➤ **classer,** 1**ranger.** ▪ **3 SE GROUPER v. pron.** *Se grouper autour d'un chef. Groupez-vous par trois.* ▪ CONTR. Disperser, diviser, parsemer, séparer. Développer, étendre.

GROUPIE [gʀupi] **n.** – v. 1970 ◇ mot anglais, de *group* «groupe» ▪ **1** Personne (le plus souvent jeune fille) qui admire beaucoup un musicien, un chanteur ou un groupe, qui le suit dans ses tournées et assiste à tous ses concerts. ➤ **admirateur,** FAM. **fan.** ▪ **2** Partisan inconditionnel (d'un mouvement, d'un personnage politique, etc.).

GROUPUSCULE [gʀupyskyl] **n. m.** – 1932 ◇ de *groupe*, d'après les diminutifs en *-icule* (latin *-iculus*) et avec influence de *minuscule* ▪ PÉJ. Petit groupe politique. *Des groupuscules extrémistes.* — **adj. GROUPUSCULAIRE.**

GROUSE [gʀuz] **n. f.** – *grous* 1771 ◇ mot écossais ▪ Coq de bruyère d'Écosse. ➤ **lagopède, tétras.**

GRRR [gʀʀ] **interj.** – 1883 *crr* ◇ onomatopée ▪ Interjection évoquant le grondement du chien, qui sert à exprimer l'agressivité, la hargne.

GRUAU [gʀyo] **n. m.** – 1390 ; *gruel* XIIe ◇ francique °*grût* ▪ **1** Grain d'avoine, privé de son. — Plat à base de gruau. **(Canada)** Flocons d'avoine ; bouillie de flocons d'avoine. ➤ ANGLIC. **porridge.** ◆ TECHN. Grain d'une céréale. ➤ **farine.** *Faire passer des gruaux dans un convertisseur. Gruau fin de blé dur.* ➤ **semoule.** ▪ **2** Fine fleur de froment. *Farine de gruau. Pain de gruau.*

GRUE [gʀy] **n. f.** – début XIIe ◇ latin populaire °*grua*, classique *grus*

I ▪ **1** Grand oiseau échassier *(gruidés)* qui migre en troupe. *La grue craquette, glapit. Les vols en V de la grue cendrée. Grue couronnée. Petit de la grue* (**GRUAU** ou **GRUON n. m.**). ◆ LOC. *Faire le pied de grue* : attendre longtemps debout. ▪ **2** (1415 ◇ des stations prolongées de la fille qui *fait le pied de grue*) VIEILLI Prostituée. ◆ T. d'insulte ➤ **putain.** *Sale petite grue !*

II ▪ **1** (1467 ◇ avec influence du moyen néerlandais *crane*) Machine de levage et de manutention. ➤ **bigue, chèvre, derrick, sapine ; grutier.** *Grue montée sur rails. Grue télescopique de chantier. Grue portique. La flèche* d'une grue. «quand il y a de grands chantiers, c'est toute une forêt de grues qu'on voit se dresser et vibrer côte à côte»* LACARRIÈRE. *Grue flottante,* pour le chargement et le déchargement des navires. ▪ **2** CIN. *Grue de prise de vues* : appareil articulé permettant les mouvements de caméra. *Travelling à la grue.*

GRUGER [gʀyʒe] **v. tr.** ‹3› – *grugier* 1482 ◇ du néerlandais *gruizen* «écraser», du radical francique °*grût* → gruau

I ▪ **1** VX Réduire en grains. ➤ **égruger.** ▪ **2** (1660) VX Briser avec les dents (➤ **croquer ; avaler**). *«Perrin fort gravement ouvre l'huître et la gruge»* LA FONTAINE. ◆ **(Canada)** Grignoter. *«le cancer, pareil à une sangsue, était déjà en train de lui gruger la mâchoire»* V.-L. BEAULIEU. ➤ **ronger.**

II (XVIIe) MOD. ▪ **1** LITTÉR. Duper (qqn) en affaires ; dépouiller de son bien. ➤ **spolier,** 2**voler*.** *«vous vous laisseriez gruger jusqu'au dernier sou par ce misérable»* BALZAC. ▪ **2** ABSOLT (ARG. SCOL.) Tricher (à un examen). ➤ **truander.** *J'ai grugé en contrôle de géo.* — Frauder. *Gruger dans le bus.* ➤ **resquiller.**

GRUME [gʀym] **n. f.** – 1552 «grain de raisin» ◇ bas latin *gruma*, classique *gluma* «cosse, écorce» ▪ **1** VITIC. Grain de raisin. ▪ **2** (1684) Écorce qui reste sur le bois coupé non encore équarri. *Bois de grume, en grume,* couvert de son écorce. ◆ Pièce de bois non encore équarrie. *«la senteur des grumes chauffées par le soleil»* GENEVOIX.

GRUMEAU [gʀymo] **n. m.** – *grumel* 1256 ◇ latin populaire °*grumellus*, classique *grumulus*, diminutif de *grumus* «motte (de terre)» ▪ **1** Petite portion de matière agglutinée en grains. *Grumeaux de sel, de sable. Sel en grumeaux.* ▪ **2** Plus cour. Masse coagulée et gluante dans un liquide, une pâte. ➤ RÉGION. **motton.** *Grumeaux dans une sauce, une pâte. Farine tamisée sans grumeaux. Cette crème a fait des grumeaux, est pleine de grumeaux. Grumeaux de sang.* ➤ **caillot.**

GRUMELER (SE) [gʀym(ə)le] **v. pron.** ‹4 /5/› – XIIIe ◇ de *grumeau* ▪ Se mettre en grumeaux. *Lait qui tourne et se grumelle.* ◆ TRANS. Couvrir de grumeaux. *Une coupe de cidre «où des bulles grumelaient le verre»* MAUROIS.

GRUMELEUX, EUSE [gʀym(ə)lø, øz] **adj.** – 1360 ◇ de *grumeau* ▪ **1** Qui est en grumeaux. *Crème grumeleuse.* ▪ **2** Qui présente des granulations. *Poires grumeleuses. «une peau grumeleuse, parce qu'elle avait la chair de poule»* SARTRE.

GRUMELURE [gʀym(ə)lyʀ] **n. f.** – 1769 ◇ de *grumeler* ▪ TECHN. Trou ou soufflure dans une pièce de fonderie.

GRUNGE [gʀœnʒ] **adj.** et **n. m.** – 1993 ◇ mot anglais «crasse, saleté» (1965) ▪ ANGLIC. ▪ **1** Se dit d'un style vestimentaire sale et négligé. *La mode grunge des années 1990.* — **n. m.** *Le grunge.* ▪ **2** Se dit d'un style musical issu du rock et du punk. *Les groupes grunges du nord-ouest des États-Unis.* — **n. m.** *«C'était en 1990, le début du grunge. On était des artistes, sales, beaux, tatoués»* J. BONNIE.

GRUPPETTO [gʀupeto ; gʀupɛtto] **n. m.** – 1810 ◇ mot italien «petit groupe» ▪ MUS. Ornement composé de trois ou quatre petites notes brodant autour d'une note principale. ➤ **groupe.** *Exécuter des gruppettos* (ou *des gruppetti* [plur. it.]) *avec légèreté. Des «agréments d'exécution que nul ne lui demandait, appogiatures et gruppetti»* ECHENOZ.

GRUTIER, IÈRE [gʀytje, jɛʀ] **n.** – 1953 ◇ de *grue* ▪ Conducteur, conductrice d'une grue.

GRUYÈRE [gʀyjɛʀ] **n. m.** – 1674 ◇ nom de lieu, en Suisse ▪ **1** Fromage de lait de vache à pâte pressée cuite, de couleur ivoire, parsemé de quelques trous, originaire de Suisse romande. ➤ aussi 2**comté, emmental.** *Une meule de gruyère. Les yeux, les trous du gruyère. Gruyère râpé. Des gruyères.* — *Crème de gruyère* : gruyère fondu, additionné de beurre. ▪ **2** FIG. Ce qui présente des trous, des lacunes. *Ce sous-sol est un gruyère. «c'est un gruyère, leur troisième trimestre, avec toutes ces vacances !»* PENNAC.

GRYPHÉE [gʀife] **n. f.** – 1801 ◇ latin *grypus* «recourbé», du grec *grupos* → griffon ▪ ZOOL. Mollusque lamellibranche, à coquille allongée et irrégulière. *Gryphée comestible* : huître* portugaise. ▪ HOM. Griffé, griffer.

GSM [ʒeɛsɛm] **n. m.** – 1993 ◇ sigle anglais, de *Global System for Mobile Communication* «système mondial de communication avec les mobiles» ▪ **1** TECHN. Norme européenne de téléphonie mobile. *Le GSM.* ▪ **2 (Belgique, Luxembourg)** Téléphone portable.

GUACAMOLE [gwakamɔl] **n. m.** – 1988 ◇ mot hispano-américain, du nahuatl *ahuacamulli*, de *ahuacatl* (→ 2avocat) et *mulli* «masse» ▪ Préparation à base de purée d'avocat, de tomate, d'oignon, d'épices et de piment (cuisine mexicaine). *«tremper une chips au maïs dans un bol de guacamole»* P. BAILLY.

GUAI ou **GUAIS** [gɛ] **adj. m.** – 1723 *hareng gai ; guais* 1812 ◇ de *gai* au sens ancien de «qui joue librement, qui a du jeu» ▪ PÊCHE Se dit du hareng quand il est vide de laitance et d'œufs. ▪ HOM. Gai, gay, guet.

GUANACO [gwanako] **n. m.** – 1598 ◇ mot hispano-américain, du quéchua *huanacu* «lama» ▪ Lama à l'état sauvage. *Des guanacos.*

GUANINE [gwanin] **n. f.** – 1858 ◇ de *guano* ▪ BIOCHIM. Une des quatre bases azotées, constituant des acides ribonucléique et désoxyribonucléique. *La guanine s'associe avec la cytosine dans l'ADN et l'ARN.*

GUANO [gwano] **n. m.** – 1598, repris XVIIIe ◇ mot espagnol, du quéchua *huano* ▪ **1** Matière constituée par les amas de déjections d'oiseaux marins. *«les rochers blancs de guano»* LE CLÉZIO. *Le guano est un puissant engrais.* ▪ **2** TECHN. Engrais fabriqué avec des débris et déchets d'origine animale. *Guano de poisson, de viande.*

GUAR [gwaʀ] **n. m.** – 1924 ◇ mot hindi ▪ Légumineuse des régions chaudes d'Afrique et d'Asie dont les graines fournissent une gomme *(gomme de guar)* employée comme épaississant.

GUARANA [gwaʀana] **n. m.** – 1834 ◇ du nom des *Guaranis*, Indiens d'Amérique du Sud ▪ Liane originaire d'Amazonie *(sapindacées)*, qui produit des capsules rouges dont on extrait les graines riches en caféine et en tanins. — Substance aux propriétés toniques et stimulantes qui en est tirée. *Boisson énergisante au guarana.*

GUARANI, IE [gwaʀani] adj. et n. – 1840 ◊ mot guarani ■ **1** Qui appartient à une population indienne d'Amérique du Sud (Brésil, Paraguay, Argentine, Bolivie). *La culture guaranie.* ◆ n. *Les Guaranis.* ➤ **tupi.** — n. m. *Le guarani* : la langue des Guaranis. ■ **2** n. m. Unité monétaire du Paraguay.

1 **GUÉ** [ge] n. m. – 1080 ; «mare» v. 1200 ◊ latin *vadum*, croisé avec le germanique °*wad* ■ Endroit d'une rivière où le niveau de l'eau est assez bas pour qu'on puisse traverser à pied. ➤ **passage.** *Passer un gué. Être au milieu du gué.* — loc. adv. **À GUÉ.** *Traverser à gué.* ➤ **guéer.** *Il passa «le ruisseau à gué, ayant de l'eau jusqu'à mi-jambes»* GAUTIER. ■ HOM. Gai.

2 **GUÉ** [ge] interj. – 1666, plus ancien dans des chansons ◊ var. de *gai* ■ VX ou dans des refrains Interjection exprimant la joie. *La bonne aventure, ô gué !*

GUÉABLE [geabl] adj. – 1160 ◊ de *guéer* ■ Que l'on peut passer à gué. *«à mer basse, il est possible que nous trouvions un passage guéable»* J. VERNE.

GUÈBRE [gɛbʀ] n. – *quebre* 1657 ◊ persan *gabr* «adorateur du feu» ■ VIEILLI Fidèle de la religion de Zoroastre. ➤ **parsi, zoroastrien.**

GUÈDE [gɛd] n. f. – XIe ◊ germanique °*waizda-* ; cf. allemand *Waid* ■ **1** BOT. Pastel. ■ **2** TECHN. Couleur bleue que l'on extrayait de la guède et que l'on employait en teinturerie.

GUÉDILLE [gedij] n. f. – 1956 ◊ origine obscure, p.-ê. de *guerdille, gredille* «laitue», mot dialectal du Centre, d'un francique °*grisilon* → grêler ■ (Canada) Sandwich fait avec un pain à hotdog garni de salade (aux œufs, au poulet, au homard) et de mayonnaise.

GUÉER [gee] v. tr. ‹1› – *guaer* début XIIe ◊ bas latin *vadare* ■ RARE Passer à gué. *Guéer un cours d'eau.*

GUÉGUERRE [gegɛʀ] n. f. – 1945 ◊ de *guerre*, avec redoublement enfantin de l'initiale ■ FAM. Conflit jugé mineur. *C'est la guéguerre entre les deux ministres.*

GUELFE [gɛlf] n. m. – 1339 ◊ de *Welf*, nom d'une famille d'Allemagne qui prit le parti des papes ■ HIST. Partisan du pape contre l'empereur du Saint Empire romain germanique, dans l'Italie médiévale. *Guelfes et gibelins*.*

GUELTE [gɛlt] n. f. – 1866 ; argot «paye» 1859 ◊ allemand *Geld* «argent» ■ Pourcentage accordé, en plus du fixe, à un employé de commerce, proportionnellement aux ventes qu'il effectue. *Démonstrateur à la guelte.* ➤ **boni, commission, gratification, 2 prime.** *«la vente marchait bien. Je me faisais de bonnes gueltes»* AYMÉ.

GUENILLE [gənij] n. f. – 1611 ◊ mot dialectal (Ouest, Centre), de *guenipe* «haillons» (→ nippe), de *gana*, du gaulois °*wadana* «eau» ■ **1** (Canada) Chiffon, bout de tissu. ■ **2** (1664) AU PLUR. Vêtement en lambeaux. ➤ **haillon, hardes, loque, nippe.** *Une vieille femme «accroupie, vêtue de guenilles terreuses»* GIDE. *En guenilles.* ■ **3** FIG. Chose méprisable, d'importance nulle. *«Le corps, cette guenille»* MOLIÈRE. *«Guenille, si l'on veut ; ma guenille m'est chère»* MOLIÈRE. ◆ (Canada) Personne d'un caractère faible, dépourvue d'énergie. ➤ **chiffe, lavette.** *«ce n'est pas un homme ton ami, c'est une guenille»* M. DUBÉ.

GUENON [gənɔ̃] n. f. – 1659 ◊ origine inconnue ; p.-ê. même radical que *guenille* ■ **1** VX Cercopithèque, mâle ou femelle. ■ **2** MOD. Singe femelle. ■ **3** FIG. (1557) FAM. et PÉJ. Femme très laide. ➤ **laideron.**

GUÉPARD [gepaʀ] n. m. – 1765 ; *gapar* 1637 ◊ adaptation de l'italien *gattopardo* «chat-léopard» ■ Mammifère carnivore *(félidés)* d'Afrique et d'Asie, à robe tachetée, qui ne diffère de la panthère que par un corps plus haut sur pattes, une tête plus petite, une très courte crinière et des griffes non rétractiles. *La rapidité du guépard à la course.*

GUÊPE [gɛp] n. f. – *guespe* fin XIIe ◊ latin *vespa, wespa*, par l'ancien haut allemand *wafsa* ■ **1** Insecte hyménoptère *(vespidés)*, dont la femelle porte un aiguillon contenant un venin allergène. ➤ **poliste.** *Guêpe qui bourdonne. Piqûre de guêpe. Grosse guêpe.* ➤ **frelon.** *Nid de guêpes.* ➤ **guêpier.** ◆ **TAILLE DE GUÊPE :** taille très fine (par anal. avec le mince pédoncule qui relie, chez la guêpe, le corselet à l'abdomen) (➤ **guêpière**). *«Sa taille de guêpe se cambre»* GAUTIER. ■ **2** FIG. VIEILLI *Une fine guêpe* : une femme rusée (cf. Fine mouche*). — LOC. FAM. *Pas folle la guêpe !* il (elle) a trop de ruse pour se laisser tromper.

GUÊPIER [gepje] n. m. – 1360 ◊ de *guêpe* ■ **1** Oiseau de taille moyenne *(coraciiformes)*, au plumage coloré, se nourrissant surtout d'abeilles et de guêpes. *«étincelants guêpiers vert-émeraude»* GIDE. ■ **2** (1636 ◊ *guespiere* 1567) Nid de guêpes. *Guêpier souterrain, aérien* (cf. Essaim). — Société de guêpes vivant dans un même nid. *Enfumer un guêpier.* ◆ FIG. (1812) Position critique dans une affaire, ou parmi des personnes hostiles, nuisibles. *Se fourrer, donner, tomber dans un guêpier.* ➤ **piège.** *Quel guêpier !*

GUÊPIÈRE [gɛpjɛʀ] n. f. – v. 1945 ◊ de *(taille de) guêpe* ■ Gaine étroite qui amincit la taille.

GUÈRE [gɛʀ] adv. – XIIe ; *gueres, guaires* 1080 ◊ francique °*waigaro* «beaucoup»

I VX Beaucoup, très. *«Si nature ne prête un peu, il est malaisé que l'art et l'industrie aillent guiere* [guère] *avant»* MONTAIGNE.

II MOD. **NE... GUÈRE :** pas beaucoup, pas très. ➤ **médiocrement, peu** (cf. Pas autrement, pas trop). ■ **1** Devant un adj. *Vous n'êtes guère raisonnable. Ce n'est guère difficile.* ■ **2** Devant un adv. *Vous ne l'avez guère bien reçu.* ■ **3** Devant un compar. *La plus vieille «n'a guère plus de soixante ans»* GAUTIER. *Il ne va guère mieux.* ■ **4** Avec un v. *Cela ne se dit guère. Je n'aime guère ce quartier. Il n'approuvait guère ces méthodes. Cette robe ne lui va guère. On n'y voit guère. «Il ne va guère, usé qu'il est»* AYMÉ. ◆ (Durée) Pas longtemps. *La paix ne dura guère. Tu ne tarderas guère.* — (Fréquence) Pas souvent, presque jamais. ➤ **rarement.** *Vous ne venez guère nous voir.* ■ **5 NE... GUÈRE DE,** devant un nom qu'il détermine. *«Il n'est guère de passion sans lutte»* CAMUS. *Je n'ai guère de courage.* ■ **6** Avec *ne... plus* *Un vieux médecin qui n'exerce plus guère. Mot qui n'est plus guère employé.* ■ **7** Avec *ne... que* Presque, seulement, si ce n'est. *Il n'y a guère que vous qui puissiez faire ce travail. Il n'y a guère que deux heures qu'elle est partie.* ■ **8** Avec *sans...* Sans beaucoup. *Nous mangeons «sans guère parler»* COLETTE.

III ELLIPT **GUÈRE,** sans négation. Pas beaucoup. *«vous exagérez un peu* [...] *– Guère, Hamond !»* COLETTE. *Il «mange cette chair* [...] *guère moins vivante que la sienne»* ROMAINS.

■ CONTR. Beaucoup, très. ■ HOM. Guerre.

GUÉRET [geʀɛ] n. m. – *guaret* 1080 ◊ latin *vervactum* «jachère», avec influence germanique sur l'initiale ■ Terre labourée et non ensemencée. — PAR EXT. ➤ **jachère.** *Ces sommets «avaient l'air de guérets abandonnés»* CHATEAUBRIAND. *Laisser une terre en guérets. Lever, relever les guérets* : labourer une terre qu'on a laissé reposer.

GUÉRI, IE [geʀi] adj. – XVIIe ◊ de *guérir* ■ Rétabli d'un mal physique. *Il a été très malade, mais le voilà guéri.* ➤ **remis** (cf. FAM. Sur pied*). ◆ FIG. Débarrassé, délivré (d'une chose pénible, d'un poids). *Être guéri de* (cf. En être revenu*, être vacciné* contre). *«À tout jamais je suis guérie des bêtes. Je n'en veux plus»* GENEVOIX. *J'en suis guéri de dépenser pour de pareilles bêtises !*

GUÉRIDON [geʀidɔ̃] n. m. – 1614 ◊ nom d'un personnage de farce *Guéridon* ou *Guélidon* ■ Table ronde, pourvue d'un seul pied central et (généralement) d'un dessus de marbre.

GUÉRILLA [geʀija] n. f. – 1812 ◊ espagnol *guerrilla* «ligne de tirailleurs» ■ **1** VIEILLI Troupe de partisans. *Franc-tireur d'une guérilla.* ➤ **guérilléro.** ■ **2** Guerre de harcèlement, de coups de main, menée par des partisans, des groupes clandestins, pour une cause politique, religieuse, sociale, nationale. *Guérilla sanglante, meurtrière.* — *Guérilla urbaine* : combat armé en milieu urbain.

GUÉRILLÉRO [geʀijeʀo] n. m. – avant 1823 ◊ espagnol *guerrillero*, de *guerrilla* → guérilla ■ Soldat d'une guérilla. ➤ **franc-tireur.** *Une attaque éclair des guérilléros.*

GUÉRIR [geʀiʀ] v. ‹2› – fin XIe *guarir* ◊ du germanique °*warjan* «défendre, protéger»

I v. tr. ■ **1** Délivrer (qqn, un animal) d'un mal physique ; rendre la santé à (qqn). ➤ **sauver.** *Guérir un malade. Guérir un toxicomane.* ➤ **désintoxiquer.** — *Traitement qui guérit de la bronchite.* — ABSOLT *«il n'y a point de médecin sans la passion de soigner et de guérir»* DUHAMEL. *Un placebo guérit par l'effet psychique.* ◆ PAR EXT. *Guérir une maladie. Panacée propre à guérir tous les maux.* ■ **2** FIG. Délivrer (qqn) d'un mal moral. *Il faut le guérir de ce souci.* ➤ **débarrasser, ôter.** ◆ PAR EXT. Faire disparaître les effets de (un mal moral, un défaut, etc.). ➤ **adoucir, calmer, pallier, remédier** (à). *Une peine, un chagrin que rien ne guérit, ne peut guérir. «Il est peu de plaies morales que la solitude ne guérisse»* BALZAC. ◆ VX *Guérir de*, et inf. ➤ **consoler.** *«Un soupir, une larme à regret épandue M'aurait déjà guéri de vous avoir perdue»* CORNEILLE.

II v. intr. ■ **1** Recouvrer la santé ; aller mieux et sortir de maladie. ➤ se **remettre,** se **rétablir.** *Espérons qu'elle guérira. «le seul moyen de guérir, c'est de se considérer comme guéri»* FLAUBERT. — *Guérir d'un cancer.* ◆ PAR EXT. *Plaie qui guérit vite.* ➤ se **cicatriser,** se **fermer.** *Angine mal soignée, qui ne guérit pas.* ■ **2** FIG. Être débarrassé, soulagé (d'un mal moral, d'un défaut, de qqch. de pénible). *« Je sais un moyen de guérir De cette passion malsaine »* BAUDELAIRE. — *Souffrance qui ne guérit pas.*

III SE GUÉRIR v. pron. ■ **1** Se délivrer d'un mal physique. *Il se guérira peu à peu* (cf. S'en sortir, s'en tirer). ■ **2** (PASS.) *Une maladie qui se guérit facilement. Son rhume s'est guéri de lui-même.* ➤ se **soigner,** se **traiter.** ■ **3** FIG. *Il ne s'est pas encore guéri de ses préjugés.* ➤ se **débarrasser ; se délivrer ; perdre.** *Il finira par se guérir de cette manie.* ➤ se **corriger.**

■ CONTR. Aggraver, détraquer ; attraper (une maladie), 1 tomber (malade).

GUÉRISON [geʀizɔ̃] n. f. – 1080 ◊ de *guérir* ■ **1** Fait de guérir, de retrouver la santé. ➤ **rétablissement.** *Convalescent en voie de guérison. Chances de guérison. Guérison complète, inespérée.* ➤ **résurrection.** ■ **2** FIG. Disparition, fin (d'un mal moral). *Guérison d'un chagrin.* ➤ **apaisement.** *« Attendre la guérison, la fin de l'amour »* COLETTE. ■ CONTR. Aggravation.

GUÉRISSABLE [geʀisabl] adj. – XIIIe ◊ de *guérir* ■ Qui peut être guéri. ➤ **curable.** *Blessé guérissable. Mal guérissable.* ■ CONTR. Incurable, inguérissable.

GUÉRISSEUR, EUSE [geʀisœʀ, øz] n. – XVIIe adj. ; *gariseor* XIVe « garant » ◊ de *guérir* ■ **1** (XVIIIe) RARE Personne qui guérit. ■ **2** (1526) COUR. Personne qui fait profession de guérir sans avoir la qualité officielle de médecin et par des moyens non reconnus de la médecine. ➤ **empirique, rebouteux ;** RÉGION. **ramancheur.** *Guérisseurs et médecine* parallèle. Procès intenté par l'ordre des médecins contre un guérisseur. « Les sorciers, les somnambules, les guérisseurs, en vertu d'un don du ciel, sont écoutés à l'égal des médecins »* C. BERNARD.

GUÉRITE [geʀit] n. f. – *garite* 1220 ◊ adaptation probable du provençal *garida,* de *garir* « protéger » → guérir ■ Abri où une sentinelle se met à couvert. ➤ ARG. **guitoune.** *Le factionnaire monte la garde dans sa guérite.* ◆ Baraque aménagée pour abriter un travailleur isolé, faire office de bureau sur un chantier, etc. *« la petite guérite percée d'un guichet qui servait de bureau et de caisse »* MAC ORLAN.

GUERNOTTE ➤ **GARNOTTE**

GUERRE [gɛʀ] n. f. – fin XIe ◊ du francique *werra* « troubles », « querelle »

I CONFLIT ARMÉ A. LA GUERRE ■ **1** Lutte armée entre groupes sociaux, et SPÉCIALT entre États, considérée comme un phénomène social. *« les froids réveils sous la tente, les marches forcées, les batailles à dix contre un, la guerre quoi »* PEREC. *« Quelle connerie, la guerre »* PRÉVERT. *Mars, dieu de la guerre. L'art de la guerre.* ➤ **stratégie, tactique.** *Étude de la guerre.* ➤ **polémologie.** *Le nerf* de la guerre.* — *Législation internationale sur la prévention directe ou indirecte* (➤ **désarmement**) *de la guerre. Droit préventif de la guerre.* ➤ **arbitrage, médiation, sanction.** *Le droit de la guerre a été codifié par les conventions de La Haye* (1899 ; 1907). — *Déclarer la guerre à un pays. La guerre est déclarée ;* FIG. *Obésité : la guerre est déclarée. Attaquer sans déclaration de guerre. Déclaration de guerre conditionnelle.* ➤ **ultimatum.** *Faire la guerre.* — *Faites l'amour, pas la guerre* (slogan de 1968). *Pays qui s'abstient de participer à la guerre* (➤ **neutralité**). *Mouvement opposé à la guerre* (➤ **antiguerre**). *Conventions entre pays pour faire la guerre.* ➤ **alliance, coalition.** *La guerre et la paix.* LOC. PROV. *Si tu veux la paix, prépare la guerre,* adage latin (« Si vis pacem, para bellum »). ◆ **EN GUERRE :** en état de guerre. *Nations en guerre. Ceux contre qui on est en guerre.* ➤ **ennemi.** *Entrer en guerre.* ◆ **DE GUERRE.** *État de guerre.* ➤ **belligérance.** *L'armistice ne fait pas cesser l'état de guerre. Faits de guerre ; opérations de guerre.* ➤ **bataille, campagne, combat, expédition ; assaut, attaque, bombardement, débarquement, défensive, engagement, offensive,** 1 **retraite, siège.** *Crime*, criminel de guerre. Ruse de guerre.* ➤ **embuscade, piège.** FIG. ➤ **artifice.** *Cri de guerre. Noms de guerre,* que prenaient les soldats en s'enrôlant ; FIG. ➤ **pseudonyme, surnom.** — *Correspondant de guerre d'un journal.* — *Homme de guerre ; gens de guerre :* soldats de métier. *Blessé, mutilé de guerre. Prise de guerre.* ➤ **butin, capture.** *Prisonnier de guerre. Profiteur de guerre.* LOC. *Fauteur* de guerre. Un foudre* de guerre.* — *Croix* de guerre.* — *Matériel de guerre.* ➤ **armement.** *Armes de guerre.* Au Moyen Âge, *Armure de guerre* (opposé à *armure de tournoi*). *Cheval de guerre.* ➤ **destrier.** *Machines* de guerre. Place de guerre.* ➤ **fortification.** — *Navire* de guerre. Marine de guerre. Port de guerre.* — *Industrie de guerre. Trésor* de guerre. Indemnités de guerre,* payées par le pays vaincu. *Dommages* de guerre.* ■ **2** (1680) Les questions militaires ; l'organisation des armées (en temps de paix comme en temps de guerre). *Conseil* de guerre.* ANCIENNT *Ministère de la Guerre.* ➤ 1 **défense.** ■ **3** Action de se battre dans un conflit armé ; situation individuelle de la personne qui se bat. ➤ **bataille, boucherie, combat ;** FAM. **baroud, casse-gueule, casse-pipe ;** ARG. 1 **rif, riflette.** *Aller à la guerre, partir pour la guerre* (cf. ci-dessus Partir en guerre). *Mourir à la guerre* (cf. Au champ d'honneur). ➤ **front.** *Être sur le sentier* de la guerre.*

B. UNE GUERRE (fin XIe) Conflit considéré comme un phénomène historique, localisé dans l'espace et dans le temps. ➤ **conflagration, conflit, hostilité, lutte** (armée). *Menaces de guerre. Début d'une guerre. Guerre qui éclate. Issue, fin d'une guerre. Gagner, perdre une guerre.* ➤ **victoire ; capitulation, défaite.** *La guerre est finie. Durant, pendant la guerre. Guerre entrecoupée de trêves. En temps de guerre. « J'objecte à être tué en temps de guerre »* J. VACHÉ. ◆ (Qualifié) Campagne, conflit (précisément désigné). *La guerre de Cent Ans. La guerre de 70* (1870). *La Grande Guerre, la guerre de 14* (1914). *La drôle* de guerre. La Première, la Deuxième* (ou *Seconde*) *Guerre mondiale* (1914-1918 ; 1939-1945). *Depuis la guerre, avant la guerre :* depuis, avant la dernière guerre (➤ aussi **après-guerre, avant-guerre, entre-deux-guerres**). ◆ (En parlant du caractère d'un conflit) *Guerre juste, injuste. Guerre propre ; guerre conventionnelle. Guerre de défense ; guerre de libération* (➤ **résistance**). *Guerre de conquête. Guerre de pacification. Guerre d'extermination. Guerre coloniale.* — *Guerre locale. Guerre tribale. Guerre mondiale. Guerre planétaire,* qui s'étend à une partie importante de la planète. *Guerre ouverte :* hostilité déclarée. *Guerre totale,* qui utilise tous les moyens pour détruire l'adversaire. *Guerre d'usure. Guerre préventive.* — *Guerre de positions, de tranchées. Guerre de mouvement. Guerre éclair,* fondée sur le principe d'une attaque foudroyante. ➤ **blitzkrieg.** *Guerre terrestre ; aérienne ; navale ; guerre sous-marine. Guerre chimique, bactériologique. Guerre presse-bouton,* qui se fait au moyen de dispositifs automatiques. *Guerre atomique, nucléaire. Guerre des étoiles :* système de défense contre les missiles balistiques intercontinentaux. — *Guerre de partisans.* ➤ **guérilla.** *Guerre d'escarmouches.* — **PETITE GUERRE :** guerre de harcèlement, et PAR EXT. simulacre de guerre. ➤ **exercice,** 1 **manœuvre.** — *La guerre en dentelles,* telle qu'on la faisait au XVIIe ou au XVIIIe s., avec des officiers vêtus de dentelles et se rendant force politesses. — *Guerre sainte :* guerre que mènent les fidèles d'une religion au nom de leur foi (➤ **croisade ; djihad**). *Guerres de Religion* (SPÉCIALT en France) : les luttes armées entre catholiques et protestants aux XVIe et XVIIe s. *La guerre des pierres.* ➤ **intifada.** — **GUERRE CIVILE,** *guerre intestine :* lutte armée entre groupes et citoyens d'un même État. ➤ **révolte, révolution.** *« C'est terrible, une guerre civile. Surtout quand c'est fait par des militaires »* BEDOS.

II CONFLIT QUI NE VA PAS JUSQU'À L'AFFRONTEMENT ■ **1** (milieu XIIe) Hostilité, lutte entre groupes sociaux, États, n'allant pas jusqu'au conflit armé. ➤ **conflit.** *Guerre économique. Guerre des prix :* concurrence commerciale. *Guerre des ondes. Guerre électronique :* écoute et brouillage des émissions radioélectriques de l'adversaire (➤ **contre-mesure**). *Guerre informatique.* ➤ **cyberguerre.** *Guerre de propagande, guerre idéologique. Guerre psychologique*.* (v. 1940) *Guerre des nerfs,* visant à briser la résistance morale de l'adversaire. — *Guerre froide :* état de tension, d'hostilité entre États, SPÉCIALT entre l'U. R. S. S. et les États-Unis. *« La guerre froide apparaît, dans la perspective militaire comme une course aux bases, aux alliés, aux matières premières et au prestige »* R. ARON. ■ **2** Toute espèce de combat, de lutte. — LOC. *Vivre en guerre, sur le pied de guerre avec tout le monde.* ➤ **hostilité, inimitié.** *Guerre ouverte, déclarée entre deux personnes. Entre eux deux, c'est la guerre.* ➤ FAM. **guéguerre.** *Partir en guerre contre les préjugés.* ◆ **FAIRE LA GUERRE** *à qqn sur qqch., à propos de qqch.,* le harceler à ce propos. *« Elle lui faisait la guerre pour qu'il retourne à la messe [...], pour qu'il perde ses mauvaises manières »* A. ERNAUX. — *Faire la guerre à une chose,* chercher à la détruire. *Faire la guerre aux abus, aux injustices.* ■ **3** LOC. (milieu XVIIIe) **DE GUERRE LASSE :** en renonçant à résister, à combattre. *Céder, accepter de guerre lasse.* — (1525) **DE BONNE GUERRE :** sans hypocrisie ni traîtrise. ➤ **loyalement.** — *À la guerre comme à la guerre :* il faut accepter les inconvénients qu'imposent les circonstances ; la guerre justifie les moyens. — PROV. *Qui terre a guerre a :* la possession de terres, de richesses est source de conflits.

■ CONTR. Paix ; concorde, entente. ■ HOM. Guère.

GUERRIER, IÈRE [gɛʀje, jɛʀ] n. et adj. – 1080 ◊ de *guerre*

I n. Personne dont la fonction dans la société était de faire la guerre. ➤ **combattant, militaire, soldat.** *Un grand, un célèbre guerrier.* ➤ **capitaine, conquérant.** *Les guerriers francs, germains. Les guerriers japonais.* ➤ **ninja, samouraï.** ◆ COLLECT. *Le*

guerrier : l'homme de guerre, le soldat. *La psychologie du guerrier. — Le repos* du guerrier.*
II adj. ▪ **1** LITTÉR. Relatif à la guerre, au combat, aux armes. ➤ **militaire.** *Chant guerrier. « la trompette guerrière A sonné l'heure du combat »* M.-J. CHÉNIER. ▪ **2** Qui a ou qui montre des dispositions pour la guerre, les armes, aime à se battre. ➤ **belliqueux.** *Peuple guerrier. — Âme ; humeur guerrière.* ◆ PAR EXT. *Air guerrier, mine guerrière.* ➤ **martial.**
■ CONTR. Pacifique, pacifiste.

GUERROYER [gɛʀwaje] **v.** ‹8› – 1080 ◇ de *guerre*
I v. intr. Faire la guerre (contre qqn). *Le seigneur guerroyait contre ses vassaux.* ➤ **batailler, se battre.** ◆ FIG. *Guerroyer contre les abus, les privilèges.* ➤ **lutter.**
II v. tr. VX Combattre (qqn). *« Venez-vous-en avec moi, car je veux guerroyer le roi mon seigneur »* VOLTAIRE.

GUET [gɛ] **n. m.** – XIIIe ◇ de *guetter* ▪ **1** Action de guetter. *Faire le guet. Complice faisant le guet pendant que les voleurs opèrent.* ➤ ARG. **1 pet.** — *Être au guet* (cf. À l'affût, aux aguets). ▪ **2** VIEILLI Surveillance exercée de nuit par la troupe ou la police (pour protéger un camp, maintenir l'ordre). *Postes de guet. Sentinelle chargée du guet.* ➤ **faction, 1 garde.** ◆ PAR EXT. ANCIENNT Patrouille, garde qui faisait le guet. *Guet à cheval, à pied.* ■ HOM. Gai, gay, guai.

GUET-APENS [gɛtapɑ̃] **n. m.** – *guet a pens* 1508 ; *de guet aspens* 1472 ◇ altération de *de guet apensé*, de *guet, aguet* et ancien français *apenser* « réfléchir, préméditer » ▪ **1** Fait d'attendre qqn en un endroit pour exercer sur lui des actes de violence, le tuer. *Attirer qqn dans un guet-apens. Tomber dans un guet-apens.* Endroit *« désert et propice aux guets-apens »* GAUTIER. ▪ **2** PAR EXT. Machination perfidement préparée en vue de nuire gravement à qqn qu'on veut surprendre. ➤ **attaque, attentat, embûche, embuscade, piège, traquenard.** *Le coup d'État du 2 décembre* (1851), *guet-apens contre la République.*

GUÊTRE [gɛtʀ] **n. f.** – *guietre* XVe ◇ p.-ê. du francique °*wrist* « cou-de-pied » ▪ Enveloppe de tissu ou de cuir qui recouvre le haut de la chaussure et parfois le bas de la jambe. *Une paire de guêtres. Sous-pied d'une guêtre. Boutons de guêtre. Guêtres de chasse en cuir.* ➤ **houseau, jambière.** ◆ LOC. *Ça lui va comme des guêtres à un lapin,* très mal (cf. Comme un tablier* à une vache). — *Traîner ses guêtres* (quelque part) : y aller, y être conduit par les circonstances. *« Le gringalet à chevelure ébouriffée m'a l'air d'avoir traîné ses guêtres aux Cours de la Sorbonne »* BALZAC.

GUÊTRER [getʀe] **v. tr.** ‹1› – 1549 ◇ de *guêtre* ▪ RARE Chausser de guêtres. PRONOM. *Se guêtrer.* **p. p. adj.** *Être guêtré.*

GUETTE ou **GUÈTE** [gɛt] **n. f.** – 1676 ◇ p.-ê. prononciation populaire de *guêtre* ▪ MENUIS. Demi-croix de Saint-André, posée en contrefiche dans une charpente.

GUETTER [gete] **v. tr.** ‹1› – 1135 *gaitier* ; 1080 *guaitier* ◇ francique °*wahtôn* « surveiller » ▪ Surveiller avec attention (pour se prémunir contre un danger, pour attendre un évènement que l'on prévoit ou espère). ▪ **1** Observer pour surprendre. ➤ **2 épier.** *Le chat guette la souris.* — PRONOM. *« les deux lignes, face à face, se guettaient, haineuses et résignées »* DORGELÈS. ◆ ABSOLT *Guetter à sa fenêtre.* ▪ **2** Attendre avec impatience (une chose à venir) en étant attentif à ne pas (la) laisser échapper. *Guetter une occasion favorable* (cf. Être à l'affût*, aux aguets*). *Guetter un signal. — Guetter le facteur.* ▪ **3** FIG. (sujet chose) Attendre (qqn) en faisant peser sur lui une menace. ➤ **menacer.** *La mort, la maladie le guette. « l'ennui le guette et bientôt le tient »* ALAIN. ▪ **4** RÉGION. (Nord, Ouest ; Québec) Garder, surveiller. *Guetter les vaches.* ■ HOM. Gaieté.

GUETTEUR, EUSE [getœʀ, øz] **n.** – XIIIe ◇ de *guetter* ▪ Personne qui guette, qui est chargée de guetter. *Guetteur à l'affût.* ◆ **n. m.** ANCIENNT Homme qui était posté au haut d'un beffroi et chargé d'annoncer les dangers (attaque, incendie, etc.) en faisant sonner une cloche. ➤ **veilleur.** *Le guetteur donnait l'alarme.* ◆ Soldat qui veille dans une tranchée, un poste d'écoute. ➤ **sentinelle.** — MAR. Préposé à la signalisation optique ou électrique, dans les phares, les sémaphores, les stations émettrices des côtes.

GUEULANTE [gœlɑ̃t] **n. f.** – 1939 ◇ de *gueuler* ▪ **1** ARG. SCOL. Clameur de protestation ou d'acclamation. ▪ **2** FAM. Explosion de colère. *Il a poussé une gueulante contre...* (cf. Coup de gueule*).

1 **GUEULARD** [gœlaʀ] **n. m.** – 1774 ; « grosse cruche » 1395 ◇ de *gueule* ▪ TECHN. Ouverture supérieure d'un haut-fourneau, par où se fait le chargement. *« la dégringolade des bennes de coke que l'on versait dans le gueulard »* A. JENNI. — Ouverture du foyer d'une chaudière (de locomotive, de bateau).

2 **GUEULARD, ARDE** [gœlaʀ, aʀd] **adj.** et **n.** – XIIIe *gouliart* ◇ de 2 *goule, gueule*
I (XIIIe) RÉGION. Gourmand ou glouton.
II (de *gueuler*) ▪ **1** (1567) FAM. Qui a l'habitude de gueuler, de parler haut et fort. — SUBST. *Faites taire ce gueulard !* ➤ **braillard.** ▪ **2 n. m.** (1904 ; argot « petit canon » 1791) MAR. Porte-voix de marin.

GUEULE [gœl] **n. f.** – fin XIIe, « bouche » (II, 1°) ◇ du latin *gula* → 2 goule
I BOUCHE DE CERTAINS ANIMAUX, SURTOUT CARNASSIERS *La gueule d'un chien, d'un brochet, d'un reptile. « les crocodiles et les requins qui passent entre deux eaux la gueule ouverte »* CÉLINE. — LOC. *Se jeter, se précipiter dans la gueule du loup,* dans un danger certain, et de façon imprudente.
II FAM. VISAGE, BOUCHE DE L'ÊTRE HUMAIN ▪ **1** (fin XIIe) La bouche considérée comme servant à parler ou crier. ➤ **clapet.** *Fermer sa gueule* : se taire. *Il aurait mieux fait de fermer sa gueule. Ta gueule !* (cf. La ferme !). — *Pousser un coup de gueule* : crier ou chanter très fort (➤ **gueulante**). *Une personne forte en gueule, une grande gueule* : une personne bavarde et grossière (➤ **braillard, 2 gueulard**) ; qui est plus forte en paroles qu'en actes. *Une députée forte en gueule. « Aussi marioles qu'ils se croient, ils parlent trop ; c'est des grandes gueules »* CARCO. *N'avoir, n'être que (de) la gueule* : parler beaucoup mais agir peu. — *Se fendre* la gueule. Crever la gueule ouverte,* mourir sans secours. *« Il peut crever dehors la gueule ouverte, [...] elle ne veut plus entendre parler de lui »* V. DESPENTES. ▪ **2** La bouche considérée comme servant à manger. *Ce piment emporte, arrache la gueule. — Avoir la gueule de bois*. Puer de la gueule* : avoir mauvaise haleine. *Je pue de la gueule !* (se dit quand on se sent indésirable, délaissé). *« Je tape la bise à Charlotte et pas à Diane alors elle dit et moi je pue de la gueule ! »* P. BAILLY. — *Une fine gueule.* ➤ **gastronome, gourmet.** — *« les plaisirs de la table, les vieilles recettes, les chefs disparus, le beurre blanc de la mère Clémence et autres propos de gueule »* PEREC. — *S'en mettre plein la gueule* : s'empiffrer (➤ **gueuleton**). *Se bourrer la gueule* : s'enivrer. ▪ **3** (1673) Figure, visage. *Il a une bonne gueule, une gueule d'ange, une sale gueule. « Est-ce que j'ai une gueule à être cajolé ! »* COSSERY. ➤ **tête.** *Avoir la gueule de l'emploi*.* — LOC. *Avoir une gueule,* un visage particulier, remarquable. *« Pas vraiment beau, mais sacrée gueule »* IZZO. — *Délit de sale gueule,* assimilant la couleur de la peau à une infraction qui justifie un contrôle d'identité (cf. Délit de faciès*). *« peurs ou haine selon que l'on s'appelle Paul ou Ahmed. Le délit de sale gueule est ici loi naturelle »* IZZO. — *Gueule de raie*, d'empeigne*. Sa gueule ne me revient pas. Arriver la gueule enfarinée*. Faire une gueule d'enterrement*. Faire la gueule (à qqn) ; tirer la (une) gueule (à qqn).* ➤ **bouder** (cf. Faire la tête). — *Se casser la gueule.* ➤ **1 tomber.** *Casser la gueule à qqn,* le frapper au visage. *Soldat qui va se faire casser la gueule.* ➤ **tuer ; casse-gueule.** *Je vais lui mettre mon poing sur la gueule. (Se) foutre sur la gueule* : (se) battre. — *Ramener* sa gueule. Se foutre de, se payer la gueule de qqn,* se moquer de lui. *En prendre plein la gueule* : recevoir les pires affronts, les critiques les plus violentes. *Bien fait pour sa gueule !,* bien fait pour lui. ◆ *Une belle gueule. Une jolie petite gueule. Gueule d'amour,* surnom de séducteurs irrésistibles. ◆ ARG. MILIT. *Une gueule cassée* : un mutilé de guerre blessé au visage. *« toutes ces gueules cassées qu'on croise dans les métros [...], toutes ces gueules illisibles sous les coutures et les raccords plastiques »* G. LEROY. ◆ (1894) *Gueule noire* : mineur du charbon. ▪ **4** (début XXe) Aspect, forme (d'un objet). *Ce chapeau a une drôle de gueule.* — SANS COMPL. *Ce décor a de la gueule,* il fait grand effet. ➤ **allure.**
III OUVERTURE ▪ **1** BOT. *Fleur en gueule,* à corolle bilabiée (comme la *gueule-de-loup*). ▪ **2** (fin XIIe) Ouverture par laquelle entre ou sort qqch. *La gueule d'un pot* (➤ **égueulé**), *d'un haut-fourneau* (➤ **1 gueulard**). — SPÉCIALT *La gueule d'un canon.* — LOC. *Rempli, bourré jusqu'à la gueule,* à ras bord. *« Des péniches bourrées jusqu'à la gueule de charbon »* DAENINCKX. — *La gueule de l'enfer.*

GUEULE-DE-LOUP [gœldəlu] **n. f.** – 1809 ◇ de *gueule* et *loup* ▪ **1** Muflier des jardins. *Des gueules-de-loup.* ▪ **2** TECHN. Tuyau coudé monté sur pivot au sommet d'une cheminée. ▪ **3** ARCHIT. Assemblage de deux pièces par une surface courbe. — Partie courbe d'une cimaise, d'une doucine. ▪ **4** (1837) PATHOL. ➤ **bec-de-lièvre.**

GUEULEMENT [gœlmɑ̃] **n. m.** – avant 1870 ◇ de *gueuler* ▪ FAM. Cri. ➤ **hurlement.** *« Saigneur poussa un gueulement de souffrance »* AYMÉ.

GUEULER [gœle] **v.** ‹1› – 1648 ◇ de *gueule*

I **v. intr.** FAM. ■ **1** Parler, crier ou chanter très fort. ➤ **vociférer.** *Il gueule pour un rien.* ➤ **hurler.** *Ne gueule pas comme ça, je ne suis pas sourd.* — SPÉCIALT Protester, revendiquer avec force. ➤ **rouspéter.** « *Nous gueulons contre notre époque* » FLAUBERT. ➤ **fulminer, tempêter.** ■ **2** (CHOSES) Produire un grand bruit. *Faire gueuler son poste de radio.* ➤ **beugler.**

II **v. tr.** FAM. Proférer en criant. *Gueuler des ordres.*

GUEULES [gœl] **n. m.** – XIIIe ◇ plur. de *gueule* ; au Moyen Âge, petits morceaux de fourrures découpés dans la peau du gosier de l'animal et servant d'ornement ■ BLAS. La couleur rouge de l'écu. *Il porte de gueules à bande d'or.*

GUEULETON [gœltɔ̃] **n. m.** – 1743 ◇ de *gueule* ■ FAM. Repas gai, d'ordinaire entre amis, où l'on mange et boit avec excès. ➤ **festin.** *Faire un gueuleton, un bon petit gueuleton.*

GUEULETONNER [gœltɔne] **v. intr.** ‹1› – 1838 ◇ de *gueuleton* ■ FAM. Faire un gueuleton ; bien manger.

1 **GUEUSE** [gøz] **n. f.** – 1543 ◇ bas allemand *Göse* « morceaux informes de fer fondu », plur. de *Gos*, proprt « oie » ■ TECHN. ■ **1** Masse de fonte, telle qu'elle sort du haut-fourneau. *Couler une gueuse.* — Lingot de fonte. ■ **2** Moule de sable dans lequel on verse le métal en fusion.

2 **GUEUSE** ➤ **GUEUX**

3 **GUEUSE** ➤ **GUEUZE**

GUEUSERIE [gøzʀi] **n. f.** – 1606 ◇ de *gueux* ■ VX ou LITTÉR. ■ **1** Condition de gueux. ➤ **mendicité, misère, pauvreté.** ■ **2** Action vile. ➤ **friponnerie, indélicatesse.** « *Je vous ai dit de ne pas nous mêler à toutes ces gueuseries* » ZOLA.

GUEUX, GUEUSE [gø, gøz] **n.** – 1452 ◇ moyen néerlandais *guit* « fripon, fourbe » ■ **1** VX Personne qui vit d'aumônes, est réduite à mendier pour vivre. ➤ **clochard, mendiant, miséreux, vagabond, va-nu-pieds.** *Mener une vie de gueux.* « *La Chanson des gueux* », *de J. Richepin.* ◆ PAR EXT. ➤ **pauvre.** *L'avare « vit en gueux »* LA FONTAINE. ■ **2** VX ➤ **coquin, fripon.** ◆ **n. f.** (1655) Femme de mauvaise vie. ➤ **catin, prostituée, ribaude.** — LOC. VIEILLI *Courir la gueuse :* se débaucher. ■ HOM. 1 Gueuse, gueuze.

GUEUZE [gøz] **n. f.** – 1901 ; *gueuse* 1866 ◇ du moyen néerlandais *guit* « coquin » → gueux ■ Bière belge d'origine bruxelloise, forte et aigre, faite avec du malt et du froment non germé, par fermentation spontanée. ➤ **faro.** *Gueuze lambic**. — On écrit aussi *gueuse. On y buvait « de la gueuse brune comme à Anvers »* HUGO.

GUGUSSE [gygys] **n. m.** – 1883 ◇ de *Auguste*, n. pr. → gus ■ **1** Clown qui joue les naïfs. ➤ 2 **auguste.** « *Coluche a été étiqueté une fois pour toutes : gugusse* » (Cahiers du Cinéma, 1984). *Jouer les gugusses, faire le gugusse :* faire le pitre. ■ **2** FAM. (souvent péj.) Personne qui ne peut être prise au sérieux. ➤ **guignol.** *Qu'est-ce que c'est que ce gugusse ?* (➤ **gus**).

1 **GUI** [gi] **n. m.** – v. 1330 ◇ latin *viscum* ■ Plante parasite *(loranthacées)* à feuilles persistantes et à baies blanches, qui croît sur les branches de certains arbres (poirier, pommier, peuplier, plus rarement chêne). *Boules de gui. Le gui, plante sacrée chez les Gaulois.* LOC. *Au gui l'an neuf !* (associant le gui aux fêtes du premier de l'an). *S'embrasser sous le gui*, à l'occasion de la nouvelle année.

2 **GUI** [gi] **n. m.** – *guy* 1687 ◇ néerlandais *giek* ou *gijk* ■ MAR. Fort espar arrondi sur lequel vient se border toute voile à corne. ➤ **bôme.**

GUIBOLLE ou **GUIBOLE** [gibɔl] **n. f.** – 1860, -1836 ◇ p.-ê. du normand *guibon* (XVIIe), *guibonne*, du radical de *regimber* ■ FAM. ➤ **jambe.** *Il a de grandes guibolles.*

GUIBRE [gibʀ] **n. f.** – 1773 ◇ altération de *guivre* ■ MAR. ANCIENNT Avant de navire où l'on sculptait un poisson de mer. — Sur des navires en bois, Construction rapportée à l'avant et destinée à fournir les points d'appui nécessaires pour l'attache du beaupré.

GUICHE [giʃ] **n. f.** – XIIe ; variante *guige* en ancien français ◇ probablt francique °*whitig* « lien d'osier » ■ **1** ARCHÉOL. Courroie pour suspendre un bouclier. ■ **2** (1704) Bande d'étoffe attachée de chaque côté de la robe des chartreux. ■ **3** (1876) COUR. AU PLUR. Mèches de cheveux frisés plaquées sur le front, les tempes. ➤ **accroche-cœur.**

GUICHET [giʃɛ] **n. m.** – 1160 « petite porte » ◇ du scandinave *vik* « cachette » ■ **1** Petite ouverture, pratiquée dans une porte, un mur, et par laquelle on peut parler à qqn, faire passer des objets. *Le guichet d'une porte de prison. Guichet grillagé.* ➤ **judas.** — *Le guichet d'un confessionnal.* ◆ TECHN. *Scie* à guichet.* ■ **2** Petite ouverture par laquelle le public communique avec les employés d'une administration, d'un bureau. ➤ aussi **hygiaphone.** *Faire la queue au guichet de la poste, d'une gare, d'une banque.* — LOC. *Jouer à guichets fermés* (ou *bureaux fermés*) : faire salle comble après avoir loué la totalité des places disponibles. — PAR ANAL. *Guichet automatique de banque :* ordinateur (généralement placé en façade d'une banque) directement relié aux comptes, permettant aux clients d'effectuer certaines opérations de banque. ➤ **billetterie, distributeur** (de billets). ■ **3** *Les guichets du Louvre, des Tuileries* (à Paris) : étroits passages voûtés qui font communiquer les cours intérieures et les abords du palais.

GUICHETIER, IÈRE [giʃ(ə)tje, jɛʀ] **n.** – 1611 ◇ de *guichet* ■ Préposé à un guichet.

GUIDAGE [gidaʒ] **n. m.** – 1611 ◇ de *guider* ■ **1** TECHN. Ensemble de pièces qui guident la descente et la remontée des cages d'extraction dans les mines. — MÉCAN. Dispositif qui guide une pièce mobile d'une machine. ■ **2** (1948) Aide apportée aux avions en vol par des stations radioélectriques. ➤ **radioguidage.** ■ **3** Processus visant à imposer une trajectoire donnée à un mobile, ou à lui faire atteindre une cible. ➤ **autoguidage, radioguidage, téléguidage.**

GUIDANCE [gidɑ̃s] **n. f.** – 1958 ; 1926, autre sens ◇ mot anglais ■ ANGLIC. ■ **1** Aide psychologique et psychothérapique et conseils apportés par des spécialistes en vue d'une meilleure adaptation. *Centre de guidance infantile.* ■ **2** Aide éducationnelle générale. *Directeur de maîtrise faisant de la guidance de mémoire.*

GUIDE [gid] **n.** – 1370 ◇ ancien provençal ou italien *guida*

I **n.** ■ **1** Personne qui accompagne (qqn) pour montrer le chemin, renseigner. *Servir de guide à qqn.* ➤ **cicérone,** FAM. **cornac.** — *Guide de montagne :* alpiniste professionnel(le) diplômé(e). ➤ **accompagnateur, sherpa.** *Guide de haute montagne*, qui guide les alpinistes amateurs dans leurs courses en haute montagne. — *Guide d'un musée, d'un monument historique. Guide conférencier. Suivez le guide ! La guide vous fera visiter dans un quart d'heure.* — *Le guide d'un journaliste.* ➤ **fixeur.** ◆ PAR ANAL. *Chien guide d'aveugle*, formé pour faciliter les déplacements d'une personne malvoyante. ■ **2** MILIT. Soldat ou gradé sur lequel tout le rang doit régler son alignement et sa marche. — Personne qui connaît le pays et peut renseigner une armée en campagne. ➤ **éclaireur.** ◆ **n. m.** MAR. *Guide d'une escadre :* navire sur lequel les autres navires règlent leurs mouvements. ■ **3** FIG. Personne qui conduit d'autres personnes dans la vie, les affaires. ➤ **conducteur,** 2 **conseiller, mentor, pilote, pygmalion.** « *mes lectures sans maître et sans guide n'étaient pas enseignements* » H. THOMAS. *Guide spirituel.* ➤ **gourou.** — *Les guides des peuples.* ➤ **berger, chef, pasteur ; führer.** ■ **4** **n. m.** Principe directeur qui inspire qqn. ➤ **flambeau** (LITTÉR.). *N'avoir d'autre guide que son caprice.* ■ **5** **n. m.** Ouvrage contenant des informations générales ou pratiques pour les voyageurs, les touristes et décrivant un lieu, ses ressources (restaurants, hôtels, transports, musées, curiosités, etc.). ➤ aussi **vade-mecum.** *Guide touristique, guide de voyage. Guide du Japon. Guide gastronomique.* « *Ne connaissant pas les hôtels de Sens, il fit halte sous un réverbère pour consulter le guide* » SAINT-EXUPÉRY. *Guide de randonnée.* ➤ **topoguide.**

II **n. f.** ■ **1** (1930) Jeune fille appartenant à un mouvement féminin de scoutisme. ■ **2** ➤ **guides.**

III **n. m.** ■ **1** TECHN. Partie d'outillage dont le rôle est de guider le mouvement de pièces mobiles. ➤ **glissière.** ■ **2** ÉLECTRON., TÉLÉCOMM. *Guide d'ondes :* dispositif destiné à canaliser la propagation de l'énergie électromagnétique.

GUIDE-ÂNE [gidɑn] **n. m.** – 1732 ◇ de *guider* et *âne* ■ **1** VIEILLI Recueil d'instructions élémentaires pour guider les débutants dans un art, une profession. ➤ **pense-bête.** ■ **2** Papier réglé que l'on place sous une feuille afin d'écrire droit. *Des guide-ânes.*

GUIDEAU [gido] **n. m.** – 1322 ◇ de *guider* ■ **1** MAR. Barrage fait de planches inclinées, pour diriger l'écoulement de l'eau. *Dresser des guideaux à l'entrée d'un port.* ■ **2** PÊCHE Filet en forme de sac.

GUIDE-FIL [gidfil] **n. m.** – 1872 ◇ de *guider* et *fil* ■ TECHN. Petit appareil destiné à guider les fils sur les bobines des métiers à filer et des machines à coudre. *Des guide-fils.*

GUIDER [gide] **v. tr.** ‹1› – 1367 ◇ réfection, d'après *guide*, de l'ancien français *guier* XIIe, du francique °*wîtan* « montrer une direction » ■ **1** Accompagner (qqn) en montrant le chemin. ➤ **conduire,**

2 piloter. *Guider un voyageur, un touriste.* ➤ FAM. **cornaquer.** — SPÉCIALT Conduire (qqn) en soutenant, en veillant à la marche. *Guider un aveugle pour traverser une rue.* ■ **2** PAR EXT. Faire aller, pousser (un être animé, un véhicule) dans une certaine direction. ➤ **diriger, mener.** *Cavalier guidant son cheval. — Bateau, avion, fusée guidés par radio.* ➤ **radioguider, téléguider ;** et aussi **filoguidé ; routeur.** ■ **3** (CHOSES) Mettre (qqn) sur la voie, aider à reconnaître le chemin. *L'étoile qui guida les Rois mages. Chien guidé par son flair.* ■ **4** (ABSTRAIT) Entraîner dans une certaine direction morale, intellectuelle ; aider à choisir une direction. ➤ 1 **conseiller, éclairer, orienter ; aiguiller.** *Guider un enfant dans le choix d'une carrière. « laissez-moi vous guider dans la vie »* BALZAC. *Se laisser guider par son intuition.* ➤ **conduire, mener.** *Les principes qui guident nos choix.* ➤ **commander, déterminer.** ■ **5 SE GUIDER** v. pron. Trouver son chemin. — *Se guider sur :* se diriger d'après qqch. que l'on prend pour repère. *Se guider sur le soleil.* ➤ **se repérer.** *Se guider sur l'exemple de qqn.* ■ CONTR. Aveugler, égarer, tromper.

GUIDEROPE [gidʀɔp] **n. m.** – 1855 ◊ anglais *guide-rope,* du français *guide* et de l'anglais *rope* « corde » ■ Cordage que les pilotes d'aérostats laissent traîner sur le sol dans certaines manœuvres.

GUIDES [gid] **n. f. pl.** – 1607 ◊ de *guider* ■ Lanières de cuir, attachées au mors d'un cheval attelé et servant à le diriger. *Tirer sur les guides, lâcher les guides.* ➤ aussi **rêne.** *Conduire à grandes guides :* aller à toute vitesse. ◆ LOC. *Mener la vie à grandes guides :* VX prodiguer sa fortune, sa santé ; MOD. faire de grandes dépenses (cf. Mener grand train*).

GUIDON [gidɔ̃] **n. m.** – XIVe ◊ italien *guidone*

I ■ **1** VX Étendard d'une compagnie de gendarmerie ou de cavalerie lourde. ➤ **drapeau, fanion.** — PAR EXT. Celui qui portait cet étendard. ➤ 2 **enseigne.** ◆ MAR. Pavillon triangulaire ou à deux pointes. ■ **2** MOD. MILIT. Fanion servant à déterminer l'alignement dans les manœuvres d'infanterie. ■ **3** (1757) Petite saillie, à l'extrémité du canon d'une arme à feu, qui donne la ligne de mire. *Viser plein guidon.* ■ **4** TYPOGR. *Guidon de renvoi :* repère qui signale où l'on doit placer une addition à un texte.

II (1869) COUR. Tube de métal qui commande la roue directrice d'une bicyclette, d'une motocyclette. *Guidon de vélo de course. Guidon de triathlon,* où l'appui se fait sur les coudes. *Poignées de guidon. Lâcher son guidon.* — LOC. *Le nez dans (sur) le guidon,* se dit d'un coureur qui penche le buste dans l'effort, pour améliorer l'aérodynamisme ; FIG. se dit de qqn qui concentre ses efforts pour atteindre son but. *« J'ai bossé tant et plus, toujours le nez dans le guidon, j'ai pas arrêté »* TH. JONQUET.

GUIDOUNE [gidun] **n. f.** – 1927 ◊ probablt du dialectal (manceau) *guède* « chienne en chaleur » et « femme de mauvaise vie », du germanique °*waizda-* (→ guède) comme l'ancien français *guedonne* (1297) ■ RÉGION. (Canada) PÉJ., VULG. Prostituée. ➤ **putain, pute.** *« se fardant pour ressembler à une infâme guidoune »* V.-L. BEAULIEU. — Terme injurieux à l'adresse d'une femme (sans connotation sexuelle). ➤ **pétasse.**

1 **GUIGNARD** [giɲaʀ] **n. m.** – 1694 ; « qui cligne de l'œil » v. 1250 ◊ de *guigner* ■ Petit échassier *(charadriidés)* chassé pour sa chair délicate (appelé aussi *pluvier* des Alpes*).

2 **GUIGNARD, ARDE** [giɲaʀ, aʀd] **adj.** – 1880 ◊ de 2 *guigne* ■ FAM. et VIEILLI Qui a la guigne. ➤ **malchanceux.** *Je suis guignard aujourd'hui.* — **n.** *C'est une guignarde.* ■ CONTR. Veinard, verni.

1 **GUIGNE** [giɲ] **n. f.** – *guine* 1393 ◊ latin médiéval *guina ;* p.-ê. ancien haut allemand *wihsila,* cf. allemand moderne *Weichsel* « griotte » ■ Petite cerise à longue queue, à chair molle, rouge et très sucrée, dont la forme rappelle celle du bigarreau (➤ **guignier**). ◆ LOC. FAM. *Se soucier de qqn, de qqch. comme d'une guigne,* très peu, pas du tout.

2 **GUIGNE** [giɲ] **n. f.** – 1811 ; *avoir la guigne* « loucher » 1864 ◊ variante populaire de *guignon* ■ FAM. Mauvaise chance qui semble s'attacher à qqn. *Avoir la guigne ; porter la guigne à qqn.* ➤ **malchance ;** FAM. **guignon, poisse,** ARG. **cerise.** *Quelle guigne !* ➤ FAM. **tuile.** ■ CONTR. Chance, veine.

GUIGNER [giɲe] **v. tr.** ‹1› – XIIe « faire signe » puis « loucher » ◊ francique °*wingjan* « faire signe » ; cf. allemand *winken* ■ **1** Regarder à la dérobée (et généralement avec convoitise). *Guigner le jeu du voisin.* ➤ **lorgner ;** FAM. **loucher** (sur), **reluquer.** *Guigner une femme au passage.* ■ **2** FIG. Guetter avec convoitise. ➤ **convoiter.** *Guigner une place, un beau parti.*

GUIGNETTE [giɲɛt] **n. f.** – 1465 ◊ de l'ancien français *goy* (bas latin *gubia* « serpette, gouge »), suffixe *-in* et *-ette* ■ **1** Petite serpe. — (1845) MAR. Outil de calfat. ■ **2** (1872 ◊ par anal. de forme) PÊCHE Vigneau ou littorine.

GUIGNIER [giɲje] **n. m.** – *guynier* 1508 ◊ de 1 *guigne* ■ RÉGION. Cerisier qui produit des guignes.

GUIGNOL [giɲɔl] **n. m.** – 1847 ◊ de *Guignol,* n. du canut lyonnais devenu le héros des marionnettes de Mourguet en 1795 ■ **1** Marionnette sans fils, animée par les doigts de l'opérateur. ◆ (1856 « cabotin ») FIG. Personne involontairement comique ou ridicule. ➤ **charlot, gugusse, pantin.** *Faire le guignol. « tu voudrais que j'écoute l'avis d'un guignol pareil ? »* QUENEAU. ■ **2** (1852) Théâtre de marionnettes où l'on joue des pièces dont Guignol est le héros ; ces pièces elles-mêmes. *Mener ses enfants au, à guignol.* — FIG. *C'est du guignol !* une vraie farce. *« je ne m'habituerais jamais au guignol de la mort »* S. LILAR.

GUIGNOLÉE [giɲɔle] **n. f.** – 1894 ◊ à rapprocher p.-ê. du normand *laguignalleu* « quête annuelle des bedeaux » et du manceau *courir, chanter la ganleu* « quêter en chantant le 31 décembre », d'origine inconnue, interprété comme une altération de *au gui l'an neuf* ■ (Canada) Collecte effectuée en fin d'année en faveur des personnes démunies. *Courir la guignolée :* passer de maison en maison pour recueillir les dons.

GUIGNOLET [giɲɔlɛ] **n. m.** – 1823 ◊ de 1 *guigne* ■ Liqueur faite avec des guignes, fabriquée notamment en Anjou. *Un guignolet kirsch.*

GUIGNON [giɲɔ̃] **n. m.** – XIIe ◊ de *guigner* « regarder de côté, ou de travers » ■ FAM. et VIEILLI Mauvaise chance persistante (au jeu, dans la vie). *Avoir du guignon.* ➤ 2 **guigne, malchance, poisse.** *« courbés sous le poids d'un implacable guignon »* P. BRUCKNER. ■ CONTR. Bonheur, chance, veine.

GUILDE [gild] **n. f.** – 1788 ; *gilde* XIIIe ; *gelde* XIIe ◊ latin médiéval *gilda,* du moyen néerlandais *gilde* « troupe, corporation » ■ **1** Au Moyen Âge, Association de secours mutuel entre marchands (➤ **hanse**), artisans, bourgeois. — On écrit aussi *ghilde. « une ghilde de peintres y existait depuis longtemps* [à Gand]*»* É. FAURE. ■ **2** Association destinée à procurer à ses adhérents des conditions commerciales particulières. *La Guilde du disque.*

GUILI [gili] **interj.** – avant 1910 ◊ onomatopée ■ FAM. Onomatopée (souvent répétée) évoquant le chatouillement. *« La petite bête qui monte, qui monte, guili, guili, guili »* (comptine). *Faire guili guili à qqn,* le chatouiller. — **n. m.** Chatouillement. *« il m'a réveillée par des guilis »* Y. QUEFFÉLEC.

GUILLAUME [gijom] **n. m.** – 1505 ◊ n. pr. ■ TECHN. Rabot servant à faire les rainures, les moulures. ◆ Outil des ravaleurs, pour gratter et nettoyer les pierres.

GUILLEDOU [gij(ə)du] **n. m.** – *courir le guildrou* XVIe ◊ origine inconnue, p.-ê. de l'ancien français *guiller* « tromper, séduire » et *doux,* adv. ■ LOC. FAM. VIEILLI **COURIR LE GUILLEDOU :** aller en quête d'aventure galante (cf. Courir le jupon, la prétentaine*, RÉGION. la galipote*).

GUILLEMET [gijmɛ] **n. m.** – 1677 ◊ de *Guillaume,* n. de l'imprimeur qui inventa ce signe ■ Signe typographique qu'on emploie par paires (« ... ») pour isoler un mot, un groupe de mots, etc., cités ou rapportés, pour indiquer un sens, pour se distancer d'un emploi ou pour mettre en valeur (presque toujours au plur.). *Ouvrir, fermer les guillemets* (cf. Fin de citation*). *Guillemets ouvrants, fermants.* ◆ LOC. ORALE *Entre guillemets,* se dit pour indiquer qu'on ne prend pas à son compte le mot ou la locution qu'on emploie. *Des œuvres « commerciales (je mets le mot entre guillemets, dit-elle, en grattant rapidement l'air avec deux doigts pour joindre le geste à la parole) »* J.-PH. TOUSSAINT. *Un type normal entre guillemets* (à l'écrit *un type « normal »*). *Il est venu avec sa femme entre guillemets* (➤ **prétendu, soi-disant**).

GUILLEMÉTER ‹6› ou **GUILLEMETER** [gijmete] **v. tr.** ‹4 /5/› – 1800 ◊ de *guillemet* ■ Mettre entre guillemets. *Faut-il guillemeter cette phrase ou la mettre en italique ?*

GUILLEMOT [gijmo] **n. m.** – 1555 ◊ diminutif de *Guillaume,* surnom de cet oiseau ■ Oiseau palmipède *(charadriiformes)* voisin du pingouin, habitant les régions arctiques. *Guillemot à miroir.*

GUILLERET, ETTE [gijʀɛ, ɛt] **adj.** – 1460 ◊ probablt même radical que *guilleri* « chant du moineau », p.-ê. de l'ancien français *guiller* → guilledou ■ **1** Qui manifeste une gaieté vive, pétulante. ➤ **folâtre, frétillant, fringant ; gai*, vif.** *Il est tout guilleret dès le matin.* ➤ **allègre, joyeux.** — *Air guilleret.* ➤ **réjoui.** ■ **2** Un peu libre, léger. ➤ **leste.** *Propos guilleret.* «*Il y avait dans toute sa personne quelque chose d'émoustillé, de guilleret et de goguenard*» SANDEAU. ■ CONTR. Accablé, triste.

GUILLOCHE [gijɔʃ] n. f. – 1866 ◇ de *guillocher* ■ TECHN. Burin à guillocher.

GUILLOCHÉ, ÉE [gijɔʃe] adj. – 1570 ◇ de *guillocher* ■ Orné de guillochis. *Boîtier de montre guilloché.* SUBST. MASC. *Du guilloché.*

GUILLOCHER [gijɔʃe] v. tr. ‹1› – 1557 ◇ probablt italien *ghiocciare*, variante de *gocciare*, de *goccia* «goutte», ornement architectural ■ Orner de traits gravés, sculptés en creux et entrecroisés. *Guillocher une plaque de cuivre, un cadre d'ébène.* — n. m. (1765) **GUILLOCHAGE.**

GUILLOCHEUR, EUSE [gijɔʃœʀ, øz] n. – 1756 ◇ de *guillocher* ■ TECHN. Ouvrier, artiste qui guilloche. ➤ **graveur.**

GUILLOCHIS [gijɔʃi] n. m. – 1555 ◇ de *guillocher* ■ TECHN. Ornement de sculpture ou d'orfèvrerie formé de traits gravés entrecroisés avec régularité, symétrie. *Un fin guillochis.*

GUILLOCHURE [gijɔʃyʀ] n. f. – 1858 ◇ de *guillocher* ■ Chacun des traits, des entrecroisements de traits formant un guillochis. *Les guillochures d'un bijou.*

GUILLOTINE [gijɔtin] n. f. – 1789 ◇ de *Guillotin*, n. du médecin qui en préconisa l'usage, après Louis et sa *louisette* ■ **1** Instrument de supplice servant à trancher la tête des condamnés à mort par la chute d'un couperet qui glisse entre deux montants verticaux. ➤ **échafaud** (cf. ARG. La veuve). *Couperet, lunette de guillotine. Dresser la guillotine.* — (1872) ANCIENNT Le supplice de la guillotine (en France). ➤ **décapitation, exécution.** *Envoyer un criminel à la guillotine.* ■ **2** (1830) *Fenêtre à guillotine*, dont le châssis glisse verticalement entre deux rainures et peut se retenir en l'air, au moyen de tourniquets.

GUILLOTINER [gijɔtine] v. tr. ‹1› – 1790 ◇ de *guillotine* ■ Faire mourir par le supplice de la guillotine. ➤ **décapiter ; trancher** (la tête de...). — p. p. adj. *Assassin guillotiné.* SUBST. *Le cadavre d'un guillotiné.*

GUILLOTINEUR [gijɔtinœʀ] n. m. – 1790 ◇ de *guillotiner* ■ Personne qui guillotinait (➤ **bourreau, exécuteur**) ou était responsable de condamnations à la guillotine. «*Plutôt cent fois être guillotiné que guillotineur*» (attribué à DANTON).

GUIMAUVE [gimov] n. f. – *widmalve* XIIe ◇ d'un élément *gui-*, du latin *hibiscus*, altéré par croisement avec *gui-*, et de *mauve*, ajouté pour éviter une confusion de sens ■ **1** Plante herbacée (*malvacées*), à tige plus haute et à feuilles plus petites que la mauve. *Guimauve rose* : rose trémière. *Propriétés émollientes de la guimauve. Infusion, sirop de guimauve.* ■ **2** *Pâte de guimauve* ou *guimauve* : friandise composée d'une pâte molle et sucrée à base de guimauve (1o). ➤ **chamallow, marshmallow.** — PAR COMPAR. «*Il était mou, comme en guimauve ; sa main fondait dans celle qu'on lui tendait*» GIDE. ◆ FIG. *Ce film, c'est de la guimauve* : c'est mièvre, fade et sentimental (➤ **sirupeux**). «*il se mit à chanter l'hymne national, cette scie ou plutôt cette guimauve dont ils sont si fiers*» G. LEROY.

GUIMBARDE [gɛ̃baʀd] n. f. – 1622 «danse» puis «instrument de musique» ◇ languedocien *guimbardo* «danse», de *guimba* «sauter» → guibolle ■ **1** Petit instrument de musique rudimentaire, fait de deux branches de fer que l'on maintient dans la bouche et d'une languette métallique que l'index fait vibrer. ◆ FAM. Mauvaise guitare. ■ **2** TECHN. Petit rabot de menuisier, d'ébéniste, pour aplanir le fond des creux. ■ **3** (1723) VX Long chariot couvert à quatre roues. ◆ MOD. FAM. Vieille automobile délabrée. ➤ **tacot.** «*sa vieille guimbarde disloquée*» ZOLA.

GUIMPE [gɛ̃p] n. f. – *guimple* XIIe ◇ francique °*wimpil*, allemand *Wimpel* «banderole» ■ **1** Morceau de toile qui couvre la tête, encadre le visage des religieuses. ■ **2** Chemisette de femme sans manches, très montante, en tissu léger. *Robe à guimpe, en guimpe.* — (XXe) Plastron formant dos, que l'on porte avec une robe décolletée, une veste de tailleur.

GUINCHER [gɛ̃ʃe] v. intr. ‹1› – 1821 ◇ de *guinche* n. m. «bal public» ; origine inconnue, p.-ê. du même radical que *guinguette* ■ FAM. Danser. — n. m. **GUINCHE.**

GUINDAGE [gɛ̃daʒ] n. m. – 1386 ◇ de *guinder* ■ MAR. Action de guinder, d'élever un fardeau, un mât avec un palan.

GUINDAILLE [gɛ̃daj] n. f. – 1880 ◇ probablement altération de *godaille* «ripaille» qui remonterait au moyen néerlandais *gœd ale*, mot à mot «bonne *(gœd)* bière *(ale)*» (→ ale) ■ (Belgique) Sortie joyeuse et bien arrosée, beuverie (surtout en parlant d'étudiants). *Être en guindaille.*

GUINDAILLER [gɛ̃daje] v. intr. ‹1› – 1939 ◇ de *guindaille* ■ (Belgique) Participer à une guindaille.

GUINDAILLEUR, EUSE [gɛ̃dajœʀ, øz] n. – 1950 ◇ de *guindailler* ■ (Belgique) Personne qui aime guindailler.

GUINDANT [gɛ̃dɑ̃] n. m. – 1643 ◇ de *guinder* ■ MAR. *Guindant de mât* : hauteur comprise entre les jottereaux et le pont supérieur. *Guindant d'une voile* : hauteur le long du mât d'une voile carrée ou aurique.

GUINDÉ, ÉE [gɛ̃de] adj. – 1643 ◇ de *guinder* ■ **1** Qui manque de naturel en s'efforçant de paraître digne, supérieur. ➤ **compassé.** PAR EXT. Mal à l'aise. ➤ **contraint, gourmé ;** FAM. **constipé.** *Avoir un air guindé.* ➤ **affecté, étudié, solennel** (cf. Collet* monté). «*une vieille demoiselle, un peu guindée, vieux jeu*» MALLET-JORIS. ■ **2** (1654) Affecté, ampoulé. *Style guindé.* ➤ **apprêté, emphatique, pompeux.** ■ **3** (1580) Serré, corseté (dans ses vêtements). ➤ **engoncé, raide.** «*Trapu, un peu guindé dans des vêtements noirs*» MARTIN DU GARD. ■ CONTR. Aisé, naturel.

GUINDEAU [gɛ̃do] n. m. – XIIe ◇ de *guinder* ■ MAR. Cabestan horizontal pour lever l'ancre. «*Est-on à relever l'ancre, et le guindeau (qui est le treuil avant) fait-il son bruit monotone*» J.-R. BLOCH.

GUINDER [gɛ̃de] v. tr. ‹1› – *windé* XIIe ◇ scandinave *winda* «hausser» ■ **1** MAR. Hisser (un mât) au moyen d'un palan. *Guinder un mât de hune.* ◆ TECHN. Élever (un fardeau) avec une machine (grue, poulie). ➤ 1 **lever.** ■ **2** (XVIe) LITTÉR. Donner une tenue, une allure raide à. *Guinder son allure.* — PRONOM. «*Sa dignité se guinda*» BALZAC. «*Le récit se guinde un peu*» SARTRE. ■ CONTR. Abaisser, laisser (aller).

GUINDERESSE [gɛ̃dʀɛs] n. f. – 1525 ◇ de *guinder* ■ MAR. Gros cordage ou fil d'acier pour guinder un mât.

GUINÉE [gine] n. f. – 1669 ◇ anglais *guinea* ■ **1** Ancienne monnaie anglaise en or de Guinée, valant 21 shillings. *La guinée, remplacée par le souverain en 1817, n'est plus de nos jours qu'une monnaie de compte.* ■ **2** (1682) VX Toile de coton de qualité courante dont on se servait comme moyen d'échange avec les Guinéens.

GUINGOIS (DE) [d(ə)gɛ̃gwa] loc. adv. – 1442 *de gingois* ◇ du radical germanique *gîga* «violon» → gigot ■ FAM. De travers. ➤ **obliquement.** «*Toujours assis de guingois, comme sur un bras de fauteuil*» GIDE. ◆ FIG. *Tout va de guingois*, de travers, mal. ■ CONTR. 1 Droit.

GUINGUETTE [gɛ̃gɛt] n. f. – 1694 ◇ fém. de *guiguet* «étroit» (maison guinguette), de l'ancien français *giguer, ginguer* «sauter», du radical germanique *gîga* ; cf. *de guingois* ■ Café populaire où l'on consomme et où l'on danse, le plus souvent en plein air dans la verdure. ➤ **bal,** POP. **bastringue.** *Guinguette au bord de l'eau.* «*les gens se retrouvaient le week-end, dans une guinguette, pour manger des frites et des moules, ou pour piqueniquer, ou encore pour danser*» W. RONIS.

GUIPAGE [gipaʒ] n. m. – 1867 ◇ de *guiper* ■ **1** TECHN. Action de guiper. ■ **2** ÉLECTR. Gaine qui isole un fil électrique.

GUIPER [gipe] v. tr. ‹1› – 1350 ◇ francique *wipan* «entourer de soie» ■ **1** TECHN. Passer un brin de textile sur (ce qui est déjà tors). — *Guiper des franges*, les tordre au guipoir. ■ **2** TECHN. Imiter sur (le vélin) la guipure. ■ **3** ÉLECTR. Entourer (un fil électrique) d'un isolant. ➤ **gainer.**

GUIPOIR [gipwaʀ] n. m. – 1723 ◇ de *guiper* ■ TECHN. Outil de passementier, pour faire des torsades.

GUIPON [gipɔ̃] n. m. – 1342 ◇ de *guiper* ■ MAR. Balai qui sert à laver le plancher ou à étendre le goudron sur les carènes.

GUIPURE [gipyʀ] n. f. – 1393 ◇ de *guiper* ■ **1** Dentelle sans fond dont les motifs sont séparés par de grands vides. *Guipure au fuseau, à l'aiguille, à la machine. Guipure de Venise, de Flandre, du Puy. Col de guipure.* ■ **2** FIG. Ce qui rappelle la guipure par l'aspect ajouré et délicat. ➤ **dentelle.** «*La rosée avait laissé sur les choux des guipures d'argent*» FLAUBERT.

GUIRLANDE [giʀlɑ̃d] n. f. – 1540 ; ancien français *guerlande* v. 1400 ◇ repris à l'italien *ghirlanda* ■ **1** Cordon décoratif de végétaux naturels ou artificiels, de papier découpé, que l'on pend en feston, enroule en couronne, etc. *Tresser une guirlande. Guirlande de fleurs. Les guirlandes du sapin de Noël. Guirlande électrique.* ➤ **girandole.** ◆ PAR EXT. Sa représentation dans les arts (peinture, sculpture). *Guirlande sculptée de feuilles d'acanthe. Papier orné de guirlandes de roses.* ■ **2** Série, alignement qui évoque une guirlande. ➤ **feston.** *Guirlande de diamants.* ■ **3** (1704) MAR. Pièce de bois courbe qui sert de liaison à l'avant, en dedans de l'étrave, et à l'arrière d'un navire.

GUISARME [g(ɥ)izaʀm] **n. f.** – XIIe ◊ origine inconnue ▪ ANCIENNT Arme médiévale, à lame asymétrique prolongée en dague et munie d'un ou deux crochets.

GUISE [giz] **n. f.** – v. 1050 ◊ germanique °*wisa* «manière» ▪ **1** VX (dans *en cette guise, de telle guise*) ➤ **façon, manière, sorte.** ▪ **2** MOD. **À MA, TA, SA... GUISE :** selon le goût, la volonté propre. *Laissez chacun vivre, agir à sa guise,* à son gré, à sa fantaisie, comme il l'entend. *À ta guise, à votre guise :* comme tu voudras, vous voudrez. *Il n'en fait qu'à sa guise,* à sa tête. ◆ **loc. prép. EN GUISE DE :** en manière de, comme. *En guise de conclusion...* — À la place de. *Il portait un simple ruban en guise de cravate.*

GUITARE [gitaʀ] **n. f.** – 1360 ◊ espagnol *guitarra*, de l'arabe *gîtâra*, lui-même du grec *kithara* ; cf. *cithare* ▪ Instrument de musique à cordes (généralement six) que l'on pince avec les doigts, muni d'un manche (➤ **touche, touchette**) et d'une caisse de résonance. ➤ FAM. **gratte, guimbarde.** *La rosace d'une guitare. Jouer de la guitare. Tablature* de guitare.* — *Guitare classique. Guitare électrique,* à son amplifié électriquement. *Guitare sèche,* sans amplificateur. — *Guitare basse,* à quatre cordes. ➤ 1 **basse.** *Guitare espagnole,* d'abord à cinq cordes, puis six. *Guitare flamenco. Guitare folk* ou *jazz. Guitare à douze cordes.* — *Guitare hawaïenne,* à quatre cordes, aux sons gémissants. ➤ **ukulélé.**

GUITARISTE [gitaʀist] **n.** – 1821 ◊ de *guitare* ▪ Musicien, musicienne qui joue de la guitare. *Guitariste classique, de jazz* (➤ **bassiste**).

GUITOUNE [gitun] **n. f.** – v. 1860 ◊ arabe *kitoun* «tente» ▪ ARG. MILIT. Tente de campement ; PAR EXT. (1914) Abri de tranchée. *«notre guitoune, petite cave basse sentant le moisi»* BARBUSSE. ◆ FAM. ➤ **tente.** *Guitoune de campeur.*

GUIVRE [givʀ] **n. f.** – 1080 ◊ latin *vipera*, avec influence germanique pour le *gu-* ; cf. *vouivre* ▪ VX (jusqu'au XVe) Animal fantastique ayant un corps de serpent, des ailes de chauve-souris et des pattes de pourceau. ◆ MOD. BLAS. ➤ **serpent.**

GUIVRÉ, ÉE [givʀe] **adj.** – 1611 ◊ de *guivre* ▪ BLAS. Orné de guivres, d'une tête de guivre.

GULDEN [gyldɛn] **n. m.** – 1704 ◊ mot allemand, de l'ancien haut allemand *guldîn* «en or» ▪ Ancienne pièce de monnaie néerlandaise qui valait un florin*.

GUNITE [gynit] **n. f.** – v. 1940 ◊ mot anglais, de *gun* «canon» ▪ TECHN. Mélange de sable et de ciment projeté sous pression par une machine pneumatique comme enduit (pour remettre en état des constructions en béton armé, etc.). — **n. m. GUNITAGE,** 1952.

GÜNZ [gynz] **n. m.** – 1927 ◊ du nom d'un affluent du haut Danube ▪ GÉOL. Première des quatre grandes glaciations de l'ère quaternaire en Europe, datée d'un million d'années environ.

GUPPY [gypi] **n. m.** – 1938 ◊ n. pr. ▪ Petit poisson téléostéen d'eau douce *(cyprinodontidés),* richement coloré, qui peut s'élever en aquarium. *Des guppys.* On emploie aussi le pluriel anglais *des guppies.*

GUS [gys] **n. m.** – 1954 ◊ de *Gugusse* ▪ **1** ARG. MILIT. Simple soldat. ➤ **bidasse.** ▪ **2** FAM. Type, mec. ➤ **gugusse.** *«des gus pas catholiques du collier»* SAN-ANTONIO.

GUSTATIF, IVE [gystatif, iv] **adj.** – 1503 ◊ du latin *gustare* «goûter» ▪ Qui a rapport au goût. *Bourgeon* gustatif. Perte de la sensibilité gustative.* ➤ **agueusie.**

GUSTATION [gystasjɔ̃] **n. f.** – 1530 ◊ latin impérial *gustatio* ▪ DIDACT. Perception des saveurs par le goût. *Les papilles gustatives, organes de la gustation, avec l'ensemble des muqueuses de la bouche.*

GUSTOMÉTRIE [gystɔmetʀi] **n. f.** – XXe ◊ du latin *gustare* «goûter» et de *-métrie* ▪ MÉD. Appréciation de l'intensité des sensations gustatives.

GUTTA-PERCHA [gytapɛʀka] **n. f.** /GUTTAPERCHA/ – 1845 ◊ mot anglais, du malais *getah perca* ▪ Gomme obtenue par solidification du latex de certains arbres. *La gutta-percha, mauvais conducteur de l'électricité, sert d'isolant. Chatterton en gutta-percha. Des guttas-perchas.*

GUTTURAL, ALE, AUX [gytyʀal, o] **adj.** – 1542 ◊ du latin *guttur* «gosier» ▪ **1** Qui appartient au gosier. *Artère gutturale.* ▪ **2** Émis par le gosier. ➤ **rauque.** *Toux, voix gutturale. Son guttural.* ◆ PHONÉT. VIEILLI *Consonne gutturale,* et **n. f.** *une gutturale.* ➤ **vélaire.**

1 **GUYOT** [gɥijo] **n. m.** – 1956 ◊ du n. pr. *Arnold Guyot* ▪ OCÉANOGR. Volcan sous-marin, de forme conique à sommet aplati, de 3 à 4 000 m de hauteur. *Atolls et guyots.*

2 **GUYOT** [gɥijo] **n. f.** – 1924 ◊ du n. pr. *Jules Guyot* ▪ Poire sucrée, variété parmi les plus cultivées en France.

GUZLA [gyzla] **n. f.** – 1791 ◊ mot croate ▪ Instrument de musique monocorde, espèce de violon, en usage chez les peuples dalmates. *«La Guzla», récit de Mérimée.*

GYM ➤ **GYMNASTIQUE**

GYMKHANA [ʒimkana] **n. m.** – 1897 ◊ anglais *gymkhana* (1861), croisement de *gym(nastics)* et du hindi *(gend-)khana* «aire de jeu de balle» ▪ **1** VX Fête de plein air, avec des jeux ou des épreuves d'adresse. ▪ **2** MOD. Course d'obstacles au parcours compliqué. *Des gymkhanas automobiles.*

GYMNASE [ʒimnɑz] **n. m.** – 1596 ; *gymnasy* XIIe ◊ latin d'origine grecque *gymnasium* ▪ **1** DIDACT. Dans l'Antiquité grecque, École publique de culture physique, d'athlétisme. ➤ **palestre.** *Portique, xyste d'un gymnase.* ▪ **2** (1757) COUR. Établissement où l'on pratique les exercices du corps, et SPÉCIALT (1888) Vaste salle aménagée à cet effet, avec tous les appareils nécessaires. ➤ RÉGION. **halle** (de gymnastique). *Séances de culture physique dans un gymnase.* ▪ **3** (allemand *Gymnasium*) (Suisse) Établissement d'enseignement secondaire supérieur ; l'enseignement qui y est dispensé. *Élève qui obtient la maturité à l'issue du gymnase.* ➤ **lycée.**

GYMNASIAL, IALE, IAUX [ʒimnazjal, jo] **adj.** – 1972 ◊ de *gymnase*, par anal. avec *collégial* ▪ (Suisse) Relatif au gymnase (3°). *Le programme, l'enseignement gymnasial.*

GYMNASIARQUE [ʒimnazjaʀk] **n. m.** – 1700 ; «directeur d'école» 1530 ◊ latin d'origine grecque *gymnasiarchus* ▪ **1** DIDACT. Chef d'un gymnase antique. ▪ **2** (1845) RARE Gymnaste (2°).

GYMNASIEN, IENNE [ʒimnazjɛ̃, jɛn] **n.** – 1865 ◊ de *gymnase*, par anal. avec *collégien* ▪ (Suisse) Élève de niveau gymnasial. *«il était rare que des gymnasiens soient liés avec des étudiants»* M. CONTAT.

GYMNASTE [ʒimnast] **n.** – 1534 ◊ grec *gumnastês* ▪ **1** DIDACT. Maître qui dirigeait les exercices et formait les athlètes dans les gymnases de la Grèce antique. ▪ **2** (1855) Professionnel(le) de la gymnastique. ➤ **acrobate.** — Personne qui s'adonne régulièrement et avec méthode à la gymnastique. *Équipe de gymnastes.*

GYMNASTIQUE [ʒimnastik] **adj.** et **n. f.** – XIVe ◊ latin d'origine grecque *gymnasticus* → gymn(o)- ▪ **1** RARE Qui a rapport aux exercices du corps. *Entraînement gymnastique.* ➤ **athlétique.** — VIEILLI *Pas gymnastique* (cf. ci-dessous Pas de gymnastique). ▪ **2** **n. f. LA GYMNASTIQUE :** art d'assouplir et de fortifier le corps par des exercices convenables ; ces exercices (cf. Culture* physique, éducation* physique). ➤ aussi **aérobic, pilates.** *Appareils et instruments de gymnastique* (agrès, barre, anneaux, trapèze, home-trainer, etc.). *Gymnastique au sol. Gymnastique douce.* ➤ **stretching.** *Gymnastique rythmique (et sportive, GRS) :* discipline féminine dans laquelle la gymnaste évolue au sol en musique, avec de petits engins (ballon, cerceau, massues, corde, ruban). *Gymnastique artistique,* avec des engins. *Gymnastique en plein air.* ➤ **hébertisme.** *Gymnastique culturiste.* ➤ **culturisme, musculation.** *Gymnastique acrobatique.* ➤ **voltige ; acrosport.** *Gymnastique chinoise.* ➤ **taï-chi-chuan.** *Gymnastique aquatique.* ➤ **aquagym.** *Professeur de gymnastique.* ◆ ABRÉV. FAM. (1878) **GYM** [ʒim]. *Faire de la gym. Prof de gym.* ◆ PAR ANAL. *Gymnastique corrective.* ➤ **rééducation ; kinésithérapie.** — *Gymnastique oculaire.* ➤ **orthoptie.** — LOC. *Pas de gymnastique :* pas de course cadencé. ▪ **3** Série de mouvements plus ou moins acrobatiques, exécutés sans méthode, imposés par une situation. ➤ **acrobatie.** *Il faut en faire une gymnastique pour sortir de cette voiture !* ▪ **4** FIG. Exercices qui permettent de développer une faculté intellectuelle. *Gymnastique de l'esprit, de la pensée.*

GYMNIQUE [ʒimnik] **adj.** et **n. f.** – 1542 ◊ latin d'origine grecque *gymnicus* ▪ DIDACT. ▪ **1** Qui a rapport aux exercices que les athlètes antiques pratiquaient nus. *Jeux gymniques du cirque.* ◆ Qui a rapport à la gymnastique sportive. *Exercices gymniques.* ▪ **2** **n. f.** Science des exercices du corps.

GYMN(O)- ▪ Élément, du grec *gumnos* «nu».

GYMNOCARPE [ʒimnokaʀp] **adj.** – 1823 ◊ de *gymno-* et du grec *karpos* «fruit» ▪ BOT. Se dit des plantes dont le fruit n'est enveloppé d'aucun organe accessoire.

GYMNOSOPHISTE [ʒimnosɔfist] **n. m.** – 1488 ◊ latin d'origine grecque *gymnosophista* ; cf. *sophiste* ▪ DIDACT. Philosophe d'une ancienne secte hindoue, dont les membres ne portaient pas de vêtements et menaient une vie d'ascètes contemplatifs.

GYMNOSPERME [ʒimnɔspɛʀm] adj. et n. f. – 1749 ◊ grec *gumnospermos* ; cf. *sperme* ■ BOT. Dont la graine est nue. — n. f. pl. **LES GYMNOSPERMES.** Sous-embranchement des spermaphytes, comprenant des plantes à ovule nu porté par une feuille fertile. ➤ **conifère.** — Sing. *Une gymnosperme.*

GYMNOTE [ʒimnɔt] n. m. – 1777 ◊ latin scientifique *gymnotus*, pour *gymnonotus*, du grec *nôtos* «dos», proprt «dos nu» ■ Poisson d'eau douce *(téléostéens)*, appelé *anguille électrique*, dépourvu de nageoire dorsale et muni, de chaque côté de la queue, de lamelles membraneuses qui déchargent de l'électricité. *Le gymnote paralyse ses proies.*

GYNANDROMORPHISME [ʒinɑ̃dʀɔmɔʀfism] n. m. – 1913 ◊ du grec *gunê* «femme, femelle», *anêr, andros* «homme, mâle» et *morphê* «forme» ■ BIOL. Présence anormale, chez un animal appartenant à une espèce unisexuée, de caractères sexuels mâles et femelles. *Le gynandromorphisme se rencontre chez les arthropodes, les mollusques.*

-GYNE ■ Élément, du grec *gunê* «femme» : *androgyne, misogyne.*

GYNÉCÉE [ʒinese] n. m. – 1694 ◊ latin d'origine grecque *gynaeceum* ■ **1** Appartement des femmes dans les maisons grecques et romaines de l'Antiquité. ♦ FIG. Endroit où vit et travaille habituellement un groupe de femmes. ➤ **harem.** ■ **2** BOT. Ensemble des carpelles. ➤ **pistil.**

GYNÉCO ➤ **GYNÉCOLOGIE, GYNÉCOLOGUE**

GYNÉCO- ■ Élément, du grec *gunê, gunaïkos* «femme».

GYNÉCOLOGIE [ʒinekɔlɔʒi] n. f. – v. 1900 ; *gynéologie* 1826 ; 1823 «étude de la femme» ◊ de *gynéco-* et *-logie* ■ Branche de la médecine consacrée à l'étude de l'organisme de la femme et de son appareil génital. *Gynécologie et obstétrique**. — ABRÉV. FAM. **GYNÉCO.**

GYNÉCOLOGIQUE [ʒinekɔlɔʒik] adj. – 1873 ; autre sens 1845 ◊ de *gynécologie* ■ De la gynécologie. *Examen gynécologique. Troubles gynécologiques.*

GYNÉCOLOGUE [ʒinekɔlɔg] n. – 1832 ; *gynécologiste* 1845 ◊ de *gynécologie* ■ Médecin spécialiste de l'appareil génital féminin. *Consulter un gynécologue. Gynécologue obstétricien**. — ABRÉV. FAM. (1971) **GYNÉCO** [ʒineko]. *Elle est gynéco. Des gynécos.*

GYNÉCOMASTIE [ʒinekomasti] n. f. – v. 1900 ◊ de *gynéco-* et du grec *mastos* «mamelle» ■ MÉD. Développement exagéré des glandes mammaires chez l'homme.

GYNOGENÈSE [ʒinoʒənɛz] n. f. – 1941 ◊ de *gyno-* «femme, femelle» et *-genèse* ■ EMBRYOL. Développement d'un embryon ne possédant que les chromosomes maternels (de l'ovule), le spermatozoïde n'ayant joué qu'un rôle stimulant. ➤ aussi **parthénogenèse.** — adj. **GYNOGÉNÉTIQUE.** ■ CONTR. Androgenèse.

GYOZA [gjɔza] n. m. – 1991 ◊ mot japonais ■ Ravioli en forme de chausson (spécialité japonaise). *«Je déguste aux baguettes des gyozas bourrés de coriandre et de viande parfumée»* M. BARBERY.

GYPAÈTE [ʒipaɛt] n. m. – 1800 ◊ du grec *gups* «vautour» et *aetos* «aigle» ■ Grand oiseau rapace diurne *(falconidés, accipitridés)*, parfois nommé *vautour des agneaux*, à long bec crochu, à large et longue queue et à vastes ailes, se nourrissant surtout de charognes. *Le piaulement des gypaètes.*

GYPSE [ʒips] n. m. – 1719 ; *gips* 1464 ◊ latin d'origine grecque *gypsum* «plâtre» ■ Sulfate hydraté de calcium naturel ($CaSO_4{\cdot}2H_2O$), communément appelé *pierre à plâtre**. *Cristaux de gypse. Lits de gypse. Variétés de gypse.* ➤ **alabastrite, albâtre.**

GYPSEUX, EUSE [ʒipsø, øz] adj. – v. 1560 ◊ de *gypse* ■ MINÉR. De la nature du gypse. *Albâtre gypseux.*

GYPSOMÈTRE [ʒipsɔmɛtʀ] n. m. – 1890 ◊ de *gypse* et *-mètre* ■ TECHN. Appareil servant à déterminer la teneur des vins en sulfate de potassium.

GYPSOPHILE [ʒipsɔfil] n. f. – 1803 ◊ de *gypse* et *-phile* ■ BOT. Plante herbacée *(caryophyllacées)* à petites fleurs blanches, à feuillage gris-vert très fin (servant à garnir les bouquets).

GYRE [ʒiʀ] n. m. ou f. – 1976 ◊ mot anglais, du grec *guros* «cercle» → gyr(o)-, -gyre ■ OCÉANOGR. Tourbillon marin à l'échelle d'un bassin océanique, formé par la réunion d'un ensemble de courants. ➤ **vortex.** *Déchets qui s'accumulent dans les gyres océaniques. Gyre subtropical.*

-GYRE ou **-GIRE** ■ Élément, du grec *guros* «cercle» : *lévogyre.* ➤ **gyr(o)-.**

GYRIN [ʒiʀɛ̃] n. m. – 1770 ◊ latin d'origine grecque *gyrinus* → gyr(o)- ■ ZOOL. Insecte aquatique, coléoptère de l'hémisphère boréal, au corps noir brillant, appelé aussi *tourniquet*, parce qu'il tournoie à la surface des eaux stagnantes.

GYR(O)- ou **GIR(O)-** ■ Élément, du grec *guros* «cercle».

GYROCOMPAS [ʒiʀokɔ̃pɑ] n. m. – 1914 ◊ de *gyro(scope)* et *compas* ■ TECHNOL. Compas utilisant un gyroscope entretenu électriquement, pour garder une direction constante. ➤ **gyropilote.**

GYROMÈTRE [ʒiʀɔmɛtʀ] n. m. – milieu XXe ; «compte-tour» 1890 ◊ de *gyro-* et *-mètre* ■ AVIAT. Appareil gyroscopique qui indique les variations de direction ou d'inclinaison d'un engin aérien ou spatial.

GYROPHARE [ʒiʀofaʀ] n. m. – 1974 ◊ de *gyro-* et *phare* ■ Lanterne rotative à feu clignotant placée sur le toit d'un véhicule prioritaire.

GYROPILOTE [ʒiʀopilɔt] n. m. – v. 1960 ◊ de *gyro(scope)* et *pilote* ■ AVIAT. Compas gyroscopique actionnant automatiquement les gouvernes.

GYROPODE [ʒiʀɔpɔd] n. m. – 2008 ◊ de *gyro-* et *-pode* ■ Véhicule électrique monoplace constitué d'une plateforme sur deux roues que le conducteur, debout, manœuvre à l'aide d'un guidon. *Gyropode sans guidon.* ➤ ANGLIC. **hoverboard.**

GYROSCOPE [ʒiʀɔskɔp] n. m. – 1852 ◊ de *gyro-* et *-scope* ■ Appareil comprenant un gyrostat et utilisant ses propriétés particulières, dues à la rapidité de son mouvement de rotation (fixité de l'orientation de son axe, effet gyroscopique [précession*], détection des forces agissant sur ses armatures). ➤ **gyrocompas, gyromètre, gyropilote, gyrostat.** *Gyroscope à laser.*

GYROSCOPIQUE [ʒiʀɔskɔpik] adj. – 1852 ◊ de *gyroscope* ■ Qui ressemble ou a rapport au gyroscope. *Couple gyroscopique. Compas gyroscopique.* ➤ **gyrocompas.** *Effet gyroscopique.* — AVIAT. *Horizon gyroscopique.*

GYROSTAT [ʒiʀɔsta] n. m. – 1901 ◊ de *gyro-* et *-stat* ■ SC. Solide animé d'un mouvement de rotation autour de son axe. ➤ **gyroscope.** *Application du gyrostat à des fins de stabilisation.*

H

1**H** [ˈaʃ ; aʃ] **n. m. inv.** ▪ Huitième lettre et sixième consonne de l'alphabet : *h majuscule* (H), *h minuscule* (h). — Lettre qui ne correspond à aucun son en français *(habit, cahot, euh),* sauf dans certaines interjections où elle note un bruit de souffle produit par une friction glottale de l'air expiré *(ha, ha, ha !)* ou parfois de l'air aspiré dans le soupir. Lettre qui note encore actuellement un souffle dans les langues germaniques (angl. *hot*). *Mot commençant par h aspiré :* mot (souvent issu d'une langue germanique) où le *h* initial indique l'impossibilité de la liaison* et de l'élision*. *Le h aspiré est noté* [ˈ] *dans la transcription phonétique de l'entrée* (*héros* [ˈeʀo] ; *un héros* [œ̃eʀo], *le héros* [ləeʀo]). *Mot commençant par h muet,* où le *h* n'entraîne aucun phénomène phonétique (*un homme* [œ̃nɔm], *l'homme* [lɔm], *les hommes* [lezɔm]). *Digrammes ou trigrammes comportant h : ch, sch* (➤ 1**c**) ; *sh* (➤ 1**s**) ; *ph* (➤ 1**p**) ; *th* (➤ 1**t**) ; *kh* (➤ 1**k**) ; *gh* (➤ 1**g**) ; *rh* (➤ 1**r**). ▪ **HOM.** Ache, hache, hasch.

2**H** **abrév. et symboles** ▪ **1 H** [ˈaʃ] Hydrogène. *Bombe* H.* ▪ **2 h** [aʃ] Constante de Planck, utilisée en mécanique quantique. — **h** [ɛkto] Hecto-. — **H** [ɑ̃ʀi] Henry (unité d'inductance). — **h** [œʀ] Heure. *Cent km/h.* — **H** [aʃ] Heure. *L'heure* H.* **FAM.** *H24* ou *H 24 :* toute la journée, vingt*-quatre heures sur vingt-quatre. *Il a plu H24. «Ils sont enfermés H24, depuis qu'ils sont arrivés»* **V. DESPENTES.** ▪ **3** (1970) **FAM. H** [ˈaʃ] Hasch, haschich*. *«un joint de H au bec»* **FALLET.**

1**HA** [ˈa ; ha] **interj.** – XIIe ◊ onomat. ▪ Variante de *ah**. ▪ **1** Exprime la douleur : *«Toinette se plaint toujours en disant : Ha !»* **MOLIÈRE.** ➤ **aïe, ouille.** ▪ **2** Exprime la surprise, agréable ou non : *«Ha ! que me dites-vous !»* **MOLIÈRE. SUBST.** *Pousser des ho ! et des ha !* ▪ **3** Exprime le rire, surtout sous la forme redoublée *ha, ha !* ➤ **hi.**

2**ha** Symb. de l'hectare*.

HABANÉRA ou **HABANERA** [ˈabaneʀa] **n. f.** – *habanera* 1888 ; *habaneira* 1883 ◊ espagnol *habanera,* de *La Habana,* n. espagnol de *La Havane,* capitale de Cuba ▪ Danse espagnole, originaire de La Havane. — Musique sur laquelle s'exécute cette danse. *«La Habanera pour violon», de Maurice Ravel.*

HABEAS CORPUS [abeaskɔʀpys] **n. m.** – 1672 ◊ mots latins «que tu aies le corps», sous-entendu *ad subjiciendum* «pour le produire (devant la cour)» ▪ Institution garantie par la loi anglaise de 1679 (communément appelée *Habeas corpus Act*) en vue d'assurer le respect de la liberté individuelle. *«Il se plaignit violemment d'être emprisonné au mépris des gens, demanda en vertu de quelle loi on le retenait ainsi, invoqua l'habeas corpus»* **J. VERNE.**

HABILE [abil] **adj.** – XVe ; *able* «propre à» XIIIe ◊ latin *habilis* «facile à manier», par ext. «bien adapté»

I **VX** Capable, convenable, propre. — **MOD. DR.** Qui remplit les conditions requises pour l'exercice d'un droit. *Rendre une personne habile à contracter, à succéder* (➤ **habiliter**).

II ▪ **1** (1478) Qui exécute ce qu'il entreprend, avec autant d'adresse que d'intelligence ou de compétence. ➤ **capable ; VX industrieux.** *Ouvrier habile et expérimenté.* ➤ **émérite, expert.** *Une couturière, un bricoleur très habile. Être habile de ses mains.* ➤ **adroit.** — **PAR EXT.** *Des mains, des doigts habiles* (cf. Des doigts de fée*). — *Politicien habile. Être habile dans les relations sociales.* ➤ **diplomate,** 1**politique** (cf. Savoir* y faire). *Un intrigant assez habile.* ➤ 1**fort, futé, malin, roublard, rusé.** ◆ **SUBST. VX** *Les habiles :* les gens habiles. ◆ **HABILE À** (et l'inf.). ➤ **apte, propre, rompu** (à). *«aussi habiles à rendre la beauté sur la toile que dans le marbre»* **GAUTIER.** *Personne habile à nouer des relations, à ruser, à tromper* (➤ **exceller** [à], 1**savoir**). — *Habile à...* (qqch.). *Être habile à un jeu d'adresse.* ▪ **2 SPÉCIALT, VX** Docte, savant. *«Habile homme»* **MOLIÈRE.** — **MOD.** *Écrivain habile et froid,* ingénieux, bon technicien... ▪ **3** Qui est fait avec adresse et intelligence. *Manœuvre, opération habile. Ce qu'il a répondu était très habile. Ce n'était guère habile d'insister. Il serait plus habile de...* — **SPÉCIALT** (en parlant d'une œuvre d'art, d'une œuvre littéraire) *Un film habile. C'est habile sans être génial.*

▪ **CONTR.** Gauche, inhabile, maladroit, malhabile, sot.

HABILEMENT [abilmɑ̃] **adv.** – 1374 ◊ de *habile* ▪ Avec habileté, art, intelligence. ➤ **adroitement, expertement, finement.** *Écrire, peindre, travailler habilement. Conduire habilement une négociation.* ▪ **CONTR.** Maladroitement.

HABILETÉ [abilte] **n. f.** – 1539 ◊ de *habile*

I **VX** ou **DR.** ➤ **aptitude, capacité, habilité ; habilitation.** *«Leur habileté à disputer les droits des couronnes»* **FLÉCHIER.**

II **MOD.** ▪ **1** Qualité d'une personne habile. ➤ 2**adresse, dextérité, technique.** *L'extrême habileté d'un exécutant, d'un musicien* (➤ **brio, virtuosité**), *d'un peintre* (cf. Coup de patte*). *Habileté manuelle* (cf. Tour* de main). *Habileté à faire qqch.* — Qualité de ce qui est habile. *Ouvrage exécuté avec habileté* (cf. De main de maître*). ◆ *Habileté dans les affaires humaines, dans les relations sociales.* ➤ **diplomatie, doigté, entregent, finesse, perspicacité, savoir-faire, tact.** *«Une affaire épineuse où il fallait de l'habileté»* **Mme DE SÉVIGNÉ.** *Une habileté sans scrupule.* ➤ **roublardise, rouerie, ruse.** — *Habileté dans le domaine intellectuel. Son habileté en cette matière.* ➤ **art, artifice, astuce, ingéniosité, talent.** ▪ **2** Acte, procédé habile. ➤ **finesse.** *Les habiletés du métier.* ➤ **artifice, ficelle, ruse,** 1**truc.** *«Les finesses et les habiletés comptent pour peu de chose dans l'œuvre des véritables hommes d'État»* **SIEGFRIED.**

▪ **CONTR.** Gaucherie, inhabileté, maladresse.

HABILITATION [abilitasjɔ̃] **n. f.** – 1373 ◊ latin médiéval *habilitatio* ▪ **1 DR.** Action de conférer la capacité à un incapable. ▪ **2** Capacité légale à exercer certains pouvoirs, à accomplir certains actes (cf. Avoir qualité* pour). *Habilitation à diriger des recherches (HDR). Habilitation familiale,* autorisant un proche à représenter une personne incapable dans certains actes de la vie courante.

HABILITÉ [abilite] n. f. – XIVe ; *abilité* «adresse» XIIIe ◊ latin *habilitas* ■ VX Qualité qui rend apte à. *«Nous n'apportons point en naissant l'habilité à faire ces choses»* BOSSUET. — DR. ➤ **capacité.**

HABILITER [abilite] v. tr. ‹1› – v. 1300 ◊ latin médiéval *habilitare* ■ DR. Rendre (qqn) habile, conférer à (un incapable) la capacité juridique. *Habiliter un incapable à passer un acte juridique.* ➤ **autoriser.** ◆ Rendre (qqn) légalement capable d'exercer certains pouvoirs, d'accomplir certains actes. *Il est habilité à passer ce marché au nom de l'État* (cf. Avoir qualité* pour). — SPÉCIALT Autoriser (un établissement d'enseignement) à dispenser une formation et délivrer des diplômes.

HABILLABLE [abijabl] adj. – 1846 ◊ de *habiller* ■ **1** Qu'on peut habiller facilement. *Rien ne lui va, il n'est pas habillable.* ■ **2** Qui est en état de recevoir un habillage* afin de s'intégrer dans un ensemble. *Machine à laver habillable.*

HABILLAGE [abijaʒ] n. m. – 1611 ; *abillage* 1462 ◊ de *habiller*
I TECHN. Action d'apprêter une chose pour un usage. *L'habillage d'une bête de boucherie, d'un poisson,* sa mise en état avant la vente. ➤ 2 **parage.** *Habillage des peaux. Habillage d'une montre, d'une horloge,* ajustage des pièces du mécanisme. ➤ **montage.** ◆ SPÉCIALT Taille des parties endommagées (d'une plante).
II Action d'habiller (II) qqn ou qqch. ■ **1** Action d'habiller, de s'habiller. *Salon, cabine d'habillage.* — SPÉCIALT *L'habillage d'une comédienne dans sa loge par une habilleuse.* ■ **2** Action de recouvrir comme d'un vêtement. *Habillage des bouteilles. L'habillage de carcasses de sièges.* ◆ Enveloppe protégeant un appareil, une machine, étudiée pour plaire à la clientèle. *L'habillage d'un téléviseur.* ■ **3** TECHN. Disposition du texte autour (d'une image). — Utilisation du son, de l'image pour créer une ambiance. *L'habillage sonore d'un site.* ■ **4** FIG. Présentation destinée à tromper. *L'habillage juridique d'actes illégaux.*
■ CONTR. Déshabillage.

HABILLÉ, ÉE [abije] adj. – XIVe ◊ p. p. de *habiller* ■ **1** Couvert de vêtements (opposé à *nu*). — SPÉCIALT Dans une tenue où l'on peut être vu. *Je ne puis vous recevoir, je ne suis pas habillé. Se coucher tout habillé.* ◆ Couvert de tels ou tels vêtements. *Elle est bien habillée.* ➤ **chic, élégant,** FAM. **ficelé.** *Il est toujours mal habillé.* ➤ **accoutré, fagoté.** *Habillé de blanc.* ■ **2** Dans une tenue qui a quelque apparat, une tenue de soirée. *Elle était trop habillée pour la circonstance.* — PAR EXT. *Une robe habillée. Des chaussures habillées. Un tissu, une couleur qui fait habillé. — Soirée habillée.* ■ CONTR. Dévêtu, 1 nu. 2 Négligé, sport.

HABILLEMENT [abijmɑ̃] n. m. – 1374 «équipement» ◊ de *habiller* ■ **1** Action de pourvoir ou de se pourvoir de vêtements. *Dépenses d'habillement. L'habillement des troupes* (➤ **équipement**). *Magasin d'habillement.* ■ **2** (milieu XVe) Ensemble des habits dont on est vêtu. ➤ **costume, effet, habit, vêtement ;** RÉGION. **linge.** *Un habillement bizarre* (➤ **accoutrement, harnachement**), *soigné.* ➤ **mise, tenue.** ■ **3** Ensemble des professions du vêtement*. *Industrie de l'habillement.* ➤ **confection, couture, prêt-à-porter.**

HABILLER [abije] v. tr. ‹1› – v. 1200 *s'abille* «[il] se prépare, s'apprête» ◊ probablt de 2 *bille,* proprt «préparer un tronc d'arbre», avec influence de *habit*
I APPRÊTER, PRÉPARER TECHN. Apprêter (qqch.) pour un usage, procéder à l'habillage* (I) de. ➤ **ajuster, préparer.** *Habiller un bœuf, un poisson. Habiller une montre, des peaux.*
II COUVRIR DE VÊTEMENTS, ORNER ■ **1** (XVe ◊ avec influence de *habit*) Couvrir (qqn) de vêtements. ➤ **vêtir.** *Habiller un enfant le matin. Elle habille sa fille de façon ridicule.* ➤ **accoutrer, affubler, fagoter, harnacher ;** FAM. **attifer.** — **HABILLER EN...** *Enfant qu'on habille en Zorro, pour le mardi gras.* ➤ **costumer, déguiser.** p. p. adj. *Petite fille habillée en fée.* — Fournir (qqn) en vêtements. *Habiller ses enfants pour la rentrée.* ➤ **équiper.** *«Il me fit habiller à ses frais des pieds à la tête»* LESAGE. LOC. *Habiller qqn pour l'hiver,* en dire du mal (cf. Tailler* un costard). — Fabriquer les vêtements de (qqn). *Elle habille sa famille elle-même. Se faire habiller par les grands couturiers.* ◆ (Sujet chose) *Cette robe habille bien.* ➤ 1 **aller, convenir,** 2 **seoir.** *Un rien l'habille* : tout lui va. ■ **2** Couvrir (qqch.) comme d'un vêtement. *Habiller des fauteuils de housses* (➤ **envelopper, protéger, recouvrir**). — Recouvrir. *Habiller le bois d'un siège. «Sur la petite place, les siècles ont habillé de mousse une fontaine»* COLETTE. *Habiller un livre d'une jaquette illustrée.* — Pourvoir d'un habillage. ■ **3** FIG. Revêtir. *Orateur qui habille des idées banales de belles formules.* ➤ **enjoliver, orner,** 1 **parer.** *Habiller une transaction douteuse.* ➤ 1 **farder, maquiller, travestir.**
III S'HABILLER v. pron. ■ **1** (XVe) Mettre ses habits. ➤ **se vêtir ;** FAM. **se fringuer, se nipper ;** RÉGION. **se gréer.** *Aide-le à s'habiller.* ➤ **s'arranger.** *S'habiller de pied en cap. Il lui faut une heure pour s'habiller. Je ne sais pas comment m'habiller aujourd'hui* (cf. Quoi mettre*). *S'habiller avec recherche.* ➤ **s'endimancher,** FAM. **se saper** (cf. Se mettre sur son trente* et un). — ABSOLT Mettre des vêtements de cérémonie, une tenue de soirée. *Faut-il s'habiller pour ce dîner ?* (➤ **habillé**). ◆ **S'HABILLER EN... :** mettre le costume, la tenue de. *Il s'était habillé en Pierrot pour le carnaval.* ➤ **se costumer, se déguiser, se travestir.** ■ **2** (Qualifié) Porter des habits de façon habituelle. *Façon de s'habiller* (➤ FAM. **look**). *S'habiller court, long. S'habiller toujours en noir. S'habiller à la dernière mode. S'habiller jeune. S'habiller sur mesure, en prêt-à-porter. Elle s'habille aux puces.* — ABSOLT *Elle ne sait pas s'habiller,* elle n'a aucun goût.
■ CONTR. Déshabiller, dévêtir.

HABILLEUR, EUSE [abijœʀ, øz] n. – 1552 ◊ de *habiller*
I n. m. TECHN. ■ **1** Personne chargée de l'habillage des peaux. ➤ **corroyeur, mégissier, tanneur.** ■ **2** Pêcheur chargé de préparer les poissons (➤ **habillage**).
II (Surtout au fém.) Personne qui aide les acteurs et actrices, les mannequins à s'habiller, qui prend soin de leurs costumes.

HABIT [abi] n. m. – 1155 ◊ latin *habitus* «manière d'être, mise» et «tenue, vêtement» ■ **1** SING. VIEILLI Pièce d'habillement. ➤ **costume, vêtement.** *L'étoffe d'un habit. Habit de velours.* ■ **2** PLUR. **LES HABITS :** l'ensemble des pièces composant l'habillement. ➤ **affaires, effets, vêtements ;** FAM. **fringue, frusques, hardes, nippes.** *Mettre ses habits* (➤ **s'habiller**). *Habits de deuil, de travail ; habits du dimanche*. De vieux habits* (➤ **hardes**), *en loques* (➤ **guenille**), *grotesques, ridicules* (➤ **accoutrement, défroque, oripeau**). *«S'il avait soin de lui-même et de ses habits, il n'aurait pas l'air d'un va-nu-pieds»* BALZAC. *Brosse à habits.* VIEILLI *Marchand d'habits.* ➤ **fripier.** ■ **3** Vêtement caractéristique d'une époque, ou propre à une fonction, une profession. — ANCIENNT *Habit à la française, à l'espagnole. Habit de cour.* — MOD. *Habit de chasse, de gala.* ➤ **costume, tenue.** *Un habit d'arlequin*, de Pierrot. — Habit de laquais.* ➤ **livrée.** *Habit d'huissier, de magistrat* (➤ **robe**). *L'habit vert :* tenue officielle des membres de l'Institut de France, surtout de l'Académie française. *L'habit militaire.* ➤ **uniforme.** — *Habit de lumière*.* ■ **4** Habit religieux (➤ **froc, soutane**). *Prendre l'habit :* devenir prêtre, moine. *Cérémonie de la prise d'habit :* entrée en religion, prise de voile. *Quitter l'habit :* se défroquer. LOC. PROV. *L'habit ne fait pas le moine :* on ne doit pas juger des gens sur l'apparence (cf. L'air* ne fait pas la chanson). ■ **5** Costume de cérémonie. — VX Veste. ➤ **jaquette.** — MOD. Costume masculin de cérémonie, à veste ajustée très courte par-devant et à longues basques par-derrière. ➤ **frac,** 1 **queue** (de pie). *Venir en habit* (cf. FAM. En pingouin*). *L'habit est obligatoire* (cf. Tenue* de soirée). ■ **6** FIG. Apparence. *Les nouveaux habits d'un parti politique.*

HABITABILITÉ [abitabilite] n. f. – 1801 ◊ de *habitable* ■ **1** Qualité de ce qui est habitable. ■ **2** Qualité de ce qui offre plus ou moins de place pour des personnes. *Habitabilité d'une voiture ; d'un ascenseur.*

HABITABLE [abitabl] adj. – v. 1150 ◊ latin *habitabilis* ■ **1** Où l'on peut habiter, vivre. *Planète habitable. Maison, logement habitable,* en bon état, salubre. *«Quand j'étais misérable, marchant dans la pluie ou le vent, la plus petite anfractuosité, le moindre abri devenait habitable»* GENET. — *Sous un tel régime politique, ce pays n'est plus habitable.* ➤ **vivable.** ■ **2** Disponible pour être habité. *Surface habitable :* surface intérieure d'un logement après déduction des surfaces occupées par les éléments d'architecture (opposé à *surface au sol**). ■ CONTR. Inhabitable.

HABITACLE [abitakl] n. m. – v. 1120 *abitacle* ◊ latin impérial *habitaculum* «petite maison» ■ **1** RELIG. ou POÉT. ➤ **demeure.** *L'habitacle du Très-Haut. «Cet habitacle de mélancolie»* BAUDELAIRE. ■ **2** MAR. Armoire qui contient le compas de route et les lampes. *Fanal enfermé dans son habitacle.* ■ **3** Partie de l'avion où s'installe le pilote ou l'équipage. ➤ **cabine, cockpit,** 3 **poste** (de pilotage). — Partie d'un véhicule spatial, équipée pour permettre le séjour de cosmonautes. — Intérieur d'une voiture.

HABITANT, ANTE [abitɑ̃, ɑ̃t] n. – début XIIe ◊ de *habiter* ■ **1** Être vivant qui peuple un lieu. ➤ **occupant ; 2 faune, population.** *Les habitants de la Terre* (➤ **terrien ; homme, humain**) ; *les habitants imaginaires des autres planètes* (➤ **extraterrestre, martien, 2 sélénite, vénusien**). *Habitants des cavernes.* ➤ **troglodyte.** — POÉT. *Les habitants des bois :* les oiseaux, les animaux sauvages. ➤ **hôte.** *Les habitants de l'Olympe :* les dieux de la mythologie grecque. *Les habitants du Parnasse :* les poètes. ■ **2** Personne qui réside habituellement en un lieu déterminé. *Les habitants d'un pays.* ➤ **peuple, population.** *Les habitants de Sens s'appellent les Sénonais* (➤ **gentilé**). *Nombre d'habitants au kilomètre carré* (densité). ➤ **âme, résident ; 1 gens.** *Recensement des habitants. Ville de cent mille habitants. Habitants des villes* (➤ **citadin**), *des banlieues* (➤ **banlieusard**), *d'une île* (➤ **îlien, insulaire**), *de la campagne* (➤ **campagnard, paysan, rural**). ◆ COLLECT. *Loger chez l'habitant,* chez les gens du pays. — *Habitants originaires* (➤ **aborigène, autochtone, indigène, natif**), *non originaires* (➤ **allogène, étranger**) *du pays qu'ils habitent. Habitant venu d'un autre pays* (➤ **immigrant, immigré ; résident**). ■ **3** Personne qui habite (une maison). ➤ **occupant ; locataire, propriétaire.** *Les habitants d'un grand ensemble.* ■ **4** (Canada, Louisiane, Haïti, Réunion) Personne qui exploite la terre. ➤ **cultivateur, fermier, paysan.** *« il y en a des habitants comme nous ? – Tu veux dire avec une portion de terre, la volaille, quelques bêtes à cornes ? »* J. ROUMAIN. — FAM. et PÉJ. Rustre. *« Sa femme ! Maudit habitant ! [...] les femmes sont à personne »* J.-J. RICHARD.

HABITAT [abita] n. m. – 1812 ◊ de *habiter* ■ **1** Milieu géographique propre à la vie d'une espèce animale ou végétale. ➤ **biotope, milieu.** ■ **2** (1907) Mode d'organisation et de peuplement par l'être humain du milieu où il vit. *Géographie de l'habitat. Habitat rural, urbain. Habitat sédentaire, nomade.* ◆ PAR EXT. Ensemble des conditions d'habitation, de logement. *Amélioration de l'habitat.*

HABITATION [abitasjɔ̃] n. f. – 1120 ◊ latin *habitatio,* de *habitare* ■ **1** Le fait de loger d'une manière durable dans une maison, sous un toit. *Habitation en commun.* ➤ **cohabitation, communauté.** *Locaux à usage d'habitation* (opposé à *usage commercial,* etc.). *Conditions d'habitation.* ➤ **habitat.** *Taxe d'habitation.* ■ **2** Lieu où l'on habite. ➤ **demeure, domicile, logement, logis, maison, pavillon, résidence ; foyer, gîte, toit.** *Aménagement de l'habitation* (➤ **domisme, domotique**). *Les quelques pièces qui lui servent d'habitation.* ➤ **appartement.** *Changer d'habitation :* déménager (➤ **1 adresse**). *Habitations collectives.* ➤ **immeuble.** *Habitations à loyer modéré,* (Canada) *à loyer modique.* ➤ **H. L. M.** *Riche habitation.* ➤ **1 château, hôtel** (particulier), **manoir, 1 palais.** *Habitation de plaisance.* ➤ **propriété, villa.** *Habitation rurale.* ➤ **2 ferme.** *Habitation destinée aux prêtres, aux religieux.* ➤ **béguinage, couvent, 2 cure, doyenné, ermitage, évêché, monastère, presbytère.** *Habitation sommaire.* ➤ **abri, cabane, cahute, hutte.** *Habitations traditionnelles en Afrique.* ➤ **case, paillote.** *Habitations couvertes de chaume.* ➤ **chaumière, chaumine.** *Habitations creusées, troglodytiques.* ➤ **abri-sous-roche, caverne, grotte.** *Habitation de glace.* ➤ **igloo.** *Habitation mobile.* ➤ **tente ; camping-car, caravane, mobile home, motor-home.** *Habitation sur l'eau.* ➤ **house-boat, péniche.** — *Groupe d'habitations.* ➤ **bloc, cité, 2 ensemble, îlot, lotissement, résidence, zone ; agglomération, bourg, ville, village ; bidonville.** ■ **3** (1640) RÉGION. (Louisiane, Antilles, Réunion) Exploitation agricole. *« sur l'habitation, les békés nous abreuvaient de rhum afin de noyer nos mélancolies »* P. CHAMOISEAU.

HABITÉ, ÉE [abite] adj. – XIIe ◊ de *habiter* ■ Qui a des habitants. *Des régions habitées.* ➤ **peuplé.** ◆ Qui est occupé (maison). *Château habité depuis peu.* — *Vaisseau spatial habité.* — *Vol habité. Mission habitée.* ■ CONTR. 1 Désert. Abandonné, inhabité, vide.

HABITER [abite] v. ‹1› – début XIIe ◊ latin *habitare*

I v. intr. Avoir sa demeure. ➤ **demeurer, loger, résider, 1 vivre ;** FAM. **crécher.** *Habiter à la campagne, en ville. Il habite près de Fontainebleau, en France, en banlieue, dans le Sud. Elle habite 2, rue Taitbout. Habiter à l'hôtel. Habiter au rez-de-chaussée. Habiter chez des amis. Habiter avec qqn.* ➤ **cohabiter.** ◆ FIG. *« L'avenir habite en nous sans que nous le sachions »* PROUST.

II v. tr. ■ **1** Occuper (une habitation, un logis) de façon durable. ➤ **1 vivre** (dans, à). *Habiter une maison, une villa, une péniche, une caravane. Habiter une chambre meublée.* ■ **2** PAR EXT. Avoir sa demeure dans. *Il habite Paris, la banlieue. Habiter la ville, la campagne. Habiter un quartier périphérique.* — LOC. FAM. *Ne plus savoir où on habite :* être désorienté, ne plus avoir de repères. ◆ (Animaux) *Les fauvettes qui habitent nos jardins.* ➤ **peupler.** ■ **3** FIG. Être comme dans une demeure. ➤ **hanter, résider** (dans). *L'âme, l'être qui habite ce corps. « Je ne sais quelle profonde tristesse habitait mon âme »* NERVAL. *La croyance, l'esprit qui l'habite.* ➤ **animer, posséder.** — *Être habité d'une passion, par une passion.*

HABITUATION [abitɥasjɔ̃] n. f. – v. 1960 ; « formation d'une habitude » XVIe ◊ de *habituer* ■ **1** DIDACT. Fait de s'habituer (à qqch.). *Habituation aux bruits d'aéroport.* ■ **2** (1967 ◊ d'après l'anglais) PSYCHOL. Disparition progressive de réponse à un stimulus répété régulièrement sans changement. ➤ **accoutumance.**

HABITUDE [abityd] n. f. – XIVe « complexion » (→ habitus) ◊ du latin *habitudo* « manière d'être »

I UNE HABITUDE, DES HABITUDES A. D'UNE PERSONNE Manière de se comporter, d'agir, individuelle, fréquemment répétée. *« Ce qui forme les habitudes, ce sont les actes fréquents et réitérés »* BOURDALOUE. *Des habitudes de paresse. De vieilles habitudes. Des habitudes de vieux garçon. Douce habitude, habitude qui devient un tic.* ➤ **manie, marotte.** *Avoir ses petites habitudes* (➤ **traintrain**). *Prendre une bonne, une mauvaise habitude.* ➤ **1 pli.** *« Ensemble on commençait à prendre des habitudes qui sentent l'installé, douceur aujourd'hui, demain monotonie »* A. ERNAUX. *Une habitude invétérée. « La seule habitude qu'on doit laisser prendre à un enfant est de n'en contracter aucune »* ROUSSEAU. *« Et sait-on assurément distinguer un goût d'une habitude, un penchant d'une sujétion ? »* A. GARRÉTA. *Être esclave de ses habitudes* (➤ **maniaque, routinier**). *Changer d'habitudes, ses habitudes. Il a perdu cette mauvaise habitude* (➤ **se déshabituer**). *« Grognon comme un vieux chien qu'on aurait dérangé dans ses habitudes »* CÉLINE. *Cela n'est pas son habitude, dans ses habitudes ; cela sort de ses habitudes :* il n'agit pas ainsi d'ordinaire. *Avoir ses habitudes dans un restaurant* (➤ **habitué**). *« La brasserie où elle a ses habitudes est fermée. C'est le mois d'août »* O. ADAM. LOC. **PAR HABITUDE :** parce qu'on a toujours agi de telle façon, sans réflexion. ➤ **machinalement ; routine.** *Par habitude professionnelle* (➤ **déformation**). *À son habitude, selon, suivant son habitude ; comme à son habitude :* comme il fait d'ordinaire. ◆ **L'HABITUDE DE (qqch., faire qqch.).** *Donner à un enfant l'habitude de la propreté. « Quand vous avez l'habitude de vous coucher sur la droite, ce n'est pas à mon âge que vous changez »* ROMAINS. *Je n'ai pas l'habitude de répéter :* je ne vous le répéterai pas. *Je n'en ai pas l'habitude. Il a la sale habitude de me contredire.* — *Avoir pour habitude de faire qqch.* (cf. Être coutumier* du fait). ◆ ABSOLT (COLLECT.) *L'habitude :* l'ensemble des habitudes de qqn, des comportements habituels. PROV. *L'habitude est une seconde nature. « L'habitude abêtissante qui pendant tout le cours de notre vie nous cache à peu près tout l'univers »* PROUST. *La force de l'habitude.*

B. D'UNE COLLECTIVITÉ Usage d'une collectivité, d'un lieu. ➤ **coutume, mœurs, règle, tradition, usage.** *« La vie sociale nous apparaît comme un système d'habitudes »* BERGSON. *Ce sont les habitudes de l'endroit, du pays. Avoir des habitudes de paysan, de bourgeois.* ➤ **manière.**

II L'HABITUDE ■ **1** Le fait d'être constamment en contact, en relation, d'éprouver constamment, par lequel se crée la familiarité. ➤ **accoutumance.** *« Qui t'a donné une philosophie aussi gaie ? – L'habitude du malheur »* BEAUMARCHAIS. *Elle a l'habitude des enfants. C'est une question d'habitude, vous vous y ferez. L'habitude émousse les sensations. « Ce n'est pas dans la nouveauté, c'est dans l'habitude que nous trouvons les plus grands plaisirs »* RADIGUET. *Manque d'habitude.* ■ **2** SPÉCIALT Usage répété, action répétée qui apporte l'habileté ou la connaissance. ➤ **1 pratique.** *« L'habitude du métier est si nécessaire dans tous les arts »* DELACROIX. *Acteur qui a une grande, une longue habitude de la scène. Je n'ai pas l'habitude de cette voiture ; de ces méthodes.* ➤ **expérience.**

III D'HABITUDE loc. adv. Comme c'est d'ordinaire, comme le plus souvent. ➤ **habituellement.** *D'habitude, je me lève tard* (cf. À l'accoutumée*). *Il vient d'habitude le mardi.* ➤ **généralement.** *Le café est meilleur que d'habitude.* ➤ **ordinairement.** — **COMME D'HABITUDE :** comme toujours. *Comme d'habitude, il est en retard. Il n'est pas comme d'habitude.* ABRÉV. FAM. *Comme d'hab* [kɔmdab].

■ CONTR. Accident, exception. Nouveauté. Inexpérience.

HABITUÉ, ÉE [abitɥe] n. – 1778 ◊ p. p. subst. de *habituer* ■ **1** Personne qui fréquente habituellement un lieu. *« Les clients de ce café, ce sont des habitués que j'ai vus depuis des années revenir aux mêmes places »* ARAGON. ➤ **client,** FAM. **pilier.** *« Les habitués de la maison »* BALZAC. ➤ **familier.** ■ **2** Personne qui pratique habituellement (certaines activités). *Un habitué du chèque sans provision.*

HABITUEL, ELLE [abitɥɛl] **adj.** – XIVe ◊ latin médiéval *habitualis* ■ Qui tient de l'habitude par sa régularité, sa constance. ■ **1** Passé à l'état d'habitude individuelle ou collective. ➤ **commun, ordinaire.** *Sa distraction habituelle.* ➤ **accoutumé.** *Ce comportement ne lui est pas habituel.* ➤ **coutumier.** *Gestes habituels.* ➤ **familier, machinal, quotidien.** *Les réjouissances habituelles de la période du nouvel an.* ➤ **rituel, traditionnel.** *Clause de style habituelle dans certains contrats.* ➤ **consacré, usuel** (cf. D'usage). — *Fournisseur habituel.* ➤ **attitré.** ■ **2** Qui est constant, ou très fréquent. ➤ **ordinaire.** *Ce n'est pas très habituel.* ➤ 1 **courant, fréquent.** *Au sens habituel du terme. C'est l'histoire habituelle, le coup habituel.* ➤ **classique.** *État habituel. Les signes habituels de la passion.* ➤ **attendu, normal.** *Il souffre du foie de façon habituelle.* ➤ 2 **chronique, répétitif.** ■ **CONTR.** Accidentel, anormal, exceptionnel, inaccoutumé, inhabituel, insolite, inusité, occasionnel, rare, unique.

HABITUELLEMENT [abitɥɛlmɑ̃] **adv.** – 1382 ◊ de *habituel* ■ **1** D'une manière habituelle, presque toujours. ➤ **normalement, ordinairement** (cf. À l'accoutumée, d'habitude, d'ordinaire). *Vous le reconnaîtrez, il porte habituellement une écharpe orange. Il fait habituellement plus chaud en mars.* ➤ **généralement.** ■ **2** Selon l'usage, la coutume. *Les classes se terminent habituellement en juillet.* ■ **CONTR.** Accidentellement, exceptionnellement, rarement.

HABITUER [abitɥe] **v. tr.** ‹1› – v. 1320 ◊ latin médiéval *habituare,* de *habitus* «manière d'être» ■ **HABITUER À.** ■ **1** Rendre familier, par l'habitude. *Habituer un enfant au froid, à la fatigue.* ➤ **accoutumer, endurcir ; entraîner.** ■ **2** Faire acquérir une façon d'agir, une aptitude à... ➤ **apprendre, éduquer, façonner, former.** *Personne ne les a habitués à la politesse. Il faut l'habituer à prendre ses responsabilités. Habituer un animal à venir manger dans la main.* ➤ **dresser.** ■ **3 S'HABITUER À v. pron.** ELLIPT. *Elle s'habituera.* Prendre l'habitude de. ➤ **s'accoutumer.** *Les yeux s'habituent à l'obscurité. À la longue on s'habitue à cette température, à ce climat.* ➤ **s'acclimater, s'adapter, se faire ; s'endurcir.** *S'habituer à l'idée de la mort.* ➤ se **familiariser.** ◆ Prendre l'habitude, la pratique de qqch. en s'y exerçant. *S'habituer à parler, à improviser devant un auditoire.* ➤ **s'entraîner, s'exercer.** ■ **4** (PASS.) **ÊTRE HABITUÉ À :** avoir l'habitude de. *Ils sont habitués au bruit, à entendre du bruit. Elle est habituée à ce qu'on lui obéisse.* ■ **CONTR.** Désaccoutumer, déshabituer.

HABITUS [abitys] **n. m.** – 1586 ◊ mot latin «manière d'être» ■ **1** MÉD. Apparence générale du corps, en tant qu'indication de l'état général de santé ou de maladie. *Habitus physiologique. Des habitus morbides.* — BOT. Aspect d'un végétal qui permet de le situer dans la classification. ■ **2** SOCIOL. Manière d'être d'un individu, liée à un groupe social, se manifestant notamment dans l'apparence physique (vêtements, maintien, voix, etc.).

HÂBLERIE ['ɑblәʀi] **n. f.** – 1628 ◊ de *hâbler* «se vanter» (1542), de l'espagnol *hablar* «parler», du latin *fabulari* ■ LITTÉR. Propos, manière d'être du hâbleur. ➤ **bluff, esbroufe, fanfaronnade, forfanterie, gasconnade, vantardise.** *«Un discours plein de hâbleries, d'exagérations et de rodomontades»* GAUTIER.

HÂBLEUR, EUSE ['ɑblœʀ, øz] **n. et adj.** – 1555 ◊ de *hâbler* → hâblerie ■ Personne qui a l'habitude de parler beaucoup en exagérant, en promettant, en se vantant. *C'est un hâbleur.* ➤ **bluffeur, vantard. adj.** *«L'humeur hâbleuse des chasseurs»* MAUPASSANT.

HACH ➤ **HASCH**

HACHAGE ['aʃaʒ] **n. m.** – 1866 ◊ de *hacher* ■ Action de hacher. *Le hachage de la paille.* — **Au fig., on dit plutôt HACHEMENT n. m.,** 1606.

HACHE ['aʃ] **n. f.** – 1138 ◊ du francique °*hâppia* ■ Instrument servant à fendre, formé d'une lame tranchante fixée à un manche. *Abattre un arbre à coups de hache. Fendre du bois avec une hache, à la hache.* — *Hache à main,* à manche court, maniable d'une seule main. ➤ **hachette.** *Hache de pierre préhistorique. Hache de bûcheron* (➤ **cognée,** 1 **merlin**), *de charpentier* (➤ **herminette**), *de tonnelier* (➤ **doloire**), *d'ardoisier* (➤ **doleau**). *Hache formant marteau.* ➤ **hachereau.** *Hache à deux tranchants.* ➤ **bipenne.** — PAR MÉTAPH. *«la phrase qui avait coupé tous liens entre eux, comme un coup de hache»* ZOLA. — LOC. *Fait, taillé à coups de hache,* grossièrement, particulièrement en parlant d'un visage anguleux (cf. À coups de serpe*). — VIEILLI *Porter la hache dans une administration,* y supprimer les abus, les emplois superflus. — LOC. (1979) (Canada) *Mettre la hache dans une chose,* la détruire, la supprimer, la réduire. *Mettre la hache dans le budget.* ➤ **sabrer** (cf. Faire des coupes * sombres). ◆ SPÉCIALT *Hache de guerre.* ➤ **francisque, tomahawk.** LOC. *Enterrer, déterrer la hache de guerre :* suspendre, ouvrir les hostilités. — *Hache d'armes :* ancienne arme d'hast, composée d'une forte hache à très long manche. — MAR. *Hache d'abordage.* — *La hache du bourreau,* avec laquelle il tranchait la tête du condamné. *Périr sous la hache,* sur l'échafaud. ■ **HOM.** Ache, 1 h, hasch.

HACHÉ, ÉE ['aʃe] **adj.** – 1690 ; «ciselé» 1380 ◊ p. p. de *hacher* ■ **1** Coupé en petits morceaux. *Viande hachée, steak haché* (➤ **hamburger**). **n. m.** *Du haché :* de la viande hachée. ➤ **hachis.** ■ **2** FIG. Entrecoupé, interrompu. *Style haché. Un débit haché.* ➤ **heurté, saccadé.** *«en phrases hachées, coupées d'incidentes étrangères au sujet»* ZOLA.

HACHE-LÉGUME ['aʃlegym] **n. m.** – 1866 ◊ de *hacher* et *légume* ■ Hachoir à légumes. *Des hache-légumes.* — On écrit aussi *un hache-légumes* (inv.).

HACHEMENT ➤ **HACHAGE**

HACHÉMITE ['aʃemit] **adj. et n.** – 1949 ◊ de *Hachim,* considéré comme l'aïeul de Mahomet ■ De la famille qui a fourni depuis le XIe siècle les chérifs de La Mecque. *Royaume hachémite de Jordanie,* nom officiel de la Jordanie. — **n.** *Les Hachémites.*

HACHE-PAILLE ['aʃpɑj] **n. m.** – 1765 ◊ de *hacher* et *paille* ■ Instrument servant à hacher la paille et le fourrage dont on nourrit le bétail. *Des hache-pailles.*

HACHER ['aʃe] **v. tr.** ‹1› – v. 1225 ; *déhachier* XIIe ◊ de *hache* ■ **1** Réduire, couper en menus morceaux avec un instrument tranchant. *Hacher du persil, des oignons. Hacher du tabac.* — ABSOLT *Couperet, hachoir qui hache gros, fin. Hacher menu. «La main sous la machine à hacher, le boucher recueillait la viande qui sortait en longs et fins cylindres»* A. REYES. — *Hacher menu comme chair* à pâté.* ◆ *Se faire hacher :* se faire tuer, exterminer. *«se faire hacher par bataillons»* DORGELÈS. — Être disposé à tout supporter. *«Il se ferait plutôt hacher que de céder»* ZOLA. ■ **2** PAR ANAL. Découper maladroitement, grossièrement. ➤ **déchiqueter.** — PAR EXT. Endommager en brisant en petits morceaux. *La grêle a haché la vigne.* ■ **3** FIG. ➤ **couper, entrecouper, interrompre.** *Publicités qui hachent une émission.* ■ **4** TECHN. Entailler avec une hache, un ciseau. *Hacher une planche pour en dégrossir le parement.* ■ **5** (1355) DESS., GRAV. Sillonner de hachures. ➤ **hachurer.**

HACHEREAU ['aʃʀo] **n. m.** – XVe ◊ de *hache* ■ TECHN. Petite hache. ➤ **hachette.** — Petit outil de charpentier tranchant d'un côté et formant marteau de l'autre. — Petite cognée.

HACHETTE ['aʃɛt] **n. f.** – v. 1300 ◊ de *hache* ■ Petite hache. ➤ **hachereau.** *Hachette à bois.*

HACHE-VIANDE ['aʃvjɑ̃d] **n. m.** – 1908 ◊ de *hacher* et *viande* ■ Hachoir à viande. *«la chair marbrée rose et blanc qui sort de la grille du hache-viande»* J. SORMAN. *Des hache-viandes.*

HACHICH ➤ **HASCHICH**

HACHIS ['aʃi] **n. m.** – 1538 ◊ de *hacher* ■ Préparation de viande ou de poisson hachés très fin. ➤ **haché.** *Hachis de porc* (cf. Chair* à saucisse). *Boulette de hachis.* ➤ **croquette.** *Farcir avec du hachis.* ➤ 1 **farce.** — *Hachis Parmentier :* hachis de bœuf recouvert de purée de pommes de terre. ➤ **parmentier.** ◆ PAR EXT. *Hachis de champignons.* ➤ **duxelles.**

HACHOIR ['aʃwaʀ] **n. m.** – 1471 ◊ de *hacher* ■ **1** Large couteau (➤ **couperet**) servant à hacher. — Instrument à vis, mécanique ou électrique, qui sert à hacher (viande, légumes, etc.). ➤ **hache-légume, hache-viande, moulinette ; robot.** *Le hachoir du boucher.* ■ **2** Épaisse planche de chêne ou de hêtre sur laquelle on hache.

HACHURE ['aʃyʀ] **n. f.** – 1690 ◊ de *hacher* ■ **1** Traits parallèles ou croisés qui marquent les demi-teintes, les ombres d'un dessin, d'une gravure. — CARTOGR. Traits conventionnels qui figurent les accidents de terrain, la densité de la population, etc., sur une carte. ◆ TECHN. Entailles pratiquées sur les métaux avant de les dorer ou de les argenter. ■ **2** FIG. ➤ 1 **raie, rayure.** *L'ombre «rayait à peine de légères hachures la rive ensoleillée»* ZOLA.

HACHURER ['aʃyʀe] **v. tr.** ‹1› – 1893 ◊ de *hachure* ■ Couvrir de hachures. ➤ **hacher, rayer.** — **p. p. adj.** *Parties hachurées d'une carte.*

HACIENDA [asjɛnda] **n. f.** – 1827 ◊ mot espagnol, d'abord « affaires » puis « biens », de *hacer* « faire » → 1 faire. Comparer avec le portugais *fazenda* → fazenda ■ Grande exploitation rurale, en Amérique du Sud ; habitation du maître. *Des haciendas.*

HACKATHON ['akatɔ̃] **n. m.** – 2010 ◊ mot-valise anglais, de *(to) hack* « être passionné d'informatique » et *(mar)athon* ■ ANGLIC. Évènement au cours duquel des spécialistes se réunissent durant plusieurs jours autour d'un projet collaboratif de programmation informatique ou, PAR EXT., de création numérique. *Des hackathons.*

HACKER ['ake] **v. tr.** ‹1› – 1995 ◊ de *hacker* → hackeur ■ ANGLIC. Pirater (un système, un compte informatique) sans intention de nuire, par jeu, goût du défi, ou par activisme (➤ **hacktivisme**). *Le site du ministère a été hacké.*

HACKEUR, EUSE ['akœʀ, øz] **n.** ou **HACKER** ['akœʀ] **n. m.** – 1984 ◊ anglais *hacker*, probablt de *to hack* au sens argotique de « perdre son temps » ■ ANGLIC. Pirate informatique qui agit sans intention de nuire, par jeu, goût du défi, ou par activisme (➤ **hacktiviste**). « *Cette jeune métisse était un petit génie de l'informatique, une hackeuse hors pair* » C. FÉREY. — Recomm. offic. *fouineur.*

HACKTIVISME [aktivism] **n. m.** – 1999 ◊ mot-valise, de *hack(eur)* et *(ac)tivisme*, d'après l'anglais *hacktivism* ■ Piratage informatique pratiqué par activisme (3°). « *l'hacktivisme, activité de résistance de ces nouveaux héros que sont les hackers* » E. PIREYRE. — **n. et adj. HACKTIVISTE.** ■ HOM. Activisme.

HADAL, ALE, AUX [adal, o] **adj.** – milieu XXe ◊ du grec *Hadês*, nom du roi des enfers ■ DIDACT. Des fonds océaniques au-delà de 6 000 m. ➤ **abyssal.** *Profondeurs hadales. Faune hadale.*

HADDOCK ou **HADDOK** ['adɔk] **n. m.** – 1708 ; *hadot* XIIIe ◊ anglais *haddock* ■ Églefin fumé. *Haddock à la crème. Il demanda « un haddok, une sorte de merluche fumée »* HUYSMANS. ■ HOM. Ad hoc.

HADITH ['adit] **n. m.** – 1697 ◊ mot arabe « conversation ; récit » ■ DIDACT. Recueil des actes et paroles de Mahomet. ➤ **sunna.** *Les hadiths complètent le Coran*.*

HADJ ['adʒ] **n. m.** – 1787 ; *Haj* 1743 ◊ arabe *haǧǧ* « pèlerinage » ■ Pèlerinage à La Mecque et à Médine que doivent accomplir les musulmans. *Le hadj est l'un des cinq piliers de l'islam.*

HADJI ['adʒi] **n. m.** – 1743 ; *hagi* 1567 ◊ mot arabe ■ Musulman qui a fait le pèlerinage de La Mecque. *Les hadjis.* — On emploie aussi **HADJ** ['adʒ] (v. 1893).

HADRON [adʀɔ̃] **n. m.** – 1965 ◊ du grec *hadros* « abondant » et de *(électr)on* ■ PHYS. NUCL. Particule à interaction forte (contrairement au lepton*), formée de quarks soudés par des gluons, et possédant un spin* isotopique. ➤ **particule ; gluon, parton, quark.** *Les hadrons comprennent les baryons** (protons, neutrons), *qui sont constitués de trois quarks, et les mésons*.*

HAFNIUM ['afnjɔm] **n. m.** – 1923 ◊ du danois *(København)havn* « Copenhague », lieu de découverte, et suffixe *-ium* ■ CHIM. Élément atomique (Hf ; n° at. 72 ; m. at. 178,49), métal très brillant, ductile, de la même colonne que le titane et le zirconium.

HAGARD, ARDE ['agaʀ, aʀd] **adj.** – 1393 ◊ origine germanique ; cf. allemand *Hagerfalk* « faucon sauvage » ■ **1** VX FAUCONN. *Oiseau hagard*, trop farouche pour pouvoir être apprivoisé (opposé à *oiseau niais*). *Faucon hagard.* ■ **2** (XVIe) MOD. Qui a une expression égarée et farouche. ➤ **effaré.** *L'œil hagard*, agrandi par la peur, par un état de déséquilibre mental ou physique. *Air, visage hagard.* ■ **3** LITTÉR. Qui rend hagard, qui a un caractère inquiétant. ➤ **sauvage.** « *La colère hagarde* » HUGO.

HAGGIS ['agis] **n. m.** – 1960 ◊ de l'anglais médiéval *hagas* « sorte de pudding » ■ ANGLIC. Plat traditionnel anglais et écossais, à base d'abats de mouton (ou de veau) et d'avoine, bouillis dans l'estomac de l'animal.

HAGIOGRAPHE [aʒjɔgʀaf] **adj. et n.** – 1455 ◊ bas latin *hagiographa*, du grec *hagios* « sacré » et *graphein* « écrire » ■ **1** VX *Livres hagiographes* : livres de la Bible qui ne sont pas inclus dans la Loi et les Prophètes. — **n. m.** Écrivain sacré, auteur d'un de ces livres. ■ **2 n.** MOD. Auteur qui traite de la vie et des actions des saints. ◆ PAR EXT. Biographe qui embellit systématiquement la vie de son héros.

HAGIOGRAPHIE [aʒjɔgʀafi] **n. f.** – 1813 ◊ de *hagiographe* ■ Rédaction des vies des saints. « *des générations auraient vénéré en lui le Fou de Dieu et le saint avant de l'oublier et de l'enterrer dans les hagiographies* » D'ORMESSON. ◆ PAR EXT. Biographie excessivement élogieuse. — **adj. HAGIOGRAPHIQUE,** 1842.

HAÏDOUC ou **HAÏDOUK** ➤ **HEIDUQUE**

HAIE ['ɛ] **n. f.** – XIIe ◊ francique °*hagja*
I ■ **1** Clôture faite d'arbres, d'arbustes, d'épines ou de branchages, et servant à limiter ou à protéger un champ, un jardin. ➤ **bordure.** *Prairie bordée de haies. Haies de fusains, d'aubépines.* « *Une haie touffue où se mêlaient des mûriers, des noisetiers, de jeunes acacias* » P. BENOIT. *Échalier pour franchir une haie. Tailler une haie* (➤ **taille-haie**). *Haie servant d'abri contre le vent.* ➤ **brise-vent.** *Haie vive*, formée d'arbustes en pleine végétation. *Haie morte* ou *sèche*, faite de branches sèches, de bois mort. — *Des haies*, se dit de végétaux qui poussent dans les haies. *Prunelier des haies.* ◆ HIPPOL. *Course de haies*, où les chevaux ont à franchir des haies (naturelles ou factices). ➤ **obstacle, steeple-chase.** *Dresser un cheval sur les haies.* — ATHLÉT. *Course de haies*, où le coureur doit franchir un certain nombre de haies factices. *Courir le 110 mètres haies. Coureur de haies* : recomm. offic. pour *hurdler.* ■ **2** Obstacle constitué par une file (de choses) qui interdit le passage. *Haie de rochers, d'écueils.* — FIG. *Une haie de préjugés.* ■ **3** (XIVe) File (de personnes) bordant une voie pour laisser passage à qqn, à un cortège. ➤ **file, rang.** *Une haie d'agents de police.* ➤ **cordon.** *Cortège qui défile entre deux haies de spectateurs. Haie d'honneur. Former, faire la haie* : être rangé, se disposer en haie. « *Toute la paroisse rangée en deux haies* » BALZAC. — PAR EXT. (CHOSES) *Une haie de drapeaux.*
II TECHN. *La haie d'une charrue.* ➤ **age.**
■ HOM. Ais.

HAÏK ['aik] **n. m.** – 1830 ; *heyque* XVIIe ◊ mot arabe ■ Longue pièce d'étoffe rectangulaire, dans laquelle les femmes musulmanes se drapent comme dans un manteau, par-dessus les autres vêtements, et dont elles relèvent parfois un pan, formant voile*, sur la tête.

HAÏKU ['ajku ; 'aiku] **n. m.** – 1922 ◊ mot japonais ■ Poème classique japonais de dix-sept syllabes réparties en trois vers (5, 7, 5). « *Il a besoin à nouveau du calme des haïkus. Tout ce blanc entre les mots, tout ce vide qu'on ne comblera jamais* » J. BENAMEUR.

HAILLON ['ɑjɔ̃] **n. m.** – 1404 ◊ moyen haut allemand *hadel* « lambeau » ■ Vieux lambeau d'étoffe servant de vêtement. ➤ **guenille, hardes, loque.** *Vêtu, couvert de haillons. Un mendiant en haillons* (➤ **déguenillé, dépenaillé, loqueteux**). — FIG. « *La génération nouvelle a décidément jeté là le haillon classique* » HUGO.
■ HOM. poss. Hayon.

HAILLONNEUX, EUSE ['ɑjɔnø, øz] **adj.** – 1560 ◊ de *haillon* ■ **1** VIEILLI De haillons. *Vêtements haillonneux.* ■ **2** (v. 1580) En haillons. « *Elle errait, haillonneuse, vermineuse* » MAUPASSANT.

HAINE ['ɛn] **n. f.** – *haïne* XIIe ◊ de *haïr* ■ **1** Sentiment violent qui pousse à vouloir du mal à qqn et à se réjouir du mal qui lui arrive. ➤ **antipathie, aversion, détestation, exécration, hostilité, répulsion, ressentiment ; -phobie.** « *La haine, c'est la colère des faibles* » DAUDET. *Parler sans colère et sans haine. L'amour et la haine. L'envie, la jalousie, ferments de haine.* — *Haine implacable, jurée, déclarée, éternelle, féroce, tenace.* FAM. *Une haine cordiale. Avoir, concevoir, éprouver de la haine pour qqn.* ➤ **haïr.** *Prendre qqn en haine* (cf. Prendre en grippe*). *Nourrir une haine contre qqn.* ➤ **rancune, ressentiment.** *Assouvir sa haine.* ➤ **vengeance.** *S'attirer, exciter la haine de qqn.* — « *Comme tous les chevaliers français, Roland a la haine et le mépris des traîtres* » DUHAMEL. *Haine d'autrui* (➤ **misanthropie**), *raciale* (➤ **racisme, xénophobie**), *religieuse* (➤ **fanatisme**). *Regards, cri de haine.* ➤ **haineux.** — LOC. FAM. (1986) **AVOIR LA HAINE :** ressentir une violente haine, sans objet particulier ; être révolté. ◆ AU PLUR. *Fomenter, allumer, exciter, déchaîner, attiser les haines. Les haines publiques et particulières.* ➤ **antagonisme, dissension, querelle, rivalité.** *Haines sourdes. De vieilles haines.* ■ **2** Aversion* profonde pour qqch. « *La haine du domicile et la passion du voyage* » BAUDELAIRE. *Sujet, motif de haine. J'ai pris la vie en haine.* ➤ **horreur.** ■ **3 loc. prép. EN HAINE DE... :** à cause de la haine qu'on éprouve pour (qqn ou qqch.). *Organiser la révolte en haine des oppresseurs.* ◆ **PAR HAINE DE...** « *Toutes ces vies jouées à pile ou face par haine du projet* » SARTRE. ■ CONTR. Amour. Affection, amitié, concorde, fraternité. Culte, passion. ■ HOM. Aine, 1 n.

HAINEUSEMENT ['ɛnøzmɑ̃] **adv.** – *haingeusement* v. 1350 ◊ de *haineux* ■ D'une façon haineuse, par haine.

HAINEUX, EUSE ['ɛnø, øz] adj. – *hainos* XIIe ◊ de *haine* ■ **1** Naturellement porté à la haine. ➤ **malveillant, méchant, vindicatif.** *Un homme « haineux et capable de couver une vengeance pendant vingt ans »* BALZAC. ➤ **rancunier.** *Caractère haineux.* ■ **2** Qui trahit la haine. *Regards haineux. Paroles haineuses. « Il parlait la bouche serrée, les dents haineuses »* FRANCE. ■ **3** Inspiré par la haine. ➤ **fielleux, venimeux.** *Article de journal haineux.* ■ CONTR. Affectueux, bienveillant, 2 tendre.

HAÏR ['aiʀ] v. tr. ‹ 10 › – 1080 ◊ francique °*hatjan* — ■ REM. Au Canada, [ajiʀ] avec *h* muet : *« c'est moi que j'haïs maintenant »* M. LABERGE. ■ **1** Avoir (qqn) en haine. ➤ **détester*, exécrer, honnir.** *« Ils nous haïssent de toute la haine du domestique pour le maître, du petit pour le grand »* GAUTIER. *Haïr le genre humain* (➤ **misanthropie**). *Haïr qqn à mort.* — PAR EUPHÉM. **NE PAS HAÏR (qqn) :** aimer. *« L'amour qu'il a pour la comtesse, qui peut-être ne le hait pas »* MARIVAUX. *« Va, je ne te hais point »* CORNEILLE. — Avec un compl. de cause *Je le hais de m'avoir toujours trompé. « Elle le haïssait de ce qu'elle l'avait aimé »* R. ROLLAND. — ABSOLT *Aimer ou haïr. Je ne sais pas haïr.* ■ **2** Avoir (qqch.) en haine. ➤ **abhorrer.** *Haïr le mensonge. Haïr la dictature, la contrainte, l'étude. Je hais cette façon de parler.* ■ **3** VX ou LITTÉR. **HAÏR DE...** *Je hais d'être dérangé à chaque instant* (cf. Avoir horreur* de). *« Je hais toujours de vous déplaire »* Mme DE SÉVIGNÉ. ◆ **HAÏR QUE** (et subj.). *Je hais qu'on me contredise.* — *Ne pas haïr que* (et subj.) : tolérer ; aimer bien. *« Il ne hait pas qu'on l'admire ; pour le reste, il ne s'occupe pas des autres »* SUARÈS. ■ **4 SE HAÏR** v. pron. réfl. *Il déteste son crime, il se hait lui-même.* RELIG. Mépriser en soi la nature pécheresse. *« La vraie et unique vertu est de se haïr »* PASCAL. ◆ RÉCIPR. *Ils se haïssent cordialement. Pourquoi nous haïr ?* ■ CONTR. Aimer. Adorer, chérir ; entendre (s'). ■ HOM. *Hais* : es, est (1 être), ai (1 avoir).

HAIRE ['ɛʀ] n. f. – v. 980 ◊ francique °*hârja* « vêtement grossier fait de poil » ; cf. allemand *Haar* et anglais *hair* « cheveu » ■ **1** DIDACT. Grossière chemise de poils de chèvre, de crin, portée à même la peau par esprit de mortification et de pénitence. *Porter la haire et le cilice*. « Laurent, serrez ma haire avec ma discipline »* MOLIÈRE. ■ **2** TECHN. Première forme que présente le drap quand les poils n'ont pas encore été soumis au foulage. *Drap en haire.* ■ HOM. Air, aire, ère, erre, ers, hère, 1 r.

HAÏSSABLE ['aisabl] adj. – 1569 ◊ de *haïr* ■ Qui mérite d'être haï. ➤ **détestable, exécrable, odieux.** *Un individu haïssable.* ➤ **insupportable.** *« Le moi est haïssable »* PASCAL. *« Je trouve la guerre haïssable, mais haïssables bien plus ceux qui la chantent sans la faire »* R. ROLLAND. ◆ PAR HYPERB. *Il fait un temps haïssable cet été.* ■ CONTR. Adorable, aimable.

HAKA ['aka] n. m. – 1987 ◊ mot maori « danse » ■ Danse et chant de guerre maoris, exécutés par l'équipe néo-zélandaise de rugby à l'ouverture de chaque match. ■ HOM. Aka.

HALAGE ['alaʒ] n. m. – 1488 ◊ de *haler* ■ Action de haler (un bateau). *Halage d'un navire par un autre. Halage d'une péniche du bord d'un fleuve. Halage à bras d'hommes. Chevaux de halage* (➤ **tirage**). — *Chemin de halage,* et ELLIPT *le halage :* chemin qui longe un cours d'eau pour permettre le halage des bateaux. ➤ **lé ; marchepied.** ◆ (Canada) Action de sortir le bois en grumes de la forêt. *Chemin de halage,* servant au transport des grumes abattues hors des chantiers de coupe. ■ HOM. Hallage.

HALAL ['alal] adj. – 1987 ◊ de l'arabe *halal* « licite » ■ RELIG. Se dit de la nourriture permise par la religion musulmane. *Viande halal :* viande d'un animal abattu selon le rite coranique. *Des poulets halal* (inv.) ou *halals. Traiteur halal.* — SUBST. *Le halal :* la nourriture halal. *Le marché du halal.* — On écrit aussi *hallal.* — Le féminin *ha(l)lale* est rare.

HALBI ['albi] n. m. – 1771 ◊ néerlandais *haalbier* « petite bière » ■ RÉGION. Boisson normande faite de pommes et de poires fermentées.

HALBRAN ['albʀɑ̃] n. m. – *halebran* fin XIVe ◊ moyen haut allemand *halber-ant* « demi-canard » ■ Jeune canard sauvage.

HÂLE ['ɑl] n. m. – *hasle* 1175 ◊ de *hâler* ■ **1** VX Action de l'air et du soleil, qui jaunit et flétrit les corps organiques. *Le hâle a fané les herbes.* — VIEILLI ou LITTÉR. *Visage bruni par le hâle.* ■ **2** (1840) MOD. Couleur plus ou moins brune que prend la peau exposée à l'air et au soleil. *Le hâle lui va bien.* ➤ **bronzage.** *« Comme vous êtes brun ! – C'est du hâle de luxe* [...] *Ça s'attrape sur les plages, à ne rien faire »* SARTRE.

HÂLÉ, ÉE ['ɑle] adj. – XIIe « desséché » ◊ de *hâler* ■ Bruni par le soleil. ➤ **bronzé, bruni, cuivré, doré.** *Visage, teint hâlé. « elle avait la peau très brune, hâlée et dorée de soleil »* ZOLA. ■ CONTR. 1 Blanc, pâle. ■ HOM. poss. Allée, aller, haler.

HALECRET ['alkʀɛ] n. m. – 1489 ◊ moyen néerlandais *halskleedt* ■ ARCHÉOL. Pièce de l'armure, corselet de fer battu formé de deux parties pour le devant et le derrière.

HALEINE [alɛn] n. f. – *aleine* 1080 ◊ ancien français *alener,* du latin *anhelare ; h* du latin *halare* « souffler » ■ **1** Mélange gazeux qui sort des poumons pendant l'expiration et s'exhale par la bouche et le nez. *Tiédeur de l'haleine. Haleine fraîche, parfumée. « Le parfum de ta douce haleine »* HUGO. *Son haleine sent l'ail, le tabac, l'alcool. Haleine forte, fétide. Avoir bonne, mauvaise haleine* (cf. POP. Refouler* du goulot). FAM. *Avoir une haleine de chacal, de fennec, de hyène, de poney, de coyote :* avoir mauvaise haleine. *« J'me suis réveillé dans mon pieu Avec une haleine de coyote »* TH. FERSEN. — PAR EXT. LITTÉR. *L'haleine glaciale de la crevasse. « L'haleine des abattoirs »* DUHAMEL. ➤ **bouffée, effluve, émanation.** ■ **2** L'expiration, et PAR EXT. La respiration (inspiration et expiration). ➤ **souffle.** *Respirer d'une haleine égale.* ◆ LOC. *Perdre haleine :* ne plus pouvoir respirer à la suite d'un effort trop soutenu. ➤ **s'essouffler.** *« N'allons pas perdre haleine À tant courir »* VERLAINE. — loc. adv. **À PERDRE HALEINE :** au point de ne plus pouvoir respirer ; FIG. sans s'arrêter. *Courir à perdre haleine. Tenir des discours à perdre haleine, à perte d'haleine.* ➤ **longuement.** — *Être hors d'haleine,* à bout de souffle. ➤ **essoufflé, haletant.** — *Reprendre haleine :* s'arrêter, se reposer pour reprendre sa respiration, des forces après un effort. ➤ **respirer, souffler.** *Laissez-nous reprendre haleine.* ■ **3** Temps pendant lequel on peut rester sans respirer, intervalle entre deux inspirations. *« Haletant, palpitant, l'haleine courte »* BARBEY. FIG. *Travail de longue haleine,* qui exige beaucoup de temps et d'efforts. ◆ LITTÉR. *D'une (seule) haleine :* sans s'arrêter pour respirer (cf. D'un trait, d'une traite). *Dire une tirade d'une haleine.* ◆ COUR. *Tenir qqn en haleine,* maintenir son attention en éveil ; maintenir dans un état d'incertitude, d'attente (➤ 2 **suspense**). *« La curiosité me tenait en haleine »* ROUSSEAU. ■ HOM. Alène, allène.

HALENER [alənе ; alene] v. tr. ‹ 5 › – XIVe ◊ de *haleine* ■ CHASSE Flairer (l'odeur de la bête, la bête), en parlant d'un chien.

HALER ['ale] v. tr. ‹ 1 › – XIIe ◊ ancien néerlandais *halen,* ou bas allemand °*halon* ■ **1** MAR. Tirer sur. *Haler un câble, un cordage à la main.* ➤ **paumoyer.** — INTRANS. *Haler ferme. Haler sur une manœuvre.* ◆ Tirer au moyen d'un cordage. *Haler une bouée à bord.* ◆ (Canada) Tirer. *Elle hale toute la couverture de son côté.* ■ **2** COUR. Remorquer (un bateau) au moyen d'un cordage tiré du rivage. *Cheval, tracteur qui hale une péniche.* — *Bateau halé par un cabestan électrique.* ➤ **remorquer, touer.** ■ **3** MAR. Se dit du vent qui souffle dans une direction. *Le vent hale le nord, hale de l'avant.* ■ CONTR. Pousser. ■ HOM. Allée, aller ; poss. hâler.

HÂLER ['ɑle] v. tr. ‹ 1 › – XIIe ◊ p.-ê. latin populaire °*assulare,* classique *assare* « rôtir », avec influence du néerlandais *hael* « desséché » ■ **1** VX Dessécher (les végétaux), en parlant de l'air, du soleil. ➤ **faner,** 1 **flétrir.** ■ **2** MOD. Rendre (la peau, le teint) plus ou moins brun ou rougeâtre, en parlant de l'air et du soleil. ➤ **bronzer, brunir ; hâlé.** — PRONOM. *Peau qui se hâle facilement.* ■ CONTR. Blanchir. ■ HOM. poss. Allée, aller, haler.

HALETANT, ANTE ['al(ə)tɑ̃, ɑ̃t] adj. – 1539 ◊ de *haleter* ■ Dont le rythme de respiration est anormalement précipité ; hors d'haleine. ➤ **essoufflé, pantelant.** *Chien, cheval haletant. Être haletant de fièvre, d'émotion, d'avoir couru.* — PAR EXT. *Poitrine haletante. « Elle sentait contre sa joue le souffle d'une respiration haletante »* FLAUBERT. ➤ 1 **précipité.** ◆ PAR MÉTAPH. *Être haletant d'impatience,* excité par l'attente. — FIG. Qui tient en haleine*. *Un roman policier haletant.*

HALÈTEMENT ['alɛtmɑ̃] n. m. – 1495 ◊ de *haleter* ■ Le fait de haleter ; état d'une personne haletante. ➤ **essoufflement, oppression.** *Halètement d'une personne qui a couru. Le halètement d'un asthmatique.* — PAR EXT. *Halètement de la poitrine :* mouvement précipité de la poitrine qui se soulève et s'abaisse. ◆ PAR ANAL. *« Le halètement d'un train en partance rappelait une poitrine oppressée »* MAURIAC. ■ HOM. Allaitement.

HALETER ['al(ə)te] v. intr. ‹ 5 › – XIIe ◊ pour *aleter* « battre des ailes, palpiter » ■ Respirer avec gêne à un rythme anormalement précipité ; être à bout de souffle. ➤ **s'essouffler, souffler.** *Haleter après une course. Haleter de soif, d'émotion.* PAR EXT. *Poitrine qui halète.* — PAR ANAL. *« Une locomotive halète à coups espacés »* ROMAINS. ◆ FIG. Être tenu en haleine. *Tout l'auditoire haletait.* ■ HOM. *Halète :* allaite (allaiter) ; *haletèrent :* altère (altérer).

HALEUR, EUSE ['alœʀ, øz] **n.** – 1680 ◇ de *haler* ■ **1** Personne qui fait métier de haler les bateaux le long des cours d'eau. « *Comme je descendais des fleuves impassibles Je ne me sentis plus guidé par les haleurs* » RIMBAUD. ■ **2 n. m.** Remorqueur. MAR. Treuil utilisé pour remonter les filets de pêche.

HALFPIPE ou **HALF-PIPE** ['alfpajp] **n. m.** – 1994 ◇ anglais *half pipe*, de *half* « demi » et *pipe* « tuyau » ■ ANGLIC. Épreuve de ski ou de snowboard qui consiste à réaliser sauts et figures acrobatiques sur une rampe en forme de demi-tube. *Le halfpipe est une discipline olympique.* — Cette rampe. *Des halfpipes, des half-pipes.* — **Recomm. offic.** ***rampe de neige.***

HALF-TRACK ['alftʀak] **n. m.** /HALFTRACK/ – 1946 ◇ mot anglais américain « semi-traction » ■ ANGLIC. MILIT. Véhicule blindé, semi-chenillé. *Des half-tracks.*

HALIEUTIQUE [aljøtik] **adj.** et **n. f.** – 1732 ◇ grec *halieutikos* ■ DIDACT. Qui concerne la pêche. *Ressources halieutiques.* ♦ **n. f.** *L'halieutique* : exploitation biologique des fonds marins, technique de la pêche en mer.

HALIOTIDE [aljɔtid] **n. f.** – 1799 ; *haliotite* 1763 ◇ grec *halios* « marin » et *ous, ôtos* « oreille » ■ ZOOL. ➤ 2 **ormeau.**

HALIPLE [alipl] **n. m.** – 1803 ◇ grec *haliplous* « qui nage en mer » ■ ZOOL. Insecte aquatique *(coléoptères)* des eaux douces ou saumâtres.

HALITUEUX, EUSE [alitɥø, øz] **adj.** – XVIe ◇ du latin *halitus* « vapeur » ■ MÉD. VX *Peau halitueuse*, chaude et moite de sueur.

HALL ['ol] **n. m.** – 1672, répandu v. 1868 ◇ anglais *hall* ; cf. *halle* ■ Grande salle servant d'entrée, d'accès (dans un édifice public, une grande maison particulière). ➤ **entrée, salle, vestibule.** *Hall d'hôtel. Le hall de la gare Saint-Lazare, dit salle des Pas perdus.* FIG. *C'est un vrai hall de gare !* se dit d'un lieu bruyant, passant. *Hall d'entrée. Hall de château.* ➤ **antichambre.** *Le domestique montait « par le grand escalier du hall, vaste salle au plafond surélevé d'un étage »* CHARDONNE. ♦ Grande salle destinée à différentes activités. *Hall d'exposition.* — ➤ aussi **music-hall.**

HALLAGE ['alaʒ] **n. m.** – XIIIe ◇ de *halle* ■ COMM. Droit, redevance payés par les marchands pour vendre aux halles, au marché d'une commune. ■ **HOM.** Halage.

HALLAL ➤ **HALAL**

HALLALI [alali] **interj.** et **n. m.** – 1683 ◇ de *hare à lui*, du francique °*hara* « par ici ! » ; cf. *harasser* ■ VÉN. Cri de chasse qui annonce que la bête poursuivie est aux abois. ♦ **n. m.** Ce cri lui-même, ou la sonnerie de cor qui le remplace. *Sonner l'hallali.* — PAR EXT. Le dernier temps de la chasse, où la bête est mise à mort. ♦ FIG. Défaite, ruine. *Sonner l'hallali de qqn, qqch.*, annoncer sa fin (cf. Sonner le glas*).

HALLE ['al] **n. f.** – 1213 ◇ francique °*halla* → hall ■ **1** Vaste emplacement couvert où se tient un marché ; grand bâtiment public qui abrite un marché, un commerce en gros de marchandises. ➤ **marché ; hangar, magasin.** *Halle aux vins, au blé.* ♦ PAR EXT. Grand bâtiment sommaire. *Une « sorte de halle close servant tout à la fois de bibliothèque, de réfectoire et de dortoir »* THARAUD. *Concert donné dans une vaste halle. La halle de La Villette.* — RÉGION. (Suisse) *Halle de gymnastique* : gymnase. ■ **2** PLUR. **LES HALLES** : emplacement, bâtiment où se tient le marché central de denrées alimentaires d'une ville. *Les Halles de Rungis. Restaurateur qui s'approvisionne aux halles. Le personnel des halles.* ➤ **marchand ; commissionnaire** (Io), 1 **facteur, mandataire.** *Les forts des halles. Le carreau* des Halles.* — PÉJ. ANCIENNT *Le langage des halles* : la langue populaire, la langue verte.

HALLEBARDE ['albaʀd] **n. f.** – 1448 ; *alabarde* 1333 ◇ italien *alabarda*, du moyen haut allemand *helmbarte* « hache *(barte)* à poignée *(helme)* » ■ ANCIENNT Arme d'hast à longue hampe, munie d'un fer tranchant et pointu et de deux fers latéraux ou ailes, l'une en forme de croissant, l'autre en pointe (➤ **guisarme, pertuisane,** 1 **pique, vouge).** *Les suisses d'église portaient la hallebarde.* ♦ LOC. FAM. *Il pleut, il tombe des hallebardes* : il pleut très fort, à verse (cf. Pleuvoir des cordes*).

HALLEBARDIER ['albaʀdje] **n. m.** – 1483 ◇ de *hallebarde* ■ **1** ANCIENNT Homme d'armes, fantassin portant la hallebarde. ■ **2** THÉÂTRE Figurant. *Beaucoup de grands comédiens ont débuté en jouant les hallebardiers.*

HALLIER ['alje] **n. m.** – XVe ◇ latin populaire *hasla* « rameau », francique °*hasal* ■ Groupe de buissons serrés et touffus. *Halliers épais, impénétrables. Battre les halliers, à la chasse.* ➤ 1 **fourré.** ■ **HOM.** Allié, allier.

HALLOWEEN [alɔwin] **n. f.** – 1962 ◇ mot anglais (1556), abrév. de *All Hallow Even* « veille de la Toussaint » ■ ANGLIC. Au Canada et aux États-Unis, Fête annuelle (31 octobre), à l'occasion de laquelle les enfants masqués et déguisés font la tournée de leur quartier pour récolter des friandises. *Les citrouilles d'halloween.* « *Chaque mot, c'est une histoire qui surgit, comme un enfant masqué, dans ton dos, un soir d'halloween* » J. FERRON.

HALLSTATTIEN, IENNE ['alstatjɛ̃ ; 'alʃtatjɛ̃, jɛn] **adj.** – 1882 ◇ de *Hallstatt*, n. d'un bourg d'Autriche ■ PRÉHIST. Relatif à la première période de l'âge du fer, dite « de Hallstatt » (1000 à 500 av. J.-C.), antérieure (ou contemporaine) à l'arrivée des Celtes en Europe occidentale.

HALLUCINANT, ANTE [a(l)lysinɑ̃, ɑ̃t] **adj.** – 1862 ◇ de *halluciné* ■ **1** DIDACT. Qui provoque des hallucinations. *Pouvoir hallucinant.* ➤ **hallucinogène.** ■ **2** COUR. Qui a une grande puissance d'illusion, d'évocation. *Un spectacle hallucinant. Une ressemblance hallucinante.* ➤ **extraordinaire, saisissant.** ■ **3** FAM. Extraordinaire. *Une offre hallucinante !*

HALLUCINATION [a(l)lysinasjɔ̃] **n. f.** – 1660 ◇ latin *hallucinatio* ■ **1** MÉD. Perception pathologique de faits, d'objets qui n'existent pas, de sensations en l'absence de tout stimulus extérieur. ➤ **illusion, onirisme, rêve.** *Hallucinations visuelles* (➤ **mirage, vision**), *auditives* (cf. Entendre des voix*), *olfactives, cénesthésiques*. Hallucinations hypnagogiques*. Hallucinations dues aux toxiques* (cocaïne, haschich). ➤ **psychédélique ; hallucinogène.** *Les hallucinations des délires chroniques, des démences précoces. Hallucination collective.* — PAR EXT. « *La perception extérieure est une hallucination vraie* » TAINE. ■ **2** COUR. (PAR EXAGÉR.) Erreur des sens, illusion. *J'ai cru le voir ici, je dois avoir des hallucinations. Être victime d'une hallucination* (cf. FAM. Avoir la berlue*, halluciner).

HALLUCINATOIRE [a(l)lysinatwaʀ] **adj.** – 1872 ◇ de *halluciné* ■ DIDACT. ■ **1** De l'hallucination. *Vision hallucinatoire.* ■ **2** Qui provoque l'hallucination. *Choc, psychose hallucinatoire.*

HALLUCINÉ, ÉE [a(l)lysine] **adj.** et **n.** – 1611 ◇ latin *hallucinatus* ■ **1** Qui a des hallucinations. *Fou, toxicomane halluciné.* ♦ **n.** *Les visions d'un halluciné.* ➤ **visionnaire.** « *Des gestes de somnambule et d'halluciné* » GONCOURT. ■ **2** PAR EXT. *Un air halluciné.* ➤ **égaré ; bizarre.**

HALLUCINER [a(l)lysine] **v. tr.** ⟨1⟩ – 1862 ◇ de *halluciné* ■ **1** RARE Produire des hallucinations chez (qqn). Rendre halluciné. ■ **2** (1988) INTRANS. FAM. *J'hallucine !* je suis stupéfait de (ce que j'entends, je vois). « *Ilan hallucina quand il vit le prix de certains timbres* » F. THILLIEZ.

HALLUCINOGÈNE [a(l)lysinɔʒɛn] **adj.** et **n. m.** – 1934 ◇ de *halluciner* et *-gène* ■ DIDACT. Qui provoque des hallucinations (substance). *Les champignons hallucinogènes du Mexique. Effets hallucinogènes des psychodysleptiques.* ♦ **n. m.** Drogue provoquant un état psychédélique. ➤ **cocaïne, haschich, kétamine, L. S. D., mescaline.** *État provoqué par les hallucinogènes.* ➤ FAM. **défonce, trip, voyage ;** 2 **planer.**

HALLUCINOSE [a(l)lysinoz] **n. f.** – 1911 ◇ du radical de *halluciner* et 2 *-ose* ■ DIDACT. Phénomène hallucinatoire dont le sujet reconnaît l'irréalité (à la différence de l'hallucination).

HALLUX VALGUS [alyksvalgys] **n. m.** – 1894 ◇ mots du latin des médecins, de *allux* « gros orteil » et *valgus* « tourné vers l'extérieur » ■ MÉD. Déviation en dehors du gros orteil qui se met en abduction alors que le premier métatarsien se met en adduction. *La déformation que constitue l'hallux valgus rend souvent la marche pénible et douloureuse.*

HALO ['alo] **n. m.** – 1360 ◇ latin *halos*, mot grec ■ **1** Anneau ou arc lumineux entourant la Lune, produit par la réfraction de la lumière par les cristaux de glace de l'atmosphère terrestre. « *Un grand halo laiteux [...] remplaçait l'astre* » COLETTE. — ASTRON. Le même phénomène concernant le Soleil. ♦ *Halo galactique* : ensemble des amas* globulaires entourant une galaxie. ♦ PAR EXT. Auréole lumineuse diffuse autour d'une source lumineuse. *Le halo des réverbères dans le brouillard.* ■ **2** (1890) PHOTOGR. Irradiation lumineuse autour de l'image photographique d'un point lumineux. ■ **3** FIG. Éclat qui semble émaner de qqn (➤ **aura**). *Un halo de gloire.* ➤ **auréole.** ■ **HOM.** Allo.

HALOGÉNATION [alɔʒenasjɔ̃] **n. f.** – 1910 ◊ de *halogène* ■ CHIM. Introduction d'halogènes* dans une molécule. ➤ **halon.** — **v. tr.** ⟨6⟩ **HALOGÉNER.** **p. p. adj.** *Hydrocarbure halogéné.*

HALOGÈNE [alɔʒɛn] **n. m.** – 1826 ◊ grec *hals, halos* «sel» et *-gène* ■ **1** CHIM. Chacun des éléments chimiques faisant partie de l'avant-dernière colonne du tableau de Mendeleïev qui comprend en particulier le chlore. ➤ **astate,** 2 **brome, chlore, fluor, iode.** ■ **2** COUR. *Lampe (à) halogène* ou **n. m.** *halogène,* dont l'atmosphère gazeuse contient un halogène et qui permet un éclairage progressif. ■ HOM. Allogène.

HALOGÉNURE [alɔʒenyʀ] **n. m.** – 1908 ◊ de *halogène* ■ CHIM. Sel ou ester obtenu par combinaison d'un halogène* avec un autre élément ou un radical organique. *L'halogénure le plus connu est le chlorure de sodium.*

HALOGRAPHIE [alɔgʀafi] **n. f.** – 1819 ◊ grec *hals, halos* «sel» et *-graphie* ■ CHIM. Étude, description des sels. — On a dit aussi *halochimie,* 1866.

HÂLOIR [ˈɑlwaʀ] **n. m.** – 1752 ◊ de *hâler* ■ RÉGION. Lieu où l'on sèche le chanvre. ◆ Séchoir où sont déposés après salage les fromages à pâte molle.

HALON [alɔ̃] **n. m.** – 1968 ◊ nom déposé, de *halogène* ■ CHIM. Dérivé par halogénation d'hydrocarbures, utilisé comme agent extincteur et frigorifique. ➤ **fréon.** *Les halons contribuent à la raréfaction de la couche d'ozone*.*

HALOPHILE [alɔfil] **adj.** – 1834 ◊ grec *hals, halos* «sel» et *-phile* ■ DIDACT. Qui croît dans les milieux imprégnés de sel. *Bactérie halophile.*

HALOPHYTE [alɔfit] **n. f.** – 1834 ◊ grec *hals, halos* «sel» et *-phyte* ■ SC. Végétal qui croît en milieu salé.

HALTE [ˈalt] **n. f.** – 1585 ; *halt* XIIe ancien picard «lieu où l'on séjourne» ◊ allemand *Halt* «arrêt» ■ **1** Arrêt, temps d'arrêt consacré au repos, au cours d'une marche ou d'un voyage. ➤ **arrêt, pause, station.** *Faire halte. Marquer une halte. Une courte halte. Halte horaire :* dans l'armée, arrêt de dix minutes après cinquante minutes de marche. ◆ PAR EXT. **(sans idée de repos)** *Faire halte :* s'arrêter (dans un mouvement quelconque). ■ **2** Lieu où se fait la halte. ➤ **escale, étape, gîte, relais.** *Arriver avant la nuit à la halte fixée. Une halte de routiers* (hôtel, restaurant ; cf. Routier). ◆ CH. DE FER Point d'arrêt sur une ligne, où le train ne prend que les voyageurs, sans que soit prévu un temps d'arrêt déterminé. ➤ **station.** ■ **3** FIG. Moment de pause, interruption momentanée au cours d'une action ou d'une évolution. ➤ **accalmie, pause, répit.** *«Il y a des haltes, des repos, des reprises d'haleine dans la marche des peuples»* HUGO. ■ **4 interj.** (1636) **HALTE !** commandement militaire par lequel on ordonne à une troupe de s'arrêter (opposé à *Marche !*). *Section, halte !* — FIG. *Dire halte à la guerre.* ELLIPT *Halte aux essais nucléaires !* ➤ **stop.** — **HALTE-LÀ !** commandement d'une sentinelle, d'une patrouille enjoignant à un suspect de s'arrêter. ➤ **qui-vive.** FIG. *Halte-là ! en voilà assez !* ■ CONTR. 2 Marche. Continuation, reprise.

HALTE-GARDERIE [ˈalt(ə)gaʀdəʀi] **n. f.** – 1963 ◊ de *halte* et *garderie* ■ Crèche accueillant les jeunes enfants pour une courte période de temps et de manière occasionnelle. *Des haltes-garderies.*

HALTÈRE [altɛʀ] **n. m.** – *alteres* 1534 ◊ latin *halteres,* du grec *haltêres* «balancier pour le saut, la danse» ■ **1** Instrument de gymnastique fait de deux boules ou disques de métal réunis par une tige. *Il ramassa «un pesant haltère qui traînait»* MAUPASSANT. — Exercice pratiqué avec cet instrument. *Faire des haltères.* REM. *Haltère* est parfois mis par erreur au fém. ◆ **POIDS ET HALTÈRES :** sport consistant à soulever, en exécutant certains mouvements (arraché, développé, épaulé et épaulé-jeté), les haltères les plus lourds possible. ➤ **haltérophilie.** ■ **2** ENTOMOL. Balancier situé à l'arrière des ailes de certains insectes. ■ HOM. Alter (altermondialiste).

HALTÉROPHILE [alteʀɔfil] **n.** – 1903 ◊ de *haltère* et *-phile* ■ Athlète qui pratique l'haltérophilie.

HALTÉROPHILIE [alteʀɔfili] **n. f.** – 1924 ◊ de *haltérophile* ■ Sport des poids et haltères*.

HALVA [ˈalva] **n. m.** – fin XIXe ◊ mot turc ■ Confiserie orientale faite de farine, d'huile de sésame, de miel, de fruits et d'amandes (ou noisettes, pistaches). *Des halvas.*

HAMAC [ˈamak] **n. m.** – 1519 ; *amache, hamacque* XVIe ◊ espagnol *hamaca,* du caraïbe *hamacu* ■ Rectangle de toile ou de filet suspendu horizontalement par ses deux extrémités, utilisé comme lit. *Hamac de marin. Se balancer dans un hamac. Accrocher, gréer un hamac. Des hamacs.*

HAMADA [ˈamada] **n. f.** – 1880 ◊ mot arabe ■ GÉOGR. Plateau rocheux des régions désertiques. *«est passé l'oued blanc sur la noire hamada»* SENGHOR.

HAMADRYADE [amadʀijad] **n. f.** – XVe ◊ latin *hamadryas,* du grec ; cf. *dryade* ■ **1** MYTH. Nymphe des bois identifiée à un arbre qu'elle était censée habiter, naissant et mourant avec lui. ■ **2** ZOOL. Cobra royal d'Asie.

HAMADRYAS [amadʀijɑs] **n. m.** – 1805 ◊ mot latin, du grec *hamadruas ;* cf. *hamadryade* ■ Grand singe cynocéphale d'Afrique, remarquable par la disposition de sa crinière. *L'hamadryas était le singe sacré de l'ancienne Égypte.*

HAMAMÉLIS [amamelis] **n. m.** – 1615 ◊ grec *hamamêlis* «sorte de néflier» ■ Arbuste d'Amérique du Nord *(hamamélidacées),* dont l'écorce et les feuilles sont employées en pharmacie.

HAMBURGER [ˈɑ̃buʀgœʀ ; ˈɑ̃bœʀgœʀ] **n. m.** – 1930 ◊ mot anglais américain, abrév. de *Hamburger steak* (1902), de *Hambourg,* ville allemande ■ ANGLIC. Sandwich chaud constitué d'un bifteck haché servi dans un pain rond, spécialité de la restauration rapide. ➤ **burger.** *Des hamburgers. Hamburger au fromage.* ➤ **cheeseburger.**

HAMEAU [ˈamo] **n. m.** – XIIIe ◊ de l'ancien français *ham,* francique °*haim ;* cf. allemand *Heim,* anglais *home* «domicile» ■ Agglomération de quelques maisons rurales situées à l'écart d'un village, et ne formant pas une commune. ➤ 1 **écart, lieudit.** *«Le hameau enfoncé dans un pli du vallon [...] pauvre hameau paysan composé de dix maisons normandes»* MAUPASSANT.

HAMEÇON [amsɔ̃] **n. m.** – fin XIIIe ◊ de l'ancien français *ain, hain,* du latin *hamus* ■ **1** Petit engin de métal en forme de crochet, armé de pointes, qu'on adapte au bout d'une ligne et qu'on garnit d'un appât pour prendre le poisson. *Hameçon simple, à deux crochets. Le poisson a avalé l'hameçon, a mordu à l'hameçon.* ■ **2** FIG. *Mordre à l'hameçon, gober l'hameçon :* se laisser prendre. ➤ **appât, piège.**

HAMEÇONNAGE [amsɔnaʒ] **n. m.** – 2004, au Canada ◊ de *hameçonner ;* équivalent de l'anglais *phishing,* de *(phone) phreak* «piratage (des lignes téléphoniques)», autre graphie de *freak,* et *fishing* «pêche» ■ INFORM. Technique de fraude sur Internet visant à obtenir des renseignements confidentiels (mot de passe, informations bancaires...) afin d'usurper l'identité de la victime. — Recomm. offic. *filoutage.*

HAMEÇONNER [amsɔne] **v. tr.** ⟨1⟩ – 1611 ; *hameçonné* XVe «en forme d'hameçon» ◊ de *hameçon* ■ PÊCHE ■ **1** (1611) Garnir d'hameçons. *Hameçonner une ligne.* **p. p. adj.** *Ligne hameçonnée.* ■ **2** (1617) Prendre à l'hameçon (un poisson).

HAMMAM [ˈamam] **n. m.** – 1655 ◊ mot arabo-turc «bain chaud» ■ Établissement de bains (turc, à l'origine) comportant une étuve ; bains de vapeur à l'orientale (cf. Bain turc*).

HAMMERLESS [ˈamɛʀlɛs] **n. m.** – 1878 ◊ mot anglais, de *hammer* «chien (de fusil)» et *less* «sans» ■ ANGLIC. Fusil de chasse à percussion centrale, sans chien apparent.

1 **HAMPE** [ˈɑ̃p] **n. f.** – 1471 ◊ ancien français *hanste* ou *hante,* du latin *hasta* «lance, tige» et francique °*hant* «main» → ante ■ **1** Long manche de bois auquel est fixé une arme, un symbole (fer d'une arme d'hast, croix, drapeau...). ➤ **bâton, bois, digon.** *La hampe d'une hallebarde, d'un drapeau.* ◆ PAR EXT. Long manche de certains instruments (écouvillon, refouloir, pinceau). ■ **2** (1771) BOT. Axe, tige allongée terminée par une fleur unique ou un groupe de fleurs, et dépourvue de feuilles. *La hampe d'un roseau.* ■ **3** Trait vertical (de certaines lettres). *Hampe de* h ; *de* p (➤ 1 **queue**).

2 **HAMPE** [ˈɑ̃p] **n. f.** – 1270 ◊ p.-ê. de l'ancien haut allemand *wampa* «fanon» ■ VÉN. Poitrine du cerf. ◆ BOUCH. Partie supérieure et latérale du ventre du bœuf, du côté de la cuisse. *Steak dans la hampe.* ➤ **grasset.**

HAMSTER [ˈamstɛʀ] **n. m.** – 1765 ◊ mot allemand ■ Petit mammifère fouisseur *(rongeurs),* à pattes et queue courtes, au pelage roux et à ventre blanc, qui creuse des terriers compliqués où il amasse des provisions. *Hamster d'Amérique. Un couple de hamsters.*

HAN ['ɑ̃ ; hɑ̃] **interj.** – 1307 ◇ onomat. ■ Onomatopée (cri sourd d'une personne qui fait un violent effort, soupir). *« Le "han" naturel du bûcheron »* ALAIN. — SUBST. *Faire, pousser un han.* ■ HOM. An, en.

HANAP ['anap] **n. m.** – début XIIe ◇ du latin populaire *hanappus*, du germanique *hnappa-*, masculin ■ ANCIENNT Grand vase à boire en métal, monté sur un pied et muni d'un couvercle. *« Un canon de vin de Suresnes, dans les hanaps d'étain de maître Raymond »* NERVAL.

HANCHE ['ɑ̃ʃ] **n. f.** – 1155 ◇ germanique °*hanka* ■ **1** Chacune des deux régions symétriques du corps formant saillie au-dessous des flancs, entre la fesse, en arrière, et le pli de l'aine, en avant. *Articulation de la hanche.* ➤ **bassin, cuisse ; coxal, iliaque.** *Affections, malformation de la hanche* (coxalgie, coxarthrose, luxation). *Rhume* de hanche. Prothèse de hanche.* — *Hanches étroites, larges, rondes. Tour de hanches ; faire 90 centimètres de tour de hanches. « Elle avait la taille faite au tour, les hanches pleines »* BRASSENS. *Jupe serrant les hanches.* LOC. FAM. *Tomber sur les hanches :* faire grossir. *« moi je suis condamnée au* [coca] *Light, sinon ça me tombe directement sur les hanches »* T. BENACQUISTA. — *Mouvement des hanches.* ➤ **déhanchement.** *Rouler, balancer les* (ou *des*) *hanches.* ➤ se **déhancher.** *« Ces jolies personnes qui vont trottant menu* [...] *tortillant un peu des hanches »* BEAUMARCHAIS. *Porter un enfant sur la hanche. Mettre les poings sur les hanches,* en signe de défi, d'effronterie. ♦ (XIVe) MANÈGE Région de l'arrière-train du cheval, comprise entre le rein et la croupe, en haut du flanc. *Mettre un cheval sur les hanches,* le dresser de façon qu'il se soutienne sur les hanches en galopant. ♦ (1832) ZOOL. Chez les insectes, Segment des pattes, articulé au corselet. ■ **2** (1678) MAR. Partie supérieure de la muraille d'un navire qui avoisine le tableau. ■ HOM. Anche.

HANCHEMENT ['ɑ̃ʃmɑ̃] **n. m.** – 1867 ◇ de *hancher* ■ Attitude hanchée. *Le hanchement des Vierges gothiques du XIVe siècle.* ➤ **déhanchement.**

HANCHER ['ɑ̃ʃe] **v.** ‹1› – 1835 ◇ de *hanche* ■ **1 v. intr.** Se tenir, se camper dans une posture qui fait saillir une hanche. ➤ se **déhancher.** — (Animaux) *Les deux jars « s'arrêtèrent brusquement, hanchant sur une patte »* ZOLA. ■ **2 v. tr.** Représenter (un personnage) de manière à faire saillir une hanche. ♦ **HANCHÉ, ÉE p. p. adj.** *Posture, station hanchée. « La belle "Vierge dorée" du trumeau, légèrement hanchée »* M. AUBERT.

HANDBALL ['ɑ̃dbal] **n. m.** – 1924 ; *hand-ball* 1912 ◇ allemand *Handball* « balle à la main » ■ Sport d'équipe analogue au football, mais qui se joue uniquement avec les mains. *Match de handball.* — On écrit aussi *hand-ball.* — ABRÉV. FAM. **HAND** ['ɑ̃d]. *Jouer au hand.*

HANDBALLEUR, EUSE ['ɑ̃dbalœʀ, øz] **n.** – 1943 ◇ de *handball* ■ Joueur, joueuse de handball.

HANDICAP ['ɑ̃dikap] **n. m.** – 1827 ◇ mot anglais, probablt de *hand in cap* « main dans le chapeau », t. de jeu ■ **1** TURF Course ouverte à des chevaux dont les chances de vaincre, naturellement inégales, sont égalisées par l'obligation faite aux meilleurs de porter un poids plus grand ou de parcourir une distance plus longue. ➤ **omnium.** *Courir, gagner un handicap. Cheval qui rend vingt-cinq mètres dans un handicap.* ♦ PAR ANAL. Épreuve sportive où l'inégalité des chances des concurrents est compensée au départ. APPOS. *Un trois cents mètres handicap.* — GOLF Classement d'un joueur amateur, calculé selon le nombre moyen de coups le séparant du par*. *Améliorer son handicap. Handicap 0* (➤ 1 **scratch**). ♦ PAR EXT. Désavantage imposé à un concurrent pour que les chances se trouvent égales (➤ **surcharge**). *Un handicap de trois kilos. Partir avec un handicap, rattraper, combler son handicap.* ■ **2** (v. 1950) « Toute limitation d'activité ou restriction de participation à la vie en société subie dans son environnement par une personne en raison d'une altération substantielle, durable ou définitive d'une ou plusieurs fonctions physiques, sensorielles, mentales, cognitives ou psychiques, d'un polyhandicap ou d'un trouble de santé invalidant » (Journal officiel). *Personne, élève en situation de handicap. Handicap moteur. Handicap sensoriel, visuel, auditif. Handicap mental.* ➤ **déficience** (intellectuelle), **retard.** *Handicap psychique. Handicap invisible. Dimension sociale, environnementale du handicap. Handicap léger, lourd, profond, sévère.* ■ **3** FIG. Ce qui limite l'accomplissement, le développement d'une activité. ➤ **désavantage, entrave, gêne, inconvénient.** *« Apatride, sans raison sociale ni domicile fixe, vous cumuliez de lourds handicaps »* MODIANO. *« Vous avez un handicap majeur, Lubiak, les journalistes ne vous aiment pas »* M. DUGAIN. *Le manque d'infrastructures constitue un sérieux handicap pour cette région.* ■ CONTR. Avance, avantage.

HANDICAPANT, ANTE ['ɑ̃dikapɑ̃, ɑ̃t] **adj.** – 1985 ◇ de *handicaper* ■ Qui handicape. *Maladie handicapante.* ➤ **invalidant.**

HANDICAPÉ, ÉE ['ɑ̃dikape] **adj.** et **n.** – 1957 ◇ de *handicap* ■ Qui est en situation de handicap (2°). *Personnes handicapées. Travailleurs handicapés.* — **n.** *Handicapé visuel* (➤ **amblyope, aveugle, malvoyant**), *auditif* (➤ **malentendant, sourd**). *Handicapé mental. Handicapé moteur, physique* (cf. Personne à mobilité* réduite). *Sport pratiqué par les handicapés.* ➤ **handisport ; paralympique.**

HANDICAPER ['ɑ̃dikape] **v. tr.** ‹1› – 1854 ◇ de *handicap* ■ **1** Imposer à (un cheval, un concurrent) un désavantage quelconque selon la formule du handicap (1°). *Handicaper un cheval par le poids, la distance. Cheval équitablement, sévèrement handicapé.* ■ **2** Constituer un handicap (2°) pour. *Ses rhumatismes le handicapent.* ■ **3** FIG. (1889) Constituer une limitation, une entrave pour. ➤ **défavoriser, désavantager,** 2 **desservir, gêner.** *Cette lacune le handicape beaucoup. Une économie handicapée par le manque de ressources naturelles.* ■ CONTR. Avantager, douer, favoriser, servir.

HANDICAPEUR, EUSE ['ɑ̃dikapœʀ, øz] **n.** – 1855 ◇ de *handicaper* ■ TURF Commissaire d'une société de courses chargé(e) d'établir les handicaps. — APPOS. *Commissaires handicapeurs.*

HANDISPORT ['ɑ̃dispɔʀ] **n. m.** et **adj.** – 1977 ◇ mal formé, sur *handicapé* et *sport* ■ Activité sportive adaptée aux personnes en situation de handicap. *La boccia est un handisport.* — **adj.** *Tennis handisport. Jeux olympiques handisports.* ➤ **paralympique.**

HANGAR ['ɑ̃gaʀ] **n. m.** – 1338 ◇ francique °*haimgard*, de °*haim* « hameau » et °*gard* « enclos » ■ Construction formée d'une couverture soutenue par des supports et destinée à abriter du matériel, certaines marchandises. ➤ **abri, entrepôt, remise.** *Hangar à récoltes, à fourrage* (➤ **grange ; fenil**). *Hangars d'un port.* ➤ **dock.** *Hangar à locomotives.* ➤ **rotonde.** *Stocker des marchandises dans, sous un hangar.* ♦ Vaste construction close servant d'abri aux avions, aux bateaux. ♦ (1894) (Canada) Abri, remise.

HANNETON ['an(ə)tɔ̃] **n. m.** – XIe ◇ du francique °*hano* « coq » ■ **1** Insecte commun des jardins *(coléoptères),* ordinairement roux, à antennes en lamelles, au vol lourd et bruyant. *Larves de hannetons :* vers blancs. *Hanneton commun, vulgaire. Hanneton des roses.* ➤ **cétoine** (dorée). ■ **2** (1611 ◇ allus. au vol maladroit du hanneton) VX *Étourdi comme un hanneton :* très étourdi. ♦ MOD. et FAM. *Qui n'est pas piqué (mangé) des hannetons :* qui est extrême, formidable dans son genre (cf. Pas piqué* des vers).

HANNETONNAGE ['an(ə)tɔnaʒ] **n. m.** – 1835 ◇ de *hannetonner* ■ AGRIC. Opération destinée à détruire les hannetons.

HANNETONNER ['an(ə)tɔne] **v. intr.** ‹1› – 1767 ◇ de *hanneton* ■ AGRIC. Détruire les hannetons. — TRANS. *Hannetonner une région.*

HANSART ['ɑ̃saʀ] **n. m.** – XIIIe ◇ germanique *handsax* « poignard », de *hand* « main » ■ RÉGION. (Ouest) Couperet, hachoir à viande.

HANSE ['ɑ̃s] **n. f.** – 1240 ◇ moyen bas allemand *hansa* « troupe » ■ HIST. Au Moyen Âge, Association de marchands ayant le monopole du commerce par eau, dans une région. *La Hanse germanique,* et ABSOLT *la Hanse :* association de villes commerçantes de la mer du Nord et de la Baltique. ♦ PAR EXT. Nom donné à certaines corporations, compagnies de marchands. ■ HOM. Anse.

HANSÉATIQUE [ɑ̃seatik] **adj.** – 1690 ; *hansiatique* n. m. avant 1630 ◇ allemand *hanseatisch* → hanse ■ Relatif, appartenant à la Hanse (germanique). *Ville, ligue hanséatique. « Cette bonne ville hanséatique de Hambourg »* GAUTIER.

HANTAVIRUS ['ɑ̃taviʀys] **n. m.** – 1994 ◇ de *Hantaan* n. pr. et *virus* ■ VIROL. Virus à ARN transmis par certains rongeurs, qui provoque des fièvres hémorragiques.

HANTÉ, ÉE ['ɑ̃te] **adj.** – début XIXe ◇ de *hanter* (3°) ■ Visité par les fantômes, les revenants, les esprits. *Château hanté.* ■ HOM. Enté, enter.

HANTER ['ɑ̃te] **v. tr.** ‹1› – v. 1138 «habiter» ◇ ancien scandinave *heimta,* radical *haim* → hameau ▪ **1** LITTÉR. Fréquenter (un lieu) d'une manière habituelle, familière. *Hanter les tripots, les mauvais lieux.* ▪ **2** VIEILLI Fréquenter habituellement (qqn). «*Je hante la noblesse*» MOLIÈRE. PROV. *Dis-moi qui tu hantes, je te dirai qui tu es :* on juge quelqu'un sur ses fréquentations habituelles. ▪ **3** (début XIXe ◇ emprunté à l'anglais) MOD. **(en parlant des fantômes, des esprits)** Fréquenter (un lieu). *On dit qu'un revenant hante cette ruine.* «*une maison hantée par des lémures*» HUYSMANS. ▪ **4** (XIXe) FIG. Habiter l'esprit de (qqn) en gênant, en tourmentant. ➤ **obséder, poursuivre.** *Ce souvenir le hantait.* «*L'idée du suicide le hante*» SUARÈS. *Les rêves qui hantent son sommeil.* ➤ **habiter, peupler** (FIG.). ▪ CONTR. Fuir ; éloigner (s'). ▪ HOM. Enté, enter.

HANTISE ['ɑ̃tiz] **n. f.** – 1228 ◇ de *hanter* ▪ **1** VX Action de hanter, de fréquenter (qqn). ▪ **2** (fin XIXe) MOD. Caractère obsédant d'une idée, d'une pensée, d'un souvenir ; préoccupation constante dont on ne parvient pas à se libérer. ➤ **manie, obsession.** *La hantise de la mort* (➤ **peur**). *Il a la hantise de déplaire.*

HAPAX ou **APAX** [apaks] **n. m.** – 1909, -1919 ◇ grec *hapax (legomenon)* «(chose dite) une seule fois» ▪ LING. Mot, forme, emploi dont on ne peut relever qu'un exemple (à une époque donnée ou dans un corpus donné) ; attestation isolée.

HAPLO- ▪ Élément, du grec *haplous* «simple». ➤ **mon(o)-.**

HAPLOBIONTE [aplobjɔ̃t] **n. m.** – milieu XXe ◇ de *haplo-, bio-* et *-onte,* du grec *ôn, ontos* «l'être» ▪ BIOL. Organisme dont les cellules ne renferment que le stock haploïde de chromosomes. — On dit aussi **HAPLONTE.**

HAPLOÏDE [aplɔid] **adj.** – 1911 ◇ de *haplo-* et *-oïde* ▪ BIOL. *Cellule, individu, noyau haploïde,* qui contient un stock simple de chromosomes (➤ **pronucléus, haplobionte**). *La cellule haploïde n'a qu'un exemplaire de chaque chromosome* (opposé à *diploïde, polyploïde*). — **n. f. HAPLOÏDIE** [aplɔidi].

HAPLOLOGIE [aplɔlɔʒi] **n. f.** – 1908 ◇ de *haplo-* et *-logie* ▪ PHONÉT. Le fait de n'énoncer que l'une de deux articulations semblables et successives (cas de dissimilation*). Ex. Tragicomique pour tragico-comique.

HAPLONTE ➤ **HAPLOBIONTE**

HAPPE ['ap] **n. f.** – 1611 ; *hape* v. 1268 ◇ de *happer* ▪ TECHN. Crampon qui sert à lier deux pièces de charpente, deux pierres.

HAPPEMENT ['apmɑ̃] **n. m.** – 1330 ◇ de *happer* ▪ **1** RARE Action de happer. ▪ **2** Adhérence de matières avides d'eau, telle l'argile, sur la langue.

HAPPENING ['ap(ə)niŋ] **n. m.** – 1963 ◇ mot anglais «évènement», p. prés. subst. de *to happen* «arriver, survenir» ▪ ANGLIC. Spectacle où la part d'imprévu et de spontanéité est essentielle. PAR EXT. Évènement collectif comparé à ce type de spectacle. *Des happenings.*

HAPPER ['ape] **v.** ‹1› – fin XIIe *haper* ◇ radical onomatopéique germanique *happ-* ▪ **1 v. tr.** Saisir, attraper* brusquement et avec violence. *Être happé par un train.* ◆ SPÉCIALT **(animaux)** Saisir brusquement dans sa gueule, son bec. *Oiseau qui happe au vol des insectes.* ▪ **2 v. intr.** VX Adhérer fortement. ▪ CONTR. 1 Lâcher, laisser.

HAPPY END ['apiɛnd] **n. m.** ou **f.** – 1945 ◇ adaptation de l'anglais *happy ending,* de *happy* «heureux» et *to end* «se terminer» ▪ ANGLIC. Heureuse fin (d'un film tragique) souvent considérée comme une concession au goût du public. *Les happy ends caractéristiques des films américains.* — PAR EXT. FAM. Dénouement heureux.

HAPPY FEW ['apifju] **n. m. pl.** – 1804, Stendhal ◇ de l'anglais *happy* «heureux» et *few* «peu nombreux» ; utilisé par Shakespeare dans *Henri V* ▪ ANGLIC. Ensemble restreint des privilégiés (fortunés, initiés, élite intellectuelle, etc.). *Un public de happy few.*

HAPPY HOUR [apiawœʀ] **n. f.** – 1983 ◇ mot anglais, de *happy* «heureux» et *hour* «heure» ▪ ANGLIC. Période de la journée pendant laquelle un bar propose des consommations moins chères. *C'est l'happy hour.* «*le café proposait des* happy hours *— deux verres pour le prix d'un entre 18 et 20 heures*» T. BENACQUISTA. — Recomm. offic. *la bonne heure.*

HAPTIQUE [aptik] **adj.** – 1997 ◇ allemand *haptisch,* du grec *haptein* «toucher» ▪ DIDACT. Qui concerne le sens du toucher, les perceptions tactiles.

HAPTONOMIE [aptɔnɔmi] **n. f.** – v. 1980 ◇ du grec *haptein* «toucher» et *-nomie* ▪ Méthode de communication avec le fœtus par le toucher, à travers la paroi du ventre de la mère. *Des méthodes «pour stimuler les capacités du fœtus* in utero *: depuis l'haptonomie, le dialogue avec les mains»* P. BRUCKNER. — **adj. HAPTONOMIQUE.**

HAQUEBUTE ['ak(ə)byt] **n. f.** – 1473 ◇ moyen néerlandais *hakebusse* ▪ ANCIENNT ➤ **arquebuse.**

HAQUENÉE ['ak(ə)ne] **n. f.** – 1360 ◇ moyen anglais *haquenei,* de *Hackney,* n. d'un village dont les chevaux étaient renommés ▪ VX Cheval ou jument de taille moyenne, d'allure douce, allant ordinairement l'amble, que montaient les dames. ▪ HOM. Acné.

HAQUET ['akɛ] **n. m.** – 1606 ◇ p.-ê. de l'ancien français *haquet* «cheval», probablt de même racine que *haquenée* ▪ Charrette étroite et longue, sans ridelles. «*Des haquets chargés de barriques*» BARBUSSE. ▪ HOM. Acquêt.

HARAKIRI [ʼaʀakiʀi] **n. m.** – 1863 ◇ mot japonais, littéralt «ouverture *(kiri)* du ventre *(hara)*», fam. pour *seppuku,* d'origine chinoise ▪ Mode de suicide particulièrement honorable, au Japon, consistant à s'ouvrir le ventre. ➤ **seppuku.** *Des harakiris. Les samouraïs condamnés à mort avaient le privilège du harakiri.* ◆ PAR EXT. *(Se) faire harakiri :* se suicider ; FIG. se sacrifier. — On écrit aussi *hara-kiri, des hara-kiris.*

HARANGUE ['aʀɑ̃g] **n. f.** – 1461 ◇ italien *arringa* «discours public», du gotique °*harihrings* «assemblée», de °*hrings* «cercle» ▪ **1** Discours solennel prononcé devant une assemblée, un haut personnage. *Harangue violente.* ➤ **catilinaire, philippique.** *Faire, prononcer une harangue. La tribune aux harangues d'Athènes.* ▪ **2** Discours pompeux et ennuyeux ; remontrance interminable (➤ **sermon**).

HARANGUER ['aʀɑ̃ge] **v. tr.** ‹1› – début XVe ◇ de *harangue* ▪ Adresser une harangue à (un groupe de personnes). *Haranguer des soldats, le peuple.* «*Des hommes d'une éloquence frénétique haranguaient la foule au coin des rues*» FLAUBERT. ◆ FIG. Faire d'ennuyeux discours, de longues remontrances à (des personnes). ➤ **sermonner.**

HARANGUEUR, EUSE ['aʀɑ̃gœʀ, øz] **n.** – 1530 ◇ de *haranguer* ▪ VIEILLI ➤ **orateur.** — FIG. et LITTÉR. Personne qui discourt interminablement.

HARAS ['aʀɑ] **n. m.** – 1280 ; *haraz* XIIe ◇ p.-ê. ancien scandinave *hârr* «qui a le poil gris» ▪ Lieu, établissement destiné à la reproduction de l'espèce chevaline, à l'amélioration des races de chevaux par la sélection des étalons. *Registre d'un haras de pur-sang.* ➤ **stud-book.** *Haras nationaux,* appartenant à l'État. *Direction générale des haras (ministère de l'Agriculture).* ▪ HOM. poss. Ara.

HARASSANT, ANTE ['aʀasɑ̃, ɑ̃t] **adj.** – 1845 ◇ de *harasser* ▪ Qui harasse. ➤ **épuisant, fatigant*.** *Travail harassant.* «*Ces harassantes journées de douze heures*» ROMAINS.

HARASSE ['aʀas] **n. f.** – XIIIe ◇ origine inconnue, p.-ê. variante du régional *charasse,* même sens ▪ TECHN. Emballage léger, caisse à claire-voie, pour le transport du verre, de la porcelaine.

HARASSÉ, ÉE ['aʀase] **adj.** – 1562 ◇ de *harasser* ▪ Épuisé de fatigue. *Être, se sentir harassé.* ➤ **épuisé, fourbu, recru** (cf. À bout* de force, sur les genoux*, sur les rotules*). — PAR EXT. «*L'expression inquiète et parfois harassée de son regard*» GIDE. ▪ CONTR. Dispos, 1 fort, 1 frais.

HARASSEMENT ['aʀasmɑ̃] **n. m.** – 1572 ◇ de *harasser* ▪ RARE Action de harasser. — Fatigue extrême.

HARASSER ['aʀase] **v. tr.** ‹1› – 1527 ◇ ancien français *harace* «poursuite», de *hare* «cri pour exciter les chiens», interj. d'origine francique ▪ VX (sauf aux temps comp. et p. p. ➤ **harassé**) Accabler de fatigue. ➤ **exténuer, fatiguer*.** «*La seule vue d'une feuille de papier blanc me harasse l'âme*» BERNANOS. *Être harassé de travail.* ▪ CONTR. Délaisser, 1 reposer.

HARCELANT, ANTE ['aʀsəlɑ̃, ɑ̃t] **adj.** – 1845 ◇ de *harceler* ▪ Qui harcèle. *Créanciers harcelants. Soucis harcelants.*

HARCÈLEMENT ['aʀsɛlmɑ̃] **n. m.** – 1632 ◇ de *harceler* ▪ Action de harceler (en actes ou en paroles). *Guerre de harcèlement.* ➤ **guérilla.** *Tir de harcèlement.* ◆ *Harcèlement sexuel :* fait d'imposer à une personne, de façon répétée, des propos ou comportements à connotation sexuelle qui portent atteinte à sa dignité ou d'user de pression pour obtenir un acte de nature sexuelle (délit). — *Harcèlement de rue* : ensemble des comportements insistants, irrespectueux, menaçants (sifflements, remarques, insultes...) subis notamment par les femmes dans l'espace public. — (1998) *Harcèlement moral* : conduite abusive (humiliations, menaces...) exercée de manière insidieuse et répétée par une personne sur une autre, pour la déstabiliser (au travail, dans un couple...). *Harcèlement sur Internet.* ➤ **cyberharcèlement.**

HARCELER ['aʀsəle] **v. tr.** ‹5› – 1493 ◊ var. populaire de *herceler,* de *herser,* au fig. «tourmenter» ■ Soumettre sans répit à de petites attaques réitérées, à de rapides assauts incessants. ➤ **tarabuster ;** FAM. **asticoter.** *Harceler l'ennemi par d'incessantes escarmouches. Harceler un lièvre jusqu'à épuisement.* ➤ **poursuivre.** *Un âne «harcelé par un malotru armé d'un fouet»* BAUDELAIRE. *Ses créanciers ne cessent de le harceler.* ➤ **presser, talonner** (cf. Mettre l'épée dans les reins*). *Harceler qqn de réclamations continuelles. — Être harcelé de soucis.* ➤ **hanter, obséder.** ◆ *Harceler qqn moralement, sexuellement* ■ CONTR. Apaiser, calmer. Laisser.

HARCELEUR, EUSE ['aʀsəlœʀ, øz] **n. et adj.** – 1549 ; 1507 *harseleur* «querelleur» ◊ de *harceler* ■ Qui pratique le harcèlement. — **n.** *Conseils aux victimes de harceleurs. «Le patron abusif, genre ce qu'on appelle aujourd'hui harceleur sexuel !»* BOUDARD.

HARD ['aʀd] **adj. et n. m.** – 1971 ◊ mot anglais «dur» ■ **1** Excessif et violent ; pénible. ➤ **hardcore** (ANGLIC.). *L'ambiance était plutôt hard.* ◆ *Cinéma, film hard,* pornographique, très explicite. ➤ **pornographique,** 2 **X.** — **n. m.** *Le hard. Acteur de hard.* ➤ **hardeur.** ■ **2 n. m.** ➤ **hardware.** *Le hard et le soft.* ■ **3 n. m.** FAM. Hard rock. *Groupes de hard.* ■ HOM. Harde, hardes.

HARDCORE ['aʀdkɔʀ] **adj. inv.** – 1975 n. m. ◊ anglais *hard core* «noyau *(core)* dur» ■ ANGLIC. ■ **1** *Porno hardcore,* genre pornographique explicite, obscène. ➤ **hard.** — **n. m.** *«À côté du X classique, beaucoup de hardcore»* (Le Monde, 2012). ■ **2** Se dit de courants musicaux aux sonorités dures et agressives. *Punk hardcore. Techno hardcore.* — **n. m.** *Écouter du hardcore.* ■ **3** FAM. Excessif, violent. ➤ **hard.** — Pénible, difficile.

1 **HARDE** ['aʀd] **n. f.** – XIIe *herde* ◊ francique °*herda* ; cf. allemand *Herde* «troupeau» ■ VÉN. Troupe (de bêtes sauvages) vivant ensemble. *Harde de cerfs, de daims.* ➤ **harpail.** ■ HOM. Hard, hardes.

2 **HARDE** ['aʀd] **n. f.** – 1391 «corde» ◊ forme féminine de *hart* ■ VÉN. Lien servant à attacher les chiens, par quatre ou par six. *Attacher à la harde* (**HARDER** ['aʀde] **v. tr.** ‹1,› 1561). — Couples de chiens ainsi attachés.

HARDES ['aʀd] **n. f. pl.** – 1480 ; *fardes* en ancien français, prononcé *hardes* en gascon ◊ arabe *fardah* → fardeau ■ **1** VX OU RÉGION. DR. Ensemble des effets personnels (vêtements, linge et même meubles voyageant avec les bagages). ■ **2** PÉJ. Vêtements pauvres et usagés. ➤ **guenille, haillon, nippes.** *«Ce qu'il y avait de pauvre et de triste dans ces hardes usées»* GREEN. ■ HOM. Hard, harde.

HARDEUR, EUSE ['aʀdœʀ, øz] **n.** – 1992 n. f. ◊ de *(cinéma) hard* ■ Acteur, actrice de cinéma hard, pornographique. *«Tu brailles qu'il bande mou et que c'est toujours la même histoire avec ces connards de hardeurs»* V. DESPENTES. ■ HOM. Ardeur.

HARDI, IE ['aʀdi] **adj.** – XIe ◊ p. p. d'un ancien français *hardir* «rendre, devenir dur», francique °*hardjan* ; cf. allemand *härten* «durcir» ■ **1** Qui manifeste, dénote un tempérament, un esprit prompt à oser sans se laisser intimider. ➤ **audacieux, aventureux, brave, courageux, déterminé, énergique, entreprenant, intrépide, résolu.** *Guerriers hardis. Hardi à l'excès.* ➤ **risque-tout, téméraire.** *«Plus hardi à faire qu'à parler»* BOSSUET. ◆ *Contenance fière et hardie.* ➤ **assuré, décidé.** *Entreprise hardie. Un projet particulièrement hardi. Faire une réponse hardie.* ◆ BLAS. *Coq hardi,* figuré la patte levée et le bec ouvert. ■ **2** PÉJ. et VIEILLI ➤ **effronté, impudent, insolent.** *«Qui te rend si hardi de troubler mon breuvage ?»* LA FONTAINE. *Un hardi coquin. Un mensonge hardi.* ◆ SPÉCIALT ➤ **impudique, provocant.** *Une fille hardie. — Vous ne trouvez pas ce passage un peu hardi ?* ➤ **leste, osé, risqué.** ■ **3** Qui est audacieux avec bonheur. ➤ 2 **original ; nouveau.** *«un talent hardi et novateur»* ROMAINS. *Une métaphore hardie.* ◆ Qui a qqch. de franc et d'aisé dans son audace. *Une touche hardie. La flèche hardie de cette église gothique.* ■ **4 interj. HARDI !** Formule servant à encourager et pousser en avant. ➤ **courage.** *Hardi, les gars ! Hardi, petit !* ■ CONTR. Lâche, peureux, timide, timoré. Modeste. Banal, 1 plat, 1 terne.

HARDIESSE ['aʀdjɛs] **n. f.** – 1361 ; *ardiesce* fin XIIe ◊ de *hardi*
I LITTÉR. ■ **1** Qualité d'une personne hardie, de ce qui est hardi. ➤ **assurance, audace, bravoure, cœur, courage, énergie, fermeté, intrépidité.** *Avoir, montrer de la hardiesse. Faire preuve de hardiesse. Répondre avec hardiesse. «Il faut une grande hardiesse pour oser être soi»* DELACROIX. ■ **2** PÉJ. *Il a la hardiesse de soutenir cela !* ➤ **effronterie, impudence, insolence, témérité.** ■ **3** *Hardiesse du style.* ➤ **nouveauté, originalité.** *Une grande hardiesse de pinceau.* ➤ **vigueur.**

II Action, idée, parole, expression hardie. *Se permettre certaines hardiesses.* ➤ **liberté, licence.** *Des hardiesses techniques.*
■ CONTR. Lâcheté, timidité. Décence, modestie. Banalité, platitude.

HARDIMENT ['aʀdimɑ̃] **adv.** – XVe ; *hardiement* v. 1160 ◊ de *hardi* ■ **1** D'une manière hardie, avec hardiesse. *S'exposer hardiment aux dangers.* ➤ **courageusement.** *Parler hardiment.* ➤ **carrément.** ■ **2** Avec une hardiesse qui tient de l'inconscience ou de l'effronterie. *S'engager bien hardiment* (cf. À la légère*). *Nier hardiment.* ➤ **effrontément, impudemment, insolemment.** ■ CONTR. Craintivement, timidement ; modestement.

HARD ROCK ['aʀdʀɔk] **n. m.** – 1971 ◊ mot anglais (1969), de *hard* «violent» et *rock* → 2 rock ■ ANGLIC. Forme de rock simple et énergique, née dans les années 1970. ➤ FAM. **hard.** *Les groupes de hard rock.* ➤ **aussi heavy metal.** — On écrit aussi *hard-rock.*

HARDWARE ['aʀdwɛʀ] **n. m.** – 1965 ◊ mot anglais américain «quincaillerie» (argot des ingénieurs) ■ ANGLIC. INFORM. Les éléments matériels d'un système informatique. ➤ **matériel ; hard.** *Hardware et software*.* Recomm. offic. *matériel* (et *logiciel*).

HAREM ['aʀɛm] **n. m.** – 1673 ; *haram* 1663 ◊ arabe *haram* «ce qui est défendu par la religion, sacré» ■ **1** Appartement des femmes (chez un grand personnage musulman). ➤ **gynécée.** *Le harem du palais du sultan. Eunuques servant dans un harem.* ■ **2** Ensemble des femmes qui habitent le harem. — PAR PLAIS. Femmes d'une même famille ou femmes qui fréquentent un même homme. *Professeur entouré d'un harem d'étudiantes.*

HARENG ['aʀɑ̃] **n. m.** – XIIe ◊ francique °*haring* ■ Poisson de mer *(clupéiformes),* vivant en bancs souvent immenses. PLAISANT *La mare aux harengs* : l'Atlantique Nord, où le hareng commun est abondant. *Pêche au hareng. — Harengs frais. Hareng salé* ou *hareng saur*.* ➤ **bouffi, gendarme.** *Hareng mariné.* ➤ **rollmops.** *Hareng guai*. Filets de hareng.* — LOC. FAM. *Sec comme un hareng. Serrés* comme des harengs. La caque* sent toujours le hareng.* — FAM. *Peau d'hareng* (injure).

HARENGAISON ['aʀɑ̃gɛzɔ̃] **n. f.** – XIVe ◊ de *hareng* ■ PÊCHE Pêche au hareng ; temps où elle a lieu.

HARENGÈRE ['aʀɑ̃ʒɛʀ] **n. f.** – 1226 ◊ de *hareng* ■ **1** VX Vendeuse au détail des harengs et autres poissons. ■ **2** Femme grossière, criarde, mal embouchée. ➤ 1 **poissarde.** *«Sa femme se déchaînait partout contre moi [...] elle était connue de tout le monde pour une harengère»* ROUSSEAU.

HARENGUET ['aʀɑ̃gɛ] **n. m.** – 1775 ◊ de *hareng* ■ Sprat.

HARENGUIER ['aʀɑ̃gje] **n. m.** – 1922 ◊ de *hareng* ■ PÊCHE Bateau spécialisé pour la pêche au hareng. ◆ Pêcheur de harengs.

HARET ['aʀɛ] **adj. et n. m.** – 1690 ◊ ancien français *harer* «crier hare, traquer» → harasser ■ RARE *Chat haret* ou **n. m.** *un haret* : chat domestique qui est retourné à l'état sauvage et vit de gibier. ■ HOM. Arrêt.

HARFANG ['aʀfɑ̃] **n. m.** – *harafong* 1760 ◊ mot suédois ■ ZOOL. Oiseau rapace nocturne *(strigiformes)* des régions septentrionales, dit *chouette blanche. Harfang des neiges.*

HARGNE ['aʀɲ] **n. f.** – début XVIe «dispute, chagrin» ◊ d'un francique °*harmjan* ■ Mauvaise humeur se traduisant par des propos acerbes, un comportement agressif, parfois méchant ou haineux. ➤ **colère.** *Attaquer, répliquer avec hargne. «La rudesse, la hargne et la criaillerie constituaient les formes normales de la communication familiale»* A. ERNAUX. — Ténacité rageuse. *Mettre de la hargne à vaincre.*

HARGNEUSEMENT ['aʀɲøzmɑ̃] **adv.** – 1876 ◊ de *hargneux* ■ D'une façon hargneuse. ➤ **méchamment.**

HARGNEUX, EUSE ['aʀɲø, øz] **adj.** – 1160 ◊ de *hargne* ■ **1** Qui est plein de hargne. ➤ **acariâtre, coléreux*, grincheux, teigneux.** *Il était «sournoisement mauvais, hargneux, taquin»* GONCOURT. *Une femme hargneuse.* ➤ **mégère, teigne.** *Caractère hargneux.*

— *Chien hargneux.* ➤ **agressif*, méchant.** ■ **2** PAR EXT. Qui exprime ou dénote de la hargne. *Mine hargneuse.* ➤ **rechigné, revêche.** *Ton hargneux. — Critiques hargneuses.* ➤ **acerbe.** « *L'aîné avait le réveil hargneux* » ARAGON. ■ CONTR. Aimable, doux.

1 **HARICOT** ['ariko] **n. m.** – v. 1393 *hericot de mouton* ◊ ancien français *harigoter* « couper en morceaux », du francique °*hariôn* « gâcher » ■ Ragoût (de mouton). *Un haricot de mouton.*

2 **HARICOT** ['ariko] **n. m.** – 1640 ; *fèves d'aricot* « de ragoût » 1628 ◊ origine incertaine, probablt emprunt au nahuatl *ayecotli, ayacotli,* par l'espagnol, ou de 1 *haricot,* ce légume entrant souvent dans la composition du ragoût ■ **1** Plante herbacée *(légumineuses papilionacées),* originaire d'Amérique centrale, dont gousses et graines sont comestibles. *Haricots grimpants, à rames. Haricots beurre, verts, mange-tout,* à gousses comestibles. *Haricots à écosser,* dont seules les graines se mangent (*haricots noirs* [➤ **dolic**], *rouges, de Soissons*). *Planter, faire pousser des haricots. Pied de haricot.* ■ **2** SPÉCIALT Partie comestible de cette plante, comprenant soit les gousses encore vertes *(haricots verts),* soit les gousses et les graines peu développées *(haricots mange-tout),* soit les graines seules, imparfaitement mûres (➤ 2 **flageolet**) ou mûres (*haricots blancs* ➤ 2 **chevrier,** 2 **coco, lingot,** RÉGION. **mogette**). ➤ RÉGION. **fève.** *Haricots verts sans fil. Haricots rouges japonais.* ➤ **azuki.** *Pâte de haricots* (sucrée). ◆ ABSOLT Graines des espèces « à écosser » qui se mangent fraîches ou sèches. ➤ FAM. **fayot.** *Faire tremper des haricots. Un gigot aux haricots. Ragoût toulousain aux haricots* (➤ **cassoulet**). *Viande pimentée avec des haricots rouges* (➤ **chili**). ■ **3** FIG. (XXe) FAM. *Travailler pour des haricots,* pour presque rien (cf. Des clopinettes, des clous, des cacahouètes, des nèfles, des prunes). *C'est la fin des haricots,* la fin de tout. ◆ Tête. *Courir sur le haricot* (à qqn) : ennuyer, importuner. ■ **4** Récipient en forme de haricot utilisé dans les hôpitaux. ➤ **bassin.** « *dans les haricots métalliques, du sang et des aiguilles* » M. WINCKLER.

HARIDELLE ['aridɛl] **n. f.** – XVIe ◊ origine inconnue, p.-ê. du radical de *haras* ■ Mauvais cheval maigre et efflanqué. ➤ **rosse, rossinante.** *Un cocher* « *qui conduisait une haridelle boiteuse* [...] *un horrible canasson* » FRANCE.

HARISSA ['arisa ; arisa] **n. f.** ou **m.** – 1930 ◊ arabe *harisa,* de *harasa* « piler » ■ Poudre ou purée de piments utilisée comme assaisonnement (dans la cuisine maghrébine). *Sauce à la harissa, à l'harissa, avec du harissa pour le couscous.*

HARKI ['arki] **n. m.** – répandu v. 1960 ◊ mot arabe, de *harka* « mouvement » ■ Militaire autochtone d'Algérie qui servait comme supplétif aux côtés des Français. *Les* « *harkis qu'on nous a obligés à faire redescendre des camions qui partaient,* [...] *leurs cris, la stupeur, l'incrédulité sur les visages* » L. MAUVIGNIER. *Anciens harkis installés en France.*

HARLE ['arl] **n. m.** – 1555 ◊ mot du Nivernais, famille du germanique *hara* « ici », comme le picard *herler* « crier, faire du tapage », à cause du cri de l'oiseau ■ Oiseau aquatique *(ansériformes, anatidés)* voisin du canard. *Harle huppé* (appelé *bec-scie* au Canada).

HARMATTAN [armatɑ̃] **n. m.** – 1765 ◊ mot d'une langue du Ghana ■ GÉOGR. Alizé* continental qui souffle de l'est sur le Sahara et l'Afrique occidentale. « *C'était la saison sèche ; l'harmattan soufflait, et tout le village disparaissait dans un tourbillon survolté* » DIABATÉ. — On écrit aussi *harmatan.*

HARMONICA [armɔnika] **n. m.** – 1773 ◊ fém. du latin *harmonicus* « harmonieux », par l'anglais (1762) ■ **1** MUS. Ancien instrument composé de récipients de verre plus ou moins remplis d'eau, que l'on faisait résonner par frottement ou en frappant avec des maillets. « *Les sons de l'harmonica, produits de l'eau et du cristal* » CHATEAUBRIAND. ■ **2** (fin XIXe ◊ allemand *Harmonika* [1829]) Instrument de musique composé de petits tuyaux à anche métallique juxtaposés que l'on fait vibrer par le souffle. *Harmonica chromatique,* à poussoir. *Les harmonicas à un seul côté, à deux côtés. Jouer de l'harmonica.*

HARMONIE [armɔni] **n. f.** – fin XIIe ◊ latin *harmonia,* mot grec, proprt « assemblage »

I SONS ASSEMBLÉS, MUSIQUE ■ **1** VX ou LITTÉR. Combinaison, ensemble de sons perçus simultanément d'une manière agréable à l'oreille (➤ **accord**). *L'harmonie des voix, des instruments.* ➤ **chœur, concert.** *L'harmonie des sphères :* les sons harmonieux produits par le mouvement des corps célestes, selon les pythagoriciens. ■ **2** VX Son, succession de sons agréables. *L'harmonie d'une harpe.* — MOD. *Table d'harmonie :* table sur laquelle sont tendues les cordes d'un instrument de musique. *Table d'harmonie d'un piano, d'un violon.* ■ **3** MUS. Ensemble des principes sur lesquels est basé l'emploi des sons simultanés, la combinaison des parties ou des voix ; science, théorie des accords et des simultanéités des sons. *Les règles, les lois de l'harmonie classique. Étudier l'harmonie et le contrepoint. Traité d'harmonie.* ◆ *Les harmonies :* les accords conformes aux règles de l'harmonie. *Harmonies consonantes, dissonantes.* ➤ **consonance, dissonance.** ■ **4** (1821) Ensemble des bois, des cuivres et percussion (d'un orchestre). *Concert d'harmonie. L'harmonie municipale.* ➤ **fanfare, orphéon.** ■ **5** GRAMM., LITTÉRATURE Ensemble des caractères (combinaisons de sons, accents, rythme) qui rendent un discours agréable à l'oreille. ➤ **euphonie, mélodie.** *L'harmonie des périodes, de la phrase.* ➤ **cadence, nombre, rythme.** ◆ SPÉCIALT *Harmonie imitative,* qui, par la sonorité des mots employés, imite ou évoque le bruit que produit la chose signifiée. ➤ **allitération, assonance.** ◆ LITTÉR. La poésie.

II ACCORD (DANS UN ENSEMBLE) ■ **1** Relations existant entre les parties d'un tout et qui font que ces parties concourent à un même effet d'ensemble ; cet effet. ➤ **unité ; ordre, organisation.** « *L'unification par la théorie de la relativité des notions de temps et d'espace a introduit une harmonie qui n'existait pas* » LANGEVIN. « *Tous les phénomènes d'un corps vivant sont dans une harmonie réciproque* » C. BERNARD. *Être en harmonie avec.* ➤ **convenir, correspondre, s'harmoniser.** « *Sa vie était en harmonie avec ses idées* » BALZAC. — *Harmonie préétablie :* PHILOS. doctrine leibnizienne, concernant les rapports entre l'âme et le corps ; PAR EXT. accord de personnes ou de choses qui semblent avoir été faites les unes pour les autres (cf. Affinités* électives, atomes* crochus). ■ **2** Accord, bonnes relations entre personnes. ➤ **entente, paix,** 1 **union.** *L'harmonie qui règne dans une famille. Équipe qui manque d'harmonie. Détruire, rompre, compromettre, rétablir l'harmonie entre les membres d'un groupe. Vivre en harmonie avec qqn.* ➤ **amitié, entente, sympathie.** « *ce petit monde, dans lequel la plus parfaite harmonie n'avait jamais cessé de régner* » J. VERNE. — *Harmonie des vues, des sentiments de plusieurs personnes.* ➤ **communauté, concordance, conformité, correspondance** (cf. Être à l'unisson*). ■ **3** Ensemble des rapports entre les parties, les éléments d'un objet, d'une œuvre d'art, d'un spectacle (du point de vue esthétique, par analogie avec l'harmonie en musique, I, 3°). ➤ **équilibre, eurythmie.** *Harmonie des couleurs. Harmonie des volumes, des proportions, dans un tableau.* ➤ **balancement.** « *Il a découvert que chaque courbe du corps humain s'accompagne d'une courbe réciproque qui lui fait face et lui répond. L'harmonie qui résulte de ces balancements tient du théorème* » GIDE. « *Notre sens de l'harmonie nous vient de la nature* » LE CORBUSIER. — « *Les Harmonies* », *recueil de Lamartine. — Harmonie d'un visage.* ➤ **beauté, régularité, symétrie.** ◆ Ensemble harmonieux. « *Il aimait un corps humain comme une harmonie matérielle, comme une belle architecture* » BAUDELAIRE.

■ CONTR. Désaccord, désordre, discordance. — Antagonisme, incompatibilité. Discorde, dissentiment.

HARMONIEUSEMENT [armɔnjøzmɑ̃] **adv.** – 1510 ◊ de *harmonieux* ■ D'une manière harmonieuse. *Chanter harmonieusement. — Univers harmonieusement ordonné.*

HARMONIEUX, IEUSE [armɔnjø, jøz] **adj.** – 1361 ◊ de *harmonie*

I ■ **1** Agréable à l'oreille (en parlant d'un son, d'une combinaison de sons). ➤ **mélodieux.** *Voix harmonieuse. La musique* « *est la parole la plus profonde de l'âme, le cri harmonieux de sa joie et de sa douleur* » R. ROLLAND. ■ **2** Qui produit des sons agréables. *Instrument harmonieux.* ■ **3** Qui a de l'harmonie, en parlant du discours, du langage. *Style harmonieux. Périodes harmonieuses.* ➤ **cadencé, nombreux** (3°), **rythmé.**

II Qui a, qui produit de l'harmonie, par les relations qui existent entre ses éléments ; qui est en harmonie avec les autres éléments. *Système harmonieux.* ➤ **cohérent.** *Un tout harmonieux. Équilibre harmonieux.* « *Ce visage si harmonieux* [...] *que chaque trait semblait avoir été formé l'un après l'autre, l'un en fonction de l'autre* » S. SCHWARZ-BART. — *Formes, couleurs harmonieuses.* « *Suspendant ton allure harmonieuse et lente* » BAUDELAIRE.

■ CONTR. Cacophonique, criard, discordant, dissonant, heurté. — Désorganisé, disparate, disproportionné, incohérent.

HARMONIQUE [armɔnik] **adj.** et **n. m.** ou **f.** – XIVe ◊ latin *harmonicus,* du grec *harmonikos* ■ **1** Qui concourt à l'harmonie musicale. ◆ Se dit de certains sons, de certains rapports ou assemblages de sons caractéristiques, en harmonie. *Gamme,* *échelle harmonique.* ➤ **diatonique.** *Marche harmonique.* ▪ **2** ACOUST., MUS. *Vibration, son harmonique,* ou **n.** *un* ou *une harmonique* : vibration, son dont la fréquence est un multiple entier de la fréquence fondamentale*. *Deuxième, troisième harmonique,* dont la fréquence est double, triple, etc., de celle du fondamental. — SPÉCIALT Son obtenu en effleurant la corde d'un instrument au milieu, au tiers, etc., de sa longueur. ◆ PHYS. *Analyse harmonique* (➤ **spectral**). *Oscillateur harmonique classique, quantique,* dont le mouvement se décrit par des ondes de fréquences multiples d'une fréquence fondamentale (cf. Mouvement périodique*). ▪ **3** Qui concourt à l'harmonie, ou dont toutes les parties sont en harmonie. ➤ **harmonieux.** *« La fonction du poète est de rendre aux mots leur valeur harmonique »* MAUROIS. ▪ **4** GÉOM. *Division harmonique,* se dit de quatre points dont le birapport* est égal à –1. *Faisceau* ou *pinceau harmonique* : ensemble de quatre droites joignant un point du plan à quatre points formant une division harmonique. — ALG. *Moyenne harmonique de plusieurs nombres,* l'inverse de la moyenne arithmétique de leur inverse.

HARMONIQUEMENT [aʀmɔnikmɑ̃] **adv.** – 1579 ◊ de *harmonique* ▪ **1** MUS. Suivant les lois de l'harmonie. ▪ **2** MATH. Conformément aux rapports harmoniques. *Droite divisée harmoniquement par quatre points.*

HARMONISATION [aʀmɔnizasjɔ̃] **n. f.** – 1842 ◊ de *harmoniser* ▪ **1** Action d'harmoniser ; son résultat. ➤ **accompagnement, arrangement, orchestration.** ▪ **2** PHONÉT. *Harmonisation vocalique* : type d'assimilation* qui se manifeste par la fermeture d'une voyelle en syllabe ouverte sous l'influence d'une voyelle accentuée plus fermée (ex. bête [bɛt], mais bêtise [betiz]).

HARMONISER [aʀmɔnize] **v. tr.** ‹1› – XVe, repris XIXe, d'après *harmonier* ◊ de *harmonie* ▪ **1** Mettre en harmonie, en accord. ➤ **accorder, arranger, coordonner, équilibrer.** *Harmoniser des couleurs.* ➤ **assortir.** *Harmoniser les intérêts de plusieurs personnes.* ➤ **concilier.** ▪ **2** MUS. Combiner (une mélodie) avec d'autres parties ou avec des suites d'accords, en vue de réaliser un ensemble harmonique. *Harmoniser un air pour chœur et orchestre.* ➤ **arranger, orchestrer.** — Régler le timbre des tuyaux d'orgue. ▪ **3 S'HARMONISER à, avec (qqch.) v. pron.** Se mettre, être en harmonie. ➤ **s'accorder, concorder, correspondre.** *Teintes qui s'harmonisent bien ensemble. « Elle s'harmonisait d'une façon presque surnaturelle avec le paysage où nous nous trouvions, par le charme de jeunesse qui émanait d'elle »* BOURGET. ▪ CONTR. Désaccorder. Détonner, dissoner.

HARMONISTE [aʀmɔnist] **n.** – fin XVIIIe ◊ de *harmonie* ▪ **1** MUS. Musicien(ne) spécialiste de l'harmonie. — Spécialiste qui règle les jeux d'orgues. ▪ **2** RELIG. Auteur attaché à démontrer la concordance des Évangiles entre eux.

HARMONIUM [aʀmɔnjɔm] **n. m.** – 1840 ◊ d'après *harmonie* ▪ Instrument à clavier et à soufflerie, comme l'orgue, mais qui est (comme l'accordéon) muni d'anches libres au lieu de tuyaux. *Harmonium transpositeur. Tenir l'harmonium de l'église.*

HARNACHEMENT [ˈaʀnaʃmɑ̃] **n. m.** – 1561 ◊ de *harnacher* ▪ **1** Action de harnacher. ▪ **2** Ensemble des harnais, équipement des chevaux et animaux de selle. ➤ **harnais.** *Harnachement de trait, de bât, de dressage* (chevaux). ▪ **3** PAR ANAL. Habillement lourd et incommode. *Le harnachement d'un homme-grenouille.* ➤ **accoutrement, équipement.**

HARNACHER [ˈaʀnaʃe] **v. tr.** ‹1› – *harneschier* v. 1200 ◊ de *herneis* « harnais » ▪ **1** Mettre le harnais, les harnais à (un cheval, un animal de selle). ➤ **enharnacher.** *Harnacher les chevaux.* — *Cheval richement harnaché.* ▪ **2** (Surtout p. p.) Vêtir. *Splendidement harnaché.* PÉJ. Accoutrer (qqn) comme d'un harnais. ➤ **affubler, attifer.** *« Il est prêt à partir, tout harnaché de courroies, de musettes »* GIONO. PRONOM. *Se harnacher* : s'équiper de nombreux objets lourds et encombrants.

HARNACHEUR [ˈaʀnaʃœʀ] **n. m.** – 1402 ◊ de *harnacher* ▪ VX Artisan qui fait des harnais et travaille pour un sellier. — Palefrenier qui harnache les chevaux.

HARNAIS [ˈaʀnɛ] ou (VX) **HARNOIS** [ˈaʀnwa] **n. m.** – *herneis* 1155 ◊ norrois °*hernest* « provisions *(nest)* pour l'armée *(her)* » ▪ **1** ANCIENNT Armure, équipement complet (d'un homme d'armes). — PAR ANAL. ➤ **accoutrement, vêtement.** *« Sa prestance s'accommodait assez bien de ce harnais officiel »* MARTIN DU GARD. ◆ FIG. *« Le pesant harnais de la discipline militaire »* BALZAC. LOC. *Blanchi sous le harnois* (ou *sous le harnais*) : vieilli dans le métier (des armes, etc.), et PAR EXT. compétent dans son domaine. ▪ **2** Équipement d'un cheval de selle, de trait, et PAR EXT. de tout animal de travail. ➤ **harnachement.** *Mettre le harnais.* ➤ **harnacher.** *Pièces du harnais* : attelle, bât, brancard, bricole, bride, collier, croupière, culière, dossière, frein, guide, joug, licol, martingale, montant* de bride, mors, œillère, poitrail, rêne, sangle, selle, sellette, sous-barbe, sous-gorge, sous-ventrière, surdos, surfaix, têtière, trait, trousse-queue. — Pièce de harnachement, et SPÉCIALT Pièce souple, en cuir, etc. (➤ **sellerie**). *Changer les harnais d'un cheval.* ▪ **3** *Harnais (de sécurité)* : système de sangles destiné à protéger les alpinistes, véliplanchistes, etc., des chutes, des chocs. ➤ **baudrier.** *Boucler son harnais.* ▪ **4** TECHN. Ensemble de pièces (lices) d'un métier à tisser. ◆ *Harnais d'engrenage* : groupe d'engrenages commandant un arbre secondaire.

HARO [ˈaʀo] **interj.** et **n. m. inv.** – XIIe ◊ de *hare* → harasser ▪ ANC. DR. Cri d'appel à l'aide, poussé par la victime d'un flagrant délit, rendant obligatoire l'intervention des auditeurs. SPÉCIALT *Clameur de haro, Haro* : formule qui donnait à chacun le droit d'arrêter le coupable. — LOC. **CRIER HARO SUR** *le baudet* (La Fontaine), **qqn, qqch.** : dénoncer à l'indignation de tous. *« crier haro sur la bêtise contemporaine »* BAUDELAIRE.

HARPAGON [aʀpagɔ̃] **n. m.** – 1721 ◊ du nom de *L'Avare* de Molière ▪ Homme d'une grande avarice. *Un vieil harpagon.*

HARPAIL [ˈaʀpaj] **n. m.** – 1390 ◊ de l'ancien verbe *harpailler* « séparer », du radical latin *harpa* → 2 harpe ▪ VÉN. Troupe de biches et de jeunes cerfs (➤ 1 **harde**). *Des harpails.* — On écrit aussi *harpaille* **n. f.**

1 **HARPE** [ˈaʀp] **n. f.** – 1080 ◊ germanique °*harpa* ▪ **1** Instrument à cordes pincées, formé d'un cadre (souvent triangulaire) et de cordes de longueur inégale (au XVIe, *harpe* désigne aussi des instruments voisins ➤ **luth, lyre**). *Jouer, pincer de la harpe. Harpe celtique, irlandaise.* ◆ FIG. et VX La poésie sacrée, par allusion à *la harpe de David,* auteur des Psaumes. ➤ **lyre.** *« Poésie, harpe intérieure »* LAMARTINE. ◆ MOD. Le plus grand des instruments à cordes pincées. *Harpe à simple mouvement,* à 47 cordes. *Harpe chromatique,* à 78 cordes. *Sonate pour harpe, flûte et alto. Facteur de harpes.* ▪ **2** (1765) ZOOL., PALÉONT. Mollusque arthropode dont la coquille présente des côtes longitudinales. ➤ **trilobites.**

2 **HARPE** [ˈaʀp] **n. f.** – 1485 ◊ de l'ancien français *harper* « empoigner », d'origine germanique, avec influence du latin *harpa,* mot grec « faucille, crochet » ▪ **1** TECHN. Pierre en saillie ou pierre d'attente, servant au raccord entre constructions. ▪ **2** TECHN. et RÉGION. Instrument en forme de griffe, de croc.

HARPIE [ˈaʀpi] **n. f.** – *arpe* XIVe ◊ latin *harpya,* d'origine grecque ▪ **1** MYTH. Monstre fabuleux, à tête de femme et à corps de vautour, à griffes acérées. ◆ FIG. Personne avide, rapace. Femme méchante, acariâtre. ➤ **furie, mégère ;** RÉGION. **gribiche.** *Une vieille harpie.* ▪ **2** (1809) Oiseau rapace diurne *(falconidés)* vivant en Amérique du Sud.

HARPISTE [ˈaʀpist] **n.** – 1677 ◊ de 1 *harpe* ▪ Musicien, musicienne qui joue de la harpe. *Une harpiste renommée.*

HARPON [ˈaʀpɔ̃] **n. m.** – 1474 ; en anglo-normand XIIe ◊ probablt de l'ancien scandinave *harpa,* comme 2 *harpe* ▪ **1** TECHN. Pièce de métal coudée servant à relier deux pièces de maçonnerie. ➤ **crampon,** 2 **harpe.** ▪ **2** (1643) ANCIENNT Grappin pour l'abordage des vaisseaux. — MOD. Grappin utilisé par les sapeurs-pompiers. ▪ **3** (1690) Instrument en forme de flèche qui sert à prendre les gros poissons, les cétacés. ➤ **digon, foène.** *Pêche au harpon. Fusil à harpon pour la pêche sous-marine. Canon lance-harpon des baleiniers.*

HARPONNAGE [ˈaʀpɔnaʒ] **n. m.** – 1769 ◊ de *harponner* ▪ Action de harponner. — On dit parfois *harponnement,* 1866.

HARPONNER [ˈaʀpɔne] **v. tr.** ‹1› – 1614 ◊ de *harpon* ▪ **1** Atteindre, accrocher avec un harpon, et PAR EXT. avec un instrument du même genre. *Harponner une baleine.* ▪ **2** FIG. (fin XIXe) FAM. Arrêter*, saisir brutalement. ➤ **pincer.** *Harponner un malfaiteur. Se faire harponner. — « elle cherche à harponner l'un des meilleurs partis »* K. TUIL (cf. Mettre le grappin* sur).

HARPONNEUR [ˈaʀpɔnœʀ] **n. m.** – 1613 ◊ de *harponner* ▪ Matelot qui lance le harpon.

HART ['aʀ] **n. f.** – XIIe ◇ francique °*hard* «filasse» cf. 2 harde ▪ **1** VX ou RÉGION. Lien d'osier, de bois flexible pour attacher les fagots, etc. ▪ **2** VX Corde avec laquelle on pendait les condamnés. — La pendaison elle-même. ▪ HOM. Are, arrhes, ars, art.

HARUSPICE ➤ **ARUSPICE**

HASARD ['azaʀ] **n. m.** – *hasart* XIIe ◇ de l'arabe *az-zahr* «le dé», par l'espagnol *azar*

I JEU ▪ **1** VX Jeu de dés en usage au Moyen Âge ; coup heureux à ce jeu (le six). ▪ **2** *Jeu de hasard,* où l'imprévisible, l'aléatoire est plus important que le calcul, l'habileté (dés, roulette, baccara, loterie).

II UN HASARD ▪ **1** VX Risque, circonstance périlleuse. ➤ **danger.** *Être, mettre au hasard, en hasard :* s'exposer, exposer à un risque, un péril. ➤ **hasarder.** ◆ MOD. *Les hasards de la guerre.* ➤ **aléa, incertitude.** ▪ **2** Cas, évènement fortuit ; concours de circonstances inattendu et inexplicable. *Quel hasard !* ➤ **coïncidence.** *C'est un vrai, un pur hasard,* rien n'était calculé, prémédité. *Ce n'est pas un hasard si... :* c'est une chose qui était prévisible, qui devait arriver. *Un curieux hasard. Heureux hasard.* ➤ **aubaine, chance, veine ; occasion.** *«Merveilleux hasards ceux qui agissent avec précision»* R. BRESSON. *Hasard malheureux.* ➤ **accident, déveine, malchance.** *Coup de hasard :* évènement fortuit.

III LE HASARD Cause fictive de ce qui arrive sans raison apparente ou explicable, souvent personnifiée au même titre que le sort, la fortune, etc. *«Cette cause nécessaire et inconnue que l'on nomme hasard»* CONDORCET. *«Tout ce qui existe est le fruit du hasard et de la nécessité»* J. MONOD. *«Un coup de dés jamais n'abolira le hasard», poème de Mallarmé. Le hasard fait bien les choses,* se dit à l'occasion d'un heureux concours de circonstances. *Les caprices du hasard.* ➤ **destin, fatalité, fortune, sort.** *«L'organisation du monde exige que la matière s'abandonne aux jeux du hasard»* H. REEVES. *Ne rien laisser au hasard :* tout organiser, dans les moindres détails. *Faire la part du hasard dans une prévision. Faire confiance, s'en remettre au hasard. Ne rien devoir* au hasard.* ◆ SPÉCIALT DR. Cas fortuit. ◆ PHILOS. Caractère de ce qui arrive en dehors de normes objectives ou subjectives, de ce qui est moralement non délibéré.

IV AU HASARD, PAR HASARD loc. adv. ▪ **1 AU HASARD :** à l'aventure, n'importe où. *Coups tirés au hasard. «il est absurde de chercher un puits, au hasard, dans l'immensité du désert»* SAINT-EXUPÉRY. — Sans réflexion, sans choix ni règle. *J'ai répondu au hasard* (cf. Au petit bonheur, à l'aveuglette). *Choisir au hasard* (cf. Tirer au sort). *«Elle était passée comme ça. Au hasard»* GAVALDA. *«Au hasard Balthazar», film de Robert Bresson.* — SC. *Échantillonnage au hasard.* ➤ **hasardisation, randomisation.** *Nombres au hasard,* obtenus par un processus aléatoire. ➤ **probabilité, statistique ; aléatoire.** ◆ **loc. prép. AU HASARD DE... :** selon les hasards de. *Au hasard des rencontres. «Disant mes idées au hasard de l'improvisation»* LÉAUTAUD. — VIEILLI *Au hasard de la fourchette :* sans choisir ce qu'il y a à manger ; sans apprêt (cf. À la fortune* du pot). ◆ **À TOUT HASARD.** VX Quoi qu'il puisse arriver. — MOD. En prévision ou dans l'attente de toute espèce d'évènements possibles (cf. Au cas où). *Prendre son parapluie à tout hasard.* ▪ **2 PAR HASARD :** accidentellement, fortuitement. *Rencontrer qqn par hasard* (cf. Tomber sur). *«Des figures formées* au hasard *ne sont que* par hasard *des figures harmoniques»* VALÉRY. *Une fois par hasard.* (Pour atténuer une question) *Est-ce que par hasard, vous ne seriez pas complice ? Par le plus grand des hasards* (souvent iron.). — *Comme par hasard :* comme si c'était un hasard (cf. Comme un fait exprès*). — *Si par hasard :* au cas où, éventuellement. *Si par hasard tu le vois, préviens-le.*
▪ CONTR. Déterminisme, finalité, nécessité.

HASARDER ['azaʀde] **v. tr.** ⟨1⟩ – 1407 intr. «jouer au hasard (I, 1°)» ◇ de *hasard* ▪ **1** LITTÉR. Livrer (qqch.) au hasard, aux aléas du hasard, du sort. ➤ **aventurer, exposer, risquer.** *Hasarder sa vie, sa réputation. «hasardant cent mille francs d'un coup, sans sourciller»* BALZAC. PROV. *Qui ne hasarde rien n'a rien.* ➤ **risquer.** ▪ **2** VIEILLI **HASARDER DE** (et inf.) : courir le risque de. ➤ **risquer** (de). *«Il vaut mieux hasarder de sauver un coupable que de condamner un innocent»* VOLTAIRE. ▪ **3** Faire, entreprendre (qqch.) en courant le risque d'échouer ou de déplaire. ➤ **essayer, tenter.** *Hasarder une démarche.* — **p. p. adj.** *Entreprise, hypothèse hasardée.* ➤ **hasardeux, osé, téméraire.** ▪ **4** Mettre en avant, se risquer à exprimer. ➤ **avancer.** *«les quelques remarques qu'il a craintivement hasardées»* GIDE. *Hasarder une boutade.* — *Hasarder une expression :* se servir d'une expression nouvelle ou dont l'usage n'est pas encore bien établi. ▪ **5 SE HASARDER v. pron.** VIEILLI S'exposer à un péril. ◆ MOD. Aller, se risquer (en un lieu où il y a du danger). *Il n'est pas prudent de se hasarder dans ce quartier.* ➤ **s'aventurer.** ◆ **SE HASARDER À :** se risquer à. *Elle «se hasarda à me demander, d'une voix timide : – Quelque fâcheuse nouvelle ?»* GIDE. *À ta place, je ne m'y hasarderais pas.*

HASARDEUX, EUSE ['azaʀdø, øz] **adj.** – 1544 ◇ de *hasarder* ▪ **1** VX Qui s'expose volontiers. ➤ **aventureux, imprudent.** ▪ **2** MOD. Qui expose à des hasards, des périls ; qui comporte des risques. *Une entreprise hasardeuse.* ➤ **aléatoire, aventuré, dangereux,** 1 **incertain, périlleux.** *Parole, conjecture hasardeuse. Il serait bien hasardeux de.* ➤ **problématique, risqué.** — LITTÉR. *Ce chemin «hasardeux comme une passerelle sur un torrent»* ROMAINS.
▪ CONTR. Sûr.

HASARDISATION ['azaʀdizasjɔ̃] **n. f.** – 1977 ◇ de *hasard,* d'après *randomisation* ▪ SC. Méthode de sélection au hasard. *Choix par hasardisation des malades sur lesquels seront testés les nouveaux médicaments.* ➤ **randomisation.**

HAS BEEN ['azbin] **n. inv. et adj. inv.** – 1932 ◇ anglais *has-been,* littéralt «qui a été» ▪ ANGLIC. ▪ **1** Personne qui a été célèbre et qui ne l'est plus ou l'est moins. ▪ **2 adj. inv.** Passé de mode. ➤ **dépassé, désuet, périmé,** 2 **ringard.** *«Sachez que le mot "slogan" est complètement has-been»* BEIGBEDER.

HASCH ['aʃ] **n. m.** – v. 1968 ◇ de *haschich* ▪ FAM. Haschich*. *Fumer du hasch.* — On écrit aussi *hach.* ▪ HOM. Ache, 1 h, hache.

HASCHICH ['aʃiʃ] **n. m.** – 1866 ; *aschy* 1556 ◇ arabe *hâchich* «herbe» → assassin ▪ Chanvre indien dont on mâche ou fume les feuilles séchées (➤ 1 **kif**). ◆ PAR EXT. Résine enivrante, stupéfiant que l'on prépare avec ce chanvre. ➤ **cannabis, herbe, marijuana ;** FAM. **chichon, shit.** *Fumer du haschich.* ➤ FAM. 2 **h, hasch,** 3 **joint, pétard ; shilom.** — On écrit aussi *hachich, haschisch. "Du vin et du haschisch", œuvre de Baudelaire.*

HASE ['ɑz] **n. f.** – 1556 ◇ allemand *Hase* «lièvre» ▪ CHASSE Femelle du lièvre ou du lapin de garenne. ➤ **lapine.** *«Les hases avaient fait des troupes de petits levrauts»* GIONO.

HASHTAG ['aʃtag] **n. m.** – 2009 ◇ mot anglais, de *hash* «croisillon» et *tag* «marque» → tag ▪ ANGLIC. INFORM. Mot-clé précédé du signe #, permettant de retrouver tous les messages d'un microblog qui le contiennent. *Les hashtags d'un tweet. Le hashtag* #enseignement. — **Recomm. offic.** *mot-dièse ;* **(Canada)** *mot-clic.*

HASSIDIQUE ['asidik] **adj.** – 1925 ◇ de *Hassidim,* mot hébreu «les pieux» ▪ Relatif aux juifs orthodoxes (➤ **hassidisme**). *«Chant hassidique», œuvre de Darius Milhaud.*

HASSIDISME ['asidism] **n. m.** – 1923 ◇ de *Hassidim,* mot hébreu «les pieux» ▪ HIST. Courant religieux juif, en Allemagne à l'époque médiévale. — MOD. Courant religieux juif orthodoxe né en Europe de l'Est au XVIIIe s., inspiré de la Kabbale et dont les fidèles s'appellent des *hassidim* ['asidim].

HASSIUM ['asjɔm] **n. m.** – avant 1994 ◇ du latin médiéval *Hassia* «Hesse», région d'Allemagne ▪ CHIM. Élément atomique artificiel (Hs ; n° at. 108), métal de transition radioactif dont la durée de vie est extrêmement courte (1,9 s).

HAST [ast] **n. m.** – XVIe ◇ latin *hasta* «lance, hampe de lance» ▪ **1** ANCIENNT Lance, javelot. ▪ **2** DIDACT. **ARME D'HAST :** toute arme dont le fer est monté sur une longue hampe. ▪ HOM. Haste (1 hâte).

HASTAIRE [asteʀ] **n. m.** – 1549 ◇ latin *hastarius,* de *hasta* → hast ▪ ANTIQ. Soldat romain armé d'une lance. ▪ HOM. Aster.

HASTÉ, ÉE [aste] **adj.** – 1789 ◇ de *hast* ▪ BOT. Qui a la forme d'un fer de lance. *Feuilles hastées.*

1 **HÂTE** ['ɑt] ou **HASTE** ['ast] **n. f.** – 1636, -XIIe ◇ croisement entre le latin *hasta* (→ hast) et le germanique *harsta* «gril» ▪ VX Broche à rôtir ; viande rôtie. ➤ **hâtelet ; et aussi hâtier.** ▪ HOM. Hast.

2 **HÂTE** ['ɑt] **n. f.** – *haste* XIIe ◇ francique °*haist* «violence, vivacité» ▪ Grande promptitude (dans l'exécution d'un travail, etc.). ➤ **célérité, empressement.** *Mettre de la hâte, peu de hâte à faire qqch. La hâte d'en avoir terminé.* ➤ **impatience.** *Hâte excessive, inconsidérée.* ➤ **précipitation.** *Répondre avec une hâte excessive.* ➤ **précipitamment.** — *Avoir hâte, n'avoir qu'une hâte :* être pressé, impatient. *Il avait hâte de sortir, d'arriver. «Je n'ai eu qu'une hâte, c'est qu'on en finisse»* CAMUS. — *Sans hâte :* calmement, en prenant tout son temps. ◆ **loc. adv. EN HÂTE.**

➤ **promptement, rapidement, vite.** *On l'envoya en hâte. Venez en toute hâte !* (cf. D'urgence, sans tarder). ♦ **loc. adv. À LA HÂTE :** avec précipitation, au plus vite (cf. FAM. À la va*-vite, vite fait). *Travail fait à la hâte.* ➤ **bâclé, hâtif** (cf. FAM. À la six-quatre-deux). *« Tout le monde signe [...] à la hâte, la plupart sans lire »* MICHELET. ■ CONTR. Atermoiement, 1 calme, lenteur.

HÂTELET ['ɑt(ə)lɛ] **n. m.** – 1751 ◊ de 1 *hâte* ■ VX Petite broche à rôtir. ➤ **brochette.**

HÂTER ['ɑte] **v. tr.** ⟨1⟩ – *haster* 1080 ◊ de 2 *hâte* ■ **1** LITTÉR. Faire arriver plus tôt, plus vite. ➤ **avancer, brusquer, précipiter, presser.** *Hâter son départ. « L'émotion précoce, qui hâte l'éveil de l'intelligence »* MONTHERLANT. ■ **2** Faire évoluer plus vite, rendre plus rapide. ➤ **accélérer, activer.** *Hâter la conclusion d'une enquête.* ➤ DR. **diligenter.** *Hâter le mouvement. Hâter le pas.* ➤ **presser.** — PAR EXT. *Hâter une plante, les fruits.* ➤ **forcer ; hâtif.** ■ **3** VX Faire dépêcher (qqn). *« Que l'on coure avertir et hâter la princesse »* RACINE. *Hâter qqn de* (et inf.). ➤ **presser.** ■ **4 SE HÂTER v. pron.** MOD. Aller vite, faire vite ; faire diligence, ne pas perdre son temps. ➤ **se dépêcher, s'empresser.** *Hâtez-vous. Se hâter vers la sortie.* ➤ **courir,** se **précipiter.** — LOC. *Hâte-toi lentement :* agis sans précipitation (maxime attribuée à l'empereur Auguste : *« festina lente »*). *« Hâtez-vous lentement, et sans perdre courage, Vingt fois sur le métier remettez votre ouvrage »* BOILEAU. ♦ *Se hâter de* (et inf.). *Se hâter de sortir, de terminer un travail. « Il ne faut point se hâter de juger les caractères »* ALAIN. ■ CONTR. Ajourner, attendre, 2 différer, freiner, ralentir, remettre, 1 repousser, retarder, tarder, temporiser, traîner. Arrêter (s').

HATHA-YOGA ➤ **YOGA**

HÂTIER ['ɑtje] **n. m.** – 1530 ; « broche » XIIe ◊ de 1 *hâte* ■ Grand chenet de cuisine, muni de crochets sur lesquels on appuie les broches.

HÂTIF, IVE ['ɑtif, iv] **adj.** – *hastif* 1080 ◊ de 2 *hâte* ■ **1** Qui se produit avant la date normale ou prévue ; dont l'évolution, la course est trop rapide. *Développement hâtif.* ➤ **précoce, prématuré.** ■ **2** Qui se fait ou a été fait trop vite, avec une hâte excessive. *Un jugement hâtif. Se livrer à des généralisations, des conclusions hâtives. Il est peut-être hâtif de parler d'échec.* ➤ 1 **précipité.** *Travail hâtif.* ➤ **bâclé,** FAM. **expédié.** ■ **3** (1680, repris XXe) LITTÉR. Qui se hâte. ➤ **pressé.** ■ **4** AGRIC. Qui est produit, arrive naturellement à maturité plus tôt que les autres individus de l'espèce (en parlant d'un végétal). ➤ **précoce ; hâtiveau, primeur.** *Fraises hâtives.* ■ CONTR. Lent, minutieux, retardataire, retardé, soigné ; tardif.

HÂTIVEAU ['ɑtivo] **n. m.** – *hastivel* XIIIe ◊ de *hâtif* ■ VX OU RÉGION. Fruit ou légume hâtif, précoce. ➤ **primeur.**

HÂTIVEMENT ['ɑtivmɑ̃] **adv.** – XIe ◊ de *hâtif* ■ D'une manière hâtive (2°) ; trop vite. ➤ **précipitamment.** *Estimations hâtivement avancées. Travail fait trop hâtivement* (cf. FAM. À la diable). ■ CONTR. Doucement, lentement, tardivement.

HAUBAN ['obɑ̃] **n. m.** – *hobent* 1138 ◊ ancien scandinave *höfudbendur* « lien du sommet (du mât) » ■ **1** MAR. Cordage, câble métallique servant à assujettir un mât par le travers ou par l'arrière. ➤ **bastaque ;** et aussi 1 **étai.** *Haubans des mâts supérieurs.* ➤ **galhauban.** *Haubans supplémentaires.* ➤ **pataras.** *Grands haubans :* haubans de grand mât. *Haubans de hune, de misaine, d'artimon.* ■ **2** PAR EXT. Cordage, câble métallique servant à maintenir, à consolider. ➤ **tenseur.** *Les haubans d'un pont suspendu. « le pont à haubans dont une série de liures inclinées, reliées à des pylones et disposées en harpe ou en éventail, soutenait le tablier »* ECHENOZ.

HAUBANAGE ['obanaʒ] **n. m.** – 1927 ◊ de *hauban* ■ **1** Action de mettre en place les haubans. ■ **2** Ensemble des haubans. *Le mât d'un voilier est soutenu par le haubanage.*

HAUBANER ['obane] **v. tr.** ⟨1⟩ – 1676 ◊ de *hauban* ■ MAR., AVIAT. Assujettir, consolider au moyen de haubans. ➤ **étayer.**

HAUBERT ['obɛʀ] **n. m.** – *hauberc* v. 1100 ◊ francique °*halsberg* « ce qui protège le cou » ■ ANCIENNT Chemise de mailles à manches, à gorgerin et à coiffe, que portaient les hommes d'armes au Moyen Âge. ➤ **cotte** (de mailles), **jaseran.** ■ HOM. Aubère.

HAUSSE ['os] **n. f.** – XIIIe ◊ de *hausser* ■ **1** TECHN. Objet ou dispositif qui sert à hausser, à élever. — SPÉCIALT Planche mobile placée sur les vannes d'un barrage pour hausser le niveau des eaux. ■ **2** Système de visée, appareil articulé et gradué qui permet de régler le tir à grande distance d'une arme à feu en inclinant plus ou moins la ligne de mire par rapport à l'axe du canon. *Curseur de hausse.* PAR EXT. *Augmenter, diminuer la hausse, l'angle de hausse.* ■ **3** Plus cour. Action de hausser, de s'élever. *Hausse de la température.* ➤ **augmentation*.** ♦ Augmentation (de prix, de valeur, de volume). *Les producteurs réclament une hausse des cours.* ➤ **majoration, relèvement, revalorisation.** *Hausse des salaires, du niveau de vie* (➤ **élévation**), *des prix* (➤ **flambée, montée, renchérissement ; inflation**). *Hausse sensible du coût de la vie. Hausse illicite. Loyer revu à la hausse. Hausse du dollar.* ➤ **appréciation.** *Jouer à la hausse :* spéculer sur la hausse des marchandises, des valeurs en Bourse (➤ **haussier**). *Le marché est à la hausse.* ♦ LOC. *Être en hausse :* être en train d'augmenter (de prix, de valeur, d'intensité, etc.). — *Le baromètre est en hausse. Les actions de cette société sont en hausse.* ■ CONTR. Baisse, dépréciation, diminution.

HAUSSE-COL ['oskɔl] **n. m.** – v. 1460 ◊ *houscot,* altération du moyen néerlandais *halskote* « vêtement de cou », d'après *hausser* et *col* ■ ANCIENNT Pièce de l'armure, en acier ou en cuivre protégeant la base du cou. *Des hausse-cols.*

HAUSSEMENT ['osmɑ̃] **n. m.** – 1327 ◊ de *hausser* ■ **1** VX Action de hausser. ➤ **hausse.** ■ **2** MOD. *Haussement d'épaules :* mouvement par lequel on élève les épaules en signe de dédain, d'irritation, de résignation, d'indifférence. ■ HOM. poss. Ossements.

HAUSSER ['ose] **v. tr.** ⟨1⟩ – *halcer* XIIe ◊ latin populaire °*altiare,* de *altus* « haut » ■ **1** Donner à (qqch.) de plus grandes dimensions dans le sens de la hauteur. *Hausser une maison d'un étage.* ➤ **exhausser, surélever.** ■ **2** Mettre à un niveau plus élevé. ➤ 1 **lever.** *Hausser la barre, la corde.* ➤ **relever.** *Manivelle pour hausser l'affût d'une mitrailleuse.* ➤ **monter.** — *Hausser les épaules*.* ♦ PRONOM. *Se hausser sur la pointe des pieds.* ➤ **se dresser,** se **hisser.** — *Se hausser du col*.* ■ **3** Donner plus d'ampleur, d'intensité à. *Hausser la voix, le ton.* ➤ **enfler.** SPÉCIALT Pour exprimer son autorité, son mécontentement. *« il s'était permis de répliquer, et peut-être de hausser le ton »* ROMAINS. ■ **4** FIG. ➤ **élever.** *Cela ne le hausse pas dans mon estime.* ➤ **grandir.** *Hausser le niveau d'un diplôme, d'un enseignement.* — PRONOM. *« il ne se hausse pas jusqu'au génie »* BAUDELAIRE. ➤ **parvenir.** ■ CONTR. Abaisser, avilir, baisser, descendre.

HAUSSIER, IÈRE ['osje, jɛʀ] **n. m. et adj.** – 1823 ◊ de *hausse* ■ BOURSE ■ **1** Spéculateur qui joue à la hausse (opposé à *baissier*). ■ **2 adj.** (1968) Qui est orienté à la hausse. *Marché haussier.*

HAUSSIÈRE ['osjɛʀ] ou **AUSSIÈRE** [osjɛʀ] **n. f.** – 1382, –1803 ◊ probablt du latin populaire °*helciara,* de *helcium* « collier de trait » ■ MAR. Cordage du haleur servant à touer ou amarrer.

HAUT, HAUTE ['o, 'ot] **adj., n. m. et adv.** – début XIe ◊ du latin *altus,* croisé avec le francique *hôh,* mot germanique à l'origine de l'allemand *hoch* et de l'anglais *high*

I ~ adj. A. INDIQUE LA DIMENSION VERTICALE ■ **1** Qui est d'une certaine dimension dans le sens vertical. *Mur haut de deux mètres. Aussi large que haut.* LOC. *Haut(e) comme trois pommes,* tout petit (enfant). *Tapisserie de haute lice*.* ■ **2** Qui est, dans le sens vertical, d'une dimension considérable, par rapport aux êtres ou objets de même espèce. *De hautes montagnes.* ➤ **élevé, grand.** *Hautes herbes. Une tour assez haute. Pièces hautes de plafond.* — LOC. *Haut fourneau.* ➤ **haut-fourneau.** — *Homme de haute taille. Front haut. Talons hauts* (opposé à *plat*). — *Un oiseau haut sur pattes.*

B. INDIQUE LA POSITION VERTICALE ■ **1** Qui est placé ou porté au-dessus de la position normale ou habituelle. ➤ **dressé, levé.** *« Un homme qui tient haute une épée à deux mains »* HUGO. — LOC. *Marcher la tête* haute, le front haut. Tenir la dragée* haute, la bride* haute à qqn. Avoir* **LA HAUTE MAIN** *dans une affaire,* y avoir l'autorité, la part prépondérante. *Il a la haute main sur l'entreprise :* il contrôle tout. — SPORT *Garde* haute.* — *Oiseaux de haut vol.* FIG. *Escroc de haut vol*, de haute volée*.* — MAR. *Pavillon* haut.* — *Période de hautes eaux. Marée* haute* (cf. Pleine mer*). *La haute mer*.* ■ **2** (début XIIe) Qui se trouve situé au-dessus, par rapport aux choses de même espèce, ou par rapport au reste de la chose. *Haut lieu*. Hauts plateaux. — Le plus haut point.* ➤ **culminant.** *Il m'énerve au plus haut point. — La plus haute marche du podium.* — **n. m.** (superl. neutre) *Un astre au plus haut de sa course.* ➤ **apogée*, zénith.** *Gloire à Dieu au plus haut des cieux.* ♦ *La ville haute :* la partie haute de la ville. — (XVIIe) *La haute Égypte, la haute Seine* (régions les plus éloignées de la mer ou les plus proches de la source, parfois opposé à *bas*). REM. Dans les noms d'entités admin. ou polit., l'adj. prend une majuscule et est suivi d'un trait d'union : *département des Hautes-Alpes ; la Haute-Autriche.* ■ **3** Dans le temps (av. le nom) Qui est près de l'origine, de la source. ➤ **ancien, éloigné, reculé.** *Coutume de la plus haute Antiquité. Le haut Moyen Âge. Meuble de haute époque,* du Moyen Âge au XVIe s. ■ **4** (1531) (Sur l'échelle des degrés d'intensité) ➤ 1 **fort, grand, intense.** *Haute pression. Haute fréquence. Haute tension.* LOC. *De haute lutte**. Haut en couleur**. ◆ (Sur l'échelle, le registre des sons) ➤ **aigu, élevé.** *Ton haut, notes hautes.* ◆ (fin XIe) (Sur l'échelle des degrés de puissance de la voix) ➤ **éclatant,** 1 **fort, retentissant, sonore.** *À haute et intelligible voix. Lire à voix haute. Pousser les hauts cris**. *Avoir le verbe** *haut. Jamais un mot** *plus haut que l'autre.* ■ **5** (1538) (Sur l'échelle des prix, des valeurs cotées) *Les cours sont hauts. Le dollar est haut.* — *Hauts salaires, hauts revenus.* ➤ **gros.** *Un investissement à haut rendement.* ➤ **élevé.** ◆ JEU *Hautes cartes,* celles qui ont le plus de valeur, qui l'emportent sur les autres. ➤ 1 **fort.**

C. PLACÉ AVANT LE NOM : CHOSES ABSTRAITES ■ **1** (fin XIe) (Dans l'ordre de la puissance, sur l'échelle sociale et polit.) ➤ **éminent, grand, important.** *Hauts fonctionnaires. La haute finance. La haute bourgeoisie. Les hautes sphères :* les instances dirigeantes. *En haut lieu**. *La haute société,* et ELLIPT **n. f.** FAM. (1854) *la haute.* « *Mais de ces dames de la haute, vous avez tout à craindre ; ce sont des détraquées, énervées par le milieu factice dans lequel elles vivent* » G. DARIEN. — *Chambre haute :* la Chambre des lords du Parlement britannique. — (Titre honorifique) *Haut et puissant seigneur.* — **n. m.** *Le Très-Haut :* Dieu. — DIPLOM. *Les hautes puissances contractantes. La Haute Assemblée. Haute Cour de justice,* ou *Haute Cour**. ■ **2** (1493) Qui occupe une position nettement au-dessus de la moyenne sur l'échelle des difficultés, des valeurs intellectuelles, esthétiques. ➤ **supérieur.** *Haute intelligence.* — *Hautes mathématiques. École pratique des hautes études. École des hautes études commerciales (H. E. C.). Exercice de haute école, de haute voltige. Athlète de haut niveau.* — *Haute couture. Haute coiffure.* ◆ (Dans l'ordre moral) *Hauts faits.* ➤ **héroïque.** ■ **3** (fin XIe) Très grand. ➤ **extrême.** *Tenir qqn en haute estime. Communication de la plus haute importance. Avoir, donner, se faire une haute idée de qqn, qqch. Il a une haute idée de lui-même.* ➤ **exagéré.** *Des prétentions du plus haut comique. Instrument de haute précision. Haute-fidélité**. *Télévision haute définition** *(T. V. H. D.). Accès haut débit à l'Internet. Une entreprise à haut(s) risque(s).* — *Haute trahison. Sous haute surveillance. Quartier** *de haute sécurité (Q. H. S.).* — VX *Le haut mal :* l'épilepsie.

II ~ **n. m.** ■ **1** (fin XIIe) Dimension dans le sens vertical, de la base au sommet. ➤ **hauteur.** *La tour Eiffel a trois cent vingt mètres de haut.* ■ **2** Position déterminée sur la verticale. *L'avion vole à mille mètres de haut.* ➤ **altitude.** — (fin XIIe) (Avec *de, du*) *Tomber du haut du cinquième étage. Tomber de (tout) son haut,* de toute sa hauteur ; FIG. et VIEILLI éprouver une extrême surprise (cf. ci-dessous III, C, 1°). ■ **3** (fin XIIe) Partie, région haute d'une chose. *Objets dessinés dans le haut d'un tableau. Le tiroir du haut. Caisse portant la mention : haut et bas.* — MUS. *Le haut :* les notes hautes. — *Le haut d'une robe,* la partie au-dessus de la taille (➤ **corsage**). *Je cherche un haut assorti à cette jupe. Le haut d'un maillot de bain :* le soutien-gorge d'un deux-pièces. *Enlever le haut.* ■ **4** La partie la plus haute, le point culminant. ➤ **sommet.** *Perché sur le haut d'un arbre.* ➤ **cime.** FIG. *Sortir* (d'une situation délicate) *par le haut :* parvenir à une solution honorable pour toutes les parties. *Tenir le haut du pavé**. *Le haut de gamme**. — **DU HAUT DE :** du sommet. *Parler du haut de la tribune.* « *du haut de ces pyramides, quarante siècles vous contemplent* » BONAPARTE. *Rouler du haut d'un escalier.* FIG. *Traiter, juger qqn du haut de sa grandeur.* — (milieu XIIIe) **DE (DU) HAUT EN BAS** ['otɑ̃ba]. *Nettoyer, visiter une maison de haut en bas.* ➤ 1 **complètement, partout** (cf. De la cave* au grenier, de fond en comble*). *Du haut en bas de la hiérarchie.* ■ **5** SPÉCIALT (XVe) *Des hauts et des bas**. ■ **6** VX ou RÉGION. Terrain élevé. ➤ **butte, éminence, hauteur.** *Département des Hauts-de-Seine.* « *Les Hauts de Hurlevent* », *titre français d'un roman d'Emily Brontë.*

III VALEUR D'ADVERBE **A.** ~ **adj.** employé comme **adv.** ■ **1** (Dans un commandement) En position haute. *Haut les mains** *!* (cf. Les mains* en l'air !). *Haut les cœurs !,* courage ! — **loc. adv. HAUT LA MAIN :** avec brio, en surmontant aisément tous les obstacles. *L'emporter haut la main.* ■ **2** *Locomotive haut le pied,* qui circule sans être attelée à un train.

B. ~ **adv.** ■ **1** (fin XIIe) En un endroit, un point haut sur la verticale. *Monter, sauter, voler haut, plus haut.* « *Le soleil luisait haut dans le ciel calme et lisse* » VERLAINE. *Tenir, lever haut, plus haut.* ➤ **élever, hisser, monter.** *Placer la barre** *trop haut. Pendre** *qqn haut et court.* FAM. *Péter** *plus haut que son cul.* — *Haut perché**. ■ **2** (fin XIVe) En un point reculé dans le temps. ➤ **loin.** *Remonter plus haut, reprendre les choses de plus haut,* dès l'origine des faits. — **PLUS HAUT :** précédemment (dans l'ordre de déroulement d'un écrit). ➤ **ci-dessus, supra.** *Voir plus haut.* ■ **3** (fin XIe) (Intensité) À haute voix, d'une voix forte. ➤ 2 **fort.** *Parler haut. Lire tout haut.* — *Penser tout haut :* soliloquer. ◆ Sans craindre de se faire entendre, sans ambages. ➤ **franchement, hautement, ouvertement, publiquement.** *Je le dirai bien haut, haut et fort, s'il le faut. Parler haut et clair.* LOC. *Dire tout haut ce que chacun pense tout bas.* ◆ *Monter haut* (dans le registre des sons) : atteindre des notes élevées, aiguës. *Cet instrument monte une octave plus haut.* ■ **4** (milieu XIIe) À un haut degré de puissance, à un haut degré de l'échelle sociale. *Des personnes haut placées. Il vise trop haut :* il est trop ambitieux. ■ **5** (début XVe) À un haut degré sur l'échelle des prix, des valeurs. *Les enchères sont montées très haut.* ■ **6** À un haut degré sur l'échelle des valeurs intellectuelles, esthétiques, morales. *Il plaçait « trop haut sa Marthe pour la croire capable de trahison »* RADIGUET. LOC. FAM. *Ça ne vole pas haut* (cf. Ça vole bas*, au ras* des pâquerettes).

C. ~ **loc. adv.** ■ **1** (fin XIIe) **DE HAUT :** d'un lieu, d'un point haut sur la verticale. *Voir qqch. de haut.* ◆ FIG. *Tomber de haut :* éprouver de graves désillusions, de graves revers. (1821) *Voir les choses de haut,* d'une vue générale et sereine (cf. De loin*). — *Le prendre de haut, de très haut :* réagir avec arrogance. *Regarder, traiter qqn de haut,* avec dédain (➤ 1 **hautain**). ■ **2** (début XIIe) **EN HAUT :** dans la région, la partie haute, la plus haute. *La tête en bas, les pieds en haut. Gilet boutonné jusqu'en haut. Tout en haut :* au point le plus haut. — *Par en haut :* par le haut. *Passez par en haut.* — En direction du haut. *Regarder en haut. Mouvement de bas en haut* [dəbazɑ̃o]. ■ **3 loc. prép. EN HAUT DE :** dans la partie supérieure de. *Fanal en haut du mât. Doubler en haut de côte. Monter tout en haut de la tour Eiffel.* ■ **4 D'EN HAUT :** de la partie haute, de la région supérieure. *La lumière vient d'en haut. D'en haut, on voit la mer.* — FIG. Du ciel, de Dieu. « *une inspiration d'en haut* » ARAGON. — D'une autorité supérieure, du sommet de la hiérarchie. *Des ordres qui viennent d'en haut.* « *Apprenez à appeler "client" le demandeur d'emploi. C'est officiel, ça vient d'en haut* » F. AUBENAS. *La France d'en haut :* les classes dirigeantes, les nantis. ■ **5** (1553) **LÀ-HAUT.** ➤ **là.**

■ **CONTR.** 1 Bas. Petit. Récent. Faible. Modeste. 1 Bas, base, fond. — 1 Bas. Près, récemment. Infra. ■ **HOM.** Au, aulx (ail), aux, eau, ho, 1 o, ô, oh, os ; hôte.

1 **HAUTAIN, AINE** ['otɛ̃, ɛn] **adj.** — XIIe ◇ de *haut* ■ **1** VX ou POÉT. Qui s'élève. ◆ VX ou LITTÉR. Élevé, noble. « *le renoncement volontaire, la vie hautaine et pure* » MONTHERLANT. ■ **2** MOD. et COUR. Qui, dans ses manières et son aspect, marque une fierté dédaigneuse et arrogante. ➤ **altier, arrogant, condescendant, dédaigneux, orgueilleux.** *Une personne hautaine et distante.* — PAR EXT. *Manières hautaines, air hautain.* ➤ **impérieux, supérieur** (cf. Grands* airs). *Contenance hautaine.* ➤ 1 **morgue.** ■ **CONTR.** Affable, modeste. ■ **HOM.** Hautin.

2 **HAUTAIN** ➤ **HAUTIN**

HAUTBOIS ['obwa] **n. m.** — 1586 ; *haut bois* 1490 ◇ de *haut* et *bois* ■ **1** Instrument de musique à vent, à anche double, de perce conique. *Hautbois alto :* cor anglais. *Hautbois baryton.* — PAR MÉTON. Hautboïste. ■ **2** PAR ANAL. Jeu d'orgue faisant partie des jeux d'anches.

HAUTBOÏSTE ['obɔist] **n.** — 1779 ◇ de *hautbois,* d'après l'allemand *Hoboist* ■ Personne qui joue du hautbois.

HAUT-COMMISSAIRE ; HAUT-COMMISSARIAT ➤ **COMMISSAIRE ; COMMISSARIAT**

HAUT-DE-CHAUSSES ['od(ə)ʃos] **n. m.** — 1490 ◇ de *haut* et *chausse* ■ ANCIENNT Partie de l'habillement masculin allant de la ceinture aux genoux. ➤ **chausse, culotte, rhingrave.** *Porter des hauts-de-chausses.* — On trouve la variante *haut-de-chausse, des hauts-de-chausse.*

HAUT-DE-FORME ['od(ə)fɔʀm] **n. m.** — 1886 ◇ ellipse de *chapeau haut de forme* (1660), de *haut* et *forme* ■ Chapeau d'homme, en soie, haut et cylindrique, à bords plus ou moins larges, qui se portait avec la redingote, la jaquette ou l'habit. ➤ 2 **claque, gibus, tube.** *Des hauts-de-forme.* — On a dit aussi *haute-forme* **n. m.**

HAUTE ➤ **HAUT** (I, C, 1°)

HAUTE-CONTRE ['otkɔ̃tʀ] **n. f. et m.** /HAUTECONTRE/ — 1553 ; *haut-contre* 1511 ◇ de *haut* et *contre* ; cf. *contralto* ■ **1 n. f.** Voix d'homme aiguë, plus étendue dans le haut que celle de ténor. ➤ **contre-ténor.** ■ **2 n. m.** et **adj.** Chanteur qui a cette voix. *Des ténors hautes-contre.*

HAUTE-FIDÉLITÉ ➤ **FIDÉLITÉ**

HAUTEMENT ['otmɑ̃] **adv.** – 1080 ◊ de *haut* ■ **1** VX À haute voix. — Tout haut et sans craindre de se faire entendre. ➤ **franchement, nettement, ouvertement.** *Déclarer, professer hautement qqch.* ■ **2** À un haut degré, fortement, supérieurement. ➤ **très.** *Personnel hautement qualifié. C'est hautement improbable.* ■ **CONTR.** Timidement. Médiocrement, peu.

HAUTESSE ['otɛs] **n. f.** – XIIIe ◊ de *haut* ■ VX Titre honorifique donné autrefois à certains hauts personnages, et en particulier au sultan de Turquie. *Sa Hautesse.* ➤ **altesse.** ■ **HOM.** Hôtesse (hôte).

HAUTEUR ['otœʀ] **n. f.** – XIIe ◊ de *haut*

I DIMENSION, POSITION VERTICALE A. LA HAUTEUR ■ **1** Dimension dans le sens vertical, de la base au sommet. ➤ **haut.** *Hauteur d'un mur, d'une tour. Maison tout en hauteur,* beaucoup plus haute que large. *Hauteur sous plafond :* dimension comprise entre le sol et le plafond d'une pièce. *Une hauteur de dix mètres. Deux mètres de hauteur,* de haut. *Hauteur relative d'une montagne,* calculée par rapport au sol où elle s'élève ; *hauteur absolue,* par rapport au niveau de la mer. ➤ **altitude.** ◆ VIEILLI en parlant des êtres ➤ 2 **taille.** « *C'était un petit homme de 1 m 53 de hauteur, qui avait été refusé au service militaire pour défaut de taille* » CH.-L. PHILIPPE. *Se dresser de toute sa hauteur. Tomber de toute sa hauteur* (cf. De tout son long*, de [tout] son haut*). ◆ Dimension considérable, grande taille. *Viaduc remarquable par la hauteur de ses arches.* ◆ GÉOM. Distance d'un sommet à la base opposée. *Hauteur d'un triangle, d'un cône.* — Distance entre deux bases opposées. *Hauteur d'un trapèze, d'un parallélogramme.* ■ **2** Position déterminée sur la verticale ; élévation par rapport à un lieu de référence, le sol, généralement. *Aigle volant à une grande hauteur.* ➤ **altitude.** *Une hauteur vertigineuse. À faible hauteur. — À hauteur d'homme. Fenêtre à hauteur d'appui. — Saut* en hauteur.* ◆ ABSOLT *Prendre de la hauteur :* s'élever dans l'espace (avion, engin) ; FIG. prendre du recul, élever le débat. ◆ ASTRON. *Hauteur d'un astre :* angle que fait sa direction avec le plan de l'horizon. *Hauteur méridienne*. Prendre la hauteur du Soleil, prendre hauteur,* afin de faire le point en mer. « *il prit ses hauteurs, trouva pour le gisement de la tombe du missionnaire 22° 23' de longitude* » J. VERNE. ■ **3** loc. prép. **À LA HAUTEUR DE.** *Mettre une chose à la hauteur d'une autre.* ➤ **niveau.** — FIG. *Élever qqch. à la hauteur d'une institution.* ➤ **rang.** — *Être à la hauteur de :* être au même niveau (intellectuel, moral) que, être l'égal de. *Se mettre à la hauteur de qqn.* ➤ **portée.** *Être, se montrer à la hauteur de la situation, des circonstances,* avoir, montrer les qualités requises pour y faire face. *Il n'est pas à la hauteur de ses responsabilités :* il n'est pas très compétent. ABSOLT *Être à la hauteur :* faire preuve de compétence, d'efficacité. *Il n'est pas à la hauteur. Des collaborateurs à la hauteur.* ➤ **capable, compétent.** ◆ MAR. *Être à la hauteur d'un cap, d'une île,* se trouver à la même latitude, sur le même parallèle. *New York est à la hauteur de Madrid.* — PAR EXT. Au niveau de, sur la même ligne que (cf. À côté de, en face de). *Arrivé à sa hauteur, je l'ai reconnu.* ◆ **À HAUTEUR DE** (une grandeur économique). *Subventionner un projet à hauteur de 20 %. Être endetté à hauteur de 100 000 euros.* ■ **4** *Hauteur d'un son :* sensation auditive liée à la fréquence d'un son périodique qui fait dire que ce son est plus ou moins aigu ou grave. *Sons de même hauteur.* ➤ **unisson.**

B. UNE HAUTEUR Terrain, lieu élevé. ➤ **élévation, éminence.** *Maison sur une hauteur. Les hauteurs qui dominent la ville.* ◆ LITTÉR. Région, partie haute. « *Ces hauteurs, ces splendeurs, ces chevaux de l'aurore* » HUGO. FIG. et IRON. *Descends des hauteurs !* redescends sur terre.

II FIG. GRANDEUR ■ **1** Caractère élevé (d'une personne, d'une chose d'ordre moral). ➤ **élévation, grandeur, noblesse, supériorité.** — VX *Grande hauteur d'âme.* ◆ MOD. *Hauteur de vues*.* ■ **2** PÉJ. Caractère, attitude d'une personne qui regarde les autres de haut, avec mépris. ➤ **arrogance, condescendance, dédain,** 1 **morgue, orgueil.** *Parler avec hauteur.* « *cette expression de hauteur par laquelle les princes de la terre vous font mesurer la distance qui se trouve entre eux et vous* » BALZAC. *Toiser qqn avec hauteur.*

■ **CONTR.** Petitesse. Abîme, bas-fond, enfoncement. — Bassesse, médiocrité. Affabilité, humilité, simplicité. ■ **HOM.** Auteur.

HAUT-FOND ['ofɔ̃] **n. m.** /HAUTFOND/ – 1716 ◊ de *haut* et *fond* ■ Sommet sous-marin recouvert de peu d'eau, et dangereux pour la navigation. « *des hauts-fonds semés de récifs* » BERNARDIN DE SAINT-PIERRE. ➤ **banc, bas-fond ; platier.**

HAUT-FOURNEAU ['ofuʀno] **n. m.** – milieu XVIIIe ◊ de *haut* et *fourneau* ■ Grand four à cuve destiné à fondre le minerai de fer, et dans lequel le combustible est en contact avec le minerai. *Les hauts-fourneaux ont la forme de deux troncs de cône superposés. Trémie, gueulard, ventre, creuset, tuyères, trou de coulée d'un haut-fourneau.* — PAR EXT. Usine qui possède au moins un haut-fourneau. *Les hauts-fourneaux de Lorraine.* — On écrit aussi *un haut fourneau, des hauts fourneaux.*

HAUTIN ou **HAUTAIN** ['otɛ̃] **n. m.** – 1542 ◊ de *haut* ■ VITIC. Vigne cultivée en hauteur et s'appuyant sur des arbres ou des échalas. ■ **HOM.** Hautain.

HAUT-LE-CŒUR ['ol(ə)kœʀ] **n. m. inv.** – 1857 ◊ de *haut, le* et *cœur* ■ Remontée des aliments de l'estomac. ➤ **nausée.** *Avoir un, des haut-le-cœur.* — FIG. Mouvement de dégoût, de répulsion.

HAUT-LE-CORPS ['ol(ə)kɔʀ] **n. m. inv.** – 1560 ◊ de *haut, le* et *corps* ■ **1** TECHN. Bond, saut brusque d'un cheval. ■ **2** (PERSONNES) COUR. Mouvement brusque et involontaire du buste vers le haut marquant une vive surprise, l'indignation ou la révolte. ➤ **soubresaut, sursaut, tressaillement.** *Avoir, réprimer un haut-le-corps.*

HAUT-PARLEUR ['opaʀlœʀ] /HAUTPARLEUR/ **n. m.** – 1902 ◊ traduction de l'anglais *loud speaker* ■ Transducteur transformant une énergie électrique d'audiofréquence en énergie acoustique. *Haut-parleurs d'une radio, d'une télévision. Haut-parleur de graves, d'aigus* (recomm. offic.), conçu pour reproduire certaines fréquences. ➤ **boumeur,** 1 **tweeter** (ANGLIC.), **woofer** (ANGLIC.). — PAR EXT. Ensemble formé par un ou plusieurs haut-parleurs et le coffret qui les réunit. ➤ **baffle,** 1 **enceinte.** *Chaîne stéréo avec deux haut-parleurs.*

HAUT-RELIEF ['oʀəljɛf] **n. m.** – fin XIXe ; *figures de haut relief* 1669 ◊ de *haut* et *relief* ■ ARTS Sculpture présentant un relief très saillant sans se détacher toutefois du fond dans toute son épaisseur (intermédiaire entre le bas-relief et la ronde-bosse). *Les hauts-reliefs de l'arc de triomphe de l'Étoile.* ■ **CONTR.** Bas-relief.

HAUTURIER, IÈRE ['otyʀje, jɛʀ] **adj.** – 1671 ◊ provençal moderne *auturié,* de *auturo* «hauteur» ■ MAR. De la haute mer. *Navigation hauturière,* au large, au long cours (opposé à *cabotage*). ■ **CONTR.** Côtier.

HAVAGE ['avaʒ] **n. m.** – 1812 ◊ de *haver* ■ TECHN. Mode d'exploitation minière qui consiste à pratiquer de profondes entailles parallèles à la stratification des roches afin d'en faciliter l'abattage. ◆ Cette entaille.

HAVANAIS, AISE ['avanɛ, ɛz] **adj. et n.** – 1846 ◊ de *La Havane,* en espagnol *La Habana,* capitale de Cuba ■ **1** De La Havane. ■ **2 n. m.** Variété de bichon, petit chien à poils soyeux et longs, généralement blancs.

HAVANE ['avan] **n. m.** – 1838 ◊ de *La Havane* ■ **1** Tabac de La Havane. *Déchets de havane.* — PAR MÉTON. Cigare réputé, fabriqué avec ce tabac. *Une boîte de havanes.* ■ **2** ADJT INV. De la couleur marron clair des havanes. *Reliure en maroquin havane. Des gants havane.*

HÂVE ['ɑv] **adj.** – 1548 ◊ francique °*haswa* «gris comme le lièvre» ■ Amaigri et pâli par la faim, la fatigue, la souffrance. ➤ **émacié,** 1 **maigre.** *Gens hâves et déguenillés. — Visage, teint hâve.* ➤ **blafard, blême.** ■ **CONTR.** 1 Frais, replet.

HAVENEAU ['av(ə)no] **n. m.** – 1713 ◊ ancien scandinave *hafr-net* ■ PÊCHE Filet utilisé sur les plages sablonneuses pour la pêche à la crevette et aux poissons plats. — On dit aussi **HAVENET,** 1765.

HAVER ['ave] **v. tr.** ⟨1⟩ – fin XIVe, répandu XIXe ◊ mot wallon «creuser» ■ TECHN. Entamer et abattre par l'opération du havage*. *Haver du schiste.* ■ **HOM.** Ave.

HAVEUR ['avœʀ] **n. m.** – 1568 en wallon ◊ de *haver* ■ TECHN. Mineur pratiquant le havage.

HAVEUSE ['avøz] **n. f.** – 1867 ◊ de *haver* ■ TECHN. Machine destinée au havage.

HAVRE ['avʀ] **n. m.** – 1165 ; *havene* v. 1140 ◊ moyen néerlandais *havene* ■ **1** VX ou RÉGION. Petit port naturel ou artificiel, bien abrité, généralement à l'embouchure d'un fleuve. — *Le Havre-de-Grâce,* nom ancien du port du Havre. ■ **2** FIG. et LITTÉR. ➤ **abri,** 1 **port, refuge.** *Un havre de paix ; un havre pour l'esprit. Cette ville* « *où il était venu chercher le havre de grâce de sa vie* » BARBEY.

HAVRESAC ['avʀəsak] **n. m.** – 1672 ; var. *habresac* ◊ allemand *Habersack* «sac à avoine» ■ MILIT. Sac qui contenait l'équipement du fantassin et porté sur le dos à l'aide de bretelles. ◆ Sac à dos.

HAWAÏEN, ÏENNE [awajɛ̃, jɛn] **adj. et n.** – 1839 ◊ de *Hawaii*, nom de la grande île d'un archipel du même nom ■ Des îles Hawaii. — SPÉCIALT *Guitare* hawaïenne. Chemise hawaïenne* : chemisette à col tailleur ornée de gros motifs floraux. *«une chemise hawaïenne à manches courtes imprimée de palmiers, de skieurs nautiques vert pomme et jaune citron»* ECHENOZ. ◆ GÉOL. *Volcan hawaïen*, dont l'édifice est surbaissé et la lave très fluide.

HAYON ['ɛjɔ̃ ; 'ajɔ̃] **n. m.** – 1280 dialectal ◊ de *haie* ■ **1** RÉGION. Claie formant abri. ■ **2** Panneau amovible à l'avant ou à l'arrière d'une charrette. ➤ 2 **layon.** ◆ Partie mobile articulée tenant lieu de porte à l'arrière d'un véhicule utilitaire, d'une voiture de tourisme. — *Hayon élévateur* : élévateur situé à l'arrière d'un camion, utilisé pour charger et décharger. ■ **HOM.** poss. Haillon.

HD ['aʃde] **n. f.** – 1989 ◊ sigle ■ Haute définition*. *Télévision en HD.* — EN APPOS. *Téléviseur HD. DVD HD.*

HÉ ['e ; he] **interj.** – XIe ◊ onomat. ■ Sert à interpeler, à appeler, à attirer l'attention. *«Hé bonjour, Monsieur du Corbeau»* LA FONTAINE. *Hé ! vous, là-bas.* ➤ **hep ; psitt.** *«Holà ! hé ! hé ! pas si vite !»* COURTELINE. — Pour mettre en garde. *«Hé ! laisse-moi»* BOILEAU. — Pour renforcer ce qui suit. ➤ **eh.** *Hé oui ! «Hé bien ! faites monter»* MOLIÈRE. — *Hé ! Hé !* (approbation, appréciation, ironie, moquerie, selon le ton). *«Hé !... hé !... peut-être... je ne dis pas»* DAUDET. *«hé ! hé ! J'aurais pu tomber plus mal»* SARTRE. ■ **HOM.** Eh, et.

HEAUME ['om] **n. m.** – *helme* 1080 ◊ francique °*helm* «casque» ■ Grand casque enveloppant la tête et le visage, que portaient les hommes d'armes au Moyen Âge. *Le ventail d'un heaume.* — BLAS. Casque surmontant l'écu d'armes et servant à indiquer le rang, le degré de noblesse du possesseur. *Heaume de prince, de comte, de baron.* ■ **HOM.** Home, ohm.

HEAUMIER, IÈRE ['omje, jɛʀ] **n.** – 1260 ◊ de *heaume* ■ Autrefois, Fabricant de heaumes. — *Les Regrets, la Ballade de la Belle Heaumière* (Villon), de l'épouse du heaumier.

HEAVY METAL ['evimetal] ou **METAL** [metal] **n. m.** – v. 1970 ◊ mots anglais «métal lourd» ■ ANGLIC. Style musical né dans les années 1970 en Grande-Bretagne et aux États-Unis, apparenté à un hard rock très violent, caractérisé par la prééminence de la batterie et des sons de guitare saturés et distordus. *Les groupes de heavy metal.*

HEBDOMADAIRE [ɛbdɔmadɛʀ] **adj. et n. m.** – 1460 ◊ latin ecclésiastique *hebdomadarius*, du grec *hebdomas* «semaine», de *hepta* «sept» ■ **1** Qui a lieu une fois par semaine, se renouvelle chaque semaine. *Fermeture hebdomadaire. Repos hebdomadaire.* ➤ **week-end.** *Revue, bulletin hebdomadaire. Feuilleton hebdomadaire.* ◆ Qui s'effectue dans l'intervalle d'une semaine. *Trente-neuf heures de travail hebdomadaire.* ■ **2 n. m.** (1758) *Un hebdomadaire* : publication qui paraît régulièrement chaque semaine. *Un hebdomadaire illustré.* ➤ **newsmagazine (anglic.).** — ABRÉV. FAM. (1947) **HEBDO** [ɛbdo]. *Des hebdos.*

HEBDOMADAIREMENT [ɛbdɔmadɛʀmɑ̃] **adv.** – 1781 ◊ de *hebdomadaire* ■ Chaque semaine, une fois par semaine.

HEBDOMADIER, IÈRE [ɛbdɔmadje, jɛʀ] **n.** – XIIIe ◊ latin ecclésiastique *hebdomadarius* ■ RELIG. Religieux, religieuse qui exerce une certaine fonction dans une communauté pendant une semaine (➤ **semainier**).

HÉBÉPHRÉNIE [ebefʀeni] **n. f.** – 1892 ◊ allemand *Hebephrenia*, du grec *hêbê* «jeunesse» et *phrên* «esprit» ■ PSYCHIATR. ■ **1** VIEILLI Forme de démence précoce. ■ **2** MOD. Psychose considérée comme une forme de schizophrénie. — **adj. et n. HÉBÉPHRÉNIQUE** (1900).

HÉBERGE [ebɛʀʒ] **n. f.** – v. 1050 ◊ de *héberger* ■ **1** VX Logement, logis. ■ **2** MOD. DR. Partie supérieure du bâtiment le moins élevé dans le cas de contiguïté de deux bâtiments d'inégale hauteur. *La mitoyenneté s'arrête à l'héberge.*

HÉBERGEMENT [ebɛʀʒəmɑ̃] **n. m.** – XVIe ; «logement» 1155 ◊ de *héberger* ■ Action d'héberger. ➤ **logement.** *Centre, camp, baraques d'hébergement pour réfugiés.* ◆ INFORM. Mise à disposition par un fournisseur spécialisé *(hébergeur)* d'un espace disque sur un serveur afin d'héberger un site. *Hébergement gratuit, mutualisé de sites web.*

HÉBERGER [ebɛʀʒe] **v. tr.** ‹3› – v. 1050 ◊ francique °*heribergôn* «loger (une armée)» → auberge ■ **1** Loger (qqn) chez soi, généralement à titre provisoire. *Pouvez-vous nous héberger pour la nuit ?* ➤ **abriter, recevoir.** — *Être hébergé pendant une semaine par un ami.* ■ **2** PAR EXT. Accueillir, recevoir sur son sol. *Héberger des réfugiés.* ■ **3** INFORM. Assurer le stockage et la mise en ligne de (un site web, un intranet...).

HÉBERGEUR, EUSE [ebɛʀʒœʀ, øz] **n. m. et adj.** – 1997 ◊ de *héberger* ■ INFORM. Société qui héberge des sites web sur ses serveurs. *Hébergeur gratuit d'images, de blogs.*

HÉBERTISME [ebɛʀtism] **n. m.** – 1930 ◊ de *G. Hébert* ■ Méthode d'éducation physique qui consiste en exercices (marche, saut, nage, etc.) effectués en plein air.

HÉBÉTÉ, ÉE [ebete] **adj.** – 1669 ◊ de *hébéter* ■ Rendu stupide. *Air, regard, yeux hébétés.* ➤ **abasourdi, abruti, ahuri, stupide.**

HÉBÈTEMENT ou **HÉBÉTEMENT** [ebɛtmɑ̃] **n. m.** – 1586 ◊ de *hébéter* ■ État d'une personne hébétée. ➤ **abrutissement, hébétude.**

HÉBÉTER [ebete] **v. tr.** ‹6› – 1355 ◊ latin *hebetare* «émousser» ■ **1** RARE Enlever toute vivacité, toute subtilité à (l'esprit, l'intelligence). *«l'accoutumance hébète nos sens»* MONTAIGNE. ➤ **émousser, engourdir.** — PASSIF *Être hébété de joie, de douleur, de stupeur, de fatigue.* ■ **2** Rendre (qqn) stupide. ➤ **abêtir, abrutir.** *Des «incertitudes à hébéter le plus fort cerveau»* GAUTIER. ■ **CONTR.** Dégourdir, éveiller.

HÉBÉTUDE [ebetyd] **n. f.** – 1535 ◊ bas latin *hebetudo* ■ **1** MÉD. État morbide marqué par une obnubilation des fonctions intellectuelles (émotion violente, abus de calmants ou de tranquillisants). *L'hébétude, premier degré de la stupeur.* ■ **2** LITTÉR. État d'une personne hébétée, stupide. ➤ **abrutissement, hébètement, stupeur.** *Hébétude de l'ivresse, de la fièvre.*

HÉBRAÏQUE [ebʀaik] **adj.** – v. 1450 ◊ latin *hebraicus* ■ **1** Qui appartient aux Hébreux. ➤ **hébreu.** *Alphabet, caractère, langue hébraïque. Littérature hébraïque.* ➤ **juif.** ■ **2** Qui concerne les Hébreux, leur civilisation. *Revue des études hébraïques. L'université hébraïque de Jérusalem.*

HÉBRAÏSANT, ANTE [ebʀaizɑ̃, ɑ̃t] **n. et adj.** – 1586 ◊ de *hébraïser, hébraïque* ■ DIDACT. Personne qui s'adonne à l'étude de la langue hébraïque, ou plus spécialement des textes sacrés hébreux. *Un congrès d'hébraïsants.* — On dit aussi **HÉBRAÏSTE** [ebʀaist], 1839.

HÉBRAÏSER [ebʀaize] **v.** ‹1› – 1752 ◊ grec *hebraizein* → hébreu ■ DIDACT. ■ **1 v. intr.** Se servir de tournures propres à la langue hébraïque. Vivre selon les coutumes, les dogmes hébraïques. ◆ Étudier l'hébreu, le parler. ■ **2 v. tr.** Marquer du caractère de la civilisation hébraïque. — *Des populations hébraïsées.*

HÉBRAÏSME [ebʀaism] **n. m.** – 1566 ◊ de *hébraïque* ■ DIDACT. Façon de parler, expression propre à la langue hébraïque. *«un grec mêlé d'hébraïsmes»* BOSSUET.

HÉBREU [ebʀø] **n. m. et adj.** – v. 1119 ◊ latin *hebraeus*, grec *hebraios*
I n. m. ■ **1** (Généralt au plur.) Membre ou descendant du peuple sémite du Moyen-Orient dont la tradition biblique relate l'histoire. ➤ **israélite, juif.** *Abraham, ancêtre des Hébreux. L'Exode des Hébreux hors d'Égypte. Terre promise des Hébreux* : le pays de Canaan, la Judée. *Loi des Hébreux* : la Thora. ■ **2** Langue chamito-sémitique du nord-ouest parlée autrefois par les Hébreux et aujourd'hui par les Israéliens. *L'hébreu rabbinique. L'hébreu est la langue liturgique des juifs. L'hébreu moderne.* ◆ LOC. FIG. *C'est de l'hébreu* : c'est incompréhensible (cf. C'est de l'algèbre, du chinois).
II adj. (REM. Au fém., on emploie couramment l'adj. *juive*, et parfois *israélite* pour ce qui concerne la religion ; le féminin *hébreue* est attesté, en concurrence avec *hébraïque : la langue, la grammaire hébreue*) Qui appartient au peuple, à la langue des Hébreux. *L'alphabet hébreu.* ➤ **hébraïque.** *L'État hébreu* : l'État d'Israël.

HÉCATOMBE [ekatɔ̃b] **n. f.** – v. 1500 ◊ grec *hekatombê* «(sacrifice) de cent *(hekaton)* bœufs *(bous)*» ■ **1** ANTIQ. Sacrifice de cent bœufs, et PAR EXT. d'un grand nombre d'animaux. ➤ **immolation, sacrifice.** ■ **2** (1667) COUR. Massacre d'un grand nombre de personnes. ➤ **boucherie, carnage, tuerie.** *Les hécatombes des guerres.* — Mort de nombreuses personnes. *Hécatombe sur les routes ce week-end.* ◆ FIG. *Quatre-vingts pour cent de recalés à cet examen, quelle hécatombe !*

HECTARE [ɛktaʀ] n. m. – 1795 ◊ de *hect(o)-* et *are* ▪ MÉTROL. Unité de mesure de superficie agraire équivalant à cent ares ou dix mille mètres carrés (SYMB. ha). *Exploitation agricole de cent hectares, de 100 ha. Rendement à l'hectare.*

HECTIQUE [ɛktik] adj. – XVIe ◊ bas latin *hecticus,* du grec *hektikos* «habituel» ▪ MÉD. *Fièvre hectique :* fièvre des états septicémiques graves caractérisée par de grandes oscillations de température avec frissons violents suivis de transpiration profuse. *Fièvre hectique du paludisme, de la tuberculose avancée.* ◆ VX Qui est le symptôme de l'étisie*. *«la légère tache hectique plaquée sur son teint»* BAUDELAIRE.

HECTISIE ➤ **ÉTISIE**

HECTO ➤ **HECTOLITRE**

HECT(O)- ▪ MÉTROL. Préfixe du système international (SYMB. h), du grec *hekaton* «cent», qui multiplie par cent (10^2) l'unité dont il précède le nom.

HECTOLITRE [ɛktɔlitʀ] n. m. – 1795 ◊ de *hecto-* et *litre* ▪ Mesure de capacité (SYMB. hl), valant cent litres. *Le troupeau donne 1 600 hectolitres de lait par an.* — ABRÉV. FAM. (1866) **HECTO** [ɛkto]. *Mille hectos de vin.*

HECTOMÈTRE [ɛktɔmɛtʀ] n. m. – 1795 ◊ de *hecto-* et *mètre* ▪ Mesure de longueur (SYMB. hm), valant cent mètres ; cette longueur. *Jalonner les hectomètres. Hectomètre carré.* ➤ **hectare.**

HECTOMÉTRIQUE [ɛktɔmetʀik] adj. – 1832 ◊ de *hectomètre* ▪ Qui sert à jalonner les hectomètres. *Bornes hectométriques.*

HECTOPASCAL [ɛktopaskal] n. m. – date inconnue ; adopté officiellement en 1986 ◊ de *hecto-* et 2*pascal* ▪ MÉTÉOR. Unité de mesure de pression (SYMB. hPa), valant cent pascals. *L'hectopascal équivaut au millibar, ancienne unité. Mille hectopascals.*

HÉDONISME [edɔnism] n. m. – 1877 ◊ du grec *hêdonê* «plaisir» ▪ PHILOS. Doctrine qui prend pour principe de la morale la recherche du plaisir, de la satisfaction et l'évitement de la souffrance. ➤ **eudémonisme.** ◆ PSYCHAN. Recherche du plaisir par investissement de la libido sur certaines parties du corps, au cours du développement normal de l'enfant. *Hédonisme oral, anal, génital.* ◆ ÉCON. Conception de l'économie selon laquelle toute activité économique repose sur la poursuite du maximum de satisfactions avec le moindre effort.

HÉDONISTE [edɔnist] n. et adj. – 1884 ◊ de *hédonisme* ▪ **1** Adepte de l'hédonisme. adj. Qui pratique ou prône l'hédonisme. *Philosophie hédoniste.* ▪ **2** adj. Relatif à l'hédonisme. *Morale hédoniste.* — On dit aussi **HÉDONISTIQUE,** 1907.

HÉGÉLIANISME [egeljanism] n. m. – 1833 ◊ du nom du philosophe allemand *Hegel,* 1770-1831, comme l'adj. *hégélien* (1833) ▪ PHILOS. Doctrine de Hegel. *L'hégélianisme, philosophie de l'histoire.*

HÉGÉMONIE [eʒemɔni] n. f. – 1840 ; *egimonie* 1815 ◊ grec *hêgemonia,* de *hêgemôn* «chef» ▪ **1** DIDACT. Suprématie d'une cité, d'un peuple, dans les fédérations ou amphictyonies. *Lutte de Sparte et d'Athènes pour l'hégémonie de la Grèce.* ▪ **2** MOD. Domination souveraine (d'une puissance, d'une nation) sur d'autres. ➤ **autorité, direction, leadership,** 2**pouvoir, prépondérance, suprématie.** *Les nations «ont cherché à exercer une hégémonie sur les autres»* RENAN. *Étendre son hégémonie* (➤ **empire**). *Guerre d'hégémonie. Hégémonie économique.* ➤ **domination.**

HÉGÉMONIQUE [eʒemɔnik] adj. – 1822 ◊ de *hégémonie* ▪ DIDACT. Qui relève de l'hégémonie. *Position hégémonique sur un marché.*

HÉGÉMONISME [eʒemɔnism] n. m. – 1978 ◊ de *hégémonie* ▪ DIDACT. Tendance à imposer l'hégémonie (d'un État, d'un pouvoir).

HÉGIRE [eʒiʀ] n. f. – 1556 ◊ arabe *hedjra* «fuite», par l'italien ▪ Ère des musulmans qui commence en 622 de l'ère chrétienne, date de l'émigration de Mahomet de La Mecque à Médine. *L'an deux cent de l'hégire.*

HEIDUQUE [ɛdyk] n. m. – *haiduc* milieu XVIe ◊ hongrois *hajduk* «boyard» ▪ ANCIENNT ▪ **1** Fantassin hongrois. ▪ **2** Domestique vêtu à la hongroise en Europe. ▪ **3** Patriote chrétien des Balkans. On dit aussi *haïdouc, haïdouk* ['ajduk].

HEIMATLOS ['ajmatlos ; ɛmatlos] adj. – 1828 ◊ mot allemand «sans patrie» ▪ RARE Qui a perdu sa nationalité d'origine, sans en acquérir de nouvelle. — SUBST. *Un, une, des heimatlos.* ➤ **apatride, sans-patrie.** — n. m. **HEIMATLOSAT,** 1922.

HEIN ['ɛ̃ ; hɛ̃] interj. – 1765 ; *hen* XVIe ◊ latin *hem,* onomatopée ▪ FAM. ▪ **1** S'emploie seul, soit pour inviter l'interlocuteur à répéter une chose qu'on a ou qu'on feint d'avoir mal entendue, soit pour l'interrompre avec impatience. ➤ **comment, pardon, quoi** (cf. Vous dites ? plaît-il ?). *Hein ? qu'est-ce que tu dis ?* ▪ **2** Se joint à une interrogation pour la renforcer. *«T'es bien décidé, hein, Théo ?»* GENET. ▪ **3** Se joint à une phrase (interrogative ou exclamative) pour marquer la surprise, l'étonnement. *Hein ? que me chantez-vous là ?* ◆ Pour demander une approbation, solliciter un consentement (cf. N'est*-ce pas). *«Je suis vilaine, hein ? Vous m'en voulez ?»* COLETTE. ◆ Pour renforcer un ordre, une menace. *«Oui... bon, vous, hein... ça suffit»* TH. JONQUET.

HÉLAS [elas] interj. – XIIe ◊ de *hé* et ancien français *las* «malheureux» ▪ Interjection de plainte, exprimant la douleur, le regret. ➤ 2**las.** *«Hélas ! les beaux jours sont finis !»* GAUTIER. *«Ce n'est, hélas, que trop vrai»* SIEGFRIED. — *Va-t-il mieux ? Hélas ! non.* — LOC. *Hélas, trois fois hélas !*

HÉLÉPOLE [elepɔl] n. f. – *helepolle* 1611 ◊ grec *helepolis,* de *helein* «prendre» et *polis* «ville» ▪ DIDACT. Machine de guerre en forme de tour mobile, utilisée par les Anciens pour s'élever jusqu'à la hauteur de remparts.

HÉLER ['ele] v. tr. ‹6› – 1830 ; *heller* 1531 ◊ moyen anglais *heilen,* cf. anglais moderne *to hail* «saluer» ▪ **1** MAR. Appeler (une embarcation), souvent à l'aide d'un porte-voix. *Héler un bâtiment pour l'arraisonner.* PRONOM. *Marins qui se hèlent d'un bord à un autre.* ➤ **s'interpeler.** ◆ PAR ANAL. Appeler en se servant des mains comme d'un porte-voix. ▪ **2** COUR. Appeler de loin (➤ **hé, ho**). *Héler un taxi, un porteur* (➤ **hep**). ▪ HOM. Ailé.

HÉLIANTHE [eljɑ̃t] n. m. – 1615 ◊ latin *helianthus,* du grec *hêlios* «soleil» et *anthos* «fleur» ▪ Plante à grands capitules jaunes *(composacées).* BOT. *Hélianthe tubéreux.* ➤ **topinambour.** — COUR. *Hélianthe annuel,* fleur d'ornement. ➤ **tournesol.** *«L'hélianthe tord sa tige pour suivre le soleil dont il est l'image»* COLETTE.

HÉLIANTHÈME [eljɑ̃tɛm] n. m. – 1732 ; *elianteme* 1694 ◊ latin des botanistes *helianthemum* ▪ BOT. Plante herbacée *(cistacées)* dont les variétés hybrides sont ornementales. *Hélianthème hérissé.*

HÉLIANTHINE [eljɑ̃tin] n. f. – 1890 ◊ de *hélianthe* ▪ CHIM. Colorant azoïque qui tourne au jaune-orange en milieu neutre ou basique et au rouge en milieu acide, utilisé comme réactif.

HÉLIAQUE [eljak] adj. – début XIVe ◊ grec *hêliakos* → héli(o)- ▪ ASTRON. *Lever, coucher héliaque d'un astre :* lever ou coucher peu avant le lever ou peu après le coucher du soleil. *Lever héliaque de l'étoile Sirius.* ➤ **canicule.**

HÉLIASTE [eljast] n. m. – 1721 ◊ grec *hêliastês* ▪ DIDACT. Juge ou juré d'un tribunal athénien (appelé *héliée,* n. f.) dont les audiences commençaient au lever du soleil.

HÉLICE [elis] n. f. – 1547 ◊ latin *helix,* du grec *helix, ikos* ▪ **1** MATH. Courbe gauche dont la tangente fait un angle constant avec une direction fixe. *Le rayon de courbure d'une hélice est constant. Pas d'une hélice.* loc. adj. **EN HÉLICE :** en forme de vis. ➤ **hélicoïdal, hélicoïde.** *Filet en hélice d'une vis, d'une vrille.* — *Escalier en hélice* (cf. En colimaçon*, en spirale*, à vis*). ▪ **2** Par anal. de forme ARCHIT. Volute latérale d'un chapiteau corinthien. ◆ BIOCHIM. Conformation tridimensionnelle, en hélice, de certaines protéines. *Hélice alpha.* GÉNÉT. *La double hélice de l'ADN.* ▪ **3** (1803) COUR. Appareil de propulsion, de traction ou de sustentation dans un fluide, constitué de deux à six pales solidaires d'un arbre. *L'hélice d'un navire. Hélices d'un avion.* ➤ aussi **propfan.** *Avion à hélice(s)* (opposé à *à réaction*). *Hélice bipale, tripale. Hélice à pas variable,* permettant de régler le couple. *Réducteur d'hélice. Aéronef à hélices horizontales.* ➤ **autogire, hélicoptère.** — PAR EXT. *Ventilateur à hélice. Hélice d'une éolienne.*

HÉLICICULTEUR, TRICE [elisikyltœʀ, tʀis] n. – 1922 ◊ de *hélix* (2°) et *-culteur* ▪ DIDACT. Personne qui pratique l'élevage des escargots (héliciculture).

HÉLICICULTURE [elisikyltyʀ] n. f. – 1914 ◊ de *hélix* (2°) et *culture* ▪ DIDACT. Élevage des escargots destinés à l'alimentation.

HÉLICOÏDAL, ALE, AUX [elikɔidal, o] adj. – 1854 ◊ de *hélicoïde* ▪ **1** DIDACT. En forme d'hélice. *Escalier hélicoïdal* (cf. En colimaçon*, abusivt en spirale*). ▪ **2** MÉCAN. *Mouvement hélicoïdal :* mouvement d'un solide qui tourne autour d'un axe fixe en se déplaçant le long de cet axe. *Engrenage hélicoïdal.*

HÉLICOÏDE [elikɔid] adj. et n. m. – 1704 ◇ grec *helikoeidês* ■ GÉOM. En forme d'hélice. *Parabole hélicoïde.* ♦ n. m. MATH. *Un hélicoïde* : surface engendrée par le mouvement hélicoïdal d'une droite autour d'un axe. *Une vis est un hélicoïde.* « *L'hélicoïde que dessinait l'escalier était excessivement harmonieux* » PH. CLAUDEL.

HÉLICON [elikɔ̃] n. m. – 1902 ◇ grec *helikos* « sinueux » ■ MUS. Tuba contrebasse que sa forme circulaire permet de porter autour du corps en le faisant reposer sur une épaule. ➤ **saxhorn.**

HÉLICOPTÈRE [elikɔptɛʀ] n. m. – 1862 « aéronef » et « jouet d'enfant » ◇ du grec *helix, helikos* « spirale » et *-ptère* ■ Aéronef dont la sustentation et la propulsion sont assurées par la rotation d'une ou plusieurs hélices placées au-dessus de l'appareil, et qui décolle à la verticale. ➤ **autogire, giravion, girodyne.** *Les rotors d'un hélicoptère. Patins d'atterrissage d'un hélicoptère léger.* « *les Allemands ont employé une arme nouvelle, un hélicoptère qui descend perpendiculairement des charges de bombes sur les ouvrages* » DRIEU LA ROCHELLE. *Aéroport, aérogare pour hélicoptère* (➤ **héliport, hélistation**). *Sauvetage en mer, en montagne par hélicoptère* (➤ **héliporté ; hélitreuiller**). *Hélicoptère sanitaire, militaire.* — ABRÉV. FAM. (1929) **HÉLICO** [eliko]. *Des hélicos.*

HÉLIGARE [eligaʀ] n. f. – 1957 ◇ de *héli(coptère)* et *gare* ; cf. *aérogare* ■ Gare pour les passagers des hélicoptères. — Recomm. offic. pour *héliport.*

HÉLI(O)-, -HÉLIE ■ Éléments, du grec *hêlios* « soleil » : *périhélie, héliothérapie.*

HÉLIOCENTRIQUE [eljɔsɑ̃tʀik] adj. – 1721 ◇ de *hélio-* et *centre* ■ ASTRON. Qui est mesuré, considéré par rapport au centre du Soleil (opposé à *géocentrique*). *Théorie héliocentrique de Copernic.* — n. m. **HÉLIOCENTRISME.**

HÉLIOCHROMIE [eljɔkʀɔmi] n. f. – 1866 ◇ de *hélio-* et *-chromie* ■ TECHN. Ancien procédé de photographie en couleurs.

HÉLIOGRAPHE [eljɔgʀaf] n. m. – 1857 ◇ de *hélio-* et *-graphe* ■ **1** ANCIENNT Appareil télégraphique optique utilisant les rayons du soleil réfléchis. ■ **2** PHYS. ➤ **héliostat.** ■ **3** MÉTÉOROL. Appareil de mesure enregistrant le nombre d'heures d'ensoleillement. — ASTRON. Appareil d'observation du Soleil.

HÉLIOGRAPHIE [eljɔgʀafi] n. f. – 1829 ; « description du Soleil » 1802 ◇ de *hélio-* et *-graphie* ■ Procédé photographique de gravure. ➤ **photogravure.**

HÉLIOGRAVEUR, EUSE [eljogʀavœʀ, øz] n. – 1905 ◇ de *héliogravure*, d'après *graveur* ■ Personne qui fait de l'héliogravure.

HÉLIOGRAVURE [eljogʀavyʀ] n. f. – 1873 ◇ de *hélio-* et *gravure* ■ Procédé de photogravure* en creux, se tirant comme la gravure en taille-douce. *Impression en héliogravure. L'héliogravure utilise les clichés galvanoplastiques. Héliogravure rotative.* ➤ **rotogravure.** — ABRÉV. FAM. **HÉLIO** [eljo]. ♦ Gravure exécutée selon ce procédé.

HÉLIOMARIN, INE [eljomaʀɛ̃, in] adj. – 1933 ◇ de *hélio-* et *marin* ■ MÉD. Qui utilise l'action simultanée des rayons solaires et de l'air marin. *Cure héliomarine. Établissement héliomarin.*

HÉLIOMÈTRE [eljɔmɛtʀ] n. m. – 1747 ◇ de *hélio-* et *-mètre* ■ ASTRON. Lunette servant à mesurer le diamètre apparent des corps célestes (Soleil, Lune, planètes).

HÉLION [eljɔ̃] n. m. – 1923 ◇ de *hélium* ■ PHYS. Noyau d'hélium, particule du rayonnement alpha.

HÉLIOPAUSE [eljopoz] n. f. – 1984 ◇ de *hélio-* et *pause* ■ ASTRON. Zone séparant l'espace interstellaire de la zone où règne le vent* solaire ; limite de la zone d'influence du Soleil (➤ **héliosphère**).

HÉLIOSISMOLOGIE [eljosismɔlɔʒi] n. f. – 1991 ◇ de *hélio-* et *sismologie* ; cf. en anglais, 1983 ■ ASTRON. Étude de la structure interne du Soleil grâce aux ondes sismiques qui se produisent à sa surface. ➤ **astérosismologie.**

HÉLIOSPHÈRE [eljɔsfɛʀ] n. f. – 1973 ◇ de *hélio-* et *sphère* ■ ASTRON. Magnétosphère du Soleil ; bulle de gaz formée par la progression du vent* solaire dans l'espace. *L'héliopause forme la frontière entre l'héliosphère et le milieu interstellaire.*

HÉLIOSTAT [eljɔsta] n. m. – 1746 ◇ de *hélio-* et *-stat* ■ PHYS. Instrument d'optique formé d'un miroir plan mû par un mécanisme d'horlogerie qui assure, malgré le mouvement apparent du Soleil, la projection en un point fixe des rayons solaires réfléchis. ➤ **héliographe.**

HÉLIOSYNCHRONE [eljosɛ̃kʀon] adj. – XXe ◇ de *hélio-* et *synchrone* ■ ASTRONAUT. *Satellite héliosynchrone* : satellite artificiel dont le plan orbital conserve un angle pratiquement invariable avec le plan de l'écliptique, lui assurant un éclairage solaire sensiblement constant.

HÉLIOTHÉRAPIE [eljoteʀapi] n. f. – 1900 ◇ de *hélio-* et *-thérapie* ■ MÉD. Utilisation thérapeutique des rayons solaires. *Héliothérapie artificielle par lampes à rayons ultraviolets.*

HÉLIOTROPE [eljɔtʀɔp] n. m. – *eliotropie* 1372 ◇ latin d'origine grecque *heliotropium* « pierre précieuse » et « tournesol » ■ **1** Plante à feuilles alternes et persistantes, à fleurs odorantes *(borraginacées)*, des régions chaudes et tempérées. *L'héliotrope d'Europe*, à fleurs blanches. *L'héliotrope du Pérou*, à petites fleurs bleues ou lilas. « *L'héliotrope mauve aux senteurs de vanille* » NOAILLES. *Parfum à l'héliotrope.* ■ **2** MINÉR. Calcédoine à fond verdâtre jaspé de veines rouges.

HÉLIOTROPINE [eljɔtʀɔpin] n. f. – v. 1900 ◇ de *héliotrope* ■ CHIM. Composé aromatique, à base d'essence de sassafras, au parfum analogue à celui de l'héliotrope. ➤ **pipéronal.**

HÉLIOTROPISME [eljɔtʀɔpism] n. m. – 1828 ◇ de *hélio-* et *tropisme* ■ **1** BIOL. Propriété des végétaux et des animaux inférieurs fixés de se tourner vers la lumière solaire *(héliotropisme positif)* ou de s'en détourner *(héliotropisme négatif)*. ➤ **phototropisme.** ■ **2** DIDACT. Déplacement de certaines populations vers des régions plus ensoleillées. *L'héliotropisme des retraités.*

HÉLIPORT [elipɔʀ] n. m. – 1952 ◇ de *hélicoptère* et *port*, d'après *aéroport* ■ Aéroport pour hélicoptères. — Recomm. offic. *héligare.*

HÉLIPORTÉ, ÉE [elipɔʀte] adj. – 1955 ◇ de *héli(coptère)* et *porté* ; cf. *aéroporté* ■ Transporté par hélicoptère. *Commando héliporté.* ♦ Exécuté par hélicoptère. *Opération héliportée.* — n. m. **HÉLIPORTAGE,** 1962.

HÉLISTATION [elistasjɔ̃] n. f. – 1959 ◇ de *héli(coptère)* et *station* ■ Plateforme sommairement aménagée pour recevoir des hélicoptères.

HÉLITREUILLER [elitʀœje] v. tr. ⟨1⟩ – 1974 ◇ de *héli(coptère)* et *treuiller* ■ Hisser au moyen d'un treuil situé dans un hélicoptère en vol. *Hélitreuiller des naufragés.* — n. m. **HÉLITREUILLAGE,** 1976.

HÉLIUM [eljɔm] n. m. – 1868 ◇ latin scientifique, du grec *hêlios* « soleil » ■ CHIM., PHYS. Élément chimique (He ; n° at. 2 ; m. at. 4), gaz rare très léger, ininflammable. *L'hélium, rare dans l'atmosphère, est abondant dans la chromosphère et les étoiles. Certaines nappes de gaz naturel contiennent de l'hélium. L'hélium liquide est « superfluide ». Noyau d'hélium* (➤ **hélion**). *Ballon gonflé à l'hélium.*

HÉLIX [eliks] n. m. – 1690 ◇ grec *helix* « spirale » ■ **1** ANAT. Ourlet du pavillon de l'oreille, décrivant un demi-cercle en partant de la conque jusqu'à la partie supérieure du lobule. ■ **2** ZOOL. Escargot.

HELLÉBORE ➤ **ELLÉBORE**

HELLÈNE [elɛn ; ɛllɛn] adj. et n. – 1681 ◇ grec *Hellên, Hellênos*, nom que se donnaient les Grecs ■ De la Grèce ancienne *(Hellade)* ou moderne. ➤ **grec.** *L'armée hellène.* — n. *Les Hellènes.*

HELLÉNIQUE [elenik ; ɛllenik] adj. – 1712 ◇ grec *hellênikos* ■ Qui a rapport aux Hellènes, à la Grèce (antique ou moderne). ➤ **grec.** *Civilisation hellénique.*

HELLÉNISANT, ANTE [elenizɑ̃ ; ɛllenizɑ̃, ɑ̃t] n. et adj. – 1840 ◇ de *helléniser* ■ **1** HIST. Juif parlant grec, marqué par l'hellénisme. adj. *Juif hellénisant.* ■ **2** DIDACT. Personne qui s'occupe d'études grecques. ➤ **helléniste.**

HELLÉNISATION [elenizasjɔ̃] n. f. – 1876 ◇ de *helléniser* ■ Action de marquer d'un caractère hellénique. *L'hellénisation de la côte d'Asie Mineure.*

HELLÉNISER [elenize] v. tr. ⟨1⟩ – 1808 ◇ grec *hellênizein* → hellène ■ Donner un caractère grec à. ➤ **gréciser.** « *Raphaël hellénise ou latinise tout naturellement la Bible* » MALRAUX.

HELLÉNISME [elenism ; ɛllenism] n. m. – 1580 ◊ grec *hellênismos* ■ **1** LING. Construction ou emploi propre à la langue grecque. — Emprunt au grec. *Latin mêlé d'hellénismes.* ■ **2** HIST. Ensemble de la civilisation grecque. *Le siècle de Périclès marqua le triomphe de l'hellénisme.*

HELLÉNISTE [elenist ; ɛllenist] n. – 1661 ; «Juif hellénisant» 1598 ◊ grec *hellênistês* ■ Personne qui s'occupe de philologie, de littérature grecques. *Les hellénistes et les latinistes. L'helléniste Henri Estienne.*

HELLÉNISTIQUE [elenistik] adj. – 1671 ◊ de *helléniste* «Juif hellénisant» ■ **1** S'est dit de la langue grecque mêlée d'hébraïsmes parlée par les Juifs hellénisants. ■ **2** (1881) Relatif à la période historique qui va de la mort d'Alexandre à la conquête romaine, et à ce qui se rapporte à cette période d'adaptation de l'hellénisme à l'Orient. *Le monde hellénistique. Les monarchies hellénistiques, issues de l'empire d'Alexandre. Art, poésie hellénistique.* ➤ **alexandrin.**

HELLO ['ɛllo] interj. – 1895 ◊ mot anglais → allo ■ ANGLIC. Interjection pour appeler qqn en le saluant. *Hello ! Ça va ?*

HELMINTHE [ɛlmɛ̃t] n. m. – 1806 ; *elmynthe* 1538 ◊ grec *helmins, inthos* «ver» ■ ZOOL. Ver parasite de l'être humain ou des animaux. ➤ **némathelminthes, plathelminthes.**

HELMINTHIASE [ɛlmɛ̃tjɑz] n. f. – 1814 ◊ du grec *helminthian* «avoir des vers» ■ MÉD. Parasitose causée par les helminthes. ➤ **ascaridiose, bilharziose, distomatose, filariose, strongylose, trichinose.**

HELMINTHIQUE [ɛlmɛ̃tik] n. et adj. – 1752 ◊ de *helminthe* ■ Qui se rapporte aux vers parasites.

HELMINTHOLOGIE [ɛlmɛ̃tɔlɔʒi] n. f. – 1791 ; *helmontologie* 1778 ◊ de *helminthe* et *-logie* ■ DIDACT. Partie de la zoologie qui traite des vers et notamment des vers parasites.

HÉLODÉE ➤ **ÉLODÉE**

HELVELLE [ɛlvɛl] n. f. – 1778 ◊ latin *helvella* «petit chou» ■ BOT. Champignon *(ascomycètes)* dont le chapeau est formé de lobes accolés. *Helvelle crépue. «l'helvelle, dont le chapeau a l'air d'une mitre d'évêque»* THEURIET.

HELVÈTE [ɛlvɛt] adj. – 1831 ◊ → helvétique ■ HIST. De l'Helvétie. ➤ **suisse.** — n. *César bat les Helvètes près de Bibracte.*

HELVÉTIQUE [ɛlvetik] adj. – 1656 ◊ latin *helveticus,* de *Helvetii* «les Helvètes» ■ Relatif à la Suisse. ➤ **suisse.** *La Constitution, la Confédération helvétique. Passeport helvétique.*

HELVÉTISME [ɛlvetism] n. m. – 1846 ◊ de *helvétique* ■ LING. Fait de langue (mot, tournure) propre au français de la Suisse romande.

HEM ['ɛm ; hɛm] interj. – XVIe ◊ onomat. ■ Interjection servant à appeler (➤ **hé, holà**), à interroger (➤ **hein**), à exprimer le doute, un scepticisme moqueur, certains sous-entendus (➤ **hum**). *«Hem ? quoi ? que voulez-vous ?»* MARIVAUX. ◆ Onomatopée imitant un raclement de gorge, un toussotement.

HÉMA-, HÉMAT(O)-, HÉMO- ■ Éléments, du grec *haima, haimatos* «sang». ➤ **-émie.**

HÉMARTHROSE [emartroz] n. f. – 1893 ◊ de *héma-* et *arthrose* ■ MÉD. Épanchement de sang dans une articulation.

HÉMATÉMÈSE [ematemɛz] n. f. – 1803 ◊ de *hémat(o)-* et du grec *emesis* «vomissement» ■ MÉD. Vomissement de sang, provenant du tube digestif (surtout de l'estomac).

HÉMATIDROSE [ematidroz] n. f. – 1855 ◊ de *hémat(o)-* et du grec *hidrôs* «sueur» ■ MÉD. Trouble de la sécrétion sudorale caractérisé par une coloration rouge due à la présence d'hémoglobine (SYN. COUR. **sueur de sang**). — On trouve aussi la graphie *hémathidrose.*

HÉMATIE [emasi] n. f. – 1858 ◊ du grec *haimatos* ■ BIOL. CELL. Globule rouge du sang. ➤ **érythrocyte ; réticulocyte.** *L'hématie adulte a la forme d'une lentille biconcave de 7 micromètres de diamètre ; elle est dépourvue de noyau. Nombre insuffisant d'hématies.* ➤ **anémie.** *Destruction des hématies.* ➤ **hémolyse.** *Agglutination des hématies. Pigment des hématies.* ➤ **hémoglobine.**

HÉMATINE [ematin] n. f. – 1855 ◊ du grec *haimatos* ■ BIOCHIM. Forme oxydée de l'hémoglobine, qui peut être trouvée dans le sang lors de certaines infections ou en cas d'anémie pernicieuse.

HÉMATIQUE [ematik] adj. – 1850 ◊ grec *haimatikos* ■ MÉD. D'origine sanguine. *Crise hématique. Kyste hématique.*

HÉMATITE [ematit] n. f. – 1558 ; *ematite* XIIe ◊ latin *haematites,* mot grec ■ MINÉR. Oxyde de fer naturel de couleur rougeâtre ou brune. *Hématite rouge* (➤ **ferret**). *Hématite hydratée.* ➤ **limonite.** ◆ Pierre noire, d'éclat métallique, formée de cet oxyde. *Bague ornée d'une hématite.*

HÉMATO- ➤ **HÉMA-**

HÉMATOCRITE [ematokrit] n. m. – 1900 ◊ de *hémato-* et d'un élément du grec *krites* «juge, arbitre» ■ BIOL. CELL. ■ **1** Petite centrifugeuse destinée à déterminer les volumes relatifs des cellules et du fluide sanguins. ■ **2** Plus cour. Rapport du volume cellulaire sur le volume sanguin total mesuré à l'aide de cet appareil.

HÉMATOLOGIE [ematɔlɔʒi] n. f. – 1803 ◊ de *hémato-* et *-logie* ■ DIDACT. Spécialité de la médecine consacrée aux maladies du sang et des organes formateurs du sang.

HÉMATOLOGIQUE [ematɔlɔʒik] adj. – 1843 ◊ de *hématologie* ■ DIDACT. De l'hématologie.

HÉMATOLOGUE [ematɔlɔg] n. – 1846 ◊ de *hématologie* ■ DIDACT. Spécialiste de l'hématologie. — On dit aussi **HÉMATOLOGISTE,** 1822.

HÉMATOME [ematom] n. m. – 1855 ◊ de *hémat(o)-* et *-ome* ■ Accumulation circonscrite de sang dans un tissu (surtout dans le tissu cutané), due à des lésions vasculaires. ➤ **ecchymose ; bleu.**

HÉMATOPHAGE [ematɔfaʒ] adj. – 1834 ◊ de *hémato-* et *-phage* ■ DIDACT. Qui se nourrit de sang pour vivre. *La sangsue, la puce sont hématophages. Parasites hématophages.*

HÉMATOPOÏÈSE [ematopɔjɛz] n. f. – *hématopoèse* 1873 ◊ du grec *haimatôpoiein,* de *poiein* «faire» ■ PHYSIOL. Formation des cellules sanguines. ➤ **érythropoïèse.** *Exploration, examen de l'hématopoïèse par un myélogramme.*

HÉMATOPOÏÉTIQUE [ematopɔjetik] adj. – 1863 ◊ de *hématopoïèse* ■ PHYSIOL. *Organes hématopoïétiques,* où se forment les globules (moelle osseuse, tissu réticuloendothélial, etc.).

HÉMATOSE [ematoz] n. f. – 1628 ◊ grec *haimatôsis* ■ PHYSIOL. Échanges gazeux qui se produisent dans le poumon au cours de la respiration (l'oxygène de l'air inspiré passe dans le sang et le gaz carbonique du sang est éliminé par l'expiration).

HÉMATOZOAIRE [ematɔzɔɛr] n. m. – 1843 ◊ de *hémato-* et *-zoaire* ■ ZOOL. Protozoaire parasite du sang. *Hématozoaire du paludisme :* plasmodium.

HÉMATURIE [ematyri] n. f. – 1771 ◊ de *hémat(o)-* et *-urie* ■ MÉD. Présence anormale de sang dans l'urine (cf. Pissement* de sang).

HÈME [ɛm] n. m. – 1970 ◊ du grec *haima* «sang» ■ BIOCHIM. Pigment contenant du fer ferreux et constituant la partie prosthétique de certaines protéines telles que l'hémoglobine.

HÉMÉRALOPE [emeralɔp] adj. et n. – 1755 ◊ de *héméralopie* ■ MÉD. Qui est atteint d'héméralopie* (opposé à *nyctalope*). — n. *Un, une héméralope.*

HÉMÉRALOPIE [emeralɔpi] n. f. – 1751 ◊ grec *hêmera* «jour» et *ops* «œil», d'après *nyctalopie* ■ PATHOL. Diminution considérable de la vision lorsque l'éclairage est faible.

HÉMÉROCALLE [emerɔkal] n. f. – v. 1600 ◊ latin *hemerocalles,* du grec «belle d'un jour *(hêmera)*» ■ BOT. Plante *(liliacées),* appelée *lis jaune, lis rouge, belle-d'un-jour,* dont les fleurs très décoratives ne durent chacune qu'un jour. *Hémérocalle jaune.*

HÉMI- ■ Élément, du grec *hêmi* «à moitié».

HÉMICELLULOSE [emiselyloz] n. f. – 1893 ◊ de *hémi-* et *cellulose* ■ BIOCHIM. Un des composants essentiels des cellules végétales et du bois, polysaccharides coexistant avec la cellulose, conférant leur rigidité aux tissus, et soluble dans les solutions alcalines.

HÉMICRÂNIE [emikrani] n. f. – 1765 ◊ latin *hemicrania,* mot grec → migraine ■ MÉD. Douleur localisée à une moitié du crâne ; SPÉCIALT Migraine*. ➤ **céphalée.**

HÉMICYCLE [emisikl] **n. m.** – 1547 ◊ latin *hémicyclium*, mot grec → 1cycle ■ Espace, construction qui a la forme d'un demi-cercle. *L'hémicycle d'un théâtre. Hémicycle d'une basilique,* l'abside. ♦ SPÉCIALT Rangées de gradins semi-circulaires et concentriques, destinées à des auditeurs, des spectateurs, aux membres d'une assemblée. *L'hémicycle de l'Assemblée nationale.* ABSOLT *Député qui quitte l'hémicycle.*

HÉMICYLINDRIQUE [emisilɛ̃dʀik] **adj.** – 1834 ◊ de *hémi-* et *cylindrique* ■ DIDACT. Qui a la forme d'un demi-cylindre. *Baguette, moulure hémicylindrique.* — On dit aussi *semi-cylindrique.*

HÉMIÉDRIE [emiedʀi ; emjedʀi] **n. f.** – 1842 ◊ de *hémi-* et grec *edra* «face» ■ CRISTALLOGR. Caractère de certains minéraux dont la symétrie est inférieure de moitié à celle de leur réseau cristallin. *Hémiédrie des cristaux de quartz.* — **adj. HÉMIÈDRE** (1848) ou **HÉMIÉDRIQUE.**

1**HÉMINE** [emin] **n. f.** – 1548 ◊ grec *hêmina* «moitié (d'un setier)» ■ ANTIQ. Mesure de capacité valant un demi-setier ou 12 onces (0,271 l).

2**HÉMINE** [emin] **n. f.** – 1859 ◊ du grec *haima, atos* «sang» et *-ine* ■ MÉD. Substance cristallisée obtenue par un procédé spécial à partir de l'hémoglobine. ➤ **bilirubine, biliverdine.** *L'hémine permet de déceler la présence de sang dans des taches suspectes* (en médecine légale).

HÉMIOLE [emjɔl] **n. f.** – date inconnue ◊ du grec *hemiolos* «trois demis» ■ MUS. Interprétation de deux mesures ternaires comme si elles étaient notées en trois mesures binaires.

HÉMIONE [emjɔn] **n. m.** – 1793 ◊ latin des zoologistes *hemionus*, du grec *hêmionos* «demi-âne» ■ Âne sauvage des déserts d'Asie. *L'hémione est une espèce en voie de disparition. Sous-espèce d'hémione.* ➤ 1**onagre.** *«l'indomptable âne rouge, que les savants appellent l'hémione»* ALAIN.

HÉMIPLÉGIE [emipleʒi] **n. f.** – 1707 ; *hémiplexie* 1573 ◊ du grec *hêmiplêgês* «à moitié frappé» ■ Paralysie complète ou incomplète, frappant une moitié du corps, provoquée par des lésions des centres nerveux moteurs ou des voies motrices.

HÉMIPLÉGIQUE [emipleʒik] **adj.** et **n.** – 1795 ◊ de *hémiplégie* ■ Qui a rapport à l'hémiplégie. ♦ Atteint d'hémiplégie. — **n.** *Un, une hémiplégique.*

HÉMIPTÈRES [emiptɛʀ] **n. m. pl.** – 1762 ◊ de *hémi-* et *-ptère* ■ ZOOL. Ordre d'insectes suceurs, dont les ailes antérieures, au repos, recouvrent partiellement l'abdomen. ➤ **rhynchotes.** — Au sing. *Un hémiptère.* — **adj.** *Insecte hémiptère.*

HÉMISPHÈRE [emisfɛʀ] **n. m.** – 1611 ; *hemispere* 1544 ◊ latin *hemispherium*, mot grec → sphère ■ **1** Chacune des deux moitiés d'une sphère limitée par un des plans passant par le centre. ➤ **calotte** (sphérique). *Voûte en hémisphère.* ➤ **coupole.** ■ **2** GÉOGR. Moitié du globe terrestre. *Chaque méridien divise le globe en deux hémisphères.* ♦ SPÉCIALT, plus cour. Chacune des deux moitiés du globe limitée par l'équateur. *Hémisphère nord* ou *boréal, sud* ou *austral. Changer d'hémisphère. «On était en août, et c'était le froid de l'autre hémisphère qui commençait»* LOTI. ■ **3** ASTRON. Moitié de la sphère céleste. ➤ **coordonnées** (astronomiques). ■ **4** ANAT. *Hémisphères cérébraux* : les deux moitiés symétriques, droite et gauche, du cerveau (cf. Le cerveau droit, gauche). *«la moitié gauche du cerveau (appelé hémisphère cérébral gauche) est plus spécialement consacrée aux fonctions du langage»* M. BLANC.

HÉMISPHÉRIQUE [emisferik] **adj.** – 1551 ◊ de *hémisphère* ■ Qui a la forme d'un hémisphère (1°). *Calotte* hémisphérique. Voûte, coupe hémisphérique.*

HÉMISTICHE [emistiʃ] **n. m.** – 1548 ◊ latin *hemistichium*, mot grec, radical *stikhos* «vers» ■ **1** Moitié d'un vers (SPÉCIALT de l'alexandrin), marquée par un repos ou césure. *Chaque hémistiche de l'alexandrin a six syllabes.* ■ **2** PAR EXT. Césure placée au milieu d'un vers. *Coupe à l'hémistiche. Rime intérieure à l'hémistiche.*

HÉMITROPIE [emitʀɔpi] **n. f.** – 1801 ◊ de *hémi-* et *-tropie* ■ MINÉR. Groupement régulier de cristaux de même forme et de même nature (➤ **macle**) dans lequel deux cristaux s'accolent suivant une face commune après rotation de l'un d'eux (180° ou 60°) autour d'un axe perpendiculaire ou parallèle à cette face ; caractère des cristaux ainsi groupés. *Hémitropie du gypse, de la pyrite.*

HÉMO- ➤ **HÉMA-**

HÉMOCHROMATOSE [emokʀomatoz ; emɔkʀɔmatoz] **n. f.** – 1946 ◊ de *hémo-*, grec *kroma, atos* «couleur» et 2*-ose* ■ PATHOL. Anomalie génétique du métabolisme du fer, caractérisée par une pigmentation bronzée de la peau, une surcharge ferrique et un diabète (SYN. **Diabète bronzé**). *Il souffrait «d'hémochromatose, une pathologie génétique qui se caractérisait par une surcharge de fer dans l'organisme, notamment dans l'hypophyse, le foie et le cœur»* J.-P. DUBOIS.

HÉMOCOMPATIBLE [emokɔ̃patibl] **adj.** – v. 1970 ◊ de *hémo-* et *compatible* ■ MÉD. Dont le groupe sanguin est compatible avec un ou d'autres groupes.

HÉMOCULTURE [emokyltyʀ] **n. f.** – 1909 ◊ de *hémo-* et *culture* ■ DIDACT. Ensemencement d'un milieu de culture avec du sang pour y rechercher des germes pathogènes.

HÉMOCYANINE [emosjanin] **n. f.** – 1878 ◊ de *hémo-* et du grec *kuanos* «bleu» ■ BIOCHIM. Pigment protéique bleu, contenant du cuivre, qui joue dans le sang des crustacés et des mollusques le même rôle que l'hémoglobine* chez les vertébrés.

HÉMODIALYSE [emodjaliz] **n. f.** – après 1947 ◊ de *hémo-* et *dialyse* ■ MÉD. Dialyse du sang dérivé hors de l'organisme et restitué au patient après élimination des toxiques et rééquilibrage ionique. *L'appareil à hémodialyse, palliatif des déficiences rénales, est souvent appelé rein* artificiel.*

HÉMODYNAMIQUE [emodinamik] **adj.** – 1878 n. f. ◊ de *hémo-* et *dynamique* ■ DIDACT. (PHYSIOL., MÉD.) Qui se rapporte aux conditions mécaniques de la circulation du sang (pression, débit, etc.). *«L'anesthésiste surveille sur les écrans l'état hémodynamique du donneur»* KERANGAL.

HÉMOGLOBINE [emɔglɔbin] **n. f.** – 1869 ◊ de *hémo-* et du radical de *globuline* ■ Pigment respiratoire des mammifères, protéine contenue dans les hématies qui assure le transport de l'oxygène. ➤ **hème, oxyhémoglobine.** *Taux d'hémoglobine. Hémoglobine fœtale,* synthétisée par le fœtus et disparaissant après la naissance. ♦ FAM. Sang (répandu). *Film d'horreur avec des flots d'hémoglobine. Les «intrigues modernes bourrées d'hémoglobine et d'effets spéciaux»* T. BENACQUISTA.

HÉMOGLOBINOPATHIE [emɔglɔbinɔpati] **n. f.** – 1958 ◊ de *hémoglobine* et *-pathie* ■ MÉD. Anomalie héréditaire de la structure de l'hémoglobine résultant de mutations ponctuelles ou de délétions de l'un ou l'autre gène codant pour la globine.

HÉMOGRAMME [emɔgʀam] **n. m.** – 1938 ◊ de *hémo-* et *-gramme* ■ MÉD. Résultat de l'étude quantitative et qualitative des éléments figurés du sang (cf. Formule leucocytaire*, numération* globulaire).

HÉMOLYMPHE [emolɛ̃f] **n. f.** – 1908 ◊ de *hémo-* et *lymphe* ■ BIOL. Fluide circulant dans les espaces interstitiels des tissus des invertébrés, jouant le rôle du sang chez les arthropodes, existant conjointement au sang chez les vers.

HÉMOLYSE [emɔliz] **n. f.** – 1900 ◊ de *hémo-* et *-lyse* ■ MÉD. Destruction des hématies* avec libération de l'hémoglobine (dans le sang ou dans le liquide qui entoure les cellules de divers tissus). *Hémolyse physiologique* (vieillissement des hématies). *Hémolyse pathologique* (intoxication, incompatibilité des groupes sanguins).

HÉMOLYSINE [emɔlizin] **n. f.** – 1900 ◊ de *hémolyse* ■ BIOCHIM. Substance capable de détruire les hématies (toxines bactériennes, venins, anticorps) par hémolyse.

HÉMOLYTIQUE [emɔlitik] **adj.** – 1900 ◊ de *hémolyse* ■ MÉD. Qui provoque l'hémolyse, qui s'accompagne d'hémolyse. *Sérum hémolytique. Anémie, ictère hémolytique.*

HÉMOPATHIE [emɔpati] **n. f.** – 1873 ◊ de *hémo-* et *-pathie* ■ MÉD. Maladie du sang. ➤ **anémie, leucémie.**

HÉMOPHILE [emɔfil] **adj.** et **n.** – 1866 ◊ de *hémophilie* ■ Atteint d'hémophilie. — **n.** *Les hémophiles nécessitent des transfusions.*

HÉMOPHILIE [emɔfili] **n. f.** – 1855 ◊ de *hémo-* et *-philie* ■ GÉNÉT., MÉD. Maladie génétique héréditaire, portée par le chromosome sexuel X, ne se manifestant que chez les individus mâles, et se traduisant par une incapacité du sang à coaguler normalement.

HÉMOPROTÉINE [emopʀɔtein] **n. f.** – milieu XXe ◊ de *hémo-* et *protéine* ■ BIOCHIM. Protéine contenant un hème* comme groupement prosthétique, impliquée dans le stockage et le transport d'oxygène, ainsi que dans la réduction des peroxydes et le transport d'électrons.

HÉMOPTYSIE [emɔptizi] **n. f.** – 1694 ◊ du grec *haimoptuikos* «qui crache le sang», de *haima* «sang» et *ptuein* «cracher» ■ Crachement de sang provenant des voies respiratoires (trachée, bronches, poumons). *Hémoptysie symptomatique de la tuberculose pulmonaire.* ➤ aussi **hématémèse.**

HÉMOPTYSIQUE [emɔptizik] **adj.** et **n.** – 1845 ; *hémoptyique* 1743 ◊ de *hémoptysie* ■ Relatif à l'hémoptysie. ◆ Qui a des hémoptysies. — **n.** *Un, une hémoptysique.*

HÉMORRAGIE [emɔʀaʒi] **n. f.** – 1538 ◊ latin *haemorrhagia,* mot grec → -rragie ■ **1** Effusion de sang due soit à la rupture d'un vaisseau, soit à la perméabilité pathologique d'une paroi vasculaire (➤ **saignement**). *Hémorragie artérielle, veineuse, capillaire. Hémorragie interne ; sous-cutanée* (➤ **ecchymose, hématome**). *Hémorragie cutanée* (➤ **purpura**). *Hémorragie cérébrale* (➤ **apoplexie**), *nasale* (➤ **épistaxis**), *stomacale* (➤ **hématémèse**), *urinaire* (➤ **hématurie**), *utérine* (➤ **métrorragie**), *anale* (➤ **hémorroïde**). *Hémorragie de l'appareil respiratoire* (➤ **hémoptysie**). — *Prédisposition aux hémorragies.* ➤ **hémophilie.** *Arrêter une hémorragie par un garrot.* ➤ **hémostase.** *Transfusion* remédiant à une hémorragie.* ■ **2** FIG. Perte de vies humaines. *L'hémorragie causée par une guerre.* — PAR EXT. Perte, fuite. *L'hémorragie des capitaux. Hémorragie de militants.*

HÉMORRAGIQUE [emɔʀaʒik] **adj.** – 1795 ◊ de *hémorragie* ■ Relatif à l'hémorragie. *Accidents hémorragiques. Fièvres hémorragiques (fièvre d'Ebola, de Marburg, de Lhassa) :* infections virales très contagieuses, fréquemment mortelles.

HÉMORROÏDAIRE [emɔʀɔidɛʀ] **adj.** et **n.** – 1795 ◊ de *hémorroïde* ■ **1** Qui souffre d'hémorroïdes. *Malade variqueux et hémorroïdaire.* — **n.** *Un, une hémorroïdaire.* ■ **2** Relatif aux hémorroïdes. ➤ **hémorroïdal** (1°). *Crise, thrombose hémorroïdaire.*

HÉMORROÏDAL, ALE, AUX [emɔʀɔidal, o] **adj.** – 1559 ◊ de *hémorroïde* ■ **1** Relatif aux hémorroïdes. ➤ **hémorroïdaire.** *Varices hémorroïdales. Sang hémorroïdal.* ■ **2** ANAT. De la région du rectum, de l'anus. *Veines hémorroïdales. Nerf, plexus hémorroïdal.*

HÉMORROÏDE [emɔʀɔid] **n. f.** – 1549 ; *emoroyde* XIIIe ◊ latin *haemorrhois, oidis,* mot grec, de *rhein* «couler» ■ **Surtout au plur.** Tumeur variqueuse qui se forme à l'anus et au rectum par la dilatation des veines. *Avoir des hémorroïdes.*

HÉMOSTASE [emɔstaz] **n. f.** – 1812 ; *hémostasie* 1748 ◊ grec *haimostasis,* de *stasis* «arrêt» ■ DIDACT. (PHYSIOL.) Ensemble des mécanismes qui concourent à l'arrêt des hémorragies. *Hémostase spontanée, physiologique* (➤ **coagulation**). *Hémostase provoquée* (➤ **compression, forcipressure, 2 garrot, ligature, tamponnement**).

HÉMOSTATIQUE [emɔstatik] **adj.** et **n. m.** et **f.** – 1748 ◊ grec *haimostatikos* ■ DIDACT. ■ **1** Relatif à l'hémostase, qui peut arrêter une hémorragie. *Pinces hémostatiques,* munies de crans d'arrêt permettant de les maintenir fermées. *Médicaments, remèdes hémostatiques,* coagulants ou vasoconstricteurs. — **n. m.** *L'amadou et le tanin sont des hémostatiques.* ■ **2 n. f.** PHYSIOL. Ensemble d'études se rapportant à l'équilibre du sang dans les vaisseaux.

HÉMOVIGILANCE [emoviʒilɑ̃s] **n. f.** – 1992 ◊ de *hémo-* et *vigilance* ■ DIDACT. Surveillance et suivi de la sécurité transfusionnelle.

HÉNAURME ➤ **ÉNORME**

HENDÉCA- ■ Élément, du grec *hendeka* «onze».

HENDÉCAGONE [ɛ̃dekagɔn ; -gon] **n. m.** – 1676 ◊ de *hendéca-* et *-gone* ■ MATH. Polygone qui a onze angles et onze côtés. — **adj.** *Figure hendécagone.*

HENDÉCASYLLABE [ɛ̃dekasi(l)lab] **n. m.** – 1549 ◊ de *hendéca-* et *syllabe* ■ DIDACT. Vers qui compte onze syllabes. *Hendécasyllabes saphiques.* **adj.** *Vers hendécasyllabe.*

HENDIADYS [ɛ̃djadis] **n. m.** – 1902 ; *hendiadyin* 1895 ◊ du grec *hen dia duoin* «une chose au moyen de deux mots» ■ DIDACT. Figure de rhétorique qui consiste à dissocier en deux noms coordonnés une expression unique (nom et adjectif ou nom et complément). **Ex.** «Un temple rempli de voix et de prières» LAMARTINE. — On dit aussi **HENDIADYIN** [ɛ̃djadin].

HENNÉ ['ene] **n. m.** – 1541 ◊ arabe *hinna* ■ **1** RARE Plante du Moyen-Orient et d'Afrique du Nord *(lythrariacées),* dont l'écorce et les feuilles séchées et pulvérisées fournissent une poudre colorante jaune ou rouge. ■ **2** COUR. Cette poudre utilisée en particulier dans les pays musulmans pour teindre les cheveux, les ongles, réaliser des ornements sur la paume des mains et la plante des pieds. *«Sur ses mains et ses pieds on pouvait voir de jolies figures géométriques noires qui tranchaient sur la peau, exécutées à l'aide du henné»* A. SOW FALL. *Shampoing au henné,* utilisé pour teindre ou fortifier les cheveux. *Cheveux teints au henné. Henné neutre,* non colorant. ■ HOM. Aîné.

HENNIN ['enɛ̃] **n. m.** – 1428 ◊ néerlandais *henninck* «coq» ■ Coiffure féminine du Moyen Âge, en forme de bonnet conique, très haut et rigide. *Hennin à deux cornes. «hennins qui tanguent raidement à chaque mouvement du cou comme la corne de la licorne»* GRACQ.

HENNIR ['eniʀ] **v. intr.** ⟨2⟩ – *henir* 1080 ◊ latin *hinnire* ■ En parlant du cheval, Pousser le cri particulier à son espèce. *«Des étalons cabrés, qui hennissaient à pleins naseaux du côté des juments»* FLAUBERT. ◆ PAR ANAL. Faire entendre un bruit évoquant le cri du cheval. *«Et soudain, des trompettes hennirent»* HUYSMANS.

HENNISSANT, ANTE ['enisɑ̃, ɑ̃t] **adj.** – 1673 ◊ de *hennir* ■ Qui hennit. *Des chevaux hennissants.* — PAR ANAL. *Un rire hennissant.*

HENNISSEMENT ['enismɑ̃] **n. m.** – XIVe ; *hanissemens* v. 1220 ◊ de *hennir* ■ Cri spécifique du cheval. *«Des hennissements aigus comme un éclat de trompette»* FROMENTIN. ◆ PAR ANAL. Ce qui évoque le cri du cheval. *«le hennissement prolongé des freins»* BLOY.

HENRY [ɑ̃ʀi] **n. m.** – v. 1894 ◊ n. pr. ■ MÉTROL. Unité de mesure d'inductance électrique (SYMB. H), correspondant à l'inductance d'un circuit fermé dans lequel une force électromotrice de 1 volt est produite lorsque le courant varie uniformément de 1 ampère par seconde. *Des henrys.*

HEP ['ɛp ; hɛp] **interj.** – 1694 ◊ onomat. ■ Interjection servant à appeler. *Hep ! taxi ! Hep ! arrêtez-vous !* ➤ **holà.**

HÉPARINE [epaʀin] **n. f.** – 1923 ◊ du grec *hêpar* «foie» ■ BIOCHIM., PHARM. Polysaccharide sulfaté aux propriétés anticoagulantes, présent dans les tissus de nombreux mammifères. *Traitement de l'embolie pulmonaire, des phlébites, par l'héparine.*

HÉPATALGIE [epatalʒi] **n. f.** – 1803 ◊ de *hépat(o)-* et *-algie* ■ MÉD. Douleur au niveau du foie irradiant en général vers l'épaule droite.

HÉPATIQUE [epatik] **n.** et **adj.** – 1611 ; *epatique* 1314 ◊ latin *hepaticus,* d'origine grecque → hépat(o)-

I ■ **1** ANAT., MÉD. Qui a rapport au foie*. *Artère, canal hépatique. Fonctions hépatiques. Bile hépatique et bile vésiculaire. Insuffisance hépatique :* ensemble de troubles provoqués par un dérèglement des fonctions du foie. *Colique hépatique :* crise douloureuse des voies biliaires (➤ **hépatalgie**). ■ **2** Qui souffre du foie. *«quatre agents des postes du Gabon, hépatiques, édentés»* CÉLINE. — **n.** *Un, une hépatique.*

II n. f. BOT. ■ **1** (1611) Plante herbacée *(renonculacées)* à fleurs généralement bleues. ■ **2** (*hepaticae* 1763) AU PLUR. Classe de plantes cryptogames *(bryophytes),* à reproduction sexuée, intermédiaires entre les lichens et les mousses. — **Sing.** *Une hépatique* (appelée couramment *mousse*).

HÉPATISATION [epatizasjɔ̃] **n. f.** – 1820 ◊ du radical de *hépatique* ■ MÉD. État pathologique d'un tissu organique qui prend la coloration et la densité du tissu hépatique. *L'hépatisation du poumon au cours d'une pneumonie.*

HÉPATITE [epatit] **n. f.** – 1655 ◊ latin des médecins *hepatitis* ■ MÉD. Inflammation du foie, d'origine toxique ou virale. *Hépatite virale. Hépatite A,* provoquée par le virus A de l'hépatite et transmissible par voie orale. *Hépatite B,* transmissible par voie parentérale. *Hépatite non A-non B* ou *hépatite C,* transmissible par voie parentérale et provoquée par un virus différent des deux virus connus de l'hépatite. *Hépatites D et E.*

HÉPAT(O)- ■ Élément, du grec *hêpar, hêpatos* «foie».

HÉPATOCÈLE [epatɔsɛl] **n. f.** – 1808 ◊ de *hépato-* et *-cèle* ■ MÉD. Hernie partielle du foie.

HÉPATOCYTE [epatɔsit] **n. m.** – 1973 ◊ de *hépato-* et *-cyte* ■ BIOL. CELL. Cellule du foie assurant de nombreuses fonctions métaboliques.

HÉPATOLOGIE [epatɔlɔʒi] **n. f.** – 1793 ◊ de *hépato-* et *-logie* ■ MÉD. Étude du foie et de ses maladies. — **n. HÉPATOLOGUE.**

HÉPATOMÉGALIE [epatomegali] **n. f.** – 1907 ◊ de *hépato-* et *-mégalie* ■ MÉD. Augmentation du volume du foie.

HEPTA- ■ Élément, du grec *hepta* «sept».

HEPTACORDE [ɛptakɔʀd] **adj.** – *eptacorde* XVIe ◊ bas latin *hepta cordus*, du grec *heptakhordos* ; cf. *hepta-* et *corde* ■ MUS. *Lyre heptacorde*, à sept cordes.

HEPTAÈDRE [ɛptaɛdʀ] **n. m.** – 1772 ◊ de *hepta-* et *-èdre* ■ MATH. Solide à sept faces. — **adj. HEPTAÉDRIQUE.**

HEPTAGONE [ɛptagɔn ; -gon] **n. m.** – 1542 ◊ grec *heptagonos* ■ MATH. Polygone qui a sept angles et sept côtés. *Un heptagone régulier.* — **adj. HEPTAGONAL, ALE, AUX.**

HEPTAMÈTRE [ɛptamɛtʀ] **adj.** – 1818 ◊ bas latin *heptametrum* ; cf. *hepta-* et *-mètre* ■ *Vers heptamètre*, qui a sept pieds. — SUBST. *Un heptamètre.*

HEPTANE [ɛptan] **n. m.** – 1890 ◊ de *hept(a)-* et *-ane* ■ CHIM. Hydrocarbure saturé (C_7H_{16}) de la série des alcanes. *L'heptane, point zéro sur l'échelle des indices d'octane*.*

HEPTARCHIE [ɛptaʀʃi] **n. f.** – 1654 ◊ de *hept(a)-* et *-archie* ■ HIST. *L'heptarchie* : les sept royaumes germains de Grande-Bretagne.

HEPTASYLLABE [ɛptasi(l)lab] **adj.** – milieu XVIIIe ◊ de *hepta-* et *syllabe* ■ DIDACT. De sept syllabes.

HEPTATHLON [ɛptatlɔ̃] **n. m.** – 1980 ◊ de *hept(a)-* et grec *athlon* «lutte, combat», d'après *pentathlon* ■ SPORT ■ **1** Compétition féminine d'athlétisme, regroupant sept épreuves (trois courses et quatre concours). ■ **2** Compétition masculine d'athlétisme, comportant une série de sept épreuves pratiquées en salle. — **n. HEPTATHLONIEN, IENNE.**

HÉRALDIQUE [eʀaldik] **adj. et n. f.** – XVe ◊ latin médiéval *heraldicus*, de *heraldus* «héraut» ■ **1** Relatif au blason. *Science héraldique. Pièce, meuble, figure, ornement héraldique.* ■ **2 n. f.** (1845) *L'héraldique* : connaissance des armoiries. *Livre d'héraldique.* ♦ Ensemble des emblèmes de blason.

HÉRALDISTE [eʀaldist] **n.** – 1873 ◊ de *héraldique* ■ Spécialiste du blason.

HÉRAUT ['eʀo] **n. m.** – v. 1200 ; v. 1180 *hyraut d'armes* ◊ francique °*heriwald*, de °*hariwald* ■ **1** *Héraut d'armes* ou *héraut* : au Moyen Âge, officier d'un grade intermédiaire entre le «poursuivant d'armes» et le «roi d'armes», dont les fonctions étaient la transmission des messages, les proclamations solennelles, l'ordonnance des cérémonies. ■ **2** FIG. et LITTÉR. Personne qui a pour fonction d'annoncer la venue de qqn ou de qqch. *«Cette brillante civilisation dont l'Amérique est [...] le protagoniste, le héraut, le prophète»* DUHAMEL. ➤ **annonciateur, messager.** ■ HOM. Héro (2 héroïne), héros.

HERBACÉ, ÉE [ɛʀbase] **adj.** – 1566 ◊ latin *herbaceus* ■ BOT. De la nature de l'herbe. *Plante herbacée* (opposé à *ligneuse*).

HERBAGE [ɛʀbaʒ] **n. m.** – v. 1131 ◊ de *herbe* ■ **1** Herbe des prés. ■ **2** Prairie naturelle dont l'herbe, consommée sur place par le bétail, est suffisamment riche pour l'engraisser. ➤ **embouche, pâturage.** *Herbages naturels, plantés (de graminées, de légumineuses). Les herbages de Normandie. Mettre du bétail à paître dans un herbage.* ➤ 2 **herbager.**

1 **HERBAGER, ÈRE** [ɛʀbaʒe, ɛʀ] **n. et adj.** – 1736 ◊ de *herbage* ■ AGRIC. ■ **1** Éleveur, personne qui s'occupe d'engraisser des bovins. ■ **2 adj.** Caractérisé par des herbages. *Un paysage herbager. Les régions herbagères.*

2 **HERBAGER** [ɛʀbaʒe] **v. tr.** ‹3› – 1409 ◊ de *herbage* ■ AGRIC. Mettre à paître dans un herbage. *Herbager des bœufs.* — **n. m. HERBAGEMENT.**

HERBE [ɛʀb] **n. f.** – 1080 ◊ latin *herba* ■ **1** BOT. Végétal non ligneux dont les parties aériennes sont annuelles et les parties souterraines peuvent soit disparaître chaque hiver, soit constituer une souche vivace. *Le bananier est une herbe arborescente.* ♦ COUR. Ce végétal, lorsqu'il est de petite taille et souple (cf. 3°, de l'herbe). *Herbes annuelles, vivaces. Herbe cultivée, herbe sauvage, herbe des champs. Herbes aquatiques. Cueillir des herbes*, en faire une collection. ➤ **herbier ; herboriser.** *Herbes médicinales, officinales.* ➤ **herboriste ; simple.** — *Herbes odorantes, aromatiques.* ♦ (1829 ; *herbes fines* 1690) **FINES HERBES :** herbes aromatiques qui entrent dans l'assaisonnement de certains mets. ➤ RÉGION. **herbette(s) ; cerfeuil, ciboule, ciboulette,** 2 **civette, estragon, persil, pimprenelle.** SPÉCIALT Ciboulette et cerfeuil. *Omelette, fromage frais aux fines herbes.* ♦ (Dans les n. cour. de plantes herbacées ou non) *Herbes de Provence* : mélange de thym, romarin, origan, sarriette, marjolaine et basilic séchés. *Herbe aux ânes* (2 onagre). *Herbe au chantre* (sisymbre et vélar). *Herbe à chat, aux chats* (népète, cataire, valériane). *Herbe de bison*. Herbe aux perles* (grémil). *Herbe à éternuer* (achillée ou bouton-d'argent). *Herbe de Saint-Jean* (armoise, millepertuis). *Herbe à tous les maux, herbe sacrée* (verveine). *Herbes de la Saint-Jean* : herbes que l'on cueillait le jour de la Saint-Jean, et auxquelles on attribuait des vertus magiques. — (Canada) (1862) *Herbe à poux* : plante *(composées)* qui provoque des allergies respiratoires. ➤ **ambroisie.** (1685) *Herbe à puce* : plante urticante (sumac vénéneux). ■ **2** COUR. Plante herbacée, graminée le plus souvent, qui pousse naturellement partout où les conditions lui sont favorables. ➤ **graminée.** *Les hautes herbes des prés, des savanes. Herbes folles. Herbes sèches. Moulin abandonné, envahi par les herbes.* — *Mauvaise herbe* : herbe qui n'est d'aucune utilité et nuit aux cultures qu'elle envahit, notamment le chiendent*. *Enlever, arracher les mauvaises herbes* : désherber, sarcler. *Produit qui détruit les mauvaises herbes.* ➤ **désherbant, herbicide.** LOC. *Pousser comme une mauvaise herbe*, rapidement, facilement (surtout en parlant d'un enfant) (cf. Mauvaise graine*). ■ **3** SING. COLLECT. **DE L'HERBE :** végétation naturelle de plantes herbacées peu élevées où les graminées dominent. ➤ **ray-grass ; gazon** (1°). *Touffe, brin d'herbe. Herbe rase, courte, grasse, drue. Herbe verte* (➤ **verdure**). *Lieux couverts d'herbe.* ➤ **herbage, pâture, prairie, pré, savane.** *Chemins envahis par l'herbe.* ➤ **herbeux, herbu.** *Herbe entretenue pour la décoration des jardins.* ➤ **gazon** (2°), **pelouse.** — *Marcher, courir dans l'herbe, sur l'herbe* (cf. Pré, prairie). *Déjeuner sur l'herbe* (➤ **piquenique**). *Couper, faucher l'herbe des prés. Herbe coupée, fauchée, herbe séchée* (➤ 1 **foin**). *«Quelle herbe ! savoureuse, fine, dentelée, faite de mille plantes [...] C'était bien autre chose que le gazon du clos»* DAUDET. *Faire de l'herbe pour les lapins*, en couper, en récolter. *Apporter de l'herbe aux bêtes.* ➤ 1 **fourrage.** *Animaux qui se nourrissent d'herbe.* ➤ **herbivore.** — LOC. *Couper, faucher l'herbe sous le pied à qqn* : frustrer qqn d'un avantage en le devançant, en le supplantant. *Ailleurs, l'herbe est plus verte* : la situation d'autrui semble toujours enviable. *«vos femmes qui se cassent avec les enfants histoire de voir si l'herbe est plus verte ailleurs»* P. GARNIER. ■ **4** FAM. *L'herbe* : drogue constituée de feuilles, tiges et fleurs de cannabis séchées et broyées, qui se fume, généralement mélangée à du tabac. ➤ 1 **kif, marijuana ;** FAM. **beuh,** 3 **joint, pétard.** *«j'ai trouvé le paquet d'herbe, il en restait un peu, je me suis roulé un joint»* O. ADAM. *Fumer de l'herbe.* ■ **5** PAR ANAL. **EN HERBE :** se dit des céréales qui, au début de leur croissance, sont vertes, courtes et molles comme de l'herbe. *Blés en herbe.* FIG. *Manger son blé* en herbe.* ♦ En parlant d'enfants, de jeunes gens qui ont des dispositions pour qqch. *«un mécanicien en herbe»* BALZAC. ➤ **apprenti, futur** (cf. De la graine* de).

HERBERIE [ɛʀbəʀi] **n. f.** – XIIIe ◊ de *herbe* ■ VX Marché aux herbes. *«Le Dit de l'Herberie», de Rutebeuf* (XIIIe).

HERBETTE [ɛʀbɛt] **n. f.** – 1170 ◊ de *herbe* ■ **1** VX (poésies du XVIe s.) Herbe courte et fine. ■ **2** (1611) (Suisse) Plur. Herbes aromatiques, fines herbes employées en cuisine.

HERBEUX, EUSE [ɛʀbø, øz] **adj.** – 1553 ; *herbous* 1080 ◊ latin *herbosus* ■ Où il pousse de l'herbe (➤ **herbu**). *Des sentiers herbeux.* ♦ GÉOGR. *Associations herbeuses des prairies, des steppes et des savanes.*

HERBICIDE [ɛʀbisid] **adj. et n. m.** – v. 1930 ◊ de *herbe* et *-cide* ■ DIDACT. Qui détruit les végétaux, qui sert à se débarrasser des mauvaises herbes. *Produit herbicide.* — **n. m.** *Un herbicide.* ➤ **pesticide ; débroussaillant, défoliant, désherbant.**

HERBIER [ɛʀbje] **n. m.** – XVe ; «terrain herbeux» v. 1160 ◊ de *herbe* ■ **1** VX Traité de botanique. ■ **2** (1704) Collection de plantes séchées destinées à l'étude, et conservées aplaties entre deux feuillets. *Confectionner, faire un herbier.* ➤ **herboriser.** ♦ *Herbier (artificiel)* : collection de planches illustrées représentant des plantes. ■ **3** Banc d'herbes ou d'algues, sous l'eau.

HERBIVORE [ɛʀbivɔʀ] adj. et n. – 1748 ◊ de *herbe* et *-vore* ■ Qui se nourrit exclusivement de végétaux. ➤ **phytophage ;** aussi **végétarien.** *Animal herbivore.* ♦ n. m. pl. *Les herbivores :* groupe de mammifères herbivores (rongeurs, ruminants, etc.). — Sing. *Un herbivore.*

HERBORISATEUR, TRICE [ɛʀbɔʀizatœʀ, tʀis] n. – 1845 ◊ de *herboriser* ■ RARE Personne qui herborise. *« Cette contrée présentait à un herborisateur des familles de plantes remarquables »* NERVAL.

HERBORISATION [ɛʀbɔʀizasjɔ̃] n. f. – 1719 ◊ de *herboriser* ■ Action d'herboriser ; excursion au cours de laquelle on herborise. *« La vie que je mène depuis dix ans à la campagne n'est guère qu'une herborisation continuelle »* ROUSSEAU.

HERBORISÉ, ÉE [ɛʀbɔʀize] adj. – 1751 ◊ de *herboriser* ■ *Agate, pierre herborisée.* ➤ **arborisé.**

HERBORISER [ɛʀbɔʀize] v. intr. ‹1› – 1611 ; *arboriser* 1534 ◊ de *herboriste* ■ Recueillir des plantes là où elles poussent spontanément, soit pour les étudier, en faire un herbier, soit pour utiliser leurs vertus médicinales. *Botaniste qui herborise.*

HERBORISTE [ɛʀbɔʀist] n. – 1690 ; « botaniste » 1545 ; *arboliste* 1499 ◊ du latin *herbula,* diminutif de *herba* ■ Personne qui vend des plantes médicinales, des préparations à base de plantes. *Pharmacien herboriste* (diplôme supprimé en 1941).

HERBORISTERIE [ɛʀbɔʀistəʀi] n. f. – 1838 ◊ de *herboriste* ■ Commerce, boutique d'herboriste. *Tenir une herboristerie. — Le rayon herboristerie d'une pharmacie.*

HERBU, UE [ɛʀby] adj. – XIIIᵉ ; *erbu* v. 1160 ◊ de *herbe* ■ Où l'herbe foisonne (➤ **herbeux**). *Prairie herbue. « Il y a des morceaux de Provence, gras, herbus, baignés de sources »* COLETTE.

HERBUE [ɛʀby] n. f. – 1842 ◊ de *herbe* ■ AGRIC. Terre légère et peu profonde qui ne peut servir qu'à faire des pâturages. — On écrit aussi *erbue.*

HERCHAGE [ˈɛʀʃaʒ] n. m. – *hierchage* 1769 ◊ de *hercher* ■ TECHN. Action de hercher ; transport souterrain du minerai par wagonnets poussés. — On écrit aussi *herschage.*

HERCHER [ˈɛʀʃe] v. intr. ‹1› – 1873 ; *hiercher* 1769 ◊ mot wallon, du bas latin °*hirpicare,* de *hirpex* « herse » ■ TECHN. Pousser les wagonnets de minerai, de charbon, au fond d'une mine. — On écrit aussi *herscher.*

HERCHEUR, EUSE [ˈɛʀʃœʀ, øz] n. – *hiercheur* 1769 ◊ de *hercher* ■ TECHN. Mineur chargé du herchage. — On écrit aussi *herscheur, euse.*

HERCULE [ɛʀkyl] n. m. – 1550 ◊ nom d'un demi-dieu de la mythologie gréco-latine (latin *Hercules,* du grec *Hêraklês*), symbole de la force physique ■ Homme d'une force physique exceptionnelle. ➤ **colosse.** *Un homme athlétique, un véritable hercule. « Un homme d'assez haute taille, bâti en hercule »* ARAGON. ♦ SPÉCIALT *Hercule de foire, hercule forain,* qui fait des tours de force.

HERCULÉEN, ENNE [ɛʀkyleɛ̃, ɛn] adj. – 1520 ◊ de *Hercule* ■ Digne d'Hercule. COUR. *Force herculéenne.* LITTÉR. *Carrure herculéenne.* ➤ **colossal.**

HERCYNIEN, IENNE [ɛʀsinjɛ̃, jɛn] adj. – 1842 ; *forêt hercynienne* 1721 ◊ du latin *Hercynia silva,* Forêt-Noire ■ GÉOL. Relatif au cycle orogénique du primaire qui s'étend sur le permien, le carbonifère et le dévonien. *Cycle hercynien. Chaîne hercynienne.*

HERD-BOOK [ˈœʀdbuk] n. m. /HERDBOOK/ – 1839 ◊ anglais *herdbook* « livre de troupeau » ■ ANGLIC. AGRIC. Livre généalogique des races bovines et de certaines races porcines. *Des herd-books.*

1 **HÈRE** [ˈɛʀ] n. m. – XVIᵉ ◊ p.-ê. de l'allemand *Herr* « seigneur », emploi iron., ou de *haire* « misère », par méton. ■ VX Homme misérable. — MOD. LOC. **PAUVRE HÈRE.** *« toute une clientèle flottante d'épaves, de pauvres hères »* MARTIN DU GARD. ■ HOM. Air, aire, ère, erre, ers, haire, 1 r.

2 **HÈRE** [ˈɛʀ] n. m. – 1750 ◊ néerlandais *hert* « cerf » ■ VÉN. Jeune cerf de plus de six mois qui n'est pas encore daguet. *« Il n'était plus un faon, mais un hère déjà grand »* GENEVOIX.

HÉRÉDITAIRE [eʀeditɛʀ] adj. – 1459 ◊ latin *hereditarius* → hérédité ■ **1** Relatif à l'hérédité. *Droit héréditaire :* droit de recueillir une succession. — Qui se transmet par droit de succession. *Biens héréditaires. Charges, offices héréditaires sous l'Ancien Régime. Monarchie, royauté héréditaire. Titre héréditaire.* ♦ Qui a la qualité d'héritier. *Prince héréditaire* (➤ **successible**). ■ **2** (1549) Qui se transmet par voie de reproduction, des parents aux descendants. *Caractères héréditaires. Aptitudes héréditaires* (➤ **atavique**). ♦ (XIXᵉ) GÉNÉT. Transmis par hérédité. *Patrimoine* héréditaire.* ➤ **génétique.** *« Beaucoup prétendent que la transmission héréditaire d'un caractère acquis serait chose inconcevable »* BERGSON. *Maladie héréditaire,* transmise par les chromosomes maternels ou paternels. *Tares héréditaires.* — ABUSIVEMENT *C'est héréditaire dans la famille.* ➤ **atavique, congénital.** — VIEILLI *Syphilis héréditaire.* ➤ **hérédosyphilis.** ■ **3** Hérité des parents, des ancêtres par l'habitude, la tradition. *Haine, aversion héréditaire. L'ennemi héréditaire.*

HÉRÉDITAIREMENT [eʀeditɛʀmɑ̃] adv. – 1323 ◊ de *héréditaire* ■ D'une façon héréditaire. DR. *Posséder héréditairement un immeuble.* ♦ GÉNÉT. *Caractères qui se transmettent héréditairement.*

HÉRÉDITÉ [eʀedite] n. f. – 1538 ; *ereditez* « héritage » 1050 ◊ latin *hereditas,* de *heres, heredis* « héritier »

I DR. ■ **1** Qualité d'héritier ; droit de recueillir une succession. *Accepter, refuser l'hérédité de qqn. Certificat d'hérédité,* permettant d'établir la qualité d'héritier. ■ **2** Caractère héréditaire ; transmission par voie de succession. *Hérédité de la couronne. « L'hérédité enfante la légitimité, ou la permanence »* CHATEAUBRIAND.

II ■ **1** (1821) Transmission des caractères d'un être vivant à ses descendants par l'intermédiaire des gènes. *Hérédité spécifique,* par laquelle deux individus d'une espèce* donnée ne peuvent engendrer que des individus de la même espèce. *Science de l'hérédité.* ➤ **génétique.** *Lois de l'hérédité formulées par Mendel. Théorie chromosomique de l'hérédité* (➤ **chromosome, gène ; génotype, phénotype ; germen, soma**). *« La reproduction sexuée est primordiale pour garantir la grande loterie de l'hérédité »* A. KAHN. *Hérédité dominante*, récessive*. Hérédité maternelle, paternelle. Hérédité discontinue.* ➤ **atavisme.** *Hérédité liée au sexe* (ex. l'hémophilie et le daltonisme, transmis par les femmes). *Hérédité cytoplasmique :* transmission héréditaire portée par les gènes non chromosomiques situés dans le cytoplasme des cellules (mitochondries, chloroplastes) et n'obéissant pas à la génétique mendélienne (car exclusivement transmis par la mère). ■ **2** COUR. L'ensemble des caractères, des dispositions hérités des parents, des ascendants. *Une lourde hérédité, une hérédité chargée,* comportant des tares physiques ou mentales. *« Aussi lourde que soit l'hérédité d'un enfant »* MAURIAC. ♦ Caractères qu'on retrouve à chaque génération dans certains milieux géographiques, sociaux. ➤ **héritage.** *« Hérédité paysanne et bourgeoise »* MAUROIS.

HÉRÉDO- ■ Élément, du latin *heres, heredis* « héritier ».

HÉRÉDOSYPHILIS [eʀedosifilis] n. f. – avant 1899 ◊ de *hérédo-* et *syphilis* ■ VX Syphilis* congénitale (autrefois présumée héréditaire). — ABRÉV. FAM. (1916) **HÉRÉDO** [eʀedo].

HÉRÉDOSYPHILITIQUE [eʀedosifilitik] adj. et n. – 1870 ◊ de *hérédosyphilis* ■ VX Qui est atteint d'hérédosyphilis. *Enfant hérédosyphilitique.* — ABRÉV. FAM. (1914) **HÉRÉDO.** *Des hérédos.*

HÉRÉSIARQUE [eʀezjaʀk] n. m. – fin XVIᵉ ; *erarsiage* 1524 ◊ latin ecclésiastique *haeresiarches,* mot grec → hérésie ■ RELIG. Auteur d'une hérésie ; chef d'une secte hérétique. *« L'hérésiarque et Cie », recueil de nouvelles d'Apollinaire.*

HÉRÉSIE [eʀezi] n. f. – *eresie* v. 1120 ◊ latin *haeresis* « doctrine », spécialt en latin ecclésiastique, du grec *hairesis* « opinion particulière » ■ **1** (Dans la relig. cathol.) Doctrine, opinion émise au sein de l'Église catholique et condamnée par elle comme corrompant les dogmes. ➤ **hétérodoxie, secte.** *Théologien coupable d'hérésie.* ➤ **hérésiarque.** *Personne qui soutient une hérésie.* ➤ **hérétique.** *Principales hérésies :* adamisme, arianisme, calvinisme, jansénisme, luthéranisme, manichéisme, montanisme, protestantisme, quiétisme, socinianisme. *L'hérésie des vaudois. Hérésie qui provoque un schisme*. Être excommunié pour hérésie. « L'hydre de l'hérésie »* CHATEAUBRIAND. ♦ PAR EXT. Doctrine contraire à l'orthodoxie au sein d'une religion établie. *Les hérésies musulmanes.* ■ **2** Idée, théorie, pratique qui heurte les opinions considérées comme justes et raisonnables. *Une hérésie scientifique, littéraire.* — PAR PLAIS. *Servir du bourgogne rouge avec le poisson ! Quelle hérésie ! C'est une hérésie !* ➤ 1 **sacrilège.**

HÉRÉTIQUE [eʀetik] adj. – XIVe ◊ latin ecclésiastique *haereticus* → hérésie ■ **1** (Dans la relig. cathol.) Qui soutient une hérésie. *Auteur hérétique. Fondateur d'une secte hérétique.* ➤ **hérésiarque.** — SUBST. ➤ **apostat, relaps, renégat.** *L'Église condamne et excommunie les hérétiques. Les hérétiques et les schismatiques**. ■ **2** Entaché d'hérésie. ➤ **hétérodoxe.** *Proposition, doctrine hérétique.* ■ **3** Qui soutient une opinion, une doctrine contraire aux idées reçues (par un groupe). ➤ **dissident.** *«Freud est* [pour les marxistes] *un penseur hérétique»* CAMUS. SUBST. *Un hérétique en littérature, en médecine.*

HÉRISSÉ, ÉE [ˈeʀise] adj. – XIIe ◊ de *hérisser* ■ **1** Dressé. *Poils, cheveux hérissés.* ➤ **hirsute.** ■ **2** Garni de pointes. *Cactus hérissé.* ➤ **épineux.** *Tige hérissée.* ➤ **hispide.** ■ **3** FIG. ➤ **hargneux, rude.** *«Un amour-propre hérissé»* R. ROLLAND. *«il est rude, hérissé et presque sauvage»* SAINTE-BEUVE. ➤ **susceptible.** ■ CONTR. Arrondi, 1 lisse, 1 plat. Aimable, 1 avenant, doux ; facile.

HÉRISSEMENT [ˈeʀismɑ̃] n. m. – v. 1420 ◊ de *hérisser* ■ **1** Le fait de se hérisser ou d'être hérissé (en parlant des poils, des plumes, etc.). *Hérissement en boule du porc-épic.* ♦ FIG. *Un hérissement de colère, de rage* (➤ **horripilation**). ■ **2** Disposition de choses pointues rassemblées. *«un hérissement de fusils échafaudés»* LEIRIS.

HÉRISSER [ˈeʀise] v. tr. ‹1› – *héricier* v. 1165 ◊ latin populaire *°ericiare*, de *ericius* (→ hérisson)

I v. tr. ■ **1** Dresser (ses poils, ses plumes, etc.), en parlant des animaux. *Chat en colère qui hérisse ses poils. «Comme un coursier indompté hérisse ses crins»* ROUSSEAU. ♦ Présenter sous forme de pointes. *Cactus qui hérisse ses épines.* ♦ PAR EXT. Faire dresser (les poils, les plumes, etc.). *Le froid, la peur hérisse les poils* (➤ **horripiler**). ■ **2** Se dresser sur (en parlant de choses pointues, saillantes). *Pointes, clous qui hérissent une planche, une paroi.* ♦ *Animaux au corps hérissé de piquants* : hérisson, oursin, porc-épic. *«Une grosse tête hérissée de cheveux roux»* HUGO. FIG. *Parcours de steeple hérissé d'obstacles. «des immeubles hérissés d'antennes de télévision»* TOURNIER. ■ **3** Garnir, munir de choses aiguës, pointues. *Hérisser une grille de pointes de fer* (➤ **hérisson**). *Hérisser de mitrailleuses une ligne de défense. Hérisser un mur.* ➤ **hérissonner.** ■ **4** (ABSTRAIT) Garnir, remplir de choses rébarbatives, désagréables, difficiles. *Hérisser son discours de mots savants, de citations.* ➤ **embarrasser, surcharger.** — *Question de concours hérissée de difficultés.* ■ **5** Disposer défavorablement (qqn) en inspirant de la colère, de la défiance. ➤ **horripiler, indisposer, irriter.** *Cela me hérisse* (cf. Mettre en boule*).

II SE HÉRISSER v. pron. ■ **1** Se dresser (en parlant des poils, des plumes, etc.). *Il «criait et grinçait des dents, ses cheveux roux se hérissaient»* HUGO. ♦ Dresser son poil, ses plumes, ses piquants. *«Dans le danger, le porc-épic se hérisse»* HUGO. *Le chat se hérissa de colère.* ■ **2** Se dresser, en parlant de choses aiguës, pointues. *«L'aloès et le cactus se hérissaient parmi les broussailles»* NERVAL. — *Se hérisser de* : être garni, muni, entouré de. *La planche se hérissait de pointes, de clous.* ■ **3** (PERSONNES) Manifester son opposition, sa colère. ➤ **se fâcher, s'irriter.** *À cette proposition, il se hérissa.* ➤ **se raidir.** ■ CONTR. Aplatir, 1 lisser ; adoucir, calmer.

HÉRISSON [ˈeʀisɔ̃] n. m. – XVIe ; *heriçun* v. 1120 ◊ du latin *(h)ericius* ■ **1** Petit mammifère d'Eurasie *(insectivores)*, au corps couvert de piquants. *Le hérisson se roule en boule* (➤ **volvation**) *et hérisse ses piquants à l'approche du danger.* ■ **2** FIG. Personne d'un caractère, d'un abord difficile. ➤ **porc-épic.** *«Un caractère qui n'est qu'un hérisson tout en pointes»* HUGO. ■ **3** Nom donné à des animaux dont le corps est garni de piquants. *Hérisson de mer.* ➤ **oursin ; diodon, échinodermes, tétrodon.** ♦ Champignon comestible dont la masse charnue est couverte d'aiguillons pendants. APPOS. *Hydne* hérisson.* ■ **4** TECHN. Appareil, instrument muni de pointes. — Grappin à quatre becs. — Assemblage de pointes de fer garnissant le sommet d'un mur, d'une clôture, pour en empêcher l'escalade. ♦ Élément mobile d'un réseau barbelé, formé d'un quadrilatère de fils de fer barbelés. ♦ Tige garnie de chevilles où l'on place les bouteilles à égoutter. ➤ **égouttoir, if.** ♦ Rouleau garni de pointes servant à écraser les mottes de terre (➤ **herse**). — Organe distributeur du semoir d'engrais. ♦ Brosse métallique sphérique, servant à ramoner les cheminées. ■ **5** BÂT. Couche de fondation formée de gros blocs posés de chant. ■ **6** FIG. MILIT. Centre de résistance ; point fortifié d'un front discontinu. *Tactique des hérissons.*

HÉRISSONNE [ˈeʀisɔn] n. f. – XVIIIe sens 3e et fig. ◊ de *hérisson* ■ **1** RARE Femelle du hérisson. *«Ils traversent les routes la nuit* [...] *hérissons et hérissonnes qu'ils sont, et ils se font écraser»* GIRAUDOUX. ■ **2** (XVIIIe) Chenille de certains papillons nocturnes.

HÉRISSONNER [ˈeʀisɔne] v. tr. ‹1› – 1160 au p. p. ◊ de *hérisson* ■ CONSTR. Couvrir (un mur) d'une couche de mortier que l'on n'égalise pas et qui reste pleine d'aspérités. ➤ **hérisser.**

HÉRITABILITÉ [eʀitabilite] n. f. – v. 1950 ◊ anglais *heritability*, du radical de *hériter* ■ GÉNÉT. Paramètre renseignant sur la part héréditaire (➤ **génotype**) et la part environnementale qui déterminent une caractéristique apparente, manifeste d'un individu (➤ **phénotype**). *L'héritabilité d'un caractère. «L'héritabilité est une hérédité qui s'exprime de manière changeante»* B. CYRULNIK.

HÉRITAGE [eʀitaʒ] n. m. – v. 1131 ◊ de *hériter* ■ **1** Patrimoine laissé par une personne décédée et transmis par succession ; action d'hériter. ➤ **succession** (I, 1°) **; hérédité, hoirie.** *Faire un héritage, un gros héritage,* le recueillir. *Attendre, espérer un héritage.* — *Laisser un bien à qqn pour héritage, en héritage ; transmettre qqch. en héritage* (➤ **léguer ; legs, testament**). *Entrer en possession d'un héritage. Partage d'un héritage entre cohéritiers. Les parts d'un héritage.* ➤ **succession** (I, 1°). *Priver qqn d'un héritage* (➤ **déshériter, exhéréder**). *Refuser un héritage* (➤ **renonciation**). *Dilapider son héritage.* ■ **2** VX Immeuble par nature faisant ou non l'objet d'une succession. ➤ **domaine, propriété.** *«Cette route est fleurie d'héritages entourés de haies»* BALZAC. ■ **3** FIG. Ce qui est transmis comme par succession. *Un héritage de croyances, de coutumes. L'héritage d'une civilisation. Héritage culturel.* ➤ **patrimoine.** *«Il importe de sauver l'héritage spirituel»* SAINT-EXUPÉRY. ♦ *Héritage génétique porté par les chromosomes.* ➤ **hérédité, patrimoine** (génétique).

HÉRITER [eʀite] v. tr. ‹1› – XIIIe ; «rendre héritier» début XIIe ◊ bas latin *hereditare* → hérédité

I v. tr. ind. Devenir propriétaire (d'un bien), titulaire (d'un droit) par voie de succession. *Hériter d'un immeuble, d'une immense fortune.* — ABSOLT *Depuis qu'il a hérité, il mène grand train.* ♦ PAR EXT. FAM. Recueillir la possession, l'usage, la jouissance (d'une chose donnée ou transmise). *J'ai hérité d'un beau tapis.* ♦ *Il a hérité des qualités de son père.*

II v. tr. ■ **1** LITTÉR. Recevoir, recueillir (qqch.) par héritage, par voie de succession. *Hériter une fortune. Une maison qu'il a héritée de son père.* ♦ (Sans compl. dir.) *Il a hérité d'un oncle.* ■ **2** FIG. ➤ **recevoir, recueillir.** *Hériter une tradition, une culture.* PRONOM. *«La culture ne s'hérite pas, elle se conquiert»* MALRAUX. ■ CONTR. Léguer ; créer, inventer.

HÉRITIER, IÈRE [eʀitje, jɛʀ] n. – v. 1196 ◊ latin *hereditarius*, de *hereditas* → hérédité ■ **1** DR. Parent appelé par la loi à recueillir la succession d'un défunt. ➤ VX **hoir ; ayant cause.** *Les héritiers ou héritières du sang se distinguent des successeurs irréguliers, des légataires. Qualité, titre d'héritier.* ➤ **hérédité.** *Succession qui comporte plusieurs héritiers.* ➤ **cohéritier.** *Héritiers légitimes. Les héritiers sont classés par la loi en ordres* (descendants, ascendants, collatéraux), *en lignes* (paternelle, maternelle), *en degrés. Héritier unique. Absence d'héritier.* ➤ **déshérence.** *Mourir sans héritier.* — *Héritier présomptif.* ➤ **successible.** *Héritier ab intestat. Héritier testamentaire* (➤ **testament**). ■ **2** COUR. au sens large Personne qui reçoit des biens en héritage. ➤ **légataire, successeur.** *Époux héritier de son conjoint.* — *L'héritier d'une grande fortune, d'une propriété. Héritier présomptif de la couronne** (➤ **héréditaire**). — *Héritière, riche héritière* : fille qui doit hériter d'une grosse fortune. ♦ (Bien symbolique, patrimoine social, culturel) *«Les Héritiers»*, ouvrage de Bourdieu et Passeron. *«C'est un héritier, un dominant, un de ces types qui n'ont aucune conscience sociale»* K. TUIL. ■ **3** FIG. ➤ **continuateur, successeur.** *Héritier de la gloire, d'une civilisation. L'héritier spirituel d'un penseur. «la Grèce, dont nous sommes les héritiers»* GIDE. ■ **4** VX OU PLAISANT Enfant. *Ils attendent un héritier.* ■ CONTR. Auteur, de cujus, testateur.

HERMANDAD [ɛʀmɑ̃dad] n. f. – 1808 ◊ mot espagnol «confrérie» ■ HIST. Fédération de villes espagnoles, au Moyen Âge. *Soldats de la Sainte-Hermandad.*

HERMAPHRODISME [ɛʀmafʀɔdism] n. m. – 1765 ◊ de *hermaphrodite* ■ BIOL. Caractère d'un organisme capable d'élaborer des gamètes de l'un et de l'autre sexe et possédant à la fois des organes mâles et femelles, soit en même temps, soit en alternance. *L'hermaphrodisme, très courant chez les végétaux, normal chez les vers et les mollusques, est accidentel chez les vertébrés.* ➤ **intersexualité.** *Hermaphrodisme successif* (➤ **protandre, protogyne**). — PAR MÉTAPH. (1797) Comportement psychologique à la fois masculin et féminin. ■ CONTR. Gonochorisme.

HERMAPHRODITE [ɛʀmafʀɔdit] n. m. et adj. – 1488 ; *hermefrodis* XIIIe ◇ latin *hermaphroditus,* nom grec d'un androgyne mythologique, fils d'*Hermès* et d'*Aphrodite*

I n. m. ■ **1** Être légendaire auquel on supposait une forme humaine à deux sexes. ♦ ARTS Sujet doté à la fois de formes masculines et féminines. *L'hermaphrodite du Vatican.* ■ **2** ANAT. Être humain possédant à la fois ovaire(s) et testicule(s). ➤ **bisexué.** *Hermaphrodite vrai. Pseudo-hermaphrodite :* individu qui a les glandes génitales d'un sexe, mais dont les organes génitaux externes et les caractères sexuels secondaires ressemblent à ceux de l'autre sexe. ➤ aussi **androgyne.**

II adj. ■ **1** Qui est doté de caractères des deux sexes. *Statue de dieu hermaphrodite.* ■ **2** (1704) BOT. *Espèce hermaphrodite,* dont la fleur porte étamines et carpelles. *La renoncule est une espèce hermaphrodite.* ➤ **bisexué.** *Fécondation des plantes hermaphrodites.* ➤ **autofécondation.** — ZOOL. *L'escargot, le ver et la sangsue sont hermaphrodites* (➤ **ovotestis**).
■ CONTR. Asexué, unisexué.

HERMÉNEUTIQUE [ɛʀmenøtik] adj. et n. f. – 1777 ◇ grec *hermêneutikos,* de *hermêneuein* « interpréter » ■ **1** Qui a pour objet l'interprétation des textes (philosophiques, religieux). *L'art, la science herméneutique.* ➤ 2 **critique.** — n. f. **L'HERMÉNEUTIQUE :** interprétation des textes, des symboles. *L'herméneutique sacrée :* interprétation des textes bibliques. *Herméneutique kabbalistique.* ➤ **kabbale.** ■ **2** Relatif à l'interprétation des phénomènes du discours considérés en tant que signes*. *Texte, philosophie herméneutique.* — n. f. Système d'interprétation (décodage) d'une séquence de signes complexes. ➤ **sémiologie ; philologie.** « *Appelons herméneutique l'ensemble des connaissances* [...] *qui permettent de faire parler les signes et de découvrir leur sens* » FOUCAULT.

HERMÈS [ɛʀmɛs] n. m. – 1732 ◇ latin *Hermes,* nom d'une divinité grecque correspondant à Mercure ■ ARTS Statue, tête de Mercure. *Un hermès de marbre.* ♦ Tête ou buste surmontant une gaine. *Buste en hermès,* dont les épaules, la poitrine, le dos sont coupés par des plans. *Des consoles « étaient portées par des gaines d'hermès »* GONCOURT.

HERMÉTICITÉ [ɛʀmetisite] n. f. – 1866 ◇ de *hermétique* ■ RARE ■ **1** Qualité de ce qui est fermé, clos d'une manière hermétique. ➤ **étanchéité.** ■ **2** Caractère de ce qui est hermétique (3°), obscur.

HERMÉTIQUE [ɛʀmetik] adj. et n. f. – 1610 ◇ de *Hermès (Trismégiste)* ■ **1** VX Relatif à l'alchimie. ➤ **alchimique.** SPÉCIALT *Sceau hermétique, fermeture hermétique :* « la manière de boucher les vaisseaux [récipients] pour les opérations chimiques, si exactement, que rien ne se puisse exhaler » (Furetière). ♦ DIDACT. Relatif à la partie occulte de l'alchimie. ➤ **hermétisme.** *La philosophie, la science hermétique.* — n. f. (XVIIIe) **L'HERMÉTIQUE :** la philosophie, les doctrines ésotériques de l'alchimie. ■ **2** (1837) MOD. Se dit d'une fermeture aussi parfaite que le « *sceau hermétique* » des alchimistes. ➤ **étanche.** *Fermeture hermétique d'un récipient, d'une bouteille.* — PAR EXT. ➤ 1 **clos, fermé.** *Boîte, récipient hermétique.* ♦ FIG. *Être hermétique à qqch.,* y être fermé, insensible, n'y rien comprendre. *Il est complètement hermétique à ce genre d'humour.* ■ **3** (XIXe) Impénétrable, difficile ou impossible à comprendre. ➤ **obscur.** *Écrivain, poète hermétique.* « *Un style si personnel qu'il est à peu près hermétique* » AYMÉ. ➤ **ésotérique.** *Un visage hermétique,* sans expression. ➤ **fermé, impénétrable.** ■ CONTR. Clair. Ouvert.

HERMÉTIQUEMENT [ɛʀmetikmɑ̃] adv. – 1608 ◇ de *hermétique* ■ Par une fermeture hermétique (2°). *Récipient fermé, bouché, scellé hermétiquement.* PAR EXT. *Couvercle hermétiquement clos.*

HERMÉTISME [ɛʀmetism] n. m. – 1832 ◇ de *hermétique* ■ **1** DIDACT. Ensemble des doctrines ésotériques des alchimistes (➤ **alchimie**) ; philosophie hermétique (➤ **ésotérisme, magie, occultisme**). ■ **2** LITTÉR. Caractère de ce qui est incompréhensible, obscur. « *L'hermétisme de la poésie contemporaine* » ARAGON.

HERMÉTISTE [ɛʀmetist] n. – v. 1900 ◇ de *hermétisme* ■ DIDACT. Personne versée dans l'hermétisme.

HERMINE [ɛʀmin] n. f. – *ermine* v. 1140 ◇ fém. de l'ancien adj. *(h)ermin,* du latin *armenius (mus)* « (rat) d'Arménie » ■ **1** Mammifère carnivore *(mustélidés),* un peu plus grand que la belette à laquelle il ressemble. ➤ **martre** (blanche). *Le pelage de l'hermine, brun-rouge en été, devient blanc l'hiver, sauf le bout de la queue qui reste noir.* ➤ **roselet.** — *La blancheur de l'hermine,* symbole de la pureté, de l'innocence. ■ **2** Peau, fourrure de l'hermine. *Manteau à col d'hermine. Étole d'hermine.* ♦ ABSOLT *L'hermine des magistrats, des professeurs.* ♦ BLAS. Une des deux fourrures du blason (champ d'argent moucheté de croix de sable [noir]). *L'hermine et le vair* (➤ aussi **contre-hermine**).

HERMINETTE [ɛʀminɛt] n. f. – 1518 ◇ de *hermine* ■ Hachette à tranchant recourbé (comme le museau de l'hermine). *Herminette de charpentier, de tonnelier, à un seul tranchant.*

HERMITIEN, IENNE [ɛʀmisjɛ̃, jɛn] adj. – XIXe ◇ du nom du mathématicien français *Charles Hermite* ■ MATH., PHYS. Relatif aux fonctions, aux polynômes et au théorème d'Hermite. *Matrice hermitienne,* formée d'éléments complexes, égale à son adjointe*. — On dit aussi (VIEILLI) *hermitique.*

HERNIAIRE ['ɛʀnjɛʀ] n. f. et adj. – 1611 ◇ de *hernie* ■ **1** BOT. Plante dicotylédone vivace, employée jadis en cataplasme contre les hernies. ■ **2** adj. (1704) MÉD. Qui a rapport à une hernie. *Sac, tumeur herniaire. Bandage herniaire,* pour contenir une hernie.

HERNIE ['ɛʀni] n. f. – 1490 ◇ latin *hernia* ■ **1** Tuméfaction formée par un organe totalement ou partiellement sorti (par un orifice naturel ou accidentel) de la cavité qui le contient à l'état normal. ➤ **-cèle.** *Hernie de la moelle épinière.* ➤ **spina-bifida.** *Hernie du foie* (➤ **hépatocèle**). *Hernie discale,* d'un disque intervertébral. — SPÉCIALT, plus cour. Hernie abdominale. *Hernie interne,* à l'intérieur de la cavité abdominale. *Hernie hiatale*. Hernie étranglée,* où le resserrement du col d'un sac herniaire entraîne la constriction de l'organe hernié. ■ **2** PAR ANAL. (XXe) Excroissance formée par une chambre à air à travers une déchirure de l'enveloppe d'un pneumatique. *Nos pneus « étaient rapiécés et gonflés de bizarres hernies »* BEAUVOIR.

HERNIÉ, IÉE ['ɛʀnje] adj. – 1836 ◇ de *hernie* ■ MÉD. Sorti par hernie. *Anse intestinale herniée.*

HÉROÏCITÉ [eʀɔisite] n. f. – 1716 ◇ de *héroïque* ■ RARE Qualité de ce qui est héroïque.

HÉROÏCOMIQUE [eʀɔikɔmik] adj. – 1640 ◇ pour *héroïco-comique,* de *héroïque* et *comique* ■ Qui tient de l'héroïque et du comique, en littérature. *Théâtre héroïcomique. Le « Lutrin », de Boileau, poème héroïcomique. — Aventures héroïcomiques.*

1 **HÉROÏNE** [eʀɔin] n. f. – 1540 ◇ latin *heroine,* du grec ■ **1** Femme d'un grand courage, qui fait preuve par sa conduite, en des circonstances exceptionnelles, d'une force d'âme audessus du commun. ➤ **héros.** *Jeanne d'Arc, héroïne nationale française. Mourir en héroïne.* ■ **2** Principal personnage féminin (d'une œuvre littéraire, cinématographique). *L'héroïne d'un roman. Héroïne cornélienne.* ♦ Principal personnage féminin d'une aventure, d'un évènement réel. *L'héroïne d'un fait divers. L'héroïne du jour.*

2 **HÉROÏNE** [eʀɔin] n. f. – 1903 ◇ allemand *Heroin,* du grec *hêros* « héros », par allus. aux effets exaltants de ce produit ■ **1** CHIM. Diacétylmorphine*. ■ **2** COUR. Médicament et stupéfiant* extrait de cet ester, poudre blanche cristalline, très toxique. ➤ **blanche** (III). *L'héroïne est une drogue* dure. Trafiquants d'héroïne.* — ABRÉV. FAM. (1960) **HÉRO** [eʀo]. *Se piquer à l'héro.*

HÉROÏNOMANE [eʀɔinɔman] n. et adj. – 1906 ◇ de 2 *héroïne* et *-mane* ■ Toxicomane à l'héroïne. — adj. *Elle est héroïnomane.*

HÉROÏNOMANIE [eʀɔinɔmani] n. f. – 1906 ◇ de 2 *héroïne* et *-manie* ■ Toxicomanie à l'héroïne.

HÉROÏQUE [eʀɔik] adj. – 1361 ◇ latin *heroicus,* du grec *hêrôs* ■ **1** Qui a rapport aux anciens héros. « *Chez les Grecs, dans les temps héroïques* » MONTESQUIEU. — PAR PLAIS. *Remonter aux temps héroïques,* très reculés. — PAR ANAL. En parlant d'un temps où se sont déroulés des évènements mémorables, qui, avec l'éloignement, prennent un caractère de légende. *Les temps héroïques du cinéma, de l'aviation.* « *Marie* [d'Agoult] *et Franz* [Liszt], *au temps héroïque de leur liaison* » HENRIOT. ■ **2** LITTÉR. Qui célèbre, conte les exploits des héros, des personnages illustres. *Poète héroïque.* ➤ **aède,** 1 **barde, rhapsode.** *Légendes héroïques. Poème, poésie héroïque.* ➤ **épique.** ■ **3** (1552) Qui est digne d'un héros ; qui dénote de l'héroïsme. *Une âme héroïque. Courage héroïque.* ➤ 1 **fort, impavide, stoïque.** *Combat, lutte, résistance héroïque.* ♦ PAR EXT. *Les heures héroïques de la libération de Paris. Une décision héroïque.* ■ **4** Qui fait preuve d'héroïsme. ➤ **brave, courageux.** *Les héroïques défenseurs de Verdun.* ■ CONTR. Lâche.

HÉROÏQUEMENT [eʀɔikmɑ̃] **adv.** – 1551 ◇ de *héroïque* ■ D'une manière héroïque. ➤ **bravement, courageusement.** *Se conduire héroïquement. Souffrir héroïquement.* ➤ **stoïquement.** *« Les difficultés de tout genre héroïquement surmontées »* BALZAC.

HÉROÏSME [eʀɔism] **n. m.** – 1658 ◇ de *héros* ■ Courage, force d'âme qui fait les héros ; fermeté exceptionnelle devant le danger, la douleur (physique ou morale). *L'héroïsme d'un martyr, d'un soldat.* ➤ **bravoure, courage, sacrifice.** *Faire preuve d'un héroïsme sublime, surhumain. « Un héroïsme tout de résignation et de patience »* SAINTE-BEUVE. *Actes d'héroïsme.* — PAR EXT. *L'héroïsme d'un geste, d'une tâche, d'une vie.* ➤ **grandeur.** — *Persévérer dans cette voie, c'est de l'héroïsme.* ➤ **vertu.** ■ CONTR. Lâcheté.

HÉRON [ˈeʀɔ̃] **n. m.** – 1320 ; *hairon* début XIIe ◇ francique °*haigro* ■ Grand échassier à long cou grêle en S *(ardéidés)*, à bec très long, droit, conique. *Le héron niche dans les roseaux des marais et se nourrit surtout de poissons et de grenouilles. « Le héron au long bec emmanché d'un long cou »* LA FONTAINE. *Jeune héron* (**HÉRONNEAU** [ˈeʀɔno] **n. m.**, 1542). *Héron cendré, héron pourpré. Héron bihoreau.* — PAR EXT. *Héron crabier.* ➤ **garde-bœuf.** APPOS. *Coqs hérons.* ➤ **huppe.**

HÉRONNIÈRE [ˈeʀɔnjɛʀ] **n. f.** – 1304 ◇ de *héron* ■ RARE Lieu où les hérons font leur nid. — Endroit aménagé pour l'élevage des hérons.

HÉROS [ˈeʀo] **n. m.** – 1361 ◇ latin *heros,* du grec ■ **1** MYTH. ANTIQ. ➤ **demi-dieu.** *Les héros de la mythologie grecque, romaine. Hercule, héros vainqueur d'Antée. Apothéose* des héros. Les dieux et les héros dans l'art antique.* — PAR ANAL. Personnage légendaire auquel on prête un courage et des exploits remarquables. *Siegfried, héros de la tradition germanique.* ■ **2** (1550) Celui qui se distingue par ses exploits ou un courage extraordinaire (dans le domaine des armes). ➤ **brave.** REM. Pour une femme, on emploie normalement *héroïne. « Les héros ont leur accès de crainte, les poltrons des instants de bravoure »* STENDHAL. — *Il, elle s'est conduit(e) en héros. Combattants qui meurent, qui tombent en héros* (➤ **héroïquement**). — *Héros de la Résistance. Héros de l'Union soviétique,* haute distinction militaire décernée de 1934 à 1991. — APPOS. *« Le peuple héros »* MICHELET. ■ **3** Homme digne de l'estime publique, de la gloire, par sa force de caractère (➤ **héroïsme**), son génie, son dévouement total à une cause, une œuvre. *Pierre le Grand, héros national russe.* — *Les héros de la foi, de la science. « Ces héros du travail, dont l'obstination est sans limite »* ALAIN. *Les champions sont les héros modernes.* LOC. PROV. *Il n'y a pas de héros pour son valet de chambre* : les personnes qui vivent dans l'intimité des grands personnages en connaissent les faiblesses, les petitesses. ■ **4** (XVIIe) Personnage principal (d'une œuvre). ➤ aussi 1 **héroïne.** *Héros de tragédie, de roman. Le héros d'un film. Héros éponyme. « Les héros de roman naissent du mariage que le romancier contracte avec la réalité »* MAURIAC. *Le héros romantique. Héros traditionnel et antihéros*.* ♦ PAR EXT. *Le héros d'une aventure,* celui à qui elle est arrivée, qui en a été le principal acteur. ➤ **protagoniste.** *Le triste héros de ce fait divers. Le héros du jour,* celui qui accapare l'attention du moment, qui occupe le premier rang de l'actualité. ■ CONTR. Bravache, lâche. ■ HOM. Héraut, héro (2 héroïne).

HERPE [ˈɛʀp] **n. f.** – 1647 ◇ variante probable de 2 *harpe* ■ **1** ANC. DR. MAR. AU PLUR. **HERPES MARINES :** épaves maritimes. ■ **2** (1765) MAR. ANC. Pièce de construction du garde-corps, dont une extrémité soutient la partie supérieure de la guibre. ➤ 4 **lisse.**

HERPÈS [ɛʀpɛs] **n. m.** – XIIIe *erpès* ◇ latin et grec *herpes* ■ Affection cutanée caractérisée par une éruption de petites vésicules transparentes, groupées en nombre variable sur une tache congestive, provoquée par un virus. *Herpès génital, labial* (➤ RÉGION. 1 **feu** [**sauvage**]). *Vésicule d'herpès sur la lèvre* (cf. Bouton de fièvre*).

HERPÉTIQUE [ɛʀpetik] **adj.** – 1793 ◇ de *herpès* ■ MÉD. Qui a rapport à l'herpès. *Éruption herpétique. Angine herpétique* : herpès du pharynx.

HERPÉTISME [ɛʀpetism] **n. m.** – 1853 ◇ de *herpès* ■ MÉD. VIEILLI État pathologique constitutionnel caractérisé par une prédisposition à certaines maladies de la peau et des muqueuses (eczéma, bronchites, rhumes). *Herpétisme et diathèse arthritique.*

HERPÉTOLOGIE ➤ **ERPÉTOLOGIE**

HERSAGE [ˈɛʀsaʒ] **n. m.** – v. 1300 ◇ de *herser* ■ Façon que l'on donne à la terre avec la herse.

HERSCHAGE ; HERSCHER ; HERSCHEUR, EUSE ➤ **HERCHAGE ; HERCHER ; HERCHEUR**

HERSE [ˈɛʀs] **n. f.** – XIVe ; *herce* fin XIIe ◇ latin *hirpex, icis* ■ **1** Instrument à pointes fixées à un bâti, qu'un attelage ou un tracteur traîne ou roule sur une terre labourée pour briser les mottes, enfouir les semences. *Herse roulante, norvégienne,* dont les pointes sont fixées à des cylindres rotatifs. ➤ **émotteuse, hérisson, herseuse.** *Herse rotative.* ■ **2** (XIIIe) ANCIENNT Grille armée par le bas de fortes pointes, et qui, suspendue par une chaîne à l'entrée d'un château fort, d'une forteresse, pouvait être, à volonté, abaissée pour en défendre l'accès. ➤ **sarrasine.** *« On vivait en paix depuis si longtemps que la herse ne s'abaissait plus »* FLAUBERT. ■ **3** ARCHIT. Épure d'un comble tracée sur le sol. ■ **4** (1198) LITURG. Grand chandelier hérissé de pointes sur lesquelles on pique les cierges. ■ **5** (1765) THÉÂTRE Appareil d'éclairage dissimulé dans les cintres des scènes de théâtre. *Herse électrique.* ■ HOM. Erse.

HERSER [ˈɛʀse] **v. tr.** ‹1› – XVIe ; *hercier, ercier* v. 1175 ; variante dialectale *harser, hercher* (→ harceler, hercher) ◇ de *herse* ■ Soumettre à l'action de la herse. *Herser une terre, un guéret.* ➤ **ameublir, écroûter, émotter, labourer.** *« En mars, il hersa ses blés, en avril ses avoines »* ZOLA. — *Des champs hersés.*

HERSEUR, EUSE [ˈɛʀsœʀ, øz] **n.** – 1549 ; *erceeur* XIIe ; variante dialectale *hercheux* ◇ de *herser* ■ AGRIC. ■ **1** Personne qui herse. *« laboureurs, semeurs, herseurs »* SAND. — **adj.** *Rouleau herseur.* ■ **2** **n. f.** Herse mécanique.

HERTZ [ˈɛʀts] **n. m.** – 1930 ◇ du nom du physicien allemand *Hertz* ■ MÉTROL. Unité de mesure de fréquence d'un phénomène périodique (SYMB. Hz), correspondant à une période par seconde. ➤ **kilohertz, mégahertz.**

HERTZIEN, IENNE [ˈɛʀtsjɛ̃ ; ˈɛʀdzjɛ̃, jɛn] **adj.** – 1892 ◇ de *Hertz* ■ Qui a rapport aux ondes radioélectriques. *Ondes hertziennes utilisées en radiocommunication.* ➤ 2 **radio.** *Faisceau hertzien. Tour hertzienne,* servant de relais. *Accès hertzien.* ➤ **radioélectrique.** *Télévision hertzienne.* — Relatif à la télévision. *Paysage hertzien* : paysage télévisuel.

HÉSITANT, ANTE [ezitɑ̃, ɑ̃t] **adj.** – 1829 ; *les hésitans* subst. 1721 ◇ de *hésiter* ■ **1** (PERSONNES) Qui hésite, a de la peine à se déterminer. ➤ 1 **incertain, indécis, irrésolu.** *Être, demeurer hésitant.* ➤ **perplexe.** *Des responsables tout hésitants.* ➤ **désorienté.** ■ **2** (CHOSES) Qui n'est pas déterminé, caractérisé. ➤ **flottant, fluctuant.** *« début trouble, incertain, hésitant »* HUGO. *Réponse hésitante.* ➤ **flou, imprécis.** ■ **3** Qui exprime ou trahit l'hésitation ; qui manque d'assurance, de fermeté. *Voix hésitante. Geste, pas hésitant.* ➤ **chancelant.** ■ CONTR. Assuré, certain, décidé, 1 ferme, résolu.

HÉSITATION [ezitasjɔ̃] **n. f.** – XVe ; *esitacion* fin XIIIe ◇ latin *haesitatio* ■ **1** Le fait d'hésiter. ➤ **doute, embarras, flottement, incertitude, indécision.** *Hésitation entre deux partis. N'avoir plus aucune hésitation. Accepter qqch. sans hésitation. « Ses continuelles hésitations, ses atermoiements et ses retours* [de Sainte-Beuve] *»* BILLY. *Se décider après bien des hésitations.* ➤ **atermoiement, tergiversation ; errements, tâtonnement** (cf. Valse*-hésitation). *Lever les dernières hésitations de qqn.* ➤ **résistance, réticence, scrupule.** ■ **2** Arrêt dans l'action ; attitude qui trahit de l'indécision, de l'embarras. *Avoir une minute, un moment d'hésitation. Marquer une hésitation avant de répondre* (➤ **hésitant,** 3°). ■ CONTR. Assurance, décision, détermination, résolution.

HÉSITER [ezite] **v. intr.** ‹1› – 1406 ◇ latin *haesitare* ■ **1** Être dans un état d'incertitude, d'irrésolution qui suspend l'action, la détermination. ➤ **balancer,** se **tâter ;** RÉGION. **branler, tataouiner, zigonner** (cf. RÉGION. Être en balan*). *Se décider après avoir longtemps hésité.* ➤ **délibérer** (cf. Peser le pour et le contre). *N'hésitez plus, le temps presse.* ➤ **atermoyer, attendre, reculer, tergiverser.** *Il n'y a pas à hésiter.* ➤ FAM. **tortiller.** *Il n'hésita pas une seconde. Prendre une décision, répondre sans hésiter.* — **HÉSITER SUR.** *Hésiter sur l'orthographe d'un mot. « il hésita sur ce qu'il ferait »* MAUPASSANT. — **HÉSITER ENTRE.** ➤ **balancer,**

1 **flotter, osciller.** « *nous hésitions entre les deux routes* » GAUTIER. — **HÉSITER À.** *Hésiter à aborder un grand personnage, à se lancer dans une telle affaire.* ➤ **craindre** (de) [cf. Avoir scrupule* à]. *N'hésitez pas à me poser des questions.* — LITTÉR. **HÉSITER SI** (et indic., ou condit.). ➤ se **demander.** *Tout m'avait « fait hésiter si je dormais ou si ma grand-mère était ressuscitée »* PROUST. ▪ **2** Marquer ou sembler marquer de l'indécision (par un temps d'arrêt, un mouvement de recul). *Cheval qui hésite devant l'obstacle.* ➤ **broncher.** « *La nuée un moment hésita dans l'espace* » HUGO. *elle « hésita comme si elle n'eût plus connu le côté de la sortie »* ARAGON. *Mémoire, pas qui hésite.* ➤ **chanceler, vaciller ; hésitant.** — SPÉCIALT *Hésiter en parlant,* par timidité, défaut de mémoire ou d'élocution. ➤ **balbutier, bégayer** (cf. Chercher* ses mots). « *je lui soufflais la leçon quand il hésitait* » ROUSSEAU. ▪ CONTR. Agir, choisir, décider (se).

HÉTAÏRE [etaiʀ] n. f. – 1799 ◇ grec *hetaira* ▪ ANTIQ. GR. Prostituée d'un rang social élevé. ➤ **courtisane.** ◆ LITTÉR. ➤ **prostituée.**

HÉTAIRIE [eteʀi] n. f. – 1799 ◇ grec *hetaireia* « association d'amis » ▪ ANTIQ. GR. Association plus ou moins secrète, à caractère généralement politique. ◆ MOD. Société politique ou littéraire de la Grèce du XIXe s.

HÉTÉR(O)- ▪ Élément, du grec *heteros* « autre ». ▪ CONTR. Homo-, is(o)- ; auto-.

HÉTÉROCERQUE [eteʀɔsɛʀk] adj. – 1866 ◇ de *hétéro-* et du grec *kerkos* « queue » ▪ ZOOL. Qui a deux lobes inégaux, en parlant de la nageoire caudale de certains poissons. — PAR EXT. *Poisson hétérocerque* (squale, esturgeon).

HÉTÉROCHROMATINE [eteʀokʀɔmatin] n. f. – 1933 ◇ de *hétéro-* et *chromatine,* d'après l'allemand *Heterochromatin* (1928) ▪ BIOL. MOL. Chromatine condensée, visible au cours de l'interphase, qui contient des gènes inaccessibles non transcrits (opposé à *euchromatine*). « *L'hétérochromatine est la fraction du chromosome qui reste visible lorsque la cellule est au repos (alors que l'euchromatine se résout en un filament très mince, invisible par les méthodes optiques banales)* » J. RUFFIÉ.

HÉTÉROCHROMIE [eteʀɔkʀɔmi] n. f. – 1896 ◇ de *hétéro-* et *-chromie* ▪ DIDACT. Coloration différente (en parlant de parties qui sont normalement de la même couleur). *Hétérochromie de l'iris* (cf. Yeux vairons*).

HÉTÉROCHROMOSOME [eteʀokʀomozom] n. m. – 1905 ◇ de *hétéro-* et *chromosome,* par l'anglais *heterochromosome* (1904) ▪ GÉNÉT. Chromosome qui détermine le sexe, différent de son homologue de l'autre sexe (dans l'espèce humaine, les chromosomes X et Y, de la paire XX chez la femme et de la paire XY chez l'homme). *Autosomes et hétérochromosomes.* — On dit aussi *hétérosome* (1928).

HÉTÉROCLITE [eteʀɔklit] adj. – 1549 ; *etroclite* « étrange » v. 1400 ◇ latin des grammairiens d'origine grecque *heteroclitus* « dont la déclinaison procède de thèmes différents » ▪ **1** DIDACT. Qui s'écarte des règles. ▪ **2** ARTS Fait, composé de parties appartenant à des styles ou à des genres différents. *Pièce de théâtre, roman hétéroclite ; édifice hétéroclite.* ➤ **composite, disparate.** ◆ COUR. Qui est constitué d'éléments variés peu homogènes. ➤ **bigarré, divers, hétérogène, mélangé, varié.** *Des matériaux hétéroclites. Mélange hétéroclite.* ➤ **patchwork.** « *tant de peaux différentes et de costumes hétéroclites* » GOBINEAU. ▪ **3** (XVIIe) VIEILLI ➤ **bizarre, singulier.** « *J'ai du goût pour sa personne hétéroclite* » CHATEAUBRIAND. ▪ CONTR. Homogène.

HÉTÉROCYCLE [eteʀɔsikl] n. m. – 1909 ◇ de *hétéro-* et *cycle* ▪ CHIM. Corps chimique (composé cyclique) à chaîne fermée comprenant au moins un atome différent du carbone. — adj. **HÉTÉROCYCLIQUE.** *Amine hétérocyclique.*

HÉTÉRODOXE [eteʀɔdɔks] adj. – 1667 ◇ grec *heterodoxos* ▪ **1** RELIG. Qui s'écarte de la doctrine reçue. *Théologien, opinion hétérodoxe.* ➤ **hérétique.** — SUBST. *Un, une hétérodoxe.* ▪ **2** PAR EXT. (fin XIXe) DIDACT. Qui n'est pas orthodoxe, conformiste. *Un savant aux idées hétérodoxes.* ➤ **anticonformiste, dissident.** ▪ CONTR. Conformiste, orthodoxe.

HÉTÉRODOXIE [eteʀɔdɔksi] n. f. – 1690 ◇ grec *heterodoxia* ▪ RELIG. ou DIDACT. Doctrine hétérodoxe ; caractère de ce qui est hétérodoxe. ➤ **hérésie.** « *Il ne peut y avoir hétérodoxie s'il n'y a pas orthodoxie* » GIDE. ▪ CONTR. Orthodoxie.

HÉTÉRODYNE [eteʀɔdin] adj. et n. f. – 1922 ◇ de *hétéro-* et du grec *dunamis* « force » ▪ ÉLECTRON. Qui utilise un changement de fréquence obtenu par battement* pour transposer un signal dans une bande de fréquence audio. *Un récepteur hétérodyne.* — n. f. Oscillateur local permettant un changement de fréquence. ➤ **superhétérodyne.**

HÉTÉROGAMIE [eteʀɔgami] n. f. – 1842 ◇ de *hétéro-* et *-gamie* ▪ **1** BIOL. Reproduction sexuée par deux gamètes de morphologie différente. ➤ **anisogamie.** *La fécondation de l'ovule par le spermatozoïde, type de l'hétérogamie* (opposé à *isogamie*). ▪ **2** SOCIOL. Mariage entre personnes de groupes sociaux différents (opposé à *homogamie*).

HÉTÉROGÈNE [eteʀɔʒɛn] adj. – 1616 ; *hétérogénée* v. 1370 ◇ latin scolastique *heterogeneus,* d'origine grecque ▪ **1** RARE Qui est de nature différente. *Éléments hétérogènes d'un corps.* ▪ **2** Qui est composé d'éléments de nature différente. *Corps, roche hétérogène.* ▪ **3** (1798) ABSTRAIT Qui n'a pas d'unité. ➤ **composite, disparate, divers, hétéroclite.** *Nation hétérogène.* « *Curieux livre, où tout est excellent mais hétérogène* » GIDE. ▪ CONTR. Homogène ; analogue.

HÉTÉROGÉNÉITÉ [eteʀɔʒeneite] n. f. – 1586 ◇ latin scolastique *heterogeneitas* ▪ Caractère de ce qui est hétérogène. ➤ **disparité, dissemblance, diversité.** ▪ CONTR. Homogénéité ; analogie.

HÉTÉROGENÈSE [eteʀɔʒənɛz] n. f. – 1971 ; « abiogenèse » v. 1910 ◇ de *hétéro-* et *-genèse* ▪ BIOL. Apparition de caractères différents au cours de générations successives. ➤ VX **hétérogénie, mutation.**

HÉTÉROGÉNIE [eteʀɔʒeni] n. f. – 1834 ◇ de *hétéro-* et *-génie* ▪ **1** VX ou HIST. SC. Génération spontanée. ➤ **abiogenèse.** ▪ **2** BIOL. VX Hétérogenèse.

HÉTÉROGREFFE [eteʀogʀɛf] n. f. – milieu XXe ◇ de *hétéro-* et *greffe* ▪ CHIR. ➤ **hétéroplastie.** ▪ CONTR. Homogreffe.

HÉTÉROLOGUE [eteʀɔlɔg] adj. – 1853 ◇ de *hétéro-* et *-logue,* d'après *homologue* ▪ DIDACT. Dont la structure paraît différente de celles d'autres parties de l'organisme. *Tissu hétérologue.* ◆ Qui provient d'une espèce différente. *Greffe hétérologue.* ➤ **hétérogreffe, hétéroplastie.** ▪ CONTR. Homologue.

HÉTÉROMORPHE [eteʀɔmɔʀf] adj. – 1816 ◇ grec *heteromorphos ;* cf. *hétéro-* et *-morphe* ▪ BIOL. Qui présente des formes très différentes (en parlant d'individus de la même espèce). ➤ **diversiforme.**

HÉTÉROMORPHISME [eteʀɔmɔʀfism] n. m. – 1866 ◇ de *hétéromorphe* ▪ SC. Caractère de ce qui est hétéromorphe. *Hétéromorphisme sexuel.* ➤ **dimorphisme.**

HÉTÉRONOME [eteʀɔnɔm] adj. – 1842 ◇ de *hétéro-* et du grec *nomos* « loi » ▪ PHILOS. Qui reçoit de l'extérieur les lois qui le gouvernent. ▪ CONTR. Autonome.

HÉTÉRONOMIE [eteʀɔnɔmi] n. f. – 1827 ◇ de *hétéronome* ▪ **1** PHILOS. État de la volonté qui puise hors d'elle-même, dans les impulsions ou dans les règles sociales, le principe de son action. *L'hétéronomie de la volonté, obstacle, selon Kant, à l'action morale authentique.* ▪ **2** Absence d'autonomie. ▪ CONTR. Autonomie.

HÉTÉRONORME [eteʀonɔʀm] n. f. – 2002 ◇ mot-valise, de *hétéro(sexuel)* et *norme* ▪ DIDACT. Prédominance des représentations hétérosexuelles dans la société. — adj. (1999) **HÉTÉRONORMÉ, ÉE.** « *le modèle de couple monogame hétéronormé* » L. BINET.

HÉTÉRONYME [eteʀɔnim] adj. – 1866 ◇ de *hétér(o)-* et *-onyme,* du grec *ônuma* « nom », d'après *homonyme* ▪ **1** MÉD. Qui est en relation d'opposition ; SPÉCIALT Qui intéresse deux parties symétriques de l'organisme. *Image hétéronyme. Diplopie* hétéronyme.* ▪ **2** LING. *Termes hétéronymes,* qui se réfèrent au même hyperonyme mais ne sont pas synonymes (ex. *pantoufle, babouche* par rapport à l'hyperonyme *chaussure*).

HÉTÉROPLASTIE [eteʀɔplasti] n. f. – 1878 ◇ de *hétéro-* et *-plastie* ▪ CHIR. Transplantation sur un sujet de greffons prélevés sur un individu appartenant à une espèce différente. ➤ **hétérogreffe** (cf. Greffe hétérologue*).

HÉTÉROPLASTIQUE [eteʀɔplastik] adj. – 1878 ◇ de *hétéroplastie* ▪ CHIR. Qui a rapport à l'hétéroplastie. *Greffe hétéroplastique.*

HÉTÉROPROTÉINE [eteʀopʀɔtein] n. f. – v. 1850 ◇ de *hétéro-* et *protéine* ▪ BIOCHIM. Composé formé d'une protéine (➤ **apoprotéine**) liée à un groupement non protéique (➤ **prosthétique**). *Les chromoprotéines, glycoprotéines, lipoprotéines, métalloprotéines, nucléoprotéines sont des hétéroprotéines.* ▪ CONTR. Holoprotéine.

HÉTÉROPTÈRES [eteʀɔptɛʀ] **n. m. pl.** – 1810 ◊ de *hétéro-* et *-ptère* ■ ZOOL. Sous-ordre d'hémiptères, dont les ailes antérieures sont cornées à la base et membraneuses à leur extrémité. ➤ **rhynchotes.** — Au sing. *La punaise est un hétéroptère.*

HÉTÉROSEXUALITÉ [eteʀosɛksɥalite] **n. f.** – 1894 ◊ de *hétérosexuel* ■ DIDACT. Sexualité de l'hétérosexuel.

HÉTÉROSEXUEL, ELLE [eteʀosɛksɥɛl] **adj.** – 1891 ◊ de *hétéro-* et *sexuel* ■ Qui éprouve une attirance sexuelle pour les individus du sexe opposé. — **n.** *Un hétérosexuel, une hétérosexuelle.* — ABRÉV. FAM. **HÉTÉRO.** *Les hétéros et les homos. Couples hétéros.*

HÉTÉROSIDE [eteʀozid] **n. m.** – 1927 ◊ de *hétér(o)-* et *oside* ■ BIOCHIM. Substance glucidique composée d'un ou plusieurs sucres (oses) et d'une partie non glucidique (aglycone), et qui peut être décomposée par hydrolyse. ➤ aussi **holoside.**

HÉTÉROSOME ➤ **HÉTÉROCHROMOSOME**

HÉTÉROTROPHE [eteʀɔtʀɔf] **adj.** – 1905 ◊ de *hétéro-* et du grec *trophê* «nourriture» ■ ÉCOL. Qui se nourrit de substances organiques, ne peut effectuer lui-même la synthèse de ses éléments constituants. — **n. m.** *Un hétérotrophe* : un organisme hétérotrophe. — **n. f. HÉTÉROTROPHIE.** ■ CONTR. Autotrophe.

HÉTÉROZYGOTE [eteʀozigɔt] **adj. et n.** – 1903 ◊ de *hétéro-* et *zygote* ■ GÉNÉT. Se dit d'une cellule, d'un individu qui possède deux allèles différents du même gène, un sur chaque chromosome d'une même paire. — PAR EXT. Se dit d'un organisme provenant de l'union de gamètes de constitution génétique dissemblable. — **n.** *Un hétérozygote.* — **n. f.** (1928) **HÉTÉROZYGOTIE** [eteʀozigɔsi]. ■ CONTR. Homozygote.

HETMAN [ɛtmɑ̃ ; ɛtman] **n. m.** – 1725 ; *heltman* 1660 ◊ mot slave ■ HIST. Chef élu des clans cosaques, à l'époque de leur indépendance. *Des hetmans.* — On a dit aussi *ataman.*

HÊTRAIE [ˈɛtʀɛ] **n. f.** – XVIIIe ◊ de *hêtre* ■ Lieu planté de hêtres.

HÊTRE [ˈɛtʀ] **n. m.** – 1301 ; «jeune hêtre» 1210 ; a éliminé l'ancien français *fou* ◊ francique °*haistr*, de °*haisi* «fourré» ■ Arbre forestier *(fagacées)* de grande taille, à tronc droit, cylindrique, à écorce lisse de couleur cendrée, à feuilles ovales, à fleurs monoïques, à fruits (➤ **faine**) enchâssés dans une cupule. ➤ **fayard.** «*Les hêtres, à l'écorce blanche et lisse, entremêlaient leurs couronnes*» FLAUBERT. ◆ Le bois de cet arbre. *Meuble, sabots en hêtre. Goudron de hêtre.* ➤ **créosote.** ■ HOM. Être, êtres.

HEU [ˈø] **interj.** – XVe ◊ onomat. ■ Interjection qui marque l'embarras, le doute, et SPÉCIALT la difficulté à trouver ses mots. ➤ **euh.** — **n. m. inv.** «*Les mots ne venaient pas, il poussait des heu ! heu ! sans jamais pouvoir finir ses phrases*» ZOLA. ■ HOM. 1 E, euh, eux, œufs (œuf).

HEUR [œʀ] **n. m.** – v. 1160 *eür, aür* ◊ latin impérial *agurium*, classique *augurium* «présage» ■ VX Bonne fortune. ➤ **bonheur ; heureux.** ◆ LOC. VIEILLI *Avoir l'heur de* (et inf.), la chance, le plaisir de. MOD. *Je n'ai pas eu l'heur de lui plaire.* ■ CONTR. Malheur. ■ HOM. Heure, heurt.

HEURE [œʀ] **n. f.** – milieu XIIe ◊ du latin *hora* → encore, lors, 2 or ; lurette

I DURÉE DE SOIXANTE MINUTES Espace de temps égal à la vingt-quatrième partie du jour (pratiquement, aujourd'hui, du jour solaire moyen). *Heure sidérale, heure solaire vraie, heure solaire moyenne. L'heure est subdivisée en 60 minutes ou 3 600 secondes. Un quart* d'heure. Une demi-heure* (voir ce mot). ◆ Durée d'environ ce temps. *En une, en quelques heures. Deux heures avant, après, plus tôt, plus tard. Revenez dans une heure. Vingt-quatre heures* (un jour), *quarante-huit heures* (deux jours). *Vingt*-quatre heures sur vingt-quatre. Passer des heures à...* «*le pauvre diable en avait pour une heure à se remettre*» CALAFERTE. ◆ (1662) *Heure de* : heure consacrée à, occupée par. *Une heure de liberté. Heure de cours, de travail. Écrire* «*des livres est un travail de forçat. Sans compter les heures de présence*» DJIAN. *Journée de huit heures, semaine de trente-neuf heures, de trente-cinq heures* (de travail). «*depuis la journée de seize heures jusqu'à la semaine de quarante heures*» CAMUS. *Une heure de route, d'avion.* — Heure de trajet. *Habiter à une heure de Paris.* — *Faire cent kilomètres à l'heure, du cent à l'heure* : aller à une vitesse qui, constamment soutenue, ferait parcourir cent kilomètres en une heure. *Rouler à cent à l'heure. Kilomètre-heure* (SYMB. km/h). — (1740) *Être payé à l'heure,* selon le nombre d'heures de travail fourni (opposé à *à la tâche, aux pièces*). *Gagner tant de l'heure, par heure. Payer qqn dix euros l'heure. Heure supplémentaire*.* — LOC. FAM. *S'ennuyer, s'embêter à cent sous (de) l'heure.* ◆ PAR EXAGÉR. *Voilà une heure qu'on t'attend, dépêche-toi un peu !* ➤ **longtemps.** ◆ Symbole du temps. *L'heure tourne. Les heures passaient vite, lentement.*

II MOMENT A. MOMENT DE LA JOURNÉE ■ **1** (milieu XIIe) Point précis du jour, déterminé pratiquement par référence à un instrument de mesure et chiffré de 0 à 11 (12 divisions de la demi-journée) ou de 0 à 23 (24 divisions du jour). SYMB. **h.** ➤ ARG. **plombe.** *Instrument indiquant l'heure* (montres, pendules, horloges, réveils), *la date et l'heure* (horodateurs). *Magasin ouvert de 8 h à 12 h. 0 heure.* ➤ **minuit.** *Le train de 0 h 45. 12 heures.* ➤ **1 midi.** *Chercher midi* à quatorze heures. 8 heures du matin* (➤ **A. M.**). *15 heures* ou *3 heures de l'après-midi* (➤ **P. M.**). *19 heures* ou *7 heures du soir. Le journal* (télévisé) *de vingt heures* ou ELLIPT *le vingt heures.* — REM. Le décompte purement numérique s'est répandu dans l'usage avec la diffusion des cadrans à affichage digital. ◆ *Heure locale,* différente d'un méridien à l'autre. *Il était 7 heures, heure locale. L'heure est uniforme à l'intérieur de chacun des 24 fuseaux horaires. Heure légale,* en France, celle du méridien de Greenwich avancée d'une heure en hiver, et de deux en été (opposé à *heure solaire*). ➤ **temps** (légal). *Changement d'heure en mars et en octobre* (en France). *Heure d'été, heure d'hiver.* — Au Canada, *Heure normale du Nord* (Temps* universel [T. U.] – 3 h 30), *de l'Atlantique* (T. U. – 4 h), *de l'Est* (T. U. – 5 h), *du Centre* (T. U. – 6 h), *des Rocheuses* (T. U. – 7 h), *du Pacifique* (T. U. – 8 h). — *Heure avancée* : heure d'été. ◆ (1505) *Regarder l'heure. Demander, donner l'heure. Quelle heure est-il ?* FAM. *Je ne vous demande pas l'heure qu'il est !*, mêlez-vous de ce qui vous regarde. — *Montre qui donne l'heure exacte, juste, qui est à l'heure. Mettre sa montre à l'heure. Remettre les pendules* à l'heure. À quelle heure ? À heures fixes. Toutes les heures, tous les quarts d'heure.* — *À cinq heures juste(s), sonnant(es), tapant(es)* ; (FAM.) *pile, pétant(es).* — *Il est plus de huit heures, huit heures passées.* — *Deux heures quinze* (les minutes 15, 30 et 45 qui suivent les heures de 1 à 11 peuvent être remplacées par des expressions formées avec *quart* et *demie*). *Six heures un quart, et quart, et demie. Deux heures dix. Six heures moins vingt* ou *cinq heures quarante. Quatre heures moins le quart (de l'après-midi)* ou *quinze heures quarante-cinq. La demie de dix heures* : dix heures et demie. — ELLIPT *De deux à trois, de cinq à sept* (heures). ◆ *L'horloge sonne, carillonne les heures, la demie et les quarts. Trois heures ont sonné. Sur le coup* de dix heures, de midi.* — MAR. *Heure de bord,* celle qu'indique la montre d'habitacle. ◆ **L'HEURE :** l'heure fixée, prévue. *Votre heure sera la mienne. L'heure du train,* fixée pour le départ du train. *Commencer avant l'heure. Arriver après l'heure.* LOC. FAM. *Avant l'heure, c'est pas l'heure, après l'heure, c'est plus l'heure.* — **À L'HEURE.** *Arriver, être à l'heure.* ➤ **exact, ponctuel.** — LOC. *N'avoir pas d'heure* : négliger d'observer un horaire régulier. — LOC. FAM. *À pas d'heure* : à une heure indue, et SPÉCIALT très tard. *Se coucher à pas d'heure.* ■ **2** (fin XIIe) LITURG. ROM. *Heures canoniales,* celles où l'on récite les diverses parties du bréviaire, et PAR EXT. ces parties elles-mêmes. *Grandes heures.* ➤ **laudes, matines, vêpres.** *Petites heures.* ➤ **complies, none, 1 prime, tierce.** — *Livres d'Heures,* ou (milieu XIIIe) ELLIPT *Heures* : recueil de dévotion renfermant les prières de l'office divin. ■ **3** (fin XIIe) (Qualifié) Moment de la journée selon son emploi ou l'aspect sous lequel il est considéré. *Aux heures, à l'heure des repas. Heures d'affluence, de pointe** (cf. Le coup de feu*). *Heures d'ouverture d'un magasin.* ➤ **horaire.** *Heures creuses*. Une heure indue. À une heure avancée* (➤ **tard**), *matinale* (➤ **tôt**). *C'est l'heure d'aller se coucher, de la sieste.* «*C'était l'heure tranquille où les lions vont boire*» HUGO. *En temps* et en heure.* ◆ *À la première heure* : très tôt le matin, le plus tôt possible. FIG. *Les combattants de la première heure,* ceux du début, les premiers à avoir combattu. — *Nouvelles de (la) dernière heure,* celles qui parviennent à une rédaction dans les ultimes moments précédant l'impression, la diffusion. *Dernière heure* : rubrique réservée dans la presse à ces dernières nouvelles. FIG. *Les combattants, les résistants de la dernière heure,* ceux qui se sont joints au combat, à la cause au dernier moment. — *Les ouvriers de la onzième heure.* ◆ (Avec un poss.) Moment habituel ou agréable à qqn pour faire telle ou telle chose. *Ce doit être lui qui arrive, c'est son heure.* — **À SES HEURES :** à certains moments, selon sa fantaisie. *Il est poète à ses heures* (cf. Quand ça lui chante). ◆ **loc. adv.** (fin XIVe) **À LA BONNE HEURE :** au bon moment, à propos ; PAR EXT. (marquant l'approbation) c'est très bien, tant mieux. «*Si le destin la réunissait un jour à lui, à la bonne heure !*» DUTOURD.

B. MOMENT DE LA VIE ■ **1** (milieu xve) Moment de la vie (d'un individu, d'un groupe, etc.) ➤ **époque, 2 instant, temps.** *Connaître dans sa vie des heures agréables, tranquilles, sombres, exaltantes, difficiles, noires. « Certaines heures semblent impossibles à vivre. Il faudrait pouvoir les sauter, les omettre »* GREEN. *Jusqu'à l'heure de ma mort* : jusqu'à ma mort. — LOC. *L'heure n'est pas (plus) à qqch.* : ce n'est pas, plus le moment de. *L'heure n'est pas à la rigolade. Il n'y a pas d'heure pour les braves* : quand on est brave, on l'est tout le temps. — *Heure suprême, dernière* : les derniers instants d'une vie. ELLIPT *Son heure est venue, a sonné* : il va bientôt mourir. *Croire sa dernière heure arrivée* : craindre pour sa vie, se sentir en danger de mort. ◆ (Avec un poss.) Moment, époque de la vie où s'offre une chance favorable à la réussite de qqch., au succès de qqn, au bonheur de son existence. *Attendre son heure. Son heure viendra.* ➤ **3 tour.** *Son heure est passée.* — *École, artiste qui a eu son heure de gloire.* — *L'heure actuelle* : maintenant, de nos jours. *« Une telle cause, bien entendu, nous échappe, du moins à l'heure présente »* ROBBE-GRILLET. ■ **2 L'HEURE :** le moment présent. *L'heure est grave.* ➤ **circonstance.** *Difficultés, problèmes de l'heure.* ➤ **actuel.** *L'heure est à la réflexion.* — Moment favorable, propice. (1919) **L'HEURE H :** l'heure prévue pour l'attaque ; l'heure de la décision.

III LOCUTIONS ■ **1 À... HEURE.** — VIEILLI OU RÉGION. **À CETTE HEURE** [astœr] : maintenant, présentement. *« La v'là grosse, à c't'heure »* MAUPASSANT. — **À L'HEURE QU'IL EST :** en ce moment de la journée ; à l'époque actuelle. ➤ **actuellement, aujourd'hui.** *À l'heure qu'il est, nous ne savons toujours rien. « Il n'y a personne à l'heure qu'il est qui puisse défendre le point de vue du cinéma intégral »* ARTAUD. — **À TOUTE HEURE :** à tout moment de la journée, sans interruption. ➤ **constamment, continuellement.** *Pharmacie, brasserie ouverte à toute heure.* — À n'importe quel moment. *Repas chaud à toute heure. Vous pouvez m'appeler à toute heure du jour et de la nuit.* ◆ **À L'HEURE** (et adj.) : à l'ère, à l'époque (caractérisée par un élément). *« Mon village à l'heure allemande »,* de J.-L. Bory. — **À L'HEURE DE** (et subst. compl.) : à l'époque de ; à la manière de, sous l'influence de. *Un petit village qui « semble s'être mis à l'heure du progrès »* MALLET-JORIS. ■ **2** (milieu xve) **POUR L'HEURE :** pour le moment, dans les circonstances actuelles. *Pour l'heure, nous n'avons encore rien décidé.* ◆ (1540) VIEILLI **SUR L'HEURE :** aussitôt, à l'instant, sur-le-champ. ➤ **immédiatement, 2 incontinent.** ◆ (1628) **TOUT À L'HEURE.** VX Tout de suite, sur-le-champ. *« Hors d'ici tout à l'heure »* MOLIÈRE. — (1647) MOD. Dans un moment, après un bref laps de temps. *Nous verrons cela tout à l'heure.* Il y a un moment, il y a très peu de temps. *Je l'ai vu tout à l'heure, il ne doit pas être bien loin. « Je voulais m'excuser pour tout à l'heure. Je t'ai fait de la peine ? »* SAGAN. ◆ **D'HEURE EN HEURE :** toutes les heures ; (plus cour.) d'une heure à l'autre, à mesure que l'heure, le temps passe. *La situation s'améliore d'heure en heure.* — **D'UNE HEURE À L'AUTRE :** en l'espace d'une heure, d'un moment à l'autre. *La situation peut changer d'une heure à l'autre.* ◆ **HEURE PAR HEURE :** d'heure en heure, progressivement. *Nous suivons l'évolution de la situation heure par heure.* ■ **3** (1539) **DE BONNE HEURE :** à une heure matinale, ou en avance sur l'heure fixée, habituelle. *Ils sont arrivés de bonne heure.* ➤ **tôt.** *De très bonne heure, de trop bonne heure. Se lever de bonne heure.* ➤ **potron-minet ; lève-tôt.** FIG. *Il faut se lever de bonne heure pour...* : c'est très difficile. *« pour lui faire de la peine, il faut se lever de bonne heure »* BLONDIN. — Avant l'époque habituelle, normale. ➤ **précocement.** *« Les familles mariaient de fort bonne heure leurs enfants »* BALZAC.

■ HOM. Heur, heurt.

HEUREUSEMENT [øʀøzmɑ̃] adv. – 1557 ; « par chance » 1351 ◇ de *heureux* ■ **1** VX Dans l'état de bonheur. *Vivre heureusement.* ➤ **heureux.** ■ **2** MOD. D'une manière heureuse, avantageuse ou favorable ; avec succès. ➤ **avantageusement, 1 bien, favorablement.** *L'affaire s'est terminée heureusement.* ■ **3** D'une manière esthétiquement heureuse, réussie (cf. Avec bonheur). *Couleurs qui se marient heureusement.* ■ **4** COUR. Par une heureuse chance, par bonheur (cf. Dieu merci, grâce à Dieu, grâce au ciel). *Heureusement, il est indemne. Il a enfin compris, heureusement.* — ELLIPT *Heureusement pour moi, pour lui* : c'est heureux pour moi, pour lui (cf. Tant mieux pour). — *Heureusement que* (et indic.) (cf. Une chance que et subj.). *Heureusement que j'y ai pensé.* ■ CONTR. Malheureusement.

HEUREUX, EUSE [øʀø, øz] adj. – fin xiie ◇ de *heur*

I FAVORISÉ PAR LA CHANCE, LE SORT ■ **1** (PERSONNES) Qui bénéficie d'une chance favorable, que le sort favorise. ➤ **chanceux, favorisé ;** FAM. **veinard.** *Être heureux au jeu, en affaires.* LOC. PROV. *Heureux au jeu, malheureux en amour* (cf. FAM. Avoir une veine de cocu*). — LOC. *Un heureux mortel* : une personne chanceuse. — (1543) *S'estimer heureux* : estimer qu'on a de la chance (et, par conséquent, ne rien demander de plus). *Tu peux t'estimer heureux de ne pas avoir été blessé. Bien heureux, trop heureux si je m'en sors à si bon compte !* ■ **2** (milieu xiiie) (CHOSES) Qui est favorable. ➤ **avantageux, 1 bon, favorable.** *Heureux hasard. Heureux jour.* ➤ **2 faste.** *Un coup heureux.* ➤ **1 beau.** *Heureuse issue, heureux résultat. « Mimi n'en revenait pas de cette heureuse rencontre qu'il souhaitait depuis si longtemps »* COSSERY. ◆ Que le succès accompagne, couronne. *Choix heureux. Heureux changement.* — LOC. *Avoir la main heureuse* : réussir ordinairement dans les choses qu'on entreprend, les choix qu'on fait. ◆ Qui est signe ou promesse de succès. *Heureux présage, augure.* ◆ IMPERS. *C'est heureux pour vous* : c'est une chance pour vous. — IRON. (pour exprimer un sentiment de satisfaction mitigé) *Encore heureux que j'y aie pensé !* ➤ **heureusement.** ■ **3** Qui marque une disposition favorable de la nature ; qui est remarquable et rare en son genre. ➤ **1 bon.** *Un heureux caractère. Une heureuse nature,* portée à l'optimisme. ■ **4** (1674) (Esthétique) Dont l'originalité, la justesse, l'habileté ont qqch. d'inspiré qui semble dû à la chance. ➤ **juste, 2 original, réussi** (cf. Bien trouvé*). *Expression, répartie, formule heureuse. Un heureux choix de mots. Ces deux couleurs ensemble, ce n'est pas très heureux.*

II QUI ÉPROUVE, PROCURE DU BONHEUR, DE LA SATISFACTION ■ **1** (PERSONNES) Qui jouit du bonheur. *Il a tout pour être heureux. « Être bête, égoïste, et avoir une bonne santé, voilà les trois conditions voulues pour être heureux »* FLAUBERT. *Couple heureux. Être heureux en ménage. Ils furent heureux et eurent beaucoup d'enfants. « Si encore ils étaient heureux, vraiment heureux, les gens heureux ! Mais faut voir la gueule qu'ils font, et la façon qu'ils ont de vivre leurs jours heureux... »* PRÉVERT. — LOC. *Être heureux comme un poisson dans l'eau, comme un roi, comme un pape,* très heureux. ➤ **béat, ravi** (cf. Être aux anges, au septième ciel, comme un coq en pâte). *Un imbécile heureux.* ➤ **satisfait.** — EXCLAM. *Heureux celui qui... !* ➤ **bienheureux.** *« Heureux qui, comme Ulysse, a fait un beau voyage »* DU BELLAY. ◆ **ÊTRE HEUREUX DE.** ➤ **2 aise, content, satisfait ;** se **réjouir.** *Je suis très heureux de votre succès, de vous revoir. Très heureux d'avoir fait votre connaissance.* ➤ **charmé, enchanté, ravi.** *M. et Mme X sont heureux de vous annoncer...* (cf. Avoir la joie*, le plaisir* de...). *Être heureux de vivre. Heureux de vous l'entendre dire. Je suis très heureux qu'il aille mieux.* ◆ SUBST. *Faire un heureux, des heureux* : faire le bonheur de qqn, de quelques personnes. ■ **2** Qui éprouve du plaisir, de la satisfaction (à un moment donné). *Rendre son, sa partenaire heureux, heureuse,* satisfait(e) sexuellement. ■ **3** Qui exprime le bonheur. *Un air, un visage heureux.* ➤ **radieux, triomphant.** ■ **4** (1538) (CHOSES) Marqué par le bonheur ; où règne le bonheur. *Ils ont eu une vie heureuse.* ➤ **1 beau.** *Attendre un heureux évènement*. Époque heureuse* (cf. Âge d'or). *Bonne et heureuse année !* ➤ **1 bon.** *Heureux anniversaire !* ➤ **joyeux.** *Ce mariage n'a pas été heureux. « Il n'y a pas d'amour heureux »,* poème de Louis Aragon. *« Un souvenir heureux est peut-être sur terre Plus vrai que le bonheur »* MUSSET.

■ CONTR. Malheureux. Infortuné, malchanceux. Affligeant, déplorable, désolant, douloureux, fâcheux, funeste. — Fâché, mécontent, triste.

HEURISTIQUE [øʀistik] adj. et n. f. – 1845 ◇ du grec *heuriskein* « trouver » ■ On écrit aussi *euristique.* DIDACT. ■ **1** Qui sert à la découverte. *Hypothèse heuristique.* — PÉDAG. *Méthode heuristique,* consistant à faire découvrir à l'élève ce qu'on veut lui enseigner. ◆ INFORM. Qui procède par évaluations successives et hypothèses provisoires, en parlant d'une méthode d'exploration (cf. Système expert*). — *Analyse, logique heuristique.* ■ **2** n. f. Partie de la science qui a pour objet la découverte des faits. ◆ INFORM. Méthode de recherche fondée sur l'approche progressive d'un problème donné.

HEURT ['œʀ] n. m. – xiie ◇ de *heurter* ■ **1** Action de heurter ; résultat de cette action. ➤ **coup ; choc*.** *« le heurt d'un lourd vantail qui se referme »* L. BERTRAND. *Au moindre heurt, la bombe explose. Déplacer sans heurt un objet fragile.* ➤ **à-coup, cahot, saccade.** ◆ *Heurts entre la police et les manifestants.* ➤ **accrochage, brutalité.** ■ **2** (ABSTRAIT) Opposition brutale, choc résultant d'un désaccord, d'une dispute. ➤ **antagonisme, conflit, friction, froissement.** *La cohabitation ne va pas sans quelques heurts. « le heurt de deux tempéraments, de deux éducations différentes »* ZOLA. ■ **3** (Esthétique) Opposition forte. ➤ **contraste ; heurté.** *Un heurt déplaisant de sonorités. Le peintre dispose « des pâtes colorées dont [...] les fusions et les heurts* *doivent lui servir à s'exprimer»* VALÉRY. ■ CONTR. Conciliation. Harmonie. ■ HOM. Heur, heure.

HEURTÉ, ÉE ['œRte] adj. – 1752 ◊ de *heurter* ■ Qui manque de fondu, qui est fait de contrastes très (souvent trop) appuyés. *Tons heurtés. — Style heurté.* ➤ **haché, saccadé.** *«ce discours heurté, fougueux, ces contrastes»* FAGUET. *Exécution heurtée d'une œuvre musicale.* ■ CONTR. Fondu, lié. Harmonieux.

HEURTER ['œRte] v. ‹1› – *hurter* 1160 ◊ p.-ê. du francique °*hurt* (cf. ancien scandinave *hrütr* «bélier») ou d'un gallo-roman °*uritare* «frapper comme un taureau sauvage», du latin *urus*

I v. tr. ■ **1** Toucher en entrant brusquement en contact avec (généralement de façon accidentelle). ➤ **choquer, cogner,** RÉGION. **frapper.** *«les ménagères vous heurtaient avec leurs grands parapluies, leurs paniers et leurs bambins»* FLAUBERT [cf. Rentrer dedans*]. *Heurter du pied, du coude. Heurter une voiture.* ➤ **emboutir,** FAM. **emplafonner, percuter, tamponner.** ◆ Faire entrer brutalement en contact. *Heurter son front, sa tête contre, à qqch. Se heurter le front.* ■ **2** (1280) (ABSTRAIT) Venir contrecarrer (qqn), aller à l'encontre de (sentiments, intérêts), d'une façon choquante, rude ou maladroite qui provoque ou durcit la résistance. ➤ **blesser, choquer, contrarier, froisser, offenser, vexer.** *Heurter de front qqn, ses sentiments, ses idées.* ➤ **affronter, attaquer, combattre.** *Heurter les intérêts, les préjugés, l'opinion.* ➤ **atteindre.** *«ces paroles ne devaient ni me surprendre ni me heurter»* DUHAMEL. — ABSOLT *«Ma dernière rubrique a déplu, heurté, choqué»* LÉAUTAUD.

II v. intr. ■ **1** VIEILLI *Heurter contre (qqch.)* : entrer rudement en contact avec. ➤ **achopper,** 2 **buter, cogner, donner,** 1 **porter,** 2 **taper.** *Heurter contre un caillou, une marche.* ■ **2** *Heurter à* : frapper avec intention à. *Heurter à la porte, à la vitre.*

III SE HEURTER v. pron. ■ **1** (RÉFL.) *Se heurter contre, à un mur.* ➤ **se cogner.** ◆ FIG. Rencontrer un obstacle d'ordre humain, moral. *Ses idées se heurtèrent à une forte opposition. Se heurter à un refus.* ■ **2** (RÉCIPR.) *Passants pressés qui se heurtent. «les cimes des pins grincent en se heurtant»* APOLLINAIRE. ➤ **s'entrechoquer.** *Les deux voitures se sont heurtées de plein* fouet.* ◆ FIG. Se contrarier, entrer en conflit. ➤ **s'accrocher, s'affronter.** *«On ne se rencontre qu'en se heurtant»* FLAUBERT. ◆ Faire un violent contraste. *Tonalités qui se heurtent.*

HEURTOIR ['œRtwaR] n. m. – 1302 ◊ de *heurter* ■ **1** Marteau adapté à la porte d'entrée d'une maison, dont on se sert pour frapper (en le faisant retomber sur le *contre-heurtoir /contreheurtoir/*). *Heurtoir en forme de main.* ■ **2** TECHN. Pièce disposée de façon à arrêter un objet mobile. ➤ **amortisseur, butoir.**

HÉVÉA [evea] n. m. – *hévée* 1808 ; *hhévé* 1751 ◊ mot quéchua latinisé en *hevea* ■ Arbre de grande taille *(euphorbiacées)*, originaire de la Guyane, produisant un latex utilisé pour la fabrication du caoutchouc. *Plantation d'hévéas. Saigner les hévéas. «l'hévéa, [...] l'arbre blessé, l'arbre à blessures rouges rouvertes chaque jour par l'homme pour que s'écoule le lait»* ORSENNA.

HEXA- ■ Élément, du grec *hexa-*, de *hex* «six». ◆ CHIM. Sert à former des mots désignant des composés dont la molécule contient six atomes d'un élément : *hexachlorophène, hexose.*

HEXACHLOROPHÈNE [ɛgzaklɔRɔfɛn] n. m. – 1954 ◊ de *hexa-, chlore* et grec *phainein* «briller» ■ CHIM. Phénol synthétique ($C_{13}H_6O_2Cl_6$), puissant antimicrobien neurotoxique. *L'emploi d'hexachlorophène dans les produits pharmaceutiques et d'hygiène est strictement réglementé.*

HEXACORALLIAIRES [ɛgzakɔRaljɛR] n. m. pl. – 1924 ; *hexacoralla* 1894 ◊ de *hexa-* et *coralliaires* ■ ZOOL. Groupe de grands coraux qui forment des polypes dont les cloisons ont une symétrie hexagonale. ➤ **madrépore.**

HEXACORDE [ɛgzakɔRd] n. m. – 1690 ◊ de *hexa-* et *corde* ■ MUS. Ancien système musical fondé sur une gamme de six notes consécutives. ➤ **solmisation.**

HEXADÉCANE [ɛgzadekan] n. m. – 1874 ◊ de *hexa-, déca-* et suffixe de *cétane* ; cf. anglais *hexadecane* (1872) ■ CHIM. Hydrocarbure saturé comprenant 16 atomes de carbone et 34 atomes d'hydrogène. *Hexadécane normal.* ➤ **cétane.**

HEXADÉCIMAL, ALE, AUX [ɛgzadesimal, o] adj. – 1972 ◊ de *hexa-* et *décimal* ■ Se dit d'un système de numération de base 16. *Codes hexadécimaux, en informatique.*

HEXAÈDRE [ɛgzaɛdR] adj. – 1701 ◊ de *hexa-* et *-èdre* ■ GÉOM. Qui a six faces planes. — n. m. Polyèdre à six faces. *Le cube, hexaèdre régulier.* adj. **HEXAÉDRIQUE,** 1846.

HEXAFLUORURE [ɛgzaflyɔRyR] n. m. – 1904 ◊ de *hexa-* et *fluor* ■ CHIM. Sel dont la molécule contient six atomes de fluor. *Hexafluorure d'uranium utilisé dans la séparation isotopique de l'uranium.*

HEXAGONAL, ALE, AUX [ɛgzagɔnal, o] adj. – 1632 ◊ de *hexagone* ■ **1** Qui a six angles et six côtés. *Figure, alvéole hexagonale.* ◆ Dont la base est un hexagone. *Pyramide hexagonale.* ◆ SC. *Système hexagonal d'un cristal,* caractérisé par l'existence d'un axe de symétrie d'ordre 6. ■ **2** (v. 1966) Qui concerne l'Hexagone* (français). ➤ **français,** 1 **métropolitain.** *«ses livres, qui avaient été récemment célébrés en France, avec le retard habituel à toute découverte hexagonale»* J. SEMPRUN.

HEXAGONE [ɛgzagɔn ; -gon] n. m. – 1651 ; *exagone* «hexagonal» 1377 ◊ latin d'origine grecque *hexagonus* ; cf. 1-*gone* ■ **1** Polygone à six angles et six côtés. *Hexagone régulier.* ■ **2** (1934) **L'HEXAGONE :** la France métropolitaine (à cause de la forme de la carte de France, qu'on peut inscrire dans un hexagone).

HEXAMÈTRE [ɛgzamɛtR] adj. et n. m. – 1488 ◊ latin d'origine grecque *hexametrus* ; cf. *hexa-* et *-mètre* ■ VERSIF. Qui a six pieds ou six mesures. *Vers hexamètre* ou n. m. *un hexamètre.*

HEXANE [ɛgzan] n. m. – 1873 ◊ de *hexa-* et suffixe chimique *-ane* ■ CHIM. Alcane, de formule C_6H_{14}, présent dans le pétrole et l'essence. *Reformage de l'hexane.*

HEXANEDIOÏQUE [ɛgzandjɔik] adj. – 1896 *anhydride hexanedioïque* ◊ de *hexane, di-* et suffixe chimique ■ CHIM. *Acide hexanedioïque* : acide $(C_2H_4COOH)_2$ obtenu en traitant l'huile de ricin ou la cyclohexanone par l'acide nitrique, et qui présente à un très haut degré le phénomène de sursaturation en solution aqueuse. ➤ **adipique.**

HEXANOÏQUE [ɛgzanɔik] adj. – 1894 ◊ de *hexane* ■ (1895) CHIM. *Acide hexanoïque* : acide gras saturé à six atomes de carbone, présent dans le beurre et d'autres graisses animales. ➤ **caproïque.**

HEXAPODE [ɛgzapɔd] adj. et n. m. – 1764 ◊ de *hexa-* et *-pode* ■ ZOOL. Qui a six pattes (se dit des larves à six pattes développées, dans les groupes où ce caractère est exceptionnel). ◆ n. m. pl. VIEILLI **LES HEXAPODES.** ➤ **insecte.**

HEXOGÈNE [ɛgzɔʒɛn] n. m. – 1931 ◊ calque de l'allemand *hexogen,* cf. *hexa-* et *-gène* ■ CHIM. Explosif nitré, plus puissant que le T. N. T. *L'hexogène entre dans la composition du plastic.* ■ HOM. Exogène.

HEXOSE [ɛgzoz] n. m. – 1890 ◊ de *hex(a)-* et 1-*ose* ■ BIOCHIM. Sucre non hydrolysable possédant dans sa molécule six atomes de carbone (ex. galactose, glucose, fructose).

HI ['i ; hi] interj. – *hy* 1480 ◊ onomat. du rire ■ Onomatopée qui, répétée, figure le rire et, parfois, les pleurs. ■ HOM. Hie, 1 i, 2 et 3 y.

HIATAL, ALE, AUX [jatal ; 'jatal, o] adj. – début XXe ◊ de *hiatus* ■ DIDACT. Qui concerne un hiatus (2°). *Hernie hiatale :* hernie de l'hiatus œsophagien.

HIATUS [jatys ; 'jatys] n. m. – 1521 ◊ mot latin «ouverture», puis «hiatus» ■ **1** LING. Rencontre de deux voyelles, de deux éléments vocaliques, soit à l'intérieur d'un mot (ex. aérer, géant), soit entre deux mots énoncés sans pause (ex. tu as eu). *L'hiatus, le hiatus.* ■ **2** VIEILLI Espace entre deux choses, dans une chose. ➤ **interruption, solution** (de continuité). ◆ ANAT. Ouverture, fente. *Hiatus œsophagien.* ■ **3** FIG. (1690) MOD. ➤ **coupure, interruption, lacune.** *«Le dimanche est un hiatus, une solution de continuité dans la trame des jours vivants»* DUHAMEL. ■ CONTR. Liaison ; continuité.

HIBERNAL, ALE, AUX [ibɛRnal, o] adj. – 1555 ; *hybernal* 1532 ; repris début XIXe ◊ bas latin *hibernalis* ■ DIDACT. Relatif à l'engourdissement d'hiver. *Sommeil hibernal.* ➤ **hiémal.**

HIBERNANT, ANTE [ibɛRnɑ̃, ɑ̃t] adj. – 1824 ◊ de *hiberner* ■ Qui hiberne. *Animaux hibernants* (ex. chauve-souris, marmotte, loir, hérisson).

HIBERNATION [ibɛRnasjɔ̃] n. f. – 1829 ◊ bas latin *hibernatio* ■ Ensemble des modifications physiologiques que subissent les êtres vivants sous l'action du froid hivernal. ➤ **dormance.** — SPÉCIALT État d'engourdissement, s'accompagnant d'une hypothermie, où tombent certains mammifères pendant l'hiver (opposé à *estivation*). *Être en hibernation.* ◆ *Hibernation artificielle :* refroidissement du corps humain dans un but thérapeutique (chirurgie, etc.).

HIBERNER [ibɛʀne] **v. intr.** ‹1› – 1792 ◊ latin *hibernare* ■ Passer l'hiver dans un état d'engourdissement. *La marmotte, le loir hibernent.*

HIBISCUS [ibiskys] **n. m.** – 1786 ◊ mot latin, du grec *hibiskos* → guimauve ■ Arbre tropical *(malvacées)*, cultivé comme plante ornementale ou comme textile, à grandes fleurs de couleurs vives. ➤ **ketmie.** «*des hibiscus* [...] *étalaient de fabuleuses fleurs rayonnantes, pareilles aux fleurs des mauves*» GENEVOIX. ♦ ➤ **althæa.**

HIBOU ['ibu] **n. m.** – Xe ◊ probablt onomat. ■ **1** Oiseau rapace nocturne *(strigiformes)* portant des aigrettes, ce qui le distingue des chouettes. ➤ **duc.** — SPÉCIALT Moyen duc*. *Les hiboux hululent, huent, bouboulent.* «*ils apercevaient sur une porte un hibou crucifié*» FLAUBERT. — LOC. *Avoir des yeux de hibou,* de gros yeux ronds. ■ **2** VX Homme triste, solitaire. *Un vieux hibou taciturne.* «*On disait de J.-J. Rousseau :* C'est un hibou» CHAMFORT.

HIC ['ik] **n. m.** – 1690 ◊ mot latin «ici», dans la loc. *hic est questio* «là est la question» ■ FAM. Point difficile, essentiel d'une chose, d'une affaire. ➤ **nœud ; crucial.** *Voilà le hic ; c'est bien là le hic. Il y a un hic.* ➤ FAM. **cactus, os, 1 pépin.** *Il subsiste quelques hics.*

HIC ET NUNC ['ikɛtnɔ̃k ; -nœ̃k] **loc. adv.** – 1750 ◊ mots latins «ici et maintenant» ■ DIDACT. Sur-le-champ, sans délai. «*L'engagement fut conclu hic et nunc*» J. VERNE.

HICKORY ['ikɔʀi] **n. m.** – 1798 ; *hickories* 1707 ◊ de l'anglais (1670), abrév. de *pokahickory,* mot algonquin de Virginie ■ Arbre de grande taille *(juglandacées),* voisin du noyer ; son bois. ➤ **pacanier.** *Hickory blanc. Bois de hickory. Ski, canoë en hickory. Des hickorys.* On emploie aussi le pluriel anglais *des hickories.*

HIDALGO [idalgo] **n. m.** – 1759 ; *indalgo* 1535 ◊ mot espagnol, contraction de *hijo de algo* «fils de quelque chose» ■ Noble espagnol. *La fierté, l'orgueil des hidalgos.*

HIDEUR ['idœʀ] **n. f.** – *hisdeur* XIIe ; rare du XVIe au XIXe ◊ de l'ancien français *hisde* «horreur, peur», probablt d'origine germanique ■ **1** Qualité, état de ce qui est hideux ; laideur extrême. «*Elle ne se rendait pas compte de la hideur des meubles*» ARAGON. *La hideur d'un visage.* ♦ (ABSTRAIT) *Hideur morale. Hideur d'une action, d'un crime.* ➤ **abjection, bassesse.** ■ **2** Chose hideuse. «*voué, par nature, à l'observation des hideurs sociales*» BLOY. ■ CONTR. Beauté.

HIDEUSEMENT ['idøzmɑ̃] **adv.** – *hisdosement* XIIe ◊ de *hideux* ■ D'une manière hideuse. *Hideusement défiguré.*

HIDEUX, EUSE ['idø, øz] **adj.** – *hisdos* XIIe ◊ → hideur ■ D'une laideur repoussante, horrible. ➤ **affreux, laid.** *Corps, visage hideux. Monstre hideux. Chose hideuse à voir.* ♦ (ABSTRAIT) ➤ **ignoble, répugnant.** *La* «*hideuse banqueroute*» MIRABEAU. ■ CONTR. 1 Beau.

HIDJAB ['idʒab] **n. m.** – 1989 ; *hijab* 1984 ◊ mot arabe, de *hajaba* «cacher, voiler» ■ Voile qui couvre les cheveux, les oreilles et le cou, porté par de nombreuses musulmanes. — On écrit aussi *hijab.*

HIDROSADÉNITE [idʀozadenit] **n. f.** – 1854 ◊ du grec *hidrôs* «sueur», *adên* «glande» et *-ite* ■ MÉD. Abcès atteignant une glande sudoripare, généralement à l'aisselle.

HIE ['i] **n. f.** – 1190 ◊ moyen néerlandais *heie* ■ TECHN. Instrument formé d'une lourde masse et d'un manche, servant à enfoncer les pavés (➤ **1 dame, demoiselle**), les pilotis (➤ **mouton, sonnette**). ■ HOM. Hi, 1 i, 2 et 3 y.

HIÈBLE ou **YÈBLE** [jɛbl] **n. f.** – début XIVe ; *ybles* XIIe ◊ latin *ebulum* ■ Variété de sureau *(caprifoliacées)* à tige herbacée, à baies noires. *L'hièble.*

HIÉMAL, ALE, AUX [jemal, o] **adj.** – *hyemal* v. 1500 ◊ latin *hiemalis,* de *hiems* «hiver» ■ DIDACT. (rare au masc. plur.) De l'hiver. *Sommeil hiémal de certains animaux.* ➤ **hibernal.** *Plantes hiémales,* qui croissent en hiver. LITTÉR. «*Le parc nous semblait fort beau dans son austérité hiémale*» DUHAMEL. ➤ **hivernal.**

HIER [jɛʀ ; ijɛʀ] **adv.** – *ier, er* 1080 ◊ latin *heri* ■ **1** Le jour qui précède immédiatement celui où l'on est. ➤ **veille.** *Hier matin ; hier soir, hier au soir. Le journal d'hier. La journée d'hier. Ce qu'il a fait hier. Depuis, jusqu'à hier. Le jour qui a précédé hier.* ➤ **avant-hier.** ♦ **n. m.** *Vous aviez tout hier pour vous décider.* ■ **2** Dans un passé récent, à une date récente. «*en donnant à l'actualité d'hier ce recul dans l'espace*» YOURCENAR. *Je m'en souviens comme si c'était hier,* très bien. *Cela ne date* pas d'hier.* — LOC. FAM. *N'être pas né d'hier :* avoir de l'expérience, être averti (cf. N'être pas né de la dernière pluie*). «*je ne suis pas né d'hier, et j'ai mes souvenirs*» P.-L. COURIER. ■ CONTR. Aujourd'hui ; demain.

HIÉRARCHIE ['jeʀaʀʃi] **n. f.** – 1611 ; *gerarchie* 1332 ◊ latin ecclésiastique *hierarchia,* du grec ■ **1** RELIG. Ordre et subordination (des chœurs des anges). *Les trois hiérarchies d'anges.* ♦ Ordre et subordination des degrés de l'état ecclésiastique. *Hiérarchies de l'Église catholique : hiérarchie d'ordre* (évêques, prêtres, ministres ; diacres, etc.) ; *hiérarchie de juridiction* (pape, évêques, curés). ■ **2** COUR. Organisation sociale dans laquelle chacun se trouve dans une série ascendante de pouvoirs ou de situation. ➤ **ordre, subordination.** *Occuper telle place dans la hiérarchie.* «*Toute époque a son armature, une hiérarchie, des classes, des administrations*» MAUROIS. *Hiérarchie administrative, politique. Hiérarchie du personnel dans une entreprise.* ➤ **organigramme.** *Les degrés, les échelons de la hiérarchie. Être au sommet de la hiérarchie. La hiérarchie militaire* (➤ **1 grade**). ♦ Ensemble des personnes qui occupent les échelons supérieurs de la hiérarchie. *Informer sa hiérarchie.* «*la susceptibilité d'une hiérarchie habituée à la soumission rampante*» Y. KHADRA. ■ **3** (XVIIIe) Organisation d'un ensemble en une série où chaque terme est supérieur au terme suivant, par un caractère de nature normative. ➤ **classement, classification, gamme, ordre.** *Hiérarchie des valeurs. La hiérarchie des sciences. Hiérarchie morale, intellectuelle. Régler, organiser selon une hiérarchie.* ➤ **hiérarchiser.** «*il y a une hiérarchie jusque dans l'infamie*» BARBEY. ♦ INFORM. *Hiérarchie des opérateurs :* ordre dans lequel doivent être pris en compte les opérateurs pour l'évaluation des expressions numériques. ■ CONTR. Anarchie, désordre. Égalité.

HIÉRARCHIQUE ['jeʀaʀʃik] **adj.** – XVIe ; *ierarcicque* XIVe ◊ de *hiérarchie* ■ Relatif à la hiérarchie, qui appartient à une hiérarchie. *Degré, ordre hiérarchique. Classement hiérarchique. Structure, organigramme hiérarchique. Recours hiérarchique. Adressez-vous à vos supérieurs hiérarchiques. Suivre la voie hiérarchique.* ■ CONTR. Anarchique, égalitaire.

HIÉRARCHIQUEMENT ['jeʀaʀʃikmɑ̃] **adv.** – 1690 ◊ de *hiérarchique* ■ Par une hiérarchie ou conformément à elle. *Société organisée hiérarchiquement.*

HIÉRARCHISATION ['jeʀaʀʃizasjɔ̃] **n. f.** – 1840 ◊ de *hiérarchiser* ■ Action d'organiser selon une hiérarchie ; cette organisation. *Hiérarchisation des postes d'une entreprise.*

HIÉRARCHISER ['jeʀaʀʃize] **v. tr.** ‹1› – 1834 ◊ de *hiérarchie* ■ Organiser, régler selon une hiérarchie, d'après un ordre hiérarchique. ➤ **ordonner, structurer.** *Hiérarchiser une société.* — **p. p. adj.** «*les milieux fortement hiérarchisés*» PROUST. — *Indemnité hiérarchisée,* variable selon les degrés de la hiérarchie. ■ CONTR. Désorganiser, égaliser.

HIÉRARQUE ['jeʀaʀk] **n. m.** – 1551 ◊ latin ecclésiastique *hierarcha,* du grec ■ **1** RELIG. Titre de hauts dignitaires de l'Église orthodoxe. ■ **2** (XXe) Personnage important dans une hiérarchie (surtout politique). *Les hiérarques d'un parti.* ➤ **cacique.** «*appartements, datchas, voyages à l'étranger, accès aux boutiques pour hiérarques du Parti*» E. CARRÈRE.

HIÉRATIQUE ['jeʀatik] **adj.** – 1566 ◊ latin *hieraticus,* du grec *hieratikos* ■ **1** DIDACT. Qui concerne les choses sacrées, et SPÉCIALT le formalisme religieux, la liturgie. *Célébration hiératique d'une fête religieuse. Gestes hiératiques d'un prêtre célébrant un sacrifice.* ♦ LING. *Écriture hiératique :* écriture cursive ancienne des Égyptiens. ♦ ARTS Qui est imposé ou réglé par une tradition sacrée. *Art, style hiératique. Figures hiératiques de l'art égyptien.* ■ **2** COUR. Qui semble réglé, imposé par un rite, un cérémonial, une tradition. ➤ **solennel.** *Figure, personnage, visage hiératique.* ➤ **immobile ; figé.** *Attitude hiératique.* «*Les gestes étaient solennels et presque hiératiques*» R. ROLLAND. — **adv. HIÉRATIQUEMENT,** 1855. ■ CONTR. Laïque, profane. Libre. Mobile, 2 vivant.

HIÉRATISME ['jeʀatism] **n. m.** – 1868 ◊ de *hiératique* ■ DIDACT. Caractère, aspect hiératique. *Le hiératisme des icônes byzantines. Le hiératisme d'un visage, d'une attitude.*

HIÉR(O)- ■ Élément, du grec *hieros* «sacré».

HIÉRODULE ['jeʀɔdyl] **n. m.** – 1866 ; *hiérodoule* 1840 ◊ bas latin *hierodulus,* mot grec, de *hieros* «sacré» et *doulos* «esclave» ■ ANTIQ. GR. Esclave attaché au service d'un temple.

HIÉROGLYPHE ['jeRɔglif] **n. m.** – 1546 ◊ de *hiéroglyphique* ▪ **1** Caractère, signe des plus anciennes écritures égyptiennes. *Valeur figurative, idéographique ou phonétique des hiéroglyphes. «Champollion a déchiffré ces hiéroglyphes qui semblaient être un sceau mis sur les lèvres du désert»* CHATEAUBRIAND. *Obélisque couvert de hiéroglyphes.* ▪ **2** FIG. Signe, caractère difficile ou impossible à déchiffrer. *«les hiéroglyphes de cette sténographie»* BALZAC.

HIÉROGLYPHIQUE ['jeRɔglifik] **adj.** – 1529 ◊ latin *hieroglyphicus*, mot grec, de *hieros* «sacré» et *gluphein* «graver» ▪ **1** Formé de hiéroglyphes. *Écriture hiéroglyphique. Textes hiéroglyphiques.* — Qui constitue un hiéroglyphe. *Caractère, signe hiéroglyphique.* ▪ **2** FIG. Indéchiffrable, difficile à comprendre (en parlant d'une écriture, d'un signe, d'un symbole). ➤ **énigmatique, sibyllin.** *Les brouillons «raturés, surchargés, presque hiéroglyphiques»* GAUTIER. ▪ CONTR. Clair.

HIÉROGRAMMATE ['jeRɔgRa(m)mat] **n. m.** – 1819 ; *hiérogrammatiste* 1808 ; *hiérogrammatée* 1732 ◊ grec *hierogrammateus*, de *hieros* «sacré» et *grammateus* «scribe» ▪ ANTIQ. ÉGYPT. Scribe au service d'un temple ; prêtre qui interprétait les textes sacrés.

HIÉRONYMITE ['jeRɔnimit] **n. m.** – 1680 ◊ du latin *Hieronymus* «(saint) Jérôme» ▪ Religieux d'un des ordres fondés en Espagne et en Italie aux XIVe et XVe s., et qui prirent saint Jérôme pour patron.

HIÉROPHANTE ['jeRɔfɑ̃t] **n. m.** – 1535 ◊ latin *hierophantes*, mot grec, de *hieros* «sacré» et *phainein* «révéler» ▪ **1** ANTIQ. GR. Prêtre qui présidait aux mystères d'Éleusis, instruisait les initiés. ▪ **2** FIG. et DIDACT. Prêtre. ➤ **pontife.** *Les «hiérophantes rationalistes qui lèvent le voile des vieux mystères»* RENAN.

HIFI ou **HI-FI** ['ifi] **n. f. et adj.** – 1955 ◊ abrév. de l'anglais *high fidelity* ▪ ANGLIC. Haute-fidélité. ➤ **fidélité.** — **adj.** *Des chaînes hifis, hi-fi* (inv.).

HIGHLANDER ['ajlɑ̃dœR] **n. m.** – 1688 ◊ mot anglais, de *highland* «haute terre» ▪ **1** Habitant ou natif des Highlands, en Écosse. ▪ **2** Soldat d'un régiment écossais. *Cornemuse, kilt des highlanders.*

HIGH-TECH ['ajtɛk] **n. m. inv.** – 1980 adj. ◊ abrév. anglaise de *high technology* «haute technologie» ▪ ANGLIC. ▪ **1** Utilisation décorative, architecturale d'objets et d'éléments industriels. ▪ **2** Technique de pointe. — **adj. inv.** *Une médecine high-tech.*

HIHAN ['iɑ̃] **interj. et n. m.** – 1748 ; *hin han* v. 1510 ; *ihan ihan* «âne» XIIIe ◊ onomat. ▪ Onomatopée qui évoque le cri de l'âne. — **n. m.** *Des hihans sonores.* ➤ **braiment.** — On écrit aussi *hi-han* (inv.).

HIJAB ➤ **HIDJAB**

HILAIRE ['ilɛR] **adj.** – 1834 ◊ de *hile* ▪ DIDACT. Relatif à un hile. *Ganglions hilaires,* du hile pulmonaire.

HILARANT, ANTE [ilaRɑ̃, ɑ̃t] **adj.** – 1805 ◊ du latin *hilarare* «rendre gai» ▪ **1** VX *Gaz hilarant :* protoxyde* d'azote N_2O, qui provoque un état d'euphorie intense. ▪ **2** (1834) Qui provoque le rire. ➤ **amusant, comique, drôle*.** *Histoire, scène hilarante.*

HILARE [ilaR] **adj.** – 1519 ; *islaire* XIVe ; rare du XVIe au XIXe ◊ latin *hilaris* ▪ Qui est dans un état d'euphorie, de contentement béat, de douce gaieté. ➤ **gai*.** *Ils étaient hilares.* — PAR EXT. *Face, visage hilare.* ➤ **réjoui,** FAM. **rigolard.** *Air hilare.* ▪ CONTR. 1 Chagrin, maussade.

HILARITÉ [ilaRite] **n. f.** – *ilarité* XIIIe ◊ latin *hilaritas* ▪ **1** VX Joie douce et calme ; contentement béat. ▪ **2** MOD. Brusque accès de gaieté ; explosion de rires. *Plaisanterie qui déchaîne l'hilarité générale* (➤ **hilarant**). *«l'hilarité était irrésistible»* GIDE. ▪ CONTR. 2 Chagrin, tristesse.

HILE ['il] **n. m.** – 1600 ◊ latin *hilum* ▪ **1** BOT. Cicatrice laissée sur le tégument d'une graine par la rupture du funicule. *Hile de la fève.* ▪ **2** ANAT. Point d'insertion, généralement déprimé, des vaisseaux et des conduits excréteurs sur un organe. *Le hile du foie, du rein.* ▪ HOM. Il, île.

HILOTE ➤ **ILOTE**

HIMALAYEN, YENNE [imalajɛ̃, jɛn] **adj.** – 1830 ◊ de *Himalaya* ▪ **1** De l'Himalaya. ▪ **2** FIG. Immense, très élevé. *«les poussiéreuses et himalayennes montagnes de contrats et d'actes»* C. SIMON.

HIMATION [imatjɔn] **n. m.** – 1876 ◊ mot grec ▪ ANTIQ. GR. Manteau sans manches.

HINDI, IE [indi ; 'indi] **n. m. et adj.** – 1815 ◊ mot hindi ▪ Langue indo-aryenne parlée dans le nord de l'Inde, langue officielle de l'Union indienne. *L'hindi, le hindi.* — **adj.** *La langue hindie.*

HINDOU, E [ɛ̃du] **adj. et n.** /INDOU/ – 1830 ; *indou* 1653 ◊ de *Inde* ▪ De l'Inde et relatif à la civilisation brahmanique. *Castes de la société hindoue.* ◆ Adepte de l'hindouisme. ➤ **hindouiste.** *Les Indiens hindous et les Indiens musulmans.* — **n.** *Un hindou, une hindoue.* ◆ VX Habitant de l'Inde. ➤ **indien.**

HINDOUISME [ɛ̃duism] **n. m.** /INDOUISME/ – 1876 ◊ de *hindou* ▪ Religion brahmanique pratiquée en Inde. ➤ **brahmanisme.**

HINDOUISTE [ɛ̃duist] **adj. et n.** /INDOUISTE/ – 1948 ◊ de *hindou* ▪ Qui a rapport à l'hindouisme. *Concepts, mythes hindouistes* (➤ **karma, métempsychose**). ◆ Adepte de l'hindouisme. ➤ **hindou.** — **n.** *Les hindouistes.*

HINDOUSTANI [ɛ̃dustani] **n. m.** – 1814 ; *indistanni* 1653 ◊ de *Hindoustan* ▪ VX ➤ **hindi.**

HINTERLAND [intɛRlɑ̃d] **n. m.** – 1894 ◊ mot allemand, de *hinter* «derrière» et *Land* «pays» ▪ DR., GÉOGR. Zone d'influence et d'attraction économique (d'un port). — **Recomm. offic.** *arrière-pays portuaire.*

HIP ['ip ; hip] **interj.** – avant 1882 ◊ interj. anglais, onomatopée ▪ Marque l'enthousiasme, la joie, la victoire. *Hip hip hip ! hourra !* (➤ **ban**).

HIP-HOP ['ipɔp] **n. m. inv. et adj. inv.** – 1986 ◊ mot anglais américain, p.-ê. de *hip* «dans le vent, branché» et *to hop* «sauter» ▪ Mouvement culturel d'origine nord-américaine se manifestant par des formes artistiques variées (rap, smurf puis breakdance, street art). *L'explosion du hip-hop.* — **adj. inv.** *Le mouvement hip-hop. La culture hip-hop.* ➤ **urbain** (II). *Spectacles hip-hop.* ◆ SPÉCIALT Musique hip-hop. ➤ **rap.** *Écouter du hip-hop.*

HIPPARCHIE [ipaRʃi] **n. f.** – 1832 ◊ grec *hipparkhia* ▪ ANTIQ. GR. Division de cavalerie grecque, comprenant environ cinq cents hommes. ◆ Grade d'hipparque.

HIPPARION [ipaRjɔ̃] **n. m.** – 1843 ◊ mot grec «petit cheval» ▪ PALÉONT. Mammifère périssodactyle *(équidés),* fossile du tertiaire.

HIPPARQUE [ipaRk] **n. m.** – 1765 ◊ grec *hipparkhos* ▪ ANTIQ. GR. Général commandant une hipparchie.

HIPPIATRE [ipjatR] **n.** – 1772 ◊ grec *hippiatros* ▪ DIDACT. et VIEILLI Vétérinaire spécialiste des maladies du cheval.

HIPPIATRIE [ipjatRi] **n. f.** – 1534 ◊ du grec *hippiatros* ▪ DIDACT. Thérapeutique du cheval. — **adj. HIPPIATRIQUE,** 1823.

HIPPIE ['ipi] **n. et adj.** – 1967 ◊ mot anglais américain, de *hip* «dans le coup» ▪ ANGLIC. Adepte (généralement jeune) d'un mouvement des années 1970, fondé sur le refus de la société de consommation et des valeurs sociales et morales traditionnelles. ➤ 4 **baba, beatnik.** *Hippies vivant en communauté.* — **adj.** *Le mouvement hippie. Ils «se rappellent l'époque hippie de leur jeunesse, quand tout le monde avait les cheveux longs et les seins nus et voulait retourner le plus possible à la nature»* N. HUSTON. — On écrit aussi *hippy, des hippys.*

HIPPIQUE [ipik] **adj.** – 1838 ◊ grec *hippikos* ▪ **1** VX Qui a rapport au cheval. ➤ **équin.** *Science hippique.* ▪ **2** MOD. Qui a rapport à l'hippisme. *Concours hippique.* ➤ **équestre.** *Sport hippique.* ➤ **hippisme.** *Chronique hippique.*

HIPPISME [ipism] **n. m.** – 1898 ◊ de *hippique* ▪ Ensemble des sports pratiqués à cheval ou avec un cheval. ➤ **course, équitation, polo, turf.**

HIPP(O)- ▪ Élément, du grec *hippos* «cheval».

HIPPOCAMPE [ipɔkɑ̃p] **n. m.** – 1561 ◊ latin d'origine grecque *hippocampus* ▪ **1** MYTH. Animal mythique, moitié cheval, moitié poisson. ▪ **2** Petit poisson *(gastérostéiformes)* qui nage en position verticale et porte la tête inclinée et rabattue contre la gorge (comme le cheval dont il rappelle le profil). *«Planche folle, escorté des hippocampes noirs»* RIMBAUD. ▪ **3** ANAT. Cinquième circonvolution temporale du cerveau jouant un rôle primordial dans les processus de mémorisation. *«L'hippocampe, le lieu du cerveau qui consolide la mémoire, était lésé»* M. DUGAIN.

HIPPOCRATIQUE [ipɔkRatik] **adj.** – attesté 1658 ◊ de *Hippocrate*, médecin de l'Antiquité ▪ MÉD. Qui a rapport à Hippocrate, à sa doctrine. *«la tradition hippocratique»* J. DELAY.

HIPPOCRATISME [ipɔkʀatism] **n. m.** – 1719 ◊ de *Hippocrate* → hippocratique ■ MÉD. ■ **1** Doctrine inspirée des principes d'Hippocrate, selon laquelle la thérapeutique doit observer les efforts que fait la nature dans sa lutte contre la maladie et agir dans le même sens (loi d'analogie et de similitude). ■ **2** (1876) *Hippocratisme digital* : déformation de l'extrémité des doigts et des orteils entraînant une incurvation des ongles.

HIPPODROME [ipodʀom] **n. m.** – 1534 ; *ypodrome* XIIIe ◊ latin d'origine grecque *hippodromus* ■ **1** ANTIQ. Cirque* de forme oblongue aménagé pour les courses de chevaux et de chars. ■ **2** (1853) MOD. Terrain de sport hippique ; champ de courses. *L'hippodrome d'Auteuil, de Longchamp.*

HIPPOGRIFFE [ipogʀif] **n. m.** – 1556 ◊ italien *ippogrifo*, de *hippo-* et *grifo* « griffon » ■ Animal fabuleux, monstre ailé, moitié cheval, moitié griffon.

HIPPOLOGIE [ipɔlɔʒi] **n. f.** – 1855 ◊ de *hippo-* et *-logie* ■ DIDACT. Étude du cheval.

HIPPOLOGIQUE [ipɔlɔʒik] **adj.** – 1776 ◊ de *hippologie* ■ DIDACT. Qui a rapport à l'hippologie. *Thérapeutique hippologique* (➤ **hippiatrie**).

HIPPOMOBILE [ipomɔbil] **adj.** – 1897 ◊ de *hippo-* et *-mobile* ■ DIDACT., ADMIN. Tiré par un ou plusieurs chevaux. *Véhicule, voiture hippomobile* (COUR. *voiture à cheval*). — *Traction hippomobile*, utilisant des chevaux.

HIPPOPHAGIE [ipɔfaʒi] **n. f.** – 1832 ◊ de *hippo-* et *-phagie* ■ DIDACT. Usage alimentaire de la viande de cheval.

HIPPOPHAGIQUE [ipɔfaʒik] **adj.** – 1836 ◊ de *hippophagie* ■ DIDACT. Qui fait du commerce de la viande de cheval. *Société hippophagique. Boucherie hippophagique.* ➤ **chevalin.**

HIPPOPOTAME [ipɔpɔtam] **n. m.** – 1546 ; *ypopotamos* fin XIIe ◊ latin d'origine grecque *hippopotamus* « cheval de fleuve » ■ Gros mammifère ongulé d'Afrique *(artiodactyles)*, amphibie, au corps massif couvert d'une peau très épaisse, brunâtre ou bleuâtre, et aux membres trapus à quatre doigts. — ABRÉV. FAM. **HIPPO** [ipo]. *Des hippos.* ◆ FIG. (1856) FAM. PÉJ. Personne énorme. ➤ **baleine, éléphant.**

HIPPOPOTAMESQUE [ipɔpɔtamɛsk] **adj.** – 1838 ◊ de *hippopotame* ■ Qui ressemble à un hippopotame, évoque sa lourdeur. *Une grâce hippopotamesque.* ➤ **éléphantesque.**

HIPPOTECHNIE [ipotɛkni] **n. f.** – 1878 ◊ de *hippo-* et *-technie* ■ DIDACT. Technique de l'élevage et du dressage des chevaux.

HIPPURIQUE [ipyʀik] **adj.** – 1830 ◊ de *hipp(o)-* et du grec *ouron* « urine » ■ BIOCHIM. *Acide hippurique* : acide dérivé de la glycine et de l'acide benzoïque, abondant dans l'urine des mammifères, surtout dans celle des herbivores.

HIPPY ➤ **HIPPIE**

HIPSTER [ˈipstœʀ] **n.** – 1950 à propos des amateurs de jazz ; repris début XXIe ◊ mot anglais (1940), de *hip* « à la mode, branché » ■ ANGLIC. Jeune urbain qui affiche un style vestimentaire et des goûts à la fois pointus, empreints de second degré et à contre-courant de la culture de masse. *La casquette, les grosses lunettes et la barbe fournie des hipsters new-yorkais. « petit nœud papillon, jean court, chaussettes apparentes, musculature imposante, fine moustache de hipster »* V. DESPENTES.

HIRAGANA [ˈiʀagana] **n. m.** – 1971 ◊ mot japonais « kana simple », de *hira* « plat », et *gana* « signe syllabique dans l'écriture japonaise » ■ Syllabaire japonais, sous la forme cursive, utilisé surtout pour noter les éléments de la langue (flexions, mots-outils) qui ne peuvent être transcrits par les caractères chinois (➤ **kanji**). *Les hiragana* (inv.) ou *les hiraganas servent à écrire les mots d'origine japonaise ou sino-japonaise. Hiragana et katakana.*

HIRCIN, INE [iʀsɛ̃, in] **adj.** – 1458 ◊ latin *hircinus*, de *hircus* « bouc » ■ DIDACT. Qui tient ou vient du bouc. *« leur odeur bondissait, hircine, capiteuse à vomir »* GRAINVILLE.

HIRONDELLE [iʀɔ̃dɛl] **n. f.** – *hyrondelle* 1546 ◊ ancien provençal *irondela*, du latin *hirundo* ; a remplacé l'ancien français *arondelle* → aronde ■ **1** Oiseau migrateur *(passériformes)*, à queue fourchue, aux ailes fines et très longues. REM. On appelle abusivt *hirondelle* le martinet*. *Petit de l'hirondelle* (**n. m. HIRONDEAU**). *Hirondelle de cheminée, de fenêtre,* qui fait son nid sur les maisons. *L'hirondelle chante, gazouille, trisse. Hirondelle qui rase le sol avant l'orage. L'hirondelle, messagère du printemps.* LOC. PROV. *Une hirondelle ne fait pas le printemps* : un fait isolé, un seul exemple n'autorise pas de conclusion générale. ◆ *Hirondelle de mer.* ➤ **sterne.** — *Nid d'hirondelle* : nid d'un martinet (la salangane), bâti avec des algues, qui constitue un mets très apprécié en Extrême-Orient. ■ **2** (1915) FAM. et VIEILLI Agent de police à bicyclette.

HIRSUTE [iʀsyt] **adj.** – fin XIXe ; bot. 1802 ◊ latin *hirsutus* ■ Qui a le poil, le cheveu très fourni et d'aspect désordonné. ➤ **ébouriffé, échevelé.** *Tête hirsute. Gamin hirsute. — Barbe, tignasse hirsute.* ➤ **broussailleux, hérissé, inculte, touffu** (cf. En bataille).

HIRSUTISME [iʀsytism] **n. m.** – 1920 ◊ de *hirsute* ■ MÉD. Développement excessif du système pileux, dû à une sécrétion exagérée d'hormones corticosurrénales. ➤ **pilosisme.**

HIRUDINE [iʀydin] **n. f.** – 1908 ◊ du latin *hirudo* « sangsue » ■ BIOCHIM. Substance sécrétée par la sangsue, aux propriétés anticoagulantes.

HIRUDINÉES [iʀydine] **n. f. pl.** – 1820 ◊ du latin *hirudo* « sangsue » ■ ZOOL. Classe d'annélides dépourvus de soies, comprenant les sangsues. Au sing. *Une hirudinée.*

HISPANIQUE [ispanik] **adj. et n.** – 1525 ◊ latin impérial *hispanicus* ■ **1** Qui a trait à l'Espagne, aux Espagnols. ➤ **ibérique.** *Institut d'études hispaniques.* ■ **2** n. Immigrant originaire d'Amérique latine, aux États-Unis. ➤ **chicano.**

HISPANISANT, ANTE [ispanizɑ̃, ɑ̃t] **n.** – 1863 ◊ de *hispanique* ■ DIDACT. Linguiste spécialisé(e) dans l'étude de la langue espagnole ; spécialiste de l'Espagne. — On dit aussi **HISPANISTE**, 1930.

HISPANISME [ispanism] **n. m.** – 1725 ◊ du latin *hispanus* ■ LING. Construction ou emploi propre à la langue espagnole.

HISPANO- ■ Élément, du latin *hispanus* « espagnol ».

HISPANO-AMÉRICAIN, AINE [ispanoameʀikɛ̃, ɛn] **adj.** – 1846 ◊ de *hispano-* et *américain* ■ Qui a rapport à l'Amérique et à l'Espagne. *Guerre hispano-américaine,* qui eut lieu en 1898, entre les États-Unis et l'Espagne. ◆ Relatif à la partie de l'Amérique latine où l'on parle espagnol. — **n.** *Les Hispano-Américains.* — **n. m.** *L'hispano-américain* : l'espagnol parlé en Amérique latine.

HISPANO-MAURESQUE [ispanomɔʀɛsk] **adj.** – 1898 ◊ de *hispano-* et *mauresque* ■ Se dit de l'art musulman qui appartient à l'époque où les califes de Cordoue réunirent sous leur domination le Maroc et l'Espagne. — On a aussi écrit *hispano-moresque.* — On a dit aussi *hispano-arabe,* 1867.

HISPANOPHONE [ispanɔfɔn] **adj. et n.** – date inconnue ◊ de *hispano-* et *-phone* ■ Qui parle l'espagnol. *Les Argentins sont hispanophones.* **n.** *Des hispanophones.*

HISPIDE [ispid] **adj.** – 1495 ◊ latin *hispidus* ■ BOT. Hérissé de poils rudes et épais. *Tiges et feuilles hispides de la vipérine.*

HISSER [ˈise] **v. tr.** ‹1› – 1552 *inse,* à l'impératif ◊ bas allemand *hissen* ■ **1** MAR. Élever, faire monter au moyen d'une drisse. *Hisser un mât.* ➤ **guinder.** — COUR. *Hisser les couleurs.* ➤ **envoyer.** *Hisser un pavillon.* ➤ **arborer.** ■ **2** Tirer en haut et avec effort. ➤ **élever.** *Hisser un fardeau à l'aide d'un treuil.* ➤ **hélitreuiller, treuiller.** *Hisser une malle au grenier. — Hisser qqn sur le pavois*.* ◆ (1773) **OH ! HISSE !** interjection accompagnant un effort collectif. ■ **3 SE HISSER v. pron.** S'élever avec effort. ➤ **grimper, monter.** *Se hisser sur un mur avec agilité. Se hisser sur la pointe des pieds.* ◆ FIG. ➤ **s'élever,** se **hausser.** *Se hisser au plus haut niveau. Se hisser à la force du poignet*.* ■ CONTR. 2 Amener, baisser (les couleurs) ; descendre ; abattre.

HISTAMINE [istamin] **n. f.** – 1919 ◊ de *hist(o)-* et *amine* ■ BIOCHIM. Amine sécrétée par certaines cellules du sang (granulocytes basophiles et mastocytes) provoquant la vasodilatation des vaisseaux sanguins et l'augmentation de leur perméabilité. *Rôle de l'histamine dans les manifestations allergiques* (choc anaphylactique, urticaire). *Qui combat les effets de l'histamine.* ➤ **antihistaminique.**

HISTAMINIQUE [istaminik] **adj.** – 1926 ◊ de *histamine* ■ BIOL. Qui a rapport à l'histamine. *Choc histaminique.*

HISTIDINE [istidin] **n. f.** – 1897 ◊ mot allemand, de *hist(o)-*, *-ide* et *-ine* ■ BIOCHIM. L'un des vingt acides aminés constituants des protéines, et qui possède un noyau imidazole.

HISTIOCYTE [istjɔsit] **n. m.** – 1917 ◊ du grec *histiôn* « voile de navire, tenture, toile » et *-cyte* ■ BIOL. CELL., IMMUNOL. Macrophage libre du tissu conjonctif assurant le remplacement des cellules par phagocytose.

HIST(O)- ■ Élément, du grec *histos* « tissu ».

HISTOCHIMIE [istoʃimi] **n. f.** – 1866 ◊ de *histo-* et *chimie* ■ DIDACT. Étude de la composition chimique des cellules et des tissus et des réactions chimiques s'y déroulant, à l'aide de colorants spécifiques. ➤ **immunohistochimie.**

HISTOCOMPATIBILITÉ [istokɔ̃patibilite] **n. f.** – 1965 ◊ de *histo-* et *compatibilité* ■ IMMUNOL. Compatibilité entre les antigènes tissulaires de deux individus de la même espèce, dont l'absence provoque le rejet des greffes. *Antigènes d'histocompatibilité.* ➤ **H. L. A. — adj. HISTOCOMPATIBLE.**

HISTOGENÈSE [istɔʒənɛz] **n. f.** – 1855 ◊ de *histo-* et *-genèse* ■ BIOL., EMBRYOL. Formation, développement des tissus de l'embryon et remaniement de ces tissus au cours des métamorphoses. ➤ aussi **organogenèse.**

HISTOGRAMME [istɔgʀam] **n. m.** – 1956 ◊ du grec *histos* « texture, trame » ■ STATIST. Graphique représentant la densité d'un effectif en fonction des valeurs d'un caractère, et formé par une série de rectangles dont la base constitue un intervalle de variation de ces valeurs et la surface l'effectif correspondant. *Histogramme à lignes ou à colonnes.*

HISTOIRE [istwaʀ] **n. f.** – début XIIe ◊ du latin *historia,* mot grec qui avait le sens de « information », « connaissance » puis de « récit » et d'« histoire »

I L'HISTOIRE ■ **1** Connaissance et récit des évènements du passé, des faits relatifs à l'évolution de l'humanité (d'un groupe social, d'une activité humaine), qui sont dignes ou jugés dignes de mémoire ; les évènements, les faits ainsi relatés. *L'histoire générale, universelle d'un peuple, d'un État, d'une nation. L'histoire de France, d'Allemagne, de l'Afrique. Histoire d'une période, d'une époque. « Histoire de la Révolution française », de Michelet. Histoire ancienne, histoire du Moyen Âge* (395 ou 476-1453 ou 1492), *histoire des temps modernes* ou *histoire moderne* (1453 ou 1492-1789), *histoire contemporaine* (depuis 1789). *Histoire politique, sociale, économique. Histoire de l'art, de la littérature, des sciences, des mentalités, des religions.* ♦ **HISTOIRE SAINTE** (par opposition à *l'histoire profane*) : les récits de la Bible. ♦ **LA PETITE HISTOIRE :** les anecdotes, les petits évènements qui se rattachent à une période historique. — LOC. *Pour la petite histoire...* ♦ *La grande histoire, l'Histoire (avec un grand H)* : les grands évènements historiques. ♦ Récit d'un développement dans le temps. ➤ **historique.** *L'histoire d'une découverte, d'un château. « Histoire de la langue française », de F. Brunot. Écrire l'histoire d'un personnage célèbre* (➤ **biographie, vie**), *sa propre histoire* (➤ **autobiographie**). ■ **2** Étude scientifique d'une évolution, d'un passé ; cette évolution. *Histoire du globe. L'histoire géologique de l'Europe.* ■ **3** (milieu XIIIe) **L'HISTOIRE.** Ensemble des connaissances relatives à l'évolution, au passé de l'humanité ; science et méthode permettant d'acquérir et de transmettre ces connaissances ; PAR EXT. L'évolution humaine considérée comme objet d'étude. *Clio, muse de l'histoire. La vérité, l'objectivité en histoire.* ALLUS. LITTÉR. (Voltaire) *« et voilà comme on écrit l'histoire »* : voilà comment un évènement est déformé, mal rapporté. *Évènements de l'histoire situés dans le temps.* ➤ **date ; chronologie.** *Les sources, les documents de l'histoire* : annales, archives, chronique, commentaire, fastes, mémoires, souvenirs. *Sciences annexes de l'histoire.* ➤ **archéologie, chronologie, diplomatique, épigraphie, généalogie, microhistoire, paléographie.** *« L'Histoire est la science des choses qui ne se répètent pas »* VALÉRY. *« Toute histoire est choix »* L. FEBVRE. *« L'Histoire, c'est toujours des histoires racontées par les survivants vainqueurs qui enjolivent, forcent la note, salent l'addition [...] »* BOUDARD. *Conception scientifique moderne de l'histoire. La nouvelle histoire* : l'histoire non évènementielle, intégrée à l'ensemble des sciences humaines. ♦ *Auteur de livres d'histoire.* ➤ **historien.** *Enseigner l'histoire. Professeur d'histoire et géographie. Licence, agrégation d'histoire.* ■ **4** (1646) La mémoire collective, le jugement de la postérité. *Laisser son nom dans l'histoire. Le témoignage, le jugement de l'histoire. L'histoire jugera.* ♦ La vérité historique. *Récit conforme à l'histoire. Mélanger l'histoire et la fiction.* ■ **5** La suite des évènements qu'étudie l'histoire (➤ 1 **passé**). *Au cours de l'histoire, dans l'histoire. Le cours, la marche de l'histoire. Le sens de l'histoire. L'accélération de l'histoire. « Nous vivons dans l'histoire comme des poissons dans l'eau »* SARTRE. *Les peuples qui ont fait l'histoire. Un lieu chargé d'histoire,* qui garde l'empreinte de son passé historique. — *Les enseignements de l'histoire.* ■ **6** Ensemble de facteurs historiques (opposé à *nature, géographie*). *L'unité de ce pays a été déterminée par l'histoire.* ■ **7** La période connue par des documents écrits, opposée aux périodes antérieures de l'évolution humaine (➤ **préhistoire, protohistoire**). ■ **8** Récit, écrit, livre d'histoire. *Acheter une histoire, une histoire de France.* ■ **9** Récit, discours des historiens en tant que genre littéraire. *« l'histoire demande le même art que la tragédie »* VOLTAIRE. ♦ *Tableau* **D'HISTOIRE,** qui représente des scènes célèbres tirées de l'histoire, de la mythologie. *Van Loo, H. Vernet, peintres d'histoire et de batailles.*

II HISTOIRE NATURELLE (1551) Étude, description des corps observables dans l'univers, et SPÉCIALT sur le globe terrestre (cf. Sciences* naturelles). *« Histoire naturelle des animaux sans vertèbres », de Lamarck.*

III UNE HISTOIRE, DES HISTOIRES ■ **1** (milieu XVe) Récit d'actions, d'évènements réels ou imaginaires. ➤ **anecdote, épisode, narration, récit, relation.** *Conter, raconter une histoire, des histoires. Lire une histoire aux enfants. Histoire vraie, vécue. Histoire merveilleuse, légendaire, fabuleuse.* ➤ **conte, légende, mythe.** *Une histoire d'amour. C'est l'histoire de... L'intrigue, le sujet, les épisodes d'une histoire. La morale de cette histoire. Une histoire qui finit bien.* ALLUS. LITTÉR. *Mais ceci est une autre histoire,* phrase qui termine plusieurs nouvelles de Kipling. *Petite, courte histoire.* ➤ **historiette.** — *L'histoire d'un film,* racontée dans le film. ➤ **scénario.** — **HISTOIRE DRÔLE :** bref récit dont la chute est comique. ➤ **plaisanterie ;** RÉGION. **noukta, zwanze.** *Histoire de fous. Histoire marseillaise,* exagérée jusqu'à l'invraisemblance. *Histoire belge,* tournant en dérision les Belges et leur prétendue stupidité. *Histoire de blonde(s),* dont le personnage est une femme blonde symbolisant la niaiserie. *Histoire licencieuse, leste, grivoise ;* (FAM.) *cochonne, de cul. Des histoires de corps de garde*.* — (Dans les titres) *« Histoires extraordinaires »,* d'Edgar Poe. *« Histoires », recueil de poèmes de Prévert. « Histoire d'O », de P. Réage.* ■ **2** (1663) Histoire inventée, invraisemblable ou destinée à tromper, à mystifier. ➤ **conte, fable.** *Ce sont des histoires, il n'y a pas un mot de vrai dans tout cela.* ➤ **baliverne, blague.** *Raconter des histoires.* ➤ **mensonge,** FAM. 1 **salade.** ■ **3** (1670) Suite, succession d'évènements concernant qqn. ➤ **affaire.** *Il faut oublier cette histoire. Quelle histoire !* ➤ **aventure.** *Le plus beau de l'histoire* : le plus extraordinaire, le plus curieux. *Ils se sont brouillés pour une histoire d'argent* (➤ **question**). *Une histoire de cœur, de fesse. « Ce fut, entre le surréalisme et moi, une histoire d'amour »* GRACQ. Sans compl. *Il a eu une histoire avec elle,* une relation amoureuse. *« elle avait eu quelques histoires, toutes plus ou moins décevantes, et [...] elle commençait à perdre patience en attendant l'amour »* D. FOENKINOS. ♦ Succession d'évènements malencontreux, compliqués. *Il m'est arrivé une drôle d'histoire. « Cette fille de chien est jalouse. Elle ne cesse de me créer des histoires »* COSSERY. *Se fourrer dans une sale histoire,* dans une mauvaise affaire. *C'est toujours la même histoire* : les mêmes choses se reproduisent, les mêmes ennuis se répètent. ♦ *C'est toute une histoire pour...* ➤ FAM. **poème.** *Il va s'attirer des histoires.* ➤ **ennui.** — *Allons, pas d'histoires !* ➤ **embarras, façon, manière ;** FAM. 1 **chichi.** *Des histoires de bonnes femmes.* — *N'en faites pas toute une histoire.* ➤ FAM. **fromage,** 2 **plat.** — *Un homme, une femme à histoires,* qui crée facilement des ennuis. ➤ **problème.** ♦ **SANS HISTOIRE :** sans problème, sans rien d'exceptionnel. *Tout s'est passé sans histoire. Une vie sans histoire.* ♦ LOC. FAM. **HISTOIRE DE** (et inf.), marque le but, l'intention. ➤ **pour,** FAM. **question** (de). *Il a dit ça histoire de rire,* juste pour rire.

HISTOLOGIE [istɔlɔʒi] **n. f.** – 1823 ◊ de *histo-* et *-logie* ■ BIOL. Branche de la biologie étudiant la structure microscopique des tissus. ➤ **cytologie.**

HISTOLOGIQUE [istɔlɔʒik] **adj.** – 1832 ◊ de *histologie* ■ BIOL. Qui a rapport à l'histologie. *Coupe, préparation, examen histologique.*

HISTOLYSE [istɔliz] **n. f.** – 1890 ; *histolysie* 1878 ◊ de *histo-* et *-lyse* ■ HISTOL. Destruction de tissus vivants. ➤ **autolyse.**

HISTONE [istɔn] **n. f.** – 1904 ; *histon* 1890 ◊ du grec *histos* « tissu » ■ BIOCHIM. Petite protéine basique associée à l'ADN du noyau cellulaire. *Les histones compactent la molécule d'ADN et interviennent dans l'expression du message génétique.*

HISTOPLASMOSE [istoplasmoz] n. f. – après 1908 ◇ de *histoplasma*, nom de l'agent responsable, et 2-*ose* ■ MÉD. Infection interne due à des champignons microscopiques *(Histoplasma capsulatum)* dont les spores sont inhalées avec l'air et qui se développent à l'intérieur des cellules, spécialement du tissu conjonctif. *Histoplasmose généralisée*, atteignant surtout l'enfant en bas âge. *Histoplasmose localisée*, atteignant surtout le poumon.

HISTORICISME [istɔrisism] n. m. – 1908 ◇ de *histoire* ■ Doctrine selon laquelle l'histoire est capable à elle seule d'établir ou d'expliquer des vérités humaines.

HISTORICITÉ [istɔrisite] n. f. – 1866 ◇ de *historique* ■ DIDACT. Caractère de ce qui est historique. *Preuves d'historicité.* ➤ **authenticité.** *« le peu d'historicité des Évangiles »* GREEN.

HISTORICO- ■ Élément d'adjectifs composés, de l'adj. *historique* : *historico-critique* (relatif aux problèmes épistémologiques de la science historique).

HISTORIÉ, IÉE [istɔrje] adj. – XVIe ◇ de *historier* ■ ARTS Décoré de scènes à personnages, et notamment de scènes tirées de l'Écriture sainte, de la vie des saints (appelées *histoires* au Moyen Âge). *Un chapiteau historié. « un papier historié sur lequel une chasse au sanglier était indéfiniment répétée »* FRANCE. ◆ Orné. *« des piliers historiés d'hiéroglyphes »* GAUTIER.

HISTORIEN, IENNE [istɔrjɛ̃, jɛn] n. – 1213 ◇ du latin *historia* ■ **1** Auteur d'ouvrages d'histoire, de travaux historiques. ➤ **annaliste, chroniqueur, logographe, mémorialiste.** *Historien et historiographe. Historien impartial. Les historiens de la Révolution. Un historien de l'art. Un historien positiviste, marxiste. L'historien d'un personnage.* ➤ **biographe.** ■ **2** FAM. Étudiant, étudiante en histoire. *Les historiens et les chartistes.*

HISTORIER [istɔrje] v. tr. ⟨7⟩ – XVe ; « raconter » XIVe ◇ latin médiéval *historiare* ■ ARTS (rare à l'actif) Décorer de scènes à personnages ; enjoliver d'ornements (➤ **historié**).

HISTORIETTE [istɔrjɛt] n. f. – 1650 ◇ du latin *historia* ■ Récit d'une petite aventure, d'évènements de peu d'importance. ➤ **anecdote, conte, nouvelle.** *Historiette amusante, comique.*

HISTORIOGRAPHE [istɔrjɔgraf] n. – *storiographe* v. 1300 ◇ bas latin *historiographus*, d'origine grecque ■ Auteur, écrivain qui était chargé officiellement d'écrire l'histoire de son temps. *Racine, Boileau, historiographes de Louis XIV.*

HISTORIOGRAPHIE [istɔrjɔgrafi] n. f. – v. 1500 ◇ de *historiographe* ■ DIDACT. Art, travail de l'historiographe. ◆ Ensemble d'ouvrages d'historiographes. *L'historiographie byzantine.* — adj. **HISTORIOGRAPHIQUE** (1832).

HISTORIQUE [istɔrik] adj. et n. m. – 1447 ◇ latin *historicus* ■ **1** Qui a rapport à l'histoire, à l'étude ou aux perspectives de l'histoire. *Ouvrage historique. Études historiques. Critique historique. Explication historique d'un évènement.* — *Circonstances historiques. « Qu'est cette vérité historique la plupart du temps ? Une fable convenue »* NAPOLÉON. *Grammaire, dictionnaire historique.* ➤ **diachronique.** — *Matérialisme* historique.* ■ **2** (1694) Qui relève des faits avérés et non de la légende. ➤ **réel, vrai.** *Personnage historique.* SPÉCIALT *Roman historique*, dont le sujet s'inspire de l'histoire. ◆ *Temps historiques*, qui appartiennent à l'histoire (I, 7°), peuvent être étudiés grâce à des documents historiques (opposé à *préhistoriques*). ■ **3** Qui est ou mérite d'être conservé par l'histoire. *Famille historique.* ➤ **célèbre, connu, fameux.** *C'est un évènement historique. « Un de ces mots historiques qu'on retient parce qu'il est éclairé de gloire »* SAINTE-BEUVE. ➤ **mémorable.** — **MONUMENT HISTORIQUE :** monument présentant un intérêt public au regard de l'histoire, de l'art ou de la science, et qui est, comme tel, protégé par l'État (cf. Monument classé*). *Inspection des monuments historiques.* ■ **4** Qui est lié aux origines d'un mouvement, d'une entreprise. *Le chef historique du parti. L'opérateur historique.* ■ **5** n. m. Exposé chronologique des faits. ➤ **chronologie.** *Faire l'historique d'une question. Rappeler l'historique des évènements.* ■ **6** n. m. INFORM. Fonction permettant de mémoriser les derniers éléments consultés. — Liste de ces éléments. *Historique de navigation. « Elle fouilla dans l'historique de son ordinateur »* M. DARRIEUSSECQ. *Consulter, effacer l'historique.* ■ CONTR. Fabuleux, légendaire, mythologique.

HISTORIQUEMENT [istɔrikmɑ̃] adv. – 1617 ◇ de *historique* ■ D'une manière historique. *Fait historiquement exact.*

HISTORISME [istɔrism] n. m. – 1937 ◇ de *historique* ■ PHILOS. ■ **1** Tendance à accorder une place prépondérante à l'histoire dans l'explication des faits. ➤ **historicisme.** ■ **2** Doctrine selon laquelle toute vérité évolue avec l'histoire, relativisme* historique.

HISTRION [istrijɔ̃] n. m. – 1520 ◇ latin *histrio* ■ ANTIQ. Acteur jouant des farces grossières, bouffon. ◆ PÉJ. et LITTÉR. Comédien. ➤ **cabotin.**

HIT ['it] n. m. – 1930 ◇ mot anglais « succès » ■ ANGLIC. VIEILLI Succès commercial dans le domaine du disque de variétés (➤ **hit-parade**). — Recomm. offic. *tube.*

HITLÉRIEN, IENNE [itlerjɛ̃, jɛn] adj. – 1930 ◇ de *Hitler*, n. pr. ■ Qui a rapport à Hitler. *Parti hitlérien.* ➤ **national-socialiste, nazi.** *Jeunesses hitlériennes. La croix gammée, emblème hitlérien. « les cruautés hitlériennes »* DUHAMEL. — n. Adepte d'Hitler ou d'un régime totalitaire analogue au nazisme.

HITLÉRISME [itlerism] n. m. – 1932 ◇ de *Hitler*, n. pr. ■ Doctrine d'Hitler. ➤ **nazisme.** *« c'est au fascisme et à l'hitlérisme que j'ai lié mon sort et non aux Italiens et aux Allemands »* DRIEU LA ROCHELLE.

HIT-PARADE ['itparad] n. m. /HITPARADE/ – 1956 ; au Canada avant 1950 ◇ anglais américain *hit parade*, de *hit* « succès fracassant » et *parade*, emprunté au français ■ ANGLIC. VIEILLI Palmarès des meilleures ventes dans le domaine des disques de variétés. *Ce tube est premier au hit-parade.* — PAR EXT. Classement selon un certain succès, une certaine popularité. *Au hit-parade des livres pour enfants. Des hit-parades.* Recomm. offic. *palmarès.*

HITTITE ['itit] adj. – 1884 ◇ anglais *hittite*, pour différencier ce peuple de la tribu cananéenne des Hétéens (1740) ; latin biblique *Hethaei*, de l'hébreu *Hittim* ■ Relatif aux Hittites, peuple de l'Antiquité. *L'Empire hittite d'Asie Mineure* (v. 2000 à 1400 av. J.-C.).

HIV ['aʃive] n. m. – v. 1985 ◇ sigle anglais, de *Human Immunodeficiency Virus* ■ ANGLIC., VIROL. Rétrovirus responsable du syndrome d'immunodéficience acquise (sida). ➤ **LAV, VIH.** *Les virus HIV1 et HIV2.*

HIVER [ivɛr] n. m. – *iver* XIe ◇ bas latin *hibernum*, substantivation de *hibernus* « hivernal » ■ La plus froide des quatre saisons de l'année (dans les zones tempérée et polaire), qui succède à l'automne. *Hiver astronomique, hiver boréal*, qui commence au solstice de décembre (22 décembre) et se termine à l'équinoxe de mars (20 ou 21 mars) dans l'hémisphère Nord (*l'hiver austral* commence au solstice de juin et se termine à l'équinoxe de septembre). ◆ COUR. L'hiver météorologique, dans les zones tempérées, la plus froide des saisons. *C'est l'hiver. « ces grands hivers d'autrefois, blancs, solides, durables, embellis de neige, de contes fantastiques, de sapins et de loups »* COLETTE. *Hiver rigoureux. Les jours sont courts en hiver. Longues soirées d'hiver.* ➤ **hivernal.** *Semaine de vacances d'hiver. Jeux olympiques d'hiver. Sommeil de la nature, des animaux pendant l'hiver.* ➤ **hibernation.** *Plantes d'hiver*, qui poussent, produisent en hiver. ➤ **hiémal.** *Blé d'hiver. Quartiers* d'hiver.* **JARDIN* D'HIVER.** LOC. *Été comme hiver* : en toutes saisons. *Il ne passera pas l'hiver* : il est sur le point de mourir ; en mauvais état (d'une chose). ◆ **SPORTS D'HIVER,** qui se pratiquent sur la neige, la glace (ski, luge, patinage, bobsleigh, etc.). *Aller aux sports d'hiver*, à la montagne pour pratiquer ces sports. ◆ FIG. et POÉT. *L'hiver de la vie, des ans.* ➤ **vieillesse.** ■ CONTR. Été.

HIVERNAGE [ivɛrnaʒ] n. m. – 1226 *hybernage* « hiver » ◇ de *hiverner* ■ **1** MAR. Temps de la mauvaise saison que les navires passent en relâche. *Hivernage d'une expédition polaire.* — PAR EXT. Port où les navires relâchent. ■ **2** GÉOGR. (cour. en fr. d'Afrique) Saison des pluies, dans les régions tropicales. *« Que viendra la moisson après l'hivernage pénible »* SENGHOR. ■ **3** AGRIC. Labour qui précède l'hiver. — Séjour du bétail à l'étable pendant l'hiver (opposé à *estivage*). ◆ Fourrage destiné à la consommation d'hiver. *Un hivernage de seigle et de vesce.* ■ **4** (1922) TECHN., AGRIC. Maintien des végétaux, des œufs de ver à soie à une température assez basse pour retarder leur développement.

HIVERNAL, ALE, AUX [ivɛrnal, o] adj. – v. 1119 ◇ bas latin *hibernalis*, d'après *hiver* ■ Propre à l'hiver, de l'hiver. ➤ **hibernal, hiémal.** *Froid hivernal, brume hivernale. Les étoiles « avaient cet éclat hivernal »* ALAIN. *Trêve* hivernale.* ■ CONTR. Estival.

HIVERNALE [ivɛrnal] n. f. – 1961 ◇ de *course hivernale* ■ ALPIN. Ascension, course effectuée l'hiver en haute montagne.

HIVERNANT, ANTE [ivɛʀnɑ̃, ɑ̃t] adj. et n. – 1829 ◊ de *hiverner* ▪ **1** ZOOL. Qui hiberne. ➤ **hibernant.** ♦ Qui hiverne. *Avifaune hivernante.* ▪ **2** n. (1888) Personne qui séjourne dans un lieu pendant l'hiver (opposé à *estivant*). *Les hivernants de la Côte d'Azur.* ♦ RARE Personne qui séjourne dans une station de sports d'hiver.

HIVERNER [ivɛʀne] v. ‹1› – v. 1207 ; *iverner* fin XIIe ◊ latin *hibernare*, d'après *hiver* ▪ **1** v. intr. Passer l'hiver à l'abri (navires, troupes). ♦ ZOOL. Passer l'hiver (dans un endroit abrité, tempéré). *Oiseaux qui hivernent dans les pays chauds* (➤ **migrateur**). ▪ **2** v. tr. Labourer (une terre) avant l'hiver. ♦ Mettre (les bestiaux) à l'étable l'hiver. ▪ CONTR. Estiver.

H. L. A. [ˈaʃɛla] adj. – 1965 ◊ sigle anglais, de *Human Leucocyte Antigen* ▪ ANGLIC., IMMUNOL. *Système H. L. A.* : système d'histocompatibilité humain. *Gènes, antigènes H. L. A.*

H. L. M. [ˈaʃɛlɛm] n. m. ou (plus correct) n. f. – 1951 ◊ sigle de *Habitation à Loyer Modéré* (*Modique* au Canada) ▪ Immeuble construit par une collectivité et affecté aux foyers qui ont de faibles revenus ; PAR EXT. Immeuble moderne à appartements bon marché (cf. Grand* ensemble). *Les H. L. M. de la banlieue. Habiter un, une H. L. M.* APPOS. *Une cité H. L. M.*

HO [ˈo ; ho] interj. – XIVe ; «halte !» v. 1233 ◊ onomat. ▪ Servant à appeler. ➤ **eh, hé, holà.** *Ho ! vous là-bas !* ➤ **hep.** ♦ VIEILLI Servant à exprimer l'étonnement, l'indignation. ➤ **oh.** ▪ HOM. Au, aulx (ail), aux, eau, haut, 1 o, ô, oh, os (plur.).

HOBBY [ˈɔbi] n. m. – 1815, répandu milieu XXe ◊ mot anglais *hobby (horse)* «dada» ▪ ANGLIC. Passe-temps, loisirs favoris (cf. Violon* d'Ingres). *Des hobbys.* On emploie aussi le pluriel anglais *des hobbies.* ▪ HOM. Obi.

HOBEREAU [ˈɔbʀo] n. m. – 1370 ; *hoberel* 1196 ◊ de l'ancien français *hobeler*, du moyen néerlandais *hobbelen* «bouger, se démener» ▪ **1** ZOOL. Faucon de petite taille qui se nourrit essentiellement d'hirondelles et de petits rongeurs. — APPOS. *Faucons hobereaux.* ▪ **2** (1539 péj.) Gentilhomme campagnard de petite noblesse, qui vit sur ses terres. — Au fém. *«je n'aime pas ses manières de hobereaute.»* TOURNIER. — adj. *Famille hobereaute.*

HOCCO [ˈɔko] n. m. – 1741 ◊ mot de la Guyane ▪ Oiseau *(gallinacés)* comestible, qui tient du faisan et du pigeon, appelé aussi *coq indien, coq d'Amérique. Des hoccos.*

HOCHEMENT [ˈɔʃmɑ̃] n. m. – 1550 ◊ de *hocher* ▪ **HOCHEMENT DE TÊTE :** action de hocher (la tête) ; mouvement qui en résulte. *Des «hochements de tête pensifs»* COURTELINE.

HOCHEQUEUE [ˈɔʃkø] n. m. – *hoche-queue* 1549 ◊ de *hocher* et 1*queue* ▪ Bergeronnette qui remue la queue en sautillant pour chasser les insectes au bord des cours d'eau. ➤ **lavandière.** *Des hochequeues.*

HOCHER [ˈɔʃe] v. tr. ‹1› – *hochier* v. 1155 ◊ francique °*hottisôn*, de *hotton* «faire balancer» ▪ VX ou RÉGION. Secouer, remuer. ♦ MOD. **HOCHER LA TÊTE,** la secouer (de haut en bas pour approuver, acquiescer, ou de droite à gauche pour refuser, désapprouver). *«Il hocha silencieusement la tête de droite à gauche, comme s'il se refusait quelque chose»* HUGO.

HOCHET [ˈɔʃɛ] n. m. – 1331 ◊ de *hocher* ▪ **1** Jouet de bébé formé d'un manche et d'une partie qui fait du bruit quand on la secoue. *L'enfant agitait un hochet.* ▪ **2** (1745) FIG. et LITTÉR. Chose futile qui contente, console l'esprit, qui flatte les passions (➤ **illusion**). *Les hochets de la vanité.*

HOCKEY [ˈɔkɛ] n. m. – 1876 ◊ mot anglais, de l'ancien français *hoquet* «crochet, bâton crochu», du francique °*hôk* ▪ Sport d'équipe, dont les règles rappellent celles du football, et qui consiste à faire passer une balle de cuir entre deux poteaux (buts), au moyen d'une crosse aplatie dans sa partie courbe. *Hockey sur gazon.* — *Hockey sur glace,* où la balle est remplacée par un palet que se disputent deux équipes de six patineurs. ▪ HOM. Hoquet, O. K.

HOCKEYEUR, EUSE [ˈɔkɛjœʀ, øz] n. – 1924 ; *hockeyer* 1908 ◊ de *hockey* ▪ Joueur, joueuse de hockey sur glace ou sur gazon.

HOIR [waʀ] n. m. – *heir* 1080 ◊ latin populaire °*herem*, classique *heredem*, accusatif de *heres* ▪ VX Héritier. *«si peu qu'il reste de terre héréditaire, si révoltés qu'en soient les hoirs»* BAZIN.

HOIRIE [waʀi] n. f. – 1318 ◊ de *hoir* ▪ DR. VX Héritage. — MOD. *Avance, avancement* d'hoirie.*

HOKI [ˈɔki] n. m. – 1997 ◊ mot maori ▪ Poisson de l'hémisphère Sud *(gadiformes)*, à chair ferme, appelé aussi *grenadier bleu. Hoki d'Argentine, de Nouvelle-Zélande. Filets de hoki.*

HOLÀ [ˈɔla ; hɔla] interj. – 1350 ◊ de *ho* et *là* ▪ **1** Sert à appeler. ➤ **ho.** ▪ **2** VIEILLI Sert à modérer, à arrêter. ➤ **assez, doucement.** *Holà ! pas si vite.* ➤ **hé.** ▪ **3** (1644) MOD. LOC. *Mettre le holà à* (qqch.) : mettre fin, bon ordre à. *Le père «venant mettre le holà aux fredaines [...] de son fils»* GAUTIER. ▪ HOM. Ola.

HOLDING [ˈɔldiŋ] n. m. ou f. – 1937 ◊ mot anglais, abrév. de *holding company* (1912), de *to hold* «tenir» ▪ ANGLIC. Société dont l'objet est de prendre et de posséder des participations financières dans d'autres sociétés afin de les diriger ou de contrôler leur activité. ➤ **groupe, trust** (cf. aussi Société de portefeuille, société mère). *Holding industriel. Holding financier,* regroupant sous une même direction financière des entreprises différentes.

HOLD-UP [ˈɔldœp] n. m. inv. /HOLDUP n. m./ – 1925 ◊ anglais américain *holdup*, de *to hold up one's hands* «tenir les mains en l'air» ▪ ANGLIC. Vol à main armée dans un lieu public. ➤ FAM. **braquage.** *Hold-up d'une banque. Commettre un hold-up.* ♦ FIG. *Hold-up électoral.*

HOLISME [ɔlism] n. m. – 1939 ◊ du grec *holos* «entier» ▪ DIDACT. Théorie selon laquelle l'être humain est un tout indivisible qui ne peut être expliqué par ses différentes composantes (physique, physiologique, psychique) considérées séparément. ♦ Système d'explication globale.

HOLISTIQUE [ɔlistik] adj. – 1953 ◊ de *holisme* ▪ Qui relève de l'holisme, qui s'intéresse à son objet dans sa globalité. *Approche holistique.* ➤ **globaliste.** *Médecine holistique.* ▪ CONTR. Atomistique, analytique.

HOLLANDAIS, AISE [ˈɔ(l)lɑ̃dɛ, ɛz] adj. et n. – XIIIe ◊ de *Hollande*, du germanique *Holland* ▪ De Hollande (région des Pays-Bas) ; ABUSIVEMENT Des Pays-Bas. ➤ **néerlandais ;** PLAIS. **batave.** *Les canaux, les polders hollandais. Les grands peintres de l'école hollandaise. Fromages hollandais.* ➤ **hollande.** ♦ *Vache hollandaise* (ou *frisonne*), ou n. f. *une hollandaise* : vache laitière à pelage pie noir. — CUIS. *Sauce hollandaise,* à base de beurre et de jaunes d'œufs. ♦ n. *Les Hollandais. Une Hollandaise.* — n. m. *Le hollandais* : langue germanique parlée notamment en Hollande. ➤ **néerlandais.**

HOLLANDE [ˈɔ(l)lɑ̃d] n. f. et m. – 1598 ◊ de *Hollande*
I n. f. ▪ **1** Toile de lin très fine, fabriquée en Hollande. ▪ **2** Porcelaine de Hollande.
II n. m. ▪ **1** Fromage de Hollande. ➤ **édam, gouda, mimolette.** *Du hollande. Des hollandes.* ▪ **2** Papier de luxe vergé, très résistant.

HOLLYWOODIEN, IENNE [ɔliwudjɛ̃, jɛn] adj. – 1937 ◊ de *Hollywood* ▪ D'Hollywood, capitale du cinéma américain. *Star hollywoodienne.* — Qui rappelle le luxe (jugé tapageur) d'Hollywood. *Une piscine hollywoodienne.*

HOLMIUM [ˈɔlmjɔm] n. m. – 1880 ◊ de *(Stock)holm* et suffixe *-ium* ▪ CHIM. Élément atomique (Ho ; n° at. 67 ; m. at. 164,93), métal du groupe des terres* rares.

HOLO-, OLO- ▪ Éléments, du grec *holos* «entier».

HOLOCAUSTE [ɔlokost] n. m. – XIIe ◊ latin ecclésiastique d'origine grecque *holocaustum* «brûlé tout entier» ▪ **1** HIST. RELIG. Chez les Juifs, Sacrifice religieux où la victime était entièrement consumée par le feu. *Offrir un bélier en holocauste.* — PAR ANAL. Sacrifice sanglant de caractère religieux. ➤ **immolation.** ▪ **2** (début XVIIe) FIG. Sacrifice total, à caractère religieux ou non. *Faire l'holocauste de son cœur, de ses désirs, de ses goûts. S'offrir en holocauste à une cause.* ▪ **3** La victime immolée. *«Ô femme, volontaire holocauste pour l'amour de Dieu»* VILLIERS. ▪ **4** SPÉCIALT *L'Holocauste* ou *l'holocauste* : le génocide, la tentative d'extermination des Juifs par les nazis (cf. La Shoah).

HOLOCÈNE [ɔlɔsɛn] n. m. – 1852 adj. ◊ de *holo-* et *-cène* ▪ GÉOL. Époque du quaternaire*, succédant au pléistocène*. *Holocène ancien* ou *inférieur* (➤ **mésolithique**), *moyen* (➤ **néolithique**). *Holocène récent* ou *supérieur* : âge des métaux. — adj. *Période holocène.*

HOLOGAMIE [ɔlɔgami] n. f. – 1970 ◊ de *holo-* et *-gamie* ▪ BIOL. Chez les organismes inférieurs (protozoaires, algues, champignons), Mode de reproduction sexuée par union de deux cellules végétatives qui se comportent comme des cellules sexuelles.

HOLOGRAMME [ɔlɔgʀam] **n. m.** – 1970 ◊ de *holo-* et *-gramme* ■ Image obtenue par holographie. — Support sur lequel cette image est enregistrée.

HOLOGRAPHE ➤ **OLOGRAPHE**

HOLOGRAPHIE [ɔlɔgʀafi] **n. f.** – 1947 ◊ de *holo-* et *(photo)-graphie* ■ DIDACT. Méthode d'enregistrement et de reproduction des images en trois dimensions, utilisant les interférences de deux faisceaux lasers. — **v. tr.** ⟨7⟩ **HOLOGRAPHIER ; adj. HOLOGRAPHIQUE.**

HOLOPHRASTIQUE [ɔlɔfʀastik] **adj.** – 1866 ◊ de *holo-* et du grec *phrasis* «énoncé» ■ GRAMM. Se dit d'une langue dans laquelle une phrase entière s'exprime par un seul mot ou mot-phrase.

HOLOPROTÉINE [ɔlopʀɔtein] **n. f.** – 1955 ; *holoprotéide* 1931 ◊ de *holo-* et *protéine* ■ BIOCHIM. Protéine constituée exclusivement par des acides aminés. *L'albumine du sérum sanguin est une holoprotéine.* ■ CONTR. Hétéroprotéine.

HOLOSIDE [ɔlozid] **n. m.** – 1927 ◊ de *hol(o)-* et *oside* ■ BIOCHIM. Substance glucidique (➤ **oside**) constituée par la condensation de sucres non hydrolysables (oses), et qui donne par hydrolyse ces sucres. ➤ aussi **hétéroside.**

HOLOTHURIE [ɔlɔtyʀi] **n. f.** – 1572 ◊ latin d'origine grecque *holothuria* ■ Animal marin *(échinodermes)* de forme allongée, la bouche étant à l'une des extrémités du corps, muni de ventouses sur la face ventrale et de papilles rétractiles sur la face dorsale. *Holothurie comestible.* ➤ **tripang.**

HOLSTER [ˈɔlstɛʀ] **n. m.** – 1968 ◊ mot anglais «2 fonte» XVIIᵉ, d'origine germanique ■ ANGLIC. Étui muni de courroies pour transporter une arme à feu dissimulée sous une veste. *«son arme de service, serrée dans son holster, sous son aisselle»* PENNAC.

HOMARD [ˈɔmaʀ] **n. m.** – *houmar* 1532 ◊ ancien nordique *humarr* ■ Grand crustacé marin décapode *(malacostracés),* aux pattes antérieures armées de puissantes pinces, pêché pour sa chair fine. *Casier à homards. Parc à homards.* ➤ **homarderie.** — *Beurre, bisque de homard. Homard à l'américaine. Homard thermidor.* — FAM. *Être rouge* comme un homard.*

HOMARDERIE [ˈɔmaʀd(ə)ʀi] **n. f.** – 1904 ◊ de *homard* ■ Parc où l'on élève les homards. *Les homarderies de Concarneau.*

HOME [ˈom] **n. m.** – 1816 ◊ mot anglais «maison» ■ ANGLIC. ■ **1** VIEILLI Logis considéré sous son aspect intime et familial. ➤ **chez (chez-soi), foyer.** *«L'essentiel pour eux* [les Américains], *c'est d'emporter leur "home" avec eux»* SARTRE. ➤ aussi **mobile home.** — **loc. adv.** (1882) **AT HOME :** à la maison, chez soi. ■ **2** (Belgique, Luxembourg, Suisse, Canada) Centre d'accueil, d'hébergement. *Home d'enfants. Home pour personnes âgées, handicapées.* ■ HOM. Heaume, ohm.

HOME CINÉMA [ˈomsinema] **n. m.** – 1995 ◊ calque de l'anglais, de *home* «maison» et *cinema* «cinéma» ■ ANGLIC. Équipement audiovisuel (amplificateur, enceintes acoustiques, lecteur de DVD, écran...) destiné à créer chez soi des conditions de projection proches de celle d'une salle de cinéma. *Les home cinémas.* — Recomm. offic. *cinéma à domicile.*

HOMÉLIE [ɔmeli] **n. f.** – *omélie* XIIᵉ ◊ latin ecclésiastique *homilia,* mot grec ; cf. *homilétique* ■ **1** Commentaire par le célébrant de la messe d'un passage de l'Évangile lu juste avant. ➤ **prêche, sermon.** ♦ DIDACT. Discours simple sur des matières religieuses. *Les homélies de saint Jean Chrysostome.* ■ **2** VIEILLI Longue et ennuyeuse leçon de morale. ➤ **discours, remontrance, réprimande, sermon.** *«J'avais à subir des homélies continuelles sur l'amour paternel»* STENDHAL.

HOMÉO- ■ Élément, du grec *homoios* «semblable». ➤ **homo-.** ■ CONTR. Allo-, hétér(o)-.

HOMÉODOMAINE [ɔmeɔdɔmɛn] **n. m.** – 1985 ◊ de *homéo(tique)* et *domaine* ■ BIOL. MOL. Domaine protéique, qui se lie à l'ADN, spécifique de la famille des protéines homéotiques.

HOMÉOMORPHE [ɔmeɔmɔʀf] **adj.** – 1905 physiol. ◊ de *homéo-* et *-morphe* ■ MATH., LOG. Dont la correspondance est un homéomorphisme. *Espaces topologiques homéomorphes.*

HOMÉOMORPHISME [ɔmeɔmɔʀfism] **n. m.** – 1926 ◊ de *homéomorphe* ■ MATH., LOG. Bijection* qui, à deux éléments voisins d'un ensemble, fait correspondre deux éléments également voisins d'un autre.

HOMÉOPATHE [ɔmeɔpat] **n.** – 1827 ◊ de *homéopathie* ■ Médecin qui pratique l'homéopathie (opposé à *allopathe*). *Consulter une homéopathe.* — **adj.** *Médecin homéopathe.*

HOMÉOPATHIE [ɔmeɔpati] **n. f.** – 1827 ◊ allemand *Homöopathie* (1796), du grec ■ Méthode thérapeutique (du médecin allemand Hahnemann) qui consiste à soigner les malades au moyen de remèdes (à doses infinitésimales obtenues par dilution) capables, à des doses plus élevées, de produire sur un sujet sain des symptômes semblables à ceux de la maladie à combattre. *Homéopathie et allopathie.*

HOMÉOPATHIQUE [ɔmeɔpatik] **adj.** – 1827 ◊ de *homéopathie* ■ Relatif à l'homéopathie. *Granules homéopathiques.* FIG. *À dose homéopathique :* à très faible dose. ➤ **infinitésimal.** *Abaisser de façon «quasi homéopathique les taux d'intérêt»* (Le Monde, 1987). ■ CONTR. Allopathique.

HOMÉOSTASIE [ɔmeɔstazi] **n. f.** – 1950 ◊ anglais *homeostasis* (1926), de *homéo-* et *stasis* «position» ■ PHYSIOL. État d'équilibre, chez les organismes vivants, des différentes constantes physiologiques. — **adj. HOMÉOSTATIQUE.**

HOMÉOSTAT [ɔmeɔsta] **n. m.** – 1953 ◊ de *homéo-* et *-stat* ■ SC. Appareil complexe, qui règle lui-même son fonctionnement d'après un équilibre préalablement fixé.

HOMÉOTHERME [ɔmeɔtɛʀm] **n. et adj.** – 1893 ◊ de *homéo-* et *-therme* ■ BIOL. Être vivant dont la température moyenne, constante, est indépendante du milieu ambiant (SYN. COUR. animal à sang chaud). **adj.** *Les mammifères, les oiseaux, animaux homéothermes.* ■ CONTR. Poïkilotherme.

HOMÉOTIQUE [ɔmeɔtik] **adj.** – avant 1983 ◊ de *homéose* (1836), grec *homoiôsis* «ressemblance» → homéo- ■ BIOL. MOL. *Gènes, protéines homéotiques,* impliqués dans le contrôle du développement et responsables de la mise en place du plan* d'organisation des êtres vivants. — *Mutations homéotiques,* dues à des gènes homéotiques.

HOMÉRIQUE [ɔmeʀik] **adj.** – 1546 ◊ latin *homericus* ■ **1** Qui appartient, qui a rapport à Homère. *L'Iliade et l'Odyssée, poèmes homériques.* ■ **2** Qui est digne d'Homère, de sa manière. *Personnage homérique. Lutte homérique.* ♦ LOC. (1836) *Rire homérique :* fou rire bruyant, pareil à celui qu'Homère prête aux dieux de l'Olympe. *«un éclat de rire immense, homérique, olympien»* GAUTIER. — *Une colère homérique,* très violente.

HOMESPUN [ˈomspœn] **n. m.** – 1890 ◊ mot anglais «filé *(spun)* à la maison» ■ ANGLIC. Tissu écossais primitivement fabriqué à domicile par des artisans.

HOME-TRAINER [ˈomtʀɛnœʀ] **n. m.** – 1881 ◊ de l'anglais *home* «domicile» et *trainer* «entraîneur» ■ ANGLIC. Appareil fixe qui permet de pratiquer chez soi les mouvements de différents sports (➤ 1 **rameur**). *Des home-trainers.*

1 **HOMICIDE** [ɔmisid] **n. et adj.** – XIIᵉ ◊ latin *homicida*

I **n.** LITTÉR. Personne qui tue un être humain. ➤ **assassin*, meurtrier ; -cide** (1 parricide, 2 fratricide, 1 infanticide...). *«Des enfants de son fils détestable homicide»* RACINE.

II **adj.** (XIVᵉ *homicidial*) VX ou LITTÉR. Qui a commis ou va commettre un meurtre. ♦ Qui cause la mort d'une ou de nombreuses personnes. ➤ **meurtrier.** *«cette guerre homicide»* VOLTAIRE.

2 **HOMICIDE** [ɔmisid] **n. m.** – *omecide* XIIᵉ ◊ latin *homicidium* ■ Action de tuer un être humain. *Commettre un homicide involontaire, par imprudence. Être accusé d'homicide volontaire.* ➤ **assassinat, crime, meurtre ; féminicide, 1 fratricide, 2 infanticide, 2 matricide, 2 parricide.** *Homicide sur la personne de.*

HOMILÉTIQUE [ɔmiletik] **n. f.** – 1834 ; adj. 1765 autre sens ◊ latin ecclésiastique d'origine grecque *homileticus* → homélie ■ DIDACT. Partie de la rhétorique qui traite de la prédication et de l'éloquence de la chaire. — **adj.** *Formation homilétique.*

HOMINIDÉS [ɔminide] **n. m. pl.** – 1845 ◊ du latin *homo, hominis* «homme» ■ SC. Famille de primates* *(hominoïdes)* qui comprend les homininés et les grands singes africains (chimpanzé, bonobo, gorille). — Au sing. *Un hominidé.*

HOMINIENS [ɔminjɛ̃] **n. m. pl.** – 1877 ◊ du latin *homo, hominis* «homme» ■ SC. Sous-ordre de primates auquel appartient l'espèce humaine. ➤ **hominidés, hominoïdes.** — Au sing. *Un hominien.*

HOMININÉS [ɔminine] n. m. pl. – 2000 ◊ du latin *homo, hominis* «homme» ■ SC. Sous-famille de primates *(hominidés)* comprenant l'homme (➤ 2 **homo**) et les australopithèques. *La bipédie des homininés.* — Au sing. *Un homininé.*

HOMINISATION [ɔminizasjɔ̃] n. f. – v. 1950 ◊ du latin *homo, hominis* «homme» ■ ANTHROP. Ensemble des processus évolutifs, physiques, physiologiques et psychiques qui caractérisent le passage du primate à l'homme *(Homo sapiens).* ➤ **anthropogénie.** *La bipédie, un encéphale développé, le langage articulé, les activités sociales, la pensée et la conscience sont des aboutissements de l'hominisation. «L'hominisation ne sera achevée qu'avec une éthique de la pitié et du respect de la vie»* TH. MONOD.

HOMINISÉ, ÉE [ɔminize] adj. – v. 1962 ◊ d'après *hominisation* ■ ANTHROP. Qui a subi le processus d'hominisation.

HOMINOÏDES [ɔminɔid] n. m. pl. – 1955 ◊ du latin *homo, hominis* ■ SC. Superfamille de primates* dépourvus de queue, qui comprend les pongidés, les gibbons et les hominidés*. ➤ aussi **anthropoïde.** *Les hominoïdes africains.* — Au sing. *Un hominoïde.*

HOMMAGE [ɔmaʒ] n. m. – 1160 ◊ de *homme* ■ **1** FÉOD. Acte par lequel le vassal se déclarait l'homme (II, C, 1°) de son seigneur, en lui promettant une fidélité (foi, ➤ **féodal**) et un dévouement absolus. *La cérémonie symbolique de l'hommage était suivie de l'aveu. Jurer foi et hommage. Hommage lige*.* ■ **2** Acte de courtoisie, preuve de dévouement d'un homme à une femme. — AU PLUR. (dans le sens affaibli d'une formule de politesse) ➤ **civilité, compliment,** 2 **devoir, respect.** *Présentez mes hommages à votre épouse. «Se découvrant pour présenter ses hommages à la duchesse»* PROUST. *Daignez agréer, Madame, mes respectueux hommages.* ◆ Témoignage d'intérêt galant, sexuel. *J'ai connu «pas mal d'hommages* [...] *mais qui n'avaient rien de respectueux»* COLETTE. ■ **3** (Dans des loc.) Marque de vénération, de soumission respectueuse. ➤ **culte.** *Rendre hommage à Dieu* (➤ **adorer**). — Témoignage de respect, d'admiration, de reconnaissance (➤ **honorer**). *Rendre hommage au mérite, au talent, à la vertu.* ➤ **saluer.** *Rendre un dernier hommage à qqn, lors de ses obsèques. Discours en hommage aux victimes de la guerre.* ■ **4** Don respectueux, offrande. *Hommage de l'éditeur, de l'auteur. «j'allai, sans façon, offrir l'hommage de mon respect au roi»* CHATEAUBRIAND. ➤ **expression, témoignage.**

HOMMASSE [ɔmas] adj. – XIVe ◊ de *homme* (II) ■ VIEILLI PÉJ. Qui ressemble à un homme par l'allure, les manières, en parlant d'une femme. ➤ **masculin.** — PAR EXT. *Des traits, des manières hommasses.*

HOMME [ɔm] n. m. – fin Xe ◊ du latin *hominem,* accusatif de *homo, hominis,* dont le nominatif *homo* a donné le pronom *on*

I ÊTRE HUMAIN A. TERME DE TAXINOMIE ANIMALE ■ **1** Être (mâle ou femelle) appartenant au règne animal, mammifère primate de la famille des hominidés*, seul représentant actuel du genre Homo (*Homo sapiens* ; ➤ 2 **homo**). *L'homme et les grands singes ont un ancêtre commun.* ➤ **anthropoïde, hominoïdes ; anthropologie.** *Principales caractéristiques de l'homme : bipédie, différenciation fonctionnelle des mains et des pieds, jambes plus grandes que les bras, faible pilosité, masse importante du cerveau, langage articulé, intelligence développée, en particulier faculté d'abstraction et de généralisation. Origine et évolution de l'homme.* ➤ **anthropogénie.** *Les premiers hommes. Hommes fossiles,* espèces disparues, de la famille de l'homme actuel. ➤ **australopithèque, pithécanthrope.** ■ **2** Hominien. *L'homme de Neandertal* (➤ **néandertalien**), *de Cro-Magnon.*

B. MEMBRE DE L'HUMANITÉ ■ **1** (fin XIIe) Être humain actuel considéré comme un être social. ➤ **individu,** 1 **personne ; quidam** (cf. infra II). *«L'homme est l'avenir de l'homme»* PONGE. *«L'existence précède l'essence. Cela signifie que l'homme existe d'abord, se rencontre, surgit dans le monde, et qu'il se définit ensuite»* SARTRE. *«Où sont les hommes ? reprit le petit prince. On est un peu seul dans le désert... – On est seul aussi chez les hommes, dit le serpent»* SAINT-EXUPÉRY. — COLLECT. *Les hommes* ou *l'homme.* ➤ **humanité.** *Sciences* de l'homme.* ➤ **humain.** *«Il est plus facile de dire que l'on aime l'espèce humaine, l'homme avec un grand H, que d'aimer, et non pas simplement avoir l'air d'aimer son voisin de palier»* H. LABORIT. — *Les droits de l'homme. La Déclaration des droits de l'homme et du citoyen,* de 1789. — *L'homme de la rue*. Le commun des hommes.* ➤ **foule,** 1 **gens, vulgaire.** *Aucun homme.* ➤ 2 **personne.** *Chaque homme.* ➤ **chacun ; on.** *Un homme à la mer ! — L'homme est un loup* pour l'homme. L'exploitation de l'homme par l'homme. Impact de l'homme sur le milieu.* ➤ **anthropisation ; anthropocène.** — *Prendre* Le Pirée* (nom d'un port) *pour un homme.* ➤ **quelqu'un.** — *Les dieux et les hommes.* ➤ **créature, mortel ; âme, esprit.** ■ **2** RELIG. CHRÉT. *Le Fils de l'homme :* le Christ. *Le fils de Dieu s'est fait homme* (➤ **incarnation**).

C. PSYCHOLOGIE DE L'HOMME (rare en parlant d'une femme ; cf. ci-dessous II) ■ **1** (milieu XIIe) L'homme considéré dans ses qualités. *Être digne du nom d'homme. «On n'est pas un homme tant qu'on n'a pas trouvé quelque chose pour quoi on accepterait de mourir»* SARTRE. *«une longue vie tout entière, est-ce suffisant pour devenir un homme ?»* GENEVOIX. ■ **2** L'homme considéré dans ses faiblesses. *Ce n'est qu'un homme. «Ah ! pour être dévot, je n'en suis pas moins homme»* MOLIÈRE. ■ **3** Humain, personne humaine (par opposition à la fonction, au rang). *«On s'attendait de voir un auteur, et on trouve un homme»* PASCAL.

II ÊTRE HUMAIN MÂLE A. (DANS TOUS LES ÂGES DE LA VIE) (fin Xe) ➤ **garçon, mâle, masculin ; andro-, vir-.** *Caractères sexuels de l'homme. Homme dans l'enfance, l'adolescence.* ➤ **adolescent, enfant, garçon.** *Vieil homme.* ➤ **vieillard, vieux.**

B. (À L'ÂGE ADULTE) ■ **1** (fin XIVe) ➤ **monsieur ;** FAM. **bonhomme, gars, keum, mec, type.** *Un homme fait :* un adulte. *L'âge d'homme. Vêtements d'hommes. Rayon homme d'un grand magasin. Homme de couleur*. — Homme vierge* (➤ **puceau**). *Homme impuissant, viril. Homme célibataire* (➤ **garçon**), *marié* (➤ **époux, mari**), *qui a des enfants* (➤ **père**). *Homme au foyer. Bel homme* (➤ **apollon**) ; *homme fort* (➤ **hercule**). *Homme à la mode, affecté* (➤ **dandy, minet, play-boy**). *Galant homme. Homme à femmes,* qui recherche les conquêtes féminines (➤ **don juan, séducteur,** FAM. **tombeur**). *Il «n'avait point de ces gestes, de ces regards qui trahissent l'homme à femmes»* R. GUÉRIN. *Homme entretenu* (➤ **gigolo**), *qui vit de la prostitution* (➤ **prostitué ; proxénète, souteneur**). *Homme qui méprise les femmes* (➤ **macho**), *pratique le harcèlement sexuel* (➤ **phallocrate, sexiste**), *viole* (➤ **violeur**). — *Homme qui a plusieurs femmes* (➤ **polygame**). *Homme attiré par les hommes* (➤ **homosexuel**), *habillé en femme* (➤ 1 **travesti**). *Homme qui a changé de sexe.* ➤ **transsexuel.** ■ **2** Être humain mâle, considéré en tant qu'adulte responsable, courageux, fort. *Sors, si t'es un homme* (pour te battre). *Ne pleure pas ! sois un homme ! «Qu'est-ce que c'est "être un homme ?" Si c'est être courageux, je le suis. Viril aussi. Égoïste, aussi»* SAGAN. *Parole d'homme.* LOC. **D'HOMME À HOMME :** directement, en toute franchise. *Se parler d'homme à homme.* ■ **3** (milieu XIIIe) Être humain mâle adulte, caractérisé par une qualité ou par sa fonction. — (Qualifié) *Un brave homme. Saint homme. Honnête homme. Grand homme :* homme remarquable, célèbre. *Homme public, politique. — Homme de* (et subst.). *Homme d'action. Homme de bien. Homme de mérite. Homme de confiance*.* VIEILLI *Homme de peu*. Homme de poids,* important. *Homme de génie. Homme d'esprit. Homme de goût.* ANCIENNT *Homme de qualité, de condition.* ➤ **gentilhomme, grand, noble.** — *Homme du monde. Homme du peuple. — Homme d'État. Homme de loi :* magistrat, avocat, juriste. *Homme d'affaires*.* ➤ **businessman.** *Homme d'Église :* ecclésiastique. *Homme de lettres :* écrivain. *Homme de l'art*. — Homme de guerre :* guerrier, militaire. *Homme de troupe*. Homme de mer :* marin, matelot. *Homme d'équipage, de quart, de barre, de vigie. Homme de peine :* domestique, manœuvre. (1972) *Homme de ménage :* homme qui fait des travaux de ménage. — *Homme de paille*. Homme de main*.* ◆ (Dans une situation donnée) *C'est l'homme du jour,* celui dont on parle. *L'homme de la situation.* — LOC. **ÊTRE UN HOMME À... ; ÊTRE HOMME À... :** être capable de, être du genre à. *«On voyait qu'il était homme à soutenir son dire»* STENDHAL. — *Être l'homme de... :* être apte à... *«Il n'était pas l'homme d'un travail régulier, monotone et contraignant»* TOURNIER. ■ **4** L'homme dont il est question ; auquel on a affaire. *Voici l'homme,* paroles par lesquelles Pilate présenta le Christ à la foule. *L'homme de sa vie,* celui qui compte le plus dans sa vie. ◆ (Précédé d'un poss.) *«Sûr de tuer son homme, et de n'être point tué»* MOLIÈRE. RÉGION. *Alors, notre homme s'avança.* — SPÉCIALT (fin XIe) Homme avec qui on a une relation amoureuse. ➤ **amant, compagnon, mari.** *J'ai rencontré son homme.* ➤ FAM. **bonhomme, jules, mec.** — L'homme qui convient, dont on a besoin. *Le parti a trouvé son homme.* — SPÉCIALT Homme qui fait ce qu'on réclame de lui. *Je suis votre homme.*

C. INDIVIDU DÉPENDANT D'UN AUTRE, SOUS SON AUTORITÉ ■ **1** (fin XIe) FÉOD. *Homme lige.* ➤ **vassal.** *«Harold s'était donc fait l'homme de Guillaume»* MICHELET. ➤ **hommage.** ■ **2** (fin XIe) Exécutant, militaire ou civil, dans une hiérarchie, une équipe. *Le caporal et ses hommes.* ➤ **soldat.** *« La salle de police des "hommes" est pleine. On va vous mettre dans la salle des sous-officiers »* ALLAIS. *Chef de chantier et ses hommes.* ➤ **ouvrier.** — LOC. **COMME UN SEUL HOMME :** avec un ensemble parfait. *« Ces gens sont idiots [...] tout le monde suit comme un seul homme, ou plutôt comme un seul mouton »* Y. QUEFFÉLEC.

III JEUNE HOMME ▪ **1** Homme jeune. *Un vieillard n'a plus des jambes de jeune homme.* ▪ **2** Garçon pubère, homme jeune célibataire. ➤ **adolescent, garçon,** FAM. **gars.** *Un jeune homme, une jeune fille* (plur. *jeunes gens**). *Un tout jeune homme,* qui sort à peine de l'enfance. *Un beau jeune homme.* ➤ **adonis, éphèbe.** *Un grand jeune homme.* ◆ POP. ➤ **fils.** *Votre jeune homme.* ◆ FAM. (pour nommer, appeler un enfant, un adolescent trop jeune pour qu'on lui dise « Monsieur ») ➤ **petit.** *Que veut ce jeune homme ? Bonjour, jeune homme !*

HOMME-GRENOUILLE [ɔmgʀənuj] **n. m.** – v. 1960 ◇ de *homme* et *grenouille* ▪ Plongeur muni d'un scaphandre autonome, qui travaille sous l'eau pour des sauvetages ou la recherche (cf. Nageur* de combat). *Des hommes-grenouilles. Elle est homme-grenouille* (REM. Le mot *prudhomme* peut de même désigner une femme).

HOMME-ORCHESTRE [ɔmɔʀkɛstʀ] **n. m.** – 1842 ◇ de *homme* et *orchestre* ▪ Musicien qui joue simultanément de plusieurs instruments, en manière d'attraction. ◆ PAR ANAL. (1920) Personne qui accomplit des fonctions diverses, dans un domaine, une entreprise. *Des hommes-orchestres* [ɔmɔʀ kɛstʀ].

HOMME-SANDWICH [ɔmsɑ̃dwitʃ] **n. m.** – 1881 ◇ de *homme* et *sandwich* ▪ Homme qui promène dans les rues deux affiches publicitaires, l'une sur la poitrine, l'autre dans le dos. *Des hommes-sandwichs.*

1 **HOMO** [omo] **n. et adj.** – 1964 ◇ abrév. de *homosexuel* ▪ FAM. Homosexuel, homosexuelle. *Des homos. Une homo.* — **adj.** *Il, elle est homo. Un bar homo, des revues homos.* ➤ **gay ; LGBT, queer.**

2 **HOMO** [omo] **n. m.** – 1735 ◇ latin *homo, hominis* « homme » → on ▪ SC. Genre de la famille des hominidés auquel appartient l'espèce humaine. *Le genre Homo comprend plusieurs espèces fossiles et les humains actuels (Homo sapiens).*

HOMO- ▪ Élément, du grec *homos* « semblable, le même ». ➤ **homéo-.** ▪ CONTR. Allo-, hétér(o)-.

HOMOCENTRIQUE [ɔmɔsɑ̃tʀik] **adj.** – 1690 ◇ du grec *homokentros,* de *kentron* « centre » ▪ GÉOM. Se dit de courbes, de surfaces ayant le même centre. *Sphères homocentriques.* — OPT. *Faisceau lumineux homocentrique,* dont tous les rayons passent par le même point.

HOMOCERQUE [ɔmɔsɛʀk] **adj.** – 1866 ◇ de *homo-* et du grec *kerkos* « queue » ▪ ZOOL. Qui a les deux lobes égaux, en parlant de la nageoire caudale des poissons. — PAR EXT. *Les carpes sont homocerques.* ▪ CONTR. Hétérocerque.

HOMOCHROMIE [ɔmɔkʀɔmi] **n. f.** – 1903 ◇ de *homo-* et *-chromie* ▪ DIDACT. Identité de couleur, d'aspect entre un animal et le milieu où il vit. *Homochromie du caméléon.* ➤ **mimétisme.**

HOMOCINÉTIQUE [omosinetik] **adj.** – 1931 ◇ de *homo-* et *cinétique* ▪ **1** MÉCAN. *Liaison homocinétique :* transmission régulière des vitesses entre deux arbres non alignés. ▪ **2** PHYS. De même vitesse. *Particules homocinétiques.*

HOMOGAMIE [ɔmɔgami] **n. f.** – 1866 ◇ de *homo-* et *-gamie* ▪ **1** BOT. État des plantes dont toutes les fleurs sont du même sexe. ➤ **isogamie ; dioïque.** ▪ **2** SOCIOL. Mariage entre personnes d'un même groupe social (opposé à *hétérogamie*). ➤ **endogamie.**

HOMOGÈNE [ɔmɔʒɛn] **adj.** – *homogénée* 1503 ◇ latin scolastique *homogeneus,* du grec *homogenês* ▪ **1** (En parlant d'un tout, d'un ensemble) De structure uniforme ; dont les éléments constitutifs, les parties, sont de même nature ou répartis de façon uniforme. *Mélange, ensemble homogène. Former un tout homogène. Substance, pâte, liquide homogène.* ◆ (ABSTRAIT) ➤ **cohérent, régulier, uni, uniforme.** *Groupe, réunion homogène. « La nation est un organisme homogène et viable »* MAUROIS. *Livre, œuvre homogène,* qui a de l'unité. *Formation, équipe homogène. Ministère homogène,* dont tous les membres appartiennent au même parti. ◆ MATH. *Équation linéaire homogène,* dont le second membre est nul. *Système homogène :* système d'équations linéaires homogènes. *Polynôme homogène de degré k :* polynôme à plusieurs variables, dont la somme des exposants de chaque monôme vaut k. — LOG. Qui ne comprend que des éléments appartenant à un même système logique. ▪ **2** (En parlant des parties d'un tout) Qui est de même nature. ➤ **analogue, même, semblable.** *Partie homogène avec une autre. — Parties homogènes. Les éléments homogènes d'une substance chimiquement pure.* ▪ CONTR. Hétérogène. Disparate, hétéroclite.

HOMOGÉNÉISATEUR, TRICE [ɔmɔʒeneizatœʀ, tʀis] **adj.** – 1907 ◇ de *homogénéiser* ▪ TECHN. Qui sert à l'homogénéisation* des liquides, des aliments. — **n. m.** *Un homogénéisateur.*

HOMOGÉNÉISATION [ɔmɔʒeneizasjɔ̃] **n. f.** – 1907 ◇ de *homogénéiser* ▪ DIDACT., TECHN. Action de rendre homogène. SPÉCIALT *L'homogénéisation du lait, d'un liquide organique avant centrifugation.* — (ABSTRAIT) ➤ **harmonisation.** *Homogénéisation sociale, culturelle. Homogénéisation des prix, de la production.*

HOMOGÉNÉISER [ɔmɔʒeneize] **v. tr.** ‹1› – 1846 ◇ de *homogène* ▪ Rendre homogène, en mélangeant les éléments ou en éliminant les éléments non conformes. *Homogénéiser une substance.* — On dit aussi **HOMOGÉNÉIFIER** ‹7,› 1907. ◆ COUR. *Lait homogénéisé,* dont les globules gras ont été réduits par fragmentation et mélangés.

HOMOGÉNÉITÉ [ɔmɔʒeneite] **n. f.** – 1503 ◇ latin scolastique *homogeneitas* ▪ Caractère de ce qui est homogène. *Une substance d'une parfaite, d'une relative homogénéité.* ◆ (ABSTRAIT) ➤ **cohérence, cohésion.** *Homogénéité d'une équipe.* — MATH. *Degré, condition d'homogénéité.* ▪ CONTR. Hétérogénéité.

HOMOGRAPHE [ɔmɔgʀaf] **adj. et n. m.** – 1839 ◇ de *homo-* et *-graphe* ▪ LING. Se dit des mots qui ont même orthographe. *Mots homophones* (➤ **homonyme**) *et homographes* (ex. 1 son et 2 son). — **n. m.** *Homographes non homophones* (ex. le couvent [kuvɑ̃] et elles couvent [kuv]). ➤ **allophone.**

HOMOGRAPHIE [ɔmɔgʀafi] **n. f.** – 1837 ◇ de *homo-* et *-graphie* ▪ GÉOM. Transformation ponctuelle bijective associée à une fonction homographique*. ◆ LING. Fait d'être homographe(s).

HOMOGRAPHIQUE [ɔmɔgʀafik] **adj.** – 1837 ◇ de *homographie* ▪ GÉOM. Relatif à l'homographie. *Figures homographiques.* — MATH. *Fonction homographique :* fonction définie par le quotient de deux fonctions du premier degré, et dont la courbe représentative est une hyperbole.

HOMOGREFFE [omogʀɛf] **n. f.** – 1899 ◇ de *homo-* et *greffe* ▪ CHIR. Greffe au moyen d'un greffon provenant d'un sujet de même espèce que celle du receveur (opposé à *hétérogreffe*). ➤ **isogreffe ; autogreffe, autoplastie.**

HOMOLOGATION [ɔmɔlɔgasjɔ̃] **n. f.** – 1534 ◇ de *homologuer* ▪ **1** Action d'homologuer ; DR. Approbation emportant force exécutoire. *Homologation administrative, judiciaire.* ➤ **entérinement, ratification, validation.** ▪ **2** Confirmation, validation. — SPORT *Homologation d'une performance.* ▪ CONTR. Annulation.

HOMOLOGIE [ɔmɔlɔʒi] **n. f.** – 1822 ◇ grec *homologia* → homologue ▪ **1** MATH. *Homologie de centre O, d'axe D et de birapport k :* application qui, à un point M, associe le point M′ tel que, I étant le point d'intersection de la droite (OM) avec D, le birapport* des points O, I, M, M′ est égal à k. ▪ **2** (1844) CHIM. Caractère, état d'éléments homologues. ▪ **3** PHYLOG. Similarité entre organes, qui peut être supposée comme étant issue de l'héritage d'un ancêtre commun (➤ aussi **analogie**). *Homologie entre l'aile d'un oiseau, la patte antérieure d'un quadrupède et le bras humain.*

HOMOLOGUE [ɔmɔlɔg] **adj.** – 1585 ◇ grec *homologos,* de *logos* « discours » ▪ **1** MATH. Se dit de deux éléments ou de deux ensembles dont l'un est l'image de l'autre par une transformation (le plus souvent géométrique). *Côtés homologues de deux triangles homothétiques.* ◆ PHYLOG. Se dit de structures anatomiques ou de gènes qui sont dérivés d'un ancêtre commun et dont les structures se correspondent d'une espèce à une autre (membres antérieurs des mammifères, ailes des oiseaux), d'un sexe à l'autre, d'une partie du corps à une autre (genou et coude). *Gènes, protéines homologues.* ▪ **2** COUR. Équivalent. ➤ **analogue, correspondant.** *Le grade de chef d'escadron est homologue de celui de chef de bataillon.* — SUBST. *Le ministre des Affaires étrangères a rencontré son homologue allemand. « son homologue à l'Intérieur »* M. DUGAIN. ▪ **3** (1857) CHIM. Se dit de composés chimiques constituant une série, présentant un même motif de base terminé par une chaîne aliphatique de longueur croissante. *Composés* *homologues de l'éthylène,* ou ELLIPT *les homologues de l'éthylène.* ▪ **4** *Fécondation artificielle homologue,* avec sperme et ovule prélevés sur un couple marié ou stable. ▪ CONTR. Hétérologue.

HOMOLOGUER [ɔmɔlɔge] v. tr. ‹1› – 1461 ◊ latin médiéval *homologare,* d'origine grecque ▪ **1** DR. Approuver (un acte) par une mesure lui donnant force exécutoire. ➤ **entériner, ratifier, sanctionner, valider.** *Homologuer un partage de succession, un concordat.* — p. p. adj. *Tarif homologué.* ▪ **2** Reconnaître, enregistrer officiellement (une performance, un record) après vérification. « *Sa performance, accomplie sans témoins officiels, ne serait pas homologuée* » MONTHERLANT. ▪ **3** Reconnaître, déclarer officiellement conforme au règlement, aux normes en vigueur. *Homologuer un établissement.*

HOMOMORPHISME [ɔmɔmɔʀfism] n. m. – début XXe ◊ de *homo-* et *-morphisme* ▪ MATH. Application d'un ensemble dans un autre, chacun étant muni d'une loi de composition interne, telle que l'image d'un composé de deux éléments est le composé des images de ces éléments. ➤ **morphisme.**

HOMONCULE [ɔmɔ̃kyl] n. m. – 1611 ; *homuncule* 1866 ◊ latin *homunculus,* diminutif de *homo* « homme » ▪ On écrit aussi *homuncule.* ▪ **1** HIST. SC. (souvent sous la forme latine *homunculus* XIXe) Petit être vivant à forme humaine, que les alchimistes prétendaient fabriquer. ▪ **2** VX Petit homme. ➤ **avorton.**

HOMONYME [ɔmɔnim] adj. et n. m. – 1534 ◊ latin d'origine grecque *homonymus,* de *onoma* « nom » ▪ Se dit des mots de prononciation identique (➤ **homophone**) et de sens différents, qu'ils soient de même orthographe (➤ **homographe**) ou non. *Noms, adjectifs homonymes.* — n. *Jeux de mots utilisant les homonymes* (➤ **calembour, équivoque**). *Quasi-homonymes* (➤ **paronyme**). — PAR EXT. (en parlant de personnes, villes, etc.) *Troyes et son homonyme Troie* [tʀwa]. ▪ CONTR. Hétéronyme.

HOMONYMIE [ɔmɔnimi] n. f. – 1534 « calembour » ◊ du latin *homonymia* → homonyme ▪ Caractère de ce qui est homonyme. ➤ aussi **homophonie.** *Il y a homonymie entre* pain *et* pin.

HOMONYMIQUE [ɔmɔnimik] adj. – 1970 ◊ de *homonyme* ▪ Qui concerne l'homonymie ; de l'homonymie.

HOMOPARENTAL, ALE, AUX [ɔmɔpaʀɑ̃tal, o] adj. – 1997 ◊ de *homo-* et *parental* ▪ DIDACT. *Famille homoparentale,* dont le couple parental comprend au moins une personne homosexuelle, parent d'un ou plusieurs enfants. — n. f. **HOMOPARENTALITÉ.**

HOMOPHILE [ɔmɔfil] n. m. et adj. – v. 1970 ◊ de *homo-* et *-phile* ▪ DIDACT. Homme qui éprouve une affinité sexuelle pour les personnes de son sexe, éventuellement sans pratiques homosexuelles (➤ **homosexuel**). — REM. Bien que sans rapport avec *homme, homophile* ne se dit pas des femmes homosexuelles. ◆ adj. *Un roman homophile.* — n. f. **HOMOPHILIE,** v. 1970.

HOMOPHOBE [ɔmɔfɔb] adj. et n. – 1979 ◊ de 1*homo* et *-phobe* ▪ Qui éprouve de l'aversion pour les homosexuels ; qui dénote une telle attitude. *Propos homophobes.*

HOMOPHOBIE [ɔmɔfɔbi] n. f. – 1977 ◊ de *homophobe* ▪ Attitude d'hostilité, de discrimination envers les homosexuels, l'homosexualité. *Homophobie envers les lesbiennes.* ➤ **lesbophobie.**

HOMOPHONE [ɔmɔfɔn] adj. et n. m. – 1827 ◊ grec *homophônos,* de *phônê* « 2 son » ▪ LING. Se dit de lettres, de mots qui ont la même prononciation. f *et* ph [f], *eau et* haut [o] *sont homophones.* — n. m. *Homophones homographes ou non.* ➤ **homonyme.** *On s'exagère « l'utilité de la distinction graphique des homophones »* MARTINET (opposé à *allophone*).

HOMOPHONIE [ɔmɔfɔni] n. f. – 1752 ◊ grec *homophônia* → homophone ▪ **1** MUS. Musique de l'Antiquité qui s'exécutait à l'unisson (opposé à *polyphonie*). ▪ **2** LING. Identité des sons représentés par des signes différents.

HOMOSEXUALITÉ [ɔmɔsɛksɥalite] n. f. – 1891 ◊ de *homosexuel* ▪ Tendance, conduite des homosexuels. *Homosexualité masculine.* ➤ **inversion, pédérastie, uranisme.** *Homosexualité féminine.* ➤ **lesbianisme, saphisme.** *Révéler son homosexualité.* ➤ **coming out ; outing.**

HOMOSEXUEL, ELLE [ɔmɔsɛksɥɛl] n. et adj. – 1891 ◊ de *homo-* et *sexuel* ▪ **1** Personne qui éprouve une attirance sexuelle plus ou moins exclusive pour les individus de son propre sexe. *Un homosexuel.* ➤ **gay, 1homo, homophile, pédéraste ;** FAM. et VULG. (insultant) **fiotte, 2folle, lope, lopette, pédale, pédé, tante, tantouze, tapette, tarlouze, 1tata.** *Homosexuel habillé en femme.* ➤ **1travesti ;** FAM. **travelo.** *Homosexuel actif, passif* (➤ **inverti, sodomite**). *Une homosexuelle.* ➤ **lesbienne ;** LITTÉR. **gomorrhéenne, tribade ;** FAM. **goudou,** PÉJ. **gouine.** *Les homosexuels* (cf. Le troisième sexe). *Hostile aux homosexuels.* ➤ **homophobe.** ▪ **2** adj. *Être homosexuel* (cf. FAM. et PÉJ. En être*, être de la pédale*, être de la jaquette* [flottante]). *Être à la fois homosexuel et hétérosexuel*.* ➤ **bisexuel** (cf. FAM. Bique et bouc*, à voile* et à vapeur). ◆ Relatif à l'homosexualité. *Tendances, relations homosexuelles. La communauté homosexuelle.* ➤ **gay.**

HOMOSPHÈRE [ɔmɔsfɛʀ] n. f. – 1962 ◊ de *homo-* et *sphère* ▪ Couche de l'atmosphère*, située entre le sol et une altitude de 100 km, où la composition de l'air est constante.

HOMOTHERMIE [ɔmɔtɛʀmi] n. f. – 1890 ◊ de *homo-* et *-thermie* ▪ PHYS. État d'un corps dont la température est homogène et constante.

HOMOTHÉTIE [ɔmɔtesi] n. f. – v. 1850 ◊ de *homo-* et du grec *thesis* « position » ▪ MATH. *Homothétie de centre O et de rapport k :* application qui, à un point M, associe le point M' tel que $\overrightarrow{OM'} = k\overrightarrow{OM}$.

HOMOTHÉTIQUE [ɔmɔtetik] adj. – v. 1872 ◊ de *homothétie* ▪ MATH. Qui correspond par homothétie. *Triangle homothétique d'un autre. Points, figures homothétiques.*

HOMOZYGOTE [omozigɔt] adj. et n. – 1903 ◊ de *homo-* et *zygote* ▪ GÉNÉT. Se dit d'une cellule, d'un individu, qui possède deux allèles identiques du même gène, un sur chaque chromosome d'une même paire. — n. *Un homozygote. Lignée pure obtenue par croisement d'homozygotes.* — n. f. (1950) **HOMOZYGOTIE** [omozigɔsi]. ▪ CONTR. Hétérozygote.

HOMUNCULE ➤ **HOMONCULE**

HONGRE ['ɔ̃gʀ] adj. – XVe *(cheval) hongre* « hongrois » ◊ de *Hongre* « Hongrois », l'usage de châtrer les chevaux étant originaire de Hongrie ▪ Châtré, en parlant du cheval. *Poulain hongre.* ➤ **castré.** n. m. *Un attelage de hongres.* — v. tr. ‹1› **HONGRER** ['ɔ̃gʀe] XIVe. ▪ CONTR. Entier, 1étalon.

HONGROIS, OISE ['ɔ̃gʀwa, waz] adj. et n. – v. 1470 ; *hongre, ongre* jusqu'au XVIe ◊ du latin d'Allemagne *hungarus,* du turc *ogur* « flèche », mot par lequel les Turcs désignaient les Magyars ▪ De Hongrie. ➤ **magyar.** *Blouses, broderies hongroises. Musique tsigane hongroise.* ◆ n. *Un Hongrois, une Hongroise.* — n. m. *Le hongrois :* langue finno-ougrienne* parlée en Hongrie.

HONGROYER ['ɔ̃gʀwaje] v. tr. ‹8› – 1734 ◊ de *Hongrie* ▪ Apprêter, préparer (le cuir) à la manière dite « de Hongrie », au gros sel et à l'alun. — p. p. adj. *Cuirs hongroyés.* — n. m. (1873) **HONGROYAGE.** n. m. (1734) **HONGROYEUR.**

HONNÊTE [ɔnɛt] adj. – v. 1050 aussi « honoré, noble » ◊ latin *honestus*

I Qui se conforme aux principes de la probité, du devoir, de la vertu. ▪ **1** (PERSONNES) ➤ **brave, 1droit, 2franc, intègre, loyal, probe, scrupuleux.** *D'honnêtes gens. Une personne foncièrement honnête. « c'était un brave et honnête homme [...] qui n'a jamais fait de mal »* BALZAC. *Juge honnête. Ministre intègre et honnête.* ➤ **incorruptible.** *Trop poli* pour être honnête.* — SPÉCIALT Scrupuleux en matière d'argent. ◆ VIEILLI (d'une femme) Irréprochable dans sa conduite, de mœurs pures. ➤ **chaste, fidèle, vertueux.** *« C'est cela une honnête femme : une dinde qui marche, fascinée par l'idée qu'elle se fait de son honneur »* A. HÉBERT. *Une femme honnête.* ◆ Franc (➤ **honnêteté**). *Pour être honnête, je reconnais qu'il a raison.* ▪ **2** (CHOSES) ➤ **1beau, 1bon, 1louable, moral.** *Une vie, une conduite honnête. But, motif, fin honnête.* ➤ **avouable.** *Des procédés peu honnêtes.* ➤ **correct.** — SUBST. *Préférer l'honnête à l'utile.* — SPÉCIALT Où n'entre aucune fraude, aucune falsification. *Des eaux-de-vie « naturelles, passables, saines, en somme honnêtes »* CHARDONNE. ▪ **3** (PERSONNES, ACTES, PAROLES) Qui témoigne de franchise, d'honnêteté intellectuelle.

II (XIIe) Qui se conforme aux bienséances, ou à certaines normes raisonnables. ▪ **1** (PERSONNES) VX **HONNÊTE HOMME** (au XVIIe s., notion essentielle de la morale mondaine) : homme du monde, agréable et distingué par les manières comme par l'esprit, les connaissances. ▪ **2** VX Qui fait preuve de politesse, de savoir-vivre. ➤ **civil, 1poli.** — VIEILLI *Vous êtes bien honnête, vous êtes trop honnête* (souvent iron.). ▪ **3** (milieu XVIIe) COUR. Qui ne s'écarte pas de la moyenne et peut être considéré comme satisfaisant. ➤ **convenable, correct, honorable, 1moyen, passable, satisfaisant, suffisant.** *Une honnête moyenne.*

Obtenir des résultats honnêtes, plus qu'honnêtes. Nous avons fait un repas honnête, sans plus. ➤ **acceptable, correct.**
■ CONTR. Déloyal, malhonnête. — Impoli ; malséant, mauvais. Extraordinaire, supérieur.

HONNÊTEMENT [ɔnɛtmɑ̃] **adv.** – 1130 ◇ de *honnête* ■ **1** Selon le devoir, la vertu, la probité. ➤ 1 **bien.** *Gérer honnêtement une affaire. «Il faut vivre honnêtement la vie de tous les jours»* PÉGUY. *Il m'a honnêtement averti.* ➤ **loyalement.** ◆ ELLIPT Franchement. *Honnêtement, qu'en penses-tu ? Honnêtement, son projet est nul.* ■ **2** VIEILLI Selon les bienséances ; poliment, civilement. *Recevoir, accueillir qqn fort honnêtement.* ■ **3** Selon des normes raisonnables ou moyennes. ➤ **correctement, moyennement, passablement, suffisamment.** *Son travail est honnêtement payé. Il s'en tire très honnêtement,* plutôt bien. ■ CONTR. Malhonnêtement.

HONNÊTETÉ [ɔnɛtte] **n. f.** – XVIe «probité» ; *honesteté* v. 1260 «bienséance» ◇ de *honnête*

I Qualité d'une personne qui est honnête ou de ce qui est honnête (I). ➤ **droiture, intégrité, moralité, probité.** *C'est qqn d'une parfaite honnêteté. L'honnêteté de sa conduite, de ses intentions. Honnêteté en affaires.* ➤ **correction, intégrité, scrupule.** *Honnêteté absolue, insoupçonnable, irréprochable, scrupuleuse.* ◆ VIEILLI (femmes) ➤ **pureté, vertu.** *«L'honnêteté des femmes [...] n'est souvent autre chose qu'un art de paraître honnête»* LA ROCHEFOUCAULD. *L'honnêteté d'une épouse.* ➤ **fidélité.** ◆ ABSOLT, VX ➤ **décence, modestie, pudeur.** *«Le latin, dans les mots, brave l'honnêteté»* BOILEAU. ◆ Droiture, franchise, sur le plan intellectuel. *En toute honnêteté* (cf. Bonne foi*). *Il a l'honnêteté de dire qu'il s'est trompé.*

II ■ **1** (1538) VX Qualité de l'honnête (II, 1°) homme. ■ **2** VX Civilité, politesse où entre de l'affabilité, de l'obligeance. *«Sans me faire la moindre honnêteté»* ROUSSEAU.
■ CONTR. Malhonnêteté. — Grossièreté ; impolitesse.

HONNEUR [ɔnœʀ] **n. m.** – fin Xe «marque d'estime» (II, 2°) ◇ du latin *honos, honoris* → honnête

I **DIGNITÉ MORALE** ■ **1** (fin XIe) Fait de mériter la considération, l'estime (des autres et de soi-même) sur le plan moral et selon les valeurs de la société. ➤ **dignité, fierté ; estime, respect** (de soi-même). *«Tout est perdu, fors l'honneur»* FRANÇOIS Ier. *Sauver l'honneur. Mon honneur est en jeu. Perdre, retrouver son honneur. «Sache que l'honneur est une notion abstraite, inventée comme toujours par la caste des dominateurs pour que le plus pauvre des pauvres puisse s'enorgueillir d'un avoir fantomatique qui ne coûte rien à personne»* COSSERY. ◆ **POINT D'HONNEUR :** ce qu'on regarde comme intéressant au premier chef l'honneur. *Se faire un point d'honneur de qqch., de réussir. Mettre un point d'honneur, son point d'honneur à* (et l'inf.). ◆ LOC. *Affaire d'honneur :* affaire où l'honneur est engagé (SPÉCIALT duel). *Dette d'honneur. Engagement d'honneur :* promesse, serment. — **PAROLE D'HONNEUR.** *Je vous donne ma parole d'honneur que... :* je vous jure que. *(Ma) parole d'honneur ! — Je l'atteste sur l'honneur, je vous en réponds sur mon honneur.* ELLIPT *Sur l'honneur :* je le jure sur l'honneur. ◆ SPÉCIALT (milieu XIIe) *L'honneur d'une femme,* réputation liée au caractère irréprochable de ses mœurs ou de sa situation. *«J'ai perdu avec toi mon honneur de fille. Disons que tu m'as donné mon honneur de femme, si c'est un honneur que d'être conforme à sa nature physique»* AUDIBERTI. — LOC. *En tout bien tout honneur.* ➤ 2 **bien.** ◆ (En parlant d'une collectivité, d'un corps, d'une profession) *Compromettre, sauver l'honneur de la famille, du nom, de la corporation. — Crime d'honneur :* dans certaines sociétés patriarcales, meurtre d'une femme qui, par son comportement, aurait déshonoré sa famille aux yeux de la communauté. *Femme adultère victime d'un crime d'honneur.* ■ **2** (fin XIe) **L'HONNEUR :** le sentiment qui pousse à obtenir ou à préserver l'estime des autres et de soi-même. *Règles, lois, code de l'honneur. L'honneur veut, exige... Manquer à l'honneur. C'est une question d'honneur.* — VIEILLI *Bandit d'honneur,* dont le mobile est de conserver l'honneur. ◆ VIEILLI Chasteté, fidélité (d'une femme). ➤ **honnêteté, vertu.** *«Honneur, cruel tyran des belles passions»* RACAN.

II **CONSIDÉRATION, MARQUES DE DISTINCTION QU'ON ACCORDE AU MÉRITE RECONNU A. L'HONNEUR ; UN HONNEUR** ■ **1** (milieu XIe) Considération qui s'attache au mérite, à la vertu, aux talents. ➤ **estime, gloire, réputation.** *Il s'en est tiré avec honneur,* avec succès. *C'est tout à son honneur. À qui revient l'honneur de cette découverte ? Travailler pour l'honneur,* de façon désintéressée (cf. Pour la gloire*). ◆ LITTÉR. *Être l'honneur de,* une source d'honneur pour. ➤ **fierté, ornement.** *Il est l'honneur de sa famille.* ◆ LOC. **CHAMP D'HONNEUR,** où l'on acquiert de l'honneur. *Mourir au champ d'honneur,* sur le champ de bataille, à la guerre. — FAM. *Baroud* d'honneur.* ◆ (Sens affaibli) **EN HONNEUR.** (CHOSES) *Être en honneur,* entouré de considération. ➤ **apprécié, estimé.** *Cette coutume est toujours en honneur.* — (PERSONNES) **ÊTRE À L'HONNEUR,** célébré. *Les champions olympiques sont à l'honneur.* ■ **2** (fin Xe) Traitement destiné à honorer qqn, à lui marquer de la considération ; privilège qui distingue du commun. *Honneur rendu aux dieux.* ➤ **culte, vénération.** *«je n'ai mérité Ni cet excès d'honneur, ni cette indignité»* RACINE. *À vous l'honneur !,* à vous de commencer (dans un jeu, une rencontre sportive, un repas). PROV. *À tout seigneur tout honneur :* à chacun selon son rang ; nous vous devons bien cela. — *Faire un grand honneur à qqn. C'est un grand honneur. C'est beaucoup d'honneur, c'est trop d'honneur que vous me faites !* (IRON. vous me traitez, vous me jugez bien mal). — *C'est lui faire trop d'honneur :* il ne mérite pas d'être aussi bien jugé. ◆ **EN L'HONNEUR DE** (qqn), afin de l'honorer (cf. En hommage à). *En son, en votre honneur* (cf. À l'intention, à la louange de). — *En l'honneur de* (quelque évènement) : en vue de fêter, de célébrer. — (Sens affaibli) FAM. *En quel honneur ?,* pourquoi ? ; (avec une intention malicieuse) à cause de qui ? pour qui ? *En quel honneur cette nouvelle robe ?* ◆ **L'HONNEUR DE** (et l'inf.). *Le président lui a fait l'honneur de le recevoir.* ➤ **faveur, grâce, privilège.** — (Formules de politesse) *Nous ferez-vous l'honneur d'assister à la cérémonie ?* IRON. *C'est comme j'ai l'honneur de vous le dire :* c'est comme je vous le dis. ELLIPT *À qui ai-je l'honneur ?* (de parler). *Monsieur, j'ai bien l'honneur* (de vous saluer). ■ **3** LOC. **... D'HONNEUR** apr. un subst. (marquant que la personne ou la chose est destinée à rendre ou conférer un honneur). *Garçon, demoiselle, dame d'honneur. Cour, escalier d'honneur d'un bâtiment. Tribune d'honneur. Place d'honneur. Vin d'honneur. Prix, tableau d'honneur. Croix d'honneur. Légion* d'honneur. Titre d'honneur.* ➤ **honorifique.** *Président d'honneur.* ➤ **honoris causa ; honoraire.** — *Tour d'honneur,* fait après la victoire par le gagnant d'une course. — *Bras* d'honneur. Doigt* d'honneur.* ■ **4 FAIRE HONNEUR À** (qqn) **:** valoir de la considération à. *Élève qui fait honneur à son maître. Ces scrupules vous font honneur.* ➤ **honorer.** — *Faire honneur à qqch.,* le respecter*, s'en montrer digne. (1679) *Faire honneur à ses engagements, à ses obligations,* les tenir, les remplir. FAM. *Faire honneur à un repas, à un plat,* en manger largement et avec entrain. ◆ *Se faire honneur de qqch.,* considérer qu'on en tire honneur, s'enorgueillir de. ■ **5** (1835) **VOTRE HONNEUR,** transcription française d'un titre usité (au vocatif), dans les pays anglo-saxons et dans l'ancienne Russie, pour marquer son respect à certains hauts personnages, à un juge.

B. LES HONNEURS ■ **1** (fin Xe) Témoignages d'honneur. *Rendre à qqn les honneurs qu'il mérite.* LOC. (parfois iron.) *Avec tous les honneurs dus à son rang.* ➤ **égard.** — *Honneurs militaires :* saluts, salves d'artillerie, sonneries (cf. ci-dessous 3°). *La garde lui a rendu les honneurs.* (1803) *Obtenir les honneurs de la guerre :* bénéficier dans une capitulation de conditions stipulant que la garnison qui se rend se retirera libre de la place, avec armes et bagages. FIG. *Sortir d'un procès, d'une discussion avec les honneurs de la guerre,* dans des conditions flatteuses. — *Avoir les honneurs de la première page :* être cité, mentionné à la première page d'un journal. ◆ *Faire* (à qqn) *les honneurs d'une maison, du logis,* recevoir des hôtes avec une politesse marquée, en les guidant soi-même. ➤ **accueillir.** ■ **2** Tout ce qui confère éclat ou distinction dans la société. ➤ **grandeur ; dignité, privilège.** *Rechercher, briguer les honneurs. «Ce qu'on appelle les honneurs et qui suscite tant de vocations légères ou vaniteuses»* MITTERRAND. *Être comblé d'honneurs.* ■ **3** (sens latin) Hiérarchie des magistratures et fonctions publiques. *Les honneurs militaires et civils.* ■ **4** CARTES Les figures ou, plus généralement, les cartes les plus hautes à certains jeux (notamment au bridge). *Jouer honneur sur honneur* (en jouant un *honneur supérieur*).
■ CONTR. Déshonneur, discrédit, honte, infamie, opprobre ; improbité, malhonnêteté. — Humiliation, vexation.

HONNIR [ˈɔniʀ] **v. tr.** ⟨2⟩ – XIIe ◇ francique °*haunjan* → honte ■ VIEILLI, RÉGION. (Afrique noire) ou LITTÉR. Dénoncer, vouer au mépris public de façon à couvrir de honte. ➤ **blâmer, conspuer, vilipender, vomir.** *Il est honni partout, par tout le monde. «Vous commencez vous-même à honnir, à proscrire»* GIDE. — LOC. (souvent iron.) *Honni soit qui mal y pense !* honte à qui y voit du mal (devise de l'ordre de la Jarretière, en Angleterre).
■ CONTR. 1 Louer ; encenser. Honorer.

HONORABILITÉ [ɔnɔʀabilite] **n. f.** – 1845 ; *honorableté* XIIIe ◊ latin médiéval *honorabilitas* → honorable ■ Qualité d'une personne honorable. *Un homme d'une parfaite honorabilité.* ➤ **honneur, respectabilité.**

HONORABLE [ɔnɔʀabl] **adj.** – début XIIe ◊ latin *honorabilis* ■ **1** Qui mérite d'être honoré, estimé. ➤ **digne, estimable, respectable.** *Une famille honorable.* PAR PLAIS. *L'honorable compagnie.* ◆ (XIXe ◊ d'après l'anglais *honourable*) Qualifiant un député. *Je répondrai à mon honorable contradicteur.* ■ **2** Qui honore, qui attire la considération, le respect, ou sauvegarde l'honneur, la dignité. *C'est une profession honorable. Sentiments honorables.* ➤ 1 **bon, digne.** «*un scrupule honorable mais déplacé*» CHARDONNE. *Il est reçu dans un rang très honorable. — Mention honorable, très honorable donnée à une thèse. Faire amende* honorable.* — BLAS. *Pièces* honorables de l'écu.* ■ **3** (Sens affaibli) ➤ **convenable, honnête,** 1 **moyen, suffisant.** «*le résultat plus qu'honorable d'une campagne menée avec énergie*» ROMAINS. ■ CONTR. Déshonoré ; avilissant, déshonorant, honteux, infamant.

HONORABLEMENT [ɔnɔʀabləmɑ̃] **adv.** – v. 1175 ◊ de *honorable* ■ **1** D'une manière honorable, avec honneur. *Se conduire, vivre honorablement.* ➤ 1 **bien.** ■ **2** D'une manière suffisante, convenable. *Ils ont de quoi vivre honorablement.* ➤ **honnêtement.**

HONORAIRE [ɔnɔʀɛʀ] **adj.** – 1496 ◊ latin *honorarius* ■ **1** Qui, ayant cessé d'exercer une fonction, en garde le titre et les prérogatives honorifiques. *Conseiller, professeur honoraire.* ■ **2** Qui, sans exercer la fonction, en a le titre honorifique. *Président, membre honoraire d'une société* (cf. D'honneur). ■ HOM. Honoraires.

HONORAIRES [ɔnɔʀɛʀ] **n. m. pl.** – 1747 ; au sing. 1592 ◊ latin *honorarium* ■ Rétribution accordée en échange de leurs services aux personnes exerçant une profession libérale. ➤ **appointements, émoluments.** *Les honoraires d'un médecin, d'un avocat, d'un cabinet juridique. — Dépassements d'honoraires* (dans les professions médicales), par rapport aux tarifs de la Sécurité sociale. — *Recevoir, toucher des honoraires, être payé sur honoraires* (s'oppose à *salaire*). ■ HOM. Honoraire.

HONORARIAT [ɔnɔʀaʀja] **n. m.** – 1836 ◊ de *honoraire* ■ DIDACT. Qualité, dignité d'une personne qui conserve le titre après avoir cessé d'exercer la fonction. *Conférer, obtenir l'honorariat.*

HONORÉ, ÉE [ɔnɔʀe] **adj.** et **n. f.** – XIIe-XIIIe ◊ de *honorer* ■ **1** (Politesse) Flatté. *Je suis très honoré.* ■ **2** (Dans des expr., en s'adressant à qqn) Que l'on honore. *Mon cher et honoré maître.* (T. de politesse) *Mon honoré confrère.* ➤ **estimé, honorable.** ■ **3 n. f.** VIEILLI COMM. Lettre. *J'ai bien reçu votre honorée du 10 courant.*

HONORER [ɔnɔʀe] **v. tr.** ‹1› – Xe ◊ latin *honorare*
I ■ **1** Procurer de l'honneur à, mettre en honneur. ➤ **honneur** (II). — VIEILLI «*Tous les ouvrages qui honorèrent ce siècle*» VOLTAIRE. — MOD. (sentiments) «*Cette franchise vous honore*» MAUPASSANT. ■ **2** Rendre honneur à (qqn), traiter avec beaucoup de respect et d'égard. *Honorer Dieu, les saints.* ➤ **adorer, célébrer.** LOC. PROV. *Comme on connaît ses saints*, on les honore. Honorer son père et sa mère.* ➤ **révérer, vénérer.** *Honoré de tous.* — VIEILLI ou PLAIS. *Honorer une, sa femme,* avoir des relations sexuelles avec elle. — *Honorer la mémoire de qqn.* ➤ **célébrer, glorifier, saluer.** ◆ (Avec un compl. précisant l'honneur que l'on accorde) ➤ **gratifier.** *Il veut bien m'honorer de sa confiance, de son amitié.* — PAR EXT. *Votre confiance m'honore.* — (Affaibli, comme une marque de politesse) *Honorer qqn de sa présence, de son amitié. — Être honoré de, par qqch.* «*Honoré de la confiance de mon client*» FRANCE. ■ **3** Tenir en haute estime. ➤ **estimer, respecter, révérer.** «*L'illustre profession de savetier, que j'honore à l'égal de la profession de monarque constitutionnel*» GAUTIER. ■ **4** COMM. Acquitter, payer afin de faire honneur à un engagement. *Honorer une lettre de change, un chèque.* — PAR EXT. *Honorer sa signature.* ◆ RARE Payer des honoraires à (qqn).
II S'HONORER (de) v. pron. (réfl.) Tirer honneur, orgueil, fierté de. ➤ **s'enorgueillir** (cf. Se faire gloire*). *Je m'honore de son estime. Je m'honore d'être son ami.*
■ CONTR. Abaisser, déshonorer, mépriser, rabaisser.

HONORIFIQUE [ɔnɔʀifik] **adj.** – 1488 ◊ latin *honorificus* ■ **1** Qui confère des honneurs (sans avantages matériels). *Titres, distinctions, privilèges honorifiques.* ◆ ANCIENNT *Droits honorifiques :* ensemble de droits à certains honneurs et distinctions, réservés aux seigneurs féodaux. ■ **2 À TITRE HONORIFIQUE :** sans autre droit, sans autre qualité qu'un titre purement honorifique. *Président à titre honorifique.* ➤ **honoraire, honoris causa** (cf. D'honneur).

HONORIS CAUSA [ɔnɔʀiskoza] **loc. adj.** – 1894 ◊ loc. latine «pour l'honneur» ■ *Docteur honoris causa,* à titre honorifique. *Homme d'État nommé docteur honoris causa de l'université de Paris.*

HONTE [ˈɔ̃t] **n. f.** – fin XIe ◊ francique °*haunitha,* même racine que °*haunjan* → honnir ■ **1** Déshonneur humiliant. ➤ **abjection, bassesse,** 1 **dégradation, déshonneur, humiliation, indignité, opprobre, turpitude.** *Essuyer la honte d'un affront, d'un démenti, d'une insulte* (➤ 2 **flétrissure**). «*Viens mon fils, viens mon sang, viens réparer ma honte*» CORNEILLE. — *À la honte de* (qqn), en lui infligeant, en lui faisant souffrir un déshonneur. *À ma grande honte. — Être la honte, faire la honte de sa famille.* ◆ *C'est une honte ! Quelle honte !* c'est une chose honteuse. *Quelle honte de voir ça ! Il n'y a pas de honte à ça. Il n'y a pas de honte à avoir.* ◆ *Honte à celui, à ceux qui :* que le déshonneur soit sur lui, sur eux. «*Honte à toi qui la première M'as appris la trahison*» MUSSET. ◆ *Le mur* de la honte.* ■ **2** Sentiment pénible de son infériorité, de son indignité ou de son abaissement dans l'opinion des autres (sentiment du déshonneur). ➤ **confusion, humiliation.** *Le rouge de la honte. Mourir de honte.* **AVOIR HONTE :** avoir, éprouver de la honte (de qqch., de qqn). *Il a honte de sa conduite, de ce qu'il a fait. Avoir honte de ses origines, de ses parents. Tu devrais avoir honte ! Il ne faut pas (en) avoir honte.* FAM. *J'ai la honte. C'est la honte.* «*C'était la honte, il devait aller laver lui-même les draps au lavoir, sous les quolibets des autres pensionnaires*» LE CLÉZIO. — LOC. LITTÉR. *Avoir* **TOUTE HONTE BUE :** devenir inaccessible à la honte, pour avoir trop supporté d'avanies, ou avoir trop commis de méfaits. «*Pour convertir l'amour en instrument de fortune, il fallait avoir bu toute honte*» BALZAC. ■ **3 FAIRE HONTE (à qqn),** être pour lui un sujet de honte. *Tu me fais honte.* — Faire à qqn des remontrances, des reproches destinés à lui inspirer de la honte, de la confusion. — Inspirer de la honte à qqn en lui donnant conscience de son infériorité. ➤ **humilier.** «*Je vous gêne, je vous fais honte. Je suis restée ici, fidèle, irréprochable*» CHARDONNE. ■ **4** VX **COURTE HONTE.** ➤ **échec, insuccès.** *Il en sera pour sa courte honte.* ■ **5 FAUSSE HONTE :** scrupule excessif à propos de qqch. qui n'est pas blâmable. ➤ **réserve, retenue** (cf. Respect* humain). «*La fausse honte, qui en est bien une très véritable*» MUSSET. ■ **6** Sentiment de gêne éprouvé par scrupule de conscience, timidité, modestie, crainte du ridicule, etc. *Étaler son luxe sans honte.* ➤ **pudeur, scrupule, vergogne ; éhonté.** ■ CONTR. Gloire, honneur. Audace.

HONTEUSEMENT [ˈɔ̃tøzmɑ̃] **adv.** – 1138 ◊ de *honteux* ■ D'une manière honteuse, avec honte. *Fuir honteusement.* ➤ **indignement.** *Il est honteusement mal payé.* ➤ **ridiculement, scandaleusement.** ■ CONTR. Cyniquement.

HONTEUX, EUSE [ˈɔ̃tø, øz] **adj.** – *hontos* XIIe ◊ de *honte* ■ **1** Qui cause de la honte, du déshonneur ; qui suscite un sentiment de honte. ➤ **avilissant, dégradant, déshonorant, ignominieux, scandaleux.** *Action honteuse.* ➤ **abject,** 1 **bas, dégoûtant, ignoble, immoral, infâme, méprisable, vil.** *Honteuse pensée.* ➤ **inavouable.** *Un honteux chantage. C'est honteux ! Il est, il serait honteux de* (et l'inf.), *que* (et le subj.). *C'est honteux à lui d'avoir agi ainsi. Il n'y a rien de honteux à penser cela. — Une paix honteuse.* ➤ **lâche.** «*Honteux attachements de la chair et du monde*» CORNEILLE. ◆ Dont on a honte, que l'on cache. «*Les secrets pénibles, les secrets honteux*» MAUPASSANT. — SPÉCIALT, VIEILLI *Les parties honteuses :* les organes génitaux. *Maladies honteuses :* maladies sexuellement transmissibles. ➤ **vénérien.** — ANAT. Se dit de nerfs, d'artères des régions périnéales. *Nerf honteux, artère honteuse.* ■ **2** Qui éprouve un sentiment de honte. ➤ **confus, consterné.** *Être honteux de son ignorance. Honteux d'avoir été ridicule.* ➤ **déconfit, penaud.** «*Honteux comme un renard qu'une poule aurait pris*» LA FONTAINE. — PAR EXT. (comportement) Qui manifeste de la honte. *Un air honteux.* ■ **3** (Épithète ; après le nom) VIEILLI Qui éprouve facilement un sentiment de honte, de gêne, de timidité. ➤ **craintif, embarrassé, timide.** *Un enfant timide et honteux.* ◆ MOD. *Les pauvres honteux :* ceux qui cachent leur pauvreté, n'osent faire appel à la charité. — *Un chrétien, un communiste honteux,* qui se cache de l'être, n'affiche pas ses convictions. ■ CONTR. Fier, noble ; avoué, cynique.

HOOLIGAN, ANE ou **HOULIGAN, ANE** [ˈuligan ; ˈuligɑ̃, an] **n.** – 1925 ◊ mot anglais, d'origine inconnue, p.-ê. de *hooley's gang,* du nom d'une famille irlandaise ; par le russe «jeune opposant au régime soviétique» et «voyou» ■ Jeune asocial(e) qui exerce la violence, le vandalisme dans les lieux publics ou lors de rencontres sportives (de football, etc.).

HOOLIGANISME ou **HOULIGANISME** ['uliganism] **n. m.** – 1958 ◇ de *hooligan* ■ Vandalisme de groupe. « *la violence dans les stades, le racisme, l'homophobie, le hooliganisme* » J.-PH. TOUSSAINT.

HOP ['ɔp ; hɔp] **interj.** – 1637 ; *houp* 1525 ◇ onomat. ■ Interjection servant à stimuler, à faire sauter. *Allez, hop ! Hop là !* ♦ Pour accompagner un geste, une action brusque. *Et hop ! allons-y.*

HÔPITAL, AUX [ɔpital, o] **n. m.** – *hospital* 1190 ; *ospital* 1170 ◇ latin *hospitalis* « d'hôte, hospitalier », substantivé → hôtel ■ **1** ANCIENNT Établissement charitable, hospitalier, où l'on recevait les gens sans ressources, pour les entretenir, les soigner. ➤ **asile, hospice.** « *L'hôpital général est celui où l'on reçoit tous les mendiants* » FURETIÈRE. ■ **2** (1675, répandu début XIXe) MOD. Établissement public, payant ou gratuit, qui reçoit ou traite pendant un temps limité les malades, les blessés et les femmes en couches. ➤ **hôtel-Dieu ;** FAM. **hosto.** *Les hôpitaux et les cliniques*. Personnel médical d'un hôpital :* médecins, chirurgiens, spécialistes, assistants, anesthésistes, internes, externes. *Personnel soignant* d'un hôpital.* ➤ **hospitalier.** *Médecin, chirurgien des hôpitaux. Dr X, ancien interne des hôpitaux de Paris. Les salles, les chambres d'un hôpital. Lit d'hôpital. Envoyer, admettre un malade dans un hôpital, à l'hôpital.* ➤ **hospitaliser ; hospitalisation.** *Consultations, maternité, service des urgences d'un hôpital. Infections se répandant à l'hôpital.* ➤ **nosocomial.** *Hôpital militaire.* — (Élément de mots composés) *Navire, bateau-hôpital,* aménagé en hôpital. — *Hôpital de campagne*.* — *Hôpital psychiatrique* (*HP ;* ANCIENNT asile). *Hôpital maritime de Berck. Hôpital pour tuberculeux.* ➤ **sanatorium.** — *Hôpital de jour*.*

HOPLITE [ɔplit] **n. m.** – 1732 ◇ latin *hoplites,* mot grec, de *hoplon* « arme » ■ DIDACT. Fantassin pesamment armé, dans l'Antiquité grecque.

HOQUET ['ɔkɛ] **n. m.** – début XIVe ◇ de *hok* onomatopée exprimant un bruit de coup ■ **1** VX Choc, heurt. ♦ FIG. Empêchement, difficulté soudaine. ■ **2** MUS. ANC. Alternance de deux voix se répondant, dans la polyphonie médiévale. ■ **3** (XVe) COUR. Contraction spasmodique du diaphragme produisant un appel d'air assez fort pour faire vibrer les cordes vocales ; fait d'éprouver ces contractions ; bruit qui en résulte. *Avoir le hoquet.* « *À la fin de chaque phrase, elle avait comme un hoquet, un hoquet de dégoût, de fatigue* » BERNANOS. ■ HOM. Hockey, O. K.

HOQUETER ['ɔk(ə)te] **v. intr.** ⟨4 /5/⟩ – 1538 ; « secouer » XIIe ◇ de *hoquet* ■ Avoir un hoquet, le hoquet. *Hoqueter bruyamment.* « *Il faillit éclater en sanglots. Il hoqueta, mais se ressaisit* » MARTIN DU GARD. ♦ (CHOSES) Faire un bruit saccadé comparable au hoquet. *La machine hoqueta puis s'arrêta.*

HOQUETON ['ɔk(ə)tɔ̃] **n. m.** – *auqueton* « cape de coton » XIIe ◇ arabe *al-goton* « le coton » ■ ANCIENNT Veste de grosse toile que les hommes d'armes portaient sous le haubert. — Casaque de paysan. *Hoqueton de berger.*

HORAIRE [ɔʀɛʀ] **adj.** et **n. m.** – 1680 ◇ du latin *hora* « heure » ; 1532, latinisme de l'écolier limousin, calque du latin médiéval *horarius* « propre aux heures liturgiques »

I ■ **1** **adj.** Relatif aux heures ; à ce qui est mesuré en heures. — Qui correspond à une durée d'une heure. *Taux horaire. Débit horaire. Vitesse horaire :* distance parcourue en une heure. — ASTRON. *Cercles horaires :* grands cercles de la sphère céleste, passant par les pôles et par un astre. *Angle horaire d'un astre,* formé par le méridien de l'observateur et le cercle horaire de l'astre. *Mouvement horaire :* déplacement apparent (d'un astre) sur la sphère céleste. — *Fuseau* horaire. Décalage* horaire.* — MATH. *Équation horaire du mouvement d'un point M :* fonction du temps, qui décrit l'abscisse curviligne de M sur sa trajectoire. ■ **2** Qui a lieu toutes les heures. *Pause horaire.*

II **n. m.** (1868 ◇ italien *orario*) ■ **1** Relevé des heures de départ, de passage, d'arrivée (d'un moyen de transport). *Horaire de chemins de fer, de bateaux, d'avions. Changement d'horaire. Ce train est en retard, en avance sur l'horaire, sur son horaire. Respecter l'horaire.* — Tableau, livret... indiquant un horaire. *Consulter l'horaire des chemins de fer.* ➤ **indicateur.** *L'horaire des marées.* — (Luxembourg) ADMIN. *Tableau d'horaires :* horaires. ■ **2** Emploi du temps heure par heure. ➤ **programme.** *Afficher l'horaire des cours. Avoir un horaire chargé. Respecter l'horaire prévu.* — Répartition des heures de travail, d'activité. *Un horaire commode. Horaire souple, variable, flexible. Horaires d'ouverture d'un magasin. Horaires des cinémas.*

HORDE ['ɔʀd] **n. f.** – 1559 ◇ tartare *orda, horda* → ourdou ■ **1** DIDACT. Tribu errante, nomade (chez les peuples de l'Asie centrale). *La grande horde, la horde d'or :* la tribu la plus importante, chez les Mongols. — Troupe, peuplade errante. ■ **2** (XVIIIe) COUR. Troupe ou groupe de personnes indisciplinées. *Horde de gamins.* ➤ 2 **bande.** *Assailli par une horde de journalistes.*

HORION ['ɔʀjɔ̃] **n. m.** – v. 1285 ◇ origine inconnue, p.-ê. altération de l'ancien français *oreillon* « coup sur l'oreille » ■ Généralt au plur. Coup* violent. *Donner, recevoir des horions.*

HORIZON [ɔʀizɔ̃] **n. m.** – *orizon* v. 1360 ; *orizonte* XIIIe ◇ latin *horizon,* mot grec, de *horizein* « borner » ■ **1** Limite circulaire de la vue, pour un observateur qui en est le centre. *La plaine s'étend jusqu'à l'horizon. Le soleil descend sur l'horizon, disparaît au-dessous de l'horizon. La ligne d'horizon :* la ligne qui semble séparer le ciel de la terre (ou de la mer), à l'horizon. — *Ligne d'horizon d'un dessin.* — ASTRON. Grand cercle théorique divisant la sphère céleste en deux parties égales, l'une visible, l'autre invisible. *Horizon astronomique.* — *Horizon apparent, visuel,* déterminé par les rayons visuels de l'observateur tangents à la surface de la Terre. — *Sur l'horizon :* dans la partie visible du ciel. *Point le plus élevé par rapport à l'horizon.* ➤ **zénith.** *Points de l'horizon où le soleil se couche, se lève.* ➤ **occident, orient.** — MAR. *Horizon artificiel :* surface rigoureusement plane et horizontale (miroir, surface de mercure) remplaçant l'horizon visuel pour les observations astronomiques (au sextant, par ex.). — AVIAT. *Horizon artificiel :* système gyroscopique matérialisant la direction d'un avion par rapport au plan horizontal. ■ **2** (1671) Les parties de la surface terrestre et du ciel voisines de l'horizon visuel. « *L'horizon calme, avec ses bois, ses maisons, ses coteaux* » MONTHERLANT. APPOS. INV. *Bleu horizon,* couleur des uniformes français pendant et après la guerre de 1914-1918. *Capotes bleu horizon.* — *Interroger, scruter l'horizon.* — **À L'HORIZON :** au loin, dans le lointain. — *Du fond, du bout de l'horizon.* « *De gros nuages couraient d'un horizon à l'autre* » CAMUS. ♦ Espace visible au niveau de l'horizon. ➤ **distance, étendue.** *Un vaste horizon. Chaîne de montagnes qui borne, limite, ferme l'horizon.* — *De ce lieu, on embrasse un immense horizon. N'avoir pour horizon que les immeubles de son quartier.* ➤ **paysage, vue.** — PAR MÉTAPH. Lieu, espace éloigné. *Voyager vers de nouveaux horizons. Changer d'horizon :* voir autre chose. ■ **3** (début XIXe) FIG. Domaine qui s'ouvre à la pensée, à l'activité de qqn. ➤ 1 **champ** (d'action), **perspective.** *Ce livre m'a découvert, révélé, dévoilé des horizons insoupçonnés. Ouvrir des horizons nouveaux, illimités sur qqch.* — *L'horizon politique, économique :* les perspectives politiques, économiques. — *À l'horizon :* au loin (dans le temps). *À l'horizon* (et un millésime) : dans la perspective de (l'année indiquée). *Le monde à l'horizon 2050.* — *Faire un tour d'horizon :* aborder, étudier successivement et succinctement toutes les questions. ■ **4** GÉOL. Couche bien caractérisée (par des fossiles, par la décomposition du sol). *Horizon siliceux.*

HORIZONTAL, ALE, AUX [ɔʀizɔ̃tal, o] **adj.** et **n. f.** – *orizontal* 1545 ◇ de *horizon*

I **adj.** ■ **1** Qui est parallèle à l'horizon astronomique, perpendiculaire à la direction de la pesanteur en un lieu (opposé à *vertical*). *Plan horizontal ; ligne, droite horizontale.* « *Des collines horizontales qu'on dirait aplaties avec la main* » FROMENTIN. ➤ 1 **plan,** 1 **plat.** — FAM. *Prendre la position horizontale :* se coucher, s'allonger. — GÉOM. *Plan horizontal de référence :* l'un des deux plans de projection utilisés en géométrie descriptive. *Droite horizontale,* ou **n. f.** *une horizontale :* droite parallèle au plan horizontal. — ASTRON. *Coordonnées horizontales d'un astre,* son azimut et sa hauteur. ♦ PAR EXT. Qui se rapporte à la direction horizontale. *Projection horizontale,* sur un plan horizontal. — *Signalisation horizontale :* ensemble des marquages au sol, dans la signalisation routière. ■ **2** Qui concerne des éléments de même niveau. *Programme horizontal de collaboration.* — ÉCON. *Intégration horizontale :* absorption d'une entreprise par une autre de même niveau.

II **n. f.** **HORIZONTALE.** ■ **1** Position horizontale. *À l'horizontale.* ■ **2** (1881) VIEILLI *Une horizontale :* une prostituée.

■ CONTR. Vertical.

HORIZONTALEMENT [ɔʀizɔ̃talmɑ̃] **adv.** – 1596 ◇ de *horizontal* ■ Dans une direction, une position horizontale.

HORIZONTALITÉ [ɔʀizɔ̃talite] **n. f.** – 1786 ◇ de *horizontal* ▪ **1** Caractère de ce qui est horizontal (**opposé à verticalité**). *Vérifier l'horizontalité d'une surface à l'aide d'un niveau.* ▪ **2** ARTS Prépondérance des lignes horizontales (en architecture, décoration). *Le peintre « exprimait avec sa puissante horizontalité le lourd temple égyptien »* GAUTIER.

HORLOGE [ɔʀlɔʒ] **n. f.** – *orloge* fin XIIe, aussi masc. ◇ latin d'origine grecque *horologium* ▪ **1** VIEILLI Appareil destiné à indiquer l'heure, à marquer les heures. *Horloge solaire.* ➤ **cadran** (solaire), **gnomon.** *Horloge à sable.* ➤ **sablier.** *Horloge à eau.* ➤ **clepsydre.** ◆ MOD. *Horloge à quartz,* réglée par un cristal de quartz dont les oscillations sont entretenues. *Horloge atomique,* dont l'oscillateur est réglé par la fréquence de transition entre deux niveaux d'énergie de certains atomes. *Horloge atomique à hydrogène, au césium.* — INFORM. Composant interne qui produit des signaux périodiques permettant de synchroniser les tâches du microprocesseur. *La fréquence (ou vitesse) d'horloge exprime la vitesse de fonctionnement du processeur (nombre d'instructions traitées à la seconde).* REM. L'horloge traditionnelle est dite *horloge mécanique* (cf. 2°). ▪ **2** COUR. Machine de grande dimension, souvent munie d'une sonnerie, et destinée à indiquer l'heure, notamment dans les lieux publics. *Pièces, mécanisme, mouvement d'une horloge.* ➤ **horlogerie.** *Horloge à poids, à balancier*. Horloge murale. Horloge de parquet.* ➤ **comtoise.** *La tour de l'horloge. Horloge monumentale à personnages, à jaquemart*. Horloge de précision ; horloge de compensation*. Horloge électrique. Horloge pneumatique,* fonctionnant à l'air comprimé. — *Le tic-tac d'une horloge. Sonnerie, carillon d'une horloge. Horloge qui avance, retarde. Mettre une horloge à l'heure. Remonter une horloge.* — PAR EXT. *L'horloge parlante,* procédé de diffusion de l'heure par appel téléphonique. ◆ FIG. *Une régularité, une exactitude d'horloge.* ➤ **métronome.** *Il est réglé comme une horloge,* se dit d'une personne aux habitudes très régulières. *Une heure d'horloge,* une heure entière. ▪ **3** PAR MÉTAPH. *« L'univers m'embarrasse, et je ne puis songer Que cette horloge existe et n'ait point d'horloger »* VOLTAIRE. ◆ *Horloge interne* ou *biologique :* ensemble des mécanismes biochimiques et physiologiques qui maintiennent, chez l'être humain et l'animal, une répartition rythmique de l'activité de l'organisme. ➤ **circadien.** *Horloge moléculaire :* hypothèse selon laquelle l'évolution (nombre de mutations génétiques au cours du temps) s'effectue au même rythme selon les espèces, et qui permet d'évaluer le temps écoulé depuis le dernier ancêtre commun.

HORLOGER, ÈRE [ɔʀlɔʒe, ɛʀ] **n. et adj.** – *orloger* v. 1360 ◇ de *horloge* ▪ **1** Personne qui fabrique, répare, vend des objets d'horlogerie (horloges [2°], montres, pendules). *Horloger bijoutier.* ▪ **2** **adj.** (1874) Relatif à l'horlogerie. *L'industrie horlogère.*

HORLOGERIE [ɔʀlɔʒʀi] **n. f.** – v. 1640 ◇ de *horloge* ▪ **1** Fabrication, industrie et commerce des instruments destinés à la mesure du temps. *Grosse horlogerie ; horlogerie de précision.* ▪ **2** (1762) Ouvrages de cette industrie (chronomètres, horloges, pendules, montres). *Pièces d'horlogerie :* aiguille, cadran ; affichage ; ancre, balancier, barillet, boîtier, cliquet, compensateur, échappement, fourchette, fusée, pendule (n. m.), pignon, platine, poids, régulateur, remontoir, ressort, rochet, roue, sonnerie, spiral, tambour, tympan, volant ; oscillateur, quartz. ▪ **3** (1803 « atelier d'horlogerie ») Magasin d'horloger. *Une horlogerie bijouterie.*

HORMIS [ˈɔʀmi] **prép.** – XIVe ◇ de *hors* et *mis* « étant mis hors » ▪ VIEILLI ou LITTÉR. À part. ➤ 1 **excepté, hors, sauf.** *Hormis les cas de force majeure. Tout, hormis ceci.* ▪ CONTR. Compris (y compris), inclus.

HORMONAL, ALE, AUX [ɔʀmɔnal, o] **adj.** – 1941 ◇ de *hormone* ▪ Relatif à une hormone, aux hormones. *Régulations hormonales. Insuffisance hormonale. Signalisation hormonale.* — *Traitement hormonal,* qui utilise les hormones (naturelles ou de synthèse). *Traitement hormonal substitutif (THS).*

HORMONE [ɔʀmɔn ; ɔʀmon] **n. f.** – 1911 ◇ du grec *hormôn* « exciter », par l'anglais (1905) ▪ Substance chimique de signalisation élaborée par un groupe de cellules ou un organe, sécrétée dans le sang et qui exerce une action spécifique à distance sur un autre tissu ou un autre organe. *Les hormones sont généralement sécrétées par des organes de structure glandulaire* (➤ 1 **glande ; endocrine**) *et transportées par le sang. Hormones hypophysaires* (ACTH, gonadotrope, mélanostimuline, ocytocine, stimuline, vasopressine). *Hormones thyroïdiennes* (➤ **calcitonine, thyroxine**), *parathyroïdiennes* (➤ **parathormone**). *Hormones stéroïdes* (➤ **corticoïdes**). *Hormones des glandes surrénales* (➤ **adrénaline, aldostérone, cortisol, cortisone, DHEA**). *Hormones pancréatiques* (➤ **glucagon, insuline**). *Hormones mâles* ou *androgènes* (➤ **androstérone, testostérone**) ; *femelles* (➤ **folliculine ; œstrogène, progestérone**). — *Rôle des hormones dans l'organisme. Hormones de croissance ; de la gestation, de la lactation* (➤ **prolactine**), *du sommeil* (➤ **mélatonine**) ; *métaboliques. Hormone antidiurétique* (➤ **vasopressine**). — *Troubles dus aux excès ou insuffisances d'hormones.* — *Traitement par les hormones.* ➤ **hormonothérapie ; opothérapie.** ◆ *Hormones végétales* (➤ **phytohormone**), sécrétées par les plantes et agissant sur leur développement (➤ **auxine, cytokinine, éthylène, gibbérelline**). ◆ Produit de synthèse à effet semblable à celui des hormones naturelles. *Accélérer la croissance d'un animal en le traitant aux hormones* (FAM. *hormoner* **v. tr.** ‹1›). *Poulet, veau aux hormones.*

HORMONOTHÉRAPIE [ɔʀmɔnoteʀapi] **n. f.** – 1935 ◇ de *hormone* et *-thérapie* ▪ MÉD. Traitement par les hormones. *Hormonothérapie substitutive de la ménopause :* traitement hormonal administré à la femme ménopausée dans le but de prévenir les symptômes et les risques liés au déficit en œstrogènes. *Insuffisance thyroïdienne traitée par hormonothérapie substitutive.*

HORNBLENDE [ˈɔʀnblɛ̃d] **n. f.** – 1775 ◇ allemand *Hornblende,* de *Horn* « corne », parce que ces blendes ont l'apparence de la corne, et *Blende* ▪ MINÉR. Minéral noir ou vert foncé, silicate de fer, d'aluminium et de magnésium, appartenant au groupe des amphiboles*. *Les gneiss renferment de la hornblende. Hornblende commune basaltique.*

HORO- ▪ Élément, du grec *hôro-,* de *hôra* « heure ».

HORODATÉ, ÉE [ɔʀɔdate] **adj.** – v. 1973 ◇ de *horo-* et *daté* ▪ Se dit d'un document mentionnant l'heure à laquelle il a été établi. *Tickets horodatés.* — *Stationnement horodaté,* dont la durée limitée est indiquée sur un ticket horodaté.

HORODATEUR, TRICE [ɔʀɔdatœʀ, tʀis] **n. m. et adj.** – 1927 ◇ de *horo-* et *dateur* ▪ Appareil qui imprime automatiquement la date et l'heure. *Horodateur d'un parcmètre.* — **adj.** *Horloge horodatrice* (cf. Horloge de pointage).

HOROKILOMÉTRIQUE [ɔʀɔkilɔmetʀik] **adj.** – 1894 ◇ de *horo-* et *kilomètre* ▪ DIDACT. Relatif à une vitesse exprimée en kilomètres-heure. *Compteur horokilométrique.*

HOROSCOPE [ɔʀɔskɔp] **n. m.** – *oroscope* 1529 ; « conjonction astrale » 1512 ◇ latin *horoscopus,* du grec *hôroskopos* « qui considère *(skopein)* l'heure de la naissance » ▪ **1** Étude de la destinée (d'un individu) fondée sur les influences astrales depuis l'heure de la naissance ; observation de l'état du ciel, des aspects des astres à ce moment. ➤ **astrologie ;** 2 **ascendant, signe, zodiaque.** *Faire, dresser l'horoscope de qqn. Lire, consulter son horoscope.* ▪ **2** PAR EXT. Prédiction de l'avenir par un procédé quelconque. ➤ **magie ; -mancie.**

HORREUR [ɔʀœʀ] **n. f.** – v. 1175 *orror* ◇ latin *horror, horroris*

I SENS SUBJECTIF ▪ **1** Impression violente causée par la vue ou la pensée d'une chose affreuse ou repoussante. ➤ **effroi, épouvante, peur, répulsion.** *Frémir d'horreur. Être frappé, saisi, glacé, muet, pâle d'horreur. Frisson, cri d'horreur. « Il tomba. Un hurlement d'horreur s'éleva de la foule »* FLAUBERT. *« un homme que tout le monde fuit avec horreur »* BALZAC. — **FAIRE HORREUR (À).** ➤ **répugner ; dégoûter, écœurer.** *Action, chose, idée, personne qui fait horreur* (➤ **horrible**). *Cette perspective lui fait horreur.* — *Cette vue la remplissait d'horreur. Objet d'horreur.* ◆ LITTÉR. Sentiment de crainte, mêlée d'admiration, de respect devant l'inconnu ou le sublime. *Horreur sacrée. « Sainte horreur »* RACINE. ▪ **2** Sentiment violemment défavorable qu'une chose inspire. ➤ **abomination, aversion, dégoût, exécration, haine, répugnance.** *L'horreur d'agir. L'horreur du risque. L'horreur de l'eau, de la lumière...* ➤ **phobie.** — *Avoir horreur de la guerre.* ➤ **abhorrer, abominer, détester, exécrer, haïr.** *« l'homme a horreur de la solitude »* BALZAC. LOC. PROV. *La nature a horreur du vide*.* — (Sens affaibli) *Elle a horreur de ce prénom,* elle ne l'aime pas, il lui déplaît. *Il a horreur qu'on l'interrompe. Elle a horreur de se lever tôt.* — *Avoir, prendre* (qqn ou qqch.) *en horreur.* ➤ **détestation, grippe, haine.** *Il a le sport en horreur.* — VIEILLI *Être en horreur (à).* ➤ **odieux.** *Ces lépreux, « en horreur à tous les hommes »* CHATEAUBRIAND.

II SENS OBJECTIF ▪ **1** Caractère de ce qui inspire ou peut inspirer de l'effroi, de la répulsion (➤ **effroyable, horrible**). *C'est la misère dans toute son horreur.* ➤ **laideur.** *L'horreur d'un supplice.* ➤ **cruauté.** *Vision d'horreur. Film d'horreur. « C'était* *pendant l'horreur d'une profonde nuit»* RACINE. *L'horreur d'un crime, d'un acte, d'une conduite.* ➤ **abjection, infamie, noirceur.** ▪ **2** La chose qui inspire ou devrait inspirer un sentiment d'horreur. ➤ **crime, monstruosité.** — PAR EXAGÉR., FAM. Personne ou chose dont l'aspect (laid, sale, ou simplement désagréable) provoque la répulsion, le dégoût. *Comment a-t-il pu épouser cette horreur ?* ➤ **laideron, mocheté.** *Cette toile est une véritable horreur.* *«elle rapportait de tout [...] des armures et des ombrelles, des horreurs dorées du Japon»* CÉLINE. — Exclamation marquant le dégoût, la répulsion. *Quelle horreur !* FAM. *C'est l'horreur !* ABSOLT *Horreur !* ▪ **3** AU PLUR. Aspects horribles d'une chose ; choses horribles. ➤ **atrocité.** *Les horreurs de la guerre.* ◆ Objets horribles. *C'est le musée des horreurs* (PAR PLAIS. un ensemble de choses affreuses). ◆ Sentiments criminels, actes infâmes, cruels, sanglants. *Commettre des horreurs.* ➤ **atrocité.** ▪ **4** AU PLUR. Imputations outrageantes. *«Ils racontaient sur mon compte des horreurs à n'en plus finir»* CÉLINE. ➤ **calomnie, médisance.** — Propos obscènes. ➤ **grossièreté, obscénité ;** FAM. **cochonnerie.**

▪ CONTR. Admiration, amour. — Beauté, 2 charme.

HORRIBLE [ɔʀibl] **adj.** – 1175 ◊ latin *horribilis* ▪ **1** Qui fait horreur, remplit d'horreur ou de dégoût. ➤ **abominable, affreux, atroce, effrayant, effroyable, épouvantable, hideux, horrifiant.** *Blessure horrible. Pousser des cris horribles. «L'horrible silence qui y régnait me glaçait le cœur»* FRANCE. *Une mort horrible. Horrible vision, crime horrible.* ➤ **exécrable, infâme, monstrueux, révoltant.** *Horrible à voir, à dire.* — SUBST. *«La soif de l'inconnu et le goût de l'horrible»* BAUDELAIRE. ▪ **2** (XVIIe) Très laid, très mauvais. ➤ **détestable, exécrable.** *Un temps horrible.* ➤ **infect ;** FAM. **dégueulasse.** *Un horrible petit chien.* ▪ **3** Qui passe les bornes (d'une chose désagréable ou dangereuse) ; excessif. ➤ **abominable, effroyable, terrible.** *Il fait une chaleur horrible. «Une soif horrible le fait geindre»* DORGELÈS. ➤ **intolérable.** ▪ CONTR. 1 Beau.

HORRIBLEMENT [ɔʀibləmɑ̃] **adv.** – XIIe ◊ de *horrible* ▪ D'une manière horrible. *«elle secourut les hommes horriblement brûlés et mutilés qu'elle put tirer des décombres»* TOURNIER. *Horriblement méchant.* ➤ **atrocement.** — PAR EXAGÉR. ➤ **extrêmement.** *C'est horriblement cher.*

HORRIFIANT, IANTE [ɔʀifjɑ̃, jɑ̃t] **adj.** – 1862 ◊ de *horrifier* ▪ Qui horrifie. ➤ **épouvantable, terrifiant.** *Tableau horrifiant. Des accusations horrifiantes.*

HORRIFIER [ɔʀifje] **v. tr.** ⟨7⟩ – milieu XIXe ◊ latin *horrificare* ▪ RARE Remplir, frapper d'horreur. ◆ COUR. au p. p. *Elle se récria, horrifiée,* scandalisée. ▪ HOM. Aurifier.

HORRIFIQUE [ɔʀifik] **adj.** – 1500 ◊ latin *horrificus* ▪ VX ou PLAISANT Qui cause ou est de nature à causer de l'horreur.

HORRIPILANT, ANTE [ɔʀipilɑ̃, ɑ̃t] **adj.** – avant 1806 ◊ de *horripiler* ▪ Qui horripile. ➤ **agaçant, crispant, énervant, exaspérant, irritant.** *«Elle s'est mise à sourire, horripilante au possible»* CÉLINE.

HORRIPILATION [ɔʀipilasjɔ̃] **n. f.** – 1495 ◊ bas latin *horripilatio* ▪ **1** PHYSIOL. Érection des poils dans le frisson. ➤ **hérissement** (cf. Chair* de poule). *Le froid provoque l'horripilation.* ▪ **2** (XIXe) État d'agacement, d'exaspération extrême. *«une répugnance, une horripilation extrême à me laisser juger par M. Lévy»* FLAUBERT.

HORRIPILER [ɔʀipile] **v. tr.** ⟨1⟩ – 1843 fig. ◊ latin impérial *horripilare* «avoir le poil hérissé» ▪ **1** PHYSIOL. Causer l'horripilation de. ▪ **2** (1852) Agacer, exaspérer fortement (qqn). ➤ **énerver, hérisser, impatienter.** *Sa lenteur m'horripile ; il m'horripile par sa lenteur. Tu commences à m'horripiler avec tes simagrées.*

HORS ['ɔʀ] **adv. et prép.** – fin XIe *hors de* loc. prép. ◊ de *dehors*

I ~ adv. de lieu (v. 1135) VX ➤ **dehors.** *Aller hors.*

II ~ prép. (v. 1175) ▪ **1** VX À l'extérieur de. *«On goûtait dans un cabaret hors la ville»* ROUSSEAU. ▪ **2** MOD. dans des expr. À l'extérieur, en dehors de. *L'église de Saint-Paul-hors-les-murs,* à Rome. — (suivi d'un nom sans art.) *Fonctionnaire, officier hors cadre(s)*. Modèle hors série* ;* FIG. *destin hors série. Hors antenne, hors micro. Consultation hors ligne* (opposé à *en ligne*). *Culture hors sol. Devoir hors sujet. Faire du ski hors saison.* — Indique le dépassement *Préfet hors classe*. Hors ligne*, hors pair.* ➤ **exceptionnel, remarquable ;** aussi **hors-concours.** *Des dimensions hors normes. Restaurant, hôtel hors catégorie,* de classe exceptionnelle. — Indique l'exclusion *Prix hors taxes,* qui ne comprend pas les taxes. ◆ SPORT *Joueur, ballon hors jeu*.* — FIG. *Hors circuit*, hors course*.* ◆ *Mettre* (qqn) *hors la loi,* décréter qu'il ne bénéficiera plus de la protection des lois et sera passible d'exécution sans jugement. PAR EXT. *Être, se mettre hors la loi.* ➤ **hors-la-loi.** ▪ **3** LITTÉR. À l'exclusion de, à part. ➤ 1 **excepté, hormis, sauf.** *«le spectateur pardonne tout, hors la langueur»* VOLTAIRE.

III ~ loc. prép. HORS DE ▪ **1** En dehors de (un lieu, un milieu). *Un jardin hors de la ville.* ➤ **extra-muros.** *Il s'élança hors de sa chambre. Il «trouva son malade à demi versé hors du lit»* CAMUS. *Poisson qui saute hors de l'eau. Une île hors du monde.* — LOC. PROV. *Hors de l'Église, point de salut.* — ELLIPT *Hors d'ici ! Hors de ma vue !,* interjections intimant l'ordre de sortir, de partir. ➤ **dehors.** ▪ **2 HORS DE SOI :** furieux ; en proie à l'agitation, à l'égarement ou à l'extase. *Fabrice était «hors de lui d'enthousiasme et de bonheur»* STENDHAL. *Ils sont hors d'eux.* ▪ **3** (Temporel) *Vivre hors du temps, hors de son temps.* — LOC. *Hors de saison :* à contretemps, déplacé. ▪ **4** *Hors de* (et n.), formant des loc. adj. à valeur négative. *Hors de danger,* sauvé. *Hors d'état de nuire,* dans l'incapacité de. *Hors d'haleine*. Hors d'usage. Hors de propos*. Hors de prix,* inabordable. *Hors du commun*. Il est hors de question, hors de doute que...*

IV ~ loc. conj. HORS QUE LITTÉR. Avec l'indic. ou le condit. (➤ 1 **excepté, hormis, sauf, sinon** [que]), ou avec le subj. (cf. À moins que). *«ignorant tout du monde, hors que s'y brassaient d'obscures affaires»* CHÂTEAUBRIANT.

▪ CONTR. Dans, dedans, 1 en ; compris (y). Avec. ▪ HOM. Or, ores.

HORSAIN ['ɔʀsɛ̃] **n. m.** – XIIIe ◊ de *hors* ▪ RÉGION. Étranger à la région.

HORS-BORD ['ɔʀbɔʀ] **n. m.** – 1930 ◊ d'après l'anglais *out board* «à l'extérieur de la coque» ; de *hors* et *bord* ▪ **1** Moteur généralement amovible, placé en dehors de la coque d'une embarcation. ▪ **2** Petit canot automobile, léger et rapide, muni d'un moteur hors-bord (opposé à *in-bord*). *Des hors-bords* ou *des hors-bord* (inv.). *Courses de hors-bords.*

HORS-CHAMP ➤ 1 **CHAMP**

HORS-CONCOURS ['ɔʀkɔ̃kuʀ] **n. m.** – 1884 ◊ de *hors* et *concours* ▪ Personne qui ne peut participer à un concours (ancien lauréat ou membre du jury). *Les hors-concours qui exposent au Salon.* — Personne qui ne peut concourir à cause d'une supériorité écrasante sur ses concurrents.

HORS-COTE ➤ **COTE** (3°)

HORS-D'ŒUVRE ['ɔʀdœvʀ] **n. m. inv.** – 1596 ◊ de *hors* et *œuvre* ▪ **1** ARCHIT. Pièce en saillie détachée du corps d'un bâtiment. — LITTÉRATURE, ARTS Morceau accessoire ou superflu. ▪ **2** (XVIIe) COUR. Petit plat que l'on sert au début du repas, avant les entrées ou le plat principal. *Hors-d'œuvre à la russe* (➤ **zakouski**), *à l'espagnole* (➤ **tapas**), *à l'italienne* (➤ **antipasti**), *à l'algérienne, à la tunisienne* (➤ **kémia**), *à la grecque, à l'orientale* (➤ **mezzé**). *Hors-d'œuvre variés. «des anchois, du fromage, des olives, des tranches de saucisson [...] et autres hors-d'œuvre»* GAUTIER. *Servir des radis en hors-d'œuvre.*

HORSEBALL ['ɔʀsbol] **n. m.** – 1984 ◊ de l'anglais *horse* «cheval» et *ball* «balle, ballon» ▪ ANGLIC. Sport dans lequel deux équipes de six cavaliers tentent d'envoyer dans les buts adverses un ballon muni d'anses de cuir. — On écrit aussi *horse-ball.*

HORSE-POWER ['ɔʀspɔwœʀ] **n. m. inv.** – v. 1820 ◊ mot anglais «cheval-puissance» ▪ MÉTROL. Unité de mesure de puissance (SYMB. HP) adoptée en Grande-Bretagne et équivalant à 745,7 watts.

HORS-JEU ['ɔʀʒø] **n. m.** – 1894 ◊ de *hors* et *jeu* ▪ Dans certains sports d'équipe, Faute d'un joueur dont la position sur le terrain est interdite par les règles. *Siffler un hors-jeu. «une foule disposée à étriper un arbitre à propos d'un hors-jeu contestable»* AYMÉ. *Hors-jeu sanctionné par un coup franc. Des hors-jeux.*

HORS-LA-LOI ['ɔʀlalwa] **n. inv.** – fin XIXe ; adj. et adv. 1774 ◊ de *hors* et *loi* ; traduction de l'anglais *outlaw* ▪ Individu qui est mis ou se met hors la loi (➤ **despérado**). PAR EXT. Personne qui s'affranchit des lois, vit en marge des lois. ➤ aussi **marginal.**

HORS-LIGNE ['ɔʀliɲ] **n. m.** – 1867 ◊ de *hors* et *ligne* ▪ TECHN. Portion de terrain restée en dehors de la ligne tracée pour la construction d'une voie publique. *Des hors-lignes.*

HORS-PISTE ['ɔʀpist] **n. m.** – v. 1970 ◊ de *hors* et *piste* ▪ Ski pratiqué en dehors des pistes balisées. *Faire du hors-piste. Des hors-pistes.*

HORS-SÉRIE [ˈɔʀseʀi] **n. m.** – 1935 ◊ de *hors* et *série* ■ Journal, magazine qui n'est pas publié aux dates habituelles, et souvent consacré à un sujet particulier. *Des hors-séries thématiques.*

HORS SERVICE [ˈɔʀsɛʀvis] **loc. adj. inv.** – milieu XXe ◊ de *hors* et *service* ■ Qui n'est pas ou qui n'est plus en service, temporairement ou définitivement. *L'ascenseur est hors service.* — ABRÉV. **H. S.** [aʃɛs]. FIG. et FAM. **(d'ab. arg. milit.)** Très fatigué, indisponible pour agir. *Il a la grippe, il est complètement H. S.*

HORS-SOL [ˈɔʀsɔl] **n. m.** – 1982 ◊ de *hors* et 1*sol* ■ **1** Élevage dans lequel la nourriture des animaux ne provient pas de l'exploitation elle-même, mais d'une exploitation voisine ou de l'industrie. *Des hors-sols porcins.* ■ **2** Culture pratiquée à l'aide d'un substrat autre que la terre (➤ **hydroponique**). *Pratiquer le hors-sol en serre.*

HORST [ˈɔʀst] **n. m.** – 1902 ◊ mot allemand «butoir» ■ GÉOL., GÉOGR. Structure tectonique formée de terrains soulevés entre des failles parallèles entre elles. ■ CONTR. Graben.

HORS-TEXTE [ˈɔʀtɛkst] **n. m.** – 1907 ; adj. 1882 ◊ de *hors* et *texte* ■ Gravure tirée à part, intercalée ensuite dans un livre, et non comprise dans la pagination. *Des hors-textes en couleurs.*

HORS TOUT [ˈɔʀtu] **loc. adj. inv.** – milieu XXe ◊ de *hors* et *tout* ■ Se dit des plus grandes dimensions d'un objet, mesurées sans que rien ne dépasse.

HORTENSIA [ɔʀtɑ̃sja] **n. m.** – 1796 ◊ latin des botanistes (XVIIIe), fém. du latin classique *hortensius* «de jardin» ■ BOT. Arbrisseau ornemental *(saxifragacées),* cultivé pour ses grosses inflorescences en boules. ➤ RÉGION. **hydrangée.** *Hortensia rose, blanc, bleu.* ◆ COUR. Ces inflorescences. *Bouquet d'hortensias.*

HORTICOLE [ɔʀtikɔl] **adj.** – 1829 ◊ du latin *hortus* «jardin», d'après *agricole* ■ Relatif à la culture des jardins (➤ **horticulture**). *Exposition horticole.*

HORTICULTEUR, TRICE [ɔʀtikyltœʀ, tʀis] **n.** – 1825 ◊ du latin *hortus* «jardin», d'après *agriculteur* ■ Personne qui pratique l'horticulture. ➤ **jardinier, maraîcher.** — SPÉCIALT Personne qui cultive des plantes d'ornement (arbres, fleurs). ➤ **arboriculteur, fleuriste** (jardinier fleuriste).

HORTICULTURE [ɔʀtikyltyʀ] **n. f.** – 1824 ◊ du latin *hortus* «jardin», d'après *agriculture* ■ Branche de l'agriculture comprenant la culture des légumes, des fleurs, des arbres et arbustes fruitiers et d'ornement. *Horticulture ornementale* (arboriculture, floriculture). *Horticulture vivrière* (culture maraîchère, potagère). *Horticulture forcée,* en serres, etc. (➤ **primeur**). *École nationale d'horticulture.*

HORTILLONNAGE [ɔʀtijɔnaʒ] **n. m.** – 1870 ◊ mot picard ; de *(h)ortillon* «jardinier», de *ortiller* «cultiver» ■ En Picardie, Marais utilisé pour la culture des légumes ; mode de culture qui y est pratiqué. *Les hortillonnages sont divisés par des canaux.*

HOSANNA [oza(n)na] **n. m.** – *osanne* 1276 ◊ latin ecclésiastique *hosanna,* de l'hébreu *hôšaʿ-nā,* abrév. de *hôschiʿa nnā* «sauve donc !» ■ **1** Acclamation religieuse utilisée dans les cérémonies, les processions, certaines prières juives. — Hymne catholique, chanté le jour des Rameaux. ■ **2** LITTÉR. Chant, cri de triomphe, de joie. ➤ **hymne.**

HOSPICE [ɔspis] **n. m.** – 1690 ; «hospitalité» 1294 ◊ latin *hospitium* ■ **1** Maison où des religieux donnent l'hospitalité aux pèlerins, aux voyageurs (➤ **hospitalier,** I, 1°). *L'hospice du Grand-Saint-Bernard.* ■ **2** (1770) ANCIENNT Établissement public ou privé qui accueillait des orphelins, des enfants abandonnés, des vieillards, des infirmes, des malades incurables. ➤ **asile.** — *Hospice de vieillards,* où l'on accueillait les personnes âgées démunies. ➤ PÉJ. **mouroir.** *Finir à l'hospice, dans un hospice,* abandonné de tous, dans le dénuement, la misère. ■ HOM. Auspices.

HOSPITALIER, IÈRE [ɔspitalje, jɛʀ] **adj. et n.** – XIIe ◊ latin médiéval *hospitalarius*

I ■ **1** ANCIENNT Qui recueille les voyageurs, les indigents (en parlant des religieux et religieuses de certains ordres). **n.** *Les hospitaliers :* membres de certains ordres charitables ou militaires. — SPÉCIALT *Sœurs hospitalières* : les filles de la Charité. ■ **2** MOD. Relatif aux hôpitaux, aux hospices. *Établissement, service hospitalier. Équipement hospitalier, tarif hospitalier. Centre hospitalier universitaire.* ➤ **C. H. U.** — *Personnel, agent, médecin hospitalier,* travaillant dans les hôpitaux.

II (1488 ◊ de *hospitalité*) COUR. ■ **1** Qui pratique volontiers l'hospitalité. ➤ **accueillant,** RÉGION. **recevant.** *Il est très hospitalier :* sa maison est ouverte à tous. *«Soyez hospitalier, même à votre ennemi»* HUGO. *«La Légende de saint Julien l'Hospitalier», conte de Flaubert.* ■ **2** Où l'hospitalité est pratiquée. *Une table hospitalière. Ville hospitalière.*

■ CONTR. Hostile. Inhospitalier.

HOSPITALISATION [ɔspitalizasjɔ̃] **n. f.** – 1866 ◊ de *hospitaliser* ■ Action d'hospitaliser ; admission dans un établissement hospitalier. *Procéder à l'hospitalisation d'un blessé.* — Séjour dans un établissement hospitalier. *Jours d'hospitalisation. Transport en ambulance et hospitalisation.* — PAR EXT. *Hospitalisation à domicile (H. A. D.) :* soins à domicile délivrés sous contrôle de la médecine hospitalière.

HOSPITALISER [ɔspitalize] **v. tr.** ⟨1⟩ – 1801 ◊ du latin *hospitalis* «hôpital» ■ Faire entrer, admettre (qqn) dans un établissement hospitalier. *Hospitaliser un malade. Se faire hospitaliser après un accident. Il a été hospitalisé à Lariboisière.* — *Malades hospitalisés.* SUBST. *Les hospitalisés.*

HOSPITALISME [ɔspitalism] **n. m.** – 1949 ◊ anglais américain *hospitalism* (1945, Spitz), de *hospital* «hôpital» ■ PSYCHOL. Troubles psychosomatiques présentés par un jeune enfant à la suite d'une hospitalisation prolongée, qui le prive des relations affectives avec sa mère. ◆ *Hospitalisme infectieux :* infections contractées en milieu hospitalier (➤ **nosocomial**).

HOSPITALITÉ [ɔspitalite] **n. f.** – fin XIIe ◊ latin *hospitalitas* ■ **1** VX Charité qui consiste à recueillir, à loger et nourrir gratuitement les indigents, les voyageurs dans un établissement prévu à cet effet (hospice). ■ **2** ANTIQ. Droit réciproque de trouver logement et protection les uns chez les autres. ■ **3** (XVIIIe) COUR. Libéralité qu'on exerce en recevant qqn sous son toit, en le logeant gratuitement (➤ **hôte**). *Donner, offrir l'hospitalité à qqn. Demander, accepter, recevoir l'hospitalité* (➤ **abri, asile, logement, refuge**). *L'hospitalité traditionnelle des nomades.* ◆ PAR EXT. Action de recevoir chez soi, d'accueillir avec bonne grâce. ➤ **accueil, réception.** *Merci de votre aimable hospitalité.*

HOSPITALO-UNIVERSITAIRE [ɔspitaloynivɛʀsitɛʀ] **adj.** – 1958 ◊ du latin *hospitalis* «hôpital» et *universitaire* ■ De l'hôpital, dans la mesure où les futurs médecins y font leurs études. *Les enseignements hospitalo-universitaires.*

HOSPODAR [ɔspɔdaʀ] **n. m.** – 1663 ◊ mot slave «maître, seigneur» ■ HIST. Ancien titre des princes vassaux du sultan de Turquie placés à la tête des provinces roumaines.

HOSTELLERIE [ɔstɛlʀi] **n. f.** – 1130, repris XXe ◊ forme archaïque de *hôtellerie* ■ Hôtellerie (I, 3°). *«Le snobisme gastronomique suscite une levée d'hostelleries et d'auberges»* COLETTE.

HOSTIE [ɔsti] **n. f.** – XIIIe ; *oiste* XIIe ◊ latin *hostia* «victime», sens chrétien au IVe siècle

I Petite rondelle de pain de froment, généralement azyme (dans les Églises latine, arménienne, maronite), consacrée* au cours de la messe (➤ **eucharistie**). *La sainte hostie. Ciboire, patène contenant des hosties. Mettre une hostie dans l'ostensoir*. L'élévation* de l'hostie. Donner l'hostie à un communiant* (➤ **communion**). *Dogme de la présence réelle du Christ dans l'hostie* (➤ **transsubstantiation**).

II (XIVe-XVIIe) VX Victime offerte en sacrifice. *«Frappons ! Voilà l'hostie»* CYRANO.

HOSTILE [ɔstil] **adj.** – 1450, rare du XVIIe au XVIIIe ◊ latin *hostilis,* de *hostis* «ennemi» ■ **1** Qui manifeste de l'agressivité, se conduit en ennemi. *Pays, puissance hostile. Groupes hostiles qui se font la guerre.* ➤ **adverse, ennemi.** *Foule hostile et menaçante.* — *Nature, milieu hostile.* ➤ **contraire, ingrat, inhospitalier.** *Forces hostiles.* ➤ **néfaste.** — TECHN. *Milieu hostile,* dans lequel des personnes ou des équipements sont soumis à des agressions physiques (pression, température, rayonnements), qui nécessitent une protection particulière. ◆ (En parlant des choses qui s'opposent, se contrarient par nature) *Caractères, naturels hostiles.* ➤ **antagonique, opposé.** ◆ **HOSTILE À...** ➤ **défavorable ; contraire, opposé ;** 1**anti-.** *Il est hostile à cette opinion, à ce candidat. Être farouchement hostile à un projet* (cf. *Être contre**). *Hostile à un pays* (cf. -phobe). — PAR EXT. *Vote hostile au gouvernement.* ■ **2** Qui est d'un ennemi, annonce, caractérise un ennemi. *Action, entreprise, intention hostile. «il se roidit et prit une attitude hostile»* BALZAC. *Accueil hostile.* ➤ 1**froid, glacé, glacial.** *Silence, regard hostile.* ➤ **inamical.** *Propos hostiles.* ➤ **désobligeant, malveillant.** *Jugement hostile.* — FIN.

O. P. A. hostile, sans négociation préalable, sans accord entre les parties. — FIG. *«il y avait dans la nature quelque chose d'hostile»* Mme DE STAËL. ■ CONTR. Amical, bienveillant, cordial, favorable.

HOSTILEMENT [ɔstilmɑ̃] adv. – 1418 ◇ de *hostile* ■ LITTÉR. D'une manière hostile, en ennemi.

HOSTILITÉ [ɔstilite] n. f. – 1353 ◇ bas latin *hostilitas* ■ **1** VX Acte d'un ennemi en guerre. *«Il y eut beaucoup d'hostilités entre les Chinois et les Russes»* VOLTAIRE. — MOD. **LES HOSTILITÉS :** l'ensemble des actions, des opérations de guerre. ➤ **conflit, guerre.** *Commencer, engager les hostilités. Cessation, interruption des hostilités* (➤ **armistice, cessez-le-feu, trêve**). *Reprise des hostilités. Pendant la durée des hostilités.* ■ **2** (1606) Disposition hostile, inamicale. ➤ **antipathie, haine, malveillance.** *Hostilité envers, contre qqn.* ➤ **inimitié, opposition.** *Être en butte à l'hostilité de qqn. Regarder qqn avec hostilité. Acte d'hostilité. Ils affectaient «une vive hostilité à ce projet»* MAURIAC. ■ CONTR. Amitié, bienveillance.

HOSTO [ɔsto] n. m. – 1886 ; autre sens 1807 ◇ variante de *hostel,* du latin *hospitale ;* cf. ancien français et dialectal *hostau, osto* «maison, logis» ■ FAM. Hôpital. *Passer huit jours à l'hosto. Des hostos.*

HOT ['ɔt] adj. inv. – 1930 ◇ mot anglais américain «chaud» ■ ANGLIC. ■ **1** MUS. Se dit du jazz joué avec force, avec un rythme violent, «échauffé» (opposé à *cool*). *Style hot. Il «siffle un air hot»* QUENEAU. — n. m. *Le hot.* ■ **2** Érotique, sensuel. *Des photos hot.* ➤ **sexy.** *«une scène un peu hot ou une pub pour le gel douche»* F. GUÈNE. ➤ **osé.** ■ HOM. Hotte.

HOTDOG ou **HOT-DOG** ['ɔtdɔg] n. m. – 1929 ◇ anglais américain *hot dog,* de *dog* argot «saucisse» et, courant, «chien», et *hot* «chaud» ■ ANGLIC. Sandwich chaud fait d'une saucisse de Francfort servie dans un petit pain. *Des hotdogs, des hot-dogs.*

HÔTE, HÔTESSE [ot, otɛs] n. – XIIe *oste* puis *hoste* ◇ latin *hospes, itis*

I *Un hôte, une hôtesse.* **A.** ■ **1** Personne qui donne l'hospitalité, qui reçoit qqn. ➤ **amphitryon, maître** (de maison). *Remercier ses hôtes. Hôtesse charmante, avenante, cordiale.* — *Robe d'hôtesse :* robe d'intérieur longue, à la fois élégante et confortable. ■ **2** VIEILLI ➤ **aubergiste, cabaretier, hôtelier,** 2 **restaurateur.** *L'hôtesse d'une auberge.* — LOC. (1606) *Table d'hôte(s) :* table commune où mangent plusieurs personnes réunies dans une auberge, une pension de famille. (Canada) *Table d'hôte :* liste déterminée de plats composant un repas à prix fixe, dans un restaurant. ➤ 2 **menu.**

B. ■ **1** (v. 1950) **HÔTESSE** ou **HÔTESSE DE L'AIR :** femme chargée de veiller au confort, à la sécurité des passagers dans les avions de ligne. *L'hôtesse et le steward font partie de l'équipage* (cf. RÉGION. Agente de bord*). ■ **2** PAR EXT. **HÔTESSE :** femme chargée d'accueillir et d'orienter les visiteurs, les clients (d'une entreprise, d'un lieu public...). *Adressez-vous à l'hôtesse. Hôtesse d'accueil. Hôtesse de caisse :* caissière. — Au masc. (dans des composés uniquement) *Hôte d'accueil. Hôte de caisse.* ■ **3** *Bar à hôtesses,* dans lequel des femmes sont chargées de tenir compagnie aux clients et de les inciter à consommer.

C. HÔTE n. m. ■ **1** (fin XIXe) BIOL. Organisme ou cellule susceptible d'abriter un parasite. *Hôte intermédiaire. Hôte vecteur,* qui assure le transport du parasite. ■ **2** INFORM. *Ordinateur hôte :* ordinateur qui effectue certaines parties d'un traitement informatique et qui assure, pour le reste, la gestion d'ordinateurs satellites ou d'unités de traitement spécialisées.

II *Un hôte, une hôte.* ■ **1** Personne qui reçoit l'hospitalité. *Recevoir, loger, nourrir un hôte, une hôte, ses hôtes.* ➤ **invité.** *«il était pour ce dernier soir, non plus un membre, mais l'hôte du mess»* MAUROIS. *Un hôte de marque. Hôtes réunis chez qqn.* ➤ **commensal, convive.** *Être l'hôte à déjeuner de qqn.* — *Hôte payant,* qui prend pension chez qqn, moyennant redevance. *Chambre d'hôte(s),* louée par un particulier. ◆ Client(e) d'une auberge, d'un hôtel. — PAR EXT. *Les hôtes successifs d'une chambre d'hôtel, d'un appartement meublé.* ➤ **habitant, locataire, occupant.** *L'hôte de l'Élysée :* le président de la République française. ■ **2** (1668) LITTÉR. et VX Être qui vit dans un lieu. ➤ **habitant.** *Les hôtes de l'air :* les oiseaux. ■ HOM. Haute (haut) ; hautesse.

HÔTEL [ɔtɛl ; otɛl] n. m. – XIe *ostel* «demeure, logis» ◇ bas latin *hospitale* «chambre pour les hôtes» → hôpital ■ **1** (XIIIe dans le Nord) Établissement où on loge et où l'on trouve toutes les commodités du service (à la différence du meublé), pour un prix journalier. ➤ **auberge, hôtellerie.** *Hôtel deux étoiles, trois étoiles,* ou ELLIPT *un deux-étoiles, un trois-étoiles. Hôtel luxueux ; grand hôtel international.* ➤ **palace.** *Hôtel de tourisme. Hôtel-restaurant. Hôtel où l'on prend pension.* ➤ **pension.** *Hôtel borgne*. Hôtel de passe*.* — *Hôtel spécialement aménagé pour les automobilistes.* ➤ **motel.** *Chaîne d'hôtels.* — *Le hall, la réception, le bar d'un hôtel. Chambre d'hôtel.* — *Propriétaire, directeur d'hôtel* (➤ **hôtelier,** FAM. **taulier**). *Chasseur, concierge, groom, portier d'un hôtel. Garçon, femme de chambre dans un hôtel.* — *Descendre, dormir à l'hôtel. Vivre à l'hôtel. Prendre une chambre à l'hôtel. Réserver une suite dans un hôtel. Note d'hôtel.* — *Rat* d'hôtel.* ■ **2** (début XVe) Demeure citadine d'un grand seigneur (ANCIENNT) ou d'un riche particulier. ➤ 1 **palais.** *Hôtel de Lauzun, de Luynes ; hôtel Crillon. Hôtels du Marais. Un hôtel du XVIIIe siècle.* COUR. **HÔTEL PARTICULIER.** *«Neuilly, plein d'hôtels particuliers»* ARAGON. ■ **3 MAÎTRE D'HÔTEL :** personne qui dirige le service de table, chez un riche particulier (➤ **majordome**), ou dans un restaurant. *Le maître d'hôtel et les garçons.* ◆ *(À la) maître d'hôtel,* qualifie une préparation à base de beurre et de persil. *Sauce maître d'hôtel.* ■ **4** PAR EXT. Grand édifice destiné à un établissement public. *Hôtel de la Monnaie. Hôtel des ventes :* salle des ventes. ◆ **HÔTEL DE VILLE :** édifice où siège l'autorité municipale dans une grande ville. ➤ **mairie** (cf. RÉGION. Maison communale*). — *Hôtel du département :* préfecture. — *Hôtel de région,* où siège le conseil régional. — *Hôtel de police :* édifice abritant des services de police. ➤ **commissariat.** ■ HOM. Autel.

HÔTEL-DIEU [ɔtɛldjø ; otɛldjø] n. m. – v. 1250 «maison de Dieu» ◇ de *hôtel* et *Dieu* ■ Hôpital principal de certaines villes. *Des hôtels-Dieu.* ABSOLT *L'Hôtel-Dieu,* celui de Paris.

HÔTELIER, IÈRE [ɔtəlje ; otəlje, jɛʀ] n. et adj. – *osteler* 1130 ◇ de *hôtel*

I n. ■ **1** Personne qui tient un hôtel, une hôtellerie, une auberge. ➤ **aubergiste, logeur,** FAM. **taulier.** ■ **2** n. m. VX Religieux chargé de recevoir les hôtes, les voyageurs (dans certaines abbayes). — adj. MOD. *Le père hôtelier.*

II adj. (1906 ; «hospitalier» en ancien français) Relatif aux hôtels, à l'hôtellerie (II). *Industrie hôtelière. Crédit hôtelier. École hôtelière,* formant ses élèves aux diverses professions de l'hôtellerie. *Syndicats hôteliers. Chaîne hôtelière. L'équipement hôtelier d'une région.* — *Proxénétisme* hôtelier.*

HÔTELLERIE [ɔtɛlʀi ; otɛlʀi] n. f. – *hostelerie* 1130 ◇ de *hôtel*

I ■ **1** ANCIENNT Maison où les voyageurs peuvent être logés et nourris, moyennant rétribution ; hôtel simple ou rustique. ➤ **auberge.** ■ **2** ARCHIT. Bâtiment d'une abbaye destiné à recevoir les hôtes. ■ **3** VIEILLI Auberge. ◆ MOD. Hôtel ou restaurant d'apparence rustique, confortable ou même luxueux. ➤ **hostellerie.**

II Métier, profession d'hôtelier ; industrie hôtelière. *Travailler dans l'hôtellerie.*

HÔTESSE ➤ **HÔTE** (I, A)

HOT-LINE ['ɔtlajn] n. f. – 1996 ◇ anglais *hot line* (1955) «téléphone rouge», de *hot* «chaud» et *line* «ligne téléphonique» ■ ANGLIC. Service d'assistance téléphonique ou électronique mis en place par une entreprise, une organisation, chargé de résoudre les problèmes techniques, de répondre aux attentes de sa clientèle, de ses membres. *Des hot-lines.* — Recomm. offic. *assistance en ligne ; numéro d'urgence.*

HOTTE ['ɔt] n. f. – *hote* XIIIe ◇ francique °*hotta* ■ **1** Grand panier ou cuve, qu'on porte sur le dos au moyen de bretelles (ou brassières). *Hotte de vendangeur,* pour le transport des raisins du lieu de cueillette aux bennes. ➤ 1 **bouille,** RÉGION. **brante.** *La hotte du père Noël.* ■ **2** (1676) Construction en forme de hotte renversée, se raccordant au bas d'un tuyau de cheminée, d'un conduit d'aération. *La hotte d'une cheminée. Hotte de forge. Hotte de laboratoire. Hotte aspirante, filtrante :* appareil électrique placé au-dessus d'un appareil de cuisson dans une cuisine, servant à évacuer l'air chargé d'odeurs et de vapeurs grasses. ■ HOM. Hot.

HOTTENTOT, OTE ['ɔtɑ̃to, ɔt] adj. et n. – 1685 ◇ mot hollandais «bègue», allusion aux clics du dialecte ■ Relatif à un peuple de pasteurs nomades de l'Afrique du Sud-Ouest (parfois appliqué abusivement aux Bochimans, leurs voisins). *Population hottentote.* — SPÉCIALT *Vénus hottentote :* type de femme bochiman à fesses énormes (stéatopyge). — n. *Les Hottentots.*

HOU ['u ; hu] **interj.** – XIIIe ◊ onomat. ■ Interjection pour railler, faire peur ou honte. *Hou ! la vilaine !* ♦ *Hou ! hou !* interjection redoublée servant à appeler. ■ HOM. Août, houe, houx, ou, où.

HOUACHE ['waʃ] **n. f.** – 1687 ; *houage* 1643 ◊ moyen néerlandais *wech* «sillage», d'origine scandinave ■ MAR. Sillage d'un navire en marche. — On dit aussi **HOUAICHE** ['wɛʃ].

HOUBLON ['ublɔ̃] **n. m.** – 1600 ; *oubelon* 1413 ◊ néerlandais *hoppe*, avec influence de l'ancien français *homlon*, du latin médiéval *humlone*, du francique °*humilo* ■ Plante vivace grimpante *(cannabinacées)*, à tige volubile. *Les fleurs femelles du houblon servent à aromatiser la bière.*

HOUBLONNAGE ['ublɔnaʒ] **n. m.** – 1874 ◊ de *houblonner* ■ TECHN. Action de houblonner ; troisième opération dans la fabrication de la bière.

HOUBLONNER ['ublɔne] **v. tr.** ⟨1⟩ – 1694 ; au p. p. 1643 ◊ de *houblon* ■ TECHN. Mettre du houblon dans (une boisson). *Houblonner la bière.* — **p. p. adj.** *Le stout, bière fortement houblonnée.*

HOUBLONNIER, IÈRE ['ublɔnje, jɛʀ] **n. et adj.** – 1873 ◊ de *houblon* ■ AGRIC. Personne qui cultive le houblon. ♦ **adj.** (1877) Qui produit du houblon. *Région houblonnière.*

HOUBLONNIÈRE ['ublɔnjɛʀ] **n. f.** – 1535 ◊ de *houblon* ■ Champ de houblon. *Les houblonnières d'Alsace, de Belgique.*

HOUDAN ['udɑ̃] **n. f.** – 1896 ◊ du n. d'une ville des Yvelines ■ AGRIC. Poule d'une race créée à Houdan. *Des houdans.*

HOUE ['u] **n. f.** – fin XIIe ◊ francique °*hauwa* ■ Pioche à lame assez large dont on se sert pour les binages. *Houe à main.* ➤ **fossoir, hoyau.** *Une femme «occupée à labourer la terre à la houe»* BALZAC. — *Houe à cheval :* charrue légère à un ou plusieurs petits socs triangulaires. ➤ **bineuse.** — *Houe rotative.* ➤ **4 fraise.** ■ HOM. Août, hou, houx, ou, où.

HOUILLE ['uj] **n. f.** – 1611 ; *oille de charbon* 1502 ◊ wallon *hoye*, du francique °*hukila* «bosse, tas» ■ Combustible minéral de formation sédimentaire, généralement noir, à facettes brillantes, et renfermant 75 à 93 % de carbone pur. ➤ **charbon.** *La houille, charbon naturel fossile, autrefois nommée «charbon de terre, charbon de pierre». La houille provient de végétaux décomposés* (processus de *houillification* [**n. f.**, 1907] des végétaux). *Composition de la houille :* carbone, hydrogène, oxygène, azote, soufre (pyrites, sulfates) ; silicates, alumine, oxyde de fer, chaux, eau. *Variétés de houilles : houilles grasses* (plus de 25 % de matières volatiles), *demi-grasses* (15 à 18 %), *maigres* (12 à 14 %) *et anthraciteuses* (4 à 11 %). ➤ **anthracite.** *Gisement de houille* (cf. Bassin houiller*). *Filon, veine de houille. Extraction de la houille. Gaz dans les mines de houille* (grisou, méthane). *Aspect des morceaux de houille dans le commerce :* fines, poussier, aggloméré, briquettes, boulets. *Emploi de la houille comme combustible. Produits de la distillation de la houille.* ➤ **1 coke, goudron ; gaz** (d'éclairage). *Gaz de houille. Goudron de houille.* ➤ **coaltar.** ♦ (1906 ◊ par anal. d'utilisation) **HOUILLE BLANCHE :** énergie hydraulique fournie par les chutes d'eau en montagne. ➤ **barrage ; hydroélectrique.** — *Houille bleue :* énergie hydraulique fournie par les vagues et les marées (➤ **houlomoteur, hydrolien, marémoteur**). ■ HOM. Ouille.

HOUILLER, ÈRE ['uje, ɛʀ] **adj.** – 1793 ◊ de *houille* ■ Qui renferme des couches de houille. ➤ **carbonifère.** *Terrain, bassin houiller.* ♦ Relatif à la houille. *Richesse houillère. Industries houillères.*

HOUILLÈRE ['ujɛʀ] **n. f.** – *ouillère* 1590 ◊ de *houille* ■ Mine de houille. *Les houillères du nord de la France. Exploitation d'une houillère.* ➤ **charbonnage.** ■ HOM. Ouillère.

HOUKA ['uka] **n. m.** – 1812 ◊ hindi *hukka*, mot arabe ■ Pipe à réservoir, sorte de narguilé. *«le bec d'ambre d'un magnifique houka de l'Inde»* BALZAC. *Des houkas.*

HOULA ['ula] **interj.** – 1937 *houlà* ◊ onomat. ■ Exprime la surprise, une mise en garde. *Houla ! ça glisse !*

HOULE ['ul] **n. f.** – fin XVe ◊ du germanique *hula-* «creux» → ola ■ **1** Mouvement ondulatoire à la surface libre d'un liquide. *Hauteur de la houle. Période de la houle :* temps qui sépare le passage de deux crêtes successives. — COUR. Mouvement qui agite l'eau (d'un lac, de la mer) sans déferlement des vagues. *Une forte, une grosse houle. Navire balancé par la houle.* ➤ **roulis, tangage.** *Énergie issue de la houle* (➤ **houlomoteur ; hydrolien**). ♦ AU PLUR. VIEILLI Grosses vagues d'une mer agitée. *«occupés à regarder mourir à nos pieds les longues houles qui venaient d'Amérique»* FROMENTIN. ■ **2** Ce qui rappelle, par son aspect (ou son mouvement), la surface d'une mer houleuse. *Il contemplait «l'énorme houle des verdures forestières»* L. BERTRAND. *Une houle humaine.*

HOULETTE ['ulɛt] **n. f.** – 1278 ◊ de l'ancien français *houler* «jeter», du moyen néerlandais *hollen* ■ **1** ANCIENNT Bâton de berger, muni à son extrémité d'une plaque de fer en forme de gouttière servant à jeter des mottes de terre ou des pierres aux moutons qui s'écartent du troupeau. ♦ PAR MÉTAPH. ➤ **bâton.** LOC. *Sous la houlette de qqn*, sous sa conduite. ■ **2** TECHN. Petite bêche de jardinier en forme de houlette pour lever de terre les oignons de fleurs. ■ **3** (1832 ◊ par anal. de forme) Mollusque des mers chaudes. ➤ **pédum.**

HOULEUX, EUSE ['ulø, øz] **adj.** – 1716 ◊ de *houle* ■ **1** Agité par la houle. *Mer houleuse.* ■ **2** (1870) FIG. ➤ **agité, troublé.** *Assemblée, salle houleuse. Séance houleuse. Débat houleux.* ➤ **mouvementé, orageux, tumultueux.** ■ CONTR. 2 Calme, paisible.

HOULIGAN ➤ **HOOLIGAN**

HOULOMOTEUR, TRICE ['ulomɔtœʀ, tʀis] **adj.** – 1981, n. f. ◊ de *houle* et *moteur*, d'après *marémoteur* ■ Qui utilise l'énergie de la houle et des vagues. *Générateur houlomoteur.*

HOULQUE ['ulk] **n. f.** – 1789 ; *houque* 1778 ◊ latin *holcus* «orge sauvage» ■ Plante herbacée *(graminées)*, vivace, à tige souterraine, à feuilles velues, qui pousse en grosses touffes. *La houlque laineuse constitue un excellent fourrage.*

HOUMOUS [umus] **n. m.** – 1991 ◊ turc *humus* ■ Purée de pois chiches à la crème de sésame (cuisine du Proche-Orient). — REM. On trouve parfois *hoummous, houmos.*

HOUP ['up ; hup] **interj.** – 1652 ◊ onomat. ■ ➤ **hop.** *«Allons, houp ! débarrassez le plancher !»* ZOLA. ■ HOM. Houppe.

HOUPPE ['up] **n. f.** – XIVe ◊ francique °*huppo* «touffe» ■ **1** Assemblage de brins de fil, de laine, de soie formant une touffe et servant généralement d'ornement. ➤ **2 floche, houppette, pompon.** — SPÉCIALT *Houppe à poudre.* ➤ **houppette.** ■ **2** (1559 «plumes» ◊ par anal. de forme) Touffe. *Houppe de cheveux.* ➤ **toupet.** *Riquet à la houppe, personnage des contes de Perrault. Houppe de plumes.* ➤ **aigrette, huppe.** *Sur les sureaux, «une houppe neuve de verdure tendre»* COLETTE. ♦ ANAT. Papilles nerveuses terminant certains nerfs. ■ HOM. Houp.

HOUPPELANDE ['uplɑ̃d] **n. f.** – XIVe ; *hopelande* 1281 ◊ probablt ancien anglais *hop-pâda* «pardessus» ■ ANCIENNT Long et ample vêtement de dessus, ouvert par-devant, souvent fourré, à larges manches flottantes évasées. ➤ **cape.** *«Le cocher à grosse houppelande bleue brodée de rouge»* BALZAC.

HOUPPER ['upe] **v. tr.** ⟨1⟩ – 1611 ; *houppé* XVIe ◊ de *houppe* ■ TECHN. Disposer en houppes, garnir de houppes. ♦ *Houpper de la laine*, la peigner.

HOUPPETTE ['upɛt] **n. f.** – 1399 ◊ de *houppe* ■ Petite houppe. *Houppette à poudre :* petit tampon arrondi (de coton, de cygne) pour se poudrer.

HOUPPIER ['upje] **n. m.** – 1343 ◊ de *houppe* ■ ARBOR. Sommet d'un arbre ébranché, ET PAR EXT. cet arbre. *«On allait chercher les cônes mûrs dans les houppiers, à vingt ou trente mètres du sol»* BERGOUNIOUX.

HOURD ['uʀ] **n. m.** – XIIIe «palissade» ◊ francique °*hurd* ■ ANCIENNT Estrade pour les spectateurs d'un tournoi ; scène de théâtre en charpente (au Moyen Âge). ♦ FORTIF. Charpente en encorbellement au sommet d'une tour, d'une muraille.

HOURDAGE ['uʀdaʒ] **n. m.** – XVe ◊ de *hourder* ■ TECHN. ■ **1** Action de hourder. ■ **2** Maçonnage grossier (d'une cloison). ➤ **hourdis.** — Couche de plâtre étendue sur un lattis pour former l'aire d'un plancher.

HOURDER ['uʀde] **v. tr.** ⟨1⟩ – XIIe ◊ de *hourd* ■ TECHN. (CONSTR.) ■ **1** Garnir de hourds. *Chemin de ronde hourdé.* ■ **2** Maçonner grossièrement avec du plâtre. *Hourder une cloison.*

HOURDIS ['uʀdi] **n. m.** – *hordeïs* fin XIIe ◊ de *hourder* ■ TECHN. Maçonnerie légère qui garnit un colombage, une armature en pans de bois. ♦ Corps creux en terre cuite ou élément de béton placé entre les solives, les poutrelles du plancher.

HOURI ['uʀi] **n. f.** – 1654 ◊ mot persan, de l'arabe *hour*, adj. désignant les femmes qui ont le blanc et le noir des yeux très tranchés ■ Beauté céleste que le Coran promet au musulman fidèle dans le paradis d'Allah.

HOURQUE ['uʀk] **n. f.** – *hulke* 1326 ◊ moyen néerlandais *hulke* ; *hourque* par croisement avec *hoeker*, type de navire ■ MAR. Bâtiment de transport à varangues plates et à flancs renflés, en usage en Hollande. « *les vieilles hourques hollandaises, grosses et dures comme une noix vernie !* » CLAUDEL.

HOURRA ['uʀa ; huʀa] **n. m.** – 1814 ; *houra* 1722 ◊ anglais *hussa*, du russe *hurrah* (XVIIe) ■ Cri d'acclamation poussé par les marins. *L'amiral fut salué d'un triple hourra.* ◆ COUR. Cri d'enthousiasme, d'acclamation. « *des hourras et des applaudissements retentirent frénétiquement* » CARCO. — **interj.** *Hip, hip, hip ! hourra !* ➤ **bravo, youpi ; ban.** — On trouve parfois *hurrah* (anglic.).

HOURVARI ['uʀvaʀi] **n. m.** – *horvari* 1561 ◊ probablt croisement entre *hou, hari* « cris pour exciter les chiens » et *charivari* ■ **1** VÉN. VIEILLI Cri des chasseurs, sonnerie de trompe pour ramener des chiens tombés en défaut. — Ruse d'une bête traquée qui revient à son point de départ pour mettre les chiens en défaut. ■ **2** LITTÉR. Grand tumulte. ➤ **charivari, tapage ;** FAM. **ramdam.** « *Par moments il s'élevait un hourvari de clameurs* » HUGO. « *Ce fut un hourvari, un tourbillon, une mêlée, un éclair* » GOBINEAU. ■ CONTR. 1 Calme, silence.

HOUSEAU ['uzo] **n. m.** – XIIe ◊ de l'ancien français *huese* « botte », du germanique *huson*, féminin ■ **Généralt plur.** Sorte de jambière, simulant la tige d'une botte. *Houseaux lacés, boutonnés.* ■ HOM. Ouzo.

HOUSE-BOAT ['ausbot] **n. m.** – milieu XXe ◊ anglais *houseboat*, de *house* « maison » et *boat* « bateau » ■ ANGLIC. Bateau fluvial (souvent immobilisé) aménagé pour y vivre. *Des house-boats.* Recomm. offic. *coche (de plaisance).*

HOUSE MUSIC ['ausmjuzik] ou **HOUSE** ['aus] **n. f.** – 1988 ◊ anglais « musique faite à la maison » ou de *Warehouse* « entrepôt », nom d'un club de Chicago ■ ANGLIC. Style musical nord-américain apparu au début des années 1980, mêlant la soul, le funk et la musique pop synthétique avec manipulation électronique du son. *Les house musics.*

HOUSPILLER ['uspije] **v. tr.** ‹1› – v. 1450 ; *houssepignier* XIIIe ◊ de *pigner, peigner* et 2 *housser* ■ **1** RARE Brutaliser (qqn) en le secouant, en le tiraillant. ➤ **battre, maltraiter.** ■ **2** COUR. Attaquer, maltraiter (qqn) en paroles ; harceler de reproches, de critiques. ➤ **critiquer, gronder ;** FAM. **attraper.** *Il s'est fait houspiller durement.* ➤ **réprimander***.

HOUSSAIE ['usɛ] **n. f.** – XIIIe ◊ de *houx* ■ RÉGION. Lieu planté de houx. — On dit aussi **HOUSSIÈRE** ['usjɛʀ].

HOUSSE ['us] **n. f.** – XIIe *houce* ◊ francique °*hulftia* « couverture » ■ **1** Couverture attachée à la selle et qui couvre la croupe du cheval. ➤ **caparaçon.** « *le cheval blanc avec sa housse de velours pourpre* » HUGO. ■ **2** Enveloppe souple recouvrant et protégeant temporairement certains objets (meubles, vêtements, etc.) dont elle épouse la forme. ➤ **enveloppe, gaine.** *Canapé à housse amovible* (➤ **déhoussable**). *Housse de protection que l'on met sur les meubles ; sur une voiture.* — *Housse à vêtements,* grand sac de toile, de matière plastique dans lequel on les enferme. *Housse de couette,* protégeant la couette* d'un lit. ➤ RÉGION. **fourre.** *Drap-housse* (voir ce mot). ◆ Enveloppe de protection d'un siège d'automobile. *Housse avant, arrière.*

1 **HOUSSER** ['use] **v. tr.** ‹1› – 1260 ◊ de *housse* ■ Couvrir d'une housse. « *la chaise longue houssée de toile blanche* » MARTIN DU GARD.

2 **HOUSSER** ['use] **v. tr.** ‹1› – XIIIe ◊ de *houx* ■ RARE Épousseter, nettoyer avec un houssoir. *Housser des meubles, une tapisserie.*

HOUSSIÈRE ➤ **HOUSSAIE**

HOUSSOIR ['uswaʀ] **n. m.** – XVe ◊ de *houx* ■ VIEILLI Balai de houx, et PAR EXT. de branchages, de crin, de plumes (➤ **plumeau**).

HOUX ['u] **n. m.** – XIIe *hos, hous* ◊ francique °*hulis* ■ Arbre ou arbuste *(aquifoliacées)* aux feuilles coriaces à bords épineux, aux fleurs blanches, aux baies rouges globuleuses (➤ **cenelle**) persistant tout l'hiver, portées par les individus femelles. *Branches de houx. Lieu planté de houx.* ➤ **houssaie.** *Houx commun, houx maté* (➤ **maté**). *Petit houx, houx-frelon* (➤ **fragon**). « *Noël approchait* [...] *on offrait du houx, des touffes de gui* » CHARDONNE. ■ HOM. Août, hou, houe, ou, où.

HOVERBOARD [ɔvœʀbɔʀd] **n. m.** – 2015 ; autre engin 2000 ◊ mot anglais, nom d'un véhicule de science-fiction, de *to hover* « planer » et *board* « planche » ■ ANGLIC. Gyropode sans guidon, qui se manœuvre avec les pieds. *Des hoverboards.*

HOVERCRAFT [ɔvœʀkʀaft] **n. m.** – v. 1960 ◊ mot anglais, de *to hover* « planer » et *craft* « embarcation » ■ ANGLIC. Véhicule glissant sur coussin d'air, utilisé essentiellement sur la mer, pour le transport de passagers et de véhicules. ➤ **aéroglisseur, hydroglisseur, naviplane.** *Prendre l'hovercraft entre Calais et Douvres.*

HOYAU ['ɔjo ; 'wajo] **n. m.** – 1335 *hoyel* ; 1312 *hewel* ◊ de *houe* ■ AGRIC. Petite houe à lame courbe taillée en biseau.

H. S. ➤ **HORS SERVICE**

H. T. Abrév. de *hors taxe.* ➤ **taxe**

HTML ['aʃteɛmɛl] **n. m.** – 1994 ◊ sigle anglais, de *Hypertext Markup Language* « langage hypertexte à balises » ■ INFORM. Langage de structuration et de mise en pages de documents, utilisé pour la création de pages* web. *Le HTML.* ➤ **aussi XML.** — **Appos.** *Le langage HTML.*

HUARD ou **HUART** ['ɥaʀ] **n. m.** – 1611, -1361 ◊ de *huer* ■ **1** ZOOL. ➤ **pygargue.** ■ **2** (1613) (Canada) Plongeon arctique. ➤ 1 **plongeon.** « *Ils trouvaient les nids énormes des huards* » L.-P. DESROSIERS. ■ **3** (1990 ◊ par méton., le dessin gravé au revers de la pièce représente un huard) Pièce de un dollar canadien. — Le dollar canadien. *Hausse du huard.*

HUB ['œb] **n. m.** – 1989 ◊ mot anglais américain, du sens de « moyeu » ■ ANGLIC. ■ **1** INFORM. Concentrateur (recomm. offic.). ■ **2** Dans un aéroport, Plateforme facilitant les correspondances entre vols. *Le hub de Roissy-Charles-de-Gaulle.* — Recomm. offic. *pôle (d'échanges), plateforme de correspondance, plaque tournante.*

HUBLOT ['yblo] **n. m.** – 1773 ; *huvelot* 1382 ◊ origine inconnue ; p.-ê. altération de *hulot* « ouverture », de *houle* « trou, brèche » ■ **1** Petite fenêtre étanche, généralement ronde, munie d'un verre épais pour donner du jour et de l'air à l'intérieur d'un navire. *Les rangées de hublots d'un transatlantique.* ◆ PAR EXT. Fenêtre circulaire dans un avion de transport. *Regarder par le hublot.* ◆ Partie vitrée de la porte d'une machine à laver, d'un four permettant d'en surveiller le fonctionnement. ■ **2** FAM., AU PLUR. Lunettes, yeux. « *Ouvrez grand vos hublots, tas de caves* » QUENEAU.

HUBRIS ou **HYBRIS** [ybʀis] **n. f.** – 1918 ◊ grec *hybris* « arrogance, démesure » ■ **1** ANTIQ. GR. Sentiment d'orgueil qui pousse l'homme à la démesure et entraîne sa perte. *L'hubris du héros.* ■ **2** DIDACT. Démesure, excès.

HUCHE ['yʃ] **n. f.** – fin XIIe ◊ latin médiéval *hutica,* probablt d'origine germanique ■ Grand coffre de bois rectangulaire à couvercle plat (à la différence du bahut). *Huche à vêtements, à provisions. Huche à pain,* pour conserver le pain. — *Huche à pétrir* (➤ **maie, pétrin**).

HUCHER ['yʃe] **v. tr.** ‹1› – 1160 ◊ latin populaire °*huccare,* probablt onomatopée ■ VX ou VÉN. Appeler en criant, en sifflant.

HUCHET ['yʃɛ] **n. m.** – 1382 ◊ de *hucher* ■ VX ou BLAS. Petit cor de chasse. ➤ **cornet.**

HUE ['y ; hy] **interj.** – 1680 ◊ onomat. ■ Mot dont on se sert pour faire avancer un cheval, pour le faire tourner à droite (on dit aussi *huhau*). *Hue cocotte ! Allez, hue !* — *Tirer à hue et à dia :* tirer en sens contraire ; FIG. employer des moyens contradictoires. « *la mer encor poussait à hue à dia notre navire* » CLIFF. ■ HOM. U.

HUÉE ['ɥe] **n. f.** – XIIe ◊ de *huer* ■ **1** VÉN. Cri des chasseurs pour faire lever, pour rabattre le gibier, pour indiquer qu'un sanglier est pris, etc. ■ **2** (au plur. XVIIIe) COUR. Cri de dérision, de réprobation poussé par une assemblée, une réunion de personnes. *Orateur interrompu par des sifflets et des huées.* ➤ **bronca, charivari, tollé.** *Être accueilli par des huées. S'enfuir sous les huées.* « *Les quolibets, les huées, le chahut de la salle* » LÉAUTAUD. ■ CONTR. Acclamation, applaudissement, bravo, hourra, ovation, vivat.

HUER ['ɥe] **v.** ‹1› – 1160 ◊ du radical onomatopéique de *hue* ■ **1 v. tr.** VÉN. Poursuivre (le gibier) avec des huées. ■ **2** COUR. Pousser des cris de dérision, des cris hostiles contre (qqn). ➤ **huée ; conspuer, siffler.** *Il s'est fait huer. Huer un orateur, un acteur.* — PAR EXT. *Huer une pièce, un spectacle.* ■ **3 v. intr.** Pousser son cri, en parlant de la chouette, du hibou (➤ **chat-huant**). ■ CONTR. Acclamer, applaudir, ovationner.

HUERTA ['wɛʀta ; 'ɥɛʀta] n. f. – XXe ◇ mot espagnol, du latin *hortus* «jardin» ■ GÉOGR. Plaine irriguée très fertile, vouée aux cultures de légumes et aux arbres fruitiers. *Les huertas d'Andalousie.*

HUGUENOT, OTE ['yg(ə)no, ɔt] n. et adj. – 1550 ; *eyguenet* 1520 ◇ altération de l'allemand *Eidgenossen* «confédérés» (nom des Genevois partisans de la confédération contre le duc de Savoie) ■ **1** Surnom (péjoratif à l'origine) donné par les catholiques aux protestants calvinistes, en France, du XVIe au XVIIIe s. *Les papistes et les huguenots.* PAR EXT. ➤ **protestant.** — **adj.** *La croix huguenote.* «*ses cousines huguenotes*» SAINTE-BEUVE. ■ **2** VX *Marmite huguenote,* ou ELLIPT **n. f.** *une huguenote :* marmite de terre sans pieds ou à pieds très bas ; petit fourneau surmonté de cette marmite. *Une vieille femme* «*faisait notre festin dans une huguenote*» CHATEAUBRIAND.

HUI [ɥi] adv. – X^e ◇ latin *hodie* ■ VX Aujourd'hui. ■ HOM. Huis, huit.

HUILAGE [ɥilaʒ] n. m. – 1838 ◇ de *huiler* ■ **1** Action de tremper dans un bain d'huile. *L'huilage des limes, du coton.* ■ **2** (1845) Action d'enduire, de frotter d'huile. *L'huilage des machines* (➤ **graissage**).

HUILE [ɥil] n. f. – milieu XIIe ◇ du latin *oleum* «huile d'olive», «huile», famille de *olea* «olive» → olive, pétrole. REM. L'ancienne graphie était *uil.* Le *u* s'écrivant autrefois comme le *v (vil),* un *h-* a été ajouté pour éviter la lecture *[vil]*

I MATIÈRE ■ **1** Substance grasse, onctueuse et inflammable, liquide à la température ordinaire et insoluble dans l'eau, d'origine végétale, animale ou minérale. ➤ **graisse ; oléi-, oléo-.** *Huile froide, figée, huile bouillante. Viscosité d'une huile. Émulsion eau dans l'huile. Tache d'huile. Huiles grasses* (végétales, animales) : corps gras, saponifiables, à base d'oléine. *Huiles végétales alimentaires : huile d'arachide, de tournesol, de maïs, de colza, de noix, d'olive, de palme, de pépins de raisin, de sésame. Huile d'argan, de cameline. Huile de coton, de lin (huiles industrielles). Huile de ricin,* purgatif. *Graines, pulpes dont on tire de l'huile.* ➤ **oléagineux.** *Palmier à huile :* éléis. *Moulin à huile. — Huiles animales. Huile de baleine, de phoque, de flétan. Huile de vison. Huile de foie de morue.* ◆ CHIM. *Huiles minérales :* hydrocarbures liquides. *Huiles lourdes :* hydrocarbures distillant à haute température. *Huile minérale brute* ou *huile de naphte.* ➤ **pétrole.** *Huiles de goudron, de pétrole,* obtenues par distillation des goudrons de bois (➤ **créosote**) ou de houille (*huiles légères* [➤ **benzène**], *huiles phénoliques, anthracéniques*), du pétrole et de ses dérivés (➤ **fioul, gazole, mazout**). — RÉGION. (Canada ; critiqué) *Huile à* (ou *de*) *chauffage :* mazout. *Une fournaise à huile. — Huile de graissage, huile multigrade. Huile de vidange. Huile de paraffine, de vaseline.* ◆ *Huiles médicamenteuses,* ou *médicinales (huile camphrée, goménolée, iodée). Huile d'amandes douces. Huile solaire,* pour protéger la peau de l'action du soleil et faire bronzer. *Huile pour le corps. Huile pour le bain. Huile de massage. Huile essentielle,* ou *volatile,* obtenue par distillation de substances aromatiques contenues dans diverses plantes. ➤ **essence ; aromathérapie.** ■ **2** (milieu XIIIe) Huile comestible. *Bouteille d'huile. Huile de table. Huile de friture. Huile vierge*. Assaisonner avec de l'huile et du vinaigre* (➤ **vinaigrette**). *Sauces froides à l'huile.* ➤ **mayonnaise, rémoulade.** *Pommes à l'huile. Sardines, thon à l'huile. Faire frire dans l'huile. Faire la cuisine au beurre ou à l'huile. Ces tomates nagent dans l'huile.* ◆ Huile de graissage. ➤ **dégrippant, lubrifiant.** *Burette d'huile. Bidon d'huile. Vidanger l'huile d'une voiture. Vérifier le niveau d'huile. Ça manque d'huile :* ça grince, nécessite un lubrifiant. — Huile de lampe. *Lampe à huile.* ■ **3** (1752) Mélange d'huile (de lin, d'œillette) et d'une matière colorante. *Peinture à l'huile* (opposé à *peinture à l'eau*). ELLIPT *L'huile a détrôné la détrempe.* ◆ *Une huile :* un tableau peint à l'huile. *Une huile de Degas.* ■ **4** LITURG. *Huile sainte, huile d'onction,* utilisée pour sacrer les rois dans les religions juive et chrétienne. — *Les saintes huiles.* ➤ **chrême, extrême-onction.**

II SENS FIGURÉS ■ **1** (allusion à la fluidité, à l'onctuosité) *Couler comme de l'huile. — Mer d'huile,* très calme, lisse (comme une nappe d'huile). — LOC. *Faire tache d'huile :* se propager, gagner du terrain de manière insensible mais continue. *Idée qui fait tache d'huile* (cf. Faire boule de neige). «*la lâcheté ne peut faire que tache d'huile*» LEIRIS. ◆ (allusion à la combustibilité) *Jeter de l'huile sur le feu :* attiser un désir, pousser à la dispute. ➤ **attiser, envenimer, exciter.** «*Ces difficultés, loin d'abattre mon désir, furent comme de l'huile sur le feu*» BAUDELAIRE. ◆ FAM. (caractère de lubrifiant) *Huile de bras, de coude, de poignet :* énergie déployée dans un effort physique. ➤ **force.** *Elle* «*nettoyait les vitres avec du papier journal froissé mouillé et beaucoup de ce qu'elle appelait l'"huile de coude"*» M. ROUANET. — FAM. *Ça baigne* dans l'huile.* ■ **2** (1887 ; de *nager dans les huiles* «être en relation avec des personnages influents») FAM. *Les huiles :* personnages importants, autorités. ➤ **légume.** — Au sing. *Elle* «*jouit d'une haute protection* [...] *politique si vous voulez* [...] *une huile lourde* [...] *un V. I. P., comme il se dit de nos jours*» SIMONIN.

HUILER [ɥile] v. tr. ⟨1⟩ – 1488 *s'huyler* «se frotter d'huile» ◇ de *huile* ■ **1** Frotter, oindre avec de l'huile. ➤ **graisser, lubrifier.** *Huiler une serrure, une chaîne de vélo. Huiler les rouages d'une machine pour éviter le grippage. — S'huiler la peau à l'huile d'amandes douces. — Cuir, papier huilé ; étoffe, soie huilée,* enduit d'une huile qui l'imperméabilise. ◆ FIG. *Bien huilé :* dont le fonctionnement est parfait. *La vie paisible d'une démocratie aux mécanismes bien huilés.* «*Quand on vit sur un mensonge bien huilé, les choses roulent très facilement*» D. FOENKINOS. ■ **2** (1546) Assaisonner avec de l'huile (seult au p. p.). *Salade trop huilée.*

HUILERIE [ɥilʀi] n. f. – 1547 «moulin à huile» ◇ de *huile* ■ **1** Usine où l'on fabrique des huiles végétales. *Les huileries de Marseille.* ■ **2** Industrie de la fabrication des huiles végétales.

HUILEUX, EUSE [ɥilø, øz] adj. – 1538 ◇ de *huile* ■ **1** VX Qui est de la nature de l'huile ; qui en contient. «*les olives huileuses*» A. CHÉNIER. ◆ PHARM. *Médicament injectable en solution huileuse.* ■ **2** MOD. Qui évoque l'huile par son aspect ou sa consistance. ➤ **onctueux, visqueux.** «*Une sueur huileuse et sale couvrait son visage maintenant gris*» CAMUS. ■ **3** Qui est ou semble frotté, imprégné d'huile. ➤ **graisseux, gras.** *Cheveux huileux. Peau huileuse.*

1 **HUILIER** [ɥilje] n. m. – 1260 ◇ de *huile* ■ **1** RARE Producteur, marchand d'huile. ■ **2** (1693) COUR. Ustensile de table contenant deux burettes pour l'huile et le vinaigre.

2 **HUILIER, IÈRE** [ɥilje, jɛʀ] adj. – 1868 ◇ de *huile* ■ Qui a rapport à la fabrication des huiles. *Industrie huilière.* ➤ **huilerie.**

HUIS [ɥi] n. m. – fin XIe *us* ◇ bas latin *ustium,* classique *ostium* «entrée, porte» ; *h* pour éviter la lecture [vis] ■ **1** VX Porte d'une maison. «*On frappe à l'huis*» LA FONTAINE. ■ **2** MOD. LOC. **À HUIS CLOS :** toutes portes fermées. *Ils passent* «*dans l'intérieur des cabarets, afin d'y continuer à huis clos leurs libations*» GAUTIER. ◆ DR. Sans que le public soit admis. *Délibérer à huis clos. Audience à huis clos.* — SUBST. ['ɥiklo] *Demander, obtenir le huis clos. Tribunal qui ordonne le huis clos.* — «*Huis clos*», *pièce de Sartre.* ■ HOM. Hui, huit.

HUISSERIE [ɥisʀi] n. f. – 1260 ◇ de *huis* ■ TECHN. Bâti formant l'encadrement d'une baie. ➤ **dormant.** *Huisserie en bois, métallique.*

HUISSIER, IÈRE [ɥisje, jɛʀ] n. – *uissier* XIIe ◇ de *huis*

I n. m. ■ **1** VX Portier. ■ **2** Officier dont la principale charge était d'ouvrir et de fermer une porte. *Huissier de la chambre du roi.* ◆ MOD. Celui qui a pour métier d'accueillir, d'annoncer et d'introduire les visiteurs (dans un ministère, une administration). *Donner son nom, le motif de sa visite à l'huissier. Les huissiers d'un ministère.* ◆ *Huissier appariteur,* chargé du service des audiences.

II n. ■ **1** Personne préposée au service de certains corps, de certaines assemblées. *Les huissiers du Palais-Bourbon, d'une faculté.* ➤ **appariteur.** ■ **2** (XVIe) *Huissier, huissière (de justice).* Officier ministériel chargé de signifier les actes de procédure et de mettre à exécution les décisions de justice et les actes authentiques ayant force exécutoire. *Charge d'huissier. Actes, exploits d'huissier :* assignation, commandement, constat, procès-verbal, protêt, saisie, sommation. *Constat d'huissier.* «*Après tout, ne payez pas, je m'en fiche, moi ! Je vous enverrai l'huissier*» ZOLA.

HUIT ['ɥi(t)] adj. numér. inv. et n. inv. – fin XIe *uit* ◇ latin *octo* ; *h* pour éviter la prononciation [vit]

I ~ adj. numér. card. Nombre entier naturel équivalant à sept plus un (8 ; VIII). ➤ **oct(a)-.** (prononcé ['ɥi] devant un mot commençant par une consonne, ['ɥit] dans tous les autres cas) ■ **1** (Avec l'art. défini) Désigne un groupe déterminé de huit unités. *Les huit offices de la liturgie catholique* (matines, laudes, prime, tierce, sexte, none, vêpres, complies). ■ **2** Avec ou sans déterm. *Ces huit enfants. — Journée de travail de huit heures. Strophe de huit vers.* ➤ **huitain.** *Vers de huit syllabes.* ➤ **octosyllabe.** *Intervalle de huit notes.* ➤ **octave.** *Polygone à huit côtés.* ➤ **octogone.** *Huit bits.* ➤ **octet ; octal.** *Huit fois plus grand.* ➤ **octuple.**

Huit dizaines. ➤ **quatre-vingt(s)** ; RÉGION. **huitante.** — **HUIT JOURS :** une semaine, bien qu'elle n'ait que sept jours. *Des provisions pour huit jours. Dans huit jours.* ➤ **huitaine.** LOC. *Donner ses huit jours* (à un domestique, un employé), le renvoyer et lui payer une semaine de dédommagement ; (pour un employé), quitter son emploi. *« je ne vous chasse point, en tant que maîtresse ; je vous donne vos huit jours, en tant que bonne »* HUYSMANS. — ELLIPT *(D')aujourd'hui en huit* : au huitième jour en comptant aujourd'hui, le même jour de la semaine suivante. *Ce mardi 4, il lui donne rendez-vous pour jeudi en huit* (jeudi 13). *Faire les trois-huit.* ➤ 2 **trois-huit.** — (En composition pour former un nombre) *Dix-huit* [dizɥit] *ans. Vingt-huit* [vɛ̃tɥit]. *Quatre-vingt-huit* [katʀəvɛ̃ɥit]. *Quarante-huit* [kaʀɑ̃tɥit] *heures.* ▪ **3** PRONOM. *Ils sont venus à huit. Elles étaient huit. Il en a pris huit.*

II ~ adj. numér. ord. [ɥit] Huitième. ▪ **1** *Henri VIII. Chapitre VIII* [ʃapitʀəɥit] ; *page 8* [paʒɥit]. — *Le 8 mai. Il est 8 h 25.* — Dans une suite d'adj. ord. *Elle est arrivée huit ou neuvième.* ▪ **2** SUBST. MASC. Le huitième jour du mois. *Le chèque est daté du 8.* ◆ Ce qui porte le numéro 8. *Habiter (au) 8, rue de... Il fallait jouer le 8, le 12... Miser sur le 8.* ◆ Avec *du* Taille, dimension, pointure numéro 8 (d'un objet). *Ganter du 8.* PAR MÉTON. *Un petit 8.* ▪ **3** SUBST. FÉM. Chambre, table numéro 8.

III ~ n. m. inv. [ɥit] ▪ **1** Sans détermin. *Huit et huit, seize. Multiplier par huit.* — *Huit pour cent* (ou 8 %). ▪ **2** Avec détermin. Le chiffre, le numéro 8. *Des huit romains.* PAR EXT. Forme du 8 arabe. *L'infini est noté par un 8 couché* (∞). *Ivrogne qui zigzague et fait des huit. Le grand 8* : attraction de fête foraine analogue aux montagnes* russes, comportant un circuit en forme de 8. — Note (II, 6°) correspondant à huit points. *Il a eu (un) 8 sur 20 en allemand.* — Carte marquée de huit signes. *Le huit de trèfle.* ◆ SPORT Figure de patinage en forme de 8. — Embarcation de compétition à l'aviron, avec huit rameurs en pointe et un barreur. *Le « fleuve où filait un huit propulsé comme une fusée, les avirons faisaient penser aux pistons d'une locomotive »* DJIAN. — Groupe formé par les huit avants du pack de rugby.

▪ HOM. Hui, huis.

HUITAIN [ɥitɛ̃] **n. m.** – v. 1500 « huitième » ◇ de *huit* ▪ Petit poème de huit vers. — Strophe de huit vers.

HUITAINE [ɥitɛn] **n. f.** – 1437 ◇ de *huit* ▪ Ensemble de huit choses, d'environ huit éléments de même sorte. *Une huitaine de jours.* — ABSOLT *Une huitaine* : huit jours, et PAR EXT. une semaine. *Il part dans une huitaine.* DR. *La cause a été remise à huitaine. Sous huitaine* : avant que la semaine ne soit écoulée. *Livraison sous huitaine.*

HUITANTE [ɥitɑ̃t] **adj. numér. inv. et n. inv.** – v. 1140 *oitante* ◇ de *huit* ▪ (Suisse) Quatre-vingt(s). *« une vieille fille de huitante-trois ans »* CHESSEX. — **adj. ord. HUITANTIÈME** [ɥitɑ̃tjɛm].

HUITIÈME [ɥitjɛm] **adj. et n.** – v. 1170 *huitiesme* ◇ de *huit*

I adj. ▪ **1 adj. numér. ord.** Qui suit le septième. *Psaume huitième.* ➤ **huit** (II). *Le VIIIe siècle. Le huitième étage* ou, SUBST. M., *habiter au huitième (à) gauche. Le VIIIe arrondissement de Paris* ou, SUBST. M., *habiter (dans) le VIIIe* (ou *8e*). — LOC. *Le huitième art*.* *La huitième merveille du monde*, se dit d'une chose merveilleuse qui paraît pouvoir s'ajouter aux Sept Merveilles* traditionnelles. *« Ne vous croyez point [...] la huitième merveille du monde »* LESAGE. — (Dans une compétition) *Elle a fini huitième.* ◆ (En composition pour former des adj. ord.) *Vingt-huitième* [vɛ̃tɥitjɛm]. *Quatre-vingt-huitième* [katʀəvɛ̃ɥitjɛm]. *Mille huitième* (1008e). ▪ **2 adj. fractionnaire** Se dit d'une partie d'un tout également divisé ou divisible en huit. *La huitième partie.* — SUBST. M. (v. 1283) *Un huitième* (1/8). *Trois huitièmes* (3/8). — (1932) SPORT *Huitième de finale* : phase éliminatoire opposant deux à deux les seize concurrents ou équipes qualifiés lors des seizièmes* de finale. (Souvent au plur.) *Les huitièmes de finale. Les huitièmes sont joués.*

II n. ▪ **1** *Il est le huitième à passer.* ▪ **2 n. f.** VIEILLI Cours moyen première année (CM1), dans l'enseignement primaire français.

HUITIÈMEMENT [ɥitjɛmmɑ̃] **adv.** – 1480 ◇ de *huitième* ▪ En huitième lieu (en chiffres 8°).

HUÎTRE [ɥitʀ] **n. f.** /HUITRE/ – 1538 ; *uistre, oistre* v. 1270 ◇ latin *ostrea*, du grec ; *h* pour éviter la confusion avec *vistre* ▪ **1** Mollusque bivalve *(lamellibranches)*, à coquille feuilletée ou rugueuse, comestible ou recherché pour sa sécrétion minérale (nacre, perle). *Huîtres perlières.* ➤ **méléagrine, pintadine.** ◆ SPÉCIALT Huître comestible, pêchée *(huître de drague)* ou élevée *(huître d'élevage). Huître portugaise, huître creuse.* ➤ **gryphée ; marennes.** *Huître plate.* ➤ **belon.** *Huître claire, fine de claire. Naissain d'huître. Bancs d'huîtres.* ➤ **huîtrière.** *Parc à huîtres* (➤ **ostréiculture**). *Une douzaine d'huîtres. Plat, fourchette à huîtres. Couteau à huîtres*, pour les ouvrir. *Huîtres chaudes.* LOC. *Se fermer comme une huître* : se replier sur soi (cf. Rentrer dans sa coquille*). *« Si on lui faisait un reproche, elle ne protestait pas, mais elle se refermait comme une huître »* I. JABLONKA. *Plein* comme une huître.* ▪ **2** FIG. et FAM. Personne stupide.

HUIT-REFLETS [ɥiʀ(ə)flɛ] **n. m. inv.** – 1907 ◇ de *huit* et *reflet* ▪ Chapeau de soie haut de forme très brillant, sur le fond duquel on peut distinguer huit reflets.

1 **HUÎTRIER, IÈRE** [ɥitʀije, ijɛʀ] **adj.** /HUITRIER, IÈRE/ – 1801 ◇ de *huître* ▪ Relatif aux huîtres, à leur élevage. *Industrie huîtrière.* ➤ **ostréiculture.**

2 **HUÎTRIER** [ɥitʀije] **n. m.** /HUITRIER/ – 1718 ◇ de *huître* ▪ **1** RARE Ostréiculteur. ▪ **2** (1770) ZOOL. Oiseau noir et blanc des rivages *(charadriiformes)*, appelé aussi *pie de mer*, très friand de coquillages. *L'huîtrier pie.*

HUÎTRIÈRE [ɥitʀijɛʀ] **n. f.** /HUITRIÈRE/ – 1546 ◇ de *huître* ▪ Banc d'huîtres. ◆ Établissement où se fait l'élevage des huîtres.

HULA-HOOP [ˈulaup] **n. m.** – 1958 ◇ marque déposée ; mot anglais, de *hula*, nom d'une danse de Tahiti, et *hoop* « cerceau » ▪ ANGLIC. Jeu consistant à faire tourner un cerceau autour de son corps par des mouvements appropriés. *Le hula-hoop fut à la mode dans les années 1960.* — Ce cerceau. *ils « tournoient du bassin comme s'ils dansaient avec un hula-hoop »* KERANGAL. — On dit aussi *hoola-hop* [ˈulaɔp].

HULOTTE [ˈylɔt] **n. f.** – 1530 ◇ de l'ancien français *huler* « hurler », du latin *ululare* ▪ Oiseau rapace nocturne d'Europe de la taille d'un corbeau, qui se nourrit principalement d'insectes et de petits rongeurs. ➤ **chat-huant.** — APPOS. *Des chouettes hulottes.*

HULULEMENT [ˈylylmɑ̃] ou **ULULEMENT** [(ˈ)ylylmɑ̃] **n. m.** – 1541 ◇ de *hululer, ululer* ▪ **1** Hurlement, son modulé et prolongé. *« Le ululement des sirènes accompagne le ballet des gyrophares »* DAENINCKX. ▪ **2** (1868) Cri des oiseaux de nuit.

HULULER [ˈylyle] ou **ULULER** [(ˈ)ylyle] **v. intr.** ‹1› – XVe ◇ latin *ululare* ▪ Crier, en parlant des oiseaux de nuit. ➤ **huer.** *La chouette hulule.* — La graphie *ululer*, sans *h*, est conforme à l'étymologie.

HUM [ˈœm ; hœm] **interj.** – avant 1522 ◇ onomatopée ▪ **1** Bruit produit quand on veut s'éclaircir la gorge, attirer discrètement l'attention. ▪ **2** Interjection qui exprime généralement le doute, la réticence. ➤ **hem.** *Hum ! ça m'étonnerait ! Hum ! cela cache quelque chose ! « Hum ! qu'est-ce que je te disais ? »* ARAGON.

HUMAIN, AINE [ymɛ̃, ɛn] **adj. et n. m.** – v. 1150 ◇ latin *humanus*

I adj. ▪ **1** De l'homme (I), propre à l'homme. *Nature* humaine. Vie humaine. Corps*, organisme humain. Chair humaine. N'avoir plus figure humaine. D'apparence humaine.* ➤ **humanoïde.** *Voix humaine. Langage humain. C'est au-dessus des forces humaines.* ➤ **surhumain.** *Défaillance humaine. Faiblesse humaine. « une existence conforme à la dignité humaine »* (DÉCLARATION DES DROITS DE L'HOMME). *Respect* humain. Destinée, condition humaine. Relations humaines. À l'échelle humaine.* LOC. PROV. *L'erreur est humaine* (latin *Errare humanum est*). ◆ SPÉCIALT (opposé à *divin*) *Justice divine et justice humaine.* ◆ Qui a les caractères de l'homme (I), qui est homme. *La personne humaine. Créature humaine. Un être humain.* ➤ **femme, homme ; individu, mortel,** 1 **personne.** *Une loque humaine. « Ce n'était plus qu'une ruine humaine, un impotent »* GENEVOIX. *« La Bête humaine », roman de Zola.* ◆ Formé, composé d'hommes. *L'espèce humaine. Le genre humain.* ➤ **humanité.** *Groupes, groupements humains.* ➤ **ethnique.** *Ressources* humaines.* ◆ Relatif à l'homme. *Les sciences* humaines. Anatomie, physiologie humaine. Géographie humaine. « La Comédie humaine », de Balzac.* ▪ **2** (v. 1160) Qui est compréhensif et compatissant. ➤ 1 **bon, généreux, indulgent, sensible.** *Un patron humain. « Danton, bien qu'il fût humain, n'était point sentimental »* JAURÈS. — PAR EXT. *Sentiments humains.* ➤ **humanitaire.** *Choisir la solution la plus humaine.* ▪ **3** (fin XIXe) Se dit d'une personne en qui se réalise pleinement la nature humaine dans ce qu'elle a d'essentiel et d'universel (opposé à *artificiel, inhumain, surhumain*). *Napoléon* *«était violent et léger ; et par là profondément humain. Je veux dire semblable à tout le monde»* FRANCE. — (En parlant d'un défaut, d'un comportement critiquable) *C'est humain, c'est une réaction bien humaine.* ➤ **excusable.** — LITTÉR. *«Humain, trop humain»* (traduction de NIETZSCHE).

II n. m. ▪ **1** Ce qui est humain ; l'être humain et ce qui lui appartient. *Réduire le monde à l'humain.* ▪ **2** (XIIIe) LITTÉR. Être humain. ➤ **homme** (I), **femme, enfant.** *Les humains.* ➤ **humanité.** *Vivre séparé des humains, du reste des humains.* ➤ 1 **gens.**
▪ CONTR. Divin ; impitoyable, inhumain, méchant, sévère.

HUMAINEMENT [ymɛnmɑ̃] adv. – 1130 ◇ de *humain* ▪ **1** En être humain, pour l'être humain, du point de vue de l'être humain. *Il a fait tout ce qui était humainement possible pour le sauver. «l'enfer, tel qu'il est humainement concevable»* MAC ORLAN. ▪ **2** Avec humanité, bonté, générosité. ➤ **charitablement.** *Traiter humainement un prisonnier.* ▪ CONTR. Cruellement, inhumainement.

HUMANISATION [ymanizasjɔ̃] n. f. – 1845 ◇ de *humaniser* ▪ Action d'humaniser ; résultat de cette action. — *Humanisation d'un virus,* sa modification génétique (par mutation ou recombinaison) et sa propagation entre êtres humains.

HUMANISER [ymanize] v. tr. ‹1› – 1559 ◇ de *humain,* d'après le latin *humanus*

I ▪ **1** VX Mettre à la portée de l'être humain. *«Humanisez votre discours, et parlez pour être entendu»* MOLIÈRE. ▪ **2** LITTÉR. Donner la nature humaine à. *«Humaniser le Christ et diviniser l'homme»* LAMARTINE. ▪ **3** Rendre (qqn) plus humain, plus sociable, plus civilisé. ➤ **adoucir, apprivoiser, civiliser.** ◆ Rendre (qqch.) plus supportable, plus adapté à l'être humain. *Humaniser les prisons, les conditions de travail.*

II v. pron. ▪ **1** (PERSONNES) Devenir plus sociable. ▪ **2** Devenir plus humain. *Les villes s'humanisent.* ▪ **3** BIOL. Se dit d'un virus animal qui, par mutation génétique, devient transmissible à l'être humain. *Anticorps qui s'humanise.* — p. p. adj. *Virus humanisés.*
▪ CONTR. Déshumaniser.

HUMANISME [ymanism] n. m. – 1765 «philanthropie» ◇ de *humaniste,* d'après l'allemand *Humanismus* ▪ **1** (1845) PHILOS. Théorie, doctrine qui prend pour fin la personne humaine et son épanouissement. *«Le pur* humanisme, *c'est-à-dire le culte de tout ce qui est de l'homme»* RENAN. *«L'existentialisme est un humanisme»,* œuvre de Sartre. ▪ **2** (1877) HIST. Mouvement intellectuel européen de la Renaissance, caractérisé par un effort pour relever la dignité de l'esprit humain et le mettre en valeur, et un retour aux sources gréco-latines. *L'humanisme italien, français.* ▪ **3** Formation de l'esprit humain par la culture littéraire classique ou scientifique (➤ **humanité,** 4°).

HUMANISTE [ymanist] n. m. et adj. – 1539 ◇ latin médiéval *humanista*

I n. m. ▪ **1** Lettré qui a une connaissance approfondie des langues et littératures grecques, latines. — SPÉCIALT Lettré de la Renaissance qui se consacrait à l'étude des écrivains antiques et en faisait connaître les œuvres et les idées. *Érasme fut un grand humaniste.* ▪ **2** (1873) Partisan de l'humanisme philosophique.

II adj. (XIXe) ▪ **1** Relatif à l'humanisme, aux humanistes de la Renaissance, aux humanités. *Mouvement, doctrine humaniste.* ▪ **2** Relatif, conforme à l'humanisme philosophique ; partisan de l'humanisme. *Philosophies humanistes.*

HUMANITAIRE [ymanitɛʀ] adj. et n. – 1833 ◇ de *humanité* ▪ **1** Qui vise au bien de l'humanité. ➤ **philanthropique.** *Philosophie humanitaire. Sentiments humanitaires.* ➤ 1 **bon, humain.** ▪ **2** Qui intervient pour sauver des vies humaines, soulager les populations dans une situation d'urgence (conflit, catastrophe). *Association, organisation humanitaire. Mission, convoi humanitaire. Droit humanitaire,* visant à protéger les civils et fixant les droits et obligations des belligérants en cas de conflit armé. — n. *L'inondation complique la tâche des humanitaires.* ▪ **3** Qui a son origine dans le droit international humanitaire (convention de Genève). *Action humanitaire. Intervention humanitaire.* ◆ Qui relève d'une action humanitaire. *Urgence humanitaire. Catastrophe humanitaire. — Couloir, corridor humanitaire :* passage aménagé pour acheminer les secours aux civils dans un pays en guerre. ▪ **4** n. m. Action, aide humanitaire. *Les métiers de l'humanitaire.*

HUMANITARISME [ymanitaʀism] n. m. – 1837 ◇ de *humanitaire* ▪ PÉJ. Conceptions humanitaires (jugées utopiques ou dangereuses). *«ce stupide amour collectif qu'il faut nommer l'humanitarisme»* BALZAC.

HUMANITARISTE [ymanitaʀist] adj. et n. – 1837 ◇ de *humanitaire* ▪ PÉJ. Humanitaire. *Utopies humanitaristes.*

HUMANITÉ [ymanite] n. f. – 1120 ◇ latin *humanitas* ▪ **1** PHILOS., THÉOL. Caractère de ce qui est humain, nature humaine. *Humanité et divinité de Jésus-Christ. La part d'humanité et d'animalité en chacun.* ▪ **2** COUR. Sentiment de bienveillance envers ses semblables, compassion pour les malheurs d'autrui. ➤ **bonté, pitié, sensibilité.** *Sentiment, geste d'humanité. Traiter un coupable, un prisonnier avec humanité. Faire preuve d'humanité.* ▪ **3** (1485, rare avant XVIIe) COUR. Le genre humain, les humains en général. ➤ **homme, humain.** *L'humanité tout entière. L'humanité souffrante. Un bienfaiteur de l'humanité* (➤ **philanthrope**). *Passé, histoire de l'humanité.* ➤ **civilisation.** *Patrimoine de l'humanité. Crime contre l'humanité. «l'humanité s'est définitivement émancipée»* RENAN. *«L'humanité n'a adoré que ceux qui la firent périr»* CIORAN. ▪ **4** (début XVIe *studia humanitatis,* du latin classique *humanitas* «culture») AU PLUR. DIDACT. et VIEILLI Étude de la langue et de la littérature grecques et latines. *Faire ses humanités.* — Langue et littérature grecques et latines. *L'étude des humanités gréco-latines.* — Études classiques, littéraires, philosophiques. ◆ (Belgique) Études secondaires (classiques, modernes ou techniques). ▪ **5** Caractère d'une personne en qui se réalise pleinement la nature humaine. *L'amour suscite «une source vive d'humanité»* CHARDONNE. ▪ CONTR. Inhumanité, méchanceté.

HUMANOÏDE [ymanɔid] adj. et n. – 1951 ◇ du latin *humanus* et *-oïde* ▪ **1** Qui rappelle l'être humain. *Automate humanoïde.* ▪ **2** n. Dans le langage de la science-fiction, Être voisin de l'être humain, robot d'apparence humaine. ➤ **androïde ;** aussi **cyborg.**

HUMBLE [œbl] adj. – début XVIe ; *huemble* v. 1170 ; *humele* 1080 ◇ latin *humilis* «bas, près de la terre» ; cf. *humus*

I (PERSONNES) ▪ **1** Qui s'abaisse volontairement, par humilité. ➤ **effacé, modeste.** *«N'est pas humble celui qui se hait»* CIORAN. — Qui donne à autrui les témoignages d'une très grande déférence, d'un grand empressement à lui être agréable. ➤ **soumis.** *«Il était humble, modeste, contenu* [...] *s'effaçant volontiers»* SAINTE-BEUVE. *Je suis votre humble serviteur, votre humble servante* (anciennes formules). ▪ **2** (1564) Qui est d'une condition sociale modeste. ➤ **obscur, pauvre, simple.** *«Dans un village, parmi les plus humbles habitants»* CHARDONNE. ◆ n. pl. VIEILLI *Les humbles* (cf. Les petites* gens).

II (CHOSES) ▪ **1** Qui marque de l'humilité, de la déférence. *Air, contenance, ton humble.* ➤ **embarrassé, timide.** *«La foi, sœur de l'humble espérance»* HUGO. *«l'humble regard de ce tendre épagneul»* LAMARTINE. — (Par modestie réelle ou affectée) *À mon humble avis... Présenter ses humbles excuses.* ▪ **2** LITTÉR. Qui est sans éclat, sans prétention, qui n'est pas valorisé. ➤ **modeste.** *Un humble présent. L'humble violette. Une humble demeure.* ➤ **pauvre.** ▪ **3** (1564) Dont la médiocrité est caractéristique d'une condition sociale modeste. ➤ **obscur.** *Une vie humble. Végéter dans d'humbles fonctions.*
▪ CONTR. Ambitieux, arrogant, fier, grandiose, imposant, impressionnant, orgueilleux.

HUMBLEMENT [œbləmɑ̃] adv. – XIIe *humelement* ◇ de *humble* ▪ Avec humilité ; d'une manière humble. ➤ **modestement.** *«je me fais humblement petite»* BALZAC. *Demander humblement pardon. Parler humblement de soi.* — (Par modestie affectée) *Je vous ferai humblement remarquer que...* ▪ CONTR. Orgueilleusement.

HUMECTAGE [ymɛktaʒ] n. m. – 1873 ◇ de *humecter* ▪ Action d'humecter ; son résultat. TECHN. *Humectage des étoffes, du papier,* à l'aide d'un appareil appelé *humecteur* (n. m., 1840).

HUMECTER [ymɛkte] v. tr. ‹1› – 1503 ◇ latin *humectare* ▪ Rendre humide, mouiller* légèrement, superficiellement. *Humecter du linge en l'aspergeant avant le repassage.* ➤ **humidifier.** *«quelques larmes qui humectèrent ses yeux»* BALZAC. — *S'humecter les lèvres.* LOC. FAM. *S'humecter les amygdales, le gosier :* boire (une boisson alcoolisée) (cf. Se rincer la dalle*). — PRONOM. *Ses yeux s'humectèrent.* ➤ **s'embuer.** ▪ CONTR. Sécher ; imbiber, tremper.

HUMER ['yme] v. tr. ‹1› – fin XIe ◇ d'un radical onomatopéique ▪ **1** VX ou LITTÉR. Avaler (un liquide) en l'aspirant. *«Je humais à peine quelques gouttes d'eau et de citron»* CHATEAUBRIAND. ➤ 1 **boire.**

— PAR ANAL. *Humer l'air, le vent.* ➤ **aspirer.** *« humer l'air salubre et frais du matin »* ROUSSEAU. ➤ **inspirer, respirer.** ▪ **2** (1575) COUR. Aspirer par le nez pour sentir (une odeur généralement agréable). *« Il ouvrait les narines pour mieux humer le parfum »* FLAUBERT. PAR EXT. *Humer un plat.* ➤ **flairer.**

HUMÉRAL, ALE, AUX [ymeʀal, o] **adj.** – 1541 ◊ du latin *humerus* ▪ ANAT. Relatif à l'humérus. *Artère humérale. Ligament huméral.*

HUMÉRO- ▪ Élément, du latin *humerus*, servant à former des adj. en anatomie : *huméro-cubital, huméro-métacarpien.*

HUMÉRUS [ymeʀys] **n. m.** – XVIe ◊ latin *humerus* « épaule » ▪ Os long constituant le squelette du bras, de l'épaule au coude. *Saillies de l'extrémité supérieure* (➤ **trochin, trochiter**), *inférieure* (➤ **condyle, épicondyle, trochlée**) *de l'humérus. Tête de l'humérus :* surface articulaire arrondie (à l'extrémité supérieure de l'humérus).

HUMEUR [ymœʀ] **n. f.** – milieu XIIIe ◊ du latin *humor* « liquide » et « liquide organique »

I SUBSTANCE ▪ **1** Dans l'ancienne médecine, Liquide organique du corps humain. ➤ **bile, chassie, chyle, flegme, glaire,** VX **ichor, larme, lymphe,** VX **mélancolie, morve, mucosité, pituite, pus,** VX 1 **roupie, salive, sang, sanie, sueur, synovie.** *Humeurs séreuses* (➤ **sérosité**), *subtiles* (➤ 1 **vapeur**). *Les quatre humeurs, les humeurs cardinales, fondamentales* (bile, bile noire, flegme et sang). ▪ **2** MOD. *Humeur aqueuse**, *humeur vitrée** *de l'œil :* substance qui remplit la cavité oculaire en arrière du cristallin.

II DISPOSITION AFFECTIVE ▪ **1** (milieu XVIe) Ensemble des dispositions, des tendances dominantes qui forment le tempérament, le caractère (que l'on attribuait autrefois à la composition, au rapport des humeurs du corps). ➤ **caractère, naturel, tempérament.** *Incompatibilité d'humeur (entre deux personnes, deux époux). Humeur querelleuse. Humeur gaie, chagrine, maussade. Être d'humeur égale* (➤ **équanimité**), *changeante. Sautes d'humeur. « Ce que nous appelons changement d'humeur, sautes de caractère, lubies, caprices, sont en fait des changements temporaires de personnalité »* E. MORIN. ♦ PSYCHOL. Disposition affective fondamentale allant de la gaieté à la tristesse. ➤ **thymie.** *Troubles de l'humeur* (manie, dépression, trouble bipolaire, cyclothymie...). ▪ **2** LITTÉR. **L'HUMEUR,** considérée dans ce qu'elle a de spontané, d'irréfléchi, et opposée à la raison, à la volonté. ➤ **caprice, fantaisie, impulsion.** *Agir par humeur et non par raison, par volonté.* ♦ Caprice, fantaisie, impulsion brusque et irraisonnée. *« Ses brusques humeurs surprenaient »* MAUROIS. ▪ **3** (1578) Disposition particulière, momentanée qui ne constitue pas un trait de caractère, parfois liée aux circonstances (cf. État* d'âme, d'esprit). *L'humeur du moment. Selon, suivant son humeur. De quelle humeur est le chef aujourd'hui ? Avoir l'humeur baladeuse**. ♦ **D'HUMEUR À.** ➤ **disposé, enclin** (à). *Être, se sentir d'humeur à faire qqch. Je ne suis pas d'humeur à plaisanter.* ▪ **4** (début XVIIe) (Qualifié) **BONNE HUMEUR ; BELLE HUMEUR :** disposition passagère à la gaieté, à l'optimisme, qui se manifeste dans l'air, le ton, les manières. ➤ **enjouement, entrain, gaieté.** *La bonne humeur règne. Dans la joie et la bonne humeur. — Être de bonne humeur.* ➤ **content, gai, réjoui** (cf. FAM. Être bien luné*, de bon poil*, RÉGION. bien levé*). *Il n'est pas de très bonne humeur aujourd'hui. — Être d'excellente, de joyeuse, de meilleure, de charmante humeur.* ♦ **MAUVAISE HUMEUR :** disposition passagère à la tristesse, à l'irritation, à la colère. ➤ **hargne ;** FAM. **grogne, rogne.** *Avoir l'air, être de mauvaise humeur.* ➤ **mécontent** (cf. Être mal luné*, RÉGION. mal levé*, de mauvais poil*, s'être levé du pied gauche*). *Manifester de la mauvaise humeur.* ➤ **bouder, grogner,** FAM. **râler.** *Mettre qqn de mauvaise humeur. « La mauvaise humeur, c'est comme un carburant. On se réveille le matin en se demandant après quoi on va s'énerver »* B. BLIER. — *Méchante humeur ; humeur massacrante, exécrable ; humeur de chien, de dogue.* ♦ **HUMEUR NOIRE :** mélancolie profonde ; tristesse, abattement. ➤ **cafard.** *« Mes jours de jalousie et mes nuits d'humeur noire »* VERLAINE. ▪ **5** (Non qualifié) LITTÉR. Mauvaise humeur. ➤ **colère, irritation.** *Avoir, garder de l'humeur contre qqn.* ➤ **rancune.** *Accès, geste d'humeur. Elle me « tourne le dos dans un mouvement d'humeur »* TOURNIER.

HUMIDE [ymid] **adj.** – XVe ◊ latin *humidus* ▪ **1** VX Qui est de la nature de l'eau. ➤ **aqueux, fluide, liquide.** *L'humide élément :* l'eau. ♦ SUBST. M. *L'humide et le sec.* ▪ **2** MOD. Chargé, imprégné légèrement d'eau, de liquide, de vapeur. *Murs humides.* ➤ **suintant.** *Cave, souterrain humide. — Rendre humide.* ➤ **humecter, humidifier.** *Repasser du linge humide. Nettoyer avec une éponge humide. « la poudre humide ne s'enflammait guère »* FLAUBERT. *La paille humide des cachots**. *— Mains humides.* ➤ **moite.** *Un front humide de sueur. — Atmosphère, temps humide. « La chaleur humide de ce printemps »* CAMUS. *Climat, région humide,* où il pleut souvent. *— Yeux humides de larmes. Regards humides.* ➤ **mouillé.** ▪ CONTR. Sec ; aride.

HUMIDIFICATEUR [ymidifikatœʀ] **n. m.** – 1895 ◊ de *humidifier* ▪ TECHN. Appareil destiné à augmenter le degré hygrométrique de l'air. *Placer un humidificateur dans une cave à cigares, sur un radiateur* (➤ **saturateur**).

HUMIDIFIER [ymidifje] **v. tr.** ⟨7⟩ – 1649 ◊ de *humide* ▪ Rendre humide. ➤ **humecter, mouiller.** *Humidifier du linge, une pièce.* — **n. f. HUMIDIFICATION,** 1875. ▪ CONTR. Déshumidifier. Sécher ; dessécher.

HUMIDIFUGE [ymidifyʒ] **adj.** – 1829 ◊ de *humide* et *-fuge* ▪ DIDACT. Qui absorbe, neutralise l'humidité. *Le mâchefer est humidifuge.*

HUMIDITÉ [ymidite] **n. f.** – 1361 ◊ bas latin *humiditas* → humide ▪ Caractère de ce qui est humide, chargé d'eau, de liquide, de vapeur ; l'eau, la vapeur imprégnant un corps, un lieu. ➤ **hygro-.** *Humidité d'un sol. Traces d'humidité sur les murs. Absorbeur d'humidité.* ➤ **déshumidificateur.** *Protéger contre l'humidité.* ➤ **hydrofuger.** *Papier moisi, métal rongé par l'humidité. « L'humidité rouille les hommes comme les fusils »* BARBUSSE. — MÉTÉOR. Teneur en vapeur d'eau. *L'humidité de l'air, du climat* (➤ 1 **brouillard, brume, moiteur**). *Mesure de l'humidité atmosphérique.* ➤ **hygrométrie.** *Humidité absolue :* nombre de grammes de vapeur d'eau par mètre cube d'air. *Humidité relative :* proportion entre la quantité de vapeur d'eau effectivement contenue dans l'air et la capacité d'absorption de l'air à une température donnée. ▪ CONTR. Sécheresse ; aridité.

HUMILIANT, IANTE [ymiljɑ̃, jɑ̃t] **adj.** – XVIIe ; « humble » 1160 ◊ de *humilier* ▪ Qui cause ou est de nature à causer de l'humiliation. ➤ **avilissant, dégradant, mortifiant, vexant.** *Brimade humiliante. Aveu humiliant. Essuyer un échec humiliant. C'est humiliant pour lui. « la douleur la plus humiliante : celle qu'on se méprise d'éprouver »* MALRAUX. ▪ CONTR. Exaltant, flatteur, glorieux.

HUMILIATION [ymiljasjɔ̃] **n. f.** – XIVe ◊ latin ecclésiastique *humiliatio* ▪ **1** Action d'humilier ou de s'humilier. ➤ **abaissement, honte.** *« la joie de l'humiliation d'autrui »* VOLTAIRE. *Les humiliations de la vie religieuse.* ➤ **mortification.** ▪ **2** État, sentiment d'une personne qui est humiliée. ➤ **confusion, honte.** *Rougir d'humiliation. « si l'humilité est un renoncement à l'orgueil, l'humiliation au contraire amène un renforcement de l'orgueil »* GIDE. ▪ **3** Ce qui humilie, blesse l'amour-propre. ➤ **affront, avanie, camouflet,** FAM. 1 **claque, gifle, vexation.** *Infliger, endurer, essuyer une cruelle humiliation, des humiliations* (cf. FAM. En prendre plein la gueule). *« la vie de Voltaire est une suite de triomphes et d'humiliations »* SARTRE. ▪ CONTR. Flatterie, glorification.

HUMILIER [ymilje] **v. tr.** ⟨7⟩ – 1119 ◊ latin ecclésiastique *humiliare* ▪ **1** VX Incliner avec respect. ➤ **prosterner.** *« Humilier ce front de splendeur couronné »* RACINE. — PRONOM. FIG. Se soumettre. ▪ **2** VX ou RELIG. Rendre humble, remplir d'humilité. ➤ **abaisser.** — PRONOM. *S'humilier devant Dieu.* ▪ **3** Abaisser, rabaisser d'une manière outrageante ou avilissante, atteindre dans sa fierté, sa dignité. ➤ 1 **dégrader, écraser, mortifier, vexer.** *Humilier qqn en public. Votre rêve « est d'humilier l'homme qui vous a offensé »* PROUST. — PRONOM. *S'humilier devant qqn :* avoir une attitude servile. — *Être humilié de, par son échec.* ➤ **honteux.** *« Nous voici vaincus et captifs, humiliés dans notre légitime orgueil national »* SARTRE. — **adj.** *« Le Père humilié », pièce de Claudel.* — SUBST. *« Humiliés et Offensés », titre français d'une œuvre de Dostoïevski.* ▪ CONTR. Élever, enorgueillir, exalter, glorifier.

HUMILITÉ [ymilite] **n. f.** – XIIe ; *humilitiet* X^e ◊ latin *humilitas* ▪ **1** Sentiment de sa faiblesse, de son insuffisance qui pousse une personne à s'abaisser volontairement en réprimant tout mouvement d'orgueil. ➤ **modestie.** *Courber la tête en signe d'humilité. « L'humilité a sa source dans la conscience d'une indignité, parfois aussi dans la conscience éblouie d'une sainteté »* COLETTE. *La fausse humilité. Ton d'humilité.* ➤ **componction.** — RELIG. *L'humilité évangélique, vertu chrétienne. Humilité édifiante.* ▪ **2** Grande déférence. ➤ **soumission.** *« Le premier devoir des petits est l'humilité devant les grands »* FRANCE. LOC. *En toute humilité :* très humblement. ▪ **3** LITTÉR. État d'infériorité (de la nature humaine, ou d'une condition sociale). ■ CONTR. Amour-propre, arrogance, fierté, hauteur, orgueil, 1 superbe, vanité.

HUMORAL, ALE, AUX [ymɔʀal, o] adj. – 1370 ◇ latin médiéval *humoralis*, de *humor* → humeur ■ DIDACT. Relatif aux liquides organiques. *Immunité* humorale. — Théorie humorale.* ➤ **humorisme.**

HUMORISME [ymɔʀism] n. m. – 1818 ◇ de *humoriste* ■ HIST. MÉD. Ancienne doctrine médicale des quatre humeurs.

HUMORISTE [ymɔʀist] n. et adj. – 1578 ◇ italien *umorista*, du latin savant *humorista* «partisan de l'humorisme»
I n. VX Personne d'humeur maussade. ➤ **mélancolique.**
II adj. (1793 ◇ repris de l'anglais) Qui a de l'humour ; qui s'exprime avec humour. *Écrivain humoriste.* — n. (1842 ; *humouriste* 1840) *«Plus un humoriste est intelligent, moins il a besoin de déformer la réalité pour la rendre signifiante»* GIDE. SPÉCIALT Auteur de dessins satiriques ou comiques. ➤ **caricaturiste.**

HUMORISTIQUE [ymɔʀistik] adj. – 1801 ◇ anglais *humoristic* ■ Relatif à l'humour ; qui s'exprime avec humour ; empreint d'humour. *Récit, dessin humoristique. Un ton humoristique.*

HUMOUR [ymuʀ] n. m. – 1725 ◇ mot anglais, emprunté au français *humeur* ■ Forme d'esprit qui consiste à présenter la réalité de manière à en dégager les aspects plaisants et insolites. ➤ **esprit.** *L'humour et l'ironie. Un récit plein d'humour.* ➤ **humoristique.** *Humour à froid.* ➤ **pince-sans-rire.** *L'humour anglais, juif. «un type d'humour, un peu pédant mais très divertissant : le canular»* MAUROIS. *Humour grinçant, macabre.* **HUMOUR NOIR :** forme d'humour qui exploite des sujets dramatiques et tire ses effets comiques de la froideur et du cynisme. — *Avoir de l'humour, le sens de l'humour :* être capable de s'exprimer avec humour, de comprendre l'humour (cf. FAM. Avoir avalé un clown*). *Elle est pleine d'humour. Faire de l'humour.* ➤ **ironiser, plaisanter.** *Manquer d'humour. — Dessin d'humour.* ■ CONTR. Sérieux.

HUMUS [ymys] n. m. – 1755 ◇ mot latin «sol» ■ Matière organique du sol provenant de la décomposition partielle des matières animales et végétales. ➤ **terreau** (cf. Terre végétale). *Humus forestier. Couche d'humus. Une odeur «de forêt, d'humus, de feuilles pourrissantes»* PEREC.

HUNE ['yn] n. f. – 1138 ◇ ancien scandinave *hûnn* ■ Plateforme arrondie à l'avant, qui repose sur un bas-mât. *Mâts de hune :* les mâts qui surmontent les bas-mâts. *Grande hune,* celle du grand mât. *Hune de télépointage :* tourelle de direction de tir. *Hune télescopique d'un sous-marin.* ■ HOM. Une.

HUNIER ['ynje] n. m. – 1557 ◇ de *hune* ■ Voile carrée du mât de hune, située au-dessus des basses voiles. *Hunier d'artimon. Grand hunier,* gréé sur le grand mât.

HUPPE ['yp] n. f. – 1120 ◇ latin *upupa* ■ **1** Oiseau *(coraciiformes)* portant une touffe érectile de plumes rousses tachées de noir à l'extrémité, appelé communément *coq héron.* ■ **2** PAR EXT. (XIVe) Touffe de plumes érectiles que portent certains oiseaux sur la tête. ➤ **aigrette, houppe.**

HUPPÉ, ÉE ['ype] adj. – début XVe ◇ de *huppe* ■ **1** Qui porte une huppe. *Vanneau huppé.* ■ **2** FAM. De haut rang ; haut placé, et SPÉCIALT riche. *Les gens les plus huppés de la ville* (cf. FAM. Le gratin). — (CHOSES) *Un quartier huppé.*

HURDLER ['œʀdlœʀ] n. m. ou **HURDLEUR, EUSE** ['œʀdlœʀ, øz] n. – 1930 ◇ anglais *hurdler,* de *hurdle* «haie (de course)» ■ ANGLIC. SPORT Coureur de haies (recomm. offic.). *Des hurdlers.*

HURE ['yʀ] n. f. – XIIe ◇ origine inconnue, probablt germanique ■ **1** Tête du sanglier, du cochon, et PAR EXT. de certaines bêtes fauves et de certains poissons à la tête allongée. *Servir une hure d'esturgeon.* ■ **2** Préparation de charcuterie faite avec des morceaux de hure de porc. ➤ **fromage** (de tête), **museau.** *Hure aux pistaches.*

HURLANT, ANTE ['yʀlɑ̃, ɑ̃t] adj. – 1553 ◇ de *hurler* ■ **1** Qui hurle. *Meute, foule hurlante. La salle «hurlante de joie, transportée, trépignante»* CÉLINE. ■ **2** Qui produit un son, un bruit semblable à un hurlement. *Sirène hurlante.* ■ **3** Qui produit un effet violent. *Couleurs hurlantes.* ➤ **criard.** — *Témoignage hurlant de vérité.* ➤ **criant.**

HURLEMENT ['yʀləmɑ̃] n. m. – *uslement* XIIe ◇ de *usler* → hurler ■ **1** Cri aigu et prolongé que poussent certains animaux (loup, chien). ■ **2** (PERSONNES) Cri violent. *Pousser des hurlements. Hurlements de rage, de terreur, de souffrance. «les oreilles percées par les hurlements du dernier-né»* SARTRE. ➤ **braillement.** ■ **3** PAR ANAL. (CHOSES) *Les hurlements du vent. «La voiture fait un bond en avant, déboîte de la file dans un hurlement de pneus»* BORNICHE.

HURLER ['yʀle] v. ⟨1⟩ – XIVe ; XIIe *ul(l)er, usler* ◇ bas latin *urulare,* classique *ululare,* d'origine onomatopéique
I v. intr. ■ **1** (Animaux) Pousser des hurlements. *Chien qui hurle à la lune, à la mort.* — LOC. FIG. *Hurler avec les loups :* faire comme ceux avec qui l'on se trouve, se conformer à leurs opinions. ■ **2** (PERSONNES) Pousser des cris prolongés et violents. ➤ **crier.** *Hurler de rage, de terreur, de douleur. «Elle hurla comme une bête qui ne peut rien faire d'autre pour exprimer sa douleur»* ARAGON. LOC. FAM. *Hurler de rire :* rire bruyamment. PAR EXAGÉR. *C'est d'une laideur à hurler !* ■ **3** Parler, crier, chanter de toutes ses forces. ➤ **vociférer ;** FAM. **beugler, brailler, gueuler.** *Ne hurle pas, je ne suis pas sourd. La télé hurle, baisse le son.* ■ **4** Produire un son, un bruit semblable à un hurlement. *Freins qui hurlent. «Dehors le vent hurle sans trêve»* VERLAINE. ■ **5** FIG. (couleurs) Produire un effet violemment discordant. ➤ **jurer.**
II v. tr. Exprimer par des hurlements. *Hurler sa douleur, son désespoir.* ◆ Dire avec emportement, fureur, en criant très fort. ➤ **clamer.** *Hurler des injures, des menaces. «Ils hurlaient et chantaient à pleins poumons que leur club ne périrait pas»* CAMUS.

HURLEUR, EUSE ['yʀlœʀ, øz] adj. et n. – 1606 ◇ de *hurler* ■ Qui hurle, pousse des hurlements. ➤ **braillard.** — ZOOL. *Singe hurleur,* ou n. m. *un hurleur.* ➤ **alouate.** ■ CONTR. Silencieux.

HURLUBERLU, UE [yʀlybɛʀly] n. – 1562 ◇ p.-ê. de *hurelu* «ébouriffé», du radical de *hure* et *berlu* «qui a la berlue» ■ Personne extravagante, qui parle et agit d'une manière bizarre, inconsidérée. ➤ **écervelé, farfelu, loufoque.** *Une bande d'hurluberlus. Une hurluberlue.* — adj. *Il est un peu hurluberlu.* ■ CONTR. Sage, sérieux.

HURON, ONNE ['yʀɔ̃, ɔn] n. et adj. – milieu XIVe «qui a la tête hérissée» ◇ de *hure* ■ **1** VX Personne grossière. ➤ **malotru.** ■ **2** (1625) Membre d'une nation amérindienne du Canada. *Un Huron.* ALLUS. LITTÉR. *Le Huron :* héros de «l'Ingénu» de Voltaire. — n. m. (1632) *Le huron :* langue du groupe iroquois parlée au Canada.

HURRAH ➤ **HOURRA**

HURRICANE ['yʀikan ; 'œʀikan] n. m. – 1955 ◇ mot anglais, du caraïbe ■ ANGLIC. Cyclone, en Amérique centrale. *De violents hurricanes.*

HUSKY ['œski] n. m. – v. 1983 ◇ mot anglais «enroué» ■ ANGLIC. Chien de traîneau à fourrure beige et noire, aux yeux bleus. *Un attelage de six huskys.* On emploie aussi le pluriel anglais *des huskies.*

HUSSARD ['ysaʀ] n. m. – 1605 ◇ allemand *Husar,* du hongrois *huszár* «le vingtième» ■ ANCIENNT Cavalier de l'armée hongroise. ◆ Soldat de la cavalerie légère, dans diverses armées. *Régiments de hussards.* ELLIPT *Le quatrième hussards.*

HUSSARDE ['ysaʀd] n. f. – 1718 ◇ de *hussard* ■ loc. adv. et loc. adj. *À la hussarde :* à la manière des hussards. *Danse à la hussarde,* ou ELLIPT *une hussarde,* danse hongroise. ◆ FIG. Brutalement, sans retenue ni délicatesse. *«Adrien ne l'a pas accoutumée aux amours à la hussarde»* J.-R. BLOCH.

HUSSITE ['ysit] n. m. – XVe ◇ de *Hus* ■ HIST. RELIG. Chrétien de Bohême partisan de Jan Hus, réformateur brûlé comme hérétique (XVe).

HUTTE ['yt] n. f. – 1358 ◇ moyen haut allemand *Hütte,* d'origine francique ■ Abri rudimentaire, fait principalement de bois, de terre, de paille. ➤ **cabane, cahute, paillote.** *Huttes gauloises.* ■ HOM. Ut.

HYACINTHE [jasɛ̃t] n. f. – 1525 ◇ latin *hyacinthus,* du grec *huakinthos* ■ **1** MINÉR. Pierre fine, variété de zircon jaune rougeâtre. — LITTÉR. Étoffe de cette couleur. *«Anges revêtus d'or, de pourpre et d'hyacinthe»* BAUDELAIRE. ■ **2** VX Jacinthe.

HYADES [jad] n. f. pl. – 1562 ◇ grec *Huades* «nymphes changées en astres», de *huein* «pleuvoir» ■ ASTRON. Ensemble des sept étoiles qui forment le front de la constellation du Taureau.

HYALIN, INE [jalɛ̃, in] **adj.** – *ialin* v. 1450 ; repris 1801 ◇ bas latin *hyalinus*, du grec *hualinos*, de *hualos* «verre» ■ MINÉR. Qui a la transparence du verre. *Quartz hyalin* : cristal* de roche. ■ CONTR. Opaque.

HYALITE [jalit] **n. f.** – 1812 ◇ de l'allemand *Hyalit* (Werner, 1794) → hyalin ■ **1** MINÉR. Variété transparente d'opale. ■ **2** MÉD. Inflammation du corps vitré de l'œil.

HYALOÏDE [jalɔid] **adj.** – 1541 ◇ grec *hualoeidês* ■ ANAT. Qui ressemble à du verre. *Humeur hyaloïde* : humeur vitrée de l'œil. *Membrane hyaloïde*, qui entoure le corps vitré de l'œil.

HYALURONIQUE [jalyʀɔnik] **adj.** – 1937 ◇ d'un élément *hyal-*, du grec *hualos* «verre», et *uronique*, probablt d'après l'anglais *hyaluronic* (1934) ■ BIOCHIM. *Acide hyaluronique* : polysaccharide présent dans le tissu conjonctif (derme), le liquide synovial, l'humeur vitrée. *L'acide hyaluronique est utilisé en cosmétique (comblement des rides), en rhumatologie (traitement de l'arthrose).*

HYBRIDATION [ibʀidasjɔ̃] **n. f.** – 1826 ◇ de *hybride* ■ **1** BIOL. Croisement naturel ou artificiel entre deux sujets appartenant à des espèces différentes. *Hybridation et métissage. Multiplication des variétés de fleurs, de fruits par hybridation et sélection.* ➤ **cultivar.** ■ **2** BIOL. MOL. Formation d'une molécule à partir de deux brins complémentaires d'ADN, de deux brins complémentaires d'ARN ou d'un brin d'ADN et d'un brin d'ARN complémentaires. ➤ aussi **chimérisme.** *Hybridation in situ* : technique de marquage et de détection de l'expression des gènes dans les tissus vivants, in vivo ou sur coupe. ■ **3** CHIM. Combinaison linéaire de deux ou plusieurs orbitales atomiques d'énergies proches, réalisée pour améliorer leurs propriétés de symétrie dans une molécule.

HYBRIDE [ibʀid] **adj.** et **n. m.** – *hibride* 1596 ◇ latin *hybrida* ■ **1** BIOL. Qui provient du croisement de variétés, de races, d'espèces différentes (➤ aussi **métis**). *Maïs hybride.* — **n. m.** *Le mulet est un hybride de l'âne et de la jument. Hybride fécond* (➤ **interfécondité**), *stérile.* ➤ aussi **chimère.** ■ **2** (1647) LING. *Mot hybride*, formé d'éléments empruntés à des langues différentes (ex. hypertension). ■ **3** (1831) COUR. Composé de deux éléments de nature différente anormalement réunis ; qui participe de deux ou plusieurs ensembles, genres, styles. ➤ **composite.** *Une œuvre hybride.* ➤ **transgenre.** *Une solution hybride.* ➤ **bâtard.** ■ **4** TECHN. *Motorisation hybride*, utilisant des sources d'énergie différentes (ex. moteur thermique et moteur électrique). — PAR EXT. *Voiture hybride*, équipée d'une telle technologie. ■ **5** CHIM. *Orbitale hybride*, formée par hybridation*. ■ CONTR. Pur.

HYBRIDER [ibʀide] **v. tr.** ⟨1⟩ – 1862 ◇ de *hybride* ■ BIOL. Pratiquer l'hybridation entre. ➤ **croiser.** *Hybrider deux variétés.* PRONOM. *Plante qui s'hybride*, fécondée naturellement par un pollen d'une autre espèce ou variété.

HYBRIDISME [ibʀidism] **n. m.** – 1826 ◇ de *hybride* ■ BIOL. État caractérisant les hybrides*.

HYBRIDITÉ [ibʀidite] **n. f.** – 1839 ◇ de *hybride* ■ BIOL. Caractère d'hybride. *L'hybridité du tigron.*

HYBRIDOME [ibʀidom] **n. m.** – avant 1980 ◇ de *hybride* et *-ome* ■ BIOL. CELL. Lignée cellulaire immortalisée utilisée en laboratoire et obtenue par fusion de lymphocytes de mammifères avec une lignée appropriée de cellules transformées. *Les hybridomes sont la source habituelle des anticorps monoclonaux.*

HYDARTHROSE [idaʀtʀoz] **n. f.** – 1818 ◇ du grec *hudôr* «eau» et *arthron* «articulation» ■ MÉD. Épanchement d'un liquide séreux dans une cavité articulaire. *Hydarthrose du genou* : épanchement de synovie.

HYDATIDE [idatid] **n. f.** – 1680 ; *hydatite* 1538 ◇ grec *hudatis, idos*, de *hudôr* «eau» ■ MÉD. Forme larvaire de l'échinocoque.

HYDATIQUE [idatik] **adj.** – 1795 ◇ du radical de *hydatide* ■ MÉD. Relatif aux hydatides. *Kyste hydatique*, dans le foie, le poumon. ➤ **échinococcose.**

HYDNE [idn] **n. m.** – 1783 ◇ grec *hudnon* «tubercule, truffe» ■ BOT. Champignon basidiomycète, charnu ou coriace, présentant des aiguillons sous le chapeau. *Hydne bosselé, sinué.* ➤ **pied-de-mouton.** *Hydne hérisson.*

HYDRACIDE [idʀasid] **n. m.** – 1816 ◇ de *hydr(o)-* et *acide* ■ CHIM. Acide ne renfermant pas d'oxygène mais de l'hydrogène et d'autres éléments. ➤ **-hydrie.** *L'acide chlorhydrique est un hydracide. Sel d'hydracide.* ➤ **-ure.**

HYDRAIRE [idʀɛʀ] **n. m.** – 1877 ◇ de *hydre* ■ ZOOL. Cnidaire *(hydrozoaires)* qui passe par les phases de polype vivant en colonie, puis de méduse libre.

HYDRANGÉE [idʀɑ̃ʒe] **n. f.** – 1937 ; 1812, n. générique, en fr. de France ◇ du latin scientifique *hydrangea* (1740), du grec *hudôr* «eau» (→ hydro-) et *aggeion* «vaisseau» (→ angi[o]-) ■ **(Canada)** Arbrisseau ornemental cultivé pour ses grosses inflorescences en boules. ➤ **hortensia.**

HYDRANT [idʀɑ̃] **n. m.** et **HYDRANTE** [idʀɑ̃t] **n. f.** – 1872, -1871 ◇ mot allemand ■ RÉGION. **(Moselle, Alsace, Belfort, Luxembourg, Suisse)** Borne d'incendie.

HYDRARGYRE [idʀaʀʒiʀ] **n. m.** – XVIe ◇ grec *hydrarguros*, de *arguros* «argent» ■ CHIM. ANC. Mercure (SYMB. Hg).

HYDRARGYRISME [idʀaʀʒiʀism] **n. m.** – 1856 ◇ de *hydrargyre* ■ MÉD. Intoxication par le mercure ou ses composés.

HYDRATANT, ANTE [idʀatɑ̃, ɑ̃t] **adj.** et **n. m.** – avant 1877 ◇ de *hydrater* ■ Qui fixe l'eau, qui permet l'hydratation. SPÉCIALT *Crème hydratante*, qui hydrate la peau. **n. m.** *Un hydratant.*

HYDRATATION [idʀatasjɔ̃] **n. f.** – 1846 ◇ de *hydrater* ■ **1** CHIM. Transformation (d'un corps) en hydrate. ■ **2** Apport d'eau dans l'organisme. *Hydratation pendant l'effort. Hydratation de la peau par imprégnation des couches supérieures de l'épiderme.* ■ CONTR. Déshydratation.

HYDRATE [idʀat] **n. m.** – 1802 ◇ du grec *hudôr* «eau» ■ CHIM. ■ **1** Composé renfermant une ou plusieurs molécules d'eau. *Le plâtre de Paris* ($Ca_2SO_4{\cdot}\frac{1}{2}H_2O$) *est un hydrate.* ■ **2** VIEILLI *Hydrate de carbone* : glucide. *Régime sans hydrates de carbone.*

HYDRATER [idʀate] **v. tr.** ⟨1⟩ – 1836 ◇ de *hydrate* ■ **1** CHIM. Combiner avec de l'eau. *S'hydrater* : passer à l'état d'hydrate. — *Le gypse, sulfate de calcium hydraté.* — **adj. HYDRATABLE,** 1846. ■ **2** Introduire, fixer de l'eau (dans l'organisme). ■ CONTR. Déshydrater.

HYDRAULICIEN, IENNE [idʀolisjɛ̃, jɛn] **n.** – 1803 ◇ de *hydraulique* ■ TECHN. Spécialiste de l'hydraulique.

HYDRAULIQUE [idʀolik] **adj.** et **n. f.** – fin XVe ◇ latin *hydraulicus*, du grec *hudraulikos*, de *aulos* «flûte, tuyau»

I **adj.** ■ **1** Mû par l'eau ; qui utilise l'énergie statique ou dynamique de l'eau, d'un liquide. *Roue hydraulique.* ➤ 3 **aube.** *Moteur, turbine hydraulique. Presse* hydraulique. Vérins hydrauliques. Suspension hydraulique. Freins hydrauliques. Ascenseur hydraulique. Fracturation* hydraulique.* ■ **2** *Énergie, électricité hydraulique*, fournie par les cours et les chutes d'eau, les marées. ➤ **hydroélectricité** (cf. Houille* blanche, bleue). ■ **3** Relatif à la circulation, à la distribution de l'eau. *Installation hydraulique. Appareils hydrauliques.* ■ **4** Qui durcit sous l'action de l'eau. *Mortier hydraulique.*

II **n. f.** (1690) Science, technique des liquides en mouvement (➤ **hydrodynamique**). *Léonard de Vinci, «un des inventeurs de l'hydraulique, un infatigable constructeur de canaux»* BALZAC.

HYDRAVION [idʀavjɔ̃] **n. m.** – 1913 ◇ de *hydr(o)-* et *avion* ■ Avion spécialement conçu pour décoller et se poser à la surface de l'eau. *L'hydravion déjauge au décollage.*

HYDRAZINE [idʀazin] **n. f.** – 1890 ◇ de *hydr(o)-* et *az(ote)* ■ CHIM. Base liquide corrosive ($H_2N{-}NH_2$) formée d'hydrogène et d'azote, utilisée comme combustible dans les fusées.

HYDRE [idʀ] **n. f.** – *idre* XIIIe ◇ latin *hydra* d'origine grecque ■ **1** MYTH. Animal fabuleux et dangereux. ➤ **dragon.** *L'hydre de Lerne* : serpent à sept têtes qui repoussaient sitôt coupées. ◆ FIG. (1544) Mal qui se renouvelle en dépit des efforts faits pour l'éradiquer. *«l'hydre fiscale»* DUHAMEL. *L'hydre du racisme.* ■ **2** Hydraire, polype solitaire de petite taille portant une couronne de tentacules filiformes autour de la bouche. *Hydre d'eau douce.*

-HYDRE ➤ **HYDR(O)-**

HYDRÉMIE [idʀemi] **n. f.** – 1846 ◇ de *hydr(o)-* et *-émie* ■ MÉD. Quantité d'eau contenue dans le sang. SPÉCIALT Excès d'eau dans le sang. — On dit aussi **HYDROHÉMIE,** 1855.

-HYDRIE, -HYDRIQUE ▪ Éléments indiquant les hydracides, leur présence dans l'organisme : *hypochlorhydrie.* ➤ hydr(o)- (2°).

HYDRIQUE [idʀik] adj. – 1874 ; autre sens 1826 ◇ de *hydr(o)-* et *-ique* ▪ SC. Qui a rapport à l'eau ; de l'eau. *Stress* hydrique.* — *Maladies hydriques,* causées par des eaux contaminées. *«les cas de maladies hydriques se multiplient : paludisme, surtout, et bilharziose»* ORSENNA. — Qui se fait par l'eau. — MÉD. *Diète hydrique.*

HYDR(O)-, -HYDRE ▪ 1 Éléments, du grec *hudôr* «eau». ▪ 2 CHIM. **HYDR(O)-** : élément indiquant la présence d'hydrogène.

HYDROALCOOLIQUE [idʀoalkɔlik] adj. – 1823 ◇ de *hydro-* et *alcoolique* ▪ CHIM. Qui contient de l'eau et de l'alcool. *Extrait hydroalcoolique d'arnica.* — SPÉCIALT *Solution, gel hydroalcoolique :* antiseptique cutané utilisé pour l'hygiène des mains.

HYDROCARBONATE [idʀokaʀbɔnat] n. m. – 1809 ◇ de *hydro-* et *carbonate* ▪ CHIM. Carbonate hydraté.

HYDROCARBONÉ, ÉE [idʀokaʀbɔne] adj. – 1834 ◇ de *hydro-* et *carboné* ▪ 1 CHIM. Formé de carbone et d'hydrogène. ▪ 2 VIEILLI *Substances hydrocarbonées :* les hydrates* de carbone. ➤ glucide.

HYDROCARBURE [idʀokaʀbyʀ] n. m. – 1809 ◇ de *hydro-* et *carbure* ▪ Composé organique contenant seulement du carbone et de l'hydrogène ; carbure* d'hydrogène. *Hydrocarbures saturés, cycliques. Hydrocarbure aromatique. Hydrocarbures acycliques ou aliphatiques.* ➤ alcane, alcène, alcyne. *Les huiles minérales sont des mélanges d'hydrocarbures.* ➤ pétrole.

HYDROCÈLE [idʀɔsɛl] n. f. – 1538 ◇ latin *hydrocele,* du grec *hudrokêlê* ▪ PATHOL. Collection de liquide séreux ayant l'aspect d'une tumeur, dans la tunique vaginale du testicule ou dans les tuniques du cordon spermatique.

HYDROCÉPHALE [idʀɔsefal] adj. et n. – 1782 ; n. f. XVIe ◇ grec *hudrokephalon,* de *kephalê* «tête» ▪ Atteint d'hydrocéphalie. — n. *Un hydrocéphale. «une hydrocéphale dont le crâne énorme, trop lourd, se renversait en arrière»* ZOLA.

HYDROCÉPHALIE [idʀɔsefali] n. f. – 1814 ◇ de *hydrocéphale* ▪ PATHOL. Accumulation de liquide céphalorachidien dans les ventricules cérébraux.

HYDROCORALLIAIRE [idʀokɔʀaljɛʀ] n. m. – 1933 ◇ de *hydro-* et *coralliaire* ▪ ZOOL. Hydrozoaire formé de polypes entourés de calcaire.

HYDROCORTISONE [idʀokɔʀtizɔn] n. f. – 1959 ◇ de *hydro-* et *cortisone* ▪ BIOCHIM., PHARM. Hormone corticosurrénale prescrite principalement comme anti-inflammatoire. ➤ cortisol.

HYDROCOTYLE [idʀɔkɔtil] n. f. – 1694 ◇ de *hydro-* et du grec *kotulê* «écuelle» ▪ BOT. Plante dicotylédone vivace *(ombellifères)* appelée *écuelle d'eau* à cause de la forme de ses feuilles.

HYDROCRAQUAGE [idʀokʀakaʒ] n. m. – 1968 ◇ adaptation de l'anglais *hydrocracking* ▪ TECHN. Procédé de raffinage du pétrole par craquage* en présence d'hydrogène.

HYDROCUTION [idʀɔkysjɔ̃] n. f. – 1950 ◇ de *hydro-* et *(électro)cution* ▪ MÉD. Syncope survenant au contact trop brutal du corps avec l'eau froide et pouvant entraîner la mort par noyade.

HYDRODYNAMIQUE [idʀodinamik] adj. et n. f. – 1738 ◇ de *hydro-* et *dynamique* ▪ 1 Relatif aux mouvements des liquides, PAR EXT. des gaz non comprimés (➤ aéraulique). — SPÉCIALT Conçu pour minimiser la résistance de l'eau. *Forme hydrodynamique d'un bateau.* ▪ 2 n. f. Science des écoulements des liquides. ➤ hydraulique.

HYDROÉLECTRICITÉ [idʀoelɛktʀisite] n. f. – v. 1950 ◇ de *hydro-* et *électricité* ▪ Électricité produite par l'énergie hydraulique.

HYDROÉLECTRIQUE [idʀoelɛktʀik] adj. – 1781 ◇ de *hydro-* et *électrique* ▪ Relatif à la production d'électricité par l'énergie hydraulique, au moyen de turbines. *Usine hydroélectrique.*

HYDROFOIL [idʀofɔjl] n. m. – 1955 ◇ mot anglais, de *foil* «feuille, surface plane» ▪ ANGLIC. Hydroptère (recomm. offic.).

HYDROFUGE [idʀɔfyʒ] adj. – 1826 ◇ de *hydro-* et *-fuge* ▪ DIDACT. Qui préserve de l'eau, de l'humidité. *Peinture hydrofuge.*

HYDROFUGER [idʀɔfyʒe] v. tr. ⟨3⟩ – 1933 ◇ de *hydrofuge* ▪ DIDACT. et TECHN. Rendre hydrofuge. ➤ imperméabiliser.

HYDROGÉNATION [idʀɔʒenasjɔ̃] n. f. – 1814 ◇ de *hydrogéner* ▪ CHIM., TECHN. Action d'hydrogéner ; résultat de cette action. *Hydrogénation du charbon :* procédé utilisé dans la fabrication d'huiles minérales artificielles.

HYDROGÈNE [idʀɔʒɛn] n. m. – 1787 ◇ de *hydro-* et *-gène,* proprt «qui produit de l'eau» ▪ CHIM., PHYS. Élément atomique (H ; n° at. 1 ; m. at. 1,00794) le plus léger et le plus simple, gaz inflammable, incolore et inodore à l'état non combiné (➤ dihydrogène). *L'atome d'hydrogène est formé d'un proton et d'un électron. Molécule d'hydrogène* (H_2). *Hydrogène lourd.* ➤ deutérium. *Hydrogène radioactif.* ➤ tritium. *Hydrogène phosphoré* (➤ phosphine), *sulfuré. Peroxyde d'hydrogène :* eau oxygénée. *Bombe* à hydrogène* ou *bombe H.* — *L'hydrogène entre dans la composition de l'eau* (H_2O) *et des substances organiques.* — APPOS. *Ion hydrogène :* atome d'hydrogène ayant perdu son électron (noté H^+). ➤ proton ; oxonium. *Potentiel hydrogène.* ➤ pH. ♦ COUR. Dihydrogène. *Ballon gonflé à l'hydrogène.*

HYDROGÉNÉ, ÉE [idʀɔʒene] adj. – 1802 ◇ de *hydrogène* ▪ CHIM. Combiné avec l'hydrogène ; qui contient de l'hydrogène. *Huile végétale hydrogénée.*

HYDROGÉNER [idʀɔʒene] v. tr. ⟨6⟩ – 1804 ◇ de *hydrogène* ▪ CHIM. Combiner avec de l'hydrogène.

HYDROGÉNOCARBONATE [idʀɔʒenokaʀbɔnat] n. m. – 1941 *hydrogénocarbonate de sodium* ◇ de *hydrogène* et *carbonate* ▪ CHIM. Ion HCO_3^- issu de l'acide carbonique. ➤ bicarbonate. — Sel contenant cet ion.

HYDROGÉNOSULFATE [idʀɔʒenosylfat] n. m. – 1954 ◇ de *hydrogène* et *sulfate* ▪ CHIM. Sel acide de l'acide sulfurique. ➤ bisulfate.

HYDROGÉNOSULFITE [idʀɔʒenosylfit] n. m. – 1945 ◇ de *hydrogène* et *sulfite* ▪ CHIM. Sel acide de l'acide sulfureux. ➤ bisulfite.

HYDROGÉNOSULFURE [idʀɔʒenosylfyʀ] n. m. – 1948 ◇ de *hydrogène* et *sulfure* ▪ CHIM. Sel acide de l'acide sulfhydrique. ➤ bisulfure.

HYDROGÉOLOGIE [idʀoʒeɔlɔʒi] n. f. – 1802 ◇ de *hydro-* et *géologie* ▪ DIDACT. Partie de la géologie traitant de la circulation, de la recherche et du captage des eaux souterraines. — n. (1875) **HYDROGÉOLOGUE.**

HYDROGLISSEUR [idʀoglisœʀ] n. m. – 1914 ◇ de *hydro-* et *glisser* ▪ Bateau à fond plat mû par une hélice aérienne. ➤ hovercraft. *Traverser la Manche en hydroglisseur.*

HYDROGRAPHE [idʀɔgʀaf] n. – 1548 ◇ de *hydro-* et *-graphe* ▪ Spécialiste d'hydrographie.

HYDROGRAPHIE [idʀɔgʀafi] n. f. – 1551 ◇ de *hydro-* et *-graphie* ▪ 1 Partie de la géographie physique qui traite des océans (➤ océanographie), des mers, des lacs et des cours d'eau. — MAR. Topographie maritime considérée du point de vue de la navigation (s'étendant donc à la prévision des marées, la détermination des courants...). ▪ 2 Ensemble des cours d'eau et des lacs d'une région, d'un bassin fluvial.

HYDROGRAPHIQUE [idʀɔgʀafik] adj. – 1551 ◇ de *hydrographie* ▪ Relatif à l'hydrographie. *Réseau hydrographique d'une région.* — (En France) *Service hydrographique et océanographique de la marine,* affecté notamment à l'établissement et à la mise à jour des cartes marines.

HYDROHÉMIE ➤ HYDRÉMIE

HYDROLASE [idʀɔlɑz] n. f. – 1899 ◇ de *hydrol(yse)* et *-ase* ▪ BIOCHIM. Enzyme qui catalyse une hydrolyse (ex. pepsine).

HYDROLAT [idʀɔla] n. m. – 1828 ◇ de *hydro-,* d'après *alcoolat* ▪ PHARM., PARFUMERIE Eau chargée, par distillation, de principes végétaux volatils. *Hydrolat de roses.*

HYDROLIEN, IENNE [idʀɔljɛ̃, jɛn] adj. – 2002 ◇ de *hydro-,* d'après *éolien* ▪ Qui utilise la force des courants de marée. — n. m. *L'hydrolien,* l'énergie hydrolienne. *L'hydrolien et l'éolien.*

HYDROLIENNE [idʀɔljɛn] n. f. – 2002 ◇ marque déposée ; de *hydrolien* ▪ Turbine sous-marine dont la rotation est assurée par la force des courants de marée. *Île alimentée en électricité par une hydrolienne.*

HYDROLITHE ou **HYDROLITE** [idʀɔlit] n. f. – 1827, -1834 ◇ de *hydro-* et *-lithe* ▪ CHIM. Hydrure de calcium CaH_2.

HYDROLOGIE [idʀɔlɔʒi] **n. f.** – 1614 ◇ de *hydro-* et *-logie* ■ SC. Étude des eaux, de leurs propriétés. *Hydrologie marine* (➤ **océanographie**), *lacustre* (➤ **limnologie**), *fluviale* (➤ **potamologie**). — (1824) *Hydrologie médicale* (➤ **hydrothérapie**).

HYDROLOGIQUE [idʀɔlɔʒik] **adj.** – 1832 ◇ de *hydrologie* ■ SC. Relatif à l'hydrologie.

HYDROLOGUE [idʀɔlɔg] **n.** – 1827 ; *hydrologiste* 1753 ◇ de *hydro-* et *-logue* ■ SC. Géophysicien(ne) spécialiste d'hydrologie. « *la pluie [était] aussi rare qu'espérée par les hydrologues et les jardiniers* » J.-P. DUBOIS.

HYDROLYSABLE [idʀɔlizabl] **adj.** – 1902 ◇ de *hydrolyser* ■ CHIM. Qui peut être décomposé par hydrolyse.

HYDROLYSE [idʀɔliz] **n. f.** – 1895 ◇ de *hydro-* et *-lyse* ■ CHIM. Décomposition chimique (d'un corps) par fixation d'eau. ➤ **protolyse.** *Hydrolyse des protéines, des sucres.*

HYDROLYSER [idʀɔlize] **v. tr.** ⟨1⟩ – 1898 ◇ de *hydrolyse* ■ CHIM. Décomposer par hydrolyse.

HYDROMASSAGE [idʀomasaʒ] **n. m.** – 1990 ◇ de *hydro-* et *massage* ■ Massage pratiqué au moyen d'un jet d'eau sous pression. *Séance d'hydromassage en institut. Cabine de douche équipée pour l'hydromassage.*

HYDROMÉCANIQUE [idʀomekanik] **adj.** – 1846 ◇ de *hydro-* et *mécanique* ■ DIDACT. Mû par l'eau. ➤ **hydraulique.**

HYDROMEL [idʀɔmɛl] **n. m.** – XIVe ◇ latin *hydromeli*, du grec *hudromeli*, de *meli* « miel » ■ Boisson faite d'eau et de miel, souvent fermentée. ➤ **région. chouchen.**

HYDROMÉTÉORE [idʀometeɔʀ] **n. m.** – 1834 ◇ de *hydro-* et *météore* ■ MÉTÉOROL. Météore aqueux (nuages, brouillard, pluie, neige, grêle, rosée, givre, verglas, etc.).

HYDROMÈTRE [idʀɔmɛtʀ] **n. m. et f.** – 1751 ◇ de *hydro-* et *-mètre* ■ **1 n. m.** PHYS. Instrument qui sert à mesurer la densité, la pression des liquides. ■ **2 n. f.** (1803) ZOOL. Insecte *(hétéroptères)* qui court rapidement à la surface de l'eau, appelé communément *araignée d'eau.*

HYDROMÉTRIE [idʀɔmetʀi] **n. f.** – 1710 ◇ de *hydro-* et *-métrie* ■ PHYS. Science qui étudie les propriétés physiques des liquides. — **adj. HYDROMÉTRIQUE,** 1771.

HYDROMINÉRAL, ALE, AUX [idʀomineʀal, o] **adj.** – 1839 ◇ de *hydro-* et *minéral* ■ **1** Relatif aux eaux minérales. « *L'hôtel et l'établissement hydrominéral* [d'une ville d'eaux] » ROMAINS. ➤ **thermal.** ■ **2** BIOCHIM. Se dit du métabolisme de l'eau et des électrolytes.

HYDRONÉPHROSE [idʀonefʀoz] **n. f.** – 1855 ◇ de *hydro-*, *néphr(o)-* et *2-ose* ■ MÉD. Distension des calices* et du bassinet* par accumulation d'urine, en cas d'obstruction des uretères.

HYDRONIUM [idʀɔnjɔm] **n. m.** – 1908 ◇ de *hydro-* et *(oxo)nium* ■ CHIM. Ion H_3O^+ qui se forme lors de la protolyse de l'eau. ➤ **oxonium.**

HYDRONYMIE [idʀɔnimi] **n. f.** – 1961 ◇ de *hydro-*, sur le modèle de *toponymie* ■ DIDACT. Étude toponymique des noms de cours d'eau et d'étendues d'eau. — **adj. HYDRONYMIQUE.**

HYDROPÉRICARDE [idʀopeʀikaʀd] **n. m.** – 1808 ◇ de *hydro-* et *péricarde* ■ MÉD. Accumulation liquidienne dans le péricarde.

HYDROPHILE [idʀɔfil] **adj. et n. m.** – 1902 ◇ de *hydro-* et *-phile* ■ **1** Qui absorbe l'eau, les liquides. *Coton hydrophile,* pour les soins d'hygiène. — CHIM. Qui établit des liaisons avec la molécule d'eau. *Tête hydrophile* : partie de la molécule d'un agent tensioactif qui se dirige vers l'eau à l'interface eau-huile. ■ **2 n. m.** (1762) Insecte *(coléoptères)* noir verdâtre qui vit dans les eaux stagnantes. ■ CONTR. Hydrophobe.

HYDROPHOBE [idʀɔfɔb] **adj. et n.** – 1640 ◇ latin d'origine grecque *hydrophobus* ■ **1** MÉD. Qui a une peur morbide de l'eau. ■ **2** Que l'eau ne mouille pas. *Fibre hydrophobe.* — CHIM. Qui ne cherche pas à établir de liaison avec la molécule d'eau. *Queue hydrophobe* : partie de la molécule d'un agent tensioactif qui se dirige vers l'huile à l'interface eau-huile. ■ CONTR. Hydrophile.

HYDROPHOBIE [idʀɔfɔbi] **n. f.** – 1314 ◇ latin d'origine grecque *hydrophobia* ■ MÉD. Peur morbide de l'eau. *L'hydrophobie est un des symptômes de la rage.*

HYDROPHONE [idʀɔfɔn] **n. m.** – milieu XXe ◇ de *hydro-* et *-phone* ■ TECHN. Transducteur électroacoustique utilisé pour l'émission et la réception d'ondes acoustiques dans l'eau, que l'on emploie en sismologie, dans la détection pétrolière, etc.

HYDROPIQUE [idʀɔpik] **adj.** – 1190 ◇ latin d'origine grecque *hydropicus* ■ Atteint d'hydropisie. — **n.** *Un, une hydropique.*

HYDROPISIE [idʀɔpizi] **n. f.** – 1190 ◇ latin *hydropisis,* du grec *hudrôps* ■ VIEILLI Épanchement de sérosité dans une cavité naturelle du corps (SPÉCIALT l'abdomen) ou entre les éléments du tissu conjonctif. « *le ventre gros d'un commencement d'hydropisie* » ZOLA. — MOD. Cet épanchement, entraînant des œdèmes généralisés. ➤ **anasarque.**

HYDROPNEUMATIQUE [idʀopnømatik] **adj.** – 1872 ◇ de *hydro-* et *pneumatique* ■ MÉCAN. Qui fonctionne à l'aide de l'eau et d'un gaz comprimé. *Freins hydropneumatiques. Suspension hydropneumatique.* ➤ aussi **oléopneumatique.**

HYDROPONIQUE [idʀɔpɔnik] **adj.** – 1951 ◇ de *hydro-* et du latin *ponere* « poser » ■ TECHN. *Culture hydroponique* : culture de plantes terrestres réalisée à l'aide de solutions nutritives, sans le support d'un sol. ➤ **hors-sol.**

HYDROPTÈRE [idʀɔptɛʀ] **n. m.** – 1973 ◇ de *hydro-* et *-ptère* ■ Navire muni de plans porteurs (➤ **foil**) qui exercent une poussée verticale capable de sortir les coques de l'eau. — Recomm. offic. pour *hydrofoil.*

HYDROPULSEUR [idʀopylsœʀ] **n. m.** – v. 1975 ◇ de *hydro-* et *pulser,* anglais *to pulse* → pulsé ■ Appareil d'hygiène buccodentaire qui projette un jet d'eau sous pression.

HYDROQUINONE [idʀokinɔn] **n. f.** – 1866 ◇ de *hydro-* et *quinone* ■ CHIM. Diphénol $C_6H_4(OH)_2$, utilisé comme révélateur photographique.

HYDROSILICATE [idʀosilikat] **n. m.** – 1834 ◇ de *hydro-* et *silicate* ■ CHIM. Silicate hydraté.

HYDROSOLUBLE [idʀosɔlybl] **adj.** – 1933 ◇ de *hydro-* et *soluble* ■ SC. Soluble dans l'eau et en milieu aqueux. *Les vitamines B, C sont hydrosolubles.*

HYDROSPHÈRE [idʀɔsfɛʀ] **n. f.** – 1897 ◇ de *hydro-* et *sphère* ■ GÉOGR. L'élément liquide de la Terre (eau liquide, glaces et neiges, vapeur d'eau).

HYDROSTATIQUE [idʀɔstatik] **n. f. et adj.** – 1691 ◇ de *hydro-* et *statique* ■ PHYS. ■ **1** Science qui étudie les conditions d'équilibre des liquides. *Le principe d'Archimède est une des lois de l'hydrostatique.* ■ **2 adj.** Relatif à l'hydrostatique. *Balance hydrostatique. Niveau hydrostatique* : surface de la nappe phréatique*.

HYDROTECHNIQUE [idʀotɛknik] **n. f. et adj.** – 1866 ◇ de *hydro-* et *technique* ■ Étude de l'écoulement, de la conduite et de la distribution des eaux.

HYDROTHÉRAPIE [idʀoteʀapi] **n. f.** – 1840 ◇ de *hydro-* et *-thérapie* ■ MÉD. Emploi thérapeutique de l'eau sous toutes ses formes (bains, douches, enveloppements, affusion, irrigation, etc.). ➤ **balnéothérapie, thalassothérapie.**

HYDROTHÉRAPIQUE [idʀoteʀapik] **adj.** – 1844 ◇ de *hydrothérapie* ■ Relatif à l'hydrothérapie.

HYDROTHERMAL, ALE, AUX [idʀotɛʀmal, o] **adj.** – 1866 ◇ de *hydro-* et *thermal* ■ DIDACT. Qui se rapporte aux eaux thermales ; qui résulte de l'action des eaux thermales. *Source hydrothermale. Minéral hydrothermal,* formé à partir des minéraux présents dans l'eau chaude.

HYDROTHORAX [idʀotɔʀaks] **n. m.** – 1795 ◇ de *hydro-* et *thorax* ■ PATHOL. Épanchement de liquide clair, non inflammatoire, dans la plèvre. *Hydrothorax dans la néphrite chronique accompagnée d'œdèmes.*

HYDROTIMÉTRIE [idʀɔtimetʀi] **n. f.** – 1855 ◇ grec *hudrotês* « liquidité » et *-métrie* ■ TECHN. Détermination de la dureté d'une eau par dosage de ses sels de calcium et de magnésium, à l'aide d'un *hydrotimètre.*

HYDROXYDE [idʀɔksid] **n. m.** – 1834 ◇ de *hydr(o)-* et *oxyde* ■ CHIM. ■ **1** Composé formé d'un métal et de un ou plusieurs groupes hydroxyles. ➤ **base.** *La soude, la potasse sont des hydroxydes. Les hydroxydes forment en général des solutions basiques dans l'eau.* ■ **2** Ion de formule OH^-, présent dans les solutions basiques.

HYDROXYLAMINE [idʀɔksilamin] **n. f.** – 1873 ◊ de *hydroxyle* et *-amine* ■ CHIM. Base dérivée de l'ammoniac (NH_2OH).

HYDROXYLE [idʀɔksil] **n. m.** – 1872 ◊ de *hydr(o)-*, *ox(ygène)* et *-yle* ■ CHIM. Radical monovalent –OH. — *Ion hydroxyle* : groupement OH chargé négativement. — On dit aussi *hydroxy.*

HYDROZOAIRES [idʀɔzɔɛʀ] **n. m. pl.** – 1878 ◊ de *hydro-* et *-zoaire* ■ ZOOL. Classe de cnidaires présentant des formes polypes et des formes méduses. ➤ **hydraire, siphonophore.** — **Au sing.** *Un hydrozoaire.*

HYDRURE [idʀyʀ] **n. m.** – 1789 ◊ de *hydr(o)-* et *-ure* ■ CHIM. ■ **1** Composé que forme l'hydrogène avec un corps simple ou composé. ■ **2** Composé binaire d'un métal avec l'hydrogène.

HYÈNE [jɛn ; 'jɛn] **n. f.** – XIIe ◊ latin *hyaena*, du grec *huaina* ■ Mammifère carnassier d'Afrique et d'Asie à pelage gris ou fauve, se nourrissant surtout de charognes. *Hyène rayée, tachetée.* « *un sourd rugissement d'hyène* » BALZAC. « *les cris de hyène* » BALZAC. ■ HOM. Yen.

HYGGE ['ygə] **n. m.** et **adj. inv.** – 1928 ; répandu v. 2016 ◊ mot danois d'origine norvégienne ■ Art de vivre à la danoise, valorisant ce qui procure bien-être et réconfort, les plaisirs simples du quotidien. *La mode du hygge.* ♦ **adj. inv.** Qui relève de cet art de vivre. *Des objets, des ambiances hygge.* ➤ 1 **cosy.**

HYGIAPHONE [iʒjafɔn] **n. m.** – 1965 ◊ nom déposé, du grec *hugiês* « sain » et *-phone* ■ Dispositif formé d'une plaque transparente perforée qui permet à des personnes placées de part et d'autre d'un guichet de se parler en évitant toute contamination. *Parlez devant l'hygiaphone.*

HYGIÈNE [iʒjɛn] **n. f.** – *hygiaine* 1575 ◊ grec *hugieinon* « santé » ■ **1** Ensemble des principes et des pratiques tendant à préserver, à améliorer la santé. *Règles, précautions d'hygiène. Désinfecter un lieu par mesure d'hygiène. Hygiène hospitalière. Avoir une bonne hygiène de vie, une bonne hygiène alimentaire* : vivre, se nourrir sainement. « *il se forçait à cet exercice, par hygiène* » ZOLA. ♦ *Hygiène mentale* : ensemble de mesures destinées à conserver l'intégrité des fonctions psychiques. *Dispensaire d'hygiène sociale. Hygiène publique* : ensemble des moyens mis en œuvre par les pouvoirs publics pour la sauvegarde et l'amélioration de la santé à l'intérieur d'un pays. ➤ **salubrité, santé.** *Mesures d'hygiène collective* : assainissement, désinfection, prophylaxie. ♦ FIG. « *Il y a certainement une hygiène de société comme il y a une hygiène de lecture* » LÉAUTAUD. ■ **2** Ensemble des soins visant à la propreté du corps. *Hygiène corporelle, dentaire. Hygiène intime. Rayon hygiène et beauté d'un magasin.*

HYGIÉNIQUE [iʒjenik] **adj.** – 1791 ◊ de *hygiène* ■ **1** Qui a rapport à l'hygiène, à la propreté, SPÉCIALT des parties intimes du corps. *Papier hygiénique. Serviette, tampon hygiénique,* utilisés pendant les règles. ➤ **périodique.** ■ **2** Qui est conforme à l'hygiène, bon pour la santé. ➤ 1 **sain.** *Faire une promenade hygiénique. Prêter sa brosse à dents n'est pas très hygiénique. Conditions hygiéniques et sanitaires.* ■ CONTR. Antihygiénique.

HYGIÉNIQUEMENT [iʒjenikmɑ̃] **adv.** – 1837 ◊ de *hygiénique* ■ D'une manière hygiénique.

HYGIÉNISTE [iʒjenist] **n.** et **adj.** – 1830 ◊ de *hygiène* ■ **1** Médecin spécialiste des questions d'hygiène. ■ **2 adj.** DIDACT. Qui respecte strictement (et souvent avec excès) les règles d'hygiène. *Une société hygiéniste.* « *Ça t'ennuie de te laver ? Tu trouves que je suis trop hygiéniste ?* » V. DESPENTES.

HYGRO- ■ Élément, du grec *hugros* « humide ».

HYGROMA [igʀɔma] **n. m.** – *hygrome* 1808 ◊ latin des médecins, cf. *hygro-* et *-ome* ■ MÉD. Collection séreuse enkystée. PAR EXT. ➤ **bursite.** *Hygroma du genou, du coude.*

HYGROMÈTRE [igʀɔmɛtʀ] **n. m.** – 1666 ◊ de *hygro-* et *-mètre* ■ PHYS. Instrument de précision servant à mesurer le degré d'humidité de l'air. *Hygromètre à double thermomètre.* ➤ **psychromètre.** *Hygromètre d'absorption.* ➤ **hygroscope.** *Hygromètre à cheveu* : hygromètre d'absorption où le corps hygroscopique est un cheveu, un fil tendu.

HYGROMÉTRIE [igʀɔmetʀi] **n. f.** – 1783 ◊ de *hygro-* et *-métrie* ■ Mesure du degré d'humidité de l'atmosphère ; cette humidité. *L'hygrométrie est élevée pendant la saison des pluies.*

HYGROMÉTRIQUE [igʀɔmetʀik] **adj.** – 1783 ◊ de *hygrométrie* ■ **1** Qui a rapport à l'hygrométrie. *État, degré hygrométrique de l'air* (**HYGROMÉTRICITÉ n. f.**, 1855) : rapport de la tension partielle de vapeur d'eau à la valeur maximale de cette tension à la même température. ➤ **humidité.** ■ **2** *Corps hygrométriques,* particulièrement sensibles aux variations de l'état hygrométrique de l'air.

HYGROPHILE [igʀɔfil] **adj.** – 1834 ◊ de *hygro-* et *-phile* ■ ÉCOL. Qui vit et se développe de préférence dans les lieux humides. *Mousse hygrophile.* ■ CONTR. Hygrophobe, xérophile.

HYGROPHOBE [igʀɔfɔb] **adj.** – fin XIXe ◊ de *hygro-* et *-phobe* ■ ÉCOL. Qui fuit l'humidité, qui ne peut s'adapter à un habitat humide. ■ CONTR. Hygrophile.

HYGROSCOPE [igʀɔskɔp] **n. m.** – 1666 ◊ de *hygro-* et *-scope* ■ PHYS. Hygromètre d'absorption indiquant approximativement le degré d'humidité de l'air. *L'hygroscope au chlorure de cobalt vire du bleu au rose par temps humide.*

HYGROSCOPIE [igʀɔskɔpi] **n. f.** – 1839 ◊ de *hygroscope* ■ PHYS. Hygrométrie.

HYGROSCOPIQUE [igʀɔskɔpik] **adj.** – 1799-1801 ◊ de *hygroscope* ■ PHYS. Qui a rapport à l'hygroscope ou à l'hygroscopie. ♦ Qui absorbe l'humidité de l'air. *Sels hygroscopiques.*

HYL(É)-, HYL(O)- ■ Éléments, du grec *hulê* « bois ; matière ». ➤ **-yle.**

HYLOZOÏSME [ilozɔism] **n. m.** – 1765 ◊ de *hylo-* et grec *zôê* « vie » ■ PHILOS. Doctrine attribuant au monde, à la matière, une vie propre.

1 **HYMEN** [imɛn] **n. m.** – milieu XVIe ◊ latin *hymen*, du grec *Humên*, dieu du mariage, invoqué lors de cette cérémonie ■ LITTÉR. et VIEILLI Mariage. ➤ **hyménée.** *Les liens, les nœuds de l'hymen. Les fruits de l'hymen* : les enfants.

2 **HYMEN** [imɛn] **n. m.** – v. 1520 ◊ bas latin *hymen*, du grec *humên* « membrane » ■ ANAT. Membrane qui obstrue partiellement l'orifice vaginal, chez la vierge (➤ **pucelage, virginité**).

HYMÉNÉE [imene] **n. m.** – milieu XVIe ◊ latin d'origine grecque *hymenæus* ■ LITTÉR. et VIEILLI Mariage. ➤ 1 **hymen.** « *Tu n'as point revêtu ta robe d'hyménée* » A. CHÉNIER.

HYMÉNIUM [imenjɔm] **n. m.** – 1816 ◊ grec *humenion* « petite membrane » ■ BOT. Chez certains champignons, Assise de cellules reproductrices.

HYMÉN(O)- ■ Élément, du grec *humên* « membrane ».

HYMÉNOMYCÈTES [imenomisɛt] **n. m. pl.** – 1855 ◊ de *hyméno-* et *-mycète* ■ BOT. Superordre de champignons *(basidiomycètes)* chez lesquels l'hyménium tapisse l'extérieur de l'appareil producteur de spores. *Les agarics sont des hyménomycètes.* — **Au sing.** *Un hyménomycète.*

HYMÉNOPTÈRES [imenɔptɛʀ] **n. m. pl.** – 1765 ◊ de *hyméno-* et *-ptère* ■ ZOOL. Ordre d'insectes caractérisés par la possession de deux paires d'ailes membraneuses brillantes (ex. abeilles, fourmis). — **Au sing.** *Un hyménoptère.*

HYMNE [imn] **n.** – XIVe ; *ymne* début XIIe ◊ latin *hymnus*, du grec *humnos* ■ **1 n. m.** Chant, poème à la gloire des dieux, des héros. *Les hymnes orphiques. Hymnes homériques,* attribués à Homère. ■ **2 n. m.** ou **f.** (Dans la tradition judéo-chrétienne) Chant à la louange de Dieu. ➤ **cantique, psaume.** *Chanter un, une hymne.* « *Toutes les hymnes de cet admirable office* » MAURIAC. ■ **3 n. m.** Chant, poème lyrique exprimant la joie, l'enthousiasme, célébrant une personne, une chose. *Hymne à la nature, à l'amour.* « *L'Hymne à la joie* », *de la IXe Symphonie de Beethoven. Un hymne de reconnaissance.* ♦ SPÉCIALT Chant solennel en l'honneur de la patrie, de ses défenseurs. *L'hymne national français est* « *la Marseillaise* ».

HYOÏDE [jɔid] **adj.** – 1541 ◊ grec *huoeidês (ostoûn)* « (os) en forme de *u* » ■ ANAT. *Os hyoïde,* ou SUBST. *l'hyoïde* : os médian impair, en forme de fer à cheval, situé à la partie antérieure du cou au niveau de l'angle que forme celui-ci avec le plancher de la bouche. — On dit aussi **HYOÏDIEN, IENNE,** 1846. *L'appareil, l'arc hyoïdien.*

HYPALLAGE [ipa(l)laʒ] **n. f.** – avant 1596 ◊ latin *hypallage*, du grec *hupallagê* « échange, interversion » ■ RHÉT. Figure de style qui consiste à attribuer à certains mots d'une phrase ce qui convient à d'autres mots (de la même phrase). ➤ **métonymie.**

(ex. rendre qqn à la vie pour rendre la vie à qqn.) *Le mot lorette transporte «par un* [sic] *hypallage hardi, le nom du quartier* [Notre-Dame-de-Lorette] *à la personne»* GAUTIER.

HYPE ['ajp] **adj.** – 1980 ◊ faux anglicisme, de l'anglais *hype* «(produit) lancé à grand renfort de publicité» ■ ANGLIC. À l'avant-garde de la mode. ➤ **branché.** *Une clientèle hype. Des boutiques hypes* ou *hype* (inv.). — SUBST. *La hype.*

HYPER- ■ Élément, du grec *huper* «au-dessus, au-delà», qui exprime l'exagération, l'excès, le plus haut degré, soit dans des composés empruntés au grec ou au latin, soit dans des formations françaises, savantes ou familières. ➤ **super-.** REM. *Hyper-* sert à former des noms et des adjectifs, des mots familiers : *c'est hyper-sympa, hyper-chouette.* ■ CONTR. Hypo-.

HYPERACIDITÉ [ipɛʀasidite] **n. f.** – 1889 ◊ de *hyper-* et *acidité* ■ MÉD. Acidité excessive (notamment du suc gastrique). *L'hyperacidité gastrique est due à un excès d'acide chlorhydrique* (➤ **hyperchlorhydrie**).

HYPERACOUSIE [ipɛʀakuzi] **n. f.** – 1896 ◊ de *hyper-* et du grec *akousis* «action d'entendre» ■ MÉD. Exagération de l'acuité auditive. ■ CONTR. Hypoacousie.

HYPERACTIF, IVE [ipɛʀaktif, iv] **adj.** et **n.** – probablt début XXe ◊ de *hyper-* et *actif* ■ Qui déploie une très grande activité. *Enfant hyperactif.* — **n.** *Un hyperactif.*

HYPERACTIVITÉ [ipɛʀaktivite] **n. f.** – 1900 ◊ de *hyper-* et *activité* ■ Activité intense ou excessive. — MÉD. *Hyperactivité infantile* (trouble du comportement).

HYPERALGÉSIE [ipɛʀalʒezi] **n. f.** – 1890 ◊ de *hyper-* et du grec *algos* «douleur» → -algie ■ MÉD. Augmentation anormale de la sensibilité à la douleur. ➤ **hyperalgie.** — **adj. HYPERALGÉSIQUE,** 1897. ■ CONTR. Hypoalgésie.

HYPERALGIE [ipɛʀalʒi] **n. f.** – 1957 ◊ de *hyper-* et *-algie* ■ MÉD. Sensibilité accrue à la douleur (➤ aussi **hyperalgésie**). — **adj. HYPERALGIQUE.** *Sciatique hyperalgique.*

HYPERAPPEL [ipɛʀapɛl] **n. m.** – 1999 ◊ de *hyper-* et *appel* «fait d'appeler un programme informatique» ■ INFORM. Système permettant d'appeler un logiciel à partir d'un autre, par simple sélection d'un objet à l'écran et l'activation d'une touche ou d'un bouton. *Fonction d'hyperappel d'un dictionnaire électronique, d'une encyclopédie.*

HYPERBARE [ipɛʀbaʀ] **adj.** – XXe ◊ de *hyper-* et *-bare* ■ TECHNOL. Se dit d'une enceinte où la pression est supérieure à la pression atmosphérique. *Caisson hyperbare.*

HYPERBATE [ipɛʀbat] **n. f.** – 1545 ◊ latin *hyperbaton*, du grec ■ RHÉT. Figure de style qui consiste à intervertir l'ordre naturel des mots (➤ **inversion**) ou à disjoindre deux termes habituellement réunis.

HYPERBOLE [ipɛʀbɔl] **n. f.** – *yperbole* XIIIe ◊ latin *hyperbole*, du grec *huperbolê*, de *huper* «au-dessus» et *ballein* «lancer»

I RHÉT. Figure de style qui consiste à mettre en relief une idée au moyen d'une expression qui la dépasse (opposé à *litote*). ➤ **emphase, exagération.** *Par hyperbole. Manier l'hyperbole.*

II MATH. (1637) Courbe géométrique (conique centrée) formée par les points d'un plan dont les distances à deux points fixes de ce plan (➤ **foyer**) ont une différence constante.

HYPERBOLIQUE [ipɛʀbɔlik] **adj.** – 1541 ◊ latin *hyperbolicus*, du grec *huperbolikos*

I RHÉT. Caractérisé par l'hyperbole. *Style hyperbolique.* COUR. *Des compliments hyperboliques.* ➤ **emphatique, grandiloquent.** — PHILOS. *Le doute hyperbolique* (Descartes).

II (1646) ■ **1** MATH. Relatif à l'hyperbole. — *Fonctions hyperboliques :* fonctions sinus, cosinus, tangente, cotangente hyperboliques, définies à partir de la fonction exponentielle. *Trigonométrie hyperbolique :* étude des fonctions hyperboliques. ■ **2** Qui a la forme d'une hyperbole ou d'un hyperboloïde. *Miroir hyperbolique.*

■ CONTR. (de I) Mesuré, simple.

HYPERBOLIQUEMENT [ipɛʀbɔlikmɑ̃] **adv.** – XVIe ◊ de *hyperbolique* ■ RHÉT. D'une manière hyperbolique.

HYPERBOLOÏDE [ipɛʀbɔlɔid] **adj.** et **n. m.** – 1765 ◊ de *hyperbole* et *-oïde* ■ DIDACT. ■ **1** RARE En forme d'hyperbole. ■ **2** **n. m.** MATH. Quadrique à centre dont les sections planes sont des hyperboles. *Hyperboloïde de révolution.*

HYPERBORÉEN, ENNE [ipɛʀbɔʀeɛ̃, ɛn] **adj.** – 1542 n. m. pl. ◊ bas latin *hyperboreanus*, de *hyperboreus*, du grec *huperboreos*, de *huper* et *boreas* «vent du nord, nord» ■ LITTÉR. De l'extrême Nord. ➤ **arctique, septentrional.** *Régions hyperboréennes.*

HYPERCALORIQUE [ipɛʀkalɔʀik] **adj.** – 1990 ◊ de *hyper-* et 2 *calorique* ■ Très riche en calories. *Un dessert hypercalorique. Régime hypercalorique.* ■ CONTR. Hypocalorique.

HYPERCHLORHYDRIE [ipɛʀklɔʀidʀi] **n. f.** – fin XIXe ◊ de *hyper-* et *chlorhydr(ique)* ■ MÉD. Excès d'acide chlorhydrique dans le suc gastrique. ➤ **hyperacidité.** ■ CONTR. Hypochlorhydrie.

HYPERCHOLESTÉROLÉMIE [ipɛʀkɔlɛsteʀɔlemi] **n. f.** – 1912 ◊ de *hyper-*, *cholestérol* et *-émie* ■ MÉD. Élévation de la teneur en cholestérol du sang. — **adj.** et **n. HYPERCHOLESTÉROLÉMIQUE.**

HYPERCHROME [ipɛʀkʀom] **adj.** – 1962 ◊ de *hyper-* et *-chrome* ■ DIDACT. (BIOL.) Qui est caractérisé par une forte coloration, qui est fortement pigmenté. ■ CONTR. Hypochrome.

HYPERCHROMIE [ipɛʀkʀɔmi] **n. f.** – 1901 ◊ de *hyper-* et *-chromie* ■ MÉD. Pigmentation accrue, locale ou étendue, de la peau. *Hyperchromie d'un nævus.* ➤ **mélanisme.** ■ CONTR. Achromie, hypochromie.

HYPERCORRECT, E [ipɛʀkɔʀɛkt] **adj.** – 1933 ◊ de *hyper-* et *correct* ■ LING. Qui est formé par hypercorrection*. *Forme, graphie hypercorrecte.*

HYPERCORRECTION [ipɛʀkɔʀɛksjɔ̃] **n. f.** – 1941 ◊ de *hypercorrect* ■ LING. Reconstruction fautive d'une forme linguistique produisant une forme supposée correcte. — PAR EXT. Le fait de produire des formes linguistiques anormales ou fautives par souci de manifester une maîtrise du discours signalant un statut social valorisé.

HYPERDULIE [ipɛʀdyli] **n. f.** – *yperdulie* 1488 ◊ latin chrétien *hyperdulia* ; cf. *hyper-* et *dulie* ■ LITURG. Culte rendu à la Vierge Marie, supérieur au culte de dulie, rendu aux saints.

HYPERÉMIE [ipɛʀemi] **n. f.** – 1833 ◊ de *hyper-* et *-émie* ■ MÉD. Congestion locale due à une cause physique ou chimique.

HYPERÉMOTIF, IVE [ipɛʀemɔtif, iv] **adj.** et **n.** – 1911 ◊ de *hyper-* et *émotif* ■ Exagérément émotif. ➤ **hypersensible.** *Une enfant hyperémotive.* — **n.** *Un hyperémotif.*

HYPERÉMOTIVITÉ [ipɛʀemɔtivite] **n. f.** – 1905 ◊ de *hyper-* et *émotivité* ■ PSYCHOL. Exagération de l'émotivité ; susceptibilité extrême aux émotions. ➤ **hypersensibilité.**

HYPERESPACE [ipɛʀɛspas] **n. m.** – fin XIXe ◊ de *hyper-* et *espace* ■ MATH. Espace de plus de trois dimensions.

HYPERESTHÉSIE [ipɛʀɛstezi] **n. f.** – 1808 ◊ latin des médecins *hyperaestheses* (1795) ; cf. *hyper-* et *-esthésie* ■ MÉD. Sensibilité exagérée, pathologique. *Hyperesthésie du toucher.* — *«Elle avait une hyperesthésie morale : tout la faisait souffrir»* R. ROLLAND.

HYPERFOCAL, ALE, AUX [ipɛʀfɔkal, o] **adj.** et **n. f.** – v. 1900 ◊ de *hyper-* et *focal* ■ PHOTOGR. *Distance hyperfocale :* la plus petite distance à laquelle un appareil photographique mis au point sur l'infini donne l'image nette d'un objet. — **n. f.** *Une hyperfocale.*

HYPERFRÉQUENCE [ipɛʀfʀekɑ̃s] **n. f.** – 1949 ◊ de *hyper-* et *fréquence* ■ ÉLECTRON. Fréquence radioélectrique très élevée (supérieure à 1 000 mégahertz).

HYPERGENÈSE [ipɛʀʒənɛz] **n. f.** – 1834 ◊ de *hyper-* et *-genèse* ■ MÉD. Développement exagéré (d'une structure anatomique). *Hypergenèse physiologique* (par ex. de la musculature utérine au cours de la grossesse). *Hypergenèse pathologique* (formation des tumeurs).

HYPERGLYCÉMIANT, IANTE [ipɛʀglisemjɑ̃, jɑ̃t] **adj.** – 1926 ◊ de *hyperglycémie* ■ PHYSIOL. Qui augmente la glycémie. *Le glucagon est hyperglycémiant.* ■ CONTR. Hypoglycémiant.

HYPERGLYCÉMIE [ipɛʀglisemi] **n. f.** – 1877 ◊ de *hyper-* et *glycémie* ■ MÉD. Excès de sucre dans le sang. ➤ **diabète.** ■ CONTR. Hypoglycémie.

HYPERLIEN [ipɛʀljɛ̃] **n. m.** – 1995 ◊ de *hyper-* et *lien* ■ INFORM. Lien hypertexte. *Cliquez sur l'hyperlien.*

HYPERLIPÉMIE [ipɛʀlipemi] **n. f.** – 1958 ◊ de *hyper-* et *lipémie* → lipidémie ■ MÉD. Excès de lipides dans le sang. — On dit aussi **HYPERLIPIDÉMIE** [ipɛʀlipidemi]. ■ CONTR. Hypolipémie.

HYPERMARCHÉ [ipɛʀmaʀʃe] **n. m.** – 1970 ◊ de *hyper-* et *marché* ■ Magasin à libre service, généralement situé en périphérie des agglomérations, proposant un grand assortiment d'articles, sur une surface supérieure à 2 500 m². ➤ **supermarché.** — ABRÉV. FAM. (1972) **HYPER.** *Les hypers.*

HYPERMÉDIA [ipɛʀmedja] **n. m. et adj.** – 1989 ◊ anglais *hypermedia* ■ INFORM. Hypertexte appliqué à des données multimédias, permettant de créer des liens entre des textes, des sons et des images. — **adj.** *Liens hypermédias.*

HYPERMÉNORRHÉE [ipɛʀmenɔʀe] **n. f.** – 1950 ◊ de *hyper-*, *méno-* et *-rrhée* ■ MÉD. Excès de l'écoulement menstruel. ➤ **ménorragie.**

HYPERMÈTRE [ipɛʀmɛtʀ] **adj.** – 1573 ◊ grec *hupermetros* «démesuré», de *metron* «mesure» ■ DIDACT. *Vers hypermètre,* dont la syllabe finale est en dehors de la mesure du vers (dans la prosodie gréco-latine).

HYPERMÉTROPE [ipɛʀmetʀɔp] **adj. et n.** – 1866 ◊ du grec *hupermetros* «qui passe la mesure» et *ops, opis* «œil» ■ PHYSIOL. Qui ne distingue pas avec netteté les objets très rapprochés. ➤ **presbyte.** — **n.** *Une hypermétrope.* ■ CONTR. Myope.

HYPERMÉTROPIE [ipɛʀmetʀɔpi] **n. f.** – 1866 ◊ de *hypermétrope* ou du latin savant *hypermetropia,* du grec ■ PHYSIOL. État d'un œil pour lequel, sans accommodation, les images se forment en arrière de la rétine (opposé à *myopie*). ➤ **amétropie, presbytie.**

HYPERMNÉSIE [ipɛʀmnezi] **n. f.** – 1890 ◊ de *hyper-* et *-mnésie* ■ PSYCHOL. Exaltation pathologique de la mémoire. — **adj. HYPERMNÉSIQUE.** ■ CONTR. Amnésie.

HYPERNERVEUX, EUSE [ipɛʀnɛʀvø, øz] **adj.** – 1926 ◊ de *hyper-* et *nerveux* ■ D'une nervosité excessive, pathologique. — **n.** *C'est une hypernerveuse.*

HYPÉRON [ipeʀɔ̃] **n. m.** – 1953 ◊ de *hyper-* et *(électr)on* ■ PHYS. NUCL. Baryon* de masse supérieure à celle du nucléon, à durée de vie très courte.

HYPERONYME [ipeʀɔnim] **n. m.** – v. 1960 ◊ de *hyper-* et *-onyme* ■ LING. *Hyperonyme d'un mot,* mot qui englobe son sens et lui sert de classificateur. ➤ 1 **générique.** «*Insecte*» *est l'hyperonyme de «puce», «mouche», «pou»...* ■ CONTR. Hyponyme.

HYPERPARATHYROÏDIE [ipɛʀpaʀatiʀɔidi] **n. f.** – 1935 ◊ de *hyper-* et *parathyroïde* ■ MÉD. Hypersécrétion de parathormone par les glandes parathyroïdes. ■ CONTR. Hypoparathyroïdie.

HYPERPHAGIE [ipɛʀfaʒi] **n. f.** – 1912 ◊ de *hyper-* et *-phagie* ■ MÉD. Trouble du comportement alimentaire consistant en une ingestion excessive de nourriture. ➤ **boulimie.** — **adj. et n. HYPERPHAGIQUE.**

HYPERPLASIE [ipɛʀplazi] **n. f.** – 1902 ; «engorgement» 1866 ◊ de *hyper-* et *-plasie* ■ PATHOL. Développement anormal d'un tissu, d'un organe, par multiplication de ses cellules. ➤ **hypertrophie.** — **adj. HYPERPLASIQUE.** ■ CONTR. Aplasie, hypoplasie.

HYPERPUISSANCE [ipɛʀpɥisɑ̃s] **n. f.** – 1991 ; «toute-puissance» 1949 ◊ de *hyper-* et *puissance* ■ Puissance sans égale à l'échelle mondiale. «*la mondialisation et son corollaire, l'hyperpuissance américaine*» A. MINC.

HYPERRÉALISME [ipɛʀʀealism] **n. m.** – 1971 ◊ de *hyper-* et *réalisme* ■ Courant artistique d'origine américaine, représenté par des peintres, des sculpteurs, des graphistes qui s'efforcent de reproduire minutieusement la réalité en s'inspirant notamment des effets des procédés photographiques. *L'hyperréalisme en peinture.* «*l'hyperréalisme* [...] *ne fait que répliquer le plus visible*» J.-F. LYOTARD.

HYPERRÉALISTE [ipɛʀʀealist] **adj. et n.** – v. 1972 ◊ de *hyperréalisme* ■ Qui concerne l'hyperréalisme. *La peinture hyperréaliste.* «*une grande toile hyper-réaliste représentant un plat de spaghetti fumants*» PEREC. — **n.** *Les hyperréalistes américains.*

HYPERSÉCRÉTION [ipɛʀsekʀesjɔ̃] **n. f.** – 1845 ◊ de *hyper-* et *sécrétion* ■ PHYSIOL. Sécrétion excessive d'une glande. *Hypersécrétion de larmes* (➤ **larmoiement**), *de salive* (➤ **ptyalisme, sialorrhée**). *Hypersécrétion des glandes sébacées.* ➤ **séborrhée.** ■ CONTR. Hyposécrétion.

HYPERSENSIBILITÉ [ipɛʀsɑ̃sibilite] **n. f.** – 1896 ◊ de *hyper-* et *sensibilité* ■ Sensibilité exagérée, pathologique. ➤ **hyperémotivité.** «*un état de tension nerveuse extrême et d'hypersensibilité*» GIDE. ◆ MÉD. *Hypersensibilité immédiate :* résultat pathologique de la sensibilisation immunitaire. ➤ **allergie, atopie.** *Hypersensibilité retardée :* réponse inflammatoire se produisant par l'intermédiaire des lymphocytes T chez un individu préalablement immunisé. ■ CONTR. Insensibilité.

HYPERSENSIBLE [ipɛʀsɑ̃sibl] **adj. et n.** – 1907 ◊ de *hyper-* et *sensible* ■ D'une sensibilité extrême, exagérée. ➤ **hyperémotif.** *Un enfant hypersensible.* — MÉD. *Organe, tissu hypersensible à* (une excitation, un allergène). ■ CONTR. Insensible.

HYPERSEXUALISATION [ipɛʀsɛksɥalizasjɔ̃] **n. f.** – 1980 ; autre sens 1952 ◊ de *hyper-* et *sexualisation* ■ DIDACT. Représentation excessive de la sexualité. *L'hypersexualisation de la société contemporaine.* ◆ Représentation très sexualisée (de qqn). *L'hypersexualisation des petites filles.*

HYPERSOMNIE [ipɛʀsɔmni] **n. f.** – 1927 ◊ de *hyper-* et du latin *somnus* «sommeil» ■ MÉD. Exagération du besoin de dormir. *Hypersomnie dans la maladie du sommeil. Hypersomnies provoquées par des tumeurs cérébrales et certaines formes de diabète.* — **adj. et n. HYPERSOMNIAQUE.** ■ CONTR. Insomnie.

HYPERSONIQUE [ipɛʀsɔnik] **adj.** – milieu XXᵉ ◊ de *hyper-*, d'après *supersonique* ■ TECHN. *Vitesses hypersoniques,* plusieurs fois supérieures à celle du son (mesurées en nombre de Mach). ➤ **supersonique** (COUR.).

HYPERSTHÉNIE [ipɛʀsteni] **n. f.** – 1846 ◊ de *hyper-* et *-sthénie* ■ PATHOL. Fonctionnement exagéré de certains tissus ou organes. *Hypersthénie gastrique.* ◆ Accroissement des forces de l'organisme, de ses possibilités de lutte contre les infections. ■ CONTR. Asthénie.

HYPERSUSTENTATEUR, TRICE [ipɛʀsystɑ̃tatœʀ, tʀis] **adj. et n. m.** – milieu XXᵉ ◊ de *hyper-* et *sustentateur* ■ TECHN. Se dit d'un dispositif destiné à assurer l'hypersustentation. *Volets hypersustentateurs.*

HYPERSUSTENTATION [ipɛʀsystɑ̃tasjɔ̃] **n. f.** – milieu XXᵉ ◊ de *hyper-* et *sustentation* ■ AVIAT. Augmentation momentanée de la portance des ailes.

HYPERTÉLIE [ipɛʀteli] **n. f.** – *hypertélisme* milieu XXᵉ ◊ du grec *hupertelês,* de *telos* «fin, terme» ■ BIOL. Développement exagéré d'un caractère morphologique, d'une structure anatomique, pouvant aller jusqu'à constituer une gêne (ex. les bois de certains cervidés).

HYPERTENDU, UE [ipɛʀtɑ̃dy] **adj. et n.** – 1907 ◊ de *hyper-* et *tendu* ■ Qui souffre d'hypertension. ➤ **hypertensif.** — **n.** *Les hypertendus.* ■ CONTR. Hypotendu.

HYPERTENSEUR [ipɛʀtɑ̃sœʀ] **adj. m.** – 1910 ◊ de *hypertension.* ■ MÉD. Qui augmente la tension artérielle. ➤ **hypertensif.** *Un médicament hypertenseur* ou **n. m.** *un hypertenseur.* ■ CONTR. Hypotenseur.

HYPERTENSIF, IVE [ipɛʀtɑ̃sif, iv] **adj. et n.** – 1898 ◊ de *hyper-* et *tension* ■ MÉD. ■ **1** Qui concerne l'hypertension. *Accès hypertensifs.* ■ **2** Atteint d'hypertension. ➤ **hypertendu. n.** *Les hypertensifs.* ■ **3** Qui augmente la tension artérielle. ➤ **hypertenseur.** *Médicament hypertensif,* ou ELLIPT *un hypertensif.* ■ CONTR. Hypotensif.

HYPERTENSION [ipɛʀtɑ̃sjɔ̃] **n. f.** – 1886 ◊ de *hyper-* et *tension* ■ Pression (tension) artérielle supérieure à la normale ; augmentation de la tension. *Souffrir d'hypertension* (cf. Avoir de la tension*). ■ CONTR. Hypotension.

HYPERTEXTE [ipɛʀtɛkst] **n. m.** – 1965, répandu v. 1988 ◊ de *hyper-* et *texte* ■ INFORM. Système de renvois permettant de passer d'une partie d'un document à une autre, d'un document à un autre. — **adj.** *Liens hypertextes.* ➤ **hypertextuel ; hyperlien.**

HYPERTEXTUEL, ELLE [ipɛʀtɛkstɥɛl] **adj.** – 1993 ; en littérature v. 1987 ◊ de *hypertexte* ■ INFORM. Relatif à l'hypertexte. *Liens hypertextuels.*

HYPERTHERMIE [ipɛʀtɛʀmi] **n. f.** – 1849 ◊ de *hyper-* et *-thermie* ■ DIDACT. Élévation de la température corporelle au-dessus de la normale. *Hyperthermie d'effort. Hyperthermie majeure* (ou coup de chaleur*). ■ CONTR. Hypothermie.

HYPERTHYROÏDIE [ipɛʀtiʀɔidi] **n. f.** – 1897 ◊ de *hyper-* et *thyroïde* ■ MÉD. Exagération de la sécrétion de la thyroïde. ■ CONTR. Hypothyroïdie.

HYPERTONIE [ipɛRtɔni] **n. f.** – 1803 ◊ du grec *hupertonos* «tendu à l'excès» ▪ **1** BIOCHIM. Caractère d'une solution dont la concentration en soluté est supérieure à celle d'une solution de référence. ▪ **2** MÉD. Excès de tension musculaire. ▪ CONTR. Atonie, hypotonie.

HYPERTONIQUE [ipɛRtɔnik] **adj.** et **n.** – 1803 ◊ de *hypertonie* ▪ **1** Dont le tonus est trop élevé ; atteint d'hypertonie. — **n.** *Un hypertonique.* ▪ **2** BIOCHIM. Dont la concentration en soluté est forte par rapport à un milieu de plus faible concentration adjacent, ce qui provoque l'entrée d'eau par osmose. *Solution hypertonique.* ▪ CONTR. Hypotonique.

HYPERTROPHIE [ipɛRtRɔfi] **n. f.** – 1819 ◊ de *hyper-* et du grec *trophê*, littéralt «excès de nutrition» ▪ **1** PHYSIOL. Augmentation de volume d'un organe avec ou sans altération anatomique. *Hypertrophie cellulaire.* ➤ **hyperplasie.** *Hypertrophie des extrémités.* ➤ **acromégalie.** *Hypertrophie mammaire.* ▪ **2** (ABSTRAIT) Développement excessif, anormal. ➤ **exagération.** *Hypertrophie du moi.* ▪ CONTR. Atrophie, hypotrophie.

HYPERTROPHIÉ, IÉE [ipɛRtRɔfje] **adj.** – 1843 ◊ de *hypertrophie* ▪ Atteint d'hypertrophie. *Cœur hypertrophié.* — FIG. *«sensibilité hypertrophiée»* MONTHERLANT. ▪ CONTR. Atrophié.

HYPERTROPHIER [ipɛRtRɔfje] **v. tr.** ‹7› – 1833 ◊ de *hypertrophie* ▪ Produire l'hypertrophie de. PRONOM. Se développer exagérément. *Foie qui s'hypertrophie* (➤ **hypertrophié**).

HYPERTROPHIQUE [ipɛRtRɔfik] **adj.** – 1832 ◊ de *hypertrophie* ▪ Relatif à l'hypertrophie ; caractérisé par l'hypertrophie. *Déformation hypertrophique. Foie hypertrophique.*

HYPERVARIABLE [ipɛRvaRjabl] **adj.** – 1987 ◊ de *hyper-* et *variable* ▪ BIOL. Qui présente une grande variabilité. *Milieux hypervariables.* — *Région hypervariable* (d'un anticorps) : séquence variable d'un anticorps à l'autre, qui lui confère sa spécificité de liaison à l'antigène. *«les "éléments hypervariables" — ceux dont les mutations très rapides déjouent la vigilance du système immunitaire, en le forçant à s'épuiser pour fabriquer des anticorps qui ne servent à rien»* (Le Nouvel Observateur, 2004).

HYPERVENTILATION [ipɛRvɑ̃tilasjɔ̃] **n. f.** – 1922 ◊ de *hyper-* et *ventilation* ▪ PHYSIOL. Accélération du rythme et de l'amplitude respiratoires. *Hyperventilation due au stress, à l'asthme. «J'ai fait ce qu'ils appellent de l'angoisse, tu sais, ce qui te fait respirer trop... hyperventilation»* M. LABERGE. *Hyperventilation volontaire.*

HYPERVITAMINOSE [ipɛRvitaminoz] **n. f.** – 1941 ◊ de *hyper-*, *vitamine* et 2 *-ose*, d'après *avitaminose* ▪ MÉD. Troubles provoqués dans l'organisme par l'ingestion excessive d'aliments vitaminés. ▪ CONTR. Hypovitaminose.

HYPHE [if] **n. m.** – 1840 ◊ latin moderne *hypha*, du grec *huphê* «tissu» ▪ BOT. Filament du mycélium des champignons supérieurs (➤ **thalle**). *Hyphes cloisonnés des basidiomycètes.* ▪ HOM. If.

HYPHOLOME [ifɔlɔm ; ifolom] **n. m.** – v. 1900 ◊ latin moderne *hypholoma*, du radical du grec *huphê* «tissu» et *lôma* «frange» ▪ BOT. Champignon non comestible *(hyménomycètes)*, possédant une membrane réunissant le haut du pied au bord supérieur du chapeau.

HYPNAGOGIQUE [ipnagɔʒik] **adj.** – 1855 ◊ de *hypn(o)-* et *-agogie* ▪ DIDACT. ▪ **1** Qui cause le sommeil. ➤ **soporifique.** ▪ **2** Qui précède immédiatement le sommeil. *Hallucination hypnagogique.*

HYPNE [ipn] **n. f.** – 1771 ◊ grec *hupnon* ▪ BOT. Bryophyte très commune *(hypnobriales)*, mousse des sous-bois et des troncs d'arbres.

HYPN(O)- ▪ Élément, du grec *hupnos* «sommeil».

HYPNOÏDE [ipnɔid] **adj.** – 1900 ◊ allemand *hypnoid* (1893) ; cf. *hypn(o)-* et *-oïde* ▪ PSYCHIATR. Qui a l'apparence du sommeil. *«l'état hypnoïde appartient déjà au domaine d'Hypnos»* J. DELAY.

HYPNOSE [ipnoz] **n. f.** – v. 1870 ◊ du grec *hupnoein* «endormir», par l'anglais (1862) ▪ **1** État voisin du sommeil, provoqué par des manœuvres de suggestion, des actions physiques ou mécaniques (➤ **hypnotisme**), ou par des médicaments hypnotiques. ➤ **catalepsie, magnétisme, narcose, somnambulisme, transe.** *Agir sous hypnose. Thérapie par l'hypnose.* ➤ **hypnothérapie.** ▪ **2** PAR ANAL. État d'engourdissement ou d'abolition de la volonté, rappelant l'hypnose. *Un auditoire en état d'hypnose* (cf. Sous le charme*). *«Il n'est pas toujours facile* [pour un poète] *de produire l'hypnose»* CLAUDEL. ➤ **envoûtement.**

HYPNOTHÉRAPIE [ipnoteRapi] **n. f.** – 1861 ◊ de *hypno-* et *thérapie* ▪ Hypnose employée à des fins thérapeutiques. — **n. HYPNOTHÉRAPEUTE.**

HYPNOTIQUE [ipnɔtik] **adj.** – 1549 ◊ bas latin *hypnoticus*, du grec *hupnotikos*, de *hupnos* «sommeil» ▪ **1** MÉD. Qui provoque le sommeil. ➤ **narcotique, somnifère. n. m.** ➤ **soporifique ; anxiolytique, barbiturique.** ▪ **2** (1860) COUR. Relatif à l'hypnose, à l'hypnotisme. *État hypnotique.* — Qui provoque l'hypnose. *Suggestion hypnotique.* PAR ANAL. *«la suggestion presque hypnotique d'un beau livre»* PROUST. — (PERSONNES) Accessible à l'état d'hypnose. *Sujet hypnotique.*

HYPNOTISER [ipnɔtize] **v. tr.** ‹1› – 1855 ◊ de *hypnotique* ▪ **1** Endormir artificiellement (qqn, un animal) par les procédés de l'hypnotisme. ➤ 2 **fasciner, magnétiser.** *«comme si elle l'eût galvanisé, hypnotisé à distance»* JOUHANDEAU. ▪ **2** FIG. Fasciner (qqn) au point qu'il oublie tout le reste. ➤ **éblouir, obnubiler.** *Spectacle qui hypnotise les enfants.* — PRONOM. et FIG. *«Il voulut s'hypnotiser sur cette pensée unique»* BLOY.

HYPNOTISEUR, EUSE [ipnɔtizœR, øz] **n.** – 1860 ◊ de *hypnotiser* ▪ Personne qui hypnotise. ➤ **magnétiseur.**

HYPNOTISME [ipnɔtism] **n. m.** – 1845 «sommeil produit par un objet brillant» ◊ par l'anglais *hypnotism* (1841), de *hypnotic* ▪ **1** Ensemble des phénomènes qui caractérisent le sommeil artificiel provoqué (➤ **hypnose**) : raideurs musculaires (➤ **catalepsie**), actes exécutés inconsciemment sur commande (➤ **somnambulisme**). ▪ **2** Ensemble des procédés mis en œuvre pour provoquer un état d'hypnose, comportant essentiellement des mécanismes de suggestion. ➤ **fascination, magnétisme, suggestion.** *Séances d'hypnotisme.* ▪ **3** Science qui traite des phénomènes hypnotiques. *Richet, Charcot, Janet, théoriciens de l'hypnotisme.*

HYPO- ▪ Élément, du grec *hupo* «au-dessous, en deçà», qui exprime la diminution, l'insuffisance, la situation inférieure, et SPÉCIALT en chimie, l'idée de petite quantité d'oxygène ou de faible degré d'oxydation : *hypochloreux.* ▪ CONTR. Hyper-.

HYPOACOUSIE [ipoakuzi] **n. f.** – 1900 ◊ de *hypo-* et du grec *akousis* «action d'entendre» ▪ MÉD. Diminution de l'acuité auditive. ▪ CONTR. Hyperacousie.

HYPOALGÉSIE [ipoalʒezi] **n. f.** – 1933 ◊ de *hypo-* et du grec *algesis* «douleur» ▪ MÉD. Diminution anormale de la sensibilité à la douleur. ▪ CONTR. Hyperalgésie.

HYPOALLERGÉNIQUE [ipoalɛRʒenik] **adj.** – v. 1970 ◊ de *hypo-* et *allergène* ▪ PHARM. Dont la composition minimise les risques d'allergie. ➤ aussi **anallergique.** *Lait hypoallergénique pour nourrissons.* — On dit aussi **HYPOALLERGIQUE.**

HYPOCAGNE ➤ **HYPOKHÂGNE**

HYPOCALORIQUE [ipokalɔRik] **adj.** – 1966 ◊ de *hypo-* et 2 *calorique* ▪ Qui comporte peu de calories. *Régime hypocalorique amaigrissant. Aliments hypocaloriques.* ➤ **allégé, léger,** 1 **maigre.** ▪ CONTR. Hypercalorique.

HYPOCAUSTE [ipokost] **n. m.** – 1547 ◊ grec *hupokauston*, de *hupo-* (cf. *hypo-*) et *kaiein* «brûler» ▪ ARCHÉOL. Fourneau souterrain pour chauffer les bains, les chambres.

HYPOCENTRE [iposɑ̃tR] **n. m.** – 1922 ◊ de *hypo-* et *centre* ▪ GÉOL. Foyer réel d'un séisme, situé dans les profondeurs de la terre (opposé à *épicentre*).

HYPOCHLOREUX [ipoklɔRø] **adj. m.** – 1866 ◊ de *hypo-* et *chloreux* ▪ CHIM. **ACIDE HYPOCHLOREUX :** acide (HClO) obtenu par action de l'eau sur le chlore. *L'acide hypochloreux est un désinfectant.*

HYPOCHLORHYDRIE [ipoklɔRidRi] **n. f.** – fin XIXe ◊ de *hypo-* et radical de *chlorhydr(ique)* ▪ MÉD. Diminution de la quantité d'acide chlorhydrique dans le suc gastrique. ▪ CONTR. Hyperchlorhydrie.

HYPOCHLORITE [ipoklɔRit] **n. m.** – 1855 ◊ de *hypo-* et *chlore* ▪ CHIM. Sel de l'acide hypochloreux. *Hypochlorite de sodium* (NaClO) : eau de Javel*.

HYPOCHROME [ipokʀom] **adj.** – milieu XXe ◊ de *hypo-* et *-chrome* ■ DIDACT. Peu coloré. *Fleur hypochrome.* MÉD. *Anémie hypochrome,* caractérisée par une baisse de la teneur en hémoglobine des globules rouges. ■ CONTR. Hyperchrome.

HYPOCHROMIE [ipɔkʀɔmi] **n. f.** – 1931 ◊ de *hypo-* et *-chromie* ■ MÉD. ■ **1** Pâleur anormale d'un organe ou d'un tissu ; SPÉCIALT Diminution de la pigmentation de la peau. ■ **2** Teneur anormalement basse en hémoglobine des globules rouges du sang. ■ CONTR. Hyperchromie.

HYPOCONDRE [ipɔkɔ̃dʀ] **n.** – milieu XIIIe *ypocondre* ◊ plur. latin *hypochondria,* du grec *hupo-* (cf. *hypo-*) et *khondros* « cartilage des côtes »

I **n. m.** ANAT. Chacune des parties latérales de la région supérieure de l'abdomen, à droite et à gauche de l'épigastre*.

II **n.** (1653) VIEILLI Hypocondriaque. « *C'est* [Barrès] *un hypocondre qui a de grands moments d'abattement* » LÉAUTAUD.

HYPOCONDRIAQUE [ipɔkɔ̃dʀijak] **adj. et n.** – v. 1560 ◊ grec *hupokhondriakos* ■ **1** MÉD. ANC. Qui a rapport aux hypocondres. *Maladie hypocondriaque.* ➤ **hypocondrie.** ■ **2** (XVIe) Qui est atteint d'hypocondrie. *Sujet hypocondriaque.* — D'humeur triste et capricieuse. **n.** *Un hypocondriaque.* ➤ **hypocondre,** II. ■ CONTR. Gai.

HYPOCONDRIE [ipɔkɔ̃dʀi] **n. f.** – 1781 ; hapax avant 1478 ◊ de *hypocondre,* ou du bas latin *hypochondria* ■ État d'anxiété habituelle et excessive à propos de sa santé (autrefois supposée avoir son origine dans les organes abdominaux appelés *hypocondres*). ➤ **mélancolie, neurasthénie.** *Atteint d'hypocondrie.* ➤ **hypocondriaque.**

HYPOCORISTIQUE [ipɔkɔʀistik] **adj. et n. m.** – 1893 ◊ grec *hupokoristikos,* de *hupokorizesthai* « parler avec des diminutifs » ■ LING. Qui exprime une intention affectueuse, caressante. *Diminutif, redoublement hypocoristique.* — **n. m.** Chouchou *est un hypocoristique.*

HYPOCRAS [ipɔkʀɑs] **n. m.** – *ipocras* 1377 ◊ p.-ê. altération, d'après le nom d'*Hippocrate,* de l'ancien français *bogerastre* « boisson aromatique », du grec byzantin *hupokeraston,* ou du bas latin °*hippocrasticum (vinum)* « (vin) hippocratique » ■ ANCIENNT Vin sucré où l'on a fait infuser de la cannelle, du girofle. « *des capiteux hypocras* » HUYSMANS.

HYPOCRISIE [ipɔkʀizi] **n. f.** – milieu XIIe ◊ du latin *hypocrisis,* du grec *hupokrisis* « jeu de l'acteur, mimique », de *hupokrinein* « répondre », de *krinein* ■ **1** Attitude qui consiste à déguiser son véritable caractère, à manifester des opinions, des sentiments, et spécialement des vertus qu'on n'a pas. ➤ **dissimulation, duplicité, fausseté, fourberie.** *Il est d'une hypocrisie révoltante. Répondez sans hypocrisie.* « *L'hypocrisie est une nécessité des époques où il faut de la simplicité dans les apparences* » VALÉRY. *L'hypocrisie d'un faux dévot.* ➤ **bigoterie, pharisaïsme, tartuferie.** ■ **2** Caractère de ce qui est hypocrite. *Hypocrisie d'un argument.* ➤ **jésuitisme.** ■ **3** *Une, des hypocrisies.* Acte, manifestation hypocrite. ➤ **comédie, mensonge, simagrée, tromperie.** *Dénoncer les tabous et les hypocrisies.* ■ CONTR. Franchise, loyauté, sincérité.

HYPOCRITE [ipɔkʀit] **n. et adj.** – *ipocrite* v. 1175 ◊ bas latin *hypocrita,* du grec *hupokritês* « acteur, mime » → hypocrisie

I **n.** Personne qui fait preuve d'hypocrisie. ➤ **fourbe, imposteur, jésuite, sainte nitouche, sournois** (cf. Faux jeton* ; FAM. faux cul*, faux derche*). *Quelle hypocrite ! Faire l'hypocrite* (cf. Le petit saint*). — SPÉCIALT Faux dévot. ➤ **bigot, pharisien, tartufe.**

II **adj.** (PERSONNES) Qui se comporte avec hypocrisie. ➤ **artificieux, dissimulé, double,** 1**faux, menteur, sournois.** *Elle est très hypocrite. Courtisan hypocrite.* ➤ **flatteur.** « *Dans les relations mondaines, on cache sa pensée, on est poli et hypocrite* » CHARDONNE. ◆ (CHOSES) Qui est empreint d'hypocrisie, qui dénote de l'hypocrisie. *Sourire, ton hypocrite. Promesses hypocrites.* ➤ **fallacieux, mensonger.**

■ CONTR. Cordial, 2franc, loyal, sincère.

HYPOCRITEMENT [ipɔkʀitmɑ̃] **adv.** – 1584 ◊ de *hypocrite* ■ D'une manière hypocrite ; avec hypocrisie. *Répondre hypocritement.* ■ CONTR. Franchement.

HYPOCYCLOÏDE [iposiklɔid] **n. f.** – 1863 ◊ de *hypo-* et *cycloïde* ■ MATH. Courbe engendrée par un point d'un cercle qui roule sans glisser à l'intérieur d'un cercle fixe. ➤ aussi **cycloïde, épicycloïde.**

HYPODERME [ipɔdɛʀm] **n. m.** – 1818 ◊ de *hypo-* et *derme* ■ **1** ANAT. Tissu sous-cutané. *Injection dans l'hypoderme* (➤ **hypodermique**). ◆ BOT. Tissu situé au-dessous de l'épiderme. ■ **2** ZOOL. Genre d'insectes diptères dont les larves (➤ **varon**) vivent sous la peau des ruminants chez lesquels ils peuvent provoquer des maladies (➤ **hypodermose**) et chez l'être humain des lésions cutanées (➤ **myiase**).

HYPODERMIQUE [ipɔdɛʀmik] **adj.** – 1854 ◊ de *hypoderme* ■ Qui concerne le tissu sous-cutané. *Piqûre hypodermique.* ➤ **sous-cutané.** PAR EXT. *Seringue hypodermique.*

HYPODERMOSE [ipɔdɛʀmoz] **n. f.** – 1910 ◊ de *hypoderme* ■ VÉTÉR. Affection sous-cutanée causée aux animaux (bovins) par les larves d'hypodermes (2°).

HYPOGASTRE [ipɔgastʀ] **n. m.** – 1536 ◊ grec *hupogastrion,* de *hupogastrios* « qui est sous le ventre », de *gastêr* → gastéro- ■ ANAT. Région médiane inférieure de l'abdomen, située entre les fosses iliaques. ➤ **bas-ventre.**

HYPOGASTRIQUE [ipɔgastʀik] **adj.** – v. 1560 ◊ de *hypogastre* ■ ANAT. Relatif à l'hypogastre. *Douleurs hypogastriques.*

HYPOGÉ, ÉE [ipɔʒe] **adj.** – 1831 ◊ bas latin *hypogeus,* du grec ■ BOT. Qui se développe sous la terre. *Germination hypogée. Les fruits hypogés de l'arachide.* ◆ ZOOL. *Organisme hypogé,* qui se développe sous terre (➤ **endogé**), dans les grottes ou les eaux souterraines. ■ CONTR. Épigé.

HYPOGÉE [ipɔʒe] **n. m.** – 1564 ◊ latin *hypogeum,* du grec *hupogeion,* de *gê* « terre » ■ ARCHÉOL. Construction, et SPÉCIALT sépulture souterraine. *Les hypogées égyptiens.*

HYPOGLOSSE [ipɔglɔs] **adj.** – 1752 ◊ grec *hupoglôssios,* de *glôssa* « langue » ■ ANAT. *Nerf grand hypoglosse,* **ou n. m.** *l'hypoglosse :* nerf crânien qui se distribue aux muscles de la langue.

HYPOGLYCÉMIANT, IANTE [ipoglisemjɑ̃, jɑ̃t] **adj.** – 1923 ◊ de *hypoglycémie* ■ PHYSIOL. Qui diminue la glycémie. *L'insuline est hypoglycémiante.* ■ CONTR. Hyperglycémiant.

HYPOGLYCÉMIE [ipoglisemi] **n. f.** – 1908 ◊ de *hypo-* et *glycémie* ■ MÉD. Diminution ou insuffisance du taux de glucose du sang. — **adj. et n. HYPOGLYCÉMIQUE.** ■ CONTR. Hyperglycémie.

HYPOGYNE [ipɔʒin] **adj.** – 1801 ◊ de *hypo-* et *-gyne* ■ BOT. Qui est inséré sous l'ovaire d'une plante. *Corolle hypogyne.*

HYPOKHÂGNE [ipɔkaɲ] **n. f.** – v. 1890 ◊ de *hypo-* et *khâgne* ■ ARG. SCOL. Lettres supérieures, classe de préparation à l'École normale supérieure. ➤ aussi **khâgne.** — On écrit aussi *hypocagne.*

HYPOLIPÉMIE [ipolipemi] **n. f.** – 1959 ◊ de *hypo-* et *lipémie* → lipidémie ■ MÉD. Diminution anormale de la lipidémie. ■ CONTR. Hyperlipémie.

HYPONOMEUTE [ipɔnɔmøt] **n. m.** – 1878 ◊ grec *huponomeutes* « mineur », de *huponomos* « qui creuse en dessous » ■ ZOOL. Insecte lépidoptère qui pond ses œufs sur les branches des arbres fruitiers, où les chenilles causent de grands dégâts. ➤ **teigne.** *L'hyponomeute du pommier.* — On écrit aussi *yponomeute.*

HYPONYME [ipɔnim] **n. m.** – v. 1960 ◊ de *hyp(o)-* et *-onyme* ■ LING. *Hyponyme d'un mot :* mot qui désigne une sous-classe par rapport au classificateur. « *Mouche* », « *pou* » *sont des hyponymes de* « *insecte* ». ■ CONTR. Hyperonyme.

HYPOPARATHYROÏDIE [ipopaʀatiʀɔidi] **n. f.** – 1952 ◊ de *hypo-* et *parathyroïde* ■ MÉD. Hyposécrétion de parathormone par les glandes parathyroïdes. ■ CONTR. Hyperparathyroïdie.

HYPOPHOSPHOREUX, EUSE [ipofɔsfɔʀø, øz] **adj.** – 1823 ◊ de *hypo-* et *phosphoreux* ■ CHIM. *Acide hypophosphoreux* (H_3PO_2), acide le moins oxygéné du phosphore, dont les sels permettent le placage de nickel sans électrolyse. *Sel de l'acide hypophosphoreux* (**HYPOPHOSPHITE n. m.**).

HYPOPHOSPHORIQUE [ipofɔsfɔʀik] **adj.** – 1834 ◊ de *hypo-* et *phosphorique* ■ CHIM. *Acide hypophosphorique :* acide $H_4P_2O_6$, dans lequel les deux atomes de phosphore sont liés l'un à l'autre directement.

HYPOPHYSAIRE [ipɔfizɛʀ] **adj.** – 1894 ◊ de *hypophyse* ■ Relatif à l'hypophyse. *Hormones hypophysaires.*

HYPOPHYSE [ipɔfiz] **n. f.** – 1818 ◊ du grec *hupophusis* « croissance en dessous » ■ Glande endocrine du système nerveux, située à la base du cerveau et rattachée à l'hypothalamus (➤ **hypothalamo-hypophysaire**) par la tige pituitaire, composée de deux lobes (➤ **antéhypophyse, posthypophyse**). *L'hypophyse est appelée aussi corps* ou *glande pituitaire. L'hypophyse sécrète plusieurs hormones qui agissent sur le fonctionnement d'autres glandes endocrines.* ➤ **ACTH, endorphine, gonadostimuline, gonadotrope, mélanostimuline, ocytocine, prolactine, somatotrope, somatotrophine, thyréostimuline ; stimuline.**

HYPOPLASIE [ipɔplazi] **n. f.** – 1905 ◊ de *hypo-* et *-plasie* ■ PATHOL. Développement insuffisant d'un constituant du corps (tissu, organe, membre...) chez un être vivant. ➤ **aplasie.** — **adj. HYPOPLASIQUE.** ■ CONTR. Hyperplasie.

HYPOSCENIUM [ipɔsenjɔm] **n. m.** – *hyposcène* 1771 ◊ grec *huposkênion* ■ ARCHÉOL. Dessous de la scène (d'un théâtre antique). SPÉCIALT Mur soutenant la scène ; partie de l'orchestre située devant ce mur.

HYPOSÉCRÉTION [iposekʀesjɔ̃] **n. f.** – 1896 ◊ de *hypo-* et *sécrétion* ■ MÉD. Sécrétion glandulaire insuffisante ou inférieure à la normale. *Hyposécrétion hypophysaire.* ■ CONTR. Hypersécrétion.

HYPOSODÉ, ÉE [ipɔsɔde] **adj.** – XXe ◊ de *hypo-* et *sodé* ■ DIDACT. Qui comporte peu de sel ajouté. *Régime hyposodé.*

HYPOSPADIAS [ipɔspadjɑs] **n. m.** – 1842 ; n. f. 1819 ◊ grec *hupospadias*, de *hupo* (cf. *hypo-*) et *span* «déchirer» ■ PATHOL. Malformation de l'urètre caractérisée par un méat urinaire situé à la face inférieure de la verge ou même au niveau du périnée (➤ **épispadias**).

HYPOSTASE [ipɔstɑz] **n. f.** – v. 1280 «sédiment dans un liquide organique» ◊ latin *hypostasis*, mot grec, de *huphistanai* «placer sous»

I (1862) MÉD. Accumulation de sang dans les parties déclives (basses) du poumon (le plus souvent, complication d'une insuffisance cardiaque).

II (v. 1480) THÉOL., PHILOS. Substance, et SPÉCIALT Chacune des trois personnes de la Trinité en tant que distincte des deux autres et consubstantielle avec elles. *La doctrine « qui devait faire* [de Jésus] *une hypostase divine »* RENAN. — **adj. HYPOSTATIQUE,** 1474.

III (1927) LING. Substitution d'une catégorie grammaticale à une autre (adjectif employé en fonction de substantif, etc.).

HYPOSTASIER [ipɔstɑzje] **v. tr.** ‹7› – 1906 ◊ de *hypostase* ■ DIDACT. Prendre (une idée) pour un fait, une réalité. *Hypostasier un mythe, une métaphore.*

HYPOSTYLE [ipɔstil] **adj.** – 1824 ◊ grec *hupostulos*, de *stulos* «colonne» ■ ARCHÉOL. Dont le plafond est soutenu par des colonnes (spécialement dans l'architecture égyptienne antique). *Salle, portique, temple hypostyle.*

HYPOSULFITE [iposylfit] **n. m.** – 1834 ◊ de *hypo-* et *sulfite* ■ CHIM. VIEILLI Thiosulfate utilisé en photographie (fixateur). — PHOTOGR. ABRÉV. **HYPO.** *L'odeur d'hypo.*

HYPOSULFUREUX, EUSE [iposylfyʀø, øz] **adj.** – 1817 ◊ de *hypo-* et *sulfureux* ■ CHIM. VX ➤ **thiosulfurique.**

HYPOTAUPE [ipotop] **n. f.** – date inconnue ◊ de *hypo-* et 2 *taupe* → hypokhâgne ■ ARG. SCOL. VIEILLI Classe de mathématiques supérieures, précédant la taupe. ➤ 2 **taupe.**

HYPOTENDU, UE [ipotɑ̃dy] **adj.** et **n.** – 1907 ◊ de *hypo-* et *tendu* ■ MÉD. Qui a une tension artérielle insuffisante. — **n.** *Un hypotendu.* ■ CONTR. Hypertendu.

HYPOTENSEUR [ipotɑ̃sœʀ] **adj. m.** et **n. m.** – 1881 ◊ de *hypotension* ■ MÉD. Qui fait baisser la tension artérielle. *Médicament hypotenseur.* — **n. m.** *Un hypotenseur.* ■ CONTR. Hypertenseur.

HYPOTENSIF, IVE [ipotɑ̃sif, iv] **adj.** – 1900 ◊ de *hypotension* ■ MÉD. Qui a trait à l'hypotension. ➤ **hypotenseur.** *Effet hypotensif.* — Causé par une hypotension. *Malaise hypotensif.* ■ CONTR. Hypertensif.

HYPOTENSION [ipotɑ̃sjɔ̃] **n. f.** – 1888 ◊ de *hypo-* et *tension* ■ MÉD. Tension artérielle inférieure à la normale ; diminution de la tension. *Souffrir d'hypotension.* ■ CONTR. Hypertension.

HYPOTÉNUSE [ipɔtenyz] **n. f.** – 1520 ◊ latin *hypotenusa*, du grec *hupoteinousa* «se tendant sous (les angles)» ■ MATH. Dans un triangle rectangle, Le côté opposé à l'angle droit. *Le carré de l'hypoténuse est égal à la somme des carrés des deux autres côtés* (théorème de Pythagore).

HYPOTHALAMIQUE [ipɔtalamik] **adj.** – 1897 ◊ de *hypo-* et *thalamus* ■ ANAT. Qui se rapporte à l'hypothalamus.

HYPOTHALAMO-HYPOPHYSAIRE [ipɔtalamoipɔfizɛʀ] **adj.** – 1935 ◊ de *hypothalamus* et *hypophysaire* ■ PHYSIOL. Relatif à l'hypothalamus et à l'hypophyse. *Axe, complexe hypothalamo-hypophysaire,* constitué de l'hypothalamus et de l'hypophyse, qui régule l'homéostasie et contrôle la sécrétion d'un grand nombre d'hormones.

HYPOTHALAMUS [ipɔtalamys] **n. m.** – 1933 ◊ de *hypo-* et *thalamus* ■ ANAT. Région du diencéphale située sous le thalamus, siège de centres supérieurs du système neurovégétatif et qui joue un rôle capital dans les équilibres vitaux (régulateur thermique, hydrique, comportement alimentaire, etc.) (➤ **hypothalamo-hypophysaire**).

HYPOTHÉCABLE [ipɔtekabl] **adj.** – 1675 ◊ de *hypothéquer* ■ Qui peut être hypothéqué. *Biens hypothécables, non hypothécables.*

HYPOTHÉCAIRE [ipɔtekɛʀ] **adj.** – 1481 ; «garanti par une hypothèque» 1316 ◊ bas latin *hypothecarius*, de *hypoteca* → hypothèque ■ Relatif à l'hypothèque. *Garantie hypothécaire. Créancier hypothécaire* (opposé à *chirographaire*). *Inscription hypothécaire. Prêts hypothécaires.* — (1966) FIN. *Marché hypothécaire,* sur lequel les établissements de crédit se financent à nouveau en négociant les prêts assortis d'hypothèques accordés à leur clientèle.

HYPOTHÉCAIREMENT [ipɔtekɛʀmɑ̃] **adv.** – 1414 ◊ de *hypothécaire* ■ DR. Par hypothèque. *Garantir hypothécairement une créance.*

HYPOTHÉNAR [ipɔtenaʀ] **n. m.** – 1541 ◊ grec *hupothenar* ■ ANAT. Saillie à la partie interne (du côté cubital) de la paume de la main, que forment les muscles courts du petit doigt (➤ **thénar**).

HYPOTHÈQUE [ipɔtɛk] **n. f.** – *ipoteque* XIIIe ◊ latin *hypotheca*, du grec *hupothêkê* ■ **1** Droit réel accessoire accordé à un créancier sur un immeuble en garantie du paiement de la dette, sans que le propriétaire du bien grevé en soit dépossédé. ➤ **gage, garantie, privilège.** *Hypothèque légale,* accordée par la loi. *Hypothèque judiciaire,* résultant des jugements. *Hypothèque conventionnelle,* dépendant des conventions. *Emprunter sur hypothèque. Hypothèque sur une maison. Grever un immeuble d'une hypothèque. « La maison de Dieppe se trouva vermoulue d'hypothèques »* FLAUBERT. *Inscription, transcription ; conservation des hypothèques. Mainlevée d'une hypothèque.* — LOC. FIG. *Prendre une hypothèque sur l'avenir* : prendre des risques sur l'avenir. ■ **2** Obstacle, difficulté qui entrave ou empêche l'accomplissement de qqch. (employé surtout en politique). *Hypothèque qui pèse sur les relations entre deux pays. Lever l'hypothèque.*

HYPOTHÉQUER [ipɔteke] **v. tr.** ‹6› – 1369 ◊ de *hypothèque* ■ **1** Affecter à une hypothèque ; grever d'une hypothèque. *Hypothéquer un immeuble, une maison. Il avait emprunté « en hypothéquant sa dernière pièce de terre »* ZOLA. **p. p. adj.** *Biens hypothéqués.* — FIG. ➤ **engager, lier.** *Hypothéquer l'avenir.* ■ **2** DR. Garantir par une hypothèque. *Hypothéquer une créance.*

HYPOTHERMIE [ipɔtɛʀmi] **n. f.** – 1899 ◊ de *hypo-* et *-thermie* ■ MÉD. Abaissement de la température du corps au-dessous de la normale. ■ CONTR. Hyperthermie.

HYPOTHÈSE [ipɔtɛz] **n. f.** – 1538 ◊ grec *hypothesis*, de *hupotithenai* → thèse

I SC. ■ **1** MATH. Base de la démonstration d'un théorème, d'une théorie. ➤ **axiome, convention, postulat.** *On peut choisir pour hypothèse un axiome, une définition, un postulat ou un théorème préalablement établi.* — STATIST. *Test d'hypothèse* : détermination des risques d'erreur selon qu'on accepte ou qu'on rejette une hypothèse de départ *(hypothèse nulle).* ■ **2** En sciences expérimentales, Proposition relative à l'explication de phénomènes naturels, admise provisoirement avant d'être soumise au contrôle de l'expérience. ➤ **assomption, conjecture.** *« L'hypothèse expérimentale* [...] *doit toujours être fondée sur une observation antérieure »* C. BERNARD. *« Toute généralisation est une hypothèse »* POINCARÉ. *Hypothèse heuristique, directrice ; hypothèse de travail. Vérifier une hypothèse. Hypothèse confirmée, abandonnée.* — *Grandes hypothèses scientifiques.* ➤ **théorie.**

II COUR. Conjecture concernant l'explication ou la possibilité d'un évènement. ➤ **spéculation, supposition.** *Émettre, énoncer, examiner une hypothèse. Faire une hypothèse sur qqch. Hypothèse fragile, fantaisiste, hardie. « L'hypothèse de la survivance des âmes qui est celle de la plupart des religions »*

MAUROIS. *C'est une simple hypothèse. L'hypothèse d'un attentat n'est pas exclue. La police n'écarte, n'exclut aucune hypothèse. En être réduit aux hypothèses :* n'avoir aucune certitude. *Selon cette hypothèse. Dans l'hypothèse où. «dans l'hypothèse improbable d'un succès»* SARTRE. ➤ **éventualité.** *Par hypothèse. En toute hypothèse :* en tout cas. — GRAMM. *Proposition exprimant une hypothèse.* ➤ **hypothétique.**
■ CONTR. Conclusion ; certitude, évidence.

HYPOTHÉTICODÉDUCTIF, IVE [ipɔtetikodedyktif, iv] **adj.** – milieu XXe ◊ de *hypothétique* et *déductif* ■ DIDACT. Qui part de propositions hypothétiques et en déduit les conséquences logiques. *Une axiomatique* est un système hypothéticodéductif. Sciences hypothéticodéductives* (opposé à *inductives, d'observation, expérimentales*).

HYPOTHÉTIQUE [ipɔtetik] **adj.** – 1290 ◊ latin impérial *hypotheticus*, du grec *hupothetikos* → hypothèse ■ **1** LOG. (opposé à *catégorique*). *Proposition hypothétique*, où l'assertion est subordonnée à une condition. ➤ **conditionnel.** ■ **2** SC. Qui est de la nature de l'hypothèse, n'existe qu'à l'état d'hypothèse. *Jugement hypothétique.* ➤ **conjectural.** *Données hypothétiques. Fait hypothétique.* ➤ **imaginé, présumé, supposé.** ■ **3** COUR. Qui n'est pas certain. ➤ **douteux, 1 incertain, problématique.** *Compter sur un héritage hypothétique. Il s'engouffrait, «pour offrir aux regards malveillants des passants hypothétiques le moins de surface possible»* PROUST. ◆ (1922) GRAMM. Relatif à l'hypothèse, à la supposition ; qui exprime l'hypothèse. *Proposition hypothétique*, et **n. f.** *une hypothétique.* ➤ **conditionnel.** *Subjonctif hypothétique.* — **adv. HYPOTHÉTIQUEMENT.** ■ CONTR. Certain, 1 effectif, évident, indubitable, sûr.

HYPOTHYROÏDIE [ipotiʀɔidi] **n. f.** – 1906 ◊ de *hypo-* et *thyroïde* ■ MÉD. Insuffisance de la sécrétion de la thyroïde. ➤ **myxœdème.** *Hypothyroïdie hypophysaire. L'hypothyroïdie de l'enfant, non traitée, entraîne un retard psychomoteur.* ■ CONTR. Hyperthyroïdie.

HYPOTONIE [ipɔtɔni] **n. f.** – 1898 ◊ de *hypo-* et radical de *tonique* ■ **1** BIOCHIM. Caractère d'une solution hypotonique. ■ **2** MÉD. Insuffisance de tonicité musculaire. ➤ **asthénie.** ■ CONTR. Hypertonie.

HYPOTONIQUE [ipɔtɔnik] **adj.** – 1904 ◊ de *hypotonie* ■ BIOCHIM. Dont la concentration en soluté est faible par rapport à un milieu adjacent de plus forte concentration, ce qui provoque la sortie d'eau par osmose. *Sérum hypotonique, solution hypotonique.* ■ CONTR. Hypertonique.

HYPOTROPHIE [ipɔtʀɔfi] **n. f.** – 1857 ◊ de *hypo-* et du grec *trophê* «nourriture» ■ PHYSIOL. Développement insuffisant avec retard de la croissance. ➤ **atrophie.** — **adj.** et **n. HYPOTROPHIQUE.** ■ CONTR. Hypertrophie.

HYPOTYPOSE [ipɔtipoz] **n. f.** – 1555 ◊ grec *hupotupôsis* ■ RHÉT. Description animée et frappante.

HYPOVITAMINOSE [ipovitaminoz] **n. f.** – 1955 ◊ de *hypo-*, *vitamine* et 2 *-ose* ■ MÉD. Carence d'une ou plusieurs vitamines associées. ➤ **avitaminose.** ■ CONTR. Hypervitaminose.

HYPOXÉMIE [ipɔksemi] **n. f.** – 1854 ◊ de *hypo-*, *ox(ygène)* et *-émie* ■ PHYSIOL., MÉD. Diminution de la quantité d'oxygène contenue dans le sang. ➤ **anoxémie.**

HYPOXIE [ipɔksi] **n. f.** – XXe ◊ de *hypo-* et *ox(ygène)* ■ MÉD. Diminution de la quantité d'oxygène utilisable par les cellules de l'organisme. ➤ **anoxie ; hypoxémie.**

HYPSO- ■ Élément, du grec *hupsos* «hauteur».

HYPSOMÈTRE [ipsɔmɛtʀ] **n. m.** – 1858 ◊ de *hypso-* et *-mètre* ■ **1** PHYS. Instrument qui indique l'altitude d'un lieu (altimètre) d'après la température à laquelle l'eau y entre en ébullition. ■ **2** TÉLÉCOMM. Appareil permettant de mesurer, en décibels, les niveaux dans les systèmes de transmission.

HYPSOMÉTRIE [ipsɔmetʀi] **n. f.** – 1839 ◊ de *hypso-* et *-métrie* ■ SC. ■ **1** Détermination de l'altitude d'un lieu. ■ **2** Représentation des altitudes, du relief sur une carte. ➤ **altimétrie.** — **adj. HYPSOMÉTRIQUE,** 1836. *Carte hypsométrique.*

HYSOPE [izɔp] **n. f.** – *ysope* 1120 ◊ latin *hys(s)opum*, du grec, d'un mot sémitique ■ Arbrisseau méditerranéen *(labiées)* à feuilles persistantes et à fleurs bleues. *L'hysope officinale. L'hysope, fréquemment citée dans la Bible et opposée au cèdre.* LOC. VX *Depuis le cèdre jusqu'à l'hysope :* du plus grand au plus petit.

HYSTÉRECTOMIE [isteʀɛktɔmi] **n. f.** – 1890 ◊ de *hystér(o)-* et *-ectomie* ■ MÉD. Ablation de l'utérus. *Hystérectomie totale* (cf. POP. La totale).

HYSTÉRÉSIS [isteʀezis] **n. f.** – 1890 ◊ anglais *hysteresis*, du grec *husterein* «être en retard» ■ PHYS. Retard de l'effet sur la cause dans le comportement des corps soumis à une action physique. *Hystérésis électrique, magnétique, thermique, élastique.*

HYSTÉRIE [isteʀi] **n. f.** – 1731 ◊ de *hystérique* ■ **1** VX Ensemble de troubles psychiques, neurologiques et fonctionnels très divers, généralement attribués à la simulation (➤ **pithiatisme**). ■ **2** (v. 1860, Charcot) Ensemble de symptômes, surtout neurologiques, prenant l'apparence d'affections organiques, sans lésion organique décelable. ■ **3** MOD. PSYCHIATR. Névrose caractérisée par une exagération des modalités d'expression psychique et affective *(névrose d'expression)* qui peut se traduire par des symptômes d'apparence organique (convulsions, paralysies, douleurs, catalepsie) et par des manifestations psychiques pathologiques (hallucinations, délire, mythomanie, angoisse). *Crise, attaque d'hystérie. Phénomènes d'extase dans l'hystérie.* — PSYCHAN. *Hystérie de conversion*, dans laquelle le conflit psychique se manifeste par des symptômes corporels (➤ **somatisation**). *Hystérie de défense*, contre les représentations déplaisantes. ■ **4** COUR. Excitation intense. *C'est de l'hystérie*, de la folie, de la rage. *«dans une confusion et une hystérie grandissantes»* R. GIRARD. *Manifestations d'hystérie collective.*

HYSTÉRIFORME [isteʀifɔʀm] **adj.** – 1834 ◊ de *hystérie* et *-forme* ■ PATHOL. Dont les manifestations rappellent l'hystérie. *Troubles hystériformes.*

HYSTÉRIQUE [isteʀik] **adj.** et **n.** – 1568 ◊ latin *hystericus*, du grec *husterikos*, de *hustera* «utérus», l'attitude des malades étant autrefois considérée comme un accès d'érotisme morbide féminin ■ **1** Qui est atteint d'hystérie. *Une femme, un homme hystérique.* — PAR EXT. Qui a le comportement d'une personne atteinte d'hystérie. *«Elle explosait littéralement. Devenait hystérique. Violente. Hurlait. Pleurait.»* O. ADAM. *Il est un peu hystérique.* **n.** *Un, une hystérique.* ■ **2** MÉD. Qui a rapport à l'hystérie. *Névrose hystérique. Conversion hystérique. Paralysie hystérique.* ◆ COUR. Qui rappelle l'hystérie ; nerveux, excité. *Une voix hystérique. Le «rire hystérique de la haine dans son paroxysme le plus aigu»* BARBEY. — *Une foule hystérique* (cf. En délire).

HYSTÉRISER [isteʀize] **v. tr.** ⟨1⟩ – 1864 ◊ de *hystérique* ■ **1** Rendre hystérique. ■ **2** Exprimer de manière hystérique. *«une société médiatique prompte à hystériser l'actualité plutôt qu'à l'éclairer»* (Les Échos, 2014). ■ **3** Provoquer des réactions excessives dans (les médias, l'opinion publique). *Un débat qui hystérise les Français.* — **n. f. HYSTÉRISATION,** 1887.

HYSTÉR(O)- ■ Élément, du grec *hustera* «utérus».

HYSTÉROGRAPHIE [isteʀɔgʀafi] **n. f.** – 1945 ◊ de *hystéro-* et *(radio)graphie* ■ MÉD. Radiographie de l'utérus. — ABRÉV. FAM. **HYSTÉRO.** *Des hystéros.*

HYSTÉROTOMIE [isteʀɔtɔmi] **n. f.** – 1792 ; «dissection de la matrice» 1721 ◊ de *hystéro-* et *-tomie* ■ MÉD. Incision pratiquée sur l'utérus, dans les accouchements difficiles. ➤ **césarienne.**

Hz Symb. du hertz*.

I

1 I [i] **n. m. inv.** ▪ **1** Neuvième lettre et troisième voyelle de l'alphabet : *i majuscule* (I), *i minuscule* (i), *i accent circonflexe* (î) *(abîme, vous fîtes), i tréma* (ï) *(maïs).* — PRONONC. Lettre qui correspond à la voyelle antérieure étirée [i] *(pile, farci)* ou à la semi-consonne (ou semi-voyelle) [j] *(ciel, piano, hier)* (➤ **yod**). *Digrammes, trigrammes comportant i : ai, ei,* qui notent [ɛ] *(plaine, peine)* et parfois [e] *(laitue, peiné)* ; *oi,* qui note [wa] *(oiseau, poisson, foi)* ; *-il* final, *-ill-* (➤ **1 l**) ; *ain, ein, oin, ien, in* (➤ **1 n**) ; *-ti-* suivi d'une voyelle (➤ **1 t**) ; *ir,* qui note [œʀ] dans des emprunts à l'anglais *(flirt, girl).* ▪ **2** LOC. FIG. *Mettre les points sur les i :* faire comprendre plus nettement (et plus brutalement) ses intentions. *Droit comme un I :* très droit. ▪ **HOM.** Hi, hie, 2 et 3 y.

2 I **abrév. et symboles** ▪ **1 I** Un, en chiffres romains (placé après un autre chiffre, il s'y ajoute ; placé avant, on l'en retranche). *VI (6) ; IV (4).* ▪ **2 i** [i]. Nombre complexe dont le carré est égal à –1. *i s'utilise dans l'écriture des nombres complexes* et imaginaires*.* ▪ **3 I** [i]. Intensité d'un courant électrique.

IAC, IAD ➤ **INSÉMINATION**

IAMBE [jɑ̃b] **n. m.** – 1532 *jambus* ◊ latin *iambus,* du grec *iambos* ▪ **1** (fin XVIe) VERSIF. Pied* de deux syllabes, la première brève, la seconde longue. *L'iambe.* — PAR EXT. Vers grec ou latin, dont les deuxième, quatrième et sixième pieds étaient des iambes. ◆ Poème formé d'iambes. ▪ **2** (1794) AU PLUR. LITTÉR. Pièce de vers satiriques. — On écrit aussi *ïambe. Les ïambes d'André Chénier.*

IAMBIQUE [jɑ̃bik] **adj.** – 1466 ◊ latin *iambicus,* du grec *iambikos* ▪ VERSIF. Composé d'iambes. *Trimètre* iambique.* — **n. m.** *Un iambique.*

IATR(O)- ; -IATRE, -IATRIE ▪ Éléments, du grec *iatros* « médecin » : *pédiatre, psychiatrie.*

IATROGÈNE [jatʀɔʒɛn] **adj.** – avant 1970 ◊ de *iatro-* et *-gène* ▪ DIDACT. Qui est provoqué par le médecin ou par le traitement médical. *Affection iatrogène.* — On dit aussi **IATROGÉNIQUE.**

IBÈRE [ibɛʀ] **adj. et n.** – 1552 ◊ latin *Iberus,* du grec *Ibêr,* au pl. nom de peuple ▪ Relatif à l'Ibérie et au peuple originaire du Caucase ou d'Afrique septentrionale qui, après s'être répandu en Europe à l'époque protohistorique, habitait le sud de la Gaule et le nord de l'Espagne vers le Ve s. avant J.-C. *Civilisation ibère.* — **n.** *Les Ibères.*

IBÉRIQUE [ibeʀik] **adj. et n.** – 1767 ◊ latin *ibericus,* du grec (→ ibère) ▪ Relatif à l'Espagne et au Portugal. *La péninsule Ibérique.* ➤ **hispanique, lusitanien.** — **n.** *Un Ibérique.* — On dit parfois *ibérien, ienne* **adj. et n.**

IBÉRIS [ibeʀis] **n. f.** – 1615 ◊ latin *iberis,* du grec *ibêris* « cresson » ▪ Plante *(crucifèracées)* appelée communément *corbeille d'argent,* que l'on cultive pour ses fleurs. ➤ **thlaspi.**

IBIDEM [ibidɛm] **adv.** – 1693 ◊ adv. latin « ici même » ▪ Dans le même ouvrage, dans le même passage (d'un ouvrage déjà cité). — ABRÉV. GRAPHIQUE *ibid., ib.*

IBIS [ibis] **n. m.** – 1537 ◊ mot latin d'origine grecque, emprunté à l'égyptien ▪ Oiseau *(échassiers)* des régions chaudes d'Afrique et d'Amérique, à bec long, mince et arqué. *Ibis rouge d'Amérique tropicale. Ibis sacré de la haute Égypte. Thot, dieu égyptien à tête d'ibis.*

IBUPROFÈNE [ibypʀɔfɛn] **n. m.** – v. 1975 ◊ anglais *ibuprofen* (1969), de *i(so)bu(tyl)phen(yl)pro(pionic) acid* ▪ Acide ($C_{13}H_{18}O_2$) entrant dans la composition de médicaments aux propriétés analogues à celles de l'aspirine (anti-inflammatoire, analgésique, antipyrétique).

ICAQUE [ikak] **n. f.** – 1658 ◊ espagnol *icaco,* mot caraïbe d'origine amérindienne (taino) ▪ **1** Arbrisseau d'Amérique tropicale *(rosacées),* appelé aussi *icaquier* **(n. m.)**, dont les fruits sont comestibles. ▪ **2** Fruit de cet arbrisseau appelé aussi *prune de coton.* « *Et un nuage violet et jaune, couleur d'icaque* » SAINT-JOHN PERSE.

ICARIEN, IENNE [ikaʀjɛ̃, jɛn] **adj.** – 1839 ◊ de *Icare,* n. pr. ▪ **1** Relatif à Icare ou à sa légende. — RARE *Jeux icariens :* exercices de voltige. « *une troupe de clowns livrés à toute la folie des jeux icariens* » J. VERNE. ▪ **2** De l'Icarie (île de la mer Égée). *Mer icarienne.*

ICBM [isebeɛm] **n. m. inv.** – 1960 ◊ mot anglais, sigle de *Inter-Continental Ballistic Missile* ▪ Missile balistique intercontinental.

ICEBERG [isbɛʀg ; ajsbɛʀg] **n. m.** – 1839 ; *ice-berg* 1819 ◊ mot anglais, du néerlandais *ijsberg,* suédois *isberg* « montagne de glace » ▪ **1** Masse de glace flottante, détachée d'un glacier polaire. *Des icebergs.* « *La partie d'un ice-berg qui émerge de l'eau n'atteint qu'environ 1/8 de la hauteur totale* » É. HAUG. — LOC. *La partie cachée* (ou *invisible, immergée*) *de l'iceberg :* la partie cachée et souvent la plus importante d'une affaire. *Ce que vous savez n'est que la partie visible* (ou *émergée*) *de l'iceberg.* ▪ **2** *Laitue iceberg :* grosse laitue pommée à larges feuilles croquantes presque blanches, d'origine nord-américaine.

ICELUI [isəlɥi], **ICELLE** [isɛl] ; plur. **ICEUX** [isø], **ICELLES** [isɛl] **pron. et adj. dém.** – v. 1050 ◊ forme renforcée de *celui, celle* ▪ VX ou PLAISANT Celui-ci, celle-ci. « *C'était un triporteur. Mais un triporteur décédé... La tige de selle portait le deuil d'icelle* » FALLET.

ICHNEUMON [iknømɔ̃] **n. m.** – 1562 ; « mangouste » 1547 ◊ mot latin, du grec *ikhneumôn* « qui suit à la piste » ▪ ZOOL. Insecte hyménoptère térébrant *(ichneumonidés)* dont la larve est parasite des chenilles.

ICHOR [ikɔʀ] **n. m.** – 1538 ◊ grec *ikhôr* ▪ MÉD. VX Pus sanguinolent. ➤ **sanie.** — **adj. ICHOREUX, EUSE.**

ICHTY(O)-, VX **ICHTHY(O)-** ▪ Éléments, du grec *ikhthus* « poisson ».

ICHTYOÏDE [iktjɔid] **adj.** – 1842 ◊ grec *ikhthuoeidês,* cf. *ichty(o)-* et *-oïde* ■ DIDACT. Qui ressemble à un poisson. ➤ **pisciforme.**

ICHTYOL [iktjɔl] **n. m.** – 1887 *ichthyol* ◊ n. déposé 1884 (en anglais) par une firme allemande, du grec *ikhthus* «poisson» et *-ol* «huile» ■ TECHN. CHIM. Substance obtenue par distillation de certains schistes bitumineux contenant des poissons fossiles. *Savon à l'ichtyol* (utilisé en dermatologie).

ICHTYOLOGIE [iktjɔlɔʒi] **n. f.** – 1649 ◊ de *ichtyo-* et *-logie* ■ DIDACT. Partie de la zoologie qui traite des poissons. — **adj. ICHTYOLOGIQUE,** 1765.

ICHTYOLOGISTE [iktjɔlɔʒist] **n.** – 1765 ◊ de *ichtyologie* ■ DIDACT. Spécialiste d'ichtyologie.

ICHTYOPHAGE [iktjɔfaʒ] **adj.** et **n.** – 1552 n. m. pl. ◊ grec *ikhthuophagos* ■ DIDACT. Qui se nourrit principalement ou exclusivement de poisson. ➤ **piscivore.**

ICHTYORNIS [iktjɔʀnis] **n. m.** – 1890 ◊ latin scientifique 1872, du grec *ikhthus* «poisson» et *ornis* «oiseau» ■ PALÉONT. Oiseau fossile du crétacé de la taille d'une mouette, à bec muni de dents coniques.

ICHTYOSAURE [iktjozɔʀ] **n. m.** – 1828 *ichthyosaure ;* forme latine 1824 ◊ latin scientifique *ichthyosaurus,* cf. *ichtyo-* et *-saure* ■ PALÉONT. Reptile marin fossile de l'époque secondaire ressemblant au dauphin.

ICHTYOSE [iktjoz] **n. f.** – 1813 ◊ latin des médecins *ichthyosis* (1801), cf. *ichtyo-* et 2*-ose* ■ MÉD. Maladie héréditaire de la peau, caractérisée par la sécheresse des téguments épaissis, rugueux et couverts de grosses écailles (➤ **xérodermie**).

ICI [isi] **adv.** – v. 1050 ◊ latin populaire *ecce hic,* forme renforcée de *hic* «ici» → 1 ci

I ■ **1** Dans ce lieu (le lieu où se trouve la personne qui parle) ; **opposé à** *là, là-bas.* ➤ VX **céans.** *Arrêtons-nous ici ; c'est ici. Viens ici. Ils se sont rencontrés ici même. Monsieur X..., ici présent. Ici repose, ici gît.* ➤ 1 **ci.** — LING. *Moi, ici, maintenant* (cf. Ego hic et nunc). ➤ **déictique.** — **(En parlant d'une maison)** *C'est ici qu'il habite. On entre ici comme dans un moulin. Vous êtes ici chez vous.* — **(En parlant d'une ville, d'un pays)** *Il fait plus frais ici qu'à Paris. Ici comme ailleurs. Comme on dit ici. C'est l'usage, la tradition ici.* ◆ À cet endroit. *«Ici, tu t'asseyais ; c'était ici ta place»* ARAGON. *Signez ici.* — *Ici, Untel,* s'emploie au téléphone, en radio pour indiquer l'identité de la personne qui appelle. *«Allo Madrid ? Ici Oviedo. Aranda vient de se soulever»* MALRAUX. ◆ **D'ICI :** de ce lieu. *Je l'entends d'ici. Sortez d'ici ! Hors d'ici ! Les gens d'ici. Près d'ici. C'est à deux pas, à un kilomètre d'ici, à cinq minutes d'ici.* RÉGION. **(Canada)** Du Canada, du Québec. *La chanson d'ici.* — LOC. IRON. *Je vois ça d'ici :* j'imagine la chose. *Vous voyez d'ici le tableau*.* ◆ **loc. adv. PAR ICI.** Par cet endroit, dans cette direction. *Par ici la sortie. Par ici la monnaie. Par ici la bonne soupe* !* — Dans les environs, dans ce pays. *Il habite par ici. Ils sont arriérés, par ici.* ■ **2** (1544) **loc. adv. ICI-BAS :** dans ce bas monde ; sur la terre. *Les choses d'ici-bas. «Tout n'est ici-bas que symbole et que songe»* RENAN. ■ **3** (1668) **Employé avec** *là*,* désigne deux lieux que l'on oppose. ➤ **çà** (et là). *Ici une forêt, là des champs. Un jardin planté ici et là de quelques arbres.* ■ **4** À l'endroit où l'on se trouve, que l'on désigne, dans un discours, un écrit. *Ce que j'ai voulu faire ici,* dans ce livre. *Ici, il se met à pleurer,* après avoir dit ces mots. ■ **5** SUBST. : DIDACT. OU LITTÉR. *L'ici :* le lieu de la présence.

II adv. de temps ■ **1** VX En ce moment. ➤ **maintenant.** ■ **2** MOD. *Jusqu'ici :* jusqu'à présent. — **D'ICI,** marquant le point de départ dans le temps. *J'aurai fini d'ici demain. D'ici à trois jours.* ➤ **dans.** *D'ici peu :* dans peu de temps (cf. Sous peu). *«D'ici le treize, tout a le temps de sauter»* ROMAINS. *D'ici là, elle aura oublié.* — *D'ici (à ce) que* **(et subj.).** *D'ici qu'il ne fasse plus rien, il n'y a pas loin.*

■ CONTR. Ailleurs.

ICONE [ikon] **n. m.** – v. 1970 ◊ anglais *icon* ■ DIDACT. Signe qui ressemble à ce qu'il désigne, à son référent. ➤ **iconique** (2°). *L'onomatopée est un icone. L'icone, l'indice et le symbole.* ◆ (1989) INFORM. Symbole graphique affiché sur un écran d'ordinateur, qui représente et permet d'activer une fonction du logiciel. *Icone de traitement de texte.* — **Recomm. offic.** *icône* **n. f.** ■ HOM. Icône.

ICÔNE [ikon] **n. f.** – 1838 ◊ russe *ikona,* grec byzantin *eikona* ■ **1** Dans l'Église d'Orient, Peinture religieuse exécutée sur un panneau de bois. *Icônes byzantines, russes.* ■ **2** Figure incarnant un stéréotype socioculturel. *Les icônes de la chanson populaire. «une grande actrice hollywoodienne, une immense star, une immense icône»* CH. ANGOT. ■ **3** INFORM. **Recomm.** offic. pour *icone. «J'ouvris pensivement l'icône du disque dur d'un rapide cliquètement de souris»* J.-PH. TOUSSAINT. ■ HOM. Icone.

ICONICITÉ [ikɔnisite] **n. f.** – v. 1970 ◊ de *iconique* (2°), d'après l'anglais *iconicity* ■ DIDACT. Caractère de ce qui est l'icone, la fidèle image de qqch. *Iconicité de l'entrée de dictionnaire.*

ICONIQUE [ikɔnik] **adj.** – 1765 ◊ latin *iconicus* «fait d'après nature» ■ **1** ANTIQ. *Statue iconique,* de grandeur naturelle, et représentant le vainqueur aux jeux sacrés. ■ **2** (1970 ◊ anglais *iconic*) DIDACT. De l'image en général. ➤ **icone.** ◆ Relatif à l'icone. *Caractère iconique des signes visuels représentatifs* (images). ➤ **iconicité.** *Mot iconique.* ➤ **motivé.** ■ **3** Qui incarne un stéréotype socioculturel. *Une figure iconique du rap.* ◆ Qui représente qqch. de manière forte. ➤ **emblématique.** *Le produit iconique d'une marque.* ■ CONTR. Arbitraire.

ICON(O)- ■ Élément, du grec *eikôn* «image».

ICONOCLASME [ikɔnɔklasm] **n. m.** – 1832 ◊ de *iconoclaste* ■ HIST. OU DIDACT. Doctrine, mouvement des iconoclastes.

ICONOCLASTE [ikɔnɔklast] **n.** et **adj.** – 1557 ◊ grec byzantin *eikonoklastês* «briseur d'images» ■ **1** HIST. Partisan des empereurs byzantins qui s'opposèrent à l'adoration et au culte des images saintes. ➤ **icône.** — **adj.** *Les empereurs iconoclastes. La querelle iconoclaste.* ■ **2** Personne qui proscrit ou détruit les images saintes, et PAR EXT. les œuvres d'art. *«des bandes d'iconoclastes avaient dévasté les cathédrales»* TAINE. **adj.** *Fureur iconoclaste.* ■ **3 adj.** FIG. PÉJ. Qui est hostile aux traditions et cherche à les détruire, à les faire disparaître. — Vandale. ◆ PAR EXT. Qui s'attaque à la bien-pensance, aux idées reçues. *Des déclarations iconoclastes.* ■ CONTR. Iconolâtre.

ICONOGRAPHE [ikɔnɔgʀaf] **n.** – 1803 ◊ de *iconographie* ■ DIDACT. ■ **1** Spécialiste de l'iconographie. ■ **2** Personne chargée de l'iconographie, dans l'édition. — EN APPOS. *Documentalistes iconographes.*

ICONOGRAPHIE [ikɔnɔgʀafi] **n. f.** – 1680 ◊ grec *eikonographia,* cf. *icono-* et *-graphie* ■ **1** Étude des diverses représentations figurées d'un sujet. *Iconographie d'un personnage célèbre, d'une époque. Iconographie religieuse :* étude des thèmes, symboles, personnages propres à chaque religion, tels qu'ils sont représentés dans l'art. ■ **2** Ensemble de ces représentations. *L'iconographie bouddhique. L'iconographie d'un saint, d'une église.* ◆ Ensemble des images, des illustrations d'une publication. *Documentaliste chargé de l'iconographie d'un livre d'art.* — **adj. ICONOGRAPHIQUE,** 1762.

ICONOLÂTRE [ikɔnɔlɑtʀ] **n.** – 1701 ◊ grec ecclésiastique *eikonolatrês* ■ DIDACT. Personne qui rend un culte à des images (nom donné aux catholiques par les iconoclastes). ■ CONTR. Iconoclaste.

ICONOLÂTRIE [ikɔnɔlɑtʀi] **n. f.** – 1769 ◊ de *iconolâtre* ■ DIDACT. Culte, adoration des images.

ICONOLOGIE [ikɔnɔlɔʒi] **n. f.** – 1636 ◊ grec *eikonologia* ■ DIDACT. ■ **1** Art de représenter des figures allégoriques avec leurs attributs distinctifs ; connaissance de ces attributs. ■ **2** Étude de la représentation en art. *L'iconologie de Panofsky.* — **n. ICONOLOGISTE** ou **ICONOLOGUE.**

ICONOSCOPE [ikɔnɔskɔp] **n. m.** – 1902 ; autre sens 1866 ◊ de *icono-* et *-scope* ■ AUDIOVIS. Forme primitive de la caméra électronique.

ICONOSTASE [ikɔnɔstɑz] **n. f.** – 1843 ◊ russe *ikonostas,* grec *eikonostasion,* de *eikôn* «icône» et *stasis* «action de poser» ■ DIDACT. Dans les églises orthodoxes, Cloison décorée d'images, d'icônes, qui sépare la nef du sanctuaire où le prêtre officie. *«L'iconostase, haute muraille de vermeil à cinq étages de figures»* GAUTIER.

ICONOTHÈQUE [ikɔnɔtɛk] **n. f.** – 1968 ◊ de *icono-* et *-thèque* ■ DIDACT. Collection d'images classées (d'un musée, d'une bibliothèque).

ICOSAÈDRE [ikozaɛdʀ] **n. m.** – 1557 ◊ latin *icosahedrum,* grec *eikosaedron,* de *eikosi* «vingt» ■ GÉOM. Polyèdre limité par vingt faces. — **adj. ICOSAÉDRAL, ALE, AUX.**

ICTÈRE [iktɛʀ] **n. m.** – 1578 ◊ latin *icterus,* grec *ikteros* «jaunisse» ■ MÉD. Coloration jaune de la peau et des muqueuses, et qui révèle la présence de pigments biliaires dans les tissus. ➤ **cholémie, hépatite, jaunisse.** *Ictère hémolytique.*

ICTÉRIQUE [ikteʀik] **adj.** – 1560 ◊ latin *ictericus,* grec *ikterikos* ■ MÉD. Relatif à l'ictère. ◆ Qui présente un ictère. — **n.** *Un, une ictérique.*

ICTUS [iktys] **n. m.** – 1811 ◊ mot latin «coup» ■ **1** VERSIF. ANT. Battement de la mesure dans le vers. — PAR EXT. Temps fort marqué sur une syllabe, une note pour souligner le rythme. ■ **2** (1867) PATHOL. Manifestation morbide violente et soudaine. *Ictus apoplectique.* ➤ **accident** (vasculaire cérébral), **apoplexie, attaque.** PSYCHOL. *Ictus émotif :* obscurcissement de la conscience sous l'influence d'une émotion violente.

IDE [id] **n. m.** – 1785 ◊ latin des zoologistes *idus,* suédois *id* ■ Poisson d'eau douce *(cyprinidés)* au corps allongé, aux nageoires rouges. *On élève l'ide rouge pour orner les pièces d'eau.* ■ **HOM.** Ides.

-IDE ■ Élément, du grec *-eidês,* de *eidos* «aspect, forme» (➤ **-oïde**) qui désigne, en chimie, certains groupements d'homologues ou certains dérivés : *glucides.*

1 **IDÉAL, ALE, ALS** ou **AUX** [ideal, o] **adj.** – 1551 ◊ bas latin *idealis* ■ **1** Qui est conçu et représenté dans l'esprit sans être ou pouvoir être perçu par les sens. ➤ **idéel, théorique.** *«Sous le monde réel, il existe un monde idéal»* HUGO. ➤ **imaginaire.** *La géométrie «a pour objets certains solides idéaux»* POINCARÉ. ■ **2** Qui atteint toute la perfection que l'on peut concevoir ou souhaiter. *«Quel être idéal que cet Albert, sombre, souffrant, éloquent, travailleur»* BALZAC. ➤ **accompli, parfait.** *Beauté, formes idéales. Perfection idéale.* ➤ **absolu.** *Dans les conditions idéales.* ➤ **optimal.** ■ **3** Tel qu'on n'en imagine pas de meilleur. ➤ **parfait, rêvé.** *«Elle voyait dans Edmond et Carlotta le couple idéal, l'amour heureux»* ARAGON. *Le gendre* idéal. C'est la voiture idéale pour rouler sur des pistes. C'est la solution idéale.* ■ **4** PSYCHAN. *Le moi idéal,* idéal de toute-puissance narcissique. ■ **CONTR.** Matériel ; réel ; imparfait, relatif.

2 **IDÉAL, ALS** ou **AUX** [ideal, o] **n. m.** – 1765 ; «représentation adéquate» 1746 ◊ subst. de 1 *idéal* «modèle conçu par l'artiste» ■ **1** Ce qu'on se représente ou se propose comme type parfait ou modèle absolu dans l'ordre pratique, esthétique ou intellectuel. *Idéal de beauté.* ➤ 2 **canon.** *«Il y a dans l'âme du peintre autant d'idéals que d'individus»* BAUDELAIRE. *Avoir un idéal. Poursuivre un idéal. Combattre pour un idéal. Les grands idéaux révolutionnaires. L'idéal démocratique.* — PAR EXT. *Cet homme est l'idéal du fonctionnaire,* le fonctionnaire idéal, exemplaire*. ➤ **modèle.** ■ **2 L'IDÉAL :** ensemble de valeurs esthétiques, morales ou intellectuelles (par oppos. aux intérêts de la vie matérielle). *Aspirer à l'idéal ; s'élever, tendre vers l'idéal ; goût, recherche de l'idéal.* ➤ **idéalisme.** ◆ Ce qui, dans quelque ordre que ce soit, donnerait une parfaite satisfaction aux aspirations du cœur ou de l'esprit. *Le contraste entre l'idéal et la triste réalité. — L'idéal, c'est de :* ce qui peut pleinement satisfaire, c'est de... *«L'idéal pour Javert, ce n'était pas d'être humain* [...]*, d'être sublime ; c'était d'être irréprochable»* HUGO. FAM. *L'idéal, ce serait de, que :* ce qu'il y aurait de mieux, ce serait... *«Aimer et être aimé, voilà l'idéal»* COCTEAU. — LOC. *Ce n'est pas l'idéal :* il y a mieux. — **DANS L'IDÉAL :** sans tenir compte des difficultés matérielles. ➤ **théoriquement** (cf. Dans l'absolu*). ■ **CONTR.** Réalité, réel (n.) ; 1 positif (n.).

IDÉALEMENT [idealmɑ̃] **adv.** – milieu XVIe ◊ de 1 *idéal* ■ **1** En idée, en imagination. *Romancier qui vit idéalement ses personnages.* ■ **2** D'une manière idéale, à la perfection. *Elle est idéalement belle.*

IDÉALISATEUR, TRICE [idealizatœʀ, tʀis] **adj.** et **n.** – 1845 ◊ de *idéaliser* ■ Qui idéalise. — **n.** *Un idéalisateur du passé.*

IDÉALISATION [idealizasjɔ̃] **n. f.** – 1794 ◊ de *idéaliser* ■ Action d'idéaliser ; son résultat. ➤ **embellissement, stylisation.** *L'idéalisation de personnages historiques dans l'épopée.*

IDÉALISER [idealize] **v. tr.** ⟨1⟩ – 1794 ◊ de 1 *idéal* ■ Revêtir d'un caractère idéal. ➤ **embellir, magnifier.** *Peintre qui idéalise son modèle. «L'absence l'avait idéalisé dans son souvenir»* FLAUBERT. ■ **CONTR.** Rabaisser, enlaidir.

IDÉALISME [idealism] **n. m.** – 1749 ◊ de 1 *idéal* ■ **1** PHILOS. Système philosophique qui ramène l'être à la pensée, et les choses à l'esprit. *Idéalisme platonicien. Idéalisme transcendantal* (de Kant), *dialectique* (de Hegel). ■ **2** (2e moitié du XIXe) COUR. Attitude d'esprit ou forme de caractère qui pousse à faire une large place à l'idéal, au sentiment, pour améliorer l'être humain. *«l'idéalisme et l'intransigeance de la jeunesse»* ROMAINS. — PÉJ. Tendance à négliger le réel, à croire à des chimères. *«Chaque peuple a son mensonge qu'il nomme son idéalisme»* R. ROLLAND. ■ **3** (Opposé à *réalisme*) Conception qui donne pour fin à l'art la représentation d'une nature idéale. ■ **CONTR.** Réalisme ; matérialisme ; cynisme.

IDÉALISTE [idealist] **adj.** et **n.** – fin XVIIe ◊ de 1 *idéal* ■ **1** Propre à l'idéalisme, attaché à l'idéalisme (1° ou 2°). *Philosophe idéaliste. Théories idéalistes.* ■ **2** COUR. Qui a un idéal. *Il a une vue trop idéaliste du problème.* — **n.** (souvent péj.) *C'est un rêveur, un idéaliste naïf.* ➤ **utopiste.** *«C'est un idéaliste, qui a une foi sans bornes dans le pouvoir de l'esprit»* R. ROLLAND. ■ **CONTR.** Réaliste ; 2 pratique.

IDÉALITÉ [idealite] **n. f.** – 1770 ◊ de 1 *idéal* ■ **1** Caractère de ce qui est idéal. *«discussions sur la réalité ou l'idéalité du monde extérieur»* BERGSON. ■ **2** RARE Être, objet idéal. *«Je ne sais quelle fantastique idéalité»* GAUTIER. — *Les idéalités mathématiques.* ➤ **abstraction.** ■ **CONTR.** Réalité.

IDÉATEUR, TRICE [ideatœʀ, tʀis] **n.** – 1931 en Belgique ; autre sens 1874 ◊ de *idée* ■ (Canada) ■ **1** Personne chargée de trouver des idées nouvelles. ➤ **concepteur.** ■ **2** **n. m.** INFORM. Logiciel, application permettant d'organiser ses idées.

IDÉATION [ideasjɔ̃] **n. f.** – 1870 ◊ de *idée,* d'après l'anglais *ideation* ■ DIDACT. Formation et enchaînement des idées.

IDÉE [ide] **n. f.** – début XIIe ◊ du latin *idea,* mot grec «forme visible, apparence», d'où «espèce, catégorie», famille du grec *eidon* «voir»

I EN PHILOSOPHIE Essence éternelle et purement intelligible des choses sensibles (chez Platon et les philosophes platoniciens). ➤ **archétype.**

II UNE IDÉE, DES IDÉES. REPRÉSENTATION INTELLECTUELLE D'UN ÊTRE, D'UN OBJET (XVe) ■ **1** PSYCHOL., LOG. Représentation abstraite et générale d'un être, d'une manière d'être, ou d'un rapport, qui est formée par l'entendement. *Idée d'un objet particulier.* ➤ **représentation.** *Idée générale.* ➤ **concept, notion.** *Idées scientifiques de nombre, d'étendue. L'idée de triangle. L'idée de valeur. Signe, symbole d'une idée. Le mot et l'idée. Idées innées*.* ■ **2** COUR. (sens large) Toute représentation élaborée par la pensée (qu'il existe ou non un objet qui lui corresponde). *Expression des idées par le langage. «Nous avons plus d'idées que de mots»* DIDEROT. *Idée claire, nette, juste. Idées fausses, superficielles. Se faire une idée sur qqch., de qqch. Avoir une haute idée de soi :* être prétentieux. *Avoir des idées noires,* le cafard. *Association d'idées. Perdre le fil de ses idées. «Il sentait le fil de ses idées lui échapper»* E. SUE. *Sauter d'une idée à l'autre. Chasser une idée de son esprit.* — LOC. *Rassembler ses idées. Remettre les idées en place à qqn :* mettre de l'ordre dans l'esprit d'une personne troublée. ◆ *Idée fixe*.* ◆ **IDÉE-FORCE :** idée capable d'influencer l'évolution d'un individu, d'une époque. *Les idées-forces de 1968.* ◆ *L'idée de* (et l'inf.). ➤ 1 **pensée, perspective.** *«L'idée de se retrouver dans cette chambre vide l'attristait horriblement»* DAUDET. — *L'idée que. «Il s'enchantait de l'idée qu'il était l'arbitre de la France»* CHATEAUBRIAND. *À l'idée de, à la seule idée que :* à la pensée, rien que de penser à. *Elle paniquait à l'idée de se retrouver seule, qu'elle se retrouverait seule.* ■ **3** Vue élémentaire, approximative. ➤ **aperçu.** *Pour vous en donner une idée. As-tu une idée du prix ? Je n'en ai aucune idée, pas la moindre idée.* LOC. *On n'a pas idée de cela, on n'a pas idée !,* on ne peut même pas se représenter une chose pareille. *«Aussi, a-t-on idée !... recevoir un homme comme cela !»* HUGO. — *J'ai idée que :* il me semble que. *J'ai idée qu'il sera d'accord.* ■ **4** Conception purement imaginaire, fausse ou irréalisable. ➤ **chimère, rêve.** — LOC. *Se faire des idées :* imaginer des choses fausses (cf. Se monter* la tête). *En voilà, une idée ! Donner des idées à qqn,* exciter son imagination. ■ **5** (1670) Vue, plus ou moins originale, que l'intelligence élabore dans le domaine de la connaissance, de l'action ou de la création artistique. ➤ **dessein,** 3 **plan, projet.** *Il me vient une idée. Suivre son idée. J'ai changé d'idée. C'est une bonne idée.* ➤ FAM. 3 **plan.** *Une fausse bonne idée. Laissez-moi faire, j'ai une idée, j'ai mon idée. Il a une idée derrière la tête. Idée directrice. Prendre l'idée d'un roman dans un fait divers.* ➤ **inspiration, source,** 3 **sujet.** *L'idée a fait son chemin. — Avoir l'idée de :* concevoir le projet ou imaginer de (➤ **concepteur ;** RÉGION. **idéateur**). *Chercher des idées* (➤ **brainstorming**). *Boîte* à idées. Être à court d'idées. Il a beaucoup d'idées* (➤ **créativité, imagination, inventivité**). *Laboratoire* d'idées.* FAM. *Il a de l'idée. Il y a de l'idée,* c'est un projet intéressant, mais pas complètement abouti. ◆ AU PLUR. Pensées neuves, fortes, heureuses. *Ouvrage plein d'idées.* ➤ **trouvaille.** ■ **6** Façon particulière de se représenter le réel, de voir les choses. *J'ai mon idée, ma petite idée sur la question.* ➤ **opinion.** *Idée reçue.* ➤ **préjugé.** *Le «Dictionnaire des idées reçues», de Flaubert.* LOC. *Juger, agir à son idée. — Faire à son idée* (cf. À sa guise*, à sa tête*). ◆ AU PLUR. Ensemble des opinions d'un individu ou d'un groupe social en quelque domaine. *Communion d'idées. Chacun a ses idées. Cela n'est* *pas dans mes idées. Défendre ses idées. Aller jusqu'au bout de ses idées. — Idées d'un écrivain, d'un penseur.* ➤ **doctrine, philosophie, théorie, vue.** *Idées politiques.* ➤ **idéologie.** *Idées avancées, subversives. Avoir des idées étroites, larges.* — ABSOLT *Les idées :* spéculations touchant aux plus hauts problèmes. *L'histoire des idées. Courant d'idées. « Ce sont les idées qui mènent le monde »* RENAN.

III L'IDÉE. L'esprit qui élabore les idées. *J'ai dans l'idée qu'il ne viendra pas. C'est une chose qui ne me vient même pas à l'idée. « On ne m'ôtera pas de l'idée qu'ils avaient un secret »* VIALATTE. ♦ *En idée :* en imagination.

IDÉEL, ELLE [ideɛl] **adj.** – 1671 ◊ de *idée* ■ DIDACT. De l'idée, des idées. ➤ **conceptuel, 1 idéal.**

IDEM [idɛm] **adv.** – 1501 ◊ mot latin « la même chose » ■ Le même (être, objet). S'emploie généralement (ABRÉV. id.) pour éviter la répétition d'un nom (dans une énumération, une liste). ♦ FAM. De même. ➤ **itou.** *« Pars tout de suite, et reviens idem »* HUGO.

IDENTIFIABLE [idɑ̃tifjabl] **adj.** – 1845 ◊ de *identifier* ■ Qui peut être identifié. *Un corps mutilé, à peine identifiable.*

IDENTIFIANT [idɑ̃tifjɑ̃] **n. m.** – 1976 ◊ de *identifier* ■ INFORM. Code numérique ou alphanumérique permettant d'identifier de manière unique une information afin de pouvoir s'y référer de manière univoque. — PAR EXT. Nom de l'utilisateur d'un serveur, qui lui permet d'être identifié par le fournisseur d'accès ou le prestataire de service. ➤ ANGLIC. **login.** *Identifiant et mot de passe.*

IDENTIFICATEUR, TRICE [idɑ̃tifikatœʀ, tʀis] **adj.** et **n. m.** – 1927 ling. ◊ de *identifier*

I adj. Qui sert à identifier. *Fiche identificatrice.*

II n. m. ■ **1** Employé de l'Institut médicolégal de Paris, chargé de manipuler les corps. ■ **2** INFORM. Symbole attribué à un élément d'information, afin d'éviter de le désigner par son adresse en mémoire.

IDENTIFICATION [idɑ̃tifikasjɔ̃] **n. f.** – 1610 ◊ de *identifier* ■ **1** Action d'identifier ; résultat de cette action. *L'identification d'un cadavre. — L'identification d'une chose à une autre.* ■ **2** Le fait de s'identifier, de se confondre avec qqn ou qqch. ➤ **empathie.** *L'identification d'un acteur avec son personnage.* PSYCHOL. Processus par lequel un individu se constitue sur le modèle de l'autre. ➤ aussi **projection, transfert.** *Identification au père, à la mère.*

IDENTIFICATOIRE [idɑ̃tifikatwaʀ] **adj.** – 1974 ◊ de *identifier* ■ DIDACT. Qui concerne, qui permet une identification.

IDENTIFIER [idɑ̃tifje] **v. tr.** ‹7› – 1610 ◊ latin scolastique *identificare*, de *identicus* « identique »

I ■ **1** Considérer comme identique, comme assimilable à autre chose (identité qualitative) ou comme ne faisant qu'un (avec qqch.). ➤ **assimiler, confondre.** *Identifier une chose avec une autre, à une autre, une chose et une autre. Identifier deux choses.* ■ **2** (1864) (Sans compl. second) Reconnaître. *Je le connais, mais je n'arrive pas à l'identifier.* ♦ SPÉCIALT Reconnaître du point de vue de l'état civil. *Identifier un malfaiteur. Identifier un cadavre, des empreintes digitales.* ♦ *Identifier qqn sur une image numérique.* ➤ **taguer.** ■ **3** Reconnaître comme appartenant à une certaine espèce ou classe d'individus. *Identifier des plantes, des échantillons de pierres. Accent qu'on ne parvient pas à identifier. Objet volant non identifié.* ➤ **ovni.**

II S'IDENTIFIER v. pron. ■ **1** Se faire ou devenir identique, se confondre, en pensée ou en fait. *Acteur qui s'identifie avec son personnage* (cf. Se mettre dans la peau* de). *Il s'identifie à son père.* ABSOLT *« Les gens voulaient pouvoir s'identifier, avoir de l'empathie »* D. DE VIGAN. ■ **2** INFORM. Indiquer son identifiant.

■ CONTR. Différencier, discerner, distinguer.

IDENTIQUE [idɑ̃tik] **adj.** – 1610 ◊ latin scolastique *identicus*, de *idem* « le même » ■ **1** Se dit d'objets ou d'êtres parfaitement semblables, tout en restant distincts. ➤ **pareil, semblable.** *Figures géométriques identiques. Aboutir à des conclusions identiques.* ➤ **même.** *« Il est absurde de vouloir ramener les sentiments à des formules identiques »* BALZAC. *Être, objet identique à un autre.* ➤ **jumeau, sosie.** — **loc. adj.** ou **adv.** *À l'identique :* de la même façon, avec les mêmes matériaux. *Remplacer qqch. à l'identique.* ■ **2** DIDACT. Qui est unique, quoique perçu, conçu ou nommé de manières différentes. ➤ **même** (le même), **un.** *Elle reste toujours identique à elle-même.* ➤ **inchangé.** — LOG. *Proposition identique* ou ELLIPT *une identique.* ➤ **tautologie.** — MATH. *Identique à* (représenté par le signe ≡). ■ **3** Qui reste le même* individu à différents moments, en dépit des changements survenus. *« Notre mémoire, en retenant le fil de notre personnalité identique »* PROUST. ■ CONTR. Autre, contraire, différent, opposé.

IDENTIQUEMENT [idɑ̃tikmɑ̃] **adv.** – 1574 ◊ de *identique* ■ D'une manière identique. ■ CONTR. Différemment.

IDENTITAIRE [idɑ̃titɛʀ] **adj.** – v. 1975 ◊ de *identité* ■ DIDACT. Qui est relatif à l'identité. *Quête, crise identitaire. Groupe identitaire,* qui revendique une identité propre. *« un idéologue d'extrême-droite, l'oracle des milieux identitaires »* E. CARRÈRE. ➤ aussi **suprémaciste.**

IDENTITÉ [idɑ̃tite] **n. f.** – 1370 ◊ bas latin *identitas*, de *idem* « le même » ■ **1** Caractère de deux objets de pensée identiques. *Identité qualitative* ou *spécifique.* ➤ **similitude.** *L'identité d'une chose avec une autre, d'une chose et d'une autre. Identité de vue. Identité de goût entre deux êtres. « cette ressemblance était une identité qui me donnait le frisson »* BAUDELAIRE. *« Les profondes identités d'esprit, les ressemblances fraternelles de pensée »* BOURGET. ➤ **communauté.** ■ **2** Caractère de ce qui est un. ➤ **unité.** *Identité de l'étoile du soir et de l'étoile du matin* (c.-à-d. Vénus). ■ **3** PSYCHOL. *Identité personnelle,* caractère de ce qui demeure identique à soi-même. *Problème psychologique de l'identité du moi. Crise d'identité. « Cela fait partie de son identité de femme, le sac »* C. ORBAN. *Identité sexuelle.* ➤ **genre** (I, 4°). — *Identité culturelle :* ensemble de traits culturels propres à un groupe ethnique (langue, religion, art, etc.) qui lui confèrent son individualité ; sentiment d'appartenance d'un individu à ce groupe. ➤ **acculturation, déculturation.** *Identité nationale :* sentiment d'appartenance d'un individu à une nation. *« Les vieilles valeurs étaient brandies, l'ordre, le travail, l'identité nationale, lourdes de menaces »* A. ERNAUX. — PAR EXT. ➤ **permanence.** ♦ Le fait pour une personne d'être tel individu et de pouvoir être légalement reconnue pour tel sans nulle confusion grâce aux éléments (état civil, signalement) qui l'individualisent ; ces éléments. *Décliner son identité. Établir l'identité de qqn.* ➤ **identifier.** *Usurpation d'identité.* LOC. *Pièce d'identité :* pièce officielle prouvant l'identité d'une personne. ➤ **papier.** *Carte, photo d'identité. — Relevé* d'identité bancaire.* — PAR EXT. *Identité judiciaire :* service de la police judiciaire chargé spécialement de la recherche et de l'établissement de l'identité des malfaiteurs. ➤ **sommier.** ■ **4** LOG. Relation entre deux termes identiques, formule énonçant cette relation. *Principe d'identité :* « ce qui est, est ; ce qui n'est pas, n'est pas ». ♦ MATH. Égalité qui demeure vraie quelles que soient les valeurs attribuées aux termes qui la constituent. *Fonction identité :* fonction prenant, quelle que soit celle-ci, la même valeur que la variable. ■ CONTR. Altérité, contraste, différence.

IDÉO- ■ Élément, du grec *idea* « idée ».

IDÉOGRAMME [ideɔgʀam] **n. m.** – 1859 ◊ de *idéo-* et *-gramme* ■ LING. Signe graphique minimal qui, dans certaines formes d'écriture, constitue un morphème, un mot ou une notion (opposé à *phonogramme*). ➤ **logogramme.** *L'écriture à idéogrammes du chinois* (➤ **hiragana, kanji, katakana**).

IDÉOGRAPHIE [ideɔgʀafi] **n. f.** – 1839 ◊ de *idéo-* et *-graphie* ■ LING. Écriture idéographique.

IDÉOGRAPHIQUE [ideɔgʀafik] **adj.** – 1822 ◊ de *idéographie* ■ Se dit d'une écriture qui utilise des idéogrammes. *L'ancienne écriture égyptienne est idéographique.* ■ CONTR. Phonétique.

IDÉOLOGIE [ideɔlɔʒi] **n. f.** – 1796 ◊ de *idéo-* et *-logie* ■ **1** HIST. PHILOS. Système philosophique qui, à la fin du XVIIIe et au début du XIXe s., avait pour objet « l'étude des idées, de leurs lois, de leur origine » (Lalande). ■ **2** PÉJ. Analyses, discussions sur des idées creuses ; philosophie vague et nébuleuse. ■ **3** (fin XIXe ; vocabulaire marxiste) Ensemble des idées, des croyances et des doctrines propres à une époque, à une société ou à une classe. *« Ces biens bourgeois que sont par exemple, la messe du dimanche, la xénophobie, le bifteck-frites et le comique de cocuage, bref ce qu'on appelle une idéologie »* BARTHES. ♦ Système d'idées, philosophie du monde et de la vie. *L'idéologie d'un parti politique. L'idéologie officielle. « La révolution du XXe siècle [...] est d'abord une politique et une idéologie »* CAMUS.

IDÉOLOGIQUE [ideɔlɔʒik] **adj.** – 1801 ◊ de *idéologie* ■ Relatif à l'idéologie. *Luttes idéologiques.*

IDÉOLOGUE [ideɔlɔg] **n.** – v. 1800 ◊ de *idéologie* ■ **1** HIST. PHILOS. Adepte de l'idéologie. *L'idéologue Destutt de Tracy a influencé Stendhal.* ■ **2** (fin XVIIIe) PÉJ. Doctrinaire dépourvu de réalisme. ■ **3** Personne qui croit à la puissance des idées.

Hegel *«justifie toutes les entreprises de l'idéologue sur le réel»* CAMUS. ■ CONTR. Réaliste.

IDÉOMOTEUR, TRICE [ideomɔtœʀ, tʀis] adj. – *idéo-moteur* 1879 ◊ de *idéo-* et *moteur,* d'après l'anglais *ideo-motor* ■ PSYCHOPHYSIOL. Se dit d'un mouvement déclenché directement par une représentation mentale (opposé à *sensorimoteur*). *Phénomène idéomoteur, action idéomotrice,* par laquelle toute représentation d'un mouvement tend à produire ce mouvement (ex. dans le vertige).

IDES [id] n. f. pl. – 1119 ◊ latin *idus,* p.-ê. d'origine étrusque ■ Dans le calendrier romain, Jour qui tombait le 15 en mars, mai, juillet, octobre et le 13 dans les autres mois. *César fut assassiné aux ides de mars. Les calendes, les ides et les nones.* ■ HOM. Ide.

ID EST [idɛst] loc. conj. – 1552 ◊ loc. latine (empruntée à l'anglais) ■ C'est-à-dire (ABRÉV. *i. e.*).

IDIO- ■ Élément, du grec *idios* «propre, spécial».

IDIOLECTE [idjɔlɛkt] n. m. – v. 1960 ◊ anglais *idiolect,* de *idio-* «particulier» et *(dia)lect* ■ LING. Utilisation personnelle d'une langue par un sujet parlant. *Tous les idiolectes sont différents. Idiolecte et sociolecte*.*

IDIOMATIQUE [idjɔmatik] adj. – 1815 ; «particulier» XVIe ◊ grec *idiômatikos* ■ Propre à un idiome. *Expression, tournure idiomatique.* ➤ **idiotisme.**

IDIOME [idjom] n. m. – 1534 ; *ydiomat* 1527 ◊ latin *idioma,* grec *idiôma* «particularité propre à une langue, idiotisme» ■ LING. Ensemble des moyens d'expression d'une communauté correspondant à un mode de pensée spécifique. ➤ **langue ;** 2 **parler.** ◆ Parler propre à une région. ➤ **dialecte, patois.**

IDIOPATHIQUE [idjopatik] adj. – 1602 ◊ de *idiopathie* «maladie qui existe par elle-même» ■ MÉD. *Maladie idiopathique,* qui existe par elle-même, ou dont la cause n'est pas connue (opposé à *symptomatique*). ➤ **essentiel.** *Anémie, névralgie idiopathique.*

IDIOPHONE [idjɔfɔn] n. m. – 1936 ◊ de *idio-* et *-phone,* d'après l'allemand *Idiophon* (Sachs, 1913) ■ MUS. Instrument de musique dans lequel le son est produit par la mise en vibration du corps même de l'instrument (et non par un élément rapporté : corde, membrane...). *Les cloches, les castagnettes, les cymbales sont des idiophones.*

IDIOSYNCRASIE [idjosɛ̃kʀazi] n. f. – 1581 ◊ grec *idiosugkrasia* «tempérament particulier», de *sugkrasis* «mélange» ■ MÉD. Disposition personnelle particulière, généralement innée, à réagir à l'action des agents extérieurs (physiques, chimiques). ➤ **anaphylaxie.** ◆ DIDACT. Tempérament personnel. *«Des idiosyncrasies particulières, des types observés»* GAUTIER.

IDIOT, IDIOTE [idjo, idjɔt] adj. et n. – *idiote* «ignorant» 1180 ◊ latin *idiôtes* «sot», grec *idiotês* «simple particulier», d'où «étranger à un métier, ignorant»

I adj. ■ **1** (1660) Qui manque d'intelligence, de bon sens. ➤ **bête*, imbécile, sot, stupide.** *Elle est idiote, complètement idiote. Comme cela, je ne mourrai pas idiot,* j'aurai appris quelque chose. — (XVIIIe) *Réflexion, question idiote. Air idiot.* ➤ **niais.** *Je dois «confesser mon faible pour les films français complètement idiots»* BRETON. *Un accident idiot.* ➤ **absurde.** IMPERS. *Ce serait idiot de refuser.* — ADVT *Bronzer, voter, acheter idiot. «On a bronzé idiot et c'est très bon, avec au fond du sac un bouquin alibi dont on a lu trois pages»* PH. DELERM. ■ **2** (1765) MÉD. Atteint d'idiotie.

II n. ■ **1** Personne dénuée d'intelligence, de bon sens. ➤ **crétin, imbécile* ;** FAM. **brêle, con ;** RÉGION. **sans-allure, sans-dessein.** *Me prenez-vous pour un idiot ? Espèce d'idiot ! Faire l'idiot :* simuler la bêtise, la naïveté ; faire le malin en prenant des risques. *Fais pas l'idiot !* ➤ **mariole.** ■ **2** MÉD. VIEILLI Personne atteinte d'idiotie. *Un idiot congénital. «trois pauvres idiotes* [...] *dégoûtantes de laideur et de crétinisme»* FLAUBERT. — LOC. *L'idiot du village :* le simple d'esprit, l'innocent.

IDIOTIE [idjɔsi] n. f. – 1818 ◊ de *idiot* ■ **1** MÉD. VIEILLI Forme la plus sévère d'arriération intellectuelle (Q. I. inférieur à 20, âge mental inférieur à 3 ans). ■ **2** COUR. Manque d'intelligence, de bon sens ➤ **stupidité.** *Un spectacle d'une idiotie affligeante.* ■ **3 UNE IDIOTIE :** action, parole qui traduit un manque d'intelligence, de bon sens. ➤ **bêtise*,** FAM. **connerie.** *Ne dites pas d'idioties !* ➤ **ineptie.** — FAM. Œuvre stupide. *Quelle idiotie, ce film !* ■ CONTR. Intelligence.

IDIOTISME [idjɔtism] n. m. – 1534 ◊ latin *idiotismus,* grec *idiôtismos* «langage courant» ■ Forme ou locution propre à une langue, impossible à traduire littéralement dans une autre langue de structure analogue (gallicisme, anglicisme, germanisme, hispanisme, latinisme...).

IDOINE [idwan] adj. – 1174 ◊ latin *idoneus* «propre à» ■ VX ou DR. Propre à qqch. ➤ **approprié.** ◆ MOD. PLAISANT *Voilà la personne idoine,* celle qui convient parfaitement en l'occurrence. *Au moment idoine.* ➤ **opportun.**

IDOLÂTRE [idɔlɑtʀ] adj. et n. – 1265 ◊ latin ecclésiastique *idolatres,* grec *eidôlolatrês,* de *eidôlon* «image» et *latreuein* «servir, adorer» ■ **1** DIDACT. Qui rend un culte divin aux idoles. — n. ➤ 1 **gentil, païen.** ■ **2** LITTÉR. Qui voue une sorte de culte, d'adoration (à qqn, qqch.). *Passion idolâtre.*

IDOLÂTRER [idɔlɑtʀe] v. tr. ‹1› – *ydolatrer* fin XIVe intr. «adorer les idoles» ◊ de *idolâtre* ■ LITTÉR. Aimer avec passion en rendant une sorte de culte. ➤ **adorer.** *Idolâtrer ses enfants. «J'aime, que dis-je aimer ? j'idolâtre Junie»* RACINE. — PRONOM. *Amants qui s'idolâtrent.* ■ CONTR. Mépriser.

IDOLÂTRIE [idɔlɑtʀi] n. f. – fin XIIe ◊ latin ecclésiastique *idolatria,* grec *eidôlolatreia* → idolâtre ■ **1** DIDACT. Culte rendu à l'idole d'un dieu. ➤ **fétichisme.** ■ **2** (1550) Amour passionné, admiration outrée. ➤ **adoration, culte, passion.** *«Antoine, qui l'aima jusqu'à l'idolâtrie»* RACINE. ■ CONTR. Haine.

IDOLÂTRIQUE [idɔlɑtʀik] adj. – 1566 ◊ de *idolâtrie* ■ Relatif à l'idolâtrie, qui tient de l'idolâtrie. *«son amour passionné, idolâtrique»* BAUDELAIRE.

IDOLE [idɔl] n. f. – 1538 ; *ydele* 1080 ◊ latin ecclésiastique *idolum,* grec *eidôlon* «image» ■ **1** Représentation d'une divinité (image, statue), que l'on adore comme si elle était la divinité elle-même. ➤ **fétiche.** *Idole de bois, de bronze. Culte des idoles.* ➤ **idolâtrie.** ■ **2** (XVIIe) Personne ou chose qui est l'objet d'une sorte de vénération. *Faire de qqn son idole. «ah ! Laurette, idole de ma vie»* MUSSET. *«Le temps des seigneurs se termine. Tôt ou tard les idoles sont faites pour tomber»* DEL AMO. *La chute des idoles.* — Vedette de la chanson ou du spectacle, adulée du public. *La nouvelle idole des jeunes. Une idole et ses fans.*

IDYLLE [idil] n. f. – 1638 ; *idilie* 1555 ◊ italien *idillio,* latin *idyllium,* du grec *eidullion* «petit poème lyrique» ■ **1** Petit poème ou petite pièce, à sujet pastoral et généralement amoureux. ➤ **églogue, pastorale.** *Les idylles de Théocrite.* ■ **2** (XIXe) Petite aventure amoureuse naïve et tendre, généralement chaste. *Vivre une idylle.* ➤ 1 **amourette, romance.** *«Ils furent de merveilleux amis et des amants très platoniques. Cette idylle dura quarante ans»* HENRIOT. — Relation vécue dans un climat de bonne entente. *Ce n'est plus l'idylle entre les partenaires sociaux.*

IDYLLIQUE [idilik] adj. – 1845 ◊ de *idylle* ■ **1** LITTÉR. Relatif à l'idylle. ■ **2** COUR. Qui rappelle l'idylle par le décor champêtre, l'amour tendre. *«Une vieillesse idyllique, en pleine nature»* ZOLA. ◆ Merveilleux, idéal. *Une vision idyllique des choses.*

I. E. ➤ **ID EST**

IF [if] n. m. – 1080 ◊ gaulois *ivos* ■ **1** Arbre *(conifères)* à fruits rouges, décoratifs. *Ifs taillés en boules, en cônes, en pyramides.* ■ **2** Cône garni de pointes servant à égoutter les bouteilles. ■ HOM. Hyphe.

IGLOO ou **IGLOU** [iglu] n. m. – 1865 ◊ mot inuit «maison» ■ Abri en forme de dôme, construit avec des blocs de glace ou de neige préalablement découpés. *Des igloos, des iglous.*

IGNAME [iɲam ; ignam] n. f. – 1515 ◊ portugais *inhame,* d'origine africaine, à rapprocher du peul *nyami* «manger» ■ Plante tropicale vivace et grimpante, à gros tubercules farineux ; ce tubercule, utilisé pour l'alimentation.

IGNARE [iɲaʀ] adj. – 1361 ◊ latin *ignarus,* de *gnarus* «qui sait» ■ Sans instruction, d'une ignorance complète. ➤ **ignorant, inculte.** *Des brutes ignares. Être ignare en musique.* — SUBST. *«l'air docte d'un érudit parlant à un ignare»* PROUST. ➤ **analphabète.** ■ CONTR. Instruit, savant.

IGNÉ, ÉE [igne ; iɲe] adj. – milieu XVe ◊ latin *igneus* ■ **1** LITTÉR. Qui est de feu, qui a les caractères du feu. ➤ **ardent.** *Substance ignée.* ■ **2** (1835) GÉOL. Produit par l'action du feu. *Roches ignées,* appelées aujourd'hui *roches magmatiques*.*

IGNI- ■ Élément, du latin *ignis* «feu».

IGNIFUGATION [iɲifygasjɔ̃ ; igni-] n. f. – 1900 ◊ de *ignifuger* ■ TECHN. Action d'ignifuger ; résultat de cette action.

IGNIFUGE [iɲifyʒ ; igni-] adj. – 1890 ◊ de *igni-* et *-fuge* ▪ TECHN. Qui rend ininflammables les objets naturellement combustibles. *Matière ignifuge.* — SUBST. *Un ignifuge efficace.*

IGNIFUGEANT, ANTE [iɲifyʒɑ̃, ɑ̃t ; igni-] adj. et n. m. – 1907 ◊ de *ignifuger* ▪ TECHN. Qui a la propriété de rendre ininflammable. — SUBST. *Un ignifugeant.*

IGNIFUGER [iɲifyʒe ; igni-] v. tr. ⟨3⟩ – 1894 ◊ de *ignifuge* ▪ Rendre ininflammable ; imprégner de substances ignifuges. p. p. adj. COUR. « *j'entendais crépiter les charpentes ignifugées, et je voyais flamber celles qui ne l'étaient pas* » QUENEAU.

IGNIPONCTURE ou **IGNIPUNCTURE** [iɲipɔ̃ktyʀ ; igni-] n. f. – 1870 ◊ de *igni-* et *-poncture* ▪ MÉD. Méthode de cautérisation par une aiguille rougie à blanc.

IGNITION [iɲisjɔ̃ ; ignisjɔ̃] n. f. – 1370 « brûlure » ◊ latin *ignitio* ▪ PHYS. État d'un corps en combustion. *Matière, substance en ignition,* en combustion vive.

IGNOBLE [iɲɔbl] adj. – 1694 fig. « grossier, sans distinction » ; fin XIVe *innoble* « roturier » ◊ latin *ignobilis* « non noble » ▪ 1 (1718) Qui est vil, moralement bas. ➤ **abject, infâme.** *C'est un personnage ignoble. Un ignoble individu. — Conduite ignoble. Procédé ignoble,* honteux. ➤ **odieux.** *Une ignoble affaire. Une histoire ignoble.* ➤ **sordide.** *Réunir « tout ce qu'il y a de bassesses, de mots ignobles, de jurons »* MICHELET. ▪ 2 D'une laideur affreuse ou d'une saleté repoussante. ➤ **dégoûtant*, hideux, immonde, répugnant.** *Taudis ignoble.* — PAR EXAGÉR. Très déplaisant. ➤ **affreux, horrible.** *Un temps ignoble. Une viande ignoble.* ▪ CONTR. 1 Beau, noble.

IGNOBLEMENT [iɲɔbləmɑ̃] adv. – 1762 ; *ignobilement* 1576 ◊ de *ignoble* ▪ D'une manière ignoble.

IGNOMINIE [iɲɔmini] n. f. – 1468 ◊ latin *ignominia* ▪ 1 Déshonneur extrême causé par un outrage public, une peine, une action infamante. ➤ **honte, infamie, opprobre.** *Se couvrir d'ignominie.* ▪ 2 Caractère de ce qui déshonore. *Ignominie d'une condamnation.* ▪ 3 (XVIIe) *Une ignominie :* action ignominieuse. ➤ **turpitude.** *S'abaisser aux pires ignominies.* ▪ CONTR. Gloire, honneur, noblesse.

IGNOMINIEUSEMENT [iɲɔminjøzmɑ̃] adv. – v. 1400 ◊ de *ignominieux* ▪ LITTÉR. Avec ignominie. ➤ **honteusement.** *Être traité ignominieusement.* ▪ CONTR. Glorieusement.

IGNOMINIEUX, IEUSE [iɲɔminjø, jøz] adj. – v. 1400 ◊ latin *ignominiosus* ▪ LITTÉR. Qui apporte de l'ignominie. ➤ **honteux.** *Conduite ignominieuse.* ➤ **abject, infâme, méprisable.** *Condamnation, mort ignominieuse.* ▪ CONTR. Glorieux.

IGNORANCE [iɲɔʀɑ̃s] n. f. – 1120 ◊ latin *ignorantia* ▪ 1 État d'une personne qui ignore ; le fait de ne pas connaître qqch. *Laisser, tenir, entretenir qqn dans l'ignorance (de qqch.). Être dans l'ignorance (de qqch.). « L'homme sans Dieu est dans l'ignorance de tout »* PASCAL. *« L'ignorance des dangers fait leur force »* GIDE. ♦ Défaut de connaissances ou de pratiques dans un domaine déterminé. ➤ **incompétence, insuffisance.** *Je reconnais mon ignorance sur ce chapitre, en ce domaine.* ♦ ABSOLT Absence de connaissance, inexpérience totale. *Pécher par ignorance.* ▪ 2 Manque d'instruction, de savoir ; absence de connaissances intellectuelles, de culture générale. *« L'ignorance, cette couche obscure où l'humanité a dormi pesamment son premier âge »* ZOLA. — FAM. *Être d'une ignorance crasse.* ▪ 3 AU PLUR. Manifestations, preuves d'ignorance. ➤ **lacune.** *« Je pourrais transcrire ici un gros volume de vos ignorances »* VOLTAIRE. ▪ CONTR. Connaissance, 2 culture, expérience, instruction, 2 savoir, science.

IGNORANT, ANTE [iɲɔʀɑ̃, ɑ̃t] adj. – 1253 ◊ latin *ignorans* ▪ 1 **IGNORANT DE :** qui n'a pas la connaissance d'une chose ; qui n'est pas au courant, pas informé de. *Être ignorant des évènements, des usages. « Longtemps, elle piétina, ignorante de l'heure et du chemin »* ZOLA. ▪ 2 Qui manque de connaissances ou de pratique dans un certain domaine. *Ignorant en histoire. Il est très ignorant là-dessus, sur cette question.* — SUBST. *Faire l'ignorant :* feindre de ne pas savoir de quoi il s'agit. ▪ 3 Qui manque d'instruction, de savoir. ➤ **ignare, illettré, inculte.** *Un élève ignorant. Ignorant comme une carpe.* ➤ **analphabète.** — SUBST. *C'était « un ignorant. Mais ce n'était pas un imbécile »* HUGO. ▪ CONTR. Averti, cultivé, instruit, savant.

IGNORANTIN [iɲɔʀɑ̃tɛ̃] adj. m. et n. m. – 1752 ◊ de *ignorant* ▪ 1 *Frères ignorantins,* et n. m. *les ignorantins :* nom qu'avaient pris, par humilité, les religieux de l'ordre de Saint-Jean-de-Dieu. ▪ 2 n. m. PÉJ. Frère de la doctrine chrétienne.

IGNORÉ, ÉE [iɲɔʀe] adj. – de *ignorer* ▪ Qui n'est pas su, connu. ➤ **inconnu.** *Évènements ignorés, qui sont restés ignorés. Vivre ignoré, ignoré de tous.* ➤ **obscur.** ▪ CONTR. Célèbre.

IGNORER [iɲɔʀe] v. tr. ⟨1⟩ – 1330 ◊ latin *ignorare* ▪ 1 Ne pas connaître, ne pas savoir. *« Il y a ce que l'on sait et il y a ce que l'on ignore »* GIDE. *Nul n'est censé ignorer la loi. J'ignore tout de cette affaire. Comme vous ne l'ignorez sans doute pas* (cf. Vous n'êtes pas sans savoir...). — *Ignorer qqn,* le traiter comme si sa personne ne méritait aucune considération. *Lorsque je le croise dans la rue, il m'ignore. La critique a longtemps ignoré cet artiste.* ➤ **bouder, méconnaître.** — PRONOM. (RÉCIPR.) *Voisins de palier qui s'ignorent.* — (RÉFL.) *C'est un artiste qui s'ignore,* qui n'a pas conscience de sa véritable nature. *« Tout homme est un criminel qui s'ignore »* CAMUS. ▪ 2 Ne pas avoir l'expérience de. *Ignorer la peur, la faim.* ▪ 3 TRANS. IND. DR. *Afin que nul n'en ignore.* ▪ 4 (Suivi d'une propos.) RARE (propos. inf.) *Il ignorait vous avoir fait tant de peine.* ♦ COUR. (interrog. ind.) *Vous ignorez qui je suis. J'ignorais si vous viendriez.* ♦ **IGNORER QUE** (et l'indic. ou le subj.) *« Le comte ignorera que vous soyez au château »* BEAUMARCHAIS. *« Il n'ignorait pas non plus qu'elle pouvait être brusque »* COLETTE. ▪ CONTR. Connaître, pratiquer, 1 savoir.

IGUANE [igwan] n. m. – 1658 ; *iguanné* 1579 ; *iuana* 1533 ◊ espagnol *iguana,* mot d'origine amérindienne (arawak) ▪ Reptile *(lacertiliens)* ayant l'aspect d'un lézard de grande taille. *Iguane commun des forêts tropicales. Iguane terrestre des Galapagos.*

IGUANODON [igwanɔdɔ̃] n. m. – 1825 ◊ mot anglais, de *iguana* et grec *odous, odontos* « dent » ▪ PALÉONT. Reptile dinosaurien fossile, bipède et à très grosse queue, qui vivait à l'époque crétacée.

IGUE [ig] n. f. – 1889 ◊ mot du Quercy *(igo),* p.-ê. de *eiga* « arroser » ▪ RÉGION. Aven.

IKEBANA ou **IKÉBANA** [ikebana] n. m. – 1969 ◊ transcription d'un mot japonais, mot à mot « fleurs vivantes », de *ikeru* « garder vivant » et *hana* « fleur » ▪ Art traditionnel japonais de l'arrangement floral.

IL [il] pron. pers. m. – 842 ◊ du latin *ille* « celui-là »
▪ REM. Dans la prononciation familière : *il dit* [idi] ; *ils ont dit* [izɔ̃di].

I ▪ 1 Pronom personnel sujet de la troisième personne du singulier *(il)* et du pluriel *(ils),* du genre masculin, représentant un nom masculin qui vient d'être exprimé ou qui va suivre (➤ POP. 4 **y** ; **lui** ; **eux,** 1 **leur**). *« Il est si beau, l'enfant* [...] *»* HUGO. *« Il classait des articles, décachetait des lettres, alignait des comptes »* FLAUBERT. Inversion dans l'interrogation *Viendront-ils ?* (Avec un *t* euphonique) *Viendra-t-il ?* — En incise *Dit-il, pense-t-il.* ▪ 2 Représente l'être à qui l'on parle, dans un registre affectif. *« Vous voilà mon beau chéri ! Comme il est en retard ! »* ROMAINS. ▪ 3 Au plur., désigne des personnes qu'on préfère ne pas mentionner mais qu'on tient pour responsables de l'action désignée par le verbe (gouvernement, administration, riches...). *« On disait "Ils l'ont arrêté," et ce "Ils"* [...] *désignait à peine des hommes »* SARTRE.

II IL, pron. pers. neutre 3e pers. (latin *illud* « cela ») Sert à introduire les verbes impersonnels. (Phénomènes naturels) *Il neige. Il fait chaud.* LITTÉR. *« Il pleure dans mon cœur Comme il pleut sur la ville »* VERLAINE. *Il était une fois. Il y a. Il faut. Il convient. Il arrive que.* (Verbes d'état) *Il semble qu'il se soit trompé. Il paraît. Il est temps. Quelle heure est-il ? Il en est question.* (Verbes intr.) *Il ne tient qu'à vous de. « S'il n'en reste qu'un, je serai celui-là ! »* HUGO. (Pronominaux impers.) *Il s'agit de réagir. Il se peut qu'elle n'ait pas compris.* ♦ IMPERS. PASS. *Il ne sera pas dit que. Il sera satisfait à votre demande. Il sera procédé à la vente. Il a été décidé que.* REM. Cette construction peu élégante est très employée afin de ne pas nommer le responsable.
▪ HOM. Hile, île.

ILANG-ILANG [ilɑ̃ilɑ̃] n. m. – 1890 ◊ probablt mot indonésien ▪ Plante des Moluques dont la fleur est employée en parfumerie. *Des ilangs-ilangs.* — On écrit aussi *ylang-ylang* (1874).

ÎLE [il] n. f. /ILE/ – début XIIe *isle* ◊ latin *insula* ▪ 1 Étendue de terre ferme émergée d'une manière durable dans les eaux d'un océan, d'une mer, d'un lac ou d'un cours d'eau. *Petite île.* ➤ **îlot.** *Groupe d'îles.* ➤ **archipel.** *Île corallienne.* ➤ **atoll.** *Habitants d'une île.* ➤ **îlien, insulaire.** *L'île de Beauté :* la Corse. *Les îles Britanniques. Une île déserte. — Îles des fleuves et des rivières.* ➤ **javeau.** *L'île de la Cité, berceau de Paris.* — PAR EXT. *L'Île-de-France,* nom donné à la province qui forma le premier centre politique de la France et qui s'étend entre la Seine, l'Oise, la Marne et leurs affluents. ♦ CUIS. *Île flottante*.* ▪ 2 *Les Îles :* les Antilles. *Les « Créoles venus des îles »* MADELIN. *Oiseau des îles. Bois des îles,* exotique. ▪ HOM. Hile, il.

ILÉAL, ALE, AUX [ileal, o] adj. – 1931 ◊ de *iléon* ▪ ANAT., MÉD. De l'iléon. *Artères iléales. Résection iléale.*

ILÉITE [ileit] **n. f.** – 1832 ♦ de *iléon* et *-ite* ■ MÉD. Inflammation de l'iléon. *Iléite régionale, terminale.*

ILÉOCÆCAL, ALE, AUX [ileosekal, o] **adj.** – 1846 ♦ de *iléon* et *cæcal* ■ ANAT. Relatif à la fois à l'iléon et au cæcum.

ILÉOCOLIQUE [ileokɔlik] **adj.** – 1928, dans *péri-iléocolique* ♦ de *iléon* et 2 *colique* ■ ANAT. Qui concerne à la fois l'iléon et le côlon. *Jonction iléocolique :* abouchement naturel de l'intestin grêle dans le côlon. *Anastomose iléocolique.*

ILÉON [ileɔ̃] **n. m.** – XVIe ; *yleon* hapax 1392 ♦ latin des médecins *ileum,* du grec *eilein* « rouler » ■ ANAT. Troisième segment de l'intestin grêle, situé entre le jéjunum et le gros intestin.

ÎLET [ilɛ(t)] **n. m.** /ILET/ – 1155 *illet* ♦ de *île* ■ RÉGION. ■ **1** **(Antilles)** Très petite île, îlot. REM. Fréquent dans les toponymes : *Gros-Îlet, Trois-Îlets...* ■ **2** **(Réunion)** Petit plateau isolé du centre de l'île de la Réunion, abritant parfois un hameau. *Les « "ilets", ces hameaux perdus dans la montagne réunionnaise, où les habitants survivent avec obstination, presque avec férocité »* LE CLÉZIO.

ILÉUS [ileys] **n. m.** – 1798 ; *yleos* XIVe ♦ grec *eileos,* de *eilein* « tordre » ■ MÉD. Obstruction, occlusion intestinale.

ILIAQUE [iljak] **adj.** – 1560 ; *iliaque passion* v. 1300 ♦ latin *iliacus,* de *ilia* → ilion ■ ANAT. Relatif aux flancs. *Os iliaque :* chacun des deux os formant, avec le sacrum, le bassin osseux. ➤ **coxal.** *Muscle psoas*-iliaque.*

ÎLIEN, ÎLIENNE [iljɛ̃, iljɛn] **adj.** /ILIEN, ILIENNE/ – 1808 ♦ de *île* ■ Qui habite une île (spécialement sur le littoral breton). ➤ **insulaire.** SUBST. *Les îliens. « comme tous les îliens, il y a un attachement à l'île profond, un attachement viscéral »* KERSAUSON.

ILION [iljɔ̃] **n. m.** – XVIe ; *yléon* hapax XIVe ♦ latin *ilium,* sing. rare de *ilia* « flancs » ■ ANAT. Segment supérieur de l'os iliaque.

ILLÉGAL, ALE, AUX [i(l)legal, o] **adj.** – 1361 ♦ latin médiéval *illegalis,* cf. 1 *in-* et *légal* ■ Qui n'est pas légal ; qui est contraire à la loi. ➤ **illicite, irrégulier.** *Exercice illégal de la médecine. Agissements illégaux. Détention illégale.* ■ CONTR. Légal.

ILLÉGALEMENT [i(l)legalmɑ̃] **adv.** – 1789 ♦ de *illégal* ■ D'une manière illégale. *Illégalement retenu en garde à vue.* ■ CONTR. Légalement.

ILLÉGALITÉ [i(l)legalite] **n. f.** – 1361 ♦ de *illégal* ■ **1** Caractère de ce qui est illégal. *L'illégalité d'une sanction.* ■ **2** Acte illégal. *Commettre une illégalité.* ➤ **abus, irrégularité.** ■ **3** Situation d'une personne qui contrevient ouvertement à la loi. *Entrer, être dans l'illégalité.* ■ CONTR. Légalité.

ILLÉGITIME [i(l)leʒitim] **adj.** – 1458 ♦ latin juridique *illegitimus* → légitime ■ **1** DR. Né hors du mariage. *Enfant illégitime.* ➤ **adultérin,** PÉJ. **bâtard, naturel.** — *Passion, union illégitime.* ■ **2** (1549) COUR. Qui n'est pas conforme au bon droit, à la loi, à la morale. *Acte illégitime.* ➤ **illégal, irrégulier.** ■ **3** Qui n'est pas justifié, pas fondé. ➤ **déraisonnable, infondé, injustifié.** *Des craintes, des soupçons illégitimes.* ■ CONTR. Légitime. Régulier. Fondé.

ILLÉGITIMEMENT [i(l)leʒitimmɑ̃] **adv.** – XVe ♦ de *illégitime* ■ D'une manière illégitime. ➤ **indûment.** ■ CONTR. Légitimement.

ILLÉGITIMITÉ [i(l)leʒitimite] **n. f.** – 1752 ♦ de *illégitime* ■ DR. Caractère de ce qui est illégitime. ■ CONTR. Légitimité.

ILLETTRÉ, ÉE [i(l)letʀe] **adj.** et **n.** – 1560, rare avant XVIIIe ♦ latin *illitteratus* ■ **1** VIEILLI Qui n'est pas lettré. ➤ **ignorant, inculte.** ■ **2** MOD. Qui ne sait ni lire ni écrire (➤ **analphabète**) ; SPÉCIALT Qui est partiellement incapable de lire et d'écrire (➤ **illettrisme**). *« Avec cela presque illettré ; il lisait péniblement et n'apprit à écrire que vers la fin de l'année quatorze »* ALAIN. — **n.** *Les analphabètes et les illettrés.* ■ CONTR. Lettré.

ILLETTRISME [i(l)letʀism] **n. m.** – 1983 ♦ de *illettré* ■ État de l'illettré incapable de maîtriser la lecture d'un texte simple. *Analphabétisme* et illettrisme. La lutte contre l'illettrisme.* ■ CONTR. Littératie.

ILLICITE [i(l)lisit] **adj.** – 1364 ♦ latin *illicitus* ■ Qui n'est pas licite, qui est défendu par la morale ou par la loi. ➤ **défendu, illégal,** 1 **interdit, prohibé.** *Fait illicite* (➤ **délictuel**). *Commerce illicite* (➤ **trafic**). *Vente illicite d'armes. « La contrebande et autres pratiques illicites »* MÉRIMÉE. *Gains, profits illicites. Financement illicite.* ➤ **occulte.** *Substances illicites* (dangereuses, stupéfiantes...). ■ CONTR. Licite.

ILLICITEMENT [i(l)lisitmɑ̃] **adv.** – 1491 ♦ de *illicite* ■ DR. OU RARE D'une manière illicite. ■ CONTR. Licitement.

ILLICO [i(l)liko] **adv.** – 1435 ♦ mot latin ■ FAM. Sur-le-champ. ➤ **aussitôt, immédiatement.** *« il lui ferait le plaisir* [...] *de se mettre illico à son piano »* R. ROLLAND. LOC. *Illico presto** (même sens).

ILLIMITÉ, ÉE [i(l)limite] **adj.** et **n. m.** – 1611 ♦ bas latin *illimitatus* → limiter ■ **1** Qui n'a pas de bornes, de limites ; dont on ne distingue pas les limites. ➤ **grand, infini.** *« le domaine de la poésie est illimité »* HUGO. *Pouvoirs, moyens illimités.* ➤ **discrétionnaire.** *Ses ressources sont illimitées.* ➤ **immense, incalculable, incommensurable.** ■ **2** Qui n'est pas limité, dont la grandeur n'est pas fixée. ➤ **indéfini, indéterminé.** *Pour une durée illimitée. Une grève illimitée.* ■ **3** **n. m.** *L'illimité :* l'infini. ■ CONTR. Fini, limité ; déterminé.

ILLISIBILITÉ [i(l)lizibilite] **n. f.** – 1801 ♦ de *illisible* ■ Caractère de ce qui est illisible. ■ CONTR. Lisibilité.

ILLISIBLE [i(l)lizibl] **adj.** – 1686 ♦ de 1 *in-* et *lisible* ■ **1** Qu'on ne peut lire, qui est très difficile à lire. ➤ **indéchiffrable.** *Écriture, manuscrit illisible. Signature illisible.* ■ **2** Dont la lecture est insupportable. *Un roman illisible qui tombe des mains.* ■ **3** FIG. Qui est difficile à interpréter, à déchiffrer. *Une stratégie, une politique illisible.* ➤ **incompréhensible.** ■ CONTR. Lisible.

ILLISIBLEMENT [i(l)liziblǝmɑ̃] **adv.** – 1842 ♦ de *illisible* ■ D'une manière illisible. ■ CONTR. Lisiblement.

ILLOGIQUE [i(l)lɔʒik] **adj.** – 1819 ♦ de 1 *in-* et 2 *logique* ■ Qui n'est pas logique. *Raisonnement, conduite illogique.* ➤ **incohérent.** *Esprit illogique.* — **adv. ILLOGIQUEMENT,** 1845. ■ CONTR. 2 Logique ; cohérent.

ILLOGISME [i(l)lɔʒism] **n. m.** – 1852 ♦ de *illogique* ■ DIDACT. ■ **1** Caractère de ce qui est illogique, manque de logique. ➤ **absurde.** *« L'illogisme irrite. Trop de logique ennuie »* GIDE. — Manque de logique (d'une personne). *Son illogisme n'a d'égal que sa mauvaise foi.* ■ **2** Chose illogique. ➤ **absurdité, non-sens.**

ILLUMINATION [i(l)lyminasjɔ̃] **n. f.** – 1361 ♦ latin *illuminatio*

I ■ **1** THÉOL. Lumière extraordinaire que Dieu répand dans l'âme de qqn. *Par l'illumination du Saint-Esprit.* ■ **2** COUR. Inspiration subite, lumière soudaine qui se fait dans l'esprit. ➤ **idée,** 1 **trait** (de génie) ; **flash** (FIG.). *« une découverte suppose une illumination d'abord, puis l'ordonnance la plus sévère »* DUHAMEL.

II (XVIe) CONCRET ■ **1** COUR. Action d'éclairer, de baigner de lumière ; résultat de cette action. ➤ **éclairage, éclairement.** *Illumination d'un monument.* — SPÉCIALT *Les illuminations du 14 Juillet.* Ensemble de ces lumières. ■ **2** (sens ancien, repris à l'anglais « enluminures ») *Les « Illuminations », recueil de poèmes en vers et en prose d'Arthur Rimbaud.*

■ CONTR. Obscurcissement.

ILLUMINÉ, ÉE [i(l)lymine] **adj.** et **n.** – XVIe ♦ de *illuminer* ■ **1** Éclairé d'une vive lumière, de nombreuses lumières. *Paquebot tout illuminé.* — SPÉCIALT *Ville illuminée à l'occasion des fêtes de fin d'année.* ■ **2** FIG. Qui a une vision. — SUBST. (1625) HIST. RELIG. Mystique croyant à l'illumination intérieure. *Sectes d'illuminés* (Rose-Croix, etc.). PÉJ. Esprit chimérique qui ne doute pas de ses inspirations. ➤ **visionnaire.** *C'est un illuminé !* ■ CONTR. Sombre ; aveuglé.

ILLUMINER [i(l)lymine] **v. tr.** ⟨1⟩ – v. 1200 « rendre la vue » ♦ latin *illuminare* ■ **1** RELIG. Éclairer de la lumière de la vérité. ■ **2** (XIVe) COUR. Éclairer d'une vive lumière. *Éclair qui illumine le ciel.* ➤ **enflammer.** PAR MÉTAPH. *Cela va illuminer ma journée.* ◆ SPÉCIALT Orner de lumières à l'occasion d'une fête. *Illuminer une rue* (➤ **illuminé**). ■ **3** PAR EXT. Mettre un reflet, un éclat lumineux sur. *Un « éclair de joie illuminait sa face »* HUGO. — PRONOM. *Ses yeux s'illuminèrent de joie.* ➤ **briller.** *Son visage s'illumina.* ■ CONTR. Obscurcir ; assombrir ; rembrunir (se).

ILLUMINISME [i(l)lyminism] **n. m.** – 1791 ♦ de *illuminé* ■ **1** HIST. RELIG. Doctrine, mouvement de certains mystiques (Swedenborg, Böhme...) dits *illuminés. « Illuminés et illuminisme », de Nerval.* ■ **2** PSYCHIATR. Exaltation pathologique accompagnée de visions de phénomènes surnaturels.

ILLUSION [i(l)lyzjɔ̃] **n. f.** – XIIIe ; *illosiun* « moquerie » 1120 ♦ latin *illusio,* de *ludere* « jouer »

I ■ **1** Erreur de perception causée par une fausse apparence. ➤ **aberration.** *Les illusions des sens. Être le jouet, être victime d'une illusion. Statue qui donne l'illusion de la vie. Peinture, décor qui donne l'illusion du relief, de la réalité* (➤ **trompe-l'œil**). ■ **2** Interprétation erronée de la perception sensorielle de faits ou d'objets réels. *Illusions visuelles, tactiles. Illusion d'optique,* provenant des lois de l'optique ; FIG. erreur de point de vue. ■ **3** Apparence dépourvue de réalité. ➤ **hallucination, mirage, vision.** *« ce n'est point une illusion, ni de ces choses qu'on dit en l'air, c'est une vérité »* Mme DE SÉVIGNÉ. *« L'Illusion comique »* (théâtrale), *de Corneille. Illusions dues au trucage, à la prestidigitation* (➤ **illusionnisme**).

II (1611) ▪ **1** Opinion fausse, croyance erronée qui abuse l'esprit par son caractère séduisant. ➤ **chimère, leurre, rêve, utopie.** *« il préférait ses illusions à la réalité »* MUSSET. *Avoir, se faire des illusions.* ➤ **s'illusionner** (cf. Se faire des idées*). *Ne se faire aucune illusion sur qqn, sur qqch. Caresser une illusion. Entretenir qqn dans une illusion. Se bercer de douces illusions. Dissiper les illusions de qqn. Dire adieu à ses illusions. Être sans illusions. Perdre ses illusions* (➤ **déchanter**). *« Illusions perdues », roman de Balzac. « La Grande Illusion », film de J. Renoir.* ◆ ÉCON. *Illusion monétaire :* erreur d'appréciation de l'évolution du revenu réel en période d'inflation. ➤ **surestimation, surévaluation.** ▪ **2** ABSOLT *Le pouvoir, la force de l'illusion. L'être humain a besoin de l'illusion.* ◆ **FAIRE ILLUSION :** duper, tromper, en donnant de la réalité une apparence flatteuse. *Il cherche à faire illusion* (cf. En imposer).
▪ CONTR. Certitude, réalité, réel, vérité. Déception, désillusion.

ILLUSIONNER [i(l)lyzjɔne] v. tr. ‹1› – 1801 ◇ de *illusion* ▪ RARE Séduire ou tromper par l'effet d'une illusion. ➤ **éblouir.** *« Des bourgeois qu'on veut illusionner »* GAUTIER. ◆ COUR. **S'ILLUSIONNER** v. pron. (1822) Se faire des illusions. ➤ **s'abuser, se leurrer, se tromper** (cf. Croire au père Noël* ; FAM. se monter la tête*, le bourrichon*). *S'illusionner sur qqn. S'illusionner sur ses chances de succès.* ▪ CONTR. Désabuser.

ILLUSIONNISME [i(l)lyzjɔnism] n. m. – 1891 ◇ de *illusionner* ▪ Art de créer l'illusion par des tours de prestidigitation, des artifices, des trucages.

ILLUSIONNISTE [i(l)lyzjɔnist] n. – 1888 ◇ de *illusionner* ▪ Personne qui pratique l'illusionnisme. ➤ **escamoteur, prestidigitateur.** *Matériel d'illusionniste.*

ILLUSOIRE [i(l)lyzwaʀ] adj. – XIVe ◇ latin *illusorius,* de *illusio* → illusion ▪ **1** VX Qui est propre à engendrer l'illusion. *« Le sens de la vue est le plus illusoire »* BUFFON. ▪ **2** MOD. Qui peut faire illusion, mais ne repose sur rien de réel, de sérieux. ➤ **chimérique, 1 faux, trompeur, vain.** *Ces guerriers « couraient dans le vide décocher à d'illusoires ennemis, d'illusoires estocades »* CÉLINE. *Il est illusoire d'espérer qu'il guérira.* ▪ CONTR. Réel, sûr.

ILLUSOIREMENT [i(l)lyzwaʀmɑ̃] adv. – v. 1530 ◇ de *illusoire* ▪ LITTÉR. D'une manière illusoire.

ILLUSTRATEUR, TRICE [i(l)lystʀatœʀ, tʀis] n. – 1845 ; « celui qui donne de l'éclat » XIIIe ◇ d'après le latin *illustrator* ▪ Artiste spécialisé(e) dans l'illustration. ➤ **dessinateur, graveur.** *« L'illustrateur* [...] *ne doit voir qu'avec les yeux d'un autre »* GAUTIER. *L'illustratrice d'un livre pour enfants.*

ILLUSTRATION [i(l)lystʀasjɔ̃] n. f. – XVe ; « apparition » XIIIe ◇ latin *illustratio,* de *lustrare* « éclairer » ▪ **1** VX Action de rendre illustre ; état de ce qui est illustre. ◆ Personnage illustre. ➤ **célébrité, gloire.** *« une des illustrations contemporaines de la littérature »* BALZAC. ▪ **2** (1611) Action d'éclairer, d'illustrer par des explications, des exemples. *L'illustration d'une théorie par un fait précis. — Cette attitude n'est que l'illustration de ses principes.* ▪ **3** (1825) Figure (gravure, reproduction) illustrant un texte. *Ouvrage comportant des illustrations.* ➤ **image, visuel.** *Texte et illustrations de X. Illustrations en couleurs. — Ensemble des illustrations.* ➤ **iconographie.** *— L'illustration :* le genre artistique, l'ensemble des techniques mises en œuvre pour illustrer les textes. *Illustration de livres d'enfants, de livres de luxe.*

ILLUSTRE [i(l)lystʀ] adj. – 1441 ◇ latin *illustris,* de *lustrare* « éclairer » ▪ **1** Qui est très connu, du fait d'un mérite ou de qualités extraordinaires. ➤ **célèbre, fameux, glorieux.** *« Vies des hommes illustres », de Plutarque. Écrivain illustre.* PLAISANT *Un illustre inconnu*.* ▪ **2** (CHOSES) *Famille, maison illustre. « Elle aurait voulu que ce nom de Bovary* [...] *fût illustre »* FLAUBERT. — LITTÉR. *Actions illustres.* ➤ **éclatant.** ▪ CONTR. Obscur.

ILLUSTRÉ, ÉE [i(l)lystʀe] adj. et n. m. – XIXe ◇ de *illustrer* ▪ **1** Orné d'illustrations. *Édition illustrée. Journal illustré. Livre illustré.* ▪ **2** n. m. (1894) **UN ILLUSTRÉ :** périodique qui se compose pour l'essentiel de photographies, de dessins accompagnés de légendes. *Lire, feuilleter un illustré. Illustrés et bandes dessinées.*

ILLUSTRER [i(l)lystʀe] v. tr. ‹1› – 1508 ; « éclairer » 1350 ◇ latin *illustrare* ▪ **1** VX ou LITTÉR. Rendre illustre, célèbre. — PRONOM. *« je nourrissais le désir de m'illustrer* [...] *et de durer dans la mémoire des hommes »* FRANCE. *S'illustrer dans le métier des armes.* ➤ **se distinguer.** ▪ **2** Rendre plus clair. ➤ **éclairer.** *Illustrer de notes, de commentaires un texte difficile.* — PAR EXT. Mettre en lumière (par un exemple démonstratif). *Illustrer la définition d'un mot par des citations, des exemples* (➤ **exemplifier**). *Ce fait illustre bien son caractère.* ▪ **3** (1839) COUR. Orner de figures, d'images (un ouvrage). *Dessinateur, graveur dont le métier est d'illustrer des livres.* ➤ **illustrateur ; illustré.**

ILLUSTRISSIME [i(l)lystʀisim] adj. – 1481 ◇ de *illustre,* d'après l'italien *illustrissimo* ▪ VX ou PLAISANT Très illustre (titre encore donné à certains dignitaires ecclésiastiques).

ILLUVIAL, IALE, IAUX [i(l)lyvjal, jo] adj. – 1946 ◇ du latin *illuvio ;* d'après *alluvial, éluvial* ▪ PÉDOL. Qui résulte de l'illuviation. *Zone illuviale.*

ILLUVIATION [i(l)lyvjasjɔ̃] n. f. – milieu XXe ◇ du latin *illuvio* « débordement » ▪ PÉDOL. Processus d'accumulation d'éléments étrangers dans un horizon du sol.

ILLUVIUM [i(l)lyvjɔm] n. m. – milieu XXe ◇ latin moderne ▪ GÉOGR., GÉOL. Accumulation d'éléments dissous dans l'horizon d'un sol.

ÎLOT [ilo] n. m. /ILOT/ – XVIIe ; *islot* 1529 ◇ de *île* ▪ **1** Très petite île. ➤ RÉGION. **îlet.** *Îlot inhabité.* ▪ **2** Petit espace isolé dans un ensemble d'une autre nature. *Des îlots de verdure.* ◆ ANAT. *Îlots de Langerhans :* cellules pancréatiques qui sécrètent essentiellement l'insuline. ◆ FIG. *Des îlots de résistance.* ▪ **3** (1791) Petit groupe de maisons, isolé des autres constructions. *Démolir un îlot insalubre. Îlot administratif* (➤ **îlotage, îlotier**). ▪ **4** *Îlot directionnel :* terre-plein servant à canaliser la circulation automobile. ▪ **5** *Îlot central, îlot de cuisine :* meuble de cuisine, muni d'un plan de travail, que l'on place en son centre.

ÎLOTAGE [ilɔtaʒ] n. m. /ILOTAGE/ – 1972 ◇ de *îlot* ▪ Division d'une ville, d'un quartier, en unités administratives *(îlots)* placées chacune sous la surveillance d'un policier (➤ **îlotier**).

ILOTE [ilɔt] n. – 1568 ◇ latin *ilota,* grec *heilôs, ôtos* ▪ **1** Habitant de Laconie réduit en esclavage par les Spartiates. *Les Spartiates enivraient leurs ilotes pour dégoûter leurs enfants de l'ivrognerie.* — On écrit aussi **HILOTE.** ▪ **2** FIG. (1819) LITTÉR. Personne asservie, réduite au dernier degré de la misère, de l'ignorance.

ÎLOTIER, IÈRE [ilɔtje, jɛʀ] n. /ILOTIER, IÈRE/ – 1893 ◇ de *îlot* ▪ Policier, policière chargé(e) de la surveillance d'un îlot (3°). ➤ **îlotage.**

ILOTISME [ilɔtism] n. m. – 1819 ◇ de *ilote* ▪ **1** ANTIQ. Condition d'ilote, à Sparte. ▪ **2** DIDACT. État d'ilote, auquel sont réduits les éléments opprimés d'une société.

I. L. S. [iɛlɛs] n. m. – XXe ◇ sigle anglais, de *Instrument Landing System* « système d'atterrissage aux instruments » ▪ AÉRONAUT. Méthode radiogoniométrique permettant l'atterrissage des avions sans visibilité.

IMAGE [imaʒ] n. f. – milieu XIIe, au sens I, 2° ◇ du latin *imago*
I REPRODUCTION VISUELLE D'UN OBJET SENSIBLE ▪ **1** (fin XIIe) Reproduction inversée qu'une surface polie donne d'un objet qui s'y réfléchit. ➤ **reflet.** *Voir son image dans une glace. L'eau du lac reflète l'image du clocher. « Les miroirs feraient bien de réfléchir un peu plus avant de renvoyer les images »* (COCTEAU, « Le Sang d'un poète », film). ◆ PHYS. Ensemble des points de convergence des rayons lumineux issus des divers points d'un corps donné *(image réelle)* ou du prolongement de ces rayons *(image virtuelle). — Image oculaire consécutive. Image rétinienne*.* ◆ (1843) *Image photographique.* ➤ **cliché, épreuve, photo, photographie.** *Image nette. — Images d'un film.* ➤ **photogramme.** *Film pris image par image* (➤ **animation**). *« Film de cinématographe où les images, comme les mots du dictionnaire, n'ont de pouvoir et de valeur que par leur position et relation »* R. BRESSON. — AUDIOVIS. Ensemble des lignes horizontales décrites au cours d'une analyse complète du sujet transmis. ➤ **trame ; vidéocommunication.** *Images vidéos. Qualité de l'image d'un téléviseur. L'image et le son* (➤ **audiovisuel**). *Dispositif d'arrêt sur image.* INFORM., AUDIOV. *Image numérique* (➤ **gif, jpeg**). *Image de synthèse, image virtuelle,* construite sur un écran par des traitements informatiques (➤ **infographie**). *Écran d'ordinateur qui reproduit les images* (➤ **graphique**). *Points définissant une image* (➤ **pixel**). *Traitement de l'image. Banque d'images.* ◆ *Image en trois dimensions, en relief.* ➤ **hologramme.** — TÉLÉDÉTECT. *Image radar :* image reconstituée à partir des signaux recueillis sur un radar. ▪ **2** (milieu XIIe) Représentation d'un objet par les arts graphiques ou plastiques (➤ **dessin, figure**) ou par la photographie. *Image fidèle, ressemblante. Personnage popularisé par l'image. Chasseur* d'images. — « Futilité d'un monde où l'image commence à l'emporter sur le fond des choses »* M. DUGAIN. *Droit à l'image :* droit que toute personne physique a sur son image et sur l'utilisation qui en est faite. ◆ HIST.

RELIG. *Culte, querelle des images* (➤ **iconoclaste**). ▪ **3** Petite estampe. *Album, livre d'images.* ➤ **imagier.** *Collection d'images d'un musée, d'une bibliothèque.* ➤ **iconothèque.** *Images qui illustrent un texte.* ➤ **gravure, illustration, visuel ; iconographie.** *Il ne sait pas lire, il regarde juste les images.* (n. déposé) *Images d'Épinal :* images populaires très colorées produites à Épinal depuis le XIXe siècle. FIG. *Une image d'Épinal :* représentation exagérément schématique, qui ne montre que le beau ou le bon côté d'une réalité complexe. «*la royauté n'a plus de sens, fût-ce à Londres. C'est de l'image d'Épinal*» GREEN. — LOC. *Sage comme une image,* se dit d'un enfant calme, posé. — Petite carte illustrée d'une image. *Images pieuses. Collection d'images et d'autocollants.*

II CE QUI ÉVOQUE (QQCH., QQN), QUI CORRESPOND À (QQCH., QQN) ▪ **1** (fin XIIe) Reproduction exacte ou représentation analogique d'un être, d'une chose. ➤ **portrait, reflet.** *Cet enfant est l'image de son père. Image fidèle. Dieu créa l'homme à son image.* ➤ **ressemblance.** «*Si Dieu nous a faits à son image, nous le lui avons bien rendu*» VOLTAIRE. — Manifestation sensible de l'invisible ou de l'abstrait. ➤ **expression.** ▪ **2** Ce qui évoque une réalité (en raison d'un rapport de similitude, d'analogie). ➤ **figure, icone, symbole.** *L'eau qui coule, image du temps qui passe. Ce documentaire donne une image saisissante de la situation.* ▪ **3** (milieu XIIIe) Comparaison, métaphore. «*les images sont les gravures de l'idée*» LAMARTINE. *Image banale, usée.* ➤ **cliché.** *Écrivain qui s'exprime par des images. Hardiesse, justesse des images. Théorie surréaliste de l'image.* «*L'image est une création pure de l'esprit*» REVERDY. ▪ **4** MATH. Élément qui correspond (et correspond seul) dans un ensemble à un élément d'un premier ensemble (appelé antécédent* de cet élément). ➤ **application, correspondance, fonction, relation.** ▪ **5** PHYS. Phénomène où l'on observe une correspondance entre les points de deux ensembles physiques. *Image électrique.*

III REPRÉSENTATION MENTALE D'ORIGINE SENSIBLE ▪ **1** (milieu XIIe) Reproduction mentale d'une perception ou impression antérieure, en l'absence de l'objet qui lui avait donné naissance. *Image visuelle, auditive. Chasser une image de son esprit.* ▪ **2** Vision intérieure (plus ou moins exacte) d'un être ou d'une chose. *Conserver l'image d'un être.* ➤ 2 **souvenir.** *Évoquer une image.* «*Les images du passé pâlissent peu à peu, s'effacent*» PROUST. ▪ **3** (1647) Produit de l'imagination. *Images incohérentes du rêve. Images trompeuses.* ➤ **illusion, vision.** — *Image de soi. L'image parentale.* «*elle pensait se révolter efficacement contre son vieux à elle, elle voulait ternir "l'image du père"*» PENNAC. ▪ **4** (v. 1965) **IMAGE DE MARQUE :** représentation singularisant la notoriété (d'une marque) aux yeux du public. ➤ **notoriété, réputation.** *Rajeunir son image de marque.* — PAR EXT. *Image de marque* ou *image :* représentation collective d'une institution, d'une personne. *L'image de marque d'un ministre. Avoir une bonne image de marque. Un type* «*qui soigne son image malgré la saleté de son âme*» DJIAN. *Redorer son image,* l'améliorer par une réussite (cf. Redorer son blason*). *Casser son image.*

IMAGÉ, ÉE [imaʒe] adj. – 1611 ; *ymaigié* 1481 ◊ de *imager* «représenter par l'image» XIIIe ; de *image* ▪ Orné d'images, de métaphores. *Langage, style imagé.* ➤ **coloré, figuré.**

IMAGERIE [imaʒʀi] n. f. – 1829 ; «sculpture» XIIIe ◊ de *image* ▪ **1** Fabrication, commerce des images. ▪ **2** Ensemble d'images provenant de la même origine. *Imagerie d'Épinal* (n. déposé). ◆ Ensemble d'images de même inspiration. *Imagerie populaire, romantique.* «*des mots et des phrases flanqués de dessins, de coloriages, toute l'imagerie naïve qui flatte les esprits enfantins*» P. MICHON. ▪ **3** Technique permettant d'obtenir des images à partir de différents types de rayonnement ; ensemble d'images ainsi obtenues. *Imagerie médicale par ultrasons* (➤ **échographie**), *par rayons X* (➤ **radiographie, scanographie, scintigraphie**), *par R. M. N.* (➤ **IRM, remnographie**). *Imagerie astronomique. Imagerie moléculaire :* représentation de la structure tridimensionnelle sur un écran d'ordinateur.

IMAGIER, IÈRE [imaʒje, jɛʀ] n. et adj. – 1260 ◊ de *image* ▪ **1** Peintre, sculpteur ou graveur du Moyen Âge. ▪ **2** (1636) VX Personne qui fait, enlumine ou vend des images. ▪ **3** adj. (1881) Qui concerne les images, l'illustration. ➤ **iconique.** ▪ **4** n. m. (n. déposé) Livre d'images pour les jeunes enfants.

IMAGINABLE [imaʒinabl] adj. – 1295 ◊ bas latin *imaginabilis* ▪ Que l'on peut imaginer, concevoir. ➤ **concevable.** *Toutes les couleurs possibles et imaginables. Cela n'était pas imaginable autrefois.* ➤ **pensable.** «*Toutes les tuiles imaginables me tombent sur la tête*» FLAUBERT. ▪ CONTR. Inconcevable, inimaginable.

IMAGINAIRE [imaʒinɛʀ] adj. et n. m. – 1496 ◊ latin *imaginarius* ▪ **1** Qui n'existe que dans l'imagination, qui est sans réalité. ➤ **irréel ; fictif.** *Animaux imaginaires (dahu, dragon, licorne...).* ➤ **fabuleux, fantastique.** *Être imaginaire.* ➤ **légendaire, mythique.** *Romancier qui crée un personnage imaginaire. Danger imaginaire.* «*la ligne imaginaire qui sépare sur notre territoire la moitié sud de la moitié nord*» GRACQ. «*Le Musée imaginaire*», *de Malraux.* ◆ (1637) MATH. *Nombre imaginaire :* nombre de la forme $a + bi$, a et b étant des nombres réels, l'unité imaginaire i étant telle que $i^2 = -1$ ($i = \sqrt{-1}$). ➤ **complexe.** *Nombre imaginaire pur :* nombre de la forme bi, cas particulier des nombres complexes où a est nul (partie réelle). ▪ **2** Qui n'est tel que dans sa propre imagination. *Malade* imaginaire.* ▪ **3** n. m. Produit, domaine de l'imagination. «*quantité de gens qui sont plus sensibles à l'imaginaire qu'au réel*» GIDE. «*L'imaginaire est l'amant nocturne de la réalité*» S. GERMAIN. ▪ CONTR. 1 Effectif, réel, véritable, vrai.

IMAGINAL, ALE, AUX [imaʒinal, o] adj. – 1893 ◊ du latin *imago* «image» ▪ BIOL. Qualifie une structure non différenciée de la larve des insectes, destinée à devenir un organe déterminé chez l'adulte (➤ **imago**). *Cellules imaginales. Disques imaginaux.*

IMAGINATIF, IVE [imaʒinatif, iv] adj. et n. – XIVe ◊ bas latin *imaginativus* ▪ Qui a l'imagination fertile, qui imagine aisément. *Esprit imaginatif.* — n. *Un grand imaginatif.*

IMAGINATION [imaʒinasjɔ̃] n. f. – XIIe ◊ latin *imaginatio*

I L'IMAGINATION. ▪ **1** Faculté que possède l'esprit de se représenter des images ; connaissances, expérience sensible. *Le domaine des idées et celui de l'imagination. Cela a frappé son imagination.* ▪ **2** VIEILLI Faculté d'évoquer les images des objets qu'on a déjà perçus *(imagination reproductrice).* ➤ 1 **mémoire.** «*il est certains moments que l'imagination ne peut se lasser de représenter et d'embellir*» STENDHAL. *Se transporter en imagination dans un endroit où l'on a vécu. Vision qui reste dans l'imagination.* ▪ **3** COUR. Faculté de former des images d'objets qu'on n'a pas perçus ou de faire des combinaisons nouvelles d'images *(imagination créatrice). L'imagination déforme, colore la réalité.* ➤ **fantaisie, invention.** «*Pour se représenter une situation inconnue, l'imagination emprunte des éléments connus*» PROUST. *Jalousie avivée par l'imagination. Imagination fertile, débordante. Cette histoire est le fruit de son imagination.* — *N'exister que dans l'imagination.* ◆ ABSOLT *Avoir de l'imagination :* avoir l'imagination fertile. *Manquer totalement d'imagination. Avoir trop d'imagination :* déformer la réalité, inventer des choses impossibles. ◆ Faculté de créer en combinant des idées. ➤ **créativité, inventivité.** *Avec un peu d'imagination, il aurait pu se tirer d'affaire. L'imagination au pouvoir* (slogan de 1968). *L'imagination du mathématicien, du financier.* ◆ Création, inspiration artistique ou littéraire. *Imagination du romancier. L'imagination exubérante de Rabelais.*

II (XIVe «réflexion, idée») **UNE, DES IMAGINATIONS.** Ce que qqn imagine, et SPÉCIALT Chose imaginaire, extravagante. ➤ **chimère, fantasme, rêve.** «*les folles imaginations de l'amour*» STENDHAL. *C'est une pure imagination !* ➤ **fable, invention, mensonge.**

▪ CONTR. Raison. Réalité, vérité.

IMAGINÉ, ÉE [imaʒine] adj. – de *imaginer* ▪ Inventé. *Histoire imaginée de toutes pièces.* ➤ **fabriqué, forgé.** *Dans cette passion* [l'amour] «*toujours une chose imaginée est une chose existante*» STENDHAL. *Moyens imaginés pour se tirer d'affaire.*

IMAGINER [imaʒine] v. tr. ⟨1⟩ – 1290 ◊ latin *imaginari*

I ▪ **1** Se représenter dans l'esprit. «*j'ai beaucoup de plaisir à voir les choses que j'avais imaginées*» VOITURE. *Imaginer des amours impossibles.* ➤ **fantasmer.** *J'imagine très bien la scène.* ➤ **voir.** *Cela dépasse tout ce qu'on peut imaginer.* ➤ **concevoir, envisager ; inimaginable.** *Contrairement à ce que j'avais imaginé.* ➤ **croire.** *Imaginer ce qui va arriver.* ➤ **anticiper.** *Je l'imagine bien à ce poste. Je ne l'imagine pas marié. Vous ne pouvez imaginer à quel point il m'ennuie, combien je suis surpris. Qu'allez-vous imaginer là ?* — **IMAGINER QUE.** ➤ **supposer.** *J'imagine qu'il a voulu plaisanter. Nous n'imaginions pas que nous puissions être séparés.* — (En incise) «*Elle est libre, j'imagine*» SARTRE. ▪ **2** Inventer. *Imaginer un expédient.* ➤ **combiner, élaborer.** *Il ne sait plus quoi imaginer pour me plaire.* «*les mesures que l'administration avait imaginées*» CAMUS. — *Imaginer de* (et l'inf.) : avoir l'idée de.

II S'IMAGINER v. pron. (XVIe) ▪ **1** (RÉFL.) Se représenter soi-même en esprit. *Elle s'imaginait à quarante ans.* ➤ se **voir.** ▪ **2** Se représenter, concevoir. ➤ se **figurer.** «*Imaginez-vous une grande salle tapissée de fusils*» DAUDET. *Je me l'imaginais autre-*

ment. *« On s'imaginait facilement que c'était le matin »* SARTRE. ▪ **3** Croire à tort. *Elles s'étaient imaginé qu'elles étaient les meilleures. Si tu t'imagines que je vais céder, tu te fais des illusions.* — *« L'homme éprouve ce qu'il s'imagine éprouver »* GIDE.

IMAGO [imago] **n. m.** et **f.** – 1866 ; *image* 1845 ◊ mot latin

I **n. m.** ou **f.** BIOL. Forme adulte, définitive de l'insecte sexué à métamorphoses complètes ou incomplètes. *Imago du hanneton. Des imagos.*

II **n. f.** (1915) PSYCHAN. Prototype inconscient acquis dans l'enfance par le sujet, survivance imaginaire d'un participant de sa situation interpersonnelle. *Imago paternelle, maternelle, fraternelle.* **adj. IMAGOÏQUE** [imagɔik].

IMAM [imam] **n. m.** – 1697 ; *iman* 1559 ◊ mot arabe « guide » ▪ **1** HIST. Titre donné au successeur de Mahomet et à ceux d'Ali. ▪ **2** MOD. Chef de prière dans une mosquée. — Celui qui dirige une communauté musulmane.

IMAMAT [imama] **n. m.** – 1697 ; *imanat* 1765 ◊ de *imam* ▪ Dignité, titre, charge d'imam.

I. M. A. O. [imao] **n. m. inv.** – 1964 ◊ acronyme ▪ PHARM. Inhibiteur de la monoamine oxydase, employé contre les dépressions.

IMBATTABLE [ɛ̃batabl] **adj.** – 1806 ◊ de 1 *in-* et *battable*, de *battre* ▪ **1** Qui ne peut être battu, vaincu. *Un champion, un joueur imbattable.* ➤ **invincible.** *Il est imbattable aux échecs, à la belote.* — PAR EXT. *Record imbattable.* ▪ **2** Qui ne peut être abaissé. *Soldes à des prix imbattables.*

IMBÉCILE [ɛ̃besil] **adj.** et **n.** – 1496 ◊ latin *imbecillus*

I **adj.** ▪ **1** VX Faible, débile. *« L'homme, imbécile ver de terre »* PASCAL. ▪ **2** MÉD. Qui est atteint d'imbécillité. ➤ **arriéré.** ▪ **3** (fin XVIIe) COUR. Qui est dépourvu d'intelligence, qui parle, agit sottement. ➤ **bête*, idiot, stupide.** *Un exécutant imbécile.* ➤ **nul.** — PAR EXT. *Commentaire imbécile.* — **adv. IMBÉCILEMENT.**

II **n.** (XVIIe) ▪ **1** MÉD. VIEILLI Déficient intellectuel dont l'âge mental est intermédiaire entre celui de l'idiot (2 ans) et celui du débile (7 ans). ➤ **arriéré, faible** (d'esprit). ▪ **2** COUR. Personne sans intelligence. ➤ **abruti, âne, cornichon, crétin, demeuré, idiot, niais, sot ;** FAM. **andouille, ballot, baltringue, 1 bille, blaireau, boloss, bouffon, branque, branquignol, brèle, chnoque, con, conneau, corniaud, couillon, courge, croûte, cruche, débile, empaffé, enflé, enfoiré, gland, gourde, 4 manche, 2 moule, nœud, noix, nul, pochetée, 1 taré, truffe ;** RÉGION. **babache, jobastre, sans-allure, sans-dessein.** *C'est un imbécile, le roi des imbéciles. Passer pour un imbécile. Il me prend pour un imbécile.* PROV. *Il n'y a que les imbéciles qui ne changent pas d'avis. Imbécile heureux,* satisfait, fier de lui. *« L'imbécile n'a que de petites passions : il imite, il répète »* ALAIN. *Espèce d'imbécile !* ➤ VULG. **enfoiré.**

▪ CONTR. 1 Fort. Intelligent.

IMBÉCILLITÉ ou **IMBÉCILITÉ** [ɛ̃besilite] **n. f.** – 1355 ◊ latin *imbecillitas*, de *imbecillus* → imbécile ▪ **1** VX Débilité, faiblesse. ▪ **2** MÉD. VIEILLI Forme sévère de déficience intellectuelle, entre l'idiotie et la débilité mentale (Q. I. de 20 à 35, âge mental de 3 à 7 ans). ➤ **crétinisme.** ▪ **3** COUR. Grave manque d'intelligence ; état de l'imbécile. ➤ **abrutissement, bêtise*, crétinerie, idiotie.** — PAR EXT. *L'imbécillité d'une remarque.* ▪ **4** (1756) *Une, des imbécillités.* Acte, parole, idée imbécile. ➤ **ânerie,** FAM. **connerie, niaiserie, sottise.** *Faire, dire des imbécillités.* — La graphie *imbécilité* avec un seul *l*, d'après *imbécile*, est régulière.

▪ CONTR. Intelligence.

IMBERBE [ɛ̃bɛʀb] **adj.** – 1509 ◊ latin *imberbis*, de *barba* → 1 barbe ▪ Qui est sans barbe, n'a pas encore de barbe. *Un menton rasé est glabre, mais non imberbe. Garçon imberbe.* ▪ CONTR. Barbu.

IMBIBER [ɛ̃bibe] **v. tr.** ⟨1⟩ – 1555 ; au p. p. 1478 ◊ latin *imbibere* ▪ **1** Pénétrer d'eau, d'un liquide. ➤ **imprégner, tremper.** *Imbiber une compresse d'eau oxygénée. Gâteau imbibé de sirop.* ▪ **2 S'IMBIBER v. pron.** Absorber un liquide. *Les corps poreux s'imbibent par capillarité.* ◆ FAM. Boire à l'excès. *Il est complètement imbibé.* ➤ **aviné.** ▪ CONTR. Assécher, dessécher, essuyer, sécher.

IMBIBITION [ɛ̃bibisjɔ̃] **n. f.** – 1721 ; *imbibicion* v. 1350 ◊ latin *imbibitio* ▪ Action d'imbiber, de s'imbiber. — État d'un corps imbibé. ➤ **imprégnation.** ▪ CONTR. Dessiccation.

IMBITABLE [ɛ̃bitabl] **adj.** – 1977 ◊ de 1 *in-* et *biter* « comprendre » ▪ TRÈS FAM. Incompréhensible. *Ton histoire est complètement imbitable.*

IMBRICATION [ɛ̃bʀikasjɔ̃] **n. f.** – 1812 ◊ de *imbriqué* ▪ Disposition de choses imbriquées. FIG. *« l'imbrication [...] de mes souvenirs »* PROUST.

IMBRIQUÉ, ÉE [ɛ̃bʀike] **adj.** – 1584 ; n. f. 1555 ◊ latin *imbricatus*, de *imbrex* « tuile » ▪ **1** Formé d'éléments qui se recouvrent partiellement, à la manière des tuiles d'un toit. *Plaques de métal imbriquées. Écailles, plumes imbriquées.* ▪ **2** Formé d'éléments imbriqués. *Des coupoles « imbriquées d'écailles »* GAUTIER. *Clocher imbriqué d'une église romane.* ▪ **3** FIG. Se dit de choses étroitement liées. *Évènements imbriqués les uns dans les autres.*

IMBRIQUER [ɛ̃bʀike] **v. tr.** ⟨1⟩ – 1836 ◊ de *imbriqué* ▪ Disposer des choses de façon qu'elles soient imbriquées. PRONOM. **S'IMBRIQUER.** ➤ s'ajuster, s'emboîter.

IMBROGLIO [ɛ̃bʀɔljo ; ɛ̃bʀɔglijo] **n. m.** – fin XVIIe ◊ mot italien, de *imbrogliare* « embrouiller » ▪ **1** Situation confuse, embrouillée. ➤ **confusion, mélange.** *Quel imbroglio !* (cf. FAM. Sac* de nœuds). ▪ **2** Pièce de théâtre, dont l'intrigue est fort compliquée. *Des imbroglios. « imbroglio en trois actes »* BALZAC.

IMBRÛLÉ, ÉE [ɛ̃bʀyle] **adj.** et **n. m.** /IMBRULÉ, ÉE/ – 1840 ◊ de 1 *in-* et *brûlé* ▪ Qui n'a pas complètement brûlé. — AUTOM. *Gaz imbrûlés* ou SUBST. *les imbrûlés* : vapeurs d'hydrocarbure restant dans les gaz d'échappement d'un moteur à explosion.

IMBU, UE [ɛ̃by] **adj.** – 1460 ◊ réfection de *embu* de *emboire* (vx) ; d'après le latin *imbutus*, de *imbuere* « imbiber » ▪ Qui est imprégné, pénétré (de sentiments, d'idées). ➤ **plein, 1 rempli.** *« un Genevois imbu de tous les préjugés anglais »* MICHELET. — *Être imbu de soi-même, de sa supériorité* : se croire supérieur aux autres. ➤ **infatué.**

IMBUVABLE [ɛ̃byvabl] **adj.** – 1600 ◊ de 1 *in-* et *buvable* ▪ **1** Qui n'est pas buvable. *Ce vin est imbuvable.* ▪ **2** (1929) FIG. et FAM. ➤ **insupportable.** *Ce type est imbuvable !* ▪ CONTR. Buvable.

IMIDAZOLE [imidazɔl] **n. m.** – 1894 *imidazol* ◊ créé en allemand ▪ CHIM. Base hétérocyclique insaturée ($C_3H_4N_2$), dont le noyau se retrouve dans l'histidine*.

IMITABLE [imitabl] **adj.** – avant 1520 ◊ latin *imitabilis* ▪ Qui peut être imité. *Sa signature est facilement imitable. Un procédé difficilement imitable.* ▪ CONTR. Inimitable.

IMITATEUR, TRICE [imitatœʀ, tʀis] **n.** – v. 1420 ◊ latin *imitator* ▪ **1** Personne qui imite (les gestes, le comportement d'autrui). *Un pâle imitateur.* — SPÉCIALT Artiste de variétés qui imite la voix, le comportement de personnalités. — **adj.** *« l'enfant humain est beaucoup plus imitateur que l'enfant singe »* J. ROSTAND. ▪ **2** Personne qui imite (les œuvres d'autrui). ➤ **épigone, suiveur ; pasticheur.** *« des disciples, des imitateurs, des suiveurs... En un mot, une tradition »* GIDE. *Les imitateurs de Racine.* ▪ CONTR. Créateur, inventeur, novateur.

IMITATIF, IVE [imitatif, iv] **adj.** – 1764 ; autre sens 1466 ◊ bas latin *imitativus* ▪ **1** Qui imite les sons de la nature. *Harmonie imitative. Mots imitatifs.* ➤ **onomatopée.** ▪ **2** (XXe) Qui imite une personne (dans ses attitudes, son comportement). *Mimique imitative.*

IMITATION [imitasjɔ̃] **n. f.** – 1220 ◊ latin *imitatio* ▪ **1** Action de reproduire volontairement ou de chercher à reproduire (une apparence, un geste, un acte d'autrui) ; résultat de cette action. *Imitation habile, fidèle, réussie. Imitation outrée, comique.* ➤ **caricature, parodie.** *Faire des imitations. Imitation par le geste.* ➤ **mimique.** *Avoir le don d'imitation* (➤ **imitateur**). *Il fait des imitations très drôles.* ◆ Reproduction volontaire ou involontaire, consciente ou inconsciente, de gestes, d'actes. *Esprit d'imitation.* ➤ **mimétisme.** *« l'instinct d'imitation et l'absence de courage gouvernent les sociétés comme les foules »* PROUST (cf. Instinct grégaire* ; comportement moutonnier*). *Rôle de l'imitation dans les manifestations collectives.* ➤ **contagion.** ▪ **2** Le fait de prendre qqn, son œuvre pour modèle, de s'en inspirer (dans l'ordre intellectuel, moral, artistique). *Imitation d'un maître, des ancêtres. L'imitation des anciens. Imitation du style, de la manière d'un auteur.* ➤ **pastiche.** *Imitation d'un thème, d'une idée.* ➤ **emprunt.** — SPÉCIALT *L'Imitation de Jésus-Christ, célèbre ouvrage de piété* (XVe). ▪ **3** Reproduction des aspects sensibles de la nature par l'art. ➤ **mimesis.** VX *Arts d'imitation* : peinture et sculpture. ▪ **4** Œuvre sans originalité imitée d'un modèle. *Imitation servile.* ➤ **copie, plagiat.** *Imitation de la manière.* ➤ **parodie.** ▪ **5** Reproduction artificielle d'un objet, d'une matière ; l'objet imité d'un autre. ➤ **copie, reproduction.** *Imitation d'un produit.* ➤ **ersatz.** *Imitation frauduleuse.* ➤ **contrefaçon, 1 faux.** *Fabriquer des imitations de meubles* anciens. *Une belle imitation. «je préfère toujours les imitations aux originaux, l'imitation étant l'original cerné, possédé, intégré, éventuellement multiplié, bref pensé, spiritualisé»* TOURNIER. *Des reliures imitation cuir.* ➤ **façon, simili.** — **EN IMITATION :** en matière imitée. ➤ **simili,** 2**toc.** ▪ **6** (1721) MUS. Répétition par une partie d'un motif, d'un thème musical énoncé par une autre partie. *Imitation régulière, canonique. Imitation libre, irrégulière.* ▪ **7 loc. prép. À L'IMITATION DE :** à la façon* de, sur le modèle* de. *«À l'imitation des gazettes politiques [...], on imprima en France des gazettes littéraires»* VOLTAIRE. ▪ CONTR. Création, originalité. Authenticité. Originalité.

IMITER [imite] **v. tr.** ‹1› – 1493 ◇ latin *imitari* ▪ **1** Faire ou s'efforcer de faire la même chose que (qqn), chercher à reproduire. ➤ **contrefaire, copier, mimer, parodier, singer.** *Imiter ses camarades. Imiter les gestes, l'accent de qqn. «on ne peut imiter de nos gestes que ce qu'ils ont de mécaniquement uniforme»* BERGSON. *Voix facile à imiter. Imiter maladroitement qqn.* ➤ **singer.** *Imiter le cri d'un animal. L'enfant imite ce qu'il voit, ce qu'il entend.* ◆ Faire comme (qqn), sans intention de reproduire exactement ses gestes. *Il leva son verre et tout le monde l'imita.* ➤ **suivre.** ▪ **2** Prendre pour modèle, pour exemple. *Imiter un maître, un chef. Imiter qqn en tout. Imiter la conduite de qqn.* ➤ **adopter.** ▪ **3** RARE Reproduire, par les moyens de l'art (l'aspect de la réalité). *Imiter une forme naturelle, l'apparence des objets. Imiter la nature.* ▪ **4** Prendre pour modèle (l'œuvre, le style d'un autre). ➤ **s'inspirer (de).** *«La nécessité d'imiter le modèle vivant»* TAINE. *Imiter servilement un original.* ➤ **copier, plagier.** *S'amuser à imiter un style.* ➤ **pasticher.** — *Roman imité de l'anglais.* — ABSOLT *«Tout le monde imite. Tout le monde ne le dit pas»* ARAGON. ▪ **5** S'efforcer de reproduire, dans l'intention de faire passer la reproduction pour authentique. ➤ **contrefaire.** *Faussaire qui imite une signature* (➤ 1**faux**). *«en imitant du mieux que j'ai pu son petit radotage»* LACLOS. ▪ **6** (CHOSES) Produire le même effet que. ➤ **ressembler (à) ; pseud(o)-.** *«Des peintures sur fond d'or imitant la mosaïque»* GAUTIER. — **p. p. adj.** *Marbre imité.* ➤ **factice.** ▪ CONTR. Créer, innover, inventer.

IMMACULÉ, ÉE [imakyle] **adj.** – v. 1400 ◇ latin *immaculatus,* de *macula* «tache» ▪ **1** Qui est sans tache de péché. *La Vierge immaculée. Dogme de l'Immaculée Conception*.* — PAR ANAL. Qui est exempt de toute souillure morale. ➤ **pur.** ▪ **2** (CHOSES) Sans une tache. ➤ 2**net, propre.** *Du linge immaculé.* ◆ D'une blancheur parfaite. *Neige immaculée.* ▪ CONTR. Maculé, souillé, taché.

IMMANENCE [imanɑ̃s] **n. f.** – 1840 ◇ de *immanent* ▪ PHILOS. Caractère de ce qui est immanent. *L'immanence des mathématiques dans le réel. Principe d'immanence,* selon lequel tout est intérieur à tout, ou un au-delà de la pensée est impensable. ▪ CONTR. Transcendance.

IMMANENT, ENTE [imanɑ̃, ɑ̃t] **adj.** – 1370 ◇ latin scolastique *immanens,* de *immanere* «résider dans» ▪ PHILOS. VX *Cause immanente,* qui réside dans le sujet agissant. ◆ MOD. Qui est contenu dans la nature d'un être. *Le panthéisme stoïcien se représente Dieu comme immanent au monde.* — PAR EXT. *Justice immanente,* dont le principe est contenu dans les actions commises, qui suit le cours naturel des évènements, sans intervention extérieure. *«L'injustice immanente de la nature»* DUHAMEL. ▪ CONTR. Transcendant.

IMMANENTISME [imanɑ̃tism] **n. m.** – 1907 ◇ de *immanent* ▪ PHILOS. Doctrine qui affirme l'immanence de Dieu ou d'un absolu quelconque à la nature ou à l'être humain. ▪ CONTR. Transcendantalisme.

IMMANGEABLE [ɛ̃mɑ̃ʒabl] **adj.** – 1600 ◇ de 1*in-* et *mangeable* ▪ Qui n'est pas bon à manger. ➤ **mauvais.** *C'est immangeable.* ▪ CONTR. Mangeable.

IMMANQUABLE [ɛ̃mɑ̃kabl] **adj.** – 1652 ◇ de 1*in-* et *manquer* ▪ Qui ne peut manquer d'arriver. ➤ **fatal, inéluctable, inévitable, nécessaire.** *Conséquence immanquable.* ◆ VIEILLI Qui ne peut manquer d'atteindre son but. ➤ **infaillible.** *Ce procédé est immanquable.* ▪ CONTR. Douteux, 1 incertain.

IMMANQUABLEMENT [ɛ̃mɑ̃kabləmɑ̃] **adv.** – 1664 ◇ de *immanquable* ▪ Infailliblement, sûrement. *Les «jouissances les plus proches et les plus sûres qui sont immanquablement les plus grossières et les plus viles»* CAILLOIS.

IMMARCESCIBLE [i(m)marsesibl] **adj.** – 1482 ◇ bas latin *immarcescibilis,* de *marcescere* «se flétrir» ▪ BOT. DIDACT. Qui ne peut se flétrir. FIG. *Gloire immarcescible.* — On écrit aussi *immarcessible. «La jeunesse plus forte que le temps, la jeunesse immarcessible»* MAURIAC. ▪ CONTR. Marcescible.

IMMARIABLE [ɛ̃marjabl] **adj.** – 1611 ◇ de 1*in-* et *mariable* ▪ Non mariable, difficile à marier. *«tu es immariable, laide, idiote!»* COCTEAU. ▪ CONTR. Mariable.

IMMATÉRIALISME [i(m)materjalism] **n. m.** – 1753 ◇ de 1*in-* et *matérialisme* ▪ PHILOS. Doctrine métaphysique qui nie l'existence de la matière. *L'immatérialisme de Berkeley.* ➤ **idéalisme.** ▪ CONTR. Matérialisme.

IMMATÉRIALISTE [i(m)materjalist] **n.** – 1713 ◇ anglais *immaterialist* ▪ PHILOS. Partisan de l'immatérialisme. — **adj.** *Système immatérialiste.* ▪ CONTR. Matérialiste.

IMMATÉRIALITÉ [i(m)materjalite] **n. f.** – 1647 ◇ de *immatériel* ▪ Qualité, état de ce qui est immatériel. *L'immatérialité de l'âme.* ▪ CONTR. Matérialité.

IMMATÉRIEL, IELLE [i(m)materjɛl] **adj.** – v. 1336 ◇ latin ecclésiastique *immaterialis* ▪ **1** PHILOS. Qui n'est pas formé de matière. ➤ **incorporel, spirituel.** *L'âme immatérielle. Les anges, êtres immatériels.* ▪ **2** Qui est étranger à la matière, ne concerne pas la chair, les sens. *Plaisir immatériel.* ▪ **3** Qui ne semble pas de nature matérielle. ➤ **aérien, léger.** *«d'une minceur immatérielle»* COLETTE. ▪ **4** Qui n'a pas de substance physique, tangible. *Bien immatériel :* production économique de nature non physique (service, connaissance, capacité technique...). *Le capital immatériel d'une entreprise. Patrimoine immatériel :* ensemble constitué par les connaissances, les traditions et les savoir-faire d'une collectivité. *Le patrimoine culturel immatériel de l'UNESCO.* ▪ CONTR. Charnel, matériel.

IMMATRICULATION [imatrikylasjɔ̃] **n. f.** – 1636 ◇ de *immatriculer* ▪ Action d'inscrire le nom et le numéro d'une personne, d'un animal ou d'une chose (mobilière ou immobilière) sur un registre, en vue d'identifier ; résultat de cette action. ➤ **inscription.** *Immatriculation d'un prisonnier, d'un appelé* (➤ **matricule**). *Numéro, plaque d'immatriculation d'une automobile* (➤ **minéralogique**). *Immatriculation à la Sécurité sociale :* inscription d'une personne sur la liste des assurés sociaux sous un numéro personnel. *Immatriculation d'une société au registre du commerce.*

IMMATRICULER [imatrikyle] **v. tr.** ‹1› – 1485 ◇ latin médiéval *immatriculare* → matricule ▪ ADMIN. Inscrire sur un registre public, sur la matricule. *Immatriculer un employé à la Sécurité sociale.* — COUR. **au p. p.** *Voiture immatriculée en Belgique.*

IMMATURE [imatyr] **adj.** – 1504 «prématuré» ◇ latin *immaturus ;* repris 1897, anglais *immature* → mature ▪ **1** SC. Qui n'a pas atteint la maturité, n'est pas à l'âge où il peut se reproduire. *Des poissons immatures.* ▪ **2** COUR. Qui manque de maturité intellectuelle, affective. *Des adolescents immatures.* ▪ CONTR. Mature, mûr.

IMMATURITÉ [imatyrite] **n. f.** – XVIe ◇ latin *immaturitas* → maturité ▪ **1** RARE État de ce qui n'est pas mûr. *L'immaturité d'un fruit.* ▪ **2** Absence de maturité psychologique, intellectuelle.

IMMÉDIAT, IATE [imedja, jat] **adj. et n. m.** – 1382 ◇ bas latin *immediatus,* du classique *medius* «central, intermédiaire»

I DIDACT. Qui opère, se produit ou est atteint sans intermédiaire. ▪ **1** PHILOS. *Cause immédiate.* ➤ 1**direct.** *Effet immédiat.* — *Sentiment immédiat, évidence immédiate,* qui ne semblent résulter d'aucune réflexion. *«Essai sur les données immédiates de la conscience»,* de Bergson. ▪ **2** CHIM. *Analyse immédiate :* extraction d'une substance par simple procédé mécanique, sans intervention chimique. *Principe immédiat :* corps ainsi obtenu. ▪ **3** INFORM. *Adressage immédiat :* mode d'affectation d'une valeur (à un registre), celle-ci étant directement contenue dans le champ de l'instruction.

II COUR. ▪ **1** Qui précède ou suit sans intermédiaire, dans l'espace ou le temps. *Successeur immédiat. Au voisinage immédiat de votre maison.* ▪ **2** Qui suit sans délai ; qui est du moment présent, a lieu tout de suite. *Effets immédiats d'une décision. Danger immédiat.* ➤ **imminent.** *Réponse immédiate.* ➤ **instantané.** *«Les clientes furent l'objet de l'empressement immédiat du personnel entier»* CÉLINE. ▪ **3 n. m.** *Pensez d'abord à l'immédiat.* LOC. **DANS L'IMMÉDIAT :** dans un avenir proche. *Rien ne presse, du moins dans l'immédiat.* ▪ CONTR. Indirect, médiat ; distant, éloigné.

IMMÉDIATEMENT [imedjatmɑ̃] **adv.** – 1534 ◇ de *immédiat* ▪ D'une manière immédiate. ▪ **1** PHILOS. Sans intermédiaire. *Substance qui émane immédiatement d'un principe.* ➤ **directement.** ▪ **2** COUR. Tout de suite avant ou après. *Précéder, suivre immédiatement.* ◆ À l'instant même, tout de suite. ➤ **aussitôt,** FAM. **illico, instantanément** (cf. Sur-le-champ*, sans délai*, sur l'heure*, RÉGION. de suite). *Il a immédiatement compris. Sortez immédiatement ! Il faut opérer immédiatement.* ➤ **urgemment.** ■ CONTR. Indirectement. Tardivement.

IMMÉDIATETÉ [imedjatte] n. f. – 1721 ◇ de *immédiat* ■ DIDACT. Qualité de ce qui est immédiat. «*l'immédiateté du lien qui unissait la cause et la conséquence*» J.-R. BLOCH.

IMMELMANN [imɛlman] n. m. – 1917 en anglais ◇ de *Immelmann*, n. d'un pilote de chasse allemand ■ AÉRONAUT. Figure de voltige aérienne constituée d'un demi-looping suivi d'un demi-tonneau. *Faire des immelmanns.*

IMMÉMORIAL, IALE, IAUX [i(m)memɔrjal, jo] adj. – 1509 ◇ latin médiéval *immemorialis* ■ Qui remonte à une époque si ancienne qu'elle est sortie de la mémoire. *Usage immémorial. De temps immémorial* : de toute antiquité. *En des temps immémoriaux.*

IMMENSE [i(m)mɑ̃s] adj. – 1360 «total» ◇ latin *immensus*, de *metiri* «mesurer» → mesure ■ **1** DIDACT. Qui n'a ni bornes ni mesure. ➤ **illimité, infini.** «*À côté du vaste présent des peuples et de leur avenir immense*» CHATEAUBRIAND. ■ **2** (1452) COUR. Dont l'étendue, les dimensions sont considérables. ➤ **grand, vaste.** *La mer immense. Espace immense.* «*L'ample monde au delà de l'immense horizon*» VALÉRY. ■ **3** Qui est très considérable en son genre, par la force, l'importance, la quantité. ➤ **colossal, démesuré, énorme, gigantesque.** *Un homme immense*, très grand. *Foule immense. Une immense fortune. Un immense succès. Une immense influence.* ➤ **incommensurable, profond.** *Immense avantage.* ■ CONTR. Exigu, infime, minuscule, petit.

IMMENSÉMENT [i(m)mɑ̃semɑ̃] adv. – fin XVIIe ◇ de *immense* ■ D'une manière immense. ➤ **extrêmement.** *Il est immensément riche.* ➤ **colossalement.**

IMMENSITÉ [i(m)mɑ̃site] n. f. – 1372 ◇ latin *immensitas*, de *immensus* → immense ■ **1** DIDACT. État, caractère de ce qui est immense ; grandeur sans bornes ni mesure. *L'immensité de Dieu, de la nature.* ■ **2** COUR. Étendue trop vaste pour être facilement mesurée. ➤ **vastitude.** «*Dans l'immensité du ciel et de la mer*» BAUDELAIRE. *L'immensité du désert.* ◆ ABSOLT Étendue illimitée ou qui paraît telle. ➤ 1 **espace, infini.** *Se perdre dans l'immensité.* ■ **3** Grandeur considérable (de qqch.). *L'immensité de ses richesses.* «*l'immensité de sa prétention*» MAURIAC. ■ CONTR. Exiguïté, petitesse.

IMMENSURABLE [i(m)mɑ̃syrabl] adj. – v. 1350 ◇ latin ecclésiastique *immensurabilis*, de *mensurare* → mesurer ■ DIDACT. Impossible à mesurer, à évaluer, et SPÉCIALT Trop grand pour être mesuré. ➤ **immense ; incommensurable.** ■ CONTR. Mesurable.

IMMERGÉ, ÉE [imɛrʒe] adj. – 1648 ◇ de *immerger* ■ Plongé, noyé dans un liquide, dans la mer. *Câble immergé.* ➤ **sous-marin.** *Parties immergées d'un navire. Plantes immergées*, qui croissent sous l'eau. *Terres immergées.* ➤ **inondé.** ◆ PAR ANAL. ASTRON. *Planète immergée*, plongée dans l'ombre d'un astre. ■ CONTR. Émergé, flottant.

IMMERGER [imɛrʒe] v. tr. ⟨3⟩ – 1648 ; hapax 1501 ◇ latin *immergere* ■ Plonger dans un liquide. ➤ **baigner.** *Immerger un câble. Immerger le corps d'un matelot mort en mer.* — PRONOM. *Sous-marin qui s'immerge.*

IMMÉRITÉ, ÉE [imerite] adj. – 1455, repris 1794 ◇ de 1 *in-* et *mérité* ■ Qui n'est pas mérité. ➤ **indu, injuste.** «*une dégradation imméritée et de laquelle il est impossible de se relever*» BALZAC. *Honneurs immérités*, qui ne doivent rien au mérite. ■ CONTR. Mérité.

IMMERSIF, IVE [imɛrsif, iv] adj. – 1690 ◇ de *immersion* ou du latin *immersum* ■ TECHN. Réalisé par immersion. *Calcination immersive de l'or plongé dans l'acide nitrique.* — FIG. *Stage immersif.*

IMMERSION [imɛrsjɔ̃] n. f. – 1372 ◇ latin *immersio* ■ **1** Action d'immerger, de plonger dans un liquide ; résultat de cette action. *Immersion d'un câble, de blocs de béton. Baptême par immersion. Immersion d'un sous-marin.* ➤ **dérobement.** *Immersion des terres pendant une inondation.* ◆ PHYS. *Objectif à immersion* : objectif de microscope avec lequel on observe les objets à travers une goutte d'un liquide de même indice de réfraction que celui de l'objectif. ◆ ASTRON. Entrée d'une planète dans l'ombre d'un astre (➤ **éclipse**). ■ **2** FIG. Fait de plonger dans un lieu, un milieu particulier. *Séjour linguistique en immersion. Reportage en immersion.* «*L'immersion de l'écrivain dans la vie sociale est intégrale et tyrannique*» GRACQ. ■ CONTR. Émersion.

IMMETTABLE [ɛ̃metabl] adj. – 1803 ; *inmettable* 1797 ◇ de 1 *in-* et *mettre* ■ Se dit d'un vêtement qu'on ne peut ou n'ose mettre. *Un chapeau grotesque et immettable.* ■ CONTR. Mettable.

IMMEUBLE [imœbl] adj. et n. m. – *immoble* «immobile» v. 1200 ◇ latin *immobilis* → immobile ■ **1** DR. Qui ne peut être déplacé (ou qui est réputé tel par la loi). *Biens immeubles par nature* : sol, bâtiments. *Biens immeubles par destination* : biens mobiliers attachés par le propriétaire à un immeuble par nature. *Accessoires de biens, droits réputés immeubles.* ➤ **immobilier.** ◆ n. m. *Un immeuble* : un bien immeuble. *Patrimoine composé de meubles et d'immeubles.* ■ **2** n. m. (1846) COUR. Maison, grand bâtiment urbain à plusieurs étages. *Immeuble de cinq, de trente étages.* ➤ **barre, building, gratte-ciel,** 1 **tour.** *Immeubles résidentiels.* ➤ **résidence.** «*on achète un immeuble pour le démolir et bâtir un immeuble plus grand sur le même terrain*» SARTRE. *Immeuble à usage locatif.* ➤ RÉGION. **conciergerie.** *Immeuble de rapport*. Immeuble en copropriété. Habiter un appartement dans un immeuble. Immeuble de bureaux. Administrateur, gérant, syndic d'immeubles. Immeuble à loyer modéré (I. L. M.).* ➤ aussi **H. L. M.** ■ CONTR. (du 1°) Meuble.

IMMIGRANT, ANTE [imigʀɑ̃, ɑ̃t] adj. et n. – 1787 ◇ de *immigrer* ■ **1** RARE Qui immigre. ■ **2** n. COUR. Personne qui immigre dans un pays ou qui y a immigré récemment. *L'assimilation des immigrants.* ➤ **immigré.** ■ CONTR. Autochtone.

IMMIGRATION [imigʀasjɔ̃] n. f. – 1768 ◇ de *immigrer* ■ **1** Entrée dans un pays de personnes non autochtones qui viennent s'y établir, généralement pour y trouver un emploi. *Immigration permanente et immigration temporaire. Courant, mouvement d'immigration. Lois sur l'immigration, restreignant et contrôlant l'immigration. L'immigration clandestine. Office national d'immigration.* ■ **2** Ensemble d'immigrés. ➤ **communauté.** *L'immigration portugaise, africaine. Population immigrée ou issue de l'immigration. Une population «dénommée officiellement "les jeunes issus de l'immigration", et au quotidien les Arabes et les Noirs»* A. ERNAUX.

IMMIGRÉ, ÉE [imigʀe] adj. et n. – 1769 ◇ de *immigrer* ■ Qui est venu de l'étranger pour s'installer, par rapport au pays qui l'accueille. SPÉCIALT Qui est venu d'un pays peu développé pour travailler dans un pays industrialisé. *Travailleurs immigrés. Quartier à forte population immigrée.* — n. (1769) ➤ **immigrant.** *Les immigrés portugais, africains en France.* «*Le premier immigré demeure, sa vie durant, un homme de son pays d'origine*» SIEGFRIED. *Les immigrés maghrébins et leurs enfants* (cf. La deuxième génération*). ➤ FAM. **beur.** *Immigré politique.* ➤ **réfugié.** *Discrimination à l'égard des immigrés. Intégration des immigrés. Foyer pour immigrés. Immigrés clandestins.* ➤ **sans-papiers.**

IMMIGRER [imigʀe] v. intr. ⟨1⟩ – 1838 ; *immigré* n. 1769 ◇ latin *immigrare* ■ RARE Entrer dans un pays étranger pour s'y établir. *Immigrer en Australie.*

IMMINENCE [iminɑ̃s] n. f. – 1787 ◇ bas latin *imminentia* → imminent ■ Caractère de ce qui est imminent. ➤ **approche, proximité.** *L'imminence de la crise. Devant l'imminence du danger.* «*Le médecin ne cachait pas l'imminence d'une issue fatale*» A. ARNOUX.

IMMINENT, ENTE [iminɑ̃, ɑ̃t] adj. – XIVe, repris XVIe ◇ latin *imminens*, de *imminere* «menacer» ■ Qui va se produire dans très peu de temps. ➤ **immédiat, proche.** *Son arrestation est imminente. Danger imminent.* ➤ **menaçant.** *Catastrophe imminente.* «*l'effroi de la mort imminente*» F.-B. MICHEL. ■ CONTR. Éloigné, lointain.

IMMISCER (S') [imise] v. pron. ⟨3⟩ – 1482 ◇ latin *immiscere*, de *miscere* «mêler» ■ S'ingérer, s'introduire mal à propos ou indûment (dans une affaire). ➤ se **fourrer, intervenir,** se **mêler.** *Pays qui s'immisce dans les affaires intérieures d'un autre État* (➤ **immixtion, ingérence**). «*s'immiscer sournoisement dans les choses qui ne le regardaient pas*» COURTELINE.

IMMIXTION [imiksjɔ̃] n. f. – 1701 ; hapax XVIe ◇ bas latin *immixtio*, de *immiscere* → s'immiscer ■ Action de s'immiscer. ➤ **ingérence, intervention.** *Immixtion dans la vie privée de qqn, dans les affaires intérieures d'un pays.*

IMMOBILE [i(m)mɔbil] adj. – 1370 ; *immoble* XIIIe ◇ latin *immobilis* ■ **1** Qui ne se déplace pas. ➤ 1 **fixe.** *Rester, se tenir immobile. Immobile comme une souche, une statue.* «*la terreur le cloue immobile*» R. ROLLAND. *Immobile et frappé de stupeur.* ➤ **cloué, figé, paralysé, pétrifié.** ◆ (CHOSES) Que rien ne meut, n'agite. *Mer immobile.* ➤ 1 **plat.** *Eau immobile.* ➤ **dormant, stagnant.** «*En plein midi, l'été, quand les champs, les jardins, les bois sont immobiles de chaleur*» TOULET. *Le train est immobile depuis dix minutes*, à l'arrêt. ◆ SPÉCIALT Qui, par nature, ne se meut pas ; non mobile. *On croyait la terre immobile.* ■ **2** (ABSTRAIT) Fixé une fois pour toutes, définitivement figé. ➤ **invariable.** *Dogmes immobiles.* ■ CONTR. Mobile.

IMMOBILIER, IÈRE [imɔbilje, jɛʀ] **adj. et n. m.** – *immobiliaire* 1453 ◊ de 1*in-* et *mobilier* ■ **1** DR. Qui est immeuble, composé d'immeubles, ou considéré comme immeuble. *Biens immobiliers. Fortune immobilière.* **n. m.** *L'immobilier* : l'ensemble des immeubles. — *Succession immobilière.* ■ **2** COUR. Qui concerne, qui a pour objet un immeuble, des immeubles (2°). *Vente, saisie immobilière. Société immobilière,* s'occupant de la construction, de la vente, de l'achat d'immeubles. *Agence immobilière. Agent, promoteur immobilier. Prêt immobilier,* pour l'acquisition, la rénovation d'un immeuble. *« la crise immobilière qui a entraîné la chute de la valeur des immeubles »* BAINVILLE. — **n. m.** *L'immobilier* : le commerce d'immeubles, de maisons, d'appartements. *Travailler dans l'immobilier. Immobilier d'entreprise* (bureaux), *d'habitation* (logements). *Immobilier locatif.* ■ CONTR. Mobilier.

IMMOBILISATION [imɔbilizasjɔ̃] **n. f.** – 1819 ◊ de *immobiliser* ■ **1** DR. Attribution à un bien meuble de certains caractères juridiques des immeubles. ■ **2** COUR. Action de rendre immobile ; résultat de cette action. *Immobilisation d'un membre blessé, d'une fracture. Son accident lui a valu trois mois d'immobilisation.* ◆ SPORT Maintien au sol d'un adversaire sans qu'il puisse se dégager. *Gagner un combat de judo par immobilisation.* ■ **3** FIN. *Immobilisation de capitaux* (➤ **gel**), *des actions.* — COMPTAB., AU PLUR. *Immobilisations,* dans une entreprise, éléments d'actif qui servent de façon durable à l'exploitation. *Immobilisations corporelles, incorporelles. Immobilisations financières.*

IMMOBILISER [imɔbilize] **v. tr.** ⟨1⟩ – 1771 ◊ du latin *immobilis* « immobile ; immeuble » ■ **1** DR. Convertir fictivement en immeuble par le procédé de l'immobilisation. ■ **2** COUR. Rendre immobile, maintenir dans l'immobilité ou l'inactivité. ➤ **arrêter, fixer.** *La grippe l'a immobilisé une semaine. Immobiliser un véhicule. — Voiture immobilisée par une panne. Voyageurs immobilisés par une grève des transports.* ➤ FAM. **coincé.** *Passagers immobilisés dans un véhicule accidenté* (➤ **incarcéré**). *Voilier immobilisé.* ➤ **encalminé.** — Rendre incapable d'agir, de réagir (sous l'effet d'une émotion). ➤ **figer, paralyser, pétrifier.** *« Une hébétude l'immobilisait »* ZOLA. ◆ MÉD. Rendre immobile (un membre, un corps) au moyen de bandages, d'appareils spéciaux. *Immobiliser une jambe cassée* (➤ **plâtrer**). ◆ FIN. *Immobiliser des capitaux,* les rendre indisponibles par le placement qu'on en fait. ➤ **geler.** ◆ FIG. Rendre stationnaire, empêcher le progrès. *« cette façon d'immobiliser l'histoire [...] autour de deux idées abstraites »* JAURÈS. ➤ **figer, fixer.** ◆ PRONOM. **S'IMMOBILISER :** devenir, se tenir immobile. *Ils se sont immobilisés immédiatement.* — S'arrêter. *Le train s'est immobilisé en rase campagne.* ■ CONTR. Mobiliser. Agiter, mouvoir. Bouger, remuer.

IMMOBILISME [imɔbilism] **n. m.** – v. 1830 ◊ de *immobile* ■ Disposition à se satisfaire de l'état présent des choses, à refuser le mouvement ou le progrès. *L'immobilisme gouvernemental.* ➤ **conservatisme.** ■ CONTR. Progressisme.

IMMOBILISTE [imɔbilist] **adj. et n.** – v. 1830 ◊ de *immobilisme* ■ Marqué d'immobilisme ; partisan de l'immobilisme. *Politique, programme immobiliste.* ➤ **conservateur.** ■ CONTR. Progressiste.

IMMOBILITÉ [imɔbilite] **n. f.** – 1314 ◊ latin impérial *immobilitas* ■ État de ce qui est immobile. *Immobilité complète. « La maladie que j'ai me condamne à l'immobilité absolue au lit »* MICHAUX. *Immobilité des traits, du visage.* ➤ **impassibilité.** — *Immobilité de l'air, de l'eau. « Immobilité, sommeil profond de la nature »* RENARD. ◆ FIG. État de ce qui ne change pas. *« L'immobilité politique est impossible »* CHATEAUBRIAND. ■ CONTR. Agitation, déplacement, mobilité, mouvement ; 2 devenir, évolution.

IMMODÉRATION [imɔdeʀasjɔ̃] **n. f.** – XVe ◊ latin *immoderatio* ■ RARE Manque de modération, de mesure. ➤ **excès.**

IMMODÉRÉ, ÉE [imɔdeʀe] **adj.** – XVe ◊ latin *immoderatus* ■ Qui n'est pas modéré ; qui dépasse la mesure, la normale. ➤ **abusif, démesuré, excessif, outré.** *Dépenses immodérées. L'usage immodéré de qqch. Désirs immodérés.* ➤ **déréglé, effréné.** ■ CONTR. Modéré.

IMMODÉRÉMENT [imɔdeʀemɑ̃] **adv.** – v. 1282 ◊ de *immodéré* ■ D'une manière immodérée, avec excès. ➤ **démesurément, excessivement.** *Boire immodérément.*

IMMODESTE [imɔdɛst] **adj.** – 1541 ◊ latin *immodestus* ■ VIEILLI Qui manque à la pudeur. ➤ **impudique, indécent.** *Attitude immodeste.* ■ CONTR. Décent, modeste, pudique.

IMMODESTIE [imɔdɛsti] **n. f.** – 1546 ◊ latin *immodestia* ■ **1** VIEILLI Manque de pudeur. ■ **2** RARE Manque de modestie. ➤ **prétention.** ■ CONTR. Décence, pudeur.

IMMOLATEUR, TRICE [imɔlatœʀ, tʀis] **n.** – 1534 ◊ latin *immolator* ■ VX Personne qui immole. ➤ **sacrificateur.**

IMMOLATION [imɔlasjɔ̃] **n. f.** – XIIIe ◊ latin *immolatio* ■ LITTÉR. ■ **1** Action d'immoler ; résultat de cette action. ➤ **sacrifice.** *Immolation des victimes.* ➤ **holocauste.** ■ **2** Action de s'immoler, sacrifice de soi-même. *Le mariage « est la plus sotte des immolations sociales »* BALZAC.

IMMOLER [imɔle] **v. tr.** ⟨1⟩ – v. 1460 ◊ latin *immolare,* de *mola* « farine utilisée lors des sacrifices » ■ LITTÉR. ■ **1** Tuer en sacrifice à la divinité. ➤ **sacrifier.** *Immoler une victime sur l'autel.* ■ **2** Faire périr. ➤ **massacrer, tuer.** *Immoler les innocents et les coupables.* — **IMMOLER (une personne) À (qqn),** la faire périr pour le satisfaire. *« Rome, à qui vient ton bras d'immoler mon amant ! »* CORNEILLE. — **IMMOLER À (qqch.) :** faire périr pour satisfaire (tel sentiment), parvenir à (telle fin). *Il a immolé des milliers d'hommes à son ambition.* ■ **3** FIG. (début XVIIe) VIEILLI Sacrifier. *La princesse « fut la première immolée à ces intérêts de famille »* BOSSUET. ◆ Abandonner (qqch.) dans un esprit de sacrifice ou d'obéissance. ➤ **offrir.** *Il a tout immolé pour sa patrie.* ■ **4 S'IMMOLER v. pron.** Faire le sacrifice de sa vie. *S'immoler par le feu.* — Faire le sacrifice de ses intérêts. *« Je devais m'immoler [...] au libéralisme »* CHATEAUBRIAND.

IMMONDE [i(m)mɔ̃d] **adj.** – 1220 ◊ latin *immundus,* de *mundus* « propre » ■ **1** RELIG. Impur selon la loi religieuse. *Animaux immondes.* — Qui a un caractère d'impureté morale. *L'esprit immonde* : le démon. *Le péché immonde* : le péché de la chair. ■ **2** (1526) COUR. D'une saleté ou d'une hideur qui soulève le dégoût ou l'horreur. ➤ **dégoûtant, répugnant, sale*.** *« d'immondes ruelles de truands, boueuses, noires, sinistres »* LOTI. *Taudis immonde.* — (PERSONNES) ➤ **laid.** *« Non mais t'as pas vu la fille, enfin ! Elle est immonde »* (C. VINCENT et J.-P. RONSSIN, « La Discrète », film). — ALLUS. LITTÉR. *La bête immonde :* le fascisme. ■ **3** D'une extrême immoralité ou d'une bassesse qui révolte la conscience. ➤ **ignoble.** *Trafic immonde. Un crime immonde.* ➤ **abject, hideux.** ■ CONTR. Propre, pur.

IMMONDICE [i(m)mɔ̃dis] **n. f.** – *immondeces* 1223 ◊ latin *immunditia* → immonde ■ **1** VX, AU SING. Chose sale ; impureté. ■ **2** MOD., AU PLUR. Déchets de la vie humaine et animale, résidus du commerce et de l'industrie. ➤ **détritus, ordure.** *Tas d'immondices. Enlèvement des immondices par les services de la voirie.*

IMMORAL, ALE, AUX [i(m)mɔʀal, o] **adj.** – v. 1660 ◊ de 1*in-* et *moral* ■ (PERSONNES) Qui viole les principes de la morale établie. *Une personne foncièrement immorale.* ➤ **corrompu, débauché, dépravé ; amoral.** ◆ (CHOSES) Contraire à la morale, aux bonnes mœurs. *Conduite immorale.* ➤ **honteux.** *Doctrines immorales. Ouvrages immoraux.* ➤ **licencieux, obscène, scandaleux.** *Film immoral. « La littérature, qu'on accuse tant d'immorale hardiesse »* BARBEY. *Ce serait immoral de faire cela.* — **adv. IMMORALEMENT,** 1836. ■ CONTR. Honnête, moral, vertueux.

IMMORALISME [i(m)mɔʀalism] **n. m.** – 1845 ◊ de *immoral* ■ Doctrine qui propose des règles d'action différentes, inverses de celles admises par la morale courante. *L'immoralisme de Nietzsche. « Et toutes les théories de la liberté, de Gide à Sartre, ne sont que des immoralismes conçus par des célibataires irresponsables »* HOUELLEBECQ. ◆ Tendance à mettre en doute les valeurs morales ; mépris pour la morale établie.

IMMORALISTE [i(m)mɔʀalist] **adj. et n.** – 1874 ◊ de *immoral* ■ Caractérisé par l'immoralisme. *Thèse immoraliste.* ◆ Partisan, dans son idéologie ou dans sa vie, de l'immoralisme. — **n.** *« L'Immoraliste », roman de Gide.*

IMMORALITÉ [i(m)mɔʀalite] **n. f.** – 1777 ◊ de *immoral* ■ Caractère d'une personne, ou de ce qui est immoral. ➤ **corruption, dépravation, vice.** *Immoralité d'un homme, d'une société. « L'immoralité, c'est la révolte contre un état de choses dont on voit la duperie »* RENAN. — *Immoralité d'une conduite, d'un ouvrage.* ■ CONTR. Moralité. Honnêteté, pureté, vertu.

IMMORTALISATION [imɔʀtalizasjɔ̃] **n. f.** – 1580 ◊ de *immortaliser* ■ **1** LITTÉR. Action d'immortaliser dans la mémoire collective. ■ **2** BIOL. CELL. Production de cellules en culture, se multipliant indéfiniment. *L'immortalisation peut résulter de la transformation par un virus oncogène, une substance chimique ou par la fusion d'une lignée cellulaire avec une lignée tumorale.*

IMMORTALISER [imɔʀtalize] **v. tr.** ⟨1⟩ – 1544 ◊ de *immortel* ■ **1** Rendre immortel dans la mémoire collective. *Chefs-d'œuvre qui immortalisent qqn, sa mémoire, son nom.* ➤ **éter-**

niser, perpétuer. — PRONOM. *S'immortaliser par des actions mémorables.* ▪ 2 BIOL. CELL. Rendre (une cellule) capable de se multiplier indéfiniment en culture.

IMMORTALITÉ [imɔʀtalite] n. f. – XIIe ◊ latin *immortalitas* ▪ 1 Qualité, état de celui ou de ce qui est immortel. *Immortalité de l'âme.* ABSOLT *Croyance à l'immortalité,* à la vie éternelle. ▪ 2 LITTÉR. Qualité de ce qui survit sans fin dans la mémoire collective. ➤ **pérennité.** *Entrer dans l'immortalité.* ➤ **éternité.** ▪ CONTR. Mortalité.

IMMORTEL, ELLE [imɔʀtɛl] adj. et n. – XIIIe ◊ latin *immortalis* ▪ 1 Qui n'est pas sujet à la mort. *L'Olympe, séjour des dieux immortels.* — n. VX ou LITTÉR. *Un immortel, une immortelle* : un dieu, une déesse. ◆ *Âme immortelle.* « *Toute idée est, par elle-même, douée d'une vie immortelle* » BAUDELAIRE. ▪ 2 Qu'on suppose ne devoir jamais finir, que rien ne pourra détruire. ➤ **éternel, impérissable.** *Un amour immortel.* ▪ 3 Qui survit et doit survivre éternellement dans la mémoire collective. *L'immortel auteur de Don Quichotte. Gloire immortelle. Chef-d'œuvre immortel. Les immortels principes de 1789.* ▪ 4 n. (surtout au plur.) Académicien, académicienne. « *L'Immortel* », *roman d'A. Daudet.* ▪ 5 BIOL. CELL. Qui se multiplie indéfiniment. *Les cellules souches sont immortelles.* ▪ CONTR. Mortel, périssable.

IMMORTELLE [imɔʀtɛl] n. f. – 1665 ◊ de *immortel* ▪ Plante herbacée *(composées)* dont l'involucre reste coloré quand la fleur est séchée. *Immortelle annuelle, vivace.* — *Immortelle des neiges.* ➤ **édelweiss.**

IMMOTIVÉ, ÉE [i(m)mɔtive] adj. – 1866 ◊ de 1 *in-* et *motivé* ▪ 1 Qui n'a pas de motif. *Action immotivée.* ➤ **gratuit.** *Réclamation immotivée.* ➤ **infondé, injustifié.** ▪ 2 LING. Qui n'est pas motivé, en parlant d'un signe, d'une expression. ➤ **arbitraire, démotivé.** ▪ CONTR. Motivé.

IMMUABILITÉ [imɥabilite] n. f. – *immuableté* XVIe ◊ de *immuable* ▪ DIDACT. Caractère de ce qui est immuable. ➤ **immutabilité.**

IMMUABLE [imɥabl] adj. – 1327 ◊ de 1 *in-* et *muable,* d'après le latin *immutabilis* ▪ 1 DIDACT. Qui reste identique à soi-même ; qui ne peut éprouver aucun changement. *Dieu éternel et immuable. Croire en une vérité absolue et immuable.* ▪ 2 COUR. Qui ne change guère ; qui dure longtemps. ➤ **constant, durable, inaltérable, intemporel, invariable.** *Passion immuable.* « *Rien de plus immuable que la nullité* » RENAN. ◆ (PERSONNES) *Immuable dans ses convictions.* ➤ 1 **ferme.** ▪ CONTR. Changeant, mouvant, variable.

IMMUABLEMENT [imɥabləmɑ̃] adv. – 1470 ◊ de *immuable* ▪ D'une manière immuable. ➤ **constamment, invariablement.** « *le ciel immuablement gris* [...] *et la neige éternelle du sol* » RIMBAUD.

IMMUN, UNE [imœ̃, yn] adj. – 1916 ◊ latin *immunis* ; d'après l'anglais *immune* ▪ IMMUNOL. Se dit d'un sujet ou d'un organisme immunisé, d'une substance immunisante. *Agglutinines immunes. Complexe immun* : association d'un anticorps et d'un antigène.

IMMUNISANT, ANTE [imynizɑ̃, ɑ̃t] adj. – 1895 ◊ de *immuniser* ▪ Qui immunise. ➤ **immun.** *Sérum immunisant. Action immunisante d'une substance.*

IMMUNISATION [imynizasjɔ̃] n. f. – 1894 ◊ de *immuniser* ▪ Action d'immuniser ; son résultat. *Immunisation active* (➤ **vaccination**), *passive* (➤ **sérothérapie**).

IMMUNISER [imynize] v. tr. ⟨1⟩ – 1894 ◊ du latin *immunis* « exempt » ▪ 1 Rendre réfractaire aux agents pathogènes, à une maladie infectieuse. *Immuniser par le vaccin.* ➤ **vacciner.** — *Personne immunisée contre une maladie.* ◆ PRONOM. *S'immuniser contre l'effet d'un poison.* ➤ se **mithridatiser.** ▪ 2 FIG. Protéger, mettre à l'abri. « *Les hommes n'ont pas de subtilité ; leur condition servile les blinde et les immunise* » A. ARNOUX. ▪ CONTR. Contaminer.

IMMUNITAIRE [imynitɛʀ] adj. – milieu XXe ◊ de *immunité* ▪ IMMUNOL. Relatif à l'immunité (II). *Réactions, défenses immunitaires de l'organisme* (➤ **cytokine**). *Déficience des mécanismes immunitaires.* ➤ **immunodéficience.** *Renforcer la fonction immunitaire* (➤ **immunostimulant, immunothérapie**). *Système immunitaire* : ensemble des cellules chargées d'assurer la défense de l'organisme contre les substances étrangères (antigène, parasite...).

IMMUNITÉ [imynite] n. f. – 1276 ◊ latin *immunitas,* de *munus* « charge »

I Exemption de charge, prérogative accordée par la loi à une catégorie de personnes. ➤ **dispense, franchise, privilège.** *Immunité de la noblesse. Immunités accordées à l'Église.* — Exemption des règles générales en matière juridictionnelle, fiscale. — SPÉCIALT *Immunité parlementaire,* accordée au parlementaire, lui assurant une protection contre les actions pénales exercées contre lui. ➤ **inviolabilité, irresponsabilité.** — *Immunité diplomatique* : ensemble des privilèges résultant de l'exterritorialité et qui soustraient les diplomates étrangers, leurs familles, le personnel officiel des ambassades, aux juridictions du pays où ils résident.

II (1866) BIOL. Propriété que possède un organisme de réagir à certaines substances (antigènes) qu'il reconnaît comme étrangères. *Immunité innée. Immunité acquise* (➤ **accoutumance, immunisation, mithridatisation**), *spontanée ou provoquée* (➤ **vaccination**). *Immunité humorale,* assurée par la présence d'anticorps spécifiques. *Immunité cellulaire,* impliquant la production de cellules spécialisées (➤ **immunocompétent ; lymphocyte**) qui réagissent avec les antigènes étrangers à la surface d'autres cellules de l'hôte. *Immunité active* (par contact avec un antigène), *passive* (➤ **sérothérapie**).

▪ CONTR. (du II) Allergie, anaphylaxie, sensibilisation.

IMMUNO- ▪ Élément, du latin *immunis* « exempt ».

IMMUNOCHIMIE [imynoʃimi] n. f. – 1959 ◊ de *immuno-* et *chimie* ▪ SC. Application des techniques biochimiques à l'étude qualitative et quantitative des processus immunitaires (réaction antigène-anticorps). « *l'apparition de nouvelles protéines que les techniques de l'immunochimie permettent aujourd'hui de suivre* » J. RUFFIÉ. ➤ **immunofluorescence.**

IMMUNOCOMPÉTENT, ENTE [imynokɔ̃petɑ̃, ɑ̃t] adj. – 1967 ◊ de *immuno-* et *compétent* ▪ IMMUNOL., BIOL. CELL. Se dit de cellules susceptibles d'intervenir dans les processus immunitaires. *Lymphocytes immunocompétents.* — n. f. **IMMUNOCOMPÉTENCE,** v. 1970.

IMMUNODÉFICIENCE [imynodefisjɑ̃s] n. f. – répandu v. 1985 ◊ de *immuno-* et *déficience* ▪ MÉD. Incapacité, congénitale ou acquise, de résister à l'infection, due au non-fonctionnement de tout ou partie du système immunitaire. ➤ **agammaglobulinémie.** *Syndrome d'immunodéficience acquise* : le sida. *Virus de l'immunodéficience humaine.* ➤ **HIV, VIH.** — n. et adj. **IMMUNODÉFICIENT, IENTE** et **IMMUNODÉFICITAIRE.**

IMMUNODÉPRESSEUR [imynodepʀesœʀ] n. m. – 1967 ◊ de *immuno-* et radical du latin *depressus* « abaissé » ▪ MÉD. ➤ **immunosuppresseur.**

IMMUNODÉPRESSIF, IVE [imynodepʀesif, iv] adj. – 1968 ◊ de *immuno-* et *dépressif* ▪ MÉD. Relatif à l'action des immunodépresseurs. *Action immunodépressive.* ➤ **immunosuppresseur.**

IMMUNODÉPRESSION [imynodepʀesjɔ̃] n. f. – 1968 ◊ de *immuno-* et *dépression* ▪ MÉD. Situation naturelle ou induite de diminution des réactions immunitaires.

IMMUNODÉPRIMÉ, ÉE [imynodepʀime] adj. et n. – 1972 ◊ de *immuno-* et *déprimé* ▪ MÉD. Dont les défenses immunitaires sont amoindries. — n. *Les immunodéprimés ne doivent pas recevoir de vaccins vivants.*

IMMUNOFLUORESCENCE [imynoflyɔʀesɑ̃s] n. f. – 1965 ◊ de *immuno-* et *fluorescence* ▪ BIOL. Technique utilisant un marquage fluorescent d'anticorps spécifiques afin de visualiser et de localiser les antigènes correspondants.

IMMUNOGÈNE [imynɔʒɛn] adj. – 1906 ◊ de *immuno-* et *-gène* ▪ IMMUNOL. Qui provoque la formation d'anticorps. *Qualité immunogène des antigènes.*

IMMUNOGLOBULINE [imynoglɔbylin] n. f. – 1959 ◊ de *immuno-* et *globuline* ▪ BIOCHIM., IMMUNOL. Protéine sécrétée dans le sérum du sang par les lymphocytes B en réponse à un antigène. ➤ **anticorps ; gammaglobuline.** *Immunoglobulines G* (IgG), *A* (IgA), *D* (IgD), *M* (IgM), *E* (IgE).

IMMUNOHISTOCHIMIE [imynoistoʃimi] n. f. – 1976 ◊ de *immuno-* et *histochimie* ▪ SC. Étude de tissus biologiques par des techniques d'immunologie (réaction anticorps-antigène). ABRÉV. **IHC.**

IMMUNOLOGIE [imynɔlɔʒi] n. f. – 1924 ◊ de *immuno-* et *-logie* ▪ BIOL., MÉD. Étude de l'immunité (apparition, développement, conséquences d'ordre prophylactique et thérapeutique). *Importance de l'immunologie en pathologie, dans le domaine des transplantations d'organes* (réactions de « rejet »). *Techniques d'immunologie appliquées à la biologie.* ➤ **immunohistochimie.** — adj. **IMMUNOLOGIQUE,** 1928.

IMMUNOLOGISTE [imynɔlɔʒist] n. – 1946 ◊ de *immunologie* ▪ Spécialiste de l'immunologie.

IMMUNOSTIMULANT, ANTE [imynostimylɑ̃, ɑ̃t] **adj.** et **n. m.** – 1971 n. m. ◇ de *immuno-* et *stimulant* ■ BIOL., MÉD. Qui stimule les défenses immunitaires de l'organisme. — **n. m.** *Un immunostimulant.*

IMMUNOSUPPRESSEUR [imynosypʀesœʀ] **n. m.** – 1967 ◇ de *immuno-* et *suppresseur*, de *supprimer* ■ MÉD. Substance qui inhibe ou supprime la réponse immunitaire de l'organisme aux antigènes exogènes. ➤ **immunodépresseur.** *Les immunosuppresseurs sont utilisés pour limiter le phénomène de rejet lors d'une greffe et dans le traitement des maladies auto-immunes.* — **adj. m.** *Traitement immunosuppresseur.* On dit aussi **IMMUNOSUPPRESSIF, IVE.**

IMMUNOTHÉRAPIE [imynoteʀapi] **n. f.** – 1927 ◇ de *immuno-* et *-thérapie* ■ MÉD. Traitement consistant à provoquer ou à augmenter la réaction immunitaire de l'organisme par l'injection d'anticorps ou d'antigènes.

IMMUNOTOLÉRANT, ANTE [imynotɔleʀɑ̃, ɑ̃t] **adj.** – v. 1970 ◇ de *immuno-* et *tolérant* ■ IMMUNOL. Se dit d'un organisme qui ne réagit pas par une production d'anticorps aux antigènes qui y sont introduits. — **n. f. IMMUNOTOLÉRANCE,** 1969.

IMMUNOTRANSFUSION [imynotʀɑ̃sfyzjɔ̃] **n. f.** – milieu XXe ; *immuno-transfusion* 1927 ◇ de *immuno-* et *transfusion* ■ MÉD. Transfusion de sang provenant d'un sujet immunisé contre la maladie dont est atteint le malade qui la reçoit.

IMMUTABILITÉ [i(m)mytabilite] **n. f.** – 1470 ◇ latin *immutabilitas* ■ DIDACT. Caractère, état de ce qui ne peut changer. ➤ **immuabilité.** « *Il y a une immutabilité, une rigidité française du jugement sur les ouvrages littéraires* » GRACQ. ◆ DR. *Immutabilité des conventions matrimoniales,* pendant les deux années suivant le mariage. ■ CONTR. Mutabilité, variabilité.

IMPACT [ɛ̃pakt] **n. m.** – 1824 ◇ latin *impactum,* supin de *impingere* « heurter » ■ **1** Collision, heurt. *Sous l'impact d'un projectile.* **POINT D'IMPACT :** endroit où le projectile vient frapper, et PAR EXT. trace qu'il laisse. ■ **2** (v. 1965) Effet d'une action forte, brutale. *L'impact de la nouvelle a été terrible.* — Effet, influence (emploi critiqué). *L'impact de la recherche sur le développement économique. Impact psychologique. Avoir de l'impact, un impact.* ➤ **impacter.** *Force d'impact des médias. L'impact d'une personnalité.* ◆ *Étude d'impact :* étude des conséquences éventuelles d'un aménagement sur l'environnement.

IMPACTER [ɛ̃pakte] **v. tr.** ‹1› – 1992 ; chir. 1962 ◇ de *impact,* d'après l'anglais ■ Avoir un impact, une incidence sur. ➤ 1 **toucher.** *Les charges ont fortement impacté le résultat.*

IMPAIR, AIRE [ɛ̃pɛʀ] **adj.** et **n. m.** – 1521 ; *impar* 1484 ◇ latin *impar ;* d'après *pair*

I **adj.** ■ **1** Qui n'est pas pair, n'est pas divisible par deux en donnant des nombres entiers. *Nombres impairs.* MATH. *Fonction impaire,* dont la valeur change de signe en même temps que la variable. — Qui porte un numéro impair. *Jours impairs. Côté impair d'une rue,* portant les numéros impairs. *Vers impairs,* d'un nombre de syllabes impair. ◆ JEU *Numéros impairs* (roulette, etc.). — **n. m.** *Jouer les impairs. Impair et manque. Faire un double impair :* prendre deux fois de suite l'impair (par erreur, imprudence). ■ **2** SC. NAT. Qui est unique, qui n'a pas de double. BOT. *Foliole impaire.* — ANAT. VX *Organe impair* (cœur, foie, etc.).

II **n. m.** (1858 ◇ de *faire un double impair*) Maladresse choquante ou préjudiciable. ➤ FAM. 2 **gaffe.** *Faire, commettre un impair.*
■ CONTR. (du I) 2 Pair.

IMPALA [impala] **n. m.** – 1962 ◇ zoulou *i-mpalaj* ■ Petite antilope des savanes de l'est et du sud de l'Afrique. *Les impalas se nourrissent d'herbe humide et peuvent s'abstenir de boire.*

IMPALPABLE [ɛ̃palpabl] **adj.** – v. 1440 ◇ bas latin *impalpabilis* ■ **1** Qu'on ne peut palper, sentir au toucher ; sans consistance. ➤ **immatériel.** *Ombres impalpables.* FIG. « *l'impalpable péril des routes aériennes* » SAINT-EXUPÉRY. ■ **2** Qui est trop ténu pour être palpé, ou dont les éléments séparés sont si petits que le toucher ne peut les percevoir. ➤ 1 **délié,** 2 **fin, ténu.** *Poussière, poudre impalpable.* ■ **3** MÉD. Se dit d'un organe, d'une partie du corps qui ne peut être perçu par palpation. *Le foie normal est impalpable.* ■ CONTR. Palpable, saisissable.

IMPALUDATION [ɛ̃palydasjɔ̃] **n. f.** – 1844 ◇ de 2 *in-,* d'après *paludisme* ■ MÉD. Inoculation du parasite du paludisme par la piqûre d'anophèle et envahissement de l'organisme par les parasites qui s'y multiplient. — Inoculation thérapeutique du paludisme.

IMPALUDÉ, ÉE [ɛ̃palyde] **adj.** – 1844 ◇ de *impaludation* ■ Atteint de paludisme. — *Région impaludée,* où sévit le paludisme.

IMPANATION [ɛ̃panasjɔ̃] **n. f.** – XVIe ◇ latin ecclésiastique *impanatio,* de *panis* « pain » ■ RELIG. Coexistence du pain et du corps de Jésus-Christ dans l'Eucharistie (doctrine luthérienne).

IMPARABLE [ɛ̃paʀabl] **adj.** – 1615 ◇ de 1 *in-* et *parer* ■ Impossible à éviter, à parer (cour. en sport). *Coup, botte imparable.* « *Dabek stoppait avec difficulté un tir réputé imparable de Rolcôte* » FALLET.

IMPARDONNABLE [ɛ̃paʀdɔnabl] **adj.** – 1360 ◇ de 1 *in-* et *pardonnable* ■ Qui ne mérite pas de pardon, d'excuse. ➤ **inexcusable.** — (CHOSES) *Crime, faute, oubli impardonnable.* ➤ **irrémissible.** *Erreurs impardonnables.* — (PERSONNES) *Excusez-moi, je suis impardonnable.* ■ CONTR. Excusable, pardonnable.

IMPARFAIT, AITE [ɛ̃paʀfɛ, ɛt] **adj.** et **n. m.** – 1372 ◇ latin *imperfectus*

I **adj.** Qui n'est pas parfait. ■ **1** Qui n'est pas achevé, pas complet. ➤ **inachevé, incomplet.** *Guérison imparfaite. Connaissance imparfaite.* ➤ **insuffisant.** — (XVe) GRAMM. *Prétérit, passé imparfait* (VX), qui exprime une action inachevée (cf. ci-dessous, II). ■ **2** Plus cour. Qui manque de fini. ➤ **grossier.** *Imitation imparfaite.* — Dont un ou plusieurs éléments présentent des défauts, des imperfections. ➤ **défectueux, inégal, manqué.** *Œuvre imparfaite.* ■ **3** Qui, par essence, ne saurait être parfait. *L'être humain est imparfait. Toute philosophie est imparfaite.*

II **n. m.** (1606) « Système de formes temporelles dont la fonction essentielle dans les langues indo-européennes était d'énoncer une action en voie d'accomplissement dans le passé et conçue comme non achevée » (Marouzeau). *Imparfait de l'indicatif* (je chantais), *du subjonctif* (que je chantasse). *Imparfait et passé* simple. Faire un récit à l'imparfait,* en employant l'imparfait. « *l'imparfait de l'indicatif* [...] *ce temps cruel qui nous présente la vie comme quelque chose d'éphémère* » PROUST. « *la disparition de l'imparfait du subjonctif tué par le ridicule et l'almanach Vermot* » QUENEAU.
■ CONTR. Parfait.

IMPARFAITEMENT [ɛ̃paʀfɛtmɑ̃] **adv.** – 1372 ◇ de *imparfait* ■ D'une manière imparfaite. ➤ **incomplètement, insuffisamment.** *Connaître imparfaitement. Imparfaitement décrit, représenté.* ■ CONTR. Parfaitement.

IMPARI- ■ Élément, du latin *impar* « impair ».

IMPARIDIGITÉ, ÉE [ɛ̃paʀidiʒite] **adj.** – 1957 ◇ de *impari-* et du latin *digitus* « doigt » ■ ANAT. Dont les doigts sont en nombre impair. *Mammifères imparidigités.* ➤ **périssodactyles.**

IMPARIPENNÉ, ÉE [ɛ̃paʀipene ; -pɛnne] **adj.** – 1838 ◇ de *impari-* et *penné* ■ BOT. Se dit des feuilles composées pennées qui possèdent un nombre impair de folioles. *La feuille du faux acacia est imparipennée.*

IMPARISYLLABIQUE [ɛ̃paʀisi(l)labik] **adj.** – 1812 ◇ de *impari-* et *syllabique* ■ GRAMM. (en latin et en grec) Qui n'a pas le même nombre de syllabes aux cas obliques qu'au nominatif singulier. *Mot imparisyllabique* (ex. latin *flos, floris*). — SUBST. *Un imparisyllabique.* PAR EXT. *Déclinaison imparisyllabique.*
■ CONTR. Parisyllabique.

IMPARITÉ [ɛ̃paʀite] **n. f.** – 1837 ; « inégalité » v. 1382 ◇ latin *imparitas* ■ DIDACT. Caractère de ce qui est impair. *L'imparité d'un nombre.* ■ CONTR. Parité.

IMPARTAGEABLE [ɛ̃paʀtaʒabl] **adj.** – 1570 ◇ de 1 *in-* et *partageable* ■ RARE Qui ne peut être partagé. *Héritage impartageable* (➤ **indivision**). ■ CONTR. Partageable.

IMPARTIAL, IALE, IAUX [ɛ̃paʀsjal, jo] **adj.** – 1576 ◇ de 1 *in-* et *partial* ■ Qui n'est pas partial, qui est sans parti pris. ➤ **juste, neutre.** *Arbitre, juge impartial.* ➤ **équitable.** — (CHOSES) *Verdict impartial. Un compte rendu, un rapport impartial. Une critique impartiale.* ➤ 1 **objectif.** *Avis impartial.* ➤ **désintéressé.** « *La postérité n'est impartiale que si elle est indifférente* » FRANCE.
■ CONTR. Injuste, partial.

IMPARTIALEMENT [ɛ̃paʀsjalmɑ̃] **adv.** – 1740 ◇ de *impartial* ■ D'une manière impartiale, sans parti pris. *Juger impartialement.* ➤ **équitablement.** ■ CONTR. Partialement.

IMPARTIALITÉ [ɛ̃paʀsjalite] **n. f.** – 1576 ◇ de *impartial* ■ Qualité d'une personne impartiale. ➤ **équité, objectivité.** *Impartialité de l'historien. Critiquer avec impartialité. Faire preuve d'impartialité.* — *Impartialité d'un jugement, d'un arbitrage.*
■ CONTR. Partialité, 1 parti (pris), partisanerie.

IMPARTIR [ɛ̃paʀtiʀ] **v. tr.** ‹2 ; usité seult inf., ind. prés. et p. p.› – 1374 ◇ bas latin *impartiri* « donner une part » ■ Donner en partage. *Les dons que la nature nous a impartis.* DR. Accorder. *Impartir un délai à qqn. Dans les délais qui nous ont été impartis.* ■ CONTR. Refuser.

IMPASSE [ɛ̃pɑs] **n. f.** – 1761 ◊ de 1*in-* et *passer* ▪ **1** Petite rue qui n'a pas d'issue. ➤ **cul-de-sac.** *Habiter dans une impasse. Rue en impasse.* ▪ **2** (1845) FIG. Situation sans issue favorable. *Nous sommes dans une impasse. Sortir de l'impasse.* ◆ *Faire, tenter une impasse :* au bridge, à la belote, jouer la carte inférieure d'une fourchette lorsqu'on suppose que l'adversaire qui doit jouer avant détient la carte intermédiaire. *Faire l'impasse au roi,* lorsqu'on a en main l'as et la dame. — PAR ANAL. Partie du programme qu'un étudiant n'apprend pas (jouant sur les probabilités de sortie du sujet à l'examen). LOC. *Faire l'impasse sur qqch. :* ne pas prendre en considération, parmi d'autres choses, en prenant un risque. ▪ **3** (1953) VIEILLI *Impasse budgétaire :* insuffisance des recettes publiques définitives par rapport à l'ensemble des dépenses inscrites dans la loi de finances. ➤ **déficit.**

IMPASSIBILITÉ [ɛ̃pasibilite] **n. f.** – v. 1361 ; *impasibiliteit* XIIIe ◊ latin ecclésiastique *impassibilitas ;* de *impassibilis* → impassible ▪ **1** THÉOL. VX Caractère d'un être qui n'est pas susceptible de souffrance. ▪ **2** (1812) MOD. Qualité d'une personne qui ne donne aucun signe d'émotion, de trouble. ➤ 1 **calme, flegme, froideur, imperturbabilité, sang-froid.** *Impassibilité des stoïciens.* ➤ **ataraxie.** *Impassibilité d'un diplomate. Sans se départir de son impassibilité. L'impassibilité devant la mort.* ◆ (CHOSES) *« Le regard, dont l'impassibilité me glaçait »* BERNANOS. ▪ CONTR. Agitation, énervement, excitation, impatience, 2 trouble.

IMPASSIBLE [ɛ̃pasibl] **adj.** – v. 1361 ; *impesible* v. 1300 ◊ latin ecclésiastique *impassibilis,* du radical de *pati* « souffrir » ▪ **1** VX Qui n'est pas susceptible de souffrance. ▪ **2** (1764) MOD. Qui n'éprouve ou ne trahit aucune émotion, aucun sentiment, aucun trouble. ➤ 2 **calme*, imperturbable, indifférent.** *Juge, examinateur impassible. « L'impassible nature a déjà tout repris »* HUGO. *Rester impassible devant la mort.* ➤ **impavide, stoïque.** — *Air, visage impassible.* ➤ **fermé, impénétrable.** — **adv. IMPASSIBLEMENT,** 1842. ▪ CONTR. Agité, ému, énervé, impressionnable, troublé.

IMPATIEMMENT [ɛ̃pasjamɑ̃] **adv.** – *impacienment* fin XIIIe ◊ de *impatient* ▪ Avec impatience. *Attendre qqch. impatiemment.* ▪ CONTR. Calmement, patiemment.

IMPATIENCE [ɛ̃pasjɑ̃s] **n. f.** – *impacience* v. 1190 ◊ latin *impatientia* ▪ **1** Manque de patience ; incapacité habituelle de se contenir, de patienter. *L'impatience de la jeunesse.* ➤ **impétuosité.** ▪ **2** Manque de patience pour supporter (➤ **agacement, énervement, exaspération**), attendre qqch. ou qqn (➤ **fièvre, inquiétude**). *Mouvements d'impatience. Donner des signes d'impatience. Calmer l'impatience de qqn. Attendre avec impatience, avec une impatience fébrile, grandissante. Bouillir, brûler, griller d'impatience* (cf. Être sur des charbons* ardents). *« Cet héritage autour duquel ils séchaient d'impatience »* MAURIAC. *Je suis dans l'impatience de vous voir.* ▪ **3** AU PLUR. Manifestation, mouvement d'impatience. *Ses agacements, ses impatiences me fatiguent.* ◆ FAM. et VIEILLI Sorte d'irritation nerveuse. *Avoir des impatiences dans les jambes.* ➤ **fourmi.** ▪ CONTR. 1 Calme, impassibilité, 1 patience. ▪ HOM. Impatiens.

IMPATIENS [ɛ̃pasjɑ̃s] **n. f.** – 1795 ◊ latin *impatiens* ▪ Balsamine, appelée aussi *impatiente*.* ▪ HOM. Impatience.

IMPATIENT, IENTE [ɛ̃pasjɑ̃, jɑ̃t] **adj.** – v. 1190 ◊ latin *impatiens* ▪ **1** Qui manque de patience, qui est incapable de se contenir, de patienter. ➤ **ardent, bouillant, nerveux, vif.** *« L'impatient Achille »* RACINE. ▪ **2** Qui supporte ou attend avec impatience. — SUBST. *« Les difficultés sont insurmontables pour l'impatient »* ALAIN. ◆ **IMPATIENT DE.** VX *« Impatient de toute espèce de joug »* ROUSSEAU. — MOD. (suivi d'un inf.) ➤ **avide, désireux.** *Il est impatient de vous revoir.* ▪ **3** (CHOSES) *Attente impatiente. « D'impatientes mains »* MAURIAC. ▪ **4** **n. f.** ➤ **impatiens.** ▪ CONTR. 2 Calme, patient.

IMPATIENTER [ɛ̃pasjɑ̃te] **v. tr.** ‹1› – 1671 ; *s'impatienter* 1584 ◊ de *impatient* ▪ **1** Rendre impatient, faire perdre patience à. ➤ **agacer, énerver, exaspérer.** *Impatienter son auditoire.* ➤ **lasser.** — **p. p. adj.** *« impatienté de n'avoir pas de nouvelles »* LACLOS. ▪ **2** **v. pron. S'IMPATIENTER :** perdre patience, manifester de l'impatience. ➤ **bouillir.** *Dépêchez-vous, il s'impatiente ! Ne vous impatientez pas. S'impatienter contre qqn, de qqch. « Tu t'impatientes de savoir à quoi j'en veux venir »* ROUSSEAU. ▪ CONTR. Patienter.

IMPATRIÉ, IÉE [ɛ̃patʀije] **adj.** et **n.** – 1991 ◊ de 2*in-* et *expatrié* ▪ Qui concerne un salarié appelé à travailler, pour une durée limitée, dans la succursale française d'une entreprise étrangère. *Cadre impatrié.* — **n.** *Expatriés et impatriés.*

IMPATRONISATION [ɛ̃patʀɔnizasjɔ̃] **n. f.** – 1611 ◊ de *impatroniser* ▪ RARE Action d'impatroniser ou de s'impatroniser.

IMPATRONISER [ɛ̃patʀɔnize] **v. tr.** ‹1› – 1552 « rendre maître » ◊ de 2*in-* et latin *patronus* « patron » ▪ **1** RARE Introduire, établir (qqn) en maître. — Faire adopter. *Impatroniser un règlement.* ▪ **2** **v. pron.** (PERSONNES) **S'IMPATRONISER :** s'établir comme chez soi. *« Elle prétend s'impatroniser dans cette riche maison, avoir la clef de tous les secrets »* SAINTE-BEUVE.

IMPAVIDE [ɛ̃pavid] **adj.** – 1801 ◊ latin *impavidus,* radical *pavor* → peur ▪ LITTÉR. ou PLAISANT Qui n'éprouve ou ne trahit aucune peur. ➤ **impassible, intrépide.** *Rester impavide. Impavide devant le danger.*

IMPAYABLE [ɛ̃pɛjabl] **adj.** – 1376, rare avant XVIIIe ◊ de 1*in-* et *payable* ▪ **1** VX Qu'on ne saurait payer trop cher, inestimable. ▪ **2** (1687) FAM. D'une bizarrerie extraordinaire ou très comique. *Aventure impayable.* ➤ **incroyable.** *Il est impayable !* ➤ **tordant.**

IMPAYÉ, ÉE [ɛ̃peje] **adj.** – 1793 ◊ de 1*in-* et *payé* ▪ Qui n'a pas été payé. *Traite impayée.* — SUBST. *Les impayés :* les effets, billets, valeurs impayés. *Recouvrement des impayés. Impayés de salaires, de loyers.* ▪ CONTR. Payé.

IMPEACHMENT [impitʃmɛnt] **n. m.** – 1778 ◊ mot anglais ▪ ANGLIC. POLIT. En Grande-Bretagne, aux États-Unis, Procédure de mise en accusation d'un élu devant le Parlement, le Congrès.

IMPECCABLE [ɛ̃pekabl] **adj.** – 1479 ◊ latin ecclésiastique *impeccabilis ;* radical *peccare* → pécher ▪ **1** RELIG. Incapable de pécher. ◆ LITTÉR. Incapable de faillir, de commettre une erreur. ➤ **infaillible, parfait.** *« Poète impeccable »* BAUDELAIRE. ▪ **2** (1856) Sans défaut. ➤ **irréprochable.** *Tenue impeccable. « un impeccable garde-à-vous »* CARCO. — D'une propreté, d'une tenue parfaite. ➤ FAM. **nickel.** *Il est toujours impeccable.* ▪ **3** (ABSTRAIT) FAM. Parfait. *C'était impeccable ton laïus.* ➤ **extra, formidable, sensationnel,** 2 **super, tip-top.** — ABRÉV. FAM. (1950) **IMPEC** [ɛ̃pɛk]. *Des coiffures impecs.* ◆ **adv.** FAM. *Ce rendez-vous te convient ? Impeccable.* ▪ CONTR. Défectueux, 2 négligé.

IMPECCABLEMENT [ɛ̃pekabləmɑ̃] **adv.** – 1769 ◊ de *impeccable* ▪ D'une manière impeccable, parfaite. *Habillé impeccablement.* — ABRÉV. FAM. (1970) **IMPEC** [ɛ̃pɛk].

IMPÉCUNIEUX, IEUSE [ɛ̃pekynjø, jøz] **adj.** – 1677 ◊ de 1*in-* et latin *pecunia* « argent » ▪ LITTÉR. Qui manque d'argent. ➤ **besogneux, pauvre.** ▪ CONTR. Riche.

IMPÉCUNIOSITÉ [ɛ̃pekynjozite] **n. f.** – 1677 ◊ de *impécunieux* ▪ VIEILLI et LITTÉR. Manque d'argent.

IMPÉDANCE [ɛ̃pedɑ̃s] **n. f.** – 1892 ◊ du latin *impedire* « empêcher », par l'anglais *impedance* (1886) ▪ ÉLECTR. Rapport (exprimé en ohms) entre les valeurs efficaces de la tension aux bornes d'un circuit et de l'intensité du courant sinusoïdal qui le traverse. *L'impédance d'un circuit. Appareil destiné à la mesure des impédances* (**IMPÉDANCEMÈTRE n. m.,** 1952). *Impédance et admittance.* — Le circuit possédant cette impédance (➤ **condensateur, inductance, réactance, résistance**).

IMPEDIMENTA [ɛ̃pedimɛ̃ta] **n. m. pl.** /IMPÉDIMENTA **n. m.**/ – 1876 ◊ mot latin ▪ **1** MILIT. Véhicules, bagages encombrants, qui embarrassent la marche d'une armée. ▪ **2** FIG. et LITTÉR. Ce qui entrave le déplacement, l'activité. *« Deux impedimenta gênent la petite dame : son faux mari, ses bébés »* ROMAINS. — On rencontre ce mot au singulier : *« ils croient m'arrêter en me jetant entre les pattes l'impedimenta de ce mot creux »* CÉSAIRE.

IMPÉNÉTRABILITÉ [ɛ̃penetʀabilite] **n. f.** – 1650 ◊ de *impénétrable* ▪ **1** DIDACT. Propriété en vertu de laquelle deux corps ne peuvent occuper en même temps le même lieu dans l'espace. ▪ **2** État de ce qui est impénétrable. *L'impénétrabilité d'un maquis.* ▪ CONTR. Pénétrabilité.

IMPÉNÉTRABLE [ɛ̃penetʀabl] **adj.** – v. 1390 ◊ latin *impenetrabilis* ▪ **1** Où l'on ne peut pénétrer ; qui ne peut être traversé. ➤ **inaccessible.** *« Ces murs, impénétrables comme la tombe »* GAUTIER. *Forêt impénétrable.* — *Impénétrable à :* qui ne peut être pénétré par. *Matière impénétrable à l'eau.* ➤ **imperméable.** — PAR MÉTAPH. *« Un caractère impénétrable aux douceurs de la persuasion »* JOUBERT. ▪ **2** (XVIIe) FIG. Qu'il est difficile ou impossible de connaître, d'expliquer. ➤ **caché, incompréhensible, inexplicable, insondable, mystérieux, obscur,** 1 **secret.** *Les desseins impénétrables de la Providence. Les voies du Seigneur sont impénétrables. Mystère impénétrable. Poème impénétrable.* ➤ **hermétique.** ▪ **3** Qui ne laisse rien deviner de lui-même. *Personnage impénétrable.* ➤ **énigmatique,** 1 **secret.** *« avec son air impénétrable de jeune sphinx »* FROMENTIN. *Visage impénétrable.* ➤ **fermé.** ▪ CONTR. Accessible, pénétrable.

IMPÉNITENCE [ɛ̃penitɑ̃s] **n. f.** – 1372 ◊ latin ecclésiastique *impœnitentia* ■ RELIG. État du pécheur impénitent ; endurcissement dans le péché, persistance dans l'erreur. *Mourir dans l'impénitence finale,* sans confession ni repentir de ses fautes. ■ CONTR. Contrition, pénitence, repentir.

IMPÉNITENT, ENTE [ɛ̃penitɑ̃, ɑ̃t] **adj.** – 1570 ◊ latin ecclésiastique *impœnitens* ■ **1** RELIG. Qui ne se repent pas de ses péchés ; qui vit dans l'impénitence. *Pécheur impénitent.* ➤ **endurci.** *Mourir impénitent.* ■ **2** COUR. Qui ne renonce pas à une habitude jugée mauvaise. ➤ **incorrigible, invétéré.** *Buveur, joueur impénitent.* ■ CONTR. Contrit, pénitent, repenti.

IMPENSABLE [ɛ̃pɑ̃sabl] **adj.** – 1845 ◊ de 1 *in-* et *penser* ■ RARE Qui ne peut être conçu par la pensée. ➤ **inconcevable.** *Hypothèse impensable.* ◆ Plus cour. Que l'on a du mal à imaginer, à admettre. ➤ **inimaginable, invraisemblable.** « *chez moi, dans ma famille, c'est impensable, tout ça* » SARRAUTE. ■ CONTR. Pensable.

IMPENSE [ɛ̃pɑ̃s] **n. f.** – XVe ◊ latin *impensa* « dépense » ■ DR. CIV. (AU PLUR.) Dépenses faites par un possesseur pour la conservation ou l'amélioration d'un immeuble dont il a la possession. *Impenses nécessaires, utiles, voluptuaires.*

IMPER ➤ **IMPERMÉABLE**

IMPÉRATIF, IVE [ɛ̃peʀatif, iv] **n. m.** et **adj.** – 1220 subst. ◊ latin impérial *imperativus,* de *imperare* « commander »

I n. m. ■ **1** Mode du verbe qui exprime le commandement, l'exhortation, le conseil, la prière et la défense. *Les trois personnes de l'impératif. Présent de l'impératif* (chante, chantons, chantez). *Conjuguer un verbe à l'impératif présent.* ■ **2** (1801) PHILOS. « Proposition ayant la forme d'un commandement (en particulier d'un commandement que l'esprit se donne à lui-même) » (Lalande). *Impératif catégorique* (Kant), *hypothétique.* ◆ PAR ANAL. Prescription d'ordre moral. — COUR. *Les impératifs de la mode.*

II adj. (1486) ■ **1** Qui exprime ou impose un ordre. *Consigne impérative.* DR. *Disposition, loi impérative.* ■ **2** Qui est empreint d'autorité. ➤ **autoritaire, impérieux.** *Ton, geste impératif.* ■ **3** Qui s'impose, a le caractère de la nécessité. ➤ **impérieux.** *Des besoins impératifs.*

■ CONTR. (du II) Humble, timide.

IMPÉRATIVEMENT [ɛ̃peʀativmɑ̃] **adv.** – 1584 ◊ de *impératif* ■ **1** D'une manière impérative. *Commander impérativement.* ➤ **impérieusement.** ■ **2** Obligatoirement. *Il doit impérativement remettre son travail lundi prochain.* ➤ **absolument.**

IMPÉRATRICE [ɛ̃peʀatʀis] **n. f.** – 1482 ◊ latin *imperatrix* ■ **1** Épouse d'un empereur. *L'impératrice Eugénie.* ■ **2** Souveraine d'un empire. *Catherine II, impératrice de Russie.*

IMPERCEPTIBILITÉ [ɛ̃pɛʀsɛptibilite] **n. f.** – 1769 ◊ de *imperceptible* ■ RARE Caractère de ce qui est imperceptible. ■ CONTR. Perceptibilité.

IMPERCEPTIBLE [ɛ̃pɛʀsɛptibl] **adj.** – 1377 ◊ latin médiéval *imperceptibilis* ■ **1** Qu'il est impossible de percevoir par les seuls organes des sens. *Imperceptible à l'œil nu.* ➤ **invisible.** *Son imperceptible.* ➤ **inaudible.** « *le pouls était imperceptible* » BAUDELAIRE. ■ **2** Qu'il est impossible ou très difficile d'apprécier par l'esprit ; qui échappe à l'attention. *Gradations, nuances imperceptibles.* ➤ **insensible.** *Ironie imperceptible.* ➤ **indécelable.** — *Imperceptible à* (qqn). « *ses qualités très fines, imperceptibles au profane* » CHARDONNE. ■ **3** Qui est à peine perceptible. ➤ **petit ; infime, minuscule.** *Caresse, sourire imperceptible.* ➤ **léger.** « *les plus imperceptibles détails de cette journée disparue* » FLAUBERT. ◆ Qui est de peu d'importance. *Changements imperceptibles et continus.* ■ CONTR. Perceptible ; considérable.

IMPERCEPTIBLEMENT [ɛ̃pɛʀsɛptibləmɑ̃] **adv.** – 1374 ◊ de *imperceptible* ■ D'une manière imperceptible. *Changer imperceptiblement.* ■ CONTR. Perceptiblement, vue (à vue d'œil) ; fortement.

IMPERDABLE [ɛ̃pɛʀdabl] **adj.** et **n. f.** – 1721 ◊ de 1 *in-* et *perdable,* de *perdre* ■ **1** Se dit d'un procès, d'une partie, d'un match qu'on ne pense pas pouvoir perdre. ■ **2 n. f.** (1956) RÉGION. (Suisse) Épingle de sûreté, de nourrice.

IMPERFECTIBLE [ɛ̃pɛʀfɛktibl] **adj.** – 1819 ◊ de 1 *in-* et *perfectible* ■ Qui n'est pas perfectible. ■ CONTR. Perfectible.

IMPERFECTIF, IVE [ɛ̃pɛʀfɛktif, iv] **adj.** – 1898 ◊ de 1 *in-* et *perfectif* ■ LING. Qui exprime une action envisagée dans son cours. ➤ **duratif.** *Aspect, verbe imperfectif,* exprimant la durée. ■ CONTR. Perfectif.

IMPERFECTION [ɛ̃pɛʀfɛksjɔ̃] **n. f.** – 1120 ◊ bas latin *imperfectio* ■ **1** État de ce qui est inachevé. ■ **2** État de ce qui est imparfait, par essence ou par accident. *Imperfection de l'être humain.* ■ **3** *Une imperfection :* ce qui rend imparfait. ➤ **défaut.** « *la douleur de connaître nos imperfections* » LA ROCHEFOUCAULD. *Les petites imperfections de la peau, du teint. Les imperfections d'un ouvrage.* ■ CONTR. Achèvement, perfection. Qualité, vertu.

IMPERFORATION [ɛ̃pɛʀfɔʀasjɔ̃] **n. f.** – 1611 ◊ de 1 *in-* et *perforation* ■ PATHOL. Occlusion complète et congénitale d'un canal, d'un orifice naturel. *Imperforation de l'anus.* ■ CONTR. Ouverture.

IMPÉRIAL, IALE, IAUX [ɛ̃peʀjal, jo] **adj.** et **n.** – XIIIe ; *emperial* 1160 ◊ latin impérial *imperialis,* de *imperium* → empire

I ■ **1** Qui appartient à un empereur, à son autorité, à ses États. *Sa Majesté Impériale. Famille impériale. La garde impériale de Napoléon Ier. Manteau, sceptre impérial. Le pouvoir impérial.* ◆ SPÉCIALT Relatif à l'Empire germanique. *Les villes impériales. Les soldats impériaux,* et SUBST. *les Impériaux :* les troupes de l'empereur d'Allemagne. ■ **2** (1817) *Barbe à l'impériale,* et SUBST. *une impériale :* petite touffe de poils qu'on laisse pousser sous la lèvre inférieure. ➤ **barbiche.** ■ **3** LING. *Latin impérial,* parlé sous l'Empire.

II ■ **1** Qui évoque la grandeur impériale. *Un air impérial. Front impérial.* ■ **2** (Dans des désignations figées) De qualité supérieure. *Papyrus impérial. Japon* impérial. — Serge impériale,* et **n. f.** *impériale :* serge de laine fine. — *Pâté* impérial.* ■ **3** JEU *Série impériale :* as, roi, dame, valet de même couleur. — **n. f.** *L'impériale :* cette série ; jeu de cartes où il s'agit de réaliser ces séries. ■ **4 n. f.** (1648) Dessus d'une voiture pouvant recevoir des voyageurs ; galerie, couverte ou non, sur certains véhicules publics. *Impériale d'une diligence. Wagon, autobus à impériale.* ■ **5 n. m.** Bouteille de bordeaux contenant 6 litres (équivalant à 8 bouteilles de 75 cl.).

IMPÉRIALEMENT [ɛ̃peʀjalmɑ̃] **adv.** – *imperialment* v. 1207 ◊ de *impérial* ■ D'une manière impériale, en empereur. ➤ **royalement.** *Elle descendit impérialement les escaliers.*

IMPÉRIALISME [ɛ̃peʀjalism] **n. m.** – 1880 ◊ de *impérial,* d'après l'anglais *imperialism* ■ **1** Politique d'un État visant à réduire d'autres États sous sa dépendance politique, économique ou militaire. ➤ **colonialisme, expansionnisme.** *L'impérialisme britannique au XIXe siècle.* — Théorie des partisans de cette politique. ◆ SPÉCIALT (vocab. marxiste) Stade du capitalisme au cours duquel le capital financier a pris la suprématie. « *L'Impérialisme, stade suprême du capitalisme* », œuvre de *Lénine.* ■ **2** FIG. Tendance à la domination morale, psychique, intellectuelle. « *Il risquait de gâcher notre amitié par son impérialisme, et je ne m'y opposais pas !* » BEAUVOIR. — *L'impérialisme d'une science dans un ensemble de connaissances.*

IMPÉRIALISTE [ɛ̃peʀjalist] **n.** et **adj.** – 1525 ◊ de *impérial* ■ **1** HIST. Partisan d'un empereur, du régime impérial (surtout de l'empereur d'Allemagne, puis de Napoléon Ier). ■ **2** (1893 ◊ anglais *imperialist*) Partisan de l'impérialisme. — **adj.** *Visées impérialistes. Politique impérialiste.* ➤ **expansionniste.**

IMPÉRIEUSEMENT [ɛ̃peʀjøzmɑ̃] **adv.** – 1512 ◊ de *impérieux* ■ D'une manière impérieuse. *Commander impérieusement.* ➤ **impérativement.**

IMPÉRIEUX, IEUSE [ɛ̃peʀjø, jøz] **adj.** – 1420 ◊ latin *imperiosus,* de *imperium* → empire ■ **1** Qui commande d'une façon absolue, n'admettant ni résistance ni réplique. ➤ **autoritaire, tyrannique.** « *notre impérieux Cardinal* » VIGNY. — *Caractère impérieux. Air, ton impérieux.* ➤ **impératif, tranchant.** ■ **2** (CHOSES) Qui force à céder ; auquel on ne peut résister. ➤ **irrésistible, pressant.** *Obligation impérieuse. Besoin impérieux.* ➤ **impératif.** *La réalité* « *s'imposait, impérieuse* » R. ROLLAND. ■ CONTR. Humble, obéissant, soumis.

IMPÉRISSABLE [ɛ̃peʀisabl] **adj.** – 1528 ◊ de 1 *in-* et *périssable* ■ Qui ne peut périr. ➤ **immortel.** ◆ Qui continue, dure très longtemps. ➤ **durable.** *Écrit, monument impérissable. Garder, laisser un souvenir impérissable. Gloire impérissable.* « *la liberté, seule valeur impérissable de l'histoire* » CAMUS. ■ CONTR. Fragile, périssable.

IMPÉRITIE [ɛ̃peʀisi] **n. f.** – XVe ◊ latin *imperitia,* de *peritus* « expérimenté » ■ LITTÉR. Manque d'aptitude, d'habileté, notamment dans l'exercice de sa fonction. ➤ **ignorance, incapacité, incompétence.** *L'impéritie d'un médecin, d'un ministre.* ■ CONTR. Capacité, habileté, science.

IMPERMANENCE [ɛ̃pɛʀmanɑ̃s] n. f. – 1794 ◇ de *impermanent*, de 1*in-* et *permanent* ■ LITTÉR. OU DIDACT. Caractère de ce qui ne dure pas. *« l'impermanence et la précarité de toute chose »* LABRO. ■ CONTR. Permanence.

IMPERMÉABILISATION [ɛ̃pɛʀmeabilizasjɔ̃] n. f. – 1858 ◇ de *imperméabiliser* ■ Opération par laquelle on rend imperméable un tissu, un papier. *Imperméabilisation par enduction, par imprégnation.*

IMPERMÉABILISER [ɛ̃pɛʀmeabilize] v. tr. ‹1› – 1858 ◇ de *imperméable* ■ Rendre imperméable. *Imperméabiliser ses chaussures. Tissu imperméabilisé,* apprêté spécialement pour être imperméable à l'eau. ➤ **imperméable.**

IMPERMÉABILITÉ [ɛ̃pɛʀmeabilite] n. f. – 1779 ◇ de *imperméable* ■ **1** Caractère de ce qui est imperméable. *Imperméabilité d'un sol, d'un tissu.* ■ **2** FIG. et LITTÉR. ➤ **insensibilité.** *« le plus bel exemple d'imperméabilité féminine »* BAUDELAIRE. ■ CONTR. Perméabilité.

IMPERMÉABLE [ɛ̃pɛʀmeabl] adj. et n. m. – v. 1770 ; « inaccessible » 1546 ◇ de 1*in-* et *perméable* ■ **1** Qui ne se laisse pas traverser par un fluide, et spécialt par l'eau. ➤ **étanche.** *Terrains imperméables,* arrêtant les eaux de pluie et les retenant ou les forçant à s'écouler. *L'argile est imperméable. — Toile, tissu imperméable.* ➤ **waterproof ; déperlant.** — SPÉCIALT Imperméabilisé. *Manteau imperméable.* ◆ n. m. (1838) **UN IMPERMÉABLE :** vêtement, manteau de pluie en tissu imperméabilisé. ➤ **caoutchouc, ciré, gabardine, mackintosh, trench-coat.** — ABRÉV. FAM. **IMPER** [ɛ̃pɛʀ]. *Des impers.* ■ **2** (repris 1836) FIG. Qui ne se laisse pas atteindre ; qui est absolument étranger à. ➤ **inaccessible, insensible.** *Être imperméable à l'art, au charme de qqn.* ■ CONTR. Perméable. Sensible.

IMPERSONNALITÉ [ɛ̃pɛʀsɔnalite] n. f. – 1765 ◇ de *impersonnel* ■ **1** GRAMM. Caractère de ce qui exprime une action impersonnelle. *Impersonnalité d'un verbe.* ■ **2** (1845) Caractère de ce qui n'est pas personnel. *L'impersonnalité d'un jugement, de la science.* ➤ **objectivité.** ■ CONTR. Subjectivité.

IMPERSONNEL, ELLE [ɛ̃pɛʀsɔnɛl] adj. – *impersonal* fin XIIe ◇ latin *impersonalis* ■ **1** GRAMM. Qui exprime une action sans sujet réel ou dont le sujet ne peut être déterminé. *Verbes impersonnels,* ne s'employant qu'à la troisième personne du singulier et à l'infinitif. *Verbes essentiellement impersonnels* (falloir, neiger, etc.). — *Verbes accidentellement impersonnels :* formes, tournures, constructions impersonnelles de verbes personnels (ex. Il a été décidé que... ; mieux vaut). n. m. *Un impersonnel :* un verbe impersonnel. — *Modes impersonnels* (infinitif, participe). ■ **2** (1833) Qui ne constitue pas une personne. *Le dieu des panthéistes est impersonnel. Le roi « c'est moins un homme qu'une idée ; être impersonnel, il vit dans l'universalité »* MICHELET. ◆ Qui n'appartient pas à une personne ; qui ne s'adresse pas à une personne en particulier. *La loi est impersonnelle.* ■ **3** Indépendant de toutes particularités individuelles. *Jugement impersonnel.* ➤ 1 **objectif.** — Qui manque (volontairement ou non) d'originalité. ➤ **dépersonnalisé, neutre.** *Cadre, décor impersonnel. Style impersonnel et froid. La conversation était restée « courtoise et impersonnelle »* ROMAINS. ■ CONTR. Personnel ; 2 original, personnalisé.

IMPERSONNELLEMENT [ɛ̃pɛʀsɔnɛlmɑ̃] adv. – XVe ◇ de *impersonnel* ■ D'une manière impersonnelle.

IMPERTINEMMENT [ɛ̃pɛʀtinamɑ̃] adv. – v. 1400 ◇ de *impertinent* ■ **1** VX Mal à propos, d'une manière sotte. ■ **2** MOD. Avec impertinence. ➤ **effrontément.** *Il « lorgna fort impertinemment madame des Grassins »* BALZAC.

IMPERTINENCE [ɛ̃pɛʀtinɑ̃s] n. f. – 1533 ◇ de *impertinent* ■ **1** VX Caractère de ce qui n'est pas pertinent, de ce qui est déplacé, contraire à la raison. ➤ **absurdité, extravagance.** ◆ *Une impertinence :* action, discours qui dénote de l'ignorance, de la sottise. ■ **2** MOD. Attitude, conduite d'une personne impertinente (4°). ➤ **effronterie, impolitesse, impudence, insolence, outrecuidance.** *Répondre avec impertinence. Ironique jusqu'à l'impertinence. « un ton qui visait à l'impertinence, mais qui n'était que désobligeant »* MARTIN DU GARD. *Son attitude frise l'impertinence. Il a eu l'impertinence de ricaner.* ◆ *Une impertinence :* parole, action impertinente. *Se permettre des impertinences.* ■ CONTR. Pertinence. Correction, politesse.

IMPERTINENT, ENTE [ɛ̃pɛʀtinɑ̃, ɑ̃t] adj. – XIVe ◇ bas latin *impertinens* « qui ne convient pas » ■ **1** VX Qui n'est pas pertinent ; qui est contre la raison, le bon sens. ■ **2** (XVIe) VX Qui agit ou parle mal à propos, sottement. ■ **3** VIEILLI Qui joint la vanité et l'effronterie à la sottise. ➤ **outrecuidant.** *Je vous trouve « bien impertinents de parler devant moi avec cette arrogance »* MOLIÈRE. ■ **4** (1670) MOD. Qui montre de l'irrévérence, une familiarité déplacée, choquante. ➤ **désinvolte, effronté, impoli, incorrect, insolent.** *Élève impertinent.* n. *Petit impertinent !* — (CHOSES) *Ton, rire impertinent. Son nez « plein de finesse, mais impertinent »* BALZAC. ➤ **mutin.** ■ CONTR. Convenable, pertinent. Judicieux, raisonnable. Humble. Correct, déférent, 1 poli, respectueux.

IMPERTURBABILITÉ [ɛ̃pɛʀtyʀbabilite] n. f. – 1682 ◇ de *imperturbable* ■ Caractère d'une personne imperturbable. ➤ 1 **calme, flegme, froideur, impassibilité.**

IMPERTURBABLE [ɛ̃pɛʀtyʀbabl] adj. – 1406 ◇ latin impérial *imperturbabilis,* de *perturbare* « troubler » ■ Que rien ne peut troubler, émouvoir. ➤ **inébranlable.** *« Arthur resta froid et imperturbable, en gentleman qui a pris la gravité pour base de son caractère »* BALZAC. ➤ 2 **calme*, impassible.** — (CHOSES) *Sang-froid, sérieux imperturbable. Optimisme, gaieté imperturbable.* ■ CONTR. Changeant, ému.

IMPERTURBABLEMENT [ɛ̃pɛʀtyʀbabləmɑ̃] adv. – 1548 ◇ de *imperturbable* ■ D'une manière imperturbable. *« un air imperturbablement sérieux »* GAUTIER.

IMPESANTEUR [ɛ̃pəzɑ̃tœʀ] n. f. – 1969 ◇ de 1*in-* et *pesanteur* ■ PHYS. Apesanteur. *État d'impesanteur.*

IMPÉTIGO [ɛ̃petigo] n. m. – v. 1240 ; *impetige* v. 1300 ◇ latin *impetigo,* de *impetere* « attaquer » ■ Infection de la peau par des germes pyogènes, caractérisée par des vésicules dont le contenu forme des croûtes jaunâtres. ➤ **gourme.** *Des impétigos.* — adj. **IMPÉTIGINEUX, EUSE,** 1812.

IMPÉTRANT, ANTE [ɛ̃petʀɑ̃, ɑ̃t] n. – 1347 ◇ de *impétrer* ■ DR. Personne qui impètre qqch. ➤ **bénéficiaire.** — SPÉCIALT (1834) Personne qui a obtenu un diplôme. *Signature de l'impétrant.*

IMPÉTRATION [ɛ̃petʀasjɔ̃] n. f. – 1345 ◇ latin *impetratio* ■ DR. RARE Fait d'impétrer. ➤ **obtention.**

IMPÉTRER [ɛ̃petʀe] v. tr. ‹6› – 1268 ◇ latin *impetrare* « obtenir » ■ DR. RARE Obtenir de l'autorité compétente, à la suite d'une requête. *Elle « impétra une prorogation de sa retraite »* TOULET.

IMPÉTUEUSEMENT [ɛ̃petɥøzmɑ̃] adv. – 1370 ◇ de *impétueux* ■ LITTÉR. Avec impétuosité. *« Le vin fameux de la santé et de la joie coule impétueusement dans leurs corps trop nourris »* TAINE. ■ CONTR. Calmement, tranquillement.

IMPÉTUEUX, EUSE [ɛ̃petɥø, øz] adj. – 1220 ◇ bas latin *impetuosus,* de *impetus* « élan, attaque » ■ **1** LITTÉR. Dont l'impulsion est violente et rapide. *Torrent impétueux. Vent impétueux.* ➤ **déchaîné,** 1 **fort.** — PAR MÉTAPH. *« la marche impétueuse des passions »* P.-L. COURIER. ■ **2** Qui a de la rapidité et de la violence dans son comportement. ➤ **ardent, fougueux, vif, violent.** *Orateur puissant, impétueux. Toutes deux « aimantes, impétueuses, véhémentes »* HENRIOT. — *Tempérament impétueux.* ➤ **volcanique.** *Un impétueux génie.* ➤ **véhément.**

IMPÉTUOSITÉ [ɛ̃petɥozite] n. f. – XIIIe ◇ bas latin *impetuositas* ■ LITTÉR. Caractère de ce qui est impétueux. ➤ **furia, vivacité.** *Impétuosité d'un assaut.* ◆ Caractère vif du comportement. ➤ **ardeur,** 1 **fougue.** *S'élancer avec impétuosité. Impétuosité de la jeunesse. — Impétuosité d'une passion.* ➤ **véhémence, violence.** *« Il n'est rien qui puisse arrêter l'impétuosité de mes désirs »* MOLIÈRE. ■ CONTR. 1 Calme, mollesse.

IMPIE [ɛ̃pi] adj. et n. – XVe ◇ latin *impius,* de *pius* « pieux » ■ **1** VIEILLI ou LITTÉR. Qui n'a pas de religion ; qui offense la religion. ➤ **irréligieux.** ◆ Qui marque le mépris de la religion, ou des croyances qu'elle enseigne. *Action impie. Paroles impies.* ➤ **blasphématoire.** ■ **2** n. (1636) Athée, incroyant. *« des impies, qui vivent dans l'indifférence de la religion »* PASCAL. — Personne qui insulte à la religion, aux choses sacrées. ➤ **blasphémateur,** 2 **sacrilège.** *« Je suis incroyant, je ne serai jamais un impie »* GIDE. ■ CONTR. Croyant, pieux.

IMPIÉTÉ [ɛ̃pjete] n. f. – v. 1120, rare avant XVIe ◇ latin *impietas* ■ VIEILLI ou LITTÉR. ■ **1** Caractère d'une personne impie ; mépris pour les choses de la religion. *L'impiété de Voltaire.* ■ **2** Parole, action impie. ➤ **blasphème,** 1 **sacrilège.** ■ CONTR. Piété.

IMPITOYABLE [ɛ̃pitwajabl] adj. – *impitiable* v. 1500 ◇ de 1*in-* et *pitoyable* ■ Qui est sans pitié. ➤ **cruel, dur, féroce, inflexible, inhumain.** *Ennemi impitoyable. Cœur impitoyable. Haine impitoyable.* ➤ **implacable.** *Être impitoyable envers, pour qqn. Un univers impitoyable.* ◆ PAR EXT. Qui observe, juge sans indulgence, ne fait grâce de rien. *Critique, observateur impitoyable.* ➤ **sévère.** ◆ (CHOSES) *Regard impitoyable. Un humour d'une férocité impitoyable.* ■ CONTR. 1 Bon, charitable ; bienveillant, indulgent, pitoyable.

IMPITOYABLEMENT [ɛ̃pitwajabləmɑ̃] **adv.** – 1538 ◇ de *impitoyable* ■ D'une manière impitoyable.

IMPLACABILITÉ [ɛ̃plakabilite] **n. f.** – 1743 ◇ latin *implacabilitas* → implacable ■ RARE Caractère d'une personne, d'une chose implacable. « *l'implacabilité de leurs ressentiments* » BARBEY. ■ CONTR. Douceur.

IMPLACABLE [ɛ̃plakabl] **adj.** – 1455 ◇ latin *implacabilis*, de *placare* « apaiser » ■ **1** LITTÉR. Dont on ne peut apaiser la fureur, le ressentiment, la violence. ➤ **cruel, impitoyable, inflexible.** *D'implacables ennemis.* ➤ **acharné,** 2 **farouche.** — *Haine implacable.* ■ **2** (XVIIe) Sans pitié, sans indulgence. ➤ **impitoyable, sévère, terrible.** « *La Rochefoucauld, cet implacable analyste de l'égoïsme humain* » GAUTIER. ■ **3** (CHOSES) À quoi l'on ne peut se soustraire ; que rien ne peut arrêter ou modifier. ➤ **fatal, inéluctable, inexorable, irrésistible.** *Vengeance implacable. Logique implacable.* — Inhumain, terrible. « *sous l'implacable soleil* » GAUTIER. ■ CONTR. Doux ; indulgent.

IMPLACABLEMENT [ɛ̃plakabləmɑ̃] **adv.** – 1546 ◇ de *implacable* ■ D'une manière implacable. « *Rien qui plisse Ou ride cet azur implacablement lisse* » VERLAINE.

IMPLANT [ɛ̃plɑ̃] **n. m.** – 1932 ◇ de *implanter* ■ MÉD. Comprimé d'hormone (➤ **pellet**), fragment de tissu, prothèse ou substance radioactive qu'on introduit sous la peau ou dans un autre tissu à des fins thérapeutiques, contraceptives. *Implant sous-cutané. Implants de radium dans une tumeur cancéreuse. Implant cochléaire. Implant endocrinien* (ex. pompe à insuline). *Implant contraceptif.* ◆ *Implant dentaire* : infrastructure métallique enfoncée dans le maxillaire pour supporter une prothèse dentaire fixe (➤ **implantologie**). ◆ *Implant mammaire* (➤ **mammoplastie**). « *Les implants capillaires avaient bien pris, il était tombé sur un praticien compétent* » HOUELLEBECQ.

IMPLANTATION [ɛ̃plɑ̃tasjɔ̃] **n. f.** – 1541 ◇ de *implanter* ■ **1** Action d'implanter, de s'implanter. *Implantation d'une industrie dans une région, de filiales à l'étranger.* ➤ **établissement, installation.** *Implantation d'un parti politique.* ➤ **ancrage.** — SPÉCIALT Disposition des bâtiments, du matériel d'une entreprise. *Implantation des linéaires dans un supermarché.* ◆ TECHNOL. Disposition rationnelle des éléments d'un circuit électrique ou électronique en vue de son câblage. ■ **2** MÉD. Introduction d'un implant sous la peau. ■ **3** BIOL. Nidation*. ■ **4** Manière dont les cheveux sont plantés. — Position des dents sur l'arcade dentaire.

IMPLANTER [ɛ̃plɑ̃te] **v. tr.** ⟨1⟩ – 1539 pron. ◇ italien *impiantare*, bas latin *implantare* ■ **1** RARE Planter, fixer (une chose dans une autre). ■ **2** COUR. Introduire et faire se développer d'une manière durable dans un nouveau milieu. *Implanter un usage, une mode.* ➤ **introduire.** *Implanter une industrie dans une région.* ➤ **établir.** *Préjugé bien implanté dans les esprits.* ➤ **ancré, enraciné.** ◆ MÉD. *Implanter un embryon dans l'utérus* (➤ **fivète**). *Implanter un organe* (➤ 2 **greffe, transplantation**), *une prothèse, un stimulateur dans l'organisme.* ■ **3** Introduire un implant hormonal dans l'organisme de (un animal de boucherie). *Implanter un veau.* ■ **4 S'IMPLANTER v. pron.** Se fixer, être fixé, introduit quelque part. ➤ **s'établir, s'installer.** *Société qui s'implante sur un marché étranger.* ■ **5** TECHNOL. Réaliser l'implantation de (un circuit). ■ CONTR. Arracher, déraciner.

IMPLANTOLOGIE [ɛ̃plɑ̃tɔlɔʒi] **n. f.** – 1970 ◇ de *implant* et *-logie* ■ Partie de la chirurgie dentaire qui concerne les implants.

IMPLÉMENTATION [ɛ̃plemɑ̃tasjɔ̃] **n. f.** – 1975 ◇ anglais *implementation* « exécution » ■ INFORM. Action d'implémenter ; son résultat.

IMPLÉMENTER [ɛ̃plemɑ̃te] **v. tr.** ⟨1⟩ – 1975 ◇ anglais *to implement* « exécuter, réaliser » ■ INFORM. Installer (un programme particulier) sur un ordinateur. *Implémenter un nouveau système d'exploitation.*

IMPLEXE [ɛ̃plɛks] **adj.** – 1660 ◇ latin *implexus*, de *implectere* « entremêler » ■ VX Dont l'intrigue est compliquée. *Pièce implexe.* ◆ MOD. PHILOS. Se dit d'un concept qui ne peut se réduire à un schème.

IMPLICATION [ɛ̃plikasjɔ̃] **n. f.** – XVe « fait d'être embrouillé » ◇ latin *implicatio* ■ **1** (1611) DR. Action d'impliquer (qqn) dans une affaire criminelle. ■ **2** LOG. Relation logique consistant en ce qu'une chose en implique une autre (si A, alors B). LOG., MATH. Connecteur (noté $\Rightarrow$ ou $\rightarrow$) d'une proposition complexe dont le résultat se lit sur la table* de vérité. ■ **3** Conséquence. *Les implications financières d'une décision.* ➤ **incidence, retombée.** ■ **4** Fait d'être impliqué, de s'impliquer (pour une personne).

IMPLICITE [ɛ̃plisit] **adj.** – 1488 relig. ◇ latin *implicitus*, de *implicare* → impliquer ■ Qui est virtuellement contenu dans une proposition, un fait, sans être formellement exprimé, et peut en être tiré par déduction, induction. *Condition implicite. Volonté implicite,* non formulée mais que la conduite de la personne permet de supposer. ➤ **tacite.** — **n. m.** *L'implicite* : ce qui est sous-entendu, non formulé, présupposé. ➤ **non-dit.** ■ CONTR. Explicite, 1 exprès, formel.

IMPLICITEMENT [ɛ̃plisitmɑ̃] **adv.** – 1488 ◇ de *implicite* ■ D'une manière implicite. ➤ **tacitement.** *En ne s'opposant pas, il accepte implicitement.* ■ CONTR. Explicitement.

IMPLIQUER [ɛ̃plike] **v. tr.** ⟨1⟩ – XIVe ◇ latin *implicare* « plier dans, envelopper » ■ **1** Engager dans une affaire fâcheuse ; mettre en cause dans une accusation. ➤ **compromettre, mêler.** *Impliquer qqn dans une affaire, dans un procès. Il est impliqué dans un scandale financier.* ■ **2** Comporter de façon implicite. ➤ **comprendre*, supposer.** « *La lutte et la révolte impliquent toujours une certaine quantité d'espérance* » BAUDELAIRE. ➤ **nécessiter.** ■ **3** Entraîner comme conséquence. *Accepter ce poste implique de déménager.* ➤ **imposer.** — *Impliquer que* : supposer (par conséquence logique). *Cela implique qu'ils sont plusieurs.* ■ **4** LOG., MATH. Entraîner l'implication* de. *La proposition A implique la proposition B.* ■ **5** Engager dans une action, un processus. *Il ne se sent pas impliqué.* ➤ **concerné.** PRONOM. *S'impliquer dans son travail.* ➤ **s'investir.** ■ CONTR. Exclure.

IMPLORANT, ANTE [ɛ̃plɔʀɑ̃, ɑ̃t] **adj.** – avant 1763 ◇ de *implorer* ■ LITTÉR. Qui implore. ➤ **suppliant.** *Regard implorant.* « *leurs voix geignardes, furieuses, implorantes* » GREEN.

IMPLORATION [ɛ̃plɔʀasjɔ̃] **n. f.** – *imploracion* 1317 ◇ de *implorer* ■ LITTÉR. Action d'implorer. ➤ **prière, supplication.**

IMPLORER [ɛ̃plɔʀe] **v. tr.** ⟨1⟩ – v. 1280 ◇ latin *implorare*, de *plorare* « pleurer » ■ **1** Supplier d'une manière humble et touchante. ➤ **adjurer, conjurer, prier.** *Implorer qqn du regard. Je vous implore de me pardonner. Implorer le Ciel.* ■ **2** Demander (une aide, une faveur) avec insistance. ➤ **solliciter.** *Implorer l'appui, le secours d'autrui. Implorer la clémence, l'indulgence.*

IMPLOSER [ɛ̃ploze] **v. intr.** ⟨1⟩ – v. 1960 ◇ de 2 *in-* et *exploser* ■ TECHN. Faire implosion. *Téléviseur qui implose.* « *Bruits sourds des immeubles en train de s'agenouiller. Ils n'explosent pas. Ils implosent, emprisonnant les gens dans leur ventre* » D. LAFERRIÈRE.

IMPLOSIF, IVE [ɛ̃plozif, iv] **adj.** – 1888 ◇ probablt anglais *implosive* (1877), de 2 *in-* et *explosive* ■ PHONÉT. *Consonne implosive,* à tension décroissante, située à la fin d'une syllabe (**opposé à *explosive***). *Dans* absolu, *le* s *explosif assourdit le* b *implosif.*

IMPLOSION [ɛ̃plozjɔ̃] **n. f.** – 1897 ◇ d'après *explosion* ■ **1** PHONÉT. Première phase de l'articulation d'une occlusive*. ■ **2** (v. 1960) PHYS. Éclatement brutal (d'un corps creux) dont les parois cèdent sous l'effet d'une pression extérieure supérieure à la sienne. *Implosion d'un téléviseur, d'un sous-marin.* ■ **3** FIG. Effondrement sous l'effet de forces internes. *L'implosion de l'URSS.*

IMPLUVIUM [ɛ̃plyvjɔm] **n. m.** – 1837 ◇ mot latin ■ ANTIQ. ROM. Bassin creusé au milieu de l'atrium pour recueillir les eaux de pluie. *Des impluviums.*

IMPOLI, IE [ɛ̃pɔli] **adj.** – 1588 ; « peu orné » 1380 ◇ de 1 *in-* et *poli* ■ **1** VX Non civilisé, inculte, grossier. ■ **2** (1679) Qui manque à la politesse. ➤ **discourtois, grossier, incivil, incorrect, malhonnête,** FAM. **malpoli.** *Enfant impoli et mal élevé. Être impoli avec, envers qqn.* — SUBST. *Vous êtes un impoli.* ➤ **goujat, malappris.** ◆ *Manières impolies. Il est impoli d'arriver en retard. C'est très impoli.* ■ CONTR. Correct, courtois, 1 poli.

IMPOLIMENT [ɛ̃pɔlimɑ̃] **adv.** – 1761 ◇ de *impoli* ■ D'une manière impolie. *S'adresser impoliment à qqn.* ■ CONTR. Poliment.

IMPOLITESSE [ɛ̃pɔlitɛs] **n. f.** – 1646 ◇ de 1 *in-* et *politesse* ■ **1** Manque de politesse ; faute contre les règles du savoir-vivre. ➤ **grossièreté, incorrection, sans-gêne.** *Sa franchise frise l'impolitesse.* — PAR EXT. *L'impolitesse d'un procédé.* ■ **2** (1798) *Une impolitesse* : acte, manifestation d'impolitesse. ➤ **incivilité.** *Commettre une impolitesse envers qqn, vis-à-vis de qqn.* ■ CONTR. Correction, éducation, politesse, savoir-vivre.

IMPOLITIQUE [ɛ̃pɔlitik] **adj.** – 1738 ◇ de 1 *in-* et *politique* ■ RARE Qui est contraire à la bonne politique ; qui manque d'habileté, d'opportunité. ➤ **inopportun, maladroit.** « *Cette guerre est impolitique, dangereuse* » CHATEAUBRIAND. ■ CONTR. 1 Politique.

IMPONDÉRABILITÉ [ɛ̃pɔ̃deʀabilite] **n. f.** – 1834 ◇ de *impondérable* ■ DIDACT. Caractère de ce qui est impondérable.

IMPONDÉRABLE [ɛ̃pɔ̃deʀabl] **adj.** – 1795 ◊ de 1*in-* et *pondérable* ▪ **1** DIDACT. Qui ne peut être pesé, ne produit aucun effet notable sur la balance la plus sensible. *Particules impondérables.* ▪ **2** (ABSTRAIT) Dont l'action, quoique déterminante, ne peut être exactement appréciée ni prévue. *Facteurs impondérables.* **n. m.** « *Nulle part, l'impondérable n'est si puissant que dans nos élections* » VALÉRY. — Plus cour. au plur. *Les impondérables de la vie,* ce qui peut arriver. ▪ CONTR. Pondérable.

IMPOPULAIRE [ɛ̃pɔpylɛʀ] **adj.** – 1780 ◊ de 1*in-* et *populaire* ▪ **1** (PERSONNES) Qui déplaît au peuple, lui inspire de la défiance. *Gouvernement, ministre impopulaire.* ♦ Qui est mal vu (dans un groupe). *Ses prises de position l'ont rendu impopulaire parmi ses confrères.* ▪ **2** (CHOSES) *Loi, impôt impopulaire.* ▪ CONTR. Populaire.

IMPOPULARITÉ [ɛ̃pɔpylaʀite] **n. f.** – 1780 ◊ de 1*in-* et *popularité* ▪ Manque de popularité ; caractère de ce qui est impopulaire. *L'impopularité de l'impôt indirect, d'une réforme de l'orthographe. L'impopularité du premier ministre.* « *un peu d'impopularité, c'est consécration* » BAUDELAIRE. ▪ CONTR. Popularité.

IMPORT ➤ **IMPORTATION**

1 **IMPORTABLE** [ɛ̃pɔʀtabl] **adj.** – 1802 ◊ de 1*importer* ▪ Qu'il est permis ou possible d'importer.

2 **IMPORTABLE** [ɛ̃pɔʀtabl] **adj.** – 1970 ; « trop pesant pour être porté » 1636 ◊ de 1*in-* et *portable* ▪ Impossible à porter (vêtement). ➤ **immettable.**

IMPORTANCE [ɛ̃pɔʀtɑ̃s] **n. f.** – 1361 ◊ italien *importanza,* du latin *importare* → 2 importer ▪ **1** Caractère de ce qui est important. ➤ **intérêt.** *Mesurer l'importance d'un évènement.* ➤ **dimension, gravité, portée.** « *Ces questions de langage me paraissent de haute importance* » GIDE. *Communication de la plus haute importance. Avoir de l'importance.* ➤ **compter.** *Prendre de l'importance.* ➤ **essor, extension ;** se **développer.** *C'est d'une importance capitale. Cela n'a aucune importance, aucune espèce d'importance, pas d'importance :* cela ne fait rien. *Aucune importance ! Et après, quelle importance ? Un détail sans importance, de peu d'importance.* — Valeur que l'on attribue à une chose. *Accorder, attacher de l'importance, trop d'importance à qqch.* ➤ **tenir** (à). « *Une chose ne vaut que par l'importance qu'on lui donne* » GIDE. *L'importance d'une théorie.* ➤ **portée.** — Valeur quantitative. *Importance d'une somme. Évaluer l'importance d'une foule.* ▪ **2** Autorité que confèrent un rang social élevé, des talents notoires, de grandes responsabilités. ➤ **crédit, influence, poids, prestige.** « *j'étais enclin à croire à mon importance* » MAURIAC. *Il cherche à se donner de l'importance.* ▪ **3** loc. adv. VIEILLI ou LITTÉR. **D'IMPORTANCE :** beaucoup, fortement. « *on venait de le sermonner d'importance* » ZOLA. — loc. adj. Important. *Affaire d'importance* (cf. De conséquence). « *La révélation est d'importance* » HENRIOT (cf. De taille). ▪ CONTR. Futilité, insignifiance, médiocrité.

IMPORTANT, ANTE [ɛ̃pɔʀtɑ̃, ɑ̃t] **adj.** – 1476 ◊ italien *importante* → importance

I (CHOSES) ▪ **1** Qui importe ; qui a beaucoup d'intérêt, de grandes conséquences. ➤ **considérable, grand.** *Question importante.* ➤ **majeur.** *Rôle important. Extrêmement important.* ➤ 1 **capital, crucial, essentiel, vital.** *Rien d'important à signaler.* ➤ **intéressant.** *Ce n'est pas très important.* ➤ **grave, sérieux.** *Les postes les plus importants.* ➤ **clé, principal.** — « *Cet art serait très important à connaître* » ROUSSEAU. *Une découverte importante pour l'avenir.* — IMPERS. *Il est important d'agir vite, que nous agissions vite.* ♦ n. m. Ce qui importe. ➤ **essentiel.** « *L'important n'est pas de savoir ce qui est vrai ou ce qui est faux* » JALOUX. *L'important, c'est de participer, que nous participions.* ▪ **2** (Dans l'ordre quantitatif) Qui est grand ; dont la mesure est grande. *Somme importante.* ➤ **élevé, gros.** *Un nombre important de participants. Retard important.*

II (début XVIIe) (PERSONNES) Qui a de l'importance par sa situation. ➤ **considérable, influent.** *D'importants personnages.* ➤ **grand, haut.** *Un homme important.* ➤ **cacique, poids** (lourd) ; FAM. **caïd, magnat, manitou, pointure,** 2 **ponte.** *Se prendre pour qqn d'important.* ♦ n. PÉJ. *Faire l'important* (➤ **ramenard**). — PAR EXT. *Se donner des airs importants.* ➤ **avantageux.**

▪ CONTR. Accessoire, dérisoire, futile, insignifiant, ordinaire.

IMPORTATEUR, TRICE [ɛ̃pɔʀtatœʀ, tʀis] **n. et adj.** – 1756 ◊ de 1*importer* ▪ Personne qui importe des produits. *Importateur qui dédouane* la marchandise.* — SPÉCIALT Personne qui fait le commerce de produits importés. ➤ 2 **agent, courtier, négociant.** *Importateur de tapis d'Orient.* **adj.** *Pays importateur. La France est importatrice de gaz.* ▪ CONTR. Exportateur.

IMPORTATION [ɛ̃pɔʀtasjɔ̃] **n. f.** – 1734 ◊ anglais *importation* → 1 importer ▪ **1** Action d'importer. *Importation de voitures étrangères. Importation entre pays de la Communauté européenne.* ➤ **introduction.** *Article, produit d'importation. Droits de douane et taxes à l'importation* (➤ **dédouanement**). *Importation et exportation.* ➤ **import-export.** — PAR EXT. *Importation de devises. Licence* d'importation.* — ABRÉV. COUR. **IMPORT** [ɛ̃pɔʀ] **n. m.** ▪ **2** Ce qui est importé. *Stockage des importations en entrepôt sous douane. Équilibre, déséquilibre des importations par rapport aux exportations.* ➤ 1 **balance** (commerciale). *Contingentement des importations, quotas d'importation* (➤ **protectionnisme**). ▪ **3** Action d'introduire une race animale, une espèce végétale dans un pays. *L'importation de la pomme de terre en Europe.* ♦ Transport d'une maladie contagieuse d'un pays dans un autre. ▪ **4** FIG. ➤ **introduction.** « *On craint* [en France] *l'importation des idées* » VOLTAIRE. ▪ CONTR. Exportation.

1 **IMPORTER** [ɛ̃pɔʀte] **v. tr.** ‹ 1 › – 1369 en Normandie ◊ latin *importare,* terme de commerce ; cour. à partir du XVIIe, influence de l'anglais *to import,* du français ▪ **1** Introduire dans un pays (des produits en provenance de pays étrangers). *La France importe du café, des machines-outils.* — *Moto importée du Japon. Dédouaner des marchandises importées.* ▪ **2** PAR EXT. *Importer une technologie* (➤ **brevet, licence**), *de la main-d'œuvre* (➤ **immigration**). *L'inflation importée,* résultant de la hausse des prix des produits étrangers. — FIG. *Mode importée d'Angleterre.* ▪ **3** INFORM. *Importer des données :* transférer des données externes sur son ordinateur ou dans un logiciel. ➤ aussi **télécharger.** « *Je n'arrive pas à importer le fichier empreintes de la Préfecture* » F. VARGAS. *Importer une image, des données dans un traitement de texte.* ▪ CONTR. Exporter.

2 **IMPORTER** [ɛ̃pɔʀte] **v. intr. et tr. ind.** ‹ 1 ; seult à l'inf., au p. prés. et aux troisièmes pers. › – 1536 ◊ italien *importare ;* latin *importare* « porter dans », et par ext. « causer, entraîner » ▪ **1** (CHOSES) **IMPORTER À (qqn) :** avoir de l'importance, présenter de l'intérêt pour qqn. ➤ **intéresser ; importance, important.** *Le passé m'importe moins que l'avenir. Ton avis m'importe au plus haut point.* — ABSOLT ➤ **compter.** *La seule chose qui importe. Cela importe peu.* — IMPERS. *Il importe de* (et inf.). *Il importe de ne pas se tromper.* — *Il importe que* (et subj.). *Il importe que le retard soit comblé.* ▪ **2** Dans des loc. interrog. ou négatives qui marquent l'indifférence à l'égard d'une chose sans importance, sans conséquence **PEU IMPORTE.** *Peu importe le prix.* « *Peu importe les noms* » VERCORS. *Peu m'importe, lui importe :* cela m'est, lui est indifférent (➤ **chaloir**). *Peu m'importe(nt) leurs critiques !* « *Peu m'importent les classes sociales* » GIDE. « *peu m'importe qu'elles me haïssent* » ROUSSEAU. ABSOLT *Peu importe !* — **QU'IMPORTE.** « *Qu'importe le flacon, pourvu qu'on ait l'ivresse ?* » MUSSET. « *qu'importaient les paroles ?* » MAUROIS. « *Que m'importe Tous vos autres serments !* » HUGO. ABSOLT *Je perdis tout « mais que m'importait ! »* BARBEY. — **N'IMPORTE :** cela n'a pas d'importance. *Avec ou sans glace ? N'importe, ça m'est égal.* ▪ **3** loc. pron. indéf. (milieu XVIIIe) **N'IMPORTE QUI, QUOI** [nɛ̃pɔʀtəki, kwa]. Une personne, une chose quelconque, qui*, quoi* que ce soit. *N'importe qui pourrait entrer. N'importe qui en est capable* (cf. Tout un chacun*). *C'est à la portée de n'importe qui,* du premier venu*. ➤ **quiconque** (cf. Monsieur tout le monde*). « *C'est dur, hein, de se sentir n'importe qui ?* » SARTRE. *Il ne se prend* pas pour n'importe qui.* « *Ils causaient de n'importe quoi* » FLAUBERT. PÉJ. *C'est vraiment n'importe quoi !* FAM. *Du (grand) n'importe quoi.* « *C'est du grand n'importe quoi, tes salades…* » Y. QUEFFÉLEC. — *N'importe lequel, laquelle d'entre nous. Donnez-moi des pommes, n'importe lesquelles.* ♦ loc. adj. indéf. **N'IMPORTE QUEL, QUELLE (chose, personne) :** une chose, une personne quelconque, quelle qu'elle soit. « *des accents capables de convaincre* […] *n'importe quel homme* » ROMAINS. ➤ **tout.** — VIEILLI « *elle rachèterait la maison n'importe à quel prix* » ZOLA. MOD. *À n'importe quel prix.* ♦ loc. adv. **N'IMPORTE COMMENT, OÙ, QUAND :** d'une manière, dans un endroit, à un moment quelconque. *Partons n'importe où. Travailler, s'habiller n'importe comment,* mal. — *N'importe comment, elle arrivera à ses fins,* de toute façon. ▪ CONTR. Indifférer.

IMPORT-EXPORT [ɛ̃pɔʀɛkspɔʀ] **n. m.** – 1885 ◊ mot anglais « importation-exportation » ▪ COMM. Commerce international de produits importés et exportés. *Faire de l'import-export* (➤ **courtier, négociant**). *Société d'import-export. Des imports-exports.*

IMPORTUN, UNE [ɛ̃pɔʀtœ̃, yn] **adj. et n.** – 1540 ◊ latin *importunus* ▪ **1** LITTÉR. Qui déplaît, ennuie, gêne par sa présence ou sa conduite hors de propos. ➤ **collant, indiscret, intrusif ; embêtant, indésirable, insupportable ;** FAM. **casse-pied, crampon ;** RÉGION. **achalant** (cf. La mouche* du coche). *Je ne voudrais pas être* *importun, vous être importun* (➤ **importuner**). *Se sentir importun,* de trop*. ◆ n. m. COUR. ➤ **fâcheux, gêneur.** *Éviter un importun.* ▪ **2** (CHOSES) LITTÉR. ➤ **agaçant, désagréable, gênant, inopportun, intempestif.** *Visite importune. Une présence importune.* ▪ CONTR. 1 Discret, opportun. Agréable.

IMPORTUNÉMENT [ɛ̃pɔʀtynemɑ̃] adv. – XIIIe ◇ de *importun* ▪ LITTÉR. D'une manière importune. ▪ CONTR. Discrètement.

IMPORTUNER [ɛ̃pɔʀtyne] v. tr. ‹1› – 1462 ◇ de *importun* ▪ LITTÉR. Ennuyer, fatiguer par ses assiduités ; gêner par une présence ou un comportement hors de propos. ➤ **ennuyer*, harceler, tarabuster, tracasser ;** FAM. **bassiner, canuler, embêter, enquiquiner, tanner ;** RÉGION. **achaler, encoubler** (cf. Casser les burettes, les burnes, les couilles ; courir sur le haricot). *Je ne veux pas vous importuner plus longtemps.* ➤ **déranger.** *Cessez de m'importuner.* ◆ PAR EXT. *Être importuné par le bruit. La fumée m'importune.* ➤ **gêner.** ▪ CONTR. Amuser, divertir.

IMPORTUNITÉ [ɛ̃pɔʀtynite] n. f. – 1326 ◇ latin *importunitas* ▪ **1** VIEILLI Action d'importuner. SPÉCIALT Sollicitation pressante, prière instante. ▪ **2** LITTÉR. Caractère de ce qui est importun. *L'importunité d'une démarche.* ◆ VX Chose désagréable. ➤ **désagrément, inconvénient.** *« les importunités de sa prison »* HENRIOT. ▪ CONTR. Discrétion, commodité, opportunité.

IMPOSABLE [ɛ̃pozabl] adj. – 1454 ◇ de *imposer* ▪ Qui peut être imposé, assujetti à l'impôt. *Personne imposable* (➤ **assujetti, contribuable**), *non imposable. — Revenus imposables. Matière imposable :* l'assiette de l'impôt.

IMPOSANT, ANTE [ɛ̃pozɑ̃, ɑ̃t] adj. – 1715 ◇ de *imposer* ▪ **1** Qui impose le respect, l'admiration, décourage toute familiarité. ➤ **majestueux.** *Un vieillard imposant. Air, aspect imposant.* ➤ **grave, noble, solennel.** *Ton imposant. Taille imposante.* — SPÉCIALT Corpulent. *Une matrone imposante.* ▪ **2** VIEILLI Dont la grandeur frappe l'imagination. ➤ **grandiose, 2 superbe.** *« ces sites imposants et solennels »* LOTI. ▪ **3** MOD. Qui impressionne par l'importance, la quantité. ➤ **considérable, important, impressionnant.** *Un imposant service d'ordre.* ▪ CONTR. Insignifiant, ridicule. Petit.

IMPOSÉ, ÉE [ɛ̃poze] adj. et n. – de *imposer* ▪ **1** Obligatoire. *Figures imposées en patinage artistique* (opposé à *libre*). *Prix imposé,* qui doit être observé strictement. ▪ **2** Soumis à l'impôt. *Bénéfices imposés. Capital, revenu imposé. — Personnes imposées.* n. (1845) *Les imposés.* ➤ **assujetti, contribuable.**

IMPOSER [ɛ̃poze] v. tr. ‹1› – 1302 « imputer » ◇ de 2 *in-* et *poser,* d'après le latin *imponere*

I FAIRE PAYER ▪ **1** (1335) Faire payer autoritairement. *Imposer un tribut, une contribution.* ▪ **2** Faire payer à (qqn), assujettir à l'impôt. *Imposer le capital. Être imposé sur ses bénéfices. « Peuple noble et fier, il a toujours combattu ceux qui ont voulu le soumettre ou l'imposer durement »* CENDRARS. ▪ **3** Percevoir des taxes, des droits (sur qqch., une marchandise). *Ouvertures qui « avaient été murées du temps où l'État imposait les portes et fenêtres »* M. DUGAIN. ➤ **taxer.**

II IMPOSER QQCH., QQN À QQN ▪ **1** Prescrire, faire subir à qqn (une action, une attitude pénible, désagréable). ➤ **commander, exiger, ordonner ; infliger.** *Imposer un travail, une tâche à qqn.* (1342) *Imposer (le) silence à qqn,* le faire taire. *Imposer sa loi, sa volonté.* ➤ **dicter.** *Imposer des conditions. — « La liberté a les limites que lui impose la justice »* RENARD. ➤ **fixer.** ▪ **2** Faire accepter, admettre (qqch.) par une pression, une contrainte morale. *Imposer ses façons de voir, ses vues. « Celui qui veut imposer ses idées est peu certain de leur valeur »* VALÉRY. *Imposer un produit par la publicité.* ◆ **S'IMPOSER** (à soi-même). *S'imposer qqch. :* s'en faire une obligation. *S'imposer un effort, une discipline, de l'exercice. S'imposer de faire qqch.* — PRONOM. (sujet chose) Être nécessaire, ne pouvoir être rejeté. *La solution qui s'impose. Prendre les mesures qui s'imposent. Ça ne s'impose pas* (souvent péj.) : ce n'est pas indispensable. ▪ **3** Faire accepter (qqn) par force, autorité, prestige, etc. *Imposer qqn pour, comme chef. « Elle l'imposerait dans un petit rôle »* ARAGON. — PAR EXT. *Imposer sa présence.* ◆ PRONOM. (1829) **S'IMPOSER :** se faire admettre, reconnaître (par sa valeur...). *S'imposer comme chef. S'imposer par le talent. À ce poste, il s'impose,* il est le plus qualifié. *Notre équipe s'est imposée en finale.* — PÉJ. *Il a le chic pour arriver à l'heure du repas et s'imposer.* ▪ **4** TRANS. IND. (1596) VX **IMPOSER À** (qqn) : en faire accroire à (qqn). ➤ **abuser, tromper.** *« Le fourbe qui longtemps a pu vous imposer »* MOLIÈRE. — (1638) Faire une forte impression, inspirer le respect. *Il leur impose par ses façons de grand seigneur.* ➤ **impressionner.** ◆ MOD. **EN IMPOSER À** (qqn). *« J'ai vu des gens se troubler, tellement il leur en imposait »* ZOLA. *« Un grand nom en impose à tout le monde »* VALÉRY. *S'en laisser imposer :* se laisser impressionner par qqn.

III POSER, METTRE (SUR) ▪ **1** (1541) LITURG. *Imposer les mains,* pour bénir, conférer certains sacrements. — PAR EXT. *Guérisseur qui impose les mains* (pour faire passer le fluide). *« Il imposait les mains aux vaches qui donnaient du lait bleu ou qui portaient la queue en cercle »* MAUPASSANT. ▪ **2** (1690) IMPRIM. *Imposer une feuille :* grouper les pages de composition de façon à obtenir, après pliage de la feuille imprimée, un cahier présentant des marges correctes et une pagination suivie (travail de l'*imposeur, euse*).

▪ CONTR. (du II) Affranchir, dégrever, dispenser. Incliner (s').

IMPOSITION [ɛ̃pozisjɔ̃] n. f. – 1288 ◇ latin *impositio*

I VX Impôt. *Le recouvrement des impositions.* ◆ (1538) MOD. Le fait d'imposer une charge financière, des droits, une contribution. ➤ **taxation.** *Imposition des plus-values. Avis d'imposition, de non-imposition.* — (1765) Procédé d'assiette et de liquidation d'un impôt. *Conditions, taux, tranche d'imposition.*

II (1317 « apposition d'un sceau ») ▪ **1** Action de poser sur (qqch. ou qqn). (1535) LITURG. *Imposition des mains.* ▪ **2** (1690) IMPRIM. Action d'imposer* (une feuille).

IMPOSSIBILITÉ [ɛ̃pɔsibilite] n. f. – fin XIIIe ◇ latin impérial *impossibilitas* ▪ **1** Caractère de ce qui est impossible ; défaut de possibilité. *Impossibilité de faire qqch. Être, se trouver, se voir dans l'impossibilité matérielle, morale, physique de faire qqch.* ➤ **impuissance, incapacité.** *En cas d'impossibilité.* ➤ **force** (majeure). *« dans l'impossibilité de remédier au mal, contentons-nous de nous en garantir »* LACLOS. *Mettre qqn dans l'impossibilité de.* ➤ **empêcher.** ▪ **2** Chose impossible. *C'est pour lui une impossibilité. Se heurter à des impossibilités.* ▪ CONTR. Possibilité.

IMPOSSIBLE [ɛ̃pɔsibl] adj. et n. m. – 1227 ◇ latin *impossibilis* ▪ Qui ne peut être, exister ; qui n'est pas possible.

I adj. ▪ **1** Qui ne peut se produire, être atteint ou réalisé. *Cette éventualité lui paraît impossible.* ➤ **inenvisageable.** *Solution impossible. C'est impossible, presque impossible. Un amour impossible. « des choses qui ne paraissent impossibles que tant qu'on ne les a pas tentées »* GIDE. *Une mission impossible.* ➤ **infaisable, irréalisable.** — *Impossible à* (et l'inf.) : qu'on ne peut... *Des conditions impossibles à remplir. Un nom impossible à prononcer. — Il est impossible de* (et l'inf.). *« il m'est impossible sur ce point d'être de leur avis »* RENAN. ELLIPT *Impossible de le joindre.* — ABSOLT *Impossible !* cela ne se peut. *— Il est, il semble impossible que...* (et le subj.). *Il n'est pas impossible que je vienne :* il se peut que je vienne. — LOC. PROV. *À cœur vaillant rien d'impossible* (devise de J. Cœur) : le courage peut venir à bout des pires difficultés. *Impossible n'est pas français* (attribué à NAPOLÉON). ◆ MATH. *Évènement impossible* (noté ø), dont la probabilité est nulle. *Équation impossible,* qui n'admet pas de solution. ➤ **insoluble.** ▪ **2** Très difficile, très pénible (à faire, imaginer, supporter). *Il nous rend l'existence impossible.* ➤ **insupportable.** *Une situation impossible.* ▪ **3** Qui semble ne pas pouvoir exister. ➤ **fantastique, irréel.** *« les feuillages verts impossibles »* BALZAC. ▪ **4** FAM. Absurde, extravagant, invraisemblable. *Il lui arrive toujours des histoires impossibles. Cette pièce « qui a un titre impossible »* COLETTE. *Rentrer à des heures impossibles.* ➤ **invraisemblable** (cf. À pas* d'heure). ▪ **5** (1838) (PERSONNES) Insupportable. ➤ **invivable.** *Ces enfants sont impossibles. « J'ai travaillé avec des gens qui ont la réputation d'être impossibles et moi je les ai trouvés épatants »* J. RENOIR. *Avoir un caractère impossible.*

II n. m. (XVIe) ▪ **1** Ce qui n'est pas possible. *Espérer, tenter l'impossible. Demander l'impossible.* — PAR EXAGÉR. *Faire l'impossible,* tout son possible. *Tâche de faire l'impossible pour te libérer.* PROV. *À l'impossible nul n'est tenu :* on ne peut exiger de personne des choses infaisables. ▪ **2** loc. adv. **PAR IMPOSSIBLE :** en supposant que se réalise une chose que l'on tient pour impossible. *« Si, par impossible, le cœur lui défaille »* BERNANOS.

▪ CONTR. Possible, réalisable. Acceptable, supportable.

IMPOSTE [ɛ̃pɔst] n. f. – 1545 ◇ italien *imposta,* de *imporre* « placer sur », latin *imponere* ▪ **1** ARCHIT. Moulure saillante surmontant un piédroit de porte, un pilier de nef. *Les impostes d'une arcade, d'un cintre.* ▪ **2** MENUIS. Partie supérieure d'une baie de porte ou de fenêtre. *Imposte tournante, fixe.* — Partie vitrée dormante d'une porte pleine, d'une cloison.

IMPOSTEUR [ɛ̃pɔstœʀ] **n. m.** – 1532 ◇ bas latin *impostor*, de *imponere* « tromper » ■ **1** Personne qui abuse de la confiance, de la crédulité d'autrui par des promesses, des mensonges, dans le dessein d'en tirer profit. ➤ **charlatan, menteur, mystificateur.** *Démasquer un imposteur.* ■ **2** Personne qui cherche à en imposer par de fausses apparences, des dehors de vertu. ➤ **hypocrite.** « *Le Tartuffe ou l'Imposteur* », *comédie de Molière.* — Personne qui usurpe le nom, la qualité d'un autre. ➤ **usurpateur.** « *Thomas l'imposteur* », *roman de Cocteau.*

IMPOSTURE [ɛ̃pɔstyʀ] **n. f.** – 1546 ; *emposture* 1190 ◇ bas latin *impostura* ■ **1** VIEILLI Action de tromper par des discours mensongers, de fausses apparences. ➤ **mensonge, tromperie.** « *Mentir pour son avantage à soi-même est imposture* » ROUSSEAU. ■ **2** LITTÉR. Tromperie d'une personne qui se fait passer pour ce qu'elle n'est pas. *Les impostures d'un escroc.* ■ CONTR. Franchise. Sincérité.

IMPÔT [ɛ̃po] **n. m.** – *impost* 1399 ◇ latin *impositum*, p. p. de *imponere* → imposer ■ **1** Prélèvement obligatoire opéré par l'État et les collectivités locales afin de subvenir aux charges publiques ; ensemble des sommes ainsi prélevées. ➤ **charge, contribution, imposition ; accise,** 3 **droit, taxe, tribut ;** et aussi **fisc, fiscalité.** *Anciens impôts.* ➤ 1 **aide, capitation, dîme, gabelle, patente, redevance,** 1 **taille.** *Code général des impôts. Direction générale des impôts (D. G. I.). Relatif à l'impôt.* ➤ **fiscal.** — *Créer, voter un impôt.* ➤ **budget** (cf. Loi de finance*). *Base, assiette, barème, calcul de l'impôt. Lever un impôt. Soumettre à l'impôt.* ➤ **fiscaliser.** *Des sociétés « dont les statuts avaient été déposés sur le territoire de la Principauté pour échapper à l'impôt »* BLONDIN. *Perception, recouvrement de l'impôt. Centre, recette des impôts.* ➤ **contribution, perception, trésor.** *Contrôleur, inspecteur des impôts.* ➤ aussi **percepteur.** — *Augmenter les impôts. Réduction, allègement d'impôts.* ➤ **dégrèvement.** « *Diminuer la lourdeur de l'impôt [...] c'est le mieux répartir* » BALZAC. *Abattement libératoire de l'impôt. Crédit d'impôt* (cf. Avoir* fiscal). *Exonération, exemption d'impôts. Répercussion de l'impôt.* — *Impôts nationaux,* perçus par l'État. *Impôts locaux,* perçus au profit des communes, des départements et des régions. *Impôts directs,* assis sur la matière imposable et directement payés par le contribuable, généralement recouvrés par voie de rôle. *L'impôt sur le revenu des personnes physiques (I. R. P. P.), sur le bénéfice des sociétés (I. S.), sur les plus-values, l'impôt de solidarité sur la fortune (I. S. F.) sont des impôts directs nationaux. La taxe d'habitation est un impôt direct local. Impôt foncier*. Impôt sécheresse*. Impôts indirects,* perçus sur les entreprises à l'occasion de transactions ou à l'importation et répercutés sur des tiers tels que les consommateurs. *La T. V. A. est un impôt indirect national.* — COUR. *Les impôts :* l'impôt sur le revenu. *Déclaration, feuille d'impôts* (pour de revenus). *Payer, acquitter ses impôts. Acompte sur les impôts.* ➤ **tiers** (provisionnel). *Mensualisation des impôts. Impôt prélevé à la source* (➤ **retenue**). *Rendement net d'impôt(s).* ■ **2** PLUR. Administration fiscale ; bureaux du percepteur. ➤ **perception, recette.** *Aller, écrire aux impôts.* ■ **3** Obligation imposée. ➤ **tribut.** *L'impôt du sang :* l'obligation du service armé.

IMPOTENCE [ɛ̃pɔtɑ̃s] **n. f.** – v. 1265 ◇ latin *impotentia* ■ **1** VIEILLI État d'une personne impotente. ■ **2** FIG. Impuissance (1°). *Impotence politique.*

IMPOTENT, ENTE [ɛ̃pɔtɑ̃, ɑ̃t] **adj.** et **n.** – 1308 ◇ latin *impotens* « impuissant » ■ **1** VIEILLI Qui, par une cause naturelle ou accidentelle, ne peut se mouvoir, ou ne se meut qu'avec une extrême difficulté. ➤ **infirme, invalide, paralytique, perclus, podagre.** — **n.** « *Ce n'était plus qu'une ruine humaine, un impotent aux jambes ulcérées, au ventre énorme et distendu* » GENEVOIX. ➤ **grabataire.** ◆ PAR EXT. *Jambe impotente.* ■ **2** FIG. Impuissant (1°). *Un gouvernement impotent.* ■ CONTR. Ingambe, valide.

IMPRATICABLE [ɛ̃pʀatikabl] **adj.** – *impatriquable* 1627 ◇ de 1 *in-* et *praticable* ■ **1** Qu'on ne peut mettre en pratique, à exécution. ➤ **impossible, inapplicable, irréalisable.** « *des projets utiles, mais impraticables* » ROUSSEAU. ■ **2** (1680) Où l'on ne peut passer, où l'on passe difficilement. *Piste impraticable pour les voitures. Col impraticable en hiver.* — « *des cuisines exiguës, parfois impraticables* » PEREC. ■ **3** (1694) (PERSONNES) VX Difficile à vivre, insociable. ■ CONTR. Possible, praticable.

IMPRÉCATION [ɛ̃pʀekasjɔ̃] **n. f.** – milieu XIVe ◇ latin *imprecatio*, de *precari* « prier » ■ LITTÉR. Souhait de malheur contre qqn. ➤ **anathème, malédiction.** *Lancer, proférer des imprécations contre qqn. Les imprécations de Camille, d'Agrippine.* « *les "fureurs," "les imprécations," voilà qui, dans Racine, paraît le plus humain* » MAURIAC. ■ CONTR. Bénédiction.

IMPRÉCATOIRE [ɛ̃pʀekatwaʀ] **adj.** – fin XVIe ◇ de *imprécation* ■ LITTÉR. Qui a rapport à l'imprécation. *Formules imprécatoires.*

IMPRÉCIS, ISE [ɛ̃pʀesi, iz] **adj.** – 1845 ◇ de 1 *in-* et *précis* ■ **1** Qui laisse place au doute, à l'incertitude dans l'esprit. *Renseignements, signalement imprécis. Se faire une idée imprécise de qqch.* ➤ **confus.** *Souvenir imprécis.* ➤ **flou,** 1 **incertain,** 3 **vague.** ■ **2** Qui n'est pas perçu, défini nettement. *Contours imprécis.* ➤ **indistinct.** *Douleur imprécise.* ➤ **diffus.** *Heure imprécise.* ➤ **indéterminé.** — SUBST. « *l'imprécis grandiose des horizons urbains* » LARBAUD. ■ **3** Qui n'est pas exécuté avec précision. *Plan imprécis. Estimation imprécise et globale.* ➤ **approximatif.** *Tir imprécis.* ■ CONTR. Clair, 2 net, 1 précis.

IMPRÉCISION [ɛ̃pʀesizjɔ̃] **n. f.** – 1845 ◇ de 1 *in-* et *précision* ■ Caractère de ce qui est imprécis ; manque de précision. ➤ **flou,** 3 **vague.** *Imprécision d'un souvenir. Imprécision du vocabulaire, d'une formulation.* ➤ **indétermination.** *Ne rien laisser dans l'imprécision.* ■ CONTR. Netteté, précision.

IMPRÉDICTIBLE [ɛ̃pʀediktibl] **adj.** – XXe ◇ de 1 *in-* et *prédire* ■ DIDACT. Que l'on ne peut prédire. ➤ **imprévisible.** *Évolution imprédictible.* ■ CONTR. Prédictible.

IMPRÉGNATION [ɛ̃pʀeɲasjɔ̃] **n. f.** – v. 1390 « fécondation » ◇ bas latin *imprægnare* → imprégner

I HIST. DES SC. Influence qui serait exercée par une première fécondation sur les produits des fécondations ultérieures.

II ■ **1** (1690) VX Pénétration d'une substance dans une autre. ◆ MOD. Pénétration d'un fluide dans une substance, un corps. ➤ **imbibition.** *Imprégnation des bois.* ■ **2** Diffusion dans l'organisme de produits qui en sont normalement absents. *Imprégnation alcoolique.* ➤ **alcoolémie.** ■ **3** Pénétration (d'une influence, d'une idée) dans l'esprit, dans un groupe. ➤ **assimilation.** « *La culture et l'imprégnation sont évidemment deux choses différentes* » DUHAMEL.

IMPRÉGNER [ɛ̃pʀeɲe] **v. tr.** ‹6› – 1620 ; « rendre enceinte » 1500 ◇ réemprunt du latin *imprægnare* (de *prægnas* « enceinte »), le v. de même origine *empreigner* (« féconder » XIIe ; « pénétrer [chaleur...] » XVIe) se confondant avec *empreindre* ■ **1** Pénétrer (un corps) de liquide dans toutes ses parties. ➤ **imbiber, tremper.** *Teinture dont on imprègne les cuirs.* PRONOM. *Le bois s'est imprégné d'eau.* — PAR ANAL. « *Le parfum de la résine brûlée imprégnait ce jour torride* » MAURIAC. *Imprégner de lumière.* ➤ **baigner.** — FIG. *L'ironie « dont est imprégnée votre lettre »* MAURIAC. ■ **2** Pénétrer, influencer profondément. *Être imprégné de préjugés.* ➤ **imbu.** « *Mes premières années ont été trop imprégnées des idées issues de la Révolution* » NERVAL. PRONOM. *S'imprégner de littérature anglaise.*

IMPRENABLE [ɛ̃pʀənabl] **adj.** – v. 1365 ◇ de 1 *in-* et *prenable* ■ **1** Qui ne peut être pris. *Citadelle, forteresse imprenable.* ➤ **inexpugnable.** ■ **2** *Vue imprenable,* qui ne peut être masquée par de nouvelles constructions. ■ CONTR. Indéfendable, prenable.

IMPRÉPARATION [ɛ̃pʀepaʀasjɔ̃] **n. f.** – 1794 ◇ de 1 *in-* et *préparation* ■ Manque de préparation. *L'impréparation des troupes à ce genre de guérilla.* ■ CONTR. Préparation.

IMPRÉSARIO [ɛ̃pʀesaʀjo ; ɛ̃pʀezaʀjo] **n. m.** – 1949 ; *impresario* 1753 ◇ italien *impresario* « entrepreneur », de *impresa* « entreprise » ■ **1** ANCIENNT Directeur d'une entreprise théâtrale. « *L'Impresario de Smyrne* », *de Goldoni.* ■ **2** MOD. Personne qui s'occupe de la vie professionnelle et des intérêts d'un artiste du spectacle. ➤ 2 **agent** (artistique), **manageur.** *Imprésario d'un pianiste, d'une chanteuse. Des imprésarios.* — On écrit parfois *un impresario, des impresarii* (plur. it.). « *l'impresario qui s'était chargé de l'organisation matérielle du concert* » R. ROLLAND.

IMPRESCRIPTIBILITÉ [ɛ̃pʀɛskʀiptibilite] **n. f.** – 1721 ◇ de *imprescriptible* ■ DR. Caractère de ce qui est imprescriptible. *Imprescriptibilité des crimes contre l'humanité.*

IMPRESCRIPTIBLE [ɛ̃pʀɛskʀiptibl] **adj.** – 1481 ◇ de 1 *in-* et *prescriptible* ■ **1** DR. Qui n'est pas susceptible de prescription. *Biens inaliénables et imprescriptibles. La propriété est un droit imprescriptible. Crime imprescriptible.* ■ **2** Qui a une existence, une valeur immuable. *Droits imprescriptibles de la conscience, de la personne.* ■ CONTR. Prescriptible.

IMPRESSION [ɛ̃pʀesjɔ̃] **n. f.** – 1259 « empreinte » ◇ latin *impressio*

I CONCRET ■ **1** VX Action d'un corps sur un autre. ➤ **influence.** ■ **2** VIEILLI Action, fait de laisser une marque, en parlant d'une chose qui appuie sur une autre. ➤ **empreinte, trace.** *L'impression d'un cachet sur la cire.* ■ **3** MOD. Procédé de reproduction par pression d'une surface sur une autre qui en garde l'empreinte. — Action d'imprimer à la surface d'objets divers des caractères ou des dessins, par des procédés variés. ➤ **gravure, imprimerie, reproduction.** *Impressions des étoffes, des papiers peints. Impression sur tissu.* ▪ **4** SPÉCIALT (1475) Reproduction d'un texte, d'une illustration par l'imprimerie. *Composition et impression d'un texte. Procédés d'impression.* ➤ **flexographie, héliogravure, offset, phototypie, sérigraphie, typographie.** *Formes d'impression. Impression en noir et blanc, en quatre couleurs* (➤ **quadrichromie**), *en relief, en continu. Ouvrage à l'impression,* sous presse*. *Nouvelle impression.* ➤ **réimpression.** *Fautes d'impression.* ➤ **coquille,** 2 **doublon, erratum, mastic.** ▪ **5** (1636) PEINT. Première couche de peinture à l'huile. ▪ **6** Action d'imprimer le contenu (d'un fichier informatique). ➤ **édition ; imprimante.** *Lancer l'impression d'un document. Aperçu avant impression.*

II ABSTRAIT ▪ **1** VX Action qu'exerce sur qqn un objet, un sentiment. *Ce charme «qui livrait nos âmes aux douces impressions de la tendresse»* LACLOS. ▪ **2** Résultat de cette action : empreinte, marque spirituelle, morale. *«il est des impressions éternelles que le temps ni les soins n'effacent point»* ROUSSEAU. ♦ COUR. Effet qu'une cause extérieure produit dans l'esprit, le cœur. *Faire, produire une vive, une forte, une grande impression sur qqn.* ➤ **émotion ; émouvoir, frapper, impressionner, retourner,** 1 **toucher.** *Cela ne lui fait aucune impression. «Impression, soleil levant», tableau de Monet* (➤ **impressionniste**). — ABSOLT *Faire impression :* susciter un vif intérêt, attirer vivement l'attention. ➤ **impressionner, marquer** (cf. Faire de l'effet*, faire sensation*). *C'est un film qui fait impression.* ▪ **3** COUR. Forme de connaissance élémentaire, immédiate et vague que l'on a d'un être, d'un objet, d'un évènement ; état de conscience plus affectif qu'intellectuel. ➤ **sensation, sentiment.** *Éprouver, ressentir, avoir une impression. Une impression de tristesse, de douceur, de malaise, de gêne, de déjà vu. Impression fugace, indéfinissable. «Plus les impressions nouvelles seront nombreuses ou fortes et plus vite les impressions anciennes vieilliront»* LARBAUD. *Faire, donner bonne, mauvaise impression. Quelle impression vous fait-il ? Quelles sont vos impressions ? Se fier à ses impressions, à sa première impression.* ➤ **feeling, intuition, ressenti.** *«La première impression est plus fiable que la deuxième [...] pour une raison précise : elle est le fruit d'une bien plus longue expérience»* T. BENACQUISTA. *Faire part de ses impressions, échanger ses impressions. Impressions de voyage.* ♦ LOC. **DONNER L'IMPRESSION,** *une impression de :* faire naître le sentiment, l'illusion de (ce dont on suggère l'image, l'idée). *Cette voiture donne une impression de sécurité. Il s'efforçait «de donner une impression de calme et de puissance»* MAC ORLAN. *Il donne l'impression d'être sûr de lui.* — Faire l'effet de. ➤ **paraître, sembler.** *«Quand on est jeune, le temps donne l'impression d'être sans limites»* JALOUX. ♦ **AVOIR L'IMPRESSION.** ➤ **croire, s'imaginer.** *«J'ai l'impression d'avoir le cœur sec»* (M. PIALAT, «À nos amours», film). *J'ai l'impression qu'elle se moque de vous* (cf. Il me semble* que). *J'en ai bien l'impression.* — FAM. *J'ai comme l'impression de l'avoir déjà rencontré.* ▪ **4** (XVIIe) PSYCHOL. «Ensemble des états physiologiques qui provoquent dans la conscience l'apparition d'une sensation» (Lalande). *Impressions rétiniennes, auditives, transmises au cerveau par des nerfs spécifiques.*

IMPRESSIONNABILITÉ [ɛ̃pʀesjɔnabilite] **n. f.** – 1803 ◊ de *impressionnable* ▪ **1** Caractère d'une personne impressionnable. ➤ **émotivité, sensibilité.** *«je cédais à une impressionnabilité maladive»* A. ARNOUX. ▪ **2** PHOTOGR. ➤ **sensibilité.**

IMPRESSIONNABLE [ɛ̃pʀesjɔnabl] **adj.** – 1780 ◊ de *impressionner* ▪ **1** Susceptible de recevoir de vives impressions ; facile à impressionner. ➤ **émotif, sensible.** *Enfant, nature impressionnable.* ▪ **2** (1857) PHOTOGR. VIEILLI Sensible. ▪ CONTR. Indifférent, insensible.

IMPRESSIONNANT, ANTE [ɛ̃pʀesjɔnɑ̃, ɑ̃t] **adj.** – XVIIIe ◊ de *impressionner* ▪ Qui impressionne. ➤ **émouvant, étonnant, frappant.** *Site, spectacle impressionnant.* ➤ **grandiose, saisissant.** *Un silence impressionnant. Un résultat tout à fait impressionnant.* ➤ FAM. **bluffant.** *Discours impressionnant.* ➤ 1 **brillant, éloquent.** *Une stature impressionnante.* ➤ **imposant.** *Une somme impressionnante.* ➤ **considérable.** ▪ CONTR. Insignifiant ; faible.

IMPRESSIONNER [ɛ̃pʀesjɔne] **v. tr.** ⟨1⟩ – 1741 ◊ de *impression* ▪ **1** Affecter d'une vive impression. ➤ **émouvoir, frapper,** 1 **toucher.** *Cette mort m'a impressionné.* ➤ **bouleverser** (cf. Faire impression*). *Elle sera favorablement impressionnée. Ne te laisse pas impressionner.* ➤ **influencer, intimider, troubler ;** FAM. **bluffer, épater.** *Vos menaces ne m'impressionnent pas.* ABSOLT *Spectacle qui impressionne* (➤ **impressionnant**). ▪ **2** (début XIXe) PHYSIOL. Affecter (un organe) de manière à produire une sensation. *Cellules auditives impressionnées par les vibrations sonores.* ♦ (1859) PHOTOGR. *Impressionner une plaque, une pellicule photographique,* y laisser une image.

IMPRESSIONNISME [ɛ̃pʀesjɔnism] **n. m.** – 1874 ◊ de *impressionniste* ▪ **1** Œuvres des peintres impressionnistes, courant artistique qu'ils représentent. — PAR EXT. Manière qui caractérise ou rappelle les peintres impressionnistes (souvent opposé à *expressionnisme*). ▪ **2** Style, manière d'écrivains, de musiciens qui se proposent de rendre par le langage, les sons les impressions fugitives, les nuances les plus délicates du sentiment. *L'impressionnisme des Goncourt, de Debussy.*

IMPRESSIONNISTE [ɛ̃pʀesjɔnist] **n. et adj.** – 1874 ◊ mot créé par dérision d'après le titre d'un tableau de Monet *«Impression, soleil levant»* ▪ **1** Se dit des peintres qui, à la fin du XIXe s., s'efforcèrent d'exprimer dans leurs œuvres les impressions que suscitent les objets et la lumière. *Exposition consacrée aux impressionnistes.* — **adj.** *Un peintre impressionniste.* ▪ **2** Écrivain, musicien qui se rattache à l'impressionnisme. ♦ **adj.** Qui ne traduit que des impressions subjectives, qui procède par petites touches. *Un récit assez impressionniste.* — PÉJ. Dépourvu de rigueur, flou. *Une théorie impressionniste.*

IMPRÉVISIBILITÉ [ɛ̃pʀevizibilite] **n. f.** – 1907 ◊ de *imprévisible* ▪ Caractère de ce qui est imprévisible. ▪ CONTR. Prédictibilité.

IMPRÉVISIBLE [ɛ̃pʀevizibl] **adj.** – 1832 ◊ de 1 *in-* et *prévisible* ▪ Qui ne peut être prévu. *Évènements imprévisibles.* ➤ **déroutant, imprédictible, inattendu.** *«J'ai remarqué que tout ce qui arrive d'important à n'importe qui était imprévu et imprévisible»* ALAIN. *Ses réactions sont imprévisibles.* — PAR EXT. *Il est imprévisible.* ▪ CONTR. Prévisible ; prédictible.

IMPRÉVISION [ɛ̃pʀevizjɔ̃] **n. f.** – 1845 ◊ de 1 *in-* et *prévision* ▪ **1** LITTÉR. Défaut de prévision. ▪ **2** (1936) DR. PUBLIC *Théorie de l'imprévision,* par laquelle les tribunaux admettent la révision des contrats de longue durée, lorsque surviennent des évènements économiques qui ne pouvaient être prévus lors de la conclusion.

IMPRÉVOYANCE [ɛ̃pʀevwajɑ̃s] **n. f.** – 1611 ◊ de 1 *in-* et *prévoyance* ▪ Défaut de prévoyance. ➤ **étourderie, insouciance, irréflexion.** *L'imprévoyance des responsables, des décideurs. Un oisif, un dépensier qui vit dans l'imprévoyance* (cf. Au jour* le jour). ▪ CONTR. Prévoyance.

IMPRÉVOYANT, ANTE [ɛ̃pʀevwajɑ̃, ɑ̃t] **adj. et n.** – 1596 ◊ de 1 *in-* et *prévoyant* ▪ Qui manque de prévoyance. ➤ **étourdi, insouciant, irréfléchi, léger.** *La cigale de la fable était imprévoyante.* — **n.** *Un imprévoyant.* ▪ CONTR. Prévoyant.

IMPRÉVU, UE [ɛ̃pʀevy] **adj. et n. m.** – 1544 ◊ de 1 *in-* et *prévu* ▪ Qui n'a pas été prévu ; qui arrive lorsqu'on ne s'y attend pas. ➤ **accidentel, fortuit, inattendu, inopiné.** *Survenir d'une manière imprévue. Évènement rapide et imprévu.* ➤ **soudain, subit.** *Bonheur, plaisir imprévu.* ➤ **inespéré.** *Dépenses imprévues.* ➤ **extraordinaire.** ♦ **n. m.** (1796) *L'imprévu :* ce qui est imprévu. *Aimer la nouveauté et l'imprévu. Un voyage plein d'imprévu. «ce qu'il faut toujours prévoir, c'est l'imprévu»* HUGO. — *Un imprévu :* un évènement imprévu. *Un imprévu de dernière minute. En cas d'imprévu, téléphonez-moi.*

IMPRIMANT, ANTE [ɛ̃pʀimɑ̃, ɑ̃t] **adj. et n. f.** – 1922 ◊ de *imprimer* ▪ **1** Qui imprime. *Calculatrice imprimante.* ▪ **2** **n. f.** INFORM. Périphérique d'ordinateur qui imprime sur papier du texte ou des éléments graphiques. *Imprimante (à) laser, matricielle, à jet d'encre. Imprimante multifonction*. — Imprimante 3D*.*

IMPRIMATUR [ɛ̃pʀimatyʀ] **n. m.** – 1844 ◊ mot latin «qu'il soit imprimé», de *imprimere* ▪ Autorisation d'imprimer (accordée par l'autorité ecclésiastique ou par l'Université à un ouvrage soumis à son approbation). *L'imprimatur d'un ouvrage approuvé par l'évêque. Demander, obtenir l'imprimatur. Des imprimaturs* ou *des imprimatur* (inv.).

IMPRIMÉ, ÉE [ɛ̃pʀime] **adj. et n. m.** – de *imprimer*

I ▪ **1** Reproduit par impression. *Motif imprimé.* ▪ **2** Orné d'un motif imprimé. *Tissu imprimé* (opposé à *uni*). **n. m.** *Un imprimé à fleurs, à pois.*

II ▪ **1** Reproduit par l'imprimerie. *Livre, ouvrage, exemplaire imprimé* (opposé à *manuscrit*). *Premiers ouvrages imprimés.* ➤ **incunable.** *Livre imprimé en offset, sur japon. La chose imprimée :* les livres. *Entête imprimé d'un papier.* ▪ **2** **n. m.** (1532) *Un imprimé :* toute impression ou reproduction sur papier ou sur une matière analogue. ➤ **brochure, journal,** 1 **livre.** *Le département des imprimés à la Bibliothèque*

nationale. Dépôt légal des imprimés. ♦ Feuille, formule imprimée. *Imprimé publicitaire* (➤ **prospectus**), *administratif* (➤ **formulaire**). *Remplissez lisiblement les imprimés.* ♦ COLLECT. *L'imprimé* : les caractères imprimés. *Il ne sait lire que l'imprimé.* — Le livre. *La « Tyrannie comique de l'imprimé »* VALLÈS.
■ CONTR. Inédit, manuscrit.

IMPRIMER [ɛ̃pʀime] v. tr. ‹1› – XIVe ; *emprimer* v. 1270 ◊ latin *imprimere* → empreindre

I ■ **1** VX Faire pénétrer profondément (dans le cœur, l'esprit de qqn) en laissant une marque, une empreinte durable. ➤ **imprégner** (de) ; **impression.** *Imprimer la haine dans le cœur de qqn.* ➤ **inspirer.** LITTÉR. *Souvenirs imprimés dans la mémoire.* ➤ **fixer, graver.** ■ **2** Donner, imposer (une marque, un caractère). *« Les sentiments du jeune abbé y imprimèrent* [sur sa figure] *un air sévère »* BALZAC. ■ **3** (1674) Communiquer, transmettre (un mouvement). *Imprimer une impulsion, une vitesse, une énergie.* — FIG. *« la direction à imprimer à ses recherches »* C. BERNARD.

II MOD. ■ **1** (1487) LITTÉR. Faire, laisser (une marque, une empreinte, une trace) par pression. *Pied qui imprime sa forme sur le sable.* — PAR MÉTAPH. ➤ **marquer.** *Les rides « Que l'alchimie imprime aux grands fronts studieux »* RIMBAUD. ■ **2** Reproduire (une figure, une image) par l'application et la pression d'une surface sur une autre. *Imprimer la marque d'un cachet, d'un sceau sur de la cire. Imprimer un visa.* ➤ **apposer.** *Imprimer un motif en relief* (➤ **embosser**), *en creux* (➤ **estamper**). *Imprimer une image, un calque* (➤ **décalquer**), *une lithographie* (➤ **lithographier**). *Imprimer des dessins, des fleurs sur un tissu, une étoffe.* — PAR EXT. *Imprimer une étoffe, un tissu* (➤ **imprimé**). ■ **3** (1476) COUR. Reproduire (des caractères, des signes graphiques) par la technique de l'imprimerie. *Imprimer un texte après l'avoir composé. Commencer à imprimer* (cf. Mettre sous presse*). *Presse à imprimer.* ➤ **rotative.** — TECHN. Procéder au tirage de. ➤ **tirer.** ABSOLT *Un achevé d'imprimer* : texte légal placé à la fin d'un volume, indiquant le nom et l'adresse de l'imprimeur, la date de la fin du tirage, le numéro et la date du dépôt légal. — PAR EXT. Faire paraître. ➤ **éditer.** *Éditeur qui imprime un livre à mille exemplaires.* ➤ **tirer.** ♦ PAR EXT. *Imprimer un auteur, un écrivain.* ➤ **publier.** *Personne ne veut l'imprimer. « Je parierais bien que je ne me ferai jamais imprimer ni représenter »* FLAUBERT. ■ **4** Produire un texte, en parlant d'une imprimante. — Faire produire un texte par une imprimante. *Attends cinq minutes pendant que j'imprime.* ♦ ABSOLT, FIG. et FAM. *Ne pas imprimer* : ne pas comprendre, ne pas mémoriser. *« Une minute après, avec la même candeur, il repose la même question, il n'imprime pas »* J.-L. FOURNIER.

IMPRIMERIE [ɛ̃pʀimʀi] n. f. – v. 1500 ◊ de *imprimer* ■ **1** Art d'imprimer (des livres) ; ensemble des techniques permettant la reproduction d'un texte, d'une illustration par impression. *Imprimerie typographique* (➤ **typographie**), *lithographique* (➤ **lithographie, offset, phototypie**) ; *imprimerie en taille-douce. L'imprimerie et les arts du livre.* ➤ **édition, librairie, presse.** — *Caractères d'imprimerie* (➤ **œil,** ¹**point, type**). *Écrire en lettres d'imprimerie. Encre, rouleau d'imprimerie. Travaux d'imprimerie.* ➤ **labeur** (cf. Ouvrage de ville*). *Métiers de l'imprimerie.* ➤ **assembleur, clicheur, compositeur, correcteur, justificateur, linotypiste, metteur** (en pages), **prote, typographe.** ■ **2** (1523) Établissement, lieu où l'on imprime (des livres, des journaux, etc.). *Le matériel, le personnel d'une imprimerie.* ♦ Matériel artisanal servant à l'impression (presse, etc.). *Imprimerie portative.*

IMPRIMEUR, EUSE [ɛ̃pʀimœʀ, øz] n. – 1441 ◊ de *imprimer* ■ **1** Propriétaire, directeur, directrice d'une imprimerie. *Graveur-imprimeur, imprimeur-éditeur.* ■ **2** n. m. (1680) ANCIENNT Ouvrier qui travaillait à la presse. ➤ **pressier.** ♦ n. MOD. Ouvrier, ouvrière travaillant dans une imprimerie (typographe, etc.). APPOS. *Ouvriers imprimeurs.*

IMPROBABILITÉ [ɛ̃pʀɔbabilite] n. f. – 1610 ◊ de *improbable* ■ Caractère de ce qui est improbable. *L'improbabilité d'un évènement.* ■ CONTR. Probabilité.

IMPROBABLE [ɛ̃pʀɔbabl] adj. – 1606 ; « réprouvable » XVe ◊ de ¹*in-* et *probable* ■ **1** VX Invraisemblable, dont on ne peut apporter la preuve. *« un tas d'aventures improbables »* VOLTAIRE. ■ **2** MOD. Qui a peu de chances de se produire. ➤ **douteux.** *Éventualité, hypothèse improbable, hautement, tout à fait improbable. Il est improbable qu'il y arrive. C'est plus qu'improbable, c'est impossible. Dans le cas bien improbable où... Ce n'est pas improbable* : c'est possible, probable. ♦ Qui étonne par son caractère peu ordinaire. ➤ **insolite.** *« un homme extraverti* [...] *aux coiffures improbables pour des gens comme mes parents »* É. LOUIS. ➤ **extravagant.** ■ CONTR. Probable.

IMPROBATEUR, TRICE [ɛ̃pʀɔbatœʀ, tʀis] n. et adj. – avant 1654 ◊ latin *improbator* ■ VX ■ **1** Personne qui désapprouve. ■ **2** adj. (XVIIIe) ➤ **désapprobateur, réprobateur.** *« Le maire avait un air improbateur et sévère »* BALZAC. — On dit aussi **IMPROBATIF, IVE,** adj. ■ CONTR. Approbateur, approbatif.

IMPROBATION [ɛ̃pʀɔbasjɔ̃] n. f. – 1458 ◊ latin *improbatio* ■ VX Action de désapprouver, de condamner. ➤ **désapprobation, réprobation.** *Cris d'improbation.* ■ CONTR. Approbation.

IMPROBITÉ [ɛ̃pʀɔbite] n. f. – v. 1350, repris fin XVIIIe ◊ latin *improbitas,* de *improbus* et *probitas* ■ LITTÉR. Manque de probité. ➤ **malhonnêteté.**

IMPRODUCTIF, IVE [ɛ̃pʀɔdyktif, iv] adj. – 1785 ◊ de ¹*in-* et *productif* ■ **1** (CHOSES) Qui ne produit, ne rapporte rien. *Terre improductive.* ➤ **stérile.** *Travail improductif. Laisser improductif un capital, des richesses* (cf. Laisser chômer*, dormir ; laisser en friche*). ■ **2** (PERSONNES) Qui ne produit, ne crée rien. *Intellectuel improductif* (cf. Fruit sec*). — Qui ne contribue pas directement à la production des biens. ♦ SUBST. *« les improductifs avérés, comme les militaires, les douaniers, les agents fiscaux »* FOURIER. — *Les improductifs* : personnel d'une entreprise, actifs* d'un secteur ne participant pas aux tâches de production. — n. f. **IMPRODUCTIVITÉ,** 1840. ■ CONTR. Productif.

IMPROMPTU, UE [ɛ̃pʀɔ̃pty] n. m., adj. et adv. – 1651 ◊ latin *in promptu* « en évidence, sous la main »

I n. m. ■ **1** HIST. LITTÉR. Petite pièce composée sur-le-champ et, en principe, sans préparation. *« L'Impromptu de Versailles », de Molière* (1663). *« L'Impromptu de Paris », de Giraudoux* (1937). ■ **2** MUS. Petite pièce instrumentale, souvent à deux thèmes. *« Les Quatre Impromptus », de Schubert.*

II adj. (1673) Improvisé. *Dîner impromptu,* sans apprêt.

III adv. À l'improviste, sans préparation (cf. Au pied levé*, sur-le-champ). *Parler, répondre impromptu.*

IMPRONONÇABLE [ɛ̃pʀɔnɔ̃sabl] adj. – 1542, repris XIXe ◊ de ¹*in-* et *prononcer* ■ Impossible à prononcer. *Groupe de consonnes, mot imprononçable.* ■ CONTR. Prononçable.

IMPROPRE [ɛ̃pʀɔpʀ] adj. – 1372 ◊ latin des grammairiens *improprius* ■ **1** Qui ne convient pas, n'exprime pas exactement l'idée. *Mot, terme, expression impropre.* ➤ **incorrect, vicieux.** *Usage impropre et abusif de certains mots.* ■ **2** (v. 1690) **IMPROPRE À... :** qui n'est pas propre à. ➤ **inapte.** *Être impropre à un travail, à faire qqch.* ➤ **incapable** (de). *« son frère fut réformé comme impropre au service militaire »* BALZAC. ♦ (CHOSES) Qui ne convient pas, ne se prête pas à. *Denrées périmées, devenues impropres à la consommation. Eau impropre à la cuisson des légumes.* ■ CONTR. Apte, convenable, propre.

IMPROPREMENT [ɛ̃pʀɔpʀəmɑ̃] adv. – 1366 ◊ de *impropre* ■ D'une manière impropre. *L'araignée, improprement appelée insecte.*

IMPROPRIÉTÉ [ɛ̃pʀɔpʀijete] n. f. – 1488 ◊ latin des grammairiens *improprietas* ■ **1** Caractère de ce qui est impropre. ➤ **incorrection.** *Terme d'une impropriété choquante.* ■ **2** Emploi impropre d'un mot. *Une impropriété de langage. Un devoir plein d'impropriétés grossières.* ➤ **barbarisme.**

IMPROUVABLE [ɛ̃pʀuvabl] adj. – 1554 ◊ de ¹*in-* et *prouvable* ■ RARE Qu'on ne peut pas prouver. *Une culpabilité improuvable.* ➤ **invérifiable.** ■ CONTR. Prouvable.

IMPROVISATEUR, TRICE [ɛ̃pʀɔvizatœʀ, tʀis] n. – *improvisteur* 1765 ; fém. 1776 ◊ de *improviser* ■ Personne qui improvise. *Un talent d'improvisateur.*

IMPROVISATION [ɛ̃pʀɔvizasjɔ̃] n. f. – 1807 ◊ de *improviser* ■ **1** Action, art d'improviser. *Parler au hasard de l'improvisation.* ➤ **imagination.** ■ **2** Ce qui est improvisé. *Se lancer dans une improvisation. Improvisation libre, sur un thème. Improvisation musicale. Les musiques d'improvisation. Une improvisation collective,* en jazz. ➤ **bœuf, jam-session.** ABRÉV. FAM. **IMPRO.** *Un spectacle d'impros.*

IMPROVISER [ɛ̃pʀɔvize] v. tr. ‹1› – 1642 ◊ italien *improvvisare,* latin *improvisus* « imprévu » ■ **1** Composer sur-le-champ et sans préparation. *Improviser un discours. Les acteurs de la commedia dell'arte improvisaient leur texte. Organiste, pianiste qui improvise des variations.* — ABSOLT *Improviser à l'orgue. « Improviser, c'est-à-dire ébaucher et finir dans le même temps »* DELACROIX. p. p. adj. *Les musiques improvisées et les musiques écrites.* ■ **2** (1829) Organiser sur-le-champ, à la hâte.

Improviser un piquenique. « J'estime qu'on n'improvise pas une pareille affaire » ROMAINS. — *Moyens improvisés* (cf. De fortune). — *Improviser une excuse.* ➤ **inventer.** ▪ **3** Pourvoir inopinément (qqn) d'une fonction, d'une mission à laquelle il n'est pas préparé. *On l'improvisa maître d'hôtel pour la circonstance.* — **p. p. adj.** *« Beaucoup de ces infirmiers* [...], *d'abord officiels, puis improvisés, moururent »* CAMUS. ▪ **4 v. pron. (pass.)** Être fait sans préparation. *Toute une organisation s'improvisa. Cela ne s'improvise pas.* — (RÉFL.) Devenir subitement. *On ne s'improvise pas chef d'entreprise.* ▪ CONTR. Préparer.

IMPROVISTE (À L') [alɛ̃pʀɔvist] **loc. adv.** – 1528 ◊ italien *improvviso* « imprévu » ▪ D'une manière imprévue, inattendue, au moment où on s'y attend le moins. ➤ **inopinément, subitement.** *Arriver, survenir à l'improviste. Attaquer à l'improviste* (cf. Par surprise). *Prendre qqn à l'improviste,* le surprendre (cf. Prendre de court*, au dépourvu*). *Faire un discours à l'improviste.* ➤ **impromptu** (cf. Au pied levé*).

IMPRUDEMMENT [ɛ̃pʀydamɑ̃] **adv.** – 1508 ◊ de *imprudent* ▪ D'une manière imprudente. *Parler imprudemment.* ➤ **inconsidérément.** *Suivre imprudemment qqn.* ➤ **aveuglément.** ▪ CONTR. Prudemment.

IMPRUDENCE [ɛ̃pʀydɑ̃s] **n. f.** – 1370, rare avant XVIe ◊ latin *imprudentia* ▪ **1** Manque de prudence. ➤ **irréflexion, légèreté.** *Son imprudence l'expose à bien des dangers.* ➤ **hardiesse, témérité.** *Il eut l'imprudence de tout lui dire.* — DR. Manque de prévoyance ou de précaution qui engage la responsabilité. *Blessures, homicide par imprudence.* ▪ **2** Caractère de ce qui est imprudent. *« l'imprudence de ce geste »* GREEN. ▪ **3** (1609) *Une, des imprudences.* Action imprudente. ➤ **étourderie, maladresse.** *Commettre une imprudence. Ne faites pas d'imprudences.* ▪ CONTR. Prudence.

IMPRUDENT, ENTE [ɛ̃pʀydɑ̃, ɑ̃t] **adj.** et **n.** – v. 1450 ◊ latin *imprudens* ▪ **1** Qui manque de prudence. ➤ **audacieux, aventureux, écervelé, étourdi, inconsidéré, malavisé, téméraire.** *Automobiliste imprudent. Je vous trouve bien, très imprudent d'agir ainsi.* ◆ **n.** *C'est un imprudent.* ➤ **casse-cou, risque-tout.** *Un incorrigible imprudent.* ▪ **2** (CHOSES) *Ne quittez pas les pistes de ski, c'est imprudent.* ➤ **dangereux.** *Démarche imprudente.* ➤ **hasardé, hasardeux, osé.** *Politique imprudente.* ➤ **aventuriste.** *« il trouva qu'il était imprudent d'aller voir Madame de Rênal dans sa chambre »* STENDHAL. ▪ CONTR. Prudent.

IMPUBÈRE [ɛ̃pybɛʀ] **n.** – 1488, rare avant XVIIe ◊ latin *impubes, impuberis* ▪ DR. ou LITTÉR. Personne qui n'a pas encore atteint l'âge de puberté. *Les impubères de moins de seize ans ne peuvent tester.* ➤ 1 **mineur. adj.** *Elle était encore impubère. Fille, garçon impubère.* ▪ CONTR. Nubile, pubère.

IMPUBERTÉ [ɛ̃pybɛʀte] **n. f.** – 1832 ◊ de 1 *in-* et *puberté* ▪ DR. État d'impubère. *L'impuberté légale cesse à dix-huit ans révolus.* ▪ CONTR. Nubilité.

IMPUBLIABLE [ɛ̃pyblijabl] **adj.** – 1588 ◊ de 1 *in-* et *publiable* ▪ Qui n'est pas publiable. *Un article, un roman impubliable.*

IMPUDEMMENT [ɛ̃pydamɑ̃] **adv.** – *impudamment* 1461 ◊ de *impudent* ▪ D'une manière impudente ; avec impudence. *Mentir, nier impudemment.* ➤ **effrontément.**

IMPUDENCE [ɛ̃pydɑ̃s] **n. f.** – 1511 ◊ latin *impudentia* ▪ **1** Effronterie audacieuse ou cynique qui choque, indigne. ➤ **cynisme, effronterie.** *Il a eu l'impudence de se présenter chez vous ! Quelle impudence !* ➤ **aplomb, culot, front, hardiesse, insolence.** ▪ **2** Caractère de ce qui est impudent. *L'impudence de ses mensonges.* ▪ **3** (1694) *Une, des impudences.* Action, parole impudente. *Ces impudences grossières me révoltent.* ▪ CONTR. Discrétion, pudeur, réserve.

IMPUDENT, ENTE [ɛ̃pydɑ̃, ɑ̃t] **adj.** – v. 1520 ◊ latin *impudens* ▪ **1** Qui montre de l'impudence. ➤ **cynique, effronté, éhonté, hardi, impertinent, insolent.** SUBST. *« De l'impudent ou de celui qui ne rougit de rien »* LA BRUYÈRE. ▪ **2** (CHOSES) *Propos impudents.* ➤ **choquant.** *Vanité impudente.* ▪ CONTR. 1 Discret, réservé.

IMPUDEUR [ɛ̃pydœʀ] **n. f.** – 1659 ◊ de 1 *in-* et *pudeur* ▪ **1** Manque de pudeur, de réserve, de discrétion. ➤ **immodestie.** *Franchise poussée jusqu'à l'impudeur. Étaler ses sentiments avec impudeur.* ◆ SPÉCIALT Outrage à la pudeur. ➤ **impudicité, indécence.** *L'impudeur d'une posture, d'un vêtement trop suggestif. « Pour atténuer l'impudeur de la mode, Marie couvrit* [...] *ses blanches épaules »* BALZAC. ▪ **2** RARE Impudence. ➤ **cynisme, indécence.** *Il a l'impudeur de demander encore de l'argent.* ▪ CONTR. Pudeur, réserve, retenue. Chasteté, confusion, honte.

IMPUDICITÉ [ɛ̃pydisite] **n. f.** – fin XIVe ◊ de *impudique* ▪ LITTÉR. ▪ **1** Disposition à se conduire d'une manière réprouvée par la morale sexuelle établie. ➤ **dévergondage, impudeur, impureté, lascivité, lubricité, luxure.** *L'impudicité de Messaline. Faire preuve d'impudicité :* manquer de pudeur. ▪ **2** Caractère de ce qui est impudique, contraire à la décence. ➤ **immodestie, indécence, obscénité.** *L'impudicité d'un comportement, d'une posture. Geste plein d'impudicité.* ▪ **3** Acte ou parole impudique. *Les impudicités des Bacchantes. « de jolies impudicités »* GONCOURT. ▪ CONTR. Chasteté, pudicité, pureté.

IMPUDIQUE [ɛ̃pydik] **adj.** – v. 1380 ◊ latin *impudicus* ▪ **1** Qui outrage la pudeur en étalant l'immoralité de ses mœurs, de sa conduite. ➤ **dévergondé, éhonté, immodeste, impur.** *« une jeune fille couchée, assez impudique »* QUENEAU. ▪ **2** (CHOSES) Qui blesse la pudeur. *Gestes, manières impudiques.* ➤ **obscène.** *Une robe moulante, un peu impudique.* ➤ **indécent.** ▪ CONTR. Chaste, honnête, pudique.

IMPUDIQUEMENT [ɛ̃pydikmɑ̃] **adv.** – 1488 ◊ de *impudique* ▪ LITTÉR. D'une manière impudique. *Étaler impudiquement ses sentiments.* ▪ CONTR. Pudiquement.

IMPUISSANCE [ɛ̃pɥisɑ̃s] **n. f.** – 1361 ◊ de 1 *in-* et *puissance* ▪ **1** Manque de puissance, de moyens suffisants pour faire qqch. *L'impuissance humaine.* ➤ **faiblesse, incapacité.** *Le sentiment de son impuissance l'écrasait. « Mécontent de moi-même et pénétré de mon impuissance »* SAND. *Aveu, geste d'impuissance. Réduit à l'impuissance. Frapper d'impuissance* (➤ **paralyser**). *Impuissance à exprimer qqch., à résoudre les difficultés, à agir. L'impuissance où l'on est de faire qqch.* ➤ **impossibilité, incapacité.** ▪ **2** Caractère de ce qui est impuissant. *L'impuissance de leurs efforts.* ▪ **3** SPÉCIALT (1558) *Impuissance sexuelle,* ou ABSOLT *l'impuissance :* incapacité physique d'accomplir l'acte sexuel normal et complet, pour l'homme. *Impuissance due à des troubles fonctionnels, névrotiques.* ▪ CONTR. Aptitude, capacité, efficacité, 2 pouvoir, puissance. Virilité.

IMPUISSANT, ANTE [ɛ̃pɥisɑ̃, ɑ̃t] **adj.** – 1474 ◊ de 1 *in-* et *puissant* ▪ **1** Qui n'a pas de puissance, de moyens suffisants pour faire qqch. *Il reste impuissant devant ce désastre, contre la violence.* ➤ **désarmé, faible.** — *Impuissant à* (et l'inf.). ➤ **incapable** (de). *Être impuissant à résoudre un problème.* ▪ **2** (1558) Qui est incapable physiquement d'accomplir l'acte sexuel (en parlant d'un homme). SUBST. *Un impuissant.* ▪ **3** LITTÉR. Qui manque de puissance créatrice. ➤ **improductif.** *« Le poète impuissant qui maudit son génie »* MALLARMÉ. ▪ **4** Qui est sans effet, sans efficacité. *Une rage impuissante. « La justice sans la force est impuissante »* PASCAL. ➤ **débile, inefficace, inopérant.** ▪ CONTR. Capable, 1 efficace, puissant.

IMPULSER [ɛ̃pylse] **v. tr.** ‹1› – 1945 ; autre sens XVIe ◊ anglais *to impulse* ▪ ANGLIC. Animer, donner une impulsion à. ➤ 1 **lancer, promouvoir.** *Impulser un secteur industriel. Impulser un mouvement revendicatif.*

IMPULSIF, IVE [ɛ̃pylsif, iv] **adj.** et **n.** – XVe ◊ bas latin *impulsivus,* de *pellere* « pousser » ▪ Qui agit sous l'impulsion de mouvements spontanés, irréfléchis ou plus forts que sa volonté. *Un enfant impulsif. Tu es trop impulsive contrôle-toi !* ➤ **emporté, fougueux, violent.** — *Acte impulsif.* ➤ **irréfléchi.** *Réaction impulsive.* ◆ **n.** *C'est un impulsif.* — SPÉCIALT MÉD. Malade incapable de résister à ses impulsions. ▪ CONTR. 2 Calme, pondéré, réfléchi.

IMPULSION [ɛ̃pylsjɔ̃] **n. f.** – 1315 ◊ latin *impulsio,* de *impellere* « pousser vers » ▪ **1** (CONCRET) Action de pousser. Ce qui pousse. ➤ **impression, poussée.** *Force d'impulsion. Donner, transmettre, communiquer une impulsion à un mobile.* ➤ **mouvoir, pousser** (cf. Mettre en branle*, en mouvement*). ◆ SPÉCIALT SC. Force créant un mouvement. — MÉCAN. Produit d'une force constante par son temps d'application. — Signal de grande amplitude et de courte durée. *Radar à impulsions.* — PAR EXT. Signal qui, partant d'un niveau bas, monte rapidement à un niveau haut où il reste constant pendant une certaine durée, puis redescend au niveau bas. *Générateur d'impulsions.* ▪ **2** (Sujet personne) Le fait de pousser, d'inciter ; ce qui anime. *Impulsion donnée aux affaires, au commerce.* ➤ **animation, direction, 1 élan, essor ; impulser.** *Sous l'impulsion de la nouvelle direction, la société s'est développée.* — COMM. *Achat d'impulsion,* effectué spontanément, sans comparaison préalable avec d'autres produits. ▪ **3** (1370) (Sujet chose) VIEILLI Action de pousser (qqn) à faire qqch. ➤ **influence.** *Sous l'impulsion de la vengeance.* ◆ MOD. *Une, des impulsions :* tendance spontanée à l'action. ➤ **instinct, mouvement, penchant.** *Impulsions violentes, irrésistibles. Obéir, céder à ses impulsions* (➤ **impulsif**). *Impulsion morbide :* tendance irrésistible à l'accomplissement d'un acte. *Impulsion au vol* (cleptomanie), *à mettre le feu* (pyromanie). — adj. **IMPULSIONNEL, ELLE,** 1948. ■ CONTR. Barrière, frein, inhibition.

IMPULSIVEMENT [ɛ̃pylsivmɑ̃] adv. – 1881 ◊ de *impulsif* ■ D'une manière impulsive. *Il a répondu impulsivement, sans réfléchir.*

IMPULSIVITÉ [ɛ̃pylsivite] n. f. – 1907 ◊ de *impulsif* ■ Caractère impulsif. *Agir avec impulsivité. Contrôlez votre impulsivité.*

IMPUNÉMENT [ɛ̃pynemɑ̃] adv. – 1554 ◊ altération de *impuniment* 1553, de *impuni* ■ **1** Sans être puni, sans subir de punition. *Voler, tuer impunément* (cf. En toute impunité*). *On ne se moque pas de lui impunément.* ■ **2** (1691) Sans dommage pour soi, sans s'exposer à aucun risque, à aucun inconvénient. *On ne fume pas cinquante cigarettes par jour impunément.* « *on ne lit pas impunément des niaiseries* » HUGO.

IMPUNI, IE [ɛ̃pyni] adj. – 1320 ◊ latin *impunitus* ■ Qui n'est pas puni, ne reçoit pas de punition. *Coupable impuni. Une faute restée impunie.* « *Faut-il laisser un affront impuni ?* » CORNEILLE. « *Ce vice impuni, la lecture* », de V. Larbaud.

IMPUNITÉ [ɛ̃pynite] n. f. – 1352 ◊ latin *impunitas* ■ Caractère de ce qui est impuni ; absence de punition. *L'impunité d'un crime, d'un criminel. Être assuré de l'impunité, jouir de l'impunité. Il a agi en toute impunité.* ➤ **impunément.** « *Nous sommes grisés d'impunité, [...] nous croyons la justice endormie* » MAURIAC.

IMPUR, URE [ɛ̃pyʀ] adj. – XIVe ; hapax XIIIe ◊ latin *impurus* ■ Qui n'est pas pur. ■ **1** (XIVe) Altéré par un mélange ; corrompu par des éléments étrangers. *Eau impure,* boueuse, bourbeuse. ➤ **pollué.** *Air impur.* ➤ **vicié.** ■ **2** Dont la loi religieuse commande de fuir le contact comme un péché ; qui s'est souillé en commettant certains actes défendus par la Loi. *Le porc, animal impur pour les musulmans.* ➤ **immonde.** ■ **3** (1611) VX ou LITTÉR. Qui est mauvais (moralement). ➤ **immoral, indigne, infâme, vil.** « *Loin du monde railleur, loin de la foule impure* » BAUDELAIRE. *Cœur impur.* « *Qu'un sang impur abreuve nos sillons* » (« La Marseillaise »). ■ **4** SPÉCIALT, VIEILLI Contraire à la chasteté. ➤ **déshonnête, impudique.** *Pensées, paroles impures.* « *Ces gestes impurs de volupté qu'il y a dans les danses espagnoles* » BARRÈS. ➤ **indécent, obscène.**

IMPURETÉ [ɛ̃pyʀte] n. f. – fin XIVe ; *impurté* v. 1380 ◊ latin *impuritas* ■ Caractère de ce qui est impur ; chose impure. ■ **1** Corruption résultant d'une altération, d'un mélange. ➤ **corruption, souillure.** *L'impureté d'un liquide, de l'air.* ➤ **pollution.** ◆ *Une, des impuretés :* ce qui rend impur. *Liquide rempli d'impuretés.* ➤ **immondice, saleté.** *Filtrer, cribler les impuretés. Éliminer les impuretés d'un liquide par filtrage.* ➤ **purger.** ◆ ÉLECTRON. Atome étranger venant en substitution dans un réseau cristallin de semi-conducteurs. ➤ **accepteur.** ■ **2** (1611) VX ou LITTÉR. Bassesse, corruption morale. ➤ FIG. **boue, bourbe, ordure.** « *j'avais déjà pu remarquer l'impureté des mœurs politiques* » LECOMTE. ■ **3** Impudicité. ◆ VX ou RELIG. Acte impur ; chose impure. ➤ **obscénité, souillure.** « *les impuretés du théâtre et les sanglants spectacles des gladiateurs* » BOSSUET. ■ CONTR. Pureté, honnêteté ; chasteté, continence.

IMPUTABILITÉ [ɛ̃pytabilite] n. f. – 1759 ◊ de *imputable* ■ DIDACT. ■ **1** Caractère de ce qui est imputable, de ce que l'on peut imputer à qqn. ➤ **responsabilité.** *Imputabilité d'un acte à qqn.* ■ **2** DR. Possibilité de considérer une personne, du point de vue matériel et du point de vue moral, comme l'auteur d'une infraction. — FIN. *Imputabilité d'un dégrèvement :* prise en charge du dégrèvement d'un contribuable par l'État.

IMPUTABLE [ɛ̃pytabl] adj. – 1361 ◊ de *imputer* ■ **1** Qui peut, qui doit être imputé, attribué. ➤ **attribuable.** *Faute, accident imputable à qqn.* « *la "mauvaise organisation" dont on se plaint ici [...] n'est imputable le plus souvent qu'à la négligence* » GIDE. ■ **2** FIN. Qui doit être imputé, prélevé (sur un compte, un crédit, une recette). *Somme imputable sur tel chapitre, tel crédit.*

IMPUTATION [ɛ̃pytasjɔ̃] n. f. – avant 1450 ◊ latin *imputatio* ■ **1** Action d'imputer à qqn, de mettre sur le compte de qqn (une action blâmable, une faute). ➤ **accusation, allégation, attaque, inculpation.** *Imputation de vol. Se défendre contre des imputations calomnieuses.* ■ **2** FIN. Affectation, application d'une somme, d'une écriture à un compte, un service déterminé. *Imputation budgétaire, comptable. Imputation d'une somme au crédit, au débit d'un compte. Imputation d'un paiement :* le fait d'affecter spécialement une somme au règlement d'une dette particulière, lors d'un paiement partiel.

IMPUTER [ɛ̃pyte] v. tr. ⟨1⟩ – 1361 ; *emputer* fin XIIIe ◊ latin *imputare* « porter au compte », de *putare* « compter »

I **IMPUTER À :** mettre (qqch.) sur le compte de qqn. ➤ **attribuer.** FIG. et VX « *Vous m'imputez [...] un poème sur la religion naturelle* » VOLTAIRE. ■ **1** Attribuer à qqn (une chose digne de blâme). ➤ **accuser, charger** (de). *Imputer un crime à qqn.* ➤ **incriminer.** *Imputer une erreur à qqn.* — PAR EXT. (à une chose) *Imputer un échec à la malchance, une erreur à la négligence.* « *On ne pouvait en imputer la faute qu'à la fortune* » FLÉCHIER. ■ **2** LITTÉR. **IMPUTER À** (suivi d'un subst. sans l'art.) : considérer l'action que l'on impute comme. « *Je m'imputais à honte, et presque à crime, le silence qui régnait* » STENDHAL.

II (fin XVIe) Porter en compte, appliquer à un compte déterminé. ➤ **imputation ;** 2 **affecter, appliquer** (à), 1 **porter.** *Imputer une dépense sur les frais généraux.* « *il fallait imputer les frais d'hôpital au budget de la ville* » CAMUS.

■ CONTR. Excuser ; disculper, laver (d'une accusation).

IMPUTRESCIBILITÉ [ɛ̃pytʀesibilite] n. f. – 1859 ◊ de *imputrescible* ■ DIDACT. Caractère de ce qui est imputrescible.

IMPUTRESCIBLE [ɛ̃pytʀesibl] adj. – v. 1490, rare avant 1802 ◊ latin *imputrescibilis* ■ DIDACT. Qui ne peut se putréfier. ➤ **incorruptible.** *Bois imputrescible. Le plastique, le verre sont imputrescibles.* ■ CONTR. Putrescible ; biodégradable.

IN [in] adj. inv. – 1965 ◊ mot anglais « dans, dedans » ■ **1** À la mode (cf. Dans le vent*). *Les boîtes de nuit in* (opposé à *out*). ■ **2** CIN., AUDIOVIS. *Voix in :* voix d'une personne présente à l'écran (opposé à *voix off*). — Recomm. offic. *voix dans le champ* (opposé à *hors champ*).

1 **IN-** ■ Élément négatif, du préfixe latin *in-* (VAR. *il-* devant *l, im-* devant *b, m, p, ir-* devant *r*).

2 **IN-** ■ Élément locatif, du latin *in* « en, dans » (VAR. *il-, im-, ir-*).

INABORDABLE [inabɔʀdabl] adj. – 1611 ◊ de 1 *in-* et *abordable* ■ **1** Où l'on ne peut aborder. *Rivage, côte inabordable.* — Qu'il est impossible ou très difficile d'atteindre, d'approcher. *Un lieu, une position inabordable.* ➤ **inaccessible.** ■ **2** (XVIIe) (PERSONNES) VX D'un abord, d'un accès difficile. « *Un assez grand fat qui est plus inabordable qu'un Napoléon à Sainte-Hélène* » SAINTE-BEUVE. ■ **3** (1790) COUR. D'un prix élevé, qui n'est pas à la portée de toutes les bourses. ➤ **cher*, exorbitant** (cf. Hors de prix*). *Les asperges sont inabordables cette année.* ■ CONTR. Abordable, accessible, facile.

INABOUTI, IE [inabuti] adj. – 1967 ◊ de 1 *in-* et *abouti* ■ Qui n'a pas été mené à terme. ➤ **inachevé.** *Projet inabouti. Rêves inaboutis.* ■ CONTR. Abouti.

INABROGEABLE [inabʀɔʒabl] adj. – 1791 ◊ de 1 *in-* et *abroger* ■ DR. Qui ne peut être abrogé. *Lois inabrogeables.*

IN ABSENTIA [inapsɑ̃sja ; inapsɛ̃sja] loc. adv. – 1958 ◊ loc. latine « en l'absence » ■ ADMIN., DIDACT. En l'absence (de la personne intéressée ; de ce qui est concerné).

IN ABSTRACTO [inapstʀakto] loc. adv. – 1903 ◊ loc. latine, de *abstractus* « abstrait » ■ DIDACT. Dans l'abstrait, sans tenir compte de la réalité. *Raisonner in abstracto.*

INACCENTUÉ, ÉE [inaksɑ̃tɥe] adj. – 1829 ◊ de 1 *in-* et *accentuer* ■ LING. Qui ne porte pas d'accentuation. ➤ **atone.** *Voyelle, syllabe inaccentuée.* Je, me, te, se, *formes inaccentuées du pronom personnel.* ■ CONTR. Accentué, 1 tonique.

INACCEPTABLE [inaksɛptabl] adj. – 1779 ◊ de 1 *in-* et *acceptable* ■ Qu'on ne peut, qu'on ne doit pas accepter. ➤ **inadmissible, intolérable, irrecevable.** *Offre, conduite inacceptable. Propos inacceptables. Il est inacceptable que les prisonniers soient privés de nourriture.* — SUBST. *J'ai appris « qu'il est nécessaire et possible de refuser l'inacceptable »* S. HESSEL. ■ CONTR. Acceptable.

INACCESSIBILITÉ [inaksesibilite] n. f. – 1522 ◊ de *inaccessible* ■ Caractère de ce qui est inaccessible. *Inaccessibilité d'un lieu par voie de terre.* FIG. *L'inaccessibilité d'un but.* ■ CONTR. Accessibilité.

INACCESSIBLE [inaksesibl] adj. – 1372 ◊ bas latin *inaccessibilis,* d'après *accessible* ■ **1** Qui n'est pas accessible ; dont l'accès est impossible. ➤ **impénétrable, inabordable.** *Montagne inaccessible. Jardin inaccessible au public.* ◆ Qu'on ne peut atteindre ; hors d'atteinte. ➤ **inatteignable.** « *On regrette moins ce qu'on a toujours su inaccessible* » PROUST. « *Il est vain et dangereux de se proposer un objectif inaccessible* » MAUROIS. ➤ **irréalisable.** ◆ (ABSTRAIT) Qu'on ne peut atteindre, connaître, comprendre. ➤ **inconnaissable.** *Texte scientifique inaccessible au profane.* ➤ **hermétique.** ■ **2** (XVIe) (PERSONNES) Qui est d'un abord très difficile. ➤ **inabordable.** *« Elle lui parut donc si vertueuse et inaccessible que toute espérance l'abandonna »* FLAUBERT. — *Inaccessible à (qqch.)* : qui ne se laisse ni convaincre ni toucher par, qui est fermé à (certains sentiments). ➤ **impénétrable, insensible.** *Être inaccessible à la pitié, à la tendresse. « C'était une âme inaccessible à l'envie »* VOLTAIRE. ■ CONTR. Abordable, accessible.

INACCOMPLI, IE [inakɔ̃pli] **adj.** – 1834 ◇ de 1*in-* et *accompli* ■ LITTÉR. Qui n'est pas accompli. *« ce cercle inaccompli qu'est sa vie »* BLANCHOT.

INACCOMPLISSEMENT [inakɔ̃plismɑ̃] **n. m.** – 1845 ◇ de 1*in-* et *accomplissement* ■ LITTÉR. Défaut d'accomplissement. *L'inaccomplissement des devoirs de sa charge, des démarches nécessaires.*

INACCORDABLE [inakɔʀdabl] **adj.** – 1789 ◇ de 1*in-* et *accorder* ■ RARE ■ **1** Qu'on ne peut accorder, octroyer. *Demande inaccordable.* ➤ **irrecevable.** ■ **2** Qu'on ne peut mettre d'accord, concilier. *Intérêts inaccordables.* ➤ **inconciliable.** ■ CONTR. Recevable.

INACCOUTUMÉ, ÉE [inakutyme] **adj.** – 1380, rare avant XVIIᵉ ◇ de 1*in-* et *accoutumé* ■ **1** Qui n'a pas coutume de se produire, de se faire. ➤ **anormal, inhabituel, insolite.** *Une agitation inaccoutumée.* ■ **2** LITTÉR. Qui n'est pas accoutumé, habitué à. *« une indécence qui pouvait révolter des yeux inaccoutumés à ces spectacles »* VOLTAIRE. ■ CONTR. Commun, coutumier, habituel. Accoutumé, habitué.

INACHEVÉ, ÉE [inaʃ(ə)ve] **adj.** – 1783 ◇ de 1*in-* et *achevé* ■ Qui n'est pas achevé. *Esquisse inachevée. « ces statues inachevées de Michel-Ange [...] : du marbre brut n'émergent que les fragments d'un être enseveli dans la roche, une cuisse, un torse »* ECHENOZ. *Travail inachevé.* ➤ **imparfait, incomplet.** — *« La Symphonie inachevée »,* de Schubert. ■ CONTR. Accompli, achevé, 1 complet, finalisé, fini, parfait.

INACHÈVEMENT [inaʃɛvmɑ̃] **n. m.** – 1836 ◇ de 1*in-* et *achèvement* ■ État de ce qui n'est pas achevé. ■ CONTR. Achèvement.

INACTIF, IVE [inaktif, iv] **adj.** – 1717 ◇ de 1*in-* et *actif* ■ **1** VX Inerte. *« une matière brute, inactive »* BUFFON. ■ **2** MOD. Qui n'a pas d'activité. ➤ **désœuvré, oisif, paresseux.** *Rester inactif* (cf. Se croiser les bras*). *Il ne demeure jamais inactif.* ➤ **immobile** (cf. En repos). — (CHOSES) *Une existence vide et inactive. Marché boursier inactif,* très peu actif. ■ **3** SPÉCIALT, ÉCON. Qui n'a pas d'activité professionnelle régulière, sans être chômeur. — SUBST. *Les enfants, les étudiants, les femmes au foyer, les militaires du contingent et les retraités sont des inactifs.* ■ **4** Qui n'agit pas, est sans action. *Le remède est resté inactif.* ➤ **inefficace.** ■ CONTR. Actif, agissant, 2 alerte, entreprenant, occupé. Laborieux. 1 Efficace.

INACTINIQUE [inaktinik] **adj.** – 1904 ◇ de 1*in-* et *actinique* ■ PHYS. Se dit d'un rayonnement qui n'a aucune action chimique sur un milieu donné. *Rayon, lumière inactinique de la chambre noire, en photographie.* ■ CONTR. Actinique.

INACTION [inaksjɔ̃] **n. f.** – 1647 ◇ de 1*in-* et *action* ■ Absence ou cessation de toute action ; état d'une personne inactive. ➤ **inactivité ; désœuvrement, oisiveté.** *Condamner, réduire qqn à l'inaction. « J'étais vouée par état au silence et à l'inaction »* LACLOS. *Il supporte mal l'inaction. « L'inaction me tue »* DUHAMEL. ■ CONTR. 1 Action, ardeur, emploi, exercice, occupation.

INACTIVER [inaktive] **v. tr.** ⟨1⟩ – 1911 ◇ de *inactif* ■ BIOL. Rendre inactif, supprimer l'activité spécifique de (une substance, un organisme vivant) par l'effet de causes diverses (chaleur, substances diverses). **p. p. adj.** *Virus inactivé,* dont on a détruit le pouvoir infectieux. — **n. f. INACTIVATION,** 1907.

INACTIVITÉ [inaktivite] **n. f.** – 1726 ◇ de 1*in-* et *activité* ■ **1** Manque d'activité. ➤ **inaction.** *Inactivité totale.* ➤ **inertie.** *Inactivité forcée.* ■ **2** DR., ADMIN. Situation d'un fonctionnaire, d'un militaire qui n'est pas momentanément en service actif. *Être, se faire mettre en inactivité.* ➤ **congé.** ■ CONTR. Activité, occupation.

INACTUEL, ELLE [inaktɥɛl] **adj.** – 1893 ◇ de 1*in-* et *actuel* ■ DIDACT. Qui n'est pas d'actualité. *Préoccupations inactuelles* (cf. D'un autre âge). ■ CONTR. Actuel.

INADAPTABLE [inadaptabl] **adj.** – 1842 ◇ de 1*in-* et *adaptable* ■ Qui ne peut s'adapter, s'intégrer à un milieu. *« un être radicalement inadaptable »* MOUNIER.

INADAPTATION [inadaptasjɔ̃] **n. f.** – 1843, repris 1900 ◇ de 1*in-* et *adaptation* ■ Défaut d'adaptation. *Inadaptation des méthodes à un problème.* ➤ **inadéquation.** PSYCHOL. *Inadaptation sociale. Inadaptation d'un enfant à la vie familiale ou scolaire* (➤ **inadapté**).

INADAPTÉ, ÉE [inadapte] **adj.** – 1845 ◇ de 1*in-* et *adapté* ■ Qui n'est pas adapté. *Des moyens inadaptés au but recherché. Études inadaptées à une profession.* ➤ **inadéquat, inapproprié.** ◆ SPÉCIALT *Enfant inadapté,* présentant un déficit intellectuel ou des troubles affectifs qui le rendent incapable de faire face aux conditions normales de la vie. *L'enfance inadaptée.* — SUBST. *Les inadaptés mentaux, sociaux* (➤ **asocial, marginal**). *Rééducation des inadaptés. « Les contraintes que la société fait peser sur les récalcitrants, les inadaptés »* SARRAUTE.

INADÉQUAT, QUATE [inadekwa(t), kwat] **adj.** – 1760 ◇ de 1*in-* et *adéquat* ■ DIDACT. Qui n'est pas adéquat. *L'expression est inadéquate.* ➤ **impropre.** *Un matériel inadéquat.* ➤ **inapproprié.**

INADÉQUATION [inadekwasjɔ̃] **n. f.** – 1907 ◇ de *inadéquat* ■ DIDACT. Caractère de ce qui n'est pas adéquat. *L'inadéquation d'un mot, d'une mesure. « L'inadéquation de l'acte à la représentation »* BERGSON. ■ CONTR. Adéquation, convenance.

INADMISSIBILITÉ [inadmisibilite] **n. f.** – 1789 ◇ de *inadmissible* ■ Caractère de ce qui est inadmissible. *L'inadmissibilité d'une déposition, d'une preuve.*

INADMISSIBLE [inadmisibl] **adj.** – 1475 ◇ de 1*in-* et *admissible* ■ Qu'il est impossible d'admettre, de recevoir. *C'est inadmissible.* ➤ **inacceptable, irrecevable.** *Son attitude est inadmissible.* ➤ **intolérable.** *Opinion inadmissible.* ➤ **insoutenable.** *Il est inadmissible que l'on permette cela.*

INADVERTANCE [inadvɛʀtɑ̃s] **n. f.** – 1344 ◇ latin *inadvertentia* ■ RARE Défaut d'attention, d'application à une chose déterminée. ➤ **inattention.** ◆ COUR. **loc. adv. PAR INADVERTANCE :** par défaut d'attention (cf. Par mégarde, par méprise). *Il est entré sans frapper, par inadvertance.* ■ CONTR. Attention, soin.

INALIÉNABILITÉ [inaljenabilite] **n. f.** – 1722 ◇ de *inaliénable* ■ DR. Caractère de ce qui est inaliénable. *Inaliénabilité du domaine public.* ■ CONTR. Aliénabilité.

INALIÉNABLE [inaljenabl] **adj.** – 1539 ◇ de 1*in-* et *aliénable* ■ **1** DR. Qui ne peut être aliéné. *Droits, valeurs, titres inaliénables.* ➤ **incessible.** *Les biens du domaine public sont inaliénables et imprescriptibles.* ■ **2** LITTÉR. Qui ne peut être ôté. *« une dignité inaliénable »* SAINT-EXUPÉRY.

INALIÉNATION [inaljenasjɔ̃] **n. f.** – 1764 ◇ de 1*in-* et *aliénation* ■ DR. État de ce qui n'est pas aliéné.

INALPE [inalp] **n. f.** – 1900 ◇ déverbal de *inalper* « conduire les troupeaux dans les alpages », de *alpe* ■ RÉGION. (Suisse) Montée des troupeaux dans les pâturages de haute montagne, au début de la belle saison. *Les inalpes se déroulent généralement en juin.* ■ CONTR. Désalpe.

INALTÉRABILITÉ [inalteʀabilite] **n. f.** – 1724 ◇ de *inaltérable* ■ Caractère de ce qui est inaltérable. *Inaltérabilité d'un métal. Inaltérabilité d'un principe.* ➤ **immutabilité.** ■ CONTR. Altérabilité, fragilité.

INALTÉRABLE [inalteʀabl] **adj.** – 1361 ◇ de 1*in-* et *altérable,* d'après le latin médiéval *inalterabilis* ■ **1** Qui ne peut être altéré ; qui garde ses qualités. *Corps, matière, revêtement inaltérable à la chaleur, à l'air, au frottement.* ➤ **imputrescible, incorruptible, inusable.** *Couleur inaltérable* (cf. Grand teint*, bon teint*). — *Ciel inaltérable,* toujours bleu. *Principes inaltérables.* ➤ **immuable, invariable, permanent, perpétuel.** ■ **2** (ABSTRAIT) *Sans se départir de son inaltérable patience.* ➤ **constant, éternel.** *Une amitié inaltérable.* ➤ **indéfectible.** ■ CONTR. Altérable, changeant, fragile.

INALTÉRÉ, ÉE [inalteʀe] **adj.** – 1846 ◇ de 1*in-* et *altéré* ■ RARE Qui n'a subi aucune altération. ➤ **intact, pur.** *L'azur inaltéré du ciel. « la voix que le phonographe restitue, inaltérée »* PROUST. ■ CONTR. Altéré, changé.

INAMICAL, ALE, AUX [inamikal, o] **adj.** – 1795 ◇ de 1*in-* et *amical* ■ Qui n'est pas amical. ➤ **hostile.** *Geste inamical. Remarque inamicale.* ➤ **agressif.**

INAMISSIBLE [inamisibl] **adj.** – 1475 ◇ latin *inamissibilis* ■ THÉOL. Qui ne peut se perdre. *« Grâce inaltérable et inamissible »* BOURDALOUE.

INAMOVIBILITÉ [inamɔvibilite] **n. f.** – 1774 ◇ de *inamovible* ■ DR., ADMIN. Prérogative en vertu de laquelle les magistrats du siège et certains fonctionnaires ne peuvent être déplacés, privés ou suspendus de leurs fonctions, sans la mise en œuvre de procédures protectrices exorbitantes du droit commun disciplinaire. *Inamovibilité des juges, d'un magistrat.* — PAR EXT. *Inamovibilité d'une fonction, d'un emploi.*

INAMOVIBLE [inamɔvibl] **adj.** – 1750 ◇ de 1*in-* et *amovible* ■ DR. Qui n'est pas amovible, qui ne peut être destitué, suspendu ou déplacé dans les conditions administratives ordinaires. *Magistrat, sénateur inamovible.* ♦ PAR PLAIS. Qui garde sa fonction, sa place, qu'on ne remplace pas. ➤ **éternel ; indéboulonnable, indétrônable, intouchable.** « *les inamovibles vieillards, aux inamovibles casquettes, aux inamovibles mégots, qui* [...] *les regardaient de leurs yeux morts* » C. SIMON.

INANALYSABLE [inanalizabl] **adj.** – 1837 ◇ de 1*in-* et *analysable* ■ Qu'on ne peut analyser. « *mille choses inanalysables et cependant expressives* » FLAUBERT. — LING. *Mot inanalysable,* qui ne peut être analysé en morphèmes, décomposé en éléments.

INANIMÉ, ÉE [inanime] **adj.** – 1478 ◇ de 1*in-* et *animé* ■ Qui n'est pas animé. ■ **1** Qui, par essence, est sans vie. *La matière est inanimée.* « *Objets inanimés, avez-vous donc une âme* » LAMARTINE. ■ **2** Qui a perdu la vie, ou qui a perdu connaissance. *Le corps inanimé d'une personne morte, évanouie.* ➤ **inerte.** *Tomber inanimé.* ■ CONTR. Animé, conscient, 2 vivant ; sensible, vif.

INANITÉ [inanite] **n. f.** – 1496 ◇ latin *inanitas,* de *inanis* « vide, vain » ■ **1** RARE État de ce qui est vide. ➤ **néant, vacuité, vide.** ■ **2** PLUS COUR. Caractère d'inutilité. ➤ **futilité, inutilité, vanité.** *L'inanité d'un espoir, d'une illusion. L'inanité de ses efforts.* « *l'inanité des conversations était effarante* » GIDE. ■ CONTR. Importance.

INANITION [inanisjɔ̃] **n. f.** – 1240 ◇ bas latin *inanitio* « action de vider », de *inanire,* de *inanis* « vide, à jeun » ■ VIEILLI État de jeûne. — PAR MÉTAPH. *L'amour « Vit d'inanition et meurt de nourriture »* MUSSET. ♦ MOD. LOC. *Tomber, mourir d'inanition.* ➤ **faim.** ■ CONTR. Réplétion.

INAPAISABLE [inapɛzabl] **adj.** – 1841 ◇ de 1*in-* et *apaiser* ■ LITTÉR. Qui ne peut être apaisé. *Faim, soif inapaisable.* ➤ **inextinguible, insatiable.** « *D'inapaisables spasmes* » MAUPASSANT.

INAPAISÉ, ÉE [inapeze] **adj.** – 1794 ◇ de 1*in-* et *apaisé* ■ LITTÉR. Qui n'est pas apaisé. *Des désirs inapaisés.* ➤ **inassouvi, insatisfait.**

INAPERÇU, UE [inapɛʀsy] **adj.** – 1770 ◇ de 1*in-* et *aperçu* ■ RARE Qui n'est pas aperçu, remarqué. *Geste inaperçu.* — COUR. **PASSER INAPERÇU :** ne pas être remarqué. *Dans cette tenue, il ne passera pas inaperçu ! À l'époque, ses tableaux sont passés inaperçus.*

INAPPÉTENCE [inapetɑ̃s] **n. f.** – 1549 ◇ de 1*in-* et *appétence* ■ DIDACT. Défaut d'appétit. ➤ **anorexie.** ♦ FIG. et LITTÉR. Manque de besoin, de désir. ➤ **indifférence.** *Inappétence sentimentale, sexuelle.* ■ CONTR. Appétence, appétit, besoin, faim ; avidité, désir.

INAPPLICABLE [inaplikabl] **adj.** – 1762 ◇ de 1*in-* et *applicable* ■ Qui ne peut être appliqué. *Théorie, décret, réforme inapplicable. Règle inapplicable à un cas* (➤ **exception**). — *Procédé inapplicable en la circonstance.* ■ CONTR. Applicable.

INAPPLICATION [inaplikasjɔ̃] **n. f.** – 1671 ◇ de 1*in-* et *application* ■ **1** DIDACT. Manque d'application, de soin. ➤ **étourderie, inattention.** *Inapplication d'un élève.* ■ **2** DR. Défaut d'application, de mise en pratique. *L'inapplication d'une loi, d'un principe.*

INAPPLIQUÉ, ÉE [inaplike] **adj.** – 1677 ◇ de 1*in-* et *appliqué* ■ **1** Qui n'est pas appliqué, qui manque d'application. *Élève inappliqué.* ➤ **étourdi, inattentif.** ■ **2** (XIXe) Qui n'a pas été appliqué, mis en pratique. *Décret jusqu'ici inappliqué. Une découverte restée longtemps inappliquée.* ■ CONTR. Appliqué, attentif.

INAPPRÉCIABLE [inapʀesjabl] **adj.** – milieu XVe ◇ de 1*in-* et *appréciable* ■ **1** Qui ne peut être apprécié, évalué. *Différence, nuance inappréciable.* ■ **2** COUR. Qu'on ne saurait trop apprécier, estimer ; de grande valeur. ➤ **inestimable, précieux** (cf. D'importance, sans prix*). *D'inappréciables avantages. Service, aide inappréciable.* « *J'ai l'inappréciable bonheur de posséder encore ma mère* » DUHAMEL. ■ CONTR. Appréciable, médiocre, modique.

INAPPRIVOISABLE [inapʀivwazabl] **adj.** – 1765 ◇ de 1*in-* et *apprivoisable* ■ DIDACT. Qui ne peut être apprivoisé. ➤ 2 **farouche, sauvage.** *Le loup est inapprivoisable.* « *quelque grande tigresse, inapprivoisable à l'homme* » BARBEY. ■ CONTR. Apprivoisable.

INAPPROPRIÉ, IÉE [inapʀɔpʀije] **adj.** – 1975 ◇ de 1*in-* et *approprié* ; cf. anglais *inappropriate* (1804) ■ Qui n'est pas approprié. *Mot inapproprié.* ➤ **inadéquat ; impropriété.** *Objet inapproprié.* ➤ **inadapté, inadéquat.** ■ CONTR. Approprié.

INAPTE [inapt] **adj.** et **n.** – *inapt* XVe ; rare avant fin XVIIIe, on employait *inepte* ◇ de 1*in-* et *apte* ■ **1** Qui n'est pas apte, qui manque d'aptitude. ➤ **incapable, inhabile.** *Être inapte à un travail. Personne inapte aux affaires.* « *Il était inapte à se faire apprécier, et presque installé dans cette inaptitude* » MONTHERLANT. ♦ MILIT. Impropre au service en général ou à une arme en particulier. *Être déclaré inapte.* — **n.** *Inaptes versés dans l'auxiliaire.* ■ **2** **n.** BIOL. VX Individu physiquement incapable de vivre normalement. *Les inaptes.* ■ CONTR. Adroit, apte, capable.

INAPTITUDE [inaptityd] **n. f.** – 1380, rare avant XVIIIe ◇ de 1*in-* et *aptitude* ■ Défaut d'aptitude (à qqch.). ➤ **incapacité.** *Inaptitude à un exercice physique, à la conduite. Inaptitude à travailler.* ♦ ABSOLT. MILIT. État d'un soldat inapte. ■ CONTR. Aptitude.

INARTICULÉ, ÉE [inaʀtikyle] **adj.** – fin XVe ; *main inarticulée* 1380 ◇ de 1*in-* et *articulé* ■ Qui n'est pas articulé ; qui est émis, prononcé sans netteté. *Émettre des sons, des mots inarticulés.* « *quelques soupirs vagues et inarticulés* » GAUTIER. ■ CONTR. Articulé, clair.

INASSIMILABLE [inasimilabl] **adj.** – 1834 ◇ de 1*in-* et *assimilable* ■ **1** Qui n'est pas assimilable. *Substances inassimilables par l'organisme. Connaissances inassimilables.* « *ces originaux inassimilables par une société policée* » SARTRE. ■ **2** Qui ne peut être assimilé (à qqch.). ➤ **incomparable.** *La situation est inassimilable à celle de l'an passé.*

INASSOUVI, IE [inasuvi] **adj.** – 1794 ◇ de 1*in-* et *assouvi* ■ Qui n'est pas assouvi, satisfait. *Besoins inassouvis.* ➤ **inapaisé, insatisfait.** *Rester inassouvi* (cf. Rester sur sa faim*). *Désir inassouvi.* « *Dans le pessimisme se concertent une bonté inefficace et une méchanceté inassouvie* » CIORAN. — SUBST. « *Les inquiets et les inassouvis* » CÉLINE. ➤ **frustré.** ■ CONTR. Apaisé, assouvi, comblé, repu, satisfait.

INASSOUVISSABLE [inasuvisabl] **adj.** – 1845 ◇ de 1*in-* et *assouvir* ■ LITTÉR. Qui ne peut être assouvi. *Faim inassouvissable.* ➤ **insatiable.** *Désir, soif inassouvissable.* ➤ **inapaisable.** PAR EXT. *Personne inassouvissable.*

INASSOUVISSEMENT [inasuvismɑ̃] **n. m.** – 1845 ◇ de 1*in-* et *assouvissement* ■ LITTÉR. État de ce qui n'est pas ou ne peut être assouvi. ➤ **insatisfaction.** *L'inassouvissement d'un besoin, d'un désir.*

INATTAQUABLE [inatakabl] **adj.** – 1726 ◇ de 1*in-* et *attaquable* ■ **1** Qu'on ne peut attaquer avec quelque succès. *Poste, position inattaquable.* ■ **2** Qui ne peut être attaqué, altéré. ➤ **inaltérable.** *Métal inattaquable par l'acide.* ■ **3** Qui ne peut être mis en cause. *Texte, alibi inattaquable.* ➤ **certain, incontestable, irréfutable.** *Une réputation inattaquable.* ➤ **irréprochable.** ♦ (PERSONNES) Qu'on ne peut attaquer, parce qu'il n'y a pas de motif ou que la personne est protégée. « *Elle est inattaquable* [...] *C'est une honnête femme* » MAUPASSANT. *Un mafieux inattaquable.* ■ CONTR. Attaquable, critiquable, douteux.

INATTEIGNABLE [inatɛɲabl] **adj.** – 1813 ◇ de 1*in-* et *atteindre* ■ Qu'on ne peut atteindre. ➤ **inaccessible.** *Sommets inatteignables. Cible inatteignable.* — FIG. Trop élevé pour être atteint. *Chiffre d'affaires inatteignable.* ■ CONTR. Atteignable.

INATTENDU, UE [inatɑ̃dy] **adj.** – 1613 ◇ de 1*in-* et *attendu* ■ Qu'on n'attendait pas, à quoi on ne s'attendait pas. *Personnage inattendu qui survient à l'improviste. Une rencontre inattendue.* ➤ **fortuit, imprévu, inopiné.** *Une nouvelle inattendue.* ➤ **étonnant, surprenant.** *Le résultat, l'effet fut très inattendu.* ➤ **déconcertant, déroutant.** *Profit inattendu.* ➤ **inespéré.** *Avec une fermeté inattendue.* ➤ **insoupçonné.** ♦ SUBST. « *Le rire naît de l'inattendu* » HUGO. ➤ **surprise.** ■ CONTR. Attendu, prévu ; coutumier ; banal, normal.

INATTENTIF, IVE [inatɑ̃tif, iv] **adj.** – 1723 ◇ de 1*in-* et *attentif* ■ Qui ne prête pas attention aux circonstances extérieures, qui manque d'attention. ➤ **absent, distrait, écervelé, étourdi, inappliqué, léger.** *Lecteur inattentif. Élève inattentif.* ➤ **dissipé, inappliqué.** *Inattentif à nos soucis, aux autres.* ➤ **indifférent.** — *Un air inattentif.* ■ CONTR. Appliqué, attentif, avide, circonspect.

INATTENTION [inatɑ̃sjɔ̃] **n. f.** – 1662 ◇ de 1*in-* et *attention* ■ Manque d'attention. *Un instant, une minute d'inattention et l'accident arrive. Imprudent par inattention.* ➤ **distraction, inadvertance, insouciance, légèreté, négligence.** *Faute, erreur d'inattention,* d'étourderie. ■ CONTR. Attention, application, circonspection, 1 contention.

INAUDIBLE [inodibl] **adj.** – 1842 ◇ latin *inaudibilis* ■ **1** SC. Que l'être humain ne peut entendre. *Vibrations inaudibles* (moins de 15 hertz ou plus de 20 000 hertz). *Les infrasons et les ultrasons sont inaudibles.* ■ **2** Que l'on entend difficilement, à peine audible. *Un murmure inaudible. Un enregistrement sonore presque inaudible.* ▪ **3** Trop mauvais pour être écouté. *Musique inaudible.* ➤ **inécoutable.** ▪ CONTR. Audible.

INAUGURAL, ALE, AUX [inogyʀal ; inɔgyʀal, o] **adj.** – 1670 ◊ de *inaugurer,* d'après *augural* ▪ Qui a rapport à une inauguration. *Séance inaugurale d'un congrès. Leçon inaugurale* (d'un professeur qui prend possession d'une chaire).

INAUGURATION [inogyʀasjɔ̃ ; inɔgyʀasjɔ̃] **n. f.** – v. 1355 « sacre » ; rare avant XVIIIe ◊ latin *inauguratio* ▪ **1** Cérémonie par laquelle on consacre (un temple, un édifice), par laquelle on livre au public (un édifice, un monument nouveau). *Inauguration d'une statue, d'une plaque commémorative* (➤ **dédicace**) ; *d'une route, d'une usine* (➤ **ouverture**). *Inauguration d'une exposition de peinture.* ➤ **vernissage.** *Discours, cérémonie d'inauguration.* ➤ **inaugural.** ▪ **2** FIG. et LITTÉR. Commencement, début. *L'inauguration d'une nouvelle politique. « L'inauguration d'une période qui* [...] *deviendra vraiment prodigieuse »* PROUDHON. ▪ CONTR. Désaffectation, fermeture ; clôture.

INAUGURER [inogyʀe ; inɔgyʀe] **v. tr.** ‹1› – v. 1355 « sacrer » ; rare jusqu'au XVIIIe ◊ latin *inaugurare* « prendre les augures, consacrer » ▪ **1** Consacrer ou livrer au public solennellement (un monument, un édifice nouveau). *Inaugurer un temple.* ➤ **consacrer.** *Inaugurer une autoroute, un pont, un musée. Inaugurer les chrysanthèmes*.* ▪ **2** Entreprendre, mettre en pratique pour la première fois. ➤ **instaurer.** *Inaugurer une nouvelle politique.* ▪ CONTR. Fermer. Continuer, copier, poursuivre.

INAUTHENTICITÉ [inotɑ̃tisite ; inɔtɑ̃tisite] **n. f.** – 1867 ◊ de *inauthentique* ▪ Manque d'authenticité. *Inauthenticité d'un document. Personnage caractérisé par l'inauthenticité et la langue de bois.*

INAUTHENTIQUE [inotɑ̃tik ; inɔtɑ̃tik] **adj.** – 1869 ◊ de 1*in-* et *authentique* ▪ **1** Qui n'est pas authentique. *Ouvrage inauthentique.* ➤ **apocryphe,** 1**faux.** *Fait, rapport inauthentique.* ➤ **controuvé.** ▪ **2** PHILOS. (existentialisme) ou LITTÉR. Qui ne possède pas ou ne représente pas les formes authentiques de l'existence. *Vie inauthentique. Une personne inauthentique. « Qu'il s'agisse de bourgeois, de chrétiens, la plupart sont inauthentiques »* SARTRE. ◆ SUBST. *Vivre dans l'inauthentique.* ➤ **inauthenticité.** ▪ CONTR. Authentique.

INAVOUABLE [inavwabl] **adj.** – 1815 ◊ de 1*in-* et *avouable* ▪ Qui n'est pas avouable. *« les bénéfices inavouables »* MADELIN. *Mœurs inavouables.* ➤ **abject, coupable, honteux.** ▪ CONTR. Avouable.

INAVOUÉ, ÉE [inavwe] **adj.** – 1794 ◊ de 1*in-* et *avoué* ▪ RARE Qui n'est pas avoué. *Acte, crime inavoué,* caché, secret. ◆ COUR. *Des sentiments inavoués,* qu'on ne s'avoue pas. ▪ CONTR. Avoué, connu.

IN-BORD [inbɔʀ(d)] **adj. inv.** – 1954 ◊ mot anglais, de *in-* et *board,* d'après *hors-bord* ▪ ANGLIC. *Moteur in-bord,* placé à l'intérieur de la coque d'un bateau. — SUBST. *Un in-bord,* une embarcation munie d'un tel moteur (opposé à *hors-bord*). *Des in-bords* ou *des in-bord* (inv.).

INCA [ɛ̃ka] **adj.** et **n.** – 1557 *ingas,* pl. ◊ mot quéchua ▪ Relatif à la puissance politique établie au Pérou par les chefs de clans de certaines tribus andines (avant la conquête espagnole). *L'Empire, la civilisation inca. Les quipous incas.* ◆ **n.** *Les Incas :* les sujets de l'Empire inca. *Le quéchua, langue des Incas.* — SPÉCIALT *L'Inca :* le chef, le souverain de l'Empire inca.

INCALCULABLE [ɛ̃kalkylabl] **adj.** – 1779 ◊ de 1*in-* et *calculable* ▪ **1** Impossible à calculer. *Le nombre incalculable des étoiles.* ▪ **2** COUR. Impossible ou difficile à apprécier. ➤ **considérable, illimité, incommensurable.** *« Petit, fatal événement qui eut d'incalculables conséquences »* MICHELET. ▪ CONTR. Calculable.

INCANDESCENCE [ɛ̃kɑ̃desɑ̃s] **n. f.** – 1779 ◊ de *incandescent* ▪ État d'un corps incandescent. *Métal chauffé jusqu'à l'incandescence.* ➤ 2**blanc** (à blanc). *Être en incandescence.* ➤ **brûler.** — *Lampe à incandescence,* qui éclaire par un filament porté à incandescence.

INCANDESCENT, ENTE [ɛ̃kɑ̃desɑ̃, ɑ̃t] **adj.** – 1781 ◊ latin *incandescens,* p. prés. de *incandescere* « être en feu » ▪ Chauffé à blanc ou au rouge vif ; rendu lumineux par une chaleur intense. ➤ **ardent, igné, lumineux.** *Charbon, métal incandescent. Les flammes sont des gaz incandescents.* ◆ FIG. *Il n'avait pas besoin « d'activer le feu de son imagination, toujours incandescente »* BAUDELAIRE. ▪ CONTR. 1Froid, éteint.

INCANTATION [ɛ̃kɑ̃tasjɔ̃] **n. f.** – XIIIe ◊ bas latin *incantatio,* de *incantare* → enchanter ▪ **1** Emploi de paroles magiques pour opérer un charme, un sortilège ; ces paroles. ➤ **enchantement, évocation.** *« L'incantation peut participer à la fois du commandement et de la prière »* BERGSON. *Proférer, psalmodier des incantations. Les incantations des sorciers.* ▪ **2** Action d'enchanter, d'agir avec force par l'émotion. *« L'incantation toute-puissante de la douce mélodie »* MICHELET.

INCANTATOIRE [ɛ̃kɑ̃tatwaʀ] **adj.** – 1886 ◊ de *incantation* ▪ **1** Qui forme une incantation. *Formule incantatoire.* ▪ **2** Qui a une vertu d'incantation (2°), qui agit avec force par l'émotion. *La force incantatoire d'un poème.*

INCAPABLE [ɛ̃kapabl] **adj.** – 1464 ◊ de 1*in-* et *capable* ▪ **1** Qui n'est pas capable (par nature ou par accident, de façon temporaire, durable ou définitive). ➤ **impuissant, inapte, inhabile** (à). — **INCAPABLE DE.** *Être incapable de faire qqch.* ➤ FAM. **infichu, infoutu** (cf. Être hors d'état* de, ne pas être en mesure* ; être dans l'impossibilité* ; ne pas pouvoir* ; FAM. ne pas être fichu*, foutu* de). *L'homme « est incapable de souffrir ou d'être heureux longtemps. Il n'est donc capable de rien qui vaille »* CAMUS. *Être incapable de faire un travail.* ➤ **incompétent, maladroit.** *Être incapable de résister à une envie. Rendre qqn incapable de faire qqch.* ➤ **empêcher.** — *Il est incapable de mentir,* dans l'impossibilité morale de mentir. ◆ (Suivi d'un subst.) *Incapable de générosité, de réflexion. Je la sais incapable d'une telle action.* ▪ **2** (XVIe) (CHOSES) VX Qui n'est pas susceptible de. *Une terre incapable de rien produire. « Des mots incapables d'être définis »* PASCAL. ▪ **3** ABSOLT Qui n'a pas l'adresse, l'aptitude, la capacité nécessaire. *Une personne incapable.* ◆ SUBST. *Un, une incapable.* ➤ **ignorant, médiocre, nullité.** *Bande d'incapables !* (cf. Bon à rien). ▪ **4** DR. Inapte à jouir d'un droit ou à l'exercer (➤ **incapacité**). SUBST. *Les incapables* (➤ 1**interdit,** 1**mineur**). *Incapables majeurs :* aliénés, faibles d'esprit, prodigues. ▪ CONTR. Capable ; apte, habile.

INCAPACITANT, ANTE [ɛ̃kapasitɑ̃, ɑ̃t] **adj.** et **n. m.** – 1968 ◊ mot anglais, de *to incapacitate* « rendre incapable » ▪ ANGLIC. Qui est susceptible de rendre temporairement inapte au combat. *Bombe incapacitante.* — **n. m.** Substance toxique incapacitante. *Des incapacitants.*

INCAPACITÉ [ɛ̃kapasite] **n. f.** – v. 1525 ◊ de 1*in-* et *capacité* ▪ **1** État d'une personne qui est incapable (de faire qqch.). ➤ **impossibilité ; impuissance, inaptitude** (à). *L'incapacité de qqn. Son incapacité à agir. « Leur incapacité de comprendre ce qui les dépasse »* GIDE. *Je suis dans l'incapacité de vous répondre* (cf. Pas en mesure* de). ◆ ABSOLT Défaut de capacité. ➤ **ignorance, impéritie, incompétence, inhabileté.** *Incapacité en matière d'organisation. « En fait de gouvernement, l'incapacité est une trahison »* CHATEAUBRIAND. ▪ **2** État d'une personne qui, à la suite d'une blessure, d'une maladie, est devenue incapable de travailler, d'accomplir certains actes. — (1873) *Incapacité totale* (ou *temporaire*) *de travail (I. T. T.). Incapacité partielle. Incapacité permanente,* mettant dans l'impossibilité de travailler. ➤ **invalidité.** ▪ **3** DR. État d'une personne privée, par la loi, de la jouissance ou de l'exercice de certains droits (➤ **déchéance**). *Incapacité d'exercice :* inaptitude d'une personne à mettre en œuvre elle-même certains droits. *Incapacité légale d'exercice des mineurs. Incapacité de jouissance :* inaptitude à être titulaire de certains droits. — DR. CONSTIT. *Incapacité électorale :* situation entraînant la perte du droit de vote. ▪ CONTR. Aptitude, capacité.

INCARCÉRATION [ɛ̃kaʀseʀasjɔ̃] **n. f.** – 1314 ◊ de *incarcérer* ▪ **1** MÉD. *Incarcération du placenta :* rétention totale du placenta, due à une contraction spasmodique de l'utérus. ➤ **enchatonnement.** ▪ **2** Action d'incarcérer (➤ **emprisonnement**) ; état d'une personne incarcérée. ➤ **captivité, détention.** *L'incarcération d'un délinquant. Lieu d'incarcération* (➤ **carcéral**). ▪ CONTR. Liberté.

INCARCÉRÉ, ÉE [ɛ̃kaʀseʀe] **adj.** – de *incarcérer* ▪ Immobilisé dans un véhicule accidenté. *« L'essentiel du travail a été de dégager les corps des trois garçons, incarcérés dans le véhicule »* KERANGAL.

INCARCÉRER [ɛ̃kaʀseʀe] **v. tr.** ‹6› – *encarcerer* XIIIe ; rare jusqu'au XVIIIe ◊ latin médiéval *incarcerare,* de *carcer* « prison » ▪ Mettre en prison. ➤ **écrouer, emprisonner.** *On l'a incarcéré.* — **p. p. adj.** *Prévenu incarcéré.* ▪ CONTR. Délivrer, libérer.

INCARNADIN, INE [ɛ̃kaʀnadɛ̃, in] **adj.** – *incarnatin* 1580 ◊ italien dialectal *incarnadino,* pour *incarnatino* → incarnat ▪ LITTÉR. D'une couleur d'incarnat pâle. *« Le nez mignon avec la bouche Incarnadine »* VERLAINE. — **n. m.** Couleur rose chair. *Des œillets d'un bel incarnadin.*

INCARNAT, ATE [ɛ̃kaʀna, at] **adj.** – 1528 ◊ italien *incarnato* «couleur de la chair» ■ D'un rouge clair et vif. *Velours incarnat. Trèfle incarnat. Des roses incarnates.* — **n. m.** Couleur incarnate. LITTÉR. «*L'incarnat de son teint était plus vif*» BALZAC. *Un incarnat pâle.* ➤ **incarnadin.**

INCARNATION [ɛ̃kaʀnasjɔ̃] **n. f.** – 1113 ◊ latin *incarnatio* ■ **1** Action par laquelle une divinité s'incarne dans le corps d'une personne ou d'un animal. *Les incarnations de Jupiter* (➤ **métamorphose**), *de Vishnu* (➤ **avatar**). ◆ Dans la religion chrétienne, Union intime en Jésus-Christ de la nature divine avec une nature humaine. *L'incarnation du Christ,* et ABSOLT *L'incarnation. Le mystère de l'Incarnation.* ■ **2** (milieu XIXᵉ) Ce qui incarne, représente. ➤ **image, personnification.** *Elle est l'incarnation de la douceur* (cf. La douceur en personne* ; ➤ **incarné**). «*Le Gouvernement l'exaspérait, comme l'incarnation même de l'injustice*» FLAUBERT.

INCARNÉ, ÉE [ɛ̃kaʀne] **adj.** – XVIᵉ ; *encharneie* 1160 ◊ de *incarner*

I ■ **1** RELIG. Qui s'est incarné, s'est fait chair. *Le Verbe incarné* : Jésus-Christ. ■ **2** (XVIᵉ) Qui est représenté sous une forme matérielle. «*Louis XVIII était la légitimité incarnée*» CHATEAUBRIAND. ➤ **personnifié.**

II (1833) MÉD. Qui pénètre dans les chairs. *Ongle incarné* (➤ **onyxis**).

■ CONTR. Désincarné.

INCARNER [ɛ̃kaʀne] **v. tr.** ⟨1⟩ – 1372 ◊ ancien français *encharner*, refait sur le latin ecclésiastique *incarnare* ■ **1** Revêtir (un être spirituel) d'un corps charnel, d'une forme humaine ou animale. — PRONOM. «*Le Verbe s'est incarné à l'homme de douleur*» CHATEAUBRIAND. *Les divinités indiennes s'incarnaient successivement dans des corps différents* (➤ **réincarnation**). ■ **2** LITTÉR. Représenter (une chose abstraite) sous une forme matérielle et sensible. *Incarner une idée dans une œuvre.* — PRONOM. *Tous nos espoirs s'incarnent en vous.* ■ **3** COUR. Représenter en soi, soi-même (une chose abstraite). ➤ **figurer, personnifier.** «*Quand un homme domine un siècle et incarne le progrès*» HUGO. ■ **4** (1874) Représenter (un personnage) dans un spectacle. ➤ **interpréter, jouer.** *Sarah Bernhardt incarna l'Aiglon.*

INCARTADE [ɛ̃kaʀtad] **n. f.** – 1612 ◊ italien *inquartata*, en escrime ■ **1** VX Boutade blessante lancée brusquement et inconsidérément. ➤ **algarade, sortie ; insulte.** ■ **2** MOD. Léger écart de conduite. ➤ **caprice, 1 écart, extravagance, folie.** *Il était puni à la moindre incartade.* ➤ **peccadille.** «*Ta dernière incartade prouve que ton éducation est à refaire*» SARTRE. ■ **3** ÉQUIT. Écart brusque d'un cheval.

INCASIQUE [ɛ̃kazik] **adj.** – 1888 ◊ de *inca* ■ DIDACT. Relatif aux Incas.

INCASSABLE [ɛ̃kɑsabl] **adj.** – 1801 ◊ de 1 *in-* et *cassable* ■ Qui ne peut être brisé. ➤ **infrangible.** *Verres de lunettes incassables.* ◆ Qui ne se casse pas facilement. ➤ **solide.** *Fil incassable.*

■ CONTR. Cassable, cassant, fragile.

INCENDIAIRE [ɛ̃sɑ̃djɛʀ] **n. et adj.** – XIIIᵉ ◊ latin *incendiarius*

I **n.** Personne qui allume volontairement un incendie. ➤ **pyromane ; pétroleuse.** *Néron l'incendiaire.*

II **adj.** (1400) ■ **1** Propre à causer l'incendie. ➤ **ardent.** *Mélange incendiaire. Matières combustibles et incendiaires. Balles, bombes* (au phosphore, au calcium, au napalm) *incendiaires.* ■ **2** FIG. Propre à enflammer les esprits, à allumer la révolte. ➤ **séditieux.** *Propos, déclarations incendiaires.* ◆ SPÉCIALT Qui éveille le désir amoureux. ➤ **provocant.** *Une blonde incendiaire* (cf. Une allumeuse). *Décocher une œillade incendiaire* (cf. Œillade assassine*). *Des lettres d'amour* «*mais qui n'ont rien d'incendiaire ou d'inavouable*» HENRIOT.

INCENDIE [ɛ̃sɑ̃di] **n. m.** – 1575 ◊ latin *incendium* ; cf. ancien béarnais *encendy* (1570) ■ **1** Grand feu qui se propage en causant des dégâts. ➤ **embrasement, 1 feu.** *Incendie involontaire, criminel. L'explosion a allumé, provoqué un incendie. Incendie qui éclate, se déclare, fait rage. Un incendie de forêt. Foyer d'incendie* (cf. Départ de feu*). *Défense, protection, lutte contre l'incendie. Gicleur* d'incendie. Portes coupe-feux pour éviter la propagation de l'incendie.* ➤ **brasier.** *Les pompiers ont combattu, circonscrit, maîtrisé, éteint l'incendie* (➤ aussi **bombardier** [d'eau], **canadair, extincteur ;** RÉGION. **avion** [avion-citerne]). *Éteindre l'incendie ;* FIG. mettre fin à une polémique. *Assurance contre l'incendie.* ■ **2** Lumière rougeoyante éclairant une grande étendue. *L'incendie du soleil couchant.* «*L'incendie augmente, l'orient paraît tout en flammes ; à leur éclat on attend l'astre*» ROUSSEAU. ■ **3** FIG. Bouleversement, guerre. *La Serbie* «*peut toujours être le brandon d'un incendie européen*» ARAGON.

INCENDIER [ɛ̃sɑ̃dje] **v. tr.** ⟨7⟩ – 1596 ◊ de *incendie* ■ **1** Mettre en feu. ➤ **brûler*, consumer.** *Incendier une maison, un village,* y mettre le feu. — *Forêt incendiée.* PAR EXT. *Les personnes incendiées,* victimes d'un incendie. ■ **2** Irriter en provoquant une impression de brûlure. «*Ça avait un goût de vin roussi et ça lui incendia la gorge*» SARTRE. ■ **3** Colorer d'une lueur ardente. «*Un gros soleil rouge qui incendie nos vitres*» DAUDET. — «*Le visage, aux pommettes incendiées par la fièvre*» BARBEY. ■ **4** FIG. Enflammer, exciter. ➤ **échauffer, embraser, exalter.** *Les petites bonnes* «*dont il incendiait l'imagination avec le récit mensonger de ses exploits*» MAC ORLAN. ■ **5** (1905) FAM. *Incendier qqn,* l'accabler de reproches. ➤ **réprimander*.** *Se faire incendier.*

INCÉRATION [ɛ̃seʀasjɔ̃] **n. f.** – 1732 ◊ radical latin *cera* «cire» ■ DIDACT. Action de donner à une matière la consistance de la cire ; action de mêler de la cire à une substance.

1 **INCERTAIN, AINE** [ɛ̃sɛʀtɛ̃, ɛn] **adj.** – 1329 ◊ de 1 *in-* et *certain*

I ■ **1** Qui n'est pas fixé, déterminé à l'avance. ➤ **indéterminé.** «*De nos ans passagers le nombre est incertain*» RACINE. ■ **2** Qui n'est pas certain, qui peut ou non se produire, n'est pas sûr (dans l'avenir). ➤ **aléatoire, contingent, douteux, éventuel, hypothétique, problématique.** *Un monde* «*où tout est fugitif, périssable, incertain*» LAMARTINE. *Résultat, succès, profit incertain. Entreprise, affaire incertaine,* dont le résultat n'est pas certain. ➤ **chanceux, hasardé, précaire.** — *Un avenir incertain,* dont la nature n'est pas connue. *Temps incertain.* ➤ **changeant*, instable, variable.** ■ **3** Qui n'est pas connu avec certitude. «*Il n'est pas certain que tout soit incertain*» PASCAL. ➤ **contestable, douteux.** *Origine, date incertaine.* ■ **4** (1564) Dont la forme, la nature n'est pas nette, claire. ➤ **changeant, confus, indécis, indéfini, indéfinissable ; imprécis, obscur, 3 vague.** *Contours incertains.* ➤ **flou.** *La plaine* «*que la lune dans son premier quartier n'éclairait que d'une lumière incertaine*» VIGNY. «*À la moindre allusion, même incertaine, il s'assombrissait*» DUHAMEL. ➤ **ambigu, équivoque, nébuleux.**

II (XVIᵉ ; «ignorant de» v. 1400) (PERSONNES) Qui manque de certitude, de décision, de détermination ; qui est dans le doute. ➤ **embarrassé, faible, hésitant, indécis, irrésolu.** *Demeurer incertain.* ➤ **perplexe.** ◆ **INCERTAIN DE** (et subst.) : qui est dans le doute sur. *Incertain de son sort. Il flotta,* «*incertain du parti qu'il devait prendre*» MÉRIMÉE. VIEILLI (suivi de l'inf.) «*Incertain de régner*» RACINE. — PAR EXT. *Pas incertains ; démarche incertaine d'un vieillard,* mal assurée.

■ CONTR. Certain. Assuré, sûr ; 1 fixe, stable. Clair, 2 net, 1 précis. — Décidé, 1 ferme, résolu.

2 **INCERTAIN** [ɛ̃sɛʀtɛ̃] **n. m.** – 1753 ◊ de 1 *incertain* ■ FIN. Cotation de devises déterminant le prix variable en monnaie nationale d'un montant fixe de monnaie étrangère. *Coter l'incertain. Le certain et l'incertain.*

INCERTITUDE [ɛ̃sɛʀtityd] **n. f.** – 1495 ◊ de 1 *in-* et *certitude*

I ■ **1** État de ce qui est incertain. *Incertitude de l'avenir, des évènements, d'un résultat.* «*L'incertitude de notre avenir donne aux objets leur véritable prix*» CHATEAUBRIAND. ➤ **fragilité, précarité.** — MATH. Majorant de la valeur absolue d'une erreur*, intervalle à l'intérieur duquel se trouvent la valeur exacte, inconnue, et la valeur calculée d'une grandeur (➤ **précision**). *Incertitude absolue, relative.* — PHYS. *Principe d'incertitude* (ou *d'indétermination*) *de Heisenberg,* d'après lequel il est impossible de déterminer avec précision à la fois la position et la vitesse (ou la quantité de mouvement) d'un corpuscule, en mécanique intra-atomique. *Relations d'incertitude,* qui expriment numériquement cette imprécision. ■ **2** VX Chose incertaine, mal connue, qui prête au doute. «*La plus grande partie de la philosophie n'est qu'un amas d'incertitudes*» P. NICOLE. ◆ MOD. Chose imprévisible. ➤ **aléa, hasard.** «*Les lendemains remplis d'incertitudes*» LOTI. *Il y a trop d'incertitudes dans cette affaire.*

II (1538) État d'une personne incertaine. ➤ **anxiété, doute, inquiétude.** *L'homme,* «*cloaque d'incertitude et d'erreur*» PASCAL. *Être, demeurer dans l'incertitude.* «*En proie à la plus cruelle incertitude*» GAUTIER. ◆ SPÉCIALT État d'une personne incertaine de ce qu'elle fera. ➤ **embarras, hésitation, indécision, indétermination, irrésolution, perplexité.** *L'incertitude de qqn quant à la date de son départ. Son incertitude à ce sujet est grande. Être dans l'incertitude.* ➤ **balancer, hésiter.**

■ CONTR. Certitude, clarté. Fermeté, résolution.

INCESSAMMENT [ɛ̃sesamɑ̃] **adv.** – 1358 ◊ de *incessant* ■ **1** VX D'une manière incessante, sans cesse. ➤ **constamment, continuellement.** *Il est incessamment agité.* ■ **2** (1671) MOD. Très prochainement, sans délai, sans retard. ➤ **bientôt** (cf. Tout de suite*, sous peu*). *Il doit arriver, venir incessamment.* — PAR PLAIS. *Incessamment sous peu.*

INCESSANT, ANTE [ɛ̃sesɑ̃, ɑ̃t] **adj.** – 1552 ◊ de 1*in-* et *cessant,* de *cesser* ▪ Qui ne cesse pas, dure sans interruption. ➤ **continu, continuel, ininterrompu, perpétuel.** *Un va-et-vient incessant. D'incessantes récriminations.* ➤ **éternel.** « *la douce plainte incessante d'une source* » PROUST. ▪ CONTR. Discontinu, interrompu, rare.

INCESSIBILITÉ [ɛ̃sesibilite] **n. f.** – 1819 ◊ de *incessible* ▪ DR. Caractère de ce qui est incessible. ➤ **inaliénabilité.**

INCESSIBLE [ɛ̃sesibl] **adj.** – 1576 ◊ de 1*in-* et *cessible* ▪ DR. Qui ne peut être cédé. ➤ **inaliénable.** *Droit, privilège incessible.*

INCESTE [ɛ̃sɛst] **n. m.** – 1130 ◊ latin *incestus,* proprt « non chaste » ▪ Relations sexuelles entre des personnes parentes ou alliées à un degré qui entraîne la prohibition du mariage. *Inceste entre le père et la fille, le frère et la sœur. Commettre un inceste. Accusé d'inceste.* — PAR EXT. Amour incestueux. *Byron « baptisant inceste un amour assez naturel pour une demi-sœur inconnue, transforma la faute en crime »* MAUROIS.

INCESTUEUX, EUSE [ɛ̃sɛstyø, øz] **adj.** – XIIIe ◊ latin *incestuosus* ▪ **1** Coupable d'inceste. *Une mère incestueuse.* — **n.** RARE *Un incestueux, une incestueuse.* ▪ **2** Qui constitue un inceste. *Amour incestueux.* ◆ FIG. PÉJ. ➤ **consanguin** (2o). « *les rapports incestueux entre les milieux d'affaires et les hommes politiques en Inde* » (Le Monde, 2016). ▪ **3** Issu d'un inceste. *Enfant incestueux.*

INCH ALLAH [inʃal(l)a] **interj.** – 1934 ◊ de l'arabe, littéralt « si Dieu veut » ▪ Chez les musulmans, Exclamation exprimant la volonté qu'un souhait soit exaucé. *Ils vont se marier, inch Allah.*

INCHANGÉ, ÉE [ɛ̃ʃɑ̃ʒe] **adj.** – 1794 ◊ de 1*in-* et *changé* ▪ Qui n'a pas changé. *La situation demeure inchangée.* ➤ **identique.** *Cours d'une valeur, prix inchangé.* ➤ 1**ferme, stable.** ▪ CONTR. Changé.

INCHAUFFABLE [ɛ̃ʃofabl] **adj.** – 1848 ◊ de 1*in-* et *chauffer* ▪ Impossible ou très difficile à chauffer. *Ces grandes pièces sont inchauffables.*

INCHAVIRABLE [ɛ̃ʃaviʀabl] **adj.** – 1878 ◊ de 1*in-* et *chavirer* ▪ Conçu pour minimiser les risques de chavirement. *Canot de sauvetage inchavirable.* ➤ **aussi insubmersible.**

INCHOATIF, IVE [ɛ̃kɔatif, iv] **adj.** – 1380 ◊ latin *inchoativus,* de *inchoare* « commencer » ▪ LING. Qui sert à exprimer une action commençante, un devenir, une progression. *Verbe, suffixe inchoatif.*

INCIDEMMENT [ɛ̃sidamɑ̃] **adv.** – v. 1310 ◊ de *incident* ▪ **1** D'une manière incidente ; sans y attacher une importance capitale. « *J'ai dû te nommer incidemment, parmi les camarades* » ROMAINS. *Je lui ai demandé incidemment si...* (cf. En passant). ▪ **2** (XXe) D'une manière accidentelle ; par hasard. ➤ **accidentellement.** *J'ai appris la nouvelle incidemment.*

INCIDENCE [ɛ̃sidɑ̃s] **n. f.** – fin XIIIe « ce qui arrive » ◊ de *incident*
I VX Ce qui arrive, survient ; circonstance, incident.
II (1637) ▪ **1** SC. Rencontre (d'une ligne, d'un corps et d'une autre ligne, d'une surface, etc.). SPÉCIALT ; PHYS., OPT. Rencontre d'un rayon (lumineux, électromagnétique) et d'une surface. *Point d'incidence :* point de rencontre du rayon incident et de la surface. *Plan d'incidence. Angle d'incidence,* formé par le rayon incident et la normale à la surface frappée, au point d'incidence. — PAR EXT. Direction du rayon incident. *L'angle de réflexion*, de réfraction*, dépend de l'incidence.* ▪ **2** (v. 1900) ÉCON. Effet de la charge fiscale sur une personne ou une classe qui la supporte finalement au lieu du contribuable qui, légalement, l'acquitte. *Incidence des impôts de consommation.* ▪ **3** Conséquence, effet, influence. ➤ **impact, retombée.** *L'incidence des salaires sur les prix de revient. Être sans incidences sur... Cette mesure aura des incidences importantes.* ➤ **implication, répercussion.** ▪ **4** (1966) MÉD. Nombre de cas de maladie apparus pendant une période de temps donnée au sein d'une population. *Incidence et prévalence*.*

1**INCIDENT** [ɛ̃sidɑ̃] **n. m.** – 1265 ◊ du latin scolastique *incidens,* de *incidere* « tomber sur, survenir », de *cadere* ▪ **1** Petit évènement qui survient. *Un incident sans importance, sans gravité.* « *La vie n'est qu'une succession d'incidents* » SAINTE-BEUVE. *Incident imprévu, inopiné.* ➤ **aventure, péripétie.** « *À l'église, il y eut un incident pénible, l'abbé Madeline s'évanouit* » ZOLA. ◆ SPÉCIALT Petite difficulté imprévue qui survient au cours d'une entreprise. ➤ **accroc, anicroche.** *Le voyage s'est déroulé sans incident. Incident technique. Incident de parcours*.* ◆ *Incident de paiement :* rejet d'un ordre de paiement par la banque du payeur par défaut ou insuffisance de provision. *Un chèque impayé constitue un incident de paiement.* « *Finalement, arrivent les incidents de paiement : on ne peut plus faire face* » E. CARRÈRE. ▪ **2** Évènement peu important en lui-même, mais capable d'entraîner de graves conséquences dans les relations internationales. *Incident diplomatique.* « *un incident de frontière, peut-être un* casus belli *entre la France et l'Allemagne* » A. HERMANT. — Désordre (dans la vie politique, sociale). *Créer, provoquer des incidents dans une réunion, dans la rue.* ▪ **3** HIST. LITTÉR. Évènement accessoire qui survient dans le cours de l'action principale (d'une pièce de théâtre, d'un roman). ➤ **épisode, péripétie.** ▪ **4** DR. Contestation accessoire au cours d'un procès, venant en interrompre le déroulement. *Incident d'instance,* tendant à l'interruption, la suspension ou l'extinction de l'instance. *Soulever un incident* (ou *incidenter* **v. intr.** ‹ 1 ›). — FIG. Difficulté, objection (dans un débat, un jeu). ➤ **chicane, dispute.** *Incidents de séance.* LOC. *L'incident est clos :* arrêtons-là la querelle, n'en parlons plus.

2**INCIDENT, ENTE** [ɛ̃sidɑ̃, ɑ̃t] **adj.** – 1468 ◊ → 1incident ▪ **1** DR. Qui survient accessoirement dans un procès, une affaire. ➤ **accessoire.** *Contestation, demande, question, requête incidente.* ▪ **2** Qui est accessoire, non essentiel. ➤ **secondaire.** *Des remarques incidentes. D'une façon incidente.* ➤ **incidemment.** ▪ **3** (XVIIIe ◊ d'après l'anglais) PHYS. Qui rencontre une surface, un corps. *Rayon incident. Particule incidente, projectile incident. Onde incidente.* ▪ **4** GRAMM. Se dit d'une proposition qui suspend une phrase pour y introduire un énoncé accessoire. ➤ **incise.** — SUBST. *Mettre une incidente entre parenthèses, entre tirets.* « *en phrases interrompues, coupées de continuelles incidentes* » ZOLA. ▪ CONTR. Dominant, principal.

INCINÉRATEUR [ɛ̃sineʀatœʀ] **n. m.** – 1894 ◊ de *incinérer* ▪ Appareil où l'on incinère les ordures.

INCINÉRATION [ɛ̃sineʀasjɔ̃] **n. f.** – 1390, rare avant 1762 ◊ bas latin *incineratio* ▪ Action d'incinérer. *Fours d'incinération.* ➤ **incinérateur.** — SPÉCIALT Opération par laquelle on réduit en cendres un cadavre, des cadavres. ➤ **crémation ; columbarium, crématorium.** *Préférer l'incinération à l'enterrement.*

INCINÉRER [ɛ̃sineʀe] **v. tr.** ‹ 6 › – 1488, repris XIXe ◊ latin *incinerare,* de *cinis* « cendre » ▪ Réduire en cendres. *Incinérer des ordures.* ➤ **brûler.** — SPÉCIALT Détruire (un cadavre) par le feu et garder des cendres du défunt. *Il veut se faire incinérer après sa mort.* PAR EXT. Brûler le cadavre de sa victime. « *On retrouva enfouis, incinérés, les restes de ses victimes* » COLETTE.

INCIPIT [ɛ̃sipit] **n. m.** – 1840 ◊ mot latin, 3e pers. sing. indic. prés. de *incipere* « commencer », de *capere* ▪ DIDACT. Premiers mots d'un manuscrit, d'un livre. *Catalogue citant les incipits* (ou *les incipit* **inv.**) *des ouvrages répertoriés.*

INCIRCONCIS, ISE [ɛ̃siʀkɔ̃si, iz] **adj. et n. m.** – 1530 ◊ latin ecclésiastique *incircumcisus* → circoncis ▪ Qui n'est pas circoncis. ◆ **n. m.** Personne qui n'appartient pas à la religion juive (➤ **goy**) ou musulmane.

INCISE [ɛ̃siz] **n. f. et adj. f.** – 1770 ◊ latin *incisa* « coupée » ▪ **1** MUS. Groupe de notes formant une unité rythmique à l'intérieur d'une phrase musicale. ▪ **2** (1771) GRAMM. Proposition généralement courte, tantôt insérée dans le corps de la phrase, tantôt rejetée à la fin, pour indiquer qu'on rapporte les paroles de qqn ou pour exprimer une sorte de parenthèse. ➤ 2**incident.** Ex. « Bonsoir, *dit-elle* ; » « Un soir, *t'en souvient-il ?* nous voguions en silence » LAMARTINE. *Élément, phrase en incise.* — **adj.** *Proposition incise.*

INCISER [ɛ̃size] **v. tr.** ‹ 1 › – 1418 ◊ latin populaire °*incisare,* de *incisus,* p. p. de *incidere* « couper » ▪ Fendre avec un instrument tranchant. ➤ **couper, entailler ; incision.** — ARBOR. *Inciser un hévéa pour recueillir le latex.* ➤ **saigner.** *Inciser l'écorce d'un arbre pour le greffage.* ➤ **écorcer, scarifier.** — SPÉCIALT *Inciser un abcès au bistouri.* ➤ **débrider, ouvrir.** *Le médecin « se présente avec sa trousse pour inciser son panaris »* MICHAUX.

INCISIF, IVE [ɛ̃sizif, iv] **adj.** – 1314 ◊ latin médiéval *incisivus* ▪ **1** VX Qui incise, qui est propre à couper. ➤ **tranchant.** (XVIe) ANAT. *Dents incisives.* ➤ **incisive.** ▪ **2** (1827) MOD. Qui a un effet pénétrant, qui attaque ou touche profondément. ➤ **acerbe, acéré, aigu, mordant, tranchant.** *Ironie incisive. Critique incisive* (cf. À l'emporte-pièce). *Style incisif et concis.* — (PERSONNES) « *Éloquent [...], parfois ironique, spirituel, incisif* » RENAN. ▪ CONTR. 1 Mou, 1 plat.

INCISION [ɛ̃sizjɔ̃] **n. f.** – 1314 ◊ latin *incisio* ▪ Action d'inciser ; son résultat. ➤ **coupure, entaille, fente.** *Faire une incision annulaire à l'écorce d'un arbre fruitier.* ➤ **baguer, cerner.** ◆ Division des parties molles (d'un organe, du corps) avec un instrument tranchant (bistouri, scalpel, scarificateur). *Faire, pratiquer une incision. Incision d'une plaie, d'un organe* (➤ **-tomie**).

INCISIVE [ɛ̃siziv] **n. f.** – 1545 ◊ de *dent incisive* ▪ Dent aplatie et tranchante qui coupe les aliments, dans la partie médiane des arcades dentaires. *Les huit incisives de l'être humain. «les tranchantes incisives des rongeurs»* PERGAUD. — *Incisives de l'éléphant.* ➤ 2 **défense.**

INCISURE [ɛ̃sizyʀ] **n. f.** – 1638 «sillons de la main» ; XVe *inciseure* «incision» ◊ du latin *incisura* «fente, fissure» ▪ **1** BOT. Découpure irrégulière. ▪ **2** ANAT. Échancrure à bords nettement délimités, à la surface d'un organe.

INCITANT, ANTE [ɛ̃sitɑ̃, ɑ̃t] **adj. et n. m.** – 1835 ◊ de *inciter* ▪ PHYSIOL. Excitant.

INCITATEUR, TRICE [ɛ̃sitatœʀ, tʀis] **n.** – 1470 ◊ de *inciter* ▪ RARE Personne qui incite. ➤ **excitateur, instigateur.** *Un incitateur de troubles.*

INCITATIF, IVE [ɛ̃sitatif, iv] **adj.** – 1481 ◊ du radical de *incitation* ▪ Qui incite à faire qqch. ➤ **motivant, stimulant.** *Mesures incitatives en faveur de l'investissement.* COMM. *Prix incitatif,* qui fait acheter.

INCITATION [ɛ̃sitasjɔ̃] **n. f.** – 1360 ◊ latin *incitatio* ▪ Action d'inciter ; ce qui incite. ➤ **conseil, encouragement, exhortation, instigation.** *Incitation au travail. Incitation à la consommation. Incitation à la révolte, à la violence.* ➤ **excitation, provocation.** *«Sans l'incitation d'un méchant suborneur»* MOLIÈRE. — DR. *Incitation au meurtre.* ➤ **apologie.** *Incitation à la haine raciale.* ◆ ÉCON. Ensemble de moyens (diminution de la pression fiscale, subvention, etc.) mis en œuvre pour orienter le comportement économique des individus et des entreprises. ▪ CONTR. Apaisement.

INCITER [ɛ̃site] **v. tr.** ‹1› – XIVe ; *enciter* 1190 ◊ latin *incitare* ▪ LITTÉR. Entraîner, pousser (qqn) à qqch., faire qqch. ➤ **disposer, encourager, engager, entraîner, exciter, exhorter,** RÉGION. **instiguer, inviter, solliciter.** *Inciter qqn à l'action.* ➤ **aiguillonner, stimuler ; motiver.** ◆ COUR. Conduire (qqn) à un sentiment, un comportement, par une influence morale (surtout avec sujet de chose). ➤ **engager, incliner,** 1 **porter, pousser.** *Cela l'incitait à l'indulgence, à la prudence. La guerre «incite à l'héroïsme les âmes fières»* LECOMTE. (Avec l'inf.) *Sa réponse m'incite à penser qu'il est innocent. Publicité qui incite à acheter* (➤ **incitatif**). ▪ CONTR. Détourner, empêcher, apaiser.

INCIVIL, ILE [ɛ̃sivil] **adj.** – 1361 ◊ latin *incivilis* ▪ VX ou LITTÉR. ▪ **1** Qui manque de civilité. ➤ **discourtois, grossier, impoli.** *Des gens incivils.* ▪ **2** Contraire à la bienséance. *Répondre sur un ton incivil.* — **adv. INCIVILEMENT,** 1462. ▪ CONTR. Civil, courtois, honnête, 1 poli.

INCIVILITÉ [ɛ̃sivilite] **n. f.** – 1566 ◊ latin *incivilitas* ▪ **1** Manque de civilité. ➤ **impolitesse.** *«les gens font de plus en plus de bruit. C'est un des aspects de l'incivilité croissante»* M. DUGAIN. ▪ **2** Action ou parole incivile. *Commettre une incivilité.* — SPÉCIALT Au plur. Ensemble de désordres, de comportements d'inconduite qui ne relèvent pas du code pénal (nuisances sonores, dégradations, manque de respect, attitude agressive, bousculades...) qui constituent des manquements aux règles élémentaires de la vie en société. ▪ CONTR. Civilité, politesse.

INCIVIQUE [ɛ̃sivik] **adj.** – 1792 ◊ de 1 *in-* et *civique* ▪ VIEILLI Qui manque de civisme. *Attitude incivique.* ◆ (Belgique) **n.** Collaborateur (2°). — **adj.** Collaborationniste.

INCIVISME [ɛ̃sivism] **n. m.** – 1790 ◊ de 1 *in-* et *civisme* ▪ VIEILLI Manque de civisme. ▪ CONTR. Civisme.

INCLASSABLE [ɛ̃klasabl] **adj.** – milieu XIXe ◊ de 1 *in-* et *classable* ; cf. *classer* ▪ Impossible à classer, à rapporter à un ensemble connu. *Une œuvre, un artiste inclassable* (➤ **ovni**).

INCLÉMENCE [ɛ̃klemɑ̃s] **n. f.** – 1520 ◊ latin *inclementia* ▪ **1** VX Manque de clémence. *«pour fléchir l'inclémence des Dieux»* RACINE. ▪ **2** FIG. et LITTÉR. ➤ **dureté, rigueur.** *L'inclémence de l'hiver.*

INCLÉMENT, ENTE [ɛ̃klemɑ̃, ɑ̃t] **adj.** – 1546 ◊ latin *inclemens* ▪ **1** VX Qui manque de clémence. *Juges incléments.* ▪ **2** FIG. et LITTÉR. ➤ **dur, rigoureux.** *Température inclémente. «Dans l'inclément désert»* HUGO.

INCLINABLE [ɛ̃klinabl] **adj.** – 1960 ; «enclin à» 1622 ◊ de *incliner* ▪ Qui peut être mis dans une position oblique. *Siège à dossier inclinable.*

INCLINAISON [ɛ̃klinɛzɔ̃] **n. f.** – 1661 ◊ de *incliner* ▪ **1** État de ce qui est incliné ; obliquité d'une ligne droite ou d'une surface relativement au plan de l'horizon. *Inclinaison d'un terrain, d'un toit.* ➤ **déclivité, penchant, pente.** *L'inclinaison de la tour de Pise. Inclinaison d'une route, d'une voie ferrée.* ➤ **rampe.** *Inclinaison d'un mur.* ➤ 2 **fruit.** *Mesurer au clinomètre* l'inclinaison d'un plan. Inclinaison d'un tuyau de descente.* ➤ **dévoiement.** *Inclinaison d'un navire qui penche, menace de couler.* ➤ 3 **bande, gîte.** — PHYS. *Inclinaison magnétique :* angle formé avec l'horizon par une aiguille aimantée mobile autour de son centre de gravité et suspendue dans le plan vertical du méridien magnétique (➤ **géomagnétisme**). *Inclinaison en des points géographiques donnés* (➤ **aclinique, isocline ; inclinomètre**). ▪ **2** Relation d'obliquité. — GÉOM. *Inclinaison d'un plan, d'une surface, d'une ligne :* angle qu'ils font avec un autre plan, une autre surface ou ligne. *Angle d'inclinaison.* — ASTRON. Angle formé par le plan de l'orbite d'une planète avec le plan de l'écliptique. *Inclinaison de l'écliptique.* ➤ **obliquité.** ▪ **3** Action de pencher ; position inclinée, penchée. *Régler l'inclinaison du dossier d'un siège.* ▪ CONTR. Aplomb, rectitude.

INCLINATION [ɛ̃klinasjɔ̃] **n. f.** – *inclinacion* 1236 ◊ latin *inclinatio* ▪ **1** Mouvement affectif, spontané vers un objet ou une fin. ➤ **appétit, désir, envie, penchant, propension, tendance.** *«Ses bonnes inclinations s'altérèrent»* CHATEAUBRIAND. *Agir contre sa propre inclination.* ➤ **goût.** *Suivre son inclination. Avoir de l'inclination, une certaine inclination à mentir* (cf. Être enclin, porté, sujet à). *Faire qqch. par inclination,* par goût, spontanément et volontiers. *«La vie n'avait pas trop contrarié son inclination naturelle au bonheur»* FRANCE. *Montrer de l'inclination pour l'aventure, les sciences.* ➤ **attrait, disposition.** ▪ **2** LITTÉR. Mouvement qui porte à aimer qqn. ➤ **affection, amour, sympathie.** *«de l'amour, de l'inclination, comme tu voudras»* MARIVAUX. *Tendre, vive inclination pour qqn. Mariage d'inclination.* ▪ **3** (XIVe) Sens propre COUR. Action d'incliner en avant la tête ou le corps en signe d'acquiescement ou de déférence. *«Une de ces légères inclinations de tête»* BALZAC. ➤ **salut ; inclinaison.** *Profonde inclination.* ➤ **courbette, révérence.** ▪ CONTR. Antipathie, aversion.

INCLINÉ, ÉE [ɛ̃kline] **adj.** – *encliné* 1534 ◊ de *incliner* ▪ **1** Placé dans une position oblique. (Par rapport au plan horizontal). *Toits très inclinés.* ➤ **pentu.** (Par rapport au plan vertical). *Dossier d'un siège en position inclinée. «Il avait la tête un peu inclinée sur l'épaule»* MONTHERLANT. ➤ **penché.** ◆ (1691) **PLAN INCLINÉ,** utilisé pour faciliter la montée des corps lourds ou ralentir leur descente (machine simple). — GÉOL. *Couches inclinées.* ▪ **2** FIG. Enclin, porté (à). ➤ **prédisposé.** *Incliné à l'indulgence. Je suis incliné à penser que l'effet sera nul.* ▪ CONTR. 1 Droit.

INCLINER [ɛ̃kline] **v.** ‹1› – 1213 ◊ du latin *inclinare* «pencher vers»

I v. tr. ▪ **1** Rendre oblique (ce qui est naturellement droit) ; diriger, porter vers le bas ou de côté. ➤ **abaisser, baisser, courber, fléchir, pencher, plier.** *Le vent incline les épis.* ➤ 1 **coucher.** *Inclinez la lampe. Inclinez le flacon et versez doucement. Poids qui incline le fléau de la balance.* — Pencher en avant. *Incliner la tête, le buste.* ▪ **2** (1327) FIG. (CHOSES) Rendre (qqn) enclin à. ➤ **inciter,** 1 **porter, pousser.** *«rien n'incline à la méchanceté comme d'être heureuse»* G. BATAILLE. *Tout m'incline à croire que vous avez raison.* — LITTÉR. Influencer. *«Je ne me reconnais aucun droit d'incliner en rien sa pensée»* GIDE.

II **S'INCLINER** v. pron. (1532) **A.** (PERSONNES) ▪ **1** Se courber, se pencher. *Saluer en s'inclinant profondément. Prêtre qui s'incline devant l'autel.* ➤ **se prosterner.** ▪ **2** FIG. *S'incliner devant qqn,* lui donner des marques de respect, d'humilité ; reconnaître sa supériorité. ➤ **se soumettre ;** RÉGION. **baster** (cf. Courber* le front). *Il ne s'incline devant aucune autorité.* ◆ (fin XIXe) S'avouer vaincu, renoncer à lutter, à insister. ➤ **abandonner, céder, se résigner.** *S'incliner devant la force d'une argumentation. Notre équipe s'est inclinée en finale.* — ABSOLT ➤ **obéir.** *Vous avez raison, je m'incline. «Il fallait s'incliner ou partir»* ROMAINS.

B. (CHOSES) Se placer, être placé obliquement par rapport à l'horizon ou à un plan donné. *Chemin qui s'incline en pente douce.* ➤ **descendre.** *Les «faibles rayons d'un soleil qui s'incline»* BARRÈS. ➤ **décliner.**

III v. intr. (1532) ▪ **1** VX ou LITTÉR. (CHOSES) Aller en s'inclinant, en penchant légèrement. *«Le jour inclina sous l'horizon»* GOBINEAU. ▪ **2** MOD. (PERSONNES) **INCLINER À :** avoir de l'inclination pour qqch. ou (VIEILLI) pour qqn. ➤ **pencher,** 1 **tendre** (à, vers). *Incliner à l'indulgence, vers l'indulgence* (cf. Être enclin à). *Incliner à* (et inf.). *J'incline à penser qu'il a raison. Il «inclinait à suivre*

ce conseil» SAND.
■ CONTR. 1 Lever, relever ; redresser. Imposer (s').

INCLINOMÈTRE [ɛ̃klinɔmɛtʀ] **n. m.** – 1902 ◊ de *incliner* et *-mètre* ■ **1** MÉTROL. Appareil destiné à mesurer l'inclinaison* magnétique. ■ **2** TECHN. ➤ **clinomètre.**

INCLUANT [ɛ̃klyɑ̃] **n. m.** – v. 1960 ◊ p. prés. de *inclure* ■ LING. Hyperonyme du défini employé comme définissant classificateur.

INCLURE [ɛ̃klyʀ] **v. tr.** ‹35 sauf p. p. inclus› – 1594, repris début XIXe ◊ de *inclus,* d'après *exclure* ■ **1** Mettre (qqch.) dans. ➤ **enfermer, insérer, introduire.** *Inclure un chèque, un billet dans une lettre.* ➤ **joindre.** *J'inclus votre nom dans la liste. Je tiens à inclure cette clause dans le contrat.* ➤ **intégrer.** *En incluant cette somme, le montant de la dépense s'élève à...* ➤ **compter.** ■ **2** (1866) ABSTRAIT Comprendre*. ➤ **comporter, contenir, renfermer.** *Cette condition en inclut une autre.* ■ **3** Ne pas exclure (une personne, un groupe). *Inclure les minorités dans la société.* ➤ aussi **intégrer.** ■ CONTR. Excepter, exclure.

INCLUS, USE [ɛ̃kly, yz] **adj.** – 1394 ◊ latin *inclusus,* p. p. de *includere* ■ **1** Contenu, compris, inséré (dans). *Les charges sont incluses dans le loyer. — Jusqu'au troisième chapitre inclus.* ➤ **inclusivement.** *Ses* Souvenirs *«qu'elle a menés jusqu'à son mariage inclus»* HENRIOT. — *Dent incluse,* enfouie dans l'arcade osseuse d'une mâchoire. — BOT. *Étamines incluses,* qui s'insèrent entièrement dans le tube de la corolle. ◆ LOG., MATH. *Ensemble E inclus dans l'ensemble E'* (noté $E \subset E'$), dont tous les éléments appartiennent à l'ensemble E'. ■ **2** (1690) **CI-INCLUS, CI-INCLUSE :** placé ici, à l'intérieur. ➤ 1 **joint.** *Factures ci-incluses. «n'ouvre la lettre ci-incluse qu'en cas d'accident»* STENDHAL. ◆ Inv. avant le n. (adv.) *«Ci-inclus la note sur la botanique»* FLAUBERT. *Vous trouverez ci-inclus réponse à votre demande.* ■ CONTR. Exclu.

INCLUSIF, IVE [ɛ̃klyzif, iv] **adj.** – 1688 ◊ latin médiéval *inclusivus* «qui inclut» ■ **1** DIDACT. Qui renferme (qqch.) en soi. *«Ces deux propositions sont inclusives l'une de l'autre»* LITTRÉ. — LOG. *«Ou» inclusif.* ➤ **ou** (II). ■ **2** ANGLIC. Qui n'exclut personne. *École, société inclusive.* ◆ *Écriture inclusive,* s'efforçant d'assurer une représentation égale des hommes et des femmes dans les textes. ■ CONTR. Exclusif.

INCLUSION [ɛ̃klyzjɔ̃] **n. f.** – 1655 ; «action de déclarer inclus» 1580 ◊ latin *inclusio* ■ **1** LOG., MATH. Relation entre deux classes, entre deux ensembles, dont l'un est inclus dans l'autre (➤ **implication**). *Inclusion réciproque.* ➤ **identité.** ■ **2** HISTOL. Introduction dans un tissu anatomique d'une substance (paraffine, matière plastique) qui lui donne assez de résistance pour être découpé au microtome, observé au microscope et conservé. ■ **3** (1897) Ce qui est inclus ; élément inclus dans un milieu de nature différente. *Inclusion d'air dans du verre.* ➤ 2 **bulle.** — SPÉCIALT Corps étranger contenu dans un cristal. *Ce diamant contient une inclusion.* ◆ ANAT. *Inclusion de la dent de sagesse,* qui reste enfermée dans le tissu osseux du maxillaire. ■ **4** Petit objet, animal, végétal, enfermé dans un bloc de matière plastique transparente et servant de décoration. ■ **5** Fait de ne pas exclure (une personne, un groupe). *Inclusion scolaire des élèves en situation de handicap.* ➤ aussi **intégration.** ■ CONTR. Exclusion.

INCLUSIVEMENT [ɛ̃klyzivmɑ̃] **adv.** – fin XIVe ◊ du latin médiéval *inclusivus,* d'après *exclusivement* ■ En comprenant (la chose dont on vient de parler). *Jusqu'au quinzième siècle inclusivement.* ➤ **compris.** ■ CONTR. Exclusivement.

INCOAGULABLE [ɛ̃kɔagylabl] **adj.** – 1731 ◊ de 1 *in-* et *coagulable* ■ SC. Qui ne se coagule pas.

INCOERCIBLE [ɛ̃kɔɛʀsibl] **adj.** – 1767 ◊ de 1 *in-* et *coercible,* du latin *coercere* «contraindre» ■ DIDACT. OU LITTÉR. Qu'on ne peut contenir, retenir. *Un fou rire incoercible. Toux incoercible. Sentiment, désir incoercible.* ➤ **irrépressible.** — **n. f. INCOERCIBILITÉ,** 1814.

INCOGNITO [ɛ̃kɔɲito] **adv.** et **n. m.** – 1581 ◊ mot italien «inconnu» ; latin *incognitus* ■ **1** En faisant en sorte qu'on ne soit pas connu, reconnu (dans un lieu). *Voyager incognito.* ➤ **anonymement, secrètement.** ■ **2 n. m.** Situation d'une personne qui cherche à n'être pas reconnue, à cacher son identité. *Garder l'incognito,* rester ignoré. ➤ **anonymat.** *«la passion de l'incognito, l'un des plus grands plaisirs des princes»* BALZAC. *Des incognitos.* ■ CONTR. Publiquement.

INCOHÉRENCE [ɛ̃kɔeʀɑ̃s] **n. f.** – 1700 ◊ anglais *incoherence* (1611), du français *cohérence* ■ **1** Caractère de ce qui est incohérent ; manque de lien logique, d'unité (dans les propos, les idées, les actes). ➤ **désordre.** *«L'incohérence d'un discours dépend de celui qui l'écoute»* VALÉRY. *Incohérence dans la conduite de qqn.* ➤ **contradiction.** ◆ PSYCHOL. Absence de cohérence dans les propos, les idées, les actes, qui se succèdent de façon désordonnée et insolite. ■ **2** *Une incohérence :* parole, idée, action incohérente. ➤ **illogisme.** *«un tissu d'inconséquences et d'incohérences»* BAUDELAIRE. *Les incohérences d'un récit, d'une démonstration. La défense de l'accusé est pleine d'incohérences et de contradictions.* ■ CONTR. Cohésion, cohérence, unité.

INCOHÉRENT, ENTE [ɛ̃kɔeʀɑ̃, ɑ̃t] **adj.** – 1751 ◊ de 1 *in-* et *cohérent* ■ **1** Qui manque de liaison, de suite, d'unité. *Gestes incohérents.* ➤ **désordonné.** *Images incohérentes d'un rêve. Tenir des propos incohérents.* ➤ **absurde, extravagant, illogique, incompréhensible.** *Bribes de phrases incohérentes* (cf. Sans queue* ni tête). *Conversation incohérente.* ➤ **décousu** (cf. Passer du coq* à l'âne). *Conduite incohérente. «une femme dont l'humeur incohérente faisait succéder une pluie de baisers à un déluge de coups»* MAUROIS. — *Il a été assez incohérent dans ses déclarations.* ■ **2** (1858) PHYS. *Vibrations incohérentes,* dont la différence de phase n'est pas constante. *Lumière incohérente.* ■ CONTR. Cohérent, harmonieux, 2 logique.

INCOLLABLE [ɛ̃kɔlabl] **adj.** – milieu XXe ◊ de 1 *in-* et *coller* ■ **1** FAM. Qu'on ne peut coller (I, B, 1°) ; qui répond à toutes les questions. *Elle est incollable en physique. Il est incollable sur ce chapitre.* ■ **2** Qui ne colle pas, n'attache pas pendant la cuisson. *Riz incollable.*

INCOLORE [ɛ̃kɔlɔʀ] **adj.** – 1797 ◊ bas latin *incolor* ■ **1** Qui n'est pas coloré ; sans couleur. *Liquide incolore. Gaz incolore et inodore. Verre incolore.* ➤ 1 **blanc.** *Crème, vernis incolore.* ■ **2** (ABSTRAIT) Qui est sans éclat. ➤ 1 **terne.** *Style incolore,* abstrait, sans images. ➤ **insipide,** 1 **plat.** *Il «me regarde avec un sourire incolore, fatigué»* DUHAMEL. — PLAIS. *Incolore, inodore* et *sans saveur.* ■ CONTR. Coloré.

INCOMBER [ɛ̃kɔ̃be] **v. tr. ind.** ‹1› – 1789 ; «concerner ; s'abattre sur» 1468 ◊ latin *incumbere* «peser sur» ■ **INCOMBER À :** peser, retomber sur (qqn), être imposé à (qqn), en parlant d'une charge, d'une obligation. *Les devoirs et les responsabilités qui lui incombent. La charge qui lui incombe est très lourde.* ◆ IMPERS. *C'est à vous qu'il incombe de faire cette démarche.* ➤ **appartenir, revenir.**

INCOMBUSTIBILITÉ [ɛ̃kɔ̃bystibilite] **n. f.** – 1751 ◊ de *incombustible* ■ Caractère de ce qui est incombustible.

INCOMBUSTIBLE [ɛ̃kɔ̃bystibl] **adj.** – 1361, rare avant XVIIIe ◊ latin médiéval *incombustibilis* ■ Qui n'est pas combustible, qui ne brûle pas ou très mal. ➤ **apyre.** *L'amiante est pratiquement incombustible. Les objets recouverts d'une matière ignifuge sont incombustibles.* ■ CONTR. Combustible.

INCOMMENSURABILITÉ [ɛ̃kɔmɑ̃syʀabilite] **n. f.** – 1636 ; *incommensurableté* XIVe ◊ de *incommensurable* ■ MATH. Caractère de ce qui est incommensurable (1°). *«l'incommensurabilité des côtés du triangle rectangle»* SARTRE.

INCOMMENSURABLE [ɛ̃kɔmɑ̃syʀabl] **adj.** – 1361, rare avant XVIIIe ◊ bas latin *incommensurabilis* ■ **1** MATH. Se dit de grandeurs qui n'ont pas de mesure commune, dont le rapport ne peut donner de nombre entier ni fractionnaire. ➤ **irrationnel.** *La racine carrée de 2 est incommensurable avec l'unité.* — ABSOLT *Nombres incommensurables :* nombres réels qui ne sont pas rationnels (nombres irrationnels, algébriques généraux, et transcendants). $\sqrt{2}$ (= 1,414213...), π (= 3,141592...) *sont des nombres incommensurables.* ■ **2** LITTÉR. Qu'on ne peut mesurer, évaluer, par manque de commune mesure. ➤ **irréductible.** *«la sensation des littératures est chose personnelle, irréductible, incommensurable»* BOURGET. ■ **3** COUR. Qui ne peut être mesuré, qui est très grand. ➤ **démesuré, illimité, immense.** *«l'onde incommensurable»* HUGO. *Une bêtise incommensurable. Je fus pris «d'une incommensurable rage»* BAUDELAIRE. — SUBST., DIDACT. *L'incommensurable :* l'infini. — **adv. INCOMMENSURABLEMENT,** 1850. ■ CONTR. Commensurable, mesurable, petit.

INCOMMODANT, ANTE [ɛ̃kɔmɔdɑ̃, ɑ̃t] **adj.** – 1690 ◊ de *incommoder* ■ Qui incommode physiquement. ➤ **désagréable, gênant, incommode.** *Bruit incommodant, odeur incommodante.* ■ CONTR. Agréable.

INCOMMODE [ɛ̃kɔmɔd] **adj.** – 1534 ◊ latin *incommodus* ■ **1** RARE Qui est peu pratique à l'usage. *Outil, instrument, vêtement incommode,* pas pratique*. *Appartement incommode par l'agencement des pièces.* ➤ **malcommode.** ■ **2** VX OU LITTÉR. Qui est désagréable, qui gêne, ennuie, indispose. *Position, posture incommode.* ➤ **inconfortable.** *«la passion véritable est incommode à l'éloquence»* GIDE. — DR. *Établissements dangereux, insalubres ou incommodes,* dont le fonctionnement et le voisinage présentent des dangers, des inconvénients et qui font l'objet d'une réglementation particulière (enquête *de commodo et incommodo* [dekɔmɔdo ɛt inkɔmɔdo]). ■ **3** (PERSONNES) VX Qui gêne par sa présence, son caractère, qui est à charge à qqn. ➤ **fâcheux, importun.** «*Le moi est incommode aux autres*» PASCAL. ■ CONTR. 1 Commode, 2 pratique ; agréable, confortable, facile.

INCOMMODÉMENT [ɛ̃kɔmɔdemɑ̃] **adv.** – XVIe ◊ de *incommode* ■ D'une manière incommode. *Être installé, assis incommodément.* ➤ **inconfortablement.** ■ CONTR. Commodément.

INCOMMODER [ɛ̃kɔmɔde] **v. tr.** ‹1› – 1596 ; «mettre à mal» XVe ◊ latin *incommodare* ■ Causer une gêne physique à (qqn), mettre mal à l'aise. ➤ **gêner, indisposer.** *Odeur qui incommode. Ce bruit m'incommode.* ➤ **déranger, fatiguer, troubler.** *Être incommodé par la chaleur, par le soleil ;* (VX) *du soleil. Incommoder les autres.* ➤ **empoisonner, importuner.** «*Allons, sortez, vous m'incommodez*» A. NOTHOMB. ◆ VIEILLI *Être incommodé* : avoir une indisposition légère, se sentir un peu souffrant. ➤ **indisposé, malade.** «*Maman est incommodée* [...] ; *elle ne sortira point*» LACLOS.

INCOMMODITÉ [ɛ̃kɔmɔdite] **n. f.** – 1549 ; «immondice» 1389 ◊ latin *incommoditas* ■ **1** LITTÉR. Gêne, désagrément causé par ce qui est incommode. ➤ **ennui, importunité, inconvénient.** *Incommodité d'un voisinage bruyant. L'incommodité d'habiter loin de son lieu de travail.* ➤ **sujétion.** ◆ VX ➤ **indisposition.** ■ **2** LITTÉR. Caractère de ce qui n'est pas commode, pratique. *Incommodité d'une installation, d'un appartement.* ➤ **inconfort.** «*L'incommodité des commodes était un fait démontré pour lui*» GAUTIER. ■ CONTR. Commodité, 2 confort ; agrément, facilité.

INCOMMUNICABILITÉ [ɛ̃kɔmynikabilite] **n. f.** – 1802 ◊ de *incommunicable* ■ LITTÉR. Caractère de ce qui ne peut être communiqué. *Incommunicabilité d'une impression.* — Impossibilité de communiquer avec d'autres personnes. «*tout va alors en s'aggravant jusqu'à l'incommunicabilité finale*» R. GARY.

INCOMMUNICABLE [ɛ̃kɔmynikabl] **adj.** – 1470 ◊ de 1 *in-* et *communicable* ■ **1** Qui n'est pas transmissible. ➤ **intransmissible.** *Caractères, droits, privilèges incommunicables.* ■ **2** Dont on ne peut faire part à personne, qui ne peut être exprimé, confié. ➤ **inexprimable.** *Une sensation incommunicable.* «*la pensée est incommunicable, même entre gens qui s'aiment !*» BAUDELAIRE. ■ **3** Qui ne peut être mis en communication, qui n'a aucun rapport (avec autre chose). ➤ **étanche.** «*Deux mondes incommunicables, la jeunesse et la maturité*» CHARDONNE. ■ CONTR. Communicable, transmissible.

INCOMMUTABLE [ɛ̃kɔmytabl] **adj.** – 1381 ◊ latin *incommutabilis* ■ DR. Qui ne peut changer de possesseur, de propriétaire. *Propriété incommutable.* — **n. f. INCOMMUTABILITÉ**, 1570.

INCOMPARABLE [ɛ̃kɔ̃paʀabl] **adj.** – attesté v. 1450 ; probablt déjà au XIIe (cf. *incomparablement*) ◊ latin *incomparabilis* ■ **1** RARE OU DIDACT. Qui ne peut être comparé à autre chose ; qui n'a pas son semblable. *Deux choses absolument incomparables, incomparables entre elles,* complètement différentes. *Ces deux musiciens sont incomparables.* ■ **2** (fin XVIe) COUR. À qui ou à quoi rien ne semble pouvoir être comparé (en bien) ; sans pareil. ➤ **inégalable, supérieur, unique.** *Elle était d'une incomparable beauté.* ➤ **accompli, admirable, parfait.** *Œuvre incomparable. Un talent incomparable. Une femme incomparable.* ➤ **remarquable.** «*l'incomparable cardinal de Richelieu*» GAMBETTA. ■ CONTR. Comparable, inférieur, médiocre.

INCOMPARABLEMENT [ɛ̃kɔ̃paʀabləmɑ̃] **adv.** – v. 1200 ◊ de *incomparable* ■ Sans comparaison possible (suivi d'un compar.). ➤ **autrement, infiniment.** «*Une humanité incomparablement plus évoluée*» BENDA. *Incomparablement moins...* — (Déterminant un v.) D'une manière unique, très bien. *Chanter incomparablement.*

INCOMPATIBILITÉ [ɛ̃kɔ̃patibilite] **n. f.** – fin XVe ◊ de *incompatible* ■ **1** Impossibilité de s'accorder, d'exister ensemble, résultant d'une contrariété de caractères (personnes), de différences essentielles (choses). ➤ **antagonisme, contradiction, contrariété, désaccord, opposition.** *Incompatibilité d'une chose et d'une autre, d'une chose avec une autre, de deux choses.* «*Entre la poésie et l'espérance, l'incompatibilité est complète*» CIORAN. *Divorce, séparation pour incompatibilité d'humeur.* ◆ LOG. Caractère de deux phénomènes qui ne peuvent se produire simultanément pour des raisons logiques. ◆ INFORM. Absence de compatibilité*. ■ **2** DR. PUBL. Impossibilité légale de cumuler certaines fonctions ou occupations. *Incompatibilité entre le mandat parlementaire et la plupart des fonctions publiques.* ■ **3** SC. *Incompatibilité des équations* : cas où plusieurs équations ne peuvent se trouver vérifiées par un même système de valeurs des inconnues. ◆ PHARM. Rapport entre médicaments qui, employés ensemble, deviendraient dangereux ou inutiles. — MÉD. *Incompatibilité des groupes sanguins* (pour les transfusions). *Incompatibilité entre le donneur et le receveur d'un organe, d'une greffe.* — BIOL. CELL. Incapacité propre à certains plasmides de coexister dans la même cellule. *Incompatibilité plasmidique.* — BOT. *Systèmes d'incompatibilité génétique* : impossibilité biologique pour certains pollens de féconder certains pistils. ■ **4** STÉNOGR. Procédé d'abrègement basé sur l'incompatibilité des sons ou des signes successifs. ■ CONTR. Accord, coexistence, compatibilité, harmonie. Cumul.

INCOMPATIBLE [ɛ̃kɔ̃patibl] **adj.** – 1480 ; *incompassible* 1370 ◊ latin médiéval *incompatibilis,* du latin classique *compati* → compatible ■ **1** Qui ne peut coexister, être associé, réuni avec (une autre chose). ➤ **contraire, inconciliable, opposé.** «*La plus haute culture moderne* [...] *n'est pas incompatible avec la foi*» ROMAINS. ➤ **exclusif** (de). — *Choses incompatibles, incompatibles les unes avec les autres, incompatibles entre elles.* ➤ **contradictoire, discordant.** *Ses dépenses sont incompatibles avec ses ressources. Caractères, humeurs incompatibles.* ■ **2** VX (PERSONNES) Qui ne peut s'accommoder de qqch. ou s'entendre avec qqn. «*farouche, dédaigneux, incompatible*» FÉNELON. ■ **3** DR. Se dit des fonctions, mandats, emplois dont la loi interdit le cumul (➤ **incompatibilité**). ■ **4** MATH. *Évènements incompatibles entre eux,* qui ne peuvent se réaliser simultanément. — *Système d'équations incompatibles,* dont l'ensemble des solutions est vide. ◆ LOG. Caractère de deux ou plusieurs propositions qu'on ne peut affirmer simultanément. ■ **5** INFORM. Qui n'est pas compatible*. *Systèmes incompatibles.* ■ CONTR. Compatible, convenable.

INCOMPÉTENCE [ɛ̃kɔ̃petɑ̃s] **n. f.** – 1537 ◊ de *incompétent* ■ **1** DR. Inaptitude d'une autorité publique à accomplir un acte juridique. *Incompétence d'un préfet, d'un maire. Incompétence matérielle, personnelle, territoriale d'un tribunal. Soulever l'exception d'incompétence.* ■ **2** (1787) COUR. Défaut des connaissances, ou de l'habileté nécessaires. ➤ **ignorance, impéritie, incapacité.** *Incompétence d'un architecte, d'un journaliste, d'un directeur de société. Avouer, déclarer son incompétence.* ➤ se **récuser.** IRON. *Il a atteint son niveau, son seuil d'incompétence,* le seuil au-delà duquel il n'est plus compétent. ■ CONTR. Aptitude, compétence.

INCOMPÉTENT, ENTE [ɛ̃kɔ̃petɑ̃, ɑ̃t] **adj.** – 1505 ◊ bas latin *incompetens* ■ **1** DR. Qui n'est pas compétent (SPÉCIALT d'une juridiction). ■ **2** COUR. Qui n'a pas les connaissances suffisantes, l'habileté requise pour juger, pour décider d'une chose. ➤ **ignorant, nul.** *Être incompétent en musique, en politique. Elle est incompétente sur ce sujet, dans ce domaine.* ◆ ABSOLT Qui ne sait pas faire ce que sa profession, sa fonction exige. ➤ **incapable.** *Ministre incompétent.* SUBST. (1930) *Une commission d'irresponsables et d'incompétents. C'est un nul, un incompétent.* ➤ FAM. **brèle.** ■ CONTR. Compétent.

INCOMPLET, ÈTE [ɛ̃kɔ̃plɛ, ɛt] **adj.** – 1372, repris XVIIe ◊ latin *incompletus* ; de 1 *in-* et *complet* ■ Qui n'est pas complet ; auquel il manque qqch., un élément. ➤ **imparfait.** *Énumération, liste incomplète. Dossier incomplet. Œuvre incomplète.* ➤ **fragmentaire, inachevé.** *Collection incomplète.* ➤ **dépareillé.** *Une définition incomplète,* où il manque des traits pertinents. ➤ **insuffisant.**

INCOMPLÈTEMENT [ɛ̃kɔ̃plɛtmɑ̃] **adv.** – 1503 ◊ de *incomplet* ■ D'une manière incomplète. ➤ **imparfaitement.** *Il est incomplètement guéri.* ■ CONTR. 1 Complètement.

INCOMPLÉTUDE [ɛ̃kɔ̃pletyd] **n. f.** – 1903 ◊ de *incomplet* ■ **1** PSYCHOL. *Sentiment d'incomplétude* : sentiment d'inachevé, d'insuffisant que certains malades éprouvent à propos de leurs pensées, de leurs actes, de leurs émotions. ➤ **psychasthénie.** ■ **2** (1969 ◊ de *in-* et *complétude*) ÉPISTÉM. Caractère d'un système hypothéticodéductif* qui contient des propositions indécidables.

INCOMPRÉHENSIBILITÉ [ɛ̃kɔ̃pʀeɑ̃sibilite] **n. f.** – 1522 ◊ de *incompréhensible* ■ LITTÉR. Caractère de ce qui est incompréhensible. *L'incompréhensibilité des mystères. L'incompréhensibilité d'un texte.* ■ CONTR. Compréhensibilité.

INCOMPRÉHENSIBLE [ɛ̃kɔ̃pʀeɑ̃sibl] **adj.** – XIVe ◊ latin *incomprehensibilis* ■ **1** Qui ne peut être compris ; dont la pensée ne peut saisir l'essence. ➤ **inconcevable.** *La nature de Dieu* «*est immense, incompréhensible et infinie*» DESCARTES. *L'homme est un* «*monstre incompréhensible*» PASCAL. *Mystères incompré-*

hensibles. ➤ **impénétrable, insondable.** *C'est incompréhensible, à peu près incompréhensible. Il est incompréhensible que...* (et subj.). ELLIPT *« Incompréhensible que Dieu soit, et incompréhensible qu'il ne soit pas »* PASCAL. ♦ LITTÉR. *Incompréhensible à* (qqn). *Cela m'est incompréhensible.* MOD. *Incompréhensible pour* (qqn). — SUBST. *« Qu'est-ce qu'un Dieu masqué dans l'incompréhensible ! »* HUGO. ▪ **2** Impossible ou très difficile à comprendre, à concevoir, à expliquer. ➤ **abstrus, inexplicable, inintelligible, mystérieux.** *Texte, mot incompréhensible.* ➤ **obscur** ; FAM. **imbitable.** *Cette disparition est incompréhensible. « Les cœurs ont des secrets divers, incompréhensibles à d'autres cœurs »* CHATEAUBRIAND. *Ce rituel est incompréhensible pour un étranger.* ➤ **ténébreux.** — *Il est incompréhensible ; son caractère, son attitude est incompréhensible.* ➤ **bizarre, curieux, déconcertant, étrange.** ▪ CONTR. Clair, compréhensible.

INCOMPRÉHENSIF, IVE [ɛ̃kɔ̃pʀeɑ̃sif, iv] adj. – 1835 ◊ de 1 *in-* et *compréhensif* ▪ Qui n'est pas compréhensif, qui ne se met pas à la portée des autres. *Des parents incompréhensifs, trop sévères. « un mauvais esprit, dédaigneux, incompréhensif »* HENRIOT. *Incompréhensif et intolérant.* ➤ **étroit** (d'esprit).

INCOMPRÉHENSION [ɛ̃kɔ̃pʀeɑ̃sjɔ̃] n. f. – 1860 ◊ de 1 *in-* et *compréhension* ▪ Absence de compréhension, incapacité ou refus de comprendre qqn ou qqch., de lui rendre justice ; manque d'indulgence. ➤ **inintelligence, méconnaissance.** *L'incompréhension de qqn, son incompréhension pour, envers (qqn, qqch.), à l'égard de (qqn). Incompréhension entre deux personnes. Artiste, poète qui souffre de l'incompréhension du public, de la critique* (➤ **incompris**).

INCOMPRESSIBILITÉ [ɛ̃kɔ̃pʀesibilite] n. f. – 1680 ◊ de *incompressible* ▪ PHYS. Caractère de ce qui est incompressible. ▪ CONTR. Compressibilité, compression.

INCOMPRESSIBLE [ɛ̃kɔ̃pʀesibl] adj. – 1680 ◊ de 1 *in-* et *compressible* ▪ **1** PHYS. Qui n'est pas compressible, dont le volume ne diminue pas par la pression. *Aucun fluide n'est incompressible.* ▪ **2** FIG. Impossible à réduire. *Frais, délais incompressibles. Peine incompressible.* ▪ CONTR. Compressible, élastique.

INCOMPRIS, ISE [ɛ̃kɔ̃pʀi, iz] adj. – milieu XVe ◊ de 1 *in-* et *compris* ▪ Qui n'est pas compris, apprécié à sa juste valeur. *Livre, ouvrage incompris. — Une femme incomprise. Être incompris de ses proches.* ♦ n. *Un éternel incompris.* ▪ CONTR. Apprécié, compris.

INCONCEVABLE [ɛ̃kɔ̃s(ə)vabl] adj. – 1584 ◊ de 1 *in-* et *concevable* ▪ **1** Dont l'esprit humain ne peut se former aucune représentation. ➤ **contradictoire, impensable, impossible.** *« Et concevoir de Dieu l'inconcevable essence »* LAMARTINE. — SUBST. *L'inconcevable.* ▪ **2** COUR. Impossible ou difficile à comprendre, à expliquer, à imaginer, à croire. ➤ **étonnant, étrange, extraordinaire, incompréhensible, incroyable, paradoxal, surprenant.** *La plus inconcevable solitude. Cette histoire est inconcevable.* ➤ **inimaginable, inouï.** *« elle vivait dans une oisiveté inconcevable »* MUSSET. *« Les boutiques de modistes étaient pleines de chapeaux inconcevables »* BALZAC. ➤ **extravagant, improbable.** — SPÉCIALT Inacceptable. *« Il est inconcevable que cet abus ne soit pas réformé »* LITTRÉ. ➤ **inadmissible.** *C'est inconcevable !* ➤ **impossible.** ▪ CONTR. Concevable ; banal, compréhensible.

INCONCEVABLEMENT [ɛ̃kɔ̃s(ə)vabləmɑ̃] adv. – 1769 ◊ de *inconcevable* ▪ LITTÉR. D'une manière inconcevable. *L'enfant « se mit à hurler [...] inconcevablement »* CÉLINE. ➤ **extraordinairement.**

INCONCILIABLE [ɛ̃kɔ̃siljabl] adj. – 1752 ◊ de 1 *in-* et *conciliable* ▪ Qui n'est pas conciliable. ➤ **incompatible.** — (CHOSES) *Principes, maximes inconciliables,* qui s'excluent réciproquement. *Choses inconciliables l'une avec l'autre, entre elles. Ce voyage est inconciliable avec votre emploi du temps. Une « loi sur les émigrants est inconciliable avec les principes de la Constitution »* MIRABEAU. *Intérêts inconciliables.* ➤ **opposé.** — RARE (PERSONNES) *Chercher à réconcilier des ennemis inconciliables.* ➤ **irréconciliable.**

INCONDITIONNALITÉ [ɛ̃kɔ̃disjɔnalite] n. f. – 1831 ◊ de *inconditionnel* ▪ **1** Caractère de ce qui est inconditionnel. *L'inconditionnalité d'une adhésion.* ▪ **2** Adhésion donnée sans réserve (par qqn). *On critique l'inconditionnalité de ses partisans.*

INCONDITIONNÉ, ÉE [ɛ̃kɔ̃disjɔne] adj. – 1794 ◊ de 1 *in-* et *conditionné* ▪ PHILOS. Qui n'est soumis à aucune condition. ➤ **absolu.** — SUBST. *L'inconditionné :* l'absolu, l'infini (Kant). ♦ (PERSONNES) Qui n'est pas influencé par ses conditions de vie. ▪ CONTR. Conditionné.

INCONDITIONNEL, ELLE [ɛ̃kɔ̃disjɔnɛl] adj. – 1777 ◊ de 1 *in-* et *conditionnel,* d'après l'anglais ▪ **1** (CHOSES) Qui n'est pas conditionnel, ne dépend d'aucune condition. ➤ **absolu.** *Ordre inconditionnel.* ➤ **impératif.** *Acceptation, soumission, reddition inconditionnelle* (cf. Sans condition). ▪ **2** (PERSONNES) Qui suit en toute circonstance et sans discussion les décisions (d'une personne, d'un parti). *Il est le soutien inconditionnel du Premier ministre, de sa politique.* — Qui est partisan sans réserve de qqch. ou de qqn. *Une admiratrice inconditionnelle d'Elvis Presley.* ➤ **groupie.** ♦ n. *Un inconditionnel du gaullisme.* ➤ FAM. **béni-oui-oui, godillot.** — *Les inconditionnels de la B. D.*

INCONDITIONNELLEMENT [ɛ̃kɔ̃disjɔnɛlmɑ̃] adv. – 1845 ◊ de *inconditionnel* ▪ De façon inconditionnelle. *Il exige que sa majorité le soutienne inconditionnellement.*

INCONDUITE [ɛ̃kɔ̃dɥit] n. f. – 1693 ◊ de 1 *in-* et *conduite* ▪ LITTÉR. ou DR. Mauvaise conduite sur le plan moral ; conduite réprouvée. ➤ **débauche.** *Inconduite notoire, scandaleuse.*

INCONFORT [ɛ̃kɔ̃fɔʀ] n. m. – 1893 ◊ de 1 *in-* et *confort* ▪ Manque de confort. *L'inconfort d'un logement.* ➤ **incommodité.** *Vivre dans l'inconfort. « Vous ignorez l'inconfort, fils gâté »* COLETTE. — FIG. *Inconfort intellectuel.*

INCONFORTABLE [ɛ̃kɔ̃fɔʀtabl] adj. – 1814 ◊ de 1 *in-* et *confortable* ▪ Qui n'est pas confortable. *Maison inconfortable.* ♦ FIG. Qui donne un sentiment de gêne. *Être dans une situation inconfortable.* ➤ **déplaisant, désagréable.**

INCONFORTABLEMENT [ɛ̃kɔ̃fɔʀtabləmɑ̃] adv. – 1927 ◊ de *inconfortable* ▪ D'une manière inconfortable. *Il est très inconfortablement installé.* ➤ **incommodément.**

INCONGELABLE [ɛ̃kɔ̃ʒ(ə)labl] adj. – 1611 ◊ de 1 *in-* et *congelable* ▪ SC., TECHN. Qui ne peut être congelé.

INCONGRU, UE [ɛ̃kɔ̃gʀy] adj. – v. 1370 ◊ latin *incongruus* ▪ Contraire à ce qui convient, à ce qui est considéré comme convenable. ➤ **déplacé, inconvenant, malséant.** *Ton incongru. Des hoquets incongrus. Un poème « plein d'inventions incongrues et singulières »* GAUTIER. — PAR EUPHÉM. *Un bruit incongru :* pet, rot. ♦ (1808) VIEILLI *Une personne incongrue,* qui manque de savoir-vivre. ▪ CONTR. Bienséant, congru, convenable.

INCONGRUITÉ [ɛ̃kɔ̃gʀyite] n. f. – 1514 ◊ latin *incongruitas* ▪ **1** Caractère de ce qui est contraire à la bienséance, aux usages. ▪ **2** Action ou parole incongrue, déplacée, et SPÉCIALT contraire à la bienséance, aux convenances. *Dire des incongruités.*

INCONGRÛMENT ou **INCONGRUMENT** [ɛ̃kɔ̃gʀymɑ̃] adv. – 1377 *incongruement* ◊ de *incongru* ▪ RARE D'une manière incongrue. *Parler, agir incongrûment.* — La graphie *incongrument* sans accent circonflexe, comme dans *absolument, éperdument, résolument,* est régulière. ▪ CONTR. Congrûment.

INCONJUGABLE [ɛ̃kɔ̃ʒygabl] adj. – 1875 ◊ de 1 *in-* et *conjugable* ▪ Qu'on ne peut conjuguer. *Les verbes défectifs, tels que gésir, sont pratiquement inconjugables.* ▪ CONTR. Conjugable.

INCONNAISSABLE [ɛ̃kɔnɛsabl] adj. et n. m. – *inconnessable* 1675 ; *incongnoissable* 1393 ; rare jusqu'au milieu XIXe ◊ de 1 *in-* et *connaissable* ▪ Qui ne peut être connu. *L'avenir inconnaissable.* ♦ n. m. *Chaque découverte « recule les limites de l'inconnaissable »* DANIEL-ROPS. — PHILOS. Ce qui échappe à la connaissance humaine. ▪ CONTR. Connaissable.

INCONNU, UE [ɛ̃kɔny] adj. et n. – 1573 ; *incongneu* XIVe ◊ latin *incognitus,* d'après *connu*

I ~ adj. et n. ▪ **1** Qu'on ne connaît pas. ➤ **ignoré.** ♦ (CHOSES) Dont on ignore l'existence. *Il reste à découvrir, révéler des trésors inconnus.* — Dont on ignore la nature. *Les causes du décès restent inconnues.* ➤ **indéterminé.** *Obéir à une volonté inconnue.* ➤ **occulte.** *« Les voilà dans le train, emportés vers une destination inconnue »* SARTRE. ➤ **mystérieux,** 1 **secret.** — *Inconnu à, de* (qqn). *« Un nouveau monde qui lui était inconnu »* LA BRUYÈRE. *Un phénomène inconnu de tous.* ♦ (PERSONNES) Dont on ignore l'identité. *Ouvrage dont l'auteur est inconnu.* ➤ **anonyme.** *Il désire demeurer inconnu durant ce voyage.* ➤ **incognito.** *« Oublié dans son pays... Inconnu ailleurs... Tel est le destin du voyageur »* (PRÉVERT et P. LAROCHE, « Les Visiteurs du soir », film). *Enfant né de père inconnu. Tombeau du Soldat inconnu. Elle m'est inconnue de nom. Inconnu à l'adresse indiquée. Il n'est pas inconnu des services de police.* — LOC. FAM. *Inconnu au bataillon :* complètement inconnu (de la personne qui parle). — n. *On a découvert le cadavre d'une inconnue. Déposer une plainte contre inconnu.* ➤ 2 X. — PAR EXAGÉR. Qui est peu connu ; sans réputation ni notoriété. ➤ **obscur.** *Un peintre encore inconnu.* ➤ **méconnu.** *Vivre, rester inconnu* (cf. Dans l'ombre). n. IRON. *Un illustre inconnu* : un individu complètement obscur. ▪ **2** Qu'on ne connaît pas ou qu'on connaît très peu, faute d'étude, d'expérience, d'usage ou de pratique. *Un mot inconnu. Mers, terres inconnues.* ➤ **inexploré.** « *Cette odeur inconnue ou plutôt méconnue de moi* » FRANCE. *Être en pays inconnu. Ce visage ne m'est pas inconnu.* « *De vastes laboratoires où se poursuivent des essais d'une ampleur jusqu'ici inconnue* » VALÉRY. ➤ **inouï.** — *Ces problèmes lui sont inconnus.* ➤ **étranger.** *Le dôme, encore inconnu des architectes anciens.* ◆ Qu'on n'a encore jamais expérimenté, ressenti. ➤ 2 **neuf, nouveau.** *Une odeur, une sensation inconnue* (de moi). ▪ **3** (PERSONNES) Dont on n'a jamais fait connaissance. ➤ **étranger.** *Ce garçon m'est inconnu.* ◆ n. *N'adresse pas la parole à des inconnus. C'est un parfait inconnu pour moi. Une belle inconnue.* — Personne qui n'appartient pas à un clan, une famille. ➤ **étranger, tiers.** *Entre eux, ou devant des inconnus.*

II ~ n. m. **L'INCONNU** Ce qui est inconnu, ignoré (quels que soient les formes, les causes et le domaine de cette ignorance). « *l'inconnu, c'est ce qui n'existe aucunement pour moi* » SARTRE. *L'attrait, la soif de l'inconnu.* ➤ **nouveau.** « *Il y a dans l'inconnu du Pôle je ne sais quel attrait d'horreur sublime, de souffrance héroïque* » MICHELET. *La peur de l'inconnu. Un saut dans l'inconnu.*

III ~ n. f. MATH. Variable à déterminer pour connaître la solution d'un problème. — Racine d'une équation. *Système d'équations à deux inconnues.* ◆ *Les inconnues d'un problème social, économique,* les éléments qu'on ignore. *C'est la grande inconnue.*

▪ CONTR. Célèbre, connu, éprouvé, fameux, familier, reconnu, renommé.

INCONSCIEMMENT [ɛ̃kɔ̃sjamɑ̃] adv. – 1862 ◇ de *inconscient* ▪ De façon inconsciente. *Agir inconsciemment, en automate. Il lui en veut inconsciemment,* sans s'en rendre compte, sans s'en apercevoir (cf. À son insu*). ◆ PAR EXT. Sans avoir réfléchi aux conséquences. *S'engager un peu inconsciemment dans une affaire délicate* (cf. À la légère ; sans réflexion). ▪ CONTR. Consciemment, volontairement.

INCONSCIENCE [ɛ̃kɔ̃sjɑ̃s] n. f. – 1794 ◇ de 1 *in-* et *conscience* ▪ **1** Privation permanente ou abolition momentanée de la conscience. *État d'inconscience provoqué par le chloroforme.* ➤ **anesthésie.** *Glisser, sombrer dans l'inconscience* (➤ aussi **coma**). ▪ **2** PSYCHOL. Caractères de phénomènes qui, par nature, échappent à la conscience. ➤ **inconscient** (I, 3°). *L'inconscience de certains phénomènes psychologiques rend leur étude difficile.* ▪ **3** COUR. Absence de jugement, de conscience claire, qui caractérise un être ou qui se marque dans certains de ses actes. *Courir un pareil risque, c'est de l'inconscience. Faire preuve d'inconscience.* ➤ **aveuglement, folie, irréflexion, irresponsabilité, légèreté.** *Quelle inconscience !* ◆ *Inconscience de* : état d'une personne qui ne perçoit pas nettement, n'imagine pas (qqch.). ➤ **ignorance.** « *l'inconscience de la minute qui va suivre* » MARTIN DU GARD. *Dans l'inconscience où j'étais du danger.* ▪ CONTR. Connaissance, conscience, lucidité.

INCONSCIENT, IENTE [ɛ̃kɔ̃sjɑ̃, jɑ̃t] adj. et n. – 1820 ◇ de 1 *in-* et *conscient*

I adj. ▪ **1** À qui la conscience fait défaut, de façon permanente ou temporaire. « *Elle n'était plus animée que de la vie inconsciente des végétaux* » PROUST. *À la suite de l'accident, il est resté inconscient pendant plusieurs heures* (➤ **coma**). ▪ **2** Qui ne se rend pas compte clairement des choses. *Ne prêtez pas attention à ce qu'il fait, il est complètement inconscient.* ➤ **fou, irréfléchi.** — *Il est inconscient de ses actes ; de lui avoir fait de la peine. Inconscient du danger.* ▪ **3** (CHOSES) Dont on n'a pas conscience ; qui échappe à la conscience. *Mouvement, geste inconscient.* ➤ **automatique, instinctif, machinal.** *Élan, effort inconscient.* ➤ **spontané.** *Perceptions inconscientes.* ➤ **infraliminal.** *Une large part de notre vie psychique demeure inconsciente.* « *cette sagesse inconsciente, l'instinct* » FRANCE. *Hostilité inconsciente.* ➤ **refoulé.**

II n. Personne qui juge ou agit sans réflexion, qui n'a pas une conscience claire. *Se conduire en inconscient.* ➤ **irresponsable.** *C'est une inconsciente.*

III n. m. (fin XIXe) PSYCHOL. **L'INCONSCIENT** : ce qui échappe entièrement à la conscience, même quand le sujet cherche à le percevoir et à y appliquer son attention ; la partie inconsciente du psychisme. « *L'inconscient est ce chapitre de mon histoire qui est marqué par un blanc ou occupé par un mensonge : c'est le chapitre censuré* » LACAN. *Désirs, sentiments inavoués refoulés dans l'inconscient. Méthodes cliniques d'investigation de l'inconscient.* ➤ **psychanalyse.** *Inconscient et subconscient**.

▪ CONTR. Conscient, volontaire. Avoué.

INCONSÉQUENCE [ɛ̃kɔ̃sekɑ̃s] n. f. – 1538 ◇ bas latin *inconsequentia* ▪ **1** Manque de suite dans les idées, de réflexion dans la conduite ; caractère des propos, des actes inconséquents. ➤ **étourderie, inattention, irréflexion, légèreté.** « *l'inconséquence d'une conversation, toujours si capricieuse en France* » BALZAC. *Il est d'une inconséquence qui frise l'imprudence. L'inconséquence de sa conduite.* ▪ **2** (XVIIIe) *Une inconséquence* : action ou parole inconséquente ; manifestation d'inconséquence. ➤ **caprice, contradiction, désaccord.** *Un tissu d'inconséquences et d'incohérences.* ▪ CONTR. Conséquence, 1 logique, suite.

INCONSÉQUENT, ENTE [ɛ̃kɔ̃sekɑ̃, ɑ̃t] adj. – 1551, repris XVIIIe ◇ latin *inconsequens* ▪ **1** (CHOSES) Qui n'est pas conforme à la logique. ➤ **absurde.** *Comportement, raisonnement inconséquent.* ◆ (fin XIXe) Dont on n'a pas calculé les conséquences (qui risquent d'être fâcheuses). *Démarche, proposition inconséquente.* ➤ **inconsidéré, irréfléchi, malavisé.** ▪ **2** (PERSONNES) Qui est en contradiction avec soi-même. ➤ **illogique, incohérent.** « *Chateaubriand a été inconséquent, il s'est beaucoup contredit* » SAINTE-BEUVE. *Il est inconséquent avec lui-même, avec ses principes.* ◆ Qui ne calcule pas les conséquences de ses actes ou de ses paroles. ➤ **écervelé, étourdi, imprudent, irréfléchi, léger.** *Il faut être assez inconséquent pour se lancer dans une telle aventure.* ▪ CONTR. Conséquent, 2 logique ; réfléchi, sérieux.

INCONSIDÉRÉ, ÉE [ɛ̃kɔ̃sideʀe] adj. – fin XVe ◇ latin *inconsideratus* ▪ **1** (CHOSES) Qui témoigne d'un manque de réflexion ; qui n'a pas été considéré, pesé. ➤ **imprudent, irréfléchi.** *Propos inconsidérés. Démarche, initiative inconsidérée. Zèle inconsidéré.* ➤ **indiscret, maladroit.** « *Dans un placement inconsidéré, elle avait perdu une partie de l'argent* » LOTI. ▪ **2** (PERSONNES) VIEILLI Qui agit sans considérer suffisamment les choses. ➤ **imprudent, inconséquent.** « *Si vous êtes sot et inconsidéré* » LA BRUYÈRE.
▪ CONTR. Considéré, réfléchi. Circonspect, pondéré.

INCONSIDÉRÉMENT [ɛ̃kɔ̃sideʀemɑ̃] adv. – 1541 ◇ de *inconsidéré* ▪ D'une manière inconsidérée. ➤ **étourdiment** (cf. À la légère). *Bavarder inconsidérément* (cf. À tort et à travers*). « *Partir inconsidérément à l'aventure* » GIDE.

INCONSISTANCE [ɛ̃kɔ̃sistɑ̃s] n. f. – 1738 ◇ de 1 *in-* et *consistance* ▪ Manque de consistance. ▪ **1** (Moral) Manque de force ou de fondement. *L'inconsistance d'une argumentation, d'un raisonnement.* ➤ **faiblesse, fragilité.** *Devant l'inconsistance des accusations portées contre lui, le prévenu a été relâché.* — Manque d'intérêt, de profondeur. ➤ **légèreté.** *Ce film, ce roman est d'une complète inconsistance.* ▪ **2** (CONCRET) *L'inconsistance d'une pâte, d'une crème.*

INCONSISTANT, ANTE [ɛ̃kɔ̃sistɑ̃, ɑ̃t] adj. – 1544, repris XVIIIe ◇ de 1 *in-* et *consistant* ▪ **1** Qui manque de consistance morale, de suite, de cohérence, de solidité. *Caractère faible et inconsistant. Une personne inconsistante.* ➤ **amorphe, indécis, 1 mou.** *Esprit léger et inconsistant.* ➤ **changeant*, frivole, inconstant, versatile.** ◆ Plus cour. *Idées inconsistantes. Espoirs inconsistants.* ➤ **fragile.** — Qui manque de profondeur, d'intérêt. *Le scénario de ce film est un peu inconsistant. Un personnage de roman inconsistant.* ▪ **2** Qui manque de consistance. *Crème, bouillie inconsistante.* ▪ CONTR. Consistant.

INCONSOLABLE [ɛ̃kɔ̃sɔlabl] adj. – 1504 ◇ latin *inconsolabilis* ▪ Qui n'est pas consolable. *Veuve, orphelin inconsolable.* ➤ **désespéré.** *Il est inconsolable de la mort de sa femme.* — *Douleur inconsolable.* ◆ PAR EXAGÉR. Très affligé. ➤ **désolé.** *Nous sommes inconsolables de vous avoir ratés lors de votre dernier passage.*

INCONSOLÉ, ÉE [ɛ̃kɔ̃sɔle] adj. – 1500, repris fin XVIIIe ◇ de 1 *in-* et *consolé* ▪ Qui n'est pas consolé. *Veuve inconsolée. Douleur inconsolée.* — n. « *Je suis le ténébreux, – le veuf, – l'inconsolé* » NERVAL. ▪ CONTR. Consolé.

INCONSOMMABLE [ɛ̃kɔ̃sɔmabl] adj. – 1840 ◇ de 1 *in-* et *consommable* ▪ Impropre à la consommation. *Denrées inconsommables.* ➤ **immangeable.** *Inconsommable après la date de péremption.*

INCONSTANCE [ɛ̃kɔ̃stɑ̃s] n. f. – 1220 ◇ latin *inconstantia* ▪ **1** VIEILLI ou LITTÉR. Facilité à changer (d'opinion, de résolution, de sentiment, de conduite). ➤ **caprice, instabilité, mobilité, versatilité.** *L'inconstance du public.* ◆ Plus cour. Tendance à l'infidélité en amour. ➤ **infidélité.** « *L'inconstance, cette sœur de la folie* » MUSSET. *L'inconstance d'un amant, d'une maîtresse.* ➤ **abandon, lâchage, trahison.** ▪ **2** Acte d'inconstance. ➤ **infidélité.** « *La Double Inconstance* », *pièce de Marivaux.* ▪ **3** LITTÉR. Caractère changeant d'une chose. ➤ **incertitude, instabilité, mobilité.** « *L'extrême inconstance de la fortune* » MAETERLINCK.
▪ CONTR. Constance, fidélité, stabilité.

INCONSTANT, ANTE [ɛ̃kɔ̃stɑ̃, ɑ̃t] **adj.** – 1265 ◊ latin *inconstans* ■ **1** VIEILLI OU LITTÉR. Qui n'est pas constant, change facilement (d'opinion, de sentiment, de conduite). ➤ **changeant*, instable, léger, versatile.** *Inconstant dans ses idées, dans ses amitiés. Une personne faible et inconstante.* ➤ **frivole ; girouette, papillon.** *Humeur inconstante. «Je ne sais quoi de si brusque, de si inconstant se fait remarquer dans le caractère français»* CHATEAUBRIAND. ◆ (En amour) ➤ **infidèle, léger, volage.** *Une femme inconstante. «Je t'aimais inconstant, qu'aurais-je fait fidèle !»* RACINE. **n.** VX *Un inconstant, une inconstante.* ■ **2** VIEILLI OU LITTÉR. Qui est sujet à changer. ➤ **changeant, fluctuant.** *Bonheur inconstant.* ■ CONTR. Constant, 1 fort.

INCONSTITUTIONNALITÉ [ɛ̃kɔ̃stitysjɔnalite] **n. f.** – 1797 ◊ de *inconstitutionnel* ■ DR. Caractère inconstitutionnel. *Inconstitutionnalité d'un décret.* ■ CONTR. Constitutionnalité.

INCONSTITUTIONNEL, ELLE [ɛ̃kɔ̃stitysjɔnɛl] **adj.** – 1775 ◊ de 1 *in-* et *constitutionnel*, probablt d'après l'anglais *unconstitutional* ■ DR. Qui n'est pas constitutionnel ; qui est en opposition avec la constitution d'un État (➤ **anticonstitutionnel**). *Mesure, loi inconstitutionnelle.*

INCONSTITUTIONNELLEMENT [ɛ̃kɔ̃stitysjɔnɛlmɑ̃] **adv.** – 1783 ◊ de *inconstitutionnel* ■ DR. D'une manière inconstitutionnelle. ➤ **anticonstitutionnellement.**

INCONSTRUCTIBLE [ɛ̃kɔ̃stʀyktibl] **adj.** – 1970 ◊ de 1 *in-* et *constructible* ■ ADMIN. Inapte à recevoir des constructions, selon la réglementation des permis de construire. *Zone inondable inconstructible.* ■ CONTR. Constructible.

INCONTESTABILITÉ [ɛ̃kɔ̃tɛstabilite] **n. f.** – 1718 ◊ de *incontestable* ■ RARE OU DR. Caractère de ce qui est incontestable.

INCONTESTABLE [ɛ̃kɔ̃tɛstabl] **adj.** – 1611 ◊ de 1 *in-* et *contestable* ■ Qui n'est pas contestable, que l'on ne peut mettre en doute. ➤ **avéré, certain*, évident, flagrant, indiscutable.** *Fait réel et incontestable ; vérité incontestable. Une incontestable réussite. Sa bonne foi est incontestable.* ➤ **inattaquable, indéniable.** *J'avais «une autorité morale incontestée, incontestable, indiscutable»* DUHAMEL. *Preuve incontestable* (➤ **formel**). — *Il est incontestable que* (et l'indic., le condit.). *Il est incontestable qu'il y a une crise. Il est incontestable qu'il peut, qu'il pourrait réussir. C'est incontestable* : cela ne fait aucun doute*, cela tombe* sous le sens. ➤ **évident.** ■ CONTR. Contestable, discutable, douteux ; 1 faux.

INCONTESTABLEMENT [ɛ̃kɔ̃tɛstabləmɑ̃] **adv.** – 1660 ◊ de *incontestable* ■ D'une manière incontestable. ➤ **assurément, certainement, indéniablement, indiscutablement, indubitablement** (cf. Sans conteste*). *Elle est incontestablement moins intelligente que sa sœur. Vous pensez l'avoir reconnu ? – Incontestablement !* ■ CONTR. Peut-être.

INCONTESTÉ, ÉE [ɛ̃kɔ̃tɛste] **adj.** – 1650 ◊ de 1 *in-* et *contester* ■ Qui n'est pas contesté ; que l'on ne met pas en doute, en question. *Droits incontestés.* — (PERSONNES) Dont l'autorité, la valeur n'est pas contestée. *Chef, maître incontesté.*

INCONTINENCE [ɛ̃kɔ̃tinɑ̃s] **n. f.** – XIIᵉ ◊ latin *incontinentia* ■ **1** VX OU LITTÉR. Défaut de continence ; activité sexuelle pratiquée en dépit des interdits et considérée comme coupable (notion chrétienne). ➤ **débauche, luxure.** ■ **2** (1584) MÉD. Absence de contrôle des sphincters qui retiennent l'urine dans la vessie ou les fèces dans le rectum. *Incontinence d'urine.* — ABSOLT Incontinence d'urine. ➤ **énurésie.** ■ **3** Absence de retenue (en matière de langage). *Incontinence de langage, de parole. Incontinence verbale.* ➤ **logorrhée.** ◆ PSYCHOL. *Incontinence mentale, émotionnelle* : incapacité de contrôler ses réactions émotives. ➤ **émotivité.** *«Les pleurs sont l'incontinence des faibles»* M. DUGAIN. ■ CONTR. Chasteté, continence.

1 **INCONTINENT, ENTE** [ɛ̃kɔ̃tinɑ̃, ɑ̃t] **adj.** – v. 1350 ◊ latin *incontinens* ■ **1** VX Qui n'est pas continent. ➤ **intempérant.** ■ **2** (1922) MÉD. *Vessie incontinente*, qui ne retient pas l'urine. ➤ **incontinence.** — *Un malade incontinent.* ➤ **énurétique.** ◆ **n.** *Couches pour incontinents.* ■ CONTR. Chaste, 1 continent.

2 **INCONTINENT** [ɛ̃kɔ̃tinɑ̃] **adv.** – XIIIᵉ ◊ latin juridique *in continenti (tempore)* «dans (un temps) continu», par ext. «immédiatement» ■ VX OU LITTÉR. Tout de suite, sur-le-champ. ➤ **aussitôt** (cf. À l'instant). *«Je veux que tout soit réglé incontinent»* CLAUDEL.

INCONTOURNABLE [ɛ̃kɔ̃tuʀnabl] **adj.** – 1967 ◊ de 1 *in-* et *contourner* ■ Qui ne peut être contourné (FIG.), évité ; dont il faut tenir compte. ➤ **inéluctable, inévitable.** *Réformes incontournables*, dont on ne peut faire l'économie. ➤ **indispensable.** ◆ **n. m.** *Les incontournables d'un musée, d'un pays*, ce qu'il faut avoir vu.

INCONTRÔLABLE [ɛ̃kɔ̃tʀolabl] **adj.** – 1819 ; *inconterrolable* 1614 ◊ de 1 *in-* et *contrôlable* ■ **1** Qui n'est pas contrôlable. ➤ **invérifiable.** *Affirmation, alibi, témoignage incontrôlable. Chiffre incontrôlable d'une estimation.* ■ **2** (1926) Que l'on ne peut maîtriser. ➤ **indomptable.** *Réflexes incontrôlables. Des éléments incontrôlables se sont mêlés aux manifestants.* ➤ **incontrôlé.**

INCONTRÔLÉ, ÉE [ɛ̃kɔ̃tʀole] **adj.** – 1794 ◊ de 1 *in-* et *contrôler* ■ Qui n'est pas contrôlé. *Forces incontrôlées. Des bandes incontrôlées*, qui échappent à l'autorité de leur chef.

INCONVENANCE [ɛ̃kɔ̃v(ə)nɑ̃s] **n. f.** – 1573 «indécence» ; rare avant XVIIIᵉ ◊ de 1 *in-* et *convenance* ■ **1** Caractère de ce qui est inconvenant, contraire aux convenances. *L'inconvenance d'une proposition, d'une question.* ➤ **audace, cynisme, effronterie, impertinence, incorrection, indécence, sans-gêne.** ■ **2** (1845) Parole, action inconvenante, déplacée. *Dire des inconvenances.* ➤ **grossièreté, incongruité.** *Commettre une inconvenance.* ➤ **impolitesse.** *Il y a quelque inconvenance à agir ainsi.* ■ CONTR. Bienséance, convenance, égard.

INCONVENANT, ANTE [ɛ̃kɔ̃v(ə)nɑ̃, ɑ̃t] **adj.** – 1790 ◊ de 1 *in-* et *convenant*, de *convenir* ■ **1** VX Qu'il ne convient pas de faire. *«Toute hésitation serait impolitique et inconvenante»* MIRABEAU. ■ **2** MOD. Qui est contraire aux convenances, aux usages, aux bienséances. *Discours, propos inconvenants.* ➤ **déplacé, grossier, malséant, malsonnant.** *Question inconvenante.* ➤ **choquant, incongru, indiscret, inopportun, intempestif.** *Il serait inconvenant de parler d'argent dans cette circonstance.* ◆ SPÉCIALT Qui enfreint les règles de la société, en matière sexuelle. *Recevoir qqn dans une tenue inconvenante.* ➤ **indécent.** *«de grandes peintures inconvenantes comme on en retrouve à Pompéi»* MAUPASSANT. ➤ **licencieux.** ■ **3** (PERSONNES) Qui se conduit contrairement aux convenances. ➤ **incorrect, malhonnête.** *Je l'ai trouvé inconvenant.* ■ CONTR. Bienséant, convenable, décent, honnête, 1 poli.

INCONVÉNIENT [ɛ̃kɔ̃venjɑ̃] **n. m.** – 1220 adj. «qui ne convient pas» ◊ latin *inconveniens* ■ **1** VX Accident fâcheux ; désagrément, embarras. ■ **2** MOD. Conséquence, suite fâcheuse d'une action, d'une situation donnée. *Situation qui entraîne des inconvénients graves. C'est vous qui en subirez les inconvénients* (cf. Faire les frais*, payer les pots* cassés). *Il n'y a pas d'inconvénient à prendre ce médicament.* ➤ **danger, risque.** *Chose que l'on peut faire sans aucun inconvénient. Si vous n'y voyez pas d'inconvénient* : si cela ne vous dérange pas. ➤ **empêchement, objection, obstacle.** ■ **3** Désavantage inhérent à une chose qui, par ailleurs, est ou peut être bonne. ➤ **défaut, désavantage.** *Avantages et inconvénients de qqch.* (cf. Le bon et le mauvais côté*, le pour et le contre*). *Avoir, comporter, offrir, présenter des inconvénients, de graves, de sérieux inconvénients. Ma sœur me montra «les inconvénients de cette manière d'agir et j'y renonçai»* RENAN. *Les inconvénients de la vie en commun. Toute chose a ses inconvénients* (cf. Il n'y a pas de rose sans épine* ; toute médaille a son revers*). ■ CONTR. Bonheur ; agrément, bénéfice, commodité ; avantage, qualité.

INCONVERTIBILITÉ [ɛ̃kɔ̃vɛʀtibilite] **n. f.** – milieu XXᵉ ◊ de *inconvertible* ■ FIN. Le fait d'être inconvertible. *L'inconvertibilité d'une devise. Inconvertibilité en or des billets de banque ayant cours forcé depuis 1936.* ■ CONTR. Convertibilité.

INCONVERTIBLE [ɛ̃kɔ̃vɛʀtibl] **adj.** – 1546 ◊ de 1 *in-* et *convertible* ■ **1** VX OU DIDACT. Qu'on ne peut convertir à une religion, une doctrine. *«la protestante inconvertible»* SAINTE-BEUVE. ■ **2** FIN. Qu'on ne peut convertir, échanger contre une monnaie, contre de l'or. *Monnaie inconvertible en une autre devise.* ■ CONTR. Convertible.

INCOORDINATION [ɛ̃kɔɔʀdinasjɔ̃] **n. f.** – 1865 ◊ de 1 *in-* et *coordination* ■ **1** DIDACT. Absence de coordination. *Incoordination des idées. L'incoordination d'opérations militaires, de services administratifs.* ■ **2** PATHOL. Difficulté ou impossibilité de coordonner les mouvements des différents groupes musculaires.

INCORPORABLE [ɛ̃kɔʀpɔʀabl] **adj.** – avant 1814 ◊ de *incorporer* ■ RARE Qui peut être incorporé. — **n. f. INCORPORABILITÉ.**

INCORPORALITÉ ➤ **INCORPORÉITÉ**

INCORPORATION [ɛ̃kɔʀpɔʀasjɔ̃] **n. f.** – début XVᵉ relig. ◊ latin *incorporatio* ■ **1** Action de faire entrer (une matière) dans une autre. ➤ **amalgame, mélange, mixtion.** *Incorporation de jaunes d'œufs dans du sucre. Incorporation d'un excipient dans un médicament.* ■ **2** Action de faire entrer (un élément) dans un tout. *Incorporation d'un territoire à un empire, dans un* *empire.* ➤ **annexion, réunion.** *Incorporation d'une minorité ethnique, religieuse dans une communauté.* ➤ **assimilation, intégration.** ◆ DR. Action de s'incorporer à une propriété. *La propriété peut s'acquérir par incorporation.* ➤ **accession.** ◆ FIN. *Incorporation de réserves, de bénéfices non distribués, pour l'augmentation du capital social d'une entreprise.* ◆ PSYCHAN. Processus par lequel un sujet, sur le mode fantasmatique, fait pénétrer et garde un objet à l'intérieur de son corps. ■ **3** (1771) MILIT. Inscription (des recrues) sur les contrôles d'un corps. ➤ **appel.** *Incorporation des conscrits dans un régiment.* — ABSOLT *Sursis* d'incorporation.* ■ CONTR. Exclusion, séparation.

INCORPORÉITÉ [ɛ̃kɔʀpɔʀeite] n. f. – v. 1760 ◇ de 1 *in-* et *corporéité* ■ DIDACT. Caractère d'un être incorporel. — On dit aussi **INCORPORALITÉ,** 1372.

INCORPOREL, ELLE [ɛ̃kɔʀpɔʀɛl] adj. – 1160 ◇ latin *incorporalis* ■ **1** Qui n'a pas de corps, qui n'est pas matériel. ➤ **immatériel.** *L'âme est incorporelle.* ■ **2** DR. *Biens incorporels* : tous les droits, sauf le droit de propriété. ◆ FIN. *Éléments incorporels de l'actif d'une entreprise,* n'ayant pas un caractère matériel et ne faisant pas l'objet d'une évaluation et d'une comptabilisation au bilan. ■ CONTR. Corporel, matériel ; concret.

INCORPORER [ɛ̃kɔʀpɔʀe] v. tr. ‹1› – 1411 ; *encorporer* fin XIIe ◇ bas latin *incorporare,* de *corpus* «corps» ■ Faire qu'une chose fasse corps avec une autre. ■ **1** Unir intimement (une matière à une autre). ➤ **mélanger.** *Incorporer des œufs à une sauce,* (plus rare) *avec une sauce, de la levure dans la pâte.* ➤ **amalgamer.** ■ **2** Faire entrer comme partie dans un tout. *Incorporer une disposition à un contrat, dans un contrat.* ➤ **insérer, introduire.** *Incorporer un territoire dans un empire.* ➤ **annexer, comprendre, joindre, rattacher, réunir.** *Appareil photo avec flash incorporé,* faisant corps avec l'appareil. — *Incorporer qqn dans une société.* ➤ **agréer, associer, intégrer.** «*Tout de suite, elle fut incorporée dans la famille*» CHARDONNE. — SPÉCIALT *Incorporer un conscrit, une recrue dans un bataillon.* ➤ **appeler, enrôler, recruter.** ◆ PRONOM. **S'INCORPORER.** *Matière organique qui s'incorpore au sol.* ➤ **s'assimiler, entrer,** se **fondre, s'intégrer.** ■ **3** (1880, de l'anglais) RÉGION. (Canada) Donner à (une entreprise) le statut de société par actions (compagnie). — PRONOM. *Il y a des avantages à s'incorporer.* ■ CONTR. Exclure, isoler, séparer ; 1 détacher, éliminer, retrancher.

INCORRECT, E [ɛ̃kɔʀɛkt] adj. – 1421 ◇ de 1 *in-* et *correct* ■ **1** Qui n'est pas correct. *Édition incorrecte.* ➤ **fautif.** — SPÉCIALT Qui enfreint les règles de l'usage, en matière de langage. *Terme incorrect.* ➤ **impropre ; incorrection.** ◆ Qui n'est pas fait selon les règles, qui est mal exécuté. ➤ **défectueux, mauvais.** *Tracé, dessin incorrect. Réglage incorrect d'un appareil.* — PAR EXT. ➤ 1 **faux, inexact.** *Interprétation incorrecte des faits.* ■ **2** (fin XIXe) Qui est contraire aux usages, aux bienséances. *Tenue incorrecte.* ➤ **débraillé, inconvenant.** *Manières, paroles incorrectes.* ➤ **déplacé.** ◆ (PERSONNES) Grossier, impoli. *Il s'est montré très incorrect en cette circonstance.* — PAR EXT. *Être incorrect avec qqn,* manquer aux usages, aux règles (de la politesse, des affaires, etc.). *Elle a été très incorrecte avec son professeur.* ➤ **grossier, impertinent, impoli.** *Incorrect en affaires.* ➤ **déloyal, irrégulier.** ■ CONTR. Correct, pur ; fidèle ; 1 bon, exact, juste. Convenable, courtois, délicat, fair-play, 1 poli, régulier.

INCORRECTEMENT [ɛ̃kɔʀɛktəmɑ̃] adv. – 1538 ◇ de *incorrect* ■ D'une manière incorrecte. *Parler incorrectement une langue. Appareil incorrectement réglé.* ➤ 2 **mal.** *Il s'est conduit très incorrectement avec moi,* impoliment ou indélicatement. ■ CONTR. Correctement ; 1 bien.

INCORRECTION [ɛ̃kɔʀɛksjɔ̃] n. f. – 1512 ◇ de 1 *in-* et *correction* ■ **1** Défaut de correction, notamment en matière de langage. *Incorrection du style. L'originalité ne peut «servir de prétexte à l'incorrection»* HUGO. ◆ Expression incorrecte. ➤ **barbarisme, faute, impropriété.** *Il y a de nombreuses incorrections dans ce devoir de français.* ■ **2** (fin XIXe) Caractère de ce qui est contraire aux usages, aux règles du savoir-vivre. ➤ **inconvenance.** *Incorrection en affaires.* ➤ **indélicatesse.** *Incorrection envers qqn.* ◆ Parole ou action incorrecte. ➤ **grossièreté, impolitesse.** *Il a commis là une grave incorrection.* ■ CONTR. Correction, pureté. Courtoisie, délicatesse, politesse.

INCORRIGIBLE [ɛ̃kɔʀiʒibl] adj. – 1334 ◇ bas latin *incorrigibilis* ■ Qui ne peut être corrigé. ■ **1** (PERSONNES) Qui persévère dans ses défauts, ses erreurs. ➤ **entêté, impénitent, indécrottable.** *Un enfant incorrigible. Un paresseux, un alcoolique incorrigible.* ➤ **invétéré.** *Un incorrigible optimiste.* ■ **2** (Défauts, erreurs) Qui persiste chez qqn. ➤ **incurable.** *Son incorrigible étourderie.*

INCORRIGIBLEMENT [ɛ̃kɔʀiʒibləmɑ̃] adv. – 1557 ◇ de *incorrigible* ■ D'une manière incorrigible. ➤ **incurablement.** *Enfant incorrigiblement étourdi.*

INCORRUPTIBILITÉ [ɛ̃kɔʀyptibilite] n. f. – 1495 ◇ de *incorruptible* ■ DIDACT. Caractère de ce qui est incorruptible. *Incorruptibilité d'une substance.* ◆ FIG. *Incorruptibilité d'un fonctionnaire.* ➤ **intégrité, probité.** ■ CONTR. Altération.

INCORRUPTIBLE [ɛ̃kɔʀyptibl] adj. – XIVe ◇ bas latin *incorruptibilis* ■ **1** (CHOSES) Qui n'est pas corruptible. ➤ **inaltérable, inattaquable.** *Bois incorruptible.* ➤ **imputrescible.** «*j'aime l'or. Chaud, froid, clair, sombre, incorruptible*» (COCTEAU, «Les Dames du bois de Boulogne», film). ■ **2** (XVIIe) (PERSONNES) Qui est incapable de se laisser corrompre, séduire pour agir contre son devoir. ➤ **honnête, intègre.** *Fonctionnaire, juge incorruptible.* ◆ n. *Un, une incorruptible.* «*L'Incorruptible*», *surnom de Robespierre.* — (traduction de l'anglais, répandu par une série télévisée) *Les incorruptibles* : les agents fédéraux américains. — adv. **INCORRUPTIBLEMENT.** ■ CONTR. Corruptible, corrompu.

INCOTERM [ɛ̃kotɛʀm] n. m. – 1936 ◇ acronyme de l'anglais *International Commercial Terms* ■ COMM. Terme de commerce international (généralement exprimé par un sigle) définissant les obligations respectives et le partage des responsabilités entre vendeur et acheteur. *Incoterms recommandés par la Chambre de commerce internationale* : C. A. F., F. A. B., franco ; C. I. F., F. O. B.

INCRÉDIBILITÉ [ɛ̃kʀedibilite] n. f. – 1520 ◇ latin *incredibilitas* ■ LITTÉR. ou DIDACT. Caractère de ce qui est incroyable. *L'incrédibilité d'un récit.* ■ CONTR. Crédibilité, vraisemblance.

INCRÉDULE [ɛ̃kʀedyl] adj. et n. – XIVe ◇ latin *incredulus* ■ **1** Qui ne croit pas, qui doute (en matière de religion). ➤ **incroyant, irréligieux.** — n. ➤ **mécréant ; esprit** (fort), **libre penseur.** ■ **2** (1538) Qui ne croit pas facilement, qui se laisse difficilement persuader, convaincre. ➤ **sceptique.** *Ses affirmations me laissent incrédule. Être incrédule quant à, à l'égard de...* ◆ (CHOSES) Qui marque de l'incrédulité. *Une moue incrédule.* ■ CONTR. Crédule, croyant ; 1 naïf.

INCRÉDULITÉ [ɛ̃kʀedylite] n. f. – 1328 ; *encredulitet* X^e ◇ latin *incredulitas* ■ **1** Manque de foi, de croyance religieuse ; doute. ➤ **incroyance, irréligion.** *Les progrès de l'incrédulité, de la libre pensée au XVIIIe siècle.* ■ **2** (1538) Absence de crédulité ; état d'une personne incrédule. ➤ **défiance, doute, scepticisme.** *Accueillir une nouvelle avec incrédulité. Se heurter à l'incrédulité de qqn. Il eut un sourire d'incrédulité.* «*Cette verve d'incrédulité et ce refus d'être dupe*» BAUDELAIRE. *Incrédulité quant à, à l'égard de qqch.* ■ CONTR. Crédulité, croyance, foi.

INCRÉÉ, ÉE [ɛ̃kʀee] adj. – 1458 ◇ de 1 *in-* et *créé* ■ RELIG. Qui existe sans avoir été créé. *Dieu, créateur incréé.* ■ CONTR. Créé.

INCRÉMENT [ɛ̃kʀemɑ̃] n. m. – 1738 en math. ; repris XXe ◇ anglais *increment,* latin *incrementum* ■ SC. Augmentation minimale d'une variable prenant des valeurs discrètes. ➤ aussi 1 **pas.** — INFORM. Quantité dont on accroît une variable à chaque cycle d'une boucle de programme.

INCRÉMENTATION [ɛ̃kʀemɑ̃tasjɔ̃] n. f. – 1974 ◇ de *incrément* ■ MATH. Fait d'augmenter la valeur (d'une variable). — INFORM. Augmentation de la valeur (d'une variable) à chaque exécution d'un programme.

INCRÉMENTER [ɛ̃kʀemɑ̃te] v. tr. ‹1› – attesté 1995 ◇ de *incrément* ■ SC. Augmenter la valeur de (une variable). — INFORM. Augmenter la quantité de (une variable) à chaque exécution d'un programme. *Chaque mois, ce programme incrémente le droit aux congés du salarié.*

INCRÉMENTIEL, IELLE [ɛ̃kʀemɑ̃sjɛl] adj. – v. 1980 ◇ de *incrément* ■ INFORM. Qui permet un traitement séquentiel immédiat des informations. *Compilateur incrémentiel.*

INCREVABLE [ɛ̃kʀəvabl] adj. – v. 1895 ◇ de 1 *in-* et *crevable* ■ **1** Qui ne peut être crevé. *Ballon, pneu increvable.* ■ **2** FIG. et FAM. (PERSONNES) Qui n'est jamais fatigué. ➤ **infatigable.** *Il est d'une résistance à toute épreuve, il est increvable.* ◆ (CHOSES) Solide, résistant. *Un moteur increvable.*

INCRIMINATION [ɛ̃kʀiminasjɔ̃] n. f. – 1829 ◇ de *incriminer* ■ RARE. Action d'incriminer. ➤ **accusation, attaque.** *Une incrimination injuste, mal fondée.*

INCRIMINÉ, ÉE [ɛ̃kʀimine] adj. – 1834 ◇ de *incriminer* ■ Mis en cause, accusé. *Personne incriminée pour un délit.* «*les livres incriminés* [sont] *en passe d'être effectivement supprimés de nos librairies*» GIDE.

INCRIMINER [ɛ̃kʀimine] **v. tr.** ‹1› – 1558, rare avant 1791 ◇ latin *incriminare* ■ **1** VX Déclarer criminel, accuser d'un crime. ➤ **inculper.** ■ **2** MOD. Mettre (qqn) en cause ; s'en prendre à (qqn). *Vous l'incriminez à tort en lui imputant une erreur dont il n'est pas responsable.* ➤ **accuser, attaquer, blâmer, suspecter.** — PAR EXT. Considérer (qqch.) comme responsable. *Incriminer les circonstances, les évènements.* ■ CONTR. Disculper, justifier.

INCRISTALLISABLE [ɛ̃kʀistalizabl] **adj.** – 1762 ◇ de 1 *in-* et *cristallisable* ■ SC. Qui ne peut cristalliser. ■ CONTR. Cristallisable.

INCROCHETABLE [ɛ̃kʀɔʃ(ə)tabl] **adj.** – 1808 ◇ de 1 *in-* et *crocheter* ■ Impossible à crocheter. *Serrure incrochetable.*

INCROYABLE [ɛ̃kʀwajabl] **adj.** et **n.** – 1513 ; *increable* 1500 ◇ de 1 *in-* et *croyable* ■ **1** Qui n'est pas croyable ; qu'il est impossible ou très difficile de croire. ➤ **effarant, étonnant, étrange, fabuleux,** 1 **fort, prodigieux, renversant, surprenant.** *Un récit incroyable. D'incroyables nouvelles. Incroyable mais vrai*.* — SUBST. *Croire l'incroyable.* ♦ IMPERS. **(avec l'inf.)** *Il est incroyable de penser que.* ➤ **impensable, inconcevable, inimaginable, invraisemblable.** *Il est, il semble incroyable que* **(et subj.).** — COUR. *C'est incroyable ce qu'il fait chaud. C'est incroyable comme on peut se tromper.* ■ **2** Qui est peu commun, peu ordinaire. ➤ **étonnant, excessif, exorbitant, extraordinaire, fantastique, inouï.** *Un courage incroyable. Il a fait des progrès incroyables.* ➤ **stupéfiant.** *Un chapeau incroyable.* ➤ **bizarre, extravagant, improbable.** — Inadmissible. *Il a un culot incroyable. C'est tout de même incroyable.* ➤ 1 **fort.** ■ **3** (PERSONNES) *Tu es incroyable avec tes prétentions. Il est incroyable, ce type !* ➤ FAM. **chié** (cf. FAM. Il est trop*). ■ **4 n.** (1795 ◇ à cause de leur tic de langage : *« c'est inc'oyable »*) *Les Incroyables* : jeunes gens qui, sous le Directoire, affichaient une recherche extravagante dans leur mise et leur langage. ➤ **muscadin.** *Incroyables et Merveilleuses*.* ■ CONTR. Croyable ; crédible.

INCROYABLEMENT [ɛ̃kʀwajabləmɑ̃] **adv.** – fin XVe ◇ de *incroyable* ■ D'une manière incroyable. ➤ **excessivement, extraordinairement, extrêmement, terriblement.** *Il est incroyablement paresseux. « Notre monde est immense, incroyablement varié »* CHARDONNE.

INCROYANCE [ɛ̃kʀwajɑ̃s] **n. f.** – 1836 ◇ de 1 *in-* et *croyance* ■ Absence de croyance religieuse ; état d'une personne qui ne croit pas. ➤ **athéisme.** *Être, vivre dans l'incroyance.* ➤ **doute, incrédulité.** ■ CONTR. Croyance, foi.

INCROYANT, ANTE [ɛ̃kʀwajɑ̃, ɑ̃t] **adj.** – 1783 ◇ de 1 *in-* et *croyant* ■ Qui n'est pas croyant, qui refuse de croire (en matière de religion). *Âme incroyante* (➤ **irréligieux**). ♦ **n.** *Les incroyants.* ➤ **agnostique, athée, impie, mécréant, non-croyant.** *« Un incrédule qui se prend pour un incroyant ! »* ANOUILH. ■ CONTR. Croyant, dévot, fidèle.

INCRUSTANT, ANTE [ɛ̃kʀystɑ̃, ɑ̃t] **adj.** – 1752 ◇ de *incruster* ■ Qui couvre les corps d'une croûte minérale plus ou moins épaisse. *Les eaux incrustantes de Saint-Alyre.* ➤ **pétrifiant.**

INCRUSTATION [ɛ̃kʀystasjɔ̃] **n. f.** – 1553 ◇ latin *incrustatio* ■ **1** Action d'incruster ; manière dont un objet, une surface est incrustée. *Décoration faite par incrustation. Incrustation d'émail sur argent.* ➤ 2 **nielle.** ♦ **(Surtout au plur.)** Élément incrusté dans un objet, sur une surface. *Colonne de marbre blanc avec incrustations de lapis.* — PAR ANAL. *Un déshabillé de soie à incrustations de dentelle.* ■ **2** (1749) SC. et TECHN. Enduit pierreux naturel déposé par des matières salines soit autour des corps ayant séjourné dans des eaux calcaires (➤ **pétrification**), soit contre les parois des chaudières à vapeur (➤ **dépôt, tartre**). *Empêcher l'incrustation par l'emploi de désincrustants.* ■ **3** AUDIOVIS. Insertion, par un procédé électronique, dans une image de télévision, d'une autre image à l'intérieur d'un contour déterminé.

INCRUSTER [ɛ̃kʀyste] **v. tr.** ‹1› – 1555 au sens I, 2° ◇ latin *incrustare*
I ■ **1** Orner (un objet, une surface) suivant un dessin gravé en creux, avec des fragments d'une autre matière. *Incruster d'émaux un coffre en bois précieux.* — **(Surtout au pass.).** *« un marbre blanc incrusté de jaspe »* CHATEAUBRIAND. *Poignard incrusté d'or.* ➤ **damasquiner.** ♦ PAR ANAL. Insérer dans une surface évidée (des matériaux d'ornement taillés en fragments). *Incruster de l'émail sur fond d'argent.* ➤ 2 **nieller.** ■ **2** SC., TECHN. Couvrir d'un dépôt formant croûte. ■ **3** AUDIOVIS. Réaliser l'incrustation* de (une image). **p. p. adj.** *Image incrustée.*
II S'INCRUSTER v. pron. ■ **1** (XVIe) Adhérer fortement à un corps, s'y implanter. *Ce coquillage s'est profondément incrusté dans la pierre.* ■ **2** FIG. (1831) *S'incruster chez qqn,* ne plus en déloger. ➤ **s'enraciner.** *« elle est bavarde comme une pie... Elle s'incruste chez la fruitière... Elle en finit plus »* CÉLINE. *Cela fait trois heures qu'il est là, il s'incruste !* ♦ Se conduire en parasite chez qqn. SYN. ARG. *Taper l'incruste* **(n. f.).** ■ **3 (Pass.)** Être incrusté ou susceptible de l'être. *La nacre s'incruste dans l'ébène.* ■ **4** Se couvrir d'un dépôt formant croûte. *Votre radiateur s'est incrusté de tartre.* ➤ **entartrer.**

INCUBATEUR, TRICE [ɛ̃kybatœʀ, tʀis] **adj.** et **n.** – 1847 ◇ de *incuber,* d'après *incubation* ■ **1** DIDACT. Où s'opère l'incubation (1° et 5°). *Appareil incubateur. Chambre incubatrice. Poche incubatrice.* ♦ *Un incubateur, une incubatrice* : appareil servant à l'incubation artificielle des œufs. ➤ **couveuse.** ■ **2 n. f.** Couveuse* artificielle pour bébés prématurés. ■ **3 n. m.** Structure qui accueille et accompagne les porteurs de projets de création d'entreprises. ➤ **couveuse, pouponnière.** *Incubateurs et pépinières.*

INCUBATION [ɛ̃kybasjɔ̃] **n. f.** – 1694 ◇ latin *incubatio,* de *incubare* « couver » ■ **1** Action de couver des œufs ; développement de l'embryon dans l'œuf, dans une poche incubatrice, etc. *Incubation naturelle, artificielle* (➤ **couveuse**) *des œufs d'oiseaux. Incubation interne des fœtus des mammifères placentaires. La durée d'incubation* (➤ **couvaison**) *est de vingt et un jours pour la poule. Les œufs éclosent après incubation.* ■ **2** (1824) Temps qui s'écoule entre l'époque de la contagion et l'apparition des premiers symptômes d'une maladie. *Période d'incubation. « comme un mal dévastateur se déclare après une incubation de plusieurs années »* GREEN. ■ **3** FIG. Période pendant laquelle un évènement, une création se prépare sourdement, sans se manifester au grand jour (➤ **couver**). *« L'incubation des insurrections »* HUGO. ■ **4** Accompagnement dans la phase de développement d'un projet de création d'entreprise ; séjour dans un incubateur (3°). ■ **5** BIOL. MOL. Action de placer une substance, un échantillon dans des conditions, notamment de température, précisément contrôlées. *Milieu d'incubation. Four d'incubation.* ➤ **incubateur.**

INCUBE [ɛ̃kyb] **n. m.** – 1372 ◇ latin *incubus* « cauchemar », de *incubare* ■ DIDACT. Démon masculin censé abuser d'une femme pendant son sommeil **(opposé à *succube*).**

INCUBER [ɛ̃kybe] **v. tr.** ‹1› – 1771 ◇ latin *incubare* ■ DIDACT. Opérer l'incubation de. BIOL. MOL. *Mettre les échantillons à incuber.* — Mettre à couver (des œufs) dans un incubateur.

INCULPABLE [ɛ̃kylpabl] **adj.** – 1829 ◇ de *inculper* ■ RARE Qui peut être inculpé. *Il est inculpable de vol* (cf. Mis en examen).

INCULPATION [ɛ̃kylpasjɔ̃] **n. f.** – 1740 ; hapax XVIe ◇ de *inculper* ■ Action d'inculper. — DR. Imputation officielle d'un crime ou d'un délit à un individu contre qui est, en conséquence, dirigée une procédure d'instruction **(terme remplacé en France en 1993 par *mise en examen*).** *Être arrêté sous l'inculpation d'homicide. Chef d'inculpation.* ■ CONTR. Disculpation.

INCULPÉ, ÉE [ɛ̃kylpe] **adj.** et **n.** – 1810 ; « accusé » 1611 ◇ de *inculper* ■ Qui est inculpé, mis en examen. *Les personnes inculpées.* ♦ **n.** Personne à laquelle est imputée une infraction sanctionnée pénalement (➤ **prévenu**) et qui fait l'objet d'une procédure d'instruction. *Décerner un mandat d'amener contre un inculpé. Renvoi d'un inculpé devant la cour d'assises.*

INCULPER [ɛ̃kylpe] **v. tr.** ‹1› – 1526 ◇ latin *inculpare,* de *culpa* « faute » ■ **1** VX Considérer comme coupable d'une faute. ➤ **accuser,** VX **incriminer.** *On l'inculpait à tort de mensonge.* ■ **2** DR. Imputer à (qqn) une infraction sanctionnée pénalement. *Il a été inculpé de viol* (cf. Mis en examen pour). ■ CONTR. Disculper, excuser.

INCULQUER [ɛ̃kylke] **v. tr.** ‹1› – 1512 ◇ latin *inculcare,* de *calcare* « fouler », de *calx, calcis* « talon » ■ Faire entrer (qqch.) dans l'esprit d'une façon durable, profonde. ➤ **apprendre, enseigner ; graver, imprimer** (dans l'esprit). *Ces préceptes lui ont été inculqués dès l'enfance. Inculquer à qqn que* **(et indic.).** — **n. f.** (1588) **INCULCATION.**

INCULTE [ɛ̃kylt] **adj.** – 1475 ◇ latin *incultus* ■ **1** Qui n'est pas cultivé. *Terres, sols incultes.* ➤ **friche** (en friche). *Terre laissée momentanément inculte.* ➤ **jachère.** *Terrains incultes et incultivables.* ➤ **aride,** 1 **désert, désertique, infertile, stérile.** ■ **2** (1838) VX Qui n'est pas soigné (en parlant des cheveux, etc.). ➤ **hirsute,** 2 **négligé.** *« La barbe épaisse, inculte et presque blanche »* VERLAINE. ■ **3** (XVe) (PERSONNES) Sans culture intellectuelle. *« un paysan inculte, mais heureusement doué »* SAND. *Il est complètement inculte.* ➤ **analphabète, grossier, ignare, ignorant.** *Être inculte dans un domaine.* ■ CONTR. Fertile ; cultivé, défriché. Soigné. Cultivé, érudit, instruit, savant.

INCULTIVABLE [ɛ̃kyltivabl] **adj.** – 1776 ◊ de 1*in-* et *cultivable* ■ Qui ne peut être cultivé. *Terres incultivables.* ➤ **aride, infertile, stérile.** ■ CONTR. Arable, cultivable, fertile.

INCULTURE [ɛ̃kyltyʀ] **n. f.** – 1789 ◊ de 1*in-* et 2*culture* ■ **1** RARE Absence de culture. *L'inculture du sol, d'une terre.* ■ **2** Absence de culture intellectuelle. *Son inculture nuit à son travail. Il est d'une inculture crasse.* ■ CONTR. 2 Culture.

INCUNABLE [ɛ̃kynabl] **adj.** et **n. m.** – 1802 ◊ latin *incunabula*, plur. neutre de *incunabulum* «berceau, commencement» ■ **1** Qui date des premiers temps de l'imprimerie. *Édition incunable.* ■ **2** **n. m.** Ouvrage imprimé antérieur à 1500. *Incunables tabellaires, xylographiques, typographiques.*

INCURABILITÉ [ɛ̃kyʀabilite] **n. f.** – 1707 ◊ de *incurable* ■ RARE Caractère de ce qui est incurable ; état d'une personne incurable. *L'incurabilité d'une maladie, d'un malade.*

INCURABLE [ɛ̃kyʀabl] **adj.** – 1314 ◊ bas latin *incurabilis* ■ **1** Qui ne peut être guéri. ➤ **inguérissable.** *«Pour ma maladie, elle est incurable, puisqu'elle date de quatre-vingts ans»* VOLTAIRE. — *Malade incurable.* ➤ **condamné,** FAM. 2**fichu, perdu.** SUBST. *Les incurables.* ■ **2** FIG. *Les blessures incurables de l'amour-propre, de l'amour. «L'incurable mélancolie de ses beaux yeux»* PROUST. — *Ignorance, bêtise incurable.* — (PERSONNES) *Il est incurable* : il ne changera jamais. ➤ **incorrigible.** ■ CONTR. Curable, guérissable.

INCURABLEMENT [ɛ̃kyʀabləmɑ̃] **adv.** – 1566 ◊ de *incurable* ■ D'une manière incurable. *Incurablement malade.* — FIG. *Il est incurablement bavard.* ➤ **incorrigiblement.** *«Ô incurablement léger peuple de France !»* GIDE.

INCURIE [ɛ̃kyʀi] **n. f.** – 1606 ◊ latin *incuria*, de *cura* «soin» ■ Manque de soin, d'organisation. ➤ **désorganisation, insouciance, laisser-aller, négligence.** *«L'incurie ordinaire à tous les gouvernements»* FRANCE. *Coupable, dangereuse incurie.* ■ CONTR. Soin.

INCURIEUX, IEUSE [ɛ̃kyʀjø, jøz] **adj.** – XVIe ◊ latin *incuriosus* ■ LITTÉR. Qui n'est pas curieux. *«incurieux de sa personne et de sa vie»* GIDE. *«ce regard absent, incurieux»* AYMÉ.

INCURIOSITÉ [ɛ̃kyʀjozite] **n. f.** – 1495 ◊ latin *incuriositas* ■ LITTÉR. Absence de curiosité, d'intérêt pour ce qu'on ne connaît pas. *«Que c'est un doux et mol chevet que l'ignorance et l'incuriosité»* MONTAIGNE. *«L'ennui, fruit de la morne incuriosité»* BAUDELAIRE. *Incuriosité de qqch., quant à qqch., à l'égard de qqch.* ◆ PSYCHOL. Indifférence totale et repliement sur soi-même (n'allant pas jusqu'à l'autisme). ➤ **introversion.**

INCURSION [ɛ̃kyʀsjɔ̃] **n. f.** – 1352 ◊ latin *incursio* «invasion», de *currere* «courir» ■ **1** Entrée, court séjour d'envahisseurs en pays ennemi. ➤ **attaque, coup** (de main), **descente, invasion.** *Les incursions de pillards, de bandes nomades.* ➤ **raid, razzia.** ◆ Entrée brusque. *Les «incursions de Séraphie qui [...] venait fourrager mes papiers»* STENDHAL. ➤ **irruption.** *Faire une incursion dans un lieu, chez qqn.* ■ **2** FIG. Le fait de pénétrer momentanément dans un domaine qui n'est pas le sien, qui n'est pas habituel. *Philosophe qui fait une incursion dans le domaine des sciences.*

INCURVATION [ɛ̃kyʀvasjɔ̃] **n. f.** – 1585, repris 1803 ◊ de *incurver* ■ DIDACT. Action d'incurver ; son résultat. ➤ **courbe, courbure.** ■ CONTR. Redressement.

INCURVÉ, ÉE [ɛ̃kyʀve] **adj.** – 1551 ◊ latin *incurvatus*, p. p. de *incurvare* → incurver ■ Rendu courbe. *Ligne incurvée* (➤ **curviligne**), convexe ou concave. *Canapé à pieds incurvés.* ■ CONTR. 1 Droit.

INCURVER [ɛ̃kyʀve] **v. tr.** ⟨1⟩ – 1838 ; *encurver* XIIe ◊ latin *incurvare* → courber ■ Rendre courbe. ➤ **courber.** *Incurver un pied de table, une barre de fer forgé.* — PRONOM. *«Les joues lisses s'incurvaient sous la saillie des pommettes»* MARTIN DU GARD. ■ CONTR. Redresser.

INCUSE [ɛ̃kyz] **adj. f.** et **n. f.** – 1692 ◊ latin *incusa* «frappée» ■ TECHN. Se dit d'une médaille sans revers, ou qui porte en creux l'image en relief de l'autre côté. *Une médaille incuse* ou **n. f.** *une incuse.*

INDATABLE [ɛ̃databl] **adj.** – milieu XXe ◊ de 1*in-* et *datable* ■ Qu'on ne peut dater. *Manuscrit indatable.*

INDE [ɛ̃d] **n. m.** – XIIe ◊ latin *indicum* → indigo ■ Couleur bleu foncé violacé extraite de l'indigo. *Teindre en inde.*

INDÉBOULONNABLE [ɛ̃debulɔnabl] **adj.** – milieu XXe ◊ de 1*in-* et *déboulonner* ■ FAM. Que l'on ne peut pas déposséder de sa place, de son poste. ➤ **inamovible, indétrônable, intouchable.** *Un ministre indéboulonnable.*

INDÉBROUILLABLE [ɛ̃debʀujabl] **adj.** – 1764 ◊ de 1*in-* et *débrouiller* ■ RARE Qui ne peut être débrouillé. ➤ **inextricable.** *«Il sentait dans sa tête l'algèbre et la trigonométrie à l'état d'écheveaux mêlés, indébrouillables»* LOTI.

INDÉCELABLE [ɛ̃des(ə)labl] **adj.** – 1933 ◊ de *déceler* ■ Qu'on ne peut déceler. ➤ **imperceptible, indétectable.** *Des variations indécelables.*

INDÉCEMMENT [ɛ̃desamɑ̃] **adv.** – 1572 ◊ de *indécent* ■ **1** (1829) Contrairement à la décence, à la pudeur. ➤ **impudiquement.** *Être habillé indécemment.* ■ **2** PAR EXAGÉR. Insolemment. *Elle paraît indécemment jeune.*

INDÉCENCE [ɛ̃desɑ̃s] **n. f.** – 1568 sens 3° ◊ latin *indecentia* ■ **1** RARE Manque de correction ; caractère de ce qui est indécent (1°). ➤ **inconvenance.** *Aurez-vous l'indécence d'en réclamer davantage ?* ➤ **impudence, insolence ;** FAM. **culot.** *Il «mesure lui-même l'indécence à discuter de la pauvreté depuis son luxueux penthouse de New York»* M. DUGAIN. ■ **2** (XVIIe) COUR. Caractère de ce qui blesse la pudeur. ➤ **immodestie, impudicité.** *L'indécence d'un décolleté, d'une danse, d'une plaisanterie. Propos qui frisent l'indécence* (➤ **scabreux**). ■ **3** *Une, des indécences.* Action, parole indécente. *«Il y a pour les esprits impurs de terribles indécences dans le tableau de Michel-Ange»* BARBEY. ■ CONTR. Décence, bienséance, chasteté, convenance, honnêteté, honte, modestie, pudeur.

INDÉCENT, ENTE [ɛ̃desɑ̃, ɑ̃t] **adj.** – XIVe ◊ latin *indecens* ■ **1** VIEILLI Qui est contraire à l'honnêteté, aux bienséances. ➤ **déplacé, inconvenant, malséant.** *Un luxe indécent à côté de tant de misère. — Il est, il serait indécent de rire en cette circonstance.* ➤ **choquant, incorrect.** ■ **2** MOD. Qui choque la réserve socialement requise en matière sexuelle ; contraire à la décence. ➤ **déshonnête, immodeste, impudique, impur, obscène.** *Posture, tenue indécente. Geste indécent.* ◆ (PERSONNES) *«Habillez-vous, monsieur, vous êtes indécent»* COURTELINE. ■ **3** PAR EXAGÉR. Qui choque par sa démesure. ➤ **insolent.** *Il a une chance indécente.* ➤ **impudent.** ■ CONTR. Bienséant, convenable, correct, décent, honnête, modeste, pudique.

INDÉCHIFFRABLE [ɛ̃deʃifʀabl] **adj.** – 1609 ◊ de 1*in-* et *déchiffrable* ■ **1** Qui ne peut être déchiffré. *Message codé indéchiffrable.* ■ **2** Très difficile à lire. ➤ **illisible.** *Manuscrit indéchiffrable.* ➤ **grimoire.** *Écriture indéchiffrable. — Partition indéchiffrable.* ■ **3** FIG. Très difficile à comprendre, à deviner ou à résoudre. ➤ **impénétrable, incompréhensible, inexplicable, inintelligible, obscur.** *Le hasard «est aussi mystérieux que la Providence et, plus qu'elle encore, il est indéchiffrable !»* HUYSMANS. — *Personnage indéchiffrable.* ➤ **énigmatique.** ■ CONTR. Clair, déchiffrable.

INDÉCHIRABLE [ɛ̃deʃiʀabl] **adj.** – 1846 ◊ de 1*in-* et *déchirer* ■ Qui ne peut se déchirer. *Tissu indéchirable.*

INDÉCIDABLE [ɛ̃desidabl] **adj.** – 1957 ◊ de 1*in-* et *décidable*, p.-ê. d'après l'anglais *undecidable* ■ LOG. Qui n'est pas décidable*. *Proposition indécidable.* — **n. f. INDÉCIDABILITÉ.**

INDÉCIS, ISE [ɛ̃desi, iz] **adj.** – milieu XVe «non jugé» ◊ bas latin *indecisus* «non tranché» ■ **1** (CHOSES) Qui n'est pas décidé, au sujet de quoi aucune décision n'est prise. ➤ **douteux,** 1**incertain, indéterminé.** *La question reste indécise,* n'est pas tranchée. *La victoire demeura longtemps indécise.* ◆ PAR EXT. (XVIIIe) Qui n'est pas bien déterminé, qu'il est difficile de distinguer, d'apprécier, de reconnaître. ➤ **confus, imprécis, indéfini, indéterminé,** 1**trouble,** 3**vague.** *Des contours indécis, des formes indécises.* ➤ **flou, indistinct.** *Une couleur indécise.* ➤ **indéfinissable.** — *«L'intrigue du roman est indécise»* HENRIOT. ■ **2** (PERSONNES) Qui n'a pas encore pris une décision ; qui a peine à se décider. *Demeurer, rester indécis entre deux solutions, entre plusieurs partis.* ➤ **désorienté, embarrassé, hésitant, perplexe ; balancer, ballotter** (cf. Être entre le zist et le zest*). *Il est indécis sur le parti à prendre. Je suis encore indécis* (➤ **hésiter**). *«Un être indécis, toujours éloigné des extrêmes»* STENDHAL. ◆ Qui ne sait pas prendre une décision, une résolution. *Caractère, esprit indécis,* qui ne sait pas ce qu'il veut. ➤ **irrésolu, timoré.** — SUBST. *Les indécis d'un sondage.* ■ CONTR. Décidé, défini, déterminé, 2 franc, 2 net, 1 précis, résolu.

INDÉCISION [ɛ̃desizjɔ̃] **n. f.** – 1611 ◊ de *indécis* ■ Manque de décision ; caractère, état d'une personne indécise. ➤ **doute, flottement, hésitation, incertitude, indétermination, irrésolution, perplexité.** *Demeurer, être, flotter dans l'indécision. Voilà qui mettra fin à son indécision.* — PAR EXT. *Indécision du geste, de la voix.* ■ CONTR. Assurance, certitude, décision, détermination, résolution. Précision.

INDÉCLINABLE [ɛ̃deklinabl] **adj.** – 1380 ◇ latin *indeclinabilis* ■ **1** GRAMM. Qui ne se décline pas. Nequam, *adjectif latin indéclinable.* — SUBST. *Les indéclinables* (adverbes, conjonctions, prépositions). ■ **2** RARE Qu'on ne peut décliner, éviter. *Une invitation indéclinable.*

INDÉCOMPOSABLE [ɛ̃dekɔ̃pozabl] **adj.** – 1738 ◇ de 1 *in-* et *décomposable* ■ **1** Qui ne peut être décomposé. *Corps simple indécomposable.* ■ **2** FIG. Qu'on ne peut analyser, séparer en parties distinctes. ➤ **inanalysable.** *Ceci forme un tout indécomposable.*

INDÉCROCHABLE [ɛ̃dekʀɔʃabl] **adj.** – milieu XXe ◇ de 1 *in-* et *décrocher* ■ **1** Qu'on ne peut décrocher. ■ **2** FIG. et FAM. Qu'on ne peut obtenir. *Diplôme indécrochable.*

INDÉCROTTABLE [ɛ̃dekʀɔtabl] **adj.** – 1611 ◇ de 1 *in-* et *décrotter* ■ **1** RARE Qu'on ne peut décrotter, nettoyer. ■ **2** (PERSONNES) FAM. Qu'on ne parvient pas à débarrasser de ses manières grossières, de ses mauvaises habitudes. *Un lourdaud indécrottable.* ➤ **incorrigible, incurable, invétéré.** *« le paresseux est indécrottable. Il ne changera jamais »* MICHAUX.

INDÉFECTIBILITÉ [ɛ̃defɛktibilite] **n. f.** – XVIIe ◇ de *indéfectible* ■ DIDACT. Caractère de ce qui est indéfectible. *L'indéfectibilité d'un sentiment.*

INDÉFECTIBLE [ɛ̃defɛktibl] **adj.** – 1501 ◇ de 1 *in-* et *défectible*, du latin *defectus*, p. p. de *deficere* « faire défaut » ■ DIDACT. ou LITTÉR. ■ **1** Qui ne peut cesser d'être, qui continue, dure toujours. ➤ **éternel, indestructible.** *Un attachement indéfectible.* ■ **2** Qui ne peut défaillir, être pris en défaut. *Des souvenirs « conservés par une mémoire indéfectible »* HENRIOT. ■ CONTR. Passager. Labile.

INDÉFECTIBLEMENT [ɛ̃defɛktibləmɑ̃] **adv.** – 1677 ◇ de *indéfectible* ■ DIDACT. ou LITTÉR. D'une manière indéfectible. *Être indéfectiblement attaché à ses principes.*

INDÉFENDABLE [ɛ̃defɑ̃dabl] **adj.** – 1663 ; *indéfensible* XVIe ◇ de 1 *in-* et *défendable* ■ **1** Qui ne peut être défendu. *Bastion indéfendable.* ■ **2** (ABSTRAIT) Qui ne peut être défendu ; trop mauvais pour être défendu. ➤ **insoutenable.** *Une cause indéfendable. Ce point de vue est indéfendable.* ■ CONTR. Défendable, imprenable.

INDÉFINI, IE [ɛ̃defini] **adj.** – XIVe ◇ latin *indefinitus* ■ **1** Dont les limites ne sont ou ne peuvent être déterminées. *Le lexique d'une langue est indéfini.* — PAR EXT. Sans fin. ➤ **illimité, infini.** *Le ciel, espace indéfini. « Il se crut riche pour des temps indéfinis »* MAUPASSANT. ■ **2** Qui n'est pas défini, qu'on ne peut définir, caractériser. ➤ **imprécis,** 1 **incertain, indécis, indéterminé,** 3 **vague.** *On vous confie « une mission très indéfinie. Ceux qui vous envoient ne savent pas ce que vous aurez à faire »* GOBINEAU. *Une tristesse indéfinie.* — LOG. Qui manque de définition. *Terme indéfini.* — MATH. *Intégrale indéfinie,* dont la valeur est connue à une constante près (par oppos. à *intégrale définie*). ■ **3** (1548) LING. Qui est propre à présenter un concept sous son aspect le plus général, sans le rapporter à un être ou à un objet déterminé. *Mot indéfini,* et **n. m.** *un indéfini.* — *Article indéfini* (➤ **un, une,** 3 **des**). — *Adjectifs indéfinis, relatifs à la quantité* (➤ **aucun, chaque, maint, nul, plus** [d'un], **plusieurs, quelques, tous, tout**) ; *à la qualité* (➤ **certain, quelque ; quelconque** [cf. N'importe* quel]) ; *à la ressemblance ou à la différence* (➤ **autre, même, tel**). — *Nominaux indéfinis* (improprement appelés *pronoms indéfinis*) : ➤ **autrui, plusieurs, quelqu'un, quiconque...** — On, *pronom personnel indéfini.* Chacun, *indéfini distributif.* ■ CONTR. Borné, défini, déterminé, distinct, limité.

INDÉFINIMENT [ɛ̃definimɑ̃] **adv.** – 1568 ; *indéfinement* v. 1505 ◇ de *indéfini* ■ **1** D'une manière indéfinie. ➤ **éternellement, perpétuellement** (cf. Sans fin*). *Répéter indéfiniment qqch. « nous ne pouvons pourtant demeurer ici indéfiniment tous les trois »* MAUPASSANT (cf. Cent sept* ans.). ■ **2** GRAMM. *Mot employé, pris indéfiniment.*

INDÉFINISSABLE [ɛ̃definisabl] **adj.** – 1731 ◇ de 1 *in-* et *définissable* ■ **1** Qu'on ne peut définir. *Concepts indéfinissables.* ➤ **primitif.** ■ **2** Dont on ne saurait préciser la nature, qu'on ne peut classer. *Couleur, saveur indéfinissable.* ➤ **inclassable, indéterminable.** *Personnage indéfinissable.* ■ **3** Étrange, inexplicable (et plutôt agréable). *Un charme indéfinissable* (cf. Un je ne sais* quoi). *Émotion, trouble indéfinissable.* ➤ **indescriptible, indicible.** ■ CONTR. Définissable, 1 précis.

INDÉFORMABLE [ɛ̃defɔʀmabl] **adj.** – 1867 ◇ de 1 *in-* et *déformer* ■ Qui ne peut être déformé. *Élément de construction indéformable. Textile indéformable.*

INDÉFRISABLE [ɛ̃defʀizabl] **adj.** et **n. f.** – 1846 ◇ de 1 *in-* et *défriser* ■ **1** Qui ne peut être défrisé. ■ **2** **n. f.** (ou incorrect **m.**) (1930) VIEILLI *Une indéfrisable.* ➤ **permanente.**

INDÉHISCENCE [ɛ̃deisɑ̃s] **n. f.** – 1799 ◇ de *indéhiscent* ■ BOT. Caractère d'un organe indéhiscent. ■ CONTR. Déhiscence.

INDÉHISCENT, ENTE [ɛ̃deisɑ̃, ɑ̃t] **adj.** – 1799 ◇ de 1 *in-* et *déhiscent* ■ BOT. Qui ne s'ouvre pas spontanément, à l'époque de la maturité. *Péricarpe, fruit indéhiscent.* ➤ **akène.** *Fruit indéhiscent sec* (➤ **caryopse**), *pulpeux* (➤ 3 **baie, drupe**). ■ CONTR. Déhiscent.

INDÉLÉBILE [ɛ̃delebil] **adj.** – 1528 ◇ latin *indelebilis* « indestructible » ■ Qui ne peut s'effacer. ➤ **ineffaçable.** *Marque, tache indélébile. « Il est marqué d'une manière indélébile »* LOTI. *Encre indélébile.* ◆ FIG. ➤ **indestructible, perpétuel.** *Impression, souvenir indélébile.* ➤ **inoubliable.** — **n. f. INDÉLÉBILITÉ,** 1771. ■ CONTR. Délébile, effaçable.

INDÉLICAT, ATE [ɛ̃delika, at] **adj.** – 1773 ◇ de 1 *in-* et *délicat* ■ **1** Qui manque de délicatesse morale, de tact. ➤ **grossier.** *Homme indélicat.* ➤ **goujat, mufle.** *« Il n'y a rien de plus indélicat que de reprocher les services qu'on a rendus »* Mme DE STAËL. ➤ **inélégant.** ■ **2** Malhonnête et déloyal. *Un gestionnaire, un associé indélicat. Il est indélicat en affaires.* ◆ PAR EXT. *Procédés indélicats.* — **adv. INDÉLICATEMENT,** 1823. ■ CONTR. Délicat, prévenant. Honnête, scrupuleux.

INDÉLICATESSE [ɛ̃delikatɛs] **n. f.** – 1794 ◇ de *indélicat* ■ **1** Manque de délicatesse dans les manières. *Il est d'une indélicatesse insupportable.* ➤ **goujaterie, grossièreté, impolitesse, indiscrétion** (2°), **inélégance.** ■ **2** Procédé, acte indélicat. ➤ **malhonnêteté.** *Il a commis une indélicatesse.* ■ CONTR. Délicatesse, doigté, tact. Honnêteté.

INDÉMAILLABLE [ɛ̃demajabl] **adj.** – 1932 ◇ de 1 *in-* et *démailler* ■ Dont les mailles ne peuvent se défaire. *Jersey indémaillable.* — **n. m.** Tissu indémaillable. *Une combinaison en indémaillable.*

INDEMNE [ɛ̃dɛmn] **adj.** – 1525 ; *indampne* 1384 ◇ latin *indemnis*, de *damnum* « dommage » ■ **1** VX (DR.) Qui n'a pas éprouvé de perte ; qui est indemnisé, dédommagé. ■ **2** (1867 ; *indamne* XVe) MOD. Qui n'a éprouvé aucun dommage. *Sortir indemne d'un accident* (cf. Sain* et sauf). ■ CONTR. Endommagé ; atteint.

INDEMNISABLE [ɛ̃dɛmnizabl] **adj.** – 1873 ◇ de *indemniser* ■ Qui peut ou qui doit être indemnisé. *Les victimes d'une catastrophe naturelle sont indemnisables.*

INDEMNISATION [ɛ̃dɛmnizasjɔ̃] **n. f.** – 1754 ◇ de *indemniser* ■ Action d'indemniser ; fixation, paiement d'une indemnité. ➤ **dédommagement.** *L'indemnisation des sinistrés.* — Somme fixée pour indemniser (qqn). ➤ **indemnité.** *Il a touché une forte indemnisation.*

INDEMNISER [ɛ̃dɛmnize] **v. tr.** ⟨1⟩ – 1465 ◇ de *indemne* ■ Dédommager (qqn) de ses pertes, de ses frais, etc. ➤ **rembourser.** *Indemniser qqn de ses frais.* ➤ **compenser, défrayer.** *Les sinistrés ont été indemnisés par l'État.*

INDEMNITAIRE [ɛ̃dɛmnitɛʀ] **n.** et **adj.** – 1832 ◇ de *indemnité* ■ DR. ■ **1** Personne qui a droit à une indemnité. ■ **2** **adj.** Qui a le caractère d'une indemnité. *Allocation, prestation indemnitaire.*

INDEMNITÉ [ɛ̃dɛmnite] **n. f.** – 1369 « droit payé au seigneur quand un fief tombe en mainmorte » ◇ latin *indemnitas* ■ **1** Ce qui est attribué à qqn en réparation d'un dommage, d'un préjudice, ou de la perte d'un droit. ➤ **compensation, dédommagement, dommage** (dommages-intérêts), **indemnisation,** VX **récompense, réparation.** *Indemnités de guerre imposées au vaincu.* ➤ **dommage.** *Indemnité de licenciement. Indemnité(s) de départ* (cf. FAM. Parachute* doré). *Indemnité journalière,* versée par la Sécurité sociale à tout salarié en cas d'accident, de maladie ou de maternité. ➤ **prestation.** *Indemnités journalières de chômage,* versées par l'État. — *Indemnité d'expropriation. Indemnité allouée aux victimes du terrorisme. Accorder, payer, verser une indemnité.* ➤ **indemniser.** ■ **2** Ce qui est attribué en compensation de certains frais. ➤ **allocation, défraiement,** 2 **prime.** *Indemnités de logement, de résidence, de déplacement. Indemnité et frais*.* — SPÉCIALT *Indemnité parlementaire* : allocation pécuniaire perçue par les membres du Parlement.

INDÉMODABLE [ɛ̃demɔdabl] **adj.** – 1972 ◇ de 1 *in-* et *démoder* ■ Qui ne risque pas de se démoder. *Une robe très classique, indémodable.*

INDÉMONTABLE [ɛ̃demɔ̃tabl] **adj.** – milieu XXe ◇ de 1 *in-* et *démontable* ■ Qu'on ne peut démonter ; qui n'est pas fait pour être démonté. *Serrure rouillée indémontable. Étagères indémontables.*

INDÉMONTRABLE [ɛ̃demɔ̃tʀabl] **adj.** – 1722 ; hapax 1582 ◇ bas latin *indemonstrabilis* ■ Qui ne peut être démontré, prouvé. *Axiome, postulat indémontrable. Principes (a priori) indémontrables.* ➤ **axiomatique ; évident.** « *La vérité première est indémontrable* » DIDEROT.

INDÉNIABLE [ɛ̃denjabl] **adj.** – 1789 ◇ de 1*in-* et *dénier* ■ Qu'on ne peut dénier ou réfuter. ➤ **certain*, incontestable, indiscutable.** *Sa bonne foi est indéniable. La situation évolue, c'est indéniable. Preuve, témoignage indéniable.* ➤ **formel, irréfutable.** *Il donne « des signes indéniables d'aliénation mentale »* COURTELINE. « *il est indéniable que l'alcoolisme est un empoisonnement* » PÉGUY. ■ CONTR. Douteux, niable.

INDÉNIABLEMENT [ɛ̃denjabləmɑ̃] **adv.** – 1874 ◇ de *indéniable* ■ D'une manière indéniable. ➤ **incontestablement, indiscutablement.** *C'est indéniablement meilleur.*

INDENTATION [ɛ̃dɑ̃tasjɔ̃] **n. f.** – v. 1860 ◇ de 1*in-* et *dent* ■ **1** DIDACT. ou LITTÉR. Échancrure en forme de morsure. *Les indentations d'un littoral rocheux.* ■ **2** INFORM. Disposition particulière du texte d'un programme faisant apparaître des décalages de la marge dans l'écriture des divers blocs d'instructions.

INDÉPASSABLE [ɛ̃depɑsabl] **adj.** – 1864 ◇ de 1*in-* et *dépasser* ■ Qu'on ne peut dépasser. ➤ **infranchissable.** *Limite indépassable.*

INDÉPENDAMMENT [ɛ̃depɑ̃damɑ̃] **adv.** – 1630 ◇ de *indépendant*

I **adv.** D'une manière indépendante, individuelle. *Ils préfèrent agir indépendamment.* ➤ **individuellement, séparément.**

II **loc. prép.** COUR. **INDÉPENDAMMENT DE.** ■ **1** Sans aucun égard à, en faisant abstraction de. *Indépendamment de son titre, il est très respecté.* « *Indépendamment de ce qui arrive, n'arrive pas, c'est l'attente qui est magnifique* » BRETON. ■ **2** Par surcroît, en plus de. ➤ 2 **outre.** *Indépendamment de son salaire, il touche de nombreuses indemnités.*

■ CONTR. 1 Ensemble. Grâce (à). — Dépendamment.

INDÉPENDANCE [ɛ̃depɑ̃dɑ̃s] **n. f.** – 1610 ◇ de *indépendant*

I ■ **1** État d'une personne indépendante. ➤ **liberté.** « *L'injustice à la fin produit l'indépendance* » VOLTAIRE. « *J'ai soif d'indépendance pour mes dernières années* » CHATEAUBRIAND. *Conquérir son indépendance.* ➤ **s'affranchir, s'émanciper** (cf. Voler de ses propres ailes*). *Indépendance dans l'exercice de fonctions, d'un métier. Il, elle veut conserver son indépendance.* ◆ SPÉCIALT État d'une personne qui subvient à ses besoins matériels, ne dépend de personne. *Elle tient à son indépendance matérielle, financière.* ➤ **autonomie.** ■ **2** Condition libre, dans une société. ➤ **liberté.** *Assurer à chacun son indépendance. L'indépendance de la femme.* ➤ **émancipation.** ■ **3** Caractère d'une personne qui ne se soumet pas à la discipline morale, aux habitudes sociales communément admises. ➤ **individualisme, non-conformisme.** *Goût de l'indépendance. Esprit d'indépendance. Faire preuve d'indépendance. — Indépendance d'esprit, de caractère.* ■ **4** Situation d'un organe ou d'une collectivité qui n'est pas soumis à un autre organe ou à une autre collectivité. *L'indépendance de la justice dans les démocraties. Indépendance des villes, au Moyen Âge* (➤ **franchise**). *Indépendance d'un État, d'un pays, d'un peuple.* ➤ **autonomie, souveraineté.** *Accession à l'indépendance.* ➤ **décolonisation.** *Proclamation d'indépendance. Guerre d'indépendance. Guerre de l'Indépendance américaine* (1775-1782). *Région qui réclame son indépendance* (➤ **dissidence, indépendantisme, sécession, séparatisme**).

II Absence de relation, de dépendance (entre plusieurs choses). *Indépendance de deux phénomènes, de deux évènements. Indépendance des pouvoirs.* ➤ **séparation.** « *la loi de l'indépendance des parties. La roulette à tout coup repart de zéro* » PAULHAN.

■ CONTR. Assujettissement, dépendance, sujétion ; conformisme. Connexion, corrélation, cumul, interdépendance.

INDÉPENDANT, ANTE [ɛ̃depɑ̃dɑ̃, ɑ̃t] **adj.** – 1584 ◇ de 1*in-* et *dépendant*

I **QUI EST LIBRE** ■ **1** (PERSONNES) *Indépendant de... :* qui ne dépend pas (de qqn, qqch.). *Être indépendant des autres.* « *Ses généraux, trop indépendants les uns des autres* » SÉGUR. ◆ ABSOLT Qui est libre de toute dépendance. *Être, se vouloir indépendant.* ➤ **libre** (cf. Être son propre maître*, n'avoir de compte* à rendre à personne). *Une femme indépendante,* (SPÉCIALT) qui ne dépend pas d'un homme, des hommes. *Elle est financièrement indépendante.* ➤ **autonome.** « *Il ne faut être ni père, ni époux, si l'on veut vivre indépendant* » SENANCOUR. *Député indépendant,* non-inscrit (à un parti). — *Artiste, écrivain indépendant,* qui crée de manière indépendante, en dehors de toute école (➤ **dissident, hétérodoxe ; non-conformiste**). *Société des Artistes indépendants,* fondée en 1884, et formée d'artistes qui exposent librement leurs œuvres, sans se soumettre à un jury. **n. m.** *Le Salon des Indépendants.* — SPÉCIALT *Travailleur indépendant :* personne non salariée qui exerce sa profession sans être soumise à un employeur. *Photographe indépendant.* ➤ **free-lance.** — Qui ne dépend pas des entreprises les plus puissantes de son secteur d'activité (dans le domaine artistique notamment). *Éditeur, libraire indépendant. Cinéma, label indépendant. Rock indépendant* (ABRÉV. *indé*), parallèle aux courants majeurs du rock. ➤ **alternatif.** ■ **2** (CHOSES) Qui garantit l'indépendance de qqn. *Position, situation, profession indépendante.* ➤ **libéral.** ■ **3** (PERSONNES) Qui aime l'indépendance, ne veut être soumis à personne. ➤ **individualiste, non-conformiste ; indocile.** *Il est indépendant et ne veut en faire qu'à sa tête, qu'à sa volonté. — Caractère, esprit indépendant.* ■ **4** Se dit d'un organe, d'une collectivité qui jouit de l'indépendance. ➤ **autonome.** *État, pays indépendant et souverain.* ➤ aussi **non-aligné.**

II **SANS RELATION AVEC** ■ **1** *Indépendant de... :* qui ne change pas, ne varie pas en fonction de (qqch.) (➤ **absolu, constant,** 1 **fixe**). « *La chaleur de l'eau est indépendante de la violence de l'ébullition* » D'ALEMBERT. — Sans rapport, sans relation avec (qqch.). *Évènements indépendants les uns des autres. Pour des raisons indépendantes de notre volonté, nous avons dû...* « *Il fallait une cause indépendante de sa volonté pour la retenir loin de moi* » DUMAS FILS. *Le frein à main est indépendant du frein à pied.* ■ **2** ABSOLT, AU PLUR. (CHOSES) Sans dépendance mutuelle. ➤ **distinct, séparé.** *Deux questions indépendantes. — Mécanismes indépendants.* ➤ **autonome.** *Roues motrices indépendantes.* — MATH. *Vecteurs indépendants,* dont il n'existe aucune combinaison linéaire de valeur nulle. *Évènements indépendants,* tels que la probabilité de l'un relative à l'autre soit égale à la probabilité simple de l'un. PHYS. *Variable indépendante,* qui n'est fonction d'aucune autre variable. — GRAMM. *Proposition indépendante,* qui ne dépend d'aucune autre et dont aucune autre ne dépend. ■ **3** SPÉCIALT Se dit d'un logement, isolé ou séparé des logements contigus, possédant une entrée particulière. *Chambre à louer, indépendante. — Entrée indépendante.*

■ CONTR. Assujetti, dépendant, esclave, soumis, subordonné, tributaire. — Connexe, corrélatif.

INDÉPENDANTISME [ɛ̃depɑ̃dɑ̃tism] **n. m.** – XVIIIe ; relig. 1682 ◇ de *indépendant* ■ Revendication d'indépendance politique. ➤ **séparatisme.** *L'indépendantisme tibétain.*

INDÉPENDANTISTE [ɛ̃depɑ̃dɑ̃tist] **adj.** et **n.** – 1968 ◇ de *indépendantisme* ■ POLIT. Partisan de l'indépendance (4°). ➤ **autonomiste, sécessionniste, séparatiste.** *Le parti indépendantiste québécois* (opposé à *fédéraliste*). — **n.** *Les indépendantistes corses.*

INDÉRACINABLE [ɛ̃deʀasinabl] **adj.** – 1782 ◇ de 1*in-* et *déraciner* ■ Qu'on ne peut déraciner, ôter de l'esprit, du cœur de qqn. ➤ **indestructible, inextirpable, tenace.** *Croyance indéracinable.* ➤ **ancré.** « *L'espérance est indéracinable* » MAURIAC.

INDÉRÉGLABLE [ɛ̃deʀeglabl] **adj.** – 1895 ◇ de 1*in-* et *dérégler* ■ Qui ne peut se dérégler, en parlant d'un mécanisme. *Baromètre indéréglable.*

INDESCRIPTIBLE [ɛ̃dɛskʀiptibl] **adj.** – 1789 ◇ de 1*in-* et latin *describere* ■ Si important, si fort qu'on ne peut le décrire. *Désordre, fouillis indescriptible. Joie indescriptible.* ➤ **indicible, ineffable, inexprimable.** « *Il était dans un état indescriptible. Il marchait au hasard [...] parlant tout haut comme un fou* » R. ROLLAND.

INDÉSIRABLE [ɛ̃deziʀabl] **adj.** et **n.** – 1801, répandu 1911 ◇ de 1*in-* et *désirable,* par l'anglais ■ **1** Se dit des personnes qu'on ne désire pas accueillir dans un pays. *Étrangers indésirables.* — **n.** *Expulsion d'indésirables.* ■ **2** Dont on ne veut pas dans une communauté, un groupe. *Il se sent indésirable parmi les siens* (cf. De trop*). PAR EXT. *Présence indésirable.* — SUBST. *Traiter en indésirable.* ➤ **intrus** (cf. Persona* non grata). ■ **3** Qui n'est pas désiré, souhaité. *Effets indésirables d'un médicament.*

■ CONTR. Persona grata. Souhaitable.

INDESTRUCTIBLE [ɛ̃dɛstʀyktibl] **adj.** – fin XVIIe ◇ de 1*in-* et *destructible* ■ **1** Qui ne peut ou semble ne pouvoir être détruit. *Matière indestructible.* ➤ **éternel.** *Marque, impression indestructible.* ➤ **indélébile.** ■ **2** (ABSTRAIT) Qui dure très longtemps. *Les liens indestructibles de la famille.* ➤ **indissoluble.** *Une indestructible solidarité.* ➤ **indéfectible, perpétuel.** « *Les vieilles histoires aussi sont indestructibles dans ce pays* [la Bretagne] » MAUPASSANT. — **n. f. INDESTRUCTIBILITÉ ; adv. INDESTRUCTIBLEMENT.** ■ CONTR. Destructible, fragile.

INDÉTECTABLE [ɛ̃detɛktabl] **adj.** – milieu XXe ◇ de 1*in-* et *détecter* ▪ Qui ne peut être détecté. *Présence indétectable. Charge virale indétectable. Avion indétectable par les radars.* ➤ **furtif.** ▪ CONTR. Décelable.

INDÉTERMINABLE [ɛ̃detɛrminabl] **adj.** – 1470, rare avant XVIIIe ◇ de 1*in-* et *déterminable* ▪ **1** SC. Qui ne peut être déterminé, connu avec précision (notamment par la mesure ou le calcul). *Grandeur, proportion indéterminable.* ▪ **2** ➤ **indéfinissable.** *Yeux d'une couleur indéterminable.* ➤ **indécis.** ▪ CONTR. Calculable, définissable, déterminable.

INDÉTERMINATION [ɛ̃detɛrminasjɔ̃] **n. f.** – 1600 ◇ de 1*in-* et *détermination* ▪ **1** Caractère de ce qui n'est pas défini ou connu avec précision. *L'indétermination d'un texte de loi, du sens d'un passage.* ➤ **confusion, imprécision,** 3**vague.** « *Les Latins, dans leur langue, ne haïssent pas un certain vague, une certaine indétermination de sens* » SAINTE-BEUVE. ◆ PHYS. *Relations d'indétermination.* ➤ **incertitude.** — MATH. *Indétermination d'un système d'équations,* aux données indéterminées et qui admet en conséquence une infinité de solutions. ▪ **2** État de qqn qui n'a pas encore pris de détermination, qui hésite. ➤ **doute, hésitation, incertitude, indécision, irrésolution.** *Demeurer longtemps dans l'indétermination.* — PAR EXT. Caractère d'une personne qui prend difficilement une détermination. ▪ CONTR. Détermination.

INDÉTERMINÉ, ÉE [ɛ̃detɛrmine] **adj.** – 1361 ◇ de 1*in-* et *déterminé* ▪ **1** Qui n'est pas déterminé, précisé, fixé. ➤ **imprécis, indéfini.** *À une date indéterminée. Pour une cause indéterminée. À partir d'un seuil encore indéterminé.* — PAR EXT. « *La cime indéterminée des forêts* » CHATEAUBRIAND. ➤ **flou, vaporeux.** — SUBST. *Il se plaisait « dans le vague et l'indéterminé »* FRANCE. ◆ MATH. *Forme indéterminée* : différence, quotient ou produit de deux fonctions dont la limite paraît indéterminée a priori. ▪ **2** PHILOS. Non soumis au déterminisme. ➤ **contingent.** ▪ **3** (PERSONNES) RARE ➤ **hésitant, indécis.** ▪ CONTR. Déterminé ; défini, 1précis. Certain, résolu.

INDÉTERMINISME [ɛ̃detɛrminism] **n. m.** – 1865 ◇ de 1*in-* et *déterminisme* ▪ PHILOS. Doctrine qui admet pour principe que les phénomènes sont indéterminés. *L'indéterminisme est postulé par les partisans du libre arbitre*.* ◆ Caractère d'un phénomène qui échappe au déterminisme. ➤ **contingence, hasard.** « *Il n'y a pas de lois dans l'indéterminisme* » C. BERNARD. — **adj.** et **n. INDÉTERMINISTE.** ▪ CONTR. Déterminisme.

INDÉTRÔNABLE [ɛ̃detronabl] **adj.** – 1977 ◇ de 1*in-* et *détrôner* ▪ Qui ne peut être détrôné (2°), supplanté. ➤ **inamovible, indéboulonnable.** *Un champion indétrônable.*

INDEX [ɛ̃dɛks] **n. m.** – 1503 ◇ mot latin « indicateur » ▪ **1** Doigt de la main le plus proche du pouce (ainsi nommé parce que ce doigt sert à indiquer, à montrer). *Les deux index. Prendre un objet entre le pouce et l'index.* « *Levant l'index à sa bouche, elle me fit un signe de silence* » BOSCO. ▪ **2** Objet mobile sur un cadran ou le long de repères gradués, et destiné à fournir des indications numériques. — Petit objet mobile servant à distinguer un document dans un ensemble. ▪ **3** (XVIIe) Table alphabétique (de sujets traités, de noms cités dans un livre, par mots-clés, par rubriques) accompagnée de références (➤ **classement**). *Index des auteurs cités. Index géographique. Registre d'index,* permettant l'adressage* indexé des données en informatique. ◆ *L'Index* : catalogue des livres dont le Saint-Siège interdisait la lecture, pour des motifs de doctrine ou de morale. *Ce livre est à l'Index.* — LOC. FIG. (1816) *Mettre* (qqn ou qqch.) *à l'index* : signaler comme dangereux, condamner, exclure. « *vous seriez mise à l'index par le monde* » BALZAC. ▪ **4** DIDACT. Élément sur lequel portent les hypothèses d'une étude comparative (par oppos. à *témoin*). — APPOS. *Animaux, sujet, groupe index,* sur lesquels l'expérience a été réalisée et que l'on compare avec les témoins*. ▪ **5** (1922) MÉD. ➤ **indice.** *Index colorimétrique de l'hémoglobine.* ▪ **6** (Belgique, Luxembourg) *L'index (des prix).* ➤ **indice.** *Hausse de l'index.*

INDEXATION [ɛ̃dɛksasjɔ̃] **n. f.** – 1948 ; autre sens 1845 ◇ de *index* ▪ **1** Révision d'un prix ou d'une convention en fonction des variations d'une grandeur économique, d'un indice pris comme référence. *Indexation des loyers sur l'indice à la construction. Indexation d'une pension alimentaire, des salaires* (cf. Échelle* mobile). — DR. COMM. Clause d'une convention à échéance différée, en vertu de laquelle une somme pourra être modifiée en fonction d'un indice économique ou monétaire. *Indexation d'un emprunt.* ▪ **2** Action d'indexer (2°). ➤ **classement.** *Indexation automatique de documents grâce aux mots-clés.* ▪ CONTR. Désindexation.

INDEXER [ɛ̃dɛkse] **v. tr.** ‹1› – 1948 ; autre sens 1845 ◇ de *index* ▪ **1** DR., ÉCON. Lier les variations de (une valeur) à celle d'un élément de référence, d'un indice déterminé. *Indexer un emprunt sur le cours de l'or. Indexer des obligations.* — Réévaluer périodiquement en fonction des variations d'un indice. *Rente viagère indexée sur l'indice du coût de la vie.* ▪ **2** DOC. *Indexer un document, un texte,* lui attribuer des marques distinctives, renseignant notamment sur le contenu, en vue de le classer. — INFORM. ➤ **taguer.** *Adressage* indexé.* ▪ CONTR. Désindexer.

INDIANISME [ɛ̃djanism] **n. m.** – 1840 ◇ de *indien* ▪ **1** (par référence à l'Inde) Caractère indien. — LING. Forme propre aux langues de l'Inde. — Étude des langues et des civilisations de l'Inde. ▪ **2** Intérêt porté aux cultures indiennes d'Amérique latine.

INDIANISTE [ɛ̃djanist] **n.** – 1814 ◇ de *indien* ▪ Personne qui étudie les langues et civilisations de l'Inde.

INDIC ➤ **INDICATEUR,** 1°

INDICAN [ɛ̃dikɑ̃] **n. m.** – 1873 ◇ du latin *indicum* « indigo » ▪ CHIM. *Indican végétal* : glucoside extrait des feuilles de l'indigotier, utilisé comme colorant. ➤ **indigo.** — BIOCHIM. *Indican métabolique, urinaire,* apparaissant dans l'urine en cas d'insuffisance hépatique, de fermentation intestinale. ▪ HOM. Indiquant (*indiquer*).

INDICATEUR, TRICE [ɛ̃dikatœr, tris] **n.** et **adj.** – 1498 ◇ latin *indicator,* de *indicare* → indiquer ▪ **1** Personne qui dénonce un coupable, un suspect ; personne qui se met à la solde de la police pour la renseigner. ➤ **délateur, dénonciateur, informateur, mouchard ;** ARG. 2**balance, donneur,** VX **espion, mouton.** *On prétend que « les malfaiteurs ne sont presque jamais trouvés par la police elle-même, qu'ils sont donnés par des indicateurs »* ROMAINS. — ABRÉV. ARG. (1894) **INDIC** [ɛ̃dik]. *Des indics.* ▪ **2 n. m.** (1792) Livre, brochure ou journal donnant des renseignements. *Indicateur immobilier.* ➤ **guide.** *L'indicateur des chemins de fer.* ➤ **horaire.** ▪ **3 n. m.** (XIXe) Instrument servant à fournir des indications. *Indicateur de niveau* (➤ **jauge**). *Indicateur de pression* (➤ **baromètre, manomètre**), *d'altitude* (➤ **altimètre**), *de vitesse* (d'un avion, d'une automobile ➤ **compteur**). *Indicateur de changement de direction* (➤ **clignotant,** 1**feu**). ▪ **4 n. m.** CHIM. *Indicateur de pH* ou *indicateur coloré* : substance ajoutée en faible quantité à une solution et qui change de couleur selon le pH (tournesol, phénolphtaléine). *Indicateur redox,* qui change de couleur selon le potentiel redox de la solution (ex. bleu de méthylène). *Indicateur métallique,* qui change de couleur en présence d'un ion métallique en solution. — BIOL., MÉD. *Indicateur radioactif.* ➤ **traceur.** ▪ **5 n. m.** ÉCON. Variable ayant pour objet de mesurer ou apprécier un état, une évolution économique. *Indicateurs conjoncturels, structurels.* ➤ **indice.** *Les indicateurs de la reprise économique. Indicateurs d'alerte.* ➤ **avertisseur, clignotant.** *Indicateur de divergence du système monétaire européen,* qui alerte sur l'écart d'une monnaie par rapport à l'euro. — *Indicateur boursier. Indicateur de tendance,* qui indique l'évolution des cours de la Bourse. *Indicateur à la hausse, à la baisse.* ➤ **indice.** ▪ **6 n. m.** ZOOL. Oiseau de la famille du pic qui, par ses cris, attire les prédateurs vers les ruches et se nourrit ensuite de cire et de miel. ▪ **7 adj.** Qui indique, porte une indication. *Poteau, panneau, tableau indicateur. Borne indicatrice.*

INDICATIF, IVE [ɛ̃dikatif, iv] **adj.** et **n. m.** – 1361 ◇ latin *indicativus* ▪ **1** Qui indique. *Signe indicatif d'une maladie. Ci-joint le catalogue des prix, à titre indicatif.* ▪ **2** *Mode indicatif,* et **n. m.** (v. 1500 ; hapax 1400) **L'INDICATIF :** système des formes verbales « dont l'emploi convient pour représenter un procès comme simplement énoncé [...] sans aucune interprétation » (Marouzeau). *Indicatif et subjonctif*. « Après que » est suivi de l'indicatif. Conjuguer un verbe au présent de l'indicatif, à l'indicatif présent. Les huit temps de l'indicatif.* ▪ **3 n. m.** (1873) *Indicatif d'appel* : appellation conventionnelle formée de lettres et de chiffres, particulière à chaque émetteur-récepteur télégraphique ou radiophonique. « *le poste du* Cyclone *[...] répétait sans se lasser les lettres de l'indicatif d'appel* » VERCEL. — *Indicatif d'un avion.* ➤ **signal** (distinctif). *Indicatif (téléphonique)* : chiffres sélectionnant une zone téléphonique, et que l'on compose avant le numéro d'un correspondant. ➤ **préfixe.** ◆ COUR. Brève séquence sonore qui annonce une émission radiophonique ou télévisée régulière. ➤ **jingle, sonal ;** et aussi 2**générique.** (Recomm. offic. pour remplacer l'anglic. *jingle*).

INDICATION [ɛ̃dikasjɔ̃] **n. f.** – 1333 ◇ latin *indicatio* ▪ **1** Action d'indiquer. *Je me suis adressé à cette maison sur l'indication de X.* ➤ **avis.** *Sans indication de date.* ➤ **mention.** *L'indication* *d'origine est obligatoire pour les produits importés. Indication géographique protégée (IGP)* : indication de l'origine géographique d'un produit, protégée par l'Union européenne. — APPOS. *Vins IGP* (cf. Vin* de pays). ▪ **2** (1708) Ce qui indique, révèle qqch. ➤ **annonce, indice, 1marque, signe.** *Sa fuite est une indication de sa culpabilité.* ▪ **3** Ce qui est indiqué. *Indications nécessaires pour utiliser un objet. «les indications favorables données par les statistiques»* CAMUS. *Donner de bonnes indications.* ➤ **renseignement, tuyau.** *Suivre les indications de qqn.* ➤ **directive.** *Sauf indication contraire.* — THÉÂTRE *Indications scéniques.* ➤ **didascalie.** ▪ **4** MÉD. *Indication thérapeutique,* et ABSOLT *indication* : cas où une médication, un traitement est utile, indiqué (opposé à *contre-indication*).

INDICE [ɛ̃dis] **n. m.** – 1488 ; *endice* XIIe ◊ latin *indicium,* de *index*

I ▪ **1** Signe apparent qui indique avec probabilité. ➤ **1marque, signe.** *Les premiers indices du printemps. Pas le moindre indice de lassitude chez son adversaire.* ➤ **soupçon, trace.** *Les indices d'une maladie* (➤ **symptôme**). *«On ne devait pas condamner les gens sur de simples soupçons, des indices vagues»* FLAUBERT. *Être l'indice de* : révéler, signaler, indiquer. *Avoir des indices de qqch.* ➤ **indication, renseignement.** *«Depuis quelque temps, certains indices nous faisaient penser à la présence d'un agent de la Gestapo infiltré dans le réseau»* J. SEMPRUN. ▪ **2** DR. Fait connu qui sert à constituer la preuve par présomption, début de preuve. ➤ **adminicule, présomption.** *La police n'a aucun indice. «Dans la logique narrative de l'enquête, l'indice vient se caser comme l'élément d'une séquence au bout de laquelle se trouve le criminel»* J.-C. BAILLY.

II (1869) ▪ **1** Indication numérique ou littérale qui sert à caractériser un signe et placée le plus souvent en bas à droite. a_n se lit *a indice n.* ▪ **2** PHYS., TECHN. Indication numérique ou littérale qui sert à exprimer un rapport. *Indice de réfraction d'un milieu transparent à la lumière* : le rapport de la vitesse des ondes électromagnétiques dans le vide et dans ce milieu. — CRISTALLOGR. *Ellipsoïde des indices* (de réfraction) : surface caractéristique d'une espèce cristalline biréfringente*. *Indice d'extinction* : coefficient d'absorption du rayonnement pour une orientation du cristal donnée. — *Indice d'octane* d'un carburant.* ◆ *Indices anthropométriques,* qui définissent des mensurations anatomiques en fonction de valeurs de référence. ◆ MÉD. *Indice thérapeutique* : rapport entre la dose curative et la dose toxique d'un médicament. — *Indice de masse* corporelle (IMC). Indice glycémique*.* ◆ *Indice de protection (IP) des produits solaires* (contre les U. V. B.). *Crème solaire (à) indice 30.* ▪ **3** (début XXe) Rapport, généralement multiplié par 100, de deux valeurs d'une même grandeur mesurée à deux moments, dans deux lieux différents. ◆ ÉCON. Rapport de deux valeurs d'une grandeur dans le temps, la première servant de référence. *Indice de la production industrielle. Indice corrigé des variations saisonnières.* — *Indice des prix,* mesurant l'évolution des prix et servant d'indicateur conjoncturel à l'inflation. *Salaire indexé sur l'indice officiel du coût de la vie.* ➤ **échelle** (mobile), **indexation.** ◆ *Indice de traitement* : nombre affecté à un échelon, un grade, un emploi et permettant de calculer le salaire à partir d'un traitement de base. *Fonctionnaire à l'indice 750.* ➤ **chevron, classe, échelon, 1grade ; indiciel.** ◆ COMMUNIC. *Indice d'écoute* : nombre de personnes, évalué en pourcentage, ayant écouté ou regardé une émission à un moment déterminé (➤ **audience, audimat**). *Indice de popularité d'un site Internet* : nombre de liens pointant sur ce site. *Indice de popularité d'un personnage politique* : pourcentage d'opinions favorables qu'il recueille au sein d'une population. ▪ **4** BOURSE Mesure synthétique de l'évolution des cours à partir d'un ensemble de titres représentatifs des secteurs d'activité économique. *Indice C. A. C.* 40. Indice Dow-Jones* (à New York), *Nikkei* (à Tokyo). ➤ **indicateur** (de tendance).

INDICIAIRE [ɛ̃disjɛʀ] **adj.** – 1500 n. m. ; 1537 *table indiciaire* «index» ◊ du latin *indicium* → indice ▪ Relatif à un, à des indices. ➤ **indiciel.** *Relèvement indiciaire.* — DR. *Impôt indiciaire,* dont l'assiette est déterminée par certains indices.

INDICIBLE [ɛ̃disibl] **adj.** – 1452 ◊ latin médiéval *indicibilis,* de *dicere* «dire» ▪ LITTÉR. Qu'on ne peut caractériser par le langage. ➤ **indescriptible, inexprimable.** *«Comment exprimerai-je une peine indicible !»* MUSSET. *Joie indicible.* ➤ **ineffable.** *Un charme indicible.* ➤ **indéfinissable.** — SUBST. *L'indicible. «bourreau de l'indicible, chacun s'acharne à détruire tous les mystères»* CIORAN. — **adv. INDICIBLEMENT.**

INDICIEL, IELLE [ɛ̃disjɛl] **adj.** – milieu XXe ; autre sens 1540 ◊ de *indice* ▪ **1** Qui utilise les indices. *Notation indicielle.* ▪ **2** Relatif aux indices de traitement. *Grille indicielle de la fonction publique.* ➤ **indiciaire.** ▪ **3** Relatif à l'indice d'écoute. *Émission à rentabilité indicielle insuffisante.*

INDICTION [ɛ̃diksjɔ̃] **n. f.** – 1120 ◊ bas latin *indictio,* de *indicere* «publier» ▪ RELIG. Fixation à un jour dit. *Indiction d'un concile, d'un synode.* ➤ **convocation.**

INDIEN, IENNE [ɛ̃djɛ̃, jɛn] **adj.** et **n.** – 1284 ◊ bas latin *indianus*

I ▪ **1** Des régions d'Asie anciennement appelées Indes. *Océan Indien. Coq indien ou coq d'Inde. Chanvre* indien.* — De l'Inde. *Les frontières indiennes. L'Union indienne. Cuisine indienne.* ➤ **basmati, biryani, chapati, colombo, curry, lassi, massala, naan, samoussa.** ◆ **n.** *Indiens musulmans, hindouistes* (➤ **hindou**). ▪ **2** (milieu XVIe ◊ parce que les navigateurs du XVe s. se croyaient arrivés aux Indes par la route de l'Ouest) Personne issue d'une ethnie établie en Amérique avant l'arrivée des Européens. ➤ **amérindien ; apache, iroquois, peau-rouge, sioux.** *Indiens des Andes, du Canada. Réserve* d'Indiens aux États-Unis.* — SPÉCIALT (par allus. à la conquête de l'Ouest américain). *Coutumes des Indiens.* ➤ **calumet, hache** (de guerre), **scalp, sentier** (de la guerre), **tomahawk.** *Tente d'Indiens.* ➤ **tipi, wigwam.** *Femme d'un Indien.* ➤ **squaw.** ALLUS. HIST. *«Un bon Indien est un Indien mort»* (attribué au général CUSTER ou parfois au général SHERIDAN). *Enfants qui jouent aux cow-boys et aux Indiens.* REM. Au Canada, on emploie *amérindiens, autochtones, peuples autochtones* ou *Premières Nations.* ◆ **adj.** *Anciennes civilisations indiennes* (➤ **aztèque, inca, maya**). *Soutien aux tribus indiennes d'Amazonie* (➤ **indigéniste**). *Chef indien.* ➤ **sachem.** *Nage indienne,* et SUBST. *nager à l'indienne.* ➤ **over arm stroke.** — *À la file* indienne. L'été* indien.*

II **n. m.** Boisson, mélange d'orangeade et de grenadine.

INDIENNE [ɛ̃djɛn] **n. f.** – 1632 ◊ de *indien* ▪ Toile de coton peinte ou imprimée qui se fabriquait d'abord en Inde.

INDIFFÉREMMENT [ɛ̃difeʀamɑ̃] **adv.** – 1314 ◊ de *indifférent* ▪ **1** Sans distinction, sans faire de différence. *Vêtement unisexe, porté indifféremment par les hommes et les femmes. Des mots «qui peuvent se lire indifféremment de droite à gauche et de gauche à droite»* APOLLINAIRE. ➤ **indistinctement.** ▪ **2** VX Avec indifférence. *«Ils viennent entendre indifféremment la parole de Dieu»* BOURDALOUE.

INDIFFÉRENCE [ɛ̃difeʀɑ̃s] **n. f.** – 1487 ; hapax 1377 ◊ latin *indifferentia*

I État d'une personne qui est indifférente. ▪ **1** État d'une personne qui n'éprouve ni douleur, ni plaisir, ni crainte, ni désir. ➤ **apathie, ataraxie, désintéressement, détachement, distance, indolence, insensibilité, recul.** *«cette indifférence, [...] ce détachement total qui la sépare du monde»* MAURIAC. ▪ **2** Détachement à l'égard d'une chose, d'un évènement (exprimé ou sous-entendu). ➤ **dédain.** *Hausser les épaules pour marquer son indifférence* (➤ **bof**). *Indifférence devant, pour les malheurs d'autrui. Indifférence aux évènements. Affronter la mort avec indifférence.* ➤ **équanimité, flegme, impassibilité.** ◆ SPÉCIALT *Indifférence (religieuse).* ➤ **agnosticisme, scepticisme.** ▪ **3** Absence d'intérêt à l'égard de qqn. ➤ **froideur, réserve.** *L'indifférence que lui a témoignée son entourage. «l'indifférence de millions de gens à son sort»* GREEN. ➤ **insensibilité.** *Dans l'indifférence générale.* ➤ **désintérêt, inattention.** ◆ SPÉCIALT Absence d'amour. *«ces deux êtres n'avaient que de l'indifférence l'un pour l'autre»* STENDHAL (cf. Ne rien ressentir* pour).

II (1855) SC. État de ce qui est indifférent (I, 3o). ➤ **équilibre, neutralité.** *Indifférence magnétique, électrochimique.*

▪ **CONTR.** Intérêt, passion ; désir ; amour, sentiment, tendresse.

INDIFFÉRENCIATION [ɛ̃difeʀɑ̃sjasjɔ̃] **n. f.** – 1843 ◊ de *indifférencié* ▪ État de ce qui est indifférencié. ◆ BIOL. CELL. État des cellules qui ont gardé des caractères embryonnaires, sans évoluer par différenciations vers un état de cellule spécialisée.

INDIFFÉRENCIÉ, IÉE [ɛ̃difeʀɑ̃sje] **adj.** – 1843 ◊ de 1*in-* et *différencier* ▪ Qui n'est pas différencié. *Cellules vivantes indifférenciées* (➤ **totipotent**). *«Une suite d'heures très longues, ininterrompue, d'heures indifférenciées»* GIDE. *À fonctions indifférenciées.* ➤ **polyvalent.**

INDIFFÉRENT, ENTE [ɛ̃difeʀɑ̃, ɑ̃t] **adj.** – 1314 ◊ latin *indifferens*

I (CHOSES et PERSONNES) ▪ **1** (1633) Sans intérêt, sans importance, de peu de conséquence. *Parler de choses indifférentes* (cf. De la pluie* et du beau temps). — IMPERS. *«Il n'est pas indifférent que le peuple soit éclairé»* MONTESQUIEU. ▪ **2** (1671) Qui n'intéresse pas, ne touche pas. *«Ces personnes, ni amies ni indifférentes, avec lesquelles nous avons des relations de loin en loin»* BALZAC. — SPÉCIALT Qui n'inspire aucun sentiment amoureux. *Je vous assure qu'elle m'est indifférente.* — (CHOSES) *Son sort m'est indifférent.* ▪ **3** (XVIIIe) Qui ne tend pas vers telle chose plutôt que vers telle autre. — SC. Sur lequel ne s'exerce en tel ou tel sens aucune force capable de modifier son état, sa place. *Une sphère homogène placée sur un plan horizontal est en équilibre indifférent.* — LOG., AUTOMAT. *État indifférent,* qui peut prendre indifféremment la valeur vrai ou faux. — PSYCHOL. *États indifférents,* qui ne seraient marqués ni de plaisir ni de douleur. ▪ **4** Qui, d'un côté comme de l'autre, présente un intérêt (ou une absence d'intérêt) égal ; qui n'importe ou ne touche ni plus ni moins. ➤ **égal** (cf. C'est la même chose*, c'est bonnet* blanc et blanc bonnet ; FAM. c'est kifkif). *Ici ou là, cela m'est indifférent* (cf. Ne faire ni chaud* ni froid). *Il est indifférent de faire ceci ou cela.* ◆ N'importe quel (dans une annonce). *Âge, sexe indifférent.*

II (PERSONNES) ▪ **1** (1636) VX Impartial. ▪ **2** Qui ne s'intéresse pas (à), qui n'est pas préoccupé de (qqch. ou qqn). ➤ **insensible.** — *Indifférent à qqch.* ➤ 1 **froid, impassible, imperturbable, insoucieux.** *Indifférent à tout, à son sort, au destin.* ➤ **résigné, fataliste.** *Vos difficultés ne me laissent pas indifférent. Il est resté indifférent à ses avances.* — *Indifférent à qqn. Elle m'est indifférente.* ◆ SUBST. *Il n'a rencontré que des indifférents.* ▪ **3** SPÉCIALT Qui marque de l'indifférence en amour. — SUBST. *«Le Bel Indifférent», pièce de Cocteau.* ▪ **4** Qui n'est touché par rien ni par personne. *C'est un homme indifférent, rien ne peut l'émouvoir.* ➤ **blasé, égoïste,** 1 **froid, insouciant, sec.** *Il tâchait «de cacher sa curiosité, de paraître indifférent»* R. ROLLAND. PAR EXT. *Air, visage indifférent.* ➤ **dédaigneux, détaché,** 1 **froid.** ◆ SUBST. *«L'Indifférent», tableau de Watteau.*

▪ CONTR. Important, intéressant. Intéressé, partial. Déterminé, différent. — Attentif, curieux, sensible.

INDIFFÉRENTISME [ɛ̃difeʀɑ̃tism] n. m. – 1750 ◇ de *indifférent* ▪ DIDACT. Attitude d'indifférence systématique en matière de politique ou de religion.

INDIFFÉRER [ɛ̃difeʀe] v. tr. ⟨6⟩ – 1888 ◇ de *indifférent* ▪ FAM. Laisser indifférent (qqn). *Cela m'indiffère totalement* (cf. Laisser froid*). *«Vos avis m'indiffèrent, ma fille»* QUENEAU. REM. Ne s'emploie qu'avec un pronom complément.

INDIGÉNAT [ɛ̃diʒena] n. m. – 1888 ; «droit de cité» 1699 ◇ de *indigène* ▪ HIST. Régime administratif spécial qui s'appliquait aux indigènes de certaines colonies.

INDIGENCE [ɛ̃diʒɑ̃s] n. f. – 1265 ◇ latin *indigentia* ▪ **1** VIEILLI État d'une personne indigente. ➤ **besoin, détresse, misère, pauvreté, privation.** *Être, vivre, tomber dans l'indigence.* ▪ **2** FIG. et MOD. Pauvreté (intellectuelle, morale). *«Cette grande indigence intellectuelle des temps modernes»* PÉGUY. *Indigence d'esprit, d'idées.* ➤ 2 **manque.** *Texte d'une rare indigence.* ▪ CONTR. Abondance, fortune, luxe, richesse.

INDIGÈNE [ɛ̃diʒɛn] adj. et n. – 1743 ; hapax 1532 ◇ latin *indigena* ▪ **1** Qui est né dans le pays dont il est question. ➤ **autochtone ; natif, naturel.** *La population indigène et les touristes.* — n. *Les indigènes d'Australie.* ➤ **aborigène.** ▪ **2** Qui appartient à une population implantée dans un pays avant sa colonisation. *Troupes, tirailleurs indigènes.* PAR EXT. *La ville indigène. «loin des misères des quartiers indigènes»* SENGHOR. *Coutumes indigènes.* — n. *«Tu sais, quand un Blanc devient poli avec un indigène, c'est mauvais signe...»* OYONO. ▪ **3** BOT., ZOOL. Qui croît, vit naturellement dans une région sans y avoir été importé. ▪ CONTR. Allogène, exotique.

INDIGÉNISME [ɛ̃diʒenism] n. m. – 1923 au Canada ◇ de *indigène,* d'après l'espagnol *indigenismo* ▪ Attitude favorable aux populations autochtones, notamment amérindiennes, en Amérique latine. — adj. **INDIGÉNISTE.** *Littérature indigéniste.*

INDIGENT, ENTE [ɛ̃diʒɑ̃, ɑ̃t] adj. – 1265 ◇ latin *indigens* ▪ **1** VIEILLI Qui manque des choses les plus nécessaires à la vie. ➤ **malheureux, misérable, nécessiteux, pauvre.** *Vieillard indigent qui vit d'aumônes.* — SUBST. Personne sans ressources. *Aide aux indigents. Le carré des indigents :* dans un cimetière, parcelle où sont enterrées les personnes les plus démunies. ▪ **2** FIG. (XVIe) MOD. ➤ **pauvre, rare.** *Végétation indigente.* — *Imagination indigente. Un film indigent.* ▪ CONTR. Fortuné, riche.

INDIGESTE [ɛ̃diʒɛst] adj. – 1505 ; «mal digéré» v. 1270 ◇ latin *indigestus* ▪ **1** Difficile à digérer. *Aliment, nourriture indigeste.* ➤ **lourd.** ▪ **2** (XVIe) FIG. Mal ordonné (et, par suite, mal assimilable). ➤ **confus, embrouillé.** *Ouvrage, compilation, recueil indigeste.* ▪ CONTR. 2 Digeste, digestible, léger ; clair.

INDIGESTIBLE [ɛ̃diʒɛstibl] adj. – 1380 ◇ de 1 *in-* et *digestible* ▪ Qui ne peut pas être digéré. *Résidus indigestibles. La cellulose est indigestible pour l'être humain.*

INDIGESTION [ɛ̃diʒɛstjɔ̃] n. f. – XIIIe ◇ bas latin *indigestio* ▪ Indisposition momentanée due à une digestion qui se fait mal, incomplètement (➤ **embarras**). *Avoir une indigestion. «Très sobres chez eux, ils se crevaient d'indigestion chez les autres»* ZOLA. *Se donner une indigestion de chocolat,* en manger jusqu'à se rendre malade. ◆ FIG. *Avoir une indigestion de romans policiers, de télévision,* etc., en avoir trop, jusqu'à en éprouver le dégoût (cf. En avoir par-dessus la tête*, FAM. ras* le bol).

INDIGÈTE [ɛ̃diʒɛt] adj. – XVe ◇ latin *indiges, etis* ▪ ANTIQ. ROM. *Dieux indigètes,* propres à un lieu, à une famille.

INDIGNATION [ɛ̃diɲasjɔ̃] n. f. – 1120 ◇ latin *indignatio* ▪ Sentiment de colère que soulève une action qui heurte la conscience morale, le sentiment de la justice. ➤ **révolte.** *«Je ne quitterai sans doute l'indignation qu'avec la vie. C'est le revers même de l'amour»* GIDE. *Exciter, provoquer l'indignation :* choquer, révolter. *Protester avec indignation. Cris d'indignation.* ➤ **tollé.** — *À l'indignation générale.* ➤ **scandale.**

INDIGNE [ɛ̃diɲ] adj. – fin XIIe ◇ latin *indignus*

I INDIGNE DE. ▪ **1** Qui n'est pas digne de (qqch.), qui ne mérite pas. *Elle est indigne de notre confiance. Il s'est rendu indigne d'un tel poste.* ➤ **démériter, se disqualifier.** ◆ DR. *Être indigne de succéder :* être exclu des successions pour cause d'indignité. — SUBST. *Un, une indigne.* ▪ **2** Qui n'est pas dans un rapport de convenance, de conformité avec (qqn), qui n'est pas à sa hauteur. *«Tout autre qu'un monarque est indigne de moi»* CORNEILLE. — *Ce travail lui paraissait indigne de lui.*

II ABSOLT ▪ **1** VX (dans des formules de politesse) Humble. *Votre indigne serviteur.* ▪ **2** Qui n'est pas digne de sa fonction, de son rôle, qui ne mérite que le mépris pour la façon dont il s'en acquitte. ➤ **abject, coupable, cruel, méchant, méprisable, vil.** *Mère indigne.* ➤ **dénaturé.** *Parents indignes.* ➤ **maltraitant.** ▪ **3** (CHOSES) Tout à fait inconvenant, condamnable. ➤ **avilissant,** 1 **bas, déshonorant, inqualifiable, odieux, révoltant, scandaleux.** *Une action, une conduite indigne.* ▪ **4** DR. *Habitat indigne :* logement, bâtiment dont l'état expose les occupants à des risques manifestes pour leur santé ou leur sécurité.

▪ CONTR. Digne.

INDIGNÉ, ÉE [ɛ̃diɲe] adj. et n. – 1330 ◇ de *indigner* ▪ **1** adj. Qui éprouve de l'indignation. ➤ **outré.** *Indigné par son attitude. «On peut être irrité à tort ; on n'est indigné que lorsqu'on a raison»* HUGO. — Qui exprime, qui marque de l'indignation. *Visage, regards indignés. Un ton de protestation indignée.* ▪ **2** n. (de l'espagnol *indignados*) *Les indignés :* jeunes qui manifestent (en Europe et aux États-Unis) pour la justice sociale. *Les indignés de Wall Street.*

INDIGNEMENT [ɛ̃diɲmɑ̃] adv. – XIIe ◇ de *indigne* ▪ D'une manière indigne. *Indignement traité.* ▪ CONTR. Dignement.

INDIGNER [ɛ̃diɲe] v. tr. ⟨1⟩ – 1355 ; au p. p. 1330 ; *s'endeignier,* XIIe ◇ latin *indignari* ▪ **1** Remplir d'indignation. ➤ **écœurer, outrer, révolter, scandaliser.** *Sa conduite a indigné tout le monde.* ▪ **2** S'INDIGNER v. pron. Être saisi d'indignation. ➤ **s'emporter, se fâcher, s'irriter, s'offenser.** *S'indigner d'un procédé. S'indigner contre qqn.* ➤ **maudire, vitupérer.** *«Car s'indigner de tout, c'est tout aimer en somme»* HUGO. *Il s'indigne de voir ce crime impuni. Je m'indigne qu'il soit si lâche. Il s'indigne de ce que je fais ; de ce que je fasse si peu.* ▪ CONTR. Enthousiasmer (s').

INDIGNITÉ [ɛ̃diɲite] n. f. – v. 1420 ◇ latin *indignitas* ▪ **1** LITTÉR. Caractère d'une personne indigne. *«La bassesse et l'indignité de son âme»* ROUSSEAU. ➤ **abaissement, abjection, déshonneur.** ◆ DR. *Indignité successorale,* frappant l'héritier qui a commis une faute grave contre le défunt (➤ **indigne**). — *Indignité électorale :* privation du droit de vote à la suite d'un jugement pénal. *Indignité nationale,* sanctionnant les faits de collaboration avec l'ennemi. ▪ **2** Caractère de ce qui est indigne. ➤ **bassesse, méchanceté, noirceur.** *L'indignité d'une telle conduite.* ▪ **3** Action, conduite indigne. *C'est une indignité.* ➤ **honte, turpitude, vilenie.** ▪ **4** VX Manière indigne de traiter qqn ; traitement outrageant. ➤ **affront, offense, outrage.** *«Je n'ai mérité Ni cet excès d'honneur, ni cette indignité»* RACINE. ▪ CONTR. Dignité, honneur.

INDIGO [ɛ̃digo] n. m. et adj. inv. – 1578 ◇ mot espagnol, du latin *indicum* «indien» ▪ **1** Matière tinctoriale bleue, obtenue primitivement à partir de l'indican* extrait de l'indigotier, obtenue aujourd'hui par synthèse. *L'indigo naturel est d'un bleu foncé avec des reflets violets ou rougeâtres.* ▪ **2** Bleu violacé très sombre ; SPÉCIALT Une des couleurs fondamentales du spectre solaire. *Des indigos.* APPOS. INV. *Bleu indigo. Des perles bleu indigo.* — adj. inv. *Ciel indigo, robes indigo.*

INDIGOTIER [ɛ̃digɔtje] n. m. – 1718 ◊ de *indigo* ■ Arbrisseau *(légumineuses papilionacées)* qui croît dans les régions tropicales, et des feuilles duquel on extrait l'indigo.

INDIQUÉ, ÉE [ɛ̃dike] adj. – de *indiquer* ■ **1** ➤ **indiquer.** ■ **2** Signalé comme étant le meilleur (médicament, traitement). *Traitement indiqué dans telle ou telle affection.* ➤ **prescrit, recommandé ; indication.** — FIG. Adéquat, opportun. *C'est le moyen indiqué, tout indiqué.* ➤ 1 **expédient.** *Dans ton cas, ce n'est pas indiqué.* ➤ **conseillé.** ■ CONTR. Contre-indiqué.

INDIQUER [ɛ̃dike] v. tr. ‹1› – 1510 ◊ latin *indicare* ■ **1** Faire voir d'une manière précise, par un geste, un signe, un repère, un signal. ➤ **désigner, montrer, signaler.** *Indiquer qqch. du doigt, du regard. L'horloge indique deux heures ; les aiguilles indiquent l'heure. Le panneau indique la direction à prendre. Le voyant indique le niveau d'huile.* ➤ **donner.** ■ **2** Faire connaître à qqn (la chose ou la personne qu'il a besoin ou envie de connaître). *Pouvez-vous m'indiquer un bon médecin, un hôtel convenable* (➤ **recommander**), *comment y aller* (➤ 1 **dire**), *quand arrive le train ? C'est lui qui m'a indiqué ce moyen.* ➤ **apprendre, enseigner, fournir.** « *Je me rallie d'avance à la solution que vous m'indiquerez* » ROMAINS. — SPÉCIALT (en parlant d'un document écrit) *Indiquer le cours d'une valeur.* ➤ **coter.** *Dictionnaire indiquant tous les emplois d'un mot.* ➤ **donner, énumérer.** ◆ Déterminer et faire connaître (une date, un lieu choisis pour une rencontre, une réunion). ➤ **fixer.** « *vous pourriez vous-même en indiquer le moment* [de l'entretien] » LACLOS. — *À l'endroit indiqué, à l'heure indiquée.* ■ **3** (Sujet chose) Faire connaître (l'existence ou le caractère de qqn, qqch.) en servant d'indice. ➤ **annoncer, attester, déceler, dénoncer, dénoter, manifester, marquer, révéler, signaler, témoigner, trahir.** *Les traces de pas indiquent le passage du fugitif.* « *Son regard n'indiquait rien d'autre qu'une curiosité pénétrante* » ROMAINS. *Comme son nom l'indique.* ■ **4** ARTS Représenter en s'en tenant aux traits essentiels, sans s'attacher aux détails. ➤ **dessiner, ébaucher, esquisser, tracer.** *Quelques hachures pour indiquer les ombres. Indiquer sommairement l'emplacement des fenêtres sur un plan.* ➤ **marquer.** — PAR ANAL. *L'auteur n'a fait qu'indiquer le caractère de ce personnage secondaire.* ➤ **esquisser.**

INDIRECT, E [ɛ̃diʀɛkt] adj. – 1416 ◊ latin *indirectus* ■ Qui n'est pas direct. ■ **1** Qui n'est pas en ligne droite, qui fait un ou plusieurs détours. ➤ **courbe, détourné.** *Itinéraire indirect.* — *Éclairage indirect,* qui éclaire par réflexion sur les parois, le plafond. ◆ (ABSTRAIT) *Voies, moyens indirects.* ➤ 2 **écarté, éloigné.** *Critique, louange indirecte. Déclarer ses sentiments d'une manière indirecte.* ➤ **allusif, détourné, évasif, insinuant.** ◆ DR. *Ligne indirecte.* ➤ **collatéral.** ■ **2** Qui comporte un ou plusieurs intermédiaires, qui s'exerce avec intermédiaire. ➤ **médiat.** *Cause, influence indirecte. Effet indirect.* ➤ **contrecoup.** *Renseignement indirect,* de seconde main. ◆ *Complément indirect,* rattaché au mot qu'il complète par l'intermédiaire d'une préposition. *Complément d'objet indirect. Verbe transitif* indirect.* — *Interrogation indirecte,* exprimée dans une proposition subordonnée (ex. il demande si vous viendrez). — *Discours indirect* (opposé à *direct*) : discours rapporté avec un terme de liaison après un verbe de parole, et pouvant comporter des transpositions de temps, de personne et de déictiques (ex. il a dit qu'il l'avait vu la veille. Il a dit l'avoir vu la veille). *Style indirect.* ➤ **oblique.** — *Discours, style indirect libre,* qui comporte des propriétés du discours direct (absence d'élément de liaison) avec des transpositions propres au discours indirect (ex. il l'avait vu là, assurait-il), et permet de manifester le discours du personnage par l'intermédiaire du discours du narrateur. ◆ *Impôts* indirects ; contributions indirectes.* — DR. *Action indirecte* ou *oblique,* menée par le créancier exerçant certains droits à la place de son débiteur. ■ CONTR. 1 Direct. Immédiat.

INDIRECTEMENT [ɛ̃diʀɛktəmɑ̃] adv. – 1419 ◊ de *indirect* ■ D'une manière indirecte. *Toucher, atteindre indirectement* (cf. Par ricochet, par la bande). *Cela s'adressait indirectement à moi.* ■ CONTR. Directement.

INDISCERNABLE [ɛ̃disɛʀnabl] adj. et n. m. – 1582 ◊ de 1 *in-* et *discernable* ■ **1** Qui ne peut être discerné d'une autre chose de même nature. ➤ **identique.** *Deux teintes indiscernables l'une de l'autre. Une copie indiscernable de l'original.* « *on ne put jamais trouver deux feuilles d'arbres indiscernables* » VOLTAIRE. ◆ (XXe) PHYS. *Particules* (ou *quantons*) *indiscernables,* qui ne peuvent être considérés individuellement. (On dit parfois *identiques.*) ◆ n. m. PHILOS. *Principe des indiscernables :* principe de Leibniz d'après lequel deux êtres ne sont jamais parfaitement semblables. ■ **2** Dont on ne peut se rendre compte précisément. ➤ **insaisissable.** *Des nuances indiscernables.* ■ CONTR. Discernable, distinct.

INDISCIPLINE [ɛ̃disiplin] n. f. – 1501, rare av. XVIIe ◊ de 1 *in-* et *discipline* ■ Manque de discipline. *L'indiscipline des troupes* (➤ **désobéissance**), *des élèves* (➤ **dissipation**). « *l'impuissance des chefs et l'indiscipline des subordonnés* » TAINE. *Esprit d'indiscipline.* ➤ **indocilité, insoumission, insubordination, sédition.** *Faire acte, preuve d'indiscipline.* ■ CONTR. Discipline, obéissance.

INDISCIPLINÉ, ÉE [ɛ̃disipline] adj. – 1361 ◊ de 1 *in-* et *discipliné* ■ Qui n'est pas discipliné, qui n'observe pas la discipline. ➤ **désobéissant, indocile, insoumis, insubordonné.** *Élève indiscipliné.* ➤ **dissipé.** *Troupes, masses indisciplinées.* « *Un individualiste indiscipliné, un anarchiste* » CHARDONNE. — PAR EXT. *Caractère indiscipliné.* ◆ FIG. *Cheveux indisciplinés,* difficiles à coiffer. « *l'abondante chevelure noire croulant en flots indisciplinés sur son front et ses épaules* » TOURNIER. ■ CONTR. Discipliné, docile, obéissant, soumis.

INDISCRET, ÈTE [ɛ̃diskʀɛ, ɛt] adj. – 1380 ◊ latin *indiscretus* → 1 discret ■ **1** VX Qui agit à l'étourdie, sans prendre garde à ce qu'il dit ou ce qu'il fait. — PAR EXT. Qui dénote un manque de jugement, de modération. ➤ **inconsidéré, intempestif.** « *Jamais une indiscrète censure ne venait arrêter son babil* » ROUSSEAU. ■ **2** (XVIe) MOD. Qui manque de discrétion, de réserve, de retenue dans les relations sociales. ➤ **importun, intrusif.** *Je craindrais d'être indiscret en venant chez vous si tard.* — SUBST. *Un coin tranquille à l'abri des indiscrets.* ➤ **fâcheux.** ◆ PAR EXT. Qui dénote de l'indiscrétion. *Démarche, question indiscrète.* ➤ **inconvenant.** « *Les curiosités indiscrètes de la postérité* » HENRIOT. *Est-il, serait-ce indiscret de vous demander ce que vous comptez faire ?* (➤ **indiscrétion**). *À l'abri des regards indiscrets.* ■ **3** Qui révèle ce qu'il devrait tenir caché ; qui ne sait pas garder un secret. ➤ **bavard.** « *Un homme indiscret est une lettre décachetée : tout le monde peut la lire* » CHAMFORT. *Confident, confesseur, médecin indiscret.* — PAR EXT. *Méfiez-vous des oreilles indiscrètes.* ■ CONTR. 1 Discret.

INDISCRÈTEMENT [ɛ̃diskʀɛtmɑ̃] adv. – 1370 ◊ de *indiscret* ■ **1** VX À la légère. ■ **2** (XVIe) Sans réserve ni retenue. « *Il avait indiscrètement ouvert cette armoire* » HENRIOT. ■ **3** D'une manière indiscrète (3°). *Dévoiler indiscrètement un secret.* ■ CONTR. Discrètement.

INDISCRÉTION [ɛ̃diskʀesjɔ̃] n. f. – v. 1200 ◊ bas latin *indiscretio* ■ **1** VX Manque de discernement, de mesure. ■ **2** (1569) MOD. Manque de discrétion, de réserve, de retenue dans les relations sociales. *Il poussait l'indiscrétion jusqu'à lire mon courrier.* ➤ **curiosité, indélicatesse.** *Il a eu l'indiscrétion de m'interroger là-dessus. Sans indiscrétion, peut-on savoir votre âge ? Excusez mon indiscrétion.* — Caractère de ce qui est indiscret. *L'indiscrétion de ses questions.* ◆ Action, parole indiscrète. ■ **3** (1587) Défaut d'une personne qui ne sait pas garder un secret ; le fait de révéler ce qui devrait rester caché. *Son indiscrétion lui fait beaucoup d'ennemis.* — PAR EXT. *Commettre une indiscrétion. Les indiscrétions d'un ministre, d'un journaliste.* ➤ **bavardage, racontar, révélation.** « *ma vie privée, ma vie publique sont à la merci d'une indiscrétion, d'un chantage* » MARTIN DU GARD. *La moindre indiscrétion pourrait faire échouer notre plan.* ➤ **fuite.** *Indiscrétion financière* (cf. Délit d'initié*). ■ CONTR. Discrétion, réserve, retenue.

INDISCUTABLE [ɛ̃diskytabl] adj. – 1832 ◊ de 1 *in-* et *discutable* ■ Qui n'est pas discutable, qui s'impose par son évidence, son authenticité. ➤ **certain*, évident, incontestable,** 1 **manifeste.** *Succès, supériorité indiscutable. Témoignage, preuve indiscutable.* ➤ **authentique, formel, indéniable, irrécusable, irréfutable.** *Il est indiscutable que.* ➤ **indubitable.** ■ CONTR. Discutable, douteux, 1 faux.

INDISCUTABLEMENT [ɛ̃diskytabləmɑ̃] adv. – 1876 ◊ de *indiscutable* ■ D'une manière indiscutable. ➤ **certainement, incontestablement, indéniablement, indubitablement.** *C'est indiscutablement le meilleur roman de l'année.*

INDISCUTÉ, ÉE [ɛ̃diskyte] adj. – 1794 ◊ de 1 *in-* et *discuter* ■ Qui n'est pas discuté ; qui ne fait l'objet d'aucun doute. ➤ **incontesté, reconnu.** *Un fait indiscuté. Droits indiscutés.* « *Sa gloire règne, indiscutée par ceux qui savent* » HENRIOT. — *Le chef indiscuté de la bande.*

INDISPENSABLE [ɛ̃dispɑ̃sabl] adj. – 1585 ◊ de 1 *in-* et *dispenser* ■ **1** VIEILLI Dont on ne peut se dispenser. ➤ **obligatoire, obligé.** « *Travailler est un devoir indispensable à l'homme social* » ROUSSEAU. ■ **2** PAR EXT. (XVIIIe) MOD. Qui est très nécessaire, dont on ne peut se passer. ➤ **essentiel, nécessaire, utile.** — *Objets, vête-*

ments, meubles indispensables (cf. De première nécessité*). *Une lecture indispensable.* ➤ **incontournable.** *Strictement, absolument indispensable. «Rien de ce qui est beau n'est indispensable à la vie»* GAUTIER. ➤ **vital.** *Condition indispensable pour réussir.* — IMPERS. *Il est indispensable de partir maintenant si nous voulons arriver à l'heure* (➤ **falloir**). — **n. m.** *«il n'y avait, en fait de meubles, que l'indispensable»* HUGO. ◆ (PERSONNES) *Il se croit indispensable.* ➤ **irremplaçable.** *«Un général victorieux et qui apportait de l'argent se rendait indispensable»* BAINVILLE. ■ CONTR. Dispensable. Inutile, superflu.

INDISPONIBILITÉ [ɛ̃dispɔnibilite] **n. f.** – 1789 ◇ de *indisponible* ■ **1** État de ce qui est indisponible. *Indisponibilité d'articles par rupture de stocks.* ■ **2** État d'un fonctionnaire qui quitte provisoirement son poste. *Se mettre en indisponibilité pour raisons personnelles.* ➤ **congé.** ■ CONTR. Disponibilité.

INDISPONIBLE [ɛ̃dispɔnibl] **adj.** – 1752 ◇ de 1*in-* et *disponible* ■ Qui n'est pas disponible. ■ **1** (CHOSES) DR. Dont la loi ne permet pas de disposer. *Biens indisponibles.* ■ **2** (PERSONNES) Qui est empêché de fournir un travail. *Soldats indisponibles* (pour le service militaire). *Joueur indisponible.* ■ CONTR. Disponible.

INDISPOSÉ, ÉE [ɛ̃dispoze] **adj.** – 1460 ; «mal disposé» v. 1400 ◇ latin *indispositus* ■ VIEILLI ■ **1** Qui est affecté d'une indisposition. ➤ **fatigué, incommodé, souffrant.** *Il est, il se sent indisposé.* ■ **2** PAR EUPHÉM. (AU FÉM.) Qui a ses règles.

INDISPOSER [ɛ̃dispoze] **v. tr.** ‹1› – fin XVIe ◇ de *indisposé* ■ **1** Altérer légèrement la santé de, mettre dans un état de légère indisposition physique. *Ce qu'il a mangé hier l'a indisposé. L'odeur de tabac froid l'indispose.* ➤ **gêner, incommoder.** ■ **2** Mettre dans une disposition peu favorable. ➤ **déplaire** (à), **désobliger, fâcher, froisser, hérisser, mécontenter.** *Il indispose tout le monde (contre lui) par sa prétention.* ➤ **importuner ; énerver.** *Tout l'indispose, il a un caractère difficile* (➤ **agacer**). *«chacun ici-bas se trouve indisposé par la marotte du voisin»* CÉLINE.

INDISPOSITION [ɛ̃dispozisjɔ̃] **n. f.** – XVe ◇ de *indisposé,* d'après *disposition* ■ VIEILLI ■ **1** Légère altération de la santé. ➤ **incommodité, malaise ; fatigue.** *Indisposition causée par des excès de table.* ■ **2** (EUPHÉM.) Période des règles.

INDISSOCIABLE [ɛ̃disɔsjabl] **adj.** – 1892 ; «indissoluble» 1543 ◇ de 1*in-* et *dissociable* ■ Qu'on ne peut dissocier, séparer. ➤ **inséparable.** *Un évènement indissociable de son contexte. Des éléments indissociables.* — **adv. INDISSOCIABLEMENT.** ■ CONTR. Dissociable, séparable.

INDISSOLUBILITÉ [ɛ̃disɔlybilite] **n. f.** – 1609 ◇ de *indissoluble* ■ Caractère de ce qui est indissoluble. *Indissolubilité du mariage religieux.*

INDISSOLUBLE [ɛ̃disɔlybl] **adj.** – milieu XVe ◇ latin *indissolubilis* ■ Qui ne peut être dissous, délié, désuni. ➤ **indestructible, perpétuel.** *Attachements, liens indissolubles. «Rien ne prouve mieux la nécessité d'un mariage indissoluble que l'instabilité de la passion»* BALZAC. — **adv. INDISSOLUBLEMENT.**

INDISTINCT, INCTE [ɛ̃distɛ̃(kt), ɛ̃kt] **adj.** – 1495 ◇ latin *indistinctus* ■ Qui n'est pas distinct, que l'on distingue mal. ➤ **confus, flou, indécis, nébuleux,** 3**vague.** *Apercevoir des formes indistinctes dans la pénombre. Lumières indistinctes à l'horizon. — Bruits indistincts.* ➤ **sourd.** ◆ FIG. Qui n'est pas bien défini, bien précis. *Un sentiment indistinct.* ➤ **imprécis, obscur.** ■ CONTR. Clair, défini, distinct, 2net, 1précis.

INDISTINCTEMENT [ɛ̃distɛ̃ktəmɑ̃] **adv.** – 1496 ◇ de *indistinct* ■ **1** D'une manière indistincte. ➤ **confusément.** *Voir indistinctement qqch. Parler indistinctement.* ■ **2** Sans distinction, sans faire de différence. ➤ **indifféremment.** *Tous les Français indistinctement.*

INDIUM [ɛ̃djɔm] **n. m.** – 1863 ◇ de *ind(igo),* à cause de la couleur d'une raie de son spectre ■ CHIM. Métal blanc (In ; n° at. 49 ; m. at. 114,82), mou et ductile, du groupe de l'aluminium. *L'indium est présent dans les minerais de zinc. Antimoine d'indium.*

INDIVIDU [ɛ̃dividy] **n. m.** – 1242 ◇ latin *individuum* «corps indivisible» **I** ■ **1** (Sens large) SC. Tout être formant une unité distincte dans une classification. ➤ **échantillon,** 2**exemplaire, exemple, spécimen, unité ; individualité.** *«des individus bien conservés de chaque espèce d'animaux, de plantes ou de minéraux»* BUFFON. — MATH. Élément d'une population, en statistique. ◆ LOG. Terme inférieur d'une série, qui ne désigne plus de concept général et ne comporte plus de division logique (cf. Terme singulier*, nom propre*). ■ **2** Corps organisé vivant d'une existence propre et qui ne saurait être divisé sans être détruit. ➤ 1**animal,** 2**plante.** *Le corps vivant «est un individu, et d'aucun autre objet* [...] *on ne peut en dire autant»* BERGSON. *Les individus d'une population*, d'une colonie*. Génotype et phénotype d'un individu.* ■ **3** Unité élémentaire dont se composent les sociétés. *Les individus d'une fourmilière.* ◆ COUR. Membre de l'espèce humaine. ➤ 2**être, homme, humain,** 1**personne.** *«Tout individu porte une certaine combinaison génétique qui n'appartient qu'à lui»* J. ROSTAND. *Sacrifier l'individu à l'espèce. L'individu et la société. «un ordre social rigoureux qui conserve* [...] *la dignité de l'individu»* SARTRE. *«Il n'y a pas sur la terre, physiquement comme moralement, deux individus identiques»* J. HAMBURGER. *Langue propre à un individu* (➤ **idiolecte**). *Tempérament propre à un individu* (➤ **idiosyncrasie**). — PSYCHOL. L'être humain, en tant qu'unité et identité extérieures, biologiques ; en tant qu'être particulier différent de tous les autres. ➤ **individualité, moi.** *L'individu et la personne*.*

II (1791) COUR. (souvent péj.) Personne quelconque, que l'on ne peut ou que l'on ne veut pas nommer (ne se dit pas d'une femme au sing.). ➤ **homme.** *Un individu s'est présenté.* ➤ **quelqu'un.** *«un rassemblement d'individus des deux sexes»* MAC ORLAN. ➤ **personnage,** 1**personne, quidam ;** FAM. **bonhomme, citoyen, clampin, gars, gus, mec, paroissien, particulier, type.** *C'est un drôle d'individu* (➤ **énergumène ;** FAM. 2**coco, pistolet, zèbre, zig, zigoto**), *un individu bizarre* (➤ **moineau, numéro, oiseau, phénomène**). *Louche, sinistre, triste individu. Individu peu recommandable.* ➤ **vaurien, voyou.** *Dangereux individu.*

■ CONTR. Collectivité ; collection, corps, espèce, foule, groupe, peuple, population, société.

INDIVIDUALISATION [ɛ̃dividɥalizasjɔ̃] **n. f.** – 1803 ◇ de *individualiser* ■ **1** PHILOS. Action d'individualiser (1°) ; état, caractère d'un être individualisé. ■ **2** Action d'individualiser (2°). *Le «christianisme, cette incomparable école d'individualisation»* GIDE. *Individualisation de l'enseignement.* ➤ **personnalisation.** — DR. PÉN. *Individualisation de la peine,* action de l'adapter aux délinquants en tenant compte de certains caractères personnels (âge, sexe, fonction, etc.). ■ CONTR. Généralisation.

INDIVIDUALISER [ɛ̃dividɥalize] **v. tr.** ‹1› – 1765 ◇ de *individuel* ■ **1** Différencier par des caractères individuels. ➤ **caractériser, distinguer, particulariser.** *Les caractères qui individualisent les êtres.* — ABSOLT *«Le savant généralise, l'artiste individualise»* RENARD. ■ **2** Rendre individuel, en adaptant ou en attribuant à l'individu. *Individualiser les salaires* (➤ **personnaliser**). — **p. p. adj.** *Enseignement individualisé,* adapté à l'âge ou aux aptitudes de l'enseigné. ◆ PRONOM. **S'INDIVIDUALISER :** devenir individuel ; acquérir des caractères distinctifs ou les accentuer. ➤ **se particulariser,** se **singulariser.** ■ CONTR. Généraliser.

INDIVIDUALISME [ɛ̃dividɥalism] **n. m.** – 1826 ◇ de *individuel* ■ **1** Théorie ou tendance qui voit dans l'individu la suprême valeur dans le domaine politique, économique, moral. ■ **2** POLIT., ÉCON. Théorie ou tendance visant au développement des droits et des responsabilités de l'individu. *L'individualisme en matière économique.* ➤ **libéralisme.** *Individualisme poussé jusqu'à la négation de l'État.* ➤ **anarchisme.** ■ **3** SOCIOL. Doctrine selon laquelle l'explication dernière des faits sociaux se trouve dans l'individu. ■ **4** COUR. Attitude d'esprit, état de fait favorisant l'initiative et la réflexion individuelle, le goût de l'indépendance. ➤ **non-conformisme, originalité.** *L'individualisme s'oppose au conformisme et au grégarisme. «le communisme ouvrier et l'individualisme paysan»* JAURÈS. — PÉJ. Tendance à ne vivre que pour soi. ➤ **égoïsme, solipsisme.** *Un individualisme farouche.* ■ CONTR. Communisme, étatisme, totalitarisme ; conformisme ; solidarité.

INDIVIDUALISTE [ɛ̃dividɥalist] **adj.** – 1836 ◇ de *individualisme* ■ **1** Qui appartient à l'individualisme. *Philosophie, théorie individualiste.* ■ **2** Qui montre de l'individualisme dans sa vie, dans sa conduite. *Les jeunes sont souvent plus individualistes que les personnes d'âge mûr.* ◆ Qui a tendance à se distinguer dans un groupe, à se tenir à l'écart. ➤ **égoïste, personnel.** — SUBST. *Un, une individualiste.*

INDIVIDUALITÉ [ɛ̃dividɥalite] **n. f.** – 1760 ◇ de *individuel* ■ **1** DIDACT. Ce qui existe à l'état d'individu. Caractère d'un individu qui «diffère d'un autre non pas seulement d'une façon numérique, mais dans ses caractères et sa constitution» (Lalande) ; fait d'être un individu. *«L'être vivant forme un organisme et une individualité»* C. BERNARD. *L'individualité d'un être pensant.* ➤ **moi.** ■ **2** COUR. Caractère ou ensemble de caractères par lesquels une personne ou une chose diffère des autres. ➤ **originalité, particularité.** *L'individualité d'un* *artiste. Style d'une forte individualité.* ▪ **3** (1830) Individu, considéré dans ce qui le différencie des autres. — COUR. ➤ **personnalité.** *« Ils offraient très peu d'individualités fortes, [...] nul grand inventeur, nul héros »* MICHELET.

INDIVIDUATION [ɛ̃dividɥasjɔ̃] **n. f.** – 1551 ◇ de *individu* ▪ **1** DIDACT. Ce qui différencie un individu d'un autre de la même espèce. *Principe d'individuation* LEIBNIZ. ▪ **2** EMBRYOL. Induction qui, à partir d'un embryon, aboutit à une structure organique complète. ➤ **différenciation.**

INDIVIDUEL, ELLE [ɛ̃dividɥɛl] **adj.** – *individual* 1490 ◇ de *individu* ▪ **1** Qui concerne l'individu ; qui constitue un individu. *Caractères individuels.* ➤ **distinct, propre, singulier.** LOG. *Être, fait individuel.* ➤ **concret.** — *Qualités, défauts individuels.* ➤ **personnel, propre.** *Opinion, impression individuelle.* ➤ **subjectif.** ◆ (Opposé à *collectif, social*). ➤ **particulier, personnel.** *L'être individuel et l'être social* (Durkheim). *Liberté individuelle. Responsabilité individuelle. Il n'y avait plus « de destins individuels, mais une histoire collective »* CAMUS. *Parler à titre individuel. Propriété individuelle.* ➤ **privé.** *« La religion est devenue chose individuelle ; elle regarde la conscience de chacun »* RENAN. *Art individuel* (opposé à *collectif, hiératique, sacré*). — SUBST. *L'individuel et le collectif.* ▪ **2** (1802) Qui concerne une seule personne, une seule personne à la fois. *Intervention, réclamation individuelle.* ➤ **isolé.** *Chambre individuelle. Compartiment individuel, cabine individuelle :* recomm. offic. pour *single. Ordinateur individuel* (➤ **micro-ordinateur,** 2 **P. C.**). *Cas individuel.* ➤ **singulier, spécial.** — PAR EXT. *Biscuits en sachets individuels,* enveloppés un par un. ◆ **n. m.** Compartiment de wagon-lit pour une personne seule. ➤ **single.** ▪ **3** *Maison individuelle,* ne comportant pas plus de deux logements. *Habitat, logement individuel* (opposé à *collectif*). ▪ **4** *Sport individuel* (opposé à *sport collectif* ou *d'équipe*). *Épreuve individuelle d'athlétisme.* — **n. m.** (1934) Sportif n'appartenant à aucune équipe, à aucun club. ▪ CONTR. Collectif, commun, 1 général, 1 générique, universel. Public, social.

INDIVIDUELLEMENT [ɛ̃dividɥɛlmɑ̃] **adv.** – 1551 ◇ de *individuel* ▪ D'une manière individuelle. *Êtres individuellement divers.* ◆ COUR. En particulier. *Chacun pris individuellement,* indépendamment des autres. ▪ CONTR. Bloc (en bloc), collectivement, 1 ensemble.

INDIVIS, ISE [ɛ̃divi, iz] **adj.** – 1562 ; *pour indivis* 1332 ◇ latin *indivisus* ▪ DR. Se dit d'un bien sur lequel plusieurs personnes ont un droit et qui n'est pas matériellement divisé entre elles. ➤ **indivision.** *Biens indivis, propriétés indivises.* ➤ **commun.** *« La royauté n'est point une propriété privée, c'est un bien commun, indivis »* CHATEAUBRIAND. *Succession indivise,* dont le partage n'est pas fait entre les héritiers. — *Cohéritiers, propriétaires indivis,* qui possèdent par indivis. ➤ **indivisaire.** — FIN. *Compte indivis,* au nom de plusieurs titulaires dont les signatures sont exigées pour toute opération de retrait. ◆ **loc. adv. PAR INDIVIS** DR. Sans division, sans partage en commun. ➤ **indivisément.** *Propriétaires qui possèdent un bien par indivis.* ▪ CONTR. Divis, divisé, partagé.

INDIVISAIRE [ɛ̃divizɛʀ] **n.** – 1936 ◇ de *indivis* ▪ DR. Possesseur par indivis.

INDIVISÉMENT [ɛ̃divizemɑ̃] **adv.** – 1551 ◇ de *indivis* ▪ DR. Par indivis. *Posséder des biens indivisément.*

INDIVISIBILITÉ [ɛ̃divizibilite] **n. f.** – *indivisibleté* 1380 ◇ de *indivisible* ▪ Caractère de ce qui est indivisible. *Proclamation de l'indivisibilité de la République pendant la Révolution.* ➤ **unité.** ◆ DR. État de ce qui ne peut pas être divisé soit matériellement, soit intellectuellement sous un rapport envisagé. ▪ CONTR. Divisibilité.

INDIVISIBLE [ɛ̃divizibl] **adj.** – 1314 ◇ bas latin *indivisibilis* ▪ Qui n'est pas divisible. *L'être humain est un composé indivisible. La République une et indivisible,* proclamation de l'unité de la République sous la Révolution, qui s'opposait aux tendances fédéralistes. ◆ DR. Qui n'est pas divisible, en parlant d'une obligation. *L'hypothèque est indivisible.*

INDIVISION [ɛ̃divizjɔ̃] **n. f.** – XVe, rare avant 1765 ◇ de *indivis,* d'après *division* ▪ DR. État d'une chose indivise ; situation juridique des personnes titulaires d'un droit indivis. ➤ **communauté, copropriété.** *Propriété en indivision. Maintenir l'indivision. Rester dans l'indivision. Indivision forcée :* indivision à caractère perpétuel portant sur des biens dont la nature ou la destination exclut le partage (telle la mitoyenneté). ▪ CONTR. Division, partage.

IN-DIX-HUIT [indizɥit] **adj. inv.** – 1765 ◇ du latin *in* et *dix-huit* ▪ Se dit du format d'un livre dont chaque feuille est pliée en dix-huit feuillets (trente-six pages). *Format in-dix-huit* (in-18). *Des volumes in-dix-huit.* — **n. m. inv.** *Des in-dix-huit.*

INDO- ▪ Élément, du latin *Indus* « de l'Inde » : *indo-aryen, indo-iranien.*

INDOCILE [ɛ̃dɔsil] **adj.** – 1490 ◇ latin *indocilis* → docile ▪ LITTÉR. Qui n'est pas docile, difficile à diriger. *Enfant, élève indocile.* ➤ **désobéissant, dissipé, entêté, rebelle, récalcitrant.** — PAR EXT. *Caractère indocile.* ▪ CONTR. Docile, obéissant, soumis, souple.

INDOCILITÉ [ɛ̃dɔsilite] **n. f.** – XVIe ◇ bas latin *indocilitas* ▪ LITTÉR. Caractère de celui qui est indocile. ➤ **désobéissance, entêtement, indépendance.** ▪ CONTR. Docilité, obéissance, soumission.

INDO-EUROPÉEN, ENNE [ɛ̃doøʀɔpeɛ̃, ɛn] **adj.** – 1836 ◇ de *indo-* et *européen* ▪ Se dit des langues d'Europe et d'Asie qui ont une origine commune. *Les langues indo-européennes parlées aujourd'hui se répartissent dans les groupes slave, balte, germanique, celtique, roman, indien, iranien et comprennent quelques isolats. Le français, langue indo-européenne.* — SUBST. *L'indo-européen,* cette langue d'origine. *Subdivisions de l'indo-européen : indo-iranien, indo-aryen, indo-germanique, indo-hellénique, indo-afghan, etc.* ◆ Des peuples qui parlent ces langues. *Groupe indo-européen* (➤ **aryen**). — SUBST. *Les Indo-Européens.*

INDOLE [ɛ̃dɔl] **n. m.** – 1873 ◇ de *ind(igo)* et du latin *oleum* « huile » ▪ CHIM. Composé hétérocyclique insaturé de formule C_8H_7N, faiblement basique, obtenu par distillation de l'indigo, présent dans certaines essences de fleurs (jasmin, oranger), dans les matières intestinales, et obtenu aussi par synthèse.

INDOLEMMENT [ɛ̃dɔlamɑ̃] **adv.** – 1717 ◇ de *indolent* ▪ D'une manière indolente. ➤ **mollement, paresseusement.** *Indolemment assise sur un sofa.*

INDOLENCE [ɛ̃dɔlɑ̃s] **n. f.** – 1557 ; hapax XIVe ◇ latin *indolentia,* de *dolere* « souffrir » ▪ **1** VX État d'une personne qui ne souffre pas. ➤ **insensibilité.** ◆ VX Le fait d'être indolore. ▪ **2** (XVIIe) MOD. Disposition à éviter le moindre effort physique ou moral. ➤ **apathie, indifférence, inertie, insouciance, langueur, mollesse, nonchalance, paresse.** *« cette indolence occupée, qui est un des charmes du voyage »* GAUTIER. ▪ CONTR. Sensibilité, souffrance. Activité, ardeur, empressement, énergie, vivacité.

INDOLENT, ENTE [ɛ̃dɔlɑ̃, ɑ̃t] **adj.** – 1590 ◇ bas latin *indolens* → indolence ▪ **1** VX Qui ne souffre pas (opposé à *dolent*). ◆ VX Qui ne fait pas souffrir. ➤ **indolore.** *« la plaie creusée dans son flanc est mortelle, mais indolente »* DUHAMEL. ◆ VX Qui manque de sensibilité morale, qui n'est touché de rien. ➤ **indifférent, insensible.** ▪ **2** (avant 1660) MOD. et COUR. Qui évite de se donner de la peine, de faire des efforts. *Personne indolente.* ➤ **apathique, avachi, endormi, fainéant, insouciant, lymphatique,** 1 **mollasse,** 1 **mou, nonchalant, paresseux.** *« ces Persanes se montrèrent plutôt indolentes que fougueuses »* J. VERNE. SUBST. *« Belle, chère indolente »* BAUDELAIRE. — PAR EXT. *Un air indolent. Geste, regard indolent.* ➤ **alangui, languissant.** *« la démarche indolente d'un désœuvré qui veut tuer le temps »* BALZAC. ▪ CONTR. Insensible. Douloureux. Actif, 2 alerte, énergique, entreprenant, vif.

INDOLORE [ɛ̃dɔlɔʀ] **adj.** – 1833 ◇ bas latin *indolorius* « qui ne souffre pas » ▪ Qui ne cause pas de douleur physique. *Tumeur indolore. Opération parfaitement indolore.* ▪ CONTR. Douloureux, pénible, sensible.

INDOMPTABLE [ɛ̃dɔ̃(p)tabl] **adj.** – 1420 ◇ de 1 *in-* et *domptable* ▪ **1** (Animaux) Qu'on ne peut dompter. ➤ **féroce, inapprivoisable.** *Un fauve indomptable.* ▪ **2** Qu'on ne peut soumettre à aucune autorité. ➤ **courageux, fier.** *Caractère indomptable et fier.* — Qu'on ne peut maîtriser. ➤ **inflexible, irréductible.** *Orgueil, résistance, volonté indomptable.* ➤ **invincible.** *« Une indomptable persévérance »* MÉRIMÉE. ▪ CONTR. Apprivoisable, docile. Lâche, 1 mou.

INDOMPTÉ, ÉE [ɛ̃dɔ̃(p)te] **adj.** – 1525 ◇ de 1 *in-* et *dompter* ▪ **1** (ANIMAUX) Qui n'a pas été dompté. ➤ 2 **farouche, fougueux.** *Cheval indompté.* ▪ **2** Qu'on ne peut contenir, réprimer. *« Ma joie a quelque chose d'indompté, de farouche »* GIDE. ▪ CONTR. Dompté, soumis. Maîtrisé.

INDONÉSIEN, IENNE [ɛ̃dɔnezjɛ̃, jɛn] **adj.** et **n.** – v. 1885 ◇ de *Inde* et du grec *nêsos* « île » ▪ D'Indonésie. *L'archipel indonésien. Les îles indonésiennes.* ◆ **n.** *Les Indonésiens.* — **n. m.** *L'indonésien :* la langue officielle de l'Indonésie. ➤ **malais.**

INDOPHÉNOL [ɛ̃dofenɔl] **n. m.** – avant 1886 ◇ du radical de *indigo* et *phénol* ▪ CHIM. Matière colorante bleue synthétique.

INDOU, OUE ➤ **HINDOU**

IN-DOUZE [induz] **adj. inv.** – 1567 ◇ du latin *in* et *douze* ■ IMPRIM. Dont la feuille, pliée en douze feuillets, forme vingt-quatre pages. *Livre de format in-douze* (in-12) et SUBST. INV. *un, des in-douze* (➤ **elzévirien**). *Édition in-douze.*

INDRI [ɛ̃dʀi] **n. m.** – 1780 ◇ exclam. malgache «le voilà», prise à tort pour le nom du singe ■ ZOOL. Mammifère lémurien d'assez grande taille, arboricole, diurne et frugivore, vivant en groupes à Madagascar. *Des indris.*

INDU, UE [ɛ̃dy] **adj.** – v. 1360 ◇ de 1*in-* et *dû* ■ LITTÉR. Qui va à l'encontre des exigences de la raison, de la règle, de l'usage. «*des délices illicites et des joies indues*» HUYSMANS. *Une heure indue,* où il ne convient pas de faire telle ou telle chose, COUR. une heure très tardive. «*Son fils rentrait souvent à des heures indues*» BALZAC. ◆ DR. Qui n'est pas fondé. ➤ **injuste.** *Réclamation indue.* — SUBST. Ce qui n'est pas dû. *Paiement de l'indu,* ne correspondant à aucune obligation légale, et fait par erreur. *Répétition* de l'indu.* ■ CONTR. Convenable, normal, régulier. Dû.

INDUBITABLE [ɛ̃dybitabl] **adj.** – milieu XVIe ◇ latin *indubitabilis* ■ 1 VX Dont l'arrivée ou l'effet est certain. ➤ **infaillible.** ■ 2 MOD. Dont on ne peut douter, qu'on ne peut mettre en doute. ➤ **certain*, incontestable, indiscutable, sûr.** *Preuve indubitable.* ➤ **formel.** *Des avantages indubitables.* — *Il est indubitable que ce costume n'est pas neuf* (cf. Hors de doute). *C'est indubitable* (cf. Cela ne fait aucun doute). ■ CONTR. Douteux, erroné, 1faux, hypothétique.

INDUBITABLEMENT [ɛ̃dybitabləmɑ̃] **adv.** – 1488 ◇ de *indubitable* ■ D'une manière indubitable. ➤ **assurément, certainement, sûrement.** «*Tôt ou tard nous romprons indubitablement*» MOLIÈRE. *Indubitablement, il était averti.*

INDUCTANCE [ɛ̃dyktɑ̃s] **n. f.** – 1893 ◇ du radical de *induction,* d'après l'anglais *inductance* ■ PHYS. Quotient du flux du champ magnétique créé dans un circuit parcouru par un courant, par l'intensité du courant qui le traverse. *L'unité de mesure de l'inductance est le henry.*

INDUCTEUR, TRICE [ɛ̃dyktœʀ, tʀis] **adj. et n. m.** – 1866 ◇ du radical de *induction*

I **adj.** ■ 1 LOG. Qui induit. *Propositions inductrices* (➤ **induction**). ■ 2 PHYS. Qui induit, qui produit l'induction. *Circuit, courant, fil, flux inducteur. Champ inducteur :* champ électromagnétique ou électrostatique agissant sur un induit.

II **n. m.** ■ 1 (1873) ÉLECTROTECHN. Partie d'une machine électrique tournante produisant le champ magnétique agissant sur l'induit*. ■ 2 BIOL. Substance qui provoque un processus biologique ou la synthèse d'une molécule (enzyme, gène) (➤ **inductible**). *Rôle des inducteurs dans le développement embryonnaire. Inducteur de la différenciation cellulaire, de l'ovulation. Inducteur de la transcription d'un gène. Inducteur enzymatique.* ■ 3 PSYCHOL. Terme qui sert de point de départ à une association d'idées.
■ CONTR. Induit.

INDUCTIBLE [ɛ̃dyktibl] **adj.** – 1952 ◇ du radical de *induction* ■ BIOL. Qui peut être induit, synthétisé ou régulé par un inducteur. *Système biologique inductible. Enzyme inductible.*

INDUCTIF, IVE [ɛ̃dyktif, iv] **adj.** – 1648 ; «qui pousse à quelque chose» 1376 ◇ bas latin *inductivus* ■ 1 Qui procède par induction ou résulte d'une induction (1°). *Méthode inductive.* ■ 2 (1832) PHYS. Qui a rapport à l'induction, qui est dû aux phénomènes d'induction. *Courant inductif.* ◆ Qui correspond à une variation d'induction. *Capteur inductif* (opposé à *capacitif*). ■ CONTR. Déductif.

INDUCTION [ɛ̃dyksjɔ̃] **n. f.** – XIVe ; «suggestion» 1290 ◇ latin *inductio* ■ 1 Opération mentale qui consiste à remonter des faits à la loi, de cas donnés *(propositions inductrices)* le plus souvent singuliers ou spéciaux, à une proposition plus générale. ➤ **généralisation.** *Induction mathématique. Rôle de l'induction dans les sciences expérimentales. Induction et déduction.* — Le fait de remonter par le raisonnement ou l'intuition de certains indices à des faits qu'ils rendent plus ou moins probables. ➤ **inférence.** *Raisonnement par induction.* ➤ **analogie.** ■ 2 (1813) ÉLECTR. Transmission à distance d'énergie électrique ou magnétique par l'intermédiaire d'un aimant ou d'un courant. *Induction électromagnétique :* apparition de forces électromagnétiques dans un circuit par variation du flux magnétique qui le traverse. *Induction électrostatique. Courant, flux d'induction. Bobine d'induction* (➤ **inductance**). *Plaque chauffante à induction.* ◆ PHYS. *Induction magnétique :* vecteur caractérisant la densité de flux magnétique dans une substance, produit du vecteur champ magnétique par la perméabilité magnétique de cette substance. *Unités de mesure d'induction magnétique :* tesla ; gauss. ■ 3 (v. 1925) BIOL. Déclenchement d'un phénomène dont la manifestation se produit avec un certain retard par rapport à l'intervention de la cause responsable. *Induction de l'ovulation.* — EMBRYOL. Processus de signalisation intercellulaire aboutissant à l'orientation de la différenciation des cellules au cours de l'embryogenèse (recomm. de l'Académie des sciences *détermination*). *Induction du mésoderme. Induction neurale.* — GÉNÉT. Processus cellulaire et moléculaire d'activation de l'expression d'un gène. *Induction de la transcription.* — CHIR. *Induction d'une anesthésie,* stade où commence l'endormissement. ■ CONTR. Déduction.

INDUIRE [ɛ̃dɥiʀ] **v. tr.** ⟨38⟩ – XIIIe ◇ réfection de l'ancien français *enduire* «amener à l'esprit» d'après le latin *inducere* «conduire dans, vers» → enduire ■ 1 VIEILLI Amener, encourager à (qqch., faire qqch.). ➤ **conduire, convier, engager, inciter, inviter, 1porter, pousser.** *Induire qqn à qqch., à faire qqch.* «*votre cuisine nous induit au péché de gourmandise*» HUYSMANS. — MOD. LOC. *Induire (qqn) en erreur.* ➤ **tromper.** «*Dieu tente, mais il n'induit pas en erreur*» PASCAL. ■ 2 (1361) Trouver par l'induction. ➤ **conclure, inférer.** *On peut induire la rotation de la Terre du mouvement des étoiles. Qu'en induisez-vous ? J'en induis que...* — ABSOLT Procéder, raisonner par induction. ■ 3 (XIXe) PHYS. Soumettre aux effets de l'induction. ■ CONTR. Déduire.

INDUIT, ITE [ɛ̃dɥi, it] **adj. et n. m.** – 1861 ◇ de *induire* ■ 1 ÉLECTR. *Courant induit :* courant électrique produit par une variation de flux dans un circuit (sous l'influence d'un aimant ou d'un courant inducteur). *Fil induit,* où passe le courant induit. — *Circuit induit,* et **n. m.** (1886) *un induit :* organe d'une machine électrique dans lequel prennent naissance les forces électromotrices induites produites par l'inducteur. *Induit mobile d'une dynamo.* ➤ **rotor.** ■ 2 BIOL. Provoqué par induction. *Ovulation induite.* ■ 3 **n. m.** PSYCHOL. Terme auquel aboutit une association d'idées. ■ CONTR. Inducteur.

INDULGENCE [ɛ̃dylʒɑ̃s] **n. f.** – 1190 sens 2° ◇ latin *indulgentia* «bonté», puis «remise d'une peine» ■ 1 (1564) Facilité à excuser, à pardonner. ➤ **bienveillance, bonté, charité, clémence, compréhension, générosité, humanité, longanimité, mansuétude, miséricorde, 1patience, tolérance.** *Indulgence excessive.* ➤ **complaisance, faiblesse, laxisme, mollesse.** «*la mollesse ou l'indulgence pour soi et la dureté pour les autres n'est qu'un seul et même vice*» LA BRUYÈRE. *Avoir, montrer de l'indulgence pour les fautes de qqn. Faire preuve d'indulgence envers qqn, à l'égard de qqn. L'avocat demande pour son client l'indulgence de la cour. Être reçu à un examen grâce à l'indulgence du jury.* — PAR EXT. *Regard plein d'indulgence, sans indulgence.* ◆ *Une, des indulgences.* Acte indulgent. «*ses indulgences soudaines et ses complaisances* [...] *pour Robespierre*» SAINTE-BEUVE. ■ 2 RELIG. CATHOL. Rémission par l'Église des peines temporelles que les péchés méritent. *L'indulgence plénière, partielle.* ◆ PAR EXT. (1298) *Une indulgence :* rémission accordée dans une circonstance et dans des conditions précises. *Indulgence plénière et générale* (➤ **jubilé**). *La querelle des indulgences,* sous le pape Léon X (déb. du XVIe s.). ■ CONTR. Âpreté, cruauté, dureté, férocité, inclémence, rigueur, sévérité ; austérité.

INDULGENT, ENTE [ɛ̃dylʒɑ̃, ɑ̃t] **adj.** – v. 1530 ◇ latin *indulgens* ■ 1 Qui excuse, pardonne facilement. ➤ **bienveillant, 1bon, clément, complaisant, compréhensif, débonnaire, généreux, humain, patient, tolérant ;** FAM. **1coulant.** *Un père, un maître, un critique indulgent. Être indulgent avec qqn.* «*Indulgent pour tout le monde, sévère pour soi : encore une ruse de l'orgueil*» SARTRE. «*Les enfants doivent être très indulgents envers les grandes personnes*» SAINT-EXUPÉRY. ➤ **compréhensif.** *Se montrer indulgent pour les défauts d'autrui.* ■ 2 (CHOSES) Qui est plein d'indulgence ; qui marque l'indulgence. *Appréciations indulgentes.* ➤ **bienveillant, favorable.** «*D'un regard sévère ou indulgent*» MUSSET. *Morale indulgente.* ➤ **facile, large, tolérant.** ■ CONTR. Âpre, cruel, dur, féroce, impitoyable, implacable, inexorable, rigoureux, sévère. Étroit.

INDULINE [ɛ̃dylin] **n. f.** – 1866 ◇ nom déposé ; mot anglais ; du radical de *indigo* et suffixe de *aniline* ■ CHIM. Nom de plusieurs colorants bleus ou violets dérivés de l'aniline.

INDULT [ɛ̃dylt] **n. m.** – *indoult* v. 1460 ◇ latin ecclésiastique *indultum* «permission», de *indulgere* «être indulgent, permettre» ■ RELIG. Privilège accordé par le pape en dérogation du droit commun. *Des indults généraux, particuliers.* — HIST. Privilège accordé pour la collation des bénéfices. *Provinces, pays d'indult,* où le roi avait ce privilège.

INDÛMENT ou **INDUMENT** [ɛ̃dymɑ̃] **adv.** – XIVe ◊ de *indu* ▪ D'une manière indue. *S'ingérer indûment dans les affaires de qqn. Protester indûment* (cf. À tort). *Détenir indûment.* ➤ **illégitimement, injustement, irrégulièrement.** — La graphie *indument* sans accent circonflexe, comme dans *absolument, éperdument, résolument,* est régulière. ▪ CONTR. Dûment.

INDURATION [ɛ̃dyʀasjɔ̃] **n. f.** – v. 1370 ; «endurcissement du cœur» v. 1300 ◊ latin ecclésiastique *induratio* ▪ MÉD. Durcissement d'un tissu (➤ **sclérose**). ♦ Partie indurée. ➤ **callosité.** *Les cors sont des indurations.*

INDURER [ɛ̃dyʀe] **v. tr.** ‹1› – 1837 ; ancien français «endurer» ◊ de *induré* ou du latin *indurare* → endurer ▪ MÉD. Durcir (un tissu organique). *Inflammation qui indure un tissu.* PRONOM. *Tumeur, furoncle qui s'indure.* **p. p. adj.** *Chancre induré.*

INDUSIE [ɛ̃dyzi] **n. f.** – 1815 ◊ latin *indusium* «chemise» ▪ **1** BOT. Repli formé par la feuille de fougère pour protéger un groupe de sporanges. ▪ **2** PALÉONT. Fourreau des larves de phrygane. *Calcaire à indusies.*

INDUSTRIALISATION [ɛ̃dystʀijalizasjɔ̃] **n. f.** – 1847 ◊ de *industrialiser* ▪ **1** Application des procédés et des techniques industriels ; exploitation industrielle. *Industrialisation d'une fabrication, de l'agriculture.* ▪ **2** Action de développer l'industrie, les équipements industriels. *L'industrialisation de l'Europe occidentale aux XVIIIe et XIXe siècles. Pays en voie d'industrialisation.*

INDUSTRIALISER [ɛ̃dystʀijalize] **v. tr.** ‹1› – 1827 ◊ de *industriel* ▪ **1** Exploiter industriellement, organiser en industrie. *Industrialiser l'agriculture* (➤ **mécaniser**). — **p. p. adj.** *Construction industrialisée.* ▪ **2** Équiper d'industries. *Industrialiser un pays, une région.* PRONOM. *Pays, secteur qui s'industrialise.* — **p. p. adj.** *Les pays industrialisés.* ➤ **N. P. I.**

INDUSTRIALISME [ɛ̃dystʀijalism] **n. m.** – 1823 ◊ de *industriel* ▪ **1** HIST. ÉCON. Système qui donne une importance prépondérante à l'industrie dans la société ; prépondérance de l'industrie dans l'activité économique. *L'industrialisme mercantiliste au XVIIIe siècle.* ▪ **2** RARE Tendance à l'industrialisation systématique.

INDUSTRIE [ɛ̃dystʀi] **n. f.** – v. 1370 ; «moyen ingénieux» 1356 ◊ latin *industria* «activité»

I VX **HABILETÉ** ▪ **1** VX Habileté à exécuter qqch. ➤ **art.** «*Ces hommes bruts traitaient les chefs-d'œuvre de l'industrie humaine comme ils traitent les lois de la nature et ses phénomènes*» BOUGAINVILLE. *Un animal plein d'industrie.* ➤ **industrieux.** ▪ **2** VX ou LITTÉR. Habileté. ➤ **ingéniosité, invention, savoir-faire.** «*Je résolus d'employer toute mon industrie pour la voir*» ABBÉ PRÉVOST. «*Elle usait alors de beaucoup d'industrie pour sa toilette*» BALZAC. ♦ PÉJ. Habileté appliquée au mal. ➤ **ruse.** *Vivre d'industrie,* d'expédients. — *Chevalier* d'industrie.*

II VX **ACTIVITÉ** (XVe) Profession comportant généralement une activité manuelle. ➤ **activité, art, métier, 1 travail.** «*l'industrie raffinée du négociant*» VOLTAIRE. — MOD. et PLAISANT *Voleur qui exerce sa coupable industrie,* son activité délictueuse.

III **ACTIVITÉ ÉCONOMIQUE** ▪ **1** (1543) VIEILLI Ensemble des opérations qui concourent à la production et à la circulation des richesses. ➤ **économie ; agriculture, commerce.** *L'industrie des transports* (➤ **circulation, transport**). *L'industrie huîtrière.* ▪ **2** (1771) MOD. Ensemble des activités économiques ayant pour objet l'exploitation de matières premières, de sources d'énergie et leur transformation, ainsi que celle de produits semi-finis en biens de production ou de consommation. *L'industrie, secteur secondaire de l'économie. L'agriculture, le commerce et l'industrie. Organisation de l'industrie* (➤ **machine ; automatisation, informatisation, machinisme, mécanisation, robotisation ; rationalisation, spécialisation, standardisation**). — *Capitaine d'industrie.* ➤ **industriel.** *Donner une industrie à un pays.* ➤ **industrialiser.** *Petite, moyenne, grande industrie,* selon l'importance de la production, des moyens mis en œuvre. *Industrie capitaliste, privée, nationalisée. Les secteurs, les branches de l'industrie. Industrie lourde, industrie de base,* fabricant les moyens de production. *Industrie légère,* produisant des biens de consommation. *Industrie de biens de consommation, de biens d'équipement. — Industries de première transformation.* ➤ **cokerie, distillerie, raffinerie.** *Industrie extractive, minière. Industries fossiles*. Industries métallurgiques* (➤ **métallurgie, sidérurgie**). *Industries électriques, électroniques. L'industrie automobile. Industrie pharmaceutique. Industries chimiques. Industries textiles. Industries agroalimentaires. Industrie de la protection de l'environnement.* ➤ **éco-industrie.** — *Industrie du vêtement.* ➤ **confection, prêt-à-porter.** *Industrie de la chaussure. Industries du spectacle, du livre. Industries de la langue* (lexicographie, traduction, édition, informatique, etc.). ▪ **3** *Une industrie :* l'une quelconque des branches de l'industrie. *Une industrie d'avenir, en déclin. Industrie intégrée* (➤ **filière**). *Regroupement d'industries.* ➤ **combinat, complexe, trust.** — RARE Entreprise industrielle. ➤ **entreprise, établissement, exploitation, fabrique, groupe, manufacture, usine.** *Les petites et moyennes industries (PMI).*

INDUSTRIEL, IELLE [ɛ̃dystʀijɛl] **adj.** et **n.** – 1770 ; *fruits industriaux* «produits par l'activité de l'homme» 1471 ◊ latin médiéval *industrialis* ▪ **1** Qui a rapport à l'industrie (III). *Activité industrielle. Secteur industriel. Holding industriel. Révolution industrielle. Équipement industriel. Friche* industrielle. Chimie de laboratoire et chimie industrielle. Arts industriels,* qui utilisent partiellement les procédés de l'industrie. *Risque industriel :* évènement accidentel pouvant se produire sur un site industriel avec des conséquences graves (pour le personnel, la population, l'environnement). ▪ **2** Qui est produit par l'industrie. *Fer, bronze industriel. Pain, fromage industriel.* — LOC. FAM. *Quantité industrielle :* très grande quantité. *Faire des crêpes en quantité industrielle.* ▪ **3** Où l'industrie est développée. *Régions, villes industrielles. Zone industrielle :* lieu, souvent situé à la périphérie d'une localité, qui offre équipements collectifs et infrastructures aux entreprises. ▪ **4** **n.** (début XIXe) Propriétaire, dirigeant(e) d'une entreprise industrielle. ➤ **entrepreneur, fabricant,** VIEILLI **manufacturier.** «*les chefs de l'armée et les grands industriels, effrayés par l'agitation communiste*» SEIGNOBOS. *Les industriels du textile.* ▪ CONTR. Agricole, artisanal, commercial. Fermier.

INDUSTRIELLEMENT [ɛ̃dystʀijɛlmɑ̃] **adv.** – 1834 ◊ de *industriel* ▪ **1** Par les moyens et les méthodes de l'industrie (III, 2°). *Produit fabriqué industriellement.* ▪ **2** Relativement à l'industrie. *Le pays industriellement le plus avancé.* ▪ CONTR. Artisanalement.

INDUSTRIEUX, IEUSE [ɛ̃dystʀijø, ijøz] **adj.** – 1455 ◊ bas latin *industriosus* ▪ **1** LITTÉR. Qui a, qui montre de l'industrie (I), de l'adresse, de l'habileté. ➤ **adroit, habile, ingénieux.** *L'abeille et la fourmi sont industrieuses.* ▪ **2** (XVIIIe) VX Relatif à l'industrie (III). ➤ **industriel.** «*Une ville industrieuse et riche*» BALZAC.

INDUVIE [ɛ̃dyvi] **n. f.** – 1815 ◊ latin *induviæ* «vêtement» ▪ BOT. Formation qui se développe après la fécondation, qui enveloppe un fruit ou lui sert de réceptacle.

INÉBRANLABLE [inebʀɑ̃labl] **adj.** – 1606 ◊ de 1*in-* et *ébranler* ▪ **1** Qu'on ne peut ébranler, dont on ne peut compromettre la solidité, l'équilibre. ➤ **1 fixe, immobile, robuste, solide.** *Masse, colonne inébranlable.* — Que l'ennemi ne peut faire reculer, mettre en déroute. *Bataillons inébranlables.* ▪ **2** (PERSONNES) Qui ne se laisse point abattre. ➤ **constant, 1 ferme.** *Rester inébranlable au milieu des plus grandes infortunes.* ➤ **courageux, impassible, impavide, stoïque.** «*Les Français libres restaient inébranlables*» DE GAULLE. — Qu'on ne peut faire changer de dessein, d'opinion. ➤ **déterminé, inflexible.** *Être, rester inébranlable dans ses résolutions.* — PAR EXT. Qui ne change pas. ➤ **immuable, inaltérable.** *Résolution, certitude inébranlable.* ➤ **2 arrêté.** *Nos pères «croyaient d'une foi inébranlable au progrès»* SIEGFRIED. — **adv. INÉBRANLABLEMENT,** 1661. ▪ CONTR. Fragile. Accommodant, changeant, influençable.

INÉCOUTABLE [inekutabl] **adj.** – 1845 ◊ de 1*in-* et *écouter* ▪ Mauvais au point d'être insupportable à écouter. «*Musique inaudible !, dit A. – Si cela pouvait être vrai !* [...] *Inécoutable sans doute, mais si* audible *que l'ouïe en est déchirée...*» QUIGNARD.

INÉCOUTÉ, ÉE [inekute] **adj.** – 1797 ◊ de 1*in-* et *écouté* ▪ Qui n'est pas écouté, dont on ne tient pas compte. *Leurs conseils sont restés inécoutés.*

INÉDIT, ITE [inedi, it] **adj.** et **n. m.** – 1729 ◊ latin *ineditus* ▪ **1** Qui n'a pas été édité. *Correspondance inédite d'un écrivain.* «*Quelques partitions inédites*» BALZAC. — **n. m.** *Publier des inédits.* ▪ **2** Qui n'a pas été diffusé. *Film inédit en France.* ▪ **3** Qui n'est pas connu. ➤ **nouveau, 2 original ; innovation.** *Spectacle inédit. Un moyen inédit de réussir.* «*des mots inédits où revivrait l'innocence primitive*» PAULHAN. — **n. m.** (apr. un partit.) Ce qui est entièrement nouveau. «*C'est de l'inédit*» HUGO. ▪ CONTR. Édité, imprimé, publié. Banal, connu.

INÉDUCABLE [inedykabl] **adj.** – 1908 ◊ de 1*in-* et *éduquer* ▪ Impossible ou difficile à éduquer. *Enfant inéducable. Public inéducable.*

INEFFABLE [inefabl] adj. – milieu XVe ◇ latin *ineffabilis,* du v. *effari,* de *fari* «parler» ■ **1** (En parlant de choses agréables) Qui ne peut être exprimé par des paroles. ➤ **indicible, inexprimable.** *Un bonheur ineffable.* ➤ **extraordinaire, indescriptible, sublime.** *Un génie «d'une beauté ineffable, inavouable même»* RIMBAUD. — SPÉCIALT (en parlant de Dieu et des mystères de la religion) *L'Être ineffable.* ◆ SUBST. *«On se débarrasse des intellectuels en les envoyant s'occuper un peu de l'émotion et de l'ineffable»* BARTHES. ■ **2** FAM. Qu'on ne peut évoquer sans rire. ➤ **inénarrable.** *L'ineffable Untel.* — adv. **INEFFABLEMENT.**

INEFFAÇABLE [inefasabl] adj. – *ineffassable* 1523 ◇ de 1*in-* et *effaçable* ■ LITTÉR. Qui ne peut être effacé. ➤ **indélébile.** *Trace, empreinte ineffaçable.* ◆ FIG. Qui ne peut être détruit, qui ne peut disparaître. ➤ **indestructible.** *Un souvenir, un traumatisme ineffaçable.* ➤ **inoubliable.** — adv. **INEFFAÇABLEMENT,** 1675.
■ CONTR. Délébile, effaçable.

INEFFICACE [inefikas] adj. – 1611 ; *inefficax* v. 1380 ◇ latin *inefficax* ■ Qui n'est pas efficace, qui ne produit pas l'effet souhaité. *Remède inefficace.* ➤ **inactif, inopérant.** *Mesure, démarche inefficace.* ➤ **infructueux, inutile, stérile, vain.** *«Nos meilleures pensées risquent de demeurer inefficaces, et languissantes»* PAULHAN. ◆ (PERSONNES) *Des collaborateurs inefficaces.* — adv. **INEFFICACEMENT,** 1778. ■ CONTR. Actif, agissant, 1 efficace, efficient, infaillible, utile.

INEFFICACITÉ [inefikasite] n. f. – 1694 ◇ de *inefficace* ■ Caractère de ce qui est inefficace ; manque d'efficacité. *Inefficacité d'un remède, d'un vaccin. L'inefficacité d'un moyen, d'une mesure, d'un secours. L'inefficacité de qqn.* ■ CONTR. Efficacité, force ; utilité.

INÉGAL, ALE, AUX [inegal, o] adj. – 1538 ◇ de *inéqual* 1370, refait en *inégal,* d'après *égal,* du latin *inæqualis*
I Qui n'est pas égal à un autre, qui ne sont pas égaux entre eux. ■ **1** (AU PLUR.) Dont la quantité, la nature, la qualité diffère dans plusieurs objets considérés. *Côtés, angles inégaux d'un triangle scalène. Deux nombres inégaux. Vers inégaux,* de longueur différente. *L'inclinaison de la Terre fait les jours inégaux. Forces inégales.* — (PERSONNES ; capacités physiques, morales ou sociales) ➤ **inégalité.** *Joueurs inégaux.* ◆ Dont la mesure n'est pas la même, dans plusieurs objets considérés. ➤ **différent, divers.** *Cordes d'inégale grosseur. Importance inégale des évènements.* ■ **2** (1578) Dont les éléments ou les participants ne sont pas égaux. *Partage inégal des biens. Lutte inégale, combat inégal.* ➤ **disproportionné.** *«Un homme attaqué par trois autres ! La partie est trop inégale»* MOLIÈRE.
II Qui n'est pas égal à soi-même. ■ **1** (1538) Qui n'est pas uni, lisse. *Surface inégale.* ➤ **raboteux, rugueux.** *Une rue «montueuse, au pavé inégal»* LÉAUTAUD. *«cette plaine inégale et caillouteuse»* FROMENTIN. ➤ **accidenté, bosselé.** ■ **2** Qui n'est pas régulier. ➤ **irrégulier.** *Marcher d'un pas inégal. Rythme inégal. Pouls inégal.* ➤ **capricant.** ■ **3** Qui n'est pas constant. *Fromage fermier de qualité inégale.* ➤ **variable.** *Humeur inégale.* ➤ **capricieux, changeant*, fantasque.** ■ **4** (1609) Dont la qualité n'est pas constamment bonne. ➤ **imparfait.** *Œuvre inégale. Jeu inégal d'un acteur.* — PAR EXT. *Un écrivain très inégal.*
■ CONTR. Égal ; identique, même, pareil. 1 Lisse, uni ; régulier, uniforme ; soutenu.

INÉGALABLE [inegalabl] adj. – 1891 ◇ de 1*in-* et *égaler* ■ Qui ne peut être égalé. *Qualité inégalable.* ➤ **incomparable, unique.** *Une grâce, une beauté inégalable.*

INÉGALÉ, ÉE [inegale] adj. – 1861 ◇ de 1*in-* et *égaler* ■ Qui n'est pas égalé, qui n'a pas de rival. *Il reste inégalé dans son domaine. Une qualité inégalée* (cf. Sans égal, sans pareil).

INÉGALEMENT [inegalmɑ̃] adv. – 1484 ◇ de *inégal* ■ D'une manière inégale. *Enfants inégalement doués. Biens inégalement partagés. Œuvre inégalement appréciée.* ➤ **diversement.**

INÉGALITAIRE [inegalitɛʀ] adj. – 1876 ◇ du radical de *inégalité,* d'après *égalitaire* ■ DIDACT. Qui n'est pas égalitaire. *«une société inégalitaire comme la nôtre, qui fait sa place à des inégalités artificielles»* J. ROSTAND.

INÉGALITÉ [inegalite] n. f. – 1660 ; *inéqualité* 1290 ◇ latin *inæqualitas*
I ■ **1** Défaut d'égalité. ➤ **différence.** *Inégalité de deux hauteurs, des parts. Inégalité des éléments.* ➤ **disparité.** *Inégalité entre l'offre et la demande.* ➤ **déséquilibre.** *Inégalité d'âge.* ➤ **disproportion.** *Inégalité entre les rangs, les états.* ➤ **distance, intervalle.** *Inégalité sociale. Le «Discours sur l'origine et le fondement de l'inégalité parmi les hommes»,* de Rousseau. *«les groupes où une égalité théorique recouvre de grandes inégalités de fait»* CAMUS. ◆ *Comparatif d'inégalité,* tout système de comparaison exprimant une inégalité. ■ **2** MATH. Expression dans laquelle on compare deux quantités inégales. *L'inégalité se note par les signes :* ≠ (différent de), > (plus grand que), < (plus petit que). ➤ **inéquation.** *Résoudre une inégalité.*
II ■ **1** (1559) Défaut d'uniformité, de régularité. ➤ **irrégularité.** *Inégalité d'une surface, d'un chemin.* ➤ **aspérité, bosse, creux.** *Inégalités de terrain.* ➤ **accident, anfractuosité, cahot, dénivellation.** — *Inégalité du pouls.* ➤ **variation.** *«Il y avait, dans la rumeur, des inégalités, des sursauts, des pauses»* ROMAINS. ◆ ASTRON. Irrégularité dans la marche des astres. ■ **2** (1636) LITTÉR. Défaut d'égalité (dans l'humeur). *Être sujet à des inégalités d'humeur.* ➤ **saute.**
■ CONTR. Égalité, identité. Régularité, uniformité.

INÉLASTIQUE [inelastik] adj. – 1738 ◇ de 1*in-* et *élastique* ■ RARE Qui n'est pas élastique. — PHYS. *Choc*, collision inélastique.*

INÉLÉGANCE [inelegɑ̃s] n. f. – 1525 ◇ de *inélégant* ■ Manque d'élégance. *«l'inélégance de son aspect»* GIDE. — FIG. Indélicatesse (dans le comportement). *Un procédé d'une parfaite inélégance.* ■ CONTR. Élégance.

INÉLÉGANT, ANTE [inelegɑ̃, ɑ̃t] adj. – 1500 ◇ latin *inelegans* ■ Qui n'est pas élégant. *Une silhouette inélégante.* ➤ **disgracieux.** *«Mon malheureux nom de famille, si inélégant»* BAUDELAIRE. — Qui manque de délicatesse, de correction. ➤ **incorrect, indélicat.** *Procédé, geste inélégant. Manières inélégantes.* ➤ **grossier.** — adv. **INÉLÉGAMMENT** [inelegamɑ̃]. ■ CONTR. Élégant.

INÉLIGIBILITÉ [ineliʒibilite] n. f. – 1791 ◇ de *inéligible* ■ État d'une personne inéligible.

INÉLIGIBLE [ineliʒibl] adj. – avant 1723 ◇ de 1*in-* et *éligible* ■ Qui n'est pas éligible. *Candidat inéligible.*

INÉLUCTABLE [inelyktabl] adj. – v. 1790 ; hapax 1509 ◇ latin *ineluctabilis,* de *eluctari* «échapper en luttant» ■ Contre quoi il est impossible de lutter ; qu'on ne peut éluder, empêcher, éviter. ➤ **fatal, immanquable, inévitable.** *Destin, fatalité, sort inéluctable.* ➤ **implacable, irrésistible.** *«les règles inéluctables de sa caste»* LOTI. ➤ **incontournable.** *Conséquence inéluctable.* ➤ **forcé, nécessaire.** ◆ SUBST. (fin XIXe) *Se soumettre à l'inéluctable.*

INÉLUCTABLEMENT [inelyktabləmɑ̃] adv. – 1876 ◇ de *inéluctable* ■ D'une manière inéluctable. ➤ **immanquablement, inévitablement, infailliblement.** *Une entreprise inéluctablement vouée à l'échec.* ➤ **fatalement.**

INÉMOTIVITÉ [inemɔtivite] n. f. – 1910 ◇ de 1*in-* et *émotivité* ■ PSYCHOL. Absence de manifestations émotionnelles (distincte de l'indifférence affective). ➤ **athymie.**

INEMPLOYABLE [inɑ̃plwajabl] adj. – 1845, repris XXe ◇ de 1*in-* et *employable* ■ RARE Qu'on ne peut employer. ➤ **inutilisable.** *Procédé inemployable. — Personnel inemployable.*

INEMPLOYÉ, ÉE [inɑ̃plwaje] adj. – 1794 ◇ de 1*in-* et *employé* ■ (CHOSES) Qui n'est pas employé. ➤ **inutilisé.** *Trop de talents demeurent inemployés. Potentiel inemployé.* ◆ (PERSONNES) Qu'on n'emploie pas.

INÉNARRABLE [inenaʀabl] adj. – 1482 ◇ latin *inenarrabilis* ■ **1** VX Qu'on ne peut narrer, raconter. ➤ **inracontable.** ■ **2** (1876) MOD. Dont on ne peut parler sans rire ; qui est d'une bizarrerie extraordinaire. ➤ **comique, drôle*.** *Si vous aviez vu la scène, le tableau ! c'était inénarrable ! Un personnage inénarrable.* ➤ **ineffable.**

INENTAMÉ, ÉE [inɑ̃tame] adj. – 1894 ◇ de 1*in-* et *entamer* ■ Qui n'est pas entamé. *Fromage inentamé. «Ceux qui nous ont dénoncés avaient besoin de garder dans leur conscience une zone pure, inentamée, une parcelle vierge de tout mal»* PH. CLAUDEL.

INENVISAGEABLE [inɑ̃vizaʒabl] adj. – 1948 ◇ de 1*in-* et *envisageable* ■ Qu'on ne peut envisager, qui n'est pas envisageable. *Une perspective inenvisageable. C'est inenvisageable pour le moment.* ➤ **impossible.**

INÉPROUVÉ, ÉE [inepʀuve] adj. – 1831 ◇ de 1*in-* et *éprouvé* ■ **1** Qui n'a pas encore été mis à l'épreuve. *Vertu inéprouvée.* ■ **2** Qui n'a pas encore été éprouvé, ressenti. *«des sentiments inéprouvés»* ZOLA.

INEPTE [inɛpt] adj. – milieu XVe ◇ latin *ineptus* «qui n'est pas approprié» ■ **1** VX ➤ **inapte.** *«mon cœur serait moins inepte à l'amour»* ROUSSEAU. ■ **2** (1495) MOD. Qui dénote l'absurdité, la sottise. ➤ **absurde, idiot, sot, stupide.** *Une histoire, un roman inepte* (➤ **ineptie**). ◆ (PERSONNES) ➤ **bête*, niais, sot.** *Un être inepte.*
■ CONTR. 2 Fin, intelligent.

INEPTIE [inɛpsi] **n. f.** – 1546 ◊ latin *ineptia* ▪ **1** Caractère de ce qui est inepte. ➤ **bêtise*, sottise, stupidité.** *Propos, raisonnement d'une rare ineptie.* ➤ **débilité.** ▪ **2** Action, parole inepte. ➤ **idiotie, sottise.** *Débiter gravement des inepties.* « *Une galerie de sottises,* [...] *un musée d'inepties* » FRANCE. *Interrompre vos études serait une ineptie.* — Chose, œuvre inepte. *Ce film est une ineptie.* ▪ CONTR. Finesse, intelligence.

INÉPUISABLE [inepɥizabl] **adj.** – v. 1460 ◊ de 1 *in-* et *épuiser* ▪ **1** Qu'on ne peut épuiser. *Source inépuisable.* ➤ **intarissable.** *Des réserves inépuisables d'énergie. Une inépuisable source d'inspiration.* — PAR EXT. Très grand, qui n'a pas de fin. ➤ **infini.** *Sujet inépuisable.* ➤ **fécond.** *Inépuisable curiosité.* « *L'inépuisable trésor de mon ignorance* » MAURRAS. ➤ **inexhaustible.** ▪ **2** (PERSONNES) *Il est inépuisable sur ce chapitre.* ➤ **intarissable.**

INÉPUISABLEMENT [inepɥizabləmɑ̃] **adv.** – 1691 ◊ de *inépuisable* ▪ D'une manière inépuisable ; sans fin. « *Un cœur inépuisablement indulgent* » MICHELET.

INÉPUISÉ, ÉE [inepɥize] **adj.** – 1794 ◊ de 1 *in-* et *épuisé* ▪ LITTÉR. Qui n'est pas épuisé. « *Et des raffinements toujours inépuisés* » BAUDELAIRE.

INÉQUATION [inekwasjɔ̃] **n. f.** – 1804 ◊ de 1 *in-* et *équation* ▪ MATH. Inégalité conditionnelle existant entre deux quantités et dépendant de certaines variables (ou inconnues). *Résoudre une inéquation.*

INÉQUITABLE [inekitabl] **adj.** – 1519 ◊ de 1 *in-* et *équitable* ▪ RARE Qui n'est pas conforme à l'équité. ➤ **injuste.** *Partage, répartition inéquitable.* ▪ CONTR. Équitable.

INERME [inɛʀm] **adj.** – 1798 ; 1791 « sans armes » ; XVIe « sans défense » ◊ latin *inermis* ▪ BOT. Qui n'a ni aiguillon ni épines. *Rose inerme.* — ZOOL. Qui n'a pas de crochet ni de piquants. *Ténia inerme.* ▪ CONTR. Épineux.

INERTE [inɛʀt] **adj.** – *inherte* 1509 ◊ latin *iners, inertis* ▪ **1** Qui n'a ni activité ni mouvement propre. *La matière inerte.* — (1759) PHYS. *Masse, force inerte.* — CHIM. Qui ne provoque aucune réaction des corps avec lesquels il est en contact. *Gaz inerte,* élément de la dernière colonne du tableau de Mendeleiev (gaz rare, gaz noble). — AGRON. *Sol inerte :* partie du sol située entre le sol actif et le sous-sol. ▪ **2** Qui ne donne pas signe de vie. *Proie inerte. Un corps inerte.* ➤ **inanimé.** *Il gisait par terre, complètement inerte. Visage inerte.* ➤ **immobile.** « *Un masque désormais inerte d'où le sourire avait disparu* » CAMUS. ♦ FIG. Sans réaction. ➤ **amorphe, apathique, atone, 1 passif.** *Ils* « *restèrent spectateurs inertes et impuissants des grands événements qui bouleversèrent l'Europe* » MICHELET. ▪ CONTR. Actif, énergique ; 2 alerte, ardent, entreprenant, remuant.

INERTIE [inɛʀsi] **n. f.** – *inhertie* « atonie », hapax v. 1370 ◊ latin *inertia* ▪ État de ce qui est inerte. ▪ **1** Résistance des objets pesants au mouvement qui leur est imposé. *L'inertie de la matière. Centre d'inertie.* ➤ **gravité ; barycentre.** — *Force d'inertie* (1re loi de Newton), égale et opposée au produit de la masse par l'accélération. — FIG. et COUR. *Opposer la force d'inertie à la violence.* ➤ **non-violence, résistance** (passive). — *Principe d'inertie,* selon lequel un corps pesant, non soumis à une force, est au repos ou en mouvement rectiligne uniforme. ♦ PHYS. *Inertie électromagnétique :* augmentation de l'impédance d'un circuit électrique. ➤ **inductance.** ♦ AÉRONAUT. *Navigation par inertie,* utilisant, pour calculer une position, l'intégration des accélérations subies par le véhicule. *Centrale* à inertie* (➤ **gyroscope**). — *Inertie thermique :* capacité d'un matériau à accumuler puis à restituer un flux thermique. ▪ **2** PHYSIOL. Perte de la contractilité (d'un muscle, d'un organe). *Inertie musculaire.* ➤ **atonie, paralysie.** *Inertie intestinale, vésiculaire.* ▪ **3** (1734) COUR. Manque absolu d'activité, d'énergie intellectuelle ou morale. ➤ **inaction, paresse.** *Arracher qqn à son inertie. Sortir de son inertie.* ➤ **apathie, indolence, passivité.** *L'inertie gouvernementale.* ➤ **abstention, immobilisme, stagnation.** ▪ CONTR. 1 Action, activité, ardeur, entrain, mouvement.

INERTIEL, IELLE [inɛʀsjɛl] **adj.** – XXe ◊ de *inertie,* probablt d'après l'anglais *inertial* ▪ PHYS. Relatif à l'inertie. ♦ AÉRONAUT. Relatif à la détermination de la position du centre d'inertie d'un solide en mouvement. *Centrale inertielle. Navigation inertielle.* ➤ **inertie.** *Guidage inertiel d'un missile.*

INESCOMPTABLE [inɛskɔ̃tabl] **adj.** – 1877 ◊ de 1 *in-* et *escomptable* ▪ FIN. Qui ne peut être escompté. *Billet inescomptable.*

INESPÉRÉ, ÉE [inɛspeʀe] **adj.** – 1466 « imprévu » ◊ de 1 *in-* et *espéré* ▪ Se dit d'un évènement heureux que l'on n'espérait pas, ou que l'on n'espérait plus. ➤ **imprévu, inattendu.** *Succès inespéré. Victoire inespérée.* ♦ Qui dépasse toute espérance. *Le profit de cette entreprise fut inespéré. Résultat inespéré.*

INESTHÉTIQUE [inɛstetik] **adj.** – 1885 ◊ de 1 *in-* et *esthétique* ▪ **1** PHILOS. Qui ne joue aucun rôle dans la sensation ou la production de la beauté. *Le goût, l'odorat, sens inesthétiques.* — On dit aussi **ANESTHÉTIQUE.** ▪ **2** COUR. Qui choque le goût esthétique. ➤ **laid.** *Une cicatrice inesthétique. Des constructions inesthétiques.*

INESTIMABLE [inɛstimabl] **adj.** – XIVe ◊ latin *inæstimabilis* ▪ **1** Dont la valeur dépasse toute estimation. ➤ **inappréciable.** *Tableau, ouvrage inestimable* (cf. Qui n'a pas de prix*). « *On ne peut payer une chose inestimable que par une offrande qui soit aussi hors de prix* » BALZAC. ▪ **2** FIG. Qu'on ne saurait trop estimer. ➤ **précieux.** *Services, bienfaits inestimables.* ▪ CONTR. Estimable.

INÉTENDU, UE [inetɑ̃dy] **adj.** – 1752 ◊ de 1 *in-* et *étendu* ▪ DIDACT. Qui n'a pas d'étendue. « *L'âme, substance inétendue, immatérielle* » BUFFON. *Le point géométrique, inétendu, sans épaisseur.* ▪ CONTR. Étendu.

INÉVITABLE [inevitabl] **adj.** – 1377 ◊ latin *inevitabilis* ▪ **1** Qu'on ne peut éviter, qui se produit sans qu'on puisse l'empêcher. ➤ **certain, fatal, immanquable, inéluctable, obligatoire.** *Le conflit paraît inévitable. Conséquence, difficulté inévitable.* ➤ **assuré, forcé, imparable, incontournable, nécessaire, obligé.** — *Il est inévitable qu'il en soit ainsi.* — SUBST. *Accepter l'inévitable.* ▪ **2** PAR PLAIS. Qui est toujours là ; qu'il faut subir. ➤ **habituel, rituel, sempiternel.** *Le ministre et son inévitable cigare.* ➤ **inséparable.** ▪ CONTR. Évitable. Éventuel.

INÉVITABLEMENT [inevitabləmɑ̃] **adv.** – 1493 ◊ de *inévitable* ▪ D'une manière inévitable. ➤ **fatalement, forcément, nécessairement.**

INEXACT, ACTE [inɛgza(kt), akt] **adj.** – 1689 ◊ de 1 *in-* et *exact* ▪ **1** Qui n'est pas exact, n'est pas conforme à la réalité ou à la vérité. ➤ **1 faux.** *Renseignements, détails inexacts.* ➤ **erroné.** *Calcul inexact. Il est inexact de le prétendre. Non, c'est inexact.* ♦ Qui manque d'exactitude. *Biographie, traduction, citation inexacte.* ➤ **infidèle.** *Donner une version inexacte d'un évènement.* ➤ **déformé, incorrect.** — PAR EXT. *Un narrateur inexact.* ▪ **2** (PERSONNES) Qui manque de ponctualité. *Être inexact à un rendez-vous. Un homme* « *inexact, flâneur, imprévisible* » MAUROIS. ▪ CONTR. Correct, exact, fidèle, juste. Assidu, ponctuel.

INEXACTEMENT [inɛgzaktəmɑ̃] **adv.** – 1761 ◊ de *inexact* ▪ D'une manière inexacte. *Rapporter inexactement les paroles de qqn.*

INEXACTITUDE [inɛgzaktityd] **n. f.** – 1689 ◊ de 1 *in-* et *exactitude* ▪ **1** Manque d'exactitude ; caractère de ce qui est inexact. *Inexactitude d'un calcul, d'une nouvelle, d'un témoignage.* PAR EXT. *Inexactitude d'un historien.* ▪ **2** *Une, des inexactitudes.* ➤ **erreur, faute.** *Relever, trouver de petites inexactitudes dans un article, un compte rendu.* « *des inexactitudes inévitables dans le passage d'une langue dans une autre* » LÉAUTAUD. ▪ **3** Manque de ponctualité. ▪ CONTR. Authenticité, exactitude, fidélité. Assiduité, ponctualité.

INEXAUCÉ, ÉE [inɛgzose] **adj.** – 1832 ◊ de 1 *in-* et *exaucé* ▪ LITTÉR. Qui n'a pas été exaucé. *Des vœux inexaucés.*

INEXCITABILITÉ [inɛksitabilite] **n. f.** – 1877 ◊ de *inexcitable* ▪ SC. Caractère de ce qui est inexcitable, absence d'excitabilité. *L'inexcitabilité d'un organe, d'un tissu.*

INEXCITABLE [inɛksitabl] **adj.** – 1845 ◊ de 1 *in-* et *exciter* ▪ SC. Qui n'est pas excitable. « *Le cerveau est inexcitable sur l'animal endormi* » CHAUCHARD.

INEXCUSABLE [inɛkskyzabl] **adj.** – 1402 ◊ latin *inexcusabilis* ▪ Qu'il est impossible d'excuser. ➤ **impardonnable.** *Vous êtes inexcusable.* — *Une négligence, une paresse inexcusable.* ➤ **injustifiable.** *Faute inexcusable.* IMPERS. *Il serait inexcusable de les oublier.* — **adv. INEXCUSABLEMENT,** 1545. ▪ CONTR. Excusable, pardonnable.

INEXÉCUTABLE [inɛgzekytabl] **adj.** – 1695 ; hapax 1579 ◊ de 1 *in-* et *exécuter* ▪ Qu'on ne peut exécuter. *Plan inexécutable.* ➤ **impraticable.** *Ordre inexécutable. Travail inexécutable.* ➤ **infaisable.** « *musique inexécutable* » ROUSSEAU. ➤ **injouable.**

INEXÉCUTION [inɛgzekysjɔ̃] **n. f.** – avant 1606 ◊ de 1 *in-* et *exécution* ▪ RARE Absence d'exécution. DR. *Inexécution d'un contrat, d'une obligation.* ➤ **inobservation.**

INEXERCÉ, ÉE [inɛgzɛʀse] **adj.** – 1769 ◊ de 1 *in-* et *exercer* ▪ RARE Qui n'est pas exercé. ➤ **inexpérimenté.** *Des troupes inexercées. La main inexercée d'un enfant.* ➤ **inhabile.** ▪ CONTR. Exercé ; entraîné, expérimenté, expert.

INEXHAUSTIBLE [inɛgzostibl] **adj.** – hapax 1514, repris à l'anglais au XIXe ◊ du latin *exhaurire* «épuiser» → exhaustif ■ LITTÉR. Inépuisable. *«l'inexhaustible espace des soirs où je n'avais pas connu Albertine»* PROUST.

INEXIGIBILITÉ [inɛgziʒibilite] **n. f.** – 1839 ◊ de *inexigible* ■ DR. Caractère de ce qui est inexigible. *L'inexigibilité d'une créance.* ■ CONTR. Exigibilité.

INEXIGIBLE [inɛgziʒibl] **adj.** – avant 1781 ◊ de 1*in-* et *exigible* ■ DR. Qui ne peut être exigé. *Dette inexigible.* ■ CONTR. Exigible.

INEXISTANT, ANTE [inɛgzistɑ̃, ɑ̃t] **adj.** – 1784 ◊ de 1*in-* et *existant* ■ **1** Qui n'existe pas. *Des dieux inexistants. L'univers inexistant de la légende, du rêve.* ➤ **irréel ; chimérique.** *«Quoi de plus inexistant qu'une pensée !»* DUHAMEL. *Les risques sont inexistants.* ➤ **nul.** *Réactions inexistantes.* ➤ **absent.** *Un document inexistant.* ➤ **controuvé, fictif.** ■ **2** FAM. Sans valeur, sans importance, sans efficacité. ➤ **négligeable, nul.** *L'aide qu'il m'apporte est inexistante. C'est inexistant.* ➤ **néant, rien** (moins que rien), **zéro.** *Un pauvre type complètement inexistant.* ➤ **insignifiant.** ■ CONTR. Existant, réel.

INEXISTENCE [inɛgzistɑ̃s] **n. f.** – 1609 ◊ de 1*in-* et *existence* ■ **1** DIDACT. Fait de ne pas exister. *«Je compris qu'il n'y avait pas de milieu entre l'inexistence et cette abondance pâmée»* SARTRE. *Inexistence d'un personnel d'encadrement* (➤ **absence**), *d'une loi.* ➤ **vide** (juridique). ■ **2** DR. Défaut d'existence d'un acte juridique (cf. Nul et non avenu*) résultant de l'absence d'un des éléments constitutifs essentiels à sa formation, ou de la présence d'un défaut flagrant. *Inexistence du contrat.* ➤ aussi **nullité.** ■ **3** Caractère de ce qui est sans valeur. ➤ **nullité.** *L'inexistence de son apport, de ses arguments.* ■ CONTR. Existence. Importance.

INEXORABILITÉ [inɛgzɔʀabilite] **n. f.** – 1663 ◊ bas latin *inexorabilitas* ■ RARE Caractère, état de ce qui est inexorable. *L'inexorabilité du destin.* ■ CONTR. Clémence.

INEXORABLE [inɛgzɔʀabl] **adj.** – avant 1520 ◊ latin *inexorabilis*, de *exorare* «vaincre par ses prières» ■ LITTÉR. ■ **1** Qui résiste aux prières, qu'on ne peut fléchir ; sans pitié*. ➤ **impitoyable, implacable, inflexible.** *«Cœur inexorable et dur comme un rocher»* LECONTE DE LISLE. *Juge inexorable.* ➤ **dur, sévère.** *Il fut inexorable à toutes les prières.* ➤ **insensible, sourd.** — VX *Inexorable à qqn.* ■ **2** Dont on ne peut tempérer la rigueur. ➤ **cruel, draconien, drastique.** *Arrêt, loi inexorable.* ■ **3** À quoi l'on ne peut se soustraire. ➤ **implacable.** *Fatalité, destin inexorable. L'inexorable fuite des heures. «Voici la rigueur de l'hiver [...] Voici le froid inexorable»* CLAUDEL. *C'est inexorable.* ➤ **fatal, inévitable.** ■ CONTR. Clément, indulgent.

INEXORABLEMENT [inɛgzɔʀabləmɑ̃] **adv.** – 1661 ◊ de *inexorable* ■ LITTÉR. D'une manière inexorable. *Maladie qui évolue inexorablement vers la mort.*

INEXPÉRIENCE [inɛkspeʀjɑ̃s] **n. f.** – 1452, rare avant 1762 ◊ bas latin *inexperientia* ■ Manque d'expérience. *L'inexpérience de la jeunesse. L'inexpérience d'un débutant.* ➤ **ignorance, maladresse, naïveté.** *Son inexpérience du monde, de la vie. L'inexpérience amoureuse. J'avoue ma totale inexpérience dans ce domaine. «un découragement prématuré, qui n'est que la rançon de votre inexpérience»* ROMAINS. ■ CONTR. Expérience, habileté.

INEXPÉRIMENTÉ, ÉE [inɛkspeʀimɑ̃te] **adj.** – 1495 ◊ de 1*in-* et *expérimenté* ■ **1** Qui n'a pas d'expérience. *Jeune homme inexpérimenté.* ➤ **ignorant,** 1 **naïf.** — SPÉCIALT Qui manque de pratique dans un domaine déterminé. ➤ **débutant, inexpert, novice ;** 2 **neuf, nouveau.** *Alpiniste inexpérimenté. Jeune conducteur encore inexpérimenté. Être inexpérimenté en amour.* — PAR EXT. *Gestes inexpérimentés.* ■ **2** Dont on n'a pas encore fait l'expérience. *Arme nouvelle encore inexpérimentée.* ■ CONTR. Expérimenté ; aguerri ; expert, habile.

INEXPERT, ERTE [inɛkspɛʀ, ɛʀt] **adj.** – 1455 ◊ latin *inexpertus* ■ LITTÉR. Qui n'est pas expert, qui manque d'habileté. ➤ **inexpérimenté, inhabile.** *Être inexpert dans un domaine. — Des mains inexpertes.* ➤ **malhabile.** ■ CONTR. Expert.

INEXPIABLE [inɛkspjabl] **adj.** – v. 1500 ◊ latin *inexpiabilis* ■ **1** Qui ne peut être expié. *Crime, faute, forfait inexpiable.* ■ **2** LITTÉR. Que rien ne peut apaiser, faire cesser. *Lutte inexpiable,* sans merci. ➤ **impitoyable, implacable.** *«engagés dans des controverses inexpiables»* CAILLOIS. ■ CONTR. Expiable.

INEXPLICABLE [inɛksplikabl] **adj.** – 1486 ◊ latin *inexplicabilis* ■ Qu'il est impossible ou très difficile d'expliquer ; qui paraît bizarre du fait même qu'on ne se l'explique pas. ➤ **énigmatique, étrange, impénétrable, incompréhensible, inconcevable, indéchiffrable, mystérieux, obscur.** *Énigme inexplicable. «La mort, mystère inexplicable»* CONSTANT. *Conduite, démarche inexplicable. Une réaction inexplicable. Il est inexplicable qu'il soit parti.* — SUBST. *«Croire au surnaturel, admettre l'inexplicable»* DAUDET.

INEXPLICABLEMENT [inɛksplikabləmɑ̃] **adv.** – 1486 ◊ de *inexplicable* ■ D'une manière inexplicable. *Elle a disparu inexplicablement.*

INEXPLIQUÉ, ÉE [inɛksplike] **adj.** – 1792 ◊ de 1*in-* et *expliquer* ■ Qui n'a pas reçu d'explication. *Un phénomène longtemps inexpliqué. La catastrophe reste inexpliquée.* ➤ **mystérieux.** — SUBST. *«Il y a dans l'homme de l'inexpliqué»* GIDE.

INEXPLOITABLE [inɛksplwatabl] **adj.** – 1867 ◊ de 1*in-* et *exploitable* ■ Qu'on ne peut exploiter. *Gisement, richesse inexploitable. — Renseignements inexploitables.* ➤ **inutilisable.**

INEXPLOITÉ, ÉE [inɛksplwate] **adj.** – 1839 ◊ de 1*in-* et *exploiter* ■ Qui n'est pas exploité. ➤ **inutilisé.** *Ressources inexploitées. — Talents inexploités.*

INEXPLORÉ, ÉE [inɛksplɔʀe] **adj.** – 1825 ◊ de 1*in-* et *explorer* ■ Qui n'a pas été exploré. *Contrée, terre inexplorée.* ➤ **inconnu, vierge.** — PAR MÉTAPH. *Les domaines encore inexplorés de la science. «quelque repli obscur et inexploré de ma conscience»* MARTIN DU GARD.

INEXPRESSIF, IVE [inɛkspʀesif, iv] **adj.** – 1781 ◊ de 1*in-* et *expressif* ■ **1** Qui n'est pas expressif. *Mots inexpressifs. Style inexpressif.* ➤ 1 **plat.** ■ **2** Qui manque d'expression. *Regard, yeux inexpressifs.* ➤ **atone, éteint, figé,** 1 **terne.** ■ CONTR. Expressif.

INEXPRIMABLE [inɛkspʀimabl] **adj.** – v. 1570 ◊ de 1*in-* et *exprimable* ■ Qu'il est impossible ou très difficile d'exprimer ; qui est au-delà de toute expression. ➤ **indescriptible, indicible, inénarrable** (1°), **inexplicable.** *Pensées inexprimables.* ➤ **incommunicable.** *Épouvante, haine inexprimable. Douceur inexprimable.* ➤ **ineffable.** ◆ SUBST. *«Je notais l'inexprimable»* RIMBAUD. *Comment exprimer l'inexprimable ?*

INEXPRIMÉ, ÉE [inɛkspʀime] **adj.** – 1836 ◊ de 1*in-* et *exprimer* ■ Qui n'est pas ou n'a pas été exprimé. ➤ **informulé.** *Reproches inexprimés.* ➤ **sous-entendu, tacite.** *Désirs, besoins inexprimés.*

INEXPUGNABLE [inɛkspygnabl ; -pyɲabl] **adj.** – 1352 ◊ latin *inexpugnabilis*, de *expugnare* «prendre d'assaut» ■ LITTÉR. Qu'on ne peut prendre d'assaut ; qui résiste aux attaques, aux sièges. ➤ **imprenable.** *Forteresse inexpugnable.*

INEXTENSIBLE [inɛkstɑ̃sibl] **adj.** – 1777 ◊ de 1*in-* et *extensible* ■ Qui n'est pas extensible. *Tissu inextensible.* — **n. f. INEXTENSIBILITÉ,** 1858. ■ CONTR. Dilatable, élastique, extensible.

IN EXTENSO [inɛkstɛ̃so] **loc. adv. et loc. adj. inv.** – 1838 ◊ loc. latine, de *extensum* «intégralité» ■ Dans toute son étendue, toute sa longueur (d'un texte). *Publier un discours in extenso.* ➤ 1 **complètement, intégralement.** ◆ **adj. inv.** *Compte rendu in extenso d'un débat à l'Assemblée nationale.* ➤ 1 **complet, intégral.**

INEXTINGUIBLE [inɛkstɛ̃gibl] **adj.** – 1403 ◊ bas latin *inextinguibilis* ■ **1** LITTÉR. Qu'il est impossible d'éteindre. *Feu inextinguible.* ■ **2** Qui ne peut être satisfait, comblé. *Soif inextinguible. Fureur, haine inextinguible.* ➤ **inapaisable.** *Le «besoin inextinguible qu'il avait de savoir»* ZOLA. ➤ **insatiable.** ◆ SPÉCIALT (1669) *Rire inextinguible :* fou rire éclatant qu'on ne peut arrêter. ■ CONTR. Extinguible.

INEXTIRPABLE [inɛkstiʀpabl] **adj.** – 1508 ◊ latin *inextirpabilis* ■ RARE Qui ne peut être extirpé. *Racine, souche inextirpable.* ◆ FIG. ➤ **indéracinable, tenace.** *«ce vice est inextirpable»* GIDE. ■ CONTR. Extirpable.

IN EXTREMIS [inɛkstʀemis] **loc. adv. et loc. adj.** /IN EXTRÉMIS/ – 1708 ◊ loc. latine, de *extrema* «les choses dernières», pl. neutre de *extremus* «extrême» ■ **1** À l'article de la mort, à l'agonie (cf. À la dernière extrémité). *Disposition testamentaire, mariage in extremis.* ■ **2** Au tout dernier moment. *Éviter une catastrophe in extremis,* de justesse. *Rattraper in extremis un objet qui va tomber* (cf. Au vol*). **loc. adj.** *Un accord in extremis.*

INEXTRICABLE [inɛkstʀikabl] **adj.** – 1361 ◊ latin *inextricabilis*, de *extricare* «démêler» ■ **1** Qu'on ne peut démêler. ➤ **indébrouillable.** *Enchevêtrement, fouillis inextricable.* — (ABSTRAIT) *Les complications inextricables de la procédure.* ➤ **maquis.** *Une affaire inextricable,* très embrouillée, très complexe (➤ **imbroglio**). *La situation est inextricable.* ■ **2** Dont on ne peut sortir. *Un réseau inextricable de ruelles.* ➤ **dédale.** *«J'allais et je revenais par des détours inextricables»* NERVAL. ➤ **labyrinthique.**

INEXTRICABLEMENT [inɛkstʀikabləmɑ̃] **adv.** – 1827 ◇ de *inextricable* ▪ D'une manière inextricable. *De grands arbres «enlacent inextricablement leurs troncs et leurs branches»* GAUTIER. — *Une affaire inextricablement embrouillée.*

INFAILLIBILITÉ [ɛ̃fajibilite] **n. f.** – 1558 ◇ de *infaillible* ▪ **1** VX Caractère de ce qui ne peut manquer de se produire. ➤ **certitude.** *L'infaillibilité d'un succès.* ▪ **2** MOD. Caractère de ce qui ne peut manquer de réussir. *L'infaillibilité d'une méthode, d'un procédé. «L'infaillibilité de la tactique occidentale»* MÉRIMÉE. ▪ **3** Caractère d'une personne infaillible, qui n'est pas sujette à l'erreur. *Des airs d'infaillibilité.* — SPÉCIALT *Infaillibilité de l'Église. Infaillibilité du pape, infaillibilité pontificale :* dogme proclamé en 1870, selon lequel le souverain pontife est infaillible lorsqu'il parle ex cathedra pour définir la doctrine de l'Église universelle. ◆ PAR EXT. *Infaillibilité d'un jugement.* ▪ CONTR. Faillibilité, fragilité.

INFAILLIBLE [ɛ̃fajibl] **adj.** – 1580 ; «inaltérable» XIVe ◇ latin ecclésiastique *infallibilis* → faillir

I (CHOSES) Qui ne peut faire défaut. ▪ **1** VIEILLI Qui ne peut manquer de se produire. ➤ **assuré, certain, sûr.** *«Mon entreprise est sûre, et sa perte infaillible»* CORNEILLE. *Succès infaillible.* ▪ **2** Qui ne peut tromper. *«Il y a un signe infaillible auquel on reconnaît que l'on aime quelqu'un d'amour. C'est lorsque son visage nous inspire plus de désir physique qu'aucune autre partie de son corps»* TOURNIER. — Qui a des conséquences certaines, des résultats assurés, qui produit l'effet souhaité à tous coups. *Remède infaillible contre la toux.* ➤ **parfait, radical, souverain.** *Méthode, procédé, recette, moyen infaillible. Essayez, c'est infaillible.*

II ▪ **1** (PERSONNES) Qui ne peut se tromper ; qui n'est pas sujet à l'erreur. *Se croire infaillible. Nul n'est infaillible :* tout le monde peut se tromper. *Le pape est infaillible lorsqu'il parle ex cathedra* (➤ **infaillibilité**). ▪ **2** (CHOSES) *Un instinct infaillible.* ➤ **sûr.** *La science «n'est ni omnisciente ni infaillible»* MAUROIS.

▪ CONTR. Aléatoire, douteux, fragile, 1incertain ; inefficace, mauvais. — Faillible.

INFAILLIBLEMENT [ɛ̃fajibləmɑ̃] **adv.** – *infalliblement* XVe ◇ de *infaillible* ▪ **1** D'une manière infaillible, certaine. ➤ **assurément, certainement, sûrement** (cf. À coup* sûr). *Cela arrivera infailliblement.* ➤ **immanquablement, inéluctablement, inévitablement, nécessairement, obligatoirement.** ▪ **2** RARE Sans se tromper. *Nul ne peut juger infailliblement.*

INFAISABILITÉ [ɛ̃fəzabilite] **n. f.** – XXe ◇ de *infaisable* ▪ Caractère de ce qui est infaisable. *L'infaisabilité d'un projet.* ▪ CONTR. Faisabilité.

INFAISABLE [ɛ̃fəzabl] **adj.** – 1613 ◇ de 1*in-* et *faisable* ▪ Qui ne peut être fait. ➤ **impossible, irréalisable.** *Travail infaisable dans ce délai. Ce n'est pas infaisable, mais ce sera très difficile.* ▪ CONTR. Faisable, possible.

INFALSIFIABLE [ɛ̃falsifjabl] **adj.** – 1867 ◇ de 1*in-* et *falsifier* ▪ RARE Qui ne peut être falsifié. *Document infalsifiable.* ▪ CONTR. Falsifiable.

INFAMANT, ANTE [ɛ̃famɑ̃, ɑ̃t] **adj.** – 1557 ◇ p. prés. de l'ancien verbe *infamer* (XIIIe) ; latin *infamare* «déshonorer» ▪ Qui flétrit l'honneur, la réputation. ➤ **avilissant, déshonorant, honteux.** *Accusation, imputation infamante. Injure, épithète infamante.* DR. CR. *Peine infamante,* qui atteint le condamné principalement dans sa considération et sa capacité juridique. ➤ **bannissement, 1dégradation.** *Peine afflictive et infamante.* ▪ CONTR. Glorieux, honorable.

INFÂME [ɛ̃fɑm] **adj.** – 1335 ◇ latin *infamis,* de *fama* «renommée» ▪ **1** VX Qui est bas et vil. *«Qui m'aima généreux me haïrait infâme»* CORNEILLE. — **n. m.** ALLUS. LITTÉR. (Voltaire) *«Écrasez l'infâme»,* la superstition, l'intolérance. ◆ LITTÉR. (CHOSES) Qui entraîne une flétrissure morale. *Métier, commerce, trafic infâme.* ➤ **abject, avilissant, 1bas, dégradant, honteux, ignoble, indigne.** *Un crime, une trahison infâme.* ➤ **odieux.** ▪ **2** VX Qui est flétri par la loi. *Infâme de droit.* — Qui entraîne la flétrissure légale. *La condition de comédien était infâme chez les Romains.* ▪ **3** COUR. Détestable, odieux. *Infâme saligaud. «Je ne suis pas infâme. Je suis une femme»* (GODARD, «Une femme est une femme», film). — Digne de mépris. *Une infâme dissimulation. Complaisance, flatterie infâme.* ▪ **4** (Sens affaibli) Qui cause de la répugnance. ➤ **répugnant.** *Un logis infâme.* ➤ **immonde, sale*, sordide.** *Une infâme odeur de graillon.* ➤ **infect.** ▪ CONTR. Glorieux, honorable, noble.

INFAMIE [ɛ̃fami] **n. f.** – milieu XIVe ◇ latin *infamia* → infâme ▪ **1** VX OU DR. Flétrissure sociale ou légale faite à la réputation de qqn. ➤ **déshonneur, honte.** *Couvrir qqn d'infamie. «N'ai-je donc tant vécu que pour cette infamie ?»* CORNEILLE. *«Je voulais vous sauver de l'infamie d'aller en prison»* BALZAC. ▪ **2** (1647) LITTÉR. Caractère d'une personne infâme, vile. ➤ **abjection, bassesse, ignominie, turpitude, vilenie.** — Caractère infâme d'une chose. *Infamie d'un crime.* ➤ **horreur.** ▪ **3** LITTÉR. *Une des infamies.* Action, parole infâme. *Dire des infamies à qqn* (➤ **injure, insulte**), *de qqn* (➤ **calomnie**). *«c'est une infamie que de tuer l'adversaire qui sommeille»* DANIEL-ROPS. ▪ CONTR. Gloire, honneur, noblesse.

INFANT, ANTE [ɛ̃fɑ̃, ɑ̃t] **n.** – 1407 ◇ espagnol *infante ;* latin *infans* ▪ Titre donné aux enfants puînés des rois d'Espagne et de Portugal. *L'infant d'Espagne. Le personnage de l'infante dans «le Cid». «Pavane pour une infante défunte»,* œuvre de Ravel.

INFANTERIE [ɛ̃fɑ̃tʀi] **n. f.** – 1500 ◇ ancien italien *infanteria,* de *infante* «enfant» → fantassin ▪ **1** ANCIENNT Ensemble des gens de guerre marchant et combattant à pied (et qui étaient à l'origine les valets d'armes des chevaliers). ➤ VX **piéton.** ▪ **2** MOD. L'arme qui est chargée de la conquête et de l'occupation du terrain. ➤ ARG. **biffe.** *Soldat d'infanterie.* ➤ **fantassin ;** ARG. **biffin.** *L'infanterie est la force des armées, la «reine des batailles», a dit Napoléon. Infanterie de marine. Infanterie de l'air, aéroportée.* ➤ **parachutiste.** — *Groupe, compagnie, bataillon, régiment, division d'infanterie. Servir dans l'infanterie.*

1**INFANTICIDE** [ɛ̃fɑ̃tisid] **adj.** et **n.** – 1564 ◇ bas latin *infanticida* ▪ Qui tue volontairement un enfant, et SPÉCIALT un nouveau-né (➤ **néonaticide**). *Une mère infanticide.* — **n.** (1721) *Un, une infanticide.*

2**INFANTICIDE** [ɛ̃fɑ̃tisid] **n. m.** – 1611 ◇ bas latin *infanticidium* ▪ Meurtre d'un enfant, SPÉCIALT d'un nouveau-né (➤ **néonaticide**). *Elle «avait tué son enfant, l'infanticide a été prouvé»* HUGO.

INFANTILE [ɛ̃fɑ̃til] **adj.** – 1863 ; «enfantin» 1563 ◇ bas latin *infantilis* → enfant ▪ **1** DIDACT. Relatif à la première enfance. *Maladies infantiles. Médecine infantile.* ➤ **pédiatrie.** *Mortalité infantile.* — PAR EXT. Relatif à l'enfance. *Pornographie infantile.* ➤ **pédopornographie.** ◆ D'un adulte Dont le développement mental, affectif ou physique s'est arrêté au stade de l'enfance (➤ **immature ; infantilisme**). *Sujet infantile.* ▪ **2** (fin XIXe) COUR. Comparable à un enfant, digne d'un enfant (quant au niveau intellectuel et affectif). ➤ **enfantin, puéril.** *Comportement, réaction infantile* (opposé à *adulte*). *«Elle prend un ton infantile, pleurnicheur»* SARRAUTE.

INFANTILISANT, ANTE [ɛ̃fɑ̃tilizɑ̃, ɑ̃t] **adj.** – 1976 ◇ de *infantiliser* ▪ Qui infantilise, place dans une situation d'irresponsabilité. *Relation infantilisante.*

INFANTILISER [ɛ̃fɑ̃tilize] **v. tr.** ⟨1⟩ – avant 1966 ◇ de *infantile* ▪ Rendre infantile, donner à (qqn) une mentalité, un comportement d'enfant. *«les grands films infantilisent leurs spectateurs»* MALRAUX. — **n. f. INFANTILISATION.**

INFANTILISME [ɛ̃fɑ̃tilism] **n. m.** – 1871 ◇ de *infantile* ▪ **1** DIDACT. État d'un individu qui présente encore à l'âge adulte des caractères physiques ou psychiques propres à l'enfance. *Infantilisme affectif :* arriération affective. ▪ **2** COUR. Caractère, comportement infantile (2°). ➤ **immaturité.** *C'est de l'infantilisme.* ▪ CONTR. Adultisme.

INFARCTUS [ɛ̃faʀktys] **n. m.** – 1826 ◇ graphie altérée de *infartus,* p. p. du latin *infarcire,* variante de *infercire* «farcir, remplir» ▪ MÉD. Nécrose plus ou moins étendue d'un tissu ou d'un organe par oblitération de l'artère qui assure son irrigation. *Infarctus pulmonaire après embolie.* — COUR. *Infarctus (du myocarde) :* lésion du cœur provoquée par un spasme prolongé ou une thrombose des artères coronaires. *On le trouva mort «foudroyé par un infarctus»* BECKETT.

INFATIGABLE [ɛ̃fatigabl] **adj.** – 1488 ◇ latin *infatigabilis* ▪ Qui ne peut se fatiguer ; qui ne se fatigue, ne se lasse pas facilement. ➤ **résistant, robuste ;** FAM. **increvable.** *Marcheur, travailleur infatigable. — Dévouement, zèle infatigable.* ➤ **inlassable.** ▪ CONTR. Fatigable.

INFATIGABLEMENT [ɛ̃fatigabləmɑ̃] **adv.** – XVe ◇ de *infatigable* ▪ Sans se fatiguer, sans se lasser. *Répéter infatigablement les mêmes choses.* ➤ **inlassablement.**

INFATUATION [ɛ̃fatɥasjɔ̃] **n. f.** – 1622 ◇ de *infatuer* ▪ **1** VX Engouement. ▪ **2** LITTÉR. Sentiment d'une personne infatuée d'elle-même ; satisfaction excessive, injustifiée que l'on a de soi. ➤ **fatuité, prétention, suffisance, vanité.** *«je tiens l'infatuation pour fatale au développement de l'esprit»* GIDE. ▪ CONTR. Modestie.

INFATUÉ, ÉE [ɛ̃fatɥe] adj. – 1488 ◊ de *infatuer* ■ **1** VX Qui a un engouement excessif pour. ➤ **imbu.** *« l'esprit infatué de politique »* BALZAC. ■ **2** MOD. Trop pénétré de ses mérites ; content de soi. ➤ **fat, orgueilleux, prétentieux, vaniteux.** *Il « n'était pas peu infatué de sa personne physique »* ARAGON. *Air infatué.* ➤ **suffisant.** ■ CONTR. Humble, modeste.

INFATUER [ɛ̃fatɥe] v. tr. ‹1› – 1380 ◊ latin *infatuare*, de *fatuus* « fade », et fig. « insensé » ■ **1** VX Inspirer un engouement ridicule. *Infatuer qqn d'une personne, d'un objet.* — PRONOM. VIEILLI *S'infatuer de qqch., de qqn.* ➤ **s'enticher.** ■ **2** PRONOM. LITTÉR. *S'infatuer (de soi-même)* : devenir excessivement content de soi. FIG. *L'art « s'isole orgueilleusement, s'infatue »* GIDE. ■ CONTR. Dégoûter. Humilier.

INFÉCOND, ONDE [ɛ̃fekɔ̃, ɔ̃d] adj. – XVe ◊ latin *infecundus* ■ **1** DIDACT. Qui n'est pas fécond. ➤ **stérile.** — MÉD. Qui n'a pas encore procréé. *Couple infécond.* ■ **2** LITTÉR. Qui ne produit rien ou rien d'utile. ➤ **improductif.** *Terre inféconde.* ➤ **infertile.** *Esprit infécond.* ■ CONTR. Fécond, fertile.

INFÉCONDITÉ [ɛ̃fekɔ̃dite] n. f. – v. 1390 ◊ latin *infecunditas* ■ DIDACT. Manque de fécondité. ➤ **agénésie, stérilité.** *Infécondité d'une plante, d'un animal. Infécondité volontaire due à la contraception.* ◆ FIG. *L'infécondité d'une idée, d'une théorie.* ■ CONTR. Fécondité, fertilité.

INFECT, E [ɛ̃fɛkt] adj. – XIVe ◊ latin *infectus*, p. p. de *inficere* « imprégner, infecter » ■ **1** Qui a une odeur, un goût ignoble. ➤ **pestilentiel, putride, répugnant.** *Charogne infecte.* ➤ **pourri.** *Cloaque, bourbier infect.* — *Odeur infecte. Goût infect.* ■ **2** Très mauvais dans son genre. *Nous avons fait un repas infect ; ce vin est infect.* ➤ **ignoble, infâme.** *Il a fait cet été un temps infect.* ➤ **pourri.** *Livre infect.* ◆ Très sale, d'aspect repoussant. *« Sitôt rentré dans notre infect appartement »* GIDE. ■ **3** Qui suscite le dégoût moral. ➤ **abject,** FAM. **dégueulasse, ignoble, répugnant.** *Il a été infect avec ses meilleurs amis. « Tu es un sale type. Un type infect »* COCTEAU. ■ CONTR. Délicieux ; 1 bon, propre. 1 Bien, chic.

INFECTANT, ANTE [ɛ̃fɛktɑ̃, ɑ̃t] adj. – 1845 ◊ de *infecter* ■ MÉD. Qui peut causer l'infection. *Germes, virus infectants.*

INFECTER [ɛ̃fɛkte] v. tr. ‹1› – 1416 ◊ de *infect* ■ **1** VIEILLI Imprégner d'émanations dangereuses, malsaines. ➤ **empester, empoisonner, souiller.** *Usine de produits chimiques qui infecte l'atmosphère, le voisinage.* ➤ **polluer.** ■ **2** MÉD. Transmettre, communiquer l'infection à. *Le malade a infecté son entourage.* ➤ **contaminer.** COUR. *Germes qui infectent une plaie. Plaie infectée purulente.* ➤ **envenimé.** — PRONOM. *« ton pansement est affreusement sale, tu vas t'infecter »* SARTRE. ◆ PAR ANAL. Se propager et provoquer des dégâts dans (un programme, un ordinateur), en parlant d'un virus informatique. — p. p. adj. *Ordinateur infecté.* ■ **3** VX Empester par une odeur infecte. ➤ **empuantir.** ■ **4** VX ou LITTÉR. ➤ **contaminer, corrompre, gâter, souiller.** *« Un vil amour du gain, infectant les esprits »* BOILEAU. REM. Ne pas confondre avec *infester*. ■ CONTR. Assainir, désinfecter, purifier.

INFECTIEUX, IEUSE [ɛ̃fɛksjø, jøz] adj. – 1821 ◊ de *infection* ■ Qui communique ou détermine l'infection. *Germe infectieux.* ◆ Qui s'accompagne d'infection, est caractérisé par l'infection. *Maladies infectieuses.* ➤ **bactérien, viral ; infectiologie.**

INFECTIOLOGIE [ɛ̃fɛksjɔlɔʒi] n. f. – 1984 ◊ de *infection* et *-logie* ■ MÉD. Discipline médicale qui traite des maladies infectieuses. — n. **INFECTIOLOGUE.**

INFECTION [ɛ̃fɛksjɔ̃] n. f. – XIIIe « pensée impure » ◊ bas latin *infectio* ■ **1** (1314 « souillure ») VX ou LITTÉR. Action d'infecter ; résultat de cette action. ➤ **corruption, putréfaction.** ■ **2** Pénétration dans l'organisme de germes pathogènes ; troubles qui en résultent. *Infection latente,* décelable uniquement par des analyses de laboratoire. *Infection généralisée.* ➤ **septicémie.** *Infection virale, microbienne. Foyer d'infection* : lieu où apparaissent plusieurs cas d'une maladie infectieuse ; localisation d'un phénomène infectieux. ➤ **contagion, contamination, épidémie, infestation.** — Maladie infectieuse. *Infection pulmonaire, intestinale.* ➤ aussi **primo-infection.** *Infection sexuellement transmissible (IST). Combattre l'infection* (➤ **anti-infectieux**). *« Le petit corps se laissait dévorer par l'infection »* CAMUS. ■ **3** Grande puanteur. ➤ **pestilence, puanteur.** *C'est une véritable infection.*

INFÉLICITÉ [ɛ̃felisite] n. f. – 1376 ◊ latin *infelicitas* ■ LITTÉR. Absence de félicité. ➤ **malheur ; infortune.**

INFÉODATION [ɛ̃feɔdasjɔ̃] n. f. – 1467 ; *infeudacion* 1393 ◊ de *inféoder* ■ Action d'inféoder. — FIG. ➤ **soumission.** *Inféodation à un parti, à une coterie.*

INFÉODÉ, ÉE [ɛ̃feɔde] adj. – 1411 féod. ◊ de *inféoder* ■ Soumis, comme un vassal. *Une presse inféodée au pouvoir. « inféodé stupidement à son parti »* ARAGON.

INFÉODER [ɛ̃feɔde] v. tr. ‹1› – 1411 ◊ latin médiéval *infeodare* « concéder en fief » ■ **1** HIST. Donner (une terre) à un vassal pour qu'il la tienne en fief. ➤ **aliéner.** — PAR EXT. Gratifier (un vassal) d'une terre donnée en fief. ■ **2** (XIXe) COUR. Soumettre à une autorité. *L'Église, « une puissance à ménager et [...] à inféoder à l'État »* MADELIN. — PRONOM. *S'inféoder à un parti, à un chef.* ➤ **obéir, se soumettre.** *« la secte où il s'est inféodé »* CAILLOIS.

INFÈRE [ɛ̃fɛʀ] adj. – 1770 ◊ latin *inferus* ■ BOT. Se dit de l'ovaire d'une fleur, lorsqu'il est situé au-dessous des verticilles (➤ **inférovarié**). ■ CONTR. Supère.

INFÉRENCE [ɛ̃feʀɑ̃s] n. f. – 1765 ; « conséquence » 1606 ◊ de *inférer* ■ **1** LOG. Opération logique par laquelle on admet une proposition en vertu de sa liaison avec d'autres propositions déjà tenues pour vraies. ➤ **déduction, induction.** *Relation d'inférence* (➤ **implication**). — PAR EXT. Proposition admise en vertu d'une inférence. ■ **2** INFORM. *Moteur d'inférence,* qui exploite la base de connaissances dans un système expert*. *Inférence par seconde (I. P. S.)* : unité d'évaluation de la puissance d'un ordinateur travaillant dans le domaine de l'intelligence artificielle.

INFÉRER [ɛ̃feʀe] v. tr. ‹6› – v. 1380 ◊ latin *inferre* « porter *(ferre)* dans », fig. « mettre en avant, produire » ■ LITTÉR. Tirer (d'un fait, d'une proposition) une conséquence. ➤ **arguer, conclure, déduire, induire.** *J'infère de ce que vous me dites, j'en infère que nous pouvons réussir.*

INFÉRIEUR, IEURE [ɛ̃feʀjœʀ] adj. et n. – 1461 ◊ latin *inferior*, comparatif de *inferus* « plus bas »

I (CONCRET) ■ **1** Qui est au-dessous, plus bas, en bas. **INFÉRIEUR À...** *Le niveau de la Méditerranée est un peu inférieur à celui de la mer Rouge.* — ABSOLT *Partie inférieure d'un mur, d'un édifice.* ➤ **base.** *Étages inférieurs. Couches inférieures du sol, de la mer.* ➤ **profond.** *Membres inférieurs* : les jambes. *Mâchoire, paupière, lèvre inférieure.* ■ **2** Dont l'altitude est inférieure ; qui est plus près de la mer. *Cours inférieur d'un fleuve ; vallée inférieure du Rhône.* ■ **3** ASTRON. *Planètes inférieures,* plus rapprochées du Soleil que la Terre. *Mercure et Vénus, les deux planètes inférieures.*

II (ABSTRAIT) ■ **1** Qui a une valeur moins grande ; qui occupe une place, un degré au-dessous, dans une classification, une hiérarchie. ➤ 1 **mineur, moindre, subordonné.** *Note inférieure à la moyenne. Il lui est très inférieur* (cf. Il ne lui arrive pas à la cheville*). *« un chef doit à son pouvoir même de ne pas se montrer inférieur à ceux sur qui il règne »* ALAIN. *Il ne lui est inférieur en rien* (➤ **céder**). *Il s'est montré inférieur à sa tâche. Ennemi inférieur en nombre.* — ABSOLT *Situation, position inférieure.* ➤ **dépendant.** *Les classes inférieures de la société. Produits de qualité inférieure.* ■ **2** Plus petit que. *6 est inférieur à 8. Prix inférieur à cent euros.* — *Arrondir au centime inférieur.* ■ **3** PHILOS., LOG. Moins complexe ; moins général. *Terme inférieur. Concept inférieur.* ■ **4** VIEILLI Moins avancé, peu avancé dans l'évolution ; SPÉCIALT relativement éloigné de l'espèce humaine. *Animaux, vertébrés inférieurs.* ■ **5** n. Personne qui occupe une position sociale inférieure. ➤ **subalterne, subordonné.** *Ils sont mes inférieurs. Traiter qqn comme un inférieur, en inférieur. Il « ne l'invitait plus à dîner, le traitait en tout comme un inférieur »* MAUPASSANT.

■ CONTR. Supérieur.

INFÉRIEUREMENT [ɛ̃feʀjœʀmɑ̃] adv. – 1584 ◊ de *inférieur* ■ RARE À une place inférieure, au-dessous. — *Inférieurement à* : plus mal que. ■ CONTR. Supérieurement.

INFÉRIORISATION [ɛ̃feʀjɔʀizasjɔ̃] n. f. – 1883 ◊ de *inférioriser* ■ Action d'inférioriser (qqn) ; son résultat. *« Certains psychanalystes voient dans l'infériorisation une autopunition de l'attachement excessif à la mère »* MOUNIER.

INFÉRIORISER [ɛ̃feʀjɔʀize] v. tr. ‹1› – 1878 ◊ du latin *inferior* ■ **1** COUR. Donner un sentiment d'infériorité à (qqn). *Cette situation l'infériorise.* ■ **2** RARE Rendre inférieur. ■ **3** (1970) Sous-estimer la valeur de (qqn ou qqch.). ➤ **déprécier, rabaisser.** *Comportements sexistes qui infériorisent les femmes.*

INFÉRIORITÉ [ɛ̃feʀjɔʀite] n. f. – 1538 ◊ de *inférieur*, d'après le latin *inferior* ■ **1** RARE Situation inférieure, plus basse. *Une infériorité de niveau.* ■ **2** État de ce qui est inférieur (en rang, force, valeur, mérite). *Infériorité en nombre, infériorité numérique. Infériorité par rapport à... Comparatif d'infériorité* (➤ **moins**). *Preuve, marque d'infériorité.* ➤ **faiblesse.** *Maintenir qqn dans une situation d'infériorité.* ➤ **servitude, subordination.** — SPÉCIALT

Sentiment d'infériorité : impression pénible d'être inférieur (aux autres, à un idéal désiré). *Complexe* d'infériorité.* ▪ **3** Ce qui rend inférieur. ➤ **désavantage.** *« Aux yeux de certains hommes, c'est une infériorité que la jeunesse ! »* BALZAC. ➤ **handicap.** ▪ CONTR. Supériorité.

INFERMENTESCIBLE [ɛ̃fɛʀmɑ̃tesibl] **adj.** – 1867 ◊ de 1*in-* et *fermentescible* ▪ DIDACT. Qui n'est pas fermentescible ; non susceptible de fermenter. *Aliment rendu infermentescible.* ➤ **pasteurisé, stérilisé.**

INFERNAL, ALE, AUX [ɛ̃fɛʀnal, o] **adj.** – 1160 ◊ bas latin *infernalis* ▪ **1** Qui appartient aux enfers, à l'enfer. *Puissances infernales.* ➤ **démon, diable.** *« un essaim de divinités infernales »* CHATEAUBRIAND. ➤ **chtonien.** ▪ **2** Qui évoque l'enfer par référence à certains traits horrifiants de la représentation chrétienne (chaleur, lueur des brasiers, souffrances, cris des damnés, méchanceté des démons). *Chaleur infernale. Bruit, tapage infernal. — Pierre* infernale.* ◆ Difficilement supportable, terrible. *Allure, rythme infernal.* ➤ **endiablé.** *Cadences infernales. — Ce gosse est infernal.* ➤ **insupportable.** ◆ Qui dénote la malveillance, la méchanceté, qui est inspiré par le mal. *Malice, noirceur, machination infernale.* ➤ **démoniaque, diabolique, satanique.** *Machine* infernale.* ▪ CONTR. 1 Angélique, céleste, divin.

INFÉROVARIÉ, IÉE [ɛ̃feʀɔvaʀje] **adj.** – 1834 ◊ de *infère* et *ovaire* ▪ BOT. Dont l'ovaire est infère (➤ **épigyne**). ▪ CONTR. Superovarié.

INFERTILE [ɛ̃fɛʀtil] **adj.** – 1434 ◊ bas latin *infertilis* ▪ **1** LITTÉR. Qui n'est pas fertile. ➤ **infécond.** *Champ, sol, terre infertile. Contrées infertiles.* ➤ **désertique, inculte.** ◆ MÉD. *Couple infertile,* qui n'a pas conçu d'enfant après une année de tentatives. ▪ **2** FIG. Qui ne produit rien. ➤ **improductif.** *Esprit, imagination infertile.* ➤ **pauvre, stérile.**

INFERTILITÉ [ɛ̃fɛʀtilite] **n. f.** – 1456 ◊ bas latin *infertilitas* ▪ LITTÉR. État d'une personne, d'une chose infertile. *Infertilité masculine.*

INFESTATION [ɛ̃fɛstasjɔ̃] **n. f.** – 1370 ◊ bas latin *infestatio* ▪ **1** VX Action d'infester. ▪ **2** (1903) MOD. MÉD. Fixation dans ou sur l'organisme d'un parasite non microbien microscopique (➤ **infection**) ou visible à l'œil nu. *Infestation par des poux.*

INFESTER [ɛ̃fɛste] **v. tr.** ‹1› – 1390 ◊ latin *infestare,* de *infestus* « hostile » ▪ **1** VIEILLI ou LITTÉR. Ravager, rendre peu sûr (un pays) en s'y livrant à des actes incessants de violence, d'hostilité. ➤ **attaquer, désoler, dévaster, envahir, harceler, piller.** *Les pirates infestaient les côtes. Campagne infestée de pillards.* ▪ **2** COUR. Abonder au point d'envahir (en parlant d'animaux ou de plantes nuisibles). *Les moustiques infestent ces marécages. « Les corbeaux, l'Inde en est infestée »* LOTI. *Mer infestée de requins.* ◆ MÉD. Se fixer sur, pénétrer dans (un organisme), en parlant de parasites. REM. Ne pas confondre avec *infecter.*

INFEUTRABLE [ɛ̃føtʀabl] **adj.** – 1967 ◊ de 1*in-* et *feutre* ▪ COMM. Qui ne se feutre pas. *Laine, tricot infeutrable et irrétrécissable.*

INFIBULATION [ɛ̃fibylasjɔ̃] **n. f.** – XVIe ◊ latin *infibulatio,* de *fibula* « agrafe » ▪ DIDACT. Mutilation sexuelle féminine qui consiste à coudre les grandes lèvres dans le but d'empêcher les relations sexuelles. *Excision et infibulation.*

INFICHU, UE [ɛ̃fiʃy] **adj.** – v. 1988 ◊ de 1*in-* et *fichu* ▪ FAM. Incapable ; pas fichu* de. ➤ **infoutu.** *Être infichu de comprendre qqch.*

INFIDÈLE [ɛ̃fidɛl] **adj.** – XIVe ◊ latin *infidelis*
▪ Qui n'est pas fidèle.
I VX ou HIST. Qui professe une autre religion que la religion considérée comme vraie. ➤ 1 **gentil, hérétique, impie, mécréant, païen ; giaour, roumi.** *Nations, peuples infidèles.* — SUBST. *Un, une infidèle. Croisade contre les infidèles.* ➤ **musulman.**
II (1488) Qui manque à la parole donnée. ▪ **1** VX Qui manque à ses engagements (envers qqn), aux devoirs de sa fonction. ➤ **déloyal, félon, révolté, traître.** *Être infidèle à son maître,* le trahir. ▪ **2** MOD. Qui n'est pas fidèle, qui est changeant dans ses relations, dans ses sentiments. *Des amis, des clients infidèles.* ◆ SPÉCIALT Qui n'est pas fidèle en amour. ➤ 1 **adultère, inconstant, perfide, volage.** *Mari, femme infidèle. Il lui est infidèle. « Trop bête pour être inconstant, Et trop laid pour être infidèle »* MUSSET. ◆ **n.** VX ou PLAISANT *Une belle infidèle. « Célimène me trompe et n'est qu'une infidèle »* MOLIÈRE. ▪ **3** Qui trahit, ne respecte pas (qqch. qui engage). *Infidèle à un devoir, à ses serments, à sa parole.* ➤ **parjure, traître.** ▪ **4** Qui manque à la vérité, à l'exactitude. *Narrateur, traducteur infidèle. — Mémoire infidèle.* ➤ **défaillant,** 1 **incertain.** *« Qui peut vous avoir fait ce récit infidèle ? »* RACINE. ➤ **inexact.**
▪ CONTR. Fidèle. Exact.

INFIDÈLEMENT [ɛ̃fidɛlmɑ̃] **adv.** – 1460 ◊ de *infidèle* ▪ D'une manière infidèle. ➤ **inexactement.** *Propos infidèlement rapportés.* ▪ CONTR. Fidèlement.

INFIDÉLITÉ [ɛ̃fidelite] **n. f.** – 1160 ◊ latin *infidelitas*
▪ Caractère d'une personne, d'une chose infidèle ; acte marquant ce caractère.
I RELIG. RARE Caractère des infidèles (I).
II (1492) ▪ **1** VX Manque de fidélité. *Infidélité à un maître.* ➤ **abandon, déloyauté, trahison.** ▪ **2** Absence de fidélité dans les sentiments, en amitié, en amour. ➤ **inconstance, perfidie, trahison.** — Acte qui traduit l'infidélité. *Il a fait bien des infidélités à sa femme.* ➤ 2 **adultère ; tromper** (cf. Donner des coups de canif* dans le contrat). *« Une femme passionnée peut pardonner une infidélité »* STENDHAL. — PAR PLAIS. *Faire des infidélités à son fournisseur habituel, à un produit,* en changer. ▪ **3** Manque de fidélité (à une obligation). *Infidélité à la parole donnée.* ▪ **4** Manque de vérité, d'exactitude. *Infidélité d'un traducteur. — Il y a de grandes infidélités dans ce roman historique.* ➤ **erreur, inexactitude.**
▪ CONTR. Fidélité. Constance. Exactitude.

INFILTRAT [ɛ̃filtʀa] **n. m.** – v. 1925 ◊ de *infiltrer* ▪ PATHOL. Amas de cellules diverses dans un tissu ou un organe. *Infiltrat pulmonaire, syphilitique.* — Liquide, gaz d'infiltration.

INFILTRATION [ɛ̃filtʀasjɔ̃] **n. f.** – v. 1370 ◊ de *infiltrer* ▪ **1** Action de s'infiltrer. *L'infiltration des eaux de pluie dans le sol, à travers qqch.* — SPÉCIALT Pénétration accidentelle d'eau dans un mur, une paroi. *Traces d'infiltration.* ▪ **2** MÉD. Accumulation dans un tissu (de liquides organiques, gaz, substances injectées ou de cellules modifiant sa structure). *Infiltration leucémique. Infiltration graisseuse.* ➤ **adipose, adiposité, obésité.** *Infiltration calcaire.* ➤ **calcification.** *Infiltration purulente.* ➤ **phlegmon.** *Infiltration de sang.* ➤ **ecchymose, purpura.** *Infiltration gazeuse.* ➤ **emphysème.** *Infiltration de liquides.* ➤ **épanchement, œdème.** ▪ **3** MÉD. Injection d'un médicament de manière à ce qu'il se répande lentement dans une région de l'organisme (➤ **injection**). *On lui a fait des infiltrations dans le coude. Infiltrations d'anti-inflammatoires.* ▪ **4** Pénétration lente et subreptice d'éléments extérieurs dans un pays, un groupe. ➤ **noyautage ; entrisme.** *Infiltration d'espions, d'éléments suspects. Les contrebandiers « pénétraient toujours par infiltration »* MAC ORLAN. ◆ FIG. *« l'infiltration des idées modernes [...] dans le sanctuaire de son cœur »* RENAN.

INFILTRER [ɛ̃filtʀe] **v. tr.** ‹1› – 1370 ◊ de 2*in-* et *filtrer*
I **v. tr.** ▪ **1** RARE ou DIDACT. Pénétrer peu à peu (un corps) en s'insinuant à travers les pores ou les interstices (comme à travers un filtre). ➤ **traverser.** — PAR EXT. Faire entrer (un liquide) dans un corps. *Infiltrer un anti-inflammatoire dans une articulation.* ▪ **2** (1965) Parvenir à introduire des éléments extérieurs dans (un groupe, un milieu) afin d'obtenir des renseignements. *Infiltrer une organisation terroriste.* ➤ **noyauter.** *« les blogs de certains militants identitaires — ceux que nous avons réussi à infiltrer »* HOUELLEBECQ.
II **v. pron.** COUR. ▪ **1** Pénétrer (dans un corps) en s'insinuant. *L'eau s'infiltre dans certains terrains. « un ruisseau qui s'infiltre peu à peu et se creuse un lit dans le sable »* MUSSET. ▪ **2** (XIXe) Passer, entrer insensiblement. *Le sable s'infiltre par tous les interstices. — Il s'est infiltré à travers les lignes ennemies.* ➤ **se glisser.** ◆ FIG. *« Furtivement, un sentiment nouveau s'infiltrait en lui »* MARTIN DU GARD. ➤ **s'insinuer.**

INFIME [ɛ̃fim] **adj.** – XIVe ◊ latin *infimus* « le plus bas » ▪ **1** VIEILLI Qui est situé au plus bas, au dernier degré (d'une série, d'une hiérarchie). *Elle « savait trop à quel niveau infime sa mère situait Rachel »* PROUST. ▪ **2** (1877) Tout petit. ➤ **infinitésimal, minime, minuscule.** *« un infime logement de deux pièces »* ROMAINS. *Nombre, quantité infime. Une infime majorité. Différence infime.* ➤ **imperceptible.** *Des détails infimes.* ▪ CONTR. Éminent, suprême ; 1 capital, immense.

IN FINE [infine] **loc. adv.** – fin XIVe ◊ loc. latine « à la fin » ▪ **1** DIDACT. (dans une référence) À la fin, dans les dernières lignes d'un chapitre, d'un ouvrage. ▪ **2** COUR. En fin de compte.

INFINI, IE [ɛ̃fini] **adj.** et **n. m.** – *infinit* 1214 ◊ latin *infinitus*
I **adj.** Qui n'a pas de borne, qui est plus grand que toute quantité de même nature. ▪ **1** En quoi nous ne remarquons ni ne concevons aucune limite. *La puissance, la miséricorde divines sont infinies. L'univers est-il infini ?* — (Dans le temps) Qui n'a pas de fin, de terme. ➤ **éternel, perpétuel.** ▪ **2** Qui est plus grand que tout ce qui comporte une limite. *L'espace*

conçu comme un milieu infini et infiniment divisible. MATH. *Série infinie. Branche infinie d'une courbe.* ➤ **asymptote.** *Ensemble infini,* dont le nombre d'éléments est illimité. ▪ **3** (1552) COUR. Qui semble ne jamais devoir se terminer, être sans bornes ; très considérable (par la grandeur, la durée, le nombre, l'intensité). ➤ **démesuré, illimité, immense.** *Horizon, désert, ciel, paysage infini. «Le silence éternel de ces espaces infinis»* PASCAL. *Un nombre infini de...* ➤ **incalculable.** — *Des bavardages infinis,* qui n'en finissent pas. ➤ **interminable.** *Une patience infinie.* ➤ **extrême.** *D'infinies précautions.* REM. Dans ce sens, on peut dire *plus, le plus infini.*

II **n. m.** (v. 1361) ▪ **1** DIDACT. L'Être infini en tous ses attributs, Dieu, tout ce qui transcende l'humain. ➤ **absolu, parfait.** ▪ **2** Ce qui est infini par l'un quelconque de ses aspects (grandeur, distance). *Les deux infinis de grandeur et de petitesse, selon Pascal.* — MATH. *L'infini* (noté ∞). *Fonction qui tend vers plus l'infini* ($+\infty$), *moins l'infini* ($-\infty$). *De zéro à l'infini. Deux droites concourantes se coupent à l'infini.* — PHOTOGR. *Régler un système optique sur l'infini :* mettre au point sur une zone éloignée ou très éloignée. ▪ **3** Ce qui semble infini, en raison de sa grandeur, de son intensité ou de son indétermination. ➤ **immensité.** *«un infini de mystère et de silence»* LOTI. *L'infini des cieux, de l'océan. L'infini des temps.* ▪ **4** **loc. adv.** (1626) **À L'INFINI.** MATH. Sans qu'il y ait de borne, de fin. *Droite prolongée à l'infini.* ➤ **indéfiniment.** — COUR. ➤ **beaucoup, infiniment.** *«la coutume diffère à l'infini suivant les lieux»* SEIGNOBOS. *Discussions, gloses à l'infini,* interminables. *On ne va pas en discuter à l'infini.* — Aussi loin que l'on peut voir, à perte de vue. *«les grandes vagues de blé qui ondoient à l'infini»* THARAUD.

▪ CONTR. Borné, fini, limité.

INFINIMENT [ɛ̃finimɑ̃] **adv.** – *infinitement* v. 1390 ◊ de *infini* ▪ Sans borne, d'une manière infinie. ▪ **1** (Sens strict) *Dieu est infiniment bon.* — DIDACT., MATH. *Infiniment grand, infiniment petit* (➤ **infinitésimal**) : plus grand, plus petit que toute quantité mesurable. — *L'infiniment grand* (le cosmos, l'univers), *l'infiniment petit* (objets quantiques, micro-organismes). ▪ **2** Beaucoup, énormément. *Ce conte me plaît infiniment. Je regrette infiniment. — Je vous suis infiniment reconnaissant.* ➤ **excessivement, extrêmement.** — (Avec un compar.) *Infiniment plus, moins, mieux, supérieur. «l'honneur est infiniment plus précieux que la vie»* MOLIÈRE. ➤ **incomparablement.** — (Avec un nom compl.) *Avoir infiniment de patience. Un «homme d'infiniment d'esprit, de goût»* BALZAC.

INFINITÉ [ɛ̃finite] **n. f.** – 1214 ◊ latin *infinitas* ▪ **1** VX ou DIDACT. Caractère de ce qui est infini ; l'infini. *«l'infinité des temps»* LA BRUYÈRE. *L'homme «n'est produit que pour l'infinité»* PASCAL. ▪ **2** Quantité infinie, nombre infini. *Système d'équations qui possède une infinité de solutions.* ▪ **3** COUR. Très grande quantité. *«je vois une infinité d'honnêtes gens qui ne sont pas heureux et une infinité de gens qui sont heureux sans être honnêtes»* DIDEROT. ➤ **multitude.**

INFINITÉSIMAL, ALE, AUX [ɛ̃finitezimal, o] **adj.** – 1706 ◊ anglais *infinitesimal* (1655), du latin moderne *infinitesimus* ▪ **1** SC. Relatif aux quantités infiniment petites. *Calcul infinitésimal, analyse infinitésimale :* partie des mathématiques comprenant le calcul différentiel, le calcul intégral et le calcul des variations. ▪ **2** COUR. Infiniment petit. ➤ **infime, microscopique.** *Quantités infinitésimales.* — PHARM. (homéopathie) *Dose infinitésimale,* qui ne peut être pesée. — PAR EXT. Extrêmement petit. ➤ **infime, microscopique.** *«Une senteur infinitésimale»* BAUDELAIRE. ▪ CONTR. Grand, infini.

INFINITIF, IVE [ɛ̃finitif, iv] **n. m.** et **adj.** – XIVe ◊ latin des grammairiens *infinitivus modus*

I **n. m.** Forme nominale du verbe exprimant l'idée de l'action ou de l'état, sans indication de personne ni de temps. *«Aimer», «finir», «perdre», «vouloir» sont des infinitifs. Verbe à l'infinitif. L'infinitif peut avoir toutes les fonctions du nom* (ex. Souffler n'est pas jouer. La peur de mourir). *Infinitif présent, infinitif passé* (ex. On ne peut *être* et *avoir été*). *Infinitif à valeur d'impératif* (ex. Ralentir !), *d'optatif* (ex. Voir Naples et mourir !), *de proposition interrogative* (ex. Que faire ?). — *Infinitif de narration introduit par la préposition* de (ex. «Grenouilles aussitôt de sauter dans les ondes» [La Fontaine]).

II **adj.** *Mode infinitif. Proposition infinitive,* ou **n. f.** *une infinitive :* proposition subordonnée complétive dont le verbe est à l'infinitif et possède un sujet propre différent de celui de la principale (ex. Je l'ai vu venir).

INFINITUDE [ɛ̃finityd] **n. f.** – v. 1580 ◊ du latin *infinitus* ▪ DIDACT. (PHILOS.) Qualité de ce qui est infini. ▪ CONTR. Finitude.

INFIRMATIF, IVE [ɛ̃firmatif, iv] **adj.** – 1501 ◊ de *infirmer* ▪ DR. Qui infirme, rend nul. *Arrêt infirmatif d'un jugement.* ▪ CONTR. Confirmatif.

INFIRMATION [ɛ̃firmasjɔ̃] **n. f.** – 1499 ◊ latin *infirmatio* ▪ **1** DR. Annulation partielle ou totale d'une décision de justice par le juge d'appel. ➤ **démenti.** *Infirmation d'un jugement.* ➤ **annulation.** ▪ **2** DIDACT. Action d'infirmer (une assertion, un texte, etc.). *L'infirmation d'une hypothèse.* ▪ CONTR. Attestation, confirmation.

INFIRME [ɛ̃firm] **adj.** et **n.** – 1247, rare avant XVIe ◊ latin *infirmus* «faible» ▪ **1** VX ➤ **faible.** *«l'esprit est prompt et la chair infirme»* PASCAL. ▪ **2** (XVIIIe) Qui est atteint d'une ou plusieurs infirmités. *Rester infirme à la suite d'une blessure, d'un accident.* ➤ **mutilé.** — **n.** *Un, une infirme.* ➤ **handicapé.**

INFIRMER [ɛ̃firme] **v. tr.** ‹1› – 1360 ◊ latin *infirmare* «affaiblir, annuler», de *infirmus* ▪ **1** Affaiblir (qqch.) dans son autorité, sa force, son crédit. ➤ **diminuer.** *Infirmer une preuve, un témoignage,* en montrer le côté faible. *«Quand l'expérience infirme l'idée préconçue»* C. BERNARD. ➤ **démentir, détruire, ruiner.** ▪ **2** DR. Annuler (une décision rendue par une juridiction inférieure). *La cour d'appel a infirmé le jugement du tribunal de première instance.* ▪ CONTR. Attester, avérer, prouver ; confirmer.

INFIRMERIE [ɛ̃firməri] **n. f.** – 1509 ◊ ancien français *enfermerie* (1300), refait sur *infirme* ▪ Local aménagé dans une collectivité pour recevoir et soigner les malades et les blessés légers. *Infirmerie d'une caserne, d'une entreprise, d'une école. Être envoyé, transporté à l'infirmerie.*

INFIRMIER, IÈRE [ɛ̃firmje, jɛr] **n.** – 1398 ; *enfermier* 1288 ◊ refait sur *infirme* ▪ Personne qualifiée qui assure la surveillance des malades, leur prodigue des soins et leur administre des médicaments, en collaboration avec l'équipe soignante. *Diplôme d'État d'infirmier. Les infirmières et les aides-soignantes d'un hôpital. Infirmière chargée des pansements.* ➤ **panseur.** *Infirmière se déplaçant à domicile* (➤ aussi **garde-malade**). *«Les infirmiers se hâtaient de faire de la place aux autres en emportant les cadavres»* ZOLA. ➤ **ambulancier, brancardier.** — APPOS. *Des élèves infirmiers. Personnel infirmier et aides-soignants*. Soins infirmiers.*

INFIRMITÉ [ɛ̃firmite] **n. f.** – 1265 ; *enfermeté* XIIe ◊ latin *infirmitas* ▪ **1** VX Faiblesse humaine. ♦ MOD. ➤ **faiblesse, imperfection.** *«Les infirmités du langage [...] répondent toujours à quelque infirmité de l'esprit»* DUHAMEL. ▪ **2** VIEILLI Maladie ou indisposition habituelle. ➤ **incommodité.** *Les infirmités de la vieillesse.* ▪ **3** Altération d'une fonction de l'organisme. ➤ **déficience.** *«une infirmité professionnelle des souffleurs de verre»* TOURNIER. *Infirmité motrice cérébrale.*

INFIXE [ɛ̃fiks] **n. m.** – 1877 ◊ latin *infixus* «inséré» ▪ LING. Élément qui s'insère dans l'intérieur d'un mot, parfois dans la racine, afin d'en modifier le sens. ➤ 1 **affixe.**

INFLAMMABILITÉ [ɛ̃flamabilite] **n. f.** – 1641 ◊ de *inflammable* ▪ DIDACT. Caractère de ce qui est inflammable. *L'inflammabilité du soufre.* ▪ CONTR. Ininflammabilité.

INFLAMMABLE [ɛ̃flamabl] **adj.** – 1390 ◊ du latin *inflammare* ▪ Qui a la propriété de s'enflammer facilement et de brûler vivement. *L'essence, le phosphore sont des matières inflammables. Gaz inflammable.* — FIG. *Aborder un sujet inflammable.* ▪ CONTR. Apyre, ignifugé, ininflammable.

INFLAMMATION [ɛ̃flamasjɔ̃] **n. f.** – XVe ; «grande chaleur» et «excitation» 1355 ◊ latin *inflammatio* ▪ **1** VX Incendie. ▪ **2** Ensemble des réactions locales provoquées par des agents physiques, chimiques ou par des germes pathogènes. ➤ **-ite.** *L'inflammation, réaction défensive de l'organisme.* ➤ **diapédèse.** *Signes de l'inflammation :* chaleur, douleur, rougeur (congestion, érythème), tuméfaction (œdème). *Inflammation due à une sensibilisation.* ➤ **allergie.** *Inflammation purulente.* ➤ **abcès, empyème, furoncle, panaris, phlegmon.** *Partie atteinte d'inflammation* (➤ **enflammé**). *Médicament qui combat l'inflammation.* ➤ **anti-inflammatoire, antiphlogistique.**

INFLAMMATOIRE [ɛ̃flamatwar] **adj.** – 1549 ◊ de *inflammation* ▪ MÉD. Qui est caractérisé par une inflammation, qui cause une inflammation. *Processus inflammatoire. Maladie inflammatoire. Foyer inflammatoire.*

INFLATION [ɛ̃flasjɔ̃] **n. f.** – 1919, emprunté à l'anglais ◊ XVe «gonflement», sens du latin *inflatio* ▪ **1** Hausse généralisée et continue des prix. *Inflation structurelle, conjoncturelle. Taux d'inflation mesuré à partir de l'indice des prix. Inflation galopante. Inflation de 10 % par an. Inflation monétaire, budgétaire. Inflation interne, importée*. Politique qui mène à l'inflation.*

➤ **inflationniste.** *Inflation et stagnation de la production.* ➤ **stagflation.** *Érosion* monétaire résultant de l'inflation. Réduire, juguler l'inflation* (➤ **désinflation**). ▪ **2** PAR EXT. (1925) Extension, augmentation jugée excessive d'un phénomène. *Inflation verbale.* ▪ **3** PATHOL. Gonflement (d'un tissu, d'un organe) par infiltration de gaz ou de liquide. ➤ **emphysème, œdème.** ▪ **4** PHYS. Phase d'expansion accélérée qu'aurait connue l'Univers immédiatement après le big bang. ▪ CONTR. 2 Déflation.

INFLATIONNISTE [ɛ̃flasjɔnist] **adj.** – 1894 ◇ anglais *inflationist* ▪ Qui a rapport ou tend à l'inflation. *Politique inflationniste. Poussées inflationnistes. Risque inflationniste.* ▪ CONTR. Anti-inflationniste, déflationniste.

INFLÉCHI, IE [ɛ̃fleʃi] **adj.** – 1738 ◇ de *infléchir* ▪ **1** Recourbé du dehors en dedans. *Rameaux infléchis.* ♦ MÉD. Qui est fortement fléchi (en parlant d'un organe, d'une partie du corps). ▪ **2** PHONÉT. *Voyelle infléchie,* qui a subi l'inflexion. ▪ CONTR. 1 Droit.

INFLÉCHIR [ɛ̃fleʃiʀ] **v. tr.** ‹2› – 1738 pron. ◇ de 2 *in-* et *fléchir,* d'après *inflexion* ▪ **1** Fléchir de manière à former une courbe plus ou moins accentuée. ➤ **courber, incliner, plier.** *L'atmosphère infléchit les rayons lumineux.* ➤ **dévier.** ▪ **2** FIG. Modifier le cours, l'orientation de. *Infléchir une politique. Essayer d'infléchir une décision.* ▪ **3 S'INFLÉCHIR v. pron. réfl.** *Poutre surchargée qui s'infléchit.* ➤ **ployer.** — FIG. *Tendance qui s'infléchit.* ▪ CONTR. Redresser.

INFLÉCHISSEMENT [ɛ̃fleʃismɑ̃] **n. m.** – 1888 ◇ de *infléchir* ▪ Modification légère, atténuation d'un phénomène ou d'une situation.

INFLEXIBILITÉ [ɛ̃flɛksibilite] **n. f.** – 1611 ; *inflectibilité* 1314 ◇ de *inflexible* ▪ RARE Caractère de ce qui est inflexible. ➤ **rigidité.** ♦ (1718) FIG. *L'inflexibilité d'une règle, d'un caractère.* «*elle saurait vaincre l'inflexibilité de ses parents*» BALZAC. ➤ **rigueur, sévérité.** ▪ CONTR. Flexibilité, souplesse.

INFLEXIBLE [ɛ̃flɛksibl] **adj.** – 1314 ◇ latin *inflexibilis* ▪ **1** RARE Qu'on ne peut fléchir ou ployer ; qui n'est pas flexible. ➤ **rigide.** ▪ **2** COUR. (PERSONNES) Que rien ne peut fléchir ni émouvoir ; qui résiste à toutes les tentatives de persuasion, à toutes les influences. ➤ **dur, 1 ferme, impitoyable, implacable, inexorable, intraitable, intransigeant.** *Je serai inflexible. Demeurer inflexible dans une résolution.* ➤ **inébranlable.** VIEILLI *Être inflexible à...* — (XVIIe) (CHOSES) Qui ne fléchit pas ; que rien ne peut abattre ou ébranler. ➤ **implacable, indomptable.** *Volonté inflexible* (cf. De fer). *Justice, règle inflexible.* ➤ **rigoureux.** *Logique inflexible.* ➤ **implacable.** ▪ CONTR. Flexible, influençable, souple ; doux, traitable.

INFLEXIBLEMENT [ɛ̃flɛksibləmɑ̃] **adv.** – 1508 ◇ de *inflexible* ▪ D'une manière inflexible, inébranlable. «*Il demeure inflexiblement attaché à son opinion*» (ACADÉMIE). ➤ **fermement.**

INFLEXION [ɛ̃flɛksjɔ̃] **n. f.** – 1390, rare avant XVIIe ◇ latin *inflexio* ▪ **1** Mouvement par lequel une chose s'infléchit. ➤ **flexion.** *Saluer d'une légère inflexion de la tête.* ➤ **inclination.** — Changement de direction, d'orientation. *Inflexion vers, à droite de...* «*Les courbures du chemin et les inflexions du fleuve*» CHATEAUBRIAND. ➤ **courbe, déviation.** — MATH. *Point d'inflexion d'une courbe plane,* point où la courbe traverse sa tangente, c'est-à-dire où la concavité change de direction. ▪ **2** (1636) Changement subit d'accent ou de ton dans la voix. *Sa voix* «*prenait des inflexions plus molles*» FLAUBERT. — PAR EXT. ➤ **accent.** *L'inflexion chantante des voix provençales.* ♦ PHONÉT. *Inflexion vocalique.* ➤ **harmonisation.**

INFLIGER [ɛ̃fliʒe] **v. tr.** ‹3› – 1488, rare avant XVIIe ◇ latin *infligere* ▪ **1** Appliquer (une peine matérielle ou morale). *Infliger un châtiment, une sanction, une peine à qqn.* ➤ **donner, prononcer** (contre). «*L'oubli et le silence sont la punition qu'on inflige à ce qu'on a trouvé laid ou commun*» RENAN. *Infliger une amende, une contravention.* ▪ **2** Faire subir. *Infliger un affront. Infliger un supplice, la torture à qqn.* ➤ **supplicier, torturer.** — PAR EXT. Imposer (qqch. de mal supporté). *Il nous a infligé sa présence, la lecture de ses poèmes.* ▪ CONTR. Épargner, subir.

INFLORESCENCE [ɛ̃flɔʀesɑ̃s] **n. f.** – 1789 ◇ du latin *inflorescere* «se couvrir de fleurs» ▪ BOT. Mode de groupement des fleurs sur la tige d'une plante. *Inflorescence axillaire, terminale.* ➤ **sommité.** *Modes d'inflorescence.* ➤ **capitule, 2 chaton, corymbe, cyme, épi, glomérule, grappe, ombelle, panicule.** — Groupe de fleurs ainsi formé. *Les belles inflorescences des hortensias.*

INFLUENÇABLE [ɛ̃flyɑ̃sabl] **adj.** – 1831 ◇ de *influencer* ▪ Qui se laisse influencer. *C'est une personne très influençable. Caractère influençable.* ➤ **docile, flexible, malléable, manipulable.** ▪ CONTR. Inflexible, têtu.

INFLUENCE [ɛ̃flyɑ̃s] **n. f.** – v. 1240 ◇ latin médiéval *influentia,* de *influere* «couler dans»

I VX Flux provenant des astres et agissant sur les êtres et les choses. ➤ **fluide, influx.** «*l'influence bienfaisante ou maligne de son étoile*» GAUTIER.

II (XIVe) Action. **A.** (CHOSES) ▪ **1** Action qu'exerce une chose, un phénomène, une situation sur qqn ou qqch. ➤ **effet, pression.** *L'influence de l'éducation.* ➤ **empreinte.** *L'influence du climat sur l'humeur.* «*Le milieu, et bien d'autres influences, marquent sur l'enfant*» CHARDONNE. — **SOUS L'INFLUENCE DE :** sous l'effet, l'emprise, le coup de. *Il a agi sous l'influence de la boisson, de la drogue ; de la colère, de la peur.* ▪ **2** PHYS. *Influence électrostatique :* déplacement des charges électriques d'un conducteur sous l'action du champ créé par d'autres corps chargés.

B. (PERSONNES) ▪ **1** Action (volontaire ou non) qu'une personne exerce sur qqn. ➤ **2 ascendant, domination, empire, emprise, 2 pouvoir, puissance.** *Tout le monde subit son influence.* «*en se croyant indépendant, il a été sans cesse à la merci des influences*» SAINTE-BEUVE. *Je compte sur votre influence pour le persuader.* ➤ **persuasion.** *Il a beaucoup changé sous l'influence de son ami* (cf. Au contact de). *Avoir de l'influence sur qqn. Avoir, exercer une bonne, une mauvaise influence sur qqn.* (ANGLIC.) *Être sous influence :* être manipulé, soumis à des pressions ; SPÉCIALT être sous l'effet de l'alcool, de la drogue. ▪ **2** (1780) Pouvoir social d'une personne qui amène les autres à se ranger à son avis. ➤ **autorité, créance, crédit, importance, poids, prestige.** *Il a beaucoup d'influence* (cf. Avoir le bras* long). *Homme, femme d'influence.* ➤ **influenceur.** «*Il sentait grandir son influence à la pression des poignées de main*» MAUPASSANT. *User de son influence en faveur de qqn.* ➤ **appui ; intercéder.** *Réseau* d'influence. Trafic* d'influence.* ▪ **3** Action morale, intellectuelle. *Influence d'un grand homme sur son époque, sur la société.* ➤ **rôle.** *Grande influence.* ➤ **rayonnement.** *Influence des lettres françaises à l'étranger. Déceler l'influence des prédécesseurs dans une œuvre.* ➤ **1 part.** «*Ce n'est pas diminuer la valeur d'une œuvre que de chercher à discerner les influences qui lui ont donné sa forme définitive*» TRUFFAUT. ▪ **4** Autorité politique d'un État, d'une civilisation, d'une puissance sur d'autres puissances, dans une région. *Influence britannique, française dans telle ou telle partie du monde.* ABSOLT *Sphère, zone d'influence.*

INFLUENCER [ɛ̃flyɑ̃se] **v. tr.** ‹3› – 1771 ◇ de *influence* ▪ **1** Soumettre à son influence. ➤ **agir** (sur), **déteindre** (sur), **entraîner, influer** (sur). *Influencer l'opinion. Se laisser influencer par la publicité. Sa conduite nous a influencés en sa faveur.* ➤ **prévenir.** *Vous influencez le jury ! Je ne veux pas vous influencer.* — «*leur pression a influencé ma volonté*» BOURGET. *Je ne veux pas influencer votre choix, votre décision.* ➤ **peser** (sur). ▪ **2** Agir sur. *Les hormones* «*influencent l'organisme tout entier*» J. ROSTAND.

INFLUENCEUR, EUSE [ɛ̃flyɑ̃sœʀ, øz] **n.** – 1794 ◇ de *influencer* ▪ Personne qui, par son audience sur les réseaux sociaux, influence l'opinion, le comportement, notamment la consommation, de sa communauté. ➤ **prescripteur.**

INFLUENT, ENTE [ɛ̃flyɑ̃, ɑ̃t] **adj.** – 1503, rare avant XVIIIe ◇ latin *influens* ▪ Qui a de l'influence, du prestige, du crédit. ➤ **autorisé, important, puissant.** *Un personnage influent* (cf. FAM. Un gros bonnet, une grosse légume, une huile). *Il est très influent* (cf. Faire la pluie* et le beau temps, avoir le bras* long).

INFLUENZA [ɛ̃flyɑ̃za ; ɛ̃flyɛnza] **n. f.** – 1782 ◇ italien *influenza* «écoulement de fluide, influence», d'où «épidémie» ▪ VIEILLI Grippe. *L'épidémie d'influenza de 1918.* — MOD. *Influenza aviaire :* maladie virale touchant les oiseaux.

INFLUER [ɛ̃flye] **v.** ‹1› – 1398 ◇ latin *influere* «couler dans» ▪ **1 v. tr.** VX Faire couler dans. ➤ **influence.** ▪ **2 v. intr.** (XVIe) MOD. **INFLUER SUR :** exercer son action sur, en parlant des astres. ➤ **influence.** — FIG. et COUR. Exercer sur (une personne ou une chose) une action de nature à la modifier. ➤ **influencer.** «*Trois choses influent sur l'esprit des hommes : le climat, le gouvernement et la religion*» VOLTAIRE. «*Tes pensées d'avant le sommeil influent sur tes rêves*» ROMAINS.

INFLUX [ɛ̃fly] **n. m.** – 1547 ◇ bas latin *influxus* ▪ **1** Fluide hypothétique transmettant une force, une action. ➤ **influence.** «*l'influx magnétique*» BAUDELAIRE. ▪ **2** (1834) PHYSIOL. *Influx nerveux :* série de phénomènes assurant la transmission de l'excitation dans les éléments nerveux. ➤ **neurotransmetteur.** *Trajet de l'influx nerveux* (cf. Arc réflexe*).

INFO [ɛ̃fo] **n. f.** – v. 1970 ◇ abrév. de *information* ▪ FAM. Information. *Les infos télévisées.*

INFOBÉSITÉ [ɛ̃fobezite] **n. f.** – 1995 ◊ mot-valise, de *info(rmation)* et *obésité* ■ DIDACT. Excès d'information propre à l'ère du numérique. *« nos facultés de discernement déclinent sous le poids de l'infobésité »* (Courrier international, 2017).

INFOBULLE [ɛ̃fobyl] **n. f.** – 1995 ◊ de *info* et 2 *bulle* ■ INFORM. Petite bulle d'information qui s'affiche lors du passage du pointeur de la souris et qui contient une courte explication sur l'objet pointé (bouton, menu, image, texte...).

INFOGÉRANCE [ɛ̃foʒeʀɑ̃s] **n. f.** – 1995 ◊ de *info(rmatique)* et *gérance* ■ Service assuré par un prestataire extérieur qui prend en charge le système d'information d'une entreprise. *Contrat d'infogérance.*

INFOGRAPHIE [ɛ̃fɔgʀafi] **n. f.** – v. 1970 ◊ nom déposé, de *info(rmatique)* et *-graphie* ■ TECHN. Procédé de création d'images assistée par ordinateur ; image ainsi créée. — **n. INFOGRAPHISTE** (1986) ou **INFOGRAPHE ; adj. INFOGRAPHIQUE.**

INFOLETTRE [ɛ̃folɛtʀ] **n. f.** – 1992 ◊ de *info(rmation)* et *lettre* ■ (Canada) Lettre d'information. ➤ anglic. **newsletter.**

IN-FOLIO [infɔljo] **adj. inv.** et **n. m.** – 1560 ◊ latin *in* « dans » et *folium* « feuille » ■ IMPRIM. Dont la feuille d'impression est pliée en deux, formant quatre pages. *Format in-folio.* SUBST. *L'in-folio.* — ABRÉV. GRAPHIQUE *in-f°.* ♦ **n. m.** Livre, volume in-folio. *Un gros, un énorme in-folio. Des in-folios.*

INFONDÉ, ÉE [ɛ̃fɔ̃de] **adj.** – 1840 ◊ de 1 *in* et *fondé* ■ Qui est sans fondement, qui n'est pas établi sur une base sûre. ➤ **gratuit, injustifié.** *Critiques, craintes infondées.*

INFORMATEUR, TRICE [ɛ̃fɔʀmatœʀ, tʀis] **n.** – XVIIIe ; « juge » 1360 ◊ de *informer* ■ Personne qui donne des informations ; personne dont la fonction, le métier est de recueillir des informations. *Un informateur bien renseigné. Disposer d'informateurs dans tous les milieux. Informateur* (de police). ➤ **indicateur, mouchard.** *Informateur* (de presse). ♦ SC. HUMAINES Personne qui fournit au chercheur des données sur sa communauté, son expérience.

INFORMATICIEN, IENNE [ɛ̃fɔʀmatisjɛ̃, jɛn] **n.** – 1966 ◊ de *informatique* ■ Spécialiste en informatique, théorique ou appliquée. ➤ **analyste, concepteur, développeur, programmeur, pupitreur ; cogniticien, convivialiste.**

INFORMATIF, IVE [ɛ̃fɔʀmatif, iv] **adj.** – 1939 ◊ de *informer* ■ Qui apporte de l'information (II). *Réunion informative.*

INFORMATION [ɛ̃fɔʀmasjɔ̃] **n. f.** – 1274 ◊ latin *informatio*

I DR. Ensemble des actes qui tendent à établir la preuve d'une infraction et à en découvrir les auteurs. ➤ **instruction** (préparatoire). *Ouvrir une information. Information contre X. À l'issue de l'information judiciaire, le juge d'instruction a procédé à une mise en examen. Information officielle, officieuse.* ➤ **enquête.**

II ■ **1** COUR. Renseignements sur qqn, sur qqch. *Des informations confidentielles sur qqn.* ➤ FAM. **tuyau.** *Détenir des informations. « À combien la police estimait-elle son information ? Pourrait-il garder l'anonymat ? »* T. TOPIN (➤ **indicateur**). *« Je suis venu aux informations »* AYMÉ. ➤ **nouvelle ;** FAM. **info.** — Ensemble des renseignements obtenus par qqn. *Une information prodigieuse.* ■ **2** Action de s'informer, de prendre des renseignements. ➤ **enquête, examen, investigation.** *« Le Quai des Orfèvres est puissant aussi et possède ses moyens d'information »* SIMENON. *Faire un voyage d'information.* ➤ **étude.** *Réunion d'information.* ➤ **briefing** (ANGLIC.) ; 2 **bref.** *Lettre d'information :* recomm. offic. pour *newsletter.* ➤ RÉGION. **infolettre.** *Note transmise à X pour information.* PAR APPOS. *Le guichet informations dans une gare.* ■ **3** COUR. **UNE INFORMATION, DES INFORMATIONS.** Fait ou jugement qu'on porte à la connaissance d'une personne, d'un public à l'aide de mots, de sons ou d'images. ➤ **annonce, avis, communiqué, nouvelle.** *Une information sensationnelle. Information exclusive.* ➤ **exclusivité, scoop.** *Une information de dernière minute. Informations politiques, sportives, régionales. Bulletin, flash d'informations.* — PAR EXT. Bulletin d'informations (à la radio, à la télévision). ➤ **actualité, journal.** *Écouter, regarder les informations.* ➤ FAM. **info.** ■ **4** (début XXe) **L'INFORMATION.** Ensemble des informations, et PAR EXT. Action d'informer l'opinion sur la vie publique, les évènements récents. ➤ **communication.** *Droit à l'information, liberté de l'information. « le culte de l'information raffine encore cette privation* [de sens] *en ayant l'air de nous gaver de savoir »* B. NOËL. *Agence d'information. Information et propagande. Information ou désinformation ?* (➤ aussi **sous-information**). *Journal d'information. Excès d'information.* ➤ **infobésité.**

III (v. 1950) SC. Élément ou système pouvant être transmis par un signal ou une combinaison de signaux (➤ **message**), appartenant à un répertoire fini ; ce qui est transmis (objet de connaissance, de mémoire). *Théorie de l'information. Bruit* masquant l'information. Information et redondance. Traitement de l'information.* ➤ **cybernétique, informatique ; donnée.** *Autoroute* de l'information. Unité d'information.* ➤ **bit, byte.** — BIOL. CELL. *Information positionnelle de cellules :* gradient de concentration d'une substance qui définit le devenir des cellules selon leur position. — PAR EXT. *Information génétique :* caractères héréditaires transmis par les gènes. *L'ADN, support de l'information génétique.*

INFORMATIONNEL, ELLE [ɛ̃fɔʀmasjɔnɛl] **adj.** – 1961 ◊ de *information* ■ DIDACT. Qui concerne l'information (III).

INFORMATIQUE [ɛ̃fɔʀmatik] **n. f.** – 1962 ◊ de *information* et *-ique*, d'après *mathématique, électronique* ■ Science du traitement de l'information ; ensemble des techniques de la collecte, du tri, de la mise en mémoire, du stockage, de la transmission et de l'utilisation des informations traitées automatiquement à l'aide de programmes (➤ **logiciel**) mis en œuvre sur ordinateurs. *Les métiers de l'informatique.* ➤ **informaticien.** *Les passionnés d'informatique.* ➤ **crackeur, geek, hackeur.** *Informatique théorique (informatique fondamentale, formelle* ou *analytique)* et *informatique appliquée (informatique de gestion, informatique documentaire, bio-informatique, etc.). Informatique quantique*. Informatique bancaire.* ➤ **monétique.** *Application de l'informatique aux travaux de bureau* (➤ **bureautique**), *à la production* (➤ **productique**), *à l'habitation* (➤ **domotique**). *Informatique et télécommunications.* ➤ **téléinformatique, télématique.** *Informatique sur micro-ordinateurs.* ➤ **micro-informatique.** *Brevet, certificat informatique et internet* (*B2i, C2i* [marques déposées]), préparés pendant la scolarité et attestant de compétences de base dans la maîtrise des outils informatiques. *Simulation de l'intelligence par l'informatique.* ➤ **intelligence** (artificielle). *Loi sur l'informatique et les libertés.* — **adj.** *Système informatique. Réseaux informatiques* (➤ **connectique**). *Équipement, matériel informatique.* ➤ 2 **calculateur,** 2 **ordinateur.** *Saisie informatique. Langages* informatiques. Fichier informatique. Fraude, piratage, délinquance informatique.*

INFORMATIQUEMENT [ɛ̃fɔʀmatikmɑ̃] **adv.** – v. 1987 ◊ de *informatique* ■ Par des moyens informatiques. *Enquête traitée informatiquement.*

INFORMATISATION [ɛ̃fɔʀmatizasjɔ̃] **n. f.** – 1969 ◊ de *informatiser* ■ Action d'informatiser. *Coût de l'informatisation.*

INFORMATISER [ɛ̃fɔʀmatize] **v. tr.** ⟨1⟩ – 1969 ◊ de *informatique* ■ Traiter, organiser (une activité) à l'aide de moyens informatiques. *Informatiser la gestion des stocks.* — **p. p. adj.** *Service entièrement informatisé.* — PRONOM. *Entreprise qui s'informatise.*

INFORME [ɛ̃fɔʀm] **adj.** – XVIe ◊ latin *informis* → forme ■ **1** RARE Qui n'a pas de forme propre. *Pour Aristote, la matière est informe. « l'eau informe et multiforme »* BAUDELAIRE. ■ **2** Dont on ne peut définir la forme. *« La terre était informe et toute nue »* (BIBLE). *Ombres informes.* ■ **3** Dont la forme n'est pas achevée. ➤ **ébauché, grossier, imparfait.** *Un projet, un brouillon informe.* ■ **4** Dont la forme est peu esthétique. ➤ **disgracieux, laid, lourd.** *Vêtement informe.* ■ CONTR. Formé, structuré.

INFORMÉ, ÉE [ɛ̃fɔʀme] **adj.** et **n. m.** – 1671 ◊ de *informer* ■ **1** Qui sait ce qu'il faut savoir. ➤ **averti, avisé, documenté, renseigné ; sous-informé.** *Dans les milieux bien informés. Des gens « très informés ; connaissant bien des dessous »* ROMAINS. ■ **2 n. m.** (1671) DR. *Un plus ample informé :* une information plus ample de l'affaire. LOC. *Jusqu'à plus ample informé :* avant d'en savoir plus.

INFORMEL, ELLE [ɛ̃fɔʀmɛl] **adj.** et **n. m.** – milieu XXe ◊ de 1 *in-* et *formel* ■ **1** ARTS Qui refuse de représenter des formes reconnaissables et classables. *L'art abstrait informel s'oppose aux tendances géométriques.* **n. m.** *L'informel.* ■ **2** (anglais *informal*) Qui n'est pas organisé de manière officielle. *Conversation informelle* (cf. À bâtons* rompus). *Rencontre informelle. Réunion informelle,* sans ordre du jour. *Économie* informelle.* ■ CONTR. Officiel, protocolaire.

INFORMER [ɛ̃fɔʀme] **v. tr.** ⟨1⟩ – 1286 ; *enformer* 1190 ◊ latin *informare* « façonner, former » ■ **1** PHILOS. Donner une forme, une structure, une signification à (qqch.). — ABSOLT *« Le principe immatériel était l'être éternel qui informe* [chez les Égyptiens] ; *la matière était l'être éternel qui est informé »* DIDEROT. ■ **2** COUR. Mettre au courant (de qqch.), faire part à (qqn). ➤ **apprendre, avertir,** 2 **aviser, briefer, éclairer, enseigner, instruire, notifier, prévenir, renseigner ;** FAM. **affranchir, brancher, rancarder, tuyauter** (cf. FAM.

Mettre au courant*, au parfum*). *Informer qqn d'un fait, d'une décision, d'un évènement. Informer les consommateurs. Informer qqn que,* lui faire savoir que. — *Être informé de, sur.* ➤ **connaître, 1 savoir.** *Elles « seront informées de tout ce que vous avez fait pour moi »* LA BRUYÈRE. *Être informé sur une chose ou une personne,* être renseigné sur elle. ▪ **3** INTRANS., DR. Faire une instruction en matière criminelle. ➤ **instruire.** *Informer contre X* (➤ **accusation**). *« La justice informait alors sur le crime »* BALZAC. ▪ **4 S'INFORMER** v. pron. Se mettre au courant. ➤ **se documenter, s'enquérir, enquêter, interroger** (sur), **se renseigner.** *S'informer de la santé de qqn. « je prends force notes et je m'informe de tout ce qui constitue la vie de l'animal »* MICHAUX. *S'informer si une place est libre. Informez-vous s'il est arrivé.* ➤ **voir** (voyez si...). (En incise) *Comment faites-vous ? s'informa-t-il.* — ABSOLT Recueillir des informations. *Chercher à s'informer. S'informer par la presse.*

INFORMULÉ, ÉE [ɛ̃fɔʀmyle] adj. – 1855 ◇ de 1 *in-* et *formuler* ▪ Qui n'est pas formulé. *Vœu informulé.*

INFORTUNE [ɛ̃fɔʀtyn] n. f. – 1350 ◇ latin *infortunium* ▪ **1** LITTÉR. Mauvaise fortune. ➤ **adversité, détresse, malheur.** *S'apitoyer sur l'infortune d'autrui.* — *Pour comble d'infortune.* ➤ **malchance.** *Compagnon, frère d'infortune :* personne qui partage les malheurs, la misère d'une autre personne. ▪ **2** Revers de fortune. ➤ **disgrâce, malheur, misère.** *Les femmes « ne comptent pour des infortunes que les déceptions du cœur »* BALZAC. ▪ CONTR. Bonheur, félicité, fortune.

INFORTUNÉ, ÉE [ɛ̃fɔʀtyne] adj. et n. – 1350 ◇ latin *infortunatus* ▪ LITTÉR. Qui est dans l'infortune. ➤ **malheureux.** *Un homme infortuné. L'infortunée victime. « Aux plus infortunés la tombe sert d'asile »* LA FONTAINE. — n. *Les infortunés.* ➤ **malheureux.** ▪ CONTR. Fortuné, heureux.

INFOTHÈQUE [ɛ̃fɔtɛk] n. f. – 1995 ◇ de *informatique* et *-thèque* ▪ Centre d'information et de documentation multimédia.

INFOUTU, UE [ɛ̃futy] adj. – v. 1987 ◇ de 1 *in-* et *foutu* ▪ FAM. Incapable. ➤ **infichu.** *Il est infoutu de se débrouiller seul.*

INFOX [ɛ̃fɔks] n. f. – 2004 ◇ mot-valise, de *information* et *intoxication* ▪ Information mensongère ou délibérément biaisée, contribuant à la désinformation. *Multiplication des infox sur les réseaux sociaux.* — Recomm. offic. pour remplacer l'anglic. *fake news.*

INFRA [ɛ̃fʀa] adv. – 1862 ◇ mot latin « au-dessous, plus bas » ▪ DIDACT. Sert à renvoyer à un passage qui se trouve plus loin dans un texte (cf. Ci-après*, ci-dessous*). *Se reporter infra, page tant.* ▪ CONTR. Supra.

INFRA- ▪ Élément signifiant « inférieur », « en dessous de ».

INFRACTION [ɛ̃fʀaksjɔ̃] n. f. – 1250 ◇ latin *infractio,* de *frangere* « briser » → enfreindre ▪ **1** Violation d'un engagement, d'une loi, d'une convention. ➤ **contravention, dérogation, faute, manquement, rupture, transgression.** *Infraction à une règle, au règlement, à la discipline.* ➤ FAM. **entorse.** *« Une telle infraction à la coutume ne se concevait pas »* CHARDONNE. *Ordre qui ne souffre aucune infraction.* ➤ **dérogation.** ▪ **2** Violation d'une loi de l'État, qui est frappée d'une peine strictement définie par la loi. ➤ **crime, 1 délit ; contravention.** *« Les infractions pénales sont classées, suivant leur gravité, en crimes, délits et contraventions »* (CODE PÉNAL). *Commettre une infraction. Être en infraction. Infraction fiscale, politique. Infraction à la législation sur les stupéfiants. Toute infraction sera punie.* ▪ CONTR. Observation, respect.

INFRADIEN, IENNE [ɛ̃fʀadjɛ̃, jɛn] adj. – 1976 ◇ de *infra-* et *(circa)dien* ▪ BIOL. *Rythme infradien :* rythme biologique dont l'évolution est plus lente que celle d'un rythme circadien (opposé à *ultradien*). *Les rythmes saisonniers sont des rythmes infradiens.*

INFRALIMINAL, ALE, AUX [ɛ̃fʀaliminal, o] adj. – 1977 ◇ de *infra-* et *liminal* ▪ PSYCHOL. Se dit d'un stimulus d'un niveau insuffisant pour manifester sa présence. ➤ **subliminal.** — On dit aussi *infraliminaire.*

INFRANCHISSABLE [ɛ̃fʀɑ̃ʃisabl] adj. – 1792 ◇ de 1 *in-* et *franchir* ▪ Qu'on ne peut franchir. *Obstacle, barrière, mur infranchissable. Distances infranchissables. « Ici la mer n'est que l'infranchissable abîme, qui ne sert à rien et qui fait peur »* LOTI.

INFRANGIBLE [ɛ̃fʀɑ̃ʒibl] adj. – 1555 ◇ de 1 *in-* et de l'ancien français *frangible* (1519), du bas latin *frangibilis,* de *frangere* « briser » ▪ LITTÉR. Qui ne peut être brisé, détruit, rompu. ➤ **solide.** *Un lien ténu mais infrangible.*

INFRAROUGE [ɛ̃fʀaʀuʒ] adj. – 1869 ◇ de *infra-* et *rouge* ▪ Se dit d'un rayonnement non visible, dont la longueur d'onde est supérieure à celle de la lumière visible rouge et inférieure à celle des radiofréquences. *Rayons infrarouges.* ABRÉV. GRAPHIQUE **I. R.** — n. m. *Four à infrarouge. Chauffage par infrarouge. Les détecteurs d'infrarouge sont utilisés en médecine* (➤ **thermographie**), *en télédétection.*

INFRASON [ɛ̃fʀasɔ̃] n. m. – 1925 ◇ de *infra-* et 2 *son* ▪ PHYS. Vibration sonore de fréquence inférieure à 20 hertz qui n'est pas perceptible par l'oreille humaine.

INFRASONORE [ɛ̃fʀasɔnɔʀ] adj. – 1950 ◇ de *infra-* et *sonore* ▪ SC. Des infrasons. *Fréquences infrasonores.*

INFRASTRUCTURE [ɛ̃fʀastʀyktyʀ] n. f. – 1875 ◇ de *infra-* et *structure*

I ▪ **1** Parties inférieures (d'une construction). ➤ **fondation.** — Ensemble des terrassements et ouvrages qui concourent à l'établissement de la plateforme d'une voie de chemin de fer (remblais, souterrains, tunnels, passages à niveau, ponts, viaducs, etc.), d'une route. ▪ **2** AVIAT. Ensemble des installations au sol (pistes, bâtiments, émetteurs de radio, etc.). — MILIT. Ensemble des installations nécessaires à l'activité des forces militaires sur un territoire. ▪ **3** (milieu XXe) Ensemble des équipements économiques ou techniques. *Infrastructure routière, ferroviaire. L'infrastructure touristique, hôtelière d'une région.*

II PHILOS. Structure cachée ou non remarquée, qui soutient qqch. de visible. — SPÉCIALT Organisation économique de la société, considérée comme le fondement de l'idéologie (vocab. marxiste).

▪ CONTR. Superstructure.

INFRÉQUENTABLE [ɛ̃fʀekɑ̃tabl] adj. – 1842, repris XXe ◇ de 1 *in-* et *fréquentable* ▪ Qu'on ne peut fréquenter. *Des gens infréquentables.*

INFROISSABLE [ɛ̃fʀwasabl] adj. – 1912 ◇ de 1 *in-* et *froissable* ▪ Qui n'est pas froissable, qui est peu froissable. *Tissu infroissable.* — n. f. **INFROISSABILITÉ,** 1952.

INFRUCTUEUX, EUSE [ɛ̃fʀyktɥø, øz] adj. – 1372 ◇ latin *infructuosus* ▪ **1** VX Qui ne donne, qui ne rapporte pas de fruits. ➤ **stérile.** *« l'arbre infructueux qui n'est plus bon que pour le feu »* BOSSUET. ▪ **2** MOD. Sans profit, sans résultat. ➤ **inefficace, inutile, vain.** *Démarche infructueuse. « Je fis prendre des informations, qui furent d'abord infructueuses »* GAUTIER. *Recherches, tentatives infructueuses,* sans succès.

INFULE [ɛ̃fyl] n. f. – v. 1500 ◇ latin *infula* ▪ DIDACT. Bandelette sacrée qui couvrait le front des prêtres romains et dont on parait les victimes des sacrifices.

INFUMABLE [ɛ̃fymabl] adj. – 1845 ◇ de 1 *in-* et *fumer* ▪ Désagréable à fumer. *Tabac, cigarette infumable.*

INFUNDIBULIFORME [ɛ̃fɔ̃dibylifɔʀm] adj. – v. 1700 ◇ de *infundibulum* et *-forme* ▪ SC. Qui a la forme d'un entonnoir. *Corolle infundibuliforme du liseron.*

INFUNDIBULUM [ɛ̃fɔ̃dibylɔm] n. m. – 1694 ◇ mot latin « entonnoir » ▪ ANAT. Partie en forme d'entonnoir (de certains organes ou canaux). ➤ **canal, entonnoir.**

INFUS, USE [ɛ̃fy, yz] adj. – 1541 ; hapax XIIIe ◇ latin *infusus,* de *infundere* « verser dans » ▪ **1** VX Répandu (dans). ▪ **2** FIG. et LITTÉR. *« une révélation innée et infuse dans notre esprit »* JOUBERT. *Don infus avec la vie.* ➤ **inné, naturel.** THÉOL. **SCIENCE INFUSE :** science infusée par Dieu à Adam. LOC. COUR. *Avoir la science infuse :* savoir de façon innée, sans avoir appris ; prétendre tout savoir. *Je n'ai pas la science infuse.*

INFUSER [ɛ̃fyze] v. tr. ‹1› – XIVe ◇ de *infusion* ▪ **1** Laisser tremper (une substance) dans un liquide bouillant afin qu'il se charge des principes qu'elle contient. *Infuser du thé, de la verveine.* ➤ **macérer.** p. p. adj. *Boisson infusée.* ➤ **infusion, 1 tisane.** *Une bonne tasse de thé « bouillant, bien infusé »* SARRAUTE. ♦ INTRANS. *Laisser infuser quelques minutes.* ▪ **2** VX Faire pénétrer (un liquide) dans un corps. ➤ **verser.** *Infuser du sang à qqn.* ➤ **transfuser.** — FIG. et MOD. Communiquer. *« il lui avait infusé dans les veines sa conviction »* HUGO. LOC. *Infuser un sang nouveau à qqn, à qqch.,* l'animer d'une vie nouvelle.

INFUSIBLE [ɛ̃fyzibl] adj. – 1760 ◇ de 1 *in-* et *fusible* ▪ Qui ne peut être fondu. ➤ **apyre.** *L'amiante, substance infusible à haute température.* — n. f. **INFUSIBILITÉ,** 1769.

INFUSION [ɛ̃fyzjɔ̃] n. f. – XIIIe ◇ latin *infusio* ▪ **1** Action d'infuser dans un liquide une substance végétale dont on veut extraire les principes solubles. *Les tisanes, le thé se font par* *infusion dans l'eau chaude. Infusion à froid.* ➤ **macération.** ▪ **2** (XVIe) COUR. Liquide infusé, SPÉCIALT Tisane de plantes (camomille, menthe, tilleul, verveine, etc.). ➤ RÉGION. **thé.** *Infusion de fleurs pectorales.* ▪ **3** THÉOL. Pénétration dans l'âme de certaines facultés ou grâces surnaturelles. *L'infusion du Saint-Esprit.*

INFUSOIRE [ɛ̃fyzwaʀ] **n. m.** – 1791 ◊ latin scientifique *infusorius*, du radical de *infusion* ▪ ZOOL. VIEILLI Protozoaire cilié qui vit dans les eaux stagnantes.

INGAGNABLE [ɛ̃gaɲabl] **adj.** – 1773 ◊ de 1*in-* et *gagnable* ▪ Qui ne peut être gagné. *Un procès ingagnable.* ▪ CONTR. Gagnable.

INGAMBE [ɛ̃gɑ̃b] **adj.** – 1576 ◊ italien *in gamba* «en jambe» ▪ Qui est alerte, a un usage normal de ses jambes. *Un vieillard encore ingambe.* ➤ 1 **gaillard.** *«il y a deux ans, je ne boitais pas ; j'étais au contraire fort ingambe»* VIGNY. ▪ CONTR. Impotent, infirme.

INGÉNIER (S') [ɛ̃ʒenje] **v. pron.** ⟨7⟩ – 1395, puis XVIIIe ◊ du latin *ingenium* «esprit, talent» ▪ **S'INGÉNIER À** (et inf.) : mettre en jeu toutes les ressources de son esprit (pour parvenir à un but). ➤ **chercher, s'évertuer.** *«Devant la déception de l'enfant, je m'ingéniais à lui procurer quelque autre plaisir»* GIDE. *Elle s'est ingéniée à lui déplaire.* ♦ LITTÉR. *S'ingénier pour. «Elle ne savait que s'ingénier pour se rendre malheureuse»* FLAUBERT.

INGÉNIERIE [ɛ̃ʒeniʀi] **n. f.** – v. 1964 ◊ de *ingénieur*, par l'anglais *engineering* → génie (III) ▪ **1** Conception, étude globale d'un projet industriel sous tous ses aspects (techniques, économiques, financiers, sociaux), coordonnant les études particulières des spécialistes. — Recomm. offic. pour *engineering.* — PAR ANAL. Savoir-faire dans différents domaines. *Ingénierie financière, politique, culturelle.* ▪ **2** INFORM. *Ingénierie des systèmes* : métier qui consiste à concevoir et réaliser des systèmes informatiques répondant à des besoins spécifiques. ▪ **3** SC. Discipline d'applications scientifiques. *Ingénierie de l'atome.* — GÉNÉT. *Ingénierie génétique* : ensemble des techniques utilisées pour modifier in vitro le génome d'une cellule. ➤ **génie.**

INGÉNIEUR [ɛ̃ʒenjœʀ] **n.** – 1556 ◊ ancien français *engeigneur*, de *engin* «machine de guerre» ▪ REM. Au féminin, on trouve aussi *ingénieure* sur le modèle du français du Canada. ▪ **1 n. m.** VX Constructeur, inventeur d'engins de guerre (➤ **génie**). ▪ **2** (XVIIe-XVIIIe) MOD. Personne qui a reçu une formation scientifique et technique la rendant apte à diriger certains travaux, à participer à des recherches. *«L'ingénieur [...] est un homme qui s'est spécialisé dans la mise en œuvre de certaines applications de la science»* BROGLIE. *École, diplôme d'ingénieur. Elle est ingénieur. Une ingénieur. Madame X..., ingénieur civile. Ingénieur chimiste. Ingénieur des Mines, des Ponts et Chaussées, des Travaux Publics. Ingénieur agronome, chimiste, électricien, géographe, hydraulicien, hydrographe, mécanicien. Ingénieur (de) procédé*. Des ingénieurs conseil*.* — INFORM. *Ingénieur système* : ingénieur qui a un rôle de conseiller et participe à la mise en place du système. *Ingénieur de la connaissance* : ingénieur spécialisé(e) en informatique et en intelligence artificielle. — ÉLECTRON. *Ingénieur de recherche. Ingénieur de fabrication, de mesures et tests. Ingénieur d'études-développement. Ingénieur du son*.* — APPOS. *Des femmes ingénieurs.*

INGÉNIEUSEMENT [ɛ̃ʒenjøzmɑ̃] **adv.** – 1380 ; *engenieusement* 1200 ◊ de *ingénieux* ▪ D'une manière ingénieuse. ➤ **astucieusement, habilement.**

INGÉNIEUX, IEUSE [ɛ̃ʒenjø, jøz] **adj.** – 1380 ◊ réfection de *engenious* d'après le latin *ingeniosus* ▪ **1** (PERSONNES) Qui a l'esprit inventif. ➤ **adroit, astucieux, doué, entendu, habile, industrieux, inventif, malin.** *«L'ingénieux Ulysse»* RACINE. *Une personne ingénieuse* (cf. De ressource). *Inventeur, bricoleur ingénieux.* ▪ **2** (XVIe) (CHOSES) Qui témoigne de l'adresse, d'une grande fertilité d'imagination. *Invention, trouvaille ingénieuse. Solution ingénieuse. Explication ingénieuse. Bravo, c'est très ingénieux !* ➤ **habile.** ▪ CONTR. Incapable, maladroit.

INGÉNIOSITÉ [ɛ̃ʒenjozite] **n. f.** – 1307 ◊ bas latin *ingeniositas* ▪ Qualité d'une personne ingénieuse. ➤ 2 **adresse, astuce, esprit, habileté.** *Faire preuve d'ingéniosité.* ➤ VX **industrie.** *Déployer des trésors d'ingéniosité. De Bonald «avait l'esprit délié ; on prenait son ingéniosité pour du génie»* CHATEAUBRIAND. ♦ PAR EXT. Caractère de ce qui est ingénieux. *Ingéniosité d'une méthode. Un procédé d'une extrême ingéniosité.*

INGÉNU, UE [ɛ̃ʒeny] **adj.** – 1480 ; hapax XIIIe ◊ latin *ingenuus* «né libre», et par ext. «noble, franc» ▪ **1** DR. ROM. Qui est né libre (opposé à *esclave* et à *affranchi*). ▪ **2** (1611) LITTÉR. Qui a une sincérité innocente et naïve. ➤ **candide, inexpérimenté, innocent,** 1 **naïf, simple.** *Jeune fille ingénue, un peu nunuche. «Il est ingénu et sans malice»* FÉNELON. — *Air, regard ingénu.* — SUBST. *«L'Ingénu», conte de Voltaire. Faire l'ingénu. Une fausse ingénue* : jeune fille qui feint la naïveté. ➤ **sainte nitouche.** — **n. f.** THÉÂTRE *Rôle d'ingénue,* de jeune fille naïve. *Jouer les ingénues. Les ingénues et les coquettes.* ▪ CONTR. Averti, hypocrite.

INGÉNUITÉ [ɛ̃ʒenɥite] **n. f.** – 1372 ◊ latin *ingenuitas* ▪ **1** DR. ROM. État d'une personne née libre. ▪ **2** (1546) Sincérité innocente et naïve. ➤ **candeur, franchise, innocence, naïveté, pureté, simplicité, sincérité.** *«Toute la personne de Cosette était naïveté, ingénuité, [...] blancheur, candeur»* HUGO. *Je l'ai dit en toute ingénuité. Répondre avec ingénuité.* ▪ CONTR. Fausseté, rouerie.

INGÉNUMENT [ɛ̃ʒenymɑ̃] **adv.** – 1554 «avec une noble franchise» ; hapax XVe ◊ de *ingénu* ▪ D'une manière ingénue. *Répondre très ingénument à une question.*

INGÉRABLE [ɛ̃ʒeʀabl] **adj.** – XXe ◊ de 1*in-* et *gérable* ▪ Que l'on ne peut gérer, très difficile à gérer. *Une situation, une crise ingérable. Société ingérable.* ➤ **ingouvernable.** — (PERSONNES) *«imaginer que son ego enflerait au point de le rendre ingérable»* FOTTORINO. ➤ **incontrôlable.** ▪ CONTR. Gérable, maîtrisable.

INGÉRENCE [ɛ̃ʒeʀɑ̃s] **n. f.** – 1860 ◊ de *ingérer* ▪ Action de s'ingérer dans les affaires d'autrui. ➤ **immixtion, intervention, intrusion.** *Il ne tolère pas d'ingérence dans sa vie privée. L'ingérence de l'État dans tous les domaines.* — DR. *Ingérence de fonctionnaire* : délit commis par un fonctionnaire qui prend un intérêt dans une entreprise dont il a l'administration. *Délit d'ingérence.* — SPÉCIALT Intervention d'un État dans les affaires d'un autre État. *L'ingérence d'une grande puissance dans un petit pays. Ingérence politique, économique.* — *Devoir, droit d'ingérence ; ingérence humanitaire.* ▪ CONTR. Non-ingérence, non-intervention.

INGÉRER [ɛ̃ʒeʀe] **v. tr.** ⟨6⟩ – 1361 *s'ingérer* ◊ latin *ingerere* «porter dans»

I S'INGÉRER v. pron. S'introduire indûment, sans en être requis ou en avoir le droit. ➤ **s'entremettre, s'immiscer, intervenir.** *S'ingérer dans les affaires, la vie d'autrui.*

II v. tr. (1825) PHYSIOL. Introduire par la bouche (dans les voies digestives). ➤ **avaler,** 1 **manger* ; ingestion.** *Ingérer des aliments, de l'alcool.* ➤ **absorber.**

INGESTION [ɛ̃ʒɛstjɔ̃] **n. f.** – 1825 ◊ bas latin *ingestio* ▪ PHYSIOL. Action d'ingérer (des aliments, des boissons). *Ingestion d'alcool. Ingestion et digestion*.*

INGOUVERNABLE [ɛ̃guvɛʀnabl] **adj.** – 1713 ◊ de 1*in-* et *gouverner* ▪ **1** Qui ne peut être gouverné. *Peuple, assemblée, chambre ingouvernable.* ▪ **2** LITTÉR. Impossible à maîtriser. *Haine, épouvante, force ingouvernable.* ▪ CONTR. Docile ; maîtrisable.

INGRAT, ATE [ɛ̃gʀa, at] **adj.** et **n.** – 1361 ◊ latin *ingratus*, racine *gratus* ▪ **1** Qui n'a aucun gré, aucune reconnaissance. ➤ **oublieux.** *La jeunesse est naturellement ingrate. Se montrer, être ingrat pour, vis-à-vis de qqn. Ne soyez pas ingrats envers vos amis. «Je ne me souvenais plus de cette demoiselle [...] tant la mémoire est ingrate !»* CHATEAUBRIAND. *Fils ingrat.* ➤ **dénaturé.** *Un monde ingrat. «Ingrate patrie, tu n'auras pas mes os»,* paroles attribuées à SCIPION L'AFRICAIN. — **n.** *Faire du bien à un ingrat* (cf. Réchauffer un serpent* dans son sein). *«Jamais un vrai bienfait ne fit d'ingrat»* ROUSSEAU. *Vous n'aurez pas affaire à un ingrat* (cf. Je vous le revaudrai ; renvoyer l'ascenseur*). ▪ **2** (1637) Qui ne dédommage guère de la peine qu'il donne, des efforts qu'il coûte. *Sol ingrat, terre ingrate.* ➤ **infructueux, stérile.** *Nature ingrate.* ➤ **hostile, inhospitalier.** — *Travail, sujet ingrat, tâche ingrate.* ➤ **aride.** *«un être usé, rompu par une vie ingrate»* DUHAMEL. ▪ **3** (1511) Qui manque d'agrément, de grâce. ➤ **déplaisant, désagréable, disgracieux, laid.** *Physique, visage ingrat.* ➤ **disgracié.** ♦ *Âge ingrat,* celui de la puberté. *«La jeune fille de la réception, presque une fillette encore, à l'âge ingrat, avec de l'acné et des yeux pensifs et méchants»* MANCHETTE. — **adv. INGRATEMENT.** ▪ CONTR. Reconnaissant ; fécond, fertile ; 1 avenant, plaisant.

INGRATITUDE [ɛ̃gʀatityd] **n. f.** – 1265 ◊ bas latin *ingratitudo* ▪ Caractère d'une personne ingrate ; manque de gratitude, de reconnaissance. ➤ **méconnaissance, oubli.** *L'ingratitude humaine. Faire preuve d'ingratitude à l'égard de qqn. «L'ingratitude la plus odieuse [...] est celle des enfants envers leurs pères»* VAUVENARGUES. *Un monstre d'ingratitude.* ▪ CONTR. Gratitude, reconnaissance.

INGRÉDIENT [ɛ̃gʀedjɑ̃] **n. m.** – 1508 ◊ latin *ingrediens*, p. prés. de *ingredi* «entrer dans» ▪ Élément qui entre dans la composition d'une préparation ou d'un mélange quelconque. *Ingrédients d'un médicament.* ➤ 2 **composant ; formule.** *Réunir les ingré-*

dients d'une sauce. ◆ FIG. *« Le remords, singulier ingrédient du plaisir »* BAUDELAIRE.

INGRESSION [ɛ̃gʀesjɔ̃] **n. f.** – 1378 « invasion » ◇ latin *ingressio* ■ GÉOGR. Envahissement localisé d'une vallée, d'une plaine par les eaux marines.

INGUÉRISSABLE [ɛ̃geʀisabl] **adj.** – *ingarissable* v. 1460 ◇ de 1 *in-* et *guérissable* ■ **1** Qui n'est pas guérissable. *Malade inguérissable.* ➤ **condamné.** *Maladie, plaie inguérissable.* ➤ **incurable.** ■ **2** (ABSTRAIT) Sans remède. *Douleur, chagrin inguérissable. « Je ne souffrais plus du mal que j'avais cru si longtemps inguérissable »* PROUST. — *Une méchanceté, une jalousie inguérissable. Un optimisme inguérissable.* ➤ **incorrigible, invétéré.** ■ CONTR. Curable, guérissable.

INGUINAL, ALE, AUX [ɛ̃gɥinal, o] **adj.** – 1478 ◇ du latin *inguen, inguinis* « aine » ■ ANAT. Qui appartient à l'aine, à la région de l'aine. *Ganglions inguinaux. Hernie inguinale.*

INGURGITATION [ɛ̃gyʀʒitasjɔ̃] **n. f.** – 1818 ; hapax 1488 ◇ bas latin *ingurgitatio* ■ RARE Action d'ingurgiter. *Engraisser des oies par ingurgitation.* ■ CONTR. Régurgitation.

INGURGITER [ɛ̃gyʀʒite] **v. tr.** ‹ 1 › – 1836 ; hapax 1488 ◇ latin *ingurgitare* « engouffrer » ■ **1** RARE Introduire dans la gorge, faire avaler. ➤ **enfourner.** *Elles « s'empressaient autour de Johny et lui ingurgitaient une arquebuse* [liqueur] *»* AYMÉ. *La potion qu'on lui a ingurgitée.* ■ **2** COUR. Avaler avidement et en quantité. ➤ **engloutir, engouffrer.** *Le goinfre a tout ingurgité.* ◆ FIG. *« On me faisait de force ingurgiter l'algèbre »* HUGO. ■ CONTR. Dégurgiter, régurgiter.

INHABILE [inabil] **adj.** – 1369 ◇ latin *inhabilis* ■ **1** VX Qui n'est pas apte à. ➤ **inapte.** — DR. Qui n'est pas habile à. ➤ **incapable.** *Inhabile à contracter, à tester* (➤ **habilité**). ■ **2** (1611) LITTÉR. Qui manque d'habileté, d'adresse. *Un apprenti inhabile.* ➤ **gauche, maladroit, malhabile.** *Ministre inhabile.* ➤ **incapable, incompétent, inexpert.** — *Des mains inhabiles.* ■ CONTR. Adroit, habile, expert.

INHABILETÉ [inabilte] **n. f.** – 1390, rare avant XIXe ◇ de *inhabile* ■ LITTÉR. Manque d'habileté. ➤ **gaucherie, maladresse.** *L'inhabileté manuelle de qqn. Son inhabileté à organiser l'affaire.* ■ CONTR. Habileté.

INHABILITÉ [inabilite] **n. f.** – 1361 ◇ de *inhabile*, d'après *habilité* ■ DR. VX Absence d'habilité. ➤ **incapacité.** *Inhabilité du mineur à tester.* ■ CONTR. Capacité, habilité.

INHABITABLE [inabitabl] **adj.** – 1360 ◇ latin *inhabitabilis* ■ Qui n'est pas habitable, qui est difficilement habitable. *Maison inhabitable,* sans aucun confort. *Un désert, une contrée inhabitable.* ➤ **hostile, inhospitalier.**

INHABITÉ, ÉE [inabite] **adj.** – 1396 ◇ de 1 *in-* et *habiter* ■ **1** Qui n'est pas habité. *Régions, terres, contrées inhabitées.* ➤ 1 **désert, sauvage, solitaire.** *Appartement inhabité.* ➤ **inoccupé, libre, vide.** *« la maison resta inhabitée et tomba lentement en ruine »* HUGO. ➤ **abandonné.** ■ **2** (début XXe) FIG. et LITTÉR. Où il n'y a pas de vie, d'intelligence. *Un visage inhabité.*

INHABITUEL, ELLE [inabitɥɛl] **adj.** – 1829 ◇ de 1 *in-* et *habituel* ■ Qui n'est pas habituel. ➤ **accidentel, anormal, inaccoutumé, insolite.** *Il régnait dans la rue une animation inhabituelle. La chose est assez inhabituelle ici.* — (PERSONNES) *Des clients inhabituels.* ■ CONTR. Habituel.

INHALATEUR, TRICE [inalatœʀ, tʀis] **adj.** et **n. m.** – 1873 ◇ du radical de *inhalation* ■ Que l'on emploie pour les inhalations. *Appareil inhalateur.* ◆ **n. m.** Appareil servant aux inhalations. *Inhalateur d'oxygène,* employé à haute altitude par les aviateurs. — MÉD. Appareil servant à vaporiser un liquide médicamenteux et à en faire inhaler les vapeurs (➤ **inhalation**).

INHALATION [inalasjɔ̃] **n. f.** – 1760 ◇ bas latin *inhalatio* ■ MÉD. Absorption par les voies respiratoires (de gaz, de vapeurs). ➤ **aspiration, inspiration, respiration.** *Inhalation d'éther, de chloroforme, en vue de provoquer l'anesthésie.* — *L'inhalation de poussières radioactives.* ◆ ABSOLT, COUR. Aspiration par le nez de vapeurs qui désinfectent, décongestionnent. ➤ **fumigation.** *Faire des inhalations pour soigner un rhume* (➤ **inhalateur**). ■ CONTR. Exhalation.

INHALER [inale] **v. tr.** ‹ 1 › – 1825 ◇ latin *inhalare* ■ Aspirer par inhalation. ➤ **absorber, aspirer, inspirer, respirer.** *Inhaler de l'air froid, de la fumée, un gaz dangereux.* — MÉD. *Inhaler des vapeurs d'eucalyptus.* ■ CONTR. Exhaler.

INHALOTHÉRAPIE [inaloteʀapi] **n. f.** – 1968 ◇ du radical de *inhaler* et *-thérapie* ■ (Canada) Traitement des affections cardiorespiratoires. — **n. INHALOTHÉRAPEUTE** (1971).

INHARMONIE [inaʀmɔni] **n. f.** – 1765 ◇ de 1 *in-* et *harmonie* ■ LITTÉR. Défaut d'harmonie.

INHARMONIEUX, IEUSE [inaʀmɔnjø, jøz] **adj.** – fin XVIIIe ◇ de 1 *in-* et *harmonieux* ■ LITTÉR. Qui manque d'harmonie. *Sons inharmonieux.* ➤ **discordant, dissonant.** *Couleurs inharmonieuses.* — *« Laide* [...], *disgracieuse et inharmonieuse créature »* BARBEY. ■ CONTR. Harmonieux.

INHARMONIQUE [inaʀmɔnik] **adj.** – 1843 ◇ de 1 *in-* et *harmonique* ■ **1** Qui manque d'harmonie ; qui ne correspond pas aux règles de l'harmonie. *Accords inharmoniques.* ■ **2** Qui n'est pas harmonieux. ➤ **disgracieux, inharmonieux.**

INHÉRENCE [ineʀɑ̃s] **n. f.** – 1377 ◇ latin scolastique *inhærentia*, de *inhærere* → inhérent ■ **1** Caractère inhérent. *L'inhérence entre deux choses. « L'inhérence de la technicité aux objets techniques »* G. SIMONDON. ■ **2** PHILOS. Caractère de ce qui est inhérent. *Jugement, proposition d'inhérence.*

INHÉRENT, ENTE [ineʀɑ̃, ɑ̃t] **adj.** – 1503 ◇ latin *inhærens*, p. prés. de *inhærere* « être attaché à » ■ **1** Qui appartient essentiellement à un être, à une chose, qui lui est joint inséparablement. ➤ **essentiel, immanent, inséparable, intrinsèque.** *Les qualités inhérentes à la personne. La disposition de l'esprit « nous est unie intimement, inhérente au jeu de notre intelligence »* PAULHAN. ■ **2** PHILOS. Se dit de toute détermination qui est affirmée d'un sujet, ou qui en constitue une manière d'être intrinsèque.

INHIBÉ, ÉE [inibe] **adj.** – 1870 ◇ de *inhiber* ■ PHYSIOL. Freiné, arrêté par l'inhibition. — COUR. Qui est victime d'inhibitions. ➤ **complexé, timide ;** FAM. **coincé, refoulé.** *« ma sœur, moins inhibée que moi, osa interroger maman »* BEAUVOIR. SUBST. *Un inhibé.*

INHIBER [inibe] **v. tr.** ‹ 1 › – *inhibir* 1360 ◇ latin *inhibere* « retenir, arrêter » ■ **1** DR. VX ➤ **prohiber.** ■ **2** (fin XIXe) PHYSIOL. Exercer une action d'inhibition* sur. *Inhiber la croissance.* ■ **3** Freiner, arrêter (dans son activité, son impulsion, son développement) ; causer l'inhibition de. ➤ 2 **enrayer, paralyser ;** FAM. 1 **bloquer, coincer.** *Je crains que « la force spirituelle de mon amour, inhibât tout désir charnel »* GIDE. *La présence de ses parents l'inhibe.* ➤ **glacer, intimider.** ■ **4** TECHN. Réduire ou empêcher (une réaction). — Incorporer un inhibiteur à (une substance). *« Le grain est contrôlé* [...] *avant d'être inhibé »* J.-F. THÉRY. ■ CONTR. Exciter, stimuler. Désinhiber.

INHIBITEUR, TRICE [inibitœʀ, tʀis] **adj.** et **n. m.** – 1890 ◇ de *inhiber* ■ **1** BIOL., PSYCHOL. Qui provoque une inhibition. ➤ **inhibitif.** *« pas une des influences, exaltantes* [...] *qui ne devienne inhibitrice à son tour »* GIDE. ■ **2 n. m.** CHIM., BIOCHIM. Substance qui ralentit ou arrête complètement une réaction (chimique, physiologique). *La pilule est un inhibiteur de l'ovulation. Inhibiteur de la transcription génétique.* ➤ **répresseur.** *Inhibiteur enzymatique.* ◆ ASTRONAUT. Produit incombustible dont on revêt un bloc de propergol solide pour réduire la combustion. ◆ TECHN. Additif qui supprime un caractère jugé indésirable, qui arrête un processus. *Inhibiteur et retardateur.*

INHIBITIF, IVE [inibitif, iv] **adj.** – 1584 ◇ de *inhiber* ■ PHYSIOL. Capable de ralentir ou d'arrêter une fonction. *Cause inhibitive.* ◆ PSYCHOL. Qui exerce une inhibition. ➤ **inhibiteur,** 1°. *Mécanismes inhibitifs.* ■ CONTR. Dynamogène.

INHIBITION [inibisjɔ̃] **n. f.** – v. 1300 ◇ latin *inhibitio* ■ **1** VX, DR. Action d'inhiber. ➤ 1 **défense, prohibition.** ■ **2** (v. 1870) PHYSIOL. Action nerveuse ou hormonale empêchant ou modérant le fonctionnement d'un organe ; diminution d'activité qui en résulte. *Inhibition par le produit final.* ➤ **rétro-inhibition.** — PSYCHOL. ou LITTÉR. Action d'un fait psychique qui empêche d'autres faits de se produire ou d'arriver à la conscience, état d'impuissance, de paralysie qui en résulte. *Inhibition émotive, intellectuelle.* ➤ **blocage.** *Inhibition sexuelle. Il faut vaincre vos inhibitions. Levée des inhibitions* (➤ **désinhiber**). ◆ CHIM. Ralentissement ou arrêt d'une réaction sous l'effet d'un inhibiteur* (2°). ■ CONTR. Excitation, impulsion.

INHOSPITALIER, IÈRE [inɔspitalje, jɛʀ] **adj.** – 1586 ◇ de 1 *in-* et *hospitalier* ■ **1** Qui ne pratique pas l'hospitalité. *Un peuple inhospitalier.* ■ **2** Où l'on trouve difficilement l'hospitalité. *Pays inhospitalier.* — *Accueil inhospitalier.* ➤ 1 **froid, glacial.** ■ **3** Où les conditions de vie sont difficiles. *Climat, rivage inhospitalier.* ➤ 2 **farouche, sauvage.** *Planète froide et inhospitalière.* ■ CONTR. Accueillant, hospitalier.

INHUMAIN, AINE [inymɛ̃, ɛn] **adj.** – 1373 ◇ latin *inhumanus* ■ **1** VX ou LITTÉR. Qui manque d'humanité. ➤ **barbare, cruel, dur, impitoyable, insensible.** *Tyran inhumain. « J'ai voulu te paraître* *odieuse, inhumaine»* RACINE. *Otage soumis à un traitement inhumain. Il serait inhumain de l'abandonner.* — VIEILLI *Femme inhumaine,* qui ne répond pas à l'amour qu'on lui porte. SUBST. *Une inhumaine.* ➤ **cruel.** ▪ **2** DIDACT. Qui n'a rien d'humain, qui semble ne pas appartenir à la nature ou à la condition humaine. *«L'art est tout humain et la science est inhumaine»* SUARÈS. ◆ COUR. *Un cri, un hurlement inhumain.* ➤ **terrible.** *«le caractère inhumain, monstrueux, antinaturel de ses sentiments»* MAURIAC. ▪ **3** Très pénible. ➤ **insupportable.** *Un travail inhumain.* ➤ **surhumain.** ▪ CONTR. Humain ; généreux.

INHUMAINEMENT [inymɛnmɑ̃] **adv.** – XIVe ◇ de *inhumain* ▪ LITTÉR. D'une façon inhumaine. *Traiter inhumainement un prisonnier.* ▪ CONTR. Humainement.

INHUMANITÉ [inymanite] **n. f.** – 1312 ◇ latin *inhumanitas* ▪ LITTÉR. Caractère d'une personne, d'une chose inhumaine. *Traiter les vaincus avec inhumanité.* ➤ **barbarie, brutalité, cruauté, férocité.** *Acte d'inhumanité. «un pays, celui de l'inhumanité, de la négation de toute humanité»* PH. CLAUDEL. — PAR EXT. *Inhumanité d'une réaction.* ▪ CONTR. Humanité.

INHUMATION [inymasjɔ̃] **n. f.** – 1417 *inhumacion* ◇ de *inhumer* ▪ Action d'inhumer. ➤ **ensevelissement, enterrement.** *Inhumation d'un cadavre, d'un corps. Inhumation du défunt dans un caveau, une fosse. Lieu consacré aux inhumations.* ➤ **cimetière.** ▪ CONTR. Exhumation.

INHUMER [inyme] **v. tr.** ‹1› – 1408 ◇ latin *inhumare,* de *humus* «terre» ▪ Mettre en terre (un corps humain), avec les cérémonies d'usage. ➤ **ensevelir, enterrer.** *Inhumer un cadavre, un corps. Il est inhumé au Père-Lachaise.* ➤ 1 **reposer.** — ABSOLT *Permis d'inhumer,* délivré par le médecin. ▪ CONTR. Déterrer, exhumer.

INIMAGINABLE [inimaʒinabl] **adj.** – 1580 ◇ de 1 *in-* et *imaginer* ▪ Qu'on ne peut imaginer, dont on n'a pas idée. ➤ **extraordinaire, impensable, inconcevable, incroyable, invraisemblable.** *«C'était un grouillement cosmopolite inimaginable»* LOTI. *C'est inimaginable !* ➤ **étonnant, inouï.** *Il lui est arrivé une histoire inimaginable.*

INIMITABLE [inimitabl] **adj.** – XVe ◇ latin *inimitabilis* ▪ Qui ne peut être imité. *Son style est inimitable. Il est inimitable dans ce domaine.* — *Produit d'une qualité inimitable.* ➤ **imbattable, inégalable.**

INIMITIÉ [inimitje] **n. f.** – 1300 ◇ ancien français *enemistié,* latin *inimicitia,* de *amicitia* «amitié» ▪ LITTÉR. Sentiment hostile. ➤ **animosité, antipathie, aversion, haine, hostilité.** *«L'inimitié succède à l'amitié trahie»* RACINE. *Inimitié profonde. Avoir, concevoir de l'inimitié pour, contre qqn.* ▪ CONTR. Amitié.

ININFLAMMABLE [inɛ̃flamabl] **adj.** – 1600 ◇ de 1 *in-* et *inflammable* ▪ Qui n'est pas inflammable, qui ne peut prendre feu. ➤ **apyre.** *Gaz, liquide, tissu ininflammable. Rendre ininflammable.* ➤ **ignifuger.** — **n. f. ININFLAMMABILITÉ.** ▪ CONTR. Inflammable.

ININTELLIGENCE [inɛ̃teliʒɑ̃s] **n. f.** – 1791 ◇ de *inintelligent* ▪ Manque d'intelligence. ➤ **bêtise, stupidité.** *Un mélange «de justesse et d'inintelligence»* SAINTE-BEUVE. — Incapacité à comprendre qqch. *Son inintelligence de la situation est stupéfiante.* ➤ **incompréhension.**

ININTELLIGENT, ENTE [inɛ̃teliʒɑ̃, ɑ̃t] **adj.** – 1784 ◇ de 1 *in-* et *intelligent* ▪ Qui n'est pas intelligent. ➤ **bête*, sot, stupide.** *Élève, enfant inintelligent.* ◆ Qui dénote un manque d'intelligence. *Raisonnement, acte inintelligent. «un préjugé, une habitude inintelligente, une lubie»* CHATEAUBRIAND. — **adv. ININTELLIGEMMENT.** ▪ CONTR. Intelligent.

ININTELLIGIBILITÉ [inɛ̃teliʒibilite] **n. f.** – XVIIe ◇ de *inintelligible* ▪ DIDACT. Caractère de ce qui est inintelligible. *Inintelligibilité d'un texte, d'un auteur.* ▪ CONTR. Intelligibilité.

ININTELLIGIBLE [inɛ̃teliʒibl] **adj.** – 1640 ◇ de 1 *in-* et *intelligible* ▪ Qu'on ne peut comprendre ; dont on ne peut saisir le sens. ➤ **abstrus, confus, difficile, incompréhensible, nébuleux, obscur.** *Langage, parole, mot inintelligible. «le vieillard qui marmonnait des choses inintelligibles entrecoupées de profonds soupirs»* BARRÈS. *Raisonnement, style inintelligible.* ➤ **amphigourique.** — *Texte, notes inintelligibles.* ➤ **indéchiffrable.** — **adv. ININTELLIGIBLEMENT.** ▪ CONTR. Intelligible.

ININTÉRESSANT, ANTE [inɛ̃teresɑ̃, ɑ̃t] **adj.** – 1845 ◇ de 1 *in-* et *intéressant* ▪ Dépourvu d'intérêt (cf. FAM. Incolore, inodore* et sans saveur). *Livre, film inintéressant. «Ses récits n'étaient pas inintéressants, mais péchaient par extravagance»* GIDE. — *Une personne inintéressante.* ➤ 2 **falot, insignifiant.** ▪ CONTR. Intéressant.

ININTERROMPU, UE [inɛ̃terɔ̃py] **adj.** – 1774 ◇ de 1 *in-* et *interrompu* ▪ Qui n'est pas interrompu (dans l'espace ou dans le temps). ➤ **continu.** *File ininterrompue de voitures. Série, suite ininterrompue. Un quart d'heure de musique ininterrompue.* ➤ **non-stop.** *Travailler de façon ininterrompue,* sans interruption (cf. Sans dételer). ▪ CONTR. Discontinu, interrompu.

INIQUE [inik] **adj.** – 1355 ◇ latin *iniquus* ▪ Qui manque gravement à l'équité ; très injuste. ➤ **partial.** *Jugement, loi, impôt inique. Un juge inique. Être inique avec, pour qqn.* ▪ CONTR. Équitable, juste.

INIQUEMENT [inikmɑ̃] **adv.** – 1588 ◇ de *inique* ▪ LITTÉR. D'une manière inique. *Être iniquement condamné.* ➤ **injustement.**

INIQUITÉ [inikite] **n. f.** – 1120 «corruption des mœurs» ◇ latin *iniquitas* ▪ **1** Corruption des mœurs ; dépravation, état de péché. *«Tout est leurre, imposture, mensonge, iniquité»* HUGO. ◆ RELIG. OU LITTÉR. Acte contraire à la morale, à la religion. ➤ **défaut, péché.** *«nous ne pouvons bien connaître Dieu qu'en connaissant nos iniquités»* PASCAL. ▪ **2** Manque d'équité. ➤ **injustice.** *L'iniquité d'un jugement, d'une loi. L'iniquité du fort.* ◆ PAR EXT. *Une, des iniquités.* Acte, chose inique. ➤ **crime, usurpation.** *Une iniquité flagrante, révoltante. «L'inégalité politique* [...] *parut bientôt une iniquité»* FUSTEL DE COULANGES. ▪ CONTR. Équité, justice.

INITIAL, IALE, IAUX [inisjal, jo] **adj.** et **n. f.** – 1130, rare avant fin XVIIe ◇ latin *initialis,* de *initium* «commencement» ▪ **1** Qui est au commencement, qui caractérise le commencement (de qqch.). *État initial.* ➤ **originel, primitif.** *Cause initiale.* ➤ **premier.** *«Prendre une décision,* [...] *faire un acte initial et efficace»* DUHAMEL. *Vitesse initiale d'un projectile.* — BOT. *Cellules initiales,* de l'extrémité des racines et des tiges, qui se multiplient plus rapidement que les autres. ▪ **2** Qui commence qqch., qui est placé au début. ➤ **premier.** *Un versement initial de 1 000 euros. Traitement initial. Mot initial d'une phrase. Strophe initiale d'un refrain.* — *Lettre initiale d'un mot, d'un nom propre* (➤ **majuscule**). SUBST. *À l'initiale d'un mot,* au début de ce mot. *Accent à l'initiale. Élément à l'initiale.* ➤ **préfixe.** ▪ **3** **n. f.** Première lettre (d'un mot, d'un nom). *Initiales formant le mot* Unesco (➤ **acronyme, sigle**). — Plus cour., au plur. Premières lettres du nom et du prénom (de qqn). *Signer de ses initiales.* ➤ **parapher ;** RÉGION. **initialer.** *Initiales enlacées, entrelacées.* ➤ **chiffre, monogramme.** ▪ CONTR. Dernier, final, 1 terminal.

INITIALEMENT [inisjalmɑ̃] **adv.** – 1851 ◇ de *initial* ▪ Dans la période initiale ; au commencement, au début. *Initialement, nos projets étaient plus modestes.*

INITIALER [inisjale] **v. tr.** ‹1› – 1957 ◇ anglais *to initial* ▪ (Canada) Parapher. *Initialer les pages d'un contrat.*

INITIALISER [inisjalize] **v. tr.** ‹1› – après 1970 ◇ anglais *to initialize* ▪ ANGLIC. INFORM. Mettre (un dispositif informatique) dans un état permettant la mise en route d'une exploitation. *Initialiser un disque dur* (➤ **formater**), *une télécommande.* — **n. f. INITIALISATION.**

INITIATEUR, TRICE [inisjatœr, tris] **n.** – 1586, rare avant XIXe ◇ bas latin *initiator, trix* ▪ Personne qui initie (qqn), qui enseigne le premier (qqch.). ➤ **éducateur, maître.** *Son initiateur en informatique. Elle fut son initiatrice. «ce qu'Homère était pour la Grèce, l'initiateur des grandes choses»* RENAN. *La sédition dont ils furent les principaux initiateurs.* ➤ **auteur, fauteur, instigateur, promoteur.** — ABSOLT *Un initiateur.* ➤ **novateur, précurseur.**

INITIATION [inisjasjɔ̃] **n. f.** – 1488, rare avant XVIIIe ◇ latin *initiatio* ▪ Action d'initier. ▪ **1** Admission aux mystères. ➤ **mystagogie.** *Initiation aux mystères d'Éleusis.* — PAR EXT. Admission à une religion, un culte, dans une société secrète, à un état social particulier. ➤ **affiliation, introduction.** *Initiation maçonnique. Cérémonie d'initiation. «D'autres* [cérémonies] *ont pour but de faire entrer les jeunes gens dans la société des hommes* [...] *Ce sont les rites d'initiation»* CAILLOIS. ➤ **initiatique ; passage.** ▪ **2** Introduction à la connaissance de choses secrètes, cachées, difficiles. *«l'exercice des cinq sens veut une initiation particulière»* BAUDELAIRE. ➤ **éducation.** ▪ **3** Action de donner ou de recevoir les rudiments (d'une science, d'un art, d'un jeu, d'une pratique, d'un mode de vie). ➤ **apprentissage, instruction.** *Initiation à la philosophie, aux mathématiques. Stage d'initiation à l'informatique.* ▪ **4** CHIM. Première étape (d'une réaction en chaîne) due à la rupture d'une liaison. *Initiation thermique, photochimique.* — GÉNÉT. Première phase d'un processus d'expression génétique. *Initiation de la transcription, de la traduction. Codon d'initiation.*

INITIATIQUE [inisjatik] adj. – 1922 ♦ de *initiation* ■ **1** HIST., SOCIOL. Relatif à l'initiation, caractérisé par l'initiation. *Rites, épreuves initiatiques.* « *Elle vécut trois semaines de soins, de fêtes et d'instruction initiatiques* » SENGHOR. ■ **2** PAR EXT. (milieu XXe) Qui initie qqn à qqch. (➤ **initiation,** 3°). *Un livre initiatique.*

INITIATIVE [inisjativ] n. f. – 1567, rare avant fin XVIIIe ♦ du latin *initiare* « initier », en bas latin « commencer » ■ **1** Action d'une personne qui est la première à proposer, entreprendre, organiser qqch. *Prendre l'initiative d'une démarche* (➤ **entreprendre, initier, provoquer**). *C'est lui qui en a eu l'initiative.* « *L'initiative dans l'admiration est chose extrêmement rare ; ici encore, l'on ne rencontre que des suiveurs* » GIDE. ♦ PAR EXT. ➤ 1 **action, intervention.** *Une initiative louable, hardie, malheureuse.* — *Sur, à l'initiative de qqn,* sur sa proposition. *Initiatives privées, individuelles.* ■ **2** (1787) POLIT. Droit de soumettre à l'autorité compétente une proposition en vue de la faire adopter par celle-ci. *Droit d'initiative. Initiative populaire* (➤ **veto**). *Le parlement a l'initiative des lois. Initiative législative.* ■ **3** (milieu XIXe) Qualité d'une personne qui sait prendre des initiatives, qui est disposée à entreprendre, à oser. *Avoir de l'initiative, l'esprit d'initiative. Faire preuve d'initiative, manquer d'initiative. Faire qqch. de sa propre initiative.* ➤ **spontanément.** — *Syndicat* d'initiative.* ■ CONTR. Passivité, routine.

INITIÉ, IÉE [inisje] n. – 1355 ♦ de *initier* ■ **1** Personne qui a été initiée (1°). ➤ aussi **adepte.** « *Moins il y a d'initiés, plus les mystères sont sacrés* » VOLTAIRE. ■ **2** Personne qui est dans le secret. *Une poésie ésotérique, accessible aux initiés. Un petit cercle d'initiés.* ♦ DR. FIN. *Délit d'initié :* infraction commise par une personne qui, disposant d'informations privilégiées, les utilise pour des opérations en Bourse. ■ CONTR. Non-initié, profane.

INITIER [inisje] v. tr. ‹7› – 1355 ♦ latin *initiare* ■ **1** Admettre à la connaissance et à la participation de certains cultes ou de certains rites secrets. *Prêtre chargé d'initier un fidèle.* ➤ **mystagogue.** — PAR EXT. Admettre à la pratique d'une religion, admettre au sein d'une société secrète, faire entrer dans un groupe fermé par l'initiation. *Initier qqn à la franc-maçonnerie.* ■ **2** Admettre (qqn) à la connaissance d'un savoir peu répandu. *Initier qqn aux secrets d'une affaire, aux arcanes de la politique.* ➤ **révéler.** *Son père l'a initié aux secrets de la Bourse.* ■ **3** (1611) Être le premier à instruire, à faire accéder (qqn) à des connaissances. ➤ **apprendre, conduire, enseigner, instruire.** *Initier qqn à la philosophie.* ♦ PRONOM. **S'INITIER À :** acquérir les premiers éléments (d'un art, d'une science), faire l'apprentissage (d'une technique). ➤ **s'instruire.** *S'initier à un métier, à une profession.* ■ **4** (de l'anglais *to initiate* « commencer ») ANGLIC. Prendre l'initiative de. *Initier une enquête.* « *chacun se sachant incapable d'initier une conversation sur un mode aimable* » M. DUGAIN. ➤ **commencer, engager, entamer.**

INJECTABLE [ɛ̃ʒɛktabl] adj. – 1925 ♦ de *injecter* ■ Qui doit être injecté, administré par injection. *Produit, solution injectable.* — *Ampoule injectable,* dont le contenu doit être injecté dans le sang avec une seringue (opposé à *buvable*).

INJECTÉ, ÉE [ɛ̃ʒɛkte] adj. – 1722 ♦ de *injecter* ■ **1** Coloré par l'afflux du sang. *Face injectée.* COUR. « *ses yeux injectés de sang flamboient* » PERGAUD. ■ **2** TECHN. *Bois injecté,* imprégné d'un liquide qui le protège de la corrosion.

INJECTER [ɛ̃ʒɛkte] v. tr. ‹1› – 1771 ; *injetter* 1555 ♦ latin *injectare* ■ **1** Introduire (un liquide en jet, un gaz sous pression) dans un organisme. ➤ **injection.** *Injecter un calmant à qqn.* — *S'injecter une dose d'insuline, un stupéfiant* (➤ **se piquer,** se **shooter**). ♦ *Son œil s'injecte de sang,* se colore par l'afflux de sang. ■ **2** Faire pénétrer (un liquide sous pression). *Injecter du ciment dans un ouvrage, pour le consolider. Injecter de la créosote, du coaltar dans du bois.* ♦ Introduire des ergols dans la chambre de combustion d'une fusée. — PAR EXT. *Injecter sur orbite un engin spatial* (➤ **injection,** 4°). ■ **3** (v. 1965) ÉCON. Apporter (des crédits, des capitaux) pour relancer une entreprise, un secteur de l'économie. ■ CONTR. Ponctionner, prélever.

INJECTEUR, TRICE [ɛ̃ʒɛktœʀ, tʀis] n. m. et adj. – 1845 ; « celui qui fait des injections » 1838 ♦ de *injecter* ■ **1** MÉD. Appareil servant à injecter un liquide dans l'organisme. — adj. *Seringue injectrice.* ■ **2** (1859) TECHN. Dispositif assurant l'alimentation en eau des chaudières à vapeur ou l'arrivée directe du carburant dans les cylindres d'un moteur, sans l'intermédiaire d'un carburateur. *Injecteur d'huile lourde, d'essence.* ♦ ASTRONAUT. Organe réglant l'introduction et la pulvérisation homogène des ergols liquides dans la chambre de combustion des fusées.

INJECTION [ɛ̃ʒɛksjɔ̃] n. f. – 1377 ♦ latin *injectio* ■ **1** Introduction d'un fluide sous pression. — Introduction d'un liquide ou d'un gaz dans un conduit, une cavité organique ou un tissu, à l'aide d'une seringue ou d'un autre instrument. *Injection cardiaque. Injection d'air dans la plèvre.* ➤ **pneumothorax.** *Injection rectale, vaginale.* ➤ **lavement.** *Poire, canule à injection.* ♦ Piqûre faite avec une seringue. *Injection intraveineuse, sous-cutanée, intramusculaire. Injection létale. Exécution d'un condamné à mort par injection* (aux États-Unis). ■ **2** Le produit injecté. *Injection huileuse, aqueuse. Ampoule contenant une injection de cocaïne.* ■ **3** Pénétration d'un liquide sous pression (dans une substance). *Ouvrage consolidé par injection de ciment.* — AUTOM. Procédé d'alimentation d'un moteur thermique consistant à pulvériser le combustible sous pression dans le comburant. *Moteur à injection à gazole* (➤ **diesel**). *Injection électronique.* — *Moulage par injection,* dans la fabrication des objets en matière plastique. ♦ GÉOL. Pénétration d'une roche dans une couche géologique. *Injection de granit dans les gneiss.* ♦ ASTRONAUT. Introduction des ergols dans la chambre de combustion d'une fusée. ■ **4** Mise sur orbite (d'un satellite). ■ **5** (1951) Apport massif et soudain (d'argent, de capitaux). *Injection de capitaux, de crédits.* ■ **6** MATH. Application d'un ensemble dans un autre, telle qu'il n'existe pas deux éléments ayant même image (application dite *injective*).

INJOIGNABLE [ɛ̃ʒwaɲabl] adj. – 1970 ♦ de 1 *in-* et *joignable* ■ Que l'on ne peut joindre, contacter, appeler par téléphone. *Le service technique est injoignable.* ■ CONTR. Joignable.

INJONCTIF, IVE [ɛ̃ʒɔ̃ktif, iv] adj. – 1768 ♦ de *injonction* ■ DIDACT. Qui renferme une injonction. *Loi injonctive.* — Qui convient à l'expression d'un ordre. *Valeur injonctive de l'impératif.*

INJONCTION [ɛ̃ʒɔ̃ksjɔ̃] n. f. – 1295 ♦ latin *injunctio* ■ Action d'enjoindre, d'ordonner expressément ; ordre exprès. ➤ **commandement, ordre.** *Injonction menaçante.* ➤ 1 **sommation.** *Recevoir l'injonction de faire qqch. Obtempérer, se rendre, résister à une injonction.* — SPÉCIALT, PROCÉD. CIV. Ordre donné à la requête d'une partie, à l'autre partie ou à un tiers, de produire en justice un élément de preuve. *Injonction de payer* (➤ 1 **recouvrement**). DR. Ordre donné par le juge. *Injonction de soins.*

INJOUABLE [ɛ̃ʒwabl] adj. – 1767 ♦ de 1 *in-* et *jouable* ■ Qui ne peut être joué (théâtre, musique). « *la pièce est injouable avec les acteurs que nous avons* » VOLTAIRE. ♦ SPORT Impossible à jouer. *Coup injouable. Balle injouable.* — Où il est difficile, impossible de jouer. *Terrain injouable.* ➤ **impraticable.** ■ CONTR. Jouable.

INJURE [ɛ̃ʒyʀ] n. f. – 1174 *injurie* ♦ latin *injuria* « injustice, tort » ■ **1** VX Injustice, traitement injuste. *Faire injure à qqn,* traiter injustement, faire tort. ■ **2** (XIIIe) LITTÉR. Dommage causé par les éléments, le temps. *L'injure des ans, du sort.* ■ **3** VIEILLI Offense grave et délibérée. ➤ **affront, avanie, insulte, outrage.** « *en amour, une faveur qui n'est pas exclusive est une injure* » ROUSSEAU. *Venger une injure. Mépris des injures. Faire injure à qqn.* ➤ **offenser, outrager.** « *vous me faites injure en en doutant* » ARTAUD. *Faire à qqn l'injure de* (et l'inf.). *Je ne vous ferai pas l'injure de vérifier vos dires.* — DR. CIV. *Injures entre époux :* toute faute grave commise par l'un au préjudice de l'autre et constituant une cause de divorce. ■ **4** (XIIIe) COUR. Parole offensante. ➤ **attaque, calomnie, insolence, insulte, invective, sottise ;** RÉGION. **bêtise.** *Dire, adresser, proférer des injures.* « *il recommença à l'accabler d'injures atroces et dignes d'un cocher de fiacre* » STENDHAL. ➤ **injurier.** *En venir aux injures. Agonir qqn d'injures. Chapelet, bordée, torrent d'injures. Injures grossières.* ➤ **mot** (gros), **ordure.** *Injure raciste, raciale, sexiste, homophobe.* ♦ DR. Délit consistant à proférer à l'encontre de quelqu'un un terme de mépris. ➤ **outrage.** *Injure à agent. Injure et diffamation.* ■ CONTR. Compliment, éloge, louange.

INJURIER [ɛ̃ʒyʀje] v. tr. ‹7› – 1393 ; « faire du tort » 1266 ♦ bas latin *injuriare,* classique *injuriari* ■ Couvrir d'injures. ➤ **insulter.** (cf. Traiter* de tous les noms). *Injurier grossièrement qqn. Se faire injurier.* ➤ **agonir.** « *critiquez-le* [cet essai], *mais sans m'injurier* » BEAUMARCHAIS. — PRONOM. (RÉCIPR.) *Les automobilistes s'injuriaient copieusement.* ■ CONTR. Complimenter, flatter, 1 louer.

INJURIEUSEMENT [ɛ̃ʒyʀjøzmɑ̃] adv. – 1333 ♦ de *injurieux* ■ D'une manière injurieuse. *Traiter qqn injurieusement.* ■ CONTR. Élogieusement.

INJURIEUX, IEUSE [ɛ̃ʒyʀjø, jøz] **adj.** – 1300 ◊ latin *injuriosus* ■ **1** VX Injuste. *« Le sort injurieux me ravit un époux »* RACINE. ■ **2** MOD. Qui contient des injures, qui constitue une injure. ➤ **blessant, insultant, mortifiant, offensant, outrageant.** *Paroles, propos, termes injurieux. Discours, écrit injurieux.* ➤ **diatribe.** *« l'épithète de paysan leur est devenue injurieuse, synonyme de butor et de malappris »* SAND. ■ CONTR. Élogieux, flatteur, respectueux.

INJUSTE [ɛ̃ʒyst] **adj.** – 1293 ◊ latin *injustus* ■ Qui n'est pas juste. ■ **1** Qui agit contre la justice ou l'équité. ➤ **mauvais.** *Un maître injuste. Vous avez été injuste avec, envers vos amis. « C'est être injuste d'exiger des autres qu'ils fassent pour nous ce qu'ils ne veulent pas faire pour eux-mêmes »* VAUVENARGUES. *Sort, société injuste.* ■ **2** Qui est contraire à la justice. ➤ **abusif, arbitraire, attentatoire, illégal, illégitime, inique.** *Sentence, jugement injuste.* ➤ **partial.** *Châtiment injuste.* ➤ **immérité, indu.** *Impôt, partage injuste.* ➤ **inéquitable,** 1 **léonin.** *Il est injuste d'agir ainsi. Ce serait injuste qu'il soit puni à la place du coupable.* — SUBST. *Distinguer le juste et l'injuste.* ■ **3** VX ➤ **injustifié.** *« Hé ! repoussez, Madame, une injuste terreur »* RACINE. ■ CONTR. Juste.

INJUSTEMENT [ɛ̃ʒystəmɑ̃] **adv.** – XIIIe ◊ de *injuste* ■ D'une manière injuste. *« un innocent injustement puni »* HUGO. ■ CONTR. Justement.

INJUSTICE [ɛ̃ʒystis] **n. f.** – XIIe ◊ latin *injustitia* ■ **1** Caractère d'une personne, d'une chose injuste ; manque de justice. ➤ **iniquité.** *L'injustice humaine. L'injustice d'une sentence.* ➤ **partialité.** *« La puissance ne se montre que si l'on en use avec injustice »* RADIGUET. — ABSOLT Ce qui est injuste. *Être révolté par l'injustice. « je ne rencontre que des passe-droits et de l'injustice »* GIDE. *« le sentiment d'injustice ne suffit pas pour combattre l'injustice »* MITTERRAND. ■ **2** Acte, décision, jugement contraire à la justice. *L'injustice qu'on lui a faite. Être victime d'une terrible injustice. Il faut réparer cette injustice.* ■ CONTR. Justice.

INJUSTIFIABLE [ɛ̃ʒystifjabl] **adj.** – 1791 ◊ de 1 *in-* et *justifiable* ■ Qu'on ne peut justifier. *Une conduite, un retard injustifiable.* ➤ **inexcusable.** *Une politique injustifiable.*

INJUSTIFIÉ, IÉE [ɛ̃ʒystifje] **adj.** – avant 1830 ◊ de 1 *in-* et *justifié* ■ Qui n'est pas justifié. ➤ **injuste.** *Une mesure, une punition injustifiée. Réclamation injustifiée.* ➤ **immotivé, infondé.** *Imputation injustifiée.* ➤ **gratuit.** ■ CONTR. Fondé, justifié.

INLANDSIS [inlɑ̃dsis] **n. m.** – 1888 n. f. ◊ mot scandinave ■ GÉOGR. Glacier continental des régions polaires ; calotte glaciaire.

INLASSABLE [ɛ̃lɑsabl] **adj.** – 1888 ; hapax 1624 ◊ de 1 *in-* et *lasser* ■ Qui ne se lasse pas. ➤ **infatigable, patient.** *Un défenseur inlassable. — Son inlassable combat.*

INLASSABLEMENT [ɛ̃lɑsabləmɑ̃] **adv.** – 1907 ◊ de *inlassable* ■ D'une manière inlassable. *Recommencer inlassablement le même geste, poser inlassablement les mêmes questions.*

INLAY [inlɛ] **n. m.** – 1891 ◊ mot anglais « incrustation » ■ ANGLIC., CHIR. DENT. Obturation dentaire au moyen de métal (spécialement, d'or) coulé ; la matière obturatrice. *Des inlays.*

INNÉ, ÉE [i(n)ne] **adj.** – 1611 ; *enné* 1554 ◊ latin *innatus* ■ Que l'on a en naissant, dès la naissance (opposé à *acquis*). *Don, goût inné. Qualité, disposition, inclination innée.* ➤ **foncier, infus, naturel.** *Il a le sens inné des affaires. « Le goût de l'érudition est inné en moi »* RENAN. ➤ **congénital** (cf. De nature, dans le sang). *« cet amour de la justice, inné dans tous les cœurs »* ROUSSEAU. — PHILOS. *Idées innées,* inhérentes à l'esprit humain, antérieures à toute expérience. ■ CONTR. 2 Acquis.

INNÉISME [i(n)neism] **n. m.** – fin XIXe ◊ de *(idée) innée* ■ PHILOS. Système ou attitude reposant sur la croyance à l'innéité des caractères mentaux, des structures mentales. — **adj.** et **n.** **INNÉISTE.**

INNÉITÉ [i(n)neite] **n. f.** – 1810 ◊ de *inné* ■ PHILOS. Caractère inné (de caractères mentaux, de structures mentales). *« l'innéité de notre désespoir »* CIORAN.

INNERVANT, ANTE [inɛʀvɑ̃, ɑ̃t] **adj.** – 1972 ◊ de *innerver* ■ *Agent innervant :* neurotoxique qui inhibe la cholinestérase et entraîne l'accumulation d'acétylcholine, pouvant provoquer la mort par paralysie musculaire. *Les gaz innervants comme le sarin, le tabun sont des armes chimiques.*

INNERVATION [inɛʀvasjɔ̃] **n. f.** – 1903 ; « mode d'action du système nerveux » 1824 ◊ de 2 *in-* et latin *nervus* « nerf » ■ ANAT. Distribution des nerfs (dans une région du corps). *Innervation de la face, de la main. Double innervation cardiaque,* assurée par les nerfs cardiaques sympathiques et parasympathiques, ayant des effets antagonistes sur l'activité du cœur.

INNERVER [inɛʀve] **v. tr.** ⟨1⟩ – 1826 au p. p. ◊ du latin *nervus* → innervation ■ Fournir de nerfs, en parlant d'un tronc nerveux. *Le nerf facial et le nerf trijumeau innervent la face. — Le lobe de l'oreille est peu innervé.*

INNOCEMMENT [inɔsamɑ̃] **adv.** – 1548 ; *innoçamment* 1349 ◊ de *innocent* ■ Avec innocence, sans faire ou sans vouloir faire le mal. *« telle phrase qu'il disait jusque-là fort innocemment »* PAULHAN. ➤ **ingénument** (cf. Sans malice, sans songer à mal*).

INNOCENCE [inɔsɑ̃s] **n. f.** – 1120 ◊ latin *innocentia* → innocent ■ **1** État de l'être qui n'est pas souillé par le mal, qui est incapable de le commettre. ➤ **pureté.** *Le blanc, symbole de l'innocence. L'innocence d'un enfant.* ◆ État d'une personne qui ignore le mal. ➤ **candeur, fraîcheur, ingénuité.** *« Dans son innocence obstinée* [...] *elle avait gardé de l'enfance »* SAINTE-BEUVE. **loc. adv.** *En toute innocence :* innocemment, sans penser à mal. *Ils ont agi en toute innocence.* — SPÉCIALT ; VIEILLI ou PLAISANT Virginité. ◆ Trop grande naïveté. *Abuser de l'innocence de qqn. Avoir l'innocence de croire que...* ■ **2** LITTÉR. État de ce qui ne nuit pas, n'est pas malfaisant. *« il s'en faut que le poison de mentir ait la même innocence »* SUARÈS. ➤ **innocuité.** ■ **3** État d'une personne qui n'est pas coupable (de ce dont on la soupçonne). *« il avait la conviction de l'innocence des accusés »* BALZAC. *« Il a protesté de son innocence avec la dernière énergie »* MARTIN DU GARD. *Clamer son innocence. Reconnaître, établir, prouver l'innocence de qqn.* — PAR EXT. LITTÉR. Les innocents. *« quelle injuste puissance Laisse le crime en paix et poursuit l'innocence »* RACINE. ■ CONTR. Impureté ; expérience, nocivité. Culpabilité.

INNOCENT, ENTE [inɔsɑ̃, ɑ̃t] **adj.** et **n.** – 1080 ◊ latin *innocens,* de *nocere* « nuire » ■ **1** Qui n'est pas souillé par le mal. ➤ **pur ; immaculé.** *Vie innocente,* simple et vertueuse. — SPÉCIALT Qui ignore le mal, est pur et sans malice. ➤ **candide.** *Innocent comme l'enfant, l'agneau qui vient de naître. Air innocent.* ➤ 1 **angélique.** *« Elle, si innocente, qui ne sait rien de rien, dont nous surveillons jusqu'aux pensées »* ZOLA. *Une main innocente a procédé au tirage au sort.* — **n.** *Un innocent, une innocente* (s'emploie surtout en parlant des jeunes enfants). RELIG. *Massacre des Innocents, des saints Innocents :* massacre des petits enfants par Hérode. ■ **2** (XVe) Qui a une ignorance, une naïveté trop grande. ➤ **crédule,** 1 **naïf, niais, simple.** *Il est bien innocent de croire ces balivernes.* ◆ SPÉCIALT **n.** Simple d'esprit. *L'innocent du village.* ➤ **idiot.** — PROV. *Aux innocents les mains pleines :* les simples sont heureux dans leurs entreprises. ■ **3** VX ou LITTÉR. Qui ne nuit pas, n'est pas dangereux. ➤ **inoffensif.** « [la bergeronnette] *Compagne d'hommes innocents et paisibles »* BUFFON. ➤ 1 **bon.** *« de petits remèdes innocents »* RACINE. ➤ **anodin, bénin.** ■ **4** Qui n'est pas coupable. *Il est innocent du crime dont on l'accuse. « Tout homme est présumé innocent jusqu'à ce qu'il ait été déclaré coupable »* (DÉCLARATION DES DROITS DE L'HOMME). *Être innocent d'un acte.* ➤ **irresponsable.** *Innocente victime.* — **n.** *Condamner un innocent. Faire l'innocent,* celui qui ne comprend pas. ■ **5** Qui n'est pas blâmable. ➤ **irrépréhensible.** *Plaisirs innocents. Baiser innocent.* ➤ **chaste.** *Espiègleries, plaisanteries, railleries innocentes,* pas méchantes. ■ CONTR. Impur ; averti, rusé ; dangereux, malfaisant, nuisible. Coupable, responsable.

INNOCENTER [inɔsɑ̃te] **v. tr.** ⟨1⟩ – 1704 ; autre sens 1530 ◊ de *innocent* ■ **1** Déclarer (qqn) innocent, non coupable. ➤ **blanchir, disculper, réhabiliter.** *Innocenter un accusé. On m'a « emprisonné, jugé, condamné et* [elle n'a] *pas élevé la voix pour m'innocenter »* AYMÉ. PAR EXT. (sujet chose) *Cette déclaration du témoin l'innocente, le lave de tout soupçon.* ■ **2** Considérer comme innocent. ➤ **absoudre, excuser, justifier, pardonner.** *« Vous innocentez l'ivrognerie, vous idéalisez la crapule »* BAUDELAIRE. ■ CONTR. Accuser, condamner.

INNOCUITÉ [inɔkɥite] **n. f.** – 1783 ◊ du latin *innocuus* « qui n'est pas nuisible » ■ Qualité de ce qui n'est pas nuisible. *Tester l'innocuité d'un vaccin.* ■ CONTR. Nocivité.

INNOMBRABLE [i(n)nɔ̃bʀabl] **adj.** – 1341 ◊ latin *innumerabilis* ■ **1** De nombre trop considérable pour être compté, et PAR EXAGÉR. d'un nombre très important. ➤ **infini, nombreux.** *Foule innombrable.* ➤ **considérable.** *Ils étaient en quantité innombrable* (➤ **beaucoup**). *« des poissons innombrables, des myriades et des myriades »* LOTI. *Détails, nuances innombrables.* ➤ **incalculable.** ■ **2** LITTÉR. Qui a de très nombreux aspects, de nombreuses formes ; multiforme. *Cette chevelure « souple, innombrable, animée »* LOUŸS. *« Le Cœur innombrable », recueil d'Anna de Noailles.* ■ CONTR. Dénombrable, nombrable.

INNOMÉ, ÉE ➤ **INNOMMÉ**

INNOMINÉ, ÉE [i(n)nɔmine] adj. – 1560 ◊ latin *innominatus* ■ ANAT. VX S'est dit des os et des artères iliaques qui n'avaient pas de dénomination précise. *Os innominé, artère innominée.* ♦ (XXe) *Ligne innominée :* relief osseux à la face interne de l'os iliaque.

INNOMMABLE [i(n)nɔmabl] adj. – 1584 ◊ de 1*in-* et *nommer* ■ **1** DIDACT. Qui ne peut être nommé. *«l'attente de quelque chose d'inconnu, d'innomé et d'innommable»* DANIEL-ROPS. ■ **2** COUR. Trop vil, trop ignoble pour être désigné. ➤ **dégoûtant*.** *«une matière innommable, faite de toutes les matières immondes que rejette une ville»* MAUPASSANT. *Nourriture innommable.* ➤ **infect.** ♦ ABSTRAIT Bas, vil. *Une conduite innommable.* ➤ **indigne, inqualifiable.**

INNOMMÉ, ÉE [i(n)nɔme] adj. – 1370 ◊ de 1*in-* et *nom* ■ Qui n'a pas reçu de nom, de dénomination (➤ **innommable,** 1o). — On a écrit aussi *innomé, ée* (1835).

INNOVANT, ANTE [inɔvɑ̃, ɑ̃t] adj. – v. 1980 ◊ de *innover* ■ Qui innove, apporte ou constitue une innovation. *Matériaux, projets innovants. Une équipe jeune et innovante.* ➤ **novateur.** *Entreprises innovantes.*

INNOVATEUR, TRICE [inɔvatœʀ, tʀis] n. – 1500 ◊ bas latin *innovator* ■ Personne qui innove. ➤ **créateur, initiateur, inspirateur, novateur, promoteur.** *Un innovateur hardi.* — adj. Qui fait des innovations. *Politique innovatrice.* ■ CONTR. Routinier.

INNOVATION [inɔvasjɔ̃] n. f. – *innovacion* 1297 ◊ latin impérial *innovatio* ■ Action d'innover. *«l'innovation au théâtre est la plus difficile et la plus dangereuse de toutes»* GAUTIER. ♦ Résultat de cette action, chose nouvelle. ➤ **changement, création, nouveau, nouveauté.** *Aimer, craindre les innovations.* ➤ **inconnu, inédit.** *Les innovations qui marquent leur temps. Innovations en matière de cinéma, dans l'industrie. Innovations scientifiques, techniques.* ➤ **découverte, invention.** ■ CONTR. Archaïsme, routine, tradition.

INNOVER [inɔve] v. ‹1› – 1315, rare avant XVIe ◊ latin *innovare* ■ **1** v. tr. Introduire dans une chose établie (qqch. de nouveau, d'encore inconnu). ➤ **changer.** *Innover une mode, une coiffure.* ➤ **inventer, trouver.** *«ne rien innover, telle est la loi du pays»* BALZAC. ■ **2** v. intr. Introduire qqch. de nouveau. *Innover sur une époque, par rapport à une époque. Innover en art, en matière d'art. «Il faut innover, être là où on ne l'attend pas, y être avant les autres»* V. DESPENTES. *Il n'a pas innové.* ■ CONTR. Conserver, copier, imiter.

INNU, E [inu] adj. et n. – 1984 ◊ mot de la langue innue «être humain» ■ Relatif à un peuple autochtone des régions subarctiques et boréales du Québec et du Labrador. *La culture innue. La langue innue* ou n. m. *l'innu.* — n. *Les Innus.*

INNUMÉRISME [i(n)nymeʀism] n. m. – 2000 ◊ de 1*in-* et latin *numerus* «nombre», sur le modèle de *illettrisme* ■ DIDACT. Incapacité à maîtriser les chiffres et les règles de calcul simples. *Innumérisme et illettrisme.*

INOBSERVABLE [inɔpsɛʀvabl] adj. – 1754 ◊ de 1*in-* et *observable* ■ **1** Qui ne peut être observé. *Phénomène inobservable.* ■ **2** Qui ne peut être suivi. *Règlement inobservable.*

INOBSERVANCE [inɔpsɛʀvɑ̃s] n. f. – 1521 ◊ latin *inobservantia* ■ LITTÉR. Défaut d'observance (des prescriptions morales, religieuses, médicales). *L'inobservance de la règle. «l'inobservance de ce minimum de formes extérieures»* C. SIMON.

INOBSERVATION [inɔpsɛʀvasjɔ̃] n. f. – 1550 ◊ de 1*in-* et *observation* ■ DR. ou LITTÉR. Action de ne pas observer, de ne pas se conformer à. *L'inobservation des règles, des conventions, d'un contrat.* ➤ **inexécution.**

INOBSERVÉ, ÉE [inɔpsɛʀve] adj. – 1846 ; autre sens 1791 ◊ de 1*in-* et *observé* ■ DR. ou LITTÉR. Qui n'a pas été observé. *Règles inobservées.*

INOCCUPATION [inɔkypasjɔ̃] n. f. – 1761 ◊ de 1*in-* et *occupation* ■ LITTÉR. État d'une personne inoccupée (➤ **désœuvrement**), d'une chose inoccupée.

INOCCUPÉ, ÉE [inɔkype] adj. – 1717 ; hapax 1544 ◊ de 1*in-* et *occupé* ■ Qui n'est pas occupé. ■ **1** Où il n'y a personne. ➤ **vacant, vide.** *Appartement, logement inoccupé* (➤ **inhabité**). *Terrain inculte et inoccupé.* ➤ 2 **vague.** *Siège inoccupé.* ➤ **libre.** *Le poste est encore inoccupé,* est à pourvoir. ■ **2** Qui n'a pas d'occupation. *Personne, vie inoccupée.* ➤ **désœuvré, oisif.** *Rester inoccupé. Avoir les mains inoccupées.* — SUBST. *«cette inoccupée, qui bornait son activité à morigéner sa servante»* COLETTE.

IN-OCTAVO [inɔktavo] adj. inv. et n. m. – 1567 ◊ mots latins «en huitième» ■ IMPRIM. Où la feuille d'impression est pliée en huit feuillets (ou seize pages). *Le format in-octavo* (in-8°), et n. m. *l'in-octavo. Livre in-octavo.* — n. m. Livre in-octavo. *Des in-octavos* ou *des in-octavo* (inv.).

INOCULABLE [inɔkylabl] adj. – 1759 ◊ de *inoculer* ■ Qui peut être inoculé. *La rage est facilement inoculable.*

INOCULATION [inɔkylasjɔ̃] n. f. – 1722 ◊ emprunté à l'anglais, du latin *inoculatio* → inoculer ■ MÉD. Introduction dans l'organisme (d'une substance contenant les germes d'une maladie). *Inoculation accidentelle, involontaire, par blessure, morsure, seringue contaminée. Inoculation d'un microbe, d'un virus* (➤ **inoculum**). — SPÉCIALT *Inoculation volontaire, immunisante* (➤ **vaccin, vaccination**), *curative* (pour atténuer une autre maladie préexistante).

INOCULER [inɔkyle] v. tr. ‹1› – 1723 ◊ de l'anglais *to inoculate,* du latin *inoculare* «greffer en écusson», de *oculus* «œil, bourgeon» ■ **1** MÉD. Introduire dans l'organisme par inoculation (les germes d'une maladie). *Il se fit une piqûre «qui lui inocula une affection purulente»* FRANCE. *S'inoculer une maladie.* — SPÉCIALT *Inoculer un vaccin.* ■ **2** (fin XVIIIe) FIG. Communiquer, transmettre (un sentiment, une idée, que l'on compare à un virus). ➤ **infuser.** *«nous inoculons nos goûts, nos vices peut-être, à la femme qui nous aime»* BALZAC.

INOCULUM [inɔkylɔm] n. m. – milieu XXe ◊ latin moderne, de *inoculare* → inoculer ■ BIOL. Substance inoculée ou destinée à une inoculation. *Des inoculums bactériens.*

INODORE [inɔdɔʀ] adj. – 1676 ◊ latin *inodorus* ■ **1** Qui ne dégage aucune odeur. *L'hydrogène, gaz inodore. Rose inodore.* ■ **2** FIG. Sans caractère, sans relief. ➤ **insipide.** *Un personnage inodore.* LOC. FAM. *(Incolore,) inodore et sans saveur :* sans aucun intérêt. *«Elle avait un jules incolore et inodore»* M. WINCKLER. ■ CONTR. Odorant, odoriférant.

INOFFENSIF, IVE [inɔfɑ̃sif, iv] adj. – 1777 ◊ de 1*in-* et *offensif* ■ **1** Qui est incapable de nuire ; qui ne fait pas de mal à autrui. ➤ **innocent.** *N'ayez pas peur, ce chien est absolument inoffensif. «M. Lavisse est un inoffensif homme de bureau, un innocent pédagogue»* PÉGUY. — PAR EXT. ➤ **anodin, bénin.** *Plaisanterie inoffensive. «La rêverie n'est pas inoffensive, dans un monde où il faut constamment agir»* R. ROLLAND. ■ **2** Qui n'est pas nocif. *Un traitement inoffensif.* ■ CONTR. Dangereux, nuisible. Nocif, toxique.

INONDABLE [inɔ̃dabl] adj. – 1874 ◊ de *inonder* ■ Qui peut être inondé, risque d'être inondé. *Terres inondables.*

INONDATION [inɔ̃dasjɔ̃] n. f. – *inondacion* XIIIe ◊ latin *inundatio* ■ **1** Débordement d'eaux qui inondent le pays environnant. *Inondation causée par les pluies, la fonte des neiges, la crue d'un torrent, les hautes eaux d'une rivière. Les inondations périodiques du Nil. Dégâts dus aux inondations.* ■ **2** Action d'inonder ; résultat de cette action. *Inondation volontaire d'un territoire.* ➤ **submersion.** ■ **3** Eaux qui inondent. *L'inondation couvrait les terres basses.* ♦ FAM. Grande quantité de liquide renversé. *La fuite a provoqué une inondation dans la salle de bains.* ■ **4** FIG. Afflux massif. ➤ **invasion.** *«Les paysans arrondissaient les yeux [...] à l'idée de cette inondation du blé étranger»* ZOLA. ■ CONTR. Assèchement, dessèchement, drainage.

INONDÉ, ÉE [inɔ̃de] adj. et n. – XIIIe ◊ de *innonder* ■ **1** Recouvert par les eaux. *Vallée inondée. Terres inondées.* ➤ **immergé.** — *Cave inondée.* ■ **2** (PERSONNES) Qui subit les effets d'une inondation. *Les populations inondées.* — n. (1840) *Les inondés.* ➤ **sinistré.**

INONDER [inɔ̃de] v. tr. ‹1› – *enunder* v. 1120 ◊ latin *inundare* ■ **1** Couvrir d'eaux qui débordent ou affluent. ➤ **immerger,** 1 **noyer, submerger.** *Le fleuve a inondé les prés. L'orage a inondé la cave.* ■ **2** PAR EXAGÉR. Mouiller abondamment. ➤ **arroser, tremper.** *Inonder la salle de bains en prenant une douche. Les larmes inondaient son visage. Il «s'était emparé de la bouteille d'eau de Cologne, [...] s'en inondait les mains et les cheveux»* ZOLA. — PRONOM. *Elle s'est inondée de parfum.* ➤ **s'asperger.** ■ **3** Envahir massivement. *«des milliers de paysans arrivant des montagnes voisines, inondèrent les rues de Verrières»* STENDHAL. *Inonder un pays de tracts, de produits. Les articles en matière plastique inondent le marché.* ■ **4** FIG. Pénétrer, remplir. *«La campagne est inondée de l'odeur des foins»* FROMENTIN. *Joie qui inonde l'âme, le cœur.* ➤ **submerger.** ■ CONTR. Assécher, sécher.

INOPÉRABLE [inɔpeʀabl] adj. – 1812 ◊ de 1*in-* et *opérable* ■ Qui ne peut être opéré. *Blessé inopérable. Tumeur inopérable.*

INOPÉRANT, ANTE [inɔperɑ̃, ɑ̃t] **adj.** – 1859 ; «vague» 1846 ◊ de 1*in-* et *opérant* ▪ Qui ne produit aucun effet. ➤ **impuissant, inefficace.** *Remède inopérant. Mesures inopérantes.* ▪ **CONTR.** 1 Efficace, opérant.

INOPINÉ, ÉE [inɔpine] **adj.** – XIVe ◊ latin *inopinatus* ▪ Qui arrive, se produit alors qu'on ne s'y attendait pas. ➤ **fortuit, imprévu, inattendu.** *Mort inopinée.* ➤ **subit.** «*La frousse qu'ils avaient eue, ayant cru à la survenue inopinée d'un des gros bonnets de la maison*» COURTELINE. *Nouvelle inopinée.* ➤ **surprenant.** ▪ **CONTR.** Attendu, prévu.

INOPINÉMENT [inɔpinemɑ̃] **adv.** – *inopineement* 1491 ◊ de *inopiné* ▪ D'une manière inopinée. *Arriver inopinément chez qqn* (cf. À l'improviste, sans crier gare*). «*Tout cela s'était fait inopinément, sans qu'il y prît part*» MAUPASSANT.

INOPPORTUN, UNE [inɔpɔʀtœ̃, yn] **adj.** – v. 1380 ◊ bas latin *inopportunus* ▪ Qui n'est pas opportun. ➤ **déplacé, fâcheux, importun, intempestif.** *Demande, requête, suggestion inopportune. Le moment est inopportun,* mal choisi. ▪ **CONTR.** Convenable, opportun.

INOPPORTUNÉMENT [inɔpɔʀtynemɑ̃] **adv.** – 1410 ◊ de *inopportun* ▪ LITTÉR. D'une manière inopportune (cf. À contretemps). *Arriver inopportunément* (cf. Mal à propos* ; comme un cheveu* sur la soupe). ▪ **CONTR.** Opportunément.

INOPPORTUNITÉ [inɔpɔʀtynite] **n. f.** – 1433 ◊ latin médiéval *inopportunitas* ▪ LITTÉR. Caractère de ce qui est inopportun. *Inopportunité d'une démarche, d'une mesure.*

INOPPOSABILITÉ [inɔpozabilite] **n. f.** – 1875 ◊ de *inopposable* ▪ DR. Impossibilité de faire valoir un droit ou un moyen de défense. *Inopposabilité d'une exception.* — Qualité d'un acte dont les effets ne peuvent se produire à l'égard des tiers.

INOPPOSABLE [inɔpozabl] **adj.** – 1845 ◊ de 1*in-* et *opposable* ▪ DR. Qui ne peut être opposé. *Acte, droit inopposable aux tiers.* ▪ **CONTR.** Opposable.

INORGANIQUE [inɔʀganik] **adj.** – 1579 ◊ de 1*in-* et *organique* ▪ **1** Qui ne provient pas, n'est pas un constituant de la matière vivante. *Matière inorganique* (➤ **minéral**). — CHIM. *Composé inorganique,* qui ne contient de carbone que sous forme de carbonate ou de cyanure. *Le carbone inorganique des roches.* ▪ **2** MÉD. ➤ **fonctionnel.** ▪ **CONTR.** Organique.

INORGANISABLE [inɔʀganizabl] **adj.** – 1846 ◊ de 1*in-* et *organisable* ▪ Qui ne peut être organisé. ▪ **CONTR.** Organisable.

INORGANISATION [inɔʀganizasjɔ̃] **n. f.** – 1794 ◊ de 1*in-* et *organisation* ▪ Absence d'organisation ; état de ce qui est inorganisé. *L'inorganisation d'un secteur, d'une profession.* ▪ **CONTR.** Organisation.

INORGANISÉ, ÉE [inɔʀganize] **adj.** – 1769 ◊ de 1*in-* et *organisé* ▪ **1** SC. Qui n'est pas organisé. ➤ **inorganique.** ▪ **2** POLIT. Qui n'est pas inscrit à un syndicat ou qui n'appartient pas à une formation politique. — SUBST. *Les «licenciés étaient des "inorganisés." Un seul était syndiqué à la C. G. T.»* VAILLAND. ▪ **CONTR.** Organisé. Syndiqué.

INOUBLIABLE [inublijabl] **adj.** – 1836 ◊ de 1*in-* et *oublier* ▪ Que l'on ne peut oublier. ➤ **mémorable.** *Un fait inoubliable.* «*les inoubliables services que des naturalistes ont rendu à l'art*» HUYSMANS. — COUR. D'une telle qualité qu'on en gardera le souvenir. *Ils leur ont fait un accueil inoubliable. Spectacle inoubliable.*

INOUÏ, ÏE [inwi] **adj.** – début XVIe *inoye* ◊ de 1*in-* et *ouï* → ouïr ▪ **1** VX ou LITTÉR. Qu'on n'a jamais entendu. *Accents, accords inouïs.* «*Sauts d'harmonie inouïs*» RIMBAUD. ▪ **2** VIEILLI Dont on n'a jamais entendu parler. ➤ **inconnu, nouveau.** «*Des honneurs jusque-là inouïs*» MASSILLON. ▪ **3** MOD. et COUR. Qui est extraordinaire. ➤ **énorme, étonnant, étrange, extraordinaire,** 1 **fort, incroyable, prodigieux.** *Avec une violence inouïe.* «*lui-même, chose inouïe, il venait d'être bon*» HUGO. — FAM. Qui dépasse la mesure. *Il a un culot inouï.* ➤ **formidable, fou, invraisemblable.** *Tu es inouï !* ➤ **trop.** *C'est vraiment inouï.* ➤ **inconcevable.** ▪ **CONTR.** Commun, ordinaire.

INOX [inɔks] **n. m.** – 1933 ◊ nom déposé ; abrév. de *(acier) inoxydable* ▪ Acier inoxydable. *Évier, couverts en inox.* — **adj.** *Des couverts inox.*

INOXYDABLE [inɔksidabl] **adj.** – 1842 ◊ de 1*in-* et *oxyder* ▪ **1** Qui ne s'oxyde pas. ➤ **inaltérable.** *Alliage, métal inoxydable,* qui a une grande résistance à l'oxydation. *Couteaux, couverts inoxydables.* ➤ **inox.** — **n. m.** Métal inoxydable. *C'est de l'inoxydable.* ▪ **2** FIG. Inaltérable. «*les liens d'une inoxydable amitié*» ALLAIS.

IN PACE [inpase ; inpatʃe] **n. m. inv.** – 1690 ◊ mots latins «en paix», de *vade in pace,* prononcés en refermant le cachot derrière le prisonnier ▪ Cachot, prison d'un couvent, où on enfermait à perpétuité certains coupables scandaleux. «*Quatre cachots de pierre* [...] *C'étaient des* in pace» HUGO. — On écrit aussi *in-pace.*

IN PARTIBUS [inpaʀtibys] **loc. adj.** – 1703 ◊ abrév. de la loc. latine *in partibus infidelium* «dans les pays des infidèles» ▪ Se disait des évêques titulaires de diocèses situés en pays non chrétiens. — FIG. (1788) FAM. Sans fonction réelle. *Professeur, ministre in partibus.*

IN PETTO [inpeto] **loc. adv.** – 1666 ◊ mots italiens «dans la poitrine» ▪ LITTÉR. OU PLAISANT Dans le secret du cœur, à part soi. ➤ **intérieurement.** «*il avait toujours l'air de se faire à lui-même quelque récit piquant, dont il lui suffisait de goûter* in petto *le sel*» MARTIN DU GARD.

IN-PLANO [inplano] **adj. inv.** et **n. m.** – 1835 ◊ mots latins «en plan» ▪ IMPRIM. Dont la feuille d'impression n'est pas pliée. *Format in-plano.* — **n. m.** Format in-plano. *L'in-plano. Des in-planos* ou *des in-plano* (**inv.**).

INPUT [input] **n. m.** – 1953 ◊ mot anglais, de *to input* «mettre dedans» ▪ ANGLIC. ▪ **1** TECHN. Entrée de données dans un système informatique, de signal dans un dispositif électronique. *Des inputs.* ▪ **2** ÉCON. Ensemble des biens et services entrant dans le processus de production. ➤ **intrant.** ▪ **CONTR.** Output.

INQUALIFIABLE [ɛ̃kalifjabl] **adj.** – 1835 ◊ de 1*in-* et *qualifier* ▪ Qu'on ne peut qualifier (assez sévèrement). ➤ **indigne, innommable.** *Action, conduite inqualifiable. Elles «sont toujours d'une inqualifiable grossièreté»* MAUPASSANT.

INQUART [ɛ̃kaʀ] **n. m.** – 1676 ◊ de 2*in-* et *quart* ▪ TECHN. Opération qui consiste à ajouter à l'or, avant la coupellation, trois fois son poids d'argent. ➤ **alliage.** — On dit aussi **INQUARTATION n. f.** et **QUARTATION n. f.**

IN-QUARTO [inkwarto] **adj. inv.** et **n. m.** – 1567 ◊ mots latins «en quart» ▪ IMPRIM. Dont la feuille, pliée en quatre feuillets, forme huit pages. *Format in-quarto,* et **n. m.** *l'in-quarto* (in-4°). — **n. m.** Livre in-quarto. *Des in-quartos* ou *des in-quarto* (**inv.**).

INQUIET, INQUIÈTE [ɛ̃kjɛ, ɛ̃kjɛt] **adj.** – 1580 *inquiete* ◊ latin *inquietus* «agité» → coi, quiet

I Qui ne peut trouver le repos, la tranquillité. ▪ **1** VX ➤ **agité, remuant.** «*Des gens inquiets, brûlant leur vie*» FRANCE. — *Sommeil inquiet.* ➤ **agité, troublé.** ▪ **2** LITTÉR. Qui n'est jamais satisfait de sa situation, de son état. ➤ **impatient, insatisfait.** «*L'homme, créature vide et inquiète*» VAUVENARGUES. — PAR EXT. *Curiosité, ambition inquiète.*

II COUR. Qui est agité par la crainte, l'incertitude. ➤ **angoissé, anxieux, soucieux, tourmenté, troublé.** *Elle est inquiète de votre silence.* «*elle est inquiète de vous savoir si souvent avec ce M. de Cérizolles*» TOULET. *Je suis inquiet à son sujet, pour lui. Je suis inquiète de ne pas recevoir de ses nouvelles, qu'il n'ait pas écrit.* — **n.** *Rassurez les inquiets.* — *C'est un esprit, un caractère inquiet.* ◆ Qui dénote l'inquiétude, est empreint d'inquiétude. *Attente inquiète.* ➤ **fiévreux, impatient.** *Expression inquiète. Air, regard inquiet. Avoir l'air inquiet.*

▪ **CONTR.** Quiet (vx) ; 2 calme, tranquille ; heureux, insouciant, 1 serein.

INQUIÉTANT, ANTE [ɛ̃kjetɑ̃, ɑ̃t] **adj.** – 1714 ◊ de *inquiéter* ▪ Qui cause de l'inquiétude, du souci. ➤ **alarmant, angoissant, effrayant, menaçant.** *Affaire, situation, nouvelle inquiétante.* ➤ **ennuyeux*, préoccupant.** *Avenir inquiétant.* ➤ **sombre.** *C'est inquiétant pour l'avenir. Ça devient inquiétant. Signes inquiétants. L'état du malade est inquiétant.* ➤ **grave.** — *Visage inquiétant ; mine, expression inquiétante,* qui fait peur. ➤ **patibulaire,** 1 **sinistre.** ▪ **CONTR.** Rassurant.

INQUIÉTER [ɛ̃kjete] **v. tr.** ⟨6⟩ – v. 1170 ◊ latin *inquietare*

I ▪ **1** VX ou LITTÉR. Troubler la quiétude, la tranquillité de, ne pas laisser en repos. ➤ **agiter, troubler.** *Parfois, «le cri lointain de l'hémyone* [...] *inquiète la solitude»* VILLIERS. ▪ **2** Troubler par des attaques, des démonstrations hostiles. ➤ **harceler.** *Depuis son acquittement, la police ne l'a plus inquiété.* ◆ SPORT Menacer. *Après cette victoire, l'équipe ne peut plus être inquiétée.*

II (1645) COUR. Remplir d'inquiétude, rendre inquiet (qqn). ➤ **alarmer, angoisser, ennuyer*, tourmenter, tracasser, travailler, troubler** (cf. Mettre en peine*). *Sa santé m'inquiète. Il n'est pas au courant, je ne veux pas l'inquiéter.* ➤ **effrayer, épouvanter.** *Vous m'inquiétez. C'est bien ce qui m'inquiète.* ➤ RÉGION. **chicoter,** FAM. **turlupiner.**

III S'INQUIÉTER v. pron. ▪ **1** Commencer à être inquiet. ➤ **s'alarmer, s'émouvoir, se préoccuper, se tourmenter, se tracasser ;** FAM. **se biler, se frapper** (cf. Se faire du souci* ; FAM. se faire de la

bile*, des cheveux*, du mauvais sang*, un sang* d'encre ; se ronger les sangs* ; s'en faire*). *Il s'inquiète à votre sujet, pour vous. Il n'y a pas de quoi s'inquiéter. Ne t'inquiète pas, ça va s'arranger.* FAM. *T'inquiète !*, ne t'inquiète pas (cf. T'occupe !). *« je t'ai piqué le bouquin, t'inquiète, je te le rendrai »* M. DESPLECHIN. ▪ **2** (1662) **S'INQUIÉTER DE :** se préoccuper, prendre soin, s'enquérir de. *Sans s'inquiéter des conséquences.* ➤ **se soucier.** *S'inquiéter de l'heure du train. Elle s'est inquiétée de ma santé. « jamais il ne s'est inquiété de savoir si j'étais riche »* SAND. *« Il s'inquiétait de ce que [...] l'air fût si doux »* BEDEL.
▪ CONTR. Calmer, rassurer, tranquilliser.

INQUIÉTUDE [ɛ̃kjetyd] n. f. – XIVe ◊ bas latin *inquietudo* ▪ État d'une personne inquiète.
I ▪ **1** VX Absence de quiétude, de repos, de tranquillité. ➤ **agitation.** *« Turbulent et plein d'inquiétude »* LA FONTAINE. ▪ **2** VIEILLI ou LITTÉR. PHILOS. État d'agitation, d'instabilité d'un esprit insatisfait, tourmenté. *Il « porte en lui l'inquiétude d'un malaise perpétuel »* BAUDELAIRE. *Inquiétude religieuse, métaphysique.*
II (1530) COUR. État pénible, trouble déterminé par l'attente d'un évènement, d'une souffrance que l'on appréhende, par l'incertitude, l'irrésolution où l'on est. ➤ **alarme, crainte, peine, peur, 1 souci, tourment.** *Cruelle, vive inquiétude.* ➤ **affolement, angoisse, anxiété, épouvante, transe.** *« un doute, une inquiétude vague l'envahissait »* MAUPASSANT. ➤ **appréhension, ennui, malaise.** *Quelle inquiétude ! Inquiétude sur, au sujet de. Sujet d'inquiétude. Son état me donne de l'inquiétude. Causer de l'inquiétude. Remplir d'inquiétude. Être, vivre dans l'inquiétude. Être fou d'inquiétude. Je ne me fais pas d'inquiétude pour lui. Soyez sans inquiétude :* ne vous inquiétez pas. — VIEILLI *« l'inquiétude où je suis de sa santé »* Mme DE SÉVIGNÉ. ♦ *Une, des inquiétudes :* sujet d'inquiétude. *J'ai des inquiétudes au sujet de sa réussite.*
▪ CONTR. 1 Calme, paix, repos, tranquillité.

INQUISITEUR, TRICE [ɛ̃kizitœʀ, tʀis] n. m. et adj. – v. 1260 « juge » ◊ latin *inquisitor*, de *inquirere* → s'enquérir ▪ **1** Personnage officiel chargé de procéder à des enquêtes. — HIST. *Inquisiteur de la foi*, et ABSOLT (1282) *Inquisiteur :* juge du tribunal de l'Inquisition. *Le Grand Inquisiteur :* chef suprême de l'Inquisition. ▪ **2** adj. (1842) Qui interroge indiscrètement, de façon autoritaire. ➤ **fureteur, inquisitorial.** *« Elle jetait sur Rodolphe des regards inquisiteurs »* BALZAC. ➤ **scrutateur.** *Questions inquisitrices.*

INQUISITION [ɛ̃kizisjɔ̃] n. f. – 1160 ◊ latin *inquisitio* ▪ **1** VX Enquête, recherche. *« Il n'y a point de fin dans nos inquisitions »* MONTAIGNE. ▪ **2** (1265) HIST. *Tribunal de l'Inquisition*, et ABSOLT *l'Inquisition :* juridiction ecclésiastique d'exception instituée par le pape Grégoire IX pour la répression, dans toute la chrétienté, des crimes d'hérésie et d'apostasie, des faits de sorcellerie et de magie, active du XIIIe au XVIe s. PAR EXT. Les membres de ce tribunal. ➤ **inquisiteur.** *La Sainte Inquisition.* ➤ **saint-Office.** ▪ **3** (1686) Enquête ou recherche rigoureuse et vexatoire, entachée d'arbitraire. ➤ **perquisition.** *L'inquisition fiscale. Le citoyen « astreint à tant de contrôles, d'investigations, d'inquisitions, de censures »* DUHAMEL. *C'est de l'inquisition !*

INQUISITOIRE [ɛ̃kizitwaʀ] adj. – date inconnue ◊ latin médiéval *inquisitorius* ▪ DR. Dirigé par le juge. *Procédure inquisitoire,* où le juge prend l'initiative de la poursuite.

INQUISITORIAL, IALE, IAUX [ɛ̃kizitɔʀjal, jo] adj. – 1516 ◊ latin médiéval *inquisitorius* ▪ **1** DIDACT. Qui a rapport aux tribunaux, aux juges de l'Inquisition. *Juges inquisitoriaux. Tournée inquisitoriale.* ▪ **2** (1570, repris XVIIIe) LITTÉR. Qui est digne d'un inquisiteur, qui a le caractère vexatoire, insupportable d'une inquisition. *Elle « ressentait de la honte d'avoir songé à de telles questions, petites, inquisitoriales, ignobles »* LE CLÉZIO. *« l'impôt sur le revenu [...] qualifié d'inquisitorial »* FRANCE.

INRACONTABLE [ɛ̃ʀakɔ̃tabl] adj. – 1796 ◊ de 1 *in-* et *racontable* ▪ Qu'on ne peut raconter (➤ **inénarrable**). *Un film inracontable. « une foule de joies menues et inracontables »* DAUDET. ♦ Trop osé pour être raconté. *Une histoire inracontable devant des enfants.* ▪ CONTR. Racontable.

INRATABLE [ɛ̃ʀatabl] adj. – 1928 ◊ de 1 *in-* et *rater* ▪ FAM. Qu'on ne peut rater. *Un plat inratable. « c'est simple comme bonjour, inratable »* BERNANOS.

INRI ou **I. N. R. I.** [ɛʀi ; inʀi] – 1867 ◊ abrév. latine ▪ Abréviation de l'inscription *Iesus Nazarenus Rex Iudaeorum* « Jésus de Nazareth, roi des Juifs », mise par Pilate sur la croix.

INSAISISSABLE [ɛ̃sezisabl] adj. – 1770 ◊ de 1 *in-* et *saisissable* ▪ **1** DR. CIV. Qui ne peut faire l'objet d'une saisie. *Bien de famille inaliénable et insaisissable.* — DR. TRAV. *La partie insaisissable du salaire.* — n. f. **INSAISISSABILITÉ,** 1828. ▪ **2** Qu'on ne peut saisir, appréhender. *Fugitif insaisissable.* — Qu'on ne parvient jamais à rencontrer. *« la cavalerie de Charlemagne s'usait [...] contre un insaisissable ennemi, qu'on ne savait où rencontrer »* MICHELET. ▪ **3** Impalpable. *Poursuivre une image insaisissable.* ➤ **fuyant.** ▪ **4** Qui ne peut être saisi, perçu, apprécié. *Discerner des nuances insaisissables.* ➤ **imperceptible, indiscernable, insensible.** ▪ CONTR. Saisissable, sensible.

INSALISSABLE [ɛ̃salisabl] adj. – 1845 ◊ de 1 *in-* et *salir* ▪ RARE Qui ne peut être sali. ▪ CONTR. Salissant.

INSALIVATION [ɛ̃salivasjɔ̃] n. f. – 1833 ◊ de 2 *in-* et *salive* ▪ PHYSIOL. Imprégnation des aliments par la salive.

INSALUBRE [ɛ̃salybʀ] adj. – 1505 ◊ latin *insalubris* ▪ Qui n'est pas salubre. ➤ **malsain.** *Climat insalubre. Logement insalubre. « les îlots insalubres – désignés par des pancartes : inhabitable, interdit »* BEAUVOIR. — DR. Qui est cause d'insalubrité. ➤ **polluant.** *Industries insalubres et incommodes.* ▪ CONTR. Salubre.

INSALUBRITÉ [ɛ̃salybʀite] n. f. – 1532 ◊ de *insalubre* ▪ Caractère de ce qui est insalubre. ▪ CONTR. Salubrité.

INSANE [ɛ̃san] adj. – 1784 ◊ anglais *insane*, latin *insanus* ▪ **1** LITTÉR. Qui n'est pas sain d'esprit ; qui est contraire à la saine raison, au bon sens. ➤ **absurde, fou*, insensé.** *« Le culte du Démon n'est pas plus insane que celui de Dieu »* HUYSMANS. *Des projets insanes.* ▪ **2** Qui ne présente aucun intérêt. *Ils étaient gavés « d'une télévision stupide, de journaux insanes »* SAGAN. ➤ **inepte.**

INSANITÉ [ɛ̃sanite] n. f. – 1784 ◊ anglais *insanity*, latin *insanitas* ▪ **1** Manque de saine raison, de bon sens. ➤ **folie.** — Caractère de ce qui est déraisonnable. *L'insanité de ses déclarations, de ses promesses.* ▪ **2** Action, parole sotte, insensée. *Dire des insanités. Un tissu d'insanités.* ➤ **bêtise*, ineptie.**

INSAPONIFIABLE [ɛ̃sapɔnifjabl] adj. – 1904 ◊ de 1 *in-* et *saponifiable* ▪ CHIM., BIOL. Qui n'est pas altéré au cours d'une saponification, qu'on ne peut saponifier. *Le cholestérol est un constituant insaponifiable des lipides du sang.* — n. m. *Crème aux insaponifiables de soja.* ▪ CONTR. Saponifiable.

INSATIABILITÉ [ɛ̃sasjabilite] n. f. – 1544 ◊ bas latin *insatiabilitas* ▪ LITTÉR. Caractère d'une personne insatiable. ➤ **avidité.** *« l'exigence, l'insatiabilité des artistes d'aujourd'hui »* MAURIAC. — PAR EXT. *L'insatiabilité d'un désir, d'une haine.*

INSATIABLE [ɛ̃sasjabl] adj. – *insaciable* XIIIe ◊ latin *insatiabilis* ▪ Qui ne peut être rassasié (rare au concret). *Une soif insatiable.* ➤ **inapaisable, inassouvissable.** *Un appétit insatiable.* ➤ **vorace.** ♦ (ABSTRAIT) Qui ne se satisfait jamais. *« insatiable dans ses curiosités et ses ambitions »* TAINE. ➤ **insatisfait.** *Une personne insatiable de gloire.* ➤ **avide.** *Avidité, curiosité insatiable.* ➤ **dévorant, inextinguible.** — adv. **INSATIABLEMENT.** ▪ CONTR. Assouvi, rassasié, satisfait.

INSATISFACTION [ɛ̃satisfaksjɔ̃] n. f. – début XVIIe « mécontentement » ; repris fin XVIIIe ◊ de 1 *in-* et *satisfaction* ▪ État d'une personne qui n'est pas satisfaite, n'a pas ce qu'elle souhaite. *Manifester son insatisfaction.* ➤ **mécontentement.** *Insatisfaction romanesque.* ➤ **bovarysme.** *Insatisfaction sexuelle. Sentiment d'insatisfaction.* ➤ **frustration.** *« Les rêves naissent de l'insatisfaction »* MONTHERLANT. ▪ CONTR. Satisfaction.

INSATISFAISANT, ANTE [ɛ̃satisfəzɑ̃, ɑ̃t] adj. – 1794 ◊ de 1 *in-* et *satisfaisant* ▪ Qui n'est pas satisfaisant, ne donne pas satisfaction. *Résultats insatisfaisants.* ➤ **décevant, insuffisant.**

INSATISFAIT, AITE [ɛ̃satisfɛ, ɛt] adj. – début XVIe, inusité avant 1840 ◊ de 1 *in-* et *satisfait* ▪ (PERSONNES) Qui n'est pas satisfait. *C'est qqn d'exigeant, sans cesse insatisfait. Femme insatisfaite* (sexuellement) (cf. FAM. Mal baisée*). — SUBST. *Un éternel insatisfait.* ➤ **mécontent.** ♦ (CHOSES) Que l'on n'a pas satisfait. *« son désir plus vif parce qu'insatisfait »* RADIGUET. *Passion insatisfaite.* ➤ **inapaisé, inassouvi.** ▪ CONTR. Comblé, satisfait.

INSATURÉ, ÉE [ɛ̃satyʀe] adj. – 1840 ◊ de 1 *in-* et *saturé* ▪ CHIM. Se dit de composés organiques comportant une ou plusieurs doubles liaisons entre atomes de carbone. *Hydrocarbures insaturés. Acide gras mono-insaturé,* dont la chaîne carbonée comporte une double liaison. ➤ aussi **polyinsaturé.** ▪ CONTR. Saturé.

INSCRIPTIBLE [ɛ̃skʀiptibl] adj. – 1691 ◊ du radical latin de *inscrire* ▪ **1** GÉOM. Qui peut être inscrit dans une figure, et PLUS SPÉCIALT dans un cercle. *Tous les polygones réguliers sont inscriptibles.*

Polyèdre inscriptible, qui peut être inscrit dans une sphère. ▪ **2** Qu'on peut inscrire dans une liste. *Candidat inscriptible.* ▪ **3** ANGLIC. INFORM. Se dit d'un support sur lequel on peut modifier les données existantes ou en inscrire de nouvelles. ➤ **enregistrable.** *Disque compact non inscriptible,* à lecture seule. ➤ **CD-ROM.**

INSCRIPTION [ɛ̃skʀipsjɔ̃] **n. f.** – *inscripcion* 1444 ◇ latin *inscriptio* ▪ **1** Ensemble de caractères écrits ou gravés pour conserver, évoquer un souvenir, indiquer une destination, transmettre un message, un slogan, exprimer une opinion, etc. ➤ **devise, épigraphe ; exergue, légende, titre.** *Murs, stèles, autels couverts d'inscriptions. Inscriptions à la bombe.* ➤ **graffiti, graphe, tag ; bombage.** *Inscription funéraire* (➤ **épitaphe**), *tumulaire.* « *Aucune inscription n'indique encore les noms de ces morts* » FROMENTIN. *Déchiffrement, étude des inscriptions.* ➤ **épigraphie, paléographie.** *Académie des inscriptions et belles-lettres.* ◆ Courte indication écrite destinée à informer le public, à renseigner. *Inscription d'un écriteau, d'une étiquette.* ▪ **2** Action d'inscrire qqn, qqch. sur un registre, une liste ; ce qui est inscrit. *Inscription d'un nom sur un registre.* ➤ **immatriculation.** *Inscription d'un élève au tableau d'honneur.* ➤ **citation.** *Inscription électorale :* inscription des citoyens sur les listes électorales. *Inscription d'une question à l'ordre du jour. Inscription d'un étudiant dans une faculté. Inscription à un examen. Numéro d'inscription.* « *Il fallait faire son Droit, [...] payer des sommes considérables pour les inscriptions, les examens, les thèses* » BALZAC. *Clôture des inscriptions.* — *Inscription des recrues sur les rôles de l'armée.* ➤ **conscription.** ◆ MAR. *Inscription maritime :* enregistrement des navigateurs professionnels sur les registres de l'administration ; l'administration elle-même. ◆ DR. *Inscription de faux, en faux :* acte remis au greffe et articulant avec précision les moyens invoqués par la partie pour établir le faux ; demande principale ou incidente tendant à démontrer la fausseté d'un acte authentique. — *Inscription des privilèges et hypothèques,* au bureau de conservation des hypothèques. ▪ **3** MATH. Action d'inscrire (une figure) dans une surface donnée. ▪ CONTR. 1 Radiation.

INSCRIRE [ɛ̃skʀiʀ] **v. tr.** ‹39› – *enscrire* 1233 ◇ latin *inscribere* « écrire dans », d'après *écrire* ▪ **1** Écrire, graver sur la pierre, le marbre, le métal. *Inscrire une épitaphe sur une tombe* (➤ **inscription**). — FIG. et LITTÉR. *Les rides ont inscrit son âge sur son front.* ➤ **indiquer, marquer.** PRONOM. « *Le déluge s'est inscrit dans la mémoire des hommes* » ALAIN. ▪ **2** Écrire dans un registre, sur une liste afin de conserver la trace ou de transmettre l'information. ➤ **noter.** *Inscrire une date sur un cahier, un renseignement sur une fiche* (➤ 1 **coucher,** 1 **porter**), *une dépense au budget. Inscrire un acte sur un registre.* ➤ **copier, enregistrer.** *Inscrire une question au programme, à l'ordre du jour. Inscrire son nom, le nom de qqn, qqn sur une liste. Bianchon* « *alla faire inscrire cet enfant à la Mairie* » BALZAC. *Inscrire un enfant à la crèche, à l'école. Inscrire une recrue* (➤ **enrôler, immatriculer**), *des créanciers* (➤ **colloquer**). ◆ PRONOM. **S'INSCRIRE :** inscrire ou faire inscrire son nom. *S'inscrire à un club, à un parti.* ➤ **adhérer, s'affilier, entrer** (dans). *S'inscrire à la faculté, à un examen.* ▪ **3** Tracer, faire apparaître (des signes). *L'appareil enregistreur inscrit la courbe.* PRONOM. *Le texte s'inscrit sur l'écran de l'ordinateur.* ▪ **4** SPORT Marquer. *Ce footballeur a inscrit dix buts.* ▪ **5** PRONOM. DR. **S'INSCRIRE EN FAUX,** en vue d'établir la fausseté d'une pièce, suivant la procédure d'inscription de faux. — COUR. *S'inscrire en faux contre qqch.,* y opposer un démenti, une dénégation. ➤ **contredire, démentir, nier.** ▪ **6** (1644) MATH. Tracer dans l'intérieur d'une figure (une autre figure dont les sommets sont sur le périmètre de la première, ou qui est tangente à tous ses côtés). *Inscrire un triangle dans un cercle en menant les médiatrices* (➤ **inscrit**). PRONOM. *Triangle qui s'inscrit dans un cercle. Ce clocher était venu* « *s'inscrire dans le carreau de ma fenêtre* » PROUST. ➤ **s'encadrer.** — FIG. Faire partie, être dans le cadre de. ➤ **s'insérer.** *Projet qui s'inscrit dans une réforme générale.* ▪ CONTR. Biffer, 2 radier, rayer.

INSCRIT, ITE [ɛ̃skʀi, it] **adj.** et **n.** – 1835 ; « écrit » 1532 ◇ de *inscrire* ▪ **1** (PERSONNES) Dont le nom est inscrit dans la liste constitutive d'un groupe. *Orateur inscrit. Députés inscrits et non-inscrits* (à l'un des groupes politiques de l'Assemblée). — **n.** *Les inscrits. Pourcentage de votants par rapport aux inscrits* (sur les listes électorales). ◆ MAR. *Inscrit (maritime) :* marin immatriculé sur les registres de l'Inscription* maritime. ▪ **2** MATH. *Angle inscrit,* dont le sommet se trouve sur une circonférence. *Polygone inscrit dans un cercle, polyèdre inscrit dans une sphère,* dont tous les sommets sont sur le cercle, sur la sphère. ➤ **circonscrit.** *Cercle inscrit dans un triangle,* tangent à chaque côté du triangle. ➤ **exinscrit.** ▪ CONTR. Non-inscrit.

INSCRIVANT, ANTE [ɛ̃skʀivɑ̃, ɑ̃t] **n.** – 1872 ◇ de *inscrire* ▪ DR. Personne qui requiert l'inscription d'une hypothèque.

INSCULPER [ɛ̃skylpe] **v. tr.** ‹1› – 1497, repris 1819 ◇ latin *insculpere* → sculpter ▪ TECHN. Frapper, marquer d'un poinçon.

INSÉCABLE [ɛ̃sekabl] **adj.** – 1561 ◇ latin *insecabilis,* de *secare* « couper » ▪ Qui ne peut être coupé, divisé, partagé. *Mot insécable.* « *Les atomes ne sont pas* [des] *éléments éternels et insécables* » J. PERRIN. — **n. f. INSÉCABILITÉ,** 1845.

INSECTARIUM [ɛ̃sɛktaʀjɔm] **n. m.** – 1922 ◇ de *insecte* et suffixe latin *-arium* ; cf. *aquarium, vivarium* ▪ Local aménagé pour l'élevage des insectes. *Des insectariums.*

INSECTE [ɛ̃sɛkt] **n. m.** – 1542 ◇ latin *insectum,* proprt « coupé », calqué du grec *entomon,* à cause des étranglements dans la forme du corps ▪ **1** VX Petit animal invertébré dont le corps est divisé par étranglements ou par anneaux (incluant les araignées, les vers et parfois les serpents, etc., qui vivent – croyait-on – après avoir été coupés). ◆ COUR. et ABUSIVEMENT Tout petit animal invertébré articulé. *Bruit d'insectes.* « *Les insectes brodent de leurs petites voix têtues le silence de la terre recrue de soleil, ils vaquent à leur destin minuscule* » S. GERMAIN. *Lutter contre les insectes.* ➤ **désinsectisation.** ▪ **2** ZOOL. Petit animal invertébré *(arthropodes)* qui a une tête munie d'antennes et de trois pièces buccales, un thorax à trois segments pourvus chacun d'une paire de pattes et qui parvient à l'âge adulte après une série de métamorphoses. ➤ **hexapode ; imago, larve, nymphe.** *Insecte ailé.* ➤ **ptérygote.** *Insectes coprophages, entomophages, phytophages, xylophages. Insectes sociaux.* ➤ **abeille, fourmi, termite.** *Insectes nuisibles, ravageurs, parasites. Étude des insectes.* ➤ **entomologie.** *Manger des insectes* (➤ **entomophagie**). ◆ PAR COMPAR. *Une activité d'insecte,* affairée et inlassable.

INSECTICIDE [ɛ̃sɛktisid] **adj.** et **n. m.** – 1838 ◇ de *insecte* et *-cide* ▪ Qui tue, détruit les insectes. *Poudre insecticide.* — **n. m.** *Le D. D. T. est un insecticide. Une bombe d'insecticide.*

INSECTIFUGE [ɛ̃sɛktifyʒ] **adj.** et **n. m.** – v. 1930 ◇ de *insecte* et *-fuge* ▪ Qui éloigne les insectes. — **n. m.** *Un insectifuge.*

INSECTIVORE [ɛ̃sɛktivɔʀ] **adj.** et **n. m.** – 1764 ◇ de *insecte* et *-vore* ▪ ZOOL. Qui se nourrit principalement ou exclusivement d'insectes. ➤ **entomophage.** *Oiseau insectivore. Plante insectivore.* ➤ **carnivore.** REM. On dit *insecte entomophage.* ◆ **n. m. pl. LES INSECTIVORES :** ordre de mammifères placentaires (hérisson, musaraigne, taupe) qui vivent surtout d'insectes. **Au sing.** *Un insectivore.*

INSÉCURITAIRE [ɛ̃sekyʀitɛʀ] **adj.** – 1989 ◇ de *insécurité* ▪ Caractérisé par l'insécurité. *Quartier insécuritaire.*

INSÉCURITÉ [ɛ̃sekyʀite] **n. f.** – 1794 ◇ de 1 *in-* et *sécurité* ▪ Manque de sécurité ; situation où l'on se sent menacé, exposé aux dangers. *Vivre dans l'insécurité. Sentiment d'insécurité,* angoisse provoquée par l'éventualité d'un danger. *Climat d'insécurité. L'insécurité dans le métro.* ◆ Conditions exposant à un danger, à des risques. *L'insécurité routière. Insécurité informatique,* liée à la cybercriminalité. *Insécurité alimentaire,* créée par la faim, la crainte de la famine. ▪ CONTR. Sécurité.

IN-SEIZE [insɛz] **adj. inv.** et **n. m. inv.** – 1550 ◇ du latin *in* et de *seize* ▪ IMPRIM. Dont la feuille d'impression est pliée en seize et forme trente-deux pages. *Volume in-seize* (in-16). — **n. m. inv.** Livre in-seize. *Des in-seize.*

INSELBERG [insɛlbɛʀg] **n. m.** – 1908 ◇ mot norvégien, de *insel* « île » et *berg* « montagne » ▪ GÉOGR. Butte isolée au milieu d'une plaine d'érosion. ➤ **pédiment.** *Des inselbergs.*

INSÉMINATEUR, TRICE [ɛ̃seminatœʀ, tʀis] **adj.** et **n.** – 1950 ◇ de *inséminer* ▪ **1** Qui insémine, sert à inséminer. *Pistolet inséminateur,* pour inséminer les vaches. ▪ **2** **n.** Spécialiste de l'insémination artificielle. *Licence d'inséminateur.*

INSÉMINATION [ɛ̃seminasjɔ̃] **n. f.** – 1931 ; dès 1860, en anglais ; 1694 autre sens ◇ bas latin *inseminare* « semer, procréer » ▪ BIOL. Dépôt de la semence mâle dans les voies génitales de la femelle. *Insémination naturelle,* dans l'accouplement. ◆ (1936) COUR. *Insémination artificielle :* introduction de sperme dans les voies génitales femelles sans qu'il y ait accouplement. *Insémination artificielle des vaches. Insémination artificielle entre conjoints (IAC), avec donneur (IAD).* ◆ Dépôt du sperme près de l'ovule. *Insémination in vitro.* ➤ **fécondation, fivète.**

INSÉMINER [ɛ̃semine] v. tr. ‹1› – 1931 ; *(fruit) inséminé* «dépourvu de graines à maturité» 1897 ◇ latin *inseminare* → insémination ■ Féconder par l'insémination artificielle. — **p. p. adj.** *Vache laitière régulièrement inséminée.*

INSENSÉ, ÉE [ɛ̃sɑ̃se] adj. – 1406 ◇ latin ecclésiastique *insensatus* → sensé ■ **1** VX (PERSONNES) Qui n'est pas sensé, dont les actes, les paroles sont contraires au bon sens, à la raison. ➤ **forcené, fou ; insane** (cf. N'avoir pas le sens* commun). *«j'ai vu beaucoup de gens devenus insensés de peur»* MONTAIGNE. ◆ SUBST., LITTÉR. *«Ah ! insensé, qui crois que je ne suis pas toi»* HUGO. ■ **2** Contraire au bon sens. ➤ **absurde, extravagant, fou*.** *Espoir, projet insensé.* ➤ **aberrant, inepte.** *Il serait insensé d'y croire. C'est insensé.* ■ **3** Extravagant. *«Ces énormes et insensés lustres de verre»* BAUDELAIRE. ■ **4** Incroyablement grand. *Des sommes insensées.* ➤ **excessif.** *Un embouteillage insensé.* ◆ Extraordinaire, qui étonne. ➤ **dément, dingue.** *Nous avons passé une soirée insensée. Un type insensé, génial.* ■ CONTR. Raisonnable, sage, sensé.

INSENSIBILISATION [ɛ̃sɑ̃sibilizasjɔ̃] n. f. – 1878 ◇ de *insensibiliser* ■ Action d'insensibiliser ; résultat de cette action. *Insensibilisation d'un nerf.* ➤ **anesthésie** (locale).

INSENSIBILISER [ɛ̃sɑ̃sibilize] v. tr. ‹1› – 1784 ◇ de *insensible* ■ Rendre insensible à la douleur. ➤ **anesthésier.** *Insensibiliser un membre, le nerf d'une dent. Insensibiliser un malade avant de l'opérer.* ➤ **endormir.** ■ CONTR. Sensibiliser.

INSENSIBILITÉ [ɛ̃sɑ̃sibilite] n. f. – 1314 ◇ bas latin *insensibilitas* ■ **1** Absence de sensibilité physique et PARTICULT de perceptions sensitives ou sensorielles. *Insensibilité d'un nerf, d'un organe, du corps. «J'étais dans un état de faiblesse et d'insensibilité»* VOLTAIRE. ➤ **inconscience, léthargie, paralysie.** *Insensibilité à la douleur.* ➤ **analgésie, anesthésie.** ■ **2** Absence de sensibilité morale. ➤ **apathie, détachement, dureté, indifférence.** *«cette parfaite insensibilité, cet aveuglement à l'égard d'autrui»* CHARDONNE. *Insensibilité apparente.* ➤ 1**calme, froideur, impassibilité.** *Insensibilité aux émotions* (➤ **imperméabilité**), *aux compliments, aux reproches.* ■ CONTR. Hyperesthésie. Attendrissement, compassion, émotion, hypersensibilité, sensibilité.

INSENSIBLE [ɛ̃sɑ̃sibl] adj. – 1223 ◇ latin *insensibilis*

I Qui ne sent pas, ne ressent rien. ■ **1** VX ou LITTÉR. Qui n'a pas de sensibilité physique. ➤ **inanimé,** 2**mort.** *«Sur la pierre insensible où mes pleurs ont coulé»* M.-J. CHÉNIER. ■ **2** Qui n'éprouve pas les sensations habituelles, normales. *Nerf, membre insensible. Rendre insensible à la douleur.* ➤ **insensibiliser.** *Insensible au froid, à la chaleur.* ■ **3** (1361) Qui n'a pas de sensibilité morale ; qui n'a pas ou a peu d'émotions. ➤ **apathique,** 2**calme, détaché,** 1**froid, impassible, imperturbable, indifférent.** *Dur et insensible.* ➤ **cruel, dur, égoïste, endurci, impitoyable, implacable, inexorable.** *«Elle va me croire plus insensible qu'un roc. Il eût fallu quelques larmes»* FLAUBERT. *Insensible aux compliments, aux railleries.* ➤ **imperméable, indifférent.** *Demeurer insensible aux prières, aux supplications.* ➤ **sourd.** *Il n'est pas resté insensible à ses avances, à son charme.* — *Insensible à la poésie.* ➤ **étranger, fermé, inaccessible ; réfractaire.** *«C'est l'amour qu'il avait pour l'esprit qui rendait Voltaire insensible au lyrisme»* GIDE.

II (1361) ■ **1** Qu'on ne sent pas, qu'on ne perçoit pas ou qui est à peine sensible, perceptible. ➤ **imperceptible, léger.** *«Son pouls, inégal, était presque insensible maintenant»* FLAUBERT. *Différence insensible. Nuance insensible pour un esprit grossier.* ➤ **insaisissable.** ■ **2** SPÉCIALT Graduel, progressif. *Mouvement, gradation insensible. Pente insensible. La marche insensible du temps.*

■ CONTR. Sensible ; ému, hypersensible, impressionnable. Ardent, enflammé. Notable, perceptible.

INSENSIBLEMENT [ɛ̃sɑ̃sibləmɑ̃] adv. – v. 1300 ◇ de *insensible* ■ D'une manière insensible, graduelle. ➤ **doucement, peu** (à peu). *Avancer, se rapprocher insensiblement. «Tout ce qui vit se modifie sans cesse, mais insensiblement et presque à notre insu»* FRANCE.

INSÉPARABLE [ɛ̃sepaʀabl] adj. – XIVe ◇ latin *inseparabilis* ■ **1** Que l'on ne peut séparer, considérer isolément. ➤ **indissociable, lié, uni.** *Attribut inséparable d'un être.* ➤ **inhérent.** *«La foi est inséparable de la contrition»* BOSSUET. ◆ (PERSONNES) Qui sont toujours ensemble. *Deux amis inséparables ; ils sont inséparables.* ➤ **compagnon, compère.** *Couple inséparable.* — Qui est toujours avec (qqn). *Don Quichotte et son inséparable Sancho.* ➤ **éternel, inévitable.** SUBST. *«Il devint l'inséparable de Paul, l'ami de tous les instants»* MAUPASSANT. — **adv. INSÉPARABLEMENT.** ■ **2** n. m. Petit perroquet originaire d'Afrique, de la taille de la perruche. *Les inséparables vivent en couple.* ■ CONTR. Décomposable, séparable.

INSÉRABLE [ɛ̃seʀabl] adj. – 1838 ◇ de *insérer* ■ Qui peut être inséré. *Élément insérable dans un ensemble.*

INSÉRER [ɛ̃seʀe] v. tr. ‹6› – 1319 sens 3° ◇ latin *inserere* ■ **1** Introduire (une chose) dans une autre de façon à incorporer. *Insérer un feuillet dans un livre.* ➤ **intercaler.** *Insérer dans un cadre* (➤ **encadrer**), *dans une monture* (➤ **enchâsser, sertir**). *Insérer pour orner.* ➤ **incruster.** *Insérer une greffe sous l'écorce.* ➤ **enter, greffer, implanter.** ■ **2** Mettre, glisser dans. *Insérer un encart.* ➤ **encarter.** *Insérer un disque dans le lecteur.* ➤ **introduire.** ■ **3** Faire entrer, mettre dans. ➤ **ajouter, introduire.** *Insérer une clause dans un acte. Insérer un communiqué dans un journal.* ➤ **publier ; insertion.** — *Prière d'insérer* : encart imprimé contenant des indications sur un ouvrage et qui est joint aux exemplaires adressés à la critique. ■ **4 S'INSÉRER** v. pron. S'attacher à, sur. ➤ **s'implanter.** *Les muscles s'insèrent sur les os* (➤ **insertion**). — FIG. *«C'est probablement au niveau de la substance grise que l'esprit, selon l'expression de Bergson, s'insère dans la matière»* CARREL. ◆ Trouver sa place dans un ensemble. ➤ **s'intégrer.** *S'insérer dans la société.* ➤ **s'assimiler, s'intégrer.** *Ça s'insère mal dans mon planning.* ■ CONTR. Ôter, retirer, retrancher.

INSERMENTÉ [ɛ̃sɛʀmɑ̃te] adj. m. – 1792 ◇ de 1*in-* et *serment* ■ Se dit des prêtres qui refusèrent de prêter serment lorsque la Constitution civile du clergé fut proclamée en 1790 (opposé à *assermenté, constitutionnel*). ➤ **réfractaire.**

INSERT [ɛ̃sɛʀ] n. m. – 1946 ◇ mot anglais «ajout, insertion, pièce rapportée» ■ ANGLIC. ■ **1** CIN. Gros plan bref, souvent fixe, introduit entre deux plans d'une séquence. — TÉLÉV. Séquence introduite au milieu d'une autre séquence filmée en direct. — PUBLIC. Texte filmé s'intercalant entre des images. — RADIO Élément sonore (conversation téléphonique, etc.) intercalé dans une émission. ■ **2** Poêle à bois qui s'encastre dans l'âtre d'une cheminée. ■ **3** BIOL. MOL. Fragment d'ADN introduit dans une séquence d'ADN donnée (vecteur).

INSERTION [ɛ̃sɛʀsjɔ̃] n. f. – 1535 ◇ bas latin *insertio* ■ **1** Action d'insérer ; son résultat. ➤ **introduction.** *Insertion d'un feuillet dans un livre, d'un plan dans un film* (➤ **insert** ANGLIC.), *d'une image télévisée dans une autre* (➤ **incrustation**). — PAR EXT. *Insertion d'une note dans un texte, d'une formule dans un contrat.* DR. *Insertion légale* : publication par la voie des journaux, prescrite par la loi ou par jugement. *Insertion, refus d'insertion de la réponse à un article de presse.* ■ **2** Mode d'attache. *Insertion des muscles, des ligaments sur un os. Point d'insertion.* ■ **3** (PERSONNES) Intégration d'un individu (ou d'un groupe) dans un milieu (social, professionnel...). *«C'est par notre insertion dans la communauté que nous devenons totalement humains. L'école est, après la famille, le lieu principal de cette insertion»* A. JACQUARD. *Insertion sociale.* ➤ **aussi réinsertion.** *Insertion professionnelle. Degré d'insertion. L'insertion des personnes en situation de handicap. L'insertion des immigrés dans la population.* ➤ **assimilation, incorporation, intégration.** ■ CONTR. Désinsertion.

INSIDIEUSEMENT [ɛ̃sidjøzmɑ̃] adv. – XIVe ◇ de *insidieux* ■ D'une manière insidieuse. ➤ **sournoisement.**

INSIDIEUX, IEUSE [ɛ̃sidjø, jøz] adj. – 1420, rare jusqu'au XVIIe ◇ latin *insidiosus,* de *insidiæ* «embûches» ■ Qui a le caractère d'une embûche, d'un piège. ➤ **trompeur.** *«Une manière de procéder insidieuse et perfide»* ROUSSEAU. *Une question insidieuse. Sophisme insidieux.* ➤ **captieux.** ◆ (1765) MÉD. *Fièvre, maladie insidieuse,* dont l'apparence bénigne masque au début la gravité réelle. ➤ **sournois.** — FIG. *«une forme insidieuse de désespérance»* ROMAINS.

1**INSIGNE** [ɛ̃siɲ] adj. – XIVe ◇ latin *insignis* ■ Qui s'impose ou qui est digne de s'imposer à l'attention. ➤ **remarquable ; éclatant, éminent, fameux.** *Service insigne.* ➤ **important, signalé.** *Faveur, grâce insigne. Avoir l'insigne honneur de.* — IRON. *Je considère cela «comme une insigne maladresse»* GIDE.

2**INSIGNE** [ɛ̃siɲ] n. m. – 1484 au plur. ; rare avant 1821 ◇ latin *insignia,* plur. neutre de *insignis* ■ **1** Marque extérieure et distinctive d'une dignité, d'une fonction, d'un grade. ➤ **emblème,** 1**marque, signe, symbole.** *Les insignes de la royauté. Insigne honorifique.* ➤ **décoration, médaille.** *Il «portait les insignes de l'ordre de la Toison d'Or»* BALZAC. ■ **2** (1909) COUR. Signe distinctif des membres d'un groupe, d'un groupement. ➤ **badge, écusson, macaron, pin's.** *L'insigne d'un parti politique, d'un club sportif. Ils «se firent faire un insigne tricolore qui se portait à la boutonnière»* ARAGON.

INSIGNIFIANCE [ɛ̃siɲifjɑ̃s] **n. f.** – 1785 ◊ de *insignifiant* ■ Caractère de ce qui est insignifiant. *L'insignifiance du personnage* (➤ **fadeur, inconsistance, médiocrité**) *et de son œuvre* (➤ **faiblesse**). « *la perfection et l'insignifiance de la beauté grecque* » STENDHAL. ■ CONTR. Intérêt, valeur. Importance.

INSIGNIFIANT, IANTE [ɛ̃siɲifjɑ̃, jɑ̃t] **adj.** – 1767 ◊ de 1 *in-* et *signifiant* ■ **1** Qui ne présente aucun intérêt. ➤ **quelconque.** *Personne insignifiante,* qui passe inaperçue, qui a peu de personnalité. ➤ **effacé, 2 falot, inconsistant, 1 terne.** « *Rose était laide, plate, insignifiante* » MAUPASSANT. *Un visage insignifiant.* ➤ **banal.** *Roman insignifiant.* ➤ **insipide, médiocre, nul.** ■ **2** (CHOSES) Qui n'est pas important, n'a pas de conséquence. *Détails, faits insignifiants.* ➤ **infime, mince, minime, négligeable, petit.** *Pour une somme insignifiante.* ➤ **dérisoire, malheureux, misérable.** *Ses romans* « *ne lui rapportaient que des droits insignifiants* » ROMAINS. *On échangeait des paroles insignifiantes.* ➤ **frivole, futile, vain.** *Chose insignifiante :* bagatelle, bricole, broutille, vétille. ■ **3** RARE Qui n'a pas de signification, de sens. ■ CONTR. Frappant, intéressant, remarquable. Important. Signifiant.

INSINCÈRE [ɛ̃sɛ̃sɛʀ] **adj.** – 1794 ◊ de 1 *in-* et *sincère* ■ LITTÉR. Qui n'est pas sincère. *Enthousiasme insincère.* ➤ **factice, hypocrite.**

INSINCÉRITÉ [ɛ̃sɛ̃seʀite] **n. f.** – 1785 ◊ de 1 *in-* et *sincérité* ■ LITTÉR. Absence de sincérité. « *Il connaît l'insincérité des discours qu'il a prononcés sur la tombe des autres* » RENARD.

INSINUANT, ANTE [ɛ̃sinɥɑ̃, ɑ̃t] **adj.** – 1654 ◊ de *insinuer* ■ **1** (PERSONNES) Qui s'insinue auprès des gens. « *le jeune Mazarin, toujours souple et insinuant* » VIGNY. *Esprit insinuant.* ➤ **adroit, persuasif.** ■ **2** (CHOSES) Qui est propre à circonvenir autrui. « *Des façons insinuantes* » BALZAC. *Voix insinuante.*

INSINUATION [ɛ̃sinɥasjɔ̃] **n. f.** – 1319 ◊ latin *insinuatio* ■ **1** ANC. DR. Inscription d'un acte sur un registre ; insertion. *Insinuation d'un testament, d'un contrat.* ■ **2** (XVIIe) VX Action de s'insinuer (1°), de pénétrer. « *L'insinuation de l'aliment dans les parties qui le reçoivent* » BOSSUET. ■ **3** LITTÉR. Action ou manière adroite, subtile, de faire entendre une chose qu'on n'affirme pas positivement. *Procéder par insinuation.* ➤ **allusion.** ◆ (1704) COUR. *Une, des insinuations :* la chose que l'on donne à entendre. *Ma phrase* « *suggère plutôt qu'elle n'affirme, et procède par insinuations* » GIDE. ➤ **sous-entendu.** — PÉJ. *Insinuations perfides, mensongères.* ➤ **accusation, attaque, calomnie.** *Ses constantes insinuations.*

INSINUER [ɛ̃sinɥe] **v. tr.** ⟨1⟩ – 1336 ◊ latin *insinuare*

I ■ **1** ANC. DR. Inscrire (un acte) dans un registre qui lui donne authenticité. *Insinuer une donation.* ■ **2** VX Faire adroitement entrer, pénétrer dans l'esprit. ➤ 1 **conseiller, instiller, suggérer.** ◆ MOD. Donner à entendre (qqch.) sans dire expressément (surtout avec un mauvais dessein). ➤ **souffler, suggérer.** *Insinuer qqch. à qqn. Que voulez-vous insinuer par là ?* « *qu'ils viennent donc me le dire en face, ce qu'ils vous ont insinué en traîtres* » SAND. « *Je n'insinue pas* [qu'il] *soit un pêcheur en eau trouble !* » ROMAINS.

II S'INSINUER v. pron. ■ **1** Se glisser, s'infiltrer. *L'eau s'insinue dans le sable. Le vent s'insinuait dans son cou.* ■ **2** PAR MÉTAPH. Pénétrer. *Des idées* « *qui s'insinuent dans mon esprit comme des parasites venimeux* » DUHAMEL. *Le doute s'est insinué en lui.* ■ **3** S'introduire habilement, se faire admettre (quelque part, auprès de qqn). *Intrigant qui s'insinue partout.* ➤ se **faufiler,** se **glisser ;** se **fourrer.** FIG. *S'insinuer dans les bonnes grâces, la confiance d'autrui,* réussir à capter ses bonnes grâces, sa confiance.

INSIPIDE [ɛ̃sipid] **adj.** – 1503 ◊ bas latin *insipidus* ■ **1** Qui n'a aucune saveur, aucun goût. *Il* « *avait avalé, à son insu, une poudre insipide* [...] *dans une tasse de thé à la menthe* » MAC ORLAN. ◆ COUR. Qui n'a pas assez de goût. ➤ **fade.** *Une sauce insipide.* ■ **2** FIG. Qui manque d'agrément, de piquant. ➤ **ennuyeux*, fastidieux.** *Une conversation insipide.* « *Les gammes et les exercices se succédaient, secs, monotones, insipides* » R. ROLLAND. ◆ Qui manque d'esprit, de charme, d'intérêt. « *les plus insipides romanciers* » ROUSSEAU. ■ CONTR. Sapide, savoureux.

INSIPIDITÉ [ɛ̃sipidite] **n. f.** – 1572 ◊ de *insipide* ■ **1** DIDACT. Caractère de ce qui est insipide, sans saveur. *L'insipidité d'un aliment.* ➤ **fadeur.** ■ **2** FIG. LITTÉR. *L'insipidité d'une œuvre, d'un spectacle.* « *L'insipidité de la vie* » SENANCOUR. ■ CONTR. Sapidité, saveur.

INSISTANCE [ɛ̃sistɑ̃s] **n. f.** – 1556, rare avant 1801 ◊ de *insister* ■ **1** Action d'insister. ➤ **obstination, persévérance.** *Revenir sur un sujet avec insistance. Supplier qqn avec insistance.* ➤ **instance.** *Regarder qqn avec insistance.* ➤ **dévisager, fixer.** *Insistance déplacée, indiscrète.* ➤ **indiscrétion.** — PHONÉT. *Accent, ton d'insistance.* ➤ **accentuation.** ■ **2** Le fait de revenir avec régularité. *L'insistance d'un leitmotiv, d'un thème musical.*

INSISTANT, ANTE [ɛ̃sistɑ̃, ɑ̃t] **adj.** – 1553 ◊ de *insister* ■ Qui insiste. *Supplier d'un ton insistant.* « *Caricatures un peu trop poussées, trop insistantes* » MAUROIS. ➤ **appuyé, lourd.** — (PERSONNES) *Il se fit de plus en plus insistant.* ➤ **pressant.**

INSISTER [ɛ̃siste] **v. intr.** ⟨1⟩ – 1336 *s'insister en* « s'appliquer à » ◊ latin *insistere* « se poser sur, s'attacher à » ■ **1** S'arrêter avec force sur un point particulier ; mettre l'accent sur. ➤ **s'appesantir, appuyer, souligner.** *Insister sur les syllabes finales.* ➤ **accentuer.** *On ne saurait trop insister sur cette question. J'insiste sur le fait qu'il était absent.* « *Insistant sur un sujet qui lui tenait à cœur* » FRANCE. — ABSOLT *Enfin, n'insistons pas, passons. J'ai compris, inutile d'insister.* ➤ **répéter** (cf. Mettre les points sur les i*, enfoncer le clou). « *une ironie qui glisse et n'insiste pas* » SAINTE-BEUVE. ■ **2** Persévérer à demander qqch. *Insister pour obtenir qqch., pour qqch.* ABSOLT *Insistez auprès d'elle, elle acceptera peut-être* (➤ **presser, prier**). *S'il refuse, n'insistez pas.* ➤ **s'obstiner.** ■ **3** Faire porter son effort sur (qqch.). *Laver du linge en insistant sur les taches.* ◆ ABSOLT, FAM. Persévérer dans son effort. ➤ **continuer, persévérer.** *Il avait commencé à étudier le piano, mais il n'a pas insisté. Frappez fort et insistez si personne ne répond.* ■ CONTR. Glisser, passer.

IN SITU [insity] **loc. adv.** – 1842 ◊ mots latins « en place » ■ DIDACT. Dans son milieu naturel. *Plante étudiée in situ. Hybridation* in situ.* ■ CONTR. In vitro.

INSOCIABILITÉ [ɛ̃sɔsjabilite] **n. f.** – 1721 ◊ de *insociable* ■ Caractère insociable. « *tout mouvement d'intolérance n'aboutit qu'à vous faire taxer d'insociabilité* » BRETON. ■ CONTR. Sociabilité.

INSOCIABLE [ɛ̃sɔsjabl] **adj.** – 1548 ◊ latin *insociabilis* ■ Qui n'est pas sociable. ➤ **ours.** « *je suis devenu* [...] *insociable et misanthrope* » ROUSSEAU. ■ CONTR. Accommodant, sociable.

INSOIGNABLE [ɛ̃swaɲabl] **adj.** – XXe ◊ de 1 *in-* et *soigner* ■ Que l'on ne peut pas soigner. *Maladie insoignable par d'autres moyens. Enfant malade turbulent et insoignable.* ■ CONTR. Soignable.

INSOLATION [ɛ̃sɔlasjɔ̃] **n. f.** – 1554 ◊ latin *insolatio* « exposition au soleil » ■ **1** DIDACT. Action d'exposer à la chaleur et à la lumière solaire ou à une source lumineuse ; son résultat (➤ **insoler**). *L'insolation d'une plaque photographique.* ➤ aussi **solarisation.** ■ **2** (1806) COUR. Ensemble des phénomènes morbides provoqués par l'exposition prolongée au soleil (cf. Coup de soleil*). *Attraper une insolation. Mon ami* « *tomba de cheval,* [...] *foudroyé par une insolation* » MAUPASSANT. ■ **3** Temps pendant lequel le soleil a brillé. ➤ **ensoleillement.** *Insolation faible des mois d'hiver.*

INSOLEMMENT [ɛ̃sɔlamɑ̃] **adv.** – 1355 ◊ de *insolent* ■ **1** D'une manière insolente. *Parler, répondre insolemment.* ■ **2** De façon provocante. « *un Boucher insolemment rose* » MAUROIS.

INSOLENCE [ɛ̃sɔlɑ̃s] **n. f.** – 1643 ; « arrogance » 1458 ◊ latin *insolentia* « inexpérience » puis « étrangeté » ■ **1** COUR. Manque de respect injurieux (de la part d'un inférieur ou d'une personne jugée telle). ➤ **effronterie, impertinence, irrespect.** *Insolence d'un fils à l'égard de ses parents. Répondre avec insolence.* ➤ **insolemment.** *Quelle insolence ! Il a eu l'insolence de la contredire.* « *votre lettre est d'une insolence rare, et* [...] *il ne tiendrait qu'à moi de m'en fâcher* » LACLOS. ■ **2** *Une, des insolences.* Parole, action insolente. *Je suis las de vos insolences.* ➤ **impertinence, injure, insulte, offense.** ■ **3** (1690) Orgueil offensant (pour des inférieurs ou des personnes traitées comme telles). ➤ **arrogance, 1 morgue, orgueil.** *Froide insolence. Ce dédain* « *fut pris pour l'insolence d'une parvenue* » BALZAC. ■ CONTR. Déférence, égard, politesse, respect ; discrétion, modestie.

INSOLENT, ENTE [ɛ̃sɔlɑ̃, ɑ̃t] **adj.** et **n.** – 1495 ◊ latin *insolens* « qui n'a pas l'habitude de » ■ **1** COUR. Dont le manque de respect est offensant. ➤ **effronté, grossier, impertinent, impoli, impudent.** *Un enfant insolent avec ses parents. L'argent* « *fait du plus humble un laquais insolent* » HUYSMANS. **n.** « *Peut-être vaudrait-il mieux être un insolent que d'en avoir la physionomie* » DIDEROT. ◆ Qui dénote l'insolence. *Air, style insolent.* ➤ **cynique.** *Réponse insolente. Ton insolent.* ➤ **déplacé.** ■ **2** (XVIIe) VX Qui blesse, insulte par son audace. ➤ **audacieux.** « *On dit même qu'au trône une brigue insolente Veut placer Aricie* » RACINE. ◆ Qui blesse par son orgueil outrageant, son assurance hautaine. ➤ **arrogant, orgueilleux.** « *Vainqueur insolent* » CORNEILLE. ■ **3** Qui, par son caractère extraordinaire, apparaît comme un défi, une provocation envers la condition commune. ➤ **extraordinaire, indécent, inouï.** *Bonheur, succès insolent. Chance inso-*

lente. «*Rien ne paraissait devoir atteindre cette santé vraiment insolente*» BALZAC. *Joie insolente. Un luxe insolent.* ■ CONTR. Respectueux ; modeste, ordinaire.

INSOLER [ɛ̃sɔle] v. tr. ‹1› – 1613 ◊ latin *insolare* → insolation ■ DIDACT. Exposer à la lumière du soleil, d'une source lumineuse. *Insoler une plaque photographique.*

INSOLITE [ɛ̃sɔlit] adj. – 1495 ◊ latin *insolitus*, de *solere* «avoir coutume de» ■ Qui étonne, surprend par son caractère inaccoutumé, contraire à l'usage, aux habitudes (péj. jusqu'au XXe s. ; plutôt laudatif, de nos jours). ➤ **anormal, bizarre*, étonnant, extraordinaire, inhabituel, rare.** *Évènement insolite. Visite insolite. Mise, tenue, apparence, aspect insolite.* ➤ **improbable.** *Personnage insolite.* ➤ **excentrique, extravagant.** — SUBST. *Recherche de l'insolite et du bizarre, en poésie.* ■ CONTR. Accoutumé, familier, normal.

INSOLUBILISER [ɛ̃sɔlybilize] v. tr. ‹1› – 1872 ◊ de *insoluble* ■ DIDACT. Rendre insoluble (2°). ■ CONTR. Solubiliser.

INSOLUBILITÉ [ɛ̃sɔlybilite] n. f. – 1765 ◊ latin *insolubilitas* ■ DIDACT. ■ **1** Caractère insoluble d'une substance. ■ **2** Caractère insoluble d'un problème. ■ CONTR. Solubilité.

INSOLUBLE [ɛ̃sɔlybl] adj. – *issoluble* 1220 ◊ latin *insolubilis* ■ **1** Qu'on ne peut résoudre. ➤ **impossible.** *S'attaquer à un problème insoluble* (cf. Chercher la quadrature* du cercle). ■ **2** (1762) Qui ne peut se dissoudre. *Substance insoluble dans l'eau, dans un solvant organique.* ■ CONTR. Résoluble. Soluble.

INSOLVABILITÉ [ɛ̃sɔlvabilite] n. f. – 1539 ◊ de *insolvable* ■ DR. État d'une personne insolvable. *L'insolvabilité d'un failli.* ➤ **déconfiture, faillite.** ■ CONTR. Solvabilité.

INSOLVABLE [ɛ̃sɔlvabl] adj. – 1431 ; «non payable» 1433 ◊ de 1 *in-* et *solvable* ■ Qui est hors d'état de payer ses dettes. *Débiteur insolvable.* ■ CONTR. Solvable.

INSOMNIAQUE [ɛ̃sɔmnjak] adj. et n. – 1883 n. m. ◊ de *insomnie* ■ Qui souffre d'insomnie. *Un enfant insomniaque.* ◆ n. *Le village* «*semblait dormir, mais il y avait sûrement des insomniaques qui épiaient tous les bruits*» BEAUVOIR.

INSOMNIE [ɛ̃sɔmni] n. f. – 1555 ◊ latin *insomnia*, de *somnus* → sommeil ■ Difficulté à s'endormir ou à dormir suffisamment. *Insomnie causée par l'inquiétude, la nervosité. Heures, nuits d'insomnie.* ➤ **veille.** *Remède contre l'insomnie.* ➤ **somnifère.** «*Un peu d'insomnie n'est pas inutile pour apprécier le sommeil*» PROUST. — Plus cour. *Une, des insomnies* : moment pendant lequel une personne ne trouve pas le sommeil. *Avoir de fréquentes, de longues insomnies.*

INSONDABLE [ɛ̃sɔ̃dabl] adj. – 1578 ◊ de 1 *in-* et *sonder* ■ **1** Qui ne peut être sondé, dont on ne peut atteindre le fond. *Abîme, gouffre insondable.* ➤ **abyssal.** ■ **2** FIG. *Mystère, secret insondable.* ➤ **énigmatique, impénétrable, incompréhensible.** «*Qui peut sonder de Dieu l'insondable pensée !*» LAMARTINE. ■ **3** PÉJ. Immense, infini. *Une insondable bêtise. Tristesse insondable.*

INSONORE [ɛ̃sɔnɔʀ] adj. – 1801 ◊ de 1 *in-* et *sonore* ■ **1** Qui n'est pas sonore. *Choc insonore.* ■ **2** Qui ne vibre pas sous l'effet des ondes sonores, qui amortit les sons. *Matériaux insonores.*

INSONORISATION [ɛ̃sɔnɔʀizasjɔ̃] n. f. – 1931 ◊ de *insonoriser* ■ Le fait d'insonoriser ; son résultat. ➤ **isolation.** *Local pourvu d'une bonne insonorisation. Spécialiste de l'insonorisation.* ➤ **acousticien.**

INSONORISER [ɛ̃sɔnɔʀize] v. tr. ‹1› – 1931 ◊ de *insonore* ■ Rendre moins sonore, plus silencieux. *Faire insonoriser une pièce, un local.* — p. p. adj. *Appartement, studio insonorisé.*

INSONORITÉ [ɛ̃sɔnɔʀite] n. f. – 1845 ◊ de 1 *in-* et *sonorité* → insonore ■ DIDACT. Absence de sonorité.

INSORTABLE [ɛ̃sɔʀtabl] adj. – 1963 ◊ de 1 *in-* et *sortable* ■ Qui n'est pas sortable. *Elle est vraiment insortable.*

INSOUCIANCE [ɛ̃susjɑ̃s] n. f. – 1752 ◊ de *insouciant* ■ État ou caractère d'une personne insouciante. ➤ **détachement, imprévoyance, indifférence, indolence.** *L'insouciance de la jeunesse. Vivre, travailler dans l'insouciance* (cf. Ne pas s'en faire). «*L'insouciance tient au désespoir ou à la résignation*» BALZAC. «*Il me manque le repos, la douce insouciance*» MUSSET. ◆ Absence de souci au sujet de (qqch.). *L'insouciance du danger, de l'avenir.* ■ CONTR. Curiosité, inquiétude, intérêt, 1 souci.

INSOUCIANT, IANTE [ɛ̃susjɑ̃, jɑ̃t] adj. – 1752 ◊ de 1 *in-* et *soucier* ■ **1 INSOUCIANT DE** : qui ne se soucie pas de (qqch.). ➤ **indifférent, insoucieux, oublieux.** *Insouciant du lendemain, de l'avenir, du danger. Ces hommes* «*fiers de la gloire de leur pays et insouciants de la leur propre*» VIGNY. ■ **2** Qui ne se préoccupe de rien. ➤ **étourdi, frivole, imprévoyant, indolent, léger, négligent, nonchalant, sans-souci.** *Gais lurons, joyeux et insouciants.* «*Insouciante comme un bohème, elle dit tout ce qui lui passe par la tête*» BALZAC. — SUBST. *Un insouciant.* ■ CONTR. Curieux, inquiet, soucieux.

INSOUCIEUX, IEUSE [ɛ̃susjø, jøz] adj. – 1761 ◊ de 1 *in-* et *soucieux* ■ LITTÉR. Qui ne prend pas souci de (qqch.). ➤ **indifférent (à), insouciant.** *Être insoucieux du lendemain.* «*la vie domestique si calme, si insoucieuse*» RENAN. ■ CONTR. Soucieux.

INSOUMIS, ISE [ɛ̃sumi, iz] adj. et n. – 1564, repris fin XVIIIe ◊ de 1 *in-* et *soumis* ■ **1** Qui n'est pas soumis, refuse de se soumettre. ➤ **indiscipliné, révolté.** *Contrées, tribus insoumises.* ➤ **mutin, rebelle, séditieux.** *Pays qui reste insoumis.* — n. «*L'insoumis refuse la servitude et s'affirme l'égal du maître*» CAMUS. ◆ *La France insoumise*, parti politique. — n. *Les insoumis.* ■ **2** (1828) *Soldat insoumis*, et n. m. *un insoumis* : militaire qui a commis le délit d'insoumission. ➤ **déserteur, réfractaire ; objecteur** (de conscience). ■ CONTR. Obéissant, soumis.

INSOUMISSION [ɛ̃sumisjɔ̃] n. f. – 1818 ◊ de 1 *in-* et *soumission* ■ **1** Caractère, état d'une personne insoumise. ➤ **désobéissance, indiscipline, rébellion, révolte.** *Acte d'insoumission. Insoumission à la loi, aux règles.* ■ **2** Délit correctionnel qui consiste pour un militaire à n'être pas arrivé à destination dans un certain délai après le jour fixé par son ordre de route. ➤ **désertion.**

INSOUPÇONNABLE [ɛ̃supsɔnabl] adj. – 1838 ◊ de 1 *in-* et *soupçonner* ■ **1** Qui ne peut être soupçonné ; à l'abri de tout soupçon. *Il est insoupçonnable. Honnêteté, probité insoupçonnable.* ■ **2** Que l'on ne peut soupçonner (2°). *Une retouche insoupçonnable.* ■ CONTR. Soupçonnable, suspect, visible.

INSOUPÇONNÉ, ÉE [ɛ̃supsɔne] adj. – 1794 ◊ de 1 *in-* et *soupçonné* ■ Dont l'existence n'est pas soupçonnée, pressentie. «*la germination se fait dans un profond silence, enfouie, insoupçonnée de tous*» MONTHERLANT. ➤ **inconnu.** *Domaine, horizon insoupçonné ; perspectives, richesses insoupçonnées.* ➤ **inattendu, nouveau.**

INSOUTENABLE [ɛ̃sut(ə)nabl] adj. – 1460 ◊ de 1 *in-* et *soutenir* ■ **1** Qu'on ne peut soutenir, défendre. ➤ **inadmissible, indéfendable, injustifiable.** *Argument, opinion, théorie insoutenable.* ■ **2** Qu'on ne peut supporter, endurer. ➤ **insupportable, intolérable.** *Effort, douleur insoutenable.* «*l'éclat de la lumière, l'âpreté du soleil insoutenable*» FROMENTIN. — SUBST. *À la limite de l'insoutenable.* ■ CONTR. Soutenable, supportable.

INSPECTER [ɛ̃spɛkte] v. tr. ‹1› – v. 1770 ◊ latin *inspectare* ■ **1** Examiner (ce dont on a la surveillance). ➤ **contrôler, surveiller, visiter.** *Inspecter une école, des travaux.* «*pour aller inspecter ses propriétés à la campagne*» LOTI. ■ **2** (XIXe) Examiner avec attention. ➤ **explorer, fouiller.** *Tous les véhicules ont été soigneusement inspectés. Inspecter les lieux.* «*il se sentait examiné, inspecté des pieds à la tête, pesé, jugé*» MAUPASSANT. ➤ **scruter.** *Il* «*examinait de près les recoins, [...] inspectait la cuisine*» CHARDONNE.

INSPECTEUR, TRICE [ɛ̃spɛktœʀ, tʀis] n. – 1611 ; «celui qui scrute» 1406 ◊ latin *inspector* ■ Agent d'un service public ou privé qui est chargé de surveiller, de contrôler le fonctionnement d'une administration, d'une entreprise, de veiller à l'application des normes, des lois. ➤ **contrôleur.** *Charge d'inspecteur.* ➤ **inspectorat.** *Inspecteur du travail. Inspecteur des douanes, des Monuments historiques. Inspecteur des ventes* (dans une entreprise). *Inspecteur des Contributions, des impôts.* ◆ *Inspecteur de l'enseignement primaire* ou *inspecteur primaire. Inspecteur d'Académie* : directeur de l'enseignement dans une académie. *Inspecteur pédagogique régional.* ◆ **INSPECTEUR DES FINANCES** : membre de l'inspection* générale des Finances. ◆ **INSPECTEUR (DE POLICE)** : ancien grade de la Police nationale, fonctionnaire en civil chargé de tâches de direction et d'encadrement. ➤ **lieutenant** (de police). *Inspecteur principal, divisionnaire. L'inspecteur Maigret, personnage de G. Simenon.* ◆ PAR PLAIS. *Inspecteur des travaux finis* : paresseux qui vient voir un travail terminé, quand il n'y a plus rien à faire.

INSPECTION [ɛ̃spɛksjɔ̃] n. f. – 1290 ◊ latin *inspectio* ■ **1** VIEILLI Examen attentif. «*une simple inspection de l'esprit*» DESCARTES. ■ **2** Examen attentif dans un but d'enquête, de contrôle, de surveillance, de vérification ; travail, fonction d'inspecteur. *Faire, passer une inspection. Inspection d'un navire* (➤ **arraisonnement, visite**). *Inspection de l'armée.* ➤ **revue.** *Inspection des travaux. Tournée, visite d'inspection. Rapport* *d'inspection.* ■ **3** Charge d'inspecteur. ➤ **inspectorat.** *Obtenir une inspection.* ■ **4** Ensemble des inspecteurs d'une administration ; le service qui les emploie, les locaux de ce service. *Inspection générale des Finances :* un des grands corps de l'État, chargé de contrôler la gestion des deniers publics. *L'inspection du Travail. Inspection académique.*

INSPECTORAT [ɛ̃spɛktɔʀa] **n. m.** – 1872 ◊ de *inspecteur* ■ RARE ou ADMIN. Charge d'inspecteur, d'inspectrice ; durée de cette charge. ➤ **inspection.**

INSPIRANT, ANTE [ɛ̃spiʀɑ̃, ɑ̃t] **adj.** – 1740 ◊ de *inspirer* ■ Qui est propre à inspirer. ➤ **inspirateur.** *Cela n'a rien de bien inspirant.* ➤ **suggestif.**

INSPIRATEUR, TRICE [ɛ̃spiʀatœʀ, tʀis] **adj.** et **n.** – 1372, rare avant 1798 ◊ bas latin *inspirator*

I ■ **1** RARE Qui donne l'inspiration. *Le souffle inspirateur du génie. Thèmes inspirateurs. Idées inspiratrices.* ■ **2 n. f. INSPIRATRICE :** femme qui donne l'inspiration. *L'inspiratrice d'un poète.* ➤ **égérie, muse.** ■ **3 n.** Personne qui inspire qqn ou dont on s'inspire. ➤ 2 **conseiller.** ◆ Personne qui dirige, anime. ➤ **initiateur, innovateur, instigateur, promoteur.** *Inspirateur d'un complot, d'une doctrine. Louis XIV «était le grand animateur, et souvent le grand inspirateur»* L. BERTRAND. ■ **4 n.** (CHOSES) *«La religion est la grande inspiratrice de leurs actes»* MAUPASSANT.

II ■ **1** (1765) ANAT. Qui assure l'inspiration d'air dans les poumons. *Muscles inspirateurs.* ■ **2 n. m.** MÉD. **INSPIRATEUR :** appareil servant à assurer ou à faciliter l'inspiration d'air dans les poumons.

■ CONTR. (de II) Expirateur.

INSPIRATION [ɛ̃spiʀasjɔ̃] **n. f.** – 1120 ◊ bas latin *inspiratio*

I A. *L'inspiration.* ■ **1** Sorte de souffle émanant d'un être surnaturel, qui apporterait aux humains des conseils, des révélations ; état mystique de l'âme sous cette impulsion surnaturelle. *Inspiration céleste, divine, d'en haut.* ➤ **esprit, grâce, illumination.** *Inspiration des prophètes, des devins.* ➤ **divination.** ■ **2** Souffle créateur qui anime les écrivains, les artistes, les chercheurs. *«À l'idée d'inspiration s'oppose celle de fabrication»* THIBAUDET. *Inspiration poétique.* ➤ **enthousiasme, fureur** (poétique), **veine, verve.** *Attendre, chercher l'inspiration. Avoir de l'inspiration. Être à court d'inspiration. Manquer d'inspiration.* ■ **3** Action d'inspirer qqch. à qqn ; résultat de cette action. *C'est sous son inspiration que le comité fut créé.* ➤ **influence, initiative, instigation.** — PAR EXT. Ce qui est inspiré. ➤ **conseil, suggestion.** ■ **4** (XXe) (CHOSES) Fait de s'inspirer, de subir l'influence de. *Mode d'inspiration orientale.*

B. Idée, résolution spontanée, soudaine. *Suivre son inspiration. Selon l'inspiration du moment. J'eus tout à coup une inspiration.* ➤ **idée ; eurêka.** *«ayant eu l'heureuse inspiration d'aller faire une petite visite à une femme que j'aime»* COURTELINE.

II (XVIe) PHYSIOL. Action par laquelle l'air entre dans les poumons ; résultat de cette action. ➤ **aspiration.** *Alternance de l'inspiration et de l'expiration.* ➤ **respiration.**

■ CONTR. Étude. — Expiration.

INSPIRATOIRE [ɛ̃spiʀatwaʀ] **adj.** – 1833 ◊ de *inspiration* ■ MÉD. Relatif à l'inspiration. *Capacité inspiratoire. Dyspnée inspiratoire.* ■ CONTR. Expiratoire.

INSPIRÉ, ÉE [ɛ̃spiʀe] **adj.** et **n.** – de *inspirer* ■ **1** Animé par l'inspiration, souffle divin ou créateur. *Poète inspiré. Œuvre inspirée. — Air inspiré* (souvent iron.) ◆ **n.** *Un inspiré.* ➤ **illuminé, mystique.** ■ **2** (1690) *Bien inspiré, mal inspiré,* qui a une bonne, une mauvaise idée (pour agir). ➤ **avisé.** *Il a été bien inspiré de vendre ses actions avant le krach.*

INSPIRER [ɛ̃spiʀe] **v.** ‹1› – *espirer* 1150 ◊ latin *inspirare,* de *spirare* «souffler»

I v. tr. ■ **1** Animer d'un souffle, d'un élan divin. *Apollon inspirait la Pythie.* ■ **2** Donner l'inspiration, le souffle créateur à (dans l'art, les activités intellectuelles). *«quelques lueurs, qui sont les moments où l'artiste a été inspiré»* DELACROIX. ◆ Être cause et sujet d'inspiration pour. *Les paysages de Provence ont beaucoup inspiré Cézanne. «Inspirez-nous des vers, mais ne les jugez pas»* ROSTAND. ◆ FAM. Plaire, tenter. *Cette promenade ne m'inspire pas,* ne me dit rien. ■ **3** Faire naître en suscitant (un sentiment, une idée, un dessein). ➤ **donner, imprimer, insuffler, suggérer.** *Inspirer à qqn l'horreur de qqch. Les intentions qui inspirent un acte.* ➤ **commander, déterminer, dicter, provoquer.** — PAR EXT. *Inspirer qqn,* déterminer son comportement par des conseils. ➤ **conduire,** 1 **conseiller, diriger.** ■ **4** LITTÉR. Être l'instigateur de (qqch.). *Un premier attentat «fut inspiré par Henri de Guise»* BAINVILLE. ■ **5** Être la cause et l'objet (de sentiments, pour qqn). ➤ **donner.** *Inspirer de l'amour à une personne. Je me méfie de lui, il ne m'inspire pas confiance. «L'état du patient inspirait les plus pressantes inquiétudes»* DUHAMEL. *Ça ne m'inspire rien de bon,* je me méfie.

II S'INSPIRER v. pron. (1829) *S'inspirer de :* prendre, emprunter des idées, des éléments à. *Le romancier s'est inspiré d'une légende populaire. «leurs petites robes très courtes, inspirées des modes européennes»* MAC ORLAN. ➤ **imiter.**

III ■ **1 v. tr.** Souffler dans. ➤ **insuffler.** ■ **2 v. intr.** Faire entrer l'air dans ses poumons. *La respiration consiste à inspirer et à expirer. Inspirez ! soufflez.* ➤ **aspirer.**

INSTABILITÉ [ɛ̃stabilite] **n. f.** – 1236 ◊ latin *instabilitas* ■ **1** CHIM. État d'un corps qui subit aisément une décomposition. PHYS., CHIM. Propriété d'un corps qui se décompose spontanément. *Instabilité nucléaire.* ■ **2** Caractère de ce qui change de place. *Instabilité d'une population.* ➤ **nomadisme.** ■ **3** COUR. (ABSTRAIT) Caractère de ce qui n'est pas fixe, permanent, de ce qui change, se modifie de manière imprévisible. *Instabilité d'une situation* (➤ **fragilité, incertitude, précarité**), *du caractère, des opinions* (➤ **inconstance, labilité, versatilité**), *des choses humaines* (➤ **changement, vicissitude**). *«Toute votre félicité, Sujette à l'instabilité En moins de rien tombe par terre»* CORNEILLE. *«l'inévitable instabilité du monde»* SENANCOUR. *L'instabilité d'une monnaie, des prix.* ➤ **fluctuation.** *Instabilité politique, sociale. «l'instabilité législative»* TOCQUEVILLE. *Créer l'instabilité.* ➤ **déstabiliser.** ■ CONTR. Stabilité.

INSTABLE [ɛ̃stabl] **adj.** – 1236, rare avant XVIe ◊ latin *instabilis* ■ **1** CHIM. Qui se décompose ou se désintègre spontanément. *Combinaison instable. Noyaux instables.* PHYS. *Équilibre mécanique, thermodynamique instable,* détruit par une faible perturbation. COUR. *Être en équilibre instable sur une échelle.* ◆ COUR. Mal équilibré. *Meuble instable.* ➤ **bancal, boiteux, branlant,** RÉGION. **chambranlant.** ■ **2** Qui se déplace, n'est pas stable en un lieu. *Personne, population instable.* ➤ 1 **errant, nomade.** ■ **3** (ABSTRAIT) COUR. Qui n'est pas fixe, permanent. ➤ **changeant*.** *Temps instable.* ➤ **variable.** *Paix instable.* ➤ **fragile, précaire.** ◆ *Sentiments instables.* ➤ **mouvant.** *«Leur sensibilité irritée, susceptible, instable enfin»* CAMUS. ■ **4** (PERSONNES) Incapable de se maintenir dans un état mental, affectif ; qui change constamment de comportement. ➤ **changeant, fluctuant, inconstant.** *Un être instable. «On me juge frivole, instable»* COCTEAU. *Enfants instables.* — SUBST. *Un instable.* ■ CONTR. Stable, 1 fixe ; constant, déterminé.

INSTALLATEUR, TRICE [ɛ̃stalatœʀ, tʀis] **n.** – milieu XIXe ◊ de *installer* ■ **1** VX Celui qui installe (un dignitaire, etc.). ■ **2** (1875) MOD. Personne (commerçant, artisan, ouvrier) qui effectue des installations. *Un installateur de cuisines* (➤ **cuisiniste**), *de chauffage* (➤ **chauffagiste**).

INSTALLATION [ɛ̃stalasjɔ̃] **n. f.** – 1349 ◊ de *installer* ■ **1** RELIG. Mise en possession solennelle d'une charge ecclésiastique. *Installation d'un évêque.* ➤ **intronisation.** — Formalité d'entrée en exercice. *Installation d'un magistrat ; installation dans une fonction.* ■ **2** COUR. Action de s'installer dans un logement. ➤ **emménagement.** *Ils terminent leur installation. Nous sommes en pleine installation. Fêter son installation* (cf. Pendre la crémaillère). — Manière dont on est installé. *Installation de fortune, provisoire.* ➤ **baraque, camp** (volant), **campement.** *Installation illégale.* ➤ **squat.** ■ **3** (XVIe) Action d'installer (qqch.) ; mise en place. ➤ **aménagement, arrangement, établissement.** *S'occuper de l'installation des meubles dans une maison,* et PAR EXT. *de l'installation de sa maison. Installation de l'électricité, du gaz, du chauffage dans un immeuble. Frais, travaux d'installation.* ■ **4** *Une, des installations.* Ensemble des objets, dispositifs, bâtiments, etc., installés en vue d'un usage déterminé. *Installation modèle. Installations électriques, sanitaires, mécaniques.* ➤ **équipement.** *Installations portuaires. Les «constructions et installations diverses qu'on pourrait envisager pour l'aménagement [...] de la station»* ROMAINS. ➤ **infrastructure.** ■ **5** ART Œuvre d'art, généralement provisoire, constituée d'objets assemblés dans un espace. ■ CONTR. Déménagement, évacuation.

INSTALLER [ɛ̃stale] **v. tr.** ‹1› – 1349 ◊ latin médiéval *installare* «mettre dans sa stalle»

I ■ **1** RELIG. Établir solennellement dans sa dignité. *Installer un pape, un évêque.* ➤ **introniser.** ◆ Établir solennellement dans une fonction officielle. *Installer un magistrat, un général.* ■ **2** (XVIe) COUR. Mettre (qqn) dans la demeure, dans l'endroit qui lui était destiné. ➤ **loger ;** FAM. **caser.** *Nous l'avons installé dans son nouveau logement.* — Placer ou loger d'une façon déterminée. *Installer un malade dans son lit ; l'installer confortablement. Ils sont bien installés dans leur ferme.*

▪ **3** (XIXᵉ) Disposer, établir (qqch.) dans un lieu désigné ou selon un ordre défini. ➤ **arranger, disposer, établir, mettre,** 1**placer.** *Installer des rayonnages sur un mur.* ➤ **poser.** *Installer le chauffage central, le téléphone.* ♦ *Installer un lieu.* ➤ **aménager, équiper.** *Installer une cuisine. Installer un appartement,* y faire des aménagements qui le rendent habitable, agréable. ♦ INFORM. Stocker (un progiciel) dans la mémoire de masse d'un ordinateur en définissant ses paramètres de fonctionnement pour l'adapter à l'environnement local. ➤ **implémenter.**

II S'INSTALLER v. pron. ▪ **1** Se mettre à une place déterminée ou d'une façon déterminée (en général pour un temps assez long). *S'installer confortablement dans un fauteuil. — S'installer chez un ami, à l'hôtel, dans une maison.* ➤ **emménager,** se **loger.** *Ils se sont installés en province.* ➤ **s'établir,** se **fixer.** «*Partout où il va, il s'installe* [...], *il semble que sa place était là depuis toujours*» MICHAUX. ♦ S'établir pour l'exercice d'une profession libérale. *Dentiste qui s'installe,* qui prend un cabinet. ▪ **2** FIG. S'établir de façon durable. *S'installer dans la mauvaise foi, le mensonge.* «*la France et le monde s'installaient dans la guerre*» DUHAMEL.
▪ CONTR. Déplacer. Désinstaller. 1Aller (s'en aller), déménager.

INSTAMMENT [ɛ̃stamɑ̃] adv. – *instanment* 1356 ◊ de 1*instant* ▪ COUR. (avec quelques verbes) D'une manière instante, avec instance. *Prier, demander instamment.*

INSTANCE [ɛ̃stɑ̃s] n. f. – v. 1240 «application, soin» ◊ latin *instantia* ▪ **1** Sollicitation pressante. VX au sing., sauf dans *Demander avec instance.* ➤ **insistance.** «*mon camarade me fit de telles instances*» BALZAC. MOD. *Céder aux instances de qqn.* ➤ **demande, pression, prière, requête, sollicitation.** *Sur les instances de ses amis, il a fini par accepter.* ▪ **2** DR. Ensemble d'actes, délais et formalités ayant pour objet l'introduction, l'instruction et le jugement d'un litige. ➤ **procédure, procès.** *Introduire une instance ; introduction d'instance.* ➤ **assignation, requête.** *Extinction de l'instance* (désistement, péremption). *Tribunal d'instance,* jugeant en matière civile jusqu'à un certain taux de compétence et en matière pénale les contraventions. — *Tribunal de grande instance,* jugeant en matière civile au-delà d'un certain taux de compétence et en matière pénale les délits. ♦ **EN INSTANCE (DE) :** en cours. *Affaire en instance. Être en instance de divorce. Train en instance de départ,* sur le point de partir. — *En dernière instance :* en dernière analyse. ▪ **3** PAR EXT. (1890) Juridiction, tribunal. *L'instance supérieure.* — (v. 1935 ◊ emploi critiqué) Autorité, corps constitué qui détient un pouvoir de décision. ➤ **institution.** *Les instances internationales. Les instances dirigeantes.* ▪ **4** (1923, Freud) PSYCHAN. Chacune des différentes parties de l'appareil psychique considérée comme élément dynamique (moi, ça et surmoi). *Instance de la censure, instance du surmoi.* «*la notion de surmoi, instance interdictrice inconsciente*» J. LAPLANCHE. ▪ **5** LING. *Les instances du discours :* production du discours avec ses caractères spécifiques (locuteur, interlocuteur, situation).

1 **INSTANT, ANTE** [ɛ̃stɑ̃, ɑ̃t] adj. – 1550 ◊ latin *instans,* p. prés. de *instare* «serrer de près, presser» ▪ LITTÉR. Qui presse vivement. ➤ **pressant.** *Demande, prière instante. Demander de façon instante,* instamment. ➤ **imminent, instantané.** *Besoin, péril instant.* «*il était instant de se rendre au chœur*» STENDHAL. ➤ **urgent.**

2 **INSTANT** [ɛ̃stɑ̃] n. m. – 1377 ◊ de 1*instant* ▪ Durée très courte que la conscience saisit comme un tout. ➤ **moment ; minute,** 2**seconde.** *Cela ne dura qu'un instant. Ce fut l'affaire d'un instant.* «*Chaque instant de la vie est un pas vers la mort*» CORNEILLE. *Attendre l'instant propice. L'instant T*. Avoir un instant d'inattention.* — LOC. *L'instant fatal :* la mort. ♦ Le moment présent. *L'homme* «*ne vit que fort peu dans l'instant même*» VALÉRY. *Jouir, profiter de l'instant qui passe, de chaque instant, de l'instant présent.* ♦ *Un instant :* un temps très court. *Il crut, il pensa un instant que... Attendez, patientez un instant. Quelques instants plus tard.* ELLIPT *Un instant ! je suis à vous.* ♦ LOC. **EN UN INSTANT :** rapidement, très vite (cf. En un clin* d'œil, en un tournemain*). — **DANS UN INSTANT.** ➤ **bientôt.** *Je reviens dans un instant* (cf. FAM. De suite). LITTÉR. *Dans l'instant (même) :* aussitôt. ♦ **À L'INSTANT :** tout de suite. ➤ **aussitôt, soudain.** *Il arrive à l'instant,* il vient d'arriver. *À l'instant, à l'instant même où j'allais partir ; à l'instant de partir. — Dès l'instant, depuis l'instant qu'il est parti,* à partir du moment* où. *Dès l'instant où il est d'accord.* ➤ **puisque.** ♦ **À CHAQUE, À TOUT INSTANT :** très souvent, à tout propos. ➤ **continuellement.** ♦ **POUR L'INSTANT :** pour le moment. ♦ **PAR INSTANTS :** par moments, de temps en temps. ♦ **DE TOUS LES INSTANTS :** constant, perpétuel. *Une attention de tous les instants.* ♦ **D'UN INSTANT À L'AUTRE :** de manière imminente. ➤ **bientôt** (cf. Tout de suite*). *On l'attend d'un instant à l'autre.*
▪ CONTR. Éternité, perpétuité.

INSTANTANÉ, ÉE [ɛ̃stɑ̃tane] adj. – 1604 ◊ de *instant,* sur le modèle de *momentané* ▪ **1** Qui ne dure qu'un instant. ➤ 1**bref.** «*Des visions instantanées, rapides*» FROMENTIN. ▪ **2** Qui se produit en un instant, soudainement. ➤ **immédiat.** *Réponse, riposte instantanée. La mort fut instantanée.* ▪ **3** SPÉCIALT (1857) VIEILLI *Photographie instantanée,* obtenue par une exposition de très courte durée. *Cliché instantané.* — SUBST. (1889) VIEILLI *Un instantané :* une photo effectuée sans temps de pose. «*J'ai* «*attendu quelques secondes que le personnage central lève sa carte et là, j'ai fait mon instantané. J'aime ce moment suspendu*» W. RONIS. ▪ **4** Qui se prépare, se dissout instantanément. *Café, cacao, potage instantané. Crème instantanée en sachets.* ▪ CONTR. Durable, lent, long.

INSTANTANÉITÉ [ɛ̃stɑ̃taneite] n. f. – 1735 ◊ de *instantané* ▪ DIDACT. Caractère de ce qui est instantané.

INSTANTANÉMENT [ɛ̃stɑ̃tanemɑ̃] adv. – 1787 ◊ de *instantané* ▪ D'une manière instantanée ; en un instant. ➤ **aussitôt, immédiatement, soudainement.** *Une mémoire* «*qui me permet d'oublier instantanément n'importe quelle lecture*» RENARD. *Café soluble qui se dissout instantanément dans l'eau.* ▪ CONTR. Lentement, progressivement.

INSTAR (À L'INSTAR DE) [alɛ̃staʀdə] loc. prép. – 1564 ◊ adaptation de la loc. latine *ad instar,* de *instar* «valeur égale» ▪ LITTÉR. À l'exemple, à la manière de, de même que. ➤ **comme.** «*une pièce en un seul acte, à l'instar des tragiques grecs*» MONTHERLANT.

INSTAURATEUR, TRICE [ɛ̃stɔʀatœʀ, tʀis] n. – 1504 au fém. ; rare avant 1838 ◊ latin *instaurator* ▪ LITTÉR. Personne qui instaure. ➤ **promoteur.** *Instaurateur de la justice, de la liberté.*

INSTAURATION [ɛ̃stɔʀasjɔ̃] n. f. – 1451 ◊ latin *instauratio* ▪ LITTÉR. Action d'instaurer. ➤ **établissement, fondation.** *L'instauration d'un droit, d'un nouveau régime. L'instauration d'une mode, d'un usage.*

INSTAURER [ɛ̃stɔʀe] v. tr. ⟨1⟩ – XIVᵉ, rare avant 1803 ◊ latin *instaurare* ▪ Établir pour la première fois. ➤ **fonder, inaugurer.** *Instaurer un usage, un droit.* ➤ **instituer.** *Instaurer un traitement médical.* ➤ **commencer.** *La révolution qui instaura la république.* «*ceux qui travaillent à instaurer sur cette terre un monde plus heureux et plus équitable*» CAILLOIS. PRONOM. *Une ère nouvelle s'instaure.* ▪ CONTR. Abolir, détruire, renverser.

INSTIGATEUR, TRICE [ɛ̃stigatœʀ, tʀis] n. – 1363 ◊ latin *instigator* ▪ Personne qui incite, qui pousse à faire qqch. *Les principaux instigateurs de ce mouvement.* ➤ **dirigeant, promoteur.** *Instigateur d'un complot, d'une révolution, de troubles.* ➤ **agitateur, fauteur, inspirateur, meneur.** — FIG. «*L'esprit est le vrai tentateur de la conscience et le premier instigateur du péché*» PROUDHON. ➤ **cause, moteur.**

INSTIGATION [ɛ̃stigasjɔ̃] n. f. – 1332 ◊ latin *instigatio,* de *instigare* ▪ RARE Action de pousser qqn à faire qqch. ➤ **incitation.** «*l'action, l'instigation directe de ceux qui avaient intérêt à détruire la pétition*» MICHELET. — COUR. **À L'INSTIGATION DE.** *Agir à l'instigation de qqn,* sur ses conseils ou en subissant son influence.

INSTIGUER [ɛ̃stige] v. tr. ⟨1⟩ – v. 1356 ◊ latin *instigare* ▪ VX ou RÉGION. (Belgique) **INSTIGUER qqn (à faire qqch.),** le pousser, l'inciter. ➤ **inciter, pousser.** *On les a instigués à refuser cet accord.*

INSTILLATION [ɛ̃stilasjɔ̃] n. f. – 1377 ◊ latin *instillatio* ▪ Action d'instiller. *Seringue à instillations. Instillation vésicale, instillations nasales.*

INSTILLER [ɛ̃stile] v. tr. ⟨1⟩ – v. 1370 ◊ latin *instillare,* de *stilla* «goutte» ▪ **1** Verser goutte à goutte (un liquide médicamenteux) dans une cavité ou un conduit. *Instiller un collyre dans l'œil. Instiller à l'aide d'une seringue, d'un compte-goutte.* ▪ **2** FIG. et LITTÉR. Faire entrer, pénétrer lentement. ➤ **insinuer.** «*ce maître Janus qui lui insuffle et lui instille dans la tête ces superstitions*» VILLIERS.

INSTINCT [ɛ̃stɛ̃] n. m. – *instincte* «impulsion» 1495 ◊ latin *instinctus* «impulsion» ▪ Impulsion qu'un être vivant doit à sa nature ; comportement par lequel cette impulsion se manifeste. ▪ **1** (1580) Tendance innée et puissante, commune à tous les êtres vivants ou à tous les individus d'une même espèce. *L'instinct de conservation, l'instinct vital. Instinct sexuel.* ➤ **libido.** *Instinct maternel. Mauvais, nobles instincts* (chez l'être humain). ◆ PSYCHAN. *Instinct de vie, de mort.* ➤ **pulsion.** ▪ **2** SC. Tendance innée à des actes déterminés (selon les espèces), exécutés parfaitement sans expérience préalable et subordonnés à des conditions de milieu ; ces actes. *Instinct des animaux. Instinct migratoire. Instinct grégaire.* ➤ **grégarisme.** ◆ ABSOLT *« l'instinct achevé est une faculté d'utiliser et même de construire des instruments organisés »* BERGSON. *L'instinct et l'intelligence. « Ce que l'on nomme l'instinct est [...] un ensemble de directives chimiquement enregistrées dans le patrimoine génétique »* J. HAMBURGER. ▪ **3** (Chez l'être humain) L'intuition, le sentiment (opposé à *raison*). *Agir par instinct. La raison « est capricieuse et cruelle. La sainte ingénuité de l'instinct ne trompe jamais »* FRANCE. ◆ loc. adv. **D'INSTINCT** : d'une manière naturelle et spontanée. ➤ **instinctivement, naturellement, spontanément.** *Il a trouvé d'instinct les bons gestes. Il a fait cela d'instinct,* sans réfléchir. ▪ **4** Faculté naturelle de sentir, de pressentir, de deviner. ➤ **inspiration, intuition.** *Averti par son instinct. Se fier à son instinct.* ➤ **flair.** *« Le peuple, qui a un instinct très délicat du comique »* RENAN. ◆ SPÉCIALT Don, disposition naturelle (à faire ou à connaître). ➤ **aptitude, art, 1sens, talent.** *Avoir l'instinct des affaires, du commerce.* ➤ **bosse.**

INSTINCTIF, IVE [ɛ̃stɛ̃ktif, iv] **adj.** – 1801 ◇ de *instinct* ▪ **1** Qui naît d'un instinct, de l'instinct. ➤ **instinctuel.** *Désirs instinctifs. Antipathie, aversion instinctive.* ➤ **viscéral.** *« D'un élan instinctif, elles s'étaient jetées au cou l'une de l'autre »* ZOLA. *C'est instinctif !* c'est une chose qu'on fait, qu'on sent d'instinct. *Activité, conduite instinctive.* ➤ **inconscient, involontaire, irréfléchi, machinal.** *Geste instinctif. — Un art instinctif, plus instinctif que raisonné.* ➤ **spontané.** ◆ DIDACT. De l'instinct (animal). *Réaction instinctive à un stimulus.* ▪ **2** En qui domine l'impulsion, la spontanéité de l'instinct. *Un être instinctif.* ▪ CONTR. Conscient, réfléchi, volontaire.

INSTINCTIVEMENT [ɛ̃stɛ̃ktivmɑ̃] **adv.** – 1801 ◇ de *instinctif* ▪ D'une manière instinctive, d'instinct. ➤ **spontanément.** *Instinctivement, elle retira sa main. Il a réagi instinctivement, sans réfléchir.* ➤ **viscéralement.**

INSTINCTUEL, ELLE [ɛ̃stɛ̃ktɥɛl] **adj.** – 1838, repris milieu XXe ◇ de *instinct* ▪ DIDACT. (PSYCHOL.) Qui appartient à la catégorie de l'instinct. *Les forces instinctuelles. « les composantes instinctuelles de l'être »* J. ROSTAND.

INSTIT [ɛ̃stit] **n.** – 1966 ◇ abrév. de *instituteur* ▪ FAM. Instituteur, institutrice. *Les instits.*

INSTITUER [ɛ̃stitɥe] **v. tr.** ‹1› – 1219 ; aussi « instruire » XVIe-XVIIe (→ institution) ◇ latin *instituere* « établir » ▪ **1** RELIG. Établir officiellement en charge, en fonction. *« Le pape instituait les évêques, mais c'est le roi qui les nommait »* JAURÈS. — DR. Nommer (héritier) par testament. *Instituer qqn héritier.* ➤ **constituer.** p. p. adj. *L'héritier institué.* ▪ **2** COUR. Établir d'une manière durable. ➤ **créer, ériger, 1faire, fonder, former, instaurer.** *Instituer une fête, des jeux solennels. Instituer un ordre, une confrérie, un règlement. « La force publique est instituée pour l'avantage de tous »* (DÉCLARATION DES DROITS DE L'HOMME). *Gouvernement qui institue un débat sur un sujet d'intérêt national.* — PRONOM. *Les relations qui se sont instituées entre les deux pays.* ➤ **établir, nouer.** ▪ CONTR. Abolir, abroger, supprimer.

INSTITUT [ɛ̃stity] **n. m.** – 1480 ◇ latin *institutum* « ce qui est établi » ▪ **1** VX Chose établie, fondée. ➤ **institution.** — (1622) RELIG. Règle d'un ordre religieux établie au moment de sa fondation. ➤ **constitution.** ▪ **2** (1749) MOD. Titre donné à certains corps constitués de savants, d'artistes, d'écrivains. *Institut de France,* ou ABSOLT *l'Institut,* comprenant les cinq Académies. ➤ **académie.** *Elle est membre de l'Institut.* PAR EXT. *Palais, coupole de l'Institut.* ◆ Nom donné à certains établissements de recherche scientifique ou d'enseignement, nationaux ou internationaux, libres ou officiels. *Institut Pasteur. Instituts universitaires de technologie (I. U. T.). Institut national de la consommation (I. N. C.). Institut national de la santé et de la recherche médicale (INSERM).* ◆ Nom donné à certains établissements financiers. *Institut du développement industriel.* ▪ **3** (v. 1920) Établissement à caractère commercial où l'on donne des soins, des cours. *Institut dentaire ; institut de beauté.* ◆ Institution scolaire privée.

INSTITUTES [ɛ̃stityt] **n. f. pl.** – XIIIe ; 1328 masc. sing. ◇ latin *instituta* « institutions » ▪ DR. ROM. Manuel de droit rédigé par les jurisconsultes romains. *Les institutes de Justinien,* ou ABSOLT *les institutes.*

INSTITUTEUR, TRICE [ɛ̃stitytœʀ, tʀis] **n.** – 1441 ◇ latin *institutor* ▪ **1** VX Personne qui institue (qqch.). *« L'instituteur divin du christianisme »* VOLTAIRE. ▪ **2** (1734) VX au masc. Personne chargée de l'instruction et de l'éducation d'un ou plusieurs enfants. ➤ **précepteur, professeur.** *« prendre un précepteur à domicile, ou une institutrice »* MAURIAC. ▪ **3** (1792) MOD. Personne qui enseigne dans une école primaire ou maternelle. ➤ **maître, maîtresse ;** FAM. **instit.** *« Instituteur, de institutor, celui qui établit [...] celui qui institue l'humanité dans l'homme ; quel beau mot ! »* MAURIAC. *Instituteur titulaire, stagiaire. Instituteurs et professeurs* des écoles.*

INSTITUTION [ɛ̃stitysjɔ̃] **n. f.** – 1190 ◇ latin *institutio*

I ▪ **1** RARE Action d'instituer. ➤ **création, établissement, fondation.** *L'institution d'une fête annuelle, d'une commission d'enquête. L'institution du calendrier grégorien en 1582. « l'institution du couvre-feu »* CAMUS. DR. *Institution d'héritier.* ➤ **désignation, nomination.** — DR. CAN. *Institution canonique :* collation par l'autorité ecclésiastique des pouvoirs spirituels attachés à une fonction cléricale. *Institution d'un évêque.* ▪ **2** DIDACT. *Être de l'institution de qqn,* avoir été institué par lui. *Tout ce qui est d'institution religieuse relève du pape.* — ABSOLT *D'institution :* institué par l'être humain (par oppos. à ce qui est établi par la nature). *Usages d'institution.* ▪ **3** PAR EXT. COUR. La chose instituée (personne morale, groupement, régime). *Institutions nationales, internationales. Institution financière. Institution de crédit.* ➤ **banque, établissement** (de crédit). *Institutions politiques, religieuses. Le mariage civil est une institution. Les lois sont « des institutions du législateur, les mœurs et les manières des institutions de la nation en général »* MONTESQUIEU. ◆ ABSOLT *Les institutions :* l'ensemble des formes ou structures sociales, telles qu'elles sont établies par la loi ou la coutume, et SPÉCIALT celles qui relèvent du droit public. *Peuple attaché à ses institutions. Saper, défendre les institutions. Les institutions de l'an VIII.* ➤ **constitution.** *Des institutions démocratiques.* ➤ **1régime.** *En dehors du cadre des institutions. Donner un caractère d'institution à qqch.* (➤ **institutionnaliser**). ◆ FAM. *La cérémonie du thé est une institution au Japon. Élever qqch. à la hauteur d'une institution :* faire passer qqch. dans les mœurs. *La sieste élevée à la hauteur d'une institution.* ◆ FAM. Ce qui constitue une référence partagée, reconnue. *Cette brasserie est une véritable institution à Lyon.* — (PERSONNES) *Ce critique littéraire est une institution.* ➤ **monument.**

II ▪ **1** (1552) VX Action d'instruire et de former par l'éducation. ➤ **instruction.** *« De l'institution des enfants »* MONTAIGNE. ▪ **2** (1680) MOD. **UNE INSTITUTION** : un établissement privé d'éducation et d'instruction. ➤ **collège, école, institut, pension.** *Institution pour jeunes filles. Il est professeur dans une institution libre.*

▪ CONTR. (de I, 1° et 2°) Abolition.

INSTITUTIONNALISATION [ɛ̃stitysjɔnalizasjɔ̃] **n. f.** – 1949 ◇ de *institutionnaliser* ▪ Fait d'institutionnaliser. *L'institutionnalisation d'une coutume.*

INSTITUTIONNALISER [ɛ̃stitysjɔnalize] **v. tr.** ‹1› – v. 1955 ◇ de *institution* ▪ Donner à (qqch.) le caractère officiel d'une institution. *Institutionnaliser le dialogue entre partenaires sociaux.* PRONOM. *Évènement qui s'institutionnalise.*

INSTITUTIONNEL, ELLE [ɛ̃stitysjɔnɛl] **adj.** – 1933 ◇ de *institution* ▪ **1** DIDACT. Relatif aux institutions. *Pratique à caractère institutionnel. L'appareil institutionnel d'un État. — Les investisseurs institutionnels.* ➤ **2zinzin.** n. m. *Les institutionnels.* ▪ **2** PSYCHOL. Qui concerne l'influence exercée par les groupes sociaux (famille, structure sociale) sur le développement de la personnalité. *Psychothérapies institutionnelles,* favorisant la réintégration sociale des malades.

INSTRUCTEUR, TRICE [ɛ̃stʀyktœʀ, tʀis] **n.** – 1372 ◇ latin *instructor* ▪ Personne qui instruit. ➤ **éducateur, moniteur, professeur.** *Instructrice de secourisme.* SPÉCIALT, MILIT. Personne chargée de l'instruction des recrues. adj. *Sergent instructeur.* — DR. Personne qui instruit une affaire. adj. *Juge instructeur :* juge d'instruction.

INSTRUCTIF, IVE [ɛ̃stʀyktif, iv] **adj.** – XIVe ◇ du latin *instructus* ▪ (CHOSES) Qui instruit. ➤ **édifiant, éducatif.** *Livre, ouvrage instructif. Lecture, conversation instructive.*

INSTRUCTION [ɛ̃stʀyksjɔ̃] **n. f.** – 1319 ◇ latin *instructio*

I ACTION D'INSTRUIRE ; SON RÉSULTAT ▪ **1** VX ou LITTÉR. Action d'enseigner ce qu'il est utile ou indispensable de savoir. ➤ **apprentissage, édification, initiation.** ▪ **2** Action d'enrichir et de former l'esprit (de la jeunesse). ➤ **enseignement, formation, pédagogie.** *« l'instruction des enfants est un métier* où il faut savoir perdre du temps pour en gagner» ROUSSEAU. «L'instruction et la pénalité sont les deux extrêmes d'un équilibre. Ce qu'on ajoute à l'un, on l'ôte à l'autre» HUGO. *L'instruction n'est qu'une part de l'éducation.* ➤ **éducation.** *L'instruction reçue à l'école.* ➤ **études.** *Instruction publique* (dispensée par l'État), *gratuite et obligatoire. Instruction primaire, secondaire, professionnelle.* ➤ **enseignement.** *Ministère de l'Instruction publique* (ANCIENNT), de l'Éducation nationale. — (Dans un domaine précis) *Instruction religieuse.* ➤ **catéchisme.** *Instruction civique. — Instruction militaire. Camp, période* d'instruction. Centres d'instruction.* ▪ **3** ABSOLT Savoir d'une personne instruite. ➤ **bagage** (FIG.), **connaissances,** 2 **culture, lettres, science.** *Avoir de l'instruction. Une personne sans instruction,* ignare, illettrée. *Niveau d'instruction.* «plus les femmes ont un niveau d'instruction élevé et peuvent prétendre à des situations professionnelles intéressantes, plus elles choisissent de quitter la maison» É. BADINTER.

II CE QUI SERT À INSTRUIRE ▪ **1** VX Leçon, précepte. RELIG. *Instruction pastorale* : mandement d'évêque. ▪ **2** MOD. PLUR. Explications verbales ou écrites à l'usage de la personne chargée d'une entreprise ou d'une mission. ➤ **consigne, directive, ordre, prescription.** *Donner des instructions à qqn, donner ses instructions. Agir sur instructions. Instructions précises. Conformément à vos instructions. Un recueil d'instructions. Instructions* : recomm. offic. pour *brief.* ◆ MAR. *Instructions nautiques* : publication du Service hydrographique de la Marine donnant aux navigateurs les renseignements qui ne figurent pas sur les cartes. ◆ INFORM. Groupe de bits codé déclenchant dans l'unité de traitement d'un ordinateur (➤ **processeur**) l'exécution d'une tâche élémentaire. ➤ **macro-instruction, micro-instruction ; mips.** *Instructions en langage machine. Instructions d'entrée-sortie. Opérandes d'une instruction. Jeu d'instructions* : ensemble d'instructions de très bas niveau exécutées par un microprocesseur. ◆ SPÉCIALT Ordre de service émanant d'une autorité supérieure, du gouvernement. *Instructions secrètes.* ◆ COUR. Mode d'emploi d'un produit, rédigé par le fabricant. *Instructions de lavage, d'entretien.* ➤ **indication, recommandation.** *Se conformer aux instructions ci-jointes.* ▪ **3** Document écrit émanant d'un chef à l'usage de ses services. ➤ **circulaire.** *Instruction ministérielle, préfectorale. Instruction n°... en date du...*

III EN DROIT Action d'instruire une cause (phase de l'instance). ◆ SPÉCIALT Phase de la procédure pénale au cours de laquelle le *juge d'instruction* procède aux recherches et met l'affaire en état d'être jugée. ➤ **information ; audition, confrontation, interrogatoire.** *Le secret de l'instruction. Code d'instruction criminelle* (devenu, depuis 1959, le Code de procédure pénale). *Instruction du premier degré devant le juge d'instruction, du second degré devant la chambre de l'instruction. Ouverture, clôture de l'instruction* (non-lieu, renvoi). *Mesure d'instruction. Actes d'instruction.* ➤ **procédure.**

INSTRUIRE [ɛ̃stʀɥiʀ] **v. tr.** ‹38› – fin XIVe ; *enstruire* 1120 ◊ latin *instruere* «outiller, instruire»

I ▪ **1** LITTÉR. Mettre en possession de connaissances nouvelles. ➤ **éclairer, édifier.** *Instruire qqn par l'exemple. Être instruit par l'expérience, le malheur, l'âge.* ▪ **2** COUR. Dispenser un enseignement à (un élève). ➤ **éduquer, enseigner, former, initier.** «Le besoin d'instruire autrui, de transmettre tout ce qu'il a pu lui-même [Goethe] acquérir de sagesse» GIDE. *Instruire un enfant dans une discipline, en sciences, sur un sujet. — Instruire de jeunes soldats,* leur apprendre le maniement des armes. ◆ ABSOLT *Œuvre visant à instruire* (➤ **didactique**). *Instruire en amusant.* ▪ **3 INSTRUIRE QQN DE :** mettre qqn au courant de (un fait, une connaissance particulière). ➤ **avertir,** 2 **aviser, informer, renseigner** (cf. Faire part*). *Il n'a instruit personne de ses projets.* «vous m'avez paru tant désirer ce départ, que j'ai cru devoir vous en instruire» LACLOS. — Recomm. offic. pour *briefer.*

II v. pron. réfl. **S'INSTRUIRE.** ▪ **1** Enrichir ses connaissances ou son expérience. ➤ **apprendre,** se **cultiver, étudier.** *Chercher à s'instruire. S'instruire sur le théâtre. On s'instruit à tout âge* : on a toujours qqch. à apprendre. *Une personne qui s'est instruite toute seule* (➤ **autodidacte**). ▪ **2** S'informer de, se renseigner sur. *S'instruire des circonstances exactes d'un évènement.*

III (1549) DR. Mettre (une cause) en état d'être jugée, procéder à l'instruction de. *Instruire une affaire, le procès de qqn. Les affaires* «de droit commun diminuent. Je n'ai plus à instruire que des manquements graves aux nouvelles dispositions» CAMUS. ABSOLT *Instruire contre qqn. Instuire à charge et à décharge.* — PRONOM. (PASS.) *Son affaire s'instruit en ce moment.*

INSTRUIT, ITE [ɛ̃stʀɥi, it] **adj.** – XVIIIe ; *(bien, mal) instruit* «élevé» 1346 ◊ de *instruire* ▪ Qui a des connaissances étendues dénotant une solide instruction. ➤ **cultivé, érudit, expérimenté, ferré,** 1 **fort ;** FAM. **calé.** *Il est très instruit.* «Ce vieillard instruit, qui a passé [...] pour prudent, averti, d'excellent conseil» MARTIN DU GARD. ➤ **sage.** ▪ CONTR. Ignare, ignorant, illettré, inculte.

INSTRUMENT [ɛ̃stʀymɑ̃] **n. m.** – 1365 ; *estrument* v. 1119 ◊ latin *instrumentum* «ce qui sert à équiper», de *instruere* → instruire

I OBJET ▪ **1** Objet fabriqué servant à exécuter qqch., à faire une opération. REM. *Instrument* est plus général et moins concret que *outil* ; désigne des objets plus simples que *appareil, machine.* ➤ **appareil, engin, machine, outil, ustensile.** «Primitif ou perfectionné, banal ou spécialisé, un instrument se définit par les usages qui lui sont reconnus. Il est façonné pour eux» H. WALLON. *Instruments aratoires. Instruments de chirurgie, de géométrie, de physique. Instruments de précision, de mesure* (➤ **-mètre**) ; *d'observation* (➤ **-scope**). *Instruments enregistreurs* (➤ **-graphe**), *récepteurs du son* (➤ **-phone**). *Instruments de vérification. Instruments de bord d'un avion.* ◆ *Instrument tranchant* : couteau, hache, etc. *Apportez vos instruments de travail. Instruments de torture.* ▪ **2 INSTRUMENT DE MUSIQUE,** et ABSOLT *instrument* (➤ **organologie ; aérophone, cordophone, idiophone, membranophone**). *Les instruments de l'orchestre. Jouer d'un instrument* (➤ **instrumentiste**). *Instruments qu'on accorde. Mauvais instrument.* ➤ **chaudron, casserole, sabot ; crincrin.** *Instruments à cordes* (➤ **banjo, contrebasse, guitare,** 1 **harpe, mandoline, violon, violoncelle**). *Instruments à clavier* (➤ **clavecin, clavicorde,** 3 **épinette,** 1 **piano, piano-forte**) ; *à clavier et soufflerie* (➤ **accordéon, harmonium, orgue**). *Instruments à percussion* (➤ **balafon, batterie, bongo, caisse, castagnettes, célesta, conga, tambour, triangle**). *Instruments à vent : en bois* (➤ **clarinette, cornemuse,** 1 **flûte, hautbois**) ; *en cuivre* (➤ **bugle, clairon,** 1 **cor, cornet, saxophone, trombone, trompette**). *Instruments à anche, à embouchure* (➤ **clarinette, saxophone**). *Instruments anciens* (➤ **luth, lyre, olifant, syrinx, téorbe, tympanon, viole**). *Instruments contemporains.* ➤ **synthétiseur** (cf. Ondes* Martenot). *Instruments automatiques, mécaniques* (cf. Boîte* à musique, piano* mécanique). *Instruments à ondes électriques.* «Je fis remarquer à Gertrude les sonorités différentes des cuivres, des instruments à cordes et des bois» GIDE. *Facteur* d'instruments.*

II SENS FIGURÉS ▪ **1** Moyen. *Instruments de paiement.* ➤ **monnaie.** *Instrument fiscal, réglementaire.* ▪ **2** (1485) Personne ou chose servant à obtenir un résultat (➤ **instrumentaliser**). *La concurrence, instrument de sélection. Un bon instrument de connaissance. Devenir l'instrument, l'âme damnée de qqn.* ➤ 2 **agent, bras.** *Gluck* «fut l'instrument de la révolution dramatique [théâtrale] que les philosophes préparent depuis vingt ans» R. ROLLAND. — SANS COMPL. *Il considère ses collaborateurs comme de simples instruments.* ▪ **3** DR. Acte authentique. — Titre propre à faire valoir des droits. — DIPLOM. Original d'une convention, d'un traité. *Les instruments de ratification d'un traité.*

INSTRUMENTAIRE [ɛ̃stʀymɑ̃tɛʀ] **adj.** – XVIe ◊ de *instrument* ▪ DR. *Témoin instrumentaire,* qui assiste un officier ministériel dans les actes dont la validité requiert la présence de témoins.

INSTRUMENTAL, ALE, AUX [ɛ̃stʀymɑ̃tal, o] **adj.** – 1563 ; *instrumentele* 1361 ◊ de *instrument* ▪ **1** DIDACT. Qui sert d'instrument. *Les pièces instrumentales d'un procès.* ▪ **2** (1390) Qui s'exécute avec des instruments. *Musique instrumentale* (opposé à *vocale*). ◆ Composé d'instruments. *Ensemble instrumental.* ▪ **3** MÉD. Qui se fait à l'aide d'instruments. *Pelvimétrie instrumentale* : mesure du bassin avec un instrument spécial.

INSTRUMENTALISER [ɛ̃stʀymɑ̃talize] **v. tr.** ‹1› – 1973 ◊ de *instrumental* ▪ **1** DIDACT. Considérer (qqch., qqn) comme un instrument ; rendre purement utilitaire. ▪ **2** Utiliser à des fins détournées. ➤ **détourner, récupérer.** *Instrumentaliser une crise, un débat.* — n. f. (1946) **INSTRUMENTALISATION.** «l'instrumentalisation de la peur, le gouvernement de l'émotion» I. JABLONKA.

INSTRUMENTALISME [ɛ̃stʀymɑ̃talism] **n. m.** – 1946 ◊ anglais *instrumentalism* (1909), de *instrument,* cf. français *instrument* ▪ PHILOS. Doctrine pragmatique suivant laquelle toute théorie est un outil, un instrument pour l'action. ➤ **pragmatisme.** — **adj.** et **n. INSTRUMENTALISTE.**

INSTRUMENTATION [ɛ̃stʀymɑ̃tasjɔ̃] **n. f.** – 1824 ◊ de *instrumenter* ▪ **1** Partie de l'orchestration qui consiste à choisir les instruments d'une composition en tenant compte des caractères individuels des instruments (tessitures, timbres). ▪ **2** TECHN. Ensemble d'instruments, d'appareils. *L'instrumentation scientifique, médicale. L'instrumentation de bord d'un engin spatial.*

INSTRUMENTER [ɛ̃stʀymɑ̃te] v. ‹ 1 › – 1431 ◊ de *instrument*
I v. intr. DR. Dresser un instrument (contrat, acte, procès-verbal). *Officiers publics ayant le droit d'instrumenter contre qqn* (huissier, notaire). *« la loi me défend d'instrumenter pour mes parents et pour moi »* BALZAC.
II v. tr. (1823) ■ **1** MUS. RARE ➤ **orchestrer.** ■ **2** (1962) TECHN. Doter (une installation, un appareil) d'instruments de contrôle. *Instrumenter un puits de pétrole.* — **p. p. adj.** *Avions instrumentés.*

INSTRUMENTISTE [ɛ̃stʀymɑ̃tist] n. – 1810 ◊ de *instrument* ■ **1** COUR. Musicien(ne) qui joue d'un instrument. *Les choristes et les instrumentistes.* ■ **2** CHIR. Aide chargé(e) de préparer et de passer les instruments au cours d'une intervention chirurgicale.

INSU (À L') [alɛ̃sydə] loc. prép. – 1538 ◊ de 1 *in* et *su*, p. p. de *savoir* ■ **1** *À l'insu de :* sans que la chose soit sue de (qqn). *Faire une démarche à l'insu de son entourage,* en le tenant dans l'ignorance. *« au su et à l'insu de tout le monde »* ROMAINS. *À mon insu, à leur insu. Des pensées « auxquelles nous obéissons sans les connaître ; elles sont en nous à notre insu »* BALZAC. — **loc. adv.** PLAIS. *À l'insu de mon (ton, son...) plein gré :* malgré moi (toi, lui, elle...), involontairement. *« on a découvert son coureur favori chargé comme une mule,* à l'insu de son plein gré *»* O. ADAM. ■ **2** Sans (en) avoir conscience. ➤ **inconsciemment.** *Se trahir à son insu.* ■ CONTR. Su (au su de). Consciemment, sciemment.

INSUBMERSIBLE [ɛ̃sybmɛʀsibl] adj. – 1775 ◊ de 1 *in-* et *submersible* ■ **1** Qui ne peut couler, être submergé. *Canot, navire insubmersible. Bouée insubmersible.* ■ **2** FIG. Qui perdure, résiste à tout. ➤ **indétrônable.** *Politicien insubmersible. Émission insubmersible.* — n. f. **INSUBMERSIBILITÉ,** 1853. ■ CONTR. Submersible.

INSUBORDINATION [ɛ̃sybɔʀdinasjɔ̃] n. f. – 1770 ◊ de 1 *in-* et *subordination* ■ Refus de se soumettre. ➤ **désobéissance, indiscipline, insoumission ; licence.** *Esprit d'insubordination.* ➤ **rébellion.** — MILIT. Refus d'obéissance aux ordres d'un supérieur. *Acte, délit, crime d'insubordination.* ■ CONTR. Subordination ; obéissance, soumission.

INSUBORDONNÉ, ÉE [ɛ̃sybɔʀdɔne] adj. – 1789 ◊ de 1 *in-* et *subordonné* ■ Qui a l'esprit d'insubordination. ➤ **désobéissant, indiscipliné, rebelle.** *Élève insubordonné. Troupes insubordonnées.* ■ CONTR. Subordonné.

INSUCCÈS [ɛ̃syksɛ] n. m. – 1794 ◊ de 1 *in-* et *succès* ■ Manque de succès, de réussite ; fait d'échouer. ➤ **échec.** *Insuccès à un examen. Insuccès d'une entreprise.* ➤ **avortement, chute.** *L'insuccès d'une pièce de théâtre.* ➤ **four.** *« À quel point ce livre heurtait le goût du jour, c'est ce que laissa voir son insuccès total. Aucun critique n'en parla »* GIDE. ■ CONTR. Réussite, succès.

INSUFFISAMMENT [ɛ̃syfizamɑ̃] adv. – 1391 ◊ de *insuffisant* ■ D'une manière insuffisante. *Une pièce insuffisamment éclairée.* ■ CONTR. Assez, suffisamment.

INSUFFISANCE [ɛ̃syfizɑ̃s] n. f. – 1323 ◊ de 1 *in-* et *suffisance,* d'après le bas latin *insufficientia* ■ **1** Caractère, état de ce qui ne suffit pas. ➤ **défaut,** 2 **manque.** *Insuffisance de moyens, de ressources.* ➤ **carence, déficit, pauvreté.** *« L'insuffisance des salaires était une sorte d'esclavage »* JAURÈS. *Élève puni pour l'insuffisance de son travail.* — (PERSONNES) *Ce candidat est d'une insuffisance flagrante.* ➤ **ignorance, incapacité.** ■ **2** AU PLUR. ➤ **déficience, lacune.** *Les insuffisances de son esprit. Souligner, dénoncer les insuffisances d'un traité.* ■ **3** MÉD. État d'un organe, d'une glande... qui ne remplit pas pleinement son rôle. ➤ **déficience.** *Insuffisance organique, mentale. Insuffisance hépatique, rénale, thyroïdienne, cardiaque, respiratoire, veineuse. « l'insuffisance cardiaque – le cœur s'essouffle, il ne pompe plus de manière efficace »* KERANGAL. ■ CONTR. Abondance, affluence, excès, suffisance. Aptitude, capacité, supériorité.

INSUFFISANT, ANTE [ɛ̃syfizɑ̃, ɑ̃t] adj. – 1323 ◊ de 1 *in-* et *suffisant ;* d'après le bas latin *insufficiens* ■ **1** Qui ne suffit pas. *Quantité insuffisante. Les médecins sont en nombre insuffisant à la campagne* (➤ **sous-effectif**). *L'aide aux réfugiés est insuffisante.* — (En degré, intensité, qualité) *Lumière insuffisante.* ➤ **pauvre.** *Connaissances insuffisantes.* ➤ **faible, insatisfaisant, médiocre.** ■ **2** (PERSONNES) Qui manque de dons, de talent. *On le juge insuffisant pour cette charge. Elle s'est montrée très insuffisante.* ➤ **inapte, inférieur.** *« La suffisance de certains insuffisants auteurs d'aujourd'hui »* GIDE. ■ **3** n. (avec un adj.) MÉD. Personne dont une fonction physiologique est diminuée. *Les insuffisants cardiaques, rénaux, respiratoires.* ■ CONTR. Suffisant ; abondant, excessif.

INSUFFLATEUR [ɛ̃syflatœʀ] n. m. – 1862 ◊ du radical de *insufflation* ■ MÉD. Instrument servant à insuffler dans une cavité organique (voies respiratoires, oreilles, etc.) de l'air, des gaz, des vapeurs, ou des médicaments en poudre.

INSUFFLATION [ɛ̃syflasjɔ̃] n. f. – 1765 ; « action de souffler » XIVe ◊ bas latin *insufflatio* ■ MÉD., CHIR. Action d'insuffler (une poudre, un liquide ou un gaz) dans une cavité du corps. *Insufflation d'air dans la plèvre d'un tuberculeux* (➤ **pneumothorax**).

INSUFFLER [ɛ̃syfle] v. tr. ‹ 1 › – XIVe ◊ bas latin *insufflare* ■ **1** Faire pénétrer en soufflant ; communiquer par le souffle. *Dieu insuffla la vie à sa créature.* ➤ **animer.** ♦ (XIXe) ➤ **inspirer.** *Insuffler du courage. Insuffler à qqn un désir de vengeance.* ➤ **exciter.** *« cette terreur qu'on lui avait insufflée toute l'enfance, la terreur de se déclasser »* ARAGON. ■ **2** (1819 *insouffler*) MÉD. Introduire (de l'air, un gaz) dans les poumons, une cavité de l'organisme. *Insuffler de l'air dans la bouche d'un noyé.* — ABSOLT (Dans le cas d'un pneumothorax artificiel) *Se faire insuffler.*

INSULAIRE [ɛ̃sylɛʀ] adj. – 1516 ◊ bas latin *insularis,* de *insula* « île » ■ **1** Qui habite une île. *Peuple insulaire.* ➤ **îlien.** SUBST. (1559) *Les insulaires de Bornéo, des îles Britanniques.* ■ **2** Qui appartient à une île, aux îles. *Administration insulaire.* — GÉOGR. *Arc* insulaire.* ■ CONTR. Continental.

INSULARITÉ [ɛ̃sylaʀite] n. f. – 1840 ◊ du radical de *insulaire* ■ DIDACT. ■ **1** Configuration, état d'un pays composé d'une ou de plusieurs îles. *Insularité du Royaume-Uni.* ■ **2** Caractère de ce qui est insulaire. *« cette insularité qui exprime si profondément la revendication d'indépendance* [...] *de chaque Anglais »* SIEGFRIED.

INSULINASE [ɛ̃sylinɑz] n. f. – milieu XXe ◊ de *insuline* et *-ase* ■ BIOCHIM. Enzyme du foie qui rend l'insuline inactive.

INSULINE [ɛ̃sylin] n. f. – 1931 ◊ du latin *insula* « île », cette hormone étant extraite des *îlots* du pancréas, par l'anglais *insulin* (1923) ■ Hormone pancréatique sécrétée par les îlots* de Langerhans, qui active l'utilisation du glucose dans l'organisme. *Taux d'insuline dans le sang* (➤ **insulinémie**). *L'insuline est utilisée, en injections sous-cutanées, dans le traitement du diabète. L'insuline est une hormone hypoglycémiante.*

INSULINÉMIE [ɛ̃sylinemi] n. f. – 1924 ◊ de *insuline* et *-émie* ■ PHYSIOL. Taux d'insuline dans le sang.

INSULINODÉPENDANT, ANTE [ɛ̃sylinodepɑ̃dɑ̃, ɑ̃t] adj. et n. – 1974 ◊ de *insuline* et *dépendant* ■ MÉD. *Diabète insulinodépendant,* dont l'équilibre glycémique ne peut être rétabli que par l'injection d'insuline. — (PERSONNES) *Sujet insulinodépendant.* n. *Les insulinodépendants.*

INSULINOTHÉRAPIE [ɛ̃sylinoteʀapi] n. f. – milieu XXe ◊ de *insuline* et *-thérapie* ■ MÉD. Traitement de certaines maladies par l'administration d'insuline.

INSULTANT, ANTE [ɛ̃syltɑ̃, ɑ̃t] adj. – v. 1690 ◊ p. prés. de *insulter* ■ Qui insulte ; qui constitue une insulte. ➤ **injurieux, offensant, outrageant.** *Propos insultants.* ➤ **grossier.** *Attitude insultante pour, à l'égard d'autrui. Paris « que je trouvais pire que laid, insultant pour ma douleur »* STENDHAL.

INSULTE [ɛ̃sylt] n. f. – 1535 ; *insult* « attaque » 1380 ; n. m. jusqu'au XVIIe ◊ bas latin *insultus* ■ **1** Acte ou parole qui vise à outrager ou constitue un outrage. ➤ **affront, injure, offense.** *C'est la pire insulte qu'on puisse lui faire. Adresser des insultes à qqn.* ➤ **grossièreté, invective.** *Ressentir, prendre qqch. comme une insulte.* ➤ **déshonneur, indignité.** *Endurer, supporter ; mépriser les insultes.* ■ **2** PAR EXT. *C'est une insulte à son honneur, à sa douleur.* ➤ **atteinte, outrage.** FIG. *Ce raisonnement est une insulte au bon sens* (➤ **défi**).

INSULTÉ, ÉE [ɛ̃sylte] adj. et n. – de *insulter* ■ Qui a reçu une insulte. — n. m. (1873) *L'insulté :* personne insultée. *L'insulté a le choix des armes.* ➤ **offensé.** ■ CONTR. Agresseur, offenseur.

INSULTER [ɛ̃sylte] v. tr. ‹ 1 › – *insulter à* « braver » 1352 ◊ latin *insultare,* proprt « faire assaut contre »
I VX Attaquer, assaillir. *« l'écume insultant le rocher »* HUGO.
II MOD. ■ **1** (1611) Attaquer (qqn) par des propos ou des actes outrageants. ➤ **injurier, offenser,** FAM. **pourrir, traiter.** *Se faire insulter. Il ose m'insulter ! Je ne me laisserai pas insulter. « Elle croit me rabaisser en m'insultant ! Tes injures n'atteignent que toi ! »* GIRAUDOUX. PRONOM. (RÉCIPR.) *Elles se sont insultées comme des chiffonnières.* — (CHOSES) Constituer une grave offense contre. ➤ **outrager.** — REM. La forme *insulter de* (+ n.) est fautive. *« – C'est pas la peine de nous insulter de pétasses. – On dit insulter tout court, ou traiter de. Mais pas un mélange des deux »* BÉGAUDEAU. ■ **2** TR. IND. (v. 1650) **INSULTER À** VX Faire insulte.

« Insulter aux dieux » FÉNELON. ➤ **blasphémer.** — MOD. et LITTÉR. *Les « mauvais prêtres, quand ils insultent au culte qu'ils ont trahi »* SUARÈS. ◆ FIG. Constituer un défi, par contraste avec une chose respectable. *Le luxe des riches insulte à la misère des déshérités.*
■ CONTR. Respecter.

INSULTEUR [ɛ̃syltœʀ] n. m. – 1769 ◊ de *insulter* ■ RARE Personne qui insulte. *L'insulteur et l'insulté.* ➤ **offenseur.** ■ CONTR. Laudateur.

INSUPPORTABLE [ɛ̃sypɔʀtabl] adj. – 1312 ◊ bas latin *insupportabilis* ■ **1** Qu'on ne peut supporter, endurer. ➤ **atroce, intolérable.** *Douleur insupportable.* ➤ **intenable.** ◆ PAR EXT. Extrêmement désagréable. *Bruit insupportable.* ➤ **infernal.** *Spectacle insupportable.* ➤ **insoutenable.** *Trouver la vie insupportable.* ➤ **haïssable, odieux.** *« l'atmosphère de la maison lui était devenue insupportable »* C. ROY. ➤ **insupporter.** *C'est insupportable !* ■ **2** (1680) (PERSONNES) *Il « montra de l'humeur et fut insupportable »* DUHAMEL. ➤ **agaçant, désagréable*** ; FAM. **imbuvable, pénible.** *Enfant insupportable.* ➤ **turbulent** (cf. Affreux jojo*). *Être insupportable avec qqn. — Un caractère insupportable.* ➤ **épouvantable, impossible, invivable.** ■ CONTR. Supportable, tolérable ; agréable, aimable.

INSUPPORTABLEMENT [ɛ̃sypɔʀtabləmɑ̃] adv. – 1441 ◊ de *insupportable* ■ D'une manière insupportable. *Il est insupportablement prétentieux.*

INSUPPORTER [ɛ̃sypɔʀte] v. tr. ⟨1⟩ – 1864 ◊ de *insupportable* ■ FAM. et PAR PLAIS. Être insupportable à. ➤ **indisposer.** *« Cette vieille roulure m'insupporte »* H. BATAILLE. REM. Ne s'emploie qu'avec un pron. compl.

INSURGÉ, ÉE [ɛ̃syʀʒe] adj. et n. – 1790 ◊ de *insurger* ■ Qui s'est insurgé, soulevé. *Les provinces, les populations insurgées.* ◆ n. (1792) Agitateur, révolté. ➤ **rebelle.** *« L'Insurgé », roman de J. Vallès.* ■ CONTR. Soumis.

INSURGER (S') [ɛ̃syʀʒe] v. pron. ⟨3⟩ – XVIe ; *insurger* tr. 1474 ◊ latin *insurgere* ■ Se soulever (contre l'autorité). ➤ se **révolter.** *Peuple qui s'insurge contre un tyran.* ➤ se **dresser,** se **rebeller ; insurrection.** *« les peuples s'insurgeaient [...] contre le sacrifice inutile »* MARTIN DU GARD. — PAR EXT. *S'insurger contre la mauvaise foi, contre une interprétation tendancieuse des faits.* ◆ TRANS. (précédé d'un pron. pers.) Dresser (contre qqch.). *Une sorte de réprobation « contre quoi mon instinct secrètement m'insurgeait »* GIDE. ■ CONTR. Soumettre (se).

INSURMONTABLE [ɛ̃syʀmɔ̃tabl] adj. – 1561 ◊ de 1 *in-* et *surmonter* ■ **1** Qu'on ne peut surmonter. *Un obstacle insurmontable.* ➤ **infranchissable.** — *D'insurmontables difficultés.* ➤ **invincible.** *« Tout ce qu'on avait cru pénible, difficile, insurmontable »* MICHELET. ■ **2** (Sentiments) Qu'on ne peut dominer, réprimer. *Angoisse, aversion insurmontable.* ■ CONTR. Facile, surmontable.

INSURPASSABLE [ɛ̃syʀpɑsabl] adj. – 1554 ◊ de 1 *in-* et *surpasser* ■ Qu'on ne peut surpasser. *Une perfection insurpassable. « des banalités d'une fadeur insurpassable »* GIDE. *Il est insurpassable dans l'art du calembour.*

INSURRECTION [ɛ̃syʀɛksjɔ̃] n. f. – 1361 ◊ bas latin *insurrectio,* de *insurgere* → s'insurger ■ **1** Action de s'insurger ; soulèvement qui vise à renverser (le pouvoir établi). ➤ **émeute, mutinerie, rébellion, résistance** (active), **révolte, révolution, sédition, soulèvement,** 2 **trouble** (cf. Levée de boucliers*). *Insurrection populaire. Insurrection de paysans* (➤ **jacquerie**), *des chouans* (➤ **chouannerie**). *Journées d'insurrection. Foyer d'insurrection. « l'insurrection [...] peut être, comme a dit La Fayette, le plus saint des devoirs »* HUGO. *Briser, réprimer une insurrection.* ■ **2** Le fait de s'insurger, révolte (FIG.). *L'insurrection de qqn contre l'injustice. « il faut tuer la mort qui sur nous s'abat / et ceci appelle l'insurrection de la poésie »* G. MIRON. ■ CONTR. Soumission.

INSURRECTIONNEL, ELLE [ɛ̃syʀɛksjɔnɛl] adj. – 1792 ◊ de *insurrection* ■ Qui tient de l'insurrection. *Mouvement insurrectionnel. Journées insurrectionnelles.* ◆ *Gouvernement insurrectionnel,* issu de l'insurrection.

INTACT, E [ɛ̃takt] adj. – 1498 ◊ latin *intactus* ■ **1** À quoi l'on n'a pas touché ; PAR EXT. (1835) Qui n'a pas subi d'altération, de dommage. *La carrosserie est abîmée, mais le moteur est intact. « le fond n'avait jamais été touché. Là, les richesses avaient dormi intactes »* GOBINEAU. *L'héritage est resté intact.* ➤ **entier.** ■ **2** PAR EUPHÉM. (PERSONNES) Vierge. *Intacte et pure.* ■ **3** (ABSTRAIT) Qui n'a souffert aucune atteinte. *Réputation, image intacte,* sans tache. ➤ **sauf.** *Il est sorti intact de ce scandale.* ■ CONTR. Altéré, endommagé ; blessé. Compromis.

INTACTILE [ɛ̃taktil] adj. – XVIe ◊ de 1 *in-* et *tactile* ■ DIDACT. Qui ne peut, par nature, être perçu par le toucher. *Un son est intactile.* ➤ **impalpable.**

INTAILLE [ɛ̃taj] n. f. – 1808 ◊ italien *intaglio* ■ ARTS Pierre fine gravée en creux. *L'intaille est gravée en creux et le camée en relief. Intaille qui sert de sceau, de cachet.*

INTAILLER [ɛ̃taje] v. tr. ⟨1⟩ – 1860 ◊ de *intaille* ■ TECHN. (ARTS) Graver en creux (une pierre fine). p. p. adj. *Pierre intaillée.*

INTANGIBILITÉ [ɛ̃tɑ̃ʒibilite] n. f. – 1834 ◊ de *intangible* ■ DIDACT. État de ce qui est intangible, de ce qui est ou doit être maintenu intact. *L'intangibilité d'une loi, d'un principe.*

INTANGIBLE [ɛ̃tɑ̃ʒibl] adj. – XVe ◊ de 1 *-in* et *tangible* ■ **1** VX Qu'on ne peut toucher, qui échappe au sens du toucher. ➤ **impalpable.** *Fluides intangibles.* ■ **2** (1899) MOD. À quoi on ne doit pas toucher, porter atteinte ; que l'on doit maintenir intact. ➤ **inviolable,** 1 **sacré.** *Principes intangibles.*

INTARISSABLE [ɛ̃taʀisabl] adj. – 1586 ◊ de 1 *in-* et *tarir* ■ **1** Qui ne peut être tari, qui coule sans arrêt. ➤ **abondant, inépuisable.** *Source intarissable.* PAR EXAGÉR. *Pleurs intarissables.* — PAR MÉTAPH. *Une « source intarissable de paix et de joie »* FÉNELON. ■ **2** FIG. *Il a une verve intarissable. « l'intarissable jacassement de M. de Charlus »* PROUST. *Une imagination intarissable. — Il est intarissable sur ce sujet.* ■ CONTR. 1 Maigre, pauvre. Silencieux.

INTARISSABLEMENT [ɛ̃taʀisabləmɑ̃] adv. – 1834 ◊ de *intarissable* ■ D'une manière intarissable. *Il répète intarissablement la même chose.* ➤ **inlassablement.**

INTÉGRABLE [ɛ̃tegʀabl] adj. – 1704 ◊ de *intégrer* ■ MATH. Qui peut être intégré. *Fonction intégrable,* qui admet une intégrale. *Équation différentielle intégrable,* qui admet des solutions.

INTÉGRAL, ALE, AUX [ɛ̃tegʀal, o] adj. et n. f. – 1640 ; *parties intégrales* XIVe ◊ latin *integralis,* de *integer* « entier »
I COUR. Qui n'est l'objet d'aucune diminution, d'aucune restriction. ➤ 1 **complet, entier.** *Remboursement intégral. Renouvellement intégral d'une assemblée. Nu, nudisme intégral. Bronzage intégral. Texte intégral, édition intégrale d'un ouvrage,* sans omission ni coupure. *Recherche en texte* intégral.* — n. f. *Acheter en disques l'intégrale des symphonies de Beethoven. — Casque intégral :* casque de motocycliste qui protège entièrement la tête. — *Voile intégral,* recouvrant le corps et le visage de certaines musulmanes. ➤ **burqa, niqab.**
II MATH. ■ **1** (1696) *Calcul intégral :* branche du calcul infinitésimal qui a pour objet de trouver les fonctions qui admettent une fonction donnée pour dérivée. ■ **2** n. f. (1753) **UNE INTÉGRALE :** résultat de l'opération fondamentale du calcul intégral (intégration). *Intégrale d'une fonction. Intégrale indéfinie* (ou *primitive*) : fonction dont la dérivée est la fonction considérée ou sa différentielle. *Le signe ∫ symbolise l'intégrale. Intégrale définie dans un intervalle (a, b) :* différence des valeurs d'une primitive* de la fonction à intégrer, lorsque la variable prend les valeurs *b* et *a* (notée $\int_a^b$).
■ CONTR. Incomplet, partiel.

INTÉGRALEMENT [ɛ̃tegʀalmɑ̃] adv. – 1511 ◊ de *intégral* ■ D'une manière intégrale, au complet. ➤ 1 **complètement, totalement.** *Lire un texte intégralement.* ➤ **in extenso.** *Rembourser intégralement ses dettes.* ■ CONTR. Incomplètement, partiellement.

INTÉGRALITÉ [ɛ̃tegʀalite] n. f. – 1611 ◊ latin médiéval *integralitas* ■ État d'une chose complète. ➤ **complétude, entièreté.** *Intégralité d'un revenu.* — LOC. *Dans son intégralité :* dans son ensemble, sa totalité. ➤ **intégrité.**

INTÉGRANT, ANTE [ɛ̃tegʀɑ̃, ɑ̃t] adj. – 1503 ◊ latin *integrans* → intégrer ■ DIDACT. *Partie intégrante :* partie qui contribue à l'intégrité d'un tout (sans en constituer l'essence). COUR. *Faire partie intégrante de qqch.,* être parmi ses éléments constituants les plus importants. *« L'illusion est une partie intégrante de la réalité »* JOUBERT. ◆ n. m. LING. *Intégrant de phrase :* le mot. *Intégrant de mot :* le morphème.

INTÉGRATEUR [ɛ̃tegʀatœʀ] n. m. – 1877 ◊ de *intégrer* ■ Appareil qui effectue l'intégration, totalise des indications continues, résout les équations différentielles. *Les ordinateurs, les calculatrices analogiques ont remplacé les intégrateurs traditionnels.*

INTÉGRATION [ɛ̃tegʀasjɔ̃] n. f. – 1700 ; « rétablissement » 1309 ◊ latin *integratio* → intégrer ■ **1** MATH. Opération (inverse de la différentiation) par laquelle on détermine la grandeur limite de la somme de quantités infinitésimales en nombre indéfiniment croissant. *Étant donné une fonction, l'intégration permet de trouver la fonction primitive* (➤ **intégrale**) *dont la fonction considérée est la dérivée. L'intégration fournit «une méthode générale pour déterminer les aires limitées par des courbes»* UVAROV et CHAPMAN. ➤ **quadrature.** ▪ **2** PHILOS. «Établissement d'une interdépendance plus étroite entre les parties d'un être vivant ou les membres d'une société» (Lalande). — PSYCHOL. Incorporation (de nouveaux éléments) à un système psychologique. *Intégration mentale.* — PHYSIOL. Coordination des activités de plusieurs organes, nécessaires à un fonctionnement harmonieux. ▪ **3** (fin XIXe) ÉCON. Action d'adjoindre à l'activité propre d'une entreprise les activités qui s'y rattachent dans le cycle de la fabrication des produits. ➤ **concentration** (verticale) ; **filière.** — *Intégration économique :* procédé par lequel une ou plusieurs nations créent un espace économique commun. ➤ 1 **union.** *Intégration douanière* (cf. Zone* de libre-échange). ▪ **4** (milieu XXe) COUR. Opération par laquelle un individu ou un groupe s'incorpore à une collectivité, à un milieu (opposé à *exclusion, ségrégation*). ➤ **assimilation, fusion, insertion.** *Intégration économique, sociale, culturelle* (➤ **acculturation**). *Unité pédagogique d'intégration (UPI) :* classe qui accueille les jeunes en situation de handicap et leur dispense un enseignement adapté. *«Des efforts sont actuellement faits pour permettre l'intégration des handicapés sur le marché du travail»* J.-L. FOURNIER. *Difficultés d'intégration.* — *Week-end d'intégration (WEI) :* évènement festif organisé pour accueillir la nouvelle promotion d'une grande école. ▪ **5** TECHNOL. Regroupement d'un grand nombre de composants électroniques sur un substrat semi-conducteur (➤ **puce**). *Haute densité d'intégration.* ▪ **6** BIOL. MOL. Insertion par recombinaison d'une séquence d'ADN dans une autre. — NEUROL. *Intégration neuronale :* sommation au niveau du neurone de l'ensemble des signaux inhibiteurs ou excitateurs reçus.

INTÉGRATIONNISTE [ɛ̃tegʀasjɔnist] adj. et n. – milieu XXe ◊ de *intégration* (4°) ▪ POLIT. Relatif à l'intégration politique ou raciale. *Manifestations antiracistes et intégrationnistes.* ♦ Favorable à l'intégration politique. — n. *Débat entre intégrationnistes et souverainistes au sujet de l'Union européenne.* — n. m. **INTÉGRATIONNISME** ▪ CONTR. Indépendantiste, ségrégationniste.

INTÈGRE [ɛ̃tɛgʀ] adj. – 1671 «pur» ; 1542 «entier» ◊ latin *integer* ▪ D'une probité absolue. ➤ **honnête, incorruptible.** *Juge intègre.* ➤ **équitable, impartial, juste.** *«Ma vie est intègre, mes mœurs sont pures, mes mains sont nettes»* GIRAUDOUX. ▪ CONTR. Corrompu, malhonnête, vénal.

INTÉGRÉ, ÉE [ɛ̃tegʀe] adj. – de *intégrer* ▪ **1** Qui inclut en tant que partie intégrante. *Complexe portuaire intégré. Cuisine intégrée,* dont les éléments sont conçus pour former un ensemble homogène. — ÉCON. *Commerce intégré,* où les fonctions de commerce de gros et de détail sont regroupées au sein d'une même entité économique. ▪ **2** (PERSONNES) ➤ **assimilé.** *Populations bien intégrées.* ▪ **3** INFORM. *Traitement intégré* (des données), réalisant automatiquement une série complexe d'opérations. *Gestion intégrée,* dans laquelle une base commune de données peut servir à des applications diverses. *Circuit* intégré.* — n. m. *Un intégré :* progiciel qui regroupe plusieurs fonctions.

INTÉGRER [ɛ̃tegʀe] v. ‹6› – 1340 «exécuter, faire» ◊ latin *integrare,* latin médiéval «rendre complet, achever» ▪ v. tr. ▪ **1** (1700) MATH. Effectuer l'intégration* de. *Intégrer une fonction,* calculer son intégrale. — *Fonction intégrée.* ▪ **2** (XXe) Faire entrer dans un ensemble en tant que partie intégrante. ➤ **assimiler, incorporer.** *Intégrer plusieurs théories dans un système.* ➤ **comprendre*, inclure.** — ÉCON. *Une société qui intègre son fournisseur.* ♦ (PERSONNES) Entrer dans, faire partie de. *«45 % de nos diplômés intègrent le secteur industriel»* (Le Point, 1989). — PRONOM. S'insérer. *«s'intégrer dans la collectivité»* MAUROIS. *Travailleurs immigrés qui se sont bien intégrés.* ➤ **s'assimiler.** ▪ **3** v. tr. ou tr. ind. (XXe) ARG. SCOL. Être reçu au concours d'entrée dans une grande école. *Intégrer (à) l'École normale.* ▪ CONTR. 1 Détacher.

INTÉGRISME [ɛ̃tegʀism] n. m. – 1913 ◊ de *intégriste* ▪ Doctrine qui tend à maintenir la totalité d'un système (spécialement d'une religion). ➤ **conservatisme.** ♦ Attitude de croyants qui refusent toute évolution. ➤ **fondamentalisme, traditionalisme.** *Intégrisme catholique, musulman.* ▪ CONTR. Progressisme.

INTÉGRISTE [ɛ̃tegʀist] n. et adj. – 1894 ◊ de *intègre,* d'après l'espagnol ▪ **1** HIST. Membre d'un parti espagnol qui cherchait à soumettre l'État à l'Église. ▪ **2** MOD. Partisan de l'intégrisme. — adj. *Thèses intégristes.* ➤ **fondamentaliste.** PAR ANAL. *Attitude intégriste de certains musulmans.* ♦ FIG. Personne qui manifeste une intransigeance, un conservatisme excessifs. ➤ **ayatollah, puriste.** *Les intégristes du libéralisme, de l'écologie.*

INTÉGRITÉ [ɛ̃tegʀite] n. f. – 1320 «virginité» ◊ latin *integritas* ▪ **1** (après 1450) État d'une chose qui est demeurée intacte. ➤ **intégralité, plénitude, totalité.** *L'intégrité d'un tout, d'un ensemble. Intégrité d'une œuvre. «L'intégrité de l'organisme est indispensable aux manifestations de la conscience»* CARREL. *L'intégrité du territoire.* — *Dans son intégrité :* total, absolu. REM. *Intégrité* est plus qualitatif qu'*intégralité,* réservé généralt à ce qui est mesurable. ▪ **2** VX Vertu, pureté totale. *«Ton adorable intégrité, Ô Vierge mère»* CORNEILLE. ➤ **virginité.** ▪ **3** (XVe) État d'une personne intègre. ➤ **honnêteté, incorruptibilité ; probité.** *C'est qqn d'une parfaite intégrité. Intégrité des mœurs.* ▪ CONTR. Altération, corruption, malhonnêteté.

INTELLECT [ɛ̃telɛkt] n. m. – 1265 ◊ latin *intellectus,* de *intellegere* «comprendre» ▪ L'esprit dans son fonctionnement intellectuel. ➤ **entendement, esprit, intelligence.** *«ainsi faudrait-il, dans l'ordre de l'intellect, acquérir un art de penser, se faire une sorte de psychologie dirigée»* VALÉRY.

INTELLECTION [ɛ̃telɛksjɔ̃] n. f. – XIIIe ◊ bas latin *intellectio* ▪ DIDACT. Intellect ; acte de l'intellect. ➤ **conception.** *La différence «entre l'imagination et la pure intellection»* DESCARTES.

INTELLECTUALISATION [ɛ̃telɛktɥalizasjɔ̃] n. f. – 1894 ◊ de *intellectualiser* ▪ **1** Action d'intellectualiser ; résultat de cette action. *«une plus grande intellectualisation de l'art»* CAMUS. ▪ **2** PSYCHAN. Mode de résistance qu'un patient oppose à la cure en traitant ses problèmes en termes rationnels et généraux, pour éviter d'aborder les conflits affectifs personnels. ➤ **rationalisation.**

INTELLECTUALISER [ɛ̃telɛktɥalize] v. tr. ‹1› – 1801 ◊ de *intellectuel* ▪ Revêtir d'un caractère intellectuel ; transformer par l'action de l'intelligence.

INTELLECTUALISME [ɛ̃telɛktɥalism] n. m. – 1851 ◊ de *intellectuel* ▪ **1** PHILOS. Doctrine qui affirme la prééminence des éléments intellectuels sur ceux de l'affectivité et de la volonté. *L'intellectualisme de Spinoza.* ▪ **2** COUR. Tendance à sacrifier la vie et l'instinct aux satisfactions de l'intelligence. *«un excès d'intellectualisme, – un appétit de tout lire et de tout connaître»* R. ROLLAND.

INTELLECTUALISTE [ɛ̃telɛktɥalist] adj. – 1853 ◊ de *intellectualisme* ▪ DIDACT. Marqué d'intellectualisme ; partisan de l'intellectualisme. *«La science sera intellectualiste ou elle ne sera pas»* POINCARÉ. n. *Un, une intellectualiste.*

INTELLECTUALITÉ [ɛ̃telɛktɥalite] n. f. – 1784 ◊ de *intellectuel* ▪ LITTÉR. ▪ **1** Ensemble des facultés intellectuelles, du domaine intellectuel. *«Si l'intellectualité, l'esprit, était indépendant de la matière, et constituait ce qu'on appelle les cieux !»* LARBAUD. ▪ **2** Caractère intellectuel (d'un processus psychique ; d'une personne, d'une attitude). *«il avait affaire à des femmes d'une intellectualité supérieure»* PROUST.

INTELLECTUEL, ELLE [ɛ̃telɛktɥɛl] adj. et n. – 1265 ◊ bas latin *intellectualis* ▪ **1** Qui se rapporte à l'intelligence (connaissance ou entendement). ➤ **moral, représentatif, spirituel.** *La vie intellectuelle.* ➤ **mental.** *Facultés intellectuelles. Déficience intellectuelle. Quotient* intellectuel. Effort, travail intellectuel. Exercice intellectuel. Gymnastique intellectuelle. Fatigue intellectuelle. Carrière intellectuelle. Le mouvement intellectuel sous la Restauration.* ➤ **idée** (les idées). *«je dus à ma liberté morale ma liberté intellectuelle»* CHATEAUBRIAND. ♦ Où l'intelligence a une part prédominante ou excessive. *«Les hommes avides de sensations, voire de sensations intellectuelles»* BENDA. *Vérités intellectuelles.* ▪ **2** (fin XIXe) Qui a un goût prononcé (ou excessif) pour les choses de l'intelligence, de l'esprit ; chez qui prédomine la vie intellectuelle. ➤ **cérébral.** *Elle est très intellectuelle.* ♦ Dont la vie est consacrée aux activités intellectuelles. *Les travailleurs intellectuels* (opposé à *travailleurs manuels*). *L'élite intellectuelle* (➤ **intelligentsia**). ♦ n. *Les intellectuels. La classe des intellectuels.* ➤ **clerc, mandarin.** *«Le métier des intellectuels est remuer toutes choses sous leurs signes, noms ou symboles, sans le contrepoids des actes réels»* VALÉRY. *«Un intellectuel assis va moins loin qu'un con qui marche»* (M. AUDIARD, «Un taxi pour Tobrouk», film). *Un intellectuel de gauche.* — ABRÉV. FAM., PÉJ. (1977) **INTELLO** [ɛ̃telo]. *Les intellos. Des films intellos.* ▪ CONTR. Affectif, émotionnel ; corporel, matériel. 1 Manuel.

INTELLECTUELLEMENT [ɛ̃telɛktɥɛlmɑ̃] adv. – 1501 ◊ de *intellectuel* ▪ Sous le rapport de l'intelligence. *Un enfant intellectuellement très doué.*

INTELLIGEMMENT [ɛ̃teliʒamɑ̃] adv. – 1630 ◊ de *intelligent* ▪ Avec intelligence, d'une manière qui marque de l'intelligence. *Se comporter intelligemment.*

INTELLIGENCE [ɛ̃teliʒɑ̃s] **n. f.** – fin XIIe ◊ du latin *intelligentia,* famille de *legere* «recueillir» et «recueillir par les sens (oreilles, yeux)», d'où «lire» → 1 lire

I FACULTÉ DE L'ESPRIT A. L'INTELLIGENCE ■ **1** Faculté de connaître, de comprendre. ➤ **âme, esprit, 1 pensée, raison.** *Pouvoirs et limites de l'intelligence. Développement de l'intelligence. Tests d'intelligence* (cf. Quotient* intellectuel). *Le cerveau, siège de l'intelligence. Avoir l'intelligence vive, pénétrante. «J'ai vu peu d'intelligences aussi précoces, plus déliées, plus promptes, plus sensibles que la sienne»* VALÉRY. *Cultiver, faire travailler son intelligence* (cf. FAM. Matière* grise). *Les divers types d'intelligence.* ■ **2** (Sens strict) L'ensemble des fonctions mentales ayant pour objet la connaissance conceptuelle et rationnelle (opposé à *sensation* et à *intuition*). ➤ **abstraction, conception, entendement, intellect.** *Les spéculations de l'intelligence.* ■ **3** (1636) DIDACT. Aptitude (d'un être vivant) à s'adapter à des situations nouvelles, à découvrir des solutions aux difficultés qu'il rencontre. *«Je crois fermement que l'intelligence des hommes est assez remarquable pour concevoir et appliquer les moyens de faire échec aux dangers qui menacent l'aventure humaine»* J. HAMBURGER. *L'intelligence pratique de l'enfant.* — *Intelligence des animaux* (avec idée d'instinct supérieur). ♦ *Intelligence artificielle (I. A.)* : partie de l'informatique qui a pour but la simulation de facultés cognitives afin de suppléer l'être humain pour assurer des fonctions dont on convient, dans un contexte donné, qu'elles requièrent de l'intelligence (cf. Système expert*). *Les langages de l'intelligence artificielle* (ex. prolog). *Les fonctions de l'intelligence artificielle :* reconnaissance* des formes et de la parole, simulation, jeu, conduite de robots, apprentissage. *Les outils de l'intelligence artificielle :* réseau* de neurones (➤ **connexionnisme**), réseau* sémantique (➤ aussi **cogniticien**). ■ **4** COUR. Qualité de l'esprit qui comprend et s'adapte facilement ; caractère d'une personne intelligente*. ➤ **capacité, discernement, jugement, perspicacité, réflexion ;** FAM. **jugeote ;** RÉGION. **jarnigoine.** *Cela exige, suppose de l'intelligence. Doué d'intelligence. Intelligence exceptionnelle, très supérieure à la moyenne* (➤ **surdoué**). *Faire preuve d'intelligence. Elle a eu l'intelligence de renoncer.* ➤ **clairvoyance.** *«Il faut de l'esprit pour bien parler, de l'intelligence suffit pour bien écouter»* GIDE.

B. UNE INTELLIGENCE. ÊTRE CONSCIENT DOUÉ DE CETTE FACULTÉ ■ **1** (fin XIVe) Être spirituel (par oppos. à la matière, aux corps). *Dieu, souveraine intelligence.* ■ **2** (1598) Être humain en tant qu'être pensant, capable de réflexion. *Le niveau auquel s'élevaient les intelligences de cette époque.* — Être humain doué d'un certain type ou d'un certain degré d'intelligence. ➤ **esprit.** *C'est une intelligence remarquable.* — *C'est une intelligence.* ➤ **cerveau.**

II L'INTELLIGENCE DE (qqch.) (1559 ◊ de l'anglais) Acte ou capacité de comprendre (qqch.). ➤ **compréhension, intellection, perception.** *Avoir l'intelligence d'un texte. Pour l'intelligence de ce qui va suivre, notons que...* — SPÉCIALT Connaissance ou possession de certains points ou moyens de l'art. ➤ **1 sens.** *L'intelligence des affaires. Daumier «révéla une intelligence merveilleuse du portrait»* BAUDELAIRE.

III LE FAIT DE S'ENTENDRE (fin XVe) AU PLUR. ou dans des expressions ■ **1** LITTÉR. Communication entre des personnes qui s'entendent, se concertent dans un but qu'elles n'avouent pas ouvertement. ➤ **collusion, complicité, connivence. D'INTELLIGENCE.** *Être d'intelligence avec qqn* (cf. FAM. Être de mèche*). *Agir d'intelligence avec qqn.* ➤ **concert.** *Faire à qqn des signes d'intelligence. Regards, sourire d'intelligence.* ♦ FIG. *«Les maîtres seuls sont d'intelligence avec la nature»* FROMENTIN. ■ **2** (fin XVe) AU PLUR. Complicités secrètes entre personnes que les circonstances placent dans des camps opposés. *Entretenir des intelligences (secrètes) avec l'ennemi.* ➤ **correspondance.** *Avoir des intelligences dans la place*. «Avaient-ils des intelligences avec quelqu'un dans le village ?»* LARBAUD. ■ **3** (1638) **EN** *(bonne, mauvaise...)* **INTELLIGENCE :** en union, conformité de sentiments. ➤ **accord, entente.** *Ils vivent en bonne intelligence* (➤ **harmonie**), *en mauvaise intelligence* (➤ **désaccord**) *les uns avec les autres.*

■ CONTR. Aveuglement, bêtise, inintelligence, stupidité. Incompréhension. Mésintelligence ; désunion, dissension.

INTELLIGENT, ENTE [ɛ̃teliʒɑ̃, ɑ̃t] **adj.** – 1488 ◊ latin *intellegens* → intelligence ■ **1** Qui a la faculté de connaître et de comprendre. *Les êtres intelligents.* ➤ **pensant.** ■ **2** Qui est, à un degré variable, doué d'intelligence. ➤ **capable, éveillé, habile, ingénieux, malin, perspicace, sagace.** *Peu, médiocrement intelligent. Supérieurement intelligent* (cf. FAM. Il, elle a oublié d'être bête*). ➤ **1 brillant, surdoué.** ♦ ABSOLT Qui comprend vite et bien, s'adapte facilement aux situations (en ce qui concerne l'activité de l'esprit). *Il n'est pas intelligent* (cf. Il n'a pas inventé* la poudre, le fil à couper le beurre, l'eau tiède). *«Les gens disent : "Il est intelligent," parce que vous êtes de leur avis»* VALLÈS. — (Animaux) Qui manifeste des traits (mémoire, etc.) assimilés à l'intelligence. *Que ce chien est intelligent !* ■ **3** (CHOSES) Qui dénote de l'intelligence. *Visage, regard, front intelligent. Avoir l'air intelligent.* — *Un choix intelligent. Réponse intelligente. Ça, c'est intelligent !* (aussi IRON., pour une bêtise). ➤ **1 fort, malin.** ■ **4** Dont le fonctionnement est assuré en partie par un dispositif automatisé. *Maison, voiture intelligente.* ♦ INFORM. Qui possède des moyens propres de traitement et une certaine autonomie de fonctionnement par rapport au système informatique auquel il est connecté. *Un terminal intelligent. Téléphone intelligent.* ➤ **smartphone.** ■ CONTR. Abruti, bête, borné, imbécile, inepte, inintelligent, sot, stupide.

INTELLIGENTSIA [ɛ̃teliʒɛnsja ; inteligɛnsja] **n. f.** – 1902 *intelligentia* ◊ mot russe, du latin ■ **1** HIST. La classe des intellectuels, dans la Russie tsariste. *Le mouvement nihiliste a recruté la plupart de ses adeptes dans les rangs de l'intelligentsia.* ■ **2** Les intellectuels (dans un milieu, un pays, un groupe humain). *Un club «où se pressait la fine fleur de l'intelligentsia américaine – politiques, avocats, éditeurs, économistes»* K. TUIL. — On écrit aussi *intelligentzia.*

INTELLIGIBILITÉ [ɛ̃teliʒibilite] **n. f.** – 1712 ◊ de *intelligible* ■ Caractère de ce qui est intelligible. *L'intelligibilité d'un raisonnement.* ■ CONTR. Inintelligibilité.

INTELLIGIBLE [ɛ̃teliʒibl] **adj.** – 1265 ◊ latin *intellegibilis* → intelligent ■ **1** PHILOS. Qui ne peut être connu que par l'intelligence, par l'entendement, et non par les sens (opposé à *sensible*). *Le monde intelligible des platoniciens.* — SUBST. *Le sensible et l'intelligible.* ■ **2** (1521) COUR. Qui peut être compris, est aisé à comprendre. ➤ **accessible, clair, compréhensible, limpide.** *Texte peu intelligible. Formuler des propositions claires et intelligibles. Rendre une chose intelligible à qqn* (➤ **éclaircir, expliquer**). *Intelligible à tous, aux seuls initiés.* ■ **3** (1538) Qui peut être distinctement perçu par l'ouïe. *Parler de façon peu intelligible.* LOC. *À haute et intelligible voix.* ■ CONTR. Sensible. Inintelligible, obscur.

INTELLIGIBLEMENT [ɛ̃teliʒibləmɑ̃] **adv.** – 1521 ◊ de *intelligible* ■ D'une manière intelligible. *S'exprimer intelligiblement.* ➤ **clairement.** ■ CONTR. Obscurément.

INTELLO ➤ **INTELLECTUEL**

INTEMPÉRANCE [ɛ̃tɑ̃peʀɑ̃s] **n. f.** – 1361 ◊ latin *intemperentia* ■ **1** VX ➤ **abus, excès.** *Intempérance de jugement, d'imagination. «Intempérance de savoir»* LA BRUYÈRE. ♦ SPÉCIALT Liberté excessive dans l'expression. *«À la Convention, l'intempérance de langage était de droit»* HUGO. ■ **2** (1553) DIDACT. Abus des plaisirs de la table (➤ **gloutonnerie, ivrognerie**), des plaisirs sexuels (➤ **luxure**). ■ CONTR. Mesure, tempérance. Chasteté, continence ; frugalité, sobriété.

INTEMPÉRANT, ANTE [ɛ̃tɑ̃peʀɑ̃, ɑ̃t] **adj.** – 1552 ◊ latin *intemperans* ■ **1** VX Qui manque de tempérance, de modération. — DIDACT. Excessif, abusif. *Faire un usage intempérant de l'alcool.* ➤ **immodéré.** ■ **2** DIDACT. Qui abuse des plaisirs de la table (➤ **gourmand, ivrogne**), des plaisirs sexuels (➤ **luxurieux**). ■ CONTR. Modéré ; 1 continent, sobre, tempérant.

INTEMPÉRIE [ɛ̃tɑ̃peʀi] **n. f.** – 1534 ◊ latin *intemperies* ■ **1** VX Dérèglement dans les conditions atmosphériques. *L'intempérie de l'air, des éléments, des saisons.* ■ **2** (1794) MOD. ABSOLT (AU PLUR.) Les rigueurs du climat, mauvais temps (pluie, vent). *Être exposé aux intempéries. Lutter contre les intempéries. «c'est dans les intempéries que l'effort a du goût»* CHARDONNE.

INTEMPESTIF, IVE [ɛ̃tɑ̃pɛstif, iv] **adj.** – 1474, rare avant fin XVIIIe ◊ latin *intempestivus* ■ **1** LITTÉR. Qui se produit à contretemps, n'est pas fait à propos. ■ **2** Qu'il n'est pas convenable de faire. ➤ **inopportun.** *En cas d'arrêt intempestif appuyer sur le bouton rouge. Démarche intempestive. Question intempestive.* ➤ **indiscret.** *Gaieté intempestive.* ➤ **déplacé, importun, inconvenant.** *«Pas de zèle intempestif !»* DUHAMEL. — adv. **INTEMPESTIVEMENT.** ■ CONTR. Convenable, opportun.

INTEMPORALITÉ [ɛ̃tɑ̃pɔʀalite] **n. f.** – 1933 ◊ de *intemporel* ■ DIDACT. Caractère de ce qui est intemporel.

INTEMPOREL, ELLE [ɛ̃tɑ̃pɔʀɛl] **adj.** – 1794 ◊ de 1 *in-* et *temporel* ■ DIDACT., LITTÉR. ■ **1** Qui, par sa nature, est étranger au temps, ne s'inscrit pas dans la durée ou apparaît comme invariable. ➤ **éternel.** ■ **2** (Opposé à *temporel, matériel*) Immatériel.

«cette lumière n'est nullement réaliste, elle est intemporelle comme celle de Rembrandt» MALRAUX.

INTENABLE [ɛ̃t(ə)nabl] **adj.** – 1627 ◊ de 1*in-* et *tenable* ■ **1** Qui ne peut être défendu. *Place intenable.* — Que l'on ne peut tenir ou soutenir. ➤ **insoutenable.** *Position, situation intenable.* ■ **2** ➤ **intolérable.** *Chaleur intenable.* ♦ FAM. (PERSONNES) *Gamin mal élevé, intenable.* ➤ **infernal, insupportable, terrible.** ■ CONTR. Défendable. Supportable ; 2 gentil, tenable.

INTENDANCE [ɛ̃tɑ̃dɑ̃s] **n. f.** – 1537 ◊ de l'ancien français *superintendence* (1491), du latin *superintendere* «surveiller» ■ **1** ANCIENNT Charge publique d'ordre administratif. ➤ **direction.** *L'intendance des finances, des vivres.* — Fonction d'intendant (privé). *Confier à une personne sûre l'intendance de ses biens.* ➤ **administration.** ♦ Attributions d'un intendant. ■ **2** HIST. Division territoriale soumise à l'autorité d'un intendant de province. ➤ **généralité** (II). ■ **3** (1817) *Intendance militaire,* préposée à l'administration de l'armée, et spécialement au ravitaillement et à l'entretien des troupes. *Les services de l'Intendance* (➤ ARG. **riz-pain-sel**). — PAR EXT. Bureaux de cette administration. *Se rendre à l'Intendance.* ♦ (v. 1959) FIG. Ensemble des tâches économiques de l'État. LOC. *L'intendance suivra :* les questions matérielles, économiques seront subordonnées aux décisions politiques. ■ **4** Service administratif chargé de l'entretien et du ravitaillement d'une collectivité. ➤ **économat.** *L'intendance d'un lycée.*

INTENDANT, ANTE [ɛ̃tɑ̃dɑ̃, ɑ̃t] **n.** – 1565 ◊ de *superintendant ;* cf. *intendance* ■ **1 n. m.** ANCIENNT Agent du pouvoir royal, investi d'attributions illimitées dans une ou plusieurs provinces. *Turgot, intendant du Limousin.* ♦ **n. f.** Épouse d'un intendant de province. — Supérieure de certains couvents de femmes. *Intendante d'un monastère.* ■ **2** MOD. *Intendant militaire :* fonctionnaire du service de l'Intendance. — *Intendant universitaire.* ➤ **économe.** *Intendante d'un lycée.* ■ **3** Personne chargée d'administrer la maison, les affaires et les biens d'un riche particulier. ➤ **domestique, factotum, régisseur.** *«Je devins l'intendant de la maison. C'était moi qui réglais tout»* LESAGE.

INTENSE [ɛ̃tɑ̃s] **adj.** – 1265, rare avant XVIIIe ◊ bas latin *intensus* ■ Qui agit avec force, et PAR EXT. Qui dépasse la mesure ordinaire. ➤ **extrême,** 1 **fort, grand, vif.** *Froid intense. Lumière intense.* ➤ 2 **cru.** *Un bleu intense.* ➤ **vif.** *Circulation intense.* ➤ **dense.** ♦ (ABSTRAIT) *Joie, plaisir intense. Une intense réflexion.* ➤ **profond.** *Moments intenses.* ■ CONTR. Faible.

INTENSÉMENT [ɛ̃tɑ̃semɑ̃] **adv.** – 1837 ; *intensement* 1390 ◊ de *intense* ■ D'une manière intense. *Vivre intensément.*

INTENSIF, IVE [ɛ̃tɑ̃sif, iv] **adj.** – XIVe «excessif» ◊ de *intense* ■ **1** Qui est l'objet d'un effort intense, soutenu, pour accroître l'effet, le rendement. *Propagande intensive. Entraînement, stage intensif.* ♦ (1859) *Culture intensive* (opposé à *culture extensive*) : culture sur une étendue restreinte, produisant un fort rendement à l'hectare, d'une façon continue. ■ **2** (1840) LING. Qui renforce la notion exprimée. *Particule intensive.* ■ **3** DIDACT. *Grandeur intensive,* dans laquelle il est possible de distinguer des degrés d'intensité, mais qui ne peut ni se mesurer par un nombre, ni se représenter par une étendue. *La sensation, grandeur intensive.* ■ CONTR. Extensif.

INTENSIFICATION [ɛ̃tɑ̃sifikasjɔ̃] **n. f.** – 1893 ◊ de *intensifier* ■ Action d'intensifier ou de s'intensifier. *Intensification de la production.* ➤ **augmentation.** *L'intensification de la violence.* ➤ **escalade, exacerbation, paroxysme.** ■ CONTR. Baisse, diminution.

INTENSIFIER [ɛ̃tɑ̃sifje] **v. tr.** ⟨7⟩ – 1868 au p. p. ◊ de *intense* ■ Rendre plus intense (au prix d'un effort). ➤ **augmenter.** *Intensifier le commerce, la culture. Intensifier la lutte contre la drogue.* ➤ **amplifier, renforcer.** ♦ **S'INTENSIFIER v. pron.** Devenir plus intense. *Les combats s'intensifient. «Sa répugnance s'intensifie quand son attention se fixe»* BERGSON.

INTENSION [ɛ̃tɑ̃sjɔ̃] **n. f.** – 1932 ◊ mot anglais ■ ANGLIC. LOG. Ensemble des caractères qui permettent de définir un concept (opposé à *extension*). ➤ **compréhension.** *Définition par intension.* ■ HOM. Intention.

INTENSITÉ [ɛ̃tɑ̃site] **n. f.** – 1740 ◊ de *intense* ■ **1** COUR. Degré d'activité, de force ou de puissance. *Grande, faible intensité. Intensité du son ; de la lumière* (➤ **brillance**). — DIDACT. Amplitude d'un phénomène exprimée en valeur numérique. *Intensité d'un courant électrique :* débit de charge électrique traversant une surface donnée, mesuré en ampères. ➤ **ampérage.** *Intensité d'une force :* norme du vecteur représentant la force. *Intensité acoustique,* puissance d'une onde sonore, exprimée en watt par mètre carré (➤ aussi **décibel**). *Intensité lumineuse :* éclat d'une source lumineuse, mesuré en candelas. *L'intensité d'un séisme* (mesurée par l'échelle EMS). *Secousse de faible intensité.* — *Augmentation d'intensité* (➤ **aggravation, recrudescence**), *maximum d'intensité* (➤ **paroxysme**). *Une crise terrible : «tous les phénomènes habituels avec une intensité décuplée»* MARTIN DU GARD. ■ **2** Caractère de ce qui est intense. *Intensité dramatique d'un évènement.* ➤ **puissance.** *Donner plus d'intensité à l'expression.* ➤ **force.** ♦ GRAMM. *Adverbes d'intensité* (si, tant, tellement...). ♦ PHONÉT. Renforcement du son, surtout sensible dans l'émission des voyelles *(accent d'intensité).*

INTENSIVEMENT [ɛ̃tɑ̃sivmɑ̃] **adv.** – 1390 ◊ de *intensif* ■ D'une manière intensive. *Préparer intensivement un examen.*

INTENTER [ɛ̃tɑ̃te] **v. tr.** ⟨1⟩ – XIVe ◊ latin *intentare* ■ DR. Entreprendre contre qqn (une action en justice). ➤ **actionner, attaquer,** 1 **ester.** *Intenter une action, une demande.* COUR. *Intenter un procès à qqn.* ➤ 1 **faire.**

INTENTION [ɛ̃tɑ̃sjɔ̃] **n. f.** – 1190 ◊ latin *intentio* ■ **1** Fait de se proposer un certain but. ➤ **dessein, idée, projet.** *Intention et action, et passage à l'acte.* ♦ DR. Volonté consciente de commettre un fait prohibé par la loi. *«Il n'y a point de crime ou de délit sans intention de le commettre»* (CODE PÉNAL). *Commettre un acte avec l'intention de nuire. Coups et blessures entraînant la mort sans intention de la donner. Intention qui a précédé l'exécution.* ➤ **préméditation.** ♦ COUR. *L'intention vaut l'action. C'est l'intention qui compte. Il est plein de bonnes intentions. Animé des meilleures intentions. L'enfer* est pavé de bonnes intentions. Intentions secrètes.* ➤ **arrière-pensée,** 1 **calcul, mobile, motif.** *Quelles sont vos intentions à son égard ?* ➤ **disposition.** *Manifester une intention. Sonder les intentions d'un concurrent* (cf. FAM. Ce qu'il a dans le ventre*). *Il n'entre pas, il n'est pas dans mes intentions d'accepter. De vagues intentions de travail.* ➤ **velléité.** *Intention délibérée, arrêtée.* ➤ **détermination, résolution, volonté.** *Intention de vote :* intention exprimée par un électeur de voter (pour tel candidat). ♦ LOC. *Faire un procès d'intention à qqn,* lui reprocher non des faits mais des intentions qu'on lui prête. — **AVOIR L'INTENTION DE** (et inf.). ➤ **se proposer,** 1 **vouloir.** *Il a l'intention de partir. Je n'ai pas l'intention de me laisser faire.* ♦ **loc. prép. DANS L'INTENTION DE** (et inf.) (cf. En vue de). *Acheter dans l'intention de revendre.* ♦ **loc. prép. À L'INTENTION DE.** ➤ **pour.** *J'ai acheté ceci à votre intention. Organiser une fête à l'intention de qqn* (cf. En l'honneur de). — SPÉCIALT *Prier, dire des messes à l'intention d'un défunt,* pour demander à Dieu le salut de son âme. ■ **2** Dessein ferme et prémédité. ➤ **décision, désir, volonté,** 2 **vouloir.** *Contrecarrer les intentions de qqn. Déclaration d'intention :* déclaration du gouvernement, définissant les grandes lignes de son programme. ■ **3** Le but même qu'on se propose d'atteindre. ➤ 2 **objectif, objet, visée.** *Résultat qui dépasse l'intention de son auteur. À cette intention.* ➤ 1 **fin.** ■ HOM. Intension.

INTENTIONNALITÉ [ɛ̃tɑ̃sjɔnalite] **n. f.** – 1931 ◊ de *intentionnel* ■ PSYCHOL. Caractère d'une attitude psychologique intentionnelle, adaptée à un avenir proche, à un projet.

INTENTIONNÉ, ÉE [ɛ̃tɑ̃sjɔne] **adj.** – 1567 ◊ de *intention* ■ *Être bien, mal intentionné :* avoir de bonnes, de mauvaises intentions. ➤ **bienveillant ; malintentionné, malveillant.** *«Des amis trop bien intentionnés soufflent sur le feu»* HENRIOT.

INTENTIONNEL, ELLE [ɛ̃tɑ̃sjɔnɛl] **adj.** – 1798 ; «qu'on a en vue» 1487 ◊ de *intention* ■ Qui est fait exprès, avec intention, à dessein. ➤ **conscient, délibéré, prémédité, volontaire, voulu.** *Une absence, une erreur intentionnelle.* — DR. *Délit intentionnel* (opposé à *délit d'imprudence*). ■ CONTR. Automatique, involontaire.

INTENTIONNELLEMENT [ɛ̃tɑ̃sjɔnɛlmɑ̃] **adv.** – 1560 ◊ de *intentionnel* ■ **1** RARE En intention (mais non en fait). *Coupable intentionnellement.* ■ **2** Avec intention, de propos délibéré. ➤ 2 **exprès, volontairement.** *C'est intentionnellement que je ne l'ai pas remercié. Le style «me semble intentionnellement incorrect et bas»* FLAUBERT.

1 **INTER** [ɛ̃tɛʀ] **n. m.** – 1920 ◊ abrév. de *interurbain* ■ ➤ **interurbain.** *Appelez l'inter.*

2 **INTER** [ɛ̃tɛʀ] **n. m.** – 1905 ◊ abrév. de *intérieur* ■ Au football, Avant placé entre un ailier et l'avant-centre. *Les nouvelles tactiques ne comportent plus de poste d'inter.*

INTER- ■ Élément, du latin *inter* «entre», exprimant l'espacement, la répartition ou une relation réciproque (➤ **entre-**).

INTERACTIF, IVE [ɛ̃tɛʀaktif, iv] adj. – v. 1980 ◊ de *inter-* et *actif* ▪ **1** INFORM. Qui permet d'utiliser un mode conversationnel*. *Disque optique interactif.* ➤ **C. D.-I.** ▪ **2** COUR. Qui permet à l'utilisateur, au public d'intervenir. *Jeu, musée, livre interactif. Émission* (télé, radio) *interactive.*

INTERACTION [ɛ̃tɛʀaksjɔ̃] n. f. – 1876 ◊ de *inter-* et *action* ▪ Action réciproque. ➤ **interdépendance.** *Interaction sociale.* ◆ MÉD. *Interaction médicamenteuse :* réaction réciproque de plusieurs substances médicamenteuses les unes sur les autres. ◆ PHYS. *Deux corps en interaction.* ➤ 1 **action, réaction.** *Interactions de gravitation, électromagnétiques, nucléaires. Interaction forte :* la plus puissante des quatre types de forces physiques fondamentales, responsable de la liaison des quarks constituant les neutrons et les protons, et de la cohésion des noyaux atomiques. *Interaction faible :* force qui unit le noyau de l'atome aux électrons. *Théorie unitaire des interactions électromagnétiques et des interactions faibles.* ➤ **électrofaible.**

INTERACTIVITÉ [ɛ̃tɛʀaktivite] n. f. – v. 1980 ◊ de *interactif* ▪ INFORM. Activité de dialogue entre l'utilisateur d'un système informatique et la machine, par l'écran.

INTERAGIR [ɛ̃tɛʀaʒiʀ] v. intr. ‹2› – 1966 ◊ de *inter-* et *agir* ▪ Avoir une action réciproque. *Lymphocyte qui interagit avec un antigène.*

INTERALLIÉ, IÉE [ɛ̃tɛʀalje] adj. – 1915 ◊ de *inter-* et *allié* ▪ Qui concerne les nations alliées, leurs relations. *État-major interallié.*

INTERARMÉES [ɛ̃tɛʀaʀme] adj. /INTERARMÉE/ – 1917 ◊ de *inter-* et *armée* ▪ Commun à plusieurs armées (de terre, de mer, de l'air). *État-major interarmées.*

INTERARMES [ɛ̃tɛʀaʀm] adj. /INTERARME/ – 1931 ◊ de *inter-* et *arme* ▪ Relatif à plusieurs armes (infanterie, artillerie, etc.). *École militaire interarmes.*

INTERBANCAIRE [ɛ̃tɛʀbɑ̃kɛʀ] adj. – 1960 ◊ de *inter-* et *bancaire* ▪ FIN. Qui concerne des opérations réalisées entre des banques. *Marché interbancaire. Taux interbancaire. Carte (de crédit) interbancaire.* — n. f. **INTERBANCARITÉ.**

INTERCALAIRE [ɛ̃tɛʀkalɛʀ] adj. – 1352 ◊ latin *intercalarius* ▪ **1** DIDACT. *Jour intercalaire :* jour que l'on ajoute au mois de février dans les années bissextiles (calendrier grégorien). ▪ **2** COUR. Qui peut s'intercaler, être inséré. *Feuillets intercalaires.* — n. m. *Un intercalaire.*

INTERCALATION [ɛ̃tɛʀkalasjɔ̃] n. f. – XVe ◊ latin *intercalatio* ▪ **1** RARE Action d'intercaler. ▪ **2** DIDACT. Addition d'un jour au mois de février, les années bissextiles. ▪ **3** MATH. ➤ **insertion.** *Intercalation de termes intermédiaires dans une série.* ➤ **interpolation.**

INTERCALER [ɛ̃tɛʀkale] v. tr. ‹1› – 1520 ◊ latin *intercalare* «proclamer *(calare)* un jour ou un mois pour régulariser le calendrier» ▪ **1** DIDACT. Ajouter (un jour) au mois de février tous les quatre ans (pour faire concorder l'année civile avec l'année solaire). ▪ **2** (1611) COUR. Mettre (une chose) entre deux autres, l'insérer dans un ensemble. ➤ **enchâsser, insérer, introduire, joindre.** *Intercaler une citation, une glose* (➤ **interpoler**) *dans un texte.* ◆ **S'INTERCALER** v. pron. *Fiche qui s'intercale entre deux autres.* — SPORT Se placer entre deux joueurs ou deux concurrents. *S'intercaler dans la ligne d'avant.*

INTERCANTONAL, ALE, AUX [ɛ̃tɛʀkɑ̃tɔnal, o] adj. – 1863 ◊ de *inter-* et *cantonal* ▪ POLIT. En Suisse, Qui relève de, qui concerne plusieurs cantons (I, 2e). *Comité intercantonal.* — Qui se rapporte aux relations entre cantons. *Accord intercantonal, pourparlers intercantonaux.*

INTERCÉDER [ɛ̃tɛʀsede] v. intr. ‹6› – 1345 ◊ latin *intercedere* ▪ Intervenir, user de son influence par la parole (en faveur de qqn). *Se faire l'avocat de qqn en intercédant pour lui.* ➤ **plaider ; défendre.** *Il intercédera pour vous auprès du patron.* ➤ 1 **parler** (pour). *Phèdre «vient avec l'idée d'implorer Hippolyte, d'intercéder d'abord pour son fils»* GIDE. *Veuillez intercéder en sa faveur* (➤ **intercesseur**).

INTERCELLULAIRE [ɛ̃tɛʀselylɛʀ] adj. – 1827 ◊ de *inter-* et *cellulaire* ▪ BIOL. Qui se trouve, s'effectue entre les cellules d'un tissu animal ou végétal. *Communication intercellulaire.*

INTERCEPTER [ɛ̃tɛʀsɛpte] v. tr. ‹1› – 1528 ◊ de *interception* ▪ **1** Prendre au passage et par surprise (ce qui est adressé, envoyé ou destiné à qqn). ➤ **s'emparer, saisir, surprendre.** *Comme cette lettre «ne venait pas, j'ai soupçonné mes parents de l'avoir interceptée»* ROMAINS. *Intercepter un message.* ➤ **capter.** — (1896) SPORT *Footballeur qui intercepte le ballon.* ◆ MAR., AVIAT. Empêcher (un navire, un avion) d'arriver à destination en l'arrêtant. ▪ **2** (1606) Arrêter dans son cours. *Nuage qui intercepte le soleil.* ➤ **cacher, éclipser.** *Une croisée «semblait plutôt destinée à intercepter qu'à laisser passer la lumière»* BALZAC. ➤ 1 **boucher.** — p. p. adj. MATH. *Arc de cercle intercepté,* défini à l'intérieur d'un angle.

INTERCEPTEUR [ɛ̃tɛʀsɛptœʀ] n. m. – 1950 ; «celui qui intercepte» 1757 ◊ de *intercepter* ▪ Avion d'interception (chasseur).

INTERCEPTION [ɛ̃tɛʀsɛpsjɔ̃] n. f. – XVe ◊ latin *interceptio* ▪ **1** Action d'intercepter ; son résultat. *Interception d'un message.* — SPORT *Interception du ballon.* ◆ *Avions d'interception,* qui ont pour tâche d'intercepter les appareils ennemis. ➤ **intercepteur.** ▪ **2** Arrêt. *Interception des rayons solaires par le brouillard.*

INTERCESSEUR [ɛ̃tɛʀsesœʀ] n. m. – *entrecessor* 1212 ◊ latin *intercessor* ▪ RELIG. ou LITTÉR. Personne qui intercède. *Être intercesseur auprès de qqn, pour qqn, en faveur de qqn.* ➤ 1 **avocat, défenseur.** *Les «intermédiaires entre l'Homme et Dieu, [...] ces intercesseurs contre qui s'insurge le protestantisme»* GIDE.

INTERCESSION [ɛ̃tɛʀsesjɔ̃] n. f. – 1223 ◊ latin *intercessio* ▪ RELIG. ou LITTÉR. Action d'intercéder. ➤ **entremise, intervention.** *L'intercession de la Sainte Vierge. Intercession auprès de qqn.* ▪ HOM. Intersession.

INTERCHANGEABILITÉ [ɛ̃tɛʀʃɑ̃ʒabilite] n. f. – 1902 ◊ de *interchangeable* ▪ Caractère de ce qui est interchangeable. *L'interchangeabilité des pièces standardisées.*

INTERCHANGEABLE [ɛ̃tɛʀʃɑ̃ʒabl] adj. – 1870 ◊ anglais *interchangeable* (1450), de l'ancien français *entre changeable,* de *changer* ▪ **1** Se dit de pièces, d'objets semblables, de même destination, qui peuvent être changés l'un pour l'autre, mis à la place les uns des autres sans inconvénient. ➤ **substituable.** *Pneus interchangeables.* ▪ **2** Remplaçable l'un par l'autre. *«l'interchangeable fonctionnaire qui officie à toutes les frontières du monde»* C. SIMON. ▪ CONTR. Irremplaçable.

INTERCHROMOSOMIQUE [ɛ̃tɛʀkʀomozomik] adj. – 1920 ◊ de *inter-* et *chromosomique* ▪ GÉNÉT. Qui se trouve, se produit entre les chromosomes (opposé à *intrachromosomique*). *Espace interchromosomique.* — *Brassage interchromosomique :* répartition aléatoire des chromosomes homologues de chaque paire entre les deux cellules filles au moment de la mitose. *Le brassage interchromosomique, source de diversité entre les individus.*

INTERCIRCULATION [ɛ̃tɛʀsiʀkylasjɔ̃] n. f. – 1909 ◊ de *inter-* et *circulation* ▪ Circulation entre les voitures d'un train.

INTERCLASSE [ɛ̃tɛʀklɑs] n. m. – 1948 ◊ de *inter-* et *classe* ▪ Bref intervalle entre deux cours. ➤ **intercours, pause.**

INTERCLASSER [ɛ̃tɛʀklɑse] v. tr. ‹1› – 1951 ◊ de *inter-* et *classer* ▪ Classer (les éléments de deux ou plusieurs séries) en une série unique. *Logiciel permettant d'interclasser des fichiers.*

INTERCLASSEUSE [ɛ̃tɛʀklɑsøz] n. f. – 1951 ◊ de *inter-* et *classer* ▪ TECHN. Machine à cartes perforées permettant la fusion de deux groupes de cartes, la vérification d'un classement.

INTERCLUBS [ɛ̃tɛʀklœb] adj. /INTERCLUB/ – 1887 ◊ de *inter-* et *club* ▪ SPORT Où s'opposent plusieurs clubs. *Rencontre interclubs.*

INTERCOMMUNAL, ALE, AUX [ɛ̃tɛʀkɔmynal, o] adj. – 1890 ◊ de *inter-* et *communal* ▪ Qui concerne plusieurs communes. *Décisions intercommunales.* — ADMIN. *Établissement public de coopération intercommunale (EPCI) :* groupement administratif de communes réunies par des intérêts communs (communauté* urbaine, communauté d'agglomération, communauté de communes ou métropole*).

INTERCOMMUNALITÉ [ɛ̃tɛʀkɔmynalite] n. f. – 1988 ◊ de *intercommunal* ▪ Coopération entre communes regroupées au sein d'un établissement public.

INTERCOMMUNICATION [ɛ̃tɛʀkɔmynikasjɔ̃] n. f. – 1867 ◊ de *inter-* et *communication* ▪ DIDACT. Communication réciproque.

INTERCOMPRÉHENSION [ɛ̃tɛʀkɔ̃pʀeɑ̃sjɔ̃] n. f. – 1913 ◊ de *inter-* et *compréhension* ▪ DIDACT. Faculté de compréhension réciproque entre locuteurs, entre groupes humains.

INTERCONNECTER [ɛ̃tɛʀkɔnɛkte] v. tr. ‹1› – 1962 ◊ de *inter-* et *connecter* ▪ Relier entre eux (des réseaux, des appareils, etc.). — p. p. adj. *Ordinateurs interconnectés.* — adj. **INTERCONNECTABLE.**

INTERCONNEXION [ɛ̃tɛʀkɔnɛksjɔ̃] **n. f.** – v. 1930 ◊ de *inter-* et *connexion* ▪ Connexion simultanée et réciproque de plusieurs circuits. *Interconnexion de réseaux électriques. L'interconnexion du métro et du R. E. R. Interconnexion de fichiers.* — *L'interconnexion des neurones par les synapses.*

INTERCONTINENTAL, ALE, AUX [ɛ̃tɛʀkɔ̃tinɑ̃tal, o] **adj.** – 1867 ◊ de *inter-* et *continental* ▪ Qui concerne deux ou plusieurs continents. *Missile balistique intercontinental.*

INTERCOSTAL, ALE, AUX [ɛ̃tɛʀkɔstal, o] **adj.** – 1536 ◊ de *inter-* et du latin *costa* «côte» ▪ ANAT. Qui est situé entre deux côtes. *Douleurs intercostales. Muscles intercostaux,* et **n. m.** *les intercostaux.*

INTERCOTIDAL, ALE, AUX [ɛ̃tɛʀkɔtidal, o] **adj.** – 1897 ◊ de *inter-* et *cotidal* ▪ GÉOGR. ▪ **1** *Zone intercotidale.* ➤ **intertidal.** ▪ **2** *Lignes intercotidales,* qui relient les points où la marée se produit en même temps.

INTERCOURS [ɛ̃tɛʀkuʀ] **n. m.** – XXe ◊ de *inter-* et *cours* ▪ Interclasse.

INTERCOURSE [ɛ̃tɛʀkuʀs] **n. f.** – 1839 ◊ mot anglais, de *inter-* et *course* «cours» ▪ **1** DR. MAR. Droit réciproque d'accès et de pratique de certains ports accordé mutuellement aux navires de deux nations. ▪ **2** RARE Ensemble des relations entre habitants de régions différentes. «*La force d'intercourse qui crée les communications entre les hommes*» SAUSSURE **(opposé à** ***l'esprit de clocher*******).**

INTERCULTUREL, ELLE [ɛ̃tɛʀkyltyʀɛl] **adj.** – v. 1970-1980 ◊ de *inter-* et *culturel* ▪ DIDACT. Qui concerne les rapports, les échanges entre cultures, entre civilisations différentes. *Dialogue interculturel.*

INTERCURRENT, ENTE [ɛ̃tɛʀkyʀɑ̃, ɑ̃t] **adj.** – 1741 ◊ latin *intercurrens,* de *currere* «courir» ▪ DIDACT. Qui survient entre d'autres évènements. SPÉCIALT *Maladie intercurrente,* qui survient au cours d'une autre.

INTERDÉPARTEMENTAL, ALE, AUX [ɛ̃tɛʀdepaʀtəmɑ̃tal, o] **adj.** – 1871 ◊ de *inter-* et *départemental* ▪ Qui concerne plusieurs départements, qui leur est commun.

INTERDÉPENDANCE [ɛ̃tɛʀdepɑ̃dɑ̃s] **n. f.** – 1867 ◊ de *inter-* et *dépendance* ▪ Dépendance réciproque. ➤ **corrélation, interaction.** «*La pression de l'histoire nous révélait soudain l'interdépendance des nations*» SARTRE.

INTERDÉPENDANT, ANTE [ɛ̃tɛʀdepɑ̃dɑ̃, ɑ̃t] **adj.** – 1916 ◊ de *inter-* et *dépendant* ▪ Qui est dans un état d'interdépendance. *Phénomènes interdépendants.* ➤ **corrélé, lié.**

INTERDICTION [ɛ̃tɛʀdiksjɔ̃] **n. f.** – *interdition* 1410 ◊ latin *interdictio* ▪ **1** Action d'interdire. ➤ 1 **défense, prohibition.** *Interdiction de qqch. à qqn. Interdiction de stationner. Interdiction absolue, formelle de pénétrer en un lieu. Interdiction rituelle.* ➤ 2 **interdit, tabou.** *Film frappé d'interdiction par la censure. Lever une interdiction.* ▪ **2** (1690) Action d'interdire à un membre d'un corps constitué (civil ou ecclésiastique) l'exercice de ses fonctions. *Prononcer l'interdiction d'un prêtre, d'un fonctionnaire. Interdiction temporaire.* ➤ **suspension.** — (1690) ANC. DR. *Interdiction judiciaire,* et ABSOLT *interdiction :* action qui ôtait à une personne majeure la libre disposition et l'administration de ses biens ; résultat de cette action. — *Interdiction correctionnelle* ou *interdiction des droits civiques, civils et de famille. Interdiction légale :* privation des droits civils résultant de toute condamnation à une peine afflictive et infamante (supprimée en France en 1994). — *Interdiction de séjour :* défense faite à un condamné libéré de se trouver dans les lieux dont l'*interdiction* lui a été signifiée par jugement (➤ **bannissement**). — *Interdiction bancaire,* résultant de l'émission de chèques sans provision. ▪ CONTR. Autorisation, commandement, conseil, consentement, ordre, permission.

INTERDIGITAL, ALE, AUX [ɛ̃tɛʀdiʒital, o] **adj.** – 1858 ◊ de *inter-* et *digital* ▪ ANAT. Situé entre deux doigts.

INTERDIRE [ɛ̃tɛʀdiʀ] **v. tr.** ‹37 ; sauf ***interdisez***› – XIIIe ; *entredire* 1174 ◊ latin *interdicere,* de *dicere* ▪ **1** (v. 1250) Défendre (qqch. à qqn). *Le médecin lui a interdit le sel.* ➤ **défendre, proscrire.** *Interdire sa porte aux intrus.* ➤ **consigner.** *Je t'interdis de lui répondre.* **(Sans compl. ind. exprimé)** *Interdire les jeux de hasard.* ➤ **prohiber, proscrire.** *Les meetings furent interdits. Interdire un ouvrage.* ➤ **censurer, condamner.** — IMPERS. *Il est expressément, formellement interdit de fumer dans la salle. Il m'est interdit d'en parler.* LOC. *Il est interdit d'interdire,* slogan de 1968. ♦ **S'INTERDIRE qqch. (à soi-même) :** s'imposer la privation de. *S'interdire tout excès.* ➤ **éviter.** *Il s'interdit d'y penser.* ➤ **se refuser.** ▪ **2** (CHOSES) Empêcher. *La discrétion m'interdit d'en dire plus. Leur attitude belliqueuse interdit tout espoir de paix.* ➤ **exclure, s'opposer** (cf. Faire obstacle* à). «*Ma santé, qui ne m'interdit pas le travail, m'interdit toute joie*» SAINTE-BEUVE. ▪ **3** Frapper (qqn) d'interdiction. *Interdire un officier ministériel pour six mois.* ➤ **suspendre.** ▪ **4** (1661) VIEILLI Jeter (qqn) dans un étonnement, un trouble tel qu'il lui ôte la faculté de parler et d'agir. «*ce brusque discours a de quoi m'interdire*» REGNARD. ➤ **confondre, interloquer, troubler ;** 1 **interdit** (3°). ▪ CONTR. Approuver, autoriser, commander, permettre.

INTERDISCIPLINAIRE [ɛ̃tɛʀdisiplinɛʀ] **adj.** – avant 1959 ◊ de *inter-* et *disciplinaire* ▪ DIDACT. Qui concerne plusieurs disciplines, plusieurs sciences à la fois. *Recherches interdisciplinaires.* ➤ **interdisciplinarité ;** aussi **transdisciplinaire.** *Enseignements pratiques interdisciplinaires (EPI).*

INTERDISCIPLINARITÉ [ɛ̃tɛʀdisiplinaʀite] **n. f.** – v. 1968 ◊ de *interdisciplinaire* ▪ DIDACT. Caractère interdisciplinaire. ➤ **pluridisciplinarité.**

1 **INTERDIT, ITE** [ɛ̃tɛʀdi, it] **adj.** – milieu XVe ; *enterdit* «excommunié» 1383 ◊ de *interdire* ▪ **1** Non autorisé. «*Ici, tout ce qui n'est pas interdit est obligatoire*» DUHAMEL. *Passage interdit. Sens, stationnement interdit. Film interdit aux moins de douze ans. Reproduction interdite. Port d'armes interdit.* ➤ **prohibé.** *Trafic interdit.* ➤ **illégal.** «*La passion interdite, l'amour inavouable*» ROUGEMONT. ➤ **illicite.** *Ne parlez pas de cela, c'est un sujet interdit dans cette maison.* ➤ **tabou** (cf. Il ne faut pas parler de corde* dans la maison d'un pendu). ▪ **2** (PERSONNES) *Prêtre interdit. Elle est interdite de séjour.* **n. m.** *Un interdit de séjour.* ➤ **banni,** ARG. **tricard.** — ANC. DR. *Aliéné interdit.* SUBST. *Incapacité des interdits* (➤ **incapable**). — PAR EXT. *Journaliste interdit d'antenne. Être interdit bancaire, interdit de chéquier.* «*S'il n'était pas interdit bancaire depuis des années, il leur ferait un chèque*» V. DESPENTES. ▪ **3** (1587) Très étonné. ➤ **ahuri, confondu, déconcerté, déconfit, ébahi, interloqué, pantois, stupéfait, stupide.** *Elle les planta là, tout interdits.* «*En amour [...] il est bon d'être interdit*» PASCAL.

2 **INTERDIT** [ɛ̃tɛʀdi] **n. m.** – *interdite* 1420 ; *entredit* 1213 ◊ latin *interdictum* ▪ **1** RELIG. Sentence ecclésiastique défendant la célébration des offices divins et l'usage de certains sacrements, soit à un ministre du culte *(interdit personnel),* soit dans un lieu déterminé *(interdit local). Jeter, prononcer l'interdit.* ▪ **2** (1840) Condamnation visant à exclure. *Prononcer l'interdit contre qqn.* ➤ **exclusive.** *Jeter l'interdit sur (qqn, qqch.)* (cf. Mettre à l'index*, en quarantaine*). *Frapper d'interdit un produit.* ➤ **boycotter.** *Lever l'interdit.* ▪ **3** Plus cour. Interdiction émanant du groupe social ou d'une instance psychique. ➤ **tabou.** *Respecter, transgresser les interdits.* «*Elle se moque des scrupules. Elle brave les interdits*» SARRAUTE. *Interdit alimentaire, sexuel,* imposé par une religion, une croyance... *Les* «*interdits qui frappent le discours de la sexualité*» FOUCAULT. — *Interdit bancaire :* interdiction qu'une banque fait à un client d'émettre des paiements (par chèque, carte ou prélèvement) à la suite d'un incident* de paiement.

INTERENTREPRISES [ɛ̃tɛʀɑ̃tʀəpʀiz] **adj.** /INTERENTREPRISE/ – 1949 ◊ de *inter-* et *entreprise* ▪ Qui concerne plusieurs entreprises, les professionnels. *Stages interentreprises. Le commerce interentreprises.*

INTÉRESSANT, ANTE [ɛ̃teʀesɑ̃, ɑ̃t] **adj.** – 1718 ◊ de *intéresser* ▪ **1** Qui retient l'attention, captive l'esprit. *Livre intéressant.* ➤ **captivant, palpitant, passionnant, prenant.** *Une émission intéressante. Détail intéressant.* ➤ **curieux,** 1 **piquant.** *Intéressant à signaler.* IMPERS. *Il serait intéressant de poursuivre les recherches. Un visage intéressant,* qui, sans être beau, a de l'expression, du charme. ➤ **attachant.** ♦ (PERSONNES) Qui intéresse par son esprit, sa personnalité. *Auteur intéressant.* PÉJ. *Chercher à se rendre intéressant,* à se faire remarquer. **n.** *Faire l'intéressant.* ➤ **malin, mariole.** ▪ **2** Qui touche moralement, qui est digne d'intérêt, de considération. *Ces gens-là ne sont pas bien intéressants.* ♦ EUPHÉM. VIEILLI *Elle est dans une position intéressante,* enceinte. ▪ **3** (1913) Qui présente un intérêt matériel. ➤ **avantageux, profitable.** *Affaire intéressante.* ➤ **lucratif, rentable ;** FAM. **juteux.** *Prix intéressants.* ➤ **modique, raisonnable.** ▪ CONTR. Ennuyeux, fastidieux, inintéressant, insignifiant ; indifférent. Désavantageux.

INTÉRESSÉ, ÉE [ɛ̃teʀese] **adj.** – 1547 «lésé» ◊ de *intéresser* ▪ **1** Qui a un intérêt, une part, un rôle (dans qqch.) ; qui est en cause, en jeu, en question. *Les puissances, les parties intéressées.* ➤ **concerné.** — **n.** Consulter les intéressés. *Être le principal intéressé.* ▪ **2** (1640) (PERSONNES) Qui recherche avant tout son avantage personnel, et surtout un avantage matériel. ➤ **avide, cupide.** *Une personne intéressée. «les jeunes gens m'ont jusqu'à présent paru être plus intéressés qu'intéressants, plus occupés d'eux que de nous»* BALZAC. ▪ **3** (CHOSES) Inspiré par la recherche d'un avantage personnel. *Une amitié intéressée.* ➤ **calculé.** *Service, avis intéressé. Ses conseils sont intéressés.* ▪ CONTR. Désintéressé, généreux ; gratuit.

INTÉRESSEMENT [ɛ̃teʀɛsmɑ̃] **n. m.** – 1954 ◇ de *intéresser* ▪ Action d'intéresser financièrement (le personnel) aux bénéfices. ➤ **bonus, participation, 2 prime.** *Intéressement des salariés aux résultats de l'entreprise.*

INTÉRESSER [ɛ̃teʀese] **v. tr.** ‹1› – XVIe ; «faire tort à» 1356 ◇ de *intérêt,* d'après le latin *interesse*

I ▪ **1** VX ➤ **impliquer.** *«Dans vos secrets discours étais-je intéressée»* RACINE. ▪ **2** (CHOSES) MOD. Avoir de l'intérêt, de l'importance pour (qqn, qqch.). ➤ **concerner, regarder, 1 toucher** (cf. Avoir rapport*, avoir trait* à). *Cette loi intéresse l'ordre public, intéresse les étrangers résidant en France. Des «fractures qui intéressent l'articulation»* GONCOURT. ▪ **3** Éveiller et retenir l'attention de (qqn) ; constituer un objet d'intérêt pour. *Ce film nous a beaucoup intéressés.* ➤ **accrocher, captiver, passionner ;** FAM. **brancher.** *Tes petites histoires n'intéressent personne. Votre offre m'intéresse.* — (PERSONNES) *«les gens que nous aimons ou qui nous intéressent»* LARBAUD. *Les femmes ne l'intéressent pas* (sexuellement). IRON. *Continue, tu m'intéresses !* (cf. Cause toujours !). ▪ **4** Toucher, tenir à cœur. *«la misère d'un vieillard n'intéresse personne»* HUGO. *Ton avis m'intéresse.* ➤ **2 importer.** ▪ **5 INTÉRESSER qqn À qqch.,** faire prendre goût, intérêt à. *Ce joueur professionnel l'a intéressé au tennis.* ABSOLT *Il ne sait pas intéresser les élèves.* ▪ **6** Associer (qqn) à un profit. *Intéresser les travailleurs dans une affaire. Être intéressé aux bénéfices.* ▪ **7** *Intéresser une partie :* jouer de l'argent.

II S'INTÉRESSER v. pron. Prendre intérêt. *S'intéresser à qqn, à ce que fait qqn.* ➤ se **préoccuper.** — *S'intéresser à une science, à un sport.* ➤ **aimer, cultiver, pratiquer.** *S'intéresser à tout* (cf. Être curieux de tout). *«les choses sont intéressantes dans la mesure où nous nous y intéressons»* DUHAMEL. *«Les filles ne s'intéressaient pas du tout au sexe, mais uniquement à la séduction»* HOUELLEBECQ.

▪ CONTR. Ennuyer. Dégoûter (de). — Désintéresser (se), moquer (se).

INTÉRÊT [ɛ̃teʀɛ] **n. m.** – 1251 ◇ latin *interest* «il importe», de *interesse* ▪ **1** VX Préjudice, tort. — MOD. DR. **DOMMAGES ET INTÉRÊTS** ou *dommages-intérêts.* ➤ **dommage.** ▪ **2** (1462) Somme qui rémunère un créancier pour l'usage de son argent par un débiteur pendant une période déterminée. ➤ **rapport, rente, revenu.** *Prêt à intérêt. Taux d'intérêt* (cf. Loyer*, prix* de l'argent). *Emprunt à 11 % d'intérêt. Intérêts simples,* perçus sur un capital fixe. *Intérêts composés,* calculés sur un capital accru de ses intérêts. *Intérêt bancaire.* ➤ **agio, commission, escompte.** *Servir, payer des intérêts. Intérêts moratoires*. Intérêts échus.* ➤ **arrérages.** ◆ Ce que rapporte un capital placé. ➤ **rapport, rendement, taux.** *Intérêts d'un placement.* ➤ **dividende.** *Intérêt des livrets de Caisse d'épargne.* ▪ **3** (XVe) Ce qui importe, ce qui convient à qqn (en quelque domaine que ce soit). *Intérêt matériel, moral. Agir, parler dans son intérêt, contre son intérêt. Trouver son intérêt, avoir intérêt à* (faire qqch.). ➤ **avantage** (cf. Y trouver son compte*). *Agir dans l'intérêt, contre l'intérêt de qqn.* ➤ **servir ; 2 desservir.** *Épouser les intérêts d'une personne, d'un groupe.* ➤ **cause.** *L'avocat défend les intérêts de son client. Intérêt commun, général, national. «La loi de l'Intérêt général* [...] *est détruite par la loi de l'Intérêt particulier* [...] *qui engendre l'égoïsme»* BALZAC. *Travaux* d'intérêt général. Société reconnue d'intérêt public.* ◆ ABSOLT Intérêt matériel, pécuniaire. *«ces questions d'intérêt et de partage qui, à la campagne, tiennent une si grande place dans la vie»* LOTI. ◆ AU PLUR. Part, argent qu'une personne a dans une affaire. *Avoir des intérêts dans une compagnie pétrolière.* ◆ DR. *Intérêt pour agir,* condition nécessaire de l'ouverture de toute action judiciaire. ▪ **4** ABSOLT Recherche de son avantage personnel. *Agir par intérêt* (➤ **intéressé**). *Mariage d'intérêt.* ▪ **5** Attention favorable (que l'on porte à qqn) ; fait de prendre part (à ce qui concerne qqn). *Porter, témoigner de l'intérêt à qqn. Témoignage d'intérêt.* ➤ **bienveillance, sollicitude.** ▪ **6** État de l'esprit qui prend part à ce qu'il trouve digne d'attention, à ce qu'il juge important. *Écouter, regarder, lire avec intérêt. Pédagogue qui éveille l'intérêt chez son élève.* ➤ **attention, curiosité.** *Quels sont vos centres d'intérêt ?* ➤ **hobby.** *Son intérêt pour le sport. Exciter, susciter l'intérêt :* intéresser. ▪ **7** Qualité de ce qui retient l'attention, captive l'esprit (➤ **intéressant**). *Intérêt dramatique. Histoire pleine d'intérêt. C'est sans intérêt, dénué d'intérêt. Une déclaration du plus haut intérêt.* ➤ **importance.** *«un renseignement d'un intérêt capital»* ROMAINS. ➤ **utilité.** ▪ **8** LOC. FAM. *(Il) y a intérêt :* c'est ce qu'il y a de mieux à faire, il vaudrait mieux (parfois sous-entendant une menace). ▪ CONTR. Fonds. Désintéressement, indifférence, insignifiance.

INTERETHNIQUE [ɛ̃tɛʀɛtnik] **adj.** – milieu XXe ◇ de *inter-* et *ethnique* ▪ DIDACT. Qui concerne les relations, les rapports entre communautés ethniques différentes. *Affrontements interethniques.*

INTERFACE [ɛ̃tɛʀfas] **n. f.** – v. 1960 ◇ mot anglais d'origine latine → face ▪ **1** PHYS., CHIM. Surface de séparation entre deux états distincts de la matière. *Les détergents s'accumulent aux interfaces eau-huile.* ▪ **2** TECHN. Limite commune à deux ensembles ou appareils. ▪ **3** (1963) INFORM. Dispositif qui permet la communication, l'échange d'informations entre deux éléments d'un système, entre deux systèmes informatiques. *Interface utilisateur,* entre l'ordinateur et l'utilisateur. *Interface graphique. Interface midi.* ▪ **4** FIG. ➤ **liaison.** *Assurer, faire l'interface avec un client, entre deux services.*

INTERFÉCONDITÉ [ɛ̃tɛʀfekɔ̃dite] **n. f.** – 1936 ◇ de *inter-* et *fécondité* ▪ BIOL. Capacité de deux espèces ou de deux variétés de se croiser en donnant naissance à des individus eux-mêmes féconds. ➤ **hybridation.** — **adj. INTERFÉCOND, ONDE.**

INTERFÉRENCE [ɛ̃tɛʀfeʀɑ̃s] **n. f.** – 1793 ◇ anglais *interference* → interférer ▪ **1** (1842) PHYS. Phénomène résultant de la superposition de vibrations cohérentes de même nature et de même fréquence. *Interférence des rayons lumineux, des ondes sonores. Franges*, ordre* d'interférence.* ▪ **2** (début XXe) Intervention contradictoire, immixtion ; conjonction de faits. *Interférence des phénomènes politiques et économiques.*

INTERFÉRENT, ENTE [ɛ̃tɛʀfeʀɑ̃, ɑ̃t] **adj.** – 1836 ◇ anglais *interferent* ▪ **1** PHYS. Qui présente le phénomène de l'interférence. *Rayons interférents.* ▪ **2** GÉNÉT., BIOL. MOL. Qui interfère. *ARN* interférent.*

INTERFÉRENTIEL, IELLE [ɛ̃tɛʀfeʀɑ̃sjɛl] **adj.** – 1858 ◇ de *interférence* ▪ PHYS. Relatif aux interférences (1°). *Filtres interférentiels.*

INTERFÉRER [ɛ̃tɛʀfeʀe] **v. intr.** ‹6› – 1819 ◇ anglais *to interfere,* ancien français *(s')entreférir* «se battre», du latin *inter* «entre» et *ferire* «frapper» ▪ **1** PHYS. Produire des interférences. ▪ **2** (1902) FIG. Se faire du tort (en parlant d'actions simultanées). *Leurs initiatives risquent d'interférer. Évènements qui interfèrent les uns avec les autres, entre eux.*

INTERFÉROMÈTRE [ɛ̃tɛʀfeʀɔmɛtʀ] **n. m.** – 1901 ◇ du radical de *interférence* et *-mètre* ▪ PHYS. Instrument permettant de mesurer la distance des franges d'interférence, et servant notamment à comparer la longueur d'un objet à une longueur d'onde connue. *Interféromètre à neutrons.* — ASTRON. *Interféromètre stellaire,* servant à mesurer le diamètre apparent des étoiles.

INTERFÉROMÉTRIE [ɛ̃tɛʀfeʀɔmetʀi] **n. f.** – 1938 ◇ de *interféromètre* ▪ PHYS. Technique de mesure utilisant les interférences. — **adj. INTERFÉROMÉTRIQUE.**

INTERFÉRON [ɛ̃tɛʀfeʀɔ̃] **n. m.** – 1957 ◇ de *interférer* ▪ BIOCHIM. Protéine produite à la suite d'une infection virale, inhibant la reproduction de certains virus et utilisée dans le traitement de tumeurs. *Les interférons stimulent le système immunitaire.*

INTERFLUVE [ɛ̃tɛʀflyv] **n. m.** – 1956 ◇ mot anglais, de *inter-* et du latin *fluvius* «fleuve» ▪ GÉOGR. Relief qui sépare des vallées.

INTERFOLIER [ɛ̃tɛʀfɔlje] **v. tr.** ‹7› – 1798 ◇ de *inter-* et du latin *folium* «feuille» ▪ TECHN. Brocher, relier (un manuscrit, un imprimé) en insérant entre les feuillets des feuilles de papier blanc. — *Livre interfolié.* — **n. m. INTERFOLIAGE.**

INTERGALACTIQUE [ɛ̃tɛʀgalaktik] **adj.** – 1963 ◇ de *inter-* et *galactique* ▪ ASTRON. Situé entre les galaxies. *Le milieu, l'espace intergalactique. L'hydrogène, gaz intergalactique.* — *Vaisseau, voyage intergalactique* (dans les récits de science-fiction).

INTERGÉNÉRATIONNEL, ELLE [ɛ̃tɛʀʒeneʀasjɔnɛl] **adj.** – 1980 ◇ de *inter-* et *générationnel* ▪ Qui concerne les relations entre les générations. *Solidarité intergénérationnelle.*

INTERGLACIAIRE [ɛ̃tɛʀglasjɛʀ] **adj.** – 1875 ◇ de *inter-* et *glaciaire* ▪ GÉOL. Qui sépare deux périodes glaciaires. — Formé au cours d'une telle période. *Les lœss, formations interglaciaires.*

INTERGOUVERNEMENTAL, ALE, AUX [ɛ̃tɛʀguvɛʀnəmɑ̃tal, o] **adj.** – 1946 ◇ de *inter-* et *gouvernemental* ■ Qui concerne plusieurs gouvernements. *Organisation, union intergouvernementale. Conférence intergouvernementale* (*CIG* [seiʒe]) : ensemble de négociations entre représentants des États membres de l'Union européenne en vue de procéder à l'adoption ou à la révision d'un traité. ◆ (1967) Au Québec, *Ministère des Affaires intergouvernementales* (entre le gouvernement fédéral et les provinces, entre les provinces, et avec l'étranger), chargé de la coordination générale des relations du gouvernement du Québec avec tout autre gouvernement.

INTERGROUPES [ɛ̃tɛʀgʀup] **adj.** et **n. m.** /INTERGROUPE/ – milieu XXe ◇ de *inter-* et *groupe* ■ POLIT. Qui réunit plusieurs groupes parlementaires pour étudier un problème. *Réunion intergroupes.* — **n. m.** *« l'éventail des mutuelles, amicales, rassemblements et intergroupes »* PERRET.

INTÉRIEUR, IEURE [ɛ̃teʀjœʀ] **adj.** et **n. m.** – 1406 ◇ latin *interior*

I adj. ■ **1** Qui est au-dedans, dans l'espace compris entre les limites d'une chose, d'un être (opposé à *extérieur*). ➤ **interne.** *Point intérieur à un cercle. — Cour intérieure. Mer intérieure. Poche intérieure d'un vêtement. — Conduite* intérieure.* ◆ MATH. *Bissectrice intérieure d'un triangle ABC, en A* : bissectrice qui coupe le côté opposé BC. ■ **2** Qui concerne une collectivité, une société, un pays. *Règlement intérieur. Commerce intérieur. Politique intérieure. Les affaires intérieures d'un pays.* ■ **3** Qui concerne la vie psychologique, qui se passe dans l'esprit. ➤ **intime, privé, psychique.** *Vie intérieure. For* intérieur. Langage intérieur.* ➤ **endophasie.** *« Les Voix intérieures », poèmes de Hugo.*

II n. m. ■ **1** (1580) Espace compris entre les limites d'une chose. ➤ **dedans.** *L'intérieur d'une boîte, d'une boutique. — L'intérieur du corps.* ➤ **entrailles.** CIN. *Scènes tournées en intérieur,* en studio. ◆ **loc. prép. À L'INTÉRIEUR DE.** ➤ **dans.** *À l'intérieur de la prison.* FIG. *À l'intérieur d'une communauté. Juger de l'intérieur.* ■ **2** ABSOLT *Voulez-vous m'attendre à l'intérieur ? « les murs, plus froids à l'intérieur qu'au dehors »* BLOY. *L'intérieur est doublé de fourrure.* ■ **3** (1779) Habitation considérée dans son aménagement intérieur. ➤ **chez(-soi), foyer.** *Un intérieur confortable. « Intérieur bourgeois anglais avec des fauteuils anglais »* IONESCO. *Architecte* d'intérieur. — Femme d'intérieur,* qui se plaît à tenir sa maison. *Veston d'intérieur,* qui se porte chez soi. — SPÉCIALT *Tableau d'intérieur,* et ABSOLT *intérieur* : tableau de genre représentant l'intérieur d'une maison, une scène de vie familiale. *Peintre de scènes d'intérieur.* ➤ **intimiste.** ■ **4** Espace compris entre les frontières d'un pays ; le pays lui-même. *À l'intérieur et à l'extérieur. Lutter contre les ennemis de l'intérieur. — Le ministère de l'Intérieur.* ■ **5** FOOTBALL ➤ 2 **inter.**

■ CONTR. International. — Dehors, 2 extérieur.

INTÉRIEUREMENT [ɛ̃teʀjœʀmɑ̃] **adv.** – 1501 ◇ de *intérieur* ■ **1** Dans l'intérieur, au-dedans. *Porte verrouillée intérieurement.* ■ **2** Dans l'esprit, le cœur. ➤ **intimement.** *Pester intérieurement,* à part soi, dans son for intérieur. ➤ **in petto, secrètement.** ■ CONTR. Extérieurement, ouvertement.

INTÉRIM [ɛ̃teʀim] **n. m.** – 1412 ◇ latin *interim* « pendant ce temps » ■ **1** Intervalle de temps pendant lequel une fonction vacante est exercée par une autre personne que le titulaire. *L'intérim dura un mois. — Gouverner par intérim.* ➤ **provisoirement, temporairement.** *Président par intérim.* ■ **2** Exercice d'une fonction pendant l'intérim. ➤ **remplacement.** *Faire l'intérim de qqn. Assurer des intérims.* ■ **3** Organisation de travail temporaire (offert aux entreprises par une entreprise spécialisée). *Société, agence d'intérim. Faire de l'intérim* : être intérimaire.

INTÉRIMAIRE [ɛ̃teʀimɛʀ] **adj.** – 1796 ◇ de *intérim* ■ **1** Qui s'exerce par intérim. *Fonction, charge, travail intérimaire.* ➤ **temporaire, transitoire.** ■ **2** Qui assure l'intérim. ➤ **remplaçant.** *Ministre intérimaire. Personnel intérimaire.* — **n.** *Le titulaire et l'intérimaire.*

INTERINDIVIDUEL, ELLE [ɛ̃tɛʀɛ̃dividɥɛl] **adj.** – 1897 ◇ de *inter-* et *individu,* d'après *individuel* ■ DIDACT. Qui concerne les relations entre individus. *Psychologie interindividuelle.*

INTÉRIORISATION [ɛ̃teʀjɔʀizasjɔ̃] **n. f.** – 1899 ◇ de *intérioriser* ■ DIDACT. Fait d'intérioriser ; aptitude mentale à s'isoler du monde extérieur. ➤ **introspection, introversion.** — PSYCHAN. Introjection. ■ CONTR. Extériorisation, projection.

INTÉRIORISER [ɛ̃teʀjɔʀize] **v. tr.** ‹1› – 1893 ◇ de *intérieur,* d'après *extérioriser* ■ PSYCHOL. Ramener à l'intérieur, au moi ; traduire en activité psychologique. *Intérioriser un conflit.* ◆ Rendre plus intérieur (I, 3°). *Des principes « qui ont pour but d'intérioriser le jeu de l'acteur »* ARTAUD. ■ CONTR. Extérioriser, projeter.

INTÉRIORITÉ [ɛ̃teʀjɔʀite] **n. f.** – v. 1500 ◇ de *intérieur* ■ DIDACT. Caractère de ce qui est intérieur. *La préposition* en *marque l'intériorité.* ◆ PSYCHOL. Ensemble des faits intérieurs.

INTERJECTIF, IVE [ɛ̃tɛʀʒɛktif, iv] **adj.** – 1765 ◇ bas latin *interjectivus* ■ LING. Relatif à l'interjection, de la nature d'une interjection. *Locution interjective* (ex. Nom d'une pipe !).

INTERJECTION [ɛ̃tɛʀʒɛksjɔ̃] **n. f.** – v. 1300 ◇ latin *interjectio*

I Mot invariable pouvant être employé isolément pour traduire une attitude affective du sujet parlant. ➤ **exclamation ; juron, onomatopée.**

II (1690 ◇ d'après *interjeter*) DR. Action d'interjeter (un appel).

INTERJETER [ɛ̃tɛʀʒəte] **v. tr.** ‹4› – 1425 ◇ de *inter-* et *jeter,* d'après le latin *interjicere* ■ DR. Introduire, faire intervenir (un appel). LOC. *Interjeter appel. La famille a interjeté appel de ce jugement.*

INTERLEUKINE [ɛ̃tɛʀløkin] **n. f.** – 1985 ◇ de *inter-,* du grec *leukos* « blanc » et *kinein* « mettre en mouvement » ■ IMMUNOL. Protéine sécrétée par les lymphocytes, impliquée dans l'inflammation et la réaction immunitaire. ➤ **lymphokine.**

INTERLIGNAGE [ɛ̃tɛʀliɲaʒ] **n. m.** – 1872 ◇ de *interligner* ■ IMPRIM. Action, manière d'interligner.

INTERLIGNE [ɛ̃tɛʀliɲ] **n. m.** et **f.** – v. 1600 ◇ de *inter-* et *ligne*

I n. m. ■ **1** Espace qui est entre deux lignes écrites ou imprimées. ➤ 2 **blanc.** *Écrire, ajouter qqch. dans un interligne. Tapez ce texte en double interligne,* en laissant deux espaces. — MUS. Espace entre deux lignes de la portée musicale. ■ **2** DR. Ce que l'on écrit dans un interligne. *La loi interdit les interlignes dans les actes notariés.*

II n. f. (1764) TYPOGR. Lame de métal qui servait à séparer et à maintenir les lignes.

INTERLIGNER [ɛ̃tɛʀliɲe] **v. tr.** ‹1› – 1579 au p. p. ◇ de *interligne* ■ **1** Écrire, insérer dans un interligne. *Interligner un mot.* ■ **2** IMPRIM. Séparer par des interlignes. *Frappe insuffisamment interlignée.*

INTERLINÉAIRE [ɛ̃tɛʀlineɛʀ] **adj.** – 1495 ◇ latin médiéval *interlinearis,* de *inter* et *linea* « ligne » ■ DIDACT. Qui est écrit dans l'interligne. *Gloses, notes, scolies interlinéaires. — Traduction interlinéaire,* où chaque ligne de texte est accompagnée de sa traduction, dans l'interligne.

INTERLINGUAL, ALE, AUX [ɛ̃tɛʀlɛ̃gwal, o] **adj.** – milieu XXe ◇ anglais *interlingual,* de *inter-* et *lingual* « de la langue » ■ LING. Qui se fait entre langues différentes. *Synonymie interlinguale de* lit *et de l'angl.* bed.

INTERLOCK [ɛ̃tɛʀlɔk] **n. m.** – 1951 ◇ mot anglais, de *to interlock* « entrecroiser » ■ Tissu indémaillable généralement en coton, utilisé en lingerie.

INTERLOCUTEUR, TRICE [ɛ̃tɛʀlɔkytœʀ, tʀis] **n.** – 1530 ◇ du latin *interlocutum,* supin de *interloqui* « interrompre » ■ **1** Personnage qu'un écrivain introduit dans un dialogue. ■ **2** (1791) Personne qui parle, converse avec une autre. *Chacun des interlocuteurs poursuivait le débat. Se faire comprendre de son interlocuteur. « À défaut d'interlocuteur, elle se parlait à elle-même »* BLOY. ◆ (milieu XXe) POLIT. Personne avec laquelle on peut entamer une discussion, une négociation. ➤ **partenaire.** *Un interlocuteur valable.*

INTERLOCUTOIRE [ɛ̃tɛʀlɔkytwaʀ] **adj.** – 1283 ◇ latin médiéval *interlocutorius,* de *interloqui,* déjà usité en latin juridique ■ DR. Se dit des jugements *avant dire droit* qui, avant de se prononcer sur le fond, ordonnent des mesures (production de pièces au dossier, enquête, expertise, etc.) destinées à compléter l'instruction de l'affaire. *Jugement interlocutoire* ou SUBST. *un interlocutoire.*

INTERLOPE [ɛ̃tɛʀlɔp] **n. m.** et **adj.** – 1685 ◇ anglais *interloper* « intrus » ■ **1** VX Navire marchand trafiquant en fraude. ■ **2 adj.** MOD. Dont l'activité n'est pas légale. *Navire interlope. Commerce interlope.* ➤ **contrebande.** ■ **3 adj.** (1772 subst.) COUR. D'apparence louche, suspecte. *Milieu interlope. « les personnages interlopes qu'on côtoyait dans des atmosphères troubles »* TOURNIER.

INTERLOQUÉ, ÉE [ɛ̃tɛʀlɔke] **adj.** – 1787 ◇ de *interloquer* ■ Décontenancé, déconcerté (à la suite d'une parole, d'un acte inattendu). *Il en est resté interloqué.* ➤ 1 **interdit, stupéfait ;** FAM. 1 **baba.**

INTERLOQUER [ɛ̃tɛʀlɔke] v. tr. ⟨1⟩ – 1450 ◇ latin *interloqui*
I VX DR. Interrompre (un procès, une affaire) par un jugement interlocutoire.
II (1798) MOD. Rendre (qqn) interdit. ➤ **décontenancer, démonter, méduser.** *Cette réflexion l'a interloqué.*

INTERLUDE [ɛ̃tɛʀlyd] n. m. – 1819 ◇ mot anglais, de *inter-* et du latin *ludus* « jeu » ■ **1** Petit intermède dans un programme dramatique, cinématographique, etc. ◆ (milieu XXe) Court sujet destiné à faire patienter les téléspectateurs, en attendant une émission. ■ **2** MUS. Passage que l'on joue à l'orgue entre les versets d'un choral. ◆ Courte pièce exécutée entre deux autres plus importantes.

INTERMARIAGE [ɛ̃tɛʀmaʀjaʒ] n. m. – 1832 ◇ de *inter-* et *mariage* ■ ETHNOL. Mariage entre membres d'une même famille (➤ **endogamie**). *« ces clans rivaux et solitaires, liés par une tradition ininterrompue d'inter-mariages collectifs »* CAILLOIS.

INTERMAXILLAIRE [ɛ̃tɛʀmaksilɛʀ] adj. – 1752 ◇ de *inter-* et *maxillaire* ■ ANAT. Placé entre les deux maxillaires supérieurs. *Ligament intermaxillaire.*

INTERMÈDE [ɛ̃tɛʀmɛd] n. m. – 1582 ; *intermedie* 1549 ◇ italien *intermedio*, latin *intermedius* ■ **1** Divertissement, représentation entre les actes d'une pièce de théâtre, les parties d'un spectacle. ➤ **interlude.** *Intermède chanté, dansé. Intermède musical.* ➤ **intermezzo.** *Les intermèdes du « Malade imaginaire ».* ■ **2** Ce qui interrompt qqch., sépare dans le temps deux choses de même nature. ➤ **entracte, interruption.** *« Le séjour à Newstead avait été un intermède tendre et gai »* MAUROIS.

INTERMÉDIAIRE [ɛ̃tɛʀmedjɛʀ] adj. et n. – 1678 ◇ du latin *intermedius*, de *medius* « qui est au milieu, moyen »
I adj. Qui, étant entre deux termes, se trouve placé dans une situation moyenne, forme une transition ou assure une communication. *Époque intermédiaire entre deux autres. Chaînons intermédiaires d'une évolution. Le gouvernement, « corps intermédiaire établi entre les sujets et le souverain »* ROUSSEAU. *Une solution intermédiaire.* ➤ **compromis** (cf. Moyen* terme). — GÉOL. *Terrain intermédiaire,* entre une couche de formation primitive et une couche de formation récente.
II n. (1781) ■ **1** n. m. Terme, état intermédiaire. *Les intermédiaires entre deux extrêmes. Sans intermédiaire :* directement. ■ **2** n. m. RARE Action de s'entremettre, de servir de lien. ➤ **entremise, médiation, truchement.** COUR. *Par l'intermédiaire de* (qqn, qqch.). ➤ **canal,** 2 **moyen, voie.** ■ **3** Personne qui met en relation deux personnes ou deux groupes. *Servir d'intermédiaire dans une négociation.* ➤ **facilitateur, interprète, médiateur.** ◆ ÉCON. Personne qui intervient dans un circuit économique, un circuit commercial. ➤ **commerçant ;** 2 **agent, broker, commissionnaire, représentant.** *Vente directe, sans intermédiaire* (cf. Du producteur au consommateur). ➤ **désintermédiation.** *Intermédiaire financier* (➤ **intermédiation**). *Intermédiaire de bourse.* ➤ 2 **agent** (de change), **remisier.**
■ CONTR. Extrême.

INTERMÉDIATION [ɛ̃tɛʀmedjasjɔ̃] n. f. – 1973 ◇ anglais *intermediation* ■ **1** FIN. Fonction qui consiste à recueillir des ressources et à mettre des fonds à la disposition des tiers. *Intermédiation bancaire.* ■ **2** Fonction, rôle d'intermédiaire.

INTERMÉTALLIQUE [ɛ̃tɛʀmetalik] adj. – milieu XXe ◇ de *inter-* et *métallique* ■ TECHN. *Alliage intermétallique,* formé de plusieurs métaux et possédant une formule chimique.

INTERMEZZO [ɛ̃tɛʀmɛdzo] n. m. – 1868 ◇ mot italien ■ MUS. ■ **1** Partie musicale insérée entre les actes d'une œuvre théâtrale. ➤ **intermède.** ■ **2** Mouvement de liaison dans une œuvre musicale. *Des intermezzos,* parfois *des intermezzi* (plur. it.).

INTERMINABLE [ɛ̃tɛʀminabl] adj. – 1361 ◇ bas latin *interminabilis* ■ Qui n'a pas ou ne semble pas avoir de terme, de limite (dans l'espace ou dans le temps). ➤ **infini, long.** *Cortège, file interminable. « des mains pâles, aux doigts interminables »* MAUPASSANT. *Discours interminable. Une attente, une journée interminable.* ■ CONTR. 1 Bref, 1 court.

INTERMINABLEMENT [ɛ̃tɛʀminabləmɑ̃] adv. – 1769 ◇ de *interminable* ■ Sans fin. *« elles parlaient de la chère femme, interminablement, sans se lasser de répéter la même phrase »* ZOLA.
■ CONTR. Brièvement, rapidement.

INTERMINISTÉRIEL, IELLE [ɛ̃tɛʀministeʀjɛl] adj. – 1906 ◇ de *inter-* et *ministériel* ■ Commun à plusieurs ministères, plusieurs ministres. *Circulaire interministérielle.*

INTERMISSION [ɛ̃tɛʀmisjɔ̃] n. f. – 1680 ; « interruption » 1377 ◇ latin *intermissio* ■ MÉD. Interruption des effets d'un mal, de la douleur. ➤ **intermittence.**

INTERMITTENCE [ɛ̃tɛʀmitɑ̃s] n. f. – 1660 ◇ de *intermittent* ■ LITTÉR. ou DIDACT. ■ **1** Caractère intermittent. ➤ **discontinuité.** — Arrêt momentané. ➤ **intervalle.** *Par intermittence :* irrégulièrement, par accès. *Travailler par intermittence.* ■ **2** MÉD. Intervalle entre les accès d'une fièvre, d'une maladie. ➤ **intermission, rémission, rémittence, répit.** ◆ Absence momentanée d'une pulsion du cœur ou du pouls. ➤ **arythmie.** — FIG. *« Les intermittences du cœur »* PROUST. ■ CONTR. Continuité, régularité.

INTERMITTENT, ENTE [ɛ̃tɛʀmitɑ̃, ɑ̃t] adj. – 1559 ◇ latin *intermittens,* de *intermittere* « discontinuer » ■ Qui s'arrête et reprend par intervalles. ➤ **discontinu, irrégulier.** *Fièvre intermittente.* ➤ **erratique, rémittent.** *Pouls intermittent. Les bouffées de sirocco « toujours intermittentes et saccadées comme la respiration d'un malade »* FROMENTIN. — *Source, fontaine intermittente. Lumière intermittente.* ➤ **clignotant.** — *Efforts intermittents.* ➤ **épisodique, sporadique.** — *Travailleur intermittent.* n. *Les intermittents du spectacle.* ■ CONTR. Continu, permanent, régulier.

INTERMODAL, ALE, AUX [ɛ̃tɛʀmɔdal, o] adj. – 1974 ◇ de *inter-* et 1 *modal* ■ *Transport intermodal :* transport de marchandises dans le même contenant (conteneurs, caisses mobiles), associant au moins deux modes de transport (➤ aussi **ferroutage**). — PAR EXT. *Gare intermodale,* qui propose plusieurs modes de transport.

INTERMOLÉCULAIRE [ɛ̃tɛʀmɔlekylɛʀ] adj. – 1868 ◇ de *inter-* et *moléculaire* ■ PHYS., CHIM. Qui se trouve entre les molécules d'un corps. *Espace intermoléculaire.* — Qui dépend de plusieurs molécules. *Force, réaction intermoléculaire.*

INTERMUSCULAIRE [ɛ̃tɛʀmyskylɛʀ] adj. – 1765 ◇ de *inter-* et *musculaire* ■ ANAT. Qui est situé, se produit entre deux ou plusieurs muscles. *Cloison intermusculaire. Hernie intermusculaire.*

INTERNAT [ɛ̃tɛʀna] n. m. – 1820 ◇ de *interne* ■ **1** Situation d'élève interne. *Le régime de l'internat.* — PAR EXT. École où vivent des internes. ➤ **pensionnat.** *Maître, maîtresse d'internat.* ■ **2** Fonction d'interne des hôpitaux ; sa durée. ➤ RÉGION. **résidanat.** *Être en deuxième année d'internat.* ◆ Concours qui donne le titre d'interne. *Préparer l'internat.* ■ CONTR. Externat.

INTERNATIONAL, ALE, AUX [ɛ̃tɛʀnasjɔnal, o] adj. – 1801 ◇ de *inter-* et *national* ■ Qui a lieu, qui se fait de nation à nation, entre plusieurs nations ; qui concerne les rapports des nations entre elles. *Relations internationales. Politique internationale. Conférence internationale. Droit international public* (qui régit les rapports juridiques entre les nations), *privé* (qui régit les rapports entre les particuliers de nationalité différente). — *Port, territoire international,* placé sous le contrôle de plusieurs nations. — *Organisations internationales. Fonds monétaire international (FMI).* — ABUSIVEMENT *Les fonctionnaires internationaux.* ◆ SPORT *Épreuve, rencontre internationale,* opposant deux ou plusieurs nations. *Championnats internationaux.* ELLIPT *Les Internationaux de France.* n. Joueur, athlète sélectionné dans une équipe nationale pour les rencontres internationales. *Un international de rugby.* ◆ *Association internationale des travailleurs,* et n. f. (1871) **L'INTERNATIONALE :** groupement de prolétaires des diverses nations du monde, unis pour la défense de leurs revendications communes. *Karl Marx, fondateur de la Ire Internationale. « L'Internationale », hymne révolutionnaire.* ◆ n. m. *L'international :* le marché international, l'étranger. *Stage à l'international.*

INTERNATIONALISATION [ɛ̃tɛʀnasjɔnalizasjɔ̃] n. f. – 1845, repris 1902 ◇ de *internationaliser* ■ Action d'internationaliser ; son résultat. *L'internationalisation d'un conflit.*

INTERNATIONALISER [ɛ̃tɛʀnasjɔnalize] v. tr. ⟨1⟩ – 1845, repris 1911 ◇ de *international* ■ Rendre international. *Internationaliser un débat.* ◆ Mettre sous régime international.

INTERNATIONALISME [ɛ̃tɛʀnasjɔnalism] n. m. – 1845 ◇ de *international* ■ Doctrine prônant l'union internationale des peuples, par-delà les frontières. *Internationalisme ouvrier. « l'internationalisme, qui fut un beau rêve »* SARTRE.

INTERNATIONALISTE [ɛ̃tɛʀnasjɔnalist] adj. et n. – 1871 ◇ de *international* ■ Partisan de l'internationalisme. *« notre idéal de révolutionnaires internationalistes »* MARTIN DU GARD.

INTERNATIONALITÉ [ɛ̃tɛʀnasjɔnalite] n. f. – 1845 ◇ de *international* ■ DR. Caractère de ce qui est international.

INTERNAUTE [ɛ̃tɛʀnot] n. – 1995 ◊ de *Internet* et *-naute* ■ Utilisateur du réseau Internet. ➤ **mobinaute.**

INTERNE [ɛ̃tɛʀn] adj. et n. – 1560 ; « ce qui est à l'intérieur » XIVe ◊ latin *internus*

I adj. ■ **1** Qui est situé en dedans, est tourné vers l'intérieur. ➤ **intérieur.** *Parois, parties internes.* ♦ MATH. *Angles internes,* opposés aux angles externes dans la figure de deux parallèles coupées par une sécante. *Angles alternes*-internes.* — *Loi de composition interne sur un ensemble E :* application de E × E dans E (par ex. l'addition, la multiplication, sur ℝ). ♦ ANAT. Qui est situé à l'intérieur du corps ; qui se trouve le plus près du plan médian sagittal du corps, par rapport à une autre partie analogue. *Oreille interne. Face interne d'un membre.* ■ **2** Qui appartient au dedans. *Structure interne de la Terre ; de l'atome.* ♦ MÉD. Qui affecte l'intérieur (du corps, d'un organe). *Glandes à sécrétion interne.* ➤ **endocrine.** *Hémorragie interne.* ■ **3** Qui appartient, est intérieur à ce dont on parle. *Causes internes.* ➤ **intrinsèque.** *Évolution interne.* loc. adv. *En interne :* avec ses propres ressources, sans recourir à l'extérieur. ■ **4** (1973 ◊ de l'anglais) *Médecine interne :* spécialité médicale qui prend en compte l'ensemble des pathologies présentées par le patient. ➤ **interniste.**

II n. ■ **1** (1829) Élève logé(e) et nourri(e) dans l'établissement scolaire fréquenté. ➤ **pensionnaire.** *Mon père « me mettrait quelque part en pension, comme interne »* ARAGON. ■ **2** (1818) Étudiant(e) en médecine qui a passé avec succès le concours de l'internat. *Interne des hôpitaux de Paris (I. H. P.).*

■ CONTR. 1 Extérieur, externe.

INTERNÉ, ÉE [ɛ̃tɛʀne] adj. et n. – 1867 n. ◊ de *interner* ■ Enfermé (SPÉCIALT pour troubles mentaux). n. *Les internés.*

INTERNEMENT [ɛ̃tɛʀnəmɑ̃] n. m. – 1838 ◊ de *interner* ■ **1** VX Assignation à résidence forcée. ■ **2** MOD. Action d'interner ; état d'une personne internée. *Internement d'un mineur délinquant.* ➤ **emprisonnement.** *Camp d'internement.* — SPÉCIALT Placement (d'une personne) dans un établissement psychiatrique, sur la base d'un certificat médical. *Internement des aliénés. Internement d'office,* sur ordre du préfet. *Internement abusif.*

INTERNER [ɛ̃tɛʀne] v. tr. ‹1› – 1838 ; autre sens 1704 ◊ de *interne* ■ **1** VX Assigner* à résidence forcée. ➤ **reléguer.** ■ **2** Enfermer par mesure administrative. ➤ **emprisonner.** *Interner des réfugiés politiques dans un camp.* ♦ SPÉCIALT Enfermer dans un asile, un hôpital psychiatrique. *Il a fallu le faire interner.*

INTERNET [ɛ̃tɛʀnɛt] n. m. – répandu v. 1995 ◊ mot anglais américain, de *internetworking,* de *inter-* et *network* « réseau » ■ Réseau mondial de réseaux télématiques utilisant le même protocole de communication (cf. Le réseau des réseaux, la Toile). ➤ 3 **net ; web ; cyber-, e-.** *Accès à Internet, à l'internet. Naviguer sur Internet. Utilisateur d'Internet.* ➤ **cybernaute, internaute, mobinaute.** *Brevet, certificat informatique* et internet. Dépendance à Internet.* ➤ **cyberdépendance.** *L'internet clandestin.* ➤ anglic. **darknet.** — *Café Internet.* ➤ **cybercafé.**

INTERNISTE [ɛ̃tɛʀnist] n. – 1973 ◊ anglais *internist* ■ Praticien(ne) de médecine interne*.

INTERNONCE [ɛ̃tɛʀnɔ̃s] n. m. – XVIe ◊ latin ecclésiastique *internuncius* → nonce ■ Prélat qui fait fonction de nonce dans un pays où il n'y en a pas.

INTEROCÉANIQUE [ɛ̃tɛʀɔseanik] adj. – 1855 ◊ de *inter-* et *océanique* ■ DIDACT. Qui est, se fait entre deux océans.

INTÉROCEPTIF, IVE [ɛ̃teʀɔsɛptif, iv] adj. – 1945 ◊ anglais *interoceptive* (1906) ■ PHYSIOL. Se dit de la sensibilité dont les stimulus proviennent de l'organisme même. ■ CONTR. Extéroceptif, proprioceptif.

INTEROCULAIRE [ɛ̃tɛʀɔkylɛʀ] adj. – 1838 ◊ de *inter-* et *oculaire* ■ ANAT. Qui est entre les yeux. *Espace interoculaire.*

INTEROPÉRABILITÉ [ɛ̃tɛʀɔpeʀabilite] n. f. – 1976 ◊ de l'anglais *interoperability* (1965) ■ **1** Possibilité, pour des structures différentes (organismes, services...), de remplir des missions communes. ➤ **synergie.** *Interopérabilité des forces françaises et allemandes.* — PAR EXT. *Interopérabilité des systèmes ferroviaires européens.* ➤ **compatibilité.** ■ **2** INFORM., TÉLÉCOMM. Possibilité de communication entre deux ou plusieurs systèmes, appareils ou éléments informatiques. *Interopérabilité des réseaux de téléphonie mobile.*

INTEROSSEUX, EUSE [ɛ̃tɛʀɔsø, øz] adj. – 1690 ; *entre-osseux* XVIe ◊ de *inter-* et *osseux* ■ ANAT. Situé entre deux os ou deux parties d'un os ; qui sépare ou unit deux os. *Crête interosseuse. Ligament interosseux.*

INTERPARIÉTAL, ALE, AUX [ɛ̃tɛʀpaʀjetal, o] adj. – 1843 ◊ de *inter-* et *pariétal* ■ ANAT. Qui est entre les pariétaux. *Point interpariétal. Suture interpariétale.*

INTERPARLEMENTAIRE [ɛ̃tɛʀpaʀləmɑ̃tɛʀ] adj. – 1894 ◊ de *inter-* et *parlementaire* ■ Qui réunit les membres de plusieurs parlements. *Commission interparlementaire.*

INTERPELER ‹4› ou **INTERPELLER** [ɛ̃tɛʀpəle] v. tr. ‹1› – 1352 ◊ latin *interpellare* « interrompre, 1 sommer » ■ **1** Adresser la parole brusquement à (qqn) pour interroger, insulter. ➤ **apostropher, appeler.** *Les jeunes gens « interpellant les filles »* ARAGON. PRONOM. *« tout le monde se rencontrait, s'interpellait et conversait »* CAMUS. ■ **2** DR. PÉN. Questionner (qqn) sur son identité, en parlant de la police. ■ **3** (Sujet chose) Susciter un écho, un intérêt chez (qqn). *La misère nous interpelle.* — TRÈS IRON. *Ça m'interpelle quelque part.* — La graphie *interpeler* est conforme à la prononciation.

INTERPELLATEUR, TRICE [ɛ̃tɛʀpelatœʀ, tʀis] n. – 1549 ◊ latin *interpellator* ■ Personne qui interpelle. *« Je n'osais pas lever les yeux sur mon interpellateur »* BOURGET. ♦ (1790) Parlementaire qui fait une interpellation (2°).

INTERPELLATION [ɛ̃tɛʀpelasjɔ̃] n. f. – 1352 ◊ latin *interpellatio* ■ **1** Action d'interpeler (1°). ➤ 1 **apostrophe.** ■ **2** (1789) POLIT. Demande d'explications adressée au gouvernement par un membre du Parlement en séance publique. *Répondre à une interpellation.* ■ **3** Action d'interpeler (qqn) lors d'une opération de police. *Procéder à des interpellations.*

INTERPELLER ➤ **INTERPELER**

INTERPÉNÉTRATION [ɛ̃tɛʀpenetʀasjɔ̃] n. f. – 1889 ◊ de *inter-* et *pénétration* ■ DIDACT. Pénétration réciproque. ➤ **enchevêtrement, imbrication.** *Interpénétration de deux civilisations.*

INTERPÉNÉTRER (S') [ɛ̃tɛʀpenetʀe] v. pron. ‹6› – 1907 ◊ de *inter-* et *pénétrer* ■ DIDACT. Se pénétrer réciproquement. ➤ **s'entremêler, s'imbriquer.** *Doctrines qui s'interpénètrent.*

INTERPERSONNEL, ELLE [ɛ̃tɛʀpɛʀsɔnɛl] adj. – 1920 ◊ de *inter-* et *personnel* ■ DIDACT. Qui a lieu entre plusieurs personnes. *Relations interpersonnelles.*

INTERPHASE [ɛ̃tɛʀfɑz] n. f. – 1915 ◊ de *inter-* et *phase,* probablt d'après l'anglais (1913) ■ BIOL. CELL. Période de croissance de la cellule au cours du cycle cellulaire, alternant avec la mitose. *Décondensation des chromosomes pendant l'interphase.*

INTERPHONE [ɛ̃tɛʀfɔn] n. m. – avant 1952 ◊ nom déposé ; de *téléphone intérieur* ■ Appareil de communication téléphonique utilisant un réseau interne. *Interphone reliant l'entrée d'un immeuble et les appartements. Interphone audio* (➤ RÉGION. **parlophone**), *vidéo* (➤ **visiophone**).

INTERPLANÉTAIRE [ɛ̃tɛʀplanetɛʀ] adj. – 1864 ◊ de *inter-* et *planétaire* ■ Qui est, a lieu entre les planètes. ➤ **intersidéral.** *Voyages interplanétaires. Les espaces interplanétaires.*

INTERPOLATION [ɛ̃tɛʀpɔlasjɔ̃] n. f. – 1706 ; « interruption » XIVe ◊ latin *interpolatio* ■ **1** Action d'interpoler un texte ; résultat de cette action. ■ **2** (1812) MATH. Intercalation de valeurs ou de termes intermédiaires dans une série de valeurs ou de termes connus. *Approximation d'une fonction numérique par interpolation linéaire.* ♦ STATIST. Détermination approchée d'une valeur à partir de valeurs voisines faisant partie d'une série succincte.

INTERPOLER [ɛ̃tɛʀpɔle] v. tr. ‹1› – 1721 ; *interpolé* « intermittent » 1352 ◊ latin *interpolare* « réparer », d'où « falsifier » ■ **1** Introduire dans un texte, par erreur ou par fraude (des mots, des phrases absents de l'original). *« On avait copié le discours [...] en supprimant quelques passages et en interpolant quelques autres »* CHATEAUBRIAND. — *Glose interpolée par un copiste.* ♦ PAR EXT. Altérer (un texte) par une ou plusieurs interpolations. ■ **2** (1829) MATH. Intercaler (des valeurs, des termes intermédiaires) dans une série de valeurs ou de termes connus. ➤ **interpolation** (2°). ■ CONTR. Extrapoler.

INTERPOSÉ, ÉE [ɛ̃tɛʀpoze] adj. – 1355 ◊ de *interposer* ■ RARE Qui intervient. — DR. *Personne interposée,* qui figure sur un acte à la place du véritable intéressé. — LOC. COUR. *Par personnes interposées :* par l'intermédiaire d'autres personnes. *On cherche à l'atteindre par personnes interposées.* — (Avec un nom de collectivité ou de chose) *Par sociétés interposées* (cf. Sociétés écrans*). *Par médias interposés.*

INTERPOSER [ɛ̃tɛʀpoze] v. tr. ⟨1⟩ – 1355 ◇ latin *interponere*, d'après *poser* ▪ **1** Poser (qqch.) entre deux choses. *Interposer un écran.* — PRONOM. *«ce verre déformant qui* [...] *s'était interposé entre elle et les créatures»* MAURIAC. ▪ **2** FIG. Faire intervenir. *«il n'y eut pas une puissance qui interposât ses bons offices»* VOLTAIRE. — PRONOM. *S'interposer dans une dispute, une bagarre,* intervenir pour y mettre un terme. ➤ **s'entremettre.**

INTERPOSITION [ɛ̃tɛʀpozisjɔ̃] n. f. – 1160, rare avant XVIe ◇ latin *interpositio* ▪ **1** Situation d'un corps interposé entre deux autres. *Interposition de la Lune entre le Soleil et la Terre.* ▪ **2** DR. *Interposition de personne :* procédé juridique faisant appel à une personne interposée*. ▪ **3** Intervention, médiation au cours d'un conflit. *Force d'interposition.*

INTERPRÉTABLE [ɛ̃tɛʀpʀetabl] adj. – 1380 ◇ de *interpréter* ▪ Que l'on peut interpréter. *Ce texte «est diversement interprétable»* RENAN. *Faits difficilement interprétables.* ➤ **compréhensible.** ◆ *Ce morceau n'est interprétable que par un excellent pianiste.* ➤ **jouable.** ▪ CONTR. Incompréhensible, obscur ; injouable.

INTERPRÉTANT, ANTE [ɛ̃tɛʀpʀetɑ̃, ɑ̃t] n. – 1910 ◇ de *interpréter* ▪ **1** PSYCHOL. Malade qui tire des interprétations erronées de faits vrais (délires d'interprétation*). — adj. *Une malade interprétante.* ▪ **2** n. m. SÉMIOL. Signe qui en traduit un autre et qui, notamment, exprime le signifié de ce dernier.

INTERPRÉTARIAT [ɛ̃tɛʀpʀetaʀja] n. m. – 1890 ◇ de *interprète* ▪ Fonction, carrière d'interprète (2°). *École d'interprétariat.*

INTERPRÉTATIF, IVE [ɛ̃tɛʀpʀetatif, iv] adj. – 1762 ◇ latin médiéval *interpretativus* ▪ DIDACT. Qui sert à l'interprétation. *Déclaration interprétative.* — PSYCHOL. *États interprétatifs* (des délires d'interprétation*).

INTERPRÉTATION [ɛ̃tɛʀpʀetasjɔ̃] n. f. – *interpretacion* 1160 ◇ latin *interpretatio* ▪ **1** Action d'expliquer, de donner une signification claire (à une chose obscure) ; son résultat. ➤ **explication.** *Interprétation d'un texte.* ➤ **commentaire, exégèse, glose ; herméneutique.** *Interprétation mystique, allégorique, symbolique d'un texte.* ➤ **lecture.** *«Les textes ont besoin de l'interprétation du goût»* RENAN. *Interprétation des lois par la Cour de cassation. Interprétation d'une clause d'un contrat.* SPÉCIALT *Interprétation des rêves, des songes, des signes.* ➤ **-mancie.** ▪ **2** Action de donner une signification (aux faits, actes ou paroles de qqn). *Interprétation arbitraire, tendancieuse. Erreur d'interprétation. Les diverses interprétations d'un même fait* (➤ **version**) *; d'une même déclaration. Énoncé pouvant recevoir plusieurs interprétations* (➤ **ambigu, amphibologique, équivoque**). *Interprétation des faits sociaux, politiques. «nous tentons d'imposer au monde extérieur notre interprétation particulière»* GIDE (cf. Grille* de lecture). *Donner une interprétation personnelle d'un fait.* ◆ (1909) PSYCHIATR. *Délire d'interprétation :* raisonnement qui tire de faits vrais des inductions et déductions erronées, liées aux tendances du malade. ▪ **3** (1874) Manière de jouer (une œuvre dramatique, musicale). ➤ **exécution.** *«une actrice qui donnerait de ce rôle une interprétation très différente»* GIDE. *Une interprétation magistrale. Prix de la meilleure interprétation masculine* (au cinéma). ▪ **4** Action d'interpréter (2°) oralement un énoncé oral ; son résultat. *Interprétation simultanée.* ➤ **traduction.** ▪ **5** INFORM. Exécution, à l'aide d'un interpréteur, d'un programme écrit dans un langage évolué.

INTERPRÈTE [ɛ̃tɛʀpʀɛt] n. – 1321 ◇ latin *interpres, etis* ▪ **1** VX ou LITTÉR. Personne qui explique, éclaircit le sens d'un texte. ➤ **commentateur, exégète.** — PAR ANAL. *Interprète des rêves, des signes, des présages.* ▪ **2** (1596) Personne qui donne oralement, dans une langue, l'équivalent de ce qui a été dit dans une autre, servant d'intermédiaire entre personnes parlant des langues différentes. ➤ VX **drogman, truchement.** *Interprète polyglotte. Interprète d'une conférence internationale. Interprètes et traducteurs*.* ▪ **3** Personne qui est chargée de faire connaître les sentiments, les volontés d'une autre. ➤ **intermédiaire, porte-parole.** *Se faire l'interprète de qqn auprès d'une autre personne. Soyez mon interprète auprès de lui.* ◆ (CHOSES) Ce qui fait connaître, exprime une chose cachée. *Le geste, interprète de la pensée. «Les yeux sont les interprètes du cœur»* PASCAL. ▪ **4** (1847) Personne qui assure l'interprétation d'un rôle, d'une œuvre. *Les interprètes d'une pièce.* ➤ **acteur.** *Un grand interprète de Mozart.* ➤ **artiste, musicien.** *Il est le compositeur et l'interprète de ses chansons.* ➤ **chanteur.**

INTERPRÉTER [ɛ̃tɛʀpʀete] v. tr. ⟨6⟩ – 1155 ◇ latin *interpretari* ▪ **1** Expliquer, rendre clair (ce qui est obscur dans un texte). ➤ **commenter, expliquer, gloser.** *Interpréter un document. Interpréter abusivement, tendancieusement un texte.* ➤ **solliciter.** — *Interpréter les rêves, les présages.* ▪ **2** TECHN. Traduire oralement en tant qu'interprète* (2°). *Interpréter l'entretien entre les deux chefs d'État.* ▪ **3** Donner un sens à (qqch.), tirer une signification de. ➤ **comprendre*, expliquer.** *Je ne sais comment interpréter sa conduite. Elle avait «interprété ce silence comme un aveu»* MARTIN DU GARD. *On a mal interprété mes intentions, mes remarques* (➤ **déformer, travestir**). ▪ **4** (1844) Jouer d'une manière personnelle. *Interpréter un rôle, un personnage.* ➤ **incarner.** *Interpréter un morceau au piano* (➤ **exécuter**), *une chanson* (➤ **chanter**). ▪ **5** INFORM. Traduire (une instruction) à l'aide d'un interpréteur. — *Langage interprété.*

INTERPRÉTEUR [ɛ̃tɛʀpʀetœʀ] n. m. – v. 1970 ◇ anglais *interpreter* ▪ INFORM. Dans un ordinateur, Programme qui traduit une à une, en langage binaire, au fur et à mesure de leur exécution, les instructions écrites en langage évolué (basic...). ➤ aussi **assembleur, compilateur.**

INTERPROFESSION [ɛ̃tɛʀpʀɔfesjɔ̃] n. f. – 1938 ◇ de *inter-* et *profession* ▪ Organisation d'acteurs économiques d'une même filière. ➤ **corporation.** *L'interprofession laitière.*

INTERPROFESSIONNEL, ELLE [ɛ̃tɛʀpʀɔfesjɔnɛl] adj. – 1932 ◇ de *inter-* et *professionnel* ▪ **1** Commun à plusieurs professions, à toutes les professions. *Salaire minimum interprofessionnel de croissance.* ➤ **S. M. I. C.** — *Exposition interprofessionnelle,* entre professionnels. *Rencontre interprofessionnelle.* ▪ **2** Qui concerne une interprofession. *Comité interprofessionnel.*

INTERPROVINCIAL, IALE, IAUX [ɛ̃tɛʀpʀɔvɛ̃sjal, jo] adj. – 1847 ◇ de *inter-* et *provincial* ▪ Qui concerne plusieurs provinces (en Belgique, au Canada). *Migration interprovinciale.*

INTERRACIAL, IALE, IAUX [ɛ̃tɛʀʀasjal, jo] adj. – 1927 ◇ de *inter-* et *racial* ▪ DIDACT. Qui se produit entre des personnes de races (III, 1°) différentes. *Mariage interracial.* ➤ **mixte.**

INTERRÉGIONAL, ALE, AUX [ɛ̃tɛʀʀeʒjɔnal, o] adj. – 1906 ◇ de *inter-* et *régional* ▪ Commun à plusieurs régions, qui concerne plusieurs régions. *Championnats interrégionaux.*

INTERRÈGNE [ɛ̃tɛʀʀɛɲ] n. m. – 1355 ◇ latin *interregnum* ▪ Temps qui s'écoule entre deux règnes ; intervalle pendant lequel un État est sans chef. — PLAIS. Intérim.

INTERROGATEUR, TRICE [ɛ̃teʀɔgatœʀ, tʀis] n. et adj. – 1549 ; «questionneur» 1530 ◇ bas latin *interrogator* ▪ **1** Personne qui fait subir une interrogation orale à un candidat. ➤ **examinateur.** ▪ **2** adj. (1867) Qui interroge. *Air, regard interrogateur.* ➤ **interrogatif.**

INTERROGATIF, IVE [ɛ̃teʀɔgatif, iv] adj. et n. – début XVe, au sens 2° ◇ bas latin *interrogativus* ▪ **1** (1761) Qui exprime, marque l'interrogation. ➤ **interrogateur.** *Accent, regard interrogatif.* ▪ **2** LING. Qui sert à interroger. *Adjectifs, pronoms, adverbes interrogatifs* (ex. quel, lequel, pourquoi). — n. m. *Un interrogatif :* un mot, un terme interrogatif. — n. f. Phrase interrogative. *Interrogative directe* (ex. Tu viens ?) ; *indirecte* (ex. Je demandais s'il venait). ▪ CONTR. Affirmatif, négatif.

INTERROGATION [ɛ̃teʀɔgasjɔ̃] n. f. – XIIIe ◇ latin *interrogatio* ▪ **1** Action de questionner, d'interroger (qqn). ➤ **demande, question.** *L'interrogation des témoins.* ◆ SPÉCIALT Question, ensemble de questions que l'on pose à un élève, à un candidat. *Interrogation écrite* (➤ 2 **devoir**), *orale* (➤ **colle**). ABRÉV. FAM. (1931) **INTERRO** [ɛ̃teʀo]. *Des interros.* ▪ **2** Type de phrase logiquement incomplète qui a pour objet de poser une question ou qui implique un doute. ➤ **interrogatif.** ◆ (1550) **POINT D'INTERROGATION :** signe de ponctuation (?) qui marque la fin de toute phrase d'interrogation directe. FIG. Chose incertaine. *Quant à l'avenir, c'est un point d'interrogation.* ▪ CONTR. Affirmation, assertion, négation.

INTERROGATIVEMENT [ɛ̃teʀɔgativmɑ̃] adv. – 1769 ◇ de *interrogatif* ▪ D'une manière interrogative, en interrogeant. ▪ CONTR. Affirmativement, négativement.

INTERROGATOIRE [ɛ̃teʀɔgatwaʀ] n. m. – 1327 ◇ bas latin *interrogatorius* ▪ Mode d'instruction d'une affaire par voie de questions posées aux parties par un magistrat commis à cet effet. *L'interrogatoire d'un témoin, d'un suspect. Procéder à plusieurs interrogatoires.* ➤ **contre-interrogatoire.** ◆ Suite de questions posées à qqn. *L'interrogatoire d'un malade. Subir un interrogatoire en règle.* PÉJ. *C'est un interrogatoire !*

INTERROGEABLE [ɛ̃teʀɔʒabl] adj. – XXe ◇ de *interroger* ▪ Susceptible d'être interrogé. *Répondeur téléphonique interrogeable à distance.*

INTERROGER [ɛ̃tɛʀɔʒe] **v. tr.** ⟨3⟩ – 1399 ; *interroguer* 1356 ◊ latin *interrogare* ▪ **1** Questionner (qqn), avec l'idée qu'il doit une réponse (cf. Presser* qqn de questions, mettre sur la sellette*). *Interroger un prévenu sur son emploi du temps.* ➤ FAM. **cuisiner ; interrogatoire.** *Interroger les témoins. Examinateur qui interroge un candidat.* — (Sans idée d'autorité ou d'obligation) *Interroger qqn pour obtenir des informations.* ➤ **s'enquérir, s'informer.** « *Un homme pose des questions d'élève ; il interroge sur ce qu'il ignore. Mais une femme pose des questions de maître* » LOUŸS. *Interroger qqn sur ses intentions.* ➤ **sonder.** *Interroger les consommateurs sur un produit.* ➤ **enquêter.** *Médecin qui interroge un patient sur ses antécédents.* ➤ **se renseigner.** *Interroger un personnage célèbre.* ➤ **interviewer.** *Interroger qqn du regard.* — PAR EXT. *Interroger son cœur, sa mémoire.* ➤ **consulter, fouiller.** « *Sais-tu que tu as une conscience qu'il te faut interroger ?* » MICHELET. ◆ (En incise) *Quels sont vos projets ? interrogea-t-il.* ◆ PRONOM. Se poser des questions. ➤ **descendre** (en soi-même). « *Je me suis épié [...] j'ai passé une vie entière à m'interroger* » SARTRE. *S'interroger sur l'attitude à adopter.* ◆ Chercher à obtenir des informations de (un système informatique), en donnant des instructions. *Interroger une base de données, un fichier.* ➤ **consulter.** ▪ **2** FIG. Examiner avec attention (une chose) pour y trouver une réponse aux questions qu'on se pose. *L'expérimentateur interroge les faits. Interroger l'horizon, le ciel.* ▪ CONTR. Répondre.

INTERROMPRE [ɛ̃tɛʀɔ̃pʀ] **v. tr.** ⟨41⟩ – 1501 ; *entrerompre* 1120 ◊ latin *interrumpere* ▪ **1** Rompre (qqch.) dans sa continuité. ➤ **briser, couper ; interruption.** *Interrompre un circuit électrique.* — (Dans le temps) ➤ **arrêter.** *Interrompre un entretien.* ➤ **cesser, suspendre** (cf. FAM. Mettre sur pause). « *Je n'eus pas à rompre un contact qu'il interrompit aussitôt* » COLETTE. *Interrompre ses études.* ➤ **abandonner.** *Interrompre un voyage.* ▪ **2** Empêcher (qqn) de continuer (ce qu'il est en train de faire). ➤ **déranger, troubler.** *Je l'ai interrompu dans son travail.* ▪ **3** Couper la parole à. *Interrompre un orateur. Ne m'interrompez pas tout le temps.* ➤ **couper.** ▪ **4 S'INTERROMPRE v. pron.** S'arrêter (de faire qqch.). *Sans s'interrompre.* — SPÉCIALT S'arrêter de parler. *S'interrompre au milieu d'une phrase.* ◆ Être interrompu. « *Toute conversation s'interrompait à mon approche* » MAURIAC. ▪ CONTR. Recommencer, reprendre.

INTERRONÉGATIF, IVE [ɛ̃tɛʀonegatif, iv] **adj.** – 1973 ◊ de *interro(gatif)* et *négatif* ▪ *Forme interronégative,* dans laquelle l'interrogation porte sur une phrase négative. *Phrase interronégative* (ex. N'est-il pas trop tard ?).

INTERRUPTEUR, TRICE [ɛ̃teʀyptœʀ, tʀis] **n.** – 1572 ◊ bas latin *interruptor*

I RARE Personne qui en interrompt une autre qui parle (➤ **contradicteur**).

II n. m. (1857) Dispositif permettant d'interrompre ou de rétablir le passage du courant électrique dans un circuit. ➤ **bouton** (électrique), **commutateur, disjoncteur, microcontact, rotacteur, va-et-vient.**

INTERRUPTIF, IVE [ɛ̃teʀyptif, iv] **adj.** – 1875 ◊ de *interruption* ▪ DR. Qui produit l'interruption.

INTERRUPTION [ɛ̃teʀypsjɔ̃] **n. f.** – XIVe ◊ latin impérial *interruptio* ▪ **1** Action d'interrompre ; état de ce qui est interrompu. ➤ **arrêt, cessation, discontinuation** (cf. Solution* de continuité). *Interruption d'un travail.* ➤ **pause, suspension.** *Interruption des communications, du courant.* ➤ **coupure,** 2 **panne.** *Interruption momentanée de l'image. Interruption dans un spectacle* (➤ **entracte**). *Sans interruption :* sans arrêt, d'affilée. ➤ **consécutivement.** *Travailler sans interruption. Se succéder sans interruption.* — LOC. *Interruption volontaire de grossesse (I. V. G.).* ➤ **avortement.** — DR. Arrêt du cours de la prescription. — INFORM. Suspension momentanée et volontaire du déroulement d'un programme. ◆ Moment pendant lequel qqch. est interrompu. *Une courte interruption.* ▪ **2** (XVIIe) Action d'interrompre une personne qui parle ; paroles qui interrompent. *Vives interruptions sur les bancs de l'opposition.* ▪ CONTR. Reprise, rétablissement. Continuation.

INTERSAISON [ɛ̃tɛʀsɛzɔ̃] **n. f.** – 1934 ◊ de *inter-* et *saison* ▪ Espace de temps entre deux saisons sportives, touristiques, etc. *Magasin qui solde pendant l'intersaison.*

INTERSECTÉ, ÉE [ɛ̃tɛʀsɛkte] **adj.** – v. 1900 ◊ du radical de *intersection* ▪ DIDACT. Entrelacé. *Arcs intersectés.* — GÉOM. *Plan intersecté.*

INTERSECTION [ɛ̃tɛʀsɛksjɔ̃] **n. f.** – 1640 ; « interruption » 1390 ◊ latin *intersectio,* de *secare* « couper » ▪ **1** Rencontre, lieu de rencontre de deux lignes, de deux surfaces ou de deux volumes qui se coupent. *Point d'intersection. Intersection de deux plans. Intersection d'arcs.* ▪ **2** Disposition de deux lignes, bandes, objets longilignes qui se croisent. ➤ **croisement.** *Intersection de deux rues, de deux voies ferrées.* ▪ **3** MATH. *Intersection de deux ensembles A et B :* ensemble des éléments appartenant à la fois à A et à B (notée $A \cap B$ et lue *A inter B* ; opposé à *réunion*).

INTERSESSION [ɛ̃tɛʀsesjɔ̃] **n. f.** – 1877 ◊ de *inter-* et *session* ▪ Temps qui sépare deux sessions consécutives (d'une assemblée). *L'intersession parlementaire.* ▪ HOM. Intercession.

INTERSEXE [ɛ̃tɛʀsɛks] **n. et adj.** – 1915, zool. ◊ de *inter-* et *sexe* ▪ DIDACT. **n. m.** État d'une personne intersexuée (cf. Sexe neutre*, troisième sexe*). ◆ **n.** Cette personne. *Un, une intersexe.* — **adj.** *Enfants intersexes.*

INTERSEXUALITÉ [ɛ̃tɛʀsɛksɥalite] **n. f.** – 1921 ◊ de *inter-* et *sexualité* ▪ BIOL. ▪ **1** Caractère d'un individu qui change de sexe au cours de sa vie. ▪ **2** État d'un individu qui présente des caractères sexuels ne permettant pas de déterminer le sexe ; ambiguïté sexuelle. ◆ SPÉCIALT (génét. humaine) ➤ **hermaphrodisme.** « *Les situations d'intersexualité sont des variantes du développement sexuel, pas des maladies* » M. WINCKLER.

INTERSEXUÉ, ÉE [ɛ̃tɛʀsɛksɥe] **n. et adj.** – 1915 ◊ de *inter-* et *sexué* ▪ BIOL. ▪ **1** Individu présentant des caractères sexuels intermédiaires ou un mélange des caractères mâles et femelles. ◆ SPÉCIALT Individu dont les caractères sexuels ne permettent pas de déterminer le sexe. ➤ **androgyne, hermaphrodite, intersexe.** — **adj.** « *je pense qu'il n'est pas scandaleux d'attendre la puberté pour laisser les enfants intersexués exprimer ce qu'ils veulent faire de leur corps* » M. WINCKLER. ▪ **2 adj.** *État intersexué.* ➤ **intersexualité** (2°). — On dit aussi **INTERSEXUEL, ELLE,** 1904.

INTERSIDÉRAL, ALE, AUX [ɛ̃tɛʀsideʀal, o] **adj.** – 1880 ◊ de *inter-* et *sidéral* ▪ Qui est situé, compris entre les étoiles. *Les espaces intersidéraux.* ➤ **interplanétaire, interstellaire.**

INTERSIGNE [ɛ̃tɛʀsiɲ] **n. m.** – 1835 ; ancien français *entreseigne* ◊ latin médiéval *intersignum* ▪ Relation mystérieuse apparaissant (par télépathie, seconde vue) entre deux faits.

INTERSPÉCIFIQUE [ɛ̃tɛʀspesifik] **adj.** – milieu XXe ◊ de *inter-* et *spécifique* ▪ BIOL. Qui concerne deux espèces différentes et leurs relations. *Croisements interspécifiques.*

INTERSTELLAIRE [ɛ̃tɛʀsteleʀ] **adj.** – 1803 ◊ de *inter-* et *stellaire* ▪ Situé, compris entre les étoiles. *Les espaces interstellaires.* ➤ **intersidéral.** ASTRON. *Matière interstellaire :* matière extrêmement diffuse existant dans l'espace interstellaire de notre galaxie.

INTERSTICE [ɛ̃tɛʀstis] **n. m.** – XVIe ; *intertisse* « intervalle de temps » 1495 ◊ latin *interstitium* ▪ Très petit espace vide (entre les parties d'un corps ou entre différents corps). ➤ **hiatus, intervalle.** *Les interstices d'un plancher, d'un pavage.* ➤ **fente.** « *Le pâle petit jour du matin [...] filtra dans la chambre par les interstices des rideaux* » VILLIERS.

INTERSTITIEL, IELLE [ɛ̃tɛʀstisjɛl] **adj.** – 1832 ◊ de *interstice* ▪ **1** ANAT. Qui est situé dans les interstices (d'un tissu). *Cellule interstitielle, liquide interstitiel.* — MÉD. Qui atteint le tissu conjonctif de soutien d'une structure, d'un organe. *Inflammation, pneumonie interstitielle.* ▪ **2** *Publicité interstitielle :* écran publicitaire apparaissant entre deux pages web sans intervention de l'internaute.

INTERSUBJECTIF, IVE [ɛ̃tɛʀsybʒɛktif, iv] **adj.** – 1931 ◊ de *inter-* et *subjectif* ▪ PHILOS. Qui se produit entre deux sujets humains. *Communication intersubjective.*

INTERSUBJECTIVITÉ [ɛ̃tɛʀsybʒɛktivite] **n. f.** – 1931 ◊ de *inter-* et *subjectivité* ▪ PHILOS. Situation de communication entre deux sujets. *Une subjectivité révélée « à elle-même et à autrui, est à ce titre [...] une intersubjectivité »* MERLEAU-PONTY.

INTERSYNDICAL, ALE, AUX [ɛ̃tɛʀsɛ̃dikal, o] **adj. et n. f.** – 1913 ◊ de *inter-* et *syndical* ▪ Qui concerne, réunit plusieurs syndicats. — **n. f.** *Une intersyndicale :* réunion groupant des délégués de plusieurs centrales syndicales.

INTERTEXTUALITÉ [ɛ̃tɛʀtɛkstɥalite] **n. f.** – 1967, Kristeva ◊ de *inter-* et *textuel* ▪ DIDACT. Ensemble des relations existant entre un texte (notamment littéraire) et un ou plusieurs autres avec lesquels le lecteur établit des rapprochements. *Intertextualité entre les fables de La Fontaine et celles d'Ésope.* — **adj. INTERTEXTUEL, ELLE.**

INTERTIDAL, ALE, AUX [ɛ̃tɛʀtidal, o] **adj.** – 1921 ◊ anglais *intertidal,* de *tide* « marée » ▪ DIDACT. *Zone intertidale :* zone d'oscillation de la marée. ➤ **estran ; intercotidal.**

INTERTITRE [ɛ̃tɛʀtitʀ] **n. m.** – 1955 ◊ de *inter-* et *titre* ■ JOURNAL. Titre de paragraphe ou d'ensemble de paragraphes. ♦ CIN. Texte inséré entre les plans ou les séquences filmés. *Les intertitres des films muets.*

INTERTRIGO [ɛ̃tɛʀtʀigo] **n. m.** – 1798 ◊ mot latin, radical *tritum*, de *terere* « frotter » ■ MÉD. Inflammation de la peau au niveau des plis. *Des intertrigos.*

INTERTROPICAL, ALE, AUX [ɛ̃tɛʀtʀɔpikal, o] **adj.** – 1802 ◊ de *inter-* et *tropical* ■ Qui est, se rencontre entre les tropiques. *Zone intertropicale. Végétation intertropicale.*

INTERURBAIN, AINE [ɛ̃tɛʀyʀbɛ̃, ɛn] **adj.** et **n. m.** – 1887 ◊ de *inter-* et *urbain* ■ **1** VIEILLI Qui assure les communications téléphoniques entre deux ou plusieurs villes. — **n. m.** (1920) **L'INTERURBAIN** : le service téléphonique interurbain. ➤ 1 **inter.** ♦ **(Canada)** *Appel interurbain* ou **n. m.** *un interurbain* : appel longue distance. *Interurbains internationaux.* ■ **2** Qui relie plusieurs villes. *Transport interurbain.*

INTERVALLE [ɛ̃tɛʀval] **n. m.** – XIIIe ; *entreval* XIIe ◊ latin *intervallum* ■ **1** Distance d'un point à un autre, d'un objet à un autre. *Un étroit intervalle entre deux murs.* ➤ 1 **espace.** *Diminuer, maintenir, augmenter l'intervalle.* ➤ 1 **écart, éloignement.** *Arbres plantés à cinq mètres d'intervalle,* tous les cinq mètres. *Dans l'intervalle de :* entre. ♦ **loc. adv. PAR INTERVALLE(S) :** de loin en loin. « *Quelques tombeaux par intervalle Nous avertissaient de la mort* » LAMARTINE. ■ **2** (1629) MUS. Écart entre deux sons, mesuré par le rapport de leurs fréquences. *Intervalle consonant ou dissonant. Intervalle de seconde, de tierce. Un intervalle de septième diminuée. Renversement d'un intervalle. Les intervalles d'un accord*.* ■ **3** Espace de temps qui sépare deux époques, deux dates, deux faits. *Un intervalle d'une heure.* ➤ **battement.** *À intervalles égaux, réguliers, rapprochés. Longs, brefs intervalles entre des phénomènes. Intervalle entre deux sessions parlementaires* (➤ **intersession**), *deux saisons sportives* (➤ **intersaison**), *deux cours* (➤ **interclasse ;** RÉGION. **fourche**). *Dans l'intervalle.* ➤ **entre-temps.** *Durant, pendant cet intervalle. À deux jours d'intervalle.* **loc. adv. PAR INTERVALLES :** de temps à autre (cf. Par intermittence, par moments). « *On entendait par intervalles clapoter l'eau* » MARTIN DU GARD. ■ **4** MATH. Ensemble des nombres compris entre deux nombres donnés. *Intervalle fermé* (⟦a, b⟧), *ouvert* (⟧a, b⟦), incluant ou n'incluant pas ces deux nombres. *Intervalle ouvert à gauche, fermé à droite* (⟧a, b⟧), excluant *a* et incluant *b*.

INTERVENANT, ANTE [ɛ̃tɛʀvənɑ̃, ɑ̃t] **adj.** et **n.** – 1606 ◊ de *intervenir* ■ **1** DR. Qui intervient dans une instance, un procès. — **n.** *Un(e) intervenant(e).* ■ **2** **n.** COUR. Personne qui prend la parole au cours d'un débat, d'une discussion. *Les intervenants se présentent.* — Personne qui intervient dans un secteur, un processus. *Les intervenants extérieurs.*

INTERVENIR [ɛ̃tɛʀvəniʀ] **v. intr.** ‹22› – 1363 ; *entrevenir* 1155 ◊ latin *intervenire* ■ **1** DR. Arriver, se produire au cours d'un procès. *Une ordonnance est intervenue.* — PAR EXT. *Un accord est intervenu entre la direction et les grévistes.* ■ **2** Prendre part à une action, à une affaire en cours, dans l'intention d'influer sur son déroulement. *Intervenir dans un procès* (➤ 1 **déposer**), *un débat. Intervenir dans les affaires d'autrui.* ➤ **s'entremettre, s'immiscer, s'ingérer,** se **mêler.** *Il est intervenu en votre faveur.* ➤ **agir, intercéder.** *Intervenir auprès de qqn.* ♦ ABSOLT *Demander à un personnage influent d'intervenir.* — Entrer en action. *La police est prête à intervenir.* « *ce n'est pas la raison qui empêcha Napoléon III d'intervenir en Allemagne* » BAINVILLE. — MÉD. Pratiquer une intervention. ➤ **opérer.** ■ **3** (CHOSES) Agir, jouer un rôle. *Circonstances, facteurs qui interviennent dans... Acte où la volonté n'intervient pas.* ♦ (v. 1960) ABUSIVEMENT Arriver, avoir lieu, se produire. *Des changements sont intervenus en votre absence.* ■ CONTR. Abstenir (s').

INTERVENTION [ɛ̃tɛʀvɑ̃sjɔ̃] **n. f.** – 1322 ◊ latin juridique *interventio* ■ **1** DR. Acte par lequel un tiers, qui n'était pas originairement partie dans une contestation judiciaire, s'y présente pour y prendre part. *Intervention en première instance, en appel. Former une demande en intervention.* ■ **2** COUR. Action d'intervenir (par la parole ou par l'action). *Intervention d'un orateur dans un débat. Intervention d'un personnage politique à la télévision. Intervention en faveur de qqn.* ➤ **entremise, intercession.** *Offrir, proposer son intervention.* ➤ **médiation, ministère, office** (bons offices), **service.** *Je compte sur votre bienveillante intervention.* ➤ 1 **aide, appui, concours.** — *Intervention de l'État dans le domaine économique. Intervention énergique, rapide, de la police.* ➤ 1 **action.** *Brigade de recherche et d'intervention* (**BRI**). ➤ **antigang.** ♦ SPÉCIALT Acte d'ingérence d'un État dans les affaires d'un autre. ➤ **immixtion, intrusion.** *Pays qui demande l'intervention d'un allié. Politique d'intervention,* qui consiste à intervenir dans les affaires d'un pays étranger. ➤ **interventionnisme.** *Forces d'intervention de l'ONU.* ➤ **interposition.** *Intervention militaire.* « *Sa conquête* [de César] *avait commencé par ce que nous appellerions une intervention armée* » BAINVILLE. ■ **3** (v. 1900) Recours à un traitement énergique. *Intervention chirurgicale.* ➤ **opération.** ■ **4** Action, rôle (de qqch.). « *l'intervention dans notre vie de l'invisible et de l'infini* » MAUROIS. ■ CONTR. Abstention, neutralité, non-intervention.

INTERVENTIONNISME [ɛ̃tɛʀvɑ̃sjɔnism] **n. m.** – 1897 ◊ de *intervention* ■ ÉCON., POLIT. Doctrine préconisant l'intervention de l'État dans le domaine économique (➤ **dirigisme, étatisme**), ou d'une nation dans un conflit entre d'autres pays. ■ CONTR. Neutralisme.

INTERVENTIONNISTE [ɛ̃tɛʀvɑ̃sjɔnist] **adj.** et **n.** – 1837 ◊ de *intervention* ■ **1** ÉCON., POLIT. Favorable à l'intervention (dans le domaine économique ou international). *Politique interventionniste.* **n.** *Les interventionnistes.* ■ **2** Favorable à l'intervention (dans n'importe quel domaine). *Une attitude interventionniste.* ■ CONTR. Neutraliste, non-interventionniste.

INTERVERSION [ɛ̃tɛʀvɛʀsjɔ̃] **n. f.** – 1507 ◊ bas latin *interversio* ■ Dérangement, renversement de l'ordre naturel, habituel ou logique. ➤ **inversion, permutation.** *L'interversion des facteurs d'une multiplication. Interversion des mots dans une phrase.* ➤ **transposition.** *Interversion de syllabes dans un mot* (➤ **verlan**), *dans un groupe de mots* (➤ **contrepèterie**). ♦ DR. *Interversion de titre :* modification du titre en vertu duquel sont exercés des actes de possession.

INTERVERTÉBRAL, ALE, AUX [ɛ̃tɛʀvɛʀtebʀal, o] **adj.** – 1765 *inter-vertébraux* ◊ de *inter-* et *vertébral* ■ Qui se trouve entre deux vertèbres. *Disque intervertébral.*

INTERVERTIR [ɛ̃tɛʀvɛʀtiʀ] **v. tr.** ‹2› – 1507 ◊ latin *intervertere* ■ Déplacer (les éléments d'un tout, d'une série) en renversant l'ordre primitif. ➤ **changer, inverser, permuter.** « *on voit les résultats avant de voir les causes, et la suite logique des faits est singulièrement intervertie* » GAUTIER. — *Intervertir les rôles :* prendre envers une autre personne l'attitude qui normalement lui est réservée. ➤ **inverser, renverser.** *N'intervertissez pas les rôles : c'est vous qui êtes demandeur.*

INTERVIEW [ɛ̃tɛʀvju] **n. f.** – 1891 ◊ mot anglais, du français *entrevue* ■ ANGLIC. Entrevue* au cours de laquelle un journaliste (➤ **intervieweur**) interroge une personne sur sa vie, ses projets, ses opinions, dans l'intention de publier une relation de l'entretien*. *Demander, accorder une interview.* ♦ PAR EXT. Article qui rapporte le dialogue entre les deux interlocuteurs. *Les « Interviews imaginaires », de Gide.*

INTERVIEWER [ɛ̃tɛʀvjuve] **v. tr.** ‹1› – 1883 ◊ de *interview* ■ Soumettre (qqn) à une interview. *Interviewer un personnage politique.* — *Les personnalités interviewées.*

INTERVIEWEUR, EUSE [ɛ̃tɛʀvjuvœʀ, øz] **n.** – 1963 ; *interviewer* 1881 ◊ de *interview* ■ Journaliste, reporteur spécialisé dans les interviews. — On écrit aussi *interviewer* au masculin. « *Le rôle d'un interviewer, c'est de forcer l'intimité* » GIDE.

INTERVOCALIQUE [ɛ̃tɛʀvɔkalik] **adj.** – 1895 ◊ de *inter-* et *vocalique* ■ PHONÉT. Placé entre deux voyelles. *Chute d'une consonne intervocalique.*

INTERZONES [ɛ̃tɛʀzon] **adj.** /INTERZONE/ – 1926 ◊ de *inter-* et *zone* ■ Commun à plusieurs zones. — SPORT *La finale interzones de la coupe Davis.*

INTESTAT [ɛ̃tɛsta] **adj. inv.** et **n.** – XIIIe ◊ latin *intestatus* ■ DR. Qui n'a pas fait de testament. *Elle est morte intestat* (➤ **aussi ab intestat**). — **n.** *Les intestats.*

1 **INTESTIN, INE** [ɛ̃tɛstɛ̃, in] **adj.** – 1355 ◊ latin *intestinus* ■ **1** VX Qui se trouve ou se produit à l'intérieur d'une chose, d'un corps. ■ **2** FIG. et LITTÉR. Qui se passe à l'intérieur d'un groupe social. ➤ **intérieur.** *Guerre intestine.* ➤ **civil.** « *nous étions divisés par nos querelles intestines* » SARTRE.

2 **INTESTIN** [ɛ̃tɛstɛ̃] **n. m.** – XIVe au plur. ◊ latin *intestina* « entrailles », plur. de *intestinum* → 1 intestin ■ Viscère abdominal, partie du tube digestif qui fait suite à l'estomac. *L'intestin* ou *les intestins.* ➤ **entrailles.** *L'intestin grêle* (➤ **duodénum, iléon, jéjunum**) *et le gros intestin* (➤ **cæcum, côlon, rectum**). *Mouvements péristaltiques* de l'intestin. Transformation chimique et absorption des aliments au niveau de l'intestin* (➤ **chyle ; digestion**). *Formation du bol fécal dans le gros intestin. Inflammations, maladies de l'intestin.* ➤ **colite, entéralgie, entérite, entérocolite, gastroentérite, iléus, occlusion, péritonite, rectoco-**

lite, volvulus. *Maladies inflammatoires chroniques de l'intestin (MICI). Troubles de l'intestin.* ➤ 1 **colique, constipation, diarrhée, flatulence, flatuosité, gargouillement, tympanisme.** *Avoir l'intestin, les intestins fragiles* (cf. Avoir mal au ventre*). *Parasites de l'intestin* (ascaride, colibacille, oxyure, ténia). ◆ *Intestin comestible des animaux de boucherie.* ➤ **boyau, crépine,** 2 **fraise, tripe.**

INTESTINAL, ALE, AUX [ɛ̃tɛstinal, o] **adj.** – 1495 ◇ de 2 *intestin* ■ Qui a rapport aux intestins. ➤ **cœliaque, entérique ; entér(o)-.** *Suc intestinal. Muqueuse intestinale. Gaz intestinaux.* — *Occlusion, perforation intestinale. Vers intestinaux* (cestodes, helminthes, nématodes).

INTI [inti] **n. m.** – 1985 ◇ mot quéchua «soleil» ■ Ancienne unité monétaire du Pérou. *Des intis.*

INTIFADA [intifada] **n. f.** – 1985 ◇ mot arabe «soulèvement» ■ POLIT. Lutte menée à jets de pierres par les jeunes Palestiniens contre les Israéliens, dans les territoires occupés par Israël (cf. Guerre* des pierres).

INTIMATION [ɛ̃timasjɔ̃] **n. f.** – 1320 ◇ latin juridique *intimatio* → intimer ■ DR. Acte par lequel l'appelant intime la partie adverse. ➤ **assignation** (en appel). — COUR. Mise en demeure. ➤ **injonction,** 1 **sommation.**

INTIME [ɛ̃tim] **adj.** – 1390 ◇ latin *intimus,* superlatif de *interior* «intérieur» ■ **1** LITTÉR. Qui est contenu au plus profond d'un être. ➤ **intérieur.** *La partie la plus intime* (➤ **profond**) *de notre être.* «*la structure intime des choses*» BUFFON. *Sens intime.* ➤ **conscience.** *Avoir la conviction, le sentiment intime de qqch.* ■ **2** Qui lie étroitement, par ce qu'il y a de plus profond. *Mélange intime.* — FIG. *Union, liaison intime.* ➤ **étroit.** *Avoir des relations intimes avec une personne,* être très étroitement lié avec elle ; SPÉCIALT avoir avec elle des rapports sexuels. ◆ (1377) (PERSONNES) Très uni. *Être intime avec qqn. Ils sont très intimes* (cf. FAM. Comme cul* et chemise ; comme les doigts* de la main ; à tu* et à toi). *Ami intime.* — **n. UN, UNE INTIME.** ➤ **ami, confident, familier.** *Discuter entre intimes,* en petit comité. — LOC. *Pour les intimes,* qualifie une appellation réservée aux intimes. «*un certain Chépilov, Dimitri pour les intimes*» D. RONDEAU. ■ **3** Qui est tout à fait privé et généralement tenu caché aux autres. *Vie intime,* celle que les autres ignorent. ➤ **personnel, privé,** 1 **secret.** «*Je respecte la vie intime de mes voisins*» NERVAL. — *Confidences, écrits intimes. Journal intime. Poésie, genre intime.* ➤ **intimisme.** ◆ SPÉCIALT Qui concerne les parties génitales. *Toilette intime.* ■ **4** (1806) Qui réunit des intimes. *Repas, fête intime.* — Qui crée, favorise ou évoque l'intimité. *Un endroit, un coin intime.* ■ CONTR. 1 Extérieur. Superficiel. Public. 1 Froid.

INTIMÉ, ÉE [ɛ̃time] **adj.** et **n.** – 1412 ◇ de *intimer* ■ DR. Assigné en justice. — **n.** Partie contre laquelle a été engagée la procédure d'appel d'un jugement de première instance. ➤ **défendeur** (en appel). *L'Intimé, personnage des «Plaideurs» de Racine.* ■ CONTR. Appelant.

INTIMEMENT [ɛ̃timmɑ̃] **adv.** – 1406 ◇ de *intime* ■ **1** Très profondément. *J'en suis intimement persuadé.* ■ **2** Étroitement. *Le piquant était «d'avoir intimement mêlé aux choses de l'amour les pouvoirs déformants de la poésie»* HENRIOT. ■ **3** D'une façon très amicale. *Être intimement lié avec qqn.* ■ **4** LITTÉR. D'une manière qui implique l'intimité, les relations personnelles étroites. «*il se fût fait comprendre, s'il avait réussi à leur parler intimement*» R. ROLLAND.

INTIMER [ɛ̃time] **v. tr.** ⟨1⟩ – 1332 ◇ latin juridique *intimare* ■ **1** DR. Citer, assigner (qqn) devant une juridiction supérieure. ■ **2** DR. Signifier légalement. — COUR. Signifier (qqch. à qqn) avec autorité. ➤ **notifier.** «*Il m'intime, avec l'index, l'ordre de rester immobile*» DUHAMEL.

INTIMIDABLE [ɛ̃timidabl] **adj.** – 1845 ◇ de *intimider* ■ RARE Qu'on peut intimider. *Il est difficilement intimidable.*

INTIMIDANT, ANTE [ɛ̃timidɑ̃, ɑ̃t] **adj.** – 1867 ; autre sens fin XVIe ◇ de *intimider* ■ Qui intimide, trouble. ➤ RÉGION. **gênant.** *Examinateur intimidant.*

INTIMIDATEUR, TRICE [ɛ̃timidatœʀ, tʀis] **adj.** – avant 1836 ◇ de *intimider* ■ RARE Propre à intimider, à effrayer (un adversaire). *Paroles intimidatrices* (➤ **menace**).

INTIMIDATION [ɛ̃timidasjɔ̃] **n. f.** – 1552 ◇ de *intimider* ■ Action d'intimider (1°) volontairement ; son résultat. ➤ **menace, pression.** *User de l'intimidation. Manœuvres d'intimidation.* ➤ **bluff, chantage.** *Ils sont «d'avis que l'autorité repose sur l'intimidation»* DUHAMEL.

INTIMIDER [ɛ̃timide] **v. tr.** ⟨1⟩ – 1515 ◇ latin médiéval *intimidare,* de *timidus* → timide ■ **1** Remplir (qqn) de peur, en imposant sa force, son autorité. ➤ **effrayer, terroriser.** *Chercher à intimider qqn par des menaces, par la fermeté de son attitude. Se laisser intimider. Manœuvres pour intimider l'adversaire.* ➤ **bluffer.** ■ **2** (1662) PLUS COUR. sens faible Remplir de timidité, de trouble, de confusion. ➤ **effaroucher, gêner, impressionner, troubler.** *Examinateur qui intimide les candidats.* ➤ **glacer, inhiber, paralyser.** «*Baudelaire, grand nerveux, était intimidé par les femmes*» HENRIOT. — *Acteur intimidé devant le public. Elle a l'air intimidée.* ➤ RÉGION. **gêné.** ■ CONTR. Encourager, enhardir, rassurer. Décontracter, désinhiber.

INTIMISME [ɛ̃timism] **n. m.** – 1905 ◇ de *intimiste* ■ LITTÉR. École, manière intimiste (en peinture, littérature...).

INTIMISTE [ɛ̃timist] **n.** et **adj.** – 1881 ◇ de *intime* ■ LITTÉR. ■ **1** Peintre de scènes d'intérieur. — **adj.** *Peintre intimiste.* ■ **2** Poète, écrivain qui prend pour sujet des sentiments délicats, intimes. — **adj.** *Mouvement intimiste.* PAR EXT. *Atmosphère intimiste d'un film.*

INTIMITÉ [ɛ̃timite] **n. f.** – 1684 ◇ de *intime* ■ **1** LITTÉR. Caractère intime, intérieur et profond ; ce qui est intérieur et secret. *Dans l'intimité de la conscience.* ■ **2** Liaison, relations étroites et familières. ➤ **familiarité,** 1 **union.** *Intimité entre deux amis.* «*ce désir du contact, du coudoiement, de l'intimité qui sommeille en tout cœur*» MAUPASSANT. *Vivre dans l'intimité, dans la plus grande intimité avec qqn. Intimité conjugale.* ■ **3** La vie intime, privée. *Préserver son intimité.* — ABSOLT *Dans l'intimité :* dans le privé, dans les relations avec des intimes. «*Dans l'intimité, madame, toutes les femmes ont de l'esprit*» BALZAC. — *Le mariage aura lieu dans la plus stricte intimité,* en présence des seuls intimes. ■ **4** Agrément, confort (d'un endroit intime). «*l'intimité d'un petit appartement parisien*» COLETTE. ■ CONTR. Extériorité. Public (en).

INTITULÉ [ɛ̃tityle] **n. m.** – 1694 ◇ p. p. subst. de *intituler* ■ DIDACT. Titre (d'un livre, d'un chapitre). ◆ DR. Formule en tête d'une loi, d'un acte. *Intitulé d'inventaire.*

INTITULER [ɛ̃tityle] **v. tr.** ⟨1⟩ – *entituler* 1265 ◇ bas latin *intitulare* ■ Donner un titre à. *Comment a-t-il intitulé son livre ?* ◆ PRONOM. *S'intituler :* avoir pour titre. *Ouvrage qui s'intitule : «Mémoires de guerre».* — Se donner le titre, le nom de. «*les rois d'Orient qui s'intitulaient cousins du soleil*» VOLTAIRE.

INTOLÉRABLE [ɛ̃tɔleʀabl] **adj.** – 1265 ◇ latin *intolerabilis* ■ **1** Qu'on ne peut tolérer, supporter. ➤ **insupportable.** *Douleur intolérable.* ➤ **aigu, insoutenable.** *Chaleur intolérable.* ➤ **accablant, infernal.** «*L'existence serait intolérable si l'on ne rêvait jamais*» FRANCE. ■ **2** Qu'on ne peut admettre. ➤ **inadmissible.** *Pratique intolérable.* IMPERS. *Il est «intolérable qu'un seul homme tyrannise une masse»* SAINT-EXUPÉRY. ■ CONTR. Supportable, tolérable.

INTOLÉRANCE [ɛ̃tɔleʀɑ̃s] **n. f.** – 1596 ◇ de 1 *in-* et *tolérance* ■ **1** VX THÉOL. Disposition hostile à la tolérance (ecclésiastique ou civile). ◆ MOD. Absence de tolérance (religieuse, politique, etc.) ; refus de la liberté d'opinion d'autrui. ➤ **fanatisme.** «*Intolérance, vertu des tueurs et des tortionnaires*» C. M. CLUNY. ■ **2** Tendance à ne pas supporter, à condamner ce qui déplaît dans les opinions ou la conduite d'autrui. ➤ **étroitesse** (d'esprit), **intransigeance, sectarisme.** *Cet «esprit d'intolérance et d'exclusion, qui fait que l'on ne se contente jamais de la liberté pour soi, si l'on n'opprime en même temps celle des autres»* RENAN. ■ **3** MÉD. Réaction anormalement forte de l'organisme (à un médicament, à un agent physique ou chimique). *Intolérance innée* (➤ **idiosyncrasie**), *acquise* (➤ **sensibilisation**). *Intolérance d'un malade aux antibiotiques.* ➤ **allergie.** *Intolérance au gluten.* ■ CONTR. Tolérance. Compréhension, indulgence. Accoutumance.

INTOLÉRANT, ANTE [ɛ̃tɔleʀɑ̃, ɑ̃t] **adj.** – 1612 ◇ de 1 *in-* et *tolérant* ■ **1** Qui fait preuve d'intolérance, manifeste de l'intolérance. *Monarques intolérants. Religion intolérante. Être intolérant envers, avec qqn.* **n.** «*les maximes des intolérants*» VOLTAIRE. ➤ **fanatique.** ■ **2** Sans indulgence ni compréhension. ➤ **étroit, intransigeant, sectaire.** *Esprit intolérant.* — RARE Qui ne supporte pas. *Enfant intolérant à la frustration.* ■ **3** MÉD. Qui manifeste une intolérance vis-à-vis d'une substance, d'un aliment, d'un médicament. ■ CONTR. Tolérant. Compréhensif, large (d'esprit).

INTONATION [ɛ̃tɔnasjɔ̃] **n. f.** – 1372 ◇ du latin *intonare* «faire retentir» ■ **1** Hauteur à laquelle est joué ou chanté un son. *Intonation fausse, juste.* — LITURG. Partie initiale de la psalmodie dans le chant grégorien. PAR EXT. Action d'entonner. *Intonation d'un cantique.* ■ **2** Ton que l'on prend en parlant, en lisant. ➤ **accent, inflexion.** *Influence des émotions sur l'intonation. Une voix aux intonations tendres.* ▪ **3** LING. Place attribuée au ton ou accent de hauteur.

INTOUCHABLE [ɛ̃tuʃabl] **adj.** et **n.** – 1560 ◇ de 1*in-* et 1*toucher* ▪ **1** VX Qu'on ne peut toucher. ➤ **intangible.** ▪ **2** MOD. Qu'on ne doit pas toucher. ♦ FIG. Qui ne peut être l'objet d'aucun blâme, d'aucune sanction. *Personnage intouchable,* hors d'atteinte, protégé. ➤ **invulnérable ;** FAM. **indéboulonnable.** *Œuvre intouchable.* ➤ **sacro-saint.** ▪ **3 n.** (1911) En Inde, Personne hors caste, considérée comme impure, dans l'ancien système social hiérarchique. ➤ **paria.**

INTOUCHÉ, ÉE [ɛ̃tuʃe] **adj.** – XVIe ◇ de 1*in-* et 1*toucher* ▪ LITTÉR. À quoi l'on n'a pas touché. — FIG. « *L'image de mon père, son action, son souvenir, sa légende devaient rester intouchés* » F. GIROUD. ➤ **intact.**

INTOXICATION [ɛ̃tɔksikasjɔ̃] **n. f.** – 1837 ; « poison » 1408 ◇ latin médiéval *intoxicatio* → intoxiquer ▪ **1** Action nocive qu'exerce une substance toxique (poison) sur l'organisme ; ensemble des troubles qui en résultent. ➤ **empoisonnement.** *Intoxication intestinale. Intoxication alimentaire.* ➤ **toxi-infection.** *Intoxication par les stupéfiants.* ➤ **toxicomanie.** *Intoxications endogènes* (➤ **toxicose**), *exogènes. Intoxication par l'oxyde de carbone.* ➤ **asphyxie.** *Intoxications industrielles et professionnelles* (ex. benzolisme, bromisme, saturnisme). ▪ **2** (v. 1960) FIG. Action insidieuse sur les esprits, tendant à accréditer certaines opinions, à démoraliser, à affaiblir le sens critique. ➤ **désinformation, matraquage.** *L'intoxication par l'action psychologique* (➤ **conditionnement**), *par la propagande politique* (➤ **endoctrinement**). « *un univers exempt d'intoxications célestes* [...] *un univers sans croix ni foi* » CIORAN. ABRÉV. FAM. (1966) **INTOX** [ɛ̃tɔks]. *C'est de l'intox !* ▪ CONTR. Désintoxication.

INTOXIQUER [ɛ̃tɔksike] **v. tr.** ⟨1⟩ – 1823 ; *entosiquier* 1450 ◇ latin médiéval *intoxicare,* de *toxicum* → toxique ▪ **1** Provoquer une intoxication chez (un être vivant). ➤ **empoisonner.** *Il a été intoxiqué par des champignons.* — PRONOM. « *elle avait tort de tant fumer : elle s'intoxiquait !* » MAURIAC. — **p. p. adj.** *Elle est intoxiquée.* **n.** *Un intoxiqué.* ➤ **toxicomane.** ♦ (1903) FIG. « *des jeunes femmes intoxiquées de littérature* » MAUROIS. ▪ **2** (1962) Influencer par la propagande, les méthodes d'intoxication. *La publicité nous intoxique.* ▪ CONTR. Désintoxiquer.

INTRA- ▪ Élément, du latin *intra* « à l'intérieur de ». ▪ CONTR. 1 Extra-.

INTRA-ATOMIQUE [ɛ̃traatɔmik] **adj.** /INTRAATOMIQUE/ – 1903 ◇ de *intra-* et *atomique* ▪ SC. Qui est ou se passe à l'intérieur de l'atome. *Forces intra-atomiques.*

INTRACARDIAQUE [ɛ̃trakardjak] **adj.** – 1861 ◇ de *intra-* et *cardiaque* ▪ MÉD. Qui concerne l'intérieur du muscle cardiaque (➤ **cœur**). *Affection intracardiaque. Piqûre intracardiaque,* ou SUBST. *une intracardiaque.*

INTRACELLULAIRE [ɛ̃traselylɛr] **adj.** – 1842 ◇ de *intra-* et *cellule* ▪ BIOL. CELL. Qui est, se produit à l'intérieur d'une cellule. *Mécanismes intracellulaires.*

INTRACÉRÉBRAL, ALE, AUX [ɛ̃traserebral, o] **adj.** – 1829 ◇ de *intra-* et *cérébral* ▪ DIDACT. Relatif à l'intérieur du cerveau.

INTRACHROMOSOMIQUE [ɛ̃trakromozomik] **adj.** – 1912 ◇ de *intra-* et *chromosomique* ▪ GÉNÉT. Qui se trouve, a lieu dans les chromosomes (opposé à *interchromosomique*). *Amplification intrachromosomique. — Brassage intrachromosomique* : échange de fragments d'ADN entre chromosomes homologues accolés au moment de la méiose. ➤ **crossing-over.**

INTRACOMMUNAUTAIRE [ɛ̃trakɔmynotɛr] **adj.** – 1960 ◇ de *intra-* et *communautaire* ▪ Qui se fait à l'intérieur d'une communauté, notamment (avant l'Union) de la Communauté européenne. ▪ CONTR. Extracommunautaire.

INTRACRÂNIEN, IENNE [ɛ̃trakranjɛ̃, jɛn] **adj.** – 1828 ◇ de *intra-* et *crânien* ▪ DIDACT. Qui est, se produit à l'intérieur de la boîte crânienne.

INTRADERMIQUE [ɛ̃tradɛrmik] **adj.** – 1857 ◇ de *intra-* et *derme* ▪ MÉD. Qui est situé, se fait dans l'épaisseur du derme. *Injection intradermique,* ou SUBST. *une intradermique.*

INTRADERMORÉACTION [ɛ̃tradɛrmoreaksjɔ̃] **n. f.** – 1908 ◇ de *intradermique* et *réaction* ▪ MÉD. Injection intradermique d'une substance (toxine, antigène particulier) pour déterminer le degré de sensibilité de l'organisme à l'égard de certaines réactions. *Intradermoréaction positive,* se traduisant par une inflammation au lieu de l'injection. *Des intradermoréactions.* — ABRÉV. FAM. **INTRADERMO.** *Faire des intradermos.*

INTRADOS [ɛ̃trado] **n. m.** – 1676 ◇ de *intra-* et *dos* ▪ **1** ARCHIT. Partie intérieure et concave d'un arc, d'une voûte. ▪ **2** TECHN. Surface inférieure d'une aile d'avion. ▪ CONTR. Extrados.

INTRADUISIBLE [ɛ̃tradɥizibl] **adj.** – 1687 ◇ de 1*in-* et *traduisible* ▪ **1** Qu'il est impossible de traduire. *Mots anglais, locutions intraduisibles. Auteur réputé intraduisible.* ▪ **2** FIG. Qu'il est impossible ou très difficile d'interpréter ou d'exprimer. *Un sentiment intraduisible.* ➤ **inexprimable.** « *Elle poussa un intraduisible Ah !* » LOTI.

INTRAGÉNÉRATIONNEL, ELLE [ɛ̃traʒenerasjɔnɛl] **adj.** – 1971 ◇ de *intra-* et *générationnel* ▪ Qui concerne une même génération. « *une équité intergénérationnelle, à travers le temps, et intragénérationnelle, entre les individus.* » (La Voix du Nord, 2008).

INTRAITABLE [ɛ̃trɛtabl] **adj.** – XVe *intractable* ◇ latin *intractabilis* ▪ Avec qui l'on ne peut traiter, ni s'accorder, en raison de son humeur difficile, de son entêtement. « *maman, d'ordinaire intraitable sur les questions d'heure et qui m'envoyait coucher tambour battant* » GIDE. ➤ **inflexible, intransigeant, sévère.** *Un adversaire intraitable.* ➤ **impitoyable, irréductible.** *Demeurer intraitable.* ➤ **inébranlable.** — *Caractère, humeur intraitable.* ➤ **désagréable, difficile*, entier, impossible.** ▪ CONTR. Accommodant, arrangeant, conciliant, traitable.

INTRAMOLÉCULAIRE [ɛ̃tramɔlekylɛr] **adj.** – 1877 ◇ de *intra-* et *moléculaire* ▪ CHIM., PHYS. Qui se produit à l'intérieur d'une même molécule. *Forces, liaisons intramoléculaires.*

INTRA-MUROS [ɛ̃tramyros] **adv.** et **adj. inv.** /INTRAMUROS/ – 1805 ◇ mots latins ▪ En dedans des murs, à l'intérieur de la ville. *Habiter intra-muros. — Paris intra-muros.* ▪ CONTR. Extra-muros.

INTRAMUSCULAIRE [ɛ̃tramyskylɛr] **adj.** – 1861 ◇ de *intra-* et *musculaire* ▪ MÉD. Qui est, se fait dans l'épaisseur d'un muscle. *Injection intramusculaire,* ou SUBST. *une intramusculaire.*

INTRANET [ɛ̃tranɛt] **n. m.** – 1996 ◇ de *intra-*, sur le modèle de *Internet* ▪ Réseau informatique interne, utilisant les techniques d'Internet, accessible aux seuls membres d'un même groupe. *Le développement des intranets.*

INTRANSIGEANCE [ɛ̃trɑ̃ziʒɑ̃s] **n. f.** – 1874 ◇ de *intransigeant* ▪ Caractère d'une personne intransigeante. *Faire preuve d'intransigeance. Être d'une intransigeance absolue sur qqch.* « *Je redoutais son jugement, connaissant l'intransigeance de la jeunesse* » GIDE. — « *une intransigeance de cœur toute puritaine* » R. ROLLAND. ▪ CONTR. Débonnaireté, souplesse.

INTRANSIGEANT, ANTE [ɛ̃trɑ̃ziʒɑ̃, ɑ̃t] **adj.** – 1875 ◇ espagnol *intransigente,* du latin *transigere* → transiger ▪ Qui ne transige pas, n'admet aucune concession, aucun compromis. ➤ **dur, inflexible, intraitable, irréductible.** *Se montrer intransigeant. Être intransigeant sur les principes. Un moraliste intransigeant.* ➤ **rigoriste.** *Doctrinaires fanatiques et intransigeants.* ➤ **intolérant, sectaire.** ♦ (CHOSES) *Morale intransigeante.* « *Ma mère portait à la patrie une passion intransigeante* » DE GAULLE. ▪ CONTR. Accommodant, souple.

INTRANSITIF, IVE [ɛ̃trɑ̃zitif, iv] **adj.** et **n. m.** – 1664 ◇ latin *intransitivus* → transitif ▪ Se dit d'un verbe qui exprime une action limitée au sujet et ne passant sur aucun objet. Voyager *est un verbe intransitif,* ELLIPT *un intransitif.* Écumer *est un verbe transitif et intransitif.* — PAR EXT. Propre aux intransitifs. *Emploi intransitif.* — **n. f. INTRANSITIVITÉ.** ▪ CONTR. Transitif.

INTRANSITIVEMENT [ɛ̃trɑ̃zitivmɑ̃] **adv.** – 1678 philos. ◇ de *intransitif* ▪ LING. D'une manière intransitive. *Verbe transitif employé intransitivement.* ➤ **absolument.** ▪ CONTR. Transitivement.

INTRANSMISSIBILITÉ [ɛ̃trɑ̃smisibilite] **n. f.** – 1858 ◇ de *intransmissible* ▪ DIDACT. Caractère de ce qui est intransmissible. *Intransmissibilité des caractères acquis, selon les lois mendéliennes* (en génétique).

INTRANSMISSIBLE [ɛ̃trɑ̃smisibl] **adj.** – 1788 ◇ de 1*in-* et *transmissible* ▪ Qui ne peut se transmettre. « *un secret très simple, intransmissible et sacré* » MALRAUX.

INTRANSPORTABLE [ɛ̃trɑ̃spɔrtabl] **adj.** – 1775 ◇ de 1*in-* et *transportable* ▪ Que l'on ne peut transporter. *Malade intransportable.*

INTRANT [ɛ̃trɑ̃] **n. m.** – 1552 hist. ◇ latin *intrans,* p. prés. de *intrare* « entrer » ▪ ÉCON. Élément entrant dans la production d'un bien. *Intrants agricoles* (énergie, engrais, matériels).

INTRANUCLÉAIRE [ɛ̃tʀanykleɛʀ] **adj.** – 1883 ◊ de *intra-* et *nucléaire* ■ BIOL. CELL. Qui est à l'intérieur du noyau de la cellule. — PHYS. Qui est ou s'effectue à l'intérieur du noyau atomique.

INTRARACHIDIEN, IENNE [ɛ̃tʀaʀaʃidjɛ̃, jɛn] **adj.** – 1868 ◊ de *intra-* et *rachidien* ■ DIDACT. Qui se trouve ou a lieu à l'intérieur du canal rachidien*.

INTRA-UTÉRIN, INE [ɛ̃tʀayteʀɛ̃, in] **adj.** – 1826 ◊ de *intra-* et *utérin* ■ MÉD. Qui a lieu, se situe dans l'utérus. *Vie intra-utérine du fœtus.* ➤ **utérin.** *Le stérilet est un dispositif intra-utérin (DIU). Fibromes intra-utérins.* ■ CONTR. Extra-utérin.

INTRAVEINEUX, EUSE [ɛ̃tʀavɛnø, øz] **adj.** – 1868 ◊ de *intra-* et *veineux* ■ Qui est, se fait à l'intérieur des veines. *Perfusion intraveineuse. Piqûre, injection intraveineuse,* ou SUBST. *une intraveineuse.*

IN-TRENTE-DEUX [intʀɑ̃tdø] **adj. inv.** et **n. m. inv.** – 1571 ◊ du latin *in* et de *trente-deux* ■ IMPRIM. Où la feuille est pliée en trente-deux feuillets (ou soixante-quatre pages). *Format in-trente-deux. Volume in-trente-deux,* et **n. m.** *un, des in-trente-deux* (in-32).

INTRÉPIDE [ɛ̃tʀepid] **adj.** – 1495 ◊ latin *intrepidus* ■ **1** Qui ne tremble pas devant le péril, l'affronte sans crainte. ➤ **audacieux, brave, courageux, impavide.** *Il allait, « brave, intrépide, hardi, courir au-devant des balles »* HUGO. SUBST. *Un sport pour les intrépides.* — *Résistance intrépide.* ➤ 1 **ferme, inébranlable.** ■ **2** Qui ne se laisse pas rebuter par les obstacles. ➤ **déterminé, hardi.** *« la plus intrépide menteuse que j'aie connue »* MARIVAUX. — **adv. INTRÉPIDEMENT.** ■ CONTR. Lâche, peureux.

INTRÉPIDITÉ [ɛ̃tʀepidite] **n. f.** – 1665 ◊ de *intrépide* ■ Caractère d'une personne intrépide. ➤ **audace, courage, hardiesse.** *Lutter avec intrépidité.* — *L'intrépidité d'une démarche. « ému par l'intrépidité de ses propres paroles »* M.-C. BLAIS. ■ CONTR. Lâcheté.

INTRICATION [ɛ̃tʀikasjɔ̃] **n. f.** – v. 1270 ◊ latin *intricatio,* de *intricare* ; cf. *intriguer* ■ DIDACT. État de ce qui est entremêlé. ➤ **complexité.** *« l'intrication de groupes solidaires »* CAILLOIS. *« à travers toute cette intrication de problèmes »* QUENEAU. ➤ **enchevêtrement.**

INTRIGANT, ANTE [ɛ̃tʀigɑ̃, ɑ̃t] **adj.** et **n.** – 1583 ◊ italien *intrigante* → intriguer ■ **1** Qui recourt à l'intrigue pour parvenir à ses fins. *« Un homme d'affaires intrigant et madré »* HUYSMANS. *« elle obtient ce qu'elle veut [...] Elle est fine, adroite et intrigante »* MAUPASSANT. — **n.** (1671) *Les courtisans et les intrigants.* ■ **2** RÉGION. (Canada) Mystérieux, bizarre. ■ HOM. Intriguant (intriguer).

INTRIGUE [ɛ̃tʀig] **n. f.** – 1578 ◊ italien *intrigo* ■ **1** VX Situation compliquée et embarrassante. *« nous sommes fort bien sortis d'intrigue »* Mme DE SÉVIGNÉ. ■ **2** VIEILLI Liaison amoureuse généralement clandestine et peu durable. ➤ **affaire** (de cœur), **aventure.** *Intrigue amoureuse, sentimentale. Avoir une intrigue avec qqn. « Né pour l'amour, l'intrigue pouvait le distraire, et ne suffisait pas pour l'occuper »* LACLOS. ■ **3** MOD. Ensemble de combinaisons secrètes et compliquées visant à faire réussir ou manquer une affaire. ➤ **cabale, machination, manigance,** 1 **manœuvre, menée ;** FAM. **combine, magouille ; intrigant.** *Intrigue de cour. « ce manoir, où des intrigues politiques paraissaient s'ourdir »* SAINTE-BEUVE. *Déjouer une intrigue.* ■ **4** Ensemble des évènements qui forment le nœud d'une pièce de théâtre, d'un roman, d'un film. ➤ 1 **action, histoire, scénario.** *Intrigue compliquée. Rebondissements, dénouement d'une intrigue. Conduire une intrigue. « L'intrigue n'est ni dans l'œuvre ni dans le lecteur [...] : elle est leur œuvre commune »* QUIGNARD.

INTRIGUER [ɛ̃tʀige] **v.** ‹1› – 1532 « embrouiller » ◊ italien *intrigare,* du latin *intricare* « embrouiller »

I **v. tr.** ■ **1** VX Embarrasser. PRONOM. *« il s'intrigue pour eux »* LA BRUYÈRE. ■ **2** MOD. Embarrasser en donnant à penser, en excitant la curiosité (cf. Mettre la puce* à l'oreille). *Il m'intrigue avec ses cachotteries. Ça m'intrigue. « Rien qui puisse intriguer la police »* ROMAINS. — **p. p. adj.** ➤ **étonné, perplexe.** *Ma grand-mère « semblait plus intriguée que sceptique »* SARTRE. *Air, regard intrigué.*

II **v. intr.** (1660) Mener une intrigue, recourir à l'intrigue. ➤ **manigancer, manœuvrer, tramer ;** FAM. **grenouiller, magouiller.** *Obtenir un poste en intriguant. « l'une intriguait pour son plaisir, l'autre pour son intérêt »* COCTEAU.

■ HOM. *Intriguant :* intrigant.

INTRINSÈQUE [ɛ̃tʀɛ̃sɛk] **adj.** – 1314 ◊ du latin *intrinsecus* « au-dedans » ■ **1** DIDACT. Qui est intérieur à l'objet dont il s'agit, appartient à son essence. ➤ **essentiel, inhérent, intérieur.** *Importance intrinsèque d'un fait. Valeur intrinsèque d'une monnaie,* valeur qu'elle tient de sa nature propre (et non d'une convention). *Qualité, mérite intrinsèque de qqn. Habitué « à juger de la valeur intrinsèque des hommes »* BALZAC. — ANAT. Qui appartient à un organe. *Muscles intrinsèques de l'œil.* — BIOL. *Facteurs intrinsèques* (intracellulaires, provenant de l'intérieur de l'organisme) *et extrinsèques* (extracellulaires, provenant du milieu extérieur). ■ **2** BIOCHIM. *Facteur intrinsèque :* glycoprotéine sécrétée par la muqueuse gastrique, qui permet l'absorption de la vitamine B12, et dont l'absence est responsable de l'anémie pernicieuse. ■ **3** ÉLECTRON. Qui n'a pas été dopé. *Cristal, zone intrinsèque.* ■ CONTR. Accidentel, extrinsèque.

INTRINSÈQUEMENT [ɛ̃tʀɛ̃sɛkmɑ̃] **adv.** – XVIe ◊ de *intrinsèque* ■ DIDACT. En soi, dans son essence. ■ CONTR. Extrinsèquement.

INTRIQUER [ɛ̃tʀike] **v. tr.** ‹1› – 1450, repris XXe ◊ latin *intricare* « embrouiller » ; cf. *intriguer* ■ DIDACT. Rendre complexe ; entremêler (➤ **intrication**). — PRONOM. *Plusieurs causes peuvent s'intriquer.* ➤ **s'enchevêtrer, s'imbriquer.**

INTRO- ■ Élément, du latin *intro* « dedans ».

INTRODUCTEUR, TRICE [ɛ̃tʀɔdyktœʀ, tʀis] **n.** – 1538 ; *introduitor* XIIIe ◊ bas latin *introductor* ■ **1** RARE Personne qui introduit, fait entrer (qqn). — **adj.** ➤ **introductif.** ■ **2** FIG. Personne qui introduit (un usage, une mode, etc.). ➤ **initiateur.** *« les promoteurs et les introducteurs du monde moderne »* PÉGUY.

INTRODUCTIF, IVE [ɛ̃tʀɔdyktif, iv] **adj.** – 1520 ◊ de *introduction* ■ DR. Qui sert à introduire (une procédure). *Requête introductive. Acte introductif d'instance.* ◆ COUR. Qui présente ce qui va suivre, qui sert d'entrée en matière. *Chapitre introductif, notice introductive.* ➤ **liminaire.** *Exposé introductif.* ➤ **préalable.**

INTRODUCTION [ɛ̃tʀɔdyksjɔ̃] **n. f.** – XIIIe « enseignement » ◊ latin *introductio*

I ■ **1** (XVIe) Action d'introduire, de faire entrer (qqn). *L'introduction d'un visiteur dans un salon d'attente. L'introduction de qqn dans un groupe, un parti.* ➤ **admission, entrée.** *« l'introduction de Swann chez Mme Verdurin »* PROUST. — Action de s'introduire (quelque part). *« L'introduction dans le domicile d'autrui à l'aide de manœuvres, menaces »* (CODE PÉNAL). ◆ *Lettre d'introduction,* par laquelle on recommande qqn. ➤ **recommandation.** *« Une* carte d'introduction *ne sert jamais à rien »* MONTHERLANT. ■ **2** Action d'introduire, de faire adopter. ➤ **adoption, importation.** *Introduction de produits étrangers, d'un mot, d'une mode dans un pays, une ville.* — FIN. *Introduction (d'un titre) en Bourse.* ➤ **admission, inscription.** ■ **3** Action de faire entrer (une chose dans une autre). ➤ **intromission.** *Introduction d'une sonde dans l'organisme.*

II ■ **1** Ce qui prépare qqn à la connaissance, à la pratique d'une chose (➤ **préparation, prolégomènes**) ; ouvrage destiné à une telle préparation. *Pécuchet « se procura une introduction à la philosophie hégélienne et voulut l'expliquer à Bouvard »* FLAUBERT. ➤ **initiation.** ■ **2** Texte préliminaire et explicatif placé en tête d'un ouvrage. ➤ **avant-propos, exorde, préambule, préface, prologue.** *Ce livre commence par une longue introduction.* — Entrée en matière (présentant le sujet, esquissant le plan d'un discours, d'une dissertation). *Introduction, développement et conclusion.* ◆ MUS. Court prélude préparant l'entrée de l'exposition dans une sonate ; prélude d'une ouverture d'opéra. — Partie musicale précédant les paroles dans une chanson. — ABRÉV. **INTRO.**

■ CONTR. Sortie. Éviction, renvoi. — Conclusion.

INTRODUIRE [ɛ̃tʀɔdɥiʀ] **v. tr.** ‹38› – 1292 ; *entreduire* 1120 ◊ latin *introducere* ■ **1** Faire entrer (qqn) dans un lieu. *L'huissier l'a introduit dans le bureau du ministre. « je fus introduit auprès de la comtesse »* BARBEY. — PAR EXT. Faire admettre (qqn) dans un lieu, une société. *Introduire qqn dans un club, auprès de qqn.* ➤ **parrainer, présenter.** ■ **2** Faire adopter (qqch.). *Introduire une nouveauté, une mode, un genre.* ➤ **acclimater,** 1 **importer.** *« Rancé introduisait la réforme dans son abbaye »* CHATEAUBRIAND. ➤ **instaurer.** *Introduire un produit sur le marché.* ➤ **implanter,** 1 **lancer.** ■ **3** DR. *Introduire une instance :* saisir le tribunal d'une affaire. ■ **4** (XVIIe) (CONCRET) Faire entrer (une chose dans une autre). ➤ **enfoncer, engager, insérer ;** FAM. **fourrer.** *Introduire la clé dans la serrure. « On fit prendre de force au vieux une tasse de tilleul en introduisant la cuiller entre ses dents serrées »* ZOLA. — *Introduire une marchandise en contrebande, en fraude dans un pays.* ◆ FIG. Inclure, incorporer. *Introduire des mots nouveaux dans le dictionnaire.* ➤ **intégrer.** ■ **5 S'INTRODUIRE v. pron.** Entrer, pénétrer. *S'introduire en cachette dans une pièce.* ➤ **se glisser.** *Le doute s'introduisit dans son esprit.* ➤ **s'insinuer.** *S'introduire dans les affaires d'autrui.*

➤ s'immiscer, s'ingérer. ♦ Se faire admettre. *Il a réussi à s'introduire dans le réseau.* ➤ infiltrer. — Être adopté. *Quand cette mode s'est-elle introduite ?* ■ 6 p. p. adj. **INTRODUIT, ITE.** Qui a ses entrées, qui est reçu habituellement. *Il est introduit, bien introduit chez Un tel, dans ce milieu, auprès du ministre.* ■ CONTR. Chasser, éloigner, exclure, renvoyer. Arracher, enlever.

INTROÏT [ɛ̃tʀɔit] n. m. – *introite* v. 1376 ◇ latin *introitus* «entrée» ■ LITURG. CATHOL. Chant exécuté avant la messe, pendant l'entrée du célébrant et de ses ministres.

INTROJECTION [ɛ̃tʀɔʒɛksjɔ̃] n. f. – 1924 ◇ de *intro-* et *(pro)jection* ■ PSYCHAN. Processus inconscient par lequel l'image d'une personne est incorporée au moi et au surmoi. *Introjection de l'image des parents par l'enfant.* ➤ identification, intériorisation.

INTROMISSION [ɛ̃tʀɔmisjɔ̃] n. f. – 1560 ; «fait d'être mêlé à» 1465 ◇ du latin *intromissus*, de *intromittere* ■ DIDACT. Action d'introduire, de mettre dans ; entrée. *«des bourrelets de feutre empêchent toute intromission d'air froid»* GAUTIER.

INTRON [ɛ̃tʀɔ̃] n. m. – 1979 ◇ mot anglais (1978), de *intr(agenic) (regi)on* ■ GÉNÉT. Séquence d'ADN ou d'ARN non codante, située entre deux exons* d'un gène. *Le gène de la globine comprend trois exons et deux introns. Les introns sont éliminés lors de l'épissage de l'ARN.*

INTRONISATION [ɛ̃tʀɔnizasjɔ̃] n. f. – 1372 ◇ de *introniser* ■ Action d'introniser ; le fait d'être intronisé. *Intronisation d'un pape.* — *«L'intronisation du nouveau pouvoir»* MICHELET.

INTRONISER [ɛ̃tʀɔnize] v. tr. ‹1› – 1220 ◇ latin ecclésiastique *inthronizare*, du grec *thronos* «trône épiscopal» ■ Placer solennellement sur le trône, sur le siège épiscopal, sur la chaire pontificale. *Introniser un pape, un roi* (➤ couronner, sacrer). — PAR EXT. *Introniser un doyen, un maire.* — *Introniser (qqn)*, l'installer dans une fonction, lui conférer un titre. *«C'est la participation à la communauté humaine qui nous intronise dans le rôle d'humain»* A. JACQUARD.

INTRORSE [ɛ̃tʀɔʀs] adj. – 1834 ◇ latin *introrsum* ■ BOT. *Étamine introrse*, dont l'anthère est ouverte vers l'intérieur (opposé à *extrorse*).

INTROSPECTIF, IVE [ɛ̃tʀɔspɛktif, iv] adj. – 1842 ◇ de *introspection* ■ PSYCHOL. Qui emploie, concerne l'introspection. *Psychologie introspective*, subjective (opposé à *1 objectif, expérimental*).

INTROSPECTION [ɛ̃tʀɔspɛksjɔ̃] n. f. – 1838 ◇ mot anglais, du latin *introspicere* «regarder à l'intérieur» ■ PSYCHOL. Observation d'une conscience individuelle par elle-même. *Se livrer, être porté à l'introspection*, à analyser ses états d'âme, ses sentiments. *La religion chrétienne «invite à une introspection plus attentive»* GIDE.

INTROUVABLE [ɛ̃tʀuvabl] adj. – 1637 ◇ de 1*in-* et *trouver* ■ 1 Qu'on ne peut trouver ou qu'on ne parvient pas à trouver. *Le voleur reste introuvable. Les clés sont introuvables.* ■ 2 Très difficile à trouver. *Édition introuvable.* ➤ précieux, rare. — ALLUS. HIST. *L'Assemblée était si royaliste en 1815 «que Louis XVIII ne croyait pas qu'on pût en trouver une pareille (d'où lui reste le nom de Chambre introuvable)»* BAINVILLE.

INTROVERSION [ɛ̃tʀɔvɛʀsjɔ̃] n. f. – 1913, Jung ◇ latin *introversio*, de *introversus* «vers l'intérieur» ■ PSYCHOL. Fait d'être tourné vers soi plutôt que vers les autres et le monde extérieur. ➤ égocentrisme. ■ CONTR. Extraversion.

INTROVERTI, IE [ɛ̃tʀɔvɛʀti] adj. et n. – 1922 ◇ de *introversion* ■ Porté à l'introversion. *Enfant solitaire et introverti.* — n. *«Le sujet qui fait trop attention à ce qui se passe en lui-même [...] est un introverti»* ROMAINS. ■ CONTR. Extraverti.

INTRUS, USE [ɛ̃tʀy, yz] adj. et n. – v. 1380 ◇ latin médiéval *intrusus*, pour *introtrusus* «introduit de force» ■ 1 DIDACT. Introduit dans une charge ou une dignité, sans titre, sans droit. — n. *«l'héritier légitime du trône occupé par un intrus»* DIDEROT. ➤ usurpateur. ■ 2 n. COUR. Personne qui s'introduit quelque part sans y être invitée, ni désirée. ➤ importun, indésirable. *Chasser, écarter un intrus. Sa belle-famille la considère comme une intruse. «Point d'intrus [...] point de visiteurs inattendus ou déplaisants»* LOTI. ♦ n. m. (JEUX, TESTS) Élément d'un ensemble défini en extension qui n'a pas la même compréhension que les autres et que l'on doit retrouver. *Cherchez l'intrus.*

INTRUSIF, IVE [ɛ̃tʀyzif, iv] adj. – 1817 ◇ autre sens 1801 ; hapax 1731 ◇ de *intrusion* ■ 1 Qui fait intrusion, constitue une intrusion (1°). *Comportement intrusif. Une question intrusive.* ■ 2 (1835) GÉOL. Qui a été mis en place par intrusion (2°). *Roches intrusives.*

INTRUSION [ɛ̃tʀyzjɔ̃] n. f. – 1304 ◇ latin médiéval *intrusio* → intrus ■ 1 Fait de s'introduire, sans en avoir le droit, dans une charge, une dignité ; dans une société, un groupe. *Faire intrusion dans une réunion. Une intrusion intolérable.* ➤ incursion, irruption. *Intrusion d'une puissance étrangère dans les affaires d'un pays.* ➤ immixtion, ingérence, intervention. — FIG. (CHOSES) *«cette intrusion du mystère et de la beauté dans une chambre»* PROUST. ■ 2 GÉOL. Pénétration d'une roche dans une couche de nature différente. *Roches d'intrusion. Nappes d'intrusion.*

INTUBATION [ɛ̃tybasjɔ̃] n. f. – 1886 ◇ mot anglais ; du latin *tubus* «tube» ■ MÉD. Introduction d'un tube dans la trachée ou le larynx, qui assure le passage de l'air dans les poumons, en vue d'une anesthésie par voie trachéale ou pour évacuer les sécrétions qui encombrent les voies respiratoires. ➤ tubage ; trachéotomie.

INTUBER [ɛ̃tybe] v. tr. ‹1› – 1888 ◇ de *intubation* ■ MÉD. Pratiquer une intubation sur (un conduit de l'organisme [trachée, larynx], un patient). *Le bébé a été intubé.* ■ CONTR. Extuber.

INTUITIF, IVE [ɛ̃tɥitif, iv] adj. – 1480 ◇ du radical de *intuition* ■ 1 Qui a les caractères, qui est le résultat d'une intuition. *Connaissance intuitive* (opposé à *discursif, scientifique*). *Cela ne s'explique pas, c'est intuitif.* ■ 2 (fin XIXe) Qui fait ordinairement preuve d'intuition. *«les esprits logiques et les esprits intuitifs»* CARREL. *Être intuitif en affaires.* — SUBST. *C'est un intuitif.* ■ 3 Dont l'utilisation ne demande pas de connaissances techniques, qui s'utilise de façon intuitive. *Logiciel intuitif.* ■ CONTR. Déductif, discursif.

INTUITION [ɛ̃tɥisjɔ̃] n. f. – 1542 ◇ latin scolastique *intuitio*, de *intueri* «regarder attentivement» ■ 1 PHILOS. Forme de connaissance immédiate qui ne recourt pas au raisonnement. *Intuition empirique* (sensible ou psychologique), *rationnelle* (perception de rapports), *métaphysique* (des êtres dans leur existence ou leur essence). *Comprendre par intuition.* ➤ intuitivement. ■ 2 COUR. Sentiment plus ou moins précis de ce qu'on ne peut vérifier, ou de ce qui n'existe pas encore. ➤ inspiration, pressentiment ; feeling. *Avoir une intuition. Avoir l'intuition de ce qui va se passer, d'un danger.* ➤ prémonition. *«Elle eut l'intuition soudaine qu'il n'y avait rien à espérer de cette visite»* GREEN. *Se fier à ses intuitions. Suivre son intuition.* ♦ ABSOLT *Avoir de l'intuition* : sentir ou deviner les choses. ➤ flair. *Elle a beaucoup d'intuition en affaires.* ■ CONTR. Déduction, raisonnement.

INTUITIONNISME [ɛ̃tɥisjɔnism] n. m. – 1908 ◇ de *intuition* ■ PHILOS. Doctrine attribuant un rôle essentiel à l'intuition dans la connaissance. *Intuitionnisme bergsonien.* ♦ Théorie d'après laquelle les mathématiques ont recours à l'intuition et pas seulement à l'hypothèse et à la déduction. — n. et adj. **INTUITIONNISTE,** 1874.

INTUITIVEMENT [ɛ̃tɥitivmɑ̃] adv. – 1599 ◇ de *intuitif* ■ Par intuition.

INTUITU PERSONÆ [ɛ̃tɥitypɛʀsɔne] loc. adv. – 1928 ◇ loc. latine «en considération de la personne» ■ DR. Eu égard à la personne avec laquelle on contracte.

INTUMESCENCE [ɛ̃tymesɑ̃s] n. f. – 1611 ◇ du latin *intumescere* → tumeur ■ DIDACT. Fait d'enfler, de gonfler. *Intumescence des chairs, de la rate.* ➤ enflure, gonflement, tuméfaction. — adj. **INTUMESCENT, ENTE.** ♦ MÉCAN. Onde de surface dans un canal découvert de faible profondeur.

INTUSSUSCEPTION [ɛ̃tyssysɛpsjɔ̃] n. f. – avant 1650 ◇ du latin *intus* «dedans» et *susceptio* «action de prendre sur soi» ■ PATHOL. Invagination.

INUIT, E [inɥit] adj. et n. – 1893 *les Inoïts* ◇ mot de la langue *inuite* «les hommes», pl. de *inuk* ■ Relatif au peuple autochtone des terres arctiques (Canada, Alaska, Groenland, Sibérie). ➤ esquimau. *La langue inuite.* ➤ inuktitut. ♦ n. *Les Inuits du Nunavut, d'Alaska.* — REM. Au Canada l'appellation officielle est *Inuit.*

INUKTITUT [inuktitut] n. m. – 1977 ◇ mot inuit «comme les Inuits» ■ Langue parlée par les Inuits du nord-est du Canada.

INULE [inyl] n. f. – 1779 ; adj. 1549 ◇ latin *inula* ■ BOT. Aunée.

INULINE [inylin] n. f. – 1809 ◇ du latin *inula* «aunée» ■ CHIM. Glucide voisin de l'amidon, présent dans la racine de l'aunée et d'autres végétaux (dahlia, topinambour, chicorée), qui se transforme facilement en fructose.

INUSABLE [inyzabl] adj. – 1845 ◇ de 1*in-* et *user* ■ Qui ne peut s'user, et PAR EXAGÉR. Qui s'use très peu, dure très longtemps. ➤ résistant, solide. *Chaussures inusables.*

INUSITÉ, ÉE [inyzite] **adj.** – 1455 ◊ latin *inusitatus* ■ **1** Qui n'est pas usité. ➤ **inutilisé.** — LING. Que personne, ou presque personne n'emploie. ➤ **rare.** *Mot inusité, tournure inusitée. Formes inusitées de l'imparfait du subjonctif, d'un verbe défectif.* ■ **2** RARE Inhabituel, extraordinaire. *« des êtres humains d'une taille inusitée »* HENRIOT. ■ CONTR. 1 Courant, usité.

INUSUEL, ELLE [inyzɥɛl] **adj.** – 1794 ◊ de 1*in-* et *usuel* ■ LITTÉR. Qui n'est pas usuel. ➤ **rare.** ■ CONTR. Usuel.

IN UTERO [inytero] **loc. adv.** – 1962 ◊ mots latins ■ Dans l'utérus. *Fécondation in utero* (opposé à *in vitro*).

INUTILE [inytil] **adj.** – XIVe ; *inutele* 1120 ◊ latin *inutilis* ■ **1** Qui n'est pas utile, ne sert pas. *Vieilleries inutiles*, de rebut. *S'encombrer de bagages inutiles.* ➤ **superflu.** *Éviter toute fatigue inutile. C'est complètement inutile* : c'est perdre son temps. *Un amas de connaissances inutiles. Paroles, propos inutiles.* ➤ **creux, oiseux, stérile, vide.** *Démarche inutile.* ➤ **infructueux.** — *C'est inutile, il est inutile d'essayer,* ce n'est pas la peine. *Inutile d'insister. Inutile de vous dire que... :* vous savez déjà, vous pouvez imaginer que. *Il est inutile que vous reveniez.* ◆ SUBST. *« Je veux du superflu, de l'inutile, de l'extravagant »* HUGO. ■ **2** Qui ne rend pas de services. *Un personnel inutile. Individu inutile à la société. Bouche* inutile.* SUBST. *Un inutile.* ➤ **parasite.** ■ CONTR. Utile. Indispensable, nécessaire.

INUTILEMENT [inytilmɑ̃] **adv.** – 1433 ◊ de *inutile* ■ D'une manière inutile, sans résultat. *Se fatiguer inutilement. Sang répandu inutilement* (cf. En vain). *Vous vous êtes dérangé inutilement,* pour rien. ■ CONTR. Utilement.

INUTILISABLE [inytilizabl] **adj.** – 1845 ◊ de 1*in-* et *utiliser* ■ Qui ne peut être utilisé. *Cette voiture est devenue inutilisable.* ■ CONTR. Utilisable.

INUTILISÉ, ÉE [inytilize] **adj.** – 1834 ; *inutiliser* 1802 ◊ de 1*in-* et *utilisé* ■ Qui n'est pas utilisé. ➤ **inusité.** *Ressources qui restent inutilisées.* ➤ **inemployé.**

INUTILITÉ [inytilite] **n. f.** – 1386 ◊ latin *inutilitas* ■ **1** Défaut d'utilité. *Inutilité d'une dépense. Inutilité d'une démarche.* ➤ **inefficacité, stérilité, vanité.** *« découragé par l'inutilité de mes efforts »* CAMUS. ➤ **inanité.** ■ **2** RARE Action, parole inutile. ➤ **futilité.** *« des enfantillages, [...] des inutilités »* HUGO. ■ CONTR. Utilité.

INVAGINATION [ɛ̃vaʒinasjɔ̃] **n. f.** – 1765 ◊ du latin moderne, de 2*in-* et du latin *vagina* « gaine » ■ DIDACT. Repliement, retournement d'une partie concave. PATHOL. Glissement en doigt de gant retourné d'une partie d'intestin dans une partie voisine. ➤ **intussusception, inversion** (I, A, 2°). — EMBRYOL. Enfoncement localisé de cellules superficielles de la blastula, lors de la formation de la gastrula.

INVAGINER (S') [ɛ̃vaʒine] **v. pron.** ‹1› – 1832 ◊ de *invagination* ■ BIOL. Se replier vers l'intérieur, par invagination.

INVAINCU, UE [ɛ̃vɛ̃ky] **adj.** – 1495 ◊ de 1*in-* et *vaincu* ■ LITTÉR. Qui n'a jamais été vaincu. *Héros invaincu. « Ton bras est invaincu, mais non pas invincible »* CORNEILLE. ■ CONTR. Vaincu.

INVALIDANT, ANTE [ɛ̃validɑ̃, ɑ̃t] **adj.** – v. 1965 ◊ de *invalider* ■ Qui rend invalide. *Maladie, douleur invalidante.* ➤ aussi **handicapant.**

INVALIDATION [ɛ̃validasjɔ̃] **n. f.** – 1636 ◊ de *invalider* ■ DR. Action d'invalider. *Invalidation d'un acte, d'un contrat.* — SPÉCIALT, COUR. *Invalidation d'une élection.* ➤ **annulation.** PAR EXT. *Invalidation d'un député.* ■ CONTR. Validation.

INVALIDE [ɛ̃valid] **adj.** et **n.** – 1515 ◊ latin *invalidus* « faible, débile » ■ **1** Qui n'est pas en état de mener une vie active, de travailler, du fait de sa mauvaise santé, de ses infirmités, de ses blessures, etc. ➤ **handicapé, infirme.** *Vieillard invalide.* — **n.** Militaire que l'âge, les blessures rendent incapable de servir. *(Grand) invalide de guerre (G. I. G.).* ➤ **blessé, estropié, mutilé.** *L'hôtel des Invalides,* et ELLIPT *les Invalides :* hospice fondé par Louis XIV à Paris pour abriter les invalides. — PAR ANAL. *Les invalides du travail :* les personnes atteintes d'invalidité. *Grand invalide civil (G. I. C.).* ■ **2** (1542) DR. VX Qui n'est pas valable. *Mariage invalide.* ➤ **nul.** *Rendre invalide :* invalider. ■ CONTR. Valide. Valable.

INVALIDER [ɛ̃valide] **v. tr.** ‹1› – 1452 ◊ de *invalide* ■ **1** DR. Rendre non valable. ➤ **annuler.** *Invalider un acte, une donation.* — SPÉCIALT, COUR. *Invalider une élection,* et PAR EXT. *un député.* ■ **2** MÉD. Rendre invalide (1°). *Cet accident de cheval l'a invalidé.* ■ CONTR. Confirmer ; valider.

INVALIDITÉ [ɛ̃validite] **n. f.** – 1521 ◊ de *invalide* ■ **1** DR. VIEILLI Défaut de validité entraînant la nullité. ■ **2** (avant 1865) MOD. État d'une personne invalide. ➤ **handicap, infirmité.** ◆ Diminution de la capacité de travail (des deux tiers au moins). *Invalidité temporaire, permanente.* ➤ **incapacité.** *Taux, degré d'invalidité. Pension, carte d'invalidité.*

INVAR [ɛ̃var] **n. m.** – 1904 ◊ marque déposée, abrév. de *invariable* ■ TECHN. Acier au nickel, de dilatation très faible.

INVARIABILITÉ [ɛ̃varjabilite] **n. f.** – 1616 ◊ de *invariable* ■ Caractère de ce qui est invariable. ➤ **constance, fixité.** *L'invariabilité de ses déclarations.* ■ CONTR. Changement, variabilité.

INVARIABLE [ɛ̃varjabl] **adj.** – 1361 ◊ de 1*in-* et *variable* ■ **1** Qui ne varie pas, ne change pas. ➤ **constant, 1 fixe, immuable.** *Lois, principes invariables. « son invariable tasse de tisane »* FLAUBERT. ➤ **éternel.** — GRAMM. Qui ne comporte pas de modifications flexionnelles. *Les adverbes sont des mots invariables. Adjectif invariable en genre.* ■ **2** LITTÉR. (PERSONNES) Qui reste ferme, immuable. *Il est invariable dans ses opinions.* ➤ **inébranlable.** ■ CONTR. Changeant, fluctuant, variable.

INVARIABLEMENT [ɛ̃varjabləmɑ̃] **adv.** – 1495 ◊ de *invariable* ■ D'une manière invariable, constante. ➤ **toujours.** *Il est invariablement en retard.* ➤ **immanquablement.** *« ces personnages invariablement attablés ou assis aux mêmes heures »* BALZAC.

INVARIANCE [ɛ̃varjɑ̃s] **n. f.** – 1903 ◊ de *invariant* ■ SC. Propriété de ce qui est invariant.

INVARIANT, IANTE [ɛ̃varjɑ̃, jɑ̃t] **adj.** et **n. m.** – 1877 ◊ de 1*in-* et *varier*, par l'anglais *invariant* (1851) ■ SC. Se dit d'une grandeur, d'une expression, d'une relation ou d'une propriété qui se conserve dans une transformation de nature physique ou mathématique. CHIM. *Système invariant,* de variance nulle. ◆ **n. m.** Caractère, donnée qui ne varie pas. ➤ **constante.** *Les variables et les invariants.*

INVASIF, IVE [ɛ̃vazif, iv] **adj.** – 1797 ◊ de *invasion* ■ **1** MÉD. Se dit d'un procédé d'exploration, d'un traitement qui risque d'affecter l'organisme exploré. *L'échographie est un procédé non invasif.* ■ **2** MÉD. Se dit de tumeurs pouvant se propager. *Cancer invasif* (➤ **métastase**). ■ **3** BOT., ZOOL. *Espèce invasive :* espèce exogène dont la prolifération provoque des nuisances dans l'écosystème dans lequel elle a été introduite. *Plante invasive.*

INVASION [ɛ̃vazjɔ̃] **n. f.** – 1160 ◊ bas latin *invasio*, de *invadere* → envahir ■ **1** Pénétration belliqueuse et massive des forces armées d'un État sur (le territoire d'un autre État). ➤ **occupation.** *L'invasion du Koweit par l'Irak.* ◆ SPÉCIALT Migration accompagnée de violences, de dévastations. *Les grandes invasions* (Ve siècle). *« les deux grandes invasions de l'Asie en Europe, celle des Huns au Ve siècle, et celle des Sarrasins au VIIIe »* MICHELET. ■ **2** Action d'envahir, de se répandre dangereusement. *Invasion de sauterelles, de rats.* ■ **3** FIG. Entrée soudaine et massive. ➤ **incursion, irruption.** *Invasion des touristes sur la côte. Invasion des journalistes dans la salle d'audience.* ➤ **ruée.** — *Invasion de marchandises, de capitaux étrangers dans un pays.* ➤ **envahissement.** ■ **4** MÉD. « Période qui s'étend depuis l'apparition des premiers symptômes d'une maladie jusqu'à la période d'état » (Garnier). *L'incubation précède la période d'invasion.* ■ CONTR. Évacuation, fuite, 2 retrait, 1 retraite.

INVECTIVE [ɛ̃vɛktiv] **n. f.** – 1404 ◊ bas latin *invectivae (orationes)* « (discours) agressifs », de *invehi* « attaquer » ■ Parole ou suite de paroles violentes contre qqn ou qqch. ➤ **injure, insulte.** *Se répandre en invectives contre qqn. Invectives contre les impôts. En arriver aux invectives. « Je n'ai aucun don naturel pour l'insulte, pour l'invective, pour la violence verbale »* DUHAMEL.

INVECTIVER [ɛ̃vɛktive] **v.** ‹1› – 1542 ◊ de *invective* ■ LITTÉR. ■ **1** **v. intr.** VIEILLI Lancer des invectives. ➤ **crier, fulminer, pester.** *Invectiver contre qqn, contre le vice.* ■ **2** **v. tr.** Couvrir d'invectives. ➤ **injurier.** *L'ivrogne invective les passants.*

INVENDABLE [ɛ̃vɑ̃dabl] **adj.** – 1764 ◊ de 1*in-* et *vendable* ■ Qui n'est pas vendable, ne peut trouver d'acheteur. *Stocks invendables.*

INVENDU, UE [ɛ̃vɑ̃dy] **adj.** – 1706 ◊ de 1*in-* et *vendu* ■ Qui n'a pas été vendu. *Marchandises invendues. Journaux, livres invendus.* ➤ **bouillon, retour** (I, B, 3°). — SUBST. *Soldes d'invendus.*

INVENTAIRE [ɛ̃vɑ̃tɛr] **n. m.** – 1313 ◊ latin juridique *inventarium*, de *invenire* « trouver » ■ **1** Opération qui consiste à énumérer et à décrire les éléments composant l'actif et le passif d'une communauté, d'une succession, etc. ; état descriptif dressé lors de cette opération. *Procéder à l'inventaire d'une succession. Inventaire après décès. Procès-verbal d'inventaire. Dresser un inventaire. Faire l'inventaire de.* ➤ **inventorier.** *Sous bénéfice d'inventaire* : sous réserve de vérification. *Inventaire commercial* (obligatoire et annuel). *Magasin fermé pour cause d'inventaire.* ▪ **2** Revue minutieuse et détaillée (d'un ensemble de choses). ➤ **catalogue, dénombrement, 2 liste, recensement, 2 relevé.** *Inventaire des objets d'un meublé. Inventaire des richesses artistiques d'une province. Faire l'inventaire du contenu de ses poches. «l'impatient inventaire du monde que poursuit notre siècle»* MALRAUX. — LOC. (de *L'Inventaire*, titre d'un poème de *Paroles*, recueil de Prévert) *Un inventaire à la Prévert* : une énumération hétéroclite, poétisée par l'accumulation. *«des traces de pas, des oiseaux en vol, un pantalon et deux ceintures, mais aussi un slip blanc et un feu de signalisation tricolore achèvent de faire du tableau un inventaire à la Prévert»* (Le Monde, 1998).

INVENTER [ɛ̃vɑ̃te] v. tr. ‹1› – v. 1450 ◇ du radical de *inventeur* ▪ **1** Créer ou découvrir (qqch. de nouveau). ➤ **concevoir, créer, découvrir, imaginer.** *Les Chinois ont inventé l'imprimerie. Inventer des instruments, un jeu, des remèdes, des mots. «lorsqu'un objet est caché à tous les yeux, il faut l'inventer de toutes pièces pour pouvoir le découvrir»* SARTRE. LOC. FAM. *Il n'a pas inventé le fil à couper le beurre, la poudre (à canon), l'eau tiède, l'eau chaude* : il n'est pas très malin. *«je ne suis qu'un ferblantier, c'est entendu, je n'ai pas inventé la poudre»* ANOUILH. Faculté d'inventer. ➤ **créativité, inventivité.** — ABSOLT *N'imitez pas, inventez !* ➤ **innover.** ▪ **2** Trouver, imaginer pour un usage particulier. *Inventer un subterfuge, un moyen de s'en tirer. «Vous ne savez qu'inventer pour me désespérer»* BALZAC. *Il ne sait pas quoi inventer pour se rendre intéressant.* ▪ **3** Imaginer de façon arbitraire, sans respecter la vérité, la réalité. ➤ **forger.** *Inventer une histoire. Inventer une excuse, un prétexte. «J'inventai instantanément pour la distraire cent détails colorés»* CÉLINE. *«Elle me l'a dit... Je n'invente rien, moi»* LESAGE. — *Qu'allez-vous inventer là !* ➤ **supposer.** ALLUS. LITTÉR. *Si cela n'existait* pas, il faudrait l'inventer. Il s'est inventé une famille.* PRONOM. *Ce sont des choses qui ne s'inventent pas*, qui sont sûrement vraies. ▪ CONTR. Copier, imiter.

INVENTEUR, TRICE [ɛ̃vɑ̃tœʀ, tʀis] n. – 1431 ◇ latin *inventor, inventrix*, de *invenire* «trouver»

I Personne qui invente, qui a inventé. ➤ **créateur.** ▪ **1** *Inventeur, inventrice de.* ➤ **auteur ; 1 mère, père** (FIG.). *L'inventeur d'une machine, d'une science. Inventeurs de mots, de formes.* ➤ **découvreur.** ▪ **2** ABSOLT Auteur d'inventions importantes (scientifiques, techniques). *Un inventeur de génie. La science «enrichit celui qui met en œuvre, mais non le véritable inventeur»* RENAN.

II DR. Personne qui trouve (un trésor, un objet perdu, un gisement archéologique).

▪ CONTR. Copiste, imitateur.

INVENTIF, IVE [ɛ̃vɑ̃tif, iv] adj. – 1442 ◇ du radical de *inventeur* ▪ **1** Qui a le don, le goût d'inventer. ➤ **créatif.** *Esprit inventif. «un homme supérieur, d'une intelligence inventive et profonde»* PROUST. ▪ **2** Fertile en ressources, en expédients. ➤ **habile, industrieux, ingénieux.** *L'amour l'a rendu inventif.*

INVENTION [ɛ̃vɑ̃sjɔ̃] n. f. – 1270 ◇ latin *inventio*, de *invenire* «trouver»

I DIDACT. Action de trouver. LITURG. *Invention de la sainte Croix.* — DR. *Invention d'un trésor.* ➤ **inventeur** (II).

II (1431) COUR. ▪ **1** Action d'inventer (qqch.). ➤ **création, découverte.** *Invention d'une machine, d'une technique, d'un art, d'un jeu, d'un système.* ▪ **2** Chose inventée, nouveauté scientifique ou technique. ➤ **découverte, trouvaille.** *Les «inventions pratiques, avion, téléphone, cinéma»* GIDE. *Brevet d'invention.* ▪ **3** Faculté, don d'inventer. ➤ **créativité, imagination, inspiration, inventivité.** *«toute l'invention consiste à faire quelque chose de rien»* RACINE. *Être à court, manquer d'invention.* ▪ **4** Action d'imaginer (un moyen) ; moyen inventé. ➤ **combinaison, 2 expédient, ressource.** *Inventions diaboliques.* ▪ **5** Chose imaginaire, inventée. ➤ **fable, mensonge.** *Ce témoignage est une pure invention. Ce n'est pas une invention, c'est vrai.* — LOC. *De l'invention de qqn*, inventé, trouvé par lui. *Il nous a préparé un plat de son invention* (cf. De sa façon). ▪ **6** ARTS Faculté de construire dans l'imaginaire. *Invention et observation chez le romancier.* — Construction de l'imagination. ➤ **fiction.** *Une invention romanesque.* ▪ **7** MUS. Chez J. S. Bach, Petite pièce instrumentale composée dans le style fugué.

▪ CONTR. Imitation. Réalité, vérité.

INVENTIVITÉ [ɛ̃vɑ̃tivite] n. f. – 1917 ◇ de *inventif* ▪ Capacité d'inventer, d'innover. ➤ **fécondité, fertilité** (d'esprit). *Cet auteur manque d'inventivité.* ➤ **créativité, imagination.** — Caractère inventif. *L'inventivité des enfants. «l'inventivité des chimistes, ces sculpteurs de molécules»* P.-G. DE GENNES.

INVENTORIER [ɛ̃vɑ̃tɔʀje] v. tr. ‹7› – 1367 ◇ de l'ancien français *inventoire*, latin médiéval *inventorium* → inventaire ▪ Faire l'inventaire de. ➤ **dénombrer.** *Inventorier une succession, des marchandises.* — PAR EXT. ➤ **classer, recenser.** *«pour inventorier et cataloguer ces manuscrits»* FRANCE.

INVÉRIFIABLE [ɛ̃veʀifjabl] adj. – 1845 ◇ de 1 *in-* et *vérifiable* ▪ Qui ne peut être vérifié. *Assertions, hypothèses invérifiables.* ➤ **incontrôlable, indémontrable.** *«je suis soutenu par un espoir invérifiable, mais je m'effondrerais s'il venait à être déçu»* TOURNIER.

INVERSABLE [ɛ̃vɛʀsabl] adj. – 1691 ◇ de 1 *in-* et *verser* ▪ Qui ne peut se renverser. *Encrier inversable. Tasse inversable pour bébé.*

INVERSE [ɛ̃vɛʀs] adj. et n. m. – 1611 ; *envers* XIIe ◇ latin *inversus*, de *invertere* «retourner»

I adj. ▪ **1** (Direction, ordre) Qui est exactement opposé, contraire. *Dans l'ordre inverse. Une relation inverse. Tourner dans le sens inverse des aiguilles d'une montre. Faire le même trajet en sens inverse.* — *Dictionnaire inverse*, dont les mots sont rangés par ordre alphabétique inverse (de la finale du mot et non de l'initiale). ◆ PAR EXT. Qui est, va, se fait en sens inverse. *Images inverses.* ➤ **renversé.** *Faire le mouvement inverse.* ▪ **2** LOG. *Proposition inverse*, dont les termes sont dans une relation inverse de celle où ils se trouvent dans une autre proposition. ▪ **3** MATH. *Rapport, raison inverse* : rapport de deux quantités dont l'une augmente dans la même proportion que l'autre diminue. *Fonctions inverses. Nombres inverses*, dont chacun est le quotient de l'unité par l'autre. *Opérations inverses*, qui laissent inchangée la grandeur qui les a subies successivement. *Matrice inverse d'une matrice A* (notée A^{-1}). ◆ GÉOM. *Figures inverses*, dont l'une est déduite de l'autre par inversion. ➤ **réciproque.**

II n. m. *L'inverse* : la chose inverse (soit par changement d'ordre ou de sens, soit par contradiction totale). ➤ **contraire.** *Vous avez fait l'inverse de ce qu'il fallait faire. C'est justement l'inverse ! «La philosophie de M. Rousseau [...] est presque l'inverse de celle de M. Hobbes»* DIDEROT. ➤ **antithèse, contrepied.** *«la vertu récompensée et le vice puni. L'expérience lui enseigne l'inverse»* CAILLOIS. ➤ **opposé.** *L'inverse de chaud c'est froid.* ◆ loc. adv. *À l'inverse* : tout au contraire. loc. prép. *À l'inverse de* (cf. Au contraire, à l'encontre de). *À l'inverse de sa sœur, il était très timide.*

▪ CONTR. Même.

INVERSEMENT [ɛ̃vɛʀsəmɑ̃] adv. – 1752 ◇ de *inverse* ▪ **1** D'une manière inverse. *Inversement proportionnel. «un abruti dont la masse musculaire était inversement proportionnelle à la masse neuronale»* D. FOENKINOS. ▪ **2** (En tête de phrase) Par un phénomène, un raisonnement inverse. ➤ **a contrario.** — (À la fin de la propos.) *Ou inversement* : ou c'est l'inverse. ➤ **vice versa.**

INVERSER [ɛ̃vɛʀse] v. tr. ‹1› – 1840 ◇ de *inverse*, pour remplacer *invertir* ▪ **1** Faire prendre à (deux objets) une position relative inverse de la précédente ; changer (la position, l'ordre). ➤ **intervertir.** *Inverser l'ordre de deux facteurs.* — *Inverser les rôles**. ▪ **2** (1871) Renverser le sens de (un courant électrique, un mouvement).

INVERSEUR [ɛ̃vɛʀsœʀ] n. m. – 1848 ◇ de *inverser* ▪ ÉLECTR. Appareil destiné à inverser à volonté le sens du courant. ➤ **commutateur.** — MÉCAN. Mécanisme permettant de renverser le sens de marche d'un système. *Inverseur de poussée* (dans un propulseur à réaction). — ÉLECTRON. Circuit dont l'amplification, exprimée en grandeur algébrique, est négative. — AUTOMAT. Circuit réalisant le complément* d'une variable binaire.

INVERSIBLE [ɛ̃vɛʀsibl] adj. – 1952 ; bot. 1873 ◇ de *inverser* ▪ TECHNOL. Se dit d'une émulsion photographique destinée à produire un film positif après inversion. *Film inversible.* ➤ **diapositive, ektachrome.** *Des «mètres de pellicule inversible, c'est-à-dire dont le développement donnerait une copie originale sans passer par l'intermédiaire d'un négatif»* PEREC.

INVERSION [ɛ̃vɛʀsjɔ̃] n. f. – 1529 ◇ latin *inversio*, de *invertere* «retourner»

I A. Sens spéciaux ▪ **1** Déplacement (d'un mot ou d'un groupe de mots) par rapport à l'ordre normal ou habituel de la construction. *Inversion du sujet dans l'interrogation* (ex.

Veux-tu m'aider ?). ▪ **2** (XIXe) Anomalie consistant en une position inverse ou un retournement sur lui-même d'un organe. ➤ **invagination.** *Inversion du cœur.* ➤ **dextrocardie.** *Inversion utérine :* repliement du fond de l'utérus vers le col utérin. ▪ **3** PHYS. Changement de sens d'un courant électrique ; de rotation d'un moteur. ▪ **4** CHIM. Changement de signe d'un composé optiquement actif, pendant une réaction chimique. *Inversion du sucre :* dédoublement du (+)–saccharose par hydrolyse en (+)–glucose et en (–)–lévulose. ▪ **5** GÉOL. *Inversion de relief :* transformation d'un synclinal en anticlinal (et inversement) sous l'action de l'érosion. ▪ **6** MATH. Transformation ponctuelle telle que la droite joignant les points homologues M et M′ passe par un point fixe O et que le produit des valeurs algébriques OM.OM′ reste constant. ▪ **7** GÉNÉT. Processus conduisant à un changement d'orientation d'un fragment d'ADN par rapport à son orientation de référence. *L'inversion modifie la structure d'un chromosome.* ▪ **8** AÉRONAUT. *Inversion de poussée :* inversion du fonctionnement des réacteurs d'un avion pour obtenir un freinage. ▪ **9** PHOTOGR. Opération de développement photographique permettant d'obtenir un film positif à partir d'un film négatif.

B. Sens général (XXe) Action d'inverser, de s'inverser (mouvement, ordre ; objets). *« De tous les coups du sort, j'ai su faire une fable. Le moins devient le plus : consolante inversion »* QUENEAU.

II (1889 ; *inversion du sens génital,* 1882, Charcot) VIEILLI *Inversion sexuelle* ou ABSOLT *inversion :* tendance, conduite des invertis (II). ➤ **homosexualité.**

INVERTASE [ɛ̃vɛʀtɑz] **n. f.** – 1905 ◊ de *invertir* et *-ase* ▪ BIOCHIM. VX Saccharase.

INVERTÉBRÉ, ÉE [ɛ̃vɛʀtebʀe] **adj.** – 1800 ◊ de 1*in-* et *vertébré* ▪ Qui n'a pas de vertèbres, de squelette. — SUBST. **LES INVERTÉBRÉS :** tous les animaux qui ne possèdent pas de colonne vertébrale. *L'escargot est un invertébré.* ▪ CONTR. Vertébré.

INVERTI, IE [ɛ̃vɛʀti] **adj. et n.** – 1894 ◊ de *invertir*

I adj. CHIM. *Sucre inverti,* dédoublé par inversion* (I, 4°).

II n. (1894) VIEILLI Personne qui éprouve une attirance sexuelle pour les êtres de son sexe. ➤ **homophile, homosexuel ; inversion** (II).

INVERTIR [ɛ̃vɛʀtiʀ] **v. tr.** ‹2› – 1265, repris avant 1831 ◊ latin *invertere* « retourner » ▪ VIEILLI Renverser symétriquement. ➤ **inverser.** *« Images inverties dans les eaux »* CHATEAUBRIAND. ◆ CHIM. au p. p. ➤ **inverti** (I).

INVESTIGATEUR, TRICE [ɛ̃vɛstigatœʀ, tʀis] **n.** – 1516 ◊ latin *investigator* ▪ Personne qui fait des investigations, des recherches systématiques sur qqch. ➤ **chercheur,** 1**enquêteur.** — **adj.** *« cet esprit fin et investigateur »* BALZAC. *Regard investigateur.*

INVESTIGATION [ɛ̃vɛstigasjɔ̃] **n. f.** – XIVe ◊ latin *investigatio* ▪ Recherche suivie, systématique, sur quelque objet. ➤ **enquête, examen, recherche.** *Méthodes d'investigation. Investigations de la police, du fisc. Journalisme d'investigation. Investigation scientifique.* ➤ **recherche.** *Champ d'investigation.* — PAR EXT. *« Sous l'investigation de son regard »* GIDE.

INVESTIGUER [ɛ̃vɛstige] **v. intr.** ‹1› – 1954 ◊ de *investigation,* avec influence de l'anglais *to investigate* ▪ Mener une investigation, faire des recherches. ➤ **enquêter.** *Les magistrats investiguent sur un trafic de cartes bancaires.*

INVESTIR [ɛ̃vɛstiʀ] **v. tr.** ‹2› – *envestir* « mettre en possession (d'un fief) » 1241 ◊ latin *investire* « revêtir, garnir », spécialisé en latin médiéval

I ▪ **1** Revêtir solennellement d'un pouvoir, d'une dignité, par la remise symbolique d'un attribut. ▪ **2** Mettre en possession (d'un pouvoir, d'un droit, d'une fonction). *Investir un ministre de pouvoirs extraordinaires. Être investi d'un droit,* être habilité à en user. — *Investir qqn de sa confiance. « l'héritage paternel l'avait investi d'une puissance inattendue : l'argent »* MARTIN DU GARD. ◆ SPÉCIALT POLIT. Désigner officiellement (un candidat) à une élection. *Candidat investi par un parti, un syndicat.*

II (v. 1410 ◊ repris à l'italien *investire*) Entourer avec des troupes (un objectif militaire). ➤ **cerner, encercler.** *Investir une place forte, une ville.* ➤ **assiéger.** *Les gendarmes investirent la maison. Les blindés « ont convergé vers sa capitale pour l'investir avec cinq cent mille soldats »* ECHENOZ.

III (1922 ◊ repris à l'anglais *to invest*) ▪ **1** Employer, placer (des capitaux) dans une entreprise. *Il a investi beaucoup d'argent dans cette affaire.* ➤ **engager,** 1**placer.** *Somme investie en bons du Trésor.* — ABSOLT Acquérir des biens d'investissement*. *Investir dans de nouvelles machines. « Il fallait prendre des crédits, il fallait investir »* D. FOENKINOS. ▪ **2** PSYCHAN. Mettre son énergie psychique dans (une activité, un objet). *Il a trop investi dans cet enfant, dans sa vie professionnelle.* ➤ **surinvestir.** — **v. pron.** COUR. *S'investir dans (une personne, une activité),* y accorder beaucoup d'importance, y consacrer son énergie psychique. ➤ **s'impliquer,** se **mobiliser.** *S'investir dans son travail. Bénévoles qui s'investissent dans une association.*

INVESTISSEMENT [ɛ̃vɛstismɑ̃] **n. m.** – 1704 ◊ de *investir* (II, III)

I Action d'investir (une place, une armée) ; résultat de cette action. ➤ **blocus, siège.**

II (1924 ◊ anglais *investment*) ▪ **1** ÉCON. Action d'acquérir des biens de production (bâtiment, machine...) pour l'exploitation d'une entreprise ; capital physique ainsi acquis. *Biens d'investissement :* biens durables utilisés pour la production. *Investissement improductif :* biens d'équipement destinés à produire des services pour la collectivité. *Société d'investissement :* société de gestion collective de placements mobiliers et immobiliers. *Fonds* d'investissement. Taux de rendement, de rentabilité d'un investissement. Retour sur investissement (RSI) :* montant qui résulte de la différence entre les revenus et les investissements (cf. Taux de rendement*). *« le temps pour ses partenaires d'un bon petit retour sur investissement et la survenue d'honnêtes marges »* ECHENOZ. *Investissement direct à l'étranger.* ➤ **implantation** (1°). ◆ PAR EXT. ➤ **placement.** *C'est un bon investissement.* ▪ **2** (1927) PSYCHAN. Fait d'investir (III, 2°).

INVESTISSEUR, EUSE [ɛ̃vɛstisœʀ, øz] **n.** – 1960 ◊ de *investir* (III) ▪ ÉCON. Personne ou collectivité qui place des capitaux dans l'achat de biens de production. *Affaire qui attire les gros investisseurs. Les investisseurs privés et les investisseurs institutionnels* (➤ 2**zinzin**). — **adj.** *Un organisme investisseur.*

INVESTITURE [ɛ̃vɛstityʀ] **n. f.** – 1460 ; *envesture* XIIIe ◊ latin médiéval *investitura* ▪ DR. ▪ **1** HIST. Acte formaliste accompagnant la « tradition », la mise en possession (d'un fief, d'un bien-fonds). *Investiture d'un fief.* ◆ DR. CAN. *Investiture d'un évêché.* HIST. *Querelle des Investitures* (des évêques), entre les papes et les empereurs germaniques. ▪ **2** MOD. Acte par lequel on confie à qqn un pouvoir, un droit, une fonction. ◆ SPÉCIALT POLIT. Acte par lequel un parti désigne officiellement un candidat à une élection. *Avoir, recevoir l'investiture de son parti.* ▪ CONTR. Déposition.

INVÉTÉRÉ, ÉE [ɛ̃veteʀe] **adj.** – 1468 ◊ latin *inveteratus,* de *inveterare* « faire vieillir » ▪ **1** Fortifié et enraciné avec le temps. ➤ **ancré.** *Habitude invétérée. « Abus invétérés »* VOLTAIRE. ▪ **2** (PERSONNES) Qui est tel depuis longtemps. *Alcoolique, voleur, bavard invétéré.* ➤ **endurci, impénitent, incorrigible.** *Une menteuse invétérée.*

INVINCIBILITÉ [ɛ̃vɛ̃sibilite] **n. f.** – 1508 ◊ de *invincible* ▪ Caractère de ce qui est invincible. *« cette paisible invincibilité de la pierre ou du bronze »* C. SIMON.

INVINCIBLE [ɛ̃vɛ̃sibl] **adj.** – 1360 ◊ bas latin *invincibilis* ▪ **1** Qui ne peut être vaincu. ➤ **imbattable.** *Armée invincible. Héros invincible. Place forte invincible.* ➤ **inexpugnable.** — VX *Invincible à,* qui résiste victorieusement à. ◆ Qui ne se laisse pas abattre. ➤ **indomptable.** *Courage invincible.* ▪ **2** Dont on ne peut triompher. *Argument invincible.* ➤ **irréfutable.** ◆ FIG. À quoi l'on ne peut résister. ➤ **irrésistible.** *Charme invincible.* ◆ Que la volonté ne peut maîtriser. *Cette idée « m'inspirait une répugnance invincible »* DUHAMEL. *Timidité invincible.*

INVINCIBLEMENT [ɛ̃vɛ̃sibləmɑ̃] **adv.** – 1490 ◊ de *invincible* ▪ D'une manière invincible, insurmontable. ➤ **irrésistiblement.**

IN-VINGT-QUATRE [invɛ̃tkatʀ] **adj. inv.** – 1765 ◊ latin *in* et *vingt-quatre* ▪ IMPRIM. Où les feuilles sont pliées en vingt-quatre feuillets (ou quarante-huit pages). *Format in-vingt-quatre. Volume in-vingt-quatre,* et SUBST. INV. *un in-vingt-quatre* (in-24).

INVIOLABILITÉ [ɛ̃vjɔlabilite] **n. f.** – 1789 ; *inviolableté* 1611 ◊ de *inviolable* ▪ **1** Caractère de ce qui est inviolable. *L'inviolabilité du domicile.* ▪ **2** (1789) Prérogative d'une personne déclarée inviolable. *Inviolabilité parlementaire, diplomatique.* ➤ **immunité.**

INVIOLABLE [ɛ̃vjɔlabl] **adj.** – 1328 ◊ latin *inviolabilis* ▪ **1** Qu'il n'est pas permis de violer, ou d'enfreindre. ➤ **intangible,** 1**sacré.** *Droit inviolable et sacré. Asile inviolable. Secret inviolable. « ce lieu qu'il avait longtemps considéré comme le plus inviolable des sanctuaires »* MARTIN DU GARD. ▪ **2** À qui la loi ou la Constitution accorde une immunité en matière criminelle ou correctionnelle. *L'Assemblée déclara « que ses membres étaient inviolables »* MICHELET. ▪ **3** Que l'on ne peut prendre par la force des armes. *Forteresse inviolable.* — **adv.** **INVIOLABLEMENT.**

INVIOLÉ, ÉE [ɛ̃vjɔle] **adj.** – XVe ◊ de 1*in-* et *violer* ▪ LITTÉR. Qui n'a pas été violé, enfreint. *Une interdiction inviolée.* ♦ Qui n'a pas été profané. *Sépulture inviolée.* ▪ CONTR. Violé.

INVISIBILISER [ɛ̃vizibilize] **v. tr.** ‹1› – 1788 ◊ de *invisible* ▪ Rendre invisible. — PRONOM. *« Avec la Carte Bleue l'argent s'invisibilisait »* ERNAUX. ♦ FIG. Soustraire au regard social. ➤ **effacer, ignorer, masquer.** *Invisibiliser les femmes, les précaires.* — **n. f.** **INVISIBILISATION.** ▪ CONTR. Exposer, montrer, souligner.

INVISIBILITÉ [ɛ̃vizibilite] **n. f.** – 1560 ◊ bas latin *invisibilitas* ▪ Caractère, état de ce qui est invisible. *L'invisibilité des infiniment petits.*

INVISIBLE [ɛ̃vizibl] **adj.** et **n. m.** – 1256 ◊ bas latin *invisibilis* ▪ **1** Qui n'est pas visible, qui échappe à la vue (par nature ou par accident). *Dieu, infini et invisible. Je suis certain « qu'il existe près de moi un être invisible »* MAUPASSANT. *« L'homme invisible », roman de H. G. Wells.* — *Invisible à l'œil nu.* ➤ **imperceptible, microscopique.** *Encre invisible.* ➤ **sympathique.** *Avion invisible.* ➤ **furtif.** PAR EXT. *Un invisible danger.* ♦ SC. D'où ne provient aucun rayonnement visible. ➤ **infrarouge, ultraviolet.** — SUBST. *Le visible et l'invisible.* ▪ **2** PAR EXT. Que l'on voit très peu. ➤ **imperceptible.** *Prothèse invisible. Cicatrice invisible.* ▪ **3** (1689) Qui se dérobe aux regards, qui ne veut pas être vu et qu'on ne peut rencontrer. *Depuis quelque temps, elle est devenue invisible.* ▪ **4** **n. m. pl.** COMM. *Les invisibles* : dans la balance des paiements, ensemble des opérations portant sur les échanges de services et les transferts de revenus. ▪ CONTR. Visible.

INVISIBLEMENT [ɛ̃vizibləmɑ̃] **adv.** – XIIe ◊ de *invisible* ▪ D'une manière invisible. ▪ CONTR. Visiblement.

INVITANT, ANTE [ɛ̃vitɑ̃, ɑ̃t] **adj.** – 1856 ◊ de *inviter* ▪ **1** LITTÉR. Qui incite, encourage. ➤ **engageant, tentant.** *« les lèvres les plus invitantes et les plus fausses »* YOURCENAR. ▪ **2** (milieu XXe) POLIT. *Les puissances invitantes*, qui invitent.

INVITATION [ɛ̃vitasjɔ̃] **n. f.** – XIVe ◊ latin *invitatio* ▪ **1** Action d'inviter ; son résultat. *Faire une invitation. Accepter, refuser une invitation. Invitation à un cocktail, à un mariage. Lettre, carton d'invitation. Entrée sur invitation uniquement.* ♦ PAR EXT. Lettre, carte d'invitation. *Montrer son invitation à l'entrée.* — ABRÉV. FAM. **INVIT** [ɛ̃vit]. *Des invits.* ▪ **2** Action d'inciter, d'engager à. ➤ **exhortation.** *À l'invitation, sur l'invitation de qqn.* ➤ **prière.** — FIG. *« La femme est une invitation au bonheur »* BAUDELAIRE.

INVITE [ɛ̃vit] **n. f.** – 1767 ◊ de *inviter* ▪ **1** JEUX DE CARTES, VX Appel. ▪ **2** (fin XIXe) Invitation indirecte plus ou moins déguisée (à faire qqch.). *Une invite à la riposte, à riposter. Une invite discrète. Je n'ai pas cédé à ses invites.*

INVITÉ, ÉE [ɛ̃vite] **n.** – début XIXe ◊ de *inviter* ▪ Personne invitée par une autre. *Vous êtes mon invitée. Les invités partirent tard dans la nuit.* ➤ **convive, hôte.** *Un invité de marque. « d'invité perpétuel, Pons arriva [...] à l'état de pique-assiette »* BALZAC.

INVITER [ɛ̃vite] **v. tr.** ‹1› – 1356 ◊ latin *invitare*, de *in-* et °*vitus*, apparenté à *vis* « tu veux » ▪ **1** Prier (qqn) de se rendre, de se trouver à quelque endroit, d'assister à qqch. ➤ **convier.** *Inviter à une cérémonie, un mariage. Inviter des amis à dîner.* ➤ **recevoir.** *Inviter qqn à danser. Elle n'a jamais été invitée chez eux.* ABSOLT *Aujourd'hui, c'est moi qui invite*, qui offre (le repas, la boisson). — PRONOM. Venir sans être convié. *« Je ne l'ai pas invité [...] Il s'est invité tout seul »* DUHAMEL. ➤ **s'imposer.** (CHOSES) *La robotique s'invite dans nos vies.* ▪ **2** Inciter, engager en employant la persuasion, la douceur. ➤ **exhorter, inciter, prier, proposer.** *Inviter qqn à faire qqch. Il « m'invite de la main à m'asseoir près de lui »* DAUDET. ▪ **3** (CHOSES) ➤ 1**porter, pousser** (à). *Voilà qui invite à la réflexion, à croire que... Musique qui invite à la détente.*

IN VITRO [invitʀo] **loc. adv.** – 1877 ◊ mots latins « dans le verre » ▪ En milieu artificiel, en laboratoire. *Observations faites in vitro* (opposé à *in vivo*). *Fécondation in vitro* (opposé à *in utero*). ➤ **FIV.** *Culture de tissus in vitro.* ➤ **explant.**

INVIVABLE [ɛ̃vivabl] **adj.** – 1927 ◊ de 1*in-* et 1*vivre* ▪ **1** Très difficile à vivre. *Existence, atmosphère invivable.* ▪ **2** FAM. (PERSONNES) Impossible, insupportable. *« Tous ceux qui ont approché cette malheureuse Colet l'ont trouvée pareillement invivable, insupportable »* HENRIOT. — *Un caractère invivable.*

IN VIVO [invivo] **loc. adv.** – 1898 ◊ mots latins « dans le vivant » ▪ Dans l'organisme vivant. *Expériences in vivo* (opposé à *in vitro*).

INVOCATION [ɛ̃vɔkasjɔ̃] **n. f.** – 1170 ◊ latin *invocatio* ▪ Action d'invoquer ; résultat de cette action. *Invocation à la divinité. Formule d'invocation.* ➤ **invocatoire.** *Église placée sous l'invocation d'un saint*, sous son patronage, sa protection. — *Invocation aux Muses.* ➤ **appel.**

INVOCATOIRE [ɛ̃vɔkatwaʀ] **adj.** – XVIIe ◊ du radical de *invocation* ▪ LITTÉR. Qui sert à invoquer. *Formule invocatoire.*

INVOLONTAIRE [ɛ̃vɔlɔ̃tɛʀ] **adj.** – 1361 ◊ bas latin *involuntarius* ▪ **1** Qui n'est pas volontaire, qui échappe au contrôle de la volonté. *Geste involontaire.* ➤ **automatique, irréfléchi, machinal.** *Mouvement, réaction involontaire.* ➤ **réflexe.** *Erreur, tromperie involontaire. « un sentiment involontaire ne peut être un crime »* LACLOS. — *Homicide involontaire* : délit entraînant la mort de la victime sans que son auteur ait l'intention de la donner. ▪ **2** Qui agit ou se trouve dans une situation, sans le vouloir. *Être le témoin, le héros involontaire d'un drame.* ▪ CONTR. Volontaire, voulu.

INVOLONTAIREMENT [ɛ̃vɔlɔ̃tɛʀmɑ̃] **adv.** – 1361 ◊ de *involontaire* ▪ D'une manière involontaire ; sans le vouloir. *Si je vous ai peiné, c'est bien involontairement.* ▪ CONTR. 2 Exprès, délibérément, volontairement ; sciemment.

INVOLUCRE [ɛ̃vɔlykʀ] **n. m.** – 1545 ◊ latin *involucrum* « enveloppe » ▪ BOT. Ensemble de bractées formant à la base de certaines inflorescences une sorte de collerette. ➤ **spathe.** *Pourvu d'un involucre* (*involucré, ée* **adj.**).

INVOLUTÉ, ÉE [ɛ̃vɔlyte] **adj.** – 1798 ◊ latin *involutus*, de *involvere* « enrouler » ▪ BOT. Roulé de dehors en dedans. *Chapeau involuté d'un champignon.*

INVOLUTIF, IVE [ɛ̃vɔlytif, iv] **adj.** – 1798 ◊ du latin *involutus* ; cf. *involuté* ▪ **1** BOT. Involuté. ▪ **2** (1931) MATH. Qui se rapporte à une involution. ▪ **3** MÉD. *Dépression, lésion involutive.* ➤ **involution** (3°).

INVOLUTION [ɛ̃vɔlysjɔ̃] **n. f.** – 1314 « difficultés » ◊ latin *involutio* « enroulement » ▪ **1** BOT. État d'un organe involuté. ▪ **2** (1866) MATH. Application f d'un ensemble E dans lui-même, telle que $f = f^{-1}$. *Les symétries sont des involutions.* ▪ **3** (début XIXe ◊ d'après *évolution*) DIDACT. Développement inverse de l'évolution ; passage de l'hétérogène à l'homogène. — MÉD. Modification régressive d'un organe, de l'organisme, d'une tumeur. *Involution utérine*, retour de l'utérus à ses dimensions normales, après l'accouchement. *Involution sexuelle.* — *Involution sénile* : ensemble des modifications de l'organisme dues à la vieillesse.

INVOQUER [ɛ̃vɔke] **v. tr.** ‹1› – 1397 ◊ latin *invocare* ▪ **1** Appeler à l'aide par des prières. ➤ **conjurer, prier.** *Invoquer Dieu. « une image de saint qu'on peut invoquer à l'heure du danger »* GAUTIER. *Invoquer les Muses.* — PAR EXT. Implorer, réclamer. *Invoquer le secours, la clémence d'un roi.* ▪ **2** Faire appel, avoir recours à. *Invoquer une loi, le témoignage d'un ami. « ils n'invoquaient que les textes, les vieux livres »* MICHELET. *Invoquer contre qqn une autorité supérieure.* — *Invoquer un précédent. Arguments invoqués à l'appui d'une thèse. « ne m'est-il pas permis d'invoquer une circonstance atténuante ? »* PASTEUR.

INVRAISEMBLABLE [ɛ̃vʀɛsɑ̃blabl] **adj.** – 1763 ◊ de 1*in-* et *vraisemblable* ▪ **1** Qui n'est pas vraisemblable, ne semble pas vrai. ➤ **impensable, incroyable.** *Nouvelle invraisemblable. Histoire invraisemblable.* ➤ **extraordinaire** (cf. À dormir* debout). *C'est invraisemblable ! Aussi invraisemblable que cela paraisse.* ➤ **improbable.** *Espoir invraisemblable.* ➤ **chimérique.** ▪ **2** Très étonnant (et souvent comique). ➤ **étonnant, extravagant, fabuleux, fantastique, inimaginable ;** FAM. **ébouriffant.** *« un invraisemblable chapeau gris à grands bords et à grands poils »* MAUPASSANT. ➤ **bizarre, improbable.** — *Un toupet, un aplomb invraisemblable.* ▪ **3** SUBST. *« L'invraisemblable paraissait tout simple »* HUGO. ▪ CONTR. Vraisemblable.

INVRAISEMBLABLEMENT [ɛ̃vʀɛsɑ̃bləbləmɑ̃] **adv.** – 1785 ◊ de *invraisemblable* ▪ D'une manière invraisemblable. ♦ Étonnamment. *« Les perruches sacrées [...] invraisemblablement vertes »* LOTI.

INVRAISEMBLANCE [ɛ̃vʀɛsɑ̃blɑ̃s] **n. f.** – 1763 ◊ de 1*in-* et *vraisemblance* ▪ **1** Défaut de vraisemblance. *Invraisemblance d'un fait, d'une nouvelle.* ▪ **2** Chose invraisemblable. *Récit plein d'invraisemblances.* ➤ **énormité.** *Une société « dont il a raconté mille invraisemblances »* PROUST. ▪ CONTR. Crédibilité, vraisemblance.

INVULNÉRABILITÉ [ɛ̃vylneʀabilite] **n. f.** – 1732 ◊ de *invulnérable* ■ LITTÉR. ■ **1** Qualité de ce qui est invulnérable. *L'invulnérabilité d'Achille.* ■ **2** FIG. *« Son égoïsme lui crée une sorte d'invulnérabilité »* GIDE.

INVULNÉRABLE [ɛ̃vylneʀabl] **adj.** – 1509 ◊ latin *invulnerabilis* ■ **1** Qui n'est pas vulnérable, qui ne peut être blessé. *« celui qui se croirait invulnérable n'aurait peur de rien »* ROUSSEAU. *Invulnérable aux coups.* PAR MÉTAPH. *« Mon cœur à tous ses traits demeure invulnérable »* CORNEILLE. — *Ville, place forte invulnérable.* ➤ **imprenable, invincible.** ■ **2** FIG. et LITTÉR. Qui est moralement au-dessus de toute atteinte. *Être invulnérable au malheur, aux tentations.* — Que l'on ne peut atteindre dans sa position hiérarchique, sociale. ➤ **indéboulonnable, intouchable.** *Un homme politique invulnérable.* ■ CONTR. Fragile, vulnérable.

IODATE [jɔdat] **n. m.** – 1816 ◊ de *iode* ■ CHIM. Sel ou ion de l'acide iodique.

IODE [jɔd] **n. m.** – 1812 ◊ grec *iôdês* « violet » ■ Élément chimique (I ; n° at. 53 ; m. at. 126,90) de la famille des halogènes, qui, à l'état non combiné (➤ **diiode**), donne naissance à des vapeurs violettes quand on le chauffe. *Utilisation de l'iode dans l'industrie, en photographie, en pharmacie* (révulsif et antiseptique). ◆ COUR. Diiode. *« l'odeur de l'iode et des algues leur annonça la mer »* CAMUS. — *Teinture d'iode* : solution d'iode et d'iodure de potassium dans l'alcool à 90° (désinfectant). — *Lampes à iode. Phares à iode.* ■ HOM. Yod.

IODÉ, ÉE [jɔde] **adj.** – 1824 ◊ de *iode* ■ Qui contient de l'iode. *Eau iodée. Bain iodé, sirop iodé. — L'air iodé du bord de mer.*

IODER [jɔde] **v. tr.** ⟨1⟩ – 1861 ◊ de *iode* ■ TECHN. Couvrir d'iode, mêler d'iode.

IODHYDRIQUE [jɔdidʀik] **adj. m.** – 1845 ◊ de *iode* et *-hydrique* ■ CHIM. *Acide iodhydrique* : acide (HI) formé par la combinaison d'iode et d'hydrogène, gaz incolore très soluble dans l'eau.

IODIQUE [jɔdik] **adj.** – 1812 ◊ de *iode* ■ CHIM. *Acide iodique* (HIO_3). *Anhydride iodique* (I_2O_5), résultant de l'oxydation de l'iode. ◆ MÉD. *Acné iodique,* provoquée par l'iode.

IODISME [jɔdism] **n. m.** – 1855 ◊ de *iode* ■ MÉD. Intoxication par l'iode ou l'un de ses composés.

IODLER ['jɔdle] **v. intr.** ⟨1⟩ – 1872 ; *iouler* 1840 ◊ de l'allemand dialectal *jodeln* ■ Vocaliser en passant de la voix de poitrine à la voix de tête et vice versa, sans transition (➤ **tyrolienne**). — On écrit aussi *jodler* (1891).

IODOFORME [jɔdɔfɔʀm] **n. m.** – 1834 ◊ de *iode* et *-forme* ■ Composé (CHI_3) solide, jaune, cristallisé, à odeur tenace et désagréable, utilisé comme antiseptique.

IODURE [jɔdyʀ] **n. m.** – 1812 ◊ de *iode* ■ CHIM. Sel ou ester de l'acide iodhydrique. *Iodure d'argent,* utilisé en photographie. *Iodure de potassium,* utilisé dans le traitement de l'insuffisance thyroïdienne.

IODURÉ, ÉE [jɔdyʀe] **adj.** – 1812 ◊ de *iodure* ■ Qui contient un iodure. *Bain, gargarisme ioduré.* — Couvert d'une couche d'iodure. *Plaque photographique iodurée.*

ION [jɔ̃] **n. m.** – 1840 ◊ anglais *ion,* du grec *ion,* p. prés. de *ienai* « aller » ■ CHIM., PHYS. Atome ou groupe d'atomes qui a perdu sa neutralité électrique par acquisition ou perte d'un ou de plusieurs électrons. *Ions positifs* (➤ **cation**), *négatifs* (➤ **anion**). *Ion de l'atmosphère* (➤ **ionosphère**). *La particule α est un ion d'hélium. Dosage des ions présents dans un liquide organique.* ➤ **ionogramme.**

IONIEN, IENNE [jɔnjɛ̃, jɛn] **adj.** – 1529 ◊ de *Ionie,* latin *Ionia,* mot grec ■ D'Ionie, ancienne province grecque d'Asie Mineure. *Îles Ioniennes, mer Ionienne. Dialecte ionien,* ou SUBST. *l'ionien,* un des principaux dialectes du groupe hellénique.

1 **IONIQUE** [jɔnik] **adj.** – v. 1400 *jonique* « dialecte du grec ancien » ◊ latin *ionicus,* grec *iônikos* « de l'Ionie » ■ **1** VX Ionien. ■ **2** ARCHIT. *Ordre ionique,* un des trois ordres grecs caractérisé par un chapiteau orné de deux volutes latérales. *Chapiteau, colonne ionique.* — SUBST. *L'ionique* : l'ordre ionique.

2 **IONIQUE** [jɔnik] **adj.** – 1893 ◊ de *ion* ■ CHIM., PHYS. Relatif aux ions. *Charge ionique. Liaison ionique,* entre un anion et un cation.

IONISANT, ANTE [jɔnizɑ̃, ɑ̃t] **adj.** – 1903 ◊ de *ioniser* ■ PHYS. Qui produit des ions. *Radiations ionisantes.* ➤ aussi **kerma.** *Rayons ionisants* (rayons X, alpha, bêta, gamma). ➤ **radioactif ; radioactivité.**

IONISATION [jɔnizasjɔ̃] **n. f.** – 1894 ◊ de *ion* ■ SC. ■ **1** CHIM., PHYS. Production d'ions par modification du nombre d'électrons d'un atome ou par scission d'une molécule. *Énergie d'ionisation. Le rayonnement cosmique est responsable de l'ionisation de l'atmosphère. Ionisation des aliments* : exposition à des rayonnements ionisants pour éliminer les micro-organismes et améliorer la conservation. ➤ **irradiation, pasteurisation** (à froid). ■ **2** *Ionisation médicale* : administration à travers la peau de médicaments ionisés, à l'aide de courant galvanique (➤ **radiobiologie**).

IONISER [jɔnize] **v. tr.** ⟨1⟩ – 1895 ◊ de *ion* ■ CHIM., PHYS. Transformer en ions ; modifier en donnant naissance à des ions. — **p. p. adj.** *Gaz ionisé.*

IONOGRAMME [jɔnɔgʀam] **n. m.** – 1935 ◊ de *ion* et *-gramme* ■ BIOCHIM. Représentation de la concentration des principaux ions dans un liquide biologique. *Ionogramme sanguin.*

IONONE [jɔnɔn] **n. f.** – 1907 ◊ du grec *ion* « violette » et suffixe *-one* ■ CHIM. Cétone ($C_{13}H_{20}O$), corps synthétique à odeur de violette, utilisé en parfumerie.

IONOSPHÈRE [jɔnɔsfɛʀ] **n. f.** – 1935 ◊ de *ion* et *sphère* ■ GÉOPHYS. Couche supérieure de l'atmosphère, au-delà de la mésosphère, d'altitude variant de 100 à 1 000 km, où les gaz sont fortement ionisés par le rayonnement cosmique et solaire. *Les gaz de l'ionosphère forment un plasma* naturel.* — **adj. IONOSPHÉRIQUE,** 1948.

IOTA [jɔta] **n. m. inv.** – v. 1300 ◊ du latin d'origine grecque *iota* ■ Neuvième lettre de l'alphabet grec (Ι, ι), la plus petite de toutes, qui correspond à notre *i.* ◆ LOC. *Copier un texte sans changer un iota,* sans rien changer. *Ne pas bouger d'un iota* : ne pas bouger du tout.

IOTACISME [jɔtasism] **n. m.** – 1803 ◊ latin d'origine grecque *iotacismus* ■ LING. Emploi fréquent du son [i] dans une langue. ◆ Prononciation défectueuse du [ʒ] en [j] (ex. iambon [jɑ̃bɔ̃] pour jambon [ʒɑ̃bɔ̃]).

IOURTE ➤ **YOURTE**

IPÉ [ipe] **n. m.** – 1992 ◊ d'une langue amérindienne du Brésil ■ Arbre d'Amérique tropicale *(bignoniacées),* au bois brun très dur. — Ce bois. *Terrasse en ipé.*

IPÉCA [ipeka] **n. m.** – 1802 ◊ abrév. de *ipécacuana* 1694 ; *igpecaya* 1640 ; mot portugais, du tupi (Brésil) ■ Arbrisseau d'Amérique du Sud *(rubiacées)* dont le rhizome séché est utilisé en pharmacopée pour ses propriétés vomitives. *Sirop, pastille d'ipéca.*

IPOMÉE [ipɔme] **n. f.** – 1803 ◊ latin des botanistes *ipomaea,* du grec *ips, ipos* « ver » et *homoios* « semblable » ■ Plante herbacée ou ligneuse *(convolvulacées),* dont une espèce est cultivée comme ornementale (➤ **volubilis**). *« une ipomée à fleur pourpre, variété d'immortelle [...] connue sous le nom d'Étoile du Nil »* PEREC.

IPSO FACTO [ipsofakto] **loc. adv.** – 1625 ◊ loc. latine « par le fait même » ■ Par voie de conséquence, automatiquement. *« tous les habitants du canton sont ipso facto nos clients désignés »* ROMAINS.

IRANIEN, IENNE [iʀanjɛ̃, jɛn] **adj.** et **n.** – 1843 ◊ de *Iran* ■ Relatif à l'Iran. ➤ **persan.** *Le mazdéisme, religion iranienne ancienne.* — *Langues iraniennes* : rameau asiatique du groupe indo-européen comprenant une vingtaine de langues parlées en Iran et jusqu'au Pakistan (persan, kurde, afghan, etc.). ◆ **n.** *Les Iraniens.*

IRASCIBILITÉ [iʀasibilite] **n. f.** – 1370 ◊ de *irascible* ■ LITTÉR. Caractère irascible ; défaut d'une personne irascible. ➤ **colère, courroux, emportement.** ■ CONTR. 1 Calme, douceur.

IRASCIBLE [iʀasibl] **adj.** – v. 1174 ◊ bas latin *irascibilis,* de *irasci* « se mettre en colère » → ire ■ Prompt à s'irriter, à s'emporter. ➤ **coléreux*, emporté, irritable.** *Il est irascible mais il s'apaise vite* (cf. Être soupe* au lait). — *Caractère, humeur irascible* (cf. Humeur de chien). ■ CONTR. Aimable, 2 calme, doux, paisible.

IRE [iʀ] **n. f.** – X^e ◊ latin *ira* ■ VX Colère.

IRÉNIQUE [iʀenik] **adj.** – 1867 ◊ du grec *eirênê* « paix » ■ RELIG. *Livres iréniques,* destinés à rétablir ou à consolider la paix (entre chrétiens de confessions différentes). — PAR EXT. Empreint d'irénisme.

IRÉNISME [iʀenism] **n. m.** – 1962 ◊ de *irénique* ■ Attitude de compréhension dans la discussion entre personnes d'opinions différentes, particulièrement entre chrétiens de confessions différentes. ➤ **œcuménisme.**

IRIDACÉES [iʀidase] **n. f. pl.** – 1850 ; *iridées* 1803 ◊ de *iris* ■ BOT. Famille de plantes monocotylédones, à grandes fleurs ornementales, généralement groupées en corymbes, en épis, en grappes.

IRIDECTOMIE [iʀidɛktɔmi] **n. f.** – *iridéictomie* 1836 ◊ de *iris* et *-ectomie* ■ MÉD. Excision partielle de l'iris.

IRIDESCENT, ENTE [iʀidesɑ̃, ɑ̃t] **adj.** – 1842 ◊ latin *iris, iridis* «arc-en-ciel» ■ LITTÉR. Qui a des reflets irisés.

IRIDIÉ, IÉE [iʀidje] **adj.** – 1872 ◊ de *iridium* ■ Allié avec de l'iridium. *Le platine iridié sert à fabriquer les étalons de mesure, les pointes de stylos.*

IRIDIEN, IENNE [iʀidjɛ̃, jɛn] **adj.** – 1873 ◊ de *iris* ■ DIDACT. Relatif à l'iris de l'œil. *Cellules iridiennes.* ➤ **irien.**

IRIDIUM [iʀidjɔm] **n. m.** – 1805 ◊ latin *iris, iridis* «arc-en-ciel», à cause des couleurs variées qu'offrent les combinaisons de ce métal ■ CHIM. Élément (Ir ; n° at. 77 ; m. at. 192,22), métal blanc très dur, cassant. *L'iridium s'extrait de certains minerais de platine.*

IRIDOLOGIE [iʀidɔlɔʒi] **n. f.** – v. 1950 ◊ du grec *iris, iridos* «iris (II)» et de *-logie* ■ Méthode de diagnostic fondée sur l'examen de l'iris (II). *Bilan de santé par l'iridologie. Société française d'iridologie fondée en 1956.* — **adj. IRIDOLOGIQUE.**

IRIDOLOGUE [iʀidɔlɔg] **n.** – v. 1950 ◊ de *iridologie* ■ Spécialiste d'iridologie. *Une iridologue.*

IRIEN, IENNE [iʀjɛ̃, jɛn] **adj.** – 1814 ◊ du radical de *iris* ■ DIDACT. De l'iris (II). ➤ **iridien.** *Tissu irien.*

IRIS [iʀis] **n. m.** – XIIIe ◊ latin *iris, iridis,* grec *iris, iridos*

I Plante *(iridacées),* à rhizome ou à bulbe et à haute tige portant de grandes fleurs ornementales. *Iris des marais, de Florence, d'Espagne. Iris violet, jaune. L'irone, principe odorant de l'iris. Poudre d'iris,* utilisée en parfumerie.

II (1478 ◊ emprunté au grec) ■ **1** Muscle circulaire diversement coloré, situé derrière la cornée, percé en son centre d'un orifice (➤ 2 **pupille**) dont la contraction ou la dilatation règle la quantité de lumière entrant dans l'œil. *«Le bleu de l'iris [...] ne formait plus qu'un léger cercle»* BALZAC. *Inflammation de l'iris.* ➤ **iritis.** *Examen de l'iris* (➤ **iridologie**). ■ **2** PHOTOGR. *Diaphragme iris,* et ABSOLT *iris* : dispositif, formé de lamelles, situé dans l'objectif et dont le diamètre d'ouverture est réglable pour laisser entrer plus ou moins de lumière. *Ouverture, fermeture de l'iris.*

III (1478) VX Arc-en-ciel. ◆ MOD. LITTÉR. Les couleurs de l'arc-en-ciel, du prisme, et SPÉCIALT Les cercles de couleurs qui entourent un objet vu à travers une lentille. ◆ *Pierre d'iris* ou *iris :* quartz irisé.

IRISATION [iʀizasjɔ̃] **n. f.** – 1845 ◊ de *iriser* ■ Production des couleurs de l'arc-en-ciel par réfraction de la lumière ; ces couleurs. *L'irisation d'un prisme. Les irisations d'une bulle de savon, d'une flaque de pétrole* (➤ **reflet**).

IRISÉ, ÉE [iʀize] **adj.** – 1783 ◊ de *iriser* ■ Qui prend les couleurs du prisme. *Verre irisé. Perle, nacre irisée. Flaques d'huile irisées. «cette larme pâle Aux reflets irisés comme un fragment d'opale»* BAUDELAIRE. *Quartz irisé,* dont les cassures sont irisées.

IRISER [iʀize] **v. tr.** ‹1› – XVIIIe ◊ de *iris* (III) ■ Colorer des couleurs de l'arc-en-ciel. *La lumière solaire irise les facettes d'un cristal.* — PRONOM. *«le toit d'ardoise s'irise au soleil comme une gorge de pigeon»* FRANCE.

IRISH COFFEE [ajʀiʃkɔfi] **n. m.** – milieu XXe ◊ loc. anglaise «café irlandais» ■ ANGLIC. Boisson faite de café chaud sucré et de whisky, recouverts de crème fraîche. *Des irish coffees.*

IRISH STEW [ajʀiʃstju] **n. m.** – 1931 ◊ loc. anglaise «ragoût irlandais» ■ Ragoût de mouton, avec oignons et pommes de terre. *Des irish stews.*

IRITIS [iʀitis] **n. f.** – 1836 ◊ de *iris* (II) et *-itis* → -ite ■ MÉD. Inflammation de l'iris.

IRLANDAIS, AISE [iʀlɑ̃dɛ, ɛz] **adj.** et **n.** – attesté 1567 ◊ de *Irlande* ■ D'Irlande. *La bière irlandaise. Whisky irlandais.* ➤ **whiskey.** *Café irlandais.* ➤ **irish coffee.** *Pull irlandais,* à points variés en laine écrue. *Setter, terrier irlandais. Armée républicaine irlandaise (IRA).* ◆ **n.** *Les Irlandais catholiques, protestants.* — **n. m.** *L'irlandais :* groupe des parlers celtiques d'Irlande (➤ **gaélique**).

IRM [iɛʀɛm] **n. f.** – v. 1970 ◊ sigle de *Imagerie par résonance magnétique* ■ MÉD. Ensemble des techniques permettant d'obtenir des images anatomiques à partir de la résonance* magnétique nucléaire. — Examen utilisant cette technique. *Passer une IRM. L'IRM est indolore.* — Image ainsi obtenue. *Radiologue qui interprète une IRM.*

IROKO [iʀɔko] **n. m.** – 1962 ◊ mot yoruba ■ Arbre d'Afrique *(moracées). Des irokos.* — Bois de cet arbre utilisé en construction navale, menuiserie et ameublement.

IRONE [iʀɔn] **n. f.** – v. 1900 ◊ de *iris* (I) ■ CHIM. Cétone $C_{14}H_{22}O$ extraite du rhizome d'iris, qui a une odeur de violette appréciée en parfumerie.

IRONIE [iʀɔni] **n. f.** – début XIIIe «figure de rhétorique» ◊ latin *ironia,* du grec *eirôneia* «action d'interroger en feignant l'ignorance», à la manière de Socrate *(ironie socratique)* ■ **1** (fin XIIIe) Manière de se moquer (de qqn ou de qqch.) en disant le contraire de ce qu'on veut faire entendre. ➤ **humour, persiflage, raillerie.** *Une pointe d'ironie. Ironie amère, mordante.* ➤ **dérision, sarcasme.** *Savoir manier l'ironie. Faire de l'ironie. Je le dis sans ironie* (cf. Au premier degré*). ◆ (début XIIIe) Figure de rhétorique apparentée à l'antiphrase*. ■ **2** Disposition railleuse, moqueuse, correspondant à cette manière de s'exprimer. *L'ironie de Voltaire. Les Français «chez qui le plaisir de montrer de l'ironie étouffe le bonheur d'avoir de l'enthousiasme»* STENDHAL. *Une lueur d'ironie dans le regard, une nuance d'ironie dans le ton.* ➤ **moquerie.** ■ **3** LOC. *Ironie (du sort) :* intention de moquerie méchante qu'on prête au sort. *L'ironie veut que, à peine rentré des sports d'hiver, il se casse la jambe dans l'escalier. «Cette amère ironie du malheur»* Mme DE STAËL. ■ CONTR. Sérieux.

IRONIQUE [iʀɔnik] **adj.** – XVe ◊ latin *ironicus* ■ **1** Où il entre de l'ironie. ➤ **narquois, persifleur, railleur, sarcastique.** *Propos ironiques. «Non le rire ironique aux sarcasmes moqueurs»* HUGO. *Air, regard, sourire ironique.* ➤ **goguenard.** ■ **2** Qui use de l'ironie. *Il s'est montré ironique avec elle.* ◆ FIG. *Un ironique retour des choses. «Une amère et ironique distribution des dons de la fortune»* CHATEAUBRIAND. ■ CONTR. Sérieux.

IRONIQUEMENT [iʀɔnikmɑ̃] **adv.** – XVe ◊ de *ironique* ■ D'une manière ironique, par ironie. *«L'allure noble qu'on appelle ironiquement un pas d'ambassadeur»* BALZAC. ■ CONTR. Sérieusement.

IRONISER [iʀɔnize] **v. intr.** ‹1› – 1647 ◊ de *ironie* ■ User d'ironie, prendre le ton de l'ironie. ➤ **blaguer,** se **moquer, railler.** *«Ici, j'ironise à peine»* CAMUS.

IRONISTE [iʀɔnist] **n.** – fin XVIIIe ◊ de *ironie* ■ VIEILLI Personne, écrivain qui pratique l'ironie. ➤ **humoriste ; moqueur, railleur.**

IROQUOIS, OISE [iʀɔkwa, waz] **adj.** et **n.** – 1605 *Irocois* ◊ déformation d'un mot algonquin «vraies vipères» ■ **1** Qui appartient à une nation amérindienne d'Amérique du Nord, vivant près des Grands Lacs. **n.** *Un Iroquois.* — *L'iroquois :* famille de langues parlées par les Iroquois. ■ **2** **n. m.** *Un iroquois* ou *coiffure à l'iroquois,* à la manière prêtée aux Iroquois, cheveux hérissés sur la tête en un arc de cercle, du front à la nuque.

IRRADIANT, IANTE [iʀadjɑ̃, jɑ̃t] **adj.** – v. 1480 ◊ de *irradier* ■ Qui irradie. *Douleur irradiante.*

IRRADIATEUR [iʀadjatœʀ] **n. m.** – milieu XXe ◊ de *irradiation* ■ TECHN. Équipement pour irradier, comprenant une source de rayonnement et les protections appropriées. *Irradiateurs aux rayons gamma utilisés pour l'irradiation d'aliments.*

IRRADIATION [iʀadjasjɔ̃] **n. f.** – 1390 ◊ bas latin *irradiatio*

I ■ **1** Émission de rayons lumineux, et PAR EXT. Émission de rayonnement, visible ou invisible. ➤ **rayonnement.** *L'irradiation du soleil à travers les nuages.* ■ **2** (1694) DIDACT. Mouvement qui part d'un centre et rayonne dans toutes les directions. — PHYSIOL. *Irradiation douloureuse :* propagation de la douleur depuis son point d'origine. ◆ FIG. *«la bonté n'est qu'une irradiation du bonheur»* GIDE.

II (1926) Action d'irradier (II) ; effet chimique ou biologique causé par une radiation dans un échantillon de matière. *Irradiation des aliments* (procédé de conservation). ➤ **ionisation.** — MÉD. Action de soumettre l'organisme ou une de ses parties à un rayonnement. *Irradiation d'une tumeur par les rayons X* (➤ **radiobiologie**).

IRRADIER [iʀadje] **v.** ‹7› – 1468, rare avant 1808 ◊ bas latin *irradiare* «rayonner», de *radius* «rayon»

I **v. intr.** ■ **1** Se propager en rayonnant à partir d'un centre, par irradiation. ➤ se **diffuser,** 1 **rayonner.** *La lumière irradie d'une source.* — *«La douleur irradiait dans le côté gauche»* MAURIAC. ■ **2** FIG. ➤ se **propager.** *«Quand on aime, l'amour [...] irradie vers la personne aimée»* PROUST.

II **v. tr.** (1948) Exposer (des organismes ou des substances d'origine animale, minérale ou végétale) à l'action de certaines radiations, SPÉCIALT à la radioactivité (➤ **irradiateur**). — **p. p. adj.** *Tissus irradiés ; uranium irradié. — Populations irradiées de Hiroshima, de Tchernobyl,* brûlées par irradiation.

IRRAISONNÉ, ÉE [iʀɛzɔne] **adj.** – 1842 ◇ de 1*in-* et *raisonné* ■ Qui n'est pas raisonné ; où n'intervient pas la raison. *Geste irraisonné.* ➤ **incontrôlé.** *Peur irraisonnée.* ➤ **irrépressible.** *« une honte irraisonnée et invincible, comme un instinct »* BOURGET.

IRRATIONALISME [iʀasjɔnalism] **n. m.** – 1886 ◇ de *irrationnel* ■ Hostilité au rationalisme, absence de foi dans la raison. *Notre culture « ressuscite tout ce qui renforce notre irrationalisme »* MALRAUX. ➤ **spiritualisme.**

IRRATIONALITÉ [iʀasjɔnalite] **n. f.** – 1845 ◇ de *irrationnel* ■ Caractère de ce qui est irrationnel ; l'irrationnel. *Irrationalité d'un principe.*

IRRATIONNEL, ELLE [iʀasjɔnɛl] **adj.** – 1361 « non doué de raison » ◇ latin *irrationalis* ■ **1** (1549) MATH. *Nombre irrationnel,* qui ne peut être mis sous la forme d'un rapport entre deux nombres entiers ; qui n'est ni entier ni fractionnaire. ➤ **transcendant.** *Équation irrationnelle,* qui renferme une ou plusieurs expressions engagées sous des radicaux. ■ **2** (1845) Qui n'est pas rationnel, qui n'est pas conforme à la raison ou du domaine de la raison. ➤ **anormal, déraisonnable, fou, illogique.** *Conduite irrationnelle. Suppositions irrationnelles.* ➤ **empirique, gratuit.** — SUBST. *L'irrationnel :* ce qui est inaccessible ou même contraire à la raison. *« La puissance de création appartient indéniablement à l'irrationnel »* BENDA.

IRRATTRAPABLE [iʀatʀapabl] **adj.** – 1955 ◇ de 1*in-* et *rattrapable* ■ Qui n'est pas rattrapable. *Une bévue irrattrapable.* ■ **CONTR.** Rattrapable, rectifiable.

IRRÉALISABLE [iʀealizabl] **adj.** – 1831 ◇ de 1*in-* et *réalisable* ■ Qui ne peut se réaliser. ➤ **chimérique, impossible, impraticable, inexécutable.** *Désir, projet irréalisable. « élever un monument démesuré [...] que rendaient irréalisable les proportions mêmes qu'on prévoyait pour lui »* CAILLOIS. ➤ **infaisable.**

IRRÉALISÉ, ÉE [iʀealize] **adj.** – 1845 ◇ de 1*in-* et *réalisé* ■ LITTÉR. Qui n'a pas été réalisé. *Une fatalité « d'espérances irréalisées, de projets manqués »* LOTI. ■ **CONTR.** Accompli, réalisé.

IRRÉALISME [iʀealism] **n. m.** – 1907 ◇ de *irréel* ■ Manque de réalisme. *L'irréalisme d'une politique.* ■ **CONTR.** Réalisme.

IRRÉALISTE [iʀealist] **adj.** – 1927 ◇ de 1*in-* et *réaliste* ■ Qui manque de réalisme. *Un projet irréaliste.* ➤ **chimérique, utopique.** — *Un type génial mais irréaliste.* ➤ **idéaliste, rêveur, utopiste.** ■ **CONTR.** Réaliste.

IRRÉALITÉ [iʀealite] **n. f.** – 1886 ◇ de *irréel* ■ Caractère de ce qui est irréel ; l'irréel. *« l'irréalité du rêve »* PROUST. ■ **CONTR.** Matérialité, réalité.

IRRECEVABILITÉ [iʀəs(ə)vabilite] **n. f.** – 1874 ◇ de *irrecevable* ■ DR. Caractère de ce qui n'est pas recevable. *Irrecevabilité d'une plainte, d'une action en justice,* pour défaut du droit d'agir ou inobservation des délais.

IRRECEVABLE [iʀəs(ə)vabl] **adj.** – 1588 ◇ de 1*in-* et *recevable* ■ DIDACT. Qui n'est pas recevable, qui ne peut être admis. ➤ **inacceptable, inaccordable, inadmissible.** *Demande, proposition irrecevable.*

IRRÉCONCILIABLE [iʀekɔ̃siljabl] **adj.** – 1534 ◇ bas latin *irreconciabilis* ■ Avec qui il n'y a pas de réconciliation possible. *« Elle se faisait par là un ennemi irréconciliable »* LACLOS. — *Être irréconciliable avec qqn. Adversaires irréconciliables.* ◆ Qui ne veut pas s'apaiser. *Une haine irréconciliable.* ➤ **inexpiable.**

IRRÉCOUVRABLE [iʀekuvʀabl] **adj.** – 1840 ◇ de 1*in-* et *recouvrable* ■ DR. Qu'on ne peut recouvrer. *Taxes, créances irrécouvrables.* ■ **CONTR.** Recouvrable.

IRRÉCUPÉRABLE [iʀekypeʀabl] **adj.** – fin XIVe ◇ bas latin *irrecuperabilis* ■ **1** Qui ne peut être récupéré. *Une vieille ferraille à peu près irrécupérable. Un capital irrécupérable.* ■ **2** (PERSONNES) Qui ne peut être réinséré dans un groupe, un parti. *Un récidiviste irrécupérable.* ■ **CONTR.** Récupérable, recyclable.

IRRÉCUSABLE [iʀekyzabl] **adj.** – 1778 ; hapax 1552 ◇ bas latin *irrecusabilis* ■ **1** DR. Qui ne peut être récusé. *Juge irrécusable. Témoignage irrécusable.* ■ **2** COUR. Qu'on ne peut refuser, contester, mettre en doute. ➤ **incontestable.** *Signes irrécusables.* ➤ **éclatant, indiscutable.** *Preuve irrécusable.* ➤ **irréfragable, irréfutable.** ■ **CONTR.** Récusable. Contestable, discutable.

IRRÉDENTISME [iʀedɑ̃tism] **n. m.** – 1890 ◇ italien *irredentismo,* de *irredento* « non racheté, non délivré » ■ HIST. Doctrine politique des nationalistes italiens qui, après la formation de l'unité, ont réclamé l'annexion des territoires de langue italienne non encore libérés de la domination étrangère (*« Italia irredenta »*). ◆ PAR ANAL. Tout mouvement national s'inspirant des mêmes principes. — **adj.** et **n.** **IRRÉDENTISTE.**

IRRÉDUCTIBILITÉ [iʀedyktibilite] **n. f.** – 1762 ◇ de *irréductible* ■ DIDACT. Caractère de ce qui est irréductible. *Irréductibilité d'une équation, d'une rente. Irréductibilité d'un fait à un autre. — Irréductibilité de l'opposition.* ➤ **intransigeance.**

IRRÉDUCTIBLE [iʀedyktibl] **adj.** – 1676 ◇ de 1*in-* et *réductible* ■ **1** SC. Qui n'est pas réductible, qui ne peut être réduit. *Fracture, hernie irréductible.* — ALG. *Fraction, équation irréductible.* — CHIM. *Oxyde irréductible,* qui ne peut être ramené à ses éléments. ■ **2** (fin XIXe) DIDACT. Qui ne peut être ramené à autre chose. *Fait, propriété, loi irréductible.* Avec un compl. *Sentiments irréductibles à la simple amitié.* ■ **3** Qui ne peut être entamé, dont on ne peut venir à bout. *Opposition, obstacles irréductibles.* ➤ **invincible.** *Une volonté irréductible.* ➤ **indomptable.** — (PERSONNES) ➤ **intraitable, intransigeant.** *Des ennemis irréductibles.* — SUBST. *C'est un irréductible.* ■ **CONTR.** Réductible. Apprivoisable.

IRRÉDUCTIBLEMENT [iʀedyktibləmɑ̃] **adv.** – 1914 ◇ de *irréductible* ■ De manière irréductible.

IRRÉEL, ELLE [iʀeɛl] **adj.** – 1794 ◇ de 1*in-* et *réel* ■ **1** Qui n'est pas réel, qui est en dehors de la réalité. ➤ **abstrait, imaginaire.** *Univers irréel. Aspect irréel.* ➤ **fantastique.** ◆ SUBST. *Sa stupidité atteignait « aux limites les plus reculées du chimérique et de l'irréel »* COURTELINE. ■ **2** LING. *Mode irréel,* ou **n. m.** *l'irréel :* construction ou forme verbale exprimant une hypothèse irréalisable. *Le latin distingue l'irréel (du présent, du passé) et le potentiel* ; ces formes sont rendues en français par le conditionnel*.* ■ **CONTR.** Authentique, 1 effectif, réel.

IRRÉFLÉCHI, IE [iʀefleʃi] **adj.** – 1784 ◇ de 1*in-* et *réfléchi* ■ Qui n'est pas réfléchi ; qui agit sans réflexion. *Jeune homme irréfléchi.* ➤ **écervelé, étourdi, impulsif.** ◆ Qui se fait sans réflexion. *Actes, mouvements irréfléchis.* ➤ **involontaire ; automatique, instinctif, machinal, mécanique, spontané.** *Propos irréfléchis,* mal contrôlés. ➤ **déraisonnable, inconsidéré.** ■ **CONTR.** Avisé, raisonnable, réfléchi.

IRRÉFLEXION [iʀeflɛksjɔ̃] **n. f.** – 1785 ◇ de 1*in-* et *réflexion* ■ Manque de réflexion. ➤ **étourderie, imprévoyance, inattention, inconséquence, précipitation.** *Sottise commise par irréflexion.*

IRRÉFORMABLE [iʀefɔʀmabl] **adj.** – 1594 ◇ bas latin *irreformabilis* ■ **1** DR. Qui ne peut être réformé. *Jugement, arrêt irréformable.* ■ **2** Que l'on ne peut corriger. *« cet abus paraissait à tout le monde irréformable »* VOLTAIRE.

IRRÉFRAGABLE [iʀefʀagabl] **adj.** – 1470 ◇ bas latin *irrefragabilis,* de *refragari* « s'opposer à, voter contre » ■ DIDACT. Qu'on ne peut contredire. ➤ **irrécusable, irréfutable.** *Autorité, témoignage irréfragable. Ce sentiment dont « mes injustices et mes reproches, n'étaient que des preuves plus irréfragables »* CONSTANT. ■ **CONTR.** Controversable, discutable.

IRRÉFUTABLE [iʀefytabl] **adj.** – 1747 ◇ de 1*in-* et *réfutable* ■ Qui ne peut être réfuté. *Argument, preuves irréfutables.* ➤ **formel, incontestable, indéniable, indiscutable, irrécusable.** *« Il est impossible de prouver que de telles affirmations sont vraies* [ou] *fausses. Leur arbitraire même les protège et les rend irréfutables »* CAILLOIS. — **n. f.** **IRRÉFUTABILITÉ.** ■ **CONTR.** Réfutable.

IRRÉFUTABLEMENT [iʀefytabləmɑ̃] **adv.** – 1845 ◇ de *irréfutable* ■ LITTÉR. D'une manière irréfutable. *Prouver irréfutablement qqch.* ➤ **formellement, indéniablement.**

IRRÉGULARITÉ [iʀegylaʀite] **n. f.** – XIVe ◇ bas latin *irregularitas* ■ **1** Caractère, aspect irrégulier (des choses qui manquent de régularité). *Irrégularité d'un pavage ; d'un phénomène, d'une situation, d'un bâtiment* (➤ **asymétrie**). *Irrégularité du travail fourni. Irrégularité d'un mouvement, du pouls* (➤ **inégalité**). ■ **2** *Une, des irrégularités.* Chose ou action irrégulière. *Surface qui présente des irrégularités.* ➤ **inégalité.** *Irrégularités dans le mouvement d'un astre* (➤ **perturbation**), *dans une conjugaison* (➤ **anomalie, exception**). ■ **3** Chose contraire à la loi. *Irrégularité de fond des actes de procédure. Élection entachée d'irrégularité.* ➤ **illégalité.** *Irrégularités dans une nomination.* ➤ **passe-droit.** *Dénoncer les irrégularités d'une gestion. Commettre une irrégularité.* ■ **CONTR.** Régularité ; assiduité, constance.

IRRÉGULIER, IÈRE [iʀegylje, jɛʀ] **adj.** – 1283 ◊ bas latin *irregularis* ■ Qui n'est pas régulier. ■ **1** COUR. Qui n'est pas régulier dans sa forme, ses dimensions, sa disposition, son rythme. *Polygone irrégulier.* ➤ **anormal.** *Forme irrégulière.* ➤ **asymétrique, biscornu, dissymétrique.** *Traits irréguliers, d'une beauté irrégulière. Écriture irrégulière. Vers irréguliers.* ➤ **libre.** *Mouvement irrégulier.* ➤ **déréglé, désordonné, haché, heurté, saccadé.** — (Dans le temps) *Détonations irrégulières.* ➤ **discontinu, sporadique.** *Pouls irrégulier.* ➤ **inégal, intermittent.** — *Parcours irrégulier.* ➤ **chaotique.** ■ **2** (ABSTRAIT) Qui n'est pas conforme à la règle établie, à l'usage commun. *« Anna Lindsay, qui était toujours la maîtresse de Lamoignon, souffrait de cette situation irrégulière »* HENRIOT. ➤ **illégitime.** *Procédure irrégulière.* ➤ **illégal.** *Étrangers en situation irrégulière. Détention irrégulière.* ➤ **arbitraire.** — GRAMM. Qui n'est pas conforme ou pas entièrement conforme à un type considéré comme normal. *Verbes irréguliers. Pluriels irréguliers.* ■ **3** (PERSONNES) *Troupes irrégulières, soldats irréguliers,* ou SUBST. *les irréguliers,* qui n'appartiennent pas à l'armée régulière. *Courtier irrégulier.* ➤ 2 **marron.** — DR. *Successeur irrégulier.* ■ **4** (PERSONNES) Qui n'est pas constamment égal à soi-même. ➤ **inégal.** *Employé, élève, athlète irrégulier,* qui n'est pas régulier dans son service, son travail, ses résultats. *Il est bon, mais trop irrégulier.* ■ CONTR. Régulier. Égal. Normal, symétrique, uniforme ; 2 net, pur ; correct ; assidu.

IRRÉGULIÈREMENT [iʀegyljɛʀmɑ̃] **adv.** – XIVᵉ ◊ de *irrégulier* ■ **1** D'une manière irrégulière. *Perquisition effectuée irrégulièrement.* ➤ **illégalement, indûment.** ■ **2** Sans régularité. *Il ne vient que très irrégulièrement au bureau. Bâtiments disposés irrégulièrement.* ■ CONTR. Régulièrement ; normalement ; assidûment ; symétriquement.

IRRÉLIGIEUX, IEUSE [iʀeliʒjø, jøz] **adj.** – 1406 ◊ latin *irreligiosus* ■ Qui n'a pas de croyance religieuse ; qui s'oppose à la religion par sa conduite, ses discours, ses écrits. ➤ **athée, impie, incroyant, mécréant, sceptique.** *Esprits irréligieux.* ➤ **areligieux, libertin** (cf. Libre penseur*, esprit fort*). — PAR EXT. Qui marque l'irréligion. *Attitude irréligieuse* (➤ **impie**). *Opinions irréligieuses. « leur enthousiasme irréligieux* [des disciples de Voltaire] » CHATEAUBRIAND. ■ CONTR. Croyant, pieux, religieux.

IRRÉLIGION [iʀeliʒjɔ̃] **n. f.** – 1527 ◊ latin *irreligio* ■ Manque de religion, d'esprit religieux. ➤ **athéisme, impiété, incrédulité, incroyance, indifférence.** *Être accusé d'irréligion. L'esprit d'irréligion* (**IRRÉLIGIOSITÉ** n. f.). ■ CONTR. Foi, piété, religion.

IRRÉMÉDIABLE [iʀemedjabl] **adj.** – 1452 ◊ latin *irremediabilis* ■ À quoi on ne peut remédier (pr. et fig.). *Aggravation irrémédiable d'un état de santé. Maladie irrémédiable.* ➤ **incurable, insoignable.** *Avarie irrémédiable. Perte, désastre irrémédiable.* ➤ **irréparable.** — SUBST. *Éviter l'irrémédiable.* ■ CONTR. Amendable, remédiable, réparable.

IRRÉMÉDIABLEMENT [iʀemedjabləmɑ̃] **adv.** – fin XVᵉ ◊ de *irrémédiable* ■ D'une manière irrémédiable (cf. Sans appel*). *Carrière irrémédiablement compromise. Détruire irrémédiablement.* ➤ **définitivement, irréparablement.**

IRRÉMISSIBLE [iʀemisibl] **adj.** – 1234 ◊ bas latin *irremissibilis* ■ LITTÉR. ■ **1** Qui ne mérite pas de rémission, de pardon. ➤ **impardonnable.** *Faute, tort irrémissible. « Le crime le plus irrémissible que l'homme puisse commettre »* ROUSSEAU. ■ **2** Irrémédiable. *« qu'elle n'aille pas faire une autre crise, car ce serait irrémissible »* LE CLÉZIO. ■ CONTR. Pardonnable, rémissible.

IRRÉMISSIBLEMENT [iʀemisibləmɑ̃] **adv.** – 1521 ◊ de *irrémissible* ■ LITTÉR. Sans rémission. *« Nous sommes irrémissiblement damnés ! »* STENDHAL.

IRREMPLAÇABLE [iʀɑ̃plasabl] **adj.** – 1845 ◊ de 1 *in-* et *remplaçable* ■ **1** (CHOSES) Qui ne peut être remplacé. *Casser un bibelot irremplaçable. « Chaque instant de notre vie est irremplaçable »* GIDE. ➤ **spécial, unique.** ■ **2** (PERSONNES) Qui ne peut être remplacé (par qqn de même valeur). *Un collaborateur irremplaçable.* ➤ **indispensable.** LOC. PROV. *Nul n'est irremplaçable.* ■ CONTR. Interchangeable, remplaçable, substituable.

IRRÉPARABLE [iʀepaʀabl] **adj.** – 1234 ◊ latin *irreparabilis* ■ Qui ne peut être réparé. ■ **1** (ABSTRAIT) ➤ **irrémédiable.** *Tort, perte irréparable. « Pour réparer des ans l'irréparable outrage »* RACINE. *Désastre, malheur irréparable. « Nous avions prononcé* [...] *des mots irréparables »* CONSTANT. — SUBST. *Commettre l'irréparable.* ■ **2** (fin XIXᵉ) (CONCRET) *Montre, moteur de voiture irréparable.* ➤ FAM. 2 **fichu,** 2 **mort.** ■ CONTR. Arrangeable, réparable.

IRRÉPARABLEMENT [iʀepaʀabləmɑ̃] **adv.** – 1370 ◊ de *irréparable* ■ D'une manière irréparable. ➤ **irrémédiablement.** *Avenir irréparablement compromis.*

IRRÉPÉTIBLE [iʀepetibl] **adj.** – 1979 ◊ de *répétible* « qu'on peut réclamer » (1870), du latin *repetere* « réclamer en justice » ■ DR. *Frais irrépétibles :* frais de justice qui ne sont pas compris dans les dépens.

IRRÉPRÉHENSIBLE [iʀepʀeɑ̃sibl] **adj.** – v. 1400 ◊ bas latin *irreprehensibilis* ■ LITTÉR. Qu'on ne peut reprendre, blâmer. ➤ **inattaquable, irréprochable.** *Personne, conduite irrépréhensible. Plaisirs irrépréhensibles.* ➤ **innocent.**

IRRÉPRESSIBLE [iʀepʀesibl] **adj.** – 1845 ◊ de 1 *in-* et *répressible* ■ Qu'on ne peut réprimer, contenir, refréner. *Force, passion irrépressible.* ➤ **impérieux, incoercible, irrésistible.** *Une histoire « qui nous secouait de rires irrépressibles »* GIDE. *Une envie irrépressible de tout abandonner.*

IRRÉPROCHABLE [iʀepʀɔʃabl] **adj.** – v. 1460 ◊ de 1 *in-* et *reprocher* ■ À qui, à quoi on ne peut faire aucun reproche. *« pour déshonorer un père qu'elle imaginait irréprochable »* PENNAC. ➤ **parfait** (cf. Sans reproche). *Fonctionnaire irréprochable.* DR. *Témoin irréprochable. — Vie, moralité irréprochable.* ➤ **irrépréhensible.** — *Tenue, toilette irréprochable.* ➤ **impeccable.** ■ CONTR. Condamnable, défectueux, reprochable.

IRRÉPROCHABLEMENT [iʀepʀɔʃabləmɑ̃] **adv.** – 1613 ◊ de *irréprochable* ■ LITTÉR. D'une manière irréprochable. *« Quant à sa fille, elle l'avait élevée irréprochablement »* BARBEY.

IRRÉSISTIBLE [iʀezistibl] **adj.** – 1687 ; *irrésistable* 1478 ◊ latin médiéval *irresistibilis* ■ **1** À quoi, à qui on ne peut résister. *Force, puissance irrésistible. Attrait, charme irrésistible. « La tentation irrésistible d'un plaisir »* PROUST. *Penchant, mouvement, besoin, désir, passion irrésistible.* ➤ **impérieux, incoercible, irrépressible.** *Preuve, logique irrésistible.* ➤ **concluant, implacable.** *C'est irrésistible* (cf. C'est plus fort* que moi). ■ **2** Qui séduit. ➤ **séduisant.** *Une femme irrésistible. Avec « son esprit tout français, sa gaieté brillante, elle était irrésistible »* MAUROIS. ■ **3** Qui fait rire. *Il est irrésistible quand il raconte son histoire.* — PAR EXT. *C'est d'un comique irrésistible.* ■ CONTR. Résistible.

IRRÉSISTIBLEMENT [iʀezistibləmɑ̃] **adv.** – 1701 ◊ de *irrésistible* ■ D'une manière irrésistible. *Entraîner irrésistiblement. Le prix de la vie monte irrésistiblement.* ➤ **inéluctablement.** *« Rien n'est plus irrésistiblement grotesque, monstrueusement commun »* MAUPASSANT.

IRRÉSOLU, UE [iʀezɔly] **adj.** – 1538 ◊ de 1 *in-* et *résolu* ■ **1** RARE Qui est resté sans solution. *C'est un problème encore irrésolu.* ■ **2** (1568) COUR. (PERSONNES) Qui n'est pas résolu, qui a peine à se résoudre, à se déterminer. ➤ **flottant, hésitant,** 1 **incertain, indécis.** *Caractère irrésolu,* d'une personne qui ne sait pas ce qu'elle veut. *Rester irrésolu.* ➤ **suspendu, suspens** (en suspens). — SUBST. *« Cela montre aux irrésolus qu'il est toujours temps de vouloir »* ALAIN. ■ CONTR. Décidé, déterminé, résolu.

IRRÉSOLUTION [iʀezɔlysjɔ̃] **n. f.** – 1553 ◊ de 1 *in-* et *résolution* ■ État ou caractère d'une personne qui est irrésolue. ➤ **hésitation, incertitude, indécision, perplexité.** *Période de doute et d'irrésolution. « L'irrésolution* [est] *une timidité à entreprendre »* VAUVENARGUES. ■ CONTR. Décision, détermination, résolution.

IRRESPECT [iʀɛspɛ] **n. m.** – 1794 ◊ de 1 *in-* et *respect* ■ Manque de respect. ➤ **impertinence, insolence, irrévérence.** *Enfants qui montrent de l'irrespect envers leurs parents. « Nous sommes le siècle des chefs-d'œuvre de l'irrespect »* GONCOURT.

IRRESPECTUEUX, EUSE [iʀɛspɛktɥø, øz] **adj.** – 1611 ◊ de 1 *in-* et *respectueux* ■ Qui n'est pas respectueux. ➤ **impertinent, impoli, insolent, irrévérencieux.** *Manières irrespectueuses. Tenir des propos irrespectueux envers les autorités.* ➤ **audacieux.** *Se montrer irrespectueux des lois.* ◆ adv. LITTÉR. **IRRESPECTUEUSEMENT.**

IRRESPIRABLE [iʀɛspiʀabl] **adj.** – 1779 ◊ de 1 *in-* et *respirable* ■ Qui est dangereux à respirer. ➤ **asphyxiant, délétère.** *Gaz irrespirable.* ◆ Pénible à respirer. *Un air pollué irrespirable. « Une atmosphère irrespirable, saturée d'essences et de parfums »* LOTI. — FIG. *Depuis leur brouille, l'atmosphère de la maison était devenue irrespirable.* ➤ **insupportable, invivable.** ■ CONTR. Respirable.

IRRESPONSABILITÉ [iʀɛspɔ̃sabilite] **n. f.** – 1790 ◊ de *irresponsable* ■ Qualité d'une personne irresponsable, absence de responsabilité (légale ou morale). *Plaider l'irresponsabilité de l'accusé.* ◆ DR. *L'irresponsabilité du chef de l'État. L'irresponsabilité parlementaire.* ➤ **immunité, inviolabilité.** ◆ COUR. *Un sentiment d'impuissance et d'irresponsabilité* (➤ **inconscience, légèreté**). *« il venait de perdre l'irresponsabilité de la première jeunesse »* BEAUVOIR. ■ CONTR. Responsabilité.

IRRESPONSABLE [iʀɛspɔ̃sabl] **adj.** – 1786 ◊ de 1 *in-* et *responsable* ▪ **1** DR. Qui n'est pas responsable, n'a pas à répondre de ses actes. *Le président de la République est irresponsable, il ne peut être mis en accusation que dans le cas de haute trahison* (➤ **immunité**). — DR. CIV. *Les enfants, les aliénés sont irresponsables.* ▪ **2** (d'après l'anglais) COUR. Qui se conduit sans esprit de responsabilité ; qui agit pour lui-même sans envisager les conséquences de ses actes. *Personne irresponsable de ses actes. Décideur incompétent et irresponsable. Désavouer les initiatives d'éléments irresponsables* (➤ **isolé**). — Irréfléchi, étourdi, léger. *Une attitude irresponsable.* ➤ **insouciant.** ♦ SUBST. *C'est un dangereux irresponsable. De jeunes irresponsables.* ▪ CONTR. Responsable.

IRRÉTRÉCISSABLE [iʀetʀesisabl] **adj.** – 1873 ◊ de 1 *in-* et *rétrécir* ▪ Qui ne peut rétrécir. *Tissu garanti irrétrécissable au lavage* (cf. Qui ne bouge* pas).

IRRÉVÉRENCE [iʀeveʀɑ̃s] **n. f.** – XIIIe ◊ latin *irreverentia* ▪ VIEILLI ou LITTÉR. Manque de révérence, de respect. ➤ **impertinence, impolitesse, insolence, irrespect.** *L'irrévérence la plus choquante. Parler avec irrévérence.* ♦ PAR EXT. RARE Action, parole marquée d'irrévérence. *« Les irrévérences de Modeste envers son père, les libertés excessives qu'elle prenait avec lui »* BALZAC. ▪ CONTR. Révérence ; respect.

IRRÉVÉRENCIEUX, IEUSE [iʀeveʀɑ̃sjø, jøz] **adj.** – 1791 ◊ de *irrévérence* ▪ VIEILLI ou LITTÉR. Qui fait preuve d'irrévérence, qui montre de l'irrévérence. ➤ **impertinent, impoli, insolent, irrespectueux.** *Enfant irrévérencieux à l'égard de, envers ses professeurs. « un camarade aussi irrévérencieux [...] pour toute règle établie »* R. ROLLAND. *Propos irrévérencieux.* — **adv.** LITTÉR. **IRRÉVÉRENCIEUSEMENT.** ▪ CONTR. Révérencieux ; respectueux.

IRRÉVERSIBILITÉ [iʀevɛʀsibilite] **n. f.** – 1900 ◊ de *irréversible* ▪ DIDACT. Caractère de ce qui est irréversible. *Irréversibilité du temps. Irréversibilité d'un cycle, d'une transformation énergétique.* ▪ CONTR. Réversibilité.

IRRÉVERSIBLE [iʀevɛʀsibl] **adj.** – 1892 ◊ de 1 *in-* et *réversible* ▪ Qui n'est pas réversible. ▪ **1** TECHN. Qui ne peut fonctionner que dans un seul sens. — MÉCAN. Qui ne peut transmettre un mouvement que dans un seul sens. *Réducteur irréversible.* ▪ **2** Qui ne peut se produire que dans un seul sens, sans pouvoir être renversé. *« Comme le temps physique, le temps physiologique est irréversible »* CARREL. *Processus, opération, réaction chimique irréversible. La combustion est un phénomène irréversible.* — *Une décision irréversible.* ➤ **irrévocable.** *La situation est malheureusement irréversible,* on ne peut revenir au point de départ. ▪ CONTR. Réversible.

IRRÉVERSIBLEMENT [iʀevɛʀsibləmɑ̃] **adv.** – 1955 ◊ de *irréversible* ▪ D'une manière irréversible.

IRRÉVOCABILITÉ [iʀevɔkabilite] **n. f.** – 1534 ◊ de *irrévocable* ▪ DR. ou LITTÉR. Caractère de ce qui est irrévocable. *Irrévocabilité d'une donation. Irrévocabilité d'une décision.*

IRRÉVOCABLE [iʀevɔkabl] **adj.** – XVe ; *inrévocable* 1315 ◊ latin *irrevocabilis* ▪ **1** Qui ne peut être révoqué. *Donation irrévocable. Arrêt, verdict, jugement irrévocable.* — *Vœux, serments irrévocables,* qui engagent définitivement. *Décision irrévocable.* ➤ 2 **arrêté, définitif** (cf. Sans appel). *« c'était irrévocable, une force invincible l'y poussait [...], c'était dit »* ARAGON. *Refus irrévocable.* — SUBST. *L'irrévocable.* ➤ **fatalité.** ▪ **2** Qui ne peut être rappelé, qui ne peut revenir. *« Le temps irrévocable a fui. L'heure s'achève »* TOULET.

IRRÉVOCABLEMENT [iʀevɔkabləmɑ̃] **adv.** – 1266 ◊ de *irrévocable* ▪ D'une manière irrévocable. *Ma décision est prise, irrévocablement* (cf. Sans appel).

IRRIGABLE [iʀigabl] **adj.** – 1839 ◊ de *irriguer* ▪ Susceptible d'être irrigué. ➤ **arrosable.** *Surface irrigable.*

IRRIGATEUR, TRICE [iʀigatœʀ, tʀis] **n. m.** et **adj.** – 1827 ◊ de *irriguer* ▪ Instrument servant à irriguer, à arroser. ➤ **arroseur.** ♦ **adj.** *Canal irrigateur. Installation irrigatrice.*

IRRIGATION [iʀigasjɔ̃] **n. f.** – XVe ◊ latin *irrigatio* ▪ **1** MÉD. Action de faire couler de l'eau (sur une partie malade, une plaie). ▪ **2** (1764) COUR. Arrosement artificiel des terres en déviant les eaux douces (➤ **arrosage**). *Canaux, rigoles d'irrigation. Barrage permettant l'irrigation de régions arides.* ▪ **3** Circulation (du sang, des liquides) dans l'organisme. *Irrigation du foie.* ▪ CONTR. Assèchement, drainage.

IRRIGUER [iʀige] **v. tr.** ⟨1⟩ – 1835 ◊ latin *irrigare* ▪ Arroser par irrigation. *Irriguer des terres.* — *Vaisseaux sanguins qui irriguent le bras.* ♦ FIG. *« Cette conception irrigue aussi tout l'esprit de la Révolution française »* A. KAHN. ▪ CONTR. Assécher, drainer.

IRRITABILITÉ [iʀitabilite] **n. f.** – 1672 ◊ latin impérial *irritabilitas* ▪ **1** BIOL. « Propriété que possède tout élément anatomique d'être mis en activité et de réagir d'une certaine manière sous l'influence des excitants extérieurs » (C. Bernard). ➤ **contractilité, excitabilité.** *Irritabilité cellulaire.* ▪ **2** (1778) COUR. Propension à la colère. ➤ **emportement, irascibilité.** *« cet état d'irritabilité défiante et crédule [...] où mettent les grandes misères »* MICHELET.

IRRITABLE [iʀitabl] **adj.** – 1757 ; « irritant » 1520 ◊ latin *irritabilis* ▪ **1** BIOL. Susceptible de réagir à un stimulus. *Toute matière vivante est irritable.* ➤ **excitable.** ▪ **2** (1829) COUR. Prompt à se mettre en colère, qu'un rien irrite. ➤ **chatouilleux, emporté, irascible, susceptible** (cf. Soupe* au lait). *Un vieillard irritable. Sa maladie l'a rendu irritable.* ➤ **acariâtre.** ▪ CONTR. 2 Calme.

IRRITANT, ANTE [iʀitɑ̃, ɑ̃t] **adj.** – 1549 ◊ de *irriter* ▪ **1** Qui irrite, met en colère. ➤ **agaçant, crispant, énervant, exaspérant, urticant.** *Mot, propos irritants. Une discussion irritante. C'est irritant d'attendre.* ▪ **2** Qui détermine de l'irritation, de l'inflammation. *Les gaz lacrymogènes sont irritants. Fumée irritante* (➤ **âcre, suffocant**). *Aliment irritant.* ➤ **échauffant.** ▪ **3** BIOL. Qui provoque des réactions du fait de l'irritabilité. ♦ **n. m.** VX *Les irritants physiques, chimiques* (d'apr. C. Bernard). ➤ **excitant, stimulus.** ▪ CONTR. Apaisant, attendrissant, calmant ; adoucissant, émollient.

IRRITATIF, IVE [iʀitatif, iv] **adj.** – 1498 ◊ de *irritation* ▪ MÉD. Qui est causé par une irritation. *Diarrhée irritative.*

IRRITATION [iʀitasjɔ̃] **n. f.** – v. 1400 ◊ latin *irritatio* ▪ **1** État d'une personne irritée. ➤ **agacement, colère, énervement, exaspération.** *Être au comble de l'irritation.* ▪ **2** (1694) Inflammation légère. *Irritation de la peau, des bronches.* ▪ CONTR. Apaisement, 1 calme.

IRRITÉ, ÉE [iʀite] **adj.** – de *irriter* ▪ **1** Qui est en colère. ➤ **courroucé, énervé, enragé, exaspéré.** *Il m'a paru très irrité* (cf. FAM. À cran). *Irrité de, par l'attitude de qqn. Être irrité contre qqn.* — PAR EXT. *Un ton, des regards irrités.* ▪ **2** Qui est enflammé. *Gorge irritée.* ▪ CONTR. 2 Calme, patient.

IRRITER [iʀite] **v. tr.** ⟨1⟩ – 1355 ◊ latin *irritare* ▪ **1** Mettre en colère. ➤ **agacer, aigrir, contrarier, courroucer, énerver, exaspérer, fâcher, horripiler, impatienter, indigner.** *« Cette femme l'irritait dans tout ce qu'elle faisait »* GREEN. *Évitons de l'irriter. Ce genre de propos a le don de m'irriter.* ➤ **hérisser.** ♦ PRONOM. **S'IRRITER :** se mettre en colère. ➤ **bouillir,** se **fâcher,** se **monter.** *S'irriter contre qqn. S'irriter de qqch., de voir qqch., s'irriter du fait que.* ▪ **2** (1587) VIEILLI ou LITTÉR. ➤ **aviver, exacerber.** *Irriter la passion, les désirs, la curiosité.* ➤ **exciter.** ▪ **3** PHYSIOL. Rendre douloureux, sensible en déterminant une légère inflammation. ➤ **enflammer.** *Cette matière irrite la peau.* ➤ **échauffer.** *La fumée irrite l'œil.* ➤ **brûler.** PRONOM. *« On s'irrite à tousser ou à se gratter »* ALAIN. ▪ **4** SC. NAT. Faire réagir sous l'effet d'une excitation. ▪ CONTR. Apaiser, attendrir, calmer ; adoucir, diminuer.

IRRUPTION [iʀypsjɔ̃] **n. f.** – 1495 ◊ latin *irruptio* ▪ **1** Invasion soudaine et violente (d'éléments hostiles, dans un pays). ➤ **attaque, envahissement, incursion.** *L'irruption des Barbares dans l'Empire romain.* ▪ **2** Entrée de force et en masse, ou de façon inattendue (dans un lieu). *Irruption de manifestants dans la salle.* **FAIRE IRRUPTION.** *« Un nouveau flot d'hommes fait irruption, dégorge [...] par la tribune publique et submerge l'assemblée »* FRANCE. — FIG. *« La littérature nouvelle fit irruption avec fracas »* CHATEAUBRIAND. ♦ (CHOSES) Envahissement inattendu. *Irruption des eaux.* ➤ **débordement, inondation.**

ISABELLE [izabɛl] **adj. inv.** – *isavelle* 1630 ◊ espagnol *Isabel*, n. propre ▪ De couleur jaune pâle. *Rubans isabelle.* — SPÉCIALT *Cheval, jument isabelle.*

ISALLOBARE [iza(l)lɔbaʀ] **n. f.** – 1948 ◊ d'après *isobare*, avec intercalation du grec *allos* « autre » ▪ MÉTÉOR. Courbe joignant les points de la Terre où les variations de la pression atmosphérique sont égales en un temps donné.

ISARD [izaʀ] **n. m.** – *ysard* 1553 ; *bouc izar* 1387 ◊ d'un mot ibérique prélatin « étoile » ▪ Chamois des Pyrénées. *« de légers troupeaux d'isards qui [...] s'élancent de rocher en rocher »* VIGNY.

ISATIS [izatis] **n. m.** – 1740 ◊ mot grec « pastel » ▪ **1** BOT. ➤ 1 **pastel.** ▪ **2** (1765) Renard polaire à la fourrure grise en été, blanche en hiver. COMM. Renard bleu. *« le renard bleu, connu zoologiquement sous le nom d'isatis [...] est noir de museau, cendré ou blond foncé de poil, et nullement bleu »* J. VERNE.

ISBA [izba] **n. f.** – 1797 ◊ mot russe ▪ Petite maison en bois de sapin, particulière aux paysans de la Russie du Nord. *Des isbas.*

ISBN [isbeɛn] **n. m.** – 1977 ◊ mot anglais, sigle de *International Standard Book Number* ■ Numéro d'identification attestant l'enregistrement international d'un ouvrage publié (livre, brochure, CD-ROM). *L'ISBN est attribué par l'éditeur selon une codification internationale, le numéro de dépôt légal est attribué par l'imprimerie.*

ISCHÉMIE [iskemi] **n. f.** – 1832 ◊ grec *iskhaimos* « qui arrête le sang » ■ MÉD. Anémie locale, arrêt ou insuffisance de la circulation du sang dans un tissu ou un organe. *Ischémie par compression. Ischémie cardiaque.*

ISCHÉMIQUE [iskemik] **adj.** et **n.** – 1867 ◊ de *ischémie* ■ MÉD. Qui est provoqué par l'ischémie. *Gangrène ischémique. Accident ischémique transitoire (AIT).* ♦ Atteint d'ischémie. — **n.** *Un, une ischémique.*

ISCHIATIQUE [iskjatik] **adj.** – 1761 ◊ de *ischion* ■ ANAT. Qui appartient, qui a rapport à l'ischion ou à l'articulation de la hanche. *Artère, tubérosité ischiatique.*

ISCHIOJAMBIER, IÈRE [iskjoʒɑ̃bje, jɛʀ] **adj.** et **n. m.** – 1891 ◊ du grec *iskhion* → ischion et *jambier* ■ ANAT. *Muscles ischiojambiers* : faisceau musculaire de la région postérieure de la cuisse, antagoniste du quadriceps. — **n. m.** *Les ischiojambiers.*

ISCHION [iskjɔ̃] **n. m.** – 1538 ◊ grec *iskhion* ■ ANAT. Partie de l'os iliaque, en bas et en arrière du bassin.

ISENTROPIQUE [izɑ̃tʀɔpik] **adj.** – 1878 ◊ de *is(o)-* et *entropie* ■ À entropie* constante. *Transformation adiabatique isentropique.*

ISIAQUE [izjak] **adj.** – 1752 ◊ latin *isiacus*, grec *isiakos* ■ DIDACT. Relatif à la déesse Isis, et à son culte. *Mystères isiaques.*

ISLAM [islam] **n. m.** – 1697 ◊ mot arabe « soumission » ■ **1** Religion prêchée par Mahomet et fondée sur le Coran. ➤ **islamisme ; arabo-islamique, musulman.** *Les cinq piliers de l'islam* : profession de foi en un Dieu unique appelé Allah, prière (➤ **imam ; muezzin**), jeûne (➤ **ramadan**), dîme et pèlerinage à La Mecque ou Médine (➤ **hadji**). *Défense de l'islam* (➤ **djihad**). ■ **2** (Avec *I* majuscule) L'ensemble des peuples qui professent cette religion, et la civilisation qui les caractérise. *Histoire de l'Islam.*

ISLAMIQUE [islamik] **adj.** – 1835 ◊ de *islam* ■ Qui appartient, qui a rapport à l'islam. ➤ **musulman.** *Loi islamique.* ➤ **charia.** *Foulard*, voile islamique* (➤ **burqa, haïk, hidjab, tchador, 1 voile**). — *Études islamiques.* ➤ **coranique ;** RÉGION. **médersa.**

ISLAMISATION [islamizasjɔ̃] **n. f.** – 1903 ◊ de *islamiser* ■ Action d'islamiser ; son résultat. *L'islamisation de l'Andalousie après le VIIIe siècle.*

ISLAMISER [islamize] **v. tr.** ⟨1⟩ – 1862 ◊ de *islam* ■ Intégrer à l'islam, ou rendre conforme aux règles de l'islam. — PRONOM. et PASS. **S'ISLAMISER, ÊTRE ISLAMISÉ.** *Peuples qui s'islamisent. Régions islamisées d'Afrique noire.* SUBST. *« c'est un islamisé du Soudan »* GIDE.

ISLAMISME [islamism] **n. m.** – 1697 ◊ de *islam* ■ **1** VIEILLI Religion musulmane. ➤ **islam,** VX **mahométisme.** *« L'artiste avait abjuré l'islamisme, et lui et sa femme n'avaient de musulman que le bonnet turc »* NERVAL. ■ **2** Mouvement politique et religieux prônant l'expansion ou le respect de l'islam. *Islamisme radical.* ➤ **intégrisme.**

ISLAMISTE [islamist] **adj.** et **n.** – 1803 ◊ de *islamisme* ■ Relatif à l'islamisme. *Radicalisme islamiste* (➤ **intégrisme**). — Qui est partisan de l'islamisme (2°). *Militant islamiste.* **n.** *Des islamistes salafistes. « Un islamiste est un militant politique. Il n'a qu'une seule ambition : instaurer un État théocratique »* Y. KHADRA.

ISLAMITÉ [islamite] **n. f.** – 1985 ◊ de *islam* ■ DIDACT. Fait d'appartenir à la communauté, à la culture musulmane. *L'islamité turque. Islamité et arabité.*

ISLAMOLOGIE [islamɔlɔʒi] **n. f.** – 1910 ◊ de *islam* et *-logie* ■ DIDACT. Étude de la civilisation et de la culture islamiques. — **n. ISLAMOLOGUE** (1880).

ISLAMOPHOBIE [islamɔfɔbi] **n. f.** – 1910 ◊ de *islam* et *-phobie* ■ Hostilité contre l'islam et les musulmans. *L'islamophobie est alimentée par un amalgame avec l'islamisme intégriste.* — **adj. ISLAMOPHOBE** (1912).

ISLANDAIS, AISE [islɑ̃dɛ, ɛz] **adj.** et **n.** – 1732 ; *islandoys* 1546 ◊ de *Islande* ■ De l'Islande. — **n.** *Les Islandais* : les habitants de l'Islande. — PAR EXT. Pêcheur breton qui va pêcher sur les bancs de l'Islande. ♦ **n. m.** La langue des Islandais. ➤ **nordique, scandinave.**

ISMAÉLISME [ismaelism] **n. m.** – 1828 ◊ de *Ismāʿīl* et *-isme* ■ DIDACT. Mouvement des descendants d'Ismaël, issu de la communauté chiite* ; ensemble des dogmes de la secte des *ismaéliens.* ➤ aussi **druze.** — On dit aussi **ISMAÏLISME** [ismailism].

ISO [izo] **n. m. inv.** – 1973 ◊ acronyme anglais, de *International Standardization Organization* « organisation internationale de standardisation » ■ **1** *Norme ISO* : norme définie par l'Organisation internationale de normalisation, s'appliquant aux produits et aux services. *Appareil conforme à la norme ISO.* ■ **2** PHOTOGR. *Degré ISO* : unité de sensibilité des émulsions photographiques (➤ aussi **ASA, DIN**). *Échelle ISO.*

IS(O)- ■ Élément, du grec *isos* « égal ».

ISOAGGLUTINATION [izoaglytinasjɔ̃] **n. f.** – 1931 ◊ de *iso-* et *agglutination* ■ MÉD. Phénomène d'agglutination des hématies d'un sujet par introduction de sang d'un individu de même espèce, mais de groupe sanguin différent.

ISOBARE [izobaʀ] **adj.** et **n. f.** – 1863 ◊ grec *isobarês*, de *iso-* et *baros* « pesanteur » ■ **1** PHYS. Qui s'effectue à pression constante. *Une transformation isobare.* ■ **2** MÉTÉOR. D'égale pression atmosphérique. *Lignes, courbes isobares,* qui sur une carte relient des points de pression atmosphérique égale, à un instant et à une altitude donnés. — **n. f.** (1902) *Des isobares.*

ISOBATHE [izobat] **adj.** et **n. f.** – 1904 ◊ grec *isobathês*, de *iso-* et *bathos* « profondeur » ■ GÉOPHYS. D'égale profondeur. *Ligne, courbe isobathe* ou **n. f.** *une isobathe,* reliant sur une carte les points d'égale profondeur.

ISOCARDE [izokaʀd] **n. m.** – 1800 ◊ de *iso-* et *-carde* ■ ZOOL. Mollusque *(lamellibranches)* à coquille en forme de cœur, à valves égales, comprenant des espèces vivantes et fossiles.

ISOCÈLE [izɔsɛl] **adj.** – 1542 ◊ latin *isosceles*, mot grec, de *iso-* et *skelos* « jambe » ■ GÉOM. Dont deux côtés non parallèles sont égaux. *Triangle isocèle. Trapèze isocèle.*

ISOCHORE [izɔkɔʀ] **adj.** – 1948 ◊ de *iso-* et du grec *khôra* « espace » ■ PHYS. À volume constant. *Transformation isochore.*

ISOCHROMATIQUE [izɔkʀɔmatik] **adj.** – 1830 ◊ de *iso-* et *chromatique* ■ DIDACT. Dont la couleur est uniforme. PHOTOGR. Sensible à toutes les couleurs du spectre.

ISOCHRONE [izɔkʀɔn ; izokʀon] **adj.** – 1682 ; *isochron* 1675 ◊ grec *isokhronos* ■ SC. Dont la durée est constante. *Oscillations isochrones du pendule* (➤ **isophase**). *Phénomènes isochrones,* qui se produisent dans des temps égaux. — On dit aussi **ISOCHRONIQUE.**

ISOCHRONISME [izɔkʀɔnism] **n. m.** – 1700 ◊ de *isochrone* ■ SC. Caractère de ce qui est isochrone ; égalité de durée. ♦ SPÉCIALT, MÉD. Égalité de chronaxie* entre deux fibres musculaires ou nerveuses.

ISOCLINAL, ALE, AUX [izoklinal, o] **adj.** – 1888 ◊ de *iso-* et *(syn)clinal* ■ GÉOL. Dont les flancs ont la même inclinaison. *Pli isoclinal. Structure isoclinale,* formée de plis isoclinaux parallèles.

ISOCLINE [izɔklin] **adj.** – 1834 ◊ grec *isoklinês*, de *iso-* et *klinein* « pencher » ■ À inclinaison constante. — GÉOPHYS. D'égale inclinaison magnétique. *Lignes isoclines,* joignant les points du globe où l'inclinaison de l'aiguille aimantée est la même. **n. f.** (1931) *Une isocline.*

ISODYNAMIE [izodinami] **n. f.** – 1898 ◊ grec *isodunamia*, de *iso-* et *dunamis* « puissance » ■ PHYSIOL. Équivalence énergétique d'aliments différents, permettant leur substitution réciproque dans la ration.

ISODYNAMIQUE [izodinamik] **adj.** – 1837 ◊ de *iso-* et *dynamique* ■ SC. Dont la force est équilibrée par une autre. — *Courbe, ligne isodynamique,* reliant les points de la Terre où l'intensité horizontale magnétique terrestre prend la même valeur. — On dit aussi **ISODYNAME.**

ISOÉDRIQUE [izɔedʀik] **adj.** – 1834 ◊ de *iso-* et *-èdre* ■ MINÉR. Dont les facettes sont semblables.

ISOÉLECTRIQUE [izoelɛktʀik] **adj.** – 1904 ◊ de *iso-* et *électrique* ■ SC. *Point isoélectrique,* désignant, sur une échelle de pH, la valeur à laquelle une substance en solution a une charge nulle.

ISOÈTE [izɔɛt] **n. m.** – 1817 ◊ grec *isoetês*, de *iso-* et *etos* « année » ■ BOT. Petite plante lacustre *(isoétacées)* aux longues feuilles minces.

ISOGAME [izɔgam] **adj.** – 1904 ◊ de *iso-* et *-game* ■ BIOL. Qui se reproduit par isogamie.

ISOGAMIE [izɔgami] **n. f.** – 1904 ◊ de *isogame* ■ BIOL. Reproduction sexuée par union de deux gamètes morphologiquement et physiologiquement semblables. ➤ **homogamie.** *Isogamie chez les protozoaires, les algues.* ♦ SOCIOL. Union de deux individus de même statut social, classe ou caste (➤ **homogamie**). ■ CONTR. Anisogamie, hétérogamie.

ISOGLOSSE [izɔglɔs] **n. f. et adj.** – v. 1900 ◊ de *iso-* et *-glosse* ■ LING. Ligne qui joint les lieux où se manifeste un même phénomène linguistique (prononciation, mot, etc.). — **adj.** *Lieux isoglosses.*

ISOGLUCOSE [izoglykoz] **n. m.** – XXe ◊ de *iso-* et *glucose* ■ BIOCHIM. Isomère du glucose, produit à partir du maïs.

ISOGONE [izɔgɔn ; izogon] **adj.** – 1682 ◊ grec *isogônios* ■ MATH. À angles respectivement égaux. *Triangles isogones.* ➤ **semblable.** — GÉOPHYS. *Ligne isogone,* joignant les points de même déclinaison magnétique.

ISOGREFFE [izogʀɛf] **n. f.** – v. 1970 ◊ de *iso-* et *greffe* ■ MÉD. Greffe réalisée entre un donneur et un receveur appartenant à la même espèce (➤ **homogreffe**) et possédant les mêmes antigènes d'histocompatibilité.

ISOHYÈTE [izɔjɛt] **adj.** – 1948 ◊ de *iso-* et du grec *huetos* «pluie» ■ MÉTÉOR. *Courbe, ligne isohyète,* joignant les points du globe où les précipitations moyennes sont égales.

ISOHYPSE [izɔips] **adj.** – 1867 ◊ grec *isohupsês,* de *iso-* et *hupsos* «hauteur» ■ GÉOGR. *Ligne isohypse :* courbe de niveau.

ISO-IONIQUE [izojɔnik] **adj.** – 1962 ◊ de *iso-* et *ionique* ■ CHIM. Qui contient les mêmes ions à la même concentration. *Solutions iso-ioniques.*

ISOLABLE [izɔlabl] **adj.** – 1846 ◊ de *isoler* ■ Qui peut être isolé, séparé. ➤ **dissociable, séparable.** *Élément non isolable d'un composé.*

ISOLANT, ANTE [izɔlɑ̃, ɑ̃t] **adj. et n. m.** – 1789 ◊ de *isoler* ■ **1** Qui isole, empêche la propagation des vibrations. *Matériaux isolants pour l'insonorisation.* **n. m.** *Un isolant phonique, acoustique.* ♦ Qui ne conduit pas l'électricité ou la chaleur (opposé à *conducteur*). *Les corps isolants. Bouteille isolante* (➤ **thermos**). — **n. m.** *Un isolant thermique, électrique.* ■ **2** LING. *Langues isolantes,* caractérisées par la juxtaposition d'éléments simples dont la valeur grammaticale dépend de la place ou de l'intonation (ex. le chinois).

ISOLAT [izɔla] **n. m.** – 1947 ◊ de *isoler,* p.-ê. d'après *habitat* ■ **1** DIDACT. Groupe ethnique isolé. — Groupe d'êtres vivants isolé. ♦ LING. Langue isolée à l'intérieur d'une famille de langues, ne pouvant être réunie à d'autres langues dans une sous-famille. ■ **2** BIOL. Matériel obtenu à partir d'organismes vivants, à des fins d'examen ou en vue d'une culture. ♦ BIOCHIM. *Isolat de protéines,* obtenu à partir d'organismes végétaux ou animaux.

ISOLATEUR [izɔlatœʀ] **n. m.** – 1832 ; adj. 1783 ◊ de *isoler* ■ Ce qui sert à éviter un contact. ♦ SPÉCIALT Support en matière isolante, destiné à soutenir les conducteurs d'électricité. *«Même les isolateurs du télégraphe ne luisaient plus sur le ciel»* MALRAUX. ♦ ACOUST. Dispositif hyperfréquence permettant d'arrêter les ondes réfléchies. ♦ BIOL. Enceinte permettant l'expérimentation sans risque de contamination. ♦ GÉNÉT. Séquence d'ADN située entre des gènes ou groupes de gènes, qui rend possible la régulation indépendante d'un gène. *L'isolateur empêche l'activation d'un gène voisin d'un gène activé.*

ISOLATION [izɔlasjɔ̃] **n. f.** – 1777 ; «isolement» 1774 ◊ de *isoler* ■ PHYS. Action d'isoler un corps conducteur d'électricité. ♦ TECHN. Action de protéger une pièce contre la chaleur, le froid, le bruit. ➤ **isolement.** *Isolation thermique, phonique* (➤ **insonorisation**).

ISOLATIONNISME [izɔlasjɔnism] **n. m.** – 1931 ◊ anglais américain *isolationism,* de *isolation* «isolement» ■ Politique d'isolement. *Isolationnisme économique* (➤ **protectionnisme**). *«la doctrine de Monroë, l'isolationnisme, le mépris de l'Europe»* SARTRE.

ISOLATIONNISTE [izɔlasjɔnist] **n. et adj.** – 1938 ◊ de *isolationnisme* ■ Partisan de l'isolationnisme. — **adj.** *Mesures isolationnistes.*

ISOLÉ, ÉE [izɔle] **adj. et n.** – 1575 archit. ◊ italien *isolato* «séparé comme une île *(isola)*» ■ **1** Séparé des choses de même nature. *Un édifice isolé. — Quelques applaudissements isolés* (➤ **rare**). ♦ Qui est éloigné de toute habitation. ➤ 2 **écarté, perdu, reculé, retiré.** *Endroit isolé. «une pauvre maison isolée, la seule que l'on rencontre dans un espace de huit lieues»* GAUTIER. ■ **2** (2e moitié XVIIe) (PERSONNES) Qui est séparé de ses semblables. ➤ **seul, solitaire.** *Vivre trop isolé. Se sentir isolé.* ➤ **esseulé.** *Isolé du reste du monde. «L'homme isolé est un homme vaincu»* ALAIN. *Un tireur isolé.* — **n.** *«Couples et bandes et, plus rares, des isolés, passaient et repassaient»* QUENEAU. ♦ ADMIN. *Parent isolé :* père ou mère qui vit et élève seul(e) son ou ses enfants (cf. Famille monoparentale*). *Allocation de parent isolé (API). Père, mère isolé(e).* ■ **3** FIG. Détaché d'un contexte, sans rapport avec un contexte. *Phrase isolée de son contexte.* ♦ Dont on ne connaît pas d'autre exemple. *Fait isolé.* ➤ **particulier.** *Cas isolé.* ➤ **unique.** ■ **4** ÉLECTRON. *Corps isolé,* qui n'est pas en contact avec un conducteur. ■ CONTR. 1 Joint ; fréquenté. Commun.

ISOLEMENT [izɔlmɑ̃] **n. m.** – 1701 ◊ de *isoler* ■ **1** État d'une chose isolée. *Cet empire «dont toutes les parties tendaient à l'isolement»* MICHELET. *Mettre fin à l'isolement d'une région* (➤ **désenclaver**). — PHYS. État d'un système conçu pour s'opposer au passage du courant, de la chaleur, du bruit ; mesure prise pour obtenir ce résultat. ➤ **isolation.** — ÉLECTROTECHN. Qualité d'un dispositif électrique caractérisant l'absence de risque de conduction. *Défaut d'isolement.* ■ **2** État, situation d'une personne isolée. ➤ **solitude.** *Vivre dans l'isolement. Rompre son isolement. Isolement complet, total.* ➤ **claustration.** — SPÉCIALT Situation d'un malade, d'un détenu que l'on isole. *Isolement des contagieux* (➤ **quarantaine**), *des aliénés. Isolement cellulaire.* ■ **3** Absence d'engagement avec les autres nations. *Isolement économique* (➤ **autarcie**), *diplomatique* (➤ **isolationnisme**). — *Le «splendide isolement»* («splendid isolation») *de l'Angleterre au XIXe siècle.* ■ CONTR. Association, groupement. Contact. Compagnie, société.

ISOLÉMENT [izɔlemɑ̃] **adv.** – 1787 ◊ de *isolé* ■ D'une manière isolée. *Chacun pris isolément. Analyser une phrase isolément de son contexte. «il y en a qui sont des braves gens, si on les considère isolément»* ARAGON. ➤ **indépendamment, individuellement, séparément.** ■ CONTR. Collectivement, 1 ensemble.

ISOLER [izɔle] **v. tr.** ‹1› – 1653 ◊ de *isolé* ■ **1** Séparer des objets environnants. ➤ 1 **détacher, séparer.** ♦ (1749) PHYS. *Isoler un corps,* le mettre hors de contact avec tout corps conducteur d'électricité (par un isolant, un isolateur...). — (1950) *Isoler une pièce,* l'insonoriser avec des matériaux isolants. *Maison bien isolée.* ♦ SC. (CHIM., BIOL.) *Isoler un corps simple, un virus, des protéines,* les séparer de leur combinaison ou du milieu auquel ils sont d'ordinaire associés. ➤ **identifier.** ■ **2** Éloigner (qqn) de la société ; rendre seul (➤ **désocialisation**). *Isoler un contagieux. Isoler un prisonnier de ses compagnons. «Son ouïe rebelle l'isolait chaque jour davantage»* MARTIN DU GARD. ■ **3** (ABSTRAIT) Considérer à part, hors d'un contexte. ➤ **abstraire, distinguer, séparer.** *«C'est le droit de l'historien d'isoler un grand aspect des choses»* JAURÈS. ■ **4** **v. pron.** **S'ISOLER :** se séparer des autres, se retirer de façon à être isolé. ➤ se **barricader,** se **confiner,** s'**enfermer,** se **retirer,** se **terrer** (cf. Faire le vide* autour de soi). *S'isoler des autres. S'isoler dans son coin, dans ses méditations* (cf. S'enfermer dans son cocon*, rentrer dans sa coquille*). *S'isoler pour travailler ; pour voter* (➤ **isoloir**). *«S'isoler, c'est trahir»* HUGO. ■ CONTR. Associer, combiner, grouper, joindre, rassembler, unir.

ISOLEUCINE [izoløsin] **n. f.** – 1906 ◊ de *iso-* et *leucine* ■ BIOCHIM. Acide aminé essentiel, l'un des vingt constituants des protéines, isomère de la leucine.

ISOLOGUE [izɔlɔg] **adj.** – 1853 ◊ de *iso-* et *(homo)logue* ■ CHIM. *Corps isologues :* corps organiques très voisins qui ont à peu près les mêmes propriétés chimiques.

ISOLOIR [izɔlwaʀ] **n. m.** – 1914 ; «support isolant» 1789 ◊ de *isoler* ■ Cabine où l'électeur s'isole pour préparer son bulletin de vote.

ISOMÈRE [izɔmɛʀ] **adj. et n. m.** – 1812 n. ◊ adaptation du grec *isomerês* «pourvu d'une part égale» ■ CHIM. Se dit de composés ayant la même formule brute et des propriétés différentes dues à un agencement différent des atomes dans la molécule. ➤ **mésomère, métamère, tautomère.** *Corps isomère d'un autre.* ♦ **n. m.** *Un isomère. «Il y a des corps qu'on appelle isomères ; ainsi le charbon et le diamant ; ils ont la même formule chimique et ne sont pourtant pas identiques»* VIALATTE. *Isomères cis* et isomères trans*. Isomères de constitution et stéréo-isomères.* ➤ **diastéréo-isomère.** *Isomères de configuration.* ➤ **énantiomère, stéréo-isomère.**

ISOMÉRIE [izɔmeʀi] **n. f.** – v. 1831 ; arithm. 1691 ◊ de *isomère* ■ CHIM. Caractères des corps isomères. ➤ **mésomérie.** *Isomérie cis-trans*. Isomérie optique* (➤ **chiral**). *Isomérie de conformation* (ex. le cyclohexane). *Isomérie de constitution* (octane et isooctane). *Isomérie stérique.* ➤ **stéréo-isomérie.** — *Isomérie nucléaire :* phénomène présenté par deux atomes de même numéro atomique et même masse atomique, mais d'états énergétiques différents. — **adj. ISOMÉRIQUE** (1830).

ISOMÉRISATION [izɔmeʀizasjɔ̃] **n. f.** – 1835 ◊ de *isomère* ■ CHIM. Transformation d'un corps en un isomère.

ISOMÉRISER [izɔmeʀize] **v. tr.** ⟨1⟩ – 1897 v. pron. ◊ de *isomère ;* cf. anglais *isomerize* (1891) ■ CHIM. Transformer (une substance) en un de ses isomères.

ISOMÉTRIE [izɔmetʀi] **n. f.** – 1910 ◊ de *iso-* et *-métrie* ■ MATH. Transformation ponctuelle laissant invariantes les distances.

ISOMÉTRIQUE [izɔmetʀik] **adj.** – 1834 ◊ de *iso-* et *-métrique* ■ **1** SC. Dont les dimensions sont égales. *Cristaux isométriques.* — MATH. *Transformation isométrique.* — GÉOM. *Perspective isométrique,* dans laquelle les arcs de comparaison sont égaux. ■ **2** (1958) POÉT. Dont les mètres sont égaux. *Le quatrain est isométrique.*

ISOMORPHE [izɔmɔʀf] **adj.** – 1821 ◊ de *iso-* et *-morphe* ■ SC. ■ **1** CHIM. Qui affecte la même forme cristalline et dont les cristaux peuvent s'associer. *Les aluns sont isomorphes.* ■ **2** MATH. Lié par une relation d'isomorphisme. ◆ LING. *Langues isomorphes.* ➤ **isomorphisme.** ■ CONTR. Hétéromorphe.

ISOMORPHISME [izɔmɔʀfism] **n. m.** – 1838 ◊ de *isomorphe* ■ SC. ■ **1** CHIM. Propriété que possèdent deux ou plusieurs corps de constitution chimique analogue d'avoir des formes cristallines voisines. ■ **2** (1960 ; *isomorphie* 1846) MATH. Morphisme dont l'application est bijective. ◆ LING. Relation entre deux langues qui ont les mêmes structures ou entre deux systèmes sémantiques comparables. *Isomorphisme de la langue et des faits culturels* (hypothèse de Sapir-Whorf).

ISONIAZIDE [izɔnjazid ; izɔniazid] **n. f.** – v. 1950 ◊ de *(acide) isoni(cotinique)* et *(hydr)azide* ■ MÉD. Substance antibactérienne, utilisée dans le traitement de la tuberculose.

ISOOCTANE [izɔɔktan] **n. m.** – début XXe ◊ de *iso-* et *octane,* d'après l'anglais *iso-octane* (1909) ■ CHIM. Isomère non linéaire de l'octane. — SPÉCIALT Isomère de l'octane (indice d'octane* : 100) présentant le meilleur rendement dans les moteurs à explosion.

ISOPET ➤ **YSOPET**

ISOPHASE [izofaz] **adj.** – XXe ◊ de *iso-* et *phase* ■ TECHN. Qui présente des phases isochrones. *Phare isophase,* dont les phases lumineuses et obscures sont d'égale durée.

ISOPODE [izɔpɔd] **adj.** et **n. m.** – 1827 ◊ de *iso-* et *-pode* ■ ZOOL. Dont les pattes sont toutes semblables. ◆ **n. m. pl.** *Les isopodes :* ordre de crustacés. — AU SING. *Le cloporte est un isopode.*

ISOPRÈNE [izɔpʀɛn] **n. m.** – v. 1868 ◊ probablt de *iso-* et *pr(opyl)ène* ■ **1** CHIM. Liquide volatil, de formule C_5H_8, qui peut se polymériser en une substance analogue au caoutchouc (➤ **élastomère**). — **adj. ISOPRÉNIQUE.** ■ **2** BIOCHIM. Unité constitutive des caroténoïdes et des stérols.

ISOPTÈRES [izɔptɛʀ] **n. m. pl.** – 1873 ◊ de *iso-* et *-ptère* ■ ZOOL. Ordre d'insectes à ailes égales, comprenant particulièrement les termites. *Les ailes des isoptères disparaissent après le vol nuptial.*

ISOREL [izɔʀɛl] **n. m.** – 1952 ◊ marque déposée, probablt de *isoler* ■ Matériau fait de fibres de bois encollées et agglomérées sous forte pression. *Insonoriser une pièce avec des panneaux d'isorel.*

ISOSISTE [izɔsist] **adj.** et **n. f.** – 1931 ; *isoséiste* 1902 ◊ de *iso-* et du radical de *séisme* ■ GÉOL. *Ligne isosiste,* qui relie sur une carte les points où l'intensité d'un séisme est la même. — **n. f.** *Une isosiste.*

ISOSPIN [izospin] **n. m.** – 1964 ◊ contraction de *spin isotopique* ■ PHYS. Grandeur quantique associée au fait que l'interaction entre deux nucléons est indépendante de la charge (SYN. **spin isotopique**).

ISOSTASIE [izɔstazi] **n. f.** – 1900 ◊ de *iso-* et du grec *stasis* « stabilité », d'après l'anglais *isostasy* (1892) ■ GÉOL. Théorie de l'équilibre des différents segments de l'écorce terrestre. — **adj. ISOSTATIQUE.**

ISOTHERME [izɔtɛʀm] **adj.** et **n. f.** – 1816 ◊ de *iso-* et *-therme* ■ **1** *Ligne isotherme,* ou **n. f.** *une isotherme :* ligne qui, sur une carte, relie tous les points du globe ayant même température moyenne. *Isothermes de janvier, de juillet.* ■ **2** PHYS. Qui se produit à température constante. *Dilatation isotherme d'un gaz.* — COUR. Qui comporte une isolation thermique, qui maintient à température constante. *Sac isotherme pour produits surgelés. Bouteille isotherme.* ➤ **thermos.**

ISOTONIE [izɔtɔni] **n. f.** – v. 1900 ◊ grec *isotonos,* de *tonos* « tension » ■ CHIM. État de liquides, de solutions qui ont même tension osmotique, même concentration moléculaire.

ISOTONIQUE [izɔtɔnik] **adj.** – 1897 ◊ de *isotonie* ■ CHIM. Caractérisé par l'isotonie. MÉD. *Sérum isotonique* (ou *physiologique*) : sérum artificiel ayant la même concentration moléculaire que le sérum sanguin.

ISOTOPE [izɔtɔp] **n. m.** – 1914 ◊ de *iso-* et du grec *topos* « lieu, place », d'après l'anglais (1913) ■ Chacun des atomes (d'un élément) qui ont le même nombre de protons et un nombre de neutrons déterminé. *Les trois isotopes 12, 13 et 14 du carbone, notés* ^{12}C, ^{13}C *et* ^{14}C. *Isotopes stables. Séparation des isotopes par centrifugation, par spectrométrie de masse, grâce à l'isotron. Isotopes radioactifs.* ➤ **radio-isotope.** — **n. f. ISOTOPIE.**

ISOTOPIQUE [izɔtɔpik] **adj.** – 1954 ◊ de *isotope* ■ PHYS. Relatif aux isotopes. *Géochimie isotopique. Effet isotopique,* dû à la différence du nombre de masse entre isotopes d'un même élément chimique. *Spin* isotopique.* ➤ **isospin.**

ISOTRON [izɔtʀɔ̃] **n. m.** – 1953 ◊ de *iso-* et *-tron,* d'après *cyclotron* ■ PHYS. Accélérateur linéaire de particules qui sépare les isotopes grâce à la différence de leurs vitesses.

ISOTROPE [izɔtʀɔp] **adj.** – 1840 ◊ de *iso-* et *-trope* ■ SC. (PHYS., etc.) Dont les propriétés ne dépendent pas de la direction. *Corps, milieux isotropes. L'espace est isotrope.* — **n. f. ISOTROPIE,** 1890. ■ CONTR. Anisotrope.

ISRAÉLIEN, IENNE [isʀaeljɛ̃, jɛn] **adj.** et **n.** – 1948 ◊ de *Israël* ■ De l'État d'Israël. *Monnaie israélienne.* ➤ **shekel.** — **n.** *Les Israéliens.*

ISRAÉLITE [isʀaelit] **n.** et **adj.** – 1458 ◊ de *Israël* ■ **1** Descendant d'Israël, autre nom de Jacob dans la Bible. ■ **2** VIEILLI Personne qui appartient à la communauté, à la religion juive. ➤ **hébreu, juif.** REM. Ce nom peut avoir des connotations antisémites chez ceux qui évitent l'emploi du mot *juif.* — **adj.** *La communauté israélite. Consistoire* israélite.*

ISSANT, ANTE [isɑ̃, ɑ̃t] **adj.** – XVIe ◊ p. prés. de l'ancien français *issir* → issu ■ BLAS. Se dit de figures d'animaux qui ne présentent que la partie supérieure du corps, et paraissent sortir de la pièce ou du champ de l'écu. ➤ **naissant.** *Lions issants.*

-ISSIME ■ Suffixe, du latin *-issimus,* repris à l'italien *-issimo,* servant à former des adjectifs à valeur superlative : *rarissime, richissime, sérénissime.*

ISSU, UE [isy] **p. p.** – v. 1200 ◊ de l'ancien français *eissir, issir,* latin *exire* « sortir » ■ **1** Qui est né, sorti (de parents, d'une espèce). ➤ **descendre, provenir.** *Il est issu de sang royal, d'une grande famille de magistrats. Cousins issus de germains. Enfants issus d'un premier mariage.* ■ **2** FIG. Qui provient, résulte. *« Le messianisme révolutionnaire issu de l'idéologie allemande »* CAMUS. ➤ **produit.**

ISSUE [isy] **n. f.** – XIIe ◊ de *issu* ■ **1** VX Action de sortir. ■ **2** MOD. Ouverture, passage offrant la possibilité de sortir. ➤ **dégagement, 1 porte, sortie.** *Chercher une issue. Une issue de secours. « Toutes les issues de ma chambre étaient fortement closes »* MAUPASSANT. *Rue, voie sans issue.* ➤ **cul-de-sac, impasse.** — Orifice d'évacuation. ➤ **déversoir, exutoire.** *Ménager une issue à la vapeur, à l'eau d'un réservoir.* ■ **3** FIG. Possibilité, moyen de sortir d'affaire et d'aller plus avant. *Rechercher une issue politique à un conflit.* ➤ **échappatoire, solution.** *« pour échapper à son tuteur, il n'y avait pas d'autre issue que le mariage »* HENRIOT. *Situation sans issue. « L'expédition d'Égypte était sans issue »* BAINVILLE. ◆ PAR EXT. Manière dont on sort d'une affaire, dont une chose arrive à son terme. ➤ **aboutissement, 1 fin, résultat.** *Heureuse issue. Issue fatale d'une maladie* (la mort). *« On ne peut rien affirmer de l'issue d'une affaire »* VALÉRY. ◆ **À L'ISSUE DE :** à la fin de. *Communiqué publié à l'issue de la réunion.* ■ **4** PLUR., TECHN. Ce qui reste des moutures après séparation de la farine. ➤ **3 son.** — BOUCH. Extrémités ou viscères des animaux formant, avec les abats, le « cinquième quartier ». ■ CONTR. Accès, entrée ; commencement.

IST [iɛste] **n. f.** – 2002 ◊ sigle de *Infection Sexuellement Transmissible* ■ Maladie transmise au cours des relations sexuelles. *Se protéger des IST.*

ISTHME [ism] **n. m.** – 1538 ◊ latin *isthmus,* grec *isthmos* «passage étroit» ■ **1** Langue de terre resserrée entre deux mers ou deux golfes et réunissant deux terres. *L'isthme de Corinthe, de Panama, de Suez. Canal perçant un isthme.* ■ **2** (1552) ANAT. Partie rétrécie (d'un organe). *Isthme du gosier,* faisant communiquer la cavité buccale avec la trachée. *Isthme de l'encéphale, de l'utérus.* — **adj. ISTHMIQUE.** ■ CONTR. Détroit.

ITALIANISANT, ANTE [italjanizɑ̃, ɑ̃t] **n. et adj.** – 1906 ◊ de *italianiser* ■ **1** Artiste qui s'inspire de l'art italien. — **adj.** *Peintre italianisant.* ■ **2** Spécialiste de la langue, de la littérature, de la civilisation italiennes.

ITALIANISER [italjanize] **v.** ‹1› – 1566 ◊ de *italien* ■ **1 v. intr.** VIEILLI Employer en français des expressions empruntées à l'italien. ■ **2 v. tr.** Rendre italien ; marquer d'un caractère italien. *«ce siècle de fanatisme et de corruption qu'italianisa Catherine de Médicis»* BARBEY.

ITALIANISME [italjanism] **n. m.** – 1578 ◊ de *italien* ■ Manière de parler propre à l'italien et empruntée par une autre langue.

ITALIEN, IENNE [italjɛ̃, jɛn] **adj. et n.** – v. 1265 *ytalliens* n. m. pl. ◊ italien *italiano* ■ **1** De l'Italie. ➤ **transalpin.** *La péninsule, la «botte» italienne. La lire italienne* (avant l'euro). *Peinture, musique italienne. L'opéra italien.* ➤ **bel canto.** *Comédie italienne.* ➤ **commedia dell'arte.** *La mode italienne. Cuisine italienne, à l'italienne,* à la manière italienne. *Café italien.* ➤ **cappuccino, expresso.** *Pâtes* italiennes. Spécialités italiennes ; charcuteries italiennes, fromages italiens* (antipasti, bresaola, bruschetta, burrata, calzone, carpaccio, ciabatta, coppa, focaccia, gianduja, gnocchi, gorgonzola, minestrone, mortadelle, mozzarella, osso bucco, pancetta, panettone, panini, panna cotta, parmesan, pécorino, pizza, polenta, provolone, ricotta, risotto, salami, scampi, speck, tiramisu). *Vins* italiens. Format à l'italienne,* où la largeur est plus importante que la hauteur (cf. Format paysage*) [par oppos. à *à la française*]. *Douche* (à l')italienne.* ■ **2 n.** *Les Italiens.* ➤ FAM. et PÉJ. **macaroni, rital.** — **n. m.** *L'italien :* groupe de langues romanes parlées en Italie, SPÉCIALT la langue (d'abord littéraire, puis nationale) issue du dialecte toscan. ■ **3 n. f.** THÉÂTRE Répétition rapide des dialogues d'une pièce, pour les mémoriser.

ITALIQUE [italik] **adj. et n.** – v. 1500 ◊ latin *italicus* ■ **1** VX Italien. ■ **2** MOD. *Lettres italiques* (inventées en Italie par Alde Manuce), légèrement inclinées vers la droite. — **n. m.** *L'italique :* le caractère italique. *Mettre un mot en italique.* ■ **3** Qui appartient, qui a rapport à l'Italie ancienne. *Les peuples italiques. Le droit italique,* accordé aux cités romaines hors d'Italie. ♦ **n.** *Les Italiques.* — **n. m.** *L'italique :* les langues romanes parlées dans l'Italie ancienne (latin, osque, ombrien, etc.).

-ITE ■ Suffixe d'origine grecque *(-itis)* servant à désigner les maladies de nature inflammatoire : *antrite, bronchite.*

1 **ITEM** [itɛm] **adv.** – 1348 ; autre sens 1212 ◊ adv. latin ■ COMM. De même, en outre (dans un compte, un état).

2 **ITEM** [itɛm] **n. m.** – 1948 ◊ mot anglais «article, élément», du latin *item* ■ ANGLIC. DIDACT. Élément minimal d'un ensemble organisé. ➤ **unité.** *Des items.*

ITÉRATIF, IVE [iteʀatif, iv] **adj.** – 1403 ◊ bas latin *iterativus* ■ **1** DR. Qui est réitéré. *Itératif commandement. Itératif défaut :* jugement constatant l'absence d'une partie s'opposant à un précédent jugement par défaut. ■ **2** (1867) GRAMM. Fréquentatif. *Verbe itératif.* ■ **3** DIDACT. Qui est répété plusieurs fois. ➤ **répétitif.** *Boucle itérative dans un programme informatique.* — PHYSIOL. *Stimulation itérative. Système* (excitable) *itératif,* qui répond après plusieurs excitations électriques successives et identiques. ■ **4** MATH. Qui procède par itération. *Calcul itératif.*

ITÉRATION [iteʀasjɔ̃] **n. f.** – 1488 ◊ latin *iteratio,* de *iterare* ■ **1** DIDACT. Répétition. ■ **2** MATH. Méthode de résolution d'une équation par approximations successives (➤ **récurrence**). ■ **3** PSYCHIATR. Répétition involontaire et inutile d'un même acte moteur ou verbal.

ITÉRATIVEMENT [iteʀativmɑ̃] **adv.** – 1528 ◊ de *itératif* ■ DIDACT. D'une manière itérative, en réitérant.

ITÉRER [iteʀe] **v. tr.** ‹6› – 1488 ◊ latin *iterare* «recommencer» ■ DIDACT. Répéter, faire une seconde fois. ➤ **réitérer.** *Itérer un processus.* ♦ INFORM. Exécuter plusieurs fois. *Itérer une boucle de programme.*

ITHYPHALLIQUE [itifalik] **adj.** – XVIe ◊ de *ithyphalle,* du grec *ithuphallos* «pénis en érection» ■ DIDACT. (ANTIQ. GR.) Relatif au phallus, au pénis en érection. — *Statue ithyphallique,* d'un personnage représenté en état d'érection.

ITINÉRAIRE [itineʀɛʀ] **n. m. et adj.** – 1606 ; hapax XIVe ◊ bas latin *itinerarium,* de *iter, itineris* «chemin» ■ **1** COUR. Chemin à suivre ou suivi pour aller d'un lieu à un autre. ➤ **chemin, circuit, parcours, route, trajet.** *Faire, tracer un itinéraire. «Il révisa notre itinéraire, prépara nos relais»* GIDE. *Suivre, prendre un certain itinéraire. Se tromper d'itinéraire. Itinéraire de délestage. Itinéraire bis :* parcours recommandé pour éviter les axes encombrés. — FIG. *Pensée qui suit un itinéraire compliqué* (➤ **cheminement**). *Itinéraire professionnel, intellectuel.* ♦ PAR EXT. Indication, parfois accompagnée d'une description, de tous les lieux par où l'on passe pour aller d'un pays à un autre. *«L'Itinéraire de Paris à Jérusalem»,* de Chateaubriand. ■ **2 adj.** DIDACT. Qui a rapport aux chemins, aux routes. *Mesures itinéraires,* indiquant les distances.

ITINÉRANCE [itineʀɑ̃s] **n. f.** – 1880 ◊ de *itinérant* ■ **1** LITTÉR. ou DIDACT. Fait de se déplacer. ➤ **déplacement.** ■ **2** TÉLÉCOMM. Acheminement des appels passés depuis un téléphone mobile par un autre opérateur que celui de l'abonné, SPÉCIALT depuis un pays étranger. ■ **3** (Canada) Situation d'une personne sans domicile fixe (➤ **itinérant**).

ITINÉRANT, ANTE [itineʀɑ̃, ɑ̃t] **adj. et n.** – 1874 ◊ anglais *itinerant,* latin *itinerari* «voyager» ■ **1** (Chez les méthodistes) *Pasteur itinérant,* qui va de lieu en lieu prêcher la doctrine (opposé à *pasteur sédentaire*). ■ **2** COUR. Qui se déplace dans l'exercice de sa charge, de ses fonctions, sans avoir de résidence fixe. *Ambassadeur itinérant.* ■ **3** Qui se fait en se déplaçant, qui se déplace. *Exposition itinérante. Cirque itinérant. Bibliothèque itinérante* (➤ **bibliobus**). ■ **4 n.** (Canada) Personne sans domicile fixe. ➤ **clochard, sans-abri, sans-logis, S. D. F., vagabond.** *«Je vais distribuer des repas à des jeunes itinérants»* M. WINCKLER. ■ CONTR. Sédentaire.

ITOU [itu] **adv.** – début XVIIe ◊ altération dialectale de l'ancien français *et atot, et otot, atot,* encore XVIe *à tout, atout* «avec» ■ FAM. et VIEILLI Aussi, de même, également. ➤ **idem.** *«Je n'en puis plus, dit un des soldats. – Et moi itou, dit un autre»* STENDHAL.

IUFM [iyɛfɛm] **n. m.** – 1989 ◊ sigle de *institut universitaire de formation des maîtres* ■ Établissement public d'enseignement supérieur chargé d'assurer la formation professionnelle des enseignants (préparation aux concours, formation continue, recherche...). *Chaque académie comporte un IUFM.*

IULE [jyl] **n. m.** – 1611 ◊ latin *iulus,* grec *ioulos* «objet velu» ■ **1** BOT. Chaton de certaines fleurs. ■ **2** ZOOL. Myriapode noir et luisant, qui s'enroule en spirale quand on le touche.

-IUM ■ Élément, entrant dans la formation de certains noms de métaux et de cations complexes : *magnésium, zirconium, ammonium.*

I. U. T. ou **IUT** [iyte] **n. m.** – 1966 ◊ sigle de *institut universitaire de technologie* ■ Établissement d'enseignement supérieur dispensant une formation intermédiaire entre celles de technicien et d'ingénieur. *Diplôme décerné par les I. U. T.* ➤ **D. U. T.** *Étudiant inscrit dans un I. U. T.* (iutien, ienne [iysjɛ̃, jɛn]).

IVE [iv] **n. f.** – 1549 ; *yve* XVe ◊ de *if* ■ Plante *(labiées)* à fleurs jaunes, dite aussi *petit if,* qui exhale une odeur aromatique résineuse. — On dit aussi *ivette.*

I. V. G. ou **IVG** [iveʒe] **n. f.** – 1975 ◊ sigle ■ Interruption volontaire de grossesse*. *I. V. G. instrumentale* (ou *chirurgicale*), *médicamenteuse.*

IVOIRE [ivwaʀ] **n. m.** – début XIIe ◊ latin *eboreus* «d'ivoire», de *ebur, eboris* «ivoire» ■ **1** Matière fine, résistante, d'un blanc laiteux, qui constitue les défenses de l'éléphant. ➤ 1 **morfil.** *Statuette, manche, billes d'ivoire, en ivoire.* ➤ **éburné.** *Peigne d'ivoire. Sculpter l'ivoire. Le commerce de l'ivoire est interdit depuis 1989.* — PAR MÉTON. Objet d'art en ivoire (➤ **ivoirerie**). *Une collection de vieux ivoires.* ♦ POÉT. *D'ivoire :* d'une blancheur comparable à celle de l'ivoire. ➤ **éburnéen.** — *Tour* d'ivoire.* ■ **2** Matière des dents et défenses de certains autres animaux (rhinocéros, morse, etc.). ➤ **rohart.** — ANAT. Partie dure des dents, revêtue d'émail à la couronne et de cément à la racine. ➤ **dentine.** ■ **3** TECHN. *Ivoire végétal.* ➤ **corozo.** — *Noir d'ivoire :* poudre noire très fine employée en peinture, faite d'ivoire et d'os calcinés. ■ **4** ADJT INV. (1894) D'une couleur analogue à celle de l'ivoire. *Des dentelles ivoire.*

IVOIRERIE [ivwaʀʀi] **n. f.** – XVIIe ◊ de *ivoire* ■ Art de l'ivoirier ; objets en ivoire sculpté.

IVOIRIER [ivwaʀje] **n. m.** – 1322 ◊ de *ivoire* ■ Artiste, artisan qui sculpte l'ivoire.

IVOIRIN, INE [ivwaʀɛ̃, in] **adj.** – 1544 ◊ de *ivoire* ■ LITTÉR. et VIEILLI Qui a l'éclat, l'apparence de l'ivoire. ➤ **éburnéen.**

IVRAIE [ivʀɛ] **n. f.** – 1236 ◊ latin populaire *ebriaca,* du bas latin *ebriacus,* doublet du classique *ebrius* «ivre» ■ Plante monocotylédone, herbacée *(graminées),* particulièrement nuisible aux céréales. ➤ **ray-grass.** — LOC. (ALLUS. BIBL.) *Séparer le bon grain de l'ivraie,* les bons des méchants, le bien du mal.

IVRE [ivʀ] **adj.** – après 1150 ◊ latin *ebrius* ■ **1** Qui n'est pas dans son état normal, pour avoir trop bu d'alcool ; qui est saisi d'ivresse*. ➤ **aviné, enivré, soûl ;** FAM. OU POP. 1 **beurré, blindé, bourré, brindezingue, cassé, cuit, cuité, déchiqueté, déchiré, destroy, mûr, noir,** 2 **paf, pété, pinté, plein, poivré, raide, rétamé, rond,** 1 **schlass, torché ;** RÉGION. **coufle, paqueté** (cf. Avoir un coup dans l'aile*, avoir un verre, un coup dans le nez, avoir son compte, RÉGION. une caisse, être plein comme une barrique, comme une bourrique, être pris de boisson). *Complètement ivre, ivre mort, ivre morte. «Il était ivre, bestialement ivre ; il ne pouvait plus ni se tenir, ni parler»* BAUDELAIRE. *Légèrement, à moitié ivre.* ➤ **éméché, gai, gris,** 2 **parti, pompette** (cf. Être en goguette, avoir son pompon). ◆ PAR EXT. Étourdi, grisé. *Ivre de fatigue. Ivre de sang, de rage. «Ivres de lumière et de chaleur»* FRANCE. ■ **2** Transporté hors de soi (sous l'effet d'une émotion violente). *Ivre d'amour, de bonheur, de colère, d'orgueil. «j'attendais la tombée du soir, ivre d'immensité, d'étrangeté, de solitude»* GIDE. ■ CONTR. Lucide, sobre.

IVRESSE [ivʀɛs] **n. f.** – 1160 ◊ de *ivre* ■ **1** État d'une personne ivre (intoxication produite par l'alcool et causant des perturbations dans l'adaptation nerveuse et la coordination motrice). ➤ **ébriété, enivrement ;** FAM. **biture, cuite, soûlerie ;** RÉGION. **brosse, caisse.** *«le rêve éveillé et délirant de l'ivresse»* GONCOURT. *Fumées, vapeurs de l'ivresse* (cf. Cuver* son vin). *Mal de tête suivant l'ivresse* (cf. Gueule de bois*). *«L'ivresse ne manifeste en nous Que ce que nous portons en nous-mêmes»* GIDE. — DR. PÉN. *Répression de l'ivresse publique. Conduite en état d'ivresse.* — (MÉTAPH.) *«Qu'importe le flacon pourvu qu'on ait l'ivresse»* MUSSET. ◆ PAR ANAL. *L'ivresse provoquée par la prise de cocaïne, d'opium.* ◆ PAR EXT. *L'ivresse du combat, de l'action.* ➤ **enthousiasme, exaltation, excitation, griserie, transport, vertige.** ◆ MÉD. *Ivresse des profondeurs :* accident de plongée causant une sensation d'ébriété. ■ **2** État d'une personne transportée, vivement émue. *L'ivresse de l'amour, du pouvoir, du succès. «dans l'ivresse de l'enthousiasme»* MICHELET. *«l'excitation du début, l'ivresse des projecteurs»* O. ADAM. ◆ ABSOLT État d'euphorie, de ravissement, d'exaltation. ➤ **enivrement, extase.** *«Cette ivresse que donne la campagne à ceux de la ville»* MONTHERLANT. *Moments, heures d'ivresse.* ■ CONTR. Froideur, lucidité, sobriété.

IVROGNE [ivʀɔɲ] **adj.** et **n.** – XIIIe ; «ivresse» v. 1166 ◊ de *ivre* et suff. latin *-onia* ■ Qui a l'habitude de s'enivrer, d'être ivre. ➤ **alcoolique.** ◆ **n.** *C'est un vieil ivrogne.* ➤ **buveur ;** FAM. **alcoolo, boit-sans-soif,** 1 **éponge, picoleur, pochard, pochetron, poivrot,** 1 **sac** (à vin), POP. **soiffard, soûlard, soûlaud, soûlographe ;** RÉGION. **robineux, soûlon.** *«Un ivrogne, ça raconte n'importe quoi, surtout la vérité»* PENNAC. *Une ivrogne qui titube.* ➤ **ivrognesse.** *Voix d'ivrogne.* ➤ **rogomme.** — LOC. *Serment d'ivrogne,* qui ne sera pas tenu. *«des serments d'ivrognes qui jurent de ne plus boire»* GONCOURT. ■ CONTR. Abstinent, tempérant, sobre.

IVROGNERIE [ivʀɔɲʀi] **n. f.** – XIVe ◊ de *ivrogne* ■ Habitude de s'enivrer ; comportement de l'ivrogne. ➤ **alcoolisme, dipsomanie, intempérance ;** FAM. **soûlographie.** *Prenant «de telles habitudes d'ivrognerie qu'il ne dessoûlait plus»* ZOLA. ■ CONTR. Sobriété, tempérance.

IVROGNESSE [ivʀɔɲɛs] **n. f.** – 1583 ◊ de *ivrogne* ■ POP. Femme qui a l'habitude de s'enivrer. ➤ **ivrogne.** *«Gare à vous ! c'est par l'ivrognesse Que la bacchante finira»* HUGO.

IXER [ikse] **v. tr.** ‹1› – v. 1970 ◊ de 2 *X* (3°) ■ Classer (un film) dans la catégorie X. — **p. p. adj.** *Film ixé.* — **n. m. IXAGE.**

IXIA [iksja] **n. f.** – 1762 ◊ mot latin ■ BOT. Plante monocotylédone *(iridacées)* voisine de l'iris, à fleurs très décoratives. *Des ixias.*

IXIÈME [ˈiksjɛm] **adj. numér.** – 1950 ◊ de *x,* transcrit graphiquement ■ Qui désigne un nombre d'ordre indéterminé et élevé. ➤ **énième.** *Je te le répète pour la ixième fois.* — On écrit aussi *xième.*

IXODE [iksɔd] **n. m.** – 1795 ◊ grec *ixôdês* «gluant» ■ ZOOL. Tique.

J

1 **J** [ʒi] **n. m. inv.** ▪ Dixième lettre et septième consonne de l'alphabet : *j majuscule* (J), *j minuscule* (j). — PRONONC. Lettre qui note la fricative sonore palatale [ʒ] *(jardin, ajout, feuj)* et parfois [dʒ] *(jazz, jean)* ou [j] *(fjord)* dans des emprunts.

2 **J** **abrév. et symboles** ▪ **1 J** [ʒul]. Joule. ▪ **2 j** [ʒuʀ]. Jour. *Deux comprimés/j,* par jour. — **J** [ʒi] Jour. *Le jour* J.*

3 **J** [ʒi] **n. inv.** – 1940 ◇ abrév. de *jeune* ▪ J_1, J_2, J_3 : catégories de la population française de 3 à 21 ans correspondant à une carte de rationnement pendant la Deuxième Guerre mondiale. — PAR MÉTON. Membre de cette catégorie. *Une* J_2, *les* J_3.

JABIRU [ʒabiʀy] **n. m.** – 1754 ◇ mot guarani ▪ Échassier des régions chaudes *(ciconiiformes),* à gros bec, voisin de la cigogne.

JABLE [ʒabl] **n. m.** – 1564 ; «chanlatte» 1397 ◇ bas latin *gabulum* «gibet» ▪ TECHN. Rainure pratiquée aux extrémités des douves d'un tonneau pour fixer les fonds. — Partie de la douve en saillie sur le fond du tonneau.

JABLER [ʒable] **v. tr.** ‹1› – 1573 ◇ de *jable* ▪ TECHN. Faire le jable de (une douve, un tonneau).

JABLOIR **n. m.** ou **JABLOIRE** [ʒablwaʀ] **n. f.** – 1902, –1680 ◇ de *jable* ▪ TECHN. Rabot de tonnelier pour jabler. — On dit aussi **JABLIÈRE n. f.,** 1867.

JABORANDI [ʒabɔʀɑ̃di] **n. m.** – 1752 ◇ mot guarani ▪ Arbre exotique *(rutacées)* du Brésil et du Paraguay, dont les feuilles contiennent des alcaloïdes. ➤ **pilocarpine.**

JABOT [ʒabo] **n. m.** – 1546 ◇ prélatin °*gaba* «gorge d'oiseau» → gaver ▪ **1** Poche de l'œsophage des oiseaux qui précède le gésier. *Jabot du pigeon.* ▪ **2** (1680) Ornement (de dentelle, de mousseline) attaché à la base du col d'une chemise, d'une blouse, et qui s'étale sur la poitrine. *Chemise à jabot.*

JABOTER [ʒabɔte] **v. intr.** ‹1› – 1691 ◇ de *jabot* ▪ **1** RARE Pousser des cris en secouant le jabot (oiseaux). ▪ **2** FAM. et VIEILLI Bavarder à plusieurs. ➤ **cancaner, caqueter ;** RÉGION. **barjaquer.** *«les gens de la petite ville jabotaient, plaisantaient volontiers»* DUHAMEL. **n. JABOTEUR, EUSE.**

JACARANDA [ʒakaʀɑ̃da] **n. m.** – 1614 ◇ mot guarani ▪ Arbre originaire d'Amérique *(bignoniacées),* dont une espèce fournit un bois recherché en ébénisterie (improprement nommé *palissandre*). *Le «bleu violet des jacarandas en fleurs»* LÉVI-STRAUSS.

JACASSEMENT [ʒakasmɑ̃] **n. m.** – 1845 ◇ de *jacasser* ▪ **1** Cri de la pie. *«quelques jacassements de pie en quête des dernières baies»* PERGAUD. ▪ **2** Bavardage incessant et bruyant. ➤ **jacasserie.**

JACASSER [ʒakase] **v. intr.** ‹1› – 1806 ◇ probablt de *jaquet(t)er* «crier, en parlant de la pie», avec influence de *agacer,* de même sens → agace ▪ **1** Pousser son cri (en parlant de la pie). ▪ **2** Parler avec volubilité et d'une voix criarde. ◆ Parler à plusieurs, à voix haute, de choses futiles. ➤ **bavarder, caqueter ;** RÉGION. **barjaquer.** *«Elle le faisait jaser, comme nous sommes là* [...] *tous les deux à jacasser»* BALZAC.

JACASSERIE [ʒakasʀi] **n. f.** – 1838 ◇ de *jacasser* ▪ VIEILLI Bavardage de personnes qui jacassent.

JACASSEUR, EUSE [ʒakasœʀ, øz] **adj. et n.** – 1866 **n. m.** ◇ de *jacasser* ▪ Qui jacasse, aime à jacasser. ➤ **bavard.** *Les indigènes du village «furieusement jacasseurs»* CÉLINE. — On a dit *jacassier, ière,* 1790.

JACÉE [ʒase] **n. f.** – v. 1300 ◇ latin médiéval *jacea* «menthe» ▪ Centaurée à fleurs mauves, appelée aussi *tête-de-moineau.*

JACHÈRE [ʒaʃɛʀ] **n. f.** – XIVe ; *gaschiere* v. 1200 ◇ latin médiéval *gascaria,* gallo-roman °*ganskaria,* radical gaulois °*gansko* «branche, charrue» ▪ État d'une terre labourable qu'on laisse temporairement reposer en ne lui faisant pas porter de récolte. *Champ en jachère. Alternance de culture et de jachère.* ➤ **assolement.** — FIG. *Laisser, mettre qqn, qqch. en jachère :* laisser inexploité, ne pas en tirer parti. ◆ Terre en cet état. ➤ **guéret.** *Labourer des jachères.* ▪ CONTR. 1 Culture.

JACINTHE [ʒasɛ̃t] **n. f.** – *jacincte* XIIe ◇ latin *hyacinthus,* grec *huakinthos* ▪ **1** MINÉR. VX Hyacinthe. ▪ **2** (XIVe) Plante bulbeuse *(liliacées),* à hampe florale portant une grappe simple de fleurs colorées et parfumées. *Jacinthe rose, bleue, blanche.* — *Jacinthe des bois.* ➤ **clochette, endymion.** ◆ PAR ANAL. Muscari ; scille.

JACISTE [ʒasist] **adj. et n.** – v. 1930 ◇ de *J. A. C.,* sigle de *Jeunesse agricole chrétienne* ▪ De la J. A. C. [ʒiase].

JACK [(d)ʒak] **n. m.** – 1870 ◇ mot anglais ▪ ANGLIC. ▪ **1** TECHN. Pièce commandant les aiguilles dans une machine de bonneterie. ▪ **2** (1880 *jack-knife* [dʒaknajf]) Commutateur de standard téléphonique manuel. — Fiche mâle, à deux conducteurs coaxiaux. ▪ HOM. Jacques, jaque.

JACKPOT [(d)ʒakpɔt] **n. m.** – v. 1970 ◇ mot anglais, de *jack* «valet» et *pot* «ensemble de mises» ▪ Combinaison de figures qui permet de gagner la monnaie accumulée dans certaines machines à sous. — PAR EXT. La machine. ◆ FIG. Gros profit rapide. ➤ **pactole.** LOC. *Gagner, ramasser, toucher le jackpot* (cf. Le gros lot*).

JACO ➤ **JACQUOT**

JACOBÉE [ʒakɔbe] **n. f.** – 1628 ◇ latin scientifique *jacobaea,* de *Jacobus* «Jacques» ▪ Espèce de séneçon, appelée aussi *herbe de Saint-Jacques,* aux propriétés emménagogues.

JACOBIN, INE [ʒakɔbɛ̃, in] **n.** – XIIIe ◇ du bas latin *Jacobus* «Jacques», l'hospice des pèlerins pour Saint-Jacques-de-Compostelle ayant été confié à ces religieux ▪ **1 n. m.** VX Dominicain. ▪ **2 n. m.** (1790) HIST. Membre d'une société politique révolutionnaire établie à Paris dans un ancien couvent de Jacobins. *Le club des Jacobins.* ◆ **n.** FIG. Républicain intransigeant, partisan d'un État centralisé. **adj.** *Idées jacobines.*

JACOBINISME [ʒakɔbinism] **n. m.** – 1791 ◇ de *jacobin* ▪ Doctrine politique des Jacobins. ◆ PAR EXT. Esprit jacobin. *Cet esprit de justice «que le marquis appelait un jacobinisme infâme»* STENDHAL.

JACOBUS [ʒakɔbys] **n. m.** – 1622 ◇ mot latin «Jacques» ▪ HIST. Ancienne monnaie d'or anglaise, frappée sous Jacques Ier.

JACONAS [ʒakɔnɑ] **n. m.** – *jaconat* 1761 ◇ de *Jagganath,* ville de l'Inde où ce tissu était fabriqué ▪ ANCIENNT Étoffe de coton, fine, légère.

JACOT ➤ **JACQUOT**

JACQUARD [ʒakaʀ] **n. m. et adj. inv.** – 1834 ◇ n. pr. ▪ **1 n. m.** Métier à tisser dont Joseph Jacquard réalisa la mécanique vers 1780. ▪ **2 adj. inv.** *Un tricot, un pull jacquard,* **ou n. m.** *un jacquard :* tricot qui présente des bandes de motifs géométriques ou de dessins variés et multicolores. *Des pulls jacquard, des jacquards.* — Ces motifs.

JACQUEMART ➤ **JAQUEMART**

JACQUERIE [ʒakʀi] **n. f.** – v. 1370 ◇ de *Jacques* ▪ **1** HIST. Soulèvement des paysans français contre les seigneurs en 1358. *La Jacquerie du Beauvaisis.* ▪ **2** (1821) Révolte paysanne. *«la jacquerie arme les laboureurs de leurs fourches et de leurs faux»* ZOLA. ▪ **3** Mouvement social.

JACQUES [ʒak] **n. m.** – 1357 ◇ n. pr., bas latin *Jacobus* ▪ **1** HIST. Surnom du paysan français. *Ils «tâchent d'accabler les pauvres* Jacques *sous la réprobation de l'histoire»* É. GUILLAUMIN. ◆ (v. 1880) FAM. *Faire le Jacques :* faire l'idiot, se conduire stupidement. ▪ **2** (1866 ◇ du n. d'un personnage de «L'Avare» de Molière) IRON. *Maître Jacques :* factotum. ▪ **HOM.** Jack, jaque.

1 **JACQUET** ou **JAQUET** [ʒakɛ] **n. m.** – 1694 ◇ diminutif populaire de *Jacques* ▪ **VX** ou **RÉGION.** (Normandie) Écureuil.

2 **JACQUET** [ʒakɛ] **n. m.** – 1827 ◇ p.-ê. de *ja(c)quet* «valet, bouffon» ▪ Jeu de table proche du trictrac et du backgammon. *Faire une partie de jacquet.*

JACQUIER ➤ **JAQUIER**

JACQUOT, JACOT ou **JACO** [ʒako] **n. m.** – *jaco* 1778 ◇ diminutif de *Jacques* évoquant le son appris à l'oiseau ▪ Perroquet gris cendré.

1 **JACTANCE** [ʒaktɑ̃s] **n. f.** – XIIe ◇ latin *jactantia* «vantardise» ▪ LITTÉR. Attitude d'une personne qui manifeste avec arrogance ou emphase la haute opinion qu'elle a d'elle-même. ➤ **vanité.** *«cet air de jactance par lequel on semble s'exalter en soi et s'applaudir»* SAINTE-BEUVE. ▪ **CONTR.** Modestie.

2 **JACTANCE** [ʒaktɑ̃s] **n. f.** – 1876 «parole» ◇ de *jacter* ▪ FAM., VIEILLI Bavardage.

JACTER [ʒakte] **v. intr.** ‹1› – 1821 ◇ déformation de *jaqueter* → jacasser ▪ FAM. Parler, bavarder. ➤ **jacasser, jaspiner.** *Arrête de jacter.*

JACULATOIRE [ʒakylatwaʀ] **adj.** – 1578 ◇ du latin *jaculari* «lancer» ▪ RELIG. *Oraison jaculatoire :* prière courte et fervente.

JACUZZI [ʒakuzi] **n. m.** – v. 1984 ◇ marque enregistrée ; n. pr. ▪ ANGLIC. Bassin ou baignoire de cette marque, équipé(e) d'un dispositif qui provoque des remous dans l'eau. ➤ **spa.** *Des jacuzzis.*

JADE [ʒad] **n. m.** – 1612 ; variante ancienne *ejade* ◇ espagnol *(piedra de la) ijada* «(pierre des) flancs», cette pierre passant pour préserver des coliques néphrétiques ▪ **1** MINÉR. Roche métamorphique très dure, dont la couleur varie du blanc olivâtre au vert sombre, présente dans certains schistes et serpentines. *Outils de jade du néolithique.* — COUR. Pierre fine de cette roche. ➤ **jadéite,** 2 **néphrite.** *Statuette, collier de jade.* ▪ **2** Objet en jade. *Collection de jades chinois.*

JADÉITE [ʒadeit] **n. f.** – 1873 ◇ de *jade* ▪ MINÉR. Silicate d'aluminium et de sodium, variété de jade plus aisément fusible.

JADIS [ʒɑdis] **adv.** – 1175 ◇ contraction de *ja a dis* «il y a déjà des jours» ; de *ja,* latin *jam* «déjà» et *di,* latin *dies* «jour» ▪ Dans le temps passé, il y a longtemps. ➤ **autrefois.** *Il «était resté Hubert pour ses compagnons de jadis»* ARAGON. *Les coutumes de jadis.* ➤ **antan** (d'). *«Jadis et naguère», poèmes de Verlaine.* — **adj.** *«Ballade des dames du temps jadis», de Villon.* ▪ **CONTR.** Aujourd'hui, maintenant ; demain.

JAGUAR [ʒagwaʀ] **n. m.** – 1761 ◇ tupi *jaguara,* par le portugais *juguarete* ▪ Grand mammifère carnivore de l'Amérique du Sud, voisin de la panthère et du léopard, à pelage fauve moucheté de taches noires ou ocellées. *«ses mouvements sont veloutés comme ceux d'un jeune jaguar»* GAUTIER.

JAILLIR [ʒajiʀ] **v. intr.** ‹2› – milieu XVIe ; «lancer», XIIe ◇ probablt radical gaulois °*gali-* «bouillir» ▪ **1** Sortir, s'élancer en un jet subit et puissant (liquide, fluide). ➤ VX **saillir, sourdre.** *Pétrole jaillissant d'un puits de forage. «le sang jaillit à gros bouillons de deux plaques rouges»* GAUTIER. ➤ **gicler.** — PAR ANAL. *Éclair, lumière qui jaillit. Faire jaillir des étincelles. «un grand cri jaillit de sa poitrine»* DAUDET. *Des rires jaillissaient.* ➤ **fuser.** ▪ **2** Sortir soudainement. ➤ **surgir.** *De la rue «une ombre a jailli, un homme lancé au pas de course»* DUHAMEL. ➤ **s'élancer.** *«un poing qui jaillit et disparut»* HÉMON. ▪ **3** Apparaître, pointer brusquement. *Des gencives «d'où jaillissaient des canines pointues»* PERGAUD. ▪ **4** (1818) (ABSTRAIT) Se manifester soudainement. ➤ **surgir.** *«la vérité jaillira de l'apparente injustice»* CAMUS. LOC. PROV. *De la discussion* jaillit la lumière.*

JAILLISSANT, ANTE [ʒajisɑ̃, ɑ̃t] **adj.** – v. 1650 ◇ de *jaillir* ▪ Qui jaillit. *Source jaillissante.* ◆ FIG. *«ces émotions jaillissantes»* MAURIAC.

JAILLISSEMENT [ʒajismɑ̃] **n. m.** – 1611 ◇ de *jaillir* ▪ Action de jaillir, mouvement de ce qui jaillit. *Jaillissements d'eau, de vapeur.* ➤ 1 **jet.** ◆ (XIXe) FIG. Manifestation subite. *«La création est donc comme un jaillissement de force»* MAUROIS.

JAÏN ; JAÏNISME ➤ **DJAÏN ; DJAÏNISME**

JAIS [ʒɛ] **n. m.** – *gest* 1260 ; *jaiet* XIIe ◇ latin d'origine grecque *gagates* «pierre de *Gagas*», ville d'Asie Mineure ▪ Variété de lignite fibreuse et dure, d'un noir luisant, qu'on peut tailler ou travailler au tour et polir. *Collier de jais.* — *Jais artificiel, faux jais :* verre teint en noir ou métal émaillé noir. *«des falbalas de perles, de jais, de saphirs»* FLAUBERT. ◆ PAR COMPAR. *Noir comme (du) jais.* — ELLIPT *Des yeux de jais. «L'une pâle aux cheveux de jais»* VERLAINE. ▪ **HOM.** Geai, 1 jet.

JAJA [ʒaʒa] **n. m.** – 1918 ◇ p.-ê. de *jarret* dans *donner du jarret* «de la force, de la vigueur» ▪ ARG. Vin rouge. *«Je bois N'importe quel jaja Pourvu qu'il fasse ses douze degrés cinque* [sic] *Je bois La pire des vinasses»* VIAN.

JALAP [ʒalap] **n. m.** – 1654 ◇ espagnol *Jalapa,* nom d'une ville mexicaine ▪ Plante d'Amérique *(convolvulacées)* dont le tubercule renferme une gomme résineuse utilisée comme purgatif ; cette résine.

JALE [ʒal] **n. f.** – XIIe ◇ var. de *gale, galon* → gallon ▪ RÉGION. Grande jatte ou baquet.

JALON [ʒalɔ̃] **n. m.** – 1613 ◇ p.-ê. du radical de *jaillir*

I Tige de bois ou de métal qu'on plante en terre pour prendre un alignement, déterminer une direction. *Planter, aligner des jalons. Une route enneigée, indiquée «au moyen de perches servant de jalons»* GAUTIER. — *Jalon-mire,* surmonté d'une mire. *Des jalons-mires.*

II (1829) FIG. **souvent plur.** Ce qui sert à situer, à diriger. ➤ 1 **marque, repère.** LOC. *Poser, planter des jalons :* faire les premières démarches, préparer le terrain. *Il avait «posé les jalons d'un rapprochement franco-allemand»* MARTIN DU GARD.

JALONNEMENT [ʒalɔnmɑ̃] **n. m.** – 1838 ◇ de *jalonner* ▪ Action de jalonner. *Jalonnement d'un terrain. Jalonnement kilométrique sur l'autoroute.*

JALONNER [ʒalɔne] **v.** ‹1› – 1690 ◇ de *jalon*

I v. intr. Planter des jalons. *«Je commence à trouver des repères, à jalonner»* ROMAINS.

II v. tr. ▪ **1** Déterminer, marquer la direction, l'alignement, les limites de (qqch.) au moyen de jalons, de repères. *Jalonner un chemin, une ligne téléphonique, pour en indiquer le tracé. Jalonner une piste de balises.* ➤ **baliser.** — *Jalonner un front, un objectif* (par des jalonneurs, un tir, etc.). ▪ **2** (CHOSES) Marquer en se suivant (à la manière de jalons). *Des tonneaux, des caisses «jalonnaient la longue cour de l'usine»* MAUROIS. ◆ FIG. *Les succès jalonnent sa carrière.*

JALONNEUR [ʒalɔnœʀ] **n. m.** – 1835 ◊ de *jalonner* ■ **1** Ouvrier qui pose des jalons. ■ **2** MILIT. Soldat placé comme jalon pour marquer une direction, un itinéraire.

JALOUSEMENT [ʒaluzmɑ̃] **adv.** – XIIIe ◊ de *jaloux* ■ D'une manière jalouse, avec jalousie. *Observer jalousement les progrès d'un rival.* ♦ Avec un soin jaloux, inquiet. *Secret jalousement gardé.*

JALOUSER [ʒaluze] **v. tr.** ‹1› – v. 1300 ◊ de *jaloux* ■ Être jaloux (2°) de, considérer avec jalousie. ➤ **envier.** *Jalouser qqn, la réussite de qqn. Et mon esprit « Jalouse du néant l'insensibilité »* BAUDELAIRE. — PRONOM. (RÉCIPR.) *Rivales qui se jalousent.*

JALOUSIE [ʒaluzi] **n. f.** – XIIe ◊ de *jaloux*

I ■ **1** VX Attachement vif et ombrageux. ■ **2** MOD. Sentiment hostile qu'on éprouve en voyant un autre jouir d'un avantage qu'on ne possède pas ou qu'on désirerait posséder exclusivement ; inquiétude qu'inspire la crainte de partager cet avantage ou de le perdre au profit d'autrui. ➤ **dépit, envie, ombrage.** *Jalousie entre frères et sœurs, entre collègues. Éprouver de la jalousie, crever de jalousie. « La jalousie des personnes supérieures devient émulation* [...] *; celle des petits esprits devient de la haine »* BALZAC. *Jalousie mesquine. Exciter la jalousie.* ■ **3** Sentiment douloureux que font naître, chez la personne qui l'éprouve, les exigences d'un amour inquiet, le désir de possession exclusive de la personne aimée, la crainte, le soupçon ou la certitude de son infidélité. *Les chagrins, les tortures de la jalousie. Il est d'une jalousie maladive. « la jalousie mortelle qui me déchirait le cœur »* ABBÉ PRÉVOST. *Accès, crise, scène de jalousie. La jalousie de son mari. « Les femmes fières dissimulent leur jalousie par orgueil »* STENDHAL. *« L'amour, sans la jalousie, n'est pas l'amour »* LÉAUTAUD.

II ■ **1** (1549 ◊ italien *gelosia*) VX Treillis de bois ou de métal au travers duquel on peut voir sans être vu. — MOD. Volet mobile composé de lames orientables. ➤ **contrevent, persienne, store.** *Baisser, lever une jalousie.* ■ **2** Gâteau de pâte feuilletée, fourré, au dessus ajouré.

■ CONTR. Indifférence.

JALOUX, OUSE [ʒalu, uz] **adj.** et **n.** – XIIIe ; *jalos, gelos* 1160 ◊ ancien provençal *gilos*, latin populaire °*zelosus*, grec *zêlos* → zèle ■ **1** VIEILLI ou LITTÉR. **JALOUX DE (qqch.) :** particulièrement attaché à (qqch. qui tient à cœur). *Être jaloux de sa réputation, de ses prérogatives, de son indépendance.* ♦ *Jaloux de* (et l'inf.) : qui tient absolument à. ➤ **désireux, soucieux.** *Une âme « belle, jalouse d'être parfaite »* RENAN. ♦ LOC. *Avec un soin jaloux :* avec une vigilance particulière, ombrageuse. *« Elle exerçait ses fonctions de médecin avec une ferveur jalouse »* GREEN. ■ **2** Qui éprouve de la jalousie à l'idée qu'un autre jouit ou pourrait jouir d'un avantage que lui-même ne possède pas ou qu'il désire posséder exclusivement. ➤ **envieux, ombrageux.** *Être jaloux de qqn, du succès de qqn.* ➤ **jalouser.** *« jaloux de toute renommée »* CHATEAUBRIAND. — *Rivaux qui se considèrent d'un œil jaloux.* ♦ **n.** *Son succès fait des jaloux.* ■ **3** Qui éprouve de la jalousie en amour. *Mari jaloux. Il est jaloux et possessif*. Femme très jalouse.* ➤ **tigresse.** LOC. *Jaloux comme un tigre :* extrêmement jaloux. *Être jaloux d'un être aimé,* le soupçonner d'infidélité. *Être jaloux de qqn, de qqch.* (qui touche de près l'être aimé). *« Il avait été jaloux de tout ce qu'elle faisait sans lui »* MAUPASSANT. — PAR EXT. *Caractère jaloux. Amour jaloux.* — **n.** *« Des bagatelles légères comme l'air semblent à un jaloux des preuves »* STENDHAL. ■ CONTR. Débonnaire, indifférent.

JAMAIS [ʒamɛ] **adv. de temps** – XIe ◊ de *ja*, latin *jam* « déjà », et *mais*, latin *magis* « plus »

I Sens positif En un temps quelconque, un jour (passé ou futur). *Ils désespéraient d'en sortir jamais. A-t-on jamais vu cela ?* ➤ **déjà.** *Sait-on jamais ? « Je ne sais si mon cœur s'apaisera jamais »* RACINE. *« Je suis plus pauvre que jamais Et que personne »* VERLAINE. *Aujourd'hui, plus que jamais. La plus belle chose que j'aie jamais vue. Si jamais :* au cas* où. *Si jamais je l'attrape, gare à lui !* ♦ **loc. adv. À (TOUT) JAMAIS :** dans tout le temps à venir, pour toujours. ➤ **éternellement.** *C'est fini à jamais. Partir à tout jamais* (cf. Sans retour*). — **POUR JAMAIS** (même sens). *« et pour jamais, adieu »* RACINE. *Perdu pour jamais.*

II Sens négatif ■ **1** (Négation de temps) **NE... JAMAIS, JAMAIS... NE :** en nul temps, à aucun moment. *Il ne l'a jamais vue. Il n'a jamais de regrets. On ne sait jamais ce qui peut arriver !* ELLIPT *On ne sait jamais ! Prends ton parapluie, on ne sait jamais !* — *« Jamais vocation d'écrivain ne fut plus évidente »* MAUROIS. *Jamais, au grand jamais, je n'accepterai. N'avouez jamais.* ♦ *Ne... jamais que... :* en aucun temps... autre chose que... *Il n'a jamais fait que s'amuser.* — PAR EXT. Après tout, somme toute. *Ce n'est jamais qu'un enfant. Ça ne fait jamais que vingt euros de plus.* ♦ *Ne... jamais plus, ne plus jamais. Je ne l'ai jamais plus revu.* ♦ **SANS (...) JAMAIS.** *Poursuivre un idéal sans jamais l'atteindre.* ■ **2** Sans *ne* et sans reprise du v. À aucun moment. ➤ **2 pas.** *Jamais plus. Plus jamais ça ! Jamais de la vie !* certainement pas (cf. Pour rien au monde*, pour tout l'or* du monde, à aucun prix). — *« Donnez-lui vos mille francs.* [...] *– Mes mille francs, jamais ! J'aime mieux crever... »* ZOLA. *Je travaille toute la semaine mais jamais le dimanche.* — *« Il faut chercher l'approbation, jamais les applaudissements »* MONTESQUIEU. *C'est le moment, le cas ou jamais de... :* c'est le moment de... (car une telle occasion ne se représentera pas). *C'est maintenant ou jamais.* PROV. *Mieux vaut tard que jamais. Jamais deux sans trois*.* ♦ *Un amour jamais satisfait. Souvent imité, jamais égalé. Ses spectacles donnent « une impression de jamais vu »* ARTAUD.

■ CONTR. Constamment, toujours. Encore.

JAMBAGE [ʒɑ̃baʒ] **n. m.** – 1369 ◊ de *jambe* ■ **1** Chacun des deux montants verticaux d'une baie de cheminée, de fenêtre, de porte (➤ **piédroit**). — Pilier, renfort vertical de pierre ou de maçonnerie. ■ **2** (1680) Chacun des éléments verticaux des lettres *m*, *n* et *u*. *Les trois jambages du* m. — Trait vertical (du *p*, du *q*) situé au-dessous de la ligne. *Hampes et jambages.*

JAMBART ➤ **JAMBIÈRE,** 1°

JAMBE [ʒɑ̃b] **n. f.** – fin XIe, « patte du cheval » (I, B) ◊ du latin *gamba* « patte des quadrupèdes », du grec *kampê*, de même sens → gambe, ingambe

I PARTIE DU CORPS A. CHEZ L'ÊTRE HUMAIN (début XIVe) ■ **1** ANAT. Partie de chacun des membres inférieurs de l'être humain, qui s'étend du genou au pied. *L'articulation du genou réunit la cuisse à la jambe. Os de la jambe.* ➤ **péroné, tibia.** *Partie charnue de la jambe.* ➤ **2 mollet.** *Avoir de l'eau jusqu'à mi-jambe.* — (milieu XIIe) COUR. Le membre inférieur tout entier (y compris la cuisse et le genou). ➤ FAM. **canne, 1 flûte, fumeron, gambette, gigot, guibolle, 1 patte, pince, 1 quille.** *Avoir des jambes longues, de grandes jambes.* ➤ FAM. **échasse.** *Jambes courtes. Avoir de grosses jambes.* ➤ FAM. **pilier, poteau.** *Jambes minces, comme des allumettes*.* COLLECTIF *Avoir la jambe bien faite. Jambes arquées, torses. Avoir les jambes nues.* — *Être assis les jambes pendantes. « une jambe étendue et l'autre un peu repliée »* GAUTIER. *Croiser les jambes. Jambes écartées.* — (1665) *Avoir de bonnes, de mauvaises jambes :* marcher, courir facilement ou non. *Jambe cassée, paralysée. Tirer, traîner la jambe.* ➤ **boiter.** *Personne à qui il manque une jambe* (➤ **unijambiste**), *les deux jambes* (➤ **cul-de-jatte**). — *Avoir les jambes raides, ankylosées. Se dégourdir les jambes. Avoir les jambes molles.* FAM. *Avoir les jambes en coton, en flanelle, en pâté de foie :* se sentir très faible. *Il ne tient plus sur ses jambes. Flageoler sur ses jambes. « j'allais m'évanouir, mes jambes ne me portaient plus »* RADIGUET. — SPORT *Jeu de jambes :* aptitude à mouvoir et disposer les jambes. *Boxeur, joueur de tennis qui a un bon jeu de jambes. Se mettre en jambes :* s'échauffer avant l'effort. *Être en jambes.* ♦ LOC. *Jouer des jambes :* partir en courant. — *Courir, s'enfuir* **À TOUTES JAMBES,** le plus vite possible. — (1740) *Prendre ses jambes à son cou*.* — FAM. *En avoir plein les jambes :* avoir trop marché, être fatigué. *Ils ont dix kilomètres dans les jambes,* ils ont marché dix kilomètres. — *N'avoir plus de jambes, ne plus sentir ses jambes* (de fatigue). *Les jambes lui rentrent dans le corps,* il est épuisé à force de marcher. — *Avoir des jambes de vingt ans :* avoir encore de bonnes jambes, être alerte (➤ **ingambe**). *La peur lui coupe les jambes,* le paralyse. *Casser, couper bras* et jambes. Avoir les jambes sciées. La queue* entre les jambes.* — *Être dans les jambes de qqn,* trop près de lui, sur son chemin. *Les petits, « toujours dans ses jambes, l'occupaient »* ZOLA. *Tirer dans les jambes de qqn,* lui nuire, le desservir de façon peu loyale. — (1901) FAM. *Tenir la jambe à qqn,* le retenir, l'importuner par des bavardages. *Il m'a tenu la jambe une heure devant la porte.* (1829) *Traiter qqn, faire qqch. par-dessous* (VIEILLI), *par-dessus la jambe,* sans égard, de façon désinvolte. — (1842) *Ça lui fait (fera) une belle jambe :* il n'en sera pas plus avancé. — FAM. *Partie de jambes en l'air :* ébats sexuels. ♦ (1836) **RONDS DE JAMBE :** (DANSE) mouvement d'une jambe qui décrit un demi-cercle. — FIG. *Faire des ronds de jambe,* des courbettes, des politesses exagérées. ■ **2** PAR ANALOGIE (1564) *Jambe de bois :* pièce en bois adaptée au moignon d'un amputé. ➤ **pilon.** *Jambe artificielle, articulée,* appareil de prothèse articulé. — *C'est un cautère*, un emplâtre* sur une jambe de bois.*

B. CHEZ L'ANIMAL Patte des animaux, surtout des quadrupèdes. *Les cochons «aux petits yeux, aux jambes courtes»* APOLLINAIRE. *Jambes fines de la gazelle.* — (fin XIe) Partie des membres postérieurs du cheval, entre le fémur et l'astragale, qui correspond à l'avant-bras des membres antérieurs. ➤ **gigot.** PAR EXT. *Jambe de devant* : avant-bras.

II PARTIE D'UN OBJET ▪ **1** *Jambe d'un pantalon* : chacune des deux parties qui couvrent les jambes (comme les manches couvrent les bras). *«Il portait, bien entendu des pantalons mais dont les jambes étaient très courtes et le fond immense, des pantalons de clown»* MAC ORLAN. ▪ **2** (1546) *Les jambes d'un compas*, ses branches.

III OBJET, PARTIE QUI SOUTIENT ▪ **1** (1609) CHARPENT. *Jambe de force* : sorte d'arbalétrier supportant une fermette. ➤ **contrefiche.** ▪ **2** TECHN. Chaîne verticale apparente composée d'éléments différents du matériau de base et placée dans un mur afin de le consolider. ✦ AUTOM. Tige reliant l'essieu au cadre du châssis.

JAMBÉ, ÉE [ʒɑ̃be] adj. – 1582 ✧ de *jambe* ▪ VX OU PLAISANT *Bien jambé, mal jambé* : qui a la jambe bien, mal faite.

JAMBETTE [ʒɑ̃bɛt] n. f. – XIIIe ✧ de *jambe* ▪ **1** VX OU PLAISANT Petite jambe. ➤ **gambette.** ▪ **2** (1896) RÉGION. (Anjou ; Canada, Louisiane) FAM. Croc-en-jambe. *Donner, faire une jambette à qqn.* ▪ **3** TECHN. Petite pièce de bois verticale soulageant une pièce oblique de la charpente. ✦ AU PLUR. MAR. Montants, bouts d'allonges qui dépassent le plat-bord d'un bâtiment, et sur lesquels on tourne des manœuvres. *Jambettes de pavois.*

JAMBIER, IÈRE [ʒɑ̃bje, jɛʀ] adj. et n. m. – v. 1560 ✧ de *jambe* ▪ **1** ANAT. Relatif à la jambe. *Muscles jambiers.* **n. m.** *Le jambier antérieur, postérieur.* ➤ aussi **ischiojambier.** ▪ **2** **n. m.** TECHN. (BOUCH.) Pièce de bois courbe servant à maintenir écartées les jambes d'une bête abattue. ✦ (1803) Étrier de cuir attaché aux jambes.

JAMBIÈRE [ʒɑ̃bjɛʀ] n. f. – 1203 ✧ de *jambe* ▪ **1** ANCIENNT Pièce de l'armure recouvrant la jambe et parfois le genou. *Jambière grecque.* ➤ **cnémide.** — On a dit *jambart* **n. m.**, 1843. ▪ **2** Pièce du vêtement, de l'équipement, qui enveloppe et protège la jambe. ➤ **guêtre, houseau, leggins.** *Jambières de toile, de cuir. Jambières renforcées des joueurs de hockey.* — GYMN., DANSE Pièce tubulaire de tricot que l'on enfile par-dessus le collant pendant l'échauffement.

JAMBON [ʒɑ̃bɔ̃] n. m. – XIIIe ✧ de *jambe* ▪ **1** Charcuterie élaborée par salaison ou cuisson de la cuisse ou de l'épaule de porc. *Jambon cru ; jambon de pays ; jambon de Bayonne, de Parme* (ELLIPT *du Bayonne, du Parme*) *; jambon serrano*. Jambon blanc, braisé ; jambon de Paris, d'York,* cuit. *Jambon au torchon, à l'os. — Une tranche de jambon. Le gras, la couenne du jambon. Chiffonnade de jambon. — Jambon sauce madère. Omelette, sandwich au jambon* (➤ aussi **croque-monsieur**). ✦ *Jambon de volaille* : filet cuit et préparé en salaison, coupé en fines tranches. *Jambon de poulet, de dinde.* ▪ **2** FAM. Cuisse bien en chair. ➤ **gigot.**

JAMBONNEAU [ʒɑ̃bɔno] n. m. – 1607 ✧ de *jambon* ▪ **1** Petit jambon fait avec la partie de la jambe du porc située au-dessous du genou, que l'on consomme froid ou chaud. *Jambonneau pané. Jambonneau aux lentilles.* ▪ **2** (1742) Coquillage du genre *pinna*.

JAMBONNETTE [ʒɑ̃bɔnɛt] n. f. – 1897 ✧ de *jambon* ▪ Préparation à base de viande façonnée en forme de petit jambon. ➤ **gigolette.** *Jambonnette de volaille.*

JAMBOREE [ʒɑ̃bɔʀe ; ʒambɔʀi] ou **JAMBORÉE** [ʒɑ̃bɔʀe] n. m. – 1910 ✧ mot anglais, de l'hindi ▪ Réunion internationale de scouts. *Des jamborees.*

JAMBOSE [ʒɑ̃boz] ou **JAMEROSE** [ʒamʀoz] n. f. – *jambos* 1602 ✧ portugais *jambo*, de l'hindi *jambu* ▪ Fruit du jambosier, appelé aussi *pomme de rose* (pour l'odeur).

JAMBOSIER [ʒɑ̃bozje] ou **JAMEROSIER** [ʒamʀozje] n. m. – 1789, - d'après *rosier* 1832 ✧ de *jambose* ▪ BOT. Arbre exotique *(myrtacées)*, à grandes fleurs et à grosses baies rouges comestibles sentant la rose (➤ **jambose**).

JAM-SESSION [dʒamsesjɔ̃] n. f. – v. 1935 ✧ mot anglais, de *jam* «foule» et *session* «réunion» ▪ ANGLIC. Réunion de musiciens de jazz qui improvisent. ➤ **bœuf.** *Faire des jam-sessions.* — ABRÉV. FAM. **JAM.**

JAN [ʒɑ̃] n. m. – 1546 ✧ probablt de *Jean*, prénom ▪ Au trictrac, Coup donnant ou ôtant des points ; chacun des deux compartiments attribués à un joueur. *Petit, grand jan.* ▪ HOM. 1 Gens, gent.

JANGADA [ʒɑ̃gada] n. f. – 1848 ✧ mot portugais, d'une langue dravidienne ▪ Radeau de bois très léger portant une cabane d'habitation, utilisé par les pêcheurs brésiliens.

JANISSAIRE [ʒanisɛʀ] n. m. – *jehanicere* 1457 ✧ italien *giannizzero*, turc *yeni çeri* «nouvelle troupe» ▪ HIST. Soldat d'élite de l'infanterie ottomane, qui appartenait à la garde du sultan.

JANOTISME [ʒanɔtism] n. m. – 1779 ✧ de *Janot*, nom d'un personnage du théâtre comique de la fin du XVIIIe ▪ VIEILLI Construction maladroite de la phrase donnant lieu à des équivoques (EX. c'est la voiture de ma grand-mère qui est morte). — On rencontre aussi la graphie *jeannotisme* (1828).

JANSÉNISME [ʒɑ̃senism] n. m. – 1651 ✧ de *Jansenius*, nom latin de *Jansen* (1585-1638), évêque d'Ypres ▪ THÉOL. Doctrine de Jansenius sur la grâce et la prédestination ; mouvement religieux et intellectuel animé par les partisans de cette doctrine. *Port-Royal, berceau du jansénisme.* ✦ PAR EXT. Morale austère, rigoriste. *«notre jansénisme politique, notre rigueur intolérante»* MAURIAC.

JANSÉNISTE [ʒɑ̃senist] n. et adj. – 1651 ✧ de *jansénisme* ▪ **1** Partisan du jansénisme. *Les luttes entre jésuites et jansénistes. «Les jansénistes furent [...] en France des espèces de puritains catholiques»* BALZAC. ✦ PAR EXT. Personne qui fait preuve d'une rigueur excessive dans ses idées. *«ces jansénistes de la peinture et de la poésie»* VALÉRY. ▪ **2** adj. *Parti, esprit janséniste.* — PAR EXT. *Éducation, morale janséniste,* austère. ➤ **puritain, rigide, sévère.** ▪ **3** adj. *Reliure janséniste* : type de reliure classique sobre, sans ornement. *«les sévères jansénistes, sans dentelles ni flaflas d'or»* HUYSMANS.

JANTE [ʒɑ̃t] n. f. – XIIe ✧ latin populaire °*cambita*, gaulois °*cambo* «courbe» ▪ Cercle de bois ou de métal qui forme la périphérie d'une roue. *Bandage, boudin d'une jante. Pneu monté sur jante métallique.* — LOC. FAM. *Être sur la jante* : être épuisé (cf. Être crevé, à plat). *Rouler sur la jante* : ne pas avoir toute sa raison (➤ **déjanter**). ▪ HOM. Gente (2 gent).

JANVIER [ʒɑ̃vje] n. m. – XIIe ✧ latin populaire °*jenuarius*, classique *januarius*, de *Janus*, dieu à qui ce mois était dédié ▪ Premier mois de l'année. *Janvier a 31 jours. «Source encore glacée, miroirs gelés [...], c'est janvier»* COLETTE. *Le 1er janvier, jour de l'an. En janvier, courant janvier.* RARE *Des janviers glacés.* — LOC. *Du 1er janvier à la Saint-Sylvestre* : toute l'année.

JAPON [ʒapɔ̃] n. m. – 1730 ✧ nom de pays ▪ **1** Porcelaine du Japon. ▪ **2** (1884) Papier de couleur ivoire, originairement fabriqué au Japon. *Édition de luxe sur japon impérial.* APPOS. *Papier japon.*

JAPONAIS, AISE [ʒapɔnɛ, ɛz] adj. et n. – *japonesque* XVIe ✧ de *Japon* ▪ **1** Du Japon. ➤ **nippon.** *L'économie japonaise. Moto japonaise. Monnaie japonaise.* ➤ **yen.** *Produits japonais.* ➤ **saké, surimi.** ✦ n. *Un, des Japonais.* ABRÉV. FAM. (1947) **JAP** [(d)ʒap]. *Les Japs. Empereur des Japonais.* ➤ **mikado.** *La Japonaise traditionnelle.* ➤ **mousmé.** — **n. m.** *Le japonais* : langue parlée au Japon. *Le japonais s'écrit en colonnes, de droite à gauche, à l'aide d'idéogrammes* (➤ **hiragana, kanji, katakana**). ▪ **2** Caractéristique du Japon, propre à ses traditions. *Religion japonaise.* ➤ **shintoïsme, zen.** *Arts martiaux japonais.* ➤ **aïkido, jujitsu, judo, karaté, kendo ;** aussi **sumo ; atémi, dan, kata, tatami.** *«un peignoir japonais en soie rose où étaient brodés des paysages d'or»* MAUPASSANT. ➤ **kimono.** *Estampes japonaises. Théâtre japonais.* ➤ **kabuki, nô ; buto ; bunraku.** *Poésie japonaise.* ➤ **haïku.** *Chanteuse japonaise.* ➤ **geisha.** *Musique japonaise* (➤ **biwa, koto, shamisen**). *Combattant japonais.* ➤ **kamikaze, ninja, samouraï ; harakiri, seppuku.** *Jardin* japonais.* ➤ aussi **bonsaï.** *Pas* japonais. Cuisine japonaise.* ➤ **chirashi, gyoza, 2 maki, miso, nori, ramen, sashimi, soba, sushi, tempura, teriyaki, udon, wakamé, wasabi, yakitori, yuzu ; bento.** *Bande dessinée japonaise.* ➤ **manga.**

JAPONAISERIE [ʒapɔnɛzʀi] ou **JAPONERIE** [ʒapɔnʀi] n. f. – 1850, –1878 ✧ de *japonais* ou de *Japon* ▪ **1** Objet d'art, bibelot de style japonais. *«sa théière ébréchée, une japonaiserie qui remontait, à ce qu'elle disait, à Pierre Loti»* LE CLÉZIO. ▪ **2** VIEILLI Caractère japonais. *La cour «est d'une irréprochable japonerie, avec des lanternes et des arbres nains»* LOTI.

JAPONISANT, ANTE [ʒapɔnizɑ̃, ɑ̃t] **n. et adj.** – 1881 ◊ de *japoniser* ■ **1** DIDACT. Spécialiste de la langue, de l'histoire, de la civilisation japonaises. ■ **2 adj.** Qui est inspiré, influencé par l'art japonais traditionnel. *Une pièce « à décors japonisants, agréablement meublée de bois clair »* PEREC.

JAPONISER [ʒapɔnize] **v. tr.** ‹1› – 1891 ; 1876 autre sens ◊ de *japonais* ■ Rendre japonais, marquer d'un caractère japonais.

JAPONISME [ʒapɔnism] **n. m.** – 1876 ◊ de *japonais* ■ RARE Goût pour les objets d'art japonais. *Amateur de japonisme* ou **JAPONISTE n.** ◆ Influence japonaise sur l'art occidental.

JAPPEMENT [ʒapmɑ̃] **n. m.** – XVIe ◊ de *japper* ■ Action de japper ; cri d'un animal quand il jappe. *Le basset « poursuivait les papillons de ses jappements aigus »* GREEN.

JAPPER [ʒape] **v. intr.** ‹1› – fin XIIe ◊ onomat. ■ Pousser des aboiements aigus et clairs. ➤ **aboyer, glapir.** *Jeune chien, roquet qui jappe.* ◆ Pousser son cri, en parlant du chacal.

JAPPEUR, EUSE [ʒapœʀ, øz] **adj. et n.** – 1546 ◊ de *japper* ■ Qui a l'habitude de japper (chien).

1 **JAQUE** [ʒak] **n. m.** ou **f.** – 1364 ◊ probablt de *Jacques,* ancien sobriquet du paysan français ■ ANCIENNT Justaucorps à manches que portaient les hommes au Moyen Âge (➤ **jaquette**). ■ **HOM.** Jacques, jack.

2 **JAQUE** [ʒak] **n. m.** – 1553 ◊ du tamoul *tsjaka,* par l'italien ■ RARE Fruit du jaquier.

JAQUELIN [ʒaklɛ̃] **n. m., JACQUELINE** [ʒaklin] **n. f.** – 1640 ◊ ustensile attribué à *Jacqueline de Bavière* ■ Cruche de grès à large panse, en usage dans les Flandres. ➤ **dame-jeanne.**

JAQUEMART ou **JACQUEMART** [ʒakmaʀ] **n. m.** – 1534 ◊ ancien provençal *jacomar* (1472) ; de *Jacques* ■ Figure de métal ou de bois sculpté représentant un homme d'armes muni d'un marteau avec lequel il frappe les heures sur le timbre ou la cloche d'une horloge monumentale.

JAQUET ➤ 1 **JACQUET**

JAQUETTE [ʒakɛt] **n. f.** – 1375 ◊ de 1*jaque*

I ■ **1** VX Jaque ; robe d'enfant. ■ **2** (1832) Vêtement masculin de cérémonie à pans ouverts descendant jusqu'aux genoux. ➤ **habit.** *Le marié était en jaquette.* — ARG. VIEILLI *Être de la jaquette (flottante)* : être homosexuel. ■ **3** VIEILLI Veste de femme, boutonnée par-devant, ajustée et à basques. — (Suisse) Vêtement à manches longues, couvrant le torse, généralement en tricot. ➤ **cardigan.** ■ **4** (Canada ; critiqué) Chemise de nuit.

II (anglais *jacket*) ■ **1** (1951) Couverture amovible en papier protégeant la couverture d'un livre relié ou broché. *Jaquette illustrée.* PAR ANAL. *La jaquette d'un DVD.* ■ **2** (v. 1950) Couronne en céramique employée en prothèse dentaire esthétique. ■ **3** *Jaquette thermostatique* : dispositif destiné à maintenir constante la température d'une enceinte.

JAQUIER ou **JACQUIER** [ʒakje] **n. m.** – 1779, -1688 ◊ de 2*jaque* ■ Arbre laticifère *(urticacées)* des régions tropicales, très voisin de l'arbre à pain. *Jaquier de Malaisie, du Brésil.* « *Quand j'étais encore chez moi, là-bas, de l'autre côté de l'Afrique, j'aimais l'odeur douce-amère du jaquier* » N. APPANAH.

JAR [ʒaʀ] **n. m.** – 1615 ; « bavardage » 1526 ◊ radical de *jargon* ■ VX Argot du milieu, des voleurs. *Jaspiner* le jar.* ■ **HOM.** Jard, jarre, jars.

JARD ou **JAR** [ʒaʀ] **n. m.** – XVIIe ◊ gallo-roman °*carra* « pierre » → garrigue ■ RÉGION. Sable caillouteux d'origine fluviale. « *Le jar, [...] gros sable que charrie la Loire* » BALZAC. *Bancs de jard de la Loire.* ■ **HOM.** Jar, jarre, jars.

JARDIN [ʒaʀdɛ̃] **n. m.** – milieu XIIe ◊ de l'ancien français *gart* « jardin », du francique *gard* « enclos », mot germanique à la base de l'allemand *Garten* et de l'anglais *garden*

I LIEU AMÉNAGÉ POUR LA CULTURE DES PLANTES ■ **1** Terrain, généralement clos, où l'on cultive des végétaux utiles ou d'agrément (dans ce cas, plus petit que le parc*). *Jardin fruitier, potager.* ➤ 2 **clos,** 1 **fruitier, pépinière, potager, verger ; ouche.** *Jardin ornemental, d'agrément,* composé de pelouse et de massifs, généralement attenant à une habitation (➤ aussi **rez-de-jardin**). *Jardin de curé* : petit jardin clos de murs. *Jardin paysager. Dessinateur de jardins.* ➤ **paysagiste.** *Jardin fleuri. Les roses du jardin. Fraises, cresson de jardin* (par oppos. aux espèces croissant dans un autre milieu). — *Allées, massifs, parterres, planches, platebandes d'un jardin.* — *Entretenir, soigner, arroser son jardin. Faire le jardin.* ➤ **jardiner.** — *Instruments, outils de jardin* : arrosoir, bêche, 1 binette, brouette, cisaille, 1 cloche, cordeau, croc, cultivateur, déplantoir, épandeur, faucille, 2 faux, fourche, houe, hoyau, louchet, motoculteur, pelle, plantoir, râteau, sarcloir, scarificateur, sécateur, serfouette, serpe, tondeuse, transplantoir, tronçonneuse, tuteur. *Meubles de jardin ; table, banc, chaises, fauteuils de jardin. Nain* de jardin. Abri de jardin. Pavillon de jardin.* ➤ **gloriette, kiosque, tonnelle.** — *Déjeuner, lire dans le jardin. Réception dans un jardin.* ➤ **garden-partie.** — *Jardin classique, jardin à la française,* où les parterres, les pièces d'eau sont disposés géométriquement. *S'aligner « comme des bouquets dans un jardin classique de Le Nôtre »* HUGO. (1771) *Jardin anglais, à l'anglaise,* imitant la nature. *Jardin japonais, jardin zen,* reproduisant un paysage naturel en réduction et constituant un lieu propice à la méditation (voir aussi infra 3°). « *Dans son apparent dénuement, le jardin Zen contient en puissance toutes les saisons de l'année, tous les paysages du monde, toutes les nuances de l'âme* » TOURNIER. *Jardins suspendus,* étagés en terrasses. *Les jardins suspendus de Babylone.* — *Jardin partagé* : jardin collectif de proximité géré par les habitants d'un quartier. — *Jardin public* : espace vert mis à la disposition des citadins. ➤ **parc, square.** *Cité*-jardin.* (1799) *Jardin botanique,* aménagé pour l'étude scientifique des végétaux. *Le Jardin des Plantes,* autour du Muséum d'histoire naturelle de Paris. — (1834) *Jardin zoologique* (➤ **zoo**), *d'acclimatation*.* ◆ ALLUS. BIBL. *Le jardin d'Éden, le jardin de délices* : le paradis terrestre. *Le jardin des Oliviers*.* MYTH. *Le jardin des Hespérides* : jardin des dieux où poussaient les pommes d'or. ◆ LOC. FIG. *Jeter une pierre dans le jardin de qqn,* l'attaquer indirectement. *C'est une pierre dans son jardin,* se dit d'une allusion désobligeante. ◆ LOC. PROV. *Il faut cultiver notre jardin* : propos mis par Voltaire dans la bouche de Candide pour exprimer qu'il faut mener une vie calme et laborieuse sans perdre son temps à des spéculations. ■ **2** (1866) **JARDIN D'HIVER :** pièce vitrée où les plantes sensibles au froid sont à l'abri. ➤ 1 **serre, véranda.** ■ **3 JARDIN JAPONAIS :** vasque contenant un jardin miniature composé de petites plantes, de graviers multicolores, de ponts, de temples évoquant le Japon et ses jardins. ■ **4** THÉÂTRE *Côté* jardin* : côté gauche de la scène vue de la salle. ■ **5** Par anal. CHIM. *Jardin chimique* : filements de formes et de couleurs variées qui se développent dans un bac de solution de silicate de soude, lorsqu'on y verse des cristaux de sels métalliques.

II JARDIN D'ENFANTS (1859 ◊ traduction de l'allemand *Kindergarten* [1840]) Établissement privé qui accueille après la crèche les enfants d'âge préscolaire. ➤ **garderie, maternelle.** « *Les cours de récréation ont été pour moi, dès le jardin d'enfants, des lieux de tourments* » TOURNIER.

III DOMAINE D'ÉPANOUISSEMENT ■ **1** (1532) Région riche, fertile. « *au jardin de France : c'est Touraine* » RABELAIS. ■ **2** *Jardin secret* : domaine des sentiments, des pensées les plus intimes d'un individu. « *Elle s'abstint de précisions, conserva dans l'ombre nos mystères, répondit : – C'est mon jardin secret* » FALLET.

1 **JARDINAGE** [ʒaʀdinaʒ] **n. m.** – 1564 ; « ensemble de jardins » 1281 ◊ de *jardiner* ■ **1** COUR. Culture, entretien des jardins. ➤ **arboriculture, horticulture, maraîchage.** *Faire du jardinage.* ➤ **arroser,** 1 **bêcher, biner, bouturer, désherber, sarcler, semer, tailler, tuteurer.** « *Le jardinage lie les yeux et l'esprit à la terre* » COLETTE. ■ **2** (1812) SYLV. Mode d'exploitation d'une futaie consistant à enlever çà et là, outre les arbres vieux, quelques sujets en bon état destinés au commerce.

2 **JARDINAGE** [ʒaʀdinaʒ] **n. m.** – 1754 ◊ de *jardineux* ■ JOAILL. Défaut d'un diamant, taches dues à une fêlure ou une substance étrangère. *Crapauds et jardinages.*

JARDINER [ʒaʀdine] **v. intr.** ‹1› – 1600 ; tr. 1527 ◊ de *jardin* ■ **1** COUR. Cultiver, entretenir un jardin en amateur. ■ **2** SYLV. Employer la méthode du jardinage, dans l'exploitation d'une forêt. — TRANS. *Jardiner un bois.*

JARDINERIE [ʒaʀdinʀi] **n. f.** – 1973 ◊ de *jardin* ■ Magasin de grande surface où l'on vend tout ce qui concerne le jardin. Recomm. offic. pour *garden-center.*

JARDINET [ʒaʀdinɛ] **n. m.** – XIIIe ◊ de *jardin* ■ Petit jardin. *Les jardinets des pavillons de banlieue.*

JARDINEUX, EUSE [ʒaʀdinø, øz] **adj.** – 1622 ◊ de l'ancien francique °*gard* → 2 jarre ■ JOAILL. Qui présente des traces de jardinage. *Diamant jardineux, pierre jardineuse.*

JARDINIER, IÈRE [ʒaʀdinje, jɛʀ] **n.** et **adj.** – XIIe ◇ de *jardin*
I n. ▪ **1** Personne dont le métier est de cultiver les jardins. ➤ **arboriculteur, fleuriste, horticulteur, maraîcher, pépiniériste.** ♦ SPÉCIALT Personne qui entretient un jardin d'agrément, un potager, un verger, pour le compte d'autrui. ▪ **2** Personne qui dessine, agence des jardins. ➤ **paysagiste.** ▪ **3 n. f. JARDINIÈRE D'ENFANTS :** éducatrice travaillant dans un jardin d'enfants.
II n. f. ▪ **1** (1812) Meuble supportant ou contenant un récipient où l'on fait pousser des plantes ornementales, des fleurs d'intérieur. ♦ Récipient de bois, de ciment, de plastique, de brique où l'on fait pousser des plantes ou arbres d'agrément. ➤ 1 **bac, caisse,** 1 **jarre, vasque.** *Des jardinières de pétunias. Jardinières de maçonnerie qui ornent les villes.* ▪ **2** (1810) Garniture composée d'un mélange de légumes printaniers cuits (essentiellement carottes et petits-pois). *Jardinière de légumes.* ➤ **printanière.** *Rôti de veau jardinière. Jardinière à la mayonnaise.* ➤ **macédoine.** ▪ **3** (1873) ANCIENNT Voiture hippomobile de maraîcher. ▪ **4** (1867) Insecte des jardins, courtilière, carabe doré et autres insectes qui attaquent les plantes potagères.
III adj. (1564) ▪ **1** Relatif aux jardins. *Culture jardinière, plantes jardinières.* ▪ **2** TECHN. *Exploitation jardinière d'une forêt :* jardinage (1, 2°).

1 **JARGON** [ʒaʀgɔ̃] **n. m.** – XIIe «gazouillement» ◇ radical onomat. *garg-* «gosier» ▪ **1** Langage déformé, fait d'éléments disparates (➤ **babélisme**) ; PAR EXT. Langage incompréhensible. ➤ **baragouin, charabia, galimatias, sabir.** ▪ **2** PÉJ. Langage particulier à un groupe et caractérisé par sa complication, l'affectation de certains mots, de certaines tournures. *Le jargon des Précieuses.* ♦ Façon de s'exprimer propre à une profession, une activité, difficilement compréhensible pour le profane. *Le jargon des médecins, du sport. Jargon des bouchers.* ➤ **loucherbem.** *Jargon journalistique. Comme nous disons dans notre jargon.* ▪ **3** LING. Argot ancien. ➤ **argot.** *Les ballades en jargon attribuées à Villon.*

2 **JARGON** [ʒaʀgɔ̃] **n. m.** – 1664 ◇ italien *giargone*, de l'ancien français *jacunce, jargunce*, latin *hyacinthus* → jacinthe ▪ TECHN. ▪ **1** Petite pierre rouge ressemblant à l'hyacinthe. ▪ **2** (1773) Variété de zircon* de teinte jaune.

JARGONAPHASIE [ʒaʀgɔnafazi] **n. f.** – 1906 ◇ de 1 *jargon* et *aphasie* ▪ MÉD. Forme d'aphasie sensorielle caractérisée par un débit rapide, des paraphasies et des néologismes, qui rendent le langage incompréhensible.

JARGONNER [ʒaʀgɔne] **v. intr.** ‹1› – XIIIe ◇ de 1 *jargon*
I Parler d'une façon peu intelligible. *J'apprends l'anglais, «à ton arrivée, nous pourrons jargonner ensemble»* SAINTE-BEUVE.
II (XVIe ◇ par croisement avec *jargo*, forme dialectale de *jars*) RARE Pousser son cri, en parlant du jars.

JARGONNEUX, EUSE [ʒaʀgɔnø, øz] **adj.** – v. 1960 ◇ de *jargon* ▪ Se dit d'un texte qui emploie un jargon scientifique à la mode.

JARNICOTON [ʒaʀnikɔtɔ̃] **interj.** – XVIe ◇ altération de *je renie Coton* (confesseur d'Henri IV) ▪ VX Juron destiné à remplacer *je renie Dieu.*

JARNIGOINE [ʒaʀnigwan] **n. f.** – 1880 ◇ altération probable de *jarnicoton*, attesté dans ce sens au Canada ▪ **(Canada)** FAM. Intelligence, jugement, bon sens. *Il ne faut pas beaucoup de jarnigoine pour comprendre ça ! «Voyons ! [...] servez-vous un peu de votre jarnigoine»* Y. BEAUCHEMIN.

JAROSSE [ʒaʀɔs] ou **JAROUSSE** [ʒaʀus] **n. f.** – 1326, -1340 ◇ mot dialectal d'origine inconnue ▪ RÉGION. Espèce de gesse, la gesse chiche des régions méditerranéennes, spontanée ou cultivée comme fourrage.

1 **JARRE** [ʒaʀ] **n. f.** – v. 1200 ◇ ancien provençal *jarra*, arabe *djarra* ▪ **1** Grand récipient de forme ovoïde, en grès, en terre cuite, destiné à conserver l'eau, l'huile, etc. ▪ **2** Ce récipient servant de jardinière*. *Des jarres et des vasques de géraniums-lierres.* ▪ **HOM.** Jar, jard, jars.

2 **JARRE** [ʒaʀ] **n. m.** – 1680 ; *gart* 1260 ◇ ancien francique °*gard* «aiguillon, piquant» ; variantes *jars* et *jard* XIXe ▪ **Surtout plur.** Poil droit et raide qui se trouve mêlé au poil fin des fourrures ou à la laine. — On écrit aussi *jars* (1862). *«les jars, c'est-à-dire les poils brillants qui ne prennent pas la teinture»* MAUROIS.

JARRET [ʒaʀɛ] **n. m.** – XIIe ◇ gaulois °*garra* «jambe» ▪ **1** Région postérieure du genou humain. ➤ **poplité.** *Il se promenait «le jarret tendu, comme un coq dans sa basse-cour»* MARTIN DU GARD. — LOC. FIG. *Avoir des jarrets d'acier.* ▪ **2** Endroit où se plie la jambe de derrière, chez les mammifères ongulés. *Les jarrets d'un bœuf.* ♦ SPÉCIALT Articulation du membre postérieur des équidés, entre la jambe et le canon. BOUCH. Morceau de boucherie constituant la partie supérieure des membres, la partie inférieure de la noix et de l'épaule. *Jarret de veau* (➤ **osso buco**), *de porc.* ▪ **3** (1561) TECHN. Bosse, saillie qui rompt la continuité d'une ligne, et SPÉCIALT d'une courbe, en architecture, en menuiserie. — Coude formé par deux tuyaux.

JARRETÉ, ÉE [ʒaʀte] **adj.** – 1694 ◇ de *jarret* ▪ TECHN. ▪ **1** Qui a les membres postérieurs tournés en dedans et trop rapprochés (équidés). — PAR ANAL. *Danseur jarreté.* ▪ **2** (1835) ARCHIT. Qui forme un jarret, un coude.

JARRETELLE [ʒaʀtɛl] **n. f.** – 1893 ◇ de *jarretière* ▪ Chacune des quatre bandes élastiques d'un porte-jarretelle, terminée par une petite pince, servant à maintenir et tendre les bas des femmes.

1 **JARRETER** [ʒaʀte] **v. intr.** ‹4 /5/› – 1694 ◇ de *jarret* ▪ ARCHIT. Former un jarret, un coude.

2 **JARRETER** [ʒaʀte] **v. tr.** ‹4 /5/› – 1576 ◇ contraction de *jarreterer*, de *jarretière* ▪ RARE Garnir de jarretières. PAR ANAL. *Chapeaux «jarretés de velours noir»* COLETTE.

3 **JARRETER** ➤ **JARTER**

JARRETIÈRE [ʒaʀtjɛʀ] **n. f.** – 1360 ◇ de *jarret* ▪ **1** Cordon, bande élastique destinée à fixer les bas des hommes ou des femmes en les entourant au-dessus ou au-dessous du genou. *La jarretière de la mariée,* traditionnellement dérobée à la mariée et vendue aux enchères aux invités. — HIST. *Ordre de la Jarretière* (ainsi appelé à cause de l'insigne), institué en 1348 par Édouard III d'Angleterre. ▪ **2** MAR., AU PLUR. Tresses à l'arrière des voiles, le long de la têtière, et terminées, à l'une de leurs extrémités, par une boucle, à l'autre par une garcette ou un bout de ligne. ▪ **3** TÉLÉCOMM. Cordon permettant de réaliser une connexion dans un système de câblage.

1 **JARS** [ʒaʀ] **n. m.** – XIIe ◇ de l'ancien francique °*gard* → 2 jarre ▪ Mâle de l'oie domestique. *Le jars jargonne.* ▪ **HOM.** Jar, jard, jarre.

2 **JARS** ➤ 2 **JARRE**

JARTER ‹1› ou **JARRETER** [ʒaʀte] **v. tr.** ‹4 ; v. défectif, employé surtout à l'inf. et au p. p.› – 2001 ◇ origine inconnue ▪ FAM. Exclure, éliminer, se débarrasser de (qqn, qqch.). *La proprio veut les jarter.* ➤ **virer.** *Ils se sont fait jarter du restaurant.* ➤ **expulser,** FAM. **jeter.**

1 **JAS** [ʒɑ] **n. m.** – 1643 ◇ mot provençal ▪ MAR. Barre transversale d'une ancre fixe ou mobile, et qui peut dans ce cas se placer le long de la verge.

2 **JAS** [ʒɑ] **n. m.** – 1840 ; «ferme d'estive» 1549 ◇ mot régional (Livradois), du latin °*jacium* «lieu où on est couché», de *jacere* ▪ RÉGION. Bergerie, dans les Alpes et le midi de la France.

JASANT ➤ **JASEUR**

JASER [ʒɑze] **v. intr.** ‹1› – début XVIe ◇ radical onomat. *gas-* → gazouiller ▪ **1** VIEILLI Babiller sans arrêt pour le plaisir de parler. ➤ **bavarder, caqueter,** 2 **causer.** *«La fille jasait sans cesse et gaîment»* HUGO. — (1807) **(Canada)** Bavarder, deviser agréablement. ➤ 2 **causer,** FAM. **placoter.** *Elle aime jaser au téléphone.* ♦ Parler avec indiscrétion de ce qu'on devrait taire. *«il te sera facile de faire jaser les gens»* MAURIAC. ▪ **2** Faire des commentaires plus ou moins désobligeants et médisants. ➤ **médire.** *Jaser de, sur qqn, qqch. «tout le monde en jaserait et rirait de moi»* MAUPASSANT. *On commence à jaser dans le village. Elle était assez intime avec lui «pour qu'on en jasât»* HENRIOT. *Cela fait jaser.* ▪ **3** Émettre des cris ou des sons qui évoquent un babil. *La pie, le perroquet jasent.* ➤ **jacasser.** *Les bosquets «où jasent les ruisseaux»* BAUDELAIRE. ➤ **gazouiller.**

JASERAN [ʒazʀɑ̃] ou **JASERON** [ʒazʀɔ̃] **n. m.** – XIIe, -1544 ◇ de *Al Djazaïr*, nom arabe d'Alger ▪ **1** ANCIENNT Chemise de mailles. ➤ **haubert.** PAR EXT. Collet de mailles lacé. ▪ **2** (XVIe) VIEILLI Chaîne de cou à mailles d'or ou d'argent très fines. *«le col cerclé de cinquante tours de jaserons»* GAUTIER.

JASETTE [ʒazɛt] n. f. – 1866 ◇ de *jaser*, sur le modèle de *causette* ▪ (Canada) ▪ **1** Conversation, discussion. *Faire la jasette.* «*Allez, ouste, assez de jasette*» M. LABERGE. ➤ **bavardage.** ▪ **2** Facilité de parole. *Avoir de la jasette* : être bavard.

JASEUR, EUSE [ʒazœʀ, øz] adj. et n. m. – 1531 ◇ de *jaser* ▪ **1** VX Qui jase, a l'habitude de jaser. ➤ **babillard, bavard*.** — (Canada) Qui aime jaser, bavarder. ➤ **bavard, causant.** On dit aussi *jasant, ante.* «*elle retrouve Hector vieilli et assez peu jasant*» M. LABERGE. ▪ **2** n. m. (1731) Oiseau passereau (*ampélidés*) de la taille d'un étourneau, qui vient des régions boréales hiverner en France.

JASMIN [ʒasmɛ̃] n. m. – fin XVIᵉ ; *jassemin* fin XVᵉ ◇ arabo-persan *yâsimîn* ▪ Arbuste sarmenteux et vivace (*oléacées*), à grandes fleurs jaunes ou blanches souvent très odorantes, solitaires ou groupées en cymes. *Jasmin blanc, jonquille ; jasmin d'Espagne. Le jasmin jaune fleurit en hiver.* «*le jasmin en cataractes aux murs des courettes, richesse du pauvre à mille lieues du luxe des parfumeurs d'Occident*» M. BARBERY. ♦ Ces fleurs. *La cueillette du jasmin. Essence de jasmin. Thé au jasmin.*

JASPE [ʒasp] n. m. – 1118 ◇ latin *iaspis*, mot grec ▪ **1** Roche siliceuse formée de quartz et de calcédoine, finement rubanée, colorée en vert, rouge, brun ou noir. *Jaspe noir.* ➤ **pierre** (de touche). *Jaspe sanguin.* ➤ **héliotrope.** *Vase, coupe de jaspe.* ▪ **2** Objet d'art en jaspe. *Collection de jaspes.*

JASPÉ, ÉE [ʒaspe] adj. et n. m. – 1552 ◇ de *jaspe* ▪ Dont la couleur, la bigarrure, naturelle ou non, évoque le jaspe. *Marbre jaspé. Reliure en veau jaspé. Un hanneton* «*jaspé comme un œuf de vanneau*» COLETTE. ♦ TECHN. *Acier jaspé*, offrant des jaspures obtenues par une trempe particulière.

JASPER [ʒaspe] v. tr. ⟨1⟩ – 1564 ◇ de *jaspe* ▪ Bigarrer par bandes ou par taches irrégulières pour donner un aspect jaspé. *Jasper les tranches d'un volume.* ➤ **marbrer.**

JASPINER [ʒaspine] v. intr. ⟨1⟩ – 1715 ◇ croisement de *jaser* et du v. dialectal *japiner* «japper» ▪ FAM. et PÉJ. Bavarder, causer. — TRANS. *Jaspiner le jar** : parler argot.

JASPURE [ʒaspyʀ] n. f. – 1557 ◇ de *jasper* ▪ **1** Couleur, bigarrure de ce qui est jaspé, de ce qu'on a jaspé. ➤ **marbrure.** ▪ **2** TECHN. Coloration (de l'acier) obtenue par la trempe au jaspé.

JASS ➤ **YASS**

JATTE [ʒat] n. f. – fin XIIᵉ ◇ latin populaire °*gabita*, classique *gabata* ▪ **1** Récipient de forme arrondie, très évasé, sans rebord ni anse ni manche. ➤ **1 bol, 1 coupe, saladier.** *Jatte de faïence. Grande jatte.* ➤ RÉGION. **jale.** ♦ Le contenu d'une jatte. *Manger une jatte de crème* ou RARE *une jattée* n. f., XVIᵉ. ▪ **2** (Belgique, Luxembourg) FAM. *Une jatte de café* : une tasse de café.

JAUGE [ʒoʒ] n. f. – 1260 ◇ ancien francique °*galga* «perche» ▪ **1** Capacité que doit avoir un récipient déterminé. *Robinets de jauge*, qui renseignent sur le niveau de l'eau d'une chaudière, d'un réservoir. — MAR. Capacité cubique intérieure du navire exprimée en tonneaux. ➤ **tonnage.** *Jauge brute, nette.* ♦ TECHN. Quantité déterminée de mailles existant dans une surface donnée de tricot. ▪ **2** (1467) Instrument ou objet étalonné qui sert à mesurer la contenance d'un récipient ou le niveau de son contenu (baguette, règle graduée). *Jauge d'essence, de niveau d'huile.* ♦ Barrique, fût servant d'étalon. ▪ **3** TECHN. Instrument servant à mesurer les dimensions de corps solides (SPÉCIALT les dimensions intérieures). *Jauge de charpentier.* ➤ **règle.** *Jauge de filetage, de longueur, de profondeur, d'épaisseur.* ▪ **4** (1386) AGRIC. Cheville de fer qui, par sa position sur la flèche de la charrue, règle le degré de pénétration du soc. PAR EXT. Distance, sillon provisoire laissé entre la terre labourée et celle qui va l'être. — Petite tranchée aménagée pour y conserver provisoirement des plants avant la plantation. *Mettre de jeunes sapins en jauge.* ▪ **5** PHYS. *Jauge du champ électromagnétique* : l'ensemble des potentiels dont dérivent les champs électrique et magnétique. — (anglais *gauge*) *Théorie de jauge* : catégorie de théorie quantique des champs, basée sur des principes de symétrie. *La théorie électrofaible*, la chromodynamique* quantique sont des théories de jauge.*

JAUGEAGE [ʒoʒaʒ] n. m. – 1248 ◇ de *jauger* ▪ **1** Action de jauger. *Jaugeage d'un tonneau, d'un réservoir, d'un cours d'eau.* — MAR. Ensemble des mesures et calculs nécessaires pour déterminer la jauge d'un navire. ♦ Mesure du débit d'un cours d'eau. ▪ **2** Droit perçu à l'occasion d'un jaugeage.

JAUGER [ʒoʒe] v. ⟨3⟩ – 1260 ◇ de *jauge*

I v. tr. ▪ **1** Prendre la jauge de (un récipient) ; mesurer ou contrôler avec une jauge. *Jauger un réservoir, un navire. — Pipette, fiole jaugée.* ♦ TECHN. *Jauger une pompe, une source*, évaluer son débit. ▪ **2** (1787) FIG. Apprécier par un jugement de valeur. ➤ **évaluer, 1 juger.** «*jauger à leur juste valeur les grands écrivains du passé*» GIDE. *Jauger qqn d'un coup d'œil.* — PRONOM. (RÉCIPR.) *Les adversaires se jaugent avant le combat.*

II v. intr. ▪ **1** (1694) Avoir un tirant d'eau de. *Péniche jaugeant un mètre.* ▪ **2** (1797) Avoir une capacité de. ➤ **tenir.** *Navire qui jauge 1 200 tonneaux.* — «*un splendide verre en cristal de Bohême qui jaugeait* [...] *une bouteille de bordeaux tout entière*» BARBEY. ➤ **contenir.**

JAUGEUR, EUSE [ʒoʒœʀ, øz] n. – 1258 ◇ de *jauger* ▪ TECHN. ▪ **1** Personne employée à jauger. ▪ **2** n. m. Appareil à jauger.

JAUMIÈRE [ʒomjɛʀ] n. f. – 1678 ◇ de *heaumière*, de *heaulme* «barre du gouvernail» ; moyen néerlandais *helm* ▪ MAR. Ouverture pratiquée dans la voûte d'un navire pour le passage de la mèche du gouvernail.

JAUNÂTRE [ʒonatʀ] adj. – 1530 ◇ de *jaune* et *-âtre* ▪ Qui tire sur le jaune, d'un jaune terne. *Un blanc jaunâtre.* «*figure cadavérique, jaunâtre et douloureuse*» TAINE. *Des cheveux jaunâtres.* ➤ PÉJ. **blondasse,** FAM. **pisseux.** — VAR. FAM. **JAUNASSE.**

JAUNE [ʒon] adj., n. et adv. – XIIᵉ ; *jalne* 1080 ◇ latin impérial *galbinus*

I ~ adj. ▪ **1** Qui est d'une couleur placée dans le spectre entre le vert et l'orangé et dont la nature offre de nombreux exemples (citron, bouton d'or). ➤ **ambré, blond, doré ; xantho-.** BIOL. *Corps jaune* : masse jaune dans l'ovaire, formée par un follicule de De Graaf après l'expulsion de l'ovule et sécrétant la progestérone. ➤ **lutéal, lutéinique, progestatif.** ▪ **2** Qui est jaune (1°) ou tire sur le jaune par rapport à qqch. de même nature mais d'une autre couleur. *Ocre jaune. Phares jaunes. Or jaune.* (marque déposée) *Les pages jaunes*, l'annuaire professionnel (en France). *Consulter les pages jaunes. Le maillot* jaune du Tour de France. Le métal* jaune.* LOC. *Franchir la ligne* jaune.* — VIEILLI *Race jaune* : groupe humain, en majeure partie asiatique, caractérisé par des yeux bridés et une pigmentation brun très clair de la peau (cf. ci-dessous, II, B, 1°). — *Le péril* jaune.* ▪ **3** Qui est jaune mais dont ce n'est pas la teinte idéale. *Dents jaunes. Sclérotique jaune des hépatiques. Teint jaune.* ➤ **bilieux, cireux.** *Être jaune comme cire, comme un coing, comme un citron.* ▪ **4** (1834) MÉD. *Fièvre* jaune.* ▪ **5** HIST. *Syndicats jaunes* (dont l'insigne était un genêt et un gland jaune) : organisations syndicales créées en 1899 contre les syndicats ouvriers (cf. ci-dessous, B, 2°). ▪ **6** *Nain* jaune.*

II ~ n. **A.** ~ n. m. **LE JAUNE** ▪ **1** (v. 1170) Une des sept couleurs fondamentales du spectre solaire, placée entre le vert et l'orangé. *Tirer sur le jaune.* ➤ **jaunâtre.** *Tourner au jaune.* ➤ **jaunir.** *Peindre en jaune. Un jaune pâle, clair, vif, éclatant. Fleurs jaune d'or. Étoffes jaune citron, jaune paille, jaune safran, jaune poussin, jaune soufre, jaune moutarde.* FAM. «*leur insigne jaune pipi*» FALLET. ▪ **2** Matière colorante jaune. *Jaunes végétaux.* ➤ **curcuma, fustet, quercitrin, 1 safran.** *Jaunes minéraux : jaune de chrome, de zinc. Jaune de quinoléine* : colorant alimentaire. — *Un tube de jaune. Les jaunes de Van Gogh.* ▪ **3** COLLECT. Couleur jaune des vêtements. «*tout de jaune habillé, ganté de jaune*» ZOLA. *Le jaune ne lui va pas.* ▪ **4** Partie jaune d'un objet. — (XVIᵉ) *Le jaune de l'œuf, un jaune d'œuf, des jaunes d'œufs* ; ELLIPT *le jaune, un jaune* (opposé à *blanc*). ➤ **vitellus.** ♦ Chose de couleur jaune. — *Un (petit) jaune* : un pastis.

B. ~ n. **UN JAUNE, LES JAUNES** ▪ **1** (Emploi raciste) Asiatique. *Les Jaunes.* ▪ **2** VX Membre d'un syndicat jaune (I, 5°). ♦ MOD. Ouvrier, salarié, qui refuse de prendre part à une grève. ➤ **briseur** (de grève), **renard.** «*le sentiment d'avoir trahi les miens, d'être un jaune, un collaborateur*» J.-P. DUBOIS.

III ~ adv. (1640) *Rire jaune*, d'un rire forcé, qui dissimule mal le dépit ou la gêne.

JAUNET, ETTE [ʒonɛ, ɛt] adj. et n. m. – 1125 ◇ de *jaune*

I adj. Légèrement jaune. *Tu es* «*un petit brin jaunette, mais j'aime le jaune*» BALZAC.

II n. m. ▪ **1** (1539) RÉGION. **JAUNET D'EAU** : nénuphar jaune. ▪ **2** (1640) FAM. et VIEILLI Pièce d'or.

JAUNIR [ʒoniʀ] v. ⟨2⟩ – 1213 ◇ de *jaune*

I v. tr. Rendre jaune, colorer de jaune. *Doigts jaunis par la nicotine.*

II v. intr. (1230) Devenir jaune, prendre une teinte jaune

(➤ **jaunissement**). *Ivoire, nylon blanc, papier qui a jauni. «Je chantais l'an passé quand les feuilles jaunirent»* ARAGON. *Le blé jaunit à maturité.* ➤ **blondir.**

JAUNISSAGE [ʒonisaʒ] **n. m.** – 1881 ◊ de *jaunir* ■ TECHN. Opération qui, dans la dorure en détrempe, consiste à appliquer une couleur jaune sur tous les endroits non recouverts de feuilles d'or.

JAUNISSANT, ANTE [ʒonisɑ̃, ɑ̃t] **adj.** – 1550 ◊ de *jaunir* ■ Qui jaunit, est en train de jaunir. *«Feuillages jaunissants sur les gazons épars !»* LAMARTINE.

JAUNISSE [ʒonis] **n. f.** – XIIIᵉ ; *jalnice* XIIᵉ ◊ de *jaune* ■ **1** COUR. Ictère. *Avoir la jaunisse. Jaunisse due à une hépatite.* ◆ LOC. FIG. et FAM. *En faire une jaunisse :* éprouver un violent dépit de (qqch.). *Tu ne vas pas en faire une jaunisse !* (cf. En faire une maladie). ■ **2** AGRIC. Maladie caractérisée par le jaunissement, la décoloration des feuilles. *Jaunisse de la betterave.*

JAUNISSEMENT [ʒonismɑ̃] **n. m.** – 1636 ◊ de *jaunir* ■ Action de rendre jaune ; le fait de devenir jaune.

JAVA [ʒava] **n. f.** – 1922 ; argot *faire la java* 1901 «danser en remuant les épaules» ◊ origine inconnue ■ Danse de bal musette à trois temps, assez rapide. — Air, musique qui l'accompagne. ◆ LOC. FAM. *Faire la java :* faire la fête*. *Partir en java :* sortir avec l'idée de s'amuser sans retenue.

1 **JAVANAIS, AISE** [ʒavanɛ, ɛz] **adj. et n.** – 1813 ; *javan* 1598 ◊ de *Java* ■ **1** De l'île de Java. **n.** Habitant(e) de Java. ■ **2** **n. m.** Groupe de langues malayo-polynésiennes (indonésien) parlées à Java et Sumatra.

2 **JAVANAIS** [ʒavanɛ] **n. m.** – 1857 ◊ p.-ê. d'après le v. *avoir : j'ai, j'avais* et d'après 1 *javanais* ■ Argot conventionnel consistant à intercaler dans les mots les syllabes *va* ou *av* (ex. chaussure «chavaussavurave» [ʃavosavyʀavə] ; grosse «gravosse»).

JAVART [ʒavaʀ] **n. m.** – v. 1398 ◊ occitan *gavarri,* du radical gallo-roman °*gaba* ■ VÉTÉR. Tumeur de la partie inférieure des membres chez le cheval, le bœuf.

JAVEAU [ʒavo] **n. m.** – 1572 ; «tas, monceau (de victimes)» XIIIᵉ ◊ forme masc. de *javelle* ■ Île de sable, de limon, formée par le débordement d'un cours d'eau. *Des javeaux.*

JAVEL (EAU DE) [od(ə)ʒavɛl] **n. f.** – 1830 ; *lessive de Javelles* 1795 ◊ de *Javel,* village, aujourd'hui quartier de Paris, où se trouvait une usine de produits chimiques ■ Mélange en solution aqueuse d'hypochlorite et de chlorure de sodium ou de potassium, utilisé pour désinfecter, blanchir et désodoriser (➤ **javelliser**). *Faire tremper des torchons dans de l'eau de Javel. Laver le carrelage à l'eau de Javel. Berlingot, pastille d'eau de Javel.* FAM. *De la Javel. «cette ambiance d'hôpital avec ses odeurs de javel et d'éther»* J.-M. GUENASSIA. ■ HOM. Javelle.

JAVELAGE [ʒav(ə)laʒ] **n. m.** – 1793 ◊ de *javeler* ■ AGRIC. Action de javeler (les céréales). ◆ Temps durant lequel on laisse les javelles à terre afin de les faire sécher.

JAVELÉ, ÉE [ʒav(ə)le] **adj.** – 1867 ◊ p. p. de *javeler* ■ AGRIC. *Avoines javelées,* mouillées pendant le javelage, et dont le grain est devenu noir et lourd.

JAVELER [ʒav(ə)le] **v.** ‹4 /5/› – 1611 ; «jeter par tas» 1125 ◊ de *javelle* ■ **1** **v. tr.** Mettre en javelles. ■ **2** **v. intr.** Jaunir (en parlant de céréales mises en javelles).

JAVELEUR, EUSE [ʒav(ə)lœʀ, øz] **n.** – 1611 ◊ de *javeler* ■ **1** Personne qui met les moissons en javelles. ■ **2** **n. f.** (1877) Machine à javeler le blé.

JAVELINE [ʒavlin] **n. f.** – 1451 ◊ du radical de *javelot* ■ Arme de jet, formée d'une hampe mince et d'un fer généralement long et aigu. ➤ 1 **dard, javelot.**

JAVELLE [ʒavɛl] **n. f.** – XIIIᵉ ; *gevele* «tas» XIIᵉ ◊ gaulois °*gabella* ■ **1** Brassée de céréales ou de plantes oléagineuses, coupées et non liées, qu'on laisse sur le sillon en attendant de les mettre en gerbes ou en petites meules. *Elle ramassait «sa brassée d'épis, qu'elle posait ensuite en javelle* [...] *tous les trois pas»* ZOLA. ■ **2** (XIVᵉ) RÉGION. Fagot de sarments, d'échalas, de lattes. — FIG. *Tomber, partir en javelle,* en morceaux, en ruine. ■ **3** (1893) TECHN. Tas de sel tiré d'un marais salant. ■ HOM. Javel.

JAVELLISATION [ʒavelizasjɔ̃] **n. f.** – 1916 ◊ de *(eau de) Javel* ■ Purification, stérilisation (de l'eau) par l'eau de Javel. ➤ **verdunisation.**

JAVELLISER [ʒavelize] **v. tr.** ‹1› – 1919 ◊ de *(eau de) Javel* ■ Stériliser, purifier (l'eau) par addition d'eau de Javel. — *Eau javellisée. «la propreté constamment javellisée des toilettes et des douches»* PH. CLAUDEL.

JAVELOT [ʒavlo] **n. m.** – 1160 ◊ p.-ê. gaulois °*gabalaccos* ■ **1** Arme de trait, sorte de dard assez long et lourd qu'on lançait à la main ou à l'aide d'une machine. ➤ **angon, framée, hast, javeline, lance, pilum.** ■ **2** Instrument de lancer en forme de lance employé en athlétisme. *Le lancer du javelot.* ELLIPT *Le record du javelot. Champion de javelot.*

JAZZ [dʒɑz] **n. m.** – 1918 ; *jazz-band* 1908 «orchestre» ◊ mot anglais américain d'origine inconnue ■ **1** VIEILLI Orchestre de danse jouant à la manière des Noirs américains. *Il «dut faire claquer ses doigts pour décider le jazz à jouer un nouveau morceau»* SIMENON. ■ **2** MOD. Musique issue de la musique profane des Noirs des États-Unis. ➤ aussi **blues, negro-spiritual, rhythm and blues, R'n'B.** *Orchestre de jazz.* ➤ **big band.** *Saxophoniste, chanteuse de jazz. Qualité rythmique du jazz.* ➤ **swing ; jazzy.** *Improvisation en jazz.* ➤ **bœuf, jam-session ;** 2 **break.** *Thèmes, chorus dans le jazz.* ➤ **riff,** 1 **standard.** *Styles de jazz.* ➤ **be-bop, boogie-woogie, free-jazz, ragtime ; cool, hot.** *Jazz-rock :* jazz influencé par le rock.

JAZZMAN [dʒɑzman] **n. m.** – v. 1930 ◊ mot anglais, de *jazz* et *man* «homme» ■ ANGLIC. Musicien, instrumentiste de jazz. *Des jazzmans* ou *des jazzmen* [dʒɑzmɛn] (plur. angl.).

JAZZY [dʒɑzi] **adj. inv.** – v. 1970 ◊ mot anglais américain, de *jazz* ■ Relatif au jazz, propre au jazz. *Un rythme jazzy.* — *Des pianistes jazzy.*

JE [ʒə] **pron. pers.** – *eo* 842, puis *jo* et *je* ◊ latin *ego* ■ **1** Pronom personnel de la première personne du singulier, sans distinction de genre, en fonction de sujet. ➤ **me, moi.** *Je parle. J'entends. J'habille. Je hais. Je me décide. Je ne viens pas. Je ne sais combien, pourquoi.* ➤ **je ne sais quoi.** *Je ne sais où. «Je puis dire des jours entiers* je-t-aime *sans pouvoir peut-être jamais passer à "*je l'aime*"»* BARTHES. *Je soussigné* Untel certifie que...* (Renforcé par *moi*) *Moi, je viens.* REM. En cas d'inversion, le *e* devient muet : *Irai-je* [iʀɛʒ] ; *Dis-je ; Puis-je ? ; Que vois-je ? ; Puissé-je vous convaincre. Je* est parfois remplacé par un *nous** de majesté ou de modestie. ■ **2** FAM. Avec la valeur d'une deuxième ou d'une troisième personne. *Et je te pousse, et je te bouscule.* ■ **3** **n. m. inv.** *Employer le* je *dans un récit, une autobiographie. Le «je» du narrateur. «Ce Je, accusé justement d'impertinence* [...] *implique cependant une grande modestie»* BAUDELAIRE. ◆ PHILOS. *Le je :* principe auquel l'individu attribue ses états et ses actes. ➤ **ego, moi.** *«il y a plusieurs Moi en une personne, mais ils ne se fréquentent guère et ils sont fédérés par un Je unique»* E. MORIN.

JEAN [dʒin] **n. m.** – 1948 ◊ anglais américain *jeans,* anglais *jean,* ellipse de *Jene fustyan* «futaine de Gênes», altération de l'ancien français *Janne(s)* «Gênes» d'où venait la toile ■ ANGLIC. ■ **1** Pantalon de toile très solide (bleue à l'origine ➤ **blue-jean**), à coutures apparentes. *Un jean noir, vert. Des jeans délavés.* — REM. On dit aussi *un jeans* [dʒin ; dʒins]. *Elle était en jean, en jeans. Des jeans.* ■ **2** (v. 1960) Toile très serrée et très solide servant à confectionner des vêtements. ➤ **denim.** *Veste en jean marron.* ■ **3** Pantalon coupé comme un jean. *Un jean de velours, en daim.* ■ HOM. Djinn, gin.

JEAN-FOUTRE [ʒɑ̃futʀ] **n. m. inv.** /JEANFOUTRE **n. m.**/ – 1657 ◊ d'un emploi populaire et injurieux de *Jean* et 1 *foutre* ■ POP. ■ **1** VX Ladre, gredin. ■ **2** MOD. et FAM. Individu incapable, pas sérieux, sur lequel on ne peut compter. ➤ **je-m'en-foutiste.** *Une bande de jean-foutre.*

JEAN-LE-BLANC [ʒɑ̃ləblɑ̃] **n. m. inv.** – 1555 ◊ de *Jean* et *blanc* ■ Rapace du genre circaète. *Des jean-le-blanc.*

1 **JEANNETTE** [ʒanɛt] **n. f.** – XVᵉ ◊ prénom fém., diminutif de *Jeanne* ■ **1** Narcisse des poètes. *«des jeannettes jaunes au cœur safrané»* COLETTE. ■ **2** (1782) *Croix à la jeannette,* ou ELLIPT *une jeannette :* croix suspendue à une chaîne, à un ruban qui se porte autour du cou. ■ **3** (1922) Planchette à repasser montée sur pied, qu'on pose sur une table ou attenante à la planche à repasser. *Venir à bout d'une manche «par un emploi judicieux de la jeannette»* E. CHARLES-ROUX.

2 **JEANNETTE** [ʒanɛt] **n. f.** – 1933 ◊ de *Jeanne d'Arc* ■ Fillette membre du scoutisme catholique. *Un camp de jeannettes.*

JEANNOTISME ➤ **JANOTISME**

JECTISSE [ʒɛktis] adj. f. – 1690 ; ancien français *geteis* «qu'on jette» ◇ de *jeter* ■ TECHN. *Terres jectisses,* remuées ou rapportées. *Pierres jectisses,* qui peuvent se poser à la main. On dit aussi *jetisse* [ʒ(ə)tis], 1549.

JEEP [(d)ʒip] n. f. – v. 1942 ◇ nom déposé ; mot anglais américain, des initiales *G. P.* [dʒipi], de *general purpose* «tous usages», appliqué à un type d'auto militaire ■ Automobile tout-terrain à quatre roues motrices. ➤ **quatre-quatre.** «*il roula en jeep à travers des déserts, en Libye*» LE CLÉZIO. *Des jeeps.*

JÉJUNO-ILÉON [ʒeʒynoileɔ̃] n. m. – 1902 ; *jéjuno-iléum* 1878 ◇ de *jéjunum* et *iléon* ■ ANAT. Portion de l'intestin grêle s'étendant du duodénum au cæcum. *Des jéjuno-iléons.*

JÉJUNUM [ʒeʒynɔm] n. m. – v. 1370 ◇ latin des médecins *jejunum intestinum* «intestin à jeun», à cause du peu de matières qu'il contient ■ ANAT. Premier segment du jéjuno-iléon, faisant suite au duodénum. — adj. **JÉJUNAL, ALE, AUX.**

JELLO [dʒɛlo] n. m. – 1920 ◇ anglais américain *jello* ou *Jell-O,* marque déposée ■ ANGLIC. (Canada) Gelée sucrée et aromatisée servie en dessert. *Jello à la fraise, au citron.* Par compar. «*Je suis mou comme du jello, mou comme de la vase visqueuse*» J. BERTRAND.

JE-M'EN-FICHISME [ʒ(ə)mɑ̃fiʃism] n. m. – 1891 ◇ de *je m'en fiche* → 2 ficher ■ FAM. Attitude d'indifférence envers ce qui devrait intéresser ou préoccuper. ➤ **insouciance, je-m'en-foutisme.** *Des je-m'en-fichismes.* «*une sorte d'aveuglement prémédité, de j'm'en fichisme*» LÉAUTAUD.

JE-M'EN-FICHISTE [ʒ(ə)mɑ̃fiʃist] adj. et n. – 1891 ◇ de *je-m'en-fichisme* ■ FAM. Qui fait preuve de je-m'en-fichisme. ➤ **je-m'en-foutiste.** n. *Des je-m'en-fichistes.*

JE-M'EN-FOUTISME [ʒ(ə)mɑ̃futism] n. m. – 1891 ◇ de *je m'en fous* → 1 foutre ■ FAM. Je-m'en-fichisme. *C'est du je-m'en-foutisme ! Des je-m'en-foutismes.*

JE-M'EN-FOUTISTE [ʒ(ə)mɑ̃futist] adj. et n. – 1884 ◇ de *je m'en fous* → 1 foutre ■ FAM. Je-m'en-fichiste. ➤ **jean-foutre.** *Des je-m'en-foutistes.*

JE NE SAIS QUOI ou **JE-NE-SAIS-QUOI** [ʒən(ə)sɛkwa] n. m. inv. – XVIe ◇ de *je, ne,* 1 *savoir* et *quoi* ■ Chose qu'on ne peut définir ou exprimer, bien qu'on en sente nettement l'existence ou les effets. *Elle a un je ne sais quoi de charmant.* «*Ces je ne sais quoi qu'on ne peut expliquer*» CORNEILLE.

JENNY [ʒeni] n. f. – 1762 ◇ mot anglais, correspondant au français *Jeannette* symbolisant la fileuse ■ TECHN. Machine à filer le coton. ➤ **mule-jenny.** *Des jennys.* ■ HOM. Génie.

JÉRÉMIADE [ʒeʀemjad] n. f. – fin XVIIe ◇ du latin *Jeremias* «Jérémie», prophète célèbre par ses lamentations ■ FAM. Plainte sans fin qui importune. ➤ **doléance, lamentation, plainte.** *Cesse tes jérémiades.*

JEREZ ➤ **XÉRÈS**

JERK [(d)ʒɛʀk] n. m. – 1965 ◇ mot anglais «secousse» ■ ANGLIC. Danse moderne qui consiste à imprimer des secousses rythmées à tout le corps (tête et bras compris), comme si l'on entrait en transes. — v. intr. ‹1› **JERKER** [(d)ʒɛʀke].

JÉROBOAM [ʒeʀɔbɔam] n. m. – 1897 ◇ nom d'un roi d'Israël qui, selon la Bible, conduisit son royaume au péché ■ Grosse bouteille de champagne d'une contenance de quatre bouteilles normales (env. 3 l). *Des jéroboams.* — Grosse bouteille de bordeaux d'une contenance de six bouteilles (env. 4,5 l).

JERRICANE [(d)ʒeʀikan] n. m. – 1944 *Jerrican* ◇ anglais *jerrycan,* de *Jerry,* surnom donné aux Allemands, et *can* «récipient» ■ ANGLIC. Bidon quadrangulaire à poignée, d'environ 20 litres, utilisé pour la manutention et la distribution des carburants. ➤ **bidon, nourrice.** *Un jerricane d'essence. Des jerricanes.* — On écrit aussi *jerrican, jerrycan.*

JERSEY [ʒɛʀzɛ] n. m. – 1881 ; «drap» 1666 ◇ du nom de l'île de *Jersey* ■ **1** VIEILLI Corsage de fine laine maillée qui moule le buste. «*un jersey bleu foncé qui serrait son buste*» GREEN. *Des jerseys.* ■ **2** (1889) Tissu tricoté à l'aide d'un seul fil formant des mailles toujours semblables sur une même face. *Jersey de laine, de soie.* — Tissu tricoté. ➤ 1 **maille.** *Robe de, en jersey.* ◆ *Point de jersey,* ou ELLIPT *jersey :* point exécuté en alternant un rang de points à l'endroit et un rang de points à l'envers. *Tricoter dix rangs en côtes et continuer en jersey.*

JERSIAIS, IAISE [ʒɛʀzjɛ, jɛz] adj. – 1866 ◇ de *Jersey* ■ De Jersey. SPÉCIALT *Race jersiaise,* race de bovins.

JÉSUITE [ʒezɥit] n. m. et adj. – 1548 ◇ de *(compagnie de) Jésus* ■ **1** Membre de la compagnie (ou société) de Jésus, ordre fondé en 1534 par Ignace de Loyola. *Lutte entre jésuites et jansénistes au XVIIe siècle. Collège de jésuites.* ABRÉV. FAM. (1950) **JÈSE** ou **JÈZE.** *Il a été élevé chez les jèses.* ◆ adj. *Le parti jésuite. Collège jésuite.* — *Art, style jésuite :* style d'architecture baroque adopté par les jésuites au XVIIe s. (ex. Le Gesu de Rome). ■ **2** (À cause de la casuistique des moralistes jésuites) PÉJ. Personne qui recourt à des astuces hypocrites. *Quel jésuite !* — adj. «*jugez combien les femmes sont jésuites !*» BALZAC. *Un air jésuite.* ➤ **fourbe, hypocrite, jésuitique.**

JÉSUITIQUE [ʒezɥitik] adj. – 1514 ◇ de *jésuite* ■ **1** PÉJ. Propre aux jésuites. *Morale jésuitique.* ■ **2** PAR EXT. PÉJ. Digne d'un jésuite. *Formule, procédé jésuitique.* ➤ **hypocrite.** — adv. **JÉSUITIQUEMENT.**

JÉSUITISME [ʒezɥitism] n. m. – 1622 ; *jésuisme* 1555 ◇ de *jésuite* ■ PÉJ. ■ **1** Système moral reproché aux jésuites. ■ **2** Attitude, conduite jésuitique. ➤ **fourberie, hypocrisie.**

JÉSUS [ʒezy] interj. et n. m. – 1545 ; *Jhesus* 1496 ◇ de *Jésus*

I interj. Marquant la surprise, la peur, l'admiration. *Jésus ! Doux Jésus ! Jésus Marie !*

II n. m. ■ **1** (1704) VX Papier qui portait en filigrane le monogramme (I. H. S.) de Jésus. MOD. Format de papier (56 × 76). *Petit jésus* (56 × 72). ■ **2** (1840) Image, statuette de Jésus enfant. *Mettre un jésus en cire dans la crèche.* ◆ PAR EXT. Enfant mignon. *Mon jésus,* terme d'affection.

III n. m. (1881) Gros saucisson court fabriqué dans le Jura, en Alsace et en Suisse. *Jésus de Morteau. Jésus de Lyon.*

1 **JET** [ʒɛ] n. m. – XIIe ◇ de *jeter*

I ■ **1** Action de jeter ; mouvement d'une chose lancée parcourant une certaine trajectoire. ➤ 2 **lancer.** *Jets de pierres. Armes de jet :* traits, ou armes permettant de lancer des traits. MAR. *Jet à la mer :* action de jeter par-dessus bord tout ou partie du chargement en cas de nécessité. ■ **2** Distance parcourue par une chose jetée. *À un jet de pierre. Un jet de 70 mètres au javelot.* ■ **3** TECHN. Opération par laquelle on jette ou fait couler dans le moule le métal en fusion. *Fondre, couler une statue d'un seul jet,* d'une seule pièce. ■ **4** LOC. COUR. *D'un seul jet, d'un jet :* d'un coup, d'une seule venue. *Poème écrit d'un seul jet.* «*Les courbes des joues et du cou paraissaient être venues d'un seul jet*» LOTI. ◆ *Premier jet :* première expression de l'œuvre d'un créateur avant toute retouche. ➤ **ébauche, esquisse.** *Le premier jet d'un roman, d'un tableau.* «*l'air de vérité qui ne se donne pas quand il n'y est pas du premier jet*» GIDE.

II ■ **1** (*giest* XIIe) Mouvement par lequel une chose jaillit, fuse, s'écoule avec plus ou moins de force. ➤ **émission, giclée, jaillissement.** *Jet de vapeur. Jet de salive* (➤ **crachat**), *d'urine* (➤ **miction**), *de sperme* (➤ **éjaculation**). *Jet d'une pompe. Douche en jet. Jet aiguille :* jet de liquide, de section très étroite. *Jet éventail :* jet de liquide en forme d'éventail. — LOC. FAM. *À jet continu :* sans interrompre le débit (cf. Sans discontinuer). *Débiter des mensonges à jet continu.* ◆ Les gaz éjectés d'une fusée, d'une tuyère de turboréacteur. *Réacteur à inverseur de jet.* ◆ PHYS. *Jet moléculaire :* faisceau de molécules qu'un diaphragme limite à un pinceau unidirectionnel. ■ **2** (1659) **JET D'EAU :** gerbe d'eau jaillissant verticalement et retombant dans un bassin. *Des jets d'eau.* — PAR EXT. Ajutage à l'extrémité d'un tuyau d'où part le jet d'eau. — Dispositif permettant l'écoulement de l'eau, au bas d'une fenêtre, d'une porte. — ABUSIVEMENT Tuyau d'arrosage. *Passer le jet d'eau sur la pelouse.* ■ **3** Rayons qui jaillissent. *Jet de lumière.* «*le jet lumineux d'une lampe de poche*» MAC ORLAN. ➤ **faisceau.** ■ **4** ➤ **jet-stream.**

III ■ **1** (1419) BOT. Nouvelle pousse d'un arbre. ➤ 1 **rejet, rejeton.** ◆ Rameau, tige. «*des jets de ronce leur égratignaient les mains*» NIZAN. ■ **2** *Arbre d'un seul jet,* d'une seule venue.

■ HOM. Geai, jais.

2 **JET** [dʒɛt] n. m. – 1957 ◇ mot anglais, de *jet plane,* de *jet* «jaillissement d'un gaz» et *plane* «avion» ■ ANGLIC. Avion à réaction (SPÉCIALT pour le transport des passagers). *Voyager en jet privé. Des jets.*

JETABLE [ʒ(ə)tabl] adj. – v. 1970 ◇ de *jeter* ■ Destiné à être remplacé et non entretenu. *Briquet jetable* (opposé à *rechargeable*). *Rasoirs jetables. Appareil photo jetable* ou n. m. *un jetable.*

JETAGE [ʒ(ə)taʒ] n. m. – 1832 ; «coulée (d'un métal)» 1788 ◇ de *jeter* ■ **1** VÉTÉR. Écoulement nasal purulent chez les animaux (et PAR ANAL. chez l'être humain) observé surtout dans la morve.

■ 2 (1867) RARE Action de jeter. ➤ 1jet. *Le jetage du bois flotté dans les cours d'eau.*

1**JETÉ** [ʒ(ə)te] **n. m.** – 1700 ◇ de *jeter* ■ **1** CHORÉGR. Saut lancé par une seule jambe et reçu par l'autre. *Jeté simple. Jeté battu.* ◆ Mouvement consistant à amener la barre des haltères au bout des bras tendus verticalement, par flexion et détente brusques des jambes. *Épaulé et jeté* (➤ **épaulé-jeté**). ■ **2** (1867) Au tricot, Brin, fil jeté sur l'aiguille entre deux mailles. ◆ (1883) Bande, pièce d'étoffe que l'on étend sur un meuble en guise d'ornement. *Jeté de lit.* ➤ **couvre-lit, dessus-de-lit.** *Un jeté de table brodé.* ➤ **chemin.**

2**JETÉ, ÉE** [ʒ(ə)te] **adj.** – XXe ◇ de *jeter* ■ FAM. Fou*, cinglé. *Il est complètement jeté.*

JETÉE [ʒ(ə)te] **n. f.** – 1362 ; «distance parcourue par une chose jetée» 1216 ◇ de *jeter* ■ **1** Construction de bois, de pierre, de béton, etc., formant une chaussée qui s'avance dans l'eau, destinée à protéger un port, à limiter le chenal. ➤ **digue, estacade,** 2**môle.** *Extrémité, pointe d'une jetée.* ➤ **musoir.** *Se promener, pêcher sur la jetée. Jetée d'embarquement, de débarquement.* — *Jetée flottante :* pont flottant permettant la circulation de matériel roulant. ■ **2** (1970) Couloir aménagé en superstructure reliant l'aérogare à un satellite ou à un poste de stationnement d'avion.

JETER [ʒ(ə)te] **v. tr.** ⟨4⟩ – fin IXe ◇ du latin populaire *jectare,* famille de *jacere* «être étendu» → gésir

I ENVOYER À UNE CERTAINE DISTANCE DE SOI ■ **1** Lancer. *Jeter une balle à un chien. Jeter sa casquette en l'air. Jeter un caillou dans l'eau. Enfant qui jette ses jouets par terre. Armes que l'on jette* (➤ 1**jet**). ◆ LOC. *Jeter son bonnet* par-dessus les moulins. Jeter de l'huile* sur le feu.* — *Jeter qqch. à la tête de qqn.* ➤ FAM. 2**flanquer.** FIG. *Il nous jette à la tête ses relations,* il en fait étalage. *On lui jette toujours son passé à la tête,* on le lui reproche. — LOC. *Jeter la pierre*, la première pierre à qqn. Jeter de la poudre* aux yeux. Jeter l'éponge*.* ■ **2** (fin XIe) Laisser tomber, faire tomber (qqch.). ➤ **balancer.** *Jeter des projectiles du haut du toit, par la fenêtre. Jeter l'argent* par les fenêtres.* ◆ (fin XIIe) *Jeter l'ancre*.* ■ **3** (début XIIIe) Disposer, établir dans l'espace, d'un point à un autre. *Jeter une passerelle sur un ruisseau. Jeter un pont.* ➤ **construire.** ◆ (début XVIIe) Établir, poser. *Jeter les bases d'une nouvelle société.* ■ **4** (milieu XIIe) Envoyer en direction de qqn, pour donner. *Jeter un os à un chien.* ◆ LOC. *Jeter le gant*.* — *Jeter un sort :* envoyer, diriger le mauvais sort (sur qqn). ➤ **jeteur, jettatura.** — *N'en jetez plus, (la cour est pleine) :* assez, cela suffit. ■ **5** (fin XIe) Abandonner, rejeter comme encombrant ou inutile. ➤ **se débarrasser, se défaire.** *Vieux papiers bons à jeter* (cf. FAM. Foutre en l'air). *Jeter des vêtements usagés.* — *Jeter une chose au panier, à la poubelle.* ➤ **mettre.** *Jeter au feu. Jeter par-dessus bord.* — LOC. *Jeter le froc* aux orties. Jeter le manche après la cognée*. Jeter le masque*. Jeter du lest*. Jeter le bébé* avec l'eau du bain. Il n'y a rien à jeter :* tout est bien, satisfaisant. ◆ FAM. *Se faire jeter :* être rejeté, abandonné, exclu ; ne pas être admis (quelque part). *Il s'est fait jeter à l'entrée.* ■ **6** (fin XIe) Mettre, poser promptement et sans ordre, sans soin. *Elle a jeté ses clés sur la table.* ◆ SPÉCIALT *Jeter les dés. Les dés* sont jetés. Jeter des lettres à la boîte, à la poste.* ➤ **mettre.** ◆ FAM. *S'en jeter un* (verre), *s'en jeter un derrière la cravate :* boire qqch. ◆ *Jeter sur :* mettre promptement pour couvrir. *Jeter une couverture sur un lit. «Elle jeta un châle sur ses épaules»* MAURIAC. *Jeter un voile* sur qqch.* FIG. (1680) *Jeter sur le papier :* écrire, noter rapidement. *C'est juste une idée jetée sur le papier.* ■ **7** (fin XIe) Répandre. *Jeter de la lumière, de l'ombre sur qqch.* ■ **8** (milieu XIIe) TECHN. *Jeter le métal dans le moule,* le faire couler. — PAR EXT. *Jeter une figure en moule :* couler la statue. ■ **9** (1604) *Jeter l'effroi, l'épouvante.* ➤ **semer.** *Jeter le trouble, le doute dans les esprits.* ➤ **répandre.** *Jeter un froid.* ➤ 2**froid.** — *Le sort en est jeté :* tout est décidé ; il n'y a plus rien à faire (cf. Les jeux sont faits).

II FAIRE BOUGER (UNE PARTIE DE SON CORPS) ; FAIRE SORTIR DE SOI ■ **1** (milieu XIIe) Diriger (une partie du corps) dans telle direction. *Jeter sa tête, ses poings en avant. Elle lui jeta les bras autour du cou.* — PAR EXT. (début XIVe) *Jeter l'œil, un coup d'œil, le regard sur qqch.* ➤ **regarder.** ■ **2** (fin XIe) Produire à l'extérieur de soi. ➤ **émettre, répandre.** *Jeter son venin, sa gourme*. Diamants qui jettent mille feux.* ➤ **flamboyer.** FIG. *Jeter une lueur, un vif éclat, des étincelles.* FAM. *En jeter :* avoir belle apparence, faire impression. *«Elle en jette, dit Boris avec admiration»* SARTRE. *Ça en jette ! En jeter plein la vue.* ■ **3** (fin XIIe) Émettre (un son, des paroles) avec une certaine force, une certaine brusquerie. *Jeter des cris, les hauts cris. Jeter des menaces, des insultes.* ➤ **proférer.** *Elle a jeté ça dans la conversation.* — *«Une assertion jetée un peu au hasard»* PROUST. ■ **4** Proclamer. *Jeter le, son dévolu* sur qqn.*

III ENTRAÎNER VIOLEMMENT ■ **1** (fin Xe) Pousser, diriger avec force, dans telle direction, vers tel lieu. ➤ **envoyer.** *Navire que le vent jette à la côte.* — (PERSONNES) *Jeter qqn dehors,* le mettre à la porte. *Jeter en prison. Être jeté à la rue.* — *«les cahots jetaient les interlocuteurs l'un sur l'autre»* ARAGON. ■ **2** (1568) Mettre brusquement (qqn) dans une certaine disposition d'esprit. ➤ **plonger.** *Jeter qqn dans le désarroi. «des idées vagues et pures, qui jetaient Élodie dans le ravissement»* FRANCE. ■ **3 JETER À BAS, À TERRE :** faire tomber brutalement. ➤ **abattre, démolir, renverser,** 2**terrasser.** *Le cheval a jeté à terre son cavalier.* ➤ **désarçonner.** — FIG. *Il a jeté à bas tous nos espoirs.* ➤ **anéantir** (cf. FAM. Foutre par terre).

IV SE JETER v. pron. ■ **1** Sauter, se laisser choir. *Se jeter à l'eau, dans l'eau.* ➤ **plonger ;** FAM. **se foutre.** *Se jeter par la fenêtre* (➤ **se défenestrer**), *du troisième étage, dans le vide. Se jeter en parachute.* ■ **2** (début XIe) Aller d'un mouvement précipité. ➤ **s'élancer, se précipiter.** *Se jeter de côté, contre un mur, à terre. Elle s'est jetée sur son lit. «je me jetai à ses genoux en sanglotant»* DAUDET. *Se jeter aux pieds, aux genoux, dans les bras, au cou, à la tête de qqn. La voiture s'est jetée contre un arbre.* — (1560) *Se jeter sur qqn pour l'attaquer.* ➤ **assaillir ; sauter,** 1**tomber** (sur). *Il s'est jeté sur lui et l'a frappé.* — *Se jeter sur la nourriture.* ■ **3** FIG. (1549) S'engager avec fougue, sans mesurer les risques. *Se jeter à corps perdu dans une entreprise.* ➤ **se lancer.** *Se jeter dans la bagarre. Se jeter avec audace, étourderie dans une affaire. Se jeter dans l'action. Se jeter dans la mêlée.* ■ **4** (1751) (Cours d'eau) Déverser ses eaux. ➤ **affluer.** *Les rivières qui se jettent dans la Seine.* — *Rue qui se jette dans une autre.* ➤ 2**déboucher.**

JETEUR, EUSE [ʒ(ə)tœʀ, øz] **n.** – 1842 ; «celui qui jette (des pierres)» v. 1180 ◇ de *jeter* ■ *Jeteur de sort :* sorcier qui jette un sort (➤ **jettatura**).

JETISSE ➤ **JECTISSE**

JET-LAG [dʒɛtlag] **n. m.** – 1982 ; 1973 comme mot étranger ◇ anglais *jet lag* (1969), de *jet* (→ 2jet) et *lag* «décalage» ■ ANGLIC. Ensemble de troubles physiologiques souvent ressenti après un vol long-courrier traversant plusieurs fuseaux horaires. *Des jet-lags. «Ses frères venaient d'arriver en France et leur chagrin se mêlait au jet-lag pour les plonger dans une ouate épaisse»* O. ADAM.

JETON [ʒ(ə)tɔ̃] **n. m.** – 1317 ◇ de *jeter,* au sens ancien de «calculer» ■ **1** Pièce plate et ordinairement ronde, autrefois utilisée pour calculer, représentant, de nos jours, une certaine valeur ou un numéro d'ordre. *Jeton d'ivoire, de métal. Jetons servant à marquer les points au jeu.* ➤ 1**marque.** *Jetons et plaques servant de mise à la roulette. Jeton de téléphone. Jetons numérotés,* utilisés dans les banques, etc. (➤ **numéro**). *Jeton de contrôle* (➤ 1**marron**). — SPÉCIALT (1685) **JETON DE PRÉSENCE,** ou ABSOLT *jeton :* pièce remise à chacun des membres présents d'un conseil, d'une assemblée, symbolisant des honoraires ou un remboursement de frais. PAR EXT. Ces honoraires. *Jetons de présence attribués aux membres d'un conseil d'administration de société anonyme.* ■ **2** FAM. *Faux comme un jeton* (les jetons imitant parfois les pièces de monnaie) : dissimulé, hypocrite. *Elle est fausse comme un jeton.* — PAR EXT. **UN, UNE FAUX JETON** [foʒtɔ̃] : un, une hypocrite (cf. Faux cul*, faux derche*). *Une bande de faux jetons.* **loc. adj.** *Ils sont vraiment faux jetons.* ◆ FAM. *Un vieux jeton :* un vieillard rétrograde. ■ **3** (1884) POP. Coup*. ➤ **gnon.** *Il lui a flanqué un jeton. La voiture est pleine de jetons.* ◆ PAR EXT. (1916) *Avoir les jetons :* avoir peur. ➤ **chocottes, frousse, trouille.** *Donner les jetons à qqn,* faire peur. *Ça m'a foutu les jetons.*

JET-SET [dʒɛtsɛt] **n. f. ou m.** /JETSET/ – 1967 ◇ anglais *jet set* (1949), de *jet* (→ 2jet) et *set* «groupe» ■ ANGLIC. Ensemble des personnalités qui comptent dans la vie mondaine internationale et voyagent surtout en avion. *Appartenir à la, au jet-set. Des jet-sets.* — On écrit aussi *jet set.* — On dit aussi **JET-SOCIETY** [dʒɛtsɔsajti], **n. f.** /jetsociety/ *Les jet-societys* ou *les jet-societies.* — **n. m. JET-SETTER** [dʒɛtsetœʀ] ou **n. JET-SETTEUR, EUSE** [dʒɛtsetœʀ, øz] /jetsetteur, euse/.

JET-SKI [dʒɛtski] **n. m.** – 1989 ◇ marque déposée ; anglais *jet ski* ■ ANGLIC. Scooter* des mers. ➤ RÉGION. **motomarine.** *Des jet-skis.*

JET-STREAM [dʒɛtstʀim] **n. m.** – 1955 ◇ mot anglais, de *jet* (→ 1jet) et *stream* «courant» ■ ANGLIC. SC. Courant aérien rapide dans les couches élevées de la troposphère, au-dessus des zones subtropicales. *Des jet-streams.* — Recomm. offic. *courant d'altitude.*

JETTATURA [dʒetatuʀa] n. f. – 1817 ◇ mot italien, de *gettare (il malaugurio)* «jeter (un mauvais sort)» ▪ En Italie du Sud, Mauvais œil, envoyé par le jeteur de sort, le *jettatore* [dʒetatɔʀe].

JEU [ʒø] n. m. – fin XIe ◇ du latin *jocus* «plaisanterie, badinage» et, au pluriel, «ébats, amusements»

I ACTION DE JOUER, DE S'AMUSER ▪ **1** Activité physique ou mentale purement gratuite, qui n'a, dans la conscience de la personne qui s'y livre, d'autre but que le plaisir qu'elle procure. ➤ amusement, divertissement, récréation ; ludique. *Le jeu. Le besoin, le plaisir du jeu chez l'enfant.* — loc. adv. **PAR JEU :** pour jouer, pour s'amuser (cf. Par plaisir). *Faire qqch. par jeu. Agir par jeu.* ◆ **UN JEU.** *Un jeu brutal, bruyant, dangereux, puéril. Prendre part à un jeu. S'adonner à son jeu favori.* ➤ passe-temps. *La comédie est «un jeu qui imite la vie»* BERGSON. *Ce n'est qu'un jeu :* cela ne tire pas à conséquence. — *Jeu d'imitation, de manipulation ; jeu de groupe. Jeux éducatifs. Des jeux de son âge, qui ne sont plus de son âge.* — *Jeux de main(s),* où l'on échange des coups légers par plaisanterie. PROV. (1690 ◇ par allus. aux «vilains», aux paysans du Moyen Âge) *Jeu(x) de main, jeu(x) de vilain :* les jeux de main finissent presque toujours mal (parfois en contexte érotique). ▪ **2** Activité qui présente un ou plusieurs caractères du jeu (gratuité, futilité, bénignité, facilité). ◆ (1558) Ce qui relève ou semble relever de la fantaisie pure. *Les jeux de l'imagination, de l'esprit.* PAR MÉTAPHORE *Les jeux du destin, de la fortune. «Le Jeu de l'amour et du hasard», comédie de Marivaux. Jeu d'esprit.* — *Un simple jeu d'esprit.* ➤ badinage. — SPÉCIALT (1666) **JEU DE MOTS :** allusion plaisante fondée sur l'équivoque de mots qui ont une ressemblance phonétique, mais contrastent par le sens. ➤ calembour, contrepèterie. *Jeu de mots facile. Mauvais jeu de mots.* ◆ (1891) COMPTAB. **JEU D'ÉCRITURES :** opération comptable purement formelle, sans incidence pratique sur le compte qui en fait l'objet. ▪ **3** Chose sans gravité, qui ne tire pas à conséquence (➤ bagatelle, plaisanterie) ou qui n'offre pas grande difficulté. *Ce n'est qu'un jeu pour lui. Elle «crut que ce lui serait un jeu d'en venir à bout»* MAURIAC. *Se faire un jeu des difficultés,* en triompher aisément. ➤ se jouer ; jongler (avec). *Je me fais un jeu d'y arriver. C'est un jeu d'enfant*.*

II ACTIVITÉ LUDIQUE ORGANISÉE SELON DES RÈGLES ▪ **1** (milieu XIIe) Cette activité organisée par un système de règles définissant un succès et un échec, un gain et une perte ; DR. CIV. Contrat aléatoire par lequel deux ou plusieurs parties s'engagent à remettre une chose ou une somme d'argent à celui des contractants qui sera le gagnant. *Gagner, perdre, tricher au jeu. Que gagne-t-on à ce jeu ? Quel était votre partenaire à ce jeu ? Elle est très forte à ce jeu. La règle du jeu ;* FIG. les conventions établies dans une situation donnée. *«La Règle du jeu», film de Jean Renoir.* — *Le jeu :* l'ensemble des règles à respecter. *C'est le jeu.* ➤ régulier. FAM. *Ce n'est pas de jeu ; ce n'est pas du jeu.* ➤ irrégulier (cf. C'est de la triche). — LOC. *Jouer le jeu :* se conformer strictement aux règles du jeu, et FIG. aux règles d'une activité. *«Je ne joue pas le jeu parce que je suis contre la règle»* CALAFERTE. ◆ (Jeux qui font appel à la vigueur ou à l'adresse physique) *Jeux de plein air. Jeux de balle, de ballon. Jeux de poursuite.* ➤ cache-cache, 1 chat (cf. Quatre coins*). *Jeu de piste*. Jeu de cache-tampon, de colin-maillard, de saute-mouton. Jeu de marelle.* — *Jeux d'adresse.* ➤ billard, boules, bowling, 2 croquet, mikado, osselets, 1 quilles. *Jeu de massacre* (FIG. ➤ massacre). *Jeux sportifs. Jeux de plage.* ➤ beach-volley, frisbee, palet, 2 volant. *Le football, jeu d'équipe.* ➤ sport. *Jeu à treize :* rugby. *Terrain de jeu(x).* ➤ stade, terrain. *Aire de jeu(x) :* espace réservé et aménagé pour les jeux d'enfants. — (début XVIe) (AU PLUR.) ANTIQ. Compétitions sportives tenant la plus grande place dans les spectacles publics. *Les jeux gymniques. Du pain et des jeux* («Panem et circenses»). *Jeux du cirque, du stade.* — (1894) **JEUX OLYMPIQUES*.** ◆ (Jeux qui font appel aux facultés d'invention, à la mémoire, à l'érudition). *Jeux intellectuels. Jeux de société*. Jeux de plateau :* jeux de société complexes à caractère stratégique ou diplomatique. *Jeux d'esprit.* ➤ anagramme, charade, devinette, énigme, lipogramme, logogriphe, rébus. *Jeu des métiers*, des portraits*. Jeux de rôle(s)*, de stratégie*. Jeux d'évasion*. Jeux électroniques, jeux vidéos*, jeux d'arcade*. Jeu virtuel. Jeu sérieux*.* — *Jeux radiophoniques, télévisés.* (1966) *Jeu-concours :* jeu public, souvent publicitaire. *Des jeux-concours.* ◆ (Jeux fondés sur le calcul, le hasard, ou sur les deux) *Jeux de cartes*, de dames, d'échecs, de go, de dés. Jeux de hasard* (➤ loterie, loto, roulette) ; *jeu de l'oie*. Jeu des petits chevaux. Jeux de tirage, de grattage, de pronostic. Jeux d'argent,* où l'on risque de l'argent. — **LE JEU :** le fait de jouer de l'argent (➤ joueur). *Cercle, établissement, maison, salle de jeu.* ➤ casino, tripot. *«On connaît cette chance immanquable des novices aux tables de jeu»* ARAGON. *Le démon, la passion du jeu. Se ruiner au jeu. Dettes de jeu.* PROV. *Heureux* au jeu, malheureux en amour.* ◆ *Théorie des jeux,* mettant en relief les analogies du comportement des agents économiques et des différents partenaires d'un jeu lors de l'élaboration d'une stratégie ou de la prise d'une décision. *Jeu d'entreprise :* simulation (sur ordinateur) de la gestion d'une entreprise. — *Jeux de langage.* ◆ FAM. *Jeux de con :* jeux absurdes. *C'est vraiment un jeu de con,* une activité absurde, inepte. — *Ce petit jeu,* désignant des manières de faire peu franches ou puériles. *À ce petit jeu, tu n'es pas sûr de gagner !* ▪ **2** Action de jouer, partie qui se joue. *Suivre le jeu, être au jeu. Meneur* de jeu.* — LOC. *Calmer* le jeu.* SPORT *Joueur hors jeu,* dont la position sur le terrain contrevient aux règles (➤ hors-jeu). *Balle en jeu, hors jeu.* ◆ (1578) **ENTRER EN JEU :** ouvrir le jeu ; FIG. se mettre de la partie, entrer dans une affaire, une discussion. ➤ intervenir. — (CHOSES) *Facteurs qui entrent en jeu dans une affaire.* ➤ jouer. — *Entrer dans le jeu :* participer à (une affaire, une entreprise) ; FIG. prendre part à une entreprise déjà commencée. ➤ participer. *Entrer dans le jeu de qqn,* favoriser ses intérêts. *Faire entrer, mettre qqn dans son jeu.* — **ÊTRE EN JEU :** être en cause, en question. *Une grosse somme est en jeu. Son honneur est en jeu. Votre vie est en jeu :* il y va de votre vie. — *Mettre* (de l'argent) *en jeu.* ➤ miser ; enjeu, mise. *Mettre en jeu toutes ses ressources,* les employer, les déployer. *Mettre en jeu la vie de qqn,* l'exposer, la risquer. ◆ **D'ENTRÉE DE JEU :** dès le début. *«J'étais loin de m'attendre à ce qu'elle abattît ses cartes d'entrée de jeu»* DJIAN. *Se prendre, se laisser prendre, se piquer...* **AU JEU :** se laisser passionner ; s'obstiner. ◆ PROV. *Le jeu ne vaut, n'en vaut pas la chandelle*.* — *Tirer son épingle* du jeu.* — *Se retirer du jeu :* se désinvestir (cf. Reprendre ses billes*). ▪ **3** (1636) Chacune des divisions de la partie, à la paume, au tennis. *Une manche en six jeux. Jeu ! Balle de jeu. Deux jeux à trois. Jeu décisif* (recomm. offic.). ➤ tie-break (ANGLIC.). *Jeu blanc*.* ▪ **4** (fin XIe) (Dans des expressions) Somme d'argent risquée au jeu. *Jouer petit jeu, gros jeu* (➤ flamber). FIG. *Jouer gros jeu :* prendre de grands risques. — *Faites vos jeux :* misez. *«Les jeux sont faits, rien ne va plus».* LOC. FIG. *Les jeux sont faits :* tout est décidé (cf. Les dés* sont jetés). *«il est trop tard maintenant, les jeux sont faits, je n'y puis rien changer»* BUTOR. ▪ **5** (fin XIIIe) HIST. LITTÉR. Pièce en vers, dramatique ou comique, au Moyen Âge. *Le Jeu de Robin et de Marion.*

III CE QUI SERT À JOUER ▪ **1** (fin XIIe) Instruments du jeu. *Jeux de quilles*, de boules*. Jeu d'échecs, de dames, de l'oie, de dominos. Jeu de 32, de 52 cartes. Jeu de construction*. Offrir un jeu de société. Jeux éducatifs, électroniques, vidéos. Prêt de jeux* (➤ ludothèque). ◆ (fin XIVe) Lieu du jeu, dans certains jeux. *Le jeu de boules du jardin du Luxembourg,* à Paris. *Jeu de paume*.* ▪ **2** (milieu XVe) Assemblage de cartes plus ou moins favorable qu'un joueur a en main. *Avoir du jeu, un beau jeu. Il a un jeu superbe ; son jeu est superbe. Avoir des atouts dans son jeu. J'ai vu son jeu.* — LOC. *Avoir beau jeu :* être en situation de triompher aisément. *Cacher* son jeu. Mettre tous les atouts dans son jeu. Abattre* son jeu. Étaler son jeu.* ◆ *Le grand jeu :* le jeu complet des tarots, en cartomancie. *Faire le grand jeu ;* FIG. tout mettre en œuvre pour (séduire, convaincre). *Elle nous a fait le grand jeu avec sa robe du soir. «Je l'embarque au ciné, je joue le grand jeu, je mets les mains où il fallait»* FALLET. ▪ **3** Série complète d'objets de même nature et d'emploi analogue. *Un jeu d'aiguilles, de clés* (➤ trousseau). — IMPRIM. *Jeu d'épreuves :* série d'épreuves du même ouvrage. — (fin XVIIe) MAR. *Jeu d'avirons, de voiles.* — (1515) MUS. *Jeu d'orgue(s) :* rangée de tuyaux de même espèce et de même timbre, formant une suite chromatique de sons.

IV MANIÈRE DE JOUER, DE PROCÉDER ▪ **1** La manière dont on joue, dont on agit. *Un jeu habile, prudent, subtil.* FIG. *Jouer un jeu dangereux.* — LOC. *Jouer franc* jeu. Jouer (un) double jeu :* agir de deux façons pour tromper. *Cessez ce jeu. Voir clair, lire dans le jeu de qqn ; percer le jeu de qqn,* deviner ses intentions. *«J'ai tout de suite lu dans votre jeu»* MAURIAC. — *Bien jouer son jeu :* conduire habilement son entreprise. (début XIIIe) *Faire le jeu de qqn, qqch.,* agir involontairement dans son intérêt. ▪ **2** (1690) Façon de jouer d'un instrument, d'une arme. *«C'est une belle épée. Son jeu est net»* HUGO. *Jeu d'un violoniste. Un jeu brillant, nuancé.* — Façon de jouer, dans un sport. *Le jeu d'un champion de tennis.* ▪ **3** (1680) Manière de jouer un rôle. *Le jeu d'un comédien. Un jeu* *pathétique, poignant, sobre.* ➤ **interprétation.** *Metteur en scène qui donne aux acteurs des indications de jeu. — Jeu de scène :* ensemble d'attitudes qui concourent à un effet scénique. ♦ **loc. adj. (inv.)** (1867 ◊ allusion, à l'origine, au jeu démodé des vieux comédiens) **VIEUX JEU :** peu en accord avec la mode, le goût du jour. *Elle est, elles sont vieux jeu. C'est vieux jeu.* ➤ **démodé.** ♦ Rôle, comédie qu'on joue. *Être pris à son propre jeu. Se laisser prendre au jeu de qqn. Jouer un drôle de jeu. Quel jeu joues-tu ? Jouer le jeu du désespoir. Jouer le grand jeu :* déployer tous ses talents de comédien pour convaincre, séduire, et PAR EXT. toutes ses ressources pour arriver à ses fins. ▪ **4** Manière de mettre en œuvre. **JEU DE** (suivi du nom d'une partie du corps). *Le jeu de mains d'un pianiste. Boxeur qui a un bon jeu de jambes. — Jeu de physionomie :* mouvement des traits qui rend le visage particulièrement expressif à un moment donné. ♦ *Jeu de lumière :* combinaison de reflets mobiles et changeants. *Les jeux de lumière du théâtre,* produits par des sources lumineuses mobiles. (1888) *Jeu d'orgue :* tableau électrique qui commande les éclairages, au théâtre. — **JEU D'EAU :** combinaison de formes variées qu'on fait prendre à un ou plusieurs jets d'eau, et PAR EXT. le dispositif utilisé à cet effet. *Jeu d'eau d'un bassin. Les jeux d'eau de Versailles.*

V FONCTIONNEMENT ▪ **1** (1677) Mouvement aisé, régulier d'un objet, d'un organe, d'un mécanisme. ➤ **fonctionnement.** *Jeu d'un ressort, d'un verrou. Le jeu des muscles. « le jeu rapide des doigts dépeçant la viande »* FROMENTIN. *Le libre jeu des articulations.* ▪ **2** FIG. (1762) ➤ 1 **action.** *Par le jeu d'alliances secrètes, de causes diverses. Les forces en jeu, mises en jeu. Le jeu de l'offre et de la demande.* ▪ **3** (1689) TECHN. Espace ménagé pour la course d'un organe, le mouvement aisé d'un objet. *Jeu du cylindre,* entre le piston et le couvercle ou le fond du cylindre. *Donner du jeu à une fenêtre, un tiroir.* ♦ Défaut de serrage, d'articulation entre deux pièces d'un mécanisme. *Cette pièce a du jeu, il faut la revisser.*

JEUDI [ʒødi] **n. m.** – début XIIIe ; *juesdi* XIIe ◊ latin *Jovis dies* « jour de Jupiter » ▪ Quatrième jour de la semaine, qui succède au mercredi. *Les écoliers français avaient naguère congé tous les jeudis. J'irai le voir jeudi, jeudi prochain, jeudi soir, un jeudi. Tous les jeudis soir. Le jeudi saint,* qui précède Pâques. — LOC. FAM. *La semaine des quatre jeudis :* jamais.

JEUN (À) [aʒœ̃] **loc. adv.** – XIIIe ; adj. jusqu'au XVIe ◊ latin *jejunus* ▪ Sans avoir rien mangé, l'estomac vide. *Être à jeun. Rester à jeun* (➤ **jeûner**). *Prise de sang à faire à jeun. Remède qu'il faut prendre à jeun. « À jeun depuis hier, il avait soif et faim »* MARTIN DU GARD. — FAM. Se dit d'un alcoolique qui n'a pas encore bu de la journée. ▪ **CONTR.** Rassasié, repu, soûl.

JEUNE [ʒœn] **adj. et n.** – fin XIe ◊ du latin populaire *jovenis,* de *juvenis* → juvénile, jouvence, junior

I ~ adj. QUI EST PEU AVANCÉ EN ÂGE ▪ **1** (PERSONNES) Qui est dans la jeunesse. *Être jeune, tout jeune, encore jeune. Il est bien jeune.* ➤ **jeunet, jeunot.** *« Je suis jeune, il est vrai, mais aux âmes bien nées, La valeur n'attend pas le nombre des années »* CORNEILLE. *Le plus jeune des deux ; le plus jeune et l'aîné.* ➤ **benjamin, cadet.** *Être encore jeune. Il n'est plus très jeune, plus tout jeune. Ils se sont mariés jeunes. Mourir jeune. « J'étais né pour rester jeune, et j'ai eu l'avantage de m'en apercevoir le jour où j'ai cessé de l'être »* COURTELINE. — *Jeune enfant. Jeune femme*, jeune fille*, jeune homme*, jeunes gens*, jeune personne. « Sans être un jeune homme, c'était un homme jeune encore »* ALLAIS. *Jeune premier*. Un jeune cadre dynamique. Être jeune et beau. Jeune et jolie. « Tu entreras jeune, rose, frais, avec tes yeux brillants et toutes tes dents blanches, et ta belle chevelure d'adolescent, tu sortiras cassé, courbé, ridé, édenté, horrible, en cheveux blancs »* HUGO. — LOC. *Faire jeune, plus jeune que son âge. Ils font jeunes,* ou ADVT *jeune.* ♦ PAR EXT. Formé de personnes jeunes. *La jeune génération. Jeunes Turcs*. Clientèle jeune. S'adresser à un public très jeune. — La population jeune.* ▪ **2** (fin XIVe) (Animaux) *Jeune chat, jeune chien. — Faire le jeune chien*. Jeune loup*.* — (fin XIVe) (Plantes) *Chaussée plantée de jeunes trembles. Une jeune pousse.* ▪ **3** (1690) (CHOSES) Nouveau, récent. *Un pays jeune. Une industrie jeune. Ce vin est trop jeune.* ▪ **4** (début XIIIe) Qui a les caractères physiques, moraux d'une personne peu avancée en âge (en parlant de gens de tous âges). *Soyez jeune ! Restez jeune !* ➤ **vert.** — *Être jeune de corps, de visage, de cœur, de caractère, d'esprit.* ▪ **5** (début XIIIe) Qui a la crédulité, l'ingénuité de la jeunesse. ➤ 1 **naïf.** *« nous étions donc si jeunes, tellement faciles à tromper ! »* MICHELET. ▪ **6** (fin XVe) (Avec un nom désignant une période) Qui appartient aux personnes peu avancées en âge. *Dès son plus jeune âge. Dans mon jeune temps.* ➤ **jeunesse.** POÉT. *Nos jeunes années.* ▪ **7** (Après le nom) Qui présente les caractères de la jeunesse. *Allure jeune.* ➤ **juvénile.** *Corps, visage jeune.* ♦ Qui convient, sied à la jeunesse. *Une coiffure jeune. Une mode jeune.* **adv.** *S'habiller jeune :* s'habiller comme les personnes jeunes. FAM. *Ça fait trop jeune pour lui.* ▪ **8** (1536) Qui est relativement moins âgé que la plupart des personnes de même état. *Un jeune ministre, un jeune général. Ses parents sont très jeunes.* ▪ **9** (1690) Qui est né après. — (Opposé à *aîné*) ➤ **cadet, junior.** *« Fromont jeune et Risler aîné », d'Alphonse Daudet.* — (Opposé à *père, ancêtre*) Fils. *Dupont jeune.* SUBST. (début XIIIe) *Pline le Jeune et Pline l'Ancien.* ▪ **10** Qui est nouveau (dans un état, une occupation). *Jeunes mariés.* — FAM. *Être jeune dans le métier,* l'exercer depuis peu de temps. ➤ **inexpérimenté, novice.** ▪ **11** (1690) FAM. Qui est juste, insuffisant. ➤ 1 **court.** *Dix euros ! c'est un peu jeune.* ➤ 1 **maigre.** *C'est un peu jeune comme raisonnement.* ➤ **léger.**

II ~ n. UN JEUNE, LES JEUNES ▪ **1** (milieu XIIe) Personne jeune. *Les jeunes.* ➤ **adolescent, jeunesse ;** FAM. **djeune ;** RÉGION. **cheb** (cf. Jeunes gens*). *Une petite jeune. Tous, les jeunes, comme les vieux. Place aux jeunes ! Les jeunes d'aujourd'hui. Les jeunes des banlieues, des cités. Une bande de jeunes. Maison des jeunes et de la culture (M. J. C.). Le vote des jeunes. Film, émission pour les jeunes. Hostile aux jeunes.* ➤ **antijeune.** *« les jeunes ont des façons brusques, mais souvent le cœur modeste »* MONTHERLANT. ▪ **2** (1607) RARE Petit d'un animal. ▪ **3** (Neutre) FAM. *Un coup de jeune :* rajeunissement subit. *« Oui, partir, déménager, [...] reprendre tout à zéro, quel coup de jeune ! »* TOURNIER.

▪ **CONTR.** Âgé, doyen, vieux. Caduc. Aîné ; père ; ancien. — Vieillard, vieux (subst.).

JEÛNE [ʒøn] **n. m.** – XIVe ; *jeüne* XIIe ◊ de *jeûner* ▪ **1** Privation volontaire de toute nourriture. ➤ **abstinence.** *Jeûne prescrit à titre médical.* ➤ 1 **diète.** *Jeûne de protestation :* grève de la faim. — SPÉCIALT Pratique religieuse qui consiste dans l'abstention totale ou partielle de nourriture pendant une période déterminée. *Observer, rompre le jeûne. Le jeûne du ramadan, du carême.* ▪ **2** Privation forcée d'aliments. *Exténués de jeûnes et de veilles.* ♦ FIG. Toute espèce d'abstention ou de privation. *« Le jeûne infligé à mes sens »* RADIGUET.

JEUNEMENT [ʒœnmɑ̃] **adv.** – v. 1360 ; *jouenement* XIIIe ◊ de *jeune* ▪ **1** VX D'une manière jeune. ▪ **2** VÉN. *Cerf dix cors jeunement,* qui a ses dix cors depuis peu.

JEÛNER [ʒøne] **v. intr.** ‹1› – 1119 ◊ latin chrétien *jejunare* ▪ **1** Se priver volontairement de nourriture ou en être privé ; rester à jeun. *Le loir jeûne tout l'hiver. Jeûner jusqu'au soir. Faire jeûner un malade. Jeûner pour protester* (cf. Grève* de la faim). — *Faire jeûner des escargots.* ▪ **2** Observer un jeûne rituel. *« J'ai prié sans relâche et jeûné quatre jours »* LECONTE DE LISLE. ▪ **CONTR.** Alimenter (s'), 1 manger.

JEUNESSE [ʒœnɛs] **n. f.** – XIVe ; *joefnesse* v. 1160 ◊ de *jeune*

I TEMPS DE LA VIE A. PÉRIODE OÙ L'ON EST JEUNE ▪ **1** Temps de la vie entre l'enfance et la maturité. *L'adolescence, première partie de la jeunesse. Première, prime, tendre jeunesse.* PAR EUPHÉM. *N'être plus de la première jeunesse :* n'être plus jeune. *« j'aperçus une femme qui n'était plus dans sa première jeunesse, mais d'un extérieur agréable »* J. POTOCKI. — *Péché, folie, erreur de jeunesse. « Au temps de ma jeunesse folle »* VILLON. *Une œuvre de jeunesse. Jeunesse heureuse, malheureuse, studieuse. Il a eu une jeunesse difficile. Dans ma jeunesse. Il est mort en pleine jeunesse* (cf. À la fleur* de l'âge). *« Dis, qu'as-tu fait, toi que voilà, De ta jeunesse ? »* VERLAINE. *« Il vaut mieux gâcher sa jeunesse que de ne rien faire du tout »* COURTELINE. — PROV. *Il faut que jeunesse se passe :* il faut être indulgent pour les écarts des jeunes gens. — *Seconde jeunesse :* sorte de nouvelle jeunesse des personnes d'âge mûr. *« Nous avions quitté la veille un homme dans la force de sa seconde jeunesse »* TOURNIER. ▪ **2** (Animaux) Période qui va de la naissance au développement complet. *Les chats sont joueurs dans leur jeunesse.* ▪ **3** (CHOSES) LITTÉR. Le premier temps qui suit la naissance, l'apparition. *La jeunesse du monde. La jeunesse de l'informatique.* ▪ **4** Le fait d'être jeune. *La jeunesse de qqn. Tant de jeunesse désarme. « Rodrigue a du courage. – Il a trop de jeunesse »* CORNEILLE. ♦ PAR ANAL. Le fait d'exister depuis peu de temps. ➤ **nouveauté.** *« La force des peuples barbares tient à leur jeunesse »* HUGO. *La jeunesse d'un arbre.* SPÉCIALT *Jeunesse d'un vin, d'une eau-de-vie.*

B. CARACTÈRES LIÉS À CET ÂGE ▪ **1** État (physique ou moral) d'une personne jeune. *La fraîcheur, l'éclat de la jeunesse.*

L'idéalisme, l'illusion, l'inexpérience, l'intransigeance de la jeunesse. Avoir beauté, santé et jeunesse. Culte de la jeunesse. ➤ **jeunisme.** — LOC. FIG. *Offrir une nouvelle jeunesse à qqch.*, lui donner un air neuf. PRONOM. *Le quartier s'offre une nouvelle jeunesse.* ■ **2** Ensemble de caractères propres à la jeunesse, mais qui peuvent se conserver jusque dans la vieillesse. *Quelle jeunesse pour son âge !* ➤ **fraîcheur, verdeur, vigueur.** *Air de jeunesse. Source de jeunesse.* ➤ **jouvence.** *Une éternelle jeunesse. «C'était de la jeunesse éternelle, comme on le dit d'une neige»* B. BLIER. *La jeunesse de son sourire. — Jeunesse de corps, de visage, de cœur, d'esprit. «La plus belle des jeunesses : la jeunesse de l'esprit quand on n'est plus jeune»* LÉAUTAUD. *— Crème préservant la jeunesse de la peau* (➤ **anti-âge**).

II LES PERSONNES JEUNES ■ **1** (XIIIe) Les personnes jeunes des deux sexes ; les jeunes. *Aimer fréquenter la jeunesse.* — PROV. *Les voyages forment la jeunesse. Si jeunesse savait, si vieillesse pouvait* : si les jeunes avaient l'expérience des vieux et les vieux la vigueur des jeunes. *— La jeunesse d'un pays, d'une époque. «Nous sommes la jeunesse du siècle ; vous êtes la vieillesse»* HUGO. *Jeunesse dorée**. *— Chantier de jeunesse, auberge* de (la) jeunesse.* ◆ Les enfants et les adolescents. *Instruire la jeunesse. Lectures, émissions, films, spectacles pour la jeunesse. C'est un mauvais exemple pour la jeunesse.* — FAM. (en interpelant un groupe de jeunes) *Ça va, la jeunesse ? Roulez, jeunesse !* ■ **2** FAM. ; VIEILLI ou RÉGION. *Une jeunesse* : fille ou femme très jeune. *«Il a fini par me planter là, en filant avec une jeunesse de vingt ans»* ZOLA. *Il a épousé une jeunesse.* ➤ **tendron.** ■ **3** (v. 1935) AU PLUR. Mouvement de jeunes gens. *Les jeunesses hitlériennes. Les jeunesses communistes. Les jeunesses musicales.*

■ CONTR. Vieillesse. Sénilité.

JEUNET, ETTE [ʒœnɛ, ɛt] adj. et n. – XIIIe ; *jovenete* 1164 ◊ diminutif de *jeune* ■ **1** adj. FAM. Bien jeune. ➤ **jeunot.** *Il est un peu jeunet, ce juge.* ■ **2** n. *Un jeunet qui débute. Des jeunettes à couettes.*

JEÛNEUR, EUSE [ʒønœʀ, øz] n. – 1546 ◊ de *jeûner* ■ Personne qui jeûne. *Les jeûneurs hindous.* — SPÉCIALT (1938) Personne qui observe le jeûne du mois de ramadan.

JEUNISME [ʒœnism] n. m. – 1987 ; autre sens 1975 ◊ de *jeune* ■ Culte des valeurs liées à la jeunesse (beauté, performance, etc.). — adj. **JEUNISTE.**

JEUNOT, OTTE [ʒœno, ɔt] adj. et n. m. – 1904 ◊ de *jeune* ■ FAM. Jeune. ➤ **jeunet.** — n. m. *Un petit jeunot.*

JÈZE ➤ **JÉSUITE**

JIGGER [(d)ʒigœʀ ; (d)ʒigɛʀ] n. m. /JIGGEUR/ – 1899 ; «cuve à teinture» 1887 ◊ mot anglais «cribleur» ■ ANGLIC. ÉLECTR. Transformateur pour coupler les circuits radioélectriques.

JIHAD ; JIHADISME ; JIHADISTE ➤ **DJIHAD ; DJIHADISME ; DJIHADISTE**

JINGLE [dʒingœl] n. m. – 1967 ◊ mot anglais «son de cloche» ■ ANGLIC. Motif sonore court employé pour introduire ou accompagner une émission (➤ **indicatif**) ou un slogan publicitaire. *Des jingles.* — Recomm. offic. *indicatif.*

JIU-JITSU ➤ **JUJITSU**

JOAILLERIE [ʒɔajʀi] n. f. – *juelerye* 1434 ◊ de *joaillier* ■ **1** Art de monter les pierres précieuses ou fines pour en faire des joyaux. *Le polissage, le sertissage, opérations de joaillerie.* ■ **2** Métier, commerce du joaillier. *Travailler dans la joaillerie* (➤ **bijouterie**). *Joaillerie-orfèvrerie.* — Marchandise du joaillier. *«un petit diadème de joaillerie légère»* COLETTE. ■ **3** Atelier, magasin de joaillier. ➤ **bijouterie.** *Une grande joaillerie.*

JOAILLIER, IÈRE [ʒɔaje, jɛʀ] ou **JOAILLER, ÈRE** [ʒɔaje, ɛʀ] n. – 1675 ; *joelier* v. 1360 ◊ de *joyau* ■ **1** COUR. Personne qui fabrique des joyaux, qui en fait commerce. *Atelier, magasin de joaillier. Bijoutier-joaillier ; joaillier-orfèvre. Commander une bague à son joaillier.* ■ **2** TECHN. Artisan spécialisé dans la joaillerie. *Ouvrier-joaillier.*

1 **JOB** [ʒɔb] n. m. – 1867 ◊ p.-ê. de *jobe* → jobard ■ LOC. FAM. VIEILLI *Monter le job à qqn*, lui monter la tête, l'abuser. *Se monter le job.*

2 **JOB** [dʒɔb] n. m. – répandu fin XIXe et surtout v. 1950 ; hapax 1819 ◊ mot anglais ■ ANGLIC. FAM. Travail rémunéré, qu'on ne considère généralement pas comme un véritable métier (cf. Un petit boulot*). *Étudiant qui cherche un job* (➤ RÉGION. **jobiste**). ◆ Tout travail, emploi rémunéré. ➤ 2 **boulot.** *Il a un bon job. Changer de job.* — LOC. *Faire le job* : être efficace, être à la hauteur ; remplir sa mission. ➤ **convenir.** *Cette application fait bien le job.* — REM. Ce mot est féminin au Canada : *une job intéressante. «ton père a encore perdu sa job»* G. ROY.

JOBARD, ARDE [ʒɔbaʀ, aʀd] adj. et n. – 1804 ◊ de *jobe* «niais» (1547), probablt de °*job* «gosier» ■ FAM. VIEILLI Crédule jusqu'à la bêtise. ➤ 1 **naïf, niais.** *Il est vraiment jobard. Avoir l'air jobard.* — PAR EXT. *Une crédulité jobarde.* ◆ n. ➤ FAM. 2 **gogo,** VX **jocrisse.** *«toutes les sociétés sont formées de jobards»* HUYSMANS. *«Vous me prenez pour un imbécile, pour un jobard ?»* ANOUILH. *«sans me douter de rien, comme une jobarde»* R. GUÉRIN. ■ CONTR. Malin.

JOBARDER [ʒɔbaʀde] v. tr. ‹1› – 1839 ◊ de *jobard* ■ RARE Duper, tromper, comme on abuse un jobard.

JOBARDISE [ʒɔbaʀdiz] ou **JOBARDERIE** [ʒɔbaʀd(ə)ʀi] n. f. – 1887, –1836 ◊ de *jobard* ■ Caractère, comportement de jobard. ➤ **bêtise, crédulité, niaiserie.** *«L'attendre plus longtemps serait pure niaiserie, complaisance indigne, jobarderie»* DUHAMEL.

JOBASTRE [ʒɔbastʀ] adj. et n. – 1929 ◊ de *jobard* ■ RÉGION. (Provence) Imbécile, un peu fou.

JOBELIN [ʒɔblɛ̃] n. m. – XVe ◊ de *jobe* → jobard ■ Argot des gueux et des maquignons, au XVe s.

JOBER [dʒɔbe] v. intr. ‹1› – 1992 en France ◊ de 2 *job* ■ (Belgique) Exercer un job (2°), un emploi occasionnel. *Étudiants qui jobent pour financer leurs études. Jober comme serveur.*

JOBISTE [dʒɔbist] n. – 1981 ◊ de 2 *job* ■ (Belgique) Personne qui exerce un job (2°), un emploi occasionnel. — APPOS. *Étudiants jobistes.*

JOCASSE [ʒɔkas] n. f. – 1764 ◊ p.-ê. du francique °*joc, juc* «perchoir» (→ jucher) ou altération de *jacasse* «pie», de *jacasser* ■ Grosse grive, appelée aussi *litorne.*

JOCKEY [ʒɔkɛ] n. m. – 1775 ◊ mot anglais, diminutif de *Jock*, forme écossaise de *Jack* ■ **1** VX Jeune domestique qui conduisait une voiture en postillon, suivait son maître à cheval. ➤ **groom.** *«un cabriolet, gardé par un jockey»* RESTIF. ■ **2** Personne dont le métier est de monter les chevaux dans les courses. ➤ **cavalier.** *Les lads et les jockeys d'une écurie de courses. Entraînement, régime sévère des jockeys. Casquette, casaque de jockey.* EN APPOS. *Les femmes jockeys.* — FAM. *Régime jockey* : régime alimentaire amaigrissant ; PAR EXT. privations alimentaires, alimentation insuffisante. *C'est le régime jockey dans cette pension !*

JOCRISSE [ʒɔkʀis] n. m. – 1618 ; n. pr. 1587 ◊ nom d'un personnage de théâtre ■ VX Benêt qui se laisse mener. ➤ **niais, nigaud ;** FAM. **jobard.**

JODHPUR [ʒɔdpyʀ] n. m. – 1939 ◊ anglais *jodhpurs*, de *Jodhpur*, n. d'une ville du Rajasthan ■ Pantalon de cheval, serrant la jambe du genou au pied, et évitant le port de la botte. — Pantalon de cette forme. *Elle portait un jodhpur, des jodhpurs.*

JODLER ➤ **IODLER**

JOGGER [dʒɔge] v. intr. ‹1› – 1978 ◊ de l'anglais *to jog* → jogging ■ ANGLIC. Pratiquer le jogging. *Elle jogge tous les matins.*

JOGGEUR, EUSE [dʒɔgœʀ, øz] n. – 1978 ◊ de l'anglais *to jog* → jogging ■ ANGLIC. Personne qui pratique le jogging. *Les joggeurs du bois de Boulogne. «ces joggeurs qui participent au marathon annuel»* GODBOUT. ➤ **runneur.** — On écrit aussi *jogger* au masculin.

JOGGING [dʒɔgiŋ] n. m. – 1974 ◊ mot anglais, de *to jog* «trottiner» ■ ANGLIC. ■ **1** Course à pied sur terrains variés ou en ville, pratiquée à titre d'exercice physique, sans esprit de compétition. ➤ aussi **footing, running.** *Faire du jogging* (➤ **jogger**). *Il fait son jogging tous les matins.* ■ **2** Survêtement. *Être en jogging.*

JOHANNIQUE [ʒɔanik] adj. – 1863 ◊ du latin *Johannes* «Jean» ■ DIDACT. Relatif à l'apôtre Jean. *L'Évangile johannique ; les Épîtres johanniques.*

JOHANNITE [ʒɔanit] n. et adj. – 1867 ◊ du latin *Johannes* «Jean» ■ RELIG. Membre d'une secte chrétienne d'Orient, où le baptême se fait au nom de saint Jean Baptiste.

JOIE [ʒwa] n. f. – 1080 ; fin XIe *goie* ◊ latin *gaudia*, plur. du neutre *gaudium*, fém. en latin populaire

I LA JOIE Émotion agréable et profonde, sentiment exaltant ressenti par toute la conscience. *La joie est différente du bonheur, du plaisir, de la gaieté. « Le bien-être est acceptable, la joie est noble, le plaisir est suspect »* H. LABORIT. *« La joie est une agréable émotion de l'âme »* DESCARTES. *Joie calme, sereine. « La joie, la seule vraie victoire sur le monde, est pure dans son essence »* CIORAN. *Joie infinie, intense, profonde, immense, extrême.* ➤ **allégresse, exaltation, ivresse, jubilation, ravissement.** *Joie délirante. Joie mystique, céleste.* ➤ **béatitude, extase.** *« Joie, joie, joie, pleurs de joie »* PASCAL. *Joie indescriptible, sans mélange. Éprouver de la joie. « Y a d'la joie », chanson de Charles Trenet. Être au comble de la joie, transporté de joie. Ne plus se sentir de joie. « Quant à moi, je ne me sens pas de joie »* M. BASHKIRTSEFF. *Être fou, ivre de joie* (➤ **exulter, jubiler, 1 rayonner, triompher**). *Cœur plein de joie. À cœur* joie. Fête où règne la joie.* — VIEILLI *Être, mettre en joie* (➤ **réjouir**). *Cœur en joie.* ➤ **fête** (en fête). *Travailler dans la joie et la bonne humeur.* — *Manifestations de joie.* ➤ **2 rire, 2 sourire ; entrain, gaieté.** *La joie éclate sur son visage* (➤ **radieux, rayonnant, réjoui**). *Communiquer, épancher sa joie. Bondir, sauter de joie. Crier, pleurer de joie. Cacher sa joie. — Des yeux qui pétillent de joie. Joie exubérante, bruyante, collective.* ➤ **liesse, réjouissance.** *Explosion, cris de joie. Chant de joie* (➤ **alléluia, hosanna**). *L'« Hymne à la Joie » de la Neuvième symphonie de Beethoven. Feu* de joie. — La joie de... Respirer la joie de vivre. « Au fond de son cœur* [...] *c'était la joie, la joie de vivre. Il s'en allait vers la joie de vivre »* GIONO. *Joie de la réussite.* ➤ **fierté, triomphe.** *Joie de donner, de faire le bien. Quand aurai-je la joie de vous revoir ?* ➤ **avantage, 1 plaisir.** *Nous avons la grande joie de vous annoncer... Accepter avec joie. Spectacle qui fait la joie des enfants. Pour la plus grande joie de tous. À ma grande joie.* — LOC. FAM. *C'est pas la joie !* la situation est difficile, désagréable. *Calme* ta joie !* IRON. *Cache ta joie* (à qqn qui manque d'enthousiasme).

II UNE JOIE, LES JOIES ■ **1** Cette émotion liée à une cause particulière. *C'est une joie de vous revoir. Quelle joie d'être ici ! « Il y a de merveilleuses joies dans l'amitié »* ALAIN. *Fausse* joie. Se faire une joie de :* se réjouir d'une chose actuelle ou attendue. *Il s'était fait une joie de nous accompagner.* ■ **2** AU PLUR. Plaisirs, satisfactions. *Les joies de la vie.* ➤ **agrément, bienfait, douceur, 1 plaisir, satisfaction.** *Les joies de la maternité. Petites, menues joies. Une vie sans joies.* RELIG. *Les joies du monde, de la terre,* opposées à la vraie joie. ■ **3** PAR EXT. Cause de joie. *« Si posséder est un plaisir, donner est une joie »* DUHAMEL. *« je suis ce qu'il aime le mieux, presque sa seule joie sur la terre »* MUSSET. ➤ **consolation.** ■ **4** PAR ANTIPHR. PLUR. Ennuis, désagréments. *Les joies du mariage. Encore une panne, ce sont les joies de la voiture !*

III PLAISIR VX Plaisir des sens. *Les enfants « que l'on conçoit en joie »* MOLIÈRE. — *Fille* de joie.*

■ CONTR. 2 Chagrin, désenchantement, désespoir, douleur, ennui, peine, tristesse.

JOIGNABLE [ʒwaɲabl] adj. – 1987 ◊ de *joindre* ■ Que l'on peut joindre, avec qui l'on peut entrer en contact. *« Avec ce numéro, je suis joignable partout et tout le temps »* BEN JELLOUN. — n. f. **JOIGNABILITÉ.** ■ CONTR. Injoignable.

JOINDRE [ʒwɛ̃dʀ] v. ‹49› – 1080 ◊ latin *jungere*

I ~ **v. tr. METTRE ENSEMBLE ; METTRE AVEC** ■ **1** (XIIe) Mettre (des choses) ensemble, de façon qu'elles se touchent (➤ **accoler**), ou tiennent ensemble (➤ **attacher***). ➤ aussi **ajuster, assembler, combiner, raccorder, souder, unir.** *Joindre bout à bout :* aboucher, ajointer. FIG. *Joindre les deux bouts :* équilibrer son budget, passer de la fin du mois au début du mois suivant sans manquer d'argent. *Ne pas pouvoir joindre les deux bouts* (cf. Avoir des fins* de mois difficiles). — SPÉCIALT *Joindre les mains,* les mettre en contact paume contre paume, les doigts croisés ou non. *Il « joignait les talons, s'inclinait assez bas »* ROMAINS. ■ **2** (Sujet chose) Mettre en communication (deux ou plusieurs choses). *Isthme qui joint deux continents.* ➤ **relier, réunir.** *Pont qui joint une île au continent.* ■ **3** Mettre ensemble. ➤ **rassembler, réunir.** *Il nous faut joindre nos efforts.* ➤ **additionner, conjuguer, grouper, unir.** ■ **4 JOINDRE À :** mettre avec. ➤ **ajouter.** *Joignez cette pièce au dossier* (➤ aussi **inclure, insérer, intercaler**). *Joindre une enveloppe timbrée pour la réponse. Joindre sa voix à une protestation. De grands avantages sont joints à ce poste.* ➤ **attacher.** *Joindre l'utile à l'agréable. Joindre le geste à la parole. — Joignez à cela que :* ajoutez à cela que. ◆ Unir (tel caractère à tel autre). ➤ **allier, associer.** *Joindre la force à la beauté. Cette femme « joignait aux charmes du corps tous ceux de l'esprit »* FÉNELON. ■ **5** (XIIIe) Unir (des personnes) par un lien moral. *Joindre deux personnes par les liens du mariage. « Le sang les avait joints, l'intérêt les sépare »* LA FONTAINE. ■ **6** Entrer en communication avec. *Je n'arrive pas à le joindre.* ➤ **atteindre, rencontrer, 1 toucher.** *« qu'on le joigne où il est* [...] *et qu'on lui demande de passer immédiatement ici »* ANOUILH. *Où peut-on vous joindre ?* ➤ **contacter, trouver ; joignable.** *Joindre qqn par téléphone. Impossible à joindre. Serveur informatique impossible à joindre.* ◆ SPÉCIALT et VX *Régiment qui joint sa division.* ➤ **rejoindre.**

II ~ **v. pron. SE JOINDRE À** ■ **1** Se mettre, aller avec (qqn). ➤ se **réunir,** s'**unir.** *Pourquoi ne pas vous joindre à nous ? Se joindre à la foule.* ➤ se **mêler.** *Ils se sont joints aux manifestants.* PAR EXT. *Mon mari se joint à moi pour vous envoyer tous nos vœux. Se joindre à un parti.* ➤ **adhérer, s'agréer, s'associer,** se **coaliser, intégrer.** ■ **2** PAR EXT. Prendre part à. ➤ **s'associer, participer.** *Se joindre à la conversation, à la discussion, au débat.* ■ **3** Être uni. ➤ **s'allier, s'associer.** *« à son mal se joignait une mélancolie, plus cruelle que le mal »* R. ROLLAND.

III ~ **v. intr.** Se toucher sans laisser d'interstice. *Planches qui joignent bien* (➤ **jointif**). — *Porte qui joint,* dont les éléments joignent (opposé à *bâiller, jouer*).

■ CONTR. Disjoindre, 1 détacher, 1 écarter, éloigner ; isoler, séparer.

1 **JOINT, JOINTE** [ʒwɛ̃, ʒwɛ̃t] adj. – 1080 ◊ de *joindre* ■ **1** Qui est, qui a été joint. *Objets joints en faisceau. — Sauter à pieds joints. Mains jointes pour la prière. — Pièces solidement jointes* (➤ **adhérent, 1 attaché, jointif**). ◆ PAR EXT. Dont les éléments sont bien joints (➤ **fermé**), bien assemblés. *« Leurs fenêtres mal jointes, leurs portes toujours ouvertes »* DAUDET. ■ **2** Mis ensemble, avec. *Efforts joints* (➤ **conjugué**). — *Compte joint :* compte bancaire qui a plusieurs titulaires. *Fichier joint* (à un message électronique). ◆ **JOINT À.** ➤ **ajouté.** *Lettre jointe à un paquet. Clause jointe à un traité.* ➤ **additionnel.** *Avantages joints à une situation.* ➤ **1 attaché, inhérent.** ■ **3** (1690) **CI-JOINT :** joint ici même, joint à ceci (➤ **1 ci**). *Lettre ci-jointe. Documents ci-joints.* — adv. (inv. devant le nom) *Ci-joint la copie. Vous trouverez ci-joint copie du document.* ■ CONTR. Disjoint, séparé.

2 **JOINT** [ʒwɛ̃] n. m. – 1391 ; « joug » XIIIe ◊ de *joindre* ■ **1** TECHN. Ligne, surface où se rejoignent les éléments d'un assemblage, d'une construction. Face latérale d'une planche. ■ **2** Espace qui subsiste entre des éléments joints. *Remplir un joint avec du plâtre* (➤ **ruiler**). *Joints d'une fenêtre.* — GÉOL. Fente de stratification (➤ **2 délit**). ■ **3** (1690) VX Endroit où deux os s'articulent ; articulation. *Le joint de l'épaule, du genou.* — FIG. FAM. *Chercher, trouver le joint,* le moyen de résoudre une difficulté. *« Il savait beaucoup mieux que moi trouver le joint de ce caractère malade »* SAND. ■ **4** MÉCAN. Articulation entre deux pièces. *Joint brisé, universel, de cardan*. Joint coulissant. Joint de dilatation,* pour absorber la dilatation thermique. ■ **5** Garniture assurant l'étanchéité d'un assemblage. *Joint de robinet. Joint en caoutchouc.* — AUTOM. *Joint de culasse :* plaque métallique souple interposée entre le bloc-carter des cylindres et l'ensemble des culasses.

3 **JOINT** [ʒwɛ̃] n. m. – v. 1970 ◊ mot d'argot anglais américain « piqûre hypodermique ; cigarette de marijuana », de même origine que le français *joint* ■ ANGLIC. FAM. Cigarette de haschich. *Fumer un joint* (➤ **fumette**). *Se faire un joint. Je la revois « préparant les joints les plus chargés possible »* SOLLERS.

JOINTÉ, ÉE [ʒwɛ̃te] adj. – *bas-jointé* 1583 ◊ de *joindre* ■ *Cheval court-jointé, long-jointé,* dont le paturon est trop court, trop long (par rapport au canon).

JOINTIF, IVE [ʒwɛ̃tif, iv] adj. – 1440 ; *jointis* XIIe ◊ de 1 *joint* ■ TECHN. Qui est joint, qui est en contact par les bords. *Planches jointives.* — Dont les éléments sont joints. *Cloison jointive,* et SUBST. (1867) *une jointive :* cloison de planches brutes non assemblées par languettes et rainures.

JOINTOIEMENT [ʒwɛ̃twamɑ̃] n. m. – 1832 ◊ de *jointoyer* ■ TECHN. Action de jointoyer ; résultat de cette action.

JOINTOYER [ʒwɛ̃twaje] v. tr. ‹8› – 1335 ; *jointoier* fin XIIe ◊ de 1 *joint* ■ TECHN. Traiter (une maçonnerie, un mur) de sorte que les joints en affleurent exactement le parement. *« ces murs de pierre admirablement jointoyés »* CLAUDEL.

JOINTOYEUR [ʒwɛ̃twajœʀ] n. m. – 1906 ◊ de *jointoyer* ■ TECHN. Ouvrier, maçon qui effectue les jointoiements.

JOINTURE [ʒwɛ̃tyʀ] n. f. – 1080 ◊ latin *junctura,* de *jungere* ■ **1** (XIe) Endroit où les os se joignent. ➤ **articulation, attache.** *Jointure des doigts* (➤ **nœud**). *Faire craquer ses jointures. Jointures du cheval :* le boulet, et PAR EXT. le paturon (qui s'articule au canon par le boulet). ▪ 2 (XIIe) Endroit où deux parties se joignent (➤ 2 joint ; RÉGION. apponse) ; façon dont elles sont jointes (➤ assemblage). *Jointure étanche.*

JOINT-VENTURE [dʒɔjntvɛntʃœʀ] n. f. – v. 1970 ◇ anglais américain *joint venture* ▪ ANGLIC. ÉCON. ➤ **coentreprise (recomm. offic.).** *Des joint-ventures.*

1 **JOJO** [ʒoʒo] n. m. – v. 1973 ◇ du nom d'un personnage créé par le dessinateur Ami ▪ *Un affreux jojo :* enfant insupportable, garnement. *Une bande d'affreux jojos.*

2 **JOJO** ➤ **JOLI**

JOJOBA [ʒɔʒɔba] n. m. – 1958 ◇ mot espagnol du Mexique ▪ Arbuste des déserts du Mexique et de Californie produisant des graines dont on extrait une cire utilisée en pharmacie et dans l'industrie des cosmétiques. *Shampoing au jojoba.*

JOKER [(d)ʒɔkɛʀ] n. m. – 1912 ◇ mot anglais «farceur» ▪ 1 Carte à jouer à laquelle le détenteur est libre d'attribuer telle ou telle valeur. — LOC. FIG. *Avancer un joker, donner son joker :* refuser de répondre à une question. *«Oui, au fait, qui j'aimais le plus ? Non, joker !»* M. ROSTAIN. *Sortir son joker :* se sortir d'une situation embarrassante par un moyen inattendu. ▪ 2 INFORM. Caractère spécifique (astérisque par ex.) utilisé pour remplacer un signe ou une suite de signes lors d'une recherche.

JOLI, IE [ʒɔli] adj. – XIIIe ; *jolif, jolive* 1175 ◇ probablt de l'ancien scandinave *jôl*, nom d'une grande fête du milieu de l'hiver ▪ 1 VX Qui est agréable par sa gentillesse, son enjouement. ➤ **aimable.** — Coquet, élégant. SUBST. *«Qu'à son âge il sied mal de faire la jolie»* MOLIÈRE. — MOD. *Faire le joli cœur**. ▪ 2 (v. 1400) MOD. Très agréable à voir. ➤ **gracieux, mignon.** *«Elle-même* [la Parisienne] *se dit point belle, mais jolie»* VERLAINE. *Jolie fille. Jolie femme. Jolie comme un cœur :* très jolie, charmante. *Il est joli garçon. Jolie figure. Avoir de jolis traits, de jolies jambes.* LOC. FAM. *Sois poli, si t'es pas joli !* — ABRÉV. FAM. **JOJO** [ʒoʒo]. *Elles sont pas jojos !* ◆ *Une jolie maison.* ➤ 1 **beau*, charmant, ravissant.** *Jolie vue. Joli meuble. Aimer les jolies choses. De jolis mouvements.* ➤ **gracieux, harmonieux.** *Le joli mois de mai.* — Très agréable à entendre. *Jolie voix. Jolie chanson.* ◆ SUBST. *Le joli et le beau.* — adv. *Faire joli.* ➤ 1 **bien.** *Ces tableaux font joli sur ce mur. Ça fait joli.* ▪ 3 FAM. Digne de retenir l'attention, qui mérite d'être considéré. *Une jolie somme. Un joli magot. De jolis bénéfices.* ➤ **considérable, coquet.** *Les employés de restaurant «se font d'assez jolies journées»* GIDE. *Une jolie performance. Réussir un joli coup. Bravo, joli ! Avoir une jolie situation.* ➤ **intéressant.** — LOC. *C'est bien joli, mais... :* ce n'est pas sans intérêt, mais malgré tout... *Ce n'est, c'est pas joli joli :* c'est condamnable, ce n'est pas bien. *«C'est pas joli joli la guerre, ça non»* PEREC. ▪ 4 Amusant, plaisant. *Selon le joli mot de Voltaire.* ➤ 1 **piquant.** *Le plus joli de l'histoire, c'est que...* ▪ 5 PAR ANTIPHR. *Un joli monsieur, un joli coco :* un individu peu recommandable. ➤ 1 **beau, charmant.** *«quelque joli petit crime conduisant droit en cour d'assises»* STENDHAL. *Nous voilà dans un joli pétrin. Du joli travail.* IMPERS. *C'est joli de dire du mal des absents !* — n. m. *C'est du joli !* c'est mal (cf. C'est du beau, du propre !). *Ça va faire du joli.* ➤ **vilain.** ▪ CONTR. Laid.

JOLIESSE [ʒɔljɛs] n. f. – 1843 ◇ de *joli* ▪ LITTÉR. Caractère de ce qui est joli, délicat. ➤ **beauté, délicatesse, grâce.** *«la joliesse de ses gestes»* BALZAC. *La joliesse de ses traits.* ▪ CONTR. Laideur.

JOLIMENT [ʒɔlimɑ̃] adv. – *joliement* «gaiement» 1285 ; *jolivement* XIIIe ◇ de *joli* ▪ 1 D'une manière jolie, agréable. ➤ 1 **bien.** *Être joliment habillé. Compliment joliment tourné. Maison joliment décorée.* — PAR ANTIPHR. *Vous voilà joliment arrangé !* ▪ 2 (1676) D'une façon considérable. ➤ **beaucoup,** 1 **bien.** *«ça arrangerait joliment nos affaires»* ZOLA. *On est joliment bien ici.* ➤ FAM. **drôlement, rudement, sacrément.** *Il nous a joliment trompés !* ▪ CONTR. Laidement, 2 mal.

JONAGOLD [ʒɔnagɔld] n. f. – 1988 au Canada ◇ de *jonathan* et *golden*, n. de variétés de pommes ▪ Variété de pomme à couteau bicolore, jaune et rouge orangé, croquante et très parfumée. *Des jonagolds.*

JONC [ʒɔ̃] n. m. – v. 1175 ; *junc* 1160 ◇ latin *juncus* ▪ 1 Plante herbacée *(joncacées)*, à hautes tiges droites et flexibles, qui croît dans l'eau, les marécages, les terrains très humides. *Jonc commun* ou *à mèche, jonc glauque* ou *jonc des jardiniers.* — PAR ANAL. *Jonc des chaisiers, des tonneliers.* ➤ **scirpe.** *Jonc fleuri.* ➤ **butome.** *Jonc marin.* ➤ **ajonc.** *En forme de jonc* (**JONCIFORME** [ʒɔ̃sifɔʀm] adj.). ▪ 2 La tige elle-même du jonc (employée dans la confection des liens, d'ouvrages de sparterie, de vannerie). *Corbeille, panier de jonc. Natte en jonc tressé.* — *Jonc de mer :* plante aquatique qui fournit des fibres textiles qui, tissées, sont utilisées comme revêtement de sol. ▪ 3 Canne, badine (de jonc, etc.). *Il «fouettait l'air avec un jonc dont la pomme d'or brillait»* BALZAC. ▪ 4 (1631) Bague, bracelet dont le cercle est partout de même grosseur. *Porter au doigt un jonc d'or.* (Canada) *Jonc (de mariage).* ➤ **alliance.** — PAR EXT. (1790) ARG. L'or (métal). — (1885) VIEILLI Argent*. ➤ **fric.** *Avoir du jonc.*

JONCER [ʒɔ̃se] v. tr. ⟨3⟩ – 1858 ◇ de *jonc* ▪ TECHN. Garnir de jonc (une chaise, un fauteuil). ➤ 1 **canner.** — *Chaise joncée.*

JONCHAIE [ʒɔ̃ʃɛ] n. f. – 1771 ◇ de *jonc* ▪ Lieu où poussent des joncs. ➤ **joncheraie, jonchère.** ▪ HOM. Jonchet.

1 **JONCHÉE** [ʒɔ̃ʃe] n. f. – XIVe ; «litière de joncs» v. 1175 ◇ de *joncher* ▪ 1 Amas de branchages, de fleurs, dont on jonche le sol, dans les rues, les églises, etc., pour quelque solennité. *«on fait d'admirables jonchées pour leurs autels* [des dieux]*»* LOTI. ▪ 2 PAR EXT. Grande quantité (d'objets épars sur le sol). *Une jonchée de débris.*

2 **JONCHÉE** [ʒɔ̃ʃe] n. f. – 1379 ◇ de *jonc* ▪ VX Petit panier de jonc dans lequel on fait égoutter le lait caillé. ➤ **faisselle.** ◆ (1583) MOD. Petit fromage de vache, de chèvre ou de brebis fait dans ce panier.

JONCHER [ʒɔ̃ʃe] v. tr. ⟨1⟩ – v. 1165 ; *junchier, jonchier* 1080 ◇ de *jonc* ▪ 1 Parsemer de branchages, de feuillages, de fleurs. *«Des chemins tout jonchés de fleurs et de rameaux»* BAUDELAIRE. ▪ 2 Couvrir, être épars sur (en parlant d'objets quelconques, jetés ou répandus çà et là en grande quantité). *Détritus qui jonchent la plage. — Sol jonché de débris. Champ de bataille jonché de cadavres.*

JONCHERAIE [ʒɔ̃ʃʀɛ] n. f. – 1926 ◇ de *jonchère* ▪ Lieu où poussent des joncs. ➤ **jonchaie, jonchère.**

JONCHÈRE [ʒɔ̃ʃɛʀ] n. f. – XIIIe ◇ de *jonc* ▪ Lieu où poussent des joncs. ➤ **jonchaie, joncheraie.** — Grosse touffe de joncs sur pied.

JONCHET [ʒɔ̃ʃɛ] n. m. – 1474 ; variantes anciennes *honchet, onchet* ◇ de *jonc* ▪ Chacun des bâtonnets de bois, d'os, qu'on joue à jeter pêle-mêle sur une table pour les retirer ensuite un à un avec un crochet sans faire bouger les autres. *Jouer aux jonchets.* ▪ HOM. Jonchaie.

JONCTION [ʒɔ̃ksjɔ̃] n. f. – XIVe ◇ latin *junctio* → joindre ▪ 1 Action de joindre une chose à une autre ; le fait d'être joint. ➤ **assemblage, liaison, réunion.** *Jonction d'une chose à une autre, de deux choses. Point de jonction.* — DR. *Jonction des causes :* décision par laquelle le tribunal ordonne la réunion de deux causes pour qu'il soit statué sur les deux par un seul jugement. ▪ 2 Action par laquelle deux choses entrent, sont mises en contact. ➤ 1 **rencontre.** *Jonction de deux cours d'eau par un canal. Jonction de deux routes, de deux voies de chemin de fer. Ligne aérienne faisant la jonction entre deux villes.* ➤ **liaison.** *Gare, voie de jonction* (➤ **raccordement**). *Jonction de deux circuits électriques :* branchement, raccordement. ◆ Lieu de rencontre. *À la jonction des deux routes.* ◆ INFORM. ➤ **interface.** ▪ 3 (Troupes, groupes) Action de se joindre. *Les deux armées ont fait, ont opéré leur jonction. Les deux fusées ont effectué leur jonction à l'heure prévue.* ▪ 4 ÉLECTRON. Contact entre deux semi-conducteurs de type différent permettant le redressement du courant (➤ **diode**). *Jonction P-N,* formée d'un semi-conducteur dopé P* et d'un semi-conducteur dopé N*. *Transistor* à jonctions.* ▪ CONTR. Disjonction, séparation.

JONGLAGE [ʒɔ̃glaʒ] n. m. – 1858 ◇ de *jongler* ▪ Action de jongler (2o) : art du jongleur. ➤ **jonglerie.**

JONGLER [ʒɔ̃gle] v. intr. ⟨1⟩ – v. 1400 ; *jogler* v. 1160 ◇ latin *joculari* «plaisanter», avec influence de l'ancien français *jangler* «bavarder» (XIIe), du francique °*jangalôn* ▪ 1 VX Faire des tours d'adresse. ▪ 2 (1546) MOD. Lancer en l'air plusieurs boules ou autres objets qu'on reçoit et relance alternativement en entrecroisant leurs trajectoires. *Clown qui jongle avec des boules, des cerceaux, des torches. Savoir jongler. «la difficulté de jongler avec trois objets de pesanteur différente»* GONCOURT. ▪ 3 (1873) FIG. *Jongler avec :* manier de façon adroite et désinvolte. ➤ **jouer.** *Jongler avec les idées, avec les chiffres, avec les statistiques. Jongler avec les difficultés,* s'en jouer. *Jongler avec la loi.* ▪ 4 (Canada) Réfléchir, méditer à qqch. ; être songeur. *Il «se mit à jongler à ce qui venait de lui arriver. Rêvait-il ?»* Y. BEAUCHEMIN.

JONGLERIE [ʒɔ̃gləʀi] **n. f.** – 1596 «tour d'adresse» ; 1581 «mensonge» ; *juglerie* «métier de jongleur» début XIIe ◇ de *jongler*, avec influence de l'ancien français *janglerie* → jongler ■ **1** Art du jongleur. *La jonglerie exige une grande adresse. Matériel de jonglerie.* ■ **2** (souvent péj.) Exercice de virtuosité pure. *«je préfère sa simplicité sans ornement à ces jongleries»* MAUROIS.

JONGLEUR, EUSE [ʒɔ̃glœʀ, øz] **n.** – 1572 ; *jogleour* «plaisant, rieur» fin XIIe ◇ latin *joculator*, avec influence de *jangler* → jongler ■ **1** ANCIENNT Ménestrel nomade qui récitait ou chantait des vers, en s'accompagnant d'un instrument. ➤ **troubadour.** ■ **2** VX Bateleur, saltimbanque. ■ **3** MOD. Personne dont le métier est de jongler dans les cirques, les foires. *Tours de jongleur. Acrobates, clowns, équilibristes et jongleurs d'un cirque.* ■ **4** FIG. *Hugo, «l'étourdissant jongleur de mots»* HENRIOT.

JONKHEER [jɔŋkɛʀ ; ʒɔ̃kɛʀ] **n. m.** – 1906 ◇ mot néerlandais «écuyer» ; cf. allemand *Junker* ■ Noble hollandais non titré (au-dessous du chevalier).

JONQUE [ʒɔ̃k] **n. f.** – 1601 ; *joncque* 1571 ; *junc* 1521 ◇ javanais *(d)jong*, par l'italien, le néerlandais et le portugais ■ Voilier d'Extrême-Orient, dont les voiles de nattes ou de toile sont cousues sur de nombreuses lattes horizontales en bambou. *Les jonques et les sampans.*

JONQUILLE [ʒɔ̃kij] **n. et adj. inv.** – 1596 ◇ espagnol *junquillo*, de *junco* «jonc» ■ **1 n. f.** Variété de narcisse à fleurs jaunes et odorantes, dont les feuilles rappellent celles du jonc. — SPÉCIALT La fleur elle-même. *Bouquet de jonquilles.* ■ **2** ADJT INV. De la couleur (jaune vif) de cette fleur. *Jaune jonquille. Rubans jonquille.* ◆ **n. m.** PEINT. Couleur secondaire composée avec du blanc et du jaune. *Un beau jonquille.*

JOTA [xɔta] **n. f.** – 1840 ◇ mot espagnol ■ **1** Danse populaire espagnole, à trois temps. *Elle «fit claquer ses doigts, esquissa un pas de* jota*»* CENDRARS. ■ **2** (1840 ◇ mot espagnol, du latin *iota*) Phonème guttural [x] noté *j*, consonne espagnole.

JOTTEREAU [ʒɔtʀo] **n. m.** – 1732 ; *joutereau* 1678 ◇ de l'ancien français *jotte* «joue» (d'un vaisseau) ; radical latin *gaba* → joue ■ MAR. Pièce de bois dur ou de tôle fixée de chaque côté d'un mât.

JOUABILITÉ [ʒwabilite] **n. f.** – 1995 ◇ de *jouable* ■ Qualité de maniabilité, d'ergonomie (d'un jeu, notamment un jeu vidéo).

JOUABLE [ʒwabl] **adj.** – 1741 ◇ de *jouer* ■ **1** Qui peut être joué (III). *Cette pièce n'est pas jouable.* ■ **2** Qui peut être joué avec quelque chance de succès. *Le coup est jouable.* — FIG. *C'est jouable*, cela peut être tenté. ➤ **faisable, possible.** ■ **3** *Version jouable* (d'un logiciel de jeu) : version de démonstration qui permet de jouer de manière interactive mais limitée. ◆ SPORT *Adversaire jouable*, qu'il est possible de battre. ■ CONTR. Injouable.

JOUAL [ʒwal] **n. m.** – 1930 ; *parler joual* adv. «parler mal» ◇ prononciation populaire de *cheval* dans certaines régions (ouest et centre de la France) ■ PÉJ. Variété populaire du français québécois, caractérisé par certains traits, notamment phonétiques et lexicaux (anglicismes), considérés comme incorrects. — **adj. JOUAL, JOUALE** (parfois inv. en genre) *«La langue jouale»* J.-P. DESBIENS. *«La grammaire joual»* R. DUCHARME. *Des mots jouals* (rare *jouaux*).

JOUASSE [ʒwas] **adj.** – mil. XXe ◇ de *joie*, avec influence de l'adj. régional *jouasse* «joueur» ■ FAM. Joyeux. *«Franck mimait l'accablé, mais il était tout jouasse lui aussi»* GAVALDA.

JOUBARBE [ʒubaʀb] **n. f.** – fin XIIe ◇ latin *Jovis barba* «barbe de Jupiter» ■ Plante grasse *(crassulacées)*, à tige velue et à feuilles charnues groupées en rosette d'où s'élève une panicule de fleurs roses ou jaunâtres. *La joubarbe des toits.* ➤ **artichaut** (sauvage). *Joubarbe des vignes.* ➤ **orpin.**

JOUE [ʒu] **n. f.** – XIIe ; 1080 *joe* ◇ p.-ê. prélatin °*gaba* «jabot, gosier» ■ **1** Partie latérale de la face s'étendant entre le nez et l'oreille, du dessous de l'œil au menton. *Les joues, parois latérales de la bouche. Parties de la joue.* ➤ **méplat, pommette.** *Joues creuses. Joue flasque, pendante.* ➤ **abajoue, bajoue.** *Avoir de grosses joues ; de bonnes joues* (➤ **joufflu, mafflu**), *des joues rebondies, rondes. Se caler* les joues. Joues pâles, roses. Le rouge lui montait aux joues. Fard à joues.* ➤ **blush, rouge.** *Embrasser qqn sur la joue, sur les deux joues. Danser joue contre joue.* LOC. *Être joue à joue.* SUBST. *Faire du joue-à-joue.* — ALLUS. BIBL. *Présenter, tendre l'autre joue, la joue* : s'exposer volontairement à un redoublement d'outrages. ◆ LOC. (1578) *Coucher, mettre en joue un fusil, une carabine*, contre la joue, pour tirer. ➤ **épauler.** — ELLIPT *En joue !* ou *Joue !* commandement militaire pour la position de tir. — PAR EXT. *Mettre* (une cible) *en joue*, la viser avec une arme à feu portative. ➤ 1 **viser.** ■ **2** Partie latérale de la tête correspondant à la joue de l'être humain, chez certains animaux. CUIS. *Joue de bœuf ; joue de lotte.* ■ **3** TECHN. *Joues de poulie* : les deux faces extérieures de la caisse d'une poulie. — *Joue d'un fauteuil, d'un canapé, d'une stalle*, panneau latéral entre le siège et les bras. *Fauteuil à joue ouverte, à joue pleine* (➤ **bergère**). ◆ MAR. *Joues d'un navire*, partie renflée de l'avant, sur le côté. ■ HOM. Joug.

JOUÉE [ʒwe] **n. f.** – XIIe ◇ de *joue* ■ **1** TECHN. Épaisseur de mur dans l'ouverture d'une porte, d'une fenêtre. ■ **2** Morceau d'étoffe garnissant l'espace compris entre le siège et le bras d'un fauteuil, d'un canapé. ■ HOM. Jouer.

JOUER [ʒwe] **v.** ⟨1⟩ – fin XIe ◇ du latin *jocari* «plaisanter, badiner», famille de *jocus* → jeu

I ~ v. intr. A. PROFITER D'UN TEMPS OU D'UN ESPACE D'ACTION SANS CONTRAINTE ■ **1** Se livrer au jeu. ➤ **s'amuser.** *Écoliers qui jouent pendant la récréation ; gamins qui jouent dans la rue.* ➤ **s'ébattre, s'ébrouer.** *«Les jeux des enfants sont de graves occupations. Il n'y a que les grandes personnes qui jouent»* BARBUSSE. *Allez jouer dehors ! Pouce*, je ne joue plus.* LOC. *Jouer dans la cour* des grands, dans la même cour*. Ce n'était pas sérieux, c'était pour jouer.* ➤ **plaisanter,** 1 **rire.** ◆ FIG. (début XVIIe) (CHOSES) Se mouvoir comme au gré de son caprice, de sa fantaisie. *«La lune était sereine et jouait sur les flots»* HUGO. ■ **2** FIG. (XVIIe) Intervenir, entrer, être en jeu. *La question d'intérêt ne joue pas entre eux. Une circonstance qui joue en sa faveur. Le temps joue contre lui. L'instinct de conservation «avait joué en elle»* MAURIAC. — (1616) *Faire jouer* : mettre en œuvre. *Faire jouer ses relations.* — *«les relations avaient bien joué, les choses avaient marché, on avait pu le faire exempter»* ECHENOZ.

B. PRATIQUER UNE ACTIVITÉ LUDIQUE QUI OBÉIT À DES RÈGLES ■ **1** Pratiquer un jeu déterminé. *Jouer bien, mal. Jouer serré*.* ◆ S'adonner aux jeux de hasard ; être joueur. *Il joue tous les soirs au casino.* ➤ **flamber.** *Il a joué et perdu.* — PROV. *Qui a joué jouera.* ◆ Agir, dans le jeu ; faire un coup. *Aux dames, souffler* n'est pas jouer. À vous de jouer* ; FIG. et FAM. à vous d'agir (cf. La balle* est dans votre camp). ■ **2** Se servir d'un instrument de musique. *Jouer en mesure. Ce pianiste joue très bien.* ■ **3** (1664) Exercer l'activité d'acteur. *«On ne joue bien qu'en jouant avec son cœur»* FRANCE.

C. (CHOSES) FONCTIONNER (milieu XIIIe) Se mouvoir avec aisance (dans un espace déterminé). MAR. *Barque qui joue sur son ancre*, qui se balance. ◆ SPÉCIALT (1867) *Meuble, panneau de bois qui joue*, dont l'assemblage ne joint plus exactement, par suite de dilatations, de contractions (cf. Avoir du jeu*). *«les bois des volets et des portes avaient joué, et ne fermaient plus»* GAUTIER. ◆ TECHN. Fonctionner à l'aise, sans frotter ni accrocher. *Faire jouer la clé dans la serrure. Les pompiers firent jouer les pompes* (cf. Mettre en action).

II ~ v. intr. JOUER AVEC, À, DE... ■ **1 JOUER AVEC (qqn, qqch.).** *Petite fille qui joue avec sa poupée.* ➤ **s'amuser** (cf. FAM. Faire joujou). *Il joue avec un camarade. Ces enfants jouent ensemble.* — Manier, pour s'amuser ou distraitement. *«Elle jouait, d'une main, avec sa chaîne de grosses perles»* COLETTE. *Ne laissez pas les enfants jouer avec les ciseaux. Jouer avec le feu*.* — *Jouer avec sa proie*, s'en amuser. *Chat qui joue avec une souris.* — *Jouer avec les mots.* ➤ **jongler.** — FIG. Exposer avec légèreté, imprudence. *Jouer avec sa vie, sa santé*, risquer de la perdre, de la compromettre. ■ **2** (fin XIe) **JOUER À (un jeu déterminé).** *Jouer à cache-cache*. Jouer aux cartes*, aux dominos, aux échecs. «À ton âge, les enfants jouent encore à la poupée ou à la marelle»* SARTRE. — *Jouer à* (et inf.). *Jouer à faire des pâtés, à se poursuivre. Jouer à qui perd* gagne.* — (À un sport) *Jouer au football, au tennis, de façon habituelle.* ➤ **pratiquer.** ◆ SPÉCIALT Se livrer (à un jeu de hasard, d'argent). *Jouer à la roulette.* — PAR ANAL. *Jouer aux courses, à la Bourse, au tiercé, au loto. Jouer à la baisse, à la hausse* : spéculer sur la baisse, sur la hausse des valeurs. ◆ FIG. Affecter d'être, se donner l'air de. *Jouer à l'indispensable, au généreux. Jouer à l'imbécile* : faire l'imbécile. FAM. *Jouer au con.* ■ **3 JOUER SUR.** Spéculer sur. *Jouer sur une matière première, sur le cours des devises.* — LOC. *Jouer sur les deux tableaux*. Jouer sur le (du) velours*, en étant sûr de gagner. — FIG. *Jouer sur la défaite, la faiblesse, la misère d'autrui*, miser sur elle pour en tirer profit. — *Jouer sur un mot, sur les mots* : tirer parti des équivoques que créent les homonymies, les à-peu-près. ■ **4** (milieu XIIIe) **JOUER DE (qqch.)** : se servir de (une chose, un instrument) avec plus ou moins d'adresse. *Jouer du bâton,* *du couteau, du révolver.* — *Jouer des coudes*. Jouer des jambes,* (VIEILLI) *des flûtes :* s'enfuir. *Jouer de la prunelle :* avoir un regard provocant. SPÉCIALT (début XIIIe) *Jouer d'un instrument. Savoir jouer du piano.* ➤ 1 **toucher.** *Jouer du cor*.* ➤ **donner, sonner.** ♦ FIG. (XVIIe) *Jouer de malchance*, de malheur*.* — PAR EXT. Exploiter, tirer profit (de qqch.). *Jouer de son influence, de son charme.* ➤ **profiter, user.**

III ~ v. tr. ▪ **1** (fin XIIe) Pratiquer (un jeu). — *Bien jouer son jeu** (IV). *Jouer double jeu*.* ♦ Faire (une partie). *Jouer une partie de dames, un match de rugby. Jouer les prolongations*. Équipe qui joue la finale.* ➤ **disputer.** *Jouer la belle, la revanche. Partie bien, mal jouée.* — LOC. FIG. *C'est joué d'avance :* le résultat est certain (cf. Les jeux* sont faits). — FAM. *Ce n'est pas joué du tout :* l'issue est incertaine. ♦ Mettre en jeu. *Jouer la balle* (tennis), *la bille* (billard), *un pion* (dames, échecs), *une carte ; jouer pique.* — *Jouer cartes* sur table.* — *Jouer le jeu*.* — FIG. *Jouer une personne contre une autre,* favoriser l'une pour venir à bout de l'autre. ▪ **2** (emploi critiqué) Se mesurer avec (un adversaire, une équipe), dans un sport. *Jouer la Juventus de Turin.* ▪ **3** (fin XIVe) Hasarder, risquer au jeu. *Jouer ses derniers sous. Jouer jusqu'à sa dernière chemise.* — LOC. *Jouer gros jeu. Jouer gagnant, perdant. Jouer cent euros sur un cheval.* ➤ **miser, parier.** — FIG. ➤ **risquer.** *Jouer sa fortune, son va*-tout, le tout pour le tout. Jouer sa réputation, sa tête, sa vie.* ➤ **exposer.** *Jouer qqch. à pile* ou face.* ▪ **4** (1640) VIEILLI Tromper en ridiculisant. ➤ **berner, duper*.** *« Je suis trahie, trompée, abusée, jouée »* BALZAC. ▪ **5** Interpréter (de la musique). *Jouer une sonate, un air, un morceau.* PAR EXT. *Jouer du Mozart ; jouer Mozart. La radio jouait du Wagner.* ▪ **6** (XVe) Représenter sur scène ou à l'écran. *Jouer une pièce, un opéra. Cet acteur joue en ce moment une comédie. « Les comédies ne sont faites que pour être jouées »* MOLIÈRE. PAR EXT. *Jouer du Shakespeare ; jouer Shakespeare. « Ce devrait être le premier souci du chef d'une compagnie théâtrale que de jouer les auteurs de sa génération »* J. VILAR. — *Faire jouer une pièce.* ➤ **monter, représenter.** ♦ *Jouer un tour :* tromper, décevoir ; être néfaste. *« Pardonnez-moi si je l'ai oublié. Ma mémoire me joue de ces tours »* MAURIAC. *Cela vous jouera un vilain tour.* — *Jouer un bon tour, une bonne farce à qqn,* lui faire une plaisanterie. ♦ (XXe) *Jouer un film,* le projeter. — Passer (un film). *Qu'est-ce qu'on joue au cinéma cette semaine ?* ➤ **donner.** ▪ **7** Interpréter (une œuvre dramatique). *Acteur qui joue une pièce de Marivaux,* PAR EXT. *du Marivaux. Il a beaucoup joué Marivaux.* — *Jouer dans un film.* ➤ **tourner.** *« Quand je joue c'est là que je me sens exister »* ARTAUD. *Acteur qui joue avec excès.* ➤ **surjouer.** — *Jouer la comédie :* VX être comédien ; MOD. affecter des sentiments qu'on n'a pas. — FAM. *La jouer* (et adj. ou adv.) : se donner l'air. *La jouer finement. (Se) la jouer* (et nom) : se donner l'air de, se prendre pour. *« Ça fait des années qu'ils se la jouent Parisiens »* IZZO. *Se la jouer :* crâner, frimer ; fantasmer, s'illusionner. *« Te la joue pas trop, papa. Tu crois que je chiale pour toi ? »* Y. QUEFFÉLEC. ♦ *Jouer un personnage, un rôle.* ➤ **incarner.** *Jouer Antigone, Néron.* FIG. *Jouer les incompris, les innocents, les victimes, les héros.* — LOC. *Jouer les Cassandre*. Jouer la fille de l'air*. Jouer les durs*.* ➤ 1 **faire, simuler.** *« À quoi sert de jouer l'indifférent quand on aime »* MUSSET. *Jouer l'étonnement, le désespoir.* ➤ **feindre.** ▪ **8** Opter pour (une attitude, une stratégie). *Les investisseurs jouent la prudence.*

IV ~ v. pron. SE JOUER ▪ **1** (fin XIIe) VX ou LITTÉR. Jouer, folâtrer. *« Soudain une gazelle jaillit devant le camion. Elle galopait à vastes bonds si légers qu'elle paraissait se jouer »* TOURNIER. ♦ MOD. *Faire qqch. (comme) en se jouant,* très facilement. ▪ **2** (1671) **SE JOUER DE** (qqn, qqch.) **:** agir sur, sans se soucier des conséquences ; se moquer de. *« Ô sort, comme tu te joues de nous ! »* GAUTIER. *Se jouer des difficultés,* s'en moquer, les résoudre comme en jouant. ▪ **3** (PASS.) Être joué (jeu, musique, théâtre...). *Jeu en réseau qui se joue à plusieurs* (➤ **multijoueur**). *Cette pièce ne se joue plus.*

▪ HOM. Jouée.

JOUET [ʒwɛ] **n. m.** – 1523 ◊ de *jouer* ▪ **1** Objet dont les enfants se servent pour jouer. ➤ **jeu, joujou ;** RÉGION. **bébelle.** *Jouets éducatifs, mécaniques, électroniques, scientifiques. Coffre à jouets. Le père Noël apporte des jouets dans sa hotte. Marchand de jouets. Rayon des jouets d'un grand magasin. Prêt de jouets* (➤ **ludothèque**). *Industrie du jouet.* ▪ **2** Personne, chose qui semble livrée, abandonnée irrésistiblement à une volonté, une force extérieure. *Elle fait de lui ce qu'elle veut, elle en a fait son jouet. Être le jouet du destin, du hasard ; d'une illusion, d'une mystification. « La chose publique paraît le jouet des événements »* VALÉRY.

JOUETTE [ʒwɛt] **adj.** et **n. f.** – 1912 ◊ de *jouer* ▪ (Belgique) Qui ne pense qu'à jouer. *Il est jouette, ce chien.* — **n. f.** *Son fils est une vraie jouette.*

JOUEUR, JOUEUSE [ʒwœʀ, ʒwøz] **n.** – 1170 ◊ de *jouer* ▪ **1** Personne qui joue (actuellement ou habituellement) à un jeu. **JOUEUR DE...** *Joueur de boules, de football, de tennis. Les joueurs de l'équipe.* ➤ **équipier.** *Joueur de cartes. Un grand joueur d'échecs. Joueur de jeux vidéos.* ➤ ANGLIC. **gameur.** — **adj.** Qui aime jouer. *Un enfant, un chaton joueur.* ▪ **2** SPÉCIALT Personne qui joue à des jeux d'argent, qui a la passion du jeu (➤ **flambeur**). *Un joueur heureux, malchanceux. Les joueurs du casino.* — **adj.** *Il est très joueur. « Je suis joueur et je n'ai jamais touché une carte »* FLAUBERT. ▪ **3** LOC. **BEAU JOUEUR** (au propre et au fig.) : personne qui s'incline loyalement devant la victoire, la supériorité de l'adversaire. *Se montrer beau joueur.* ➤ **fair-play.** *Mauvais joueur,* qui refuse d'accepter sa défaite. ▪ **4** LOC. **PETIT JOUEUR :** joueur sans panache, qui ne prend aucun risque, et PAR EXT. personne qui ne prend pas de risque. — **adj.** *Réaction petit joueur.* ▪ **5** Personne qui joue d'un instrument (lorsque le mot particulier n'est pas très courant : on ne dit pas *joueur de piano, de violon*). *Joueur de flûte, de cornemuse, de balafon.*

JOUFFLU, UE [ʒufly] **adj.** – 1530 ◊ croisement de *joue* et du moyen français *giflu* « aux joues rebondies », de *gifle* « joue » ▪ Qui a de grosses joues. *Enfant, ange joufflu. Visage enfantin et joufflu. Un gros homme joufflu.* ➤ **bouffi, mafflu.** SUBST. *« C'était une grosse joufflue »* LESAGE. — (CHOSES) Qui a des formes rebondies. *Une commode joufflue.*

JOUG [ʒu] **n. m.** – XIIIe ; *jou* XIIe ◊ *-g* d'après le latin *jugum* ▪ **1** Pièce de bois qu'on met sur la tête des bœufs pour les atteler. *Le joug est relié au timon ou à la chaîne d'attelage. Joug de tête ; joug de garrot, d'encolure. Joug simple* (ou **JOUGUET** [ʒugɛ] **n. m.**), pour une seule bête. *Joug double.* ▪ **2** FIG. Contrainte matérielle ou morale qui pèse lourdement sur la personne qui la subit, entrave ou aliène sa liberté. ➤ **contrainte, domination.** *Le joug de l'envahisseur, du tyran, des traditions, des préjugés, de la nécessité. Le joug du mariage.* ➤ **chaîne, collier.** *Imposer un joug, mettre sous le joug :* asservir, subjuguer. *Un joug pesant, humiliant. Tomber sous le joug de qqn,* en son pouvoir. *Secouer le joug.* ➤ **assujettissement, dépendance, esclavage, oppression, sujétion.** *« En Prusse, le joug militaire pèse sur vos idées »* CHATEAUBRIAND. ▪ **3** ANTIQ. ROM. Pique attachée horizontalement sur deux autres fichées en terre et sous laquelle on faisait passer les vaincus. *Les Samnites firent passer les Romains sous le joug aux Fourches* Caudines.* ▪ **4** TECHN. Fléau d'une balance. ▪ CONTR. (du 2°) Indépendance, liberté. ▪ HOM. Joue.

JOUIR [ʒwiʀ] **v. tr. ind.** ⟨2⟩ – 1112 ◊ latin populaire °*gaudire,* de *gaudere* « se réjouir »

I Avoir du plaisir. ▪ **1 JOUIR DE :** tirer plaisir, agrément, profit (de qqch.). ➤ **apprécier,** 1 **goûter, savourer ; profiter** (de). *Jouir de la vie. Jouir de l'instant. Jouir de sa victoire, de son triomphe. « ces dormeuses qui ne dorment plus tout à fait, mais évitent de remuer pour jouir de leur paresse »* ZOLA. — DR. *Jouir d'un bien,* en percevoir les fruits. ➤ **jouissance, usufruit.** ▪ **2** ABSOLT (XVIIe) Profiter pleinement des plaisirs que procure ce que l'on a, ce qui s'offre. *« Posséder est peu de chose ; c'est jouir qui rend heureux »* BEAUMARCHAIS. ▪ **3** Éprouver le plaisir sexuel (➤ **orgasme**). *« Je veux que tu jouisses en même temps que moi, dit-il »* BEAUVOIR (cf. FAM. S'envoyer en l'air, prendre son pied*). ♦ FAM. Éprouver un vif plaisir. *Ça le fait jouir de nous voir en panne, ce sadique !* ➤ **bandant, jouissif.** PAR ANTIPHR. Éprouver une vive douleur physique. *On lui a arraché sa dent, ça l'a fait jouir.*

II (XIIIe) Posséder. **JOUIR DE.** ▪ **1** Avoir la possession (de qqch.). ➤ 1 **avoir, bénéficier** (de), **posséder.** *Jouir d'une bonne santé, de toutes ses facultés, d'une grosse fortune, d'avantages.* ➤ **disposer.** — DR. *Jouir d'un droit,* en être titulaire. ▪ **2** PAR EXT. (CHOSES) *Appartement qui jouit d'une belle vue.*

▪ CONTR. Pâtir, souffrir ; manquer (de).

JOUISSANCE [ʒwisɑ̃s] **n. f.** – 1466 sens 2° ◊ de *jouir* ▪ **1** (1503) Plaisir que l'on goûte pleinement. ➤ 1 **plaisir ; délice, satisfaction.** *Les jouissances de l'âme, de l'esprit.* ➤ **délectation, joie.** *Jouissance des sens, de la chair.* ➤ **bien-être, volupté.** *« Aucune jouissance ne peut se comparer à celle de la vanité triomphante »* BALZAC. — *Épuiser toutes les jouissances de la vie.* ➤ **délice, douceur.** ABSOLT Plaisir sexuel. *Parvenir à la jouissance.* ➤ **orgasme.** ▪ **2** (1466) Action d'user, de se servir d'une chose, d'en tirer les satisfactions qu'elle est capable de procurer. *La jouissance d'un jardin.* ➤ **usage.** *Trouble de jouissance.* ♦ DR. Fait d'user d'une chose et d'en percevoir les fruits. *Avoir la* *jouissance d'un bien sans en avoir la propriété.* ➤ **usufruit.** — BOURSE Droit de disposer de ce que rapporte un prêt, un placement (intérêts, dividendes). *Jouissance d'une rente. Action de jouissance,* dont la valeur nominale effectivement libérée a été remboursée par la société aux actionnaires. ▪ **3** DR. Fait d'être titulaire (d'un droit). *Avoir la jouissance de ses droits sans en avoir l'exercice (capacité de jouissance ;* opposé à *capacité d'exercice).* ◆ Droit de percevoir les fruits d'un bien. *Abus de jouissance.* ■ CONTR. Abstinence, ascétisme, non-jouissance, privation.

JOUISSANT, ANTE [ʒwisɑ̃, ɑ̃t] adj. – XIIe ◇ de *jouir* ■ FAM. Qui procure du plaisir, qui réjouit. ➤ **jouissif.** « *Une femme du grand monde. Ça doit être jouissant* » SARTRE.

JOUISSEUR, EUSE [ʒwisœʀ, øz] n. – 1849 « qui jouit d'un bien » ; *joysseur,* 1529 ◇ de *jouir* ■ Personne qui ne songe qu'aux jouissances matérielles de la vie. ➤ **épicurien, hédoniste, sybarite, viveur.** adj. *Elle est jouisseuse.* ■ CONTR. Ascète.

JOUISSIF, IVE [ʒwisif, iv] adj. – 1963 ◇ de *jouir* ■ Qui procure un vif plaisir. ➤ **jouissant.** *Spectacle jouissif. Être applaudi, c'est jouissif.* — PAR EXT. Plaisant, ou PAR ANTIPHR. Pénible, douloureux. *Un coup de marteau sur les doigts, c'est jouissif.*

JOUJOU [ʒuʒu] n. m. – 1715 ; *faire jojo* XVe ◇ forme enfantine de *jouer, jouet* ■ LANG. ENFANTIN ▪ **1 FAIRE JOUJOU :** jouer. *Fais joujou avec ta poupée.* — FIG. *Ne fais pas joujou avec ses sentiments :* ne les traite pas à la légère. ▪ **2** (1721) Jouet. ➤ RÉGION. **bébelle.** « *Le joujou est la première initiation de l'enfant à l'art* » BAUDELAIRE. *Des joujoux.* ▪ **3** FIG. Se dit d'un objet petit et mignon ; d'une mécanique très perfectionnée, dont l'acquisition semble être un luxe. ➤ **bijou.** *Son ordinateur est un beau joujou. Jette ton joujou !* ton révolver.

JOULE [ʒul] n. m. – 1882 ◇ nom d'un physicien ■ MÉTROL. Unité de mesure de travail, d'énergie et de quantité de chaleur (SYMB. J), correspondant au travail effectué lorsque le point d'application d'une force de 1 newton se déplace de 1 mètre dans la direction de la force. ➤ **kilojoule.** *Une calorie vaut environ 4,18 joules.*

JOUR [ʒuʀ] n. m. – fin X^e, au sens III, A, 3° ◇ du latin *diurnum* « ration journalière », « journal » et, au pluriel, « jour », de *diurnus* « du jour » (→ diurne), famille de *dies* « jour ». *Dies* a servi à former les noms des jours de la semaine (*lundi, mardi,* etc.) ou *midi*

I CLARTÉ, LUMIÈRE ▪ **1** (fin XIe) Clarté que le Soleil répand sur la Terre. *Lumière du jour* (➤ **diurne**). *Le jour se lève, naît, paraît, point.* « *Le jour sort de la nuit comme d'une victoire* » HUGO. *La naissance, le point, la pointe du jour.* ➤ 1 **aube, aurore,** 2 **lever, matin.** « *Dans ces minutes qui précèdent le lever du jour, l'explosion de la grande lumière du jour, la vie paraît simple, unie* » CALAFERTE. *Le petit jour :* la faible clarté de l'aube. *Il fait jour, tout à fait jour.* ➤ **clair.** *Le grand, le plein jour :* la lumière du milieu de la journée. *En plein jour :* en pleine lumière, et PAR EXT. au milieu de la journée. — *Le jour baisse, tombe. La tombée du jour.* ➤ VX **brune, crépuscule, soir.** POÉT. *L'astre du jour :* le soleil. ◆ LOC. *Demain* il fera jour. Beau (belle) comme le jour :* très beau. *C'est clair comme le jour. C'est le jour et la nuit,* se dit pour marquer l'opposition entre deux choses, deux personnes. ▪ **2** (1636) (Idée de naissance) *Donner le jour à un enfant,* le mettre au monde. ➤ **naissance ; enfanter.** *Voir, recevoir le jour, venir au jour.* ➤ **naître.** — (CHOSES) *Ce livre ne verra jamais le jour,* ne sortira jamais. ▪ **3** (fin XIIe) Source de lumière naturelle, clarté qui permet de voir. *Laisser entrer le jour dans une pièce. Regarder les couleurs à la lumière du jour. Se placer au jour, contre le jour.* ➤ **contre-jour.** *Jour tamisé, insuffisant.* ➤ **demi-jour.** — LOC. *Ne plus voir le jour :* être continuellement absorbé par une tâche. — *Exposer, étaler au grand jour,* aux yeux de tous, sans se cacher. ➤ **divulguer, publier.** *Il ne veut pas qu'on étale sa vie privée au grand jour. Mettre en plein jour les desseins secrets de qqn.* ➤ **découvrir, deviner, pénétrer.** ▪ **4** RARE Lumière, clarté autre que celle du soleil. *Le jour d'une lampe* (➤ **abat-jour**). ▪ **5** (1572) Éclairage montrant un aspect particulier. ➤ **apparence, aspect.** — (1588) **SOUS UN JOUR.** *Les projecteurs montrent cette statue sous un jour insolite.* — FIG. *Montrer, présenter (qqch., qqn) sous un jour favorable, flatteur, nouveau,* sous un angle, un point de vue. *Se montrer sous son véritable jour,* tel que l'on est. ◆ **FAUX JOUR :** mauvais éclairage.

II OUVERTURE QUI LAISSE PASSER LE JOUR (milieu XIVe) ▪ **1** Fenêtre. *Percer un jour dans une muraille.* DR. *Jour de souffrance,* ou *de tolérance :* ouverture uniquement destinée à donner du jour. « *Le cagibi était avec son "jour de souffrance" d'un orange grisâtre* » Z. OLDENBOURG. — Intervalle qui laisse passer le jour. « *Une cloison assez mal jointe pour laisser entre les planches qui la forment plusieurs jours* » SADE. ▪ **2** COUT. Ouverture décorative pratiquée en tirant les fils d'un tissu. *Faire des jours à un mouchoir.* PAR EXT. *Un jour :* une ligne de jours. *Un drap « marqué d'un grand G brodé, avec un jour simple »* ARAGON. *Jour Venise, jours fantaisie.* ▪ **3 À JOUR.** ➤ **ajouré.** *Clôture à jour.* ➤ **claire-voie.** « *Une de ces élégantes cloisons à jour semblables à des grilles de chœur* » GAUTIER. FIG. *Percer* à jour.* ▪ **4** (1835) **SE FAIRE JOUR.** Apparaître, se manifester. ➤ se **dégager, émerger, transparaître.** *La vérité commence à se faire jour. Il fallait « que l'orgueil se fît jour de quelque façon »* STENDHAL.

III ESPACE DE TEMPS A. ESPACE DE TEMPS DÉTERMINÉ PAR LA ROTATION DE LA TERRE SUR ELLE-MÊME ▪ **1** (fin XIe) Espace de temps entre le lever et le coucher du soleil. ➤ **journée.** *Le jour et la nuit. Le début* (➤ **matin**), *le milieu* (➤ 1 **midi**), *la fin* (➤ **soir**) *du jour. Les jours raccourcissent, rallongent.* « *Le jour, je m'égarais sur de grandes bruyères* » CHATEAUBRIAND. ◆ **DE JOUR :** pendant le jour. *Travailler de jour. Animal qui chasse de jour.* ➤ **diurne.** — *Hôpital de jour,* où les malades sont soignés pendant la journée, puis rentrent chez eux le soir. ◆ *Nuit et jour ; jour et nuit :* sans arrêt, continuellement. *Nuit et jour, il pensait à elle.* ▪ **2** Espace de temps qui s'écoule pendant une rotation de la Terre sur elle-même et qui sert d'unité de temps (24 heures). *Qui dure un jour.* ➤ **diurne, éphémère.** *C'est à plusieurs jours de marche.* — ASTRON. *Jour sidéral*. Jour solaire :* durée de la révolution apparente du Soleil autour de la Terre. *Jour solaire vrai :* temps compris entre deux passages du Soleil au méridien, de midi à midi. *Jour solaire moyen,* plus long d'environ 4 minutes que le jour sidéral. *Jour civil,* de minuit à minuit. PAR EXT. Durée de la rotation d'un astre sur lui-même. *Jour jovien.* (fin XIVe) *Le jour de l'An :* le 1er janvier. *Les sept jours du calendrier grégorien* (➤ **semaine ; lundi, mardi, mercredi, jeudi, vendredi, samedi, dimanche**). *Quel jour sommes-nous ?* « *Renaud, c'était la notion des jours qui lui manquait : comment savoir qu'on est jeudi ?* » CH. ROCHEFORT. *Numéro du jour dans le mois.* ➤ **quantième.** *Jours pairs, impairs. Durée de sept* (➤ **semaine**), *huit* (➤ **huitaine**), *dix* (➤ **décade**), *quinze* (➤ **quinzaine**) *jours. Les dix jours du calendrier républicain* (primidi, duodi, tridi, quartidi, quintidi, sextidi, septidi, octidi, nonidi, décadi). — POÉT. **LE JOUR, LES JOURS,** symbole du Temps. *La course, la fuite des jours.* « *Le jour succède au jour* » MUSSET. — PROV. *Les jours se suivent et ne se ressemblent pas.* ▪ **3** (fin X^e) (Employé pour situer un évènement dans le temps). ➤ **date.** *Le jour d'avant* (➤ **veille**), *d'après* (➤ **lendemain**). *Dès les premiers jours.* ➤ **temps.** *Il y a un jour* (➤ **hier**) ; *dans un jour* (➤ **demain**). *Dans huit jours. Il y a quelques jours. Il y a dix ans, jour pour jour* (➤ **anniversaire**). — LOC. *Prendre jour* (pour un rendez-vous). *Venir à son jour et à son heure,* au jour fixé par le destin, inéluctablement. *Ce jour-là.* ➤ **fois.** *À ce jour :* aujourd'hui. *Rien n'est encore décidé à ce jour. On verra cela un autre jour.* — *L'autre jour :* un jour récent. — LOC. **UN JOUR :** autrefois, dans le passé ; dans l'avenir. « *Un jour, tout sera bien, voilà notre espérance* » VOLTAIRE. *Un beau* jour.* (1534) *Un de ces jours :* dans un avenir imprécis. *À un de ces jours !* (1790) *Un jour ou l'autre :* tôt ou tard. — **CHAQUE JOUR.** *La tâche de chaque jour.* ➤ **journalier, quotidien.** *Périodique paraissant chaque jour.* ➤ **journal.** PROV. *À chaque jour suffit sa peine.* — **TOUS LES JOURS :** chaque jour, quotidiennement. *Ce sont des choses qui arrivent tous les jours,* couramment. (1579) *De tous les jours :* courant, habituel, ordinaire. *La vie de tous les jours,* quotidienne. PROV. *On n'a pas tous les jours vingt ans.* — **JOUR APRÈS JOUR :** quotidiennement. — **DE JOUR EN JOUR :** peu à peu. ➤ **graduellement.** *La situation s'améliore de jour en jour.* — (1545) **D'UN JOUR À L'AUTRE :** d'un moment à l'autre, incessamment. *Nous l'attendons d'un jour à l'autre.* ◆ SPÉCIALT Le jour où l'on est, où l'on parle. *Ce jour même, ce jour.* ➤ **aujourd'hui.** FAM. (pléonasme) *Au jour d'aujourd'hui*.* PROV. *Il ne faut pas remettre au lendemain ce que l'on peut faire le jour même.* — **DU JOUR :** du jour même. *Les nouvelles du jour.* ➤ **actualité.** *Le plat du jour d'un restaurant.* « *Je crois que c'est les quenelles en plat du jour sinon vous avez le steak, évidemment* » ECHENOZ. *Des œufs du jour,* pondus le jour même. « *Au bout d'une semaine, les œufs du jour n'étaient plus des œufs du jour* » DJIAN. — *La fête, l'office du jour.* PAR EXT. *Ordre* du jour.* — *Du jour au lendemain :* d'un moment à l'autre, sans transition. *Cela ne se trouve pas du jour au lendemain.* — **À JOUR :** au courant ; en tenant compte des données nouvelles, des obligations. *Mettre à jour un dictionnaire.* ➤ **actualiser.** *Mise à jour. Être à jour dans son travail* (opposé à *être en retard*). *Tenir ses comptes à jour.*

B. DURÉE D'UN JOUR ▪ **1** (fin XIe) Journée. *En peu de jours. — Long comme un jour sans pain*. — Ils doivent partir sous huit jours,* avant que huit jours se soient écoulés. — **PAR JOUR :** dans une journée. ➤ **journellement, quotidiennement.** *Médicament à prendre trois fois par jour.* ◆ **AU JOUR LE JOUR.** *Vivre au jour le jour,* sans projets, sans se préoccuper de l'avenir. — D'une manière régulière, au fur et à mesure. *Le travail avance au jour le jour.* ◆ **DE JOUR,** se dit d'un service de vingt-quatre heures. *L'officier de jour* (cf. De service). *Il est de jour.* ▪ **2** Journée considérée d'après les faits ou les évènements qui la remplissent. — (fin XIIIe) (Le temps qu'il fait). *Les beaux jours. « C'est le soir d'un beau jour »* LA FONTAINE. *Jours d'orage, de gelée.* — (fin XIe) (Le caractère religieux, social, légal). *Jour de fête religieuse, liturgique. Le jour de Pâques. Le jour des Rois :* l'Épiphanie. *Jour du Seigneur :* le dimanche. *Jour des Morts :* le 2 novembre. — *Jour de fête. Jour férié. Jours ouvrables. — Jours d'arrêt, de prison.* ABSOLT, POP. *L'adjudant lui a flanqué quatre jours.* — (début XIIIe) (L'emploi qui en est fait). *Jour de travail, de fermeture, de repos.* ◆ ABSOLT (VIEILLI) Jour de réception. *« J'ai mon jour, le mercredi, où je reçois »* BALZAC. — *On lui doit quinze jours* (de travail, de salaire). LOC. *Payer, donner ses huit* jours à un domestique.* ◆ (Le caractère heureux ou malheureux, important ou non). *Jours de deuil, de malheur, de bonheur, de joie. Jours critiques, jours heureux. Attendre, espérer des jours meilleurs. « une grosse sacoche en cuir qui avait connu des jours meilleurs »* P. LEMAITRE. *Jour solennel ; grand jour. « Le jour de gloire est arrivé »* (« La Marseillaise »). *Jour décisif, historique. Le jour de qqn,* qui lui est favorable. *Rien ne marche aujourd'hui, ce n'est pas mon jour.* LOC. *Avoir de beaux jours devant soi :* avoir de l'avenir. (1917) MILIT. *Le jour J,* fixé pour une attaque, une opération militaire. — *Il est dans son bon jour,* de bonne humeur. *Les jours avec et les jours sans*.*

C. ESPACE DE TEMPS, ÉPOQUE. DU JOUR : de notre époque. *Le goût du jour, la mode du jour. C'est le héros, la personnalité du jour,* dont on parle en ce moment. — **loc. adv. DE NOS JOURS :** à notre époque. ➤ **actuellement, aujourd'hui.** *De nos jours on lit moins qu'autrefois.* ◆ *Un jour :* un court espace de temps, peu de temps. ➤ **moment.** *« L'homme vit un jour sur la terre »* LAMARTINE. *Vedettes, succès d'un jour.* ➤ **éphémère.**

D. MOMENT DE LA VIE *Notre premier* (➤ **naissance**), *notre dernier jour* (➤ 1 **mort**). *« Oh ! la couleur, le son, la figure de ces vieux jours de mon enfance ! »* LARBAUD. ABSOLT *Les jours.* ➤ **vie.** *Les jours du malade ne sont pas en danger.* — LOC. *L'auteur de mes jours,* mon père. — *Abréger, finir ses jours. Couler des jours heureux. Les vieux jours de qqn :* la vieillesse.

▪ **CONTR.** Nuit, obscurité.

JOURNAL, AUX [ʒuʀnal, o] **adj. et n. m.** – 1119 ◇ bas latin *diurnalem* « de jour », devenu *jornal, journal, journel* → journellement

I **~ adj.** VX Relatif à chaque jour. ◆ (1543) MOD., COMM. *Livre journal,* et SUBST. *journal :* livre de commerce, registre de comptes.

II **~ n. m. A. RÉCIT RÉGULIER** (1319) Relation quotidienne des évènements ; écrit portant cette relation. *« J'en ai tenu un journal, par cette manie écrivante qui me fait tant écrire de ma vie »* LÉAUTAUD. *Écrire son journal.* ➤ 2 **mémoire** (5°). *Journal intime* (➤ **diariste**). *Journal de voyage. Journal en ligne.* ➤ **blog.** *Le journal de Stendhal. Roman en forme de journal. « Le Journal d'un curé de campagne »,* de Bernanos. — MAR. *Journal de bord*. Journal de mer, de navigation :* le « cahier de rapport de mer ». — AVIAT. *Journal de bord :* compte rendu chronologique des données relatives à la navigation en vol et à la mission. — **(Belgique, Luxembourg)** *Journal de classe :* agenda scolaire consignant les matières vues en cours, les travaux à faire à domicile (cf. Cahier de textes*).

B. MOYEN D'INFORMATION ▪ **1** (1625) Publication périodique relatant les évènements saillants dans un ou plusieurs domaines. ➤ **bulletin, gazette, hebdomadaire, magazine, périodique, revue ; presse.** *Journal illustré.* ➤ **illustré.** *Journal de mode. Journaux pour enfants. Journaux féminins. Journal du dimanche. Journal économique, financier. Journal littéraire, sportif. — Journal d'entreprise, journal interne.* ▪ **2** Publication quotidienne consacrée à l'actualité. ➤ **feuille, gazette, quotidien, tabloïd ;** FAM. **canard** (cf. FAM. et PÉJ. Feuille de chou*). *Le Journal de Paris,* premier quotidien français (1777). *Le Journal officiel. Journal d'information. Journal local, régional. Journaux d'opinion. Journaux politiques. Journal électronique, en ligne,* consultable sur Internet. *Le journal d'un parti.* ➤ **organe.** *Grand journal, journal à gros tirage, tirant à tant d'exemplaires. Les journaux du matin, du soir. — Contenu d'un journal :* annonce, article, 1 bande dessinée, bulletin, 1 chronique, courrier, écho, 1 éditorial, entrefilet, 2 faits divers, feuilleton, illustration, interview, leader, manchette, mondanités, nécrologie, nouvelle, publicité, reportage, roman-feuilleton, rubrique. *Les titres, les colonnes, les photos d'un journal. La une d'un journal. Épreuve de journal* (➤ **morasse**). *Rédaction d'un journal. Rédacteur en chef, correspondant, envoyé spécial d'un journal.* ➤ **journaliste.** — *S'abonner à un journal. Bande d'envoi d'un journal. Acheter un journal au numéro. Crieur, vendeur, marchand de journaux* (➤ **kiosquier**). *Kiosques à journaux. Journaux invendus.* ➤ **bouillon.** — PAR APPOS. *Papier journal.* ◆ Un exemplaire de journal. *Lire le journal, son journal. « un empilement désordonné de journaux, donc, achetés, déployés, lus, digérés, repliés »* C. SIMON. *Coupure de journal. Liasse, pile de journaux. Lire qqch. dans le journal,* (FAM.) *sur le journal.* — PAR ANAL. *Journal mural.* ➤ **dazibao.** ▪ **3** PAR EXT. L'administration, la direction, les bureaux d'un journal. *Écrire au journal, qui transmettra. Son journal l'a envoyé à l'étranger.* ▪ **4** Bulletin quotidien d'information. *Journal parlé* (radiodiffusé), *télévisé* (ABRÉV. **JT** [ʒite] ; ➤ RÉGION. **téléjournal**), *filmé. Journal téléphonique. Journal lumineux,* tableau faisant apparaître le texte des nouvelles par la combinaison de nombreuses ampoules rapidement allumées et éteintes. — ABSOLT Journal télévisé. *Le journal de 20 heures.*

JOURNALIER, IÈRE [ʒuʀnalje, jɛʀ] **adj. et n.** – avant 1494 ◇ de *journal* (I) « quotidien » ▪ **1** Qui se fait chaque jour. ➤ **quotidien.** *Travail, salaire journalier. Les « lourdes ténèbres de l'existence commune et journalière »* BAUDELAIRE. — (1549) VX *Ouvrier journalier,* qui travaille à la journée. — **n.** *Un journalier, une journalière :* ouvrier, ouvrière agricole. *« les chemins vicinaux où les journaliers piochent »* CH.-L. PHILIPPE. ▪ **2** (1570) VX Qui est sujet à changer d'un jour à l'autre. ➤ **changeant,** 1 **incertain.** *« Je puis échouer, les armes sont journalières »* BONAPARTE.

JOURNALISME [ʒuʀnalism] **n. m.** – 1705 ◇ de *journal* ▪ **1** Métier de journaliste. *Faire du journalisme. « Le journalisme mène à tout – à condition d'en sortir »* JANIN. ▪ **2** VIEILLI Ensemble des journaux, des journalistes. ➤ **presse.** ▪ **3** Le genre, le style propre aux journaux. *C'est du bon journalisme.*

JOURNALISTE [ʒuʀnalist] **n.** – 1684 ◇ de *journal* ▪ **1** VIEILLI Celui qui fait, publie un journal. *Th. Renaudot fut le premier journaliste français.* ➤ VX **gazetier.** ▪ **2** MOD. Personne qui collabore à la rédaction d'un journal. ➤ **rédacteur ; agencier, chroniqueur, correspondant, courriériste,** 2 **critique, échotier, éditorialiste, envoyé** (spécial), **localier, nouvelliste, publiciste,** 1 **reporteur.** *Journaliste politique, parlementaire. Journaliste sportif, scientifique. Une journaliste travaillant à la pige.* ➤ **pigiste.** *Mauvais journaliste.* ➤ 1 **folliculaire.** *Le papier d'un journaliste. « Les qualités du journaliste : le brillant et la soudaineté de la pensée »* BALZAC. ▪ **3** Personne qui s'occupe de l'information dans un système de médias. *Journaliste de télévision, de radio.*

JOURNALISTIQUE [ʒuʀnalistik] **adj.** – 1814 ◇ de *journaliste* ▪ Propre aux journaux, à leur contenu. *Genre, style journalistique.* — SOUVENT PÉJ. *Écriture, formule journalistique.* ◆ Propre à la presse. *Carrière, industrie journalistique.*

JOURNÉE [ʒuʀne] **n. f.** – *jornée* v. 1160 ◇ de *jour* ▪ **1** Espace de temps qui s'écoule du lever au coucher du soleil. ➤ **jour** (III). *Il « passait quelquefois des journées entières dans sa chambre »* MUSSET. *Il passe ses journées à dormir. Pendant la journée. Demi-journée* (➤ **matinée ; après-midi**). *Des journées entières. Dans la journée d'hier. La journée du dimanche. Perdre sa journée.* — LOC. *À longueur de journée ; toute la journée, la sainte journée,* **(Canada)** FAM. *à la journée longue.* ➤ **continuellement.** *Dans le courant de la journée. En fin de journée. — Journée d'été, d'automne. Belle journée. Journée historique. La journée des Dupes. Journée d'émeute. Les journées de juillet 1830 :* les Trois Glorieuses*. *Ce fut une chaude journée,* une dure bataille ; FIG. et FAM. une rude épreuve. *Demain une rude journée nous attend.* IRON. *C'est ma journée ! :* ce n'est pas un bon jour pour moi. *Journée porte* ouverte.* ▪ **2** *Journée de travail,* et ABSOLT *journée :* le travail effectué pendant la journée. — LOC. (avant 1960) *Journée continue,* où le travail n'est pas (ou est à peine) interrompu pour le repas, et qui se termine plus tôt. *Faire la journée continue. Instaurer la journée de huit heures. Travailler, être payé à la journée.* ➤ **journalier.** — *Femme, homme de journée,* qui fait des travaux domestiques à la journée. *« Nous n'avons plus que des femmes de journée pour le gros ouvrage »* MAURIAC. ◆ Salaire journalier. *Se faire de bonnes journées.* — IRON. *Il a bien gagné sa journée :* il aurait mieux fait de s'abstenir. ▪ **3** Chemin effectué (ou qu'on peut effectuer) en une journée. ➤ **distance.** *Il y a deux journées de marche, de voyage.*

JOURNELLEMENT [ʒuʀnɛlmɑ̃] **adv.** – milieu XVIe ◊ de *journel,* variante de *journal* «journalier» ■ **1** Tous les jours, chaque jour. ➤ **quotidiennement.** *Être tenu journellement au courant des nouvelles.* ■ **2** (1801) Souvent. *Cela se voit, se rencontre journellement.*

JOUTE [ʒut] **n. f.** – v. 1360 ; *joste* 1160 ◊ de *jouter* ■ **1** Combat singulier à la lance et à cheval, au Moyen Âge. ◆ *Joute sur l'eau :* divertissement sportif où deux personnes, debout chacune à l'arrière d'une barque, cherchent à se faire tomber à l'eau, à l'aide de longues perches. ■ **2** (1882) **(Belgique, Canada)** Compétition sportive. ➤ **match, partie.** *Une joute de hockey, de golf. «Nous allions voir la joute de base-ball, quand c'était dimanche»* R. DUCHARME. ■ **3** FIG. Combat verbal. *Joutes oratoires, joutes d'esprit. Joutes politiques.*

JOUTER [ʒute] **v. intr.** ‹1› – 1390 ; *juster* 1080 ◊ latin populaire °*juxtare* «toucher à», de *juxta* «près de» ■ **1** ANCIENNT Combattre de près, à cheval, avec des lances. ◆ Combattre sur l'eau avec des perches. ■ **2** (1718) FIG. et LITTÉR. Rivaliser dans une lutte. ➤ **disputer, lutter.** *«Jouter de verve»* CHATEAUBRIAND.

JOUTEUR, EUSE [ʒutœʀ, øz] **n.** – XVIe ; *josteur* XIIe ◊ de *jouter* ■ RARE Personne qui joute contre qqn **(au pr. et au fig.).**

JOUVENCE [ʒuvɑ̃s] **n. f.** – XIIIe «jeunesse» ; *jouvente* XIIe ◊ latin *juventa* ; d'après *jouvenceau* ■ *Fontaine de Jouvence :* fontaine fabuleuse dont les eaux avaient la propriété de faire rajeunir. — FIG. Source de jeunesse, de rajeunissement. *Eau, bain de jouvence. «Ce bain de jouvence qu'est le dormir»* GIDE.

JOUVENCEAU, ELLE [ʒuvɑ̃so, ɛl] **n.** – XVe ; *juvencel, jovencel* début XIIe ◊ latin populaire °*juvencellus, cella* ■ VX ou PAR PLAIS. Jeune homme, jeune fille. ➤ **adolescent, fille, garçon.** *La jouvencelle lui en a fait voir !*

JOUXTE [ʒukst] **prép.** – XIIIe ◊ ancien français *jouste* «près de», refait sur le latin *juxta* ■ VX ➤ **près (de).** *Jouxte l'église.* ■ CONTR. Loin.

JOUXTER [ʒukste] **v. tr.** ‹1› – 1376 ◊ de *jouxte* ■ VX ou LITTÉR. Avoisiner, être près de. *«Des fossés jouxtant la route»* BALZAC.

JOVIAL, IALE, IAUX [ʒɔvjal, jo] **adj.** – 1532 ◊ bas latin *jovialis* «de Jupiter (dieu ou planète)» pris par les astrologues médiévaux au sens de «né sous le signe de Jupiter», signe de bonheur et de gaieté ; influence probable de l'italien *giovale* ■ Qui est plein de gaieté franche, simple et communicative. ➤ **enjoué, gai*, 1 gaillard, joyeux.** *Des convives joviaux.* ◆ PAR EXT. *Visage, air jovial. «Un homme à gros ventre et à joviale figure»* HUGO. *Caractère jovial, humeur joviale.* ■ CONTR. 1 Chagrin, 1 froid, hargneux, maussade, sombre.

JOVIALEMENT [ʒɔvjalmɑ̃] **adv.** – 1834 ◊ de *jovial* ■ D'une manière joviale.

JOVIALITÉ [ʒɔvjalite] **n. f.** – 1624 ◊ de *jovial* ■ Caractère jovial ; humeur joviale. ➤ **gaieté.** *Il est plein de jovialité. Avec jovialité.* ➤ **jovialement.** ■ CONTR. 2 Chagrin, hargne, tristesse.

JOVIEN, IENNE [ʒɔvjɛ̃, jɛn] **adj.** – 1554 ◊ du latin *Jovis,* génitif de *Jupiter* ■ DIDACT. Relatif à la planète Jupiter. *Les satellites joviens.* ◆ SUBST. ASTROL. Personne née sous le signe de Jupiter. ➤ **jupitérien.**

JOYAU [ʒwajo] **n. m.** – 1379 ; au plur. *joiaux* v. 1135 ◊ de *jeu* et du suffixe *-au,* plutôt que du latin populaire °*jocalis,* plur. neutre *jocalia,* de *jocus* «jeu» ■ **1** Objet de matière précieuse (or, argent, pierreries), de grande valeur, qui est destiné à orner ou à parer. ➤ **bijou.** *Les joyaux de la couronne,* transmis héréditairement de souverain à souverain. *Ce diadème «constituait par le nombre, la grosseur et la qualité des diamants [...] un joyau de haut prix»* CARCO. *Commerce des joyaux.* ➤ **joaillerie.** ■ **2** FIG. Chose rare et belle, de grande valeur. *Le Mont-Saint-Michel, joyau de l'art médiéval.*

JOYEUSEMENT [ʒwajøzmɑ̃] **adv.** – *joieusement* 1273 ◊ de *joyeux* ■ Avec joie, d'une manière joyeuse. *Chanter, danser joyeusement. Accepter joyeusement une offre.* ■ CONTR. Tristement.

JOYEUSETÉ [ʒwajøzte] **n. f.** – v. 1282 ◊ de *joyeux* ■ LITTÉR. ou IRON. Propos, action qui amuse. ➤ **plaisanterie.** *«Les joyeusetés rabelaisiennes»* BALZAC. *Les joyeusetés de la grève des transports.*

JOYEUX, EUSE [ʒwajø, øz] **adj.** – v. 1360 ; v. 1050 au fém. *goiuse* ◊ de *joie* ■ **1** Qui éprouve, ressent de la joie. ➤ **gai*, heureux,** FAM. **jouasse.** *Être, se sentir joyeux, tout joyeux. «On est joyeux, sans savoir, d'un rien, d'un beau soleil»* BERNANOS. *Ils sont partis joyeux.* ◆ Qui aime à rire, à jouer, à manifester sa joie. ➤ **enjoué.** *Joyeux luron, compère, drille.* ➤ **agréable, amusant, boute-en-train.** *Être en joyeuse compagnie. Une joyeuse bande.* — PAR EXT. *Être de joyeuse humeur.* ➤ **jovial.** — LOC. *Mener joyeuse vie,* une vie de plaisirs. *«je mènerai joyeuse vie et je me griserai tous les jours»* LOTI. ■ **2** Qui exprime la joie. *Une joyeuse ambiance. Mines joyeuses.* ➤ **épanoui, radieux, réjoui.** *Cris joyeux. «des carillons joyeux et fous précipitant leurs doubles croches»* DAUDET. ■ **3** Qui apporte la joie. *Une joyeuse nouvelle. Joyeuse fête ! Joyeux Noël ! Joyeuses Pâques !* — PAR ANTIPHR. *C'est joyeux !* ■ CONTR. Sombre, triste. Douloureux, mauvais, pénible.

JOYSTICK [(d)ʒɔjstik] **n. m.** – 1983 ◊ mot anglais «manche à balai» (1910) puis «manette de jeu» (1963), du sens argotique de «pénis», littéralement «bâton *(stick)* de plaisir *(joy)*» ■ ANGLIC. Manette de commande qui sert, dans les jeux vidéos d'action, à déplacer le curseur sur l'écran de visualisation. — Recomm. offic. *manche à balai.*

JPEG **n. m.** ou **JPEG** [ʒipɛg] **n. m. inv.** – 1991 ◊ mot anglais (1988), abréviation de *Joint Photographic Experts Group* «groupe d'experts en photographie réunis», nom du comité qui créa cette norme ■ INFORM. Format standardisé d'images numériques permettant de réduire la taille des fichiers. *Jpeg et gif.* — APPOS. *Fichiers jpeg.* ◆ Image de ce format. *Générer des jpegs* ou *des JPEG.*

JUBARTE [ʒybaʀt] **n. f.** – 1665 ◊ altération, sous l'influence de l'anglais *jubartes,* de *gibbar* (1611), du latin *gibbus* «bosse» ■ Baleine à bosse. ➤ **mégaptère.**

JUBÉ [ʒybe] **n. m.** – 1386 ◊ de la prière *Jube, Domine* «ordonne, Seigneur», dite en ce lieu ■ Tribune transversale en forme de galerie, élevée entre la nef et le chœur, dans certaines églises. ➤ **ambon.**

JUBILAIRE [ʒybilɛʀ] **adj.** et **n.** – 1566 ◊ de *jubilé* ■ **1** Qui a rapport au jubilé catholique. *Année jubilaire :* année sainte*. ■ **2** Qui a accompli cinquante ans de fonction, d'exercice. *Docteur jubilaire.* ■ **3** **n.** RÉGION. **(Belgique, Luxembourg, Suisse)** Personne fêtée à l'occasion d'un jubilé*. *Hommage aux jubilaires.* — **adj.** *Couple jubilaire.*

JUBILANT, ANTE [ʒybilɑ̃, ɑ̃t] **adj.** – 1825 ◊ de *jubiler* ■ RARE Qui jubile, qui exprime la jubilation. *«La jubilante physionomie de ce religieux»* BLOY.

JUBILATION [ʒybilasjɔ̃] **n. f.** – fin XIVe ; *jubilacium* 1120 ◊ latin *jubilatio* ■ Joie vive, expansive, exubérante. ➤ **gaieté, joie.** *Quelle jubilation !* ➤ **réjouissance.** *«Cette attente leur paraissait plus cruelle encore, au milieu de la jubilation générale»* CAMUS. ■ CONTR. Affliction, 2 chagrin, douleur.

JUBILATOIRE [ʒybilatwaʀ] **adj.** – 1828 ◊ de *jubiler* ■ Qui provoque la jubilation. *Propos, spectacle jubilatoire.*

JUBILÉ [ʒybile] **n. m.** – après 1450 ; *jubileus* 1235 ◊ latin *jubilæus,* de l'hébreu *yobhel* «corne pour annoncer la fête» ■ **1** RELIG. Solennité publique célébrée autrefois tous les cinquante ans chez les Juifs. — Indulgence plénière solennelle et générale accordée pour une année (année sainte) par le pape, sous la condition d'accomplir certaines pratiques de dévotion. *Année du jubilé.* ➤ **jubilaire.** *Jubilé de l'an 2000.* ■ **2** (XIXe) COUR. Fête célébrée à l'occasion du cinquantenaire de l'entrée dans une fonction, dans une profession. *Le jubilé de la reine Victoria.* — **(Belgique, Luxembourg, Suisse)** Fête qui célèbre l'anniversaire (cinquantenaire ou autre) d'un évènement marquant de la vie (mariage, entrée en fonction...).

JUBILER [ʒybile] **v. intr.** ‹1› – 1190 «pousser des cris de joie» ◊ latin *jubilare* ■ (1752) Se réjouir vivement de qqch. *Il n'avait pas tant espéré ; vous pensez s'il jubile !* — SPÉCIALT Se réjouir des malheurs d'autrui. *Il jubile en cachette.* ➤ **jouir.** ■ CONTR. Affliger (s'). Enrager.

JUCHÉE [ʒyʃe] **n. f.** – 1873 ◊ de *jucher* ■ TECHN. Lieu où juchent les faisans.

JUCHER [ʒyʃe] **v.** ‹1› – *joschier* 1155 ◊ de l'ancien français *juc, joc,* francique °*juk* «joug, perchoir» ■ **1** **v. intr.** Se poser, se percher en un lieu élevé pour dormir, en parlant des oiseaux. *Faisans qui juchent sur une branche.* ■ **2** **v. tr.** COUR. Placer très haut, comme sur un perchoir. *Jucher un enfant sur ses épaules.* — *Juché sur une échelle. Maison juchée sur la colline.* — PRONOM. *«Un nain a un excellent moyen d'être plus haut qu'un géant, c'est de se jucher sur ses épaules»* HUGO. *Se jucher sur une branche, sur un escabeau.* PAR EXT. *Juchée sur ses hauts talons.* ■ CONTR. Descendre.

JUCHOIR [ʒyʃwaʀ] **n. m.** – 1538 ◊ de *jucher* ■ Endroit où juchent les poules, les oiseaux de bassecour. Perche ou bâton aménagé pour faire jucher les oiseaux. ➤ **perchoir.** *Juchoirs de poulailler.*

JUDAÏCITÉ [ʒydaisite] **n. f.** – 1931 «ensemble des Juifs» ◊ de *judaïque* ■ DIDACT. Fait d'être juif, d'appartenir à la communauté juive. ➤ **judaïté, judéité.** *Affirmer sa judaïcité.*

JUDAÏQUE [ʒydaik] **adj.** – *judeique* 1414 ◊ latin *judaicus* ■ Qui appartient aux anciens Juifs, à la religion juive, au judaïsme. ➤ **juif.** *Religion, loi judaïque. La Bible judaïque* : la Torah. *«L'héritage judaïque dans le christianisme»* CAMUS.

JUDAÏSER [ʒydaize] **v.** ‹1› – fin XIVe ; hapax XIIIe ◊ latin ecclésiastique *judaizare* ■ **1 v. intr.** RELIG. OU DIDACT. Observer les cérémonies, les pratiques de la loi juive. ■ **2 v. tr.** (1966) Rendre juif. Peupler d'habitants juifs. — **p. p. adj.** *Territoires judaïsés.*

JUDAÏSME [ʒydaism] **n. m.** – 1220 ◊ latin ecclésiastique *judaismus*, du grec ecclésiastique *ioudaismos*, de *ioudaios* → juif ■ Religion des Juifs, descendants des Hébreux et héritiers de leurs livres sacrés. *Se convertir au judaïsme.* — Appartenance à la communauté juive ; attachement aux valeurs juives. ➤ **judaïcité, judaïté, judéité.** *Un judaïsme profond.* — Communauté des Juifs. *Le judaïsme nord-américain, maghrébin.*

JUDAÏTÉ [ʒydaite] **n. f.** – 1961 *judéité* ◊ d'après *judaïque* ■ DIDACT. La réalité juive, la condition de Juif. ➤ **judéité ; judaïcité.**

JUDAS [ʒyda] **n. m.** – 1497 ; *juda* 1220 ◊ de *Judas Iscariote*, disciple de Jésus qui, selon les Évangiles, le trahit et le livra ■ **1** Personne qui trahit. ➤ **fourbe, hypocrite, traître.** *C'est un Judas. Un baiser de Judas.* ■ **2** (1773) Petite ouverture pratiquée dans un plancher, un mur, une porte, pour épier sans être vu. *Judas grillé, grillagé d'une porte.* ➤ **guichet.** *Regarder à travers, par le judas. «Des voisins malveillants derrière leur judas»* RADIGUET. *Judas (optique)* : petite ouverture munie d'une lentille traversant une porte et permettant de voir de l'intérieur vers l'extérieur.

JUDÉITÉ [ʒydeite] **n. f.** – 1962 ◊ du latin *judæus* «juif» ■ DIDACT. Le fait d'être juif. ➤ **judaïcité, judaïté.** *«j'appellerai judéité le fait d'être juif»* MEMMI.

JUDELLE [ʒydɛl] **n. f.** – 1760 ; *jodelle* 1555 ◊ origine inconnue ■ RÉGION. Foulque noire.

JUDÉO- ■ Élément, du latin *judaeus* «juif».

JUDÉO-ALLEMAND, ANDE [ʒydeoalmɑ̃, ɑ̃d] **adj.** et **n.** – XIXe ◊ de *judéo-* et *allemand* ■ Relatif aux Juifs d'Allemagne. ♦ **n.** *Les judéo-allemands.* — **n. m.** LING. ➤ **yiddish.**

JUDÉO-ARABE [ʒydeoaʀab] **adj.** et **n.** – milieu XXe ◊ de *judéo-* et *arabe* ■ Relatif à la fois aux Juifs et aux Arabes. *La civilisation judéo-arabe en Espagne.* — Relatif aux communautés juives des pays arabes (notamment au Maghreb). *La culture judéo-arabe de Tunisie.* — **n.** *Les judéo-arabes.* ➤ **séfarade.**

JUDÉO-CHRÉTIEN, IENNE [ʒydeokʀetjɛ̃, jɛn] **adj.** – 1861 ◊ de *judéo-* et *chrétien* ■ Qui appartient à la fois au judaïsme et au christianisme. *Les valeurs judéo-chrétiennes. La civilisation judéo-chrétienne.*

JUDÉO-CHRISTIANISME [ʒydeokʀistjanism] **n. m.** – 1867 ◊ de *judéo-* et *christianisme* ■ Ensemble des dogmes et préceptes communs au judaïsme et au christianisme. ♦ Doctrine de certains chrétiens du Ier siècle selon laquelle l'initiation au judaïsme était indispensable aux chrétiens.

JUDÉO-ESPAGNOL, OLE [ʒydeoɛspaɲɔl] **adj.** et **n.** – milieu XXe ◊ de *judéo-* et *espagnol* ■ Des Juifs chassés d'Espagne en 1492. ♦ **n.** *Les judéo-espagnols.* ➤ **séfarade.** — **n. m.** Dialecte des israélites d'Espagne. ➤ **ladino.**

JUDICATURE [ʒydikatyʀ] **n. f.** – 1426 ◊ latin médiéval *judicatura*, de *judicare* «juger» ■ VX OU HIST. Profession de juge. *Charge, office de judicature.*

JUDICIAIRE [ʒydisjɛʀ] **adj.** – v. 1400 ◊ latin *judiciarius* ■ **1** Relatif à la justice et à son administration. *Pouvoirs législatif, exécutif et judiciaire. L'autorité judiciaire. Police judiciaire* (par oppos. à *police administrative*). ➤ **P. J.** *Service régional de police judiciaire (S. R. P. J.).* ■ **2** Qui se fait en justice ; par autorité de justice. *Acte judiciaire.* ➤ **juridique.** *Casier judiciaire. Règlement, redressement, vente, liquidation judiciaire. Hypothèque, séquestre judiciaire. Mener une enquête judiciaire. Poursuites judiciaires. Une erreur judiciaire. Aide, administrateur judiciaire.* ■ **3** PHILOS. VX Relatif au jugement. *Faculté judiciaire*, et SUBST. *la judiciaire* : le pouvoir de discerner le vrai du faux. ➤ **jugement, raison.**

JUDICIAIREMENT [ʒydisjɛʀmɑ̃] **adv.** – *judicierment* 1453 ◊ de *judiciaire* ■ En forme judiciaire. *Poursuivre qqn judiciairement. «Il fut convenu que la maison et le mobilier seraient vendus judiciairement»* ZOLA.

JUDICIARISER [ʒydisjaʀize] **v. tr.** ‹1› – 1986 ◊ de *judiciaire* ■ Faire intervenir le droit, la justice pour régler (un litige, une polémique), organiser (un domaine). — PRONOM. *La vie politique se judiciarise.* — **n. f.** (1985) **JUDICIARISATION**

JUDICIEUSEMENT [ʒydisjøzmɑ̃] **adv.** – 1611 ◊ de *judicieux* ■ D'une manière judicieuse. ➤ 1 **bien, intelligemment.** *Il a judicieusement fait remarquer ceci. «Il faut beaucoup de raison [...] pour se servir judicieusement du petit mot "oui"»* DUHAMEL (cf. Avec à propos, à bon escient).

JUDICIEUX, IEUSE [ʒydisjø, jøz] **adj.** – 1580 ◊ du latin *judicium* «jugement, discernement» ■ **1** Qui a beaucoup de jugement, le jugement bon. ➤ **raisonnable, sage, sensé.** *Un esprit judicieux.* ➤ 1 **droit.** ■ **2** Qui marque du jugement. ➤ **intelligent, pertinent.** *Choix judicieux. Remarque, critique judicieuse. Il serait plus judicieux de renoncer.* ■ CONTR. Absurde, stupide.

JUDO [ʒydo] **n. m.** – 1931 ◊ mot japonais «principe de la souplesse» ■ Sport de combat d'origine japonaise qui se pratique à mains nues, sans porter de coups, le but du combat étant de faire tomber ou d'immobiliser l'adversaire (➤ **jujitsu**). *Prise de judo.* ➤ **atémi, immobilisation.** *Ceinture noire de judo.* ➤ aussi **dan, kyu.** *Championnat de judo. Les judos.*

JUDOKA [ʒydɔka] **n.** – v. 1944 ◊ mot japonais ; de *judo* ■ Personne qui pratique le judo. *Une judoka. Des judokas.*

JUGAL, ALE, AUX [ʒygal, o] **adj.** – 1541 ◊ latin *jugalis*, de *jugum* «joug» ■ ANAT. *Os jugal* : os de la pommette. ➤ **malaire.** *«les dents jugales qui broient»* LEROI-GOURHAN.

JUGE [ʒyʒ] **n.** – XIIe ◊ latin *judicem*, accusatif de *judex*

I MAGISTRAT Magistrat(e) chargé(e) d'appliquer les lois et de rendre la justice. *Charge de juge.* ➤ **judicature.** *Robe, toque du juge. Juges des tribunaux judiciaires* (➤ **magistrature**). *Juges administratifs.* ➤ 2 **conseiller.** *Les juges titulaires de la Cour internationale de justice. La compétence, la juridiction d'un juge.* ♦ ABSOLT Juge de l'ordre judiciaire (opposé à *conseiller*). *Impartialité, partialité, sévérité d'un juge. Récuser un juge. Les juges siègent, délibèrent, se prononcent.* ➤ **audience, délibération, délibéré, jugement, prononcé, rôle.** *Elle est juge. Madame la juge. «Le juge était une juge aux cheveux gris, à la fois calme et tendue»* ECHENOZ. — *Nous irons devant le juge, les juges*, devant la justice, le tribunal. — *Juges ordinaires*, qui ont la plénitude de juridiction, dans leur domaine de compétence. *Juges extraordinaires*, dont la compétence est limitée. — SPÉCIALT DR. Magistrat(e) statuant à un tribunal civil, pénal, commercial (opposé à *conseiller*). *Juges titulaires, suppléants, consulaires. Juge départiteur**. *Juge-commissaire*, commis(e) aux fins d'enquête par un tribunal. *Des juges-commissaires. Juge de la mise en état*, chargé(e) de l'information et du suivi de la procédure dans les instances civiles. *Juge aux affaires familiales (JAF)*, chargé(e) des affaires de divorce et de séparation. *Juge des enfants*, chargé(e) d'instruire et de juger les affaires concernant les mineurs délinquants ou en danger moral. *Juge des libertés et de la détention (JLD). Juge de l'application des peines (JAP)*, chargé(e) de surveiller l'exécution des décisions pénales, et de déterminer les modalités du traitement pénitentiaire des condamnés. *Juge des tutelles*, chargé(e) de la protection des mineurs et des incapables majeurs. *Juge de proximité*, ayant pour fonction de régler les litiges courants et les infractions les moins graves en matière civile ou pénale. *Juge constitutionnel*, qui statue au Conseil constitutionnel. — COUR. *Juge d'instruction* : magistrat(e) spécialement chargé(e) d'informer en matière criminelle ou correctionnelle. *Juge des référés*, statuant en matière de référé*. *Juge de paix* (ANCIENNT), *juge d'instance* : magistrat(e) qui statue comme juge unique, tantôt en premier, tantôt en dernier ressort, sur des affaires généralement peu importantes en matière civile et de simple police. ♦ *Juge au tribunal de l'Inquisition.* ➤ **inquisiteur.** *Juges de l'Ancien Régime.* ➤ **prévôt, viguier.** *Juge arabe* (➤ **cadi**), *espagnol* (➤ **alcade**). ♦ ANTIQ. JUIVE Titre des magistrats suprêmes qui gouvernèrent le peuple juif avant l'établissement de la royauté. *Le livre des Juges*, septième livre de la Bible.

II JURÉ, ARBITRE ■ **1** Personne appelée à faire partie d'un jury, à se prononcer comme arbitre. *Les juges d'un concours,* chargés de se prononcer sur la valeur des concurrents. — SPORT *Juge des courses. Juge-arbitre* (d'un tournoi de tennis). *Des juges-arbitres. Juge de ligne, juge de touche.* ■ **2 n. m.** Personne qui juge, qui a le droit et le pouvoir de juger. *Dieu est le souverain juge, le juge suprême. Au théâtre, le public est le juge absolu. «On n'est pas juge de la peine d'autrui»* CHATEAUBRIAND. — *Être juge et partie*.* ■ **3 n. m.** Personne qui est appelée à donner une opinion, à porter un jugement. *Je vous en fais, laisse juge. «Je demeure mon juge le plus sévère»* COLETTE. *Être son propre juge.* ♦ *Être bon, mauvais juge,* plus ou moins capable de porter un jugement. ➤ **expert.** *Je suis mauvais juge en la matière.*

JUGÉ ou **JUGER** [ʒyʒe] **n. m.** – XIIIe *jugié* ◇ de 1*juger* ■ **loc. adv. AU JUGÉ** ou **AU JUGER :** en devinant, en présumant. *«Chasseriau tira au jugé»* SARTRE. — FIG. D'une manière approximative, à l'estime. *Il avait pris l'habitude «de peindre au jugé avec l'acquis des souvenirs d'école»* GONCOURT.

JUGEABLE [ʒyʒabl] **adj.** – 1575 ; fin XIIe *jujable* «condamnable» ◇ de *juger* ■ DR. Qui peut être mis en jugement, décidé par un jugement.

JUGEMENT [ʒyʒmɑ̃] **n. m.** – 1080 «arrêt, sentence» ◇ de *juger* ■ **1** (XIIe) Action de juger. *Le jugement d'un procès. Le jugement d'un accusé. Poursuivre qqn en jugement.* ➤ **justice.** — Résultat de cette action ; décision de justice émanant d'un tribunal (ne portant pas le nom de Cour). ➤ **décision ; arrêt, sentence, verdict.** *Le jugement a lieu dans huit jours. Prononcer, rendre un jugement. Jugement par défaut. Jugement définitif. Jugement en premier, en dernier ressort. Faire appel d'un jugement. Confirmer, annuler, réformer un jugement. Infirmer, casser un jugement. Exécution, notification, signification d'un jugement.* ♦ Écrit contenant les termes de la décision. *Dépôt des jugements au greffe. Minute de jugement.* — DR. FÉOD. *Jugement de Dieu.* ➤ **ordalie** (cf. Épreuves* judiciaires). ♦ (XIIe) RELIG. CHRÉT. *Jugement dernier,* ou ELLIPT *le Jugement,* celui que Dieu prononcera à la fin du monde, sur le sort de tous les vivants et des morts ressuscités. *Au jour du Jugement. La trompette du Jugement dernier.* — ALLUS. BIBL. *Jugement de Salomon,* empreint de sagesse et d'équité. ■ **2** (v. 1200) Opinion favorable (➤ **approbation**) ou défavorable (➤ **blâme,** 2**critique, réprobation**) qu'on porte, qu'on exprime sur qqn ou qqch. *Émettre, exprimer, porter un jugement. «On n'épargne que soi-même dans ses jugements»* BOSSUET. *Revenir sur ses jugements :* se déjuger. *Jugement préconçu* (➤ **préjugé**), *hâtif, téméraire*, avancé sans preuves* (➤ **présomption**). *Des romans où nous ne connaissons les héros que par «les vagues jugements qu'ils portent les uns sur les autres»* SARTRE. — PAR MÉTAPH. *Le jugement de l'histoire, de la postérité.* ♦ Façon de voir (les choses) particulière à qqn. ➤ **opinion, point de vue ; avis, idée,** 1**pensée, sentiment.** *S'en remettre au jugement d'autrui. Je livre, je soumets cela à votre jugement.* ➤ **appréciation.** ♦ TECHN. *Jugement d'allure :* estimation par laquelle un observateur apprécie l'allure d'un exécutant, par rapport à une allure de référence. ■ **3** (XIVe) Faculté de l'esprit permettant de bien juger de choses qui ne font pas l'objet d'une connaissance immédiate certaine, ni d'une démonstration rigoureuse ; l'exercice de cette faculté. ➤ **discernement, entendement, finesse, intelligence, perspicacité, raison,** 1**sens** (bon sens, sens commun). *Avoir du jugement, manquer de jugement.* ➤ FAM. **jugeote ;** RÉGION. **jarnigoine.** *Homme de jugement,* judicieux, perspicace. *«Autant de jugement que de barbe au menton»* LA FONTAINE. *Erreur de jugement. Un homme doué «d'un très ferme jugement et d'une grande liberté d'esprit»* MICHELET. ■ **4** (XVIIe) Décision mentale par laquelle le contenu d'une assertion est posé à titre de vérité. ➤ **affirmation.** *Jugement et croyance.* — Cette assertion elle-même. ➤ **proposition.** *Le raisonnement, combinaison logique de jugements.* ♦ LOG. Fait de poser l'existence d'une relation déterminée entre des termes ; cette relation. *Jugement analytique, synthétique, hypothétique. Jugement de réalité,* qui énonce un fait. *Jugement de valeur,* qui formule une appréciation.

JUGEOTE [ʒyʒɔt] **n. f.** – milieu XIXe ◇ de *juger* ■ FAM. Jugement, bon sens. ➤ RÉGION. **jarnigoine.** *Il n'a pas pour deux sous de jugeote ! Cette faculté intuitive «qu'en bon français on nomme la jugeote»* DUHAMEL.

1**JUGER** [ʒyʒe] **v. tr.** ⟨3⟩ – *jugier* XIe ◇ latin *judicare* ■ **1** DR. Soumettre (une cause, une personne) à la décision de sa juridiction. *Juger une affaire, un litige, un crime. Cas difficile à juger.* ➤ **trancher.** *Le procès sera jugé demain. L'autorité de la chose jugée. Juger un accusé.* ♦ ABSOLT Rendre la justice. *Droit, pouvoir de juger :* pouvoir, compétence judiciaire. ➤ **justice.** *Juger sur pièces. Le tribunal jugera.* ➤ **conclure, décider, prononcer, statuer.** ■ **2** Décider en qualité d'arbitre. ➤ **arbitrer.** *Juger un différend. La postérité jugera qui vaut le mieux des deux.* ABSOLT *L'histoire jugera.* ➤ **apprécier.** ♦ Prendre nettement position sur (une question). ➤ **décider.** *C'est à vous de juger ce qu'il faut faire, comment il faut agir, si nous devons partir.* ■ **3** (1538) Soumettre au jugement de la raison, de la conscience (➤ **apprécier, considérer, examiner**), pour se faire une opinion ; émettre une opinion favorable ou défavorable sur. *Juger un ouvrage, un livre, un film. Être jugé à sa juste valeur.* ➤ **coter, évaluer, jauger, peser.** *Juger les gens sur la mine. Juger favorablement* (➤ **approuver**), *défavorablement* (➤ **blâmer, condamner, critiquer, désapprouver**). — PRONOM. *«Il est bien plus difficile de se juger soi-même que de juger autrui»* SAINT-EXUPÉRY. — ABSOLT *«Plus on juge, moins on aime»* BALZAC. ♦ TR. IND. **JUGER DE.** *«Est-ce donc sur des conjectures qu'il faut juger de pareils faits ?»* BEAUMARCHAIS. *Bien juger, mal juger des choses.* LOC. *Juger d'une chose comme un aveugle des couleurs.* LOC. PROV. *Il ne faut pas juger de l'arbre par l'écorce*.* — *Si j'en juge par mes propres sentiments. Jugez-en par vous-même. À en juger par son attitude. Il est difficile d'en juger,* d'en dire, d'en penser qqch. *Autant qu'on puisse en juger :* à ce qu'il me semble. *«il reste permis à la conscience de chacun d'en juger différemment»* CAILLOIS. ■ **4** (Avec un adj. attribut ou une complétive) Considérer comme. ➤ **estimer, trouver.** *Elle juge ce contrôle indispensable. Cette tournure est jugée fautive. Si vous le jugez bon.* ➤ **croire.** *Si vous jugez sa présence nécessaire.* ➤ **considérer, envisager, regarder.** *Je jugeai que sa présence était nécessaire.* — PRONOM. (RÉFL.) *Se juger injurié.* ➤ se **considérer.** *Il se jugea perdu.* ➤ se **voir.** ■ **5 tr. ind.** (surtout à l'impér.) ➤ **imaginer,** se **représenter.** *Jugez de ma surprise. Vous jugerez aisément du reste.* — *«Jugez s'il aura lieu de souffrir ma présence»* MOLIÈRE. *«Jugez combien ce coup frappe tous les esprits»* RACINE. ■ **6** ABSOLT Affirmer ou nier une existence ou un rapport. *«La puissance de bien juger et distinguer le vrai d'avec le faux»* DESCARTES. LOG. Affirmer ou nier un rapport entre un sujet et un attribut ; entre plusieurs termes.

2**JUGER** ➤ **JUGÉ**

JUGULAIRE [ʒygylɛʀ] **adj.** et **n. f.** – 1532 ◇ du latin *jugulum* «gorge» ■ **1** ANAT. Qui appartient à la gorge. *Glandes jugulaires. Veines jugulaires,* et **n. f.** *les jugulaires :* les quatre veines situées dans les parties latérales du cou. ■ **2 n. f.** (1803) Attache qui maintient une coiffure d'uniforme en passant sous le menton. ➤ **bride, mentonnière.** *Baisser, serrer la jugulaire d'un casque militaire.*

JUGULER [ʒygyle] **v. tr.** ⟨1⟩ – 1213, repris XVIe ◇ latin *jugulare* «égorger» ■ **1** VX Saisir à la gorge, égorger, étrangler. ■ **2** (XXe) MOD. Arrêter, interrompre le développement, le progrès de (qqch.). ➤ **détruire, dompter,** 2**enrayer, étouffer,** 1**stopper.** *Juguler une épidémie. La fièvre a été rapidement jugulée. Juguler une révolte, un mouvement d'opinion.* ♦ Empêcher (qqn) d'agir. *«Le fils avait toujours été jugulé par la mère»* MAURIAC.

JUIF, JUIVE [ʒɥif, ʒɥiv] **n.** et **adj.** – *judeu* v. 980 ; *juieu* v. 1220, fém. *juieue, juive,* d'où le masc. *juif* ◇ latin *judæum,* grec *ioudaios* «de Juda», de l'hébreu *Yehudi,* de *Yehuda* «Juda» ■ **1** Nom donné depuis l'Exil (VIe s. av. J.-C.) aux Hébreux (➤ **hébreu, israélite**), peuple sémite qui vivait en Judée (Israël et Cisjordanie actuels). — (1648) *Le Juif errant :* personnage que la légende chrétienne suppose condamné à errer jusqu'à la fin du monde. ♦ Personne descendant de ce peuple, ou qui s'est convertie au judaïsme (➤ **prosélyte**). *Un Juif allemand, polonais. Les Juifs d'Europe de l'Est* (➤ **ashkénaze**), *d'Europe méridionale et d'Afrique du Nord* (➤ **séfarade ;** aussi **marrane**). *Dispersion des Juifs à travers le monde.* ➤ **diaspora.** *Haine des Juifs.* ➤ **antisémitisme.** *Persécutions subies par les Juifs. Crimes commis contre les Juifs.* ➤ **génocide, holocauste, pogrom** (cf. La Shoah). *Les Juifs ont obtenu le partage de la Palestine et la création de l'État d'Israël en 1947* (➤ **sionisme**). *Juif né en Israël.* ➤ **sabra.** ♦ FAM. *Le petit juif :* l'endroit sensible du coude. ■ **2 adj.** Relatif à la communauté des juifs. *Le peuple juif* (cf. Le peuple élu*). *Religion juive.* ➤ **judaïsme ; hassidisme ; bible, massore, talmud, torah ; circoncision, lévirat, shabbat.** *Fêtes juives :* la Pâque, Pentecôte, fête des tabernacles, jour de l'Expiation ou grand pardon (Yom Kippour), Pourim, fête des lumières (Hanouccah). *Lieu du culte juif.* ➤ **synagogue.** *Prêtres, docteurs juifs.* ➤ **lévite, rabbin.** *Vêtements religieux juifs.* ➤ **éphod, kippa, pectoral, phylactère, rational, taleth.** *Quartier juif.* ➤ **ghetto, juiverie.** *Humour juif. Histoires juives. La* *cuisine juive.* — **n. f.** *Carpe à la juive.* ▪ **3** **n. m.** VX (lang. class.) Prêteur d'argent. — **n. m.** et **adj.** (emploi diffamatoire) Personne âpre au gain, avare. « *Quel Juif, quel Arabe est-ce là ?* » MOLIÈRE.

JUILLET [ʒɥijɛ] **n. m.** – 1213 ◊ de l'ancien français *juignet* « petit juin », d'après le latin *Julius (mensis)* « (mois) de Jules César » ▪ Septième mois de l'année, de trente et un jours (correspondait à *messidor**, *thermidor**). « *L'inexorable juillet arrive, et en même temps, les fêtes de la moisson* » MICHELET. *Prendre ses vacances en juillet, au mois de juillet* (➤ **juillettiste**). *Le 14 Juillet, anniversaire de la prise de la Bastille et fête nationale française. Monarchie de Juillet* (1830-1848). RARE *Des juillets torrides.*

JUILLETTISTE [ʒɥijetist] **n.** – 1969 ◊ de *juillet* ▪ Personne qui prend ses vacances au mois de juillet. *Le chassé-croisé des juillettistes et des aoûtiens.*

JUIN [ʒɥɛ̃] **n. m.** – XIIe ◊ latin *Junius (mensis)* « (mois) de Junius Brutus », premier consul ▪ Sixième mois de l'année, de trente jours (correspondait à *prairial**, *messidor**). *L'été commence au solstice de juin.* « *Juin, où le soleil se couche à peine* » ALAIN. RARE *Des juins fleuris.*

JUIVERIE [ʒɥivʀi] **n. f.** – milieu XIVe ; *juierie* v. 1207 ◊ de *juif* ▪ **1** HIST. Quartier juif, communauté juive de la diaspora. ▪ **2** (fin XIXe) PÉJ. Ensemble de Juifs.

JUJITSU [ʒyʒitsy] ou **JIUJITSU** [ʒjyʒitsy] **n. m.** – 1971 ; *jiu-jitsu* 1906 ; *jujëtsu* 1903 ◊ mot japonais « art de la souplesse *(ju)* » ▪ Art martial d'origine japonaise, art d'attaque et de défense à mains nues privilégiant la souplesse sur la force. *Le judo et l'aïkido sont issus du jujitsu.* — On écrit aussi *jiu-jitsu.*

JUJUBE [ʒyʒyb] **n. m.** – *jajube* 1256 ◊ altération du latin *zizyphum*, grec *zizuphon* ▪ **1** Fruit du jujubier. ▪ **2** Pâte extraite de ce fruit (remède contre la toux).

JUJUBIER [ʒyʒybje] **n. m.** – 1546 ◊ de *jujube* ▪ Arbre ou arbuste épineux *(rhamnacées)*, à fruit comestible *(jujube)*, appelé aussi *épine** *du Christ.* « *Sourdent les senteurs des jujubiers, bourdonnant d'abeilles de soleil* » SENGHOR.

JUKEBOX **n. m.** ou **JUKE-BOX** [ʒykbɔks ; dʒukbɔks] **n. m. inv.** – 1954 ◊ mot anglais américain, de *juke* « petit bar où il y a de la musique de danse » et *box* « boîte » ▪ ANGLIC. ▪ **1** Machine sonore publique faisant passer automatiquement le disque demandé. *Des jukebox, des juke-box.* « *De temps en temps, quelqu'un mettait une pièce dans le juke-box* » LE CLÉZIO. ▪ **2** Lecteur multimédia portable, doté d'un disque dur de grande capacité de stockage.

JULEP [ʒylɛp] **n. m.** – XIVe ; *gulbe* v. 1300 « potion » ◊ espagnol *julepe*, arabe *djulâb*, persan *goulab* « eau de rose » ▪ PHARM. VIEILLI Potion à base d'eau et de sucre, aromatisée à l'aide d'une essence végétale, servant de véhicule à divers médicaments.

JULES [ʒyl] **n. m.** – 1866 ◊ du prénom *Jules* ▪ **1** POP. et VX Vase de nuit. ▪ **2** ARG. VIEILLI Homme du milieu, souteneur. *Un vrai Jules. C'est mon jules.* ➤ **homme.** — On dit aussi **JULOT.** ▪ **3** FAM. Amant, amoureux, mari. ➤ **mec.** « *Quelqu'un de la famille ? demanda-t-il* [...] *– Son jules, répond Chantal* » QUENEAU.

JULIEN, IENNE [ʒyljɛ̃, jɛn] **adj.** – 1661 ◊ latin *Julianus* « de Jules César » ▪ *Calendrier julien*, réformé par Jules César, et modifié ensuite par Grégoire XIII (➤ **grégorien**). *Année julienne* : année de 365 jours ou 366 jours (bissextile).

JULIÉNAS [ʒyljenɑs] **n. m.** – date inconnue ◊ nom d'une commune ▪ Cru renommé du Beaujolais. *Un verre de juliénas.*

1 **JULIENNE** [ʒyljɛn] **n. f.** – 1680 ; *juliane* 1665 ◊ du prénom *Jules* ou *Julien* ; évolution obscure ▪ **1** Plante *(crucifémcées)* à fleurs en grappes ou à tiges rampantes cultivée comme ornementale. ▪ **2** (1691) Préparation de légumes taillés en filaments minces utilisée soit en garniture soit pour des potages. Potage ainsi préparé. *Julienne de légumes.*

2 **JULIENNE** [ʒyljɛn] **n. f.** – 1482 ◊ du prénom *Julien* ; évolution obscure ▪ RÉGION. Lingue*. *Filets de julienne.*

JUMEAU, ELLE [ʒymo, ɛl] **adj.** et **n.** – 1175 ◊ latin *gemellus* → gémeau ; a remplacé *gemel, gemeau* ▪ **1** Se dit des deux (ou plusieurs) enfants nés d'un même accouchement. ➤ VX **besson ; gémellité.** *Frères jumeaux, sœurs jumelles. Ils sont jumeaux. C'est son frère jumeau.* « *Il n'avait qu'un frère jumeau, Franz, son double, son corps second, son cœur en écho* » S. GERMAIN. ♦ **n.** *Un jumeau, des jumeaux.* ➤ aussi **quadruplés, quintuplés, triplés.** *Être le jumeau, la jumelle de qqn.* *Jumeaux univitellins* ou *monozygotes,* COUR. *vrais jumeaux,* provenant d'un seul œuf divisé en deux. « *Nous sommes de vrais jumeaux, vous savez. Quand nous étions tout petits, on nous avait mis au poignet une gourmette avec nos prénoms* » TOURNIER. *Jumeaux bivitellins* ou *dizygotes,* COUR. *faux jumeaux,* provenant de deux ovules fécondés simultanément par deux spermatozoïdes. *Jumeaux qui naissent réunis* ; MÉD. *jumeaux conjoints.* ➤ **siamois.** *Se ressembler comme deux jumeaux.* ▪ **2** FIG. Réplique physique ou morale d'une personne. ➤ **pareil, sosie.** ▪ **3** (XIIIe) Se dit de deux choses semblables. *Muscles jumeaux* : les deux muscles de la jambe qui forment le mollet. *Lits jumeaux. Maisons jumelles.* « *Deux tourelles jumelles* » PERGAUD. ▪ HOM. Jumel, jumelle.

JUMEL [ʒymɛl] **adj. m.** – 1872 ◊ n. pr. ▪ TECHN. *Coton jumel* : variété de coton produit en Égypte. ▪ HOM. Jumelle.

JUMELAGE [ʒym(ə)laʒ] **n. m.** – 1873 ◊ de *jumeler* ▪ Action de jumeler ; son résultat. *Jumelage de roues, de pneus.* — MILIT. Assemblage de deux ou plusieurs armes automatiques dont le tir est commandé par une seule détente. *Un jumelage de mitrailleuses.* — (v. 1950) FIG. *Jumelage de villes* : coutume consistant à déclarer jumelles deux villes de deux pays différents, afin de susciter entre elles des échanges. *Jumelage de Paris et de Rome, de Chartres et de Ravenne.*

JUMELÉ, ÉE [ʒym(ə)le] **adj.** – 1690 ◊ de *jumeler* ▪ **1** TECHN. Consolidé par des jumelles. *Mât jumelé.* ▪ **2** (XIXe) COUR. Disposé par couples. ➤ **géminé.** *Fenêtres jumelées. Colonnes jumelées.* — *Bielles jumelées. Roues jumelées* : roues doubles à pneus indépendants, à l'arrière des poids lourds. FIG. *Pari jumelé.* — *Villes jumelées* (➤ **jumelage**).

JUMELER [ʒym(ə)le] **v. tr.** ‹4 /5/› – 1721 ◊ de *jumeau* ▪ **1** TECHN. Renforcer, consolider par des jumelles. MAR. *Jumeler un mât, une vergue.* ▪ **2** (1765) COUR. Ajuster ensemble (deux objets, deux choses semblables). *Jumeler des poutres, des roues.* ➤ **accoupler.** — FIG. *Jumeler deux villes* (➤ **jumelage**).

1 **JUMELLE** [ʒymɛl] **n. f.** – 1234 ◊ fém. de *jumeau* ▪ **1** BLAS. Pièce honorable formée de deux filets parallèles. ▪ **2** TECHN. (surtout au plur.) Pièces de bois, de métal, semblables, dans le même outil, la même machine. *Les jumelles d'une presse.* — AUTOM. *Jumelle de ressort* : articulation reliant les extrémités des ressorts de suspension à lames aux longerons du châssis. ▪ **3** (1825) COUR. Instrument portatif à deux lunettes ; double lorgnette. *Une jumelle marine.* AU PLUR. *Des jumelles de campagne, de spectacle. Étui à jumelles. Jumelles à prismes**. ABUSIVEMENT *Une paire de jumelles.* ▪ HOM. Jumel.

2 **JUMELLE** ➤ **JUMEAU**

JUMENT [ʒymɑ̃] **n. f.** – 1174 ◊ latin *jumentum* « bête d'attelage » ▪ Femelle du cheval. ➤ 1 **cavale, haquenée.** *Jeune jument.* ➤ **pouliche.** *Monter une jument. Jument pleine qui met bas.* ➤ **pouliner.** *Le mulet, la mule, produit de l'âne et de la jument. Jument destinée à la reproduction.* ➤ **mulassière, poulinière.** — FIG. et FAM. *Jument poulinière* : femme qui a de nombreux enfants, matrone.

JUMPING [dʒœmpiŋ] **n. m.** – 1901 ◊ mot anglais « saut » ▪ ANGLIC. SPORT Saut d'obstacles à cheval. *Épreuves de jumping.*

JUNGLE [ʒœ̃gl ; ʒɔ̃gl] **n. f.** – 1796 ◊ mot anglais, de l'hindoustani *jangal* « steppe » ▪ **1** Dans les pays de mousson, Forme de savane couverte de hautes herbes, de broussailles et d'arbres, où vivent les grands fauves. *Les lianes de la jungle.* « *Le Livre de la jungle* », *de R. Kipling.* — Forêt tropicale, végétation épaisse. *Jungle amazonienne.* ▪ **2** Tout endroit, tout milieu humain ou règne la loi des fauves, de la sélection naturelle. « *la jungle urbaine* » LE CLÉZIO. *La loi de la jungle* : la loi du plus fort. « *Une horde d'enfants qui vivaient selon la loi de la jungle. Le plus fort n'hésitait jamais à terrasser le plus faible* » A. SOW FALL. ▪ **3** (p.-ê. du pachtoun *jangal* « forêt ») Campement de fortune édifié par les migrants. ➤ **bidonville.** *La jungle de Calais. Le démantèlement de la jungle.*

JUNIOR [ʒynjɔʀ] **adj.** et **n.** – 1761 ◊ mot latin « plus jeune », de *juvenis* « jeune », par l'anglais ▪ **1** Se dit, quelquefois (dans le commerce ou encore plaisamment), du frère plus jeune pour le distinguer d'un aîné, ou du fils pour le distinguer du père. ➤ **cadet, puîné.** *Durand junior.* ▪ **2** **adj.** et **n.** SPORT Se dit d'une catégorie intermédiaire entre celle des séniors et celle des cadets (ex. en athlétisme, de 18 à 19 ans). *Équipe junior de football. Catégorie juniors.* ▪ **3** (1965) Qui concerne les jeunes, est destiné aux jeunes. *Style junior.* — **n.** *Les juniors* : les adolescents, les jeunes. ▪ **4** Qui débute dans une activité professionnelle. ➤ **débutant.** *Il «était devenu directeur artistique junior dans une agence de publicité»* D. DE VIGAN. — **n.** *Le salaire des juniors.* ■ CONTR. Confirmé, sénior.

JUNKER [junkɛʀ] **n. m.** – 1863 ◊ mot allemand pour *Jungherr* «jeune seigneur» → jonkheer ■ Hobereau allemand.

JUNKIE [dʒœnki] **n. et adj.** – 1968 ◊ mot anglais américain, de *junk* «drogue dure», proprt «camelote» ■ ANGLIC. FAM. Consommateur de drogues dures. *Des junkies.* — **adj.** *Son fils junkie.* — ABRÉV. FAM. (1974) **JUNK.**

JUNONIEN, IENNE [ʒynɔnjɛ̃, jɛn] **adj.** – 1866 ◊ de *Junon* ■ DIDACT. De la déesse Junon. *Le culte junonien.*

JUNTE [ʒœ̃t] **n. f.** – 1669 ; *juncte* 1581 ◊ espagnol *junta*, fém. de *junto* «joint» ; latin *junctus* ■ **1** Conseil, assemblée administrative, politique, en Espagne, au Portugal ou en Amérique latine. *Juntes révolutionnaires. Junte militaire.* ■ **2** (italien *giunta*, de l'espagnol) En Italie, Organe exécutif (d'une commune, d'une région). *Junte municipale.*

JUPE [ʒyp] **n. f.** – 1603 ; «pourpoint d'homme» 1188 ◊ arabe *djubbah* ■ **1** Partie de l'habillement féminin qui descend de la ceinture à une hauteur variable. *Jupe de dessous* (VX). ➤ **jupon.** *Jupe longue traînant par terre. Jupe à mi-mollet. Jupe au genou. Jupe droite, jupe-portefeuille, en forme, à godets, à lés, à volants, à plis. Jupe plissée* (➤ **kilt**). — *Jupe entravée, fendue. Jupe tube. Ceinture de jupe. Jupe et veste d'un tailleur. Jupe très courte.* ➤ **jupette, minijupe.** *«Absorbés par cette affaire Pour ce jeu de dupes Voir sous les jupes des filles»* SOUCHON. PAR EXT. *La jupe d'une robe,* la partie inférieure, à partir de la ceinture. ANCIENNT *Maillot à jupe.* ◆ *Les jupes :* ensemble formé autrefois par la jupe de dessus et le ou les jupons. *Relever, trousser ses jupes.* — LOC. *Être dans les jupes de sa mère,* ne jamais la quitter. ■ **2** TECHN. Surface latérale d'un piston, qui s'adapte à la paroi interne du cylindre. ■ **3** Carénage de tôle ou de plastique, aérodynamique, de la partie inférieure d'une locomotive, d'une voiture. ■ **4** Paroi souple des bateaux à coussin d'air. *La jupe d'un aéroglisseur.*

JUPE-CULOTTE [ʒypkylɔt] **n. f.** – 1896 ◊ de *jupe* et *culotte* ■ Vêtement féminin, sorte de culotte très ample qui présente l'aspect d'une jupe. *Des jupes-culottes.*

JUPETTE [ʒypɛt] **n. f.** – 1894 ◊ de *jupe* ■ Jupe très courte ne couvrant que le haut des cuisses. ➤ **minijupe.** *Jupette plissée de tennis.* ◆ Partie d'un maillot de bain de femme qui couvre le haut des cuisses.

JUPITER [ʒypitɛʀ] **n. m.** – 1997 ◊ de *Jupiter*, nom de la planète qui tourne autour du Soleil ■ ASTRON. *Jupiter chaud :* planète gazeuse extrasolaire très proche de l'étoile autour de laquelle elle gravite. *Des Jupiter* (ou *des Jupiters*) *chauds.*

JUPITÉRIEN, IENNE [ʒypiteʀjɛ̃, jɛn] **adj.** – XVIIIe ◊ de *Jupiter* ■ **1** Relatif à Jupiter. ➤ **jovien.** ■ **2** (1834) Qui a un caractère impérieux, dominateur. *«La contraction jupitérienne de ses sourcils»* BALZAC.

JUPON [ʒypɔ̃] **n. m.** – *juppon* 1380 ◊ de *jupe* ■ **1** Jupe de dessous. ➤ **cotillon, cotte.** *Anciens jupons à armature.* ➤ **crinoline, panier.** *Jupon à volants, à dentelles. Jupon empesé. Jupon qui dépasse de la robe.* — *«Les enfants se suspendaient aux jupons de leurs mères»* BAUDELAIRE. — LOC. *En jupon :* de sexe féminin ; du fait des femmes. *«la silhouette d'un don Quichotte en jupons»* V. LEDUC. *La délinquance en jupon.* ■ **2** FIG. COLLECT. Les femmes, les filles. *Courir le jupon. Coureur de jupon.*

JUPONNÉ, ÉE [ʒypɔne] **adj.** – 1824 ◊ de *jupon* ■ **1** VIEILLI Qui porte des jupons (d'une certaine manière). *Une femme bien juponnée.* ■ **2** COUT. Soutenu par un ample jupon. *Robe du soir juponnée.*

JUPONNER [ʒypɔne] **v. tr.** ‹1› – 1800 ◊ de *juponné* ■ **1** VIEILLI Habiller d'un jupon. PRONOM. *«Se juponner précipitamment»* COURTELINE. ■ **2** COUT. Soutenir (une robe, une jupe), par un ample jupon. *Juponner une robe d'été.* ■ **3** Habiller (une table, souvent ronde) d'un tapis allant jusqu'au sol.

JURANÇON [ʒyʀɑ̃sɔ̃] **n. m.** – 1807 ◊ n. de lieu ■ Vin de Jurançon et des environs (Pyrénées-Atlantiques), le plus souvent blanc et très parfumé. *Des jurançons moelleux.*

JURANDE [ʒyʀɑ̃d] **n. f.** – XVIe ◊ de *juré* ■ Dans les anciennes corporations de métiers, Charge conférée à un ou plusieurs membres de la corporation choisis pour la représenter (➤ **juré**), défendre ses intérêts et veiller à l'application du règlement intérieur. — PAR EXT. Temps d'exercice de cette charge. ◆ L'assemblée, le corps des jurés. *Jurandes et maîtrises.* ➤ **corporation.**

JURASSIEN, IENNE [ʒyʀasjɛ̃, jɛn] **adj. et n.** – 1840 ◊ de *Jura* ■ **1** Relatif, propre au Jura. *Montagnes jurassiennes.* — GÉOGR. *Relief jurassien,* analogue au relief du Jura. ■ **2** Qui habite le Jura. *Montagnards jurassiens.* — **n.** *Un Jurassien.*

JURASSIQUE [ʒyʀasik] **adj. et n. m.** – 1829 ◊ de *Jura* ■ GÉOL. Se dit des terrains secondaires dont le Jura est constitué en majeure partie. *Système, période jurassique.* — **n. m.** *Le jurassique :* partie centrale de l'ère secondaire.

JURATOIRE [ʒyʀatwaʀ] **adj.** – 1274 ◊ latin juridique *juratorius* ■ DR. *Caution juratoire :* serment fait en justice de se représenter en personne ou de rapporter une chose.

JURÉ, ÉE [ʒyʀe] **adj. et n.** – v. 1200 ◊ latin *juratus* → jurer
I adj. et n. ■ **1** ANC. DR. Qui a prêté serment en accédant à la maîtrise, dans une corporation. *Syndics et jurés d'une corporation. Juré vendeur de volaille. Maître juré.* ■ **2 adj.** *Ennemi juré,* implacable, dont on a juré la perte. ➤ **déclaré.**
II n. (1704 d'abord «jury») DR. Citoyen, citoyenne appelé(e) à faire partie d'un jury ; membre d'un jury*. *Les jurés d'une cour d'assises. La jurée. Jurés titulaires et jurés suppléants forment la liste de session. Serment des jurés.* — ABSOLT *Les jurés :* les membres du jury à la cour d'assises. *Les jurés ont déclaré l'accusé innocent.*

JUREMENT [ʒyʀmɑ̃] **n. m.** – v. 1200 ◊ de *jurer* ■ **1** VX Action de jurer, de faire un serment sans nécessité ni obligation. ■ **2** VIEILLI Exclamation, imprécation sacrilège proférée par dérision ou dans une intention d'offense. ➤ **blasphème, juron.** *«Un incendie de ricanements, de jurements»* HUGO.

JURER [ʒyʀe] **v. tr.** ‹1› – 842 *iurat* «il jure» ◊ latin *jurare*
I ■ **1** (1080) VX ou LITTÉR. Attester (Dieu, une chose sacrée), par serment. *Jurer Dieu, les dieux. Jurer son honneur de dire la vérité.* LOC. *Jurer ses grands dieux :* affirmer avec force. *Elle «jura ses grands dieux qu'elle ne savait rien»* BOSCO. ■ **2** ABSOLT Prêter, faire serment. *Jurer sur la Bible, sur le crucifix, par le sang de qqn.* LOC. *On ne jure plus que par lui :* on l'admire tellement qu'on croit tout ce qu'il dit, qu'on l'imite en tout. ■ **3** (XIIIe) VX *Jurer Dieu, le nom de Dieu.* ➤ **blasphémer.** ◆ ABSOLT et MOD. Proférer des imprécations, des jurons. ➤ **sacrer.** *Jurer comme un charretier. Des individus grossiers, qui jurent sans cesse.* — *Jurer contre, après qqn, qqch.* ➤ **crier, pester.** ■ **4** FIG. (1688) Produire une discordance, aller mal (avec). ➤ **détonner, dissoner, hurler.** *Couleurs qui jurent entre elles. Ces chaussures jurent affreusement avec cette robe.* — ABSOLT *«Comme des couleurs mal assorties, comme des paroles qui jurent et qui offensent l'oreille»* LA BRUYÈRE.
II ■ **1** (842) Promettre (qqch.) par un serment plus ou moins solennel. *Jurer fidélité, obéissance à qqn. Jurer amitié à qqn.* — *Jurer de faire qqch.* ➤ **s'engager.** *Jurez-vous de dire toute la vérité, rien que la vérité ? Levez la main droite et dites «je le jure». «toute cette histoire doit rester secrète, il le lui fait jurer, elle doit cracher – lever la main et cracher par terre»* PH. BESSON. *Il lui a juré de ne pas recommencer. «Jure-moi que tu me pardonneras»* BARBEY. *Je te le jure sur la tête de mes enfants.* FAM. *C'est juré !* je l'ai promis. ◆ **v. pron. réfl. SE JURER :** prendre envers soi (une décision). *Elle s'est juré de ne pas recommencer ; que cela n'arriverait plus.* ■ **2** Décider avec solennité ou avec force. *Le corbeau «Jura, mais un peu tard, qu'on ne l'y prendrait plus»* LA FONTAINE. ■ **3** (milieu XVIIe) Affirmer solennellement, fortement. ➤ **assurer, déclarer.** *Je vous jure que je n'ai pas fait cela. Je vous jure que non. Je vous jure :* je vous affirme, je vous certifie. *Je te jure que ce n'est pas facile. Une façon «qui ne ressemblait pas à un faux fuyant, je vous jure»* SAINTE-BEUVE. — FAM. **(exclam. d'indignation).** *«La dame se retourna. – Ah, je vous jure !»* DURAS. ■ **4 JURER DE (qqch.) :** affirmer de façon catégorique (qu'une chose est ou n'est pas, se produira ou ne se produira pas). *«Il ne faut jurer de rien»,* comédie de Musset. *«On ne doit pas jurer de ce dont on n'est pas sûr»* RENAN. *J'en jurerais :* je le crois ; *je n'en jurerais pas :* je ne le crois pas.
■ CONTR. Abjurer. Accorder (s'), allier (s'), cadrer.

JUREUR [ʒyʀœʀ] **n. m.** – 1190 ◊ de *jurer* ■ **1** ANC. DR. Qui a prêté serment. — HIST. APPOS. *Les prêtres jureurs,* qui, sous la Révolution, avaient prêté serment à la Constitution civile du clergé. ➤ **assermenté, constitutionnel.** ■ **2** VX Celui qui jure, blasphème. *«Les blasphémateurs, les jureurs, les parjures»* BOSSUET.

JURIDICTION [ʒyʀidiksjɔ̃] **n. f.** – *juridicion* 1209, variante *jurisdiction* jusqu'au XVIIIe ◊ latin *jurisdictio* ▪ **1** Pouvoir de juger, de rendre la justice ; étendue et limite de ce pouvoir. ➤ **circonscription, compétence, judicature,** 2 **ressort, siège.** *Juridiction pleine, entière. «Leur juridiction souveraine, absolue, héréditaire»* MICHELET. *Juridiction arbitrale, contentieuse, gracieuse, civile, répressive. Juge, magistrat, tribunal qui exerce sa juridiction. Dans, hors de sa juridiction. Cela ne relève pas de sa juridiction. Juridiction d'instruction.* ▪ **2** (1538) Tribunal, ensemble de tribunaux de même catégorie, de même degré. ➤ **chambre, conseil, cour, judicature, tribunal.** *Le «Tribunal de commerce, juridiction établie pour les boutiquiers»* BALZAC. *Porter une affaire devant la juridiction compétente. Élection* de juridiction. Degrés dans la hiérarchie des juridictions.* ➤ **instance.** *Juridictions administratives, civiles, de droit commun ; juridictions d'exception. Juridictions commerciales. Juridictions de simple police, correctionnelles, criminelles.*

JURIDICTIONNEL, ELLE [ʒyʀidiksjɔnɛl] **adj.** – 1537 ◊ de *juridiction* ▪ DR. Relatif à la juridiction, au fait de juger. *Pouvoir juridictionnel. — Aide juridictionnelle :* aide accordée par l'État pour permettre aux personnes ne disposant pas des ressources suffisantes de faire valoir leurs droits en justice.

JURIDIQUE [ʒyʀidik] **adj.** – 1410 ◊ latin *juridicus,* de *jus* «droit» ▪ **1** Qui se fait, s'exerce en justice, devant la justice. ➤ **judiciaire.** *Intenter une action juridique. Preuve juridique.* ▪ **2** Qui a rapport au droit. *Fait juridique,* produisant un effet de droit, sans manifestation de la volonté initiale de la personne qui y est soumise. *Acte juridique,* produisant des effets de droit, du fait de la volonté de son auteur et soumis à des formes légales. ➤ **légal.** *Situation, régime juridique. — Science juridique.* ➤ 3 **droit.** *Vocabulaire juridique. Études juridiques. Avoir une solide formation juridique. Conseiller juridique. — Vide juridique :* absence de législation sur une situation, un cas. *Vides juridiques et zones grises.*

JURIDIQUEMENT [ʒyʀidikmɑ̃] **adv.** – début XVe ◊ de *juridique* ▪ **1** Devant la justice, en justice. *Sentence juridiquement prononcée, motivée.* ▪ **2** Au point de vue du droit. *Être juridiquement dans son tort.*

JURIDISME [ʒyʀidism] **n. m.** – 1940 ◊ de *juridique* ▪ DIDACT. Attitude de qqn qui s'en tient à la lettre des lois. ➤ **formalisme, légalisme.** *Faire preuve d'un juridisme excessif.*

JURISCONSULTE [ʒyʀiskɔ̃sylt] **n. m.** – 1393 ◊ latin *jurisconsultus* ▪ Juriste. SPÉCIALT Personne qui fait profession de donner des avis sur des questions juridiques. *Jurisconsultes qui interprètent une loi.*

JURISPRUDENCE [ʒyʀispʀydɑ̃s] **n. f.** – 1562 ◊ latin *jurisprudentia* «science du droit» ▪ **1** VX Science du droit. ➤ 3 **droit.** ▪ **2** (1611) MOD. Ensemble des décisions des juridictions sur une matière ou dans un pays, en tant qu'elles constituent une source de droit ; ensemble des principes juridiques qui s'en dégagent (droit coutumier). ➤ **coutume, doctrine.** *Recueils de jurisprudence. Législation, jurisprudence et doctrine. Se conformer à la jurisprudence. Arrêt qui fait jurisprudence,* qui fait autorité. — FIG. *«Mon grand-père que je considérais comme meilleur juge et dont la sentence, faisant jurisprudence pour moi, m'a souvent servi»* PROUST. ◆ Ensemble des décisions d'un tribunal ; manière dont un tribunal juge habituellement une question. *La jurisprudence de la Cour de cassation n'a jamais varié sur ce point.*

JURISPRUDENTIEL, IELLE [ʒyʀispʀydɑ̃sjɛl] **adj.** – 1845 ◊ de *jurisprudence* ▪ DR. Qui se rapporte à la jurisprudence, résulte de la jurisprudence. *Précédent jurisprudentiel. Débats jurisprudentiels.*

JURISTE [ʒyʀist] **n.** – 1361 ◊ latin médiéval *jurista* ▪ Personne qui a de grandes connaissances juridiques ; auteur d'ouvrages, d'études juridiques. ➤ **arrêtiste, jurisconsulte, légiste** (cf. Homme, femme de loi). *C'est une excellente juriste.*

JURON [ʒyʀɔ̃] **n. m.** – 1599 «serment» ◊ de *jurer* ▪ Terme plus ou moins familier ou grossier dont on se sert pour jurer. ➤ **jurement,** RÉGION. 1 **sacre.** *Juron grossier* (cf. Gros mot). *Pousser, lâcher un juron, une bordée de jurons. Juron servant d'imprécation, d'insulte, d'injure. Juron employant ou déformant le nom de Dieu.* ➤ **blasphème.** ◆ Exclamation, interjection familière ou grossière qui n'évoque pas une chose sacrée sur quoi on puisse jurer. *«Ventre-saint-gris» était le juron d'Henri IV.*

JURY [ʒyʀi] **n. m.** – 1790 ; en parlant de l'Angleterre 1588 ◊ anglais *jury* ; de l'ancien français *jurée* «serment, enquête» ▪ **1** Ensemble des jurés inscrits sur les listes départementales annuelles ou sur une liste de session. Groupe de neuf (autrefois douze, puis sept) jurés tirés au sort pour chaque affaire criminelle *(jury de jugement).* ▪ **2** Assemblée, commission chargée officiellement de l'examen d'une question criminelle. DR. PÉN. *Jury d'assises,* siégeant pour juger les criminels déférés devant cette juridiction. *Après s'être réunis pour délibérer, le jury et la cour ont rendu leur verdict.* ▪ **3** COUR. Ensemble d'examinateurs. *Le président, les membres du jury. Jury de concours, d'agrégation, d'examen, de thèse. Après délibération du jury. — Jury d'une exposition de peinture, d'un prix littéraire,* chargé de décerner les prix. *Les jurys du festival.* — SPORT Réunion d'officiels.

JUS [ʒy] **n. m.** – 1165 ◊ latin *jus* ▪ **1** Liquide contenu dans une substance végétale et extrait par pression, décoction. ➤ **suc.** *Le jus des fruits. Exprimer le jus d'une orange, d'un citron à l'aide d'un presse-fruit. Jus qui jaillit, coule d'un fruit.* ➤ **juter.** *Fruit qui donne beaucoup de jus.* ➤ **juteux.** *Jus de raisin vert.* ➤ **verjus.** *Jus de légumes. Jus de carottes. Du jus de tomate, de pomme. Pur* jus.* — FAM. *Le jus de la treille :* le vin. ▪ **2** (1538) Liquide (sang, etc.) extrait d'une substance animale par cuisson, macération. *Jus de viande.* ➤ **sauce.** *Carottes au jus. Arroser un gigot de son jus. Viande qui cuit dans son jus.* — LOC. *Laisser qqn cuire, mijoter dans son jus,* le laisser attendre pour qu'il devienne plus maniable. (Objet) *Dans son jus,* dans son état originel. *Meuble ancien vendu dans son jus.* ▪ **3** (1884) POP. Café. *Un bon jus. Il est «devant un jus bouillant sur un zinc»* QUENEAU. FAM. *Jus de chaussette :* mauvais café. ➤ **lavasse.** ◆ ARG. MILIT. *Premier, deuxième jus :* soldat de 1re, 2e classe. ▪ **4** (1884) FAM. *Balancer qqn au jus,* le jeter à l'eau. *Au jus !* ▪ **5** (1908) FAM. et VIEILLI Dissertation scolaire ; exposé, discours. ➤ **laïus, topo.** ▪ **6** («eau des accumulateurs» 1914) FAM. Courant électrique. *Il n'y a plus de jus dans la batterie. Prendre du jus, un coup de jus :* recevoir du courant. *Un court-jus* (voir ce mot). — LOC. *Tenir qqn au jus,* au courant, informé. ▪ **7** TECHN. Parfum. *Créer un jus.* ▪ **8** POP. et VIEILLI *Jeter du, son jus :* avoir de l'éclat, faire de l'effet. (1883) MOD. *Ça vaut le jus,* la peine, le coup.

JUSANT [ʒyzɑ̃] **n. m.** – *iusant* 1484 ◊ de l'ancien adverbe *jus* «en bas» ; latin *deorsum,* influence de *sus* ▪ MAR. Marée descendante. ➤ **perdant, reflux.**

JUSÉE [ʒyze] **n. f.** – 1765 ◊ de *jus* ▪ TECHN. Liquide acide obtenu en lessivant, à l'eau, du tan déjà épuisé. *Bain de jusée,* pour le gonflement des peaux.

JUSQU'AU-BOUTISME [ʒyskobutism] **n. m.** – 1962 ◊ de *jusqu'au-boutiste* ▪ Politique, conduite du jusqu'au-boutiste. ➤ **extrémisme.**

JUSQU'AU-BOUTISTE [ʒyskobutist] **n.** – 1917 ◊ de *jusqu'au bout* ▪ **1** Partisan de la guerre menée jusqu'au bout, jusqu'à la victoire. ▪ **2** PAR EXT. Personne qui va jusqu'au bout de ses idées politiques. ➤ **extrémiste.** *Des jusqu'au-boutistes acharnés. «Il était ce que Brichot appelait un jusqu'au-boutiste»* PROUST. ■ CONTR. Modéré.

JUSQUE ou (VX ou poét.) **JUSQUES** [ʒysk(ə)] **prép.** et **conj.** – fin Xe, employé sans préposition ni adverbe ◊ de l'ancienne préposition *enjusque,* du latin *inde usque*

I ~ prép. (suivi le plus souvent de *à,* d'une autre prép. ou d'un adv.) **MARQUE LE TERME FINAL, LA LIMITE A. JUSQU'À** ▪ **1** (fin XIe) (Lieu) En parcourant toute la distance qui sépare de. *Aller jusqu'à Marseille. La lumière de certaines étoiles n'est pas encore arrivée jusqu'à nous. Rempli jusqu'au bord. Vêtements usés jusqu'à la corde. Du haut jusqu'en bas. Branches qui pendent jusqu'à terre. Jusqu'au bout. Jusqu'à la gauche*. Boire le calice jusqu'à la lie.* — FIG. *Jusqu'à un certain point. Jusqu'à concurrence de. «Frédéric se sentit blessé, jusqu'au fond de l'âme»* FLAUBERT. — (Suivi d'un mot désignant une partie du corps) *Rougir jusqu'aux oreilles, jusqu'au blanc des yeux. Avoir de l'eau jusqu'à la taille. Se gratter jusqu'au sang. Jusqu'au bout des ongles*.* FIG. *Être plongé jusqu'au cou dans les études.* — (Suivi d'un nom abstrait, pour marquer l'excès) *Pousser la méchanceté jusqu'au sadisme. Poli jusqu'à l'obséquiosité. Boire jusqu'à satiété,* (FAM.) *jusqu'à plus soif.* — (Devant un inf., après les v. *aller, pousser,* etc.) *Il est allé jusqu'à nier. «Son génie allait jusqu'à l'effrayer»* STENDHAL. *Pousser l'audace jusqu'à forcer une porte* (cf. Au point de). ▪ **2** (Temps) *Du matin jusqu'au soir. Jusqu'à la dernière minute, au dernier moment. Jusqu'à la fin. Jusqu'à ce jour. Il a vécu jusqu'à quatre-vingt-quatre ans. Jusqu'au moment où... Jusqu'à plus ample informé. Jusqu'à* *nouvel ordre.* ■ **3** (Totalité) **JUSQUE(S)** combiné avec *y compris, inclus, inclusivement,* pour marquer que la limite extrême introduite par *jusque* est comprise. *Jusques et y compris* [ʒyskəzeikɔ̃pʀi] *la page vingt. Jusqu'au 17 décembre inclus.* — Combiné avec un mot marquant la totalité (tous, tout) et dans un sens voisin de « même ». *Tous, jusqu'à sa femme, l'ont abandonné. « Jusqu'à mon repos, tout est un combat »* MUSSET.

B. JUSQUE, suivi d'une prép. autre que *à.* (fin XIe) *Il l'accompagne jusque chez lui. C'est fermé jusqu'en mai. Je vous attendrai jusque vers onze heures et demie.*

C. JUSQUE (suivi d'un adv.) *Jusqu'alors, jusqu'à présent. Jusqu'à hier, jusqu'à aujourd'hui. Jusqu'à quand ?* (1561) VX ou LITTÉR. *Jusques à quand ? Jusqu'à combien ?* — (milieu XIIe) *Jusqu'ici :* jusqu'à cet endroit ; jusqu'à maintenant. *Jusque-là :* jusqu'à cet endroit ; jusqu'à ce moment-là. FIG. (1676) FAM. *En avoir jusque-là :* être excédé. *J'en ai jusque-là de vos histoires ! « Son beau-frère, il en a jusque-là. Encore plus encombrant mort que vivant »* O. ROLIN. LOC. *S'en mettre jusque-là :* manger beaucoup. — *Jusqu'où* (relatif ou interrogatif). *Jusqu'où cela va-t-il nous mener ? « Tu vois, ami lecteur, jusqu'où va ma franchise »* MUSSET.

II ~ adv. POUR SIGNALER UN CAS EXTRÊME (début XIIIe) *Il y a des noms et jusqu'à des personnes que j'ai complètement oubliés.* ➤ **même.** — (1561) (Devant un objet ou un sujet isolé qu'il met en relief) *« Ils réclamaient jusqu'à l'argent des cadeaux »* ZOLA. *Jusqu'à lui, qui nous trahit ! Il n'est pas jusqu'à son regard qui n'ait changé.*

III ~ conj. ■ **1 JUSQU'À CE QUE :** jusqu'au moment où. — (milieu XVe) (Avec le subj.) *Jusqu'à ce que je revienne. « Je verrai cet instant jusqu'à ce que je meure »* HUGO. *Ne partez pas jusqu'à ce qu'il soit revenu,* avant qu'il ne soit revenu. *Jusqu'à ce que mort s'ensuive.* — (Avec l'indic.) VX ou LITTÉR. *« Jusqu'à ce qu'enfin Louis, s'étant à demi soulevé, regarda la fenêtre blanchissante »* MAURIAC. ■ **2** (milieu XIIIe) **JUSQU'À TANT QUE** (et le subj.). *Jusqu'à tant que cela cesse. « Plusieurs années s'écoulèrent ainsi* [...] *jusqu'à tant que la mère mourût »* HENRIOT.

JUSQUIAME [ʒyskjam] **n. f.** – XIIIe ◇ bas latin *jusquiamus,* grec *huoskuamos,* de *hûs* « porc » et *kuamos* « fève » ■ Plante herbacée *(solanacées)* à fleurs jaunes rayées de pourpre, à propriétés narcotiques et toxiques. *Jusquiame noire,* utilisée en médecine comme calmant, appelée aussi *herbe des chevaux, herbe aux poules.*

JUSSIÉE [ʒysje] **n. f.** – *jussie* 1803 ◇ du nom de *Jussieu* ■ Plante exotique *(onagrariacées),* herbe ou arbrisseau aquatique à tiges creuses et à grandes fleurs jaunes ornementales, acclimatée en France pour la décoration des pièces d'eau. — On dit aussi **JUSSIE n. f.**

JUSSION [ʒysjɔ̃] **n. f.** – avant 1590 ; 1559 *tenir en jussion* « en sujétion » ◇ bas latin *jussio* « ordre » ■ DR. ANC. *Lettres de jussion,* adressées par le roi aux cours souveraines et portant commandement d'enregistrer une ordonnance, un édit.

JUSTAUCORPS [ʒystokɔʀ] **n. m.** – *just-au-corps* 1617 ◇ de *juste, au* et *corps* ■ **1** Ancien vêtement serré à la taille et muni de manches et de basques généralement assez longues. ➤ **pourpoint.** *Justaucorps d'homme, de femme.* ■ **2** Maillot collant d'une seule pièce qui couvre le tronc, utilisé pour la danse et la gymnastique. ➤ **body.**

JUSTE [ʒyst] **adj., n. m. et adv.** – milieu XIIe ◇ du latin *justus,* famille de *jus, juris* « (le) droit » → jurer, injure, parjure

I ~ adj. et n. m. A. IDÉE DE JUSTICE ■ **1** Qui se comporte, agit conformément à la justice, à l'équité. ➤ **équitable.** *Un professeur sévère mais juste. « Il faut être juste avant d'être généreux »* CHAMFORT. *Être juste pour, envers, à l'égard de qqn. Magistrat juste.* ➤ **impartial, intègre.** LOC. *Il faut être juste,* sans parti pris. ➤ **honnête, loyal.** — EXCLAM. VX *Juste ciel !* ◆ **n. m.** (1672) *Un, les justes. Dormir du sommeil du juste,* d'un sommeil paisible et profond. — (milieu XIIe) RELIG. Personne qui observe exactement les devoirs de sa religion. *« L'impie observe le juste, et cherche à le faire mourir »* PASCAL. *Les (trente-six) justes de la tradition juive. « Le Dernier des justes », roman d'André Schwarz-Bart.* — SPÉCIALT Personne qui a caché, sauvé des juifs pendant la Deuxième Guerre mondiale. ■ **2** (fin XIIIe) (CHOSES) Qui est conforme à la justice, au droit, à l'équité. *Une belle et juste cause. Guerre juste.* LOC. *Convoler* en justes noces.* — IMPERS. *Il est juste de le dédommager. « N'est-il pas juste Que chacun dispose de son bien »* GIDE. FAM. *C'est pas juste !* ◆ SUBST. (fin XIVe) *Le sentiment du juste et de l'injuste.* ■ **3** (Devant le nom) ➤ **fondé, légitime.** *Une juste colère. De justes revendications. Avec juste raison.* (fin XVe) *À juste titre :* à bon droit.

B. IDÉE DE JUSTESSE ■ **1** (fin XIIIe) Qui a de la justesse, qui convient bien, est bien tel qu'il doit être. ➤ **adéquat, approprié, convenable.** *Trouver un juste milieu entre deux extrêmes. Estimer les choses à leur juste prix, à leur juste valeur.* ➤ **réel, véritable, vrai.** *L'addition est juste.* ➤ **exact.** *L'heure juste. À la seconde juste où.* ➤ **même,** 1 **précis.** *Trouver le mot juste.* ➤ **propre.** ◆ (D'un son) Qui est exactement conforme à ce qu'il doit être (opposé à *1 faux*). *Note juste. Voix juste.* ■ **2** (fin XVe) Qui fonctionne avec exactitude et précision. *Ma montre est juste. Cette balance n'est pas juste.* ◆ FIG. (1595) Conforme à la vérité, à la raison, au bon sens. ➤ **authentique, exact,** 2 **logique, raisonnable, rationnel, vrai.** *Dire des choses justes. C'est juste. Très juste !,* c'est bien dit, bien observé. *Comparaison, image juste.* ➤ **heureux.** *Ils « paraissaient se faire une idée plus juste de leurs intérêts »* CAMUS. — SUBST. *Être dans le juste :* avoir raison. ➤ **vrai.** ■ **3** (1671) Qui apprécie bien, avec exactitude. *Avoir le coup d'œil juste, l'oreille juste. « Ce n'est point un grand avantage d'avoir l'esprit vif, si on ne l'a juste »* VAUVENARGUES.

C. IDÉE D'ÉTROITESSE, D'INSUFFISANCE ■ **1** Qui est trop ajusté, en parlant de vêtements, de chaussures. ➤ **étroit, petit.** *Pantalon trop juste.* ➤ **collant.** *Veste un peu juste.* ➤ **étriqué.** ■ **2** (1625) Qui suffit à peine. ➤ 1 **court.** *Repas trop juste pour dix personnes. C'est un peu juste.* ➤ **jeune.** *Il a été reçu, mais c'était juste !* ➤ **tangent ;** fam. **limite, ric-rac.** ◆ (PERSONNES) FAM. *Être un peu juste :* manquer d'argent.

II ~ adv. ■ **1** (1657) Avec justesse, exactitude, comme il faut, comme il convient. *Voir juste. Deviner, tomber juste.* — *Division qui tombe juste,* où il n'y a pas de reste. — *Acteur qui dit juste,* avec un ton juste. *Chanter juste.* ◆ Avec précision. *Tirer, viser juste. Calculer juste* (cf. Avoir le compas dans l'œil*). *Frapper, toucher juste :* atteindre très exactement le but visé ; FIG. agir ou parler exactement comme il convient. ■ **2** (1636) Exactement, précisément. *Il est midi juste.* ➤ 3 **pile.** *C'est juste à côté. Juste au coin de la rue. Juste ce qu'il faut. C'est juste le contraire. Il vient (tout) juste d'arriver. Il est arrivé juste quand nous partions.* ◆ *Tout juste !,* en effet, c'est bien cela. FAM. *Tout juste, Auguste !* ◆ ANGLIC. (emploi critiqué) ➤ **franchement, vraiment.** *C'est juste génial !* ■ **3** (1812) D'une manière trop stricte, en quantité à peine suffisante. *Compter, prévoir un peu juste. Arriver bien juste,* au tout dernier moment (cf. De justesse). *Cela lui coûte juste la peine de se baisser. Il a bu juste un verre de vin.* ➤ **seulement.** *Redis-le juste une fois.* ➤ **rien** (que). *Savoir tout juste lire. Il s'est vendu tout juste cinq cents exemplaires.* ➤ **tout** (tout au plus). *C'est tout juste passable* (cf. À peine). — (1829) *Au plus juste :* le plus exactement possible. *Prix calculé au plus juste.* ■ **4 loc. adv.** (fin XVIIIe) **AU JUSTE.** ➤ **exactement.** *Qu'est-ce que c'est, au juste ? On ne sait pas au juste.* ◆ (1808) **COMME DE JUSTE :** comme il se doit. ➤ **évidemment** (cf. Comme de raison*). *« Je dessinais. J'écrivais* [...] *Comme de juste on me flattait »* COCTEAU.

■ **CONTR.** Abusif, absurde, approximatif, arbitraire, déraisonnable, désaccordé, 1 faux, incorrect, inexact, inique, injuste, réprouvé.

JUSTEMENT [ʒystəmɑ̃] **adv.** – v. 1175 ◇ de *juste* ■ **1** RARE Conformément à la justice. *Ses efforts ont été justement récompensés.* ◆ À bon droit, avec raison. *Craindre justement pour son sort.* ■ **2** Avec justesse. *On dira plus justement que...* ➤ **pertinemment.** ■ **3** COUR. **adv. de phrase** (Pour marquer l'exacte concordance de deux faits, d'une idée et d'un fait). *C'est justement ce qu'il ne fallait pas faire.* ➤ **exactement.** *Il va venir ; justement le voici.* — SPÉCIALT (en tête de phrase) Précisément, à plus forte raison. *Il sera peiné de l'apprendre. — Justement, ne lui dites rien !* ■ **CONTR.** Injustement, faussement.

JUSTE-MILIEU [ʒyst(ə)miljø] **n. m. et adj.** – avant 1662 « modération » ◇ de *juste* et *milieu* ■ **1** (1831) HIST. Gouvernement modéré défini par Louis-Philippe. ■ **2 adj.** VX PÉJ. Qui est partisan de ce gouvernement ; qui s'y rapporte. *« Il est juste-milieu, botaniste et pansu »* VERLAINE.

JUSTESSE [ʒystɛs] **n. f.** – 1611 ◇ de *juste* ■ **1** Qualité qui rend une chose parfaitement adaptée ou appropriée à sa destination. *Justesse d'un instrument de mesure. Justesse et précision d'une balance.* ◆ (ABSTRAIT) ➤ **convenance, correction, exactitude.** *La justesse d'un raisonnement. Comparaison qui manque de justesse. « La justesse du sentiment général, la vérité de la couleur »* RENAN. ➤ **authenticité, vérité.** ■ **2** Qualité qui permet d'exécuter très exactement une chose, et PAR EXT. la manière même dont on l'exécute sans la moindre erreur. ➤ **précision.** *Justesse du tir. Chanter avec justesse.* ◆ SPÉCIALT Qualité qui permet d'apprécier très exactement. *Justesse de l'oreille, du coup d'œil. — Justesse d'esprit.* ➤ **raison, rectitude.** *Juger, apprécier avec justesse. « Les enfants apprécient avec une* *parfaite justesse la valeur morale de leurs maîtres»* FRANCE. ▪ **3 loc. adv.** (fin XIXe) **DE JUSTESSE :** de peu, sans rien de trop. *On a terminé de justesse* (cf. FAM. À l'arrache). *Gagner de justesse. La collision fut évitée de justesse. Il a eu son train de justesse.* ▪ CONTR. Approximation, erreur, faute.

JUSTICE [ʒystis] **n. f.** – fin XIe, au sens I, 2° ◇ du latin *justitia*, famille de *jus, juris*

I PRINCIPE MORAL QUI FONDE LE DROIT DE CHACUN ▪ **1** (milieu XIIe) Juste appréciation, reconnaissance et respect des droits et du mérite de chacun. ➤ **droiture, équité, impartialité, intégrité, probité.** *Agir avec justice, selon la justice. «La justice est le respect de la dignité humaine»* PROUDHON. *«La justice coûte moins cher que la charité»* ALAIN. *La justice sociale* : conditions de vie équitables, juste répartition des richesses. *La justice céleste, divine.* ▪ **2** (fin XIe) Principe moral de conformité au droit positif (➤ **légalité,** 1 **loi**) ou naturel (➤ **équité**). *«La justice sans la force est impuissante ; la force sans la justice est tyrannique»* PASCAL. *L'humanité recherche la justice et le bonheur. Faire régner la justice. Justice distributive. Justice immanente.* — *En bonne, en toute justice* : selon ce qui est de droit. (milieu XVe) *C'est justice, ce n'est que justice.* ➤ **juste.** LOC. *Il n'y a pas de justice* : ce n'est pas juste. *Il y a une justice* : ce qui arrive est juste.

II POUVOIR JUDICIAIRE ▪ **1** Pouvoir de faire régner le droit ; exercice de ce pouvoir. *La justice punit et récompense. «La justice des hommes* [intervient] *toujours trop tard : elle réprime ou flétrit les actes»* BERNANOS. *Justice sommaire* : exécution sommaire. — *Administrer, exercer, rendre la justice.* ➤ 1 **juger.** *Relever de la justice de tel ou tel pays, de tel ou tel tribunal. Déni de justice.* — *Cour* de justice de la République. Frais de justice.* LOC. *Main* de justice. Lit* de justice.* ▪ **2** (1657) Reconnaissance du droit, du bon droit de qqn. *«Las d'avoir toujours raison et jamais justice»* ROUSSEAU. *Obtenir justice.* — (fin XIe) **FAIRE JUSTICE.** VX *Faire justice de qqn* : punir, châtier (qqn). MOD. *Faire justice de qqch.*, récuser, réfuter. *Le temps a fait justice de tels mensonges.* — (1656) **FAIRE, RENDRE JUSTICE À qqn,** lui reconnaître son droit, lui accorder ce qu'il est juste qu'il obtienne ; PAR EXT. rendre hommage, récompenser. *L'avenir, la postérité lui rendra justice. Il faut lui rendre cette justice* : reconnaître ses mérites. — **SE FAIRE JUSTICE à soi-même,** ou ABSOLT **SE FAIRE JUSTICE :** se venger ; se tuer. *Le coupable s'est fait justice.*

III ADMINISTRATION JUDICIAIRE ▪ **1** (milieu XIIe) Organisation du pouvoir judiciaire ; ensemble des organes chargés d'administrer la justice, conformément au droit positif. *«Une justice digne de ce nom, non payée, non achetée* [...], *sortie du peuple et pour le peuple»* MICHELET. *Relatif à la justice.* ➤ **judiciaire, juridique.** *Défense des droits devant la justice, en justice.* ➤ **procédure.** *Exercice d'un droit en justice.* ➤ 1 **action, poursuite.** *Exercer un droit en justice* (➤ **actionner, agir, défendre, plaider, poursuivre, requérir**). *Traîner qqn en justice. Litige soumis à la justice* (➤ **procès**). *Débats en justice. Être appelé, assigné, cité en justice.* — *Décisions de justice* (➤ **arrêt, jugement, ordonnance, sentence**). *Palais de justice*, où siègent les tribunaux. *Les nouveaux palais de justice.* — *Gens de justice* : les membres du corps de la magistrature, du ministère public, du barreau, des offices publics et ministériels. DR. ANC. *Officier de justice.* ➤ **bailli, lieutenant** (criminel), **prévôt, sénéchal.** *Huissier de justice.* ◆ Police judiciaire. *Avoir des démêlés avec la justice. La justice le recherche. La justice s'assure de l'identité des délinquants.* ➤ **identité** (judiciaire) ; **anthropométrie.** *Repris de justice* (voir ce mot). ▪ **2** (fin XIIIe) L'ensemble des juridictions de même ordre, de même classe. *Justice administrative* (tribunaux administratifs, Conseil d'État), *civile, commerciale, militaire, pénale, politique.* — ANC. DR. *Justice seigneuriale* (droit commun) : *haute et basse justice. Justice féodale* (justice foncière). ◆ *Le ministère de la Justice.* ➤ **chancellerie.** *Le ministre de la Justice* ou *garde des Sceaux.* ➤ 2 **garde.** ◆ ANCIENNT *La justice de paix* : le tribunal du juge de paix.

IV ALLÉGORIE (fin XIIIe) **LA JUSTICE :** personnage de femme aux yeux bandés portant une balance et un glaive et personnifiant l'entité abstraite (I). *«La Justice», fresque de Raphaël.* ◆ LOC. FAM. *Raide comme la justice* : très raide, guindé, compassé.

▪ CONTR. Crime, iniquité, injustice.

JUSTICIABLE [ʒystisjabl] **adj. et n.** – XIIe ◇ de l'ancien verbe *justicier* «punir», de *justice* ▪ **1** Qui relève de certains juges, de leur juridiction. *Criminel justiciable des tribunaux français.* **n.** *L'inamovibilité des juges est une garantie de bonne justice pour les justiciables.* ▪ **2** Qui peut être jugé par. *Être justiciable de la critique, de l'opinion.* ▪ **3** FIG. Qui relève (d'une mesure, d'un procédé, d'un traitement). *Contravention justiciable d'un timbre-amende. Malade justiciable d'une cure thermale.*

JUSTICIER, IÈRE [ʒystisje, jɛʀ] **n.** – v. 1131 ◇ de *justice* ▪ **1** Personne qui rend justice, qui fait régner la justice ou l'applique. *Saint Louis, roi et justicier. «En sa personne* [de Pierre Ier] *se confondent le juge et le justicier»* BALZAC. ◆ FÉOD. Personne qui a droit de justice en un lieu. *Haut, bas justicier.* ▪ **2** Personne qui agit en redresseur de torts, vengeant les innocents et punissant les coupables. *Se poser en justicier. Les justiciers de la route. Le justicier des romans, des films populaires.*

JUSTIFIABLE [ʒystifjabl] **adj.** – 1787 ; «qui rend juste» v. 1300 ◇ de *justifier* ▪ **1** Qui peut être justifié. ➤ **défendable, excusable.** *Attitude, conduite peu justifiable. Justifiable aux yeux de qqn, devant qqn.* ▪ **2** Qui peut être expliqué, motivé. *Un choix justifiable.* ▪ CONTR. Injustifiable, insoutenable.

JUSTIFIANT, IANTE [ʒystifjɑ̃, jɑ̃t] **adj.** – 1345 ◇ de *justifier* (I°) ▪ RELIG. *Grâce justifiante*, qui rend juste.

JUSTIFICATEUR, TRICE [ʒystifikatœʀ, tʀis] **adj. et n. m.** – 1512 ◇ bas latin *justificator* ▪ **1** Qui justifie. ➤ **justificatif.** ▪ **2 n. m.** (1723) TECHN. Ouvrier typographe qui fait la justification (3°). ◆ Outil qui sert à la justification.

JUSTIFICATIF, IVE [ʒystifikatif, iv] **adj.** – 1535 ◇ du supin du latin ecclésiastique *justificare* «justifier» ▪ **1** Qui sert à justifier qqn. *Fait, mémoire, témoignage justificatif.* — Qui légitime (qqch.). ▪ **2** Qui sert à prouver ce qu'on allègue. *Fournir des documents justificatifs, toutes les pièces justificatives.* — SUBST. Pièce justificative. *Vous recevrez les justificatifs de mes frais professionnels. Fournir un justificatif de domicile. Exemplaires justificatifs*, et SUBST. *les justificatifs* : exemplaires (d'un journal, d'une revue) adressés aux personnes qui ont fait insérer une annonce.

JUSTIFICATION [ʒystifikasjɔ̃] **n. f.** – v. 1361 ; *justificaciun* 1120 ◇ latin ecclésiastique *justificatio* ▪ **1** Action de justifier qqn, de se justifier ; résultat de cette action. *Qu'avez-vous à dire pour votre justification ?* ➤ **décharge,** 1 **défense, excuse.** *Demander des justifications.* ➤ **compte, explication.** *Chercher, fournir des justifications.* ➤ **argument, raison.** — PAR EXT. Action de justifier (qqch.) ou de présenter comme juste. *Justification de la guerre, de la violence. Théorie qui sert de justification aux pires abus.* ➤ **apologie.** — Ce qui justifie, sert à justifier. *Demander, fournir une justification.* ▪ **2** Action d'établir (une chose) comme réelle ; résultat de cette action. ➤ **preuve.** *Justification d'un fait, d'une identité, d'un paiement.* ▪ **3** (1680) IMPRIM. Action de donner aux lignes la longueur requise ; longueur d'une ligne d'impression, définie par le nombre de caractères ; cette ligne. *«la justification, c'est-à-dire l'aplomb des fins de ligne, c'est-à-dire la pureté de la colonne verticale de l'espace marginal droit»* QUIGNARD. *La justification et les marges d'un livre.* — ABUSIVEMENT Cadrage d'un progiciel de traitement de texte. — ABRÉV. FAM. **JUSTIF** [ʒystif]. ▪ CONTR. Accusation, calomnie.

JUSTIFIER [ʒystifje] **v. tr.** ‹7› – v. 1120 sens 2° ◇ latin ecclésiastique *justificare* ▪ **1** (1564) RARE Rendre juste, conforme à la justice. *«Ne pouvant fortifier la justice, on a justifié la force»* PASCAL. ▪ **2** Innocenter (qqn) en expliquant sa conduite, en démontrant que l'accusation n'est pas fondée. ➤ **couvrir, décharger, défendre, disculper, excuser.** *Avocat qui cherche à justifier son client. Justifier qqn d'une erreur. Ses actes le justifient pleinement.* ➤ **laver.** *«Vous veniez accuser cet homme, vous l'avez justifié»* HUGO. — PRONOM. *Se justifier d'une accusation. Se justifier* : prouver son innocence, son bon droit. *Il cherche toujours à se justifier.* ▪ **3** Rendre (qqch.) légitime. *Théorie qui justifie tous les excès.* ➤ **autoriser, légitimer.** — PROV. *La fin justifie les moyens.* ▪ **4** Faire admettre ou s'efforcer de faire reconnaître (qqch.) comme juste, légitime, fondé. ➤ **exprimer, motiver.** *Justifier une démarche, une demande. Justifiez vos critiques. «Presque toute vie d'homme est corrompue par le besoin qu'il a de justifier son existence»* MONTHERLANT. *Une confiance que rien ne justifiait. Ses craintes ne sont pas justifiées.* PAR EXT. *Son revenu ne justifie pas ce train de vie* (cf. Rendre compte* de). ▪ **5** Confirmer (un jugement, un sentiment) après coup. ➤ **vérifier.** *L'évènement a justifié notre opinion, nos espoirs.* ▪ **6** Montrer (qqch.) comme vrai, juste, réel, par des arguments, des preuves. ➤ **démontrer, prouver.** *Justifier ce qu'on avance, ce qu'on affirme. Justifier l'emploi des sommes reçues. Il devra justifier qu'il était malade.* ◆ TRANS. IND. ; DR. *Justifier de* (qqch.), en faire, en apporter la preuve.

Justifier de son identité en montrant ses papiers. — *Reçu qui justifie d'un paiement.* ▪ **7** (1680) IMPRIM. *Justifier le composteur*, le fixer sur la justification voulue. *Justifier une ligne*, la mettre à la longueur requise au moyen de blancs. ▪ CONTR. Accuser, blâmer, condamner, incriminer.

JUTE [ʒyt] n. m. – 1849 ◊ mot anglais, du bengali *jhuto* ▪ **1** Plante herbacée *(tiliacées)*, cultivée pour les fibres textiles longues et soyeuses de ses tiges. ▪ **2** Fibre textile qu'on en tire après rouissage et décorticage. *Le jute est résistant et bon marché. Tapisser une pièce en toile de jute, en jute. Corde, sac de jute.*

JUTER [ʒyte] v. intr. ⟨1⟩ – 1844 ◊ de *jus* ▪ Rendre du jus. *Pêche, fruit qui jute.* — PAR ANAL. FAM. *Pipe qui jute.* ➤ **baver.**

JUTEUX, EUSE [ʒytø, øz] adj. et n. m. – XIVe ◊ de *jus* ▪ **1** Qui a beaucoup de jus. *Poire juteuse.* ➤ **fondant.** ▪ **2** FAM. Qui rapporte beaucoup. ➤ **intéressant, lucratif, rémunérateur.** *Une affaire juteuse.* ▪ **3** n. m. (1907) POP. VX Adjudant.

JUVÉNAT [ʒyvena] n. m. – 1902 ; «assemblée de jeunes gens» XIVe ◊ latin *juvenis* «jeune homme» ▪ RELIG. Stage en usage dans certains ordres religieux qui prépare au professorat.

JUVÉNILE [ʒyvenil] adj. – v. 1460 ; *juvenil* v. 1112 ◊ latin *juvenilis* ▪ **1** Qui est propre à la jeunesse. ➤ **jeune.** *Fraîcheur, grâce juvénile. Air, sourire juvénile. «Tout était juvénile sur ces visages : la roseur de la joue* [...] *l'œil frais»* MARTIN DU GARD. *Acné* juvénile. Ardeur juvénile. La délinquance juvénile*, des mineurs. ▪ **2** BIOCHIM., PHYSIOL. *Hormone juvénile* : hormone des insectes, qui contrôle leur mue, le fonctionnement de l'ovaire et la ponte. ▪ **3** GÉOL. *Eau juvénile*, qui a une origine volcanique ou magmatique. ▪ CONTR. Sénile, vieux.

JUVÉNILITÉ [ʒyvenilite] n. f. – 1495 ◊ latin *juvenilitas* ▪ LITTÉR. Caractère juvénile. ➤ **jeunesse.** *La juvénilité de son expression, de ses enthousiasmes.* ▪ CONTR. Sénilité.

JUXTA- ▪ Élément, du latin *juxta* «près de».

JUXTALINÉAIRE [ʒykstalineɛʀ] adj. – 1843 ◊ de *juxta-* et *linéaire* ▪ DIDACT. *Traduction juxtalinéaire*, où le texte et la version se répondent ligne à ligne dans deux colonnes contiguës.

JUXTAPOSABLE [ʒykstapozabl] adj. – 1927 ◊ de *juxtaposer* ▪ Qui peut être juxtaposé. *Éléments juxtaposables.*

JUXTAPOSÉ, ÉE [ʒykstapoze] adj. – *juxta-posé* 1803 ◊ de *juxta-poser* ▪ Qui est mis à côté, sans lien, sans liaison. *«un faisceau d'églises ou de chapelles juxtaposées et indépendantes les unes des autres»* GAUTIER. *Touches juxtaposées des impressionnistes. Mots juxtaposés.* ▪ CONTR. Distant.

JUXTAPOSER [ʒykstapoze] v. tr. ⟨1⟩ – 1835 ; au p. p. 1803 ◊ de *juxta-* et *poser* ▪ Poser, mettre (une ou plusieurs choses) à côté, près d'une autre ou de plusieurs autres et sans liaison. *Juxtaposer une chose à une autre, une chose et une autre.* — Poser (plusieurs choses) l'une à côté de l'autre, les unes à côté des autres. ➤ **accoler.** *Juxtaposer les termes d'une série. Juxtaposer deux mots pour former un composé.* ▪ CONTR. Éloigner, espacer.

JUXTAPOSITION [ʒykstapozisjɔ̃] n. f. – 1664 ◊ de *juxta-* et *position* ▪ Action de juxtaposer ; résultat de cette action. ➤ **assemblage.** *«ses tons qui, pris à part, seraient gris ou neutres, acquièrent par la juxtaposition une puissance et un éclat surprenants»* GAUTIER. *Phrase construite par juxtaposition.* ➤ **parataxe.**

K

1 **K** [kɑ] **n. m. inv.** ▪ Onzième lettre et huitième consonne de l'alphabet : *k majuscule* (K), *k minuscule* (k). — PRONONC. Lettre qui note la consonne occlusive vélaire sourde [k] dans des mots empruntés aux langues grecque *(kilo)*, germanique *(képi)*, slave *(knout)* ou orientales *(moka)*. — *Digrammes comportant k : kh,* qui note [k] *(khan, kolkhoze)* ou [x] *(khamsin)* ; *ck* (➤ 1 **C**). ▪ **HOM.** Cas.

2 **K** **abrév. et symboles** ▪ **1 k** [kilo]. Kilo-. ▪ **2 K** [kɛlvin] **n. m. inv.** Kelvin. — ANCIENNT **°K** [dəgʀekɛlvin]. Degré Kelvin.

KABBALE [kabal] **n. f.** – 1532 ◇ hébreu rabbinique *qabbalah* «tradition» ▪ Tradition juive donnant une interprétation mystique et allégorique de la Torah. *L'école, les docteurs de la kabbale.* ➤ **ésotérisme, herméneutique.** *Spécialiste de la kabbale* (*kabbaliste* **n.**). — On a écrit *cabale.*

KABBALISTIQUE [kabalistik] **adj.** – 1532 *cabalistique* ◇ de *kabbale* ▪ Relatif à la kabbale. *Interprétation kabbalistique.*

KABIG [kabik] **n. m.** – 1965 *kabik* ◇ mot breton ▪ Manteau court à capuche, muni sur le devant d'une poche formant manchon.

KABUKI [kabuki] **n. m.** – 1895 ◇ mot japonais ▪ Genre théâtral traditionnel, au Japon. *Acteur de kabuki.*

KABYLE [kabil] **adj. et n.** – 1739 ; *cabilah* 1761 ◇ arabe *qabilah* «tribu» ▪ De la Kabylie, région montagneuse d'Algérie. *Cheval, chien kabyle.* ◆ **n.** *Origine berbère des Kabyles.* — **n. m.** (1867) *Le kabyle :* ensemble des dialectes et parlers berbères de Kabylie.

KACHA [kaʃa] **n. f.** – 1861 ; *cacha* 1768 ◇ mot russe ▪ Plat populaire russe à base de bouillie de sarrasin ou d'orge mondé.

KADDISH [kadiʃ] **n. m.** – 1817 *kadish* ; 1666 *kaddesh* ◇ de l'araméen *quaddīš* «saint, sacré» ▪ RELIG. JUD. Prière récitée en araméen à la fin de chaque partie de l'office. — SPÉCIALT Prière des morts. *«ne se relevant de temps à autre que pour réciter le kaddish, comme déjà, par deux fois, il l'avait fait pour ses fils»* S. GERMAIN.

KAFKAÏEN, ÏENNE [kafkajɛ̃, jɛn] **adj.** – 1965 ; «de Kafka» 1945 ◇ de *Kafka,* écrivain tchèque ▪ Qui rappelle l'atmosphère absurde et inquiétante des romans de Kafka. *Une situation kafkaïenne.*

KAÏNITE [kainit] **n. f.** – 1872 ◇ allemand *Kainit,* du grec *kainos* «nouveau» ▪ MINÉR. Sulfate et chlorure hydraté naturel de potassium et de magnésium, produit d'évaporation intense des lacs salés, des lagunes.

KAISER [kɛzɛʀ ; kajzɛʀ] **n. m.** – 1871 ◇ mot allemand «empereur», du latin *Cæsar* ▪ *Le Kaiser :* l'empereur d'Allemagne (de 1871 à 1918) ; SPÉCIALT Guillaume II (1888-1918).

KAKÉMONO [kakemɔno] **n. m.** – 1878 ◇ mot japonais «chose suspendue» ▪ Peinture japonaise sur soie ou sur papier, étroite et haute, suspendue verticalement et que l'on peut enrouler autour d'un bâton de bois (➤ **makimono**). *«une toile toute en hauteur, faite comme un kakémono»* DUHAMEL. ◆ COMMUNIC. Support de communication d'aspect similaire. *«des kakémonos, frappés du nom d'enseignes ou de marques»* (Charente libre, 2016).

1 **KAKI** [kaki] **n. m.** – 1822 ◇ japonais *kakino,* nom du fruit ▪ Plaqueminier du Japon, cultivé dans le Midi, arbre ou arbrisseau dont les fruits d'un jaune orangé ont la forme de tomates. ◆ Ce fruit. *Des kakis.*

2 **KAKI** [kaki] **adj. inv. et n. m. inv.** – 1916 ; *khaki* 1898 ◇ anglais *khakee, khaki,* de l'hindoustani *khâki* «couleur de poussière» ▪ D'une couleur jaunâtre tirant sur le brun. *Chemises kaki. «Il portait un pantalon kaki* [...], *la couleur du crime, de la guerre»* DURAS. — **n. m.** *Le kaki, couleur des vêtements militaires. Soldat en kaki.*

KALA-AZAR [kalaazaʀ] **n. m.** – 1909 ◇ mot indien de l'Assam, «maladie *(azar)* noire *(kala)*» ▪ MÉD. Maladie parasitaire grave provoquée par un protozoaire, la leishmania*. *Kala-azar asiatique.* ➤ **leishmaniose.** *Des kala-azars.*

KALACHNIKOV [kalaʃnikɔf] **n. f. ou m.** – 1972 ◇ de *Kalachnikov,* nom de l'ingénieur militaire soviétique qui le conçut ▪ Fusil d'assaut d'origine soviétique, robuste et fiable. *Des kalachnikovs. «Il porte un treillis délavé et un kalachnikov commando en bandoulière»* Y. KHADRA. — ABRÉV. FAM. **KALACH(E)** [kalaʃ]. *«De la frime efficace, la kalache»* Y. QUEFFÉLEC. *Des kalachs.*

KALANCHOÉ [kalɑ̃kɔe] **n. m.** – 1763 ◇ mot d'origine chinoise ▪ Plante exotique ornementale *(crassulacées),* charnue, aux fleurs disposées en cymes.

KALE [ke(i)l] **n. m.** – 1868 ◇ mot anglais (XIVe), variante régionale de *cole* «crucifère», issu du latin *caulis* «tige ; chou» → cauli- ▪ ANGLIC. Variété de chou frisé appréciée pour ses qualités nutritives. *«La maquilleuse dit que le kalé* (sic) [...] *ça fait une peau merveilleuse»* M. DARRIEUSSECQ.

KALÉIDOSCOPE [kaleidɔskɔp] **n. m.** – 1818 fig. ◇ anglais *kaleidoscope* (1817), du grec *kalos* «beau», *eîdos* «aspect» et *skopein* «regarder», cf. *-scope* ▪ **1** Petit instrument cylindrique, dont le fond est occupé par des fragments mobiles de verre colorié qui, en se réfléchissant sur un jeu de miroirs angulaires disposés tout au long du cylindre, y produisent d'infinies combinaisons d'images aux multiples couleurs. ▪ **2** FIG. Succession rapide et changeante (d'impressions, de sensations, d'activités). *Un kaléidoscope de souvenirs.*

KALÉIDOSCOPIQUE [kaleidɔskɔpik] **adj.** – 1835 fig. ◇ de *kaléidoscope* ▪ Du kaléidoscope. — FIG. ➤ **changeant.** *«mise en scène kaléidoscopique et mouvementée»* JARRY.

KALI [kali] **n. m.** – 1573 ; comme mot arabe, et *herbe de Cali,* 1553 ◇ arabe *qali,* arabe classique *qily* «soude» → alcali ▪ Plante à feuilles épineuses *(chénopodiacées)* qui pousse sur les côtes de l'Europe méridionale, et dont on retirait autrefois la soude par incinération.

KALIÉMIE [kaljemi] **n. f.** – 1938 ◊ de *kalium* et *-émie* ■ PHYSIOL. Taux de potassium dans le sang.

KALIUM [kaljɔm] **n. m.** – 1834 ◊ latin scientifique, de l'arabe *qali* → kali ■ CHIM. VX Potassium (SYMB. K).

KALMOUK, E [kalmuk] **adj.** – 1676 *Kalmouch* ◊ mot mongol ■ De Kalmoukie (Russie). *Langue kalmouke,* et **n. m.** *le kalmouk.*

KAMALA [kamala] **n. m.** – 1865 ◊ mot sanskrit ■ RARE Poudre orangée (tinctoriale et ténifuge), obtenue par la réunion des minuscules poils glanduleux qui couvrent les fruits d'un arbrisseau de l'Inde *(euphorbiacées).*

KAMI [kami] **n. m.** – 1845 au plur. ◊ mot japonais «seigneur» ■ DIDACT. Divinité, dans la religion shintoïste. *Les kamis.* — PAR EXT. Titre de noblesse au Japon.

KAMICHI [kamiʃi] **n. m.** – *kamichy* 1741 ◊ mot caraïbe (Brésil) ■ ZOOL. Grand oiseau échassier d'Amérique du Sud.

KAMIKAZE [kamikaz] **n.** et **adj.** – v. 1950 ◊ mot japonais «vent divin» ■ **1 n. m.** Avion-suicide, piloté par un volontaire (au Japon, en 1944-1945) ; ce volontaire. *Des kamikazes.* ♦ **n.** Auteur d'un attentat suicide. *Le kamikaze a déclenché sa bombe dans le bus.* «*Que pouvait-il encore arriver ? Qu'un kamikaze se fasse exploser un soir au bar où ils prendraient un verre*» C. CUSSET. ■ **2** PAR EXT. Personne d'une grande témérité. *Un kamikaze du volant.* ■ **3 adj.** Qui tient du suicide. *Une opération kamikaze.*

KAN ➤ 1 et 2 **KHAN**

KANAK, E ou **CANAQUE** [kanak] **n.** et **adj.** – 1844, -1852 ◊ du polynésien (Hawaii) *kanaka* «homme» ■ Autochtone de Nouvelle-Calédonie. *Les Kanaks et les Caldoches*.* — **adj.** *Front de libération nationale kanake socialiste (F. L. N. K. S.). Identité kanake.*

KANAT ➤ **KHANAT**

KANDJAR [kɑ̃dʒaʀ] **n. m.** – 1787 ; *chanzar* 1519 ◊ arabe *handjar* «coutelas» ■ Poignard oriental à longue lame tranchante, dont la poignée n'a pas de garde.

KANGOUROU [kɑ̃guʀu] **n. m.** – 1808 ; *kanguro* 1744 ◊ anglais *kangaroo,* mot australien ■ **1** Grand mammifère australien herbivore *(marsupiaux),* à pattes postérieures très développées et à longue queue lui servant d'appui et lui permettant des sauts de plusieurs mètres. *La femelle du kangourou abrite ses petits dans sa poche ventrale. Kangourou de petite taille.* ➤ **wallaby.** «*les kanguroos* [sic] *quadrupèdes-sauterelles*» CHATEAUBRIAND. — *Kangourou-rat :* petit marsupial de la taille d'un gros rat. ➤ **potorou.** *Des kangourous-rats.* ♦ Viande de cet animal. *Pavé de kangourou.* ■ **2** EN APPOS. *Sac kangourou :* harnais qui permet de porter un bébé sur le ventre. ➤ **porte-bébé.** *Des sacs kangourous.* — *Slip kangourou :* slip d'homme muni d'une poche ouverte sur le devant.

KANJI [kɑ̃(d)ʒi] **n. m.** – 1984 ◊ mot japonais, de *kan* «Chinois» et *ji* «lettre, caractère» ■ Caractère chinois utilisé dans l'écriture japonaise. *Les kanji* (**inv.**) ou *les kanjis sont utilisés pour représenter les noms, les racines des verbes et les déterminants.* ➤ aussi **hiragana, katakana.**

1 **KANOUN** [kanun] **n. m.** – 1939 ◊ de l'arabe *kānūn* «fourneau en terre, poêle» ■ **(Maghreb)** Fourneau bas, en terre ou en métal, utilisé pour le chauffage ou la cuisson des aliments. «*Dans la pièce que le kanoun ne parvenait pas à chauffer*» MONTHERLANT. — On écrit aussi *canoun, qanoun.*

2 **KANOUN** [kanun] **n. m.** – 1895 ◊ de l'arabe ■ MUS. Instrument de musique d'origine arabe à cordes pincées ou grattées, sur table, de forme trapézoïdale, semblable à la cithare ou au psaltérion. — On écrit aussi *qanoun.*

KANTIEN, IENNE [kɑ̃sjɛ̃ ; kɑ̃tjɛ̃, jɛn] **adj.** et **n.** – 1798 ◊ de *Kant* → kantisme ■ Qui a rapport à la philosophie de Kant. *Les douze catégories kantiennes.* ♦ Partisan des théories de Kant.

KANTISME [kɑ̃tism] **n. m.** – 1804 ◊ de *Kant,* philosophe allemand, 1724-1804 ■ PHILOS. Doctrine de Kant, idéalisme transcendantal.

KAOLIANG [kaɔljɑ̃(g)] **n. m.** – avant 1948 ◊ mot chinois, de *kao* «haut» et *liang* «grain», par l'anglais (1904) ■ Variété de sorgo.

KAOLIN [kaɔlɛ̃] **n. m.** – 1739 ; *kao-lin* 1712 ◊ chinois *kaoling,* proprt «colline élevée», n. du lieu où l'on extrayait le *kaolin* ■ Silicate d'alumine pur, provenant de l'altération (ou *kaolinisation* **n. f.**) des feldspaths, des granits, argile réfractaire qui compose les pâtes céramiques, la porcelaine.

KAON [kaɔ̃] **n. m.** – v. 1960 ◊ de *(méson) K* et *-on* ■ PHYS. Particule élémentaire dont la masse est 970 fois plus grande que celle de l'électron.

KAPO [kapo] **n.** – v. 1940 ◊ allemand *Kapo,* abrév. de *Kamerad Polizei* ■ Détenu(e) chargé(e) de commander les autres détenus, dans les camps de concentration nazis. «*leurs kapos avaient redoublé de mauvais traitements à leur égard*» TOURNIER. ■ HOM. Capot.

KAPOK [kapɔk] **n. m.** – *capok* 1680 ◊ malais *kapuk* ■ TECHN. Fibre végétale, imperméable, imputrescible et très légère, constituée par les poils fins et soyeux qui recouvrent les graines du kapokier. *Coussin rembourré de kapok.*

KAPOKIER [kapɔkje] **n. m.** – *capoquier* 1691 ◊ de *kapok* ■ Grand arbre *(bombacacées)* de Java qui fournit le kapok. ➤ **fromager.** «*Un fin duvet venu des kapokiers flottait dans l'air*» SEMBENE.

KAPPA [kapa] **n. m. inv.** – 1690 ; *cappa* 1611 ◊ mot grec ■ Dixième lettre de l'alphabet grec (Κ, κ). ■ HOM. C. A. P. A., cappa.

KARAKUL ou **CARACUL** [kaʀakyl] **n. m.** – fin XVIIIe ◊ de *Karakoul,* nom d'une ville d'Ouzbékistan ■ **1** Mouton de l'Asie centrale chez lequel les agneaux nouveau-nés ont une toison bouclée. ➤ **astrakan, breitschwanz.** ■ **2** Fourrure de ces agneaux. *Manteau de, en karakul.*

KARAOKÉ [kaʀaɔke] **n. m.** – 1985 ◊ du japonais *kara* «vide» et *oke* «orchestration» ■ Divertissement consistant à chanter en public à l'aide d'un appareil qui fait défiler les paroles sur un écran et qui fournit l'accompagnement musical ; cet appareil. — Établissement proposant ce divertissement. *Des karaokés.*

KARATÉ [kaʀate] **n. m.** – 1956 ◊ mot japonais ■ Art martial japonais, fondé sur l'éducation de la volonté et la maîtrise physique. *Il est ceinture noire de karaté.*

KARATÉKA [kaʀateka] **n.** – 1966 ◊ de *karaté* ■ Personne qui pratique le karaté. *Des karatékas.*

KARBAU [kaʀbo] **n. m.** – v. 1900 ◊ mot malais ■ Variété domestique de buffle de l'Inde, répandue en Malaisie. — On dit aussi **KÉRABAU** [keʀabo].

KARCHER [kaʀʃɛʀ] **n. m.** – 1992 ◊ *Kärcher* marque déposée en 1941 ; du n. du fondateur de l'entreprise, l'Allemand *Alfred Kärcher* ■ Nettoyeur de cette marque qui projette de l'eau sous forte pression. ABUSIVEMENT Nettoyeur qui projette de l'eau sous forte pression. *Passer la terrasse au karcher.* ♦ LOC. FIG. *Passer au karcher :* opérer des changements brutaux, épurer sans ménagement.

KARITÉ [kaʀite] **n. m.** – 1868 ◊ mot d'une langue d'Afrique occidentale ■ Arbre *(sapotacées)* appelé aussi *arbre à beurre,* qui croît en Afrique équatoriale et dont la graine renferme une substance grasse, comestible après traitement et utilisée dans la fabrication des cosmétiques *(beurre de karité).* «*l'odeur du beurre de Karité* [...] *Ce beurre végétal se met à toutes les sauces. Il sert à la cuisine, à la toilette. Il graisse les plats, lubrifie les peaux*» A. LONDRES.

KARMA [kaʀma] **n. m.** – 1899 ◊ mot sanskrit «acte», par l'anglais (1828) ■ Dogme central de la religion hindouiste selon lequel la destinée d'un être vivant et conscient est déterminée par la totalité de ses actions passées, de ses vies antérieures. Pouvoir, dynamisme des actes passés, en tant que détermination de l'individu transitoire. — On dit aussi **KARMAN** [kaʀman]. — **adj. KARMIQUE.**

KARMAN [kaʀman] **n. m.** – 1962 *raccord Kármán ;* 1959 *karmann* ◊ du n. d'un ingénieur américain d'origine hongroise, 1881-1963 ■ AVIAT. Pièce profilée qui évite la formation de tourbillons au raccordement de l'aile et du fuselage. ■ HOM. Karman (karma).

KARST [kaʀst] **n. m.** – 1928 ◊ n. d'une région de Slovénie ■ GÉOL., GÉOGR. Ensemble des phénomènes de corrosion du calcaire. — Plateau calcaire où domine l'érosion chimique.

KARSTIQUE [kaʀstik] **adj.** – 1906 ◊ de *karst* ■ GÉOGR. Qui a rapport au karst. *Relief karstique caractérisé par l'enfouissement des eaux. Modelé karstique* (aven, canyon, doline, lapiaz, poljé, relief ruiniforme...).

KART [kaʀt] **n. m.** – 1960 ◊ mot anglais ■ ANGLIC. ■ **1** Petit véhicule automobile de compétition, sans carrosserie, ni boîte de vitesses, ni suspension. *Course de karts.* ■ **2** Karting. *Piste de kart.* ■ HOM. Carte, quarte.

KARTING [kaʀtiŋ] **n. m.** – 1960 ◊ mot anglais ■ ANGLIC. Sport pratiqué avec les karts. *Faire du karting. Piste de karting.*

KASHER ➤ **CASHER**

KATA [kata] **n. m.** – 1944 ◊ mot japonais ■ Dans les arts martiaux japonais, Enchaînement codifié de mouvements constituant un exercice d'entraînement à la pureté du geste. *Épreuve de katas. « il passait son temps à faire des mouvements de karaté dans le vide* [...] *Les adultes disaient qu'il était fou, avec ses katas »* G. FAYE.

KATAKANA [katakana] **n. m.** – 1873 *kata-kana* ◊ mot japonais « signe abrégé », de *kana* « signe syllabique dans l'écriture japonaise » et *kata* « angle » ■ Un des deux syllabaires japonais (➤ **hiragana**) dont les signes sont de forme angulaire. *Les katakana* (inv.) ou *les katakanas servent à écrire les mots d'origine étrangère et les onomatopées.*

KATAL [katal] **n. m.** – 1999 ◊ mot anglais, du grec *katalusis* → catalyse ■ MÉTROL. Unité de mesure d'activité catalytique (symb. kat), correspondant à la quantité d'enzyme capable de catalyser une réaction chimique ou biochimique à hauteur d'une mole par seconde. *Le katal est utilisé en médecine et en biochimie. Des katals.*

KATHAKALI [katakali] **n. m.** – 1926 ◊ mot malayalam, de *katha* « récit » et *kali* « jeu » ■ Théâtre dansé sacré de l'Inde, relatant les grandes épopées mythologiques.

KAVA [kava] **n. m.** – 1786 aux Samoa ◊ mot du sud-ouest polynésien ■ Poivrier *(Piper methysticum)* qui pousse en Polynésie et dont la racine est utilisée pour fabriquer une boisson enivrante ; cette boisson.

KAWA ➤ **CAOUA**

KAWAÏ ou **KAWAII** [kawaj] **adj. inv.** – 1995 ; 1985 comme mot étranger ◊ japonais *kawaii* « mignon, charmant » ■ Se dit d'une esthétique d'origine japonaise qui évoque l'univers de l'enfance (couleurs pastel, représentation de personnages imaginaires, etc.). *Des mascottes kawaï.* — **n. m.** *La mode du kawaï.*

KAYAK [kajak] **n. m.** – *kaiak* 1837 ; *cayac* 1829 ◊ mot inuit ■ **1** Canot de pêche groenlandais, étroit et long, fabriqué en peau de phoque. ■ **2** PAR ANAL. Petite embarcation de sport en toile, à une ou deux places, qui se manœuvre à la pagaie. ➤ **canoë.** *Descendre une rivière en kayak. Des kayaks.* — Sport pratiqué avec ce type de bateau. *Faire du kayak, du canoë-kayak.*

KAYAKISTE [kajakist] **n.** – 1943 ◊ de *kayak* ■ Personne qui pratique le kayak. ➤ **canoéiste.**

KÉBAB [kebab] **n. m.** – 1737 ◊ turc *kebap* « morceaux de viande grillée », de l'arabe ■ On écrit aussi *kebab.* ■ **1** Viande coupée en morceaux et rôtie à la broche. *« je demandai du pain et du kébab »* ISTRATI. *Brochette de kébabs.* ➤ **chiche-kébab.** ■ **2** Sandwich chaud composé de lamelles de viande grillée à la broche servies dans un pain garni de crudités. ➤ **grec.** *« J'ai mangé un kebab au Carthage, juste avant la place Gambetta. Un peu de viande m'a redonné des forces »* Y. HAENEL. ◆ PAR MÉTON. Établissement où l'on sert ce sandwich. *« ils me proposent toujours de venir manger dans le kebab où ils bossent »* F. GUÈNE.

KEEPSAKE [kipsɛk] **n. m.** – 1828 ◊ mot anglais, de *to keep* « garder » et *(for my) sake* « pour l'amour de moi » ■ ANCIENNT Livre-album, généralement illustré de fines gravures, qu'il était de mode d'offrir en cadeau, comme souvenir, à l'époque romantique. *Des keepsakes.*

KEFFIEH [kefje ; kefjɛ] ou **KÉFIÉ** [kefje] **n. m.** – 1840 *keffié* ◊ de l'arabe *kaffiyah*, arabe littéraire *kuffiyah* ■ Coiffure des Bédouins, formée d'un carré de tissu plié en triangle et retenu par un lien. *« un mouchoir de soie rayé d'or, qu'on appelle keffieh et que l'on fait tenir sur la tête en l'entourant d'une corde de crin »* GAUTIER. *Keffiehs palestiniens.*

KÉFIR [kefiʀ] **n. m.** – 1885 ◊ mot caucasien ■ Boisson gazeuse et acidulée, obtenue en faisant fermenter du petit-lait (de chèvre, de jument ou de vache) avec une levure dite *grains de kéfir.* — On écrit aussi *képhir.*

KEFTA [kɛfta] **n. f.** – 1976 ◊ de l'arabe ■ (Maghreb) Viande hachée et assaisonnée, servie en boulettes ou en brochettes sous forme de saucisses ; plat comportant cette viande. *Une kefta de mouton aux tomates. Un tajine de kefta. Boulettes de kefta. — Des keftas,* ces boulettes. *« Succulent repas* [...]. *Thé à la menthe,* harira *(soupe non identifiée),* tajine *aux pruneaux,* kefta *(boulettes) »* VAN CAUWELAERT.

KÉKÉ [keke] **n.** – 1994, d'abord régional (Marseille) ◊ origine inconnue, à rapprocher peut-être de *cacou* ■ FAM. Jeune homme, jeune fille qui cherche à en imposer, à se faire admirer. ➤ **frimeur.** — LOC. *Faire le kéké.* ➤ **crâner, frimer** (cf. RÉGION. Faire le cacou*).

KELVIN [kɛlvin] **n. m.** – 1953 ◊ de *lord Kelvin*, n. d'un physicien anglais ■ MÉTROL. Unité SI de mesure de température thermodynamique (SYMB. K). *Le kelvin a été défini en 1967 comme la fraction 1/273,16 de la température du point* triple de l'eau. Depuis 2019, le kelvin est défini à partir de la constante de Boltzmann (k), reliée au quantum d'énergie d'agitation thermique kT, T étant la température thermodynamique. La température de zéro kelvin* (0 K) *correspond à –273,15 degrés Celsius* (➤ **zéro** absolu). *Une température peut s'exprimer en kelvins ou en degrés Celsius.*

KÉMIA [kemja] **n. f.** – 1907 ◊ arabe d'Algérie *kmyā* ■ Assortiment de hors-d'œuvre préparés à la manière des pays du Maghreb. *« Le pastis et la kémia — olives noires et vertes, cornichons et toutes sortes de légumes cuits au vinaigre — faisaient partie de l'art de vivre marseillais »* IZZO. ◆ Le hors-d'œuvre lui-même. *« on mangera des petites assiettes de kémias sur le comptoir »* L. MAUVIGNIER.

KENDO [kɛndo] **n. m.** – v. 1970 ◊ mot japonais « voie du sabre » ■ Art martial japonais pratiqué avec un sabre fait de lamelles de bambou assemblées. *Des kendos.*

KÉNOTRON [kenɔtʀɔ̃] **n. m.** – 1922 ◊ anglais *kenotron*, du grec *kenos* « vide » et *-tron* ■ ÉLECTRON. Valve à vide très poussé, employée pour le redressement des courants alternatifs.

KENTIA [kɛ̃tja] **n. m.** – 1846 ; latin moderne 1836 ◊ de *Kent*, horticulteur anglais ■ Palmier australien, cultivé en Europe comme plante d'appartement.

KENTROPHYLLE ➤ **CENTROPHYLLE**

KÉPHIR ➤ **KÉFIR**

KÉPI [kepi] **n. m.** – 1809 ◊ alémanique *Käppi* « bonnet » ■ Coiffure militaire rigide, à fond plat et surélevé, munie d'une visière, portée (en France) par les officiers et sous-officiers de l'armée de terre, les légionnaires, les gendarmes, etc. *Képi de saint-cyrien.* ➤ **shako.**

KÉRABAU ➤ **KARBAU**

KÉRATINE [keʀatin] **n. f.** – 1855 ◊ de *kérat(o)-* et *-ine* ■ BIOCHIM. Scléroprotéine fibreuse, riche en cystine, présente dans les phanères de l'être humain et des animaux et dans les cellules superficielles de l'épiderme. *Kératines des poils, des ongles, des plumes.*

KÉRATINISATION [keʀatinizasjɔ̃] **n. f.** – 1892 ◊ de *kératiniser* ■ DIDACT. ■ **1** PHYSIOL. Fait de se kératiniser. ➤ **kératose.** ■ **2** PHARM. Enrobage des capsules et pilules médicamenteuses à l'aide d'une substance analogue à la kératine.

KÉRATINISER [keʀatinize] **v. tr.** ‹1› – 1905 ; au p. p. 1889 ◊ de *kératine* ■ DIDACT. ■ **1 v. pron. SE KÉRATINISER.** PHYSIOL. S'infiltrer de kératine (en parlant des cellules de l'épiderme et des phanères). **p. p. adj.** *Cellules kératinisées,* chargées de kératine. ■ **2** PHARM. Enrober (des pilules) dans une substance analogue à la kératine. **p. p. adj.** *Pilules kératinisées.*

KÉRATITE [keʀatit] **n. f.** – 1827 ◊ de *kérat(o)-* et *-ite* ■ MÉD. Inflammation de la cornée.

KÉRAT(O)- ■ Élément, du grec *keras, keratos* « corne, cornée ».

KÉRATOCÔNE [keʀatokon] **n. m.** – 1900 ◊ de *kérat(o)-* et *cône* ■ MÉD. Modification de la courbure de la cornée, qui prend progressivement la forme d'un cône.

KÉRATOME [keʀatom] **n. m.** – 1845 ◊ de *kérat(o)-* et *-ome* ■ MÉD. Épaississement circonscrit de la peau, ayant l'aspect d'une corne.

KÉRATOPLASTIE [keʀatoplasti] **n. f.** – 1878 ◊ de *kérato-* et *-plastie* ■ MÉD. Opération qui consiste à remplacer un fragment de cornée malade par un fragment de cornée saine et transparente (SYN. greffe de la cornée).

KÉRATOSE [keʀatoz] **n. f.** – 1884 ◊ de *kérat(o)-* et 2-*ose* ■ MÉD. Épaississement de la couche cornée de l'épiderme. *Kératose sénile.*

KÉRATOTOMIE [keʀatɔtɔmi] **n. f.** – 1855 ◊ de *kérato-* et *-tomie* ■ MÉD. Section de la cornée dans l'opération de la cataracte. — *Kératotomie radiaire :* incision de la cornée afin de corriger la myopie (jusqu'à 6 dioptries).

KERMA [kɛʀma] **n. m.** – v. 1980 ◊ mot anglais, acronyme de *Kinetic Energy Released per unit Mass* « énergie cinétique libérée par unité de masse » ■ PHYS. NUCL. Grandeur dosimétrique caractérisant la dose de rayonnement ionisant absorbée par unité de masse d'un matériau. *Le kerma, mesuré en grays, correspond à un transfert d'énergie entre la source et le milieu traversé.*

KERMÈS [kɛʀmɛs] n. m. – 1440 ◊ arabe *al-qirmiz*, par l'espagnol *alkermes* → carmin, cramoisi, alkermès ■ **1** Insecte hémiptère *(cochenilles)* parasite de certains chênes, et dont les œufs séchés et traités servaient à fabriquer une teinture écarlate. — Cette teinture. ■ **2** *Kermès* ou *chêne-kermès* : chêne arbustif des garrigues méditerranéennes à feuilles semblables à celles du houx, qui abrite une cochenille ; cette cochenille. ■ HOM. Kermesse.

KERMESSE [kɛʀmɛs] n. f. – 1391 ◊ moyen néerlandais *kercmisse* «messe d'église» ■ **1** Aux Pays-Bas, en Belgique, au Luxembourg, dans le nord de la France, Fête patronale villageoise, foire annuelle célébrée avec de grandes réjouissances en plein air. ➤ **ducasse.** «*La Kermesse héroïque*», *film de J. Feyder.* «*la frénésie des bacchanales et des kermesses*» S. LILAR. ■ **2** (1832) COUR. Fête de bienfaisance, souvent en plein air (cf. Vente* de charité). *La kermesse de l'école.* ➤ RÉGION. **fancy-fair.** ■ HOM. Kermès.

KÉROGÈNE [keʀɔʒɛn] n. m. – 1959 ◊ du grec *kêros* «cire» et *-gène* ■ GÉOL. Constituant organique contenu dans les schistes bitumeux, insoluble dans les solvants organiques, et susceptible de donner des hydrocarbures par distillation.

KÉROSÈNE [keʀozɛn] n. m. – 1863 ; variante *kérosine* 1862 ◊ du grec *kêros* «cire» et *-ène* ■ Pétrole lampant obtenu par distillation des huiles brutes de pétrole. *Le kérosène est utilisé pour l'alimentation des réacteurs d'avions.*

KERRIE [keʀi] n. f. – 1842 ; *kerria* 1833 ◊ de *Ker*, n. d'un botaniste anglais ■ Arbuste ornemental *(rosacées)* originaire du Japon et cultivé en France pour ses longues grappes de fleurs jaune d'or sous le nom de *spirée du Japon.*

KÉSACO, KÉSAKO ➤ **QUÉSACO**

KET [kɛt] n. m. – date inconnue ◊ mot flamand, de *ketje* (même sens), probablement du wallon *ket* «gaillard» et suffixe diminutif *-je* ■ (Belgique) FAM. ■ **1** Gamin de Bruxelles, d'origine populaire. — REM. Dans ce sens, on dit aussi *ketje* [kɛtʃ(œ)]. ■ **2** Garçon effronté.

KÉTAMINE [ketamin] n. f. – 1969 ◊ anglais *ketamine* (1966), de *ketone* «cétone» et *amine* ■ CHIM. Substance aux propriétés analgésiques et anesthésiques, utilisée en chirurgie et en médecine vétérinaire. *Consommation toxicomaniaque de kétamine (stupéfiant hallucinogène).*

KETCH [kɛtʃ] n. m. – 1780 ; *quaiche* 1751 ; *cache* 1666 ◊ mot anglais ■ MAR. Voilier à deux mâts, dont le mât d'artimon, plus petit que le mât avant, est implanté devant le gouvernail. ➤ **dundee.** *Des ketchs.*

KETCHUP [kɛtʃœp] n. m. – 1873 ; *calchup* 1826 ; *catsup* 1821 ◊ mot anglais (*catchup* 1690 ; *ketchup* 1711), probablt du chinois *kôetchiap* ou malais *kêchap* ■ Sauce à base de tomates, légèrement vinaigrée et sucrée, de couleur rouge orangé. *Une bouteille de ketchup. Hamburger au ketchup.*

KETJE ➤ **KET**

KETMIE [kɛtmi] n. f. – 1763 ; *ketmia* 1694 ◊ latin des botanistes *ketmia*, de l'arabe *hatmi* «guimauve» ■ Arbre ou arbrisseau *(malvacées)* des régions chaudes dont certaines variétés sont cultivées en France, et dont le fruit est le nafé*. ➤ **hibiscus.**

KEUF [kœf] n. m. – 1978 ◊ verlan, avec apocope, de *flic* ■ FAM. Agent de police, policier. «*les keufs l'avaient pas loupé, paf, deux ans ferme à Fleury-Mérogis*» TH. JONQUET.

KEUM [kœm] n. m. – v. 1970 ◊ verlan de *mec* ■ FAM. Mec, garçon. *Les keums et les meufs.*

KEVLAR [kɛvlaʀ] n. m. – 1972 ◊ nom déposé, d'origine inconnue ■ TECHNOL. Résine aramide utilisée sous forme de fibre dans certains matériaux composites. *Gilet pare-balle, voile en kevlar. Corde en kevlar.*

KEYNÉSIEN, IENNE [kenezjɛ̃, jɛn] adj. – 1946 ◊ de *Keynes* ■ ÉCON. De Keynes, de ses théories économiques (équilibre de sous-emploi, politique d'intervention pour stimuler la demande globale, rôle de l'investissement public, etc.). — n. m. **KEYNÉSIANISME.**

KÉZAKO ➤ **QUÉSACO**

kF Abrév. de *kilofranc.*

kg Symb. du kilogramme*.

KHÂGNE [kaɲ] n. f. – 1888 ◊ de *cagne* région. «paresse» par iron., ou de *cagneux* ■ ARG. SCOL. Classe préparatoire à l'École normale supérieure. ➤ aussi **hypokhâgne.** — Année de khâgne. «*c'était un examen trop facile pour quelqu'un qui a fait deux khâgnes*» C. CUSSET. — On écrit parfois *cagne.*

KHÂGNEUX, EUSE [kaɲø, øz] n. – 1888 ◊ de *khâgne* ■ ARG. SCOL. Élève d'une classe de khâgne. — On écrit parfois *cagneux, euse.* ■ HOM. Cagneux.

KHALIFAT ; KHALIFE ➤ **CALIFAT ; CALIFE**

KHAMSIN [xamsin] n. m. – XVIIIe ◊ mot arabe ■ Vent de sable analogue au siroco, en Égypte. — On écrit parfois *chamsin.*

1 **KHAN** [kɑ̃] n. m. – 1697 ; *kaan, kan, can* 1298 ◊ mot persan «gouverneur de province» ■ Titre que prenaient les souverains mongols *(Gengis Khan)*, les chefs tartares, et qui passa avec eux dans l'Inde et jusqu'au Moyen-Orient. *L'agha* khan.* — On écrit aussi *kan.* ■ HOM. Camp, quand, quant.

2 **KHAN** [kɑ̃] n. m. – 1678 ; *kan* 1457 ◊ arabo-persan *han* ■ Caravansérail, étape des caravanes, au Moyen-Orient. — On écrit aussi *kan.*

KHANAT [kana] n. m. – 1832 ; *kanat* 1678 ◊ de 1*khan* ■ **1** Pays soumis à un khan. ■ **2** (1840) Dignité de khan. «*conférer le khanat*» GOBINEAU. — On écrit aussi *kanat.* ■ HOM. Canna.

KHARIDJISME [kaʀidʒism] n. m. – 1902 ◊ arabe *kharadja* «sortir» ■ HIST. Doctrine d'un mouvement politico-religieux de l'islam, puritain et fanatique. — adj. et n. **KHARIDJITE.**

KHAT ou **QAT** [kat] n. m. – 1890 ◊ mot arabe «arbuste» ■ Arbuste d'Éthiopie et du Yémen dont les feuilles fraîches, contenant des alcaloïdes, sont utilisées comme masticatoire en Arabie et en Afrique orientale ; ces feuilles. *Chique de khat.* — Substance hallucinogène extraite des feuilles de cet arbuste.

KHÉDIVE [kediv] n. m. – 1869 ◊ turc *khediw* «roi, souverain» ■ Titre porté par le vice-roi d'Égypte entre 1867 et 1914. *Le khédivat, fonction de khédive.* — adj. *Khédiv(i)al, ale, aux,* 1890.

KHI [ki] n. m. inv. – 1655 ◊ mot grec ■ Lettre de l'alphabet grec (Χ, χ). ■ HOM. Qui.

KHMER, KHMÈRE [kmɛʀ] adj. et n. – 1873 ◊ mot sanskrit, du n. pr. *Kambou* ■ De la population qui habite le Cambodge. *Art khmer* : art ancien du Cambodge. «*une tête bouddhique khmère*» MALRAUX. ♦ *La langue khmère,* ou n. m. *le khmer* : langue parlée au Cambodge. ♦ (1970) *La République khmère.* n. *Les Khmers rouges* : les partisans du communisme khmer (qui exterminèrent la population).

KHOBZ [xobz] n. m. – 1983 ◊ de l'arabe d'Algérie ■ (Algérie) Pain. — *Khobz dar,* pain maison.

KHOL [kol] n. m. – 1837 *k'hol* ; 1787 *kohl* ; 1646 *kouhel* ◊ arabe *kohl* → alcool ■ Fard de couleur sombre appliqué sur les paupières, les cils, les sourcils, utilisé à l'origine dans le monde arabe. — On écrit aussi *khôl.* «*Ses yeux exagérément noircis au khôl*» COSSERY. — On dit parfois *kohol* [kɔɔl] et *koheul* [kɔœl].

KIBBOUTZ [kibuts] n. m. – v. 1950 ◊ mot hébreu «collectivité» ■ En Israël, Exploitation agricole de forme coopérative, servant de cadre à une organisation communautaire de la vie. *Des kibboutz,* parfois *des kibboutzim* [kibutsim] (plur. hébreu). *Membre d'un kibboutz* (*kibboutznik* [kibutsnik] n.).

KICHENOTTE ➤ **QUICHENOTTE**

KICK [kik] n. m. – 1922 ; *kick-starter* 1919 ◊ mot anglais, de *to kick* «donner des coups de pied» ■ Dispositif de mise en marche d'un moteur de motocyclette à l'aide du pied. *Démarrer au kick. Des kicks.*

KICKBOXING [kikbɔksiŋ] n. m. – 1993 ◊ mot anglais, de *to kick* «donner un coup de pied» et *to box* «boxer» ■ ANGLIC. Sport de combat qui se pratique avec les poings et les pieds, dérivé de la boxe américaine, de la boxe française et de la boxe thaïlandaise.

KICKER [kikɛʀ] n. m. – 1985 ◊ faux anglicisme, de l'anglais *to kick* «donner un coup de pied» ■ (Belgique, Luxembourg) Football de table, babyfoot. *Partie, tournoi de kicker.*

KIDNAPPER [kidnape] v. tr. ⟨1⟩ – 1931 ; hapax 1861 ◊ anglais américain *to kidnap,* de *kid* «enfant» et *to nap* «saisir» ■ Enlever (une personne), en général pour en tirer une rançon. *Kidnapper la fille d'un milliardaire. Elle s'est fait kidnapper* (➤ **otage**). *Action de kidnapper.* ➤ **kidnapping, rapt.** *Personne qui kidnappe.* ➤ **kidnappeur, ravisseur.**

KIDNAPPEUR, EUSE [kidnapœʀ, øz] n. – 1953 ; *kidnapper* 1936 ; autre sens 1783 ◊ de *kidnapper* ■ Personne qui kidnappe. ➤ **ravisseur.**

KIDNAPPING [kidnapiŋ] n. m. – 1935 ◊ mot anglais, de *to kidnap* → kidnapper ■ ANGLIC. Enlèvement (d'une personne) en vue d'obtenir une rançon. ➤ **rapt.** — Francisation **KIDNAPPAGE** n. m.

KIEF [kjɛf] n. m. – 1789 ◊ mot turc, de l'arabe *kef* « aise, état de béatitude » ▪ Repos absolu au milieu du jour, chez les Turcs. — État de béatitude.

KIESELGUHR ou **KIESELGUR** [kizɛlguʀ ; -gyʀ] n. m. – 1824 ◊ mot allemand ▪ MINÉR. ➤ **tripoli.**

KIÉSÉRITE [kjezeʀit] n. f. – 1873 ◊ de *Kieser,* n. d'un savant allemand ▪ MINÉR. Sulfate de magnésium hydraté naturel. — On écrit parfois *kiesérite.*

1 **KIF** [kif] n. m. – 1853 ◊ arabe *kif* « état de béatitude » (→ kief) puis « cannabis »

I État de béatitude, de bonheur parfait. ➤ **kief.** *La moto, c'est son kif* (cf. C'est son trip). *Quel kif !* (cf. Quel pied ; ➤ **kifer**).

II Mélange de tabac et de chanvre indien (➤ **haschich**). *Fumer du kif. N'attendant « de bonheur que du kif qu'ils fument sans arrêt dans leurs pipes nacrées »* THARAUD.

2 **KIF** [kif] n. m. – 1901 ◊ de *kifkif* ▪ FAM. *C'est du kif :* c'est la même chose. ➤ **kifkif.**

KIFER ou **KIFFER** [kife] v. ‹1› – 1990 ◊ de l'arabe maghrébin *kif* « état de béatitude » → 1 kif ▪ FAM. ▪ **1** v. intr. Prendre du plaisir. ➤ **triper.** *« Le rap, ça le faisait pas trop kiffer, Lakdar »* TH. JONQUET. ▪ **2** v. tr. Apprécier, aimer bien (qqn, qqch.).

KIFKIF ou **KIF-KIF** [kifkif] adj. inv. – 1867 ◊ mot arabe, littéralt « comme comme » ▪ FAM. Pareil, la même chose. *Celui-ci ou celui-là, c'est kifkif !* ➤ 2 **kif.** *Kifkif bourricot.*

1 **KIKI** [kiki] n. m. – 1876 *kique* ◊ abrév. de l'argot *quiriquiqui* « gosier » ▪ FAM. ▪ **1** Gorge, gosier. *Serrer le kiki. « Soudain, il se sentit le kiki serré »* QUENEAU. ▪ **2** LOC. (v. 1965) **Appellatif affectueux** *C'est parti, mon kiki :* ça marche, on commence.

2 **KIKI** [kiki] n. m. – XXe ◊ formation enfantine, à rapprocher de *quiquette* ▪ FAM. Pénis. *Il a un gros kiki.*

KIL [kil] n. m. – 1880 ◊ abrév. de *kilo* ▪ POP. *Un kil de rouge :* un litre de vin rouge.

KILIM [kilim] n. m. – 1972 ◊ mot turc ▪ Tapis d'Orient tissé.

KILO [kilo] n. m. – fin XVIIIe ◊ abrév. de *kilogramme* ▪ COUR. Kilogramme. *Elle pèse cinquante kilos. « Quand les types de cent trente kilos disent certaines choses, les types de soixante kilos les écoutent »* (M. AUDIARD, « Cent Mille Dollars au soleil », film). *Il a pris, perdu deux kilos. Une livre ou un demi-kilo. Fraises à quatre euros le kilo. Vendu au kilo.* — LOC. FAM. *En faire des kilos :* exagérer (cf. En faire des caisses*, des tonnes*). *Il « en fait toujours des kilos dans le sublime »* FALLET.

KILO- ▪ MÉTROL. Préfixe du système international (SYMB. k), du grec *khilioi* « mille », qui multiplie par mille (10^3) l'unité dont il précède le nom : *kilogramme, kiloeuro.* ◆ INFORM. Élément (SYMB. K), qui multiplie par 2^{10} (soit 1 024) l'unité d'information dont il précède le nom : *kilobit, kilo-octet* /kilooctet/.

KILOCALORIE [kilokalɔʀi] n. f. – 1933 ◊ de *kilo-* et *calorie* ▪ MÉTROL. Unité de mesure de quantité d'énergie (SYMB. kcal), valant 1 000 (10^3) calories, appelée autrefois *grande calorie* et abusivement *calorie. Une kilocalorie vaut 4,18 kilojoules.*

KILOEURO [kiloøʀo] n. m. – 2001 ◊ de *kilo-* et *euro,* sur le modèle de *kilofranc* ▪ Dans les opérations financières et commerciales, Valeur, unité de compte qui correspond à mille euros. *Un budget de dix kiloeuros.* — SYMB. **kE** ou **k€.**

KILOFRANC [kilofʀɑ̃] n. m. – v. 1980 ◊ de *kilo-* et 3 *franc* ▪ Dans les opérations financières et commerciales, Valeur, unité de compte qui correspondait à mille francs. — SYMB. **kF** [kaɛf]. *Salaire annuel de 400 kF.*

KILOGRAMME [kilɔgʀam] n. m. – 1795 ◊ de *kilo-* et *gramme* ▪ COUR. Masse valant mille grammes (ABRÉV. ➤ **kilo**). — MÉTROL. Unité SI de mesure de masse (SYMB. kg). *Le kilogramme était égal à la masse du prototype dit* kilogramme international, *cylindre de platine iridié conservé depuis 1889 au Bureau international des poids et mesures. Depuis 2019, le kilogramme est défini par la constante de Planck* (h). — *Kilogramme par mètre, par mètre carré, par mètre cube :* unités de mesure de masse linéique (SYMB. kg/m), surfacique (SYMB. kg/m^2), volumique (SYMB. kg/m^3). — *Kilogramme-force* ou *kilogramme-poids :* ancienne unité de mesure de force valant 9,81 newtons. *Des kilogrammes-force, des kilogrammes-poids.*

KILOGRAMMÈTRE [kilɔgʀamɛtʀ] n. m. – 1847 ◊ de *kilo-, gramme* et *mètre* ▪ MÉTROL. Ancienne unité de mesure de travail ou d'énergie (SYMB. kgm), valant 9,81 joules. *Le cheval-vapeur valait 75 kilogrammètres par seconde.*

KILOHERTZ [kiloɛʀts] n. m. – 1958 ◊ de *kilo-* et *hertz* ▪ MÉTROL. Unité de mesure de fréquence (SYMB. kHz), valant mille (10^3) hertz.

KILOJOULE [kiloʒul] n. m. – 1908 ◊ de *kilo-* et *joule* ▪ MÉTROL. Unité de mesure d'énergie (SYMB. kJ), valant mille (10^3) joules. *Convertir des calories en kilojoules.*

KILOMÉTRAGE [kilɔmetʀaʒ] n. m. – 1867 ◊ de *kilométrer* ▪ **1** Action de kilométrer ; résultat de cette action. *Kilométrage d'un parcours.* ▪ **2** Nombre de kilomètres parcourus. ➤ RÉGION. **millage.** *Kilométrage d'une voiture, indiqué au compteur. Location avec kilométrage illimité.*

KILOMÈTRE [kilɔmɛtʀ] n. m. – 1790 ◊ de *kilo-* et *mètre* ▪ **1** Unité pratique de mesure de longueur (SYMB. km), valant mille mètres, utilisée pour mesurer les distances. *Marcher pendant des kilomètres. J'ai fait cinq kilomètres à pied.* ➤ FAM. **borne.** *Voiture qui fait 130 kilomètres à l'heure, du 130 kilomètres-heure* ou ELLIPT *du 130* (SYMB. km/h) (➤ **horokilométrique).** — COLLECTIVT FAM. *Manger, bouffer du kilomètre :* faire de la route sans s'arrêter. — SPORT *Kilomètre lancé* (ABRÉV. KL) : épreuve de ski de vitesse où les concurrents sont chronométrés après avoir atteint leur pleine vitesse, sur une distance d'un kilomètre. ◆ *Kilomètre carré* (SYMB. km^2) : unité de mesure de superficie valant un million de mètres carrés ou 100 hectares. *Des kilomètres carrés.* — *Kilomètre cube* (SYMB. km^3) : unité de mesure de volume, valant un milliard de mètres cubes. ▪ **2** Transport pour un kilomètre. *Prix du kilomètre d'avion. Kilomètre-passager :* unité statistique correspondant au transport d'un passager sur un kilomètre. ▪ **3** (Intensif) *Des kilomètres de pellicule. Texte au kilomètre :* bande magnétique de saisie informatique, sans mise en page.

KILOMÉTRER [kilɔmetʀe] v. tr. ‹6› – 1867 ◊ de *kilomètre* ▪ Mesurer en kilomètres ; jalonner de bornes kilométriques. *Kilométrer une route.*

KILOMÉTRIQUE [kilɔmetʀik] adj. – 1811 ◊ de *kilomètre* ▪ Qui a rapport au kilomètre. *Distance kilométrique. Bornes kilométriques,* marquant chaque kilomètre sur une route.

KILOTONNE [kilotɔn] n. f. – 1957 ◊ de *kilo-* et 1 *tonne* ▪ Mille tonnes. — MÉTROL. Unité d'évaluation de la puissance des armes nucléaires (SYMB. kt), par comparaison avec l'énergie produite par l'explosion de mille tonnes de TNT. ➤ aussi **mégatonne.** *Une ogive thermonucléaire libère une énergie d'environ 100 kilotonnes.*

KILOWATT [kilowat] n. m. – 1889 ◊ de *kilo-* et *watt* ▪ MÉTROL. Unité de mesure de puissance électrique (SYMB. kW), valant mille (10^3) watts.

KILOWATTHEURE [kilowatœʀ] n. m. – 1894 ◊ de *kilowatt* et *heure* ▪ MÉTROL. Unité de mesure d'énergie (SYMB. kWh), correspondant à l'énergie consommée en une heure par un appareil d'une puissance de 1 000 watts. *1 kilowattheure équivaut à 3,6 mégajoules.*

KILT [kilt] n. m. – 1839 *hilt* ◊ mot anglais, de *to kilt* « retrousser » ▪ Vêtement masculin porté traditionnellement en Écosse, qui va de la taille aux genoux, plissé à l'arrière. *« Les mouvements terribles des kilts en tournant alarmaient un peu les dames, mais il n'y a pas eu d'accidents »* MÉRIMÉE. — Jupe plissée semblable au kilt, portée par les femmes. *Un kilt écossais, uni. Des kilts.*

KIMBERLITE [kɛ̃bɛʀlit] n. f. – 1902 ◊ de *Kimberley,* n. d'une ville sud-africaine, probablt d'après l'anglais ▪ MINÉR. Roche éruptive dans laquelle on trouve le diamant.

KIMONO [kimɔno] n. m. – 1899 ; *kimona* 1796 ; *gimon* 1603 ◊ mot japonais « vêtement, robe » ▪ **1** Longue tunique japonaise à manches, d'une seule pièce, croisée devant et maintenue par une large ceinture (➤ **obi**). *Kimono de soie brodée. Kimonos de judo, de karaté.* — PAR EXT. Peignoir léger rappelant ce vêtement. ▪ **2** APPOS. INV. *Manches kimono,* qui font corps avec le vêtement, non rapportées, souvent larges lorsqu'elles sont longues. *Robe kimono,* à manches kimono.

KINASE [kinɑz] n. f. – 1902 ◊ du grec *kinein* « mettre en mouvement » et *-ase* ▪ BIOCHIM. Enzyme capable d'activer par phosphorylation un métabolite, une autre enzyme *(phosphorylase kinase)* ou une protéine impliquée dans la réponse cellulaire à certains stimulus.

KINESCOPE [kinɛskɔp] n. m. – 1948 ; autre sens 1873 ◊ grec *kinêsis* « mouvement » et *-scope* ▪ ANCIENNT Procédé permettant de conserver sous forme de films les émissions de télévision. *Le kinescope, ancêtre du magnétoscope.*

KINÉSI- ▪ Élément, du grec *kinêsis* « mouvement ».

KINÉSIOLOGIE [kinezjɔlɔʒi] n. f. – 1941 ◇ de *kinési-* et *-logie*, d'après l'anglais *kinesiology* (1894) ▪ DIDACT. Discipline qui étudie les mouvements du corps. — *Kinésiologie (appliquée)* : pratique thérapeutique basée sur l'étude du tonus musculaire. — n. **KINÉSIOLOGUE**, 1973.

KINÉSISTE [kinezist] n. – 1994 ◇ de *kinési-* ▪ (Belgique) Kinésithérapeute. — ABRÉV. **KINÉ**.

KINÉSITHÉRAPEUTE [kineziteʀapøt] n. – 1948 ◇ de *kinési-* et *thérapeute* ▪ Praticien, praticienne de la kinésithérapie. ➤ RÉGION. **kinésiste**. APPOS. *Masseurs kinésithérapeutes*. — ABRÉV. FAM. **KINÉ** (1979), VIEILLI **KINÉSI** (1969). *Un, une kiné. Les kinés du service de rééducation.*

KINÉSITHÉRAPIE [kineziteʀapi] n. f. – 1847 ◇ de *kinési-* et *-thérapie* ▪ Emploi thérapeutique des mouvements de gymnastique et des diverses formes de massages. — ABRÉV. FAM. (1969) **KINÉ**. *Séances de kiné.*

KINESTHÉSIE [kinɛstezi] n. f. – v. 1900 ◇ de *kinési-* et du grec *aisthêsis* « sensation », d'après l'anglais *kinaesthesis* (1880) ▪ DIDACT. Sensation interne du mouvement des parties du corps assurée par le sens musculaire (sensibilité profonde des muscles) et les excitations de l'oreille interne. — adj. **KINESTHÉSIQUE**, 1931.

KINÉTOSCOPE [kinetɔskɔp] n. m. – 1893 ◇ du grec *kinêtos* « mobile » et *-scope* ▪ TECHN. Appareil permettant la projection de photographies prises à très courts intervalles et dont le déroulement rapide donne une impression de mouvement, un des ancêtres du cinéma.

KING-CHARLES [kiŋʃaʀl] n. m. inv. – *king's charles* 1845 ◇ anglais *King Charles's spaniel* « épagneul du roi Charles » ▪ Épagneul, petit chien à poils longs.

KINKAJOU [kɛ̃kaʒu] n. m. /KINCAJOU/ – 1776 ; *quincajou* 1672 ◇ mot d'origine algonquine ▪ Petit mammifère arboricole *(carnivores)* au pelage gris-roux, à longue queue prenante, qui vit en Amérique tropicale. « *l'intelligence d'un écureuil, l'adresse d'un kinkajou* » LE CLÉZIO.

KIOSQUE [kjɔsk] n. m. – 1654 ; *chiosque* 1608 ◇ turc *köşk* « pavillon de jardin » ▪ **1** Pavillon de jardin ouvert de tous côtés, en Turquie et au Moyen-Orient. PAR EXT. Pavillon de jardin dans le même style. ➤ **belvédère, gloriette**. — *Kiosque à musique* : abri circulaire destiné à recevoir les musiciens d'un concert public en plein air. *Kiosque municipal.* ▪ **2** *Kiosque (à journaux)* : édicule où l'on vend des journaux. ➤ RÉGION. **aubette**. — Édicule analogue où l'on vend des fleurs, etc. ◆ Système de vente de services par téléphone ou par Internet. *Kiosque téléphonique.* — (1984 ◇ n. déposé) Service de messageries par minitel. ▪ **3** Abri vitré sur le pont d'un navire. *Kiosque de timonerie.* — Superstructure du sous-marin dont la partie supérieure sert de passerelle.

KIOSQUIER, IÈRE [kjɔskje, jɛʀ] n. – milieu XXe ◇ de *kiosque* ▪ Personne qui tient un kiosque à journaux.

KIPPA [kipa] n. f. – date inconnue ◇ mot hébreu ▪ Calotte portée par les juifs pratiquants. *Des kippas.*

KIPPER [kipœʀ] n. m. – 1888 ◇ mot anglais, d'abord « saumon mâle » en ancien anglais, d'origine inconnue ▪ Hareng ouvert, fumé et salé.

KIPPOUR ➤ **YOM KIPPOUR**

KIR [kiʀ] n. m. – 1953 ◇ n. déposé en 1952 ; du n. du chanoine *Kir*, ancien maire de Dijon ▪ Apéritif composé de vin blanc et de liqueur de cassis. — *Kir royal*, au champagne. — PAR EXT. *Kir au vin rouge.* ➤ **communard**.

KIRIGAMI [kiʀigami] n. m. – 1954 ◇ mot japonais, de *kiru* « couper » et *kami* « papier » ▪ Art traditionnel japonais du papier découpé. *Kirigami et origami.*

KIRSCH [kiʀʃ] n. m. /KIRCH/ – 1782 ; *kirsch-wasser* 1775 ◇ allemand *Kirschwasser* « eau *(Wasser)* de cerise *(Kirsche)* » ▪ Eau-de-vie de cerises aigres et de merises. *Un verre de kirsch. Ananas au kirsch. Guignolet kirsch. Des kirschs.*

KIT [kit] n. m. – 1958 ◇ mot anglais « boîte à outils » ▪ ANGLIC. ▪ **1** Ensemble des éléments constitutifs d'un objet vendu prêt à être monté. *Meuble, ordinateur, piscine en kit.* — Recomm. offic. *prêt-à-monter* (plur. *prêts-à-monter*). ▪ **2** Ensemble réunissant le matériel nécessaire pour réaliser une activité, subvenir à un besoin. *Kit de dépistage* : test biologique à réaliser soi-même. *Kit de connexion à Internet. Kit pédagogique. Kit de survie.* — *Kit piétons, kit mains libres* (pour téléphone portable). ▪ HOM. Quitte.

KITCH ➤ **KITSCH**

KITCHENETTE [kitʃənɛt] n. f. – 1936 ◇ mot anglais américain, de *kitchen* « cuisine », du latin *cocina*, de *coquere* ▪ Petite cuisine, coin cuisine. *Studio avec kitchenette.* — Recomm. offic. *cuisinette*.

KITESURF [kajtsœʀf] n. m. – 1998 ◇ faux anglic., de l'anglais *kite* « cerf-volant » et *surf* ▪ Sport de glisse nautique qui se pratique debout sur une planche, en se faisant tirer par une aile inspirée du parapente. — Recomm. offic. *planche volante*. — ABRÉV. **KITE**. *Faire du kite.* — n. **KITESURFEUR, EUSE** [kajtsœʀfœʀ, øz] ou n. m. **KITESURFER** [-œʀ].

KITSCH ou **KITCH** [kitʃ] adj. inv. et n. m. inv. – 1962 ◇ de l'allemand *Kitsch* (Bavière, v. 1870), de *kitschen* « rénover, revendre du vieux » ▪ **1** Se dit d'un style et d'une attitude esthétique caractérisés par l'usage hétéroclite d'éléments démodés (➤ 2 **rétro**) ou populaires, considérés comme de mauvais goût par la culture établie et produits par l'économie industrielle. *Une robe kitsch.* « *des objets* kitsch *venus d'un concours Lépine des années trente* » PEREC. — n. m. « *Le kitsch a pu être considéré comme une dégénérescence menaçant toute forme d'art ou au contraire comme une forme nouvelle d'art du bonheur* » A. MOLES. ▪ **2** PAR EXT. D'un mauvais goût baroque et provocant. ➤ RÉGION. **quétaine**.

1 **KIWI** [kiwi] n. m. – *kivi-kivi* 1828 ◇ mot anglais, du maori ▪ Oiseau coureur de Nouvelle-Zélande *(aptérygiformes)* qui n'a que des rudiments d'ailes. ➤ **aptéryx**.

2 **KIWI** [kiwi] n. m. – v. 1970 ◇ anglais *kiwi fruit*, le fruit ayant d'abord été cultivé en Nouvelle-Zélande, dont l'emblème est le *kiwi* (1°), surnom des Néo-Zélandais ▪ Fruit oblong d'un arbuste d'Asie acclimaté en Europe, à pulpe verte et acidulée, à l'écorce duveteuse gris-marron. *Tarte aux kiwis.*

KLAXON [klaksɔn] n. m. – 1911 ◇ n. déposé par une firme américaine, du grec *klaxein* « retentir » ▪ Avertisseur sonore à commande mécanique ou électrique. *Donner un coup de klaxon. Des klaxons.*

KLAXONNER [klaksɔne] v. ‹1› – 1930 ◇ de *klaxon* ▪ **1** v. intr. Actionner le klaxon. ➤ **avertir**, 1 **corner**. *Klaxonner pour doubler un véhicule. Interdiction de klaxonner.* ▪ **2** v. tr. FAM. Donner un coup de klaxon à l'intention de (qqn). *Klaxonner un cycliste.*

KLEENEX [klinɛks] n. m. – 1965 ◇ marque déposée ; mot anglais américain (1925), de *clean* « propre » et suffixe ▪ Mouchoir en papier jetable. *Un paquet de kleenex.* ◆ LOC. FIG. *Traiter qqn comme un kleenex*, s'en débarrasser sans ménagement après l'avoir exploité. — EN APPOS. *Salarié, travailleur kleenex.* « *On se paiera des gigolos, [...] des mecs-kleenex, allez, hop ! À la poubelle après usage, hop ! Suivant !* » G. DELACOURT.

KLEPTOCRATIE ➤ **CLEPTOCRATIE**

KLEPTOMANE ; KLEPTOMANIE ➤ **CLEPTOMANE ; CLEPTOMANIE**

KLEZMER [klɛzmɛʀ] n. m. et adj. inv. – 1990 ; hapax 1902 *klesmer* ◇ mot yiddish, de l'hébreu *kelî* « instrument » et *zèmer* « chant » ▪ Musique traditionnelle des Juifs d'Europe centrale et orientale. — adj. inv. *Musique klezmer. Musiciens klezmer.* « *ils avaient dansé sur le quai au son d'un orchestre klezmer. Les musiciens parlaient yiddish entre eux* » F. WEYERGANS.

KLYSTRON [klistʀɔ̃] n. m. – 1939 ◇ mot anglais, du grec *kluzein* « envoyer un jet de liquide » ▪ ÉLECTRON. Tube électronique à hyperfréquence, à modulation de vitesse, dont le faisceau électronique est soumis au champ de deux cavités résonnantes. *Klystron utilisé comme amplificateur, comme oscillateur.*

km Symb. du kilomètre*.

KNACK [knak] n. f. – 1969 ◇ mot alsacien, de l'allemand *Knackwurst* « saucisse *(Wurst)* craquante » ▪ RÉGION. (Est) Saucisse, appelée aussi *saucisse de Strasbourg. Des knacks avec de la moutarde.*

KNICKERBOCKERS [knikɛʀbɔkɛʀs ; nikœʀbɔkœʀ] n. m. pl. – 1884 ; *knicker-bockers* 1863 ◇ mot anglais, nom d'un héros de W. Irving ▪ ANCIENNT Culotte de golf, souvent en tweed, portée aussi à la ville. — MOD. Culotte utilisée pour le ski de fond, l'alpinisme. — ABRÉV. (1937) **KNICKERS**. *Des knickers de velours.*

KNOCK-DOWN [(k)nɔkdɔn ; (k)nɔkdaun] n. m. inv. – 1909 ◇ loc. anglaise, de *to knock* « frapper » et *down* « à terre » ▪ ANGLIC. Mise à terre d'un boxeur qui n'est pas encore hors de combat.

KNOCK-OUT [(k)nɔkaut] n. m. inv. et adj. inv. – 1899 ◊ loc. anglaise, de *to knock* «frapper» et *out* «dehors»

I ■ **1** n. m. Mise hors de combat du boxeur resté à terre plus de dix secondes. *Battu par knock-out à la cinquième reprise.* — adj. (1905) *Mettre knock-out.* ➤ **K.-O.** ■ **2** adj. (1946) FAM. Assommé. *Il est knock-out.* ➤ **groggy, K.-O.**

II GÉNÉT. n. m. Méthode d'inactivation totale d'un gène afin d'en étudier la fonction, dans un organisme transgénique. *Le knock-out repose sur le processus de recombinaison* homologue.* adj. *Souris knock-out pour un gène particulier.*

KNOUT [knut] n. m. – 1681 ◊ mot russe ■ Instrument de supplice de l'ancienne Russie, fouet à lanières de cuir terminées par des crochets ou des boules de métal ; supplice que l'on infligeait avec cet instrument.

K.-O. [kao] n. m. inv. et adj. inv. – 1909 ◊ de *knock-out* ■ **1** Knock-out. *Battu par K.-O.* — adj. inv. *Être mis K.-O. Être K.-O. debout* : être sonné, ne plus pouvoir se défendre (➤ **groggy**) ; FIG. avoir perdu. ➤ **foutu.** ■ **2** adj. inv. FAM. Très fatigué. ➤ **lessivé, vanné.** *Sa grippe l'a mis K.-O.* ■ HOM. poss. Cahot, chaos.

KOALA [kɔala] n. m. – 1817 ◊ australien *kula*, par l'anglais (1802) ■ Mammifère australien *(marsupiaux)*, grimpeur, au pelage gris très fourni, ressemblant à un petit ours. *Les koalas se nourrissent de feuilles d'eucalyptus.*

KOBOLD [kɔbɔld] n. m. – 1835 ; *cobolde* 1732 ◊ allemand *Kobold* → cobalt ■ Esprit familier, dans les contes allemands, considéré comme le gardien des métaux précieux enfouis dans la terre. *«Dans l'herbe noire Les Kobolds vont»* VERLAINE.

KOHEUL, KOHOL ➤ **KHOL**

KOINÈ [kɔine ; kɔinɛ] n. f. – début XXe ◊ grec *koinos* «commun» ■ DIDACT. Langue commune de la Grèce aux époques hellénistique et romaine. — PAR EXT. Langue commune, vulgaire d'un groupe humain.

KOLA ; KOLATIER ➤ **COLA ; COLATIER**

KOLINSKI [kɔlɛ̃ski] n. m. – 1922 ◊ probablt mot d'origine russe ■ Fourrure de putois ou de loutre de Sibérie.

KOLKHOZE [kɔlkoz] n. m. – 1935 ; *kolkhose, kolkos* 1931 ◊ russe *kolkhoz*, abrév. de *kol(letktivnoïé) khoz(iaïstvo)* «entreprise collective» ■ En U. R. S. S., Exploitation agricole de forme coopérative, dans laquelle la terre appartenait à l'État et où les bâtiments d'exploitation, le matériel et une partie du bétail étaient mis en commun. *Des kolkhozes.*

KOLKHOZIEN, IENNE [kɔlkozjɛ̃, jɛn] adj. et n. – 1933 ◊ de *kolkhoze* ■ Relatif à un kolkhoze. *Économie kolkhozienne.* — n. Membre d'un kolkhoze.

KOMMANDANTUR [kɔmɑ̃dɑ̃tuʀ ; -tyʀ] n. f. – 1914 ; *commandantur* 1871 ◊ mot allemand «bureau du commandant» ■ Local où se trouve installé un commandement militaire, en Allemagne ou dans des territoires occupés par l'armée allemande (surtout employé dans le contexte de l'occupation allemande 1940-1945). — PAR EXT. Ce commandement lui-même.

KOMSOMOL [kɔmsɔmɔl] n. – 1927 ◊ mot russe, abrév. de *kom(mounistitcheski) so(ïouz) mol(odioji)* «Union de la jeunesse communiste» ■ HIST. Membre de l'organisation soviétique des jeunesses communistes. *Une komsomol(e). Des komsomols.*

KOP [kɔp] n. m. – 1985 ◊ mot anglais, de *Spion Kop*, nom d'une tribune du stade de Liverpool, allusion à une bataille de la guerre des Boers, du néerlandais *spion* «espion» et *kop* «tête ; colline» ■ ANGLIC. SPORT Tribune d'un stade où se réunissent les supporteurs d'un club de football. *Des kops.* ♦ PAR MÉTON. Groupe de fervents supporteurs réunis dans cette tribune. *Le kop se met à chanter. «on file saluer le kop et on fuse sur le gazon du stade»* P. BAILLY.

KOPECK [kɔpɛk] n. m. – 1806 ; *copec* 1607 ◊ mot russe ■ Monnaie russe, ukrainienne, etc. (ancienne Union soviétique), centième du rouble. — LOC. FAM. *Ne pas avoir un kopeck* : ne pas avoir d'argent du tout.

KORA [kɔʀa] n. f. – date inconnue ◊ mot mandingue ■ Instrument africain à cordes pincées, composé d'un long manche et d'une calebasse tendue d'une peau. *Le griot et sa kora.* — On écrit aussi *kôra. «Esprit, souffle sur les cordes de ma kôra Que s'élève mon chant»* SENGHOR.

KORÊ [kɔʀe ; kɔʀɛ] n. f. – 1933 ◊ mot grec «jeune fille» ■ ARTS Statue de l'art grec archaïque représentant une jeune fille (cf. Kouros). — On écrit aussi *koré* et parfois *corê, coré.* ■ HOM. Chorée.

KORRIGAN, ANE [kɔʀigɑ̃, an] n. – 1831 ◊ mot breton ■ Esprit malfaisant, dans les traditions populaires bretonnes. ➤ **fée, nain.** *«Les nains noirs, poulpiquets et korrigans [...] habitent ce palais farouche»* FRANCE.

KOT [kɔt] n. m. – 1937 ◊ du flamand *kot* «petit réduit, débarras», de même origine que le français *coterie* et l'anglais *cottage* ■ (Belgique) Chambre ou petit studio loué à un(e) étudiant(e). ■ HOM. Cote, cotte.

KOTER [kɔte] v. intr. ‹1› – date inconnue ◊ de *kot* ■ (Belgique) Vivre en kot*. — n. **KOTEUR, EUSE** [kɔtœʀ, øz]. ■ HOM. Coté, coter.

KOTO [koto] n. m. – 1907 ◊ mot japonais ■ MUS. Instrument de musique japonais, sorte de cithare à cordes de soie enduites de cire, et dont on joue avec un plectre ou avec les doigts. *Koto à six, à treize cordes. Des kotos.* ■ HOM. poss. Coteau.

KOUBBA ou **KOUBA** [kuba] n. f. – 1845 ◊ mot arabe «dôme, coupole» ■ Monument élevé sur la tombe d'un marabout.

KOUGLOF [kuglɔf] n. m. – 1861 *kougelhof* ; 1856 *couglof* ; 1827 *gouglouff* ◊ alémanique d'Alsace et de Suisse *gugelhupf*, de *gugel* «boule» et de l'allemand *Hefe* «levure» ■ Gâteau alsacien, brioche garnie de raisins secs. *Moule à kouglof*, en forme de haute couronne torsadée. *Des kouglofs.*

KOUIGN-AMANN [kwiɲaman] n. m. inv. – 1956 ◊ mot breton, de *k(o)uign* «gâteau» et *amann* «beurre» ■ Gâteau feuilleté caramélisé, riche en beurre et en sucre (spécialité bretonne).

KOULAK [kulak] n. m. – 1917 ; *koulaky* plur. 1881 ◊ mot russe ■ HIST. Riche paysan propriétaire, en Russie. *La classe des koulaks a été éliminée par la collectivisation entreprise en 1929.*

KOULIBIAC [kulibjak] n. m. – 1902 ◊ russe *kouliébiaka* ■ Pâté de poisson servi chaud (plat russe).

KOUMIS ou **KOUMYS** [kumi(s)] n. m. – 1832 ; *cosmos* 1634 ◊ mot tatar ■ Lait de jument fermenté, employé comme boisson en Asie centrale.

KOUROS [kuʀos] n. m. – 1934 ; *couros* 1930 ◊ mot grec «jeune garçon» ■ ARTS Statue grecque archaïque représentant un jeune homme (cf. Korê). *Des kouros.*

KRAAL [kʀal] n. m. – 1735 ◊ mot néerlandais → corral ■ **1** Village chez les Hottentots. ■ **2** Enclos pour le bétail en Afrique du Sud. *Des kraals.*

KRACH [kʀak] n. m. – 1877 ; *krak* 1811 ◊ allemand *Krach* «craquement» ■ Effondrement des cours de la Bourse. ➤ **banqueroute, crise, débâcle** (financière). *Le krach de Wall Street en 1929. Intervention des banques centrales lors du krach de 1987.* ➤ **crash.** ♦ PAR EXT. Débâcle financière. ➤ **faillite.** ■ HOM. Crac, crack, craque, krak.

KRAFT [kʀaft] n. m. – 1931 ◊ p.-ê. du suédois *kraftpapper*, de *kraft* «force» et *papper* «papier» ■ Papier d'emballage très résistant, fabriqué à partir de pâtes à papier au sulfate. *Colis emballé dans du kraft.* PAR APPOS. *Papier kraft.*

KRAK [kʀak] n. m. – p.-ê. XIIe, repris 1871 ◊ arabe *karak* ■ Château fort établi au XIIe s. par les croisés, en Syrie. *Le krak des Chevaliers.* ■ HOM. Crac, crack, craque, krach.

KRAKEN [kʀakɛn] n. m. – 1771 ◊ mot norvégien ■ Monstre marin fabuleux des légendes scandinaves.

KRAV MAGA ou **KRAV-MAGA** [kʀavmaga] n. m. – 1989 ◊ mot hébreu «combat *(krav)* rapproché» ■ Méthode d'autodéfense ciblant les points sensibles du corps, mêlant des techniques de combat issues de différents arts martiaux.

KREMLINOLOGIE [kʀɛmlinɔlɔʒi] n. f. – 1966 ◊ de *Kremlin* et *-logie* ■ Étude du discours, des actes politiques des dirigeants soviétiques. — n. **KREMLINOLOGUE** ; adj. **KREMLINOLOGIQUE.**

KREUTZER [kʀøtsɛʀ ; kʀødzɛʀ] n. m. – 1757 ; 1550 *kreyzers* ◊ allemand *Kreuzer*, de *Kreuz* «croix» ■ Ancienne monnaie allemande, autrichienne.

KRIEK [kʀik] n. f. – 1930 *kriek-lambic* ◊ mot néerlandais de Belgique «griotte» ■ Bière belge d'origine bruxelloise (lambic), aromatisée à la cerise. *Servir des krieks.* ■ HOM. Cric, crique.

KRILL [kʀil] n. m. – v. 1970 ◊ norvégien *kril* «petite friture» ■ ZOOL. Population de petits crustacés des mers arctique et antarctique. ➤ aussi **plancton.** *Les baleines bleues se nourrissent de krill.*

KRISS [kʀis] n. m. – 1858 *criss* ; 1529 *cris* ◊ malais *keris* ■ Poignard malais ou javanais à lame sinueuse. — On écrit aussi *criss.*

KRONPRINZ [kʀɔnpʀints] n. m. – 1890 ◊ mot allemand, de *Krone* «couronne» et *Prinz* «prince» ■ Titre donné au prince héritier allemand avant 1918. — SPÉCIALT *Le Kronprinz :* Frédéric-Guillaume, le fils de Guillaume II.

KROUMIR [kʀumiʀ] n. m. – 1881 ◊ p.-ê. du n. de la tribu tunisienne des *Kroumirs* ■ **1** FAM. VX Individu méprisable. — MOD. *Les vieux kroumirs :* les anciens. ■ **2** Chausson de basane, qu'on porte dans des sabots, des bottes.

KRYPTON [kʀiptɔ̃] n. m. – 1898 ◊ mot anglais, du grec *kruptos* «caché» ■ CHIM. Élément atomique (Kr ; n° at. 36 ; m. at. 83,80), gaz rare extrait des résidus d'évaporation de l'air liquide. *Ampoule au krypton.*

KSAR, plur. **KSOUR** [ksaʀ, ksuʀ] n. m. – 1849 ; *ksaur* 1844 ◊ mot arabe *qasr,* latin *castrum* «place forte» ■ Lieu fortifié, en Afrique du Nord. *Des ksour.* «*La voix nous précédait dans les villes, dans les ksour, sous les tentes*» C. MARTINEZ. — On rencontre parfois les pluriels *des ksours, des ksars.*

KSI ➤ **XI**

KSS KSS [ksks] interj. – 1546 *gzz gzz* ◊ onomat. expressive ■ Onomatopée servant à provoquer, à narguer. «*les enfants qui font kss ! kss ! pour s'exciter les uns les autres*» GUILLOUX.

KUFIQUE ➤ **COUFIQUE**

KUMMEL [kymɛl] n. m. – 1857 ◊ allemand *Kümmel* «cumin» ■ Liqueur parfumée au cumin, appréciée pour ses qualités digestives.

KUMQUAT [kɔmkwat ; kumkwat] n. m. – *kum-quat* 1891 ◊ du chinois cantonais, variante de *kin kü* «orange d'or», probablt par l'anglais ■ Fruit d'un citrus («citronnier du Japon»), très petite orange qui se mange souvent confite. ♦ Arbuste qui produit ce fruit.

KUNG-FU [kuŋfu] n. m. inv. /KUNGFU n. m./ – v. 1970 ◊ mot chinois ■ Art martial chinois, proche du karaté. *Films de kung-fu.*

KURDE [kyʀd] adj. et n. – *curd* 1697 ◊ mot indigène ■ Du Kurdistan. *Tribus kurdes. Combattant kurde.* ➤ **peshmerga.** ♦ n. *Les Kurdes.* — n. m. *Le kurde :* langue du groupe iranien, parlée par plusieurs millions de locuteurs, répartis en Turquie, en Iran et en Irak.

KURU [kuʀu] n. m. – 1957 ◊ mot d'une langue papoue «tremblement de peur, de froid» ■ MÉD. Maladie dégénérative du système nerveux central, due à un virus lent, atteignant certains aborigènes de Nouvelle-Guinée. ■ HOM. Courroux.

KVAS ou **KWAS** [kvɑs] n. m. – 1832 *kvass ; kwas* 1824 ; *quas* 1656 ◊ russe *kvas* ■ Boisson russe légèrement alcoolisée, obtenue par la fermentation du seigle auquel on peut ajouter de l'orge ou des fruits acides.

KWASHIORKOR [kwaʃjɔʀkɔʀ] n. m. – milieu XXe ◊ mot d'une langue du Ghana ■ MÉD. Syndrome de dénutrition infantile, courant en Afrique tropicale, dû à une carence protéique.

KYMOGRAPHE [kimɔgʀaf] n. m. – 1891 ; *kymographion* 1855 ◊ du grec *kuma* «flot, onde» et *-graphe* ■ MÉD. Appareil d'enregistrement graphique ou radiographique des mouvements d'organes (cœur...) dans leurs phases successives.

KYMOGRAPHIE [kimɔgʀafi] n. f. – 1935 ◊ du grec *kuma* «flot, onde» et *-graphie* ■ MÉD. Enregistrement radiographique des ombres successives que donne un organe en mouvement, au kymographe.

KYMRIQUE [kimʀik] adj. et n. – 1840 ◊ gallois *cymraeg* ■ HIST. Qui a rapport aux Kymris, peuple celtique du nord de la France et de la Belgique, au temps de César (les Cimbres). — n. m. LING. Langue celtique parlée au pays de Galles. ➤ **gallois.** On a dit aussi *cymrique* [simʀik].

KYRIE [kiʀ(i)je] ou **KYRIE ELEISON** [kiʀ(i)jeeleisɔn] n. m. inv. – 1840 ; *kirie leyson* v. 1170 ◊ grec *Kurie* «Seigneur» et *eleêson* «aie pitié» ■ Invocation par laquelle commencent les litanies, au cours de la messe ; musique sur laquelle se chante cette invocation. *Des kyrie.* — On écrit aussi *Kyrie* ou *Kyrie eleison.*

KYRIELLE [kiʀjɛl] n. f. – *keriele* «litanie» milieu XIIe ◊ de *kyrie eleison* ■ **1** Longue suite (de paroles). *Une kyrielle de reproches, d'injures, de mots.* ■ **2** PAR EXT. Suite, série interminable. ➤ **quantité.** «*je ruminais la kyrielle de mes mécontentements*» DUHAMEL. — FAM. *Une kyrielle d'enfants.* ➤ **ribambelle.**

KYSTE [kist] n. m. – *kyst* avant 1478 ◊ grec *kustis* → cyst(o)- ■ **1** Production pathologique constituée par une cavité contenant une substance liquide, molle ou rarement solide, isolée des tissus voisins par une paroi conjonctive. *Tumeur bénigne enfermée dans un kyste* (➤ **enkysté**). *Kystes congénitaux. Kyste du poumon, kyste branchial* (cou). *Kyste hydatique**. *Kyste sébacé.* ➤ **loupe.** *Kyste de l'ovaire.* ■ **2** Forme que peuvent prendre certains organismes (protozoaires), certaines parties végétales au cours de leur cycle de vie. *Kyste de protection, de reproduction* (renfermant les spores). ➤ **germe.**

KYSTIQUE [kistik] adj. – *kistique* 1721 ◊ de *kyste* ■ Relatif au kyste ; de la nature du kyste ; qui renferme des kystes. *Tumeur kystique.*

KYU [kju] n. m. – 1950 ◊ mot japonais ■ Chacun des six grades marquant la progression du sportif pratiquant un art martial, avant la ceinture noire. *Les kyus et les dans.*

L

1 **L** [ɛl] n. m. inv. ▪ **1** Douzième lettre et neuvième consonne de l'alphabet : *l majuscule* (L), *l minuscule* (l). — PRONONC. Lettre qui, prononcée, note la consonne latérale dentale [l] *(labial, palais). Le l et le r sont parfois appelés des consonnes liquides*. — Digrammes, trigrammes comportant l :* après voyelle, *-il* final note [j] *(bail, soleil, deuil, fenouil)* ainsi que *-ill- (maillot, veiller, feuille, mouiller)* ; après consonne, *-il* note [il] *(fil, cil)* et parfois [i] *(outil, sourcil)* ; après consonne, *-ill-* note [ij] *(fille, billard)* sauf dans certains mots où il note [il] *(tranquille, ville, mille, pénicilline)*. ▪ **2** *En L* : en forme de *l* majuscule. *Salon en L.* ■ HOM. Aile, ale, elle.

2 **L** abrév. et symboles ▪ **1 l** [litʀ] n. m. inv. Litre. ▪ **2 l** [livʀ] n. f. inv. Livre (demi-kilo). ▪ **3 L** [sɛ̃kɑ̃t] adj. et n. m. inv. Cinquante*, en chiffres romains. — **L̄** [sɛ̃kɑ̃tmil]. Cinquante mille, en chiffres romains. ▪ **4 L** ou **£** [livʀ] n. f. inv. Livre sterling. ▪ **5 L** [ɛl] adj. (abrév. anglaise, de *large* «grand») Grand, en parlant d'une taille de vêtements. *Taille L.*

1 **LA** ➤ 1 et 2 **LE**

2 **LA** [la] n. m. inv. – XIIIe ◇ 1re syll. du mot *labii*, dans l'hymne de saint Jean-Baptiste → ut ▪ **1** Note de musique, premier degré de l'échelle fondamentale, sixième son de la gamme naturelle, dont le son a 870 vibrations simples à la seconde. *La bémol. Donner le la avec un diapason ; piano qui donne le la à l'orchestre.* ♦ LOC. FIG. *Donner le la* : donner le ton, l'exemple. «*Donner le la à la critique*» GIDE. ▪ **2** Ton correspondant. *Concerto en la bémol.* ▪ **3** Cette note représentée. ■ HOM. Là ; poss. lacs, 1 las.

LÀ [la] adv. et interj. – fin Xe ◇ du latin *illac*

I ~ adv. **DÉSIGNANT LE LIEU** (pr. ou fig.), **LE MOMENT**
A. (EMPLOYÉ SEUL) ▪ **1** Dans tel lieu (autre que celui où l'on est), opposé à *ici*. *Ne restez pas ici, allez là.* — *Les clés ne sont pas là, elles n'y* sont pas.* — Dans le lieu où l'on est (employé pour *ici*). *Je reste là. Qui va là ? Halte-là !* ♦ **ÊTRE LÀ** : être présent. *Il n'est pas là, il est sorti. J'étais là quand c'est arrivé. Les faits sont là. Le résultat est là.* — LOC. FAM. *Être un peu là, se poser là* : tenir beaucoup de place, être important. «*Mais j'suis là* [...] *J'suis même un peu là, comme on dit*» BARBUSSE. «*Pourquoi je suis là, je veux dire sur cette terre*» D. BOULANGER. ▪ **2** (milieu XIIe) À ce moment. *Là, il interrompit son récit et ralluma sa pipe.* ▪ **3** FIG. Dans cela, en cela. *Ne voyez là aucune malveillance. Tout est là* : c'est la chose importante. *La santé, tout est là !* — Dans pareil cas. *C'est la solution qu'il fallait là.* ♦ (1585) (Avec *en*) À ce point. *Les choses en demeurèrent là. Restons*-en là. En arriver*, en venir* là.* (1611) *En être là* : être parvenu à un certain point, un certain résultat. *Nous n'en sommes pas là. Vous n'en êtes encore que là ? J'en étais là de mes réflexions quand... S'en tenir* là.* ♦ (Renvoyant à une phrase, une circonstance désignée par le contexte) *Ce que vous me racontez là est très curieux.*

B. (SUIVI D'UNE RELATIVE) **C'EST LÀ QUE...** (lieu). *C'est là qu'ils allaient en vacances.* «*Ah ! frappe-toi le cœur, c'est là qu'est le génie*» MUSSET. — (Temps) *C'est là qu'il sentit la partie perdue.* ➤ alors. — FIG. *C'est là que nous pourrons juger de ses intentions.* ♦ **LÀ OÙ...** (lieu). *Je suis allé là où vous êtes allé.* «*un méchant coup de talon sur la nuque, là où ça fait bien mal !*» J. YANNE. — FIG. (1671) Dans le cas où, lorsque. «*Là où est la France, là est la patrie*» GAMBETTA. — (1545) (Marquant l'opposition) Alors que, au lieu que, tandis que. *Là où tu crois être gentil, il verra une preuve de faiblesse.* «*N'être plus rien, là où l'on a régné !*» BALZAC.

C. (ACCOMPAGNANT UN PRONOM OU UN ADJ. DÉMONSTRATIF, QU'IL RENFORCE) **C'EST LÀ.** *C'est là votre erreur* : voilà votre erreur. *C'est bien là le problème. C'est là ce qui m'étonne.* — **CELUI-LÀ.** ➤ celui. — (Avec un adj. dém.) ➤ 1 ce. *Ces gens-là. Ce jour-là. Ce lundi-là,* qui vient. *En ce temps-là. À ce point-là ! Ce point de vue-là.*

D. (PRÉCÉDÉ D'UNE PRÉP.) (fin XIe) **DE LÀ :** en partant de cet endroit. *Il est allé à Paris et de là, en Angleterre. De là au village, il y a deux bons kilomètres.* — FIG. *De là à prétendre qu'il est infaillible, il y a loin*, il s'en faut de beaucoup, il y a de la marge. ♦ En se plaçant à cet endroit. *De là, on aperçoit la mer.* ♦ D'après cela. *On peut conclure de là que...* — En conséquence. *Il n'a pas assez travaillé ; de là, son échec.* ➤ où (d'où). *De là vient que...* : c'est pourquoi, il s'ensuit* que. ♦ *À... de là* (temporel). *À quelque temps de là.* ♦ **D'ICI LÀ... :** entre ce moment et un autre moment postérieur. *Venez me voir à Noël, mais écrivez-moi d'ici là.* ♦ **DE-CI DE-LÀ :** en divers endroits (➤ delà) ; en diverses occasions. ♦ (Précédé d'une loc. prép.) *Loin, non loin de là.* FIG. *Il n'est pas décidé, loin de là !* — **JUSQUE-LÀ :** jusqu'à ce point, jusqu'à ce moment. ➤ jusque. ♦ **PAR LÀ :** par cet endroit. *Passons par là.* — Aux environs. *En Sicile ou quelque part par là.* «*il devait être dans les neuf heures neuf heures et demie par là*» GUILLOUX. FIG. (milieu XIIIe) Par ce moyen, par ces mots, de cette façon. *Que faut-il entendre par là ?* — **PAR-CI, PAR-LÀ.** ➤ 1 par. **ICI ET (OU) LÀ :** en divers endroits. ♦ (fin XIIe) **ÇÀ ET LÀ :** de côté et d'autre. *Des guêpes volent çà et là.*

E. (EN COMPOSITION) (1558) **LÀ-BAS.** VX Au-dessous. SPÉCIALT (1532) Désignait l'enfer. «*Là-bas*», *roman de Huysmans.* — (début XIXe) MOD. À quelque distance plus ou moins grande du lieu où l'on est (opposé à *ici*). «*Là-bas, sur le viaduc, glissait l'express de six heures*» MAURIAC. *Une fois là-bas, qu'avez-vous fait ? Ils l'ont fait venir de là-bas.* ♦ VIEILLI **LÀ CONTRE :** contre cela. «*Vous dit-on quelque chose là contre ?*» MOLIÈRE. ♦ (milieu XIIe) **LÀ-DEDANS :** à l'intérieur de ce lieu, de cet endroit. *Il fait chaud là-dedans !* — FAM. *Debout, là-dedans !* — FIG. Dans, en cela. *Je ne vois rien d'étonnant là-dedans !* ♦ (fin XIIe) **LÀ-DESSOUS.** ➤ 1 dessous. — **LÀ-DESSUS.** ➤ 1 dessus. ♦ **LÀ-HAUT :** dans ce lieu au-dessus. *Il habite là-haut. Nous serons là-haut en dix minutes.* — FIG. (milieu XVe) Dans le ciel, par opposition à *là-bas* (VX).

II ~ interj. ▪ **1** (1500) **LÀ !** (parfois *là ! là !*) : s'emploie dans les dialogues pour exhorter, apaiser, rassurer. *Hé là ! doucement. Oh là là, quel désordre ! Là, là, calme-toi !* ▪ **2** FAM. Pour reprendre un terme que l'on vient d'exprimer. *« Avez-vous de l'amour pour elle, là, ce que l'on appelle de l'amour ? »* MARIVAUX.
▪ CONTR. Ici. Ailleurs. ▪ HOM. La ; poss. lacs, 1 las.

LABARUM [labaʀɔm] **n. m.** – 1556 ◇ mot latin ▪ HIST. Étendard romain sur lequel Constantin fit placer la croix et le monogramme de Jésus-Christ avec l'inscription latine « In hoc signo vinces » (par ce signe tu vaincras).

LABBE [lab] **n. m.** – avant 1788 ◇ du suédois *labbe* « sorte de mouette » ▪ Oiseau de mer *(charadriiformes)*, voilier puissant qui migre des latitudes polaires aux latitudes moyennes.

LABDANUM ➤ **LADANUM**

LABEL [labɛl] **n. m.** – 1899 ◇ mot anglais « étiquette », de l'ancien français *label*, variante de *lambeau* ▪ ANGLIC. ▪ **1** (1906) Marque apposée sur un produit pour certifier qu'il a été fabriqué dans les conditions de travail et de salaire fixées par le syndicat ou l'association propriétaire de la marque. ▪ **2** (1938) Marque* (d'un syndicat professionnel ou d'un organisme semi-public, en France) qui garantit l'origine ou la qualité d'un produit. *Label de qualité. Label d'exportation. Label écologique.* ➤ **écolabel.** *Label Rouge,* attribué à un produit alimentaire. — Signe servant de caution pour des raisons publicitaires, politiques, etc. ➤ **étiquette.** *Se présenter aux élections sous le label socialiste.* ▪ **3** INFORM. Étiquette*. ▪ **4** Maison de production de disques. *Les labels indépendants. « Son label de musique n'avait pas résisté à l'ère du téléchargement »* C. FÉREY. ▪ HOM. Labelle.

LABELLE [labɛl] **n. m.** – 1815 ◇ latin *labellum* « petite lèvre » ▪ SC. NAT. ▪ **1** Pétale supérieur de la corolle des orchidées. ▪ **2** Bord renversé de certains coquillages. ▪ HOM. Label.

LABELLISER [labelize] **v. tr.** ‹1› – attesté 1983 ◇ de *label* ▪ Attribuer un label à (un produit). — **p. p. adj.** *Poulet labellisé.* — **n. f. LABELLISATION.**

LABEUR [labœʀ] **n. m.** – *labur* 1120 ◇ latin *labor* ▪ **1** LITTÉR. ou RÉGION. Travail pénible et soutenu. ➤ **besogne, 1 travail.** *Dur, pénible, patient labeur. Une vie de labeur.* ▪ **2** IMPRIM. Ouvrage d'une certaine importance et de longue haleine (opposé à *travaux de ville,* dits « bibelots »). *Imprimerie de labeur.*

LABIACÉES ➤ **LABIÉ**

LABIAL, IALE, IAUX [labjal, jo] **adj.** – 1580 ◇ du latin *labium* « lèvre » ▪ **1** PHONÉT. *Consonne labiale,* et **n. f.** (1707) *une labiale :* consonne qui s'articule essentiellement avec les lèvres (ex. p, b, m). ➤ aussi **bilabial, labiodental.** ▪ **2** (1753) Relatif aux lèvres. *Muscle labial.* — *Lecture labiale :* perception (par une personne sourde ou malentendante) de la parole de l'interlocuteur grâce au mouvement de ses lèvres.

LABIALISATION [labjalizasjɔ̃] **n. f.** – 1889 ◇ de *labialiser* ▪ PHONÉT. Action de labialiser, de se labialiser.

LABIALISER [labjalize] **v. tr.** ‹1› – 1846 ◇ de *labial* ▪ PHONÉT. Prononcer (un son) en donnant une valeur labiale. PRONOM. Devenir labial. *Consonne qui se labialise, labialisée.*

LABIÉ, IÉE [labje] **adj.** et **n. f.** – 1694 ◇ du latin *labium* « lèvre » ▪ **1** Se dit d'une fleur dont la corolle présente deux lobes en forme de lèvres, et PAR EXT. de la plante qui porte ces fleurs. *Plantes labiées.* ▪ **2 n. f. pl. LABIÉES :** famille de plantes dicotylédones gamopétales à fleurs labiées. On dit aussi **LABIACÉES** et **LAMIACÉES.**

LABILE [labil] **adj.** – v. 1457 au sens 2° ◇ bas latin *labilis,* de *labi* « glisser, tomber » ▪ **1** (1840) SC. Qui est sujet à tomber, à changer. *Pétales labiles. Gènes labiles. Vitamine labile, protéines labiles,* peu stable(s). ▪ **2** PSYCHIATR. *Personnalité labile,* caractérisée par une tendance à agir avec impulsivité, associée à une instabilité de l'humeur. ▪ **3** FIG. Qui est sujet à faillir, à changer. *Mémoire labile,* sujette aux éclipses. ➤ **défaillant.**
▪ CONTR. 1 Fixe, permanent.

LABILITÉ [labilite] **n. f.** – 1527 ◇ de *labile* ▪ Caractère de ce qui est labile, instable, qui a tendance à changer. ➤ **instabilité.** *La labilité d'un composé chimique, d'un caractère.* — PSYCHOL. *Labilité affective, émotionnelle :* variabilité pathologique de l'humeur.

LABIODENTAL, ALE, AUX [labjodɑ̃tal, o] **adj.** – 1905 ◇ du latin *labium* « lèvre » et *dental* ▪ PHONÉT. *Consonne labiodentale,* ou **n. f.** *une labiodentale :* consonne qui s'articule par l'action combinée de la lèvre inférieure et des dents de la mâchoire supérieure (ex. f, v).

LABIUM [labjɔm] **n. m.** – 1946 ◇ mot latin « lèvre » ▪ DIDACT. Pièce inférieure de l'appareil buccal des insectes.

LABO ➤ **LABORATOIRE**

LABORANTIN, INE [labɔʀɑ̃tɛ̃, in] **n.** – v. 1918 d'abord au fém. ◇ allemand *Laborantin,* fém. de *Laborant,* du latin *laborare* « travailler » ▪ Personne qui remplit dans un laboratoire des fonctions d'aide, d'auxiliaire, d'assistant. ➤ **garçon** (de laboratoire), **préparateur.**

LABORATOIRE [labɔʀatwaʀ] **n. m.** – 1620 ◇ du supin du latin *laborare* « travailler » ▪ **1** Local aménagé pour faire des expériences, des recherches, des préparations, des analyses scientifiques. ABRÉV. FAM. (1894) **LABO** [labo]. *Des labos. Appareils, instruments de laboratoire. Laboratoire de chimie, de physique, de biologie, de médecine. « Hors de leurs laboratoires, le physicien et le chimiste sont des soldats sans armes sur le champ de bataille »* PASTEUR. *Laboratoire d'essais, d'études, d'analyses. Laboratoire de fabrication (numérique).* ➤ **fablab.** *Examens de laboratoire,* qui permettent d'orienter ou de confirmer un diagnostic clinique. *Chef de laboratoire ; assistant, garçon de laboratoire.* ➤ **laborantin, préparateur.** *Animaux de laboratoire,* destinés aux expériences (➤ **animalerie, animalier**). *Produit de laboratoire,* fait en laboratoire (opposé à *produit industriel*). — *Laboratoire (de) photo,* et FAM., plus cour. *labo photo :* local professionnel aménagé pour développer les photos. ◆ FIG. Lieu où se prépare, s'élabore qqch. *« Il y a des lieux qui semblent être le laboratoire des factions »* CHATEAUBRIAND. — *Laboratoire d'idées :* groupe de réflexion privé qui produit des études sur des thèmes d'actualité et de société au service des décideurs (recomm. offic. pour l'anglic. *think tank* ou *think-tank*). ▪ **2** PAR EXT. Entreprise fabriquant des produits pharmaceutiques. *Les laboratoires X.* ▪ **3** *Laboratoire de langues :* salle insonorisée, où se trouvent des cabines équipées d'un magnétophone, dans lesquelles les étudiants, sous le contrôle d'un enseignant, s'entraînent à la pratique orale d'une langue étrangère. ▪ **4** (1757) TECHN. Partie d'un fourneau à réverbère où l'on met la matière à fondre.

LABORIEUSEMENT [labɔʀjøzmɑ̃] **adv.** – 1489 ; *laboureusement* XIVe ◇ de *laborieux* ▪ D'une manière laborieuse, avec travail et peine. *Il y est arrivé laborieusement.* ▪ CONTR. Aisément, facilement.

LABORIEUX, IEUSE [labɔʀjø, jøz] **adj.** – v. 1200 « pénible » ◇ latin *laboriosus,* de *labor* → labeur ▪ **1** VIEILLI ou LITTÉR. Qui coûte beaucoup de peine, de travail. ➤ **difficile*, fatigant, pénible.** *Une laborieuse entreprise. Des recherches, des solutions laborieuses.* ◆ Qui sent l'effort. *Récit, style laborieux.* ➤ **embarrassé, lourd.** ◆ FAM. *Il n'a pas encore terminé ? C'est laborieux !* c'est trop long. ▪ **2** (v. 1370) (PERSONNES) Qui travaille beaucoup. ➤ **actif, diligent, travailleur ;** RÉGION. **travaillant.** *« Un professeur avisé, laborieux »* GREEN. LOC. COUR. *Les masses, les classes laborieuses,* qui n'ont pour vivre que leur travail. ➤ **travailleur.** — PAR EXT. *Vie laborieuse :* vie de travail. ▪ CONTR. Aisé, facile. Inactif, oisif, paresseux.

LABOUR [labuʀ] **n. m.** – 1180 ◇ de *labourer* ▪ **1** Travail de labourage, façon* donnée à une terre pour la retourner et l'ameublir. ➤ **labourage.** *Labour à bras* (à la bêche, à la houe). *Labour à la charrue, au tracteur. Labours superficiels ou légers. Labours profonds.* ➤ **défonçage.** *Bandes de terre parallèles faites par le labour* (➤ **1 raie, sillon ; dérayure, 1 enrayure**). *Labour d'automne, d'hiver* (➤ **hivernage, 2 parage**), *de printemps.* — *Bœuf, cheval de labour.* ▪ **2** Terre labourée. ➤ **guéret.** *« Les terres nues, jaunes et fortes, des grands carrés de labour »* ZOLA.

LABOURABLE [labuʀabl] **adj.** – 1308 ◇ de *labourer* ▪ Qui peut être labouré. ➤ **arable.**

LABOURAGE [labuʀaʒ] **n. m.** – milieu XIIIe « travail des champs » ◇ de *labourer* ▪ Action de travailler, de labourer la terre. *Le labourage d'un champ.* ➤ **labour ; billonnage, binage, défonçage, hersage.** ◆ ABSOLT et VX Le travail de la terre, l'agriculture. *« Labourage et pâturage sont les deux mamelles dont la France est alimentée »* SULLY.

LABOURER [labuʀe] **v. tr.** ‹1› – début XIIIe « peiner » ; 1119 *laburer* « cultiver » ; v. 930 *laboret* p. p. ◇ latin *laborare* « travailler » ▪ **1** (XIIe) Ouvrir et retourner (la terre) avec un instrument aratoire, un outil à main (bêche, binette, houe), ou une charrue.

➤ 1bêcher, biner, défoncer, écroûter, effondrer, fouiller, gratter, herser, piocher, retourner, scarifier, serfouir. *Labourer un champ.* — p. p. adj. *Terre labourée.* ➤ guéret, labour. n. m. (Belgique) Souvent au plur. « *Des sentiers le long des prairies ou parmi des labourés* » M. GEVERS. ■ **2** Creuser, ouvrir (comme le soc de la charrue laboure la terre). *Ancre qui laboure le fond,* et ABSOLT *qui laboure.* ➤ chasser. « *Je pris un poignard, et j'en labourai le bras d'Alberte à la saignée* » BARBEY. — *Piste labourée par le galop des chevaux.* — *Se labourer le visage avec les ongles en signe de désespoir.* ➤ déchirer, écorcher. — PAR EXT. *Visage labouré de rides.* ➤ sillonné.

LABOUREUR [labuʀœʀ] n. m. – *laborëur* « celui qui travaille la terre » 1155 ◊ de *labourer* ■ **1** (XIVe) Celui qui laboure un champ. *Le laboureur et sa charrue.* ■ **2** VX ou POÉT. ➤ agriculteur, cultivateur, paysan. « *Un riche laboureur, sentant sa mort prochaine* » LA FONTAINE.

1 **LABRADOR** [labʀadɔʀ] n. m. – 1803 ; *pierre de Labrador* 1783 ◊ de *Labrador* n. pr. ■ MINÉR. Feldspath plagioclase* contenant un peu plus de calcium que de sodium.

2 **LABRADOR** [labʀadɔʀ] n. m. – 1900 ; *chien de Labrador* 1867 ◊ de *Labrador* ■ Chien de chasse à poil ras, du groupe des retrievers*, très apprécié comme chien de compagnie.

LABRE [labʀ] n. m. – 1797 ◊ latin *labrum* « lèvre » ■ **1** Poisson comestible *(perciformes)* à dentition double et lèvres épaisses, qui vit dans les eaux peu profondes des côtes rocheuses. ➤ tourd, vieille. ■ **2** (1817) ZOOL. Lèvre supérieure des insectes.

LABRIT [labʀi] n. m. – XXe ; *labry* 1877 ◊ de *Labrit,* n. d'un chef-lieu de canton des Landes ■ Chien de berger du midi de la France qui tient du griffon et du lévrier. *Un labrit des Pyrénées.* — On écrit aussi *labri.*

LABYRINTHE [labiʀɛ̃t] n. m. – *labyrinth* 1553 ◊ latin *labyrinthus,* grec *laburinthos* ■ **1** Enclos enfermant des bois coupés par un réseau inextricable de sentiers, des bâtiments, des galeries aménagées de telle sorte qu'une fois engagé à l'intérieur, on ne peut que très difficilement en trouver l'unique issue. *Thésée sortit du labyrinthe grâce au fil d'Ariane.* — Dans un parc, un jardin, Petit bois coupé d'allées entrelacées. « *Un labyrinthe en charmille* » MUSSET. ■ **2** PAR EXT. Réseau compliqué de chemins tortueux, de galeries dont on a peine à sortir. ➤ dédale, lacis. « *un labyrinthe de ruelles, emmêlées, tortueuses* » MAUPASSANT. — Forme, graphisme très complexe. ♦ FIG. (1540) Complication inextricable. ➤ enchevêtrement. « *Je m'y trouvai dans un labyrinthe d'embarras, de difficultés* » ROUSSEAU. *Le labyrinthe de ses pensées.* « *le labyrinthe des consciences les plus ténébreuses* » BALZAC. ■ **3** ARCHIT. Dallage en méandres du pavement de certaines églises, dit aussi *chemin de Jérusalem,* que les fidèles suivaient à genoux. *Le labyrinthe de la cathédrale de Chartres.* ■ **4** (1690) ANAT. Ensemble des cavités sinueuses de l'oreille interne.

LABYRINTHIQUE [labiʀɛ̃tik] adj. – 1549 ◊ de *labyrinthe* ■ **1** Qui appartient à un labyrinthe, inextricable comme un labyrinthe. ➤ dédaléen. « *une géographie labyrinthique d'échoppes et d'arrière-cours* » PEREC. — On dit aussi LABYRINTHIEN, IENNE. ■ **2** ANAT., MÉD. Du labyrinthe de l'oreille interne. *Nerf labyrinthique.*

LABYRINTHODONTE [labiʀɛ̃tɔdɔ̃t] n. m. – *labyrinthodon* 1873 ◊ de *labyrinthe* et du grec *odous, odontos* « dent » ■ PALÉONT. Grand batracien fossile du trias, caractérisé par la structure compliquée des dents.

LAC [lak] n. m. – 1175 ◊ latin *lacus* ■ **1** Grande nappe naturelle d'eau douce ou (plus rarement) salée, à l'intérieur des terres. ➤ étang, mer (fermée). *Les Grands Lacs* (Canada, États-Unis). *Le lac Léman* ou *lac de Genève. Lac de cratère. Petit lac d'eau de mer.* ➤ lagon. *Lac salé en Afrique du Nord.* ➤ chott. *Lac d'Écosse.* ➤ 2loch. *Petite marée d'un lac.* ➤ 2seiche. *Bords, grève ; rivage d'un lac. Village bâti sur un lac.* ➤ lacustre. « *Le Lac* », *poème de Lamartine.* ♦ LOC. FAM. (fin XIXe) *Tomber dans le lac :* échouer, n'avoir pas de suite, en parlant d'un projet, d'une entreprise (cf. Tomber à l'eau*). *Son projet est dans le lac.* — *Il n'y a pas le feu* au lac.* ♦ PAR ANAL. *Lac artificiel :* ouvrage destiné à l'agrément *(le lac du bois de Boulogne)* ou à l'utilité *(lac d'un barrage-réservoir).* ■ **2** LITTÉR. Quantité considérable (de liquide répandu). *Un lac de sang.* ➤ mare. ■ HOM. Laque.

LAÇAGE [lasaʒ] n. m. – 1845 ; « attachement moral » 1320 ◊ de *lacer* ■ Action de lacer ; résultat de cette action. *Le laçage d'une bottine.* ➤ lacement.

LACCASE [lakɑz] n. f. – 1895 ◊ de *laque* et *-ase* ■ BIOCHIM. Oxydase contenant du cuivre, qui se trouve associée à une gomme dans le latex de l'arbre à laque, et existe aussi dans les betteraves, les navets, le trèfle.

LACCOLITHE ou **LACCOLITE** [lakɔlit] n. m. ou f. – 1890 , -1897 ◊ du grec *lakkos* « fosse » et *lithos* « pierre » ■ GÉOGR. Masse de roches volcaniques insinuées dans une série sédimentaire, sans atteindre la surface, où elle crée cependant des reliefs bombés.

LACEMENT [lasmɑ̃] n. m. – 1611 ◊ de *lacer* ■ Action de lacer ; son résultat. ➤ laçage.

LACER [lase] v. tr. ⟨3⟩ – XIIIe ; *lacier* 1080 ◊ latin *laqueare* ■ **1** Attacher (deux choses, deux éléments d'une chose) avec un lacet. ➤ attacher, lier. *Lacer ses souliers.* — PRONOM. (PASS.) *Corselet qui se lace par-devant ; lacé devant.* ■ **2** MAR. *Lacer un filet,* en faire les mailles. ➤ mailler. ■ CONTR. Délacer. ■ HOM. poss. Lasser ; *lacèrent :* lacèrent (lacérer).

LACÉRATION [laseʀasjɔ̃] n. f. – avant 1380 ; *laceracion* 1356 ◊ latin *laceratio* ■ **1** DR. ANC. Action de lacérer (un écrit, un livre) par autorité de justice. ➤ dilacération. ■ **2** MOD. Action de déchirer. ➤ déchirement. *Lacération des affiches.* ♦ MÉD. Déchirure ou broiement accidentels de la peau et du tissu sous-cutané.

LACÉRER [laseʀe] v. tr. ⟨6⟩ – 1509 « mettre en pièces (un corps) » ; 1355 au p. p., fig. ◊ latin *lacerare* ■ **1** DR. ANC. Déchirer (un écrit, un livre), par autorité de justice. ➤ dilacérer. ■ **2** MOD. Mettre en lambeaux, en pièces. ➤ déchirer. *Lacérer ses vêtements.* p. p. adj. *Affiche lacérée.* — FIG. « *Ces douleurs fulgurantes qui lui lacéraient le corps* » MARTIN DU GARD. ■ HOM. *Lacèrent :* lacèrent (lacer).

LACERIE [lasʀi] n. f. – 1867 ◊ de *lacer* ■ TECHN. Fin tissu de paille ou d'osier.

LACERTILIENS [lasɛʀtiljɛ̃] ou **LACERTIENS** [lasɛʀtjɛ̃] n. m. pl. – 1902, -1817 ◊ du latin *lacerta* « lézard » ■ ZOOL. Sous-ordre de reptiles ayant des pattes ou des vestiges de pattes (lézard, gecko, orvet, iguane, basilic, caméléon, varan...). ➤ sauriens.

LACET [lasɛ] n. m. – *lacés* 1315 ◊ diminutif de *lacs* ■ **1** Cordon étroit, plat ou rond, qu'on passe dans des œillets pour serrer un vêtement, attacher une chaussure. *Lacet de coton, de soie, de cuir. Lacets à ferrets, à houppettes de cuir.* — SPÉCIALT Lacet de soulier. *Son lacet s'est défait, s'est dénoué. Nouer, rattacher ses lacets. Une paire de lacets.* ♦ MAR. Cordage qui sert à lacer une bonnette, ou une voile additionnelle à une voile. ■ **2** (1867 ◊ par anal. de forme avec la disposition du lacet) Succession d'angles aigus de part et d'autre d'un axe. ➤ zigzag. *Route en lacet, en lacets.* ➤ virage. *Les lacets d'un chemin de montagne.* — Mouvement latéral (d'un véhicule). *Axe de lacet d'un avion.* ■ **3** (v. 1380) Nœud coulant utilisé pour la capture du gibier. ➤ lacs, piège. *Poser, tendre des lacets. Braconnier qui attrape des lièvres au lacet.* ➤ collet. ■ **4** Tresse plate de passementerie unie ou ouvragée. *Lacet vendu au mètre.* ➤ ganse. ♦ Cordon de fil plat utilisé dans la confection de certaines dentelles d'imitation. *Dentelle au lacet.*

LACEUR, EUSE [lasœʀ, øz] n. – 1769 ; « fabricant de lacets » 1260 ◊ de *lacer* ■ TECHN. Personne qui fabrique des filets pour la pêche ou la chasse.

LÂCHAGE [lɑʃaʒ] n. m. – 1855 mar. ◊ de *lâcher* ■ **1** Action de lâcher. ♦ FIG. et FAM. Action de quitter brusquement, d'abandonner qqn. ➤ abandon. ■ **2** Fait de lâcher, de ne plus fonctionner, brusquement. *Le lâchage des freins.*

LÂCHE [lɑʃ] adj. – v. 1135 sens II ◊ de *lâcher*

I (XIIIe) (CONCRET) ■ **1** Qui n'est pas tendu. ➤ détendu, 1flasque, 1mou. *Fil, ressort lâche.* ♦ PAR ANAL. Qui n'est pas serré. *Nœud trop lâche. Vêtement lâche.* ➤ flottant, flou, 3vague. *Un « chignon lâche, tombant un peu dans le cou et laissant fuir une mèche »* ECHENOZ. ■ **2** FIG. et LITTÉR. Qui manque d'énergie et de concision. *Style lâche et inexpressif. Intrigue lâche.* ➤ languissant, 1mou, traînant.

II (ABSTRAIT) ■ **1** VX ou LITTÉR. Qui manque d'énergie, de vigueur morale. ➤ 1mou, pusillanime, veule. *Être lâche devant la tentation.* ➤ faible. « *À force de m'habituer à ne pas vouloir, j'étais devenu plus lâche* » PROUST. ■ **2** (1909) (Canada) FAM. Paresseux, fainéant. — n. *Un gros lâche.* ■ **3** COUR. Qui manque de courage, recule devant le danger, s'abaisse devant la force, la puissance. ➤ capon, couard, peureux, pleutre, poltron, veule. — n. *Les dérobades, les reculades d'un lâche.* ➤ FAM. baltringue, dégonflard, dégonflé, lavette, lope, lopette (cf. FAM. Couille* molle). *Le lâche !* « *Lâche, tu as enfin giflé quelqu'un pour une fois ? Ton* *fils»* ARAGON. *«les lâches qui offrirent de se rendre»* FLAUBERT. ➤ **capitulard, déserteur, fuyard, traître.** *Bande de lâches !* ▪ **4** Qui porte la marque de la lâcheté. ➤ 1 **bas, méprisable, vil.** *Un lâche attentat. «Gémir, pleurer, prier est également lâche»* VIGNY. ▪ CONTR. Serré, tendu ; concis, vigoureux. — Audacieux, brave, courageux, hardi, téméraire.

LÂCHÉ, ÉE [lɑʃe] **adj.** – 1842 ◊ de *lâcher* ▪ ARTS Qui est fait à la hâte ou avec quelque négligence ; qui manque de vigueur. *Dessin, ouvrage lâché.*

LÂCHEMENT [lɑʃmɑ̃] **adv.** – XIIe ◊ de *lâche* ▪ **1** D'une manière lâche. *«Une cravate rouge flottait lâchement autour de son cou»* GREEN. ▪ **2** D'une manière qui trahit la peur. *Fuir lâchement.* — Avec bassesse, honteusement, indignement. *Ils l'ont lâchement assassiné.* ▪ CONTR. Énergiquement, vigoureusement. Bravement, courageusement.

1 **LÂCHER** [lɑʃe] **v.** ‹1› – 1080 *lascier* ◊ latin populaire °*lassicare,* bas latin *laxicare* «rendre lâche»

I ~ **v. tr. A. RENDRE MOINS TENDU OU MOINS SERRÉ** ➤ **desserrer, détendre, relâcher.** *Lâcher sa ceinture d'un cran*. Lâcher la bride, les rênes à un cheval,* lui tenir la bride plus longue. LOC. *Lâcher la bride à qqn,* le libérer de la discipline, de la sujétion habituelle. ◆ VX MÉD. *«De petits pruneaux pour lâcher le ventre»* MOLIÈRE (➤ **laxatif**).

B. NE PLUS TENIR, DÉTENIR, RETENIR ▪ **1** (1538) Cesser de tenir. *Il lâcha la main de l'enfant. Lâcher sa proie* (cf. Laisser échapper*, laisser tomber*). *Lâchez-moi, vous me faites mal.* ➤ **laisser.** ◆ *Lâcher prise*. Lâcher pied*.* — FIG. et FAM. *Lâcher la rampe*.* FAM. *Lâche-moi les baskets*, la grappe*. Lâche-moi !,* laisse-moi tranquille ! *Lâche-moi avec tes questions !,* cesse de m'importuner. — FIG. *Ne rien lâcher :* ne rien céder (sur un objectif à atteindre), refuser les concessions, les compromis FAM. *Lâcher l'affaire :* abandonner, laisser tomber. ◆ FAM. Donner. *«Je veux m'enrichir, je ne lâcherai pas un sou»* JARRY. ➤ **débourser.** — ELLIPT *Les lâcher* (les sous). *Il les lâche difficilement. Les lâcher avec un lance-pierres, avec un élastique*.* ▪ **2** Cesser de détenir, de garder. *Lâcher du lest*.* ➤ **jeter.** *Lâcher les amarres.* ➤ **larguer.** ◆ Laisser partir, laisser aller. *Lâcher des pigeons, un ballon* (➤ 2 **lâcher**). *Lâcher dans la nature ;* FIG. laisser à soi-même, ne plus surveiller, conseiller. — *Il a lâché ses élèves bien après l'heure.* ➤ **libérer.** ◆ Libérer, lancer sur un objectif. *Lâcher un chien sur qqn. Lâcher le faucon, les chiens* (à la chasse). *Avion qui lâche des bombes.* ◆ FIG. Exprimer enfin (ce qu'on s'est longtemps retenu de dire). *Lâchons le mot.* LOC. FAM. *Lâcher le morceau, le paquet :* tout avouer (cf. Manger le morceau*, se mettre à table*). ▪ **3** Laisser échapper (un geste, une parole). *Lâcher un soupir, des informations. «ma première réaction fut de lâcher un petit rire idiot»* DJIAN. FAM. *Lâcher un pet.*

C. DÉLAISSER, LAISSER ▪ **1** Quitter, abandonner. *Lâcher ses études. «Ils rêvaient d'abandonner leur travail, de tout lâcher, de partir à l'aventure»* PEREC. *Ne pas lâcher qqn d'une semelle*. Ne pas lâcher qqn, qqch. des yeux. Ses migraines ne la lâchent pas. Une telle occasion, il ne faut pas la lâcher. Ses créanciers ne le lâcheront pas.* — *Lâcher pour... «Lâchant l'école pour le labour»* ZOLA. *Il a tout lâché pour cette femme. Lâcher la proie pour l'ombre*.* ▪ **2** FIG. (1808) FAM. *Lâcher qqn,* le quitter brusquement, rompre les relations plus ou moins étroites qu'on entretenait avec lui. *«Dieu seul a le privilège de nous abandonner. Les hommes ne peuvent que nous lâcher»* CIORAN. *Lâcher les copains* (➤ **lâcheur**). *Elle nous a lâchés en plein milieu du travail.* — SPÉCIALT (dans des relations sentimentales) *Femme qui lâche son amant. Il, elle s'est fait lâcher.* ➤ FAM. **jeter, larguer, plaquer.** ◆ Faire défaut. *Ma voiture vient de me lâcher.* ◆ ARG. DU SPORT Distancer (un concurrent) dans une course. ➤ **semer.** *Lâcher le peloton.*

D. ÉMETTRE, ENVOYER ▪ **1** VX. Décocher, lancer par une brusque détente. *«C'est Lescaut, dit-il en lâchant un coup de pistolet»* ABBÉ PRÉVOST. ▪ **2** Émettre avec plus ou moins de brusquerie, d'incongruité (des paroles qui surprennent ou choquent). ➤ 1 **lancer.** *Lâcher un gros mot, un juron. Lâcher une vanne. «Lui lâcher ça devant les copains !»* R. GUÉRIN.

II ~ **v. intr.** (XVIIe) Se casser, rompre. *La remorque «tint jusqu'à six heures du matin, puis elle lâcha»* VERCEL. *Attention, la corde va lâcher.* ➤ **céder.** *Les freins ont lâché.* — *Le cœur a lâché.* ➤ FAM. **flancher.**

III ~ **v. pron. SE LÂCHER** ▪ **1** Cesser de se tenir, de prendre appui. *Cet enfant tient debout mais il hésite à se lâcher.* ▪ **2** Se laisser aller, se détendre ; relâcher le contrôle de soi, agir sans retenue. *Ils «desserrèrent la cravate, tombèrent la veste, enfin se lâchèrent carrément»* GAVALDA. *Lâche-toi !*

▪ CONTR. Agripper, empoigner, étreindre, tenir ; garder, retenir ; attraper, capturer.

2 **LÂCHER** [lɑʃe] **n. m.** – 1873 ◊ de 1 *lâcher* ▪ **1** Action de lâcher. *Un lâcher de pigeons, de ballons.* ▪ **2** SPORT En gymnastique, Action de lâcher les prises sur l'engin. *Un lâcher de barres.*

LÂCHER-PRISE [lɑʃepʀiz] **n. m.** – 1983 ◊ de la loc. *lâcher prise* «abandonner» ▪ PSYCHOL. Fait de prendre de la distance avec ce qui est source de stress. *Des lâcher-prises. «un lâcher-prise auquel je ne me décidais pas et qui était nécessaire»* H. BAUCHAU.

LÂCHETÉ [lɑʃte] **n. f.** – *lascheté* XIIe ◊ de *lâche* ▪ **1** VIEILLI ou LITTÉR. Manque d'énergie, de fermeté, qui fait reculer devant l'effort et subir passivement les influences extérieures. ➤ **faiblesse, mollesse, pusillanimité, veulerie.** *«Il s'était senti envahi d'une grande lâcheté de tout l'être, d'un besoin de se laisser vivre»* COURTELINE. *Lâcheté devant l'effort.* ➤ **paresse.** ▪ **2** COUR. Manque de bravoure, de courage devant le danger. ➤ **couardise, pleutrerie, poltronnerie.** *Fuir avec lâcheté.* ◆ Manque de courage moral, de franchise, de dignité, qui porte à l'hypocrisie, à la fausseté, à profiter de l'impunité. ➤ **bassesse, vilenie.** *La lâcheté d'une attitude, d'une réponse. Lâcheté et hypocrisie.* ▪ **3** *Une, des lâchetés :* action, manière d'agir d'un lâche. ➤ **bassesse, indignité, trahison, vilenie.** *«Est-ce que vous trouvez que c'est une lâcheté, de se tuer !»* MONTHERLANT. *Être capable des pires lâchetés.* ▪ CONTR. Ardeur, énergie. Bravoure, courage. Dignité, générosité, loyauté.

LÂCHEUR, EUSE [lɑʃœʀ, øz] **n.** – 1858 ◊ de 1 *lâcher* ▪ FAM. Personne qui abandonne facilement et sans scrupule ses amis, son parti. ◆ Personne qui néglige ses amis. *Vieux lâcheur ! on ne te voit pas souvent.*

LACINIÉ, IÉE [lasinje] **adj.** – 1676 ◊ latin *laciniatus,* de *lacinia* «frange, morceau» ▪ BOT. Qui est irrégulièrement découpé en lanières étroites et longues. *«Des œillets délicats, laciniés à l'excès»* GIDE.

LACIS [lasi] **n. m.** – *laceïz* 1130 ◊ de *lacer* ▪ **1** Réseau de fils entrelacés. *Un lacis de soie.* — SPÉCIALT *Le lacis,* variété de dentelle au fuseau. ▪ **2** ANAT. Réseau entrelacé de petits vaisseaux ou de filets nerveux. ➤ **entrelacement.** *Lacis de fibres nerveuses.* ➤ **plexus.** ▪ **3** Réseau. *Un lacis de ruelles.* ➤ **labyrinthe.** *«un lacis inextricable de ruisseaux»* CAILLOIS. ▪ HOM. poss. Lassi, lassis.

LACONIQUE [lakɔnik] **adj.** – 1556 ; «relatif à la Laconie» fin XIVe ◊ du latin d'origine grecque *laconicus,* proprt «de *Laconie*», les Laconiens ou Lacédémoniens étant célèbres pour la concision de leur langage ▪ Qui s'exprime en peu de mots. ➤ 1 **bref, concis*.** *«Laconique et sentencieux dans ses propos»* ROUSSEAU. ◆ PAR EXT. *Langage, réponse laconique. Style laconique.* ➤ **lapidaire.** ▪ CONTR. Diffus, long, prolixe, verbeux.

LACONIQUEMENT [lakɔnikmɑ̃] **adv.** – 1558 ◊ de *laconique* ▪ D'une manière laconique. *Écrire, répondre laconiquement.* ➤ **brièvement.**

LACONISME [lakɔnism] **n. m.** – 1556 ◊ du radical de *laconique* ▪ LITTÉR. Manière de s'exprimer en peu de mots. ➤ **brièveté, concision.** ◆ PAR EXT. *Le laconisme d'une réponse. Le laconisme d'un télégramme.* ▪ CONTR. Bavardage.

LACRIMA-CHRISTI [lakʀimakʀisti] **n. m. inv.** – 1534 *lachrima Christi* ◊ latin *lacrima Christi* «larme du Christ» ▪ Vin de Campanie. *Du lacrima-christi.* — On écrit aussi *lacryma-christi.*

LACRYMAL, ALE, AUX [lakʀimal, o] **adj.** – v. 1370 ◊ du latin *lacrima* «larme» ▪ DIDACT. Qui a rapport aux larmes, à la production ou à l'écoulement des larmes. *Canal lacrymal. Glande lacrymale,* qui sécrète les larmes.

LACRYMOGÈNE [lakʀimɔʒɛn] **adj.** – 1915 ◊ du latin *lacrima* «larme» et *-gène* ▪ Qui détermine la sécrétion des larmes (**dans quelques expressions**). *Gaz lacrymogène.* — PAR EXT. Qui dégage une substance lacrymogène. *Grenade, bombe lacrymogène.*

LACS [lɑ] **n. m.** – *laz* 1080 ; *lacs* v. 1360, par influence de *lacer* ◊ latin *laqueus* ▪ **1** Nœud coulant pour capturer le gibier ou certains animaux nuisibles. ➤ **lacet, piège, rets.** ◆ FIG. VX ➤ **piège.** *«Là les vierges folles Le prendront dans leurs lacs aux premières paroles»* VIGNY. ▪ **2** LOC. **LACS D'AMOUR :** cordons décoratifs entrelacés en forme de 8 couché. ▪ **3** CHIR. Lien résistant pour effectuer des tractions. ▪ HOM. 1 Las ; poss. la, là.

LACTAIRE [laktɛʀ] **adj.** et **n. m.** – 1605 autre sens ◊ latin *lactarius* ▪ DIDACT. ▪ **1** VIEILLI Qui a rapport au lait, à l'allaitement. *Conduits lactaires.* ▪ **2** **n. m.** (1816) Champignon basidiomycète *(russulales)* qui laisse échapper, quand on le rompt, un suc laiteux. *Lactaire délicieux, lactaire poivré* (comestibles).

LACTALBUMINE [laktalbymin] n. f. – v. 1900 ◊ de *lact(o)-* et *albumine* ■ BIOCHIM. Albumine du lait.

LACTARIUM [laktaʀjɔm] n. m. – 1949 ◊ latin scientifique moderne formé sur le latin *lac, lactis* «lait» ■ DIDACT. Établissement où l'on collecte et conserve du lait humain. *Des lactariums.*

LACTASE [laktɑz] n. f. – v. 1900 ◊ de *lact(o)-* et *-ase* ■ BIOCHIM. Enzyme qui transforme le lactose en glucose et galactose. ➤ **galactosidase.**

LACTATE [laktat] n. m. – 1787 ◊ de *lact(o)-* et *-ate* ■ CHIM. Sel ou ester de l'acide lactique. *Lactate d'argent, de calcium, de fer.*

LACTATION [laktasjɔ̃] n. f. – 1623 ◊ bas latin *lactatio* ■ PHYSIOL. Sécrétion et écoulement du lait chez la femme et les femelles des mammifères après la parturition. *La prolactine, hormone de la lactation.* — PAR EXT. Période de l'allaitement (chez les animaux).

LACTÉ, ÉE [lakte] adj. – v. 1398 ◊ latin *lacteus* «laiteux» ■ **1** DIDACT. Qui a rapport au lait. *Sécrétion lactée.* ➤ **lactation.** — MÉD. *Fièvre lactée* (cf. Fièvre de lait*). ■ **2** LITTÉR. Qui ressemble au lait, a l'aspect du lait. *Suc lacté. Un blanc lacté.* — ANAT. *Veines lactées :* les vaisseaux chylifères (ainsi nommés à cause de la couleur blanchâtre du chyle). ◆ COUR. **LA VOIE LACTÉE :** bande blanchâtre et floue qu'on aperçoit dans le ciel pendant les nuits claires (disque de notre galaxie vu par la tranche). ➤ **galaxie.** ■ **3** Qui consiste en lait, qui est à base de lait. *Farine lactée. Dessert lacté.* ◆ (1814) *Diète lactée, régime lacté,* où l'on ne prend que du lait.

LACTESCENT, ENTE [laktesɑ̃, ɑ̃t] adj. – 1783 ◊ latin *lactescens* ■ **1** Qui contient un suc laiteux. *Champignon lactescent* (ex. le lactaire). ■ **2** PAR EXT. (en parlant d'un liquide) Qui ressemble à du lait. *Sérum lactescent.* ■ **3** LITTÉR. D'un blanc de lait. *Mer lactescente.* — n. f. **LACTESCENCE,** 1812.

LACTIFÈRE [laktifɛʀ] adj. – 1665 ◊ bas latin *lactifer* ■ BIOL. Qui amène, porte ou produit le lait. *Conduits lactifères. Plantes lactifères :* plantes qui renferment un suc laiteux (ou *latex*).

LACTIQUE [laktik] adj. – 1787 ◊ de *lact(o)-* et *-ique* ■ CHIM., BIOCHIM. *Acide lactique :* produit formé par fermentation de sucres chez de nombreux micro-organismes, et dans les cellules d'organismes supérieurs manquant d'oxygène (cellule musculaire durant un exercice intensif, par ex.). — *Ferment, bacille lactique.* ➤ **lactobacille.**

LACT(O)- ■ Élément, du latin *lac, lactis* «lait».

LACTOBACILLE [laktobasil] n. m. – milieu XXe ◊ de *lacto-* et *bacille* ■ BACTÉRIOL. Genre bactérien comportant de nombreuses espèces dont certaines sont utilisées pour la fabrication de yaourts et dans l'industrie fromagère (SYN. bacille lactique). *Les lactobacilles de la flore intestinale.*

LACTODENSIMÈTRE [laktodɑ̃simɛtʀ] n. m. – 1841 ◊ de *lacto-* et *densimètre* ■ TECHN. Appareil servant à mesurer la densité du lait.

LACTOFLAVINE [laktoflavin] n. f. – 1950 ◊ de *lacto-* et *flavine* «pigment biologique jaune» ■ BIOCHIM. Vitamine B2. ➤ **riboflavine.**

LACTOMÈTRE [laktɔmɛtʀ] n. m. – 1839 ◊ de *lacto-* et *-mètre* ■ TECHN. Appareil servant à apprécier la qualité d'un lait, et SPÉCIALT sa richesse en beurre. ➤ **galactomètre, pèse-lait.**

LACTOSE [laktoz] n. m. – 1843, aussi fém. ◊ de *lact(o)-* et 1 *-ose* ■ BIOCHIM. Glucide présent dans le lait des mammifères ($C_{12}H_{22}O_{11}$), hydrolysable en glucose et galactose. *L'intolérance au lactose est due à une déficience en lactase.*

LACTOSÉRUM [laktoseʀɔm] n. m. – 1908 ◊ de *lacto-* et *sérum* ■ DIDACT. Petit-lait.

LACTUCARIUM [laktykaʀjɔm] n. m. – 1831 ◊ du latin *lactuca* «laitue» ■ BIOCHIM., PHARMACOL. Suc laiteux des feuilles de laitue, aux propriétés sédatives, appelé aussi *opium de laitue.*

LACUNAIRE [lakynɛʀ] adj. – 1822 ◊ de *lacune* ■ **1** HISTOL. ou LITTÉR. Qui présente des lacunes. *Tissu lacunaire.* ➤ **lacuneux.** ■ **2** Qui a des manques, incomplet. *Documentation lacunaire.*

LACUNE [lakyn] n. f. – 1515 ◊ latin *lacuna* ■ **1** VX Espace vide, solution de continuité dans un corps. ➤ 1 **espace, fente.** ◆ HISTOL. Espace intercellulaire dont la taille est supérieure à celle des cellules environnantes. *Les lacunes des centres nerveux.* — *Lacunes des tiges de prèles.* ◆ VÉTÉR. Partie du dessous du sabot, chez le cheval. ◆ ÉLECTRON. ➤ **trou.** ■ **2** (avant 1616) Interruption involontaire et fâcheuse dans un texte, un enchaînement de faits ou d'idées ; absence d'un ou de plusieurs termes dans une série. ➤ **hiatus,** 1 **manque, omission.** *Présenter des lacunes. Remplir, combler une lacune. Lacunes et faiblesses d'une doctrine. Avoir des lacunes de mémoire.* ➤ **déficience, trou ; oubli.** *Il y a de graves lacunes dans ses connaissances* (➤ **ignorance, insuffisance**). «*Les fautes et les lacunes des dictionnaires*» HUGO.

LACUNEUX, EUSE [lakynø, øz] adj. – 1783 ◊ de *lacune* ■ **1** HISTOL. Se dit d'un tissu végétal présentant un espace entre les cellules. *Parenchyme lacuneux.* ➤ **lacunaire.** ■ **2** VX ➤ **lacunaire** (2°).

LACUSTRE [lakystʀ] adj. – 1573, rare avant XIXe ◊ de *lac,* d'après *palustre* ■ Relatif aux lacs ; qui se trouve, vit auprès d'un lac, dans un lac. *Faune lacustre. Plantes lacustres.* — *Cités, villages lacustres,* bâtis sur pilotis. ➤ **palafitte.**

LAD [lad] n. m. – 1854 ◊ mot anglais ■ Jeune garçon d'écurie chargé de garder, de soigner les chevaux de course. «*Il est passé lad, aux haras d'Eaton*» MIRBEAU.

LADANUM [ladanɔm] n. m. – 1256 ◊ latin d'origine grecque *ladanum* ■ CHIM. Gomme-résine aromatique tirée du ciste, utilisée en parfumerie comme substitut de l'ambre gris. — On dit aussi **LABDANUM.**

LADIN [ladɛ̃] n. m. – 1813 ◊ mot rhéto-roman, du latin *latinus* «latin» ■ LING. Ensemble des parlers rhéto-romans (romanche*) de l'Engadine (vallée de l'Inn).

LADINO [ladino] n. m. – date inconnue ◊ mot espagnol → ladin ■ Dialecte espagnol parlé par les judéo-espagnols.

LADITE ➤ **DIT**

LADRE [lɑdʀ] n. et adj. – XIIe ◊ latin ecclésiastique, de l'hébreu *Lazarus,* n. du pauvre couvert d'ulcères, dans la parabole de saint Luc ■ **1** n. et adj. VX Lépreux. ■ **2** adj. (1564) Se dit du porc, du bœuf atteints de ladrerie (3°). *Truie ladre.* — «*les parasitoses contractées à force* [...] *de consommer de la viande ladre*» DEL AMO. ■ **3** n. (1640) VX ou LITTÉR. ➤ **avare, grigou.** *L'argent fait* «*du plus généreux, un ladre*» HUYSMANS. — adj. *Elle est un peu ladre.* ➤ **pingre.** ■ CONTR. Généreux.

LADRERIE [lɑdʀəʀi] n. f. – 1492 ◊ de *ladre*

I ■ **1** VX Lèpre. ■ **2** (*laderye* 1530) Hôpital où l'on soignait les lépreux. ➤ **léproserie, maladrerie.** ■ **3** MOD. VÉTÉR. Maladie causée chez certains animaux (porc, bœuf) par le développement de larves de ténia (cysticerques) dans les muscles ou sous la langue. *Langueyer un porc atteint de ladrerie.*

II VX ou LITTÉR. Avarice sordide. ➤ **lésine.** FIG. «*Dieu me préserve de cette ladrerie de cœur !*» R. ROLLAND.

■ CONTR. Générosité.

LADY [ledi] n. f. – 1750 ; hapax 1669 ◊ mot anglais «dame» ■ **1** Titre donné aux femmes des lords et des chevaliers anglais. «*L'Amant de Lady Chatterley*», *titre français d'un roman de D. H. Lawrence. Chez Lord et Lady Hamilton.* ■ **2** PAR EXT. Dame anglaise. *Une jeune lady. Des ladys.* On emploie aussi le pluriel anglais *des ladies.* — Femme élégante, distinguée. *C'est une vraie lady.*

LAGER [lagœʀ] n. f. – 1896 *Lager-bier* ◊ de l'allemand *Lagerbier* «bière de garde», de *Lager* «entrepôt» ■ Bière légère de basse fermentation. *La pils est une lager blonde. Les ales et les lagers.*

LAGOMORPHES [lagɔmɔʀf] n. m. pl. – 1898 ◊ du grec *lagôs* «lièvre» et *morphê* «forme» ■ ZOOL. Ordre de mammifères herbivores comprenant les lièvres et les lapins. *Les lagomorphes ont une paire d'incisives de plus que les rongeurs.* — Au sing. *Un lagomorphe.*

LAGON [lagɔ̃] n. m. – 1721 ◊ italien *lagone* «grand lac», augmentatif de *lago* «lac» ■ **1** Petit lac d'eau salée, lagune peu profonde entre la terre et un récif corallien, par les brèches duquel pénètre la marée. «*La marée baisse, dénude les plateaux de corail dans le lagon*» LE CLÉZIO. ■ **2** Lagune centrale d'un atoll.

LAGOPÈDE [lagɔpɛd] n. m. – 1770 ; *lagopos* 1681 ◊ latin *lagopus, lagopodis,* mot grec, proprt «pied de lièvre» ■ ZOOL. Oiseau *(galliformes)* de taille moyenne, dont le tarse et les doigts sont couverts de plumes. *Lagopède blanc.* ➤ **gélinotte.** *Lagopède d'Écosse.* ➤ **grouse.**

LAGOTRICHE [lagɔtʀiʃ] **n. m.** – 1817 ◇ latin scientifique *lagothrix*, du grec *lagôs* « lièvre » et *thrix* « poil » ■ ZOOL. Singe d'Amérique du Sud *(simiiformes)* à queue préhensile, appelé aussi *singe laineux.*

LAGUIOLE [lajɔl] **n. m.** – 1926 ◇ du n. d'une commune de l'Aveyron ■ **1** Fromage proche du cantal, à la saveur plus prononcée. ■ **2** (marque déposée) Couteau à manche légèrement incurvé, à longue lame effilée. *Des laguioles. « Laguiole contre pommes de terre, Igor entame sa corvée de pluches »* PENNAC.

LAGUIS [lagi(s)] **n. m.** – 1786 ◇ pour *l'agui* → agui ■ MAR. Cordage muni d'un nœud qui se serre par le seul poids du corps qu'il enserre (nœud de chaise).

LAGUNAGE [lagynaʒ] **n. m.** – attesté 1973 ◇ de *lagune* ■ TECHN. Création de bassins ou étangs pour l'épuration des eaux par l'action oxydante naturelle des micro-organismes.

LAGUNAIRE [lagynɛʀ] **adj.** – 1886 ◇ de *lagune* ■ GÉOGR. D'une lagune. *La faune lagunaire.*

LAGUNE [lagyn] **n. f.** – 1701 ◇ *lacune* 1574 ; vénitien *laguna*, latin *lacuna* → lacune ■ Étendue d'eau de mer, comprise entre la terre ferme et un cordon littoral (lido) généralement percé de passes (graus). ➤ **étang ; aussi liman, moere.** *Des « gondoles, qui filent silencieusement sur l'eau endormie des lagunes »* GAUTIER.

1 **LAI, LAIE** [lɛ] **adj.** – XIIe ◇ latin ecclésiastique *laicus*, grec *laikos*, de *laos* « peuple » ■ VX Laïque. ◆ MOD. *Frère lai* : frère servant. ➤ **convers.** ■ HOM. Laid, laie, lais, lait, laye, legs, lei (2 leu), lez.

2 **LAI** [lɛ] **n. m.** – XIIe ◇ p.-ê. du celte, comme l'irlandais *laid* « chant des oiseaux, chanson, pièce de vers » ■ LITTÉR. Poème narratif ou lyrique, au Moyen Âge. *« Le Lai du rossignol », de Marie de France.*

LAÏC ➤ **LAÏQUE**

LAÏCARD, ARDE [laikaʀ, aʀd] **adj. et n.** – 1884 ◇ de *laïc* → laïque ■ PÉJ. Qui défend la laïcité avec intransigeance. — **n.** *« tant de bondieusards (qui sont au chrétien ce que le laïcard est au laïque) »* R. DEBRAY.

LAÏCAT [laika] **n. m.** – 1877 ◇ de *laïc* ■ DIDACT. Ensemble des chrétiens non ecclésiastiques.

LAÎCHE [lɛʃ] **n. f.** /LAICHE/ – *lesche* fin XIe ◇ latin populaire *lisca* (VIIIe) d'origine germanique ■ Carex (plante). ■ HOM. Lèche.

LAÏCISATION [laisizasjɔ̃] **n. f.** – v. 1870 ◇ de *laïciser* ■ Action de laïciser ; son résultat. *Laïcisation de l'enseignement* : action d'écarter tout esprit confessionnel de l'enseignement officiel.

LAÏCISER [laisize] **v. tr.** ⟨1⟩ – v. 1870 ◇ de *laïc* → laïque ■ **1** Rendre laïque. PRONOM. *« Le sentiment religieux [...] se laïcise déjà »* MARTIN DU GARD. ■ **2** Organiser suivant les principes de la laïcité. *La Révolution a laïcisé l'état civil. Laïciser l'enseignement.* ➤ **laïcisation.**

LAÏCISME [laisism] **n. m.** – 1877 ; autre sens 1842 ◇ de *laïc* ■ Doctrine qui tend à donner aux institutions un caractère non religieux.

LAÏCITÉ [laisite] **n. f.** – 1871 ◇ de *laïc* ■ **1** Caractère laïque. ■ **2** Principe de séparation de la société civile et de la société religieuse, l'État n'exerçant aucun pouvoir religieux et les Églises aucun pouvoir politique. *« la laïcité, c'est-à-dire l'État neutre entre les religions »* RENAN. *Défenseur de la laïcité.* ➤ FAM. et PÉJ. **laïcard.**

LAID, LAIDE [lɛ, lɛd] **adj.** – 1080 *laiz* n. plur. ◇ francique °*laith* « repoussant, outrageant » ■ **1** Qui produit une impression désagréable en heurtant le sens esthétique, ou qui, simplement, s'écarte de l'idée que l'on a de la beauté. ➤ **affreux, disgracié, disgracieux, hideux, horrible, immonde, inesthétique, informe, monstrueux, repoussant, répugnant, vilain ;** FAM. **moche, tarte, tocard.** *« tout ce qui est utile est laid »* GAUTIER. *Personne laide,* qui déplaît par ses imperfections physiques, spécialement celle du visage. ➤ **caricature, épouvantail, repoussoir.** *« Monstre évadé d'un ténébreux cauchemar. Il était indescriptiblement laid »* CALAFERTE. *Homme laid.* ➤ FAM. **macaque ;** VX 1 **magot, mâtin, sapajou.** *Femme, fille laide.* ➤ **épouvantail, laideron, maritorne ;** PÉJ. **cageot,** 1 **chouette, guenon, mocheté, sorcière, thon** (cf. Remède* à l'amour). *« des êtres tarés, déchus, disgraciés, [...] laids à décourager la pitié »* GIDE. *Rendre laid, se rendre laid* : défigurer, enlaidir. — LOC. *Être laid comme un pou, un singe, un crapaud, comme les sept péchés capitaux ; laid à faire peur, à faire fuir,* très laid. — **n.** *« avant d'être un laid, un stupide, je serai un vieux »* J. DRILLON. *Les laides.* ◆ (CHOSES) *Ville laide et triste.* — VX *« Qu'il fasse beau, qu'il fasse laid »* DIDEROT. ➤ **mauvais.** ■ **2** Au moral (lang. enfantin) *C'est laid de fourrer ses doigts dans son nez !* ➤ **vilain.** PAR EXT. et FAM. *Hou ! qu'il est laid !* — **n.** *Hou ! le laid ! la laide !* ■ **3** **n. m.** **LE LAID.** ➤ **laideur.** *Le laid et le beau. Le laid et le grotesque dans l'art, en littérature.* — **adv.** RARE **LAIDEMENT.** ➤ **vilainement.** ■ CONTR. 1 Beau. ■ HOM. Lai, laie, lais, lait, laye, legs, lei (2 leu), lez ; LED.

LAIDERON [lɛdʀɔ̃] **n. m. et adj.** – v. 1530 n. f. ◇ de *laid* ■ Jeune fille ou jeune femme laide. *Cette fille est un laideron, un vrai laideron.* On trouve également la forme *laideronne.* — **adj.** *« Cette petite infante laideronne et bougonne »* L. BERTRAND. REM. Le mot a longtemps été du féminin : *« danser avec une laideron comme moi »* SAND.

LAIDEUR [lɛdœʀ] **n. f.** – *ledeur* 1265 ◇ de *laid* ■ **1** Caractère, état de ce qui est laid (au physique). ➤ **difformité, disgrâce, hideur.** *Être d'une laideur affreuse, monstrueuse. La laideur de Socrate, de Mirabeau, de Quasimodo.* — *La laideur d'un monument, d'un objet.* ■ **2** Au moral ➤ **bassesse, turpitude, vilenie.** *La laideur d'une action. Le Tartuffe de Molière montre « l'hypocrisie dans toute sa laideur »* VOLTAIRE. ➤ **horreur.** ■ CONTR. Beauté.

1 **LAIE** [lɛ] **n. f.** – *lehe* 1130 ◇ francique °*lêha* ■ Femelle du sanglier (➤ **truie**). *La laie et ses marcassins.* ■ HOM. Lai, laid, lais, lait, laye, legs, lei (2 leu), lez.

2 **LAIE** [lɛ] **n. f.** – fin XIIe ◇ de *layer* ■ Espace déboisé, rectiligne, tracé dans une forêt pour y établir des coupes. ➤ 1 **layon** (plus cour.).

3 **LAIE** ➤ **LAYE**

4 **LAIE** [lɛ] **n. f.** – 1675 ◇ de *layer* ■ TECHN. Marteau de tailleur de pierres, à un ou deux tranchants, droits ou dentelés.

1 **LAINAGE** [lɛnaʒ] **n. m.** – 1690 ; « laine » 1302 ◇ de *laine* ■ **1** Étoffe de laine. *Robe de lainage. Gros lainage ; lainage fin.* ■ **2** Objet manufacturé en laine. ◆ SPÉCIALT Gilet, pull-over de laine tricotée. *Mettre un lainage sur une robe d'été.* ➤ **tricot ;** FAM. **laine.**

2 **LAINAGE** [lɛnaʒ] **n. m.** – 1723 ◇ de *lainer* ■ TECHN. Action de lainer (le drap). *L'opération du lainage.*

LAINE [lɛn] **n. f.** – v. 1130 ◇ latin *lana* ■ **1** Matière souple provenant du poil de l'épiderme des ovidés et de quelques autres mammifères, constituée par des fibres pouvant être utilisées comme textile. *Bêtes à laine* : agneaux, brebis, béliers, moutons, chèvres, chameaux, lamas, vigognes. *La toison des ovidés est formée de laine et de jarre. Relatif à la laine.* ➤ **lainier ; lanice, lanugineux.** — *Brins, fibres, mèches, touffes* (➤ **flocon**) *de laine. Finesse, élasticité, résistance* (ou *force, nerf*), *souplesse, nuance et lustre d'une laine. Personne « ne peut obtenir la fermeté des flanelles anglaises ; cela tient à la laine des moutons du pays de Galles »* MICHELET. — *Laine d'agneau* (➤ **lambswool**). *Laine de première tonte* (➤ **agneline**), *laine de mouton mérinos*, de mouton d'Écosse* (➤ **cheviotte**) ; *laines croisées* (de moutons croisés de mérinos) ; *laine de chèvre* (➤ **mohair, pashmina**), *laine angora, laine de lama* (➤ **alpaga, carmeline, vigogne**). — *Laine vierge,* provenant de la tonte d'animaux vivants, par opposition à *laine morte, laine secondaire* (TECHN.). *Pure* laine. Laine mélangée. Enlever la laine des moutons* (➤ **tondre**), *des peaux de mouton* (➤ **délainer**). *Laine brute, crue, en suint.* — *Laine cardée, peignée. Filer la laine.* ➤ **filage, filature.** *Tissage de la laine.* ■ **2** Cette matière, traitée pour être utilisée. *Tissus, étoffes de laine.* ➤ 1 **lainage.** *Velours, drap de laine. Étoffes de laine agglomérée* (feutre, molleton). — *Laine bouillie* : étoffe de laine tissée, puis feutrée. — *Laine des Pyrénées* : tissu de laine moelleux, duveté. *Robe de chambre en laine des Pyrénées.* — *Laine à tricoter, à repriser. Pelote, peloton, écheveau de laine. Tapis de haute laine,* à longs poils, fait avec la laine la plus longue. *Gants, chaussettes de laine. Tricot de laine.* ➤ **chandail, pull-over.** *Laine à matelas.* ◆ *Vêtements en laine,* en tissu de laine, ou en laine tricotée. *Manteau pure laine, en laine et acrylique. Elle « déteste la pure laine, elle dit que les mites la mangent et que ça rétrécit »* V. OVALDÉ. ◆ LOC. *Bas* de laine.* — *Se laisser manger, tondre la laine sur le dos* : se laisser exploiter, voler, sans réagir. *« Ils n'ont pas conscience de leur communauté d'intérêts ; ils sont toujours prêts à se concurrencer les uns les autres, à se manger la laine sur le dos »* É. GUILLAUMIN. ■ **3** (v. 1900) FAM. *Une laine* : un vêtement de laine tricotée, généralement gilet, pull-over. ➤ 1 **lainage.** *Prends une (petite) laine, il fait froid ce soir.*

▪ **4** Duvet (de certaines plantes). ▪ **5** Produits fibreux fabriqués soit pour être utilisés comme la laine cardée (en isolants, etc.), soit comme textiles. *Laine de bois ; laine artificielle* (cellulose nitrifiée). *Laine de laitier,* servant d'isolant. *Laine de verre*. Laine minérale. Laine de roche.*

LAINER [lene] **v. tr.** ‹1› – 1250 «apprêter la laine» ◊ de *laine* ▪ Rendre moelleux (un tissu de laine) par grattage.

LAINEUR, EUSE [lɛnœʀ, øz] **n.** – 1765 ◊ de *lainer* ▪ TECHN. ▪ **1** Ouvrier, ouvrière qui laine le drap avec une machine à lainer. ▪ **2 n. f.** (1824) Machine à lainer. ▪ **HOM.** Laineuse (laineux).

LAINEUX, EUSE [lɛnø, øz] **adj.** – 1587 ; *laneux* v. 1500 ◊ de *laine* ▪ **1** Qui est garni de laine, qui a beaucoup de laine. *Drap laineux, étoffe très laineuse.* — PAR ANAL. *Plante, tige laineuse,* couverte de duvet, de poils. ▪ **2** Qui ressemble à de la laine (à la vue, au toucher). *Cheveux crépus et laineux.* ▪ **HOM.** Laineuse (laineur).

LAINIER, IÈRE [lɛnje, jɛʀ] **n. et adj.** – 1296 ◊ de *laine*
I n. Personne qui vend ou qui travaille la laine. Propriétaire d'une usine de tissage de la laine.
II adj. (1723) Relatif à la laine (en tant que matière première ou marchandise). — (1867) *L'industrie lainière.*

LAÏQUE [laik] **adj., LAÏC, LAÏQUE** [laik] **n.** – 1487 ◊ latin ecclésiastique *laïcus* → 1 lai ▪ **1** Qui ne fait pas partie du clergé, et SPÉCIALT Qui n'a pas reçu les ordres de cléricature, en parlant d'un chrétien baptisé. *Tribunal, juridiction laïque.* ➤ **séculier.** ◆ **n.** *Un laïc, un laïque ; une laïque. L'ordre des laïcs, des laïques.* ◆ PAR EXT. *La société laïque,* par opposition au clergé. *Rendre qqn à la vie laïque.* ➤ **laïciser, séculariser.** *Habit laïque.* ▪ **2** FIG. (avec un subst. désignant normalement un religieux) *«Nous sommes des missionnaires laïques»* VOLTAIRE. *«Un saint laïque»* PASTEUR (à propos de Littré). ▪ **3** Qui est indépendant de toute confession religieuse (➤ **laïcité**). *L'État laïque. L'enseignement laïque* (opposé à *confessionnel*). *École primaire laïque.* **n. f.** FAM. et VIEILLI *La laïque. «En détestation de la laïque, il disait son chapelet»* ARAGON. ▪ **CONTR.** Clerc, ecclésiastique. Religieux.

LAIRD [lɛʀd] **n. m.** – 1779 ◊ var. de *lord* ▪ Propriétaire d'une terre et d'un manoir, en Écosse.

LAIS [lɛ] **n. m.** – v. 1179 ◊ de *laisser* ▪ **1** ANC. DR. ➤ **legs.** HIST. LITTÉR. *Les lais des Testaments de Villon.* ▪ **2** (1495) AU PLUR. DR. Terrains que les eaux de mer ou de rivière (alluvions) laissent à découvert en se retirant. *Droit d'accession sur les lais.* ➤ **accroissement, atterrissement, relais.** ◆ GÉOGR. Laisse (III). *Lais de haute mer.* ▪ **3** (1586) ARBOR. Jeune baliveau laissé dans une coupe de taillis pour devenir arbre de futaie. ▪ **HOM.** Lai, laid, laie, lait, laye, legs, lei (2 leu), lez.

LAISSE [lɛs] **n. f.** – 1178 ◊ de *laisser*
I Lien avec lequel on attache un chien ou un autre animal pour le mener, le maintenir à ses côtés. *Laisse de cuir, de métal qui s'accroche au collier d'un chien. Tenir un chien en laisse. Chien qui tire sur sa laisse. Laisse enrouleuse, à boîtier.* ◆ (1690) LOC. FIG. *Mener, tenir qqn en laisse,* l'empêcher d'agir librement. *«J'ai besoin de me réaliser, d'exister par moi-même. Tu ne peux pas me tenir en laisse toute ma vie !»* P. GARNIER.
II (XIIIe «dit, récité en se laissant aller, d'un trait») HIST. LITTÉR. Tirade, couplet d'une chanson de geste. *Les laisses de la «Chanson de Roland».*
III (1421) GÉOGR. Espace que la mer laisse à découvert à chaque marée. ➤ **lais** (2°). *Laisse de haute mer, de basse mer :* lignes de marée haute et de marée basse, limites entre lesquelles la marée oscille.
IV CHASSE *Les laisses.* ➤ **laissées.**

LAISSÉES [lese] **n. f. pl.** – 1387 ◊ de *laisser* ▪ CHASSE Fiente des sangliers. ➤ **excrément, fumée, laisses.**

LAISSÉ, ÉE-POUR-COMPTE [lesepuʀkɔ̃t] **adj. et n.** – 1873 ◊ de *laisser pour compte* ▪ **1** COMM. Se dit d'une marchandise dont le destinataire refuse de prendre livraison parce qu'elle ne remplit pas les conditions stipulées à la commande. *Marchandise laissée-pour-compte.* — **n. m.** *Le laissé-pour-compte :* ce qui a été refusé. ▪ **2** FIG. Que l'on oublie, rejette, néglige (chose ou personne). — **n.** *Les laissées-pour-compte que l'on n'a pas emmenées. «J'ai pris un malin plaisir à mettre en lumière les laissés-pour-compte»* DOISNEAU. ➤ **quart-monde, sous-prolétariat.** — On écrit aussi *laissé, ée pour compte.*

LAISSER [lese] **v. tr.** ‹1› – fin IXe ◊ du latin *laxare* «détendre», «laisser du repos» et «pardonner», famille de *laxus* «spacieux, étendu» et «desserré, lâche». → 1 lâcher, 1 relaxer

I NE PAS INTERVENIR ▪ **1** (Suivi d'un inf.) Ne pas empêcher de (➤ **consentir, permettre**). *Laisser partir qqn. Laisse-moi rire. «Il ouvre un large bec, laisse tomber sa proie»* LA FONTAINE. FIG. *Laisser tomber*, laisser choir qqn. Laisser tomber qqch., un projet. — S'effacer pour laisser passer qqn. «Laissez venir à moi les petits enfants»* (BIBLE). *Laisser passer du temps.* ➤ **attendre.** — *Laisser aller**. FAM. *Laisser courir :* ne pas intervenir. *Laisser tomber*.* — *Laisser faire qqn,* le laisser agir comme il l'entend. *Laissez-moi faire. — Laisser faire le temps.* — SANS COMPL. *Laisser faire :* ne pas intervenir. *«Laisser faire* (les individus), *laisser passer* (les marchandises)» GOURNAY (devise du libéralisme économique). PROV. *Bien faire et laisser dire*.* — *Laissez-les vivre,* slogan contre l'avortement. — FAM. *Laisser pisser* le mérinos.* (Sans compl.) *Ça va comme ça, laisse pisser* (cf. supra Laisser faire). — *Laisser voir son trouble,* le découvrir, le montrer. *Il était inquiet mais n'en laissait rien voir.* ◆ (CHOSES) *Matière poreuse qui laisse passer l'air.* ◆ REM. Accord du participe passé suivi de l'inf. avec le compl. d'objet, en principe seult lorsque celui-ci fait l'action exprimée par l'inf. : *les familiarités qu'il avait laissées /laissé/ s'établir entre nous ; ils nous ont laissés /laissé/ tomber.* ▪ **2** (milieu XIIe) **SE LAISSER** (et l'inf.). *Se laisser aller à faire qqch.* SANS COMPL. *Se laisser aller.* ➤ **s'abandonner, se détendre, se relâcher.** *«À force de se laisser aller, Katie revenait à l'état animal»* LIBERATI. *Ne vous laissez pas abattre, réagissez ! Se laisser vivre :* vivre sans se faire de souci, dans l'indolence. — *Se laisser mener par le bout du nez*. — S'en laisser accroire, conter*. Se laisser attendrir, impressionner, persuader. Je me suis laissé dire que... — Se laisser faire :* n'opposer aucune résistance à la volonté d'autrui, subir ses exigences, ses affronts. *Ne vous laissez pas faire, réclamez, ripostez.* FAM. Accepter qqch. d'agréable. *Se laisser tenter*.* ◆ FAM. (CHOSES) *Ce petit vin se laisse boire,* on le boit avec plaisir. ◆ REM. Accord du p. p. avec le sujet, lorsqu'il fait l'action : *Elle s'est laissée /laissé/ mourir.* Il ne s'accorde pas dans le cas contraire : *Elle s'est laissé convaincre* (par qqn). ▪ **3** (fin Xe) (Avec un compl. déterminé par un adj., une complétive) Maintenir (qqn, qqch.) dans un état, un lieu, une situation ; ne rien faire pour qu'il ou elle change. ➤ **garder.** *Laisser un plat au chaud.* ➤ **maintenir, tenir.** *Laissez-les ensemble.* — **LAISSER TRANQUILLE :** ne pas importuner (cf. FAM. Ficher la paix*, lâcher les baskets*, la grappe* à qqn). *Laisse ta sœur tranquille. — Laisse-la en paix. — La nouvelle nous laisse sceptiques. Cela me laisse indifférent, froid. Je vous laisse juge. — Laisser qqn dans le doute, l'erreur, l'ignorance. Laissez-la à son travail, à ses occupations,* et FIG. *à son ignorance. — Laisser la porte ouverte. Laisser une terre en friche. Laisser les choses en place, en l'état. Laisser qqch. de côté. — Laisser qqn,* le laisser tranquille. *Allons, laissez-moi, à la fin ! — Laisser la bride* sur le cou à qqn. Laisser le champ libre à qqn.* ▪ **4** (fin XIe) Ne pas s'occuper de. *Laissons-les, puisqu'ils prétendent se passer de nous. Laissez donc cela, je vais le faire.* SANS COMPL. *Laissez, je vous en prie, c'est moi qui vous invite.* ▪ **5 LAISSER (qqn, qqch.) À (qqn) :** maintenir avec ; ne pas enlever à (qqn), ne pas priver de. *Le juge a laissé les enfants à leur mère.* ➤ **confier.** *Laissez-lui le temps de se retourner. Laissez-lui une chance.* ➤ **accorder.** *On ne m'a pas laissé le choix. Laissez-lui ses illusions.* ▪ **6** Ne pas supprimer. *Il a laissé des fautes dans sa lettre. «J'ai laissé la lumière toute la nuit et toutes les autres nuits»* MODIANO.

II NE PAS PRENDRE ▪ **1** (fin Xe) Ne pas prendre (ce qui se présente, ce qui s'offre). *Elle mange les raisins et laisse les pépins. Il a tout laissé dans son assiette.* LOC. *C'est à prendre ou à laisser :* il faut prendre la chose telle quelle ou ne pas la prendre du tout. *Laisser une route à sa droite et prendre à gauche.* ▪ **2** (1538) **LAISSER... À (qqn) :** ne pas prendre pour soi (afin qu'un autre prenne). ➤ **réserver.** *Laisse un morceau de gâteau à ton frère. Laissez-lui-en un peu. — Laisser la priorité à une voiture.* — Ne pas faire soi-même (afin qu'un autre fasse). *Ses collègues lui ont laissé toutes les corvées à faire.* FIG. *Laisser à qqn le soin* de. — Ne rien laisser au hasard.* ◆ *Laisser une chose à qqn,* n'en pas vouloir pour soi et la réserver à la personne pour qui elle est faite ou semble faite. *Il faut laisser ces procédés aux gens peu scrupuleux.* ◆ LOC. (1546) **LAISSER À PENSER, À JUGER :** laisser (à qqn) le soin de penser, de juger par soi-même, ne pas expliquer ce qu'on trouve évident. *Je te laisse à penser quelle a été sa surprise.* ➤ **imaginer.** — SANS COMPL. LOC. *Cela laisse à penser,* donne matière à réflexion. *Laisser à désirer*.*

III NE PAS GARDER AVEC SOI, POUR SOI ▪ **1** (fin Xe) Se séparer de, abandonner (qqn, qqch.). ➤ **quitter.** *Laissez-nous, nous avons à parler. Adieu, je vous laisse. Il devait être minuit quand je les ai laissés.* ◆ SPÉCIALT Quitter volontairement et définitivement. *Elle a laissé son mari.* ➤ **abandonner ;** FAM.

1 **lâcher, larguer, plaquer.** ◆ Ne plus vivre avec, du fait de la mort. *Il laisse une veuve et deux enfants.* ◆ *Laisser qqn seul,* le quitter de sorte qu'il reste seul. *Je l'ai laissé bien triste.* « *J'ai été laissé pour mort par des voleurs* » MAUPASSANT. — (fin XIe) (CHOSES) *Laisser tout en désordre. Laisser ses bagages à la consigne, ses enfants chez sa sœur.* — Abandonner. « *Vous mourûtes aux bords où vous fûtes laissée !* » RACINE. — *Laisser qqn en plan, en rade.* — *Laisser un coureur derrière soi.* ➤ **dépasser, devancer.** FIG. *Laisser qqn loin derrière soi pour le talent, le mérite.* ➤ **surpasser.** — SPÉCIALT (fin XIIe) Abandonner involontairement (qqch.). *J'ai laissé mon parapluie dans l'autobus.* ➤ **oublier.** ▪ **2** (fin XIe) Se séparer d'une partie de soi-même, abandonner (qqch. de soi). ➤ **perdre.** *Le renard a laissé sa queue dans un piège. Laisser des plumes*. Laisser sa vie au combat ; y laisser sa peau.* — *Liquide qui laisse un dépôt.* ➤ 1 **déposer.** ◆ (1690) Faire (une marque, une trace qui reste). *Le coup a laissé des marques, des cicatrices. Goût qu'un aliment laisse dans la bouche.* — FIG. (1616) *Laisser un goût d'amertume. Ce document ne doit pas laisser de trace. Cet écrivain a laissé un nom. Laisser des descendants, des héritiers.* « *on peut prolonger son existence autrement que par des enfants ; on peut laisser des livres, des symphonies, des statues* » ALAIN. *Laisser un bon souvenir.* « *Voilà ce qu'après toi tu laisses sur la terre* » MUSSET. ▪ **3** Remettre (qqch. à qqn) en partant. ➤ **confier, remettre.** *Laisser sa clé à la concierge. Laisser un message. Partir sans laisser d'adresse. Laisser un pourboire.* ➤ **donner.** *Laisser des arrhes.* ➤ **verser.** ▪ **4** Vendre à un prix avantageux pour le client. ➤ **céder.** *Je vous laisse ce tapis pour (à) trois cents euros.* ▪ **5** (fin XIe) Donner, céder (un bien, une somme) de son vivant ou par testament, par voie de succession. ➤ **léguer, transmettre.** *Laisser une maison à ses enfants.* « *Il mourut, jeune encore, laissant à sa fille une immense fortune, une mère faible et la disgrâce de la cour* » STENDHAL.

IV CESSER VX OU LITTÉR. ▪ **1** (début XIIe) VX Ne pas continuer (de faire, d'être qqch.). ➤ **cesser.** ▪ **2** (XIVe) LITTÉR. **NE PAS LAISSER DE :** ne pas cesser de, ne pas s'abstenir de (➤ **manquer**). *Sa réaction ne laisse pas de me surprendre.* « *Tout ça ne laissait pas que d'être ennuyeux* » NIMIER.

▪ CONTR. Contrôler, diriger, empêcher, résister ; changer, déplacer, modifier ; enlever, ôter. Emparer (s'), prendre. Conserver, emmener, emporter, garder. Continuer.

LAISSER-ALLER [leseale] **n. m. inv.** – 1786 ◇ de *laisser* et 1 *aller* ▪ **1** Absence de contrainte dans les attitudes, les manières, le comportement. ➤ **abandon, désinvolture.** *J'aime le laisser-aller des gens qui ne s'observent pas, ne s'étudient pas.* ▪ **2** COUR. et PÉJ. Absence de soin. *Le laisser-aller de sa tenue.* ➤ **débraillé,** 1 **négligé.** — Négligence, relâchement (dans le comportement). *Laisser-aller dans le travail, dans la gestion d'une entreprise.* ➤ **désordre, incurie.** ▪ CONTR. 2 Affectation, contrainte, discipline ; réserve, retenue ; ordre.

LAISSER-FAIRE [lesefɛʀ] **n. m. inv.** – *laissez-faire* 1843 ◇ de *laisser* et 1 *faire* ▪ Attitude qui consiste à ne pas intervenir.

LAISSEZ-PASSER [lesepɑse] **n. m. inv.** – *laisser-passer* 1673 ◇ de *laisser* et *passer* ▪ Permission d'entrer, de sortir, de circuler. ▪ **1** DR. Titre, certificat qui doit accompagner les marchandises soumises aux impôts indirects et qui sont exemptes ou affranchies de droit de départ. ➤ **passavant.** ▪ **2** (1792) COUR. Pièce autorisant une personne à entrer, à sortir, à circuler librement (➤ **coupe-file,** 3 **passe, passeport, permis, sauf-conduit**). *Obtenir des laissez-passer.*

LAIT [lɛ] **n. m.** – milieu XIIe ◇ de *lactem,* autre forme de l'accusatif *lac,* du latin *lac, lactis* « lait » et « suc laiteux des plantes » → lact(o)-

I LIQUIDE BLANC, NUTRITIF, SÉCRÉTÉ PAR LES FEMELLES DES MAMMIFÈRES ▪ **1** Liquide blanc, opaque, très nutritif (riche en graisses émulsionnées), sécrété par les glandes mammaires des femelles des mammifères, qui constitue l'aliment naturel des jeunes mammifères ; SPÉCIALT en parlant de l'espèce humaine, des nourrissons. *Lait humain et lait des mammifères. Lait de femme* (➤ **lactarium**), *lait maternel. Sécrétion, montée du lait chez la mère.* ➤ **lactation ; prolactine.** « *Si on arrête la montée de lait, que devient l'amour maternel ?* » É. BADINTER. *Canaux excréteurs du lait.* ➤ **galactophore, lactifère.** *Premier lait d'une accouchée.* ➤ **colostrum.** *Femme qui nourrit un enfant de son lait.* ➤ **allaitement ; allaiter ; téter.** *Bébé qui n'est plus nourri au lait* (➤ **sevrer**). — *Dent* de lait.* — (milieu XIIIe) *Agneau, veau, cochon de lait,* qui tètent encore. — (1538) *Frères, sœurs de lait :* enfants qui ont été nourris du lait de la même personne. — LOC. FAM. *Si on lui pressait le nez il en sortirait du lait,* se dit par plaisanterie d'un enfant, d'un adolescent, qui prétend se comporter comme un adulte. ▪ **2** Lait de quelques mammifères domestiques (notamment la vache), destiné à l'alimentation humaine. *Lait de chèvre, de jument, de vache, d'ânesse, de chamelle. Le lait est le seul aliment complet naturel, contenant des glucides* (➤ **lactose**), *des lipides* (globules de graisse ; ➤ **crème**), *des protéines* (➤ **caséine**), *des matières minérales* (sels, etc.), *des enzymes et des vitamines.* — *Commerce, industrie du lait.* ➤ **laiterie.** *Vache à lait :* vache laitière. FIG. *Une vache* à lait. Récolter le lait.* ➤ **traire ; traite.** *Lait bourru, cru. Récipients à lait* (berthes, bidons, boilles, cannes). *Bouteille, brique de lait. Pot à lait, au lait. Coopérative, établissement où l'on rassemble, où l'on traite le lait.* ➤ 2 **fruitière, laiterie.** *Vente du lait, du beurre et du fromage.* ➤ **crémerie, crémier,** 1 **laitier.** *Un litre de lait. Lait entier, écrémé, demi-écrémé. Battre le lait pour faire du beurre* (➤ **baratte**). *Lait de beurre.* ➤ **babeurre.** *Liquide séreux du lait.* ➤ **lactosérum, petit-lait.** *Peau* du lait. Le lait caille, tourne. Lait caillé.* ➤ **caillé, kéfir, yaourt.** *Lait fermenté, gélifié. Aliment fabriqué avec la caséine du lait.* ➤ **fromage.** — *On fait bouillir le lait pour le stériliser.* FAM. *Lait qui se sauve,* qui déborde en bouillant. *Lait stérilisé, pasteurisé ; lait U. H. T.* ; lait longue conservation.* — *Lait condensé, lait concentré* (1873). *Lait en poudre. Lait en boîte, en tube.* — *Lait maternisé*. Lait de croissance*.* ◆ *Un peu de lait, un nuage* de lait. Boire du lait, un verre de lait* (➤ **milkbar**). — *Boisson au lait aromatisé.* ➤ **lassi, milkshake, smoothie.** — *Café, chocolat au lait. Riz au lait. Confiture* de lait.* — LOC. (1853) *Boire* du lait, du petit-lait. Soupe* au lait. Surveiller qqch., qqn comme le lait sur le feu,* très attentivement. ▪ **3** PAR COMPAR. LITTÉR. *Blanc comme le lait.* ➤ **lacté, lactescent, laiteux.** *Une peau, un teint de lait.* ➤ **laiteux.** « *Le printemps, doux comme le lait* » JALOUX. — FIG. *Le lait de la tendresse humaine* (d'après Shakespeare).

II LIQUIDE AYANT L'APPARENCE DU LAIT ▪ **1** (XIIIe) Suc blanchâtre de certains végétaux (➤ **laiteron, laitue**). *Lait des plantes à caoutchouc.* ➤ **latex.** ▪ **2** Préparation d'apparence laiteuse. (XIIIe) *Lait végétal :* boisson obtenue par émulsion d'oléagineux *(lait d'amande...),* de céréales *(lait de riz, d'avoine...)* ou d'autres végétaux *(lait de coco, de soja).* (1751) *Lait de poule :* jaune d'œuf battu avec du lait et de l'eau chaude sucrée et aromatisée. — (1611, *laict virignal*) *Lait de beauté, lait démaquillant. Lait pour le corps.* ◆ TECHN. *Lait de chaux*.*

▪ HOM. Lai, laid, laie, lais, laye, legs, lei (2 leu), lez.

LAITAGE [lɛtaʒ] **n. m.** – *lettage* 1376 ◇ de *lait* ▪ Aliment tiré du lait (crème, beurre, yaourt, fromage...). *Manger des laitages.*

LAITANCE [lɛtɑ̃s] **n. f.** – *leitanche* 1300 ◇ de *lait* ▪ **1** Matière blanchâtre, molle, constituée par le sperme des poissons. ➤ **laite.** *Poisson mâle qui a de la laitance.* ➤ **laité.** ▪ **2** BÂT. Couche blanchâtre, formée de ciment, apparaissant parfois à la surface du béton.

LAITE [lɛt] **n. f.** – *lecte* 1350 ◇ de *lait* ▪ Laitance. ▪ HOM. Let.

LAITÉ, ÉE [lete] **adj.** – *laitié, laictié* 1393 ◇ de *lait* ▪ Qui a de la laitance ; mâle, en parlant d'un poisson (opposé à *œuvé*). *Hareng laité. Carpe laitée.*

LAITERIE [lɛtʀi] **n. f.** – 1315 ◇ de *lait* ▪ **1** Dans une ferme, Lieu où l'on conserve le lait avant qu'il soit vendu ou transformé sur place en beurre ou en fromage. ▪ **2** Usine où l'on traite le lait (écrémage, homogénéisation ; concentration, dessiccation, passage à haute température, pasteurisation ; conditionnement, mise en boîtes...). ▪ **3** VIEILLI Magasin où l'on vend du lait, des produits laitiers (beurre, fromage) et des œufs. ➤ **crémerie.** ▪ **4** Industrie, commerce du lait et de ses dérivés.

LAITERON [lɛtʀɔ̃] **n. m.** – *laicteron* 1550 ◇ du latin *lactarius* ▪ Plante herbacée *(composacées)* dont les tiges et les feuilles contiennent un latex blanc. *Le laiteron maraîcher est appelé* lait d'âne, laitue de lièvre.

LAITEUX, EUSE [lɛtø, øz] **adj.** – 1564, p.-ê. début XVe ◇ de *lait* ▪ Qui a l'aspect et surtout la couleur blanchâtre du lait. ➤ 1 **blanc, lactescent, opalin.** *Halo laiteux. Lumière laiteuse.* « *Une nuit [...] laiteuse* » GIRAUDOUX. *Gina avait* « *la chair laiteuse toute éclairée de blancheur* » GIONO. — *Huître laiteuse,* qui n'a pas évacué ses œufs ou sa semence.

1 **LAITIER, IÈRE** [letje, jɛʀ] **n. et adj.** – 1225 ◇ de *lait* ▪ **1** Personne qui vend du lait (➤ **crémier**), et spécialement qui livre le lait (à domicile, chez les détaillants). *La voiture du laitier.* « *Les laitiers font tinter leurs bidons dans les rues* » APOLLINAIRE. « *La Laitière et le pot au lait* », fable de La Fontaine. — LOC. *L'heure du laitier,* à laquelle le laitier faisait traditionnellement sa

tournée, au lever du jour. FIG. *À l'heure du laitier,* très tôt le matin. ■ **2** adj. *Vache laitière,* qui donne du lait, qui est élevée pour son lait. — n. f. *Une laitière, une bonne laitière.* ■ **3** adj. Relatif au lait, matière première alimentaire. *Industrie, production laitière. Coopérative laitière. Produits laitiers.* ➤ **laitage.** (Canada) *Bar* laitier.* ◆ Fabriqué industriellement en laiterie (opposé à *fermier*). *Beurre, fromage laitier.*

2 **LAITIER** [letje] n. m. – 1676 «scorie de haut-fourneau» ◊ de *lait* ■ TECHN. Ensemble des matières vitreuses qui se forment à la surface des métaux en fusion et qui rassemblent les impuretés provenant de la gangue des minerais. *Dans la métallurgie du fer, on ajoute des fondants au minerai pour permettre la formation du laitier. Sables de laitier,* pour le ballast. *Ciment* de laitier.*

LAITON [lɛtɔ̃] n. m. – v. 1220 ; variantes *leiton, laton* v. 1170 ◊ arabe *latun* «cuivre», du turc *altun* «or» ■ Alliage de cuivre et de zinc, pouvant contenir d'autres métaux (*laitons spéciaux,* au plomb, à l'aluminium). *Le laiton, ductile et malléable, est aussi appelé* cuivre jaune. *Robinet en laiton. Fil de laiton.* ➤ **archal.** — PAR EXT. *Du laiton :* du fil de laiton. ■ HOM. poss. Letton.

LAITONNER [lɛtɔne] v. tr. ‹1› – 1845 ◊ de *laiton* ■ TECHN. Garnir de fils de laiton. *Laitonner une forme de chapeau.* ◆ Recouvrir de laiton. p. p. adj. *Métal laitonné.*

LAITUE [lety] n. f. – v. 1130 ◊ latin *lactuca,* de *lac, lactis* «lait», à cause du suc ■ **1** Plante à nombreuses variétés (*composacées*), dont certaines sont cultivées comme légumes, pour leurs feuilles. *Laitue verte, rouge. Laitue de serre, de plein champ. Sortes de laitue.* ➤ **batavia, feuille** (de chêne), **iceberg,** 1 **romaine, sucrine.** *Les feuilles de laitue se mangent crues* (en salade) *ou cuites. Salade de laitue. Cœurs de laitue braisés.* — *Suc de laitue.* ➤ **lactucarium.** ■ **2** Salade de laitue. *Servir de la laitue.* ■ **3** PAR ANAL. *Laitue de brebis* (mâche), *de chien* (chiendent, pissenlit), *de lièvre* (laiteron). *Laitue de mer* (ulve [algue]).

LAÏUS [lajys] n. m. – 1842 ◊ de *Laïus,* n. du père d'Œdipe, le sujet de composition française *le Discours de Laïus* ayant été proposé au concours d'entrée à Polytechnique, en 1804 ■ **1** FAM. Allocution, discours. *Faire un laïus à la fin d'un banquet.* ➤ **speech.** ■ **2** Manière de parler, d'écrire, vague et emphatique. *Ce n'est que du laïus.* ➤ **baratin, blabla.**

LAÏUSSER [lajyse] v. intr. ‹1› – 1891 ◊ de *laïus* ■ FAM. Faire des laïus. ➤ **discourir, pérorer.** *Laïusser pendant des heures.*

LAÏUSSEUR, EUSE [lajysœʀ, øz] adj. et n. – 1892 ◊ de *laïusser* ■ FAM. Qui aime à faire de longs laïus.

LAIZE [lɛz] n. f. – *laise* XIIe ◊ latin populaire °*latia,* de *latus* «large» → alèse ■ **1** TECHN. Largeur d'une étoffe entre les deux lisières. ➤ **lé.** — Largeur du papier en bobines. ■ **2** MAR. Bande de toile d'une voile.

LALALA [lalala] interj. – 1605 ◊ d'un radical onomat. *lall-* ■ Onomatopée qui, répétée, évoque le fredonnement.

-LALIE ➤ **LALO-**

LALLATION [la(l)lasjɔ̃] n. f. – 1808 ◊ latin *lallare* «dire la-la», onomatopée ■ DIDACT. ■ **1** Lambdacisme. ■ **2** Émission de sons plus ou moins articulés par l'enfant, avant l'acquisition du langage. ➤ **gazouillis.** *La lallation précède le babillage.*

LALO-, -LALIE ■ Éléments, du grec *lalein* «parler» : *écholalie.*

1 **LAMA** [lama] n. m. – 1598 ◊ espagnol *llama,* mot quéchua ■ Mammifère ongulé (*camélidés*) plus petit que le chameau et sans bosse, qui vit dans les régions montagneuses d'Amérique du Sud, sauvage ou domestiqué. ➤ **alpaga, guanaco, vigogne.** *Troupeau de lamas. Tissu en poil, en laine de lama.*

2 **LAMA** [lama] n. m. – 1629 ◊ mot tibétain ■ Prêtre, moine bouddhiste au Tibet et chez les Mongols (➤ **lamaserie**). ◆ Personnage sacré, dignitaire ecclésiastique considéré comme l'incarnation de ses prédécesseurs. *Grand lama* ou *dalaï-lama* [dalai-] : souverain spirituel et temporel du Tibet. *Panchen-lama* [panʃɛn-] : second personnage de la hiérarchie du bouddhisme tibétain. *Des panchen-lamas.*

LAMAGE [lamaʒ] n. m. – 1931 ◊ de *lamer* ■ TECHN. Usinage en forme d'évidement circulaire dressé, exécuté autour d'un trou et destiné à recevoir un écrou, une autre pièce.

LAMAÏSME [lamaism] n. m. – 1816 ; *La-Maïsme* 1788 ◊ de 2 *lama* ■ Forme de bouddhisme qui domine au Tibet et en Mongolie. Église tibétaine. — adj. et n. **LAMAÏSTE.**

LAMANAGE [lamanaʒ] n. m. – 1355 ◊ de l'ancien français *laman,* néerlandais *lootsman* «pilote» ■ MAR. Pilotage des navires à l'entrée et à la sortie des ports, dans les passes, les chenaux.

LAMANEUR [lamanœʀ] n. m. – 1584 ◊ de *lamanage* ■ MAR. ■ **1** Pilote chargé du lamanage. ■ **2** Ouvrier qui reste à quai et veille à l'amarrage des bateaux.

LAMANTIN [lamɑ̃tɛ̃] n. m. – avant 1627 ; *manati* 1553 ◊ espagnol *manati* «vache de mer», mot d'origine caraïbe «mamelle», altéré p.-ê. sous l'influence de *lamenter,* à cause du cri de l'animal ■ Gros mammifère aquatique herbivore (*siréniens*), au corps en fuseau terminé par une nageoire non échancrée, vivant surtout dans les embouchures des fleuves des régions tropicales.

LAMARCKISME [lamaʀkism] n. m. – 1874 ◊ de *Lamarck,* n. d'un naturaliste français, 1744-1829 ■ SC. Théorie transformiste rendant compte de l'origine des êtres vivants par modifications graduelles par l'influence directe du milieu et par l'hérédité des caractères acquis. *Lamarckisme et darwinisme.* — adj. et n. **LAMARCKIEN, IENNE.**

LAMASERIE [lamazʀi] n. f. – 1850 ◊ de 2 *lama* ■ Couvent de lamas.

LAMBADA [lɑ̃bada] n. f. – 1989 ◊ mot brésilien «coup de fouet» ■ Danse à quatre temps d'origine brésilienne, dont certaines figures adaptées du rock alternent avec des passages où les danseurs, étroitement serrés, ondulent en cadence des hanches et des épaules.

LAMBDA [lɑ̃bda] n. m. inv. et adj. inv. – avant 1550 ◊ mot grec ■ **1** Lettre de l'alphabet grec (Λ, λ) correspondant au *l* latin. *En forme de lambda* (**LAMBDOÏDE** adj., 1534). — (à cause de la forme de la courbe) PHYS. *Point lambda :* température extrêmement basse (2,18 K) au-dessous de laquelle les propriétés physiques de l'hélium* liquide sont très différentes de celles des liquides normaux (hélium II). — ANAT. Point situé au sommet de l'os occipital. ■ **2** adj. inv. FAM. Moyen, quelconque. *Ce livre est trop difficile pour le lecteur lambda.*

LAMBDACISME [lɑ̃bdasism] n. m. – *labdacisme* 1765 ◊ latin *lambdacismus ;* → lambda ■ DIDACT. Défaut de prononciation qui consiste à bégayer sur la lettre *l,* à la mouiller mal à propos ou à prononcer le *r* comme un *l.* ➤ **lallation.**

LAMBEAU [lɑ̃bo] n. m. – *lambiau* «morceau de chair» v. 1250 ; *labeaus* plur. v. 1165 ◊ francique °*labba* «chiffon» ■ **1** Morceau déchiré (d'une étoffe). «*un lambeau de drap noir déchiqueté, tout couvert de taches*» HUGO. *Vêtements en lambeaux.* ➤ **guenille, haillon, loque.** *Mettre en lambeaux :* déchirer, déchiqueter, lacérer, mettre en pièces. *Partir, tomber en lambeaux.* ■ **2** Morceau (de chair, de papier) arraché. *Des lambeaux de chair.* «*Des lambeaux pleins de sang, et des membres affreux*» RACINE. *Peau qui pèle, qui s'en va en lambeaux.* — *Affiches en lambeaux.* ■ **3** CHIR. Segment de parties molles que l'on ménage lors d'une amputation pour recouvrir les parties osseuses, ou lors d'une greffe pour recouvrir une perte de substance. ■ **4** FIG. Fragment, partie détachée. «*Je retrouve des lambeaux de passé accrochés partout*» MAURIAC.

LAMBIC [lɑ̃bik] n. m. – 1873 ; *lambick* 1832 ◊ mot flamand ■ Bière belge, fortement alcoolisée. *Lambic aromatisé à la cerise.* ➤ **kriek.** — APPOS. «*la* gueuze lambic, *au goût aigre, sur, en même temps qu'un peu fruité*» LEIRIS. *Des gueuzes lambics.*

LAMBIN, INE [lɑ̃bɛ̃, in] n. et adj. – 1584 ◊ de *lambeau,* par substitution de suffixe ■ VIEILLI Personne qui agit habituellement avec lenteur et mollesse. ➤ **traînard.** «*Mon lambin de secrétaire ne finit point*» SAINT-SIMON. ◆ adj. Lent. *Elle est plus lambine que paresseuse.* ■ CONTR. Rapide, vif.

LAMBINER [lɑ̃bine] v. intr. ‹1› – 1642 ◊ de *lambin* ■ Agir avec une lenteur, une mollesse excessive, perdre son temps à des riens. ➤ **lanterner, traîner ;** FAM. **traînasser.** *Ne lambinez pas en chemin.* ➤ **s'attarder.** ■ CONTR. Presser (se).

LAMBLIASE [lɑ̃blijaz] n. f. – 1927 ◊ de *lamblia* «protozoaire parasite de l'intestin humain» ■ MÉD. Ensemble de troubles causés par un protozoaire flagellé parasite de l'intestin humain.

LAMBOURDE [lɑ̃buʀd] n. f. – 1294 ◊ probablt de l'ancien français *laon* «planche», francique °*lado,* et de l'ancien français *bourde* «poutre» → 1 bourdon ■ **1** Pièce de bois ou poutrelle métallique supportant les frises d'un parquet. ■ **2** Pièce de bois encastrée le long des murs pour soutenir les extrémités des solives d'un plancher. ■ **3** MATÉR. Pierre de taille tendre et grossière issue du lit des carrières. ■ **4** AGRIC. Rameau très court de poirier ou de pommier, terminé par un gros bouton à fruit.

LAMBREQUIN [lɑ̃bʀəkɛ̃] n. m. – 1581 ; *lambequin* 1450 ◇ du radical de *lambeau* et du suffixe diminutif néerlandais *-quin* ■ **1** ANCIENNT Bande d'étoffe autour du cimier d'un casque, au bas d'une cuirasse. ◆ AU PLUR. BLAS. Bandes d'étoffe découpées descendant du heaume et encadrant l'écu. ■ **2** Bordure à festons, garnie de franges, de houppes, servant à décorer une galerie de fenêtre, un ciel de lit. *Le lambrequin d'un dais.* ◆ Ornement découpé, en bois ou en métal, bordant un auvent.

LAMBRIS [lɑ̃bʀi] n. m. – 1327 ; *lambrus* fin XIIe ◇ de *lambrisser* ■ **1** Revêtement (en marbre, en stuc, en bois ➤ **boiserie**), formé de cadres et de panneaux, sur les murs d'une pièce. *Lambris en pin* (➤ 2 **frisette**). — PAR EXT. Revêtement de menuiserie, plus ou moins ouvragé, d'un plafond. ◆ FIG. ; POÉT. ou PLAISANT *Riches lambris, lambris dorés,* décoration somptueuse d'un palais. ■ **2** TECHN. Enduit de plâtre posé sur des lattes jointives, sous les chevrons d'un comble.

LAMBRISSER [lɑ̃bʀise] v. tr. ‹1› – 1449 ; *lambruschier* XIIe ◇ latin populaire °*lambruscare*, de *la(m)brusca* « lambrusque », la vigne constituant souvent un motif ornemental ■ **1** Revêtir de lambris. *« Cette salle était lambrissée d'une boiserie de chêne à petits panneaux »* GAUTIER. ■ **2** TECHN. Étendre un enduit de plâtre sur les parois de (un comble). — p. p. adj. *Mansarde lambrissée.* — n. m. **LAMBRISSAGE**, 1454.

LAMBRUSQUE [lɑ̃bʀysk] n. f. – 1509 ◇ latin *la(m)brusca* ■ VX ou RÉGION. Vigne sauvage. — On dit aussi **LAMBRUCHE**.

LAMBSWOOL [lɑ̃bswul] n. m. – 1959 ◇ mot anglais, de *lamb* « agneau » et *wool* « laine » ■ ANGLIC. Laine très légère provenant de jeunes agneaux. *Un pull-over en lambswool.*

LAME [lam] n. f. – *lamme* v. 1112 ◇ latin *lamina*

I ■ **1** Bande plate et mince d'une matière dure (métal, puis verre, bois). *Lame de cuivre, de verre, de bois. Petite lame.* ➤ **lamelle**. *Réduire en lames.* ➤ **laminer**. — *Lames de parquet,* de bois, allongées. ➤ 1 **latte**. *Lames de persienne. « J'ai écarté les lames du store pour regarder par la fenêtre »* LE CLÉZIO. — *Lame porte-objet d'un microscope.* ➤ **porte-objet**. — *Ressort à lames :* élément de la suspension d'une carrosserie, formé de plusieurs lames d'acier de longueur décroissante, superposées et assemblées. — SPÉCIALT, AU PLUR. Fils de métal (or, argent...) très minces qui entrent dans le tissage des étoffes dites *lamées*. ➤ **paillette**. ◆ *Champignons à lames.* ➤ **lamelle**. — MINÉR. *Lames de schiste, de mica.* — ANAT. Membrane, couche mince et allongée. *Lames de l'ethmoïde. Lames vertébrales* (limitant les trous vertébraux). HISTOL. *Lame basale,* séparant un épithélium des tissus conjonctifs. — EMBRYOL. *Lames des feuillets embryonnaires.* ■ **2** Partie tranchante (d'un couteau, d'un outil servant à couper, gratter, tailler). *Lame de ciseau, de cutter, de poignard, de scie, de faux. Couteau de poche à lame rentrante, à lames multiples. Dos, morfil, plat, tranchant d'une lame. Lame acérée, effilée, ébréchée, émoussée. Aiguiser, affûter une lame. — Visage en lame de couteau**. ◆ SPÉCIALT *Lame d'épée.* ABSOLT *Une lame :* une épée. *Lames de Tolède.* — PAR MÉTON. *Une bonne, une fine lame :* un habile escrimeur. ■ **3** Petit rectangle d'acier mince tranchant sur deux côtés, qui s'adapte à un rasoir mécanique. *Lame de rasoir. Un paquet de lames longue durée.* ■ **4** Carte du jeu de tarots, destinée à être interprétée. ➤ **arcane**. *Lames majeures, mineures. « il retourna une carte du jeu de tarot et la lâcha au sol. [...] il s'agissait de la lame du pendu »* F. THILLIEZ.

II (XVe) Ondulation de la mer sous l'action du vent, qui s'amincit à son sommet, écume et déferle. ➤ **flot, rouleau,** 1 **vague** (plus cour.). *Lame longue, courte. Crête, creux d'une lame. Lame qui déferle, se brise sur les rochers.* — **LAME DE FOND :** lame soudaine, provenant d'un phénomène sous-marin. *« Une vague de détresse, violente comme une lame de fond, le submergea »* MARTIN DU GARD. FIG. Mouvement, phénomène violent et soudain. *« Passions du fond caché, lames de fond »* SUARÈS.

LAMÉ, ÉE [lame] adj. et n. m. – 1532 ◇ de *lame* ■ Se dit d'un tissu où entre un fil retors, composé d'une âme (de laine, de soie) entourée d'un fil de métal précieux laminé. *Tissu lamé or.* — n. m. *Une robe de lamé.*

LAMELLAIRE [lamelɛʀ] adj. – 1807 ◇ de *lamelle* ■ SC. Dont la structure est faite de lamelles. *Tissu lamellaire.* SPÉCIALT *Cassure lamellaire,* à facettes brillantes (➤ 2 **laminaire**).

LAMELLE [lamɛl] n. f. – 1408, rare avant le XVIIIe ; *lemele* « lame d'une épée » v. 1160, jusqu'au XVIe ◇ latin *lamella*, famille de *lamina* → lame ■ **1** Petite lame très mince. — SPÉCIALT *Lamelle, lamelle couvre-objet :* petite plaque de verre très fine pour les examens au microscope. ◆ Fin feuillet, sous le chapeau des basidiomycètes, support de l'hyménium*. *Les champignons à lamelles.* ◆ HISTOL. Feuillet, petite couche cellulaire. *Lamelle branchiale. Lamelles interstitielles de l'os compact.* ■ **2** Très fine tranche détachée (d'un aliment, etc.). *Découper du gruyère, du gingembre, des truffes, en lamelles* (➤ **émincer**).

LAMELLÉ, ÉE [lamele] adj. et n. m. – 1778 ◇ de *lamelle* ■ **1** DIDACT. Qui est disposé ou se laisse diviser en lamelles. *L'ardoise est lamellée.* On dit aussi **LAMELLEUX, EUSE.** ■ **2** n. m. TECHN. **LAMELLÉ-COLLÉ :** matériau constitué de lamelles de bois collées les unes sur les autres, souvent sous forte pression. *Charpente en lamellé-collé. Des lamellés-collés.*

LAMELLI- ■ Élément, du latin *lamella* « lamelle ».

LAMELLIBRANCHES [lamelibʀɑ̃ʃ] n. m. pl. – 1816 ◇ de *lamelli-* et *branchie* ■ ZOOL. Classe de mollusques aquatiques acéphales, bivalves, aux branchies en forme de lamelles. *Les coquilles Saint-Jacques, les huîtres, les moules, les palourdes, sont des lamellibranches.* — Sing. *Un lamellibranche.*

LAMELLIFORME [lamelifɔʀm] adj. – 1827 ◇ de *lamelli-* et *-forme* ■ DIDACT. En forme de lamelle.

LAMELLIROSTRES [lameliʀɔstʀ] n. m. pl. – 1817 ◇ de *lamelli-* et *-rostre* ■ ZOOL. Ordre d'oiseaux au bec large garni sur les bords de lamelles transversales. ➤ **ansériforme** (plus cour.).

LAMENTABLE [lamɑ̃tabl] adj. – XVe ◇ latin *lamentabilis* ■ **1** VX ou LITTÉR. Qui donne sujet de se lamenter, inspire la pitié. ➤ **déplorable, désolant, navrant**. *Un lamentable accident. On l'a retrouvé dans un état lamentable.* ➤ **triste***. ■ **2** COUR. Mauvais au point d'attrister ; très mauvais. ➤ **pitoyable**. *Résultats lamentables,* peu brillants. *Ce film est lamentable.* ➤ **nul**. *Il s'est montré lamentable.* ➤ **minable, piteux**. ■ CONTR. Réjouissant ; formidable.

LAMENTABLEMENT [lamɑ̃tabləmɑ̃] adv. – avant 1450 ◇ de *lamentable* ■ D'une manière lamentable. *Échouer lamentablement.* ➤ **piteusement**.

LAMENTATION [lamɑ̃tasjɔ̃] n. f. – XIVe ; *lamentacion* v. 1225 ◇ latin *lamentatio* ■ **1** Plainte bruyante et prolongée. *Faire entendre, pousser des lamentations.* — HIST. JUD. *Les Lamentations de Jérémie, le livre des Lamentations :* livre de la Bible composé de cinq élégies sur la destruction de Jérusalem par les Chaldéens et la désolation des Hébreux. *Le mur des Lamentations :* vestige du temple de Jérusalem, devant lequel les juifs viennent prier. ■ **2** (Le plus souvent au plur.) Suite de paroles exprimant le regret douloureux, la récrimination. ➤ **jérémiade, plainte**. *Faites-moi grâce de vos lamentations.*

LAMENTER [lamɑ̃te] v. ‹1› – v. 1225 ◇ bas latin *lamentare*, classique *lamentari* ■ **1** v. intr. VX Se lamenter. — SPÉCIALT Pousser son cri (se dit du crocodile, d'oiseaux). *« la hulotte lamentait »* CHATEAUBRIAND. ■ **2** v. tr. VX Déplorer. ■ **3** v. pron. MOD. **SE LAMENTER :** se répandre en lamentations. ➤ se **désoler, gémir,** se **plaindre, pleurer**. *Se lamenter sur son sort, d'avoir essuyé un échec.* — PAR EXAGÉR. *Elle se lamente sans cesse sur la cherté de la vie.* ➤ **pleurnicher**. ■ CONTR. Réjouir (se).

LAMENTO [lamɛnto] n. m. – 1842 ◇ mot italien « plainte » ■ MUS. Air triste et plaintif, chant de douleur. *Le lamento d'Ariane, de Monteverdi. Des lamentos.*

LAMER [lame] v. tr. ‹1› – 1931 ; « couvrir d'une pierre tombale » fin XVe ◇ de *lame* ■ **1** MÉCAN. Exécuter sur (une pièce) un évidement circulaire dressé autour d'un trou (➤ **lamage**). ABSOLT *Fraise à lamer.* ■ **2** Exécuter (une broderie) à l'aide de lamé.

LAMIACÉES ➤ **LABIÉ**

LAMIE [lami] n. f. – 1527 ◇ latin *lamia*, mot grec ■ **1** ANTIQ. Monstre fabuleux à buste de femme sur un corps de serpent, qui passait pour dévorer les enfants. ■ **2** (1551) Requin de grande taille (3 à 4 m), à museau conique, appelé aussi *taupe, touille.*

LAMIER [lamje] n. m. – 1765 ◇ latin *lamium* « ortie » ■ Plante herbacée *(labiées)* aux fleurs rouges ou blanches, commune dans les champs et les haies. *Le lamier blanc* (*appelé aussi* ortie blanche), *dont les feuilles velues ne piquent pas.*

LAMIFIÉ [lamifje] n. m. – v. 1970 ◇ n. déposé, de *lame* ■ Stratifié en papier de cellulose.

LAMINAGE [laminaʒ] **n. m.** – 1731 ◇ de *laminer* ▪ **1** Opération consistant à laminer un métal. ➤ **aplatissement, étirage.** *Laminage à chaud, à froid* (➤ **écrouissage**). *Train de laminage.* — PAR ANAL. *Laminage du verre fondu, du caoutchouc, d'une pâte céramique.* ▪ **2** GÉOL. Amincissement d'une couche lors d'un plissement qui la déforme. ➤ **étirement.** ▪ **3** TECHN. Étirage (d'une fibre textile). ▪ **4** FIG. Action de réduire très fortement l'importance (de qqch. ou de qqn). *Le laminage d'un parti politique après un scrutin.*

1 **LAMINAIRE** [laminɛʀ] **n. f.** – 1828 ◇ du latin *lamina* → lame ▪ BOT. Algue marine brune *(laminariacées)* dont la partie foliacée se présente en longs rubans aplatis. *Les laminaires sont récoltées pour divers usages alimentaires, pharmacologiques et médicinaux.*

2 **LAMINAIRE** [laminɛʀ] **adj.** – 1842 ◇ du latin *lamina* → lame ▪ **1** MINÉR. Composé de lamelles parallèles. ➤ **lamellaire.** *Cassure laminaire.* ▪ **2** PHYS. Qui s'effectue par glissement de couches de fluide les unes sur les autres. *Écoulement, régime laminaire* (opposé à *turbulent*). *Hotte à flux laminaire.*

LAMINÉ [lamine] **n. m.** – 1962 ◇ de *laminer* ▪ TECHN. Produit sidérurgique obtenu par laminage.

LAMINECTOMIE [laminɛktɔmi] **n. f.** – 1901 ◇ du latin *lamina* « lame » et *-ectomie* ▪ MÉD. Résection* des segments vertébraux limitant en arrière les trous vertébraux *(lames vertébrales).*

LAMINER [lamine] **v. tr.** ‹1› – 1731 ; au p. p. « orné de petites lamelles » 1596 ◇ du latin *lamina* → lame ▪ **1** Réduire (une masse métallique) en feuilles, en lames ou en barres minces au moyen du laminoir. ➤ **étirer ; laminage.** — **p. p. adj.** *Acier, fer laminé* (➤ **laminé**). ▪ **2** PAR ANAL. *Laminer un volume à relier,* en diminuer l'épaisseur par passage au laminoir. ▪ **3** FIG. Diminuer, réduire (qqch.) jusqu'à l'anéantissement. *Laminer les revenus par l'impôt. Laminer les marges bénéficiaires* (➤ **laminage**). ◆ Écraser. *Laminer la concurrence. Être laminé par les soucis. « un homme méconnaissable, élimé, éliminé, laminé »* PEREC.

LAMINEUR, EUSE [laminœʀ, øz] **n. et adj.** – 1823 ◇ de *laminer* ▪ TECHN. ▪ **1** Ouvrier, ouvrière procédant aux opérations de laminage. ▪ **2** **adj.** Qui lamine. *Cylindre lamineur.* ▪ HOM. Lamineuse (lamineux).

LAMINEUX, EUSE [laminø, øz] **adj.** – 1832 ◇ bas latin *laminosus* ▪ ANAT. Se dit du tissu conjonctif lâche disposé en lames parallèles. ▪ HOM. Lamineuse (lamineur).

LAMINOIR [laminwaʀ] **n. m.** – 1643 ◇ de *laminer* ▪ **1** Machine composée de deux cylindres d'acier tournant en sens inverse entre lesquels on fait passer le métal à laminer. ➤ **étireuse, presse.** *Train de laminoirs. Faire passer le métal au laminoir.* — LOC. FIG. VIEILLI *Passer au laminoir :* être soumis à de rudes épreuves. ▪ **2** Machine à cylindres lisses pour le glaçage des papiers et cartons. — Appareil permettant d'aplatir les cahiers d'un volume à relier.

LAMPADAIRE [lɑ̃padɛʀ] **n. m.** – 1535 ◇ latin médiéval *lampadarium* ▪ **1** ANCIENNT Support vertical pour une ou plusieurs lampes. ▪ **2** MOD. Appareil d'éclairage* électrique monté sur un haut support qui se pose par terre. *L'abat-jour d'un lampadaire. Lampadaire d'appartement.* ▪ **3** Pylône supportant une source de lumière pour l'éclairage public. *Lampadaires d'une place.* ➤ **bec** (de gaz), **réverbère.**

LAMPADOPHORE [lɑ̃padɔfɔʀ] **adj. et n.** – 1732 ; « course aux flambeaux » 1599 ◇ grec *lampadêphoros* ▪ ANTIQ. OU LITTÉR. Qui porte des flambeaux.

LAMPANT, ANTE [lɑ̃pɑ̃, ɑ̃t] **adj.** – 1593 ◇ provençal *lampant,* du v. *lampa* « briller », du grec *lampein* « briller » ▪ RARE Propre à alimenter une lampe à flamme. — COUR. *Pétrole lampant,* raffiné pour l'éclairage.

LAMPARO [lɑ̃paʀo] **n. m.** – 1901 en français d'Algérie ◇ espagnol *lampara* « lampe » ▪ Lampe, phare que l'on utilise pour attirer le poisson. *Pêche au lamparo.*

LAMPAS [lɑ̃pɑ(s)] **n. m.** – 1765 ; *lampasse* 1723 ◇ origine inconnue ▪ Étoffe de soie à grands dessins tissés en relief. *Des fauteuils « couverts en lampas à fleurs »* BALZAC.

LAMPE [lɑ̃p] **n. f.** – 1119 ◇ bas latin *lampada,* du classique *lampas, adis,* du grec ▪ **1** Récipient contenant un liquide ou un gaz combustible destiné à produire de la lumière. *Anciennes lampes à huile.* ➤ **carcel, quinquet.** *Réservoir, mèche, manchon, verre d'une lampe. Lampe à pétrole, à gaz. Lampe à acétylène. Lampes de mineur.* — *Lampe-tempête*.* — *Moucher, souffler la lampe.* ◆ LOC. FAM. (influence probable de *lamper*) *S'en mettre, s'en foutre plein la lampe :* manger et boire abondamment. ▪ **2** Source de lumière (électrique). ➤ **ampoule, tube.** *Ampoule, culot, douille d'une lampe. Lampe de soixante watts. Lampe à incandescence*. Lampe à arc,* dans laquelle un arc de décharge entre deux charbons constitue la source de lumière. *Lampes au néon*, au krypton* ; lampes fluorescentes, fluocompactes.* ➤ **tube.** *Lampe (à) halogène*. Lampe témoin,* servant à signaler le fonctionnement, la mise en marche d'un appareil. ◆ Appareil d'éclairage*, ensemble constitué par la source lumineuse et l'appareillage destiné à recevoir la lampe, l'ampoule. *Lampe de bureau, de chevet. Petite lampe.* ➤ FAM. **loupiote.** *Brancher, allumer une lampe. Lampe de poche* ou *lampe électrique :* lampe à pile. *Lampe torche* (cylindrique, à pile). ▪ **3** Récipient dont le combustible est destiné à produire de la chaleur. *Lampe à alcool.* ➤ **réchaud.** — *Lampe à souder* (➤ **chalumeau**) ; FIG., ARG. MILIT. : mitraillette. ▪ **4** (1923) Tube électrique, électronique, ne servant pas à l'éclairage. *Lampe à rayons ultraviolets, infrarouges. Lampe à bronzer,* émettant des rayons U. V. *Lampe de radio. Lampe diode, triode.*

LAMPÉE [lɑ̃pe] **n. f.** – 1678 ◇ de *lamper* ▪ FAM. Grande gorgée (de liquide) avalée d'un trait. *« Tous venaient de faire descendre leur soupe d'une grande lampée d'eau fraîche »* ZOLA.

LAMPEMÈTRE [lɑ̃pmɛtʀ] **n. m.** – 1962 ◇ de *lampe* et *-mètre* ▪ MÉTROL. Appareil de mesure des caractéristiques des tubes électroniques.

LAMPER [lɑ̃pe] **v. tr.** ‹1› – 1642 ◇ forme nasalisée de *laper* ▪ FAM. Boire d'un trait ou à grandes gorgées. ➤ **siffler.** *Il sirotait son vin « quand les autres lampaient le leur »* BARBEY.

LAMPION [lɑ̃pjɔ̃] **n. m.** – 1510 « lanterne de bateau » ◇ italien *lampione* ▪ **1** ANCIENNT Godet contenant une matière combustible et une mèche, utilisé pour les illuminations. ◆ MOD. **(Canada)** Courte bougie placée dans un godet de verre, à faire brûler dans une église. *Lampion votif. « Il devrait aller allumer un lampion, voilà ce qui leur reste comme ressources »* M. LABERGE. ▪ **2** (1750) Lanterne vénitienne ; cylindre ou sphère de papier plissé. *Bougie qui brûle à l'intérieur d'un lampion.* — *Des lampions !* cri scandé par la foule (en 1827) réclamant des illuminations. LOC. *Crier, réclamer sur l'air des lampions,* en trois syllabes détachées, sur une seule note.

LAMPISTE [lɑ̃pist] **n.** – 1797 ◇ de *lampe* ▪ **1** VX Fabricant, marchand de lampes. ▪ **2** (1860) Personne qui était chargée de l'entretien des lampes, de l'éclairage (dans une collectivité). *La lampiste d'un couvent. Le lampiste d'un théâtre.* ➤ **éclairagiste.** — SPÉCIALT Agent des chemins de fer assurant l'entretien et les petites réparations des lampes et lanternes. ▪ **3** FIG. Subalterne au poste le plus modeste, et PAR EXT. Subalterne à qui on fait endosser injustement les responsabilités. *C'est encore la faute du lampiste.*

LAMPISTERIE [lɑ̃pistəʀi] **n. f.** – 1845 ◇ de *lampiste* ▪ **1** VX Industrie, commerce des lampes à réservoir. ▪ **2** MOD. Lieu où l'on entrepose et entretient les lampes et lanternes. *La lampisterie d'une gare.*

LAMPOURDE [lɑ̃puʀd] **n. f.** – 1600 ◇ ancien provençal *laporda,* latin *lappa* « bardane » ▪ Plante sauvage herbacée *(composacées),* à fleurs groupées en capitules, appelée aussi *petite bardane.*

LAMPRILLON [lɑ̃pʀijɔ̃] **n. m.** – 1587 ◇ de *lamproie* ▪ Petite lamproie de rivière. — Larve de lamproie, appelée aussi *ammocète,* utilisée comme appât.

LAMPROIE [lɑ̃pʀwa] **n. f.** – 1178 ◇ bas latin *lampreda* ▪ Poisson nécrophage sans écailles *(cyclostomes),* au corps cylindrique, à bouche circulaire, ayant l'apparence d'une anguille. ➤ **lamprillon.** *Lamproie marine, fluviale.* — *Lamproie en matelote, bordelaise.*

LAMPYRE [lɑ̃piʀ] **n. m.** – 1790 ; *lampyride* 1542 ◇ latin d'origine grecque *lampyris,* famille du grec *lampein* « briller » ▪ ZOOL. Coléoptère dont la femelle aptère et phosphorescente est appelée *ver luisant.*

LANCE [lɑ̃s] **n. f.** – 1080 ◇ latin *lancea* ▪ **1** Arme d'hast à longue hampe terminée par un fer pointu. ➤ **javelot, pertuisane,** 1 **pique.** *Être tué d'un coup de lance. Bois, manche d'une lance.* — (Moyen Âge) *Lance de combat, de tournoi. Courir une lance,* faire un assaut, lance en avant, dans un tournoi. ◆ LOC. **ROMPRE UNE LANCE, DES LANCES avec qqn, contre qqn :** soutenir une discussion, une controverse contre lui. ◆ **FER DE LANCE :**

fer d'une lance en forme de feuille allongée et pointue ; PAR EXT. Ornement de ferronnerie en forme de fer de lance. PAR COMPAR. *En fer de lance.* ➤ **hasté, lancéolé.** *Gypse fer-de-lance.* — FIG. Partie d'un dispositif militaire qui agit directement et efficacement contre l'ennemi. *Les commandos de parachutistes sont le fer de lance de cette armée.* PAR MÉTAPH. *Le fer de lance d'une offensive économique.* ▪ **2** Instrument, engin en forme de lance. *Lance à eau :* ajutage métallique à l'extrémité d'un tuyau de pompe ou d'arrosage, servant à diriger le jet. *Lance d'arrosage. Lances d'incendie utilisées par les pompiers.* — *Lance à oxygène* ou *lance thermique :* dispositif permettant le forage ou le découpage thermique du métal, du béton. — MAR. *Lance de sonde :* instrument de sondage.

LANCE-BOMBE [lɑ̃sbɔ̃b] **n. m.** – 1914 ◇ de 1 *lancer* et *bombe* ▪ **1** VX Mortier. ▪ **2** AVIAT. Appareil installé à bord d'un avion de bombardement, pour le largage des bombes. *Des lance-bombes.* — On écrit aussi *un lance-bombes* (inv.).

LANCÉE [lɑ̃se] **n. f.** – 1873 ◇ de 1 *lancer* ▪ Élan de ce qui est lancé, vitesse acquise. ➤ **erre.** — COUR. **SUR SA LANCÉE.** *Être, courir sur sa lancée.* — FIG. En continuant. *Continuer sur sa lancée :* poursuivre une action en utilisant l'élan initial.

LANCE-ENGIN [lɑ̃sɑ̃ʒɛ̃] **n. m.** – 1962 ◇ de 1 *lancer* et *engin* ▪ Dispositif militaire qui effectue le lancement de missiles (ou engins). ➤ **lance-missile.** *Des lance-engins.* — APPOS. *Sous-marins lance-engins.* — On écrit aussi *un lance-engins* (inv.).

LANCE-FLAMME [lɑ̃sflam] **n. m.** – 1916 ◇ de 1 *lancer* et *flamme* ▪ Engin de combat servant à projeter des liquides enflammés. *Des lance-flammes.* — On écrit aussi *un lance-flammes* (inv.). « *Le jet du lance-flammes, phosphorescent dans l'obscurité* » MALRAUX.

LANCE-FUSÉE [lɑ̃sfyze] **n. m.** – 1931 ◇ de 1 *lancer* et *fusée* ▪ Dispositif de guidage et de lancement de projectiles autopropulsés. ➤ **bazooka, lance-roquette.** *Des lance-fusées antichars* (ABRÉV. MILIT. **LFAC**). — APPOS. *Navires lance-fusées.* — On écrit aussi *un lance-fusées* (inv.).

LANCE-GRENADE [lɑ̃sgʀənad] **n. m.** – 1922 ◇ de 1 *lancer* et *grenade* ▪ Engin servant à lancer des grenades. *Des lance-grenades.* — APPOS. *Fusils lance-grenades.* — On écrit aussi *un lance-grenades* (inv.).

LANCEMENT [lɑ̃smɑ̃] **n. m.** – 1306, repris XIXe ◇ de 1 *lancer* ▪ **1** Action de lancer, de projeter. *Lancement du disque, du javelot.* ➤ 2 **lancer.** *Le lancement d'une grenade à main.* — SPÉCIALT Projection au moyen d'un dispositif de propulsion. *Lancement d'une fusée, d'un satellite artificiel. Rampe de lancement. Aire, base, poste* de lancement.* ▪ **2** *Lancement d'un navire :* mise à l'eau d'un navire par glissement sur un plan incliné, un ber*. ▪ **3** *Lancement d'un pont métallique :* opération consistant à mettre en place un pont. ▪ **4** (1862) FIG. Action de lancer (un produit, une entreprise commerciale, financière, littéraire, artistique) par des moyens publicitaires destinés à assurer son succès. *Lancement d'un film, d'un produit de beauté.* « *l'ampleur de la campagne publicitaire qui a précédé le lancement de mon dernier roman* » PENNAC. *Lancement promotionnel. Le lancement d'une souscription.* — *Lancement d'une vedette de la chanson.*

LANCE-MISSILE [lɑ̃smisil] **n. m.** – 1968 ◇ de 1 *lancer* et *missile* ▪ TECHN. Engin servant à lancer des missiles. ➤ **lance-engin.** *Des lance-missiles.* — APPOS. *Des sous-marins nucléaires lance-missiles.* — On écrit aussi *un lance-missiles* (inv.).

LANCÉOLÉ, ÉE [lɑ̃seɔle] **adj.** – 1778 ◇ latin *lanceolatus* ▪ **1** BOT. En forme de fer de lance. *Feuilles lancéolées.* ▪ **2** (1890) ARTS Caractérisé par des lancettes. *Gothique lancéolé.*

LANCE-PIERRE [lɑ̃spjɛʀ] **n. m.** – 1894 ◇ de 1 *lancer* et *pierre* ▪ Instrument composé d'un support à deux branches, en forme d'U ou de triangle, muni de deux élastiques reliés par une pochette de cuir où l'on place les pierres à lancer. ➤ 2 **fronde.** *Des lance-pierres.* — LOC. FAM. *Manger avec un lance-pierre,* très rapidement. *Payer avec un lance-pierre,* insuffisamment. — On écrit aussi *un lance-pierres* (inv.).

1 **LANCER** [lɑ̃se] **v. tr.** ‹3› – 1080 ◇ bas latin *lanceare* « manier la lance »

I ~ **v. tr. A. ENVOYER, PROJETER** ▪ **1** Envoyer loin de soi et généralement dans une direction déterminée, en imprimant une impulsion. ➤ **jeter, projeter ;** RÉGION. **garrocher.** *Lancer des pierres (contre, sur, à...). Lancer un ballon, le lancer en l'air. Lance-lui le ballon.* — SPORT *Lancer le disque, le javelot, le marteau, le poids* (➤ 2 **lancer**). — SPÉCIALT (à l'aide d'un dispositif, d'un engin balistique) *Lancer des flèches avec un arc. Lancer une fusée, un projectile, un satellite radioguidé.* — *Lancer des bombes sur une ville.* ➤ 1 **lâcher, larguer ; bombarder.** ▪ **2** Faire sortir de soi, avec force, avec vivacité. ➤ **émettre, jeter.** *Volcan qui lance des pierres, des cendres. Les « flammes que lançaient les yeux noirs de l'idole »* ISTRATI. *Lancer un cri, un mot, un appel. Assez ! lança-t-il avec colère.* ➤ 1 **dire.** ♦ Envoyer dans la direction de qqn (un regard). *Il lui lança un regard furieux.* ▪ **3** Faire mouvoir avec rapidité (une partie du corps) dans une certaine direction. *Lancer les bras en avant.* « *On vit l'agent lancer son pied à toute volée dans le tas* » CAMUS. ➤ 2 **flanquer.** — PAR EXT. *Lancer un coup, une gifle.* — *Lancer une attaque.* ♦ FIG. Envoyer sans ménagement à l'adresse de qqn (des paroles, des écrits). *Lancer des accusations contre qqn. Lancer un ultimatum, un mandat d'arrêt.* ▪ **4** Pousser vivement en avant, faire partir impétueusement. *Lancer son cheval à fond de train. Lancer des soldats à l'assaut. Le commissaire lança des policiers à la poursuite du voleur. Lancer le gibier* (une fois débusqué). ➤ **forlancer.** — *Kilomètre* lancé.* ▪ **5** Mettre en mouvement, donner de l'élan à. *Lancer un moteur. Train lancé à toute vapeur.* — (1530) *Lancer un navire,* procéder à son lancement. — FIG. *Lancer une affaire, une entreprise. Lancer les recherches.* ➤ **déclencher.** *Lancer un emprunt.* — « *Déjà il chargeait l'imprimante. [...] Avec un geste de dépit, il lança l'impression* » HOUELLEBECQ.

B. DONNER L'IMPULSION, PROMOUVOIR ▪ **1** FAM. Engager (qqn) dans un sujet de conversation. *On a eu tort de le lancer là-dessus. Le voilà lancé, il ne s'arrêtera plus.* ▪ **2** (1820) Pousser (qqn) en faisant connaître, en mettant en valeur, en crédit. *Producteur qui lance une actrice à grand renfort de publicité. C'est ce disque qui l'a lancé.* **p. p. adj.** « *J'étais très lancé autrefois. Je dînais chez le maréchal, chez le prince* » DAUDET. — *Il aurait voulu « lancer son fils dans quelque profession libérale »* ZOLA. ▪ **3** (1877) Employer tous les moyens publicitaires propres à mettre en train (une affaire), à mettre en circulation et à faire connaître (un produit). ➤ **promouvoir ; lancement.** *Lancer une marque de lessive, un nouveau modèle de voiture. Lancer une mode, la mode,* en être le promoteur, la faire adopter par le public. — *Lancer un slogan.* ▪ **4** Adresser à un certain nombre de personnes. *Lancer des invitations.*

II ~ **v. intr.** RÉGION. (Nord ; Belgique) Élancer, en parlant de douleurs, d'un mal. *Abcès qui lance.* — FAM. *Ça lui lance.*

III ~ **v. pron. SE LANCER** (v. 1240) ▪ **1** Se jeter, s'élancer. ➤ **se précipiter.** « *la foule se lança à l'assaut* » MALRAUX. *Se lancer dans la bataille.* ▪ **2** FIG. S'engager hardiment, se livrer impétueusement. ➤ **s'embarquer, s'engager.** *Se lancer tête baissée, à corps perdu dans l'inconnu. Se lancer dans des dépenses, des spéculations. Se lancer dans un débat.* — (sans compl.) FAM. Hasarder une tentative. *Tant pis, je me lance !* ▪ **3** Se faire connaître dans le monde. ▪ **4** Lancer l'un à l'autre. ➤ **s'envoyer.** *Les enfants se lançaient des boules de neige.*

2 **LANCER** [lɑ̃se] **n. m.** – 1735 ◇ de 1 *lancer* ▪ **1** VÉN. Action de lancer la bête, lieu et moment de la chasse où elle est débusquée ; sonnerie de trompe annonçant que la bête est sur pied. ▪ **2** (1902 *pêche au lancer*) Mode de pêche à la ligne, qui consiste à lancer au loin un leurre qu'on ramène à soi au moyen d'un moulinet. *Lancer léger, lourd. Canne à lancer.* ▪ **3** Épreuve d'athlétisme consistant à lancer le plus loin possible un engin particulier (poids, disque, javelot, marteau). ➤ **lancement.**

LANCE-ROQUETTE [lɑ̃sʀɔkɛt] **n. m.** – 1953 ◇ de 1 *lancer* et *roquette* ▪ Engin portatif d'infanterie, sorte de long tube servant à lancer les roquettes. ➤ **bazooka, lance-fusée.** *Des lance-roquettes.* — On écrit aussi *un lance-roquettes* (inv.).

LANCE-TORPILLE [lɑ̃stɔʀpij] **n. m.** – 1885 ◇ de 1 *lancer* et *torpille* ▪ Dispositif aménagé à bord d'un navire de guerre pour le lancement des torpilles. *Des lance-torpilles.* — APPOS. *Tubes lance-torpilles.* — On écrit aussi *un lance-torpilles* (inv.).

LANCETTE [lɑ̃sɛt] **n. f.** – 1256 ; « petite lance » v. 1200 ◇ diminutif de *lance* ▪ **1** Petit instrument de chirurgie, à lame plate et acérée, utilisé pour la saignée, les petites incisions. *Lancette à vacciner.* ➤ **vaccinostyle.** ▪ **2** Arc en tiers-point surhaussé, ressemblant à un fer de lance. *Ogive à lancette. Gothique à lancettes.* ➤ **lancéolé.**

LANCEUR, EUSE [lɑ̃sœʀ, øz] **n.** – 1865 ; *lancëor* « celui qui jette les lances » début XIIIe ◇ de *lancer* ▪ **1** Personne qui lance (I, B, 3°), est habile à lancer (une affaire, une mode). « *Latouche, le premier éditeur de Chénier, le lanceur de Balzac* » HENRIOT. ♦ *Lanceur, lanceuse d'alerte :* personne qui, ayant connaissance de faits potentiellement dangereux ou contraires au bien commun, les dénonce publiquement dans l'intérêt général. *Protection des lanceurs d'alerte.* ■ **2** (XXe) Personne qui lance (qqch.). ◆ SPÉCIALT Athlète spécialisé(e) dans un lancer. *Lanceur de javelot, de marteau.* — Au baseball, Joueur, joueuse qui lance la balle en direction du marbre. *Le lanceur et le batteur.* ■ **3** **n. m.** (1877) TECHN. Appareil qui lance un liquide, un gaz... — *Lanceur de balles de défense (LBD).* ➤ **flash-ball.** ■ **4** **n. m.** (milieu XXe) AÉRONAUT. Fusée capable d'envoyer une charge utile dans l'espace.

LANCIER [lɑ̃sje] **n. m.** – v. 1215 «celui qui porte une lance» ◇ de *lance* ■ ANCIENNT ■ **1** Cavalier armé de la lance. *Les lanciers du Bengale.* ■ **2** *Le quadrille des lanciers,* et ELLIPT *les lanciers :* ancienne danse d'origine irlandaise, introduite en France en 1856, qui se composait de cinq figures.

LANCINANT, ANTE [lɑ̃sinɑ̃, ɑ̃t] **adj.** – 1546 ◇ latin *lancinans* «déchirant» ■ **1** Qui se fait sentir par des élancements aigus. *Douleur lancinante.* ■ **2** (1835) FIG. Qui obsède en tourmentant. ➤ **obsédant.** «*Lancinante curiosité*» BALZAC. *Souvenirs, regrets lancinants.* — *Musique lancinante.* — (PERSONNES) *Tu es lancinante avec tes questions.* ➤ **fatigant, lassant.**

LANCINER [lɑ̃sine] **v. tr.** ⟨1⟩ – 1616 ◇ latin *lancinare* «déchiqueter, mettre en pièces», forme nasalisée de *lacerare,* p.-ê. avec influence de *lancer* «élancer» ■ Tourmenter de façon lancinante. ➤ **obséder ; tracasser.** «*Une autre pensée le lancinait depuis le matin*» MARTIN DU GARD.

LANÇON [lɑ̃sɔ̃] **n. m.** – 1672 ◇ de *lance* ■ Poisson au corps effilé *(ammodytidés),* appelé *anguille de sable.* ➤ **équille.**

LAND [lɑ̃d] **n. m.** – 1953 ◇ mot allemand ■ État de l'Allemagne unie. *Le land de Bavière. Des lands.* On trouve aussi *des länder* [lɛndœʀ] (plur. all.). ■ HOM. Lande.

LANDAIS, AISE [lɑ̃dɛ, ɛz] **adj.** – 1851 ◇ de *Landes* ■ De la région des Landes. *La forêt landaise.* — LOC. *Courses landaises :* sorte de corrida pratiquée dans cette région avec des *vaches landaises,* sans mise à mort.

LAND ART [lɑ̃daʀt] **n. m.** – 1976 ◇ mot anglais américain «art de la Terre, art terrestre» ■ ANGLIC. Forme d'art consistant en interventions sur la nature (non utilitaires et à finalité esthétique). *Christo est un représentant du land art.*

LANDAU [lɑ̃do] **n. m.** – 1791 ◇ de *Landau,* n. d'une ville allemande ■ **1** ANCIENNT Voiture à quatre roues, à capote formée de deux soufflets pliants. *Des landaus.* ■ **2** Voiture d'enfant à grandes roues, à caisse suspendue. ➤ RÉGION. **carrosse, poussette.** *Pousser un landau.*

LANDE [lɑ̃d] **n. f.** – début XIIe ◇ gaulois °*landa* ■ Étendue de terre où ne croissent que certaines plantes sauvages (ajonc, bruyère, genêt, etc.). *Landes broussailleuses* (➤ **garrigue, maquis**). *Lande à bruyère.* ➤ 1 **brande.** *Se promener sur la lande.* «*la lande sauvage, aux bruyères roses, aux ajoncs couleur d'or*» LOTI. — SPÉCIALT *Les Landes* (sud-ouest de la France). ■ HOM. Land.

LANDERNEAU [lɑ̃dɛʀno] **n. m.** – 1849 ◇ de *Landerneau,* nom d'une commune du Finistère ■ FAM. Milieu particulier, petite société. *Une nouvelle qui agite le landerneau parisien* (cf. Ça va faire du bruit* dans Landerneau). *Le landerneau littéraire.* «*Grand ramdam dans le Landerneau politique d'où s'élèvent de hauts cris.*» F. GIROUD

LANDGRAVE [lɑ̃dgʀav] **n. m.** – *landegrave* v. 1245 ◇ du moyen haut allemand *Landgrave,* de *Graf* «comte» et *Land* «pays» ■ HIST. Titre de princes souverains en Allemagne, dont l'État était un *landgraviat.*

LANDIER [lɑ̃dje] **n. m.** – XIIe variante *andier* ◇ gaulois °*andero* «jeune taureau», ornement ancien des landiers ■ Grand chenet de cuisine, muni de crochets latéraux pour les broches et d'un récipient au sommet.

LANDOLPHIA [lɑ̃dɔlfja] **n. f.** – 1804 ◇ de *Landolphe,* n. d'un navigateur français ■ Liane *(apocynacées)* dont plusieurs espèces donnent un latex riche en caoutchouc.

LANDTAG [lɑ̃dtag] **n. m.** – 1668 ◇ mot allemand ■ Assemblée délibérante, dans certains États germaniques. ➤ 2 **diète.**

LANERET [lanʀɛ] **n. m.** – 1373 ◇ de *lanier* ■ CHASSE Mâle du lanier*.

LANGAGE [lɑ̃gaʒ] **n. m.** – v. 1160 ; *lengatge* v. 980 ◇ de *langue*

I SYSTÈME D'EXPRESSION ET DE COMMUNICATION ■ **1** Fonction d'expression de la pensée et de communication entre les êtres humains, mise en œuvre au moyen d'un système de signes vocaux (parole) et éventuellement de signes graphiques (écriture) qui constitue une langue. ➤ **verbe ; langue** (II), **parole** (II). «*Le langage objective la pensée*» BRÉAL. *Les universaux* du langage. Étude du langage.* ➤ **linguistique.** *La double articulation*, les structures* du langage. L'acquisition du langage. Retard de langage* (chez l'enfant). *Troubles du langage* (bégaiement, dysphasie, aphasie...). *S'exprimer par le langage.* ➤ 1 **dire, exprimer,** 1 **parler ; écrire.** «*l'être humain est avant tout un être de langage. Ce langage exprime son désir inextinguible de rencontrer un autre* [...] *et d'établir avec cet autre une communication*» DOLTO. *Philosophie du langage. Langage intérieur :* production de phrases pensées mais non exprimées. ➤ **endophasie.** ■ **2** Système de signes vocaux ou graphiques qui remplit la même fonction. ➤ **code.** *Langage naturel,* que représentent les langues du monde. *Langage artificiel, symbolique, formel, formalisé,* qui repose sur des axiomes, des lois, des règles de formation des énoncés. *Langage de la logique.* — INFORM. Ensemble codé de signes utilisé pour la programmation de problèmes spécifiques (scientifiques, de gestion, etc.) permettant de formuler des instructions adaptées à un calculateur électronique. *Langage de programmation, de structuration. Langage évolué,* conçu en fonction du type d'application traité et indépendant du type d'ordinateur. ➤ **basic, cobol, HTML, lisp,** 3 **pascal, prolog, XML.** *Langage machine :* langage binaire directement exécutable par l'unité de traitement d'un ordinateur (➤ **assembleur, compilateur, interpréteur**). — *Langage* (naturel ou artificiel) *qui décrit un langage.* ➤ **métalangage.** ■ **3** LING. Ensemble de la langue (système abstrait) et de la parole (réalisations). ➤ **discours, langue, parole.** ■ **4** PAR EXT. Système secondaire de signes créé à partir d'une langue. *Langage subrogé, conventionnel, sténographique, codé, chiffré.* ■ **5** PAR EXT. Système d'expression et de communication que l'on assimile au langage naturel. *Le langage des dauphins. Langage gestuel*.* ➤ **paralangage.** «*Maou cherchait à lui parler avec le langage des gestes. Elle se souvenait vaguement de certains gestes*» LE CLÉZIO. — *Le langage des fleurs. Les langages des arts* (➤ **sémiotique**).

II FAÇON DE S'EXPRIMER ■ **1** Usage qui est fait, quant à la forme, de cette fonction d'expression, d'une langue. Usage propre à un groupe (➤ **dialecte, sociolecte**) ou à un individu (➤ **idiolecte**). ➤ **langue** (II), **usage.** *Langage courant, parlé, familier, populaire, argotique. Langage écrit, littéraire, académique, archaïque. Correction du langage. Impropriétés, fautes de langage. Langage incorrect.* ➤ **baragouin, charabia,** 1 **jargon.** *Un abus de langage :* une exagération dans ses propos. *Élément* de langage.* — *Mots du langage administratif, juridique.* ➤ **lexique, terminologie, vocabulaire.** *Langage scientifique, technique, didactique.* «*Chaque branche de la science a son langage et ses techniques*» F. JACOB. ■ **2** Usage de la langue, quant au contenu du discours. ➤ **discours.** *Son langage ne me plaît pas,* ce qu'il dit, sa façon de le dire. *Tenir un double langage. Il va falloir changer de langage,* changer le contenu de ce qu'on dit, notamment s'exprimer plus modestement, en rabattre. ➤ 2 **ton.** — *Un langage franc, direct. Liberté de langage.* ➤ **franc-parler.** *Surveillez votre langage !* soyez modéré, courtois. — PAR MÉTAPH. *Le langage des passions. Écouter le langage de la raison.* ➤ **voix.**

LANGAGIER, IÈRE [lɑ̃gaʒje, jɛʀ] **adj. et n.** – 1941 ; «bavard» XIVe ◇ de *langage* ■ **1** Relatif au langage. ➤ **linguistique.** *Expression langagière d'une émotion. Habitudes langagières.* ■ **2** **n.** (1992) RÉGION. (Canada) Personne qui exerce une activité professionnelle en relation avec le langage (traducteur, rédacteur, terminologue...).

LANGE [lɑ̃ʒ] **n. m.** – 1538 ; «vêtement de laine» XIIe ◇ latin *laneus,* de *lana* «laine» ■ Large carré de laine ou de coton dont on emmaillotait un bébé de la taille aux pieds. ➤ **maillot.** — LOC. *Dans les langes :* dans l'enfance, dans les débuts.

LANGER [lɑ̃ʒe] **v. tr.** ⟨3⟩ – 1869 ◇ de *lange* ■ Envelopper (un bébé) d'un lange, de langes. ➤ **emmailloter.** — ABSOLT *Table* à langer.* ➤ **changer.**

LANGOUREUX, EUSE [lɑ̃guʀø, øz] **adj.** – fin XIVe ; *langerus* «malade» v. 1050 ◇ de *langueur* ■ **1** VX Affaibli par la maladie, languissant. ■ **2** (XIVe) VX ou IRON. Qui manifeste une langueur réelle ou feinte, particulièrement en amour. «*Décidez donc ce beau berger à être moins langoureux*» LACLOS. *Air, regard langoureux.* ➤ **alangui, languide, mourant.** «*De petits vers doux, tendres et langoureux*» MOLIÈRE. ◆ FIG. Qui évoque la langueur amoureuse ou y invite. *Un tango langoureux.* — **adv. LANGOUREUSEMENT,** fin XIVe. ■ CONTR. Fougueux, vif.

LANGOUSTE [lɑ̃gust] n. f. – 1393 ; « sauterelle » XIIᵉ ◊ ancien provençal *langosta*, latin populaire °*lacusta*, altération du latin classique *locusta* « sauterelle, langouste » ■ Grand crustacé marin décapode *(malacostracés)*, aux pattes antérieures dépourvues de pinces, aux antennes longues et fortes et dont la chair est très appréciée. *Pêcher la langouste avec des casiers.* — *Langouste mayonnaise.*

LANGOUSTIER [lɑ̃gustje] n. m. – 1769 ◊ de *langouste* ■ **1** Filet à langoustes. ■ **2** Bateau équipé pour la pêche à la langouste.

LANGOUSTINE [lɑ̃gustin] n. f. – 1802 ◊ de *langouste* ■ Petit crustacé marin aux pinces longues et grêles, appelé aussi *homard de Norvège. Beignets de langoustines.* ➤ aussi **scampi.**

LANGUE [lɑ̃g] n. f. – fin Xᵉ ◊ du latin *lingua* → -lingue

I PARTIE DU CORPS ■ **1** Organe charnu, musculeux, allongé et mobile, placé dans la bouche. ➤ POP. **lavette.** *La langue, organe du goût. Filet, frein, muqueuse, papilles de la langue. Relatif à la langue.* ➤ **lingual ; gloss(o)-.** *Avoir la langue blanche, chargée, pâteuse*. Se brûler la langue en mangeant trop chaud. Passer sa langue sur qqch.* ➤ **lécher.** « *La langue de Lily se glisse dans ma bouche* » DABIT. *Baiser langue en bouche.* ➤ FAM. **patin, pelle.** *Laisser fondre un médicament sous la langue* (➤ **perlingual ; linguette**). — LOC. *Tirer la langue à qqn,* pour le narguer. LOC. FIG. *Tirer la langue :* avoir soif, et PAR EXT. être dans le besoin, désirer ardemment qqch. sans obtenir satisfaction. ♦ (Animaux) *La langue du serpent.* ➤ 1 **dard.** *La langue râpeuse du chat.* — *Maladie de la langue bleue :* maladie virale des ovins et des bovins (cf. Fièvre catarrhale*). — CUIS. *Langue fumée, braisée* (de bœuf, mouton, porc). ■ **2** (fin Xᵉ) Ce corps charnu en tant qu'organe de la parole. *Rôle de la langue dans l'articulation des sons.* — LOC. (1606) *Avoir la langue bien pendue,* (Belgique) *avoir une grande langue :* être bavard. ➤ FAM. **tapette.** *Ne pas avoir la langue dans sa poche :* parler avec facilité et, notamment, répliquer. « *Elles étaient trois, n'avaient ni leurs yeux ni leur langue dans leur poche* » H.-P. ROCHÉ. *Ne pas savoir tenir sa langue :* ne pas savoir se taire quand il le faudrait. *Retenir* sa langue. Avoir un bœuf sur la langue :* garder un silence obstiné, avoir qqch. qui empêche ou retient de parler. *Avoir avalé* sa langue.* (1549) *Avoir un mot* sur le bout de la langue. Avoir un cheveu* sur la langue. Se mordre la langue :* se retenir de parler, ou se repentir d'avoir parlé. — « *À propos, Aurélien, avait dit Francet, aussitôt il s'était mordu la langue de cet "à propos," mais c'était trop tard* » CLANCIER. PROV. *Il faut tourner sept fois sa langue dans sa bouche avant de parler :* il faut réfléchir. *La langue lui a fourché*. Délier* la langue.* (1860) *Donner sa langue au chat*.* — (1574) *Prendre langue avec qqn,* prendre contact avec lui, entrer en relation. ➤ **s'aboucher.** *Ils* « *avaient eu le temps de prendre langue et se connaissaient entre eux* » ECHENOZ. ♦ (1490) *Une mauvaise, une méchante langue, une langue de vipère,* VULG. *une langue de pute :* une personne qui n'hésite pas à médire, à calomnier. adj. « *Faut-il que les gens soient mauvaises langues dans ce milieu !* » ANOUILH. — (Belgique, Canada) *Une grande langue :* une personne bavarde (volontiers médisante).

II SYSTÈME D'EXPRESSION ET DE COMMUNICATION ■ **1** (fin Xᵉ) Système d'expression et de communication commun à un groupe social (communauté linguistique). ➤ **dialecte, idiome,** 2 **parler, patois ; créole ; -lingue.** « *ce qu'est véritablement une langue, en tant que véhicule d'une histoire, d'une culture et d'une tradition* » LACARRIÈRE. *Langue mixte.* ➤ **pidgin, sabir.** *Langue parlée, langue écrite. Les mots d'une langue.* ➤ **lexique, vocabulaire.** *Syntaxe, morphologie d'une langue.* ➤ **grammaire ; orthographe.** — *Origine, histoire, évolution d'une langue. Étude scientifique des langues.* ➤ **linguistique ; lexicologie, morphologie, phonologie, sémantique, syntaxe.** *Unités d'une langue.* ➤ **graphème, phonème ; morphème, mot, syntagme, phrase.** *Langue écrite, non écrite. Transcription d'une langue.* ➤ **alphabet ; phonétique.** *Dictionnaire de langue* (opposé à *encyclopédique*). *Fixer, codifier, normaliser une langue. Tournure propre à une langue.* ➤ **idiotisme.** *Défense de la langue.* ➤ **purisme ; norme.** « *Une langue est en bien mauvaise posture quand elle a besoin d'être protégée* » P. J. HÉLIAS. ♦ *Langue maternelle*, première. Langue seconde :* langue apprise après la langue maternelle. *Parler, savoir, écrire, lire deux langues* (➤ **bilingue**), *plusieurs langues* (➤ **polyglotte ; plurilinguisme**). FAM. *Collégien qui fait anglais première langue et espagnol deuxième langue. Classes où l'on enseigne deux langues* (➤ **bilangue**). *Dictionnaire mettant en rapport plusieurs langues.* ➤ **multilingue, plurilingue.** *Dire qqch., s'exprimer dans une langue. Parler une langue avec, sans accent. Il est de langue germanique. Langues étrangères. Traduire* une langue dans une autre.* ➤ **interprète, traducteur, traduction ; interlingual.** *Langues mortes* (qui ne sont plus parlées) *et langues vivantes.* « *Une langue morte : celle qui n'a plus de correspondant physique, sonore, dans le corps de celui qui la lit* » QUIGNARD. SANS COMPL. *Les langues :* les langues étrangères. *Être doué pour les langues. Professeur de langues. Apprendre une langue. Didactique des langues. Bain* de langue. Laboratoire de langues.* — *Langue artificielle internationale* (espéranto, volapuk). *Langue officielle d'un État. Langue nationale. Langue vernaculaire, véhiculaire. Langues en contact.* — *Typologie des langues. Langue flexionnelle, agglutinante, isolante.* — *Classification des langues. Familles de langues. Les langues indo-européennes, chamito-sémitiques, indiennes. Les langues africaines. Langues romanes, germaniques, slaves, orientales. La langue latine, anglaise, française. La langue de Molière :* le français ; *la langue de Shakespeare :* l'anglais ; *la langue de Cervantès :* l'espagnol ; *la langue de Dante :* l'italien ; *la langue de Goethe :* l'allemand ; *la langue de Cicéron, de Virgile :* le latin. *Langue d'oc*, d'oïl*. Langues anciennes* (SPÉCIALT le grec et le latin). ■ **2** LING. Système d'expression potentiel opposé au discours, à la parole qui en est la réalisation. ➤ **code, système ; langage.** *L'opposition langue/parole chez Saussure.* ■ **3** Langage parlé ou écrit, spécial à certaines matières, à certains milieux, à certaines époques ; aspect que peut prendre une langue donnée. ➤ **langage** (II, 1ᵒ). *Langue parlée et langue écrite. Langue populaire.* « *il y a en France une langue écrite, académique, officielle, figée, qu'on ne parle pas, et une langue populaire vivante, la seule parlée, qui passe aux yeux des grammairiens pour incorrecte* » VIALATTE. (1866) *Langue verte*.* ➤ **argot, argotique.** *Langue littéraire, poétique. Langue savante, vulgaire. Langue scientifique.* ➤ 1 **jargon.** *La langue classique.* ■ **4** Utilisation individuelle du langage, façon personnelle de s'exprimer par le langage. ➤ **idiolecte.** *La langue d'un écrivain.* ➤ **style.** — *La langue de bois*.* ➤ aussi **novlangue.** ■ **5** Mode d'expression non langagier. ➤ **langage.** *La langue musicale.*

III CHOSE PLATE ET ALLONGÉE (milieu XIIᵉ) *Langue de feu.* ➤ **flamme.** (milieu XIVᵉ) *Langue de terre,* bande de terre allongée et étroite. *Langue glaciaire :* partie inférieure d'un glacier, de forme allongée. — Nom de divers outils ou instruments. ♦ (Suivi d'un nom d'animal) **LANGUE-DE-BŒUF :** arum, fistuline ; outil de maçon. **LANGUE-D'AGNEAU :** plantain. **LANGUE-DE-CHIEN :** cynoglosse. **LANGUE-DE-SERPENT :** ophioglosse. (1867) **LANGUE-DE-CHAT :** petit biscuit plat, allongé, à extrémité arrondie, à pâte croquante. *Des langues-de-chat.*

LANGUÉ, ÉE [lɑ̃ge] adj. – 1450 ◊ de *langue* ■ BLAS. Se dit d'un oiseau dont la langue est d'un autre émail que le corps.

LANGUETTE [lɑ̃gɛt] n. f. – 1314 ◊ diminutif de *langue* ■ **1** Objet de forme mince, plate, étroite et allongée. *Languette de pain.* ➤ **lichette.** *Languette d'un portefeuille.* ➤ 1 **patte.** *La languette d'une chaussure. Boîte de bière qui s'ouvre en tirant sur une languette.* ■ **2** TECHN. Tenon destiné à entrer dans une rainure pour assurer l'assemblage de deux planches (ex. dans un parquet). — Séparation à l'intérieur d'une cheminée. ■ **3** MUS. Petite lame de métal servant d'anche* dans les instruments à vent, ou couvrant l'anche d'un tuyau d'orgue ; petite pièce de bois adaptée au sautereau. ■ **4** SC. NAT. Appendice long, plat et mince.

LANGUEUR [lɑ̃gœʀ] n. f. – 1125 ◊ latin *languor, oris* ■ **1** VIEILLI État d'une personne dont les forces diminuent graduellement et lentement. ➤ **abattement, affaiblissement, alanguissement, dépérissement, épuisement, étisie, marasme.** *Maladie de langueur.* ➤ **anémie.** ■ **2** VIEILLI Asthénie due à une fatigue nerveuse, des chagrins. ➤ **abattement, dépression.** ■ **3** MOD. Mélancolie douce et rêveuse, tristesse vague. « *Quelle est cette langueur Qui pénètre mon cœur ?* » VERLAINE. ■ **4** Manque d'activité ou d'énergie. ➤ **apathie, indolence, mollesse, paresse.** « *Stamboul reprenait son indicible langueur orientale* » LOTI. — FIG. *La langueur du style, d'une composition.* ■ CONTR. Activité, animation, ardeur, chaleur, force, vie, vivacité.

LANGUEYER [lɑ̃geje] v. tr. ⟨1⟩ – XVIᵉ ; *langayer* 1350 ◊ de *langue* ■ **1** VÉTÉR. Procéder à l'examen de la face inférieure de la langue de (un porc présumé ladre*) pour voir si elle présente des kystes. — n. m. **LANGUEYAGE.** ■ **2** Munir de languettes (un tuyau à anches).

LANGUIDE [lɑ̃gid] adj. – 1523 ◊ latin *languidus* ■ LITTÉR. Qui exprime de la langueur (2ᵒ). « *un œil languide et tristement rêveur* » GIDE.

LANGUIR [lɑ̃giʀ] **v. intr.** ⟨2⟩ – XIIe ◇ latin populaire °*languire*, classique *languere* ■ **1** VIEILLI Perdre lentement ses forces. ➤ **dépérir.** — PAR ANAL. (végétaux) ➤ **s'étioler.** ■ **2** MOD. Manquer d'activité, d'énergie. *Languir dans l'oisiveté, l'inaction.* ◆ FIG. Manquer d'animation, d'entrain. *La conversation languit,* traîne en longueur. « *L'attente et l'intérêt ne doivent jamais languir ou retomber* » GIDE. ■ **3** VX ou LITTÉR. Éprouver une souffrance qui épuise le corps et l'esprit. « *condamné à languir entre ces murailles* » VILLIERS. — PAR EXAGÉR. *Languir d'ennui.* ➤ **s'ennuyer,** se **morfondre, sécher.** *Languir loin de qqn,* souffrir d'être séparé de lui. ◆ SPÉCIALT *Languir d'amour (pour qqn)* : éprouver une passion insatisfaite. ➤ se **mourir.** ■ **4** Attendre avec impatience (qqch. dont on éprouve le besoin, qu'on désire vivement). « *je languis après une lettre qui tarde* » APOLLINAIRE. ➤ **soupirer.** *Il languit de la voir. Faire languir qqn,* le faire attendre longtemps avant d'accéder à ce qu'il désire. *Dépêche-toi, tu nous fais languir !* ■ **5** v. pron. **SE LANGUIR.** RÉGION. (sud de la France) Languir, s'ennuyer. « *monsieur Seguin, je me languis chez vous* » DAUDET. *Je me languis de lui* : il me manque.

LANGUISSAMMENT [lɑ̃gisamɑ̃] **adv.** – 1573 ◇ de *languissant* ■ LITTÉR. D'une manière languissante. « *languissamment étendue sur une chaise longue* » CHATEAUBRIAND.

LANGUISSANT, ANTE [lɑ̃gisɑ̃, ɑ̃t] **adj.** – 1280 ; *languissan* 1181 ◇ de *languir* ■ **1** VX Qui languit, est abattu, anémié. « *Un corps souffreteux, amaigri, languissant* » TAINE. — (Végétaux) Qui s'étiole. « *des arbustes languissants* » LOTI. ■ **2** LITTÉR. Qui languit d'amour, exprime la langueur amoureuse. ➤ **languide ;** 2 **transi.** *Air, regard languissant.* — PAR EXT. ou PLAISANT. ➤ **langoureux.** ■ **3** COUR. Qui manque d'énergie, d'entrain. *Conversation languissante.* ➤ 1 **morne.** ■ CONTR. Actif, ardent. Énergique, vif.

LANICE [lanis] **adj.** – 1606 ; *lanieche* « qui provient de la laine » 1260 ◇ du latin *lana* « laine » ■ TECHN. *Bourre* lanice.*

LANIER [lanje] **n. m.** – 1245 ; *faucon lanier* XIIe ◇ agglutination de l'art. déf. et de *anier,* de *ane* « canard » ■ TECHN. Faucon femelle dressé autrefois pour la chasse. *Mâle du lanier.* ➤ **laneret.**

LANIÈRE [lanjɛʀ] **n. f.** – XIVe ; *lasnière* XIIe ◇ de l'ancien français *lasne,* métathèse probable de l'ancien français °*nasle,* du francique °*nastila* « lacet » ■ Longue et étroite bande (de cuir ou d'une autre matière souple). ➤ **courroie.** *Lanière d'un fouet. Sandales à lanières.* — PAR EXT. Bande étroite. *Découper du cuir en lanières. Lanières déchirées.* ➤ **lambeau.**

LANISTE [lanist] **n. m.** – fin XVe ◇ latin *lanista,* d'origine étrusque ■ ANTIQ. Maître des gladiateurs, à Rome.

LANOLINE [lanɔlin] **n. f.** – 1887 ◇ du latin *lana* « laine » et *oleum* « huile » ■ Matière grasse extraite du suint de la laine du mouton, purifiée et utilisée dans la préparation des pommades, des cosmétiques. *Savon à la lanoline.*

LANSQUENET [lɑ̃skənɛ] **n. m.** – 1480 ◇ allemand *Landsknecht,* de *Land* « terre, pays » et *Knecht* « valet » ■ **1** HIST. Fantassin allemand servant en France comme mercenaire, aux XVe et XVIe s. ■ **2** (fin XVIe) ANCIENNT Jeu de cartes introduit en France par les lansquenets. *Jouer au lansquenet.*

LANTANIER [lɑ̃tanje] **n. m.** – 1817 ◇ latin scientifique *lantana,* de *lantane* « viorne » (1611), mot d'origine gauloise ■ BOT. Plante *(verbénacées),* arbuste exotique cultivé en Europe pour ses fleurs ornementales diversement colorées.

LANTERNE [lɑ̃tɛʀn] **n. f.** – 1080 ◇ latin *lanterna*

I ■ **1** Boîte à parois ajourées, translucides ou transparentes, où l'on abrite une source de lumière. ➤ 1 **falot, fanal.** *Tenir une lanterne à la main. Le vestibule* « *s'éclaire d'une volumineuse lanterne de fer forgé* » ROMAINS. *Lanterne sourde,* dont on peut cacher la lumière à volonté. *Lanternes chinoises* : lanternes décoratives ornées de dessins ou peintures. *Lanternes vénitiennes* : lanternes en papier de couleur, souvent plissées en accordéon, servant aux illuminations. ➤ **lampion.** ◆ LOC. *Prendre des vessies pour des lanternes* : commettre une grossière méprise. *Il veut nous faire prendre des vessies pour des lanternes,* nous faire croire des choses absurdes. ◆ *Lanterne rouge,* placée à l'arrière du dernier véhicule d'un convoi. LOC. FAM. *Être la lanterne rouge,* le dernier d'une file, d'un classement. — ANCIENNT *La lanterne rouge des maisons closes.* ◆ PAR EXT. *Les lanternes d'une automobile* : feux de position. ➤ **veilleuse.** *Allumer ses lanternes.* ■ **2** (XVIe) ANCIENNT Fanal spécialement destiné à l'éclairage de la voie publique. ➤ **réverbère.** *Lanterne en potence.* « *Ah ça ira, ça ira, ça ira, les aristocrates à la lanterne !* » (refrain révolutionnaire). ■ **3** Appareil de projection. — (1685) **LANTERNE MAGIQUE,** munie d'un dispositif optique permettant de projeter, agrandies sur un écran, des images peintes sur verre. « *Le singe qui montre la lanterne magique* », *fable de Florian* (les spectateurs ne voient rien, parce que le singe « *n'avait oublié qu'un point. C'était d'éclairer sa lanterne* »). LOC. *Éclairer la lanterne de qqn,* lui fournir les renseignements nécessaires pour qu'il comprenne clairement. — *Lanterne de projection.* ➤ **projecteur.**

II (XVIe) ■ **1** ARCHIT. Dôme vitré éclairant par en haut un édifice. PAR APPOS. *Tour lanterne* : tour ajourée, surmontée d'une coupole, qui s'élève à la croisée du transept d'une église. *Des tours lanternes.* — Tourelle ajourée, souvent garnie de colonnettes, surmontant un dôme. ➤ **campanile.** *La lanterne des Invalides.* ■ **2** TECHN. Pignon à petits barreaux verticaux parallèles où s'engrènent les dents d'une roue. — *Lanterne d'aspiration* : crépine. ■ **3** (1805) ZOOL. **LANTERNE D'ARISTOTE :** appareil masticateur des oursins (en forme de lanterne, comme l'avait observé Aristote).

LANTERNER [lɑ̃tɛʀne] **v.** ⟨1⟩ – 1552 ◇ de *lanterne* ■ **1** v. intr. Perdre son temps en s'amusant à des riens, ou par irrésolution. ➤ **lambiner, musarder, traîner.** — LOC. *Sans lanterner* : sans attendre, sans délai. « *me payer mes cent écus sans lanterner* » BEAUMARCHAIS. ■ **2** v. tr. (1773) VX Faire attendre (qqn) en remettant de jour en jour, en le trompant par des prétextes, des promesses vaines (cf. Mener en bateau*). ◆ MOD. INTRANS. *Faire lanterner qqn* : faire attendre. ➤ **poireauter.** « *On va le faire lanterner un peu, ça lui fera les pieds* » QUENEAU.

LANTERNON [lɑ̃tɛʀnɔ̃] ou **LANTERNEAU** [lɑ̃tɛʀno] **n. m.** – 1758, –1840 ◇ de *lanterne* ■ Petite lanterne au sommet d'une coupole ; cage vitrée au-dessus d'un escalier, d'un atelier.

LANTHANE [lɑ̃tan] **n. m.** – 1845 ; latin scientifique *lanthanum* (1839) ◇ du grec *lanthanein* « être caché » ■ CHIM. Élément atomique (La ; n° at. 57 ; m. at. 138,90), premier métal de la série des lanthanides. *Le lanthane et le cérium sont présents dans la monazite.*

LANTHANIDES [lɑ̃tanid] **n. m. pl.** – milieu XXe ◇ de *lanthane* ■ CHIM. Groupe d'éléments dont le numéro atomique va de 57 (lanthane) à 71 (lutécium) appelés aussi *terres* rares.*

LANUGINEUX, EUSE [lanyʒinø, øz] **adj.** – 1553 ◇ latin *lanuginosus,* de *lanugo* « substance laineuse, duvet » ■ DIDACT. Qui a l'apparence de la laine ; couvert de duvet. *Feuilles lanugineuses.* « *une espèce de phacochère lanugineux* » C. M. CLUNY.

LAOTIEN, IENNE [laɔsjɛ̃, jɛn] **adj.** et **n.** – XIXe ; var. *laocien, langien* 1765 ◇ de *Laos* ■ Du Laos. **n.** *Les Laotiens.* — **n. m.** *Le laotien* : langue thaïe parlée au Laos.

LAPALISSADE [lapalisad] **n. f.** – 1861 ◇ de *La Palice,* héros d'une chanson pleine de vérités évidentes ■ Affirmation dont l'évidence toute formelle prête à rire (ex. Un quart d'heure avant sa mort il était encore en vie). ➤ **évidence, tautologie, truisme.**

LAPAROSCOPIE [lapaʀɔskɔpi] **n. f.** – 1916 ◇ du grec *lapara* « flanc » et *-scopie* ■ MÉD. Endoscopie de la cavité péritonéale. — **adj. LAPAROSCOPIQUE.** *Intervention par voie laparoscopique.*

LAPAROTOMIE [lapaʀɔtɔmi] **n. f.** – 1790 ◇ du grec *lapara* « flanc » et *-tomie* ■ CHIR. Incision chirurgicale de la paroi abdominale.

LAPEMENT [lapmɑ̃] **n. m.** – *lappement* 1611 ◇ de *laper* ■ Action de laper ; bruit ainsi produit. « *Les repas se déroulaient dans un calme à peine perturbé par le lapement de la soupe* » D. FOENKINOS.

LAPER [lape] **v. tr.** ⟨1⟩ – XIIe ◇ d'un radical onomat. *lap-* évoquant un coup de langue ■ Boire à coups de langue. *Chat qui lape du lait.* — ABSOLT *Le chien lapait bruyamment.*

LAPEREAU [lapʀo] **n. m.** – 1376 ; *lapriel* 1320 ◇ de l'ibéro-roman °*lappa-* « pierre plate », comme le portugais *laparo* ■ Jeune lapin.

LAPETTE [lapɛt] **n. f.** – « boisson trop diluée » 1860 ◇ de *laper* ■ (Belgique) FAM. Café trop léger. ➤ **lavasse.**

LAPIAZ [lapjɑz] ou **LAPIÉ** [lapje] **n. m.** – *lapis* 1841 dialectal ◇ du latin *lapis* « pierre » ■ GÉOL. Rainure superficielle de formes variées, creusée par les eaux en terrain calcaire. *Champs de lapiaz, de lapiés.*

LAPICIDE [lapisid] **n.** – 1876 ◇ latin *lapicida,* de *lapis* « pierre » et *cædere* « tailler » ■ ARCHÉOL. Ouvrier, ouvrière qui grave dans la pierre une inscription, une ornementation.

LAPIDAIRE [lapidɛʀ] **n.** et **adj.** – 1270 ; «traité sur les pierres précieuses» XIIe ✧ latin *lapidarius*, de *lapis, lapidis* «pierre»

I n. ■ **1** Artisan qui taille, polit, grave les pierres précieuses. — Commerçant qui vend des pierres précieuses autres que le diamant. ■ **2** n. m. (1845) TECHN. Petite meule destinée au polissage des pierres précieuses, des verres, des pièces métalliques.

II adj. ■ **1** (XIIIe) DIDACT. Relatif aux pierres, précieuses ou non. *Musée lapidaire. Un «bijou d'orfèvrerie lapidaire»* FLAUBERT. *Inscriptions lapidaires*, gravées sur les monuments de pierre. — (1692) *Style lapidaire* : style concis de ces inscriptions. ■ **2** (1907) LITTÉR. Qui évoque par sa concision et sa vigueur le style des inscriptions sur pierre. ➤ 1 **bref, concis*, laconique.** *Formule lapidaire. Ses répliques «à la fois lapidaires et infinies»* GIDE.

■ CONTR. Verbeux.

LAPIDATION [lapidasjɔ̃] **n. f.** – 1611 ; «massacre» XIIIe ✧ latin *lapidatio* → lapider ■ Action de lapider, supplice infligé à la personne qu'on lapide. *La lapidation de saint Étienne.*

LAPIDER [lapide] **v. tr.** ‹1› – v. 980 ✧ latin *lapidare*, de *lapis, lapidis* «pierre» ■ **1** Tuer à coups de pierres, en jetant des pierres. *Dans certains pays, on lapide les personnes convaincues d'adultère.* ■ **2** Attaquer, poursuivre en lançant des pierres. ➤ FAM. **caillasser.** *«Les ouvriers se mirent à ramasser des pierres et à lapider les gardes»* NIZAN. — n. m. **LAPIDEUR**, 1990.

LAPIDIFIER [lapidifje] **v. tr.** ‹7› – 1560 ✧ du latin *lapis, lapidis* «pierre» et *-fier* ■ GÉOL. Transformer (un élément minéral) en pierre. ➤ **pétrifier.** PRONOM. *Sédiments qui se sont lapidifiés.* — n. f. **LAPIDIFICATION**, 1690.

LAPIÉ ➤ **LAPIAZ**

LAPILLI [lapi(l)li] **n. m. pl.** /n. m./ – 1756 ✧ mot italien, plur. de *lapillo*, latin *lapillus*, diminutif de *lapis* «pierre» ■ GÉOL. Petites pierres poreuses projetées par les volcans en éruption. *Couche meuble de lapilli /lapillis/.* ➤ **pouzzolane.**

LAPIN, INE [lapɛ̃, in] **n.** – XVe ; a remplacé *conil* ✧ du même radical que *lapereau* ■ **1** Petit mammifère *(lagomorphes)* à longues oreilles, à petite queue, très prolifique, répandu sur tout le globe. *Lapin de garenne, buissonnier*, vivant en liberté, gîtant dans des terriers. *Femelle du lapin* (➤ **hase**). — *Lapin domestique*, ou *lapin de choux, de clapier. Le lapin clapit. Jeannot Lapin*, dans les contes et les fables. *Le lapin* (➤ 2 **bouquet,** 1 **bouquin**), *la lapine et les lapereaux. Lapin atteint de myxomatose. Lapin angora. Lapin russe*, blanc aux yeux rouges. *Lapin de compagnie. Élevage du lapin. — Cage à lapins* (➤ **clapier, lapinière**) ; FIG. immeuble moderne aux logements uniformes et exigus. ◆ n. m. Peau, fourrure de cet animal. *Un manteau de lapin.* ◆ n. m. Chair comestible de cet animal. *Râble de lapin. Lapin en gibelotte, en civet, à la moutarde. Terrine de lapin.* ■ **2** LOC. *Avoir des dents de lapin*, des incisives supérieures très longues. *Ne pas valoir un pet* de lapin. Ça lui va comme des guêtres* à un lapin. Le coup du lapin* : coup brutal sur la nuque qui peut briser les vertèbres cervicales et entraîner la mort ; FIG. traîtrise, coup par-derrière. *Courir, détaler comme un lapin* : courir très vite, s'enfuir. (Canada) *En criant* lapin.* — VX *Pattes* de lapin.* — FAM. *Une lapine*, PAR APPOS. *une mère lapine* : une femme très prolifique. — *Un chaud lapin* : un homme porté sur les plaisirs sexuels. ➤ FAM. **queutard.** *Un lapin, un fameux lapin* : un gaillard. — T. d'affection pour les deux sexes *Dors bien, mon lapin.* ■ **3** n. m. LOC. FAM. **POSER UN LAPIN** à qqn, ne pas venir au rendez-vous qu'on lui a donné.

LAPINER [lapine] **v. intr.** ‹1› – 1732 ✧ de *lapin* ■ Mettre bas, en parlant de la lapine.

LAPINIÈRE [lapinjɛʀ] **n. f.** – 1873 ✧ de *lapin* ■ Construction aménagée où l'on élève des lapins. ➤ **clapier.**

LAPINISME [lapinism] **n. m.** – 1955 ; en Belgique avant 1950 ✧ de *lapin* ■ FAM. Fécondité excessive (d'un couple, d'un peuple).

LAPIS ou **LAPIS-LAZULI** [lapis(lazyli)] **n. m.** – 1580 *lapis* ; XIIIe *lapis-lazuli* ✧ latin médiéval *lapis lazuli* «pierre d'azur», de *lazulum* «azur» → azur ■ Pierre fine d'un bleu d'azur ou d'outremer, silicate composé de la famille des feldspaths. ➤ **lazurite.** *Le lapis est employé dans les mosaïques, les incrustations décoratives. Poudre de lapis.* ➤ **outremer.** *«un ciel outremer comme du lapis-lazuli»* FLAUBERT. *Des lapis-lazulis.* PAR APPOS. *Bleu lapis.*

LAPON, ONE [lapɔ̃, ɔn] **adj.** et **n.** – 1584 ✧ latin médiéval *Lapo, onis*, suédois *Lapp* ■ De Laponie. *Costume lapon.* — n. *Les Lapons.* n. m. *Le lapon* : langue finno-ougrienne parlée en Laponie.

1 **LAPS** [laps] **n. m.** – 1266 ✧ latin *lapsus* «écoulement, cours», de *labi* «glisser, couler» ■ **LAPS DE TEMPS :** intervalle de temps.

2 **LAPS, LAPSE** [laps] **adj.** – 1314 ✧ latin *lapsus* «qui est tombé», p. p. de *labi* «glisser, tomber» ■ RELIG. VX LOC. *Laps et relaps*, lapse et relapse* : qui a quitté (une première fois) la religion catholique.

LAPSUS [lapsys] **n. m.** – 1833 ✧ latin *lapsus linguæ, lapsus calami* «faux pas de la langue, de la plume» ■ Emploi involontaire d'un mot pour un autre, en langage parlé ou écrit. *«il fit un lapsus dont le rapport l'abattit considérablement. Voulant dire "après la mort de mon fils," sa langue fourcha, et il dit "après ma mort"»* CINGRIA. *La psychanalyse considère le lapsus comme un acte* manqué. Lapsus révélateur* (d'un contenu inconscient). *Des lapsus.*

LAPTOT [lapto] **n. m.** – 1752 ✧ origine inconnue ■ ANCIENNT Au Sénégal et dans les ports africains, Piroguier, matelot ou débardeur autochtone.

LAQUAGE [lakaʒ] **n. m.** – 1881 ✧ de *laquer* ■ **1** Opération par laquelle on laque une matière, un support. ■ **2** (1920) MÉD. *Laquage du sang* : dissolution de l'hémoglobine dans le sérum lors de l'hémolyse *(sang laqué*).*

LAQUAIS [lakɛ] **n. m.** – v. 1450 ; variantes *alacays, halagues* XVe ✧ origine inconnue ■ **1** ANCIENNT Valet portant la livrée. ■ **2** FIG. et VIEILLI Personne servile. ➤ **larbin.** *Une âme de laquais*, basse. *«J'ai l'habit d'un laquais et vous en avez l'âme»* HUGO. *«J'aime mieux être fossoyeur que laquais»* SARTRE.

LAQUE [lak] **n. f.** et **m.** – XVe *lacce* ✧ latin médiéval *lacca*, arabo-persan *lakk*, hindoustani *lakh*

I n. f. ■ **1** Suc naturel d'un rouge brun qui exsude de certains arbres d'Extrême-Orient *(arbre à laque* ou *laquier* n. m.). ➤ **sumac.** ■ **2** *Laque* ou *peinture laque* : peinture très résistante, qui, étalée sur un revêtement, a l'aspect brillant de la laque. *Laque glycérophtalique. Laque utilisée pour les carrosseries.* ◆ (1846) Substance insoluble obtenue par la combinaison d'un colorant soluble et d'un mordant. *Laque d'aluminium, de chrome.* ■ **3** (v. 1960) Produit que l'on vaporise sur les cheveux pour les fixer. *Bombe de laque.* ■ **4** Vernis à ongles couvrant.

II ■ **1** n. m. ou f. Vernis préparé avec le latex du sumac ; support enduit de ce vernis. *Laque de Chine, du Japon. Laque noir, rouge. Couche de laque.* ■ **2** n. m. Objet d'art en laque. *Laques de Coromandel. Un beau laque.*

■ HOM. Lac.

LAQUÉ, ÉE [lake] **adj.** – 1830 ✧ de *laquer* ■ **1** Enduit de laque (véritable). *Paravent chinois laqué.* ■ **2** Verni, peint à la laque. *«Mobilier de bois laqué bleu»* ARAGON. *Ongles laqués.* ■ **3** (1907) CUIS. CHIN. Badigeonné de sauce aigre-douce à plusieurs reprises en cours de cuisson. *Canard, porc laqué.* ■ **4** (1900) MÉD. *Sang laqué* : solution d'hémoglobine obtenue en ajoutant de l'eau distillée à des globules rouges séparés du sang par centrifugation. ■ **5** Fixé par de la laque. *Cheveux laqués.*

LAQUELLE ➤ **LEQUEL**

LAQUER [lake] **v. tr.** ‹1› – 1830 ✧ de *laque* ■ **1** Enduire de laque (II, 1o). ■ **2** Vernir, peindre à la laque (I, 2o, 4o). *Laquer un meuble de bois blanc. Se laquer les ongles. «Elle se limait les ongles en ovale, les laquait avec un vernis orangé»* CH. ANGOT. ■ **3** Fixer en vaporisant de la laque. *Se laquer les cheveux.*

LAQUEUR, EUSE [lakœʀ, øz] **n.** – 1875 ✧ de *laquer* ■ TECHN. Ouvrier, ouvrière qui applique des laques d'Extrême-Orient ou des vernis, pour décorer des meubles ou ouvrages en bois.

LARAIRE [laʀɛʀ] **n. m.** – v. 1560 ✧ bas latin *lararium* ■ ANTIQ. Autel, niche, petite chapelle que les Romains réservaient dans leur maison au culte des lares.

LARBIN [laʀbɛ̃] **n. m.** – 1829 ; «mendiant» argot 1827 ✧ origine incertaine, p.-ê. de *habin* «chien», de *happer* ■ PÉJ. ■ **1** FAM. Domestique. *Je ne suis pas son larbin.* ■ **2** FIG. VIEILLI Individu servile. ➤ **laquais, valet.**

LARCIN [laʀsɛ̃] **n. m.** – 1246 ; *larrecin* XIIe ✧ latin *latrocinium*, famille de *latro* → larron ■ LITTÉR. Petit vol commis furtivement et sans violence. *Faire, commettre un larcin.* ➤ **chaparder, dérober.** ◆ VIEILLI Objet volé. *Cacher son larcin.*

LARD [laʀ] n. m. – XIIe ◊ latin *lardum* ▪ **1** Graisse ferme formant une couche épaisse dans le tissu sous-cutané du porc, employée en cuisine (➤ 2 **flèche**). *Gros lard* (VX), *lard gras,* qui ne contient aucune partie de chair musculaire ; *petit lard* (VX), *lard maigre, lard de poitrine,* mêlé de couches de chair. ➤ RÉGION. **ventrèche.** *Lard salé, fumé* (➤ **bacon**). *Couenne du lard. Petit dé de lard.* ➤ **lardon.** *Fine tranche de lard.* ➤ 2 **barde.** *Omelette, pissenlits au lard.* — PAR EXT. Graisse des cétacés, de certains amphibiens. *Lard de phoque.* ▪ **2** (XVIe) FAM. Graisse du corps humain. *(Se) faire du lard :* engraisser (spécialement à ne rien faire). *Rentrer dans le lard à qqn,* l'agresser physiquement ou verbalement (cf. Rentrer dans le chou*, dans le mou*, voler dans les plumes*). ▪ **3** VX Porc. ◆ MOD. LOC. *Se demander, ne pas savoir si c'est du lard ou du cochon* (deux noms pour la même chose) : de quoi il s'agit. — *Un gros lard :* personne grosse et grasse. — **TÊTE DE LARD :** tête de cochon*, personne entêtée, mauvais caractère. ▪ HOM. Lare.

LARDER [laʀde] v. tr. ‹1› – 1175 ◊ de *lard* ▪ **1** Piquer (une pièce de viande) de lardons introduits dans l'épaisseur du morceau. ➤ **entrelarder.** *Larder du bœuf à braiser avec une lardoire*.* ▪ **2** PAR ANAL. (TECHN.) Garnir (une pièce de bois) de nombreux clous pour faire tenir le plâtre qu'on veut y appliquer. — Garnir (une voile, un paillet) d'une couche de filins effilochés et suiffés. — *Larder une étoffe :* provoquer un entrelacement irrégulier (*lardure* n. f.) des fils en engageant à faux la navette à travers la chaîne. ▪ **3** Transpercer, piquer à plusieurs reprises. *Larder qqn de coups de couteau.* ▪ **4** FIG. Cribler. *«de menues épigrammes dont elle tentait de le larder»* GIDE. ◆ Entremêler, truffer. *Larder un texte de citations.*

LARDOIRE [laʀdwaʀ] n. f. – fin XIVe ◊ de *larder* ▪ Brochette creuse servant à larder la viande.

LARDON [laʀdɔ̃] n. m. – fin XIIe ◊ de *lard* ▪ **1** Morceau de lard gras long et mince dont on larde la viande. — Petit morceau de lard maigre qu'on fait revenir pour accompagner certains plats. *Frisée aux lardons.* ▪ **2** TECHN. Petit morceau de métal servant à boucher une fissure. ▪ **3** (1878) POP. Enfant en bas âge. *«une nourrice portant quatre lardons»* BARBUSSE.

LARE [laʀ] n. m. – 1488 ◊ latin *Lar, Laris* ▪ Chez les Romains, Esprit tutélaire chargé de protéger la maison, la cité, les rues. *Lares domestiques :* les âmes des ancêtres devenues protectrices du foyer (➤ **laraire**). — adj. *Les dieux lares.* ▪ HOM. Lard.

LARGABLE [laʀgabl] adj. – 1931 ◊ de *larguer* ▪ Qui peut être largué (d'un avion, d'un véhicule spatial). *Cabine largable. Réservoir largable.*

LARGAGE [laʀgaʒ] n. m. – milieu XXe ◊ de *larguer* ▪ **1** Action de larguer (d'un avion, d'un véhicule spatial). *Largage de bombes, de parachutistes* (➤ **parachutage**). *Largage d'eau des canadairs.* ▪ **2** RARE Action de larguer, 3° (qqn).

LARGE [laʀʒ] adj., n. m. et adv. – fin XIe ◊ féminin de l'ancien adjectif *larc,* du latin *largus* «copieux» et «libéral»

I ~ adj. ▪ **1** Qui a une étendue supérieure à la moyenne dans le sens de la largeur. *Une large avenue. Chapeau à larges bords. Plus large que haut. Une fenêtre large et haute. Hanches larges. Larges épaules. — Large ouverture.* ➤ **évasé.** *Le corbeau «ouvre un large bec»* LA FONTAINE. — PAR EXT. *Large sourire.* ➤ **épanoui.** — (milieu XIIIe) *Large ouvert :* largement ouvert. *Une fenêtre large ouverte* (pl. *large(s) ouvertes*). ➤ **grand.** ▪ **2** (1585) *Large de... :* qui mesure (tant) en largeur. *Ici, le fleuve est large de cent mètres.* ▪ **3** (fin XVe) (Vêtement) Qui n'est pas serré. ➤ **ample, lâche.** *Pantalon large.* ▪ **4** (fin XIe) Qui est étendu (dans quelque sens que ce soit). *Décrire un large cercle.* ➤ **vaste.** *L'orage «jette ses larges gouttes»* RIMBAUD. ➤ **gros.** ▪ **5** (fin XIIe) Qui a une grande extension, une grande importance. ➤ **considérable, grand, important.** *Faire une large part à qqch. Dans une large mesure. Être élu à une large majorité.* ➤ 1 **fort.** *Publier de larges extraits.* ▪ **6** FIG. (milieu XIIe) Qui n'est pas borné. *Avoir l'esprit large, les idées larges.* LOC. *Être large d'idées.* ➤ **compréhensif, libéral, ouvert, tolérant.** — PÉJ. *Conscience large,* sans rigueur morale. ➤ **élastique, latitudinaire, laxiste.** ▪ **7** *Peindre à larges traits. Manière large.* ➤ **libre, souple.** ▪ **8** *Au sens large du terme,* le plus étendu. ➤ **lato sensu.** — MATH. Non exclusif. *Dans l'inégalité au sens large* ($a \leq b$), *l'égalité* ($a = b$) *est possible.* ▪ **9** (fin XIe) Qui ne se restreint pas dans ses dépenses, qui donne volontiers. *Vous n'avez pas été très large avec lui.* ➤ **généreux ; largesse.** — *Une vie large,* où l'on dépense sans compter. ➤ **aisé ; largement** (4°).

II ~ n. m. ▪ **1** (fin XIe) Largeur. *Tapis de tant de long sur tant de large. Matelas en 140* (cm) *de large.* — LOC. (1807) **EN LONG ET EN LARGE :** dans tous les sens ; FIG. et FAM. de toutes les façons. *«Vous venez de me l'expliquer en long et en large»* AYMÉ. FAM. *En long, en large et en travers* (cf. À pied*, à cheval et en voiture). — (1811) *Marcher* **DE LONG EN LARGE,** dans les deux sens en faisant le même trajet. ▪ **2 AU LARGE.** *Être au large :* avoir beaucoup de place. *Être au large dans un vêtement :* ne pas être serré dedans. — FIG. Être dans l'aisance. ▪ **3** (fin XIVe) *Le large :* la haute mer. *La bateau gagne le large. «Le grand large n'a-t-il pas une évidente affinité avec l'au-delà ?»* TOURNIER. *Vent du large. L'appel* du large. Croiser au large d'une île,* dans les parages. LOC. FAM. (fin XVe) *Prendre le large :* s'en aller, s'enfuir (cf. RÉGION. Prendre le bord).

III ~ adv. ▪ **1** Sur un vaste espace. *Ratisser* large.* ◆ LOC. FAM. (1866) *Ne pas en mener large :* être peu rassuré, dans une situation critique. ▪ **2** (fin XIVe) D'une manière ample. *S'habiller large.* ▪ **3** FIG. (1936) D'une manière peu rigoureuse et par excès. *Mesurer, calculer large. Voir large :* voir grand. ▪ CONTR. Étroit ; serré, tendu ; borné, 1 court, mesquin. Restreint, rigoureux, strict.

LARGEMENT [laʀʒəmɑ̃] adv. – fin XIIe ◊ de *large* ▪ **1** Sur une grande largeur, un large espace. *«Elle ouvrit largement les deux battants»* COLETTE. *Col largement ouvert.* ▪ **2** D'une façon considérable, abondamment. *Vous aurez largement le temps. Une opinion largement répandue.* ➤ **amplement.** ▪ **3** D'une manière large, non minutieuse. *Tableau peint, dessiné largement.* ▪ **4** Sans compter, sans se restreindre. ➤ **amplement, grandement.** *Payer qqn largement.* ➤ **grassement.** *«la nature l'avait largement récompensée»* SAINTE-BEUVE. *Avoir largement de quoi vivre.* ▪ **5** Avec un numéral, une quantité Au moins, au minimum. ➤ 1 **bien** (cf. Au bas* mot). *Ça vaut largement le double. «Il était largement trois heures»* ARAGON. ▪ **6** De loin, de beaucoup. *Être largement battu. Billet largement périmé.* ▪ CONTR. Étroitement, peu.

LARGESSE [laʀʒɛs] n. f. – XIIe ◊ de *large* ▪ **1** *La largesse.* Disposition à être généreux. ➤ **générosité, libéralité, munificence.** *Donner avec largesse. Profiter de la largesse de qqn.* ▪ **2** *Une, des largesses.* Don fait d'une manière large, généreuse. *Faire des largesses.* ▪ CONTR. Avarice.

LARGEUR [laʀʒœʀ] n. f. – XIIe ◊ de *large* ▪ **1** La plus petite dimension d'une surface (opposé à *longueur*), la dimension moyenne d'un volume (opposé à *longueur* et *hauteur*) ; du point de vue de l'observateur, la dimension horizontale parallèle à la ligne des épaules (opposé à *hauteur,* et à *profondeur* ou *épaisseur*) ; étendue mesurée dans cette dimension. *La largeur d'une table. Largeur d'un tissu.* ➤ **laize, lé.** *Étoffe en grande, en petite largeur* (généralement 140 cm, 80 cm). *Plier qqch. dans le sens de la largeur. Largeur d'un tronc d'arbre.* ➤ **diamètre, grosseur.** *Largeur des épaules.* ➤ **carrure.** *Dans, sur toute la largeur de la rue.* — loc. adv. FAM. *Dans les grandes largeurs :* complètement, au maximum. *Se faire avoir, se tromper dans les grandes largeurs.* ◆ PHYS., ÉLECTRON. *Largeur de bande :* étendue spectrale (d'une source lumineuse, d'un signal). ▪ **2** FIG. Caractère de ce qui n'est pas borné. *Largeur d'esprit, largeur de vues.* ➤ **compréhension, indulgence, ouverture, tolérance.** *«je connais la largeur et la liberté de vos idées»* GOBINEAU. ▪ CONTR. Étroitesse.

LARGHETTO [laʀgeto] adv. et n. m. – 1765 ◊ mot italien, diminutif de *largo* ▪ MUS. Un peu moins lentement que *largo.* ◆ n. m. Morceau exécuté dans ce tempo. *Des larghettos.*

LARGO [laʀgo] adv. et n. m. – 1705 ◊ mot italien ▪ MUS. Avec un mouvement lent et ample, majestueux. ◆ n. m. (1829) *Un largo :* morceau qui doit être joué largo. *Des largos.*

LARGUE [laʀg] adj. – 1553 ◊ de l'italien *largo* «large» ▪ MAR. ▪ **1** VX *Vent largue :* vent oblique par rapport à l'axe longitudinal du navire. MOD. *Grand largue,* intermédiaire entre le *vent largue* et le vent en poupe. adv. *Aller, courir largue, grand largue.* ▪ **2** (1845) Qui n'est pas tendu (cordage).

LARGUER [laʀge] v. tr. ‹1› – 1678 ◊ de *largue* ▪ **1** Lâcher ou détacher (un cordage). *Larguer les amarres, les ris. Larguer une voile.* ➤ **déferler.** ▪ **2** Lâcher, laisser tomber d'un avion. *Larguer des parachutistes, des bombes ; des insecticides, de l'eau...* ▪ **3** FIG. et FAM. Se débarrasser de (qqch., qqn). *Larguer ses collaborateurs.* ➤ **renvoyer.** *Elle a largué son fiancé.* ➤ **abandonner ;** FAM. 2 **droper,** 1 **lâcher, plaquer** (cf. Laisser tomber*). *«Peur de se faire larguer. Peur d'être seule»* IZZO. ▪ **4** SPORT Distancer. *Larguer ses adversaires.* ➤ 1 **lâcher, semer.** — FIG. FAM. PASSIF *Être largué :* ne pas parvenir à suivre, ne plus comprendre (cf. Être à la ramasse, à la traîne). *Dès le troisième cours, j'ai été largué.*

LARIGOT [laʀigo] **n. m.** – 1534 «flûte» ; refrain d'une chanson, 1403 ◊ pour *l'harigot*, d'origine inconnue ■ Jeu d'orgue, appelé aussi *petit nasard.* ♦ **loc. adv.** *À tire-larigot.* ➤ **tire-larigot.**

LARME [laʀm] **n. f.** – XIIIe ; *lairme* 1050 ◊ latin *lacrima* ■ **1** Goutte de liquide transparent et salé sécrété par les glandes lacrymales, baignant la conjonctive de l'œil et des paupières et qui s'écoule de l'œil lors d'une sécrétion accrue, sous l'effet d'une irritation chimique ou physique ou d'une émotion. ➤ **pleur ; lacrymal.** *Larmes de bonheur, de désespoir. Larmes qui perlent, coulent. «Les larmes quelquefois montent aux yeux Comme d'une source»* PH. JACCOTTET. *Verser des larmes.* ➤ **pleurer.** *Verser des larmes sur (qqn, qqch.). Pleurer à chaudes larmes,* en versant des larmes abondantes. *Me voilà «pleurant à chaudes larmes, sans pouvoir m'arrêter»* DAUDET. *«Quenu pleurait toutes les larmes de son corps»* ZOLA. *Être en larmes. Fondre en larmes. Crise de larmes* (➤ **sanglot**). *Ce film m'a tiré les larmes.* ➤ **émouvoir.** *Visage baigné de larmes. «tes traîtres yeux Brillant à travers leurs larmes»* BAUDELAIRE. *Sécher ses larmes. Yeux gonflés, rougis par les larmes. — Avoir les larmes aux yeux, être au bord des larmes :* être sur le point de pleurer. *Avoir du mal à retenir ses larmes. — Rire aux larmes.* ♦ LOC. *Avoir la larme à l'œil :* avoir tendance à pleurnicher, montrer une sensibilité excessive. *Avoir la larme facile :* être facilement ému au point de pleurer. *Avec des larmes dans la voix,* d'une voix émue. LITTÉR. *Larmes de sang,* causées par une douleur cruelle, un remords terrible. *Larmes de crocodile*.* ■ **2** FIG. (AU PLUR.) LITTÉR. Affliction, chagrin. *«Ce qui lui a coûté tant de larmes»* MAURIAC. LOC. RELIG. *Vallée de larmes :* la vie terrestre considérée comme une période de souffrance. ■ **3** VÉN. *Larmes de cerf :* liquide épais et noirâtre excrété par les larmiers. ♦ Écoulement de la sève de certains végétaux. *Larmes de la vigne.* ■ **4** Ornement en forme de larme sur les tentures funèbres. ARCHIT. Goutte. ■ **5** FAM. Très petite quantité (de boisson). ➤ **1 goutte.** *Une larme de cognac.*

LARME-DE-JOB [laʀm(ə)dəʒɔb] ou **LARME-DU-CHRIST** [laʀm(ə)dykʀist] **n. f.** – 1752, -1846 ◊ de *larme* et *Job* ou *Christ* ■ VX OU RÉGION. Plante herbacée, exotique, dont la graine semblable à une perle est utilisée pour la confection de colliers, de chapelets. *Des larmes-de-Job, des larmes-du-Christ.*

LARMIER [laʀmje] **n. m.** – 1321 ◊ de *larme* ■ **1** ARCHIT. Saillie d'une corniche, creusée par-dessous en gouttière (➤ **1 mouchette**), destinée à éviter le ruissellement de l'eau sur le mur. *«leurs nids jaunes sous les tuiles du larmier»* FLAUBERT. — DR. Tuile ou pierre plate terminant la pente d'un mur non mitoyen. ■ **2** (1655) VÉN. Glande au-dessous de l'angle interne de l'œil des cervidés. ♦ Partie de la tête du cheval correspondant aux tempes de l'être humain.

LARMOIEMENT [laʀmwamɑ̃] **n. m.** – 1538 ◊ de *larmoyer* ■ **1** Écoulement continuel de larmes, dû à la fatigue ou à l'irritation de l'œil. ■ **2** Pleurnicherie. *Elle «se confondit en remerciements et en larmoiements»* CÉLINE.

LARMOYANT, ANTE [laʀmwajɑ̃, ɑ̃t] **adj.** – 1470 ◊ de *larmoyer* ■ **1** Qui larmoie. *«ces yeux larmoyants»* DIDEROT. ■ **2** Pleurnicheur. *Voix larmoyante.* ➤ **gémissant ;** FAM. **geignard.** ■ **3** HIST. LITTÉR. *Comédie larmoyante,* qui vise à attendrir, à faire pleurer. *Le genre larmoyant au XVIIIe siècle.* — D'une sensiblerie exacerbée. *Un mélo larmoyant.*

LARMOYER [laʀmwaje] **v. intr.** ⟨8⟩ – XIIe ◊ de *larme* ■ **1** Être atteint de larmoiement. *Un «rhume des foins qui me faisait éternuer, larmoyer»* CENDRARS. *Des yeux qui larmoient.* ➤ **pleurer.** ■ **2** (Souvent péj.) Se lamenter. ➤ **pleurnicher.**

LARRON [laʀɔ̃] **n. m.** – XIe ; *ladron* Xe ◊ latin *latro, onis* «voleur» ■ **1** VX Brigand. ALLUS. BIBL. *Les deux larrons ; le bon, le mauvais larron :* les voleurs crucifiés en même temps que le Christ. ■ **2** VIEILLI Voleur. — LOC. *Ils s'entendent comme larrons en foire,* à merveille. PROV. *L'occasion* fait le larron.* ALLUS. LITTÉR. (La Fontaine) *Le troisième larron :* la personne qui profite du conflit des deux autres.

LARSEN [laʀsɛn] **n. m.** – 1949 *effet Larsen* ◊ n. pr. ■ Oscillations parasites qui prennent naissance dans une chaîne électroacoustique et provoquent un sifflement. *Il y a du larsen. «une improvisation de larsens à vous vriller les tympans»* Y. HAENEL.

LARVAIRE [laʀvɛʀ] **adj.** – 1859 ◊ de *larve* ■ **1** ZOOL. Propre aux larves (2°). *Forme, stade larvaire.* ■ **2** FIG. Qui n'est pas encore développé, achevé. ➤ **embryonnaire.**

LARVE [laʀv] **n. f.** – v. 1328 ◊ latin *larva* ■ **1** DIDACT. (ANTIQ. ROM.) Esprit des morts qui poursuit les vivants. ➤ **lémure.** — PAR EXT. Fantôme. *«ces larves crépusculaires qui hantent les ruines»* HUGO. ■ **2** (1762 ◊ de *larva* «masque») Forme embryonnaire que prennent certains animaux tels que les insectes et les amphibiens avant d'atteindre l'état adulte. *Larves d'insectes.* ➤ **asticot, chenille, ver.** *Larve de ténia* (➤ **cysticerque**), *de douve* (➤ **cercaire, rédie**). *Larves de crustacés.* ➤ **nauplius, zoé.** *Larves de mollusques.* ➤ **naissain.** *Larves de batraciens.* ➤ **axolotl, têtard.** *Larves de poissons.* ➤ **civelle, leptocéphale.** *Métamorphose des larves* (➤ **nymphe, pupe**). ♦ PAR COMPAR. *Vivre comme une larve,* d'une vie inférieure, ralentie, végétative. — PÉJ. et FAM. *Une larve :* une personne molle, sans énergie.

LARVÉ, ÉE [laʀve] **adj.** – 1812 ◊ de *larve*

I MÉD. Se dit d'une maladie qui se manifeste par des symptômes atypiques ou atténués. *Infection, dépression larvée, à l'état larvé.*

II (1924) COUR. Qui n'éclate pas, n'éclôt pas. ➤ **latent.** *Révolution, guerre larvée.*

LARVICIDE [laʀvisid] **adj.** et **n. m.** – 1962 ◊ de *larve* et *-cide* ■ DIDACT. Propre à tuer les larves. — **n. m.** *Utiliser des larvicides pour lutter contre le paludisme.*

LARYNGÉ, ÉE [laʀɛ̃ʒe] **adj.** – 1743 ◊ du radical grec de *larynx* ■ Qui a rapport au larynx. *Infection laryngée.*

LARYNGECTOMIE [laʀɛ̃ʒɛktɔmi] **n. f.** – 1890 ◊ de *laryng(o)-* et *-ectomie* ■ CHIR. Ablation totale ou partielle du larynx.

LARYNGECTOMISER [laʀɛ̃ʒɛktɔmize] **v. tr.** ⟨1⟩ – avant 1970 ◊ de *laryngectomie* ■ CHIR. Procéder à une laryngectomie sur (qqn). **p. p. adj.** *Patient laryngectomisé,* ou SUBST. *un laryngectomisé.*

LARYNGIEN, IENNE [laʀɛ̃ʒjɛ̃, jɛn] **adj.** – 1753 ◊ du radical grec de *larynx* ■ ANAT. Qui appartient au larynx. — PHONÉT. *Ton laryngien :* air expiratoire sortant du larynx et vibrant à une certaine fréquence. *Son accompagné de vibrations laryngiennes.*

LARYNGITE [laʀɛ̃ʒit] **n. f.** – 1801 ◊ de *laryng(o)-* et *-ite* ■ MÉD. Inflammation aiguë ou chronique du larynx (mal de gorge). *Laryngite diphtérique.* ➤ **croup.** *Laryngite tuberculeuse.*

LARYNG(O)- ■ Élément, du grec *laruggos.* ➤ **larynx.**

LARYNGOLOGIE [laʀɛ̃gɔlɔʒi] **n. f.** – 1793 ◊ de *laryngo-* et *-logie* ■ MÉD. Étude anatomique, fonctionnelle et pathologique du larynx.

LARYNGOLOGUE [laʀɛ̃gɔlɔg] **n.** – 1922 ◊ de *laryngologie* ■ Spécialiste en laryngologie. ➤ **otorhinolaryngologiste.** — On dit parfois *laryngologiste,* 1897.

LARYNGOSCOPE [laʀɛ̃gɔskɔp] **n. m.** – 1860 ◊ de *laryngo-* et *-scope* ■ MÉD. Appareil permettant d'examiner la cavité laryngienne. — **n. f. LARYNGOSCOPIE.**

LARYNGOTOMIE [laʀɛ̃gɔtɔmi] **n. f.** – 1584 ◊ grec *laruggotomia* ■ CHIR. Opération consistant à inciser le larynx.

LARYNX [laʀɛ̃ks] **n. m.** – fin XVIe ; *laringue* 1532 ◊ grec *larugx, laruggos* «gosier» ■ Organe creux situé à l'extrémité supérieure de la trachée, qui se compose de cinq cartilages reliés entre eux et qui constitue, par son rôle de vibrateur, l'organe vocal principal (➤ **laryngé**). *Cartilages impairs et médians* (➤ **cricoïde, épiglotte, thyroïde**), *cartilages pairs et latéraux* (➤ **aryténoïde**) *du larynx. Saillie du larynx chez l'homme :* pomme* d'Adam. *Inflammation du larynx.* ➤ **laryngite.** *Tubage du larynx.* ➤ **intubation.** *Ablation du larynx.* ➤ **laryngectomie.**

1 **LAS, LASSE** [lɑ, lɑs] **adj.** – 1080 ; «malheureux» Xe ◊ latin *lassus* ■ **1** Qui éprouve une sensation de fatigue générale et vague, une inaptitude à l'action et au mouvement. ➤ **faible, fatigué.** *Se sentir las. Elle était un peu lasse. «las à ne plus avoir la force de se lever pour boire un verre d'eau»* MAUPASSANT. ■ **2** LITTÉR. **LAS DE :** fatigué et dégoûté de. ➤ **se lasser.** *«il était las des affaires et plus encore des gens»* TOULET. *Lasse d'attendre. Las de tout.* ➤ **blasé.** ■ CONTR. Dispos, reposé. ■ HOM. Lacs ; poss. la, là.

2 **LAS** [lɑs] **interj.** – XIIe ◊ de l'adj. *las* «malheureux», en ancien français ■ VX Hélas. ■ HOM. Lasse (1 las).

LASAGNE [lazaɲ] **n. f.** – XVe ◊ italien *lasagna* p.-ê. apparenté à *losange* ■ AU PLUR. Pâtes alimentaires en forme de large ruban. — AU SING. *Plaque, feuille de lasagne.* ♦ Plat préparé avec ces pâtes, de la viande hachée et de la sauce tomate gratinées. *Des lasagnes.*

LASCAR [laskaʀ] **n. m.** – 1830 ; «matelot indien» 1610 ◊ portugais *lascar,* persan *laskhar* «armée» ■ FAM. ■ **1** VIEILLI Homme brave, décidé et rusé. ➤ 1 **gaillard.** *«A-t-il du toupet, le vieux Lascar !»* BALZAC. ■ **2** Homme malin, ou qui fait le malin. ➤ **voyou.** *«Ces deux lascars-là se sont bien payé ma figure»* COURTELINE. ■ **3** ARG. DES BANLIEUES Jeune de la banlieue, vivant de petits trafics. ➤ **zonard.** *«il lui suffit de croiser trois lascars pour avoir l'impression de s'enfoncer dans le Bronx»* V. DESPENTES.

LASCIF, IVE [lasif, iv] **adj.** – 1488 ◊ latin *lascivus* ■ **1** VIEILLI Fortement enclin aux plaisirs de l'amour. ➤ **libidineux, luxurieux, sensuel, voluptueux.** *«mon tempérament ardent et lascif»* ROUSSEAU. ■ **2** Qui est empreint d'une grande sensualité. ➤ **érotique, lubrique.** *Pose, danse lascive. «les ondulations harmonieusement lascives du torse, des hanches»* GAUTIER. *Regards lascifs.* ■ CONTR. Chaste, 1 froid, réfrigérant.

LASCIVEMENT [lasivmɑ̃] **adv.** – 1542 ◊ de *lascif* ■ D'une manière lascive. *«en la chatouillant trop lascivement»* MONTAIGNE.

LASCIVITÉ [lasivite] ou **LASCIVETÉ** [lasivte] **n. f.** – 1511, -XVe ◊ bas latin *lascivitas,* de *lascivus* ■ LITTÉR. Caractère lascif. ➤ **lubricité, sensualité.** ■ CONTR. Chasteté, froideur.

LASER [lazɛʀ] **n. m.** – 1960 ◊ mot anglais, acronyme de *Light Amplification by Stimulated Emission of Radiation* ■ PHYS. Générateur d'ondes électromagnétiques (du proche infrarouge aux rayons X) fonctionnant sur le principe de l'émission stimulée (pompage* optique) d'un rayonnement monochromatique cohérent qui permet d'obtenir une grande puissance énergétique très directive et un faisceau très fin. *Laser à solide, à gaz carbonique (laser CO_2), à colorant. Application des lasers dans les domaines de la métrologie, des télécommunications, de la médecine, de la télédétection* (➤ **lidar**), *du soudage, etc.* — APPOS. *Rayon laser. Bistouri, imprimante, platine laser. Disques lasers.* ➤ **compact.**

LASSANT, ANTE [lasɑ̃, ɑ̃t] **adj.** – 1680 ◊ de *lasser* ■ **1** VX Fatigant. ■ **2** MOD. Qui fatigue en ennuyant. *Vous commencez à devenir lassant. C'est lassant de toujours devoir l'attendre.*

LASSER [lase] **v. tr.** ⟨1⟩ – 1080 ◊ latin *lassare* ■ **1** VX Fatiguer. *«Je lasse* [...] *deux chevaux par jour»* BALZAC. ■ **2** (XVe) MOD. Fatiguer en ennuyant. ➤ **dégoûter, ennuyer*.** *Lasser son auditoire. Il «nous lassait sans jamais se lasser»* VOLTAIRE. ABSOLT *Tout passe, tout casse*, tout lasse.* ■ **3** Décourager, rebuter. *Lasser la patience de qqn. «Un enthousiasme que rien ne lasse»* R. ROLLAND. ■ **4** PRONOM. **SE LASSER DE :** devenir las de. ➤ RÉGION. **s'écœurer, se tanner.** *Se lasser de qqn. «Les enfants ne se lassent pas de jouer»* SUARÈS. *Sans se lasser :* inlassablement. — *«Mon cœur, lassé de tout, même de l'espérance»* LAMARTINE. ➤ **blaser.** ■ CONTR. Délasser ; amuser, animer, encourager, stimuler. ■ HOM. poss. Lacer.

LASSI [lasi] **n. m.** – 1976 ◊ hindi *lassī,* probablt du sanskrit *rasa* «jus» ■ Boisson indienne à base de yaourt battu dans l'eau. *Lassi à la rose.* ■ HOM. Lassis ; poss. lacis.

LASSIS [lasi] **n. m.** – XIIe *laceis* ◊ var. de *lacis* ■ Bourre de soie ; tissu fait avec cette bourre. ➤ **filoselle.** ■ HOM. Lassi ; poss. lacis.

LASSITUDE [lasityd] **n. f.** – XIVe ◊ latin *lassitudo* ■ **1** État d'une personne lasse. ➤ **abattement, fatigue.** *«toujours épuisée et accablée, atteinte de* [...] *lassitude chronique»* HUGO. ■ **2** Abattement mêlé d'ennui, de dégoût, de découragement. *Céder par lassitude. Un soupir de lassitude.* ■ CONTR. Bien-être, entrain ; courage, enthousiasme.

LASSO [laso] **n. m.** – 1826 ◊ espagnol d'Argentine *lazo,* par l'anglais, du même radical que *lacs* ■ Longue corde à nœud coulant que les gauchos et les cow-boys font tournoyer et lancent pour attraper les chevaux sauvages, le bétail. *Prendre un veau au lasso. Des lassos.*

LASTEX [lastɛks] **n. m.** – 1935 ◊ marque déposée ; croisement de *latex* et *élastique* ■ Filé de caoutchouc (latex) recouvert de fibres textiles naturelles ou artificielles.

LASTING [lastiŋ] **n. m.** – 1830 ◊ mot anglais «durable», de *to last* ■ Étoffe rase, en laine peignée, à armure satin. *Lasting uni, rayé. «sa veste de lasting»* FLAUBERT.

LASURE [lazyʀ] **n. f.** – 1976 ◊ allemand *Lasur* «glacis», de même origine que *azur* ■ TECHN. Produit qui protège et décore le bois sans en masquer les veines.

LASURER [lazyʀe] **v. tr.** ⟨1⟩ – 1985, au p. p. ◊ de *lasure* ■ Enduire (du bois) de lasure. *Lasurer des volets.* — Au p. p. *Meuble en pin lasuré.*

LATANIER [latanje] **n. m.** – 1645 ◊ caraïbe *alattani* ■ Palmier des îles de l'océan Indien.

LATENCE [latɑ̃s] **n. f.** – 1885 ◊ de *latent* ■ DIDACT. État de ce qui est caché, latent. *Période de latence d'une maladie.* — PSYCHOL. *Temps de latence,* entre un stimulus et la réaction. — PSYCHAN. *Période de latence,* pendant laquelle la sexualité est peu active chez l'enfant, de l'âge de cinq ans à la puberté. ■ CONTR. Crise.

LATENT, ENTE [latɑ̃, ɑ̃t] **adj.** – 1361 ◊ latin *latens,* de *latere* «être caché» ■ **1** Qui demeure caché, ne se manifeste pas mais qui est susceptible de le faire à tout moment. ➤ 1 **secret.** *Conflit latent,* qui couve. ➤ **larvé.** *Homosexualité latente. Demeurer à l'état latent. «des haines latentes qui glacent lentement le cœur»* BALZAC. ◆ (1878) PHYSIOL. *Vie latente,* non manifestée. ➤ **anhydrobiose.** *«La graine fournit un des exemples les plus nets de vie latente»* C. BERNARD. ➤ **dormance.** MÉD. *Maladie latente,* qui ne s'est pas encore déclarée, dont les symptômes sont trop vagues pour permettre le diagnostic. ◆ PSYCHAN. *Contenu latent du rêve* (opposé à *manifeste*), dont la signification est accessible après analyse du rêve. ■ **2** PHYS. *Chaleur latente :* quantité de chaleur nécessaire pour faire changer d'état 1 g de substance, sans en changer la température. ■ **3** PHOTOGR. *Image latente :* image qui se forme sur la pellicule, rendue visible par le développement. ■ CONTR. Apparent, 1 manifeste, patent.

LATÉRAL, ALE, AUX [lateʀal, o] **adj.** et **n. f.** – 1315, rare jusqu'au XVIIe ◊ latin *lateralis,* de *latus* «côté» ■ Qui appartient au côté, qui est situé sur le côté de qqch. *La partie latérale du corps.* ➤ **flanc.** *Dans une rue latérale. Chapelle, nef latérale.* ➤ **collatéral ; bas-côté.** *Canal latéral à la Loire,* parallèle au cours du fleuve. — CHIM. *Chaîne latérale :* radical fixé le long d'une longue chaîne d'atomes de carbone. ◆ PHONÉT. *Consonne latérale* ou **n. f.** *une latérale :* consonne laissant échapper l'air des deux côtés de la langue (ex. [l] en français).

LATÉRALEMENT [lateʀalmɑ̃] **adv.** – 1521 ◊ de *latéral* ■ D'une manière ou dans une position latérale ; de côté, sur le côté. *«ses rayons* [du soleil] *entraient latéralement dans les tribunes»* CAMUS.

LATÉRALISATION [lateʀalizasjɔ̃] **n. f.** – 1968 ◊ d'après *latéral* ■ DIDACT. Organisation, pendant la petite enfance, de l'asymétrie fonctionnelle du corps humain du côté droit (droitiers) ou gauche (gauchers) liée à la spécialisation des hémisphères cérébraux. *Latéralisation à gauche.*

LATÉRALISÉ, ÉE [lateʀalize] **adj.** – v. 1960 ◊ de *latéral* ■ DIDACT. *Personne bien, mal latéralisée,* dont la latéralité est bien ou mal établie. *Enfant dyslexique et mal latéralisé.*

LATÉRALITÉ [lateʀalite] **n. f.** – 1846 ◊ de *latéral* ■ DIDACT. Préférence systématisée, droite ou gauche, dans l'utilisation de certains organes pairs (main, pied, œil).

LATÉRITE [lateʀit] **n. f.** – 1867 ◊ du latin *later* «brique» ■ MINÉR. Sol des climats tropicaux riche en alumine et en oxyde de fer qui lui confèrent une couleur rouge brique. — **adj. LATÉRITIQUE,** 1908.

LATÉR(O)-, -LATÈRE ■ Éléments, du latin *latus, eris* «côté».

LATEX [latɛks] **n. m.** – 1706 ◊ mot latin «liqueur» ■ **1** Émulsion riche en amidon, alcaloïdes et hydrocarbures, sécrétée par certains végétaux. ➤ **lait** (II, 1°). *Saigner un hévéa pour en recueillir le latex.* ➤ **caoutchouc, gomme.** *Latex du sapotillier.* ➤ **chiclé.** — PAR EXT. *Latex artificiel, synthétique,* à base de polymères. ■ **2** Suspension aqueuse de caoutchouc synthétique. ■ **3** Matière élastique formée par coagulation du latex. *Matelas, gants en latex.*

LATICIFÈRE [latisifɛʀ] **adj.** – 1840 ◊ latin *latex, icis* et *-fère* ■ BOT. Qui contient le latex. *Cellules, conduits laticifères.* — **n. m.** *Un laticifère.*

LATIFUNDIAIRE [latifɔ̃djɛʀ] **adj.** – v. 1900 ◊ de *latifundium* ■ DIDACT. De la nature des latifundiums. *Propriété latifundiaire.*

LATIFUNDIUM [latifɔ̃djɔm] **n. m.** – *latifunde* 1596 ◊ mot latin ■ DIDACT. Dans l'Antiquité romaine, Très grand domaine rural. ◆ Grand domaine agricole privé, aux méthodes d'exploitation archaïques. *Des latifundiums* ou *des latifundia* (plur. latin). *«des paysans qui ont occupé les* latifundia *dans l'Italie du Sud»* R. PEYREFITTE.

LATIN, INE [latɛ̃, in] **adj.** et **n.** – 1160 ◊ latin *latinus*

I **adj.** ■ **1** ANTIQ. Du Latium. ■ **2** Des provinces ou des peuples soumis à la domination de Rome qui leur a imposé sa langue et sa civilisation. ➤ **romain.** *Les peuples latins,* et **n.**

les Latins. Le monde latin. ➤ **latinité.** *La langue latine.* ◆ De la langue latine ; en cette langue. *Déclinaisons latines. Tournure latine.* ➤ **latinisme.** *Version latine.* ◆ PAR EXT. **QUARTIER LATIN :** quartier de Paris, situé sur la rive gauche de la Seine, où s'élevait l'ancienne Université (dont l'enseignement était donné en *latin*) et où se trouvent encore des facultés. ■ **3** D'origine latine. *Langues latines.* ➤ **néolatin,** 2 **roman.** *L'Amérique latine :* l'Amérique centrale et l'Amérique du Sud où l'on parle des langues issues du latin (espagnol et portugais). ➤ **latino-américain.** ◆ Qui a été influencé par la civilisation latine, méditerranéenne. *Esprit, tempérament latin.* n. *Un Latin. Les Latins.* «*pas de bavardages : les Latins parlent toujours trop*» MAUROIS. ■ **4** SPÉCIALT (XIIIe) *Église latine :* Église chrétienne d'Occident qui célébrait les offices en latin (opposé à *Église orthodoxe grecque ou Église d'Orient*). *Rite latin.* ➤ **romain.** *Croix* latine.* ■ **5** (1573) MAR. *Voile latine :* voile triangulaire à antenne, qui était en usage sur la Méditerranée.

II n. m. Langue indo-européenne flexionnelle du groupe italo-celtique, qui était parlée dans l'Antiquité dans tout l'Empire romain (➤ **italique**) et qui s'est conservée comme langue savante et religieuse sous sa forme écrite. *Latin de Cicéron. Latin classique ; impérial ; bas latin, latin médiéval, postmédiéval* (➤ **néolatin**) ; *latin moderne, scientifique. Latin populaire, vulgaire. Langues issues du latin populaire.* ➤ 2 **roman.** *Latin chrétien, ecclésiastique. Messe en latin.* «*Sans le latin, sans le latin La messe nous emmerde*» BRASSENS. *Latin scientifique, savant.* — PÉJ. *Latin de cuisine, latin macaronique :* mauvais latin ; jargon imitant le latin par ajout de désinences à des mots français. ◆ LOC. *(Y) perdre son latin :* ne plus rien (y) comprendre. *C'est à y perdre son latin !* ➤ **incompréhensible.**

LATINISATION [latinizasjɔ̃] n. f. – 1722 ◊ de *latiniser* ■ Action de latiniser un mot, et PAR EXT. de marquer d'un caractère latin. *Latinisation d'un peuple, d'un pays.*

LATINISER [latinize] v. ‹1› – avant 1544 ◊ bas latin *latinizare*
I v. tr. ■ **1** Revêtir (un mot) d'une forme latine ; rapprocher (une graphie) de l'étymon latin. ■ **2** Marquer d'un caractère latin, de l'esprit latin. *Latiniser la Bible.*
II v. intr. ■ **1** (1551) VX Affecter de parler latin. ■ **2** (1842) RELIG. Pratiquer le culte de l'Église latine, en parlant des chrétiens d'Orient appelés *latinisants.*

LATINISME [latinism] n. m. – 1583 ◊ de *latin* ■ Construction ou emploi propre à la langue latine ; emprunt au latin.

LATINISTE [latinist] n. – 1464 ◊ de *latin* ■ Spécialiste de philologie ou de littérature latine. — Étudiant(e) de latin.

LATINITÉ [latinite] n. f. – 1355 ◊ latin *latinitas* ■ **1** VX Manière d'écrire ou de parler latin. Caractère latin de la langue employée. ■ **2** (1835) Monde latin, civilisation latine. «*l'esprit de la latinité s'est implanté dans le fonds de barbarie initiale du continent* [européen]» SIEGFRIED.

LATINO-AMÉRICAIN, AINE [latinoamerikɛ̃, ɛn] adj. et n. – 1931 ◊ de *latin* et *américain* ■ De l'Amérique latine. *Musique latino-américaine.* n. *Les Latino-Américains.* — ABRÉV. FAM. **LATINO.** *La musique latino. Les chicanos et les latinos.* ➤ **hispanique.**

LATITUDE [latityd] n. f. – 1314 ◊ latin *latitudo* «largeur»
I ■ **1** VX Largeur. SPÉCIALT Large acception ou extension. ■ **2** (XVIe) FIG. Faculté, pouvoir d'agir (en toute liberté). MOD. *Donner, laisser toute latitude à qqn pour faire qqch.* ➤ **facilité, liberté** (cf. Avoir carte* blanche, les coudées* franches). *Je vous laisse toute latitude pour l'organisation de la réunion. Avoir toute latitude d'accepter ou de refuser.*
II (1361) ■ **1** (Opposé à *longitude*) L'une des coordonnées sphériques d'un point de la surface terrestre ; distance angulaire de ce point à l'équateur, mesurée en degrés par l'arc du méridien terrestre. *Tous les points d'un parallèle ont la même latitude.* «*C'était par le vingtième parallèle de latitude, dans la région des alizés*» LOTI. *Paris est à 48° de latitude Nord.* ◆ PAR EXT. Région, climat. *Plante cultivée sous toutes les latitudes,* dans le monde entier. *Sous nos latitudes.* ■ **2** (XVIe) ASTRON. Distance angulaire d'un astre au plan de l'écliptique. *Latitude géocentrique.*

LATITUDINAIRE [latitydinɛʀ] adj. et n. – 1704 ◊ du latin *latitudo, inis* ■ LITTÉR. Qui a une morale très large, très relâchée. ➤ **laxiste.** ■ CONTR. Étroit, rigoriste.

LATOMIES [latɔmi] n. f. pl. – v. 1500 ◊ latin *latomiæ,* du grec ■ ANTIQ. Carrières servant de prison. *Les latomies de Syracuse.*

LATO SENSU [latosɛ̃sy] loc. adv. – 1907 ◊ mots latins ■ DIDACT. Au sens large. *Les parents, lato sensu, c'est-à-dire la famille* (opposé à *stricto sensu*).

-LÂTRE, -LÂTRIE ■ Éléments, du grec *latreuein* «servir», qui signifient «adorateur, adoration».

LATRIE [latʀi] n. f. – 1376 ◊ latin ecclésiastique *latria,* d'origine grecque ■ RELIG. CHRÉT. *Culte de latrie :* la forme la plus élevée d'adoration, qui ne doit être accordée qu'à Dieu seul (opposé à *culte de dulie**).

LATRINES [latʀin] n. f. pl. – 1437 ◊ latin *latrina,* de *lavatrina* «lavabo» ■ Lieux d'aisances sommaires dépourvus de toute installation sanitaire. ➤ **cabinet, fosse** (d'aisances). «*la suffocante odeur de latrines*» C. SIMON. *Latrines militaires.* ➤ **feuillée.** «*Les latrines étaient de grandes fosses, profondes d'un mètre, larges de deux et longues de quatre mètres environ*» PH. CLAUDEL.

LATTAGE [lataʒ] n. m. – 1507 ◊ de *latter* ■ **1** Action de latter. ■ **2** Ouvrage composé de lattes. ➤ **lattis.**

1 **LATTE** [lat] n. f. – fin XIIe ◊ bas latin *latta,* probablt d'origine germanique ■ **1** Longue pièce de charpente en bois, mince, étroite et plate, et PAR EXT. Pièce de bois de forme semblable. ➤ **planche.** *Les lattes d'un plancher. Lattes orientables d'un store.* ➤ **lame.** *Lattes d'un toit.* ➤ **volige.** *Faire un treillage avec des lattes.* ➤ **lattis.** *Les lattes d'un caillebotis. Sommier à lattes. Des bouteilles de vin vieillies sur lattes,* à plat. — MAR. *Latte de voile :* bande de bois ou de matière plastique servant à rigidifier les voiles. — (Belgique, Luxembourg) Barre transversale de la cage des buts. ■ **2** VX Ancien sabre de cavalerie, à longue lame étroite et droite. ■ **3** (Belgique) Règle plate graduée. ■ **4** ARG. FAM. Chaussure, et PAR MÉTON. Pied. *Un coup de latte.* ■ **5** FAM. Ski. ➤ **planche.** *Une paire de lattes.*

2 **LATTE** [late] n. m. /LATTÉ/ – 1998 au Canada ◊ mot italien «lait», par l'anglais ■ Boisson faite de café (➤ **expresso**) nappé de mousse de lait chaud. *Un croissant et deux lattes.* — APPOS. INV. *Cafés latte.* ■ HOM. Latté, latter.

LATTÉ, ÉE [late] adj. et n. m. – XVIIe ◊ de *latter* ■ Garni de lattes. *Plafond latté.* — MATÉR. *Panneau latté :* contreplaqué dont l'âme est formée de lattes étroites. n. m. *Du latté.* ■ HOM. 2 Latte.

LATTER [late] v. tr. ‹1› – 1288 ◊ de 1 *latte* ■ Garnir de lattes. *Latter un plafond. Latter à lattes jointives, à claire-voie.* ■ HOM. 2 Latte.

LATTIS [lati] n. m. – *lacteys* 1449 ◊ de 1 *latte* ■ Ouvrage en lattes. ➤ **lattage.** *Disposer un lattis sur les chevrons d'un comble.*

LAUDANUM [lodanɔm] n. m. – XIVe ; *laudamum* XIIIe ◊ altération du latin *ladanum* «résine du ciste», grec *ladanon* ■ Teinture alcoolique d'opium, soporifique très utilisé avant le développement des neuroleptiques modernes. *Gouttes de laudanum.*

LAUDATEUR, TRICE [lodatœʀ, tʀis] n. – XVIe, repris en 1801 ◊ latin *laudator,* de *laudare* «1 louer» ■ LITTÉR. Personne qui fait l'éloge, qui loue. ➤ **louangeur, thuriféraire.** *Un laudateur peu sincère.* ➤ **flatteur.** «*Il ne me plaît nullement d'être le laudateur aveugle du passé*» MAURIAC. ■ CONTR. Contempteur, 2 critique, détracteur.

LAUDATIF, IVE [lodatif, iv] adj. – 1787 ◊ latin *laudativus,* de *laudare* «1 louer» ■ **1** Qui contient un éloge. ➤ **élogieux, épidictique, louangeur.** *Terme laudatif* (➤ **mélioratif**). *Inscription laudative.* ■ **2** (PERSONNES) Qui fait un éloge. *Être laudatif à l'égard de qqn.* ■ CONTR. 2 Critique.

LAUDES [lod] n. f. pl. – v. 1200 ◊ latin ecclésiastique *laudes,* plur. de *laus* «louange» ■ LITURG. CATHOL. Partie de l'office qui se chante à l'aurore après matines, et qui est principalement composée de psaumes de louange. *Oraison de la vigile dite à laudes.*

LAURE [lɔʀ] n. f. – 1873 ; autre sens 1670 ◊ latin médiéval *laura,* mot grec ■ Monastère orthodoxe. *La laure de Kiev.* ■ HOM. Lord, lors.

LAURÉ, ÉE [lɔʀe] adj. – 1574 ; *laurée* 1545 ; rare jusqu'en 1823 ◊ latin *laureatus* → lauréat ■ LITTÉR. Orné, couronné de laurier. *Tête laurée d'une médaille.*

LAURÉAT, ATE [lɔʀea, at] adj. et n. – 1530 ◊ latin *laureatus* «couronné de laurier» ■ **1** Qui a remporté un prix dans un concours. *Les élèves lauréats. Étudiante lauréate.* ■ **2** n. COUR. Personne qui a remporté un prix dans un concours. ➤ **vainqueur.** *Les lauréats du prix Nobel. Lauréat en histoire. Une lauréate du prix Goncourt. Liste des lauréats.* ➤ **palmarès.**

LAURIER [lɔʀje] **n. m.** – XIIIe ; *lorier* 1080 ◊ de l'ancien français *lor*, latin *laurus*

I ▪ **1** Arbre *(lauracées)* originaire des régions méditerranéennes, à feuilles persistantes, lancéolées, luisantes et aromatiques (d'où le nom de *laurier-sauce*). « *Nous n'irons plus au bois, les lauriers sont coupés* » (chans. pop.). *Le laurier, arbre consacré à Apollon. Des lauriers-sauce.* ▪ **2** Feuilles de cet arbre, utilisées comme aromate. *Bouquet de thym et de laurier* (cf. Bouquet* garni). *Mettre du laurier dans une marinade.* ◆ Feuilles de laurier symboliques. *Couronne de laurier. Front ceint de laurier* (➤ **lauré**). FIG. *Lauriers du guerrier, du vainqueur.* ➤ **gloire, succès ; lauréat.** *Être chargé, couvert de lauriers.* — LOC. *Cueillir* des lauriers. Se reposer, s'endormir sur ses lauriers :* se contenter d'un premier succès, et ne plus agir.

II PAR ANAL. (1617) **LAURIER-ROSE** ou *laurier rose* : arbuste *(apocynées)* à grandes fleurs roses ou blanches. *Laurier-rose des Alpes.* ➤ **rhododendron.** *Des lauriers-roses.* — (1690) **LAURIER-CERISE :** prunus *(rosacées)* décoratif aux feuilles brillantes, aux fleurs blanches et aux fruits rouges toxiques. *Une haie de lauriers-cerises.* ◆ *Laurier tulipier.* ➤ **magnolia.** — *Laurier-tin :* arbuste au feuillage persistant, à fleurs blanches odorantes et ornementales. ➤ **viorne.** *Des lauriers-tins.*

LAUZE [loz] **n. f.** – 1801 ; *pierre loze* 1573 ◊ de l'ancien provençal *lauza, lausa* « dalle », du gaulois *°lausa* → losange ▪ Pierre plate (schiste ou calcaire) utilisée comme dalle ou comme tuile. *Les toits de lauzes de l'Aveyron, des Causses. Des « maisons basses couvertes de lauzes ou de paille »* GIONO. — On écrit aussi *lause* (1866).

LAV [ɛlave] **n. m. inv.** – 1983 ◊ sigle anglais, de *Lymphadenopathy Associated Virus* ▪ VIEILLI Virus du sida. ➤ **VIH.**

LAVABLE [lavabl] **adj.** – 1845 ◊ de *laver* ▪ Qui peut être lavé, supporte le lavage. *Peinture lavable.* ➤ **lessivable.** *Pull lavable en machine.*

LAVABO [lavabo] **n. m.** – 1560 « linge » ◊ mot latin « je laverai »

I LITURG. ▪ **1** Prière dite par le célébrant au moment où il se lave les mains avant la consécration. PAR EXT. Action du prêtre qui se lave les mains. ▪ **2** Linge avec lequel le prêtre essuie ses mains. — Fontaine d'ablutions placée à la droite de l'autel.

II (1801) COUR. ▪ **1** VX Table* de toilette. ▪ **2** MOD. Appareil sanitaire fixe, à hauteur de table, avec cuvette, robinets d'eau courante et système de vidange. *Le lavabo d'une salle de bains. Lavabo sur colonne. Lavabo encastré.* ➤ **vasque.** *Petit lavabo.* ➤ **lave-main.** *Se laver les mains dans le lavabo, au lavabo.* ▪ **3** Pièce d'eau d'une collectivité où sont installés des lavabos (généralt au plur.). *Les lavabos d'une caserne.* ◆ (début XXe) PAR EUPHÉM. Les cabinets d'aisances auprès desquels se trouve généralement un lavabo. ➤ **toilettes.** *Aller au(x) lavabo(s). « Venez avec moi aux toilettes, la dame des lavabos va vous panser »* SARTRE.

LAVAGE [lavaʒ] **n. m.** – 1432 ◊ de *laver* ▪ **1** Action de laver. ➤ **nettoyage.** *Lavage des murs.* ➤ **lessivage.** *Lavage d'une voiture, du pont d'un navire. Produit, poudre de lavage.* ➤ **détergent, lessive.** *Lavage préalable.* ➤ **prélavage.** *Lavage du linge.* ➤ **blanchissage, lessive.** *Pull qui rétrécit au lavage. Lavage, rinçage et essorage.* ◆ MÉD. Nettoyage d'un organe au moyen d'irrigations. *Lavage de l'intestin.* ➤ **lavement.** *Lavage d'estomac.* ◆ TECHN. *Lavage de la laine.* ➤ **dégorgement.** *Lavage des minerais.* ➤ **débourbage.** ▪ **2** LOC. FAM. *Lavage de tête :* verte réprimande*. ➤ **savon.** ◆ (traduction de l'anglais *brainwashing*) **LAVAGE DE CERVEAU :** action psychologique exercée sur une personne pour l'amener à modifier ses convictions, ses habitudes culturelles et à en adopter d'autres. ➤ **endoctrinement ; lessivage** (cf. aussi Mise en condition*).

LAVALLIÈRE [lavaljɛʀ] **adj. et n. f.** – 1874 ◊ de *La Vallière*, n. propre

I adj. (du duc de *La Vallière*, bibliophile du XVIIIe) RELIURE *Maroquin lavallière*, couleur feuille-morte.

II n. f. (1874 ◊ de Mlle de *La Vallière*) *Cravate lavallière* (VIEILLI), et ELLIPT (MOD.) *une lavallière :* bande d'étoffe large et souple, qui se noue autour du cou, sur la chemise, en formant deux coques. *La lavallière des rapins.*

LAVANDE [lavɑ̃d] **n. f.** – 1383 ; *lavende* fin XIIIe ◊ italien *lavanda* « qui sert à laver », la lavande servant à parfumer l'eau de toilette ▪ **1** Arbrisseau vivace *(labiées)*, aux fleurs bleues en épi, très odorantes, qui croît en abondance dans les terrains calcaires de Provence et des Alpes. *Lavande aspic** ou *grande lavande.* ➤ **spic.** *Lavande officinale, fine, vivace,* utilisée en parfumerie. *Lavande sauvage de la garrigue.* ◆ Ces fleurs séchées. « *la lavande qu'elle mettait en sachet dans son linge, à l'ancienne mode* » BERNANOS. ▪ **2** Eau, essence de lavande. *Un flacon de lavande. Savon à la lavande.* ▪ **3** APPOS. INV. *Bleu lavande :* bleu mauve assez clair.

LAVANDIÈRE [lavɑ̃djɛʀ] **n. f.** – XIIe ◊ de *laver.* Cf. *buandier* ▪ **1** Femme qui lave le linge à la main. ➤ **blanchisseuse, laveuse.** *Lavandières qui battent le linge au bord de la rivière.* ▪ **2** (1555) Bergeronnette, hochequeue.

LAVANDIN [lavɑ̃dɛ̃] **n. m.** – 1945 ◊ de *lavande* ▪ Hybride naturel des différentes lavandes, plus résistant et plus riche en essence. *Champs de lavandin. Essence distillée de lavandin.*

LAVARET [lavaʀɛ] **n. m.** – 1552 ◊ de *lavarè*, mot savoyard, du bas latin *levaricinus* ▪ Variété de corégone, poisson de lac à chair très estimée.

LAVASSE [lavas] **n. f.** – 1447 ◊ de *laver* ▪ **1** VX Pluie subite. ▪ **2** (1803) MOD. et FAM. Boisson, soupe fade parce que trop étendue d'eau. *Ce café est imbuvable, c'est de la lavasse.* ➤ RÉGION. **lapette** (cf. FAM. Eau* de vaisselle, jus* de chaussette).

LAVE [lav] **n. f.** – 1739 ; *laive* « pierre volcanique » 1587 ◊ italien *lava*, mot napolitain, du latin *labes* « éboulement » ▪ Matière (➤ **magma**) en fusion des éruptions volcaniques, constituée de silicates (ou de carbonates) naturels contenant en proportion variable des cristaux et des gaz, et qui se refroidit sous diverses formes. ➤ **andésite, basalte, obsidienne, rhyolithe, trachyte.** *Coulée de lave fluide ; extrusion de lave visqueuse. « des torrents bouillonnants de lave en fusion »* BUFFON. *Laves siliceuses, basaltiques. Laves vacuolaires,* chargées en gaz. ➤ **ponce** (pierre ponce). ◆ SPÉCIALT Lave pétrifiée utilisée comme pierre de construction. *Dalles de lave. Églises d'Auvergne bâties et couvertes en lave. Lave émaillée.*

LAVÉ, ÉE [lave] **adj.** – 1660 ◊ de *laver* ▪ **1** Trop délayé. *Couleur lavée.* ◆ ARTS Fait au lavis. *Dessin lavé.* ▪ **2** FIG. Pâle. ➤ **délavé.** *Des yeux d'un bleu lavé. « un ciel pâle et comme lavé »* MAURIAC.

LAVE-AUTO [lavoto] **n. m.** – 1997 ; 1970 au Canada ◊ de *laver* et *auto*, d'après l'anglais *car-wash* ▪ RARE (COUR. au Canada) Station de lavage automatique pour automobiles. *Des lave-autos.*

LAVE-GLACE [lavglas] **n. m.** – 1962 ◊ de *laver* et *glace* ▪ Appareil qui envoie un jet d'eau sur le parebrise et parfois sur la lunette arrière d'une automobile. *Des lave-glaces. Commande du lave-glace.*

LAVE-LINGE [lavlɛ̃ʒ] **n. m.** – 1925, répandu v. 1970 ◊ de *laver* et *linge* ▪ Appareil électroménager servant au lavage du linge. ➤ **machine** (à laver) ; RÉGION. **laveuse.** *Lave-linge à chargement frontal, supérieur ; lave-linge séchant. Programmateur, filtre, tambour, pompe du lave-linge. Des lave-linges* ou *des lave-linge* (inv.).

LAVE-MAIN **n. m.** ou **LAVE-MAINS** [lavmɛ̃] **n. m. inv.** – 1471 ◊ de *laver* et *main* ▪ Petit bassin où l'on se lave les mains ; petit réservoir d'eau placé à l'entrée d'un réfectoire, etc. ➤ **lavabo.** *Le lave-main d'une sacristie.* ◆ COUR. Petit lavabo généralement placé près des toilettes. *Des lave-mains.*

LAVEMENT [lavmɑ̃] **n. m.** – XIIe ◊ de *laver* ▪ **1** VX ou SPÉCIALT Action de laver. ➤ **lavage, ablution.** LITURG. ROM. *Le lavement des mains. Le lavement des pieds :* cérémonie qui a lieu le Jeudi saint en souvenir de l'action de Jésus qui, le jour de la Cène, lava les pieds de ses apôtres. ▪ **2** (XVIe) MOD. Injection d'un liquide dans le gros intestin, par l'anus, au moyen d'un appareil. ➤ VX **clystère.** *Lavement nutritif, évacuateur, médicamenteux. Lavement baryté,* au sulfate de baryum, en vue d'un examen radiologique. *Poire à lavement. Prendre un lavement.* ◆ FAM., VIEILLI Personne importune. ➤ FAM. 1 **colique.**

LAVER [lave] **v. tr.** ⟨1⟩ – v. 1000 ◊ latin *lavare*

I NETTOYER ▪ **1** Nettoyer avec un liquide, notamment avec de l'eau. ➤ **décrasser, décrotter, dégraisser,** 2 **détacher, nettoyer, savonner.** *Laver avec une brosse, une éponge ; avec du savon, de la lessive. Laver à grande eau. Laver et frotter.* ➤ **récurer.** *Laver et essuyer la vaisselle.* ➤ 1 **faire.** *Machine à laver la vaisselle.* ➤ **lave-vaisselle.** *Laver le carrelage à la serpillière. Laver sa voiture.* — (sans compl.) *Machine* à laver.* ➤ **lave-linge,** RÉGION. **laveuse.** *Poudre à laver.* ➤ **lessive.** *Cette lessive lave bien. Laver et repasser.* — *Laver du linge.* ➤ **blanchir ; blanchissage, lavandière, laverie, lavoir.** LOC. FIG. *Laver son linge sale en famille :* régler ses différends entre soi, sans intermédiaire, sans témoin. ◆ TECHN. *Laver les laines, pour les débarrasser de la graisse, du suint,* les faire dégorger. *Laver la laine à dos, avant la tonte* (➤ **scoured**). — *Laver le minerai.* — *Laver une épreuve* *photographique.* — *Laver le papier,* le tremper dans une solution d'alun pour l'empêcher de boire. *Laver un livre,* en plonger les feuilles dans une solution acidulée pour enlever les taches, les rousseurs. *Livre lavé.* ▪ **2** Nettoyer (le corps, une partie du corps) avec de l'eau. *Laver la figure d'un enfant.* ➤ **débarbouiller.** — FIG. (1538) *Laver la tête à qqn,* le réprimander sévèrement (cf. Passer un savon*). ◆ SPÉCIALT *Laver une plaie.* ➤ **déterger.** *Laver par instillation.* — *Laver un organe interne par des injections.* ➤ **injecter ; lavage, lavement.** ▪ **3** ARTS Mêler d'eau. *Laver une couleur.* ➤ **délaver.** — Ombrer, colorier (un dessin) avec des couleurs délayées dans de l'eau. *Laver une aquarelle, une sépia* (➤ **lavis**). ▪ **4** PAR MÉTAPH. (v. 1120) ➤ **purifier.** *Eau qui lave.* ➤ **lustral.** *Confession qui lave l'âme du pécheur.* ◆ FIG. *Laver qqn, le laver d'un soupçon, d'une imputation.* ➤ **blanchir, disculper, innocenter, justifier.** « *laver son imagination de toutes les façons d'agir vulgaires* » STENDHAL.

II FAIRE DISPARAÎTRE ▪ **1** Enlever, faire disparaître au moyen d'un liquide. *Laver une tache.* ▪ **2** (1564) *Laver un affront, une injure dans le sang,* s'en venger par la violence, en tuant l'offenseur. *Laver les péchés, la honte.* ➤ **effacer, purger.** ▪ **3** FAM. Se débarrasser de (qqch. de compromettant). — Faire disparaître l'origine illégale de (l'argent). ➤ **blanchir.** *Laver de l'argent sale.*

III SE LAVER A. SUIVI D'UN COMPLÉMENT D'OBJET Laver (une partie de son corps). *Se laver la figure. Elle s'est lavé les mains. Se laver les dents* (➤ **brosser**), *les cheveux.* — LOC. (par allus. à Ponce Pilate) *Se laver les mains de qqch.,* décliner toute responsabilité qui en découle, ne plus s'en préoccuper. *Je m'en lave les mains.* « *le monsieur qui, ayant rempli sa mission, se lave les mains du reste* » ROMAINS.
B. v. pron. (XIIe) ▪ **1** (PASSIF) Être lavé, lavable. *La soie se lave à l'eau froide.* ▪ **2** (RÉFL.) Laver son corps, faire sa toilette. ➤ **se nettoyer ; ablution, bain, toilette.** *Se laver dans un lavabo, une baignoire* (➤ **se baigner**), *sous la douche* (➤ **se doucher**). *Elle s'est lavée.* « *l'homme et Nour se lavaient selon l'ordre rituel, partie après partie, recommençant trois fois* » LE CLÉZIO. ▪ **3** FIG. Se purifier. *Se laver du péché, d'une faute* (➤ **expier**). « *À leur lumière, il se lavait de toutes les souillures du pouvoir* » TOURNIER.
▪ CONTR. Barbouiller, salir, souiller, tacher. Accuser, imputer.

LAVERIE [lavʀi] **n. f.** – 1776 ; « lavage » 1555 ◇ de *laver* ▪ **1** TECHN. Lieu, usine où on lave le minerai, la houille. ▪ **2** *Laverie (automatique) :* établissement mettant à la disposition des clients des machines à laver en libre accès.

LAVETTE [lavɛt] **n. f.** – 1636 ◇ de *laver* ▪ **1** Petit morceau de linge servant aux travaux ménagers de lavage. *Il* « *essuyait le zinc du comptoir avec une lavette* » DABIT. ◆ RARE Brosse pour laver la vaisselle. ◆ (Suisse) Carré de tissu éponge servant à la toilette. ▪ **2** (XXe ; « maladroit » 1862) FAM. Homme mou, lâche, sans énergie. *Une vraie lavette.* ➤ **chiffe.** « *ça a toujours été une lavette, un mec qui se couche* » K. TUIL. ▪ **3** POP. Langue.

LAVEUR, EUSE [lavœʀ, øz] **n.** – 1390 ◇ de *laver* ▪ **1** Personne qui lave, moyennant rétribution. *Laveur de vaisselle, dans un restaurant.* ➤ **plongeur.** *Laveur de voitures, dans un garage.* — *Une laveuse (de linge) :* employée de maison qui se charge du lavage. ➤ **blanchisseuse, lavandière.** « *une laveuse au lavoir Tapant ferme et dru sur la lessive* » VERLAINE. *Laveur de carreaux* (d'un immeuble). ▪ **2** TECHN. Appareil à laver. — (Canada) *Une laveuse :* un lave-linge. ▪ **3** PAR APPOS. *Raton* laveur.*

LAVE-VAISSELLE [lavvɛsɛl] **n. m.** – 1925 ◇ de *laver* et *vaisselle* ▪ Appareil électroménager servant au lavage et au séchage de la vaisselle. *Lave-vaisselle douze couverts. Des lave-vaisselles* ou *des lave-vaisselle* (inv.).

LAVIS [lavi] **n. m.** – 1676 ◇ de *laver* ▪ **1** Procédé qui consiste à teinter un dessin au moyen d'encre de Chine, de sépia, de bistre ou de couleurs étendues d'eau (➤ **aquarelle, aquatinte**). *Dessin colorié au lavis.* ➤ **lavé.** ▪ **2** Dessin obtenu par ce procédé. *Lavis sur traits de crayon, de plume.*

LAVOIR [lavwaʀ] **n. m.** – XIIe « évier » ◇ de *laver* ou du latin *lavatorium* ▪ **1** (1611) Lieu où on lave le linge à la main ; construction destinée au lavage du linge (➤ **buanderie**). *Lavoir public. Laver le linge, la lessive au lavoir.* — Bac en ciment pour laver le linge. ◆ *Bateau-lavoir :* bateau spécialement aménagé pour servir de lavoir. *Des bateaux-lavoirs.* — *Marin* de bateau-lavoir.* ▪ **2** TECHN. Appareil, machine à laver le minerai, les laines, etc. ➤ **laveur.** — Atelier de lavage du minerai.

LAVURE [lavyʀ] **n. f.** – XIVe ; *lavadures* XIe ◇ de *laver* ▪ **1** Liquide qui a servi à laver qqch. ou qqn. — SPÉCIALT *Lavure de vaisselle.* ➤ **eau, rinçure.** FIG. Bouillon, potage fade et insipide. ➤ **lavasse.** ▪ **2** Opération par laquelle on lave certaines matières. ➤ **lavage.** *Lavure du minerai.* ◆ PAR MÉTON. (1611) **LES LAVURES :** parcelles (de métaux précieux) recueillies par lavage de cendres, de balayures. *Lavures d'or, d'argent.*

LAWRENCIUM [lɔʀɑ̃sjɔm] **n. m.** – 1962 ◇ de *Lawrence,* n. d'un physicien américain ▪ CHIM. Élément radioactif artificiel (Lr ; n° at. 103), de très courte période (toujours inférieure à 3 min), le dernier de la série des actinides. *Isotope du lawrencium obtenu par bombardement du californium.*

LAXATIF, IVE [laksatif, iv] **adj. et n. m.** – XIIIe ◇ latin médiéval *laxativus,* de *laxare* « lâcher » ▪ Qui facilite l'évacuation des selles. ➤ **purgatif.** *Fruits laxatifs. Propriétés laxatives des pruneaux, du miel.* ◆ **n. m.** *Le mucilage, la glycérine sont des laxatifs.*

LAXISME [laksism] **n. m.** – 1895 ◇ du latin *laxus* « desserré, lâche » ▪ **1** Doctrine morale, théologique tendant à supprimer les interdits. ▪ **2** Tendance marquée à la conciliation, à la tolérance (jugée excessive). ➤ **laisser-aller.** *Laxisme en matière de langage.* ▪ CONTR. Purisme, rigorisme.

LAXISTE [laksist] **adj. et n.** – 1914 ◇ de *laxisme* ▪ Qui professe ou concerne le laxisme. *Morale laxiste. Éducation plutôt laxiste.* « *je suis plutôt modéré, voire laxiste, et même jésuite* » SOLLERS. — **n.** *Un, une laxiste.* ➤ **latitudinaire.** ▪ CONTR. Puriste, rigoriste.

LAXITÉ [laksite] **n. f.** – XVIe ◇ latin *laxitas* « relâchement » ▪ DIDACT. État de ce qui est lâche, distendu. *Laxité ligamentaire.* ➤ **distension.** ▪ CONTR. Tension.

LAYE [lɛ] **n. f.** – 1751 ; « coffret » 1357 ◇ moyen néerlandais *laeye* ▪ MUS. Partie inférieure du sommier de l'orgue qui abrite aussi les soupapes. — On écrit aussi *laie.* ▪ HOM. Lai, laid, laie, lais, lait, legs, lei (2 leu), lez.

LAYER [leje] **v. tr.** ‹8› – 1307 ◇ probablt du francique °*lakan* « munir d'une marque indiquant une limite » ▪ TECHN. ▪ **1** Faire traverser par un layon. *Layer une forêt.* — PAR EXT. Délimiter (une superficie de bois) par une laie périphérique. ▪ **2** Marquer (les arbres à épargner) dans une coupe.

LAYETIER [lɛj(ə)tje] **n. m.** – 1582 ◇ de *layette* « coffre » ▪ ANCIENNT Artisan qui fabriquait des caisses et emballages en bois. ◆ MOD. *Layetier-emballeur :* ouvrier chargé de la confection des emballages en bois et de la mise en place des objets à emballer.

LAYETTE [lɛjɛt] **n. f.** – 1360 « tiroir » ◇ de *laye* ▪ **1** VX Tiroir où l'on range des papiers. — Petit coffre. *Layettes du trésor des chartes :* cartons des Archives nationales renfermant les originaux des actes de la chancellerie royale. ▪ **2** (XVIIe ◇ par méton.) MOD. Ensemble des vêtements, du linge qu'utilise le jeune enfant de la naissance à l'âge de 18 mois environ. *Rayon layette. Tricoter de la layette.* — APPOS. INV. *Bleu, rose layette.*

1 **LAYON** [lɛjɔ̃] **n. m.** – 1865 ◇ de 2 *laie* ▪ Sentier tracé en forêt pour faciliter la marche, ou pour établir des divisions, des coupes.

2 **LAYON** [lɛjɔ̃] **n. m.** – 1867 ◇ forme agglutinée de *l'hayon* ▪ Hayon (2°).

LAZARET [lazaʀɛ] **n. m.** – 1567 ◇ italien *lazzaretto,* altération de *Nazareto,* n. de l'hôpital *Santa Maria di Nazaret,* sous l'influence de *lazzaro* « mendiant » ▪ Établissement où s'effectue le contrôle sanitaire, l'isolement des malades contagieux, dans un port, une station frontière, un aérodrome. *Subir une quarantaine au lazaret.*

LAZARISTE [lazaʀist] **n. m.** – 1721 ◇ de *Saint-Lazare,* nom d'un prieuré ▪ Membre de l'ordre religieux fondé en 1625 par saint Vincent de Paul (prêtres de la Mission). — **adj.** *Prêtre, missionnaire lazariste.*

LAZULITE [lazylit] **n. f.** – 1795 ◇ latin médiéval *lazulum* ▪ MINÉR. Phosphate naturel de fer, de magnésium et d'aluminium, de couleur bleue, utilisé comme pierre fine.

LAZURITE [lazyʀit] **n. f.** – 1853 en allemand ◇ latin moderne *lazur* ▪ MINÉR. Lapis*.

LAZZARONE [ladzaʀɔne ; lazaʀɔn] **n. m.** – 1781 ◇ mot napolitain, de *lazzaro* « mendiant », de l'espagnol ▪ HIST. Homme du bas peuple de Naples. *Des lazzarones* ou *des lazzaroni* (plur. it.).

LAZZI [la(d)zi] **n. m.** – 1700 «pantomime, bouffonnerie» ◊ mot italien, plur. de *lazzo*, du latin *asilus* «taon». Ce terme italien (depuis 1619) de la Commedia dell'arte est entré en français par l'intermédiaire de la troupe des comédiens-italiens. ■ LITTÉR. Plaisanterie, moquerie bouffonne **(d'ab. au plur.)**. *Un lazzi, des lazzis*, aussi *des lazzi* **(plur. it.)**. «*Les lazzi du commerce*» BALZAC. «*un carnaval de lazzis et d'injures*» BARRÈS. *Sous les lazzis de la foule.* ➤ **quolibet.**

lb Abrév. de 2 *livre*.

LCD [ɛlsede] **n. m.** – 1986, répandu v. 1995 ◊ sigle anglais, de *Liquid Crystal Display* «affichage à cristaux liquides» ■ Afficheur fonctionnant grâce à une fine couche de cristaux* liquides qui polarisent la lumière en fonction du champ électrique, utilisé pour réaliser des écrans, des moniteurs, des projecteurs. APPOS. *Écran plat LCD.*

1 **LE** [lə], **LA** [la], plur. **LES** [le] **art. déf.** – fin Xe (I, 2°) ◊ du démonstratif latin *ille* (m.), *illa* (f.) → il, elle et lui
REM. 1) *Le, la* se réduisent à *l'* devant une voyelle ou un *h* muet : *L'ami. L'école. L'habit.* 2) *Le, les* précédés de la prép. *à* se contractent en *au* ou *aux* (➤ **à**) ; précédés de la prép. *de*, en *du* ou *des* (➤ 1 **de**).

I DEVANT UN NOM ■ **1** (fin XIe) **(Devant un nom générique)** *Le chien est un mammifère carnivore.* «*L'homme est un Dieu tombé qui se souvient des cieux*» LAMARTINE. «*L'homme est plus intéressant que les hommes*» GIDE. ♦ **(Au plur., devant un nom propre de famille)** *Les Bourbons. Les Médicis.* «*Les Rougon-Macquart*», *cycle romanesque de Zola. Les Goncourt* : les frères Goncourt. — FAM. **(au sein d'une famille)** *Les Jean* : Jean, sa femme et leurs enfants. ■ **2** (fin Xe) **LE, «article de notoriété», devant un nom désignant un objet unique très connu, ce qui est conforme à la norme, ce qui est connu de l'interlocuteur ou ce qu'on veut présenter comme un type (emploi «typique»).** *Le Soleil. La Lune. Fumer la pipe. Garder la chambre. Jouer la comédie. Avoir la fièvre.* **(Valeur possessive)** *Baisser les yeux. Il s'est cassé la jambe.* ♦ *Jouer à l'innocent.* «*qui veut faire l'ange fait la bête*» PASCAL. ■ **3** (fin Xe) **(Devant les noms déterminés par un complément, ou une proposition)** *La lutte pour la vie. C'est la personne dont je vous ai parlé. L'espoir de réussir. J'ai la certitude qu'il s'est trompé.* — **(Devant des noms propres)** *Le Bossuet des Oraisons funèbres. Le Néron de Racine. Le grand Corneille. Le vieux Paris.* ■ **4 Avec une valeur démonstrative ou exclamative** *Oh ! le beau chien.* ➤ **quel.** *Debout, les morts !* ■ **5 Avec une valeur distributive — (Devant un nom désignant une unité)** ➤ **chaque,** 1 **par.** *Trois euros la pièce.* — (début XIIIe) **(Devant un nom de division du temps)** *Trois ou quatre fois la semaine. Le médecin reçoit le lundi, les lundis,* chaque lundi. ■ **6 (Après certaines prépositions et devant un nom de nombre)** Pour indiquer une approximation *Sur les deux heures, vers les huit heures.* «*je me suis rendu compte qu'il devait être vers les midi*» AVELINE. *Cela coûte dans les dix euros.* ■ **7 Devant un chiffre désignant ce qui porte ce numéro dans une série** «*On vous a donné la meilleure chambre, le 6* [...]. *Tenez, le 3 qui est parti hier est resté plusieurs mois*» SIMENON. ■ **8** (fin Xe) **Devant les noms propres (de personnes)** *La Thénardier* (dans «*Les Misérables*»). «*Mais il a beaucoup hésité, tergiversé, le Courtial*» CÉLINE. — FAM. (RÉGION.) *La Marie, le Pierre.* — (d'après l'italien) **Devant un nom de femme célèbre.** *La Pompadour, la Callas.* — PÉJ. «*À mort le Blum !*» AYMÉ. ♦ **(De lieu, sauf la plupart des villes)** *Le Rhin, l'Himalaya, la Corse, les Alpes, la France ; Le Havre, La Bourboule.* ■ **9 Devant un nom propre pour en faire un nom commun** *La Renault* (l'automobile) *de mon père ; le Renault* (tracteur) *de la ferme. Les Rubens* (les tableaux de Rubens) *de ce musée.* ■ **10 Devant un mot substantivé** «*Les Misérables*», *de Victor Hugo. L'être. Le manger et le boire. Le pourquoi et le comment.* — *L'important, c'est...* : ce qui est important, c'est...

II DEVANT UN QUALIFICATIF ■ **1** (fin XIe) **Devant un adj. qualificatif se rapportant à un nom déjà exprimé** *Les affaires civiles et les militaires.* — FAM. *Préférez-vous les* (cartes postales) *en noir ou les en couleur ?* ■ **2 Répété devant des adj.** «*La saine, la forte, la libre nature humaine*» R. ROLLAND. *La grande et la petite industrie.* ■ **3 loc. adv. À LA,** exprimant la manière. ➤ **à** (IV, 2°).

III AVEC LE SUPERLATIF LE PLUS, LE MIEUX... (➤ **plus, moins ; mieux, pire,** 2 **pis**) (fin XIe) *Le mieux est l'ennemi du bien.* «*Les plus désespérés sont les chants les plus beaux*» MUSSET. — VX **(sans répétition de l'art.)** «*Chargeant de mon débris les reliques plus chères*» RACINE. REM. Accord de l'article et du superlatif a) L'article s'accorde avec le nom ou pronom auquel se rapporte le superlatif quand on compare plusieurs êtres ou objets : *C'est la femme la plus élégante que je connaisse. Voici les deux livres les plus rares de ma bibliothèque. Ce jour-là, elle a été la plus heureuse.* b) L'art. reste inv. *(le)* quand on veut marquer qu'un être ou un objet atteint, au moment indiqué par le contexte, le plus haut degré d'une certaine qualité : *C'est ce jour-là qu'elle a été le plus heureuse.* Il reste de même à la forme neutre *(le)* quand le superl. modifie un verbe ou un adv. : *C'est la femme que j'ai le plus aimée.*

IV AVEC UN INDÉFINI OU UN POSSESSIF L'UN... L'AUTRE ; L'UN OU L'AUTRE ; L'UN ET L'AUTRE. ➤ **autre, un.** — **LE (LA) MÊME, LES MÊMES.** ➤ **même.** — **L'ON.** ➤ **on.** — **TOUT LE, TOUTE LA, TOUS LES.** ➤ **tout.** — **LE MIEN, LE TIEN, etc.** ➤ **mien.** — **LA PLUPART.** ➤ **plupart** (la).

■ HOM. La, là ; lé, lez ; poss. lacs, 1 las.

2 **LE** [lə], **LA** [la], **LES** [le] **pron. pers.** – Xe ; *lo* 842 ◊ latin *ille*
■ Pron. pers. objet ou attribut de la 3e pers. REM. Élision de *le, la* en *l'* : *Je l'entends ; ils l'hébergent ; elle l'y a mis ; je l'en remercie.* – Apr. un impér., élision uniquement dans *l'en* et *l'y* : *Faites-la entrer ; faites-le apporter ; faites-l'en retirer.*

I ■ **1 Objet direct, représentant : – un nom, un pronom qui vient d'être exprimé :** *Je le connais. Regardez-les ;* **– un nom ou un pronom qui va être exprimé :** *«Il fallait l'éblouir ou l'attendrir, cette femme !»* **(France).–** *«Mon sillon ? Le voilà. Ma gerbe ? La voici»* **(Hugo).** ■ **2 LE (valeur neutre).** *Cela, vous le savez comme moi. Partez, il le faut. Pars, si tu (le) veux.* ■ **3 Formant avec certains verbes des gallicismes** *Je ne l'entends pas de cette oreille. Le disputer à qqn. Je vous le donne en mille. L'emporter sur qqn. Se le tenir pour dit. L'échapper belle. Il la trouve mauvaise. Se la couler douce. Tu peux toujours te l'accrocher.* ♦ PAR EUPHÉM. **(désignant les parties sexuelles)** FAM. *On se les gèle. Tu nous les casses.*

II Attribut représentant un mot qui vient d'être exprimé ou, plus rarement, qui va être exprimé «*Charmante, elle l'est dès maintenant*» MAUROIS. «*Vous l'êtes, mal élevées, toutes les deux*» BERNSTEIN. ♦ REM. Accord du pronom. *Le, la, les* peuvent s'accorder en genre et en nombre avec le subst. qu'ils représentent : «*La reine ? vraiment oui ; je la suis en effet*» (LA FONTAINE). – On utilise le pron. neutre *le* si le nom est pris en valeur d'adj. : «*Une femme qui n'est pas une femme, qui ne le sera jamais*» (DAUDET), ou s'il représente un adj. ou un p. p. : «*J'étais fatiguée tout à l'heure, maintenant je ne le suis plus*» (MUSSET).

LÉ [le] **n. m.** – XVIIIe «largeur» ; *let* 1080 adj. «large» ◊ latin *latus* «large» ■ **1** (1412) COUT. Largeur d'une étoffe entre ses deux lisières. — Chaque partie verticale d'une jupe. *Jupe de six lés.* ➤ **laize.** ♦ PAR EXT. Bande de tissu, de papier peint dans toute sa largeur. ■ **2** (1690) TECHN. Largeur d'un chemin de halage ; PAR EXT. Ce chemin. ■ HOM. Les (le), lez.

LEADER [lidœʀ] ou **LEADEUR, EUSE** [lidœʀ, øz] **n.** – 1822 *leader* polit. ◊ anglais *leader* «conducteur» ■ ANGLIC. ■ **1 n. m.** JOURNAL. Article de fond, figurant généralement en première page. — **adj.** *Article leader.* ■ **2** (1829) Chef, porte-parole (d'un parti, d'un mouvement politique). *Les leaders politiques. La leader de l'opposition.* ♦ PAR EXT. Personne qui prend la tête d'un mouvement, d'un groupe. ➤ **meneur** (cf. Chef de file*). ■ **3** (1882) SPORT Concurrent(e) qui est en tête (compétition, course, etc.). *Les deux leaders du championnat du monde.* ■ **4 n. m.** Entreprise qui occupe la première place dans un domaine (cf. Numéro* un). *Le leader mondial de l'agroalimentaire.* ■ HOM. Lieder (lied).

LEADERSHIP [lidœʀʃip] **n. m.** – 1875 ◊ mot anglais, de *leader* ■ ANGLIC. Fonction, position de leader. ➤ **commandement, direction.** «*j'avais l'autorité naturelle, le sérieux et l'esprit d'entreprise nécessaires au leadership*» A. DESARTHE. ♦ PAR EXT. Position dominante. *Le leadership d'une nation, d'une entreprise, d'une théorie.* ➤ **domination, prédominance, prépondérance, suprématie.** *Perdre son leadership.* ➤ **hégémonie.** — **Recomm. offic.** ***primauté.***

LEASING [liziŋ] **n. m.** – 1963 ◊ mot anglais, de *to lease* «louer» ■ ANGLIC. Location (avec achat en option, au terme d'une période déterminée) de biens d'équipement à une société financière qui se charge de l'investissement. *Société de leasing. Acheter une voiture en leasing.* — **Recomm. offic.** ***crédit-bail.***

LEBEL [ləbɛl] **n. m.** – 1902 ; *fusil Lebel* 1890 ◊ n. pr. ■ Fusil à répétition de petit calibre qui fut en usage dans l'armée française jusqu'à la guerre de 1939. *Des lebels.*

LÉCANORE [lekanɔʀ] **n. f.** – 1836 ◊ du grec *lekanê* «bassin», à cause de la forme des fructifications ■ BOT. Lichen à thalle dur, renfermant des espèces tinctoriales (➤ **orseille**).

LÉCHAGE [leʃaʒ] **n. m.** – 1894 ◊ de *lécher* ■ **1** RARE Action de lécher. «*ces léchages de museau*» MORAND. ➤ **lèchement.** *Léchage de bottes.* ■ **2** Exécution léchée, fignolage. «*le léchage des retouches*» COLETTE.

LÈCHE [lɛʃ] **n. f.** – 1892 ; «gourmandise» XIVe ◊ de *lécher* ■ FAM. Action de flatter servilement **(généralt avec le v. *faire*)**. *Faire de la lèche à qqn* (➤ **lèche-botte, lèche-cul**). ■ HOM. Laîche.

LÈCHE-BOTTE [lɛʃbɔt] n. et adj. – 1901 ◊ de *lécher* et *botte* ■ FAM. Personne qui flatte servilement. *Une vraie lèche-botte. Des lèche-bottes.*

LÈCHE-CUL [lɛʃky] n. et adj. – 1833 ◊ de *lécher* et *cul* ■ VULG. Personne qui flagorne servilement. *Des lèche-culs.* ➤ **flatteur, lèche-botte, lécheur ;** RÉGION. **frotte-manche.** *Quelle lèche-cul !* — **adj.** *Ils, elles sont lèche-culs !*

LÈCHEFRITE [lɛʃfʀit] n. f. – 1195 ◊ de l'ancien français *lèche-froie* «lèche, frotte», sous l'influence de *frire* ■ Ustensile de cuisine placé sous la broche pour recevoir la graisse et le jus qui dégouttent de la viande qui rôtit.

LÈCHEMENT [lɛʃmɑ̃] n. m. – début XIVe ◊ de *lécher* ■ RARE Action de lécher ; résultat de cette action. ➤ **léchage.** *Lèchement de doigts. — Lèchements sexuels.* ➤ **cunnilingus, fellation.**

LÉCHER [leʃe] v. tr. ‹6› – début XIIe ◊ francique °*lekkon* ■ **1** Passer la langue sur (qqch.). *Chien qui lèche un plat, la main de son maître* (➤ **caresser**). *Lécher une glace.* ➤ **sucer** (cf. aussi Licher). *Se lécher les babines.* ➤ **se pourlécher.** FIG. et FAM. *S'en lécher les babines*, les badigoinces.* ◆ Enlever en léchant. *Lécher la confiture et laisser le pain d'une tartine.* ◆ PAR MÉTAPH. *Flammes qui lèchent la plaque d'une cheminée.* ➤ **effleurer.** *Vague qui lèche le rivage.* ■ **2** LOC. FAM. *Lécher les bottes,* (VULG.) *le cul à qqn,* le flatter* avec servilité. ➤ **lèche-botte, lèche-cul** (cf. Cirer* les bottes, faire de la lèche*). ◆ *Lécher les vitrines,* les regarder de très près avec grand plaisir. ➤ **lèche-vitrine.** ◆ (de la légende de l'ourson informe que sa mère lèche pour le façonner) **UN OURS MAL LÉCHÉ :** (VX) un être mal fait, difforme, et PAR EXT. (MOD.) un individu d'aspect rébarbatif, de manières grossières. ■ **3** (1680) FIG. Finir, polir (une œuvre littéraire ou artistique) avec un soin trop minutieux. ➤ **fignoler.** *Il lèche trop les détails.* — **p. p. adj.** *Tableau léché.*

LÉCHEUR, EUSE [leʃœʀ, øz] n. – 1845 ; *lecheour* «qui lèche» 1138 ◊ de *lécher* ■ **1** VX Personne qui aime beaucoup la bonne chère (➤ **gourmand**), surtout aux dépens d'autrui. ■ **2** (1878) PÉJ. ➤ **flatteur, lèche-botte, lèche-cul.**

LÈCHE-VITRINE [lɛʃvitʀin] n. m. – 1950 ◊ de *lécher* et *vitrine* ■ Action de lécher* les vitrines, de flâner en regardant les étalages. ➤ **chalandage.** *Faire du lèche-vitrine.* ➤ RÉGION. **magasiner.** *Des lèche-vitrines.*

LÉCITHINE [lesitin] n. f. – 1850 ◊ du grec *lekithos* «jaune d'œuf» ■ BIOCHIM. Phospholipide des membranes cellulaires, composé de choline, de glycérol et de phosphate. *Le jaune d'œuf est riche en lécithine. La lécithine de soja est utilisée comme additif alimentaire (émulsifiant).*

LEÇON [l(ə)sɔ̃] n. f. – XIe ◊ latin *lectio, onis* «lecture»
I LITURG. ROM. Textes de l'Écriture ou des Pères de l'Église, qu'on lit ou qu'on chante aux offices nocturnes, principalement à matines.
II COUR. ■ **1** (XIIe) Ce qu'un élève doit apprendre. *Leçons et devoirs. Apprendre, étudier, repasser, revoir ses leçons. Réciter ses leçons. Ne pas savoir sa leçon. Une leçon sue par cœur.* — LOC. *Il a bien appris la, sa leçon :* il répète fidèlement ce qu'on lui a commandé de dire. ■ **2** (1549) Enseignement donné par un professeur, à une classe, un auditoire. ➤ **conférence, cours.** *Professeur qui fait sa leçon.* ➤ **classe.** *Leçon inaugurale. «On m'a blâmé d'avoir fait, à l'ouverture du cours, une leçon d'un caractère général»* RENAN. — ANCIENNT *Leçons de choses :* méthode d'enseignement qui consiste à familiariser les enfants avec des objets usuels, des productions naturelles (sciences physiques, naturelles). ➤ **éveil.** ◆ SPÉCIALT Enseignement complémentaire ou spécial donné en particulier à un seul élève ou à un groupe restreint d'élèves. ➤ **cours ; répétition.** *Prendre des leçons de chant, d'équitation. Faire donner des leçons particulières à un enfant.* — FIG. *Donner des leçons à qqn :* montrer sa supériorité (cf. En remontrer). ◆ Division pédagogique d'un enseignement par écrit. *Méthode d'anglais en vingt leçons. Lire dans un manuel la leçon sur...* ➤ **chapitre.** ■ **3** (XIIe) Conseils, règle de conduite qu'on donne à une personne. ➤ **avertissement, exhortation, précepte.** *Suivre les leçons de qqn. De sages leçons. Des leçons de morale. N'avoir de leçons à recevoir de personne.* — SPÉCIALT **FAIRE LA LEÇON À QQN,** lui donner des instructions, lui dicter sa conduite (➤ **endoctriner**) ; le chapitrer (➤ **réprimander**). *«quand il me faisait la leçon, qu'il prenait sa grosse voix et ses gros yeux»* M. CARDINAL. — PAR MÉTAPH. *La leçon de cette fable.* ➤ **morale.** ■ **4** Avertissement salutaire, enseignement profitable qu'on peut tirer de qqch., et SPÉCIALT d'une erreur, d'une faute, d'une mésaventure. ➤ **enseignement, instruction.** *Les leçons de l'expérience. Dégager, tirer la leçon des évènements.* ➤ **conclusion.** *«Il faut de chaque malheur tirer une leçon»* FLAUBERT. *«Bien sûr, la guerre est finie. Et puis on a compris la leçon, ça n'arrivera plus»* J. LITTELL. — *Cela lui donnera une leçon, une bonne leçon* (cf. FAM. C'est bien* fait pour lui ; cela lui fera les pieds*). *«que l'histoire d'aujourd'hui vous serve de leçon !»* ZOLA.
III (1680) DIDACT. Texte ou fragment de texte tel qu'il a été lu par le copiste ou l'éditeur ; PAR EXT. Variante. ➤ **lecture, variante, version.**

LECTEUR, TRICE [lɛktœʀ, tʀis] n. – 1307 ; liturg. v. 1120 ◊ latin *lector* ■ **1** Personne qui (occasionnellement ou par fonction) lit à haute voix devant un ou plusieurs auditeurs. *La chaire du lecteur dans le réfectoire d'un couvent.* APPOS. *La sœur lectrice.* ■ **2** (1842 ◊ allemand *Lektor*) MOD. Assistant étranger adjoint à un professeur de langues vivantes dans un établissement d'enseignement supérieur. *Lecteur, lectrice d'allemand. Lecteur de français dans une université allemande.* ■ **3** Personne qui lit pour son compte. ➤ **liseur.** *Lecteur de journaux, de romans. «Chaque homme de plus qui sait lire est un lecteur de plus pour Molière»* SAINTE-BEUVE. *Lecteur délicat, cultivé. Avis au lecteur. «Je n'écris que pour cent lecteurs»* STENDHAL. *Courrier des lecteurs* (dans un journal). ◆ SPÉCIALT Personne dont la fonction est de lire et de juger les œuvres manuscrites proposées à un directeur de théâtre, à un éditeur. ■ **4** n. m. (1934) Dispositif servant à la reproduction de sons enregistrés. ➤ **électrophone.** *Lecteur de bandes* (➤ **phonocapteur**), *de disques compacts.* ➤ 1 **platine.** *Lecteur-enregistreur.* ➤ **magnétophone.** *Des lecteurs-enregistreurs. Lecteur de cassettes portable.* ➤ **baladeur.** — *Lecteur optique.* ➤ **crayon** (optique), **douchette.** *Lecteur de son* (d'un projecteur cinématographique). *Lecteur de vidéodisques. Lecteur multimédia.* ➤ **jukebox.** ■ **5** n. m. INFORM. Organe effectuant la lecture* (II, 2°) d'informations. *Lecteur de bandes. Le lecteur de cartes d'un distributeur de billets. Lecteur de codes-barres.* ➤ **douchette.** *Lecteur de badges.* ➤ **badgeuse.**

LECTORAT [lɛktɔʀa] n. m. – 1939 ◊ de *lecteur* ■ **1** Fonction, charge de lecteur (2°). ■ **2** Ensemble des lecteurs (d'un journal).

LECTURE [lɛktyʀ] n. f. – 1495 ; «récit» 1352 ◊ latin médiéval *lectura*
I ACTION DE LIRE ■ **1** Action matérielle de lire, de déchiffrer (ce qui est écrit). *Lecture d'un texte difficile dans une langue étrangère. Lecture et correction d'épreuves. À la première, à la seconde lecture* (➤ **relecture**). *Une faute de lecture. Lecture silencieuse, à voix haute. Lecture rapide :* technique visuelle permettant d'assimiler très rapidement le contenu d'un texte. — *Lecture d'un morceau de musique, d'une partition.* ➤ **déchiffrage.** ◆ PAR EXT. Le fait de déchiffrer, lire. *La lecture d'une carte, d'un schéma. La lecture d'une radiographie, de résultats d'analyses.* ■ **2** Action de lire, de prendre connaissance du contenu (d'un écrit). *La lecture d'un livre, d'une revue. La lecture d'un auteur, d'un écrivain. Être absorbé dans la lecture d'un roman.* — ABSOLT *Se plonger dans la lecture. «La lecture agrandit l'âme»* VOLTAIRE. *«Ce vice impuni, la lecture», recueil critique de Larbaud. Aimer la lecture. Salle de lecture. Ce «n'était pas une bibliothèque, mais un simple cabinet de lecture»* GUILLOUX. *Livre de bibliothèque en lecture,* emprunté pour être lu. ◆ *Une lecture :* la lecture d'un livre, d'un ouvrage, et PAR EXT. ce livre, cet ouvrage. *Lectures enrichissantes. Lectures pour la jeunesse. Mauvaises lectures. Les lectures de qqn,* les livres, les ouvrages qu'il a lus, qu'il lit habituellement. *«La prodigieuse culture que Victor Hugo avait déjà à vingt ans, l'abondance de ses lectures»* HENRIOT. — *La lecture des manuscrits, dans une maison d'édition. Comité de lecture. — Apporter de la lecture à qqn,* de quoi lire. ■ **3** Interprétation (d'un texte) selon un ou plusieurs parmi les codes qu'il implique. ➤ **herméneutique.** *Niveaux, grille*, clé de lecture. Lecture plurielle. Lecture psychanalytique de la comtesse de Ségur. Faire, proposer une lecture marxiste de Balzac.* — PAR EXT. *La lecture d'un évènement.* ■ **4** Action de lire à haute voix (à d'autres personnes). *Donner lecture d'une proclamation, des résultats. Faire la lecture à un malade. Auteur qui fait une lecture. Assister à une lecture. «Lucile n'a jamais voulu venir à aucune de mes lectures ou rencontres en librairie»* D. DE VIGAN. ◆ SPÉCIALT, DR. CONSTIT. Action de lire devant une assemblée délibérante un document officiel. *Lecture d'un projet de loi.* ◆ ABSOLT Délibération d'une assemblée législative sur un projet, une proposition de loi. *Loi adoptée en première, en seconde lecture.* ■ **5 LA LECTURE.** Le fait de savoir lire, l'art de lire. *Donner le goût de la lecture. Apprentissage de la lecture et de l'écriture* (➤ **alphabétisation**). *Déchiffrage et lecture. Méthodes de lecture*

(globale, syllabique, synthétique). *Premier livre de lecture. Difficultés de lecture.* ➤ **alexie, dyslexie.** ▪ **6** LITURG. **UNE LECTURE.** Texte lu avant l'Évangile.

II SENS TECHNIQUES ▪ **1** ACOUST. Première phase de la reproduction des sons enregistrés. *Lecture de sons enregistrés sur disques, sur bandes. Lecture optique de disques audionumériques. Tête* de lecture.* ▪ **2** ÉLECTRON. Opération par laquelle une donnée est transférée d'un registre de mémoire vers l'unité de traitement (opposé à *écriture*). *Temps de lecture.* ◆ PAR EXT. Opération globale de transfert du support physique d'un périphérique vers l'unité de traitement. *La lecture d'un disque dur. Lecture optique des chèques, des codes-barres.*

LÉCYTHE [lesit] n. m. – 1762 ◇ latin *lecythus*, grec *lêkuthos* ▪ ARCHÉOL. Vase grec à anse, en forme de cylindre allongé, à col étroit, à embouchure évasée. *Lécythe funéraire.*

LED n. f. inv. ou **LED** [lɛd] n. f. – 1977 ◇ acronyme anglais, de *L ight E mitting D iode* (1968) ▪ ANGLIC. Diode électroluminescente (recomm. offic.). *Des led* ou *des leds.* «*un panneau photovoltaïque qui alimente deux leds d'éclairage*» C. MINARD. *Les LED consomment peu et ne chauffent pas.* — APPOS. *Lampes, ampoules LED.* ▪ HOM. Laide (laid).

LEDIT ➤ **DIT**

LÉGAL, ALE, AUX [legal, o] adj. – 1361 ◇ latin impérial *legalis*, de *lex, legis* «loi» → loyal ▪ **1** Qui a valeur de loi, résulte de la loi, est conforme à la loi. ➤ **juridique, réglementaire.** *Dispositions légales. Formalités, formes légales,* prescrites, imposées par la loi. *Ce qui est légal peut n'être pas juste* ou légitime*. Cours légal d'une monnaie ; monnaie légale. Capacité, compétence légale.* ▪ **2** (PERSONNES) Désigné par la loi. *Le «procureur du roi, tuteur légal des orphelins»* BALZAC. ▪ **3** Défini ou fourni par la loi. *Contenance légale d'un récipient. Âge légal,* requis par la loi. *Les voies légales. Moyens légaux,* que fournit la loi. *Annonces légales. Fêtes* légales. Heure* légale. — Médecine* légale. — Pays légal :* la partie de la population qui a des droits politiques (dans un pays qui ne possède pas le suffrage universel). ▪ CONTR. Illégal ; arbitraire, clandestin. Conventionnel.

LÉGALEMENT [legalmɑ̃] adv. – 1320 ◇ de *légal* ▪ D'une manière légale. *Assemblée légalement élue.* ▪ CONTR. Illégalement.

LÉGALISATION [legalizasjɔ̃] n. f. – 1690 ◇ de *légaliser* ▪ **1** DR. Procédure par laquelle le fonctionnaire public certifie l'authenticité d'une signature apposée sur un acte. ▪ **2** COUR. Action de rendre légal. *Légalisation de l'avortement.*

LÉGALISER [legalize] v. tr. ⟨1⟩ – 1681 ; au p. p. 1668 ◇ de *légal* ▪ **1** Attester, certifier authentique en vertu d'une autorité officielle. ➤ **authentifier, authentiquer, confirmer.** *Faire légaliser sa signature, une procuration. — Signature légalisée.* ▪ **2** Rendre légal. *Légaliser l'avortement. «Il est plus facile de légaliser certaines choses que de les légitimer»* CHAMFORT.

LÉGALISME [legalism] n. m. – avant 1868 ◇ de *légal* ▪ Attitude légaliste.

LÉGALISTE [legalist] adj. et n. – 1908 ; «socialiste modéré» 1894 ◇ de *légal* ▪ Qui pratique un respect absolu de la loi religieuse, de sa lettre. ➤ **formaliste, rigoriste.** ▪ CONTR. Laxiste.

LÉGALITÉ [legalite] n. f. – 1606 ; «loyauté» 1370 ◇ latin médiéval *legalitas* ▪ **1** Caractère de ce qui est légal, conforme au droit, à la loi. *La légalité d'un acte, d'un règlement, d'une mesure.* ▪ **2** ABSOLT Ce qui est légal ; état, situation, pouvoir conforme au droit. ➤ **régularité.** *Respecter la légalité. Rester dans les limites de la légalité. Gouvernement qui sort de la légalité par un excès de pouvoir. «Les vacances de la légalité»* BLUM. ▪ CONTR. Arbitraire, illégalité.

LÉGAT [lega] n. m. – XIIe ◇ latin *legatus* «envoyé, délégué» ▪ **1** HIST. ROM. Fonctionnaire adjoint à un proconsul. — Fonctionnaire qui administrait les provinces de l'empereur (➤ **gouverneur**). ▪ **2** DR. CAN. Ambassadeur du Saint-Siège. ➤ **nonce.** (latin *a latere* «à côté», de *latus* «côté») *Légat a latere* [alateʀe], choisi dans l'entourage du pape. *Vicaire d'un légat.* ➤ **ablégat, vice-légat.**

LÉGATAIRE [legatɛʀ] n. – 1368 ◇ latin juridique *legatarius*, de *legare* ▪ DR. Bénéficiaire d'un legs. ➤ **héritier ; acquéreur, ayant cause.** *«Le Légataire universel», comédie de Regnard. Instituer quelqu'un son légataire universel. Légataires d'un même testateur.* ➤ **colégataire.**

LÉGATION [legasjɔ̃] n. f. – 1138 ◇ latin *legatio, onis*, de *legare* ▪ **1** DR. CAN. Charge, dignité de légat (2°) ; durée de ses fonctions ; pays sous son administration. ▪ **2** (1798) DR. INTERNAT. Représentation diplomatique auprès d'une puissance où il n'y a pas d'ambassade ; résidence d'une légation. *Droit de légation :* droit d'entrer directement en relation avec les États étrangers. ➤ **diplomatie.** *Personnel de légation,* accompagnant les agents diplomatiques. ▪ **3** ANCIENNT Représentation diplomatique entretenue à défaut d'ambassade.

LÉGATO [legato] adv. et n. m. – 1834 ◇ italien *legato* «lié» ▪ MUS. D'une manière liée, sans détacher les notes. *Jouer, chanter légato* (➤ **lier**). ADJT INV. *Une phrase légato.* — n. m. *La liaison, signe du légato. Des légatos.* — On écrit aussi *legato.* ▪ CONTR. Staccato ; 2 piqué.

LÈGE [lɛʒ] adj. – 1681 ◇ néerlandais *leeg* «vide» ▪ MAR. Vide ou incomplètement chargé. *Navire lège. «La Pantoire, étant lège, s'élevait sur l'eau»* J.-R. BLOCH.

LÉGENDAIRE [leʒɑ̃dɛʀ] adj. – 1836 ; «recueil de légendes» n. m. 1402 ◇ de *légende* ▪ **1** Qui n'a d'existence que dans les légendes. ➤ **fabuleux, imaginaire, mythique.** *Personnage, animal, pays, temps légendaire. «Bonaparte n'est plus le vrai Bonaparte, c'est une figure légendaire»* CHATEAUBRIAND. *Récit d'aventures légendaires.* ➤ **conte.** ▪ **2** Qui a rapport aux légendes ; qui est constitué par des légendes ou prend l'allure d'une légende. *«Les textes historiques trop connus finissent par devenir inconnus : un brouillard légendaire les enveloppe»* R. ROLLAND. ▪ **3** Qui est entré dans la légende par sa célébrité, sa popularité. ➤ **célèbre, fameux, illustre.** *Marie d'Agoult et Liszt, couple légendaire. — Sa paresse est légendaire.* ➤ **notoire, proverbial.** ▪ CONTR. Historique. Inconnu.

LÉGENDE [leʒɑ̃d] n. f. – XIIIe ◇ latin médiéval *legenda* «ce qui doit être lu», de *legere* «lire»

I RELIG. Récit de la vie d'un saint destiné à être lu à l'office de matines. ◆ Recueil de ces récits. *La Légende dorée :* recueil de vies de saints (XIIIe s.).

II (1558) COUR. ▪ **1** Récit populaire traditionnel, plus ou moins fabuleux, merveilleux. ➤ **fable, mythe.** *Contes et légendes. Légendes propres à un peuple.* ➤ **folklore, mythologie.** *La légende de Roland, de Faust, de saint Nicolas. «La Légende des siècles», œuvre de Victor Hugo. Héros, pays de légende.* ➤ **légendaire.** — *Légende urbaine :* histoire étonnante et prétendument vraie, transmise oralement ou sur Internet. ▪ **2** Représentation (de faits ou de personnages réels) accréditée dans l'opinion, mais déformée ou amplifiée par l'imagination, la partialité. ➤ **conte, fable, histoire.** *Si l'on en croit la légende. La légende de Napoléon.* — ABSOLT *L'histoire et la légende. Légende héroïque.* ➤ **épopée.** *Entrer dans la légende.* — *Une légende vivante :* une personne entrée dans la légende de son vivant. — loc. adj. **DE LÉGENDE :** remarquable, mythique. *Trains, motos de légende. Duels de légende.* ➤ **mémorable.**

III (1579) ▪ **1** Inscription d'une médaille, d'une monnaie. *Bordure réservée à la légende.* ▪ **2** Texte qui accompagne une image et lui donne un sens. *La légende d'un dessin, d'un croquis humoristique. Légende d'une photo dans un journal. Sans légende* (cf. Sans paroles*). ▪ **3** Liste explicative des signes conventionnels (lettres, chiffres, signes, couleurs) figurant sur une carte, un plan. *Légende d'un plan de Paris, d'un guide de la route. Le cartouche de la légende.*

LÉGENDER [leʒɑ̃de] v. tr. ⟨1⟩ – 1936 ◇ de *légende* ▪ Accompagner (un dessin, une carte) d'une légende explicative. — p. p. adj. *Schéma légendé.*

LÉGER, ÈRE [leʒe, ɛʀ] adj. – fin XIe ◇ du latin populaire *leviarius*, de *levis* «peu pesant», «agile» et «léger», «inconsistant». → 1 lever

I PEU PESANT ▪ **1** Qui a peu de poids, se soulève facilement (opposé à *lourd*). *Léger comme une plume, comme une bulle de savon. C'est très léger* (cf. Ça ne pèse* rien). *Un léger bagage.* — ADVT *Voyager léger. Vêtement léger à porter. Gaz plus léger que l'air.* — LOC. *Les plus légers que l'air :* les ballons. — SPORT *Poids* léger.* ◆ (début XIIe) De faible densité. *L'aluminium est un métal léger. «une matière légère semblable à la pierre ponce»* BUFFON. *Huiles lourdes et huiles légères.* ◆ Qui n'est pas lourd, pas massif. *Matériaux légers. Construction légère,* peu solide. ◆ *Industrie* légère.* ◆ (1690) Qui ne pèse pas sur l'estomac. ➤ **digestible.** *Repas léger.* ➤ **frugal.** *Cuisine légère. Aliments légers.* ➤ **allégé ; diététique.** — ADVT *Manger léger.* ◆ (fin XIe) Facile à transporter. *Armes légères.* ➤ **mobile.** ▪ **2** Qui est ou donne l'impression d'être peu chargé. *Avoir l'estomac léger.* ➤ **creux, vide.** — *Le cœur léger :* sans inquiétude ni remords. ▪ **3** (fin XIe) Qui se déplace avec aisance et rapidité. ➤ **agile, leste, souple, vif.** *« Légère et court vêtue, elle allait à grands pas »* LA FONTAINE. *Danseuse légère comme un papillon, comme une plume.* ➤ **aérien, ailé.** *Être, se sentir léger,* alerte, dispos. — PAR EXT. (1690) Empreint de finesse, de délicatesse (dans son mouvement). *Démarche souple et légère. Pas, pied léger. Une main légère.* — LOC. *Avoir la main légère :* agir avec délicatesse, modération. ▪ **4** Qui est peu appuyé. *Tableau peint par touches légères.* ➤ **délicat.** ▪ **5** MUS. *Voix légère,* qui se meut aisément (vocalises, trilles) dans les registres aigus. *Soprano, ténor léger.* PAR EXT. *Rôle léger,* qui exige une voix légère. ▪ **6** Qui a de la délicatesse, de la grâce dans la forme. ➤ **délicat,** 1 **délié, élégant, gracieux.** *Taille légère.* ➤ **élancé,** 2 **fin, svelte.** *Flèche, tour légère.*

II QUI A PEU DE MATIÈRE, DE SUBSTANCE (opposé à *épais*). *Une légère couche de neige.* ➤ **mince.** *Étoffe légère.* ➤ 2 **fin.** *« L'azur couvre les toits de son léger tulle bleu »* RENARD. *Robe légère.* — (Opposé à *fort, concentré*). *Vin léger,* peu alcoolisé. *Cigarettes légères, extra-légères,* à faible teneur en nicotine et en goudrons. ➤ **light.** *Café, thé léger. Parfum léger,* qui n'entête pas. — (Opposé à *profond*) *Sommeil léger.*

III PEU PERCEPTIBLE, PEU IMPORTANT (1775) *Un léger mouvement.* ➤ **faible.** *Un coup léger frappé à la porte.* ➤ **petit.** *« une coloration légère, très faible, à peine sensible »* (POE, trad. BAUDELAIRE). *Bruit léger.* ➤ **imperceptible.** *Un léger accent étranger. Un léger goût. Douleur légère* (➤ **supportable**). *Blessure légère,* sans gravité. PAR EXT. *Blessés légers et blessés graves. Débile léger* (opposé à *profond*). — (fin XIIe) (ABSTRAIT) *Faute légère.* ➤ **véniel.** *Peine légère. Une très légère différence.* ➤ **insensible.** *Une légère amélioration. Avoir un léger doute. Les nuances les plus légères.* ➤ **infime.** *Légère tristesse.*

IV PEU SÉRIEUX ▪ **1** (fin XIIe) (PERSONNES) Qui a peu de profondeur, de sérieux. ➤ **frivole, futile, insouciant, superficiel.** *Une fille légère et frivole. Garçon ignorant et léger.* ➤ **étourneau.** *« Fitz-Harris, inconsidéré, inconséquent, léger »* P. BOREL. *Un caractère léger.* — *Être, se montrer léger dans sa conduite, dans ses jugements.* ➤ **déraisonnable, dissipé, distrait, écervelé, étourdi, imprévoyant, imprudent, inconséquent, irréfléchi** (cf. Ne pas avoir de plomb* dans la cervelle). *« Je ne voudrais pas, à cause de mon âge surtout, avoir l'air trop léger »* STENDHAL. ♦ (CHOSES) FAM. Qui manque de consistance, d'approfondissement. ➤ **insuffisant.** *Sujet de dissertation traité de façon trop légère.* ➤ **superficiel.** *C'est un peu léger.* ➤ FAM. **jeune** (I, 1o). ▪ **2** (fin XIIe) VX Qui change trop aisément de sentiments, d'opinions, d'occupations. ➤ **capricieux, changeant, inconstant.** *« Quoi de plus léger que la femme ? »* MUSSET. — MOD. SPÉCIALT (en amour) ➤ **volage.** *Femme légère.* — LOC. *Avoir la cuisse légère :* être une femme facile. ♦ PAR EXT. Qui est trop libre. ➤ **inconvenant.** *Propos légers.* ➤ **grivois ; libre, licencieux.** *Mœurs légères.* ▪ **3** (1692) Qui a de la grâce, de la délicatesse, de la désinvolture sans lourdeur. ➤ 1 **badin, dégagé, désinvolte, enjoué.** *Ironie légère. « j'arrêtai par mon sérieux sa gaîté qui me parut trop légère »* LACLOS. ▪ **4** (Poésie, musique) Facile à comprendre, gai. *Poésie légère. Musique légère* (opposé à *classique*).

V À LA LÉGÈRE loc. adv. (1668) Sans avoir pesé les choses, sans réfléchir. ➤ **inconsidérément, légèrement.** *Parler à la légère* (cf. À tort* et à travers). *S'engager à la légère. Prendre les choses à la légère,* avec insouciance.

▪ CONTR. Lourd ; accablant, embarrassant, encombrant, 1 fort, gros, indigeste, pesant. Épais, dense. — Important. — Circonspect, posé, sérieux. Constant, fidèle. Raisonnable, sévère.

LÉGÈREMENT [leʒɛʀmɑ̃] adv. – XIIe ◇ de *léger* ▪ **1** D'une manière légère. *Être vêtu légèrement.* ♦ Avec souplesse, grâce, agilité. *Marcher, passer légèrement.* ♦ Sans appuyer, sans violence. ➤ **délicatement, doucement.** *Toucher légèrement qqn.* ♦ (1340) Sans excès. *Manger légèrement.* ➤ **léger** (I, 1o). ▪ **2** Un peu, à peine. *Bouger légèrement. Légèrement blessé. Légèrement plus petit, légèrement moins gros, légèrement mieux. Il est légèrement sadique* (cf. Un peu [sadique] sur les bords*). ▪ **3** (1538) À la légère, inconsidérément. *Agir légèrement. Prendre une décision un peu légèrement.* ♦ Avec désinvolture. *« parler même légèrement de choses sérieuses »* PROUST. ▪ CONTR. Lourdement, pesamment ; 2 fort. Beaucoup, très. Gravement, sérieusement.

LÉGÈRETÉ [leʒɛʀte] n. f. – XIIe ◇ de *léger*

▪ Caractère de ce qui est léger.

I ▪ **1** Caractère d'un objet peu pesant, de faible densité. *On a choisi ce matériau pour sa légèreté. « des flocons de neige commençaient à voler, d'une légèreté de plume »* ZOLA. ▪ **2** Aisance, facilité dans les mouvements. ➤ **agilité, souplesse.** *Marcher avec légèreté. La légèreté d'une danseuse, d'une biche. « elle se posa sur le marchepied avec une légèreté d'oiseau »* BALZAC. — PAR EXT. *Légèreté de main :* caractère d'une main agile, qui effleure à peine. ➤ **dextérité, douceur.** ▪ **3** Caractère de ce qui est peu épais. ➤ **finesse.** *La légèreté d'une étoffe, d'un vêtement.* ▪ **4** *« la légèreté du vin de Champagne »* CHATEAUBRIAND. ♦ PAR EXT. ➤ **délicatesse, grâce.** *Légèreté d'une architecture. Peinture, œuvre d'une grande légèreté.*

II FIG. ▪ **1** Défaut d'une personne qui manque de profondeur, de constance dans ses opinions, qui agit de manière inconsidérée, imprudente. *Faire preuve de légèreté dans ses jugements, dans sa conduite, dans ses propos.* ➤ **imprudence, inconstance, irréflexion.** — Caractère d'une personne qui ne prend pas les choses au sérieux. ➤ **désinvolture, frivolité, insouciance.** *La légèreté proverbiale des Français. « cette affectation de légèreté envers l'amour »* COLETTE. ♦ PAR EXT. Manque de consistance, d'approfondissement. *La légèreté d'une thèse.* ▪ **2** Caractère d'une personne inconstante en amour. — PAR EXT. Liberté excessive (dans les mœurs, les propos). *« sa coquetterie, [...] sa légèreté scandaleuse »* CHARDONNE. ▪ **3** VX *Une légèreté :* faute commise par étourderie, par défaut de réflexion. ➤ **bêtise, caprice, enfantillage.** ▪ **4** (1688) VIEILLI Délicatesse et agrément (de la conversation, du ton, du style). ➤ **aisance, facilité, grâce.** *La légèreté de son style.*

▪ CONTR. Lourdeur, pesanteur. Componction, gravité. — Circonspection, prudence, réflexion, sérieux. Constance, fidélité.

LEGGINS [legins] ou **LEGGINGS** [legiŋs] n. m. pl. – 1858 ; n. f. pl. 1844 ◇ anglais *leggings,* de *leg* « jambe » ▪ ANGLIC. ▪ **1** Jambières de cuir ou de toile. ▪ **2** Collant qui s'arrête à la cheville. *Porter une minijupe et des leggins.*

LEGHORN [legɔʀn] n. f. – 1888 ◇ mot anglais, du n. anglais de *Livourne* ▪ Poule d'une race estimée, bonne pondeuse. *Des leghorns.*

LÉGIFÉRER [leʒifeʀe] v. intr. ⟨6⟩ – *légisférer* 1796 ◇ du latin *legifer* « législateur » ▪ Faire des lois. ➤ **codifier, décréter, édicter, réglementer.** *Pouvoir de légiférer.* ➤ **législatif.** ♦ FIG. Dicter des règles. *Légiférer en matière de langage.*

LÉGION [leʒjɔ̃] n. f. – 1155 ◇ latin *legio, onis,* famille de *legere* « choisir », les légionnaires étant, à Rome, recrutés au choix ▪ **1** Dans l'Antiquité romaine, Corps d'armée composé d'infanterie et de cavalerie. *Les légions romaines et les phalanges grecques. Manipule, centuries, cohortes d'une légion.* — Corps d'infanterie, sous François Ier. ♦ MOD. Corps de gendarmerie*. ▪ **2** (1191) Grand nombre, grande quantité. ➤ **cohorte, multitude.** — RELIG. *Légion de démons.* — *Une légion de cousins.* ➤ **ribambelle.** *Des légions de touristes.* **ÊTRE LÉGION,** nombreux. *Ils sont légion ceux qui...* ▪ **3 LÉGION ÉTRANGÈRE.** (1792) ANCIENNT Régiment formé de volontaires étrangers au service de la France. ♦ (1831) MOD. Corps composé de volontaires généralement étrangers sous le commandement d'officiers français et étrangers. *Entrer à la Légion étrangère,* et ABSOLT *à la Légion. Marche de la Légion.* ▪ **4 LÉGION D'HONNEUR :** ordre national hiérarchisé créé par Bonaparte en 1802 pour récompenser les services civils et militaires. *Nominations, promotions et élévations dans l'ordre de la Légion d'honneur. Le président de la République, grand maître de la Légion d'honneur. Chevalier, officier, commandeur, grand officier et grand-croix de la Légion d'honneur. Croix*, plaque, ruban rouge, rosette* de la Légion d'honneur.* ♦ Titre, dignité dans l'ordre de la Légion d'honneur. *Avoir la Légion d'honneur à titre militaire, civil.* — La décoration elle-même. *Porter sa Légion d'honneur.*

LÉGIONELLE [leʒjɔnɛl] n. f. – 1988 ◇ latin scientifique *legionella* → légionellose ▪ BACTÉRIOL. Bactérie aérobie présente dans l'eau, responsable d'affections pulmonaires (➤ **légionellose**). *La légionelle prolifère entre 20 et 45 °C (réseaux sanitaires, dispositifs de refroidissement, climatiseurs...).*

LÉGIONELLOSE [leʒjɔneloz] n. f. – 1983 ◇ de *legionella* « bactérie de la maladie des légionnaires », formé sur l'anglais *American Legion* ▪ MÉD. Maladie du légionnaire*. *La légionellose est une maladie à déclaration obligatoire.*

LÉGIONNAIRE [leʒjɔnɛʀ] n. m. – XIIIe ◇ latin *legionarius* → légion ▪ **1** HIST. Soldat d'une ancienne légion romaine. ▪ **2** (v. 1802) DR. Membre de la Légion d'honneur. ▪ **3** (fin XIXe) COUR. Soldat qui sert dans la Légion étrangère. ♦ (ainsi nommée parce qu'elle se manifesta à un congrès d'anciens combattants membres de l'*American Legion,* à Philadelphie en 1976) MÉD. *Maladie du légionnaire :* pneumopathie provoquée par inhalation d'eau contaminée par des légionelles. ➤ **légionellose.**

LÉGISLATEUR, TRICE [leʒislatœʀ, tʀis] **n. et adj.** – XIVe ◇ latin *legislator* ▪ **1** VIEILLI Personne qui fait les lois, qui donne des lois à un peuple. *L'autorité, la sagesse du législateur.* — **adj.** *Un monarque législateur. La nation, législatrice et souveraine.* ▪ **2** ABSOLT *Le législateur :* le pouvoir qui légifère, qui fait les lois. ➤ **législatif.** *Dans les États modernes, le législateur est une assemblée.* ➤ **parlement.** *Les intentions, la volonté du législateur.*

LÉGISLATIF, IVE [leʒislatif, iv] **adj.** – 1685 ; *la législative* «science du législateur» 1361 ◇ latin *legislator,* avec l'influence de l'anglais *legislative* ▪ **1** Qui fait les lois, a la mission, le pouvoir de légiférer. *Pouvoir législatif. Assemblée législative. Corps législatif.* ◆ SUBST. Le pouvoir législatif, le parlement. *Le législatif et l'exécutif.* ◆ HIST. *L'Assemblée législative,* et SUBST. **LA LÉGISLATIVE :** l'assemblée qui succéda à la Constituante le 1er octobre 1791. ▪ **2** Qui concerne l'assemblée législative. *Élections législatives,* ou ELLIPT *les législatives :* élections des députés par les citoyens. ▪ **3** Qui a le caractère d'une loi*. *Acte législatif.*

LÉGISLATION [leʒislasjɔ̃] **n. f.** – 1361, rare avant 1721 ◇ bas latin *legislatio* ▪ **1** VX Droit, pouvoir de faire les lois. *«le droit de législation»* ROUSSEAU. ▪ **2** Ensemble des normes juridiques dans un pays ou dans un domaine déterminé. ➤ 3 **droit,** 1 **loi.** *La législation française, anglaise. «Un système de législation est toujours impuissant, si l'on ne place à côté un système d'éducation»* MICHELET. *Selon la législation en vigueur. Législation civile, criminelle, aérienne, maritime, financière. La législation du travail.* ▪ **3** Science, connaissance des lois. *Cours de législation. Législation financière. Législation comparée.*

LÉGISLATURE [leʒislatyʀ] **n. f.** – 1741 ; «législation» 1636 ◇ de *législateur,* d'après l'anglais *legislature* ▪ **1** RARE Le corps législatif d'un pays. ➤ **assemblée, parlement.** ▪ **2** (1791) COUR. Période durant laquelle une assemblée législative exerce ses pouvoirs. *«il ne pouvait y compter avant une ou deux législatures»* ARAGON.

LÉGISTE [leʒist] **n.** – XIIIe ◇ latin médiéval *legista,* de *lex, legis* «loi» ▪ **1** Spécialiste des lois. ➤ **jurisconsulte, juriste** (cf. Homme, femme de loi*). — **adj.** *Médecin légiste,* chargé d'expertises en matière légale (accidents, crimes, etc.). ➤ **forensique. n.** *Il, elle est légiste.* ▪ **2 n. m.** HIST. Conseiller juridique (d'un roi de France). *Les célèbres légistes de Philippe le Bel.*

LÉGITIMATION [leʒitimasjɔ̃] **n. f.** – 1340 ◇ de *légitimer* ▪ Action de légitimer ; son résultat. ▪ **1** VX ou HIST. Reconnaissance des pouvoirs (d'un souverain, d'un envoyé). — PAR EXT. *Légitimation des pouvoirs.* ▪ **2** DR. Bénéfice par lequel la légitimité est conférée à un enfant naturel. *Légitimation résultant du mariage des parents. Reconnaissance et légitimation. Légitimation adoptive :* forme d'adoption qui produit tous les effets de la filiation légitime (➤ **adoption**). ▪ **3** LITTÉR. Action de légitimer, de justifier. *La légitimation de sa conduite.*

LÉGITIME [leʒitim] **adj. et n. f.** – fin XIIIe ◇ latin *legitimus,* de *lex, legis* «loi»

I adj. Qui est fondé en droit, en équité. ▪ **1** Qui est juridiquement fondé, consacré par la loi ou reconnu conforme au droit et spécialement au droit naturel (distinct de *légal**). *Cause légitime. Union légitime* (opposé à *union libre*) : le mariage. PAR EXT. *Liens, amours légitimes. — C'est sa femme légitime* (cf. ci-dessous II, 2o). ◆ (v. 1300) Opposé à *naturel. Père légitime ; enfant légitime.* ▪ **2** (XVIe) Conforme à l'équité, à la justice, au droit naturel. ➤ **équitable, juste.** *Récompense, salaire légitime,* mérité. — (v. 1850) DR. *Légitime défense*.* ▪ **3** Qui est justifié (par le bon droit, la raison, le bon sens). ➤ **juste.** *Excuse légitime.* ➤ **admissible, fondé.** *Prétentions, revendications légitimes,* qu'on peut soutenir à bon droit. *Une légitime colère. Orgueil légitime.* ➤ **permis.** *«Le plaisir de plaire est légitime, et le désir de dominer choquant»* JOUBERT. *C'est tout à fait légitime qu'il proteste.* ➤ **compréhensible, normal.**

II n. f. ▪ **1** (1562) ANC. DR. *La légitime :* institution qui était destinée à protéger les héritiers légitimes en leur assurant une portion du patrimoine ; cette portion. ➤ **réserve** (héréditaire), **succession.** ▪ **2** POP. Femme légitime. *C'est sa légitime.* ➤ **bourgeoise, régulière.**

▪ CONTR. Illégitime. Bâtard, naturel. Arbitraire, criminel, déraisonnable, injuste.

LÉGITIMEMENT [leʒitimmɑ̃] **adv.** – 1266 ◇ de *légitime* ▪ D'une manière légitime. *«Il eut pour un morceau de pain, légalement, sinon légitimement, les plus beaux vignobles de l'arrondissement»* BALZAC. ▪ CONTR. Illégitimement.

LÉGITIMER [leʒitime] **v. tr.** ‹1› – v. 1280 ◇ latin médiéval *legitimare* ▪ **1** VX Reconnaître pour légitime (un souverain, son pouvoir). ▪ **2** MOD. Rendre légitime juridiquement. *Légitimer un enfant naturel. «Légitimer l'enfant, c'eût été reconnaître qu'il avait désiré la mère»* M. DUGAIN. ▪ **3** Faire admettre comme juste, raisonnable, excusable. ➤ **excuser, justifier.** *«Je me tuais en explications pour légitimer ma conduite»* GIDE.

LÉGITIMISTE [leʒitimist] **n. et adj.** – 1830 ◇ de *légitime* ▪ Partisan d'une dynastie, d'un souverain considérés comme seuls légitimes. ◆ SPÉCIALT En France, Partisan de la branche aînée des Bourbons, détrônée en 1830. *Légitimistes et orléanistes.* — **adj.** *Le parti légitimiste.*

LÉGITIMITÉ [leʒitimite] **n. f.** – 1694 ◇ latin médiéval *legitimitas* ▪ **1** État, qualité de ce qui est légitime ou considéré comme tel. *Légitimité d'une union. Légitimité d'un enfant,* sa qualité d'enfant légitime. *La légitimation* confère la légitimité à l'enfant naturel. — Légitimité du pouvoir.* ➤ **souveraineté.** *Légitimité monarchique, démocratique.* ◆ SPÉCIALT Droit (fondé sur l'hérédité de la couronne) dont devaient se réclamer, particulièrement après 1830, les princes de la branche aînée des Bourbons. *Charles X «a essayé de sauver la légitimité française»* CHATEAUBRIAND. ▪ **2** Qualité de ce qui est juste, équitable, raisonnable. *Légitimité d'une conviction, d'une revendication.* ➤ **bien-fondé.** ▪ CONTR. Illégitimité.

LEGS [lɛg ; lɛ] **n. m.** – 1466 ; *lais* 1250 ◇ de *laisser,* rapproché du latin *legatum* «legs» → lais ▪ **1** DR. Disposition à titre gratuit faite par testament et prenant effet au décès du testateur. ➤ **héritage, succession.** *Faire un legs à qqn.* ➤ **léguer.** *Bénéficiaire du legs.* ➤ **légataire.** *Aliéner un bien par un legs.* ➤ **aliénation,** 1 **don, donation, libéralité.** *Legs universel,* de la totalité des biens. *Legs particulier,* d'un ou plusieurs biens déterminés. *Fonds d'un musée, d'une bibliothèque, provenant d'un legs.* ▪ **2** Collections, objets d'un legs. ▪ **3** FIG. et LITTÉR. *Le legs du passé.* ➤ **héritage.** *«la possession en commun d'un riche legs de souvenirs»* RENAN. ▪ HOM. Lai, laid, laie, lais, lait, laye, lei (2 leu), lez.

LÉGUER [lege] **v. tr.** ‹6› – 1477 ◇ latin *legare* ▪ **1** Donner, céder par disposition testamentaire. ➤ **laisser.** *Léguer tous ses biens à un légataire universel.* ▪ **2** FIG. ➤ **donner, transmettre.** *Léguer une œuvre à la postérité. Traditions léguées de père en fils, de siècle en siècle. — Léguer un goût, une qualité à ses enfants.* — PRONOM. *Les «traditions de famille qu'on se lègue»* DAUDET. ▪ CONTR. Hériter, recevoir.

LÉGUME [legym] **n. m. et f.** – 1611 ; au fém. 1575 ; *lesgum* XIVe ◇ latin *legumen* «plante à gousse»

I n. m. ▪ **1** (aussi n. f. au XVIIe) VX Graines qui se forment dans des gousses. ▪ **2** (1690) MOD. Plante potagère dont certaines parties (feuille, racine, tubercule, bulbe, fruit, graine, fleur, tige) peuvent entrer dans l'alimentation humaine. *Légumes verts*. Légumes secs*. Conserves de légumes. Légumes frais, congelés, surgelés. — Culture des légumes* (cf. Culture maraîchère*, potagère*). ➤ **légumier.** *Légumes hâtifs.* ➤ **primeur.** *Marchand de fruits et légumes. Éplucher des légumes. Soupe aux légumes, bouillon de légumes. Macédoine de légumes. Purée de légumes. Légumes cuits à la vapeur, fondus au beurre. Légumes du soleil,* employés dans la cuisine méditerranéenne (aubergines, tomates, poivrons...). *Légumes chop suey. Plat de viande garni de légumes* (➤ **brunoise, garniture, jardinière,** 1 **julienne**). *Légumes servant de condiments, macérés dans du vinaigre.* ➤ **achards, chutney, piccalilli, pickles, variantes ;** RÉGION. **relish.** ▪ **3** (1793) BOT. Gousse de légumineuses.

II n. f. LOC. FAM. (1832) **GROSSE LÉGUME :** personnage important, influent. ➤ **huile.** *C'est une grosse légume. «les grosses légumes du parti»* SARTRE.

III n. m. (calque de l'anglais *vegetable*) FAM. Malade dans un état végétatif chronique. *«Votre mère n'est plus en possession de tout son esprit, mais en aucun cas nous ne saurions dire qu'il s'agit d'un légume»* QUIGNARD.

LÉGUMIER, IÈRE [legymje, jɛʀ] **n. et adj.** – 1715 ◇ de *légume* ▪ **1 n. m.** VX Jardin potager. ▪ **2 adj.** (1790) Relatif aux légumes. *Culture légumière.* ◆ DIDACT. Qui constitue un légume. *Fruits* légumiers.* ▪ **3 n. m.** (1842) Pièce de vaisselle de table dans laquelle on sert généralement des légumes. ▪ **4** (1775) (Belgique) VIEILLI Marchand(e) de légumes. ▪ **5 n. m.** Producteur de légumes. *Les légumiers bretons.*

LÉGUMINE [legymin] **n. f.** – 1834 ◇ de *légume* ▪ BIOCHIM. Protéine végétale de réserve, extraite des graines des légumineuses (➤ **aleurone**).

LÉGUMINEUX, EUSE [legyminø, øz] adj. et n. f. – 1570 ◊ latin des botanistes *leguminosus*, de *legumen* → légume ■ Dont le fruit est une gousse. *Le haricot, plante légumineuse.* ♦ n. f. *La fève est une légumineuse.* — (1775) **LES LÉGUMINEUSES :** famille de plantes dicotylédones, appelée auj. *fabacées*, comprenant des arbres, arbustes ou herbes dont le fruit est une gousse (ex. ajonc, arachide, caroubier, fève, genêt, glycine, haricot, lentille, luzerne, mimosa, pois, réglisse, sainfoin, soja, trèfle). *Les césalpinées, légumineuses tropicales.*

LEI ➤ 2 **LEU**

LÉIOMYOME [lejomjom] n. m. – 1890 ◊ du grec *leios* «lisse» et *myome* ■ MÉD. Fibrome des muscles lisses (➤ **myome**).

LEISHMANIA [lɛʃmanja] ou **LEISHMANIE** [lɛʃmani] n. f. – 1908, -1910 ◊ de *Leishman*, n. d'un biologiste anglais ■ MICROBIOL. Protozoaire flagellé, parasite des cellules endothéliales des tissus et organes et, parfois, des leucocytes.

LEISHMANIOSE [lɛʃmanjoz] n. f. – 1907 ◊ de *leishmanie* et 2 *-ose* ■ MÉD. Parasitose due aux leishmanias. *La leishmaniose viscérale est transmise par la piqûre du phlébotome.* ➤ **kala-azar.** *Lésion cutanée de la leishmaniose* (ou **LEISHMANIDE** n. f.).

LEITMOTIV [lɛtmɔtiv ; lajtmɔtif] n. m. – 1850 ◊ mot allemand «motif conducteur» ■ **1** MUS. Motif, thème caractéristique, ayant une signification dramatique extra-musicale et revenant à plusieurs reprises dans la partition. *Le leitmotiv de la «Chevauchée des Walkyries». Des leitmotivs* ou plur. all. *des leitmotive.* ■ **2** (1892) FIG. Phrase, formule qui revient à plusieurs reprises. ➤ **refrain.**

LEMMATISER [lematize] v. tr. ‹1› – v. 1970 ◊ de l'anglais *to lemmatise* ■ LING. Donner à (un mot variable [accord, conjugaison, etc.] du discours) une forme canonique servant d'entrée* de dictionnaire. — n. f. **LEMMATISATION.**

LEMME [lɛm] n. m. – 1613 ; latin impérial *lemma* ◊ mot grec → dilemme ■ **1** MATH. Résultat intermédiaire utilisé en cours de raisonnement lors d'une longue démonstration. ■ **2** PHILOS. Proposition accessoire, démontrée ou admise, qui permet de poursuivre le raisonnement. ■ **3** LING. Forme canonique (masculin singulier ; infinitif...) d'un mot variable. ➤ **entrée.**

LEMMING [lemiŋ] n. m. – 1765 ; *lemmer* 1678 ◊ mot norvégien ■ Petit mammifère rongeur *(muridés)* des régions boréales, voisin du campagnol. *Les migrations des lemmings.*

LEMNISCATE [lɛmniskat] n. f. – 1755 ◊ latin *lemniscatus*, de *lemniscus* «ruban», d'origine grecque, à cause de la forme en 8 d'une des lemniscates ■ MATH. Courbe correspondant au lieu géométrique des points tels que le produit de leurs distances à deux points fixes est constant.

LEMON-GRASS [lemɔngras] n. m. inv. – 1855 ◊ mot anglais, de *lemon* «citron» et *grass* «herbe» ■ ANGLIC. Plante aromatique, dont l'essence est utilisée en parfumerie.

LÉMUR [lemyʀ] n. m. – 1873 ◊ de *lémur(iens)* ■ ZOOL. Maki. ■ HOM. Lémure.

LÉMURE [lemyʀ] n. m. – XIVe ◊ latin *lemures* ■ ANTIQ. ROM. Spectre d'un mort revenant tourmenter les vivants. ➤ **larve.** ♦ PAR EXT. LITTÉR. ➤ **fantôme.** *«un vivant qui n'est ni stryge ni lémure»* HUGO. ■ HOM. Lémur.

LÉMURIEN [lemyʀjɛ̃] n. m. – 1804 ◊ du latin des zoologistes *lemur* «1 maki» ■ ZOOL. Primate primitif arboricole *(prosimiens)* des régions tropicales (ex. maki, indri, aye-aye). *Les lémuriens de Madagascar.*

LENDEMAIN [lɑ̃dmɛ̃] n. m. – v. 1300 ; *l'endemain* XIIe ◊ de *demain* ■ **1** Jour qui suit immédiatement celui dont il est question (cf. Le jour* d'après). ➤ **demain.** *Le lendemain matin. La journée du lendemain. La pilule* du lendemain. Remettre au lendemain* (➤ **procrastination**). PROV. *Il ne faut jamais remettre* au lendemain ce qu'on peut faire le jour même.* — LOC. *Du jour au lendemain :* en très peu de temps. *Il a changé d'avis du jour au lendemain.* ♦ PAR EXT. ➤ 1 **avenir.** *Penser, songer au lendemain. — Sans lendemain :* éphémère. *Une aventure sans lendemain. «Point de lendemain», nouvelle de Vivant Denon. «Des lendemains qui chantent»* (G. PÉRI) *:* un avenir heureux (slogan communiste). *«Faire chanter les lendemains est l'essentiel de toute mystique»* GIONO. ■ **2** Jour qui suit immédiatement (un évènement, un fait). *Le lendemain de Noël. Au lendemain de la victoire. La tristesse des lendemains de fêtes.* ♦ PAR EXT. Temps qui suit de très près (un évènement). *Au lendemain de son mariage ; de la guerre.* ■ **3** FIG. PLUR. *Cette affaire a eu d'heureux lendemains.* ➤ **conséquence, suite.** *Des lendemains difficiles :* suites douloureuses, SPÉCIALT gueule de bois*. ■ CONTR. Veille.

LÉNIFIANT, IANTE [lenifjɑ̃, jɑ̃t] adj. – 1850 ◊ de *lénifier* ■ **1** MÉD. Qui lénifie. ➤ **calmant, lénitif.** ■ **2** FIG. Qui calme, apaise (en général en trompant). *Propos lénifiants. — Un climat lénifiant,* qui ôte toute énergie. ■ CONTR. Irritant.

LÉNIFIER [lenifje] v. tr. ‹7› – XIVe, rare avant XVIIe ◊ bas latin *lenificare* ■ **1** MÉD. Adoucir à l'aide d'un calmant (➤ **lénitif**). ■ **2** FIG. et LITTÉR. Calmer, apaiser. *Ce cœur que «mille baumes lénifient»* DUHAMEL. ■ CONTR. Échauffer, enflammer.

LÉNINISME [leninism] n. m. – 1917 ◊ de *Lénine* ■ Doctrine de Lénine, application politique du marxisme. — APPOS. *Le marxisme-léninisme.* — adj. et n. (1917) **LÉNINISTE.**

LÉNITIF, IVE [lenitif, iv] adj. – 1314 ◊ latin médiéval *lenitivus* ■ **1** MÉD. Adoucissant. *Propriétés lénitives. Remède lénitif.* n. m. *Le miel est un bon lénitif pour la gorge.* ■ **2** FIG. et LITTÉR. ➤ **apaisant, lénifiant.** *Des heures lénitives.*

LENT, LENTE [lɑ̃, lɑ̃t] adj. – 1080 ◊ latin *lentus* ■ **1** Qui manque de rapidité, met plus, trop de temps. ➤ **brady-.** *La tortue, animal lent. Véhicules lents. Il est lent, lent dans tout ce qu'il fait.* ➤ **lambin,** 1 **mou, traînard.** *Être lent à comprendre, à agir.* ➤ **long.** — PAR ANAL. *Avoir l'esprit lent :* ne pas comprendre vite. ➤ **endormi, engourdi, épais, paresseux.** PLAIS. *T'as le cerveau lent.* ♦ PAR EXT. *Mouvements lents et mesurés.* ➤ 2 **calme, posé.** *S'avancer à pas lents. Allure harmonieuse et lente.* ➤ **alangui, indolent, nonchalant.** — (1680) Se dit du pouls qui bat à un rythme au-dessous de la normale. ■ **2** Qui met du temps à agir, à opérer, à s'accomplir ; dont l'effet n'est pas rapide. *Justice lente. Les travaux sont très, trop lents. Une lente transformation. Sommeil lent. Mort lente. Combustion lente.* ■ CONTR. Accéléré, diligent, expéditif, hâtif, instantané, prompt, rapide. ■ HOM. Lente.

LENTE [lɑ̃t] n. f. – 1265 ◊ latin populaire °*lendis, itis*, latin classique *lens, lentis* ■ Œuf de pou. *Avoir des lentes dans les cheveux.* ■ HOM. Lente (lent).

LENTEMENT [lɑ̃tmɑ̃] adv. – 1165 ◊ de *lent* ■ D'une manière lente, d'un mouvement lent ; avec lenteur. ➤ **doucement ; lento.** *Rivière qui coule lentement. Marcher, rouler lentement. Machine qui tourne lentement.* ➤ **ralenti** (au ralenti). *Hâte*-toi lentement.* ■ CONTR. Vite.

LENTEUR [lɑ̃tœʀ] n. f. – 1355 ◊ de *lent* ■ **1** Fait d'être lent ; manque de promptitude, de rapidité, de vivacité. *La lenteur de l'escargot, de la tortue. Agir avec une sage lenteur* (cf. Prendre son temps*), *avec une lenteur excessive* (➤ **lambiner, traîner**). *Procéder avec lenteur. Lenteur à se décider. — Lenteur d'esprit.* ➤ **épaisseur, lourdeur, pesanteur.** ♦ PAR EXT. Caractère de ce qui est lent (à s'accomplir), de ce qui tarde (à arriver). *La désespérante lenteur des travaux. La lenteur du courrier.* ■ **2** AU PLUR. Actions, décisions lentes. *Les lenteurs de la procédure, de la justice. Des hésitations et des lenteurs.* ➤ **atermoiement, délai, retard, tergiversation.** ■ CONTR. Activité, célérité, diligence, empressement, 2 hâte, promptitude, rapidité, vivacité.

LENTICELLE [lɑ̃tisɛl] n. f. – 1825 ◊ variante savante de *lenticule* ■ BOT. Voie d'aération dans le liège des arbres, ayant l'aspect d'une petite tache poreuse à la surface des rameaux.

LENTICULAIRE [lɑ̃tikylɛʀ] adj. – 1314 ◊ latin *lenticularis* ■ DIDACT. Qui a la forme d'une lentille. ➤ **lentiforme.** *Verre lenticulaire.* — On dit aussi **LENTICULÉ, ÉE.**

LENTICULE [lɑ̃tikyl] n. f. – 1803 ; «lentille» 1556 ◊ latin *lenticula* → lentille ■ BOT. Plante *(lemnacées)* flottante ou submergée dans les eaux stagnantes, à petites feuilles rondes, appelée communément *lentille d'eau.*

LENTIFORME [lɑ̃tifɔʀm] adj. – 1775 ◊ du latin *lentis* et *-forme* ■ DIDACT. Qui a la forme d'une lentille. ➤ **lenticulaire.** *Éphélide lentiforme.* ➤ **lentille** (III).

LENTIGO [lɑ̃tigo] n. m. – 1832 ◊ mot latin, de *lens, lentis* «lentille» ■ MÉD. Petite tache cutanée pigmentée ronde ou lenticulaire (nævus), plus foncée et à contours plus nets que l'éphélide*, de nature congénitale. *Le grain de beauté est une forme particulière de lentigo. Des lentigos.*

LENTILLE [lɑ̃tij] n. f. – fin XIIe ◊ latin *lenticula*, diminutif de *lens, lentis* «lentille»

I ■ **1** Plante herbacée *(papilionacées)* aux gousses plates contenant deux graines arrondies. ♦ COUR. La graine comestible de la lentille, en forme de disque biconvexe. *Lentille commune, blonde ; lentille verte du Puy. Lentille corail. Saucisse, petit salé aux lentilles. — Ésaü vendit son droit d'aînesse contre un plat de lentilles.* ▪ **2** (par anal. d'aspect) **LENTILLE D'EAU.** ➤ **lenticule.** *Étang vert de lentilles d'eau.*

II ▪ **1** (1637 ◊ par anal. de forme) Substance réfringente transparente (verre, etc.) limitée par deux dioptres dont l'un au moins est courbe. *Lentille de verre. Lentille biconvexe, plan-convexe, biconcave, plan-concave. Les lentilles convexes sont convergentes, les lentilles concaves divergentes. Lentilles des instruments d'optique* (télescope, lunette, microscope). ➤ aussi **loupe.** *Les lentilles d'une paire de lunettes.* ➤ **verre.** *Lentilles (cornéennes) :* verres de contact. *« Elle portait des lunettes, une allergie aux yeux l'ayant empêchée de mettre ses lentilles »* C. CUSSET. *Lentille de Fresnel,* permettant de réaliser un large faisceau de lumière parallèle. ▪ **2** Dispositif (de forme quelconque) modifiant la convergence d'un rayonnement, d'un faisceau d'électrons, de corpuscules. *Lentille électronique, électrostatique, électromagnétique.*

III Éphélide lentiforme. *Lentilles brunes, rousses.* ➤ **grain** (de beauté), **lentigo, tache** (de rousseur).

LENTISQUE [lɑ̃tisk] n. m. – 1538 ; *lentisc* XIIIe ◊ ancien provençal, du latin *lentiscus* ▪ Arbuste des régions méditerranéennes *(anacardiacées),* à feuilles luisantes et à petits fruits noirâtres, voisin du pistachier. *Résine du lentisque.* ➤ **mastic.**

LENTO [lɛnto] adv. et n. m. – 1777 ◊ mot italien ▪ MUS. Avec lenteur (plus lentement que *adagio*). — n. m. *Des lentos.*

1 **LÉONIN, INE** [leɔnɛ̃, in] adj. – 1160 ◊ latin *leoninus* ▪ **1** Qui appartient au lion. *« En trois mois, la colonie léonine fut entièrement décimée »* HAMPATÉ BÂ. — Qui évoque le lion. *Mirabeau : « Son immense chevelure, sa tête léonine »* MICHELET. ▪ **2** (d'après le latin juridique *societas leonina*) *Société léonine :* société où tous les avantages sont pour un ou quelques-uns des associés, par allusion à la fable du « lion en société avec d'autres animaux ». — PAR ANAL. *Marché, partage léonin ; contrat léonin.* ➤ **abusif, injuste.** ▪ CONTR. Équitable, juste.

2 **LÉONIN, INE** [leɔnɛ̃, in] adj. – 1175 ◊ de *Léon,* poète ▪ Se dit d'un vers dont les hémistiches riment ensemble. — *Rime léonine :* rime très riche où deux, trois syllabes sont semblables.

LÉONURE [leɔnyʀ] n. m. – 1694 ◊ latin des botanistes *leonurus,* du latin *leo* « lion » et grec *oura* « queue » ▪ BOT. ➤ **agripaume.** *Le léonure est appelé queue-de-lion.*

LÉOPARD [leɔpaʀ] n. m. – XVIe ; *leupart* 1080 ◊ latin *leopardus,* de *leo* « lion » et *pardus* « panthère » ▪ **1** Panthère* d'Afrique. ♦ Fourrure de cet animal. *Manteau de léopard, en faux léopard.* — APPOS. INV. *Tenue léopard :* tenue de camouflage tachetée des militaires. *Tissu léopard,* imitant le pelage du léopard. *Des imprimés léopard.* ▪ **2** BLAS. Animal héraldique analogue au lion mais représenté « passant » (et non « rampant »), la tête de face. *Les léopards des armoiries de l'Angleterre.* ▪ **3** *Léopard de mer :* phoque carnivore des mers australes.

LÉPIDO- ▪ Élément, du grec *lepis, lepidos* « écaille ».

LÉPIDODENDRON [lepidɔdɛ̃dʀɔ̃] n. m. – 1828 ◊ de *lépido-* et du grec *dendron* « arbre » ▪ PALÉONT. Grand lycopode fossile arborescent de l'ère primaire.

LÉPIDOLITHE ou **LÉPIDOLITE** [lepidɔlit] n. m. – 1803, -1808 ◊ de *lépido-* et *-lithe (-lite)* ▪ MINÉR. Mica blanc ou rose violacé, qui constitue le principal minerai de lithium.

LÉPIDOPTÈRES [lepidɔptɛʀ] n. m. pl. – 1754 ◊ latin savant, de *lépido-* et *-ptère* ▪ ZOOL. Ordre d'insectes à deux paires d'ailes couvertes de minuscules écailles, possédant une longue trompe pour aspirer les aliments. ➤ **papillon** (COUR.). *Larve* (➤ **chenille**), *nymphe* (➤ **chrysalide**) *des lépidoptères.* — Au sing. *Un lépidoptère.* — adj. *Insecte lépidoptère.*

LÉPIDOSIRÈNE [lepidosiʀɛn] n. m. – *lepidosiren* 1873 ◊ de *lépido-* et *sirène* ▪ ZOOL. Poisson à double respiration pulmonaire et branchiale *(dipneustes),* qui vit dans les fleuves d'Amérique du Sud.

LÉPIDOSTÉE [lepidɔste] n. m. – 1875 ◊ latin des zoologistes *lepidosteus,* de *lépido-* et grec *osteon* « os » ▪ ZOOL. Poisson à museau très allongé des grands cours d'eau américains appelé communément *brochet-lance.* — On dit aussi **LÉPISOSTÉE.**

LÉPIOTE [lepjɔt] n. f. – 1816 ◊ du grec *lepion* « petite écaille, petite croûte » ▪ Champignon *(basidiomycètes)* dont une espèce, la coulemelle, est comestible.

LÉPISME [lepism] n. m. – 1808 ◊ latin savant, du grec *lepis* « écaille » ▪ ZOOL. Insecte aptère *(thysanoures),* au corps effilé couvert d'écailles argentées, communément appelé *poisson d'argent.*

LÈPRE [lɛpʀ] n. f. – *liepre* 1155 ◊ latin *lepra,* mot grec ▪ **1** Maladie infectieuse et contagieuse due au bacille de Hansen. ➤ VX **ladrerie.** *Nodules* (➤ **léprome**), *ulcérations, lésions trophiques et nerveuses de la lèpre. Malade atteint de la lèpre.* ➤ **lépreux.** ▪ **2** Ce qui ronge. *« des murailles grises, mangées d'une lèpre jaune »* ZOLA. ▪ **3** FIG. et LITTÉR. Tout mal qui s'étend et gagne de proche en proche. *La lèpre de l'ennui.*

LÉPREUX, EUSE [lepʀø, øz] adj. – *lepros* 1050 ◊ bas latin *leprosus* ▪ **1** Qui est atteint de la lèpre. *Femme lépreuse.* ➤ VX **ladre.** — n. *Cliquette des lépreux au Moyen Âge. Hôpital pour lépreux.* ➤ **léproserie.** ♦ Qui a rapport à la lèpre. *Tubercules, nodules lépreux.* ▪ **2** FIG. Qui présente une surface pelée, abîmée, sale. ➤ **galeux.** *Murs lépreux. « les édifices moisis, lépreux et noirs »* GAUTIER.

LÉPROLOGIE [lepʀɔlɔʒi] n. f. – v. 1970 ◊ de *lèpre* et *-logie* ▪ DIDACT. Étude de la lèpre. — n. **LÉPROLOGUE.**

LÉPROME [lepʀom] n. m. – 1888 ◊ de *lèpre* et *-ome* ▪ PATHOL. Petit nodule cutané caractéristique de la lèpre.

LÉPROSERIE [lepʀozʀi] n. f. – 1543 ◊ latin médiéval *leprosaria* ▪ Hôpital, hospice où l'on isole et soigne les lépreux. ➤ VX **ladrerie, maladrerie.**

LEPTE [lɛpt] n. m. – 1817 ◊ grec *leptos* « mince » ▪ ZOOL. Larve hexapode du trombidion*.

LEPTINE [lɛptin] n. f. – 1996 ◊ calque de l'anglais *leptin* (1995), de *lept(o)-* et suffixe chimique ▪ BIOCHIM. Hormone de nature protéique synthétisée par les adipocytes et impliquée dans la régulation de l'appétit. *Le déficit du gène récepteur de la leptine induit l'hyperphagie et l'obésité.*

-LEPTIQUE ▪ Élément, du grec *lêptikos* « qui prend » : *dysleptique, neuroleptique, psycholeptique,* etc.

LEPT(O)- ▪ Élément, du grec *leptos* « mince, fin » : *leptocéphale, leptospire.*

LEPTOCÉPHALE [lɛptɔsefal] n. m. – 1809 ◊ de *lepto-* et *-céphale* ▪ ZOOL. Larve de l'anguille et du congre, transparente et rubanée. ➤ **civelle.**

LEPTOLITHIQUE [lɛptɔlitik] n. m. et adj. – 1952 ◊ de *lepto-* et *-lithique* ▪ DIDACT. Période du paléolithique supérieur, caractérisée par un outillage de silex plus différencié et comportant des formes fines. *Le leptolithique correspond à l'âge du renne.*

LEPTOMÉNINGES [lɛptomenɛ̃ʒ] n. f. pl. – 1971 ◊ de *lepto-* et *méninge* ▪ ANAT. Les deux méninges molles du cerveau et de la moelle épinière : l'arachnoïde et la pie-mère. *Les leptoméninges et la dure-mère.*

LEPTON [lɛptɔ̃] n. m. – v. 1962 ◊ calque de l'anglais *lepton* (1948), de *lept(o)-* et *(electr)on* ▪ PHYS. Particule élémentaire légère (électron, muon, neutrino, etc.) qui ne subit pas d'interactions fortes (contrairement à l'hadron). *Quarks et leptons.* — adj. **LEPTONIQUE.**

LEPTOSPIRE [lɛptɔspiʀ] n. m. – 1945 ◊ de *lepto-* et *spire* ▪ BACTÉRIOL. Bactérie aérobie gram négative du groupe des spirochètes*, trouvée dans les piscines, les égouts et les eaux naturelles.

LEPTOSPIROSE [lɛptɔspiʀoz] n. f. – 1937 ◊ de *leptospire* et 2 *-ose* ▪ MÉD. Maladie infectieuse causée par des leptospires. *La leptospirose, maladie professionnelle des égoutiers.*

LEPTURE [lɛptyʀ] n. m. – 1770 ◊ de *lept(o)-* et grec *oura* « queue » ▪ ZOOL. Insecte coléoptère longicorne.

LEQUEL [ləkɛl], **LAQUELLE** [lakɛl], **LESQUELS, LESQUELLES** [lekɛl] pron. rel. et interrog. – 1080 ◊ composé de *le, la, les,* et *quel* ▪ Pronom relatif et interrogatif employé dans certains cas à la place de *qui**. REM. Avec les prép. *à* et *de, lequel* se contracte en *auquel, duquel, auxquels, desquels, auxquelles, desquelles.*

I pron. rel. ▪ **1** (Sujet) VX ➤ **qui.** *« Ne vois-tu pas le sang, lequel dégoutte à force »* RONSARD. ♦ MOD. DR. *« la rente ne pourra être remboursée qu'après un certain terme, lequel ne peut jamais excéder trente ans »* (CODE CIVIL). — LITTÉR. (pour éviter une équivoque) *« une sœur de Colin ; laquelle* [...] *le rendit très heureux »* VOLTAIRE. ▪ **2** COUR. (compl. ind.) *Le milieu dans lequel il vit. La personne à laquelle vous venez de parler,* à qui. *« Voilà donc la formule magique en laquelle se résument* [...]*»* DUHAMEL. *Il* *rencontra plusieurs parents, parmi lesquels son cousin Jean.* ➤ **dont.** *Le hasard sur le compte duquel on met bien des choses. Les amis avec le concours desquels* (ou *de qui*) *il a monté cette affaire.* ■ **3 adj. rel.** DR OU LITTÉR. *Vous serez peut-être absent, auquel cas vous me préviendrez.*

II pron. interrog. (représentant des personnes ou des choses qui viennent d'être ou vont être nommées) *Demandez à un passant, n'importe* lequel. « Votre ami est venu. – Lequel ? »* — (Avec un compl. déterminatif introduit par *de*) *Lequel des deux gagnera ?* ♦ ABSOLT, LITTÉR. Qu'est-ce qui ? ➤ 3 **que.** *« Lequel vaut mieux, mesdemoiselles, ou posséder ou espérer ? »* MUSSET.

LERCHE [lɛʀʃ] **adv.** – 1907 ; *lerché* 1905 ◊ altération de *cher* ■ ARG. **PAS LERCHE :** pas beaucoup (cf. Pas bézef*). *Ça fait pas lerche. Y en a pas lerche.*

LÉROT [leʀo] **n. m.** – 1547 ◊ diminutif de *loir* ■ Petit mammifère rongeur, frugivore, assez semblable au loir.

LES ➤ 1 et 2 **LE**

LÈS ➤ **LEZ**

LESBIANISME [lɛsbjanism] **n. m.** – 1844 ◊ de *lesbienne* ■ RARE Homosexualité féminine. ➤ **saphisme.** — On a dit aussi *lesbisme.*

LESBIEN, IENNE [lɛsbjɛ̃, jɛn] **adj.** et **n. f.** – 1549 ◊ de *Lesbos,* patrie de la poétesse Sapho

I adj. DIDACT. De Lesbos, île de la mer Égée.

II (par allus. aux mœurs que la tradition attribue à Sapho et à ses compatriotes) ■ **1 adj.** Relatif à l'homosexualité féminine. ➤ **gomorrhéen, saphique.** *L'amour lesbien. Festival du film gay et lesbien. La communauté lesbienne, gay, bisexuelle et transgenre.* ➤ **LGBT.** ■ **2 n. f.** (1666) Femme homosexuelle. ➤ **tribade ;** FAM. **goudou,** PÉJ. **gouine.** *Un couple de lesbiennes.*

LESBOPHOBIE [lɛsbɔfɔbi] **n. f.** – 1992 au Canada ◊ du radical de *lesbienne* et *-phobie* ■ DIDACT. Attitude d'hostilité, de discrimination envers les lesbiennes. — **adj.** et **n.** (1997) **LESBOPHOBE.**

LESDITS, LESDITES ➤ **DIT**

LÈSE- ■ Élément, tiré du latin dans l'expression *(crimen) læsæ majestatis* (➤ **lèse-majesté**), employé en composition dans *crime* (parfois *délit*) de *lèse-* (et subst. fém.) : crime (délit, etc.) qui consiste à attaquer, à léser... : *« Crime de lèse-humanité »* (d'Alembert), *de « lèse-liberté »* (Danton).

LÈSE-MAJESTÉ [lɛzmaʒɛste] **n. f.** – 1344 ◊ de *lèse-* et *majesté,* d'après le latin *crimen læsæ majestatis* ■ **1** HIST. *Crime de lèse-majesté :* atteinte à la majesté du souverain, attentat commis contre sa personne, son pouvoir, l'intérêt de l'État. ■ **2** PAR ANAL. Atteinte grave à qqch. ou à qqn de respectable. *« En toute œuvre vénérée, il y a lèse-majesté »* ALAIN. *Des lèse-majesté* (inv.) ou *des lèse-majestés.*

LÉSER [leze] **v. tr.** ⟨6⟩ – 1538 ◊ du latin *læsus,* p. p. de *lædere* « outrager, offenser » → lèse- ■ **1** Atteindre, blesser (qqn) dans ses intérêts, ses droits ; lui causer du tort. ➤ **désavantager, frustrer,** RÉGION. **prétériter.** (PASS.) *Il a été lésé par ses associés, dans le partage.* — PAR EXT. *Léser les droits, les intérêts de qqn.* ➤ **nuire** (à). — FIG. *Léser l'orgueil, l'amour-propre de qqn.* ➤ **blesser.** ■ **2** (CONCRET) MÉD. Blesser. ➤ **attaquer, atteindre, endommager ; lésion.** *La balle n'a lésé aucun organe vital.* — **p. p. adj.** *Organe gravement lésé.* ■ CONTR. Avantager.

LÉSINE [lezin] **n. f.** – 1604 ◊ italien *lesina* « alène », à propos d'avares qui raccommodaient eux-mêmes leurs souliers ■ VX OU LITTÉR. Épargne sordide jusque dans les plus petites choses. ➤ **avarice, ladrerie, lésinerie, pingrerie.** *« La sottise, l'erreur, le péché, la lésine, Occupent nos esprits et travaillent nos corps »* BAUDELAIRE. ■ CONTR. Générosité, prodigalité.

LÉSINER [lezine] **v. intr.** ⟨1⟩ – 1604 ◊ de *lésine* ■ Épargner avec avarice. *Lésiner sur tout :* ne dépenser que le strict minimum. ➤ **mégoter, regarder,** 1 **rogner.** *Il lésine sur tout ce qu'il achète* (➤ **chicaner**). *Ne pas lésiner sur l'éducation de ses enfants.*

LÉSINERIE [lezinʀi] **n. f.** – 1604 ◊ de l'italien *lesineria* ■ VIEILLI Acte de lésine ; caractère de la personne qui lésine. *Il est d'une lésinerie incroyable.* ➤ **radinerie.**

LÉSION [lezjɔ̃] **n. f.** – 1160 ◊ latin *læsio,* de *lædere* « léser » ■ **1** DR. Atteinte portée aux intérêts de qqn. ➤ **dommage, préjudice, tort.** — SPÉCIALT (dans un contrat) Préjudice matériel qui résulte, pour une partie exploitée par l'autre partie, de l'inégalité abusive des prestations du contrat. *Vente entachée de lésion. Rescision de la vente pour cause de lésion.* ■ **2** (1314) Modification de la structure normale d'une partie de l'organisme, à la suite d'une affection, d'un accident. *Lésion visible à l'œil nu, à l'examen microscopique.* ➤ **blessure, dégénérescence, inflammation, nécrose, plaie, ulcération.** *Lésion produite par un coup, un choc* (➤ **contusion, ecchymose, hématome**), *par une brûlure, par la lumière* (➤ **lucite**), *par le froid* (➤ **engelure, gelure**), *par les radiations. Lésion cancéreuse, tuberculeuse. Lésion cutanée, muqueuse, osseuse. Lésion cérébrale, pulmonaire. « Il avait un point douloureux au poumon droit, une lésion qui se cicatrisait lentement »* R. ROLLAND. *Étude des lésions.* ➤ **anatomopathologie.**

LÉSIONNEL, ELLE [lezjɔnɛl] **adj.** – 1921 ◊ de *lésion* ■ MÉD. Relatif à une lésion. ➤ **organique.** *Signe, syndrome lésionnel.* ■ CONTR. Anorganique, fonctionnel.

LESQUELS, LESQUELLES ➤ **LEQUEL**

LESSIVABLE [lesivabl] **adj.** – 1926 ◊ de *lessiver* ■ Qui peut être passé à la lessive sans altération de couleur, de dessins, etc. (tissus, revêtements plastiques, papiers peints). *Papier peint lavable mais non lessivable.*

LESSIVAGE [lesivaʒ] **n. m.** – 1779 ◊ de *lessiver* ■ Action de lessiver ; résultat de cette action. *Lessivage des murs, des parquets.* ♦ FIG. *J'ai dû « procéder à une révision des valeurs* [...] *Cela a été un lessivage en grand »* J.-R. BLOCH. ➤ **nettoyage.**

LESSIVE [lesiv] **n. f.** – 1270 ◊ bas latin *lixiva,* de *lix,* ou *lixa* « eau pour la lessive »

I ■ **1** Solution alcaline destinée aux lavages et nettoyages ménagers (linge, tissus) ou industriels. *Mettre du linge à la lessive. Un baquet de lessive.* ♦ TECHN. Solution aqueuse de soude (à 30 %) utilisée dans la fabrication du savon *(lessive des savonniers).* — CHIM. *Lessive alcaline :* solution aqueuse d'un hydroxyde alcalin (potasse, soude, etc.). ■ **2** (1926) Substance alcaline (liquide ou en poudre), destinée à être dissoute dans l'eau pour le lavage du linge. ➤ **détersif.** *Un paquet, un baril de lessive.*

II (1465) ■ **1** Action de lessiver, de laver le linge. ➤ **blanchissage, lavage.** *Faire la lessive dans une buanderie, une laverie, au lavoir. Faire la lessive dans une lessiveuse, une machine à laver.* ♦ FIG. Opération visant à nettoyer, à assainir un milieu corrompu. ■ **2** Linge qui doit être lavé (« linge sale »), ou qui vient d'être lavé. ➤ RÉGION. **brassée.** *Mettre une chemise à la lessive* (cf. FAM. Au sale*). *Étendre la lessive. « Des lessives multicolores dansant sur leurs cordes »* C. SIMON.

LESSIVER [lesive] **v. tr.** ⟨1⟩ – 1300 ◊ de *lessive* ■ **1** VIEILLI Nettoyer (du linge) à l'aide de lessive. ➤ **blanchir, laver.** ■ **2** (1792) MOD. Nettoyer à l'aide d'une solution détersive. *Lessiver les murs avant de repeindre. En Hollande « on voit des servantes lessiver les trottoirs »* TAINE. ■ **3** CHIM. Traiter (un corps, une substance) par l'eau pour en éliminer les parties solubles (➤ **lixiviation**). ■ **4** FIG. (1866) FAM. Dépouiller (son adversaire au jeu). ➤ **nettoyer, rincer.** Éliminer d'une compétition, d'un poste. *Il s'est fait lessiver en moins de deux.* PAR EXT. *Être lessivé,* épuisé, très fatigué.

LESSIVEUSE [lesivøz] **n. f.** – 1892 ◊ de *lessiver* ■ **1** Récipient tronconique en métal muni d'un tube central dans lequel la vapeur chasse la solution alcaline, qu'un capuchon percé de trous (champignon) répand en nappe sur le linge. *La machine à laver a remplacé la lessiveuse.* ■ **2** FAM. Affaire servant à blanchir l'argent sale. *« le club c'est juste une lessiveuse, une machine à blanchir le pognon »* O. ADAM.

LESSIVIEL, IELLE [lesivjɛl] **adj.** – 1951 ◊ de *lessive* ■ Relatif à la lessive. *Produit lessiviel :* détersif* employé dans le blanchissage (cristaux de carbonate de sodium, lessives*, savons, poudres).

LESSIVIER [lesivje] **n. m.** – 1845 « personne qui fait la lessive » ◊ de *lessive* ■ COMM. Fabricant, vendeur de produits détersifs.

LEST [lɛst] **n. m.** – 1208 ◊ néerlandais *last,* frison *lest* ■ **1** Poids dont on charge un navire pour en abaisser le centre de gravité et en assurer ainsi la stabilité (➤ **charge,** 1 **estive**). *Sacs de sable, cailloux, pierres, gueuses de métal, eau des ballasts, formant le lest.* — MAR. *Partir, retourner, être sur son lest,* se dit d'un navire qui n'a pas de cargaison, de chargement. ■ **2** Corps pesant (généralement sacs de sable) que les aéronautes emportent pour régler le mouvement ascensionnel de l'aérostat. *Jeter du lest.* ➤ **délester.** — LOC. FIG. *Jeter, lâcher du lest :* faire des concessions pour éviter une catastrophe, un échec ou pour rétablir une situation compromise. ■ HOM. Leste.

LESTAGE [lɛstaʒ] **n. m.** – 1681 ; «droit payé par les navires pour leur chargement» 1369 ◊ de *lester* ■ Action de lester (un navire, un ballon) ; son résultat. ■ **CONTR.** Délestage.

LESTE [lɛst] **adj.** – XVe ; aussi «bien équipé, élégant» XVIe et XVIIe ◊ italien *lesto* ■ **1** Qui a de la souplesse, de la légèreté dans les mouvements. ➤ **agile, 2alerte, léger, souple, vif.** *Vieillard encore leste. Se sentir leste et dispos.* ➤ **allègre.** *L'écureuil est «leste, vif, très alerte»* BUFFON. LOC. *Avoir la main leste* : être prompt à frapper, à gifler. ■ **2** Irrespectueux. ➤ **cavalier, désinvolte.** ■ **3** Qui dépasse la réserve prescrite par les conventions sociales. ➤ **2cru, 1gaillard, gaulois, grivois, hardi, libre, licencieux, osé.** *Plaisanteries un peu lestes sans être vulgaires, obscènes.* «*Se méfier des citations en latin ; elles cachent toujours quelque chose de leste*» FLAUBERT. ■ **CONTR.** Lourd, lourdaud, maladroit. Grave, sérieux. ■ **HOM.** Lest.

LESTEMENT [lɛstəmɑ̃] **adv.** – 1605 ◊ de *leste* ■ Avec souplesse et légèreté. ➤ **légèrement.** *Il «tourna lestement sur lui-même»* BALZAC.

LESTER [lɛste] **v. tr.** ⟨1⟩ – 1366 ◊ de *lest* ■ **1** MAR. Garnir, charger (un navire) de lest. — **p. p. adj.** *Navire lesté* (opposé à *lège*). ♦ *Lester un ballon.* ■ **2** FIG. et FAM. Charger, munir, remplir. *Lester son estomac, ses poches. Se lester l'estomac.* ➤ **2caler.** *Être lesté* : avoir l'estomac plein. ■ **CONTR.** Alléger, délester.

LET [lɛt] **adj. inv.** – 1891 ◊ mot anglais, d'abord «obstacle» ■ ANGLIC. Au tennis et au ping-pong, Se dit d'une balle d'engagement qui touche le filet et retombe dans le camp adverse. *La balle est let.* ➤ **1net.** — **interj.** *Let !* Recomm. offic. *Filet !* ■ **HOM.** Laite.

LÉTAL, ALE, AUX [letal, o] **adj.** – 1495 ◊ latin *letalis* «mortel» ■ DIDACT. Qui provoque la mort. *Gène létal,* responsable d'une anomalie qui entraîne la mort de la cellule sexuelle, de l'œuf fécondé, de l'embryon ou d'un individu après la naissance. *Agent létal.* — *Dose létale d'un produit toxique* (➤ **overdose**), *d'un rayonnement ionisant.* ➤ **mortel.** *Arme létale,* conçue pour que la cible soit tuée. *Le flash-ball est une arme non létale.*

LÉTALITÉ [letalite] **n. f.** – *léthalité* 1814 ◊ de *létal* ■ MÉD. Risque d'entraîner la mort (pour une maladie, etc.). *Taux de létalité.*

LETCHI ➤ **LITCHI**

LÉTHARGIE [letaʀʒi] **n. f.** – *lithargie* XIIIe ◊ bas latin d'origine grecque *lethargia* ■ **1** État pathologique caractérisé par un sommeil profond et prolongé dans lequel les fonctions de la vie semblent suspendues. ➤ **sommeil ; catalepsie, 1mort** (apparente), **torpeur.** *Tomber en léthargie. Sortir de sa léthargie. Léthargie hypnotique.* ➤ **hypnose.** ■ **2** (1652) État d'abattement profond. ➤ **apathie, atonie, prostration, torpeur.** FIG. «*ces temps où la poésie dramatique était en complète léthargie*» HENRIOT. ■ **CONTR.** Activité, vitalité.

LÉTHARGIQUE [letaʀʒik] **adj.** – 1325 ◊ latin *lethargicus* ■ **1** Qui tient de la léthargie. *État, sommeil léthargique.* ■ **2** (PERSONNES) Qui est atteint de léthargie. *Il est un peu léthargique.* ➤ **apathique, endormi.** **n.** *Un, une léthargique.*

LETTON, ONE [letɔ̃, ɔn] **adj.** et **n.** – 1845 ◊ allemand *Lette* ■ De Lettonie, pays balte. *Le peuple letton.* ♦ **n.** *Les Lettons.* — **n. m.** *Le letton* : langue indo-européenne, du groupe baltique, dit aussi *lettique, lette.* ■ **HOM.** poss. Laiton.

LETTRAGE [letʀaʒ] **n. m.** – 1873 ◊ de *lettre* ■ **1** Action de disposer les lettres (sur un plan, un schéma...). *Faire le lettrage d'une carte, d'une enseigne.* — Ensemble des lettres ainsi disposées. «*le lettrage immense des offres promotionnelles*» O. ADAM. ■ **2** COMPTAB. Affectation d'une lettre à des lignes comptables, qui servira lors du rapprochement d'écritures.

LETTRE [lɛtʀ] **n. f.** – début XIIe ◊ du latin *littera* «signe graphique» et, au pluriel, «missive», «ouvrage», «culture», ce dernier sens étant continué en français jusqu'au XVIe s.

I SIGNE GRAPHIQUE ■ **1** (milieu XIIe) Signe graphique qui, employé seul ou combiné avec d'autres, représente, dans la langue écrite (écriture alphabétique, syllabique), un phonème ou un groupe de phonèmes. ➤ **caractère, graphème.** *Les 26 lettres de l'alphabet français. Double lettre* (ex. tt, mm). *Groupe de deux, trois lettres représentant un seul son* (ex. *ou, ph, sch* en français). ➤ **digramme, trigramme.** *Lettres et accents*. Les lettres d'un mot* (➤ **épeler**), *d'un sigle*.* «*Les lettres sont en elles-mêmes tout à fait inoffensives tant que quelqu'un ne se mêle pas d'en faire des mots*» CALAFERTE. *Lettre initiale du nom, du prénom* (➤ **chiffre, initiale, monogramme**). *Code comportant des lettres et des chiffres.* ➤ **alphanumérique.** — FAM. (PAR EUPHÉM.) *Les cinq* lettres.* — (Aspect, forme) *Lettre majuscule, minuscule. Déliés, hampe, jambages, pleins, queue d'une lettre. Lettre capitale*.* — LOC. *En toutes lettres* : sans abréviation (cf. Au long*). *Nombre écrit en toutes lettres,* écrit avec des mots et non avec des chiffres, pour plus de clarté. AU FIG. Nettement. «*ma disgrâce était écrite en toutes lettres sur mon visage*» DUHAMEL. — *Gravé en lettres d'or* : digne d'être gardé toujours présent en mémoire. ■ **2** (1486) IMPRIM. Caractère typographique représentant une des lettres de l'alphabet. *Le corps d'une lettre. Titre en grosses lettres. Lettres italiques. Lettres des touches d'un clavier.* ■ **3** VX Phonème représenté par le caractère alphabétique. ➤ **consonne, voyelle ; semi-consonne.** *Lettre muette. Lettre qui se lie à une autre.*

II AU SING. COLLECT. LA LETTRE. LES MOTS EXACTS D'UN TEXTE ■ **1** (milieu XIIe) Les mots qui composent un texte ; ce texte. — LOC. **LETTRE MORTE :** texte qui n'a plus de valeur juridique, d'autorité officielle ; FIG. inutile, sans effet. *Tous mes conseils sont restés lettre morte.* ■ **2** (1794) GRAV. Inscription, légende qu'on met au bas d'une estampe pour en indiquer le sujet. *Épreuve avant la lettre,* tirée avant qu'on n'imprime la lettre. — LOC. FIG. (1858) *Avant la lettre* : avant l'état définitif, l'époque du complet développement. «*L'enfant, c'est l'homme avant la lettre*» A. D'HOUDETOT. ■ **3** (fin XIIe) Le sens strict des mots (d'un texte) (➤ **littéral**) ; l'expression formelle de la pensée d'un auteur. *La lettre de la loi. La lettre et l'esprit* : la forme et le contenu. «*La lettre tue, l'esprit vivifie*» SAINT PAUL. ♦ LOC. (fin XIIIe) **À LA LETTRE ; AU PIED DE LA LETTRE :** au sens propre, exact du terme. ➤ **exactement, proprement, véritablement.** «*Ce qui se passe là est quelque chose de si tragiquement ridicule que Vladimir en est à la lettre paralysé de stupeur*» Z. OLDENBOURG. *Prendre une expression à la lettre, au pied de la lettre* : dans son sens littéral, strict, étroit (➤ **littéralement, stricto sensu**) ou au sérieux. — *Il suit son régime à la lettre,* scrupuleusement, rigoureusement.

III TEXTE ADRESSÉ À QUELQU'UN ■ **1** (fin XIIe) Écrit que l'on adresse à qqn pour lui communiquer qqch. ➤ **épître, message, missive, 1pli ;** FAM. **babillarde, bafouille, poulet.** *Écrire une lettre. Un bout de lettre.* ➤ **billet, mot.** *Par cette lettre.* ➤ **1présent** (la présente). *Lettre dactylographiée, manuscrite ; autographe. Signature* (➤ **souscription**), *post-scriptum* au bas d'une lettre. Envoyer une lettre à l'adresse de qqn* (➤ **suscription**). — *Lettre adressée à un groupe de personnes.* ➤ **circulaire.** *Vente par lettres.* ➤ **publipostage ; mailing** (ANGLIC.). *Échanger des lettres.* ➤ **correspondre ; correspondance.** *Recevoir des lettres.* ➤ **courrier.** *Accuser réception d'une lettre. Répondre à une lettre. Papier à lettres.* — *Style des lettres.* ➤ **épistolaire.** «*écrire une lettre d'amour* [...] *aucun genre épistolaire n'est moins difficile : il n'y est besoin que d'amour*» RADIGUET. *Lettre de rupture. Lettre anonyme. Lettre qui annonce une naissance, un mariage, un deuil.* ➤ **faire-part.** *Lettre de condoléances. Lettre de remerciement. Lettre de recommandation. Lettre de motivation* (d'un candidat à un poste). *Lettre de château* : lettre de remerciement aux personnes chez qui on a fait un séjour. — *Affranchir une lettre.* — *Boîte* aux lettres.* «*Ce fut d'une main fébrile, mais en somme comme résolue, que je jetai la lettre à la boîte*» VERLAINE. ➤ **2poster.** *Facteur qui apporte des lettres.* — *Lettre exprès, par avion* (➤ **aérogramme**). *Nos lettres se sont croisées. Lettre recommandée. Lettre urgente.* ➤ **dépêche.** ♦ LOC. FAM. (1825) *Passer comme une lettre à la poste,* facilement et sans incident ; être facilement digéré (aliment, repas) ; être facilement admis. «*Bref, la matinée a passé comme une lettre à la poste*» R. GUÉRIN. *Excuse qui passe comme une lettre à la poste.* ♦ (1835) **LETTRE OUVERTE :** article de journal, rédigé en forme de lettre et généralement de caractère polémique ou revendicatif. *Lettre ouverte au président de la République.* ■ **2** (début XIIIe) Écrit officiel. — HIST. *Lettre de cachet*, de grâce, de jussion*, de naturalisation*, de rémission*. Lettres patentes*. Lettres de noblesse*.* — DIPLOM. *Lettres de créance,* qui accréditent un diplomate (➤ **accréditation**). — ADMIN. *Lettre missive*. Lettre de service, lettre ministérielle,* indiquant à un officier le commandement particulier qu'il est appelé à tenir. *Lettre de marque* : commission délivrée en temps de guerre par l'État au capitaine d'un navire armé. *Lettre de mer.* ➤ **passeport.** ♦ SPÉCIALT Document officialisant un acte commercial, certains actes juridiques, une opération financière. DR. TRAV. *Lettre d'embauche. Lettre de licenciement, de démission.* — COMM. *Lettre d'avis,* informant le destinataire de l'arrivée d'un colis. *Lettre d'information* : recomm. offic. pour *newsletter.* ➤ RÉGION. **infolettre.** — *Lettre de transport,* document constatant un contrat de transport de marchandises. ➤ **récépissé.** *Lettre de transport aérien, maritime* (➤ aussi

connaissement). *Lettre de voiture internationale*, concernant un acheminement ferroviaire international. ♦ BANQUE *Lettre de crédit*, par laquelle une banque accrédite un client afin qu'il puisse retirer des fonds auprès d'une succursale ou d'un correspondant. *Lettre de garantie*, garantissant l'exécution des obligations du vendeur. — (1671) **LETTRE DE CHANGE** : effet de commerce par lequel une personne (le *tireur*) donne ordre à un débiteur (le *tiré*) de payer une certaine somme d'argent, à échéance déterminée, à une autre personne (le *preneur* ou *bénéficiaire*) dont elle est elle-même débitrice, ou à son ordre. ➤ **billet (à ordre), traite.** *Émettre une lettre de change.*

IV AU PLUR. **LES LETTRES. LA LITTÉRATURE** ▪ **1** (1538) VIEILLI La culture littéraire. *Avoir des lettres* (➤ **lettré**). *Les belles-lettres* (VX), ou ABSOLT *les lettres*. ➤ **littérature ; humanités.** ♦ MOD. *Académie des inscriptions et belles-lettres. Chevalier des arts et des lettres.* — *Homme, femme de lettres* (1570), personne qui fait profession d'écrire. ➤ **écrivain.** *Société des gens de lettres.* ▪ **2** (1671) La littérature, la philologie, la philosophie, l'histoire, la géographie, les langues, par opposition aux sciences. *Faire des études de lettres* (➤ **littéraire**). *Une licence de lettres classiques*, comprenant grec et latin, *de lettres modernes*, comprenant des langues vivantes. *(La classe de) lettres supérieures.* ➤ **hypokhâgne.** *Docteur ès lettres.*

LETTRÉ, ÉE [letʀe] adj. – 1190 ◊ latin *litteratus* ▪ Qui a des lettres (IV), de la culture, du savoir. ➤ **cultivé, érudit, humaniste, savant.** — n. *Un lettré, les lettrés.* ➤ **clerc.** ▪ CONTR. Illettré ; ignare, ignorant.

LETTRE-TRANSFERT [lɛt(ʀə)tʀɑ̃sfɛʀ] n. f. – avant 1979 ◊ de *lettre* et *transfert* ▪ Caractère graphique pouvant se reporter sur un matériau lisse par pression et frottement. *Des lettres-transferts.*

LETTRINE [letʀin] n. f. – 1762 ; « petite lettre » 1625 ◊ italien *letterina* ▪ IMPRIM. ▪ **1** Groupe de lettres majuscules placé en haut de chaque colonne ou de chaque page dans un dictionnaire alphabétique, pour indiquer les initiales des mots qui y figurent. ▪ **2** (1889) Lettre, ornée ou non, placée au commencement d'un chapitre ou d'un paragraphe (en général plus grosse que le reste du texte).

LETTRISME [letʀism] n. m. – 1945 ◊ de *lettre* ▪ École littéraire d'avant-garde, qui préconise l'emploi d'onomatopées dans des poèmes dénués de sens, les signes idéographiques, etc. — n. et adj. **LETTRISTE.**

1 **LEU** [lø] n. m. – XIe ◊ forme ancienne de *loup*, latin *lupus* ▪ LOC. *À la queue* leu leu.*

2 **LEU** [lø], plur. **LEI** [lɛ] n. m. – 1876 ◊ mot roumain ▪ Unité monétaire de la Roumanie et de la Moldavie. ▪ HOM. du plur. Lai, laid, laie, lais, lait, laye, legs, lez.

LEUCANIE [løkani] n. f. – 1842 ◊ latin savant *leucania* ▪ Insecte lépidoptère *(noctuidés)*, noctuelle* dont la chenille vit sur les graminées.

LEUCÉMIE [løsemi] n. f. – 1856 ; *leukémie* 1855 ◊ de *leuc(o)-* et *-émie*, d'après l'allemand *Leukämie* (1845) ▪ Maladie très grave caractérisée par une prolifération massive de leucocytes et de leurs précurseurs dans la moelle osseuse et une augmentation des leucocytes dans le sang. *La leucémie est un cancer des cellules du sang. Leucémie aiguë, chronique.*

LEUCÉMIQUE [løsemik] adj. et n. – 1856 ◊ de *leucémie* ▪ Relatif à la leucémie. *État leucémique.* ♦ Qui est atteint de leucémie. *Un enfant leucémique.* — n. *Un, une leucémique.*

LEUCINE [løsin] n. f. – 1832 ◊ de *leuc(o)-* et *-ine* ▪ BIOCHIM. Acide aminé essentiel, l'un des vingt constituants des protéines. ➤ **isoleucine.**

LEUCITE [løsit] n. f. et m. – 1796 ◊ de *leuc(o)-* et *-ite* ▪ **1** n. f. MINÉR. Silicate de potassium et d'aluminium, blanc à l'éclat vitreux, que l'on trouve dans les roches volcaniques. ▪ **2** n. m. (1890) BOT. ➤ **plaste.**

LEUC(O)- ▪ Élément, du grec *leukos* « blanc ».

LEUCOCYTAIRE [løkositɛʀ] adj. – 1897 ◊ de *leucocyte* ▪ IMMUNOL. Qui concerne les leucocytes. *Formule leucocytaire* : taux des différents leucocytes contenus dans 1 mm^3 de sang.

LEUCOCYTE [løkɔsit] n. m. – 1855 ◊ de *leuco-* et *-cyte* ▪ IMMUNOL. Globule blanc du sang, arrondi et pourvu d'un noyau. *Leucocytes polynucléaires*, présentant des granulations cytoplasmiques. ➤ **granulocyte ; basophile, éosinophile, neutrophile.** *Leucocytes mononucléaires.* ➤ **lymphocyte, monocyte.**

LEUCOCYTOSE [løkɔsitoz] n. f. – 1863 ◊ de *leucocyte* et 2 *-ose* ▪ MÉD. Augmentation anormale du nombre de globules blancs dans le sang ou dans une sérosité.

LEUCODYSTROPHIE [løkodistʀɔfi] n. f. – 1933 ◊ de *leuco-* et *dystrophie* ▪ MÉD. Affection caractérisée par un processus de démyélinisation du système nerveux central et périphérique, entraînant la paralysie des fonctions vitales.

LEUCOME [løkom] n. m. – 1750 ◊ bas latin *leucoma* ▪ **1** MÉD. Tache blanche sur la cornée de l'œil, provoquée par une plaie, une ulcération (➤ **albugo, néphélion**). ▪ **2** (fin XIXe) ZOOL. Sous-genre de liparis comprenant des bombyx blanchâtres dont les chenilles dévastent les peupliers.

LEUCOPÉNIE [løkɔpeni] n. f. – v. 1900 ◊ de *leuco-* et du grec *penia* « pauvreté » ▪ MÉD. Diminution du nombre des leucocytes du sang (➤ **agranulocytose, lymphopénie**). *La leucopénie féline.*

LEUCOPLASIE [løkɔplazi] n. f. – 1900 ◊ de *leuco-* et *-plasie* ▪ MÉD. Transformation d'une muqueuse (spécialement buccale ou linguale) dont l'épithélium se kératinise.

LEUCOPOÏÈSE [løkɔpɔjɛz] n. f. – 1907 ◊ de *leuco-* et du grec *poiêsis* « création, formation » ▪ IMMUNOL. Processus de formation des leucocytes. — adj. **LEUCOPOÏÉTIQUE.**

LEUCORRHÉE [løkɔʀe] n. f. – 1784 ◊ grec des médecins *leukorrhein* ▪ MÉD. Écoulement vulvaire blanchâtre, parfois purulent (SYN. COUR. Pertes* blanches).

LEUCOSE [løkoz] n. f. – 1855 ◊ de *leuco(cyte)* et 2 *-ose* ▪ MÉD. Prolifération leucocytaire (excès des fonctions de la moelle osseuse). ➤ **leucémie.** *Leucose des oiseaux.*

LEUCOTOMIE [løkɔtɔmi] n. f. – après 1935 ◊ de *leuco-* et *-tomie* ▪ CHIR. Lobotomie* partielle.

LEUDE [lød] n. m. – *leud* 1569 ; *leudien* XIVe ◊ latin médiéval *leudes*, francique °*leudi*, plur. « gens », de même origine que l'allemand *Leute* ▪ HIST. Chez les Germains et les Francs, Grand vassal attaché à la personne du chef, du roi. ➤ **antrustion.** *Le roi et ses leudes.*

1 **LEUR** [lœʀ] pron. pers. inv. – XIe ◊ latin *illorum* « d'eux », génitif plur. de *ille* ▪ Pronom personnel complément d'objet indirect de la troisième personne du pluriel des deux genres : à eux, à elles. *Les services que nous leur rendons. Je le leur dirai. Nous leur en donnerons. C'est pour leur être agréable.* ▪ HOM. Leurre.

2 **LEUR** [lœʀ] adj. poss. et pron. poss. – XIe ◊ de 1 *leur* ▪ **1** Adjectif possessif de la 3e personne des deux genres se rapportant à plusieurs possesseurs. Qui est (sont) à eux, à elles. *Les parents et leurs enfants. Les arbres perdent leurs feuilles. Elles ont mis leur montre, leurs montres. C'est leur droit.* ▪ **2** pron. poss. (XIe) **LE LEUR, LA LEUR, LES LEURS.** Celui, celle (ceux ou celles) qui est (sont) à eux, à elles. *Ma fille et la leur vont à l'école ensemble. Faites vous-même votre travail, ils ont assez du leur.* — LOC. *Ils y mettent** (I) *du leur.* ♦ *Les leurs* : leurs parents, leurs compagnons, les membres du même groupe social, du même parti. ➤ **sien.** « *j'étais un des leurs, un familier* » MICHELET. — PAR EXT. *Des leurs* : chez eux, dans leur intimité. *J'étais des leurs dimanche dernier à dîner.* ▪ **3** ATTRIBUT (LITTÉR.) « *cette richesse qui était leur* » DUTOURD.

LEURRE [lœʀ] n. m. – 1388 ; *loerre, loire* v. 1200 ◊ francique °*lôthr* « appât » ▪ **1** Morceau de cuir rouge en forme d'oiseau auquel on attachait un appât pour faire revenir le faucon sur le poing. *Dresser un oiseau au leurre.* — PÊCHE Amorce factice munie d'un hameçon. ♦ MILIT. Objet destiné à simuler la présence de cibles dans les détecteurs (radar, infrarouge, etc.) de l'armée adverse. ▪ **2** FIG. VX Artifice qui sert à attirer qqn pour le tromper. ➤ **piège.** ♦ PAR EXT. (XVIe) MOD. Ce qui abuse, trompe. ➤ **duperie, illusion, imposture, tromperie.** *Cet espoir n'est qu'un leurre.* « *Le dogme de la solidarité internationale n'avait été qu'un leurre* » MARTIN DU GARD. ▪ HOM. Leur.

LEURRER [lœʀe] v. tr. ‹1› – 1373 ; *loirier* 1220 ◊ de *leurre* ▪ **1** Faire revenir (le faucon) en lui présentant le leurre. ▪ **2** (1609) FIG. et COUR. Attirer (qqn) par des apparences séduisantes, des espérances vaines. ➤ **bercer, bluffer, duper*, endormir, enjôler, flatter.** *Pourquoi les avoir leurrés par de faux espoirs ? Se laisser leurrer.* — v. pron. **SE LEURRER.** ➤ **s'illusionner.** *Il ne faut pas se leurrer. Ne te leurre pas sur ses sentiments.* ▪ CONTR. Désabuser, détromper.

LEV [lɛv ; lɛf], plur. **LEVA** [leva] n. m. – 1922 ◊ mot bulgare ▪ Unité monétaire bulgare. ▪ HOM. Lève.

LEVAGE [ləvaʒ] **n. m.** – 1660 ; «droit sur les bestiaux» 1289 ◇ de 1*lever* ■ **1** Action de lever, de soulever. *Levage et manutention des fardeaux.* ➤ **chargement.** *Appareils de levage :* ascenseur, bigue, cabestan, chargeur, chèvre, cric, derrick, élévateur, escalier* roulant, grue, monte-charge, moufle, palan, plan* incliné, pont* roulant, portique, poulie, sapine, transporteur, treuil, vérin. *Mât de levage.* ■ **2** Action de lever par la fermentation, l'ébullition. *Le levage de la pâte.*

LEVAIN [ləvɛ̃] **n. m.** – 1130 ◇ latin *levamen* «soulagement», p.-ê. «levain» en latin populaire, de *levare* «lever» ■ **1** Pâte de farine qu'on a laissée fermenter ou qu'on a mélangée à de la levure. *Le levain sert en boulangerie à faire lever le pain. Pain au levain. Pain sans levain.* ➤ **azyme.** ■ **2** (XIIe) FIG. Ce qui est capable d'exciter, d'aviver (les sentiments, les passions, les idées). ➤ **ferment, germe.** *Un levain de vengeance.*

LEVALLOISIEN, IENNE [ləvalwazjɛ̃, jɛn] **adj. et n. m.** – 1931-1932 ◇ de *Levallois-Perret* ■ DIDACT. Se dit de l'industrie et de la culture du paléolithique moyen. ➤ **moustérien.** *Éclats levalloisiens :* éclats de pierre larges et plats. — **n. m.** *Le levalloisien.*

LEVANT, ANTE [ləvɑ̃, ɑ̃t] **adj. et n. m.** – 1080 ◇ de 1*lever* **A.** ■ **1** Qui se lève, en parlant du soleil. *Soleil levant. Au soleil levant :* à l'aurore. — RARE *«dans la clarté douteuse de cette lune levante»* PERGAUD. ♦ **n. m.** (v. 1260) Côté de l'horizon où le soleil se lève. ➤ **est, orient.** *Du levant au couchant.* — PAR EXT. (1528) VIEILLI *Le Levant :* les pays, les régions qui sont au levant (par rapport à la France), et SPÉCIALT les régions de la Méditerranée orientale. ➤ **orient.** *Peuples du Levant.* ➤ **levantin.** *Les échelles* du Levant.* ■ **2** *Pont levant,* dont le tablier se relève verticalement.

B. Qui fait lever (II, 2°) la pâte. *Farine levante,* qui contient de la levure. ■ CONTR. Couchant. Occident, ouest. Ponant.

LEVANTIN, INE [ləvɑ̃tɛ̃, in] **adj. et n.** – 1575 ◇ de *levant* ■ VIEILLI Qui est originaire des côtes de la Méditerranée orientale. *Les peuples levantins.* **n.** *Un Levantin. Les Levantins.*

LÈVE [lɛv] **n. f.** – 1873 ; «pièce qui soulève» 1788 ; «pièce du jeu de mail» 1611 ◇ de 1*lever* ■ TECHN. Tissage par le mouvement ascendant des lices. ■ HOM. Lev.

LEVÉ, ÉE [l(ə)ve] **adj. et n. m.** – de 1*lever*

I **adj.** ■ **1** Mis plus haut, en haut. ➤ **haussé.** *Poing levé. Voter à main levée.* — LOC. *Au pied levé :* sans préparation, par surprise. ➤ **impromptu.** ■ **2** Dressé. *Pierre levée.* ➤ **menhir.** ■ **3** (PERSONNES) Sorti du lit. ➤ **debout.** *Déjà levé !* — (Belgique) LOC. FAM. *Être bien, mal levé,* de bonne, de mauvaise humeur*.

II **n. m.** ■ **1** MUS. Action de lever la main, le pied, en battant la mesure ; temps sur lequel on lève la main, le pied (opposé à *frappé*). ■ **2** Action de lever, de dresser un plan ; ce plan. ➤ 2**lever.** *Levé à la chaîne et à la boussole, par triangulation. Levés de terrain.*

■ CONTR. 1Bas ; baissé.

LEVÉE [l(ə)ve] **n. f.** – v. 1200 «digue» ◇ de 1*lever*

I Remblai (de terre, de pierres, de maçonnerie). ➤ **chaussée, digue.** *«À travers les étangs partait une levée de terre»* BOSCO. — GÉOL. *Levée alluviale :* alluvions formant un bourrelet le long du lit d'un cours d'eau.

II ■ **1** (1530) VX Action de lever. — MOD. LOC. *Levée de boucliers*.* ■ **2** DIDACT. (dans quelques emplois) Action d'enlever, de retirer. DR. *Levée des scellés.* — *La levée du corps :* l'enlèvement du corps du défunt à la maison mortuaire ; cérémonie qui s'y déroule devant le cercueil. — PAR EXT. *Levée d'un siège, d'un blocus.* ➤ **cessation.** *Levée de séance. Levée d'écrou.* ➤ **libération.** ♦ FIG. Suppression. *Levée d'option,* action de la confirmer (en se portant fermement acquéreur, vendeur). — PSYCHAN. *Levée des défenses, des résistances.* ■ **3** Action de recueillir, de prélever (dans quelques emplois). Action de retirer les lettres de la boîte publique où elles ont été jetées. *La levée du matin est faite. Heures des levées.* PAR EXT. Les lettres recueillies à chaque levée. — Action de prendre, de ramasser les cartes lorsqu'on gagne un coup. PAR EXT. Les cartes elles-mêmes. ➤ **main,** 1**pli.** — COMM. *Levée de compte :* prélèvement effectué par un commerçant sur sa propre caisse. — DR. *Levée de jugement :* copie d'un jugement par greffier. — MILIT. Action d'enrôler, de recruter des soldats, des troupes. ➤ **enrôlement.** *Levée en masse.*

LÈVE-GLACE [lɛvglas] **n. m.** – v. 1980 ◇ de 1*lever* et *glace* ■ Dispositif commandant l'ouverture et la fermeture des glaces d'une voiture. *Lève-glace électrique, à manivelle.* ➤ **lève-vitre.** *Des lève-glaces.*

1**LEVER** [l(ə)ve] **v.** ⟨5⟩ – fin Xe ◇ du latin *levare* «soulager», «soulever», famille de *levis* «léger». → liège, levain, alevin ; carnaval

I ~ **v. tr.** ■ **1** Faire mouvoir de bas en haut. ➤ **élever, hausser, soulever.** *Lever un fardeau, un poids. Lever une caisse avec une grue.* ➤ **enlever, guinder, hisser ; levage.** *Lever les glaces (d'une voiture),* les fermer, les remonter. (1834) *Lever son verre ;* SPÉCIALT porter un toast. *Je lève mon verre à l'heureux gagnant.* — *Lever l'ancre*.* ■ **2** Mettre plus haut, soulever (une partie du corps). *Lever la main pour prêter serment. Lever le doigt pour demander la parole. Levez les mains !* (cf. Haut* les mains !). *Lever la main, le poing sur qqn* (pour le battre, le frapper). *Les manifestants défilent le poing levé.* — LOC. *Lever les bras au ciel* (en signe d'indignation, d'impuissance). *Ne pas lever le petit doigt :* ne rien faire. FAM. *Lever le coude*. Chien qui lève la patte,* pour uriner. *Lève tes fesses, ton cul !* bouge, remue-toi. *Le conducteur lève le pied,* il ralentit. — FAM. *Lever le pied :* partir. *«Et il a levé le pied, comme tant d'autres de ses confrères, avec les fonds de ses clients»* G. DARIEN. — LOC. *Au pied* levé.* ♦ PAR EXT. Diriger, orienter vers le haut. ➤ **dresser, redresser, relever.** *Lever la tête, le front, les yeux. Il «fauchait sans lever le nez, car la besogne exigeait une attention soutenue»* AYMÉ. ■ **3** (milieu XIIe) Relever (qqch.) de façon à découvrir ce qui se trouve derrière ou dessous. ➤ **soulever.** *Lever le voile*. Lever le masque*. Lever le rideau* (pour faire apparaître la scène). ■ **4** Mettre debout, rendre proche de la verticale. *Lever une échelle contre un mur.* — *Lever un enfant,* le faire sortir du lit. ■ **5** (fin XIIe) CHASSE Faire sortir de son gîte, faire partir (un animal sauvage). *Lever une perdrix, un lièvre*.* — (1776) FAM. Séduire et entraîner (qqn) avec soi. *Sa «Corvette qui allait lui permettre de* lever des gonzesses*»* HOUELLEBECQ. ■ **6** (1596) Établir avec soin. ➤ **dresser.** *Lever une carte, un plan.* ➤ **dessiner.** ■ **7** (1808) Ôter d'un lieu. *Lever les scellés.* LOC. *Lever le camp*.* — (milieu XIIIe) Faire cesser. *Lever un blocus, un siège. Lever la séance, l'audience.* ➤ **clôturer ; clore.** ♦ (1549) Faire disparaître. ➤ **supprimer.** *Lever une interdiction, une punition. Lever l'interdit. Lever une hypothèque, une saisie.* — LITTÉR. *«Quand on a des doutes, on les lève»* MUSSET. *Lever les obstacles, les difficultés.* ➤ **aplanir.** *Lever une ambiguïté.* ■ **8** (fin XIIIe) VIEILLI Prendre (une partie) sur un tout. ➤ **prélever.** *Lever tant de mètres sur une pièce d'étoffe.* — MOD. *Lever des filets de poisson,* les détacher de l'arête. — (1680) JEU *Lever les cartes,* ou ABSOLT *lever :* ramasser les cartes du coup qu'on a gagné et les mettre en paquet devant soi. — FIG. (milieu XIIIe) *Lever des impôts.* ➤ **collecter, percevoir, recueillir.** *Lever des capitaux, des fonds.* ➤ **débloquer.** — (fin XIIIe) *Lever une armée, des troupes.* ➤ **mobiliser, recruter.** ♦ FIN. *Lever l'option :* exécuter la transaction convenue. — BOURSE *Lever des titres,* les payer à la liquidation lorsqu'on s'en est porté acquéreur (opposé à *faire reporter*).

II ~ **v. intr.** Se mouvoir vers le haut. ➤ **se dresser, monter.** ■ **1** (fin XIIIe) (Plante) Commencer à sortir de terre. ➤ **pousser.** *Le blé lève.* ■ **2** (1680) (Pâte) Se gonfler sous l'effet de la fermentation. ➤ **fermenter.** *Le levain, la levure fait lever la pâte. Poudre à lever :* mélange de tartrate acide de potassium et de bicarbonate de sodium. ➤ **levure** (chimique). ■ **3** LOC. (1832) *Lever le cœur à quelqu'un :* donner envie de vomir. ➤ **soulever.** *«C'est votre société politique entière qui nous fait lever le cœur»* CAMUS.

III ~ **v. pron. SE LEVER A.** (PASSIF) Se déplacer vers le haut. *Bras, mains qui se lèvent. Le rideau se lève sur un nouveau décor.*

B. (RÉFLÉCHI) ■ **1** (fin Xe) Se mettre debout, se dresser sur ses pieds. *Se lever de son siège. S'asseoir et se lever. Accusé, levez-vous !* — PAR EXT. *Se lever de table :* sortir de table. ■ **2** (fin XIIe) Sortir de son lit. *Se lever tôt, de bon matin, de bonne heure* (➤ **lève-tôt, matinal**). *«Madame Oisille [...] se leva le lendemain beaucoup plus matin que les autres»* MARGUERITE DE NAVARRE. PROV. *L'avenir appartient à ceux qui se lèvent tôt. Se lever tard* (➤ **lève-tard ;** cf. Faire la grasse* matinée). — *Se lever du pied gauche*.* — *Malade qui commence à se lever.* Avec ellipse du pronom *On fait lever le malade dès le lendemain de l'opération.* ■ **3** (milieu XIIIe) (Astre) Apparaître à l'horizon. *Le soleil, la lune se lève* (➤ **levant**). — PAR ANAL. *L'aube, l'aurore, le jour se lève.* ➤ **arriver, commencer.** ■ **4** (milieu XIVe) Commencer à souffler (en parlant du vent). *La brise, le vent se lève.* ➤ **fraîchir, souffler.** *«Levez-vous vite, orages désirés»* CHATEAUBRIAND. ■ **5** (1640) (Temps) Devenir plus clair. *Le temps se lève, la brume s'est dissipée.*

■ CONTR. Baisser, descendre, poser ; incliner, pencher ; asseoir, 1coucher. Continuer ; laisser, maintenir. — Asseoir (s'), 1coucher (se).

2 **LEVER** [l(ə)ve] **n. m.** – XIIᵉ ◊ de 1 *lever* ▪ **1** Action de se lever, de sortir du lit. *Demain, lever à 6 heures. Au lever, à son lever* (cf. Au saut* du lit). ▪ **2** Le moment où un astre se lève, paraît sur l'horizon. *Lever du soleil.* PAR EXT. *Lever de l'aurore, du jour.* ➤ **matin.** ▪ **3** *Le lever du rideau,* qui fait apparaître la scène. *On frappe trois coups pour annoncer le lever du rideau.* — (1826) *Un lever de rideau :* petite pièce que l'on joue avant la partie principale du spectacle. ▪ **4** Action de lever, de dresser un plan. ➤ **levé** (II, 2°). ■ CONTR. 2 Coucher.

LÈVE-TARD [lɛvtaʀ] **n. inv.** – 1968 ◊ de 1 *lever* et *tard* ■ FAM. Personne qui a l'habitude de se lever tard. *Une lève-tard.* ■ CONTR. Lève-tôt.

LÈVE-TÔT [lɛvto] **n. inv.** – 1967 ◊ de 1 *lever* et *tôt* ■ FAM. Personne qui a l'habitude de se lever tôt. ➤ **matinal.** *Une lève-tôt.* ■ CONTR. Lève-tard.

LÈVE-VITRE [lɛvvitʀ] **n. m.** – 1976 ◊ de 1 *lever* et *vitre* ■ ➤ **lève-glace.** *Des lève-vitres.*

LEVIER [ləvje] **n. m.** – 1160 ◊ de 1 *lever* ▪ **1** Corps solide, mobile autour d'un point fixe (point d'appui), permettant de multiplier une force appliquée à une résistance. *Les deux bras du levier. Bras de levier. Les leviers sont utilisés pour soulever les fardeaux. Se servir d'une barre de fer comme d'un levier.* LOC. *Faire levier. Faire levier avec une pelle,* peser sur la pelle pour s'en servir comme d'un levier. — PHYS. *Levier du premier, du deuxième, du troisième genre,* d'après la place du point d'appui. ◆ FIG., FIN. *Effet de levier :* accroissement de la rentabilité des capitaux propres d'une entreprise en recourant à un endettement dont le taux d'intérêt est plus faible que celui de l'opération financée. — COUR. *Effet (de) levier :* répercussions positives. *L'implantation de l'entreprise a eu un effet levier sur l'économie locale.* ▪ **2** Organe de commande (d'une machine, d'un mécanisme), utilisant le principe du levier ou en rappelant la forme. ➤ **commande.** *Levier à main* (➤ **manette**), *à pied* (➤ **pédale**). — *Leviers de commande d'un avion* (cf. Manche à balai*, palonnier). *Levier de changement de vitesse* (d'une voiture). «*Rieux avait la main sur le levier de vitesse*» CAMUS. — CH. DE FER *Levier directeur d'un aiguillage.* — LOC. *Être aux leviers de commande :* occuper un poste de direction, de contrôle (cf. Être à la barre*, aux manettes*). ▪ **3** FIG. Ce qui sert à vaincre une résistance ; moyen d'action. «*La curiosité, le désir et l'amour, ces trois leviers terribles, dont un seul enlèverait le monde*» GAUTIER.

LÉVIGATION [levigasjɔ̃] **n. f.** – 1741 ◊ latin *levigatio* ■ TECHN. Procédé de séparation des particules d'une poudre selon leur taille, à l'aide d'un courant liquide.

LÉVIGER [leviʒe] **v. tr.** ⟨3⟩ – 1675 ◊ latin *levigare,* de *levis* «lisse, uni» ■ CHIM., TECHN. Réduire (une substance) en une poudre très fine, notamment en la délayant dans un liquide et en laissant précipiter la poudre.

LÉVIRAT [leviʀa] **n. m.** – 1672 ◊ du latin *levir* «beau-frère» ■ HIST. RELIG. Obligation que la loi de Moïse imposait au frère d'un défunt d'épouser la veuve sans enfants de celui-ci.

LÉVITATION [levitasjɔ̃] **n. f.** – 1863 ◊ anglais *levitation,* du latin *levitas* «légèreté» ▪ **1** PARAPSYCHOL. Élévation d'objets pesants, SPÉCIALT le corps humain, par un procédé psychokinétique. *Lévitation d'un yogi en état de transe* (➤ **léviter**). ▪ **2** PHYS. Soulèvement d'un corps en l'absence de liaison matérielle. *Lévitation magnétique.*

LÉVITE [levit] **n. m.** et **f.** – fin XIIᵉ ◊ latin ecclésiastique *levites* ou *levita,* de l'hébreu *levi* ▪ **1 n. m.** Membre de la tribu de Lévi, voué au service du temple. ▪ **2 n. f.** (1781) VX Longue redingote.

LÉVITER [levite] **v. intr.** ⟨1⟩ – 1930 ◊ de *lévitation* ■ S'élever au-dessus du sol, en lévitation*.

LÉVOGYRE [levoʒiʀ] **adj.** – 1847 ◊ du latin *lævus* «gauche» et *-gyre* ■ CHIM. Se dit des substances qui dévient le plan de polarisation vers la gauche (l'observateur faisant face à la lumière). *Sucre lévogyre.* ■ CONTR. Dextrogyre.

LEVRAUT [ləvʀo] **n. m.** – 1526 ; *levroz* 1306 ◊ de *lièvre* ■ Jeune lièvre. *Les hases et leurs levrauts.* — On écrit aussi *levreau.*

LÈVRE [lɛvʀ] **n. f.** – 1090 ; xᵉ *lawras* plur. ◊ latin populaire *labra,* plur. neutre de *labrum* pris pour un féminin

I CE QUI BORDE LA BOUCHE ▪ **1** ANAT. Chacune des régions qui bordent la bouche intérieurement et extérieurement, limitées en haut par le nez *(lèvre supérieure),* en bas par le sillon mentonnier *(lèvre inférieure)* (➤ **labial**). *Angle des lèvres.* ➤ **commissure.** — *Fissure de la lèvre supérieure* (➤ **bec-de-lièvre**). — (Mammifères) *Lèvres du cheval, du chien.* ➤ **babines.** ▪ **2** COUR. Chacune des deux parties charnues, glabres, ordinairement roses, qui bordent extérieurement la bouche et s'amincissent pour se joindre aux commissures. *Les lèvres.* ➤ **bouche.** *Lèvres charnues, épaisses. Lèvre proéminente.* ➤ **lippe ; lippu.** *Lèvres minces, pincées. Lèvre boudeuse. Se mettre du rouge* à lèvres.* «*ses lèvres peintes, rouges comme une plaie*» MAUPASSANT. *Lèvres gercées.* «*Je n'arrive pas à guérir mes lèvres qui demeurent crevassées, ulcérées, plus ou moins sanguinolentes*» TH. MONOD. ▪ **3** LOC. *Avoir le sourire aux lèvres, au coin des lèvres. Pincer les lèvres. Se mordre les lèvres de rage, pour s'empêcher de rire, etc.* FIG. *S'en mordre les lèvres :* se repentir de ce qu'on a dit. — *Tremper ses lèvres* (dans une boisson). *Manger du bout des lèvres,* sans appétit, avec dégoût. *Se lécher les lèvres.* ➤ FAM. **babines, badigoinces.** PROV. *Il y a loin de la coupe* aux lèvres.* — *Embrasser sur les lèvres.* — *Avoir le cœur au bord des lèvres, sur les lèvres :* avoir des nausées ; FIG. dire toute sa pensée, être franc. — *Mot qu'on a sur les lèvres, sur le bord des lèvres,* qu'on est prêt à prononcer. «*les mots s'arrêtaient sur ses lèvres*» MAURIAC. *Une question qui brûle les lèvres,* qu'on a envie de poser. *Être suspendu, pendu aux lèvres de qqn,* l'écouter avec une grande attention (cf. Boire ses paroles). *Lire sur les lèvres* (cf. Lecture labiale*). *Des lèvres :* en paroles seulement. *Il le dit des lèvres, mais le cœur n'y est pas. Ne pas desserrer les lèvres :* garder le silence. *Rire, parler, répondre, approuver du bout des lèvres,* de façon peu franche, avec réticence. *Être sur toutes les lèvres :* être le sujet de toutes les conversations.

II BORD, REPLI ▪ **1** (1300) AU PLUR. Bords saillants d'une plaie. *Rapprocher les lèvres d'une plaie.* ▪ **2** (1655) Repli charnu de la vulve. *Grandes lèvres,* extérieures. *Petites lèvres,* intérieures et rejoignant le clitoris dans leur partie supérieure. ➤ **nymphe.** ▪ **3** ZOOL. ➤ **labium, labre.** ▪ **4** Chaque lobe de la corolle des plantes labiées. ◆ *Lèvres d'un coquillage :* les deux bords d'une coquille univalve. ▪ **5** MUS. Chacun des bords aplatis à la bouche d'un tuyau d'orgue. ▪ **6** GÉOGR. Chacun des bords d'une faille, situés à des hauteurs différentes. *Lèvre soulevée, lèvre abaissée.*

LEVRETTE [ləvʀɛt] **n. f.** – XVᵉ ◊ pour *levrerette,* fém. de *lévrier* ▪ **1** Femelle du lévrier. ▪ **2** Variété petite du lévrier d'Italie. *Levrette mâle. La levrette, chien de luxe.* ▪ **3** LOC. (1784) *En levrette,* se dit d'une position sexuelle où l'homme se place derrière sa (ou son) partenaire.

LEVRETTÉ, ÉE [ləvʀete] **adj.** – 1611 ◊ de *levrette* ■ RARE Qui a la taille svelte, le ventre creusé du lévrier. *Jument levrettée.*

LEVRETTER [ləvʀete] **v. intr.** ⟨1⟩ – 1387 ◊ de *levraut* ■ RARE Mettre bas, en parlant de la femelle du lièvre.

LÉVRIER [levʀije] **n. m.** – 1130 ◊ de *lièvre,* car ce chien était entraîné pour la chasse au lièvre ■ Chien à jambes hautes, au corps allongé, à l'abdomen très étroit, au museau effilé, agile et rapide. *Femelle du lévrier.* ➤ **levrette.** *Petit du lévrier.* ➤ **levron.** *Lévrier à poil long* (➤ **barzoï**), *à poil ras. Lévrier d'Afrique* (➤ **sloughi**), *d'Italie* (➤ **levrette**). *Lévrier afghan. Courses de lévriers dans un cynodrome.*

LEVRON, ONNE [ləvʀɔ̃, ɔn] **n.** – 1585 ; fém. 1732 ; autre sens 1361 ◊ d'après *lévrier* ■ CHASSE ▪ **1** Petit du lévrier. ▪ **2** (1680) Lévrier, levrette de petite taille.

LÉVULOSE [levyloz] **n. m.** – 1800 ◊ latin *lævus* «gauche» et 1 *-ose* ■ BIOCHIM. ➤ **fructose.**

LEVURE [l(ə)vyʀ] **n. f.** – 1419 ; *leveüre* XIIᵉ ◊ de 1 *lever* ▪ **1** BIOL. *Les levures :* champignons microscopiques unicellulaires qui se multiplient par bourgeonnement. ▪ **2** COUR. *Levure de bière (de vin, de pain) ou de boulanger :* masse blanchâtre constituée par des champignons ascomycètes, employée dans la fabrication de la bière, du vin ou du pain (➤ **levain**), en raison de l'intense activité de fermentation de ces champignons. ➤ **ferment.** *Levure pathogène.* ➤ **candida, oïdium.** ▪ **3** *Levure chimique :* poudre à lever*, utilisée en pâtisserie pour remplacer la levure (2°), à cause de ses capacités à libérer du gaz carbonique sous l'effet de la chaleur.

LEXÈME [lɛksɛm] **n. m.** – avant 1950 ◊ de *lex(ique),* d'après *morphème* ■ LING. Morphème lexical libre (➤ **mot**), ou lié (➤ **racine**).

LEXICAL, ALE, AUX [lɛksikal, o] **adj.** – 1804, diffusé milieu XXᵉ ◊ de *lexique* ■ LING. Qui concerne le lexique, le vocabulaire. *La composante lexicale d'une langue. Unité lexicale. Morphologie* lexicale. Statistique lexicale. Champ lexical :* ensemble de mots d'un texte désignant des réalités ou des idées relatives à un même thème. *Le champ lexical de l'eau.* ◆ (Opposé à *grammatical*) Du lexique (au sens restreint). *Mots lexicaux. Morphème lexical.* ➤ **lexème.**

LEXICALISATION [lɛksikalizasjɔ̃] **n. f.** – 1927 ◇ de *lexical* ■ LING. Codification* lexicale d'un mot. *La lexicalisation de* pomme de terre.

LEXICALISER (SE) [lɛksikalize] **v. pron.** ⟨1⟩ – milieu XXe ◇ de *lexical* ■ LING. Se mettre à fonctionner comme une unité lexicale. *Sens figuré qui se lexicalise.* — **p. p. adj.** *Expression lexicalisée, syntagme lexicalisé* (ex. chemin de fer).

LEXICOGRAPHE [lɛksikɔgʀaf] **n.** – 1578 ◇ grec *lexicon* et *-graphe* ■ LING. Personne qui fait un dictionnaire de langue. *Émile Littré, célèbre lexicographe français du XIXe siècle.*

LEXICOGRAPHIE [lɛksikɔgʀafi] **n. f.** – 1757 ◇ de *lexicographe* ■ LING. Travail et technique du lexicographe ; recensement et étude des mots et des expressions d'une langue déterminée, considérés dans leurs formes et leurs significations (➤ **dictionnaire**). *Lexicographie et lexicologie**.

LEXICOGRAPHIQUE [lɛksikɔgʀafik] **adj.** – 1801 ◇ de *lexicographie* ■ LING. Relatif à la lexicographie. ➤ **dictionnairique.** *Définition lexicographique.*

LEXICOLOGIE [lɛksikɔlɔʒi] **n. f.** – 1765 ◇ du grec *lexikon* «lexique» et *-logie* ■ LING. Étude des unités de signification (monèmes) et de leurs combinaisons en unités fonctionnelles (mots, lexies, locutions ➤ **vocabulaire**), étudiées formellement (➤ **morphologie**), sémantiquement et dans leurs rapports avec la société, la culture dont elles sont l'expression. — **adj. LEXICOLOGIQUE,** 1827.

LEXICOLOGUE [lɛksikɔlɔg] **n.** – 1842 ◇ grec *lexikon* et *-logue* ■ LING. Linguiste qui s'occupe de lexicologie.

LEXIE [lɛksi] **n. f.** – 1962 ◇ de *lexique* ■ LING. Unité du lexique, mot (*lexie simple* ➤ **lexème**) ou expression (*lexie complexe* ➤ **idiome, locution, syntagme**).

LEXIQUE [lɛksik] **n. m.** – 1721 ; *lexicon* 1563 ◇ grec *lexikon*, de *lexis* «mot» ■ **1** VX Dictionnaire. ◆ MOD. Dictionnaire succinct (d'une science ou d'une technique, d'un domaine spécialisé). ➤ **glossaire.** — Dictionnaire bilingue abrégé. ➤ **vocabulaire.** — Recueil des mots employés par un auteur, dans une œuvre littéraire. ➤ **index.** *Un lexique de Cicéron, de La Bruyère.* ■ **2** (1861) LING. L'ensemble indéterminé des éléments signifiants stables (mots, locutions...) d'une langue, considéré abstraitement comme une des composantes formant le code de cette langue. ➤ aussi **vocabulaire.** *Étude du lexique.* ➤ **lexicographie, lexicologie.** ■ **3** Ensemble des mots employés par qqn. *Un lexique de quatre mille mots. Le lexique de Proust* (➤ **idiolecte**).

LEXIS [lɛksis] **n. f.** – 1926 ◇ mot grec «énoncé» ■ LOG. Énoncé considéré indépendamment de sa vérité (SYN. **jugement virtuel**).

LEZ, LES ou **LÈS** [lɛ ; le] **prép.** – 1050 ◇ latin *latus* «côté» ■ VX À côté de, près de (encore dans des noms de lieux). *Plessis-lez-Tours* (Plessis près de Tours). ■ HOM. Lai, laid, laie, lais, lait, laye, legs, lei (2 leu) ; lé, les (le).

LÉZARD [lezaʀ] **n. m.** – XVe ; *laisarde* fém. XIIe ◇ latin *lacerta* → lézarde **I** ■ **1** Petit reptile saurien (*lacertiliens*) à longue queue effilée, au corps allongé et recouvert d'écailles, à tête fine, ayant quatre courtes pattes. *Le lézard vert, le lézard des murailles. Principaux lézards.* ➤ **amphisbène, caméléon, dragon** (volant), **gecko, iguane, margouillat, orvet, scinque, seps, tarente, tupinambis, varan.** «*Le lézard souple et long s'enivre de sommeil*» LECONTE DE LISLE. *Mutilation réflexe de la queue du lézard.* ➤ **autotomie.** ◆ LOC. *Faire le lézard* : se chauffer paresseusement au soleil. ➤ 2 **lézarder.** ■ **2** Peau du lézard. *Portefeuille en lézard.*

II (probablt de *lézarde*) FAM. VIEILLI Difficulté, ennui. *(Il n')y a pas de lézard* : il n'y a pas de problème*.

LÉZARDE [lezaʀd] **n. f.** – 1676 ◇ fém. de *lézard*, par anal. de forme ■ **1** Crevasse profonde, étroite et irrégulière, dans un ouvrage de maçonnerie. ➤ **fente, fissure.** «*D'énormes lézardes sillonnent les murs*» BALZAC. ■ **2** TECHN. Petit galon festonné servant à recouvrir les coutures des étoffes d'ameublement ou leurs lignes de jonction avec le bois des meubles.

1 **LÉZARDER** [lezaʀde] **v. tr.** ⟨1⟩ – 1829 pron. ; au p. p. 1770 ◇ de *lézarde* ■ Fendre par une ou plusieurs lézardes. *Les intempéries ont lézardé le mur.* ➤ **crevasser, disjoindre.** — PRONOM. *La grange se lézarde.* — **p. p. adj.** *Mur lézardé.*

2 **LÉZARDER** [lezaʀde] **v. intr.** ⟨1⟩ – 1872 ◇ de *lézard* ■ FAM. Faire le lézard, paresser au soleil.

LGBT [ɛlʒebete] **adj. inv.** – 2002 ◇ sigle de *lesbien, gay, bisexuel et transgenre* ■ Qui concerne les homosexuel(le)s, les bisexuel(le)s et les transgenres. *Associations LGBT. La communauté LGBT.* ➤ ANGLIC. **queer.** — **n.** *Discriminations envers les LGBT.*

LI [li] **n. m.** – 1603 ◇ mot chinois ■ Mesure itinéraire chinoise (environ 576 m). *Des lis* ou *des li* (**inv.**). ■ HOM. Lie, lit.

LIAGE [ljaʒ] **n. m.** – 1243 ◇ de *lier* ■ RARE Action de lier.

LIAIS [ljɛ] **n. m.** – 1125 ◇ probablt mot gaulois, comme *lie* ■ Pierre calcaire dure, d'un grain très fin.

LIAISON [ljɛzɔ̃] **n. f.** – milieu XIIIe, en maçonnerie ◇ de *lier*

I ACTION DE LIER DEUX CHOSES ; CE QUI RELIE ■ **1** VX Assemblage. ◆ (fin XIVe) MOD. Opération qui consiste à incorporer des ingrédients à une sauce pour l'épaissir, la rendre onctueuse. *Liaison à la crème.* ◆ *Maçonnerie en liaison*, où le milieu de chaque pierre (ou brique) porte sur le joint de deux autres (➤ **liaisonner**). *Liaison à sec*, sans mortier. — PAR EXT. Mortier, plâtre. ◆ (1690) TECHN. Alliage du plomb avec le zinc pour former la soudure. ◆ (1721) MAR. *Pièces de liaison*, et ELLIPT *les liaisons* : pièces qui relient entre elles les parties principales d'un navire. ■ **2** (1538) Ce qui relie logiquement les éléments du discours : parties d'un texte, éléments d'un raisonnement. ➤ **association, enchaînement.** *Manque de liaison dans les idées, dans un récit.* ➤ **cohérence, continuité, suite.** — *Mots, termes de liaison* : conjonctions et prépositions. ■ **3** (1656) Rapport logique, psychologique. ➤ **connexion, correspondance, lien, relation.** *Établir une liaison entre deux faits.* «*Les rapports des effets aux causes dont nous n'apercevons pas la liaison*» ROUSSEAU. *Ce problème est en liaison avec un autre.* ➤ **corrélation.** ■ **4** Relation entre des sons consécutifs. (1765) MUS. Signe (ligne en forme d'arc) de ponctuation ou d'accentuation qui unit soit deux notes de même son *(liaison de durée)*, soit une suite de notes différentes *(liaison d'accentuation)* dont on doit soutenir le son. ➤ **coulé.** ◆ (1867) Action de prononcer deux mots consécutifs en unissant la consonne finale du premier mot (non prononcée isolément ou devant une consonne) à la voyelle initiale du mot suivant (ex. les petits enfants [leptizɑ̃fɑ̃]). «*Petsesco disait comment allez-vous ? sans prononcer la consonne de liaison*» A. COHEN. *Liaison vicieuse.* ➤ **cuir, velours ; pataquès.** *Liaison et enchaînement.* ■ **5** SC. Force qui maintient réunis les éléments d'un système matériel. ◆ MÉCAN. Contrainte s'exerçant sur un corps mobile. *Forces de liaison* (opposé à *forces extérieures*), *appliquées à un système.* ◆ PHYS. *Énergie de liaison d'un noyau atomique* : énergie qui maintient l'ensemble des nucléons. ➤ **interaction.** ◆ CHIM. *Doublet de liaison*, servant à relier deux atomes. *Liaisons chimiques* : combinaisons entre atomes ou radicaux pour former un composé stable : *liaison ionique* par attraction électrostatique, *liaison de covalence**, *de haute énergie*, etc. *Liaison hydrogène. Double liaison*, éthylénique. *Triple liaison*, acétylénique. *Liaison sigma, pi* : première, deuxième liaison de covalence entre deux atomes. BIOCHIM. *Liaison peptidique.* ◆ GÉNÉT. *Liaison génétique* : association d'allèles de gènes différents situés sur un même chromosome chez un individu, qui sont transmis ensemble à sa descendance. ➤ **linkage** (ANGLIC.).

II RELATION, COMMUNICATION A. ENTRE DES PERSONNES ■ **1** (1588) VIEILLI Action de se lier, fait d'être lié avec qqn ; les relations que deux personnes entretiennent entre elles. *Liaison d'amitié, d'intérêt, d'affaires.* ➤ **lien, relation.** *Il a rompu toute liaison avec son ancien milieu. Chateaubriand «noua avec lui* [Fontanes] *une première liaison qui se resserra* [et] *devint la plus étroite amitié»* SAINTE-BEUVE. — AU PLUR. (souvent péj.) Fréquentations. «*Les Liaisons dangereuses*», roman de Laclos. ◆ MOD. *Liaison amoureuse*, et ABSOLT (1768) *une liaison* : relation suivie entre deux amants. «*Elle cache depuis longtemps sa liaison coupable à l'époux candide qui a tout découvert*» D. ROLIN. *Avoir une liaison (avec qqn).* ➤ **aventure.** *Liaison difficile à rompre.* ➤ **attache, chaîne, engagement.** *Liaison affichée, notoire.* ➤ **concubinage.** «*Cette liaison devint, au bout de six ans, un quasi-mariage*» BALZAC. ■ **2** (1902) Lien établi entre formations militaires, états-majors, etc., grâce à la communication des ordres, à la transmission des nouvelles. *Liaisons assurées par le service des transmissions, par fusées, par signaux optiques. Agent, officier de liaison.* — **EN LIAISON.** *Entrer, se tenir, rester en liaison constante, étroite.* ➤ **communication, contact.** — PAR EXT. *Travailler en liaison avec qqn. Personne assurant la liaison entre deux entreprises* (➤ **interface,**

intermédiaire).

B. ENTRE DES LIEUX Communication régulièrement assurée, entre deux points du globe. *Liaison aérienne, maritime* (➤ **ligne**), *ferroviaire, routière. Liaisons postales, téléphoniques, hertziennes. Liaison radio avec l'étranger. La liaison est interrompue. Rétablir la liaison.*
■ CONTR. Rupture, séparation.

LIAISONNER [ljɛzɔne] **v. tr.** ‹1› – 1694 ◊ de *liaison* ■ TECHN. (MAÇONN.) ■ **1** Remplir (des joints) avec du mortier. ■ **2** Disposer en liaison (des éléments de maçonnerie). *Liaisonner des briques.*

LIANE [ljan] **n. f.** – 1694 ; *lienne* 1640 ◊ mot français des Antilles et des dialectes de l'Ouest, de *lien* ■ Plante grimpante, épiphyte, qui s'élève vers la lumière, dans les forêts tropicales, la jungle. « *des lianes de divers feuillages qui, s'enlaçant d'un arbre à l'autre, forment* [...] *des arcades de fleurs* » BERNARDIN DE SAINT-PIERRE. — *Souple comme une liane,* très souple.

LIANT, LIANTE [ljɑ̃, ljɑ̃t] **adj. et n. m.** – 1700 ; « souple » 1671 ; « qui donne de la consistance » 1395 ◊ de *lier*
I **adj.** ■ **1** Qui se lie facilement avec autrui, forme volontiers des relations amicales, familières. ➤ **affable, sociable.** « *Je suis peu liant ; je n'ai, par nature, aucune ouverture de cœur* » DUHAMEL. ■ **2** CHIM. *Électron liant,* faisant partie d'une covalence. *Électron non liant,* non inclus dans une covalence.
II **n. m.** ■ **1** Caractère de ce qui est élastique, souple. *Le liant d'un alliage.* ■ **2** LITTÉR. Disposition favorable aux relations sociales. *Avoir du liant.* ■ **3** TECHN. Composé minéral (chaux, plâtre) qui provoque le durcissement d'un mortier. *Liant hydraulique, hydrocarboné. Liant aérien,* dont la prise s'opère par exposition à l'air.
■ CONTR. Cassant, sec.

1 **LIARD** [ljaʀ] **n. m.** – 1383 ◊ origine inconnue, p.-ê. n. pr., ou dérivé de *lie* ■ Ancienne monnaie française de cuivre, qui valait trois deniers ou le quart d'un sou. *Pas un liard :* pas un sou*.

2 **LIARD** [ljaʀ] **n. m.** – 1556 ◊ probablt de *lier,* les jeunes tiges de cet arbre pouvant remplacer l'osier ■ RÉGION. Variété de peuplier dit *peuplier noir.*

LIAS [ljɑs] **n. m.** – 1818 ◊ mot anglais, emprunté au français *liais* ■ GÉOL. Jurassique inférieur. *Fossiles, marnes du lias.* — PAR EXT. Les couches de terrains elles-mêmes. *Lias calcaire, marneux, schisteux.* — **adj. LIASIQUE** [ljɑzik], 1828. ■ HOM. poss. Liasse.

LIASSE [ljas] **n. f.** – 1611 ; « faisceau » v. 1170 ◊ de *lier* ■ Amas de papiers liés ensemble. *Liasse de lettres, de feuillets, de journaux. Mettre des billets de banque en liasse* (➤ **enliasser**). — PAR EXT. Tas non attaché. ■ HOM. poss. Lias.

LIBAGE [libaʒ] **n. m.** – 1676 ◊ de l'ancien français *libe,* gaulois °*libba* ■ TECHN. Bloc de pierre, moellon grossièrement équarri, noyé dans la masse d'une maçonnerie ; appareil ainsi formé.

LIBANISATION [libanizasjɔ̃] **n. f.** – 1985 ◊ de *Liban* ■ Phénomène par lequel un pays connaît une transformation qui le fait ressembler au Liban, où les différentes ethnies, religions, etc. s'affrontent violemment, causant une véritable guerre civile.

LIBATION [libasjɔ̃] **n. f.** – 1488 ◊ latin *libatio* ■ **1** ANTIQ. Action de répandre un liquide (vin, lait, huile) en l'honneur d'une divinité. *Les Grecs et les Romains faisaient des libations lors des sacrifices.* ■ **2** LOC. (1750) *Faire des libations, de joyeuses libations :* boire abondamment (du vin, de l'alcool). « *Les gars de la noce, alourdis par les nourritures et les libations* » P. J. HÉLIAS.

LIBELLE [libɛl] **n. m.** – 1402 ; autre sens XIIIᵉ ◊ latin *libellus* « petit livre » ■ Court écrit de caractère satirique, diffamatoire. ➤ **pamphlet, satire ; diatribe.** *Faire, répandre des libelles contre qqn.* « *Qu'il fasse des libelles, dernière ressource des lâches !* » BEAUMARCHAIS. *Auteur de libelles* (**LIBELLISTE n.**). ■ CONTR. Apologie, éloge.

LIBELLÉ [libele] **n. m.** – 1832 ◊ p. p. subst. de *libeller* ■ Termes dans lesquels un acte, et SPÉCIALT un acte officiel est rédigé. ➤ **rédaction.** *Le libellé d'un jugement. Modèle de libellé.* ➤ **formule.** PAR EXT. *Le libellé d'une demande, d'une lettre.*

LIBELLER [libele] **v. tr.** ‹1› – 1451 ◊ de *libelle* ■ **1** Rédiger dans les formes. *Libeller un acte, un contrat.* SPÉCIALT *Libeller un mandat* (➤ **mandater**), *un chèque,* le remplir en spécifiant la destination de la somme qui y est portée. ■ **2** Exposer, formuler par écrit. *Somme libellée en toutes lettres.*

LIBELLULE [libelyl] **n. f.** – 1792 ◊ latin des zoologistes *libellula,* latin *libella* « niveau », à cause de son vol horizontal ■ Insecte archiptère carnassier *(odonates),* à tête ronde pourvue d'yeux globuleux à facettes, à corps allongé, aux quatre ailes transparentes et nervurées, qui vit près des points d'eau. ➤ **æschne, agrion, demoiselle** (III). « *Un grésillement passait dans l'air, une grande libellule d'or vert, les quatre ailes déployées, invisiblement vibrantes* » GENEVOIX.

LIBER [libɛʀ] **n. m.** – 1755 ◊ mot latin ■ BOT. Tissu végétal constitué de vaisseaux (tubes criblés), généralement accompagnés de parenchyme et par lequel circule la sève élaborée. ➤ **phloème.** *Liber de la tige, de la racine. Le liber et la partie profonde de l'écorce constituent l'aubier.*

LIBÉRABLE [libeʀabl] **adj. et n. m.** – 1842 ◊ de *libérer* ■ **1** Qui peut être libéré. *Prisonnier libérable, libérable sous caution.* SPÉCIALT Qui remplit les conditions nécessaires pour être libéré du service militaire. *Classes libérables.* — **n. m.** Militaire, prisonnier libérable. ➤ ARG. 2 **quillard.** *Libérable sans travail ni logement.* ■ **2** PAR EXT. *Congé, permission libérable,* qui anticipe sur la libération. ■ **3** CHIM., PHYS. Qui peut être dégagé. *Énergie libérable par une réaction d'oxydation.*

LIBÉRAL, ALE, AUX [libeʀal, o] **adj. et n.** – v. 1160 « généreux » ◊ latin *liberalis* ■ **1** VIEILLI Qui donne facilement, largement. ➤ **généreux, large, munificent, prodigue.** *Il est plus libéral de promesses que d'argent.* ■ **2** (v. 1210 ◊ latin *artes liberales* « arts dignes d'un homme libre ») VX *Les sept arts libéraux au Moyen Âge : le trivium et le quadrivium.* ♦ (1845) MOD. *Professions libérales,* de caractère intellectuel (architecte, avocat, médecin, etc.), que l'on exerce librement ou sous le seul contrôle d'une organisation professionnelle. — PAR EXT. *Médecine libérale et médecine salariée.* ■ **3** (1750) Favorable aux libertés individuelles, dans le domaine politique, économique et social. *Doctrines, idées libérales. Régime libéral. Démocratie libérale. Modèle libéral.* ➤ aussi **néolibéral.** *Économie libérale.* ➤ **libéralisme.** — PAR EXT. *Idées libérales.* ➤ **large, tolérant.** ♦ (PERSONNES) Qui est partisan du libéralisme. *Un bourgeois libéral.* — **n.** *Les libéraux. Libéral radical.* ➤ **libertarien.** ♦ Au Canada, au Québec, *Le Parti libéral.* ■ CONTR. Avare. Autocrate, dictatorial, dirigiste, fasciste, totalitaire.

LIBÉRALEMENT [libeʀalmɑ̃] **adv.** – XIIIᵉ ◊ de *libéral* ■ D'une manière libérale, avec générosité. *Donner, distribuer libéralement.* ➤ **abondamment, beaucoup, largement.**

LIBÉRALISATION [libeʀalizasjɔ̃] **n. f.** – 1842 ◊ de *libéraliser* ■ Fait de rendre plus libéral (3°). *Libéralisation des échanges internationaux, des prix* (déréglementation), *du régime de la presse. Libéralisation des mœurs.*

LIBÉRALISER [libeʀalize] **v. tr.** ‹1› – 1785 ◊ de *libéral* ■ Rendre plus libéral (un régime politique, une activité économique). — ABUSIVEMENT Autoriser, légaliser. *Libéraliser l'avortement.*

LIBÉRALISME [libeʀalism] **n. m.** – 1816 ◊ de *libéral* ■ **1** VIEILLI Attitude, doctrine des libéraux, partisans de la liberté politique, de la liberté de conscience. — SPÉCIALT Ensemble des doctrines qui tendent à garantir les libertés individuelles dans la société. ■ **2** MOD. (opposé à *étatisme, socialisme*) Doctrine économique classique* prônant la libre entreprise, la libre concurrence et le libre jeu des initiatives individuelles. ➤ **capitalisme** (privé), **individualisme ; néolibéralisme, ultralibéralisme.** *Le libéralisme préconise la liberté du travail et des échanges* (cf. Laissez* faire, laissez passer). *Le libéralisme s'oppose à l'intervention de l'État, à la constitution de monopoles privés.* « *Le libéralisme redessinait la géographie du monde en fonction des attentes de la clientèle* » HOUELLEBECQ. ■ **3** Attitude de respect à l'égard de l'indépendance d'autrui, de tolérance envers ses opinions. ➤ **tolérance.** ■ CONTR. Absolutisme, despotisme, dirigisme, étatisme, socialisme.

LIBÉRALITÉ [libeʀalite] **n. f.** – 1213 ◊ latin *liberalitas,* de *liberalis* → libéral ■ LITTÉR. ■ **1** Disposition à donner généreusement. ➤ **charité, générosité, largesse, magnificence, munificence.** *Excès de libéralité.* ➤ **prodigalité, profusion.** *Libéralité envers, à l'égard de qqn. Avec libéralité.* ■ **2** *Une, des libéralités.* Don fait avec générosité. *Faire une libéralité à qqn.* ➤ **aumône, bienfait, cadeau, gratification, largesse.** — DR. Acte par lequel une personne accorde un avantage à une autre sans contrepartie. ➤ 1 **don, donation, legs.** ■ CONTR. Avarice.

LIBÉRATEUR, TRICE [libeʀatœʀ, tʀis] **n. et adj.** – v. 1500 ◊ latin *liberator, trix* ■ **1** Personne qui libère, qui délivre. ➤ **émancipateur.** « *le défenseur, le libérateur peut-être, d'une belle reine* *prisonnière»* MICHELET. — *Toussaint-Louverture, le libérateur d'Haïti.* ▪ **2** adj. (XVIe) *Guerre libératrice,* de libération. — FIG. *L'humour a qqch. de libérateur,* qui libère, défoule. ▪ CONTR. Oppresseur, tyran.

LIBÉRATION [liberasjɔ̃] n. f. – XIVe ◇ latin *liberatio* ▪ **1** Action de rendre libre (une, des personnes). ➤ **délivrance.** *La libération d'un captif, des otages.* ◆ SPÉCIALT (1450) Mise en liberté d'un détenu après l'expiration partielle ou totale de sa peine. ➤ **élargissement.** *Libération conditionnelle :* mise en liberté anticipée, sous le contrôle d'un comité de probation, accordée à un condamné ayant effectué une partie légalement déterminée de sa peine, en raison de sa bonne conduite. — (1845) Renvoi d'un militaire dans ses foyers à l'expiration de son temps de service ou à sa démobilisation. ➤ 3 **quille.** *Soldat qui attend sa libération.* ▪ **2** (1611) Décharge d'une servitude, d'une obligation, d'une dette. ◆ *Libération des échanges,* par suppression des restrictions à l'importation. ◆ FIN. *Libération du capital d'une société* (par paiement du prix de souscription à la société émettrice). ▪ **3** FIG. Délivrance d'une sujétion, d'un lien, d'un joug. ➤ **affranchissement, dégagement.** *Les révolutions «se proposaient d'instaurer une libération de plus en plus totale»* CAMUS. *Mouvement de libération des femmes (M. L. F.). La libération sexuelle, des mœurs.* ▪ **4** (1870) Délivrance d'un pays occupé, d'un peuple asservi. *Front, mouvement de libération.* ABSOLT *La Libération :* la libération des territoires occupés par les troupes allemandes durant la Seconde Guerre mondiale. ▪ **5** Mise en liberté (de matière, d'énergie). *Libération d'énergie résultant de la fission du noyau atomique.* ➤ **dégagement.** *Libération de neutrons, d'électrons.* — *Vitesse de libération :* vitesse qu'un projectile doit atteindre pour échapper à l'attraction terrestre (11,4 km/s). ▪ **6** PHYSIOL. Mécanisme par lequel une cellule délivre dans le milieu extérieur un produit de son métabolisme. *Libération d'hormones.* ▪ CONTR. Asservissement, assujettissement. Détention, emprisonnement, incarcération. Contrainte, esclavage. Occupation.

LIBÉRATOIRE [liberatwar] adj. – 1873 ◇ de *libérer* ▪ DR., FIN. Qui a pour effet de libérer (d'une obligation, d'une dette). *Pouvoir libératoire de la monnaie. Paiement libératoire. Prélèvement libératoire.*

LIBÉRÉ, ÉE [libere] adj. – 1495 ◇ de *libérer* ▪ **1** Mis en liberté. *Détenu libéré.* ▪ **2** Délivré d'une occupation militaire. *Territoire libéré.* ▪ **3** Qui s'est affranchi d'une oppression. *Femme libérée,* qui rejette la phallocratie. ➤ **émancipé.** ▪ **4** *Libéré de.* ➤ **libre.** *Jeune homme libéré des obligations militaires.*

LIBÉRER [libere] v. tr. ⟨6⟩ – 1495 p. p. «exempté» ◇ latin *liberare* ▪ **1** (1541) Mettre (un prisonnier) en liberté. ➤ **élargir, relâcher,** 1 **relaxer.** *Négociations pour faire libérer un otage.* ◆ PAR EXT. (1602) Délivrer de ce qui lie, de ce qui gêne, embarrasse, retient. ➤ **dégager, délier,** 1 **détacher.** *Libérer un prisonnier de ses liens. Libérer le passage. Libérer l'intestin. Libérer les échanges commerciaux, les prix* (➤ **débloquer**). ◆ PRONOM. *Se libérer d'une entrave, d'une étreinte.* ➤ se **dégager.** ABSOLT *«Il la tenait par le cou [...] elle essayait de se libérer»* GREEN. — FIG. Se rendre libre de toute occupation. *Je n'ai pas pu me libérer plus tôt.* ◆ (XXe) Dégager (un mécanisme). *Libérer un levier, un cran de sûreté.* ◆ Rendre (un lieu) libre, disponible. *Libérez la chambre à midi.* ▪ **2** FIG. (XVIIe) Rendre libre, affranchi (d'une servitude, d'une obligation). ➤ **décharger, dégager, délier, dispenser, exempter.** *Libérer qqn d'un engagement, d'une dette.* ◆ PRONOM. *Se libérer d'une tutelle, d'une tyrannie.* ➤ s'**affranchir,** s'**émanciper,** s'**évader, secouer** (le joug). — *Se libérer par un paiement.* ➤ **acquitter, payer.** ABSOLT *«il crut pouvoir se libérer et accepta ses conditions»* BALZAC. ▪ **3** (1834) Renvoyer (un soldat) dans ses foyers. ▪ **4** Délivrer (un pays, un peuple) de l'occupation étrangère, d'un asservissement (➤ **libération**). *Libérer une ville.* ◆ Rendre libre (qqn) d'un asservissement social, moral. ➤ **désaliéner.** *Libérer les travailleurs, les femmes.* ▪ **5** SPÉCIALT *Libérer sa conscience,* la délivrer du poids du remords par un aveu, un acte, etc. ➤ **soulager.** *Libérer son cœur.* ➤ s'**épancher.** ◆ Laisser se manifester. *Libérer ses instincts.* ▪ **6** CHIM., PHYS. Dégager (une substance, une énergie). *Réaction chimique qui libère un gaz. L'atome libère son énergie.* ▪ **7** PHYSIOL. Relâcher dans le milieu extérieur, en parlant d'une cellule. *Les glandes endocrines libèrent des hormones.* ▪ CONTR. Arrêter, capturer, détenir, emprisonner, garder. Asservir. Envahir, occuper. Retenir.

LIBÉRIEN, IENNE [liberjɛ̃, jɛn] adj. – 1855 ◇ de *liber* ▪ BOT. Du liber. *Tissu libérien.*

LIBÉRISTE [liberist] n. – 1976 ◇ du latin *liber* «libre» ▪ SPORT Personne qui pratique le vol libre*. ➤ **deltiste.** *Un libériste sur un deltaplane.*

LIBÉRO [libero] n. m. – 1913 ◇ italien *libero* «libre» ▪ SPORT Au football, Défenseur qui, libéré du marquage individuel, possède une grande liberté de manœuvre. *Des libéros.*

LIBÉROLIGNEUX, EUSE [liberoliɲø, øz] adj. – 1891 ◇ de *liber* et *ligneux* ▪ BOT. Composé de liber et de bois. *Faisceaux libéroligneux de la tige.*

LIBERTAIRE [libɛrtɛr] adj. et n. – 1858 ◇ de *liberté* ▪ Qui n'admet, ne reconnaît aucune limitation de la liberté individuelle en matière sociale, politique. ➤ **anarchiste.** *Doctrines libertaires.* — n. *Un, une libertaire.*

LIBERTARIEN, IENNE [libɛrtarjɛ̃, jɛn] adj. et n. – v. 1975 ; autre sens 1904 ◇ anglais *libertarian* ▪ ÉCON. Qui prône un libéralisme radical. — *Le Parti libertarien* (aux États-Unis). ◆ n. *Les libertariens.*

LIBERTÉ [libɛrte] n. f. – début XIIIe, au sens philosophique (IV) ◇ du latin *libertas,* famille de *liber* → libre

I ÉTAT D'UNE PERSONNE PHYSIQUEMENT LIBRE ▪ **1** (début XIVe) État, situation d'une personne qui n'est pas sous la dépendance absolue de qqn (opposé à *esclavage, servitude*). ➤ VX **franchise.** *Donner la liberté à un esclave, à un serf.* ➤ **affranchir.** *Priver de liberté :* asservir, détenir, emprisonner. ▪ **2** (milieu XIVe) Situation d'une personne qui n'est pas retenue captive (opposé à *captivité, emprisonnement*). *Rendre la liberté à un prisonnier.* ➤ **délivrer.** *Mettre en liberté ; mise en liberté.* ➤ **élargissement, libération, sursis ;** 1 **relaxer.** — DR. *Liberté provisoire,* accordée à un individu en état de détention préventive. *Liberté sous caution. Liberté surveillée*. Liberté partielle.* ➤ **semi-liberté.** ◆ *Poulets élevés en liberté. Animaux en liberté dans la nature.*

II ABSENCE DE CONTRAINTE ▪ **1** (1530) Possibilité, pouvoir d'agir sans contrainte. *«Ce que nous appelons liberté, c'est la possibilité [...] de réaliser notre projet sans nous heurter au projet de l'autre»* H. LABORIT. *Ses parents lui laissent trop de liberté. Heures de liberté.* ➤ **loisir.** — *«ma liberté s'arrête là où commence la liberté de l'autre»* GARAUDY. — *Agir en toute liberté, en pleine liberté.* ➤ **librement.** — *Avoir toute liberté pour faire qqch.* ➤ **crédit, facilité, faculté, latitude** (cf. Avoir un blanc-seing, carte* blanche, le champ* libre, les coudées* franches, les mains* libres). — SC. *Degré* de liberté.* ◆ SPÉCIALT (fin XIVe) État d'une personne qui n'est pas liée par un engagement. ➤ **autonomie, indépendance.** *Reprendre sa liberté :* se dégager d'un engagement envers qqn ; SPÉCIALT quitter son conjoint. *Elle a repris sa liberté et vit maintenant seule.* ◆ (fin XIVe) **LIBERTÉ DE** (suivi d'un nom ou d'un inf.) : droit, permission de faire qqch. *«sans la liberté de blâmer, il n'est point d'éloge flatteur»* BEAUMARCHAIS. *Donner à qqn toute liberté d'action.* ➤ **autorisation, permission.** *Prendre la liberté de :* se permettre de. *J'ai pris la liberté de l'avertir.* ▪ **2** (1680) AU PLUR. *Prendre des libertés :* ne pas se gêner, se montrer trop familier. ➤ **licence.** — SPÉCIALT *Prendre des libertés avec une femme.* ➤ **familiarité, privauté.** FAM. *Prendre des libertés avec l'orthographe,* ne pas la respecter. ▪ **3** Dans quelques expressions **LIBERTÉ DE :** absence de contrainte dans (la pensée, l'expression, l'allure, le comportement). *Liberté de mouvement. Liberté d'esprit :* indépendance d'un esprit qui n'est pas dominé par la crainte, par des préoccupations obsédantes ou encore par des préjugés, des préventions. ➤ **disponibilité, indépendance.** *«il n'existe pas de génie littéraire sans liberté d'esprit»* TOCQUEVILLE. *Garder sa liberté de jugement. Avoir une grande liberté de pensée.* — (1835) *Liberté de langage.* ➤ **audace, franchise, franc-parler, hardiesse.** — *Liberté d'allures :* aisance dans les mouvements. ➤ **aisance.** *«une élégance et une liberté d'allures que n'ont pas nos femmes»* GAUTIER. *Liberté de mœurs.* ➤ **émancipation.** *Liberté sexuelle.*

III DANS LE DOMAINE POLITIQUE, SOCIAL ▪ **1** (milieu XIVe) Pouvoir d'agir, au sein d'une société organisée, selon sa propre détermination, dans la limite de règles définies. *Liberté civile :* droit de faire tout ce qui n'est pas défendu par la loi. *Liberté naturelle et liberté civile.* — *Liberté politique :* droit pour le peuple, les citoyens de se donner des lois directement ou par le choix de représentants. ▪ **2** ABSOLT (1538) **LA LIBERTÉ :** absence ou suppression de toute contrainte considérée comme anormale, illégitime, immorale. *La liberté n'est pas l'anarchie. «La liberté, ce bien qui fait jouir des autres biens»* MONTESQUIEU. *«Liberté, Égalité, Fraternité»,* devise de la République française. *Défenseur,* *martyr de la liberté. Vive la liberté ! La liberté ou la mort ! « Ô liberté, que de crimes on commet en ton nom ! »* (dernières paroles attribuées à Mme ROLAND). *Arbre* de la liberté. Espace de liberté. « Je suis né pour te connaître Pour te nommer Liberté »* ÉLUARD. ▪ **3** (1694) Pouvoir que la loi reconnaît aux individus (dans un domaine précis). ➤ 3 **droit.** *« Le premier des droits de l'homme, c'est la liberté individuelle, la liberté de la propriété, la liberté de la pensée, la liberté du travail »* JAURÈS. *Les libertés fondamentales. C'est une atteinte aux libertés ! La défense des libertés.* — *Libertés publiques* : l'ensemble des libertés reconnues à l'individu *(libertés individuelles)* et aux groupes sociaux. *Liberté individuelle, liberté physique* : ensemble des garanties contre les arrestations, les détentions et pénalités arbitraires (➤ **habeas corpus ; sûreté**). *Liberté d'association, de réunion. Liberté de manifester, de circuler. « Tout individu a droit à la liberté d'opinion et d'expression, ce qui implique le droit de ne pas être inquiété pour ses opinions »* (DÉCLARATION DES DROITS DE L'HOMME). *Liberté syndicale. « Messieurs, la liberté de la presse est la garantie de la liberté des assemblées »* HUGO. *Liberté religieuse* : droit de choisir sa religion ou de n'en point avoir *(liberté de conscience)*, de pratiquer la religion de son choix, d'en célébrer le culte *(liberté du culte). « La liberté de conscience, c'est de ne pas payer un curé quand on ne va pas à la messe »* RENARD. *Liberté de l'enseignement. Liberté du travail. Liberté du commerce, des échanges internationaux.* ➤ **libre-échange.** *Liberté des changes* (opposé à *contrôle*). *Doctrines favorables aux libertés.* ➤ **libéral.** ▪ **4** (1266) AU PLUR. *Libertés des communes, des villes ; libertés locales.* ➤ **autonomie, franchise, immunité.** ▪ **5** Autonomie, indépendance (d'un pays). *Combattre pour la liberté de sa patrie.* ➤ **indépendance, libération.**

IV AU SENS PHILOSOPHIQUE ▪ **1** (début XIIIe) Caractère indéterminé de la volonté humaine ; libre arbitre. ➤ **indéterminisme.** *« La liberté de notre volonté se connaît sans preuve, par la seule expérience que nous en avons »* DESCARTES. *« cette liberté se réduit à une affirmation [...] de l'autonomie de la pensée »* SARTRE. *La liberté, fondement du devoir, de la responsabilité, de la morale.* ▪ **2** *Liberté morale* : état d'une personne qui agit avec pleine conscience et après réflexion (opposé à *inconscience, impulsion, folie*) ou conformément à la raison (opposé à *passion, instinct*).

▪ CONTR. Captivité, dépendance, esclavage, servitude. — Assujettissement, contrainte, 1 défense, entrave, interdiction, obligation. Confusion, gêne, raideur. — Dépendance, oppression. Réglementation. — Déterminisme, destin, fatalité.

LIBERTICIDE [libɛʀtisid] **adj.** – 1791 ◇ de *liberté* et *-cide* ▪ LITTÉR. Qui détruit la liberté, les libertés. *« amener le révolté aux formes les plus liberticides de l'action »* CAMUS. — SUBST. *Un, une liberticide.*

LIBERTIN, INE [libɛʀtɛ̃, in] **adj.** et **n.** – 1500 hist. romaine « affranchi » ◇ latin *libertinus* ▪ **1** (1525) VX ou LITTÉR. Qui ne suit pas les lois de la religion, soit pour la croyance, soit pour la pratique. ➤ **impie, incrédule, irréligieux.** *« Je devins polisson, mais non libertin »* ROUSSEAU. — **n. m.** Esprit fort, libre penseur. ▪ **2** (1625) MOD. Qui s'adonne sans retenue aux plaisirs charnels, avec un certain raffinement. ➤ **dévergondé, dissolu.** *« L'Ingénue libertine », roman de Colette.* — **n.** *« Un petit libertin que j'ai surpris encore hier avec la fille du jardinier »* BEAUMARCHAIS. ➤ **débauché.** — PAR EXT. *Propos, livres, vers libertins.* ➤ **grivois, leste.** ▪ CONTR. Ascète, ascétique, dévot, sérieux, vertueux.

LIBERTINAGE [libɛʀtinaʒ] **n. m.** – 1603 ◇ de *libertin* ▪ **1** VIEILLI Licence de l'esprit en matière de foi, de discipline, de morale religieuse. ➤ **incrédulité.** ▪ **2** (1674) MOD. Inconduite du libertin ; licence plus ou moins raffinée dans les mœurs. ➤ **débauche, dérèglement, dévergondage, dissolution.** *« Cet amour sans libertinage était pour lui quelque chose de nouveau »* FLAUBERT. — *« un conte galant, poétique et d'un libertinage accompli »* HENRIOT. ▪ CONTR. Chasteté, pureté, vertu.

LIBERTY [libɛʀti] **n. m.** – 1892 ◇ n. déposé, du nom de l'inventeur et de la firme londonienne *Liberty* ▪ ANGLIC. Étoffe de coton légère, souvent à dessins ou à petites fleurs, employée dans l'ameublement et l'habillement. *Chemisier en liberty. Des libertys fleuris.*

LIBIDINAL, ALE, AUX [libidinal, o] **adj.** – 1927 ◇ de *libido* ▪ PSYCHAN. De la libido*. *Objet libidinal. Pulsions libidinales. « aucun professeur ne déclencha en moi une première petite poussée libidinale »* C. MILLET.

LIBIDINEUX, EUSE [libidinø, øz] **adj.** – v. 1485, rare avant XVIIIe ; hapax XIIIe ◇ latin *libidinosus*, de *libido* « désir » ▪ LITTÉR. ou PLAISANT Qui recherche constamment et sans pudeur des satisfactions sexuelles. ➤ **lubrique, salace.** *Un vieillard libidineux.* — PAR EXT. *Propos libidineux.* ➤ **cochon** (II). *Regards libidineux.* ➤ **vicieux.** ▪ CONTR. Chaste.

LIBIDO [libido] **n. f.** – 1913 ◇ créé par Freud en allemand, du latin *libido* « désir » ▪ **1** COUR. Recherche instinctive du plaisir, et surtout du plaisir sexuel. ➤ **désir.** *Satisfaire sa libido. Des libidos.* ▪ **2** PSYCHAN. (chez Freud) Énergie psychique sous-tendant les pulsions de vie, et SPÉCIALT les pulsions sexuelles. ◆ (Chez Jung) Toute forme d'énergie psychique, quel que soit son objet.

LIBOURET [libuʀɛ] **n. m.** – 1643 ◇ origine inconnue ▪ PÊCHE Ligne à plusieurs hameçons employée pour pêcher le maquereau.

LIBRAIRE [libʀɛʀ] **n.** – 1380 ; *livraire* « copiste » 1220 ◇ latin *librarius* ▪ **1** VX Artisan et marchand qui imprimait, vendait des livres. ➤ **éditeur.** ▪ **2** (XVIIIe) MOD. Commerçant(e) dont la profession est de vendre des livres au public. ➤ **librairie.** *Un, une libraire. « Les libraires sont les messagers des nuits que d'autres ont consacrées à l'écriture, des matins que d'autres ont occupés à aligner des mots, à vivre avec des personnages »* BEN JELLOUN. *Libraire-éditeur,* qui vend les livres de son fonds. ANCIENNT *Imprimeur-libraire.*

LIBRAIRIE [libʀeʀi] **n. f.** – 1119 ◇ latin impérial *libraria* ▪ **1** VX Bibliothèque. *La librairie de Montaigne.* ▪ **2** (1540) MOD. Commerce des livres au détail par les libraires. *Commissionnaire, placier en librairie. On ne trouve plus ce livre en librairie.* — Activité, profession du libraire. ◆ (1690) Corporation des libraires. *Cercle de la librairie.* ▪ **3** (1846) Magasin où l'on vend des livres, boutique de libraire. *Tenir une librairie. Librairie d'ouvrages d'art,* et ELLIPT *librairie d'art. Librairie-papeterie. Librairie de gare.* ➤ **bibliothèque.** ◆ PAR EXT. Maison d'édition qui dispose de magasins où sont vendues les œuvres publiées par ses soins. ➤ **éditeur.** ▪ **4** GÉNÉT. *Librairie génomique.* ➤ **bibliothèque ; génothèque.**

LIBRATION [libʀasjɔ̃] **n. f.** – 1547 ◇ latin *libratio* ▪ ASTRON. Balancement apparent (d'un astre, et spécialement de la Lune). *La libration de la Lune et des planètes.*

LIBRE [libʀ] **adj.** – fin XIe, au sens II, 1° ◇ du latin *liber.* → livrer et libérer

I QUI JOUIT DE LA LIBERTÉ PHYSIQUE ▪ **1** (milieu XIVe) (Opposé à *esclave, serf*) Qui n'appartient pas à un maître. ➤ 2 **franc ; affranchi.** *Travailleurs libres.* ▪ **2** (1552) Opposé à *captif, prisonnier.* Qui n'est pas privé de sa liberté physique, de sa liberté de mouvement ; qui n'est pas enfermé, enchaîné. *Rendre qqn libre.* ➤ **délivrer, libérer.** *Le prévenu est sorti libre du tribunal.* — *Une réserve où les animaux vivent libres,* en liberté.

II QUI PEUT AGIR, DÉCIDER SANS CONTRAINTE ▪ **1** (fin XIe) Qui a le pouvoir de décider, d'agir par soi-même. ➤ **indépendant.** *Être libre.* ➤ **s'appartenir, disposer** (de soi). *Être libre comme l'air*. Se sentir libre.* — PAR EXT. (fin XVIIe) *Garder l'esprit libre, la tête libre,* exempt de préoccupations ou de préjugés. ▪ **2** (1558) **LIBRE DE** (suivi d'un nom) : libéré, affranchi de. *Libre d'entraves. Esprit libre de préoccupations, de préjugés.* ➤ **exempt.** ▪ **3 LIBRE DE** (et inf.) : qui a la possibilité, le droit de. *Vous êtes libre de refuser.* IMPERS. *Libre à toi de partir* : tu peux partir. ▪ **4** Qui n'est pas soumis à un engagement, à une obligation, morale ou juridique. SPÉCIALT (1690) Qui n'est pas marié ou engagé par des relations suivies. ◆ (1680) Qui n'est pas pris, retenu, occupé. *Êtes-vous libre ce soir ?* FAM. *Taxi ! vous êtes libre ?* ◆ *Suivre des cours en auditeur libre,* sans avoir le statut d'étudiant et sans pouvoir passer les examens. *Candidat libre,* qui se présente à un examen sans avoir suivi l'enseignement qui y prépare. ▪ **5** (1538) Qui s'accomplit, s'effectue librement, sans contrainte extérieure. *Respiration libre. Libre choix.* — *Une conversation libre et détendue. Libres propos.* — LOC. *Donner libre cours* à.* — *Union* libre. Amour libre.* ◆ Qui se pratique sans appareillage complexe. *Vol libre,* avec des ailes (➤ **deltaplane ; parapente**). *Escalade libre,* sans pitonnage. ▪ **6** (1538) Qui ne se contraint pas, se laisse aller sans retenue. (1690) *Être libre, très libre avec qqn,* ne pas se gêner avec lui. *Nous sommes très libres l'un avec l'autre.* — PAR EXT. *Airs, allures, façons, manières libres.* ➤ **aisé, dégagé, désinvolte, familier, spontané.** *« Nos bavardages prirent un tour plus libre »* DUTOURD. ▪ **7** (1636) Qui est indifférent aux convenances et tend à la licence (cf. Libertin). *Propos libres, un peu libres, trop libres.* ➤ **cavalier,** 2 **cru, égrillard,** 1 **gaillard, graveleux, grivois, hardi, léger, leste, licencieux, osé.**

III DANS LE DOMAINE POLITIQUE ▪ **1** (1564) Qui n'est pas soumis à une autorité arbitraire, tyrannique ; qui jouit de l'indépendance, de libertés* reconnues et garanties. *« Les hommes naissent et demeurent libres et égaux en droits »* (DÉCLARATION DES DROITS DE L'HOMME). *Peuple, société, nation libre,* où les libertés sont respectées. *« Un petit peuple libre est plus grand qu'un grand peuple esclave »* HUGO. — SPÉCIALT (HIST.) *Le monde libre :* les pays non communistes (pour les anti-communistes). ◆ *Ville, commune libre.* ➤ **autonome, indépendant.** *Pays libre,* qui n'est pas soumis à une puissance étrangère (➤ **souverain**). HIST. *Zone* libre.* — *La France libre :* les Français qui n'ont pas accepté l'armistice de 1940 et ont continué la lutte. ▪ **2** (fin XVIe) Dont le libre exercice, le fonctionnement est reconnu, garanti par la loi. *Élections libres.* — (1864) *Enseignement libre. Écoles, institutions libres :* écoles privées, et SPÉCIALT écoles religieuses. — DR. *Libre disposition d'un bien.* ÉCON. *Commerce libre.* ➤ **libre-échange ; libéralisme.** *Libre entreprise. Libre concurrence.* — FIN. *Change, cours libre. Libre convertibilité d'une monnaie.* — DOUANES *Libre pratique :* situation de produits d'origine tierce pour lesquels les droits de douane du tarif extérieur commun ont été acquittés. — *Radio* libre.*

IV AU SENS PHILOSOPHIQUE (1541) Qui jouit de liberté, en parlant de l'être humain, de sa volonté. *« celui qui peut être libre dans l'esclavage même »* FÉNELON. *« Être libre [...] c'est vouloir ce que l'on peut »* SARTRE. ◆ ➤ **libre arbitre.**

V (CHOSES) ▪ **1** (1681) Autorisé, permis. *Accès libre. Le feu est vert, le passage est libre. Entrée libre,* gratuite. ◆ Qui n'est soumis à aucune réglementation restrictive. *Marché libre de l'or. Produit en vente libre. Les prix sont libres.* — *Produit libre,* sans marque. *Logiciel libre,* dont le code source est accessible et que l'on peut modifier, copier, diffuser en toute liberté (opposé à *logiciel propriétaire*). ➤ ANGLIC. **open source.** ▪ **2** (milieu XVIe) Qui n'est pas attaché, retenu, serré, embarrassé et qui, donc, peut se mouvoir sans gêne. *Vêtement qui laisse la taille libre. Cheveux libres.* ➤ **flottant.** *Avoir les mains* libres. Poudre libre* (opposé à *compact*). — (D'un mécanisme) *Pignon, engrenage libre,* non enclenché. — *En roue* libre.* — PHONÉT. *Voyelle libre* (par oppos. à *voyelle entravée*), en une syllabe ouverte. LING. *Morphème libre* (opposé à *lié*). — MATH. *Famille libre (de vecteurs) :* famille de vecteurs linéairement indépendants. — PHYS. *Électron* libre.* CHIM. Se dit de la forme non combinée d'un composé (opposé à *lié*). *Fer, calcium libre. Fer à l'état libre.* — *Radicaux* libres. Énergie libre. Enthalpie libre.* — BIOL. *(Rythme en) libre-cours :* évolution (d'un rythme biologique) en l'absence de synchroniseur. *La persistance du rythme circadien en libre-cours.* ▪ **3** Qui n'est pas occupé, ne présente pas d'obstacle empêchant le passage. *Place libre.* ➤ **vacant, vide.** *Route, voie libre.* ➤ **dégagé.** *La voie est libre. Avoir le champ* libre. Appartement libre.* ➤ **inoccupé.** *Il ne reste plus une chambre (de) libre dans cet hôtel. Taxi libre.* — *La ligne téléphonique n'est pas libre.* FAM. *Ça sonne pas libre.* — *Temps libre,* qui n'est pas occupé ou retenu, que l'on peut employer à sa guise. ➤ **loisir.** *« j'envisageais avec le plus grand calme cette journée libre »* HOUELLEBECQ. *Avoir quartier* libre.* — LOC. (1559) *À l'air libre,* dehors. *Se sécher les cheveux à l'air libre,* sans sèche-cheveux, naturellement. ▪ **4** Dont la forme n'est pas imposée, fixée d'avance. *Figures libres en patinage artistique* (opposé à *imposé*). *Improvisation libre. Sujet libre. Emplois libres d'un mot* (opposé à *emplois dans les locutions figées*). (1549) *Vers libre.* ➤ **irrégulier.** *Traduction, adaptation libre,* qui ne suit pas l'original à la lettre (opposé à *fidèle*). *Licence libre* (d'une université), pour laquelle le choix des certificats est libre. — (1835) *Papier libre* (opposé à *timbré*).

▪ CONTR. Esclave ; captif, prisonnier. Opprimé, soumis. — Défendu, 1 interdit, réglementé ; obligatoire. Déterminé ; dépendant. Gêné, empêché, forcé. Pris, réservé, retenu. 1 Attaché, engagé. Occupé, plein. — 1 Fixe, imposé.

LIBRE ARBITRE [libʀaʀbitʀ] n. m. – 1541 ◇ de *libre* et 2 *arbitre* ▪ PHILOS. Faculté de se déterminer sans autre cause que la volonté. ➤ **liberté.** *« Traité du libre arbitre », de Bossuet.* ◆ COUR. Volonté libre, non contrainte. *User de son libre arbitre. Il n'avait pas son libre arbitre, il a agi sous la menace.* (Plur. inus. *des libres arbitres.*) ▪ CONTR. Détermination ; contrainte.

LIBRE-ÉCHANGE [libʀeʃɑ̃ʒ] n. m. – 1840 ◇ d'après l'anglais *free trade* ▪ COMM. INT. Doctrine prônant la liberté des échanges internationaux ; système dans lequel les échanges commerciaux entre nations sont libres ou affranchis des barrières qui les entravent. *Partisans* (➤ **libre-échangiste**) *et adversaires* (➤ **protectionniste**) *du libre-échange. Des libres-échanges. Zone de libre-échange :* ensemble de pays ayant passé un accord sur la libre circulation des marchandises produites sur leur territoire. *Accord de libre-échange. Association européenne de libre-échange (A. E. L. E.),* regroupant des pays européens non membres de l'Union européenne. ▪ CONTR. Protectionnisme.

LIBRE-ÉCHANGISME [libʀeʃɑ̃ʒism] n. m. – milieu XIXe ◇ de *libre-échange* ▪ COMM. INTERNAT. Doctrine et pratique du libre-échange*. ▪ CONTR. Protectionnisme.

LIBRE-ÉCHANGISTE [libʀeʃɑ̃ʒist] n. – 1846 ◇ de *libre-échange* ▪ COMM. INTERNAT. Partisan du libre-échange (opposé à *protectionniste*). *Des libres-échangistes.* — adj. *Théorie, politique libre-échangiste.*

LIBREMENT [libʀəmɑ̃] adv. – 1339 ◇ de *libre* ▪ **1** Sans restriction d'ordre juridique. *Circuler librement.* ▪ **2** Sans obstacle, sans entrave au libre mouvement. *Animaux qui se promènent librement. Cheveux qui flottent librement.* ▪ **3** En toute liberté de choix, de son plein gré. *Décider librement. Discipline librement consentie.* ▪ **4** (1540) Avec franchise, sans se gêner. *Je vais vous parler très librement, sans façon.* ➤ **carrément, ouvertement.** — SPÉCIALT Avec licence. ▪ **5** Avec une certaine latitude ou une certaine fantaisie dans l'interprétation. *Traduire librement un poème.*

LIBRE PENSÉE [libʀəpɑ̃se] n. f. – 1842 ◇ de *libre* et *pensée* ▪ Attitude d'esprit du libre penseur. ➤ **incrédulité.** *« Nous faisons de la libre pensée l'arme qui tuera le cléricalisme »* MAUPASSANT. — On écrit aussi *libre-pensée.*

LIBRE PENSEUR, EUSE [libʀəpɑ̃sœʀ, øz] adj. et n. – 1659 ◇ de *libre* et *penseur,* d'après l'anglais *free thinker* ▪ Qui, en matière religieuse, ne se fie qu'à la raison, ne veut être influencé par aucun dogme établi. ➤ **libertin** (1o), **incrédule, irréligieux ; esprit** (fort). *Une copie « fut adressée au journal radical et libre penseur de la région »* FRANCE. *Des « instituteurs libres penseurs »* PÉGUY. — n. *« Cet air naturel d'un libre penseur dans une église »* PROUST. — On écrit aussi *libre-penseur, euse.*

LIBRE-SERVICE [libʀəsɛʀvis] n. m. – v. 1950, pour traduire l'anglais *self-service* ◇ de *libre* (V) et *service* ▪ **1** Service assuré par le client lui-même, dans un magasin, un restaurant, à une pompe à essence. ➤ **self-service.** ▪ **2** PAR EXT. Magasin, supermarché où l'on se sert soi-même. *Des libres-services.* ➤ aussi **hypermarché, supérette, supermarché.**

LIBRETTISTE [libʀetist] n. – 1844 ◇ de *libretto* « livret », mot italien ▪ Auteur d'un livret. ➤ **parolier.** — Personne dont la profession est d'écrire des livrets. *Da Ponte, librettiste de trois opéras de Mozart.*

1 **LICE** [lis] n. f. – 1155 ◇ francique *°listja* « barrière » ▪ **1** ANCIENNT Palissade. — PAR EXT. Espace circonscrit par cette clôture, réservé aux exercices ou aux compétitions. — PAR ANAL. Champ clos où se déroulaient des joutes, des tournois. ➤ 2 **carrière.** *Champions et tenants qui se mesurent dans la lice.* ◆ LOC. *Entrer en lice :* s'engager dans une lutte, une compétition ; intervenir dans un débat. *Rester en lice,* dans la compétition. ▪ **2** Clôture entourant un champ de courses, de foire. *« en dehors des lices, cent pas plus loin, il y avait un grand taureau noir muselé »* FLAUBERT. ▪ HOM. Lis, lisse.

2 **LICE** ou **LISSE** [lis] n. f. – XIIe ◇ latin *licia,* plur. neutre, fém. en latin populaire ▪ **1** TECHN. Pièce du métier à tisser, dans laquelle passe un fil de chaîne. ▪ **2** (SING. COLLECT.) COUR. *Tapisserie de haute lice,* dont les fils de chaîne sont disposés verticalement ; *de basse lice,* horizontalement.

3 **LICE** [lis] n. f. – XIIe ◇ probablt latin populaire *°licia,* latin classique *lycisca,* grec *lukos* « loup » ▪ CHASSE Femelle de chien de chasse. *« ces lices vautrées, tout en ventre et en tétines »* COLETTE.

LICÉITÉ [liseite] n. f. – 1907 ◇ dérivé savant du latin *licere* « être permis » ▪ DIDACT. Caractère de ce qui est licite.

LICENCE [lisɑ̃s] n. f. – v. 1175 ◇ latin *licentia*

I ▪ **1** VX Droit, liberté (de faire ou de dire qqch.) en vertu d'une permission donnée par une autorité supérieure. ▪ **2** VX Autorisation d'enseigner ; degré universitaire donnant cette autorisation. ◆ MOD. Grade universitaire sanctionnant trois années d'études après le baccalauréat ; diplôme national conférant ce grade. *Licence en droit, licence ès lettres. Licence d'anglais. Terminer, obtenir sa licence.* ➤ **licencié.** *Schéma licence-master-doctorat (LMD). Diplôme international équivalant à la licence.* ➤ **bachelor.** — *Licence libre*.* ▪ **3** (1780) DR. FISC., COMM. Autorisation administrative permettant, pour une durée déterminée, d'exercer un commerce ou une activité réglementée. *Licence de transport.*

Licence de pêche. ➤ **permis.** *Faire renouveler sa licence.* ♦ DOUANES Autorisation administrative nécessaire à l'importation ou à l'exportation de certains produits ; titre représentant cette autorisation. *Licence d'importation, d'exportation. Validité d'une licence limitée à six mois.* ♦ Autorisation d'exploiter un brevet d'invention. *Contrat de licence.* — Droit d'exploitation des éléments d'une œuvre de fiction. ➤ **franchise.** ♦ SPORT Autorisation qui permet de prendre part aux compétitions des fédérations sportives. *Licence de ski, de tennis. Coller les timbres de licence sur un passeport sportif.*

II Liberté d'action qui est laissée à qqn ou qu'il se donne à lui-même. ■ **1** VX Liberté. — LOC. *Donner, laisser à qqn la licence de faire qqch. « Nous avions jusqu'alors licence de nous promener dans le parc »* BAZIN. ♦ (1521) MOD. Liberté que prend un écrivain avec les règles de la versification, de l'orthographe, de la syntaxe. *Licence poétique. Licence orthographique* (ex. encor pour encore). ■ **2** VIEILLI Liberté excessive. *Prendre, se permettre des licences avec qqn.* ➤ **hardiesse.** ♦ (1512) Désordre, anarchie qu'entraîne l'absence de contraintes, de règles. *Liberté qui dégénère en licence.* ■ **3** (1512) VIEILLI Dérèglement dans les mœurs, dans la conduite. *Tomber, vivre dans la licence.* ➤ **débauche, débordement, désordre, libertinage.** — PAR EXT. Caractère de ce qui est licencieux. *La licence des mœurs.* ➤ **luxure.** — *Une licence de langage, de style.* ABSOLT *« Rabelais a de ces licences qui ne sont qu'à lui »* SAINTE-BEUVE. ➤ **grivoiserie.**

■ CONTR. Entrave, formalité. — Décence, retenue.

LICENCIÉ, IÉE [lisɑ̃sje] n. – 1349 ◇ de *licence* ou du latin médiéval *licentiatus* ■ **1** Personne qui a passé avec succès les épreuves de la licence. *Des licenciés en droit. Une licenciée de sciences, ès sciences.* adj. *Étudiant licencié.* ■ **2** Titulaire d'une licence sportive.

LICENCIEMENT [lisɑ̃simɑ̃] n. m. – 1569 ◇ de *licencier* ■ Action de licencier. *Licenciement de troupes, d'ouvriers.* ➤ 1 **départ, renvoi.** *Licenciement d'un fonctionnaire.* ➤ **destitution, révocation.** *Licenciement pour raisons économiques.* ➤ aussi **chômage, débauchage, dégraissage.** *Licenciement abusif. Licenciement collectif. Indemnité de licenciement. Licenciement sec,* sans traitement social.

LICENCIER [lisɑ̃sje] v. tr. ‹7› – 1360 ◇ latin médiéval *licentiare* ■ **1** VX Faire quitter un lieu à (qqn). *Licencier des élèves.* ■ **2** (1590) MOD. Priver (qqn) de son emploi, de sa fonction. ➤ **débaucher, congédier, remercier, renvoyer*.** *« j'étais licencié par une mesure générale de réduction du personnel »* DUHAMEL. *Licencier un officier.* ➤ **destituer.** *Employés licenciés et réduits au chômage.*

■ CONTR. Embaucher, recruter.

LICENCIEUX, IEUSE [lisɑ̃sjø, jøz] adj. – 1537 ◇ latin *licentiosus* ■ **1** VX Qui abuse de la liberté qu'on lui laisse. ■ **2** (1590) VIEILLI ou LITTÉR. Qui manque de pudeur, de décence. ➤ **immoral, libertin.** *Écrivain licencieux. Propos licencieux.* ➤ **leste, libre,** 1 **salé.** — adv. **LICENCIEUSEMENT.** ■ CONTR. Chaste, honnête, pudique.

LICHEN [likɛn] n. m. – 1363 *lichines* ◇ mot latin, grec *leikhên*, littéralt « qui lèche » ■ **1** MÉD. VX Dermatose caractérisée par la présence de papules. — MOD. *Lichen plan* : maladie cutanée de cause inconnue, bien individualisée par une éruption disséminée de petites papules violacées souvent prurigineuses. ■ **2** (1546) Organisme complexe formé de l'association d'un champignon et d'une algue vivant en symbiose, très résistant à la sécheresse, au froid et au chaud. ➤ **lécanore, orseille, parmélie, rocelle, usnée, verrucaire.** *Lichens qui poussent sur la pierre, les toits. « des charmes dont l'écorce est mouchetée d'un lichen sombre »* GENEVOIX. *Lichens crustacés, foliacés, gélatineux.*

LICHER [liʃe] v. tr. ‹1› – XIIᵉ ◇ var. de *lécher* ■ VX, RÉGION. Lécher. ♦ POP. et VIEILLI Boire. *Licher un petit verre.*

LICHETTE [liʃɛt] n. f. – 1821 ◇ de *licher* ■ **1** FAM. Petite tranche, petit morceau, petite quantité (d'un aliment). *Une lichette de pain, de fromage.* ➤ **languette.** *Il en reste une lichette.* ■ **2** (p.-ê. de *liset* « ruban ») (Belgique) Petite attache servant à suspendre un vêtement, un torchon... *La lichette d'un imperméable.*

LICIER ou **LISSIER** [lisje] n. m. – 1803, –1532 ◇ de 2 *lice* ■ TECHN. ■ **1** Ouvrier qui monte les lices d'un métier à tisser. ■ **2** *Un haute licier, un basse licier* : personne qui fait des tapisseries de haute lice, de basse lice. *Des haute liciers.*

LICITATION [lisitasjɔ̃] n. f. – 1509 ◇ latin *licitatio* ■ DR. Vente aux enchères au profit des copropriétaires d'un bien indivis (➤ **liciter**). *Licitation amiable ou volontaire. Licitation judiciaire. Adjudication sur licitation.*

LICITE [lisit] adj. – v. 1300 ◇ latin *licitus* « permis » ■ Qui n'est pas défendu par la loi, par l'autorité établie. *Caractère licite.* ➤ **licéité.** *Profits licites et illicites. Ce qui est licite n'est pas nécessairement juste, ni même légitime.* — adv. **LICITEMENT,** 1266. ■ CONTR. Défendu, illicite.

LICITER [lisite] v. tr. ‹1› – 1514 ◇ latin *licitari* ■ DR. Vendre par licitation. *Héritiers qui licitent un domaine, faute de partage amiable.*

LICOL [likɔl] n. m. – 1333 *liecol* ◇ de *lie (lier)* et *col, cou* ■ Pièce de harnais, lien que l'on met autour du cou des bêtes de somme pour les attacher, les mener. *Retenir un cheval par son licol.* — On dit aussi *licou* [liku].

LICORNE [likɔʀn] n. f. – 1385 ◇ italien *alicorno*, altération de *unicorne* (XIIᵉ), du latin *unicornis* « unicorne » ■ **1** Animal fabuleux qu'on représente avec un corps de cheval, une tête de cheval ou de cerf, et une corne unique au milieu du front. *La licorne, emblème de virginité, de pureté, dans les légendes du Moyen Âge.* ♦ (1870 ◇ par anal.) *Licorne de mer.* ➤ **narval.** ■ **2** ÉCON. (calque de l'anglais *unicorn*) Start-up valorisée à plus d'un milliard de dollars.

LICOU ➤ **LICOL**

LICTEUR [liktœʀ] n. m. – XIVᵉ ◇ latin *lictor* ■ ANTIQ. ROM. Officier public qui marchait devant les grands magistrats en portant une hache placée dans un faisceau de verges.

LIDAR [lidaʀ] n. m. – 1971 ◇ acronyme anglais, de *Light Detection And Ranging* « détection et télémétrie par la lumière » ■ TECHN. Appareil de détection qui émet un faisceau laser et en reçoit l'écho, permettant de déterminer la distance d'un objet. *La portée du lidar est inférieure à celle du radar, mais sa résolution angulaire est meilleure. Détection de la pollution, de l'insuffisance d'ozone atmosphérique par un lidar.*

LIDO [lido] n. m. – 1728-29 ◇ du *Lido* de Venise, latin *litus* « rivage » → littoral ■ GÉOGR. Lagune derrière un cordon littoral ; le cordon littoral. *Des lidos.*

LIE [li] n. f. – 1120 ; *lias* VIIIᵉ ◇ gaulois °*liga* ■ **1** Dépôt qui se forme au fond des récipients contenant des boissons fermentées. ➤ **fèces, résidu.** *Lie de cidre, de bière.* SPÉCIALT *Lie de vin,* ou ABSOLT *la lie. « Il ne sentait pas le vin, il sentait la lie, la boue des cuves »* GIONO. *Couleur lie de vin.* ➤ **lie-de-vin.** ♦ LOC. PROV. *Boire le calice, la coupe jusqu'à la lie* : subir jusqu'au bout une épreuve pénible, amère. ■ **2** FIG. Ce qu'il y a de plus vil. *La lie du peuple, de la société.* ➤ **rebut ; racaille.** *« chaque nation a sa lie, cette frange de ratés et d'aigris »* SARTRE. ■ CONTR. Élite, gratin (fam.). ■ HOM. Li, lit.

LIÉ, LIÉE ➤ **LIER**

LIED [lid] n. m. – 1833 ◇ mot allemand ■ **1** Chanson populaire, romance, ballade de caractère spécifiquement germanique. *Des lieds* ou plur. all. *des lieder* [lidœʀ ; lidɛʀ]. *« Le soir, sous les étoiles, les bateliers chantaient des lieds sentimentaux »* MAUROIS. *« Ils se mirent à chanter des chœurs allemands et des lieder »* GIRAUDOUX. ■ **2** MUS. Mélodie vocale composée sur le texte d'un lied. *Les lieder de Schubert.* ■ HOM. (de *lieder*) Leader.

LIE-DE-VIN [lidvɛ̃] adj. inv. – 1804 *couleur lie de vin* ◇ de *lie* et *vin* ■ Rouge violacé. *Des taches lie-de-vin.*

LIÈGE [ljɛʒ] n. m. – 1180 ◇ latin populaire °*levius*, de *levis* « léger » ■ **1** COUR. Matériau léger, imperméable, isolant et élastique, formé par la couche externe de l'écorce de certains arbres, en particulier du *chêne-liège*. *Détacher le premier liège* ou *liège mâle.* ➤ **démascler.** *Liège femelle* : deuxième couche de liège. *Bouchon, flotteurs en liège. Semelles de liège. Liège aggloméré. Garni de liège* (ou *liégé, ée* adj.). ■ **2** BOT. Tissu de protection des spermaphytes (dont le chêne-liège) formé de cellules mortes remplies d'air et dont la membrane est imprégnée de subérine (➤ **phellogène**). *Pores du liège.* ➤ **lenticelle.**

LIÉGEOIS, OISE [ljeʒwa, waz] adj. et n. – 1265 ◇ de *Liège*, ville de Belgique ■ De Liège. — LOC. *Café, chocolat liégeois* : glace au café, au chocolat surmontée de chantilly.

LIEN [ljɛ̃] n. m. – v. 1120 ◇ latin *ligamen*, de *ligare* → lier

I ■ **1** Chose flexible et allongée servant à lier, à attacher plusieurs objets ou les diverses parties d'un objet. ➤ **attache,** 1 **bande, bride, corde, cordon, courroie, élastique, ficelle, fil, ruban, sandow, sangle, tendeur.** *Liens utilisés en chirurgie.* ➤ **catgut,** 2 **garrot, ligature.** *Nouer, desserrer un lien.* ♦ (1676) TECHN. Pièce de charpente oblique reliant deux pièces assemblées en angle. — Pièce en forme de U vissée aux deux extrémités, servant de bride*. ▪ **2** (ABSTRAIT) Ce qui relie, unit. *Ces faits n'ont aucun lien entre eux.* ➤ **enchaînement, relation, suite.** *Une affaire en lien avec une autre. Lien de cause à effet.* ➤ **corrélation, liaison.** *Lien logique.* ➤ **analogie, rapport.** *Établir le lien, faire le lien entre deux évènements.* ➤ **rapprochement.** *Des «remarques inachevées, sans lien»* CHARDONNE. ➤ **décousu.** ♦ INFORM. Relation établie entre des informations, permettant un accès rapide. ➤ **permalien, rétrolien.** *Lien hypertexte, hypertextuel.* ➤ **hyperlien.** *Cliquer sur un lien. Ils «avaient partagé le lien [...], le message est repris partout, la photo, diffusée sur les réseaux sociaux aux quatre coins du monde»* K. TUIL. ▪ **3** (1226) Ce qui unit entre elles deux ou plusieurs personnes. ➤ **liaison, nœud, relation.** *Lien de famille, de parenté, de solidarité. Les liens du sang, de l'amitié.* ➤ **attache.** *Nouer des liens étroits avec qqn. Être en lien avec qqn.* ➤ **contact.** *Rompre des liens (avec qqn). Je vous déclare unis par les liens du mariage* (paroles du maire, lorsqu'il célèbre un mariage). *«le lien conjugal brisé dans les cœurs ne peut être renoué par la main des hommes»* SAND. *«l'habitude finit par créer une espèce de lien»* LOTI. *«sauvegarder un peu de lien social, faire en sorte que les gens puissent continuer à vivre ensemble»* E. CARRÈRE. ▪ **4** Élément (affectif, intellectuel) qui nous attache aux choses. ➤ **affinité.** *«Il était lié aux choses par des liens invisibles»* FRANCE.

II (XIIIe) ▪ **1** VX Corde, chaîne qui sert à attacher, ligoter un captif, à retenir, mener un animal. ➤ **entrave.** *Parvenir à se dégager de ses liens.* ▪ **2** MÉTAPH. et FIG. Ce qui maintient (qqn) dans un état d'étroite dépendance. ➤ **assujettissement, chaîne, servitude.** *«délivré des liens du travail»* BAUDELAIRE. *Liens moraux, affectifs.*

▪ CONTR. Rupture, séparation.

LIER [lje] v. tr. ‹7› — fin Xe au sens de «fixer, retenir (qqn)» (II, 1°) ◊ du latin *ligare.* → ligue

I METTRE ENSEMBLE ▪ **1** (milieu XIIe) Entourer, serrer avec un lien (plusieurs choses ou les parties d'une même chose pour qu'elles tiennent ensemble). ➤ **attacher*.** *Lier de la paille en bottes* (➤ **botteler**), *en rouleaux. Lier avec une corde, une ficelle.* ➤ **ficeler.** *Le chirurgien a lié l'artère.* ➤ **ligaturer.** ▪ **2** Assembler, joindre. *Lier l'arbalétrier aux poutres.* — (1690) *Lier ses lettres,* les joindre l'une à l'autre par de légers traits, en écrivant. *Lier les mots,* les prononcer en faisant une liaison. — (1771) MUS. *Lier les notes* (opposé à *piquer*) (➤ **louré**). *Lier un passage,* le jouer légato. ▪ **3** (fin XIVe) Joindre à l'aide d'une substance ou d'un ingrédient qui opère la réunion ou le mélange (➤ **liaison**). *Lier des briques avec du ciment* (➤ **cimenter**), *des pierres avec du mortier* (➤ **conglomérer**). — (fin XIVe) CUIS. *Lier une sauce,* l'épaissir. ▪ **4** (milieu XVIe) (ABSTRAIT) Unir par un rapport logique, fonctionnel, structural. *Lier des mots, des propositions par une conjonction.* ➤ **associer, coordonner, relier ; ligature.** *Lier les plans d'un film.* ➤ **agencer, enchaîner.** *Rapport qui lie la cause à l'effet.* ♦ **p. p. adj.** *Dans cette affaire, tout est lié,* tout se tient. ➤ **interdépendant.** *Affaires étroitement liées.* ➤ **connexe.** *«ces souvenirs, indissolublement liés à l'éveil de ma première jeunesse»* RENAN. — LING. *Forme liée,* constamment attachée à un autre élément. *Les affixes, les désinences sont des formes liées* (opposé à *libre*). *Morphème lié.* ♦ PRONOM. *«les idées se liant les unes aux autres»* FRANCE. ➤ **s'enchaîner, se rattacher, se relier.** ▪ **5** (fin XIIe) Unir (des personnes) par des liens d'affection, de convenance, de solidarité, d'intérêt. *Leur communauté de goûts les liera vite.* ➤ **rapprocher.** *«Une silencieuse fraternité liait [...] Rivière et ses pilotes»* SAINT-EXUPÉRY. ♦ PRONOM. **SE LIER (avec qqn).** (RÉFL.) Avoir des relations d'amitié. ➤ **s'attacher.** *Des catastrophes «qui me permettraient de me lier à jamais d'amitié avec elle, en lui sauvant la vie»* LARBAUD. SANS COMPL. *Il se lie facilement.* ➤ **liant.** (RÉCIPR.) *Ils se sont liés d'amitié.* ♦ **ÊTRE LIÉ à, avec (qqn).** *Ils sont très liés* (ensemble). ➤ **familier, intime.** ▪ **6** Faire naître (un lien). *Lier amitié (avec qqn)* : contracter un lien d'amitié. *Lier connaissance avec qqn. Lier conversation.* ➤ **nouer.** ♦ LOC. *Avoir partie liée (avec qqn)* : être associé d'une manière durable ; avoir des intérêts communs.

II FIXER, RETENIR QQN ▪ **1** (fin Xe) Attacher, enchaîner. *On l'avait lié sur une chaise.* ➤ **ligoter.** LOC. *Être fou à lier,* complètement fou. — *Pieds* et poings liés.* ♦ (XVIe) *Lier les mains à* (ou *de*) *qqn,* lui ôter toute possibilité d'action. LOC. *Avoir les mains liées.* ▪ **2** (fin XIIe) Imposer une obligation (juridique, morale) à. ➤ **astreindre, obliger.** AU PASSIF *Être lié par une promesse, un contrat.* ➤ **engager, garrotter.** ♦ (fin XIIe) THÉOL. Refuser d'absoudre. *«le pouvoir de lier et de délier les âmes»* CHATEAUBRIAND. ▪ **3** (début XIIe) **LIER À.** ➤ **attacher.** *«On la lia par les cheveux [...] à la queue d'un cheval indompté»* MICHELET. ♦ FIG. Retenir par un lien de dépendance. *Contrat liant le débiteur au créancier.* — PAR EXT. *Lier sa vie à celle d'une femme.* ➤ **unir.** *Lier son destin à celui d'une entreprise,* l'en faire dépendre.

▪ CONTR. Délier, couper, délivrer, 1 détacher, rompre, séparer. ▪ HOM. *Lie* : lis ; *lierai* : lirai (1 lire).

LIERNE [ljɛʀn] n. f. — 1561 ◊ de *lier* ▪ **1** ARCHIT. Nervure de la voûte gothique, réunissant les sommets des doubleaux, des formerets, des tiercerons à la clef de voûte. ▪ **2** TECHN. (CHARPENT.) Pièce de charpente oblique qui relie des poteaux.

LIERRE [ljɛʀ] n. m. — 1372 ◊ de *ierre* (XIIe), avec agglutination de l'art. déf., du latin *hedera* ▪ **1** Grande liane épiphyte *(araliacées)* à feuilles persistantes vertes et luisantes, se fixant par ses racines adventives (➤ **crampon**). *«de nombreuses lézardes où le lierre attachait ses griffes»* BALZAC. *«l'attachement du lierre aux pierres de sa nuit»* BONNEFOY. ▪ **2** PAR ANAL. (XIIIe *erre terrestre*) *Lierre terrestre.* ➤ **glécome.** — *Géranium*-lierre.*

LIESSE [ljɛs] n. f. — XIIIe ; *ledece, leesse* XIe ◊ latin *lætitia* «joie», par attraction de l'ancien français *lié* «joyeux» ▪ **1** VX Joie. — LITTÉR. Joie débordante et collective. ➤ **allégresse.** *«Une étrange liesse emplissait la ville illuminée»* GIDE. ▪ **2** MOD. et LITTÉR. loc. adj. **EN LIESSE :** qui manifeste publiquement et bruyamment son allégresse. *Peuple, foule en liesse.*

1 **LIEU** [ljø] n. m. — fin Xe ◊ du latin *locus.* → 2 louer, local, location ; 1 coucher

I PORTION D'ESPACE ▪ **1** Portion déterminée de l'espace, considérée de façon générale et abstraite. ➤ **endroit.** *Situation d'un objet dans un lieu.* ➤ **position.** *Être, se trouver dans un lieu ; présence en un lieu. En quel lieu ?* ➤ **où.** *Dans ce lieu* (➤ **ici, là ;** cf. Hic et nunc*) ; *dans un autre lieu* (➤ **ailleurs**) ; *dans, en un lieu quelconque* (cf. Quelque part*) ; *en tous lieux* (➤ **partout**). *Lieux proches, voisins.* ➤ **alentours, environs, parages, secteur, voisinage.** *Nom de lieu.* ➤ **toponyme.** *Science des noms de lieu.* ➤ **toponymie.** *Lieu dit, appelé...* ➤ **lieudit.** *Donner, attribuer un lieu à une activité.* ➤ **localiser, mettre, 1 placer, situer.** *Choisir un lieu pour.* ➤ **emplacement, place.** *La date et le lieu d'un évènement. Ce n'est ni le temps ni le lieu pour faire cela. Les coutumes varient avec les lieux.* ➤ **climat, contrée, 1 pays, région.** *La coutume du lieu* (➤ **local**). — (CONCRET) *Un lieu charmant, champêtre.* ➤ **séjour, site ; coin.** *Des lieux retirés, solitaires. «Il y a des lieux où souffle l'esprit»* BARRÈS. *Lieu de débauche, de perdition ; lieu malfamé. Lieu sûr,* où l'on est en sûreté. ➤ **abri, cachette, planque.** LOC. *En lieu sûr. Mettre (qqn, qqch.) en lieu sûr.* ➤ **cacher, protéger.** — *Lieu de passage, de réunion. Indiquer l'heure et le lieu d'un rendez-vous. Lieu de rencontre. Lieu très prisé.* ➤ **spot** (ANGLIC.). — *Date et lieu de naissance. Lieu d'habitation.* ➤ **1 adresse, domicile, résidence.** *Lieu de travail. Le lieu du crime, du délit. Le lieu où s'est passé l'évènement.* ➤ **cadre, scène, théâtre.** *Unité* de lieu du théâtre classique. «Qu'en un lieu, qu'en un jour, un seul fait accompli [...]»* BOILEAU. — *Adverbes, prépositions, compléments de lieu,* qui indiquent une détermination spatiale dans un énoncé. ➤ **2 locatif.** — LOC. *N'avoir ni feu* ni lieu.* ▪ **2** (1691) **HAUT LIEU :** (RELIG.) hauteur, colline sur lesquelles les juifs élevaient des autels et faisaient des sacrifices, avant la construction du Temple. — FIG. (1931) Lieu mémorable, théâtre de faits historiques. *Saint-Germain-des-Prés fut le haut lieu de l'existentialisme.* ♦ (milieu XIIe) **LIEU SAINT :** temple, église, sanctuaire. AU PLUR. (1690) *Les Lieux saints :* les lieux de la vie de Jésus, en Palestine, et SPÉCIALT les lieux de la Passion. ➤ **terre** (sainte). — *Lieux saints de l'islam :* La Mecque, Médine, Jérusalem. ▪ **3** (1538) **LIEU PUBLIC :** lieu qui par destination admet le public (rue, jardin, gare, mairie), ou lieu privé auquel le public peut accéder (café, cinéma). ▪ **4** (1691) MATH. **LIEU GÉOMÉTRIQUE :** l'ensemble des points d'un espace affine qui possèdent une propriété donnée. *Le lieu géométrique des points du plan équidistants de deux points A et B est la médiatrice du segment AB.* — FIG. *«déterminer le lieu géométrique et la limite de chacune de nos idées»* J. POTOCKI.

II LES LIEUX (avec la valeur d'un singulier). ▪ **1** (1643) VIEILLI Endroit unique considéré ou non dans ses parties (surtout avec le démonstratif). *De ces lieux, en ces lieux :* ici. *Le maître de ces lieux.* ➤ **céans.** ▪ **2** (1538) MOD. DR. Endroit précis où un fait s'est passé. *L'assassin est revenu sur les lieux du crime.* — SANS COMPL. *La police s'est rendue sur les lieux. Être sur les lieux,* sur place. ▪ **3** Appartement, maison, propriété. *Aménagement, disposition des lieux.* ➤ (VX) **êtres.** *État* des lieux. Maintien* dans les lieux.* (1566) *Quitter, évacuer, vider les lieux.* ▪ **4** (1802) *Lieux d'aisances.* ➤ **cabinets, toilettes.** SANS COMPL. (1640) VIEILLI *«Les lieux ! Oui ! ces braves latrines»* FLAUBERT.

III AU SINGULIER, DANS DES EXPRESSIONS ▪ **1** Place déterminée dans un ensemble, une succession (espace ou temps). *Ce n'est pas le lieu pour en parler. En son lieu* : à son tour. *Chaque dossier sera examiné en son lieu.* **loc. adv. EN TEMPS ET LIEU :** au moment et à la place convenables. *Nous vous ferons connaître notre décision en temps et lieu.* ▪ **2** (début XIIIe) Chaque point abordé dans une énumération, un discours, un écrit. (1517) *En premier lieu* : d'abord, premièrement, primo. *En second lieu* : après, ensuite, secundo. *En dernier lieu* : enfin. ▪ **3** (1778) **AVOIR LIEU :** avoir, prendre place (à un endroit, à un moment). ➤ **arriver,** se **passer,** se **produire.** *Le marché a lieu le samedi sur la place.* ➤ se **tenir.** *Les Jeux olympiques ont lieu tous les quatre ans.* ➤ se **célébrer.** — ABSOLT Être, se faire, s'accomplir. *La réunion aura lieu quand même. « La guerre de Troie n'aura pas lieu », pièce de Giraudoux.* ▪ **4** (milieu XIIe) VX Place (d'une personne, d'un groupe) dans la hiérarchie sociale. (1863) MOD. **EN HAUT LIEU :** auprès de personnes haut placées. *Je me plaindrai en haut lieu.* ▪ **5 loc. prép.** (1531) **AU LIEU DE :** à la place de. *Employer un mot au lieu d'un autre.* ➤ **pour.** — DR. (Pléonasme) *Au lieu et place de* (qqn) : à la place de, au nom de. *Au lieu de l'avion, nous prendrons le train.* ➤ **défaut** (à défaut de), **faute** (de). — (Suivi d'un inf.) Exprime l'opposition entre deux actes, deux états. *Aide-nous au lieu de nous regarder !* ➤ **plutôt** (que). ♦ **loc. conj.** (1490) VIEILLI **AU LIEU QUE** (et l'indic.), oppose deux états, deux actions différentes. ➤ **alors** (que), **là** (où), **tandis que.** — (Suivi du subj.) Oppose deux actes, deux états dont l'un se substitue à l'autre. ➤ **loin** (loin que). *« Au lieu que son histoire l'ait calmé, on dirait plutôt qu'il s'aigrit »* ROMAINS. ▪ **6** (1534) **TENIR LIEU DE.** ➤ **remplacer, servir** (de). *Marthe « me tenait lieu de tout »* RADIGUET. *« Ces superstitions tenaient donc lieu de religion à nos concitoyens »* CAMUS. ▪ **7** (1636) **AVOIR LIEU DE** (et inf.) : avoir des raisons de. *Elle n'a pas lieu de se plaindre. Nous avons tout lieu de croire que...* — IMPERS. (1611) *Il y a lieu de* : il est opportun, il convient de. *Il n'y a pas lieu de s'inquiéter pour l'instant.* — *S'il y a lieu* (de faire qqch.) : le cas échéant, si c'est nécessaire. *Nous vous convoquerons, s'il y a lieu.* ♦ (1656) **DONNER LIEU À** (suivi d'un nom) : fournir l'occasion. ➤ **occasionner, produire, provoquer.** *« Tout ce qui était sacré donnait lieu à une fête »* FUSTEL DE COULANGES. *Cela donne lieu à discussion.* ➤ **matière,** 2 **prétexte ; prêter** (à). — (1643) LITTÉR. **DONNER LIEU DE** (et inf.). ➤ **autoriser, permettre.** *Rien ne nous donne lieu d'espérer. « Votre ressentiment me donnait lieu de craindre »* MOLIÈRE.

IV LIEU(X) COMMUN(S) (du latin *loci communes,* traduction du grec *topoi koinoi*) ▪ **1** (1562) ANCIENNT Arguments, développements et preuves applicables à tous les sujets. *« Les Topiques » d'Aristote, traité sur les lieux communs.* ▪ **2** (1666) MOD. Idée, sujet de conversation que tout le monde utilise (➤ **banalité**) ; image, façon de s'exprimer qu'un emploi trop fréquent a affadie. ➤ **cliché, poncif.** *C'est un lieu commun rebattu. Les lieux communs sur l'amour. « Il n'y a d'inépuisable que les lieux communs »* RAMUZ.

▪ **HOM.** Lieue.

2 **LIEU** [ljø] **n. m.** – 1553 ; *lief* 1431 ◊ ancien scandinave *lyr* ▪ Poisson de mer carnivore *(gadiformes)* abondant en Europe. *Lieu noir* (➤ 1 **colin,** RÉGION. **goberge**), *lieu jaune. Des lieus.*

LIEUDIT ou **LIEU-DIT** [ljødi] **n. m.** – 1874 ◊ de 1 *lieu* et *dit* ▪ Lieu de la campagne, qui porte un nom traditionnel et sert de repère faute de hameau. *L'autocar s'arrête au lieudit des « Trois-Chênes ». Des lieudits, des lieux-dits.*

LIEUE [ljø] **n. f.** – 1080 ◊ latin *leuca,* d'origine gauloise ▪ MÉTROL. ▪ **1** Ancienne mesure itinéraire, valant environ quatre kilomètres. LOC. *À vingt, cent lieues à la ronde* : dans un large rayon. *Les bottes de sept lieues* (du Petit Poucet), qui permettaient de parcourir 7 lieues en une enjambée. *Être à cent (à mille) lieues de (penser, imaginer qqch.)* : être très loin de. *J'étais à cent lieues de le soupçonner.* ▪ **2** MAR. *Lieue marine* : vingtième partie du degré équinoxial qui vaut 3 milles marins ou 5,556 kilomètres. *« Vingt mille lieues sous les mers », roman de J. Verne.* ▪ **HOM.** Lieu.

LIEUR, LIEUSE [ljœʀ, ljøz] **n.** – 1351 ◊ de *lier* ▪ AGRIC. ANCIENNT Personne qui liait des bottes de foin, de paille (➤ **botteleur**), des gerbes de céréales.

LIEUSE [ljøz] **n. f.** et **adj. f.** – 1894 ◊ de *lier* ▪ **1** TECHN. Machine agricole servant à lier les bottes. *Moissonneuse-lieuse* ou *lieuse,* qui lie en paquets, en rouleaux. ➤ **faucheuse.** ▪ **2** *Ficelle lieuse,* servant à lier les foins.

LIEUTENANCE [ljøt(ə)nɑ̃s] **n. f.** – XIVe ◊ de *lieutenant* ▪ ANCIENNT Charge, office, grade de lieutenant. *La lieutenance générale des armées.*

LIEUTENANT [ljøt(ə)nɑ̃] **n. m.** – *luetenant* 1287 ◊ de 1 *lieu* et *tenant,* proprt « tenant lieu de » ▪ **1** Personne qui est directement sous les ordres du chef et le remplace éventuellement. *Les lieutenants d'Alexandre, de César. Chef d'entreprise qui a de bons lieutenants.* ➤ **adjoint, second.** ▪ **2** HIST. *Lieutenant général du royaume* : personnage investi à titre exceptionnel de l'autorité du roi. — Ancien officier de justice. *Les lieutenants généraux (lieutenant civil, lieutenant criminel) pouvaient être assistés de lieutenants particuliers.* ▪ **3** (1478) MILIT. ANCIENNT Officier sous l'Ancien Régime. *Lieutenant général* : officier qui commandait sous les ordres d'un général. ▪ **4** COUR. Officier subalterne des armées de terre et de l'air dont le grade est immédiatement au-dessous de celui de capitaine, et qui commande ordinairement une section. *Le lieutenant a deux galons. Femme lieutenant.* ➤ **lieutenante.** *On dit* « mon lieutenant » *aux lieutenants, sous-lieutenants et aspirants.* — *Lieutenant de police* : officier de la Police nationale du corps de commandement et d'encadrement, qui supplée et seconde les commissaires. ▪ **5** MAR. Premier grade des officiers de pont dans la marine marchande. *Lieutenant de vaisseau* : officier subalterne de la Marine nationale dont le grade correspond à celui de capitaine des armées.

LIEUTENANT-COLONEL [ljøt(ə)nɑ̃kɔlɔnɛl] **n. m.** – XVIIe ◊ de *lieutenant* et *colonel* ▪ Officier supérieur des armées de terre et de l'air dont le grade est immédiatement inférieur à celui de colonel. *Les lieutenants-colonels ont cinq galons de couleurs alternées ; on leur dit* « mon colonel ». — REM. Le féminin, rare, est *la lieutenant-colonelle.*

LIEUTENANTE [ljøt(ə)nɑ̃t] **n. f.** – 1690 ◊ de *lieutenant* ▪ **1** HIST. Femme d'un lieutenant général. ▪ **2** MOD. RARE Femme lieutenant. ♦ Adjointe.

LIEUTENANT-GOUVERNEUR, LIEUTENANTE-GOUVERNEURE [ljøtnɑ̃guvɛʀnœʀ, ljøtnɑ̃tguvɛʀnœʀ] **n.** – 1867 ◊ de *lieutenant* et *gouverneur* ▪ Au Canada, Représentant(e) de la Couronne nommé(e) dans chaque province par le gouverneur général. *Les lieutenants-gouverneurs.*

LIÈVRE [ljɛvʀ] **n. m.** – v. 1200 ; *levre* 1080 ◊ latin *lepus, oris* ▪ **1** Mammifère rongeur *(lagomorphes)* voisin du lapin, très rapide à la course grâce à ses pattes postérieures plus longues que ses pattes antérieures. *Le lièvre* (➤ 2 **bouquet,** 1 **bouquin**), *sa femelle* (➤ **hase**), *et ses petits* (➤ **levraut**). *Lièvre commun.* — *Chasser le lièvre. Débucher, forcer, lever un lièvre. « Les lièvres débusqués partaient comme des flèches »* TOURNIER. *Lièvre en forme**. *« Le Lièvre et la Tortue », fable de La Fontaine.* — Chair comestible de cet animal. *Civet, pâté de lièvre. Lièvre à la royale**. ▪ **2** LOC. *Courir deux lièvres à la fois* : poursuivre deux objectifs en même temps. — (latin *hic jacet lepus*) VIEILLI *C'est là que gît le lièvre* : là est le nœud de l'affaire (cf. C'est là le hic*). — *Lever, soulever un lièvre* : soulever à l'improviste une question embarrassante ou compromettante pour autrui. ▪ **3** (1899) SPORT Athlète qui prend la tête d'une course pour imposer un train plus rapide aux autres concurrents. ♦ Leurre glissant rapidement sur un rail, pourchassé par des lévriers lors d'une course.

LIFT [lift] **n. m.** – 1909 ◊ de l'anglais *lifted shot* « coup soulevé » ▪ ANGLIC. Au tennis, Effet donné à une balle en la frappant de bas en haut, de façon à en augmenter le rebond.

LIFTER [lifte] **v. tr.** ⟨1⟩ – 1913 ◊ anglais *to lift* « soulever » ▪ ANGLIC. ▪ **1** TENNIS Donner du lift à (une balle). **p. p. adj.** *Revers, service lifté.* ▪ **2** (1968) Retendre (la peau du visage) ; faire un lifting à (qqn). *Elle s'est fait lifter. Ces Américaines « au nez refait, les cheveux décolorés, liftées à mort »* H. GUIBERT. ♦ FIG. Rénover, rajeunir.

LIFTIER, IÈRE [liftje, jɛʀ] **n.** – 1918 ◊ de l'anglais *lift* « ascenseur » ▪ VIEILLI Personne qui manœuvre un ascenseur. *« le liftier touche sa casquette en annonçant le vingt et unième étage »* ECHENOZ.

LIFTING [liftiŋ] **n. m.** – 1955 ◊ anglais *face-lifting* ▪ ANGLIC. Traitement esthétique, le plus souvent chirurgical, destiné à supprimer les rides du visage par tension de l'épiderme. ➤ **déridage.** *Se faire faire des liftings.* — **Recomm. offic.** *lissage.* ♦ FIG. (1985) Opération de rénovation, de rajeunissement. *Le lifting d'une entreprise, d'une administration.* ➤ **toilettage.**

LIGAMENT [ligamɑ̃] **n. m.** – 1363 ◊ latin *ligamentum,* de *ligare* « lier » ▪ **1** Faisceau de tissu fibreux blanchâtre, très résistant et peu extensible, unissant les éléments d'une articulation. *Ligaments articulaires, interosseux. Ligaments distendus, arrachés.* ➤ **entorse, foulure, luxation.** *Déchirure des ligaments.*

▪ **2** Repli du péritoine reliant les organes intra-abdominaux ou pelviens entre eux, ou à la paroi abdominale. *Ligaments péritonéaux. Ligament suspenseur du foie. Ligament large de l'utérus.*

LIGAMENTAIRE [ligamɑ̃tɛʀ] **adj.** – 1903 ◊ de *ligament* ▪ MÉD. Relatif aux ligaments. *Laxité ligamentaire.*

LIGAMENTEUX, EUSE [ligamɑ̃tø, øz] **adj.** – 1515 ; *ligamental* 1478 ◊ de *ligament* ▪ ANAT. Qui est de la nature des ligaments. *Tissu ligamenteux.*

LIGAND [ligɑ̃] **n. m.** – 1959 ◊ mot anglais, du latin *ligandum*, gérondif de *ligare* «lier» ▪ CHIM. Molécule, ion uni à l'atome central d'un complexe par une liaison de coordinence. ♦ BIOCHIM. Petite molécule se fixant à une protéine par un site spécifique et des liaisons non covalentes. *Un ligand peut servir à la transmission d'un signal.*

LIGASE [ligɑz] **n. f.** – 1981 ◊ mot anglais (→ ligand) ▪ BIOCHIM. Enzyme permettant l'union de deux molécules par un processus consommateur d'énergie. — *ADN ligase* : enzyme catalysant l'union de deux fragments d'ADN.

LIGATURE [ligatyʀ] **n. f.** – XVe ; *ligadure* XIVe ◊ bas latin *ligatura*, de *ligare* → lier ▪ **1** Opération consistant à réunir, à fixer, à serrer avec un lien. *Faire une ligature.* — CHIR. Nœud fait à l'aide d'un fil autour d'un vaisseau (hémostase), d'un cordon ou d'un conduit. *Ligature des trompes*, chez la femme, *des canaux déférents* (➤ **vasectomie**), chez l'homme : méthodes de stérilisation. — HORTIC. *Ligature d'une greffe*, pour maintenir les deux éléments. ▪ **2** Lien, nœud permettant cette opération. *On fixa les skis «avec de fortes ligatures»* CHARDONNE. *Ligature de catgut.* ▪ **3** TYPOGR. Trait reliant deux lettres (ff, fl, etc.) ; signe comportant plusieurs lettres ainsi liées. ♦ MUS. Ancien signe de notation unissant plusieurs notes en un seul graphisme. ▪ **4** GRAMM. Mot servant à lier plusieurs mots, plusieurs propositions (conjonction, préposition).

LIGATURER [ligatyʀe] **v. tr.** ‹1› – 1800 ◊ de *ligature* ▪ Serrer, fixer avec une ligature. *Ligaturer les trompes.*

LIGE [liʒ] **adj.** – 1080 ◊ p.-ê. bas latin °*liticus*, radical germanique *let-*, comme l'allemand *ledig* «libre» ▪ **1** FÉOD. Qui a rendu à son seigneur un hommage l'engageant à une fidélité absolue. *Vassal lige.* PAR EXT. *Hommage lige.* ▪ **2** LOC. MOD. **HOMME LIGE de (une personne, une organisation)** : personne entièrement dévouée à. *Les hommes liges du parti.* ➤ **affidé, inconditionnel.**

LIGHT [lajt] **adj.** – 1988 ◊ mot anglais «léger ; à basses calories» ▪ ANGLIC. Qui est sucré avec des édulcorants de synthèse. *Boisson light.* — Qui contient peu de calories ; moins de produits nocifs. ➤ **allégé, léger.** *Cigarettes lights* ou *light* (inv.).

LIGIE [liʒi] **n. f.** – 1802 ◊ latin scientifique *ligia* ▪ ZOOL. Crustacé isopode voisin des cloportes.

LIGNAGE [liɲaʒ] **n. m.** – fin XIe ◊ de *ligne*

I ▪ **1** VX Ensemble des parents issus d'une souche commune. ➤ **famille, race.** *«une demoiselle de haut lignage»* FLAUBERT. ➤ **extraction, naissance.** ▪ **2** MOD. EMBRYOL. *Lignage cellulaire* : succession ordonnée de divisions cellulaires dont une cellule est issue. ▪ **3** ANTHROP. Ensemble des individus descendant d'un ancêtre commun par filiation unilinéaire. *Lignage matrilinéaire. Du même lignage* (*lignager, ère* **adj.**, 1411).

II TYPOGR. Nombre de lignes imprimées qui entrent dans la composition d'un texte.

LIGNARD [liɲaʀ] **n. m.** – 1867 «pigiste» ; 1848 «fantassin de ligne» ◊ de *ligne* ▪ Ouvrier chargé de la pose et de l'entretien des lignes électriques, téléphoniques.

LIGNE [liɲ] **n. f.** – milieu XIIe, au sens de «cordeau» (III, 1°) ◊ du latin *linea* «fil de lin, ficelle» et «ligne, trait» (→ alinéa), de *lineus* «de lin» (→ linge), famille de *linum*. → lin

I TRAIT ALLONGÉ, VISIBLE OU VIRTUEL ▪ **1** (fin XIIIe) Trait continu allongé, sans épaisseur. *Tracer une ligne. Tirer des lignes. Ligne horizontale, verticale. Les cinq lignes de la portée musicale.* ♦ GÉOM. Figure décrite par un point dont la position est fonction continue d'un paramètre (tel que le temps). *Ligne droite, courbe.* ➤ **courbe, droite.** *Ligne brisée. «La ville nous accable de lignes brisées ; le ciel y est haché en dents de scie»* LE CORBUSIER. *Lignes parallèles, perpendiculaires. Point d'intersection de deux lignes.* — *Lignes trigonométriques*. Lignes isobares*, isothermes*.* — PHYS. *Ligne de champ, ligne de force* : courbe à laquelle tous les vecteurs du champ, de la force sont tangents. ▪ **2** (fin XIIe) Trait réel ou imaginaire qui sépare deux choses ; intersection de deux surfaces. ➤ **frontière, limite.** *Ligne de niveau*, reliant les points d'égale altitude et matérialisant le relief sur une carte. *Ligne d'horizon*.* (1685) *Ligne de foi* : ligne servant de repère dans un instrument de visée. *Ligne de touche, de but* (aux jeux de ballon). *Lignes délimitant un court de tennis. Ligne d'arrivée d'une course. Ligne (d'eau)* : chaîne de flotteurs délimitant des couloirs dans une piscine, un plan d'eau ; chacun de ces couloirs. — LOC. *Faire bouger les lignes* : faire changer les choses. *«l'effondrement du Mur de Berlin a, certes, bouleversé les lignes en Europe»* ORSENNA. — *Ligne de flottaison, de démarcation. «La ligne tracée sur la carte et sur le sol qui constitue une frontière»* VALÉRY. *Ligne de faille, de faîte, de partage* des eaux.* ➤ **crête.** *Ligne des nœuds*.* — *Ligne équinoxiale.* ➤ **équateur.** SANS COMPL. *«dans les eaux chaudes de la ligne et sur leur fond volcanique, la mer surabonde de vie»* MICHELET. *Passage, baptême* de la ligne.* — *Ligne blanche* (autrefois *jaune*) : signalisation routière horizontale, marquant la division d'une route en plusieurs voies. *Ligne blanche continue, discontinue.* LOC. FIG. *Franchir, dépasser la ligne blanche* (ou *jaune, rouge*) : aller trop loin, dépasser les limites. *«car avec moi, il y a une certaine ligne qu'il ne faut pas franchir»* I. EBERHARDT. — *Ligne de fracture*.* — RÉGION. (Nord, Belgique) Raie dans les cheveux. *Une coupe avec la ligne sur le côté.* ▪ **3** FAM. *Ligne de coke* : dose, prise individuelle de cocaïne (la poudre étant disposée en une mince bande allongée pour être inhalée). ➤ **rail.** SANS COMPL. *Se faire une ligne. «Il fait deux lignes, en sniffe une, me tend la paille, j'aspire la coke»* C. COLLARD. ▪ **4** Chacun des traits qui sillonnent la paume de la main. *Lire les lignes de la main.* ➤ **chiromancie.** *Ligne de vie, de cœur, de chance.* ▪ **5** (1845) Contour, tracé. ➤ **dessin, forme.** *Lignes et volumes. Harmonie, pureté des lignes. Les lignes d'un paysage.* ➤ **courbe.** ALLUS. HIST. *La ligne bleue des Vosges* : ligne d'horizon formée par les sommets vosgiens constituant la frontière franco-allemande en 1871. *«cette ligne bleue des Vosges, d'où monte jusqu'à mon cœur fidèle la plainte des vaincus»* J. FERRY. *Les lignes du visage.* ➤ 1 **trait.** *«cette ligne onduleuse et grasse des dos féminins»* MAUPASSANT. — *La ligne claire* : style graphique de bandes dessinées caractérisé par des traits très nets à l'encre noire et des aplats de couleur, typique de l'œuvre d'Hergé. ▪ **6** (1825) **LA LIGNE** : effet produit par une combinaison de lignes (silhouette, dessin). *«la ligne contournée du style Régence»* GREEN. *La ligne d'une voiture.* — ABSOLT *Avoir la ligne* : être mince. *Garder la ligne. Faire attention à sa ligne. «fière de sa ligne encore jeune et mince»* R. DEFORGES. ▪ **7** MUS. *Ligne mélodique.* ➤ **mélodie.** ▪ **8** FIG. (1831) Élément, point. *Les lignes essentielles du plan.* **loc. adv.** *Dans ses grandes lignes*, en gros. *Exposer un projet dans ses grandes lignes.*

II DIRECTION CONTINUE DANS UN SENS DÉTERMINÉ ▪ **1** (fin XIIIe) Direction. *En ligne droite* (cf. À vol* d'oiseau). — *Les lignes droites et les courbes* (d'un circuit, d'une piste de stade). LOC. FIG. *La dernière ligne droite* : les derniers moments avant le but. ➤ **sprint.** ♦ *Se fixer, suivre une ligne de conduite.* ➤ **règle.** *Adopter une ligne de défense.* — (1869) *Ligne politique.* ➤ **orientation.** *Être dans la ligne du parti*, en conformité avec l'orthodoxie qu'il a définie. *La ligne dure d'un parti.* ▪ **2** (1685) Tracé idéal dans une direction déterminée. *Ligne de mire*, de visée. Ligne de tir*.* — ESCR. *Être en ligne* : avoir les épaules, le bras et l'épée dans le même axe. *Ligne haute, basse, dehors, dedans*, dans lesquelles se font attaques et parades. ▪ **3** (1839) Trajet emprunté par un service régulier de transport en commun entre deux lieux ; ce service. *Tête* de ligne. Ligne de métro aérienne, souterraine. Ligne de bus, de tramway. Changer de ligne. «un autobus à peu près complet de la ligne S»* QUENEAU. — *Ligne de chemin de fer. Ligne à grande vitesse (LGV). Grandes lignes*, desservant de longues distances. *Lignes de banlieue. Lignes de R. E. R.* — *Ligne maritime, aérienne.* ➤ **liaison.** *Pilote de ligne. Avion de ligne* (recomm. offic.). ➤ **liner** (ANGLIC.). *Ligne commerciale, régulière. Lignes intérieures.* ♦ SPÉCIALT Itinéraire militaire. *Lignes de communication, de retraite.*

III FIL TENDU DANS UNE DIRECTION DÉTERMINÉE ▪ **1** (milieu XIIe) TECHN. Cordeau. *Arbres plantés à la ligne. Ligne de charpentier.* ➤ **simbleau.** — MAR. Cordage mince. *Ligne de loch, de sonde.* ▪ **2** (fin XIIe) Fil (soie, crin, nylon) portant à l'une de ses extrémités un hameçon garni d'un appât ou d'un leurre pour la pêche. *Bas de ligne.* ➤ **empile.** *Ligne de fond* : ligne sans flotteur qui repose au fond de l'eau. *Ligne flottante. Ligne volante*, sans flotteur ni plomb. *Pêche*, pêcheur* à la ligne. Bar de ligne* (par opposition au poisson d'élevage ou pêché au chalut). — PAR EXT. L'engin de pêche complet (gaule et ligne). ➤ **canne.** *«Il montait sa ligne avec soin, fixait le moulinet nickelé à la base du gros brin, ajustait* *les viroles, passait la soie dans les anneaux»* GENEVOIX. ▪ **3** (1800) Système de fils ou de câbles conduisant et transportant l'énergie électrique. *Ligne à haute tension. Ligne d'alimentation* (recomm. offic.). ➤ **feeder** (ANGLIC.). — SPÉCIALT Ligne électrique assurant la transmission d'informations. *Ligne téléphonique. Ligne directe, intérieure. Être en ligne avec qqn,* en communication téléphonique. *La ligne est occupée, en dérangement. «Téléphonez. – Nous avons essayé : la ligne est coupée»* SAINT-EXUPÉRY. ▪ **4** INFORM. (calque de l'anglais *on line*) *En ligne :* actif, connecté à un autre appareil. *Imprimante en ligne.* — (1989) TÉLÉCOMM. Se dit de services accessibles avec un terminal (micro-ordinateur, agenda électronique) en relation avec un réseau. *Services, produits multimédias en ligne. Jeux (vidéos) en ligne. Services bancaires en ligne. Démarches administratives en ligne. Commerce*, achats en ligne,* sur Internet. *Acheter en ligne. Formation en ligne :* recomm. offic. pour *e-learning. Cours en ligne.* ➤ **mooc** (ANGLIC.). *Mettre des contenus en ligne. Assistance en ligne :* recomm. offic. pour *hotline.* — *Hors ligne,* en étant déconnecté du réseau.

IV SUITE, SÉRIE DE PERSONNES OU D'OBJETS DISPOSÉS DANS UNE MÊME DIRECTION ▪ **1** (fin XIe) Suite alignée de choses, de personnes placées côte à côte (surtout dans *en ligne, sur une ligne...*). *Arbres plantés en ligne,* alignés. *Disposer des chiffres en lignes et en colonnes dans un tableau,* dans les sections horizontales et verticales. *Patins* en ligne. En ligne pour le départ !* — FIG. *Sur toute la ligne :* complètement. *Tu te trompes sur toute la ligne.* — loc. adj. **HORS LIGNE :** sans égal, exceptionnel (cf. Hors pair*). *Un parcours hors ligne.* ▪ **2** (1640) Série alignée d'ouvrages ou de positions (militaires). *Lignes de fortifications. Ligne de défense. La ligne Maginot, la ligne Siegfried,* systèmes fortifiés français, allemand (en 1940). *«Cette pauvre ligne Maginot, construite à moitié, restera le symbole de notre incapacité de concevoir la défensive même»* DRIEU LA ROCHELLE. *Première, seconde ligne* (d'une armée, par rapport à l'ennemi [cf. Front]). *Infanterie de ligne :* régiments appelés à combattre en ligne. — PAR ANAL. SPORT *Ligne d'avants, d'arrières. Ligne d'attaque, de défense* (➤ **rideau**). *Première, troisième ligne.* PAR EXT. Le joueur. *Les troisième ligne.* ♦ PAR MÉTON. Front. *Soldats qui montent en ligne. Reculer sur toute la ligne.* LOC. FIG. *Monter en ligne :* s'engager dans une lutte (cf. Monter au créneau*). ▪ **3** MAR. Formation de bâtiments de guerre avançant soit l'un à côté de l'autre *(ligne de front),* soit l'un derrière l'autre *(ligne de file). Bâtiments de ligne,* appelés à combattre en ligne, en escadre. ▪ **4** (milieu XIIIe) Suite de caractères disposés dans la page sur une ligne horizontale. *Ligne de 58 signes. Pages de vingt lignes. Aller, revenir à la ligne,* pour entamer un autre alinéa. *Point, à la ligne. Espace entre deux lignes.* ➤ **interligne.** *Journaliste payé à la ligne.* ➤ **pigiste.** LOC. *Tirer à la ligne :* chercher à allonger un article payé à la ligne. ➤ **délayer.** VX *Des lignes-blocs.* ➤ **linotype.** — Lignes à copier à titre de punition scolaire. *Vous me ferez cent lignes !* ♦ PAR EXT. Mots constituant une ligne, un texte. *Lire le journal de la première à la dernière ligne. Je vous envoie ces quelques lignes,* ce court billet. *«Si j'avais bien dormi toujours j'aurais jamais écrit une ligne»* CÉLINE. LOC. *Lire entre les lignes :* deviner ce qui est sous-entendu (cf. En filigrane). ▪ **5** (1611) VX *Ligne de compte :* article d'un compte. MOD. LOC. *Entrer en ligne de compte :* être pris en considération, compter. *Notre amitié ne doit pas entrer en ligne de compte dans cette affaire.* — FIN. *Ligne de crédit :* somme mise en permanence à la disposition d'une entreprise par une banque, qu'elle peut utiliser selon ses besoins. ♦ BOURSE *Ligne de cotation :* ligne de la cote officielle concernant une valeur mobilière. ▪ **6** TÉLÉCOMM. Balayage horizontal sur un écran cathodique. *Standard de télévision en 625 lignes.* ➤ **définition, linéature.** ▪ **7** Suite des degrés de parenté. ➤ **filiation, lignée.** *Ligne directe, collatérale. Descendre en droite ligne de.* ➤ **directement.** *«chaque ligne gardant son côté : les parents de la femme à gauche, ceux du défunt à droite»* BALZAC. ▪ **8** Ensemble cohérent de produits élaborés en fonction d'un même type d'utilisation ou d'utilisateurs. ➤ **collection, gamme.** *Ligne pour le bain. Nouvelle ligne de maquillage. Ligne de vêtements. «de nouvelles lignes de surgelés pour célibataires»* HOUELLEBECQ.

V MÉTROL. **MESURE DE LONGUEUR** ▪ **1** (fin XIIIe) Ancienne unité de mesure de longueur, douzième partie du pouce. *«sans perdre une ligne de sa haute taille»* RENAN. ▪ **2** Ancienne unité de mesure de longueur utilisée au Canada, huitième partie du pouce, soit 3,175 millimètres.

LIGNÉE [liɲe] n. f. – début XIIe ✧ de *ligne* ▪ **1** Ensemble des descendants (d'une personne). ➤ **descendance, filiation, postérité.** *«Un père eut pour toute lignée Un fils»* LA FONTAINE. ♦ BIOL. Population provenant d'une même source. ➤ **souche.** *Lignées de cellules sanguines. Lignée cellulaire, germinale.* ▪ **2** FIG. Filiation spirituelle. *«dans la lignée Chateaubriand-Barrès»* MAUROIS.

LIGNER [liɲe] v. tr. ‹1› – 1530 ✧ de *ligne* ▪ Marquer de lignes, rayer. — p. p. adj. *Papier ligné.* ➤ **réglé.**

LIGNEROLLE [liɲ(ə)ʀɔl] n. f. /LIGNEROLE/ – 1773 ✧ de *ligne* ▪ MAR. Petit filin en fil de caret.

LIGNEUL [liɲœl] n. m. – XIIIe ✧ latin populaire °*lineolum,* classique *lineola,* diminutif de *linea* → ligne ▪ TECHN. Gros fil enduit de poix à l'usage des cordonniers.

LIGNEUR [liɲœʀ] n. m. – 1962 ✧ de *ligne* ▪ Bateau équipé pour pratiquer la pêche à la ligne. *Les ligneurs du raz de Sein. Fileyeurs et ligneurs.*

LIGNEUX, EUSE [liɲø, øz] adj. – 1528 ✧ latin *lignosus,* de *lignum* «bois à brûler», de *legere* «ramasser» ▪ **1** BOT. De la nature du bois. *Tissu ligneux :* substance compacte et fibreuse de la racine, de la tige et des branches de certains végétaux (➤ **lignine**). *Trois branches «nouaient leurs fibres ligneuses»* PERGAUD. *Plantes ligneuses* (opposé à *herbacées*). ➤ **arbre.** ▪ **2** MÉD. Qui a la consistance du bois. *Les ganglions «durs et ligneux au toucher»* CAMUS.

LIGNICOLE [liɲikɔl] adj. – 1834 ✧ latin *lignum* «bois» et *-cole* ▪ ZOOL. Qui vit dans le bois. *Insectes lignicoles.*

LIGNIFICATION [liɲifikasjɔ̃] n. f. – 1842 ✧ de *lignifier* ▪ BOT. Modification des membranes de certaines cellules par association de la lignine à la cellulose.

LIGNIFIER (SE) [liɲifje] v. pron. ‹7› – 1699 ✧ latin *lignum* «bois» et *-fier* ▪ BOT. Se convertir en bois par le phénomène de la lignification. *Tige qui se lignifie.* — p. p. adj. *Tissus lignifiés.*

LIGNINE [liɲin] n. f. – 1813 ✧ latin *lignum* «bois» ▪ BOT. Composé organique qui imprègne les tissus des plantes arbustives. *Le xylème et le sclérenchyme sont riches en lignine. La lignine doit être éliminée lors de la fabrication du papier* (➤ **délignifier**).

LIGNITE [liɲit] n. m. – 1765 ✧ latin *lignum* «bois» ▪ Charbon fossile, noir ou brun, compact, composé à 70 % de carbone, riche en débris ligneux. *Gisement de lignite. Lignite noir et brillant.* ➤ **jais.**

LIGNOMÈTRE [liɲɔmɛtʀ] n. m. – 1906 ✧ de *ligne* et *-mètre* ▪ TYPOGR. Règle graduée servant à compter les lignes de composition.

LIGOT [ligo] n. m. – 1758 ✧ du latin *ligare* → lier ▪ TECHN. Petit fagot de bûchettes enduites de résine, servant d'allume-feu.

LIGOTAGE [ligɔtaʒ] n. m. – 1879 ✧ de *ligoter* ▪ Action de ligoter ; son résultat.

LIGOTER [ligɔte] v. tr. ‹1› – 1837 argot ✧ *ligoter la vigne* 1600 ; de *ligote* «corde», repris de l'ancien français (1180), lui-même du provençal *ligot* «lien», latin *ligare* → lier ▪ Attacher*, lier (qqn) solidement avec une corde, en privant de l'usage des bras et des jambes. ➤ **ficeler.** *Ligoter et bâillonner un prisonnier. On l'a retrouvé ligoté sur, à une chaise.* — PAR MÉTAPH. ➤ **enchaîner, garrotter.** *«près de se laisser séduire et ligoter au mariage»* HENRIOT.

LIGUE [lig] n. f. – XIIIe ✧ italien *liga,* du latin *ligare* → lier ▪ **1** Alliance de plusieurs États, dans des circonstances particulières, pour défendre des intérêts communs, poursuivre une politique concertée. ➤ **alliance, coalition, confédération, 1 union.** *«une ligue des neutres, ligue armée»* BAINVILLE. *La ligue d'Augsbourg.* ▪ **2** Association formée à l'intérieur d'un État pour défendre des intérêts politiques, religieux. ➤ **cabale, 1 parti.** HIST. *La Sainte Ligue, la Ligue :* confédération de catholiques constituée pendant les guerres de Religion pour combattre les protestants. *Ligue communiste révolutionnaire (L. C. R.).* ▪ **3** (1863) Association qui se propose des buts d'ordre moral, humanitaire, civique, etc. *La Ligue des droits de l'homme. Ligue pour la défense de... Ligue internationale contre le racisme et l'antisémitisme (LICRA).* — SPORT *Ligue de football professionnel. Ligue 1, ligue 2.* ➤ **division** (II, 3°). *Coupe de la Ligue.*

LIGUER [lige] v. tr. ‹1› – 1564 ✧ de *ligue* ▪ **1** Unir dans une ligue. ➤ **allier, coaliser.** *«liguer petit à petit l'Europe contre la France»* VOLTAIRE. — PRONOM. Former une ligue. *Les catholiques se liguèrent contre les protestants.* ➤ **s'allier,** se **coaliser.** ▪ **2** Associer dans un mouvement, dans une action. *«ces deux êtres qu'il n'avait réunis [...] que pour les liguer contre lui»* GIDE. PRONOM. *Les éléments se sont ligués contre nous !* ▪ CONTR. Désunir.

LIGUEUR, EUSE [ligœʀ, øz] n. – 1586 ◇ de *ligue* ▪ **1** HIST. Membre, partisan de la Sainte Ligue. ▪ **2** (1900) Membre d'une ligue politique, en particulier d'extrême droite et hostile au pouvoir.

LIGULE [ligyl] n. f. – 1562 ◇ latin *ligula*, variante de *lingula*, diminutif de *lingua* → langue ▪ BOT. *Ligule foliaire* : languette membraneuse à la face supérieure des feuilles de certaines plantes. — *Ligule florale* : languette de la corolle des composées.

LIGULÉ, ÉE [ligyle] adj. – 1778 ◇ de *ligule* ▪ BOT. Pourvu de ligules. *Feuille ligulée. Corolle ligulée du pissenlit, de la pâquerette. Plantes à fleurs ligulées* ou **LIGULIFLORES** n. f. pl., 1842.

LIGURE [ligyʀ] adj. et n. – 1831 ◇ latin *Ligur, Liguris* ▪ Relatif à l'ancien peuple établi sur la côte méditerranéenne et l'arrière-pays (sud-est de la Gaule ; nord-ouest de l'Italie), vers le VIe s. av. J.-C. — n. *Les Ligures.* — n. m. *Le ligure* : langue ancienne du groupe italo-celtique (attestée surtout par des noms propres).

LIKE [lajk] n. m. – 2010 ◇ mot anglais → liker ▪ ANGLIC. Indication par laquelle qqn signifie qu'il apprécie un contenu sur un réseau social. *Son commentaire a reçu trois cents likes.* « *la culture contemporaine du "combien de likes"* » V. DESPENTES.

LIKER [lajke] v. tr. ‹1› – 2010 ◇ de l'anglais *to like* « aimer » ▪ ANGLIC. Indiquer que l'on apprécie (un contenu) sur un réseau social en cliquant sur le bouton prévu à cet effet. « *j'avais liké une de ses photos* » C. LAURENS.

LILAS [lila] n. m. – 1651 ; *lilac* 1600 ◇ espagnol *lilac*, portugais *lilaz*, de l'arabo-persan *lilâk* ▪ **1** Arbuste ornemental *(oléacées)* aux fleurs très parfumées, mauves ou blanches, disposées en grappes (➤ **thyrse**). *Lilas de Perse.* ♦ PAR MÉTON. Les fleurs de cet arbuste. *Lilas violet, blanc, double, simple. Cueillir du lilas.* ♦ PAR EXT. *Lilas de Chine, d'été.* ➤ **buddleia.** ▪ **2** ADJT Dont la couleur mauve tirant sur le rose ou le bleu rappelle la couleur la plus commune des fleurs de lilas. *Une écharpe lilas.* SUBST. « *une grande clarté rose* [...] *tournant au lilas tendre* » ZOLA.

LILIACÉES [liljase] n. f. pl. – fin XVIIe ◇ bas latin *liliaceus*, de *lilium* → lis ▪ BOT. Famille de plantes monocotylédones comprenant des plantes arborescentes et surtout herbacées, cultivées notamment comme ornementales (lis, tulipe) ou alimentaires (ail, asperge).

LILIAL, IALE, IAUX [liljal, jo] adj. – 1492, repris fin XIXe ◇ latin *lilium* → lis ▪ LITTÉR. Qui rappelle le lis, par sa blancheur, sa pureté. *Une jeune Norvégienne « à la gorge liliale »* BLOY.

LILLIPUTIEN, IENNE [lilipysjɛ̃, jɛn] adj. et n. – 1765 ; « de Lilliput » 1727 ◇ de *Lilliput*, nom du pays imaginaire dans *Les Voyages de Gulliver*, de Swift ▪ Très petit, minuscule. *Taille lilliputienne.* — FIG. « *ces esprits lilliputiens* » BALZAC. ➤ **étriqué, mesquin.**

1 **LIMACE** [limas] n. f. – 1538 ; « limaçon » 1175 ; variante *limaz* ◇ latin populaire °*limaceus* et °*limacea*, classique *limax* ▪ Mollusque terrestre *(gastéropodes)*, analogue à l'escargot, mais sans coquille. *Limace rouge, noire. Limace grise.* ➤ **loche.** PAR COMPAR. *Se traîner comme une limace.* — PAR EXT. *Limace de mer* : poisson des fonds océaniques. ➤ **liparis.** ♦ FAM. Personne lente et molle. *Quelle limace !*

2 **LIMACE** [limas] n. f. – 1725 ◇ p.-ê. bas latin *limas* « robe » ▪ POP. Chemise. ➤ **liquette.**

LIMAÇON [limasɔ̃] n. m. – XIIe ◇ de 1 *limace* ▪ **1** VIEILLI ou RÉGION. Escargot. ➤ **colimaçon.** ▪ **2** (par anal. avec la coquille) MATH. *Limaçon de Pascal* : courbe déduite d'une conique par inversion par rapport à l'un de ses foyers. ♦ (1685) ANAT. Conduit enroulé en spirale, constituant une partie de l'oreille interne. ➤ **cochlée.**

LIMAGE [limaʒ] n. m. – milieu XVIe ◇ de *limer* ▪ Action de limer, et SPÉCIALT de passer à la lime des pièces de coutellerie.

LIMAILLE [limaj] n. f. – XIIIe ◇ de *limer* ▪ Parcelles de métal détachées par le frottement de la lime. *Limaille de fer.*

LIMAN [limɑ̃] n. m. – 1842 ◇ mot russe « estuaire », grec *limên* « port » ▪ GÉOGR. Estuaire lagunaire de fleuves, barré en partie par un cordon littoral. *Côte à limans. Les limans de la mer Noire.*

LIMANDE [limɑ̃d] n. f. – XIIIe ◇ de l'ancien français *lime*, p.-ê. radical gaulois *lem-* « traverse » → 2 limon ▪ **1** Poisson de mer *(pleuronectiformes)* ovale et plat, à peau rugueuse, dont les yeux sont situés sur le côté droit. « *les limandes, bêtes communes d'un gris sale, aux taches blanchâtres* » ZOLA. *Limande-sole*, à forme plus allongée. *Des limandes-soles.* — *Limande meunière.* ♦ LOC. *Plat comme une limande* : très plat ; SPÉCIALT (d'une femme) sans poitrine (cf. Comme une planche* à pain). *La sèche madame Phellion « plate comme une limande »* BALZAC. FIG. Servilement soumis. ▪ **2** (1319) BÂT. Pièce de bois étroite et plate dont on recouvre les joints et les défauts de certaines pièces. — TECHN. Câble plat. — Bande de toile goudronnée enveloppant un cordage.

LIMBE [lɛ̃b] n. m. – 1415 ◇ latin *limbus* ▪ **1** Bord extérieur du disque (d'un astre). *Limbe solaire.* ▪ **2** Bord gradué (d'un instrument de mesure circulaire). *Le limbe d'un sextant.* ▪ **3** (fin XVIIIe) BOT. Partie principale, large et aplatie, de la feuille. *Les nervures du limbe. Base du limbe.* ➤ **pétiole.** — PAR ANAL. Partie élargie d'un pétale, d'une corolle. adj. **LIMBAIRE,** 1845. ▪ **4** (début XXe) ANAT. Anneau, région périphérique circulaire. *Limbe cornéen, unguéal.* ▪ HOM. Limbes.

LIMBES [lɛ̃b] n. m. pl. – XVIe ; *limbe* XIVe ◇ latin *limbus* « lisière, frange » ▪ **1** THÉOL. CATHOL. Séjour des âmes des justes avant la Rédemption *(limbes des patriarches)*, ou des enfants morts sans baptême *(limbes des enfants)*. ▪ **2** (fin XVIIe) LITTÉR. Région mal définie, état vague, incertain. « *Que de choses flottent encore dans les limbes de la pensée humaine* » FLAUBERT. ▪ HOM. Limbe.

LIMBIQUE [lɛ̃bik] adj. – 1850 ◇ de *limbe* ▪ ANAT. *Circonvolution limbique* : partie du rhinencéphale*. *Système limbique* : région cérébrale comprenant l'hippocampe, le septum et les bulbes olfactifs, ensemble de structures primitives importantes dans le contrôle des comportements affectifs. « *certaines régions comme le "système limbique" qui ont été qualifiées de "cerveau de l'émotion"* » (La Recherche, 1982).

1 **LIME** [lim] n. f. – 1175 ◇ latin *lima* ▪ **1** Outil à main en métal, long et étroit, garni d'entailles, servant à tailler, ajuster, polir les métaux, le bois par frottement. ➤ **carrelet, demi-ronde, queue-de-rat, râpe,** 1 **riflard, tiers-point.** *Lime ronde* (➤ 4 **fraise**), *plate. Taille* d'une lime. Lime d'ajusteur. Lime sourde*, qui ne crie pas. *Faire un travail à la lime.* — PAR EXT. *Lime à ongles*, en métal ou papier émeri. ▪ **2** PAR ANAL. (1803) Mollusque lamellibranche aux valves égales et striées.

2 **LIME** [lim] n. f. ou m. – 1555 ◇ provençal *limo*, arabe *lîma* → 3 limon ▪ BOT. Fruit d'une variété de limettier, citron vert à la peau mince, au jus amer.

LIMER [lime] v. tr. ‹1› – XIIIe ◇ latin *limare* ▪ **1** Travailler à la lime, pour dégrossir, polir, réduire, user, etc. *Limer des barreaux de fer. Se limer les ongles.* ▪ **2** FIG. VIEILLI Parfaire par un travail méticuleux. ➤ **fignoler, finir, polir.** « *limer et perfectionner ses écrits* » BOILEAU. ▪ **3** (1833) Élimer (surtout au p. p.). *Des robes « limées au corsage par le frottement des pupitres »* FROMENTIN. ➤ 2 **râpé.** ▪ **4** INTRANS. (fin XVIIIe) VULG. Coïter longuement.

LIMERICK [limʀik] n. m. – 1952 ; fin XIXe en anglais pour désigner les poèmes d'E. Lear (1846) ◇ n. d'une ville d'Irlande ▪ LITTÉR. Petite pièce en vers d'un comique absurde, à la mode en Angleterre après 1900. *Kipling, Arnold Bennett, le président Wilson écrivirent des limericks.*

LIMES [limɛs] n. m. – 1925 ◇ mot latin « chemin ; frontière » ▪ HIST. Zone frontière d'une province de l'Empire romain. *Le limes fortifié de Numidie.*

LIMETTE [limɛt] n. f. – 1782 ◇ de 2 *lime* ▪ BOT. Fruit, à saveur douce, du limettier.

LIMETTIER [limetje] n. m. – 1813 ◇ de *limette* ▪ BOT. Arbre du genre *citrus*, produisant les limettes.

LIMEUR, EUSE [limœʀ, øz] n. et adj. – 1350 ◇ de *limer* ▪ **1** Ouvrier travaillant à limer. *Limeur à la main, à la machine. Limeur de tubes, de lunettes.* ▪ **2** n. f. (1857) Machine-outil servant à limer les grosses pièces. ▪ **3** adj. *Étau limeur* : machine-outil servant à usiner des surfaces planes et des rainures.

LIMICOLE [limikɔl] adj. – 1839 ◇ bas latin *limicola*, de *limus* « limon, boue » et *-cole* ▪ ZOOL. Qui vit sur la vase du fond de la mer, des lacs. *Annélides limicoles.*

LIMIER [limje] n. m. – XVe ; *liemier* 1160 ◇ de *liem*, ancienne forme de *lien* « chien tenu en laisse » ▪ **1** Grand chien de chasse employé à quêter et détourner l'animal. « *Le limier biaise, décèle sans broncher la ruse du cerf* » GENEVOIX. ▪ **2** FIG. (1709) Personne qui suit une piste, cherche à retrouver la trace de qqn. ➤ **détective, policier.** *Un fin limier.*

LIMINAIRE [liminɛʀ] **adj.** – 1548 ◊ bas latin *liminaris,* de *limen* «seuil» ■ **1** Placé en tête (d'un ouvrage, d'un discours). ➤ **préface, prologue.** *Épître, déclaration liminaire.* ➤ **préliminaire.** — LITTÉR. Initial. *«une journée finale répondra à la journée liminaire»* MAUROIS. ■ **2** PSYCHOL. Liminal.

LIMINAL, ALE, AUX [liminal, o] **adj.** – début XXe ◊ anglais *liminal,* latin *limen* «seuil» ■ PHYSIOL., PSYCHOL. Qui est au niveau du seuil* de perception (c.-à-d. tout juste perceptible) (cf. Subliminal).

LIMITATIF, IVE [limitatif, iv] **adj.** – 1510 ◊ latin *limitare* → limiter ■ Qui limite, fixe ou précise des limites. ➤ **restrictif.** *Disposition limitative. Liste limitative.*

LIMITATION [limitasjɔ̃] **n. f.** – 1322 ◊ latin *limitatio* ■ Action de limiter, de fixer des limites ; son résultat. ➤ **restriction.** *Limitation d'un pouvoir. Limitation des importations.* ➤ **contingentement ; protectionnisme.** *Limitation des armements. Limitation des naissances.* ➤ **contrôle.** *Limitation de la vitesse à 60 km/h.* ➤ **fixation.** *Respecter les limitations de vitesse.* — *Sans limitation de temps :* sans que la durée, le délai soient limités. ■ CONTR. Extension, généralisation.

LIMITATIVEMENT [limitativmɑ̃] **adv.** – 1819 ◊ de *limitatif* ■ ADMIN. Par un énoncé limitatif.

LIMITE [limit] **n. f.** – 1355 ◊ latin *limes, itis* ■ **1** Ligne qui sépare deux terrains ou territoires contigus. ➤ **bord, borne, confins, démarcation, frontière, lisière.** *Établir, marquer, tracer des limites.* ➤ **borner, circonscrire, délimiter, limiter.** *Ce ruisseau «marquait la limite de la propriété»* P. BENOIT. *Limites entre deux pays.* ➤ **frontière.** *Limites d'un terrain de football, de tennis.* — EN APPOS. *Zone limite.* — PAR EXT. *Limite d'une aire dialectale.* ➤ **isoglosse.** — *Au-delà de cette limite, votre ticket n'est plus valable* (formule en usage dans le métro parisien). ■ **2** Partie extrême où se termine une surface, une étendue. *La limite d'une forêt.* ➤ **lisière, orée.** *La mer s'étendait alors au-delà de ses limites actuelles. «La terre a des limites, mais la bêtise humaine est infinie»* FLAUBERT. ■ **3** Terme extrême (commencement ou fin) d'un espace de temps. *Les limites d'une période. La dernière limite. À six heures, dernière limite* (cf. Dernier carat*). *Dans les limites du temps qui nous est imparti.* — *Limite d'âge :* âge au-delà duquel on ne peut se présenter à un examen, exercer une fonction. *Atteindre la limite d'âge.* EN APPOS. *L'âge limite. Date limite de vente. Date limite de consommation (DLC),* au-delà de laquelle le produit est impropre à la consommation. *Date limite d'utilisation optimale (DLUO),* jusqu'à laquelle le produit garde toutes ses qualités. — BOXE *Gagner avant la limite* (de temps), avant que tous les rounds prévus ne soient écoulés. ■ **4** FIG. Point que ne peut ou ne doit pas dépasser l'influence, l'action de qqch. ➤ **barrière, borne, extrémité, seuil.** *«D'étroites limites fermaient le champ de mes recherches»* FRANCE. *Aller jusqu'à la limite de ses forces. Être à la limite de la crise de nerfs.* ➤ **bord** (au bord de). — EN APPOS. *Cas, état limite.* ➤ **borderline.** — *Limites fixées par la loi. Dans les limites de nos moyens. Se fixer des limites. Franchir, dépasser les limites. Ma patience a des limites !* LOC. *Il y a des limites (à tout) :* on ne peut tout se permettre. — *Dans la limite du possible. Dans une certaine limite.* ➤ **mesure.** — **SANS LIMITES :** illimité. ➤ **borne, frein.** *Une ambition sans limites.* ➤ **démesuré.** ♦ Degré extrême (de qqch.). *Reculer les limites du possible. Ça dépasse les limites du supportable.* ■ **5** MATH., PHILOS. Grandeur fixe dont une grandeur variable peut approcher indéfiniment sans l'atteindre (cf. Asymptote). EN APPOS. *Cas limite.* ➤ **extrême.** *Vitesse limite.* ➤ **maximum.** *Des expériences-limite(s).* — LOC. **À LA LIMITE :** si on se place en pensée au point vers lequel tend une progression sans l'atteindre jamais ; COUR. en poussant les choses à l'extrême (cf. À la rigueur*, au pis* aller). *À la limite, je préfère ne rien manger que manger ça.* — MÉCAN. *Limite d'élasticité*, de rupture. Vitesse limite :* valeur limite vers laquelle tend la vitesse d'un corps qui se déplace dans un milieu résistant sous l'action d'une force constante. OPT. *Angle limite :* le plus petit angle d'incidence sous lequel se produit la réflexion totale. ■ **6** Possibilités (physiques ou intellectuelles) extrêmes. *«C'est presque toujours par vanité qu'on montre ses limites»* GIDE. *Connaître ses limites. Cet athlète semble avoir atteint ses limites.* ■ **7** ADJT FAM. *Être limite :* convenir à peine, être tout juste acceptable. *Le budget est limite.* ➤ **juste.** *Ses plaisanteries sont limites.* ■ **8** ADVT FAM. *Être limite* (et adj.). *Elle est naïve, limite nunuche.* ➤ **presque.**

LIMITÉ, ÉE [limite] **adj.** – 1360 ◊ de *limiter* ■ **1** Qui est peu étendu, qui a des limites. ➤ **fini.** *Espace limité. Période limitée dans le temps.* ■ **2** Dont la grandeur est fixée, peu important. ➤ 1 **réduit, restreint.** *Nombre limité. Durée limitée. Épreuve d'examen, devoir en temps limité. Édition à tirage limité. Stationnement limité à deux heures. Société à responsabilité* limitée.* — *Confiance limitée.* ■ **3** FAM. (PERSONNES) *Être limité :* disposer de peu de moyens intellectuels. — *Intelligence limitée.* ■ CONTR. Illimité, infini.

LIMITER [limite] **v. tr.** (1) – 1310 ◊ latin *limitare* ■ **1** Servir de ligne de démarcation à, constituer la limite de. ➤ **borner, délimiter.** *Mers qui limitent la France à l'ouest et au sud.* — PAR EXT. *Mur qui limite la vue.* ➤ **arrêter,** 1 **boucher.** ■ **2** Renfermer dans des limites, restreindre en assignant des limites. ➤ **cantonner, confiner.** *Limiter le pouvoir de qqn, l'exercice d'un droit. «tout ce qui prétendait limiter sa liberté»* R. ROLLAND. *«limiter l'enquête aux faits immédiats»* BAUDELAIRE. *Limiter ses dépenses.* ➤ se **restreindre.** — FAM. *Limiter les dégâts*, la casse.* ■ **3 SE LIMITER v. pron.** S'imposer des limites. *Savoir se limiter. Se limiter à l'essentiel.* ♦ (PASS.) Avoir pour limites. *Son vocabulaire se limite à cinq cents mots.* — **adj. LIMITABLE,** 1845. ■ CONTR. Étendre, généraliser.

LIMITEUR [limitœʀ] **n. m.** – 1912 ; «personne qui limite» 1606 ◊ de *limiter* ■ TECHN. Dispositif mécanique ou électrique empêchant une grandeur de dépasser certaines limites. *Limiteur d'amplitude, de vitesse, de surtension.*

LIMITROPHE [limitʀɔf] **adj.** – 1467 ◊ latin juridique *limitrophus,* du latin *limes* «frontière» et grec *trophos* «qui nourrit», désignant des terres affectées à la subsistance des soldats des frontières ■ **1** Qui est aux frontières, sur le pourtour d'un pays ou d'une région. ➤ **frontalier.** *«ces populations limitrophes qui cultivent les champs de bataille»* CHATEAUBRIAND. ■ **2** (1587) Qui est voisin, a des frontières communes. *Départements limitrophes. Pantin est limitrophe de Paris ; Paris et Pantin sont limitrophes.*

LIMNÉE [limne] **n. f.** – 1806 ; *lymnée* 1791 ◊ latin des zoologistes *limnœa,* grec *limnaios* «d'étang» ■ ZOOL. Mollusque pulmoné *(gastéropodes)* des eaux douces.

LIMNOLOGIE [limnɔlɔʒi] **n. f.** – 1892 ◊ grec *limnê* «étang, lac» et *-logie* ■ DIDACT. Science ayant pour objet l'étude biologique, physique des eaux stagnantes (lacs, nappes phréatiques, etc.).

LIMOGEAGE [limɔʒaʒ] **n. m.** – 1934 ◊ de *limoger* ■ Action de limoger ; son résultat.

LIMOGER [limɔʒe] **v. tr.** (3) – 1916 ◊ de *Limoges,* ville où Joffre affecta des généraux jugés incapables ■ **1** Relever (un officier général) de son commandement. ■ **2** Frapper (une personne haut placée, et particulièrement un haut fonctionnaire) d'une mesure de disgrâce (déplacement d'office, mise à la retraite, etc.). ➤ **destituer, disgracier, révoquer.** *Limoger un préfet.*

1 **LIMON** [limɔ̃] **n. m.** – début XIIe ◊ latin populaire °*limo, onis,* classique *limus* ■ **1** COUR. Terre ou fines particules, entraînées par les eaux et déposées sur le lit et les rives des fleuves. ➤ **alluvion, dépôt.** *Le Nil «laisse un limon qui fertilise la terre»* BUFFON. *Limon employé comme engrais.* ➤ **wagage.** — *«Dieu forma l'homme du limon de la terre»* (BIBLE). ➤ **argile.** ■ **2** MINÉR. Roche mixte argilo-siliceuse contenant du quartz détritique, formée d'éléments plus gros que ceux des vases. ➤ **lœss.**

2 **LIMON** [limɔ̃] **n. m.** – 1160 ◊ probablt d'un radical gaulois °*lem-* «traverse» ■ TECHN. ■ **1** Chacune des deux pièces de bois entre lesquelles on attelle le cheval. ➤ **brancard.** ■ **2** (XVIe) Noyau d'un escalier, dans lequel sont engagés les abouts des marches, et la balustrade du côté du vide.

3 **LIMON** [limɔ̃] **n. m.** – 1351 ◊ arabo-persan *limûn* ■ VX Citron. ➤ 2 **lime.**

LIMONADE [limɔnad] **n. f.** – 1640 ◊ de 3 *limon,* p.-ê. d'après l'espagnol *limonada* ■ **1** VX OU RÉGION. (Canada, Louisiane, Haïti) Boisson rafraîchissante faite avec de l'eau, du jus de citron et du sucre. ➤ **citronnade.** ■ **2** MOD. Boisson gazeuse incolore, légèrement sucrée et parfumée au citron. ➤ **diabolo, soda.** *«la limonade qui pique les gorges desséchées de mille aiguilles rafraîchissantes»* CAMUS. *Mélange de bière et de limonade.* ➤ **panaché.** ■ **3** COMM. Commerce des débitants de boissons. — Service des garçons de café, par opposition au service du restaurant.

LIMONADIER, IÈRE [limɔnadje, jɛʀ] **n.** – 1666 ◊ de *limonade* ▪ **1** Fabricant de limonade, de boissons gazéifiées. ▪ **2** VIEILLI ou ADMIN. Cafetier. *Restaurateurs et limonadiers.* ▪ **3 n. m.** Instrument composé d'un tirebouchon à levier, d'une lame qui se replie et d'un décapsuleur.

LIMONAGE [limɔnaʒ] **n. m.** – 1868 ◊ de 1 *limon* ▪ AGRIC. Fertilisation d'une terre par apport de limon.

LIMONAIRE [limɔnɛʀ] **n. m.** – 1905 ◊ nom de l'inventeur ▪ Orgue mécanique. *« monter sur l'âne de bois [...] aux sons du limonaire »* FALLET.

LIMONÈNE [limɔnɛn] **n. m.** – 1905 ◊ de 3 *limon* et *-ène* ▪ CHIM. Hydrocarbure monocyclique $C_{10}H_{16}$, de la famille des terpènes, qu'on rencontre dans les essences de citron, de bergamote, etc.

LIMONEUX, EUSE [limɔnø, øz] **adj.** – 1320 ◊ de 1 *limon* ▪ Qui contient du limon. *Le Guadalquivir « roulait silencieusement ses eaux jaunes et limoneuses »* L. BERTRAND.

LIMONIER [limɔnje] **n. m.** – fin XIIe ◊ de 2 *limon* ▪ ANCIENNT Cheval destiné à l'attelage.

LIMONIÈRE [limɔnjɛʀ] **n. f.** – 1798 ◊ de 2 *limon* ▪ TECHN. Partie de la voiture hippomobile constituée par les limons.

LIMONITE [limɔnit] **n. f.** – 1842 ◊ de 1 *limon* ▪ MINÉR. Hydroxyde naturel de fer, brun, opaque, présent dans les minerais d'hématite.

LIMOSELLE [limozɛl] **n. f.** – 1778 ◊ latin des botanistes *limosella*, du latin *limosus* « limoneux, bourbeux » ▪ BOT. Plante herbacée *(scrofulariacées)*, à toutes petites fleurs blanches ou roses, qui croît dans les lieux limoneux ou humides.

LIMOUSIN, INE [limuzɛ̃, in] **adj. et n.** – 1532 ; *limosin* 1383 ◊ bas latin *lemovicinium*, de *Lemovices*, nom de peuple ▪ **1** De la région de Limoges, du Limousin. *Les troubadours limousins.* — *Race limousine* (bovins, ovins et porcins). ♦ **n.** *Un Limousin, une Limousine.* **n. m.** *Le limousin :* parler du groupe occitan. ▪ **2 n. m.** (1690) VX Maçon (beaucoup de maçons étaient limousins).

LIMOUSINAGE [limuzinaʒ] **n. m.** – 1718 ; *limosinage* 1694 ◊ de *limousin* (2°) ▪ TECHN. Type de maçonnerie faite avec des moellons et du mortier (utilisée, à l'origine, par les maçons dits *limousins*). *Construire en limousinage* (**LIMOUSINER v. tr.** ⟨1⟩).

LIMOUSINE [limuzin] **n. f.** – 1836 ◊ de *limousin* ▪ **1** VIEILLI Pèlerine d'étoffe grossière que portent les bergers. *Le berger « se dépouille de sa lourde limousine de bure »* GIONO. ▪ **2** (1903) Automobile à quatre portes et six glaces. *« La limousine noire [...] avec un chauffeur en livrée beige sur le siège »* SIMENON.

LIMPIDE [lɛ̃pid] **adj.** – 1509 ◊ latin *limpidus* ▪ **1** Dont rien ne trouble la parfaite transparence. ➤ **clair, pur, transparent.** *Eau, source limpide. « dans l'air limpide »* GIDE. *Cristal limpide.* — PAR EXT. *Regard limpide. « un jet de voix limpide, frais »* GAUTIER. ▪ **2** FIG. Parfaitement clair, intelligible. *Explication limpide. C'est limpide* (cf. Clair comme de l'eau de roche*). *« Quoi de plus limpide que les préceptes de La Fontaine ? »* SIEGFRIED. ▪ CONTR. Opaque, 1 trouble. Obscur.

LIMPIDITÉ [lɛ̃pidite] **n. f.** – 1680 ◊ bas latin *limpiditas* ▪ **1** Qualité, état de ce qui est limpide. ➤ **clarté, pureté, transparence.** *La limpidité de l'eau, de l'air, du ciel. « la limpidité de son regard direct »* CHARDONNE. PAR MÉTAPH. *« de constants et vains soucis qui troublaient la limpidité naturelle de son âme »* FRANCE. ▪ **2** Grande clarté (de la pensée, de l'expression). *Limpidité du style.* ▪ CONTR. Opacité. Obscurité.

LIMULE [limyl] **n. m. ou f.** – 1803 ◊ latin des zoologistes *limulus*, d'origine inconnue ▪ Arthropode marin, fouisseur, vivant au voisinage des côtes sur les fonds boueux (Antilles, océan Indien), appelé aussi *crabe des Moluques.*

LIN [lɛ̃] **n. m.** – 1155 ◊ latin *linum* ▪ **1** Plante herbacée *(linacées)* à fleurs bleues, cultivée pour ses graines oléagineuses (➤ **linette**), et ses fibres textiles. *Huile de lin. Graines de lin,* employées en pharmacie. *Farine de lin,* utilisée pour les cataplasmes. — LOC. *Bleu de lin,* de la couleur de la fleur de lin. ▪ **2** Fibre textile végétale très résistante provenant de la tige du lin. *Rouir, broyer, teiller, peigner le lin. Fibre, fil de lin.* ➤ **fil.** — LOC. *Gris de lin :* de la couleur grise à reflets métalliques de la filasse de lin. *Des « vapeurs d'un gris de lin pâle »* LOTI. ♦ Tissu, toile de lin. *Chemises de lin. « Vêtu de probité candide et de lin blanc »* HUGO. *Torchon en lin, moitié lin moitié coton* (➤ **métis**). ▪ **3** PAR EXT. *Lin de la Nouvelle-Zélande.* ➤ **phormion.** *Lin sauvage.* ➤ **linaire.** *Lin des marais.* ➤ **linaigrette.**

LINAIGRETTE [linɛgʀɛt] **n. f.** – 1789 ◊ de *lin* et *aigrette* ▪ Plante herbacée *(cypéracées)* appelée aussi *jonc des marais, lin des marais,* dont les fleurs forment à maturité une aigrette argentée.

LINAIRE [linɛʀ] **n. f.** – XIIIe ◊ de *lin* ▪ Plante herbacée *(scrofulariacées)* appelée aussi *lin sauvage, gueule de lion,* dont les fleurs portent un long éperon. ➤ **cymbalaire, velvote.**

LINCEUL [lɛ̃sœl] **n. m.** – XIIIe ; « drap de lit » XIe ◊ latin *linteolum*, diminutif de *linteum* « toile de lin » ▪ Pièce de toile dans laquelle on ensevelit un mort. *Le linceul du Christ.* ➤ **suaire.** — PAR MÉTAPH. *« de si longs hivers et de si persistants linceuls de neige »* LOTI.

LINÇOIR ou **LINSOIR** [lɛ̃swaʀ] **n. m.** – 1676 ◊ origine inconnue ▪ TECHN. Pièce fixée parallèlement au mur, destinée à recevoir les solives du plancher qui correspondent à des ouvertures, portes ou fenêtres. ➤ **trémie.** — Pièce reliant un chevêtre au mur.

LINDANE [lɛ̃dan] **n. m.** – 1948 ◊ du nom du chimiste *T. van der Linden* ▪ TECHN. Pesticide (hexachlorocyclohexane) soluble dans l'eau, peu biodégradable et hautement toxique. *« Le Lindane, dont ils vaporisent les bêtes pour lutter contre la gale, supposé rendre la viande impropre à la consommation pendant trois ans »* DEL AMO.

LINÉAIRE [lineɛʀ] **adj. et n. m.** – XVe ◊ latin *linearis*, de *linea* → ligne ▪ **1** Qui a rapport aux lignes, se traduit par des lignes. *Mesure linéaire :* mesure de longueur. *Dessin linéaire,* où le trait seul est utilisé (cf. Au trait*). *Perspective linéaire* (**opposé à** *perspective aérienne**). — *Mètre linéaire :* unité correspondant à un mètre de mur équipé de meubles par éléments. — DIDACT. *Écriture linéaire* ou **n. m.** *le linéaire :* écriture caractérisée par des contours syllabiques linéaires qui remplacent les images-signes de l'écriture hiéroglyphique. *Le linéaire A, B, de Crète.* ▪ **2** MATH. Qui peut être représenté dans l'espace euclidien par une droite. — *Application linéaire,* qui peut être écrite en termes du premier degré des variables (➤ aussi **multilinéaire**). — *Algèbre linéaire :* étude des applications linéaires, des espaces vectoriels, des matrices, déterminants, tenseurs. ♦ GÉOM. Qui a rapport aux propriétés des figures rectilignes. ▪ **3** TECHN. *Phénomène linéaire :* phénomène où les grandeurs varient en demeurant proportionnelles. *Asservissement* linéaire.* ▪ **4** BOT. *Feuilles linéaires,* étroites et allongées. ▪ **5** (ABSTRAIT) Qui évoque une ligne, est sans épaisseur. *Un récit linéaire et sans digressions. « Mon discours est linéaire comme tout discours humain »* QUENEAU. — *Représentation, succession linéaire. Classification linéaire,* dont les termes se suivent. ▪ **6 n. m.** Longueur occupée par des marchandises sur les rayonnages d'un magasin. *Les linéaires d'un supermarché.*

LINÉAIREMENT [lineɛʀmɑ̃] **adv.** – 1495, rare av. 1902 ◊ de *linéaire* ▪ **1** En suivant l'ordonnance des lignes. *L'interprétation « dans le rêve se fait linéairement »* VALÉRY. ▪ **2** Du point de vue des lignes, des contours. ▪ **3** MATH. En obéissant à une relation linéaire. *Vecteurs linéairement dépendants.*

LINÉAL, ALE, AUX [lineal, o] **adj.** – XIVe ◊ du latin *linea* → ligne ▪ DIDACT. Qui a rapport aux lignes.

LINÉAMENT [lineamɑ̃] **n. m.** – 1532 ◊ latin *lineamentum*, de *linea* → ligne ▪ LITTÉR. ▪ **1** Ligne élémentaire, caractéristique (d'une forme, d'un aspect). *« un fin visage dont les linéaments trahissaient de la fatigue et une grande bonté »* DUHAMEL. ➤ 1 **trait.** ▪ **2** FIG. Premiers traits (d'une chose en développement). ➤ **ébauche, esquisse.** *Les linéaments d'une réforme, d'un projet. « Des linéaments vagues commencèrent à se former [...] dans sa méditation »* HUGO.

LINÉARISATION [linearizasjɔ̃] **n. f.** – v. 1960 ◊ de *linéaire* ▪ Le fait de devenir linéaire. *C'est « vers une rigoureuse linéarisation des symboles que tend l'écriture »* LEROI-GOURHAN.

LINÉARITÉ [linearite] **n. f.** – 1910 ◊ de *linéaire* ▪ LITTÉR. Caractère de ce qui est linéaire. *La linéarité du langage.* — TECHN. Caractère d'un phénomène linéaire, où les signaux ne sont pas déformés. — MATH. *Linéarité d'une application.*

LINÉATURE [lineatyʀ] **n. f.** – 1960 ; « proportions » 1512 ◊ du latin *lineatus* « aligné, rayé » ▪ TÉLÉV. Nombre de lignes d'une image complète. ➤ **définition.**

LINÉIQUE [lineik] **adj.** – 1961 ◊ du latin *linea* → ligne ■ SC. Se dit d'une grandeur rapportée à l'unité de longueur. *Masse linéique,* mesurée en kilogramme par mètre. *Masse linéique d'un fil.* ➤ **titre** (III) ; **denier, tex.**

LINER [lajnœʀ] **n. m.** – 1907 ◊ mot anglais, de *line* «ligne» ■ ANGLIC. VIEILLI ■ **1** Paquebot de grande ligne. ■ **2** (1949) Avion de transport de passagers, à très grande capacité (cf. Gros porteur*). Recomm. offic. *avion de ligne.*

LINETTE [linɛt] **n. f.** – v. 1360 ◊ de *lin* ■ Graine de lin.

LINGAM [lĩgam] **ou LINGA** [lĩga] **n. m.** – 1765 ◊ mot sanskrit ■ DIDACT. Symbole phallique du dieu Shiva, dont le culte est lié à l'idée de création. *Des lingams, des lingas.*

LINGE [lɛ̃ʒ] **n. m.** – XIIIe «chemise» ; adj. «de lin» XIIe ◊ latin *lineus* ■ **1** Ensemble des pièces de tissu en coton, lin ou fibres synthétiques, servant aux besoins du ménage. *Linge fin, gros linge. — Linge blanc, de couleur. Linge de maison* (pour le lit, la toilette, la table, la cuisine). *Linge de table. — Armoire, coffre à linge. Sac à linge sale. Laver le linge* (➤ **lave-linge**). *Laver* son linge sale en famille. Essorer, sécher, repasser le linge. Étendre le linge. Corde, épingles, pinces à linge. Linge uni, brodé, ouvré.* ■ **2** *Linge de corps* ou ABSOLT *le linge :* ensemble des sous-vêtements. ➤ 2 **dessous*, lingerie.** *Linge fin. Changer de linge. Linge d'un trousseau, d'une layette.* — FAM. *Du beau linge :* des femmes bien habillées ; PAR EXT. des personnes importantes, riches. ■ **3** (Canada, Antilles, Madagascar, Réunion, Maurice) Ensemble des vêtements, habillement d'une personne. *Le linge d'hiver. «On s'efforçait de rester propre dans notre linge du dimanche»* C. JASMIN. ■ **4** Pièce de linge. *Passer un linge humide. Linge de pansement.* ➤ 1 **bande, compresse ; charpie.** *Linges d'autel, sacrés.* ➤ **amict, corporal, manuterge, purificatoire, tavaïolle.** — LOC. *Blanc comme un linge :* très pâle.

LINGÈRE [lɛ̃ʒɛʀ] **n. f.** – 1680 ; *lingier, lingière* «personne qui confectionne et vend du linge» 1292 ◊ de *linge* ■ Femme chargée de l'entretien et de la distribution du linge dans une communauté, une grande maison.

LINGERIE [lɛ̃ʒʀi] **n. f.** – avant 1320 ◊ de *linge* ■ **1** VIEILLI Fabrication et commerce du linge. *Lingerie pour hommes.* ➤ **chemiserie.** *Lingerie pour dames.* ➤ **bonneterie.** *Lingerie de maison.* — MOD. Commerce du linge de corps pour femmes. ■ **2** Local réservé à l'entretien et au repassage du linge dans une communauté, un grand appartement. *«Dans la lingerie, les femmes repassaient»* CHARDONNE. ■ **3** MOD. Linge de corps pour femmes. ➤ 2 **dessous*.** *Lingerie fine. Rayon lingerie d'un grand magasin.* ■ **4** Ensemble des tissus employés dans la lingerie fine pour dames. *Parure de lingerie.*

LINGETTE [lɛ̃ʒɛt] **n. f.** – XVe «toile de lin» ◊ de *linge* ■ Petite serviette de cellulose imprégnée de lotion, d'une solution, jetable après usage. *Lingettes démaquillantes, désinfectantes* (➤ **chiffonnette**).

LINGOT [lɛ̃go] **n. m.** – 1392 ; *langot* 1380 ◊ p.-ê. de l'ancien provençal *lingo, lenguo* «langue», latin *lingua,* par anal. de forme ■ **1** Masse de métal ou d'alliage gardant la forme du moule où on l'a coulée. *Lingot de plomb, de fonte. Lingot d'or.* — ABSOLT Lingot d'or, d'environ 1 kg. *«Les lingots entassés à la Banque de France»* BAINVILLE. ■ **2** (1832) TYPOGR. Bloc de métal non imprimant destiné à remplir les grands blancs ou les blancs des marges dans une page. ■ **3** Haricot à écosser aux gros grains blancs allongés. *Lingots du Nord, de Vendée* (➤ **mogette**).

LINGOTIÈRE [lɛ̃gɔtjɛʀ] **n. f.** – 1606 ◊ de *lingot* ■ TECHN. Moule à faire des lingots.

LINGUA FRANCA [lingwafʀɑ̃ka] **n. f.** – début XXe ◊ mots italiens «langue franque» (→ 1 franc, 2°) repris à l'allemand (Schuchardt, 1909) ■ **1** Langue véhiculaire utilisée du XIIIe au XIXe siècle pour les relations commerciales dans les ports de la Méditerranée (➤ **pidgin, sabir**). ■ **2** Langue véhiculaire utilisée sur une aire géographique assez vaste. *Le swahili, lingua franca en Afrique de l'Est.*

LINGUAL, ALE, AUX [lɛ̃gwal, o] **adj.** – 1735 ◊ du latin *lingua* → langue ■ **1** ANAT. Qui appartient, a rapport à la langue. *Artère linguale. Muscles linguaux. Abcès lingual. — Baiser lingual.* ■ **2** PHONÉT. Produit par les mouvements, l'action de la langue. *Consonne linguale.*

LINGUATULE [lɛ̃gwatyl] **n. f.** – 1808 ◊ du latin *lingua* → langue ■ ZOOL. Arthropode vermiforme, parasite des voies respiratoires des mammifères et des reptiles.

LINGUE [lɛ̃g] **n. f.** – 1723 ◊ néerlandais *leng* ■ Poisson des côtes de la Manche et de l'Atlantique *(gadiformes),* proche de la lotte. ➤ RÉGION. 2 **julienne.**

-LINGUE ■ Élément, du latin *lingua* «langue» : *bilingue.*

LINGUET [lɛ̃gɛ] **n. m.** – 1634 ◊ du néerlandais *hengel* «crochet» ■ TECHN. Pièce mobile destinée à empêcher un cabestan, un treuil de dévirer. ➤ 2 **rochet.** — AUTOM. Pièce mobile du rupteur de l'allumage d'un moteur à explosion.

LINGUETTE [lɛ̃gɛt] **n. f.** – 1967 ◊ du latin *lingua* «langue» ■ PHARM. Comprimé destiné à fondre lentement sous la langue.

LINGUIFORME [lɛ̃gɥifɔʀm] **adj.** – 1799 ◊ du latin *lingua* «langue» et *-forme* ■ DIDACT. En forme de langue, de languette.

LINGUISTE [lɛ̃gɥist] **n.** – 1632, repris 1826 ◊ du latin *lingua* → langue ■ Spécialiste en linguistique. ➤ **étymologiste, grammairien, lexicographe, lexicologue, phonéticien, phonologue, sémanticien, syntacticien ; angliciste, germaniste,** etc.

LINGUISTIQUE [lɛ̃gɥistik] **n. f. et adj.** – 1826 ◊ de *linguiste*

I n. f. ■ **1** VX Étude comparative et historique des langues (grammaire comparée, philologie comparée). ■ **2** (fin XIXe) MOD. Science qui a pour objet l'étude du langage, envisagé comme système de signes. *«La linguistique a pour unique [...] objet la langue envisagée en elle-même et pour elle-même»* SAUSSURE. ➤ **dialectologie, étymologie, grammaire, lexicologie, morphologie, onomastique, philologie, phonétique, phonologie, sémantique, stylistique, toponymie.** *Linguistique historique, descriptive*. — Linguistique générale :* étude des conditions générales de fonctionnement et d'évolution des langues. *Linguistique fonctionnelle, structurale, générative, quantitative. — Linguistique appliquée :* application des théories et analyses linguistiques à la pédagogie des langues, à la traduction, à la lexicographie, etc. ➤ aussi **psycholinguistique, sociolinguistique, stylistique.** *Linguistique romane, sémitique, française...,* étudiant une famille de langues, une langue.

II adj. (1832) ■ **1** Relatif à la linguistique. *Études linguistiques. Théories linguistiques.* ➤ **distributionnalisme, génératif** (grammaire générative), **structuralisme.** ■ **2** Propre à la langue, envisagé du point de vue de la langue. *Fait linguistique.* ➤ **langagier.** — *Expression linguistique. Signe, système, changement linguistique. — Communauté, géographie linguistique. Politique linguistique.* ■ **3** Relatif à l'apprentissage des langues étrangères. *Vacances, séjours linguistiques à l'étranger. — Bain* linguistique.*

LINGUISTIQUEMENT [lɛ̃gɥistikmɑ̃] **adv.** – 1877 ◊ de *linguistique* ■ Du point de vue linguistique.

LINIER, IÈRE [linje, jɛʀ] **adj.** – 1752 au fém. ; 1832 adj. ; n. «fabricant de toile de lin» XIIIe ◊ de *lin* ■ DIDACT. Relatif au lin, comme textile. *Industrie linière.*

LINIÈRE [linjɛʀ] **n. f.** – fin XIIe ◊ de *lin* ■ RARE Champ de lin.

LINIMENT [linimɑ̃] **n. m.** – XVe ◊ bas latin *linimentum,* de *linire* «oindre» ■ PHARM. Liquide onctueux à base d'huile ou de matière grasse plus épaisse, renfermant une substance médicamenteuse et destiné à enduire et frictionner la peau. ➤ **baume, onguent.**

LINKAGE [liŋkaʒ] **n. m.** – 1921 ◊ mot anglais (depuis 1874 en chim., géom.) «liaison», de *to link* «lier» ■ ANGLIC. GÉNÉT. Liaison existant entre les gènes d'un chromosome ; association de caractères héréditaires qu'elle entraîne. Recomm. offic. *groupe de liaison.*

LINKS [liŋks] **n. m. pl.** – 1880 ◊ mot écossais, anglais *linch* «bord» ■ ANGLIC. Terrain de golf en bord de mer, avec des dunes.

LINNÉEN, ENNE [lineɛ̃, ɛn] **adj.** – 1796 ◊ de *Linné* ■ BIOL. De Linné, fondateur de la botanique moderne. *La classification linnéenne.*

LINO ➤ **LINOLÉUM ; LINOTYPE ; LINOTYPIE ; LINOTYPISTE**

LINOGRAVURE [linogʀavyʀ] **n. f.** – 1948 ◊ de *lino(léum)* et *gravure* ■ Procédé de gravure utilisant le linoléum comme support. — Gravure obtenue par ce procédé. *Les linogravures de Picasso.*

LINOLÉIQUE [linɔleik] **adj.** – 1873 ◊ du latin *linum* «lin» et *oleum* «huile», d'après l'anglais *linoleic* (1857) ■ BIOCHIM. *Acide linoléique :* acide gras essentiel insaturé à 18 atomes de carbone et deux doubles liaisons. *L'acide linoléique, constituant de la vitamine F, se trouve dans les huiles de maïs, tournesol, soja.*

LINOLÉUM [linɔleɔm] **n. m.** – 1874 ◊ du latin *linum* «lin» et *oleum* «huile», d'après l'anglais *linoleum* (1863) ■ TECHN. Revêtement imperméable fait de toile de jute enduite d'un mélange de poudre de liège, d'huile de lin, de gomme et de résine. ➤ RÉGION. **prélart.** *Linoléum uni, incrusté. Gravure sur linoléum.* ➤ **linogravure.** ◆ ELLIPT et COUR. Tapis de linoléum. *Des linoléums usés. Changer le linoléum.* — ABRÉV. FAM. (1943) **LINO** [lino]. *Poser du lino. Des linos.*

LINON [linɔ̃] **n. m.** – 1606 ◊ de *linomple* «lin uni» 1449, de *lin* ■ Tissu en armure toile, fin et transparent, plus clair que la batiste (de lin pour la lingerie fine, de coton pour la layette). *Mouchoirs de linon.*

LINOTTE [linɔt] **n. f.** – XIIIe ; var. *linot* 1460 ◊ de *lin,* cet oiseau étant friand de linettes ■ **1** Petit passereau siffleur, au plumage brun sur le dos, rouge sur la poitrine. ■ **2** LOC. **TÊTE DE LINOTTE :** personne écervelée, agissant étourdiment et à la légère (cf. Cervelle* d'oiseau).

LINOTYPE [linɔtip] **n. f.** – 1889 ◊ mot anglais américain, pour *line of types* «ligne de caractères» ■ IMPRIM. Machine à composer au plomb, qui fond d'un bloc chaque ligne de caractères (ligne-bloc) que l'on compose sur un clavier. *Matrice d'une linotype.* — ABRÉV. (1939) **LINO.** *Composer à la lino.*

LINOTYPIE [linɔtipi] **n. f.** – 1911 ◊ de *linotype* ■ IMPRIM. Composition à la linotype. — ABRÉV. **LINO.** *Imprimer en lino.*

LINOTYPISTE [linɔtipist] **n.** – 1904 ◊ de *linotype* ■ IMPRIM. Ouvrier, ouvrière composant à la linotype. — ABRÉV. **LINO.** *Un, une lino. Des linos.*

LINSANG [lɛ̃sɑ̃g ; linsɑ̃ŋ] **n. m.** – 1846 ◊ mot javanais ■ Petit mammifère carnivore, félin d'Asie tropicale, au pelage fauve tacheté ou rayé.

LINSOIR ➤ **LINÇOIR**

LINTEAU [lɛ̃to] **n. m.** – 1530 ; *lintel* fin XIIe ◊ latin *limitaris* «de la frontière *(limes)*», confondu en latin populaire avec *liminaris* «relatif au seuil *(limen)*» ■ Pièce horizontale (de bois, pierre, métal) qui forme la partie supérieure d'une ouverture et soutient la maçonnerie. ➤ **poitrail.** *Des linteaux de porte, de fenêtre. «Sur le linteau de pierre, on lisait encore la date de 1590»* NIZAN.

LINTER [lintɛʀ] **n. m.** – 1948 ; *linters* 1937 ◊ mot anglais américain, de *lint* «fibre» ■ ANGLIC. TECHN. Duvet de fibres très courtes attaché aux graines de coton après l'égrenage. *Le linter est utilisé dans la fabrication du fulmicoton et des vernis.*

LION [ljɔ̃] **n. m.** – 1080 *leon, lëun* ◊ latin *leo, leonis*

I ■ **1** Grand mammifère carnivore, grand félin à pelage fauve, à crinière brune et fournie, à queue terminée par une grosse touffe de poils, vivant en Afrique et en Asie. *Les lions de l'Atlas ont disparu. Rugissement du lion. Chasse au lion. L'antre* du lion. Fosse* aux lions. «C'était l'heure tranquille où les lions vont boire»* HUGO. ◆ SPÉCIALT Cet animal, adulte et mâle. *Le lion, la lionne et les lionceaux.* ■ **2** LOC. *Se battre, se défendre comme un lion,* courageusement. *Tourner comme un lion en cage :* s'impatienter (avec une idée de force impuissante). *Se tailler la part du lion :* s'adjuger la plus grosse part. — FAM. *Avoir bouffé du lion :* être animé d'une énergie ou d'une agressivité inaccoutumées. PROV. *Un chien vivant vaut mieux qu'un lion mort.* ■ **3** FIG. Personne courageuse. *C'est un lion !* ➤ **brave.** *«Vous êtes mon lion superbe et généreux»* HUGO. ◆ (1833 ◊ anglais *lion*) VX Homme en vue, célèbre. — Homme à la mode (notamment de 1830 à 1860).

II ■ **1** (1498 ◊ latin *Leo,* allusion mythologique au *lion de Némée*) ASTRON. Constellation zodiacale de l'hémisphère boréal formée de 25 étoiles visibles à l'œil nu (dont le dessin général évoque un lion). ◆ ASTROL. Cinquième signe du zodiaque (23 juillet-22 août). — ELLIPT *Elle est Lion,* née sous le signe du Lion. ■ **2** (1611) *Lion de mer :* otarie à crinière.

LIONCEAU [ljɔ̃so] **n. m.** – 1165 ; *leüncel* 1130 ◊ de *lion* ■ Petit du lion et de la lionne. *La lionne et ses lionceaux.*

LIONNE [ljɔn] **n. f.** – 1316 ◊ de *lion* ■ **1** Femelle du lion*. *La lionne ne porte pas de crinière. Elle défend ses enfants comme une lionne.* ■ **2** Femme fière, courageuse, fougueuse (cf. Lion [I, 3o]). — Femme jalouse (cf. Tigresse). ◆ VX Femme en vue, à la mode.

LIPARIS [lipaʀis] **n. m.** – 1796 ◊ latin des zoologistes 1558, du grec *liparos* «gras» ■ **1** Petit poisson *(scorpéniformes)* de la mer du Nord et de la Baltique, à peau visqueuse, appelé aussi *limace de mer.* ■ **2** (1817) Insecte lépidoptère, papillon nocturne épais et poilu, dont la chenille ravage les futaies. ■ **3** Orchidée sauvage vert jaunâtre. *Le liparis des marais.*

LIPASE [lipɑz] **n. f.** – 1890 ◊ du grec *lipos* «graisse» et *-ase* ■ BIOCHIM. Enzyme qui hydrolyse les triglycérides en acides gras et en glycérol. *Lipase pancréatique,* qui joue un rôle dans la digestion des lipides alimentaires.

LIPIDE [lipid] **n. m.** – 1923 ◊ du grec *lipos* «graisse» ■ BIOCHIM. Corps gras renfermant un acide gras ou un dérivé d'acide gras (ester, alcool, aldéhyde gras). *Les lipides sont les constituants essentiels des êtres vivants avec les glucides, les protéines et les acides nucléiques. Lipides de réserve* (➤ **adipocyte**). *Lipides cellulaires.* ➤ **céramide.** *Lipides complexes,* combinés à d'autres substances (➤ **glycolipide, phospholipide**). *Substances apparentées aux lipides.* ➤ **lipoïde.** — *Lipides alimentaires.* ➤ **graisse.**

LIPIDÉMIE [lipidemi] **n. f.** – 1959 ; *lipémie* 1900 ◊ de *lipide* et *-émie* ■ MÉD. Teneur du sang en lipides.

LIPIDIQUE [lipidik] **adj.** – 1937 ◊ de *lipide* ■ BIOCHIM. Relatif aux lipides.

LIPO- ■ Élément, du grec *lipos* «graisse». ➤ **adip(o)-.**

LIPOASPIRATION [lipoaspiʀasjɔ̃] **n. f.** – 1988 ◊ de *lipo-* et *aspiration* ■ CHIR. Opération esthétique consistant à éliminer l'excès de graisse sous-cutanée par aspiration. ➤ **liposuccion.** *Lipoaspiration des hanches, du ventre.*

LIPOCHROME [lipokʀom] **n. m.** – 1903 ◊ de *lipo-* et *-chrome* ■ BIOCHIM. Groupe de pigments liés aux lipides intracellulaires qui leur donnent une coloration jaune ou verdâtre. *Les lipochromes sont des dérivés du carotène.*

LIPODYSTROPHIE [lipodistʀɔfi] **n. f.** – 1923 ◊ de *lipo-* et *dystrophie* ■ PATHOL. Anomalie du tissu adipeux sous-cutané, localisée ou généralisée, consistant en atrophie, hypertrophie ou association de ces deux troubles. ➤ aussi **lipome.**

LIPOGENÈSE [lipoʒənɛz] **n. f.** – 1953 ◊ de *lipo-* et *-genèse* ■ BIOCHIM. Synthèse de corps gras dans l'organisme (opposé à *lipolyse*). *La lipogenèse correspond à un ensemble de réactions anaboliques.*

LIPOGRAMME [lipɔgʀam] **n. m.** – 1866 ; *leipogramme* 1620 ◊ du grec *leipein* «enlever» et *gramma* «lettre» ■ Texte dans lequel on s'astreint à ne pas faire figurer une ou plusieurs lettres de l'alphabet (ex. «*La Disparition*» de G. Perec, sans la lettre *e*). — adj. **LIPOGRAMMATIQUE.**

LIPOÏDE [lipɔid] **adj.** – 1865 ◊ de *lipo-* et *-oïde* ■ DIDACT. Qui a l'apparence de la graisse.

LIPOLYSE [lipɔliz] **n. f.** – 1907 ◊ de *lipo-* et *-lyse* ■ BIOCHIM. Destruction des graisses dans un organisme (opposé à *lipogenèse*). *La lipolyse correspond à un ensemble de réactions cataboliques.* — adj. **LIPOLYTIQUE,** 1903.

LIPOMATOSE [lipomatoz] **n. f.** – 1898 ◊ de *lipomat(eux)* «de la nature du *lipome*» (1867) et 2 *-ose* ■ PATHOL. Affection caractérisée par l'existence d'un certain nombre de lipomes.

LIPOME [lipom] **n. m.** – 1741 ◊ de *lipo-* et *-ome* ■ MÉD. Tumeur constituée par une prolifération du tissu adipeux. ➤ aussi **lipodystrophie.**

LIPOPHILE [lipɔfil] **adj.** – v. 1950 ◊ de *lipo-* et *-phile* ■ CHIM. Qui retient les substances grasses ou qui est attiré par elles.

LIPOPROTÉINE [lipopʀɔtein] **n. f.** – 1959 ◊ de *lipo-* et *protéine* ■ BIOCHIM. Molécule complexe résultant de l'union d'une protéine et d'un corps gras. *Les lipoprotéines transportent les lipides dans l'organisme. Lipoprotéines de haute, de basse densité.* — adj. **LIPOPROTÉIQUE,** 1962.

LIPOSARCOME [liposaʀkom] **n. m.** – 1869 ◊ de *lipo-* et *sarcome* ■ MÉD. Tumeur mixte composée de tissu graisseux et de tissu embryonnaire.

LIPOSOLUBLE [liposɔlybl] **adj.** – 1929 ◊ de *lipo-* et *soluble* ■ CHIM. Soluble dans les graisses, les huiles. *Les vitamines A, D et E sont liposolubles.*

LIPOSOME [lipozom] **n. m.** – v. 1975 ◊ de *lipo-* et *-some,* d'après l'anglais (1968) ■ Petite vésicule artificielle formée d'une bicouche phospholipidique renfermant une solution aqueuse. *Les liposomes peuvent véhiculer des substances actives vers des cellules cibles. Utilisation des liposomes en médecine, en cosmétologie.*

LIPOSUCCION [liposy(k)sjɔ̃] **n. f.** – v. 1980 ◊ de *lipo-* et *succion* ■ Prélèvement d'excès de graisse sous la peau, par aspiration. ➤ **lipoaspiration.**

LIPOSUCER [liposyse] v. tr. ‹3› – 1991 ◊ de *liposuccion* ■ Procéder à la liposuccion de (une partie du corps). — PAR MÉTON. *Se faire liposucer.* — p. p. adj. *Bourrelets liposucés.*

LIPOTHYMIE [lipɔtimi] n. f. – 1552 ; *lipothomie* 1515 ◊ grec *lipothumia* ■ MÉD. ■ **1** Perte de connaissance avec conservation de la respiration et de la circulation (premier degré de la syncope). ■ **2** État de malaise intense (sudation profuse, nausée, faiblesse musculaire, troubles visuels) sans perte de conscience. *Lipothymie du diabétique.*

LIPOTROPE [lipɔtʀɔp] adj. – 1922 ◊ de *lipo-* et *-trope* ■ BIOCHIM. Qui se fixe sur les substances grasses des cellules vivantes. *Les protéines lipotropes participent à la dégradation des graisses dans le foie.*

LIPOVACCIN [lipovaksɛ̃] n. m. – 1931 ◊ de *lipo-* et *vaccin* ■ MÉD. Vaccin constitué par des microbes tués maintenus en suspension dans un liquide huileux.

LIPPE [lip] n. f. – fin XIIe ◊ moyen néerlandais *lippe* ■ **1** Lèvre inférieure épaisse et proéminente. *« En avançant une lippe boudeuse »* MAC ORLAN. ■ **2** LOC. **FAIRE LA LIPPE :** bouder, faire la moue. ➤ RÉGION. **baboune.**

LIPPÉE [lipe] n. f. – 1316 ◊ de *lippe* ■ **1** VX OU RÉGION. Bouchée. ■ **2** VX Repas, nourriture. — LOC. *Franche lippée :* bon repas qui ne coûte rien.

LIPPU, UE [lipy] adj. – 1539 ◊ de *lippe* ■ Qui a une grosse lèvre inférieure, et PAR EXT. de grosses lèvres. *Bouche lippue. — Lèvres lippues :* grosses lèvres.

LIQUATION [likwasjɔ̃] n. f. – 1757 ; « fusion » 1576 ◊ bas latin *liquatio* ■ TECHN. Opération qui consiste à séparer par fusion deux ou plusieurs métaux de fusibilité différente.

LIQUÉFACTEUR [likefaktœʀ] n. m. – 1862 ◊ du radical de *liquéfaction* ■ TECHN. Appareil permettant la liquéfaction d'un gaz, ou d'un fluide à l'état de vapeur. ➤ **condenseur.**

LIQUÉFACTION [likefaksjɔ̃] n. f. – fin XIVe ◊ du latin *liquefactum*, supin de *liquefacere* « liquéfier » ■ **1** VX Fusion. — LOC. *Tomber en liquéfaction :* se liquéfier. ■ **2** (1834) PHYS., CHIM. Passage à l'état liquide d'un corps gazeux. *Point de liquéfaction. La liquéfaction de l'air, de l'hélium.* ■ **3** FIG. et LITTÉR. Désagrégation, dissolution. *La liquéfaction d'un régime.* ♦ (PERSONNES) *Il est en pleine liquéfaction :* il se défait, n'a plus aucune énergie.
■ CONTR. Solidification, vaporisation.

LIQUÉFIABLE [likefjabl] adj. – *liquifiable* 1563 ◊ de *liquéfier* ■ Qui peut être liquéfié. *Gaz liquéfiables.*

LIQUÉFIANT, IANTE [likefjɑ̃, jɑ̃t] adj. – 1867 ◊ de *liquéfier* ■ Qui produit ou est propre à produire la liquéfaction. — FIG. FAM. Amollissant ; épuisant. *« ne ressentir en rien les effets liquéfiants du combat »* DANINOS.

LIQUÉFIER [likefje] v. tr. ‹7› – 1398 ◊ latin *liquefacere* ■ **1** Faire passer à l'état liquide (un corps solide). ➤ **fondre.** *« Un bout de cire presque liquéfié par la chaleur »* BOSCO. PRONOM. *« Le goudron des rues se liquéfiait »* MAURIAC. ■ **2** Faire passer à l'état liquide (un corps gazeux). *Liquéfier le gaz butane pour en faciliter le transport.* PRONOM. *L'hélium se liquéfie à très basse température. Vapeur d'eau qui se liquéfie.* ➤ se **condenser.** — p. p. adj. *Gaz de pétrole liquéfié* (➤ **GPL**). ■ **3** v. pron. **SE LIQUÉFIER :** perdre toute énergie, toute résistance morale. *« ils s'écroulent ou se liquéfient »* MAC ORLAN. ■ CONTR. Solidifier.

LIQUETTE [likɛt] n. f. – 1878 ◊ p.-ê. de l'argot *limace* « chemise » ■ FAM. Chemise. ➤ POP. 2 **limace.**

LIQUEUR [likœʀ] n. f. – v. 1160 ◊ latin *liquor* ■ **1** VX Substance liquide. SPÉCIALT Liquide organique. *Liqueur séminale :* sperme. ■ **2** (1635) MOD. Solution employée en pharmacie, dans l'industrie. *Liqueur de Fehling. Liqueur titrée**. *Liqueur mère :* solution saturée, en équilibre avec la substance à dissoudre. *Liqueur des cailloux :* solution de silicate de sodium obtenue en chauffant du sable et de la soude à très haute température. ■ **3** (avant 1765) COUR. Boisson sucrée et aromatisée, à base d'alcool ou d'eau-de-vie. ➤ **spiritueux.** *Liqueurs apéritives* (➤ **apéritif ;** 1 **amer,** 1 **bitter**), *digestives* (➤ **digestif**). *Vins** *de liqueur. Fabricant de liqueurs.* ➤ **distillateur, liquoriste.** *Principales liqueurs :* amaretto, anis, anisette, bénédictine, cassis, chartreuse, cherry, citronnelle, crème (de banane, etc.), curaçao, framboise, kummel, marasquin, menthe, mirabelle, prunelle, raki. *Liqueurs fortes.* ➤ VX **rogomme.** *Déguster un petit verre de liqueur. Cave, service, verres à liqueurs. Bonbons à la liqueur.* ♦ PAR EXT. Eau-de-vie, digestif (sucré ou non) : cognac, rhum, kirsch, etc. ➤ **alcool.** *Prendrez-vous des liqueurs ?* ■ **4** (1883) (Canada ; critiqué) Boisson gazeuse. ➤ **limonade, soda.** — *Liqueur douce :* boisson sans alcool.

LIQUIDABLE [likidabl] adj. – fin XVIIIe ◊ de *liquider* ■ RARE Qui peut ou doit être liquidé.

LIQUIDAMBAR [likidɑ̃baʀ] n. m. – v. 1602 ◊ mot du latin scientifique (1593), emprunté à l'espagnol, formé de *liquido* « liquide » et *ambar* « ambre » ■ BOT. Arbre exotique ornemental dont on tire des résines balsamiques employées comme stimulants des voies respiratoires. *Baume de liquidambar.*

LIQUIDATEUR, TRICE [likidatœʀ, tʀis] n. – 1777 ◊ de *liquider* ■ **1** DR. Personne ayant pour mission (amiable ou judiciaire) de réaliser les opérations préalables au partage d'une indivision, notamment par le règlement du passif et la réalisation de l'actif. *Liquidateur de société. Le liquidateur d'une succession. Liquidateur judiciaire,* nommé par le tribunal. *Mandataire***-liquidateur.* — APPOS. (1798) *Commissaires liquidateurs.* ■ **2** FIG. Personne qui met fin à qqch. *Le liquidateur d'une situation difficile.* ■ **3** (russe *likvidator*) Technicien(ne) chargé(e) d'intervenir sur un site nucléaire après une catastrophe. *Les liquidateurs de Tchernobyl, de Fukushima.*

LIQUIDATIF, IVE [likidatif, iv] adj. – 1845 ◊ de *liquider* ■ **1** DR. Qui opère la liquidation. *Acte liquidatif. Valeur liquidative d'un bien,* que l'on obtiendrait en cas de liquidation. ■ **2** Qui peut être transformé en argent liquide.

LIQUIDATION [likidasjɔ̃] n. f. – 1416 ◊ probablt italien *liquidazione*, de *liquidare* → liquider

I ■ **1** DR. Action de calculer le montant de sommes à régler ; le règlement de ces sommes. *Liquidation des dépens par le tribunal. Liquidation de l'impôt :* calcul des impôts à recouvrer sur chaque contribuable. *Liquidation des droits* (de douane) *et taxes. La liquidation des dépenses engagées.* ➤ aussi **ordonnancement.** — Ensemble des opérations préliminaires au partage d'une indivision. *Liquidation d'une succession.* ➤ **partage.** *Liquidation d'une entreprise. Bilan de liquidation.* ♦ *Liquidation des biens :* vente forcée de l'actif d'une entreprise en état de cessation de paiement (remplacée par le redressement judiciaire). ➤ **règlement** (judiciaire). — *Liquidation judiciaire :* réalisation de son actif en vue du règlement de son passif. ➤ **redressement** (judiciaire). ♦ BOURSE Exécution des opérations à terme à la date convenue ; cette date (➤ **échéance**). *Liquidation de quinzaine, de fin de mois. Report à la liquidation suivante.* — Le mois boursier séparant deux liquidations. ♦ FIG. (1869) *La liquidation d'une situation politique difficile.* ♦ PSYCHAN. Guérison d'une névrose par élimination d'une cause inconsciente révélée au cours de l'analyse. ■ **2** (fin XIXe) Vente au rabais en vue d'un écoulement rapide des marchandises. *Liquidation du stock après inventaire.* ■ **3** Le fait de tuer, de se débarrasser de qqn. *La liquidation d'un témoin gênant.*

II (1774 ◊ de *liquide*) TECHN. Opération par laquelle les apports de soude et d'électrolyte sont équilibrés (fabrication du savon).

LIQUIDE [likid] adj. et n. m. – XIIIe ◊ latin *liquidus*

I ~ adj. ■ **1** Qui coule ou tend à couler. ➤ **fluide.** *Un corps liquide prend la forme du récipient qui le contient. Passage de l'état liquide à l'état solide* (➤ **solidification**), *à l'état gazeux* (➤ **évaporation, vaporisation**). *Solide, gaz qui passe à l'état liquide* (➤ **condensation, fusion, liquéfaction**). *Cire liquide. Lessive, savon liquide.* — **AIR LIQUIDE :** air conservé à l'état liquide par le froid. *Bouteille d'air liquide. Hydrogène, hélium, azote liquide. — Cristal** *liquide.* ♦ PAR MÉTAPH. *« Les cils devenus noirs faisaient valoir le bleu liquide des yeux »* MAUROIS. ♦ FIG. Fluide. *Marché liquide,* où les transactions sont nombreuses et se réalisent aisément. ♦ PAR EXT. Qui n'a pas de consistance. *Lier une sauce trop liquide.* ■ **2** (1392) PHONÉT. *Consonnes liquides* ou n. f. *les liquides :* les consonnes *l* et *r.* — *Groupe liquide :* groupe consonantique formé de deux consonnes dont la deuxième est une liquide (ex. pl). ■ **3** (1539 ◊ italien *liquido* [XVe]) FIN. Qui est exactement déterminé dans son montant, sa valeur. *Créance certaine, liquide et exigible. Dette liquide,* dont le montant est précisément déterminé. ♦ COUR. Qui est librement et immédiatement disponible. *Avoir de l'argent liquide,* en espèces. ➤ **liquidités.** SPÉCIALT, FIN. Rapidement mobilisable. ➤ **réalisable.** *Placement liquide,* qui peut être transformé sans délai en liquidités. — n. m. *Avoir du liquide, n'avoir pas assez de liquide. Payer en liquide. Trois cents euros en liquide.* ➤ **espèce.**

II ~ n. m. (1695) ■ **1** Substance caractérisée par sa fluidité et sa faible compressibilité ; corps, substance liquide (I, 1°) à température ambiante. *Écoulement, flux ; ébullition, évaporation des liquides. Liquide qui imbibe un corps. Injecter, infuser, transfuser un liquide. Se dissoudre dans un liquide. Immerger, laver dans un liquide. Tout corps plongé dans un liquide subit une poussée verticale de bas en haut égale au poids du volume de liquide déplacé* (principe d'Archimède). ➤ **bain.** *Verser, transvaser un liquide dans une bouteille.* — *Liquide qui bout à gros bouillons, clapote, gicle, jaillit, ruisselle, s'écoule goutte à goutte, se transmet par capillarité**. *Gouttelettes, flots de liquide.* — *Liquide incolore et inodore. Liquide qui dépose. Liquide dissolvant.* ➤ **solution.** *Liquide corrosif, effervescent. Liquide onctueux* (huile), *visqueux, volatil* (essence). — *Liquide vaisselle**. *Liquide de frein, de refroidissement dans une automobile.* — *Mesure de la densité, de la compressibilité des liquides. Étude des propriétés physiques des liquides* (➤ **hydrométrie**). *Mesures de capacité** *pour liquides* (➤ 2 **litre**). ■ **2** SPÉCIALT Boisson. — FAM. (sing. collect.) *Qu'est-ce qu'il s'enfile comme liquide !* comme vin. — PAR EXT. *Malade qui ne peut prendre que des liquides,* des aliments liquides (bouillon, consommé). ■ **3** *Liquides organiques, physiologiques.* ➤ VX **humeur, liqueur ; chyle, lymphe, sang, sérosité, sperme, suc, sueur.** «*Le corps est un agrégat de liquides, les humeurs, et de solides qui les contiennent. Et c'est de l'action de ces liquides que naissent les phénomènes vitaux*» J.-D. VINCENT. *Liquide amniotique**. *Liquide céphalorachidien. Liquide excrémentiel.* ➤ **urine.** — *Liquide nourricier des végétaux.* ➤ **sève.**
■ CONTR. Dur, épais, solide. — Gaz, solide.

LIQUIDER [likide] v. tr. ⟨1⟩ – 1520 ◇ probablt italien *liquidare* ■ **1** DR. Soumettre à une liquidation*. *Liquider un compte, une succession, une société. Liquider des biens :* payer ses dettes en vendant une partie de son bien. ➤ **réaliser.** ◆ FIG. et COUR. ➤ **régler.** *L'Angleterre «résolue à liquider son vieux compte avec la France»* BAINVILLE. ■ **2** (1866) Vendre (des marchandises) au rabais. *Liquider le stock. Liquider huit mille kilos de sucre.* ■ **3** (1931) FAM. En finir avec (qqn ou qqch.). *Liquider une affaire, un différend.* ➤ se **débarrasser.** *Liquider un témoin gênant.* ➤ **éliminer, tuer.** «*Votre ancienne monarchie avait depuis longtemps liquidé la féodalité*» ROMAINS. — PAR EXT. Finir, terminer (qqch.). *Liquider les restes.* — *C'est liquidé, on n'en parle plus.*
■ CONTR. Acquérir.

LIQUIDIEN, IENNE [likidjɛ̃, jɛn] adj. – 1884 ◇ de *liquide* ■ DIDACT. Qui est relatif aux liquides. *Épanchement liquidien.* — BIOL. *Compartiment liquidien,* chacun des trois espaces de l'organisme (milieu intracellulaire, milieu interstitiel, plasma) séparés par une membrane.

LIQUIDITÉ [likidite] n. f. – 1500 ◇ latin *liquiditas* ■ **1** DIDACT. Caractère de ce qui est plus ou moins liquide. *La liquidité du mercure, du sang. La liquidité de l'eau.* ■ **2** (1873) DR. État d'un bien liquide. — FIN. État de ce qui est liquide. *La liquidité d'une créance, d'une dette.* — COUR. *La liquidité d'un placement, d'un investissement,* sa faculté de pouvoir être rapidement réalisé. ◆ AU PLUR. Somme immédiatement disponible. *Les liquidités d'une banque. Liquidités internationales :* moyens de règlement constituant les réserves de change des banques centrales. ■ CONTR. Consistance. Immobilisation, investissement, placement.

LIQUOREUX, EUSE [likɔʀø, øz] adj. – 1719 ; «liquide» 1529 ◇ du latin *liquor* ■ Qui rappelle la liqueur par la saveur douce, le degré élevé d'alcool. *Vin liquoreux :* vin* de liqueur.

LIQUORISTE [likɔʀist] n. – 1768 ; *liqueuriste* adj. 1753 ◇ du latin *liquor* ■ Personne qui fabrique ou vend des liqueurs.

1 **LIRE** [liʀ] v. tr. ⟨43⟩ – fin XIe ◇ du latin *legere,* au sens de «recueillir par les yeux», «lire». → leçon, lecture, légende. Le latin *legere* avait aussi le sens de «ramasser», que l'on retrouve dans *cueillir* et *collecte ;* celui de «choisir» est présent dans *élire, légion, sélection* ou *élégant,* enfin celui de «recueillir par les sens», «discerner» dans *intelligence*

I DÉCHIFFRER CE QUI EST ÉCRIT A. DÉCHIFFRER UNE ÉCRITURE, LE CONTENU D'UN TEXTE ■ **1** Suivre des yeux en identifiant (des caractères, une écriture). *Lire des lettres, des caractères, des numéros. Lire une écriture difficile, un manuscrit.* ➤ **déchiffrer.** *Écriture qu'on ne peut lire.* ➤ **illisible.** *Lire les caractères russes, chinois, arabes.* ◆ SANS COMPL. Être capable de lire une écriture. *Apprendre à lire à un enfant. Savoir lire et écrire. Lire couramment. Lire mal ; commencer à lire.* ➤ **ânonner, épeler.** *Ne savoir ni lire ni écrire :* être analphabète*. *Savoir très mal lire* (➤ **illettrisme**). ◆ PAR EXT. (avec un autre sens que la vue) *Lire le braille.* ■ **2** (milieu XIIe) Prendre connaissance du contenu de (un texte), par la lecture. *Lire une lettre. Lire qqch. sur une affiche. J'ai lu cela dans un livre. J'ai lu dans le journal qu'il était mort.* — SANS COMPL. *Signer sans avoir lu.* LOC. *Lire entre les lignes**. ◆ SPÉCIALT (début XIIe) Lire de façon suivie (un texte, un livre*...) pour s'informer, s'instruire, se distraire. *Lire une histoire, un roman.* «*N'ayant rien à lire, j'écris*» STENDHAL. *Prêtre qui lit son bréviaire. Lire le journal, les petites annonces. Lire qqch. avec passion* (➤ **avaler, dévorer**), *négligemment* (➤ **feuilleter, parcourir**). FAM. *Lire en diagonale**. ➤ **survoler.** — *Lire en vue de trouver un renseignement.* ➤ **compulser, consulter.** *Lire plusieurs fois.* ➤ **relire.** *Vouloir tout lire.* «*La chair est triste, hélas ! et j'ai lu tous les livres*» MALLARMÉ. *Avoir qqch. à lire en voyage.* — (début XIVe) *Lire un auteur. Les personnes «qui attendent pour me lire que l'on m'ait traduit en français»* VALÉRY. — *Ça se lit facilement, ça se laisse lire,* en parlant d'un ouvrage. *Livre, auteur qui mérite d'être lu.* — (1694) *Lire une langue étrangère, un auteur étranger dans sa langue. Lire Goethe dans le texte. Lire l'allemand.* «*Il lisait très bien le français, mais il ne l'avait jamais parlé*» Mme DE STAËL. ◆ SANS COMPL. Passer du temps à lire. ➤ FAM. **bouquiner.** *Aimer lire.* ➤ **lecteur, liseur.** *Lire beaucoup. Lire au lit.* «*Il lisait avec une minutie et une attention insurpassables*» BLANCHOT. «*Je lis comme je voudrais qu'on me lise ; c'est-à-dire : très lentement*» GIDE. ■ **3** (fin XIe) Énoncer à haute voix (un texte écrit) soit pour s'en pénétrer, soit pour en faire connaître le contenu. *Débit, diction de celui qui lit. Lire qqch. tout bas, tout haut. Lire des vers**. ➤ **réciter.** *Lire un discours.* ➤ **prononcer.** *Lire un arrêt, un jugement ; une prière* (cf. Leçon, légende). ◆ SPÉCIALT Faire la lecture. «*Elle lisait bien* [...], *douée d'une espèce de don spécial d'accentuation juste*» MAUPASSANT. *Elle lui lisait le journal.*

B. DÉCHIFFRER UN AUTRE CODE QUE L'ÉCRITURE ■ **1** (1723) Déchiffrer (un système signifiant, un code) de manière à en maîtriser le contenu. *Lire une partition, des notes, de la musique. Lire un message chiffré.* ➤ **décoder.** *Lire un graphique, une carte.* — *Cette image est difficile à lire* (➤ **lisible**). ■ **2** Effectuer la saisie de l'information de (une bande magnétique) en vue d'une reproduction sonore. ➤ **lecture** (II, 1°). ■ **3** INFORM. Reconnaître (des informations) pour les transmettre à une autre unité. *Lire un fichier.*

II DÉCHIFFRER CE QUI EST CACHÉ ■ **1** (1636) Déchiffrer, comprendre (ce qui est caché) par un signe extérieur. *Voyante qui lit l'avenir dans les lignes de la main, le marc de café, les astres.* — Trouver le sens de. *Lire les lignes de la main.* ■ **2** (1592) Discerner, reconnaître comme par un signe. ➤ **découvrir, pénétrer.** *Lire un sentiment sur le visage, dans les yeux de qqn.* «*On se parlait avec les mains, je lisais dans ses yeux*» LE CLÉZIO. PRONOM. *La déception se lit sur son visage.* ➤ se **deviner.** *Lire jusqu'au fond de la pensée, de l'âme.* «*Si tu pouvais lire dans mon cœur, tu verrais la place où je t'ai mise !*» FLAUBERT. — *Lire dans le jeu** (IV, 1°) *de qqn.*
■ HOM. Lyre ; *lis :* lie ; *lirai :* lierai (lier) ; *lûtes :* lute (luter), lutte (lutter).

2 **LIRE** [liʀ] n. f. – 1592 ◇ italien *lira,* de même origine que *livre* → 2 livre ■ Ancienne unité monétaire italienne.

LIRETTE [liʀɛt] n. f. – 1864 ◇ origine inconnue ■ Étoffe ou tapis dont la trame est constituée de lanières de tissu usagé. ➤ RÉGION. **catalogne.**

LIS ou **LYS** [lis] n. m. – 1150 plur. de *lil* ◇ du latin *lilium* REM. L'orthographe *lys* (XIVe), inusitée aux XVIIe et XVIIIe, a été reprise au XIXe. ■ **1** Plante herbacée vivace *(liliacées),* à feuilles lancéolées et à grandes fleurs. *Lis commun,* à fleurs blanches. *Lis martagon. Bulbe de lis.* «*Les grands lys orgueilleux se balancent au vent*» VERLAINE. ■ **2** La fleur blanche du lis commun. *Le parfum des lis.* — POÉT. *Lis virginal. Blanc comme un lis, d'une blancheur de lis.* LOC. *Un teint de lis et de roses.* ◆ LITTÉR. *Le lis,* symbole de pureté, de candeur, de vertu. «*La blanche Ophélia flotte comme un grand lys*» RIMBAUD. — PAR MÉTAPH. «*Elle était, sans rien savoir encore,* le lys de cette vallée *où elle croissait pour le ciel*» BALZAC. ■ **3** BLAS. **FLEUR DE LYS, DE LIS :** figure héraldique formée de trois fleurs de lis schématisées et unies ; objet imitant cette figure. *La fleur de lys,* emblème de la royauté. *Des «tentures bleu de paon semées de fleurs de lis blanches»* GREEN. ➤ **fleurdelisé.** ◆ SPÉCIALT *Fleur de lys,* marque au fer rouge de cette forme qu'on appliquait sur l'épaule de certains condamnés. ➤ 2 **flétrissure.** ■ **4** PAR EXT. *Lis des vallées.* ➤ **muguet.** *Lis Saint-Jacques.* ➤ **amaryllis.** *Lis d'étang, d'eau.* ➤ **nénuphar.** *Lis jaune.* ➤ **hémérocalle.** ■ HOM. Lice, lisse.

LISAGE [lizaʒ] **n. m.** – 1776 ◇ de 1*lire* ■ TECHN. ■ **1** Opération qui consiste à analyser un dessin pour tissu et à percer correctement les cartons qui sont montés dans le métier. ■ **2** (1873) Machine effectuant cette opération.

LISE [liz] **n. f.** – v. 1160 ◇ var. de *glise, glaise* ■ RÉGION. Sable mouvant en bord de mer. ■ **HOM.** Lyse.

LISERAGE [liz(ə)ʀaʒ] ou **LISÉRAGE** [lizeʀaʒ] **n. m.** – 1723 ◇ de *liserer* ■ TECHN. Ouvrage qui consiste à border d'un fil (d'or, d'argent, de soie, de laine) les motifs d'une broderie ; cette bordure.

LISERÉ [liz(ə)ʀe] ou **LISÉRÉ** [lizeʀe] **n. m.** – 1743, –1798 ◇ de *liserer* ■ Ruban étroit dont on borde un vêtement. ➤ **passepoil.** *Liseré de soie. Liseré de robe, de veste.* ♦ Bande formant bordure, d'une autre couleur que le fond. *Mouchoir à liseré bleu.* — FIG. Bande étroite. « *On commence à voir un petit liseré de ciel* » GIONO.

LISERER [liz(ə)ʀe] ‹5› ou **LISÉRER** [lizeʀe] **v. tr.** ‹6› – 1525 *lizerer*, –1681 ◇ de *lisière* ■ Border d'un liseré. *Liserer une jupe.* — « *Flanelle couleur crème et liserée de vert d'ortie* » BLOY. ♦ FIG. Border. — PRONOM. « *Leurs vêtements confondus se liséraient d'un fin duvet blanc* [de neige] » ZOLA.

LISERON [lizʀɔ̃] **n. m.** – 1538 ◇ diminutif de *lis* ■ **1** Plante herbacée volubile *(convolvulacées)*, aux fleurs en forme d'entonnoir. ➤ **convolvulus.** *Petit liseron des champs, des blés* (➤ **clochette, vrillée**) ; *grand liseron, liseron des haies. Liseron des jardins.* ➤ **belle-de-jour.** ■ **2** Volubilis. ■ **3** *Liseron épineux* : salsepareille.

LISETTE [lizɛt] **n. f.** – 1925 ◇ mot région. du Nord « qui brille », du latin *lucere* « luire » ■ COMM. Jeune maquereau.

LISEUR, EUSE [lizœʀ, øz] **n.** – v. 1200 « lecteur » ; *leisor* 1136 ◇ de 1*lire* ■ Personne qui a l'habitude de lire beaucoup. ➤ **lecteur.** *C'est un grand liseur de romans.*

LISEUSE [lizøz] **n. f.** – 1930 ; « coupe-papier » 1867 ◇ de 1*lire* ■ **1** Couvre-livre interchangeable. *Une liseuse en cuir.* ■ **2** (1909) Petite cape ou veste de lainage léger qu'on porte chez soi, au lit (pour *lire* au lit, etc.). ➤ **douillette.** ■ **3** Petite lampe de lecture. ■ **4** (anglais *reader*) Support de lecture d'un texte numérique. — Recomm. offic. pour l'anglic. *e-book.*

LISIBILITÉ [lizibilite] **n. f.** – 1866 ◇ de *lisible* ■ **1** Caractère de ce qui est lisible. *Écriture, typographie d'une lisibilité parfaite.* ♦ FIG. Possibilité d'interpréter ; compréhensibilité. ➤ **lecture.** *La lisibilité d'un texte, d'un mémoire, d'une thèse* (➤ aussi **vulgarisation**). ■ **2** FIG. Caractère clair, déchiffrable. *Le manque de lisibilité d'une action, d'une politique.* ➤ **intelligibilité.** ■ **CONTR.** Illisibilité.

LISIBLE [lizibl] **adj.** – 1464 ◇ de 1*lire* ■ **1** Qui est aisé à lire, à déchiffrer. *Écriture, inscription lisible. Signature à peine lisible.* — *Schéma, carte peu lisible.* PAR EXT. Visible. « *Le jeûne et la misère étaient gravés sur cette figure en traits aussi lisibles que ceux de la peur* » BALZAC. ■ **2** FIG. Compréhensible à la lecture. *Ce texte n'est lisible que par des spécialistes. Texte lisible à plusieurs niveaux,* qui permet plusieurs lectures. ♦ Clair, déchiffrable (d'une action politique). *Une politique peu lisible.* ■ **3** (1798) Digne d'être lu. *Cet article est à peine lisible.* ■ **CONTR.** Illisible.

LISIBLEMENT [lizibləmɑ̃] **adv.** – 1543 ◇ de *lisible* ■ D'une manière lisible. *Écrire lisiblement.* « *Forme tes chiffres lisiblement* » FLAUBERT. ■ **CONTR.** Illisiblement.

LISIER [lizje] **n. m.** – avant 1868 ◇ mot dialectal de Suisse, du latin *lotium* « urine » ■ AGRIC. Mélange d'excréments d'animaux contenant une grande quantité d'eau, conservé dans des fosses couvertes pour servir d'engrais. ➤ **purin.** *Les « effluents du lisier de porc »* LE CLÉZIO.

LISIÈRE [lizjɛʀ] **n. f.** – 1244 ◇ p.-ê. de l'ancien français *lis,* forme masc. rare de 2*lice* ■ **1** Bordure limitant de chaque côté une pièce d'étoffe, parfois d'une armure différente. ➤ 1**bande.** ■ **2** VX Bandes ou cordons attachés au vêtement d'un enfant pour le soutenir quand il commence à marcher. — LOC. LITTÉR. *Tenir en lisière(s)* : exercer une tutelle, un empire sur (qqn). « *elle était tenue en lisières par la question d'argent* » BALZAC. ■ **3** MOD. Partie extrême d'un terrain, d'une région. ➤ **bord, bordure, limite.** *La lisière d'un champ, d'un bois.* ➤ **orée.** *Des lisières d'arbres.* ■ **CONTR.** Centre, milieu.

LISP [lisp] **n. m.** – v. 1960 ◇ mot anglais, acronyme de *List Processing* « traitement de listes » ■ INFORM. Langage évolué orienté vers le traitement d'expressions symboliques. *Le lisp est utilisé en intelligence artificielle.*

1 **LISSAGE** [lisaʒ] **n. m.** – 1873 ◇ de 2*lice* ■ TECHN. Manière de disposer les lices selon le tissu à obtenir.

2 **LISSAGE** [lisaʒ] **n. m.** – 1762 ◇ de 1*lisser* ■ **1** Action de lisser ; résultat de cette action. *Le lissage du poil. Lissage du papier.* ➤ **glaçage.** *Lissage de la peau* (recomm. offic.). ➤ **lifting** (ANGLIC.). ■ **2** MATH., PHYS. Élimination de variables aléatoires ou résiduelles dans une courbe. *Lissage par la méthode des moindres carrés.*

LISSANT, ANTE [lisɑ̃, ɑ̃t] **adj.** – 1611 ◇ de *lisser* ■ Qui rend lisse (une partie du corps). *Soin lissant pour les cheveux, la peau.*

1 **LISSE** [lis] **adj.** – *lisce* v. 1188 ◇ de 1*lisser* ■ **1** Qui n'offre pas d'aspérités au toucher. *Surface lisse.* ➤ **égal, uni.** *Notre voiture « glissait sur la longue bande de ciment lisse »* CÉLINE. *Pierre lisse.* ➤ 2**poli.** *Écorce lisse du hêtre. Une peau lisse,* douce, unie, sans rides. *Cheveux lisses,* non frisés. ➤ 1**plat.** ♦ ANAT. *Muscles lisses et muscles striés.* ♦ PAR EXT. *Eau lisse,* dont la surface est parfaitement calme. ♦ Qui ne présente pas d'inégalités à la surface. *Colonne lisse,* sans cannelures. *Corde lisse,* sans nœuds. ■ **2** FIG. Sans rien qui puisse choquer. *Un jeune homme un peu fade, lisse. « cherchant à façonner du saint homme une image lisse et irréprochable »* DUTEURTRE. ■ **CONTR.** Âpre, granuleux, inégal, ridé, rugueux ; crépu, hérissé. ■ **HOM.** Lice, lis.

2 **LISSE** ➤ 2**LICE**

3 **LISSE** [lis] **n. f.** – 1606 ◇ de 1*lisser* ■ TECHN. Outil de cordonnier pour polir le cuir. ➤ **fer.** — Outil de maçon pour polir les revêtements.

4 **LISSE** [lis] **n. f.** – XIIIe ◇ → 1lice ■ MAR. Membrure de la coque d'un navire placée contre les couples ou le bordé. ♦ AVIAT. Élément longitudinal reliant les couples d'un fuselage, d'une voiture. ➤ **longeron.** ♦ Assemblage de pièces de bois servant de garde-fou. ➤ **herpe.**

LISSÉ, ÉE [lise] **adj.** et **n. m.** – 1553 ; *licé* en ancien français ◇ de 1*lisser* ■ **1** Rendu lisse. *Cheveux lissés.* CUIS. *Amandes lissées,* revêtues de sucre (➤ **dragée**). ■ **2 n. m.** CUIS., CONFIS. Degré de cuisson du sucre qui va entrer en ébullition. *Sucre cuit au petit, au grand lissé.* ■ **HOM.** Lisser, lycée.

1 **LISSER** [lise] **v. tr.** ‹1› – *licier* XIIIe ; *lischier* « repasser, polir » 1080 ◇ latin *lixare* « extraire par la lixiviation », et par extension (v. 800) « repasser » ■ **1** Rendre lisse. *Lisser sa moustache. Cheveux bien lissés.* ➤ **plaquer ; lisseur.** *Elle « lissait sa jupe avec les paumes »* SARTRE. ➤ **aplatir.** *Oiseau qui lisse ses plumes avec son bec.* — *Lisser le papier, les étoffes avec une calandre.* ➤ **calandrer, glacer.** *Lisser les peaux, les cuirs.* ➤ **lustrer.** ♦ FIG. Rendre plus conventionnel, présentable. *Lisser un discours. Lisser son image.* ■ **2** Éliminer les fluctuations rapides de (un phénomène) pour ne retenir que l'évolution moyenne. *Lisser une courbe* (➤ 2**lissage**). ♦ FIG. Harmoniser, atténuer les variations de. *Lisser les prix, la charge de travail.* ■ **CONTR.** Ébouriffer ; craqueler. ■ **HOM.** Lissé, lycée.

2 **LISSER** [lise] **v. tr.** ‹1› – 1681 ◇ de 4*lisse* ■ Garnir de lisses (un navire).

LISSEUR, EUSE [lisœʀ, øz] **n.** – 1445 ◇ de 1*lisser* ■ **1** TECHN. Ouvrier, ouvrière qui lisse (du papier, des étoffes). ■ **2 n. m.** TECHN. Outil chauffé pour lisser l'asphalte. ■ **3 n. f.** (1874) TECHN. Machine pour lisser le papier, les étoffes, les cuirs. ■ **4 n. m.** Instrument qu'on applique chaud sur les cheveux pour les lisser (cf. Fer* à lisser).

LISSIER ➤ **LICIER**

LISSOIR [liswaʀ] **n. m.** – 1614 ◇ de 1*lisser* ■ TECHN. Instrument pour lisser (le papier, les étoffes, le cuir).

LISTAGE [listaʒ] **n. m.** – 1962 ◇ de *lister* ■ Action de lister ; résultat de cette action. ♦ (1968) Document produit en continu par une imprimante d'ordinateur. *Le listage d'un programme.* Recomm. offic. pour *listing.*

1 **LISTE** [list] **n. f.** – 1587 ; « bord, bande » XIIe ◇ germanique °*lista* ■ HIPPOL. Bande de poils blancs sur le chanfrein de certains chevaux. *Une jument « baie avec liste en tête »* C. SIMON.

2 **LISTE** [list] **n. f.** – 1567 ◇ italien *lista,* de même origine que 1*liste* ■ **1** Suite de mots, de noms, de signes, généralement inscrits les uns au-dessous des autres. ➤ **nomenclature, réper-**

toire. *Dresser, établir, faire une liste ; mettre en liste, sur une liste* (➤ **lister, répertorier**). *Liste ouverte, close. Tête, fin, queue de liste. J'ajoute son nom sur ma liste. Faire la liste des personnes présentes. Liste alphabétique. Liste des membres d'une société.* ➤ **tableau.** *Liste des lauréats.* ➤ **palmarès.** *Liste de diffusion*. Liste de vérification* (recomm. offic.). ➤ **check-list** (ANGLIC.). *Liste méthodique et détaillée d'objets.* ➤ **bordereau, catalogue, état, inventaire.** *Liste de commissions. «se trouver dans un marché avec un filet sous le bras et une liste dans sa poche»* NIMIER. *Liste des mets.* ➤ **carte,** 2 **menu.** — SPÉCIALT *Liste de proscription.* LOC. *Liste noire :* liste de gens à surveiller, à abattre ; à proscrire, à éviter. *La liste noire des compagnies aériennes. Liste blanche :* liste de personnes, d'organismes offrant des garanties. *Liste rouge* (marque déposée). *Être sur (la) liste rouge :* refuser que son numéro de téléphone figure dans l'annuaire. *«Quand on a réussi, on est sur la liste rouge. La liste rouge, il suffisait d'acquitter une surtaxe pour être admis à y figurer»* RINALDI. — *Liste d'attente :* liste des personnes en surnombre à qui les places qui se libéreront seront données selon l'ordre d'inscription (pour un voyage en avion, l'obtention de qqch.). *Être sur, en liste d'attente.* — *Liste de mariage :* liste des cadeaux souhaités par les futurs époux, déposée dans un magasin. *Liste de naissance.* ◆ DR. CONSTIT. *Liste électorale*. Scrutin de liste. Listes apparentées. Liste bloquée,* que l'électeur ne peut modifier. *Voter pour des candidats de différentes listes* (➤ **panachage**). ◆ ABSTRAIT ➤ **énumération.** *La liste de ses mérites est longue.* LOC. *Grossir la liste de :* s'ajouter au nombre de. *Grossir la liste des mécontents.* ➤ **rang.** ■ **2** PAR EXT. *Liste civile :* somme allouée au chef de l'État pour subvenir aux dépenses et charges de sa fonction.

LISTEL [listɛl] **n. m.** – 1673 ; *listeaux* plur. 1546 ◇ italien *listello,* de *lista* «bordure, bande» ■ **1** ARCHIT. Petite moulure plate ou saillante. ➤ 1 **filet.** *Des listels.* — MENUIS. Baguette utilisée pour les encadrements. ■ **2** NUMISM. Bande circulaire et saillante au bord des monnaies, des médailles. ➤ **cordon, cordonnet.** ■ **3** BLAS. Ornement extérieur à l'écu, qui porte la devise.

LISTER [liste] **v. tr.** ‹1› – v. 1960 ◇ de 2 *liste* ■ **1** Mettre en liste. ➤ **répertorier.** ■ **2** INFORM. Produire (un document) en continu à l'aide d'une imprimante d'ordinateur (➤ **listage**). — Présenter (des données, des instructions) sous forme de liste.

LISTÉRIA **n. f.** ou **LISTERIA** [listeʀja] **n. f. inv.** – 1955 ◇ de l'anglais *listeria* (1940), de *Lister,* n. d'un chirurgien anglais ■ BACTÉRIOL. Genre bactérien, composé de bacilles gram positifs, pathogènes pour l'être humain et les animaux. *Contamination de fromages à pâte molle par des listérias, des listeria.* ➤ **listériose.**

LISTÉRIOSE [listeʀjoz] **n. f.** – 1950 ◇ de *listéria* et 2 *-ose* ■ VÉTÉR., MÉD. Infection par des bacilles du genre *Listéria* (entraînant pneumonie, méningite...).

LISTING [listiŋ] **n. m.** – 1953 ◇ mot anglais «action de mettre en liste» ■ ANGLIC. Listage produit par un ordinateur. ➤ **listage** (recomm. offic.). *Des listings.*

LISTON [listɔ̃] **n. m.** – 1721 ◇ espagnol *listón,* germanique °*lista* → 1 liste ■ MAR. Moulure, décorative ou de protection, placée le long de la muraille d'un navire.

LIT [li] **n. m.** – fin XIe ◇ du latin *lectus*

I OBJET SUR LEQUEL ON S'ÉTEND POUR DORMIR, SE REPOSER A. MEUBLE ■ **1** Meuble destiné au coucher. ➤ POÉT. **couche ;** FAM. ou POP. **paddock,** 2 **pageot,** 2 **pieu, plumard,** 2 **plume, pucier ;** ENFANTIN 1 **dodo.** *Bois de lit.* ➤ **châlit.** *Ciel de lit* (baldaquin, dais). *Le cadre, le matelas et le sommier d'un lit. Linge de lit.* ➤ **literie ;** 1 **couette, couverture, couvre-lit, dessus-de-lit, drap.** *Descente* de lit. Tête, chevet, pied d'un lit. Lit à une place, à deux places. Lits jumeaux. Lit d'enfant, de bébé.* ➤ **berceau.** *Lit à baldaquin. «Un grand lit gris et rose, dont on ne voyait pas le bois recouvert d'étoffe et capitonné»* ZOLA. *«Un petit lit tout maigre en cage de fer avec des pieds à roulettes»* GIONO. *Lit dans une alcôve. Lit clos* ou *lit breton,* à battants de bois qui se ferment. *Rideaux de lit.* ➤ **courtine.** *Lit bateau*. Lits superposés*, gigognes.* — *Lit de sangle,* fait de sangles fixées à deux montants de bois soutenus par des pieds croisés. *Lit pliant. Lit-cage. Lit de camp*. Canapé-lit.* ➤ **canapé, convertible.** — *Lit misérable.* ➤ **grabat.** ◆ *Lit de repos :* siège sur lequel on peut s'allonger pour se reposer. ➤ **canapé, divan, sofa.** *Lit ambulant.* ➤ **litière, palanquin.** — *Lit de parade,* qui ne sert qu'à l'ornement d'une pièce ou sur lequel est exposé un mort illustre avant les funérailles. — ANTIQ. *Lit de table,* sur lequel on mangeait allongé (➤ **triclinium**). — *Lit d'hôtel. Chambre à deux lits.* — *Lit à bord d'un train.* ➤ **couchette.** (Élément de mots composés) *Voiture-lit, wagon-lit* (voir ces mots). — *Lit d'hôpital.* ◆ PAR EXT. Place couchée, dans un établissement, un lieu de résidence. *Clinique de cent lits. Une capacité hôtelière de mille cinq cents lits.* ■ **2** Partie rigide qui soutient l'ensemble. ➤ **châlit.** *Lit d'acajou, de cuivre. Un lit Louis XVI.* — *Le lit et sa literie.* ■ **3** Literie sur laquelle on s'étend. *Lit moelleux, douillet, dur, inconfortable. Bon lit. Mauvais lit.* ➤ **grabat.** — *Lit de plume.*

B. LOCUTIONS ■ **1** *Aller au lit, se mettre au lit.* ➤ se **coucher ;** FAM. ou POP. se **pagnoter,** se **pieuter,** se **plumer.** *Allons, les enfants, au lit !* ➤ 1 **dodo.** *Mettre un enfant au lit.* — *Être au lit. Rester au lit toute la matinée* (cf. Faire la grasse matinée). *Lire au lit.* FAM. *Faire (pipi) au lit. «à trois ans et demi, il faisait encore au lit»* CH. ROCHEFORT. — *Entrer dans son lit. S'étendre, se reposer sur un lit. Se jeter sur son lit.* — *Coucher, dormir dans un lit. Dormir dans son lit,* chez soi. — *Sortir du lit.* ➤ se **lever.** *Sauter du lit. Au saut du lit :* au réveil, de bon matin. *Arracher, tirer qqn du lit.* FAM. *Être tombé du lit :* s'être levé tôt contrairement à son habitude. ◆ *Faire un lit :* disposer la literie pour qu'on puisse s'y coucher confortablement ; rabattre la literie pour la journée. *Faire son lit tous les matins. Lit en portefeuille*. Lit au carré*. Border un lit. Un lit défait. Aérer, ouvrir un lit :* rabattre les draps complètement. PROV. *Comme on fait son lit on se couche*.* LOC. *Faire le lit de qqn, de qqch.,* préparer sa venue, son avènement. ◆ *Malade contraint de se mettre, de rester au lit. Garder le lit* (cf. Garder la chambre). FIG. *Être au fond de son lit :* être malade. *Ne pas quitter son lit ; être cloué au lit* (➤ **aliter**). *«Du lit à la fenêtre puis du lit au fauteuil et puis du lit au lit»* BREL. — *Lit de douleur.* — *Lit de mort.* PAR EXT. *Sur son lit de mort :* sur le point d'expirer. *Mourir dans son lit,* dans son propre lit, d'une mort naturelle. — FIG. (allus. au brigand de la mythologie grecque qui torturait les voyageurs en les ajustant à un lit de dimensions variables) *Lit de Procuste* (ou *de Procruste*) : règle mesquine et tyrannique ; conformisme et uniformisation à tout prix.

C. SENS SYMBOLIQUE (le lit symbolisant les rapports sexuels et l'union conjugale) (fin XVe) *Partager le même lit. Faire lit à part. Lit nuptial, conjugal. Au lit, c'est une affaire ! «Au lit, elles étaient tout bonnement incapables de quoi que ce soit»* HOUELLEBECQ. — FIG. *Enfants du premier lit,* d'un premier mariage. *Élever les enfants d'un autre lit. «Nicolas avait deux frères du premier lit»* NERVAL.

D. LIT DE JUSTICE (début XIVe) Lit à dais, où le roi se plaçait lorsqu'il tenait une séance solennelle du parlement ; PAR EXT. (fin XIVe) la séance elle-même. *Tenir un lit de justice.*

E. LIT DE (et nom de matière). Couche d'une matière quelconque étendue sur le sol, où l'on s'étend, où l'on dort. ➤ **litière, matelas, natte,** 1 **paillasse, tapis.** *Se coucher sur un lit de paille. Lit de mousse.* — LOC. FIG. *Sur un lit de roses :* facilement ; dans de très bonnes conditions.

II MATIÈRE RÉPANDUE EN COUCHE HORIZONTALE ■ **1** *Un lit de braises. «des côtelettes d'agneau [...] couchées sur un lit épais et menu de pointes d'asperges»* MAUPASSANT. *Lit de vase.* ➤ **varve.** — CONSTR. *Lit de grosses pierres d'un mur. Lit de sable.* ➤ **couchis.** — GÉOL. Couche de matériaux déposés par les eaux, l'érosion. ➤ **dépôt, strate.** *Lit d'argile.* — *Lit d'une pierre, lit de carrière :* situation de la couche de pierre dans le sol, la carrière. ■ **2** Chacune des deux faces par lesquelles les pierres sont superposées dans une construction. ➤ aussi 2 **délit.** *Les lits et les joints d'une pierre de taille.*

III CREUX ■ **1** (milieu XIIIe) Creux naturel du sol, canal dans lequel coule un cours d'eau. *«Ce ruisseau avait un lit pierreux, profond»* P. BENOIT. *Fleuve qui sort de son lit.* ➤ **déborder, divaguer.** *Lit à sec. Détourner une rivière de son lit.* ➤ **cours.** *Lit artificiel.* ➤ **duit.** *Galets, cailloux, sable, limon du lit des cours d'eau. Lit mineur, majeur,* occupé par le cours d'eau en période de basses, de hautes eaux. — PAR EXT. *Lit de glacier.* ■ **2** MAR. *Lit de marée, lit du courant :* endroit où la marée, le courant ont le plus de vitesse. — (1573) *Lit du vent,* la direction d'où il vient. ➤ 1 **aire.**

■ **HOM.** Li, lie.

LITANIE [litani] **n. f.** – *letanie* 1155, jusqu'au XVIIe ◇ latin ecclésiastique *litania,* mot grec «prière» ■ **1** Prière liturgique où toutes les invocations sont suivies d'une formule brève récitée ou chantée par les assistants. *Litanies des saints. Réciter, chanter des litanies.* ■ **2** FIG. Longue énumération. Répétition ennuyeuse et monotone (de plaintes, de reproches, de demandes). *«C'est la litanie éternelle. Pourquoi l'as-tu épousé ! Pourquoi l'as-tu aimé !»* GIRAUDOUX.

LITCHI [litʃi] **n. m.** – 1721 ; *lichi* 1665 ; *lechia* 1588 ◇ chinois *li-chi* ■ Arbre d'Asie méridionale, à fruit comestible ; ce fruit. *Litchis frais, en conserve. Litchis au sirop.* — *Litchi chevelu.* ➤ **ramboutan.** — On dit aussi **LETCHI** [lɛtʃi].

1 **LITEAU** [lito] n. m. – 1595 ; *listiel* «bordure» 1229 ◇ de *liste* → listel ■ TECHN. ■ **1** Baguette, tringle de bois fixée à un mur pour soutenir une tablette. ➤ **tasseau.** ■ **2** Raie de couleur parallèle à chaque lisière du linge de maison uni. *Nappe, torchon à liteaux.* ■ **3** (1931) Bois débité en section carrée de 25 × 25 mm environ, ou rectangulaire (20×40). *Liteaux de sapin.* ■ HOM. Litho (lithographie).

2 **LITEAU** [lito] n. m. – *licteau* 1655 ◇ de *lit* ■ TECHN. (CHASSE) Lieu où le loup se repose pendant le jour. ➤ **tanière.**

LITÉE [lite] n. f. – 1835 ; «portée d'animaux» XIIe ◇ de *lit* ■ CHASSE Ensemble d'animaux dans un même gîte, un même repaire. *Une litée de lapereaux.*

LITER [lite] v. tr. ‹1› – 1723 ◇ de *lit* ■ TECHN. Mettre par lits, par couches. — Superposer (des poissons salés) par lits dans des barriques. *Liter des harengs.*

LITERIE [litʀi] n. f. – 1832 ; hapax 1614 ◇ de *lit* ■ **1** Ce qui entre dans la composition d'un lit ; matériel de couchage. ■ **2** SPÉCIALT Ensemble des objets qui recouvrent le châlit et le sommier : matelas, traversin, oreiller, couverture, couette, édredon, couvre-lit (parfois aussi le linge : draps et taies). ➤ **couchage.**

LITHAM [litam] n. m. – avant 1831 ◇ mot arabe ■ Pièce d'étoffe, voile dont certaines femmes musulmanes et les Touareg se couvrent la partie inférieure du visage. — On dit aussi **LITSAM.**

LITHARGE [litaʀʒ] n. f. – 1314 ; *lithargyre* XIIIe ◇ latin d'origine grecque *lithargyrus* «pierre d'argent» ■ MINÉR. Oxyde naturel de plomb. ♦ CHIM. Protoxyde de plomb (PbO) fondu et cristallisé en lamelles d'un jaune rougeâtre. *La litharge entre dans la fabrication des verres au plomb, des vernis pour poterie, des pigments, des siccatifs.*

-LITHE, -LITHIQUE ■ Éléments, du grec *lithos* «pierre» : *aérolithe, galalithe, antilithique,* etc.

LITHIASE [litjɑz] n. f. – 1611 ◇ grec *lithiasis* ■ MÉD. Formation de concrétions solides (calculs) dans divers conduits ou cavités de l'organisme. *Lithiase rénale, urinaire.* ➤ **gravelle, pierre.** *Lithiase biliaire, salivaire.* — adj. et n. (1834) **LITHIASIQUE.**

LITHINE [litin] n. f. – 1826 ◇ de *lithium* ■ CHIM. Hydroxyde de lithium. — adj. **LITHINÉ, ÉE,** 1826. *Eau lithinée.*

LITHINIFÈRE [litinifɛʀ] adj. – 1907 ◇ de *lithine* et *-fère* ■ MINÉR. Qui contient du lithium.

LITHIQUE [litik] adj. – XXe ; *(acide) lithique* «urique» 1787 ◇ du grec *lithos* «pierre» ■ DIDACT. Relatif à la pierre, de pierre. *Outillage lithique. Rigidité lithique.* ■ HOM. Lytique.

LITHIUM [litjɔm] n. m. – 1834 ◇ latin moderne *lithion,* créé par Berzelius (1818) ■ CHIM. Élément atomique (Li ; n° at. 3 ; m. at. 6,94), le premier des métaux alcalins. *Le lithium, blanc argenté, est le plus léger de tous les métaux. Minerai de lithium.* ➤ **lépidolithe.** *Pile au lithium. Les sels de lithium sont utilisés dans le traitement de la psychose maniaque dépressive. Être sous lithium.*

LITHO ➤ **LITHOGRAPHIE** ■ HOM. Liteau.

LITHO- ■ Élément, du grec *lithos* «pierre».

LITHODOME [litɔdɔm ; litodom] n. m. – 1817 ◇ grec *lithodomos* «qui bâtit avec des pierres» ■ ZOOL. Mollusque lamellibranche à coquille cylindrique, qui creuse les roches pour s'y loger (➤ **lithophage**).

LITHOGRAPHE [litɔgʀaf] n. – 1817 ; «minéralogiste» 1752 ◇ de *lithographie* ■ Personne qui imprime par la lithographie. ➤ **graveur.** «*un lithographe qui fabriquait des cartes de visite à la minute*» MAUPASSANT.

LITHOGRAPHIE [litɔgʀafi] n. f. – 1750 ; «étude des pierres» 1649 ◇ de *litho-* et *-graphie* ■ **1** Reproduction par impression d'un dessin, d'un texte écrit ou tracé sur une pierre calcaire de grain très fin. ➤ **gravure.** ■ **2** Feuille, estampe obtenue par ce procédé. *Les lithographies de Daumier. Lithographie en couleur.* ➤ **chromolithographie.** — ABRÉV. FAM. (1895) **LITHO** [lito]. *Accrocher des lithos au mur.*

LITHOGRAPHIER [litɔgʀafje] v. tr. ‹7› – 1818 ◇ de *lithographie* ■ Reproduire par la lithographie. ➤ **graver, imprimer.** ♦ p. p. adj. *Portrait lithographié.* — Orné de lithographies. *Album lithographié.*

LITHOGRAPHIQUE [litɔgʀafik] adj. – 1816 ◇ de *lithographie* ■ Qui a rapport, sert à la lithographie. *Procédé lithographique. Encre, pierre lithographique.*

LITHOPHAGE [litɔfaʒ] adj. et n. m. – 1694 ◇ de *litho-* et *-phage* ■ ZOOL. Qui creuse les roches dures pour s'y abriter. *Mollusques lithophages.* — n. m. *Le lithodome est un lithophage.*

LITHOPHANIE [litɔfani] n. f. – 1827 ◇ de *litho-* et *-phanie* ■ TECHN. Dessin sur une matière rendue translucide par des inégalités d'épaisseur. *La lithophanie permet d'obtenir des effets de transparence dans le verre opaque.* «*Des abat-jour en lithophanies*» BALZAC.

LITHOSPHÈRE [litɔsfɛʀ] n. f. – 1801 ◇ de *litho-* et *sphère* ■ GÉOGR., GÉOL. Enveloppe superficielle du globe terrestre comprenant la croûte et une partie du manteau supérieur. ➤ **géosphère.** *La lithosphère est morcelée en plaques dérivant lentement sur l'asthénosphère* (➤ **tectonique ; subduction**). — adj. **LITHOSPHÉRIQUE** (1891).

LITHOTHAMNIUM [litotamnjɔm] n. m. – 1922 ◇ latin savant, de *litho-* et du grec *thamnion* «herbe» ■ BOT. Algue marine incrustée de calcaire. *Les lithothamniums contribuent à la formation des récifs coralliens, du maerl.*

LITHOTRITEUR [litɔtʀitœʀ] n. m. – *lithotripteur* 1827 ◇ de *lithotritie* ■ MÉD. Appareil qui détruit les calculs rénaux ou biliaires par ultrasons. — On dit aussi **LITHOTRIPTEUR** [litɔtʀiptœʀ].

LITHOTRITIE [litɔtʀisi] n. f. – 1827 ◇ de *litho-* et du grec *terein* «percer, broyer» ■ MÉD. Opération qui consiste à morceler les calculs vésicaux ou rénaux par broyage mécanique ou par une technique extracorporelle, afin que les fragments puissent être évacués par les voies naturelles.

LITHUANIEN, IENNE ➤ **LITUANIEN**

LITIÈRE [litjɛʀ] n. f. – XIIe ◇ de *lit* ■ **1** ANCIENNT Lit ambulant généralement couvert, porté sur un double brancard. *Litière orientale.* ➤ **palanquin.** *Voyager en litière.* ■ **2** Paille, feuilles sèches, fourrage répandus sur le sol d'une écurie, d'une étable, etc. pour que les animaux puissent s'y coucher. *La litière d'une écurie, d'un clapier. Les litières souillées forment le fumier.* «*l'exhalaison ammoniacale de la litière, de l'ancienne paille*» ZOLA. ♦ Gravier absorbant où les chats d'appartement font leurs besoins. *Mettre de la litière dans la caisse du chat.* ■ **3** LOC. LITTÉR. **FAIRE LITIÈRE de qqch.,** n'en faire aucun cas, n'en tenir aucun compte (cf. S'asseoir dessus, fouler* aux pieds). «*l'intérêt général nous oblige à faire litière de certaines conventions*» AYMÉ.

LITIGE [litiʒ] n. m. – 1394 ◇ latin *litigium* ■ **1** Contestation donnant matière à procès. *Litiges soumis aux tribunaux.* ➤ **affaire, cause, procès.** *Arbitrer, régler, trancher un litige. Cas en litige.* ➤ **espèce ; litigieux.** *Objet, point en litige. Faire l'objet d'un litige.* ■ **2** Contestation. ➤ **différend, dispute.** «*régler le litige par voie de négociations*» SARTRE. *La question reste en litige :* elle est controversée. ➤ **litigieux.**

LITIGIEUX, IEUSE [litiʒjø, jøz] adj. – 1331 ◇ latin *litigiosus* ■ Qui est ou qui peut être en litige. ➤ **contentieux, contesté.** *Cas, point litigieux.* ➤ **douteux.**

LITISPENDANCE [litispɑ̃dɑ̃s] n. f. – *litispendence* 1450 ◇ latin médiéval *litispendentia* ■ DR. ■ **1** VX État d'un procès en instance (➤ 1 **pendant**). ■ **2** (1690) MOD. État d'un litige porté simultanément devant deux tribunaux du même degré également compétents.

LITORNE [litɔʀn] n. f. – 1555 ◇ du picard *lutron* «lambin», du moyen néerlandais *leuteren* «tarder» ■ Grive à tête cendrée. ➤ **jocasse.** — PAR APPOS. *Grives litornes.*

LITOTE [litɔt] n. f. – *liptote* 1521 ◇ bas latin *litotes,* grec *litotês* «simplicité» ■ Figure de rhétorique qui consiste à atténuer l'expression de sa pensée pour faire entendre le plus en disant le moins. *Euphémisme par litote. On se sert d'une litote quand on suggère une idée par la négation de son contraire* (ex. Ce n'est pas fameux pour C'est mauvais ; «Va, je ne te hais point» [Corneille]). «*Le classicisme tend tout entier vers la litote*» GIDE. ■ CONTR. Hyperbole.

1 **LITRE** [litʀ] n. f. – 1835 ◇ ancien français *lite* «bordure, lisière» XIIe, du germanique °*lista* → 1 liste ■ RELIG. Ornement funèbre, large bande noire aux initiales du défunt, qu'on tend autour de l'église pour des funérailles solennelles.

2 **LITRE** [litʀ] **n. m.** – 1795 ◊ de *litron* «seizième du boisseau», du latin médiéval d'origine grecque *litra* ■ **1** MÉTROL. Unité de mesure de volume (SYMB. l ou L), mesure usuelle de capacité équivalant à un décimètre cube. *Pot d'un litre, qui contient un litre. Bouteille d'eau d'un litre et demi. Sac poubelle de trente litres. Réservoir d'essence de quarante litres. Réfrigérateur de cent litres.* — AUTOM. Unité de mesure de la cylindrée d'une automobile, valant 1 000 cm^3. *Une voiture de deux litres de cylindrée,* ou ELLIPT *une deux litres.* ■ **2** Récipient ayant la contenance d'un litre. *Litre en bois pour les grains, les moules. Litre en verre pour le vin, l'alcool.* ABSOLT *Un litre* : une bouteille en verre d'une contenance de un litre. *«Qu'est-ce qui me prouve qu'il tient le litre, votre litre !»* ROMAINS. *Un litre vide.* ■ **3** Contenu d'un litre. *Boire un litre de lait, des litres d'eau. Un litre de (vin) rouge.* ➤ POP. **kil,** FAM. **litron.** *Acheter deux litres de moules.*

LITRON [litʀɔ̃] **n. m.** – 1867 ◊ de 2 *litre* (2°) ■ FAM. Litre de vin. *Un ivrogne et son litron.*

LITSAM ➤ **LITHAM**

LITTÉRAIRE [liteʀɛʀ] **adj.** et **n.** – 1527 ◊ latin *litterarius* ■ **1** Qui a rapport à la littérature (II). *Œuvres littéraires. Citation littéraire. — La vie littéraire. Milieux, cercles, salons littéraires. La saison des prix littéraires.* ◆ Qui étudie les œuvres, qui traite de littérature. *La critique, l'histoire littéraire. Supplément littéraire d'un journal. Un critique littéraire.* ◆ Qui convient à la littérature, répond à ses exigences esthétiques. *Valeur, caractère littéraire d'un ouvrage.* ➤ **littérarité.** *Langue littéraire et langue parlée. Mot, expression littéraire* (opposé à *courant, familier, populaire, didactique*). *«un style plus pur, plus ciselé, plus littéraire»* GAUTIER. ◆ Qui ne se trouve que dans la littérature. *Le passé simple est littéraire.* — PÉJ. Artificiel, manquant de sincérité. *Une vision littéraire du monde rural. «J'ai connu beaucoup de souffrances qui n'étaient pas littéraires ou figurées»* PÉGUY. ■ **2** Doué pour les lettres. *Un esprit plus littéraire que scientifique.* ◆ **n.** *Un, une littéraire.* SPÉCIALT Un professeur de lettres ; un étudiant en lettres. ■ **3** Qui est consacré aux lettres. *Formation littéraire. Un bac littéraire. Études littéraires* (cf. De lettres).

LITTÉRAIREMENT [liteʀɛʀmɑ̃] **adv.** – 1810 ◊ de *littéraire* ■ Du point de vue littéraire.

LITTÉRAL, ALE, AUX [liteʀal, o] **adj.** – v. 1452 ; «littéraire» XIIIe ◊ bas latin *litteralis* ■ **1** Qui utilise les lettres. *Notation littérale. Symboles littéraux de l'algèbre (x, y...).* — Qui est représenté par des lettres. *Coefficient littéral.* ◆ LING. Qui procède lettre à lettre. *Transcription littérale* (➤ **translittération**). *Copie littérale d'un texte,* conforme à l'original. ➤ **exact, textuel.** *Arabe littéral* : l'arabe écrit, classique (opposé à *parlé, dialectal*). ■ **2** Qui suit un texte à la lettre. *Traduction littérale,* qui se fait mot à mot*, sans adaptation de la langue source dans la langue cible. ➤ **textuel.** *Le calque* est une traduction littérale* (ex. honeymoon → lune de miel). ■ **3** Qui s'en tient, est pris strictement à la lettre. ➤ **propre.** *Le sens littéral d'un mot* (opposé à *figuré*), *d'un texte* (opposé à *allégorique, symbolique*). *«Du jour où l'on admet que l'on puisse abandonner le sens littéral des dogmes [...] on légitime du même coup [...] le libre examen»* MARTIN DU GARD. PAR MÉTAPH. Rapporté exactement, objectivement. *Le fait littéral et la version des journaux.* ➤ **brut.** ■ **4** DR. Qui s'appuie sur un écrit. *Preuve littérale.* ■ CONTR. Figuré, symbolique.

LITTÉRALEMENT [liteʀalmɑ̃] **adv.** – 1465 ◊ de *littéral* ■ **1** RARE D'une manière littérale. *Traduire littéralement* (cf. Mot à mot). ■ **2** En prenant le mot, l'expression au sens propre, au sens fort. ➤ **véritablement** (cf. À la lettre). *Il m'a littéralement claqué la porte au nez.*

LITTÉRALITÉ [liteʀalite] **n. f.** – 1752 ◊ de *littéral* ■ Stricte conformité (d'une interprétation, d'une traduction) à la lettre, au texte. *Traducteur esclave de la littéralité.*

LITTÉRARITÉ [liteʀaʀite] **n. f.** – 1965 ◊ de *littéraire* ■ DIDACT. Caractère d'un texte considéré comme littéraire (➤ **littérature,** II, 1° et III). *Définition sociologique, sémiotique, de la littérarité.*

LITTÉRATEUR, TRICE [liteʀatœʀ, tʀis] **n.** – 1716 ; «humaniste» 1470 ◊ latin *litterator* «grammairien» ■ (Souvent péj.) Homme, femme de lettres, écrivain de métier. ➤ **auteur.** *«Tolstoï, le moins littérateur des écrivains»* R. ROLLAND.

LITTÉRATIE [liteʀasi] **n. f.** – 1995 ◊ calque de l'anglais *literacy* (1883) ■ ANGLIC. Aptitude à lire et à comprendre un texte simple, à communiquer une information écrite dans la vie quotidienne. Recomm. offic. *littérisme.* ■ CONTR. Illettrisme.

LITTÉRATURE [liteʀatyʀ] **n. f.** – v. 1120 «écriture» ◊ latin *litteratura* «écriture», puis «érudition»

I ■ **1** (1432) VX Ensemble des connaissances ; culture générale. *«Des gens d'un bel esprit et d'une agréable littérature»* LA BRUYÈRE. ■ **2** (1758 ◊ allemand *Literatur*) MOD. Ensemble des ouvrages publiés sur une question. ➤ **bibliographie.** *Il existe sur ce sujet une abondante littérature. Consulter la littérature médicale sur une maladie.* ◆ MUS. Ensemble des œuvres écrites (pour un instrument dans une certaine forme). *La littérature de la flûte est très variée.*

II (XVIIIe) Les œuvres écrites, dans la mesure où elles portent la marque de préoccupations esthétiques ; les connaissances, les activités qui s'y rapportent. *«la vraie littérature était cette magie dont un mot, une strophe, un verset nous transportaient dans un éternel instant de beauté»* A. MAKINE. ■ **1** L'ensemble des œuvres littéraires. *Les grandes œuvres, les plus belles pages de la littérature. La littérature française, latine. La littérature de langue française. Littérature classique, romantique, réaliste, impressionniste, symboliste, naturaliste, surréaliste. La littérature moderne. Littérature pour enfants, enfantine. Littérature générale*. Littérature noire* : roman policier (cf. Roman* noir). *Littérature blanche* : littérature dite «noble», par opposition aux genres considérés comme mineurs (policier, science-fiction, fantasy...). *Littérature grise* : ensemble des écrits publiés en dehors des circuits commerciaux traditionnels (travaux universitaires, documents professionnels, etc.). *Littérature et paralittérature.* ■ **2** Le travail, l'art de l'écrivain. *«la littérature n'est [...] qu'un développement de certaines des propriétés du langage»* VALÉRY. ◆ Le métier d'auteur littéraire. *Faire carrière dans la littérature.* ■ **3** Ce qu'on ne trouve guère que dans les œuvres littéraires (par oppos. à la réalité). — Ce qui est artificiel, peu sincère. *«Et tout le reste est littérature»* VERLAINE. ■ **4** Ensemble des connaissances concernant les œuvres littéraires, leurs auteurs. ➤ 2 **critique.** *Cours, manuel de littérature. Devoir, composition de littérature.* ➤ **dissertation.** *Littérature comparée* (➤ **comparatisme**). ◆ (XXe) Livre, manuel d'histoire de la littérature. *La littérature de Lanson.*

III Tout usage esthétique du langage, même non écrit. *La littérature orale.*

LITTORAL, ALE, AUX [litɔʀal, o] **adj.** et **n. m.** – 1752 ◊ latin *litoralis,* de *litus, litoris* «rivage» ■ **1** Qui appartient, qui est relatif à la zone de contact entre la terre et la mer. *Zone littorale. Cordons littoraux. Topographie littorale ; profil, tracé littoral.* — Qui vit près de la côte. *Faune, flore littorale. — Pêche littorale.* ➤ **côtier.** ■ **2** **n. m.** (1828) *Le littoral* : la zone littorale. ➤ **bord, côte, rivage.** *Littoral rectiligne, découpé. Le littoral méditerranéen. Il fait plus frais sur le littoral que dans l'intérieur des terres.*

LITTORINE [litɔʀin] **n. f.** – 1819 ◊ latin des zoologistes *littorina,* de *litus, litoris* «rivage» ■ Mollusque comestible, gastéropode à coquille épaisse, de teinte noir verdâtre, à opercule corné. ➤ **bigorneau,** 1 **vigneau.** *Littorines fossiles.* — GÉOL. *Mer à littorines* : mer postglaciaire située à l'emplacement de la Baltique, vers 5000 av. J.-C.

LITUANIEN, IENNE [litɥanjɛ̃, jɛn] **adj.** et **n.** – *lithuanien* 1540 ◊ de *Lituanie* ■ De Lituanie, pays balte. ◆ **n.** *Les Lituaniens.* — **n. m.** *Le lituanien* : langue du groupe balte. — La variante *lithuanien, ienne* est vieillie.

LITURGIE [lityʀʒi] **n. f.** – 1579 ◊ latin médiéval *liturgia,* grec *leitourgia* «service public, service du culte» ■ RELIG. CHRÉT. Culte public et officiel institué par une Église. ➤ **cérémonial, culte, service** (divin). *Liturgies catholiques : occidentales (liturgie romaine, gallicane, ambrosienne, mozarabe), orientales (de saint Jean Chrysostome, de saint Basile, de saint Jacques, arménienne, copte, maronite). Liturgie de l'Église anglicane. Liturgie presbytérienne. Réforme de la liturgie. Partisans de l'ancienne liturgie.*

LITURGIQUE [lityʀʒik] **adj.** – 1718 ◊ grec ecclésiastique *leitourgikos* ■ Relatif ou conforme à la liturgie. ➤ **hiératique.** *Chants, prières liturgiques. Calendrier, fête liturgique. Vêtements, linges, vases liturgiques.* ➤ 1 **sacré.** *Livres liturgiques. Réforme liturgique.*

LITURGISTE [lityʀʒist] **n.** – 1752 ◊ de *liturgie* ■ DIDACT. Personne spécialisée dans l'étude de la liturgie.

LIURE [ljyʀ] **n. f.** – 1559 ; *lieure* XIIe ◊ latin *ligatura* ■ TECHN. Câble, cordage servant à lier et à maintenir le chargement d'une charrette. ◆ MAR. Amarrage en cordage ou en chaîne reliant entre elles deux pièces d'un navire. *Liure du beaupré,* qui assujettit le beaupré à la guibre.

LIVARDE [livaʀd] **n. f.** – 1773 ◊ p.-ê. du néerlandais *lijwaarts* «sous le vent» ■ MAR. Espar servant à tendre une voile aurique.

LIVAROT [livaʀo] **n. m.** – 1845 ◊ n. d'une commune du Calvados ■ Fromage fermenté à pâte molle, à croûte lavée, de forme circulaire, à très forte odeur. *Des livarots.*

LIVE [lajv] **adj. inv.** /**adj.**/ – 1974 ◊ mot anglais «vivant» ■ ANGLIC. Se dit d'un disque, d'un spectacle enregistré en public. *Des disques live.* — **n. m. inv.** /**n. m.**/ *Un live :* un enregistrement public. ◆ JOURNAL. *Reportage live,* en direct. ◆ **loc. adv. EN LIVE :** en direct. *Émission diffusée en live sur Internet.* — LOC. FAM. *Partir en live :* perdre le contrôle de soi ; devenir incontrôlable. ➤ **déraper** (II) (cf. Partir en vrille*). *Elle est partie en live sous l'effet de la colère. Réunion qui part en live.*

LIVÈCHE [livɛʃ] **n. f.** – *livesche* XIVe ◊ latin populaire °*levistica,* bas latin *levisticum,* altération de *ligusticum,* de *ligus* «ligure» ■ Plante *(ombellifères)* herbacée, vivace, à graines dépuratives. ➤ **ache.**

LIVÉDO ou **LIVEDO** [livedo] **n. m.** ou **f.** – 1900 ◊ latin *livedo* «tache bleue», de même origine que *lividus* → livide ■ PATHOL. Marbrures violacées de la peau, au niveau du tronc et des jambes, dues à des troubles circulatoires. *Des livédos, des livedo* (inv.).

LIVERMORIUM [livɛʀmɔʀjɔm] **n. m.** – 2012 ◊ de *Livermore,* nom d'une ville de Californie ■ CHIM. Élément atomique artificiel (Lv ; n° at. 116).

LIVET [livɛ] **n. m.** – 1867 ◊ latin *libella* «niveau» ■ MAR. Ligne à double courbure, intersection du pont et de la muraille du navire.

LIVIDE [livid] **adj.** – *livite* 1314 ◊ latin *lividus* «bleuâtre, noirâtre» ■ **1** VIEILLI ou LITTÉR. Qui est de couleur plombée, bleuâtre. *«visages décomposés, livides, verts»* GAUTIER. *«une nuée noire, qui la plomba* [la Beauce] *d'un reflet livide»* ZOLA. ■ **2** COUR. D'une pâleur terne, en parlant de la peau. ➤ **blafard, blême, hâve, pâle.** *Être livide de peur, de colère. «jamais il n'avait vu une telle pâleur* [...] *c'était le teint livide, exsangue des prisonniers du moyen âge»* HUYSMANS.

LIVIDITÉ [lividite] **n. f.** – XIVe ◊ de *livide* ■ État de ce qui est livide. MÉD. Coloration violacée de la peau. *Lividité cadavérique.*

LIVING-ROOM [liviŋʀum] **n. m.** – 1920 ◊ mot anglais «pièce pour vivre» ■ ANGLIC. Pièce de séjour, servant à la fois de salle à manger et de salon. ➤ **salle** (de séjour [recomm. offic.]), **séjour,** RÉGION. **vivoir** (cf. Pièce* à vivre). *Des living-rooms. Cette grande pièce «à laquelle les Anglo-Saxons donnent le nom de living-room pour faire entendre que s'y passe le plus clair de la vie familiale»* DUHAMEL. — ABRÉV. COUR. (1954) **LIVING.** *Double living. Des livings.*

LIVRABLE [livʀabl] **adj.** – XIVe, rare avant 1792 ◊ de *livrer* ■ COMM. Qui peut, doit être livré à l'acheteur. *Marchandise livrable à domicile. Livrable immédiatement.*

LIVRAISON [livʀɛzɔ̃] **n. f.** – 1630 ; *livrison* 1535 ; *livreisun* «salaire» 1140 ◊ de *livrer* ■ **1** Remise matérielle d'un objet à la personne à laquelle cet objet est destiné. ➤ **délivrance.** *Payable à la livraison. Voiture de livraison. Places de stationnement réservées pour les livraisons. Livraison en gare, à domicile. Délai de livraison. Bordereau, bon de livraison.* — *Prendre livraison de qqch. :* retirer soi-même la marchandise commandée. ■ **2** (1800) La marchandise livrée. *Recevoir, réceptionner une livraison. Refuser une livraison défectueuse.* ■ **3** Chaque partie d'un ouvrage qu'on publie par volumes ou par fascicules livrables périodiquement. *Les livraisons d'une revue.* ➤ **numéro.**

1 **LIVRE** [livʀ] **n. m.** – fin XIe ◊ du latin *liber* «partie vivante de l'écorce», sur laquelle on écrivait (→ libérien), puis «livre»

I ASSEMBLAGE DE FEUILLES PORTANT DES SIGNES IMPRIMÉS A. OBJET MATÉRIEL ■ **1** Volume imprimé d'un nombre assez grand de pages (opposé à *brochure, plaquette*), à l'exclusion des périodiques (opposé à *revue*). ➤ FAM. 2 **bouquin ; volume ;** 1 **écrit, ouvrage.** *Livre manuscrit* (➤ **manuscrit**), *imprimé, ancien* (➤ **incunable**). *Matière, contenu d'un livre* (➤ **texte**). *«un livre n'est rien qu'un petit tas de feuilles sèches, ou alors une grande forme en mouvement : la lecture»* SARTRE. *Composer, imprimer un livre* (➤ **imprimerie**). *Livre à l'impression, sous presse. Mettre un livre au pilon*.* — *Éléments, aspect extérieur d'un livre* (➤ **cahier, feuille, feuillet,** 1 **page ; brochage, cartonnage, coin, couverture, dos, emboîtage,** 1 **garde, jaquette, nervure,** 1 **plat, reliure, signet, tranche, tranchefile, titre**). *Livre de trois cents pages. Très gros livre.* ➤ FAM. 1 **pavé ;** RÉGION. **brique.** *Livre broché, relié. Livre de poche,* broché, de petit format et à prix modique. ➤ 1 **poche** (n. m.). *Couverture, jaquette d'un livre. Format* d'un livre.* — *Livre blanc, bleu, jaune :* recueil de pièces officielles, diplomatiques, publié après un évènement important (guerre, etc.) afin de permettre au lecteur de juger sur pièces. Dans le cadre de l'Union européenne, *Livre blanc,* publié par la Commission européenne et contenant des propositions d'action dans un domaine ; *livre vert :* document de réflexion sur un sujet particulier. *Le Petit Livre rouge :* le recueil des pensées politiques de Mao. — *Livre illustré. Livre d'images.* ➤ **album, imagier.** *Livre animé.* ➤ ANGLIC. **pop-up.** *Livre de bandes dessinées. Livre de cartes.* ➤ **atlas, portulan.** — *Commerce, vente des livres.* ➤ **édition, librairie.** *Éditer, faire paraître un livre.* ➤ **publier.** *Livre publié par fascicules, par livraisons. Droits d'auteur, droits de reproduction d'un livre.* ➤ **copyright.** *Nombre d'exemplaires d'un livre.* ➤ **tirage.** *Livre épuisé, en réimpression. Marchand de livres d'occasion.* ➤ **bouquiniste.** *Livres rares, anciens. Beaux livres. Amateur de livres.* ➤ **bibliophile.** *Collection de livres ; meuble à livres.* ➤ **bibliothèque.** *Acheter, offrir un livre. Pile de livres. Couvrir un livre.* ➤ **couvre-livre, liseuse.** *Apposer sa marque sur un livre.* ➤ **ex-libris.** ◆ (1821) **LE LIVRE :** l'imprimerie et ses produits. *L'industrie, les industries du livre. Le syndicat du livre.* ■ **2** (fin XIIe) Chacune des parties de certains ouvrages, qu'elle constitue ou non un volume séparé. ➤ **partie.** *Roman en plusieurs livres.* ➤ **tome, volume.** *Le second livre de l'Énéide.* ➤ 1 **chant.** *«Le Tiers* [troisième], *le Quart* [quatrième] *Livre des faits et dits héroïques du noble Pantagruel», œuvres de Rabelais.* — (BIBLE) *Les livres historiques, poétiques, sapientiaux* (de la sagesse), *prophétiques.* ■ **3 LIVRE-CASSETTE :** texte d'un livre enregistré sur cassette. *Des livres-cassettes.* — *Livre audio.* ➤ **audiolivre.** ◆ *Livre électronique, numérique :* support de lecture de textes numériques (cf. infra B, 1°). ➤ **e-book** (ANGLIC.), **liseuse** (recomm. offic.).

B. CONTENU (1580, Montaigne) ■ **1** Ensemble des signes contenus dans un livre ; texte imprimé reproduit dans un certain nombre d'exemplaires. ➤ **ouvrage.** *Divisions d'un livre :* chapitre, partie, tome, volume. *Le titre d'un livre. Avis au lecteur, dédicace, préface, table des matières d'un livre. Livre en deux, trois parties.* ➤ **diptyque, trilogie.** *Le sujet d'un livre.* — *Livre donnant des renseignements pratiques.* ➤ **almanach, annuaire, barème, catalogue, guide, indicateur, registre, répertoire, vade-mecum.** *Livre de cuisine. Livres scolaires* (➤ 2 **manuel**), *parascolaires. Livre de classe, d'étude.* ➤ **abrégé, aide-mémoire, cours, essai, étude, glossaire, guide, lexique, mémento,** 2 **mémoire, méthode, monographie,** 2 **précis, répertoire, résumé, thèse, traité,** 1 **travail, vocabulaire.** *Livre de lecture.* ➤ **A B C, abécédaire, alphabet, syllabaire.** *Livre d'arithmétique, de grammaire* (une arithmétique, une grammaire, etc.). *Livre d'art. Livres de référence* (➤ **dictionnaire, encyclopédie**). *Répertoire de livres.* ➤ **bibliographie.** — *Livre racontant des évènements, une vie, la vie de personnages célèbres* (➤ **annales, biographie,** 1 **chronique, journal, mémoires, souvenirs, vie**), *un voyage* (➤ **itinéraire**). *Livre publié pour défendre* (➤ **apologie,** 1 **défense, éloge**), *attaquer* (➤ **libelle, pamphlet**) *qqn, qqch. Livre en forme de conversation.* ➤ **dialogue.** *Livre de caractère littéraire* (littérature générale). ➤ **conte, nouvelle, pièce** (de théâtre), **poésie,** 1 **roman.** *Livres pour enfants.* — *Livres inspirés, révélés ; livres sacrés, saints :* Bible, Évangile (➤ **écriture**), Coran ; Torah ; Veda. *Les religions du Livre,* fondées sur un texte révélé. — *Livres religieux, liturgiques. Livre de messe.* ➤ **missel, paroissien.** *Livre de prières.* ➤ **bréviaire.** *Livre d'heures*.* — *L'auteur d'un livre.* ➤ **écrivain.** *Écrire, faire des livres. Écrire un livre sur un sujet. «quelque chose de nouveau et de vrai ; c'est la seule excuse d'un livre»* VOLTAIRE. *Ensemble des livres écrits par un auteur.* ➤ **œuvre.** *C'est son meilleur livre.* ➤ **chef-d'œuvre.** LOC. *Être l'homme d'un seul livre :* être un auteur dont la notoriété repose sur un seul ouvrage ; PÉJ. être borné. *Livre contenant des extraits, des citations, des écrits divers.* ➤ **ana, anthologie, chrestomathie, compilation, florilège ; recueil.** — *Résumer, analyser, critiquer un livre. Faire le compte rendu d'un livre. Ce livre est un grand succès de librairie.* ➤ **best-seller.** *Livre traduit en plusieurs langues.* ➤ **traduction.** *L'Index, catalogue des livres que l'Église interdisait.* — *Lire, commencer, ouvrir ; terminer, fermer, finir un livre. Consulter, feuilleter, parcourir un livre. «Un bon livre est un bon ami»* BERNARDIN DE SAINT-PIERRE. *Lire et relire un livre. Dévorer un livre. Être plongé dans un livre. Livre de chevet,* de prédilection. *«La chair est triste, hélas ! et j'ai lu tous les livres»* MALLARMÉ. ◆ *Livre numérique* (recomm. offic.), *électronique :* texte numérisé consultable sur un support électronique (liseuse, tablette, etc.).

➤ **e-book** (ANGLIC.). *Télécharger un livre numérique.* ♦ (1588, Montaigne) **LES LIVRES,** symbolisant la lecture, l'étude, l'érudition, la science, la théorie. *Il n'a pas ouvert ses livres :* il n'a pas étudié. *Les livres et la vie, et la pratique. Ne connaître une chose que dans les livres, que par les livres,* en avoir une connaissance livresque, théorique (➤ **littérature,** II, 3°). *«Un prince dans un livre apprend mal son devoir»* CORNEILLE. — LOC. (1665) *Parler comme un livre,* sagement, savamment. *«Ce gars-là, il parlait comme un livre, il causait comme on respire»* P. ÉMOND. — *À livre ouvert :* couramment. *Traduire une langue à livre ouvert.* — *On en ferait un livre, il y aurait de quoi écrire un livre :* il y aurait matière à remplir tout un livre pour raconter, décrire (telle ou telle chose). ■ **2** (1636) Ce qui peut être déchiffré, interprété comme un texte. *Le livre du destin, de la nature.*

II CAHIER, REGISTRE ■ **1** (1598) Cahier, registre sur lequel on peut écrire, noter qqch. ➤ **album, carnet, registre.** *Noter qqch. sur un livre. Le livre de comptes, de dépenses.* — (Luxembourg) *Livre de classe,* tenant lieu de cahier de textes pour la classe et de registre des présences. *Le livre de classe est tenu par le régent.* — (1552) VX **LIVRE DE RAISON,** où le chef de famille tenait la chronique et les comptes de la maison. *«Dans ces livres de raison, où le chef de famille rapportait et commentait tous les événements touchant la famille»* É. BADINTER. ■ **2 LIVRE D'OR :** (1740) ANCIENNT registre sur lequel étaient inscrits en lettres d'or les noms de familles nobles ; (1928) MOD. registre destiné à l'inscription de noms célèbres, à la réunion de commentaires élogieux. *Signer le livre d'or d'un restaurant.* ■ **3** COMPTAB. *Livres de commerce ; livres comptables comprenant le livre journal*, le livre d'inventaire. Grand livre,* où sont reportées et classées par articles les écritures du livre journal. *Livre de caisse. Livre de paie. Livre brouillard*.* SANS COMPL. *Tenir les livres.* ➤ **comptabilité.** — DR. PUBL. *Livre, grand livre* (ou *grand-livre*) *de la Dette publique.* ■ **4** MAR. *Livre de bord* d'un navire.* ➤ **journal.**

2 **LIVRE** [livʀ] **n. f.** – Xe *livra* ◊ latin *libra* ■ **1** MÉTROL. Ancienne unité de mesure de masse, qui valait, selon les provinces, entre 380 et 550 grammes. *La livre se divisait en marcs et en onces.* ♦ Unité usuelle de mesure de masse, valant un demi-kilogramme ou cinq cents grammes. *Acheter une livre de fraises, de café. Une demi-livre de beurre. Quart de livre.* ➤ 2 **quart.** — (Au Canada) Unité de mesure de masse (SYMB. lb), valant 16 onces, ou 0,453 kilogramme. *Peser 100 livres,* 45,35 kilos. *L'orignal «devait peser plus de douze cents livres»* P. VILLENEUVE. ■ **2** Ancienne monnaie de compte, représentant à l'origine un poids d'une livre d'argent, et moins de cinq grammes à l'établissement du système métrique (1801). ➤ 3 **franc.** *Trois livres* (➤ 1 **écu**), *vingt-quatre livres* (➤ **louis**). *La livre tournois valait vingt sous.* ■ **3** MOD. **LIVRE** ou **LIVRE STERLING.** Unité monétaire du Royaume-Uni (SYMB. £). ➤ **souverain.** *La livre vaut cent pence* (autrefois, vingt shillings de douze pence). *Les monnaies rattachées à la livre forment la zone sterling.* — (Autres pays) *La livre irlandaise* (avant l'euro). *Livre égyptienne, syrienne, turque.*

LIVRÉE [livʀe] **n. f.** – v. 1290 «vêtements livrés, fournis par un grand seigneur à sa suite» ◊ de *livrer* ■ **1** ANCIENNT Vêtements aux couleurs des armes d'un roi, d'un seigneur, que portaient les hommes de leur suite. ■ **2** (fin XIVe) Habits d'un modèle particulier, que portaient les domestiques masculins d'une même maison et de nos jours, uniforme analogue (dans certains hôtels). *Livrée de valet, de cocher. Portier en livrée.* — VX *Porter, revêtir la livrée :* être, devenir domestique. ♦ PAR EXT. VX La domesticité. *«La livrée sort du peuple»* BALZAC. ■ **3** ANCIENNT *La livrée d'une dame,* rubans, pièces d'étoffe à ses couleurs. ■ **4** LITTÉR. Signes extérieurs caractéristiques, révélateurs (d'une condition, d'un état). *La livrée de la misère.* ➤ 2 **insigne,** 1 **marque ; apparence.** *«revêtir la livrée du péché»* GIDE. ■ **5** ZOOL. Aspect (d'un animal), temporaire ou non. *La livrée nuptiale des tritons.* SPÉCIALT Pelage, plumage.

LIVRER [livʀe] **v.** ‹1› – fin XIe ◊ du latin *liberare* «donner la liberté» (→ libérer) puis «laisser partir» et «fournir», famille de *liber* → libre

I ~ v. tr. ■ **1** *Livrer à... :* mettre (qqn, qqch.) à la discrétion, au pouvoir de (qqn, une entité). *Livrer un coupable à la justice.* ➤ **déférer, remettre ; extrader.** *La guerre civile «livra le pays aux Romains»* BAINVILLE. ♦ PAR EXT. (pass. et p. p.) *Être livré à une influence, à qqn. Enfants livrés à eux-mêmes.* ■ **2** LITTÉR. Soumettre à l'action destructrice de (qqch.), donner en proie* à. *Livrer qqn à la mort, au supplice. Livrer une ville au pillage.* — *Pays livré à l'anarchie.* ■ **3** (1534) Remettre par une trahison entre les mains, au pouvoir de (qqn). ➤ **trahir.** *Il a livré son complice (à la police).* ➤ **dénoncer,** FAM. **donner.** *«les patries sont toujours défendues par les gueux, livrées par les riches»* PÉGUY. ■ **4** Abandonner, confier à qqn (une partie de soi, une chose à soi). ➤ **donner.** *Livrer un peu de soi-même dans des confidences.* ➤ **confier.** — SPÉCIALT *Livrer un secret.* ➤ **communiquer, confier, dévoiler, révéler.** *«comme un visage grimé livre ses secrets sous le feu d'un projecteur»* COLETTE. ■ **5** VIEILLI ou DR. Mettre (qqch.) en la possession, à la disposition de qqn. ➤ **donner, céder, fournir, procurer, remettre, vendre.** — (milieu XIVe) COUR. Remettre au destinataire (ce qui a été commandé, payé). ➤ **livraison.** *Livrer une commande, une marchandise. Faire livrer des fleurs à une femme.* SANS COMPL. *Livrer à domicile.* ♦ FAM. *Livrer qqn,* lui apporter la marchandise commandée. *Nous vous livrerons dans la journée. Être livré :* recevoir une livraison. *Vous serez livré demain.* ■ **6** Engager, commencer (un combat, une bataille). *Livrer une bataille décisive, un dernier combat.* LOC. (fin XIe) *Livrer bataille, combat :* combattre. ■ **7** LOC. *Livrer passage :* laisser passer, permettre de passer.

II ~ v. pron. SE LIVRER ■ **1** (1636) *Se livrer (à) :* se mettre au pouvoir, entre les mains de qqn. ➤ se **rendre,** se **soumettre.** *Il a fini par se livrer à la police, à la justice.* — SPÉCIALT Se dénoncer, se constituer prisonnier. *«les pères se livrèrent pour les fils, les fils pour les pères»* CHATEAUBRIAND. ■ **2** (1667) Se remettre, se confier. *«Je me livre en aveugle au destin qui m'entraîne»* RACINE. — (1669) *Se livrer à qqn, se livrer :* parler de soi, de ce qu'on pense. ➤ se **confier,** s'**épancher,** s'**ouvrir.** *Elle ne se livre pas facilement. «Plus il* [Stendhal] *se livre, plus il me plaît»* GIDE. ■ **3** LITTÉR. Faire don de soi-même. *Cœur qui se livre.* — (XIIIe) VIEILLI Accorder ses faveurs (en parlant d'une femme). ➤ s'**abandonner,** se **donner.** *«elles sont capables de se livrer au premier venu»* LOTI. ♦ *Se livrer à :* se laisser aller à (un sentiment, une idée, une activité). ➤ s'**adonner.** *«il put se livrer à tout son malheur sans craindre d'être vu»* STENDHAL. *Se livrer à la colère, au désespoir.* ➤ s'**abîmer,** s'**enfoncer,** se **plonger.** *Se livrer aux pires excès.* ➤ se **porter.** ■ **4** (1616) *Se livrer à :* effectuer (un travail, une tâche), exercer (une activité). *Se livrer à un travail, à l'étude.* ➤ s'**appliquer,** s'**attacher,** s'**atteler,** se **consacrer, pratiquer.** *Se livrer à un exercice, à un sport.* ➤ s'**exercer, pratiquer.** *Se livrer à ses occupations habituelles.* ➤ **vaquer.** *Se livrer à une enquête approfondie.* ➤ **procéder.**

■ CONTR. Arracher, délivrer, enlever, sauver (se). Conserver, défendre, dérober, garder. Détenir. — Dérober (se), garder (se).

LIVRESQUE [livʀɛsk] **adj.** – 1580, repris 1808 ◊ de 1 *livre,* d'après *pédantesque* ■ Qui vient des livres, qui est purement littéraire*, théorique (opposé à *pratique, réel, vécu, vrai*). *Connaissances livresques ; science livresque. Exposé trop livresque* (➤ **scolaire**). *«Une bonne partie de leur amour était purement livresque»* R. ROLLAND. — *Une personne livresque.*

LIVRET [livʀɛ] **n. m.** – v. 1200 ◊ de 1 *livre* ■ **1** VX Petit livre. ➤ **brochure.** — SPÉCIALT Catalogue explicatif. *Le livret d'une exposition.* ■ **2** Petit registre. ➤ **carnet.** *Livret militaire individuel,* reproduisant les indications contenues au registre matricule. *Livret matricule,* détenu par l'autorité militaire. — MAR. *Livret individuel* ou *de solde ; livret de santé.* ♦ COUR. *Livret de famille,* RÉGION. (Belgique) *livret de mariage,* remis aux époux lors de la célébration du mariage. — *Livret scolaire :* carnet de notes scolaires et d'appréciation des professeurs ; SPÉCIALT Carnet des trois dernières années d'études secondaires. — *Livret d'épargne,* sur lequel sont enregistrées les opérations concernant un compte d'épargne. SPÉCIALT, BANQUE Compte de dépôt rémunéré. *Livret d'épargne logement, d'épargne populaire* (ou *livret rose*). *Compte sur livret.* ■ **3** (1822) MUS. Texte sur lequel est écrite la musique d'une œuvre lyrique (➤ **librettiste**). *Le livret de «Rigoletto» (Verdi) est composé d'après «Le Roi s'amuse» de Hugo.* ➤ aussi **scénario.**

LIVREUR, EUSE [livʀœʀ, øz] **n.** – XIVe ◊ de *livrer* ■ Personne qui livre, transporte une marchandise (fém. rare). *Les livreurs d'un grand magasin, d'un fleuriste. Livreur de journaux.* ➤ RÉGION. **camelot.** APPOS. *Des garçons livreurs.*

LIXIVIATION [liksivjasjɔ̃] **n. f.** – 1699 «lavage des cendres» ◊ latin *lixivius,* de *lix* «lessive» ■ CHIM., TECHN. Extraction d'un composé soluble à partir d'un produit pulvérisé, par des opérations de lavage et de percolation.

LLANOS [ljanos] **n. m. pl.** – 1823 ; *lanos* 1598 ◊ mot espagnol ■ GÉOGR. Région de plaines herbeuses, en Amérique du Sud. ➤ **savane.**

LLOYD [lɔjd] **n. m.** – 1832 ◊ anglais *Lloyd,* n. pr. ■ Nom adopté par des compagnies de navigation, d'assurances.

LOADER ou **LOADEUR** [lodœʀ] **n. m.** – 1948 ◊ anglais *loader*, de *to load* «charger» ■ ANGLIC. TECHN. Engin de travaux publics équipé à l'avant d'un godet relevable. *Des loaders.* **Recomm. offic.** *chargeuse**.

LOASE [lɔɑz] **n. f.** – 1968 ◊ de *Loa loa*, nom de la filaire ■ PATHOL. Filariose transmise par piqûre d'insecte, caractérisée par la migration du ver sous la peau et la conjonctive, des œdèmes fugaces. *La loase sévit dans les zones forestières d'Afrique centrale.*

LOB [lɔb] **n. m.** – 1894 ◊ mot anglais ■ ANGLIC. TENNIS Coup qui consiste à envoyer la balle assez haut pour qu'elle passe par-dessus la tête du joueur opposé, hors de la portée de celui-ci. ➤ **chandelle.** *Faire un lob.* ➤ **lober.** ♦ Coup à trajectoire haute, dans les sports de balle. ■ HOM. Lobe.

LOBAIRE [lɔbɛʀ] **adj.** – 1814 ◊ de *lobe* ■ ANAT. Relatif à un lobe. *Atélectasie lobaire.*

LOBBY [lɔbi] **n. m.** – 1952 ; à propos des États-Unis 1857 ◊ mot anglais «couloir» ■ ANGLIC. Groupe de pression qui défend les intérêts de parties prenantes dans les décisions publiques. *Le poids des lobbys.* On emploie aussi le pluriel anglais *des lobbies. Le lobby du pétrole.* «*le lobby pétrolier fait tout ce qui est en son pouvoir pour retarder la généralisation de l'automobile électrique*» BEIGBEDER. — *Action d'un lobby* (*lobbying* **n. m.**) ; *membre d'un lobby* (*lobbyiste* **n.**).

LOBE [lɔb] **n. m.** – 1363 ◊ grec *lobos* ■ **1** ANAT., ZOOL. Partie arrondie et saillante (d'un organe). *Les lobes du poumon. Les lobes du cerveau : lobe frontal, pariétal, occipital, temporal.* — *Lobes de la nageoire caudale d'un poisson.* ■ **2** (1611) COUR. *Lobe de l'oreille* : prolongement arrondi et charnu du pavillon auriculaire. «*Le lobe de leurs oreilles, allongé démesurément par le poids des anneaux*» LOTI. ■ **3** BOT. Partie arrondie entre deux larges échancrures (des feuilles, des pétales). *Lobes des feuilles de lierre.* ■ **4** ARCHIT. Découpure en arc de cercle utilisée comme ornement de certains arcs et rosaces. *Arc à deux, trois lobes* (➤ **bilobé, trilobé**). ■ **5** TÉLÉCOMM. *Lobe de rayonnement d'une antenne* : partie du diagramme de rayonnement située entre deux minimums de puissance rayonnée. *Lobe principal,* contenant le maximum de puissance rayonnée. *Lobe secondaire.* ■ HOM. Lob.

LOBÉ, ÉE [lɔbe] **adj.** – 1778 ◊ de *lobe* ■ Divisé en lobes, qui présente des lobes. *Feuilles lobées du chêne, du figuier.* — *Arc lobé.* ■ HOM. Lober.

LOBECTOMIE [lɔbɛktɔmi] **n. f.** – 1941 ◊ de *lobe* et *-ectomie* → lobotomie ■ CHIR. Opération par laquelle on enlève un lobe (du poumon, du cerveau, etc.).

LOBÉLIE [lɔbeli] **n. f.** – 1778 ; *lobélia* n. m. 1747 ◊ de *Lobel*, botaniste du XVIe ■ Plante exotique *(lobéliacées)* dont on extrait plusieurs alcaloïdes aux propriétés expectorantes (➤ **lobéline**), appelée aussi *tabac indien. Lobélie ornementale.*

LOBÉLINE [lɔbelin] **n. f.** – 1855 ◊ de *lobélie* ■ BIOCHIM., PHARM. Principal alcaloïde de la lobélie, utilisé comme analeptique respiratoire.

LOBER [lɔbe] **v.** ‹1› – 1928 ; *lobber* 1896 ◊ de *lob* ■ **1** **v. intr.** TENNIS Faire un lob. ■ **2** **v. tr.** Tromper, passer (l'adversaire) grâce à un lob. ♦ Envoyer le ballon au-dessus de (un footballeur adverse). *Lober le gardien de but.* ■ HOM. Lobé.

LOBOTOMIE [lɔbɔtɔmi] **n. f.** – 1950 ◊ du radical de *lobe* et *-tomie* → lobectomie ■ CHIR. Opération de neurochirurgie, section de fibres nerveuses de la substance blanche du cerveau.

LOBOTOMISER [lɔbɔtɔmize] **v. tr.** ‹1› – avant 1953 ◊ de *lobotomie* ■ **1** CHIR. Faire subir une lobotomie à (qqn). — **p. p. adj.** *Cerveau, malade lobotomisé.* ■ **2** FIG. Rendre stupide, abrutir. ➤ **décérébrer, décerveler.** *Émissions qui lobotomisent les spectateurs.*

LOBULAIRE [lɔbylɛʀ] **adj.** – 1800 ◊ de *lobule* ■ Qui a la forme, l'aspect d'un lobule ; relatif au lobule. ➤ **lobulé.**

LOBULE [lɔbyl] **n. m.** – 1690 ◊ de *lobe* ■ ANAT. ■ **1** Petit lobe. *Lobules du cerveau. Lobule de l'oreille.* ■ **2** Unité structurelle et fonctionnelle (d'un organe). *Lobules hépatiques* (du foie), *pulmonaires* (du poumon).

LOBULÉ, ÉE [lɔbyle] **adj.** – 1823 ◊ de *lobule* ■ Formé de lobules. ➤ **lobulaire.** *Tumeur lobulée.*

LOBULEUX, EUSE [lɔbylø, øz] **adj.** – 1805 ◊ de *lobule* ■ ANAT. Qui est composé de lobules. *Tissu lobuleux.*

LOCAL, ALE, AUX [lɔkal, o] **adj.** et **n. m.** – 1314 ◊ bas latin *localis*

I **adj.** ■ **1** Qui concerne un lieu, une région (➤ **régional**), lui est particulier. *Histoire locale* (opposé à *générale*). *Averses, éclaircies locales,* qui se produisent en certains points seulement. *L'heure locale,* du lieu dont on parle. *Il est midi, heure locale. Coutumes, traditions locales* (opposé à *nationales*). *Patriotisme local* (cf. Esprit de clocher). *Particularismes locaux.* «*Nos codes, nos ambitions, notre politique, sont inspirés de notions fortement, puissamment locales*» VALÉRY. *Radio, télévision locale. Journal local. Édition locale. Correspondant local* (➤ **localier**). *Administration locale, pouvoir local* (opposé à *central*). *Collectivités locales. Industrie locale. Produits locaux* (cf. Du cru). — *Affaire, question d'intérêt local. Chemin de fer d'intérêt local* : voies que les communes et les départements exploitent en régie ou concèdent à des entreprises. *Impôts locaux. Taxes locales. Mission* locale.* — SUBST. *Les locaux* : les habitants du lieu. ➤ **indigène.** «*sous le regard amusé des locaux*» O. ADAM. ♦ **COULEUR* LOCALE.** ■ **2** Qui n'affecte qu'une partie du corps. *Anesthésie locale* (opposé à *générale*). ➤ **locorégional.** *Traitement local.* ➤ **topique.**

II **n. m.** (1731) ■ **1** VX Lieu considéré dans ses caractères particuliers, dans son emplacement, sa disposition, etc. *Le* «*local de la Grande Chartreuse*» SENANCOUR. ■ **2** (1789) MOD. Pièce, partie d'un bâtiment à destination déterminée. *Locaux à usage d'habitation.* ➤ **chambre, logement.** *Locaux commerciaux, administratifs, professionnels* (atelier, cabinet, laboratoire). *Chercher, louer un local pour faire une fête. La réunion aura lieu dans nos locaux. Local spacieux, exigu. Locaux disciplinaires d'une caserne* (salle de police, prison).

■ HOM. Loco (locomotive).

LOCALEMENT [lɔkalmɑ̃] **adv.** – 1611 ; «par le corps» 1495, opposé à «spirituellement» ◊ de *local* ■ D'une manière locale. *Temps localement brumeux.* — *Douleurs qui se font sentir localement.*

LOCALIER, IÈRE [lɔkalje, jɛʀ] **n.** – 1972 ◊ de *(agence) locale* ■ Journaliste, correspondant(e) local(e) d'un journal. «*le procureur n'avait pour interlocuteurs que le localier et le correspondant de l'AFP*» I. JABLONKA.

LOCALISABLE [lɔkalizabl] **adj.** – 1873 ◊ de *localiser* ■ Qu'on peut localiser. *Appel téléphonique difficilement localisable.*

LOCALISATEUR, TRICE [lɔkalizatœʀ, tʀis] **adj.** et **n. m.** – 1870 ◊ du radical de *localisation*

I **adj.** LITTÉR. ou DIDACT. Qui localise. — SPÉCIALT Qui permet de localiser (un trouble, un phénomène). *Symptômes localisateurs des lésions cérébrales.*

II **n. m.** (1904) Écran (ou série d'écrans) opaque aux rayons X, percé d'une lumière limitant la zone d'application.

LOCALISATION [lɔkalizasjɔ̃] **n. f.** – 1803 ◊ de *localiser* ■ **1** Action de situer en un certain lieu, en un point déterminé. *Localisation des sensations, des perceptions. Erreurs de localisation. Localisation d'avions sur l'écran d'un radar. Localisation de données dans une mémoire d'ordinateur.* ➤ **mappe.** — PAR ANAL. Le fait de situer dans le temps. *La localisation des souvenirs.* ■ **2** Le fait d'être localisé en un certain point. *Localisation d'un corpuscule, d'un gène* (➤ **locus**). ♦ MÉD. Détermination du siège (d'une lésion ou d'un processus pathologique). *La localisation d'une infection au poumon.* — *Localisation cérébrale* : détermination, à la surface du cerveau, des zones correspondant à des fonctions déterminées. *La localisation du langage.* ■ **3** Action de circonscrire, de limiter dans l'espace. «*la localisation du conflit dans les Balkans*» MARTIN DU GARD. ■ CONTR. Extension, généralisation.

LOCALISÉ, ÉE [lɔkalize] **adj.** – 1827 ◊ de *localiser* ■ Situé, circonscrit en un lieu, un point. *Cellulite localisée. Maladie localisée.* ➤ **focal.** *Un conflit, un phénomène très localisé.*

LOCALISER [lɔkalize] **v. tr.** ‹1› – 1798 ; «ranger» 1796 ◊ de *local* ■ **1** Placer par la pensée en un lieu déterminé de l'espace (un phénomène ou l'origine d'un phénomène). *Localiser un bruit, une rumeur. Localiser la cause d'une maladie,* la rapporter à une région de l'organisme. ➤ **déterminer.** — Repérer. ➤ FAM. **loger,** II, 3°. *Localiser par radar un engin spatial.* ➤ **positionner.** ♦ Situer dans le temps, à une certaine date. *Localiser un souvenir.* ■ **2** Placer dans un lieu déterminé. *Localiser correctement une nouvelle industrie* (cf. aussi Délocaliser). ■ **3** Circonscrire, renfermer dans des limites. ➤ **limiter.** *Localiser une épidémie, un incendie, un conflit,* l'empêcher de s'étendre. ■ CONTR. Étendre, généraliser.

LOCALITÉ [lɔkalite] **n. f.** – 1590 ◇ de *local* ■ **1** VX Particularité ou circonstance locale ; le lieu, le milieu. *«la localité exacte est un des premiers éléments de la réalité»* HUGO. ➤ **localisation.** ■ **2** Lieu déterminé. ■ **3** (1816) COUR. Petite ville, village. ➤ **agglomération, bourg,** RÉGION. **place.** *Une charmante localité.*

LOCATAIRE [lɔkatɛʀ] **n.** – 1435 ◇ du latin *locare* «louer» ■ **1** DR. Personne qui prend un bien à loyer, en vertu d'un contrat de louage (➤ **preneur**). *Locataire d'une terre prise à ferme.* ➤ **fermier.** ■ **2** COUR. Personne qui prend à bail une maison, un logement. *Avoir des locataires. Donner congé à son locataire. Les locataires de l'immeuble.* ➤ **colocataire.** *«de bons locataires qui paient leurs termes à la minute et qui n'occasionnent pas de scandale»* BLOY. — *Locataire principal,* qui sous-loue à un tiers (➤ **sous-locataire**) tout ou partie du local qu'il a pris en location. — FIG. *Le locataire de l'Élysée, de Matignon,* etc. : le président de la République, le Premier ministre, etc. ■ CONTR. Bailleur, locateur, propriétaire.

LOCATEUR, TRICE [lɔkatœʀ, tʀis] **n.** – XVIe ◇ latin *locator* ■ VX Personne qui loue, donne à bail (qqch.). ➤ **propriétaire.** ◆ (1978) DR. *Locateur d'ouvrage :* personne dont le travail est défini par un contrat de louage d'ouvrage.

1 **LOCATIF, IVE** [lɔkatif, iv] **adj.** et **n. m.** – 1636 ◇ du latin *locare* «louer» ■ **1** DR. Qui concerne le locataire ou la chose louée. *Réparations locatives :* réparations d'entretien, à la charge du locataire. *Risques locatifs :* responsabilités incombant à un locataire. *Charges locatives,* incombant au locataire. *Valeur locative :* revenu que peut rapporter un immeuble donné en location. — *Le marché locatif,* des locations de maisons et d'appartements. ■ **2** (Suisse) Destiné à la location. *Immeuble, bloc locatif.* ■ **3** **n. m.** (Suisse) Immeuble d'habitation dont les appartements sont destinés à la location. *Un locatif de standing.*

2 **LOCATIF, IVE** [lɔkatif, iv] **adj.** et **n. m.** – 1836 ◇ du latin *locare* «placer», de *locus* «lieu» ■ LING. Qui marque le lieu. *Prépositions locatives. Cas locatif,* et **n. m.** (1873) *le locatif :* dans certaines langues à flexions (telles que le sanskrit), cas auquel se met le complément de lieu.

LOCATION [lɔkasjɔ̃] **n. f.** – 1219 ◇ latin *locatio,* de *locare* «louer» ■ **1** Action de donner ou de prendre à loyer. ➤ **louage ; affermage, amodiation, bail.** *Donner, prendre en location.* ➤ 2 **louer.** *Location-vente :* contrat par lequel le locataire, moyennant le paiement de loyers plus élevés que les loyers normaux, devient, à l'expiration du bail, propriétaire de la chose louée. ➤ aussi **crédit-bail, leasing.** *Des locations-ventes. Location-gérance :* gérance* libre. *Des locations-gérances.* ◆ SPÉCIALT, COUR. *La location d'une maison, d'un appartement. Contrat de location. Prix de la location.* ➤ **loyer.** *Appartement en location. Renouvellement d'une location par tacite reconduction.* — Logement loué. *Chercher une location pour les vacances.* ◆ *Location d'un piano, d'une voiture. Location de skis, d'un déguisement.* ■ **2** (1835) Action de retenir à l'avance une place dans un théâtre, un moyen de transport, à l'hôtel. *Location sous réserve de confirmation.* ➤ 2 **réservation.** *Bureau de location.* ◆ Bureau de location. *«La location était prise d'assaut et les places retenues des mois [...] à l'avance»* CENDRARS. ■ **3** (1984) *Location d'utérus :* fait d'utiliser l'utérus d'une mère* porteuse pour assurer le développement d'un ovule humain fécondé.

LOCAVORE [lɔkavɔʀ] **adj.** et **n.** – 2007 ◇ mot-valise, de *local* et *-vore,* d'après l'anglais ■ Qui consomme des produits alimentaires locaux. — **n.** *Les locavores.*

1 **LOCH** [lɔk] **n. m.** – XVIIIe ; *lok* 1683 ◇ néerlandais *log* «poutre» ■ MAR. Appareil servant à mesurer la vitesse d'un bâtiment (autrefois, planche immergée au bout d'une ligne marquée de divisions ➤ **nœud**). *Filer, jeter le loch. Lochs automatiques et continus. Loch à hélice, loch électrique.* ■ HOM. Looch, loque.

2 **LOCH** [lɔk ; lɔx] **n. m.** – 1790 ◇ mot écossais, apparenté à l'anglais *lake* et au latin *lacus* → lac ■ En Écosse, Lac allongé occupant le fond des vallées. *Le loch Ness.* ◆ (1931) Bras de mer s'enfonçant profondément dans les terres (➤ **fjord**).

LOCHE [lɔʃ] **n. f.** – fin XIIe ◇ p.-ê. gaulois °*leuka* «blancheur» ■ **1** Petit poisson d'eau douce *(cypriniformes)* à chair comestible. *Loche franche,* dite aussi *loche de rivière, d'étang.* ■ **2** (1488) Limace grise. *«ce corps sans muscles, sans nerfs, comme une loche blanche»* MONTHERLANT.

LOCHER [lɔʃe] **v. tr.** ⟨1⟩ – 1740 ; *lochier* «agiter» v. 1170 ◇ francique °*luggi* «branlant» ■ RÉGION. *Locher un arbre,* le secouer pour en faire tomber les fruits. — PAR EXT. *«locher des noix»* FLAUBERT.

LOCHIES [lɔʃi] **n. f. pl.** – 1691 ◇ grec *lokheia* «accouchement» ■ MÉD. Écoulement utérin pendant les deux ou trois semaines qui suivent l'accouchement.

LOCKOUT n. m. ou **LOCK-OUT** [lɔkaut] **n. m. inv.** – 1865 ◇ anglais *lockout,* de *to lock out* «mettre à la porte» ■ ANGLIC. Fermeture d'ateliers, d'usines décidée par des patrons qui refusent le travail à leurs ouvriers, pour briser un mouvement de grève ou riposter à des revendications. *«à la grève du 30 novembre, le patronat riposta victorieusement par un lock-out massif»* BEAUVOIR. *Des lockouts, des lock-out.*

LOCKOUTER ou **LOCK-OUTER** [lɔkaute] **v. tr.** ⟨1⟩ – 1907 au p. p. ◇ de *lockout* ■ ANGLIC. Fermer par un lockout. *Lockouter les ateliers d'une usine.* — Priver de travail par le lockout.

LOCO ➤ **LOCOMOTIVE**

LOCO- ■ Élément, de l'ablatif du latin *locus* «lieu».

LOCOMOBILE [lɔkɔmɔbil] **adj.** et **n. f.** – 1805 ◇ de *loco-* et *-mobile* ■ **1** VX Qui peut se mouvoir pour changer de place. ■ **2** **n. f.** (1840) MOD. Machine à vapeur ou à moteur à explosion, montée sur roues et qui peut se déplacer d'un point à un autre pour actionner des engins industriels ou agricoles (batteuses, moissonneuses).

LOCOMOTEUR, TRICE [lɔkɔmɔtœʀ, tʀis] **adj.** et **n. m.** – 1690 ◇ de *locomotif,* d'après *moteur* ■ **1** Qui permet de se déplacer, qui sert à la locomotion. *Muscles, organes locomoteurs.* MÉD. De la locomotion. *Ataxie locomotrice.* ■ **2** **n. m.** (1825) ➤ **locomotrice.**

LOCOMOTIF, IVE [lɔkɔmɔtif, iv] **adj.** – 1583 ◇ latin moderne °*locomotivus* (XVIe), de *loco* (→ loco-) et bas latin *motivus* «mobile» ■ DIDACT. Qui opère la locomotion. VX *Machine locomotive.* ➤ **locomotive.**

LOCOMOTION [lɔkɔmosjɔ̃] **n. f.** – 1771 ◇ de *locomotif,* d'après le latin *motio* ■ **1** DIDACT. Action de se mouvoir, de se déplacer d'un lieu vers un autre ; fonction qui assure ce mouvement. *Muscles de la locomotion.* ➤ **locomoteur.** *La marche*, mode naturel de la locomotion humaine.* ■ **2** COUR. ➤ **déplacement, transport, voyage.** *Moyens de locomotion. Locomotion aérienne. Locomotion à vapeur, électrique.* ➤ **traction.**

LOCOMOTIVE [lɔkɔmɔtiv] **n. f.** – 1834 ◇ de *locomotif* ■ **1** Engin, véhicule de traction servant à remorquer les trains. ➤ **machine ; locomotrice, motrice.** *Locomotive à vapeur, à moteur diesel, électrique. Atteler une locomotive à un train.* — ABRÉV. FAM. (1878) VIEILLI **LOCO** [lɔko]. *Des locos.* — *Boîte à fumée, chaudière, cheminée, foyer, tender d'une locomotive à vapeur. Conducteur de locomotive électrique* (dit «conducteur-électricien»). ◆ SPÉCIALT Locomotive à vapeur. LOC. *Fumer, souffler comme une locomotive.* ■ **2** FIG. Élément moteur. *«Marx a dit que les révolutions sont les locomotives de l'histoire»* NIZAN. — (1846) Leader politique, personnalité en vue. *Locomotive électorale. Locomotive littéraire.* — Élément moteur (dans un ensemble de produits à commercialiser).

LOCOMOTRICE [lɔkɔmɔtʀis] **n. f.** – 1950 ◇ de *locomoteur* ■ Locomotive de puissance moyenne à moteur thermique ou électrique. ➤ **locomoteur.**

LOCORÉGIONAL, ALE, AUX [lɔkoʀeʒjɔnal, o] **adj.** – 1962 ◇ de *loco-* et *régional* ■ *Anesthésie locorégionale :* anesthésie locale touchant un ensemble de nerfs, un segment de membre, un membre ou une région du corps (opposé à *générale*).

LOCOTRACTEUR [lɔkotʀaktœʀ] **n. m.** – 1921 ◇ de *loco(motive)* et *tracteur* ■ TECHN. Petite locomotive à moteur diesel utilisée pour les manœuvres. — Petit tracteur automobile.

LOCULAIRE [lɔkylɛʀ] **adj.** – 1798 ◇ de *locule* «loge» (vx), latin *loculus* «compartiment» ■ BOT. Partagé en plusieurs loges. *Fruit loculaire,* renfermé dans les alvéoles. — On dit aussi **LOCULÉ, ÉE** et **LOCULEUX, EUSE.**

LOCUS [lɔkys] **n. m.** – 1865 ◇ mot latin «lieu» ■ GÉNÉT. Localisation précise d'un gène particulier sur un chromosome. *Locus complexe. Locus létal. Des locus.* On dit aussi *des loci* [lɔki ; lɔsi] (plur. lat.).

LOCUSTE [lɔkyst] **n. f.** – v. 1120 ◇ latin *locusta* ■ VX Sauterelle verte. ◆ ZOOL. Criquet migrateur.

LOCUTEUR, TRICE [lɔkytœʀ, tʀis] **n.** – avant 1927 ◇ latin *locutor,* de *loqui* «parler» ■ DIDACT. (LING.) Personne qui parle (une langue), sujet parlant (opposé à *auditeur*). *Les locuteurs du français, de l'anglais.* ANGLIC. *Locuteur natif :* personne qui parle sa langue maternelle et peut porter sur ses phrases un jugement de « grammaticalité ». ◆ INFORM. Dispositif émetteur, dans un échange d'informations numériques.

LOCUTION [lɔkysjɔ̃] n. f. – XIVe « paroles » ◇ latin *locutio,* de *loqui* « parler » ■ **1** (1487) VX Manière de s'exprimer, de parler (➤ **élocution**). ■ **2** (1680) MOD. Groupe de mots (syntagme ou phrase) fixé par la tradition, dont le sens est souvent métaphorique, figuré. ➤ **expression, formule, idiome,** 3 **tour.** *Locution impropre, vicieuse. Locution sans traduction littérale dans une autre langue.* ➤ **idiotisme.** *Locution proverbiale. « Un joyeux auteur brouille les locutions toutes faites, dissociant leurs éléments pour les combiner ensuite de façon burlesque »* CAILLOIS. ◆ SPÉCIALT Groupe de mots figé ayant une fonction grammaticale. *Locution verbale,* formée d'un verbe suivi d'un nom généralement sans article (ex. faire fi de) ; *locution adjectivale,* à valeur d'adjectif (ex. bon marché, d'antan, terre à terre) ; *locution adverbiale,* à valeur d'adverbe (ex. en vain, tout de suite) *locution conjonctive,* à valeur de conjonction (ex. à moins que, dès que, pour que) ; *locution interjective,* à valeur d'interjection (ex. Dis donc !) ; *locution prépositive,* à valeur de préposition (ex. auprès de, jusqu'à).

LODEN [lɔdɛn] n. m. – 1904 ◇ mot allemand ■ Tissu de laine épais et imperméable dont on fait des manteaux, des pardessus. *Cape de loden.* — PAR EXT. Manteau de loden. *Des lodens verts.*

LODGE [lɔdʒ] n. m. – 1987 ◇ mot anglais, de même origine que le français *loge* ■ Hôtel de style anglais et colonial, généralement en Afrique.

LODS [lo] n. m. pl. – XIIe « approbation, consentement » donné par le seigneur ◇ de l'ancien français *los* « louange », latin *laus, laudis* ■ (1300) DR. FÉOD. *Lods et ventes :* droit de mutation entre vifs perçu par le seigneur. ■ HOM. Lot.

LŒSS [løs] n. m. – 1845 ◇ mot allemand, probablt du suisse alémanique *lösch* « léger, meuble » ■ GÉOGR., GÉOL. Dépôt pulvérulent d'origine éolienne, formé de quartz, d'argile et de calcaire, appelé aussi *limon des plateaux. Les lœss chinois.*

LOF [lɔf] n. m. – XIIe « partie de la voile frappée par le vent » ◇ néerlandais *loef* ■ MAR. Côté du navire frappé par le vent. ➤ **amure.** LOC. *Aller, venir au lof.* ➤ **lofer.** *Virer lof pour lof :* virer de bord vent arrière. *« Les vaisseaux firent tous tête à queue, virant lof pour lof »* MADELIN.

LOFER [lɔfe] v. intr. ‹ 1 › – 1771 ◇ de *lof* ■ MAR. Faire venir le navire plus près du vent en se servant du gouvernail ; venir au lof, au vent. *Mouvement du bateau qui lofe.* ➤ **aulofée.**

LOFT [lɔft] n. m. – v. 1975 ◇ mot anglais américain « atelier, hangar » ■ ANGLIC. Local à usage commercial ou industriel transformé en habitation, en logement. *Des lofts. « Un loft rupin dans un entrepôt rénové, du côté des Halles, une piaule vaste comme un hangar d'avions [...], verrière dépolie et structure métallique »* PENNAC.

LOGARITHME [lɔgaʀitm] n. m. – 1624 ◇ latin scientifique *logarithmus* (1614), du grec *logos* « rapport » et *arithmos* « nombre » ■ MATH. *Logarithme de base a d'un nombre x :* le nombre y, noté $\log_a x$, tel que $a^y = x$. *Logarithme décimal,* de base 10 (noté log x). *Logarithme népérien* (ou *naturel*), de base e, inventé par Neper (noté Log x ou ln x). *Tables de logarithmes.* — ABRÉV. FAM. **LOG** [lɔg]. *Table de logs.* — PAR APPOS. *La fonction logarithme :* fonction inverse de la fonction exponentielle.

LOGARITHMIQUE [lɔgaʀitmik] adj. – 1690 ◇ de *logarithme* ■ MATH. Qui a rapport aux logarithmes, qui utilise les logarithmes. *Calcul, échelle logarithmique. Règle logarithmique :* règle à calcul portant des graduations proportionnelles aux logarithmes des nombres successifs. *Dérivée logarithmique d'une fonction* (dans une base donnée).

LOGE [lɔʒ] n. f. – 1135 ◇ francique °*laubja*

I ■ **1** VX Abri de branchages, de feuillages. ◆ Construction rudimentaire. ➤ **cabane, hutte.** *« une loge de charbonnier, basse, arrondie en forme d'œuf »* GENEVOIX. ■ **2** ARCHIT. Galerie extérieure pratiquée à l'un des étages d'un édifice, formée de colonnes supportant généralement des arcades, et ouverte sur le dehors. ➤ **loggia.** *Les loges du Vatican, décorées par Raphaël. La loge pontificale :* galerie du Vatican d'où le pape donne sa bénédiction. ■ **3** (1660) MOD. Logement situé près de la porte d'entrée, habité par un concierge, un portier, un gardien. ➤ VX **conciergerie.** *Passer à la loge pour prendre son courrier.* ◆ Petite pièce aménagée dans les coulisses d'une salle de spectacle, et où les acteurs changent de costumes, se maquillent, se reposent. *« dans l'apparat de la scène* [du théâtre] *et dans l'intimité de ses loges »* CH. DULLIN. ◆ SPÉCIALT (1845) Chambre, atelier où chaque candidat au prix de Rome est isolé pendant la durée du concours pour satisfaire aux épreuves. *Entrer, monter en loge* (➤ **logiste**). ■ **4** (1740 ◇ anglais *lodge*) Local où se réunissent des francs-maçons ; association de francs-maçons. ➤ **atelier.** *La Grande Loge de France. Frères de loge.* ■ **5** Compartiment cloisonné. *Les loges d'une écurie, d'une étable.* ➤ 2 **box, stalle.**

II (1598) Dans une salle de spectacle, Compartiment contenant plusieurs sièges. ➤ **avant-scène, baignoire.** *Loges de balcon, de corbeille. Premières, secondes loges :* loges du premier, du second étage. — LOC. *Être aux premières loges,* à la meilleure place pour être spectateur, témoin d'une chose. *Tu verras comment « les Français se battent ; tu seras aux premières loges »* SARTRE.

III SC. ■ **1** BOT. Dans l'androcée, Moitié de l'anthère d'une étamine contenant deux sacs polliniques. — Dans le gynécée, Cavité de l'ovaire comprise entre les cloisons des carpelles. *Les cinq loges qui contiennent les pépins de pomme. Loge unique de la fleur de pois* (➤ **loculaire**). ■ **2** ANAT. Cavité contenant un organe. *Loge hépatique, prostatique.*

LOGEABLE [lɔʒabl] adj. – v. 1470 ◇ de *loger* ■ **1** Où l'on peut habiter, être logé. *Un studio à peine logeable.* ■ **2** Où l'on peut ranger beaucoup de choses. *Coffre, sac plus ou moins logeable.*

LOGEMENT [lɔʒmɑ̃] n. m. – 1690 ; « campement » 1260 ◇ de *loger* ■ **1** Action de loger ou de se loger. *Assurer, donner le logement à qqn* (cf. Le gîte* et le couvert). ◆ Action de loger les habitants d'un pays. *Crise du logement. Politique du logement.* ➤ **habitat.** — SPÉCIALT Action de loger chez les particuliers des troupes en déplacement. ➤ **hébergement.** *Billet de logement.* ■ **2** Local à usage d'habitation ; SPÉCIALT Partie de maison, d'immeuble où l'on réside habituellement. ➤ **appartement, chambre, demeure, domicile, habitation, logis, résidence.** *Trouver un logement provisoire.* ➤ **abri, gîte, toit.** *Chercher, prendre un logement. Quitter son logement.* ➤ **déloger, déménager.** *Emménager, fêter son installation dans un nouveau logement* (cf. Pendre la crémaillère*). *Logement à vendre, à louer. Être locataire, propriétaire de son logement. Il habite la province, mais il a un petit logement à Paris.* ➤ **pied-à-terre ; garçonnière, studio.** *Logement de deux pièces.* ➤ 2 **f, deux-pièces.** *Logement garni, meublé.* ➤ **garni, meublé.** *Logement de concierge.* ➤ **loge.** *Petit logement douillet.* ➤ **nid.** *Logement clair, spacieux. Logement insalubre, sordide.* ➤ **bouge, gourbi, taudis ; mal-logement.** — *Logements ouvriers, de mineurs* (➤ **coron**), *logements sociaux* (➤ **H. L. M.**). *Local professionnel transformé en logement.* ➤ **loft.** *Logement occupé illégalement.* ➤ **squat.** *Logement inhabité, inoccupé, vacant.* ◆ MILIT. Local réquisitionné chez l'habitant par l'autorité militaire pour y loger des troupes de passage. ➤ **cantonnement.** ■ **3** TECHN. Cavité dans laquelle prend place une pièce mobile ou non. *Logement des billes d'un roulement à billes. Logement du pêne d'une serrure.*

LOGER [lɔʒe] v. ‹ 3 › – XVe ; *logier* « établir son camp » v. 1138 ◇ de *loge*

I v. intr. ■ **1** Avoir sa demeure (le plus souvent temporaire) en un endroit. ➤ **demeurer, habiter,** 1 **vivre ;** FAM. **crécher, percher.** *Ces bourgeois récents « qui logent dans les quartiers neufs »* ROMAINS. *À quel hôtel logerez-vous ?* ➤ **descendre.** ■ **2** PAR MÉTAPH. et LITTÉR. ➤ **se trouver.** *« la débauche et l'amour ne sauraient loger ensemble »* ROUSSEAU. ➤ **cohabiter.**

II v. tr. ■ **1** (1390) Établir (qqn) dans une maison, de manière temporaire ou durable. ➤ **installer.** *Où logerez-vous tout ce monde-là ?* ➤ **mettre.** *Loger qqn chez soi. On peut vous loger pour la nuit.* ➤ **abriter, héberger ;** FAM. **caser.** *Être bien logé, mal logé.* **p. p. adj.** *Une apprentie logée et nourrie.* SUBST. *Les mal-logés.* — PRONOM. *Il est difficile de se loger à Paris. — Ici on loge* (les voyageurs) *à pied et à cheval,* inscription des auberges d'autrefois. — *Être logé à la même enseigne*.* ◆ (Sujet chose) Être susceptible d'abriter, d'héberger. ➤ **tenir.** *Ce collège peut loger huit cents élèves.* ➤ **recevoir.** ■ **2** Mettre (une chose) quelque part. ➤ **mettre,** 1 **placer.** *Des lames de chêne « séparées par des rainures où l'on aurait logé le petit doigt »* ROMAINS. ◆ SPÉCIALT (1580) Faire entrer, faire pénétrer. *Loger une balle dans la cible. Le désespéré s'est logé une balle dans la tête.* ➤ **se tirer.** ◆ FIG. *Loger une idée dans la tête de qqn.* — PRONOM. *« En sentant que j'étais moins mère, moins honnête femme, le remords s'est logé dans mon cœur »* BALZAC. ■ **3** FAM. Repérer, localiser. *Malfaiteurs logés par la police. « on n'a pas encore logé le ravisseur »* P. LEMAITRE.

■ CONTR. Déloger. Congédier.

LOGETTE [lɔʒɛt] **n. f.** – v. 1360 ; *logete* XIIe ◊ de *loge* ■ LITTÉR. Petite loge (Io).

LOGEUR, EUSE [lɔʒœʀ, øz] **n.** – XVe ◊ de *loger* ■ Personne qui loue une ou plusieurs chambres meublées. ➤ **hôtelier.**

LOGGIA [lɔdʒja] **n. f.** – 1789 ◊ mot italien ■ **1** ARCHIT. Petite loge (2o) ; enfoncement formant balcon couvert. *« Une quantité extravagante de loggias, de moucharabiehs »* LOTI. ■ **2** COUR. Balcon spacieux, souvent couvert, fermé sur les côtés.

LOGICIEL, IELLE [lɔʒisjɛl] **n. m.** et **adj.** – v. 1970 ◊ de *logique*, d'après *matériel* ■ **1** Ensemble des programmes et des procédures nécessaires au fonctionnement d'un système informatique (opposé à *matériel*). Recomm. offic. pour *software.* ■ **2** Programme informatique. *Logiciel d'application,* spécifique à la résolution des problèmes de l'utilisateur. ➤ **grapheur, progiciel, tableur, traitement** (de texte), **visionneur ;** RÉGION. **idéateur.** *Logiciels d'exploitation.* ➤ **système** (d'exploitation), **utilitaire.** *Logiciels de base.* ➤ **compilateur, interpréteur.** *Logiciel de navigation.* ➤ **navigateur.** *Logiciel dédié*. Logiciel d'enseignement* (➤ **didacticiel**), *d'entraînement* (➤ **exerciseur**), *de jeu* (➤ **ludiciel**). *Logiciel libre*. Logiciel gratuit.* ➤ **gratuiciel.** *Logiciel de rançon.* ➤ **rançongiciel.** *Logiciel espion. Collection de logiciels.* ➤ **logithèque.** *Portabilité d'un logiciel.* ■ **3 adj.** Relatif à un logiciel. *Programmation logicielle.* — *Agent* logiciel.*

LOGICIEN, IENNE [lɔʒisjɛ̃, jɛn] **n.** – XIIIe ◊ du latin *logicus* ■ **1** Spécialiste de la logique. *Goblot, Frege, célèbres logiciens.* ■ **2** PAR EXT. Personne qui raisonne avec méthode, rigueur, en suivant les règles de la logique. *Parmi les mathématiciens, il y a des intuitifs et des logiciens. Raisonner en logicien.*

LOGICISME [lɔʒisism] **n. m.** – 1910 ◊ de *logique* ■ DIDACT. ■ **1** Tendance à utiliser les méthodes de la logique (dans un autre domaine). *« La psychologie et la sociologie ont* [...] *abusé du logicisme »* CH. SERRUS. ♦ SPÉCIALT Prépondérance accordée à la logique sur la psychologie. ■ **2** Tendance à réduire les mathématiques à la logique. ➤ **réductionnisme.** *« Les différences entre logicisme et axiomatisme se sont aujourd'hui presque évanouies »* R. BLANCHÉ.

LOGICOMATHÉMATIQUE [lɔʒikomatematik] **adj.** – v. 1960 ◊ de *logique* et *mathématique* ■ DIDACT. Qui appartient à la logique et aux mathématiques en tant que systèmes axiomatisés. *Structures logicomathématiques. « la distinction essentielle entre la connaissance logico-mathématique et la connaissance expérimentale ou empirique »* PIAGET. ➤ aussi **hypothéticodéductif.**

LOGICOPOSITIVISME [lɔʒikopozitivism] **n. m.** – v. 1960 ◊ de *logique* et *positivisme* ■ PHILOS. Théorie de la science unifiée par les structures logicomathématiques (Schlick, Carnap, Tarski, Morris). ➤ **empirisme** (logique), **positivisme** (logique).

-LOGIE, -LOGIQUE, -LOGUE ■ Éléments, du grec *logia* « théorie », de *logos* « discours ». Le suffixe *-logie* sert à désigner des sciences, des études méthodiques *(géologie, psychologie, technologie),* des façons de parler, des figures de rhétorique *(amphibologie),* des ouvrages *(tétralogie).* ♦ Le suffixe *-logique* sert à former des adjectifs (relatif à une science ; à une façon de parler). ♦ Le suffixe *-logue,* des noms désignant des savants *(géologue)* ou des formes, des parties de discours *(dialogue, prologue).* ➤ **logo-.** — On trouve aussi les suffixes : *-loge* (listes, livres : *eucologe, martyrologe*) ; *-logien, -logiste* (noms de savants : *biologiste*) ; *-logisme (syllogisme).*

LOG-IN [lɔgin] **n. m. inv.** – 1996 ◊ mot anglais, de *to log in* « se connecter » ■ ANGLIC. INFORM. Nom d'utilisateur*. ➤ **identifiant.** *Indiquez votre log-in et votre mot de passe.* — On rencontre aussi la graphie *login,* **n. m.**

1 **LOGIQUE** [lɔʒik] **n. f.** – XIIIe ◊ latin *logica,* grec *logikê,* de *logos* « raison »

I ■ **1** Science ayant pour objet l'étude, surtout formelle, des normes de la vérité ; « analyse formelle de la connaissance » (Piaget). *Logique formelle, logique pure :* étude des concepts, jugements et raisonnements, considérés dans les formes où ils sont énoncés. *Logique des termes* (➤ **compréhension, extension, définition, division ; classe, espèce, genre ; absolu, relatif**) ; *logique des propositions* (➤ **attribut, copule, prédicat,** 3 **sujet ; axiome ; affirmation, négation ; jugement, modalité**) ; *logique des inférences* (➤ **implication, inférence, raisonnement ; argument, conséquence, conversion, déduction, démonstration, syllogisme ; antécédent, conclusion, conséquent, prémisse**). — *Logique symbolique, formalisée.* ➤ **logistique.** *Logique des classes. Logique binaire* (vrai-faux), *logiques modales. Logique générale :* épistémologie, méthodologie. ➤ **métalogique.** *Logique mathématique :* science de la démonstration qui consiste en l'étude des rapports formels existant entre les propositions, indépendamment de toute interprétation (cf. Calcul propositionnel*). ■ **2** Livre, traité de logique. *« La logique de Port-Royal », d'Arnauld et Nicole* (1662). ■ **3** RHÉTOR. Art de convaincre par l'emploi des règles de la logique. ➤ **dialectique.** ■ **4** AUTOMAT. Ensemble des procédés et des concepts régissant l'étude des automatismes numériques. *Logique à relais, à circuits intégrés, à microprocesseurs. Logique câblée :* automatisme dont la structure figée ne lui permet de réaliser qu'une tâche prédéterminée. *Logique programmable :* automatisme dont la structure lui permet de réaliser des tâches variables, selon son programme.

II ■ **1** Manière de raisonner, telle qu'elle s'exerce en fait, conformément ou non aux règles de la logique formelle. ➤ **raisonnement.** *La logique de l'enfant. Les logiques humaines varient selon le type de société. — « La logique des passions renverse l'ordre traditionnel du raisonnement »* CAMUS. ♦ SPÉCIALT Raisonnement abstrait, schématique ; souvent opposé à la complexité du réel. ■ **2** COUR. Enchaînement cohérent d'idées, manière de raisonner juste, suite dans les idées. ➤ **cohérence, méthode.** *Selon une logique rigoureuse. En toute logique. En bonne logique. La logique d'un raisonnement. Vous manquez de logique !* ■ **3** FIG. Suite cohérente, régulière et nécessaire d'évènements, de choses. *« Le communisme, cette logique de la démocratie »* BALZAC. *Une logique de guerre. C'est dans la logique des choses. « Ce qu'on nomme logique n'est souvent que coïncidences »* VALÉRY.

■ CONTR. Désordre, illogisme, inconséquence.

2 **LOGIQUE** [lɔʒik] **adj.** – 1536 ◊ de 1 *logique* ■ **1** Conforme aux règles, aux lois de la logique. *Déduction logique. Conclusions logiques. Système logique.* ➤ **consistant.** ♦ COUR. Conforme au bon sens, à la logique (II, 2o). *Un raisonnement tout à fait, peu logique.* ➤ **cohérent, conséquent, judicieux, suivi.** *Arguments logiques.* ➤ **juste, vrai.** *Suite logique, enchaînement logique de faits. Il n'y a pas « d'enchaînement logique absolu dans le cœur humain »* HUGO. *Conséquences logiques, inévitables d'un évènement.* ➤ **naturel, nécessaire.** *Sa réaction est assez logique. Il serait plus logique de poursuivre.* ♦ FAM. Normal, explicable. *C'est pas logique !* ■ **2** (XVIe) Qui raisonne bien, avec cohérence, justesse. *Esprit logique et clair.* ➤ **cartésien, rationnel.** *Être logique avec soi-même. Vous n'êtes pas logique !* ■ **3** Qui se rapporte à l'intelligence, et SPÉCIALT (PHILOS.) à l'entendement. ➤ **intellectuel.** *Expression logique de la pensée. Intelligence logique.* ➤ **discursif.** *Esprits logiques et esprits intuitifs.* ➤ **déductif.** ■ **4** Qui se rapporte à la science de la logique. — GRAMM. *Analyse* logique.* ■ **5** AUTOMAT. Relatif aux techniques numériques, binaires. *Un opérateur logique. Circuit intégré logique. Variable logique.* ■ CONTR. Absurde, illogique ; contradictoire, déraisonnable, incohérent.

LOGIQUEMENT [lɔʒikmɑ̃] **adv.** – 1769 ◊ de 2 *logique* ■ **1** Conformément à la logique. *Discuter, raisonner, répondre logiquement.* ➤ **raisonnablement, rationnellement.** ■ **2** (En tête de phrase, en incise) À considérer les choses avec logique. *Logiquement, les choses devraient s'arranger. Logiquement, il devrait gagner.* ➤ **normalement.**

LOGIS [lɔʒi] **n. m.** – 1348 ◊ de *loger* ■ **1** VIEILLI ou LITTÉR. Endroit où on loge, où on habite. ➤ **demeure, habitation, logement, maison.** *Quitter le logis familial.* ➤ **foyer.** *Le maître du logis.* LOC. *La folle du logis :* l'imagination. *La fée* du logis.* ■ **2** *Maréchal* des logis.* ■ **3** ARCHIT. *Corps de logis :* partie principale d'un bâtiment d'habitation (opposé à *ailes*).

LOGISTE [lɔʒist] **n.** – 1845 ◊ de *loge* ■ DIDACT. Élève des Beaux-Arts admis à concourir en loge (pour le prix de Rome, etc.).

LOGISTICIEN, IENNE [lɔʒistisjɛ̃, jɛn] **n.** – 1908 ◊ de *logistique* ■ DIDACT. ■ **1** Spécialiste de la logique mathématique. ■ **2** Spécialiste de la logistique (II).

LOGISTIQUE [lɔʒistik] **n. f.** et **adj.** – 1590 adj. « qui pense logiquement » ◊ bas latin *logisticus,* grec *logistikos*

I DIDACT. ■ **1** (1611) VX Art de compter. — VIEILLI Logique mathématique. ■ **2** (1904) MOD. Logique symbolique ; système d'algorithmes appliqués à la logique.

II (1840) ■ **1** MILIT. Art de combiner tous les moyens de transport, de ravitaillement et de logement des troupes. *« en respectant la logistique, le général Eisenhower mena jusqu'à la victoire la machinerie* [...] *des armées du monde libre »* DE GAULLE. — **adj.** (1874) *Moyens logistiques d'une armée.*

■ **2** (v. 1960) Ensemble de moyens et de méthodes concernant l'organisation d'un service, d'une entreprise et spécialement les flux de matières avant, pendant et après une production. *Spécialiste en logistique.* ➤ **logisticien** (2°). — **adj.** (v. 1970) Relatif aux activités de transport, de gestion des stocks, d'assurances, etc., ayant pour objet d'optimiser les flux matériels traités par une production. *Le département logistique international d'une firme. Les services logistiques d'un hôpital.*

LOGITHÈQUE [lɔʒitɛk] **n. f.** – 1984 ♦ de *logiciel* et *-thèque* ■ INFORM. Collection de logiciels.

LOGO [lɔgo ; logo] **n. m.** – v. 1970 ♦ de *logotype* ■ Symbole formé d'un ensemble de signes graphiques représentant une marque, un organisme. *Des logos.*

LOGO- ■ Élément, du grec *logos* «parole, discours». ➤ **-logie.**

LOGOGRAMME [lɔgɔgʀam] **n. m.** – 1964 ♦ de *logo-* et *-gramme,* ou de l'allemand *Logogram* ■ LING., ARTS Dessin correspondant à une notion ou à la suite phonique constituée par un mot. ➤ **idéogramme.** *Écriture utilisant des logogrammes* (**LOGOGRAPHIE** n. f.).

LOGOGRAPHE [lɔgɔgʀaf] **n. m.** – 1615 ♦ grec *logographos* ■ ANTIQ. Se dit des premiers prosateurs grecs, et SPÉCIALT des historiens jusqu'à Hérodote. — Rhéteur qui composait des discours, des plaidoyers pour des clients.

LOGOGRIPHE [lɔgɔgʀif] **n. m.** – 1623 ♦ de *logo-* et du grec *griphos* «énigme» ■ Énigme où l'on donne à deviner plusieurs mots formés des mêmes lettres (ex. le mot qui contient *nage* et *orge* est *orange*). ➤ **devinette.** ♦ (1774) FIG. et LITTÉR. Langage, discours obscur, inintelligible.

LOGOMACHIE [lɔgɔmaʃi] **n. f.** – 1610 ♦ grec *logomakhia* (→ logo- et -machie) ■ LITTÉR. ■ **1** Dispute, querelle sur les mots. *Cette question est une pure logomachie.* ■ **2** Assemblage de mots creux dans un discours, dans un raisonnement. ➤ **logorrhée, verbalisme.** *«la logomachie où ce solitaire* [Hugo] *enivré de mots, tombe par instants !»* HENRIOT. — **adj. LOGOMACHIQUE,** 1840.

LOGOPATHIE [lɔgɔpati] **n. f.** – 1876 ♦ de *logo-* et *-pathie* ■ MÉD. Trouble de la parole et du langage.

LOGOPÉDIE [lɔgɔpedi] **n. f.** – v. 1960 ♦ de *logo-* et du grec *pais, paidos* «enfant» ■ (Belgique, Luxembourg, Suisse) MÉD. Discipline qui diagnostique et traite les troubles de la voix, du langage oral et écrit. ➤ **orthophonie.** — **adj. LOGOPÉDIQUE.** *Bilan logopédique.*

LOGOPÉDISTE [lɔgɔpedist] **n.** – 1982 ♦ de *logopédie* ■ (Suisse) Orthophoniste. — VAR. (Belgique, Luxembourg) **LOGOPÈDE** [lɔgɔpɛd].

LOGORRHÉE [lɔgɔʀe] **n. f.** – 1823 ♦ de *logo-* et *-rrhée* ■ LITTÉR. ou MÉD. Flux de paroles inutiles ; besoin irrésistible, morbide de parler. — COUR. Discours trop abondant. ➤ **logomachie.** — **adj. et n. LOGORRHÉIQUE.**

LOGOS [logos ; lɔgɔs] **n. m.** – 1764 ♦ mot grec «parole, raison» ■ **1** PHILOS. Un des noms de la divinité suprême, chez les stoïciens. Être intermédiaire entre Dieu et le Monde, chez les néoplatoniciens. — PAR EXT. La Raison humaine incarnée par le langage. ■ **2** THÉOL. Le Verbe de Dieu.

LOGOTYPE [lɔgɔtip] **n. m.** – 1873 ♦ de *logo-* et *type* ■ **1** TYPOGR. Groupe de lettres liées ensemble et portées par le même caractère. ■ **2** ➤ **logo.**

-LOGUE ➤ **-LOGIE**

1 **LOI** [lwa] **n. f.** – fin xe ♦ du latin *lex, legis.* → légal et loyal, légitime

I RÈGLE IMPÉRATIVE IMPOSÉE À L'ÊTRE HUMAIN (fin xe) ■ **1** (début xiie) Règle ou ensemble de règles obligatoires établies par l'autorité souveraine d'une société et sanctionnées par la force publique. *Lois humaines ; lois positives, civiles. «L'Esprit des lois», de Montesquieu. Étude des lois.* ➤ **nomologie.** — *Les lois d'un État, d'un pays, d'une nation.* ➤ **législation ;** 3 **droit.** *Recueil de lois.* ➤ **code.** *Lois et institutions. Les lois de l'Ancien Régime.* ➤ **capitulaire, charte, édit, ordonnance, règlement, statut.** *Loi écrite ; loi coutumière* (dans les pays anglo-saxons, *«common law»*). *«Le plus grand malheur des hommes, c'est d'avoir des lois et un gouvernement»* CHATEAUBRIAND. *Faire des lois.* ➤ **légiférer.** *«La liberté est le droit de faire tout ce que les lois permettent»* MONTESQUIEU. *Loi en vigueur, en application.* — *Obéir aux lois, observer les lois. Infraction aux lois :* contravention, crime, délit ; dérogation, infraction, violation. *Enfreindre, violer une loi. «Quand les lois sont contre le droit, il n'y a qu'une héroïque façon de protester contre elles : les violer»* HUGO. *Se croire, s'estimer au-dessus des lois.* — LOC. *La loi du talion**. ♦ (début xiie) DR. Disposition prise par le pouvoir législatif (chambre, parlement). *Avoir l'initiative des lois. Projet de loi,* émanant de l'initiative gouvernementale. *Proposition* de loi,* d'initiative parlementaire. *Le rapporteur d'une loi. Vote de la loi. Amender une proposition de loi.* ➤ **amendement.** *Promulgation, publication d'une loi au Journal officiel* (en France). *«Toute loi que le peuple n'a pas ratifiée est nulle ; ce n'est pas une loi»* ROUSSEAU. *Préambule, dispositif, considérants d'une loi* (➤ aussi **article, clause, disposition**). *Texte de loi. Principe de la territorialité, de la non-rétroactivité des lois. Constitutionnalité d'une loi. Décision, arrêt conforme aux lois.* ➤ **bien-jugé.** *Vu la loi du... Abrogation* d'une loi.* — *Loi sur la presse. Lois constitutionnelles* (➤ **constitution**), *organiques, fondamentales. Lois civiles ; lois pénales. Loi antitrust. Loi bancaire. Loi de finances* initiale, rectificative ; loi de règlement* (➤ **budget**). *Loi d'orientation. Loi de programme.* ➤ **loi-programme.** *Loi martiale*. Loi-cadre* (voir ce mot). *Loi d'amnistie.* — *Décret*-loi.* — *La loi salique*.* ■ **2** (début xiiie) **LA LOI :** l'ensemble des règles juridiques établies par le législateur. ➤ 3 **droit, législation.** *Conforme à la loi.* ➤ **légal, licite.** *Consacré par la loi.* ➤ **légitime.** *Contraire à la loi.* ➤ **illégal, illégitime, illicite.** *Avoir force de loi.* PROV. *La loi est dure, mais c'est la loi* (cf. lat. «Dura lex, sed lex»). *Au nom de la loi, je vous arrête ! Nul n'est censé ignorer la loi. Cas prévu par la loi. Avoir la loi pour soi. Tomber sous le coup de la loi. Mettre qqn, se mettre hors la loi.* ➤ **légalité ; hors-la-loi.** — (1718) *Homme, femme de loi :* juriste, magistrat(e). *Gens de loi* (VX). ■ **3** (1560) VX Domination imposée par la conquête, la victoire (surtout dans des expressions). *Tenir un pays, un territoire sous ses lois. «Moi régner ! Moi ranger un État sous ma loi !»* RACINE. ♦ FIG. (milieu xiie) ➤ **autorité, domination, empire,** 2 **pouvoir, puissance.** *Asservir, soumettre qqn à sa loi. La loi du plus fort.* ■ **4** (Après un verbe exprimant l'ordre) Commandement que l'on donne, ordre que l'on impose. *Dicter sa loi, faire la loi à qqn.* — SANS COMPL. *Faire la loi :* commander, se comporter en maître. *Vous ne ferez pas la loi chez moi !* — *Se faire une loi de,* une obligation, une règle. *«elle s'était fait une loi de prendre ses repas seule»* BALZAC. ■ **5** (1585) Règle, condition imposée par les choses, les circonstances. *La loi du destin, de la fatalité.* ➤ **décret.** *La loi de la jungle. La loi du milieu. La loi du silence.* ➤ **omerta.** PROV. *Nécessité* fait loi.* ■ **6** SPÉCIALT (fin xe) Règle censée exprimer la volonté de Dieu, de la divinité. ➤ **commandement, décret, dogme.** — RELIG. JUD. *La loi de Moïse, la loi mosaïque.* ➤ **décalogue, torah.** *Les Tables de la Loi. Loi orale.* ➤ **talmud.** *Docteurs de la Loi.* LOC. *C'est la loi et les prophètes :* c'est une vérité incontestable. — *Loi canonique islamique.* ➤ **charia ; cadi, mufti.** ■ **7** PLUR. (milieu xiie) **LES LOIS DE** (suivi d'un nom). Règles ou conventions établies, qui sont ou doivent être observées dans les rapports sociaux, dans la pratique d'un art, d'un jeu, etc. ➤ **règle ; code, norme.** *Les lois de l'honneur, de la politesse, du savoir-vivre. Les lois de l'hospitalité. Les lois de la mode.* ➤ **diktat.** — *Les lois de la grammaire.*

II RÈGLE IMPÉRATIVE EXPRIMANT UN IDÉAL, UNE NORME, UNE ÉTHIQUE ■ **1** (1448) Règle dictée à l'être humain par sa conscience, sa raison. *Loi naturelle.* ➤ 3 **droit** (naturel), **principe.** *«La loi, en général, est la raison humaine, en tant qu'elle gouverne tous les peuples de la terre»* MONTESQUIEU. — *Loi morale.* ➤ 2 **devoir, précepte, principe, règle.** — *N'avoir ni foi* ni loi.* ■ **2** *Les lois de l'esprit, du raisonnement :* axiomes fondamentaux (principes d'identité, de contradiction, du milieu exclu, etc.) qui donnent à la pensée sa valeur logique. ■ **3** *Les lois du beau, de l'art :* les conditions de la perfection esthétique. ➤ 2 **canon, norme.**

III FORMULE GÉNÉRALE (1681) Formule générale énonçant une corrélation entre des phénomènes physiques, et vérifiée par l'expérience. *Ensemble de lois d'une théorie.* ♦ MATH. *Loi de composition* externe, interne. Loi des aires*. Loi des grands nombres* (➤ **probabilité**). *Loi de probabilité d'une variable aléatoire. Découvrir, trouver une loi.* — *Loi physique :* expression de la permanence d'un phénomène naturel. *«Chaque fois que l'homme a eu conscience de sa dépendance* [...] *à l'égard de certaines lois physiques, il a cherché à y échapper»* H. LABORIT. *Les lois de la mécanique, de l'électromagnétisme. Loi d'inertie, de la pesanteur, de la chute des corps. C'est un défi aux lois de l'équilibre. «La loi nous donne le rapport numérique de l'effet à sa cause»* C. BERNARD. — *Lois biologiques. Lois phonétiques. Lois économiques. La loi de* *l'offre et de la demande, du marché. Loi de la valeur. Loi des débouchés* (de J.-B. Say). — *La loi des séries**.

IV PAR EXT. PRINCIPE ESSENTIEL ET CONSTANT, NÉCESSITÉ *La loi de notre être, de la vie. «la grande loi de la destruction violente des êtres vivants»* J. DE MAISTRE.

2 **LOI** [lwa] **n. f.** – 1611 ◇ forme de *aloi* ▪ TECHN. Titre auquel les monnaies peuvent être fabriquées. ➤ **aloi.**

LOI-CADRE [lwakadʀ] **n. f.** – milieu XXe ◇ de *loi* et *cadre* ▪ Loi dont les dispositions générales doivent servir de cadre à des textes d'application. *Des lois-cadres.*

LOIN [lwɛ̃] **adv. et n. m.** – fin XIe ◇ du latin *longe* (→ lointain), de *longus* → long

I ~ adv. A. DANS L'ESPACE À une distance (d'un observateur ou d'un point d'origine) considérée comme grande. *Être loin* (➤ **éloigné, lointain**), *très loin, le plus loin possible* (cf. Aux antipodes, au bout du monde, au diable), *assez loin, un peu loin (de...).* ➤ **distance** (à distance), 1 **écart** (à l'écart). *Être loin derrière, après qqn.* — (Sans compl.) *«Bien loin, bien loin, presque à la ligne de l'horizon, cinq voiles de bateaux»* GAUTIER. *Un peu plus loin, deux kilomètres plus loin.* ➤ **delà** (au-delà). *Je n'irai pas plus loin.* ➤ 1 **avant.** *«aller tout droit, plus loin, toujours plus loin, pour se fuir»* ZOLA. *Nous sommes allés trop loin, nous avons dépassé la maison. C'est trop loin. Les fuyards sont loin* (cf. Hors d'atteinte, de portée, de vue). *Ils ne doivent pas être bien loin. Vous n'irez pas loin avec cette voiture.* PROV. *Qui veut voyager loin ménage sa monture* : pour mener à bien une entreprise il ne faut pas gaspiller ses forces. *Qui va doucement va loin* (cf. it. «Chi va piano... va lontano»). — LOC. FAM. *Ne pas voir plus loin que le bout de son nez**. — SPÉCIALT *Lire plus loin, voir plus loin,* plus en avant dans le texte. ➤ **après** (ci-après), 1 **bas** (plus bas), **infra.** ◆ (ABSTRAIT) *Être loin* : être loin par la pensée, par le cœur du lieu où l'on se trouve (cf. Être absent, ailleurs, à cent lieues). *«Tous deux vivaient en bon accord* [...] *Mais il la sentait loin»* ZOLA. *Il ira loin* : il réussira. *«Je me voyais, moi aussi, "aller loin"»* RAMUZ. — *N'allez pas chercher si loin ! c'est beaucoup plus simple que cela. Voir loin* : avoir de la pénétration, de la perspicacité. *«ceux qui voient loin ne sont pas entendus. Ils troublent le confort intellectuel»* F. GIROUD. *Pousser plus loin les recherches.* ➤ **étendre.** *Aller plus loin que qqn* (dans tel ou tel domaine). ➤ **dépasser, surpasser.** *Cela nous mènerait, nous entraînerait trop loin. J'irai même plus loin* : j'irai jusqu'à dire que. *Tu vas trop loin* : tu exagères. *Jusqu'où on peut aller trop loin,* à quelle limite extrême (déjà jugée excessive). — SPÉCIALT (quant à la portée, aux conséquences) *Une affaire qui peut aller loin, qui risque d'aller loin, de mener loin.* — (En parlant d'un prix) *Ça ne va pas chercher bien loin* : ce n'est pas très cher.

B. DANS LE TEMPS (fin XIIe) Dans un temps jugé éloigné du moment présent ou de celui dont on parle. (Futur) *L'été n'est plus bien loin.* — (1640) *Voir loin* : prévoir longtemps à l'avance. — (début XIIIe) (Passé) *Tout cela est bien loin, comme c'est loin !* ➤ **vieux.** *Cela remonte à loin,* à il y a longtemps. *Le temps est loin où...*

II ~ n. m. DANS DES LOC. ▪ **1** (1530) **IL Y A LOIN :** il y a une grande distance. *Il y a loin de l'aéroport à la ville.* FIG. *Il y a loin,* il y a un grand écart, une grande différence. *De là à prétendre que c'est un incapable, il n'y a pas loin* (cf. Il n'y a qu'un pas*). PROV. *Il y a loin de la coupe* aux lèvres.* ▪ **2 loc. adv.** (fin XIIe) **AU LOIN :** dans un lieu éloigné. *Être au loin.* ➤ **absent.** *Aller, partir au loin.* ➤ **s'éloigner.** *Voir, regarder, apercevoir qqch. au loin.* ➤ **lointain** (dans le lointain). *Leurs yeux «Comme s'ils regardaient au loin, restent levés»* BAUDELAIRE. *Entendre un bruit au loin.* ▪ **3 loc. adv.** (début XIIe) **DE LOIN :** d'un lieu éloigné. *Venir, arriver de loin. Suivre de loin.* ➤ **distance** (à distance). *Voir, apercevoir de loin une personne.* FAM. *Elle est mieux de loin que de près. Appareils pour voir, entendre de loin* (➤ 1 **télé-**). *Observer, suivre de loin les événements,* sans y être mêlé, sans s'impliquer. PROV. *A beau mentir* qui vient de loin.* — FIG. (1672) *Revenir de loin* : réchapper d'un grand danger, guérir d'une grave maladie, avoir failli mourir. *Voir venir qqn de loin,* pénétrer ses intentions secrètes (cf. Je le vois venir avec ses gros sabots). *«la trahison pue* [...] *et les gens primitifs la sentent de loin»* BALZAC. — **DE PRÈS OU DE LOIN :** de quelque manière. *Il n'est mêlé à cette affaire ni de près ni de loin,* en aucune manière. ◆ (fin XIIe) **DE LOIN :** de beaucoup, par une grande différence. *C'est de loin son meilleur roman. Ce spectacle ne peut, et de loin, soutenir la comparaison* (cf. Tant* s'en faut). — *Loin s'en faut** : il s'en faut de beaucoup. ◆ (milieu XIIe) (Dans le temps) *Dater de loin, de très loin.* ➤ **longtemps.** ▪ **4 loc. adv.** (1762) **DE LOIN EN LOIN :** par intervalles ; de place en place. *Repères placés de loin en loin.* — *Ils ne se voient plus que de loin en loin,* de temps en temps. *«Pas de bruit* [...] *À peine, de loin en loin, un son de fifre»* DAUDET.

III ~ loc. prép. LOIN DE ▪ **1** (fin XIe) À une grande distance. *New York est loin de Paris. Elle habite loin de son bureau. Loin de tout. C'est très loin d'ici. Être loin du but. Loin de la foule.* ➤ 1 **écart** (à l'écart), **hors.** — *Non loin de* : assez près de. *Non loin de là.* PROV. (XVe) *Loin des yeux, loin du cœur* : les absents sont vite oubliés. ◆ FIG. *«Les femmes d'à présent sont bien loin de ces mœurs»* MOLIÈRE. ➤ **éloigné.** LOC. *Être loin du compte**. *Être loin de la vérité. Être loin de qqn* (par le cœur, les idées). *J'ai «vécu le plus loin possible de moi-même et hors de la triste réalité»* FRANCE. — LOC. *Loin de moi, de nous* (telle chose), je l'écarte, nous l'écartons avec dégoût, mépris. ➤ 1 **arrière.** *Loin de moi l'intention, la pensée de lui faire du tort.* — *Loin de là* : au contraire, bien au contraire, tant s'en faut. *Il n'est pas désintéressé, loin de là !* ▪ **2** Dans un temps éloigné, à une époque lointaine. (Futur) *Nous sommes encore loin de la date prévue.* — (Passé) *«Le moment où je parle est déjà loin de moi»* BOILEAU. ▪ **3 PAS LOIN DE.** ➤ **près** (à peu près), **presque.** *Il n'est pas loin de minuit* : il va être bientôt minuit. *Cela ne fait pas loin de trois kilomètres.* ▪ **4** LOC. *Être loin de* (et l'inf.), négation emphatique exprimant le contraire de ce qu'on pouvait croire, attendre (cf. Être à cent lieues* de). *Il était loin de s'attendre à cela.* — *Je ne suis pas loin de penser qu'il a raison,* je suis prêt à le penser. — Adversatif (1640) *Loin de le décourager, les difficultés le stimulent.*

IV ~ loc. conj. ▪ **1** (1607) **D'AUSSI LOIN QUE ; DU PLUS LOIN QUE :** d'une distance très grande, dans l'espace ou le temps. *D'aussi loin qu'il me vit, qu'il nous a vus. Du plus loin qu'il nous a aperçus. «d'aussi loin que je m'en souvienne, je l'ai toujours haï»* GIDE. ▪ **2** FIG. (1666) LITTÉR. **LOIN, BIEN LOIN QUE,** adversatif (et subj.). *«Bien loin que cette mort t'en ait donné l'horreur, tu attaches à la chambre où elle a souffert un caractère sacré»* MAURIAC (cf. Bien au contraire*).

▪ CONTR. Près, alentour, auprès, contre, côté (à côté).

LOINTAIN, AINE [lwɛ̃tɛ̃, ɛn] **adj. et n. m.** – 1150 ◇ latin populaire °*longitanus,* de *longe* «loin»

I adj. ▪ **1** Qui est à une grande distance dans l'espace (du lieu où l'on est ou de celui dont on parle). ➤ **distant, éloigné ; loin.** *Un pays lointain. Lointain exil* [lwɛ̃tɛnɛgzil]. *Rumeur, musique lointaine. La Princesse lointaine* : la comtesse de Tripoli dont s'était épris le troubadour Jaufré Rudel. *«Pâle étoile du soir, messagère lointaine»* MUSSET. — *Avoir l'air lointain,* distrait, absent. ▪ **2** (ABSTRAIT) Qui n'est pas proche, direct. ➤ **éloigné.** *Les causes directes et les causes lointaines de la Révolution.* ➤ **indirect.** *Ça n'a qu'un lointain rapport. Une ressemblance lointaine.* ➤ 3 **vague.** ▪ **3** Qui est très éloigné dans le temps. *Passé, avenir lointain. Un souvenir lointain. Époque lointaine.* ➤ **reculé.** *Des projets lointains.* — **adv. LOINTAINEMENT.**

II n. m. ▪ **1** (1640) PEINT. Partie d'un tableau représentant de façon réaliste des lieux, des objets très éloignés du premier plan. *Des lointains bleuâtres, estompés, fondus. «un lointain vaporeux qui se perd à l'horizon»* GAUTIER. *Les lointains de Vinci, du Lorrain.* ▪ **2** (1685) COUR. Plan situé dans l'éloignement. **DANS LE, AU LOINTAIN.** ➤ **arrière-plan, fond, horizon** (à l'horizon), **loin** (au loin). *«Là-bas, au lointain, nous voyons le troupeau s'avancer»* DAUDET. — AU PLUR., LITTÉR. *Les lointains de la campagne romaine.*

▪ CONTR. Avoisinant, proche, prochain, voisin ; 2 neuf, récent.

LOI-PROGRAMME [lwapʀɔgʀam] **n. f.** – 1964 ◇ de *loi* et *programme* ▪ Loi portant sur un programme à long terme, en général de plusieurs années (spécialement pour autoriser le gouvernement à engager des dépenses). *Des lois-programmes.*

LOIR [lwaʀ] **n. m.** – fin XIIe ◇ latin populaire *lis, liris,* classique *glis, gliris* ▪ Petit mammifère d'Eurasie *(rongeurs)* au pelage gris, à la queue touffue, qui peut hiberner six mois de l'année. *Le lérot et le muscardin sont de la famille du loir.* — FAM. *Dormir* comme un loir.*

LOISIBLE [lwazibl] **adj.** – XIVe ◇ de l'ancien verbe *loisir* → loisir ▪ VX Qui est permis, laissé à la libre volonté de qqn. ◆ MOD. (IMPERS.) *«Il est loisible à chacun de publier que je suis un bandit»* BLOY. *Il lui est, il m'est loisible de refuser.*

LOISIR [lwaziʀ] **n. m.** – 1080 *leisir* «possibilité (de faire qqch)» ◇ de l'ancien verbe *loisir* «être permis», latin *licere* ▪ **1** VX État dans lequel il est loisible*, permis à qqn de faire ou de ne pas faire qqch. ➤ **liberté, permission, possibilité.** *Donner, laisser à qqn (le) loisir de faire qqch.* ➤ **permettre.** ◆ Possibilité de disposer de son temps. *«vivre sans gêne, dans un loisir éternel»* ROUSSEAU. ▪ **2** MOD. loc. adv. **À LOISIR ; TOUT À LOISIR :** en prenant tout son temps, à son aise. *«Rien d'excellent ne se fait qu'à loisir»* GIDE. — Autant qu'on le désire, avec plaisir et à satiété. *En vacances, je lis à loisir. «Aimer à loisir, Aimer et mourir Au pays qui te ressemble !»* BAUDELAIRE. ▪ **3** Temps dont on dispose pour faire commodément qqch. *Mes occupations ne me laissent pas le loisir de vous écrire. Je n'en ai guère le loisir. Vous aurez tout le loisir d'y réfléchir après mon départ.* ▪ **4** (1530) RARE Temps dont on peut librement disposer en dehors de ses occupations habituelles et des contraintes qu'elles imposent. ➤ **liberté.** SPÉCIALT Temps de la vie qui n'est affecté ni au travail, ni au repos, ni au sommeil. *Ne savoir que faire de son loisir. Avoir besoin d'un long loisir, d'un peu de loisir.* ➤ **délassement, repos.** ◆ COUR. *Heures, moments de loisir.* — AU PLUR. **LES LOISIRS.** *Avoir des loisirs, beaucoup de loisirs.* ➤ **temps** (du temps libre, du temps à soi). *«l'octroi des loisirs aux classes ouvrières»* GIRAUDOUX. *Métier qui laisse des loisirs. Comment occupez-vous vos loisirs ? — La société, la civilisation des loisirs. Les loisirs des vacances*, de la retraite.* ▪ **5** (1740) AU PLUR. Occupations, distractions, pendant le temps libre. *Loisirs coûteux. Loisirs créatifs*. Ce sont ses loisirs préférés.* ➤ **hobby.** — *Industrie des loisirs. Parc de loisirs.*

LOL [lɔl] interj. – 2000 ◊ acronyme anglais, de *laughing out loud* «éclaté de rire, mort de rire», d'abord dans les SMS ▪ ANGLIC. FAM. Interjection soulignant le caractère comique, l'ironie d'un propos (surtout écrit). *Tu vas te marier, toi ? lol !*

LOLITA [lɔlita] n. f. – 1983 ◊ de *Lolita*, titre d'un roman de V. Nabokov ▪ FAM. Nymphette. *Des lolitas.*

LOLO [lolo] n. m. – 1511 ◊ onomat. enfantine sur l'initiale de *lait* ▪ **1** Lait (dans le lang. enfantin). *«Viens mon lapin, c'est l'heure du lolo»* BECKETT. ▪ **2** FAM. Sein. *Elle a de gros lolos.*

LOMBAGO ➤ **LUMBAGO**

LOMBAIRE [lɔ̃bɛʀ] adj. – v. 1560 ; *lumbaire* «ceinture qui sert à cacher les organes génitaux» 1488 ◊ de *lombes* ▪ Qui appartient aux lombes, se situe dans les lombes. *Région lombaire. Les cinq vertèbres lombaires.* n. f. *La dernière lombaire s'articule avec le sacrum* (➤ **lombosacré**). ◆ Qui concerne la région des lombes. *Affections, douleurs lombaires.* ➤ **lordose, lumbago.** *Ponction* lombaire.*

LOMBALGIE [lɔ̃balʒi] n. f. – 1931 ◊ de *lombes* et *-algie* ▪ DIDACT. Douleur lombaire (rénale, vertébrale, nerveuse...). ➤ **lumbago.** — SPÉCIALT Névralgie lombaire. *Lombalgie aiguë.* — adj. **LOMBALGIQUE.**

LOMBARD, ARDE [lɔ̃baʀ, aʀd] adj. et n. – XIIe ◊ latin *Langobardi*, nom d'un peuple germanique envahisseur ▪ De Lombardie, province du nord de l'Italie. ARCHIT. *Bandes lombardes* (sur une façade). — n. m. *Le lombard* : dialecte italien parlé en Lombardie.

LOMBARTHROSE [lɔ̃baʀtʀoz] n. f. – 1950 ◊ de *lombes* et *arthrose* ▪ MÉD. Arthrose des vertèbres lombaires.

LOMBES [lɔ̃b] n. m. pl. – v. 1560 ; *lumbes* «reins» v. 1120 ◊ latin *lumbus* «rein» → 1 longe ▪ ANAT. Région postérieure du tronc, située en arrière de la cavité abdominale, à droite et à gauche de la colonne vertébrale lombaire (cf. COUR. Les reins*). *Douleur dans les lombes.* ➤ **lumbago ; lombaire.**

LOMBOSACRÉ, ÉE [lɔ̃bosakʀe] adj. – 1867 ◊ de *lombes* et 2 *sacré* ▪ MÉD. Du sacrum et de la dernière vertèbre lombaire. *L'articulation lombosacrée,* entre la cinquième lombaire et le sacrum. *Arthrose lombosacrée.*

LOMBOSCIATIQUE [lɔ̃bosjatik] n. f. – 1959 ◊ de *lombes* et *sciatique* ▪ MÉD. Sciatique associée à des douleurs lombaires.

LOMBOSTAT [lɔ̃bɔsta] n. m. – 1962 ◊ de *lombes* et *-stat* ▪ Corset orthopédique rigide destiné à soutenir les vertèbres lombaires (hernie discale, lumbago).

LOMBRIC [lɔ̃bʀik] n. m. – *lumbris* fin XIIe ◊ latin *lumbricus* ▪ Annélide *(oligochètes)*, appelé couramment *ver de terre. Le lombric, au corps cylindrique et rougeâtre, se nourrit des particules organiques que contient la terre. Lombric parasite.* ➤ **ascaride.** *«Un beau lombric vivant, élastique et souple !»* COLETTE. *Élevage des lombrics* (**LOMBRICULTURE** n. f.).

LOMBRICOÏDE [lɔ̃bʀikɔid] adj. – 1836 ◊ de *lombric* et *-oïde* ▪ DIDACT. Qui a l'aspect du lombric. *Ascaride lombricoïde.*

LOMBRICOMPOSTEUR [lɔ̃bʀikɔ̃pɔstœʀ] n. m. – 2006 ◊ mot-valise, de *lombric* et 2 *composteur* ▪ Composteur qui utilise l'absorption des matières organiques par les vers de terre pour produire un compost appelé *lombricompost.*

LOMO [lomo] n. m. – 1993 ◊ mot espagnol «échine», du latin *lumbus* «rein» → 1 longe ▪ Filet de porc mariné et séché (charcuterie espagnole). *Des tranches de lomo.*

LOMPE ➤ **LUMP**

LONDRÈS [lɔ̃dʀɛs] n. m. – 1849 ◊ espagnol *londres* «de Londres» ▪ ANCIENNT Cigare de La Havane, fabriqué à l'origine spécialement pour les Anglais.

LONG, LONGUE [lɔ̃, lɔ̃g] adj., n. m. et adv. – fin Xe, au sens temporel (I, B, 1°) ◊ du latin *longus* → longi- ; loin

I ~ adj. **A.** (fin XIe) DANS L'ESPACE ▪ **1** (Avant le nom) Qui a une étendue supérieure à la moyenne dans le sens de la longueur. ➤ **grand.** *Une longue tige. De longs cheveux. Long nez. «Le héron au long bec emmanché d'un long cou»* LA FONTAINE. — Qui couvre une grande étendue, qui s'étend sur une grande distance. ➤ **étendu.** *Faire un long détour. Canon à longue portée. Voyage au long cours.* ➤ **cours** (V). *Longue liste. — Longue suite d'évènements.* ▪ **2** (milieu XIIe) (Après le nom) Dont la grande dimension (longueur) est importante par rapport aux autres dimensions (opposé à *court, large, épais*). — (Opposé à 1 *court*) *Chemise à manches longues. Robe longue. Pantalon long. Chaise* longue.* — ANAT. *Os longs. Muscles longs,* et ELLIPT *le long fléchisseur, le long supinateur de l'avant-bras.* — LOC. *Avoir le bras* long. Avoir les dents* longues.* — (Opposé à *large*) *Objets de forme longue* (bande, barre, fil, tige). ➤ **barlong, oblong.** *Une belle fille longue et svelte.* ➤ **élancé.** *«ce long jeune homme aux cheveux très blonds et aux yeux vert clair»* ROBBE-GRILLET. — (Opposé à *épais*) CUIS. *Sauce longue,* trop claire, trop délayée. ➤ **allonger** (la sauce). ▪ **3** (fin XIIe) *Long de* (telle grandeur) : qui a telle dimension, dans le sens de la longueur. *Fleuve long de trois mille kilomètres. — Description trop longue d'un tiers. Prendre le chemin le plus long. Cette année, les jupes sont moins longues,* plus courtes.

B. DANS LE TEMPS ▪ **1** (fin Xe) Qui a une durée très étendue, qui dure longtemps, beaucoup de temps. *Un long hiver* [lɔ̃giveʀ]. *Il demeura un long moment dans cet état.* ➤ **longtemps.** *Longue durée de vie.* ➤ **longévité.** *Longues nuits d'hiver, longs jours d'été. Film de long métrage*. Version longue* (d'un film). *Vin long en bouche,* dont le bouquet reste longtemps sur les papilles gustatives. *Long voyage. Longue maladie. Longue attente. Je m'inquiète de votre long silence. Longues séances.* ➤ **interminable.** *Écrire une longue lettre. Ce serait trop long de vous expliquer. Je ne serai pas long :* je ne vais pas mettre beaucoup de temps (cf. Je n'en ai pas pour longtemps*). — Qui semble durer longtemps. ➤ FAM. **longuet.** *Trouver le temps long. Les longues soirées d'hiver. «la torpeur des après-midi trop longues»* YOURCENAR. *Long comme un jour sans pain*.* — LOC. (Canada) *À l'année longue ; à la journée longue :* à longueur d'année ; de journée. — (XIVe) GRAMM. *Syllabe, voyelle longue.* ➤ **longue.** ◆ Qui dure longtemps et ne se répète pas souvent. *À longs intervalles* (cf. De loin* en loin). *Boire, humer à longs traits.* ◆ *Travail de longue haleine*. Faire long feu*.* ▪ **2** Qui remonte loin dans le temps, qui date de loin. ➤ **ancien, vieux.** *Un long passé. Une longue habitude. C'est une longue histoire. De longue date*.* ▪ **3** (1690) Éloigné dans l'avenir. *À long terme ; le long terme* (opposé à *court* et à *moyen*). *À plus ou moins longue échéance.* SPÉCIALT, FIN. **LONG TERME :** plus de sept ans. *Crédit à long terme.* ◆ loc. adv. **À LA LONGUE :** avec le temps, après beaucoup de temps. *À la longue, il s'y est fait.* ➤ **finalement.** *Tu t'es dit «que je me consolerais à la longue de la mort de mon père»* FLAUBERT. ▪ **4 LONG À :** lent. *Le feu a été long à s'éteindre. Plat long à préparer.* — FAM. *C'est long à venir, cette réponse. Être long à s'habiller.* ➤ **lambin.** *Ne sois pas trop longue.* ▪ **5** *Long de ; plus, moins long* (durée). *Une absence longue de six mois. «Vinrent juin et les plus longs jours»* COLETTE.

II ~ n. m. ▪ **1** (fin XIIe) (Précédé de *au, de, en*) *Table de 1,20 m de long sur 0,80 m de large.* ➤ **longueur.** *Tomber de tout son long,* en s'allongeant par terre. ➤ **s'étaler.** *«il aperçut Fouan par terre, étendu de tout son long sur le ventre»* ZOLA. ◆ loc. adv. **DE LONG ; EN LONG :** dans le sens de la longueur. (milieu XVe) *Scieur de long. Coupe pratiquée en long.* ➤ **longitudinal.** *Profil en long d'une voie ferrée.* — FAM. *Avoir les côtes* en long. — De long en large*. En long et en large*.* **AU LONG ; TOUT AU LONG :** complètement, en n'omettant aucun élément. *Titre écrit au long,* sans abréviation. — **TOUT DU LONG :** sur toute la longueur. *Sa jupe est déchirée tout du long.* ▪ **2** loc. prép. (milieu XIIe)

AU LONG, LE LONG DE : en suivant sur toute la longueur (de), en suivant sur une certaine étendue le bord (de). *« Le long des rues, des quais, des ponts, des boulevards, la foule criait »* MICHELET. *« Cheminons vers la ville au long de la rivière »* VERLAINE. ➤ **côtoyer, longer, suivre.** *Il a couru tout le long du chemin. Des arbres tout du long de l'allée.* — (Dans le sens de la hauteur) *Se hisser, grimper le long d'un mur, d'un mât.* ◆ (Dans le temps) Durant, pendant toute la durée (de). *Expérience acquise au long de la vie. Tout le long du jour :* toute la journée. *Dormir tout le long du trajet.*

III ~ adv. ▪ **1** (début XVIIIe) Beaucoup. *Son attitude en dit long. En savoir long. « l'air de quelqu'un qui en sait plus long qu'il n'en dit »* P. BESSON. *Le désir d'en savoir, d'en apprendre plus long.* ▪ **2** (1499) Avec un vêtement long. *Elle s'habille trop long.* — REM. Aussi *en long,* où *long* est subst. — LITTÉR. *« des sénoras long voilées »* MUSSET.

▪ **CONTR.** 1 Court, large. 1 Bref, instantané. Concis, succinct.

LONGANE [lɔ̃gan] **n. m.** – 1616 ◇ du chinois *long-yen,* de *long* « dragon » et *yen* « œil », par le latin des botanistes *longanum* et le portugais *longans* ▪ Fruit exotique voisin du litchi*.

LONGANIMITÉ [lɔ̃ganimite] **n. f.** – début XVe ; *longanimiteit* fin XIIe ◇ bas latin *longanimitas,* de *longus* « patient » et *anima* « âme » ▪ LITTÉR. ▪ **1** Patience à supporter les souffrances morales. *« Tous admirent la longanimité de ce peuple ; c'est Job entre les nations »* MICHELET. ▪ **2** (XVIIe) Patience à supporter ce qu'on aurait le pouvoir de réprimer, de punir. ➤ **indulgence.** ▪ **CONTR.** Impatience ; dureté.

LONG-COURRIER [lɔ̃kuʀje] **adj.** – 1867 ◇ de *long cours* → cours (V) ▪ Se dit d'un bâtiment qui navigue au long cours, d'un avion de transport qui fait de longs parcours. *Avions long-courriers.* — **n. m.** *Des long-courriers* ou *des longs-courriers.*

1 **LONGE** [lɔ̃ʒ] **n. f.** – v. 1165 ; *loigne* « rein » fin XIe ◇ latin populaire °*lumbea,* de *lumbus* → lombes ▪ Moitié en long de l'échine (du veau, du chevreuil ou du porc), depuis le bas de l'épaule jusqu'à la queue.

2 **LONGE** [lɔ̃ʒ] **n. f.** – 1165 ◇ de *long* ▪ **1** Corde, courroie qui sert à attacher un cheval (PAR EXT. un animal domestique) ou à le mener. *La longe est attachée au licol ou au collier. Mener un cheval par la longe. Faire travailler un cheval à la longe. « C'était pitié de la voir* [la chèvre] *tirer tout le jour sur sa longe »* DAUDET. — PAR EXT. Trait avec lequel les chevaux tirent. ▪ **2** TECHN. Lanière de cuir tressé dans une partie de sa longueur, attachée au manche d'un fouet et portant la mèche.

LONGER [lɔ̃ʒe] **v. tr.** ⟨3⟩ – 1655 d'abord vén. ◇ de *long* ▪ **1** VX ou LITTÉR. Prendre, suivre (une voie, un chemin). *« Ils longeaient un petit escalier de montagne »* GIONO. ▪ **2** (1740) MOD. Aller le long de (qqch.), en suivant le bord, en marchant auprès. ➤ **côtoyer.** *Se promener en longeant un jardin, un parc, un bois. Longer les murs pour se cacher.* ➤ **raser.** *Naviguer en longeant la côte.* ➤ 1 **ranger.** ▪ **3** (1835) Être, s'étendre le long de. ➤ **border, côtoyer.** *Chemin qui longe la côte.*

LONGÈRE [lɔ̃ʒɛʀ] **n. f.** – 1729 ◇ mot de l'Ouest (Anjou) « mur long » 1466, de *long* ▪ Ensemble de bâtiments de ferme bas, disposés en long. *Longère vendéenne. « une vaste longère en L, aux murs chaulés »* HOUELLEBECQ.

LONGERON [lɔ̃ʒʀɔ̃] **n. m.** – 1873 ; « poutre d'un moulin » 1280 ◇ de *long* ▪ **1** Pièce de charpente parallèle aux poutres principales et fixée aux poutrelles, qui soutient chaque file de rails d'un pont de chemin de fer. *Traverses de rails posées sur des longerons.* — Maîtresse poutre métallique (d'un pont). *« Le vent faisait vibrer les longerons d'acier du pont »* SIMENON. ▪ **2** Chacune des pièces maîtresses longitudinales de la charpente, du châssis (d'un véhicule). *« le châssis s'était rompu, faussant les deux longerons* [de la locomotive]*»* ZOLA. *Fuselage à quatre longerons entretoisés.* — (1931) *Longeron de voilure d'avion,* constitué par deux semelles* réunies par une âme (III). ➤ 4 **lisse.**

LONGÉVITÉ [lɔ̃ʒevite] **n. f.** – 1777 ◇ bas latin *longævitas,* de *longus* « long » et *ævum* « âge » ▪ **1** Longue durée de la vie (d'un individu, d'un groupe, d'une espèce). *La longévité des plantes vivaces. La longévité humaine.* — FIG. *« la longévité de son œuvre »* CAILLOIS. ▪ **2** Durée de la vie. *La longévité augmente dans les pays industrialisés.* DÉMOGR. *Tables de longévité.*
▪ **CONTR.** Brièveté.

LONGI- ▪ Élément, du latin *longus* « long ».

LONGICORNE [lɔ̃ʒikɔʀn] **adj.** et **n. m.** – 1823 ◇ de *longi-* et *corne* ▪ Qui a de longues cornes, de longues antennes. *Insecte longicorne.* — **n. m.** *Un longicorne.*

LONGILIGNE [lɔ̃ʒiliɲ] **adj.** – 1888 ◇ de *longi-* et *ligne* ▪ DIDACT. Caractérisé par la longueur du tronc et des membres par rapport à leur largeur. *Une adolescente longiligne.*

LONGITUDE [lɔ̃ʒityd] **n. f.** – 1525 ; « longueur » 1314 ◇ latin *longitudo* ▪ L'une des coordonnées sphériques d'un point de la surface terrestre ; distance angulaire de ce point au méridien d'origine mesurée en degrés. *Île située par 60° de latitude sud et 40° 20′ de longitude ouest.* — ASTRON. *Longitude géocentrique d'un astre :* la position de sa projection sur le plan de l'écliptique. ➤ **azimut.** — *Bureau des longitudes.* ◆ MATH. Deuxième coordonnée sphérique, distance angulaire d'un point du cercle équatorial de référence au plan orthogonal.

LONGITUDINAL, ALE, AUX [lɔ̃ʒitydinal, o] **adj.** – 1314 ◇ du latin *longitudo, inis* « longueur » ▪ **1** Qui est dans le sens de la longueur. *Des bandes longitudinales et verticales. Vallée longitudinale,* qui suit les chaînes de montagne. *Coupe, section longitudinale.* ➤ **long** (en long). ▪ **2** DIDACT. Qui limite ses observations à un seul individu ou à un nombre déterminé de sujets suivis tout au long de leur développement. *Études longitudinales en psychiatrie.* — **adv. LONGITUDINALEMENT,** 1732.
▪ **CONTR.** Transversal.

LONG-JOINTÉ, ÉE [lɔ̃ʒwɛ̃te] **adj.** – 1660 ◇ de *long* et *joint* ▪ VÉTÉR. Se dit d'un cheval, d'une jument qui a le paturon trop long. *Des chevaux long-jointés.*

LONG MÉTRAGE ➤ **MÉTRAGE**

LONGRINE [lɔ̃gʀin] **n. f.** – 1752 ; *longueraine* 1716 ◇ de *long* ▪ TECHN. Pièce de charpente placée dans le sens de la longueur et qui relie d'autres pièces. — Pièce placée au-dessous et tout au long des rails. *Voie sur longrines des ponts métalliques.*

LONGTEMPS [lɔ̃tɑ̃] **n. m.** et **adv.** – XVIe ; *long tenps* v. 1361 ; *lonc tens* v. 980 ◇ de *long* et *temps*

I n. m. ▪ **1** (Compl. d'une prép.) *Depuis, pendant, pour longtemps. Vous entendrez parler de lui avant longtemps,* bientôt, sous peu. *Exister depuis longtemps. Il est resté absent pendant longtemps* (il est resté longtemps [II] absent). *« de nouveau et pour longtemps mon instruction se trouvait interrompue »* GIDE. *Je n'en ai pas pour longtemps* (cf. Je ne serai pas long*). FAM. *Est-ce qu'il partira dans longtemps ?* — **DE LONGTEMPS :** depuis longtemps. *« Je vous connais de longtemps, mes amis »* LA FONTAINE. — Pendant un long moment. *« De longtemps, vous ne parviendrez à la zone où se trouve la neige »* GAUTIER. *Je ne compte pas y retourner d'ici longtemps.* ▪ **2** (Compl. de *il y a, voici, voilà*) *Il est déjà venu ici, il y a longtemps.* ➤ **autrefois, jadis** (cf. FAM. Il y a un bail*, une paye*). *« Il y a longtemps que je t'aime, Jamais je ne t'oublierai »* (chans.). *Voilà longtemps que nous ne nous sommes vus.*

II adv. Pendant un long espace de temps. *Parler longtemps.* ➤ **longuement.** *« J'ai longtemps habité sous de vastes portiques »* BAUDELAIRE. *Il n'y a plus longtemps à attendre.* ➤ **beaucoup.** — *Assez longtemps. Restez aussi longtemps que vous voudrez,* tant* que vous voudrez. *Ils étaient encore là il n'y a pas très longtemps. Je n'aurais pas dû parler si longtemps. Ils attendent depuis très longtemps* (cf. Depuis belle lurette). *N'y restez pas trop longtemps, ne vous y éternisez pas ! Ils sont restés moins longtemps que la dernière fois. — Ils s'étaient connus bien longtemps avant leur mariage. On se souviendra de lui longtemps après sa mort. « longtemps après que les poètes ont disparu »* TRENET.
▪ **CONTR.** Peu. Bientôt, naguère, récemment.

LONGUE [lɔ̃g] **n. f.** – 1690 ◇ de *long* ▪ **1** MUS. Note longue. *Une longue vaut deux brèves.* ▪ **2** (1740) Voyelle, syllabe longue, qu'on prononce plus lentement qu'une brève*. ▪ **3** *À la longue.* ➤ **long** (I, B, 3°).

LONGUEMENT [lɔ̃gmɑ̃] **adv.** – 1050 ◇ de *long* ▪ Pendant un long temps, avec longueur et continuité (d'une action). *Projet longuement mûri. Raconter longuement une histoire.* ➤ **abondamment, amplement.** *Insister longuement. « À présent c'était lui qui la regardait, – longuement »* MONTHERLANT. — *Le temps ne me permet pas de m'étendre plus longuement.* ➤ **longtemps.** *Rédigez moins longuement.* ▪ **CONTR.** Abrégé (en abrégé), brièvement.

LONGUET, ETTE [lɔ̃gɛ, ɛt] **adj.** et **n. m.** – 1314 ; *longet* XIIe ◇ de *long* ▪ **1** FAM. Qui est un peu long (en dimension ou en durée). *L'attente nous a paru un peu longuette. Ce film est plutôt longuet.* ▪ **2** **n. m.** TECHN. Marteau long et fin du facteur de pianos. ▪ **3** **n. m.** (1922) Petit pain mince et long, de consistance analogue à la biscotte. ➤ **gressin.**

LONGUEUR [lɔ̃gœʀ] **n. f.** – début XIIe, au sens temporel (II, 1°) ◇ de *long*

I DANS L'ESPACE ▪ **1** (milieu XIIe) Dimension (d'une chose) dans le sens de sa plus grande étendue ; la plus grande dimension horizontale d'un volume orienté (opposé à *largeur, hauteur, profondeur*). *La longueur d'une route ; d'un lit, d'une automobile. Pièce tout en longueur. Déployer dans sa longueur.* ➤ **étendre.** *Dans le sens de la longueur.* ➤ **longitudinal** (cf. En long*). *Route bordée d'arbres sur toute sa longueur* (cf. Tout du long*). *Sur une bonne longueur.* SPORT *Saut en longueur.* ▪ **2** Grandeur qui mesure cette dimension. *Une truite de bonne longueur.* ➤ 2 **taille.** *La longueur des cheveux, d'une robe. Augmentation* (allongement), *diminution* (raccourcissement) *de longueur. Longueur parcourue.* ➤ **distance.** ▪ **3** (1765) MATH. Dimension spatiale linéaire d'une droite, d'un arc, de tout objet à une seule dimension. *Longueur, surface et volume. Longueur d'un segment. Longueur d'un rectangle,* le plus grand côté. *Longueur d'un arc paramétré :* l'abscisse curviligne. — *Longueur d'un cercle.* ➤ **circonférence, périmètre.** ◆ (1858 ; *longueur des ondes sonores* 1821) PHYS. **LONGUEUR D'ONDE :** distance que parcourt une onde sinusoïdale pendant une période. *De même longueur d'onde.* ➤ **monochromatique.** *La longueur d'onde est inversement proportionnelle à la fréquence*.* — FIG. et FAM. *Être sur la même longueur d'onde*.* — *Longueur optique* ou *chemin* optique.* ◆ MÉTROL *Unités de mesure de longueur :* mètre (unité SI ; et multiples et sous-multiples) ; angström, micron, fermi ; arpent, aune, brasse, coudée, empan, lieue, ligne, perche, pied, pouce, toise, verge, yard ; encablure, mile, 2 mille, nœud ; année-lumière, parsec, unité astronomique. ▪ **4** (1846) SPORT Unité définie par la longueur de la bête, du véhicule, et servant à évaluer la distance qui sépare les concurrents dans une course. *Cheval qui prend deux longueurs d'avance, qui gagne (est battu) d'une longueur* (➤ aussi **encolure, tête**). FIG. *Avoir une, (des) longueur(s) d'avance,* un avantage (sur un adversaire). ◆ Unité définie par la longueur d'un champ de courses, d'une piscine. *Faire des longueurs de piscine.* « *dans le bassin désert elle nage, une longueur, deux, trois, jusqu'à ne plus compter* » Y. NAVARRE. LOC. *Tenir la longueur :* avoir de la résistance, être capable d'aller jusqu'au bout. ▪ **5** Grandeur linéaire quantitative, non spatiale. MATH. *Longueur d'une suite finie indexée en I :* le nombre d'éléments de I. ▪ **6** (fin XIIe) Grandeur supérieure à la moyenne, dans le sens de la longueur. *Étroitesse et longueur d'un tunnel.*

II DANS LE TEMPS ▪ **1** (début XIIe) Espace de temps. ➤ **durée.** ◆ loc. prép. (fin XVe) **À LONGUEUR DE :** pendant toute la durée de, sans discontinuer. ➤ **long** (tout au long de). *À longueur de temps. À longueur de journée.* ▪ **2** (1567) Longue durée ; durée trop longue. « *Patience et longueur de temps font plus que force ni que rage* » LA FONTAINE. « *Rien n'égale en longueur les boiteuses journées* » BAUDELAIRE. *Tirer les choses en longueur,* les faire durer. *Traîner* en longueur.* ◆ (1529) AU PLUR. Longs délais. *Les longueurs de la justice.* ➤ **lenteur.**

III DANS LE DOMAINE ARTISTIQUE ▪ **1** (1538) Étendue ou durée (d'un texte, d'une œuvre artistique). *La longueur d'un roman, d'une pièce de théâtre, d'un film.* ▪ **2** Grande étendue ou longue durée. *Excusez la longueur de ma lettre. Un roman d'une longueur décourageante.* ▪ **3** (1585) AU PLUR. Passages trop longs, développements superflus qui alourdissent le texte, l'action. « *Ces longueurs, ou plutôt ces traînasseries me sont intolérables* » GIDE. *Ce film est bien, mais il y a des longueurs.* « *Le montage, ça sauve tout. Un coup de ciseaux et les longueurs sautent, hop !* » A. JARDIN.

▪ CONTR. Brièveté.

LONGUE-VUE [lɔ̃gvy] n. f. – 1825 ; *lunette de longue-vue* 1667 ◇ de *long* et *vue* ▪ Lunette d'approche terrestre dont l'objectif est semblable à celui d'une lunette astronomique et dont l'oculaire, à deux lentilles, redresse les images. *Des longues-vues de marine.*

LOOCH [lɔk] n. m. – 1613 ; *lohot* 1514 ◇ arabe *la'uq* « potion qu'on lèche » ▪ PHARM. Médicament sirupeux (adoucissant), composé essentiellement d'une émulsion et d'un mucilage. ▪ HOM. Loch, loque.

LOOFA ➤ **LUFFA**

LOOK [luk] n. m. – 1977 ◇ mot anglais « aspect, allure » ▪ ANGLIC. FAM. Aspect physique (style vestimentaire, coiffure...) volontairement étudié, caractéristique d'une mode. *Il a un drôle de look.* ➤ **allure, genre.** *Un look d'enfer. Changer de look.* ◆ Image donnée par qqch. ➤ **style.** *Donner un nouveau look à une voiture.* ➤ **relooker.** — adj. **LOOKÉ, ÉE,** 1983.

LOOPING [lupiŋ] n. m. – 1911 ◇ de la loc. anglaise *looping the loop* « action de boucler la boucle » ▪ ANGLIC. Acrobatie aérienne consistant en une boucle dans le plan vertical. *Avion qui fait des loopings.* ➤ **boucle** (recomm. offic.).

LOOSER ➤ **LOSER**

LOPE [lɔp] n. f. – 1887 ◇ de *lopaille* « pédéraste passif », altération de *copaille, copain* ▪ PÉJ. ▪ **1** ARG. Homosexuel. ▪ **2** FAM. Personne lâche. ➤ **lopette.** *C'est une lope.* — T. d'injure *Bande de lopes !*

LOPETTE [lɔpɛt] n. f. – 1889 ◇ de *lope* ▪ FAM. et PÉJ. Homme lâche et veule. ➤ **lope.** — T. d'injure *Espèce de lopette !*

LOPHOBRANCHE [lɔfɔbʀɑ̃ʃ] n. m. – 1817 ◇ du grec *lophos* « aigrette » et *branchie* ▪ ZOOL. Poisson à lamelles branchiales élargies et frisées. *L'hippocampe est un lophobranche.*

LOPHOPHORE [lɔfɔfɔʀ] n. m. – 1813 ◇ grec *lophos* « aigrette » et *-phore* ▪ **1** ZOOL. Oiseau de Chine *(gallinacés),* dont les plumes et aigrettes colorées ont longtemps été utilisées comme parure (espèce en voie de disparition). ◆ RARE Les plumes de cet oiseau. « *son grand chapeau de paille noire* [...] *avec une fantaisie de lophophore* » ARAGON. ▪ **2** Panache plumeux de nombreux invertébrés, formé de nombreux tentacules ciliés. *Les lophophores des bryozoaires.*

LOPIN [lɔpɛ̃] n. m. – 1314 ◇ du radical de *loupe* ▪ **1** VX Petit morceau, part. ▪ **2** MOD. Petit morceau de terrain, petit champ. *De petits lopins.* — Plus cour. **LOPIN DE TERRE.** « *ce lopin de terre qui est, pour chacun d'eux* [les Français], *la patrie par excellence* » DUHAMEL.

LOQUACE [lɔkas] adj. – 1764 ◇ latin *loquax* ▪ Qui parle volontiers. ➤ **bavard*.** *Vous n'êtes pas très loquace aujourd'hui.* ➤ FAM. **causant.** *Il n'a pas été loquace sur cette affaire, à ce propos.* ▪ CONTR. Silencieux, taciturne.

LOQUACITÉ [lɔkasite] n. f. – 1466, rare avant XVIIIe ◇ latin *loquacitas* ▪ LITTÉR. Disposition (habituelle ou occasionnelle) à parler beaucoup. *Une loquacité fatigante, importune.* ➤ **bagou, bavardage, faconde, volubilité.** ▪ CONTR. Silence.

LOQUE [lɔk] n. f. – 1468 ◇ moyen néerlandais *locke* « boucle, mèche » ▪ **1** VX ou RÉGION. (Nord ; Belgique) Reste d'étoffe, morceau d'étoffe usé, déchiré. ➤ **chiffon.** — *Loque à poussières :* chiffon pour épousseter. — Serpillière. *Passer un coup de loque.* ➤ **torchon.** ▪ **2** COUR., PÉJ. Morceau d'étoffe déchiré. *Vêtements qui tombent en loques.* ➤ **lambeau ; guenille, haillon.** — PAR EXT. Vieux vêtement sale et déchiré. *Un clochard vêtu de loques.* ➤ **loqueteux.** *Être en loques,* vêtu de loques. ▪ **3** FIG. Personne effondrée, sans énergie ; qui a perdu tout ressort. *Loque humaine. N'être plus qu'une loque.* ➤ **épave.** ▪ **4** (1863) TECHN. Maladie des abeilles qui se manifeste par la pourriture du couvain. ▪ HOM. Loch, looch.

-LOQUE ▪ Élément, du latin *loqui* « parler » : *soliloque, ventriloque.*

LOQUET [lɔkɛ] n. m. – v. 1210 ◇ du moyen néerlandais *loke,* ou de l'anglo-normand *loc,* mot de l'ancien anglais ▪ Fermeture de porte se composant d'une tige mobile (➤ **clenche**) dont l'extrémité vient par translation ou rotation se bloquer dans une pièce (➤ **mentonnet**) fixée au chambranle. ◆ SPÉCIALT Clenche d'un loquet. *Soulever le loquet. Loquet en bois.* ➤ VX **bobinette.**

LOQUETEAU [lɔk(ə)to] n. m. – 1676 ◇ de *loquet* ▪ TECHN. Petit loquet. *Le loqueteau d'un volet. Des loqueteaux.*

LOQUETEUX, EUSE [lɔk(ə)tø, øz] adj. – v. 1500 ◇ de *loque* ▪ **1** Vêtu de loques, de haillons. ➤ **déguenillé.** « *une marmaille loqueteuse* » ARAGON. SUBST. *Un loqueteux.* ▪ **2** (1803) En loques, déchiré. *Habits loqueteux.* « *de vieux bouquins loqueteux* » GENEVOIX.

LORAN [lɔʀɑ̃] n. m. – 1946 ◇ mot anglais, acronyme de *Long Range Aid to Navigation* « aide à grande distance à la navigation » ▪ TECHN. Système de radionavigation utilisé dans la marine et l'aviation, fondé sur la détection de l'occurrence de signaux émis par un réseau de balises fixes. *Le loran a précédé le GPS.*

LORD [lɔʀ(d)] n. m. – 1547 ; *lord-chambellan* 1528 ◇ mot anglais « seigneur » ▪ Titre de noblesse en Grande-Bretagne. *La Chambre des lords. Chez Lord et Lady Buckingham.* ◆ Titre attribué à certains hauts fonctionnaires ou à certains ministres britanniques dans l'exercice de leurs fonctions. *Le lord Chancelier. Le lord du Sceau privé. Le Premier lord de l'Amirauté :* ministre de la marine britannique (jusqu'en 1964). ▪ HOM. Laure, lors.

LORD-MAIRE [lɔʀ(d)mɛʀ] **n. m.** – 1680 *lord Maire* ◊ traduction de l'anglais *lord Mayor* ▪ Maire élu de certaines grandes villes britanniques. *Le lord-maire de Londres. Des lords-maires.*

LORDOSE [lɔʀdoz] **n. f.** – 1765 ◊ grec *lordôsis*, de *lordos* «voûte» ▪ ANAT. Courbure (normale) de la colonne vertébrale lombaire ou dorsolombaire, à concavité postérieure. ♦ MÉD. Exagération anormale de la cambrure du dos. ♦ ÉTHOL. *Réflexe de lordose* : accentuation de la courbure lombaire chez une femelle de mammifère soumise à la monte d'un mâle.

LORETTE [lɔʀɛt] **n. f.** – 1836 ◊ de l'église N.-D. de *Lorette*, située dans un quartier de Paris où habitaient beaucoup de femmes de mœurs légères ▪ VX ou HIST. Jeune femme élégante et facile. ➤ **courtisane, grisette.**

LORGNER [lɔʀɲe] **v. tr.** ‹1› – 1645 ; v. intr. «loucher» 1400 ◊ de l'ancien français *lorgne* «louche», radical germanique °*lurni-* ▪ Regarder, observer de façon particulière (de côté, avec insistance, à l'aide d'un instrument). *Lorgner un rôti du coin de l'œil.* — SPÉCIALT Regarder avec une intention galante. *Elle lorgne ce jeune homme depuis un moment.* ➤ **reluquer.** ♦ FIG. Avoir des vues sur (qqch. que l'on convoite). ➤ **guigner, loucher** (sur), **prétendre** (à). *Lorgner un héritage, une place.*

LORGNETTE [lɔʀɲɛt] **n. f.** – 1718 ; «ouverture pour observer à travers un éventail» 1694 ◊ de *lorgner*, d'après *lunette* ▪ Petite lunette grossissante, SPÉCIALT Lunette qu'on utilise au spectacle. ➤ 1 **jumelle.** ♦ LOC. *Regarder, voir par le petit bout de la lorgnette* : ne voir des choses qu'un petit côté, qu'un aspect accessoire que l'on grossit, dont on exagère l'importance ; avoir des vues étriquées, un esprit étroit.

LORGNON [lɔʀɲɔ̃] **n. m.** – 1812 ; «face-à-main» avant 1772 ◊ de *lorgner* ▪ **1** VX Lentille correctrice. ➤ **monocle.** ▪ **2** Ensemble de deux lentilles et de leur monture sans branches (➤ **binocle**), tenu à la main par une sorte de manche (➤ **face-à-main**) ou maintenu sur le nez par un ressort (➤ **pince-nez**). *Mettre, ajuster son lorgnon.* «*Un lorgnon qui tremblote toujours parce qu'il ne serre qu'un brimborion de peau, sous le front*» DUHAMEL.

LORI [lɔʀi] **n. m.** – 1688 *loury* ◊ du malais *nori*, par le néerlandais *lory* ▪ Perroquet d'Indonésie, de Nouvelle-Guinée et d'Australie *(psittaciformes)*, aux couleurs très vives. *Des loris.* ▪ HOM. Loris, lorry.

LORICAIRE [lɔʀikɛʀ] **n. m.** – 1803 ◊ bas latin *loricarius*, de *lorica* «cuirasse» ▪ Poisson téléostéen de petite taille, vivant dans les fleuves de l'Amérique tropicale, au corps recouvert de plaques osseuses.

LORIOT [lɔʀjo] **n. m.** – fin XIVe ◊ altération de *l'oriot*, pour *l'oriol*, ancien provençal *auriol*, du latin *aureolus* «de couleur d'or» ▪ Oiseau *(passériformes)* plus petit que le merle, au plumage jaune vif, sauf les ailes et la base de la queue qui sont noires chez le mâle. *Loriot jaune, d'Europe*, appelé aussi *merle d'or, grive dorée.* ➤ **compère-loriot.**

LORIS [lɔʀi] **n. m.** – 1765 ◊ ancien néerlandais *loeris* «clown» ▪ Primate inférieur nocturne d'Asie du Sud *(prosimiens).* ➤ **potto.** *Le loris grêle, le loris lent. Le grand loris arboricole.* ▪ HOM. Lori, lorry.

LORRAIN, AINE [lɔʀɛ̃, ɛn] **adj.** et **n.** – *Loherenc* 1080 ; du nom de la province ◊ latin médiéval *Lotharingia, Lotherengia* ▪ De Lorraine, province de l'est de la France. *Le fer, le charbon lorrain.* — CUIS. *Quiche* lorraine. Potée lorraine.* ♦ **n.** *Les Lorrains.* — **n. m.** Ensemble de parlers gallo-romans de Lorraine appartenant au groupe du français d'oïl, en usage dans l'est de la France (Argonne, Moselle, Vosges) et au sud de la Belgique (Gaume).

LORRY [lɔʀi] **n. m.** – 1868 ◊ mot anglais, d'origine inconnue ▪ CH. DE FER Wagonnet plat employé dans les travaux de construction de voies ferrées. *Des lorrys.* On emploie aussi le pluriel anglais *des lorries.* ▪ HOM. Lori, loris.

LORS [lɔʀ] **adv.** – 1130 ◊ latin *illa hora*, ablatif, «à cette heure-là» ▪ **1** VX ➤ **alors.** ▪ **2 loc. prép. LORS DE :** au moment de, à l'époque de. *Lors de son mariage. Lors de leur installation à Paris.* ▪ **3 loc. adv.** *Depuis* lors. Dès* lors.* — *Pour lors* : à ce moment, alors. ▪ **4 loc. conj.** *Lors que.* ➤ **lorsque.** «*lors, dis-je, qu'un sanglier* [...] *est venu*» MOLIÈRE. — *Dès lors que.* ➤ **dès** (cf. Du moment que). *Lors même que* (et l'indic. ou le condit.) : même si, en dépit du fait que (cf. Alors* même que). «*Ce qui est juste est juste, lors même que le monde devrait crouler*» ZOLA. ▪ HOM. Laure, lord.

LORSQUE [lɔʀsk(ə)] **conj. de temps** – *lors que* v. 1200 ; soudé au XVe ou au XVIe ◊ de *lors* et *que*, écrit longtemps en deux mots ▪ **1** (Marque la simultanéité) Au moment où, quand. *Lorsque tu auras fini, tu viendras me voir.* ➤ **quand.** «*Lorsque l'enfant paraît*» HUGO. *Lorsqu'il, ils ; lorsqu'elle... Lorsqu'un, une.* «*Et lorsqu'enfin son cœur cessa de battre*» GIDE. *Lorsqu'une fois* : une fois que, à partir du moment où. ▪ **2** (Marque la simultanéité et l'opposition) Alors que, tandis que. *On fait des discours, lorsqu'il faut agir.* ▪ **3 LORS... QUE.** ➤ **lors** (4°).

LOSANGE [lɔzɑ̃ʒ] **n. m.** – 1294 ; *losenge* v. 1230 au sens 3° ; n. f. jusqu'au XVIIIe ◊ origine incertaine, p.-ê. du gaulois °*lausa* «pierre plate» ▪ **1** BLAS. Meuble de l'écu, figurant le fer de lance. *Le losange diffère de la macle en ce qu'il est plein.* — Forme de l'écu. *Écu en losange.* ▪ **2** MUS. (plain-chant) Note en forme de losange, valant la moitié de la carrée. ▪ **3** Parallélogramme dont les côtés sont égaux. *Le carré est un losange à angles droits.* — SPÉCIALT Cette figure, lorsqu'il ne s'agit pas d'un carré. ➤ VX **rhombe.** *Les diagonales du losange sont bissectrices des angles des sommets et se coupent à angle droit.* — *Losange de tissu, de papier. Visage en losange.* ♦ Élément décoratif constitué par un losange. *Pavage en losanges* (➤ **losangé**).

LOSANGÉ, ÉE [lɔzɑ̃ʒe] **adj.** – *losengié* fin XIIe ◊ de *losange* ▪ Qui est formé ou couvert de losanges juxtaposés, généralement de couleurs différentes formant un motif décoratif. *Frise losangée.* — BLAS. *Écu losangé.*

LOSE [luz] **n. f.** – 2001 ◊ de l'anglais *to lose* «perdre» ▪ ANGLIC. FAM. Malchance ; échec. *Passer ses vacances sous la pluie, c'est la lose !* — *Être de la lose*, dans l'échec. «*elle est tellement de la lose qu'elle n'a pas bossé depuis des mois*» V. DESPENTES. — REM. On rencontre la graphie *loose* (fautive en anglais → loser).

LOSER [luzœʀ] **n. m.** ou **LOSEUR, EUSE** [luzœʀ, øz] **n.** – v. 1980 ◊ anglais *loser* «perdant», de *to lose* «perdre» ▪ ANGLIC. FAM. Personne qui échoue en général, qui a une conduite d'échec (opposé à *battant, gagneur*). ➤ **perdant, raté.** — On rencontre souvent la graphie *looser* (fautive en anglais), par analogie avec d'autres anglicismes *(cool, foot, groom...)*. *Il «était lui aussi un looser, presque un compagnon d'infortune»* HOUELLEBECQ.

LOT [lo] **n. m.** – v. 1138 ◊ francique °*lôt* ▪ **1** Partie d'un tout partagé entre plusieurs personnes. ➤ 1 **part, portion.** *Lots égaux, équitables. Partager qqch. en plusieurs lots. Diviser, morceler une terre en lots, pour la vendre* (➤ **lotir ; lotissement**). — DR. *Lots distribués à des cohéritiers.* ➤ **héritage, succession.** *Lot en nature, en argent.* ♦ (au Canada fin XVIIIe ◊ de l'anglais) HIST. Terrain concédé à un colon pour le défrichement et la culture. *Les lots de la Couronne.* — ABUSIVEMENT Lopin de terre. ▪ **2** PAR EXT. Ensemble de marchandises ou de produits vendus ou donnés ensemble. ➤ **assortiment, stock.** *Lots de vieux livres vendus dans une vente aux enchères.* — (traduction de l'anglais *batch*) TECHN. Quantité d'un même produit pétrolier liquide expédiée séparément dans une canalisation ou un pipeline. — INFORM. *Traitement par lots* : mode de traitement de l'information suivant lequel chaque utilisateur regroupe son programme et ses données en un lot que l'ordinateur traitera dans son ensemble à un moment ultérieur. ▪ **3** Groupe (de personnes) appartenant à un ensemble plus ou moins homogène, présentant les mêmes caractéristiques. *Tout un lot de Français qui... Se détacher, être au-dessus du lot.* «*Vous étiez si drôle, si empoté. Délicat aussi. Et tellement au-dessus du lot*» J.-P. MILOVANOFF. *Dans le lot, il y a quelques personnes intéressantes.* ▪ **4** Ce qui échoit à un gagnant dans une loterie. *Gagner le gros lot*, le lot le plus important. LOC. *Tirer le gros lot* : bénéficier soudain d'une chance, d'une aubaine exceptionnelle (cf. Décrocher la timbale*, gagner le jackpot*). *Lots de consolation.* — FIN. *Obligations, valeurs à lots*, remboursées par un tirage au sort, avec des primes. ▪ **5** *Le lot de qqn*, ce qui lui échoit ; ce que le hasard, la destinée, la nature lui réserve. ➤ **apanage, destin, sort.** *La souffrance est son lot.* «*Ton lot est de regretter toujours, de ne désirer jamais*» FROMENTIN. «*notre lot, notre destin, la source profonde de notre réalité d'homme*» SARTRE. ▪ CONTR. Totalité, tout. ▪ HOM. Lods.

LOTE ➤ **LOTTE**

LOTERIE [lɔtʀi] **n. f.** – 1538 ◊ néerlandais *loterije*, ou italien *loteria* → lot ▪ **1** Jeu de hasard où l'on distribue un certain nombre de billets numérotés et où des lots sont attribués à ceux qui sont désignés par le sort. ➤ **tombola.** *Billet de loterie. Tirage, tranches d'une loterie. Numéros gagnants d'une loterie. Gagner à la loterie.* «*La loterie : duperie certaine et bonheur cherché par des fous*» STENDHAL. — *Loterie nationale* (1933-

1990). *Acheter un billet, un dixième de la Loterie nationale.* — *Loterie foraine. Roue de la loterie.* ▪ **2** FIG. Ce qui est gouverné, réglé par le hasard. *La vie, le monde est une loterie. On ne peut pas prévoir qui sera touché par l'épidémie, c'est la loterie.*

LOTI, IE [lɔti] **adj.** – 1666 ◊ de *lotir* ▪ *Être bien loti, mal loti* : être favorisé, défavorisé par le sort. IRON. « *La voilà bien lotie !* » MOLIÈRE.

LOTIER [lɔtje] **n. m.** – 1558 ◊ latin *lotus* « mélilot » ▪ Herbe des prés et des talus *(légumineuses papilionacées). Lotier corniculé* : trèfle cornu, utilisé comme fourrage.

LOTION [losjɔ̃] **n. f.** – *loccion* 1372 ◊ bas latin *lotio*, de *lavare* « laver » ▪ **1** VX Action de se faire couler un liquide sur le corps pour le laver, le rafraîchir. ➤ **ablution, bain.** — MOD. Application d'un liquide sur une partie du corps, dans un but thérapeutique. *Faire des lotions sur une plaie.* ▪ **2** COUR. Le liquide utilisé pour des applications à but thérapeutique. *Lotion capillaire,* pour empêcher la chute des cheveux. *Lotion médicamenteuse,* dans le traitement des maladies de la peau. *Lotion astringente pour le visage.* ➤ 1**tonique.** *Lotion après-rasage.* ➤ **after-shave, après-rasage.**

LOTIONNER [losjɔne] **v. tr.** ‹1› – 1835 ◊ de *lotion* ▪ Soumettre à une lotion. *Lotionner une plaie, le cuir chevelu. Se lotionner les cheveux.*

LOTIR [lɔtiʀ] **v. tr.** ‹2› – fin XIIe ◊ de *lot* ▪ **1** Partager, répartir par lots. *Lotir les immeubles d'une succession.* SPÉCIALT (1907) *Lotir un terrain, une propriété, un parc,* les diviser en lotissements. *Terrains viabilisés à lotir,* à mettre en vente par lots. — **p. p. adj.** *Domaine loti.* ▪ **2** Mettre en possession d'un lot. *Après le partage, chacun a été loti d'une maison.* ◆ FIG. *La chance l'a loti d'un certain talent.* — **p. p. adj.** ➤ **loti.**

LOTISSEMENT [lɔtismɑ̃] **n. m.** – 1724 ; « tirage au sort » v. 1300 ◊ de *lotir* ▪ **1** Action de répartir par lots, division par lots. *Le lotissement des immeubles d'une succession.* — SPÉCIALT (XXe) Division d'un terrain en parcelles ; vente ou location de ces parcelles. ▪ **2** (1919) Terrain divisé en lots ; ensemble d'habitations construites sur ces parcelles. *Habiter dans un lotissement.* « *Les lotissements pavillonnaires et leurs pelouses peignées, ciment lisse planté d'arbres maigres et de haies de lauriers* » O. ADAM.

LOTISSEUR, EUSE [lɔtisœʀ, øz] **n.** – XXe ; autre sens XIIIe ◊ de *lotir* ▪ Personne qui partage des terrains en lots, les vend par lots. ➤ aussi **promoteur.**

LOTO [lɔto] **n. m.** – 1782 ◊ italien *lotto* « lot ; sort » ▪ **1** Jeu de hasard où l'on distribue aux joueurs des cartes portant plusieurs numéros, auxquels correspondent des jetons cylindriques (ou des cartons) numérotés et mêlés dans un sac, le gagnant étant le premier à pouvoir remplir sa carte avec des numéros tirés au hasard. ➤ **bingo** (ANGLIC.). *Combinaisons de numéros de loto sortant ensemble.* ➤ 2**terne, quaterne, quine.** ◆ Le matériel du jeu de loto. *Acheter un loto. Des lotos.* — *Boules de loto* : les petits cylindres sur lesquels sont inscrits les numéros. LOC. FAM. *Des yeux en boules de loto,* tout ronds. ▪ **2** (*LOTO*, marque enregistrée) Jeu public consistant à cocher des numéros sur un bulletin, qui gagnent s'ils correspondent aux numéros tirés au sort. *Bulletin, grille de loto. Gagner au loto.* — *Loto sportif,* combiné avec des pronostics sportifs.

LOTTE [lɔt] **n. f.** – 1553 ◊ gallo-roman *lota*, gaulois °*lotta* ▪ **1** Poisson au corps presque cylindrique, à peau épaisse, gluante, couverte d'écailles, à la chair ferme et appréciée. *Lotte à l'américaine.* ▪ **2** PAR EXT. *Lotte de mer.* ➤ **baudroie.** — On écrit parfois *lote.*

LOTUS [lɔtys] **n. m.** – 1553 « lotier, mélilot » ; *lote* 1512 ◊ latin *lotus*, grec *lôtos*, désignant cinq plantes différentes ▪ **1** MYTH. Plante du littoral africain (Tunisie du Sud, Tripolitaine, Cyrénaïque) produisant un fruit auquel les anciens attribuaient des propriétés magiques. *Les Lotophages firent manger du lotus aux compagnons d'Ulysse qui en oublièrent leur patrie.* ▪ **2** COUR. Plante dicotylédone *(nymphéacées),* semblable au nénuphar blanc. *Le lotus sacré est un des principaux symboles de l'hindouisme.* ➤ **nélombo.** ◆ *Position du lotus* : position assise de méditation, au yoga, qui consiste à croiser les jambes en amenant chaque pied sur la cuisse de la jambe opposée. ▪ **3** Nénuphar du Nil. *Lotus des Égyptiens. Lotus bleu. La fleur de lotus stylisée, élément décoratif de l'art égyptien.* ▪ **4** *Lotus jujubier.* ➤ **jujubier.** *Trèfle lotus.* ➤ **lotier.**

1**LOUABLE** [lwabl] **adj.** – v. 1120 ◊ de 1*louer* ▪ Qui est digne de louange, qui mérite d'être loué. ➤ 1**bien,** 1**bon, estimable.** *Scrupules, intentions, sentiments louables.* ➤ **honnête.** *De louables efforts.* ➤ **méritoire.** ▪ CONTR. Blâmable, condamnable, mauvais, répréhensible.

2**LOUABLE** [lwabl] **adj.** – 1606 « qu'on peut prendre à louage » ◊ de 2*louer* ▪ Qu'on peut louer (2). *Cet appartement est difficilement louable, il est trop vétuste. Garage louable à l'année.*

LOUAGE [lwaʒ] **n. m.** – *loage* 1253 ◊ de 2*louer* ▪ **1** VX Action de donner ou de prendre en location ; loyer. ▪ **2** (XVIe) MOD., DR. Fait de céder à loyer, pour un temps (➤ 2**louer**). *Contrat de louage. Louage des maisons* (bail à loyer), *des héritages ruraux* (bail à ferme), *des animaux de ferme* (bail à cheptel), *d'un bâtiment de mer* (fret). *Louage d'ouvrage, d'industrie* : contrat d'entreprise (➤ **locateur**). — *Louage de services* : contrat de travail. ◆ COUR. **DE LOUAGE :** qui est à louer, que l'on a loué. ➤ **location.** *Voiture de louage.*

LOUANGE [lwɑ̃ʒ] **n. f.** – 1120 ◊ de 1*louer* ▪ **1** LITTÉR. Action de louer (qqn ou qqch.) ; le fait d'être loué. ➤ **éloge ;** 1**louer.** « *La louange ne sert qu'à corrompre ceux qui la goûtent* » ROUSSEAU. — *À la louange de* : en l'honneur de. *Discours à la louange d'un héros.* ➤ **apologie, panégyrique.** ▪ **2** COUR. (généralt au plur.) Témoignage verbal ou écrit d'admiration ou de grande estime. ➤ **compliment, félicitation.** *Prodiguer des louanges à qqn.* ➤ 1**louer ; encenser.** *Attitude digne de louange(s).* ➤ 1**louable.** *Ce fut un concert de louanges. Louanges outrées, serviles.* ➤ **flagornerie, flatterie.** « *Le refus des louanges est un désir d'être loué deux fois* » LA ROCHEFOUCAULD. ▪ **3** Titre à être loué ; mérite. ➤ **gloire.** *C'est tout à sa louange.* ▪ CONTR. Blâme, 2critique, reproche.

LOUANGER [lwɑ̃ʒe] **v. tr.** ‹3› – 1475 ; *loengier* XIIe ◊ de *louange* ▪ LITTÉR. Couvrir de louanges ; faire l'éloge de. ➤ 1**louer, glorifier.** « *Ils s'interrompirent pour louanger un Pouilly* [un vin] » ROMAINS. ▪ CONTR. Blâmer, critiquer.

LOUANGEUR, EUSE [lwɑ̃ʒœʀ, øz] **n. et adj.** – 1570 ◊ de *louanger* ▪ **1** VIEILLI Personne qui a l'habitude, la manie de louanger. ➤ **adulateur, encenseur, flagorneur, flatteur, laudateur.** ▪ **2 adj.** LITTÉR. Qui contient ou exprime une louange. ➤ **élogieux, épidictique, laudatif.** *Discours louangeur. Paroles louangeuses.* ▪ CONTR. 1Caustique, dénigreur, médisant, satirique.

LOUBARD [lubaʀ] **n. m.** – avant 1973 ◊ probablt verlan (modifié) de *balourd* avec l'influence de *loulou* (II, 2°) ▪ FAM. VIEILLI Jeune homme vivant dans une banlieue, une zone urbaine, appartenant à une bande et affectant un comportement asocial. ➤ **loulou, voyou** (cf. Blouson* noir, mauvais* garçon). ABRÉV. **LOUB** [lub]. *Une bande de loubs.* — On rencontre le fém. LOUBARDE.

LOUCEDÉ (EN) [ɑ̃lusde] **loc. adv.** – 1914 ◊ transformation argotique de *en douce* ▪ FAM. Discrètement, sans se faire remarquer (cf. En douce). « *goûtant en loucedé tous les paquets de gâteaux* » V. DESPENTES.

1**LOUCHE** [luʃ] **adj.** – fin XIIIe ◊ fém. de l'ancien français *lois* « qui ne voit pas bien » (fin XIIe), du latin *luscus* « borgne » ▪ **1** VX Qui est atteint de strabisme. ➤ **bigle,** FAM. **louchon.** « *le marquis était louche* » PROUST. — *Yeux louches.* — PAR MÉTAPH. *Il lui jeta un regard louche.* ➤ **oblique, torve** (cf. De travers). ▪ **2** VX Qui manque de clarté, de transparence. *Vin louche.* ➤ 1**trouble.** « *une lumière louche, un éclairage livide d'orage* » ZOLA. — **n. m.** CHIM. *Le louche* : turbidité qui se produit dans une solution par précipitation d'un sel. ▪ **3** FIG. et COUR. Qui n'est pas clair, pas honnête. ➤ **suspect,** 1**trouble ;** FAM. **chelou** (cf. Pas net). *Affaires, manœuvres louches. Fréquenter des milieux louches.* ➤ **interlope.** *Un individu louche. Un cabaret, un café louche.* ➤ **borgne, malfamé.** « *patron d'une banque louche, directeur d'un journal suspect* » MAUPASSANT. « *des vices cachés, un passé louche* » DUHAMEL. *Voilà qui me paraît louche, c'est louche* (cf. Pas très catholique*). SUBST. *Il y a du louche dans cette histoire.* ▪ CONTR. Clair, 2franc, 2net.

2**LOUCHE** [luʃ] **n. f.** – *louce* XIIIe ◊ francique °*lôtja* ▪ **1** Grande cuillère à long manche et à cuilleron hémisphérique, avec laquelle on sert le potage, les mets liquides ou pâteux. ➤ RÉGION. 2**poche.** « *Sa grande louche qui charriait* [...] *une pleine écuellée de soupe aux choux* » GIONO. — *À la louche* : en grande quantité. *Manger du caviar à la louche.* FIG. *Estimation à la louche,* grossière. ◆ Son contenu. *Encore une louche de soupe !* — FIG. *En remettre une louche* : insister lourdement, en remettre* excessivement (cf. En remettre une couche*). ▪ **2** TECHN. Nom de divers outils. ▪ **3** FAM. Main. *Serrer la louche à qqn.* ➤ **cuillère, pince.**

LOUCHER [luʃe] v. intr. ‹1› – 1611 ◊ de 1*louche* ■ **1** Être atteint de strabisme ; avoir les axes visuels des deux yeux non parallèles. ➤ PÉJ. **bigler** (cf. FAM. Avoir un œil* qui joue au billard et l'autre qui compte les points ; un œil qui dit merde à l'autre ; les yeux qui se croisent* [les bras]). *Loucher légèrement* (cf. FAM. Avoir une coquetterie* dans l'œil). ■ **2** LOC. FAM. (1859) *Faire loucher qqn,* provoquer sa curiosité, son envie, son dépit. ♦ (1896) *Loucher sur, vers :* jeter des regards pleins de désir, de convoitise sur (qqn ou qqch.). ➤ **guigner, lorgner.** «*Respellière louchait sur le buffet*» ARAGON.

LOUCHERBEM ou **LOUCHÉBÈME** [luʃebɛm] n. m. – 1876 ◊ de 2*boucher* ■ **1** ARG. Boucher. ■ **2** Argot qui transforme les mots (comme *boucher* en *l-oucher + b-em*).

LOUCHERIE [luʃʀi] n. f. – fin XVIIe ◊ de *loucher* ■ VIEILLI Le fait de loucher ; état d'une personne qui louche. ➤ **strabisme.** «*voyant ma loucherie — un fort strabisme convergent*» D. ROLIN.

LOUCHET [luʃɛ] n. m. – 1342 ◊ de 2*louche* ■ TECHN. Bêche à lame étroite et très allongée (pour creuser des tranchées). *Il «m'a envoyé sur les pâtures avec un louchet pour curer les drains»* BERGOUNIOUX.

LOUCHEUR, EUSE [luʃœʀ, øz] n. – 1823 ◊ de *loucher* ■ Personne qui louche. ➤ FAM. **bigleux, louchon.**

LOUCHON [luʃɔ̃] n. m. – 1866 ◊ de 1*louche* ou de *loucher* ■ FAM. et VIEILLI Personne qui louche. ➤ **loucheur.** «*son apprentie, ce petit louchon d'Augustine*» ZOLA.

LOUÉE [lwe] n. f. – 1855 ; *loue* 1848 ◊ de 2*louer* ■ RÉGION. Assemblée où se louent les ouvriers agricoles, les journaliers.

1**LOUER** [lwe] v. tr. ‹1› – XIVe ; *loer* 1080 ; *lauder* Xe ◊ latin *laudare* ■ **1** Déclarer (qqn ou qqch.) digne d'admiration ou de très grande estime. ➤ **exalter, glorifier, honorer, magnifier, vanter** (cf. Porter aux nues*, au pinacle*). «*Aimez qu'on vous conseille et non pas qu'on vous loue*» BOILEAU. *Louer qqn sans mesure.* ➤ **encenser, flatter, louanger** (cf. Couvrir de fleurs*). *Un critique, un article qui loue une œuvre* (➤ **laudatif ; laudateur**). — *Louer l'action de qqn.* ➤ **approuver.** *Louer les qualités d'une chose.* ➤ **prôner.** «*Ce qu'un grand nom recommande a chance d'être loué aveuglément*» FRANCE. — ABSOLT «*On ne loue d'ordinaire que pour être loué*» LA ROCHEFOUCAULD. ■ **2 LOUER (qqn) DE, POUR (qqch.).** ➤ **complimenter, féliciter.** *On ne peut que le louer d'avoir agi ainsi.* «*Si c'est un politique, louez-le pour tout le mal qu'il n'a pas fait*» ALAIN. ■ **3** *Louer Dieu, le Seigneur.* ➤ **bénir, glorifier.** LOC. *Dieu soit loué !* exclamation de joie, de soulagement. ■ **4 SE LOUER** v. pron. RARE Se vanter. COUR. **SE LOUER DE (qqch.),** témoigner ou s'avouer la vive satisfaction qu'on en éprouve. ➤ **s'applaudir,** se **féliciter.** *Je me loue d'avoir accepté son offre.* — *Se louer de qqn,* être pleinement satisfait de lui. *Il n'a qu'à se louer de son fils.* ■ CONTR. Blâmer, calomnier, critiquer, honnir, vilipender. ■ HOM. *Louerai :* lourai (lourer).

2**LOUER** [lwe] v. tr. ‹1› – XIIe ; *louer qqn* 1080 ◊ latin *locare*

I ■ **1** Donner à loyer*, en location*, à bail. ➤ **louage.** *Personne qui loue* (bailleur) *à une autre* (preneur ; locataire) *un local, un appartement, une chambre meublée* (➤ **logeur**), *un domaine, une terre* (➤ **affermer, arrenter**). *Chambre à louer ; maison à louer. Louer un garage pour cent euros.* ■ **2** v. pron. **SE LOUER :** (PASS.) être loué. *Cet appartement doit se louer cher.* ♦ (RÉFL.) (PERSONNES) Engager son service, son travail pour un temps déterminé moyennant un salaire convenu. *Les ouvriers agricoles se louent pour les vendanges.*

II ■ **1** Prendre à loyer, en location, à bail. *Louer un appartement,* en être locataire. *Louer un navire.* ➤ **affréter, noliser.** *Louer un coffre dans une banque. Louer une voiture sans chauffeur, avec chauffeur. Louer un poste de télévision. Louer un habit.* — *Voiture louée* (cf. De location*, de louage*). *Chambre louée au mois.* ♦ SPÉCIALT Retenir en payant. ➤ **réserver.** *Louer sa place dans un train, un avion. Il est prudent de louer ses places.* ■ **2** VIEILLI Engager à son service pour un temps déterminé, moyennant un salaire convenu. *Louer un guide pour une excursion.* ➤ **prendre.** — *Louer les services de qqn.*

LOUEUR, EUSE [lwœʀ, øz] n. – 1606 ; «celui qui prend à louage» 1283 ◊ de 2*louer* ■ Personne qui fait métier de donner en location. *Loueur de chevaux, de voitures. Loueuse de chaises.* ➤ **chaisière.**

LOUFIAT [lufja] n. m. – 1876 ◊ mot d'argot, d'origine inconnue ■ FAM. et PÉJ. Garçon de café. ➤ **serveur.** «*buvant un verre, il fait signe au loufiat qui le sert*» PRÉVERT.

LOUFOQUE [lufɔk] adj. – 1873 ◊ transformation argotique de *fou* ■ **1** Fou* ; au comportement extravagant. ➤ **braque, dingue, farfelu.** *Il a l'air un peu loufoque.* ABRÉV. (1894) **LOUF.** *Ils sont vraiment loufs.* «*Je vais vous dédommager... – Tu n'es pas louf ?*» QUENEAU. — On dit aussi **LOUFTINGUE** [luftɛ̃g], 1885. ■ **2** (CHOSES) Un peu bizarre et drôle. ➤ **extravagant, saugrenu.** *Une histoire loufoque. Comédie, film loufoque.* ➤ **burlesque.**

LOUFOQUERIE [lufɔkʀi] n. f. – 1879 ◊ de *loufoque* ■ Caractère d'une personne loufoque, de ce qui est loufoque. ➤ **extravagance.** «*La loufoquerie de la conversation tenait parfois du fantastique*» GIDE. — *Une loufoquerie :* acte absurde, fou.

LOUGRE [lugʀ] n. m. – 1778 ◊ anglais *lugger* ■ MAR. Petit bâtiment de pêche ou de cabotage à trois mâts.

LOUIS [lwi] n. m. – 1640 ◊ du nom de *Louis XIII* ■ **1** Ancienne monnaie d'or, frappée à l'effigie du roi de France (valeur 10 livres, puis 24). *Deux louis d'or.* ■ **2** (1803) Pièce d'or française de vingt francs (➤ **napoléon**). — PAR EXT. VX Somme de vingt francs (au jeu). *Perdre cent louis au baccara.*

LOUISE-BONNE [lwizbɔn] n. f. – 1690 ◊ de *Louise,* prénom, et 1*bon* ■ Poire d'automne, fondante et douce. *Des louises-bonnes.*

LOUIS-PHILIPPARD, ARDE [lwifilipaʀ, aʀd] adj. – 1893 ◊ de *Louis-Philippe* ■ Qui a rapport au règne de Louis-Philippe, qui appartient au style de son époque. *Bourgeoisie louis-philipparde. Des meubles louis-philippards.*

LOUKOUM [lukum] n. m. – 1853 ◊ arabe *rahat lokoum* «le repos de la gorge» ■ Confiserie orientale, faite d'une pâte aromatisée enrobée de sucre en fine poudre. *Une boîte de loukoums à la rose. Elle «me donnait des loukoums poudrés comme ses doigts»* ARAGON.

LOULOU [lulu] n. – *loup-loup* fin XVIIIe ◊ de *loup*

I n. m. Petit chien d'appartement à museau pointu, à long poil, à grosse queue touffue enroulée sur le dos. *Loulou de Poméranie.*

II n. FAM. ■ **1** (1830) **LOULOU, LOULOUTE** [lulut]. Garçon, fille. — T. d'affection «*je suis toujours* ta petite louloutte [sic], *vieux monstre !*» BALZAC. ■ **2** n. m. (1973) VIEILLI Jeune appartenant à une bande, dans les milieux défavorisés des banlieues des grandes villes. ➤ **loubard.**

LOUNGE [launʒ] n. m. – 1912 ◊ mot anglais (fin XIXe), de *to lounge* «se prélasser» (1508) ■ ANGLIC. Salon-bar à l'ambiance feutrée. *Les lounges des grands hôtels.* — APPOS. *Bar lounge.* — *Musique lounge :* musique d'ambiance, au rythme lent.

LOUP [lu] n. m. – XIIe *leu ;* 1080 *lu* ◊ latin *lupus* ■ **1** Mammifère carnivore vivant à l'état sauvage en Scandinavie, en Asie occidentale et au Canada, et qui ne diffère d'un grand chien que par son museau pointu, ses oreilles toujours droites et sa queue touffue pendante. *Relatif au loup.* ➤ 2**lupin.** *Pelage roux* (➤ **louvet**), *gris ou blanchâtre du loup. Bande de loups affamés.* «*je devinai que c'était un loup. Il emportait le mouton à pleine gueule, par le milieu du corps*» M. AUDOUX. «*Les loups mangent gloutonnement*» LA FONTAINE. *Tanière du loup.* ➤ 2**liteau.** *Le loup, la louve* et leurs louveteaux. Le loup hurle.* — *Chasse au loup.* ➤ **louveterie.** *Piège à loups.* — *La peur du loup. Le «très petit enfant, hanté des légendes et des contes où passait l'ombre du loup»* GENEVOIX. ♦ PAR EXT. *Loup peint.* ➤ **lycaon.** *Loup fouisseur.* ➤ **protèle.** *Loup de Tasmanie.* ➤ **thylacine.** ♦ *Homme-loup.* ➤ **loup-garou, lycanthrope.** *Chien-loup* (voir ce mot). ♦ LOC. *Une faim de loup :* une faim vorace. *Un froid de loup,* très rigoureux. *À pas* de loup. Entre chien* et loup. Se fourrer, se jeter, se précipiter dans la gueule* du loup. Crier au loup :* avertir d'un danger (parfois en exagérant son importance). *Hurler* avec les loups. Être connu comme le loup blanc,* très connu (par allus. à la facilité avec laquelle étaient repérés ces loups beaucoup plus rares que les loups fauves). *Enfermer, laisser entrer le loup dans la bergerie*. Avoir vu le loup :* ne plus être vierge, en parlant d'une jeune fille. «*Elle, qui a vu le loup plus souvent qu'à son tour, se surprend à rougir*» M. BATAILLE. — LOC. PROV. *La faim* fait sortir le loup du bois. Les loups ne se mangent pas entre eux :* les méchants, les gens malhonnêtes ne se nuisent pas entre eux. *Quand on parle du loup, on en voit la queue,* se dit lorsqu'une personne survient au moment où l'on parle d'elle. *L'homme est un loup pour l'homme* («Homo homini lupus») : il est féroce, impitoyable. ♦ Fourrure de cet animal. *Un manteau de loup.* ■ **2** (1966) **JEUNE LOUP :** politicien, homme d'affaires jeune et plein d'ambition. *Un jeune loup aux dents longues.* PAR EXT. *Les jeunes loups du sport, du spectacle.* ■ **3** (1890) FAM.

Terme d'affection à l'égard d'un enfant, d'un être cher. *Mon loup, mon gros loup, mon petit loup* (➤ **loulou,** II). *« T'en fais pas mon p'tit loup C'est la vie ne pleure pas »* P. PERRET. ■ **4** (1849) *Loup solitaire* : individu farouche, qui se complaît dans la solitude. ■ **5** (1758) **LOUP DE MER :** vieux marin qui a beaucoup navigué et à qui ses longs voyages ont fait les manières rudes, l'humeur solitaire. — (1873) Marin très expérimenté. *De vieux loups de mer.* ■ **6** (à cause de sa voracité) Poisson comestible de la Méditerranée. ➤ 2 **bar.** *Loup au fenouil.* ■ **7** (1680) Masque de velours ou de satin noir, couvrant une partie du visage, que portaient autrefois les dames lorsqu'elles sortaient. ➤ VX **touret** (de nez). — Ce masque, porté aujourd'hui dans les bals masqués. ■ **8** (1832) TECHN. Malfaçon dans un ouvrage de construction, de couture. ➤ **loupé.** — MÉTALL. Agglomération de matière mal fondue se formant dans un minerai en fusion. — TYPOGR. Lacune dans une copie.

LOUPAGE [lupaʒ] n. m. – 1920 ◊ de *louper* ■ FAM. Le fait de louper ; chose ratée, loupée. ➤ **ratage.** *Un loupage complet.*

LOUP-CERVIER [lusɛʀvje] n. m. – v. 1265 ; *lucervere* fém. v. 1119 ◊ latin *lupus cervarius* « loup qui attaque des cerfs » ■ Lynx* des régions boréales d'Eurasie. *Des loups-cerviers.*

LOUP DE MER ➤ **LOUP** (4°)

LOUPE [lup] n. f. – 1328 ◊ origine incertaine, soit du radical expressif *lopp-* « chose informe », soit du francique ■ **1** TECHN. Perle brute ou pierre précieuse présentant un défaut de cristallisation qui rend sa transparence imparfaite. *Loupe d'émeraude.* ■ **2** (1549) Kyste sébacé du cuir chevelu. ➤ **tanne.** ◆ (1684) Défaut du bois, excroissance ligneuse qui se développe sur certains arbres. ➤ **nodosité.** *« Divers objets d'art sculptés par un retraité dans les loupes d'arbre »* CARCO. — Cette partie du bois utilisée en ébénisterie. *Commode en loupe d'orme.* ■ **3** (1676) COUR. Instrument d'optique, lentille convexe et grossissante qui donne des objets une image virtuelle droite et agrandie. ➤ **compte-fil.** *Grossissement, puissance d'une loupe. Loupe binoculaire. Travailler, lire à la loupe. Lire son journal avec une loupe.* — FIG. *Regarder une chose à la loupe,* l'examiner de très près, avec une minutie exagérée. *« Étudiez la loupe à la main les textes qui vous sont soumis »* ARAGON.

LOUPÉ, ÉE [lupe] adj. et n. m. – 1919 ◊ de *louper* ■ FAM. Manqué, raté. *Un examen loupé. C'est fichu, complètement loupé.* — n. m. Raté. ➤ aussi **loup** (7°).

LOUPER [lupe] v. tr. ‹1› – 1835 ◊ de *loup* (6°) ■ FAM. ■ **1** Mal exécuter (un travail, une action). Ne pas réussir (qqch.). ➤ **manquer, rater.** *Élève qui loupe un examen. Acteur qui loupe son entrée. « Riton esquissa le même mouvement et le loupa »* QUENEAU. ■ **2** Ne pouvoir prendre, laisser échapper. ➤ **manquer, rater.** *Tu vas louper ton train. Louper l'occasion. « faut pas louper son tour »* BARBUSSE. — LOC. *Il n'en loupe pas une* : il a fait la gaffe, la bêtise qu'il ne fallait pas faire. ◆ Ne pas réussir à rencontrer. *Je l'ai loupé à la gare.* PRONOM. (RÉCIPR.) *Nous nous sommes loupés de peu.* ◆ Ne pas atteindre. *Louper la cible.* — FIG. *Ne pas louper qqn,* l'accabler, le châtier. *« les keufs l'avaient pas loupé, paf, deux ans ferme »* TH. JONQUET. ■ **3** INTRANS. Rater. *Ça n'a pas loupé,* manqué. ■ **4** v. pron. *Se louper* : se tromper ; échouer. *« pour une fois,* [il] *va se louper (qui n'a pas ses petites baisses de régime !) »* PH. JAENADA.

LOUP-GAROU [lugaʀu] n. m. – *leu garoul* XIIIe ◊ renforcement (pléonasme) de *garou,* francique °*wariwulf* « homme-loup » ■ Dans les légendes, les mythes, Homme transformé en loup qui passait pour errer la nuit dans les campagnes. ➤ **lycanthrope.** *Des loups-garous.* ◆ FAM. et VIEILLI Personne d'humeur insociable, homme farouche et solitaire. *« je vivais en vrai loup-garou »* ROUSSEAU. ➤ **sauvage.**

LOUPIOT, IOTE ou **IOTTE** [lupjo, jɔt] n. – 1875 ◊ p.-ê. diminutif de *loup* ■ FAM. Enfant. ➤ **môme.** ■ HOM. Loupiote.

LOUPIOTE [lupjɔt] n. f. – 1915 ◊ p.-ê. du dialectal *loupe* « chandelle » ■ FAM. Petite lampe, lumière. *Allumer une loupiote.* ■ HOM. Loupiote (loupiot).

LOURD, LOURDE [luʀ, luʀd] adj. – milieu XIIe ◊ mot d'origine obscure, d'une forme du latin populaire *lurdus* « lourd »

I MALADROIT ■ **1** (PERSONNES) Qui manque de finesse, de subtilité ; qui est, intellectuellement et physiquement, incapable de réagir vite et bien. ➤ **balourd, épais, fruste, grossier, lourdaud, rustaud ;** FAM. **lourdingue, relou.** *« Elle est bête, elle est lourde, elle est bavarde »* BAUDELAIRE. ■ **2** Qui manifeste de la lourdeur, de la maladresse intellectuelle. ➤ **maladroit.** *De lourds compliments. Lourdes plaisanteries.* ➤ **gros.** *Phrase lourde. Style lourd.* ➤ **embarrassé, gauche.** ■ **3** (1530) Qui se déplace, se meut avec maladresse, gaucherie, lenteur. ➤ **balourd, empoté, lourdaud, pataud.** *Son équipement le rend lourd et maladroit. Insecte, oiseau lourd,* qui vole lourdement. — PAR EXT. *Vol lourd. D'un pas lourd. « Ces gens dansaient gravement, avec des gestes lourds »* GREEN.

II D'UN POIDS ÉLEVÉ ■ **1** (1554) Difficile, pénible à porter, à déplacer, en raison de son poids. ➤ **pesant.** *Lourd fardeau. Paquet lourd à porter. Une valise très lourde. « D'un pas appesanti par ses lourdes chaussures »* CHARDONNE. — (1690) *Terrain lourd, terre lourde,* qu'on a de la peine à remuer, à labourer (➤ **compact**), ou détrempé, dans lequel on enfonce. ◆ FIG. *Se sentir, avoir les jambes lourdes,* avoir de la peine à les mouvoir. *Se sentir les paupières lourdes,* ne pouvoir les soulever. *« Ses longs yeux gris* [...] *étaient troubles, fixes, lourds – lourds comme si réellement ils pesaient des tonnes »* Z. OLDENBOURG. PAR MÉTON. *Avoir les yeux lourds de sommeil.* — Qui gêne par une impression de pesanteur. *Avoir, se sentir l'estomac lourd.* ➤ **chargé.** *Avoir la tête lourde.* — (1573) *Sommeil lourd,* pesant, que rien ne peut déranger (cf. De plomb). ◆ BOURSE *Marché lourd,* dont les cours restent bas, immobiles ou orientés vers la baisse. ■ **2** (fin XIIIe) Dont le poids est élevé ou supérieur à la moyenne. ➤ **gros.** *Un homme « dont la lourde bedaine surplombait les cuisses »* BAUDELAIRE. — *Poids* lourds.* ◆ (Opposé à *léger*) *Armes lourdes.* (1863) *Artillerie lourde,* de gros calibre. *Chars lourds. Bombardier lourd. Industrie lourde* : grosse industrie. *Chimie lourde. Biologie lourde,* industrielle. ◆ Dont la densité est élevée. ➤ **dense.** *Corps plus lourd que l'air.* SUBST. *Les plus lourds que l'air* : les avions, hélicoptères, etc. (opposé à *plus léger que l'air*). — *Huiles* lourdes.* — SC. *Hydrogène lourd* : isotope de l'hydrogène à masse atomique plus élevée (deutérium). *Eau* lourde,* dont cet hydrogène est un composant. ◆ FIG. *Franc* lourd.* ◆ SUBST. LOC. FAM. *C'est du lourd* : c'est important, sérieux, grave ou solide. — *Envoyer* du lourd.*

III DIFFICILE À SUPPORTER ■ **1** Qui agit avec force et violence. *« un coup terrible, lourd, a retenti à la porte »* BAUDELAIRE. ➤ **rude, violent.** LOC. (1736) **AVOIR LA MAIN LOURDE :** VX frapper fort ; FIG. punir, châtier sévèrement ; MOD. mesurer, peser, verser en trop grande abondance, en quantité excessive. *Tu as eu la main lourde sur le sel, c'est immangeable.* ■ **2** FIG. (fin XIVe) Grand, élevé (en parlant de ce qu'on supporte). *Lourdes charges, lourds impôts.* ➤ **écrasant.** *Investissements lourds. De lourdes pertes. Payer un lourd tribut. Structure commerciale trop lourde. Lourde tâche. Lourde responsabilité.* ➤ **important.** *Un lourd passé. Lourde hérédité,* chargée. *De lourdes présomptions pèsent sur l'accusé.* ➤ **grave.** *Lourd chagrin.* ➤ **accablant, douloureux, dur, pénible.** *Traitement médical lourd. Handicap lourd.* ➤ **sévère.** PAR EXT. FAM. *Patients lourds,* gravement atteints. — LOC. *En avoir lourd sur le cœur* : être très triste (cf. En avoir gros sur le cœur*, sur la patate*). — FAM. *C'est lourd !* difficile à supporter, pénible. ■ **3** (1810) Qui accable, oppresse, pèse. *« Le temps était lourd, orageux, d'une chaleur suffocante »* GAUTIER. FAM. *Il fait lourd.* ➤ RÉGION. **fade.** *Silence lourd.* — *Aliments lourds.* ➤ **indigeste.** *Repas trop lourd,* qui alourdit, surcharge l'estomac. ■ **4 LOURD DE :** chargé de. *« une large table lourde de livres, de papiers, de pierres »* GIONO. FIG. *Phrase lourde de sous-entendus, de menaces.* ➤ **chargé, gros, plein,** 1 **rempli.** *Acte lourd de conséquences.* ■ **5** Qui donne une impression de lourdeur, de pesanteur, sur les sens. — (Sur la vue, par son aspect) ➤ **massif, épais.** *Nuages lourds. Tentures lourdes. Monument lourd.* ➤ **mastoc.** *Une lourde silhouette.* ➤ **ramassé, trapu.** — (Sur l'odorat) *Parfum lourd.* ➤ **entêtant,** 1 **fort.** — (Sur le goût) *Un vin lourd et râpeux.*

IV ~ adv. *Peser lourd.* ➤ **beaucoup.** *Cette malle pèse lourd.* FIG. *Cela ne pèsera pas lourd dans la balance,* n'aura pas grande importance. — (1901) FAM. *Il n'en sait pas lourd, il n'en fait pas lourd,* pas beaucoup. *« ce n'était pas pour ce cadavre que je risquais lourd »* P. ÉMOND. ➤ **gros.**

■ CONTR. Aisé, 2 alerte, 2 fin, subtil, vif. — Léger, facile, supportable ; faible. Délicat, 1 délié, élancé, élégant, gracieux, svelte. — Insignifiant, mince. 1 Discret, subtil. ■ HOM. Loure.

LOURDAUD, AUDE [luʀdo, od] n. et adj. – *lourdault* milieu XVe ◊ de l'ancien français *lordel, lourdel* « niais », de *lourd* ■ **1** Personne lourde, maladroite (au moral et au physique). ➤ **butor, maladroit, rustre.** ■ **2** adj. ➤ **balourd, gauche ;** FAM. **lourdingue, relou.** *« Édouard est un peu lourd ; il est même balourd ; il est même lourdaud »* DUHAMEL. ■ CONTR. Adroit, 2 fin.

LOURDE [luʀd] n. f. – 1628 ◊ de *lourd* ■ FAM. Porte. *« V'là que la lourde est bouclée »* COURTELINE.

LOURDEMENT [luʀdəmɑ̃] **adv.** – *lurdement* «violemment» v. 1185 ◊ de *lourd* ■ **1** Gauchement, maladroitement. *Marcher lourdement.* — FIG. *Appuyer, insister lourdement.* ♦ En faisant preuve de beaucoup d'ignorance. ➤ **grossièrement.** *Se tromper lourdement.* ■ **2** De tout son poids, de toute sa force. *Tomber lourdement.* — FIG. *Peser lourdement sur qqch.* : avoir des conséquences importantes pour qqch. ■ **3** Avec une charge, un matériel pesants. ➤ **pesamment.** *Camions lourdement chargés.* «*Des rideaux drapés et lourdement frangés*» GREEN. — FIG. *Ces charges grèvent lourdement son budget.* ■ CONTR. Adroitement, légèrement.

LOURDER [luʀde] **v. tr.** ⟨1⟩ – 1927 ◊ de *lourde* ■ ARG. FAM. Mettre à la porte. ➤ **licencier.** — PAR EXT. Se débarrasser de (qqch. ou qqn). ➤ **jeter, larguer, vider, virer.** *Il s'est fait lourder par sa petite amie.*

LOURDEUR [luʀdœʀ] **n. f.** – 1769 ◊ de *lourd* ■ État de ce qui est lourd. ■ **1** Gaucherie, maladresse. *Lourdeur de la démarche.* ♦ FIG. Manque de finesse, de vivacité, de délicatesse. *Lourdeur d'esprit.* ➤ **épaisseur, lenteur, pesanteur.** — *Un style d'une certaine lourdeur.* ■ **2** RARE Caractère de ce qui pèse lourd. ➤ **pesanteur, poids.** *La lourdeur d'une valise.* ■ **3** FIG. Caractère de ce qui est difficile à supporter. «*vous comprendrez la lourdeur de mon fardeau*» BALZAC. *La lourdeur de l'impôt.* ♦ PAR EXT. Douleur sourde, impression pénible de pesanteur. *Une lourdeur de tête. Des lourdeurs d'estomac.* ■ **4** Caractère massif, pesant. *Lourdeur des formes, de la silhouette. Lourdeur d'un édifice.* ■ CONTR. Légèreté.

LOURDINGUE [luʀdɛ̃g] **adj.** – v. 1940 ◊ de *lourd* ■ FAM. Lourd, qui manque de finesse. *Il est un peu lourdingue.* ➤ **lourdaud,** FAM. **relou.** — **n.** *Un gros lourdingue.*

LOURE [luʀ] **n. f.** – fin XVe ◊ latin *lura* «sacoche» ou scandinave *luthr* ■ MUS. ■ **1** ANCIENNT Musette de grande taille. ■ **2** (v. 1720) Aux XVIIe et XVIIIe s., Danse de théâtre lente à trois temps. ■ HOM. Lourd.

LOURÉ [luʀe] **n. m.** – 1857 ◊ p. p. subst. de *lourer* ■ MUS. Indication qualifiant un mode d'attaque de notes liées et appuyées (notes surmontées de points sous le signe de liaison).

LOURER [luʀe] **v. tr.** ⟨1⟩ – 1765 ; «jouer de la *loure*» XVIe ◊ de *loure* ■ MUS. Jouer (une note, un passage) sur le mode louré. ■ HOM. *Lourai* : louerai (louer).

LOUSTIC [lustik] **n. m.** – *loustig* 1759 ◊ allemand *lustig* «gai», spécialt «bouffon attaché aux régiments suisses» ■ **1** ANCIENNT Amuseur attitré d'une compagnie. «*le boute-en-train du bourg, le loustic*» BALZAC. ■ **2** VIEILLI Individu facétieux. ➤ **farceur, plaisantin.** *Élève qui fait le loustic.* — FIG. «*Des écrivains ravalés, dangereux loustics, farceurs au quarteron*» LAUTRÉAMONT. ♦ MOD. ; FAM. et PÉJ. Homme, type. *C'est un drôle de loustic.* ➤ 2 **coco, lascar, zèbre, zigoto.**

LOUTRE [lutʀ] **n. f.** – *lutre* v. 1112 ◊ latin *lutra.* A éliminé les formes *lorre, leurre* ■ **1** Petit mammifère carnivore *(mustélidés),* à pelage brun épais et court, à pattes palmées, à queue épaisse, adapté à la vie aquatique, se nourrissant de poissons et de gibier d'eau. *Loutre commune* ou *loutre de rivière. Loutre de mer,* du Pacifique Nord. ■ **2** Fourrure de cet animal. *Un manteau de loutre. Une toque en loutre.* ♦ PAR EXT. COMM. *Loutre d'Hudson* (fourrure d'ondatra), *de Sibérie* (martre, kolinski). *Loutre de mer* (otarie gris argenté).

LOUVE [luv] **n. f.** – XVe ; *love* XIIe ◊ latin *lupa*

I Femelle du loup. *La louve et ses louveteaux. La louve romaine qui selon la légende allaita Remus et Romulus.*

II FIG. et TECHN. ■ **1** (1460) Outil pour le levage des pierres de taille. ➤ **levier.** ■ **2** (1680) Filet de pêche, verveux à deux entrées opposées.

LOUVET, ETTE [luvɛ, ɛt] **adj.** – *gris louvet* 1640 ◊ de *louve* ■ Qui est de la couleur du poil du loup, jaunâtre mêlé de noir, en parlant du cheval. *Jument louvette.*

LOUVETEAU [luv(ə)to] **n. m.** – 1331 ◊ de *louve* ■ **1** Petit du loup et de la louve. ■ **2** FIG. (1931) Scout de moins de douze ans.

LOUVETER [luv(ə)te] **v. intr.** ⟨4 /5/⟩ – XVIe ◊ de *louve* ■ VÉN. Mettre bas, en parlant de la louve.

LOUVETERIE [luvɛtʀi ; luv(ə)tʀi] ou **LOUVÈTERIE** [luvɛtʀi] **n. f.** – *loveterie* XIVe ◊ de *louvetier* ■ VX Chasse aux loups et autres grands animaux nuisibles, en vue de leur destruction. Équipage dressé à cette chasse. — MOD. *Lieutenant de louveterie* : personne nommée par le préfet et qui exerce ses fonctions sous le contrôle de l'administration des Eaux et Forêts. ➤ **louvetier.**

LOUVETIER [luv(ə)tje] **n. m.** – 1516 ◊ de *louve* → loup ■ VX *Grand Louvetier* : officier de la maison du roi, qui commandait l'équipage pour la chasse au loup. — (1814) MOD. Lieutenant de louveterie.

LOUVOIEMENT [luvwamɑ̃] **n. m.** – 1922 ◊ de *louvoyer* ■ Action de louvoyer, de tergiverser. ➤ **détour,** 1 **manœuvre.** «*les louvoiements sournois à quoi cette fausse situation l'obligeait*» GIDE.

LOUVOYER [luvwaje] **v. intr.** ⟨8⟩ – *lovoyer* 1621 ; *lovyer* 1529 ◊ de *lof* ■ **1** MAR. Naviguer en zigzag, tantôt à droite, tantôt à gauche de la route à suivre, pour utiliser un vent contraire en lui présentant alternativement chaque côté du bâtiment. *Louvoyer au plus près* (du vent) : remonter au vent. ■ **2** (1762) FIG. Prendre des biais, des détours pour atteindre un but. ➤ **biaiser, tergiverser.** *Louvoyer pour gagner du temps.* «*regardant s'il est bien temps d'avancer ou de reculer, attendant, louvoyant, épiant les courants de l'opinion*» MICHELET.

LOVELACE [lɔvlas] **n. m.** – 1796 ◊ nom d'un personnage du roman «Clarissa Harlowe» de Richardson, 1749, de l'anglais *love* «amour» et *lace* «filet, piège» ■ LITTÉR. Séducteur, don juan. «*Un cavaleur, voilà ce que c'était, un lovelace*» CH. GAILLY.

LOVER [lɔve] **v. tr.** ⟨1⟩ – 1678 ◊ bas allemand *lofen* «tourner», même famille que *lof* ■ **1** MAR. Ramasser en rond (un câble, un cordage). *On love un cordage de gauche à droite.* ■ **2** COUR. **SE LOVER** **v. pron.** (1722) S'enrouler sur soi-même. *Les crotales* «*qui ondulent* [...] *ou se lovent, en sifflant, sous les mousses*» VILLIERS. — *Se lover sur un divan,* s'y pelotonner.

LOW COST [lokɔst] **adj. inv.** – 1996 ◊ mots anglais, de *low* «bas» et *cost* «coût» ■ ANGLIC. À bas prix (recomm. offic.). «*il a réservé une place pour Londres sur une compagnie low cost*» P. LAPEYRE. Recomm. offic. *compagnie à bas prix. Vols low cost.* — **n. m. inv.** *Le modèle économique du low cost.* ♦ FIG. De mauvaise qualité, médiocre (cf. Du pauvre, au rabais). *Des mesures low cost.*

LOXODROMIE [lɔksɔdʀɔmi] **n. f.** – 1667 ◊ du grec *loxodromos,* de *loxos* «oblique» et *dromos* «course» ■ MAR. Courbe suivie par un navire lorsqu'il coupe les méridiens sous un même angle (opposé à *orthodromie*). — **adj. LOXODROMIQUE,** 1667.

LOYAL, ALE, AUX [lwajal, o] **adj.** – 1407 ; *leial* 1080 ◊ latin *legalis* → légal ■ **1** VX ou DR. Conforme à la loi, à ce qui est requis par la loi. ➤ **légal.** ♦ MOD. DR. COMM. *Qualité loyale et marchande.* ■ **2** (t. de féod., repris fin XVIIIe) COUR. Qui est entièrement fidèle aux engagements pris, qui obéit aux lois de l'honneur et de la probité. ➤ **fidèle, honnête, probe.** *Chevalier, sujet loyal.* ➤ VX **féal.** *Loyal serviteur. C'est l'ami le plus loyal.* ➤ **dévoué.** *Adversaire, ennemi loyal. Franc et loyal.* ➤ **fair-play** (ANGLIC.). «*La jeunesse est sincère, fidèle, honnête* [...] *loyale, généreuse*» HUGO. *Une personne loyale en affaires.* ➤ **carré, correct,** 1 **droit, rond ;** FAM. **réglo, régulier.** *Elle a été loyale envers lui.* — *Procédés loyaux envers un adversaire. Remercier qqn pour ses bons et loyaux services.* ♦ **loc. adv. À LA LOYALE :** loyalement, sans tricher ; SPÉCIALT sans armes ou à armes égales. «*il avait accepté de se battre "à la loyale"* [...] *(c'est-à-dire sans coups, seulement en luttant)*» GENET. ■ CONTR. Déloyal, 1 faux, hypocrite, malhonnête ; perfide.

LOYALEMENT [lwajalmɑ̃] **adv.** – *loialment* v. 1135 ◊ de *loyal* ■ D'une manière loyale, honnête. *Être loyalement dévoué à qqn. Discuter loyalement* (cf. Cartes* sur table). *Se battre loyalement* (cf. À la loyale*). *Il a loyalement accepté sa défaite.* ■ CONTR. Déloyalement.

LOYALISME [lwajalism] **n. m.** – 1839 ◊ de *loyal,* p.-ê. d'après l'anglais *loyalism* «fidélité à la Couronne» ■ **1** Fidélité aux institutions établies. *Loyalisme républicain.* ■ **2** Attachement dévoué à une cause. ➤ **dévouement, loyauté.** *Le loyalisme d'un militant envers son parti.* ■ CONTR. Déloyauté.

LOYALISTE [lwajalist] **adj.** et **n.** – 1717 en parlant des Américains fidèles au gouvernement anglais ◊ anglais *loyalist* → loyal ■ RARE Qui a des sentiments de loyalisme. — **n.** *Un, une loyaliste.*

LOYAUTÉ [lwajote] **n. f.** – *loiauté* fin XIe ◊ de *loyal* ■ Caractère loyal, fidélité à tenir ses engagements, à obéir aux règles de l'honneur et de la probité. ➤ **droiture, honnêteté, loyalisme** (2°). *Reconnaître avec loyauté les mérites de l'adversaire.* ➤ **fair-play** (cf. Bonne foi*). *Loyauté envers qqn.* «*Vous lui jurerez foi et loyauté à toute épreuve*» ROUSSEAU. *Loyauté conjugale.* ➤ **fidélité.** — PAR EXT. «*cette loyauté de regard, qui ne cache rien de soi*» R. ROLLAND. *La loyauté de sa conduite.* ■ CONTR. Déloyauté, duplicité, hypocrisie, perfidie, traîtrise.

LOYER [lwaje] **n. m.** – v. 1300 ◊ latin *locarium* «prix d'un gîte», de *locare* → 2 louer ■ **1** DR. Prix du louage de choses. ➤ **bail, location.** *Donner, prendre à loyer.* ➤ 2 **louer.** *Loyer d'une ferme.* ➤ **fermage.** ◆ SPÉCIALT et COUR. Prix de la location d'un local d'habitation. *Loyer élevé, gros loyer ; petit loyer. Habitation à loyer modéré,* (Canada) *à loyer modique (H. L. M.). Locataire qui paie le loyer de son appartement. Payer son loyer. Quittance de loyer.* — PAR EXT. Le moment où le loyer doit être payé. ➤ **terme.** *La blanchisseuse «se trouvait en retard d'un jour sur son loyer»* ZOLA. ■ **2** FIN. *Le loyer de l'argent* : le taux d'intérêt. ➤ **intérêt.** ■ **3** VX Prix du louage de services, d'ouvrage. ➤ **salaire.** *«Toute peine, dit-on, est digne de loyer»* LA FONTAINE. ◆ FIG. et LITTÉR. ➤ **prix, salaire.** *Un homme «chargé du loyer de ses fautes»* GOBINEAU.

L. S. D. [ɛlɛsde] **n. m.** – 1948, répandu v. 1966 ◊ sigle anglais américain, de l'allemand, sigle de *Lysergsaürediäthylamid* «diéthylamide de l'acide lysergique» ■ Substance hallucinogène tirée d'alcaloïdes présents dans l'ergot de seigle. ➤ **lysergamide, lysergique.** *Il prend du L. S. D.* ➤ FAM. **speed.**

LU, LUE ➤ 1 **LIRE**

LUBIE [lybi] **n. f.** – 1636 ◊ p.-ê. du latin *lubere*, variante de *libere* «trouver bon» ■ Idée, envie capricieuse et parfois saugrenue, déraisonnable. ➤ **caprice, fantaisie, folie, foucade.** *Il a des lubies, il lui prend des lubies. C'est sa dernière lubie.* ➤ **tocade.** *«attribuant à des lubies mes apparents changements d'humeur»* GIDE.

LUBRICITÉ [lybʀisite] **n. f.** – v. 1361 ◊ latin ecclésiastique *lubricitas* → lubrique ■ Penchant effréné ou irrésistible pour la luxure, la sensualité brutale. ➤ **impudicité, sensualité.** *Se livrer à la lubricité.* ➤ **débauche.** ■ CONTR. Chasteté, pureté.

LUBRIFIANT, IANTE [lybʀifjɑ̃, jɑ̃t] **adj.** et **n. m.** – 1363 ◊ de *lubrifier* ■ **1** Qui lubrifie. *Liquide, gel lubrifiant.* ■ **2 n. m.** (1903) Matière onctueuse, ayant la propriété de lubrifier (cire, graisses, huiles, vaselines, résidus de distillation, substances à structure lamellaire : graphite, mica, talc). ➤ aussi **dégrippant.** *Viscosité d'un lubrifiant.*

LUBRIFICATION [lybʀifikasjɔ̃] **n. f.** – 1842 ◊ de *lubrifier* ■ Action de lubrifier. *Lubrification d'un mécanisme par huilage, graissage.*

LUBRIFIER [lybʀifje] **v. tr.** ⟨7⟩ – 1363 ◊ du latin *lubricus* «glissant» et *-fier* ■ Rendre glissant à l'aide d'une matière onctueuse (➤ **lubrifiant**) qui atténue le frottement, facilite le fonctionnement. ◆ Enduire (un mécanisme) d'une matière lubrifiante. ➤ **graisser, huiler, oindre.** *Lubrifier un moteur, les rouages d'une machine, l'axe d'une roue.*

LUBRIQUE [lybʀik] **adj.** – 1450 ; a remplacé *lubre* ◊ latin *lubricus* «glissant» ■ LITTÉR. OU PLAIS. (PERSONNES) Qui a, qui manifeste un penchant effréné pour la luxure. ➤ **luxurieux, salace, sensuel.** ◆ (CHOSES) Qui est empreint de lubricité. *Amours lubriques.* ➤ **bestial, charnel.** *Un regard lubrique. «des peintures lubriques qui feraient rougir des capitaines de dragons»* GAUTIER. — PLAISANT *Jeter un œil lubrique sur qqn, qqch.* ➤ **concupiscent.** ■ CONTR. Chaste, pur.

LUBRIQUEMENT [lybʀikmɑ̃] **adv.** – v. 1360 ◊ de *lubrique* ■ LITTÉR. OU PLAISANT D'une manière lubrique.

LUCANE [lykan] **n. m.** – 1789 ◊ latin *lucanus* «cerf-volant» ■ ZOOL. Coléoptère de grande taille, à la cuirasse brun-noir, dont le mâle se distingue par des mandibules fortes et ramifiées. ➤ **cerf-volant.**

LUCANISTE [lykanist] **n.** – 1993 ◊ de *lucane* ■ Amateur de cerfs-volants. ➤ **cerf-voliste.**

LUCARNE [lykaʀn] **n. f.** – 1400 ; *luquarme* 1335 ; *lucanne* 1261 ◊ du francique °*lukinna* «ouverture fermée par un clapet» ■ **1** Petite fenêtre, pratiquée dans le toit d'un bâtiment pour donner du jour à l'espace qui est sous le comble. ➤ **faîtière.** *Lucarne ronde, ovale* (➤ **œil-de-bœuf**), *carrée. Lucarne à tabatière. Lucarne des combles, d'un grenier, d'une mansarde.* ➤ **chien-assis.** ■ **2** Petite ouverture pratiquée dans un mur, une cloison, une paroi. *Lucarne d'une entrée. Lucarne grillée d'un cachot. La télévision, «une lucarne ouverte sur l'univers fascinant de la vie américaine»* TOURNIER. ◆ *La petite lucarne, les étranges lucarnes* : la télévision. ■ **3** OPT. Ouverture limitant le champ d'un instrument d'optique. ■ **4** SPORT Chacun des deux angles supérieurs des buts, formés par les poteaux et la barre transversale. *«un coup franc qui prenait la direction de la lucarne»* O. ADAM.

1 **LUCERNAIRE** [lysɛʀnɛʀ] **n. m.** – 1704 ◊ du latin *lucerna* «lampe» ■ LITURG. Première partie de la vigile, office que les premiers chrétiens célébraient, à la lueur des lampes, pendant la nuit du samedi au dimanche.

2 **LUCERNAIRE** [lysɛʀnɛʀ] **n. f.** – 1801 ◊ du latin *lucerna* «lampe» ■ ZOOL. Espèce de méduse *(scyphozoaires)* fixée aux algues, aux rochers par le sommet de son ombrelle et présentant l'aspect d'un entonnoir portant sur son bord huit tentacules courts terminés en touffes.

LUCIDE [lysid] **adj.** – 1478 ◊ latin *lucidus* «clair, lumineux» ■ **1** VX ou POÉT. Clair, lumineux. ➤ **translucide.** *Le faîte «découpe dans l'air lucide sa frise»* CLAUDEL. ■ **2** (1690) MOD. Caractérisé par la raison saine et claire. *Fou, dément qui a des intervalles, des moments lucides,* durant lesquels il retrouve sa raison (cf. Moments de lucidité*). ◆ (PERSONNES) Conscient. *Il est revenu de son évanouissement, mais il n'est pas encore entièrement lucide* (cf. Avoir toutes ses idées*, toute sa tête*). ■ **3** (1802) COUR. Qui perçoit, comprend, exprime les choses (notamment celles qui le ou la concernent) avec clarté, perspicacité. *Esprit, intelligence lucide.* ➤ **clair, clairvoyant, pénétrant, perspicace.** *Thiers «a cette clarté qui fait plaisir à l'esprit, il est lucide»* SAINTE-BEUVE. *Juger d'un œil lucide,* sans passion. *Raisonnement lucide.* ➤ 2 **net.** ◆ Clairvoyant sur lui-même, sur son propre comportement. ■ CONTR. Fou, inconscient ; aveugle.

LUCIDEMENT [lysidmɑ̃] **adv.** – fin XVe ◊ de *lucide* ■ D'une manière lucide, avec clarté. *«un regard si lucidement jeté dans sa pensée»* BALZAC. ■ CONTR. Aveuglément.

LUCIDITÉ [lysidite] **n. f.** – 1768 ; «éclat, gloire» 1480 ◊ de *lucide* ■ **1** Qualité d'une personne, d'un esprit lucide (3°). ➤ **acuité, clairvoyance, clarté, pénétration, perspicacité.** *Raisonner avec lucidité. La lucidité d'un observateur, d'un critique, d'un juge. Proust «analysait, avec une impitoyable lucidité, ce qu'on avait dit et ce qu'on avait tu»* MAUROIS. *Lucidité de l'esprit, des idées. Analyse d'une grande lucidité.* ■ **2** Fonctionnement normal des facultés intellectuelles. ➤ **conscience ; lucide** (2°). *«la confession d'un fou dans une lueur de lucidité»* MARTIN DU GARD. ➤ **raison.** ■ CONTR. Aveuglement, démence, égarement, illusion, ivresse, passion.

LUCIFÉRIEN, IENNE [lysifeʀjɛ̃, jɛn] **adj.** et **n.** – XVIIe-XVIIIe ◊ de *Lucifer*, nom du démon, du latin *lux, lucis* «lumière» et *ferre* «porter» ■ Qui tient de Lucifer, du démon. ➤ **démoniaque, satanique.** *«Orgueil luciférien»* SAINT-SIMON. *«Le romantisme avec sa révolte luciférienne»* CAMUS. ◆ **n.** (1873) HIST. Membre d'une secte accusée de rendre un culte au démon.

LUCIFUGE [lysifyʒ] **adj.** et **n. m.** – 1532 ◊ latin *lucifugus* ■ DIDACT. Se dit d'animaux qui fuient la lumière. *«Le monde des insectes est celui de la nuit ; ils sont tous lucifuges»* MICHELET. — **n. m.** Variété de termite.

LUCILIE [lysili] **n. f.** – 1854 ; nom de plante 1839 ◊ latin moderne *lucilia*, de *lux, lucis* «lumière» ■ ZOOL. Insecte diptère, appelé communément *mouche verte, mouche dorée. Lucilie bouchère* : lucilie qui pond ses œufs dans les plaies des mammifères et dont les larves dévorent la chair vivante de leur hôte.

LUCIMÈTRE [lysimɛtʀ] **n. m.** – 1771 ◊ du latin *lux, lucis* «lumière» et *-mètre* ■ SC. Appareil de mesure du rayonnement lumineux reçu en un point en un temps donné.

LUCIOLE [lysjɔl] **n. f.** – *lucciole* 1704 ◊ italien *lucciola*, de *luce* «lumière» ■ Insecte coléoptère, dont l'adulte est ailé et lumineux (parfois confondu avec le ver luisant). ➤ RÉGION. **mouche** (à feu). *Un vol de lucioles.*

LUCITE [lysit] **n. f.** – 1922 ◊ du latin *lux, lucis* «lumière» et *-ite* ■ MÉD. Lésion cutanée causée par le rayonnement lumineux (notamment en cas d'exposition prolongée au soleil).

LUCRATIF, IVE [lykʀatif, iv] **adj.** – 1265 ◊ latin *lucrativus*, de *lucrum* → lucre ■ Qui procure un gain, des profits, des bénéfices. ➤ **rémunérateur, rentable.** *Un emploi lucratif. Opération lucrative.* ➤ **fructueux,** FAM. **juteux.** — DR. *Association à but non lucratif.* — **adv. LUCRATIVEMENT,** 1829. ■ CONTR. Bénévole, désintéressé, gratuit.

LUCRE [lykʀ] **n. m.** – v. 1460 ◊ latin *lucrum* ■ **1** VX Gain, profit (➤ **lucratif**). ■ **2** MOD. et PÉJ. Profit plus ou moins licite dont on est avide. ➤ **gain, profit.** *Le goût, l'amour, l'appât du lucre.*

LUDDISME [lydism] **n. m.** – XXe ◊ anglais *luddism* (1812), de *Ludd*, nom d'un personnage qui, dans un accès de colère, aurait détruit des métiers à tisser ■ HIST. Destruction des machines industrielles, en Angleterre, par des ouvriers révoltés (1811-1816) ; attitude ou pratique similaire dans les débuts de l'industrialisation. ■ HOM. Ludisme.

LUDICIEL [lydisjɛl] n. m. – v. 1980 ◊ de *ludi(que)* et *(logi)ciel* ■ INFORM. Logiciel destiné à des jeux.

LUDION [lydjɔ̃] n. m. – 1787 ◊ latin *ludio* «baladin, histrion», de *ludere* «jouer» ■ Appareil de démonstration de physique, formé d'une sphère creuse percée d'un trou à sa partie inférieure (et parfois lestée par une figurine) qui monte et descend dans un bocal fermé par une membrane, quand on y modifie la pression. ♦ PAR MÉTAPH. *Être ballotté comme un ludion, être un ludion* : être le jouet des circonstances.

LUDIQUE [lydik] adj. – 1910 philos. ◊ du latin *ludus* «jeu» ■ **1** Relatif au jeu. *Activité ludique des enfants.* ♦ PHILOS., SC. HUMAINES Relatif au jeu en tant qu'élément du comportement humain. *L'attitude ludique. «Fonctions ludiques de l'État»* G. BOUTHOUL. — SUBST. *Le ludique* : l'activité, le comportement du jeu. *«Le ludique, activité libre par excellence»* CAILLOIS. ➤ **ludisme.** ■ **2** (v. 1960) Pour jouer, de jeu. *Un parcours ludique.*

LUDISME [lydism] n. m. – 1940 ◊ du latin *ludus* «jeu» ■ DIDACT. Activité ludique. ➤ **jeu ; ludique** (n. m.). *Le ludisme et l'équilibre vital.* ■ HOM. Luddisme.

LUDOÉDUCATIF, IVE [lydoedykatif, iv] adj. – 1982 ◊ du latin *ludus* «jeu» et *éducatif* ■ DIDACT. Qui vise à éduquer par l'intermédiaire du jeu. *Logiciels ludoéducatifs.*

LUDOTHÈQUE [lydɔtɛk] n. f. – 1971 ◊ du latin *ludus* «jeu» et *-thèque*, d'après *bibliothèque, discothèque* ■ Centre de prêt de jouets et de jeux. *La ludothèque d'un hôpital.*

LUETTE [lɥɛt] n. f. – v. 1300 ◊ pour °*l'uette*, d'un diminutif du latin populaire de *uva* «grappe de raisin» ■ Saillie médiane charnue, allongée, du bord postérieur du voile du palais, qui contribue à la fermeture de la partie nasale du pharynx lors de la déglutition. ➤ **uvule ; 2 staphylin.** *Consonne articulée au niveau de la luette.* ➤ **uvulaire.**

LUEUR [lɥœʀ] n. f. – XIIIe ; *luur* XIIe ◊ latin populaire °*lucor, oris*, de *lucere* «luire» ■ **1** Lumière faible, diffuse (➤ **clarté**) ; lumière éphémère. *Lueur blafarde, pâle, tremblante, vacillante. Les premières lueurs du jour.* ➤ **1 aube, aurore.** *Lueur crépusculaire. Lueur des éclairs. «les lueurs pâles des bougies»* BALZAC. *Lire à la lueur des bougies.* ■ **2** Expression vive et momentanée (du regard). *Une lueur malicieuse. Avoir une lueur de colère dans les yeux.* ➤ **éclair, éclat, flamme ; briller.** *Pas une lueur d'intelligence dans son regard.* ■ **3** FIG. Illumination soudaine, faible ou passagère ; légère apparence ou trace. *Lueur du souvenir.* ➤ **trace.** *Lueur de raison, de lucidité.* ➤ **éclair, étincelle.** *Une lueur d'espoir.* ➤ **1 rayon.** *«Trouver une joie imprévue dans la plus faible lueur d'espérance»* MUSSET. ■ **4** PLUR. Connaissances superficielles sur un sujet. *Avoir des lueurs, quelques lueurs sur qqch.* ➤ **lumière.** *Apporter ses lueurs sur un sujet.*

LUFFA [lufa] n. m. – 1708 ◊ latin savant, de l'arabe d'Égypte *lufah* ■ Liane d'Afrique et d'Asie *(cucurbitacées)* dont le fruit à pulpe fibreuse fournit, séché, une éponge végétale ; cette éponge. *Des luffas.* — On écrit aussi *loofa.*

LUGE [lyʒ] n. f. – 1899 ◊ mot région. (Savoie, Suisse), p.-ê. d'origine gauloise ■ Petit traîneau à patins relevés à l'avant. *Faire une glissade, une descente en luge.* — Le sport de la luge. *Faire de la luge.* ➤ **bobsleigh, skeleton, traîneau ;** RÉGION. **glisse.**

LUGER [lyʒe] v. intr. ‹3› – 1903 ◊ de *luge* ■ Faire de la luge.

LUGEUR, EUSE [lyʒœʀ, øz] n. – 1905 ◊ de *luger* ■ Personne qui fait de la luge.

LUGUBRE [lygybʀ] adj. – v. 1300 ◊ latin *lugubris*, de *lugere* «être en deuil» ■ **1** LITTÉR. Qui est signe de deuil, de mort. ➤ **funèbre, macabre.** *Le son lugubre du glas.* ■ **2** COUR. Qui marque ou inspire une profonde tristesse, un sombre accablement. ➤ **funeste ; funèbre, 1 sinistre, triste*.** *«cette maison lugubre, aussi noire, aussi silencieuse et plus vide qu'une tombe»* HUGO. *Air, ton lugubre ; mine lugubre.* ➤ **1 chagrin.** *«Ô flots, que vous savez de lugubres histoires !»* HUGO. *Une soirée lugubre.* ➤ **mortel ;** FAM. **glauque.** — (PERSONNES) Qui inspire la tristesse et l'ennui. *Elle était lugubre ce soir.* ■ CONTR. Gai.

LUGUBREMENT [lygybʀəmɑ̃] adv. – 1606 ◊ de *lugubre* ■ D'une manière lugubre. ➤ **sinistrement, tristement.** ■ CONTR. Gaiement.

LUI [lɥi] pron. pers. – fin IXe, avec préposition (III, 1°) ◊ du latin populaire *illui*, de *illi*, datif de *ille* → le, il et elle

I PRONOM PERSONNEL DE LA TROISIÈME PERSONNE DU SINGULIER DES DEUX GENRES, REPRÉSENTANT UN NOM DE PERSONNE OU D'ANIMAL (plur. ➤ 1 **leur**) ■ **1** (Énonçant les rapports de destination, d'attribution, d'appartenance, d'intérêt qu'exprime normalement la préposition *à*). *À lui, à elle. Il lui dit, elle lui parle. Il le lui a dit.* ➤ POP. 3 **y.** *Nous lui en avons parlé. Il lui donne du pain. Il lui est arrivé un accident. La, sa jambe lui fait mal.* — (Pour renforcer le nom) *Et à Marie, qu'est-ce que vous lui voulez ?* ♦ (Compl. «d'attribution» d'un verbe de perception ou de jugement) *On lui voit beaucoup d'ennemis,* on voit qu'il a beaucoup d'ennemis. *Je lui trouve mauvaise mine.* ♦ (Compl. d'un adj. attribut, construit avec *être* ou un v. similaire, ou compl. de destination du v. lui-même) *Il lui est très facile de venir,* c'est très facile pour lui de venir. *Ça lui sera difficile.* ♦ Faisant fonction de possessif, devant un nom désignant une partie du corps, un élément de la vie mentale ou affective (affection, émotion). *Je lui ai serré la main. Elle lui sauta au cou. L'envie lui a pris de sortir.* ■ **2** Objet d'un verbe principal et sujet d'un inf. ayant lui-même un compl. d'objet dir. ou (plus rarement) ind. *Faites-lui* ou *faites-le recommencer ce travail. Je lui ai laissé lire cette lettre ; je la lui ai laissé lire. Je lui ai entendu dire cela.*

II PRONOM MASCULIN (➤ **elle,** fém. ; **eux,** plur.) ■ **1** (fin XIIe) (Sujet) *Pendant ce temps, lui se repose. Sa sœur et lui héritent. Lui aussi voudrait la connaître. Lui non plus n'y a rien compris.* — (fin XIVe) (Sujet d'un v. au p. p. ou d'une proposition elliptique) *Lui arrivé, elle ne sut que lui dire. «Qu'est-ce qu'il a fait ? – Lui, rien. Sa femme tout»* FRANCE. *Elle est moins raisonnable que lui. Elle en sait autant que lui.* ■ **2** (En apposition au sujet) *Ils sont partis, lui le premier, elle ensuite. Lui qui se plaint toujours, il devrait penser aux autres.* ■ **3 C'EST LUI ; C'EST LUI QUI ; C'EST LUI QUE ; C'EST LUI DONT.** *Qui te l'a dit ? C'est lui. C'est bien lui dont on a annoncé l'arrivée à Paris. C'est lui qui sera content de vous voir !* ■ **4** (Attribut) *Tout ce qui n'est pas lui le laisse indifférent.* ■ **5** (fin XIe) (Objet direct) *Je ne veux voir que lui. Elle n'aimait ni lui ni ses amis.*

III AVEC UNE PRÉPOSITION (➤ **elle,** fém. ; **eux,** plur.) ■ **1** (fin IXe) **À LUI :** régime indirect des v. énonçant le mouvement *(aller, arriver, courir)*, la pensée *(penser, rêver, songer)*, et des trans. ind. tels que *renoncer. Vous pensez encore à lui ? Dieu l'a rappelé à Lui.* — (Régime ind. d'un v. ayant un autre pronom personnel pour compl. d'objet) *Voulez-vous me présenter à lui ? On ne peut pas se fier à lui.* — (Après *c'est*) *C'est gentil à lui de m'avoir écrit. C'est à lui de décider.* ELLIPT *À lui de voir.* — (Après un terme de même fonction) *Ne dites rien à sa femme ni à lui. Je me fierais plus volontiers à elle qu'à lui.* — Après un subst. (possession, appartenance) *Il a une allure bien à lui,* qui lui appartient en propre. *Des idées à lui. Un ami à lui,* un de ses amis. *«Sa mère à lui était concierge place des Vosges»* SIMENON. ♦ Dans le tour à valeur d'apposition **À LUI SEUL ; À LUI TOUT SEUL.** *Il n'y arrivera jamais à lui tout seul,* sans se faire aider. ■ **2** (fin Xe) **DE LUI ; EN LUI ; PAR LUI,** etc. *J'ai plaisir à parler de lui. J'ai confiance en lui. Pour lui, c'est une affaire réglée. Je suis allé avec lui, chez lui.* ■ **3** LITTÉR. devant un p. p. sans auxiliaire *Un livre à lui dédié, un secret par lui soupçonné.*

IV EMPLOYÉ AU LIEU DE *SOI* Pour représenter un sujet masculin *Un homme content de lui. Il regarda autour de lui. Il n'avait pas son agenda sur lui.* — (En concurrence avec *soi*) *Les souvenirs que chacun porte en lui.*

V **LUI-MÊME** [lɥimɛm]. ■ **1** (Non réfl.) (cf. fém. Elle-même ; plur. eux-mêmes). *Lui-même n'en sait rien. Il n'est lui-même qu'un employé.* ■ **2** (fin XIe) (RÉFL.) (cf. Soi-même). *La bonne opinion qu'il a de lui-même. Il est en contradiction avec lui-même. «Tel qu'en Lui-même enfin l'éternité le change»* MALLARMÉ. — LOC. *De lui-même :* de sa propre initiative. *Il a agi de lui-même. — En lui-même, par lui-même :* de par sa propre nature. *Qu'il vienne ici pour voir un peu par lui-même,* personnellement. — (Renforçant le réfl. *se*) *Il se prend lui-même à son jeu. Il s'impose à lui-même une règle de conduite.*

LUIRE [lɥiʀ] v. intr. ‹38, sauf au p. p. *lui,* pas de p. p. fém. ; passé simple et imp. du subj. inus.› – 1155 *luire,* remplace l'ancien français *luisir* ◊ latin *lucere* ■ **1** Émettre ou refléter de la lumière. ➤ **briller*, éclairer, reluire.** *L'aurore, le jour, le soleil luit. Rayon, reflet qui luit* (➤ **lueur**). — *Yeux, prunelles, regards qui luisent de colère, d'envie.* ➤ **étinceler.** — *Luire au soleil,* refléter sa lumière. ➤ **luisant.** *Son crâne luisait. «Les vieux meubles luisaient d'un poli merveilleux»* NERVAL. ■ **2** PAR MÉTAPH. Apparaître, se manifester, comme une lueur apparaît aux yeux. *«L'espoir luit comme un brin de paille dans l'étable»* VERLAINE. ■ CONTR. Effacer (s'), pâlir.

LUISANCE [lɥizɑ̃s] **n. f.** – XVe, repris v. 1840 ◊ de *luisant* ■ LITTÉR. et RARE Caractère de ce qui luit. *« Ses cheveux ont une luisance légère »* MONTHERLANT.

LUISANT, ANTE [lɥizɑ̃, ɑ̃t] **adj.** et **n. m.** – 1080 ◊ p. prés. de *luisir* → luire ■ **1** VX Qui luit, émet de la lumière. ➤ **phosphorescent.** — MOD. **VER LUISANT :** lampyre. ■ **2** Qui réfléchit la lumière, qui a des reflets. ➤ 1 **brillant*, clair.** *Métal luisant, armes luisantes.* ➤ **étincelant,** 2 **poli.** *« Des meubles luisants, Polis par les ans »* BAUDELAIRE. *Peau grasse et luisante. Vêtements luisants d'usure.* ➤ **lustré.** ■ **3** **n. m.** Qualité de ce qui est luisant. *Le luisant d'une étoffe, du satin. « Un vert profond qui a perdu tout luisant »* ROMAINS. ■ CONTR. Obscur, sombre ; 2 mat, 1 terne.

LULU [lyly] **n. m.** – 1770 ◊ onomat. ■ Alouette des bois, mauviette.

LUMACHELLE [lymaʃɛl] **n. f.** – 1765 ◊ italien *lumachella,* de *lumaca* « limaçon » ■ MINÉR., TECHN. Roche sédimentaire calcaire formée de coquilles fossiles peu cimentées. — **adj. LUMACHELLIQUE.**

LUMBAGO [lɔ̃bago ; lœ̃bago] ou **LOMBAGO** [lɔ̃bago] **n. m.** – 1756 ◊ bas latin *lumbago,* de *lumbus* → lombes ■ Affection douloureuse de la région lombaire apparaissant brusquement à la suite d'un effort et provoquée le plus souvent par une hernie de disque intervertébral (cf. FAM. Tour* de reins). *Des lumbagos, des lombagos.*

LUMEN [lymɛn] **n. m.** – 1897 ◊ mot latin « lumière » ■ MÉTROL. Unité de mesure de flux lumineux (SYMB. lm), correspondant au flux émis dans un angle solide de 1 stéradian par une source ponctuelle uniforme ayant une intensité de 1 candela.

LUMIÈRE [lymjɛʀ] **n. f.** – milieu XIIe au sens II, 1° ◊ du latin *luminaria* « flambeau », famille de *lumen, luminis* « lumière »

I RAYONNEMENT (XIIe) **A. AGENT PHYSIQUE CAPABLE D'IMPRESSIONNER L'ŒIL, DE RENDRE LES CHOSES VISIBLES** ■ **1** Ce par quoi les choses sont éclairées. ➤ **clarté.** *Émettre, répandre de la lumière.* ➤ **briller, éclairer, illuminer, luire,** 1 **rayonner, scintiller ; lumineux.** *Source de lumière. « La lumière, répartie sur tous les objets, les éclairait avec une extrême netteté »* FRANCE. ➤ **éclairage.** *Flots, torrents de lumière. Rai, rayon, filet de lumière. « la lumière était particulièrement belle, une lumière d'hiver, de janvier, très blanche »* W. RONIS. *Lumière intense, vive.* ➤ **éclat.** *Trop de lumière éblouit. Lumière diffuse, douce, indécise.* ➤ **lueur, reflet.** *Lumière tamisée, voilée.* ➤ **demi-jour, pénombre.** — *Lumière du soleil, du jour.* ➤ **jour.** *Travailler à la lumière du jour.* — ASTRON. *Lumière cendrée :* reflet du clair de Terre sur la Lune, vu de la Terre. — *Lumière artificielle, électrique. La lumière d'une lampe, d'un phare.* — *Relatif à la lumière* (➤ **actinique**). *Plante, fleur qui se tourne vers la lumière* (➤ **héliotropisme, phototropisme**). *Qui fuit, craint la lumière* (➤ **lucifuge ; photophobie**). — *Utilisation de la lumière au cinéma, en photographie. Spectacle son* et lumière.* ■ **2 LA LUMIÈRE.** Lumière du jour. *Il y a beaucoup de lumière dans cette pièce,* elle est claire, lumineuse. *« Une fenêtre qui laissait entrer plus d'air que de lumière »* FRANCE. ♦ Lumière artificielle. *Donner de la lumière,* allumer. *Allumer la lumière* (emploi critiqué). *Éteindre la lumière.* ■ **3** (milieu XIIIe) Source de lumière, point lumineux. *Les lumières de la ville. Paris, Ville lumière.* ■ **4** (1970) (Canada ; critiqué) Feux de signalisation. *C'est la deuxième rue après les lumières. Passer sur la lumière rouge.* ■ **5** Représentation picturale de la lumière, éclairage. *Contraste de lumière et d'ombre.* ➤ **clair-obscur.** *Touche de lumière. Effet de lumière.* ■ **6** LOC. (traduction de l'espagnol) *Habit de lumière :* le costume, brodé de fils brillants, du toréro qui a reçu l'alternative.

B. SC. **RAYONNEMENT VISIBLE OU INVISIBLE** (XIXe) Flux de photons émis par les corps incandescents ou luminescents (➤ **photo- ; optique, optoélectronique**). *Théories* (corpusculaire, ondulatoire, électromagnétique, quantique) *sur la nature de la lumière. Quantité, flux de lumière* (➤ **candela, lumen, lux, phot**). *Lumière cohérente*, monochromatique** (➤ **laser**). *Lumière pulsée*. Lumière et couleurs. Lumière blanche, solaire,* que l'on peut décomposer en un spectre* continu. *Lumière noire* ou *lumière de Wood,* rayonnement ultraviolet excitant la fluorescence. — *La vitesse de la lumière dans le vide est égale à 299 792,458 kilomètres par seconde. « La lumière traverse l'Atlantique en un centième de seconde. Elle rejoint la Lune en une seconde »* H. REEVES. *Année de lumière.* ➤ **année-lumière.** *Diffraction, polarisation, réflexion, réfraction de la lumière.*

C. SENS FIGURÉS ■ **1** Ce qui éclaire, illumine l'esprit. *« Pour obscurcir les lumières de sa raison »* ROUSSEAU. *« Cette mélancolie qui enveloppe l'âme et lui cache la lumière de Dieu »* FRANCE. *Les lumières de la foi.* ABSOLT (milieu XIIe) *La Lumière,* Dieu, la Vérité, le Bien. *Les esprits de lumière,* les anges. ■ **2** (Dans des expr., surtout verbales) Ce qui rend clair, fournit une explication. ➤ **clarté, éclaircissement.** *L'auteur jette une lumière nouvelle sur la question. « Ce fut là pour moi un trait de lumière »* RENAN. *Faire la lumière, toute la lumière sur qqch. :* faire toutes les révélations et explications nécessaires. ➤ **élucider.** *À la lumière des évènements.* ■ **3** État de ce qui est visible, évident pour tous. ➤ **évidence.** *Mettre en lumière, en pleine lumière,* éclairer, signaler, rendre explicite (cf. Au grand jour*). ■ **4** (1637) VIEILLI Connaissance. *« Vous en acquerrez quelque petite lumière »* BOSSUET. — (1665) **LES LUMIÈRES :** la capacité intellectuelle naturelle, l'intelligence ; les connaissances acquises, le savoir. *« Les hommes se conduisaient par leurs lumières plutôt que par leurs passions »* ROUSSEAU. *Avoir des lumières sur qqch., sur un sujet. J'ai besoin de tes lumières.* ♦ *« La progression des lumières »* CHATEAUBRIAND. *« j'aurai contribué en quelque chose au progrès des lumières, et j'en serai content »* SADE. *Les Lumières, le Siècle des lumières :* le XVIIIe siècle (cf. anglais *enlightenment,* allemand *Aufklärung*). ■ **5** (fin XIVe) *Une lumière :* une personne de grande intelligence, de grande valeur. ➤ **flambeau, phare, sommité.** *« l'une des lumières du Conseil d'État »* BALZAC. — LOC. FAM. (milieu XXe) *Ce n'est pas une lumière :* il (elle) n'est pas très intelligent(e).

II ORIFICE ■ **1** (fin XVe) TECHN. Ouverture pratiquée dans un instrument, un outil, une machine. ➤ **jour, orifice.** *Lumière du canon des anciens fusils. Lumières d'admission, d'échappement,* dans un moteur à explosion. *Lumières des tiroirs d'une machine à vapeur,* par lesquelles se font l'entrée et la sortie de la vapeur. *La lumière d'un instrument à pinnule,* petit trou pour la visée. ■ **2** Cavité centrale d'un objet creux de section circulaire. *La lumière d'un tuyau.* — ANAT. *Lumière intestinale, utérine.*

■ CONTR. Obscurité, 1 ombre. Aveuglement, erreur.

LUMIGNON [lymiɲɔ̃] **n. m.** – XVIe ; *limeignon* XIIe ◊ latin *ellychnium,* grec *ellukhnion,* avec influence de *lumen* « lumière » ■ **1** VIEILLI Bout de la mèche d'une bougie ou d'une lampe allumée ; bougie, chandelle près d'être consumée. *« Un rouge lumignon dans les losanges vitrés d'une lanterne »* A. BERTRAND. ■ **2** MOD. Lampe qui éclaire faiblement. *« un de ces lumignons que l'on nomme lampes-tempêtes »* DUHAMEL.

LUMINAIRE [lyminɛʀ] **n. m.** – 1175 ◊ latin chrétien *luminare* « lampe, astre » ■ **1** Ensemble des sources d'éclairage et des décorations lumineuses utilisées dans une église, à l'occasion d'une cérémonie religieuse ; cierge, lampe appartenant à cet ensemble. *« Les luminaires de chaque autel étaient allumés »* BALZAC. ■ **2** (début XXe) COUR. Appareil d'éclairage permettant une bonne utilisation de la lumière (notamment en supprimant l'éblouissement). ➤ **lampe ; lampadaire,** 2 **lustre, projecteur, spot.** *Boutique de luminaires.*

LUMINANCE [lyminɑ̃s] **n. f.** – 1948 ◊ du radical de *lumineux* ■ PHYS. *Luminance (lumineuse, visuelle) :* grandeur photométrique, quotient de l'intensité lumineuse d'une surface par l'aire apparente de cette surface pour un observateur lointain (exprimé en candela par mètre carré). ➤ **brillance, luminosité.** — *Luminance énergétique.* ➤ **radiance.**

LUMINESCENCE [luminesɑ̃s] **n. f.** – 1895 ◊ du latin *lumen, inis* « lumière », d'après *phosphorescence* ■ PHYS. Émission de lumière par un corps non incandescent, déterminée par un rayonnement lumineux excitateur *(photoluminescence),* un courant électrique *(électroluminescence),* la radioactivité *(radioluminescence),* une réaction chimique *(chimioluminescence).* ➤ **fluorescence, phosphorescence.**

LUMINESCENT, ENTE [lyminesɑ̃, ɑ̃t] **adj.** – 1897 ◊ de *luminescence* ■ Où se produit le phénomène de la luminescence. ➤ **fluorescent, phosphorescent.** *Tubes luminescents servant à l'éclairage.*

LUMINEUSEMENT [lyminøzmɑ̃] **adv.** – 1470 ◊ de *lumineux* ■ D'une manière lumineuse, parfaitement claire. *Expliquer lumineusement une affaire.*

LUMINEUX, EUSE [lyminø, øz] **adj.** – 1265 ◊ latin *luminosus,* de *lumen* → lumière **A.** (CONCRET) ■ **1** Qui émet ou réfléchit la lumière. *Corps, point lumineux.* ➤ 1 **brillant*, éclatant, étincelant.** *Source lumineuse. « Dans une ruelle, l'enseigne lumineuse flambait »* ARAGON. *Montre à cadran lumineux.* ➤ **luminescent, phosphorescent.** *Fontaine lumineuse,* dont le jet est éclairé. — PAR EXT. Clair, radieux. *Teint, regard lumineux. Un vert « d'un ton chaud* [...], *lumineux »* SARRAUTE. ■ **2** Qui reçoit beaucoup de lumière naturelle. *Un appartement très lumineux.* ▪ **3** De la nature de la lumière (visible). *Rayon lumineux. Ondes lumineuses. Énergie lumineuse* (➤ **photon**). *Flux* (➤ **lumen**), *éclairement* (➤ **lux, phot**) *lumineux ; intensité* (➤ **bougie, candela**), *luminance lumineuse. Impression lumineuse,* produite par la lumière.

B. (ABSTRAIT) Qui a beaucoup de clarté, de lucidité. *Intelligence lumineuse.* ➤ **lucide.** ✦ Qui est d'une parfaite clarté, d'une vérité frappante. *Un raisonnement lumineux.* ➤ **limpide.** — FAM. *C'est une idée lumineuse,* une idée excellente, de génie. ➤ **génial.** ▪ CONTR. Obscur.

LUMINISTE [lyminist] **n.** – 1877 ; variante *luminariste* 1922 ✧ du latin *lumen, inis* ▪ ARTS Peintre spécialiste des effets de lumière.

LUMINOPHORE [lyminɔfɔʀ] **n. m.** – 1907 ✧ du latin *lumen, inis* «lumière» et de *-phore* ▪ TECHN. Substance luminescente constituant la couche sensible de l'écran des systèmes d'examen aux rayons X et de divers tubes cathodiques.

LUMINOSITÉ [lyminozite] **n. f.** – XVe ✧ latin médiéval *luminositas* ▪ **1** Qualité de ce qui est lumineux, brillant. *«l'extraordinaire luminosité du ciel»* GIDE. — *La luminosité du regard.* ➤ **brillance, éclat.** ▪ **2** SC. Puissance lumineuse. *Masse et luminosité des étoiles.* ▪ CONTR. Obscurité.

LUMINOTHÉRAPIE [lyminoteʀapi] **n. f.** – 2000 ; 1999, au Canada ✧ du latin *lumen, inis* «lumière» et de *-thérapie,* probablt d'après l'anglais *light therapy* (1936) ▪ Traitement des troubles dépressifs hivernaux par l'exposition régulière à une source artificielle de lumière blanche. *Cure, séances de luminothérapie.*

LUMITYPE [lymitip] **n. f.** – 1962 ✧ marque déposée, du radical de *lumière* et *-type,* d'après *linotype* ▪ IMPRIM. Machine à composer photographique, livrant des films de textes mis en pages.

LUMP [lœp] ou **LOMPE** [lɔ̃p] **n. m.** – 1776 ; aussi *lompe* fin XVIIIe ✧ de l'anglais *lump* ou *lumpfish,* d'origine danoise ▪ Poisson des mers froides, à squelette peu ossifié, à disque adhésif ventral, appelé scientifiquement *cycloptère (Cyclopterus lumpus),* et dont les œufs sont comestibles. *Œufs de lump,* petits œufs colorés en noir de ce poisson, succédané du caviar.

1 **LUNAIRE** [lynɛʀ] **adj.** – XIIIe ✧ latin *lunaris* ▪ **1** Qui appartient ou a rapport à la Lune. ➤ 2 **sélénite.** *Disque, clarté lunaire. Le sol lunaire. Cirque lunaire.* — ASTRON. *Année lunaire,* composée de douze ou treize *mois lunaires* (➤ **lunaison**). *Cycle lunaire.* — *Module lunaire :* engin capable de se poser sur la Lune. ▪ **2** PAR EXT. Qui semble appartenir à la Lune, évoque la Lune. *Un paysage lunaire,* désolé. *«des teintes livides* [...] *de monde lunaire»* DAUDET. — *Face lunaire,* blafarde ou ronde. ▪ **3** FIG. et LITTÉR. Qui a un aspect chimérique (cf. Dans la lune). *Un pierrot lunaire. «Rêveur lunaire»* VERLAINE. *«des amours blancs, lunaires et distraits»* LAFORGUE.

2 **LUNAIRE** [lynɛʀ] **n. f.** – 1542 ✧ latin des alchimistes et botanistes *lunaria,* de *luna* «lune» ▪ Plante ornementale *(crucifèracées)* à grandes fleurs pourpres, à fruits en disques blancs argentés, dont une espèce est appelée *monnaie-du-pape* ou *herbe-aux-écus.*

LUNAISON [lynɛzɔ̃] **n. f.** – 1119 ; variante *lunation* 1666 ✧ bas latin *lunatio* ▪ Mois lunaire ; intervalle de temps compris entre deux nouvelles lunes consécutives. *La lunaison est de 29 jours 12 heures 44 minutes 2 secondes en moyenne.*

LUNATIQUE [lynatik] **adj.** et **n.** – 1277 ✧ bas latin *lunaticus* ▪ **1** VX Soumis aux influences de la lune et, de ce fait, atteint de folie périodique. — **n.** *«Les lunatiques existent»* HUYSMANS. ▪ **2** (1611) MOD. Qui a l'humeur changeante, déconcertante. ➤ **capricieux, fantasque, versatile.** *Il est très lunatique. — Une humeur, une conduite un peu lunatique.* ▪ **3** RÉGION. **(Canada)** Distrait (cf. Dans la lune*). *«il n'y a rien de plus triste que d'être lunatique dans un monde où le rêve est proscrit»* (Le Droit, 2007).

LUNCH [lœntʃ ; lœʃ] **n. m.** – 1867 ; hapax 1817 ✧ mot anglais ▪ **1** Repas léger que l'on sert en buffet, à la place d'un déjeuner (cf. Buffet déjeunatoire*). *Des lunchs.* On emploie aussi le pluriel anglais *des lunches.* ✦ Réunion au cours de laquelle on sert un lunch. *Être invité à un lunch de mariage.* ▪ **2** **(Canada)** FAM. Repas léger, collation. *Prendre un petit lunch devant la télé.* — Repas que l'on apporte sur son lieu de travail, à l'école. *Boîte à lunch. «Ouvriers en casquette et portant leur boîte à lunch sous le bras»* G. ROY.

LUNDI [lœdi] **n. m.** – XIIe ; variante *lunsdi* 1119 ✧ latin populaire °*lunis* (classique *lunæ*) *dies* «jour de la lune» ▪ Premier jour de la semaine, qui succède au dimanche. *Le lundi de Pâques, de Pentecôte,* le lendemain de ces fêtes. *Venez lundi,* le lundi qui vient. *Le magasin est ouvert le lundi, tous les lundis, tous les lundis matin. Les «Contes du lundi», de Daudet. Les «Causeries du lundi», de Sainte-Beuve.* — LOC. FAM. *Boutonner* lundi avec mardi.* (Par allus. à la reprise du travail, après le week-end) *Ça va comme un lundi,* tant bien que mal. *«Ça allait comme un lundi, il pleuviotait»* P. GARNIER.

LUNE [lyn] **n. f.** – 1080 ✧ latin *luna*

I ▪ **1** Satellite de la Terre, recevant sa lumière du Soleil ; son aspect vu d'un point de la Terre. *Le disque de la lune. «La lune n'est pas une orange ronde et pleine, comme disent les gens. La lune est plate, sans épaisseur, pareille à du papier blanc. Un rond de papier blanc»* A. HÉBERT. *Pleine lune, nouvelle lune. Croissant de (la) lune. Le clair de lune. «Au clair de la lune»* (chanson enfantine). *Nuit sans lune,* sans clair de lune. — *Face de lune :* visage rond. LOC. FIG. *Être dans la lune,* très distrait, hors de la réalité (cf. Être dans les nuages*). ➤ RÉGION. **lunatique.** *«à la fois présente et absente, dans la lune, autre part, mal réveillée, dans les nuages»* P. CONSTANT. *Tomber de la lune :* éprouver une vive surprise (cf. Tomber des nues*). *«Avec son air de toujours tomber de la lune»* DORGELÈS. *Demander, promettre la lune,* l'impossible. *Décrocher la lune :* obtenir l'impossible. *Chien qui aboie à la lune.* FAM. *Con comme la lune :* très stupide. — ASTRON. (*L* majuscule) *Premier, dernier quartier de la Lune. La face visible, la face cachée de la Lune* (depuis la Terre). *Lune dichotome*. Déclin, décours de la Lune. Révolution synodique de la Lune. Action de la Lune sur les marées. Éclipses de (la) Lune. — Envoyer un engin, une fusée sur la Lune. Envoyer des astronautes sur la Lune. Se poser, atterrir sur la Lune.* ➤ **alunir.** *Paysages de la Lune* (➤ 1 **lunaire,** 2 **sélénite**). *Cratères* ou *cirques, plaines* (*dites mers*), *chaînes de montagnes de la Lune. — Étude de la Lune.* ➤ **sélénologie.** ▪ **2** PAR ANAL. VIEILLI Satellite (d'une planète). *Les lunes de Saturne.* ▪ **3** VX Mois lunaire. ➤ **lunaison.** *«Il perdit encore trois lunes à équiper les éléphants»* FLAUBERT. — MOD. *Lune rousse*.* ✦ LOC. FIG. VIEILLI *Être dans une bonne, une mauvaise lune,* bien, mal luné. — MOD. *Vieille lune :* sujet rebattu ; idée ou réalité obsolète. *Vieilles lunes :* temps passé, époques révolues. — (d'après l'anglais *honeymoon*) **LUNE DE MIEL :** les premiers temps du mariage, d'amour heureux et de bonne entente.

II PAR ANAL. ▪ **1** *Lune de mer,* ou *poisson-lune :* môle. *Des poissons-lunes.* ▪ **2** *Lune d'eau :* nénuphar blanc, nymphéa. ▪ **3** FAM. Gros visage joufflu. ✦ Derrière. ➤ **cul*.**

LUNÉ, ÉE [lyne] **adj.** – 1867 ; «en forme de croissant» 1579 ✧ de *lune,* par allusion à la prétendue influence de la lune ▪ FAM. *Être bien, mal luné,* de bonne, de mauvaise humeur*. *Il est mal luné aujourd'hui.*

LUNETIER, IÈRE [lyn(ə)tje, jɛʀ] **n.** – 1508 ✧ de *lunette* ▪ Fabricant(e), marchand(e) de lunettes. ➤ **opticien ; lunetterie.** ✦ **adj.** (début XXe) *Industrie lunetière.* — On dit aussi **LUNETTIER, IÈRE** [lynetje, jɛʀ].

LUNETTE [lynɛt] **n. f.** – 1200 «ornement rond» ✧ diminutif de *lune*

I Ouverture, objet circulaire. ▪ **1** Ouverture ronde. ✦ (1676) Ouverture du siège d'aisances ; ce siège. *La lunette des cabinets.* ✦ Ouverture ronde de la guillotine. *«au moment de passer la tête dans la lunette, il lança un crachat sur le bourreau»* CLANCIER. ✦ MAR. *Lunette d'étambot.* ▪ **2** Fenêtre ronde. — (1931) Vitre arrière d'une automobile. *Lunette arrière munie d'un essuie-glace.* ▪ **3** ARCHIT. Ouverture formée par la pénétration d'une voûte dans une autre. ▪ **4** (1680) Pièce ronde. *Lunette de boîtier de montre.*

II ▪ **1** (1398 ; «glace d'un miroir circulaire» 1280) COUR. **LUNETTES :** paire de verres correcteurs ou protecteurs enchâssés dans une monture, placée devant les yeux et reposant sur le nez, qui tient par des branches (à la différence du lorgnon). ➤ VX OU PLAISANT **bésicles, binocles, conserves** (III) ; FAM. **carreaux, hublot.** *Porter, mettre des lunettes. Une paire de lunettes. Un monsieur à lunettes,* qui porte des lunettes. *Lunettes à monture d'or, d'écaille ;* ELLIPT *lunettes d'écaille. Lunettes de vue,* à verres correcteurs. *Lunettes noires,* à verres noirs, teintés. *«Le personnage porte des lunettes noires, et une idée me traverse l'esprit : il est peut-être aveugle...»* ROBBE-GRILLET. *Lunettes de soleil.* ➤ **solaire ;** aussi **photochromique.** *L'ophtalmologue lui a prescrit des lunettes. Acheter des lunettes chez un opticien. Étui à lunettes. Remplacer ses lunettes par des lentilles* cornéennes. Lunettes acoustiques* ou *auditives,* dont une ou les deux branches contiennent un appareil auditif. — *Lunettes* *de protection* (pour mécaniciens, soudeurs, motocyclistes). *Lunettes de plongée.* — FAM. et FIG. *Mettez vos lunettes :* regardez plus attentivement. ♦ *Serpent à lunettes* (au capuchon orné d'une double tache circulaire) : naja. ▪ **2** (1579) **LUNETTE :** instrument d'optique composé d'une ou plusieurs lentilles, servant à augmenter le diamètre apparent des objets ou à rendre la vue plus distincte. *Système optique d'une lunette* (collimateur, objectif, oculaire, œilleton, réticule). *Champ d'une lunette. Lunette astronomique et télescope. Observer les astres à la lunette.* — (1647) *Lunette d'approche,* qui fait paraître plus proches les objets. ➤ 1 **jumelle, longue-vue, lorgnette.** ▪ **3** AU PLUR. Sablé composé de deux plaques de pâte accolées par de la confiture, avec deux trous ronds ménagés sur la plaque du dessus.

LUNETTERIE [lynɛtʀi] **n. f.** – 1873 ◊ de *lunette* ▪ Métier, commerce du lunetier. *Un magasin de lunetterie.* ➤ **optique.**

LUNETTIER, IÈRE ➤ **LUNETIER**

LUNISOLAIRE [lynisɔlɛʀ] **adj.** – 1732 ◊ du radical de *lune* et *solaire* ▪ ASTRON. Qui a rapport à la fois à la Lune et au Soleil. *Années lunisolaires. Attraction lunisolaire. Précession lunisolaire.*

LUNULE [lynyl] **n. f.** – 1694 ◊ latin *lunula* «croissant», diminutif de *luna* «lune» ▪ **1** MATH. Aire plane en forme de croissant comprise entre deux arcs de cercles sécants de rayons différents. *Quadrature de la lunule.* ▪ **2** (1858) Partie blanchâtre, en demi-lune, située à la base de l'ongle, près de sa racine. ▪ **3** (1867) LITURG. Petite boîte de verre en forme de croissant soutenant l'hostie au centre de l'ostensoir.

LUNURE [lynyʀ] **n. f.** – 1842 ◊ de *lune* ▪ TECHN. Défaut du bois se présentant sous la forme d'un cercle ou d'un croissant d'une couleur différente de celle du bois environnant.

LUPANAR [lypanaʀ] **n. m.** – 1532 ◊ mot latin ▪ VX ou LITTÉR. Maison de prostitution. ➤ **bordel.**

LUPERCALES [lypɛʀkal] **n. f. pl.** – 1605 ◊ latin *lupercalia* ▪ ANTIQ. À Rome, Fête annuelle en l'honneur de *Lupercus* «le dieu-loup», dieu de la fécondité.

1 **LUPIN** [lypɛ̃] **n. m.** – XIIIe ◊ latin *lupinus* ▪ Plante herbacée *(légumineuses papilionacées)* dont différentes espèces sont cultivées comme fourrage, engrais vert ou plantes ornementales pour leurs grappes de fleurs. «*des lupins bleus s'élevaient en colonnettes minces*» ZOLA.

2 **LUPIN, INE** [lypɛ̃, in] **adj.** – fin XIIe ◊ latin *lupinus,* de *lupus* → loup ▪ DIDACT. ou LITTÉR. Relatif au loup. *La rage lupine.*

LUPULIN [lypylɛ̃] **n. m.** – 1822 ◊ du latin des botanistes *lupulus,* de *lupus* «houblon» ▪ TECHN. Poussière résineuse jaunâtre, amère et aromatique produite par les cônes du houblon, employée dans la fabrication de la bière (➤ **lupuline,** 2°).

LUPULINE [lypylin] **n. f.** – 1800 ◊ du latin des botanistes *lupulus* → lupulin ▪ **1** Variété de luzerne à fleurs jaunes communément appelée *minette.* ▪ **2** (1845) BIOCHIM., TECHN. Alcaloïde extrait du lupulin, qui rend la bière amère et assure sa conservation.

LUPUS [lypys] **n. m.** – 1363, repris 1828 ◊ mot du latin des médecins, d'après *loup* «ulcère» ▪ MÉD. ▪ **1** VX Maladie cutanée chronique à tendance envahissante et ulcérative. ▪ **2** MOD. Maladie cutanée due au bacille tuberculeux, caractérisée par des nodules qui ont tendance à se remplir, à s'ulcérer et à laisser des cicatrices atrophiques. — PAR EXT. Affection de la peau d'origine non tuberculeuse, dont les lésions ressemblent à celles du lupus tuberculeux. *Lupus érythémateux.*

LURETTE [lyʀɛt] **n. f. sing.** – 1877 ◊ altération de *heurette,* diminutif de *heure* dans *il y a belle heurette* ▪ LOC. FAM. **IL Y A BELLE LURETTE :** il y a bien longtemps. *Il y a belle lurette qu'ils sont partis. Depuis belle lurette.*

LUREX [lyʀɛks] **n. m.** – 1968 ◊ nom déposé ; mot anglais américain, p.-ê. de *to lure* «charmer, séduire» ▪ ANGLIC. TECHN. Fil textile gainé de polyester qui lui donne un aspect métallique.

LURON, ONNE [lyʀɔ̃, ɔn] **n.** – XVe ◊ radical onomat. *lur-,* que l'on retrouve dans les refrains populaires sous les formes *lure, lurette, turelure* ▪ VIEILLI Personne décidée et énergique. ➤ 1 **gaillard.** *Un sacré luron.* «*une franche luronne, dégagée d'allures et de sentiments*» BLONDIN. — MOD. *Joyeux, gai luron :* bon vivant, insouciant et toujours prêt à s'amuser. ➤ **compère,** 1 **drille.**

LUSIN [lyzɛ̃] **n. m.** – 1678 ◊ de *l'husin,* avec agglutination de l'article défini, du néerlandais *huising* ▪ MAR. Petit cordage de deux fils de caret entrelacés.

LUSITANIEN, IENNE [lyzitanjɛ̃, jɛn] **adj.** et **n.** – 1584 ◊ du latin *Lusitania* «Portugal» ▪ **1** ANTIQ. Relatif à la Lusitanie. — **n.** *Les Lusitaniens* ou *Lusitains,* peuple ibérique soumis par les Romains. ▪ **2** **n. m.** (1885) GÉOL. Étage du jurassique. — **adj.** Qui appartient, est relatif à cet étage.

LUSO- ▪ Élément, signifiant «du Portugal» ou «de la langue portugaise» : *lusophone* [lyzɔfɔn] **adj.** (qui parle portugais) ; *lusophonie* [lyzɔfɔni] **n. f.** (lieu où l'on parle portugais : Portugal, Brésil, Angola, Cap-Vert...).

LUSTRAGE [lystʀaʒ] **n. m.** – 1670 ◊ de *lustrer* ▪ Action ou manière de lustrer. *Lustrage des étoffes,* opération d'apprêt (calandrage, glaçage). *Lustrage des fourrures, du feutre.* — *Lustrage des glaces.* ▪ CONTR. Délustrage.

LUSTRAL, ALE, AUX [lystʀal, o] **adj.** – 1355 ◊ latin *lustralis,* de *lustrum* → 1 lustre ▪ LITTÉR. Qui sert à purifier. ➤ **purificateur.** *L'eau lustrale du baptême.*

LUSTRATION [lystʀasjɔ̃] **n. f.** – 1355 ◊ latin *lustratio,* de *lustrum* → 1 lustre ▪ DIDACT. ou LITTÉR. Purification rituelle. *Lustration des nouveau-nés, dans la Rome antique.* — LITURG. Aspersion.

1 **LUSTRE** [lystʀ] **n. m.** – 1611 ; «sacrifice» 1213 ◊ latin *lustrum* «cérémonie purificatrice célébrée tous les cinq ans» ▪ LITTÉR. Cinq années. «*Mes douze lustres*» ROUSSEAU. — PAR EXT. *Des lustres :* période de temps longue et indéterminée. *Je ne l'ai pas vu depuis des lustres. Ça fait des lustres.*

2 **LUSTRE** [lystʀ] **n. m.** – 1482 ◊ italien *lustro*

I ▪ **1** Éclat naturel ou artificiel d'un objet brillant ou poli. *Donner du lustre à qqch.* «*Le jais, l'ébène n'approchent pas de ce lustre miroitant*» GAUTIER. ▪ **2** TECHN. Enduit, apprêt pour lustrer les étoffes, les peaux. — Émail irisé de poterie. ▪ **3** FIG. et LITTÉR. Éclat que confère la beauté, le mérite, élément remarquable qui rehausse, met en valeur, en relief. ➤ **relief ; gloire, réputation.** *Redonner du lustre, tout son lustre à qqch.* «*Dépouillons l'écrivain du lustre que lui conserve encore la tradition*» VALÉRY.

II (1657) COUR. Appareil d'éclairage suspendu au plafond et supportant plusieurs lampes. ➤ **plafonnier, suspension.** *Lustre de cristal.* «*des lustres hollandais à boules et à branches de cuivre jaune*» GAUTIER.

LUSTRÉ, ÉE [lystʀe] **adj.** – 1586 ◊ de *lustrer* ▪ **1** Qui a le brillant, les reflets d'une surface polie. «*Leurs ailes noires et lustrées* [des corneilles]» CHATEAUBRIAND. «*Son teint de Péruvien, ses cheveux lustrés*» BAUDELAIRE. ▪ **2** Apprêté avec un lustre spécial (étoffe). ➤ **satiné.** *Percale lustrée.* ▪ **3** Rendu brillant, poli par le frottement, l'usure. *Veste lustrée aux coudes.* ▪ CONTR. 2 Mat, 1 terne.

LUSTRER [lystʀe] **v. tr.** ⟨1⟩ – 1490 ◊ de 2 *lustre,* et de l'italien *lustrare* ▪ **1** Rendre brillant, luisant. *Le chat lustre son poil en se léchant.* ♦ SPÉCIALT Rendre brillant en utilisant les produits et techniques de lustrage. *Lustrer les cuirs.* ➤ 1 **lisser.** *Lustrer une étoffe.* ➤ **catir.** ▪ **2** Rendre brillant par le frottement, l'usure. «*Lustrer les manches de ses premiers vestons sur les pupitres d'un collège*» DUHAMEL. ▪ CONTR. Délustrer.

LUSTRERIE [lystʀəʀi] **n. f.** – 1873 ◊ de 2 *lustre* ▪ Fabrication, commerce des lustres et appareils d'éclairage.

LUSTRINE [lystʀin] **n. f.** – 1637 ◊ italien *lustrino,* de *lustro* → 2 lustre ▪ **1** VX Droguet de soie. ▪ **2** (1839) Tissu de coton d'armure croisée, fortement apprêté et glacé sur une face. *Doublure de lustrine. Manchettes de lustrine,* que portaient autrefois les employés aux écritures, les écoliers.

LUT [lyt] **n. m.** – v. 1500 ; «fange, boue» v. 1185 ◊ latin *lutum* «boue, terre de potier» ▪ TECHN. Enduit très résistant, durcissant par dessiccation, servant à boucher hermétiquement des vases, des chaudières (➤ **luter**), ou à protéger des objets (tubes, cornues) allant au feu. ▪ HOM. Luth, lutte.

LUTÉAL, ALE, AUX [lyteal, o] **adj.** – 1928 ◊ de *lutéine,* d'après l'anglais *luteal* (1920) ▪ PHYSIOL. Relatif au corps jaune*. *Corps lutéal.* ➤ **progestatif.** *Insuffisance lutéale :* insuffisance de sécrétion de progestérone. *Phase lutéale :* période du cycle ovarien, qui débute après l'ovulation et se termine au début de la menstruation. ➤ **lutéinique.**

LUTÉCIUM [lytesjɔm] **n. m.** – 1907 ◊ de *Lutèce,* latin *Lutetia,* ancien nom de Paris ▪ CHIM. Corps simple (Lu ; n° at. 71 ; m. at. 174,96), métal du groupe des terres rares.

LUTÉINE [lytein] **n. f.** – 1871 ◊ du latin *luteus* «jaune» ■ BIOCHIM. ■ **1** Caroténoïde du groupe des xanthophylles, présent dans le jaune d'œuf et dans certains végétaux (algues vertes et rouges). ■ **2** VX Progestérone (➤ **lutéinique**).

LUTÉINIQUE [lyteinik] **adj.** – 1913 ◊ de *lutéine* ■ PHYSIOL. Relatif au corps jaune* ovarien. *Phase folliculaire et phase lutéinique du cycle ovarien.* ➤ **lutéal.** *Hormone lutéinique (LH).*

LUTER [lyte] **v. tr.** ‹1› – 1532 ◊ de *lut* ■ TECHN. Boucher, enduire avec du lut. «*La glaise calcinée qui lute l'orifice*» NERVAL. ◆ CUIS. Fermer hermétiquement le couvercle de (un ustensile de cuisson) avec un cordon de pâte. *Luter une terrine.* ■ CONTR. Déluter. ■ HOM. Lutte ; *lute* : lûtes (1 lire).

LUTH [lyt] **n. m.** – v. 1380 ; *leüt* XIIIe ◊ ancien provençal *laüt*, de l'arabe *al-oûd* ■ **1** Instrument de musique à cordes pincées, importé en Europe par les Arabes, et qui connut une grande vogue du XVIe au XVIIIe s. ➤ **téorbe.** *Jouer du luth* (➤ **luthiste**). *Luth oriental.* ➤ **oud.** *Le biwa, le shamisen japonais, le bouzouki grec ressemblent au luth.* ■ **2** POÉT. Symbole de la poésie lyrique. ➤ **lyre.** «*Poète, prends ton luth*» MUSSET. ■ **3** (1808 ◊ par anal.) Grande tortue marine, dont la carapace sans écaille est incluse dans une peau épaisse et coriace. APPOS. *Des tortues luths.* ■ HOM. Lut, lutte.

LUTHÉRANISME [lyteʀanism] **n. m.** – 1562 ◊ du latin moderne *lutheranus*, de *Luther* ■ Doctrine de Luther ; protestantisme luthérien. «*Le luthéranisme, appelé la* religion évangélique» VOLTAIRE.

LUTHERIE [lytʀi] **n. f.** – 1767 ◊ de *luthier* ■ Art, commerce du luthier. ◆ Ensemble des instruments fabriqués par le luthier. *Lutherie grattée, pincée.*

LUTHÉRIEN, IENNE [lyteʀjɛ̃, jɛn] **adj.** – XVIe var. *luthérin, luthériste* ◊ de *Luther* ■ Propre à Luther, relatif, conforme à sa doctrine. *Religion luthérienne et religion calviniste.* ➤ **protestant.** *Église luthérienne,* ou *évangélique. Fédération luthérienne mondiale.* — SUBST. *Les luthériens* : protestants qui professent la religion luthérienne.

LUTHIER, IÈRE [lytje, jɛʀ] **n.** – 1649 ◊ de *luth* ■ Fabricant(e) d'instruments à cordes et à caisse de résonance (comme le luth et surtout le violon, la guitare, etc.) à l'exclusion des instruments à clavier. *Les luthiers de Crémone. L'art du luthier.* ➤ **lutherie.** *Luthiers et archetiers.*

LUTHISTE [lytist] **n.** – 1885 ◊ de *luth* ■ Joueur, joueuse de luth.

LUTIN [lytɛ̃] **n. m. et adj.** – 1564 ◊ ancien français *neitun* «monstre marin» puis *luitun* «démon malicieux», lui-même du latin *Neptunus*, dont le nom figure dans une liste de démons du VIIe siècle

I **n. m.** ■ **1** Petit démon espiègle et malicieux qui est supposé se manifester surtout pendant la nuit. ➤ **esprit, farfadet.** *Courir comme un lutin.* ■ **2** FIG. et LITTÉR. Enfant vif et espiègle.

II **adj.** (1830) VX **LUTIN, LUTINE** [lytɛ̃, lytin]. Éveillé, espiègle. «*Une Andalouse à l'œil lutin*» MUSSET. ➤ **mutin.**

LUTINER [lytine] **v. tr.** ‹1› – 1585 «faire le lutin» ◊ de *lutin* ■ **1** VX Taquiner de façon espiègle. ■ **2** (avant 1709) Harceler (une femme) de petites privautés par manière de plaisanterie. ➤ **peloter.** «*Je la lutinais un peu, ce qui semblait l'amuser*» MAUPASSANT.

LUTRIN [lytʀɛ̃] **n. m.** – 1606 ; *letrin* XIIe ◊ latin populaire °*lectrinum*, de *lectrum* «pupitre», du radical de *legere* «lire» ■ **1** RELIG. Pupitre sur lequel on met les livres de chant, à la messe ou à l'office. «*Le Lutrin*», *poème de Boileau.* ■ **2** Pupitre sur pied pour lire et consulter les ouvrages de grande taille. — Support oblique, sans pied, pour appuyer un livre et le consulter.

LUTTE [lyt] **n. f.** – XVIe ; *luite* 1160 ◊ du bas latin *lucta*, ou de *lutter* ■ **1** Combat corps à corps (➤ **catch, jujitsu, judo, sumo**). SPÉCIALT Sport de combat opposant corps à corps deux adversaires qui, au moyen de prises appropriées, s'efforcent de se terrasser (➤ **pancrace**). *Lutte gréco-romaine. Lutte libre.* «*Si la lutte libre admet quelques règles, elle se rapproche alors de la lutte grecque*» J. PRÉVOST. ■ **2** Opposition violente entre deux adversaires (individus, groupes), dont chacun s'efforce d'imposer à l'autre sa volonté et de faire triompher sa cause. ➤ **affrontement, conflit, rivalité.** *Lutte armée.* ➤ **bataille, guerre.** «*La lutte était ardente et noire*» HUGO. *Luttes intestines. Engager, abandonner la lutte. Reprendre la lutte. Dans l'ardeur de la lutte. Travailleurs en lutte. Luttes sociales, politiques, religieuses.* — *Lutte des classes* : dans le vocabulaire marxiste, antagonisme opposant la classe exploitée (le prolétariat) et ses exploiteurs (la bourgeoisie capitaliste). «*C'est la lutte finale*» (refrain de «L'Internationale»). ■ **3** *Lutte contre, pour...* : action soutenue et énergique d'un individu ou d'un groupe (pour résister à une force hostile ou atteindre un certain but). ➤ **effort.** «*La lutte de l'homme contre le monde ne cessera jamais*» MAUROIS. «*La lutte d'une poignée d'intellectuels contre la tyrannie*» CAMUS. *Lutte antipollution. Lutte contre l'alcoolisme.* ➤ **campagne.** *Lutte d'un peuple pour sa libération, son indépendance. Être en lutte contre qqch.* ◆ (d'après l'anglais *struggle for life*) **LUTTE POUR LA VIE** : sélection naturelle des espèces (dans l'évolutionnisme darwinien) ; FIG. efforts pour survivre dans un contexte hostile. ■ **4** Antagonisme entre forces contraires. ➤ 1 **duel.** *Lutte entre le bien et le mal. Lutte du devoir et de la passion.* ■ **5** loc. adv. **DE HAUTE LUTTE** ; LITTÉR. **DE VIVE LUTTE** : à force, après un effort soutenu. «*On gâte tout en voulant tout emporter de haute lutte*» CHATEAUBRIAND. «*Il est certaines âmes qu'il n'emportera pas de vive lutte*» GIDE. ■ CONTR. Accord, paix. ■ HOM. Lut, luth.

LUTTER [lyte] **v. intr.** ‹1› – 1601 ; *loitier* 1080 ◊ latin *luctare* ■ **1** Combattre à la lutte. *Lutter avec, contre qqn.* «*Ces jeux terribles où des hommes luttaient corps à corps contre des bêtes féroces*» GAUTIER. — ABSOLT «*L'hercule lutta encore deux ou trois fois en se faisant battre*» GONCOURT. ■ **2** Faire effort l'un contre l'autre pour imposer sa volonté, en parlant de deux individus, de deux groupes, dont les intérêts, les buts sont opposés. *Peuple qui lutte contre un envahisseur, un occupant.* ➤ **se battre, combattre.** *Partis qui luttent l'un contre l'autre.* ◆ Rivaliser. *Lutter de vitesse avec qqn.* «*Le fisc, la féodalité semblent lutter pour abrutir le peuple*» MICHELET. ■ **3** Mener une action énergique (contre ou pour qqch.). *Lutter contre la maladie, contre la mort, contre le sommeil. — Lutter contre la sottise et l'ignorance, contre des idées.* ➤ **batailler** (cf. Faire la guerre* à). *Lutter pour l'indépendance, pour une cause.* ➤ **militer.** *Lutter pour s'en sortir.* — ABSOLT «*Ceux qui vivent, ce sont ceux qui luttent*» HUGO. *Cesser de lutter.* ➤ **se défendre, résister.** ■ CONTR. Abandonner. ■ HOM. Luter ; *lutte* : lûtes (1 lire).

LUTTEUR, EUSE [lytœʀ, øz] **n.** – XVIe ; *luiteor* 1120 ◊ de *lutter* ■ Personne qui lutte. ■ **1** Athlète qui pratique la lutte. ➤ aussi **catcheur, judoka, karatéka.** *Lutteur de foire.* ➤ **hercule.** *Lutteur japonais* (➤ **sumo**). *Des bras, des épaules de lutteur.* ■ **2** FIG. Personne qui aime la lutte, l'action et sait lutter avec persévérance. ➤ **jouteur.** *Tempérament de lutteur.* ➤ 3 **battant.** «*Ce vieux lutteur s'étonnait de se sentir las*» SAINT-EXUPÉRY.

LUTZ [luts] **n. m.** – 1961 ◊ de *Alois Lutz*, nom d'un patineur autrichien ■ SPORT En patinage artistique, Saut piqué dont le départ se fait sur la carre arrière extérieure du pied porteur et est suivi d'un piqué du pied libre, un tour en l'air et réception sur le pied du piqué en carre dehors arrière. *Triple lutz.*

LUX [lyks] **n. m.** – 1893 ◊ mot latin «lumière» ■ MÉTROL. Unité de mesure d'éclairement lumineux (SYMB. lx), équivalant à l'éclairement d'une surface qui reçoit, d'une manière uniformément répartie, un flux lumineux de 1 lumen par mètre carré. ■ HOM. Luxe.

LUXATION [lyksasjɔ̃] **n. f.** – 1539 ◊ bas latin *luxatio* ■ Déplacement anormal de deux surfaces articulaires qui ont perdu leurs rapports naturels. ➤ **déboîtement, dislocation, entorse, foulure.** *Luxation de l'épaule, de la hanche. Elle s'est fait une luxation.*

LUXE [lyks] **n. m.** – 1606 ◊ latin *luxus* «excès», d'où «splendeur, faste» ■ **1** Mode de vie caractérisé par de grandes dépenses consacrées à l'acquisition de biens superflus, par goût de l'ostentation et du plus grand bien-être. ➤ 1 **faste, magnificence.** «*Le luxe d'un maître fastueux*» VOLTAIRE. *Un luxe ostentatoire. Aimer le luxe, vivre dans le luxe. Avoir des goûts de luxe, le goût du luxe. Lois somptuaires* contre le luxe.* — FAM. *C'est du luxe, ce n'est pas du luxe,* se dit de ce qui entraîne une dépense déraisonnable ou au contraire utile. *Un système d'alarme, ce n'est pas du luxe !*, c'est nécessaire. ■ **2** Caractère coûteux, somptueux (d'un bien ou d'un service). ➤ **somptuosité.** *Le luxe d'une chambre à coucher.* — **DE LUXE** : coûteux. *Produits, articles de luxe, de grand luxe.* ➤ **prix** (de prix). *Taxe de luxe,* sur ces produits. *Édition de luxe. Hôtel de grand luxe* : palace. FAM. *Poule* de luxe.* — PAR EXT. Inutile, superflu. «*Si la science, l'art n'étaient qu'un ornement de luxe*» RENAN. ◆ *Le luxe* : le secteur économique des produits et services de luxe. *Le luxe se porte bien.* ■ **3** *Un luxe* : bien ou plaisir coûteux qu'on s'offre sans nécessité ; plaisir exceptionnel qu'on s'accorde. «*Elle ne porte plus de montre depuis des années, son luxe dans ce monde mené par les horloges*» J. BENA-

MEUR. « *Prenez des cigarettes. C'est mon seul luxe* » CHARDONNE. — FIG. *Se donner, s'offrir, se payer le luxe de dire, de faire* : se permettre un acte inhabituel et particulièrement agréable. ■ 4 **UN LUXE DE** : une grande ou une trop grande quantité de... ➤ **abondance, profusion.** *Avec un grand luxe de détails.* « *Ajoute à ce luxe de visions, le tumulte* » FROMENTIN. ■ CONTR. Pauvreté, simplicité. ■ HOM. Lux.

LUXEMBOURGEOIS, OISE [lyksɑ̃buʀʒwa, waz] adj. et n. – 1796 n. ◇ de *Luxembourg* ■ Du grand-duché du Luxembourg (➤ **grand-ducal**), de la ville de Luxembourg (capitale). *Le franc luxembourgeois* (avant l'euro). — n. *Les Luxembourgeois.* — n. m. *Le luxembourgeois* : langue du groupe germanique occidental, pratiquée au grand-duché et dans le sud-est de la Belgique.

LUXEMBOURGISME [lyksɑ̃buʀʒism] n. m. – date inconnue ◇ de *Luxembourg* ■ LING. Mot, tournure, particularité du français en usage au grand-duché de Luxembourg.

LUXER [lykse] v. tr. ⟨1⟩ – 1541 ◇ latin *luxare* ■ Provoquer la luxation de (certains os, une articulation). ➤ **déboîter,** 1**démettre, disloquer.** *Se luxer la rotule.* ➤ **se démettre.** p. p. adj. *Luxé, ée* : victime d'une luxation. *Épaule luxée.*

LUXMÈTRE [lyksmɛtʀ] n. m. – 1933 ◇ de *lux* et *-mètre* ■ PHYS. Appareil servant à mesurer l'éclairement lumineux.

LUXUEUSEMENT [lyksɥøzmɑ̃] adv. – 1845 ◇ de *luxueux* ■ Avec luxe. *Appartement luxueusement meublé. Vivre luxueusement,* dans le faste. ➤ **somptueusement.**

LUXUEUX, EUSE [lyksɥø, øz] adj. – 1771 ◇ de *luxe* ■ Qui se signale par son luxe. ➤ **fastueux, magnifique, somptueux.** *Une villa luxueuse. Le salon* « *n'avait rien de bien luxueux* » GIDE. ■ CONTR. Modeste, pauvre, simple.

LUXURE [lyksyʀ] n. f. – 1119 ◇ latin *luxuria* ■ 1 Recherche, pratique des plaisirs sexuels considérés comme immoraux. ➤ **impureté, lascivité, lubricité.** *La luxure est l'un des sept péchés* capitaux.* « *La luxure* [...] *était bien le grand Péché, celui qui souille les sources de la vie* » R. ROLLAND. *Se vautrer dans la luxure.* — VX Concupiscence. ➤ **désir.** « *un œil étincelant de luxure* » HUGO. ■ 2 VX Action luxurieuse. ➤ **débauche, paillardise, vice.** « *sans s'être confessé de ses luxures* » HUYSMANS. ■ CONTR. Chasteté, pureté.

LUXURIANCE [lyksyʀjɑ̃s] n. f. – 1752 ◇ de *luxuriant* ■ Caractère de ce qui est luxuriant, surabondant. ➤ **exubérance.** « *La végétation, par sa luxuriance même, entretient une saisissante fraîcheur* » DUHAMEL. — FIG. *La luxuriance des images dans un poème.* ■ CONTR. Pauvreté, sécheresse.

LUXURIANT, IANTE [lyksyʀjɑ̃, jɑ̃t] adj. – 1540 ◇ latin *luxurians,* p. prés. de *luxuriare* ■ 1 Qui pousse, se développe avec une remarquable abondance. ➤ **abondant, surabondant.** « *La végétation était si luxuriante que l'on avait peine à passer* » GIDE. ➤ **touffu.** ■ 2 FIG. Exubérant, très riche. « *son imagination luxuriante anime tout* » HERRIOT. ■ CONTR. Pauvre, sec.

LUXURIEUX, IEUSE [lyksyʀjø, jøz] adj. – 1119 ◇ latin *luxuriosus* ■ RELIG. ou LITTÉR. ■ 1 Adonné ou porté à la luxure. ➤ **débauché, lascif, sensuel.** « *Luxurieux point ne seras* » (sixième commandement). ■ 2 Inspiré par la luxure. *Des* « *provocations luxurieuses* » TAINE. ■ CONTR. Chaste, 1continent, pur.

LUZERNE [lyzɛʀn] n. f. – 1600 ; *lauserne* 1566 ◇ provençal *luzerno* « ver luisant », de l'ancien provençal *luzerna* « lampe », latin *lucerna* ■ Plante herbacée *(légumineuses)* à fleurs violettes, cultivée pour ses qualités fourragères, capable de fixer l'azote des sols peu riches. ➤ **alfalfa ; lupuline,** 2**minette.** *Champ de luzerne* (**LUZERNIÈRE** n. f., 1660).

LUZULE [lyzyl] n. f. – 1815 ◇ latin des botanistes *luzula,* de l'italien *luzziola, erba lucciola,* radical de *luce* « lumière » ■ BOT. Plante herbacée *(joncacées),* à feuilles plates, velues, voisine du jonc.

LYCANTHROPE [likɑ̃tʀɔp] n. – 1558 ◇ grec *lukanthrôpos* « homme-loup » ■ LITTÉR. ou DIDACT. Personne atteinte de lycanthropie. ➤ **loup-garou.** *L'écrivain romantique Petrus Borel avait pour surnom le Lycanthrope.*

LYCANTHROPIE [likɑ̃tʀɔpi] n. f. – 1564 ◇ grec *lukanthrôpia* → lycanthrope ■ LITTÉR. ou DIDACT. ■ 1 Délire de la personne qui se croit transformée en loup (ou en un animal féroce). ■ 2 Croyance d'après laquelle les humains peuvent se transformer en loup (ou en d'autres animaux féroces).

LYCAON [likaɔ̃] n. m. – 1552 ◇ mot latin « loup d'Éthiopie », repris 1874, d'après le latin des zoologistes *canis lycaon* ■ Mammifère carnivore d'Afrique *(canidés),* au pelage tacheté, qui vit en meute, appelé aussi *loup peint.*

LYCÉE [lise] n. m. – 1797 ; « lieu où s'assemblent les gens de lettres, lieu consacré à la philosophie, à l'instruction » XVIIIe ; n. pr. « école et philosophie d'Aristote » 1568 ◇ latin *lyceum,* grec *Lukeion* ■ 1 Établissement public d'enseignement (général, technologique ou professionnel), donnant l'enseignement du second cycle du second degré. ➤ aussi **athénée** (Belgique), **gymnase** (Suisse) ; **cégep** (Québec). *Lycée d'enseignement professionnel (L. E. P.). Proviseur, surveillants, professeurs, élèves d'un lycée. Aller, être au lycée.* ◆ En Belgique, Établissement secondaire dépendant d'un pouvoir public, naguère réservé aux filles. ➤ **athénée.** ■ 2 Époque des études dans un lycée. « *Depuis le lycée, ses connaissances s'étaient estompées* » CAMUS. ■ HOM. Lissé, lisser.

LYCÉEN, ENNE [liseɛ̃, ɛn] n. – 1816 ◇ de *lycée* ■ Élève* d'un lycée. *Écoliers, collégiens et lycéens.* ➤ FAM. **potache** ; RÉGION. **gymnasien.** — adj. (milieu XXe) Des lycéens. *Manifestation lycéenne.*

LYCÈNE [lisɛn] n. f. – 1846 ◇ latin des zoologistes *lycæna,* grec *lukaina* « louve » ■ ZOOL. Insecte lépidoptère, papillon diurne aux ailes le plus souvent bleues.

LYCHNIS [liknis] n. m. – 1562 ◇ mot latin d'origine grecque ■ BOT. Plante herbacée *(caryophyllacées),* comprenant de nombreuses variétés, dont plusieurs ornementales. « *Les houppes de lychnis poudrent de rose les fonds marécageux* » GENEVOIX. *La nielle* des blés est un lychnis.* — On dit aussi **LYCHNIDE** n. f.

LYCOPE [likɔp] n. m. – 1789 ; *lycopus* 1762 ◇ du grec *lukos* « loup » et *pous* « pied » ■ BOT. Plante dicotylédone *(labiées)* herbacée, vivace, appelée communément *marrube d'eau, pied-de-loup, chanvre d'eau.*

LYCOPÈNE [likɔpɛn] n. m. – 1960 ◇ du latin scientifique *lycopersicon,* du grec *lukos* « loup » et *persikos* « pêche », et suffixe chimique *-ène* ■ BIOCHIM. Pigment caroténoïde présent dans la tomate mûre, la pastèque, le pamplemousse rose... *Propriétés antioxydantes du lycopène.*

LYCOPERDON [likɔpɛʀdɔ̃] n. m. – 1803 ◇ latin des botanistes, traduction de *vesse-de-loup,* du grec *lukos* « loup » et *perdesthai* « péter » ■ BOT. Vesse-de-loup.

LYCOPODE [likɔpɔd] n. m. – 1789 ; *lycopodium* 1750 ◇ latin des botanistes *lycopodium,* traduction de *pied-de-loup,* du grec *lukos* « loup » et *pous, podos* « pied » ■ BOT. Plante à tige grêle *(ptéridophytes ; lycopodiacées),* dont les sporanges, jaune clair, émergent sous les bruyères. *Poudre de lycopode* : poudre très fine et inflammable, formée par les spores.

LYCOSE [likoz] n. f. – 1810 ◇ latin des zoologistes *lycosa,* latin *lycos,* grec *lukos* « araignée-loup » ■ ZOOL. Araignée *(arachnides)* qui ne tisse pas de toile. *Les lycoses, appelées abusivement tarentules, attrapent leurs proies à la course.*

LYCRA [likʀa] n. m. – 1960 ◇ marque enregistrée ; origine inconnue ■ Fibre textile de cette marque utilisée notamment dans la confection de tissus synthétiques à réseau très élastique, qui ont les mêmes utilisations que le lastex.

LYDDITE [lidit] n. f. – 1889 ◇ mot anglais, de *Lydd,* n. d'une ville du Kent ■ TECHN. Explosif très voisin de la mélinite.

LYDIEN, IENNE [lidjɛ̃, jɛn] adj. – 1546 ◇ de *Lydie,* latin *Lydia,* province d'Asie Mineure ■ De Lydie. ◆ MUS. *Mode, ton lydien* : ton grec (fa), appliqué souvent au cinquième mode grégorien.

LYMPHANGITE [lɛ̃fɑ̃ʒit] n. f. – 1834 ◇ de *lymph(o)-,* du grec *aggeion* « vaisseau » et *-ite* ■ MÉD. Inflammation des vaisseaux lymphatiques. *Lymphangite tronculaire, réticulaire.*

LYMPHATIQUE [lɛ̃fatik] adj. – 1665 ; « délirant » 1546 ◇ latin scientifique *lymphaticus,* repris du latin médiéval « relatif à l'eau », de *lympha* → lymphe ■ 1 Relatif à la lymphe. *Vaisseaux lymphatiques,* ou n. m. *les lymphatiques* : vaisseaux où circule la lymphe. *Ganglions lymphatiques.* — *Drainage lymphatique* : méthode de massage visant à évacuer les nodules dans la circulation lymphatique. ■ 2 (1818) *Tempérament lymphatique* : un des quatre tempéraments de l'ancienne médecine humorale, caractérisé par la lenteur ou l'apathie et des formes alourdies et graisseuses. ➤ **flegmatique.** « *une constitution lymphatique qui se fatiguait des moindres travaux* » BALZAC. ◆ MOD. et COUR. (PERSONNES) Apathique, lent. ➤ **indolent,** 1**mou.** *Un* *adolescent lymphatique.* SUBST. *Un, une lymphatique.* — *Caractère, tempérament, air lymphatique.* ■ CONTR. Actif, nerveux.

LYMPHATISME [lɛ̃fatism] **n. m.** – 1852 ◇ de *lymphatique* ■ **1** LITTÉR. État d'une personne lymphatique. ♦ FIG. Manque de force, de vigueur. ➤ **apathie.** «*le lymphatisme de sa pensée*» ARTAUD. ■ **2** MÉD. VX État caractérisé par une augmentation de volume des tissus lymphoïdes, notamment chez les enfants.

LYMPHE [lɛ̃f] **n. f.** – 1673 ; «eau» 1442 ◇ latin scientifique *lympha,* spécialisation du latin *lympha* «eau» ■ Liquide organique incolore ou ambré, d'une composition comparable à celle du plasma sanguin. *Lymphe interstitielle :* liquide du système lacunaire. *Lymphe vasculaire,* circulant dans les vaisseaux lymphatiques.

LYMPH(O)– ■ Élément, du latin *lympha* ou de *lymphe.*

LYMPHOCYTAIRE [lɛ̃fɔsitɛʀ] **adj.** – 1903 ◇ de *lymphocyte* ■ MÉD. Des lymphocytes. *Leucémie lymphocytaire.*

LYMPHOCYTE [lɛ̃fɔsit] **n. m.** – 1900 ◇ de *lympho-* et *-cyte* ■ IMMUNOL. Petit leucocyte* à gros noyau non segmenté, présent dans le sang, la moelle et les tissus lymphoïdes (ganglions lymphatiques, rate) et jouant un rôle important dans le processus d'immunité (➤ **cytokine**). *Lymphocyte B,* responsable de la réaction immunitaire humorale. *Lymphocyte T,* qui acquiert son immunocompétence après passage dans le thymus. ➤ **thymocyte ; lymphokine.** *Lymphocyte T4,* qui a un rôle d'induction de la réaction immunitaire et qui est la cible du virus du sida. *Lymphocytes T auxiliaires, cytotoxiques, suppresseurs, tueurs. Lymphocytes mémoire.*

LYMPHOCYTOPÉNIE ➤ **LYMPHOPÉNIE**

LYMPHOCYTOSE [lɛ̃fɔsitoz] **n. f.** – 1903 ◇ de *lymphocyte* et 2*-ose* ■ MÉD. Augmentation du nombre de lymphocytes.

LYMPHOGRANULOMATOSE [lɛ̃fogʀanylomatoz] **n. f.** – 1912 ◇ de *lympho-* et *granulomatose* ■ MÉD. Maladie des ganglions lymphatiques. ➤ **sarcoïdose.**

LYMPHOGRAPHIE [lɛ̃fɔgʀafi] **n. f.** – 1938 ◇ de *lympho-* et *-graphie* ■ MÉD. Examen radiologique des vaisseaux et des ganglions lymphatiques après injection d'une substance opaque aux rayons X.

LYMPHOÏDE [lɛ̃fɔid] **adj.** – 1869 ◇ de *lymphe* et *-oïde* ■ HISTOL., MÉD. Qui contient des lymphocytes ou des cellules ressemblant à des lymphocytes. *Tissu lymphoïde :* tissu conjonctif réticulé contenant des lymphocytes, caractéristique des *organes lymphoïdes* (rate, thymus, ganglions lymphatiques, amygdales) participant à la formation des lymphocytes. *Tumeur du tissu lymphoïde.* ➤ **lymphome.**

LYMPHOKINE [lɛ̃fɔkin] **n. f.** – v. 1975 ◇ de *lympho-* et du grec *kinein* «mouvoir» ■ IMMUNOL. Substance sécrétée par des lymphocytes T, qui active d'autres globules blancs, y compris d'autres lymphocytes, et engage la réponse immunitaire. ➤ **interleukine.**

LYMPHOME [lɛ̃fom] **n. m.** – 1905 ◇ de *lymph(o)-* et *-ome* ■ MÉD. Prolifération cancéreuse qui se manifeste dans le tissu lymphoïde*, notamment dans les ganglions lymphatiques.

LYMPHOPÉNIE [lɛ̃fɔpeni] **n. f.** – milieu XXe ◇ de *lympho(cyte)* et du grec *penia* «pauvreté» ■ MÉD. Diminution du nombre des lymphocytes du sang. ➤ **leucopénie.** — On dit aussi *lymphocytopénie* [lɛ̃fɔsitopeni] **n. f.**

LYMPHOSARCOME [lɛ̃fosaʀkom] **n. m.** – 1872 ◇ de *lympho-* et *sarcome* ■ PATHOL. Tumeur cancéreuse formée par une prolifération anormale de lymphocytes.

LYNCHAGE [lɛ̃ʃaʒ] **n. m.** – 1883 ◇ de *lyncher* ■ Action de lyncher ; son résultat. ♦ FIG. *Lynchage médiatique :* campagne médiatique visant à détruire l'image d'une personnalité, à provoquer sa disgrâce. «*Lancer un lynchage médiatique est plus facile que faire décoller un buzz positif*» V. DESPENTES.

LYNCHER [lɛ̃ʃe] **v. tr.** ‹1› – 1861 ◇ de l'anglais américain *to lynch,* de *Lynch's law* «loi de Lynch» (1782), procédé de justice sommaire attribué à *Charles Lynch,* juge de Virginie ■ Exécuter sommairement, sans jugement régulier et par une décision collective (un criminel ou supposé tel). — PAR EXT. Exercer de graves violences sur (qqn), en parlant d'une foule. ➤ **écharper, molester.** «*un nègre lynché par une foule en furie, parce qu'il prétendait s'asseoir dans une partie de la salle réservée aux blancs !*» SIEGFRIED.

LYNCHEUR, EUSE [lɛ̃ʃœʀ, øz] **n.** – 1871 ◇ de *lyncher* ■ Personne qui participe à un lynchage. «*Pauvres sots, qui êtes de l'espèce des lyncheurs, pour qui droite et gauche sont égales, pourvu que le sang jaillisse*» ARAGON.

LYNX [lɛ̃ks] **n. m.** – 1677 ; *lynz* XIIe ◇ mot latin, du grec *lugx* ■ Mammifère carnivore, fort et agile, aux oreilles pointues garnies d'un pinceau de poils. ➤ **loup-cervier.** *Lynx d'Afrique.* ➤ **caracal.** *Lynx du Canada.* — LOC. *Avoir des yeux de lynx,* une vue perçante.

LYOPHILE [ljɔfil] **adj.** – 1931 ◇ du grec *luein* «dissoudre» et *-phile* ■ DIDACT. Qui peut être desséché par lyophilisation puis recouvrer toutes ses propriétés dès la réhydratation.

LYOPHILISATION [ljɔfilizasjɔ̃] **n. f.** – 1953 ◇ de *lyophiliser* ■ Dessiccation par sublimation de l'eau contenue sous forme de glace dans un produit. ➤ **déshydratation ; lyophiliser.** *La conservation des enzymes par lyophilisation.*

LYOPHILISER [ljɔfilize] **v. tr.** ‹1› – 1953 ◇ de *lyophile* ■ DIDACT. Déshydrater par lyophilisation (un produit congelé). — **p. p. adj.** *Produits lyophilisés. Plasmas, sérums lyophilisés. Café lyophilisé. Champignons lyophilisés.*

LYRE [liʀ] **n. f.** – 1548 ; *lire* v. 1155 ◇ latin *lyra,* grec *lura* ■ **1** Instrument de musique, connu depuis la plus haute Antiquité, à cordes pincées, fixées sur une caisse de résonance dont partent deux montants courbes soutenant une barre transversale. ➤ **heptacorde, tétracorde.** *La lyre, attribut d'Apollon.* — PAR COMPAR. *En forme de lyre, en lyre,* galbé comme les montants de la lyre antique. *Cornes en lyre.* ♦ Au Moyen Âge, Instrument de la famille des violes. — *Lyre-guitare :* guitare à la caisse en forme de lyre en usage au début du XIXe s. ♦ Bâti des pianos à queue qui transmet le mouvement des pédales à la mécanique. ■ **2** LITTÉR. Symbole de la poésie, de l'expression poétique. ➤ **luth.** *Accorder, essayer sa lyre.* «*Et j'ajoute à ma lyre une corde d'airain !*» HUGO. — FAM. et VX *Toute la lyre :* toutes choses ou personnes du même genre. ■ **3** PAR ANAL. (1776) Ménure. ➤ **oiseau-lyre.** — *Tétras*-lyre.* ■ HOM. Lire.

LYRIC [liʀik] **n. m.** – 1923 ◇ mot anglais ■ ANGLIC. Couplet de music-hall. *Des lyrics.* ■ HOM. Lyrique.

LYRIQUE [liʀik] **adj.** et **n.** – 1495 ◇ latin *lyricus,* grec *lurikos,* de *lura* → lyre

I ■ **1** ANTIQ. Destiné à être chanté avec accompagnement de musique (lyre, flûte, etc.) et souvent de danse. *Genres, poèmes lyriques grecs.* — *Poète lyrique :* auteur de poèmes lyriques. ■ **2** (XVIe-XVIIIe) HIST. LITTÉR. Propre aux genres issus de la poésie grecque, tels que l'ode (opposé à *épique* et *dramatique*). ■ **3** (1755) MOD. Se dit de la poésie qui exprime des sentiments intimes au moyen de rythmes et d'images propres à communiquer au lecteur l'émotion du poète, et de ce qui appartient à ce genre de poésie. *Poésie lyrique. Thèmes lyriques.* «*Le monde lyrique*» BAUDELAIRE. — *Un style, des envolées lyriques.* ➤ 1**poétique.** ■ **4** (1810) Plein d'un enthousiasme, d'une exaltation de poète. ➤ **passionné.** «*Révolté lyrique*» MAUROIS. ■ **5** **n.** (fém. rare) *Un lyrique :* un poète lyrique. «*l'impudeur naturelle au lyrique moderne*» LANSON. — **n. f.** DIDACT. *La lyrique :* la poésie lyrique (1°, 2°, 3°). «*une lyrique de la femme*» BARTHES.

II (XVIIIe) Destiné à être mis en musique et chanté avec accompagnement, joué sur une scène. *Drame lyrique :* opéra, oratorio. *Comédie lyrique :* opéra-comique, opérette. ♦ *L'art lyrique,* où interviennent la musique et le chant. *Théâtre lyrique,* où sont donnés les opéras, les opérettes. *Artiste lyrique :* chanteur, chanteuse d'opéra, d'opérette. *Soprano* lyrique.*

■ CONTR. Prosaïque. ■ HOM. Lyric.

LYRIQUEMENT [liʀikmɑ̃] **adv.** – 1555 «sur la lyre du poète» ; repris XXe ◇ de *lyrique* ■ Avec lyrisme. ■ CONTR. Prosaïquement.

LYRISME [liʀism] **n. m.** – 1834 ◇ de *lyrique* ■ **1** VX Style élevé et hardi de l'auteur inspiré (ode, poésie sacrée). ■ **2** MOD. Poésie, genre lyrique. *Le lyrisme romantique.* ■ **3** PAR EXT. Mode d'expression évoquant la poésie lyrique. *Le lyrisme de Bossuet, de Chopin. Le lyrisme d'un film.* ■ **4** FIG. Manière passionnée, poétique, de sentir, de vivre. «*notre bon sens bourgeois complètement dénué de lyrisme*» MAC ORLAN. ■ CONTR. Prosaïsme.

LYS ➤ **LIS**

LYSAT [liza] **n. m.** – 1927 ◇ de *lyse* ■ BIOCHIM. Produit d'une lyse de cellules ou de microbes par des lysines.

LYSE [liz] **n. f.** – 1918 ◊ emploi autonome de l'élément *-lyse* ■ BIOL. Rupture de la membrane plasmique d'une cellule, sous l'action d'agents physiques, chimiques ou biologiques. *Qui provoque une lyse.* ➤ **lytique.** — **v. tr.** ⟨1⟩ **LYSER.** *Antibiotique qui lyse les bactéries.* ■ **HOM.** Lise.

-LYSE, -LYTIQUE ■ Éléments, du grec *lusis* « solution, dissolution » : *dialyse, électrolyse, mucolytique.*

LYSERGAMIDE [lizɛʀgamid] **n. m.** – 1961 ◊ de *lysergique* et *amide* ■ CHIM. Composé dérivé des extraits de l'ergot de seigle, à propriétés hallucinatoires. ➤ **L. S. D.**

LYSERGIDE [lizɛʀʒid] **n. m.** – après 1960 ◊ de *acide lysergi(que)* et *-ide* ■ CHIM. Drogue hallucinogène très toxique. ➤ **L. S. D.** ; **lysergique.**

LYSERGIQUE [lizɛʀʒik] **adj.** – 1961 ◊ de *lyse* et *erg(ot)*, d'après l'allemand *Lysergsäure* (1955) ■ BIOCHIM. *Acide lysergique* : produit de dégradation des alcaloïdes contenus dans l'ergot de seigle. *Diéthylamide de l'acide lysergique* : drogue hallucinatoire obtenue par transformation de l'acide lysergique. ➤ **L. S. D., lysergide.**

LYSIMAQUE [lizimak] **n. f.** – 1803 ; *lysimachie* 1545 ◊ latin *lysimachia*, d'origine grecque ■ BOT. Plante herbacée des lieux humides *(primulacées)*, à fleurs jaunes.

LYSINE [lizin] **n. f.** – 1897 ◊ du grec *lusis* « solution, dissolution » ■ BIOCHIM. ■ **1** Acide aminé essentiel, l'un des vingt constituants des protéines. ■ **2** Anticorps ou toxine capable de provoquer la lyse cellulaire. ■ **3** Protéine de l'acrosome du spermatozoïde qui dissout la couche vitelline de l'œuf au cours de la fécondation.

LYSOSOME [lizozom] **n. m.** – 1968 ◊ du grec *lusis* (cf. *-lyse*) et *sôma* « corps » ■ BIOL. CELL. Vésicule cytoplasmique des eucaryotes contenant un grand nombre d'enzymes qui digèrent la plupart des macromolécules biologiques. — **adj. LYSOSOMIAL, IALE, IAUX.**

LYSOZYME [lizozim] **n. m.** – 1935 ◊ du grec *luein* (cf. *-lyse*) et *(en)zyme* ■ BIOCHIM. Enzyme qui dissout certaines bactéries en hydrolysant les polysaccharides qui confèrent sa solidité à la paroi cellulaire. *Le lysozyme est présent dans la salive, les larmes, la sueur.*

LYTIQUE [litik] **adj.** – 1924 ◊ de *lyse* ■ BIOL. Qui provoque la lyse. *Bactériophage lytique* (opposé à *tempéré*). — PAR EXT. MÉD. Susceptible de supprimer certaines activités nerveuses normales ou pathologiques. ◆ *Cocktail lytique* : mélange de substances, de drogues capable de provoquer la mort. ■ **HOM.** Lithique.

-LYTIQUE ➤ **-LYSE**

M

1 **M** [ɛm] **n. m. inv.** ▪ Treizième lettre et dixième consonne de l'alphabet : *m majuscule* (M), *m minuscule* (m). — PRONONC. Lettre qui, prononcée, note à l'initiale, entre voyelles ou suivie de *e* caduc, l'occlusive nasale bilabiale [m] *(ami, immortel, mammouth, âme, mesure)* ; devant consonne *(p, b)* ou en finale, *m* nasalise la voyelle précédente ainsi que le fait *n* (impôt, faim, Adam, thym)* sauf dans certains emprunts *(macadam, idem, intérim)*. — *Digrammes comportant m : emm* (➤ 1 **e**), *um* (➤ **u**). ▪ **HOM.** Hème.

2 **M** **abrév. et symboles** ▪ **1 M** [mil]. Mille, en chiffres romains. ▪ **2 M.** [məsjø]. Monsieur. *M. Dupont.* — **MM.** [mesjø]. Messieurs. ▪ **3 m** [mɛtʀ]. Mètre. m^2 [mɛt(ʀə)kaʀe] : mètre carré. m^3 [mɛt(ʀə)kyb] : mètre cube. ▪ **4 m** [mili]. Milli-. *ml* (millilitre), *mm* (millimètre). ▪ **5 M** [mega]. Méga-. *MHz* (mégahertz). ▪ **6 M** [ɛm] (abrév. de l'anglais *medium*) Moyen, en parlant d'une taille de vêtement. *Taille M.*

MA ➤ **MON**

MABOUL, E [mabul] **n. et adj.** – 1860 ; argot de l'armée d'Afrique 1830 ◇ arabe *mahbūl* «fou» ▪ FAM. Fou*. ➤ **cinglé, dingue, toqué.** *Il est complètement maboul.*

MAC [mak] **n. m.** – 1835 ◇ diminutif de *maquereau* ▪ ARG. Souteneur. ▪ **HOM.** Mach, maque.

MACABRE [makɑbʀ] **adj.** – *danse macabre, danse Macabré* XIVe ◇ probablt d'un n. pr. *Macabé* → macchabée ▪ **1** *Danse macabre* : représentation allégorique de la Mort entraînant dans une ronde des personnages de toutes conditions. ▪ **2** (1842) Qui a pour objet les squelettes, les cadavres, et PAR EXT. Qui évoque des images de mort (➤ **funèbre, lugubre,** 1 **sinistre**). *Scène, plaisanterie, humour macabre. Le genre macabre,* et ELLIPT *le macabre.*

MACACHE [makaʃ] **adv.** – 1861 ◇ arabe d'Algérie *makans* «il n'y a pas» ▪ FAM. et VIEILLI Pas du tout, rien du tout ; (il n'y a) rien à faire. *«fini les permissions ! macache les permissions !»* COURTELINE.

MACADAM [makadam] **n. m.** – 1826 ◇ de *McAdam,* n. de l'inventeur ▪ **1** ANCIENNT Revêtement de voies avec de la pierre concassée et du sable, agglomérés au moyen de rouleaux compresseurs. ▪ **2** (de l'anglais *tarmacadam,* de *tar* «goudron») MOD. Macadam goudronné. *Rouler sur le macadam.* ➤ **asphalte, bitume.** ◆ Chaussée ainsi revêtue. ➤ **tarmac.**

MACADAMIA [makadamja] **n. m.** – 1962 ◇ latin scientifique, du n. du chimiste *John Macadam,* par l'anglais ▪ Arbre originaire d'Australie *(protéacées)* dont on consomme les noix *(noix de macadamia)* et l'huile qui en est extraite.

MACADAMISER [makadamize] **v. tr.** ⟨1⟩ – 1828 ◇ de *macadam* ▪ Recouvrir (une chaussée, une route) avec du macadam (1°) (➤ **empierrer**) ; avec du macadam (2°) (➤ **goudronner**). *Rues macadamisées.*

MACAQUE [makak] **n. m.** – 1680 ; *mecou* 1654 ◇ portugais *macaco* ▪ **1** Singe d'Asie, primate sociable à corps trapu, à museau proéminent et à grandes abajoues. *Un macaque femelle. Macaque rhésus*.* ▪ **2** FIG. et FAM. Homme très laid. ➤ 1 **magot.** *Elle ne va pas épouser ce vieux macaque !*

MACAREUX [makaʀø] **n. m.** – 1760 ◇ p.-ê. de *macreuse* ▪ Palmipède marin *(charadriiformes),* au plumage noir et blanc, au gros bec multicolore. *Macareux moine* ou *perroquet de mer.*

MACARON [makaʀɔ̃] **n. m.** – 1552 ◇ italien dialectal *macarone* «macaroni», p.-ê. du grec *makaria* «potage d'orge» ▪ **1** Gâteau sec, de forme ronde, à base de pâte d'amandes, de blanc d'œuf et de sucre. ▪ **2** Natte de cheveux roulée sur l'oreille. ◆ FAM. Insigne, décoration de forme ronde (➤ **badge**), et SPÉCIALT Rosette de la Légion d'honneur. *Macaron tricolore apposé sur le parebrise d'une voiture officielle.* — Ornement, motif rond. ▪ **3** FAM. Coup. ➤ 1 **marron.**

MACARONI [makaʀɔni] **n. m.** – 1650 ◇ mot italien, plur. de *macarone* → macaron ▪ **1** AU PLUR. Pâtes alimentaires en forme de tube. *Un paquet de macaronis. Macaronis au fromage.* ▪ **2** (1776) INJURIEUX *Mangeur de macaronis* (VIEILLI), et ELLIPT *un macaroni* : un Italien.

MACARONIQUE [makaʀɔnik] **adj.** – 1546 ◇ italien *macaronico,* de *macaronea* «poème burlesque», dérivé plaisant de *macarone* → macaron ▪ LITTÉR. *Poésie macaronique* : poésie burlesque où l'auteur entremêlait des mots latins et des mots de sa propre langue affublés de terminaisons latines. *Latin macaronique* : latin de cuisine.

MACASSAR [makasaʀ] **n. m.** – 1817 ◇ nom du chef-lieu de l'île des Célèbes ▪ **1** *Huile de macassar* : huile de coco parfumée à l'essence d'ilang-ilang, utilisée autrefois comme cosmétique. ELLIPT *Les coiffeurs «ne vendent pas seulement le* Macassar*»* BALZAC. ▪ **2** (1925) Ébène d'une variété au bois brun veiné de noir, appréciée en ébénisterie et marqueterie.

MACCARTHYSME [makkaʀtism] **n. m.** – *mac-carthysme* 1953 ◇ de *J. McCarthy,* sénateur américain ▪ Politique de délation et de persécution menée aux États-Unis dans les années 50 contre des personnalités taxées de sympathies communistes (cf. Chasse aux sorcières*). — **adj. et n. MACCARTHYSTE.**

MACCHABÉE [makabe] **n. m.** – *macabé* «noyé» 1856 ◇ p.-ê. allus. bibl. (les sept *Maccabées*) ou allus. aux personnages de la danse *macabre* ▪ POP. Cadavre. *«des tons verts de macchabée pourrissant dans une mare»* ZOLA. — ABRÉV. **MACCHAB** ou **MACAB.** *Des macabs.*

MACÉDOINE [masedwan] **n. f.** – 1740 ◇ par compar. plaisante avec la *Macédoine,* empire d'Alexandre, habitée par des peuples d'origines très diverses ▪ **1** Mets composé d'un mélange de légumes (➤ **jardinière**) ou de fruits (➤ 1 **salade**) coupés en menus morceaux. *Macédoine de légumes. Macédoine de fruits au kirsch.* ▪ **2** FAM. et VIEILLI Assemblage, mélange disparate. ➤ 1 **mosaïque,**

salmigondis. *« les circonstances qui faisaient de la société, sous l'Empire, une macédoine »* BALZAC.

MACÉDONIEN, IENNE [masedɔnjɛ̃, jɛn] **adj.** et **n.** – XIIIe ◊ de *Macédoine* ■ De la Macédoine, région du nord de la Grèce. *Salonique, ville macédonienne.* — De la Macédoine, république des Balkans. ♦ **n.** *Les Macédoniens.* — **n. m.** *Le macédonien* : langue slave du groupe méridional parlée en république de Macédoine.

MACÉRATEUR, TRICE [maseʀatœʀ, tʀis] **adj.** et **n. m.** – 1835 ◊ de *macérer* ■ Qui opère la macération (II). — **n. m.** Récipient où l'on fait macérer des plantes, des grains.

MACÉRATION [maseʀasjɔ̃] **n. f.** – fin XIIe ◊ latin *maceratio*, de *macerare*

I Pratique d'ascétisme observée dans un esprit de pénitence. ➤ **mortification.** *« Par macération je dormais sur une planche »* GIDE.

II (1611) ■ **1** Opération qui consiste à laisser tremper à froid un corps ou une substance dans un liquide, pour en extraire les constituants solubles (➤ **décoction ; digestion ; infusion**). — Le fait de macérer. *La macération des fruits dans l'alcool.* ■ **2** PAR EXT. Le liquide chargé, par macération, des principes solubles d'un corps. *Une macération de quinquina.* ■ **3** PATHOL. Ensemble des modifications que subissent la peau ou les tissus sous-jacents à la suite d'un séjour prolongé dans un liquide ou à l'humidité. *Macération d'un fœtus mort dans l'utérus,* décomposition par imbibition dans le liquide amniotique.

MACÉRER [maseʀe] **v.** ‹6› – 1403 ◊ latin *macerare*

I **v. tr.** RELIG. Soumettre (son corps) à des macérations. ➤ **mortifier.** *« Vous dormirez, couché sur des pierres [...] Macérant votre chair et domptant votre esprit »* LECONTE DE LISLE.

II (1546) ■ **1** **v. tr.** Laisser séjourner, faire tremper (➤ **macération,** II). *Macérer de la racine de gentiane dans de l'eau.* ➤ **infuser.** *Cerises macérées dans l'eau-de-vie.* ■ **2** **v. intr.** Tremper longtemps. *Viande qui macère dans une marinade.* ➤ **mariner.** *Laisser macérer 24 heures.* FIG. *« Vous m'avez laissée macérer dans mon ignorance »* MONTHERLANT. ➤ **croupir.**

■ **HOM.** poss. *Macère* : massèrent (masser).

MACERON [masʀɔ̃] **n. m.** – 1549 ◊ italien *macerone* ■ Plante méditerranéenne *(ombellifères)* aux feuilles comestibles, aux fleurs vert-jaune et aux baies noires.

MACFARLANE [makfaʀlan] **n. m.** – 1859 ◊ du nom de l'Écossais *Mac Farlane*, l'inventeur présumé ■ ANCIENNT Manteau d'homme, sans manches, avec des ouvertures pour passer les bras et un grand rabat en forme de cape.

MACH [mak] **n. pr.** – v. 1950 ◊ nom d'un physicien autrichien ■ AÉRONAUT. *Nombre de Mach* : rapport entre la vitesse d'un mobile et celle du son se propageant dans le même milieu. ELLIPT *Voler à Mach 2, à Mach 3,* à 2, 3 fois la vitesse du son (➤ **machmètre**). ■ **HOM.** Mac, maque.

MACHAON [makaɔ̃] **n. m.** – 1842 ◊ nom mythologique ■ Grand papillon *(lépidoptères)* aux ailes jaune vif rayées de noir, appelé aussi *grand porte-queue.*

MÂCHE [mɑʃ] **n. f.** – 1611 ◊ probablt par altération de *pomache*, p.-ê. du latin *pomum* « fruit » ■ Plante herbacée *(valérianacées)* d'origine méditerranéenne, dont les feuilles se mangent en salade. ➤ RÉGION. **doucette, rampon.** *Une salade de mâche.*

MÂCHEFER [mɑʃfɛʀ] **n. m.** – v. 1210 ◊ p.-ê. de *mâcher* « écraser » et *fer* ■ Scories retirées des foyers où se fait la combustion de la houille. *Le mâchefer est utilisé pour la fabrication des briques, l'entretien des pistes de course* (➤ **cendrée**), *la confection des ballasts.*

MÂCHEMENT [mɑʃmɑ̃] **n. m.** – 1538 ◊ de 1*mâcher* ■ RARE Action de mâcher. ➤ **mastication.**

MACHER [maʃe] **v. tr.** ‹1› – fin XVe ◊ de l'ancien occitan *macar* « frapper, meurtrir », d'un radical *makk-* ■ **1** RÉGION. (Ouest, Sud-Ouest, Centre, Lyonnais, Languedoc) Meurtrir, contusionner. *Chaussures neuves qui machent les pieds.* — *Fruits machés.* ➤ **talé.** ■ **2** TECHN. Couper sans faire une section nette, en déchirant (➤ **machure**). *Lame mal aiguisée qui mache le bois.* — On trouve aussi *mâcher* [mɑʃe].

1**MÂCHER** [mɑʃe] **v. tr.** ‹1› – *maschier* v. 1190 ◊ latin impérial *masticare*, du grec ■ **1** Broyer, écraser avec les dents, par le mouvement des mâchoires, avant d'avaler. *Mâcher du pain, de la viande.* ➤ 1**mastiquer.** ABSOLT *« il mâchait pesamment et en faisant avec la bouche un bruit »* STENDHAL. ♦ LOC. (XVIIe) *Mâcher le travail, la besogne à qqn,* la lui préparer, la lui faciliter. *Il faut tout lui mâcher. « des doctrines toutes mâchées »* MAUROIS. — *Ne pas mâcher ses mots* : s'exprimer avec une franchise brutale (cf. Dire tout cru*, appeler* les choses par leur nom, avoir son franc-parler). *« Voilà mon opinion, je ne la mâche pas »* BALZAC. ■ **2** Triturer longuement dans sa bouche (une substance non comestible qu'on rejette). ➤ **mâchonner,** FAM. **mâchouiller.** *Mâcher du bétel, du tabac* (➤ **chiquer**). *Mâcher du chewing-gum* (ou *gomme* à mâcher*). — SPÉCIALT *Papier* mâché.* ♦ FIG. ➤ **remâcher.** *« Tout en mâchant mon amertume »* DORGELÈS.

2**MÂCHER** ➤ **MACHER**

MACHETTE [maʃɛt] **n. f.** – 1676 ◊ espagnol *machete* ■ Grand coutelas utilisé en Amérique du Sud comme sabre d'abattage. ➤ **coupe-coupe.**

MÂCHEUR, EUSE [mɑʃœʀ, øz] **n.** – 1560 ◊ de 1*mâcher* ■ RARE Personne qui mâche, a coutume de mâcher (qqch.). *Des mâcheurs de bétel.*

MACHIAVEL [makjavɛl] **n.** – 1831 ◊ de *Machiavel*, n. d'un homme d'État florentin (1469-1527), célèbre par ses théories politiques et ses écrits ■ LITTÉR. Personne sans scrupules, qui emploie des moyens perfides pour parvenir à ses fins. *C'est un, une Machiavel.* ➤ **machiavélique.** *Des machiavels.*

MACHIAVÉLIQUE [makjavelik] **adj.** – 1578, rare avant 1803 ◊ de *Machiavel* ■ Rusé et perfide. *Une manœuvre, un procédé machiavélique. Un projet machiavélique.* ➤ **démoniaque, diabolique.** *Le machiavélique Talleyrand.* ➤ **astucieux, rusé.** — PAR EXT. *Un air, un sourire machiavélique.*

MACHIAVÉLISME [makjavelism] **n. m.** – 1602 ◊ de *Machiavel* ■ **1** Doctrine de Machiavel ; art de gouverner efficacement sans préoccupation morale quant aux moyens. ■ **2** PÉJ. Attitude d'une personne qui emploie la ruse, la mauvaise foi, ne tient pas ses promesses, pour parvenir à ses fins. ➤ **artifice, perfidie, ruse.** *Plan conçu avec machiavélisme.* ■ **CONTR.** Franchise, naïveté.

MACHICOULIS [maʃikuli] **n. m.** – *machecoleis* 1402 ◊ moyen français °*machecol*, de *macher* « écraser » et *col* « cou » ■ Construction en saillie au sommet des murailles ou des tours d'une fortification, percée d'ouvertures à sa partie inférieure pour observer l'ennemi ou laisser tomber sur lui des projectiles et des matières incendiaires. ♦ Les ouvertures elles-mêmes. *Une galerie, une tour à machicoulis.* — On écrit aussi *mâchicoulis.*

-MACHIE ■ Élément, du grec *makhê* « combat » : *logomachie, tauromachie.*

MACHIN [maʃɛ̃] **n. m.** – 1807 ◊ de *machine* ■ FAM. Objet, personne dont on ignore le nom, dont le nom échappe ou qu'on ne prend pas la peine de nommer correctement. ➤ **bidule, chose, fourbi, histoire,** 1**truc, zigouigoui ;** RÉGION. **cossin.** *Qu'est-ce que c'est que ce machin ? « Un Godin ! Mais ça chauffe le tonnerre ces machins-là »* SARRAUTE. *Monsieur Machin.* ➤ **tartempion, trucmuche** (cf. Un tel*). *Machin Chouette. « Mère Chose, je vous emprunte votre machin »* HUGO.

MACHINAL, ALE, AUX [maʃinal, o] **adj.** – 1731 ; « des machines » fin XVIIe ◊ de *machine* ■ Qui est fait sans intervention de la volonté, de l'intelligence, comme par une machine. ➤ **automatique, inconscient, instinctif, involontaire, irréfléchi, mécanique, réflexe.** *Un geste machinal. Réactions machinales. Travail machinal. « ce qui dans l'homme est machinal Les gestes de tous les jours »* ARAGON. *« le respect naïf et machinal de l'ordre établi »* CAILLOIS. ■ **CONTR.** Raisonné, réfléchi, volontaire.

MACHINALEMENT [maʃinalmɑ̃] **adv.** – 1718 ◊ de *machinal* ■ D'une façon machinale, par habitude, sans réfléchir. ➤ **mécaniquement.** *« il se mit à son pupitre machinalement et dirigea machinalement l'orchestre »* BALZAC.

MACHINATION [maʃinasjɔ̃] **n. f.** – XIIIe ◊ de *machiner* ■ Ensemble de menées secrètes, plus ou moins déloyales. ➤ **agissements, complot*,** 1**manœuvre, ruse.** *Ténébreuses, diaboliques machinations. Être l'auteur, la victime d'une machination.*

MACHINE [maʃin] **n. f.** – milieu XVIe, au sens II, 8° ◊ du latin *machina* « invention » et « engin », du grec *makhana*, forme de *mêkhanê.* → mécanique. Le sens grec puis latin d'« invention », de « ruse, artifice » se retrouve dans *machination*

I **VX RUSE** ➤ **machination.**

II **OBJET FABRIQUÉ** (1559) Objet fabriqué, généralement complexe (➤ **mécanisme**), destiné à transformer l'énergie (➤ **moteur**), et à utiliser cette transformation (à la différence de l'appareil et de l'outil, qui ne font qu'utiliser l'énergie). (Au sens large) Tout système où existe une correspondance spécifique entre une énergie ou une information d'entrée et celles de sortie ; tout système utilisant une énergie extérieure pour effectuer des transformations, des exécutions sous la conduite d'un opérateur ou d'un autre système. **A.** SENS GÉNÉRAL *Effet, force, puissance, rendement d'une machine. Quantité de travail fournie par une machine. Machine à mécanisme intérieur.* ➤ **automate, robot.** *Organes d'une machine.* ➤ **commande, mécanisme, moteur, transmission.** *Bâti d'une machine.* ➤ **charpente, châssis.** *Pièces et dispositifs d'une machine* (arbre, axe, balancier, barre, bielle, bouton, bras, butée, came, cardan, carter, chaîne, chariot, chemise, clapet, collier, courroie, coussinet, crémaillère, culasse, cylindre, engrenage, frein, galet, glissière, hélice, manette, manivelle, palier, papillon, pignon, piston, plateau, ressort, robinet, rouage, roue, soupape, tambour, tige, tourillon, tringle, tube, turbine, tuyau, tuyère, va-et-vient, valve, volant). *Mettre une machine en marche. Machine qui tourne, marche, fonctionne. Machine déréglée, détraquée. Machine en panne. Entretien et réparation d'une machine* (➤ 2 **maintenance ; mécanicien).** ◆ **MACHINE À VAPEUR,** qui utilise l'expansion de la vapeur d'eau pour produire la force motrice. *Machines à vapeur fixes* (pompes, compresseurs, chaudières à vapeur), *mobiles* (locomobiles, locomotives). *Machine à vapeur à simple, à double effet.* ➤ **compound.** ◆ (1690) *Machine hydraulique, pneumatique, à air comprimé, électrique, dynamoélectrique* (➤ **dynamo**), *magnétoélectrique* (➤ 1 **magnéto**), *électronique* (➤ 2 **calculateur**).

B. SENS SPÉCIAUX ▪ **1** MÉCAN. Système de corps transformant un travail en un autre. *Machines simples :* levier, plan incliné, poulie, treuil, vis. *Machine composée :* combinaison de machines simples. ▪ **2** *Machines de bureau. Informatisation des machines.* ➤ **bureautique.** ◆ (1858) **MACHINE À ÉCRIRE.** *Clavier, touches, chariot, rouleau, tabulateur, ruban d'une machine à écrire.* (1899) (SANS COMPL.) *Secrétaire qui tape une lettre à la machine.* ➤ **dactylo.** *« j'écrivais directement à la machine »* DJIAN. *Machine à boule, à marguerite.* ◆ Dispositif de saisie, de traitement ou d'exploitation de l'information. ➤ 2 **calculateur,** 2 **ordinateur ; informatique.** *Langage* machine. Machine à traitement* de texte. Machine à calculer.* ➤ **calculatrice, calculette.** *Machine à traduire. — Machine à photocopier.* ➤ **photocopieur.** ▪ **3** (Appareils domestiques) *Machine à laver* (le linge). ➤ **lave-linge.** (SANS COMPL.) *Ce pull passe en machine,* peut se laver à la machine. *Faire une machine,* une lessive dans la machine à laver. — *Machine à laver la vaisselle.* ➤ **lave-vaisselle.** — *Machine à coudre :* instrument à main ou électrique qui fait des points de couture. *La canette*, le pied-de-biche* d'une machine à coudre. — Machine à tricoter, à broder, à repasser.* ◆ *Machine à café,* distributeur automatique ; cafetière électrique perfectionnée. — *Machine à billets.* ➤ **distributeur.** — *Machine à sous*.* ▪ **4** (Dans l'industr., les métiers) *Les machines sont à la base de l'équipement industriel. Objet fait à la machine* (opposé à *fait à la main*). *Machine à tisser.* ➤ **métier.** *Machines élévatrices, machines et appareils de levage. Machines agricoles*.* — (1867) **MACHINE-OUTIL :** machine dont l'effort final s'exerce sur un outil. *Machines-outils déformant la matière par choc, compression, étirage ; désagrégeant la matière par enlèvement, cisaillement, usure. Machine à river, cintrer, plier, décolleter, fileter, tarauder. — Machine (à) transfert*.* ▪ **5** Dispositif assurant la propulsion d'un navire. *La salle, la chambre des machines.* ➤ **machinerie.** *Stopper les machines. Faire machine (en) arrière*.* ▪ **6** Véhicule comportant un mécanisme. *Cette moto est une belle machine. « Je grimpai donc sur sa machine et en route »* QUENEAU. *Les machines volantes, ancêtres des avions.* — SPÉCIALT Locomotive. (1818) *Machine à vapeur. Machine électrique. Machine diesel*. Le dépôt des machines.* ▪ **7** (1671) ANCIENNT *Machines de guerre :* armes complexes d'attaque ou de défense. ➤ **baliste, bélier, bombarde, catapulte, perrière, pierrier.** — MOD. Engin de guerre. *Nous sommes habitués « aux horribles machines de guerre qui sèment la ruine et la mort »* DUHAMEL. FIG. Organisation puissante. — (1604) **MACHINE INFERNALE :** ANCIENNT dispositif de guerre exceptionnel combinant des armes et des explosifs, et destiné aux grandes destructions ; (1801) MOD. dispositif meurtrier installé et réglé pour perpétrer un attentat. ➤ 1 **bombe.** ▪ **8** (1542) THÉÂTRE Décors installés au moyen de machines. *Une pièce à machines.* ➤ **féerie ; deus ex machina.** *« C'est une pièce à machines avec trappes, des poulies, un treuil, du spectaculaire »* J. TEULÉ. ▪ **9** Le machinisme, la mécanisation. *Le siècle, la civilisation de la machine, des machines.*

III **ÊTRE VIVANT, OBJET, ORGANISATION QUI FAIT PENSER À UNE MACHINE** ▪ **1** (1637, Descartes) Être vivant considéré comme une combinaison d'organes fonctionnant de façon mécanique. *La théorie des animaux-machines de Descartes. « il avait besoin d'un bon litre d'arabica pour remettre la machine en route »* DAENINCKX. — Personne qui agit comme un automate. ➤ **robot.** — **MACHINE À... :** ce qui est considéré comme ayant pour fonction unique ou essentielle de (faire, produire qqch.). *La machine à penser. « Une maison est une machine à habiter »* LE CORBUSIER. *La machine à perdre :* le processus d'échec. *Il faut éviter de relancer la machine à perdre.* — PÉJ. *Il n'est qu'une machine à faire de l'argent.* ▪ **2** (1609) Ensemble complexe dont la marche a la régularité d'une machine. — VX *La machine ronde :* la Terre. — MOD. *La machine administrative, économique, politique.* ▪ **3** (1566) VX Grand ouvrage de génie. — MOD. *Une grande machine :* un tableau pompeux. *Une grosse machine :* un film à gros budget. ➤ **superproduction.** Recomm. offic. pour remplacer l'anglic. *blockbuster.* ▪ **4** (1807) (Pour désigner une femme, une enfant) ➤ **machin.**

MACHINE-OUTIL ➤ **MACHINE,** II, B, 4°

MACHINER [maʃine] v. tr. ⟨1⟩ – XIIIe ◊ latin *machinari,* de *machina* « machine » ▪ VIEILLI Organiser en secret et dans les détails (des actions nuisibles, des opérations malhonnêtes, illicites). ➤ **manigancer, ourdir, tramer ; machination.** *Machiner un complot, une trahison* (➤ **conspirer, intriguer**). *Machiner la perte de qqn. « je machine en ce moment une épouvantable trame »* MUSSET. *C'est lui qui a tout machiné pour le vol des bijoux.*

MACHINERIE [maʃinʀi] n. f. – 1867 ; « construction de machines » 1805 ◊ de *machine* ▪ **1** Ensemble des machines réunies en un même lieu et concourant à un but commun. *Entretien de la machinerie d'une filature.* ▪ **2** PAR EXT. Lieu où sont les machines, et SPÉCIALT Salle des machines d'un navire. *« Le capitaine entra dans la machinerie »* VERCEL. ▪ **3** Ensemble d'appareils, de moyens mécaniques employés pour opérer les changements de décor dans un théâtre.

MACHINISME [maʃinism] n. m. – 1741 ◊ de *machine* ▪ **1** VX PHILOS. Doctrine des animaux-machines de Descartes. ➤ **mécanisme.** ▪ **2** (1808) Emploi des machines ; généralisation de cet emploi en remplacement de la main-d'œuvre. *Machinisme agricole. Le machinisme, base de la grande industrie, s'est développé au XIXe siècle. « quand le machinisme aura rendu possible la journée de trois heures »* AYMÉ.

MACHINISTE [maʃinist] n. – 1694 ; « inventeur de machines » 1643 ◊ de *machine* ▪ **1** n. m. VX Personne qui fait marcher une machine. ▪ **2** (1660) Personne qui s'occupe des machines, des changements de décor, des trucages, au théâtre, dans les studios de cinéma. ABRÉV. FAM. **MACHINO.** *Des machinos.* ▪ **3** (1920) VIEILLI ou ADMIN. Conducteur, conductrice (d'un véhicule de transport en commun), mécanicien. *Défense de parler au machiniste.*

MACHISME [ma(t)ʃism] n. m. – 1971 ◊ mexicain *machismo* (v. 1959) employé pour *virilidad* « virilité », de *macho* « mâle » ▪ Idéologie suivant laquelle l'homme domine socialement la femme et a droit à des privilèges de maître ; comportement conforme à cette idéologie. ➤ **phallocratie, sexisme ; macho.**

MACHISTE [ma(t)ʃist] n. et adj. – v. 1972 ◊ de *machisme* ▪ Partisan du machisme. ➤ **phallocrate ;** FAM. **macho.**

MACHMÈTRE [makmɛtʀ] n. m. – après 1955 ◊ de *Mach* et *-mètre* ▪ Instrument servant à mesurer le nombre de Mach* à bord d'un aéronef.

MACHO [matʃo] n. m. – 1971 ◊ mot hispano-américain (v. 1942), de l'espagnol *macho,* latin *masculus* « mâle » ▪ FAM. Homme qui fait preuve de machisme. ➤ **machiste, phallocrate.** *Ton frère est un affreux macho. Des machos.* — adj. *Une attitude macho* (➤ **sexiste**).

MÂCHOIRE [mɑʃwaʀ] n. f. – fin XIIe ◊ de 1 *mâcher* ▪ **1** Chacun des deux arcs osseux de la bouche, dans lesquels sont implantées les dents. *Mâchoire supérieure* (fixe), *inférieure* (mobile). ➤ **maxillaire.** *Sans mâchoire.* ➤ **agnathe.** *Muscles masticateurs* (abaisseurs, élévateurs, propulseurs) *de la mâchoire inférieure. Contracture des mâchoires* (➤ **trismus**). — FAM. et VIEILLI *Jouer, travailler des mâchoires :* manger. — SPÉCIALT **LA MÂCHOIRE :** la mâchoire inférieure. ➤ **mandibule.** *Bâiller à se décrocher la mâchoire. « sa longue mâchoire qu'allonge une barbiche »* BARBUSSE. ▪ **2** Pièce de l'appareil masticatoire des insectes portant les palpes. ▪ **3** PAR EXT. (1680) Chacune des pièces jumelées qui, dans un outil, un engin, un mécanisme, s'éloignent et se rapprochent à volonté pour serrer, tenir. *Mâchoires d'un étau, d'une clé anglaise, d'une paire de tenailles.* ➤ **mors.** *« la mâchoire du piège a claqué »* GIONO. *Mâchoire de frein :* pièce portant la garniture* de frein, et assurant le freinage par frottement.

MÂCHON [mɑʃɔ̃] n. m. – 1958 ◊ de 1 *mâcher* ▪ RÉGION. À Lyon, Restaurant où l'on sert un repas léger ; ce repas.

MÂCHONNEMENT [mɑʃɔnmɑ̃] **n. m.** – 1832 ◇ de *mâchonner* ■ **1** Action de mâchonner. ■ **2** MÉD. Mouvement continuel des mâchoires, symptomatique de certaines affections cérébrales.

MÂCHONNER [mɑʃɔne] **v. tr.** ‹1› – XVe ◇ diminutif de 1*mâcher* ■ **1** Mâcher lentement, longuement, avec difficulté ou négligence. *« je regarde les chevaux et les mulets mâchonner leur paille hachée »* THARAUD. *Mâchonner une boule de gomme.* ➤ **mâchouiller,** 1 **mastiquer.** — *Mâchonner son crayon, son cigare.* ➤ **mordiller.** ■ **2** (1611) FIG. Prononcer d'une manière indistincte, en articulant mal. ➤ **marmonner, marmotter.** *« Il mâchonnait des bouts de phrases sous sa moustache jaunie »* CAMUS.

MÂCHOUILLER [mɑʃuje] **v. tr.** ‹1› – 1894 ◇ mot dialectal, de 1*mâcher* ■ FAM. Mâchonner ; mâcher sans avaler. *« Palaiseau mâchouillait une paille avec l'expression béate d'un ruminant »* TROYAT.

MACHURE [maʃyʀ] **n. f.** – 1472 ◇ de *macher* ■ TECHN. *Machures du drap, du velours :* parties où le poil n'a pas été coupé net, a été écrasé. — On écrit aussi *mâchure* [mɑʃyʀ].

MACHURER [maʃyʀe] **v. tr.** ‹1› – XVe ◇ de *machure* ■ **1** Écraser, entamer par pression. *Pièce machurée par l'étau.* ■ **2** (confusion avec *mâcher*) Entamer en mordant. — On écrit aussi *mâchurer* [mɑʃyʀe]. *« le gros bout de son porte-plume mâchuré »* GIDE.

1 **MÂCHURER** [mɑʃyʀe] **v. tr.** ‹1› – 1507 ; *mascurer* XIIe ◇ origine incertaine, peut-être même famille que *masque* ■ VIEILLI Barbouiller, salir de noir. ◆ IMPRIM. Tirer (une feuille) sans netteté. — **p. p. adj.** *Feuille mâchurée.*

2 **MÂCHURER** ➤ **MACHURER**

MACIS [masi] **n. m.** – 1358 ; *macie* 1256 ◇ mot latin, altération de *macir* « écorce aromatique » ■ Tégument (arille) de la noix muscade utilisé comme aromate. *« des plats véhéments, assaisonnés à la marjolaine et au macis »* HUYSMANS.

MACKINTOSH [makintɔʃ] **n. m.** – 1842 ◇ mot anglais, du nom de l'inventeur *Charles Macintosh* ■ VX Manteau imperméable. ➤ **imperméable.** *Des mackintoshs.* ■ HOM. McIntosh.

MACLE [makl] **n. f.** – 1298 *mascle* ◇ probablt germanique °*maskila*, de °*maska*, comme l'allemand *Masche* « maille » ■ **1** BLAS. Meuble de l'écu, formé d'un losange percé à jour en son milieu par un losange plus petit. ■ **2** (1690) CRISTALLOGR., MINÉR. Édifice cristallin formé par la juxtaposition de cristaux d'une même espèce minéralogique suivant un plan parfait appelé *plan de macle. Macle de plagioclases.*

MACLÉ, ÉE [makle] **adj.** – 1795 ◇ de *macle* ■ SC. Disposé en macles. *Cristaux maclés.*

MACLER [makle] **v. tr.** ‹1› – 1765 ◇ origine inconnue ■ TECHN. Brasser (le verre en fusion) dans le creuset, pour le rendre homogène. — **n. m. MACLAGE,** 1839.

MAÇON, ONNE [masɔ̃, ɔn] **n.** – XIIe ◇ bas latin *machio* (VIIe), francique °*makjo*, racine °*makôn* « faire », comme l'anglais *to make* ■ **1** Personne qui exécute ou dirige des travaux de maçonnerie. APPOS. *Maître maçon. Compagnons, ouvriers maçons.* ➤ **appareilleur,** VX **limousin, poseur.** *Apprenti, aide-maçon.* LOC. *C'est au pied* du mur qu'on voit le maçon.* — *Outils, instruments, matériel de maçon :* auge, bétonnière, boucharde, bouloir, calibre, ciseau, doloire, échafaudage, écoperche, équerre, fil à plomb, gâche, grattoir, griffe, langue-de-bœuf, madrier, marteau, niveau, oiseau, palançon, pelle, sabot, smille, spatule, truelle. *Travail du maçon :* appareiller, bâtir, bétonner, bloquer, boucher, bousiller, chaîner, cimenter ; construire, crépir, étayer, gâcher, hourder, jointoyer, lambrisser, limousiner, métrer, plâtrer, ravaler, rejointoyer, renformir, sceller, terrasser. — APPOS. (1752) FIG. Se dit de certains animaux constructeurs. *Abeille, fourmi maçonne.* ■ **2** (1782) Franc-maçon. *Sa mère « voyait dans les Maçons des ennemis de l'Église »* ROMAINS. *Réunion de maçons.* ➤ **tenue.** *Une maçonne.*

MÂCON [mɑkɔ̃] **n. m.** – 1785 ; *vin de Mascon* 1653 ◇ de *Mâcon,* n. d'une ville de Bourgogne ■ Vin du Mâconnais. *Un verre de mâcon. Des mâcons.*

MAÇONNAGE [masɔnaʒ] **n. m.** – 1240 ◇ de *maçonner* ■ Action de maçonner ; travail, ouvrage de maçon. *Le maçonnage de ce mur a été bien exécuté, est solide.*

MAÇONNER [masɔne] **v. tr.** ‹1› – v. 1220 ◇ de *maçon* ■ **1** Construire ou réparer en maçonnerie. *Maçonner un mur.* ■ **2** Revêtir de maçonnerie. *Maçonner les parois d'un puits.* — Boucher avec de la maçonnerie. *Maçonner une fenêtre.*

MAÇONNERIE [masɔnʀi] **n. f.** – *machonerie* v. 1280 ◇ de *maçon* ■ **1** Partie des travaux de construction comprenant l'édification du gros œuvre et certains travaux de revêtement. *Grosse maçonnerie* (gros ouvrage), comprenant les éléments essentiels du gros œuvre* ; *petite maçonnerie* (ouvrage léger), comprenant la pose des enduits, le carrelage, etc. *Matériaux utilisés en maçonnerie :* aggloméré, béton, brique, caillou, ciment, crépi, latte, meulière, moellon, mortier, parpaing, pierre, pisé, plâtre. *Entrepreneur de, en maçonnerie. Travaux de maçonnerie.* ■ **2** Construction, partie de construction faite d'éléments assemblés et joints. *Une maçonnerie de pierres de taille, de moellons* (➤ **limousinage**), *de briques* (➤ **briquetage**), *de béton* (➤ **bétonnage**), *de plâtre* (➤ **plâtrage**). *Maçonnerie légère* (➤ **hourdis**) ; *grossière,* (➤ **hourdage**), *de cailloux* (➤ **cailloutage**), *de terre battue* (➤ **pisé**), *de torchis. Maçonnerie sèche,* sans liant. *C'est de la belle maçonnerie.* — *Agencement des éléments d'une maçonnerie :* appareil, assise, joint, lit, parement. *Corps de maçonnerie. Maçonnerie en liaison, en blocage, en appareil réticulé, irrégulier. Massifs de maçonnerie, dans les fondations :* butée, culée, enrochement, orillon, platée, radier, soutènement. *Maçonnerie renforcée par une armature.* ■ **3** (1766) Franc-maçonnerie. *« Il a cru sentir en moi* [...] *le conspirateur, l'homme qui entrerait dans la Maçonnerie »* ROMAINS.

MAÇONNIQUE [masɔnik] **adj.** – 1782 ◇ de *maçon* ■ Relatif à la franc-maçonnerie. ➤ **franc-maçonnique.** *Loge maçonnique. Assemblée maçonnique.* ➤ **convent, tenue.** *Les musiques maçonniques de Mozart.*

MACOUTE [makut] **adj. m.** et **n. m.** – 1971 ◇ mot créole haïtien « vieillard au grand sac (évoqué pour faire peur aux enfants) », de *makout* « sac en toile », d'une langue bantoue ■ *Tonton macoute* ou *macoute :* membre d'une milice créée en Haïti par F. Duvalier, chargée de réprimer toute opposition. *Les tontons macoutes. « tremblant à l'idée que les macoutes ne décident de frapper à toutes les portes »* L. GAUDÉ.

MACQUE ➤ **MAQUE**

MACRAMÉ [makʀame] **n. m.** – 1892 ◇ arabe *mahrama* « mouchoir, serviette » ■ Travail de dentelle exécuté en fils tressés et noués. *Cache-pot, bracelet en macramé.*

MACRE [makʀ] **n. f.** – 1765 ; *macle* 1554 ◇ mot de l'Ouest, d'origine inconnue ■ Plante aquatique *(myriophyllacées)* à fleurs blanches, à fruits épineux appelés *châtaignes d'eau, noix d'eau.*

MACREUSE [makʀøz] **n. f.** – 1642 ◇ normand *macrouse,* altération de *macrolle* (v. 1300), p.-ê. du frison *markol,* ou du néerlandais *meerkol*

I Oiseau migrateur, palmipède, voisin du canard. *Au XVIIe siècle, la macreuse était une viande autorisée les jours maigres* (d'où le sens II).

II (fin XIXe) Viande maigre sur l'os de l'épaule du bœuf. *Macreuse à bifteck, à braiser, à pot-au-feu.*

MACRO ➤ **MACROÉCONOMIE, MACRO-INSTRUCTION** et **MACROPHOTOGRAPHIE**

MACRO- ■ Élément, du grec *makros* « long, grand » (➤ **méga-**). ■ CONTR. Micro-.

MACROBIOTE [makʀɔbjɔt] **adj.** et **n.** – 1977 ◇ de *macrobiotique* ■ Qui pratique un régime alimentaire macrobiotique. ➤ aussi **végétalien, végétarien.**

MACROBIOTIQUE [makʀɔbjɔtik] **n. f.** – 1808 « hygiène de vie assurant la longévité » ; repris 1969 ◇ allemand *Makrobiotik,* du grec *makrobiotês* « longévité » ■ Régime alimentaire, à base de céréales, de fruits et de légumes. — **adj.** *Restaurant macrobiotique. Régime macrobiotique.* ➤ aussi **végétalien, végétarien.**

MACROCÉPHALE [makʀosefal] **adj.** – 1556 ◇ grec *makrokephalos* ■ Qui a une grosse tête, et SPÉCIALT une tête anormalement volumineuse. ■ CONTR. Microcéphale.

MACROCÉPHALIE [makʀosefali] **n. f.** – 1840 ◇ de *macrocéphale* ■ MÉD. Augmentation pathologique du volume de la tête (➤ aussi **acromégalie**). *Macrocéphalie due à l'hydrocéphalie.* — On dit aussi *mégacéphalie, mégalocéphalie.*

MACROCOSME [makʀɔkɔsm] **n. m.** – v. 1265 ◇ de *macro-,* d'après *microcosme* ■ PHILOS. ou LITTÉR. L'univers considéré dans sa relation analogique avec le microcosme que constitue l'être humain. ■ CONTR. Microcosme.

MACROCOSMIQUE [makʀɔkɔsmik] **adj.** – 1865 ◇ de *macrocosme* ■ **1** PHILOS. ou LITTÉR. Relatif au macrocosme. ■ **2** PAR EXT. Synthétique, global. *Vision macrocosmique, en économie.*

MACROCYTE [makRɔsit] **n. m.** – 1878 ◇ de *macro-* et *-cyte* ▪ BIOL. CELL. Globule rouge d'un diamètre et d'un volume supérieurs à la normale. *Présence de macrocytes dans les anémies graves.*

MACRODÉCISION [makRodesizjɔ̃] **n. f.** – 1949 ◇ de *macro-* et *décision* ▪ ÉCON., POLIT. Décision économique émanant d'un groupe ou de l'État et portant sur des quantités globales.

MACROÉCONOMIE [makRoekɔnɔmi] **n. f.** – 1948 ◇ de *macro-* et *économie* ▪ ÉCON. Étude des systèmes, des phénomènes et des relations économiques à un niveau global (➤ **agrégat**) (cf. aussi Économie* politique). ABRÉV. FAM. **MACRO.** *Cours de macro.* — **adj. MACROÉCONOMIQUE.** ▪ CONTR. Microéconomie.

MACROÉVOLUTION [makRoevɔlysjɔ̃] **n. f.** – 1932 ◇ de *macro-* et *évolution* ▪ BIOL. Évolution portant sur des périodes et des échelles très étendues, et qui implique l'apparition de nouvelles familles et de nouveaux genres d'organismes.

MACROGRAPHIE [makRɔgRafi] **n. f.** – 1922 ◇ de *macro-* et *-graphie* ▪ TECHN. Étude de la structure des métaux et alliages à l'œil nu ou avec un faible grossissement. — **adj. MACROGRAPHIQUE,** 1922. ▪ CONTR. Micrographie.

MACRO-INSTRUCTION [makRoɛ̃stRyksjɔ̃] **n. f.** – v. 1965 ◇ de *macro-* et *instruction* ▪ INFORM. Ordre donné (en langage symbolique) à l'ordinateur, et destiné à générer une séquence d'instructions en langage machine (instruction élémentaire). *Des macro-instructions.* ABRÉV. FAM. **MACRO.** *Des macros.*

MACROLIDE [makRɔlid] **n. m.** – 1959 ◇ de *macro-* et *l(acton)ide,* de *lactone* (composé chimique) et *-ide* ▪ MÉD. Molécule constituée d'une macromolécule cyclique comprenant 14 à 16 atomes, à propriétés antibiotiques. *L'érythromycine est le macrolide de référence. Les macrolides et les quinolones.*

MACROMOLÉCULE [makRomɔlekyl] **n. f.** – avant 1948 ◇ de *macro-* et *molécule* ▪ CHIM. Molécule formée par l'union d'un nombre élevé de « motifs moléculaires » identiques et obtenue en général par condensation ou polymérisation* (ex. protéine). — **adj. MACROMOLÉCULAIRE,** avant 1948.

MACROPHAGE [makRɔfaʒ] **n. m.** et **adj.** – 1887 ◇ de *macro-* et *-phage* ▪ BIOL. CELL., HISTOL. Grosse cellule dérivant du monocyte du sang, capable d'englober et de détruire par phagocytose des corps étrangers volumineux. ➤ **histiocyte.** *Les macrophages présentent des antigènes et sont impliqués dans la réponse immunitaire.*

MACROPHOTOGRAPHIE [makRofɔtɔgRafi] **n. f.** – 1943 ◇ de *macro-* et *photographie* ▪ TECHN. Photographie très rapprochée de petits objets donnant une image plus grande que nature. ABRÉV. FAM. (avant 1970) **MACRO.** On dit aussi **PHOTOMACROGRAPHIE,** 1963. — **adj. MACROPHOTOGRAPHIQUE.**

MACROPODE [makRɔpɔd] **adj.** et **n. m.** – 1802 ◇ de *macro-* et *-pode* ▪ SC. NAT. Qui a de longs membres postérieurs, de longues nageoires, de longs pédoncules. — **n. m.** Poisson à longues nageoires.

MACROSCÉLIDE [makRɔselid] **n. m.** – 1867 ; « insecte » 1846 ◇ de *macro-* et du grec *skelos* « jambe » ▪ ZOOL. Mammifère insectivore de petite taille, au museau prolongé par une trompe mobile, à longs membres postérieurs.

MACROSCOPIQUE [makRɔskɔpik] **adj.** – 1874 ◇ de *macro-* et *-scope* ▪ DIDACT. Qui se voit à l'œil nu (**opposé à** *microscopique*). *Aspect macroscopique d'un organe. Chimie macroscopique.*

MACROSÉISME [makRoseism] **n. m.** – 1807 ◇ de *macro-* et *séisme* ▪ GÉOPHYS. Séisme directement perceptible par l'être humain, sans l'aide d'instruments.

MACROSISMIQUE [makRosismik] ou **MACROSÉISMIQUE** [makRoseismik] **adj.** – 1968, -1946 ◇ de *macroséisme* ▪ GÉOPHYS. Relatif à un macroséisme. *Étude macrosismique.*

MACROSPORANGE [makRospɔRɑ̃ʒ] **n. m.** – 1890 ◇ de *macro-* et *sporange* ▪ BOT. Organe de certaines plantes (ptéridophytes) où se forment les macrospores.

MACROSPORE [makRospɔR] **n. f.** – 1842 ◇ de *macro-* et du grec *spora* « semence » ▪ BOT. Spore femelle de certains cryptogames vasculaires. *Les macrosporanges produisent les macrospores.*

MACROSTRUCTURE [makRostRyktyR] **n. f.** – 1955 ◇ de *macro-* et *structure* ▪ Structure englobant d'autres structures. — LING. Structure générale d'un ensemble (et spécialement d'un ensemble textuel). *La macrostructure* (nomenclature ordonnée) *et la microstructure* (organisation de chaque article) *d'un dictionnaire.* ▪ CONTR. Microstructure.

MACROURE [makRuR] **n. m.** – 1802 ◇ de *macro-* et du grec *oura* « queue » ▪ ZOOL. Crustacé *(décapodes)* à l'abdomen très développé. ➤ **crevette, écrevisse, homard, langouste.**

MACULA [makyla] **n. f.** – 1868 ◇ mot latin « tache » ▪ ANAT. Tache ovale jaune grisâtre du fond de l'œil, située sur la rétine du côté inférieur externe de la papille optique (SYN. **tache* jaune**). *Des maculas.*

MACULAGE [makylaʒ] **n. m.** – 1819 ◇ de *maculer* ▪ **1** Action de maculer ; son résultat. ▪ **2** TYPOGR. Traces de salissure provoquées par des feuilles fraîchement imprimées.

MACULAIRE [makylɛR] **adj.** – 1937 ◇ de *macula* ▪ Relatif à la macula. *Lésion maculaire. Dégénérescence maculaire liée à l'âge :* maladie oculaire qui entraîne une perte de la vision centrale.

MACULATURE [makylatyR] **n. f.** – 1567 ◇ de *maculer* ▪ Feuille de papier grossier qui sert à envelopper les papiers en rames. « *Une maculature qui enveloppait tes épreuves* » BALZAC. — Feuilles maculées à l'impression servant de décharge. — Feuille intercalaire. ➤ 2 **macule.**

1 **MACULE** [makyl] **n. f.** – XIIIe ◇ latin *macula* « tache » ▪ **1** VX Souillure, tache. « *Les macules des âmes* » VOLTAIRE. ▪ **2** Salissure, trace d'encre sur le papier. ➤ **bavure, maculage.** ▪ **3** MÉD. Tache plane, rouge, sur la peau. ➤ **érythème.**

2 **MACULE** [makyl] **n. f.** – 1322 ◇ abrév. de *maculature* ▪ TYPOGR. Feuille intercalaire destinée à éviter le maculage des feuilles fraîchement imprimées. ➤ **maculature.**

MACULER [makyle] **v. tr.** ‹1› – XIIe ◇ latin *maculare* ▪ **1** LITTÉR. Couvrir, souiller de taches. ➤ **salir, souiller, tacher.** *Maculer d'encre une feuille de papier.* ➤ **barbouiller, noircir.** *Maculer de boue ses vêtements.* ➤ **crotter.** — « *La table, grasse de sauce, maculée de vin* » ZOLA. ▪ **2** TYPOGR. Salir (les feuilles fraîchement imprimées). **p. p. adj.** *Feuille maculée ; livre maculé.* ▪ CONTR. Nettoyer. Immaculé.

MADAME, plur. **MESDAMES** [madam, medam] **n. f.** – XIIe ◇ de *ma,* adj. poss., et 1 *dame*
▪ REM. Dans certains emplois, le pluriel est *madames.*

I VX ▪ **1** Titre honorifique donné aux femmes des hautes classes de la société (souveraine, filles de la maison royale, femmes nobles titrées), mariées ou non. — Titre donné à la femme de Monsieur, frère du roi, et SPÉCIALT à Henriette d'Angleterre. « *Madame se meurt, Madame est morte* » BOSSUET. ▪ **2** PAR EXT. (XVIIe) Titre donné aux bourgeoises. ▪ **3** MOD. et FAM. **UNE MADAME :** une dame. *Jouer à la madame :* contrefaire le comportement, les manières distinguées des dames. « *Je ne veux pas parler de ces petites filles qui jouent à la madame* » BAUDELAIRE. « *les belles madames* » SARTRE.

II (XVIIe) MOD. ▪ **1** Titre donné à toute femme qui est ou a été mariée. *Madame, Mesdames Untel ; M*^{me}*, M*^{mes} *Untel. Madame de Staël. Madame Bovary. Madame la Générale,* épouse d'un général. *Tout va très bien, Madame la Marquise* (chans.). *Monsieur le docteur X et Madame, née Y. Bonjour, madame. Bonsoir mesdames, mesdemoiselles, messieurs. Mes amitiés à Madame votre mère. Madame veuve Untel. Chère madame.* — FAM. *Chère petite madame.* ▪ **2** Titre donné, dans les relations courantes, à toute femme en âge d'être mariée. — Titre précédant la fonction d'une femme, quand elle lui confère une autorité. *Madame la Présidente. Madame le procureur. Madame la députée* ou *Madame le député. Madame l'abbesse.* ▪ **3** ABSOLT La maîtresse de maison, pour le personnel. *Madame est servie. Prévenez Madame.*

MADAPOLAM [madapɔlam] **n. m.** – 1823 ◇ du n. d'une ville de l'Inde ▪ Étoffe de coton, calicot fort et lourd.

MADE IN [mɛdin] **loc. adj.** – 1906 ◇ expression anglaise, de *made* « fait » et *in* « en, dans » ▪ ANGLIC. Fabriqué en, à, au (**suivi du nom angl. d'un pays**) (**recomm. offic.**). *Produit made in France, in Germany.* — FAM. Qui a (telle origine). *Des habitudes made in U. S. A.*

MADELEINE [madlɛn] **n. f.** – 1223 *faire la Madeleine* ◇ latin *Magdalena* « femme de Magdala », pécheresse célèbre de l'Évangile ▪ **1** LOC. *Pleurer comme une Madeleine,* abondamment. ▪ **2** (1845 ◇ de *Madeleine Paulmier,* cuisinière) Petit gâteau sucré à pâte molle, de forme ovale, au dessus renflé. « *je portai à mes lèvres une cuillerée du thé où j'avais laissé s'amollir un morceau de madeleine* » PROUST. ▪ **3** (allus. à l'expérience de la madeleine de Proust) Objet, sensation qui fait ressurgir d'agréables souvenirs. « Peyton Place. *Rien que le nom me fait l'effet d'une madeleine* » T. BENACQUISTA.

MADELEINETTE [madlɛnɛt] **n. f.** – 1900 ◇ de *madeleine* ▪ Petite madeleine.

MADEMOISELLE, plur. **MESDEMOISELLES** [mad(ə)mwazɛl, med(ə)mwazɛl] **n. f.** – XVe ◊ de *ma*, adj. poss., et *demoiselle*

I ANCIENNT ▪ **1** Titre de la fille aînée des frères ou oncles du roi. *La Grande Mademoiselle, duchesse de Montpensier, cousine germaine de Louis XIV.* ▪ **2** Appellation des femmes nobles non titrées, mariées ou non.

II MOD. Titre donné aux jeunes filles et aux femmes (présumées) célibataires. *« L'incertitude où j'étais s'il fallait lui dire madame ou mademoiselle me fit rougir »* PROUST. — ABRÉV. POP. **MAM'SELLE** ou **MAM'ZELLE** [mamzɛl]. *Mademoiselle, Mesdemoiselles Untel ; Mlle, Mlles Untel. Mademoiselle votre fille.* — ABSOLT La fille de la maison, pour le personnel. *Mademoiselle a téléphoné.*

MADÈRE [madɛʀ] **n. m.** – 1765 ◊ du n. de l'île portugaise de *Madère* ▪ Vin de Madère. *Madère sec. Madère doux.* ➤ **malvoisie.** *Des madères. Verre à madère.* — CUIS. (APPOS. INV.) *Sauce madère* : sauce au madère. *Rognons, jambon sauce madère.*

MADÉRISÉ [madeʀize] **adj. m.** – 1902 ◊ de *madère* ▪ *Vin madérisé,* qui prend un goût de madère anormal, par oxydation.

MADIRAN [madiʀɑ̃] **n. m.** – 1807 ◊ du n. d'une localité des Hautes-Pyrénées ▪ Vin rouge corsé de la vallée de l'Adour. *Des madirans.*

MADONE [madɔn] **n. f.** – 1642 ◊ italien *madonna* « madame », nom donné à la Vierge ▪ **1** Représentation de la Vierge, généralement avec Jésus enfant, dans l'art italien. *Les Madones de Raphaël, de Botticelli.* ➤ **vierge.** ◆ *Femme belle comme une madone. Visage de madone.* — FIG. *« un charme très singulier que n'avaient pas ses sœurs, plus madones, plus régulières »* ARAGON. ▪ **2** La Vierge, en Italie. *Italienne qui prie la Madone.* ▪ **3** LOC. (d'après le titre d'un roman de Dekobra) *Une madone des sleepings,* s'est dit d'une femme fatale cosmopolite. *« Une grande voyageuse internationale, presque [...] une madone des sleepings »* BEAUVOIR.

MADRAGUE [madʀag] **n. f.** – 1679 ◊ arabe d'Espagne *mádraba* « 1 enceinte » ▪ RÉGION. Piège fixe composé d'une vaste enceinte de filets à compartiments, disposé près de la côte pour capturer le thon.

MADRAS [madʀɑs] **n. m.** – 1797 ◊ du n. d'une ville de l'Inde ▪ **1** Étoffe à chaîne de soie et trame de coton, de couleurs vives. *Robe, mouchoir de madras.* ▪ **2** PAR EXT. Mouchoir, fichu de madras ; ce mouchoir noué sur la tête servant de coiffure. ➤ **foulard.** *« un joli madras négligemment noué sur sa tête à la manière des créoles »* BALZAC.

MADRÉ, ÉE [madʀe] **adj.** – 1591 ◊ emploi fig., par allusion à l'aspect compliqué du dessin, de *madré* « veiné, tacheté » (bois, pierre...), d'origine francique ▪ LITTÉR. Rusé sous des apparences de bonhomie, de simplicité. ➤ **malin, matois, retors.** *Paysan madré. « on devinait dans ce regard un homme d'affaires intrigant et madré »* HUYSMANS.

MADRÉPORE [madʀepɔʀ] **n. m.** – 1671 ◊ italien *madrepora,* de *madre* « mère » et *poro* « pore » ▪ Polype des mers chaudes, à squelette calcaire, vivant le plus souvent en colonie. ➤ 1 **corail.** *Récifs formés par des madrépores.* — AU PLUR. *Les madrépores* ou *madréporaires* : ordre de cnidaires *(hexacoralliaires)* renfermant divers polypes.

MADRÉPORIQUE [madʀepɔʀik] **adj.** – 1812 ◊ de *madrépore* ▪ Formé de madrépores. *Récifs madréporiques. Île madréporique.* ➤ **atoll.**

MADRIER [madʀije] **n. m.** – fin XVIe ; *madrets* 1382 ◊ altération de l'ancien provençal *madier* « couverture de pétrin », d'un latin populaire °*materium,* latin classique *materia* « bois de construction » ▪ Planche très épaisse. ➤ **basting, poutre.** *Madrier de chêne, de sapin, pour faire des solives, des planchers.*

MADRIGAL, AUX [madʀigal, o] **n. m.** – *madrigale* 1542 ◊ italien *madrigale,* d'origine inconnue ▪ **1** HIST. MUS. Pièce vocale polyphonique sur un texte profane. *Les madrigaux de Palestrina. Compositeur de madrigaux* (**MADRIGALISTE n.**). ▪ **2** (1548) LITTÉR. Courte pièce de vers exprimant une pensée ingénieuse et galante. *Madrigaux de Voiture.* ◆ PAR EXT. COUR. Compliment galant.

MAELSTROM ou **MALSTROM** [malstʀɔm] **n. m.** – 1840 ; n. d'un tourbillon de la côte norvégienne 1765 ◊ mot néerlandais, de *malen* « tourner » et *strom* « courant » ▪ **1** Courant tourbillonnaire marin. ➤ **gouffre, vortex.** ▪ **2** FIG. et LITTÉR. Tourbillon. *« Paris est un maelstrom où tout se perd »* HUGO. — On dit aussi *malström, maelström* [malstʀøm].

MAERL [maɛʀl] ou **MERL** [mɛʀl] **n. m.** – 1874, -1860 ◊ mot breton *(merl, maerl),* de l'ancien français *marle,* variante de *marne* ▪ GÉOL. Sédiment organique constitué surtout de débris d'algues calcifiées, qui sert d'amendement. ▪ HOM. Merle.

MAESTOSO [maɛstozo] **adv.** – 1834 ; *majestoso* 1752 ◊ mot italien ▪ MUS. Avec une lenteur majestueuse (indication de mouvement).

MAESTRIA [maɛstʀija] **n. f.** – 1842 ◊ mot italien, de *maestro* « maître » ▪ Maîtrise, facilité et perfection dans l'exécution (d'une œuvre d'art, d'un exercice). ➤ **brio, virtuosité.** *Morceau joué avec maestria* (cf. De main* de maître). — Habileté spectaculaire. *« la maestria que tu as en traitant les idées »* FLAUBERT. *Il « débouche sa bouteille avec maestria »* QUENEAU.

MAESTRO [maɛstʀo] **n. m.** – 1817 ◊ mot italien « maître » ▪ Compositeur de musique ou chef d'orchestre célèbre. ➤ **maître.** *Des maestros.* — PLAISANT Chef d'orchestre. *Bravo, maestro !*

MAFÉ [mafe] **n. m.** – 1974 ◊ mot du Sénégal, du wolof ▪ Ragoût de viande ou de poisson dans une sauce à la pâte d'arachide (cuisine africaine). — On écrit aussi *maffé. « Elle lui avait préparé le maffé comme il l'aimait »* BEYALA.

MAFFLU, UE [mafly] **adj.** – 1668 ◊ de l'ancien adjectif *mafflé* (1666), avec changement de suffixe. *Mafflé* vient du v. *mafler* « manger beaucoup », d'origine néerlandaise. ▪ VX ou LITTÉR. Qui a de grosses joues. ➤ **joufflu.** *« Grasse, mafflue et rebondie »* LA FONTAINE. *« quelque robuste servante aux joues colorées et mafflues »* GAUTIER. ➤ **plein, rebondi, rond.** ▪ CONTR. 1 Maigre.

MAFIA [mafja] **n. f.** – 1866 ◊ mot sicilien « hardiesse, vantardise » ▪ On écrit aussi *maffia.* ▪ **1** *La Mafia* (**n. pr.**) : réseau d'associations secrètes siciliennes très puissant, qui influence l'économie et la politique du pays par le racket et la loi du silence (➤ **omerta**) (cf. Syndicat du crime*). *Un parrain* de la Mafia.* ◆ Organisation similaire. *Membre de la mafia japonaise* (➤ **yakuza**), *chinoise*(➤ **triade**). ▪ **2** PAR EXT. (1933) Association clandestine servant des intérêts privés par des moyens plus ou moins illicites. ➤ 2 **bande, clan.** *La mafia des jeux, du dopage.* — PAR EXT. (non péj.) Groupe solidaire uni par un intérêt particulier. ➤ **confrérie, coterie.** *Une petite mafia de collectionneurs. « bonne famille, bien pensant, des espérances, et la maffia des X »* BUTOR.

MAFIEUX, IEUSE [mafjø, jøz] **adj.** et **n.** – 1980 ; *maffieux* 1969 ◊ de *mafia* ▪ De la Mafia (1°). *Une famille mafieuse. Le « business mafieux habituel comme les jeux, les filles, les restaurants »* M. DUGAIN. *Dérive mafieuse.* — **n.** ➤ **mafioso.** — On écrit aussi *maffieux, ieuse.*

MAFIOSO [mafjozo] **n. m.** – 1902 *maffiosi* plur. ◊ mot italien ▪ Membre de la Mafia (1°). *Des mafiosi* (**plur. it.**) *ou des mafiosos.* ➤ **mafieux.** — On rencontre parfois la graphie *maffioso.*

MAGANER [magane] **v. tr.** ⟨1⟩ – 1855 ◊ mot de l'Ouest (Bretagne, Saintonge), du francique *maiđanjan* « estropier » ▪ (**Canada**) FAM. ▪ **1** Fatiguer, affaiblir. *Ce rhume me magane. « Tu t'étais pas magané à l'ouvrage »* V. L. BEAULIEU. — *Avoir l'air magané.* ▪ **2** (1873) Traiter avec rudesse. ➤ **malmener, maltraiter.** *Il magane son chien.* ▪ **3** (1895) Abîmer, détériorer. ➤ **endommager.** *« Pas trop vite [...], la route est bien maganée »* Y. BEAUCHEMIN.

MAGASIN [magazɛ̃] **n. m.** – v. 1400 ◊ arabe *makhâzin,* plur. de *makhzin* « dépôt, bureau », par le provençal ou l'italien

I **DÉPÔT, RÉSERVE** ▪ **1** Lieu de dépôt de marchandises destinées à être conservées, vendues ou distribuées. ➤ **entrepôt, réserve, resserre.** *Mettre en magasin.* ➤ **emmagasiner.** *Dépôt en magasin.* ➤ 1 **magasinage.** *Avoir qqch. en magasin,* en stock. *Magasins d'un port.* ➤ **dock.** *Magasin à blé, à grains* (➤ **grange, grenier, silo**), *à vins* (➤ 1 **cave, chai, halle**). — SPÉCIALT, VIEILLI *Le magasin d'une boutique.* ➤ **arrière-boutique, réserve.** ▪ **2** SPÉCIALT, MILIT. Local où sont entreposés matériel, munitions et provisions nécessaires à l'armée. *Magasin d'armes, d'explosifs.* ➤ **arsenal, poudrière.** *Magasin de vivres, d'habillement.* MAR. *Magasin du bord.* ➤ **cambuse.** — THÉÂTRE *Magasin des accessoires, des décors.* FIG. *Réforme reléguée au magasin des accessoires.* — DR. COMM. *Magasins généraux* : établissements agréés par l'administration pour entreposer des marchandises pour le compte d'un tiers. *Récépissé d'une marchandise placée en magasin.* ➤ aussi **warrant.** ▪ **3** (1873) TECHN. *Magasin d'une arme à feu à répétition* (fusil, revolver) : partie de l'arme recevant l'approvisionnement en cartouches. *Mettre un chargeur dans le magasin.* — *Magasin d'un appareil photo, d'une caméra,* où l'on met la pellicule. ➤ FAM. **boîte.** ▪ **4** GÉOL. *Roche*-magasin.*

II BOUTIQUE, COMMERCE (1690 ; a supplanté *boutique* v. 1800) COUR. Établissement de commerce où l'on conserve, expose des marchandises en vue de les vendre. ➤ **boutique, commerce, 1 échoppe, fonds.** « *Autrefois une boutique était une boutique, maintenant c'est un magasin* » M. DU CAMP. *Tenir un magasin* (➤ **commerçant, marchand**). *Ouvrir, fermer un magasin. Magasin de vente en gros, au détail. Les magasins d'une galerie marchande, d'un centre commercial. Magasin d'alimentation* (➤ **épicerie**), *de prêt-à-porter, de sport. Devanture, étalage, vitrine d'un magasin. Employés de magasin.* ➤ **caissier, commis, vendeur.** *Comptoir, caisse, rayons d'un magasin. Faire des achats dans un magasin* (➤ **course, shopping**). *Courir les magasins. Faire les magasins.* ➤ RÉGION. **magasiner** (cf. Faire du lèche-vitrine). *Avoir qqch. en magasin ;* FIG. avoir qqch. à disposition ; avoir telle qualité. *La politesse, il n'a pas ça en magasin !* — **GRAND MAGASIN :** grand établissement de vente regroupant les marchandises de différents commerces, présentées dans des rayons spécialisés. « *La femme est donc éblouie par l'accumulation des marchandises. C'est ce qui a fait le succès des grands magasins* » ZOLA. *Magasin à succursales multiples. Chaîne* de magasins et ses points de vente.* ➤ **succursale.** *Magasin (en) libre-service. Magasin à grande surface :* grand magasin le plus souvent à libre service et d'accès facile pour une clientèle motorisée, où sont pratiqués des prix concurrentiels. ➤ **hypermarché, mégastore, supermarché** (cf. Grande surface*). *Magasin franchisé.* — *Magasin d'usine*.* — (1886 ◊ de l'anglais *general store*) **(Canada)** *Magasin général,* où l'on vend toutes sortes d'articles d'usage courant. ➤ **bazar.** « *Le magasin général sent l'huile de charbon et le goudron...* » A. HÉBERT.

1 **MAGASINAGE** [magazinaʒ] **n. m.** – 1675 ◊ de *magasin* ■ COMM. Action de mettre en magasin, de placer en entrepôt. — PAR EXT. Durée du séjour des marchandises en magasin. — *Droits* (ou *frais*) *de magasinage :* droits acquittés pour le dépôt de marchandises en magasin.

2 **MAGASINAGE** [magazinaʒ] **n. m.** – 1909 ◊ de *magasiner* ■ **(Canada)** Action de magasiner*. ➤ **shopping.** *Liste de magasinage :* liste des courses. « *La malheureuse épouse épuisée par son après-midi de magasinage* » V.-L. BEAULIEU.

MAGASINER [magazine] **v. intr.** ‹1› – 1864 ◊ mot canadien, de *magasin,* d'après l'anglais *to shop* ■ **(Canada)** Aller faire des achats dans les magasins (cf. Faire des courses). *Merci d'avoir magasiné chez nous.* — Faire du lèche-vitrine, faire les magasins pour comparer les prix, les articles. « *Elle passait des heures autour des comptoirs, à "magasiner," c'est-à-dire à tripoter les étoffes, faire sortir les blouses, essayer les gants* » RINGUET.

MAGASINIER, IÈRE [magazinje, jɛʀ] **n.** – 1692 ◊ de *magasin* ■ Personne qui garde et distribue les marchandises déposées dans un magasin. ➤ **garde-magasin.**

MAGAZINE [magazin] **n. m.** – 1776 n. f. ◊ mot anglais, du français *magasin* ■ **1** Publication périodique, généralement illustrée. ➤ **journal, revue ; fanzine.** *Magazine féminin. Magazine hebdomadaire, mensuel. Feuilleter des magazines. Une pile de vieux magazines.* — *Magazine en ligne.* ➤ **webzine.** ■ **2** Émission périodique de radio, de télévision, sur un sujet d'actualité déterminé. *Magazine télévisé.*

MAGDALÉNIEN, IENNE [magdalenjɛ̃, jɛn] **adj.** – v. 1872 ◊ de *La Madeleine,* du latin *Magdalena* ■ GÉOL., PALÉONT. Relatif à la période de la préhistoire définie grâce aux vestiges découverts dans les cavernes de La Madeleine (Dordogne). *Civilisation, société magdalénienne.* — **n. m.** *Le magdalénien :* dernière période du paléolithique supérieur.

1 **MAGE** [maʒ] **n. m.** – 1474 ; *mague* XIIIe ◊ latin *magus,* grec *magos,* d'origine persane ■ **1** Prêtre, astrologue, dans la Babylone antique, en Assyrie, puis dans l'Empire perse. ■ **2** SPÉCIALT *Les Mages :* les personnages qui, selon l'Évangile, vinrent rendre hommage à l'Enfant Jésus. PAR APPOS. *Les Rois mages, Gaspard, Melchior et Balthazar. La fête des Rois, l'Épiphanie, commémore l'adoration des Rois mages. L'Adoration des Mages, thème fréquent de la peinture religieuse.* ■ **3** (1611) DIDACT. Personne qui pratique les sciences occultes, la magie. ➤ **astrologue, devin, magicien, sorcier.** « *Les Mages* », *poème de Hugo.*

2 **MAGE** ou **MAJE** [maʒ] **adj. m.** – XVe ◊ provençal *majer* « plus grand » → majeur ■ HIST. DR. *Juge mage :* lieutenant du sénéchal, dans certaines provinces.

MAGENTA [maʒɛ̃ta] **n. m.** – 1862 ◊ mot anglais, de *Magenta* ■ En photographie, en imprimerie, Couleur primaire rose qui absorbe la couleur verte.

MAGHRÉBIN, INE [magʀebɛ̃, in] **adj.** et **n.** – 1847 ; *Magribleu* 1643 ◊ de l'arabe *maghrib* « Occident » ■ Du Maghreb, région du nord de l'Afrique. *Travailleurs maghrébins.* — **n.** *Les Maghrébins* (Algériens, Libyens, Marocains, Mauritaniens, Tunisiens). ➤ **nord-africain.** *Jeune Maghrébin né en France.* ➤ **beur.** *Maghrébin âgé.* ➤ **chibani.** — On rencontre parfois la variante *magrébin, ine.*

MAGICIEN, IENNE [maʒisjɛ̃, jɛn] **n.** – XIVe ; d'abord adj. « magique » ◊ de *magique* ■ **1** Personne qui pratique la magie. ➤ **alchimiste, astrologue, devin, enchanteur, 1 mage, nécromancien, sorcier, thaumaturge.** *Prodiges, enchantements d'un magicien. Herbe à la magicienne,* aux sorcières*. ■ **2** FIG. Personne capable de faire des choses extraordinaires. *Chateaubriand « était un grand magicien, un grand enchanteur »* SAINTE-BEUVE. *Magicien du vers, de la couleur.* — « *le soleil, qui est le grand magicien de ce pays, et qui transfigure toutes choses* » LOTI.

MAGIE [maʒi] **n. f.** – 1535 ◊ latin *magia,* grec *mageia* ■ **1** Art de produire, par des procédés occultes, des phénomènes inexplicables ou qui semblent tels. ➤ **alchimie, astrologie, cabale, goétie, hermétisme, occultisme, sorcellerie, théurgie ; -mancie.** *Pratiques de magie :* apparition, charme, conjuration, divination, enchantement, ensorcellement, envoûtement, évocation, horoscope, incantation, maléfice, rite, sort, sortilège. *Objets utilisés en magie :* amulette, fétiche, grimoire, grigri, mandragore, talisman. *Magie blanche,* sans maléfice. *Magie noire,* destinée à nuire en attirant les esprits mauvais sur qqn. — PAR EXT. *C'est de la magie :* c'est un phénomène extraordinaire. *Comme par magie :* d'une manière incompréhensible, inexplicable. ➤ **enchantement.** — *Tours de magie,* faits par un illusionniste. ➤ **prestidigitation.** *Magie de scène :* numéros de grande illusion exécutés à distance des spectateurs (disparition, lévitation...). ■ **2** SOCIOL. Ensemble des procédés d'action et de connaissance (cf. Science), à caractère secret, réservé (cf. Religion), dans les sociétés dites primitives. ■ **3** FIG. (XVIIe) Influence vive, inexplicable, qu'exercent l'art, la nature, les passions. ➤ **2 charme, prestige, puissance, séduction.** *Magie de l'art, de la couleur ; du style, du verbe.* « [l'art pur] *C'est créer une magie suggestive* » BAUDELAIRE. *Par la magie de sa présence, de son sourire* (➤ **charisme**).

MAGIQUE [maʒik] **adj.** – 1265 ◊ latin *magicus,* grec *magikos,* de *mageia* → magie ■ **1** Qui tient de la magie ; utilisé, produit par la magie. ➤ **cabalistique, ésotérique, merveilleux, occulte, surnaturel.** *Pouvoir magique. Formules, paroles, évocations magiques. Baguette* magique. Breuvages magiques* (➤ **élixir, philtre**). — ANTHROP., SOCIOL. *Mentalité magique,* prélogique. *Persistance de la pensée magique.* ➤ **superstition.** ◆ CHIM. *Acide magique,* qui forme une liaison dont on ne comprend pas la nature. ■ **2** Où la magie, l'irrationnel tient une grande place. *L'art magique des surréalistes.* PAR EXT. « *L'acte d'imagination* [...] *est un acte magique* » SARTRE. ■ **3** (XVIIIe) FIG. Qui produit des effets extraordinaires. *Charme magique.* ➤ **ensorcelant, envoûtant, merveilleux.** « *La pleine lune versait les flots de sa lumière magique* » BARRÈS. — SPÉCIALT *Lanterne* magique.*
■ CONTR. Naturel, normal, ordinaire.

MAGIQUEMENT [maʒikmɑ̃] **adv.** – XVIe, repris v. 1870 ◊ de *magique* ■ D'une manière magique, surnaturelle.

MAGISTER [maʒistɛʀ] **n. m.** – 1452 ◊ mot latin ■ **1** VX Maître d'école de village. ■ **2** MOD. et PÉJ. Pédant. ➤ **cuistre.** ■ HOM. Magistère.

MAGISTÈRE [maʒistɛʀ] **n. m.** – fin XIIe ◊ du latin *magisterium* « fonction de maître » → maître. Comparer avec *ministère* « fonction de serviteur »

I ■ **1** Dignité de grand maître d'un ordre militaire, SPÉCIALT de l'ordre de Malte. ■ **2** FIG. Autorité doctrinale, morale ou intellectuelle s'imposant de façon absolue. *Le magistère de l'Église, du pape.* ■ **3** VX (CHIM., MÉD.) Précipité. *Magistère de soufre.* — ALCHIM. Élixir auquel on attribuait des vertus souveraines.

II (1973) Diplôme de second cycle délivré par une université en vue d'une formation professionnelle de haut niveau.

■ HOM. Magister.

MAGISTRAL, ALE, AUX [maʒistʀal, o] **adj.** – 1265 ◊ latin *magistralis* ■ **1** RARE Du maître. « *restreindre la portée de la pensée magistrale* » G. SOREL. — SPÉCIALT, COUR. *Cours magistral :* exposé donné par un professeur d'université. *Cours magistraux et travaux dirigés.* — *Médicament magistral,* dont la formule est composée par le médecin lui-même dans son ordonnance (opposé à *officinal*). ➤ **préparation.** ■ **2** LITTÉR. Qui par son caractère imposant pourrait appartenir, convenir à un maître. *Ton* *magistral.* ➤ **doctoral, dogmatique, impérieux, péremptoire, solennel.** *« l'air magistral, dogmatique, la figure creusée du maître de rhétorique »* BALZAC. ■ **3** FIG. et COUR. Qui est digne d'un maître, qui atteste la maîtrise. ➤ 1 **beau, grand, parfait, souverain.** *Habileté magistrale. « un brio magistral, une perfection accomplie »* HENRIOT. — PLAISANT *Un « magistral coup de pied »* COLETTE. ➤ **formidable, magnifique.** ■ **4** (1757) TECHN. *Ligne magistrale :* ligne principale d'un plan, d'un tracé. ■ CONTR. Médiocre, ordinaire.

MAGISTRALEMENT [maʒistʀalmɑ̃] **adv.** – *magistraument* 1404 ◊ de *magistral* ■ RARE D'une manière magistrale. ➤ **doctement ; ex cathedra.** ♦ SPÉCIALT. COUR. Avec brio. *Rôle magistralement interprété.* ➤ **génialement.**

MAGISTRAT, ATE [maʒistʀa, at] **n.** – 1470 ; « magistrature » 1354 ◊ latin *magistratus* ■ **1 n. m.** VX L'administration publique ; les pouvoirs politiques. *« plus le magistrat est nombreux »* ROUSSEAU. ■ **2** (XVIe) Fonctionnaire public ou officier civil investi d'une autorité juridictionnelle, administrative ou politique. *Le président de la République, premier magistrat de France. Le préfet, premier magistrat du département. Magistrats municipaux en France* (➤ **maire**). *Outrage à magistrat.* ■ **3** Membre du personnel de l'ordre judiciaire ayant pour fonction de rendre la justice (➤ **juge**) ou de requérir, au nom de l'État, l'application de la loi (➤ **ministère** [public]). *Magistrat du siège, du parquet. Magistrat supérieur d'un parquet.* ➤ **procureur** (général), **substitut.** *La magistrate qui instruit l'affaire.* ➤ **juge** (d'instruction). *Épitoge, hermine, mortier, toge du magistrat.* — REM. On dit parfois *magistrat* en parlant d'une femme. — (1956) *Magistrat militaire :* officier de justice militaire.

MAGISTRATURE [maʒistʀatyʀ] **n. f.** – 1472 ◊ de *magistrat* ■ **1** Charge de magistrat. *Magistrature municipale.* LOC. *La magistrature suprême :* la présidence de la République. ■ **2** Fonction d'un magistrat, état des magistrats de l'ordre judiciaire. *La magistrature de juge d'instance. Faire carrière dans la magistrature.* — PAR EXT. Durée des fonctions d'un magistrat. ■ **3** Corps des magistrats de l'ordre judiciaire. *Conseil supérieur de la magistrature. Magistrature assise*.* ➤ **juge.** *Magistrature debout*.* ➤ 1 **parquet.**

MAGMA [magma] **n. m.** – 1694 ◊ latin « résidu », du grec « onguent », de *mattein* « pétrir » ■ **1** CHIM. VIEILLI Bouillie épaisse, qui reste après l'expression des parties liquides d'une substance quelconque. ♦ PAR EXT. COUR. Masse épaisse, de consistance pâteuse. *Magma informe. « les rues sont un magma de boue glacée »* VAN CAUWELAERT. ■ **2** (1879) GÉOL. Mélange de roches liquéfiées et de gaz à haute température (800 à 1 200 °C) provenant de l'intérieur de la Terre. *La plupart des magmas sont produits par fusion partielle du manteau au niveau de l'asthénosphère. Fluidité, viscosité du magma. Magma granitique, basaltique.* ■ **3** FIG. (1883) Mélange confus. *« le magma de rêveries d'où je cherche [...] à extraire quelque substance identifiable »* LEIRIS.

MAGMATIQUE [magmatik] **adj.** – 1899 ◊ de *magma* ■ GÉOL. Du magma. ➤ **igné.** *Le réservoir magmatique d'un volcan. Roches magmatiques :* roches résultant de la consolidation d'un magma dans la croûte terrestre (roche plutonique) ou à la surface du sol (roche volcanique). ➤ **éruptif.**

MAGNANERIE [maɲanʀi] **n. f.** – 1763 *magnagnerie* ◊ de *magnan* « ver à soie », d'après le provençal *magnanarié* ■ Local où se pratique l'élevage des vers à soie. ♦ PAR EXT. Sériciculture.

MAGNANIER, IÈRE [maɲanje, jɛʀ] **n.** – 1763 ◊ de *magnan* « ver à soie » ■ RÉGION. Personne qui élève des vers à soie. ➤ **sériciculteur.** (Au fém., aussi provenç. *magnanarelle*).

MAGNANIME [maɲanim] **adj.** – 1265 ◊ latin *magnanimus,* de *magnus animus* « esprit noble » ■ **1** VX Qui a de la grandeur et de la force d'âme. ■ **2** MOD. LITTÉR. Qui est enclin au pardon des injures, à la bienveillance envers les faibles, les vaincus. ➤ 1 **bon, clément, généreux.** *Se montrer magnanime envers qqn. Mirabeau, « homme de grand cœur, magnanime pour ses plus cruels ennemis »* MICHELET. — PAR EXT. *Âme, cœur magnanime ; pensée, sentiment magnanime.* ➤ 1 **beau, généreux, grand, noble.** *Geste magnanime.* — **adv. MAGNANIMEMENT,** 1512.

MAGNANIMITÉ [maɲanimite] **n. f.** – 1265 ◊ latin *magnanimitas* ■ **1** VX Grandeur d'âme, noblesse. ■ **2** MOD. LITTÉR. Clémence, générosité. *Faire appel à la magnanimité du vainqueur. Magnanimité de qqn envers, pour, à l'égard de qqn.* — PAR EXT. *La magnanimité d'un pardon.*

MAGNAT [magna ; maɲa] **n. m.** – 1732 ◊ mot polonais, du latin médiéval *magnates* « les grands », de *magnus* « grand » ■ **1** ANCIENNT Titre donné en Pologne et en Hongrie aux membres de la haute noblesse. ■ **2** (1895 ◊ d'après l'anglais *magnate*) PÉJ. Représentant puissant du capitalisme international. *Les magnats de la finance. Un magnat du pétrole.* ➤ **roi.**

MAGNER (SE) ➤ **MANIER** (II)

MAGNÉSIE [maɲezi] **n. f.** – 1762 ; « peroxyde de manganèse » 1554 ◊ latin médiéval par le grec *magnes (lithos)* « (pierre) de *Magnésie* », ville d'Asie Mineure ■ CHIM. Oxyde de magnésium (MgO), poudre blanche, légère, peu soluble dans l'eau. *Magnésie hydratée naturelle* $Mg(OH)_2$: pierre blanche à l'éclat nacré. *Qui contient de la magnésie* (*magnésifère* **adj.**). *Emploi thérapeutique de la magnésie comme laxatif ou purgatif.* ♦ *Sulfate de magnésie :* sulfate de magnésium hydraté (sel d'Epsom), poudre purgative. ♦ Carbonate de magnésium ($MgCO_3$) utilisé par les sportifs pour assécher les mains et augmenter leur adhérence. *Trapéziste, grimpeur qui s'enduit les paumes de magnésie. Sac à magnésie.*

MAGNÉSIEN, IENNE [maɲezjɛ̃, jɛn] **adj.** – 1620 autre sens ◊ de *magnésie* ■ Qui contient du magnésium. *Engrais magnésien.*

MAGNÉSITE [maɲezit] **n. f.** – 1795 ◊ de *magnésie* ■ MINÉR. Carbonate de magnésium naturel. *Utilisations industrielles de la magnésite.*

MAGNÉSIUM [maɲezjɔm] **n. m.** – 1780 ◊ de *magnésie* ■ Élément atomique (Mg ; n° at. 12 ; m. at. 24,3050), le deuxième des alcalinoterreux, métal blanc argenté, peu ductile, malléable, qui brûle à l'air avec une flamme blanche éblouissante. *Minerais de magnésium.* ➤ **dolomite, epsomite, magnésite.** *Silicates de magnésium.* ➤ **amiante, chrysolithe, olivine, talc.** *Carbonate, oxyde de magnésium.* ➤ **magnésie.** *Utilisation du magnésium en photographie, en pyrotechnie. Éclair de magnésium d'un flash. « Dans la lueur du magnésium on put voir que la femme était jeune encore »* DURAS.

MAGNET [maɲɛt] **n. m.** – 1993 ◊ mot anglais « aimant » ■ ANGLIC. Petit objet décoratif monté sur aimant. *Des magnets.* (Recomm. offic. *aimantin.*) *« Magnets colorés sur le frigidaire, retenant des photos de vacances »* V. DESPENTES.

MAGNÉTIQUE [maɲetik] **adj.** – 1617 ◊ latin *magneticus,* de *magnes (lapis)* « aimant » → magnésie ■ **1** Relatif au magnétisme, à l'aimantation. *Effets, phénomènes magnétiques. Champ magnétique,* où se manifeste un phénomène magnétique. *Masse magnétique :* grandeur analogue à la charge électrique, qui crée autour d'elle un champ magnétique. *Attraction, axe, balance, moment* magnétique. Résistance magnétique.* ➤ **réluctance.** *Moment magnétique du noyau atomique* (en relation avec le spin). *Flux magnétique* (➤ **maxwell**). *Induction magnétique* (➤ **gauss, tesla**), *flux d'induction magnétique* (➤ **weber**). *Constante magnétique* (➤ **perméabilité**). — GÉOGR. *Déclinaison, pôle* magnétique. Champ magnétique terrestre.* ➤ **magnétosphère ; géomagnétisme.** *Nord* magnétique. Orage, tempête magnétique :* perturbation du champ magnétique terrestre qui coïncide avec les éruptions solaires et les aurores polaires. — TECHN. Que l'on a magnétisé. *Bande magnétique d'une cassette audio, vidéo. Disque magnétique.* ➤ **disquette.** *Piste magnétique d'une carte de crédit. Carte, ticket magnétique.* ■ **2** (1784) Qui a rapport au magnétisme animal. *Influx magnétique. Passes* magnétiques.* ♦ FIG. Qui exerce une influence occulte et puissante analogue au fluide magnétique. *Un regard magnétique.* ➤ **fascinateur.**

MAGNÉTISABLE [maɲetizabl] **adj.** – 1857 ◊ de *magnétiser* ■ Qui peut être magnétisé (1° et 3°). *Sujet facilement magnétisable.* — *Substance magnétisable.*

MAGNÉTISANT, ANTE [maɲetizɑ̃, ɑ̃t] **adj.** – 1781 ◊ de *magnétiser* ■ Qui magnétise. Qui est propre à communiquer ou à produire le magnétisme. *Champ magnétisant.*

MAGNÉTISATION [maɲetizasjɔ̃] **n. f.** – 1784 ◊ de *magnétiser* ■ Action, manière de magnétiser.

MAGNÉTISER [maɲetize] **v. tr.** ‹1› – 1781 ◊ du radical de *magnétique* ■ **1** Soumettre (un être vivant) à l'action du magnétisme animal. ➤ 2 **fasciner, hypnotiser.** *Se faire magnétiser.* **p. p. adj.** *Sujet magnétisé.* ♦ PAR EXT. Communiquer le fluide magnétique à (un objet) au moyen de passes. *« Ils envoyaient à leurs pratiques des jetons magnétisés, des mouchoirs magnétisés, de l'eau magnétisée, du pain magnétisé »* FLAUBERT. ■ **2** Tenir sous le charme. *« Son approche m'enivrait, sa présence me magnétisait »* VIGNY. ■ **3** (1907) Rendre (une substance) magnétique. ➤ **aimanter.**

MAGNÉTISEUR, EUSE [maɲetizœʀ, øz] **n.** – 1784 ◊ de *magnétiser* ■ Personne qui pratique le magnétisme animal. ➤ **hypnotiseur.** *Guérisseurs et magnétiseurs. « sa femme avait eu recours* *aux services d'un magnétiseur qui avait très précisément localisé le corps en suspendant un pendule au-dessus d'une carte détaillée»* M. DUGAIN.

MAGNÉTISME [maɲetism] **n. m.** – 1720 ; autre sens 1666 ◇ du radical de *magnétique* ■ **1** PHYS. Étude des propriétés de la matière aimantée, des champs et des phénomènes magnétiques*. — PAR EXT. Ensemble de ces phénomènes et propriétés. ➤ **diamagnétisme, ferromagnétisme, paramagnétisme.** *Magnétisme permanent, temporaire, induit. Magnétisme rémanent*.* ➤ **hystérésis, rémanence.** *Magnétisme développé par un courant électrique. — Magnétisme nucléaire,* dû au spin des particules du noyau. — *Magnétisme terrestre :* champ magnétique de la Terre (orienté dans la direction sud-nord). ➤ **géomagnétisme.** *Action du magnétisme terrestre sur l'aiguille de la boussole.* ➤ **déclinaison.** ■ **2** (1775) *Magnétisme animal,* et ABSOLT *le magnétisme :* fluide* magnétique dont disposeraient certains individus. ➤ **biomagnétisme.** PAR EXT. Ensemble des phénomènes (hypnose, suggestion) par lesquels se manifeste chez un sujet l'action du fluide magnétique d'un autre individu (➤ **magnétiseur**). Ensemble des procédés déclenchant ces phénomènes. ➤ **hypnotisme.** *Pratiques de magnétisme* (contemplation prolongée d'un objet brillant, imposition des mains, passes). ■ **3** FIG. ➤ 2 **charme, envoûtement, fascination.** *Subir le magnétisme de qqn.* ➤ **autorité, influence.**

MAGNÉTITE [maɲetit] **n. f.** – 1873 ◇ de l'allemand *Magnetit* (1845) ■ CHIM. Minerai noir, oxyde magnétique naturel de fer Fe_3O_4.

1 **MAGNÉTO** [maɲeto] **n. f.** – 1889 ◇ abrév. de *machine magnétoélectrique* ■ Génératrice de courant électrique continu, dans laquelle le champ magnétique produisant l'induction est créé par un aimant permanent. *Des magnétos.* — SPÉCIALT Petite dynamo produisant le courant nécessaire à l'allumage d'un moteur à explosion.

2 **MAGNÉTO** **n. m.** ➤ **MAGNÉTOPHONE**

MAGNÉTO- ■ Élément, du latin *magneticus* (➤ **magnétique**).

MAGNÉTOCASSETTE [maɲetokasɛt] **n. m.** – 1974 ◇ de *magnéto(phone)* et *cassette* ■ Magnétophone à cassette.

MAGNÉTODYNAMIQUE [maɲetodinamik] **adj.** – milieu XXe ◇ de *magnéto-* et *dynamique* ■ TECHN. Se dit d'un appareil dans lequel l'excitation magnétique est produite par un aimant permanent. *Haut-parleur magnétodynamique.*

MAGNÉTOÉLECTRIQUE [maɲetoelɛktʀik] **adj.** – 1832 ◇ de *magnéto-* et *électrique* ■ PHYS. Qui relève à la fois de l'électricité et du magnétisme. ➤ **électromagnétique.** *Machine magnétoélectrique.* ➤ 1 **magnéto.**

MAGNÉTOHYDRODYNAMIQUE [maɲetoidʀodinamik] **n. f.** – 1964 ◇ de *magnéto-* et *hydrodynamique* ■ PHYS. Étude scientifique des fluides conducteurs en mouvement sous l'influence de champs magnétiques ou électriques.

MAGNÉTOMÈTRE [maɲetɔmɛtʀ] **n. m.** – 1780 ◇ de *magnéto-* et *-mètre* ■ SC. Instrument de mesure de l'intensité d'un champ magnétique. — **n. f. MAGNÉTOMÉTRIE,** 1903.

MAGNÉTOMOTEUR, TRICE [maɲetomɔtœʀ, tʀis] **adj.** – 1890 ◇ de *magnéto-* et *moteur,* adj. ■ PHYS. *Force magnétomotrice :* somme des différences de potentiel magnétique capable de créer le flux d'induction magnétique (mesurée en ampères).

MAGNÉTON [maɲetɔ̃] **n. m.** – 1911 ◇ de *magnétique* et finale de *ion, électron,* etc. ■ PHYS. Unité de moment magnétique utilisée en physique microscopique. *Le magnéton de Bohr.*

MAGNÉTOPHONE [maɲetɔfɔn] **n. m.** – 1949 ; autre sens 1890 ◇ de *magnéto-* et *-phone,* d'après l'allemand *Magnetophon* ■ Appareil d'enregistrement et de reproduction des sons par aimantation rémanente d'un ruban d'acier ou d'un film recouvert d'une couche d'oxyde magnétique (bande magnétique) (cf. Lecteur*-enregistreur). *Magnétophone à cassettes* (➤ **magnétocassette**), *à bandes. Magnétophone autoreverse. Magnétophone numérique. Magnétophone portable.* ➤ **baladeur.** *Magnétophone d'une chaîne.* ➤ 1 **platine.** *Magnétophone intégré à un poste de radio.* ➤ **radiocassette.** *Enregistrer au magnétophone.* — ABRÉV. FAM. (1970) **MAGNÉTO** [maɲeto]. *Des magnétos.*

MAGNÉTOSCOPE [maɲetɔskɔp] **n. m.** – 1961 ◇ de *magnéto-* et *-scope* ■ Appareil permettant l'enregistrement des images et du son sur bande magnétique ou disque dur. ➤ **vidéo.** *Mettre une vidéocassette dans un magnétoscope. Magnétoscope programmable. Magnétoscope numérique. Magnétoscope associé à une caméra.* ➤ **caméscope.**

MAGNÉTOSCOPER [maɲetɔskɔpe] **v. tr.** ⟨1⟩ – 1969 ◇ de *magnétoscope* ■ TECHN. Enregistrer au magnétoscope.

MAGNÉTOSPHÈRE [maɲetɔsfɛʀ] **n. f.** – avant 1966 ◇ de *magnéto-* et *sphère,* d'après *atmosphère* ■ GÉOPHYS. Région de l'espace entourant un objet céleste dans laquelle est confiné son champ magnétique. *La magnétosphère terrestre.*

MAGNÉTOSTRICTION [maɲetostʀiksjɔ̃] **n. f.** – 1900 ◇ de *magnéto-* et *striction* ■ PHYS. Déformation d'un corps ferromagnétique lorsqu'il est aimanté.

MAGNÉTRON [maɲetʀɔ̃] **n. m.** – 1921 ◇ de *magné(to-)* et *(cyclo)tron* ■ ÉLECTRON. Tube électronique à vide du type diode, soumis à un champ d'induction magnétique et utilisé comme oscillateur et amplificateur de puissance en hyperfréquence.

MAGNIFICAT [maɲifikat ; magnifikat] **n. m. inv.** – v. 1300 ◇ mot latin, du cantique *Magnificat anima mea Dominum* «mon âme magnifie le Seigneur», de *magnificare* ■ **1** Cantique de la Vierge Marie qui se chante aux vêpres. ■ **2** Musique composée sur le texte du magnificat. *Le Magnificat de Bach.*

MAGNIFICENCE [maɲifisɑ̃s] **n. f.** – 1265 ◇ latin *magnificentia* ■ **1** LITTÉR. Qualité d'une personne magnifique (I°) ; disposition à dépenser sans compter. ➤ 1 **faste, munificence.** *Recevoir ses hôtes avec magnificence.* ➤ **royalement.** *«Les seigneurs faisaient assaut de magnificence, tenaient table ouverte, dépensaient sans compter»* TAINE. ■ **2** Qualité de ce qui est magnifique ; beauté pleine de grandeur. ➤ **apparat, éclat,** 1 **faste, luxe,** 1 **pompe, richesse, somptuosité, splendeur.** *La magnificence d'un spectacle, d'une cérémonie. «Les sacristies et les salles capitulaires de la cathédrale de Tolède sont d'une magnificence plus que royale»* GAUTIER. *Être vêtu avec magnificence.* ◆ (ABSTRAIT) *Magnificence du style, du discours, des images.* ■ CONTR. Mesquinerie, pauvreté.

MAGNIFIER [maɲifje] **v. tr.** ⟨7⟩ – 1120 ◇ latin *magnificare* ■ **1** LITTÉR. Célébrer, exalter par de grandes louanges. ➤ **glorifier,** 1 **louer.** *Magnifier les victoires, la mémoire d'un héros.* ■ **2** PAR EXT. Rendre plus grand, élever. ➤ **idéaliser.** *Sentiments magnifiés par le souvenir.* ■ CONTR. Déprécier, diminuer.

MAGNIFIQUE [maɲifik] **adj.** – 1265 ◇ latin *magnificus* «qui fait de grandes choses» ■ **1** VIEILLI Qui a des manières fastueuses, se plaît à faire d'opulentes dépenses. ➤ **généreux, munificent,** 2 **superbe.** *«un magnifique tyran italien»* BAUDELAIRE. SUBST. *Laurent le Magnifique. «Gatsby le Magnifique», roman de Scott Fitzgerald* (The Great Gatsby). ■ **2** (XVIe) Qui a une beauté, une somptuosité pleine de grandeur et d'éclat. ➤ **admirable,** 1 **brillant, éclatant, grandiose, pompeux, riche, somptueux, splendide,** 2 **superbe.** *Châteaux, palais magnifiques. Magnifique installation.* ➤ **luxueux.** ■ **3** PAR EXT. (XVIe, rare avant XIXe) Très beau*. *Magnifique paysage. Un temps, une nuit magnifique. Elle a des yeux magnifiques. Tu es magnifique dans cette robe. «elle était magnifique de vie et de force»* BALZAC. ■ **4** FIG. Remarquable, admirable en son genre. *Découverte, invention, résultat magnifique.* ■ CONTR. Avare, mesquin. Modeste, simple. Horrible, laid.

MAGNIFIQUEMENT [maɲifikmɑ̃] **adv.** – v. 1355 ◇ de *magnifique* ■ **1** D'une manière magnifique, somptueuse. ➤ **somptueusement, superbement.** *Livre magnifiquement relié. Les jambes «magnifiquement déliées et musclées»* CÉLINE. ■ **2** Très bien. *Il s'en est magnifiquement tiré.*

MAGNITUDE [maɲityd] **n. f.** – 1892 ; «grandeur, puissance» 1372 ◇ latin *magnitudo* ■ **1** ASTRON. *Magnitude apparente :* nombre caractéristique du flux de rayonnement reçu d'un astre. ■ **2** GÉOPHYS. *Magnitude d'un séisme :* son énergie totale, mesurée selon une échelle* logarithmique. *Séisme de magnitude 4 sur l'échelle de Richter. Intensité et magnitude d'un séisme. «Une secousse de magnitude 7,3 n'est pas si terrible. On peut encore courir»* D. LAFERRIÈRE.

MAGNOLIA [maɲɔlja] **n. m.** – 1703 ◇ latin des botanistes, de *Magnol,* n. d'un botaniste français ■ Arbre de grande taille *(magnoliacées)* à feuilles luisantes, à grandes fleurs blanches très odorantes, cultivé comme ornemental, aussi appelé *laurier tulipier.*

MAGNUM [magnɔm] **n. m.** – 1889 ◇ du latin *magnus* «grand» ■ Grosse bouteille (de champagne, de vin, d'eau-de-vie) contenant l'équivalent de deux bouteilles normales, soit un litre et demi. *Un magnum de bordeaux.* — PAR EXT. *Un magnum d'eau minérale.*

1 **MAGOT** [mago] **n. m.** – 1476 ◇ p.-ê. altération de *Magog* (Apocalypse), appliqué aux singes de Barbarie ■ **1** Singe à queue rudimentaire, appartenant au genre macaque. ■ **2** (1517) VX Homme très laid. ➤ **macaque.** ■ **3** (1746) Figurine trapue de l'Extrême-Orient, en porcelaine, pierre, jade. *Magot chinois.*

2 **MAGOT** [mago] **n. m.** – 1549 ◇ altération de l'ancien français *mugot* (de *musgot* [XIe] «lieu où l'on conserve les fruits»), par croisement avec *magaut, macaut* «poche, bourse» ■ FAM. Somme d'argent amassée et mise en réserve, cachée. ➤ 2 **bas (de laine), économies, trésor.** *Un joli magot.*

MAGOUILLAGE [maguja3] **n. m.** – v. 1960 ◇ de *magouiller* ■ FAM. Fait de se livrer à des magouilles ; ensemble de magouilles.

MAGOUILLE [maguj] **n. f.** – 1968 ◇ de *magouiller* ■ FAM. Manœuvre, tractation douteuse ou malhonnête. ➤ **combine, cuisine, fricotage, grenouillage, tripotage.** «*Racket, prostitution, stup, contrebande, politique, pas une magouille ne lui échappe*» Y. KHADRA. *Magouille politique, financière. Magouilles électorales.*

MAGOUILLER [maguje] **v.** ⟨1⟩ – 1930 ◇ origine incertaine, p.-ê. de *grenouiller*, croisé avec *maquignonner* ou *manœuvrer*, ou avec les radicaux gaulois °*margu* «boue» ou francique °*gullja* «mare» → margouillis ■ FAM. ■ **1 v. intr.** Se livrer à des magouilles. *Magouiller pour obtenir un poste.* ■ **2 v. tr.** Élaborer par des magouilles. *Qu'est-ce qu'il magouille encore ?* ➤ **manigancer, trafiquer.**

MAGOUILLEUR, EUSE [magujœR, øz] **adj.** et **n.** – v. 1970 ◇ de *magouiller* ■ FAM. Qui se livre à des magouilles. *Financier, politicien magouilleur.* — **n.** *Un magouilleur.*

MAGRÉBIN, INE ➤ **MAGHRÉBIN**

MAGRET [magRɛ] **n. m.** – v. 1970 ◇ mot du Sud-Ouest «maigre» ■ Filet maigre (d'oie, de canard gras). *Magret de canard frais, fumé.*

MAGYAR, E [magjaR] **adj.** et **n.** – 1813 ; *Madschiars* n. m. pl. 1788 ◇ mot hongrois ■ Qui a rapport au peuple établi au IXe s. dans l'actuelle Hongrie. ◆ PAR EXT. De Hongrie. ➤ **hongrois.** ◆ **n.** *Les Magyars.* — **n. m.** *Le magyar* : le hongrois (langue finno-ougrienne*).

MAHARADJA ou **MAHARAJA** [ma(a)Rad3a] **n. m.** – début XIXe ; *marraja* 1758 ◇ mot hindoustani, du sanskrit *mahâ-* «grand» et *râjah-* «roi» ■ Prince hindou. ➤ **radja.** *Les palais des maharadjas. Le maharadja et la maharani.* — On écrit aussi *maharajah.*

MAHARANI [ma(a)Rani] **n. f.** – 1895 *maharanee* ◇ mot hindoustani, du sanskrit *mahâ-* «grand» et *râjni-* «reine» ■ Princesse hindoue, femme d'un maharadja. ➤ **rani.** *Des maharanis.* — On a dit aussi *maharané.*

MAHATMA [maatma] **n. m.** – v. 1902 ◇ mot hindi, du sanskrit proprt «grand (*mahâ*) esprit (*âtmân*)» ■ Nom donné, dans l'Inde moderne, à des chefs spirituels, sages et ascètes. *Le mahatma Gandhi. Des mahatmas.*

MAHDI [madi] **n. m.** – XVIIIe ; variante *mahadi* ◇ de l'arabe «le guidé, le dirigé» ■ **1** RELIG. MUSULMANE Envoyé d'Allah, attendu pour compléter l'œuvre de Mahomet. *Le mahdi.* ■ **2** PAR EXT. Chef de tribus se prétendant mahdi. *Des mahdis.*

MAHDISME [madism] **n. m.** – début XIXe ◇ de *mahdi* ■ RELIG. Croyance en la venue du mahdi. — Mouvement religieux réunissant les partisans d'un mahdi. — **adj.** et **n. MAHDISTE,** 1890.

MAH-JONG, MAHJONG ➤ **MAJONG**

MAHOMÉTAN, ANE [maɔmetɑ̃, an] **n.** et **adj.** – XVIIe ; *mahométiste*, antérieur ◇ de *Mahomet*, forme francisée de l'arabe *Mohamed* ■ VIEILLI Personne qui professe la religion de Mahomet, l'islamisme. ➤ **musulman.** «*le juif, le mahométan et le chrétien*» VOLTAIRE. — **adj.** *Prince mahométan.*

MAHOMÉTISME [maɔmetism] **n. m.** – 1587 ◇ → mahométan ■ VIEILLI Religion de Mahomet. ➤ **islam, islamisme.**

MAHONIA [maɔnja] **n. m.** – 1664 ◇ de *(Port-)Mahon*, aux Baléares ■ BOT. Arbuste buissonnant (*berbéridacées*) ornemental, à feuilles persistantes semblables à celles du houx, à fleurs jaunes en grappes, à petites baies bleu foncé. «*une touffe de mahonia, dont les fleurs encore verdâtres commençaient à virer au jaune*» ROBBE-GRILLET. *Des mahonias.*

MAHONNE [maɔn] **n. f.** – 1540 ◇ turc *mavuna* ■ **1** ANCIENNT Galère turque de grande taille. ➤ **galéasse.** ■ **2** PAR EXT. (XIXe) Chaland de port, à formes très arrondies, utilisé en Méditerranée. — Petit caboteur.

MAHOUS, OUSSE ➤ **MAOUS**

MAHRATTE ➤ **MARATHE**

MAI [mɛ] **n. m.** – 1080 ◇ latin *maius, majus (mensis)* «(mois) de la déesse *Maia*» ■ Cinquième mois de l'année (correspondait à *floréal**, *prairial**). *Mai a 31 jours. Le joli mois de mai* (cf. Le mois* de Marie). *Muguet du premier mai. Le 1er Mai, fête du Travail. Des mais ensoleillés. Les évènements* de Mai (1968), Mai 68.* — PROV. *En mai, fais ce qu'il te plaît* (pour te vêtir). — LOC. *Arbre de mai*, que l'on plantait chaque année devant la porte de qqn, en signe d'honneur. ■ HOM. Maie, mais, maye, mets.

MAÏA [maja] **n. m.** – 1801 ◇ latin *maia* ou *moea* ■ ZOOL. Grand crabe (*malacostracés*) à la carapace couverte de tubercules velus, communément appelé *araignée* de mer.* ■ HOM. Maya.

MAIE [mɛ] **n. f.** – XIe ; altération de *mait* ◇ latin *magis, magidem*, du grec *magis, magidos* «pâte à pain» ■ Meuble bas constitué d'une auge de bois sur pied, munie d'un couvercle, dans laquelle on pétrissait le pain. ➤ **huche, pétrin.** ◆ Table de pressoir. ■ HOM. Mai, mais, maye, mets.

MAÏEUR, EURE ou **MAYEUR, EURE** [majœR] **n.** – 1308 ◇ wallon *mayeûr* ■ **1 n. m.** ANCIENNT Au Moyen Âge, Maire. — Chef d'une corporation. ■ **2** MOD. (Belgique) FAM. Maire. ➤ **bourgmestre.**

MAÏEUTICIEN [majøtisjɛ̃] **n. m.** – 1980 ◇ du grec *maieutikê* → maïeutique ■ Homme qui exerce la profession de sage-femme.

MAÏEUTIQUE [majøtik] **n. f.** – 1867 ◇ grec *maieutikê* «art de faire accoucher» ■ HIST. PHILOS. Méthode par laquelle Socrate, fils de sage-femme, disait accoucher les esprits des pensées qu'ils contiennent sans le savoir. ➤ **dialectique.** — DIDACT. Méthode pédagogique suscitant la réflexion intellectuelle.

1 **MAIGRE** [mɛgR] **adj.** – 1160 ◇ latin *macer, macrum*

I PEU GRAS ■ **1** Dont le corps a peu de graisse ; qui pèse relativement peu pour sa taille et par rapport à son ossature (opposé à *gros*). ➤ **décharné, efflanqué, étique, famélique, hâve, sec, squelettique.** *Rendre maigre, devenir maigre.* ➤ **amaigrir, maigrir.** *Être maigre*, desséché, émacié. *Maigre comme un clou, comme un coucou, un hareng saur,* RÉGION. *une échalote* : très maigre (cf. Sec comme un coup de trique*, un cotret* ; il n'a que la peau et les os* ; on lui voit les côtes* ; manche à balai*). *Un peu trop maigre.* ➤ **maigrelet ;** FAM. **maigrichon, maigriot.** *Maigre et chétif.* ➤ **fluet, rachitique.** *Petit homme maigre.* ➤ PÉJ. **gringalet.** *Une femme maigre et plate* (cf. Planche* à pain). «*ces braves garçons si maigres* [...], *que même vus de face, ils avaient l'air toujours d'être de profil*» BERNANOS. — SUBST. *Les gros et les maigres. Un grand, une grande maigre.* ➤ PÉJ. **asperge, bique,** 1 **bringue, échalas,** 1 **gigue, girafe,** 2 **perche, sauterelle.** *Une fausse maigre*, qui donne l'impression d'être plus maigre qu'elle n'est. — (Animaux) *Un chat maigre. Les sept vaches* maigres. Cheval maigre.* ➤ **haridelle, rossinante.** ◆ PAR EXT. Qui a peu de graisse. *Doigts, bras, jambes maigres.* ➤ 2 **grêle.** *Visage maigre.* ➤ **émacié, hâve.** *Joues maigres.* ➤ **creux.** ■ **2** Qui n'a, qui ne contient pas de graisse (opposé à *gras*). *Viande, poisson maigre*, peu gras. SUBST. *Un morceau de maigre.* — *Fromages, yaourts maigres*, faits avec du lait écrémé. ➤ **allégé.** — PAR ANAL. *Chaux* maigre.* ■ **3** (début XVIe) RELIG. *Jours maigres*, où l'Église prescrit de ne manger ni viande ni aliments gras. — SUBST. (1680) *Faire maigre* : ne manger ni viande ni aliment gras (➤ **jeûner**). *Elle* «*faisait maigre le vendredi (ce qui ne signifiait pas grand-chose, ce jour étant celui où l'on servait de vastes poissons à la chair délicate...)*» C. SIMON.

II PEU ÉPAIS, PEU FOURNI ■ **1** Qui est peu épais. ➤ 2 **fin, mince.** «*le maigre paquet de lettres et d'imprimés qu'elle distribuait aux convives*» GIDE. ◆ TYPOGR. *Filet maigre* : trait mince. *Caractères maigres.* — SUBST. *Texte à imprimer en maigre* (opposé à *gras*). ◆ *Maigre filet d'eau.* — SUBST. *Les maigres d'un cours d'eau* : les endroits où il y a peu d'eau ; le moment des basses eaux, où le débit est le plus faible. ➤ **étiage.** ◆ BÂT. Peu riche en matière première, très allongé d'eau. *Béton maigre.* — Contenant peu ou pas d'huile. *Enduit maigre.* ■ **2** Peu fourni, peu abondant. *Un maigre repas.* — (Végétation) *Gazon maigre.* ➤ **clairsemé.** *Maigre pâturage. Avoir le cheveu maigre.* — PAR EXT. *Terre, sol maigre*, qui donne de maigres récoltes. ➤ **aride, pauvre, stérile.**

III FIG. **(AVANT LE NOM) DE PEU D'IMPORTANCE.** ➤ **médiocre.** *C'est une maigre consolation. De bien maigres résultats.* ➤ **faible, piètre.** *Maigre salaire, profit.* ➤ **petit.** — FAM. *C'est maigre, c'est un peu maigre* : c'est peu, bien peu. ➤ 1 **court, jeune** (I, 1°), **léger.**

■ CONTR. Corpulent, dodu, gras, gros, obèse. — Abondant, copieux. Épais, large ; fertile, luxuriant, riche. — Important.

2 **MAIGRE** [mɛgR] **n. m.** – 1393 ◇ de 1 *maigre* ■ Sciène*, poisson à chair très estimée.

MAIGRELET, ETTE [mɛgRəlɛ, ɛt] **adj.** – 1553 ◇ de 1 *maigre* ■ Un peu trop maigre. ➤ **maigrichon, maigriot.** *Enfant maigrelet. Une* «*gamine maigrelette, sans hanches, sans derrière*» COLETTE.
■ CONTR. Grassouillet, replet.

MAIGREMENT [mɛgʀəmɑ̃] **adv.** – XIIIe ◊ de 1*maigre* ■ Chichement, petitement. *Maigrement payé.* ➤ **peu.** ■ **CONTR.** Grassement, largement.

MAIGREUR [mɛgʀœʀ] **n. f.** – 1372 ◊ de 1*maigre* ■ **1** État d'une personne ou d'un animal maigre ; absence de graisse. *Être d'une extrême maigreur. La maigreur du cou, des jambes. « La maigreur est plus nue, plus indécente que la graisse »* BAUDELAIRE. — PHYSIOL. Disparition, diminution ou insuffisance des réserves graisseuses de l'organisme, parfois accompagnée d'atrophie des masses musculaires. ➤ **cachexie.** *Maigreur extrême du nourrisson* (➤ **athrepsie**), *des anorexiques.* ■ **2** Caractère de ce qui est peu fourni. *Maigreur d'une végétation.* ◆ Caractère de ce qui est peu abondant, peu important. *Maigreur des revenus, du profit, des ressources.* ➤ **pauvreté.** ■ **CONTR.** Embonpoint, graisse, obésité. Abondance.

MAIGRICHON, ONNE [megʀiʃɔ̃, ɔn] **adj.** – 1846 ◊ de 1*maigre* ■ FAM. Un peu trop maigre. ➤ **maigrelet, maigriot.** — SUBST. *« cette petite maigrichonne plutôt mal foutue »* SARTRE.

MAIGRIOT, IOTE [megʀijo, ijɔt] **adj.** – 1828 ◊ de 1*maigre* ■ FAM. Maigrelet. — Au féminin, on écrit aussi *maigriotte.*

MAIGRIR [megʀiʀ] **v.** ‹2› – 1530 ◊ de *maigre*

I **v. intr.** Devenir maigre ; perdre du poids. ➤ se **dessécher, fondre.** *Il a maigri pendant sa maladie.* ➤ FAM. **décoller.** *Maigrir de trois kilos. Maigrir de figure, des hanches. Régime pour maigrir.* ➤ **amaigrissant.** — *Je la trouve maigrie.*

II **v. tr.** ■ **1** LITTÉR. Rendre maigre. ➤ **amaigrir, émacier.** *« Sa femme qu'une maladie d'estomac a maigrie et allongée »* GONCOURT. — PAR EXT. Faire paraître maigre. ➤ **amincir.** *Cette robe la maigrit.* ■ **2** TECHN. Amincir (une pièce de bois). ➤ **démaigrir.** ■ **CONTR.** Empâter, engraisser, forcir, grossir.

1**MAIL** [maj] **n. m.** – 1080 ◊ latin *malleus* « marteau, maillet » ■ **1** VX Marteau. ■ **2** ANCIENNT Maillet à manche flexible pour pousser une boule de buis, au jeu qui porte son nom. — PAR EXT. Le jeu lui-même, voisin du croquet, en vogue en France du XVIIe au XIXe s. ■ **3** PAR EXT. Allée réservée au jeu de mail. *Des mails.* — PAR ANAL. Allée, promenade bordée d'arbres, dans certaines villes. *Se promener sur le mail. « L'Orme du mail », roman d'Anatole France.* ■ **HOM.** poss. Maille.

2**MAIL** [mɛl] **n. m.** – 1998 ◊ de *e-mail* ■ ANGLIC. Courrier* électronique ; message transmis par courrier électronique. ➤ **courriel, e-mail.** *Lire, consulter ses mails.* — APPOS. *Des boîtes* mail.* ◆ Adresse électronique. *Donner son mail.*

MAIL-COACH [mɛlkotʃ] **n. m.** – 1802 ◊ mot anglais « malle-poste » ■ ANCIENNT Berline à quatre chevaux, comportant plusieurs rangs de banquettes sur le toit. *Des mail-coachs* ou *des mail-coaches.*

MAILING [meliŋ] **n. m.** – v. 1970 ◊ faux anglic., de *to mail* « poster » ■ COMM. Prospection auprès d'une clientèle au moyen de documents expédiés par voie postale ou électronique *(e-mailing).* — **Recomm. offic.** ***publipostage****.

MAILLAGE [mɑjaʒ] **n. m.** – 1908 ◊ de *mailler* (I) ■ **1** PÊCHE Dimension des mailles d'un filet. *Le maillage est réglementé.* ■ **2** (v. 1968) Structuration en réseau. *Le maillage des lignes de transports en commun. Maillage universitaire.*

MAILLANT, ANTE [mɑjɑ̃, ɑ̃t] **adj.** – 1945 ◊ de *mailler* (II, 1°) ■ PÊCHE *Filet maillant,* dont les mailles ont une dimension calculée de façon à laisser échapper les poissons trop petits.

1**MAILLE** [mɑj] **n. f.** – fin XIe ◊ latin *macula* « tache » et « maille d'un filet »

I Boucle. ■ **1** Chacune des petites boucles de matière textile dont l'entrelacement forme un tissu. *Mailles du tricot, du crochet, de la dentelle. Monter des mailles sur une aiguille. Tricoter une maille. Maille à l'endroit, à l'envers.* ➤ 1**point.** — *Tissu à mailles.* ➤ **cellular, jersey.** *Maille qui file** (➤ **remmailler**). *Tissu dont les mailles ne filent pas.* ➤ **indémaillable.** — AU SING. *La maille :* tissu tricoté. ➤ **jersey.** *Ensemble en maille. Maille extensible.* ➤ **stretch.** ◆ *Mailles d'un filet.* ◆ ÉLECTR. Chemin fermé dans un circuit électrique. ◆ PHYS. Structure dont la répétition à l'infini, par des motifs strictement identiques, constitue le réseau cristallin*. ■ **2** PAR EXT. Trou formé par chaque maille. — Ouverture laissée entre les fils des filets de pêche. *Poisson qui passe à travers les mailles.* LOC. FIG. *Passer entre, à travers les mailles du filet :* échapper à la loi, à une obligation. *« une poignée de tueurs malins, qui passaient entre les mailles du filet »* F. THILLIEZ. — PAR ANAL. Chacun des espaces vides laissés entre les fils de fer d'un grillage, d'un treillage. *Treillis à larges mailles.* ■ **3** Anneau de métal relié à d'autres anneaux. — Chacun des petits anneaux de fer, d'acier, qui formaient le tissu d'une armure. *Armure de mailles.* ➤ **camail, haubert, jaseran.** *Cotte de mailles.* — TECHN. Anneau d'une chaîne. ➤ **chaînon, maillon ;** 2**manille.**

II Tache. ■ **1** CHASSE Moucheture qui apparaît sur le plumage de certains oiseaux lorsqu'ils deviennent adultes. ➤ **maillure.** *Mailles de perdreau.* ■ **2** MÉD. Taie qui se forme sur la prunelle de l'œil. ■ **3** BOT. Tache qui précède le bourgeon à fruit chez certaines plantes (concombre, melon, vigne). ■ **HOM.** poss. 1Mail.

2**MAILLE** [mɑj] **n. f.** – *meaille* XIIe ◊ latin populaire °*medialia,* de *medius* « demi » ■ HIST. Sous les Capétiens, La plus petite monnaie qui valait un demi-denier. ➤ **obole.** ◆ LOC. VIEILLI *Être sans sou ni maille,* sans argent. *« Il n'a ni sou ni maille ; son père a fait faillite »* BALZAC. — MOD. **AVOIR MAILLE À PARTIR avec qqn, avec qqch. :** avoir un différend* avec qqn, une difficulté avec qqch. (PROPRT avoir un demi-denier à partager avec qqn). ➤ **contestation, démêlé, discussion, dispute.**

3**MAILLE** [mɑj] **n. f.** – v. 1990 ◊ plutôt calembour qu'emploi de 2*maille* ■ FAM. (langage des jeunes) Argent. ➤ **thune.**

MAILLECHORT [majʃɔʀ] **n. m.** – 1827 ◊ de *Maillot* et *Chorier,* nom des inventeurs ■ Alliage inaltérable de cuivre, de zinc et de nickel qui imite l'argent. ➤ **argentan, melchior.** *« l'argenterie peu sonore et triste du maillechort »* BALZAC.

MAILLER [mɑje] **v.** ‹1› – XIIe ◊ de 1*maille*

I **v. tr. A.** ■ **1** Faire avec des mailles. *Mailler un filet.* ➤ **lacer.** — *Armure maillée :* armure de mailles. ■ **2** MAR. *Mailler une chaîne,* la relier à une autre par une manille. ■ **3** FIG. Couvrir en formant un réseau. *Lignes de bus qui maillent une agglomération. « les ondes électromagnétiques qui maillaient la ville »* C. ONO-DIT-BIOT.

B. (1556 ◊ probablt de 1*maille* [3°] « tordre pour faire une maille, un anneau ») (Suisse) Tordre. *Mailler une branche. « – Qu'est-ce que tu t'es fait au genou ? – Je ne sais pas, dit Revaz, je me le suis maillé »* RAMUZ. — LOC. *Se mailler de rire :* se tordre de rire.

II **v. intr.** ■ **1** MAR. *Un filet qui maille,* qui retient le poisson. ◆ PAR EXT. Se prendre au filet (poisson). ■ **2** Se couvrir de mailles (1, II). *Faucon qui maille, se maille.* — **p. p. adj.** *Perdreau maillé.* ■ **3** BOT. Se tacher avant de bourgeonner.

MAILLET [majɛ] **n. m.** – fin XIIIe ◊ diminutif de 1*mail* ■ **1** VX ➤ **marteau.** *Maillet de porte.* ■ **2** Outil ou instrument fait d'une masse dure emmanchée en son milieu et qui sert à frapper, à enfoncer. *Maillet de bois. Le manche, les deux têtes d'un maillet. Gros maillet.* ➤ **mailloche,** 2**masse.** *Maillet de plombier* (➤ **batte**), *de tonnelier. Maillet et ciseau de sculpteur. Le maillet du commissaire-priseur.* ➤ **marteau.** — *Maillet de croquet, de polo,* qui sert à frapper la boule. ➤ 1**mail.** ■ **3** ANCIENNT Arme de choc portée par les gens de pied au Moyen Âge, masse cylindrique de plomb emmanchée d'une longue hampe. ➤ **maillotin, plommée.**

MAILLETON [majtɔ̃] **n. m.** – 1551 ◊ de 1*maille* (II) ■ **1** AGRIC. Bouture ou bourgeon de l'année. ■ **2** TECHN. Lien avec lequel on attache la vigne.

MAILLOCHE [majɔʃ] **n. f.** – 1409 ◊ augmentatif de 1*mail* ■ **1** Gros maillet de bois. *Mailloche de mouleur.* — Marteau de carrier. ➤ 1**mail.** ■ **2** Baguette terminée par une boule garnie de peau, pour frapper les tambours, les gongs et les métallophones.

MAILLON [mɑjɔ̃] **n. m.** – 1542 ◊ diminutif de 1*maille* ■ **1** Anneau d'une chaîne. ➤ **chaînon,** 1**maille.** *Les maillons d'une gourmette.* ◆ FIG. *N'être qu'un maillon de la chaîne,* qu'un élément d'un ensemble complexe. *Moi, « pauvre maillon présentement isolé de la chaîne humaine »* GIRAUDOUX. *Le maillon faible :* l'élément le plus fragile d'un groupe. ■ **2** MAR. Portion de chaîne d'ancre d'une longueur de trente mètres. *« Avec les trois maillons de chaîne du cargo »* VERCEL.

MAILLOT [majo] **n. m.** – 1538 ; *mailloel* XIIe ◊ de 1*maille,* par anal. de forme avec des mailles entrelacées

I ANCIENNT Pièce ou bandes d'étoffe dont on enveloppait le corps d'un jeune enfant et qui enfermaient les bras et les jambes ; lange qui enfermait les jambes et le corps du nouveau-né jusqu'aux aisselles (➤ **emmailloter**). — LOC. *Enfant au maillot,* en bas âge.

II (v. 1820 *maillot de danseuse* ◊ de *maillot* (I), le maillot serrant étroitement le corps de l'enfant) ■ **1** Vêtement souple, généralement de tricot, porté à même la peau et qui moule le corps. *« des femmes nues, vêtues seulement d'un maillot rose et d'une jupe de gaze »* HUGO. *Maillot de gymnastique.* ➤ **body, justaucorps.** ■ **2** Vêtement collant qui couvre le haut du corps. ➤ **débardeur, polo, teeshirt.** *Maillot rayé.* ➤ **marinière.** *Maillot et culotte de sportif. Maillot de cycliste. Maillot jaune,* que porte le cycliste en tête du classement du Tour de France. LOC. FAM. *Mouiller le maillot* : se dit d'un joueur qui donne le meilleur de lui-même ; FIG. se donner de la peine pour faire qqch. — SPÉCIALT *Maillot de corps* : sous-vêtement d'homme, d'enfant. ➤ **chemise** (américaine), **tricot ;** FAM. **marcel ;** RÉGION. **camisole, chemisette, singlet.** ▪ **3 MAILLOT (DE BAIN) :** vêtement de bain en mailles extensibles ou tout autre textile. ➤ **costume** (de bain). *Maillot de bain de femme une pièce* (➤ **nageur**), *deux pièces* (➤ **bikini, deux-pièces**). *Maillot de bain d'homme.* ➤ **boxer-short, culotte,** 2 **slip** (de bain). ◆ COUR. *Le maillot* : la partie des poils du pubis qui dépassent du slip. *Épilation du maillot.*

MAILLOTIN [majɔtɛ̃] **n. m.** – 1380 ◊ diminutif de *maillet* ▪ **1** Arme ancienne semblable au maillet. — HIST. *Les Maillotins* : les Parisiens insurgés contre l'oppression fiscale au XIVe s., qui s'armèrent de maillotins. ▪ **2** (de *maillet*, 2°) Pressoir à olives.

MAILLURE [majyʀ] **n. f.** – 1690 ◊ de 1 *maille* (II) ▪ **1** CHASSE Moucheture, tache sur le plumage d'un oiseau. ➤ 1 **maille.** ▪ **2** Tache dans le bois.

MAIN [mɛ̃] **n. f.** – fin Xe ◊ du latin *manus.* → 1 et 2 manche, manchot, maintenir, 1 manuel, 1 manœuvre, émanciper

I PARTIE DU CORPS HUMAIN A. ORGANE DU TOUCHER ET DE LA PRÉHENSION ▪ **1** Partie du corps humain située à l'extrémité du bras et munie de cinq doigts dont l'un (le pouce) est opposable aux autres. *Main droite, gauche. Creux, paume ; dos, plat, revers de la main. Squelette de la main* ➤ **métacarpe, phalange.** *Lire dans les lignes de la main.* ➤ **chiromancie.** *Avoir de grosses mains* (➤ FAM. **battoir, paluche, patoche,** 1 **patte**), *de petites mains* (➤ **menotte,** FAM. 2 **mimine**). *Mains calleuses. Mains moites. Main gantée. Être plus habile de la main droite* (➤ **droitier**), *gauche* (➤ **gaucher**) ; *être habile des deux mains* (➤ **ambidextre**). FIG. et FAM. *Avoir deux mains gauches*. Se faire faire les mains par une manucure. Étendre, ouvrir, fermer la main. — Se salir les mains ;* FIG. se compromettre gravement. *« Les Mains sales »,* pièce de Sartre. *« Comme tu as peur de te salir les mains [...] Moi j'ai les mains sales. Jusqu'aux coudes »* SARTRE. — LOC. *Opération mains propres** (calque de l'italien *mani pulite*). — *Se laver les mains.* FIG. *Se laver* les mains de qqch. — J'en mettrais ma main au feu*.* ▪ **2** (fin Xe) *La main,* organe du tact. *Toucher, caresser avec la main. À portée* de (la) main. Mains qui tâtent, massent, palpent. « Ta main se glisse en vain sur mon sein qui se pâme »* BAUDELAIRE. — FAM. *Main baladeuse*. Mettre la main au cul, au panier*. La main de ma sœur dans la culotte d'un zouave.* ◆ SPORT Faute commise par le footballeur touchant le ballon avec la main. *Il y a main.* ▪ **3** *La main,* organe de la préhension. *Prendre un paquet d'une (seule) main, des deux mains,* l'empoigner. *Prise en main d'un outil. Prendre, tenir sa tête dans ses mains. Il lui arracha la boîte des mains. Vase qui échappe, tombe des mains.* — **loc. adv. À LA MAIN :** dans la main. *Tenir qqch. à la main.* — LOC. *Être pris la main dans le sac*. Des mains de beurre,* qui laissent tout échapper. *Prendre son courage* à deux mains. Rien dans les mains, rien dans les poches*.* ◆ *La main,* qui prend, serre la main d'une autre personne. *Serrer la main à qqn, se serrer la main.* ➤ FAM. **cuillère,** 2 **louche,** 2 **mimine, pince, pogne.** *Poignée* de main. — Marcher la main dans la main ;* FIG. agir en parfait accord. — *Tendre la main à qqn* : avancer la main pour qu'il la prenne, la serre ; FIG. offrir son aide, la réconciliation. *« tu te laisses aller, tu coules. Si nul ne te tend la main, tu es perdu »* P. BRUCKNER. *Tendre une main secourable. Politique de la main tendue,* de réconciliation. — *Donner la main à qqn,* le tenir par la main. LOC. *En voilà deux qui peuvent se donner la main* : ils se valent (cf. Ils sont à mettre dans le même sac* ; les deux font la paire*). — *Prendre qqn par la main.* LOC. (RÉFL.) *Se prendre par la main* : s'obliger à faire qqch. ▪ **4** (fin XIe) *La main,* exécutant des gestes expressifs, symboliques. *Saluer qqn de la main.* LOC. (1965) **(Canada)** *Envoyer la main* : saluer de la main. *Faire un signe de la main. Les mains dans les poches*. Applaudir des deux mains ;* FIG. approuver entièrement. *Faire qqch. des deux mains,* avec enthousiasme, sans hésitation. *Se frotter les mains de contentement.* FIG. *Se frotter les mains de qqch.,* s'en réjouir. *Se tordre les mains de désespoir. Mettre la main sur son cœur,* pour protester de sa sincérité, de son innocence. — *Réussir haut* la main. — Lever la main pour demander la parole* (cf. Lever le doigt). — *Haut les mains ! Les mains en l'air !,* sommations faites à qqn que l'on menace d'une arme à feu. — *Baiser la main d'une dame.* ➤ **baisemain.** ▪ **5** (milieu XIIe) *La main,* servant à donner, à recevoir. *Glisser un billet dans la main de qqn. Manger dans la main de qqn.* ◆ LOC. (1606) *Tendre la main,* pour mendier. *Donner d'une main et retenir, reprendre de l'autre.* — *De la main à la main* : sans intermédiaire, ou sans formalités. *Argent versé de la main à la main,* sans reçu régulier. — *Se passer une note de main en main. Circuler de mains en mains. — Recevoir, accepter quelque chose de la main de qqn,* de cette personne. — (1690) **DE PREMIÈRE MAIN :** directement, de la source. *Recevoir, tenir de première main. Une information de première main. Érudition, ouvrage de première main,* où l'information est puisée aux sources ; *de seconde main,* par l'intermédiaire d'autres auteurs. *Voiture d'occasion de première, de seconde main,* qui a eu un, deux propriétaires précédents. — *Avoir le cœur* sur la main. — Arriver, se présenter quelque part les mains vides,* sans cadeau, sans rien à offrir. *Rentrer les mains vides,* sans avoir rien pu obtenir (cf. Rentrer bredouille*). — PROV. *Aux innocents* les mains pleines.* ▪ **6** (fin XIIe) *La main,* servant au travail. *« Faire est le propre de la main »* VALÉRY. *Être adroit, maladroit de ses mains. Travailler de ses mains.* ➤ **manuellement.** ◆ LOC. *Avoir des mains en or*. La main verte*.* — FAM. *Avoir un poil* dans la main. Mettre les mains dans le cambouis*. — Faire des pieds* et des mains. De la main de qqn* : par lui. *Une page de sa main.* ➤ **autographe.** PLAISANT *Avoir préparé qqch. de sa blanche main,* par soi-même. — (1538) *De main de maître* : avec habileté, maestria. — *Travail fait à la main,* sans l'aide de mécanismes, de machines (cf. RÉGION. À la mitaine). *Article écrit à la main.* ➤ **manuscrit.** *Objets fabriqués à la main. « Oui, c'est fait à la main. C'est roulé à la main sous les aisselles »* (J.-M. POIRÉ, « Le Père Noël est une ordure », film). *Broderie à la main.* — ELLIPT *Cousu, fait main.* ◆ Manière d'exécuter, de procéder, et PAR EXT. Habileté professionnelle. *Un pianiste qui a une bonne main gauche.* — LOC. *Perdre la main. Se faire la main.* ➤ **s'exercer.** ◆ (1910) **PETITE MAIN :** apprentie couturière ; ouvrière débutante. ➤ **cousette, midinette.** — FIG. Exécutant qui effectue dans l'ombre des tâches peu valorisantes. ▪ **7** (début XIIIe) *La main,* servant à frapper. *Flanquer sa main sur la figure de qqn.* ➤ **gifle, soufflet.** *Lever, porter la main sur qqn,* le battre. *Avoir la main leste*, la main lourde*. La main lui démange*.* (1559) *En venir aux mains,* aux coups. ➤ se **battre.**

B. PRÉCÉDÉ D'UNE PRÉPOSITION ▪ **1 À MAIN.** *Sac à main,* qui se tient à la main. *Bagages* à main. Levier, frein à main,* qui fonctionne à la main (➤ **manette ; manœuvrer**). — *Attaque à main armée,* par des personnes armées. *Dessin à main levée,* fait en ne posant pas la main, d'un seul trait ; PAR EXT. rapidement. *Vote à main levée,* en levant la main pour se prononcer. — (milieu XIIIe) *À main droite, gauche* : à droite, à gauche. — *Tenir, saisir qqch. à pleine(s) main(s)* : en serrant dans une main, avec les deux. *Puiser à pleines mains,* largement. — *Morceau à quatre mains,* joué (ou à jouer) par deux personnes ensemble sur le même clavier. — *À mains nues*.* ▪ **2 DE MAIN :** fait avec, par la main. *Un revers* de main. En un tour* de main. — Coup de main* : attaque rapide ; aide momentanée ; façon adroite de procéder. — PROV. *Jeux* de mains, jeux de vilains.* ◆ Qui agit, frappe. (1620) *Homme de main,* qui exécute des besognes basses ou criminelles pour le compte d'autrui. *Les hommes de main d'un parti, d'un gang.* ➤ **nervi, pistoléro, sbire, tueur ;** FAM. **porte-flingue.** ◆ LOC. (1640) *Ne pas y aller de main morte* : frapper rudement ; attaquer avec violence. PAR EXT. *Cent euros un déjeuner ! Eh bien ils n'y vont pas de main morte,* ils exagèrent (cf. Y aller fort). — *Ouvrage préparé de longue main,* depuis longtemps, par un long travail. ▪ **3 EN MAIN ; ENTRE LES MAINS.** *Avoir des papiers importants en main, entre les mains,* en sa possession. *Remettre une lettre en main(s) propre(s),* au destinataire en personne. — *Le livre est en main,* qqn l'a emprunté. ◆ LOC. *Clés* en main.* — (fin XIIe) *Prendre en main(s),* en charge, se charger de. *Prendre en main l'éducation d'un enfant, les intérêts d'un ami.* ➤ **défendre.** *Mettre à qqn le marché en mains,* lui proposer un marché. *Être en (de) bonnes mains,* dans la possession, sous la surveillance d'une personne sérieuse, compétente. *« la meilleure équipe, tu es entre de bonnes mains »* KERANGAL. — *Avoir, tenir en main une affaire,* la mener à sa guise. *Le gouvernement n'a pas la situation en main.* ◆ *Agir en sous-main* (voir ce mot). ➤ **sous-main.**

C. SYMBOLE ▪ **1** *La main,* symbolisant l'action, l'activité. (1573) *Mettre, prêter la main à* : travailler à. *Mettre la main à la pâte*.* (1547) *Mettre la dernière main à un travail,* le finir. *Donner la main à qqn pour faire qqch.* ➤ **aider ; main-forte.** *Prêter la main à un projet, à un crime,* le favoriser, être complice. *Avoir la main heureuse, malheureuse* : avoir agi à bon, à mauvais escient. *Forcer* la main à qqn. — Un homme à toutes mains,* capable de faire divers travaux. ▪ **2** *La main,* symbolisant la liberté, le pouvoir d'agir. *Avoir les mains libres,* la liberté d'action (cf. Carte* blanche). *Lier* les mains à qqn.* ▪ **3** (milieu XIIe) *La main,* symbolisant la prise de possession, la propriété. *Mettre la main sur qqn, qqch.* : trouver. *Impossible de mettre la main sur mes lunettes.* PAR EXT. Prendre, s'emparer de (➤ **mainmise**). *Les douaniers ont mis la main sur dix kilos de drogue.* — (1611) *Faire main basse sur* : prendre, emporter, voler. — **SOUS LA MAIN.** *Avoir qqch. sous la main,* à sa portée, à sa disposition. *« La première chose venue qui me tombe sous la main »* COURTELINE. ▪ **4** (milieu XIIe) *La main,* symbolisant l'autorité, la puissance. *Il est tombé aux mains, dans les mains, entre les mains de ses ennemis,* en leur pouvoir, sous leur coupe. *Avoir la haute** (I, B, 1°) *main sur.* — LOC. PROV. *Une main de fer dans un gant de velours* : une autorité très ferme sous une apparence de douceur. ▪ **5** (1629 ◊ allus. au rite du mariage chrétien) *Demander, obtenir la main d'une jeune fille,* la permission, la promesse de l'épouser. *Mon grand-père lui avait refusé la main de sa fille. Elle lui a accordé sa main.* ▪ **6** *La main,* symbolisant l'œuvre. *La main du destin, de Dieu. Reconnaître en un évènement la main de la fatalité.*

D. L'INITIATIVE DU JEU, AUX CARTES *Avoir, céder, donner, passer la main. La main passe* : on change de premier joueur. FIG. *Passer la main* : abandonner, déléguer (des pouvoirs), renoncer (à des prérogatives, etc.). FAM. *Allez ! passe la main* : renonce. *« de ces hommes d'affaires qui refusent de passer la main »* MAUROIS. *Reprendre la main sur un dossier.* — *Avoir, faire la main, être à la main* : distribuer les cartes, être banquier, au baccara. ♦ Ensemble des cartes que l'on a dans sa main. *Avoir une belle main. « un coup de chance [...], à la suite d'une main heureuse de mon grand-père au poker »* PH. BESSON.

E. MAIN CHAUDE Jeu de société, sorte de colin-maillard où l'on cherche à identifier la personne qui vous frappe la main ; jeu de superposition des mains où celle du dessous vient se placer par-dessus. *Jouer à (la) main chaude.*

II TERME DE ZOOLOGIE ET DE BOTANIQUE ▪ **1** ZOOL. Partie correspondante du membre antérieur des vertébrés tétrapodes, SPÉCIALT lorsqu'elle a un pouce opposable (singes). ▪ **2** (1703) BOT. Vrille des plantes sarmenteuses. ▪ **3** (Afrique noire, Réunion) *Main de banane(s)* : groupe de bananes détaché d'un régime. ➤ **doigt** (de banane).

III CE QUI FAIT PENSER À UNE MAIN ▪ **1** (1611) *Main de justice* : sceptre terminé par une main d'ivoire ou de métal précieux. — *Main de Fatma* : bijou arabe, amulette en forme de main humaine. — *Main de toilette,* ou *main.* ➤ **gant.** ▪ **2** (1708) Poignée de tiroir. *Main fixe ; pendante.* — AUTOM. Pièce du cadre de châssis à laquelle s'attache l'extrémité d'un ressort. *Main de ressort.* — Pièce de fer coudée servant à soulever des fardeaux. ▪ **3** *Main courante**. ▪ **4** DR. *Main commune* : clause des régimes matrimoniaux par laquelle les époux conviennent de l'administration conjointe de leurs biens. ▪ **5** (milieu XIVe) COMM. Assemblage de vingt-cinq feuilles de papier. *Une rame se compose de vingt mains.* ▪ **6** TECHN. Apprêt donné à une étoffe. ▪ **7** IMPRIM. *Papier qui a de la main,* du corps, de la tenue.

▪ **HOM.** Maint.

MAINATE [mɛnat] **n. m.** – 1775 ◊ origine inconnue, p.-ê. d'un mot malais ▪ Oiseau frugivore noir *(passériformes)* originaire de Malaisie, au bec orangé et à caroncules jaune vif en arrière des yeux, capable d'imiter la voix humaine. *« Le mainate a beaucoup de talent pour siffler, pour chanter et pour parler »* BUFFON.

MAIN-D'ŒUVRE [mɛ̃dœvʀ] **n. f.** – 1702 ◊ de *main* et *œuvre* ▪ **1** Travail de l'ouvrier ou des ouvriers participant à la confection d'un ouvrage, à la fabrication d'un produit. ➤ **façon.** *Détailler le prix de la main-d'œuvre et des pièces sur une facture.* ▪ **2** PAR EXT. L'ensemble des salariés, et plus spécialt des ouvriers. *Main-d'œuvre agricole, saisonnière, féminine, qualifiée. Main-d'œuvre étrangère, immigrée. Des mains-d'œuvre.*

MAIN-FORTE ou **MAINFORTE** [mɛ̃fɔʀt] **n. f. sing.** – v. 1360 ◊ de *main* et *fort* ▪ Assistance (accordée à qqn) pour exécuter qqch., souvent dans des circonstances difficiles ou périlleuses. ➤ 1 **aide.** *Donner, prêter main-forte à qqn. Trouver main-forte.* ♦ SPÉCIALT Concours accordé à la justice, à la force publique. *« Javert avait réclamé main-forte à la Préfecture »* HUGO.

MAINLEVÉE [mɛ̃l(ə)ve] **n. f.** – 1384 ◊ de *main* et *lever* ▪ DR. Acte qui met fin aux effets d'une saisie, d'une opposition, d'une hypothèque. *Accorder la mainlevée d'un séquestre.*

MAINMISE [mɛ̃miz] **n. f.** – 1342 ◊ de *main* et *mettre* ▪ **1** FÉOD. ➤ **confiscation, saisie.** ▪ **2** (fin XVIIIe) MOD. Action de prendre, de s'emparer. ➤ **prise,** 1 **rafle** (cf. Mettre la main* sur ; faire main* basse sur). *Mainmise d'un État sur des territoires étrangers.* — PAR MÉTAPH. (début XXe) Prise de possession, domination. *« l'humanité atteindra à une mainmise vraiment grandiose sur la matière »* BENDA. — PÉJ. Influence de caractère tyrannique et exclusif. ➤ **emprise.** *La mainmise d'un trust sur un secteur de l'économie.*

MAINMORTABLE [mɛ̃mɔʀtabl] **adj.** – 1372 ◊ de *mainmorte* ▪ DR. ▪ **1** FÉOD. Assujetti au droit de mainmorte. *Vassal mainmortable.* — SUBST. *Un mainmortable.* ▪ **2** MOD. Dont les biens inaliénables (biens de mainmorte) ne donnent pas ouverture aux droits de succession. *Société mainmortable.* — PAR EXT. *Immeubles mainmortables.*

MAINMORTE [mɛ̃mɔʀt] **n. f.** – 1213 ◊ de *main* « possession, autorité » et *mort* ▪ DR. ▪ **1** FÉOD. *Droit de mainmorte* : droit pour le seigneur de disposer des biens laissés par son vassal à sa mort. *Gens de mainmorte* : les serfs. ▪ **2** MOD. *Personnes de mainmorte* : personnes juridiques ou morales qui ont une existence propre et qui subsistent indépendamment des mutations qui se produisent dans leurs membres (communautés religieuses, sociétés savantes, etc.). *Biens de mainmorte* : biens inaliénables des personnes de mainmorte.

MAINT, MAINTE [mɛ̃, mɛ̃t] **adj. indéf. et pron. indéf.** – début XIIe ◊ p.-ê. gaulois *manté* ou germanique *manigithô-* « grande quantité » ▪ **1 adj. indéf.** LITTÉR. (surtout dans des expr.) Plusieurs, un grand nombre de. *En maint endroit.* ➤ **divers.** *« Roches de mainte espèce »* VALÉRY. — *« Maintes préoccupations, maintes réticences »* GIDE. — COUR. *À maintes reprises. Maintes fois* : souvent. *Maintes et maintes fois.* ▪ **2 pron. indéf.** VX Beaucoup. *Maints d'entre eux.* ▪ **CONTR.** Aucun. ▪ **HOM.** Main.

1 **MAINTENANCE** [mɛ̃t(ə)nɑ̃s] **n. f.** – XIIe ◊ de *maintenir* ▪ VX Action de maintenir, de confirmer. ➤ **confirmation, maintien, persévérance.** *Maintenance de la loi.*

2 **MAINTENANCE** [mɛ̃t(ə)nɑ̃s] **n. f.** – 1953 ◊ mot anglais ▪ **1** MILIT. Maintien à leur nombre normal des effectifs et du matériel d'une troupe au combat. Services d'entretien, de réparation, de stockage. ▪ **2** (1962) COUR. Ensemble des opérations d'entretien préventif (➤ **vérification**) et curatif (➤ **dépannage**) destiné à accroître la fiabilité ou pallier les défaillances (d'un matériel, d'un logiciel). ➤ aussi **après-vente.** *Technicien de maintenance. Contrat de maintenance. Maintenance de bâtiments, d'une chaudière.*

MAINTENANT [mɛ̃t(ə)nɑ̃] **adv.** – v. 1170 « aussitôt » ◊ du p. prés. de *maintenir* ▪ **1** (XIIIe) Dans le temps actuel, au moment présent. ➤ **actuellement, aujourd'hui, présentement** (cf. En ce moment, à présent). *Autrefois et maintenant. Et maintenant ? C'est maintenant ou jamais. Moi, ici, maintenant* (cf. Ego hic et nunc). ➤ **déictique.** *« Nous autres civilisations, nous savons maintenant que nous sommes mortelles »* VALÉRY. — *Cela fait maintenant deux ans qu'il est parti.* — (Avec un passé, dans un récit) *« Son pouls était presque insensible maintenant »* FLAUBERT. — ELLIPT À partir de maintenant (avec un futur). *« C'est maintenant que nous allons être heureux »* MOLIÈRE. ♦ (Précédé d'une prép.) *Dès maintenant* : tout de suite. *À partir de maintenant.* ➤ **désormais, dorénavant** (cf. D'ores et déjà). *Jusqu'à maintenant. « La corruption des mœurs de maintenant ! »* MOLIÈRE. ♦ **loc. conj. MAINTENANT QUE** (et l'indic.) : à présent que, en ce moment où. *« Maintenant que je suis sous les branches des arbres Et que je puis songer à la beauté des cieux »* HUGO. *« Maintenant qu'elle avait payé, elle lui dirait tout »* MAUPASSANT. ▪ **2** (En tête de phrase, marque une pause où l'esprit, dépassant ce qui vient d'être dit, considère une possibilité nouvelle ; cf. Ceci dit) *Maintenant, ce que je vous en dis... c'est votre affaire. « On sait qu'un homme et une femme se voient beaucoup. Maintenant sont-ils amants ? »* MAUROIS. ▪ **CONTR.** Autrefois.

MAINTENEUR, EUSE [mɛ̃t(ə)nœʀ, øz] **n.** – *mainteneor* XIIe ◊ de *maintenir* ▪ **1** RARE Personne qui maintient. *« gardiens de la paix et autres mainteneurs d'un ordre anéanti »* BARRÈS. ▪ **2** SPÉCIALT Dignitaire des jeux Floraux de Toulouse, depuis 1323.

MAINTENIR [mɛ̃t(ə)niʀ] **v. tr.** ‹22› – v. 1132 « protéger, défendre » ◊ latin populaire °*manutenere* « tenir avec la main » ▪ **1** (XIIe) Conserver dans le même état ; faire ou laisser durer. ➤ **entretenir, garder, tenir.** *Maintenir l'ordre, la paix. Maintenir un état de fait, le statu quo.* ➤ **continuer.** *Maintenir sa candidature, ses prétentions.* — *Maintenir qqn dans un état, en un état. Maintenir un malade en vie.* — *Maintenir la température égale. Maintenir une loi en vigueur*.* — *« Quelques navires maintenus en quarantaine »* CAMUS. ▪ **2** SPÉCIALT (1306) Affirmer avec constance, fermeté. ➤ **certifier, soutenir.** *Je l'ai dit et je le maintiens. Maintenez-vous vos accusations ?* ➤ **confirmer, répéter.** ▪ **3** (1690) Tenir dans une même position ; empêcher de bouger, de tomber. ➤ **attacher*, fixer, retenir, soutenir, tenir.**

La clef de voûte maintient l'édifice. — *Maintenir qqn,* le tenir solidement. ➤ **immobiliser.** *Maintenir en place. Maintenir son cheval.* ➤ **contenir.** ■ **4 SE MAINTENIR** v. pron. Rester dans le même état ; ne pas aller plus mal. *Malade, vieillard qui se maintient. Le beau temps va se maintenir quelques jours.* — IMPERS. FAM. *Alors, ça va ? ça se maintient ?* — (Avec un compl. de manière ou un attribut) ➤ **durer, rester, subsister.** *Se maintenir au pouvoir.* ■ CONTR. Changer, modifier ; annuler, supprimer. Retirer. Cesser.

MAINTIEN [mɛ̃tjɛ̃] n. m. – XIIIe ◇ de *maintenir* ■ **1** Manière de se tenir, manifestant les habitudes, le comportement social de qqn. ➤ 2 **air, allure, attitude, contenance, façons,** 2 **port, posture, tenue.** *Maintien noble, élégant* (➤ **prestance**) ; *désinvolte ; étudié* (➤ **pose**). — ABSOLT, ANCIENNT *Professeur de danse et de maintien.* ■ **2** (1538) Action de maintenir, de faire durer. ➤ **confirmation, conservation, continuité.** *Le maintien d'une candidature au second tour. Le maintien d'une décision.* ◆ SPÉCIALT *Le maintien de l'ordre :* ensemble des mesures destinées à maintenir l'ordre public. — MILIT. *Maintien au corps des soldats libérables. Ils protestent contre « le maintien sous les drapeaux de la classe en octobre »* ARAGON. — DR. *Maintien dans les lieux :* droit reconnu à certains locataires de rester dans les locaux loués contre le gré du propriétaire. ■ **3** Action de tenir dans une position, de soutenir. ➤ **soutien.** *Soutien-gorge qui assure un bon maintien de la poitrine.* ■ CONTR. Abandon, changement, cessation, suppression.

MAÏOLIQUE ➤ **MAJOLIQUE**

MAIRE [mɛʀ] n. – X^e adj. ◇ latin *maior* → majeur

I ■ **1** n. m. (XIIe) HIST. Celui qui dirigeait le corps municipal d'une commune jurée ou « ville de commune ». ■ **2** (1789) En France, Premier officier municipal élu par le conseil municipal, parmi ses membres, et qui est à la fois une autorité locale et l'agent du pouvoir central. ➤ aussi **bourgmestre, maïeur.** *Le maire, premier magistrat de la commune. Monsieur le maire. Madame le maire* ou *la maire.* ➤ **mairesse.** *Le maire et ses administrés. L'écharpe du maire. Adjoint au maire.* — *Le maire de Paris. Les maires d'arrondissement.* — *Député*-maire.* ◆ LOC. FAM. VIEILLI *Être passé devant (monsieur) le maire :* être légalement marié.

II n. m. HIST. Sous les Mérovingiens, Intendant du palais (➤ **majordome**) qui détenait un important pouvoir politique. *Les maires du palais.*

■ HOM. Mer, mère.

MAIRESSE [mɛʀɛs] n. f. – XIIIe ◇ de *maire* ■ **1** VX Épouse du maire. *« Monsieur le maire flanqué de sa mairesse »* BALZAC. ■ **2** RARE (COUR. au Canada) Femme exerçant les fonctions de maire. *La mairesse de Montréal.*

MAIRIE [meʀi] n. f. – XIIIe ; var. *mairerie* XIVe ◇ de *maire* ■ **1** Office, charge de maire. *Être élu à la mairie d'une grande ville.* — PAR EXT. Temps pendant lequel un maire exerce ses fonctions. ■ **2** Administration municipale. *Employé, secrétaire de mairie.* ■ **3** (1789) Bâtiment où se trouvent le bureau du maire, les services de l'administration municipale et où siège normalement le conseil municipal. ➤ **hôtel** (de ville) (cf. RÉGION. Maison communale*). *Déclarer une naissance à la mairie.*

MAIS [mɛ] adv. et conj. – X^e ◇ latin *magis* « plus »

I adv. ■ **1** VX Plus (positif ou négatif). SPÉCIALT ; VIEILLI ou LITTÉR. *N'en pouvoir mais :* n'y pouvoir rien. ■ **2** (Renforçant ce qui vient d'être exprimé) Oui, vraiment. *« on ne lui donna plus rien à faire, mais ce qui s'appelle rien »* MONTHERLANT. *Tu viens ? – Mais oui, mais bien sûr, mais certainement. Mais non ; mais si.*

II conj. (X^e) ■ **1** Marquant une transition, en tête de phrase ➤ **et.** *Mais, dites-moi. Mais c'est de la folie ! Mais encore* ? Mais enfin* !* (POP. *m'enfin !*). *« Mais enfin, comment la chose s'est-elle passée ? »* DAUDET. ■ **2** Introduit une idée contraire à celle qui a été exprimée. *« Les privilèges finiront, mais le peuple est éternel »* MIRABEAU. Après une négation *Ce n'est pas ma faute, mais la tienne ! Je n'en veux pas un, mais deux. Ce n'est pas un accident, mais bien un crime. Mais au contraire.* ■ **3** Introduit une restriction, une correction, une addition, une précision indispensable. *Elle n'est pas belle, mais elle a du charme* (cf. En compensation, par contre, en revanche). *Incroyable, mais vrai.* ➤ **cependant, néanmoins, pourtant, toutefois.** *« J'embrasse mon rival, mais c'est pour l'étouffer »* RACINE. *« Mon verre n'est pas grand, mais je bois dans mon verre »* MUSSET. *C'est mon avis, mais tu fais ce que tu veux.* ➤ **maintenant.** *Non seulement..., mais, mais encore, mais aussi, mais même, mais en outre.* ■ **4** Introduit une objection (notamment sous forme interrog.). *Mais n'étiez-vous pas au courant ? — Je ne dis pas, mais... Oui, mais...* ◆ n. m. Le mot *mais. Que signifie ce mais ? Il n'y a pas de mais qui tienne !* vos objections ne comptent pas. *Il y a toujours avec lui des si et des mais,* des conditions et des objections. — *Des oui mais :* des réponses positives accompagnées de restrictions.

III MAIS exclamatif, joint à une interj. — (Surprise.) *Eh mais ! c'est ma foi vrai ! Ah ! ça, mais, je ne me trompe pas, c'est bien lui.* ◆ (Défi, menace.) *Je vais lui fermer le bec, ah mais !* FAM. (Indignation.) *Non, mais ! pour qui tu te prends !* POP. *Non mais, des fois !*

■ HOM. Mai, maie, maye, mets.

MAÏS [mais] n. m. – 1544 ; *maiz* 1519 ◇ espagnol *mais,* mot d'Haïti ■ Céréale *(graminées)* à racines fibreuses, à tige droite, à larges feuilles lancéolées et dont les fruits sont des grains durs de la grosseur d'un pois, serrés sur un gros épi presque cylindrique ; grain de cette plante (cf. RÉGION. Blé* d'Inde). *Culture du maïs* (*maïsiculture* [maisikyltyʀ] n. f.). *Épi de maïs. Champ de maïs. Ensilage du maïs.* — *Farine, semoule de maïs* (➤ **polenta**). *Fécule de maïs.* ➤ **maïzena.** *Maïs soufflé.* ➤ **popcorn ; cornflakes.** *Galette, chips de maïs.* ➤ **nacho, tortilla.** *Salade de maïs. Volailles, porcs nourris au maïs. Le maïs, matière première industrielle pour la fabrication d'alcool* (➤ **whisky**), *de glucose* (➤ **isoglucose**). ◆ *Papier maïs,* fait avec des feuilles de maïs et utilisé comme papier à cigarettes. ELLIPT *Fumer des gitanes maïs.*

MAÏSERIE [maisʀi] n. f. – 1931 ◇ de *maïs* ■ TECHN. Établissement, usine où l'on traite le maïs pour la fabrication de fécule, de glucose.

MAISON [mɛzɔ̃ ; mezɔ̃] n. f. – fin X^e ◇ du latin *mansio, mansionis* « séjour » et « lieu de séjour », famille de *manere* « demeurer, séjourner » → manoir

I LOGEMENT ■ **1** Bâtiment d'habitation (➤ **habitation**), SPÉCIALT Bâtiment construit pour loger une seule famille (opposé à *immeuble, appartement*). ➤ **bâtiment, bâtisse, construction, hôtel, immeuble, pavillon, villa ; abri, logement, logis, pénates, résidence, toit.** *Maison individuelle. Maisons provençales.* ➤ **bastide, mas.** *Maisons traditionnelles des pays chauds.* ➤ **bungalow, case, faré.** — *Les fondations, les murs, la façade, le toit, la toiture d'une maison. Maison avec un balcon, un perron, un porche. Rez-de-chaussée et étages d'une maison. Maison de plain*-pied ; surélevée, sur pilotis.* — *Divisions intérieures de la maison :* appartement, chambre, pièce, salle ; bibliothèque, buanderie, bureau, cabinet de toilette, cave, cellier, couloir, cuisine, débarras, dressing-room, entrée, grenier, hall, lingerie, living, office, salle à manger, salle d'eau, salle de bains, salon, séjour, soupente, sous-sol, terrasse, véranda, vestibule, w.-c. *Jardin, cour, dépendances d'une maison.* — *Maison de bois* (➤ **chalet**), *de briques, de pierres de taille, de parpaings, de torchis, à colombage. Maison solaire. Maison passive*. Maison préfabriquée* (➤ **module**). *Maison mobile :* recomm. offic. pour *mobile home. Maison rudimentaire.* ➤ **cabane, chaumière, hutte.** *Maison pauvre, délabrée.* ➤ **baraque, bicoque, bouge, clapier, gourbi, masure, taudis, turne.** *Maison bourgeoise :* maison de ville cossue. *Maison de maître*. Maison de famille. Maison de religieux.* ➤ **couvent, monastère.** — *Maison de vacances. Maison de campagne :* maison qu'un citadin achète à la campagne pour ses vacances. ➤ **résidence** (secondaire). *Pâté* de maisons.* ➤ **bloc, îlot.** *Les maisons d'un lotissement, d'un coron, d'une ZUP.* — *Habiter, occuper, squatter une maison. Louer, acheter une maison. Se faire construire, rénover une maison. Équiper sa maison* (➤ **domotique ; maisonnerie**). *Maison en ruine.* ◆ LOC. FAM. *Gros comme une maison :* énorme, grossier, évident. *Un mensonge gros comme une maison.* — ADVT *Il s'est gouré gros comme une maison.* ◆ **LA MAISON-BLANCHE :** résidence du président des États-Unis d'Amérique, à Washington, et PAR EXT. Le gouvernement américain. *La politique de la Maison-Blanche.* ■ **2** Habitation, logement (qu'il s'agisse ou non d'un bâtiment entier). ➤ **demeure, domicile, foyer, home, logis** (cf. Chez*-soi). *Les clés de la maison. Quitter la maison. Il ne faut pas parler de corde* dans la maison d'un pendu.* — **À LA MAISON :** chez soi. *Rentrer à la maison.* ➤ **bercail.** *Passez donc me voir à la maison. Femme qui reste à la maison,* au foyer*. — LOC. FIG. *Jouer à la maison :* se dit d'une équipe sportive qui reçoit l'équipe adverse sur son terrain (cf. À domicile). ◆ L'intérieur d'un logement, son aménagement. ➤ **intérieur.** *Maison en désordre, bien tenue, confortable, arrangée avec goût, accueillante* (➤ **bonbonnière**). *Déménager toute la maison,* tout ce qu'il y a dans la maison. *Linge de maison.* — Vie à la maison. *Tenir la maison.* ➤ **ménage.** *Son travail et la maison lui prennent tout son temps. Maître*, maîtresse de maison. Dépenses de maison.* ➤ **domestique.** *Train* de maison. « Elle* *reçoit le mercredi ; c'est une maison fort honorable»* BALZAC. ◆ LOC. FAM. (1797) *C'est la maison du bon Dieu*, une maison particulièrement accueillante. ■ **3** Lieu où travaille un domestique. *Ce cuisinier a fait de nombreuses maisons.* ➤ **place.** — *Les gens de maison, le personnel de maison, les employés de maison.* ➤ **domestique.** ■ **4** RELIG. *La maison du Seigneur, de Dieu* : le temple de Jérusalem ; PAR EXT. ➤ **église, sanctuaire, temple.** ■ **5** ASTROL. *Les douze maisons du ciel* : les douze fuseaux par lesquels les astrologues divisent le ciel, pour analyser son état au moment de la naissance de qqn. *«la présence du soleil en huitième maison est un indice de mort violente»* PENNAC.

II BÂTIMENT, ÉDIFICE DESTINÉ À UN USAGE SPÉCIAL ■ **1** Établissement de détention. *Maison de correction*, de redressement.* (1790) *Maison d'arrêt* : prison qui reçoit les personnes mises en examen, les prévenus et accusés en détention provisoire et les condamnés à une peine ne dépassant pas un an. (1848) *Maison centrale* : prison qui reçoit les condamnés à une peine supérieure à un an. ■ **2** (fin XIIe) Établissement public ou privé à un ou plusieurs bâtiments où l'on reçoit des usagers, qu'on les loge ou non. ➤ **centre.** — (1721) *Maison de santé* (➤ **clinique, hôpital**), *de repos, de convalescence. Maison de fous*.* ➤ **asile.** — *Maison de retraite*, où l'on reçoit les retraités. *Ils «avaient quitté leur ferme pour s'installer dans une maison de vieux»* EXBRAYAT. *Maison du marin, du soldat* : établissement fournissant logement et nourriture aux marins, soldats en déplacement. ➤ **foyer.** *Maison des jeunes et de la culture (M. J. C.).* — (1803) *Maison d'éducation* : école, pensionnat privé ou institution (Légion d'honneur, etc.). VIEILLI *Maison d'enfants* (cf. Home d'enfants, colonie de vacances, centre de loisirs). ■ **3** Lieu de plaisir. (1811) *Maison de jeux.* ➤ **tripot.** *Maison de rendez-vous. Maison close, de passe, de tolérance.* ➤ **bordel.** *«ces maisons maintenant prohibées qu'en langage noble on appelle "lupanars" alors que, trivialement, elles sont dites "boxons," "bouics" ou "claques"»* LEIRIS. *«La Maison Tellier», nouvelle de Maupassant.* ■ **4** (1794) Entreprise commerciale, industrielle. *Maison de commerce.* ➤ **établissement, firme.** *Maison de détail, de gros. Maison sérieuse. Maison fondée en 1840. La maison mère et les succursales, les filiales. La maison ne fait pas crédit. Être employé par une maison.* ➤ **société.** *«Les employés d'une maison de commerce sont attachés par le cœur à la maison»* CHARDONNE. (Souvent suivi du nom du fondateur, des associés) *Maison Dupont et fils. «La Maison Nucingen», roman de Balzac.* — FIN. Établissement financier. *Maison de réescompte. Maison de titres*, qui gère le portefeuille (de valeurs mobilières) de ses clients. — FAM. *La Grande Maison* : la police. ◆ L'établissement où l'on travaille (maison de commerce, administration, etc.). *L'esprit, les traditions de la maison. J'en ai assez de cette maison !* ➤ FAM. **boîte, boutique.** *Une personne de la maison* (opposé à *de l'extérieur*). *Il a vingt ans de maison. Ce n'est pas le genre de la maison.*

III ENSEMBLE DE PERSONNES ■ **1** (fin XIe) Les personnes qui vivent ensemble, habitent la même maison. ➤ **maisonnée ; famille.** *«Je voudrais pouvoir vous dépeindre la joie de ma maison»* DUHAMEL. LOC. *Faire la jeune fille de la maison* : faire le service au cours d'une réception. *«Je fais "la jeune fille de la maison" en passant les plats avec le sourire»* V. OLMI. ■ **2** VX ou HIST. Les gens attachés au service d'une maison. ➤ **domesticité.** *Une nombreuse maison.* — Ensemble des personnes employées au service des grands personnages. *La maison du roi. Maison civile, militaire du président de la République*, ensemble des fonctionnaires qui lui sont attachés personnellement. ■ **3** Descendance, lignée des familles nobles. *«La comtesse d'Orgel appartenait par sa naissance à l'illustre maison des Grimoard de la Verberie»* RADIGUET. *Maison d'Autriche, de Lorraine.* ➤ **couronne.**

IV QUALIFIANT UN NOM (en appos. et inv.) ■ **1** (1935) Qui a été fait à la maison, sur place (opposé à *de série, industriel*). *Pâté, tarte maison* (cf. Du chef). *Des terrines maison.* ■ **2** IRON. FAM. Particulièrement réussi, soigné. *Une engueulade maison. «Quelque chose de maison, je te le jure»* R. GARY. ■ **3** (1939) Particulier à (un groupe, une société). *«Elle a vite attrapé le genre maison»* BEAUVOIR. *Esprit maison.*

■ **HOM.** Méson.

MAISONNÉE [mɛzɔne] **n. f.** – 1611 ◊ de *maison* ■ VIEILLI Ensemble des personnes qui habitent la même maison. — SPÉCIALT Famille. *Toute la maisonnée était réunie.*

MAISONNERIE [mɛzɔnʀi] **n. f.** – 1977 ◊ de *maison*, pour remplacer *home-center* ■ Magasin qui vend des articles pour l'équipement des maisons.

MAISONNETTE [mɛzɔnɛt] **n. f.** – v. 1174 ◊ de *maison* ■ VIEILLI Petite maison. ➤ **pavillon ; 2 fermette.** *La maisonnette du garde-barrière.*

MAISTRANCE [mɛstʀɑ̃s] **n. f.** – 1559 ; *mestrance* XIVe ◊ de *maistre, maître* ■ MAR. Ensemble des officiers mariniers de la marine de guerre française ; SPÉCIALT Officiers de carrière. *Écoles de maistrance.*

MAÎTRE, MAÎTRESSE [mɛtʀ, mɛtʀɛs] **n.** /MAITRE, MAITRESSE/ – fin XIe, comme adjectif (IV, 1°) ◊ du latin *magister* (→ magistral et mistral), famille de *magis* «plus» (→ mais), qui a servi à former *minister* «serviteur», famille de *minus* «moins» → ministre

I PERSONNE, CHOSE QUI EXERCE UNE DOMINATION ■ **1** (milieu XIIe) **n. m.** Personne qui a pouvoir et autorité sur qqn pour se faire servir, obéir. *Le maître et l'esclave. Le maître et le vassal.* ➤ **seigneur.** — VIEILLI *Le maître et les serviteurs, les domestiques.* ➤ **1 patron.** — PROV. *Les bons maîtres font les bons valets* : les maîtres ont les valets qu'ils méritent. *Tel maître, tel valet* : les valets ont souvent les qualités et les défauts de leur maître. *Nul ne peut servir deux maîtres à la fois.* ◆ **n.** Possesseur d'un animal domestique. *Animal qui reconnaît son maître. «Le chien s'étendait sur un pouf aux pieds de sa maîtresse»* GREEN. ■ **2** (milieu XIIe) Personne qui a pouvoir d'imposer aux autres sa volonté. ➤ **chef.** *Le père romain était juge et maître.* — PAR PLAIS. *Mon seigneur* et maître.* — (1532) **MAÎTRE, MAÎTRESSE DE MAISON :** personne qui dirige la maison. *Maître de maison qui reçoit.* ➤ **amphitryon, hôte.** *Parfaite maîtresse de maison. «la maîtresse de maison, attentive à ce que tout se fasse dans le bon ordre, l'œil sur la pendule dans l'attente des derniers invités puis sur la difficile et minutieuse ouverture du champagne par le maître de maison»* P. CONSTANT. — VX *Le maître du logis, des lieux, de céans* : le propriétaire. ◆ *Le maître d'un peuple, d'un pays*, personne qui y exerce effectivement le pouvoir. ➤ **dirigeant, gouvernant, souverain.** *Les maîtres du monde* : toutes les personnes qui exercent un pouvoir (cf. Les puissants* de ce monde). *Devenir le maître du monde.* ➤ **dictateur, dominateur, tyran.** ■ **3 ÊTRE (LE) MAÎTRE (quelque part) :** avoir pleine autorité, toute licence là où l'on est (cf. Faire la loi*). *Être le maître chez soi. «J'étais maître en ces lieux, seul j'y commande encore»* VOLTAIRE. — PROV. *Charbonnier* est maître dans sa maison.* — *Le capitaine d'un bateau est seul maître à bord, après Dieu.* LOC. FIG. *Être seul maître à bord* : être seul à décider. — JEU *Être maître à telle couleur*, en avoir la carte la plus forte. *Je suis maître à cœur.* — LOC. (1668) *L'œil du maître* : la surveillance attentive du propriétaire. *Ni Dieu ni maître*, devise de Blanqui et des anarchistes. *Parler, agir, décider en maître*, avec l'autorité, la liberté d'un maître. *Régner en maître.* — (milieu XIIIe) *Trouver son maître*, la personne à qui l'on doit se soumettre, obéir (cf. ci-dessous II, 3°). ■ **4** (CHOSES) Ce qui gouverne qqn, commande sa conduite. *L'argent, maître du monde. «Notre tempérament, notre caractère, nos passions, sont nos maîtres»* LÉAUTAUD. ■ **5** (1538) **ÊTRE MAÎTRE, MAÎTRESSE DE SOI ; ÊTRE SON MAÎTRE :** être libre et indépendant, n'avoir d'autre maître que soi-même ; être indépendant professionnellement. *«Depuis dix ans qu'elle était riche et veuve, maîtresse d'elle-même par conséquent»* BARBEY. *«il était son maître, on n'avait pas d'autres ouvriers»* CÉLINE. — *Être maître, le maître de ses actes, de son destin, de son emploi du temps* : n'avoir à en référer qu'à soi-même. ➤ **disposer.** ◆ (Par rapport à soi-même) **ÊTRE MAÎTRE, MAÎTRESSE DE SOI :** avoir de l'empire sur soi-même, contrôler ses affects. ➤ **se dominer, se maîtriser.** *«Je suis maître de moi comme de l'univers»* CORNEILLE. *Elle parvint à rester très maîtresse d'elle-même.* PAR EXT. *«Il lui coupa la parole dans un mouvement d'impatience dont il ne fut pas maître»* MAUPASSANT. ■ **6** (1667) **ÊTRE MAÎTRE DE FAIRE qqch. :** avoir entière liberté de. ➤ **libre.** *«Je laisse mon fils maître de faire ce qu'il voudra»* BALZAC. *Vous êtes maître de refuser.* ■ **7** Personne qui possède une chose, en dispose. ➤ **possesseur, propriétaire.** DR. *Bien sans maître*, abandonné. *Voiture, cheval, maison* **DE MAÎTRE,** dont l'usager est le propriétaire (opposé à *de louage*). — *Maison de maître*, grande et cossue. ◆ *Se rendre maître de qqch.* (se l'approprier), *de qqn* (le capturer, le maîtriser), *d'un pays* (le conquérir, l'occuper). *Se rendre maître d'un incendie*, l'arrêter, le maîtriser. — *Se trouver maître d'un secret. Être, rester maître de la situation, des évènements.* ➤ **1 arbitre.** *Être maître de son sujet.* ➤ **maîtriser, posséder.**

II PERSONNE QUALIFIÉE POUR DIRIGER ■ **1** (fin XIIe) Personne qui exerce une fonction de direction, de surveillance. ➤ **chef.** — VX *Maître de forges*.* — *Maître d'œuvre* (FÉM. *maître*) : chef de chantier, désigné par le *maître d'ouvrage* qui a conclu le marché et pour le compte duquel sont réalisés les travaux. « *On appelle maître d'ouvrage celui qui finance le bâtiment, par exemple un promoteur, et maître d'œuvre l'entreprise de BTP à laquelle il a confié le soin de la construire* » É. REINHARDT. FIG. Directeur de travaux intellectuels. *Le maître d'œuvre d'une encyclopédie.* — MOD. *Maître des requêtes au Conseil d'État* (FÉM. *maître*). *Maître de ballet :* personne qui dirige un ballet dans un théâtre (FÉM. *maître* ou *maîtresse*). *Maître de chapelle*. Maître des cérémonies*. Maître d'hôtel*.* — MILIT. *Maître de camp.* ➤ **mestre.** — Officier marinier. *Premier-maître* (voir ce mot). *Second-maître. Quartier-maître* (voir ce mot). *Maître de manœuvre.* ➤ **bosco.** (1688) *Maître d'équipage,* dirigeant l'équipage du pont. — *Grand maître de l'ordre :* chef d'un ordre militaire. — *Grand maître de l'Université :* ministre de l'Éducation nationale. — (1893) *Maître de conférences* (FÉM. *maître* ou *maîtresse ;* ABRÉV. FAM. *maître de conf*) : personne chargée d'un cours dans une grande école ou enseignant dans une université avant d'accéder au titre de professeur. *Maître assistant. Elle est maître assistant(e). Des maîtres assistants. Maître de recherches au CNRS* (FÉM. *maître*). — *Maître d'étude* (FÉM. *maîtresse*), qui surveille une étude. ➤ 1 **pion, surveillant.** *Maître d'internat* (FÉM. *maîtresse*). ▪ **2** (milieu XIIe) Personne qui enseigne. *Maître, maîtresse :* personne qui enseigne aux enfants dans une école, ou à domicile. ➤ **éducateur, enseignant, instituteur, pédagogue, précepteur, professeur, régent ; répétiteur.** (1567) *Maître, maîtresse d'école :* instituteur, institutrice, professeur des écoles. *Maîtresse auxiliaire.* — *Maître de musique. Maîtresse de piano. Maître d'armes,* qui enseigne l'escrime. *Maître nageur*.* — LOC. PROV. *Le temps est un grand maître,* donne de l'expérience. ▪ **3** n. m. (XIIIe) Dans le système corporatif, Artisan qui dirige le travail et enseigne aux apprentis. *Les maîtres, les compagnons et les apprentis d'une corporation.* FIG. « *L'homme est un apprenti, la douleur est son maître* » MUSSET. — Dans la franc-maçonnerie, *Grand Maître :* chef d'une obédience maçonnique. *Le Grand Maître du Grand Orient de France.* — LOC. *Être, passer maître dans le métier, dans l'art de.* ➤ **adroit, compétent, expert, savant.** LOC. *Passer maître en, dans qqch. :* devenir particulièrement adroit à... (en parlant d'une qualité ou d'un défaut). *Elle est passée maître dans l'art de mentir.* « *L'autre était passé maître en fait de tromperie* » LA FONTAINE. *De main* de maître. Des coups de maître.* ➤ **magistral.** *Pour un coup d'essai, ce fut un coup de maître* (ALLUS. LITTÉR., Corneille). *Trouver son maître,* qqn de supérieur à soi, de plus adroit, de plus compétent (cf. ci-dessus I, 3°). ▪ **4** n. m. (1690) Peintre, sculpteur qui dirigeait un atelier et travaillait souvent avec ses élèves à une même œuvre. *Attribuer au maître l'œuvre d'un élève. Le maître de* (suivi d'un nom de lieu, du titre de l'œuvre) : désignation d'un peintre ancien anonyme dont l'œuvre a la qualité de celle d'un maître d'atelier. *Le Maître de Moulins.* ▪ **5** n. m. (fin XIIe) Personne dont on est le disciple, que l'on prend pour modèle. ➤ **initiateur, modèle.** *Un maître à penser. Maître spirituel.* ➤ **gourou.** *L'élève a dépassé le maître.* ▪ **6** n. m. (milieu XIIe) Artiste, écrivain ou savant qui excelle dans son art, qui a fait école. *Les maîtres de la littérature, de la peinture espagnole* (cf. Les grands noms). *Un tableau de maître.* — *Petit maître :* peintre de qualité considéré comme mineur. *Les petits maîtres de la Renaissance.* — *Classe de maître :* recomm. offic. pour *master class.*

III TITRE ▪ **1** VX (suivi du nom ou du prénom) Titre donné autrefois familièrement aux hommes qu'on ne pouvait appeler « Monsieur », et encore au XIXe s. aux paysans, aux artisans. *Maître Pathelin. Maître Jacques.* RÉGION. *Maîtresse Jacqueline.* — (1668) PAR PLAIS. *Maître Corbeau, maître Renard.* ▪ **2** n. m. (milieu XVe) Titre qui remplace Monsieur, Madame en parlant des gens de loi ou en s'adressant à eux (avocat, huissier, notaire). *Maître X, avocate à la cour* (ABRÉV. Me). ▪ **3** n. m. Titre que l'on donne en s'adressant à un professeur éminent, à un artiste ou à un écrivain célèbre. *Monsieur (Madame) et cher Maître.* « *Maître. Quelle absurdité d'appeler ainsi un écrivain. Maître de quoi et de qui !* » GREEN.

IV **MAÎTRE, MAÎTRESSE** en appos. ou adj. **A.** PERSONNES ▪ **1** (fin XIe) Qui est le maître, la maîtresse (au sens I, 1°). VIEILLI *Servante maîtresse :* servante, domestique qui est devenue maîtresse d'une maison. ▪ **2** Qui a les qualités d'un maître, d'une maîtresse. (1669) *Une maîtresse femme,* qui sait organiser et commander. ➤ **énergique.** ▪ **3** (milieu XIIe) ANCIENNT Qui est le premier, le chef des personnes qui exercent la même profession dans un corps de métier, une entreprise. (1832) *Maître compagnon. Maître cuisinier, maître-coq* (➤ 2 **coq**) ou *maître-queux.* ➤ **queux.** *Maître sonneur :* maître de la corporation des sonneurs de cornemuse. FIG. et VX ➤ **fieffé.** *Maître filou.* « *Voilà un maître fou* » VOLTAIRE.

B. CHOSES ▪ **1** (fin XVe) Qui est important, ou qui est le plus important. *Maîtresse branche* ou *branche maîtresse d'un arbre,* la plus grosse. ➤ **principal.** *Maîtresse poutre* ou *poutre maîtresse d'un comble.* — (1754) MAR. *Maître-couple :* couple placé dans la plus grande largeur du navire. *Des maîtres-couples.* — (XVIe) *Maître-autel :* autel principal d'une église, placé dans l'axe de la nef. *Des maîtres-autels.* ◆ *Maître-cylindre :* ensemble cylindre et piston, actionné par la pédale de frein, transmettant la pression aux récepteurs des freins de chaque roue. *Des maîtres-cylindres.* ◆ INFORM. Se dit d'un dispositif qui pilote le fonctionnement d'un autre (opposé à *esclave*). *Ordinateur maître.* **MAÎTRE-ESCLAVE,** qui utilise deux dispositifs couplés dont l'un est maître et l'autre esclave*. *Une bascule maître-esclave. Ordinateurs fonctionnant en mode maître-esclave.* ▪ **2** Qui a de la force, de l'efficacité. *Maître mot* ou *maître-mot.* « *La retraite, c'était le grand mot, le maître-mot* » PAGNOL. *Des maîtres(-)mots.* — (1902) CARTES *Atout maître. Garder ses cartes maîtresses,* celles qui peuvent faire une levée. ◆ FIG. Essentiel. (Surtout fém.) *La pièce maîtresse d'une collection, d'un dossier. La qualité maîtresse d'une personne.* ➤ **majeur.**

▪ CONTR. Esclave, serviteur ; inférieur, subalterne ; disciple, élève ; apprenti. Accessoire, secondaire. ▪ HOM. Mètre, mettre.

MAÎTRE-À-DANSER [mɛtʀadɑ̃se] n. m. /MAITRE-À-DANSER/ – 1765 ◇ de *maître* et *danser,* par anal. de forme des branches avec les jambes ▪ TECHN. Compas d'épaisseur à branches croisées. *Des maîtres-à-danser.*

MAÎTRE CHANTEUR, EUSE [mɛtʀəʃɑ̃tœʀ, øz] n. /MAITRE CHANTEUR, EUSE/

I (1842 ; *chanteur* 1821 ◇ de *chanter*) Personne qui fait chanter qqn, exerce un chantage. ➤ aussi **racketteur.** — REM. On trouve parfois *une maîtresse chanteuse.*

II n. m. (1786 ; *maître-chantre* 1740 ◇ calque de l'allemand *Meistersinger*) Musicien et poète faisant partie d'une association, en Allemagne (XIVe s.). « *Les Maîtres chanteurs* », opéra de Wagner.

MAÎTRE-CHIEN [mɛtʀəʃjɛ̃] n. m. /MAITRE-CHIEN/ – 1972 ◇ de *maître* et *chien* ▪ Personne responsable d'un chien dressé à rendre certains services (garde, sauvetage, recherche de drogue, d'engins explosifs...). Personne qui dresse ces chiens. *Des maîtres-chiens.*

MAÎTRE-COQ ➤ 2 **COQ**

MAÎTRE-QUEUX ➤ **QUEUX**

MAÎTRESSE [mɛtʀɛs] n. f. /MAITRESSE/ – XIIe ◇ fém. de *maître*

I Féminin de *Maître* dans certains emplois. ➤ **maître.**

II ▪ **1** VX *La maîtresse de qqn,* la jeune fille ou la femme qu'il aime et qui exerce son empire sur lui. ➤ **amante, amie, belle, bien-aimée, dulcinée ;** RÉGION. **blond(e).** « *Le mot de maîtresse* [...] *veut dire une femme qui a donné son cœur, et qui veut le vôtre* » MARIVAUX. — SPÉCIALT ➤ **fiancée.** « *Il faut venger un père et perdre une maîtresse* » CORNEILLE. ▪ **2** (1660) VIEILLI *La maîtresse de qqn,* femme qui a des relations amoureuses et sexuelles plus ou moins durables avec qqn sans être son épouse. *Être amant et maîtresse. Avoir une maîtresse.* ➤ **liaison.** *Il vit avec sa maîtresse,* sa petite amie. ➤ **amie, compagne, concubine,** FAM. **nana.** ◆ SPÉCIALT MOD. Femme qui a des relations sexuelles plus ou moins régulières avec une personne mariée à qqn d'autre. *Son mari avait des maîtresses* (➤ 1 et 2 **adultère**).

MAÎTRISABLE [metʀizabl] adj. /MAITRISABLE/ – 1845 ◇ de *maîtriser* ▪ Qui peut être maîtrisé (surtout en parlant des émotions, des réflexes). ➤ **contrôlable.** *Une peur irraisonnée, difficilement maîtrisable.* ▪ CONTR. Insurmontable, irrépressible.

MAÎTRISE [metʀiz] n. f. /MAITRISE/ – XVIe ; *mestrise* v. 1175 ◇ de *maître*

▪ Qualité de maître.

I ▪ **1** (XVe) RARE Qualité, fonction d'une personne qui commande, exerce sa domination. ➤ **autorité, domination,** 2 **pouvoir, souveraineté.** « *la dialectique maîtrise et servitude* » CAMUS. — *Maîtrise d'ouvrage :* gestion d'un projet, de sa définition et de l'expression des besoins (objectif, calendrier, budget). *Maîtrise d'œuvre :* direction et contrôle des choix techniques liés à la réalisation d'un projet selon les exigences émanant de la maîtrise d'ouvrage. ▪ **2** (1907) **MAÎTRISE DE SOI :** qualité d'une personne qui est maîtresse d'elle-même, qui se domine. ➤ **contrôle, empire, self-control.** « *une fièvre et une impatience qui leur enlevaient toute maîtrise d'eux-mêmes* » CAMUS. ➤ 1 **calme, sang-froid.** ▪ **3** Contrôle militaire d'un lieu. *L'Angleterre avait la maîtrise des mers.* ➤ **hégémonie, pré-**

pondérance, suprématie. *« ne seraient-ils que cinquante, ils possèdent la maîtrise du terrain »* MAC ORLAN.

II ■ **1** (XIIIe) Qualité, grade, fonction de maître dans certains corps de métiers. *Maîtrise de conférences :* fonction, poste de maître de conférences. — (1835) ABSOLT Jusqu'au XIXe s., Fonction du maître de chapelle. ♦ (1643) MOD. École d'éducation musicale destinée au chœur d'une église, d'une cathédrale ; le chœur lui-même. ➤ **manécanterie.** *La maîtrise de Saint-Eustache.* ■ **2** (XVe) Qualité de maître dans une corporation. — PAR EXT. (1776) Ensemble des maîtres d'une corporation. *Les maîtrises et les jurandes de l'Ancien Régime.* ♦ LOC. (1959) *Agents de maîtrise :* nom donné à certains techniciens qui forment les cadres subalternes d'une entreprise. ■ **3** (1966) Grade universitaire qui sanctionnait le second cycle de l'enseignement supérieur. — Diplôme national (titre) de l'enseignement supérieur délivré après validation de la première année d'enseignement du master. *Mémoire de maîtrise. Passer, avoir une maîtrise d'anglais, de mathématiques.* ■ **4** (XIIe « habileté », repris XIXe) FIG. Perfection digne d'un maître, dans la technique. ➤ **habileté, maestria, métier, virtuosité.** *Œuvre d'une grande maîtrise. Exécuté avec maîtrise* (cf. De main* de maître). *« À la maîtrise, il* [l'enfant] *substitue le miracle »* MALRAUX. ♦ Fait de maîtriser (un sujet). *Il a une bonne maîtrise de l'allemand.*

■ CONTR. Servitude. Apprentissage.

MAÎTRISER [metʀize] v. tr. ‹1› /MAITRISER/ – fin XIVe ◊ de *maîtrise* ■ **1** (VX) Soumettre à sa domination. *Maîtriser un peuple.* ➤ **asservir, assujettir, soumettre.** — FIG. *Les grands écrivains savent maîtriser la langue. Musicien qui maîtrise son instrument. Il ne maîtrise pas encore assez son sujet.* ■ **2** Se rendre maître de, par la contrainte physique. *Maîtriser un cheval fougueux. Maîtriser un agresseur.* ➤ **immobiliser.** — PAR EXT. *Maîtriser les forces de la nature.* ➤ **discipliner, enchaîner.** *Maîtriser un incendie, une voie d'eau,* l'arrêter. *Maîtriser l'inflation.* ➤ **juguler.** ■ **3** Dominer (une passion, une émotion, un réflexe). ➤ **contenir, dompter, refouler, réprimer, surmonter, vaincre.** *Maîtriser sa colère, son émotion. Maîtrisez vos nerfs !* — PRONOM. Se rendre maître de soi, se dominer. ➤ se **contrôler** (cf. Prendre sur soi). *Avoir du mal à se maîtriser. Allons, maîtrisez-vous, un peu de sang-froid !* ■ CONTR. Obéir, soumettre (se). Délivrer. Abandonner (s') ; éclater.

MAÏZENA [maizena] n. f. – 1853 ◊ marque déposée ; anglais *maizena,* de *maize* « maïs » ■ Fécule de maïs préparée pour être utilisée en cuisine.

MAJE ➤ 2 **MAGE**

MAJESTÉ [maʒɛste] n. f. – fin XIVe ◊ latin *majestas*

I ■ **1** Caractère de grandeur qui fait révérer les puissances souveraines. ➤ **gloire, grandeur.** *La majesté divine. — Majesté impériale, princière. Atteinte à la majesté du souverain.* ➤ **lèse-majesté.** — ICONOGR. *Christ, Vierge de (en) majesté,* représentés de face dans une attitude hiératique, généralement assis sur un trône. ■ **2** (XIVe) Dignité souveraine ; pouvoir royal. ■ **3** (1575) Titre donné aux souverains héréditaires. ➤ **altesse.** *Votre Majesté, Vos Majestés* (PAR ABRÉV. *V. M., VV. MM.*), se dit en parlant aux souverains. ➤ **sire.** *Sire, Votre Majesté est trop bonne* (PLAIS. « Majesté, votre sire est trop bonne », « François Ier », film). *Sa Majesté, Leurs Majestés* (ABRÉV. *S. M., LL. MM.*), se dit en parlant d'eux. *Sa Gracieuse Majesté la reine d'Angleterre. Leurs Majestés ont décidé... « Sa Majesté le roi viendra-t-il ? »* A. HERMANT.

II (v. 1220) Caractère de grandeur, de noblesse dans l'apparence, l'allure, les attitudes. *Un air de majesté.* ➤ **majestueux.** *Majesté grave, solennelle.* — (CHOSES) ➤ **beauté, grandeur.** *« Cette admirable ruine avait toute la majesté des grandes choses détruites »* BALZAC. *« J'aime la majesté des souffrances humaines »* VIGNY. — GRAMM. *Pluriel* de majesté.*

■ CONTR. Vulgarité.

MAJESTUEUSEMENT [maʒɛstɥøzmɑ̃] adv. – 1609 ◊ de *majestueux* ■ Avec majesté ; d'une manière majestueuse. *S'avancer, marcher majestueusement.*

MAJESTUEUX, EUSE [maʒɛstɥø, øz] adj. – 1605 ; *magestueux* 1576 ◊ de *majesté,* refait d'après *somptueux,* etc. ■ **1** Qui a de la majesté. ➤ 1 **auguste, imposant.** *Un vieillard majestueux. Air, port majestueux ; allure, démarche, taille majestueuse.* ➤ **fier, grave, noble ; solennel.** ■ **2** PAR EXT. Qui est d'une beauté pleine de grandeur, de noblesse. ➤ **grandiose.** *La simplicité majestueuse du forum. Paysage, fleuve majestueux.* ■ CONTR. Grossier, vulgaire.

MAJEUR, EURE [maʒœʀ] adj. et n. – XVIe ◊ variante de *maieur, maior,* cas régime de *maire* (Xe), du latin *major* → 2 mage, major

I ■ **1** adj. compar. Plus grand, plus important (opposé à *mineur*). *La majeure partie :* le plus grand nombre. *En majeure partie :* pour la plupart. — RELIG. *Ordres majeurs. Les causes majeures,* celles dont le pape est seul juge. — LOG. *Terme majeur d'un syllogisme,* et n. m. *le majeur :* le terme qui sert de prédicat à la conclusion (et qui a généralement la plus grande extension). *La prémisse majeure,* et n. f. (XIVe) *la majeure,* celle qui contient le majeur. — MUS. *Intervalle majeur,* plus grand d'un demi-ton chromatique que l'intervalle mineur. *Seconde, tierce, sixte, septième majeure. Ton, mode majeur,* où la tierce et la sixte au-dessus de la tonique sont majeures. *Symphonie en si bémol majeur.* — n. m. *Morceau en majeur.* — *Tierce, quarte, quinte majeure :* suite des trois, quatre, cinq cartes supérieures dans la même couleur. — n. m. (1907) *Le majeur :* le plus long doigt de la main. ➤ **médius.** ■ **2** PAR EXT. Très grand, très important. ➤ **primordial.** *Intérêt majeur. Pour des raisons majeures. Notre préoccupation majeure.* ➤ **essentiel.** *Cas de force* majeure.* — *Compagnie majeure* ou n. f. *une majeure :* recomm. offic. pour *major* (III).

II (XIIe *maire, maiour*) Qui a atteint l'âge de la majorité légale. *Héritier majeur.* FAM. *Il est majeur, il sait ce qu'il fait. Il est majeur et vacciné*.* — SUBST. *Majeur incapable, interdit* (assimilé au mineur). ♦ PAR EXT. *Peuple majeur,* capable de se diriger lui-même (➤ **maturité**).

■ CONTR. 1 Mineur. Petit ; insignifiant.

MAJOLIQUE [maʒɔlik] n. f. – 1556 ◊ italien *majorica, majolica* « de l'île *Majorque* » ■ Faïence italienne, SPÉCIALT de la Renaissance. *Poterie en majolique.* — On dit parfois *maïolique,* 1867.

MAJONG ou **MAH-JONG** [maʒɔ̃g] n. m. – 1926 ◊ mots chinois, de *má* « tacheté » et *jiàng,* nom de la pièce principale du jeu d'échecs ■ Jeu chinois voisin des dominos. *« un restaurant plein du fracas des joueurs de mah-jong »* MALRAUX. *Des majongs, des mah-jongs.* — On écrit aussi *mahjong.*

MAJOR [maʒɔʀ] adj. et n. – XVIe ; en provençal, XIIIe ◊ latin *major,* compar. de *magnus* « grand »

I adj. MILIT. Supérieur par le rang (dans quelques comp.). ➤ **état-major, tambour-major.** *Médecin-major. Des médecins-majors. Sergent*-major, adjudant*-major.*

II n. ■ **1** n. m. (1660 ◊ emprunté à l'espagnol) Sous-officier du grade le plus élevé, ayant même commandement qu'un lieutenant. ♦ Ancienne appellation de l'officier supérieur chargé de l'administration, du service (appelé depuis 1975 *chef des services administratifs*). ♦ *Major général :* chef d'état-major du généralissime en temps de guerre. MAR. Contre-amiral commandant l'arsenal et dirigeant les services. ■ **2** n. m. Chef de bataillon (➤ **commandant**), dans certaines armées étrangères. ■ **3** n. m. Ancienne appellation des médecins militaires. ■ **4** Candidat(e) reçu(e) à la première place du concours d'une grande école. ➤ **cacique.** *La major de la promotion. « Blandine y était entrée première et en était sortie major* [de Polytechnique] *»* M. DUGAIN.

III n. f. (mot anglais américain) Entreprise parmi les plus importantes d'un secteur d'activité. *Les majors américaines de l'industrie cinématographique. « l'époque flamboyante de l'industrie, du temps où les majors étaient de grandes et estimables maisons »* J.-P. DUBOIS. — Recomm. offic. *compagnie majeure, grande compagnie, majeure* (n. f.).

MAJORAL, AUX [maʒɔʀal, o] n. m. – 1878 ◊ provençal *majourau,* bas latin *majoralis* ■ **1** Chacun des cinquante membres du consistoire félibrige. ■ **2** (1844) RÉGION. Berger en chef d'un grand troupeau, en Provence.

MAJORANT [maʒɔʀɑ̃] n. m. – v. 1950 ◊ de *majorer* ■ MATH. Nombre supérieur ou égal à tous les éléments d'un ensemble (opposé à *minorant*). ➤ **borne.**

MAJORAT [maʒɔʀa] n. m. – 1701 ; *majorasque* 1679 ◊ espagnol *mayorazgo,* de *mayor* « plus grand » ■ ANCIENNT Bien inaliénable et indivisible attaché à la possession d'un titre de noblesse et transmis avec le titre au fils aîné.

MAJORATION [maʒɔʀasjɔ̃] n. f. – 1867 ◊ de *majorer* ■ **1** Action de chiffrer plus haut (ou trop haut) une évaluation. ➤ **surestimation.** *Majoration de facture. Majoration des stocks* (dans un bilan). ■ **2** Augmentation de prix. ➤ **hausse, relèvement ; supplément.** *Majoration d'une prime d'assurance.* ➤ **malus.** — DR. FISC. *Majoration d'impôt.* ➤ **redressement, rehaussement.** *Majoration de retard.* ■ CONTR. Sous-estimation. Baisse, diminution, rabais.

MAJORDOME [maʒɔʀdɔm] n. m. – 1552 ◊ italien *maggiordomo,* latin médiéval *major* (→ maire) *domus* « chef de la maison » ■ **1** Chef des domestiques, du service intérieur de la maison d'un souverain. ▪ **2** Maître d'hôtel de grande maison. — Responsable des employés et de la bonne tenue d'une maison.

MAJORER [maʒɔʀe] v. tr. ‹1› – 1870 ◊ du latin *major* ▪ **1** Porter (une évaluation, un compte) à un chiffre plus élevé (ou trop élevé). *Majorer une facture.* ▪ **2** PAR EXT. Augmenter (le prix d'un bien). *Majorer les prix.* ➤ **augmenter, élever, gonfler, hausser.** *Majorer un impôt* (➤ **majoration**). ▪ **3** MATH. Jouer le rôle de majorant par rapport à (un ensemble). *Ensemble majoré par un nombre.* ➤ **borner.** ▪ CONTR. Baisser, diminuer, minorer.

MAJORETTE [maʒɔʀɛt] n. f. – v. 1955 ◊ mot anglais américain, abrév. de *drum-majorette,* de *drum-major* «tambour-major» ▪ Jeune fille qui défile en uniforme militaire de fantaisie, et en maniant une canne de tambour-major. *Défilé de majorettes.* «*majorettes cuisses nues, jupettes, képis bleus*» GRAINVILLE.

MAJORITAIRE [maʒɔʀitɛʀ] adj. – 1911 ◊ de *majorité* ▪ **1** Se dit du système électoral dans lequel la majorité l'emporte, sans qu'il soit tenu compte des suffrages de la minorité. *Scrutin, système, vote majoritaire* (opposé à *proportionnel*). ▪ **2** PAR EXT. (milieu XXe) Qui fait partie d'une majorité. SUBST. *Les majoritaires d'un parti.* ▪ **3** DR. COMM. Qui détient dans une société la majorité des actions, des parts. *Être majoritaire dans une société. Associé, gérant majoritaire.*

MAJORITAIREMENT [maʒɔʀitɛʀmɑ̃] adv. – milieu XXe ◊ de *majoritaire* ▪ D'une manière majoritaire. *Loi votée majoritairement.* — En majorité. *Ils ont choisi majoritairement cette solution.*

MAJORITÉ [maʒɔʀite] n. f. – 1510 ; «supériorité» v. 1270 ◊ latin *majoritas,* de *major* «plus grand»

I DR. Âge légal à partir duquel une personne est capable de tous les actes de la vie civile. ➤ **majeur** (II). *Majorité civile, électorale* : âge fixé pour l'exercice des droits civils électoraux. *Majorité pénale* : âge où cesse la présomption de non-discernement (18 ans). *Majorité sexuelle* (15 ans en France), *matrimoniale* (18 ans révolus). ◆ ABSOLT, COUR. Majorité civile (âge de 18 ans, en France). *Jusqu'à la majorité de l'enfant. Legs remis à la majorité.*

II (de *major*) MAR. Bureaux du major général, dans un port militaire. — Personnel de l'état-major.

III ▪ **1** (1760 ◊ anglais *majority*) Groupement de voix qui l'emporte par le nombre dans un vote, dans une réunion de votants. ➤ VX **pluralité.** *La majorité des suffrages, des voix, des votes, des membres présents. Mesure adoptée, loi votée à la majorité. Candidat élu à une écrasante majorité. Majorité absolue* : total des voix supérieur à la moitié des suffrages exprimés. *Majorité relative* (ou *simple*) : groupement de voix supérieur en nombre à chacun des autres groupements, mais inférieur à la majorité absolue. *Majorité qualifiée* ou *renforcée,* exigeant un nombre de voix supérieur à celui de la majorité absolue. — ABSOLT *Avoir la majorité.* ▪ **2** (1789) Parti politique, fraction qui réunit la majorité des suffrages. *Les partis, les députés de la majorité. La majorité présidentielle et l'opposition* (➤ aussi **bipolarisation**). ▪ **3** PAR ANAL. *Réunir la majorité des actions d'une société* : la majorité relative, ou plus de la moitié. ▪ **4** PAR EXT. (1802) Le plus grand nombre. *La majorité pense que..., la majorité des Français pense(nt) que...* ➤ **plupart.** *Assemblée composée en majorité de femmes. Les Français, dans leur immense majorité, pensent que...* ➤ **généralité ; majoritairement.** *Dans la majorité des cas* (cf. La majeure* partie, la plupart). — ABSOLT *Se rallier à l'opinion de la majorité.* — (1970 ◊ d'après l'anglais américain) *La majorité silencieuse* : les classes moyennes, dont l'opinion conservatrice inexprimée est invoquée.

▪ CONTR. Minorité.

MAJUSCULE [maʒyskyl] adj. et n. f. – 1529 ◊ latin *majusculus* ▪ *Lettre majuscule* : lettre manuscrite plus grande que la minuscule, d'un dessin différent, qui se met au commencement des phrases, des vers, des noms propres et de certains noms de choses personnifiées. *Un A, un H majuscule.* — n. f. *Une majuscule. Majuscule ornée, enluminée.* ➤ **lettrine.** *Les majuscules d'un clavier informatique. Mot écrit en majuscules.* ➤ **capitale.** ▪ CONTR. Minuscule.

1 **MAKI** [maki] n. m. – 1751 ◊ mot malgache ▪ Mammifère lémurien (*lémuridés*) de Madagascar, à museau pointu, à pelage épais, laineux, à queue longue et touffue. *Des makis.* ➤ **lémur.** ▪ HOM. Maquis.

2 **MAKI** [maki] n. m. – 1998 ◊ du japonais *maki zushi* «sushi en rouleaux *(maki)*» ▪ Sushi roulé dans une feuille d'algue séchée. *Makis au thon.*

MAKIMONO [makimɔno] n. m. – 1893 ◊ mot japonais ▪ Peinture japonaise sur soie ou papier, beaucoup plus large que haute (➤ **kakémono**). — On dit aussi **MAKÉMONO,** 1907.

MAKING OF [mekiŋɔf] n. m. inv. – 1987 ◊ mot anglais «élaboration de» ▪ ANGLIC. Documentaire ayant pour sujet le tournage d'un film ou la préparation d'un spectacle (concert, pièce). *Double DVD donnant en bonus le making of du film.* «*Le tournage, nous apprenait le making of, avait nécessité une équipe de maquilleurs hautement techniques*» E. PIREYRE.

MAKROUT [makʀut] ou **MAKROUD** [makʀud] n. m. – 1852, -1894 ◊ mot arabe ▪ Pâtisserie orientale au miel, à base de semoule et de pâte de dattes, en forme de losange. «*la semoule dont ma grand-mère faisait les makrouds avec de la purée de dattes, de l'écorce d'orange, de la cannelle, du poivre et des clous de girofle*» É. FOTTORINO.

MAKTOUB ➤ **MEKTOUB**

1 **MAL, MALE** [mal] adj. – v. 900 ◊ latin *malus* ▪ **1** VX Mauvais, funeste, mortel. LOC. ANC. *À la male heure* : à l'heure de la mort. «*Il suffit que la male fortune regarde ailleurs*» SUARÈS. *Mourir de male mort,* de mort violente. ▪ **2** MOD. (dans quelques expr., au masc.) *Bon gré*, mal gré. Bon an*, mal an.* ▪ **3** (En attribut) Contraire à un principe moral, à une obligation. *Faire, dire qqch. de mal. C'est mal de dire, de faire cela.* «*L'aimerais-tu donc déjà ? Ce serait mal. – Mal, reprit Eugénie, pourquoi ?*» BALZAC. ▪ **4** *Pas mal* (adj.). ➤ 2 **mal** (V). ▪ HOM. Malle ; poss. mâle.

2 **MAL** [mal] adv. – fin XIe, au sens II ◊ du latin *male,* de *malus* «mauvais», «funeste» et «méchant» → 1 mal

I D'UNE MANIÈRE DÉSAGRÉABLE ▪ **1** D'une manière contraire à l'intérêt ou aux vœux de qqn. ➤ **malencontreusement.** *Ça commence mal ! Affaire qui va mal,* qui périclite. — FAM. *Ça va mal pour lui. Ça va aujourd'hui ? – Mal, très mal. Ça va moins mal, plus mal. Ça va aussi mal que possible. Tourner mal* : se gâter. *Ça va mal finir !* «*Qu'on me montre ici-bas une seule chose qui a commencé bien et qui n'a pas fini mal*» CIORAN. *Cela lui a mal réussi. Le moment est mal choisi. Ça tombe mal* : cela arrive à un moment inopportun. *Mal lui en prit,* les conséquences furent fâcheuses pour lui. «*Mal en prit à Louis Bonaparte*» HUGO. ▪ **2** Avec malaise, douleur, désagrément. *Se sentir, se trouver mal* : éprouver un malaise. ➤ **défaillir, s'évanouir** (cf. Tourner de l'œil*, tomber dans les pommes*). *Être mal portant*, mal se porter*, se porter* mal.* FAM. *Être, se sentir mal fichu* (➤ 2 **fichu**), *mal foutu*. Être mal en point.* ➤ 1 **point** (II). *Être mal dans sa peau*.* — *Il est mal. Il va très mal. Elle est au plus mal,* à la dernière extrémité. — (Sens atténué) *Vous êtes mal sur ce banc, prenez un fauteuil.* FAM. *On est mal !,* en mauvaise posture.

II D'UNE MANIÈRE MALVEILLANTE (fin XIe) En termes défavorables ou d'une façon défavorable, avec malveillance, en mauvaise part. ➤ **défavorablement.** *Traiter mal qqn. Mal parler de qqn,* le calomnier (cf. Dire pis* que pendre de qqn). *Avoir l'esprit mal tourné*.* — *Prendre mal une remarque, une plaisanterie,* la croire désobligeante (cf. Trouver* mauvais, prendre la mouche*). *Être, se mettre mal avec qqn, avec sa famille,* se brouiller. *Être mal vu de qqn.* ➤ 1 **vu.**

III AUTREMENT QU'IL NE CONVIENT ▪ **1** De façon contraire à un modèle idéal. *Travail mal fait* (cf. FAM. En dépit* du bon sens ; n'importe* comment ; ni fait ni à faire). *Vous vous y prenez mal.* ➤ **maladroitement.** *Il parle assez mal le français.* ➤ **incorrectement** (cf. Comme une vache* espagnole). *Écrivain qui écrit mal.* — En se méprenant ; de travers. *Mal interpréter un texte. Mal connaître une personne* (➤ **mé-**). ▪ **2** (milieu XVIIe) D'une façon anormale, éloignée de la normale. *Être mal fait, mal foutu. Grande femme mal bâtie.* ◆ D'une manière défectueuse, imparfaite. *Écrou mal serré. Lettres mal formées. Vous êtes mal renseigné. Cote* mal taillée.* ▪ **3** D'une façon qui choque le goût, les convenances (au physique ou au moral). *Individu mal habillé. Enfant mal élevé ; qui se tient mal ; parle mal, répond mal à ses parents,* sans respect. — *Ça marque* mal.* FAM. *Ça la fiche, la fout mal.* ➤ 2 **ficher,** 1 **foutre.** ▪ **4** Insuffisamment (en qualité ou quantité). ➤ **médiocrement.** *Enfant qui réussit mal en classe. Mal dormir* : dormir peu ou d'un sommeil agité. *Travailleur, emploi mal payé* (➤ **sous-**). *Ils sont mal installés, logés. Il est mal remis de sa maladie.* ➤ **incomplètement.** — (En composition, pour former des adj. et des subst.) *Enfant mal aimé.* ➤ **mal-aimé.** *Mal-baisé.* ➤ 1 **baiser.** *Mal pensant*. Les mal-nourris, les mal-logés.* ◆ *Mal,* équivalant à une négation légèrement affaiblie. Peu, pas. *Être mal à l'aise.* «*Le caractère variable, non pas mécontent, mais mal content du comte*» BALZAC. *Mal à propos*.* ▪ **5** Difficilement ; avec peine, effort. ➤ **malaisément, péniblement.** *Asthmatique qui respire mal. Je comprends mal comment il a pu en arriver là.*

IV D'UNE MANIÈRE CONTRAIRE À LA MORALE Contrairement à une loi supérieure (morale ou religieuse). *Il s'est mal conduit, il a mal agi. «Mon frère tourna si mal, qu'il s'enfuit et disparut»* ROUSSEAU. PROV. *Bien mal acquis ne profite* jamais.*

V DANS DES LOCUTIONS ▪ **1** (1764) **PAS MAL** (avec négation). loc. adv. Assez bien, bien. *Ce tableau ne fera pas mal sur ce mur. Cela ne t'irait pas mal du tout. Vous ne feriez pas mal de les avertir :* vous devriez les avertir. *Il ne s'en est pas mal tiré. Comment allez-vous ? – Pas mal, et vous ?* — adj. (attribut) *Ce tableau n'est pas mal,* pas mauvais, assez bon. *«Électre est la plus belle fille d'Argos. – Enfin, elle n'est pas mal»* GIRAUDOUX. *Cela ne sera pas plus mal :* ce sera mieux. ▪ **2** (1661) **PAS MAL** (sans négation). loc. adv. Assez, beaucoup (opposé à *peu*). *Il est pas mal froussard. Il a pas mal voyagé. Elle se fichait pas mal de lui.* ➤ **passablement.** *Elle s'en fichait pas mal ! «Puisqu'il la mettait à la porte c'est qu'il se foutait pas mal d'elle»* GUILLOUX. ▪ **3 PAS MAL DE** (sans négation) : un assez grand nombre de, bon nombre de, beaucoup. *Il y aura pas mal de monde. J'avais appris pas mal de choses* (cf. Un tas* de). *«Ils devaient mettre de côté pas mal d'argent»* ZOLA. ▪ **4 TANT* BIEN QUE MAL.** ▪ **5 DE MAL EN PIS*** (➤ 2 pis).

▪ CONTR. 1 Bien.

3 **MAL,** plur. **MAUX** [mal, mo] n. m. – fin Xe ✧ du latin *malum* → 1 mal

I IDÉE DE SOUFFRANCE, DE PEINE ▪ **1** Ce qui cause de la douleur, de la peine, du malheur ; ce qui est mauvais, nuisible, pénible (pour qqn). ➤ **dommage, perte, préjudice, tort.** *Faire du mal à qqn.* ➤ **nuire.** *«Personne n'est méchant et que de mal on fait !»* HUGO. *Mettre à mal :* maltraiter ; mettre en difficulté. *Il ne ferait pas de mal à une mouche*. Vouloir du mal à un ennemi. Rendre le mal pour le mal* (cf. Œil* pour œil, dent pour dent). *Le mal est fait. Couper le mal à la racine*.* — PAR ANTIPHR. *C'est tout le mal que je vous souhaite* (à propos d'un évènement heureux). ♦ **UN MAL, DES MAUX.** ➤ **affliction, désolation, épreuve, malheur, peine.** *C'est un mal nécessaire. C'est un mal pour un bien. Combattre le mal par le mal. Accuser qqn de tous les maux. «Que me font à moi les maux des autres ! N'ai-je donc point assez des miens, sans aller m'affliger de ceux qui me sont étrangers !»* SADE. *Les maux qui frappent l'humanité.* ➤ **calamité, fléau, plaie.** LOC. PROV. *De deux maux, il faut choisir le moindre* (dans une alternative où rien n'est bon). ▪ **2** (fin XIe) Souffrance, malaise physique. ➤ **douleur.** *Mal insupportable, intolérable.* ➤ **supplice.** *Souffrir d'un mal de gorge, de violents maux de tête* (➤ **céphalée, migraine**), *d'un mal de dents* (➤ **rage**), *d'oreilles, de ventre. Se tirer sans mal d'un accident.* ➤ **blessure, indemne.** *Il a eu plus de peur que de mal.* — **AVOIR MAL :** souffrir. *Avoir mal partout. Où as-tu mal ? – J'ai mal à la tête. Avoir mal au cœur :* avoir des nausées. FAM. *Avoir mal aux cheveux*.* — (fin XIIe) **FAIRE MAL :** faire souffrir. *Cette brûlure me fait mal. Tu m'as fait très mal.* FIG. *Mettre le doigt, appuyer là où ça fait mal :* aborder un sujet délicat, questionner qqn sur un sujet sensible (cf. Point sensible). LOC. *Cela me fait mal (au cœur, au ventre,* FAM. *au cul, aux seins) d'entendre, de voir cela :* cela m'inspire de la pitié, du regret, du dégoût. *«Ouf, pensa-t-elle, ça lui aurait fait mal aux seins de partager son Mouton-Rothschild avec lui...»* GAVALDA. ELLIPT *Cela me ferait mal !,* je ne le supporterai pas, jamais de la vie. — LOC. FAM. (sujet chose) Être efficace ; connaître un grand succès. *Ce nouveau produit, ça va faire mal !* — **SE FAIRE MAL.** *Il est tombé et il s'est fait mal. Tu ne t'es pas fait mal, au moins ?* — *Mal de mer* (➤ **naupathie ; antinaupathique**), *mal de l'air, mal des transports :* malaises dus au mouvement d'un véhicule (nausées, vomissements). *Mal des montagnes, des hauteurs :* malaises dus à une oxygénation insuffisante (bourdonnements d'oreilles, vomissements, torpeur). ➤ aussi **dysbarisme.** ▪ **3** (fin XIe) Maladie. *Prendre mal, du mal :* tomber malade, prendre froid. *Un mal sans gravité. Être atteint, frappé d'un mal incurable. «Un mal* [la peste] *qui répand la terreur»* LA FONTAINE. *Le mal s'aggrave, empire. Enrayer la progression du mal.* — FIG. *Trouver la cause, le siège du mal* (cf. Mettre le doigt sur la plaie*). LOC. PROV. *Aux grands maux les grands remèdes*. Le remède est pire que le mal.* — VX *Le haut mal, le grand mal,* MOD. *mal comitial :* l'épilepsie. *Mal de Naples, mal napolitain, mal français :* la syphilis. MOD. *Mal de Pott* ou *mal vertébral :* tuberculose vertébrale. — *Mal des rayons :* troubles consécutifs à une exposition intensive aux rayons ionisants. *Mal blanc :* panaris superficiel. ▪ **4** (milieu XIIe) Souffrance, douleur morale. *Des mots qui font du mal.* ➤ **blesser.** — LOC. *Le mal du siècle :* mélancolie profonde, dégoût de vivre de la jeunesse romantique. *Le mal du pays*.* ➤ **nostalgie.** — LOC. *Être en mal de :* souffrir de l'absence, du défaut (de qqch.). *Journaliste en mal de copie. Femme en mal d'enfant.* ▪ **5** (1635) Difficulté, peine. *Avoir du mal à faire qqch. Se donner du mal, un mal de chien*, un mal fou, pour faire qqch., pour qqn :* se dépenser, se démener. ➤ FAM. **tintouin ; galérer** (cf. Se mettre en quatre*). *On n'a rien sans mal.*

II DÉFAUTS, IMPERFECTIONS QU'ON VOIT EN QQN, À QQCH. ; JUGEMENT QUI EN DÉCOULE ▪ **1** (1690) *Prendre, tourner en mal qqch. :* voir le mauvais côté, ce qu'il y a de mauvais. *Il tourne tout en mal.* ▪ **2** *Dire, penser du mal de qqn.* ➤ **calomnier, médire** (cf. FAM. Habiller* qqn pour l'hiver, tailler* un costard à qqn). *«Faut bien parler de quelque chose, hein ? [...] Vaut mieux ça que de dire du mal de son voisin»* DURAS.

III LE MAL ▪ **1** (fin Xe) Ce qui est contraire à la loi morale, à la vertu, au bien. *Faire le mal. Distinguer le bien du mal.* ALLUS. BIBL. *L'arbre* de la science du Bien et du Mal. «Par-delà le Bien et le Mal», de Nietzsche. Il voit le mal partout. Je n'y vois aucun mal. Honni* soit qui mal y pense. Quel mal y a-t-il à cela ?* ➤ **crime.** *Sans penser, songer à mal :* sans avoir d'intentions mauvaises. *Il a fait cela sans penser à mal.* — LOC. PLAIS. *Il n'y a pas de mal à se faire du bien.* ▪ **2** Tout ce qui, opposé au bien, est l'objet de désapprobation ou de blâme. *Le problème philosophique du mal, de l'existence du mal. Le monde partagé entre le bien et le mal* (➤ **dualisme, manichéisme**). *Le démon, l'esprit du mal. Satan, incarnation du mal. «Les Fleurs du mal», poèmes de Baudelaire. «Il m'a paru plaisant [...] d'extraire la* beauté *du Mal»* BAUDELAIRE. — RELIG. Le péché, la concupiscence. *«Notre Père qui es aux cieux [...], délivre-nous du mal»* (prière du «Notre Père»).

▪ CONTR. 2 Bien. ▪ HOM. Malle ; mot ; poss. mâle.

MALABAR [malabaʀ] n. m. – 1911 ✧ p.-ê. de *Malabar* «Indien de la côte de Malabar». Pour le sens → lascar ▪ FAM. Homme très fort. ➤ **costaud** (cf. Une armoire* à glace). *Il a deux malabars pour gardes du corps.*

MALABSORPTION [malapsɔʀpsjɔ̃] n. f. – avant 1969 ✧ de 2 *mal* et *absorption* ▪ MÉD. Trouble du processus d'absorption de certains aliments à travers la muqueuse intestinale.

MALACHITE [malaʃit ; malakit] n. f. – 1685 ; *melochite* XIIe ✧ latin *molochitis*, mot grec, de *molokhê* ou *malakhê* «mauve» ▪ Carbonate de cuivre naturel $Cu_2CO_3(OH)_2$, pierre d'un beau vert diapré utilisée dans la fabrication d'objets d'art. *Écritoire en malachite.*

MALACO- ▪ Élément, du grec *malakos* «mou».

MALACOLOGIE [malakɔlɔʒi] n. f. – 1814 ✧ de *malaco-* et *-logie* ▪ ZOOL. Étude des mollusques.

MALACOSTRACÉS [malakɔstʀase] n. m. pl. – 1802 ✧ de *malaco-* et *ostracé* ▪ ZOOL. Sous-classe de crustacés à abdomen distinct du tronc (ex. écrevisse). — Au sing. *Un malacostracé.*

MALADE [malad] adj. et n. – 1126 n. ; *malabde* 980 ✧ latin *male habitus* «qui se trouve en mauvais état»

I adj. (1155) ▪ **1** Dont la santé est altérée ; qui souffre de troubles organiques ou fonctionnels. *Il est bien malade ; gravement, sérieusement malade.* ➤ **atteint,** 3 **mal.** *Être très malade.* ➤ RÉGION. **fatigué.** LOC. *Malade comme une bête, un chien, à crever. Se sentir malade, un peu malade.* ➤ **indisposé,** FAM. **patraque, souffrant** (cf. Mal en point*, FAM. mal fichu*). *«À force de se croire malade, on le devient»* PROUST. *Une personne très délicate, toujours malade.* ➤ **chétif, maladif, malingre, valétudinaire.** *Être malade du cœur* (cf. Insuffisant* cardiaque). *Tomber malade. Être malade en bateau :* avoir la nausée. *Ne bois pas cette eau, tu vas te rendre malade. Soldat qui se fait porter malade.* ➤ ARG. MILIT. **pâle, raide.** — SPÉCIALT, FAM. ➤ **fou*.** *T'es pas un peu malade ? Il est complètement malade, ce type !* (cf. Ça ne va pas, la tête ?). ♦ PAR EXAGÉR. *Être malade d'inquiétude, de jalousie.* — FAM. *J'en suis malade, cela me rend malade rien que d'y penser :* j'en suis contrarié (cf. En faire une maladie*, une jaunisse*). ▪ **2** (Plantes) *Arbre, plante malade. La vigne est malade cette année.* ▪ **3** (1640) FAM. Détérioré, en mauvais état (objet). *La reliure de ce livre est bien malade.* ▪ **4** Déréglé dans ses fonctions ou altéré dans sa constitution. *Cœur malade. Intestins malades.* ➤ **dérangé.** *Dent malade.* ➤ 1 **gâté.** — FIG. *«La conscience malade, voilà le théâtre de la fatalité moderne»* SUARÈS. ▪ **5** (1549) Dont l'activité, le fonctionnement sont gravement compromis. *Entreprise, secteur malade,* qui végète, périclite. *La société est bien malade.*

II n. Personne malade. *Malade qui garde la chambre, le lit,* est alité. *Demander des nouvelles d'un malade. Le malade va*

mieux, récupère. Le malade est bien bas, est condamné, perdu. ➤ **moribond.** *Un grand malade.* ➤ aussi **infirme, invalide.** *Soigner, traiter un malade dans une clinique, un dispensaire, un hôpital, une infirmerie. Médecin qui visite, suit ses malades. Guérir, opérer une malade.* ➤ **patient.** — *Interner un malade mental.* ➤ **aliéné, fou*.** *C'est un malade.* ➤ **désaxé, détraqué.** — **MALADE IMAGINAIRE :** personne qui se croit malade, mais ne l'est pas. ➤ **hypocondriaque.** *«Le Malade imaginaire», comédie de Molière.* ◆ FAM. *Comme un malade :* autant qu'il est possible. *Il travaille comme un malade* (cf. Comme une bête, comme un fou).
■ CONTR. Dispos, portant (bien portant). 1 Sain.

MALADIE [maladi] n. f. – milieu XIIIe ◇ de *malade*

I AFFECTION, MAL Altération organique ou fonctionnelle considérée dans son évolution, et comme une entité définissable. ■ **1** (Chez l'être humain) *Maladie bénigne.* ➤ **indisposition, malaise.** *Maladie grave, incurable, inguérissable, mortelle.* ➤ **affection,** 3 **mal, syndrome ; -pathie.** *Il est mort des suites d'une longue maladie. Maladie aiguë, chronique. Maladie générale* (➤ **diathèse**), *locale. Maladies infantiles. «Elle n'avait eu ni les oreillons, ni la coqueluche, ni la varicelle, aucune des maladies infantiles que ses frères et sœurs avaient faites comme à la chaîne»* SIMENON. *Maladie de cœur, de foie, de peau.* VIEILLI *Maladie vénérienne* (PAR EUPHÉM. *maladie honteuse, vilaine maladie*). *Maladie sexuellement transmissible (MST). Maladies de carence :* avitaminoses. *Maladie auto-immune. Maladie bleue*. Maladies mentales* (psychoses, névroses). *Maladie acquise, congénitale, héréditaire. Maladies génétiques. Maladie orpheline*. Maladie essentielle, idiopathique, primitive. Maladie organique, secondaire, symptomatique ; maladie contagieuse, endémique, épidémique, sporadique, transmissible. Maladie spécifique. Maladie psychosomatique. Maladie causée par un agent physique, chimique* (➤ **traumatisme ; brûlure ; intoxication**). *Maladies liées à la pollution, au tabac.* ➤ **pathologie.** *Maladie professionnelle,* contractée du fait de l'exercice d'une activité rémunérée (ex. la silicose des mineurs). *Maladie infectieuse, inflammatoire* (➤ **-ite**). *Maladie bacillaire, microbienne, parasitaire, virale. Maladie nosocomiale*. Maladie du légionnaire*, de l'homme de pierre*. Maladie de Parkinson, de Crohn, de Creutzfeldt-Jakob, d'Alzheimer, de Lyme. Maladie à prion. Symptômes, signes cliniques d'une maladie.* ➤ **symptomatologie.** *Attraper, contracter, couver, faire une maladie. Communiquer, donner, transmettre une maladie.* ➤ **contagion, infection.** *Personnes exposées à une maladie* (cf. Population à risque*). *Guérison d'une maladie. Relever de maladie. Retour d'une maladie.* ➤ **rechute, récidive.** *«Je ne savais pas que l'amour c'était une maladie»* (R. VADIM, «Et Dieu créa la femme», film). — *Étude et science des maladies.* ➤ **médecine, pathologie.** *Diagnostic d'une maladie. Cause d'une maladie.* ➤ **étiologie.** *Traitement curatif, préventif des maladies.* ➤ **thérapeutique ; -thérapie.** *Prophylaxie* des maladies infectieuses. Vacciner* contre une maladie.* — *Prise en charge des frais de maladie par la Sécurité sociale. Feuille* de maladie. Être en congé de maladie, en arrêt maladie. Assurance-maladie ; couverture* maladie.* — *Longue maladie :* régime accordé au malade atteint d'une affection invalidante. ◆ *Maladie diplomatique,* se dit d'une indisposition faussement invoquée pour se dérober à une obligation ennuyeuse. — LOC. FAM. *En faire une maladie :* être très contrarié de qqch. *Il n'y a pas de quoi en faire une maladie* (cf. En faire une jaunisse*). ■ **2** (1538) (Animaux) *Maladie de la vache* folle, de la langue* bleue.* — VIEILLI *La maladie :* affection contagieuse virale qui frappe les jeunes chats et les jeunes chiens. ■ **3** (1563) (Végétaux) *Maladies des plantes. Maladies de la pomme de terre, de la vigne* (➤ **phylloxéra**). ■ **4** (1867) Altération biochimique. *Maladie du vin, des pierres.* ■ **5 LA MALADIE :** l'état des organismes malades ; l'ensemble des troubles pathologiques. *«la maladie est une activité, la plus intense qu'un homme puisse déployer, un mouvement frénétique et... stationnaire, la plus riche dépense d'énergie* sans geste*»* CIORAN. *Être miné, rongé par la maladie.*

II COMPORTEMENT ■ **1** (milieu XIIIe) Ce qui apporte le trouble (dans les facultés morales, dans le comportement). *«C'est une maladie naturelle à l'homme de croire qu'il possède la vérité»* PASCAL. *«la maladie du siècle présent»* MUSSET. ■ **2** (1676) Habitude, comportement anormal, excessif. ➤ **manie.** *Avoir la maladie de la propreté, de la persécution.*
■ CONTR. Santé.

MALADIF, IVE [maladif, iv] adj. – 1340 ◇ de *malade* ■ **1** Qui est de constitution fragile, souvent malade ou sujet à l'être. ➤ **cacochyme, chétif, grabataire, malingre,** FAM. **patraque, souffreteux, valétudinaire.** ■ **2** Qui dénote une constitution fragile ou présente le caractère de la maladie. *Pâleur maladive. Air maladif.* ■ **3** (XVIe) Anormal, excessif et irrépressible. *Une sensibilité, une timidité maladive. «ils avaient une peur maladive de gêner leurs voisins»* R. ROLLAND. ➤ **morbide, pathologique.**
■ CONTR. 1 Fort, robuste.

MALADIVEMENT [maladivmɑ̃] adv. – 1769 ◇ de *maladif* ■ D'une manière maladive (pr. et fig.). *Il est maladivement jaloux, timide.*

MALADRERIE [maladʀəʀi] n. f. – XIIe ◇ altération de *maladerie,* de *malade,* par croisement avec *ladre, ladrerie* ■ VX Léproserie.

MALADRESSE [maladʀɛs] n. f. – 1731 ◇ de *maladroit,* d'après *adresse* ■ **1** Manque d'adresse (dans les mouvements, dans l'exécution d'un ouvrage, l'accomplissement d'une tâche). ➤ **inhabileté.** *Maladresse d'un tireur, d'un joueur de tennis, d'un conducteur inexpérimenté.* ■ **2** Manque d'habileté, de savoir-faire, de tact. *Il est d'une grande maladresse. Blesser qqn par maladresse. «Tout s'excuse ici-bas, hormis la maladresse»* MUSSET. ◆ SPÉCIALT Gaucherie. *Sa maladresse à dire ce qu'il ressent.* ■ **3** PAR EXT. Caractère de ce qui est maladroit. *La maladresse de ses gestes. Dessin exécuté avec maladresse.* ■ **4** Action maladroite. ➤ **bêtise*, bévue*,** 2 **gaffe.** *Accumuler les maladresses. Une série de maladresses. Vous lui avez demandé son âge ? Quelle maladresse !* ➤ **impair.** *Maladresses de style.* ■ CONTR. 2 Adresse, aisance.

MALADROIT, OITE [maladʀwa, wat] adj. et n. – 1538 ◇ de 2 *mal* et *adroit* ■ **1** Qui manque d'adresse, n'est pas adroit. ➤ **gauche, inhabile, malhabile, pataud ;** FAM. **empoté, godiche, gourde.** *Être très maladroit* (cf. FAM. Avoir deux mains gauches*). *«Je suis quelqu'un de maladroit. Je me cogne dans les murs, me prends les pieds dans le tapis, je fais tomber des objets, renverse l'eau»* D. DE VIGAN. *Il est maladroit dans ses mouvements, dans tout ce qu'il fait. Elle n'est pas maladroite de ses mains. Conducteur maladroit.* — n. *Quel maladroit, il abîme, casse tout ce qu'il touche !* ➤ FAM. 4 **manche.** ■ **2** (Dans le comportement, les relations sociales) *Un amoureux maladroit. «Que je suis donc à plaindre d'être si maladroit et de dire si mal ce que je pense !»* SAND. — n. ➤ **balourd, gaffeur, lourdaud.** *Quel maladroit ! C'était ce qu'il ne fallait pas dire.* ■ **3** PAR EXT. Qui dénote de la maladresse. *Dessin maladroit. Gestes maladroits.* — *Ne lui en parlez pas maintenant, ce serait maladroit. Mensonge maladroit.* ➤ **grossier** (cf. Cousu de fil* blanc). *Avoir un mot maladroit. Zèle maladroit.* ➤ **inconsidéré.** *Style maladroit.* ➤ **lourd.** *«Ses manières timides, son obséquiosité maladroite lui déplaisaient»* GREEN. ■ CONTR. Adroit, capable, habile. Aisé, facile.

MALADROITEMENT [maladʀwatmɑ̃] adv. – XVIe ◇ de *maladroit* ■ D'une manière maladroite. ➤ **gauchement,** 2 **mal.** *Exécuter maladroitement une besogne* (➤ **massacrer, saboter**). *Il s'y prend maladroitement. Il s'exprime maladroitement.* ➤ **lourdement.**
■ CONTR. Adroitement.

MALAGA [malaga] n. m. – 1761 ◇ de *Malaga,* ville d'Espagne ■ **1** Vin liquoreux de la région de Malaga. *Un verre de malaga. Des malagas.* ■ **2** Raisin sec de Malaga.

MAL-AIMÉ, ÉE [maleme] adj. et n. /MALAIMÉ, ÉE/ – 1909 ◇ de 2 *mal* et *aimer* ■ Qui n'est pas aimé, apprécié de ses proches. ➤ **rejeté.** *Un «chant mélancolique où une fillette malaimée en raison de ses origines infamantes devenait une jeune fille dangereusement désirée»* TOURNIER. — n. *Les frustrés et les mal-aimés. «La Chanson du Mal-Aimé», d'Apollinaire.* ■ CONTR. Bien-aimé, choyé ; 1 chouchou, favori, préféré.

MALAIRE [malɛʀ] adj. – 1765 ◇ du latin *mala* «mâchoire, joue» ■ ANAT. Qui a rapport à la joue. *Région malaire. Os malaire :* os de la pommette. ➤ **jugal.**

MALAIS, AISE [malɛ, ɛz] adj. et n. – XVIIIe ◇ anglais *malay,* du malais ■ D'un peuple asiatique habitant la presqu'île de Malacca et les îles voisines. *Kriss* malais. Pantoum* malais.* ◆ n. *Les Malais.* — n. m. *Le malais :* langue du groupe indonésien parlée dans la presqu'île de Malaka et dans l'archipel indonésien (Java, Sumatra, Bornéo). ■ HOM. Malaise.

MALAISANT, ANTE [malɛzɑ̃, ɑ̃t] adj. – 1995 ; «difficile, malaisé», régional, 1855 ◇ de l'ancien français *malaiser* «gêner, incommoder» ou de *malaise* ■ Qui met mal à l'aise, qui crée un malaise, une gêne. ➤ **dérangeant, gênant.** *Une situation malaisante.*

MALAISE [malɛz] n. m. – XIIe adv. *à malaise, à grand malaise* ◇ de 1 *mal* et *aise* ■ **1** VX État d'une personne qui n'est pas à son aise pécuniairement. ➤ **embarras, gêne.** *«Pour qu'une révolution éclate, il faut que les classes inférieures souffrent d'un terrible malaise»* JAURÈS. ■ **2** Sensation pénible (souvent vague) d'un trouble dans les fonctions physiologiques.

➤ **dérangement, embarras, gêne, incommodité, indisposition,** 3 **mal, maladie, souffrance.** *Ressentir, éprouver un malaise. Être pris de violents malaises. Malaise cardiaque. Malaise passager. «Il éprouvait un tel malaise, une telle pesanteur de tête»* ZOLA. — SPÉCIALT *Être pris d'un malaise :* s'évanouir. ▪ **3** (XVIe «affliction») FIG. Sentiment pénible et irraisonné dont on ne peut se défendre. ➤ **angoisse, inquiétude, mal-être, souffrance, tristesse.** *«cette sorte de malaise devant la misère d'autrui»* MAURIAC. *Provoquer un malaise* (➤ **troubler**). *Un malaise général.* ♦ PAR EUPHÉM. Crise, mécontentement larvés. *Le malaise paysan.* ▪ CONTR. 1 Aise, bien-être, euphorie. ▪ HOM. Malaise (malais).

MALAISÉ, ÉE [maleze] **adj.** – XIIIe *malaisié* ◊ de 2 *mal* et *aisé* ▪ LITTÉR. Qui n'est pas aisé. ▪ **1** Qui ne se fait pas facilement. ➤ **difficile***. *Tâche malaisée.* ➤ **ardu, délicat.** IMPERS. *«Rien n'est tel que de commencer pour voir combien il sera malaisé de finir»* HUGO. — (1530) *Malaisé à* (et l'inf.) : difficile à. *Chose malaisée à faire. «De la vertu et de la probité, qui sont si malaisées à rencontrer»* VOLTAIRE. ▪ **2** VIEILLI Qui présente des difficultés. ➤ **incommode, pénible.** *«Dans un chemin montant, sablonneux, malaisé»* LA FONTAINE. ▪ CONTR. Aisé, 1 commode, facile.

MALAISÉMENT [malezemɑ̃] **adv.** – 1533 ◊ de *malaisé* ▪ D'une manière malaisée. ➤ **difficilement.** *Accepter, supporter malaisément une réflexion.* ▪ CONTR. Aisément, facilement.

MALANDRE [malɑ̃dʀ] **n. f.** – fin XIVe ◊ latin *malandria* «espèce de lèpre» ▪ **1** ZOOTECHN. Dermatose du cheval, caractérisée par des fissures, des crevasses dans le pli du genou. ▪ **2** TECHN. Partie pourrie dans les bois de construction, particulièrement à l'endroit des nœuds.

MALANDRIN [malɑ̃dʀɛ̃] **n. m.** – fin XIVe ◊ italien *malandrino* ▪ VIEILLI OU LITTÉR. Voleur ou vagabond dangereux. ➤ **brigand.** *«ce malandrin qui coula la plus grande part de ses jours dans les cabarets»* LEMAITRE.

MALAPPRIS, ISE [malapʀi, iz] **n.** – v. 1230 adj. ◊ de 2 *mal* et *appris* ▪ VIEILLI Personne sans éducation. ➤ **malpoli, malotru ;** RÉGION. **sans-allure.** *Espèce de malappris !*

MALARD [malaʀ] **n. m.** – 1873 ◊ de *mâle* ▪ RÉGION. ▪ **1** Canard mâle. *Des «rivières bordées de saules où les malards volent bas»* LE CLÉZIO. ▪ **2** (1906 ◊ pour le sens, de l'anglais *mallard,* d'origine française) (Canada) Colvert. — On écrit parfois *malart.*

MALARIA [malaʀja] **n. f.** – 1821 ◊ mot italien, littéralt «mauvais *(mala)* air *(aria)*» ▪ Paludisme*.

MALARIOLOGIE [malaʀjɔlɔʒi] **n. f.** – 1953 ◊ de *malaria* et *-logie* ▪ Étude du paludisme. ➤ **paludologie.**

MALAVISÉ, ÉE [malavize] **adj.** – XIVe ◊ de 2 *mal* et *avisé* ▪ LITTÉR. Qui n'est pas avisé. ➤ **étourdi, imprudent, inconsidéré, maladroit, sot.** *Il a été malavisé de refuser ce qu'on lui offrait.*

MALAXAGE [malaksaʒ] **n. m.** – 1873 ◊ de *malaxer* ▪ Action de malaxer. *Malaxage du beurre.*

MALAXER [malakse] **v. tr.** ⟨1⟩ – v. 1400 ◊ latin *malaxare* «amollir» ▪ **1** Pétrir (une substance) pour la rendre plus molle, plus homogène. ➤ **triturer.** *Malaxer l'argile, le mortier, le plâtre. Malaxer le beurre.* ▪ **2** Manier pour assouplir, masser, pétrir. ▪ **3** Remuer ensemble de manière à mélanger. *«Du bout de son couteau, Mme Pradonet malaxait du beurre et du roquefort»* QUENEAU.

MALAXEUR [malaksœʀ] **n. m.** – 1864 ◊ de *malaxer* ▪ Appareil, machine servant à malaxer. *Malaxeur à mortier, à béton.* ➤ **bétonnière.** *Malaxeur-broyeur. Baratte-malaxeur.*

MALAYALAM [malajalam] **n. m.** – 1870 *malayala ;* 1672 *maleama* ◊ mot de cette langue ▪ Langue dravidienne proche du tamoul, parlée dans le Kerala, en Inde, par environ 33 millions de personnes.

MALAYO-POLYNÉSIEN, IENNE [malɛjopɔlinezjɛ̃, jɛn] **adj.** – 1864 ◊ de *malais* et *polynésien* ▪ *Langues malayo-polynésiennes :* groupe de langues formé par l'indonésien (malais, philippin, javanais, malgache, etc.) et le polynésien.

MALBOUFFE [malbuf] **n. f.** – 1999 ; «mauvaise alimentation» 1979 ◊ de 1 *mal* et 2 *bouffe* ▪ FAM. Aliments dont les conditions de production et de distribution nuisent à la qualité et à la sécurité de l'alimentation (pollution, épizooties, hormones, OGM...).

MALCHANCE [malʃɑ̃s] **n. f.** – 1867 ; *malecheance* XIIIe ◊ de 1 *mal* et *chance* ▪ **1** Mauvaise chance, mauvaise fortune. ➤ **adversité, déveine ;** FAM. 2 **guigne, poisse,** ARG. **scoumoune.** *Avoir de la malchance, beaucoup de malchance. Avec sa malchance habituelle. La malchance le poursuit.* ➤ **malédiction.** *Par malchance.* ➤ **malheur.** LOC. *Jouer de malchance :* accumuler les ennuis (cf. Jouer de malheur*). ▪ **2** Manifestation particulière de cette mauvaise chance. *Une série de malchances.* ➤ **mésaventure,** FAM. **tuile.** ▪ CONTR. Chance.

MALCHANCEUX, EUSE [malʃɑ̃sø, øz] **adj.** – 1876 ◊ de *malchance* ▪ Qui a de la malchance. ➤ **malheureux,** FAM. 2 **poissard.** *Un joueur malchanceux. Une candidate malchanceuse.* **n.** *«Ils étaient les malchanceux de la peste, ceux qu'elle tuait en plein espoir»* CAMUS. ▪ CONTR. Chanceux, heureux.

MALCOMMODE [malkɔmɔd] **adj.** – 1920 ◊ de 2 *mal* et *commode* ▪ **1** VIEILLI Qui n'est pas commode, qui est peu pratique. ➤ **incommode.** *Un vêtement malcommode pour la campagne.* ▪ **2** (1865) VX OU RÉGION. (Bretagne, Anjou, Vendée ; Canada) FAM. Qui est difficile à vivre. ➤ **acariâtre, grincheux, pénible.** *Un vieillard malcommode.* — (1907) (Canada) FAM. *Un enfant malcommode.* ➤ **dissipé, turbulent.** *«les enfants se mettent à jouer des tours et à devenir de plus en plus malcommodes»* M. LABERGE. ▪ CONTR. 1 Commode, 2 pratique.

MALDONNE [maldɔn] **n. f.** – 1827 ◊ de 2 *mal* et *donner* ▪ **1** Mauvaise donne, erreur dans la distribution des cartes. *Faire une maldonne, faire maldonne. Maldonne, à refaire !* ▪ **2** FIG. Erreur, malentendu. *Leur amitié «avait pour base une maldonne»* GIDE. FAM. *Il y a maldonne !*

MÂLE [mal] **n. et adj.** – *masle, mascle* XIIe ◊ latin *masculus*

I **n. m.** ▪ **1** Individu appartenant au sexe capable de féconder les gamètes femelles. ➤ **chromosome.** *Le mâle et la femelle. Le mâle dans l'espèce humaine.* ➤ **homme.** *Nom donné aux mâles dans certaines espèces animales où les deux sexes ont des noms différents.* ➤ **bélier, bouc,** 3 **brocard, cerf,** 1 **coq,** 1 **étalon,** 1 **jars, lièvre, malard, matou, sanglier, singe, taureau, verrat.** *Castrer, châtrer, émasculer un mâle.* ▪ **2** FAM. OU PÉJ. Homme caractérisé par la puissance sexuelle. *Un beau, un vrai mâle. «un mâle brutal, habitué à trousser les filles»* ZOLA. ➤ **macho, phallocrate.** ▪ **3** DR. Individu du sexe masculin. *Héritier par les mâles.*

II **adj.** ▪ **1** Qui appartient, qui est propre au sexe capable de féconder les gamètes femelles. ➤ **masculin.** *Enfant mâle. Héritier mâle. Grenouille, souris mâle. Animaux à la fois mâle et femelle.* ➤ **hermaphrodite.** BIOL. *Organes mâles des fleurs. Fleur* mâle. Gamète mâle animal* (➤ **spermatozoïde**), *végétal* (➤ **anthérozoïde**). *Gonade mâle.* ➤ **testicule.** *Hormone mâle.* ➤ **testostérone ; androgène.** ▪ **2** TECHN. Se dit de toute pièce de mécanisme qui s'insère dans une autre dite femelle. ➤ **tenon.** *Pièce mâle d'une charnière. — Prise* (de courant) *mâle.* ▪ **3** (XVIe) Qui est caractéristique du sexe masculin (force, énergie). ➤ **viril.** *Une mâle résolution.* ➤ **courageux, énergique.** *«Je ne conçois pas un homme sans un peu de mâle énergie»* STENDHAL. ▪ **4** VIEILLI Qui a de la force, de la vigueur en art. ➤ 1 **fort, hardi, noble, vigoureux.** *«Admirons le génie mâle de Corneille»* VOLTAIRE. *«Ce talent si fin est en même temps mâle et robuste»* GAUTIER.

▪ CONTR. Femelle ; efféminé, féminin. ▪ HOM. poss. Mal, malle.

MALÉDICTION [malediksjɔ̃] **n. f.** – 1375 ◊ latin *maledictio* «médisance», sens ecclésiastique. Ce mot a éliminé l'ancien français *maléïçon* et le populaire *maudiçon* (XIIe). ▪ **1** LITTÉR. Paroles par lesquelles on souhaite du mal à qqn en appelant sur lui la colère de Dieu. ➤ **anathème, exécration, imprécation.** *Proférer, prononcer une malédiction contre qqn.* ➤ **maudire.** *Formules de malédiction.* ➤ **malheur** (à), **maudit.** *«Éloignez-vous de moi, enfant ingrat et dénaturé. Je vous donne ma malédiction»* DIDEROT. ▪ **2** Condamnation au malheur prononcée par Dieu ; état de qui en est la victime. *La malédiction de Dieu, divine.* ➤ **réprobation.** *«L'amour tel que le concevaient les anciens n'était-il pas une folie, une malédiction, une maladie envoyée par les dieux !»* FLAUBERT. ▪ **3** PAR EXT. Malheur auquel on semble voué par la destinée, par le sort. ➤ **fatalité, malchance.** *Malédiction qui pèse sur qqn. «Depuis son enfance, Jerphanion vit sous la malédiction de la guerre»* ROMAINS. **interj.** VIEILLI *Malédiction ! il nous a échappé !* ▪ CONTR. Bénédiction ; bonheur, chance.

MALÉFICE [malefis] **n. m.** – 1273 ; «méfait» 1213 et jusqu'au XVIe ◊ latin *maleficium* «méfait», de l'adj. *maleficus* ▪ Sortilège malfaisant, opération magique visant à nuire. ➤ **ensorcellement, envoûtement, sort, sortilège.** *Croire aux maléfices. Il prétend être victime d'un maléfice. «On était généralement d'accord qu'un maléfice avait été jeté sur lui»* GOBINEAU. *Objets destinés à écarter les maléfices.* ➤ **amulette, fétiche, grigri, mascotte.**

MALÉFIQUE [malefik] **adj.** – v. 1480 ◊ latin *maleficus* ▪ Doué d'une action néfaste et occulte. *Charme, signes maléfiques.* ➤ **malin.** *Être doué d'un pouvoir maléfique.* ➤ **malfaisant.** ▪ CONTR. Bénéfique, bienfaisant.

MALÉKISME [malekism] ou **MALIKISME** [malikism] **n. m.** – 1911 ◊ du nom de *Malek (Malik ibn Anas)*, docteur de la loi islamique (715-795) ■ RELIG. Doctrine de l'un des quatre rites de l'islam, s'inspirant de la coutume de Médine, dominante au Maghreb, en Afrique noire et en Haute-Égypte.

MALÉKITE [malekit] ou **MALIKITE** [malikit] **adj. et n.** – 1854 ◊ du nom de *Malek (Malik ibn Anas)*, docteur de la loi islamique (715-795) ■ RELIG. Relatif au malékisme. *Le rite malékite.* ♦ Adepte du malékisme. — **n.** *Les malékites et les wahhabites.*

MALENCONTREUSEMENT [malɑ̃kɔ̃tʀøzmɑ̃] **adv.** – 1690 ◊ de *malencontreux* ■ D'une façon malencontreuse, mal à propos. *Arriver malencontreusement.*

MALENCONTREUX, EUSE [malɑ̃kɔ̃tʀø, øz] **adj.** – v. 1400 ◊ de l'ancien français *malencontre*, de 1*mal* et de l'ancien français *encontre* «rencontre» ■ Qui survient à contretemps, qui se produit mal à propos. ➤ **inopportun.** *Un évènement, un retard malencontreux. Une remarque malencontreuse.* ➤ **déplacé, malheureux.**

MALENTENDANT, ANTE [malɑ̃tɑ̃dɑ̃, ɑ̃t] **n.** – v. 1960 ◊ de 2*mal* et *entendre* ■ Personne dont l'acuité auditive est diminuée. *Les sourds et les malentendants.*

MALENTENDU [malɑ̃tɑ̃dy] **n. m.** – 1558 ◊ de 2*mal* et *entendu*, de *entendre* ■ **1** Divergence d'interprétation entre personnes qui croyaient se comprendre. ➤ **équivoque, erreur, maldonne, méprise, quiproquo.** *Propos qui prêtent à des malentendus. «Dans l'amour, l'entente cordiale est le résultat d'un malentendu»* BAUDELAIRE. *Une suite de malentendus. Dissiper, faire cesser un malentendu. Sur un malentendu* : par le fait d'un malentendu ; grâce aux circonstances. *«et qui sait, sur un malentendu, une erreur de défense, une passe chanceuse, [...] ça peut le faire»* O. ADAM. ■ **2** PAR EXT. Désaccord qu'implique cette divergence tant qu'elle échappe aux deux parties. *Ce n'est qu'un simple malentendu.* ■ **3** Mésentente sentimentale entre deux êtres. *Graves, douloureux malentendus.* ■ CONTR. Entente.

MAL-ÊTRE [malɛtʀ] **n. m. inv.** – 1580 ◊ de 2*mal* et 1*être*, repris au XXe, d'après *bien-être* ■ **1** VX État d'une personne qui ne se sent pas bien. ➤ **malaise.** ■ **2** (v. 1970) MOD. État d'une personne qui est mal dans la société, qui n'y trouve pas sa place. *Le mal-être des jeunes. Un mal-être existentiel.*

MALFAÇON [malfasɔ̃] **n. f.** – *malefaçon* 1260 ◊ de 1*mal* et *façon* ■ Défectuosité dans un ouvrage mal exécuté. ➤ **défaut, imperfection.** *Malfaçon due à une erreur de l'entrepreneur. «Sévère pour les malfaçons, il eût été indulgent pour les retards»* ROMAINS.

MALFAISANCE [malfəzɑ̃s] **n. f.** – 1738 ◊ de *malfaisant* ■ Disposition à faire du mal à autrui. *Accusés de malfaisance et de vandalisme.* PAR EXT. Action, influence mauvaise, nuisible. ➤ **méfait.** ■ CONTR. Bienfaisance, bienfait.

MALFAISANT, ANTE [malfəzɑ̃, ɑ̃t] **adj.** – v. 1190 ◊ p. prés. de *malfaire* «faire du mal, le mal» v. 1160 (auj. défectif) ■ **1** Qui fait ou cherche à faire du mal à autrui, aime à nuire. ➤ **mauvais, méchant, nuisible.** *Génies malfaisants. Être, individu malfaisant.* — SUBST. *C'est un malfaisant.* ■ **2** Dont les effets sont néfastes. *Idées, pensées dangereuses et malfaisantes.* ➤ **corrosif, pernicieux.** *Les gens superstitieux attribuent un pouvoir malfaisant à l'opale.* ➤ **maléfique ; maléfice.** ■ CONTR. Bienfaisant, 1bon, innocent.

MALFAITEUR [malfɛtœʀ] **n. m.** – XVe ; *maufaitour, maufaiteur* XIIe ◊ adaptation du latin *malefactor*, d'après *faire* ■ Personne qui commet, qui a commis des méfaits, des actes criminels. ➤ **assassin, bandit, brigand, criminel, gangster, gredin, larron, malfrat, scélérat, truand, voleur** (cf. Gens de sac et de corde*, sans aveu* ; gibier* de potence). *Dangereux malfaiteur. Association, bande de malfaiteurs.* ➤ **gang, mafia.** *Recel* de malfaiteur. Appréhender, écrouer un malfaiteur. Se cacher, s'enfuir comme un malfaiteur.*

MALFAMÉ, ÉE [malfame] **adj.** – 1879 ; 1690, d'une personne ◊ de 2*mal* et *famé* ■ (Lieu) Qui a mauvaise réputation, est fréquenté par des gens peu recommandables. *Rue malfamée. «leur faire regretter de s'être aventurés dans cet endroit malfamé»* P. BRUCKNER. — On écrit aussi *mal famé.*

MALFORMATION [malfɔʀmasjɔ̃] **n. f.** – 1867 ◊ de 1*mal* et *formation* ■ Anomalie irréversible de la conformation (tissu, organe, corps) due à un trouble du développement. ➤ **difformité, dystrophie, infirmité.** *Naître avec une malformation cardiaque. Malformation décelée à l'échographie. Malformation primaire, secondaire* (évènement perturbateur au cours du développement).

MALFRAT [malfʀa] **n. m.** – 1877 ◊ mot dialectal languedocien «qui fait mal» ■ FAM. Malfaiteur, homme du milieu. ➤ **truand.** *Une bande de petits malfrats.*

MALGACHE [malgaʃ] **adj. et n.** – 1840 ; *Malégaches* 1769 ◊ mot de Madagascar ■ De Madagascar. *La «cueillette de goyaves rouges, de merises, de prunes malgaches»* LE CLÉZIO. ♦ **n.** *Les Malgaches.* — **n. m.** *Le malgache* : groupe de langues malayo-polynésiennes parlées à Madagascar.

MALGRACIEUX, IEUSE [malgʀasjø, jøz] **adj.** – 1382 ◊ de 2*mal* et *gracieux* ■ **1** VX ou RÉGION. Qui manque de bonne grâce, de politesse. ➤ **incivil, rude.** *L'État, «c'est un monsieur piteux et malgracieux assis derrière un guichet»* FRANCE. ■ **2** LITTÉR. Qui manque de grâce, d'élégance. *Des mioches qui «mettaient leurs petites pattes malgracieuses sur mes genoux»* MONTHERLANT. ➤ **disgracieux.** ■ CONTR. Aimable, 2gentil, gracieux, 1poli.

MALGRÉ [malgʀe] **prép.** – XVe réfection de *maugré* (XIIe-XVIe) ◊ de 1*mal* et *gré*

I ■ **1** Contre le gré de (qqn), en dépit de son opposition, de sa résistance. *Il a fait cela malgré son père.* **MALGRÉ SOI** : de mauvais gré, contre son gré. ➤ 1**contrecœur** (à). *Je dus le suivre malgré moi.* — Involontairement. *«Je peins malgré moi les choses derrière les choses»* (PRÉVERT, «Quai des brumes», film). ■ **2** En dépit de (qqch.). ➤ **nonobstant.** *Malgré cela.* ➤ **cependant.** *Malgré les ordres reçus* (cf. Au mépris de). *«Malgré la guerre et tous ses maux Nous aurons de belles surprises»* APOLLINAIRE. ♦ **MALGRÉ TOUT** : VIEILLI en dépit de tous les obstacles ; quoi qu'il arrive ou puisse arriver (cf. Envers* et contre tous ; à toute force*). — PAR EXT. MOD. Quand même ; pourtant. *C'était une personne remarquable, malgré tout,* quoi qu'on en dise ou pense. *Très habile et malgré tout naïf.* ■ **3** **n. m. pl.** *Les malgré-nous* : surnom des Alsaciens et des Mosellans enrôlés de force dans l'armée allemande lors de la Seconde Guerre mondiale. — PAR EXT. Conscrits de force.

II **loc. conj. MALGRÉ QUE** ■ **1** LITTÉR. *Malgré que j'en aie, qu'il en ait* : malgré mes (ses) réticences, mes (ses) hésitations. *«J'étais, malgré que j'en eusse, obligé de passer dans des endroits très agités»* DUHAMEL. ■ **2** (Avec le subj.) Bien que, encore que, quoique (emploi critiqué). *«Malgré que rien ne puisse servir à rien, nous faisons sauter les ponts quand même»* SAINT-EXUPÉRY. ■ CONTR. Grâce (à).

MALHABILE [malabil] **adj.** – 1538 ; «malaisé» fin XVe ◊ de 2*mal* et *habile* ■ Qui manque d'habileté, de savoir-faire. ➤ **gauche, inhabile, maladroit.** *Des mains malhabiles. Malhabile en affaires. «Les yeux gris, si malhabiles à mentir»* COLETTE. — **adv. MALHABILEMENT,** 1636. ■ CONTR. Habile.

MALHEUR [malœʀ] **n. m.** – avant 1526 ; *a mal eür* «de façon funeste» fin XIIe ◊ de 1*mal* et *heur*

I UN MALHEUR ■ **1** Évènement qui affecte (ou semble de nature à affecter) péniblement, cruellement (qqn). ➤ **accident, affliction ; calamité, catastrophe, coup, désastre, deuil, disgrâce, échec, épreuve, fatalité, fléau, infortune,** 3**mal, malchance, misère, perte, revers.** *Grand, affreux, horrible, terrible, irréparable malheur. Quel malheur !* LOC. *Un malheur est si vite arrivé !* (pour recommander la prudence). *Il a eu bien des malheurs. «Des malheurs évités le bonheur se compose»* A. KARR. *«Cette passion de vivre qui croît au sein des grands malheurs»* CAMUS. — PROV. *Un malheur n'arrive, ne vient jamais seul. À quelque chose malheur est bon* : tout évènement pénible comporte quelque compensation. ■ **2** SPÉCIALT (PAR EUPHÉM.) Mort. *S'il lui arrivait malheur* : s'il mourait. *En cas de malheur.* ■ **3** *Le malheur, les malheurs de qqn* : les évènements malheureux qui lui arrivent. *Raconter ses malheurs. «Les Malheurs de Sophie», récit de la comtesse de Ségur. «ma naissance fut le premier de mes malheurs»* ROUSSEAU. ➤ **douleur, peine.** *Pour son malheur, il a voulu se lancer dans la politique.* ♦ PAR EXAGÉR. Désagrément, ennui, inconvénient. *C'est un petit malheur. «Le malheur, c'est que la nuit fût si lente à couler»* FRANCE. ■ **4** LOC. FAM. *Faire un malheur*, un éclat qui pourrait avoir des conséquences fâcheuses. *Retenez-moi ou je fais un malheur !* PAR ANTIPHR. Remporter un grand succès. *Il a fait un malheur à l'Olympia.*

II LE MALHEUR ■ **1** Situation, condition pénible, triste. ➤ **adversité, affliction,** 2**chagrin, détresse, infortune, misère, peine.** *Bonheur et malheur, heur et malheur. Être dans le malheur. Avoir du malheur, bien du malheur. «Le malheur abêtit, je le sais bien»* FRANCE. *«Tout le malheur des hommes vient de l'espérance»* CAMUS. PROV. *Le malheur des uns fait le bonheur des autres* : ce qui rend malheureux les uns peut rendre heureux les autres. *Faire le malheur de ceux qu'on aime.* — *Le malheur des temps* : les conditions misérables, lamentables d'une époque troublée. — **interj.** *Malheur !* marque la surprise, le désappointement. ▪ **2** Mauvaise chance, sort funeste. ➤ **malchance, malédiction.** *Le malheur a voulu qu'il tombe malade. Le malheur est sur nous.* FAM. *J'ai eu le malheur de lui dire ce que j'en pensais. «Parle pas de malheur, dit ma mère, j'ai assez de tracas avec vous autres»* CH. ROCHEFORT. — LOC. *Jouer de malheur :* avoir une malchance persistante. — *Porter malheur :* avoir une influence néfaste. — *Par malheur :* par l'effet de la malchance, malheureusement. — *De malheur :* qui porte malheur. ➤ **funeste.** *Oiseau de malheur,* de mauvais augure. FAM. *Encore cette pluie de malheur !* ➤ **maudit.** ▪ **3 MALHEUR À.** ➤ **malédiction.** *Malheur aux vaincus !* (cf. latin «Vae victis»).

▪ CONTR. Béatitude, bonheur, heur.

MALHEUREUSEMENT [maløʀøzmɑ̃] **adv.** – XIVe ◊ de *malheureux* ▪ **1** RARE D'une manière très fâcheuse. ➤ **malencontreusement.** ▪ **2** COUR. (adv. de phrase) Par malheur. *Il est malheureusement parti. C'est malheureusement impossible. Malheureusement je ne suis pas libre.* ➤ **seulement.** ▪ CONTR. Heureusement.

MALHEUREUX, EUSE [maløʀø, øz] **adj. et n.** – v. 1050 ◊ de *malheur*

I QUI EST DANS LE MALHEUR, EXPRIME LE MALHEUR

A. PERSONNES ▪ **1** Qui est dans le malheur, accablé de malheurs. ➤ **éprouvé, infortuné, misérable, pitoyable.** *Être très malheureux, profondément malheureux. Elle a été malheureuse toute sa vie. «On prétend qu'on est moins malheureux quand on ne l'est pas seul»* VOLTAIRE. *Rendre qqn malheureux, se rendre malheureux.* FAM. *Malheureux comme les pierres*.* — SPÉCIALT Se dit d'une personne qui est blessée, tuée dans un accident, une catastrophe. *Les malheureuses victimes.* ◆ Contrarié, mal à l'aise. *Il est très malheureux, parce qu'il ne peut pas fumer. J'en suis malheureuse.* ▪ **2 n.** (XIIe) **UN MALHEUREUX, UNE MALHEUREUSE :** personne qui est dans le malheur. *Le malheureux qui souffre. Aider, secourir les malheureux.* ◆ SPÉCIALT ➤ **indigent, miséreux, pauvre.** *Faire l'aumône à un malheureux. Un pauvre malheureux.* ➤ **diable.** ◆ SPÉCIALT (du sens ancien «méchant, scélérat») Personne que l'on méprise et que l'on plaint. ➤ **misérable.** *Malheureux ! qu'avez-vous fait ?* PAR EXT. Insensé, fou. *Veux-tu laisser ce couteau, petit malheureux !*

B. CHOSES ▪ **1** Qui exprime le malheur. *Un air, un visage malheureux.* ➤ **triste*** ; **piteux.** — Qui est marqué par le malheur, où règne le malheur. *Existence, vie malheureuse.* ➤ **pitoyable.** *Destin malheureux.* ➤ **cruel, noir.** *Une période malheureuse de sa vie.* ➤ **difficile, dur, rude.** ▪ **2** Qui annonce du malheur, qui est marqué par la malchance. ➤ **fatal, funeste, néfaste.** *«Je suis tenté de croire qu'il y a des jours, des mois, et des années malheureux»* VOLTAIRE. ◆ PAR EXT. De triste ou fâcheuse conséquence. ➤ **affligeant, déplorable, désastreux, fâcheux, malencontreux, triste*.** *Accident malheureux. Par un malheureux hasard. Dans de malheureuses circonstances. Cette affaire a eu des suites malheureuses.* — *Il est malheureux que :* il est triste, dommage que. *C'est malheureux, bien malheureux.* ➤ **regrettable, triste.** — FAM. (marquant l'indignation) *Si c'est pas malheureux de voir une chose pareille !* ➤ **lamentable.** ▪ **3** Qui est mal venu, mal inspiré. *Avoir un mot malheureux,* qui offense ou peine l'interlocuteur. ➤ **maladroit.**

II MALCHANCEUX (1680) ▪ **1** (PERSONNES) Qui a de la malchance ; qui ne réussit pas. ➤ **malchanceux.** PROV. *Heureux au jeu, malheureux en amour. Adversaire malheureux,* vaincu. *Candidat malheureux,* qui a échoué. — FIG. *Il a été malheureux, il a eu la main malheureuse :* il a fait un mauvais choix, il n'a pas réussi. ➤ **maladroit.** ▪ **2** (CHOSES) Qui ne réussit pas. *Entreprise, initiative, tentative, expérience malheureuse,* qui a échoué, est vouée à l'échec. — SPÉCIALT *Amour malheureux,* qui n'est pas partagé.

III INSIGNIFIANT (XVIIe) Qui mérite peu d'attention, qui est sans importance, sans valeur. ➤ **insignifiant, misérable, pauvre.** *Il ne reste qu'un malheureux sandwich. En voilà des histoires pour une malheureuse pièce d'un euro.*

▪ CONTR. Heureux ; riche. Agréable, avantageux. Chanceux, veinard.

MALHONNÊTE [malɔnɛt] **adj.** – *malhoneste* 1406 «délabré» ◊ de 2*mal* et *honnête* ▪ **1** (XVe) VIEILLI Contraire à la pudeur. ➤ **déshonnête, immodeste, inconvenant, indécent.** ▪ **2** (1674) VX Qui manque à la civilité, aux convenances. ➤ **grossier, impoli, malappris.** ▪ **3** (1680) MOD. Qui manque à la probité ; qui n'est pas honnête. ➤ **déloyal, voleur ;** RÉGION. 2**croche.** *Commerçant* (➤ **mercanti**), *homme d'affaires malhonnête.* ➤ **canaille, crapule, escroc, faisan, fripouille, gangster, pirate, truand.** *Associé, employé malhonnête.* ➤ **indélicat.** *Financier malhonnête.* ➤ **véreux.** *Joueur malhonnête.* ➤ **tricheur.** *Il serait malhonnête de lui faire croire ça.* PAR EXT. *Recourir à des procédés malhonnêtes.* ▪ CONTR. Honnête, décent ; galant. Intègre, probe.

MALHONNÊTEMENT [malɔnɛtmɑ̃] **adv.** – 1665 ◊ de *malhonnête* ▪ D'une manière malhonnête (3o). *Il a agi malhonnêtement avec ses clients, ses associés.* ▪ CONTR. Honnêtement.

MALHONNÊTETÉ [malɔnɛtte] **n. f.** – 1676 ◊ de *malhonnête* ▪ Défaut d'honnêteté. ▪ **1** VX Inconvenance, indécence. ▪ **2** VX ➤ **impolitesse, incorrection.** *Il est d'une malhonnêteté révoltante.* — PAR EXT. *«j'ai dit une malhonnêteté»* FLAUBERT. ➤ **grossièreté.** ▪ **3** MOD. Caractère d'une personne malhonnête (3o). ➤ **déloyauté, duplicité, improbité, infidélité ; canaillerie, friponnerie.** *La malhonnêteté d'un comptable qui fait de fausses factures.* ◆ PAR EXT. *Malhonnêteté intellectuelle :* emploi de procédés malhonnêtes, déloyaux ; mauvaise foi. ◆ Acte malhonnête. *Commettre des malhonnêtetés.* ➤ **escroquerie,** 1**faux, indélicatesse, tricherie,** 2**vol.** ▪ CONTR. Honnêteté. Intégrité, loyauté, probité.

MALI [mali] **n. m.** – date inconnue ◊ du latin *aliquid mali* «quelque chose de mauvais» → malus ▪ RÉGION. (Belgique) COMM. Déficit. *Des malis.* ▪ CONTR. Boni.

MALICE [malis] **n. f.** – début XIIe ◊ latin *malitia* «méchanceté» ▪ **1** VX OU LITTÉR. Aptitude et inclination à faire le mal, à nuire par des voies détournées. ➤ **malignité, méchanceté.** *«La meilleure* [femme] *est toujours en malice féconde»* MOLIÈRE. — MOD. LOC. *Il est sans malice,* sans méchanceté. *J'ai dit ça sans malice,* sans songer à mal. *Ne pas entendre malice à qqch.,* n'y rien voir de mal. ▪ **2** (1667) MOD. Tournure d'esprit d'une personne qui prend plaisir à s'amuser aux dépens d'autrui. *Un grain de malice. Une pointe de malice et de moquerie. Réponse pleine de malice.* ➤ **esprit, raillerie.** *«une malice secrète qui fit un instant briller ses yeux»* BERNANOS. ◆ VIEILLI Parole, action malicieuse. *Dire, faire des petites malices.* ➤ **facétie, plaisanterie.** ▪ **3** LOC. *Boîte à malice,* à attrape ; FIG. ensemble de moyens secrets, de ruses dont une personne dispose. — *Sac à malice :* sac des prestidigitateurs ; FIG. ensemble des ressources, des tours dont qqn dispose. ▪ CONTR. Bénignité, bonté, innocence, naïveté.

MALICIEUSEMENT [malisjøzmɑ̃] **adv.** – v. 1190 ◊ de *malicieux* ▪ D'une manière malicieuse. *Sourire malicieusement.*

MALICIEUX, IEUSE [malisjø, jøz] **adj.** – milieu XIIe ◊ latin *malitiosus* «méchant» ▪ Qui a de la malice. ▪ **1** VX ➤ **mauvais, méchant.** ▪ **2** (1690) MOD. Qui s'amuse, rit volontiers aux dépens d'autrui. ➤ **coquin, espiègle, farceur, malin, moqueur, railleur, taquin.** *Enfant malicieux. Avoir un esprit vif et malicieux.* — PAR EXT. *Œil, regard, rire, sourire malicieux.* ➤ **narquois.** *Réflexion, réponse malicieuse.* ➤ 1**piquant.** ▪ CONTR. 1Bon, candide. 1Naïf, niais.

MALIGNITÉ [maliɲite] **n. f.** – *malignitet* v. 1120 ◊ latin *malignitas* → malin ▪ **1** Caractère d'une personne qui cherche à nuire à autrui de façon dissimulée et souvent mesquine. ➤ **malfaisance, malice, malveillance, méchanceté, perfidie, perversité.** *Agir par pure malignité. Des observations «pleines d'un esprit moqueur sans malignité, mais qui n'épargnait personne»* BALZAC. ▪ **2** VX Propriété malfaisante, nuisible (d'une chose). ➤ **nocivité.** — MOD. MÉD. Tendance qu'a une maladie (surtout un cancer) à s'aggraver, à évoluer vers l'issue fatale. *Degré de malignité d'une tumeur.* ▪ **3** RARE Caractère malin. ➤ **malice.** *Cet âne «était un animal farceur, plein de malignité»* ZOLA. ▪ CONTR. Bénignité, bonté.

MALIKISME ; MALIKITE ➤ **MALÉKISME ; MALÉKITE**

MALIN, MALIGNE [malɛ̃, maliɲ] **adj. et n.** – XVe ; *maligne* v. 1120 ◊ latin *malignus* «méchant» ▪ **1** VX Qui a de la malignité (1o), qui se plaît à faire du mal. ➤ **mauvais, méchant.** ◆ MOD. *L'esprit malin,* et SUBST. *le malin :* le démon, Satan. *Éprouver un malin plaisir, une joie maligne à faire souffrir qqn.* ▪ **2** (1552) VX Qui a un effet néfaste, dangereux. ➤ **nocif, pernicieux.** *Les influences «malignes d'un mauvais principe»* GAUTIER. ➤ **maléfique.** ◆ (1539) MOD. Se dit d'une maladie dont l'évolution est critique ; d'une tumeur susceptible de se généraliser et d'entraîner la mort. *Tumeur maligne.* ➤ **cancéreux.** ▪ **3** (1669) COUR. (PERSONNES) Qui a de la ruse et de la finesse, pour se divertir aux dépens d'autrui, se tirer d'embarras, réussir. ➤ **astucieux, débrouillard, dégourdi, déluré,** 2**fin, futé, habile, ingénieux,** ARG. **marle, rusé ;** FAM. **combinard, démerdard, mariole, roublard ;** RÉGION. **ratoureux, snoreau.** *Être malin* (cf. Être fine mouche*, avoir plus d'un tour dans son sac*). *Malin comme un singe*. «Le Français, né malin, forma le vaudeville»* BOILEAU. *Jouer au plus malin.* ◆ Intelligent. *Bien malin (celui, celle) qui trouvera ! Vous vous croyez malin ! Elle n'est pas très maligne,* FAM. **MALINE** (cf. Elle n'a pas inventé* l'eau tiède, le fil à couper le beurre, la poudre). — PAR EXT. *Air, sourire malin.* ◆ SUBST. *Une petite* *maligne.* « *Oh ! c'était un malin, il savait s'arranger* » ZOLA. PROV. *À malin, malin et demi* : on trouve toujours plus malin que soi. PAR ANTIPHR. *Regardez ce gros malin.* ➤ 2 **bêta, nigaud.** — (1807) **FAIRE LE MALIN** (cf. Faire l'intéressant, le mariole, le faraud, RÉGION. le fendant). « *Ne commencez pas à faire le malin parce que vous venez de toucher un billet de mille* » QUENEAU. ■ **4** (1808) FAM. (IMPERS.) *Ce n'est pas malin d'avoir fait cela !* ➤ 2 **fin, intelligent.** — PAR ANTIPHR. *C'est malin ! Tu peux être fier de toi !* c'est stupide. ◆ PAR EXT. (1873) *Ce n'est pas malin, pas bien malin,* pas difficile. ➤ **compliqué, sorcier.** *Et voilà, ce n'est pas plus malin que ça !* ■ **5** (OBJET) Pratique, facile à utiliser. *Produits malins.* — ADVT *Acheter, voyager malin,* de manière astucieuse, économique. ■ CONTR. Bénin, 1 bon, innocent. Benêt, dupe, maladroit, nigaud.

MALINES [malin] **n. f.** – 1752 ◇ du nom d'une ville de Belgique ■ Dentelle aux fuseaux très fine, à fleurs bordées d'un fil plat. *Pochette, blouse de malines.*

MALINGRE [malɛ̃gʀ] **adj.** – 1598 ; *malingros* 1225 ◇ p.-ê. ancien français *mingre* « chétif », *haingre* « faible, décharné », avec l'influence de *mal, malade* ■ Qui est d'une constitution faible et d'une santé fragile (ou qui semble tel). ➤ **cacochyme, chétif, débile, délicat, faible, fragile, frêle, maladif, souffreteux ;** FAM. **crevard** (cf. Mal portant*). *Enfant malingre.* « *un petit homme, malingre, d'apparence chétive* » FAGUET. ■ CONTR. 1 Fort, robuste.

MALINOIS [malinwa] **n. m.** – 1931 ◇ de *Malines,* ville de Belgique ■ Berger belge, grand chien à robe grise ou fauve marquée de noir.

MALINTENTIONNÉ, ÉE [malɛ̃tɑ̃sjɔne] **adj.** – 1649 ◇ de 2 *mal* et *intentionné* ■ Qui a de mauvaises intentions, l'intention de nuire. ➤ **malveillant, méchant.** *Des gens malintentionnés le critiquent. Elle est malintentionnée envers nous, à notre égard.* ■ CONTR. Bienveillant.

MALIQUE [malik] **adj.** – 1787 ◇ du latin *malum* « pomme » ■ BIOCHIM. *Acide malique* : diacide alcool qui se trouve dans de nombreux végétaux. *L'acide malique est utilisé comme conservateur ou acidifiant. Certaines bactéries effectuent une fermentation lactique à partir de l'acide malique (maturation du vin).*

MAL-JUGÉ [malʒyʒe] **n. m.** – 1680 ◇ de 2 *mal* et *juger* ■ Fait pour un jugement de n'être pas conforme à l'équité, au droit naturel. *Des mal-jugés.* ■ CONTR. Bien-jugé.

MALLE [mal] **n. f.** – XIIe ◇ francique °*malha*

I ■ **1** Coffre de grandes dimensions destiné à contenir les effets qu'on emporte en voyage. ➤ **bagage, cantine, coffre, marmotte, valise.** *Malle d'osier, de bois. Fabricant de malles* (**MALLETIER** [mal(ə)tje] **n. m.**). *Malle-cabine,* pour les voyages en bateau. *Faire sa malle, ses malles,* y ranger les objets que l'on doit emporter, et PAR EXT. partir, s'en aller (cf. Faire sa valise*). LOC. FAM. *Se faire la malle* : s'enfuir. ■ **2** VIEILLI Coffre d'une automobile. *La malle arrière.*

II ■ **1** (1793) **MALLE-POSTE** ou *malle* : ancienne voiture des services postaux. *Des malles-poste.* ■ **2** (1860 ◇ d'après l'anglais *mail*) HIST. *Malle des Indes* : service, par chemins de fer et bateaux, assurant le courrier de Londres aux Indes, par Calais et Marseille. ■ **3** ANCIENNT, RÉGION. *La malle* : le bateau qui transportait les touristes de Calais à Douvres avant l'usage de l'aéroglisseur.

■ HOM. Mal ; poss. mâle.

MALLÉABILISATION [maleabilizasjɔ̃] **n. f.** – 1801 ◇ de *malléabiliser,* dérivé de *malléable* ■ TECHN. Opération par laquelle on rend un métal, un alliage plus malléable. **v. tr.** ⟨1⟩ **MALLÉABILISER.**

MALLÉABILITÉ [maleabilite] **n. f.** – 1668 ◇ de *malléable* ■ DIDACT. ■ **1** Propriété de ce qui est malléable. *Degré de malléabilité des métaux usuels* (dans l'ordre décroissant : or, argent, aluminium, cuivre, étain, platine, zinc, fer, nickel). ■ **2** (PERSONNES) Possibilité d'être modifié. ➤ **docilité.** *La malléabilité d'un caractère, d'un enfant.*

MALLÉABLE [maleabl] **adj.** – v. 1500 ◇ du latin *malleare* « marteler », de *malleus* « marteau » ■ **1** Qui a la propriété de s'aplatir et de s'étendre sous le marteau (ou par l'action du laminoir) en lames ou feuilles. ➤ **ductile.** *L'or est le plus malléable des métaux.* ◆ PAR EXT. Qui se laisse modeler, travailler. ➤ **plastique.** *L'argile est malléable.* ■ **2** (1829) FIG. Qui se laisse manier, façonner, influencer. ➤ **docile, flexible, influençable, maniable, obéissant, souple.** « *l'enfant, à la fois si malléable et si rétif* » CHARDONNE. — *Caractère malléable* (cf. C'est une cire* molle). ■ CONTR. Cassant. Difficile, récalcitrant, rétif, rigide.

MALLÉOLE [maleɔl] **n. f.** – 1539 ◇ latin *malleolus,* diminutif de *malleus* « marteau » ■ ANAT. Saillie osseuse de la cheville. *Malléole externe* ou *péronière* : éminence du péroné ; *malléole interne* ou *tibiale,* du tibia. — **adj. MALLÉOLAIRE,** 1814.

MALLETTE [malɛt] **n. f.** – XIIIe « petit coffre » ◇ de *malle* ■ Petite valise, généralement rectangulaire et rigide, utilisée pour transporter un nécessaire de voyage ou de travail. ➤ **attaché-case.** *Mallette en cuir. Mallette de représentant. Mallette pleine de billets.* ◆ RÉGION. (Belgique) Cartable d'écolier.

MAL-LOGÉ, ÉE [mallɔʒe] **n.** – 1953 ◇ de 2 *mal* et *loger* ■ Personne dont les conditions de logement sont insatisfaisantes quant à la surface ou la salubrité des locaux. *Les mal-logés et les sans-abris.*

MAL-LOGEMENT [mallɔʒmɑ̃] **n. m.** – 1990 ◇ de 1 *mal* et *logement* ■ Conditions de logement insatisfaisantes (précarité, insalubrité, manque de confort). « *Le saturnisme est la maladie des taudis, du mal-logement et des squats* » (Le Monde, 1999). *Des mal-logements.*

MALMENER [malməne] **v. tr.** ⟨5⟩ – XIIe ◇ de 2 *mal* et *mener* ■ **1** Traiter (qqn) rudement, sans ménagement ; mettre à mal. ➤ **maltraiter ; battre, brutaliser,** RÉGION. **maganer.** *Se faire malmener par la foule.* ➤ **molester.** *La critique l'a malmené.* ➤ **éreinter,** FAM. **esquinter.** *Être accablé de reproches et malmené par tout le monde.* ➤ **houspiller, rudoyer.** — PAR EXT. *Arbres malmenés par la tempête.* ■ **2** Mettre (l'adversaire) en mauvaise posture, par une action vive. *L'équipe française a malmené ses adversaires pendant la première mi-temps.*

MALNUTRITION [malnytʀisjɔ̃] **n. f.** – 1956 ◇ mot anglais, de 1 *mal* et *nutrition* ■ DIDACT. Mauvais état nutritionnel dû à une alimentation mal équilibrée en quantité, en qualité, ou à une cause métabolique. ➤ **dénutrition ; kwashiorkor.** « *les hommes souffrent de sous-alimentation et de malnutrition et particulièrement du manque de protéines* » SAUVY.

MALOCCLUSION [malɔklyzjɔ̃] **n. f.** – 1963 ◇ mot anglais, de 1 *mal* et *occlusion* ■ MÉD. Fermeture défectueuse des dentures (implantation anormale de certaines dents, anomalie de position des mâchoires).

MALODORANT, ANTE [malɔdɔʀɑ̃, ɑ̃t] **adj.** – 1895 ◇ de 2 *mal* et *odorant* ■ Qui a une mauvaise odeur. ➤ **puant.** *Haleine malodorante.* ➤ **fétide.** *Poubelle malodorante.* ➤ **nauséabond.**

MALOSSOL [malɔsɔl] **n. m.** – 1980 ◇ du russe *malossolnyi (ogouriets)* « (concombre) peu salé », de *malo* « peu » et *sol* « sel » ■ **1** Gros cornichon aigre-doux aromatisé à l'aneth et au raifort. *Des malossols.* ■ **2** APPOS. *Caviar malossol* : caviar frais légèrement salé.

MALOTRU, UE [malɔtʀy] **n.** – fin XVIe ; *malostruz* « malheureux » XIIe ◇ du latin populaire *male astrucus* « né sous une mauvaise étoile » ■ Personne sans éducation, de manières grossières. ➤ **butor,** FAM. **gougnafier, goujat, malappris, mufle, rustre.** *Des façons de malotru.* « *En voilà encore un malotru !* [...] *Il m'invite à dîner et il part en perm' !* » HENRIOT.

MALOUF [maluf] **n. m.** – 1965 ◇ de l'arabe ■ Genre musical oriental traditionnel d'origine arabo-andalouse. « *Le malouf pleure le Paradis perdu... Mirage musical* » CH. NADIR. *Le malouf constantinois, tunisien.* — APPOS. *La musique malouf, le répertoire malouf.*

MALOYA [malɔja] **n. m.** – 1934, *Séga Maloya* n. f. ◇ origine obscure ■ Danse traditionnelle de la Réunion. *Le maloya et le séga.* — Musique, chant qui l'accompagne.

MALPÈQUE [malpɛk] **n. f.** – 1982 ◇ n. de lieu ■ Huître élevée dans la baie de Malpèque, au Canada.

MALPIGHIE [malpigi] **n. f.** – 1765 ◇ de *Malpighi,* n. d'un anatomiste et botaniste italien ■ BOT. Plante tropicale *(malpighiacées),* arbre à feuilles épineuses, à fruits comestibles appelés *cerises des Antilles.*

MALPOLI, IE [malpɔli] **adj.** et **n.** – 1636 *mal poli* ◇ de 2 *mal* et *poli* ■ FAM. Mal élevé, grossier. ➤ **impoli, malappris.** *Il est malpoli.* — **n.** « *Eh bien, tant mieux, espèce de malpoli, tant mieux* » FALLET.

MALPOSITION [malpozisjɔ̃] **n. f.** – 1951 ◇ mot anglais, de 1 *mal* et *position* ■ MÉD. Position anormale d'un organe. *Malpositions dentaires* (➤ **orthodontie**).

MALPROPRE [malpʀɔpʀ] **adj.** – v. 1460 ◇ de 2 *mal* et *propre* ■ **1** VIEILLI ou RÉGION. (Canada) Qui manque de propreté, de netteté. ➤ **dégoûtant, sale*.** *Enfant malpropre. Femme malpropre.* ➤ VX **gaupe, marie-salope, maritorne, souillon.** *Personne négligée, aux mains malpropres. Vêtements, torchons malpropres* (cf.

D'une propreté douteuse*). *Logement malpropre.* ➤ **bouge, galetas, taudis.** ■ **2** VX ➤ **malhonnête, obscène.** *Ses plaisanteries de choix, « histoires grivoises et malpropres arrivées à ses amis »* MAUPASSANT. ■ **3** VIEILLI ➤ **malhonnête.** — SUBST. ➤ **salaud, saligaud.** MOD. LOC. *Se faire jeter, traiter, renvoyer... comme un malpropre,* sans ménagement. — **adv. MALPROPREMENT,** 1539. *Manger malproprement.* ■ CONTR. Propre ; décent, honnête.

MALPROPRETÉ [malpʀɔpʀəte] **n. f.** – 1663 ✧ de *malpropre* ■ Caractère, état d'une personne, d'une chose malpropre. ➤ **saleté.** *« Si le peuple* [en Russie] *a l'air sale, cette malpropreté n'est qu'apparente »* GAUTIER. ■ CONTR. Propreté.

MALSAIN, AINE [malsɛ̃, ɛn] **adj.** – XIVe ✧ de 2 *mal* et *sain* ■ **1** Dont la nature n'est pas saine ; qui paraît voué à la maladie. ➤ **maladif.** *« il n'y a rien de si triste que d'avoir des enfants laids, chétifs et malsains »* SAND. — *« un teint malsain couleur de petit-lait »* LARBAUD. ■ **2** FIG. Qui n'est pas normal, manifeste de la perversité. *« J'ai un esprit malsain dans un corps malsain. Je n'aime rien »* MORAND. *Imagination, curiosité malsaine.* ➤ **morbide.** *Il a un air malsain. Atmosphère malsaine.* ➤ FAM. **glauque.** ■ **3** Qui engendre la maladie, est contraire à la santé. ➤ **nuisible.** *Eau malsaine,* dangereuse à boire. ➤ **impur.** *Humidité malsaine. Métier, travaux malsains.* — *Logement malsain.* ➤ **insalubre.** *Il est malsain de vivre sans soleil. Climat, temps malsain.* ➤ **pourri.** — FIG. *Filons d'ici, le coin est malsain,* dangereux. ■ **4** FIG. Qui corrompt l'esprit. *Littérature malsaine.* ➤ **immoral, pernicieux.** *Influence malsaine.* ■ CONTR. 1 Sain.

MALSÉANT, ANTE [malseɑ̃, ɑ̃t] **adj.** – 1165 ✧ de 2 *mal* et 2 *séant* ■ LITTÉR. Contraire à la bienséance ; qui sied mal en certaines circonstances. *Remarque malséante.* ➤ **choquant, incongru, inconvenant, incorrect, malsonnant.** *Il serait malséant de refuser.* ➤ **déplacé.** *« Les huées seraient malséantes devant l'ensevelissement des héros »* HUGO. ■ CONTR. Bienséant, convenable.

MALSONNANT, ANTE [malsɔnɑ̃, ɑ̃t] **adj.** – XVe ✧ de 2 *mal* et *sonnant* ■ Contraire à la bienséance (bruit, paroles). *Propos malsonnants.* ➤ **inconvenant, malséant.** *Injures, épithètes malsonnantes.* ➤ **grossier.**

MALSTROM, MALSTRÖM ➤ **MAELSTROM**

MALT [malt] **n. m.** – 1702 ✧ mot anglais ■ **1** Céréale (surtout l'orge), germée artificiellement et séchée, puis séparée de ses germes. *Utilisation du malt en brasserie comme moût.* ➤ **maltage, malterie.** *Malt légèrement torréfié pour la préparation de l'ale. Bière de malt. Whisky pur malt,* ELLIPT *du, un pur malt. Sucre de malt.* ➤ **maltose.** ■ **2** Orge torréfiée utilisée comme succédané du café.

MALTAGE [maltaʒ] **n. m.** – 1834 ✧ de *malter* ■ TECHN. Opération qui transforme une céréale, l'orge en malt ; son résultat. *Le maltage, première étape de la fabrication de la bière.*

MALTAIS, AISE [maltɛ, ɛz] **adj.** et **n.** – 1606 ✧ de *Malte* ■ **1** De Malte. — **n.** *Les Maltais.* — **n. m.** *Le maltais* : dialecte arabe parlé à Malte et écrit à l'aide de l'alphabet latin complété. ■ **2** *Bichon maltais,* ou **n. m.** *un maltais* : petit chien de compagnie à poil blanc, long et soyeux. ◆ *Oranges maltaises,* ou **n. f.** *des maltaises* : oranges très juteuses. *Un kilo de maltaises.*

MALTASE [maltaz] **n. f.** – 1902 ✧ de *malt* et *-ase* ■ BIOCHIM. Enzyme qui hydrolyse le maltose en deux molécules de glucose.

MALTÉ, ÉE [malte] **adj.** – 1808 ✧ de *malter* ■ **1** Converti en malt. *Orge maltée.* ■ **2** Mêlé de malt. *Farine maltée. Lait malté.*

MALTER [malte] **v. tr.** ‹1› – 1808 ✧ de *malt* ■ Convertir (une céréale) en malt.

MALTERIE [malt(ə)ʀi] **n. f.** – 1872 ✧ de *malt* ■ TECHN. ■ **1** Usine où l'on prépare le malt. *Touraille* d'une malterie.* ■ **2** Magasin à malt d'une brasserie. ■ **3** Industrie du malt.

MALTEUR [maltœʀ] **n. m.** – 1838 ✧ de *malter* ■ TECHN. Ouvrier qui prépare le malt. **adj. m.** *Ouvrier malteur.*

MALTHUSIANISME [maltyzjanism] **n. m.** – 1849 ✧ de *malthusien* ■ **1** Doctrine de Malthus, qui préconisait la limitation des naissances par la continence (pour remédier au danger de surpopulation). — PAR EXT. Doctrine qui préconise les pratiques anticonceptionnelles, dite aussi *néo-malthusianisme.* ■ **2** (v. 1955) *Malthusianisme économique* : restriction volontaire de la production.

MALTHUSIEN, IENNE [maltyzjɛ̃, jɛn] **adj.** et **n.** – 1814 ✧ de *Malthus,* économiste anglais (1766-1834) ■ **1** Qui a rapport aux théories de Malthus, et PAR EXT. au malthusianisme (démographique). ➤ **antinataliste.** *« Fidèles à la tradition malthusienne, ils rendent hommage aux grands fléaux qui rééquilibrent les populations »* J.-CH. RUFIN. ◆ Partisan du malthusianisme. **n.** *« Chez le plus grand nombre de ces malthusiens, la frayeur est motivée par l'atteinte à l'ordre social »* SAUVY. ■ **2** Partisan d'une restriction de la production.

MALTOSE [maltoz] **n. m.** – 1860 d'abord n. f. ✧ de *malt* et 1 *-ose* ■ BIOCHIM. Glucide végétal, diholoside obtenu par action de l'amylase sur l'amidon (sucre de malt).

MALTÔTE [maltot] **n. f.** – v. 1350 ; *mautoste* 1262 ✧ de 1 *mal* et de l'ancien français *tolte* « imposition », ce dernier du latin *tollita,* de *tollere* « enlever » ■ HIST. Impôt extraordinaire. — Corps des collecteurs d'impôts (*maltôtiers* **n. m.**).

MALTRAITANCE [maltʀɛtɑ̃s] **n. f.** – 1976 ✧ de *maltraiter* ■ Fait de maltraiter* qqn, dans la famille, la société. *Maltraitance physique, psychologique, institutionnelle. La maltraitance des enfants, des personnes âgées, handicapées.* — Mauvais traitement. *Maltraitances et violences. Enfant victime de maltraitances.* ➤ **sévices.** ■ CONTR. Bientraitance.

MALTRAITANT, ANTE [maltʀɛtɑ̃, ɑ̃t] **adj.** – 1987 ✧ de *maltraiter* ■ Qui maltraite (des enfants, des personnes sans défense). *Parents maltraitants.* ➤ **indigne** (cf. Bourreau* d'enfants).

MALTRAITER [maltʀete] **v. tr.** ‹1› – v. 1520 ✧ de 2 *mal* et *traiter* ■ **1** Traiter (qqn) avec brutalité, lui infliger de mauvais traitements. ➤ **battre*, brutaliser, malmener, molester, rudoyer ;** RÉGION. **maganer.** *Enfant maltraité,* qui subit des sévices (battu, violé, privé, enfermé, etc.). ➤ **martyr ; maltraitance.** *« Qu'aviez-vous donc contre elle pour la maltraiter ainsi ? Elle aurait pu mourir »* GREEN. — *Maltraiter sa boîte de vitesses.* — PAR MÉTAPH. *Maltraiter la langue* (➤ **écorcher**), *la grammaire* : faire des fautes. ■ **2** Traiter avec rigueur, inhumanité. ➤ **brimer, malmener, rudoyer.** *« dans ce moment la destinée te maltraite »* FROMENTIN. ■ **3** Traiter sévèrement en paroles (une personne à qui l'on parle [➤ **malmener, secouer**], ou dont on parle [➤ **arranger, critiquer, éreinter**]). *Cet auteur a été très maltraité par la critique. « Ne pouvant avilir l'esprit, on se venge en le maltraitant »* BEAUMARCHAIS. ■ CONTR. Flatter, 1 louer.

MALUS [malys] **n. m.** – 1970 ✧ mot latin « mauvais » → mali ■ **1** Majoration d'une prime d'assurance automobile calculée en fonction du nombre d'accidents survenus engageant la responsabilité du conducteur (opposé à *bonus*). *Avoir un malus* (➤ **malussé**). *Des malus.* ■ **2** *Malus écologique*.*

MALUSSÉ, ÉE [malyse] **adj.** – 1986 ✧ de *malus* ■ Qui a un malus. — *Automobiliste malussé,* sanctionné par un malus (1°). **n.** *Assurance pour malussés.* — *Véhicule malussé,* affecté d'un malus écologique* qui en majore le prix.

MALVEILLANCE [malvɛjɑ̃s] **n. f.** – XIIe ✧ de *malveillant* ■ **1** Mauvais vouloir (à l'égard de qqn) ; tendance à blâmer autrui, à lui vouloir du mal. *Regarder qqn avec malveillance.* ➤ **hostilité.** *Malveillance ouverte, manifeste.* ➤ **agressivité, animosité, désobligeance.** *« la malveillance et le dénigrement sont les deux caractères de l'esprit français »* CHATEAUBRIAND. ➤ **malignité.** *Sa malveillance envers vous, à votre égard.* ■ **2** Intention de nuire, acte criminel. *Incendie, accident dû à la malveillance.* ➤ **sabotage.** — *Acte de malveillance,* perpétré en cachette pour nuire à qqn. ■ CONTR. Bienveillance ; amitié, sympathie.

MALVEILLANT, ANTE [malvɛjɑ̃, ɑ̃t] **adj.** – *malvuellant* fin XIIe ✧ de 2 *mal* et *vueillant,* ancien p. prés. de 1 *vouloir* ■ **1** Qui a de la malveillance. *Être malveillant pour, envers qqn.* — SUBST. *Les malveillants.* ➤ **méchant.** ■ **2** PAR EXT. Qui exprime de la malveillance, s'en inspire. *Cancans, commérages malveillants. Remarques malveillantes.* ➤ **agressif, aigre, méchant.** *Propos malveillants.* ➤ **désobligeant, hostile.** ■ **3** INFORM. Destiné à nuire, à perturber le fonctionnement d'un ordinateur. *Logiciel, programme malveillant.* ■ CONTR. Bienveillant ; amical, complaisant.

MALVENU, UE [malvəny] **adj.** – XIIe « indésirable » ✧ de 2 *mal* et *venu* ■ LITTÉR. ■ **1** Qui n'est pas fondé à, qui n'a pas le droit de (faire telle chose). *Elle est malvenue de, à se plaindre.* — PAR EXT. *Requête malvenue.* ➤ **déplacé, inopportun.** ■ **2** (PLANTES) Qui n'est pas développé normalement, qui n'est pas venu à son complet développement. *Arbre malvenu.* ■ CONTR. Bienvenu. Normal, robuste.

MALVERSATION [malvɛʀsasjɔ̃] **n. f.** – 1387 ✧ de l'ancien français *malverser,* du latin *male versari* « se comporter mal » ■ DIDACT. ou LITTÉR. Faute grave, consistant souvent en détournement de fonds, en gains occultes, commise dans l'exercice d'une charge, d'un mandat. *Commettre des malversations. Fonctionnaire coupable de malversations.* ➤ **concussion, corruption, détournement, exaction, prévarication, trafic** (d'influence).

MALVOISIE [malvwazi] **n. m.** ou **f.** – *malvesy* 1393 ◊ nom d'une ville grecque, italien *malvasia* ▪ **1** Vin grec célèbre, doux et liquoreux. ▪ **2** PAR EXT. (1690) Vin obtenu avec le cépage de Malvoisie. *Malvoisie de Madère.* ➤ **madère.** *Des malvoisies.*

MALVOYANT, ANTE [malvwajɑ̃, ɑ̃t] **n. et adj.** – v. 1960 ◊ de 2 *mal* et *voir* ▪ Personne dont l'acuité visuelle est diminuée. ➤ **amblyope.** *Aveugles et malvoyants.*

MAMAN [mamɑ̃] **n. f.** – 1256 ; *mamma* 1584 ◊ formation enfantine par redoublement ▪ **1** Terme affectueux par lequel les enfants, même devenus adultes, désignent leur mère et dont se servent familièrement les personnes qui parlent d'elle. *« Maman, bobo ! »* SOUCHON. *Donne à maman. « je n'en suis plus à la bouillie,* une cuillère *pour papa, une cuillère pour maman »* H. PICHETTE. — PAR EXT. VIEILLI *Grand-maman* (cour. en Suisse, aux Antilles et au Canada), *bonne-maman* : grand-mère. *Des grands-mamans. Belle-maman* : belle-mère. *Les belles-mamans.* ▪ **2** Mère. *Je suis la maman de Pierre.* — LOC. *Jouer au papa et à la maman* (y compris les caresses). *Enfants qui jouent au papa et à la maman.* ◆ *Future maman* : femme enceinte. ▪ **3** (1979) (Afrique noire) Terme de déférence à l'égard d'une femme plus âgée que soi ; SPÉCIALT tante maternelle ou marâtre (3°). ▪ **4** (Suisse) *Maman de jour* : nourrice agréée qui garde chez elle des enfants en bas âge.

MAMAVIRUS [mamaviʀys] **n. m.** – 2008 ◊ de *mama* « maman », créé par plais. sur *mimivirus,* le mamavirus étant plus grand et hébergeant un virophage ▪ VIROL. Virus géant à ADN. *Le mamavirus a une taille supérieure à celle du mimivirus ou des bactéries. Le mamavirus est le premier virophage connu.*

MAMBO [mɑ̃(m)bo] **n. m.** – v. 1950 ◊ mot sud-américain ▪ Danse à deux temps, apparentée à la rumba ; musique sur laquelle elle se danse. *Des mambos.*

MAMÉ ou **MAMÉE** [mame] **n. f.** – 1924 ◊ mot occitan, du latin *mamma* « maman » ▪ RÉGION. (sud de la France, sauf Sud-Ouest et Lyonnais) FAM. Grand-mère. ➤ **mamie, mémé, mémère.** *La mamé et le papé.* — On trouve aussi *mamet* [mamɛ].

MAMELLE [mamɛl] **n. f.** – v. 1130 ◊ latin *mamilla,* diminutif de *mamma* « sein » ▪ **1** Organe glanduleux (glande mammaire) qui, chez les femelles des mammifères, sécrète le lait. — (Chez la femme) VX Sein. *Enfant à la mamelle.* MOD. et PÉJ. Gros sein. — (Chez les animaux) *Mamelles de la chèvre, de la vache.* ➤ 1 **pis.** *Les douze mamelles de la truie.* ➤ **tétine.** *Bout de la mamelle.* ➤ **tette, trayon.** ▪ **2** PAR EXT. VX Le même organe atrophié et rudimentaire chez l'homme. *Sous la mamelle gauche,* dans le cœur. ▪ **3** FIG. *« Labourage et pâturage sont les deux mamelles dont la France est alimentée »* SULLY. *« acier, verre, béton, les trois mamelles du* design *»* SAN-ANTONIO.

MAMELON [mam(ə)lɔ̃] **n. m.** – fin XIVe ◊ de *mamelle* ▪ **1** ANAT. Bout du sein de l'homme ou de la femme, saillie pigmentée. ➤ FAM. **téton.** *Cercle autour du mamelon.* ➤ **aréole.** — SPÉCIALT Mamelon de la femme au niveau duquel débouchent les canaux galactophores. ➤ **tétin.** ▪ **2** Protubérance arrondie ; SPÉCIALT Sommet arrondi d'une colline, d'une montagne. ➤ **colline, éminence, hauteur.** *Le village est construit sur un mamelon.*

MAMELONNÉ, ÉE [mam(ə)lɔne] **adj.** – 1850 ; anat. 1753 ◊ de *mamelon* ▪ Couvert de proéminences en forme de mamelons. *« Tout ce pays est bossué, mamelonné, plein d'accidents de terrain »* GAUTIER. ◆ MÉD. *Gastrite mamelonnée,* où la muqueuse est couverte de petites saillies arrondies.

MAMELOUK, E [mamluk] **n. m. et adj.** – 1808 ; *mameluk* 1611 ; *mamelos* 1192 ◊ arabe d'Égypte *mamlûk* « celui qui est possédé, esclave » ▪ HIST. Cavalier des anciennes milices égyptiennes, garde du corps du sultan. *Les mamelouks.* — **adj.** *Cavalerie mamelouke.* ◆ Soldat d'un escadron de la garde impériale de Napoléon.

MAMELU, UE [mam(ə)ly] **adj.** – 1549 ◊ de *mamelle* ▪ PÉJ. Qui a de grosses mamelles, de gros seins. *« les cartes à jouer "érotiques" avec des pin-up hyper-mamelues »* PEREC.

M'AMIE ou **MAMIE** [mami] **n. f.** – XIIe ◊ *ma amie,* forme ancienne de *mon amie* ▪ VIEILLI et FAM. Mon amie. ➤ 2 **mie.** ▪ HOM. Mamie.

MAMIE [mami] **n. f.** – 1952 *mammy* ◊ de l'anglais *mammy* « maman » ▪ FAM., LANG. ENFANTIN Grand-mère. ➤ **bonne-maman, mémé,** POP. **mémère ;** RÉGION. **mamé** (cf. aussi Grand-maman*). *Aller chez son papi et sa mamie.* — PAR EXT. Vieille femme. *Des mamies. Une petite mamie qui trottine.* — On écrit parfois *mamy, des mamys.* ▪ HOM. M'amie.

MAMILLAIRE [mamilɛʀ] **adj. et n. f.** – XVe « des mamelles » ◊ du latin *mamilla*

I **adj.** SC. NAT., ANAT. Qui a la forme d'un mamelon ; relatif au mamelon. *Tubercule mamillaire d'une vertèbre. Corps mamillaires du cerveau.*

II **n. f.** (1845) BOT. Cactée *(cactacées)* à grosses fleurs parfumées, portant de petites éminences épineuses.

MAMMAIRE [mamɛʀ] **adj.** – 1654 ◊ de *mamm(o)-* ▪ ANAT. Relatif à la mamelle, au sein. *Glandes mammaires* : mamelles, seins. *Ptose mammaire.*

MAMMALIEN, IENNE [mamaljɛ̃, jɛn] **adj.** – 1942 ◊ du latin *mammalis,* de *mamma* « mamelle » ▪ ZOOL. Qui se rapporte aux mammifères. *Caractères mammaliens, faune mammalienne.*

MAMMALOGIE [mamalɔʒi] **n. f.** – 1803 ◊ de *mammalologie,* d'un élément *mammal-,* du latin scientifique *mammalia* « animaux à mamelles », et *-logie* ▪ ZOOL. Étude des mammifères.

MAMMECTOMIE [mamɛktɔmi] **n. f.** – 1935 ◊ de *mamm(o)-* et *-ectomie* ▪ CHIR. Ablation du sein. ➤ **mastectomie.**

MAMMIFÈRE [mamifɛʀ] **adj. et n. m.** – 1792 n. m. pl. ◊ de *mamm(o)-* et *-fère* ▪ **adj.** (1802) RARE Qui porte des mamelles. *Femelle mammifère. Animaux mammifères.* ◆ **n. m. pl. LES MAMMIFÈRES.** Classe de vertébrés à sang chaud et température constante, à respiration pulmonaire, dont les femelles allaitent leurs petits à la mamelle (trois sous-classes : *mammifères ovipares* ou monotrèmes ; marsupiaux ; *mammifères placentaires* ou euthériens). *Mammifères aériens, aquatiques, terrestres. Mammifères carnivores, insectivores, herbivores, omnivores.* Au sing. *L'être humain est un mammifère.*

MAMMITE [mamit] **n. f.** – 1836 ◊ de *mamm(o)-* et *-ite* ▪ ZOOTECHN. Inflammation de la mamelle. *Mammite de la vache.* ◆ MÉD. Inflammation du sein. ➤ **mastite.**

MAMM(O)- ▪ Élément, du latin *mamma* « sein, mamelle » : *mammite, mammographie.*

MAMMOGRAPHIE [mamɔgʀafi] **n. f.** – 1945 ◊ de *mammo-* et *-graphie* ▪ MÉD. Radiographie des seins. *Tumeur décelée par mammographie.* — ABRÉV. FAM. **MAMMO.** *Elle « était revenue de sa mammo avec un souci, un petit kyste »* M. ROSTAIN.

MAMMOPLASTIE [mamoplasti] **n. f.** – 1968 ◊ de *mammo-* et *-plastie* ▪ MÉD. Plastie mammaire à visée réparatrice ou esthétique.

MAMMOUTH [mamut] **n. m.** – 1692 ◊ mot russe, d'une langue sibérienne, *mamout* ▪ **1** Grand éléphant fossile du quaternaire à l'épaisse toison et aux longues défenses recourbées vers le haut. ▪ **2** PAR MÉTAPH. *Les mammouths du cinéma.* ➤ **géant, mastodonte, poids** (lourd).

MAMMY ➤ **MAMIE**

MAMOURS [mamuʀ] **n. m. pl.** – 1608 ◊ de *m'amour, ma amour,* t. d'affection. Cf. *m'amie.* → 2 mie ▪ FAM. Démonstrations de tendresse. ➤ **cajolerie, câlinerie, caresse.** *« faites-vous des mamours, idolâtrez-vous »* HUGO. — FIG. *« le Tsar et le Kaiser se sont fait des mamours »* ROMAINS. ➤ **courbette, flatterie.**

MAM'SELLE ou **MAM'ZELLE** ➤ **MADEMOISELLE**

MAMY ➤ **MAMIE**

MAN [mɑ̃] **n. m.** – 1819 ◊ francique °*mado* ▪ Larve du hanneton, ver* blanc.

MANA [mana] **n. m.** – 1864 ◊ mot mélanésien ▪ ETHNOL. Puissance surnaturelle impersonnelle et principe d'action, dans certaines religions. *« L'homme qui possède du mana est celui qui sait et qui peut faire obéir les autres »* CAILLOIS.

MANADE [manad] **n. f.** – 1794 ◊ provençal *manado,* du latin *manus* « main » ▪ En Provence, Camargue, Troupeau de bœufs, de chevaux, de taureaux conduits par un gardian. *Propriétaire d'une manade (manadier* **n. m.**).

MANAGEMENT [manaʒmɑ̃ ; manadʒmɛnt] **n. m.** – 1921 ◊ mot anglais « conduite, direction d'une entreprise » ▪ ANGLIC. ▪ **1** Ensemble des connaissances concernant l'organisation et la gestion d'une entreprise et de son personnel. *Cours, séminaire de management.* ◆ Application de ces connaissances à une affaire, une entreprise. ➤ **conduite, direction.** *Management participatif, autoritaire, à l'américaine.* ▪ **2** PAR EXT. Équipe dirigeante d'une entreprise. ➤ **direction.**

MANAGER [mana(d)ʒe] **v. tr.** ⟨3⟩ – 1896 ◊ anglais *to manage* « mener, diriger (une affaire) » ▪ **1** SPORT Être le manageur, diriger l'entraînement de (un sportif, une équipe). ▪ **2** Diriger (une affaire) ; assurer le management de. ➤ **administrer, conduire, gérer, organiser.** *Manager une équipe.*

MANAGEUR, EUSE [manadʒœʀ, øz] **n.** ou **MANAGER** [manadʒɛʀ ; manadʒœʀ] **n. m.** – 1986, -1857 ◊ anglais *manager*, de *to manage* «manier, diriger» ■ **1** Personne qui veille à l'organisation matérielle de spectacles, concerts, matchs, ou qui s'occupe particulièrement de la vie professionnelle et des intérêts d'un artiste (➤ **imprésario**), d'un sportif (➤ **entraîneur**). ■ **2** (1961) Chef, dirigeant(e) d'une entreprise ; personne qui exerce une fonction de management. ➤ **cadre, décideur, gestionnaire, 1 patron, responsable.** — adj. **MANAGÉRIAL, IALE, IAUX,** 1969.

MANANT [manɑ̃] **n. m.** – XIIe «habitant» et aussi «riche, puissant» ◊ p. prés. de l'ancien verbe *maneir, manoir* «demeurer», du latin *manere* ■ **1** Au Moyen Âge, Habitant d'un bourg ou d'un village, et SPÉCIALT Roturier assujetti à la justice seigneuriale. ➤ **vilain.** ■ **2** (1610) PÉJ. et VIEILLI ➤ **paysan.** «*Holà ! dérange-toi, manant, pour que je passe*» MUSSET. ■ **3** (1694) FIG. et VX ➤ **rustre.** ■ CONTR. Gentilhomme.

MANCELLE [mɑ̃sɛl] **n. f.** – 1680 ; *manselles* fin XIVe ◊ latin populaire °*manicella* «petite poignée», classique *manicula* «petite main (*manus*)» ■ TECHN. Chaîne, courroie joignant les attelles du collier d'un cheval à chacun des limons de la voiture.

MANCENILLE [mɑ̃s(ə)nij] **n. f.** – 1527 ◊ espagnol *manzanilla*, diminutif de *manzana* «pomme» ■ Fruit du mancenillier, qui a l'aspect d'une petite pomme.

MANCENILLIER [mɑ̃s(ə)nije] **n. m.** – 1658 ◊ de *mancenille* ■ BOT. Arbre d'Amérique (*euphorbiacées*) appelé aussi *arbre de poison, arbre de mort,* dont le latex est très vénéneux et dont l'ombre passait pour être mortelle.

1 **MANCHE** [mɑ̃ʃ] **n. f.** – v. 1150 ◊ latin *manica*, de *manus* «main»

I ■ **1** Partie du vêtement qui recouvre le bras jusqu'au poignet (*manches longues*) ou jusqu'au coude (*manches courtes*). *Ouverture où s'adapte la manche.* ➤ **emmanchure, entournure.** *Parties de la manche.* ➤ **coude, 1 mancheron, parement, poignet, revers.** *Manche montée, raglan, kimono. Manches ballon, bouffantes, gigot, pagode. Vêtement, robe sans manches. Il jeta sa veste «sur les épaules sans passer les manches»* ARAGON. ◆ LOC. *Être, se mettre en manches* (ou *en bras*) *de chemise**. *Relever, retrousser ses manches,* pour être plus à l'aise, pour travailler ; FIG. se mettre au travail avec ardeur. — *Tirer qqn par la manche,* l'amener, le retenir auprès de soi ; FIG. attirer son attention. «*Quiconque découvre une évidence tire chacun par la manche pour la lui montrer*» SAINT-EXUPÉRY. *Tirer la manche à (de) qqn,* le solliciter. — VIEILLI *Avoir qqn dans sa manche,* en disposer à son gré pour en obtenir qqch. — (Belgique) *Être dans la manche de qqn,* en être bien vu, avoir ses faveurs. — FAM. *C'est une autre paire de manches :* c'est tout à fait différent, et SPÉCIALT plus difficile (que ce dont on vient de parler). «*Nous, on ne craint rien, il nous a à la bonne. Mais vous, c'est une autre paire de manches*» C. MARTINEZ. ■ **2** (XVIe ◊ par anal. de forme) TECHN. Large tuyau souple qui sert à conduire un fluide. — MAR. **MANCHE À VENT :** conduit installé sur le pont pour aérer l'entrepont et la cale. **MANCHE À AIR :** conduit en tôlerie, à pied et pavillon orientable, destiné au même usage ; tube en toile placé en haut d'un mât pour indiquer la direction du vent. ➤ **biroute.** «*des manches à air à larges rayures blanches et rouges qui donnaient la mesure du vent*» ECHENOZ. — *Les manches à air d'un aérodrome.*

II FIG. ■ **1** (1690) VX Bras de mer. ➤ **détroit.** «*La manche de Bristol, la manche de Danemark*» (ENCYCLOPÉDIE). ABSOLT, MOD. *La Manche :* bras de mer qui sépare la France de l'Angleterre. ■ **2** (1803) Partie (d'un jeu) liée à une autre (comme deux manches). *La première, la seconde manche* (➤ **revanche**) *et la belle**. *Manches d'un match de tennis.* ➤ **set.** (Volley) *Manche décisive :* recomm. offic. pour *tie-break.*

2 **MANCHE** [mɑ̃ʃ] **n. m.** – *menche* XIIe ◊ latin populaire *manicus*, de *manus* «main» ■ **1** Partie longue et étroite d'un outil, d'un instrument par laquelle on le tient quand on l'utilise (➤ **manicle**). *Manche de pioche, de hache. Enlever, mettre un manche.* ➤ **démancher, emmancher.** *Manche de cuillère, de fourchette. Couteau à manche de corne, d'ébène. Manche de casserole.* ➤ **1 queue.** *Manche de raquette.* ➤ **grip.** *Manche de pinceau.* ➤ **ente.** *Manche de balai, à balai. Manche de parapluie. Manches de charrue.* ➤ **2 mancheron.** — AVIAT. *Manche à balai, manche :* commande manuelle des gouvernails d'un avion. *Tirer sur le manche.* «*On pilote manche sur le ventre*» SAINT-EXUPÉRY. — *Manche à balai :* recomm. offic. pour remplacer l'anglic. *joystick.* ■ **2** LOC. FIG. *Branler** *dans le manche.* — *Jeter le manche après la cognée**. — FAM. *Être, se mettre du côté du manche,* du bon côté, du côté du plus fort ou de ses intérêts. «*ils s'en tiraient bien, toujours dans les palais, toujours du côté du manche*» E. CARRÈRE. ■ **3** (1690) Partie par laquelle on tient un gigot, une épaule pour les découper ; os (de gigot, côtelette). *Côtelette à manche. Le manche du gigot.* ◆ *Manche à gigot :* pince réglable munie d'un manche, qu'on adapte à l'os et qui sert à maintenir le gigot pour le découper. ■ **4** (1611) MUS. Partie d'un instrument, le long de laquelle sont tendues les cordes. *Manche de violon, de guitare.*

3 **MANCHE** [mɑ̃ʃ] **n. f.** – 1790 «quête» ; «gratification» 1532 ◊ de l'italien *mancia* «don», emprunté au français 1 *manche*, de la manche offerte par la dame au chevalier joutant pour elle ■ **loc. verb.** FAM. **FAIRE LA MANCHE :** faire la quête (après une prestation), mendier. *Chanteur qui fait la manche dans le métro.* «*La charité s'institutionnalisait. La manche sortait des grandes villes, gagnait les portes des supermarchés de province, les plages en été*» A. ERNAUX.

4 **MANCHE** [mɑ̃ʃ] **n. m. et adj.** – 1901 ◊ de 2 *manche* «membre viril» ou de *manchot* (I, 2°) ■ FAM. Maladroit, incapable. *Tu t'y prends comme un manche. Quel manche !* ➤ **couillon, idiot.** — **adj.** *Ce qu'il, elle est manche !*

1 **MANCHERON** [mɑ̃ʃʀɔ̃] **n. m.** – 1217 «garniture de manche» ◊ diminutif de 1 *manche* ■ COUT. Petite manche couvrant le haut du bras. — Haut de la manche.

2 **MANCHERON** [mɑ̃ʃʀɔ̃] **n. m.** – 1265 ◊ de 2 *manche* ■ TECHN. Chacune des deux tiges de direction placées à l'arrière d'une charrue ou d'un motoculteur. «*les mains aux mancherons de la charrue, il jeta à son cheval le cri rauque dont il l'excitait*» ZOLA.

MANCHETTE [mɑ̃ʃɛt] **n. f.** – v. 1550 ; hapax XIIe ◊ diminutif de 1 *manche*

I ■ **1** VX Garniture cousue ou adaptée au bas d'une manche. ◆ MOD. Poignet à revers d'une chemise (cf. Poignet mousquetaire*) ou d'un chemisier. «*une grosse manchette ronde s'échappait de sa manche de jaquette*» ROMAINS. *Boutons de manchette.* ◆ Partie qui prolonge le gant au-dessus du poignet. ➤ **crispin, rebras.** «*Les gants étaient en cuir noir épais, avec une manchette qui arrivait presque au coude*» J.-L. FOURNIER. ■ **2** Manche amovible qui protège la manche du vêtement. *Des manchettes de lustrine.* ■ **3** (1820) SPORT *Coup de manchette :* coup de taille au poignet de la main qui tient le sabre, à l'escrime. — (XXe) Coup porté avec l'avant-bras, au catch. *Placer une manchette.* — Passe de réception de volleyball, effectuée avec les avant-bras ou les poignets, les mains étant jointes, dans un mouvement de bas en haut.

II (1765) IMPRIM. Addition marginale, note écrite en marge d'un texte. *Texte, note en manchette.* ◆ (1901) COUR. Espace situé en haut de la page de une (d'un journal) comprenant le nom du journal, la date, le prix, etc. ; gros titre en une. *Ne lire que les manchettes.* «*Le crieur s'avance au pas de course, la manchette du journal bien étalée sur sa poitrine*» ROMAINS.

MANCHON [mɑ̃ʃɔ̃] **n. m.** – XVIe ; hapax XIIIe ◊ de 1 *manche* ■ **1** (1561) Pièce d'habillement, fourreau cylindrique ouvert aux deux extrémités où l'on met les mains pour les protéger du froid. *Manchon de fourrure.* «*La bonne dame plongea dans un manchon ses mains jusqu'aux coudes*» A. BERTRAND. *Chien** *de manchon.* ■ **2** (1765 ◊ par anal.) Pièce cylindrique. *Manchon d'accouplement, d'assemblage.* ➤ **anneau, bague, douille.** — *Manchon à incandescence :* gaine de tissu incombustible imprégnée de nitrates de thorium et de cérium, et qui augmente l'éclat de la flamme qu'elle entoure. *Lampes à manchon. Manchon isolateur de tuyau.* — MAR. *Manchon d'écubier,* garniture qui entoure l'ouverture. — TECHN. Rouleau de feutre sur lequel se fabrique le papier. ■ **3** ANAT. Organe de protection cylindrique. *Manchon fibreux d'une articulation.* ■ **4** Aile d'une volaille confite dans sa graisse. *Manchons de canard.*

MANCHOT, OTE [mɑ̃ʃo, ɔt] **adj.** et **n.** – 1502 ◊ de l'ancien français *manc, manche* «manchot, estropié», latin *mancus*

I ■ **1** Qui est estropié ou privé d'une main ou des deux mains, d'un bras ou des deux bras. — **n.** *Le moignon d'un manchot, d'une manchote.* ■ **2** (1680) FAM. Maladroit. ➤ **4 manche.** «*combien elle était manchote en amour*» QUIGNARD. *N'être pas manchot :* être habile, adroit ; PAR EXT. ne pas rechigner à la besogne. «*ils ne sont pas manchots quand il s'agit de défourailler*» A. JENNI. — **n.** *Je demande «mille ouvriers et pas des manchots»* DUHAMEL.

II **n. m.** (1760) Oiseau marin palmipède (*sphénisciformes*) des régions antarctiques au plumage noir et blanc, au corps massif, incapable de voler mais bien adapté à la vie aquatique. *Manchot empereur.* PAR EXT. Tout oiseau du même genre. ➤ **gorfou, pingouin, sphénisque.**

-MANCIE, -MANCIEN, IENNE ▪ Éléments, du grec *manteia* « divination », qui servent à former des termes désignant des sciences divinatoires et les personnes qui les pratiquent : *cartomancie, chiromancienne.*

MANCIPATION [mɑ̃sipasjɔ̃] **n. f.** – 1542 ◇ latin juridique *mancipatio* ▪ DR. ROM. Acte de transfert de la propriété.

MANDALA [mɑ̃dala] **n. m.** – 1873 ◇ mot sanskrit « cercle » ▪ DIDACT. Représentation géométrique et symbolique de l'univers, dans le brahmanisme et le bouddhisme. *« une contemplation prolongée des figures infinies et circulaires offertes par les mandalas »* HOUELLEBECQ.

MANDALE [mɑ̃dal] **n. f.** – 1849 ◇ p.-ê. de l'argot italien *mandolino* « coup de pied » ▪ ARG. Gifle*. *« Y m'a filé une beigne, j'y ai filé une mandale »* RENAUD.

MANDANT, ANTE [mɑ̃dɑ̃, ɑ̃t] **n.** – 1789 ◇ de *mander* ▪ DR. Personne qui confère un mandat à une autre (le mandataire). ➤ **commettant.** *Le mandant, les mandants d'un fondé de pouvoir. Les électeurs sont les mandants de leur élu.*

MANDARIN [mɑ̃daʀɛ̃] **n. m.** – 1581 ◇ portugais *mandarim*, altération d'après *mandar* « mander, ordonner », du malais *mantari* « conseiller » ▪ **1** HIST. Haut fonctionnaire de l'empire chinois, coréen. *Les mandarins étaient généralement recrutés par concours parmi les lettrés. Robe de mandarin.* ▪ **2** FIG. (1814) Lettré influent ; personne cultivée munie de titres. ➤ **intellectuel.** *« Les Mandarins », de S. de Beauvoir.* — PÉJ. Personnage important qui exerce un pouvoir absolu dans son domaine. ➤ 1 **patron, pontife, potentat ; mandarinat** (2°). *Les mandarins de l'université de médecine. « ce jury d'orientalistes vexés et de mandarins assoupis »* M. ENARD. ▪ **3** Langue chinoise moderne, véhiculaire, parlée dans le nord, le centre et le sud-ouest de la Chine. ➤ **pékinois.** ADJT *Les dialectes mandarins.* ▪ **4** *Canard mandarin* ou ELLIPT *mandarin* : espèce de canard au plumage très coloré, originaire d'Extrême-Orient.

MANDARINAL, ALE, AUX [mɑ̃daʀinal, o] **adj.** – 1776 ◇ de *mandarin* ▪ **1** Relatif au mandarinat chinois. ▪ **2** FIG. Qui relève de l'autorité d'une classe privilégiée. ➤ **élitiste.** *Esprit mandarinal de l'université.* ➤ **mandarinat.**

MANDARINAT [mɑ̃daʀina] **n. m.** – 1700 ◇ de *mandarin* ▪ **1** Charge, dignité de mandarin. ▪ **2** Corps des mandarins. FIG. et PÉJ. Corps social prétendant former une classe à part, privilégiée, exerçant une autorité intellectuelle plus ou moins arbitraire ; cette autorité (➤ **élitisme**). *Mandarinat universitaire, médical.* ▪ **3** Système d'épreuves, de concours pour accéder à la dignité de mandarin. — FIG. Système où les postes, les honneurs sont répartis suivant la hiérarchie des diplômes, des titres universitaires.

MANDARINE [mɑ̃daʀin] **n. f.** – 1773 ◇ espagnol *(naranja) mandarina* « (orange) des mandarins » ▪ Agrume plus petit que l'orange, doux et parfumé, produit par le mandarinier. *La peau de la mandarine est plus épaisse et se détache plus facilement que celle de la clémentine. Hybride de mandarine.* ➤ **tangélo, tangerine.** ♦ ADJT INV. De couleur orange clair. *Des écharpes mandarine.*

MANDARINIER [mɑ̃daʀinje] **n. m.** – 1867 ◇ de *mandarine* ▪ Arbre *(rutacées)*, du genre citrus, dont le fruit est la mandarine.

MANDAT [mɑ̃da] **n. m.** – 1488 « rescrit du pape » ◇ latin *mandatum* « chose mandée », de *mandare* ▪ **1** (*mandate* 1628) DR. Acte (contrat unilatéral) par lequel une personne (➤ **mandant**) donne à une autre (➤ **mandataire**) le pouvoir de faire qqch. pour elle et en son nom. *Écrit qui constate le mandat.* ➤ 2 **pouvoir, procuration.** *Donner mandat à qqn de faire qqch.* ➤ **mandater.** *Mandat légal,* conféré par la loi qui désigne ou fait désigner (par le tribunal, le conseil de famille) un mandataire (tuteur, administrateur légal). *Mandat ad litem.* — SPÉCIALT (1789) POLIT. *Mandat représentatif,* confié par le peuple à des représentants qu'il élit. PAR EXT. *Mandat législatif, parlementaire* : fonction de membre élu d'un parlement. ➤ **députation.** *La durée du mandat présidentiel est fixée à cinq ans en France.* ➤ **quinquennat ; mandature.** ABSOLT *Exercer un mandat. Solliciter le renouvellement de son mandat. Cumul des mandats.* — (1919) HIST. Mandat confié à un État d'assister (*mandats d'assistance* ou *mandats A*) ou d'administrer (*mandats d'administration* ou *mandats B, C*) certains États ou territoires (➤ **tutelle**). *Territoire sous mandat britannique.* ▪ **2** (1771) *Mandat de paiement* : titre par lequel une personne donne à une autre mandat d'effectuer un paiement. ➤ **effet** (de commerce). *Mandat de virement.* — SPÉCIALT *Mandat postal* ou ABSOLT *mandat* : titre constatant la remise d'une somme à la poste par un expéditeur avec mandat de la verser à une personne désignée (destinataire), sans transfert matériel des fonds. *Mandat international. Mandat cash,* pour transférer des espèces. *Des mandats cash.* — PAR EXT. La somme versée. *Toucher un mandat.* ▪ **3** (1790 *mandat à la barre*) DR. PÉN. Ordre écrit et exécutoire émanant de la justice visant à faire comparaître une personne mise en examen ou effectuer des investigations. *Mandat de dépôt, d'arrêt ; mandat d'amener* (➤ **emprisonnement, incarcération**). *« Toutes les fois que le juge d'instruction veut interroger un détenu, il fait un mandat de comparution »* M. DU CAMP. *Mandat de perquisition.* ▪ **4** (1850) Charge, fonction donnée par une personne à une autre pour qu'elle la remplisse en son nom. ➤ **commission, délégation, mission.** *Remplir son mandat.*

MANDATAIRE [mɑ̃datɛʀ] **n.** – 1537 ◇ latin *mandatarius*, de *mandare* ▪ **1** Personne à qui est conféré un mandat. ➤ 2 **agent, commissionnaire, délégué, gérant, représentant.** — (1896) *Mandataire aux Halles* : commissionnaire ayant reçu mandat de vendre certaines denrées aux Halles de Paris. ▪ **2** Personne chargée d'agir pour le compte de qqn, pour défendre des intérêts. ➤ **défenseur.** FIG. *« on dirait qu'il* [Washington] *se sent le mandataire de la liberté de l'avenir »* CHATEAUBRIAND. — DR. *Mandataire(-)liquidateur* : personne chargée de représenter les créanciers et, éventuellement, de procéder à la liquidation de l'entreprise. ➤ **liquidateur, syndic.** *Des mandataires(-)liquidateurs.*

MANDATER [mɑ̃date] **v. tr.** ‹1› – 1823 ◇ de *mandat* ▪ **1** FIN. Payer sous la forme d'un mandat. *Mandater une somme.* — SPÉCIALT Inscrire (une somme à payer) sur un mandat. ➤ **libeller.** ▪ **2** COUR. Investir d'un mandat. *Mandater qqn pour la gestion d'une affaire.* ➤ **confier (à), déléguer.** *Les électeurs ont mandaté tel élu.* ➤ **députer.** — SUBST. *Un mandaté.* ➤ **mandataire.** — **n. m.** **MANDATEMENT,** 1873.

MANDATURE [mɑ̃datyʀ] **n. f.** – 1984 ◇ de *mandat* ▪ POLIT. Durée d'un mandat électif. *« un bilan de la mandature qui s'achève »* (Le Monde, 1989).

MANDCHOU, E [mɑ̃tʃu] **adj.** et **n.** – 1756 *mantchou* ◇ de *mandjou,* mot toungouze ▪ Originaire de Mandchourie. *La dynastie mandchoue.* ♦ **n.** *Les Mandchous.* — **n. m.** *Le mandchou* : langue toungouze méridionale parlée en Mandchourie.

MANDEMENT [mɑ̃dmɑ̃] **n. m.** – v. 1120 ◇ de *mander* ▪ **1** VX Ordre écrit. ➤ **instruction, ordre.** *Mandement du Roi.* ▪ **2** (1611) DR. CAN. Écrit par lequel un évêque donne aux fidèles de son diocèse des instructions ou des ordres relatifs à la religion, instruction* pastorale.

MANDER [mɑ̃de] **v. tr.** ‹1› – X^e ◇ latin *mandare* ▪ VX ▪ **1** Transmettre, faire parvenir à qqn (un ordre, une instruction). ➤ **communiquer, ordonner.** *Mandons et ordonnons que* (telle chose soit faite) : formule des mandements faits au nom du souverain, sous l'Ancien Régime. ▪ **2** Faire venir (qqn) par un ordre ou un avis. ➤ **appeler, convoquer.** *Mander qqn d'urgence.* ▪ **3** (v. 1080) Faire savoir par lettre, message. ➤ **écrire.** *« Ma fille me prie de vous mander le mariage de M. de Nevers »* Mme DE SÉVIGNÉ.

MANDIBULAIRE [mɑ̃dibylɛʀ] **adj.** – 1805 ◇ de *mandibule* ▪ SC. Qui a rapport aux mandibules (des animaux), à la mandibule (de l'être humain).

MANDIBULE [mɑ̃dibyl] **n. f.** – 1314 ◇ bas latin *mandibula* « mâchoire », de *mandere* « manger » ▪ **1** ANAT. Maxillaire inférieur. — COUR., AU PLUR. Mâchoires. LOC. FAM. *Jouer des mandibules* : manger. ▪ **2** (XVIIIe) ZOOL. Chacune des deux parties cornées qui constituent le bec de l'oiseau. *Mandibule supérieure, inférieure.* ▪ **3** (1834) ZOOL. Chacune des deux pièces buccales de certains insectes *(arthropodes)* et crustacés, qui leur servent à saisir et à broyer la nourriture.

MANDOLINE [mɑ̃dɔlin] **n. f.** – 1759 ◇ italien *mandolino*, diminutif de *mandola* → mandore ▪ **1** Instrument de musique, de la famille du luth, originaire d'Italie, à caisse de résonance bombée et à cordes pincées par une petite lame rigide (médiator). ▪ **2** CUIS. Instrument ménager composé d'un plan incliné muni d'une fente coupante pour émincer les légumes.

MANDOLINISTE [mɑ̃dɔlinist] **n.** – 1882 ◇ de *mandoline* ▪ Instrumentiste qui joue de la mandoline.

MANDORE [mɑ̃dɔʀ] **n. f.** – 1576 ; *mandoire* région. XIIIe ◇ altération du latin *pandura*, grec *pandoura* ▪ DIDACT. Ancien instrument de musique à cordes pincées, analogue au luth. *« Tristement dort une mandore Au creux néant musicien »* MALLARMÉ.

MANDORLE [mɑ̃dɔʀl] **n. f.** – 1930 ◊ italien *mandorla* «amande» ■ ART RELIG. Gloire ovale en forme d'amande dans laquelle apparaît le Christ de majesté du Jugement dernier.

MANDRAGORE [mɑ̃dʀagɔʀ] **n. f.** – 1268 ; *madeglore* fin XIIe ◊ latin *mandragoras*, mot grec ■ **1** Plante *(solanacées)* aux propriétés mydriatiques, dont la racine fourchue comparée à une forme humaine passait pour avoir des vertus magiques. ■ **2** Racine de mandragore. *La mandragore servait autrefois de talisman.*

MANDRILL [mɑ̃dʀil] **n. m.** – 1751 ◊ mot anglais, composé de *man* «homme» et de *drill* «singe» dans une langue locale ■ ZOOL. Singe cynocéphale des forêts d'Afrique tropicale. ➤ 1 **drill.** *Des mandrills.*

MANDRIN [mɑ̃dʀɛ̃] **n. m.** – 1676 ◊ mot occitan, du provençal *mandre* «manivelle», latin *mamphur*, gotique °*manduls* ■ TECHN. ■ **1** Outil ou pièce mécanique, de forme généralement cylindrique. *Mandrin d'emboutissage, de calibrage. Agrandir, égaliser un trou au mandrin.* ■ **2** Partie d'une machine rotative assurant la fixation d'un outil. *Mâchoire du mandrin. Mandrin de perceuse,* dans lequel s'insère la mèche. *Clé de mandrin.* ■ **3** TECHN. Tube creux situé au centre d'un rouleau, d'une bobine. *Mandrin en carton.*

MANDUCATION [mɑ̃dykasjɔ̃] **n. f.** – 1531 ◊ bas latin *manducatio*, de *manducare* «manger» ■ (1793) PHYSIOL. Action de manger, ensemble des opérations mécaniques antérieures à la digestion (préhension, mastication, insalivation, déglutition).

1 **-MANE** ■ Élément, du latin *manus* «main» : *bimane, pédimane, quadrumane.*

2 **-MANE, -MANIE** ■ Éléments, du grec *mania* «folie» (➤ **-mania**) : *mélomane, mythomane, nymphomane, toxicomanie.*

MANÉCANTERIE [manekɑ̃tʀi] **n. f.** – 1836 ◊ du latin *mane* «le matin» et *cantare* «chanter» ■ École qui forme les enfants de chœur d'une paroisse, leur enseigne à chanter. ➤ **maîtrise, psallette.** — École qui enseigne aux jeunes garçons le chant choral sacré et profane. *La «Manécanterie des petits chanteurs à la croix de bois».*

MANÈGE [manɛʒ] **n. m.** – XVIe ◊ italien *maneggio*, de *maneggiare*, du français *manier*

I ■ **1** Exercice que l'on fait faire à un cheval pour le dresser, le dompter. ➤ **équitation.** *Salle, leçons de manège. Exercices de manège* (voltes, passades). *Manège d'ensemble.* ➤ **carrousel.** *«la garde à cheval qui fait son manège place de la République»* ROMAINS. ■ **2** Lieu où l'on dresse les chevaux, où l'on enseigne l'équitation. *Manège couvert.* ■ **3** (1812) TECHN. Appareil utilisant la force d'un animal pour faire mouvoir une machine. *Le «cheval de manège, qui tourne en place, les yeux bandés»* FLAUBERT. ■ **4** *Manège de chevaux de bois* : attraction foraine où des animaux (des chevaux de bois à l'origine), des véhicules où prennent place les enfants, sont disposés sur une plateforme circulaire entraînée dans un mouvement rotatif. ➤ RÉGION. **carrousel.** — ABSOLT *Faire un tour de manège.*

II FIG. (1606) ■ **1** VX Manière, art de se comporter envers des êtres ou des choses ; intrigue. ■ **2** MOD. Comportement habile et trompeur pour arriver à ses fins d'une manière dissimulée. ➤ **agissements, artifice, intrigue, machination,** 1 **manœuvre, rouerie.** *Observer le manège de qqn. Je comprends son petit manège.* ➤ **jeu.** *«Son obstination à me séduire et à me repousser, ce manège qui durait depuis un an déjà»* LOUŸS.

MÂNES [mɑn] **n. m. pl.** – XVe ◊ latin *Manes*, de *manus* «bon» ■ Âmes des morts, dans la religion romaine. ➤ **esprit, lare,** 1 **ombre.** *«Aux mânes paternels je dois ce sacrifice»* CORNEILLE. LOC. LITTÉR. *Invoquer, interroger les mânes des ancêtres.*

MANETON [man(ə)tɔ̃] **n. m.** – 1858 ◊ de *manette* ■ TECHN. ■ **1** Poignée d'une manivelle. ■ **2** Partie d'un vilebrequin sur laquelle est articulée la bielle. *Manetons d'un arbre moteur d'automobile.*

MANETTE [manɛt] **n. f.** – 1803 ; *mainette* «petite main» XIIIe ◊ diminutif de *main* ■ Clé, levier, poignée que l'on manœuvre à la main pour commander un mécanisme. *Baisser, tourner une manette. Manette de réglage, de commande* (➤ **joystick**). *Manette d'un percolateur. Manette des gaz d'un avion.* — LOC. FIG. *Être aux manettes de qqch.* : diriger qqch. (cf. Tenir les commandes*). FAM. *À fond les manettes* : très rapidement (cf. À fond la caisse*).

MANGA [mɑ̃ga] **n. m.** – 1991 ◊ mot japonais, littéralt «image dérisoire» ■ Bande dessinée, dessin animé japonais.

MANGANATE [mɑ̃ganat] **n. m.** – 1840 ◊ de *manganèse* et du suffixe chimique *-ate* ■ CHIM. Sel de l'acide manganique H_2MnO_4 (➤ **permanganate**). *Manganate de potassium.* — Ion issu de cet acide ($MnO_4^{\ 2-}$).

MANGANÈSE [mɑ̃ganɛz] **n. m.** – 1774 ; «magnésie noire» 1578, ancien nom du peroxyde de manganèse ◊ italien *manganesa*, p.-ê. altération de *magnesia* ■ CHIM. Élément atomique de transition (Mn ; n° at. 25 ; m. at. 54,93), métal gris clair, dur et cassant, employé sous forme d'alliages. *Sulfure de manganèse.* ➤ **alabandite.** *Acier, bronze au manganèse* (➤ **spiegel**).

MANGANEUX [mɑ̃ganø] **adj. m.** – 1831 ◊ de *manganèse* ■ CHIM. Se dit des composés bivalents du manganèse. *Oxyde manganeux,* MnO.

MANGANIN [mɑ̃ganɛ̃] **n. m.** – *manganine* 1922 ◊ de *magan(èse)* et *-ine* ■ TECHN. Alliage de cuivre (83 %), manganèse (13 %) et nickel. *Bobinage de résistance électrique en fil de manganin.*

MANGANIQUE [mɑ̃ganik] **adj.** – 1840 ◊ de *mangan(èse)* et *-ique* ■ CHIM. Se dit du cation trivalent du manganèse Mn^{3+} et de l'anion hexavalent du manganèse $MnO_4^{\ 2-}$ (et de leurs composés dérivés). *Anhydride manganique,* MnO_3. *Acide manganique. Oxyde manganique,* Mn_2O_3.

MANGANITE [mɑ̃ganit] **n. m. et f.** – 1872 ◊ de *manganèse* ■ **1 n. m.** CHIM. Oxyde double (MnO_2) du bioxyde de manganèse et d'un oxyde métallique. ■ **2 n. f.** MINÉR. Hydroxyde de manganèse naturel, cristallisé en aiguilles, en macles noires ou brunes.

MANGEABLE [mɑ̃ʒabl] **adj.** – fin XIIe, rare avant XVIIe ◊ de *manger* ■ **1** Qui peut se manger. ➤ **comestible.** ■ **2** Tout juste bon à manger, sans rien d'appétissant. *Ce n'est pas très bon, mais c'est mangeable.* ■ CONTR. Immangeable.

MANGEAILLE [mɑ̃ʒaj] **n. f.** – 1398 ; *mangeille* 1264 ◊ de *manger* ■ **1** VX Nourriture, pâtée pour animaux domestiques. *Elles «donnent la mangeaille aux poulets»* DEL AMO. ■ **2** MOD. et PÉJ. Nourriture, et SPÉCIALT Nourriture abondante et médiocre. ➤ **boustifaille, tambouille.** *La «nauséabonde odeur de vin et de mangeaille»* BALZAC.

MANGE-DISQUE [mɑ̃ʒdisk] **n. m.** – v. 1972 ◊ de 1 *manger* et *disque* ■ Électrophone portatif à fonctionnement automatique comportant une fente dans laquelle on glisse un disque (de vinyle) 45 tours. *Des mange-disques.*

MANGEOIRE [mɑ̃ʒwaʀ] **n. f.** – v. 1165 ◊ de *manger* ■ Auge destinée à contenir les aliments de certains animaux domestiques (chevaux, bestiaux, volaille). ➤ **crèche, trémie.** *Remplir la mangeoire et l'abreuvoir du canari.*

1 **MANGER** [mɑ̃ʒe] **v. tr.** ⟨3⟩ – fin Xe ◊ du latin *manducare*, de *manducus*, nom d'un glouton de la comédie romaine, représenté avec d'énormes mâchoires

I SE NOURRIR ■ **1** Avaler pour se nourrir (un aliment solide ou consistant) après avoir mâché. ➤ **absorber, consommer, ingérer, ingurgiter, prendre ;** FAM. **bouffer, boulotter, s'enfiler, s'envoyer, se farcir, se taper.** *Manger du pain, un bifteck. «Manger un fruit, c'est faire entrer en soi un bel objet vivant»* YOURCENAR. *Manger ce qu'on aime.* ➤ **se régaler.** *Il mange de tout, il n'est pas difficile. Il ne mange rien. Il n'y a plus rien à manger. N'avoir rien à manger* (cf. Claquer* du bec, danser devant le buffet*, crever* de faim). *Bon à manger.* ➤ **comestible, mangeable.** — *Animaux qui mangent de la chair, des fruits.* ➤ **-phage, -vore.** *Manger de l'herbe.* ➤ **brouter, paître ; herbivore.** — PRONOM. (PASS.) *Le concombre se mange en salade.* ◆ LOC. *Il y a à boire* et à manger. Manger son blé* en herbe, son pain* blanc. Je ne mange pas de ce pain*-là. Manger le morceau*. Manger son chapeau*. Se laisser manger la laine* sur le dos. Être bête à manger du foin.* — FAM. *Manger la soupe sur la tête de qqn,* le dépasser en taille. *Manger de la vache* enragée. Tu as mangé du lion aujourd'hui,* se dit à une personne faisant preuve d'une énergie inhabituelle. — PROV. *Faute de grives*, on mange des merles.* PRONOM. *La vengeance* est un plat qui se mange froid.* ■ **2** Dévorer (un être vivant, une proie). *«On tira à la courte paille, pour savoir qui serait mangé»* (chanson populaire). *Le chat mange la souris.* ◆ FIG. *Manger qqn des yeux,* le regarder avidement. ➤ **dévorer ;** RÉGION. **bader.** *Manger un bébé de caresses, de baisers.* ➤ **accabler, combler, couvrir.** LOC. *On en mangerait !,* c'est appétissant, attrayant. *«Des dollars ! Bien verdâtres, bien craquants ! On en mangerait !»* SAN-ANTONIO. *Vouloir manger qqn tout cru*. Ne pas savoir à quelle sauce* on sera mangé. Il ne vous mangera pas* : il n'est pas si terrible que vous le croyez. *Entre, je ne vais pas te manger.* — *Se manger le nez*.* — PRONOM. (RÉCIPR.) LOC. PROV. *Les loups ne se mangent pas entre eux.* ■ **3** (Sans compl. d'obj.)

Absorber des aliments, souvent au cours d'un repas. ➤ **s'alimenter, se nourrir, se restaurer, se sustenter ; FAM. becter, bouffer, boulotter, briffer, croûter, 3 grailler, tortorer** (cf. Casser la croûte*, la graine*). *Manger beaucoup, goulûment.* ➤ **se bourrer, dévorer, engloutir, engouffrer, se gaver, se gorger ; FAM. bâfrer, se goinfrer, s'empiffrer** (cf. FAM. S'en mettre plein la lampe*, la panse*, jusque*-là, se caler* les joues, l'estomac). *Manger comme quatre, comme un ogre* (➤ **vorace**). *Bien manger.* ➤ **banqueter, festoyer, se goberger, FAM. gueuletonner, ripailler** (cf. Faire bombance*, FAM. se taper la cloche*). *Personne qui aime bien manger.* ➤ **déguster, savourer ; gastronome, gourmand, gourmet, gueule** (fine gueule) ; **bon vivant.** *Manger peu, sans appétit, comme un oiseau, du bout des dents.* ➤ **chipoter, grignoter, picorer, pignocher** (cf. Avoir un appétit d'oiseau*). *Se passer de manger. Se priver de manger* (➤ **abstinence, 1 diète, jeûne, 1 régime**). *Refus* (➤ **anorexie**), *besoin* (➤ **boulimie, hyperphagie**) *pathologique de manger.* — *Manger de bon appétit, à sa faim. Manger rapidement, sommairement, sur le pouce*, avec un lance-pierre*.* — *Manger comme un cochon, salement, avec ses doigts.* « *Tu ne peux pas manger proprement à ton âge !* » I. NÉMIROVSKY. *Manger avec des baguettes. Manger chaud, gras, trop salé.* — *Donner envie de manger.* ➤ **allécher.** — *Faire manger un enfant, un malade* : porter les aliments à sa bouche. ➤ **alimenter, nourrir.** — *Donner à manger au chat,* lui donner sa pâtée. — LOC. *Manger dans la main de qqn,* lui être soumis, comme un animal apprivoisé. *Manger à tous les râteliers*.* PROV. *L'appétit vient en mangeant.* ALLUS. LITTÉR. « *Il faut manger pour vivre et non pas vivre pour manger* » MOLIÈRE. ◆ Prendre un repas. ➤ **1 déjeuner, 1 dîner, 2 souper.** « *ils vont à Paris,* chez *le coiffeur, ils* déjeunent ou dînent, *mais ne* mangent *jamais* » D. DE VIGAN. *S'attabler pour manger* : se mettre à table*. *Salle* à manger. Manger en tête à tête. Manger chez soi, au restaurant. Manger à heures fixes, régulières.*

II FAIRE DISPARAÎTRE ■ **1** (début XVe) Ronger. *Étoffe mangée par les mites, aux mites.* ➤ **mité.** PAR EXT. « *des murailles grises, mangées d'une lèpre jaune* » ZOLA. ■ **2** Faire disparaître en recouvrant, en débordant. ➤ **cacher, dissimuler.** « *une barbe poivre et sel, courte, mais qui lui mangeait les joues* » MODIANO. « *l'herbe folle mangeait les allées, étouffait les plants* » CLANCIER. ■ **3** FIG. (1669) *Manger ses mots,* les prononcer indistinctement. ➤ **avaler.** *Il mange la moitié des mots. Manger la consigne*, la commission*.* ■ **4** (1660) Absorber, consommer. ➤ **user.** *Voiture qui mange de l'huile.* ■ **5** FIG. (milieu XIIIe) Dépenser, dilapider. *Manger son capital. Manger de l'argent* : faire une opération déficitaire. « *Le billet de première classe pour Monte-Carlo avait déjà mangé la plus grande partie de leurs économies* » LE CLÉZIO. — « *Et ça va me manger combien de temps, ces conneries ?* » PENNAC. LOC. FAM. *Ça ne mange pas de pain !,* ça ne coûte pas un gros effort (pour faire qqch.), ça n'engage à rien. *Manger la grenouille*.*
■ CONTR. Jeûner.

2 **MANGER** [mɑ̃ʒe] n. m. – v. 980 ◊ de *1 manger* ■ **1** VX Fait, acte de manger. MOD. *En perdre le boire* et le manger.* ■ **2** MOD. et POP. Nourriture, repas. *Ici on peut apporter son manger. Ces violoneux « paient avec de la musique pour le sommeil et leur manger »* ARAGON (cf. Le gîte et le couvert, le vivre et le couvert).

MANGE-TOUT [mɑ̃ʒtu] n. m. inv. /MANGETOUT n. m./ – 1558 « qui mange tout » ◊ de *manger* et *tout* ■ **1** (1834) VX Dissipateur, prodigue. ■ **2** (1812) MOD. Variété de pois, de haricots dont on mange la cosse avec la graine. *Des mange-tout.* adj. inv. *Pois mange-tout.* ➤ **goulu.**

MANGEUR, EUSE [mɑ̃ʒœʀ, øz] n. – 1260 fig. ; *mangiere* 1226 ◊ de *manger* ■ **1** (Qualifié) Personne qui mange (beaucoup, peu). *Un gros mangeur.* ➤ **bâfreur, bouffeur, gargantua, glouton, goinfre, ogre.** « *je ne suis pas une grosse mangeuse* » HUYSMANS. ■ **2** Personne qui mange (telle ou telle chose). ➤ **-phage, -vore.** « *Les grands mangeurs de viande sont en général cruels* » ROUSSEAU. *Mangeurs de grenouilles* : les Français, selon les Anglais. *Mangeurs de chair humaine.* ➤ **anthropophage.** VIEILLI *Mangeur d'opium.* ➤ **opiomane.** — (ANIMAUX) *Mangeurs de graines* : granivores. *Mangeurs de fourmis* : fourmilier ; *d'huîtres* : huîtrier. *Un tigre mangeur d'hommes.* ■ **3** FIG. Personne qui dépense, dissipe. « *coureurs de filles et mangeurs d'argent* » BARBEY. — VIEILLI ou PLAISANT *Une mangeuse d'hommes* : une grande séductrice (cf. Une mante* religieuse). « *la mangeuse d'hommes est une figure éternelle, la femme à la capacité jamais épuisée de jouissance qui en demande encore à un malheureux* » F. GIROUD.

MANGLIER [mɑ̃glije] n. m. – 1716 ◊ de *mangle,* mot espagnol ■ Arbre tropical *(rhizophoracées),* espèce de palétuvier abondante dans les mangroves, dont le fruit est la *mangle.*

MANGOUSTAN [mɑ̃gustɑ̃] n. m. – 1598 ◊ portugais *mangustão,* du malais ■ **1** Arbre des régions tropicales *(guttiféracées)* donnant un fruit très estimé. — On dit aussi **MANGOUSTANIER** et **MANGOUSTIER.** ■ **2** Fruit du mangoustan. ➤ **1 mangouste.**

1 **MANGOUSTE** [mɑ̃gust] n. f. – 1733 ◊ de *mangoustan* ■ Fruit du mangoustan, de la taille d'une orange, au goût de framboise, appelé aussi *mangoustan.*

2 **MANGOUSTE** [mɑ̃gust] n. f. – 1703 ; *mangouze* 1697 ◊ portugais *mangusto* ou espagnol *mangosta,* de *mangus,* mot d'une langue de l'Inde ■ Petit mammifère *(carnivores)* d'Afrique et d'Asie, proche de la belette, facilement apprivoisable, utilisé pour la destruction des reptiles et des rats.

MANGROVE [mɑ̃gʀɔv] n. f. – 1902 ◊ mot anglais, du malais ■ BOT., ÉCOL. Formation végétale caractéristique des littoraux marins tropicaux, où dominent les palétuviers surélevés sur leurs racines. *Les mangroves du sud de la Floride.* « *il sillonnait la mangrove du Robert où grouillaient ces crustacés* » P. CHAMOISEAU.

MANGUE [mɑ̃g] n. f. – 1604 ; *manga* 1540 ◊ portugais *manga,* du tamoul ■ Fruit du manguier, à peau lisse, à chair jaune orangé très parfumée et savoureuse, à odeur de térébenthine. *Mangue du Mali, du Brésil. Sorbet à la mangue. Chutney de mangue.*

MANGUIER [mɑ̃gje] n. m. – 1688 ◊ de *mangue* ■ Arbre tropical originaire de l'Inde *(anacardiacées),* dont le fruit est la mangue.

-MANIA ■ Élément emprunté à l'anglais, du grec *mania* « folie » (➤ 2 -mane) : *cybermania, égyptomania, rétromania.*

MANIABILITÉ [manjabilite] n. f. – 1876 ◊ de *maniable* ■ Qualité de ce qui est maniable. *Maniabilité d'un livre. Maniabilité d'une petite voiture.* ➤ **manœuvrabilité.** ◆ TECHN. *Maniabilité d'un béton,* facilité à le transporter, à le couler.

MANIABLE [manjabl] adj. – XIVe ; « agile » XIIe ◊ de *manier* ■ **1** Qu'on manie et utilise facilement. ➤ **1 commode, 2 pratique.** *Outil maniable. Livre de petit format très maniable,* d'un maniement facile. ■ **2** Qu'on manœuvre facilement. ➤ **manœuvrable.** *Voiture maniable.* « *Le radeau restait maniable sur les hautes eaux* » GIONO. ◆ PAR EXT. MAR. Qui permet une navigation, des manœuvres faciles. *Temps, vent maniable.* ■ **3** (1538) FIG. et VIEILLI Qui se laisse aisément diriger ; docile, souple. *Un caractère maniable.* ➤ **facile, malléable.** ■ CONTR. Encombrant, incommode. Indocile, têtu.

MANIACODÉPRESSIF, IVE [manjakodepʀesif, iv] adj. – 1901 ◊ de *maniaque* et *dépressif* ■ PSYCHIATR. Propre à la psychose maniaque dépressive. *Psychose maniacodépressive.* ➤ **bipolarité.** ◆ Atteint de psychose maniaque dépressive. ➤ **bipolaire.** *Malades maniacodépressifs.* — n. *Les maniacodépressifs.*

MANIAQUE [manjak] adj. – v. 1300 ◊ latin médiéval *maniacus,* de *mania* → manie ■ **1** VX Atteint de folie. ➤ **fou.** ■ **2** PSYCHIATR. Atteint de manie. SUBST. *Un maniaque.* — Propre à la manie. *Excitation, épisode maniaque. Psychose maniaque dépressive* : trouble bipolaire ➤ **bipolarité, cyclothymie.** *Malade dans sa phase maniaque.* ➤ **euphorique.** ■ **3** COUR. Qui a une idée fixe. ➤ **monomane.** PAR EXT. *Un besoin maniaque.* « *son goût maniaque de la symétrie* » HOUELLEBECQ. — SUBST. *Une maniaque de la propreté, de l'ordre. Maniaque sexuel.* ➤ **obsédé.** ■ **4** (fin XIXe) Exagérément attaché à ses petites manies (4°), à des habitudes ridicules. ➤ **pointilleux.** *Célibataire maniaque.* SUBST. *Quel vieux maniaque !* — Propre à un maniaque. *Soin maniaque.* ➤ **méticuleux.**

MANIAQUERIE [manjakʀi] n. f. – 1888 ◊ de *maniaque* ■ Caractère d'une personne maniaque (3°).

MANICHÉEN, ENNE [manikeɛ̃, ɛn] n. et adj. – 1541 ◊ latin *Manichæus,* grec *Manikhaios,* n. grec du Perse *Mani* ■ **1** DIDACT. Adepte du manichéisme. adj. *Doctrine manichéenne.* ■ **2** adj. Propre au manichéisme ou qui s'en inspire. *Vision manichéenne du monde.* ➤ **dualiste.** « *ces hommes rugueux, ennemis de la nuance* [...] ; *leur univers était manichéen et pur* » GRACQ. — On dit aussi **MANICHÉISTE** (v. 1970). *Film, récit manichéiste.*

MANICHÉISME [manikeism] n. m. – 1688 ◊ de *manichéen* ■ **1** Religion syncrétique du Perse Mani (IIIe s.), alliant des éléments du christianisme, du bouddhisme et du parsisme, et pour laquelle le bien et le mal sont deux principes fondamentaux, égaux et antagonistes. *Le manichéisme a été condamné comme hérésie par l'Église chrétienne.* ■ **2** PAR EXT. Conception dualiste du bien et du mal. ➤ **dualisme.** « *Le manichéisme immobile des bons et des méchants* » R. GIRARD.

MANICLE [manikl] **n. f.** – 1170 ◊ latin *manicula,* diminutif de *manus* «main» ■ **1** Manchon de protection de certains ouvriers (cordonniers, bourreliers). ➤ **gantelet, manique.** ■ **2** TECHN. Manche ou poignée de divers outils.

MANICORDE [manikɔʀd] **n. m.** – 1539 ; *manicordiom* 1471 ; *manacorde* 1125 ◊ grec *monochordon* «instrument à une corde», altéré sous l'influence de *manus* «main» ■ MUS. Instrument à cordes frappées, sorte de cithare à clavier, en usage en France avant le XVIe s. — On dit aussi **MANICORDION,** aussi écrit **MANICHORDION** [manikɔʀdjɔ̃].

MANIE [mani] **n. f.** – fin XIVe ◊ bas latin *mania* «folie», mot grec ■ **1** VX Folie. ■ **2** PSYCHIATR. Syndrome mental caractérisé par une exaltation euphorique, l'expansivité, l'hyperactivité, une instabilité de l'attention. *La manie est un épisode de la psychose maniaque dépressive* (➤ **bipolarité**). «*la manie, selon certains psychiatres, serait un rempart désespéré contre la souffrance de la dépression*» C. CUSSET. *Manie confusionnelle, délirante.* ■ **3** (v. 1628) Trouble de l'esprit possédé par une idée fixe. ➤ **monomanie, obsession,** 2 **trouble** (obsessionnel compulsif). *Manie de la persécution.* ■ **4** (1665) Goût excessif, déraisonnable (pour quelque objet ou action). ➤ **fureur, marotte, passion, rage.** *Avoir la manie de la propreté, de l'ordre. Elle a la manie de tout ranger.* «*Cette manie de tricoter*» FLAUBERT. *C'est sa nouvelle manie.* ➤ FAM. **dada.** ■ **5** (v. 1750) Habitude bizarre et tyrannique, souvent agaçante ou ridicule. *Il ne faudrait pas que cela devienne une manie. À chacun ses petites manies.* «*les vieilles gens ! C'est plein de manies*» ZOLA. «*Chaque auteur a ses tics et ses manies*» JOUBERT.

-MANIE ➤ 2 **-MANE**

MANIEMENT [manimɑ̃] **n. m.** – 1237 ◊ de *manier* ■ **1** VIEILLI Action de tâter, de palper. *Maniement d'une étoffe.* ♦ PAR MÉTON. (1855) TECHN. Chacun des amas graisseux superficiels, perceptibles à la main, qui permettent de juger de l'état d'engraissement d'un animal de boucherie. ■ **2** Action ou façon de manier, d'utiliser avec les mains. ➤ **manipulation, usage.** «*le maniement conventionnel de la fourchette*» MAUPASSANT. «*des ouvriers connaissant le maniement des machines*» ARAGON. *Dictionnaire d'un maniement aisé.* ➤ **maniabilité. MANIEMENT D'ARMES :** suite de mouvements exécutés au commandement par les soldats avec leurs armes. ■ **3** FIG. Action, manière d'employer, de diriger, d'administrer. ➤ **emploi.** «*Le maniement de la langue*» LANSON. *Le maniement des affaires.* ➤ **administration, direction, gestion.**

MANIER [manje] **v. tr.** ⟨7⟩ – XVIe ; *maneier* 1165 ◊ de *main*

I ■ **1** VX Tâter, palper. ■ **2** Façonner, modeler avec la main. «*manier la glaise et réaliser la maquette*» BALZAC. ♦ Pétrir (de la farine et du beurre). — **p. p. adj.** *Beurre manié,* légèrement ramolli et mélangé avec de la farine. ■ **3** Avoir en main, entre les mains tout en déplaçant, en remuant. «*Un plaisir de petite fille qui trouve et manie un jouet nouveau*» MAUPASSANT. *Manier un objet avec précaution.* ➤ **manipuler.** ■ **4** Utiliser en ayant en main. *Manier les armes**. «*Savoir manier l'épée et le poignard pour sa défense*» TAINE. *Manier le pinceau. Manier l'encensoir*, la brosse* à reluire.* — Utiliser (une machine, un véhicule) pour une manœuvre. ➤ **manœuvrer ; maniable.** «*Avion assez rapide* [...] *mais difficile à manier*» MALRAUX. — *Manier un cheval,* le faire évoluer. — *Manier de l'argent, de grosses sommes d'argent.* ➤ 1 **brasser.** *Manier des fonds.* ➤ **gérer.** ■ **5** (fin XVe) FIG. Mener à son gré. ➤ **diriger, gouverner.** «*Pour manier ces masses*» BALZAC. ■ **6** Employer de façon plus ou moins habile. *Nul «n'a manié l'alexandrin dramatique d'une façon plus magistrale»* GAUTIER. *Bien manier une langue étrangère. Savoir manier l'ironie.*

II FAM. **SE MANIER** (seult inf.) ou **SE MAGNER** [maɲe] ⟨1⟩ se remuer, se dépêcher. ➤ se **dégrouiller,** se **grouiller.** «*On t'attend à la caserne. Je te conseille de te manier*» SARTRE. *Magnez-vous !* — LOC. VULG. (même sens) *Se manier, se magner le cul, le pot, le popotin.* «*eh bien grouille-toi, fais fiça, magne-toi le pot*» QUENEAU.

MANIÈRE [manjɛʀ] **n. f.** – début XIIe ◊ de l'ancien adjectif *manier,* employé jusqu'au XIVe s. au sens de «manuel» et d'«habile, exercé», famille de *manus* «main»

I FAÇON DE FAIRE, D'ÊTRE ■ **1** Forme particulière que revêt l'accomplissement d'une action, le déroulement d'un fait, l'être ou l'existence. ➤ **façon,** 2 **mode,** 2 **moyen.** *Manière d'agir, de se conduire, d'être, de vivre. Je n'aime pas ses manières de faire.* «*une manière de sentir vive et forte*» Mme DE STAËL. *C'est la meilleure manière de, pour réussir. La manière dont il s'y prend.* «*ce qui m'intéressait* [...] *c'était la manière dont ils le disaient*» PROUST. — ELLIPT *Il y a la manière :* il faut savoir s'y prendre. *Avoir la manière, l'art et la manière.* — *Employer la manière forte**. ■ **2** **loc. adv.** *De cette manière, de cette manière-là :* ainsi. *De toute manière, d'une manière ou d'une autre, de toutes les manières :* en tout cas, quoi qu'il arrive. *De quelle manière ?,* comment ? IRON. *De la belle manière :* rudement, sans ménagement. *De la bonne manière :* comme il le faut. *D'une manière générale :* dans la plupart des cas, en gros. *D'une certaine manière :* d'un certain point de vue, en un sens. *De la même manière :* pareillement. (1540) *En aucune manière :* aucunement. — **loc. prép.** (fin XIVe) *À la manière de :* comme. «*Il accomplissait sa tâche quotidienne à la manière du cheval de manège*» FLAUBERT. — *De manière à :* afin de. «*Apprends un métier et tâche de l'exercer de manière à gagner ta vie honorablement*» DUHAMEL. — **loc. conj.** (1547) (introd. une conséquence de fait avec l'indic., une conséquence voulue avec le subj.) **DE (TELLE) MANIÈRE QUE :** de (telle) sorte que, de façon que. *Il a agi de telle manière qu'il a échoué. De manière que tout aille bien.* (1792) *De manière à ce que :* de manière que (conséquence voulue). «*Un portique disposé de manière à ce qu'on trouvât de l'ombre à toute heure*» FRANCE. ■ **3** Forme de comportement personnelle et habituelle. «*ce n'est pas plus ma manière que mon goût*» LACLOS. «*Avec sa manière de crier sur les toits ses moindres relations*» PROUST. *Ce n'est pas dans sa manière. Il est heureux à sa manière.* ■ **4** (1641) Mode d'expression caractéristique d'un artiste, d'une école. ➤ **genre, style.** *Manière de peindre, d'écrire.* «*la manière vague, floue* [...] *qui faisait son originalité*» GAUTIER. *Sonate dans la manière classique. La manière d'un peintre, d'un écrivain. Gravure à la manière noire.* ➤ **mezzotinto.** *Poème, tableau à la manière de X,* imitant la manière de X. SUBST. *Un «à la manière de» :* un pastiche. *Manières successives, première manière.* ➤ **période.** ♦ (1699) PÉJ. (VX) Maniérisme. ■ **5** LITTÉR. Espèce, sorte. «*L'amitié entre homme et femme, c'est encore une manière d'amour*» COCTEAU. *Roman construit en manière de poème,* en forme de poème. *Je l'ai dit en manière de plaisanterie,* comme une plaisanterie. (fin XIVe) MOD. et FAM. *Manière de parler. Il a dit cela, mais c'est manière de parler,* l'expression ne convient peut-être pas à la situation. ■ **6** GRAMM. *Complément, adverbe de manière,* qui indique la manière dont se fait qqch. (ex. Il avance *avec lenteur, lentement*).

II LES MANIÈRES. COMPORTEMENT D'UNE PERSONNE (milieu XIIe) Comportement d'une personne considéré surtout dans son effet sur autrui. «*Les manières* [...] *sont souvent ce qui fait que les hommes décident de vous en bien ou en mal*» LA BRUYÈRE. *Avoir, prendre de mauvaises manières.* ➤ **genre.** *Apprendre les bonnes, les belles manières.* ➤ **usage ; courtoisie, politesse.** *En voilà des manières !* FAM. *C'est pas des manières !* — FAM. *Sans manières :* en toute simplicité. *Recevoir des amis sans manières* (cf. À la bonne franquette*, sans façons*, sans cérémonie*). *Toutes ses petites manières m'agacent.* ➤ **minauderie.** (1862) *Faire des manières :* être poseur (➤ 1 **chichi, embarras**), faire des simagrées, se faire prier. «*Elle avait fait des manières pour l'emmener chez elle*» ARAGON.

MANIÉRÉ, ÉE [manjeʀe] **adj.** – 1679 ; «dressé» XIVe ◊ de *manière* ■ **1** Qui montre de l'affectation, manque de naturel ou de simplicité. ➤ **affecté, poseur ;** FAM. **chichiteux, chochotte.** *Femme maniérée.* ➤ **mijaurée, pimbêche.** «*La société maniérée qui a des nausées devant le peuple*» MAUPASSANT. *Politesse maniérée.* ■ **2** ARTS Qui manque de spontanéité, est trop recherché. ➤ **apprêté, précieux.** *Écrivain maniéré.* ➤ **maniériste.** «*Les talents maniérés ne peuvent éveiller un intérêt véritable*» DELACROIX. *Style, genre maniéré.* ➤ **maniérisme.** ■ CONTR. Naturel, simple.

MANIÉRISME [manjeʀism] **n. m.** – 1823 ◊ italien *manierismo,* de *maniera* «manière» ■ **1** PÉJ. Tendance au genre maniéré en art. «*cette affectation, ce maniérisme sautillant*» HENRIOT. ■ **2** DIDACT. Art, style raffiné des artistes italiens entre la Renaissance et le baroque caractérisé par l'affirmation et l'explicitation des procédés de l'art, une moindre référence à la nature. *Le maniérisme de Bronzino.* ■ **3** (1901) PSYCHIATR. Attitude apprêtée, affectée, qui se retrouve dans différents troubles mentaux (hystérie, schizophrénie).

MANIÉRISTE [manjeʀist] **adj.** et **n.** – 1668 ◊ de *manière* ■ **1** PÉJ. Qui tombe dans le maniérisme, manque de naturel. ➤ **maniéré.** ■ **2** DIDACT. Relatif au maniérisme (2°). *Architecture maniériste.* — **n.** Artiste appartenant au maniérisme.

MANIEUR, IEUSE [manjœʀ, jøz] **n.** – fin XIVe ◊ de *manier* ■ *Manieur de :* personne qui manie (qqch.). «*les dieux manieurs du tonnerre*» ARAGON. — FIG. *Manieur, manieuse d'argent :* homme, femme d'affaires, financier. *Un manieur d'hommes.* ➤ **meneur.** *Manieur d'idées.*

MANIF ➤ **MANIFESTATION**

MANIFESTANT, ANTE [manifɛstɑ̃, ɑ̃t] **n.** – 1849 ◊ de *manifester* ■ Personne qui prend part à une manifestation (4°). *Il y a des blessés parmi les manifestants et les forces de l'ordre. Les manifestants ont été dispersés par la police.*

MANIFESTATION [manifɛstasjɔ̃] **n. f.** – v. 1200 ◊ latin ecclésiastique *manifestatio* ■ **1** Fait, moyen par lequel Dieu se manifeste, devient sensible. ◆ Action, fait de révéler. ➤ **révélation.** «*Chacun est tenu d'apporter son concours à la justice en vue de la manifestation de la vérité*» (CODE CIVIL). ■ **2** (1749) Action ou manière de manifester, de se manifester. ➤ **expression.** «*Nul ne doit être inquiété pour ses opinions, pourvu que leur manifestation ne trouble pas l'ordre public*» (DÉCLARATION DES DROITS DE L'HOMME). *La vertu* «*est un principe dont les manifestations diffèrent*» BALZAC. *Manifestation de joie, de mécontentement.* ➤ **démonstration,** 1 **marque, témoignage.** DR. *Manifestation de volonté**. MÉD. *Manifestations cliniques d'une maladie.* ➤ **phénomène, symptôme,** 2 **trouble.** ■ **3** Évènement artistique, culturel, commercial, publicitaire organisé dans le but d'attirer un large public. *Manifestation musicale.* ➤ **festival.** ■ **4** (1857) Démonstration collective, publique et organisée d'une opinion ou d'une volonté. *Manifestation pour la paix, contre la guerre.* ➤ **défilé,** 2 **marche.** *Manifestation de grévistes.* ➤ RÉGION. 2 **piquetage.** *Manifestation pacifique, silencieuse. Aller, participer à une manifestation. Banderoles, slogans, service d'ordre d'une manifestation. Disperser une manifestation.* ABRÉV. FAM. (1952) **MANIF.** «*Alors, c'est pour quand, la manif ?*» ARAGON. *Des manifs.*

1 **MANIFESTE** [manifɛst] **adj.** – v. 1190 ◊ latin *manifestus* «pris sur le fait» ■ **1** VX Avéré par le fait. ■ **2** (XIIIe) MOD. Dont l'existence ou la nature est évidente. ➤ **certain*, évident, patent, visible.** *Différences manifestes. Une erreur, une injustice manifeste.* ➤ **flagrant.** «*une tristesse et un désarroi de plus en plus manifestes*» CAMUS. — IMPERS. «*Il est manifeste que nous avons été dans un degré de perfection*» PASCAL. ■ CONTR. Caché, douteux, obscur.

2 **MANIFESTE** [manifɛst] **n. m.** – 1365 ◊ de 1 *manifeste* ■ **1** Liste des marchandises constituant la cargaison d'un navire, à l'usage notamment des Douanes. — PAR ANAL. Document de bord d'un avion (itinéraire, passagers, fret). ■ **2** (1574 ◊ italien *manifesto*) Déclaration écrite, publique et solennelle, par laquelle un gouvernement, une personnalité ou un groupement politique expose son programme, justifie sa position. ➤ **proclamation** (cf. Profession de foi*). *Le* «*Manifeste du parti communiste*»*, de Marx et Engels* (1848). *Manifeste des femmes en faveur de l'avortement.* ■ **3** PAR EXT. (1828) Exposé théorique lançant un mouvement littéraire. «*Le Manifeste du surréalisme*»*, d'André Breton* (1924).

MANIFESTEMENT [manifɛstəmɑ̃] **adv.** – 1190 ◊ de 1 *manifeste* ■ D'une manière manifeste, à l'évidence. *Il est manifestement ivre.* ➤ **visiblement.** *Manifestement, ça n'a servi à rien.*

MANIFESTER [manifɛste] **v.** ⟨1⟩ – v. 1120 ◊ latin impérial *manifestare*

I **v. tr.** ■ **1** Faire connaître de façon manifeste. ➤ **déclarer, exprimer, montrer, révéler.** *Manifester sa volonté, ses intentions. Manifester sa haine, sa joie, sa colère.* ➤ **extérioriser.** *Marat* «*sommait le peuple* [...] *de manifester hautement son opinion*» MICHELET. «*C'est à la duchesse qu'il manifestait son agacement*» PROUST. *Manifester sa sympathie à qqn, de la sympathie envers qqn.* ■ **2** Faire ou laisser apparaître clairement. «*Il ne manifesta aucun étonnement*» COURTELINE. *Une occasion de manifester son courage.* ➤ **déployer.** — *Son trouble manifeste sa timidité.* ➤ **révéler, signaler, trahir.**

II **v. pron. SE MANIFESTER** ■ **1** Se révéler clairement dans son existence ou sa nature. «*Dieu ne se manifeste pas aux hommes avec toute l'évidence qu'il pourrait*» PASCAL. ◆ Donner de ses nouvelles, faire parler de soi. *Il ne s'est pas manifesté depuis longtemps* : on ne l'a pas vu ni entendu. — Se faire connaître. *Plusieurs candidats se sont manifestés à la suite de l'annonce.* ■ **2** Apparaître, se montrer. *Maladie qui se manifeste par l'apparition de pustules.* ➤ **se déclarer.** *Des divergences peuvent se manifester.* ➤ **surgir, survenir.**

III **v. intr.** (1868) Participer à une manifestation (4°) politique, syndicale. *Manifester pour l'emploi. Manifester contre qqn, une décision. Appeler à manifester.* «*on a manifesté dans les rues*» ROMAINS.

■ CONTR. Cacher.

MANIFOLD [manifɔld] **n. m.** – 1930 ◊ mot anglais, pour *manifold paper* ■ ANGLIC. ■ **1** Carnet comportant plusieurs séries de feuilles et de papier carbone. ■ **2** (1960) TECHN. Ensemble de vannes et de conduits orientant un fluide vers un réservoir ou des canalisations.

MANIGANCE [manigɑ̃s] **n. f.** – 1543 ◊ p.-ê. du latin *manus* «main» et suffixe obscur ■ Manœuvre secrète et suspecte, sans grande portée ni gravité. ➤ FAM. **magouille,** 1 **micmac.** *Qu'est-ce que c'est que ces manigances ? Une manigance politique.*

MANIGANCER [manigɑ̃se] **v. tr.** ⟨3⟩ – 1691 ◊ de *manigance* ■ Combiner par quelque manigance. ➤ **combiner, comploter, machiner, tramer ;** FAM. **magouiller, trafiquer.** *Hubert* «*m'épiait* [...] : *que pouvais-je bien manigancer ?*» MAURIAC. — PRONOM. *Il se manigance qqch.*

MANIGUETTE [manigɛt] **n. f.** – 1544 ; *Manighette* n. pr. (côte de Guinée) 1520 ◊ altération du synonyme *malaguette*, emprunté au portugais, p.-ê. de l'italien *meleghetta*, du latin *milium* «millet» ■ Graine de paradis*, au goût poivré.

1 **MANILLE** [manij] **n. f.** – fin XIXe ; «carte à jouer» 1696 ; *malille* 1660 ◊ espagnol *malilla*, diminutif de *mala*, proprt «la petite malicieuse» ■ Jeu de cartes où les plus fortes sont le dix *(manille)*, puis l'as *(manillon)*. «*On fait une manille aux enchères à trois ?*» PAGNOL. *Manille contrée.* ➤ RÉGION. **coinchée.** — **n. MANILLEUR, EUSE.**

2 **MANILLE** [manij] **n. f.** – 1680 ; «bracelet» 1543 ◊ latin *manicula* → manicle ■ **1** ANCIENNT Anneau auquel on fixait la chaîne d'un galérien ou d'un forçat. «*la chaîne rivée à la manille de son pied*» HUGO. ■ **2** (1902) TECHN. MAR. Étrier en forme de U ou de lyre, fermé par un manillon et servant à fixer des câbles, des cordages, etc.

1 **MANILLON** [manijɔ̃] **n. m.** – 1893 ◊ de 1 *manille* ■ As, seconde carte à la manille.

2 **MANILLON** [manijɔ̃] **n. m.** – XXe ◊ de 2 *manille* ■ Vis dont la tête est munie d'un méplat ou d'un anneau, reliant les deux extrémités de l'étrier d'une manille pour la fermer.

MANIOC [manjɔk] **n. m.** – 1556 ◊ mot tupi ■ Arbrisseau des régions tropicales *(euphorbiacées)*, dont la racine fournit une fécule alimentaire, le tapioca. — Racine de cette plante. *Farine de manioc.* ➤ **cassave.**

MANIPULABLE [manipylabl] **adj.** – 1907 ◊ de *manipuler* ■ Que l'on peut manipuler (PERSONNES). *Des foules manipulables.*

MANIPULATEUR, TRICE [manipylatœʀ, tʀis] **n. et adj.** – 1738 ◊ de *manipuler* ■ **1** Personne qui procède à des manipulations. ➤ **opérateur.** *Manipulateur de laboratoire* : assistant des expérimentateurs. *Manipulateur radio(graphe)* : assistant des radiologues. *Elle est manipulatrice radio.* ◆ Prestidigitateur spécialisé dans la manipulation (3°). ■ **2** Personne qui en manipule (6°) d'autres. «*Douche écossaise, la méthode des manipulateurs : je t'insulte, je te complimente, je décide seule et arbitrairement de la tonalité des échanges*» V. DESPENTES. ■ **3 n. m.** (1868) TECHN. Appareil en forme de levier servant à la transmission des signaux télégraphiques. — Engin permettant de manipuler et transporter de lourdes charges. ➤ **gerbeur.** ■ **4 adj.** Qui permet d'effectuer des manipulations. *Bras manipulateur d'un robot.*

MANIPULATION [manipylasjɔ̃] **n. f.** – 1762 ; «traitement du minerai d'argent» 1716 ◊ calque de l'espagnol *manipulación*, du latin *manipulus* «poignée» ■ **1** Action, manière de manipuler (des substances, des produits, des appareils). *Appareil d'une manipulation délicate.* ➤ **maniement.** ◆ Expérience de laboratoire. *Manipulations chimiques.* «*J'étais en train de faire une manipulation délicate, à l'atelier*» ROMAINS. *Manipulations à distance de substances radioactives.* ➤ **télémanipulation.** *Manipulations génétiques* : opérations de l'ingénierie* génétique. ➤ **clonage, OGM, PCR.** — SPÉCIALT Exercice scolaire tendant à familiariser les étudiants avec ce genre d'opérations. ABRÉV. FAM. (1880) **MANIP.** *Des manips.* ■ **2** Manœuvre manuelle consistant à mobiliser certaines articulations par pression ou étirement modérés. *Manipulations vertébrales* (➤ **chiropraxie, étiopathie**). ■ **3** Branche de la prestidigitation reposant sur la seule habileté des mains. ■ **4** FIG. et PÉJ. Manœuvre malhonnête. *Manipulations électorales.* ➤ 1 **manœuvre ;** FAM. **magouille, tripotage.** *Manipulation de l'information. Manipulation des cours de la Bourse.* ➤ **agiotage.** — Emprise occulte exercée sur un groupe (ou un individu). *Manipulation des foules. La manipulation de l'opinion.* DR. *Manipulation mentale* : fait pour une personne physique ou morale de créer ou d'exploiter chez autrui, contre son gré ou non, un état de dépendance psychologique, en vue notamment d'en tirer des avantages financiers ou matériels.

1 **MANIPULE** [manipyl] **n. m.** – 1380 ◊ latin médiéval *manipulus*, dit aussi *mappula* «petite serviette» ■ LITURG. Bande d'étoffe que porte à l'avant-bras gauche le prêtre pour la célébration de la messe.

2 **MANIPULE** [manipyl] **n. m.** – 1660 ; «gerbe» 1519 ; «poignée» (mesure en pharm.) 1478 ◊ latin *manipulus* «poignée, gerbe» ■ ANTIQ. Enseigne, étendard d'une compagnie militaire romaine. — PAR EXT. La compagnie, division de la cohorte.

MANIPULER [manipyle] **v. tr.** ⟨1⟩ – 1765 ◊ de 2*manipule* «poignée» ■ **1** Manier avec soin en vue d'expériences ou d'opérations scientifiques ou techniques. *«manipuler des tubes, des fioles et des seringues»* DUHAMEL. ■ **2** Intervenir sur (des substances dangereuses ou microscopiques) avec un instrument. *Manipuler des corps radioactifs, le vivant* (cellules, gènes, protéines). ■ **3** Manier pour mélanger. *Manipuler des substances, des drogues.* ➤ **malaxer, mélanger, mêler.** ■ **4** PAR EXT. Manier et transporter (➤ **manutention**). *Manipuler des colis.* ABSOLT *Manipuler avec précaution.* ■ **5** Faire subir des modifications plus ou moins honnêtes à (qqch.). *Manipuler des statistiques.* ➤ **trafiquer,** FAM. **tripatouiller.** ■ **6** FIG. Influencer habilement (un groupe, un individu), pour le faire penser et agir comme on le souhaite. ➤ **manœuvrer.** *Manipuler l'opinion politique. Il s'est laissé manipuler.*

MANIQUE [manik] **n. f.** – 1680 ◊ latin *manicula* → manicle ■ TECHN. Manchon de protection, souvent en cuir. ➤ **gantelet, manicle.** — Gant, carré de tissu épais et isolant, qui sert à saisir des plats chauds.

MANITOU [manitu] **n. m.** – 1627 ◊ mot algonquin «grand esprit» ■ **1** Esprit du bien *(bon, grand manitou)* ou du mal *(méchant manitou)*, chez certaines peuplades indiennes. ■ **2** (1842) FIG. et FAM. Personnage important et puissant. ➤ FAM. **huile.** *«Le père est un grand manitou dans les chemins de fer»* CÉLINE. ➤ **mandarin,** 1 **patron.**

MANIVELLE [manivɛl] **n. f.** – XVIe ; *manevele* «poignée» v. 1130 ◊ latin populaire °*manabella,* classique *manibula,* var. de *manicula* → manicle, 2 manille ■ **1** Pièce mécanique constituée d'un bras dont une extrémité est fixée perpendiculairement à un arbre, et muni d'une poignée ou d'un axe à l'autre extrémité afin d'entraîner la rotation de l'arbre. *Tourner la manivelle. Manivelle d'un treuil, d'un cric, d'une automobile. Démarrer* (une voiture) *à la manivelle. Retour* de manivelle.* — *Manivelle des anciennes caméras.* LOC. *Premier tour de manivelle* : commencement du tournage d'un film. ■ **2** TECHN. *Manivelle de moteur,* servant généralement à transformer un mouvement rectiligne alternatif en mouvement circulaire. *Arbre-manivelle.* ➤ **vilebrequin.** — *Système bielle*-manivelle.* ◆ Partie du pédalier reliant les plateaux à la pédale. FAM. *Appuyer sur les manivelles,* les pédales.

1 **MANNE** [man] **n. f.** – v. 1120 ◊ latin ecclésiastique *manna,* hébreu *man* ■ **1** BIBL. Nourriture miraculeuse envoyée aux Hébreux dans le désert (*Exode,* XVI, 15). *La manne tombée du ciel.* ■ **2** FIG. Nourriture providentielle, don ou avantage inespéré. *La manne de ses bienfaits.* ■ **3** (1755) *Manne des poissons* ou (Canada ; 1871) *manne* : éphémères qui abondent sur les rivières et dont les poissons se nourrissent. ■ **4** (XIVe) Exsudation sucrée de divers végétaux (frêne, mélèze, eucalyptus).

2 **MANNE** [man] **n. f.** – 1467 ; *mande* 1202 ◊ moyen néerlandais *mande* et variante *manne* ■ Grand panier d'osier. ➤ **banne, panière.** *«des mannes pleines de foin et d'œufs»* HUYSMANS.

1 **MANNEQUIN** [mankɛ̃] **n. m.** – 1671 ; «figurine» XIIIe ◊ moyen néerlandais *mannekijn,* diminutif de *man* «homme» ■ **1** Statue articulée, à laquelle on peut donner diverses attitudes, qui sert de modèle pour les peintres, les sculpteurs. *Mannequins de cire.* — (1806) Moulage ou armature servant de modèle pour la confection des vêtements, pour les essayages. *Mannequin de couturière, de tailleur. Taille mannequin,* conforme aux proportions du mannequin type. *Elle a la taille mannequin.* — *Mannequin d'étalage,* sur lequel on présente les vêtements à vendre. ◆ Figure imitant grossièrement un être humain. ■ **2** (1776) FIG. et VIEILLI Personne sans caractère que l'on mène comme on veut. ➤ **fantoche, pantin.** — Personnage tout d'une pièce, dénué de vie. ■ **3** (1907) Personne employée par un couturier pour porter ses créations afin de les présenter au public (photos, défilés...). ➤ **modèle.** REM. Pour parler d'une femme, l'usage actuel hésite entre *un mannequin, une mannequin* ou *une mannequine. «on le reconnaît au bras d'une jeune mannequin»* PH. BESSON. *Agence de mannequins. Le press-book d'un mannequin. Elle n'a pas les mensurations requises pour être mannequin. Défilé de mannequins. Mannequin sénior. Mannequin vedette* : **recomm. offic. pour** *top model.* — *Poupée* mannequin.*

2 **MANNEQUIN** [mankɛ̃] **n. m.** – 1467 ; *mandequin* milieu XIIIe ◊ moyen néerlandais °*mannekijn,* diminutif de *manne* → 2 manne ■ TECHN. Petit panier d'horticulteur.

MANNEQUINAT [mankina] **n. m.** – 1989 ◊ de 1*mannequin* ■ Profession de mannequin. *Se lancer dans le mannequinat.*

MANNITOL [manitɔl] **n. m.** – 1924 ◊ anglais *mannitol* (1879), ou réfection en *-ol* de *mannite,* 1815, de 1*manne* ■ BIOCHIM. Polyalcool cristallin blanc, présent à l'état libre ou combiné chez de nombreux êtres vivants. *Le mannitol est utilisé comme édulcorant.* — On dit aussi **MANNITE n. f.**

MANNOSE [manoz] **n. m.** – 1902 ◊ allemand *Mannose* (1888), abrév. de *Mannitose* (→ mannitol) et 1 *-ose* ■ BIOCHIM. Sucre naturel contenu dans de nombreuses baies et graines. *Le mannose est un isomère du fructose et du glucose.*

MANOCONTACT [manokɔ̃takt] **n. m.** – 1986 ◊ de *mano(mètre)* et *contact* ■ TECHN. Capteur fermant un contact électrique à partir d'un certain seuil de pression.

MANODÉTENDEUR [manodetɑ̃dœʀ] **n. m.** – 1895 ◊ de *mano(mètre)* et *détendeur* ■ TECHN. Dispositif permettant d'abaisser la pression d'un gaz comprimé et d'en régler l'utilisation.

MANŒUVRABILITÉ [manœvʀabilite] **n. f.** – 1934 ◊ de *manœuvrable* ■ TECHN. Aptitude d'un bateau, d'un véhicule à être manœuvré. ➤ **maniabilité.**

MANŒUVRABLE [manœvʀabl] **adj.** – 1853 ◊ de *manœuvrer* ■ Apte à être manœuvré (bateau, véhicule). ➤ **maniable.**

1 **MANŒUVRE** [manœvʀ] **n. f.** – 1409 ; *manuevre* «corvée» 1248 ◊ latin tardif *man(u)opera* «travail avec la main»

I ■ **1** Action sur les cordages, les voiles, le gouvernail, etc., destinée à régler le mouvement d'un navire. *Commander, exécuter une manœuvre. Officier de manœuvre. «Prompt à la manœuvre, ne se trompant jamais dans le jeu compliqué des cordages»* LOTI. — LOC. *Être à la manœuvre* ; FIG. être aux commandes, diriger. — PAR ANAL. Tout mouvement d'un véhicule, en dehors de son trajet. *Manœuvre d'une locomotive, de wagons dans une gare. Faire une manœuvre pour garer sa voiture.* ◆ **FAUSSE MANŒUVRE :** erreur dans la commande d'un véhicule, dans une manœuvre quelconque ; FIG. décision, démarche maladroite et sans résultat. ■ **2** (1694) Exercice que les instructeurs font faire en temps de paix aux soldats (maniement d'armes, mouvements) ; évolutions ordonnées prescrites par le commandement en temps de guerre, à des fins tactiques ou stratégiques. *Champ de manœuvres. Grandes manœuvres,* mettant en mouvement de gros effectifs. *Être en manœuvres. «l'immense manœuvre où notre régiment roule comme un petit rouage»* BARBUSSE. ■ **3** Opération manuelle exercée sur une personne dans une intervention chirurgicale. *«L'infiltration et l'hyperesthésie laryngée ont rendu la manœuvre difficile»* MARTIN DU GARD. — Procédé manuel par lequel le médecin imprime un mouvement, un changement de position, à une partie du corps, dans un but thérapeutique (➤ **manipulation**), ou afin de préciser un diagnostic. *Manœuvres obstétricales.* ■ **4** Maniement permettant le fonctionnement d'un appareil ou d'une machine. *Manœuvre à effectuer pour mettre en route la chaudière. Il était le seul «à connaître la manœuvre d'un fusil et son usage»* MAC ORLAN. — PAR EXT. Fonctionnement par un mécanisme automatique. *Câbles de manœuvre.*

II (XVIIe) FIG. Moyen, ensemble de moyens mis en œuvre pour atteindre un but, généralement par ruse et artifice. ➤ **combinaison, intrigue, machination, manigance ;** FAM. **fricotage, grenouillage, magouille.** *«des manœuvres dont j'étais la victime»* ROUSSEAU. *«La manœuvre était subtile et perfide»* MARTIN DU GARD. *Attribuer un accident «aux manœuvres criminelles d'un sorcier»* CAILLOIS. ➤ **agissements.** *Liberté de manœuvre. Manœuvres électorales.* ➤ **manipulation,** FAM. **tripotage.** — DR. *Manœuvres frauduleuses, dolosives* (dol*).

III (1643) MAR. (surtout au plur.) Cordage, filin appartenant au gréement. *Manœuvres dormantes, courantes. Fausses manœuvres* : manœuvres supplémentaires installées par mauvais temps.

2 **MANŒUVRE** [manœvʀ] **n. m.** – 1387 ◊ de *manœuvrer* ■ **1** VX Travailleur manuel. ➤ **ouvrier.** ■ **2** MOD. Ouvrier exécutant des travaux qui n'exigent pas d'apprentissage préalable. *Les manœuvres d'un chantier.* — *Manœuvre spécialisé,* ayant reçu une formation particulière pour un certain type de travail. ➤ **O. S.** — (v. 1958) FAM. *Manœuvre-balai* : ouvrier sans aucune spécialisation, généralement préposé aux travaux de nettoyage et situé à la base de la hiérarchie des salaires. *Des manœuvres-balais.*

MANŒUVRER [manœvʀe] v. ‹1› – 1678 ; *manuvrer, manovrer* XIe ◊ bas latin *manu operare* « travailler avec la main »
I v. intr. ■ **1** Effectuer une manœuvre sur un bateau, un véhicule. *Il manœuvre pour garer sa voiture.* ➤ **braquer, contre-braquer, reculer.** ■ **2** MILIT. Faire l'exercice. *Soldats qui manœuvrent.* — Effectuer ou commander une manœuvre en temps de guerre. ■ **3** FIG. Employer des moyens adroits pour arriver à ses fins. « *On manœuvre,* [...] *on tourne l'obstacle* » MAUPASSANT. *Il a bien manœuvré.*
II v. tr. ■ **1** Manier de façon à faire agir, à faire fonctionner, à mouvoir où l'on veut. *Manœuvrer les cordages, le gouvernail.* « *Debout dans sa barque et manœuvrant sa perche* » LOTI. *Manœuvrer un véhicule. Manœuvrer le volant, les vitesses d'une automobile.* ■ **2** FIG. Faire agir (qqn) comme on le veut, par une tactique habile. ➤ **gouverner, manier.** « *Les Jacobins manœuvraient la Gironde* » BAINVILLE. *Tu t'es laissé manœuvrer.* ➤ **manipuler, mener.**

MANŒUVRIER, IÈRE [manœvʀije, ijɛʀ] n. – 1678 ; « manœuvre » 1583 ; *manevrier* 1278 ◊ latin médiéval *manuoperarius* ■ **1** Personne qui sait manœuvrer (marine, armée). *Un habile, un fin manœuvrier.* — adj. « *les qualités manœuvrières des troupes* » ROMAINS. ■ **2** FIG. VIEILLI Personne qui manœuvre habilement (dans la politique, les affaires). ➤ FAM. **magouilleur.**

MANOIR [manwaʀ] n. m. – XIIe ◊ de l'ancien français *maneir, manoir,* du latin *manere* « demeurer » ■ Logis seigneurial ; petit château ancien à la campagne. ➤ **gentilhommière.**

MANOMÈTRE [manɔmɛtʀ] n. m. – 1705 ◊ du grec *manos* « clairsemé, peu dense » et *-mètre* ■ PHYS. Appareil servant à mesurer la pression d'un fluide contenu dans un espace fermé. ➤ aussi **baroscope.** *Manomètre à air libre, à air comprimé, à ressort. Cadran d'un manomètre.* — *Manomètre enregistreur* (n. m. **MANOGRAPHE**).

MANOMÉTRIE [manɔmetʀi] n. f. – 1832 ◊ de *manomètre* ■ PHYS. Mesure des pressions. — adj. **MANOMÉTRIQUE.**

MANOQUE [manɔk] n. f. – 1679 ◊ mot dialectal des Flandres (picard), du latin *manus* « main » ■ **1** Petite botte de feuilles de tabac. ■ **2** (1831) MAR. Pelote de cordage, de fil de ligne.

MANOSTAT [manɔsta] n. m. – 1949 ◊ de *mano(mètre)* et *-stat* ■ TECHNOL. Interrupteur électrique commandé par la pression d'un fluide, lorsqu'elle franchit un seuil. *Manostat de sécurité sur une chaudière.* ➤ **pressostat.**

MANOUCHE [manuʃ] n. – 1898 ◊ du tsigane *manouch* « homme » ■ Membre du peuple rom ayant longtemps vécu en pays germanophone. ◆ FAM. Gitan nomade. *Des manouches.* — adj. *Musique, jazz manouche.*

MANOUVRIER, IÈRE [manuvʀije, ijɛʀ] n. – 1189 ◊ de *mano(u)vrer,* ancienne forme de *manœuvrer* ■ VX ou RÉGION. Manœuvre (2).

MANQUANT, ANTE [mɑ̃kɑ̃, ɑ̃t] adj. – 1572 ◊ de *manquer* ■ Qui manque, est en moins. *Pièces manquantes d'une collection. Numéros manquants d'une série. Le chaînon manquant :* l'élément à découvrir pour relier les deux parties d'une chaîne interrompue. SUBST. *Les manquants :* les absents, les objets qui manquent.

1 **MANQUE** [mɑ̃k] adj. – XIVe « manchot » ◊ de *manc* (1185), latin *mancus* ■ **1** (XVIe) VX Défectueux, faible, incomplet. ■ **2** loc. adj. (*bras à la manque* 1791) FAM. **À LA MANQUE :** raté, défectueux, mauvais (cf. À la gomme*, à la noix*). *Un voleur à la manque.* « *Ces histoires de conspirations à la manque* » ROMAINS.

2 **MANQUE** [mɑ̃k] n. m. – 1606 ; « offense » 1594 ◊ de *manquer* ■ **1** Fait de manquer, absence ou grave insuffisance (d'une chose nécessaire). ➤ **défaut.** *Manque de vivres, d'argent, de main-d'œuvre.* ➤ **carence, pénurie, rareté.** « *le manque absolu d'eau* » ZOLA. *Le manque de sommeil, de repos. Un manque d'imagination, de goût. Un manque de naturel.* FAM. *Manque de pot ! :* pas de chance ! — ABSOLT *État de manque :* état d'un toxicomane dépendant brutalement privé de sa drogue. *Crise de manque.* LOC. *Être en manque* (cf. FAM. Être en chien). FIG. *Être en manque de :* être privé de (ce dont on ne peut se passer). *Un enfant en manque d'affection. Elle est en manque d'amoureux.* ◆ loc. prép. VIEILLI *Manque de :* faute de. MOD. *Par manque de.* « *par manque de foi* » ALAIN-FOURNIER. ■ **2** (1656) LITTÉR. Chose qui manque. ➤ **insuffisance, lacune.** « *Devant Claudel, je n'ai sentiment que de mes manques* » GIDE. — TISSAGE Maille ou point omis. — À la roulette, à la boule, Première moitié de la série des numéros sur laquelle on peut miser en chance simple (opposé à *passe*). *Rouge, impair et manque.* ■ **3** LOC. (1845) **MANQUE À GAGNER :** occasion manquée de faire une affaire profitable ; somme qu'on aurait pu gagner. *Les pertes et les manques à gagner* [mɑ̃kagaɲe]. ■ CONTR. Abondance, excédent, excès.

MANQUÉ, ÉE [mɑ̃ke] adj. et n. m. – 1560 ◊ de *manquer*
I adj. ■ **1** Qui n'est pas réussi. ➤ **raté ;** FAM. **loupé.** « *Expériences manquées* » ZOLA. « *la conscience de sa vie manquée* » FLAUBERT. ➤ **gâcher.** *Des photos manquées. Acte* manqué.* ■ **2** VX Qui n'a pas réussi. MOD. Qui est tel par occasion et non par profession. *Le docteur est un cuisinier manqué,* il cuisine admirablement quand il s'en mêle. — *Garçon* manqué.* ■ **3** Qu'on a laissé échapper. *Une occasion manquée.* — Où l'on a été absent. *Rendez-vous manqué.*
II n. m. (1807) **MANQUÉ :** biscuit recouvert de pralin ou de fondant. *Moule à manqué,* plat et rond, à bord assez haut.

MANQUEMENT [mɑ̃kmɑ̃] n. m. – XIVe ; *manchement* « diminution, manque » v. 1300 ◊ de *manquer* ■ **1** VX Défaut, manque. ■ **2** (1588) Le fait de manquer à quelque devoir. ➤ **faute.** « *Le moindre manquement faisait d'un acte sacré un acte impie* » FUSTEL DE COULANGES. *De graves manquements au règlement.* ➤ **entorse.** ■ CONTR. Observance, observation.

MANQUER [mɑ̃ke] v. ‹1› – 1546 ◊ de l'italien *mancare,* famille du latin *mancus* « manchot » et « défectueux, incomplet ». → main
I ~ v. intr. **A.** IDÉE D'ABSENCE ■ **1** Ne pas être, lorsqu'il le faudrait ; être absent, faire défaut. *Ce produit manque en magasin.* « *C'est le fonds qui manque le moins* » LA FONTAINE. *Les mots me manquent pour en parler. Les forces lui ont manqué. Les occasions ne manquent pas. Le temps nous manque.* FAM. *Ce n'est pas l'envie qui lui en manque,* il, elle voudrait bien. ◆ Être absent. *Cet élève manque trop souvent* (➤ **absentéisme**). *Soldat qui manque à l'appel.* — IMPERS. *Il lui manque un véritable ami. Il ne manque pas de gens qui... :* il y a des gens qui... « *Il ne manquait pas de gens pour me reprocher mes vignobles* » MAURIAC. ◆ Faire cruellement défaut. « *New York leur manqua comme sa drogue à un intoxiqué* » MAUROIS. *Ses enfants lui manquent. Tu m'as beaucoup manqué.* ■ **2** Être en moins (dans un ensemble par là même incomplet). *Plusieurs mots manquent dans ce texte.* « *Des boutons qui manquaient aux chemises* » ARAGON. « *Rien ne manquait au festin* » LA FONTAINE. — IMPERS. *Il manque deux pages à votre livre. Il en manque deux.* FAM. *Il lui manque une case*.* *Ce seigneur* « *à qui il ne manquait que d'être noble pour être gentilhomme* » MARIVAUX. LOC. *Il ne lui manque que la parole,* se dit d'un animal à l'air intelligent. PAR ANTIPHR. *Il ne manquait plus que cela !,* c'est le comble, le bouquet. « *Il ne manquerait plus qu'il ne vînt pas voir sa mère* » DUMAS FILS. *Il ne lui manquait plus que ça !,* cela l'achève.
B. IDÉE D'ÉCHEC ■ **1** Ne pas être comme il faudrait. ➤ **défaillir, faillir.** *Le cœur lui a manqué.* « *La voix lui manqua* » VOLTAIRE. « *Trois pas plus loin, le pied vous manquait* » ROMAINS. ➤ **trébucher.** ■ **2** VIEILLI Commettre une faute. « *Si j'ai manqué en cela, dites-le-moi* » GAUTIER. ■ **3** (CHOSES) Échouer. « *Dix fois de suite l'expérience manqua* » BAUDELAIRE. ➤ **rater.** *La grève va faire manquer le voyage.*
II ~ v. tr. ind. **MANQUER À ; MANQUER DE A.** IDÉE D'ABSENCE (1604) **MANQUER DE :** ne pas avoir lorsqu'il le faudrait, ne pas avoir en quantité suffisante. *Manquer de pain. Manquer d'argent.* (SANS COMPL.) *Avoir peur de manquer,* d'être dans le besoin. « *Elle a mis du pain dans ses poches, la vieille peur de manquer, d'avoir faim* » A. ERNAUX. *Il ne manque de rien :* il a tout ce qu'il lui faut. *Manquer de tout :* être démuni. *Pays qui manque de bras.* « *Quand on manque de preuves, on se tait* » MUSSET. *La sauce manque de sel.* ◆ (1604) Être dépourvu (d'une qualité). *Manquer de bon sens, de patience, d'humour, d'imagination, d'expérience. Manquer de moyens. Manquer de confiance en soi, de sang-froid.* FAM. *Il ne manque pas de culot, de toupet.* « *Putain, toi tu manques pas d'air... Tu te prends pas pour une merde* » DJIAN. — *Manquer de respect* à qqn.*
B. IDÉE D'OMISSION ■ **1** LITTÉR. **MANQUER À (qqn),** négliger les égards qui lui sont dus. ➤ **offenser.** « *Elle était une Croate, et les Croates n'admettent pas qu'on "leur manque," comme elle disait* » P. BESSON. ■ **2** (1604) *Manquer à* (qqch.) : ne pas se conformer à (qqch. qu'on doit observer). *Manquer à son devoir, à l'honneur.* ➤ **se dérober.** *Il a manqué à tous ses devoirs. Manquer à sa parole, à ses principes.* ■ **3** (1645) (Avec l'inf.) LITTÉR. *Manquer à, manquer de :* oublier, négliger de. « *j'ai manqué de faire maigre deux fois* » ROMAINS. « *Que sa voix ne manquât à se faire entendre* » GIDE. — MOD. (négatif) *Je ne manquerai pas de vous informer :* je n'oublierai pas de vous informer. *Ça ne peut manquer d'arriver.* ELLIPT *Ça n'a pas manqué. Je n'y manquerai pas.* ◆ (1773) MAR. *Manquer à virer* (pour un voilier) : ne pas pouvoir achever la manœuvre de virement de bord. ■ **4** (Semi-auxil.) Être tout près de, sur le point de. ➤ **faillir.** « *Dargelos avait manqué de l'écraser* » COCTEAU. — (Sans *de,* par attract. de *faillir*) « *La chaise ripa, manqua tomber, ne tomba pas* » BELLETTO.

III ~ v. tr. **A.** IDÉE D'ÉCHEC, DE PERTE ▪ **1** (1647) Ne pas réussir. ➤ **rater ;** FAM. **louper.** *«le regret brûlant d'avoir, par lâcheté, manqué sa vie»* TH. MONOD. *Manquer son coup.* ▪ **2** Ne pas atteindre, ne pas toucher. *Il a manqué la dernière marche et il est tombé. Manquer la balle. Manquer la cible. Manqué ! «un vieux chevreuil que j'ai manqué deux fois»* FLORIAN. PRONOM. *Se manquer :* ne pas réussir son suicide. — PAR EXT. *La prochaine fois, je ne te manquerai pas* (menace). ▪ **3** (1661) Ne pas rencontrer (qqn qu'on voulait voir). *Je vous ai manqué de peu.* PRONOM. *Nous nous sommes manqués.* — *Manquer son train, son avion,* arriver après son départ. *Manquer le coche*.* ▪ **4** Laisser échapper, laisser perdre (qqch. de profitable). *Manquer une occasion. Il ne manque pas une occasion de faire plaisir. Tu as manqué une bonne occasion de te taire.* FAM. *Il n'en manque pas une !,* il ne manque pas une occasion de faire une maladresse, une gaffe. *Manquer le début du film. Vous n'avez rien manqué :* vous n'avez pas perdu grand-chose en n'étant pas là. *Il a manqué sa vocation.*

B. IDÉE D'ABSENCE (1668) S'abstenir d'assister, d'être présent à. *Manquer un cours, la classe, l'école.* ➤ FAM. **sécher, zapper ;** RÉGION. **brosser, courber.** *«Il n'avait pas coutume de manquer la messe»* SAND. *«Elle en vint à manquer l'atelier»* ZOLA. *Un spectacle à ne pas manquer, à ne manquer sous aucun prétexte. Il ne faut pas manquer ça !,* il faut aller voir ça.

▪ CONTR. Abonder, exister. — 1 Avoir ; respecter ; atteindre, réussir, saisir, 1 toucher ; assister (à).

MANSARDE [mɑ̃saʀd] **n. f.** – 1676 ◇ de *Mansart,* n. de l'architecte ▪ **1** Comble brisé à quatre pans. *Chambre en mansarde,* avec ce type de comble (➤ **mansardé**). ▪ **2** (avant 1720) Chambre aménagée dans un comble brisé, et dont un mur est en pente. *«Deux mansardes où couchaient un garçon de peine et la cuisinière»* BALZAC.

MANSARDÉ, ÉE [mɑ̃saʀde] **adj.** – 1844 ◇ de *mansarde* ▪ Dont une paroi est en pente du fait de l'inclinaison du toit. *Chambre mansardée. Étage, comble mansardé.*

MANSE [mɑ̃s] **n. f. ou m.** – 1732 ; *mans* XIIe ◇ latin médiéval *mansus,* de *manere* «demeurer» ▪ HIST. Petit domaine féodal constituant une unité d'exploitation agricole. *«des manses libres sont tenus par des esclaves»* DUBY. ▪ HOM. Mense.

MANSION [mɑ̃sjɔ̃] **n. f.** – XIIIe, repris 1855 ◇ latin *mansio* «séjour, demeure» ▪ HIST. LITTÉR. Chaque partie du décor simultané, sur une scène de théâtre, au Moyen Âge. ▪ HOM. Mention.

MANSUÉTUDE [mɑ̃sɥetyd] **n. f.** – 1265 ; *mansuetume* 1190 ◇ latin *mansuetudo* ▪ LITTÉR. Disposition à pardonner généreusement. ➤ **bonté, indulgence.** *Juger avec mansuétude. «L'Église a des trésors de mansuétude pour le pécheur»* L. BERTRAND. ▪ CONTR. Rigueur, sévérité.

MANTA ➤ 3 **MANTE**

1 **MANTE** [mɑ̃t] **n. f.** – 1404 ◇ ancien provençal *manta,* latin médiéval *manta,* variante fém. du bas latin *mantus* ▪ ANCIENNT Manteau de femme très simple, ample et sans manches. *Mante à capuchon. «les femmes enveloppées dans leurs grandes mantes brunes»* DAUDET. ▪ HOM. Menthe.

2 **MANTE** [mɑ̃t] **n. f.** – 1734 ◇ latin des zoologistes *mantis,* mot grec «prophétesse» ▪ **MANTE** ou **MANTE RELIGIEUSE :** insecte carnassier d'Europe de l'Ouest et d'Amérique *(dictyoptères)* qui se tient immobile, comme en prière, avant de saisir brusquement sa prise. *La mante femelle dévore le mâle après l'accouplement.* — FIG. *Une mante religieuse :* une femme cruelle avec les hommes, qui les «dévore» (cf. Mangeuse* d'hommes).

3 **MANTE** [mɑ̃t] **n. f.** – date inconnue ◇ latin des zoologistes *manta* (1829), de l'espagnol *manta* «couverture» ▪ ZOOL. Poisson cartilagineux *(hypotrèmes),* raie pélagique qui peut atteindre 6 mètres de long. *La mante de l'Atlantique, appelée aussi* raie cornue. — On dit aussi **MANTA.**

MANTEAU [mɑ̃to] **n. m.** – v. 1300 ; *mantel* 980 ◇ latin médiéval *mantellus,* diminutif de *mantus* → 1 mante

I ▪ **1** Vêtement à manches longues, boutonné sur le devant, qui se porte par-dessus les autres vêtements pour protéger le corps du froid et des intempéries. ➤ **caban, capote, doudoune, loden, paletot, pardessus, pelisse,** VX **2 plaid, redingote, trois-quarts.** *Ceinture, martingale d'un manteau. Relever le col de son manteau. Manteau d'homme, de femme.* ➤ FAM. **pelure.** *Prendre un manteau pour sortir. Sortir sans manteau* (cf. En taille). *Laisser son manteau au vestiaire. Manteau de cuir, de lainage, de fourrure. Un manteau de vison, d'astrakan. Manteau en daim. Manteau à capuche.* ➤ **duffel-coat, kabig, parka.** ◆ *Manteau de pluie.* ➤ **ciré, gabardine, imperméable, trench-coat.** *Manteaux sans manches.* ➤ **burnous, cape, chape, limousine, macfarlane,** 1 **mante, mantelet, pèlerine, poncho.** *Manteaux antiques, anciens.* ➤ **chlamyde, himation, pallium, sagum, tabard.** ▪ **2** FIG. *Le manteau neigeux. «un lourd manteau de tristesse nous écrase les épaules»* LOTI. ➤ **chape.** *«Nous sommes accablés D'un manteau d'ignorance»* RIMBAUD. LOC. **SOUS LE MANTEAU :** clandestinement, secrètement. *Livre publié sous le manteau. «Papa adorait raconter cette histoire sous le manteau»* BAZIN. ▪ **3** Petit vêtement protégeant un chien du froid, de la pluie.

II ▪ **1** (XIIIe) ZOOL., VÉN. Dos d'un animal, quand il est d'une autre couleur que le reste du corps. ➤ **mantelure.** — (1803) ZOOL. Membrane charnue qui enveloppe la masse viscérale des mollusques et sécrète leur coquille calcaire. ➤ **pallium.** ▪ **2** (1332) *Manteau de cheminée :* partie de la cheminée en saillie au-dessus du foyer. ▪ **3** (1681) BLAS. Draperie doublée d'hermine enveloppant les armoiries. ▪ **4** (1834) **MANTEAU D'ARLEQUIN :** encadrement d'une scène de théâtre figurant des rideaux relevés. ▪ **5** (v. 1940 ◇ allemand *Mantel*) GÉOL. Enveloppe principale du globe terrestre, située entre la croûte et le noyau. ➤ **asthénosphère, lithosphère.** *Manteau supérieur* (de quelques dizaines à 700 km de profondeur), *manteau inférieur* (jusqu'à 2 900 km). — **adj. MANTELLIQUE** [mɑ̃telik].

▪ HOM. Mentaux (mental).

MANTELÉ, ÉE [mɑ̃t(ə)le] **adj.** – 1655 ◇ de *mantel* → manteau ▪ ZOOL. Qui a le dos d'une couleur différente de celle du reste du corps. *Corneille mantelée.*

MANTELET [mɑ̃t(ə)lɛ] **n. m.** – 1138 «petit manteau» ◇ de *mantel* → manteau ▪ **1** (XIVe) ANCIENNT Abri portatif utilisé dans la guerre de siège. ▪ **2** (1680) Manteau de prélat, sans manches, fendu par-devant. *Mantelet violet* (d'évêque), *rouge* (de cardinal). ◆ (1743) Courte cape de femme qui couvre les épaules et les bras. ▪ **3** (1702) MAR. Volet d'un hublot, d'un sabord.

MANTELURE [mɑ̃t(ə)lyʀ] **n. f.** – 1655 ◇ de *mantel* → manteau ▪ ZOOL. Manteau (II, 1°) du chien.

MANTILLE [mɑ̃tij] **n. f.** – avant 1799 ; «fichu à trois pointes» 1726 ◇ espagnol *mantilla,* latin *mantellus* → manteau ▪ Écharpe de dentelle, souvent noire, dont les Espagnoles se couvrent la tête et les épaules.

MANTIQUE [mɑ̃tik] **n. f.** – 1837 ; *mantice, mantie* XVIe ; adj. *manthique* 1587 ◇ grec *mantikê* «divination» ▪ DIDACT. Pratique divinatoire. ➤ **divination ; -mancie.**

MANTISSE [mɑ̃tis] **n. f.** – 1872 ◇ latin *mantissa* «surplus de poids» ▪ MATH. Partie décimale d'un nombre, SPÉCIALT d'un logarithme. *Un logarithme est la somme de sa caractéristique et de sa mantisse.*

MANTRA [mɑ̃tʀa] **n. m.** – 1836 ◇ mot sanskrit «moyen de pensée» ▪ DIDACT. Formule sacrée du brahmanisme, émanation du principe divin. *Des mantras.* — PAR EXT. *Le mantra de qqn,* sa formule favorite. ➤ **credo.**

MANUBRIUM [manybʀijɔm] **n. m.** – 1890 ◇ mot latin «manche, poignée» ▪ **1** ZOOL. Tube central portant la bouche, au milieu inférieur de l'ombrelle d'une méduse. ▪ **2** (1928) ANAT. *Manubrium sternal :* segment supérieur du sternum auquel s'articulent les deux clavicules.

1 **MANUCURE** [manykyʀ] **n.** – 1877 ◇ du latin *manus* «main» et *curare* «soigner», d'après *pédicure* ▪ Personne chargée des soins esthétiques des mains, des ongles. *La manucure d'un salon de coiffure, d'un institut de beauté.*

2 **MANUCURE** [manykyʀ] **n. f. ou m.** – 1967 ◇ de *manucurer* ▪ **1** *La manucure :* ensemble des soins esthétiques des mains, des ongles ; technique, métier de manucure. *Apprendre la manucure. Manucure et pédicure.* ▪ **2** *Une manucure :* séance de soins des mains, pose de vernis. *«Elle fait attention à ses ongles. La manucure date de la veille, elle ne veut pas l'abîmer»* V. DESPENTES.

MANUCURER [manykyʀe] **v. tr.** ⟨1⟩ – pronom. 1946 ◇ de 1 *manucure* ▪ Faire les mains, les ongles de (qqn). *Se faire manucurer.* — **p. p. adj.** *Ongles manucurés.*

1 **MANUEL, ELLE** [manɥɛl] **adj.** – v. 1200 ◇ latin *manualis,* de *manus* «main» ▪ **1** Qui se fait avec la main ; où l'activité physique joue le rôle essentiel. *Travail manuel. Activités manuelles. Métiers manuels. Habileté manuelle,* des mains. ◆ DR. *Don manuel,* de la main à la main. ▪ **2** Qui emploie surtout ses mains. *Travailleur manuel.* SUBST. *Un manuel, une manuelle :* personne plus apte, plus disposée à l'activité manuelle qu'à l'activité intellectuelle. ▪ **3** Qui fait appel à l'intervention humaine (opposé à *automatique*). *Commande manuelle. Central téléphonique manuel. Téléphone manuel. Corrections manuelles* (opposé à *informatique*). ▪ CONTR. Intellectuel. Automatique.

2 **MANUEL** [manɥɛl] n. m. – 1270 ◇ bas latin *manuale,* de *manualis* → 1 manuel ■ Ouvrage didactique présentant, sous un format maniable, les notions essentielles d'une science, d'une technique, et SPÉCIALT les connaissances exigées par les programmes scolaires. ➤ abrégé, cours. *Manuel de physique, de littérature. Le manuel du parfait bricoleur.*

MANUÉLIN, INE [manɥelɛ̃, in] adj. – 1925 ◇ portugais *manoelino,* de *Manoel, Manuel Ier,* roi du Portugal ■ Se dit d'un style architectural et décoratif qui se développa au Portugal autour de 1500, assez proche du style plateresque* espagnol (sculptures ornementales sur des structures gothiques, avec influences mauresques ou orientales).

MANUELLEMENT [manɥɛlmɑ̃] adv. – XIVe ◇ de 1 *manuel* ■ En se servant de la main, de ses mains ; par une opération simplement manuelle. *Faire fonctionner un appareil manuellement.* ■ CONTR. Automatiquement.

MANUFACTURE [manyfaktyʀ] n. f. – 1511 « travail manuel » ◇ latin médiéval *manufactura* ■ 1 VX Fabrication. MOD. *École centrale des arts et manufactures.* ■ 2 (1623) VX ou HIST. Grande fabrique, établissement industriel utilisant surtout le travail à la main (mais sans que le machinisme en soit exclu). ➤ atelier, fabrique, usine. — MOD. Établissement industriel où la qualité de la main-d'œuvre est primordiale. *Manufacture de porcelaine de Sèvres, de tapisseries des Gobelins. Manufacture d'armes,* produisant des armes de petit calibre.

MANUFACTURER [manyfaktyʀe] v. tr. ‹1› – 1576 ; au p. p. 1538 ◇ de *manufacture* ■ 1 VX Fabriquer. ■ 2 Faire subir à (une matière première) une transformation industrielle. — p. p. adj. *Produits manufacturés,* issus de la transformation industrielle des matières premières. *Cotons bruts et cotons manufacturés.* — adj. **MANUFACTURABLE,** 1877.

MANUFACTURIER, IÈRE [manyfaktyʀje, jɛʀ] n. et adj. – 1664 ◇ de *manufacture* ■ 1 Personne dirigeant une manufacture. ➤ fabricant. ■ 2 adj. (1766) Industriel, producteur de produits manufacturés. « *Le régime du Pacte colonial, selon lequel les métropoles seules étaient manufacturières* » SIEGFRIED.

MANU MILITARI [manymilitaʀi] loc. adv. – 1882 ◇ mots latins « par la main (la force) militaire » ■ En employant la force armée, la force publique. *Il a fallu expulser les perturbateurs manu militari.*

MANUMISSION [manymisjɔ̃] n. f. – 1324 ◇ latin *manumissio* ■ DR. ROM. et FÉOD. Affranchissement légal (d'un esclave, d'un serf).

MANUSCRIPTOLOGIE [manyskʀiptɔlɔʒi] n. f. – v. 1977 ◇ du latin *manuscriptum* « écrit autographe » et *-logie* ■ DIDACT. Étude des manuscrits, et plus particulièrement des textes de travail (cf. Critique génétique*) et des documents littéraires d'un auteur.

MANUSCRIT, ITE [manyskʀi, it] adj. et n. m. – 1594 ◇ du latin *manu scriptus* « écrit à la main »

I adj. Écrit à la main. *Pages, notes manuscrites. Envoyer une lettre de candidature manuscrite. Inscription manuscrite.*

II n. m. (1594) ■ 1 Texte, ouvrage écrit ou copié à la main. ➤ 1 écrit ; codicologie, paléographie. *Manuscrit sur parchemin* (➤ palimpseste). *Le département des manuscrits, à la Bibliothèque nationale. Manuscrit enluminé, à miniatures. Déchiffrement, collation des manuscrits. Fac-similé d'un manuscrit du XIIIe siècle.* — ABRÉV. *ms,* plur. *mss.* ■ 2 (1690) Œuvre originale écrite de la main de l'auteur. « *Mes manuscrits, raturés, barbouillés, attestent la peine qu'ils m'ont coûtée* » ROUSSEAU. *Manuscrit inédit. Collection d'autographes et de manuscrits. Étude des manuscrits.* ➤ manuscriptologie. ◆ PAR EXT. Texte original dactylographié. ➤ tapuscrit. *Apporter un manuscrit à son éditeur. Lire des manuscrits* (➤ lecteur). *Collationner des épreuves avec le manuscrit.*
■ CONTR. Dactylographié, imprimé.

MANUTENTION [manytɑ̃sjɔ̃] n. f. – 1820 ; « gestion » fin XVIe ; « maintien » 1478 ◇ latin médiéval *manutentio,* de *manutenere* → maintenir ■ 1 Manipulation, déplacement manuel ou mécanique de marchandises, en vue de l'emmagasinage, de l'expédition et de la vente. ➤ gerbage. *Employé préposé à la manutention de colis* (➤ manutentionnaire), *des bagages* (➤ bagagiste). *Appareils, engins de manutention.* ■ 2 Local réservé à ces opérations. *La population « des employés du Bon Marché se déversait vers les manutentions »* CHARDONNE.

MANUTENTIONNAIRE [manytɑ̃sjɔnɛʀ] n. – 1907 ; « intendant d'une boulangerie militaire » 1788 ◇ de *manutention* ■ Personne employée aux travaux de manutention. *Les manutentionnaires d'un grand magasin.*

MANUTENTIONNER [manytɑ̃sjɔne] v. tr. ‹1› – 1819 ◇ de *manutention* ■ Soumettre (des marchandises) aux opérations de manutention.

MANUTERGE [manytɛʀʒ] n. m. – 1790 ◇ latin médiéval *manutergium,* de *manus* « main » et *tergere* « essuyer » ■ LITURG. Linge dont se sert le célébrant pour s'essuyer les mains au moment du lavabo (I, 1°) pendant la messe.

MANZANILLA [mɑ̃dzanija] n. f. ou parfois m. – *mansanilla* 1836 ◇ mot espagnol ■ Vin blanc très sec, variété de xérès*.

MAOÏSME [maɔism] n. m. – 1961 ◇ de *Mao Zedong* ■ POLIT. Théorie et philosophie de Mao Zedong ; mouvement marxiste-léniniste favorable à la politique menée en Chine populaire par Mao Zedong.

MAOÏSTE [maɔist] adj. et n. – 1952 ◇ de *Mao Zedong* ■ POLIT. Partisan de la politique de Mao Zedong ; propre au maoïsme. — ABRÉV. **MAO** [mao]. *Les maos. Les gauchistes maos.*

MAORI, IE [maɔʀi] adj. et n. – 1842 ◇ mot maori ■ Relatif aux populations polynésiennes de la Nouvelle-Zélande. *Les populations maories.* ◆ n. *Un Maori, une Maorie. Les Maoris.* — n. m. *Le maori,* une des langues polynésiennes.

MAOUS, OUSSE [maus] adj. – 1895 ◇ argot d'origine inconnue, p.-ê. du breton *mao,* ou de l'angevin *mahou* « gros lourdaud » ■ FAM. Gros, de taille importante. *Il a pêché un poisson maous. Un garde du corps maous.* ➤ balèze. — On écrit aussi *mahous, ousse.*

MAPPE [map] n. f. – 1983 ◇ anglais *mapping,* de *map* « carte » ■ INFORM. Représentation de la localisation de données dans une mémoire d'ordinateur en vue d'en faciliter l'accès.

MAPPEMONDE [mapmɔ̃d] n. f. – XIIIe ; *mapamonde* XIIe ◇ latin médiéval *mappa mundi,* de *mappa* « plan, carte » (« serviette, nappe » en latin classique) et *mundus* « monde » ■ 1 Carte plane représentant le globe terrestre divisé en deux hémisphères projetés côte à côte. ➤ planisphère. *Mappemonde céleste :* carte plane de la voûte céleste. ■ 2 ABUSIVEMENT et COUR. Sphère représentant le globe terrestre.

MAPPER [mape] v. tr. ‹1› – 1983 ◇ de *mappe* ■ INFORM. Représenter la localisation en mémoire (de données) en vue d'en faciliter l'accès. *Mapper un fichier, une zone mémoire.* — n. m. **MAPPAGE,** 1983. ➤ aussi mappe.

MAQUE [mak] n. f. – 1732 *macque ; make* fin XIIe « masse d'armes » ◇ de *mascher, maquer* « broyer le chanvre », variante normanno-picarde de *macher* ■ TECHN. Outil à branches cannelées, servant au broyage du chanvre, du lin. ➤ broie. — On écrit aussi *macque.*
■ HOM. Mac, Mach.

MAQUÉE [make] n. f. – attesté 1834 ; variante *makée* 1812 ◇ du wallon *makéye,* d'un verbe correspondant au français *macher* ■ En Belgique, Fromage blanc frais du type caillebotte*. *Tarte à la maquée.* ■ HOM. Maquer.

MAQUER [make] v. tr. ‹1› – 1889 ◇ de *mac* ■ POP. ■ 1 v. pron. *Se maquer :* se mettre en ménage (avec qqn), se marier. « *son mec l'a larguée. Il s'est maqué avec une actrice* » O. ADAM. ■ 2 v. tr. (1939) AU PASS. *Être maqué avec :* vivre en concubinage, être en ménage avec. *Ils sont maqués depuis deux ans. Elle est maquée.* ■ HOM. Maquée.

1 **MAQUEREAU** [makʀo] n. m. – XIIIe ; *makerel* v. 1138 ◇ probablt emploi fig. de 2 *maquereau* (légende des maquereaux servant d'« entremetteurs » aux harengs) ■ Poisson fusiforme *(perciformes),* au dos gris-bleu rayé de noir, qui vit en bancs dans les mers tempérées. *La pêche au maquereau est une industrie importante des riverains de l'Atlantique. Jeune maquereau.* ➤ lisette. *Maquereau de chalut et maquereau de ligne. Filets de maquereau au vin blanc, fumés.* — *Groseille* à maquereau.*

2 **MAQUEREAU** [makʀo] n. m. – XIIIe ◇ moyen néerlandais *makelâre* « courtier », de *makeln* « trafiquer » ■ POP. Homme qui vit de la prostitution d'autrui. ➤ entremetteur, proxénète. ◆ SPÉCIALT Souteneur. ➤ mac. « *J'ai l'habitude de payer pour les femmes avec qui je sors. Je ne suis pas un maquereau* » QUENEAU.

MAQUEREAUTER [makʀote] v. ‹1› – 1867 ◇ de 2 *maquereau* ■ POP. ■ 1 v. tr. Prostituer (une femme). ■ 2 v. intr. Exercer le proxénétisme. — Vivre aux dépens de qqn.

MAQUERELLE [makʀɛl] n. f. – XIIIe ◇ fém. de 2 *maquereau* ■ POP. Femme proxénète. — *Maquerelle, mère maquerelle :* tenancière de maison close. ➤ aussi sous-maîtresse.

MAQUETTE [makɛt] n. f. – 1752 ◇ italien *macchietta,* diminutif de *macchia* « tache », latin *macula* ■ 1 Ébauche, modèle en réduction d'une sculpture. ■ 2 Esquisse d'ensemble d'un panneau décoratif. ◆ PAR EXT. Original en couleurs que doit reproduire une page illustrée, une affiche. ▪ **3** Modèle réduit (de décor de théâtre, d'un bâtiment, d'un ensemble architectural). *La maquette d'un immeuble, d'une ville.* ♦ PAR ANAL. Modèle à échelle réduite d'un appareil, d'un véhicule. ➤ **modèle** (réduit) ; **maquettisme.** Reproduction à échelle réduite ou grandeur nature, destinée aux études de prototypes. *Maquette d'avion, maquette volante.* ▪ **4** IMPRIM. Projet graphique comportant la disposition du texte composé, des illustrations et des légendes, destiné à permettre le montage des pages. ➤ **document, mise** (en pages). — **n. m. MAQUETTAGE.**

MAQUETTER [makete] **v. tr.** ‹1› – milieu XXe ◊ de *maquette* ▪ TECHN. Réaliser la maquette de (un livre, un journal).

MAQUETTISME [maketism] **n. m.** – avant 1973 ◊ de *maquette* ▪ Construction de maquettes, de modèles réduits. ➤ **modélisme.** *Faire du maquettisme.*

MAQUETTISTE [maketist] **n.** – milieu XXe ◊ de *maquette* ▪ Spécialiste chargé(e) d'exécuter des maquettes (typographie, construction, mécanique, publicité). *Maquettiste publicitaire. Dessinateur maquettiste.*

MAQUIGNON [makiɲɔ̃] **n. m.** – 1538 ; *maquignon* («trafiquant») *de chevaux* 1279 ◊ probablt même radical que 2 *maquereau* ▪ **1** Marchand de chevaux. — Marchand de bestiaux peu scrupuleux et truqueur. ▪ **2** (XVIe) FIG. Négociateur ou entremetteur malhonnête. ➤ **margoulin.**

MAQUIGNONNAGE [makiɲɔnaʒ] **n. m.** – 1507 ◊ de *maquignon* ▪ **1** VX Métier de maquignon. — (1636) Moyens de maquignon pour vendre des bêtes dont on dissimule l'âge, les défauts. ▪ **2** (1585) FIG. Manœuvres frauduleuses ou indélicates. ➤ **trafic ;** FAM. **magouille.** *Le «maquignonnage électoral»* ARAGON.

MAQUIGNONNER [makiɲɔne] **v. tr.** ‹1› – 1511 ◊ de *maquignon* ▪ Vendre (une bête), négocier ou traiter (une affaire), en employant des procédés de maquignon. *«le fils maquignonne notre honneur»* ESTAUNIÉ.

MAQUILLAGE [makijaʒ] **n. m.** – 1858 ; «travail» argot 1628 ◊ de *maquiller* ▪ **1** Action ou manière de maquiller, de se maquiller. *«cet art du maquillage [...] pour lequel des notions de peinture, d'éclairage [...] sont nécessaires* [au comédien]*»* JOUVET. ➤ **grimage.** *Le maquillage des yeux. Produits de maquillage. Table de maquillage.* — Résultat de cette action. *Un maquillage léger, discret. Refaire son maquillage.* ▪ **2** Ensemble des éléments (fond de teint, fards, mascara, poudres, rouge, ombres) servant à se maquiller ; produits de beauté employés à l'embellissement du visage. *Maquillage du jour, du soir. Crème à appliquer sous le maquillage.* ▪ **3** (1847 argot) Opération ayant pour but de modifier frauduleusement l'aspect (d'une chose). *Le maquillage d'une voiture volée.* ▪ CONTR. Démaquillage.

MAQUILLER [makije] **v. tr.** ‹1› – 1815 ; *se maquiller* argot du théâtre 1840 ; *macquiller* «travailler» 1455 ◊ p.-ê. moyen néerlandais *maken* «faire» ▪ **1** Modifier de façon trompeuse l'apparence de (une chose). ➤ **falsifier, truquer.** *Maquiller un passeport. Maquiller une voiture volée.* ▪ **2** Modifier ou embellir (le visage) par des procédés et produits appropriés (➤ **maquillage**). *Maquiller un acteur de théâtre* (➤ **grimer**), *un journaliste de télévision. Se maquiller les yeux.* — **SE MAQUILLER v. pron.** Se grimer (THÉÂTRE) ; se farder. *Elle s'est maquillée avant de sortir.* **p. p. adj.** *Femme très maquillée.* LOC. PLAIS. *Maquillée comme une voiture volée, comme un camion volé,* trop maquillée (cf. Pot de peinture*). *«la fille hyper vulgaire [...] montée sur des échasses et maquillée comme une voiture volée»* GAVALDA. ▪ **3** FIG. Dénaturer, fausser volontairement pour duper. *Maquiller un meurtre en accident.* ➤ **camoufler.** *«maquiller la vérité»* GIDE. *Maquiller les chiffres, les comptes.* ➤ **truquer.** ▪ CONTR. Démaquiller ; rétablir.

MAQUILLEUR, EUSE [makijœʀ, øz] **n.** – 1867 ; argot 1847 ; *macquilleux* «faussaire» 1561 ◊ de *maquiller* ▪ Spécialiste en maquillage. *Maquilleuse de théâtre, de studio* (cinéma, télévision).

MAQUIS [maki] **n. m.** – 1829 ; *makis* 1775 ◊ corse *macchia* «tache» ▪ **1** Formation végétale (arbrisseaux adaptés à l'aridité) issue de la dégradation de la forêt méditerranéenne d'yeuses et de chênes-lièges. *Le maquis corse. «l'impénétrable maquis, formé de chênes verts, de genévriers, d'arbousiers»* MAUPASSANT. — *Prendre le maquis :* se cacher dans le maquis. ▪ **2** FIG. Complication inextricable. *Le maquis de la procédure.* ▪ **3** (1942) Sous l'occupation allemande, Lieu peu accessible où se regroupaient les résistants. *Être dans le maquis.* ➤ **maquisard.** *Le maquis du Vercors.* LOC. *Prendre le maquis :* entrer dans la clandestinité, pour échapper aux autorités. ♦ PAR EXT. Organisation de résistance armée. *«les maquis se multiplient et entament la guérilla»* DE GAULLE. ▪ **4** Petit restaurant plus ou moins clandestin, en Afrique. *«Sekou et Mamadou furent invités à attendre dans un maquis»* KOUROUMA. ▪ HOM. Maki.

MAQUISARD [makizaʀ] **n. m.** – 1942 ◊ de *maquis* ▪ Résistant, combattant appartenant à un maquis. ➤ **franc-tireur.**

MARA [maʀa] **n. f.** – 1990 ; marque déposée ◊ de *Marionnet,* nom du pépiniériste qui créa cette variété ▪ *Mara (des bois) :* petite fraise dont le parfum rappelle celui de la fraise des bois. *Maras et gariguettes.*

MARABOUT [maʀabu] **n. m.** et **adj.** – 1628 ; *morabuth* 1575 ◊ portugais *marabuto,* de l'arabe *morâbit* «moine-soldat»

I ▪ **1** Pieux ermite, saint de l'islam, dont le tombeau est un lieu de pèlerinage. ♦ (Afrique) Musulman sage et respecté. — Envoûteur, sorcier. ➤ **féticheur ; marabouter.** *«des marabouts à la science sûre qui avaient fait leurs preuves, ramenant l'époux à son foyer, éloignant la femme perverse»* M. BÂ. ▪ **2** PAR EXT. Tombeau d'un marabout. ➤ **koubba.** *«la tour carrée d'un minaret, le dôme d'un marabout»* PEREC.

II PAR ANAL. ▪ **1** (1740 ◊ de la forme du tombeau) VX Bouilloire à ventre large et couvercle en coupole (primitivement importée de Turquie). ♦ PAR APPOS. *Tente marabout,* de forme conique. *Des tentes marabouts.* ▪ **2** (1820 ◊ de l'attitude du saint en prière) Grand oiseau des marais d'Afrique *(ciconiiformes),* au plumage gris et blanc, à gros jabot. *Le marabout, chasseur et charognard, est un compétiteur du vautour.* ♦ Plume de la queue de cet oiseau, utilisée comme parure.

III adj. (1865 ◊ du français populaire «homme laid») (Canada) FAM. De mauvaise humeur, désagréable. ➤ **boudeur, bougon, irritable.** *Il est très marabout le matin. «Je ne sais pas comment il fait pour la supporter. Laisse-moi te dire qu'elle est marabout...»* M. LABERGE.

MARABOUTER [maʀabute] **v. tr.** ‹1› – 1970 ◊ de *marabout* ▪ (Afrique) Envoûter (qqn) en recourant aux pratiques d'un marabout. ➤ **ensorceler.** — **n. m. MARABOUTAGE.**

MARACAS [maʀakas] **n. f. pl.** – 1578 ◊ de *maraka,* mot de même sens d'origine amérindienne (caraïbe ou arawak) ▪ Instrument de percussion, coques contenant des corps durs, que l'on agite pour marquer le rythme. *Une paire de maracas.*

MARACUJA [maʀakyʒa ; -kuʒa] **n. m.** – v. 1975 ◊ du tupi-guarani *mburukuja* ▪ Fruit de la passion*. — Cocktail à base de ce fruit.

MARAÎCHAGE [maʀɛʃaʒ] **n. m.** /MARAICHAGE/ – 1884 ◊ de *maraîcher* ▪ Culture des légumes.

MARAÎCHER, ÈRE [maʀeʃe, ɛʀ] **n.** et **adj.** /MARAICHER, ÈRE/ – 1762 ; *marequier* 1497 ◊ de *marais* ▪ **1** Horticulteur qui cultive des légumes pour les vendre. ▪ **2 adj.** (1812) Propre au maraîcher, relatif à son activité. *Culture maraîchère des légumes et primeurs.*

MARAÎCHIN, INE [maʀɛʃɛ̃, in] **adj.** et **n.** /MARAICHIN, INE/ – 1840 n. ◊ de *marais* ▪ GÉOGR. Des marais poitevin et breton. *Pays, villages maraîchins.* — **n. f.** Danse traditionnelle (branle) de Vendée.

MARAIS [maʀɛ] **n. m.** – 1459 ; *maresc, mareis* XIe ◊ francique °*marisk,* radical gotique °*mari-* «mer» ▪ **1** Nappe d'eau stagnante généralement peu profonde recouvrant un terrain partiellement envahi par la végétation. ➤ **étang, fagne, marécage, marigot, palus, tourbière.** *Assécher un marais. Végétation des marais.* ➤ **palustre.** — VX *Fièvre des marais.* ➤ **paludisme.** *Gaz des marais.* ➤ **méthane.** ♦ Région marécageuse. *Marais poitevin, breton.* ♦ FIG. *«Un marais intérieur d'ennui»* FLAUBERT. ♦ HIST. *Le Marais :* le Tiers Parti, les modérés, sous la Révolution. ➤ **plaine.** ▪ **2** (1680) Terrain (d'abord en lieu bas et humide) consacré à la culture maraîchère. ➤ **hortillonnage, jardin.** *Le Marais :* quartier de Paris où s'étendaient autrefois ces terrains cultivés. ▪ **3** (fin XVIe) **MARAIS SALANT :** bassin creusé à proximité des côtes pour extraire le sel de l'eau de mer par évaporation. ➤ **saline.** *Les marais salants de Camargue.* ♦ *Marais du littoral.* ➤ **polder.** ▪ **4** MÉTÉOROL. *Marais barométrique :* vaste zone dans laquelle la pression varie très peu d'un point à l'autre.

MARANTA [maʀɑ̃ta] **n. m.** – 1693 ◊ de *Maranta,* n. d'un botaniste italien du XVIe s. ▪ Plante tropicale d'Amérique *(marantacées),* dont une espèce fournit une fécule (➤ **arrow-root**).

MARASME [maʀasm] **n. m.** – 1538 ◊ grec *marasmos* ▪ **1** Forme très grave de dénutrition, spécialement chez l'enfant, avec maigreur extrême, atrophie musculaire et apathie.

➤ **athrepsie, cachexie.** *Kwashiorkor avec marasme.* ◆ (début XIXe) VIEILLI Accablement, apathie profonde. «*Granville tomba dans le plus affreux marasme. La vie lui fut odieuse*» BALZAC. ▪ **2** COUR. Situation stagnante et mauvaise. «*Marasme politique*» MIRABEAU. *Le marasme des affaires. Marasme économique* (➤ **crise**). ▪ **3** (1923) Petit champignon à pied coriace *(agaricacées)*, dont une variété, le mousseron d'automne, est comestible.

MARASQUE [maʀask] **n. f.** – 1845 ; *cerise marasque* 1776 ◊ italien *(a)marasca,* de *amaro* «amer» ▪ Variété de cerise acide des régions méditerranéennes.

MARASQUIN [maʀaskɛ̃] **n. m.** – 1739 ◊ italien *maraschino,* de *marasca* → marasque ▪ Liqueur parfumée à la marasque. *Salade de fruits rouges au marasquin.*

MARATHE ou **MAHRATTE** [maʀat] **adj.** et **n.** – *marattes* 1765 ◊ mot de l'Inde ▪ Qui a rapport aux Marathes, peuple du Dekkan. — **n. m.** *Le marathe :* langue indo-européenne de l'Inde (indo-aryenne), rattachée au sanskrit.

MARATHON [maʀatɔ̃] **n. m.** – 1896 ◊ de *Marathon,* ville grecque d'où courut, jusqu'à Athènes, le soldat portant la nouvelle de la victoire ▪ **1** Course à pied de grand fond (42 km 195) sur route. *Le vainqueur du marathon aux Jeux olympiques.* ▪ **2** FIG. Épreuve ou séance prolongée qui exige une grande résistance. *Marathon de danse. Marathon caritatif.* ➤ **téléthon.** *Marathon informatique, numérique.* ➤ **hackathon.** *Le marathon budgétaire, diplomatique. Le marathon de fixation des prix agricoles à Bruxelles.* — EN APPOS. *Discussion marathon. Des séances marathons.*

MARATHONIEN, IENNE [maʀatɔnjɛ̃, jɛn] **n.** – v. 1896 ◊ de *marathon* ▪ Coureur de marathon.

MARÂTRE [maʀɑtʀ] **n. f.** – v. 1138 ◊ latin tardif *matrasta,* de *mater* ▪ **1** VX Femme du père, par rapport aux enfants qu'il a eus d'un premier mariage. ➤ **belle-mère.** *Les marâtres des contes de fées.* «*si rien au monde ne vaut une mère, rien n'est pire qu'une marâtre*» GAUTIER. ▪ **2** VIEILLI Mauvaise mère. FIG. «*la société, plus marâtre que mère*» BALZAC. ▪ **3** (1972) **(Afrique noire)** Coépouse de la mère.

MARAUD, AUDE [maʀo, od] **n.** – 1549 ; *marault* XVe ◊ du radical expressif *marm-* ▪ VX Misérable, vaurien.

MARAUDAGE [maʀodaʒ] **n. m.** – 1775 ◊ de *marauder* ▪ **1** Maraude. ▪ **2** (1836) DR. Vol de produits de la terre avant leur récolte. ▪ **3** **(Canada)** Recrutement, détournement (de clients, d'adhérents...). *Maraudage syndical, politique.*

MARAUDE [maʀod] **n. f.** – 1679 ◊ de *maraud* ▪ **1** Vol de fruits, légumes, volailles, dans les jardins et les fermes. «*Vivant de braconnage et de maraude*» ZOLA. ➤ **chapardage, larcin, maraudage, rapine.** *Aller à la maraude.* ▪ **2** LOC. *Taxi en maraude,* qui circule à vide, lentement, à la recherche de clients. ▪ **3** Mission d'assistance menée sur le terrain par une équipe mobile qui va à la rencontre des sans-abris dans les grandes villes. *Maraude de nuit.* «*il partait en maraude* [...] *persuader les solitaires du bitume de se faire soigner dans le centre*» P. BRUCKNER. — Cette équipe.

MARAUDER [maʀode] **v.** ⟨1⟩ – 1700 ; «mendier» 1549 ◊ de *maraud* ▪ **1 v. intr.** Pratiquer la maraude ou le maraudage. ➤ **chaparder,** 2**voler*.** *Marauder dans les jardins.* ▪ **2 v. tr.** RARE Voler dans les jardins, les fermes. *Marauder des pommes.*

MARAUDEUR, EUSE [maʀodœʀ, øz] **n.** et **adj.** – 1679 ◊ de *marauder* ▪ **1** Personne qui maraude. ➤ **voleur.** *Une bande de maraudeurs.* ◆ **adj.** PAR ANAL. *Oiseau maraudeur.* ▪ **2** Membre d'une équipe humanitaire qui pratique la maraude (3°).

MARBRE [maʀbʀ] **n. m.** – 1050 ◊ latin *marmor* ▪ **1** Roche métamorphique dérivée de calcaires ou de dolomies, souvent veinée de couleurs variées et pouvant prendre un beau poli. ➤ **brocatelle, carrare, cipolin, griotte,** 1**ophite, paros, turquin.** *Carrière de marbre.* ➤ **marbrière.** *Marbre rose, vert, bleu. Marbres jaspés, tachetés, veinés. Colonnes, escalier, cheminée de marbre, en marbre. Statue de marbre.* ▪ **2** Bloc, objet de marbre. SPÉCIALT Plateau de marbre d'une table, d'une commode. «*Le bruit des jetons sur le marbre de la caisse*» SIMENON. ◆ Statue de marbre. «*Les grands jets d'eau sveltes parmi les marbres*» VERLAINE. ▪ **3** LOC. *Froid comme le* (ou *un*) *marbre,* qui reste impassible, glacial. *Être, rester de marbre,* impassible. «*l'homme était de marbre, et, comme le marbre, glacé, impénétrable et poli*» BARBEY. — *Visage de marbre* (cf. De bois). *Cœur de marbre,* insensible. — *Graver qqch. dans le marbre,* l'établir de façon définitive. ▪ **4** Matière imitant le marbre. *Marbre artificiel :* stuc mêlé de couleurs. *Faux marbre :* peinture imitant les couleurs, les veines du marbre. ◆ SPÉCIALT Teinte qu'on donne aux pages de garde, aux tranches d'un livre. ➤ **marbrure.** ▪ **5** Surface, table (à l'origine en marbre) de pierre ou de métal utilisée pour diverses opérations techniques (en mécanique, verrerie, poudrerie). ◆ (1622) TYPOGR. Plateau de fonte polie sur lequel on faisait les impositions ou la correction des textes. «*terminant ses corrections au marbre, devant les rotatives prêtes à tourner*» FOTTORINO. ◆ MÉCAN. *Passer une voiture au marbre :* contrôler et rectifier la planéité du châssis. ▪ **6** Plaque de but, sur un terrain de baseball. *Le lanceur vise le marbre.*

MARBRÉ, ÉE [maʀbʀe] **adj.** – 1228 ◊ de *marbre* ▪ **1** Qui présente des marbrures. ➤ **jaspé, veiné.** «*Platanes centenaires, aux peaux marbrées de serpents*» COLETTE. «*Fromage marbré de vert et de bleu*» GAUTIER. — *Gâteau marbré.* **n. m.** *Un marbré au chocolat.* ▪ **2** Qu'on a marbré. *Papier marbré. Reliure en veau marbré ou raciné.*

MARBRER [maʀbʀe] **v. tr.** ⟨1⟩ – début XVIIe ◊ de *marbre* ▪ **1** Marquer (une surface) de veines, de taches pour donner l'apparence du marbre. ➤ **jasper.** ▪ **2** (v. 1815) Marquer (la peau) de marbrures. *Le froid lui marbrait le visage.*

MARBRERIE [maʀbʀəʀi] **n. f.** – 1765 ◊ de *marbrier* ▪ **1** Art, métier du marbrier ; son atelier. ▪ **2** Industrie de transformation et de mise en œuvre (débitage, façonnage, polissage) des marbres et autres roches susceptibles de prendre le poli. *Marbrerie d'ameublement, de bâtiment. Marbrerie funéraire.*

MARBREUR, EUSE [maʀbʀœʀ, øz] **n.** – 1680 ◊ de *marbrer* ▪ TECHN. Ouvrier spécialisé en marbrure (1°).

1**MARBRIER** [maʀbʀije] **n. m.** – 1311 ◊ de *marbre* ▪ **1** Ouvrier spécialisé dans le sciage, la taille, le polissage des blocs ou objets en marbre ou pierre du même genre. *Ciseau de marbrier.* ▪ **2** (1723) Fabricant, marchand d'ouvrages de marbrerie, de marbrerie funéraire. *Commander une pierre tombale au marbrier.*

2**MARBRIER, IÈRE** [maʀbʀije, ijɛʀ] **adj.** – 1845 ◊ de *marbre* ▪ Relatif au façonnage et à l'utilisation du marbre. *Industrie marbrière.*

MARBRIÈRE [maʀbʀijɛʀ] **n. f.** – 1562 ◊ de *marbre* ▪ Carrière de marbre. *Les marbrières de Carrare.*

MARBRURE [maʀbʀyʀ] **n. f.** – 1680 ◊ de *marbrer* ▪ **1** Imitation des veines et taches du marbre sur du papier, des peaux, la tranche d'un livre, une boiserie. ➤ **jaspure, racinage.** ▪ **2** (1829) Marques violacées sur la peau, comparables aux taches et veines du marbre. ➤ **livédo.** «*Des marbrures aux pommettes*» FLAUBERT.

1**MARC** [maʀ] **n. m.** – v. 1138 ◊ francique °*marka,* de même origine que l'allemand *Mark* ▪ **1** MÉTROL. Ancienne unité de mesure de masse, qui valait une demi-livre, soit 244,7 grammes, utilisée pour peser les métaux précieux. — Monnaie de ce poids. ▪ **2** DR. LOC. *Au marc le franc :* d'une manière proportionnelle (le *marc* valant un nombre déterminé de francs). *Créanciers payés au marc le franc,* au prorata de leurs créances. ▪ **HOM.** Mare, marre.

2**MARC** [maʀ] **n. m.** – 1330 ; *march* XVe ◊ subst. verb. de *marcher* «écraser» ▪ **1** Résidu des fruits que l'on a pressés, dont on a extrait le jus, pour la fabrication de boissons (vin, cidre), d'huile, etc. *Marc de raisin, de pommes, d'olives.* — ABSOLT Marc de raisin. *Distiller du marc.* ▪ **2** Eau-de-vie de marc de raisin distillé. ➤ **grappa.** *Marc de Bourgogne. Boire un petit verre de marc, un petit marc.* ▪ **3** Résidu d'une substance que l'on a fait infuser, bouillir, pour en extraire le principe, le suc. *Marc de café* (servant à des pratiques de divination). «*Tu crois au marc de café, Aux présages*» VERLAINE.

MARCASSIN [maʀkasɛ̃] **n. m.** – 1549 ; *marquesin* 1496 ◊ mot picard, probablt de *marque,* la bête portant des raies sur le dos ▪ Jeune sanglier qui suit encore sa mère. — Sa chair. *Civet de marcassin.*

MARCASSITE [maʀkasit] **n. f.** – avant 1478 ◊ latin médiéval *marchasita* (ou italien, espagnol), de l'arabe *margachîtâ,* mot persan ▪ MINÉR. Sulfure de fer naturel (FeS_2), cristallin, qui se présente en masses à structure fibreuse, souvent radiées (utilisé en bijouterie).

MARCEL [maʀsɛl] **n. m.** – v. 1980 ◊ du prénom masculin ▪ FAM. Maillot de corps masculin. ➤ **débardeur.** «*une fille en treillis et marcel blanc*» V. DESPENTES.

MARCESCENT, ENTE [maʀsesɑ̃, ɑ̃t] **adj.** – 1798 ◊ latin *marcescens,* de *marcescere* «se flétrir» ▪ BOT. Qui se flétrit sur la plante sans s'en détacher. *Feuillage marcescent des jeunes chênes.* — **n. f.** **MARCESCENCE,** 1812. ▪ **CONTR.** Labile.

MARCESCIBLE [marsesibl] adj. – 1519 ◊ latin *marcescibilis* ■ LITTÉR. Qui est sujet ou destiné à se flétrir (au pr. et au fig.). ■ CONTR. Immarcescible.

MARCHAND, ANDE [marʃɑ̃, ɑ̃d] n. et adj. – 1462 ; *marcheand* v. 1290 ◊ latin populaire °*mercatans, antis,* p. prés. de *mercatare,* de *mercatus* « marché »

I n. Commerçant chez qui l'on achète une ou plusieurs sortes de marchandises (denrées, articles de consommation, d'utilité courante), qu'il fait profession de vendre. ➤ **commerçant, négociant ;** et aussi **boutiquier, fournisseur, vendeur.** *Marchand en gros* (➤ **grossiste**), *au détail* (➤ **débitant, détaillant**). *Marchand ambulant* (➤ **camelot, colporteur**). *Marchand à la sauvette**. *Marchand forain. Gros, riche marchand. Marchande à la toilette**. — *Marchand de tableaux. Marchand de journaux. Marchand de tabac.* ➤ **buraliste.** *Marchand de tapis**. *Marchand de bestiaux.* ➤ **maquignon.** — VIEILLI *Marchand de vin.* ➤ **bistrot.** MOD. ELLIPT *Entrecôte marchand de vin,* préparée avec une sauce au vin rouge. *Des entrecôtes marchand de vin.* — *Marchand de marrons, de frites. Marchand de couleurs :* droguiste. *Marchande des quatre-saisons**. *Le marchand de sable** *a passé.* — *Marchand de biens :* agent immobilier. — LOC. PÉJ. *Marchand de canons :* fabricant d'armes. — *Marchand de soupe :* mauvais restaurateur ; directeur affairiste d'une institution d'enseignement privé. « *leur mépris commun de ces nantis, de ces profiteurs, de ces marchands de soupe* » PEREC. — *Marchande d'amour, de plaisir :* prostituée. — *Marchand de sommeil :* logeur exploitant sa clientèle. « *des marchands de sommeil qui font fortune en louant à des cloches des carrées dégueulasses où on s'entasse jusqu'à six ou sept* » L. MALET. — (Souvent péj.) *Marchand de vacances, de main-d'œuvre.*

II adj. ■ **1** Propre au commerce. *Denrées marchandes.* — *Prix marchand :* prix de facture, auquel le marchand a acheté ses produits. *Valeur marchande.* ➤ **commercial.** *Qualité marchande,* normale (par oppos. à *extrafine, supérieure,* etc.). — SPÉCIALT, ÉCON. Dont le prix résulte de la loi du marché*. *Service non marchand,* pour lequel le prix éventuel à payer ne dépend pas du marché (service public, domestique). *Économie marchande :* ensemble des activités conduisant à une vente sur le marché. ■ **2** VX Qui fait du commerce ; où l'on fait du commerce. ➤ **commerçant.** « *L'endroit le plus marchand de la ville* » STENDHAL. — MOD. *Galerie** *marchande. Quartier marchand,* où il y a de nombreux commerces. — *Site marchand* (sur Internet), dont l'activité est la vente en ligne de produits ou de services. ■ **3** *Marine marchande,* qui effectue les transports commerciaux. *Navire, vaisseau marchand.*

■ CONTR. Client. ■ HOM. Marchant.

MARCHANDAGE [marʃɑ̃daʒ] n. m. – 1848 ◊ de *marchander* ■ **1** DR. Contrat par lequel un sous-entrepreneur (➤ **marchandeur**) s'engage à faire effectuer un travail par une main-d'œuvre recrutée par ses soins, sans fournir aucun des matériaux. *Marchandage illégal.* ■ **2** (1867) Action de marchander ; discussion pour obtenir qqch. au meilleur prix. « *Personne, dans les marchandages, ne montrait plus d'entêtement* » FLAUBERT. ♦ FIG. Tractation pour obtenir quelque avantage. *Marchandage électoral.*

MARCHANDER [marʃɑ̃de] v. tr. ‹1› – v. 1200 « faire commerce » ◊ de *marchand* ■ **1** (XIVe) Essayer d'acheter (une chose) à meilleur marché, en discutant avec le vendeur. ➤ RÉGION. **barguigner.** *Marchander un livre d'occasion, un bibelot ancien.* — INTRANS. Discuter longuement pour acheter à meilleur prix. *Pays où c'est la coutume de marchander.* — FIG. *Marchander avec sa conscience.* ■ **2** DR. Effectuer un contrat de marchandage*. ■ **3** Ne consentir à céder, à accorder ou à donner (qqch.) qu'avec parcimonie, après bien des hésitations ou des exigences en retour. ➤ **chicaner.** *Marchander son appui, son concours.* — (En emploi négatif) *Il ne lui a pas marchandé les éloges, les félicitations.* ■ CONTR. Prodiguer.

MARCHANDEUR, EUSE [marʃɑ̃dœr, øz] n. – 1836 ; « vendeur » XVIe ◊ de *marchander* ■ **1** Personne qui a l'habitude d'acheter en marchandant. ■ **2** DR. Sous-entrepreneur qui s'engage à effectuer un travail à prix convenu et ne fournit que la main-d'œuvre (➤ **marchandage**).

MARCHANDISAGE [marʃɑ̃dizaʒ] n. m. – 1974 ◊ de *marchandise* ■ COMM. Ensemble des techniques de présentation des marchandises, visant à accroître l'écoulement des produits sur les lieux de vente. ➤ **conditionnement, présentation.** *Le marchandisage est un des éléments de la mercatique**. ➤ aussi **commercialisation, distribution, marchéage.** — Recomm. offic. pour *merchandising.*

MARCHANDISATION [marʃɑ̃dizasjɔ̃] n. f. – 1978 ◊ de *marchandise* ■ Transformation en marchandise, en produit commercial. *La marchandisation du sport.* « *ces téléfilms et ces séries, qui sont les produits d'un cocktail de puritanisme et de marchandisation des corps* » A. REYES.

MARCHANDISE [marʃɑ̃diz] n. f. – v. 1160 ◊ de *marchand* ■ **1** Chose mobilière pouvant faire l'objet d'un commerce, d'un marché. ➤ **article, denrée, produit.** DR. COMM. Objet mobilier destiné à la vente, à l'exclusion des produits alimentaires. *Les denrées et les marchandises. Débiter, écouler, vendre des marchandises. Valeur, prix d'une marchandise. Opération, spéculation sur des marchandises* (cf. Bourse* de commerce). *Cours d'une marchandise. Marchandises en gros, au détail, d'occasion. De la bonne marchandise. Marchandise avariée. Marchandise de mauvaise qualité.* ➤ FAM. **camelote, saloperie.** *Cachet, tampon, contremarque, étiquette, label d'une marchandise. Stock de marchandises. Train, wagon, gare de marchandises* (opposé à *de voyageurs*). — *Transport de marchandises.* ➤ **cargaison, fret.** — LOC. *Le pavillon** *couvre la marchandise.* — *Droits sur les marchandises.* ➤ **douane.** ■ **2** LOC. *Faire valoir sa marchandise, la marchandise ;* FIG. présenter les choses sous un jour favorable. *Tromper sur la marchandise :* vendre une marchandise falsifiée ; FIG. donner autre chose que ce qu'on avait promis. — *Farder** *la marchandise. Étaler** *sa marchandise. Vanter** *sa marchandise.*

MARCHANDISEUR, EUSE [marʃɑ̃dizœr, øz] n. – 1975 ◊ de *marchandise* ■ Spécialiste chargé(e) de mettre en œuvre, au point de vente, les techniques du marchandisage. ♦ n. m. Matériel de présentation utilisé au cours d'une action de marchandisage.

MARCHANT, ANTE [marʃɑ̃, ɑ̃t] adj. – 1830 ◊ de *marcher* ■ RARE Qui marche (➤ **ambulatoire**). ♦ MILIT. *Aile marchante :* celle qui marche, opposée à celle qui pivote, dans un mouvement tournant. — LOC. *L'aile marchante d'un parti,* sa fraction la plus agissante. ■ HOM. Marchand.

MARCHANTIA [marʃɑ̃tja] n. f. – 1834 ; *marchante* 1819 ◊ de *Marchant,* n. d'un botaniste français ■ BOT. Plante cryptogame *(hépatiques)* qui croît dans les endroits humides et tempérés. — On dit aussi **MARCHANTIE** [marʃɑ̃ti], 1873.

1 **MARCHE** [marʃ] n. f. – 1080 ◊ germanique °*marka* ■ ANCIENNT Province frontière d'un État, et SPÉCIALT District militaire établi sur une frontière. *Les marches de Lorraine.*

2 **MARCHE** [marʃ] n. f. – milieu XIVe au sens I, 2° ◊ de *marcher*

I ENDROIT OÙ SE POSE LE PIED ■ **1** (fin XIVe) VÉN. Trace d'un animal. *Marches du cerf, de la loutre.* ■ **2** (milieu XIVe) Surface plane sur laquelle on pose le pied en franchissant d'un pas, dans le cas de marches pleines ou massives l'espace qui sépare deux plans horizontaux de hauteur différente ; PAR EXT. L'ensemble formé par cette surface et la contremarche. *Dessus, largeur* (➤ **giron**), *hauteur* (➤ **contremarche**) *d'une marche. Marches d'un escalier, d'un perron.* ➤ **degré.** *Marche palière**. *Marche droite, gironnée**. *Marche dansante,* de largeur variable. *Marches de bois, de marbre. Marches de fer d'un escalier mécanique.* — *Marche d'un marchepied de train. Estrade à deux ou trois marches.* — *Descendre, monter, gravir les marches. Attention à la marche !* ➤ 1 **pas.** *Manquer une marche.* ■ **3** (1514) TECHN. Pédale d'un métier à tisser, d'un tour, d'un orgue. ♦ Touche d'un clavier de vielle.

II ACTION DE MARCHER A. ÊTRES ANIMÉS ■ **1** (début XVIe) *La marche* ou *la marche à pied :* mode de locomotion* naturel à l'être humain et à certains animaux, constitué par une suite de pas. *La marche,* pratiquée pour le plaisir (➤ **promenade**) ou par hygiène (➤ **footing**). *Faire de la marche. Chaussures de marche.* — SPÉCIALT *Marche athlétique* (discipline olympique). *Épreuve de marche. Courir le Paris-Strasbourg à la marche.* ♦ Façon de marcher ; mouvement d'une personne, d'un animal qui marche. ➤ 1 **pas.** *Marche lente, rapide.* ➤ **train.** *Accélérer, ralentir sa marche. Régler sa marche sur celle d'un enfant.* — SPÉCIALT, RARE ➤ **allure, démarche.** « *Une marche lourde et balancée* » R. ROLLAND. — LOC. **MARCHE À SUIVRE :** série d'opérations, de démarches pour obtenir ce qu'on veut. *Indiquez-moi la marche à suivre pour obtenir ces papiers.* ➤ **méthode,** 2 **moyen, procédure, voie.** ■ **2** Action de se déplacer en marchant. ➤ **cheminement.** *Poursuivre sa marche,* son chemin. — Action de marcher, considérée sous le rapport de la distance, de la durée. ➤ **course, promenade, randonnée,** 3 **tour ; trajet.** *Longues marches dans la campagne. C'est à une heure de marche.* ■ **3** (1690) Mouvement d'un certain nombre de personnes (d'animaux) qui marchent dans un ordre déterminé (➤ **défilé**). *Marche d'un cortège. Marche de protes-*

tation, silencieuse. ➤ **manifestation.** *Marche blanche*. La marche pour l'égalité. Ordre de marche.* — LOC. *Conduire, ouvrir la marche ; clore, fermer la marche :* marcher le premier ; le dernier. ◆ (1611) MILIT. *Marche d'une armée en campagne. Clairons qui sonnent la marche. Marche forcée,* prolongée au-delà d'une étape normale. — *En avant, marche !,* commandement, signal de départ. — Progression de gens armés. *Marche victorieuse.* ➤ **avance.** — HIST. *La Marche sur Rome. La Longue Marche* (des communistes chinois). — MUS. *Air, chanson de marche,* dont le rythme très accusé peut régler le pas d'une troupe, d'un groupe de marcheurs. ◆ (1718) **UNE MARCHE.** Cette musique. *Marche militaire. Marche funèbre.*

B. CHOSES ▪ **1** (1798) Déplacement continu dans une direction déterminée. *Sens de la marche d'un train, d'un autobus. Être assis dans le sens de la marche. Voiture qui fait marche arrière.* — FIG. *Faire marche arrière*.* ◆ (1895) *Marche arrière :* celui des engrenages de la boîte de vitesses d'une automobile qui commande le déplacement en arrière. *Enclencher la marche arrière.* ▪ **2** MUS. *Marche d'harmonie* (ou *harmonique*) : répétition à intervalles égaux d'un petit groupe d'accords appelé *modèle.* ➤ **progression.** ▪ **3** (1736) Mouvement d'un mobile, d'un appareil selon les lois naturelles, physiques ou mécaniques auxquelles il est soumis. *Marche d'un astre. Régler la marche d'une horloge.* ▪ **4** FIG. Cours. *La marche du temps ; du progrès.* ➤ **évolution, progression.** *La marche actuelle des choses, des évènements.* ➤ **déroulement, train.** ▪ **5** Fonctionnement. *Assurer la marche d'une entreprise, la bonne marche d'un service.* — *En état de marche :* capable de marcher, de fonctionner. *Machine en parfait état de marche. Voiture en état de marche.* ➤ **roulant.**

C. EN MARCHE loc. adv. En train d'avancer. *Se mettre en marche.* ➤ **s'ébranler.** *Foule en marche.* FIG. « *L'esprit humain est toujours en marche* » HUGO. — *Descendre du train en marche. Prendre le train* en marche.* — *En Marche,* puis *La République en marche (LREM) :* parti politique français. ◆ En fonctionnement. *Mettre un moteur en marche,* le faire partir. *Machine qui se met en marche.* ➤ **démarrer.**

▪ CONTR. Arrêt, halte.

MARCHÉ [maʀʃe] n. m. – fin Xe, au sens de « réunion de commerçants » (II, 1°) ◇ du latin *mercatus,* famille de *merx, mercis* « marchandise » (→ mercier), rattachée à *Mercure,* dieu du commerce

I RELATION QUI ÉTABLIT LES CONDITIONS D'ÉCHANGE ▪ **1** (fin XIe) Convention portant sur la fourniture de marchandises, de services et de valeurs. ➤ **accord, affaire, contrat ; achat, échange, vente.** *Conclure, passer, faire un marché. Marché privé. Marché public,* passé avec une administration, un État. *Marché ferme*, définitif.* FIG. *Marché de dupes*.* ▪ **2** (1840) COMM., FIN. *Marché au comptant,* où l'exécution du contrat (livraison des produits ou remise des titres ; paiement du prix) est immédiate ou dans un délai bref fixé par une convention ou un règlement. (1785) *Marché à terme,* portant sur une opération dont le dénouement intervient à une date ultérieure convenue par les parties ou une réglementation (➤ **liquidation, terme**) et à un prix convenu. — (1819) *Marché à prime,* où chaque partie garde la faculté de résilier le marché contre paiement d'une prime, opposé à *marché ferme.* — *Marché à forfait.* ➤ 2 **forfait.** — *Marché de gré à gré :* transaction pour laquelle le prix est fixé librement par accord entre le vendeur et l'acheteur. — *Marché sur appel d'offres.* ▪ **3** LOC. (1690) *Mettre à qqn le marché en main,* le sommer d'accepter ou de rejeter sans autre délai les conditions du marché ; FIG. (1838) le placer devant une alternative, sans plus admettre de discussion (cf. C'est à prendre ou à laisser*). — (1735) **PAR-DESSUS LE MARCHÉ :** au-delà de ce qui a été convenu, en supplément. FIG. En plus de cela. « *Déjà vous avez perdu la guerre, vous allez pas nous faire tuer par-dessus le marché* » SARTRE. ▪ **4** LOC. **BON MARCHÉ** n. m. VX Marché avantageux. — MOD. *Faire bon marché d'une chose,* ne pas en faire grand cas. ◆ **À BON MARCHÉ :** à bas prix. *Fabriquer à meilleur marché,* moins cher. *Édition à bon marché.* — FIG. À bon compte*. *S'en tirer à bon marché.* — (Sans la prép. *à*) *Acheter, vendre bon marché, meilleur marché qu'ailleurs.* ◆ loc. adj. inv. (1694) Pas cher. *Des chaussures bon marché. C'est très bon marché.* ➤ **avantageux.** ▪ **5** (début XIIIe) Tout arrangement fait avec qqn. ➤ **deal** (ANGLIC.), **pacte.** « *Agnès me regardait sans me parler, c'était notre marché* » Mme DE SÉVIGNÉ.

II LIEU DE VENTE, D'ÉCHANGE ▪ **1** Lieu public de vente ; (milieu XIIe) SPÉCIALT Lieu où se tient une réunion périodique des marchands de denrées alimentaires et de marchandises d'usage courant. *Marché hebdomadaire. Marché couvert.* ➤ **halle.** *Place du marché. Marché oriental.* ➤ **bazar,** 2 **khan, souk.** *Marché aux fleurs, aux poissons, aux bestiaux. Vendre sur un marché. Marché d'intérêt national (M. I. N.)* ou *marché-gare,* destiné à la vente en gros. *Le marché-gare de Rungis. Des marchés-gares.* — *Marché de Noël,* organisé pendant l'avent, traditionnel en Alsace et en Allemagne. *Marché aux puces*.* ◆ (fin Xe) Réunion publique périodique de ces commerçants. ➤ 1 **foire.** *Jours de marché. Aller au marché pour faire ses provisions.* — (1868) *Faire son marché, le marché :* faire ses courses au marché. ▪ **2** Endroit où se négocient (des marchandises, des valeurs). ➤ 2 **bourse.** *Le marché obligataire de Paris. Le marché financier de Londres, de New York.*

III OPÉRATION COMMERCIALE, FINANCIÈRE ▪ **1** (1853) ÉCON. Ensemble des offres et des demandes concernant une catégorie (ou un ensemble) de biens, de services ou de capitaux. *Marché du bois, de l'informatique, des assurances, du travail, de l'emploi. Marché financier, boursier, monétaire* (cf. infra, 2°). — *Marché monopolistique, oligopolistique.* ➤ **monopole, oligopole.** *Dominer, truster un marché.* ➤ **cartel, trust.** *Le prix du marché, le cours* (de matières premières, de titres) *sur le marché. Un marché en expansion, en déclin, saturé. Casser le marché. Lancer un produit sur le marché.* — *Économie de marché,* dans laquelle les relations économiques et la détermination des prix obéissent à la loi de l'offre et de la demande. ➤ **capitalisme, libéralisme, ultralibéralisme.** « *la Thaïlande était entrée dans le monde libre, c'est-à-dire dans l'économie de marché* » HOUELLEBECQ. — (Dans un système économique à prix dirigés) *Marché officiel et marché libre. Marché parallèle,* où les prix, différents des prix officiels, sont fixés librement avec l'accord des autorités. *Le marché parallèle des devises.* — (1945) **MARCHÉ NOIR :** marché clandestin résultant de l'insuffisance de l'offre (en période de rationnement, taxation). ➤ RÉGION. **trabendo.** *Faire du marché noir :* vendre clandestinement, à des prix élevés, des marchandises rationnées, rares. *Acheter au marché noir.* — *Le marché rouge :* le trafic d'organes. ◆ GÉOGR., ÉCON. (par référence aux pays, zones de production et aux conditions d'échange) *Le marché argentin de la viande. Marché régional, national, mondial du blé, de l'étain, du thé. Les grands marchés internationaux des matières premières.* — **LE MARCHÉ COMMUN :** union douanière et économique créée en 1957 par la Belgique, la France, l'Italie, le Luxembourg, les Pays-Bas et la République fédérale d'Allemagne ; pays auxquels se joignirent le Danemark, la Grande-Bretagne, l'Irlande, puis la Grèce, l'Espagne et le Portugal (remplacé par la *Communauté européenne* puis par l'*Union européenne*). *Le grand marché intérieur européen ; le marché unique de 1993.* ▪ **2** FIN. *Marché des capitaux : marché monétaire* (marché de l'argent), des changes* (où s'échangent les devises et se fixent leurs cours) ; *marché financier, des valeurs mobilières* (➤ 2 **bourse, euromarché**). *Marché interbancaire des devises. Marché hypothécaire*. Marché à terme international de France,* nouvelle dénomination du *marché à terme d'instruments financiers.* ➤ **MATIF.** *L'Autorité des marchés financiers,* organisme de contrôle (Cf. Gendarme* de la Bourse). ◆ BOURSE *Marché boursier, marché des actions*, marché des obligations* ou marché obligataire.* — *Marché primaire,* où sont cotées les valeurs mobilières lors de leur émission. *Marché secondaire,* où s'échangent les titres déjà émis. *Marché gris,* où s'effectuent les transactions portant sur des valeurs mobilières en cours d'émission, avant leur admission à la cote officielle. *Marché officiel,* où se négocient les valeurs admises à la cote officielle. *Marché hors cote. Second marché :* marché ouvert aux entreprises ayant une dimension insuffisante pour accéder à la cote officielle (1983). *Nouveau marché,* sur lequel sont négociés les titres des PME innovantes qui doivent financer leur croissance (1996). — *Marché à règlement mensuel,* depuis 1983, en France, dénomination du marché à terme (cf. supra). — *Cours du marché. État d'un marché. Marché ferme, soutenu, tendu, actif, irrégulier, hésitant. Marché en réaction,* lorsque, après une forte hausse, les cours enregistrent un certain tassement. *Marché en reprise. Marché étroit, fermé, large,* selon le nombre de négociations concernant une valeur mobilière. — *Opérateur, trice de marché :* recomm. offic. pour *trader* ▪ **3** (1934) COMM. « Débouché régulier solvable » (Romeuf). *Le marché d'une entreprise, d'un produit* (➤ **clientèle, consommateur**). *Mettre, lancer un produit nouveau sur un marché. Autorisation de mise sur le marché (AMM) délivrée à un médicament. Conquérir le marché japonais des parfums, de la haute couture* (➤ **commercialisation, distribution, marketing**). « *depuis longtemps le marché de l'art est dominé par les hommes d'affaires les plus riches de la planète* » HOUELLEBECQ. *Parts* de marché. Le marché potentiel d'une entreprise. La concurrence sur un marché.* « *Nous serons*

obligés de réduire nos prix de revient ou nous perdrons le marché de l'Amérique» CHARDONNE. *Niche* de marché.* ◆ Ensemble des conditions qui caractérisent la production et la commercialisation d'un produit, d'un service dans un pays, une zone géographique donnée. *Le marché du livre en France. Le marché du disque recule.* — *Étude de marché* : analyse des données (qualitatives et quantitatives) caractérisant la consommation et la commercialisation d'un produit, d'un service. ➤ **marchéage, marketing, mercatique.** *Faire des études de marché avant de lancer un nouveau produit.*
■ HOM. Marcher.

MARCHÉAGE [maʀʃeaʒ] **n. m.** – 1974 ◊ de *marché* ■ COMM. Organisation coordonnée d'un ensemble d'actions commerciales dans une entreprise en application de la mercatique*.

MARCHEPIED [maʀʃəpje] **n. m.** – 1330 ; «engin de pêche» 1279 ◊ de *marcher* et *pied* ■ **1** Petit banc où l'on pose les pieds quand on est assis. ◆ MAR. Cordage placé sous une vergue et servant d'appui aux pieds des marins. ■ **2** Dernier degré de l'estrade d'un autel, d'un trône. ■ **3** COUR. Degré ou série de degrés fixes ou pliants, qui servent à monter dans une voiture, un train ou à en descendre. *Voyager sur le marchepied d'un train bondé.* ◆ Petite échelle d'appartement, dont les échelons sont remplacés par des marches assez larges. ➤ **escabeau.** — LOC. FIG. *Servir de marchepied à qqn,* d'appui pour parvenir à ses fins. *«Une jouissance servile à l'idée de servir de marchepieds»* V. DESPENTES. ■ **4** TECHN. Chemin qui longe un cours d'eau sur la rive opposée au chemin de halage.

MARCHER [maʀʃe] **v. intr.** ‹1› – fin XIIe, au sens de «poser le pied sur (qqch.)» (II, 2°) ◊ du francique *markôn* «marquer», plus spécialement «marquer du pied» puis, en français, «se déplacer»

I AVANCER, ALLER DE L'AVANT ■ **1** Se déplacer* par mouvements et appuis successifs des jambes et des pieds sans quitter le sol (➤ 2 **marche,** 1 **pas**). *Enfant qui commence à marcher. «On aurait cru qu'elle apprenait à marcher, qu'elle avait peur de ne pas savoir où et comment mettre ses pieds pour bouger»* CIORAN. *Marcher à petits pas rapides.* ➤ **trotter, trottiner.** *Marcher d'un pas ferme, lent, tranquille. Marcher bon train, vite.* ➤ **presser** (le pas). *Marcher avec peine.* ➤ **se traîner.** *Je suis crevé, je ne peux plus marcher.* ➤ FAM. **arquer.** *Marcher pieds nus. Marcher sur la pointe des pieds. Marcher en boitant ; avec une canne, des béquilles, un déambulateur. Marcher de long en large. Marcher en zigzag. Marcher à reculons* : reculer, rétrograder. *Marcher droit devant soi.* — LOC. *Marcher droit** (1, II). *Marche ou crève,* formule évoquant l'impitoyable discipline militaire. *«On n'y peut rien, on a été élevée à la dure. Marche ou crève»* MODIANO. — DANSE Faire des pas ordinaires. — LOC. *Marcher à côté de ses pompes*. Marcher sur la tête* : agir de façon extravagante. ■ **2** Avancer (en parlant des êtres animés). *Marcher à quatre pattes*. Acrobates qui marchent sur les mains. — Animaux qui marchent sur les doigts* (➤ **digitigrade**), *sur la plante des pieds* (➤ **plantigrade**). ■ **3** Aller à pied (➤ **pédestre, piéton**). — *Marcher au supplice. Marcher sans but, à l'aventure.* ➤ **errer, flâner.** — *Marcher de conserve, ensemble, côte à côte. Enfant qui marche à côté de sa mère. Marcher devant, derrière qqn.* — FIG. *Marcher avec qqn, la main dans la main, comme un seul homme* : être d'accord. ■ **4** FIG. **(Sujet chose)** ➤ 1 **aller,** 1 **tendre.** *Pays qui marche à la ruine. Marcher à sa perte. «Le monde avec lenteur marche vers la sagesse»* VOLTAIRE. ■ **5** (fin XVe) **(Troupes)** Faire mouvement. *Marcher sur une ville, contre un adversaire. Marcher au combat.* ➤ **monter.** — PAR EXT. *Marcher sur qqn,* aller vers lui avec violence, hostilité. ■ **6** FIG. (1800) FAM. Acquiescer, donner son adhésion (à qqch.). ➤ **accepter, consentir.** *Marcher dans la combine. «Je vous laisse tomber. Je ne marche pas dans vos conneries d'avenir idyllique»* CALAFERTE. *Non, je ne marche pas !* — FAM. Croire naïvement quelque histoire. *Il a marché dans mon histoire.* LOC. *Il ne marche pas, il court* : il fait plus encore que marcher (cf. Donner dans le panneau*, se faire avoir). ◆ (1852) *Faire marcher qqn,* abuser de sa crédulité. ➤ **berner, tromper ;** RÉGION. **niaiser** (cf. Mener en bateau*). *Je ne te crois pas, tu me fais marcher !* ■ **7** (1607) **(CHOSES)** Se mouvoir de manière continue. *Train qui marche à 250 km à l'heure.* ➤ **rouler.** *Le bâtiment marche droit contre le vent.* ■ **8** (1643) Fonctionner (en parlant d'un mécanisme). *Appareil qui marche automatiquement, à l'électricité. Faire marcher une machine. Montre, pendule qui marche mal* (➤ FAM. **débloquer, déconner**). — FAM. **(PERSONNES)** *Il marche au café.* ➤ **carburer.** — Assurer la bonne gestion de (ménage, entreprise). *Faire marcher une usine.* ➤ **tourner.** ■ **9** FIG. (1690) Produire l'effet souhaité, se dérouler au mieux. *Les affaires ont l'air de marcher* (➤ **prospérer**). *Ses études marchent bien. Ce procédé, cette ruse a marché. Marcher comme sur des roulettes*. Un article, un livre qui marche,* qui se vend bien. FAM. *Ça marche* (cf. FAM. Ça boume, ça baigne, ça roule). *Ça ne marche plus entre eux. Ça marche !,* c'est d'accord.

II POSER LE PIED QUELQUE PART ■ **1** Mettre le pied (sur qqch.) tout en avançant. *Défense de marcher sur les pelouses.* — LOC. *Marcher sur les pas*, les traces* de qqn. — Marcher sur les brisées*, sur les platebandes* de qqn. Marcher sur le corps, sur le ventre d'un concurrent.* ➤ **passer.** — *Marcher sur des charbons* ardents, sur des œufs*.* ■ **2** (fin XIIe) Poser le pied (sur qqch.), sans idée d'autre mouvement. *Marcher dans une flaque d'eau. Il a marché en plein dedans. Marcher sur les pieds de qqn.* ➤ RÉGION. 1 **piler.** — *Se laisser marcher sur les pieds*.*
■ CONTR. Arrêter (s'), 1 stopper. ■ HOM. Marché.

MARCHETTE [maʀʃɛt] **n. f.** – 1933 ◊ de *marcher* ■ **(Canada)** ■ **1** Trotteur (3°). *Marchette à roulettes.* ■ **2** (1970) Déambulateur.

MARCHEUR, EUSE [maʀʃœʀ, øz] **n.** et **adj.** – 1655 ◊ de *marcher*

I ■ **1** Personne qui marche, et SPÉCIALT qui peut marcher longtemps, sans fatigue. *Un grand marcheur. Un marcheur infatigable. Elle est bonne, mauvaise marcheuse.* ◆ (v. 1960) Personne qui participe à une marche de protestation. *Les marcheurs de la paix.* ■ **2** **n. f.** *Une marcheuse* : figurante muette dans un music-hall, un opéra. *«une grande blonde, marcheuse à l'Opéra»* FLAUBERT. ■ **3** Adhérent(e) du mouvement politique La République en marche.

II (1895) PÉJ. et VIEILLI *Un vieux marcheur* : un homme qui courtise les femmes en dépit de son âge avancé. ➤ **coureur, galant** (cf. Vieux beau).

III **adj.** (1791) ZOOL. *Oiseaux marcheurs,* qui volent difficilement et sont mieux adaptés à la marche. *L'autruche est un oiseau marcheur.*

MARCONI [maʀkɔni] **adj. inv.** – début XXe ◊ de *Marconi,* n. pr. ■ MAR. *Gréement marconi,* caractérisé par une grande-voile triangulaire hissée au moyen d'une drisse unique sur un mât à pible* haubané.

MARCOTTAGE [maʀkɔtaʒ] **n. m.** – 1826 ◊ de *marcotter* ■ Mode de multiplication d'un végétal par lequel une tige aérienne est enterrée et prend racine. *Marcottage naturel. Marcottage artificiel de la vigne.* ➤ **provignage.**

MARCOTTE [maʀkɔt] **n. f.** – 1532 *marquotte,* variante *margotte ; marquot* 1397 ◊ du latin *marcus* ■ Organe aérien (tige, branche) d'une plante, qui développe des racines au contact de la terre. *Sevrer une marcotte,* la séparer du pied mère. *Marcotte de vigne.* ➤ **provin.**

MARCOTTER [maʀkɔte] **v. tr.** ‹1› – 1551 ◊ de *marcotte* ■ Multiplier par marcottes. *Marcotter une clématite.*

MARDI [maʀdi] **n. m.** – fin XIIe ; *marsdi* 1110 ◊ latin *Martis dies* «jour de Mars» ■ Deuxième jour de la semaine*, qui succède au lundi. *Venez mardi. Il vient le mardi, tous les mardis, tous les mardis soir. Mardi gras* : dernier jour du carnaval, qui précède le carême. *Se déguiser pour le mardi gras.* ➤ **mi-carême.** — FAM. *Ce n'est pas mardi gras aujourd'hui,* se dit pour se moquer d'une personne ridiculement accoutrée. LOC. *Boutonner* lundi avec mardi.*

MARE [maʀ] **n. f.** – 1175 ◊ francique °*mara* → marais ■ **1** Petite nappe d'eau peu profonde qui stagne. ➤ **flache, flaque, lagon.** *Mare dans un bois, un pré, une cour de ferme. Mare croupissante, fangeuse. Mare aux canards.* ➤ **canardière.** *«Dehors, la pluie entretenait la mare, qui était la seule eau pour les bêtes»* ZOLA. — LOC. PLAIS. *La mare aux harengs* : l'Atlantique Nord. *Le pavé* dans la mare.* ■ **2** PAR EXT. Grande quantité de liquide répandu. *Une mare de sang.* ■ HOM. Marc, marre.

MARÉCAGE [maʀekaʒ] **n. m.** – 1360 ; adj. 1213 ◊ de *maresc,* ancienne forme de *marais* ■ Lieu inculte et humide, à flore particulière, où s'étendent des marais. ➤ **marais ; étang.** *Couper des joncs dans un marécage.* ◆ FIG. et PÉJ. ➤ **bas-fond, bourbier.** *«il tendait la main à cette jeunesse et à cette pureté pour les entraîner dans le marécage»* ROMAINS.

MARÉCAGEUX, EUSE [maʀekaʒø, øz] **adj.** – 1379 ◊ de *marécage* ■ **1** Qui est de la nature du marécage. ➤ **bourbeux.** *Terrain, bas-fond marécageux.* ➤ RÉGION. **gâtine.** *«Les tristes embouchures du Rhône obstruées et marécageuses»* MICHELET. ■ **2** (1668) Qui vit dans les marécages. ➤ **aquatique.** *Plantes marécageuses.*

MARÉCHAL, AUX [maʀeʃal, o] **n. m.** – *marescal* anglo-normand 1086 ◊ ancien francique °*marhskalk* «domestique chargé de soigner les chevaux» ■ **1** ➤ **maréchal-ferrant.** ■ **2** ANCIENNT Officier préposé au soin des chevaux. — Officier de cavalerie. — **MARÉCHAL**

DES LOGIS : sous-officier de cavalerie, d'artillerie, qui était à l'origine chargé du logement des troupes (➤ **margis**). ▪ **3** (XIIIe) Officier général. VX *Maréchal de camp :* général de brigade. ◆ *Maréchal de France,* et ABSOLT **MARÉCHAL :** à l'origine, officier supérieur et fonctionnaire royal, second du connétable. — MOD. Officier général qui a la dignité la plus élevée dans la hiérarchie militaire (On lui dit *Monsieur le Maréchal*). *Bâton* de maréchal.*

MARÉCHALAT [maʀeʃala] **n. m.** – 1830 ◇ de *maréchal* ▪ Dignité de maréchal de France.

MARÉCHALE [maʀeʃal] **n. f.** – 1617 ; «femme du maréchal-ferrant» 1292 ◇ féminin de *maréchal* ▪ Femme d'un maréchal de France. *«Entretien d'un philosophe avec Madame la Maréchale de *** », ouvrage de Diderot.*

MARÉCHALERIE [maʀeʃalʀi] **n. f.** – 1533 ◇ de *maréchal* ▪ TECHN. Métier de maréchal-ferrant. — Son atelier.

MARÉCHAL-FERRANT, plur. **MARÉCHAUX-FERRANTS** [maʀeʃalfeʀɑ̃, maʀeʃo-] **n. m.** – 1611 ◇ de *maréchal* et *ferrer* ▪ Artisan dont le métier est de ferrer les chevaux (et les animaux de trait : bœufs, ânes, mulets). *Forgerons qui font le métier de maréchaux-ferrants.*

MARÉCHAUSSÉE [maʀeʃose] **n. f.** – 1718 ; *mareschaucie* XIIe ◇ de *maréchal* ▪ ANCIENNT Sous l'Ancien Régime, Corps de cavaliers placé sous les ordres d'un prévôt des maréchaux, et chargé des fonctions de la gendarmerie actuelle. *Les archers de la maréchaussée.* ◆ (1899) MOD. et PLAISANT Gendarmerie.

MARÉE [maʀe] **n. f.** – XIIIe ◇ de *mer* ▪ **1** Mouvement journalier d'oscillation de la mer dont le niveau monte et descend alternativement en un même lieu, provoqué par l'attraction de la Lune et du Soleil. *Marée montante.* ➤ **flux.** *Marée haute* (haute mer, pleine mer). *Marée descendante.* ➤ **jusant, perdant, reflux.** *Marée basse* (basse mer). *Au rythme des marées.* — **loc. adv.** *À (la) marée haute, basse :* lorsque la mer est haute, basse. *Grandes marées,* à fortes amplitudes (vives eaux), lorsque l'attraction du Soleil se conjugue avec celle de la Lune (➤ **syzygie**). *«c'est la période des grandes marées. La mer est si loin qu'elle semble inaccessible»* F. SEYVOS. *Marées d'équinoxe. Faibles marées,* à faibles amplitudes (➤ **morte-eau**), lorsque les attractions s'opposent (➤ **quadrature**). *Terres, plages couvertes et découvertes par les marées.* ➤ **cordon (littoral), estran, laisse, sèche.** *Raz de marée.* ➤ **raz-de-marée.** *Coefficient de marée :* grandeur indiquant l'importance des marées en fonction de l'époque (de la position de la Lune et du Soleil). *Horaires des marées. Courant* de marée. Échelle* de marées.* — LOC. *Contre vents et marées* [vɑ̃zemaʀe] : malgré tous les obstacles. *«son devoir, elle l'accomplissait contre vent et marée»* GIDE. ◆ SPÉCIALT Marée haute. *Pêcheur qui attend la marée pour sortir.* ◆ RÉGION. **(Normandie, Bretagne, Vendée)** Marée de fort coefficient. ◆ (1967 ◇ traduction de l'anglais *black tide*) **MARÉE NOIRE :** vaste nappe d'hydrocarbures répandue à la surface de la mer (à la suite du naufrage d'un pétrolier, d'un dégazage, de la rupture d'une tête de puits sous-marin, etc.) qui pollue l'eau et les côtes. *Disperser une marée noire* (➤ **dispersant**). *Conséquences écologiques d'une marée noire. On voit «des mouettes engluées dans le pétrole, après les marées noires, elles se débattent pour s'extirper de la glu»* PH. BESSON. — FIG. Phénomène regrettable s'étendant inexorablement. — *Marée verte :* important dépôt d'algues vertes nitrophiles (ulves) sur les plages. ▪ **2** FIG. ➤ **flot,** 1 **vague.** *Marée humaine. Une marée de jeunes.* ▪ **3** (fin XIVe) Poissons, crustacés, fruits de mer frais destinés à la consommation. *Pavillon de la marée, aux Halles. Marchand de marée.* ➤ **mareyeur.** *Odeur de marée.* ➤ **fraîchin.** *Arriver comme marée en carême*.* ▪ **4** RÉGION. **(Normandie, Bretagne, Vendée)** Sortie de pêche en mer. *Faire la, une marée :* aller à la pêche en mer. ▪ HOM. Marrer.

MARÉGRAPHE [maʀegʀaf] **n. m.** – 1858 ; *maréographe* 1844 ◇ de *marée* et *-graphe* ▪ TECHN. Instrument enregistreur de la hauteur des marées qui trace une courbe, un graphique (*marégramme* **n. m.**) permettant de connaître à tout moment cette hauteur.

MARELLE [maʀɛl] **n. f.** – XIVe ; *marrele* «jeton» XIIe ◇ p.-ê. préroman °*marr-* «pierre» ▪ Jeu d'enfants qui consiste à pousser à cloche-pied un palet dans les cases numérotées d'une figure tracée sur le sol. *Petites filles qui jouent à la marelle.* ◆ Cette figure. *Dessiner une marelle à la craie.*

MARÉMOTEUR, TRICE [maʀemɔtœʀ, tʀis] **adj.** – 1922 ◇ de *marée* et *moteur* ▪ Qui utilise l'énergie des marées. *Usine marémotrice.* — *Énergie marémotrice :* énergie hydraulique des marées (cf. Houille* bleue). ➤ aussi **houlomoteur, hydrolien.**

MARENGO [maʀɛ̃go] **n. m.** – 1821 ◇ de *Marengo,* village d'Italie **I** ▪ **1** (1829) *Couleur marengo :* nuance très foncée de brun-rouge. ADJT INV. *Des vestes marengo.* ▪ **2** Drap de cette nuance. **II** (1836 *à la Marengo ;* n. f. 1825) *Poulet, veau (à la) marengo,* qu'on a fait revenir dans l'huile avec de l'ail, des tomates, des champignons et du vin blanc.

MARENNES [maʀɛn] **n. f.** – v. 1902 ◇ de *Marennes,* n. d'une ville de Charente-Maritime ▪ Huître élevée à Marennes. ▪ HOM. Marraine.

MAREYAGE [maʀɛjaʒ] **n. m.** – 1907 ◇ de *mareyeur* ▪ Travail de stockage et de placement des produits comestibles de la pêche.

MAREYEUR, EUSE [maʀɛjœʀ, øz] **n.** – début XVIIe ◇ de *marée* (3°) ▪ Marchand(e), grossiste qui achète sur place les produits de la pêche et les expédie aux marchands de poisson.

MARGAILLE [maʀgɑj] **n. f.** – 1927 *margaye* ◇ p.-ê. du moyen néerlandais *margelen* «enduire de marne» ▪ **(Belgique)** FAM. Bagarre, querelle souvent bruyante. *Ils sont toujours en margaille.*

MARGARINE [maʀgaʀin] **n. f.** – 1813 ◇ d'après *(acide) margarique,* du grec *margaron* «perle», à cause de la couleur de cet acide ▪ **1** VIEILLI Graisse alimentaire, mélange de corps gras d'origine végétale et animale (palmitine, stéarine, suif). ▪ **2** MOD. Émulsion de corps gras alimentaires (surtout de graisses végétales) et d'eau. *Un paquet de margarine. Margarine au tournesol. Le beurre et la margarine.*

MARGARITA [maʀgaʀita] **n. f.** ou **m.** – 1980 ◇ prénom espagnol «Marguerite» ▪ Cocktail à base de téquila, de liqueur d'orange et de jus de citron vert.

MARGAUDER ➤ **MARGOTER**

MARGAY [maʀgɛ] **n. m.** – 1575 ◇ du tupi *maracaja* ▪ Chat sauvage *(félidés)* de l'Amérique centrale et méridionale, à la robe tachetée, appelé aussi *chat-tigre. Des margays.*

MARGE [maʀʒ] **n. f.** – 1521 ; *marce* XIIIe ◇ latin *margo, marginis* «bord, marge» ▪ **1** Espace blanc autour d'une page de texte écrit ou imprimé. ➤ **bord, bordure.** *Un livre à grandes marges. Rogner les marges à la reliure* (➤ **émarger**). *Corriger dans la marge.* — SPÉCIALT L'espace blanc laissé sur le bord extérieur d'une page imprimée, à droite du recto, à gauche du verso ; l'espace blanc à gauche d'une page manuscrite. *Laisser une marge. Notes, rectifications en marge* (➤ **marginal**). ▪ **2** FIG. Intervalle d'espace ou de temps, latitude dont on dispose entre certaines limites. *Marge de liberté. Marge de réflexion.* ➤ **délai.** *Prévoir une marge d'erreur dans une évaluation.* ➤ 1 **écart ; différence.** — SPÉCIALT Possibilité d'action entre une limite pratique et une limite théorique, absolue. *Marge de tolérance*. Marge de sécurité :* disponibilités dont on est assuré au-delà des dépenses prévues. ➤ 2 **volant.** *Marge de manœuvre.* — *Avoir, laisser de la marge,* une certaine latitude, des possibilités d'action. *«les vieux ont besoin d'anticiper et d'avoir de la marge, leur temps de réaction est amoindri»* V. OLMI. *Entre un génie et toi, il y a de la marge,* il s'en faut de beaucoup. ▪ **3 EN MARGE DE :** en dehors de, mais qui se rapporte à. *Information en marge de l'actualité. «mes idées me mettaient en marge du monde»* MAURIAC. ABSOLT *Vivre en marge,* sans se mêler à la société ou sans y être accepté (➤ **marginal**). *Un couple en marge.* ◆ **À LA MARGE :** sans importance, non essentiel. ➤ **marginal.** *Des modifications à la marge.* ▪ **4** ÉCON. Différence entre le prix de vente et le coût (d'achat, de production). *Marge commerciale brute, nette. Taux de marge* (cf. Taux* de marque). *Marge brute d'autofinancement (M. B. A.).* ➤ **cash-flow.** *Marge arrière :* montant versé par les fournisseurs aux distributeurs, au titre de la coopération commerciale. ▪ **5** GÉOGR. *Marge continentale :* ensemble formé par la plateforme continentale et le talus qui la limite (cf. Fosse* marginale).

MARGELLE [maʀʒɛl] **n. f.** – XIIe ◇ latin populaire °*margella,* diminutif de *margo* → marge ▪ Assise de pierre, souvent circulaire, qui forme le rebord (d'un puits, du bassin d'une fontaine). ➤ **bord.** *S'asseoir sur la margelle du puits.*

MARGER [maʀʒe] **v.** ⟨3⟩ – 1680 ; *margiet* adj. fin XIVe ◇ de *marge* ▪ **1 v. tr.** Placer (la feuille d'imprimerie ou le papier du rouleau) en position de tirage sur le cylindre de la machine ou sous le rouleau de la rotative. ▪ **2 v. intr.** Placer le margeur d'une machine à écrire pour déterminer la largeur de la marge. *Marger à droite, à gauche.*

MARGEUR, EUSE [maʀʒœʀ, øz] **n.** – 1730 ◇ de *marger* ▪ **1** IMPRIM. Ouvrier, ouvrière qui marge les feuilles. — **n. m.** *Margeur automatique,* appareil remplissant cette fonction. ▪ **2 n. m.**

Dispositif servant à régler la marge, sur une machine à écrire.

MARGINAL, ALE, AUX [marʒinal, o] **adj.** et **n.** – XVe ◊ du latin *margo, marginis* «marge»

I **adj.** ■ **1** Qui est mis dans la marge. *Note marginale.* ♦ GÉOGR. *Récifs marginaux,* en bordure d'une côte. *Fosse marginale* (cf. Marge* continentale). ■ **2** (anglais *margin*) ÉCON. Se dit de la dernière unité additionnelle ajoutée à un ensemble homogène. *Coût marginal,* correspondant à la fabrication d'une unité supplémentaire d'un produit. *Revenu marginal. Productivité marginale.* ■ **3** FIG. Qui n'est pas central, principal. *Occupations marginales, rôle marginal.* ➤ **accessoire, secondaire.** ♦ PSYCHOL. *Conscience marginale :* état de conscience très faible (près du seuil). ♦ MÉD. Situé en bordure d'un organe. *Fracture marginale,* sur le bord articulaire d'une extrémité osseuse.

II **n.** (v. 1960, répandu après 1968) Personne vivant en marge de la société parce qu'elle en refuse les normes ou n'y est pas adaptée. ➤ **anticonformiste, asocial ;** et aussi 4 **baba, beatnik, freak, hippie, zonard.** «*Il avait toujours refusé de se marier, ce qui suffisait à faire de lui un marginal*» TOURNIER. — **adj.** ➤ **décalé.** *Des groupes marginaux.*

MARGINALEMENT [marʒinalmɑ̃] **adv.** – v. 1965 ◊ de *marginal* ■ D'une façon marginale, annexe. ■ CONTR. Principalement.

MARGINALISATION [marʒinalizasjɔ̃] **n. f.** – 1968 ◊ de *marginaliser* ■ Action de marginaliser ; son résultat. Fait de se marginaliser. ➤ **exclusion ; stigmatisation.** «*Actuellement, dans notre système, la marginalisation est réalisée par la prison*» FOUCAULT.

MARGINALISER [marʒinalize] **v. tr.** ⟨1⟩ – v. 1970 ◊ de *marginal* ■ Rendre (qqn, un groupe) marginal. «*ceux que la société n'intègre pas ou marginalise : travailleurs étrangers, handicapés, ruraux transplantés, vieux, inadaptés*» B. SCHWARTZ. ➤ **reléguer.** — PRONOM. *Se marginaliser par son style de vie.*

MARGINALISME [marʒinalism] **n. m.** – 1945 ◊ de *marginal,* d'après l'anglais *marginalism* ■ ÉCON. Théorie où la valeur d'échange est fonction de l'utilité de la dernière unité disponible d'un produit.

MARGINALITÉ [marʒinalite] **n. f.** – v. 1965 ◊ de *marginal* ■ Situation d'une personne marginale.

MARGINER [marʒine] **v. tr.** ⟨1⟩ – 1738 ◊ latin *margo, marginis* «marge» ■ DIDACT. Annoter (un livre, un manuscrit) en écrivant dans les marges. **p. p. adj.** *Exemplaire marginé.*

MARGIS [marʒi] **n. m.** – 1883 ◊ abrév. de *maréchal des logis* ■ ARG. MILIT. Maréchal des logis.

MARGOTER ou **MARGOTTER** [margɔte] **v. intr.** ⟨1⟩ – 1660, -1762 ◊ de *margot,* nom d'oiseaux (pie, etc.) ■ Pousser son cri, en parlant de la caille. ➤ **carcailler.** — On dit aussi **MARGAUDER** [margode] ⟨1⟩.

MARGOUILLAT [marguja] **n. m.** – 1890 ◊ origine inconnue, p.-ê. d'une langue africaine ■ **1** (Afrique) Lézard des savanes africaines *(agamidés).* ■ **2** (Nouvelle-Calédonie, Madagascar, La Réunion, Mayotte) Gecko diurne.

MARGOUILLIS [marguji] **n. m.** – 1750 ; «boue» 1630 ◊ de l'ancien français *margouiller* «salir», p.-ê. de *mare* et *goille,* francique °*gullja* ■ Mélange informe ou répugnant. ➤ **gâchis.** «*Ce margouillis soulève le cœur*» MONTHERLANT.

MARGOULETTE [margulɛt] **n. f.** – 1756 ◊ latin *gula* «gueule» et *margouiller* «manger salement» ■ VIEILLI ➤ **gueule.** «*la margoulette enflée et de travers*» ZOLA. — LOC. FAM. *Se casser la margoulette :* tomber.

MARGOULIN, INE [margulɛ̃, in] **n.** – 1840 «petit marchand forain» ◊ du dialectal *margouliner,* «vendre de bourg en bourg», racine *margouline* «bonnet», de 2 *goule* ■ BOURSE Spéculateur sans envergure. ♦ COUR. Individu incompétent et peu scrupuleux en affaires. ➤ **maquignon, mercanti.** *Je veux que* «*tu te conduises comme un gentilhomme provençal et non pas comme le dernier des margoulins*» PAGNOL.

MARGRAVE [margrav] **n.** – 1732 ; *marckgrave* 1495 ◊ allemand *Markgraf* «comte (gouverneur) d'une marche» ■ HIST. ■ **1** **n. m.** Titre de certains princes souverains d'Allemagne. ■ **2** **n. f.** Femme d'un margrave. (On dit aussi **MARGRAVINE,** de l'all. *Markgräfin.*)

MARGRAVIAT [margravja] **n. m.** – 1752 ◊ de *margrave* ■ HIST. Dignité de margrave.

MARGUERITE [margərit] **n. f.** – *margarite, margerite* «perle» et «fleur» XIIe ◊ latin *margarita* «perle» ■ **1** Plante rustique des prés *(composées),* dont le capitule est formé de fleurs ligulées rayonnantes de couleur blanche, et de fleurs jaune d'or au centre. *Grande marguerite, marguerite des prés. Petite marguerite.* ➤ **pâquerette.** ♦ La fleur elle-même. *Effeuiller* la marguerite.* ♦ *Marguerite du Transvaal.* ➤ **gerbéra.** ■ **2** Disque portant un ensemble de caractères qu'on place dans une machine à écrire électrique. *Machine à marguerite.* ■ **3** MAR. Cordage qui, fixé sur un autre, aide à manœuvrer ce dernier. Ensemble formé par ce dispositif. *Faire marguerite, une marguerite.*

MARGUILLIER, IÈRE [margije, jɛr] ou **MARGUILLER, ÈRE** [margije, ɛr] **n.** – 1510 ; *marreglier, marrugler* XIIe ◊ bas latin *matricularius* «teneur de registre» ■ **1** VIEILLI ou RÉGION. (Canada) Membre du conseil de fabrique d'une paroisse. ■ **2** MOD. Laïc, laïque chargé(e) de la garde et de l'entretien d'une église. ➤ **bedeau, sacristain, suisse.** *La marguillière fleurit l'autel.*

MARI [mari] **n. m.** – XIIe ◊ latin *maritus* ■ Homme uni par le mariage. ➤ **conjoint, époux ; marital.** *Choisir, prendre un mari.* ➤ se **marier.** *Le mari de Mme X. Mon mari. Le mari de sa fille* (➤ **gendre**), *de sa sœur* (➤ **beau-frère**). — *Le mari et la femme. Un bon mari. Mari complaisant*. Le premier, le second mari d'une veuve, d'une divorcée. C'est son ancien, son ex-mari.* (En attribut) *Il est plus amant que mari. — Vivre comme mari et femme.* ➤ **concubinage,** 1 **union** (libre) ; **maritalement.** ■ HOM. Marri.

MARIABLE [marjabl] **adj.** – fin XIIe ◊ de *marier* ■ Qui est en état physique, psychologique de se marier. «*Elle est beaucoup plus belle que moi, [...] infiniment plus mariable*» DURAS. ■ CONTR. Immariable.

MARIACHI [marjatʃi] **n. m.** – 1985 ◊ mot mexicain, d'origine incertaine ; un emprunt au français *mariage* est improbable, le mot étant connu avant l'occupation française au Mexique (1862-1867) ■ Membre d'un ensemble populaire mexicain, associant chanteur(s) et musiciens (violons, trompettes et guitares). *Le costume, le sombréro des mariachis.*

MARIAGE [marjaʒ] **n. m.** – XIIe ◊ de *marier*

I **LE MARIAGE : L'INSTITUTION.** Union légitime de deux personnes dans les conditions prévues par la loi. *Contracter mariage, un mariage.* ➤ **alliance,** FAM. **conjungo,** VX 1 **hymen,** 1 **union ; couple.** *Mariage civil,* contracté devant l'autorité civile, seul valable juridiquement en France. *Mariage religieux. Liens du mariage.* ➤ **conjugal, matrimonial.** *Mariage célébré par le maire, le consul. Acte de mariage. Contrat de mariage,* qui règle le régime des biens des époux. (Belgique) *Livret, carnet de mariage :* livret de famille. *Obligations issues du mariage. Enfants nés d'un premier, d'un second mariage.* ➤ **lit.** *Mariage putatif*. Dissolution du mariage par divorce ou par décès de l'un des conjoints. Étude statistique des mariages* (➤ **nuptialité**). *Mariage morganatique. Mariage blanc*. Consommation* du mariage. Un mariage heureux, un bon mariage.* «*Le mariage doit incessamment combattre un monstre qui dévore tout : l'habitude*» BALZAC. — *Mariage de la main gauche*. — Formes historiques, culturelles du mariage.* ➤ **polyandrie, polygamie ; lévirat.** *Mariage endogamique, exogamique. Mariage pour tous,* pour tous les couples, de sexe différent ou de même sexe. *Mariage homosexuel, gay.*

II **UN MARIAGE** ■ **1** Action, fait de se marier. *Demande en mariage.* ➤ **main** (demander la main de qqn). «*Je ne pouvais accepter l'idée d'être demandée en mariage par des gens qui ne me connaissaient pas*» SAND. *Donner sa fille, son fils en mariage à (qqn, un prétendant). Projet de mariage.* ➤ **fiançailles.** — *Faire un mariage d'argent, d'intérêt. Mariage de raison, de convenance. Mariage arrangé, forcé. Mariage d'amour.* ■ **2** La cérémonie du mariage. ➤ **noce.** *Aller, assister, être invité à un mariage, au mariage d'un ami. Le jour de son mariage. Le* «*beau temps n'avait pas tenu. Mariage pluvieux, mariage heureux, comme on dit en français*» P. CONSTANT. — *Cadeaux, corbeille de mariage. Liste* de mariage. Messe de mariage.* ➤ **bénédiction** (nuptiale). *Partir en voyage de noces après le mariage.* ■ **3** Cortège nuptial. «*Sur la route un mariage passait. Des voitures sales enrubannées d'un tulle poussiéreux cornaient à n'en plus finir*» Y. QUEFFÉLEC. ■ **4** État d'une personne mariée, d'un couple marié ; vie conjugale. *Préférer le mariage au célibat.* «*La fidélité des femmes dans le mariage, lorsqu'il n'y a pas d'amour, est probablement une chose contre nature*» STENDHAL. *Les premiers temps du mariage.* ➤ **lune** (de miel). *Anniversaire de mariage.* ➤ **noces** (d'or, d'argent...). — LOC. FAM. *Le mariage de la carpe et du lapin :* une alliance saugrenue, une union mal assortie.

III FIG. **ASSOCIATION** ■ **1** Action d'associer, d'assortir des choses ; son résultat. ➤ **accord, alliance, association, assortiment, mélange, réunion,** 1 **union.** *Mariage de deux couleurs, de*

deux parfums. «Oh ! l'horrible mariage de ce vert forestier et de ce velours cramoisi» P. MAGNAN. *Heureux mariage de mots.* — *«Un mariage haut en goût de sandre et d'anguille en meurette»* (Gault et Millau, 1988). ▪ **2** JEUX Réunion dans la même main, du roi et de la reine d'une même couleur. PAR EXT. Jeu de cartes où l'on cherche à faire des «mariages». ▪ **3** (XXe) Fusion de deux groupes politiques ; regroupement, association d'entreprises. *Le mariage des deux entreprises crée un géant de l'automobile.*
▪ CONTR. Célibat ; divorce, séparation.

MARIAL, IALE [maʀjal] **adj.** – 1922 ; n. m. XVIe ◊ de *Marie* ▪ Relatif à la Vierge Marie. *Les cultes marials* (parfois *mariaux*).

MARIÉ, IÉE [maʀje] **adj.** et **n.** – fin XIIe ◊ de *marier* ▪ **1** Qui est uni à un autre ; qui sont unis par le mariage. *Homme marié, femme mariée.* — **n.** *Jeune marié(e)* : personne mariée depuis peu. *Lune de miel des jeunes mariés.* ▪ **2 n.** Personne dont on célèbre le mariage. *Les témoins des mariés. «Deux mariées pompeusement habillées de blanc»* BALZAC. *Robe, voile, couronne de mariée. La jarretière* de la mariée.* ➤ **épousée.** *Vive la mariée ! Poème en l'honneur des mariés.* ➤ **épithalame.** — LOC. PROV. *Se plaindre que la mariée est trop belle* : se plaindre d'une chose dont on devrait se féliciter, se réjouir. ▪ CONTR. Célibataire, divorcé, veuf.

MARIE-JEANNE [maʀiʒan] **n. f. inv.** – v. 1968 ◊ adaptation française de *marijuana* ▪ FAM. ➤ **marijuana.**

MARIE-LOUISE [maʀilwiz] **n. f.** – 1963 ◊ prénom ▪ Moulure fixée sur le bord intérieur d'un cadre, d'un sous-verre. *Des maries-louises toilées.*

MARIER [maʀje] **v. tr.** ‹7› – 1155 ◊ latin *maritare*

I ▪ **1** Unir en célébrant le mariage. *C'est le maire en personne qui les a mariés.* ▪ **2** Établir (qqn) dans l'état de mariage. *Fille à marier,* en âge d'être mariée (➤ aussi **nubile**). *«elle, on peut la marier, l'établir dans la conjugalité»* DURAS. *Le roi maria son fils à une duchesse.* ◆ **ÊTRE MARIÉ** : avoir contracté mariage. *Ils sont mariés depuis vingt ans. Être bien, mal marié. Elle n'est pas mariée.* — LOC. FAM. *Nous ne sommes pas mariés (ensemble)* : nous n'avons pas d'obligations réciproques. ▪ **3** RÉGION. (Nord ; Belgique, Luxembourg, Canada) Épouser. *Il l'a mariée contre l'avis de ses parents. «un jour vous allez vous établir, marier un bon gars avec une bonne terre»* J.-Y. SOUCY.

II SE MARIER v. pron. ▪ **1** (RÉCIPR.) S'unir par le mariage (en parlant de deux personnes). ➤ **convoler.** *Ils vivaient ensemble avant de se marier. Se marier religieusement, en grande pompe. Se marier à la mairie.* ▪ **2** (RÉFL.) Contracter mariage (en parlant d'une personne). *Il va se marier avec elle, il enterre* sa vie de garçon.* ➤ **épouser.** *Il cherche à se marier.* ➤ FAM. se **caser.**

III FIG. Unir. ➤ **allier, apparier, associer, assortir, combiner.** *Marier des couleurs qui s'harmonisent. Marier la vigne à l'ormeau.* ➤ **entrelacer, mêler.** *Marier deux styles.* — PRONOM. *«Les riches teintes brunes du bois* [...] *se mariaient à la pourpre triomphale»* BALZAC. *Le goût de la menthe se marie bien avec celui du chocolat.* ➤ **s'accorder.**
▪ CONTR. Divorcer. ▪ HOM. *Mariez* : marriez (marrer).

MARIE-SALOPE [maʀisalɔp] **n. f.** – 1777 ◊ de *Marie* et *salope* ▪ **1** MAR. Bateau, chaland à fond mobile destiné à transporter en haute mer les produits de dragage. *Des maries-salopes.* ▪ **2** (1831) POP. VIEILLI Femme malpropre ou de mauvaises mœurs.

MARIEUR, IEUSE [maʀjœʀ, jøz] **n.** – 1585 ; *mariere* 1120 ◊ de *marier* ▪ FAM. Personne qui aime s'entremettre pour conclure des mariages.

MARIGOT [maʀigo] **n. m.** – 1654 ◊ origine inconnue, p.-ê. d'un mot caraïbe, d'après *mare* ▪ Dans les régions tropicales, Bras mort d'un fleuve. ➤ **bayou.** — Lieu bas et sujet aux inondations. *Les marigots d'Amazonie.* ➤ **marais.**

MARIJUANA [maʀiʀwana ; maʀiʒɥana] ou **MARIHUANA** [maʀiʀwana ; maʀixwana] **n. f.** – 1933 *marihuana* ; 1920 *mariguana* ◊ mot espagnol d'Amérique, d'origine inconnue, par l'anglais ▪ Drogue faite des feuilles et des tiges du chanvre indien, séchées et hachées. ➤ **haschich,** 1 **kif ;** FAM. **beuh, herbe, marie-jeanne, shit.** *Fumer de la marijuana.* ➤ FAM. 3 **joint, pétard.** *Légalisation de la marijuana à des fins médicales ou récréatives.* ➤ **cannabis.** *Des marijuanas.*

MARIMBA [maʀimba] **n. m.** – 1777 ◊ emprunté à une langue africaine, probablt bantoue (Congo) ▪ Xylophone africain dont chaque lame est munie d'un résonateur en bambou, en bois, ou en calebasse. *Des marimbas.*

1 **MARIN, INE** [maʀɛ̃, in] **adj.** – 1155 ◊ latin *marinus,* de *mare* «mer» ▪ **1** Qui appartient à la mer, vient de la mer, se produit ou vit dans la mer. *Air marin. «Brise marine», poème de Mallarmé. Herbes, algues marines. Sel marin* (cf. De mer). *Faune marine.* ➤ **necton, plancton.** — *Monstres, dieux marins de la mythologie.* ◆ PAR EXT. Qui se trouve près de la mer, au bord de la mer. ➤ **maritime.** *Ajoncs marins. Ferme marine,* pratiquant l'élevage de poissons, crustacés. ➤ **aquaculture ; écloserie.** *«Le Cimetière marin», poème de Valéry.* — PAR EXT. *Cure marine,* qui se fait au bord de la mer. ➤ **héliomarin ; thalassothérapie.** ▪ **2** (1636) Qui est spécialement destiné à la navigation sur la mer. *Carte, lunette marine. Lieue* marine. Mille* marin.* ➤ **nœud.** ◆ (1835) *Bâtiment marin,* qui tient bien la mer. *Un yacht très marin.* — LOC. *Avoir le pied marin* : garder son équilibre sur un bateau, malgré le roulis, le tangage ET PAR EXT. ne pas avoir le mal de mer. ▪ CONTR. Terrestre.

2 **MARIN** [maʀɛ̃] **n. m.** – 1751 ; «officier de marine» 1718 ◊ de 1 *marin* ▪ **1** Personne qui est habile dans l'art de la navigation sur mer. ➤ **navigateur.** *Les Grecs, peuple de marins.* ▪ **2** Homme dont la profession est de naviguer sur la mer. *Marin de la marine marchande. Marin pêcheur* : inscrit* maritime qui pêche en mer à bord d'un navire. *Femme de marin. Vieux marin expérimenté.* ➤ **loup** (de mer). *Marin de service, de quart. Marin en bordée.* — LOC. *Marin d'eau douce, de bateau-lavoir* : médiocre marin, marin amateur, d'occasion. — *Caban, vareuse, maillot, béret de marin.* — SPÉCIALT Dans la marine militaire, Homme d'équipage. ➤ **matelot,** ARG. **moko.** *Marins de la marine de guerre.* ➤ FAM. **col** (bleu), **mataf.** *Fusilier*-marin. Inscription des marins sur le rôle d'équipage.* ➤ **inscrit** (maritime). *Grades, hiérarchie des marins.* ➤ 2 **mousse ; apprenti, novice, matelot ; quartier-maître,** 1 **marine** (officier de marine). *Bonnet à pompon rouge des marins français.* ▪ **3** DR. Personne (homme ou femme) travaillant à bord d'un navire sous l'autorité du capitaine. ▪ **4** ELLIPT *Col marin* : grand col carré à l'arrière et ouvert en pointe sur le devant comme celui des marins. ANCIENNT *Costume marin,* ou ELLIPT **n. m.** *un marin* : costume bleu de garçonnet qui rappelle celui des marins. *«Roger, un garçon de cinq ans, avait un marin d'été»* AYMÉ. ▪ **5** Vent tiède, accompagné de pluies, soufflant du sud sur les côtes avoisinant le golfe du Lion.

MARINA [maʀina] **n. f.** – 1950 ◊ mot anglais américain, de l'italien *marina* «plage» ▪ ANGLIC. Ensemble touristique aménagé en bordure de mer (port de plaisance et aménagements, logements... qui le bordent). *Des marinas.*

MARINADE [maʀinad] **n. f.** – 1651 ◊ de *mariner* ▪ **1** Mélange de vin, de vinaigre salé, épicé (poivre, thym, laurier, ail, oignon, etc.) dans lequel on fait macérer du poisson, de la viande avant la cuisson. ➤ **escabèche.** *«des viandes fardées par des marinades»* HUYSMANS. — PAR EXT. Aliment mariné. *Servir une marinade de marcassin. Marinade de poisson cru.* ➤ **ceviche.** ▪ **2** (1785) (Canada) AU PLUR. Légumes conservés dans du vinaigre épicé. ➤ **pickles.**

1 **MARINE** [maʀin] **n. f.** – XIe ◊ de 1 *marin*

I ▪ **1** VX Mer ; eau de mer. ◆ (repris italien *marina*) Bord de mer ; plage. ▪ **2** (1699) MOD. Peinture ayant la mer pour sujet ; genre constitué par cette peinture. *Les marines de Turner, de Boudin.* ◆ (EN APPOS. apr. un nom de nombre) (➤ 1 **point**) Format d'un châssis de tableau, dont la hauteur est nettement inférieure à la largeur. *Un 5 marine fait 35×22 cm.*

II (XVIe) ▪ **1** Ce qui concerne l'art de la navigation sur mer (➤ **maritime, nautique, naval**). ◆ Ensemble des administrations et services qui régissent l'activité maritime ; ensemble des gens de mer. ▪ **2** (Qualifié) Ensemble des navires appartenant à une même nation ou entrant dans une même catégorie. *Marine française, anglaise. Marine à voiles. Marine de plaisance. Marine marchande, de commerce,* comprenant les navires de commerce et de pêche. *Marine militaire, de guerre* (cf. Armée* de mer, forces* navales). *Marine nationale (M. N.)* : marine de guerre de l'État français. ▪ **3** ABSOLT Marine de guerre. *Une marine puissante. Canon de marine. Infanterie de marine. Être dans la marine. Les gars de la marine* (FAM.). *Soldats de marine* (VX) ; *sous-officiers de marine* ou officiers mariniers (maistrance). ➤ 2 **marin.** *Officiers de marine.* ➤ 2 **enseigne ; lieutenant** (de vaisseau) ; **capitaine** (de corvette, de frégate, de vaisseau) ; **contre-amiral, vice-amiral ; amiral ;** et aussi **commandant, commodore, major, midship, pilotin.** *Officier de marine qui sort de l'école navale. Ministère de la Marine.* ▪ **4** APPOS. INV. **BLEU MARINE** : bleu foncé semblable au bleu des uniformes de la marine. *Des chaussettes bleu marine.* ELLIPT INV. *Des chaussettes marine.* — **n. m.** *Porter du marine.*

2 **MARINE** [marin] n. m. – 1815 ◊ mot anglais américain, du français *marine* ■ Soldat de l'infanterie de marine américaine (Marine Corps) ou anglaise (Royal Marine Forces). *Les marines, corps de débarquement.*

MARINÉ, ÉE [marine] adj. – 1546 ◊ → mariner ■ Trempé, conservé dans la saumure ou dans une marinade. *Harengs marinés :* rollmops. *Maquereaux marinés au vin blanc. Un « quartier de sanglier mariné »* COLETTE.

MARINER [marine] v. ⟨1⟩ – 1552 ◊ probablt italien *marinare,* du latin *aqua marina* « saumure » ■ **1** v. tr. Mettre dans la saumure, dans une marinade, avant cuisson. *Mariner du gibier.* ■ **2** v. intr. (1732) Être, tremper dans la marinade. *Cette viande doit mariner plusieurs heures.* ➤ **macérer.** *Mettre la viande à mariner dans du vin.* ◆ FIG. et FAM. Rester longtemps dans un lieu ou dans une situation désagréable. *Mariner en prison.*

MARINGOUIN [marɛ̃gwɛ̃] n. m. – 1609 ◊ du tupi-guarani (Brésil) *mbarigui* ■ Tout diptère parasite de l'être humain, moustique, cousin (pays tropicaux ; Canada). *L'époque des maringouins dans les Laurentides. « Le sifflement agaçant des maringouins leur passait sur le visage, les bras, les jambes. Tous avaient la peau criblée de piqûres »* Y. LAHENS.

MARINIER, IÈRE [marinje, jɛr] n. et adj. – XIIe ◊ de 1 *marin*
I n. ■ **1** n. m. VX Homme de mer, marin. ◆ (1690) MOD. PAR APPOS. *Officier marinier :* sous-officier de la marine de guerre. ➤ **maistrance ;** 2 **marin.** *Les officiers mariniers.* Dans la marine marchande, Marin qui a un rang intermédiaire entre le matelot et l'officier. ■ **2** (1524) Personne dont la profession est de naviguer sur les fleuves, les rivières, les canaux. SPÉCIALT Personne qui fait partie de l'équipage d'une péniche. ➤ **batelier.**
II adj. (1531) VX Qui a rapport à la mer. ➤ 1 **marin.**

MARINIÈRE [marinjɛr] n. f. – *chausses à la marinière* 1532 ◊ de *marinier* ■ **1** (1742) **À LA MARINIÈRE :** à la manière des pêcheurs, des marins. ELLIPT *Moules marinière,* préparées dans leur jus, avec des échalotes et du vin blanc. *Vol-au-vent marinière,* aux fruits de mer. ■ **2** (1923) Blouse sans ouverture sur le devant et qui descend un peu plus bas que la taille sans la serrer. *La marinière se porte par-dessus la jupe.* ■ **3** Maillot à rayures horizontales.

MARINISME [marinism] n. m. – 1866 ◊ de *Marini,* n. pr. ■ HIST. LITTÉR. Préciosité du style mise à la mode au XVIIe s. par Marini. ➤ **gongorisme.**

MARIOLE ou **MARIOLLE** [marjɔl] adj. et n. – 1878 ; *mariol* 1726 ; « filou » 1578 ◊ italien *mariolo,* de *Maria* « Marie », la Vierge ■ FAM. Malin. *C'est un mariole. Faire le mariole,* le malin, l'intéressant ; prendre des risques par vantardise. *Fais pas la mariole !* ➤ **idiot.**

MARIONNETTE [marjɔnɛt] n. f. – *maryonete* 1517 ◊ de *Marie,* par un diminutif signifiant « statuette de la Vierge » ; cf. *marotte* ■ **1** Figurine représentant un être humain ou un animal, actionnée à la main par une personne cachée, qui lui fait jouer un rôle. *Marionnette à fils.* ➤ **fantoche.** *Marionnette à gaine.* ➤ **pupazzo ; guignol.** *Marionnettes à doigts,* que l'on enfile au bout des doigts. *Montreur de marionnettes. Tirer les fils, les ficelles des marionnettes. Théâtre de marionnettes.* ➤ **castelet.** *Marionnettes indonésiennes, japonaises* (➤ **bunraku**). ◆ PLUR. Théâtre, spectacle de marionnettes. ➤ **guignol.** *Conduire un enfant aux marionnettes.* — LOC. *Faire les marionnettes :* faire tourner les mains de droite à gauche et de gauche à droite, les doigts dressés en l'air pour imiter les mouvements des marionnettes, en chantant *ainsi font, font, font les petites marionnettes,* pour divertir un enfant. ■ **2** FIG. Personne qu'on manœuvre à son gré, à laquelle on fait faire ce qu'on veut. ➤ **pantin.** *« ils tirent chacun par le fil de ses passions ou de ses intérêts, et [...] en font des marionnettes »* BALZAC. ■ **3** (1836) TECHN. Réunion de poulies tenues verticalement par deux traverses entre lesquelles elles peuvent pivoter.

MARIONNETTISTE [marjɔnetist] n. – 1852 ◊ de *marionnette* ■ Montreur de marionnettes.

MARISQUE [marisk] n. f. – 1819 ◊ latin *marisca* « petite figue » ■ PATHOL. Petite tumeur molle, ridée, à l'anus (transformation fibreuse d'une hémorroïde).

MARISTE [marist] n. – 1816 ◊ de *Marie,* la Vierge ■ Membre de la congrégation religieuse de la Société de Marie. APPOS. *Frère, sœur mariste. Les pères maristes.*

MARITAL, ALE, AUX [marital, o] adj. – 1587 ; « conjugal » 1495 ◊ latin *maritalis,* de *maritus* « marié » et « mari » ■ DR. ■ **1** Qui relève du mari. *Autorisation maritale.* ■ **2** *Vie, union maritale,* d'un couple vivant maritalement*.

MARITALEMENT [maritalmɑ̃] adv. – 1694 ◊ de *marital* ■ **1** VX À la manière d'un mari. ■ **2** (1832) MOD. Comme mari et femme. ➤ **conjugalement.** *Vivre maritalement.* ➤ **concubinage,** 1 **union** (libre).

MARITIME [maritim] adj. – 1336 ◊ latin *maritimus* ■ **1** Qui est au bord de la mer, concerne le bord de la mer, subit l'influence de la mer. *Ports maritimes et ports fluviaux. Pin maritime. Climat maritime.* ➤ 1 **marin.** *La Charente-Maritime.* — PAR EXT. *Canal maritime.* ◆ Au Canada, *les Provinces maritimes.* n. f. *Il pleuvra sur les Maritimes.* ■ **2** (1690) Qui se fait sur mer, par mer. *Navigation maritime. Commerce maritime.* ■ **3** Qui concerne la marine, la navigation, les navires. ➤ **naval.** *Forces maritimes. Les grandes puissances maritimes. Inscription*, inscrit maritime. Droit maritime.* ◆ n. *Les maritimes :* les personnes qui s'occupent de la marine et en particulier de la marine marchande.

MARITORNE [maritɔrn] n. f. – 1798 ; *malitorne* 1642 ◊ nom d'une servante repoussante dans *Don Quichotte* ■ VX Femme laide, malpropre et désagréable. ➤ **souillon.**

MARIVAUDAGE [marivodaʒ] n. m. – 1812 ; « préciosité » 1760 ◊ de *Marivaux,* n. d'un écrivain français du XVIIIe ■ Propos, manège de galanterie délicate et recherchée. ➤ **badinage.** *Il n'y a eu entre eux que du marivaudage.*

MARIVAUDER [marivode] v. intr. ⟨1⟩ – 1812 ; « écrire comme Marivaux » 1760 ◊ de *Marivaux* ■ Tenir, échanger des propos d'une galanterie délicate et recherchée. ➤ **badiner.** *Ils marivaudaient à l'écart des invités.*

MARJOLAINE [marʒɔlɛn] n. f. – XVIe ; *mariolaine* fin XIVe ◊ p.-ê. latin médiéval *majorana,* d'origine inconnue ■ Plante aromatique *(labiacées),* utilisée comme aromate, comme assaisonnement et en infusion. ➤ **origan.** *Le thym et la marjolaine.*

MARK [mark] n. m. – 1872 ◊ mot allemand, francique °*marka* ■ **1** Ancienne unité monétaire allemande qui valait cent pfennigs. *Quinze marks.* ■ **2** Ancienne unité monétaire de la Finlande. ■ **3** Unité monétaire de la Bosnie-Herzégovine. ■ HOM. Marque.

MARKETER [markete ; markə-] v. tr. ⟨4 /5/⟩ /MARKÉTER ⟨6⟩/ – 1986 ◊ faux anglic., de *marketing* ■ Appliquer les techniques du marketing à (un produit).

MARKETING [markətiŋ] n. m. /MARKÉTING/ – 1944 ◊ mot anglais américain « commercialisation », de *market* « marché » ■ ANGLIC. Ensemble des actions ayant pour objet d'analyser le marché présent ou potentiel d'un bien ou d'un service et de mettre en œuvre les moyens permettant de satisfaire les besoins du consommateur ou, le cas échéant, de les stimuler ou de les susciter (recomm. offic. *mercatique**). ➤ **commercialisation, distribution, marchandisage, marchéage, vente.** *Techniques de marketing :* études de marché et de motivation, benchmark, prospection, publicité, promotion (des ventes), géomarketing, distribution, animation de la force de vente, service après-vente, sondage, etc. *Faire du marketing. Marketing direct :* vente directe (recomm. offic.). APPOS. INV. *Le service marketing d'une entreprise. Être directeur, chef marketing. Des assistants marketing. — Marketing électoral, politique :* utilisation des techniques de la publicité à des fins politiques. ◆ SPÉCIALT La science du marché. *Cours de marketing.*

MARLE [marl] adj. – 1884 ◊ de *marlou* ■ ARG. VIEILLI Malin. *C'est pas marle !*

MARLI [marli] n. m. – *marlie* 1765 ; *plat à la Marly* 1698 ◊ de *Marly* ou de *merles,* drap *merlé, meslé* ■ Bord intérieur d'un plat, d'une assiette. *« un plat au marli noyé d'émail »* COLETTE.

MARLIN [marlɛ̃] n. m. – 1933 ◊ anglais *marlin* (1917) ■ Poisson téléostéen des mers chaudes, au rostre plus court et moins effilé que celui de l'espadon. *Marlin bleu. Marlin noir.*

MARLOU [marlu] n. m. – 1821 ; cf. argot *marle* ◊ de *marlou* « matou », dialectal du Nord ■ POP. Souteneur. ➤ 2 **maquereau.** *Des marlous.*

MARMAILLE [marmɑj] n. f. – 1611 ; « gosse » 1560 ◊ de *marmot* et *-aille* ■ FAM. et PÉJ. Groupe nombreux de jeunes enfants bruyants. *« toute la marmaille grouillait du matin au soir »* MAUPASSANT. *Elle est venue avec sa marmaille.*

MARMELADE [marməlad] n. f. – 1602 ; *mermelade* 1573 ◊ portugais *marmelada* « confiture de coing *(marmelo)* », du latin *melimelum,* du grec « coing », de *meli* « miel » et *melon* « pomme » ■ **1** Préparation de pulpe de fruits écrasée et cuite avec du sucre. ➤ **compote.** *Marmelade de coings* (➤ **cotignac**), *de pommes. Marmelade d'oranges,* confiture* ainsi faite où l'on ajoute des zestes très fins. ▪ **2** loc. adj. **EN MARMELADE,** se dit d'un aliment trop cuit et réduit en bouillie. *Viande en marmelade.* ➤ **capilotade.** — FIG. Écrasé. *Le boxeur avait le nez en marmelade.*

MARMENTEAU [marmɑ̃to] adj. m. – 1508 ◊ ancien français *merrement,* latin populaire °*materiamentum* «bois de construction» → merrain ▪ DR. Se dit d'un arbre de haute tige qu'un usufruitier n'a pas le droit d'abattre. n. m. *Des marmenteaux.*

MARMITE [marmit] n. f. – 1313 ◊ de l'ancien adj. *marmite* «hypocrite» (la marmite couverte cachant le contenu), du radical *marm-* (cf. *marmotter*) et *mite* «chatte»

I ▪ **1** Récipient de métal, assez haut, muni d'un couvercle et généralement d'anses (ou oreilles), qui autrefois avait trois pieds, dans lequel on fait bouillir l'eau, cuire des aliments. ➤ 2 **cocotte, faitout,** VX **pot.** LOC. FAM. *Nez en pied de marmite,* large du bas et retroussé. — (1871) *Marmite norvégienne :* récipient à parois et couvercle matelassés, destiné à conserver chaud un récipient intérieur qu'on y introduit. *Marmite autoclave,* à cuisson sous pression. ➤ **autocuiseur.** ▪ **2** PAR MÉTON. Contenu de la marmite. *Une marmite de pot-au-feu.* On a dit *marmitée.* ♦ LOC. *Faire bouillir la marmite :* assurer la subsistance de toute la famille. ▪ **3** Aliment cuit et servi dans un bouillon, au restaurant. *La marmite du pêcheur.*

II PAR ANAL. ▪ **1** (1788) TECHN. *Marmite de Papin :* dispositif permettant d'employer la pression de la vapeur d'eau au déplacement d'un piston dans un cylindre. ▪ **2** GÉOL. *Marmite de géants :* cuvette creusée par l'érosion tourbillonnaire de blocs de roches dures, graviers et galets tournant au pied des cascades, dans les rapides.

MARMITER [marmite] v. tr. ⟨1⟩ – v. 1894 ◊ de *marmite* «obus de gros calibre» ▪ VX ➤ **bombarder.** *Les Allemands «marmitent tout, détruisent le village»* DORGELÈS. — n. m. **MARMITAGE.**

MARMITON [marmitɔ̃] n. m. – 1523 ◊ de *marmite* ▪ Jeune aide-cuisinier chargé du plus bas emploi. ➤ **gâte-sauce, tournebroche.** *«sa veste blanche et son bonnet blanc de marmiton»* ZOLA.

MARMONNEMENT [marmɔnmɑ̃] n. m. – 1582 ◊ de *marmonner* ▪ Action de marmonner ; murmure sourd, indistinct.

MARMONNER [marmɔne] v. tr. ⟨1⟩ – 1534 ; onomat. ◊ var. de *marmotter* ▪ **1** Dire, murmurer* entre ses dents, d'une façon confuse. ➤ **bredouiller, mâchonner, marmotter,** RÉGION. **raboudiner.** *Marmonner une prière.* ▪ **2** SPÉCIALT Murmurer avec hostilité. ➤ **grommeler.** *Marmonner des injures, des menaces.*

MARMORÉEN, ENNE [marmɔreɛ̃, ɛn] adj. – 1837 ◊ latin *marmoreus,* de *marmor* «marbre» ▪ **1** DIDACT. Qui a la nature, l'apparence du marbre. *Roches marmoréennes.* ▪ **2** FIG. et LITTÉR. Qui a la blancheur, l'éclat, la froideur du marbre. *«l'éclat marmoréen de sa chair souple et polie»* GAUTIER. *Visage d'une immobilité, d'une froideur marmoréenne.* ➤ 1 **froid, glacial.**

MARMORISER [marmɔrize] v. tr. ⟨1⟩ – 1845 ; «éterniser» 1584 ◊ du latin *marmor* «marbre» ▪ GÉOL. Transformer en marbre, par une action naturelle. — p. p. adj. *Calcaire marmorisé.*

MARMOT [marmo] n. m. – 1493 «singe» ◊ p.-ê. de *marmotter* «à cause des mouvements continuels que les singes font avec leurs babines» (O. Bloch) ▪ **1** (1640) FAM. Petit garçon. ➤ **marmouset.** — AU PLUR. Enfants, sans distinction de sexe. ➤ **marmaille.** *«les marmots déguenillés* [...] *l'entouraient comme une nuée de moucherons»* HUGO. ▪ **2** VX Petite figure grotesque ornementale (servant de heurtoir, etc.). LOC. *Croquer le marmot :* attendre longtemps, en se morfondant.

MARMOTTE [marmɔt] n. f. – v. 1200 ◊ de *marmotter* ▪ **1** Rongeur au corps ramassé, au pelage fourni, qui hiberne une grande partie de l'année. ➤ RÉGION. **siffleux.** *La marmotte s'engourdit par le froid.* LOC. *Dormir comme une marmotte,* profondément. ♦ Fourrure de cet animal. ➤ **murmel.** *Un manteau de marmotte.* ▪ **2** (1800) ANCIENNT Coiffure de femme, faite d'un fichu enveloppant la tête. ▪ **3** (1823 ◊ p.-ê. par allus. à la «boîte à marmotte» des Savoyards) Malle formée de deux parties qui s'emboîtent l'une dans l'autre. *Marmotte de commis voyageur :* boîte à échantillons. ▪ **4** Variété de bigarreau très foncé. *Marmottes de l'Yonne.*

MARMOTTER [marmɔte] v. tr. ⟨1⟩ – v. 1480 ◊ onomat. ▪ Dire confusément, en parlant entre ses dents. ➤ **bredouiller, marmonner, murmurer.** *«de pieuses personnes* [...] *marmottaient les prières»* JALOUX. ♦ ABSOLT Parler à voix basse, tout seul. — n. m. **MARMOTTEMENT,** 1585.

MARMOUSET [marmuzɛ] n. m. – v. 1460 ; 1292 «figurine grotesque ornementale» ◊ probablt de *marmuser* «marmotter» ; même origine que *marmot* ▪ **1** FAM. VIEILLI Jeune garçon. — PAR EXT. (1643) Enfant. ➤ **marmot.** ▪ **2** (1537 ; repris 1931) ZOOL. Très petit singe d'Amérique, doté d'une longue queue préhensile. ➤ **ouistiti.**

1 **MARNAGE** [marnaʒ] n. m. – 1641 ◊ de 1 *marner* ▪ AGRIC. Amendement d'une terre par un apport de marne.

2 **MARNAGE** [marnaʒ] n. m. – 1908 ◊ de 2 *marner* ▪ MAR. Amplitude maximale entre la haute et la basse mer. *L'estran* correspond au marnage.*

MARNE [marn] n. f. – 1266 ◊ altération de *marle,* latin populaire °*margila,* mot gaulois → maerl ▪ Mélange naturel d'argile et de calcaire (glaise). *Marnes argileuses, calcaires, limoneuses. Marnes employées comme amendements* (➤ 1 **marnage**).

1 **MARNER** [marne] v. ⟨1⟩ – 1564 ◊ altération de *marler* 1270, de *marne* ▪ **1** v. tr. AGRIC. Amender (la terre) avec de la marne. ▪ **2** v. intr. (1827) POP. et VIEILLI Travailler* dur. ➤ 2 **bosser.** *«Les ingénieurs marnaient quinze heures par jour»* KERANGAL.

2 **MARNER** [marne] v. intr. ⟨1⟩ – 1716 ◊ d'une var. de *marge* ▪ RÉGION. *La marée, la mer marne,* monte au-dessus du niveau moyen.

MARNEUX, EUSE [marnø, øz] adj. – 1567 ◊ de *marne* ▪ Qui contient de la marne. *Sol marneux. «des roches calcaires qui reposent sur des argiles marneuses capables de provoquer des glissements de terrain»* KERANGAL.

MARNIÈRE [marnjɛr] n. f. – *marlière* v. 1200 ◊ de *marne* ▪ TECHN. Carrière de marne.

MAROCAIN, AINE [marɔkɛ̃, ɛn] adj. et n. – *langue marroquine* 1630 (→ maroquin) ◊ de *Maroc* ▪ Du Maroc. *Le royaume marocain.* ➤ **chérifien.** *Djellaba marocaine.* ♦ n. *Les Marocains.* ▪ HOM. Maroquin.

MAROILLES [marwal] n. m. – 1895 ; *marolles* 1723 ◊ de *Maroilles,* n. d'une localité du Nord ▪ Fromage carré à base de lait de vache, à pâte molle, à croûte lavée rouge-brun, au goût fort et corsé, fabriqué en Thiérache.

MARONITE [marɔnit] n. et adj. – 1489 ◊ du patriarche *Maroun* ▪ Chrétien appartenant au rite oriental de Syrie et du Liban, qui a conservé la liturgie syriaque et fait partie de l'une des Églises uniates. — adj. *Prêtre, patriarche maronite.*

MARONNER [marɔne] v. intr. ⟨1⟩ – *marronner* 1743 ◊ mot du Nord-Ouest «miauler» ; même racine que *maraud, marmotter* ▪ FAM., RÉGION. Maugréer, exprimer sa colère, son dépit, en grondant, en marmonnant. ➤ **grogner,** FAM. **rouspéter.** *Faire maronner qqn,* le faire enrager. ➤ **bisquer.**

MAROQUIN [marɔkɛ̃] n. m. – 1490 ◊ de *Maroc,* pays où l'on préparait ce cuir ▪ **1** Peau de chèvre, de mouton, tannée au sumac et à la noix de galle, teinte et souvent grenée. *Maroquin rouge, brun. «un gros in-folio relié en maroquin rouge»* NERVAL. ▪ **2** VIEILLI ou PLAISANT Portefeuille ministériel, poste de ministre. ▪ HOM. Marocain.

MAROQUINERIE [marɔkinri] n. f. – *marroquinerie* 1636 ◊ de *maroquin* ▪ **1** Fabrication, préparation du maroquin ; atelier où on le prépare. ➤ **tannage, tannerie.** ▪ **2** Ensemble des industries utilisant les cuirs fins pour la fabrication et le revêtement (gainerie) de certains articles (portefeuilles, sacs à main, serviettes, sous-mains, ceintures, etc.). *Travailler dans la maroquinerie.* ▪ **3** Articles de maroquinerie. *Vendre de la maroquinerie.* ♦ Magasin où l'on vend ces articles (➤ **maroquinier**).

MAROQUINIER, IÈRE [marɔkinje, jɛr] n. – *marroquinier* 1562 ◊ de *maroquin* ▪ **1** Ouvrier qui prépare les peaux de maroquin. ▪ **2** Personne qui fabrique des objets de maroquinerie. ▪ **3** Commerçant qui vend ces articles. *Acheter un sac chez le maroquinier.*

MAROTIQUE [marɔtik] adj. – 1585 ◊ du nom de *Cl. Marot* (1495-1544) ▪ LITTÉR. Qui imite la langue et le style de Marot (considérés pendant la période classique comme le modèle de la poésie archaïque, gaie et simple).

MAROTTE [marɔt] n. f. – 1530 ; «poupée» 1468 ◊ de *Marie* → marionnette ▪ **1** Sceptre surmonté d'une tête coiffée d'un capuchon bigarré et garni de grelots. *La marotte, attribut symbolique de la folie. Marotte de bouffon, de fou.* ▪ **2** Tête de femme, en bois, carton, cire, dont se servent les modistes, les coiffeurs. ▪ **3** (1623) FIG. Idée fixe, manie. ➤ **dada, folie, manie.** *Il a la marotte des mots croisés. C'est devenu une marotte.* ➤ **habitude.** *Encore une nouvelle marotte !* ➤ **caprice, lubie.** *«La vie n'est tolérable qu'avec une marotte, un travail quelconque»* FLAUBERT.

1 **MAROUETTE** ➤ **MAROUTE**

2 **MAROUETTE** [maʀwɛt] **n. f.** – 1767 ◊ de l'occitan *maruetto* «marionnette», dérivé de *Marie* → marotte ■ Râle d'eau, petit échassier.

MAROUFLAGE [maʀuflaʒ] **n. m.** – 1785 ◊ de *maroufler* ■ PEINT. Action de maroufler ; toile de renfort sur laquelle une peinture, un panneau sont marouflés.

MAROUFLER [maʀufle] **v. tr.** ‹1› – 1746 ◊ de *maroufle* «colle forte», origine inconnue ■ PEINT. Appliquer (une toile peinte) sur une surface (mur, plafond...) avec une colle forte. *Maroufler une peinture sur une toile, pour la renforcer. Maroufler un panneau,* le consolider en collant à son envers une toile, de la filasse. — *Toile marouflée.*

MAROUTE [maʀut] **n. f.** – 1611 ◊ de l'ancien français *amarouste,* de même origine que 2*amourette* ■ Plante à odeur fétide *(composacées),* appelée aussi *camomille puante.* — On dit aussi **MAROUETTE,** 1867.

MARQUAGE [maʀkaʒ] **n. m.** – 1873 ; t. de jeu de paume 1613 ◊ de *marquer* ■ **1** Opération par laquelle on marque (des animaux, des arbres, des marchandises, du linge...). *Marquage antivol d'une voiture.* ♦ *Marquage au sol* (chaussée, parkings, terrains de sport...). ♦ TECHNOL. NUCL. Opération qui consiste à marquer un matériau afin de suivre son évolution dans un milieu. ♦ BIOCHIM. Introduction d'un isotope lourd ou radioactif dans une molécule permettant d'étudier ses propriétés ou de suivre son métabolisme. *Marquage radioactif.* ♦ GÉNÉT. *Marquage génétique :* utilisation en génie génétique de nucléotides modifiés (radioactivité ou composition chimique différente) afin de repérer un acide nucléique. ■ **2** (1910) SPORT Action de marquer (I, A, 6°).

MARQUANT, ANTE [maʀkɑ̃, ɑ̃t] **adj.** – 1721 ◊ de *marquer* ■ **1** *Carte marquante,* qui permet de marquer des points au jeu. ■ **2** (1762) COUR. Qui marque, laisse une trace, un souvenir. ➤ **mémorable, remarquable.** *Événement marquant. Les faits les plus marquants de l'année. Personnage marquant,* que sa situation, son talent, son activité mettent en relief. ■ CONTR. Insignifiant.

1 **MARQUE** [maʀk] **n. f.** – milieu XVe ◊ de *marquer*

I SIGNE FAIT INTENTIONNELLEMENT ■ **1** Signe matériel, empreinte mis(e), fait(e) sur une chose pour la distinguer, la reconnaître ou pour servir de repère. ➤ **griffe, signe.** *Marque au couteau, à la scie.* ➤ 1 **coche, encoche,** 1 **trait.** *Marque indélébile, ineffaçable. Marques sur des arbres* (➤ **martelage**). — *Coudre une marque à son linge,* une petite pièce de tissu portant une marque (initiales, nom, chiffre). — *Marques sur des papiers, des dossiers,* pour en faciliter le classement. ➤ **cote.** *Marque numérique* (➤ **matricule, numéro**), *littérale, conventionnelle. Faire une marque sur une liste, à un mot.* ➤ **astérisque, croix,** 1 **point, renvoi.** — (1690) Signe, croix qu'un illettré appose en place de signature*. ➤ **griffe.** ■ **2** (1936) SPORT Trait, repère fait sur le sol (pour régler certains mouvements). — (1924) Dispositif assurant une bonne position aux pieds des coureurs de vitesse qui vont prendre le départ. ➤ **butoir,** 2 **cale, starting-block.** — LOC. (1924) *À vos marques ! Prêts ! Partez !* — *Prendre ses marques :* se tenir prêt. ■ **3** (1531) Signe infamant que l'on imprimait sur la peau d'un condamné. ➤ 2 **flétrissure.** ■ **4** (1626) COMM. Signe attestant un contrôle. ➤ **cachet, contrôle, estampille, poinçon, sceau.** *Marque de la douane. Marque nationale de qualité.* — (1694) Signe (conventionnel ou non) par lequel les marchands notent le prix que leur a coûté un objet. ■ **5** (1690) Signe distinctif appliqué sur une chose par celui qui l'a faite, fabriquée. *Marque d'orfèvre* (➤ **poinçon**), *d'ébéniste* (➤ **estampille**). *Marque d'atelier d'une monnaie.* ➤ **symbole.** ■ **6** (1846) *Marque de fabrique, de commerce ou de service :* signe, nom servant à distinguer les produits d'un fabricant, les marchandises d'un commerçant ou d'une collectivité. ➤ **cachet, chiffre, estampille, étiquette, label, poinçon, sceau, timbre, vignette.** *Marque descriptive* (➤ **dénomination**), *figurative* (➤ **emblème, vignette**), *nominale* (➤ **logo**). — (1948) *Marque déposée* (à l'Institut national de la propriété industrielle). *Enregistrement, protection, propriété d'une marque. Marque de distributeur.* ➤ 1 **enseigne.** *Produit commercialisé sans nom de marque* (cf. Produit libre*). — SPÉCIALT, PHARM. *Marque déposée d'un médicament :* nom sous lequel un médicament est vendu par le fabricant (à distinguer de sa dénomination* commune). — *Produits de marque,* qui portent une marque connue, appréciée. ■ **7** (1866) Entreprise qui fabrique des produits de marque ; ces produits. *Les grandes marques d'automobiles. Une grande marque et ses sous-marques. Image* de marque.* ■ **8** (1636) Ce qui sert à faire une marque. ➤ **cachet, poinçon.**

II SIGNE ACCIDENTEL ■ **1** (1530) Trace naturelle dont l'origine est reconnaissable. ➤ **impression, trace.** *Marques de pas, de pneus.* ➤ **empreinte.** *Marques de doigts gras sur une feuille de papier.* ➤ **tache.** *Marques qui restent sur un tissu froissé* (➤ 1 **pli**), *sur la carrosserie d'une voiture* (➤ **éraflure,** 1 **raie ;** FAM. **pète**). *Marques sur la peau ; marques de coups, de contusions ; de blessures.* ➤ **bleu, cicatrice, couture, ecchymose, marbrure, stigmate, vergeture, zébrure.** *Marque de bronzage. «Elle était bronzée jusqu'à la pointe des seins, sans ces marques de soutien-gorge qui défigurent tant de filles nues»* VIAN. *Marque de dents :* morsure. *Marque de transpiration sous les bras.* ➤ **auréole.** ♦ CHASSE Trace, indice que laisse une bête et qui permet de l'identifier. ➤ **connaissance.** ■ **2** (1538) Signe naturel, tache que l'on compare à une marque. *Avoir une marque sur le visage.* ➤ **envie, nævus, tache.** ■ **3** Témoignage. *«L'horreur de ces quatre ans est toujours en moi. Je porte la marque. Tous les survivants portent la marque»* GIONO. ➤ **stigmate.**

III OBJET ■ **1** (1549) Objet matériel servant à faire reconnaître une chose, à la retrouver. ➤ **mémento.** *Mettre une marque dans un livre pour retrouver facilement une page.* ➤ **marque-page, signet.** — VX *Marque de théâtre :* ticket d'entrée. ➤ **contremarque.** — LOC. *Chercher, trouver, retrouver, prendre, reprendre, poser ses marques,* des repères. ♦ Signe ou objet matériel indiquant une limite, une démarcation*. ➤ **borne, jalon, repère ; brisées.** ♦ (1676) JEU Jeton, fiche, dispositif servant à noter les points des joueurs. — Jeton, signe représentant de l'argent. ■ **2** (1868) SPORT, JEU Décompte des points, au cours d'une partie, d'un match. Recomm. offic. pour *score. Mener à la marque* (cf. Aux points). *À la mi-temps, la marque était de deux à un.* ➤ **score.** — *Ouvrir la marque :* marquer le premier but, les premiers points. *Ils «n'hésitaient pas à tirer, tâchant d'ouvrir la marque dans les dernières minutes»* J.-PH. TOUSSAINT. ■ **3** (1538 «armoiries») *Marques distinctives d'une dignité, d'un grade, d'une fonction.* ➤ 2 **insigne, signe, symbole ; chevron, galon.** ♦ FIG. **DE MARQUE :** de distinction, de qualité. *Hôtes de marque. Clientèle de marque.*

IV SIGNE QUI EXPRIME QQCH. ■ **1** (1538) Caractère, signe particulier qui permet de reconnaître, d'identifier qqch. ➤ **annonce, attestation, attribut, caractère, critère, indication, indice, manifestation, présage, preuve, signe, symptôme, témoignage, témoin, trace.** *Être la marque de qqch.* ➤ **révéler.** *«Instinct et raison, marques de deux natures»* PASCAL. *Réflexion qui porte la marque du bon sens* (cf. Frappée au coin* du bon sens). *Recevoir qqn avec des marques de joie.* ➤ **démonstration.** *Marques d'affection, d'intérêt, d'estime, de franchise.* ➤ **preuve,** 1 **trait.** ■ **2** (1949) LING. Trait pertinent (phonologique, morphologique, syntaxique) dont la présence ou l'absence dans une unité linguistique donnée fonde une opposition. *Le s est la marque du pluriel en français* (➤ **marqué**).

■ HOM. Mark.

2 **MARQUE** [maʀk] **n. f.** – XIVe ◊ provençal *marca,* de *marcar* «saisir à titre de représailles» ■ ANC. DR. Représailles. — *Lettres de marque :* autorisation donnée à un particulier de se faire justice lui-même. MAR. ANC. Commission donnée à un corsaire.

MARQUÉ, ÉE [maʀke] **adj.** – 1640 ◊ de *marquer* ■ **1** Pourvu, empreint d'une marque, estampillé. *Linge, drap marqué. Cartes marquées,* portant un signe repérable par le tricheur. — *Atomes marqués,* rendus radioactifs et, par là, décelables. *Molécules marquées :* molécules dont un atome est un isotope lourd ou radioactif. *Produit marqué, anticorps marqué.* ♦ (PERSONNES) *Être marqué :* porter la marque du forçat ; FIG. être compromis, engagé ou désigné (comme suspect, coupable). *Personnage politique marqué à droite, à gauche.* — *Visage marqué,* fripé, chiffonné, aux yeux cernés ; ridé, aux traits accusés. *«Il vieillit, il est marqué»* BALZAC. ■ **2** Accentué. *Mesure, mélodie marquée.* — *Taille marquée,* soulignée par les vêtements. ■ **3** (1835) ABSTRAIT ➤ 2 **net, prononcé.** *Distinction, différence marquée. Il a une préférence marquée pour le chocolat noir.* ■ **4** LING. Qui porte un caractère particulier (par rapport à un terme neutre, *non marqué*). Coursier, étalon *sont des termes marqués, par rapport à* cheval. *Forme marquée du substantif* (féminin, pluriel) *par rapport à la forme non marquée* (masculin, singulier).

MARQUE-PAGE [maʀk(ə)paʒ] **n. m.** – XXe ◊ de *marquer* et *page* ■ **1** Signe matériel que l'on insère entre deux pages d'un livre et qui permet de retrouver facilement un passage. ➤ **signet.** *Des marque-pages.* ■ **2** INFORM. Favori* (II, 4°).

MARQUER [maʀke] **v.** ‹1› – milieu XVe ◊ de *merqu(i)er,* forme normande et picarde de la famille du norrois *merki* «borne», «marque». Le *-a-* de *marquer* s'explique par l'influence de l'italien *marcare* «marquer» sur *merqu(i)er*

II ~ v. tr. A. METTRE UNE MARQUE ▪ **1** Distinguer, rendre reconnaissable (une personne, une chose parmi d'autres) au moyen d'une marque (I), d'un repère. ➤ **indiquer, repérer, signaler.** *Marquer d'une coche* (➤ 2 **cocher**), *d'un cran* (➤ **créner**), *d'une croix, d'une empreinte* (➤ **empreindre, estamper, étalonner**), *d'une estampille* (➤ **estampiller**), *d'une étiquette* (➤ **étiqueter**), *d'un matricule, d'un numéro* (➤ **coter, immatriculer, numéroter**), *de points* (➤ **picoter,** 1 **pointer, pointiller**), *d'un timbre* (➤ **timbrer**), *d'un signe quelconque. Marquer qqch. à la craie, au crayon, à l'encre. Marquer au poinçon* (➤ **insculper, poinçonner**). *Marquer des draps, du linge,* en cousant une marque. *Marquer un arbre à épargner* (➤ **layer**). — *Marquer le bétail au fer rouge.* — *Animal qui marque son territoire.* — LOC. *Marquer un jour, un évènement d'une pierre blanche,* se dit d'un jour remarquable qui vaut la peine qu'on s'en souvienne. ♦ (1531) FAM. Écrire, inscrire, noter. *Marquer un numéro de téléphone sur son carnet.* «*Oubliait-elle de marquer toutes ses dépenses ?*» GREEN. — *Cette route n'est pas marquée sur la carte. Il n'y a rien de marqué sur ce panneau.* ▪ **2** (1531) Former, laisser une trace, une marque (II) sur. *Marquer la peau de tatouages. Visage marqué de cicatrices.* — SC. Introduire un indicateur dans (un corps, une substance) de façon à en permettre l'identification. — TECHNOL. NUCL. Utiliser un isotope radioactif (➤ **marqueur, traceur**) dans la préparation d'une molécule ou en dissolution dans un milieu. ♦ FIG. et COUR. *Marquer qqn de son influence, de son empreinte.* ➤ **imprégner.** ▪ **3** (1580) Indiquer, signaler par une marque, un jalon. *Marquer une limite, des limites.* ➤ **baliser, borner, délimiter, jalonner.** *Marquer une page dans un livre* (➤ **marque-page, signet**). — (CHOSES) *Le ruisseau marquait la limite de la propriété.* FIG. *Cette journée marque une étape historique.* ▪ **4** (1762) Influencer profondément, laisser une marque sur (➤ **marquant**). *Les artistes qui ont marqué cette époque. Cet évènement a marqué les esprits.* — *Une enfance marquée par la guerre.* ▪ **5** (1756) (Instrument) Indiquer. *Chronomètre qui marque les secondes. Le thermomètre marquait dix degrés au-dessous de zéro.* ▪ **6** (1690) *Marquer les points, au cours d'une partie, d'un jeu,* les enregistrer, à l'aide de jetons, de marques. *Marquer les coups.* — LOC. (1919) **MARQUER LE COUP :** souligner, par une manifestation quelconque, l'importance que l'on attache à qqch. *Il vient d'être promu, il a voulu marquer le coup en invitant ses amis.* Manifester, par une réaction volontaire ou non, que l'on a été atteint, touché, offensé par qqch. *On a fait des allusions sur son compte, mais il n'a pas marqué le coup* (cf. Accuser* le coup). — *Marquer un point :* obtenir un avantage sur ses adversaires (dans une contestation, une discussion). ♦ SPORT (1900) *Marquer un but* (football), *un essai* (rugby), *un panier* (basketball) : réussir un but, un essai... (SANS COMPL.) *Il a réussi à marquer.* ▪ **7** (1892) SPORT (FOOTBALL, etc.) *Marquer un joueur,* surveiller ses mouvements ; le serrer de près pour l'empêcher d'agir librement. «*elle était crampon comme un arrière qui vous "marque" au foot*» MONTHERLANT. ♦ FIG. Surveiller (un adversaire, un concurrent). — LOC. FAM. *Marquer qqn à la culotte,* le surveiller de très près (d'abord au sens propre, en football). ▪ **8** (1669) Rendre sensible ou plus sensible ; accentuer, souligner. ➤ **scander.** *Marquer chacune de ses phrases par un geste de la main.* ➤ **ponctuer.** (1741) *Marquer la mesure :* indiquer la cadence par des mouvements de bras, des sons rythmés... — (1762) (CHOSES) *Veste qui marque la taille.* ➤ **souligner.** ♦ LOC. (1812) **MARQUER LE PAS :** faire sentir la cadence en frappant du pied, piétiner sur place en cadence. FIG. Ralentir ou s'arrêter. *Le chômage marquait le pas.* — *Marquer un temps d'arrêt, une pause :* interrompre qqch. en cours (action, processus, progression).

B. FAIRE CONNAÎTRE PAR UN SIGNE ▪ **1** (1530) VX Faire remarquer*. «*Je voudrais vous marquer que votre opinion sur ces contestations est elle aussi de peu d'importance*» MONTHERLANT. ▪ **2** (1646) LITTÉR. Faire connaître, extérioriser (un sentiment, une pensée). ➤ **exprimer, manifester, montrer, témoigner.** *Marquer de l'intérêt, de la rancune à qqn. Marquer sa surprise, son désaccord.* — (CHOSES) Faire connaître, montrer, révéler par un signe, un caractère. ➤ **annoncer, attester, dénoncer, dénoter.** «*son visage marquait trois ou quatre ans de plus que son corps*» GIDE.

III ~ v. intr. ▪ **1** (milieu XVIIe) Faire une impression assez forte pour laisser un souvenir durable. *Évènements qui marquent.* ➤ **marquant.** ▪ **2** (1694 *marquer bien* «avoir bel aspect») FAM. VIEILLI ou RÉGION. (sud de la Loire) **MARQUER MAL :** donner une mauvaise impression, par son allure, sa mine, sa mise. «*les trois qui étaient avec lui marquaient plutôt mal et on a essayé de les empêcher d'entrer*» SIMENON. Plus cour. *Ça marque mal* (cf. FAM. Ça fait mauvaise impression*, ça la fout* mal). ▪ **3** (1762) Laisser une trace, une marque. *Ce tampon ne marque plus. Coup qui marque.*

MARQUETÉ, ÉE [markəte] adj. – 1379 ◇ de *marquer* ▪ **1** Parsemé de taches de couleur. ➤ **bigarré, tacheté, truité.** ▪ **2** Orné, décoré de marqueterie. *Plafond marqueté. Bois marqueté d'ivoire.*

MARQUETERIE [markɛtri ; markətri] ou **MARQUÈTERIE** [markɛtri] n. f. – 1416 ◇ de *marqueté* ▪ **1** Assemblage décoratif de pièces de bois précieux (ou d'écaille, d'ivoire, de nacre, de métal ➤ **tesselle**) appliquées par incrustation ou par placage sur un fond de menuiserie. *Bibelots, coffret en marqueterie.* ▪ **2** Branche de l'ébénisterie relative à ces ouvrages. *Bois de marqueterie :* anis, ébène, myrte, noyer. ▪ **3** (1588) Ensemble formé de parties disparates. ➤ 1 **mosaïque, patchwork** (cf. Habit d'arlequin*). «*une unité faite de pièces et de morceaux, une vraie marqueterie*» SAINTE-BEUVE.

MARQUETEUR, EUSE [markətœr, øz] n. – 1502 ◇ de *marqueté* ▪ Ébéniste spécialisé(e) dans les ouvrages de marqueterie. «*Les marqueteurs avaient tapissé les murs de boiserie damasquinée*» A. MAALOUF.

MARQUEUR, EUSE [markœr, øz] n. – XVIe ◇ de *marquer*

I n. ▪ **1** (1582) Personne qui marque, appose des marques. *Un marqueur de bétail.* ▪ **2** (1613) Personne qui compte des points, les inscrit (jeux, sports, etc.). — PAR EXT. n. m. *Marqueur automatique* (de billard, etc.). ▪ **3** SPORT Joueur, joueuse qui marque des buts.

II n. m. ▪ **1** (1970) Gros crayon* feutre. ➤ **stylo-feutre ; surligneur.** *Écrire au marqueur.* ▪ **2** TECHNOL. NUCL. Élément radioactif utilisé pour le marquage*. ➤ **traceur.** ▪ **3** MÉD. Caractéristique qui dénote spécifiquement l'existence (d'un gène ou d'une maladie). *Marqueur biologique.* ➤ **biomarqueur.** *Marqueur de la maladie d'Alzheimer.* ▪ **4** BIOL., CHIM. Substance ajoutée à une molécule pour en suivre le devenir ou pour la localiser. *Marqueur génétique :* séquence d'ADN repérable et caractéristique. *Marqueur tumoral, viral. Marqueurs radioactifs.* ➤ **traceur.** ▪ **5** *Marqueur social :* ce qui indique l'origine sociale de qqn. *Le prénom, les vêtements sont des marqueurs sociaux.* «*L'orthographe est un marqueur social, elle donne une image de soi*» A. REY.

MARQUIS [marki] n. m. – 1226 ; *marchis* 1080 ◇ italien *marchese,* de *marca* «1 marche» ▪ **1** HIST. Gouverneur militaire d'une marche franque. ▪ **2** (1651) Titre seigneurial attaché à la possession d'une terre érigée en marquisat ; le seigneur qui portait ce titre. ♦ MOD. Titre de noblesse qui prend rang après le duc et avant le comte ; celui qui porte ce titre. *Monsieur le Marquis. Le marquis de Bassompierre.* — *Le divin marquis :* le marquis de Sade. ▪ **3** FIG. IRON. *Petit marquis :* personne hautaine aux manières affectées, à l'élégance étudiée. «*J'étais un petit jeune homme vaniteux tu sais. Une sorte de petit marquis, assez prétentieux*» CH. ANGOT.

MARQUISAT [markiza] n. m. – 1474 ◇ de *marquis* ▪ **1** Terre qui conférait à son possesseur le titre de marquis. *Terre érigée en marquisat.* ▪ **2** (1552) Dignité de marquis.

MARQUISE [markiz] n. f. – 1474 ; *marcise* XIIe ◇ fém. de *marquis*

I Femme d'un marquis. *La marquise de Sévigné, de Pompadour.* «*Tout va très bien, Madame la Marquise*» (chanson).

II ▪ **1** (1718) Toile tendue au-dessus de l'entrée d'une tente d'officier. ▪ **2** (1835) Auvent généralement vitré au-dessus d'une porte d'entrée, d'un perron pour servir d'abri contre la pluie. «*Il y avait au-dessus du perron ce qu'on appelle une "marquise," je crois, un petit auvent vitré ouvert comme un éventail, comme une coquille Saint-Jacques*» QUIGNARD. — *Marquises d'une gare :* vitrages qui abritent les quais, les voies. ▪ **3** (v. 1900) Bague à chaton oblong portée à l'index. ▪ **4** (1770) Fauteuil à siège large, profond et à dossier bas. ▪ **5** Gâteau mousseux sans cuisson. *Marquise au chocolat.*

MARQUOIR [markwar] n. m. – 1771 ◇ de *marquer* ▪ TECHN. Instrument servant à marquer. SPÉCIALT Outil des tailleurs, des couturières.

MARRADE [marad] n. f. – 1952 ◇ de *se marrer,* sur le modèle de *rigolade* ▪ FAM. Amusement, divertissement. ➤ **rigolade.** *Une grosse marrade.* «*À fond la caisse, la marrade, la rigolade Les machins qui rendent malade*» SOUCHON.

MARRAINE [marɛn] n. f. – 1080 *marrenne* ◇ latin populaire *matrina,* de *mater* «mère» ▪ **1** Femme qui tient (ou a tenu) un enfant sur les fonts du baptême. *Le parrain et la marraine.* ➤ VX **commère.** *Marraine qui gâte son filleul. Oui, marraine.* ▪ **2** (1690) Femme qui préside au baptême d'une cloche, au lancement d'un navire. ▪ **3** (1914-1918) Jeune fille ou femme qui prend soin d'un soldat, l'« adopte », lui envoie des colis. *Marraine de guerre.* ■ **HOM.** Marennes.

MARRANE [maʀan] **n.** – 1690 ; «espagnol» XVe ◇ espagnol *marrano,* terme d'injure, «porc» (X^e), arabe *moharramah* «chose interdite par la religion» ■ **DIDACT.** Juif d'Espagne ou du Portugal converti au christianisme par contrainte, et resté fidèle à sa religion. — **adj.** *Un aïeul marrane.*

MARRANT, ANTE [maʀɑ̃, ɑ̃t] **adj.** – 1901 ◇ de *se marrer* ■ **FAM.** ■ **1** Amusant. ➤ **comique, drôle*, FAM. rigolo.** *Histoire marrante. Il n'est pas marrant, ce type. Ce n'est pas marrant de se lever si tôt !* ■ **2** Bizarre*, curieux, étonnant. *C'est marrant qu'il n'ait rien dit.* ◆ **(PERSONNES)** *T'es marrante, toi, si tu crois qu'on a le temps.* ■ **CONTR.** Triste ; ordinaire.

MARRE [maʀ] **adv.** – 1895 ◇ de *se marrir* «s'affliger» (→ marri), ou de l'espagnol *marearse* «avoir la nausée», de *mar* «mer» ■ **LOC. FAM. EN AVOIR MARRE** : être excédé, dégoûté. ➤ **assez** (cf. En avoir ras* le bol, sa claque*, plein le dos*, plein les bottes*). *Il leur dirait « qu'il en avait marre de l'existence, qu'il voulait se fiche à l'eau certains jours »* PEREC. **IMPERS.** *(Il) y en a marre, vraiment marre,* ça suffit, ce n'est plus tolérable. — **POP.** *C'est marre :* ça suffit. ■ **HOM.** Marc, mare.

MARRER (SE) [maʀe] **v. pron.** ⟨1⟩ – 1901 par antiphrase ; d'abord «s'ennuyer» 1886 ◇ de *marre* ■ **FAM.** S'amuser, rire*. ➤ **rigoler ; marrade.** *On s'est bien marré. Il y a de quoi se marrer. Je me marre !* — **(Factitif ; avec ellipse de *se*)** *Faire marrer qqn. Tu me fais marrer.* ■ **HOM.** Marée ; *marriez* : mariez (marier).

MARRI, IE [maʀi] **adj.** – XIIe ◇ p. p. de l'ancien français *marrir* «affliger», du francique °*marrjan* ■ **VX ou LITTÉR.** ➤ **contrit, fâché.** *« Et de le voir si marri, si repentant, le bon prieur en était tout ému »* DAUDET. — *Être marri de qqch.,* en être désolé, attristé ou contrarié. *J'en suis bien marri.* ■ **HOM.** Mari.

1 **MARRON** [maʀɔ̃] **n. m. et adj. inv.** – 1532 ◇ d'un radical préroman °*marr-* «caillou» → marelle

I ■ **1** Fruit comestible du châtaignier cultivé. ➤ **châtaigne.** *Dinde aux marrons. Crème, purée de marrons. Entremets, gâteau aux marrons.* ➤ **mont-blanc.** — *Marchand de marrons,* qui fait griller des châtaignes en plein air et les vend chaudes aux passants. *Chaud les marrons ! — Marrons glacés :* châtaignes confites dans du sucre (confiserie). ◆ **LOC.** (par allus. à la fable de La Fontaine «Le Singe et le Chat») *Tirer les marrons du feu :* se donner de la peine pour le seul profit d'autrui. ■ **2 PAR ANAL.** *Marron d'Inde :* graine non comestible du marronnier d'Inde. *Les « marrons luisants que l'on revoyait tomber tous les ans, marrons d'Inde cachés parmi les feuilles jaunes »* VIAN. ■ **3 adj. inv.** (1765) De couleur brune ou rouge-brun (d'un marron). *Des yeux marron.* ➤ **brun.** *Des écharpes marron clair.* ➤ **havane.** — **n. m.** *Elle porte souvent du marron. Des marrons foncés.*

II (1752) **TECHN.** Jeton servant à contrôler la présence d'une personne (gardien, soldat, ouvrier...) à son poste de travail. *« toutes les heures un marron devait tomber dans toutes les boîtes clouées aux portes »* HUGO.

III (1881) **FAM.** Coup* de poing (sur le *marron* : la tête). ➤ **beigne, châtaigne.** *Sa mère « lui avait tant distribué de marrons qu'il en sentait encore les bleus »* QUENEAU.

2 **MARRON, ONNE** [maʀɔ̃, ɔn] **adj.** – 1640 mot des Antilles ◇ altération de l'hispano-américain *cimarron* «esclave fugitif» ■ **1 ANCIENNT** *Esclave, nègre marron,* qui s'est enfui pour vivre en liberté. *Les « Noirs marrons, qui avaient tué les maîtres et brûlé les champs de canne »* LE CLÉZIO. ■ **2** (1819) Qui se livre à l'exercice illégal d'une profession ou à des pratiques illicites. ➤ **clandestin, véreux.** *Médecins, avocats marrons.*

3 **MARRON** [maʀɔ̃] **adj. inv.** – 1855 ◇ de 2 *marron* ■ Refait, privé de ce qu'on attendait. *On est encore marron !*

MARRONNASSE [maʀɔnas] **adj.** – 1966 ◇ de 1 *marron* et du suffixe péj. *-asse* ■ **PÉJ.** D'un vilain marron.

MARRONNIER [maʀɔnje] **n. m.** – 1560 ◇ de 1 *marron* ■ **1** Châtaignier cultivé. ■ **2** (1668) **BOT.** *Marronnier d'Inde* **ou ABSOLT (COUR.)** *un marronnier :* grand arbre d'ornement *(hippocastanacées),* aux feuilles digitées, à fleurs blanches ou roses disposées en pyramides. *Le fruit du marronnier, capsule coriace hérissée de pointes, renferme la graine, le marron* d'Inde. Tanin contenu dans l'écorce du marronnier.* ➤ **esculine.** ■ **3 FIG. (arg. de la presse, des médias)** Sujet rebattu qui reparaît régulièrement (comme la floraison des marronniers d'Inde, au printemps). *« il s'agissait de traiter les "marronniers." (Ainsi nomme-t-on les sujets saisonniers : canicule, bachot, prix Goncourt, prix des truffes.) »* NOURISSIER.

MARRUBE [maʀyb] **n. m.** – 1387 ◇ latin *marrubium* ■ Plante herbacée *(labiées),* vivace, à odeur musquée, des régions tempérées. *Marrube d'eau.* ➤ **lycope.** *Marrube noir :* variété de ballote*.

MARS [maʀs] **n. m.** – v. 1215 ◇ latin *martius,* de *Mars,* nom du dieu de la guerre, que l'on retrouve dans *champ* de Mars* ■ **1** Troisième mois de l'année (correspondait à *ventôse*, germinal**). *Mars a 31 jours. Il viendra à Paris au mois de mars, en mars. Giboulées de mars. — Blés de mars,* que l'on sème au printemps. *« Mars, qui rit malgré les averses »* GAUTIER. — **LOC.** *Arriver comme mars en carême*.* ■ **2** Papillon diurne brun, tacheté de blanc, aux reflets bleus ou violets, appelé scientifiquement *apatura.*

MARSALA [maʀsala] **n. m.** – 1892 ◇ de *Marsala,* nom d'une ville de Sicile ■ Vin doux produit en Sicile. *Des marsalas.*

MARSAULT [maʀso] **n. m.** – 1868 ; *marsaux* 1309 ◇ latin *marem salicem* «saule mâle» ■ **VX ou RÉGION.** Saule qui pousse au bord des marais.

MARSEILLAIS, AISE [maʀsɛjɛ, ɛz] **adj. et n.** – 1584 *marseillois* ◇ de *Marseille* ■ **1** De Marseille (➤ **massaliote, phocéen**). *Accent marseillais. Histoires, plaisanteries marseillaises* (➤ **galéjade**). — **n.** *Les Marseillais.* ■ **2 n. f.** *La Marseillaise :* hymne national français (de Rouget de Lisle, 1792). *La Marseillaise, d'abord intitulée* « Chant de guerre de l'armée du Rhin », *fut chantée par les Marseillais à l'assaut des Tuileries.*

MARSHAL [maʀʃal] **n. m.** – 1862 ◇ mot anglais américain, de l'anglais *marshal* (XIIIe) emprunté au français *marescal* → maréchal ■ **ANGLIC.** Aux États-Unis, Officier de police fédéral dans un comté ou un district fédéral. ➤ **aussi shérif.** *Des marshals.*

MARSHMALLOW [maʀʃmalo] **n. m.** – milieu XXe ◇ mot anglais ■ **ANGLIC.** Pâte de guimauve, présentée sous forme de cubes de couleurs pastel. ➤ **chamallow.** *Des marshmallows.*

MARSOUIN [maʀswɛ̃] **n. m.** – début XIe ◇ scandinave *marsvin* «cochon de mer» ■ **1** Mammifère cétacé des mers froides et tempérées, plus petit que le dauphin, à museau bombé, à courte nageoire dorsale triangulaire. *Marsouin des mers polaires.* ➤ **bélouga.** ■ **2** (1858 ; «marin» 1791) Soldat ou gradé de l'ancienne infanterie de marine.

MARSOUINER [maʀswine] **v. intr.** ⟨1⟩ – v. 1968 ◇ de *marsouin* ■ **MAR.** En parlant d'un bateau, Être animé d'un mouvement de tangage rappelant les sauts hors de l'eau des marsouins (cabrages puis plongées de l'avant). *Un hors-bord qui marsouine.* — **n. m. MARSOUINAGE.**

MARSUPIAL, IALE, IAUX [maʀsypjal, jo] **adj. et n. m.** – 1736 ◇ du latin *marsupium* «bourse», grec *marsipion* ■ **1 ZOOL.** *Poche marsupiale, repli marsupial,* en forme de bourse, cavité incubatrice ventrale (*marsupium* **n. m.**). ■ **2 n. m. pl.** (1806) **LES MARSUPIAUX.** Ordre de mammifères vivipares, dont le développement embryonnaire effectué dans l'utérus de la mère n'est que peu avancé à la naissance et s'achève dans une poche ventrale qui renferme les mamelles. *Principaux marsupiaux.* ➤ **acrobate, dasyure, kangourou, koala, opossum, péramèle, pétrogale, phalanger, phascolome, potorou, sarigue, thylacine.** **Sing.** *Un marsupial.*

MARTAGON [maʀtagɔ̃] **n. m.** – fin XIVe ◇ mot espagnol ■ Lis rose tacheté de pourpre, des régions montagneuses. **APPOS.** *Des lis martagons.*

MARTE ➤ **MARTRE**

MARTEAU [maʀto] **n. m.** – 1380 ; *marteaus,* plur. de *martel,* début XIIe ◇ latin populaire °*martellus* → martel

I ■ **1** Outil de percussion, composé d'une masse métallique percée d'un trou (œil) dans lequel est fixé un manche. ➤ **VX maillet.** *Enfoncer un clou avec un marteau. Aplatir à coups de marteau.* ➤ **marteler.** *Le marteau du forgeron frappe, sonne sur l'enclume. Marteaux spéciaux (de couvreur, de tailleur de pierre, etc.).* ➤ **asseau, besaiguë, boucharde, châsse, ferratier, mailloche, 2 masse, massette, matoir, 1 merlin, picot, rustique, smille.** ◆ *Le marteau,* symbole du travail industriel au XIXe s. *La faucille* et le marteau.* ◆ *Être entre le marteau et l'enclume*.* ■ **2 (Dans des noms comp.)** Machine-outil agissant par percussion. ➤ **marteau-pilon, martinet** (I). *Marteau pneumatique,* dans lequel un piston fonctionnant à l'air comprimé frappe avec force sur un outil. *« le marteau pneumatique devenu presque le symbole du travailleur maghrébin »* TOURNIER. *Marteau-perforateur du mineur.* ➤ **marteau-piqueur, perforatrice.** ■ **3** Instrument servant à frapper des coups sur un objet, un corps. *Marteau de commissaire-priseur, marteau d'ivoire :* petit maillet dont le commissaire-priseur frappe un coup sur la table quand un objet mis aux enchères est adjugé. — MÉD. *Marteau à percussion, à réflexes,* utilisé pour provoquer les réflexes rotuliens, plantaires... — CHIR. Instrument servant à faire pénétrer les clous dans un os (➤ **ostéosynthèse**). — TECHN. Marteau dont la tête porte une marque en relief (initiales, armoiries), que les agents forestiers impriment sur les arbres destinés à l'abattage ou à la réserve. ➤ **martelage.** ▪ **4** (1690) MUS. Pièce de bois, dont l'extrémité supérieure feutrée frappe une corde de piano et la met en vibration quand on abaisse la touche correspondante du clavier. ▪ **5** Pièce d'horlogerie formée d'une tige portant un disque de métal qui frappe les heures sur un timbre. *Marteau d'une horloge manié par un jaquemart.* ▪ **6** Heurtoir fixé au vantail d'une porte. *Javert «soulevant le lourd marteau de fer* [...] *frappa un coup violent»* HUGO. ▪ **7** FIG. APPOS. *Requin marteau :* poisson sélacien *(squales)* des mers tropicales, dont la tête présente deux prolongements latéraux symétriques portant les yeux. ➤ **zygène.** *Des requins marteaux.* ▪ **8** (1611) ANAT. Un des trois osselets de l'oreille moyenne des mammifères, dont la tête s'articule avec l'enclume*. ▪ **9** Sphère métallique, reliée par un fil d'acier à une poignée en forme de boucle, que les athlètes lancent en pivotant sur eux-mêmes. *Lancement, lancer du marteau.*

II **adj.** (1889 ◇ de *avoir un coup de marteau* 1587) FAM. et VIEILLI *Être marteau,* fou*, cinglé. *«Quand vingt-cinq bonshommes deviennent marteaux»* DUHAMEL. ➤ **dingue.**

MARTEAU-PILON [maʀtopilɔ̃] **n. m.** – v. 1850 ◇ de *marteau* et *pilon* ▪ Marteau mécanique de grosse forge, constitué par une masse pesante mue verticalement (à la vapeur, à l'air comprimé ou à l'électricité). *Des marteaux-pilons.*

MARTEAU-PIOLET [maʀtopjɔlɛ] **n. m.** – 1941 ◇ de *marteau* et *piolet* ▪ ALPIN. Marteau d'escalade servant de piolet, utilisé à la fois pour poser des pitons et entailler la glace. *Des marteaux-piolets.*

MARTEAU-PIQUEUR [maʀtopikœʀ] **n. m.** – milieu XXᵉ ◇ de *marteau* et 2*piqueur* ▪ Appareil constitué d'un outil (fleuret, burin) animé d'un mouvement de va-et-vient, utilisé pour la démolition, dans les travaux de terrassement. *Des marteaux-piqueurs.*

MARTEL [maʀtɛl] **n. m.** – 1558 «souci» ; XIIᵉ «marteau» ◇ latin populaire °*martellus,* de *martulus, marculus* ▪ LOC. (XVIᵉ) **SE METTRE MARTEL EN TÊTE :** se faire du souci. *«ne te mets pas martel en tête. Je cours très peu de danger»* ROMAINS.

MARTELAGE [maʀtəlaʒ] **n. m.** – 1530 ◇ de *marteler* ▪ Action de marteler. ▪ **1** Façonnage au marteau des métaux malléables. *Martelage des lames de couteau.* ▪ **2** TECHN. Opération par laquelle on marque au marteau les arbres à abattre ou à conserver (➤ **balivage**), dans une coupe.

MARTELÉ, ÉE [maʀtəle] **adj.** – XVᵉ ◇ de *marteler* ▪ **1** Travaillé au marteau. *Cuivre martelé.* ▪ **2** Émis avec force et en détachant les sons. *Paroles, notes martelées.*

MARTÈLEMENT [maʀtɛlmɑ̃] **n. m.** – *martelement* 1579 ; *martellement* 1576 ; repris milieu XIXᵉ ◇ de *marteler* ▪ **1** Bruit, choc du marteau battant le fer. ➤ **battement.** *«on ne distinguait plus que ce martèlement obstiné, les coups pressés du marteau sur le fer»* ZOLA. ▪ **2** FIG. Bruit cadencé qui rappelle celui des coups de marteau. *Le martèlement des pas des soldats.*

MARTELER [maʀtəle] **v. tr.** ⟨5⟩ – XIIᵉ ◇ de *martel* «marteau» ▪ **1** Battre, frapper à coups de marteau. *Marteler un métal sur l'enclume.* — SPÉCIALT Forger, façonner à coups de marteau. ▪ **2** Frapper fort et à coups répétés sur (qqch.). *Il «lui martelait la figure à coups de poing»* CARCO. ▪ **3** Obséder. *Une idée «lui martelait la cervelle»* BALZAC. ▪ **4** Prononcer en articulant avec force, en détachant les syllabes. ➤ **accentuer.** *Marteler ses mots.* ◆ Répéter avec insistance pour convaincre. ➤ **pilonner.**

MARTELEUR [maʀtəlœʀ] **n. m.** – v. 1361 ; *martellour* XIIIᵉ ◇ de *marteler* ▪ TECHN. Ouvrier qui travaille au marteau. — SPÉCIALT (1743) Ouvrier qui manœuvre un marteau de grosse forge.

MARTENSITE [maʀtɛ̃sit] **n. f.** – 1903 ◇ de *Martens,* n. d'un ingénieur allemand ▪ TECHN. (MÉTALL.) Microcristaux contenant du fer et du carbone, conférant leur dureté aux aciers trempés. — **adj. MARTENSITIQUE,** 1921.

MARTIAL, IALE, IAUX [maʀsjal, jo] **adj.** – 1505 ◇ latin *martialis,* de *Mars,* nom du dieu de la guerre

I ▪ **1** LITTÉR. Relatif à la guerre, à l'armée ; qui encourage à la guerre. *Discours martial.* ➤ **guerrier.** — LOC. *Arts martiaux :* arts (sport et philosophie) de combat traditionnels japonais (chinois, coréen, etc.). ➤ **aïkido, jujitsu, judo, karaté, kendo, kung-fu, taekwondo, viet vo dao ; dojo, kata.** — *Arts martiaux mixtes :* sport de combat associant des techniques de différents arts martiaux. ➤ aussi **krav maga.** ABRÉV. ANGLIC. **MMA** [ɛmɛmɑ] **n. m.** (de l'anglais *mixed martial arts*). ▪ **2** (Parfois iron.) Qui dénote ou rappelle les habitudes militaires. *Allure, voix martiale.* ▪ **3** (1789) *Loi martiale,* autorisant le recours à la force armée pour la répression intérieure. — *Cour martiale :* tribunal militaire exceptionnel.

II (1694 ◇ de *Mars* «fer» en alchimie) SC. Qui contient du fer. *Pyrite martiale.* — Relatif au fer. MÉD. *Carence martiale. Traitement martial,* par des préparations contenant du fer (dans certaines anémies).

MARTIEN, IENNE [maʀsjɛ̃, jɛn] **adj.** et **n.** – 1530 ◇ de *Mars* ▪ **1** ASTROL. Qui est sous l'influence attribuée à la planète Mars. ▪ **2** (1839) De la planète Mars. *Les volcans martiens.* ▪ **3** **n.** Habitant(e) supposé(e) de la planète Mars (cf. Les petits hommes verts*). *«je serai astronaute pour aller faire chier les Martiens»* QUENEAU.

MARTIN-CHASSEUR [maʀtɛ̃ʃasœʀ] **n. m.** – 1750 ◇ de *Martin* et *chasseur,* d'après *martin-pêcheur* ▪ Oiseau insectivore *(alcédinidés),* voisin du martin-pêcheur. *Des martins-chasseurs.*

MARTINET [maʀtinɛ] **n. m.** – 1315 ◇ de *Martin,* n. propre

I TECHN. Lourd marteau à soulèvement, mû par la vapeur, un moulin à eau, etc. *Martinet de forge.* ➤ **marteau-pilon.**

II (1375 ; cf. *oiseau Saint-Martin* «martin-pêcheur») ▪ **1** COUR. Oiseau *(apodiformes)* à longues ailes, au vol rapide, qui ressemble à l'hirondelle. *Le «martinet noir, cette merveille d'oiseau aux ailes effilées, au vol d'une prodigieuse vélocité, capable d'effectuer des piqués et des virages fulgurants»* S. GERMAIN. ▪ **2** (1564 ◇ par compar. avec la forme de l'oiseau en vol) VX Chandelier à long manche (XVIIᵉ et XVIIIᵉ s.). *Elle «s'éclairait avec un martinet en cuivre»* BALZAC.

III (1743 ◇ métaph. du sens II ou du sens de «bâton») Fouet à plusieurs lanières de cuir. *Menacer un enfant du martinet. «Nous sommes souvent battus avec le martinet que ma mère a acheté à la droguerie»* H. GUIBERT.

MARTINGALE [maʀtɛ̃gal] **n. f.** – 1611 ; *chausses à la martinguale* 1491 ◇ provençal *martegalo,* de *Martigues*

I ▪ **1** Courroie du harnais* du cheval, qui relie la sangle (sous le ventre de l'animal) à la partie de la bride qui passe sur le chanfrein. ▪ **2** (1873) Bande de tissu, de cuir, etc., placée horizontalement dans le dos d'un vêtement, à hauteur de la taille. ➤ 1**patte.** *Veste à martingale.*

II (1762 ◇ du provençal *jouga* [«jouer»] *a la martegalo*) Manière de jouer consistant à miser le double de sa perte du coup précédent. *Jouer la martingale à la roulette.* ◆ PAR EXT. Combinaison, plus ou moins scientifique (calcul des probabilités), au jeu. *Inventer, suivre une martingale. «Elle prétendait s'y faire des revenus* [au casino] *grâce à d'habiles martingales»* BEAUVOIR.

MARTINI [maʀtini] **n. m.** – v. 1930 ◇ marque déposée ; n. d'une entreprise italienne ▪ **1** Vermouth produit par la firme Martini et Rossi. *Du martini blanc, rouge. Des martinis.* ▪ **2** ANGLIC. Aux États-Unis, Cocktail de gin et de martini blanc sec. ➤ **dry** (2ᵉ).

MARTIN-PÊCHEUR [maʀtɛ̃pɛʃœʀ] **n. m.** – 1573 ; *martinet-pêcheur* 1553 ◇ de *Martin* et *pêcheur* ▪ Petit oiseau *(coraciiformes)* au corps épais, à long bec, à plumage bleu et roux, qui se nourrit de poissons. *Des martins-pêcheurs.*

MARTRE [maʀtʀ] **n. f.** – 1080 ◇ francique °*martar,* de même origine que l'allemand *Marder* ▪ **1** Mammifère carnivore *(mustélidés)* au corps allongé, au museau pointu, au pelage brun. *Martre commune, à gorge rousse. Martre du Canada.* ➤ **pékan.** ◆ PAR EXT. Mustélidé du même genre. *Martre blanche.* ➤ **hermine.** *Martre zibeline ; martre fouine. La martre qui fournit le kolinski* est appelée commercialement loutre de Sibérie.* ▪ **2** Fourrure de martre. *Col de martre.* — On a dit aussi *marte,* 1549.

MARTYR, YRE [maʀtiʀ] **n.** – *martir* XIᵉ ◇ latin chrétien *martyr,* du grec *martur* «témoin (de Dieu)» ; cf. ancien français *Martre* (dans *Montmartre*) ▪ **1** Personne qui a souffert la mort pour avoir refusé d'abjurer la foi chrétienne, et PAR EXT. une autre foi. *Martyrs des persécutions romaines* (de Néron à Dioclétien). *Sainte et martyre. «Les Martyrs»,* œuvre de Chateaubriand. *Liste des martyrs.* ➤ **martyrologe.** *Commun* des martyrs. «J'admire les martyrs. J'admire tous ceux qui savent souffrir et mourir, et pour quelque religion que ce soit»* GIDE. — LOC. *Prendre, se donner des airs de martyr, jouer les martyrs :* affecter une grande souffrance ; se donner pour persécuté. ▪ **2** Personne qui meurt, qui souffre pour une cause. *Martyr d'un idéal, de la liberté. Les martyrs de la Résistance. Terroriste* *qui veut mourir en martyr.* ▪ **3** Personne que les autres maltraitent, martyrisent. ➤ **souffre-douleur.** ◆ PAR APPOS. *Enfant martyr,* maltraité par ses parents (➤ **maltraitance**). *Le calvaire des enfants martyrs. Peuple martyr.* ▪ CONTR. Bourreau. ▪ HOM. Martyre.

MARTYRE [martiʀ] **n. m.** – *martirie* 1080 ◇ latin ecclésiastique *martyrium* → martyr ▪ **1** La mort, les tourments qu'un martyr endure pour sa religion, sa foi. ➤ **baptême (du sang), supplice.** *La couronne, la palme du martyre. Le martyre de saint Sébastien.* ▪ **2** PAR EXT. La mort ou les souffrances que qqn endure pour une cause. *« Le martyre est une sublimation* [...] *C'est une torture qui sacre »* HUGO. ▪ **3** Peine cruelle, grande souffrance (physique ou morale). ➤ **calvaire, supplice, torture, tourment.** *Sa maladie fut un long martyre. « en vérité c'est un martyre que cette séparation »* Mme DE SÉVIGNÉ. ➤ **déchirement.** LOC. *Souffrir le martyre,* intensément. ◆ Situation pénible, désagréable. *Pour une personne aussi active, l'inaction est un martyre.* ▪ HOM. Martyr.

MARTYRISER [martiʀize] **v. tr.** ‹1› – 1138 ◇ latin chrétien *martyrizare,* du latin *martyr* ▪ **1** RARE Livrer au martyre. *Néron, Dioclétien martyrisèrent de nombreux chrétiens.* ➤ **persécuter.** ▪ **2** (v. 1600) COUR. Faire beaucoup souffrir, physiquement ou moralement. ➤ **supplicier, torturer, tourmenter.** *« ça me fait rager de penser qu'il y a des hommes qu'on martyrise »* SARTRE. *Martyriser un enfant, un animal.* ➤ **maltraiter.** — *Ses rhumatismes le martyrisent.*

MARTYRIUM [martiʀjɔm] **n. m.** – 1803 ; *martyrion* 1764 ; *martyre* 1546 ◇ mot latin « martyre » ▪ RELIG. ▪ **1** Crypte, chapelle renfermant le tombeau d'un martyr. ▪ **2** Église placée sous l'invocation d'un martyr.

MARTYROLOGE [martiʀɔlɔʒ] **n. m.** – 1354 ◇ latin chrétien *martyrologium* ▪ **1** RELIG. Liste, catalogue des martyrs. ▪ **2** LITTÉR. Liste des personnes qui ont souffert, sont mortes pour une cause. *Le martyrologe de la science.*

MARXISME [maʀksism] **n. m.** – v. 1880 ◇ du nom de Karl *Marx* (1818-1883) ▪ Doctrine philosophique (matérialisme dialectique), sociale (matérialisme historique) et économique élaborée par Karl Marx, Friedrich Engels et leurs continuateurs. ➤ **collectivisme, communisme, socialisme.** *Partis politiques, syndicats, États se réclamant du marxisme.* ▪ CONTR. Capitalisme, libéralisme.

MARXISME-LÉNINISME [maʀksism(ə)leninism] **n. m.** – 1933 ◇ de *marxisme* et *léninisme* ▪ POLIT. Doctrine philosophique et politique issue des doctrines de Marx interprétées par Lénine. — **adj.** et **n. MARXISTE-LÉNINISTE.** *Les marxistes-léninistes.*

MARXISTE [maʀksist] **adj.** et **n.** – 1881 ◇ de *marxisme* ▪ Relatif au marxisme. *Matérialisme, socialisme marxiste.* ◆ Partisan du marxisme. **n.** *Un, une marxiste.*

MARXOLOGUE [maʀksɔlɔg] **n.** – 1935 ◇ de *Marx* et *-logue,* d'après le russe ▪ Spécialiste de l'œuvre de Karl Marx. — **n. f. MARXOLOGIE** (1931).

MARYLAND [maʀilɑ̃(d)] **n. m.** – 1762 ◇ n. d'un État américain ▪ Tabac à fumer originaire de l'État de Maryland. *« ces messieurs fumeront du maryland »* GAUTIER.

MAS [mɑ(s)] **n. m.** – répandu 1842 ; mot languedocien et provençal (1109) ◇ ancien français *mès,* latin *mansum,* de *manere* « demeurer » ▪ Ferme ou maison de campagne de style traditionnel, en Provence. ➤ **bastide, cabanon.** *Des mas.* ▪ HOM. Mât ; poss. ma (mon) ; masse.

MASCARA [maskaʀa] **n. m.** – 1903 *mascaro* ◇ mot anglais emprunté à l'italien *maschera* « masque » ▪ ANGLIC. Fard utilisé pour allonger, épaissir et colorer les cils. ➤ **rimmel.** *Mascara résistant à l'eau, mascara waterproof. Des mascaras.*

MASCARADE [maskaʀad] **n. f.** – 1554 ◇ italien *mascarata,* variante de *mascherata* → masque ▪ **1** Divertissement où les participants sont déguisés et masqués. ➤ **déguisement,** 2 **travesti.** *« Les mascarades* [de la mi-carême] *attiraient les paysans à la ville »* BALZAC. ◆ Ensemble de personnes déguisées et masquées ; défilé de masques. ▪ **2** ANCIENNT Spectacle fantaisiste et burlesque où alternaient danses et vers déclamés ou chantés. ▪ **3** Déguisement, accoutrement ridicule ou bizarre. *Qu'est-ce que c'est que cette mascarade !* ▪ **4** FIG. Actions, manifestations hypocrites (➤ **hypocrisie**) ; mise en scène fallacieuse, trompeuse. *Ce procès n'est qu'une mascarade, les accusés sont condamnés d'avance.*

MASCARET [maskaʀɛ] **n. m.** – *masquaret* 1552 ◇ mot gascon « bœuf tacheté », de *mascara* « machurer, tacheter » ▪ Longue vague déferlante produite dans certains estuaires par la rencontre du flux et du reflux. *Le mascaret de la Gironde.* ➤ **barre.**

MASCARON [maskaʀɔ̃] **n. m.** – 1633 ◇ italien *mascherone,* augmentatif de *maschera* « masque » ▪ ARCHIT. Figure, masque fantastique ou grotesque décorant les clefs d'arcs, les chapiteaux, etc. *Mascarons d'une fontaine. « Un mascaron, coiffé d'un casque, faisait encore sa grimace héroïque sur la clef de voûte et dominait la porte cochère »* FRANCE.

MASCARPONE [maskaʀpɔn] **n. m.** – 1791-98 *formage mascarpon* ◇ mot lombard, augmentatif de *mascarpa, mascherpa,* d'origine inconnue ▪ Fromage lombard au lait de vache, crème de gorgonzola non persillée.

MASCOTTE [maskɔt] **n. f.** – 1867 ◇ occitan *mascoto* « sortilège », de *masco* « sorcière » ▪ Animal, personne, objet considérés comme portant bonheur. ➤ **fétiche, porte-bonheur.** *La mascotte d'un club sportif.*

MASCULIN, INE [maskylɛ̃, in] **adj.** – v. 1200 ◇ latin *masculinus* **I** ▪ **1** Propre à l'homme (II). ➤ **mâle.** *Goûts masculins.* ➤ **viril.** *Caractères masculins* (➤ **masculinité**). *« ce fier, ce terrible et pourtant un peu nigaud de sexe masculin »* BEAUMARCHAIS. ▪ **2** Qui a les caractères de l'homme, tient de l'homme. *Voix masculine. Une femme assez masculine d'aspect.* ➤ **hommasse ; virago.** ▪ **3** Qui a rapport à l'homme. *Métier masculin.* ▪ **4** Composé d'hommes. *Public masculin.*

II (hapax XIVe) ▪ **1** Qui s'applique aux êtres mâles, mais aussi, en français, à des êtres et à des choses sans rapport avec l'un ou l'autre sexe. « *Avion* » *est un nom masculin. Genre masculin. Mot, substantif, adjectif, article, pronom masculin.* — SUBST. *Le masculin :* le genre masculin. — Forme masculine. *Le masculin d'un mot.* ▪ **2** (1690) *Rime masculine,* qui ne se termine pas par un *e* muet.
▪ CONTR. Féminin.

MASCULINISER [maskylinize] **v. tr.** ‹1› – 1521 v. pron., gramm. ◇ de *masculin* ▪ **1** Rendre masculin, donner des caractères masculins, des manières d'homme à. ➤ **viriliser.** *Ce chapeau masculinise la tenue.* ▪ **2** BIOL. Provoquer l'apparition des caractères sexuels masculins chez. ▪ **3** **v. pron.** Comporter, concerner un plus grand nombre d'hommes qu'auparavant. *Clientèle qui se masculinise.* — **n. f. MASCULINISATION.** ▪ CONTR. Féminiser.

MASCULINISME [maskylinism] **n. m.** – av. 1931 ; « attitude, caractère masculin » 1919 ◇ de *masculin* ▪ **1** PATHOL. État d'un individu qui, étant du sexe féminin, présente des caractères sexuels secondaires masculins. ▪ **2** Ensemble de revendications cherchant à promouvoir les droits des hommes et leurs intérêts dans la société. *« Le masculinisme est une mouvance qui propose le rétablissement de valeurs patriarcales sans compromis : différenciation radicale des sexes et de la place de l'homme et de la femme »* (L'Humanité, 2013). — **adj.** et **n.** (1882) **MASCULINISTE.** *Mouvements masculinistes.* ➤ **antiféministe.**

MASCULINITÉ [maskylinite] **n. f.** – XIIIe ◇ de *masculin* ▪ **1** Qualité d'homme, de mâle ; ensemble de caractères propres aux hommes. ➤ **virilité.** ▪ **2** Ensemble de caractères, de comportements stéréotypés correspondant à une image sociale traditionnelle des garçons, des hommes ; identité masculine. *« La crise de la masculinité éclata au grand jour lorsque les femmes* [...] *prétendirent remplir d'autres rôles que ceux de mère et ménagère »* É. BADINTER. ▪ **3** DR. ANC. *Privilège de masculinité,* en vertu duquel dans les successions nobles, en ligne collatérale et égalité de degré, en présence d'un héritier mâle, l'héritage ne pouvait revenir à une femme. *Le privilège de masculinité fut aboli en 1790* (cf. Loi salique*). ▪ **4** DÉMOGR. *Taux de masculinité :* pourcentage des naissances masculines. ▪ CONTR. Féminité.

MASER [mazɛʀ] **n. m.** – 1954 ◇ mot anglais, acronyme de *Microwave Amplification by Stimulated Emission of Radiation* ▪ PHYS. Amplificateur de micro-ondes par l'émission stimulée des atomes (ou des molécules) excités par le rayonnement électromagnétique. *Le maser est utilisé comme oscillateur dans la réalisation d'horloges atomiques.*

MASKINONGÉ [maskinɔ̃ʒe] **n. m.** – 1709 ◇ mot algonquin « brochet difforme ou très gros » ▪ Au Canada, Poisson téléostéen *(ésocidés)* d'eau douce, ressemblant à un brochet géant.

MASO ➤ **MASOCHISTE** ▪ HOM. Mazot.

MASOCHISME [mazɔʃism] **n. m.** – 1896 ◇ de *Sacher-Masoch,* romancier autrichien ▪ **1** PSYCHIATR. Comportement sexuel déviant dans lequel la personne a besoin de ressentir de la douleur pour parvenir à la jouissance sexuelle. *Masochisme allié au sadisme.* ➤ **sadomasochisme.** ▪ **2** COUR. Comportement d'une personne qui recherche la douleur et l'humiliation (opposé à *sadisme*). *Vous le revoyez ? C'est du masochisme !*

MASOCHISTE [mazɔʃist] adj. et n. – 1896 ◊ de *masochisme* ▪ **1** Qui s'adonne au masochisme, se comporte avec masochisme. *Il est masochiste.* ABRÉV. FAM. **MASO** [mazo]. *Elles sont un peu masos.* — n. *« Les masochistes éprouvent du plaisir à être humiliés, battus, vous comprenez ? »* SIMENON. ▪ **2** Relatif au masochisme. *Plaisir masochiste. Attitude masochiste. Tendances à la fois sadiques* et masochistes.* ➤ **sadomasochiste.**

MASQUAGE [maskaʒ] n. m. – 1945 ◊ de *masquer* ▪ Action de masquer ; son résultat. — SPÉCIALT PHOTOGR. Retouche au moyen de masques. ACOUST. Effet de masque (8°).

MASQUE [mask] n. m. – 1514 ◊ de l'italien *maschera* « faux visage », d'origine incertaine

I OBJET OU EXPRESSION QUI MODIFIE L'ASPECT DU VISAGE ▪ **1** Objet rigide couvrant le visage humain et représentant lui-même une face (humaine, animale, imaginaire...). *Masque expressif, grotesque.* — SPÉCIALT *Masque du théâtre antique*, en bois ou en cuir et à ouverture en porte-voix. *Masque tragique, comique.* — *Masques de carnaval, de la mi-carême.* ➤ **déguisement, mascarade.** *« ces masques de mardi gras qui deviennent effrayants quand de vrais hommes vivants les portent sur leurs visages »* SARTRE. *Masques vénitiens.* — *Masques africains, polynésiens.* ▪ **2** (1599) Objet souple ou rigide dissimulant une partie du visage. *Masque de velours noir.* ➤ **loup.** *Lever, ôter, poser son masque pour se faire reconnaître.* — *Le Masque de fer* : personnage mystérieux qui ne quittait pas son masque dans la prison où le maintenait Louis XIV. ▪ **3** (1532) VIEILLI Personne qui porte un masque, et PAR EXT. Personne déguisée. *« masques et bergamasques »* VERLAINE. ▪ **4** FIG. (1535) Dehors trompeur. ➤ **apparence, 2 extérieur.** *Sa douceur n'est qu'un masque. « le masque de l'hypocrisie cache la malignité »* LA BRUYÈRE. *Sous ce masque débonnaire, il était prêt à tout. « ce masque d'indifférence qu'elle me force à revêtir »* GIDE. — LOC. (début XVII°) *Lever, jeter, poser le masque* : se montrer tel qu'on est, révéler ce qu'on cachait (cf. Fendre l'armure*). *« Faire poser le masque à cette âme hypocrite »* MOLIÈRE. *Arracher le masque de qqn, à qqn*, dévoiler sa fausseté ; le confondre. ➤ **démasquer.** *Bas les masques ! « Le génie de Goya veut arracher au monde son masque d'imposture »* MALRAUX. ▪ **5** (1831) Aspect, modelé du visage. ➤ **faciès, physionomie.** *Avoir un masque impénétrable, un masque de tristesse.* ➤ **2 air, expression.** *« ce masque* [de Mirabeau] *où la physionomie, qui exprimait tout, triomphait de la laideur »* SAINTE-BEUVE. — LOC. *Avoir le masque, faire le masque* : bouder (cf. Faire la tête*). — (1836) Aspect anormal du visage, caractéristique d'un état physiologique ou pathologique. *Masque de grossesse.* ➤ **chloasma.**

II OBJET QUI GARDE INTACT, QUI PROTÈGE ▪ **1** (1718) Empreinte prise sur le visage d'une personne, SPÉCIALT d'un mort ; reproduction de cette empreinte. *Masque mortuaire, funéraire.* ▪ **2** (1585) Appareil protecteur, masque de protection. *Masque de hockeyeur, de joueur de baseball.* (1839) *Masque d'escrime* : écran de toile métallique à mailles serrées, garni de bourrelets. — (1597) *Masque d'apiculteur ; d'ouvrier soudeur.* — *Masque médical, chirurgical*, couvrant le nez et la bouche, porté par les dentistes, les chirurgiens, le personnel soignant. ▪ **3** (Intervenant dans l'inhalation) *Masque de plongée sous-marine. Plonger avec un masque et un tuba.* — **MASQUE À GAZ** : appareil protégeant des fumées et gaz asphyxiants les voies respiratoires et le visage. — (1864) CHIR. Dispositif placé sur le visage d'une personne pour lui faire respirer des vapeurs anesthésiques. *Anesthésie au masque.* — *Masque à oxygène.* ▪ **4** (XX°) Produit cosmétique (crème, gel...) appliqué sur le visage pour resserrer, tonifier, adoucir l'épiderme. *Masque de beauté, hydratant. Se faire un masque aux plantes, à l'argile.* — *Masque pour les cheveux.* ▪ **5** (1873) MILIT. Abri, masse de terre qui sert à cacher, protéger les soldats et les ouvrages. — Tout obstacle naturel formant écran. ▪ **6** ÉLECTRON. Cache utilisé au cours des diverses étapes de la réalisation d'un circuit intégré. ▪ **7** BÂT., TRAV. PUBL. *Masque étanche* : revêtement de faible épaisseur placé sur ou dans un ouvrage pour en assurer l'étanchéité. *Masque amont d'un barrage.*

III SENS TECHNIQUES ▪ **1** INFORM. Configuration de bits permettant d'extraire des informations d'un mot binaire. ▪ **2** ACOUST. *Effet de masque* : phénomène acoustique d'occultation d'un son par addition d'un autre son plus intense.

IV EN ZOOLOGIE (fin XVIII°) Lèvre inférieure allongée qui couvre une partie de la tête des larves de libellules.

MASQUÉ, ÉE [maske] adj. – 1528 ◊ de *masquer* ▪ **1** Couvert d'un masque. *Visage masqué. Homme, acteur masqué. Bandit masqué.* — LOC. FIG. *Avancer masqué* : dissimuler ses intentions. *« Il faut s'avancer masqué pour ne heurter aucune sensibilité »* C. CUSSET. ▪ **2** *Bal masqué* : divertissement où l'on porte des masques. ➤ **1 travesti.** *« Gestes et danses masquées »* SENGHOR. ▪ **3** Caché, dissimulé. *« une porte masquée dans la boiserie »* SADE. — *Numéro de téléphone masqué.* — MILIT. *Batterie masquée. Tir masqué*, à pointage indirect. — MÉD. *Dépression masquée.*

MASQUER [maske] v. tr. ⟨1⟩ – 1550 ◊ de *masque* ▪ **1** RARE Couvrir d'un masque, cacher sous un masque. ◆ VX Couvrir d'un déguisement complet. ➤ **déguiser, travestir.** PRONOM. *« Allons donc nous masquer avec quelques bons frères »* MOLIÈRE. ▪ **2** Déguiser sous une fausse apparence. ➤ **camoufler, dissimuler, recouvrir, 1 voiler.** *Masquer la vérité par des lâchetés. Nos concitoyens qui « avaient continué de masquer leur inquiétude sous des plaisanteries »* CAMUS. ▪ **3** (1721) Cacher à la vue. *Cette maison masque le paysage, la vue.* ➤ **dérober.** *Masquer les lumières* (➤ **black-out**). — *Masquer son numéro de téléphone*, ne pas le faire apparaître au destinataire. ◆ MILIT. Cacher à l'ennemi en interposant qqch. *Masquer une batterie, un mouvement de troupes.* ▪ **4** (1783) Dissimuler (un goût, une odeur) par un goût, une odeur de nature différente. *Sauce trop relevée qui masque le goût délicat d'un mets.* ▪ **5** MAR. Disposer de manière à ce que le vent vienne de face en plaquant les voiles au mât. *Masquer les voiles, le navire.* INTRANS. *Le navire masque.* ▪ CONTR. Montrer.

MASSACRANT, ANTE [masakʀɑ̃, ɑ̃t] adj. – 1777 ◊ de *massacre* ▪ *Humeur massacrante*, très mauvaise, détestable (cf. D'une humeur de chien*, de dogue*). *Messire Robert « s'était éveillé le matin* [...] *fort bourru et de massacrante humeur »* HUGO.

MASSACRE [masakʀ] n. m. – XVI° ; *macecre* « abattoir » fin XI° ◊ de *massacrer*

I ▪ **1** VX Action de tuer une grande quantité de gibier. *Sonner le massacre, la curée.* ▪ **2** (1753) CHASSE Bois de cerf muni de l'os frontal qui le supporte. *« Au-dessus de la cheminée* [...] *un massacre de cerf dix-cors épanouissait son bois »* GAUTIER. — BLAS. Figure de l'écu représentant un bois de cerf.

II ▪ **1** (1564) Action de massacrer, exécution* massive ; son résultat. ➤ **assassinat, boucherie, carnage, hécatombe, tuerie.** *Massacre de la Saint-Barthélemy* (1572). *Massacres de Septembre* (1792). *Massacre des habitants d'Oradour-sur-Glane par les nazis* (1944). *Massacre d'un peuple, d'une minorité ethnique.* ➤ **anéantissement, destruction, extermination ; génocide, holocauste.** *Donner le signal du massacre. Échapper au massacre.* PAR EXT. *Envoyer des soldats au massacre*, les exposer à une mort certaine. ◆ Chasse qui met une espèce en péril. *Le massacre des baleines, des éléphants.* ◆ (1893) **JEU DE MASSACRE** : jeu forain qui consiste à abattre des poupées à bascule, en lançant des balles de son ; la baraque de foire où l'on joue à ce jeu. — FIG. *Le licenciement des employés « peu à peu tournait au jeu de massacre »* COURTELINE. ▪ **2** Combat dans lequel celui qui a le dessus met à mal sa victime. *Ce match de boxe a tourné au massacre.* ▪ **3** FIG. Destruction totale ou massive. *Le massacre d'une forêt, d'un paysage. « Ils en font un massacre, dans la cuisine et dans tout l'appartement ! »* ZOLA. ➤ **gâchis.** ▪ **4** (1640) Fait d'endommager par brutalité ou maladresse ; travail très mal exécuté. *Arrêtez le massacre !* ◆ SPÉCIALT Exécution ou interprétation exécrable, qui défigure une œuvre. *Cette interprétation est un vrai massacre.*

MASSACRER [masakʀe] v. tr. ⟨1⟩ – XVI° ; *macecler* v. 1165 ◊ latin populaire °*matteuculare*, de °*matteuca* « massue » ▪ **1** (1564) Tuer avec sauvagerie et en masse (des êtres qui ne peuvent pas se défendre). ➤ **détruire, exterminer.** *Massacrer des civils, des prisonniers.* ▪ **2** (v. 1600) Assassiner (une seule victime) qui ne peut se défendre. *Terroristes qui massacrent leur otage.* ◆ Mettre à mal (un adversaire en état d'infériorité). ➤ FAM. **amocher, démolir, écharper, esquinter.** ▪ **3 SE MASSACRER** v. pron. (récipr.). Se tuer les uns les autres ou l'un l'autre en un combat sanglant. ➤ se **détruire.** *« ils vont se battre, tous ces imbéciles, se faire casser le profil, se massacrer »* HUGO. ▪ **4** (milieu XVI°) FAM. Mettre (une chose) en très mauvais état. ➤ **abîmer*,** FAM. **bousiller, saccager.** *Une vieille dame « massacrait une devanture à coups de parapluie »* MORAND. *Massacrer une forêt.* ▪ **5** (1564) Endommager involontairement par un travail maladroit et brutal, par une mauvaise exécution. *Massacrer un texte en le disant, en le traduisant.* ➤ **défigurer.** *Massacrer un morceau au piano.* ▪ **6** Critiquer avec violence. ➤ FAM. **démolir.** *Les critiques ont massacré son roman* (cf. Descendre* en flammes).

MASSACREUR, EUSE [masakʀœʀ, øz] **n.** – 1574 ; «arme» 1543 ◊ de *massacrer* ▪ **1** RARE Personne qui massacre. ➤ **assassin, tueur.** *Les massacreurs de la Saint-Barthélemy.* ▪ **2** (1834) FIG. Personne qui, par maladresse, gâte qqch., exécute mal un travail. ➤ **maladroit.**

MASSAGE [masaʒ] **n. m.** – 1812 ◊ de 2 *masser* ▪ Action de masser. *Massage avec les mains, avec des instruments. Appareils, huile de massage. Manœuvres de massage :* claquement, effleurage, friction, hachure, percussion, pétrissage, pincement, pression, tapotement, vibration. *Massage abdominal, facial. Massage plantaire, palmaire* (➤ **réflexologie**). *Massage à l'eau sous pression* (➤ **hydromassage**). *Massage thérapeutique* (➤ **kinésithérapie,** RÉGION. **massothérapie**), *relaxant. Salon de massage. Séances de massage. Massage suédois, californien, japonais* (➤ **shiatsu**). — *Massages thaïlandais :* massages corps à corps pratiqués par de jeunes femmes (d'abord, en Thaïlande). ◆ *Massage cardiaque :* manœuvres de compression thoracique, en cas d'arrêt cardiorespiratoire.

MASSALA [masala] **n. m.** – 1902 ◊ mot ourdou «ingrédients», d'origine arabe ▪ **1** Préparation employée dans la cuisine indienne, pouvant contenir différents mélanges d'épices. ◆ SPÉCIALT L'une de ces préparations *(garam massala),* employée également dans la cuisine de l'océan Indien. — REM. À la Réunion, on dit plutôt *massalé.* ▪ **2** Plat cuisiné avec cette préparation. *Des massalas d'agneau.* — APPOS. *Poulet massala.*

MASSALIOTE [masaljɔt] **adj.** – 1842 ◊ de *Massalia,* n. grec de *Marseille* ▪ De Marseille, relatif à Marseille du temps qu'elle était colonie grecque. ➤ **phocéen.**

1 **MASSE** [mas] **n. f.** – fin XIe, au sens de «groupe» (II, 1°) ◊ du latin *massa* «tas, amas», «chaos», du grec *maza* «masse de pâte»

I ENSEMBLE DE CHOSES, QUANTITÉ DE MATIÈRE ▪ **1** (fin XIIe) Quantité relativement grande de substance solide ou pâteuse, qui n'a pas de forme définie, ou dont on ne considère pas la forme. *Masse de pâte, de chair. Masse protoplasmique. Masse dure, solide.* ➤ **bloc, morceau.** *«les masses de pierre dont on élèvera des palais aux rois»* DIDEROT. *Masse informe.* — LOC. (1824) *Tomber, s'affaisser, s'écrouler comme une masse,* pesamment, comme une chose inanimée. *«j'ai dormi comme une masse, le vrai sommeil de brute»* TOURNIER. — MÉD. *Indice de masse corporelle (IMC) :* indice pondéral calculé en divisant le poids d'une personne par le carré de sa taille. ◆ Quantité relativement grande d'une matière fluide formant une unité autonome, ou considérée comme telle. *Masse d'eau que roule un fleuve.* ➤ **volume.** — MÉTÉOROL. *Masse d'air :* flux d'air dont les caractéristiques physiques ont une certaine homogénéité. ➤ **front** (II, 5°). ▪ **2 LA MASSE DE qqch. :** la masse que constitue cette chose. *«sentir sous son pied la masse élastique d'un cadavre»* CAMUS. ◆ (1788) (SANS COMPL.) *Pris, taillé dans la masse,* dans un seul bloc de matière. *Bibelot, statuette d'ivoire sculptés dans la masse,* sans aucune partie rapportée. *«Tête et tronc, tout est d'une masse»* MICHELET. ▪ **3** (fin XIIIe) Réunion de nombreux éléments distincts (généralement de même nature) formant un ensemble perçu comme une totalité. ➤ **agglomérat, agrégat, amas, conglomérat, magma.** *Masse de pierres, de cailloux.* ➤ **monceau, tas.** ▪ **4** Ce qui est perçu comme une unité, un ensemble, dont on ne peut ou ne veut distinguer les éléments constitutifs. ◆ (1547) ARTS Ensemble de l'œuvre, par rapport aux éléments dont elle se compose. *Colonnade qui allège la masse d'un édifice.* — AU PLUR. Principaux éléments d'une œuvre picturale, architecturale, considérés les uns par rapport aux autres, abstraction faite de leurs détails. *Répartition des masses dans un tableau.* — MUS. Ensemble d'instruments, de voix qui jouent, chantent en même temps et forment une unité sonore. *Masse instrumentale, orchestrale, vocale.* — Groupe d'instruments de même famille, de voix, qui forment une unité sonore dans un ensemble. *Distinguer le hautbois au milieu d'une masse orchestrale.* ◆ COUR. Ce qu'on voit globalement, sans distinguer les détails ou les parties. *«l'aube, incertaine encore, éclairait la masse blanche de Salonique»* LOTI. ▪ **5** Ensemble de nombreuses choses qui font corps. ➤ 2 **ensemble, quantité.** *Réunir une masse de documents, de témoignages. La masse des connaissances humaines.* ➤ 1 **somme.** ◆ (1680) L'ensemble d'une même chose (qui peut exister sous forme dispersée). ➤ **totalité.** *La masse du sang de l'organisme.* — *Masse monétaire*.* ▪ **6** (1615 dr.) Somme d'argent. — Somme formée par les retenues faites sur la paie de chaque soldat. (1789) Allocations réglementaires, en espèces, d'un corps de troupe. *Masse d'habillement, de couchage.* ➤ **caisse.** — (1718) Ensemble des retenues faites sur le salaire d'un prisonnier et qu'on lui remet à sa libération. — (1842) Bourse commune d'un atelier d'élèves des Beaux-Arts (appelés *massiers*). ◆ DR. Ensemble de biens, de créances ou de dettes groupés pour arriver au calcul de certains droits. *Masse active, passive. Masse successorale.* — *Masse salariale*.* ▪ **7** *La masse, la grande masse de... :* la majorité (par oppos. aux exceptions). *La masse des mots français provient du latin.* ▪ **8** FAM. Grande quantité (sans idée d'ensemble). *«Il va nous arriver une masse de marchandises d'Europe»* RIMBAUD. LOC. FAM. (1854) **PAS DES MASSES :** pas beaucoup. *Il n'y en a pas des masses* (cf. Pas des tas*). — Assez peu, pas du tout. *«certains jours pour moi ça rigole pas des masses»* GAINSBOURG.

II ENSEMBLE D'ÊTRES VIVANTS ▪ **1** (fin XIe) Ensemble nombreux (de personnes ou d'animaux) assemblés et concentrés d'une manière temporaire ou dans un but précis. ➤ **groupe ; foule, rassemblement.** *Masse d'abeilles en essaim. «La masse autrichienne vint buter [...] sur le front de Joubert»* MADELIN. *Faire masse :* composer un groupe nombreux (cf. Faire nombre). ◆ DR. *Masse des créanciers :* groupement légal des créanciers d'un débiteur en faillite ou en liquidation judiciaire. *Masse des obligataires,* chargée de défendre les intérêts des obligataires d'une même société. ▪ **2** Multitude (de personnes) constituant un ensemble permanent. *Les masses laborieuses. Les masses populaires.* ◆ (fin XVIIIe) **LES MASSES :** les couches populaires. ➤ **foule, peuple.** *Psychologie des masses. «il avait des idées sur l'avenir des masses et la liberté des peuples»* COSSERY. *«art des masses»* MALRAUX. ➤ **populaire.** ▪ **3** (1789) L'ensemble qui fait corps, la majorité (par oppos. aux individus qui font exception). ➤ **gros** (le gros de), **majorité.** *«ne faut-il pas qu'un petit nombre périsse pour sauver la masse du peuple ?»* MIRABEAU. *L'opposition a fait masse contre le projet.* ➤ **bloc, corps.** ◆ **(Non qualifié) LA MASSE (par oppos. à l'individu, à l'élite).** *La pression de la masse.* ➤ **base** (III, 2°). *Ce spectacle plaît à la masse.* ➤ **public** (grand public). — LOC. **DE MASSE :** qui concerne, qui s'adresse à la masse. *Culture de masse. Communications de masse.* ➤ **média.** *«il fallait se résigner à vivre à l'heure du tourisme de masse et accueillir également des cohortes de gens fauchés»* J. FERRARI. ▪ **4** FAM. Grande quantité de personnes (sans idée d'ensemble). *Il a une masse d'amis.* ➤ **foule, quantité ;** FAM. **flopée, foultitude, tapée.** *«Des fidèles, il en avait des masses»* CÉLINE.

III EN MASSE loc. adv. ▪ **1** (1781) En formant une masse, tous ensemble en un groupe nombreux (cf. En bloc, en foule, en nombre). *Levée en masse. «Toute la bonne compagnie se transporte en masse d'un salon à l'autre»* Mme DE STAËL. ▪ **2** (1351) FAM. En grande quantité. *«Il n'y a qu'à voir les pauvres... Pourquoi meurent-ils en masse ? Parce qu'ils sont tristes»* (J. AURENCHE et B. TAVERNIER, «Que la fête commence», film).

IV TERME DE SCIENCES ET TECHNIQUES ▪ **1** Quantité de matière d'un corps ; rapport constant qui existe entre les forces qui sont appliquées à un corps et les accélérations correspondantes. *Le poids est proportionnel à la masse. Unités de mesure de masse :* kilogramme (unité SI, et multiples et sous-multiples), tonne ; carat, grain, 2 livre, 1 marc, 1 once, 1 quarteron, quintal. *Masse inerte et masse pesante.* — *Masse volumique* (ou VIEILLI *spécifique*) *d'une substance :* masse de l'unité de volume. ➤ **densité.** — *Masse marquée,* servant à la mesure des masses par pesée. ➤ **poids.** ◆ PHYS. MOD. *Masse du proton, du neutron, de l'électron. Masses atomiques*, moléculaires** (➤ **dalton**). *Masse molaire. Nombre de masse :* nombre de nucléons dans un noyau d'atome. *Masse critique :* la plus petite masse nécessaire au maintien d'une réaction en chaîne dans une substance soumise à la fission. — CHIM. *Loi d'action de masse,* selon laquelle on peut déplacer la position d'un équilibre chimique en modifiant la quantité de l'un des constituants. ▪ **2** (1901) ÉLECTR. *Masse électrique, magnétique :* grandeur sur laquelle un champ (électrique, magnétique) exerce son action pour produire une force. ◆ COUR. Conducteur commun auquel sont reliés les divers points d'un circuit qui doivent être affectés du même potentiel, en principe celui du sol. *Mettre à la masse :* relier électriquement à la masse. — LOC. FAM. *Être à la masse :* être déboussolé, déphasé (cf. Être à côté de la plaque* ; marcher à côté de ses pompes*).

▪ CONTR. Bribe, brin, grain, parcelle. Individu. ▪ HOM. poss. Mas.

2 **MASSE** [mas] **n. f.** – 1508 «outil» ; XIIe «arme» ◊ latin populaire °*mattea,* qu'on rapproche de *mateola* «outil pour enfoncer» ▪ **1** Gros maillet de bois ou de métal (➤ **aussi marteau**) utilisé pour enfoncer, frapper, dégrossir une matière brute. *Masse de carrier, de sculpteur, de mineur, de corroyeur* (➤ **bigorne**).

◆ ARCHÉOL. **MASSE D'ARMES** ou **MASSE :** arme de choc formée d'un manche et d'une tête de métal, souvent garnie de pointes ou évidée en ailettes. ➤ **casse-tête, massue, plommée.** ◆ LOC. FAM. (1935) **COUP DE MASSE :** choc émotif, violent, accablant. *Il a reçu le coup de masse.* SPÉCIALT Prix excessif. *N'allez pas dans ce restaurant, c'est le coup de masse !* (cf. Coup de barre*, de fusil*, de massue*). ▪ **2** (1323) Bâton à tête d'or, d'argent, etc., porté dans un cortège par les huissiers (appelés *massiers*) qui précèdent certains personnages de marque (roi, chanceliers, sous l'Ancien Régime ; recteurs, doyens d'université, de nos jours). ▪ **3** (1721) Gros bout d'une queue de billard. *Jouer avec la masse.* ➤ **massé.**

3 **MASSE** [mas] **n. f.** – 1723 ; «écheveau» 1339 ◇ latin *mataxa* ▪ COMM. Quantité importante déterminée par l'usage. ◆ SPÉCIALT Cent quarante-quatre douzaines ou douze grosses.

MASSÉ [mase] **n. m.** – 1867 ◇ p. p. de 3 *masser* ▪ BILLARD Coup où l'on masse la bille. ▪ **HOM.** Masser.

MASSELOTTE [mas(ə)lɔt] **n. f.** – 1704 ; *machelotte* hapax XIIIe «petite masse» ◇ de 1 *masse* ▪ TECHN. ▪ **1** Portion de métal en excédent qui adhère à une pièce de fonderie. ➤ **bavure.** ▪ **2** Petite pièce agissant par inertie, dans un mécanisme. *Masselotte de fusée,* qui vient percuter l'amorce par inertie, au moment du choc. — AUTOM. *Masselotte d'équilibrage :* petite pièce de plomb fixée sur la jante d'une roue d'automobile.

MASSEPAIN [maspɛ̃] **n. m.** – 1544 ; «boîte» XVe ◇ altération de l'italien *marzapane,* arabe *martaban* ▪ Petit gâteau fait d'amandes pilées, de sucre et de blancs d'œufs. ➤ **calisson.**

1 **MASSER** [mase] **v. tr.** ⟨1⟩ – XIIIe, rare avant XIXe ◇ de 1 *masse* ▪ Rassembler, réunir. *Masser des hommes, des prisonniers sur une place. Masser des troupes,* les disposer en ordre serré. *Troupes massées à la frontière.* PRONOM. *La foule s'était massée devant l'ambassade pour protester.* ▪ **CONTR.** Disperser, éparpiller. ▪ **HOM.** Massé ; *massèrent :* macère (macérer).

2 **MASSER** [mase] **v. tr.** ⟨1⟩ – 1779 ◇ de l'arabe *mass* «toucher, palper» ▪ Frotter, presser, pétrir différentes parties du corps de (qqn), avec les mains ou à l'aide d'appareils spéciaux, dans une intention thérapeutique ou hygiénique. *Se faire masser par un kinésithérapeute. Masser qqn.* ➤ **massage, masseur.**

3 **MASSER** [mase] **v. tr.** ⟨1⟩ – 1830 ◇ de 2 *masse* ▪ BILLARD Frapper verticalement (la bille) de manière à lui imprimer un mouvement tournant.

MASSÉTER [masetɛʀ] **n. m.** – 1541 ◇ grec *masêtêr* «masticateur» ▪ ANAT. Muscle élévateur du maxillaire inférieur.

MASSETTE [masɛt] **n. f.** – *macete* XIIIe ◇ de 2 *masse*

I (1803 ; cf. ancien français *macete* [XIIIe]) TECHN. Gros marteau de tailleur de pierre, de cantonnier. *«on le voit* [Rodin] *à l'œuvre, massette et ciseau à la main»* J.-C. BAILLY. ◆ ARCHÉOL. Massue légère et cannelée, en usage dans les tournois.

II (1778) Plante aquatique *(aracées)* monocotylédone, à épi compact, appelée aussi *canne de jonc, quenouille.* ➤ **typha.**

MASSEUR, EUSE [masœʀ, øz] **n.** – 1779 ◇ de 2 *masser* ▪ **1** Personne qui pratique professionnellement le massage. *Masseur attaché à un sportif.* ➤ **soigneur.** *Masseur-kinésithérapeute.* ▪ **2 n. m.** Instrument, appareil servant à masser. *Masseur à rouleau, à billes. Masseur électrique.* ➤ **vibromasseur.**

1 **MASSICOT** [masiko] **n. m.** – 1480 ◇ altération de l'italien *marzacotto* «vernis des potiers», d'origine arabe ▪ TECHN. Protoxyde de plomb (PbO) brusquement refroidi par trempe. ➤ **cendrée.**

2 **MASSICOT** [masiko] **n. m.** – 1877 ◇ de *Massiquot,* n. de l'inventeur ▪ IMPRIM. Machine à rogner le papier.

MASSICOTER [masikɔte] **v. tr.** ⟨1⟩ – 1877 ◇ de 2 *massicot* ▪ IMPRIM. Rogner, couper (le papier) au massicot. *Livre mal massicoté, aux marges inégales.* — **n. m. MASSICOTAGE.**

MASSIF, IVE [masif, iv] **adj. et n. m.** – 1480 ; *massis* 1180 ◇ de 1 *masse*

I adj. ▪ **1** Dont la masse occupe tout le volume apparent ; qui n'est pas creux (➤ **plein**), qui n'est pas un revêtement. *Bijou en or massif. Porte en chêne massif. Roche massive.* ▪ **2** (1503) Qui constitue une masse, qui présente l'apparence d'une masse épaisse, lourde ou compacte. ➤ **épais, gros, lourd,** FAM. **mastoc, pesant.** *Colonne, tour massive.* — *«Le docteur était non pas obèse, mais massif»* DUHAMEL. *Traits massifs.* ➤ **grossier.** ▪ **3** (1922) FIG. Qui est fait, donné, se produit en masse. *Dose massive. Bombardement massif.* ➤ **intense.** *Départs massifs au début des grandes vacances. «Un oui franc et massif»* DE GAULLE. *Acceptation massive* (➤ **consensus**). ▪ **4** (adaptation de l'anglais *mass terms*) LING. *Termes massifs,* qui désignent un référent non comptable (ex. l'air) (opposé à *termes comptables*).

II n. m. (XIVe *massis*) ▪ **1** ARCHIT. Ouvrage de maçonnerie formant une masse pleine et servant de soubassement, de contrefort. *Massif en béton.* ▪ **2** (1694) COUR. Groupe compact (d'arbres, d'arbrisseaux, dans un parc). ➤ **bois, bosquet.** *«De loin en loin s'élevaient des massifs de peupliers, d'acacias et de pins»* NERVAL. ◆ (1832) Ensemble de fleurs plantées d'une manière décorative. *Massif de roses.* ◆ PAR EXT. Espace de terre sur lequel pousse un massif de fleurs. ➤ **corbeille, parterre.** *Massifs et platebandes*.* ▪ **3** (1873) GÉOGR. Ensemble montagneux de forme massive (opposé à *chaîne*) généralement constitué par des terrains primaires. *Le Massif central.* ▪ **4** ANAT. *Massif facial osseux :* squelette de la face.

▪ **CONTR.** Élancé, léger, svelte ; épars. Creux ; plaqué.

MASSIFICATION [masifikasjɔ̃] **n. f.** – 1954 ◇ de *massifier* ▪ DIDACT. Action de massifier ; son résultat. *Massification et dépersonnalisation des individus.*

MASSIFIER [masifje] **v. tr.** ⟨7⟩ – v. 1780, rare avant 1960 ◇ de 1 *masse* ▪ DIDACT. ▪ **1** Faire une masse anonyme de (un groupe d'individus). ▪ **2** Transformer (qqch.) en phénomène de masse. *Médias qui massifient un roman* (➤ aussi **populariser, vulgariser**).

MASSIQUE [masik] **adj.** – 1911 ◇ de 1 *masse* ▪ PHYS. De la masse (1, IV). *Volume massique d'une substance,* par unité de masse (mesuré en m^3/kg). *Énergie, chaleur* massique.* CHIM. *Concentration massique d'un soluté* (exprimée habituellement en gramme par litre).

MASSIVEMENT [masivmɑ̃] **adv.** – 1584 ◇ de *massif* ▪ **1** RARE D'une manière massive. *Édifice massivement construit.* ➤ **lourdement, pesamment.** ▪ **2** COUR. En grande quantité, en grand nombre. *Médicament administré massivement. Ils ont répondu massivement à cet appel,* en masse.

MASS MEDIA ➤ **MÉDIA**

MASSORE [masɔʀ] **n. f.** – 1670 ◇ hébreu *massorah* ▪ RELIG. Travail critique, exégèse sur le texte hébreu de la Bible, fait par des docteurs juifs. — On dit aussi **MASSORAH.**

MASSORÈTE [masɔʀɛt] **n. m.** – 1532 *Massoretz* ◇ de l'hébreu *massorah* ▪ RELIG. Docteur juif, auteur de massores.

MASSOTHÉRAPIE [masoteʀapi] **n. f.** – 1839 ◇ de 2 *masser* et *-thérapie* ▪ (Canada) Traitement thérapeutique par des massages. — **n. MASSOTHÉRAPEUTE** (1893).

MASSUE [masy] **n. f.** – *maçue* XIIe ◇ latin populaire °*matteuca* → 2 masse ▪ **1** Bâton à grosse tête noueuse, servant d'arme contondante. ➤ **casse-tête,** 2 **masse.** *Massue hérissée de pointes de fer. La massue d'Hercule.* ◆ LOC. *Coup de massue :* événement imprévu provoquant une vive contrariété ou une impression d'accablement ; se dit lorsqu'on a à payer un prix jugé excessif. ◆ APPOS. INV. *Des arguments massue,* qui font sur l'interlocuteur l'effet d'un coup de massue, le laissent sans réplique. ➤ **choc** (5°). — **adj.** *Des «raisons massues»* ROMAINS. ▪ **2** (par anal. de forme) SC. NAT. Partie aérienne de certains champignons ; renflement terminal de certains organes (antennes, etc.) ressemblant à une massue. ◆ SPORT Engin utilisé en gymnastique rythmique et sportive pour exécuter des lancers et des figures. ➤ 3 **mil.**

MASTABA [mastaba] **n. m.** – 1869 ◇ mot arabe «banc, banquette» ▪ ARCHÉOL. Tombeau de l'ancienne Égypte, en pyramide tronquée. *Des mastabas.*

MASTARD ou **MASTAR, ARDE** [mastaʀ, aʀd] **adj. et n.** – 1896 ◇ altération de *mastoc* ▪ ARG. ▪ **1** Très gros, énorme. ▪ **2** (PERSONNES) Fort, robuste. ➤ **costaud*** ; RÉGION. **castard.** *«une quinzaine de malabars en slip, tous bien plus mastards que moi»* P. CAUVIN. — **n.** *«un mastar de deux cents livres»* SAN-ANTONIO.

MASTECTOMIE [mastɛktɔmi] **n. f.** – 1968 ◇ du grec *mastos* «sein» et de *-ectomie* ▪ CHIR. Excision ou amputation du sein. — COUR. ➤ **mammectomie.**

1 **MASTER** [mastœʀ ; mastɛʀ] **n. m.** – 1986 ◇ mot anglais, de *master copy* «document original» ▪ ANGLIC. Enregistrement original à partir duquel on réalise des copies. — Recomm. offic. *bande mère.* ▪ **HOM.** Mastère.

2 **MASTER** [mastœʀ ; mastɛʀ] **n. m.** – 1986 ◇ mot anglais «maîtrise» ▪ ANGLIC. Grade universitaire entre la licence et le doctorat, sanctionnant cinq années d'études après le baccalauréat ; diplôme national conférant ce grade. *Le master se substitue à la maîtrise suivie du D. E. A. (master de recherche) ou du D. E. S. S. (master professionnel). Transformation d'un diplôme en master.* ➤ **mastérisation.**

MASTER CLASS [mastœʀklas ; mastɛʀ-] **n. f. inv.** – 1983 ◊ mot anglais (1963), de *master* « maître » et *class* « classe, cours » ■ ANGLIC. (MUS.) Session de formation de haut niveau animée par un artiste ou un interprète réputé. *Cantatrice, guitariste qui organise une master class.* — PAR EXT. *Master classe d'écriture, de cinéma, de cuisine.* — On écrit aussi *une master classe, des master classes.* — **Recomm. offic.** ***classe de maître.***

MASTÈRE [mastɛʀ] **n. m.** – 1986 ◊ n. déposé, de l'anglais *master,* d'après *magistère* (II) ■ Label délivré par les grandes écoles aux titulaires d'un diplôme d'ingénieur ou équivalent, sanctionnant une année de formation spécialisée s'appuyant sur la recherche appliquée. *Mastère spécialisé. Mastère en sciences. Mastère de management.* ■ **HOM.** Master.

MASTÉRISATION [masteʀizasjɔ̃] **n. f.** – 2004 ◊ de 2 *master* ■ Transformation (d'un diplôme, d'une formation) en master (2). *La mastérisation de la formation des enseignants.*

MASTIC [mastik] **n. m.** – XIIIe ◊ bas latin *masticum,* grec *mastikhê* ■ **1** Résine jaunâtre qui découle d'incisions pratiquées au tronc ou aux branches du lentisque. ■ **2** COUR. Mélange pâteux et adhésif durcissant à l'air. ➤ **futée.** *Mastic de carrosserie.* — (1767) *Mastic de vitrier :* mélange de craie pulvérisée (ou blanc d'Espagne) et d'huile de lin, utilisé pour fixer les vitres aux fenêtres et assurer des fermetures hermétiques. ♦ ADJT INV. D'une couleur gris-beige clair, voisine de celle du mastic de vitrier. *Des imperméables mastic.* ■ **3** (1867 ◊ du sens argotique « situation confuse ») TYPOGR. Erreur qui était due à une inversion, à un mélange des caractères dans les casses. *Faire un mastic.*

MASTICAGE [mastikaʒ] **n. m.** – 1830 ◊ de 2 *mastiquer* ■ Action de mastiquer ; son résultat. *Le masticage d'une vitre.*

MASTICATEUR, TRICE [mastikatœʀ, tʀis] **adj.** – 1817 ◊ latin *masticator* ■ Qui sert à mâcher. *Muscles masticateurs* (masséter, temporal).

MASTICATION [mastikasjɔ̃] **n. f.** – XIIIe ◊ latin des médecins *masticatio* ■ Action de mâcher ; son résultat. *Mastication et déglutition.*

MASTICATOIRE [mastikatwaʀ] **n. m. et adj.** – 1549 ◊ de 1 *mastiquer* ■ **1** VIEILLI Substance, médicament qu'on mâche longuement pour exciter la sécrétion salivaire, ou simplement par plaisir. *La chique, le chewing-gum, le bétel sont des masticatoires.* ■ **2 adj.** (1541) Qui sert à la mastication ; relatif à la mastication. *Pièces masticatoires des crustacés. Coefficient* masticatoire.*

MASTIFF [mastif] **n. m.** – *mestif* 1611 ◊ mot anglais, de l'ancien français *mastin* → mâtin ■ Chien de garde d'une race anglaise, voisin des dogues. *Des mastiffs.*

1 **MASTIQUER** [mastike] **v. tr.** ‹1› – XVIe ; *mastiguer* v. 1370 ◊ latin *masticare* → 1 mâcher ■ Broyer, triturer longuement avec les dents (un aliment, avant de l'avaler, ou une substance non comestible qu'on rejette). ➤ 1 **mâcher ; mastication.** *Mastiquer du pain, un chewing-gum.* — ABSOLT *Mastique bien en mangeant !*

2 **MASTIQUER** [mastike] **v. tr.** ‹1› – XVIe ◊ de *mastic* ■ Coller, joindre ou boucher avec du mastic (➤ **masticage**). *Mastiquer des vitres.* « *mastiquées depuis peu, les vitres étaient encore barrées de blanc d'Espagne* » ECHENOZ. *Mastiquer une fuite.* ABSOLT *Couteau à mastiquer.* ■ **CONTR.** Démastiquer.

MASTITE [mastit] **n. f.** – 1814 ◊ du grec *mastos* « sein » et de *-ite* ■ MÉD. Inflammation de la glande mammaire. ➤ **mammite.**

MASTOC [mastɔk] **n. m. et adj.** – 1850 ; *mastoque* 1845 ; *mastok* 1834 ◊ p.-ê. de l'allemand *Mastochs* « bœuf à l'engrais », ou mot rouchi, du radical de *masse, massif* ■ **FAM.** ■ **1 n. m.** VIEILLI Homme trapu, épais. ➤ **colosse.** ■ **2 adj. (inv. en genre)** MOD. et PÉJ. Qui a une forme, une silhouette massive. ➤ **épais, grossier, imposant, lourd.** *Une architecture mastoc. Des meubles mastocs.*

MASTOCYTE [mastɔsit] **n. m.** – 1935 ◊ calque de l'allemand *Mastzelle,* mot à mot « cellule *(Zelle)*- engrais *(Mast)* », fait sur le modèle de *lymphocyte* ■ BIOL. CELL. Cellule immunitaire du tissu conjonctif, impliquée dans les réactions inflammatoires et allergiques. *Prolifération anarchique des mastocytes* (*mastocytose,* **n. f.,** [1957]).

MASTODONTE [mastɔdɔ̃t] **n. m.** – 1812 ◊ grec *mastos* « sein » et *odous, odontos* « dent », à cause de ses molaires mamelonnées ■ **1** ZOOL. Très grand mammifère fossile du tertiaire et du quaternaire, voisin de l'éléphant. ■ **2** COUR. Personne d'une énorme corpulence. ➤ **colosse, géant.** ■ **3** Objet, SPÉCIALT machine, véhicule, de très grande dimension. ♦ Entreprise de grande envergure. ➤ **mammouth, multinationale, poids** (**lourd**).

MASTOÏDE [mastɔid] **n. f.** – 1560 ◊ grec *mastoeidês* « en forme de sein » ■ ANAT. Partie postérieure et inférieure de l'os temporal, située en arrière du conduit auditif externe. — APPOS. *Apophyse mastoïde :* partie inférieure en saillie de la mastoïde. *Les apophyses mastoïdes.* — **adj. MASTOÏDIEN, IENNE,** 1654. *Antre mastoïdien.*

MASTOÏDITE [mastɔidit] **n. f.** – 1855 ◊ de *mastoïde* et *-ite* ■ MÉD. Inflammation de la muqueuse des cavités de l'apophyse mastoïde*, généralement consécutive à une otite.

MASTOLOGIE [mastɔlɔʒi] **n. f.** – 1973 ◊ du grec *mastos* « sein » et de *-logie* ■ MÉD. Étude de la conformation, du fonctionnement et des affections du sein. — **n.** (1974) **MASTOLOGUE.**

MASTROQUET [mastʀɔkɛ] **n. m.** – 1849 ◊ origine inconnue, p.-ê. du flamand *meister* « patron » ■ FAM. VIEILLI ■ **1** Marchand de vin au détail, tenancier d'un débit de boissons. ➤ **cafetier.** ■ **2** (1859) Café, débit de boissons. ➤ **troquet.**

MASTURBATION [mastyʀbasjɔ̃] **n. f.** – 1580 ◊ latin *masturbatio,* de *masturbari* → masturber ■ **1** Pratique qui consiste à provoquer le plaisir sexuel par l'excitation manuelle des parties génitales (d'un partenaire ou de soi-même). ➤ **onanisme ;** FAM. **branlette, touche-pipi** (cf. La veuve* poignet). *Masturbation solitaire.* ■ **2** FIG. Discussion, réflexion intellectuelle jugée stérile.

MASTURBER [mastyʀbe] **v. tr.** ‹1› – 1800 ◊ latin *masturbari* ■ Amener (qqn) au plaisir par la masturbation. « *les érotomanes mystiques se figurant que les anges descendent du ciel pour venir les masturber* » GONCOURT. — PRONOM. RÉFL. *Se masturber.* ➤ FAM. **s'astiquer,** se **branler,** se **palucher,** se **toucher.** ♦ FIG. et FAM. *Se masturber l'esprit, le cerveau :* se livrer à des discussions, des réflexions intellectuelles jugées stériles (cf. FAM. Se triturer* les méninges).

M'AS-TU-VU [matyvy] **n. inv. et adj. inv.** – v. 1800 ◊ allus. à la question que se posent entre eux les acteurs évoquant leurs succès ■ Personne vaniteuse. ➤ FAM. **frimeur.** *Un m'as-tu-vu.* « *de jeunes* m'as-tu-vu, *tout verts, tout fiers* » MICHAUX. ♦ **adj. inv.** Prétentieux. *Ce qu'elle est m'as-tu-vu !* ADVT *Ça fait m'as-tu-vu.*

MASURE [mɑzyʀ] **n. f.** – XVe ; « demeure » fin XIIe ◊ latin populaire °*mansura* ■ Petite habitation misérable, maison vétuste et délabrée. ➤ **baraque, cabane.**

1 **MAT** [mat] **adj. inv. et n. m.** – XIIe ◊ arabe *mât* « mort » ■ Se dit, aux échecs, du roi qui est mis en échec et ne peut plus quitter sa place sans être pris. *Le roi est mat. Échec et mat !* ♦ PAR EXT. *Être mat :* avoir un roi mat, avoir perdu. — **n. m.** Échec du roi, dont il est impossible de se défendre et qui termine la partie. *Le mat en deux coups.* ■ **HOM.** Maths, matte.

2 **MAT, MATE** [mat] **adj.** – 1424 ; « abattu, affligé » XIe ◊ bas latin *mattus,* p.-ê. de *madere* « être humide » ■ **1** Qui n'a pas de poli ou a été dépoli. ➤ 1 **terne.** *Or, argent mat.* ■ **2** Qui n'est pas brillant. *Côté mat et côté brillant d'un tissu. Photo sur papier mat. Peinture mate.* ■ **3** Qui n'est pas transparent, ne laisse voir aucune couleur. *Verre mat.* ➤ **opaque.** « *Le jour mat produit par ce ciel immuablement gris* » RIMBAUD. ♦ *Peau mate, teint mat,* assez foncé et peu transparent. *Une brune au teint mat. Poudre qui rend la peau mate.* ➤ **matifier.** *Les peaux mates bronzent facilement.* ■ **4** Qui a peu de résonance. ➤ **sourd.** *Bruit, son mat.* ■ **CONTR.** 2 Poli. 1 Brillant, luisant. Éclatant. Transparent. Clair, sonore.

MÂT [mɑ] **n. m.** – *mast* 1080 ◊ francique °*mast* ■ **1** Pièce de bois à section circulaire ou cylindre métallique creux dressé dans un navire au-dessus du pont pour porter, à bord des voiliers, les vergues et leur gréement et, à bord des bâtiments modernes, les installations radioélectriques, etc. (➤ **mâture**). *Fanal en haut d'un mât. Les trois mâts d'une caravelle, d'une frégate* (➤ **trois-mâts**). *Mât de beaupré, d'artimon, de misaine. Grand mât. Bas mât :* partie inférieure d'un mât de grande dimension, formée de pièces d'assemblage croisées. *Voiles, voilure d'un mât. Caler, gréer, guinder, haubaner un mât. Mâts de charge,* servant à l'embarquement et au débarquement des marchandises. PAR EXT. *Mât de charge d'un quai.* ➤ **derrick.** ■ **2** PAR ANAL. Poteau servant à porter, à supporter qqch. *Les mâts d'un chapiteau. Un mât de sémaphore*. Hisser un drapeau au sommet du mât.* — *Mât de cocagne*.* ♦ SPORT Longue perche lisse où les gymnastes s'exercent à grimper. ■ **HOM.** Mas ; poss. ma (mon).

MATABICHE [matabiʃ] **n. m.** – 1921 ◊ du portugais *matabicho* « (gorgée d')eau-de-vie », mot à mot « tue-vers », de *matar* « tuer » et *bicho* « bête », puis, en portugais d'Angola, « pourboire », répandu par l'intermédiaire du lingala et du sango ■ **(Afrique noire)** ■ **1** Pourboire ; petit cadeau, gratification. ▪ **2** PAR EXT. Pot-de-vin. ➤ **bakchich.**

MATADOR [matadɔʀ] **n. m.** – 1660 ◊ mot espagnol, de *matar* « tuer » et fig. (au jeu) « marquer » ▪ **1** VX Carte maîtresse à un ancien jeu de cartes. ♦ FIG. (1730) VX Personnage haut placé. « *Un des matadors de la finance* » BALZAC. ▪ **2** (1776) Toréro chargé de la mise à mort. ➤ **espada, toréro.** « *Les jeux de la muleta, privilège du matador* » MONTHERLANT. ▪ **3** Pistolet* d'abattage. « *Il applique son matador au milieu du front, entre les gros yeux inquiets* » TOURNIER.

MATAF [mataf] **n. m.** – 1908 ◊ probablt de l'italien *matafione* « garcette » ▪ ARG. MAR. Matelot.

MATAGE [mataʒ] **n. m.** – 1873 ◊ de 2*mater* ▪ TECHN. Action de mater, de matir ; son résultat. *Matage d'une dorure.* ♦ *Matage du plomb d'une soudure. Matage d'une chaudière,* opération qui consiste à en boucher les fuites.

MATAMORE [matamɔʀ] **n. m.** – 1578 ; n. pr., personnage de comédie ◊ espagnol *Matamoros* « tueur de Maures » ▪ VIEILLI Faux brave, vantard. ➤ **bluffeur, bravache, fanfaron*, fier-à-bras.** *Faire le matamore.*

MATCH [matʃ] **n. m.** – 1819, rare avant 1850 ◊ mot anglais ▪ Compétition sportive entre deux ou plusieurs concurrents, deux ou plusieurs équipes. ➤ RÉGION. **joute.** *Des matchs.* On utilise parfois le pluriel anglais *des matches. Match de football, de hockey. Match France-Angleterre de rugby. Match amical.* ➤ **derby,** 1**rencontre.** *Match aller*, retour*. Match de tennis. Balle* de match. Match de boxe.* ➤ **combat.** *Arbitrer un match. Disputer, gagner un match contre tel club. Match nul,* où les deux adversaires terminent à égalité. — PAR EXT. *Match de bridge, d'échecs.* ➤ **tournoi.** ♦ Compétition, lutte, notamment économique ou politique. *Un match qui oppose deux grands industriels.*

MATCHA [matʃa] **n. m.** – 1992 ◊ mot japonais, d'origine chinoise ▪ Thé vert réduit en poudre fine, utilisé dans la cérémonie du thé au Japon et comme colorant ou arôme naturel. *Madeleines au matcha.* — EN APPOS. *Thé matcha.*

MATCHER [matʃe] ‹1› **v. intr.** – 1930 au Canada ; « disputer un match » 1892 ◊ anglais *to match* ▪ ANGLIC. FAM. S'accorder, aller bien (avec qqn, qqch.). *Couleurs qui matchent.* — IMPERS. *Ça matche entre eux,* ils s'entendent bien. ♦ Correspondre. « *son ADN a été prélevé et a "matché" avec les traces retrouvées sur les lieux de quatre autres méfaits* » (Le Monde, 2014).

MATCHICHE [matʃiʃ] **n. f.** – v. 1904 ◊ portugais *maxixe* ▪ Danse d'origine brésilienne, à deux temps, en vogue au début du siècle.

MATCH-PLAY [matʃplɛ] **n. m.** – 1930 ◊ mot anglais ▪ ANGLIC. SPORT Compétition de golf qui se joue (entre deux joueurs ou deux équipes) trou par trou. *Des match-plays.*

MATÉ [mate] **n. m.** – 1716 ; *mati* 1633 ◊ de l'hispano-américain *mate,* du quéchua *mati* « récipient » ▪ Variété de houx qui croît en Amérique du Sud et dont les feuilles torréfiées et pulvérisées fournissent, infusées dans l'eau chaude, une boisson stimulante. ➤ **thé** (du Brésil). — PAR EXT. Cette boisson. ▪ HOM. Mater ; poss. mâter.

MATEFAIM [matfɛ̃] **n. m.** – 1894 ; *matafain* 1546 ◊ de 1*mater* et *faim* ▪ RÉGION. (Franche-Comté, Lyon, Savoie) Galette, crêpe épaisse. *Les matefaims de Montbéliard.*

MATELAS [mat(ə)la] **n. m.** – XVe ◊ altération de *materas* XIIIe, de l'italien *materasso,* arabe *matrah* « chose jetée à terre » ▪ **1** Pièce de literie, long et large coussin rembourré qu'on étend d'ordinaire sur le sommier d'un lit. *Matelas de crin, de laine, de paille* (➤ 1**paillasse**), *de coton*➤ **futon.** *Matelas en mousse, en latex, à ressorts. Protéger le matelas avec une alèse. Retourner son matelas. Cacher ses économies sous son matelas. Toile à matelas.* ➤ **coutil.** *Donner un matelas à refaire au matelassier.* ♦ PAR ANAL. *Matelas pneumatique, de camping :* enveloppe de toile caoutchoutée ou de matière plastique qu'on gonfle d'air. *Matelas de plage. — Matelas à langer.* ♦ *Dormir sur un matelas de feuilles mortes.* ➤ **lit.** ▪ **2** FAM. *Un matelas de billets de banque :* une grosse liasse. ▪ **3** *Matelas d'air :* couche d'air ménagée entre deux parois. ➤ **coussin.**

MATELASSÉ, ÉE [mat(ə)lase] **adj.** et **n. m.** – 1690 ◊ de *matelasser* ▪ **1** Rembourré. ➤ **capitonné.** « *la porte matelassée, à battants garnis de cuir* » MAUPASSANT. ▪ **2** Se dit d'un tissu ouaté maintenu par des piqûres formant un dessin en relief. *Doublure matelassée d'un manteau. Dessus-de-lit matelassé.* — **n. m.** Tissu matelassé. *Une douillette en matelassé. Du matelassé de soie.* ▪ **3** Garni d'une doublure matelassée ; fait en matelassé. *Manteau matelassé.* ➤ **doudoune.**

MATELASSER [mat(ə)lase] **v. tr.** ‹1› – 1690 ◊ de *matelas* ▪ **1** Rembourrer à la manière d'un matelas. ➤ **capitonner.** *Matelasser un fauteuil.* ▪ **2** Rendre matelassé (un tissu). ▪ **3** Doubler de tissu matelassé. ▪ **4** Garnir d'un revêtement, couvrir d'un vêtement épais. *Matelasser une cloison.*

MATELASSIER, IÈRE [mat(ə)lasje, jɛʀ] **n.** – 1701 ; *materassier* 1615 ◊ de *matelas* ▪ Personne dont le métier est de confectionner ou de réparer les matelas. « *un matelassier proposant ses ressorts, ses pieds de lit en boule, en noyau d'olive, en fuseau, ses différentes qualités de crin et de coutil* » PEREC. — APPOS. *Ouvriers matelassiers.*

MATELASSURE [mat(ə)lasyʀ] **n. f.** – 1867 ◊ de *matelas* ▪ TECHN. Ce qui sert à matelasser, à rembourrer. ➤ **rembourrage.**

MATELOT [mat(ə)lo] **n. m.** – XIIIe variante *matenot* ◊ moyen néerlandais *mattenoot* « compagnon de couche », les *matelots* ne disposant autrefois que d'un hamac pour deux ▪ **1** Homme d'équipage, participant à la manœuvre ou à l'activité d'un navire, sous la conduite des officiers et des maîtres. ➤ 2**marin,** ARG. **mataf.** *Apprenti matelot.* ➤ 2**mousse.** *Jeune matelot.* ➤ **novice.** ♦ SPÉCIALT Simple soldat de la marine de guerre. *Matelot breveté, non breveté. Matelot des compagnies d'abordage et de débarquement.* ➤ **fusilier** (marin). ▪ **2** MAR. *Matelot d'avant, matelot d'arrière :* bâtiment qui précède ou qui suit un autre navire dans une ligne de file.

MATELOTAGE [mat(ə)lɔtaʒ] **n. m.** – 1773 ; « paye des matelots » 1690 ; « métier de matelot » 1558 ◊ de *matelot* ▪ MAR. VX Connaissances relatives au métier de matelot, et SPÉCIALT au travail de gabier. ♦ MOD. Technique des nœuds et ouvrages en cordage.

MATELOTE [mat(ə)lɔt] **n. f.** – 1674 ; *à la matelote* 1643 ◊ de *matelot* ▪ **1** Mets composé de poissons coupés en morceaux et accommodés avec du vin rouge et des oignons. *Matelote d'anguille. Lotte en matelote. Matelote de poisson de rivière.* ➤ **pochouse.** — APPOS. INV. *Sauce matelote,* au vin rouge, aux échalotes et aux oignons. ▪ **2** (1776) Danse au rythme vif, autrefois en vogue chez les matelots.

1**MATER** [mate] **v. tr.** ‹1› – milieu XIIe ◊ de 1*mat* ▪ **1** ÉCHECS Mettre (le roi) en échec de telle manière qu'il ne puisse plus sortir de sa place sans être pris. *Mater le roi avec le fou.* PAR EXT. *Mater son partenaire.* — ABSOLT Faire mat. ▪ **2** COUR. Rendre définitivement docile (un être, une collectivité) en affirmant sévèrement son autorité. ➤ **dompter, dresser.** *Mauvais garnement qu'il faut mater.* ➤ FAM. **visser.** « *Mater la forte tête, jouer du mitard* » B. BLIER. ♦ Réprimer ; abattre (qqch.). *Mater une révolte, les résistances, l'orgueil de qqn. Mater ses passions,* les maîtriser. ➤ **calmer.** ▪ HOM. Maté ; poss. mâter.

2**MATER** [mate] **v. tr.** ‹1› – *matter* 1752 ◊ de 2*mat* ▪ TECHN. ▪ **1** Rendre mat. ➤ **dépolir.** *Mater du verre.* ▪ **2** (1783) Comprimer, refouler (un métal) pour rendre un joint étanche, resserrer un assemblage. ➤ **matir.**

3**MATER** [mate] **v. tr.** ‹1› – 1897 ◊ p.-ê. de l'hispanisme algérois *matar* « tuer » ▪ FAM. Regarder avec insistance ou à la dérobée. ➤ **lorgner,** FAM. **reluquer, zieuter.** ABSOLT « *Je mate : personne* » SAN-ANTONIO.

4**MATER** [matɛʀ] **n. f.** – 1947 ◊ apocope de *maternelle* (1880) n. f. « mère », d'après *pater* ▪ FAM. Mère. *Le pater et la mater.*

MÂTER [mɑte] **v. tr.** ‹1› – *master* 1382 ◊ de *mât* ▪ Pourvoir (un navire) de mâts ; mettre les mâts en place. *Mâter et gréer un bâtiment.* — ABSOLT *Machine à mâter :* puissante grue, à quai ou sur ponton, servant à mâter les navires ou à déplacer les poids lourds à bord des bâtiments. ▪ CONTR. Démâter. ▪ HOM. poss. Maté, 1, 2, 3 mater.

MATER DOLOROSA [matɛʀdɔlɔʀoza] **n. f. inv.** – 1842 ◊ mots latins « mère douloureuse » ▪ **1** ARTS Vierge au pied de la Croix ou soutenant son fils mort. ➤ **pietà.** ▪ **2** FIG. Femme affligée, plongée dans la douleur.

MÂTEREAU [mɑtʀo] **n. m.** – 1611 ; *masterel* 1529 ◊ diminutif de *mât* ▪ MAR. Mât de longueur réduite et de faible diamètre.

MATÉRIALISATION [mateʀjalizasjɔ̃] **n. f.** – 1832 ◊ de *matérialiser* ▪ **1** Action de matérialiser, de se matérialiser ; son résultat. *Matérialisation d'une idée, d'un projet.* ➤ **concrétisation, réalisation.** ♦ *Matérialisation au sol des passages pour piétons.* ▪ **2** PHYS. Augmentation de la masse (d'un système physique), notamment avec la création d'une paire particule-antiparticule. *Matérialisation de l'énergie, d'un rayonnement.* ▪ **3** Phénomène par lequel les médiums rendraient visibles et tangibles les esprits qu'ils évoquent (➤ **ectoplasme**).

MATÉRIALISER [mateʀjalize] v. tr. ‹1› – 1754 ◊ de *matériel* ■ **1** LITTÉR. Considérer comme ayant une nature matérielle, comme produit par la matière. *« dans ce siècle où l'on s'efforce de matérialiser toutes les opérations de l'âme »* ROUSSEAU. ■ **2** COUR. Représenter (une idée, une action abstraite) sous une forme matérielle. *Matérialiser un projet.* ➤ **réaliser.** *Gargouilles d'une cathédrale matérialisant les vices.* ➤ **symboliser.** *L'art matérialise les idées.* ➤ **concrétiser.** *Fonction matérialisée par une courbe.* ◆ *Matérialiser au sol un passage pour piétons.* ◆ PRONOM. **SE MATÉRIALISER :** devenir sensible, matériel. *Des projets qui se matérialisent.* ➤ **se réaliser.** *Se matérialiser en, par qqch.* ■ CONTR. Spiritualiser. Abstraire.

MATÉRIALISME [mateʀjalism] n. m. – 1702 ◊ de *matériel*
I PHILOS. ■ **1** Doctrine d'après laquelle il n'existe d'autre substance que la matière. ➤ **atomisme, hylozoïsme, mécanisme.** *« L'athée déclaré sacrifie presque toujours au matérialisme »* CH. RENOUVIER. ■ **2** (1931) *Matérialisme historique, matérialisme dialectique :* doctrine philosophique de Karl Marx et de ses continuateurs. ➤ **marxisme.** *« Matérialisme et Empiriocriticisme », de Lénine.*
II (1873) État d'esprit caractérisé par la recherche des jouissances et des biens matériels (➤ **matérialiste,** 2°).
■ CONTR. Idéalisme, immatérialisme, spiritualisme.

MATÉRIALISTE [mateʀjalist] n. et adj. – 1698 ; « chimiste » 1553 ◊ de *matériel* ■ **1** PHILOS. Personne qui adopte ou professe le matérialisme. *Les matérialistes du XVIIIe siècle français.* ◆ adj. *Philosophe, savant matérialiste. — Philosophie matérialiste.* ■ **2** COUR. Personne qui recherche des jouissances et des biens matériels. *Vivre en matérialiste.* — adj. *Esprit matérialiste.* ➤ 1 **positif.** *Une civilisation matérialiste.* ■ CONTR. Spiritualiste. Ascète, ascétique.

MATÉRIALITÉ [mateʀjalite] n. f. – 1470, rare avant XVIe ◊ de *matériel* ■ **1** Caractère de ce qui est matériel. *Le spiritualisme refuse d'admettre la matérialité de l'âme.* ■ **2** DR. *Matérialité d'un fait, d'un acte* (opposé à *motifs*), ce qui peut être vérifié. ➤ **réalité.** ■ **3** Caractère matérialiste (de qqch.). ➤ **matérialisme** (II). *« la matérialité brutale de notre civilisation s'oppose à l'essor de l'intelligence »* CARREL. ■ CONTR. Immatérialité, spiritualité.

MATÉRIAU [mateʀjo] n. m. – fin XIXe ◊ sing. refait d'après *matériaux* ■ **1** TECHN. Matière servant à la fabrication. *Matériau destiné à l'électronique. Propriétés d'un matériau. Matériau résistant, souple. Matériau composite*. Matériau écologique.* ➤ **écomatériau.** ■ **2** FIG. Élément servant à l'élaboration (de qqch.). *Enquête qui fournit un riche matériau à une étude.*

MATÉRIAUX [mateʀjo] n. m. pl. – 1611 ; *matériaulx* 1510 ◊ plur. de *matérial,* variante ancienne de *matériel* ■ **1** Les diverses matières nécessaires à la construction (d'un bâtiment, d'un ouvrage, d'un navire, d'une machine). *Matériaux de construction*. Matériaux bruts, travaillés. Résistance* des matériaux.* ■ **2** FIG. Éléments constitutifs d'un tout. *Les faits d'expérience sont les matériaux de la science.* ◆ Ce qui sert à la composition d'un ouvrage de l'esprit, en fournit la matière. *Rassembler, recueillir, réunir des matériaux.* ➤ **corpus ; document, donnée.**

MATÉRIEL, IELLE [mateʀjɛl] adj. et n. – fin XIIIe ◊ du latin *materialis* « formé de matière », famille de *materia* → matière
I ~ adj. ■ **1** (Opposé à *formel*) PHILOS. *Cause matérielle et cause formelle. Vérité matérielle d'une idée,* consistant dans l'accord de la pensée et de l'expérience. ■ **2** (fin XIVe) (Opposé à *spirituel*) Qui est de la nature de la matière, constitué par de la matière. *Substance matérielle. Être matériel.* ➤ **corporel.** *Le monde, l'univers matériel.* ➤ 1 **physique.** — MATH., MÉCAN. *Point* matériel.* ◆ COUR. Qui s'exprime, se manifeste dans la matière ou par la matière. ➤ **concret.** *Impossibilités matérielles. Je n'ai ni le droit ni le pouvoir matériel d'intervenir. — Temps matériel,* nécessaire pour l'accomplissement d'une action. *Je n'ai pas le temps matériel d'y aller.* ■ **3** VIEILLI Qui concerne le corps humain (et non l'âme). ➤ **charnel,** 1 **physique.** *Plaisirs matériels.* ■ **4** Qui concerne les aspects extérieurs, visibles, des êtres ou des choses. *Organisation matérielle d'un spectacle.* ➤ 2 **pratique.** *Avoir la preuve matérielle de qqch.* ➤ 1 **manifeste, palpable, tangible.** *Erreur matérielle,* qui concerne la forme et non le fond. ◆ DR. *Fait matériel,* constitué par la matière même d'un fait, d'une chose, indépendamment de l'intention dont ils résultent (➤ **matérialité**). ■ **5** (Opposé à *moral*) Qui est constitué par des biens tangibles (SPÉCIALT de l'argent), ou lié à leur possession. *Avantages, biens matériels.* ➤ **concret.** *Aide matérielle. Le confort matériel. Dégâts matériels. « les pertes dites matérielles : vaisseaux, chars et canons, aéronefs, équipements, transports et villes »* M. SERRES. ◆ Qui concerne les nécessités de la vie quotidienne, les moyens financiers d'existence. *Travailler dans de bonnes conditions matérielles. Besoins matériels. Gêne, difficultés matérielles. « Dès que la vie matérielle est bien assurée, tout le bonheur reste à faire »* ALAIN. ◆ n. f. (1880) VIEILLI, FAM. **LA MATÉRIELLE :** besoins concrets, quotidiens d'un individu. *Assurer la matérielle.* ■ **6** FIG. et PÉJ. Qui est attaché avec excès aux biens terrestres, aux plaisirs du corps. ➤ **grossier, sensuel.** *Une personne trop matérielle, un être matériel.* ➤ 1 **positif, prosaïque, terre à terre.** — PAR EXT. *Une civilisation matérielle.* ➤ **matérialiste.**
II ~ n. m. **LE MATÉRIEL** ■ **1** DIDACT. Ce qui compose le corps d'une chose. ➤ **matériau, matière.** *Les notes de la gamme, matériel de la musique.* ■ **2** (1822) COUR. Ensemble des objets, instruments, machines utilisés dans un service, une exploitation (opposé à *personnel*). ➤ **équipement, outillage.** *Matériel d'imprimerie, de laboratoire, de bureau. Matériel agricole, informatique. Amortissement du matériel. Remplacer un matériel défectueux, obsolète. — Matériel roulant :* locomotives, machines, wagons et autres véhicules circulant sur voie ferrée. *— Matériel de guerre.* ➤ **arme.** *Dépôt, stock de matériel.* ◆ (1974) INFORM. Ensemble des éléments physiques (unité centrale, périphérique, etc.) constituant les systèmes informatiques (opposé à *logiciel*). Recomm. offic. pour *hardware*.* ◆ IRON. *Matériel humain :* ensemble des personnes employées dans une entreprise collective (cf. Ressources humaines). ■ **3** COUR. Ensemble des objets nécessaires à une activité. ➤ FAM. **matos.** *Matériel de camping, de pêche.* ➤ **équipement ;** FAM. **barda.** *Matériel éducatif, pédagogique d'une école. — Matériel de propagande* (tracts, brochures, affiches). ■ **4** ETHNOL., SOCIOL. Ensemble des éléments soumis à un traitement. ➤ **donnée.** *Collecte, classement et analyse du matériel sur le terrain.* ➤ **document, matériaux.** — PSYCHAN. Ensemble des éléments (paroles, comportements, associations libres, rêves, etc.) susceptibles d'être interprétés par l'analyse (psychanalyse*). *Matériel analytique.* — GÉNÉT. *Matériel génétique :* support (gènes, ADN) de l'information héréditaire.
■ CONTR. Abstrait, 1 idéal, immatériel, incorporel, intellectuel, moral, spirituel ; délicat, éthéré.

MATÉRIELLEMENT [mateʀjɛlmɑ̃] adv. – *matérialement* 1314 ◊ de *matériel* ■ **1** VX PHILOS. (opposé à *formellement*) Par rapport à la matière. ■ **2** MOD. D'une manière matérielle, dans le domaine de la matière. *Se concrétiser matériellement.* ◆ En ce qui concerne le corps. ➤ **physiquement.** *Son chauffeur, « si proche de lui matériellement »* ROMAINS. ◆ Par rapport aux besoins matériels. ➤ **financièrement.** *Matériellement, ils sont à l'aise.* ■ **3** Sur le plan pratique, dans la réalité. ➤ **pratiquement.** *Un projet matériellement irréalisable. Je n'en ai matériellement pas le temps. C'est matériellement impossible.*
■ CONTR. Moralement, spirituellement. Théoriquement.

MATERNAGE [matɛʀnaʒ] n. m. – 1956 ◊ dérivé du latin *maternus,* de *mater* « mère », pour traduire l'anglais *mothering* ■ **1** PSYCHIATR., PSYCHAN. Technique de traitement des psychoses visant à recréer entre le patient et le thérapeute, sur le mode à la fois réel et symbolique, la relation de la mère et du nourrisson. ■ **2** Ensemble des soins apportés aux enfants en bas âge.

MATERNEL, ELLE [matɛʀnɛl] adj. et n. f. – XIVe ◊ du latin *maternus,* de *mater* « mère » ■ **1** Qui est propre à la mère, considérée du point de vue physiologique ou psychologique. *Le lait maternel. Allaitement maternel* (opposé à *artificiel*). *Amour, instinct maternel.* ◆ De sa mère. *Il craignait les réprimandes maternelles.* ■ **2** Qui rappelle la tendresse d'une mère. *« Son vieux valet de chambre lui donnait ces soins maternels »* VIGNY. *Geste, ton maternel.* ◆ (PERSONNES) Qui joue le rôle d'une mère. *Assistante* maternelle. —* Qui a le comportement d'une mère. *Être maternel avec qqn.* ➤ **materner.** *Institutrice très maternelle.* ■ **3** (1887) **ÉCOLE MATERNELLE,** ou n. f. (1904) **LA MATERNELLE :** établissement d'enseignement pré-élémentaire, accueillant les enfants âgés de deux à six ans. ➤ **jardin** (d'enfants) (cf. RÉGION. École gardienne*). *Les petite, moyenne et grande sections de maternelle. Entrer à la maternelle.* ◆ PAR EXT. *Enseignement maternel.* ■ **4** Qui a rapport à la mère, quant à la filiation, à la relation familiale. *Un oncle du côté maternel. Parenté en ligne maternelle.* ➤ **matrilinéaire.** *Ma grand-mère maternelle.* ◆ *Héritage maternel.* ■ **5** (XIVe) **LANGUE MATERNELLE :** la première langue qu'a parlée un enfant, souvent celle de sa mère. ■ **6** Qui concerne les mères, considérées du point de vue social. *Centre de protection maternelle et infantile (P. M. I.).*

MATERNELLEMENT [matɛʀnɛlmɑ̃] adv. – XIVe ◊ de *maternel* ■ D'une manière maternelle (2°). *« une bienfaitrice qui allait s'occuper de lui maternellement »* BALZAC.

MATERNER [matɛʀne] **v. tr.** ‹1› – 1956 ◊ dérivé du latin *maternus*, pour traduire l'anglais *to mother* ■ **1** PSYCHIATR. Soigner par maternage*. ■ **2** Traiter (qqn) de façon maternelle. *Fillette qui materne sa poupée. Se faire materner par qqn.* ➤ **choyer, dorloter.** *«des garçons exigeant sans cesse d'être assistés, maternés»* SOLLERS.

MATERNISÉ, ÉE [matɛʀnize] **adj.** – 1901 ◊ latin *maternus* ■ *Lait maternisé* : lait de vache traité de manière à rapprocher sa composition de celle du lait de femme. *Lait maternisé premier âge, deuxième âge.*

MATERNITÉ [matɛʀnite] **n. f.** – XVe ◊ du latin *maternus* ■ **1** État, qualité de mère. *Les joies et les peines de la maternité. Femme qui s'épanouit dans la maternité, refuse la maternité.* — DR. Lien juridique qui unit l'enfant à sa mère. *Recherche de maternité.* ■ **2** RARE Sentiment maternel. *Une maternité abusive.* ■ **3** Fonction génératrice de la femme. ➤ **enfantement, génération, procréation.** *La femme n'est pas définie seulement par la maternité.* ♦ COUR. *Une, des maternités.* Fait de porter et mettre au monde un enfant. ➤ **accouchement, grossesse ; obstétrique.** *Femme fatiguée par des maternités trop rapprochées. — Congé (de) maternité.* ■ **4** (1814 ◊ de *Hospice de la Maternité*, création de la Convention) Établissement ou service hospitalier qui assure le suivi médical des femmes enceintes et accueille les parturientes. *Accoucher à la maternité.* ■ **5** ARTS Tableau représentant une mère avec son ou ses enfants.

MATERNOLOGIE [matɛʀnɔlɔʒi] **n. f.** – 1987 ◊ de *maternité* et *-logie* ■ MÉD. Démarche clinique et thérapeutique qui s'attache à la dimension psychique de la maternité.

MATEUR, EUSE [matœʀ, øz] **n.** – 1935 ◊ de 3 *mater* ■ FAM. (rare au fém.) Personne qui mate, regarde sans être vue. SPÉCIALT Voyeur.

MATH ➤ **MATHS**

MATHÉMATICIEN, IENNE [matematisjɛ̃, jɛn] **n.** – 1370, aussi «astronome» jusqu'au XVIIIe ◊ du latin *mathematicus* ■ Personne spécialiste des mathématiques. ➤ **algébriste, analyste, arithméticien, géomètre.** *Fermat, mathématicien célèbre.*

MATHÉMATIQUE [matematik] **adj. et n. f.** – 1265 ◊ latin *mathematicus*, grec *mathêmatikos* «scientifique», de *mathêma* «science»

I adj. ■ **1** Relatif aux mathématiques, à la mathématique (cf. ci-dessous, II) ; qui utilise les mathématiques, s'exprime par elles. *Sciences mathématiques.* ➤ **exact.** *Économie mathématique.* ➤ **économétrie.** *Raisonnement, déduction, démonstration mathématique. Opérations, problèmes mathématiques. Langage, loi mathématique.* ■ **2** Qui présente les caractères de la pensée mathématique. ➤ **géométrique ;** 1 **précis, rigoureux.** *Une précision mathématique. «La rigueur mathématique de votre livre»* BOURGET. *— Avoir l'esprit mathématique.* ➤ **scientifique.** ♦ FAM. *C'est mathématique* : c'est sûr, absolument certain. ➤ **automatique,** 2 **logique.** *«Infailliblement, vous ferez la culbute, c'est mathématique»* ZOLA.

II n. f. ■ **1** (XVIe) **LA MATHÉMATIQUE** (VX ou DIDACT.) ; *les mathématiques* (COUR.) : ensemble des sciences qui ont pour objet la quantité et l'ordre, l'étude des êtres abstraits (nombre, figure, fonction, etc.), ainsi que les relations qui existent entre eux. *«montrer l'unité des mathématiques de plus en plus sensible au moment même de leur expansion maximum»* WARUSFEL. *Les différentes branches de la mathématique, des mathématiques.* ➤ **algèbre, analyse,** 2 **arithmétique,** 2 **ensemble** (théorie des ensembles), **géométrie,** 1 **logique, mécanique, probabilité.** *Mathématiques pures, abstraites,* étudiant la quantité sous ses aspects discontinus (algèbre élémentaire, arithmétique), ou continus (calcul différentiel, intégral, infinitésimal), ainsi que la notion d'ordre (topologie, théorie des groupes). *Mathématiques appliquées* (trigonométrie, géométrie descriptive, calcul des probabilités, physique mathématique). *Mathématiques traditionnelles,* fondées sur la science des nombres, des figures et volumes. *Mathématiques modernes,* fondées sur la théorie des ensembles, des classes. *Principes, bases des mathématiques* (axiome, postulat, définition). ♦ *Cours de mathématiques.* ➤ FAM. **maths.** ■ **2** (Dans des expr.) Classe spécialisée dans l'enseignement des mathématiques. *Mathématiques élémentaires* (FAM. *Math élém* [matelɛm]) : une des classes préparant naguère au baccalauréat. *Mathématiques supérieures, spéciales* : classes de préparation aux grandes écoles scientifiques (FAM. *Math sup* [matsyp], *Math spé* [matspe]). ➤ ARG. SCOL. **hypotaupe,** 2 **taupe.**

MATHÉMATIQUEMENT [matematikmɑ̃] **adv.** – 1552 ◊ de *mathématique* ■ Au point de vue mathématique ; selon les méthodes des mathématiques. *Démontrer qqch. mathématiquement.* PAR EXT. ➤ **exactement, rigoureusement.** *C'est mathématiquement exact.* ♦ D'une manière certaine. *Cela devait mathématiquement arriver.* ➤ **inévitablement, nécessairement.** ■ CONTR. Approximativement.

MATHÉMATISATION [matematizasjɔ̃] **n. f.** – 1893 ◊ de *mathématiser* ■ DIDACT. Traitement mathématique appliqué à un domaine de savoir. *La mathématisation de la physique au XVIIe siècle.*

MATHÉMATISER [matematize] **v. tr.** ‹1› – 1585 «faire des calculs astrologiques» ; repris milieu XXe ◊ de *mathématique* ■ DIDACT. Donner une structure mathématique ou appliquer des procédés mathématiques à (un objet de savoir). *Mathématiser l'expression d'un syllogisme. «le droit ou l'impossibilité de mathématiser la nature»* FOUCAULT.

MATHEUX, EUSE [matø, øz] **n.** – 1929 ◊ de *math* ■ FAM. Étudiant, étudiante en maths. — Élève fort(e) en maths.

MATHS ou **MATH** [mat] **n. f. pl.** – 1880 *math* ◊ abrév. de *mathématique*, II ■ FAM. Mathématiques. *Un fort en maths.* ➤ **matheux.** *La bosse des maths. Faire des maths. Prof de maths.* ♦ Classe de mathématiques*. *Maths sup.* ■ HOM. Mat, matte.

MATHUSALEM [matyzalɛm] **n. m.** – milieu XXe ◊ du n. d'un patriarche de la Bible, pris comme modèle de longévité depuis la fin du XIIIe s., en français. Cf. *balthazar, jéroboam, nabuchodonosor.* ■ Grosse bouteille (de champagne) contenant l'équivalent de huit bouteilles normales, soit 6 l.

MATI, IE ➤ **MATIR**

MATIÈRE [matjɛʀ] **n. f.** – début XIIe ◊ du latin *materia* «matière», «choses matérielles» et «bois de construction» (→ madrier et merrain, matériau), aussi «sujet, thème»

I TERME DE PHILOSOPHIE, DE SCIENCES ET DE DROIT ■ **1** PHILOS., SC. Substance qui constitue les corps, qui est objet d'intuition dans l'espace et possède une masse mécanique. *La structure de la matière.* ➤ **atome, molécule.** *«Il y a deux variétés de matière : la matière dite "ordinaire" (dont nous sommes formés) et l'antimatière»* H. REEVES. *Les états de la matière,* solide, liquide, gazeux, plasma. *Éternité, impénétrabilité, inertie de la matière. Désintégration, transmutation de la matière. — Matière inorganisée.* ➤ **chaos.** *Matière inanimée, inerte ; matière vivante*. — La matière noire* : la matière invisible hypothétique de nature indéterminée qui composerait une grande partie de l'univers et dont l'existence est déduite de l'effet gravitationnel qu'elle aurait sur la matière visible. ♦ HIST. PHILOS. (Par oppos. à l'âme, la conscience, l'esprit). *L'âme façonnant la matière.* ➤ **corps.** — La nature matérielle, les choses matérielles. *L'être humain commande à la matière.* ■ **2** (1555) PHILOS. Fond indéterminé de l'être, que la forme organise. ➤ **substance.** LOC. (1659) *Avoir la forme, l'esprit enfoncés dans la matière,* obscurcis, dominés par le corps. ■ **3** DR. *Matière d'un délit, d'un crime,* ce qui le constitue (en dehors de l'intention qui l'a fait commettre ; opposé à *motif*).

II SUBSTANCE MATÉRIELLE ■ **1** (milieu XIIIe) *Une, des matières* : substance ayant les caractéristiques de la matière (I) et connaissable par les sens, qu'elle prenne ou non une forme déterminée. *Matières organiques et inorganiques. Matière friable. Matière précieuse. «l'évolution récente va vers la matière molle : les polymères, les détergents, les cristaux liquides qui en sont les formes les plus visibles autour de nous»* P.-G. DE GENNES. ♦ *Matières fécales,* et ABSOLT *Matières.* ➤ **excrément, fèces, selle.** ♦ **MATIÈRE GRISE** (du cerveau). ➤ **substance.** FIG. et FAM. L'intelligence, la réflexion. *Faire travailler sa matière grise.* ➤ **méninge.** ■ **2** (1681) Produit destiné à être employé et transformé par l'activité technique. ➤ **matériau.** *Industrie utilisant de nombreuses matières. Les matières plastiques*, textiles*.* — (1771) **MATIÈRE PREMIÈRE :** produit de base, non élaboré, résultant d'opérations d'extraction, de distillation, de récolte, etc. (généralt au plur.). *«Les matières premières sont les cadeaux que nous fait la Terre. Cadeaux enfouis ou cadeaux visibles»* ORSENNA. *Le cours des matières premières. Importer des matières premières.* ■ **3** (1580) **MATIÈRES GRASSES :** substances alimentaires (beurre, crème, huile, margarine) contenant des corps gras. ➤ **graisse, lipide.** *Fromage allégé en matières grasses.* ■ **4** ARTS **LA MATIÈRE :** ce dont une œuvre d'art est faite ; ce à quoi l'activité de l'artiste donne forme. *Travailler la matière. Matière d'un peintre. «Je ne dis pas que la matière soit belle, ni que la couleur en soit bien choisie»* FROMENTIN. ■ **5** (1922) GRAMM. *Complément de matière, introduit par les prépositions* de *et* en (ex. une table *de* chêne ; une coupe *en* cristal).

III CE QUI CONSTITUE L'OBJET, LE POINT DE DÉPART OU D'APPLICATION DE LA PENSÉE ■ **1** (début XIIe) Contenu, sujet d'un ouvrage. *Anecdote, fait réel qui fournit la matière d'un livre. — Entrée* en matière d'un discours.* ➤ **commencement.** — *Livres classés par matières, dans une bibliothèque.* ➤ **thème.** — *Table* des matières.* ♦ (fin XIIIe) Ce qui est l'objet d'études scolaires, d'enseignement. ➤ **discipline.** *Les matières scientifiques. L'anglais est sa matière préférée. Matière obligatoire, à option.* ♦ (fin XVe) DR. Ce qui est l'objet de contrat, de procédure. *Matière d'un engagement. Matières sommaires*.* ■ **2** Ce sur quoi s'exerce ou peut s'exercer l'activité humaine. ➤ 3 **sujet** ; 1 **point, question.** — MOD. *En la matière* : dans ce domaine. *Être expert en la matière. «Sa compétence en la matière serait pour lui d'un important secours»* COSSERY. ♦ **EN MATIÈRE** (suivi d'un adj.). *En matière poétique* : en ce qui concerne la poésie. — DR. *En matière civile, criminelle* : dans le domaine de la juridiction civile, criminelle. ♦ (début XVIIe) **EN MATIÈRE DE :** dans le domaine, sous le rapport de, en ce qui concerne (tel objet). *«En matière d'art, j'avoue que je ne hais pas l'outrance»* BAUDELAIRE. ■ **3** (fin XIIe) Ce qui fournit de quoi agir. ➤ **cause, motif, objet, occasion,** 3 **sujet ; raison.** *«Si je me plains, ce n'est pas sans matière»* MAROT. — **MATIÈRE À...** *Sa conduite donne matière à (la) critique* (cf. Prêter, donner lieu à). *Il y a matière à réfléchir, à réflexion. Donner, fournir, trouver matière à plaisanter.*

MATIF [matif] **n. m.** – 1988 ; «marché à terme d'instruments financiers» 1986 ◊ acronyme ■ Marché* à terme international de France.

MATIFIER [matifje] **v. tr.** ‹7› – 1976 ◊ de 2 *mat* ■ Rendre mate (la peau). *Poudre qui matifie le teint.*

MATIN [matɛ̃] **n. m.** – Xe ◊ latin *matutinum*, de *matutinus* «matinal», de *Matuta* «l'Aurore, déesse du matin» ■ **1** Début du jour ; moments qui précèdent immédiatement et qui suivent le lever du soleil. ➤ 1 **aube, aurore,** 2 **lever,** 1 **point** (du jour). *Par un matin d'hiver. La rosée du matin. Le petit matin* : moment où se lève le jour. ➤ **potron-minet.** *Être du matin* : aimer se lever tôt, être actif dès le matin. ➤ **lève-tôt.** *«Quand on est jeune, on a des matins triomphants»* HUGO. ➤ 1 **réveil.** *Le repas du matin.* ➤ 1 **petit-déjeuner.** ♦ POÉT. *L'étoile du matin* : Vénus. — *Le pays* du Matin calme.* ♦ **AU MATIN :** au début du jour. *Ils partirent au matin, au petit matin.* — **DE BON, DE GRAND MATIN :** très tôt. *Se lever de bon matin* (cf. De bonne heure*). ♦ *Le matin et le soir. Deux comprimés matin et soir.* — *Du soir au matin* : toute la nuit. *Du matin au soir* : toute la journée ; FIG. continuellement, sans arrêt. *Cet enfant braille du matin au soir.* ♦ **adv.** VX **MATIN :** au matin, dès le matin. *Se lever matin, trop matin.* ■ **2** (1659) La première partie de la journée qui commence au lever du jour et se termine à midi (opposé à *après-midi*). ➤ **matinée ;** RÉGION. **avant-midi.** *Ne pas travailler le matin. Ce matin* : la matinée d'aujourd'hui. *Ce matin vers 11 heures. Un beau matin* (cf. Un beau jour). *Un de ces quatre* matins.* — (Après un nom désignant un jour) *Le 23 mars au matin. La veille, chaque jour au matin.* — *Dimanche, hier, demain matin.* — (Sans ou avec accord) *Tous les dimanches matin.* RARE *«Les jeudis matins»* ALAIN-FOURNIER. ■ **3** (Dans le décompte des heures) L'espace de temps qui va de minuit à midi, divisé en douze heures. ➤ **A. M.** *Une heure, six heures du matin* (opposé à *de l'après-midi, du soir*). — ABRÉV. FAM. **MAT'** [mat]. *«ils sont arrivés dans la nuit, à trois heures du mat'»* FALLET. ■ **4** FIG. et POÉT. Commencement, début. *Le matin de la vie.* ➤ **jeunesse.** ■ HOM. poss. Mâtin.

MÂTIN [mɑtɛ̃] **n. m.** – 1155 ◊ latin populaire °*masetinus*, de *mansuetinus*, classique *mansuetus* «apprivoisé», de *manus* «main» et *suetus* «habitué à» ■ VX ■ **1** Grand et gros chien de garde ou de chasse. ■ **2** (XVe) Homme désagréable, grossier, laid. ♦ FAM. **MÂTIN, MÂTINE** personne malicieuse, turbulente. ➤ **coquin, luron.** *Ah ! la mâtine !* ■ **3** Interjection exprimant la surprise, l'admiration. *«Mâtin, vous ne vous refusez rien, vous !»* HUYSMANS. ■ HOM. poss. Matin.

MATINAL, ALE, AUX [matinal, o] **adj.** et **n. f.** – 1120 ◊ de *matin* ■ **1** Du matin ; qui a lieu, se produit le matin. ➤ **matutinal.** *Après dissipation des brouillards matinaux. Gymnastique matinale.* — *Fleurs matinales,* qui s'ouvrent le matin. — *Émission matinale* ou **n. f.** *une matinale. La matinale d'une chaîne de télévision.* ■ **2** (PERSONNES) Qui s'éveille, se lève tôt. ➤ **lève-tôt,** VX **matineux.** *Vous êtes bien matinal aujourd'hui !* ♦ PAR EXT. *À une heure matinale* : très tôt le matin. — **adv. MATINALEMENT,** 1800. ■ CONTR. Vespéral. Lève-tard.

MATINALIER, IÈRE [matinalje, jɛʀ] **n.** – 1996 ; autre sens 1896 ◊ de *matinal* ■ Personne qui anime une émission matinale. *Les matinaliers d'une radio.*

MÂTINÉ, ÉE [mɑtine] **adj.** – XVIIe ◊ de *mâtiner* ■ **1** Qui n'est pas de race pure (en parlant d'un chien). ➤ **bâtard, corniaud.** — PAR EXT. *Un angora mâtiné de chat de gouttière.* ➤ **métissé.** ■ **2** FIG. Mêlé (de). *Un français mâtiné d'anglais.* ■ CONTR. Pur. ■ HOM. poss. Matinée.

MATINÉE [matine] **n. f.** – 1150 ◊ de *matin* ■ **1** La partie de la journée qui va du lever du soleil à midi, considérée dans sa durée. *Début, fin de matinée. Matinée ensoleillée. Une belle matinée d'octobre. Faire la grasse* matinée* (➤ **lève-tard**). *Je passerai chez vous dans la matinée.* ♦ PAR EXT. Cette durée même. *Travailler deux matinées par semaine.* ■ **2** (1850) VX L'après-midi, par opposition à la soirée (dans le langage de la vie mondaine). ➤ **après-midi.** *Donner une pièce en matinée.* ■ **3** (1807) MOD. Réunion, spectacle qui a lieu l'après-midi. *Matinée musicale, littéraire, dansante. Cinéma qui affiche deux matinées et une soirée le dimanche.* ■ **4** (1907) VIEILLI Déshabillé féminin destiné à être porté le matin. ■ CONTR. Après-midi. Soirée. ■ HOM. poss. Mâtiner.

MÂTINER [mɑtine] **v. tr.** ‹1› – 1561 ; «traiter de chien» XIIe ◊ de *mâtin* ■ ZOOTECHN. Couvrir (une chienne de race), en parlant d'un chien de race différente (généralement croisée ou commune). *Faire mâtiner une levrette par un chien courant.* ➤ **croiser.** ■ HOM. poss. Matinée.

MATINES [matin] **n. f. pl.** – 1080 ◊ de *matin*, adaptation du latin ecclésiastique *matutinæ (vigiliæ)* «(veilles) matinales» ■ CATHOL. Office nocturne, la plus importante et la première des heures canoniales, entre minuit et le lever du jour. ➤ 1 **vigile.** *Chanter matines. «Sonnez les matines !»* (chans.).

MATINEUX, EUSE [matinø, øz] **adj.** – XIVe ◊ de *matin* ■ VX Qui a l'habitude de se lever tôt le matin. ➤ **matinal.** *«les fidèles peu matineux manquaient souvent l'office»* NERVAL.

MATIR [matiʀ] **v. tr.** ‹2› – 1676 ; *fatiguer* XIIe ◊ de 2 *mat* ■ Rendre mat (un métal précieux). ➤ 2 **mater.** — **p. p. adj.** *Argent mati.* ■ CONTR. Brunir.

MATITÉ [matite] **n. f.** – 1833 ◊ de *mat* ■ **1** Caractère de ce qui est mat. *«La fausse matité d'un teint poudré»* COLETTE. ■ **2** MÉD. Diminution d'intensité et absence de timbre appréciable dans le son obtenu par percussion des régions thoracique ou abdominale. *Matité pulmonaire.*

MATOIR [matwaʀ] **n. m.** – 1676 ◊ de 2 *mater* ■ TECHN. Outil qui sert à matir un métal.

MATOIS, OISE [matwa, waz] **adj.** – avant 1573 «voleur, bandit» ◊ de l'argot ancien *mate*, «lieu de réunion des voleurs» ■ LITTÉR. Qui fait preuve de ruse sous des dehors de simplicité, de bonhomie. ➤ 2 **fin, finaud, madré, rusé.** *Un vieux paysan matois.* — PAR EXT. *Air matois.* ♦ SUBST. *Un fin matois.* — **n. f. MATOISERIE,** VX.

MATON, ONNE [matɔ̃, ɔn] **n.** – 1946 ; «mouchard» 1926 ◊ de 3 *mater* ■ ARG. Gardien, gardienne de prison.

MATOS [matos] **n. m.** – v. 1972 ◊ de *matériel* ■ FAM. Équipement nécessaire à une activité. *Un groupe de musiciens et leur matos.*

MATOU [matu] **n. m.** – 1571 ; *matoue* XIIIe ◊ p.-ê. onomat. ■ Chat domestique mâle, généralt non castré. *«matous chasseurs, sans oreilles et sans queue»* COLETTE.

MATOUTOU [matutu] **n. f.** et **m.** – 1818 ◊ mot créole (1773), d'un mot caraïbe, p.-ê. de *matoutou* «table ; plateau, plat», par méton. ■ RÉGION. (Antilles) ■ **1 n. f.** *Matoutou-araignée, matoutou-falaise* ou *matoutou* : mygale arboricole des Antilles et de Guyane. *Des matoutous.* ■ **2 n. m.** Crabe de terre. ♦ (1924) Plus cour. Plat créole à base de crabe de terre, spécialité de la Martinique.

MATRAQUAGE [matʀakaʒ] **n. m.** – 1947 ◊ de *matraquer* ■ **1** Action de matraquer. *Le matraquage des manifestants.* ■ **2** FIG. Répétition fréquente et systématique par les médias (d'un message qu'on veut imposer). ➤ **intoxication.** *Matraquage publicitaire.* ■ **3** FAM. *Matraquage des prix* : baisse importante des prix de certains articles (cf. Casser les prix). ➤ **dumping.**

MATRAQUE [matʀak] **n. f.** – 1863 ◊ arabe d'Algérie *matraq* «gourdin» ■ Arme contondante assez courte, constituée par un bâton (généralement de caoutchouc durci) plus épais et plus lourd à une extrémité. ➤ **casse-tête, gourdin ; tonfa.** *La matraque des C. R. S. Coup de matraque.* FIG. *C'est le coup de matraque !* le prix très élevé (cf. Coup de massue*).

MATRAQUER [matʀake] **v. tr.** ‹1› – 1927 au sens fig. ◊ de *matraque* ■ **1** (1939) Frapper à coups de matraque. ➤ **assommer.** *Matraquer des manifestants.* ■ **2** FIG. Présenter à (qqn) une addition excessive. *Restaurant qui matraque ses clients. Se faire matra-*

quer. ▪ **3** (v. 1968) Diffuser d'une manière répétée (un message : publicité, musique, etc.). *Matraquer le tube de l'été.*

MATRAQUEUR, EUSE [matʀakœʀ, øz] **n. m. et adj.** – 1936 ◊ de *matraquer* ▪ **1** Celui qui matraque (1°). ♦ ARG. DU SPORT Joueur brutal. ▪ **2 adj.** Qui matraque (3°). *Publicité matraqueuse.*

1 **MATRAS** [matʀɑ] **n. m.** – fin XVIe ; *materas* fin XIIIe ◊ probablt du latin *matara* «javeline», d'origine gauloise ▪ ARCHÉOL. Gros trait d'arbalète terminé par une tête cylindrique ou quadrangulaire.

2 **MATRAS** [matʀɑ] **n. m.** – *matheras* v. 1500 ◊ de 1 *matras*, influence probable de l'arabe *matara* «outre, vase» ▪ Vase de verre ou de terre au col étroit et long, utilisé autrefois en alchimie et, de nos jours, en chimie, en pharmacie pour diverses opérations, notamment la distillation.

MATRIARCAL, ALE, AUX [matʀijaʀkal, o] **adj.** – 1894 ◊ de *matriarcat*, d'après *patriarcal* ▪ DIDACT. Relatif au matriarcat. «*On pourrait prévoir l'avènement d'une société purement matriarcale où les hommes seraient réduits à des jouets destinés au seul plaisir des femmes*» TOURNIER. ▪ CONTR. Patriarcal.

MATRIARCAT [matʀijaʀka] **n. m.** – 1894 ◊ du latin *mater, matris* «mère», d'après *patriarcat* ▪ DIDACT. Régime juridique ou social en vertu duquel la parenté se transmet par les femmes, la seule filiation légale étant la filiation maternelle. ♦ Régime social, familial dans lequel la femme a un rôle décisionnel prépondérant. ▪ CONTR. Patriarcat.

MATRIARCHE [matʀijaʀʃ] **n. f.** – milieu XXe ◊ du latin *mater, matris* «mère», d'après *patriarche* ▪ **1** RARE Femme qui joue un rôle décisionnel prépondérant au sein d'une communauté, d'une famille. ▪ **2** Femme d'un patriarche biblique. *Sarah, Rébecca, Léa, Rachel sont des matriarches.*

MATRIÇAGE [matʀisaʒ] **n. m.** – 1902 ; *matrissage* 1842 ◊ de *matrice* ▪ TECHN. Opération qui consiste à donner à une pièce sa forme définitive en la pressant contre la matrice.

MATRICAIRE [matʀikɛʀ] **n. f.** – 1539 ◊ latin médiéval *matricaria*, de *matrix, icis* «matrice» ▪ DIDACT. Plante annuelle ou vivace *(composées)*, aux fleurs en petites marguerites et au feuillage découpé. ➤ **camomille.** *Matricaire officinale,* utilisée en infusion. *Matricaire odorante.* ➤ **anthémis.**

MATRICE [matʀis] **n. f.** – 1265 ◊ latin *matrix* ▪ **1** VIEILLI Utérus. *Inflammation de la matrice.* ➤ **métrite.** — FIG. «*La terre, inépuisable et suprême matrice*» HUGO. ▪ **2** (1556) TECHN. Moule qui, après avoir reçu une empreinte particulière en creux et en relief, permet de reproduire cette empreinte sur un objet soumis à son action (➤ **forme**) ; une des deux parties d'un moule à compression. *La matrice d'un disque.* — GRAV. Coin original d'une médaille ou d'une monnaie gravée en creux au poinçon. ▪ **3** MATH. Ensemble ordonné de $n{\times}p$ nombres, généralement représenté sous la forme du tableau, à n lignes et p colonnes, de ses éléments ; ce tableau. *Matrice réelle, complexe,* de nombres réels, complexes. *Produit, somme de deux matrices* (➤ **matriciel**). *Matrice carrée*, diagonale*, inverse*, adjointe*. Utilisation des matrices pour la résolution des systèmes d'équation.* — ÉLECTRON. Structure en réseau interconnecté en lignes et colonnes. *Matrice de décodage à diodes.* ♦ LING. Structure simplifiée dont on peut faire varier les termes. ➤ **pattern.** ▪ **4** (1835) ADMIN. *Matrice du rôle des contributions directes :* registre contenant la liste des contribuables et l'indication de leurs facultés contributives, en vue de permettre la confection des rôles des impôts directs. *Matrice cadastrale.* ➤ **cadastre.**

MATRICER [matʀise] **v. tr.** ⟨3⟩ – 1927 ◊ de *matrice* ▪ TECHN. Forger (un objet) en soumettant le métal porté au rouge à la pression d'une matrice (➤ **matriçage**).

1 **MATRICIDE** [matʀisid] **n.** – 1580 ◊ latin *matricida* ▪ RARE Personne qui a tué sa mère. ➤ 1 **parricide.** — ADJT *Enfants matricides.*

2 **MATRICIDE** [matʀisid] **n. m.** – 1521 ◊ latin *matricidium* ▪ RARE Crime de la personne qui a tué sa mère. ➤ 2 **parricide.**

MATRICIEL, IELLE [matʀisjɛl] **adj.** – 1853 ◊ de *matrice* ▪ **1** ADMIN. Relatif aux matrices de l'administration. *Loyer matriciel,* qui sert de base à la fixation des cotes en matière de contributions directes. ▪ **2** MATH. Relatif aux matrices ; qui utilise les matrices. *Calcul matriciel :* ensemble des méthodes de calcul qui utilisent les matrices. *Algèbre matricielle.* ♦ *Imprimante matricielle,* qui dessine et imprime les caractères point par point grâce à un ensemble d'aiguilles commandées par un électroaimant. *Image matricielle :* image numérique constituée d'une matrice de points (➤ **pixel**) (opposé à *image vectorielle*).

MATRICLAN [matʀiklɑ̃] **n. m.** – 1969 ◊ du latin *mater, matris* «mère» et *clan* ▪ ETHNOL. Clan dont le recrutement est assuré par la voie matrilinéaire* (opposé à *patriclan*).

MATRICULE [matʀikyl] **n. f. et m.** – 1460 ◊ bas latin *matricula* ▪ **1 n. f.** ADMIN. Registre, liste où sont inscrits (➤ **immatriculer**), avec un numéro d'ordre, les noms de toutes les personnes qui entrent dans une collectivité, un groupe ou un système organisé. *Les matricules d'un hôpital.* ♦ PAR EXT. VIEILLI L'extrait lui-même. — Inscription sur la matricule. ➤ **immatriculation.** *Droits de matricule.* ♦ **adj.** COUR. *Livret matricule d'un soldat. Numéro matricule.* ▪ **2 n. m.** (fin XIXe) COUR. Numéro d'inscription sur un registre matricule. *Prisonnier matricule 85. Effets d'un soldat marqués à son matricule.* — REM. Depuis 1975, on dit *numéro d'immatriculation.* ♦ LOC. FAM. (de l'argot des militaires) *Ça va barder pour son matricule :* sa situation devient fâcheuse.

MATRILINÉAIRE [matʀilineɛʀ] **adj.** – 1936 ◊ adaptation de l'anglais *matrilinear* (1910) ▪ ETHNOL. Qui ne reconnaît que l'ascendance maternelle (opposé à *patrilinéaire*). *Filiation, société matrilinéaire.*

MATRILOCAL, ALE, AUX [matʀilɔkal, o] **adj.** – 1936 ◊ du latin *mater, matris* «mère» et *local*, d'après l'anglais *matrilocal* (1904) ▪ ETHNOL. Se dit du type de résidence des couples, lorsqu'elle est déterminée par la résidence de la mère de l'épouse (opposé à *patrilocal*). «*une résidence matrilocale où les gendres se groupaient avec leurs femmes au foyer de leurs beaux-parents*» LÉVI-STRAUSS.

MATRIMONIAL, IALE, IAUX [matʀimɔnjal, jo] **adj.** – XIVe ◊ bas latin *matrimonialis*, de *matrimonium* «mariage» ▪ Qui a rapport au mariage, à la vie conjugale. ➤ **conjugal.** *Les affaires matrimoniales.* — *Agence matrimoniale,* qui s'occupe, contre rétribution, de mettre en rapport des personnes, de trouver un conjoint, un partenaire. *Conseil matrimonial. Annonce matrimoniale* (dans un journal). ♦ *Régime matrimonial :* régime juridique régissant les patrimoines respectifs des époux (communauté, régime dotal*, séparation* de biens).

MATRIOCHKA [matʀijɔʃka] **n. f.** – 1949 ◊ mot russe, de *Matriona*, prénom féminin ; cf. *catin, marionnette, marotte* ▪ Poupée russe traditionnelle, constituée d'une série de poupées gigognes en bois, décorées de motifs floraux. «*des matriochkas ventrues — ces poupées jumelles au format près, chacune ayant sa sœur pour maison —, la plus grande étant la seule à voir le jour, la plus menue la seule en bois massif*» Y. QUEFFÉLEC.

MATRONE [matʀɔn] **n. f.** – XIIe ◊ latin *matrona* ▪ **1** ANTIQ. ROM. Épouse d'un citoyen romain. ▪ **2** VIEILLI Mère de famille d'âge mûr, de caractère grave et d'allure imposante. ♦ MOD. Femme d'un certain âge, corpulente et vulgaire. *Une* «*vieille matrone du peuple, crasseuse et laide*» CHATEAUBRIAND. ▪ **3** (XVe) VX Sage-femme. — Accoucheuse non diplômée qui assiste les femmes enceintes, en Afrique. «*la mère de Wangrin en travail de parturition* [...] *était assistée d'une matrone*» HAMPÂTÉ BÂ.

MATRONYME [matʀɔnim] **n. m.** – 1946 ◊ du latin *mater, matris* «mère», d'après *patronyme* ▪ DIDACT. Nom de famille transmis par la mère (opposé à *patronyme*). — **adj. MATRONYMIQUE,** 1903. *Nom matronymique.*

MATTE [mat] **n. f.** – 1627 ◊ origine inconnue, p.-ê. subst. du fém. de l'adj. *mat* «compact» ▪ TECHN. Mélange de sulfures de fer et de cuivre, provenant de la première fusion d'un minerai sulfuré. ▪ HOM. Mat, maths.

MATTHIOLE [matjɔl] **n. f.** – 1765 ◊ de *Matthiole*, n. d'un botaniste italien ▪ BOT. Espèce de giroflée rouge communément appelée *giroflée des dunes,* aux fleurs odorantes.

MATURASE [matyʀɑz] **n. f.** – v. 1984 ◊ de *mature* (3°) et *-ase* ▪ BIOCHIM. Enzyme responsable de l'élimination de certains introns, intervenant dans la maturation de l'ARN.

MATURATION [matyʀasjɔ̃] **n. f.** – v. 1300 ◊ latin *maturatio*, de *maturare* «faire mûrir» ▪ **1** BIOL. Séquence de transformations morphologiques et physiologiques au cours du développement, qui rendent un organe apte à assurer sa fonction. *Maturation de la graine. Maturation dentaire, osseuse.* — *Maturation du fœtus,* au cours des derniers mois de la grossesse, le rendant viable. ♦ SPÉCIALT Ensemble des modifications subies par les cellules sexuelles les rendant aptes à la fécondation. *Maturation du spermatozoïde* (➤ **capacitation**), *des gamètes.* ➤ **méiose ; ovogenèse, spermatogenèse.** ▪ **2** COUR. Période pendant laquelle un fruit se développe pour atteindre un état le rendant propre à la consommation. ➤ **mûrissement.** *Maturation du raisin.* ➤ **véraison.** *Avancer artifi-*

ciellement la maturation (➤ **forcer**). ◆ FIG. *La maturation d'une théorie. «La maturation de son talent»* HENRIOT. ■ **3** BIOL. MOL. *Maturation moléculaire :* processus biochimique transformant le précurseur en molécule active. *Maturation de l'ARN. Maturation d'affinité des anticorps.* ■ **4** MÉD. Évolution d'un abcès vers une suppuration bien circonscrite. ■ **5** TECHN. *Cave de maturation,* où l'on fait séjourner les fromages.

MATURE [matyʀ] **adj.** – 1495 «mûr» ; «posé, sensé» v. 1240 ◇ latin *maturus* «mûr» ■ **1** DIDACT. *Poisson mature,* prêt à frayer. ■ **2** BIOL. *Cellule mature,* parvenue au terme de son développement. ◆ COUR. *Peau mature,* qui présente les premiers signes de vieillissement cutané. *Crème anti-âge pour peaux matures.* ■ **3** BIOCHIM. Qui est issu de la transformation chimique de précurseurs inactifs (en parlant d'une protéine ou d'un acide ribonucléique messager). ■ **4** Qui a une certaine maturité psychologique. ➤ **mûr.** *Sujet mature.* ■ **5** ÉCON. *Marché mature,* qui a atteint son plus haut niveau de développement. *Une filière mature et compétitive.* ■ **CONTR.** Immature. ■ **HOM.** poss. Mâture.

MÂTURE [mɑtyʀ] **n. f.** – 1680 ◇ de *mât* ■ Ensemble des mâts d'un navire (➤ **gréement**). *«les grands voiliers aux mâtures légères glissant sur le ciel»* MAUPASSANT. ■ **HOM.** poss. Mature.

MATURITÉ [matyʀite] **n. f.** – 1485 ◇ latin *maturitas* ■ **1** État d'un fruit mûr. *Cueillir un fruit avant sa complète maturité. Maturité précoce* (➤ **précocité**), *tardive. Arriver, venir à maturité.* ➤ **maturation.** ◆ PAR ANAL. *Maturité d'un abcès.* ■ **2** FIG. État de ce qui a atteint son plein développement. *Idée, projet qui vient à maturité. Talent en pleine maturité,* parvenu à un point de perfection. ➤ **plénitude.** ■ **3** (1685) État de développement complet (de l'organisme humain) ; âge mûr, celui qui suit immédiatement la jeunesse et confère à l'être humain la plénitude de ses moyens physiques et intellectuels. ➤ **épanouissement.** *«un aspect juvénile qui jurait avec la maturité de ses formes»* MAUPASSANT. *Il est en pleine maturité* (cf. Force* de l'âge). *«Les plaisirs de l'amour n'ont toute leur saveur que dans la maturité»* LÉAUTAUD. ■ **4** *Maturité de l'esprit, d'esprit,* et ABSOLT *Maturité :* sûreté de jugement, qui s'acquiert d'ordinaire avec l'âge, l'expérience. *Manquer de maturité* (➤ **immature**). *Maturité précoce. Jeune élève qui fait preuve d'une grande maturité* (➤ **mature, mûr**). ■ **5** RÉGION. (Suisse) Diplôme sanctionnant les études secondaires supérieures. *Avoir, obtenir sa maturité. Maturité fédérale.* ABRÉV. FAM. (1931) **MATU.** *Rater sa matu.* ■ **CONTR.** Enfance ; infantilisme.

MATUTINAL, ALE, AUX [matytinal, o] **adj.** – XIIe, rare avant fin XVIIIe ◇ latin médiéval *matutinalis,* de *matutinum* → matin ■ VX ou LITTÉR. Qui appartient au matin. ➤ **matinal.**

MAUBÈCHE [mobɛʃ] **n. f.** – 1760 ◇ mot d'origine obscure ; cf. *mauvis* ■ Bécasseau de grande taille du nord de l'Europe.

MAUDIRE [modiʀ] **v. tr.** ‹2 ; sauf inf. et p. p. *maudit, maudite*› – *maldire* 1080 «dire du mal de» ◇ latin *maledicere* ■ **1** Vouer au malheur ; appeler sur (qqn) la malédiction, la colère divine. ➤ **anathématiser.** ◆ PAR EXAGÉR. Vouer à l'exécration (une personne, une chose dont on a lieu de se plaindre, que l'on hait, méprise). ➤ **abhorrer, abominer, exécrer, haïr, pester** (contre). *Maudire la guerre. Je maudis le jour où je l'ai rencontré. «Je maudis ce sacré métier de romancier»* GONCOURT. ■ **2** Vouer à la damnation éternelle. ➤ **condamner, réprouver.** *Caïn a été maudit de Dieu, par Dieu.* ■ **CONTR.** Adorer, bénir.

MAUDIT, ITE [modi, it] **adj.** – *maldit* 1080 ◇ de *maudire* ■ **1** Qui est rejeté par Dieu ou condamné, repoussé par la société. ➤ **réprouvé.** *«Les Poètes maudits», essai de Verlaine.* ◆ (En manière d'imprécation) *«Maudite soit l'espérance ! Maudite la foi, et maudite, avant tout, la patience !»* NERVAL. ■ **2** (Avant le nom) Dont on a sujet de se plaindre. ➤ **détestable, exécrable, haïssable, satané ;** FAM. **damné,** 2 **fichu,** 1 **sacré, sale.** *Maudite engeance. Cette maudite histoire le tracasse beaucoup.* ➤ **malheureux.** *La vertu «dans ce maudit siècle est toujours poursuivie»* MOLIÈRE. *«Mon maudit amour pour les arts»* STENDHAL. — *Maudits Français !* (injure au Québec). ■ **3** (Canada) FAM. LOC. *Être en maudit,* en colère. — **loc. adv.** *En maudit :* beaucoup, très. *Je l'aime en maudit.* ■ **CONTR.** Bénit, bienheureux.

MAUGRÉER [mogʀee] **v. intr.** ‹1› – 1279 ◇ de l'ancien français *maugré* «peine, déplaisir», de 1 *mal* et *gré* ■ LITTÉR. Manifester son mécontentement, sa mauvaise humeur, en protestant à mi-voix, entre ses dents. ➤ **grogner ; pester, ronchonner.** *Vieux grincheux qui maugrée.* ➤ FAM. **râler, rouspéter.** *«Je rognonne, je maugrée, je grogne même contre moi-même»* FLAUBERT.

MAUL [mol] **n. m.** – milieu XXe ◇ mot anglais, de *to maul* «malmener» ■ ANGLIC. Au rugby, Groupement de joueurs, debout, autour du porteur du ballon. *«Les rugbymen se rapprochent et s'incrustent dans le maul»* P. BAILLY. ■ **HOM.** Môle.

MAURANDIE [mɔʀɑ̃di] **n. f.** – 1839 ◇ de *Maurandy,* n. d'un botaniste espagnol ■ BOT. Plante herbacée *(scrofulariacées)* d'origine mexicaine, cultivée pour ses fleurs à grande corolle.

MAURE [mɔʀ] **n. et adj.** – 1636 ; *More* fin XIIIe ; *mor* XIIe ◇ du latin *Maurus* «Africain» ■ **1** HIST. Habitant de l'ancienne Mauretania, région du nord de l'Afrique. *Numides et Maures de l'époque romaine.* ➤ **berbère.** — Au Moyen Âge, Conquérant musulman de l'Espagne. *Les invasions des Maures.* ◆ **adj.** *Les conquêtes maures. L'art maure.* ➤ **mauresque.** MOD. *Café maure :* café traditionnel fréquenté surtout par les hommes. *Bain maure.* ➤ **hammam.** ■ **2** VX ou HIST. De Mauritanie, région d'Afrique occidentale. — (Dans des expressions) *«Othello ou le Maure de Venise», drame de Shakespeare.* — *Tête-de-Maure* (voir ce mot). — On écrit aussi *more* (vx). ■ **HOM.** Mors, mort.

MAURELLE [mɔʀɛl] **n. f.** – 1771 ◇ du latin *Maurus* «Maure», «brun foncé» ■ Variété de croton donnant un colorant brun, appelé *tournesol des teinturiers.* ■ **HOM.** Morelle.

MAURESQUE [mɔʀɛsk] **n. f. et adj.** – 1349 *moresche* ◇ espagnol *morisco* ■ **1** (1611) Femme maure. ■ **2 adj.** (1447) Qui a trait à l'art des Maures, SPÉCIALT des Maures d'Espagne. ➤ **hispano-mauresque.** *Architecture, palais mauresque.* ■ **3** Mélange de pastis et de sirop d'orgeat. — On écrit aussi *moresque* (vx).

MAUSER [mozɛʀ] **n. m.** – 1890 ◇ du n. de l'inventeur allemand ■ Fusil en usage dans l'armée allemande de 1870 à 1945. — Modèle de pistolet automatique. *Des mausers.*

MAUSOLÉE [mozɔle] **n. m.** – 1544 ; *mausole* 1525 ◇ latin *mausoleum,* grec *mausoleion* «tombeau du roi *Mausole*» ■ Somptueux monument funéraire de très grandes dimensions. ➤ **tombeau.** *Le mausolée de Lénine, à Moscou.*

MAUSSADE [mosad] **adj.** – *malsade* XIVe ◇ de 2 *mal* et ancien français *sade,* latin *sapidus* «savoureux» ■ **1** Qui est peu gracieux, peu avenant ; qui laisse voir de la mauvaise humeur. ➤ 1 **chagrin, grognon, revêche.** *Un enfant maussade.* — PAR EXT. *Caractère maussade.* ➤ **acariâtre, acrimonieux, aigri, hargneux.** *Humeur maussade.* ➤ **méchant ; maussaderie.** *Mine, air maussade.* ➤ **boudeur, mécontent,** 1 **morose, rechigné, renfrogné.** *Propos maussades.* ➤ **désabusé, mélancolique, pessimiste.** ■ **2** Qui inspire de l'ennui. ➤ **ennuyeux,** 1 **terne, triste*.** *Ciel, temps maussade. «une grande maison maussade et noire»* DAUDET. — **adv.** **MAUSSADEMENT,** 1530. ■ **CONTR.** Amène, charmant, enjoué, gai, jovial. Divertissant.

MAUSSADERIE [mosadʀi] **n. f.** – 1740 ◇ de *maussade* ■ Humeur maussade. *«Son silence et sa maussaderie gênaient toute la table»* MAUROIS. ■ **CONTR.** Amabilité, aménité.

MAUVAIS, AISE [mɔvɛ ; movɛ, ɛz] **adj., adv. et n.** – fin XIe ◇ du latin *malifatius,* de *malum* «mauvais» et *fatum* «sort», c'est-à-dire «qui est frappé par le mauvais sort»

REM. En épithète, *mauvais* est le plus souvent avant le nom.

I QUI NE CONVIENT PAS, NE DONNE PAS SATISFACTION (opposé à *bon*) ■ **1** Qui présente un défaut, une imperfection essentielle ; qui a une valeur faible ou nulle (dans le domaine utilitaire, esthétique ou logique). ➤ **défectueux, imparfait.** *Assez mauvais* (➤ **médiocre**), *très mauvais* (➤ **abominable, épouvantable, exécrable, horrible, infect, lamentable, nul ;** FAM. **dégueulasse, merdique**). *Plus mauvais.* ➤ **pire.** *Mauvais produit. Mauvaise qualité. Mauvais lit. Filer un mauvais coton*. Les bons et les mauvais morceaux.* ◆ Qui rapporte peu. *Il a fait de mauvaises affaires. La récolte a été mauvaise,* insuffisante. *Une mauvaise note.* — *Mauvaise période, mauvaise saison,* défavorable pour un commerce, une activité. *Mauvaise cause, mauvais procès,* difficile à gagner. *«une mauvaise cause, c'est-à-dire en langage d'avocat une "belle" cause, délicate, pleine de chausse-trapes»* Z. OLDENBOURG. ◆ Mal fait, mal conçu. ➤ **défectueux, déplorable, désastreux, détestable, raté** (cf. FAM. À la flan, à la manque). *Mauvaise copie.* — Sans valeur esthétique. *Mauvais livre. Mauvais film* (➤ **navet**). *C'est bien mauvais, très mauvais :* ça ne vaut rien. ◆ Qui ne suit pas la logique ou les règles. ➤ 1 **faux, inexact.** *Mauvais calcul. Mauvais raisonnement. Parler en mauvais français.* ➤ **incorrect.** ◆ Qui ne fonctionne pas correctement. *Avoir de mauvais yeux.* — PAR EXT. *Mauvaise digestion, mauvaise vue. Être en mauvaise santé* (➤ **malade**), *en mauvais état. Il a mauvaise mine.* — *Mauvais jugement.* ➤ 1 **faux.** *Mauvaise mémoire,* infidèle. *Mauvais goût*.* ■ **2** (milieu XIIe) (PERSONNES) Qui ne remplit pas correctement son rôle. ➤ **lamentable, pauvre.** *Mauvais* *élève. Mauvais conducteur. Mauvais poète, acteur. « On ne voit jamais de mauvais artistes faire de beaux ouvrages »* DELACROIX. *Mauvais mari. Il est mauvais* (➤ **faible**), *très mauvais* (➤ **nul**) *en latin. « Tu n'es pas bon à rien, tu es mauvais à tout »* (PAGNOL, « Le Schpountz », film). ▪ **3** Qui est mal choisi, ne convient pas, n'est pas approprié à l'objet considéré. *Mauvais moyen, mauvaise méthode. Jouer la mauvaise carte. Tirer le mauvais numéro. Miser sur le mauvais cheval. Prendre la mauvaise direction* : se tromper. *Mauvaise adresse. Faire un mauvais numéro* (de téléphone). *Arriver au mauvais moment. C'est la mauvaise heure pour partir.* — FIG. *Mauvais prétexte. Mauvaises raisons.* — IMPERS. **(négatif)** *Il ne serait pas mauvais de s'en souvenir ; il n'est pas mauvais qu'il en fasse l'expérience,* c'est, ce serait indiqué.

II QUI CAUSE OU PEUT CAUSER DU MAL (opposé à *bon, beau, heureux...*) ▪ **1** (fin XIe) Qui annonce du malheur. *Mauvaise chance, fortune.* ➤ **défavorable, funeste, 1 sinistre.** *Mauvais augure, mauvais présage, mauvais sort. Il a le mauvais œil**. *C'est mauvais signe.* ▪ **2** Qui est cause de malheur, d'ennuis, de désagrément. ➤ **dangereux, nuisible, pernicieux.** *Mauvaise querelle. L'affaire prend une mauvaise tournure.* ➤ FAM. **sale.** *Très mauvaise situation.* ➤ **catastrophique, désagréable, désastreux.** *Être en mauvaise posture. Recevoir un mauvais coup. On lui a joué un mauvais tour. Le tabac est mauvais pour la santé.* ➤ **néfaste, nocif.** *La mer est mauvaise,* très agitée, dangereuse pour la navigation. — (Sur le plan intellectuel ou moral) *Mauvais conseils.* PAR EXT. *Mauvais conseiller. Mauvais livres, mauvais exemple. Mauvaise compagnie. Mauvaises fréquentations. Mauvaise plaisanterie.* — (Le caractère nuisible découlant du peu de valeur) *Mauvaises lois, mauvaises institutions.* SPÉCIALT *Mauvaises herbes**. *Mauvaise graine**. ▪ **3** Qui déplaît ou qui peine. ♦ Désagréable (au goût, à l'odorat). *Cette viande a mauvais goût. Faire un mauvais repas* : manger mal. *C'est mauvais.* FAM. *Pas mauvais* : assez bon (et même « très bon » par antiphr.). *Ce n'est pas mauvais ! — Mauvaise odeur.* (fin XIIIe) *Mauvaise haleine.* ♦ (1538) (En parlant des circonstances atmosphériques, opposé à *beau*) *Mauvais temps* (cf. Un temps de chien*). *La mauvaise saison* : la saison des intempéries. *Il fait mauvais, trop mauvais pour sortir.* ♦ Pénible à vivre. *Mauvais jours* : jours de malheur, de misère. ➤ **misérable.** *Mauvais moments. Passer un mauvais quart* d'heure. Traverser une mauvaise passe.* ➤ **difficile.** *Faire un mauvais rêve. Mauvaise expérience.* ➤ **pénible.** *Mauvaise nouvelle. Avoir mauvaise conscience.* — Qui déplaît, fait de la peine. *Faire mauvais effet. — Mauvaise opinion.* (1596) *Prendre qqch. en mauvaise part. — Trouver* mauvais que...* FAM. *La trouver, l'avoir mauvaise* (sous-entendu la chose, l'affaire). ➤ **saumâtre.** *« C'est quand on est marié qu'on doit l'avoir mauvaise »* SARTRE. ♦ Peu accommodant. *Mauvaise humeur.* ➤ **détestable, massacrant, méchant.** *Mauvais caractère.* ➤ **odieux** ; FAM. **2 fichu, foutu.** *Mauvais esprit. Mauvais gré. Mauvaise tête, mauvaise volonté. Mauvaise grâce.* FAM. *Être de mauvais poil**. — PAR EXT. *Mauvais coucheur*. Mauvais joueur.*

III QUI PRÉSENTE UN VICE MORAL (opposé à *bon, honnête*) ▪ **1** (fin XIe) Qui est contraire à la loi morale. ➤ **corrompu.** *Mauvais instinct. Mauvaises pensées. C'est une mauvaise action. Mauvaise conduite,* immorale. VIEILLI *Mauvaises habitudes* : masturbation. — LOC. VIEILLI *Femme de mauvaise vie* : prostituée. ♦ (début XIVe) Qui incarne le mal. *Mauvais ange. Mauvais génie.* ▪ **2** (fin XIIe) (PERSONNES) Qui fait ou aime à faire du mal à autrui. ➤ **méchant* ; cruel, dur, injuste, malfaisant, malveillant,** FAM. **vache.** *Il est mauvais comme une teigne, comme la gale. Se faire plus mauvais qu'on n'est* : se calomnier. (Surtout négatif) *Ce n'est pas une mauvaise fille. Ce n'est pas un mauvais bougre. Ce n'est pas le mauvais type, le mauvais cheval. Mauvaise bête. Mauvaise langue**. ♦ (1521) VIEILLI **MAUVAIS GARÇON :** homme prompt à en venir aux coups, et SPÉCIALT homme du milieu. ➤ **loubard, loulou, malfrat, voyou** (cf. Blouson* noir). *« C'est un mauvais garçon, mais c'est un bon fils »* (H. JEANSON, « Pépé le Moko », film). ♦ (début XIVe) *Mauvais garnement, mauvais drôle, mauvais sujet,* se dit d'enfants, de jeunes gens dont on blâme la conduite. ▪ **3** (Peut s'employer après le nom) Qui dénote de la méchanceté, de la malveillance. *Il a eu un rire mauvais. Mauvaise joie ; une joie mauvaise.* ➤ **cruel.** *Mauvais procédés.* ➤ **malveillant.** *Mauvais traitements.*

IV ~ adv. *Sentir mauvais* : avoir une odeur désagréable. ➤ **puer.** FIG. *Ça sent* mauvais.* ♦ LITTÉR. *Il fait mauvais,* suivi d'un inf. ➤ **1 faire.** ♦ *Il fait mauvais* : il fait mauvais temps (cf. II, 3°).

V ~ n. ▪ **1** n. m. Ce qui est mauvais. ➤ **3 mal.** *Il y a du bon et du mauvais dans ce qu'il propose.* ▪ **2** Personne méchante. *Les mauvais. Oh ! la mauvaise !* — VIEILLI *Le Mauvais* : le Démon. ➤ **malin, maudit.**

▪ CONTR. 1 Bon. Excellent. Adroit, habile. 1 Bien, réussi. Favorable, heureux. Brave, charmant, heureux. 1 Droit, honnête, 1 louable.

MAUVE [mov] n. f. et m., et adj. – 1256 ◊ latin *malva*

I n. f. Plante herbacée *(malvacées)* à fleurs roses ou violet pâle. *Mauve blanche.* ➤ **guimauve.** *Mauve en arbre.* ➤ **althæa.**

II adj. (1829) D'une couleur violet pâle. *Des fleurs mauves.* ♦ n. m. (1892) Couleur mauve. *Le mauve lui va bien. Un bleu tirant sur le mauve.* ➤ **pervenche.**

MAUVÉINE [movein] n. f. – 1878 ◊ allemand *Mauvein* (1864), du français *mauve* ▪ CHIM. Colorant violet dérivé de l'aniline.

MAUVIETTE [movjɛt] n. f. – 1694 ◊ de *mauvis* ▪ **1** VX L'alouette, lorsqu'elle est grasse et bonne à manger. *Pâté de mauviettes.* ▪ **2** (1807) FIG. et COUR. Personne chétive, au tempérament délicat, maladif. ➤ **gringalet.** *Quelle mauviette !* ♦ PAR EXT. Poltron.

MAUVIS [movi] n. m. – v. 1200 ◊ anglo-saxon °*maew* « mouette » ▪ Grive, plus petite que la litorne.

MAUX ➤ 3 MAL

MAX, MAXI ➤ MAXIMUM

MAXI- ▪ Élément, de *maximum,* signifiant « grand, très grand », qui a servi à former des substantifs, notamment dans le vocabulaire de la mode, de la publicité. ➤ **hyper-, méga-.** ▪ CONTR. Mini-.

MAXILLAIRE [maksilɛʀ] adj. et n. m. – 1488 ; *maxillere* 1380 ◊ latin *maxillaris,* de *maxilla* « mâchoire » ▪ ANAT. Relatif aux mâchoires. *Angle, artère maxillaire.* ♦ n. m. Chacun des deux os symétriques (appelé aussi *maxillaire supérieur*), soudés en un seul et formant la mâchoire supérieure. — PAR EXT. *Maxillaire inférieur.* ➤ **mandibule.** *« les maxillaires s'avançaient en mâchoires puissantes de carnassier »* ZOLA.

MAXILLE [maksil] n. f. – 1894 ◊ latin *maxilla* ▪ ZOOL. ▪ **1** Mâchoire des insectes. ▪ **2** Deuxième mâchoire des crustacés, en arrière des mandibules.

MAXILLOFACIAL, IALE, IAUX [maksilofasjal, jo] adj. – 1917 ◊ de l'élément *maxillo-,* du latin *maxilla* « mâchoire », et *facial* ▪ Qui concerne les maxillaires et la face. *Chirurgie maxillofaciale. Prothèse maxillofaciale.*

MAXIMA (À) ➤ A MAXIMA

MAXIMAL, ALE, AUX [maksimal, o] adj. – 1877 ◊ de *maximum* ▪ Qui constitue un maximum. ➤ **maximum.** *Températures maximales. Condamné à la peine maximale.* ♦ PAR EXT. (v. 1953) *Vitesse maximale autorisée.* ▪ CONTR. Minimal.

MAXIMALISER [maksimalize] v. tr. ‹1› – 1963 ◊ de *maximal* ▪ Donner la plus haute valeur à ; porter à son maximum. ➤ **maximiser.** *Maximaliser un rendement.* ➤ **optimiser.** — n. f. **MAXIMALISATION,** 1974. ▪ CONTR. Minimiser.

MAXIMALISTE [maksimalist] n. et adj. – 1910 ◊ de *maximum* ▪ **1** HIST. Bolchevik. ▪ **2** adj. et n. Partisan d'une position extrême, radicale. *Les réformistes maximalistes.* — n. *Les maximalistes.* — n. m. **MAXIMALISME.** ▪ CONTR. Minimaliste.

MAXIME [maksim] n. f. – 1330 ◊ latin médiéval *maxima (sententia)* « (sentence) la plus grande, la plus générale » ▪ **1** (1538) Règle de conduite, règle de morale (➤ **précepte, principe**) ; appréciation ou jugement d'ordre général (➤ **axiome, proposition, vérité**). *Mettre en pratique, suivre une maxime. « Les maximes générales sont surtout bonnes contre les peines et les erreurs du voisin »* ALAIN. ▪ **2** SPÉCIALT Formule lapidaire énonçant une règle morale ou une vérité générale. ➤ **aphorisme, sentence.** *Maxime populaire, traditionnelle* (➤ **1 adage, dicton, dit, proverbe**), *maxime d'un auteur célèbre* (➤ **citation, 1 pensée**). *« Les "Maximes" de M. de La Rochefoucauld sont les proverbes des gens d'esprit »* MONTESQUIEU.

MAXIMISER [maksimize] v. tr. ‹1› – 1828 ◊ de *maximum,* par l'anglais *to maximize* ▪ **1** PHILOS. Donner la plus haute valeur, la plus grande importance à. ▪ **2** (milieu XXe) Porter à son maximum. ➤ **maximaliser.** *Maximiser la production.* — n. f. **MAXIMISATION,** 1930. ▪ **3** MATH. Trouver les valeurs des paramètres qui rendent maximale (une expression). ▪ CONTR. Minimiser.

MAXIMUM [maksimɔm] n. m. – 1718 ◊ mot latin « le plus grand » ▪ **1** MATH. Valeur d'une fonction supérieure à celles qui la précèdent ou la suivent immédiatement. *Premier, second maximum d'une fonction, d'une courbe, d'un graphique.* ➤ **pointe.** ▪ **2** (1751) COUR. Valeur la plus grande atteinte par une quantité variable ; limite supérieure. *Maximum de vitesse ;*

de capacité, de force. Les maximums ou *les maxima* (plur. lat.). *Thermomètre à maxima,* qui indique la température la plus élevée atteinte dans un temps donné. — *Le maximum de chances,* le plus grand nombre. *Atteindre un maximum, son maximum.* ➤ **apogée*; culminer.** ◆ ABSOLT *Au maximum :* tout au plus, au plus. *Trois cents euros au maximum. Au grand maximum.* ABRÉV. FAM. **MAXI.** *Mille euros maxi.* — FAM. *Un maximum,* ou TRÈS FAM. (1969) *un max :* beaucoup, une grande quantité. « *je lui ai pompé un max de blé* » MANCHETTE. *Ça va coûter un maximum, un max.* ◆ DR. PÉN. *Maximum de la peine.* ABSOLT *Il a été condamné au maximum, il a eu le maximum.* — MÉTÉOROL. *Maximum barométrique :* anticyclone. ■ **3** adj. (fin XIXe) Qui constitue un maximum. ➤ **maximal.** *Chiffre, tarif maximum.* — Au fém. *Tension, amplitude maximum* ou *maxima.* — *Des prix maximums* ou *maxima.* ■ CONTR. Minimum.

MAXWELL [makswɛl] n. m. – 1900 ◇ de *Maxwell,* physicien britannique ■ MÉTROL. Unité C. G. S. de mesure de flux magnétique (SYMB. Mx), valant 10^{-8} weber.

MAYA [maja] adj. et n. – 1811 ◇ mot amérindien ■ Relatif à une civilisation précolombienne d'Amérique centrale (Yucatan). *Art et civilisation mayas.* ◆ n. *Les Mayas.* — n. m. *Le maya :* famille de langues indiennes parlées dans cette région. ■ HOM. Maïa.

MAYE [mɛ] n. f. – 1767 ; *maie* fin XIe ◇ var. de *mait* → maie ■ TECHN. Auge de pierre destinée à recevoir l'huile d'olive dans un pressoir. ■ HOM. Mai, maie, mais, mets.

MAYEN [majɛ̃] n. m. – 1417 ◇ du latin *maius* « mai » ■ (Suisse) Pâturage d'altitude moyenne avec bâtiment, où le bétail séjourne au printemps et en automne. — Ce bâtiment, servant d'habitation, d'étable, de grange et de laiterie. *Un mayen de mélèze.*

MAYEUR ➤ **MAÏEUR**

MAYONNAISE [majɔnɛz] adj. et n. f. – 1806 ◇ altération de *mahonnaise,* p.-ê. en souvenir de la prise de *Port-Mahon* en 1756 ■ *Sauce mayonnaise :* sauce froide composée d'huile, de jaunes d'œufs et d'assaisonnements variés battus jusqu'à prendre de la consistance, par émulsion de l'huile dans le jaune d'œuf. ◆ n. f. *Mayonnaise à l'ail.* ➤ **aïoli.** *Mayonnaise aux fines herbes. Battre la mayonnaise. Réussir, rater une mayonnaise. La mayonnaise prend ;* FIG. les choses prennent une tournure favorable. « *Mon enfance est un peu comme ces soirées ratées où l'on devrait s'amuser : tout est bien organisé* [...], *pourtant* la mayonnaise ne prend pas » BEIGBEDER. LOC. *Faire monter la mayonnaise :* exagérer, amplifier la situation, les choses. — ELLIPT *Colin mayonnaise, œufs mayonnaise,* à la mayonnaise. — ABRÉV. FAM. **MAYO** [majo]. *Un tube de mayo.*

MAZAGRAN [mazagʀɑ̃] n. m. – 1864 ◇ n. d'une ville d'Algérie ■ **1** VIEILLI Café, chaud ou froid, servi dans un verre. — Café froid étendu d'eau. ■ **2** Verre à pied de porcelaine épaisse, pour consommer le café.

MAZARINADE [mazaʀinad] n. f. – v. 1648 ◇ de *Mazarin,* n. pr. ■ HIST. Pamphlet, chanson publiés contre Mazarin, pendant la Fronde.

MAZDÉEN, ENNE [mazdeɛ̃, ɛn] adj. – 1846 ◇ de l'ancien perse *mazda* « sage » ■ RELIG. Relatif au mazdéisme.

MAZDÉISME [mazdeism] n. m. – 1846 ◇ de l'ancien perse *mazda* « sage » ■ RELIG. Religion zoroastrienne de l'Iran antique, encore pratiquée par les Guèbres, les Parsis.

MAZETTE [mazɛt] n. f. – 1622 ◇ p.-ê. métaph. du normand « mésange » ■ **1** VX Mauvais petit cheval. ■ **2** (1640) VIEILLI Personne maladroite au jeu. ◆ (1648) VIEILLI Personne sans ardeur ou incapable. ■ **3** interj. VIEILLI. Exclamation d'étonnement, d'admiration. *Un million ? Mazette !* « *Un chauffeur et un valet de pied !... Mazette !* » HERGÉ.

MAZOT [mazo] n. m. – 1812 ; *masot* 1614 ◇ du latin *mansus,* de *manere* « rester » ■ (Suisse) Petit bâtiment rural. — Petit chalet d'alpage. *Les mazots valaisans.* ■ HOM. Maso (masochiste).

MAZOUT [mazut] n. m. – 1895 *mazoute* ◇ mot russe ■ Résidu de la distillation du pétrole, formé d'un mélange de carbures solides et liquides. — Liquide épais, visqueux, brun, utilisé comme combustible. ➤ **fioul.** *Poêle, chaudière à mazout. Chauffage au mazout. Nappe de mazout :* mazout répandu sur l'eau (notamment après le naufrage d'un pétrolier). *Plages polluées par le mazout.*

MAZOUTER [mazute] v. ‹1› – 1936 ◇ de *mazout* ■ **1** v. intr. MAR. Faire le plein de mazout. « *des dizaines de navires au mouillage, la plupart en train de mazouter* » J. ROLIN. ■ **2** v. tr. (1967) Souiller de mazout. p. p. adj. Pollué par le mazout, par la marée* noire. *Plages mazoutées. Oiseaux mazoutés.* — n. m. **MAZOUTAGE.**

MAZURKA [mazyʀka] n. f. – *mazourka* 1829 ◇ mot polonais ■ **1** Danse à trois temps d'origine polonaise ; air sur lequel on la danse. ■ **2** PAR EXT. Courte composition musicale utilisant le rythme, les thèmes de la mazurka. *Les mazurkas de Chopin.*

McINTOSH [makintɔʃ] n. f. inv. – 1899 ◇ du n. du premier cultivateur, *John Mac Intosh* (1777-1846) ■ Pomme d'une variété à chair ferme et croquante, à peau rouge, cultivée en Amérique du Nord. ■ HOM. Mackintosh.

MDMA [ɛmdeɛmɑ] n. f. inv. – 1984 ◇ abréviation de *méthylène-dioxy-méthamphétamine,* d'après l'anglais (1978) ■ Drogue de synthèse dérivée de la méthamphétamine, aussi connue sous le nom d'*ecstasy. Prendre de la MDMA. Être sous MDMA.*

ME [mə] pron. pers. – 842 ◇ latin *me* « moi, me », en position inaccentuée ■ REM. *Me* s'élide en *m'* devant une voyelle ou un *h* muet : *il m'honore, vous m'y verrez.* Pronom personnel de la première personne du singulier pour les deux genres. ➤ **je, moi.** ■ **1** Compl. d'objet dir. représentant la personne qui parle, qui écrit *On me voit. Il m'a envoyé chercher. Il l'a envoyé me chercher. Tu me présenteras à lui. Je m'y efforce. Cela me fait rire.* ■ **2** Compl. d'objet ind. À moi. *Il me fait pitié. Il veut me parler. Tu ne peux pas me faire ça !* « *Je fus averti qu'une maigre pension me serait versée* » GIDE. *Donnez-m'en.* ◆ Compl. d'un adj., d'un attribut Pour moi. « *Ton amitié m'est le plus grand des biens* » R. ROLLAND. *Ce garçon ne m'est rien.* ◆ Remplaçant un poss. *(mon, ma, mes) Je me lave les mains. Les bras m'en tombent.* « *Le cœur me battait fort* » GIDE. RÉGION. *Je me mets la veste.* ◆ Pron. « d'intérêt personnel » FAM. *Va me fermer cette porte ! Il m'a fait une rougeole.* ■ **3** Sujet d'un inf. régi par *faire, laisser* ou un v. de perception *Il me fera, il me laissera lire ce livre.* ■ **4** (Dans un v. pron. à la 1re pers.) *Je m'ennuie. Je me souviens.* ■ **5** Avec un présentatif *Me voici. Me voilà tranquille.*

MÉ- ■ Élément à valeur péjorative, du francique °*missi : mécompte, mépris ; més-* devant voyelle : *se mésallier ; mes-* devant *s : messeoir.*

MEA-CULPA [meakylpa ; -kulpa] n. m. inv. – 1560 ◇ mot latin « par ma faute » ■ LOC. *Faire son mea-culpa :* avouer sa faute, s'en repentir (cf. Se couvrir la tête de cendres*). — On écrit aussi *mea culpa.*

MÉANDRE [meɑ̃dʀ] n. m. – 1552 ◇ latin *Mæander,* grec *Maiandros,* fleuve sinueux de Phrygie ■ **1** Sinuosité d'un fleuve, d'une rivière. ➤ **contour, courbe, détour ;** RÉGION. 1 **croche.** « *Le train accepte tous les détours que lui proposent les méandres d'un petit cours d'eau* » GIDE. — PAR ANAL. *Méandre d'une route.* ➤ **coude, lacet, zigzag.** ■ **2** (1721) ARTS Ornement d'architecture ou de dessin formé de baguettes, de lignes entrecroisées ou brisées. ➤ 2 **frette, grecque, zigzag.** ■ **3** FIG. *Méandres de la pensée, d'un exposé, d'un récit. Les méandres de la politique, de la diplomatie.* ➤ **détour, ruse.**

MÉANDRINE [meɑ̃dʀin] n. f. – 1801 ; *méandrite* 1765 ◇ de *méandre* ■ ZOOL. Madrépore comprenant des polypiers vermiculés disposés en rangées sinueuses.

MÉAT [mea] n. m. – 1575 ; *méate* « passage, conduit » dès 1500 ◇ ancien provençal *meat* (XIVe), du latin *meatus* ■ **1** ANAT. Orifice d'un canal. *Méat urinaire :* orifice externe de l'urètre. *Méats inférieur, moyen, supérieur, du nez :* cavités des fosses nasales limitées par les cornets nasaux. ■ **2** BOT. Espace intercellulaire de taille inférieure à celle des cellules, qui assure un passage au sein d'un organe.

MÉATOSCOPIE [meatɔskɔpi] n. f. – 1959 ◇ de *méat* et *-scopie* ■ MÉD. Examen d'un méat, en particulier de la partie distale de l'urètre mâle.

MEC [mɛk] n. m. – *mecque* « roi » 1821 ◇ origine inconnue ■ **1** ARG. Homme énergique, viril. *Un mec à la redresse.* ➤ **dur.** *Un vrai mec.* ➤ **mâle.** ■ **2** (v. 1850) FAM. Homme, individu quelconque. ➤ **gus, type.** « *C'est l'histoire d'un mec... Vous la connaissez ? Non ? Oui ?* » COLUCHE. *Qu'est-ce que c'est que ce mec-là ? Pauvre mec ! Un petit mec.* ➤ **mecton.** ◆ Individu masculin. ➤ **keum.** *Les mecs et les nanas. Eh, les mecs !* ◆ (Avec un poss.) Compagnon, conjoint. ➤ **homme, jules.** « *Thérèse est amoureuse et tu ne veux pas voir son mec ?* » PENNAC. « *Il n'y a que quand je suis avec un mec que je suis heureuse* » (M. PIALAT, « À nos amours », film).

MÉCANICIEN, IENNE [mekanisjɛ̃, jɛn] **n.** et **adj.** – 1696 ◊ de *mécanique*, d'après *mathématicien* ■ **1** DIDACT. Physicien(ne) spécialiste de la mécanique. ♦ Personne qui invente des machines, en dirige la construction. *Vaucanson, célèbre mécanicien, constructeur d'automates.* ■ **2** (1840) COUR. Personne qui a pour métier de monter (➤ **monteur**), d'entretenir ou de réparer (➤ **dépanneur**) les machines. *Bleu, combinaison de mécanicien. Les mécaniciens d'un garage.* ➤ **mécano.** APPOS. *Ouvrier mécanicien.* PAR EXT. *Il répare sa voiture lui-même, il est bon mécanicien. — Mécanicien de la marine.* APPOS. *Officiers mécaniciens de l'air.* ■ **3** SPÉCIALT (1834) Personne qui conduit une locomotive. ➤ **conducteur.** ■ **4** DENT. *Mécanicien-dentiste :* personne qui fabrique sur commande du dentiste des appareils de prothèse dentaire. ➤ **prothésiste.** ■ **5 adj.** VX *Civilisation mécanicienne,* caractérisée par le développement du machinisme.

MÉCANIQUE [mekanik] **adj.** et **n. f.** – 1265 adj. ◊ du latin impérial *mecanicus,* grec *mêkhanikos,* de *mêkhanê* «machine» ; n. f. XVIe, du latin impérial *mecanica*

I ~ **adj.** ■ **1** VX *Arts* mécaniques.* ■ **2** (v. 1370) Qui est exécuté par un mécanisme ; qui utilise des mécanismes, des machines (opposé à *manuel*). *Transformer, fabriquer par des procédés mécaniques. Composition mécanique, en imprimerie. — Tissage mécanique. Tapis mécanique* (opposé à *fait main*). *Tuile* mécanique.* ♦ Qui est mû par un mécanisme. *Escalier mécanique.* ➤ **roulant.** *Pelle mécanique. Piano* mécanique.* — SPÉCIALT *Jouets mécaniques, train mécanique* (opposé à *électrique*). *Montre mécanique* (opposé à *à quartz*). *Jambe, membre mécanique,* prothèse articulée. ♦ *Contraception mécanique* (opposé à *chimique, hormonal, oral*), qui fait intervenir un dispositif (préservatifs, stérilet). ■ **3** Qui évoque le fonctionnement d'une machine (opposé à *réfléchi, intelligent*). *Un geste mécanique.* ➤ **automatique, machinal, réflexe.** «*Une tâche habituelle, avec ses mouvements mécaniques, est très proche de la rêverie*» CHARDONNE. — En conséquence, automatique. *Hausse mécanique des prix.* ■ **4** (1680 ◊ du II) Qui concerne le mouvement et ses propriétés ; qui est l'objet de la mécanique. *Lois mécaniques.* — PAR EXT. *Sports mécaniques,* qui font intervenir l'usage d'un moteur (auto, moto, avion, bateau, jet-ski...). FAM. *Ennuis mécaniques,* de moteur (➤ 2 **panne**). ♦ Qui consiste en mouvements, est produit par un mouvement. *Énergie mécanique et énergie thermique* (thermodynamique). *Réactions mécaniques de la matière vivante. — Pierre gravée par un moyen mécanique* (opposé à *chimique, électrique*). ■ **5** DIDACT. Qui utilise les notions dont fait usage la mécanique. *Explication, théorie mécanique de l'univers.* ➤ **mécanisme.**

II ~ **n. f.** (1559) ■ **1** MATH. Science du mouvement et de l'équilibre des corps. *Branches de la mécanique traditionnelle* (ANCIENNT *mécanique rationnelle*). ➤ **cinématique, dynamique, statique.** *Mécanique céleste.* ➤ **astronomie.** *Mécanique des fluides.* ➤ **aérodynamique, hydraulique, hydrodynamique.** ♦ PHYS. *Mécanique newtonienne :* mécanique classique des corps rigides et des milieux qui peuvent être déformés. *Mécanique relativiste,* s'appliquant aux objets dont la vitesse est une fraction importante de celle de la lumière. *Mécanique quantique,* régissant le mouvement des corps dans les domaines atomique, moléculaire, corpusculaire. *Mécanique ondulatoire*.* — ABRÉV. FAM. **MÉCA.** ■ **2** Science de la construction et du fonctionnement des machines. *Mécanique de précision. S'y connaître en mécanique.* ■ **3** (1690) *Une mécanique :* assemblage de pièces, destiné à produire, transmettre, transformer un mouvement. ➤ **mécanisme.** *La mécanique d'une horloge, d'une montre.* — ABSOLT *Cette voiture est une belle mécanique.* ♦ PAR MÉTAPH. *Une belle mécanique intellectuelle. La mécanique de l'épargne salariale.* ■ **4** FAM. (du corps humain) *Une belle mécanique. La mécanique est rouillée.* «*Quand la mécanique ne suit plus, vieillir devient concrètement perceptible*» J.-E. HALLIER. LOC. *Remonter la mécanique :* rassembler toute son énergie. ♦ (1947) LOC. FAM. **ROULER LES (ou DES) MÉCANIQUES,** les épaules ; FIG. faire l'important. ➤ **crâner** (cf. La ramener). «*les rouleurs de mécaniques à blousons de cuir et cran d'arrêt, jamais en reste d'un mauvais coup*» Y. QUEFFÉLEC.

MÉCANIQUEMENT [mekanikmɑ̃] **adv.** – 1753 ; «comme un ouvrier» v. 1500 ◊ de *mécanique* ■ **1** D'une manière mécanique. ➤ **automatiquement, machinalement.** «*Les pigeons marchent au soleil* [...] *en faisant bouger mécaniquement leurs têtes*» LE CLÉZIO. ■ **2** DIDACT. Du point de vue de la mécanique.

MÉCANISATION [mekanizasjɔ̃] **n. f.** – 1870 ◊ de *mécaniser* ■ Action de mécaniser ; son résultat. *Mécanisation d'une industrie, des moyens de locomotion.*

MÉCANISER [mekanize] **v. tr.** ⟨1⟩ – 1823 ; «exercer un métier manuel» 1570 ◊ du radical de *mécanique* ■ Rendre mécanique. SPÉCIALT Introduire la machine dans (une activité). ➤ **industrialiser, motoriser.**

MÉCANISME [mekanism] **n. m.** – 1701 ◊ latin *mechanisma*

I ■ **1** Combinaison, agencement de pièces, d'organes, montés en vue d'un fonctionnement d'ensemble. ➤ **mécanique** (II, 3°). *Mécanisme d'une machine, d'une horloge. Démonter le mécanisme d'un fusil. Fonctionnement, réglage, remontage d'un mécanisme.* ♦ PAR EXT. (1791) *Le corps humain est un mécanisme délicat, perfectionné.* ➤ **machine, mécanique.** — FIG. *Le mécanisme économique, administratif.* «*Le vieillissement de l'esprit, l'ankylose des mécanismes dont l'esprit se sert*» ROMAINS. ■ **2** (milieu XVIIIe) Mode de fonctionnement de ce qu'on assimile à une machine. *Mécanismes biologiques, organiques.* ➤ **processus.** BIOL. *Mécanismes de rétroactivation et rétro-inhibition dans le contrôle de l'homéostasie.* — (ABSTRAIT) *Le mécanisme de la pensée, de la parole.* ■ **3** (1867) MUS. La partie du talent qui n'a trait qu'à l'habileté, dans l'exécution. «*Ce qu'on appelle "mécanisme" lui faisait complètement défaut et je crois qu'il aurait trébuché dans une simple gamme*» GIDE.

II (1867) PHILOS. Théorie philosophique admettant qu'une classe ou que la totalité des phénomènes peut être ramenée à une combinaison de mouvements physiques. *Mécanisme matérialiste.* ➤ **atomisme, matérialisme.**

■ CONTR. Dynamisme, finalisme.

MÉCANISTE [mekanist] **adj.** – 1867 ◊ de *mécanisme* ■ PHILOS. Propre au mécanisme. *Théorie, explication mécaniste. Matérialisme mécaniste.*

MÉCANO [mekano] **n. m.** – 1907 ◊ abrév. de *mécanicien* ■ FAM. Mécanicien. *Les mains «nerveuses et blessées des mécanos»* MONTHERLANT. *«Le Mécano de la* General*», film de Buster Keaton.* ■ HOM. Meccano.

MÉCANO- ■ Élément, du grec *mêkhanê* «machine».

MÉCANOGRAPHE [mekanɔgʀaf] **n.** – 1911 ◊ de *mécano-* et *-graphe* ■ TECHN. Personne spécialisée dans les travaux de mécanographie.

MÉCANOGRAPHIE [mekanɔgʀafi] **n. f.** – 1911 ◊ de *mécano-* et *-graphie* ■ TECHN. Emploi de machines ou de dispositifs mécaniques pour les opérations logiques (calculs, tris, classements) effectuées sur des documents (administratifs, comptables, commerciaux, techniques, scientifiques). *Cartes perforées utilisées en mécanographie.* — **adj. MÉCANOGRAPHIQUE.** *Fiches mécanographiques.*

MÉCANOTHÉRAPIE [mekanoteʀapi] **n. f.** – 1901 ◊ de *mécano-* et *-thérapie* ■ MÉD. Traitement des maladies par des appareils mécaniques exerçant le corps à certains mouvements. *Rééducation par la mécanothérapie.*

MÉCATRONIQUE [mekatʀɔnik] **n. f.** – 1985 ◊ mot-valise de *mécanique* et *électronique,* d'après l'anglais ■ Discipline alliant la mécanique, l'électronique, l'informatique et l'automatique pour concevoir, fabriquer et entretenir des systèmes de production industrielle (➤ **productique**). *D. E. S. S. de mécatronique. Ingénieur en mécatronique.*

MECCANO [mekano] **n. m.** – 1936 ◊ marque déposée ; mot anglais, forgé par Hornby sur le radical de *mechanics* ■ Jeu de construction métallique. *Des meccanos.* ■ HOM. Mécano.

MÉCÉNAT [mesena] **n. m.** – 1864 ◊ de *mécène* ■ Qualité, fonction de mécène. *Le mécénat des Médicis.* ♦ PAR EXT. Soutien matériel apporté par un mécène*. *Mécénat d'entreprise.* ➤ **parrainage, patronage, sponsorisation.** Recomm. offic. pour *sponsoring.*

MÉCÈNE [mesɛn] **n. m.** – *mecenas* 1526 ◊ latin *Mæcenas,* n. d'un ministre d'Auguste ■ Personne fortunée qui, par goût des arts, aide les écrivains, les artistes. ➤ **bienfaiteur, protecteur.** «*Soyez mon Mécène ! Protégez les arts !*» FLAUBERT. ♦ PAR EXT. Personne physique ou morale qui apporte un soutien matériel, sans contrepartie directe, à une œuvre ou à une personne pour l'exercice d'activités présentant un intérêt général. *Elle est le mécène d'un groupe de peintres.* — Recomm. offic. pour *sponsor.*

MÉCHAGE [meʃaʒ] **n. m.** – 1873 ◊ de *mécher* ■ **1** TECHN. Action de mécher un tonneau. ■ **2** CHIR. Pose d'une mèche chirurgicale, drainage d'un abcès par une mèche.

MÉCHAMMENT [meʃamɑ̃] **adv.** – XIVe *meschanment,* pour *méchantement* ◊ de *méchant* ■ **1** D'une façon méchante, avec méchanceté. ➤ **cruellement, durement.** *Agir, parler méchamment.* ■ **2** FAM. (INTENSIF) Très. ➤ **drôlement, vachement.** *On est méchamment en retard.* ■ CONTR. Gentiment, humainement.

MÉCHANCETÉ [meʃɑ̃ste] **n. f.** – 1380 ◊ de l'ancien français *mescheance*

I VX Caractère de ce qui est méchant (I), médiocre.

II (1596 ◊ de *méchant*, II) MOD. ■ **1** Caractère, comportement d'une personne méchante. ➤ **cruauté, dureté, malignité, malveillance.** *C'est de la pure méchanceté. Agir avec, par, sans méchanceté. La nature a laissé «dans les meilleurs d'entre les hommes un petit fonds de méchanceté»* BERGSON. *«La méchanceté humaine, qui est grande, se compose, pour une large part, de jalousie et de crainte»* MAUROIS. — PAR EXT. *Méchanceté d'un regard. La méchanceté d'un procédé.* ➤ **indignité, noirceur.** *Méchanceté d'une allusion, d'une répartie.* ■ **2** *Une méchanceté* : parole ou action par laquelle s'exerce la méchanceté. ➤ **rosserie,** FAM. **vacherie, vilenie.** *Une méchanceté gratuite. Dire des méchancetés. Faire une méchanceté à qqn.* ➤ FAM. 2 **crasse, saloperie.**

■ CONTR. Bienveillance, bonté, gentillesse, humanité.

MÉCHANT, ANTE [meʃɑ̃, ɑ̃t] **adj.** et **n.** – *mescheant* XIIe ◊ de l'ancien français *mescheoir* «tomber mal»

I ~ adj. (AVANT LE NOM) **MAUVAIS** ■ **1** VX ou LITTÉR. Qui ne vaut rien (en son genre ou pour qqn). ➤ **mauvais*, médiocre, minable, misérable, miteux.** *«un complet gris en méchante laine, mal coupé»* SIMENON. ■ **2** MOD. Dangereux ou désagréable. *S'attirer une méchante affaire,* qui peut causer de graves embarras, des dangers. ➤ FAM. **sale.** *Méchante humeur.* ➤ **mauvais.** ■ **3** VIEILLI Insignifiant, négligeable. ➤ **malheureux, pauvre, petit** (cf. De rien* du tout). *«Voilà bien du bruit pour un méchant billet de deux cents louis !»* AUGIER. ■ **4** (1922 argot sportif) FAM. Remarquable, extraordinaire. ➤ **formidable, terrible.** *Une méchante faim.*

II ~ adj. QUI FAIT DU MAL (1549 ; en picard XIVe) ■ **1** Qui fait délibérément du mal ou cherche à en faire, le plus souvent de façon ouverte et agressive. ➤ **cruel, dur, malfaisant, malintentionné, malveillant, sans-cœur ;** FAM. **rosse, vache ;** RÉGION. **chien, cochon.** *Un homme méchant, un méchant homme. Une personne méchante* : sale bête, carne, chameau, chipie, démon, diable, gale, garce, harpie, mégère, peau de vache, peste, poison, rosse, sorcière, suppôt de Satan, teigne, vache, vipère. *Être méchant comme une teigne, comme la gale. Plus bête que méchant* : plus nuisible par bêtise que par intention. *Bête et méchant. Méchant avec les animaux. Méchant en actions, en paroles. Méchante langue.* ➤ **acerbe, acrimonieux ; mauvais, médisant.** *«Nul ne mérite d'être loué de bonté s'il n'a pas la force d'être méchant»* LA ROCHEFOUCAULD. *«Est-il bon ? est-il méchant ? L'un après l'autre. Comme vous, comme moi, comme tout le monde»* DIDEROT. *«Moi, je suis méchante : [...] j'ai besoin de la souffrance des autres pour exister»* SARTRE. ■ **2** Qui se conduit mal, qui est turbulent, en parlant d'un enfant. ➤ **insupportable, vilain.** *Il a été méchant. Méchant garçon !* ■ **3** (Animaux) Qui cherche à mordre, à attaquer. *Attention, chien méchant !* ➤ **féroce.** *Le grand méchant loup.* ■ **4** PAR EXT. *Expression méchante ; air, regard, sourire méchant.* ➤ **haineux ; fielleux, venimeux.** *Action, remarque méchante.* ➤ **blessant, vexant ;** FAM. **vachard.** ■ **5** FAM. (CHOSES) Qui fait du mal. *«Tout valsait. C'est méchant sur le Pernod, le champagne»* ARAGON. *Une méchante grippe.* ➤ **sale, vilain.** *C'est un cancer, et il est méchant.* — LOC. *Ce n'est pas bien méchant,* ni grave ni important, ça ne tire pas à conséquence. *Rien de méchant.*

III ~ n. UN MÉCHANT, UNE MÉCHANTE Personne méchante. *Les bons et les méchants.* ➤ **criminel, scélérat.** *«Nous ne sommes pas les "bons", ils ne sont pas les "méchants"»* MITTERRAND. ◆ LOC. *Faire le méchant* : s'emporter, menacer. PAR EXT. FAM. Protester violemment, opposer de la résistance. *«il l'assommerait d'un coup de poing, s'il faisait le méchant»* ZOLA.

■ CONTR. 1 Bon, excellent, doux, 2 gentil, humain, inoffensif. Sage, tranquille.

1 **MÈCHE** [mɛʃ] **n. f.** – 1393 ◊ latin populaire °*micca*, du grec *muxa* «mèche de lampe»

I ■ **1** Cordon, bande, tresse de fils de coton, de chanvre, imprégné(e) de combustible et qu'on fait brûler par son bout libre, pour obtenir une flamme de longue durée. *La mèche d'une lampe à huile. Pincer, couper, moucher une mèche brûlée.* ■ **2** Cordon fait d'une matière qui prend feu aisément. *Mèche d'amadou. Mèche d'une mine.* ➤ **cordeau.** *Mèche fusante. Allumer la mèche.* ■ **3** LOC. FIG. (XVIe) *Éventer, découvrir la mèche* : découvrir les dessous d'une affaire (cf. Le pot* aux roses). *Vendre la mèche* : trahir un secret ; dévoiler un dessein qui devait être tenu caché.

II PAR ANAL. ■ **1** (1538) CHIR. Petite bande de gaze, de toile qu'on introduit entre les lèvres d'une plaie ou dans un trajet fistuleux, pour permettre l'écoulement de la sérosité, du pus, et pour éviter une cicatrisation prématurée. *Drainage d'une plaie par mèche ou par drain. Mèche hémostatique.* ■ **2** Ficelle de fouet. ■ **3** COUR. Fine touffe de cheveux distincts dans l'ensemble de la chevelure par leur position, leur forme, leur couleur. *Mèche rebelle* (➤ **épi**), *folle. Mèches bouclées.* ➤ **boucle ; accroche-cœur, guiche.** *Mèche des juifs orthodoxes.* ➤ **papillote.** ABSOLT *Se faire faire des mèches chez le coiffeur,* en faire éclaircir certaines. ➤ **balayage.** ■ **4** Tige d'acier de forme variable servant à percer par rotation le bois, le métal. ➤ **foret.** *Mèche de vilebrequin, de perceuse.* — MAR. Axe de gouvernail, de cabestan. ■ **5** TEXTILE Ruban de filasse qui alimente les métiers à filer.

2 **MÈCHE** [mɛʃ] **n. inv.** – 1791 ◊ probablt de 1 *mèche* ■ FAM. ■ **1** *Être de mèche avec qqn* : être d'accord en secret dans une affaire qui doit être tenue cachée. ➤ **complicité, connivence.** ■ **2** (1808) *Il n'y a pas mèche* : il n'y a pas moyen, il est impossible. *«il n'y aurait pas mèche de couper à cette corvée»* ARAGON.

MÉCHER [meʃe] **v. tr.** ‹6› – 1743 ◊ de 1 *mèche* ■ **1** TECHN. Assainir (un tonneau) par la combustion d'une mèche soufrée. ➤ **soufrer.** ■ **2** (1949) CHIR. Munir (une plaie) d'une mèche. ABSOLT Poser une mèche.

MÉCHEUX, EUSE [meʃø, øz] **adj.** – 1846 ◊ de 1 *mèche* ■ TECHN. Qui se présente sous forme de mèches, en parlant de la laine brute.

MÉCHOUI [meʃwi] **n. m.** – 1922 ◊ mot arabe «grillé au feu» ■ Mouton, agneau entier rôti à la broche sur les braises d'un feu de bois ; portion de ce mouton servie au repas. — Le repas. *Être invité à un méchoui. Des méchouis.*

MECHTA [mɛʃta] **n. f.** – répandu v. 1950 ◊ mot arabe d'Algérie ■ Hameau, en Algérie, en Tunisie. *Des mechtas.*

MÉCOMPTE [mekɔ̃t] **n. m.** – *mesconte* v. 1200 ◊ de l'ancien français *mécompter* «se tromper», de *mé-* et *compter* ■ **1** VX Erreur dans un compte, un calcul. ■ **2** (1664) MOD. Erreur de conjecture, de prévision ; espoir fondé à tort. ➤ **déception, désillusion.** *Essuyer de graves mécomptes.*

MÉCONDUIRE (SE) [mekɔ̃dɥiʀ] **v. pron.** ‹38› – date inconnue ◊ de *mé-* et *conduire* ■ (Belgique) Avoir une conduite répréhensible. *Il s'est méconduit avec cette femme.* — **n. f. MÉCONDUITE.**

MÉCONIUM [mekɔnjɔm] **n. m.** – 1677 ; «suc de pavot» 1549 ◊ latin *meconium*, grec *mêkônion* ■ MÉD. Matière pâteuse brunâtre accumulée dans l'intestin du fœtus et qui constituera les premières selles du nouveau-né.

MÉCONNAISSABLE [mekɔnɛsabl] **adj.** – fin XIIIe ◊ de *méconnaître* ■ Impossible ou difficile à reconnaître. *Se déguiser pour se rendre méconnaissable.* PAR EXT. Qui a beaucoup changé. *Le quartier est méconnaissable. Je ne l'avais pas revu depuis sa maladie ; il est méconnaissable.* ■ CONTR. Reconnaissable.

MÉCONNAISSANCE [mekɔnɛsɑ̃s] **n. f.** – *mesconoissance* XIIe ◊ de *méconnaître* ■ LITTÉR. Fait de méconnaître ; ignorance, incompréhension. *Il fait preuve d'une totale méconnaissance de la situation. La méconnaissance de ses droits.*

MÉCONNAÎTRE [mekɔnɛtʀ] **v. tr.** ‹57› /MÉCONNAITRE/ – *mesconoistre* fin XIIe ◊ de *mé-* et *connaître* ■ **1** VX Ne pas connaître. ◆ VX Refuser de reconnaître pour sien (un parent, un ami, un acte dont on est l'auteur). ➤ **désavouer.** ■ **2** MOD. Ne pas reconnaître (une chose) pour ce qu'elle est. ➤ **ignorer, négliger, oublier.** *«Il se méprend sur moi et méconnaît profondément qui je suis»* GIDE. *Il ne méconnaît pas que ce (ne) soit là une exception importante,* il le reconnaît. ◆ SPÉCIALT Refuser d'admettre, d'accepter, de tenir compte de (qqch.). *«Il a déclaré que je n'avais rien à faire avec une société dont je méconnaissais les règles les plus essentielles»* CAMUS. *Méconnaître les lois.* ■ **3** Ne pas apprécier (qqn ou qqch.) à sa juste valeur. ➤ **déprécier, méjuger, mésestimer.** *La critique méconnaît les auteurs de son temps.* ■ CONTR. Reconnaître ; comprendre, connaître, considérer. Apprécier.

MÉCONNU, UE [mekɔny] **adj.** – XVIe ◊ de *méconnaître* ■ Qui n'est pas reconnu, estimé à sa juste valeur. *Un génie méconnu.* — SUBST. *Jouer les méconnus* (➤ **incompris**). ■ CONTR. Reconnu.

MÉCONTENT, ENTE [mekɔ̃tɑ̃, ɑ̃t] **adj.** et **n.** – 1501 ◊ de *mé-* et *content* ■ **1** Qui n'est pas content, pas satisfait. *Il est rentré, déçu, dépité et très mécontent.* ➤ **contrarié, ennuyé, fâché.** *«L'ennui et une sorte de résignation mécontente se lisaient sur ses traits»* GREEN. ➤ **maussade.** *Être mécontent de son sort.* ➤ **insatisfait.** *Les étudiants sont mécontents. «Mécontent de tous et mécontent de moi»* BAUDELAIRE. *Il est mécontent de ce que vous lui avez dit, que vous ne soyez pas venu, de ne pas vous avoir vu. N'être pas mécontent de qqch., de qqn,* en être assez satisfait. ▪ **2** n. *Cette mesure fait des mécontents.* ▪ CONTR. Comblé, content, heureux, satisfait.

MÉCONTENTEMENT [mekɔ̃tɑ̃tmɑ̃] n. m. – 1528 ◊ de *mécontent* ▪ État d'esprit d'une personne mécontente ; sentiment pénible d'être frustré dans ses espérances, ses droits. ➤ **déplaisir, insatisfaction.** *Sujet de mécontentement.* ➤ 2 **chagrin, contrariété, ennui.** *Éprouver du, un mécontentement. Exprimer, manifester, témoigner son mécontentement par de la froideur, des reproches.* — SPÉCIALT État d'esprit collectif de ceux qui ne sont pas satisfaits du gouvernement, de la politique. *Le mécontentement grandit. Mécontentement général, populaire.* ➤ **grogne, malaise.** ▪ CONTR. Contentement, 1 plaisir, satisfaction.

MÉCONTENTER [mekɔ̃tɑ̃te] v. tr. ‹1› – XIVe ◊ de *mécontent* ▪ Rendre mécontent. ➤ **contrarier, déplaire (à), ennuyer, fâcher.** *Cette mesure a mécontenté tout le monde. Mécontenter l'opinion.* ▪ CONTR. Contenter, plaire.

MÉCRÉANT, ANTE [mekreɑ̃, ɑ̃t] adj. et n. – *mescreant* 1080 ◊ p. prés. de l'ancien verbe *mescroire,* cf. *mé-* et *croire* ▪ VIEILLI ou FAM. (PLAISANT) ▪ **1** Qui ne professe pas la foi considérée comme vraie. *Peuple mécréant.* — n. ➤ 1 **gentil, infidèle.** « *ces temps où la France s'en allait en guerre contre les mécréants et les infidèles* » CHATEAUBRIAND. ▪ **2** PAR EXT. Qui n'a aucune religion. ➤ **irréligieux.** — n. ➤ **impie, incrédule, incroyant.** « *Ma mère, mécréante, permit cependant que je suivisse le catéchisme* » COLETTE. ▪ CONTR. Croyant.

MECTON [mɛktɔ̃] n. m. – 1888 ◊ de *mec* ▪ ARG. FAM. Petit mec ; PÉJ. Jeune homme. « *les boniments d'un petit mecton à lavallière* » AYMÉ.

MÉDAILLABLE [medajabl] adj. et n. – 1988 ◊ de 1 *médailler* ▪ Susceptible d'obtenir une médaille dans une compétition sportive. *Équipe médaillable.*

MÉDAILLE [medaj] n. f. – 1496 ◊ italien *medaglia,* du latin populaire °*medalia,* plur. de °*medalia,* pour *mediale,* de *medius* « milieu »

I ▪ **1** Pièce de métal, généralement circulaire, frappée ou fondue en l'honneur d'un personnage illustre ou en souvenir d'un évènement. *Médaille gravée à l'effigie, à l'empreinte d'un grand homme. Médaille à fleur de coin*. L'avers, l'exergue d'une médaille.* — *Cabinet des médailles de la Bibliothèque nationale.* ➤ **monnaie.** *Science des médailles.* ➤ **numismatique.** — LOC. FIG. *Profil, tête de médaille :* visage d'un dessin très pur, aux traits réguliers. — *Le revers* de la médaille. Toute médaille a son revers*.* ▪ **2** (1758) Pièce de métal précieux constituant le prix (dans un concours, une compétition, une exposition). *Médaille d'or, d'argent, de bronze. Médaille d'or des Jeux olympiques.* FAM. *Médaille en chocolat :* quatrième place obtenue dans une compétition ; récompense dérisoire. adj. *Elle est médaille d'argent de natation,* elle a remporté la deuxième place. ◆ (1857) Pièce de métal précieux, distinction honorifique. ➤ **décoration.** *Conférer, décerner à qqn la médaille du travail. Médaille militaire,* décernée aux sous-officiers et soldats les plus méritants. *Médaille commémorative,* rappelant une campagne. *Médaille de la Résistance.* — PAR EXT. Ruban, barrette, rosette de même valeur honorifique que la médaille proprement dite. ➤ 2 **insigne.** ▪ **3** (v. 1570) Petite pièce de métal, portée en amulette, en breloque, autour du cou. *Médaille de la Vierge. Médaille en or.* ▪ **4** (1868) Plaque de métal numérotée dont le port est obligatoire (dans certaines professions...). ◆ PAR EXT. Plaque d'identité que l'on attache au collier d'un animal domestique.

II (1765 ◊ par anal. de forme) RÉGION. ➤ 2 **lunaire.**

MÉDAILLÉ, ÉE [medaje] adj. et n. – 1611 ◊ de *médaille* ▪ Qui a reçu une médaille (2°), en parlant d'une personne. n. (1845) *Les médaillés militaires, olympiques. Une médaillée du travail.* ▪ HOM. 1 Médailler, médaillier.

1 **MÉDAILLER** [medaje] v. tr. ‹1› – v. 1850 ◊ de *médaille* ▪ Décorer, honorer d'une médaille. *Il s'est fait médailler.* ▪ HOM. Médaillé, médaillier.

2 **MÉDAILLER** ➤ **MÉDAILLIER**

MÉDAILLIER ou **MÉDAILLER** [medaje] n. m. – 1671 ; « relatif aux médailles », 1571 ◊ de *médaille* ▪ Meuble, petite armoire à tiroirs plats divisés en compartiments où l'on range des médailles. ◆ Collection de médailles. ▪ HOM. Médaillé, 1 médailler.

MÉDAILLISTE [medajist] n. – 1609 ◊ de *médaille* ▪ **1** Amateur, collectionneur de médailles. ➤ **numismate.** ▪ **2** TECHN. Fabricant, graveur de médailles. APPOS. *Graveurs médaillistes.*

MÉDAILLON [medajɔ̃] n. m. – 1740 ; « grande médaille » 1554 ◊ italien *medaglione,* de *medaglia* « médaille » ▪ **1** Portrait ou sujet sculpté, peint, dessiné ou gravé dans un cadre circulaire ou ovale. *Lambris orné de médaillons.* ▪ **2** Petit bas-relief circulaire représentant une effigie. ▪ **3** (1611) COUR. Bijou de forme ronde ou ovale renfermant un portrait, des cheveux, des reliques, etc. ▪ **4** (1934) CUIS. Tranche mince et ronde (de viande). ➤ **grenadin, tournedos.** *Médaillon de veau, de foie gras.*

MÈDE [mɛd] adj. et n. – 1740 ◊ latin *medus,* grec *mêdos* ▪ De la Médie (région située au nord-ouest de l'Iran actuel). ➤ **médique.** *Les rois mèdes.* n. *Les Mèdes et les Perses.*

MÉDECIN [med(ə)sɛ̃] n. m. – 1392 ; *medechin* v. 1330 ◊ de *médecine* ▪ **1** Personne habilitée à exercer la médecine après obtention d'un diplôme sanctionnant une période déterminée d'études (en France, le doctorat en médecine). ➤ **docteur, thérapeute,** FAM. **toubib.** *Aller chez le médecin,* à son cabinet. *Consulter un médecin. On dit « docteur » au médecin. Diagnostic, ordonnance, prescriptions du médecin.* — *Ordre des médecins. Droits et devoirs des médecins.* ➤ **déontologie.** *Le médecin est tenu au secret* professionnel. Mauvais médecin.* ➤ **charlatan, médicastre.** « *Il n'y a pas plus de mauvais médecins que de mauvais plombiers. Mais il y en a autant* » J. TESTART. — *Médecin exerçant.* ➤ **clinicien, praticien.** *Médecin consultant, médecin traitant, médecin référent. Médecin de famille. Médecin de garde. Médecin conventionné. Médecin propharmacien. Médecin de quartier, de campagne. Médecins sans frontières*. Médecin allopathe, homéopathe. Médecin généraliste*.* ➤ **omnipraticien.** *Médecin spécialiste* :* accoucheur, alcoologue, algologue, allergologue, anesthésiste, cancérologue, cardiologue, chirurgien, dermatologue, endocrinologue, gastroentérologue, gynécologue, néphrologue, neurologue, obstétricien, ophtalmologue, otorhinolaryngologiste, pédiatre, phoniatre, pneumologue, psychiatre, radiologue, rhumatologue, stomatologue, urologue ; psychanalyste. *Médecin hospitalier :* interne, chef de clinique, chef de service. *Médecin de ville,* qui n'exerce pas en milieu hospitalier. *Médecin légiste*.* — *Médecin du travail,* chargé d'examiner à titre préventif les salariés sur leur lieu de travail. *Médecin-conseil. Les médecins-conseils.* — *Médecin des armées. Médecin-major.* ➤ **major.** *Médecin du service de santé, de la Marine. Le médecin du bord.* — *Elle est médecin scolaire.* — PAR APPOS. *Des femmes médecins.* ➤ **docteur, doctoresse.** — PAR ANAL. *Médecin vétérinaire.* — REM. Le féminin, rare, est *la médecin.* ▪ **2** FIG. *Médecin de l'âme, des âmes :* confesseur, prêtre, directeur de conscience.

MÉDECINE [med(ə)sin] n. f. – 1135 variante *medicine* ◊ latin *medicina,* de *medicus* « médecin »

I VX ou RÉGION. Médicament, remède oral. *Prendre une médecine. Une médecine de cheval.* ➤ **drogue.**

II (XIIIe-XIVe) ▪ **1** Science, ensemble de techniques et de pratiques qui a pour objet la conservation et le rétablissement de la santé ; art de prévenir et de soigner les maladies humaines. *De la médecine.* ➤ **médical.** *Faire des études de médecine. Faculté de médecine. Étudiant en médecine.* ➤ **externe, interne ; carabin.** *Docteur en médecine.* ➤ **médecin.** *Professeur agrégé de médecine. Prix Nobel de médecine. Sciences fondamentales de la médecine.* ➤ **anatomie, biochimie, biologie, cytologie, histologie, microbiologie, pathologie, pharmacologie, physiologie.** *Médecine préventive* (➤ **antisepsie, asepsie, diététique, hygiène, prophylaxie**), *curative* (➤ **thérapeutique ;** 1 **cure, médicament, traitement ; -thérapie**). *Médecine opératoire.* ➤ **chirurgie.** — *Médecine mentale.* ➤ **psychiatrie ; psychanalyse.** *Médecine générale,* qui s'occupe de l'ensemble de l'organisme, en dehors de toute spécialisation (➤ **généraliste**). *Médecine interne*. Médecine infantile,* qui traite les maladies des enfants. ➤ **pédiatrie.** *Médecine de la femme enceinte.* ➤ **obstétrique.** *Médecine des maladies de la femme.* ➤ **gynécologie.** *Médecine procréative. Médecine de la vieillesse.* ➤ **gériatrie.** *Médecine des accidents* (➤ **traumatologie**), *des épidémies* (➤ **épidémiologie**). *Médecine de catastrophe. Médecine tropicale. Médecine du sport. Médecine scolaire.* — *Médecine du travail,* qui s'occupe des maladies, des accidents d'origine professionnelle. — *Médecine sociale,* qui concerne la pratique des lois sociales (dispensaires d'hygiène, pouponnières, sécurité sociale et du travail). — *Médecine légale :* branche de la médecine (exercée par les médecins légistes*) ayant spécialement pour objet d'aider la justice pénale ou civile à découvrir la vérité (➤ **médicolégal**). — *Médecine libérale. Médecine militaire.* — PAR ANAL. *Médecine vétérinaire.* ◆ Technique médicale particulière. *Médecine allopathique, homéopathique, pasteurienne, psychosomatique. Médecines* *alternatives, douces, naturelles, parallèles* (acuponcture, auriculothérapie, ayurvéda, homéopathie, naturopathie, ostéopathie, phytothérapie, etc.). *Médecine chinoise. Médecine traditionnelle* (en Asie, en Afrique). *« Je me reproche de l'avoir laissé sans soins aussi longtemps. Parce que j'avais confiance en la médecine des Blancs »* H. LOPES. *Médecine clinique, expérimentale, prédictive*. — Médecine hospitalière, médecine de ville. Médecine praticienne. Médecine de groupe,* pratiquée par des médecins associés en un seul cabinet. ▪ **2** Études préparant au diplôme de docteur en médecine. *Faire sa médecine. Deuxième année de médecine.* ▪ **3** Profession du médecin. *Pratiquer la médecine. Exercice illégal de la médecine* (➤ 2 **marron**). ◆ Le corps médical. ➤ **faculté.** *« un homme ça a pas la force de la femme, c'est reconnu par la médecine »* A. COHEN.

MÉDECINE-BALL [med(ə)sinbol] **n. m.** – 1910 ◇ anglais *medicine ball* ▪ ANGLIC. Ballon lesté qui sert à l'entraînement, à la gymnastique (exercices d'assouplissement, etc.). *Des médecine-balls.*

MÉDERSA [medɛʀsa] **n. f.** – 1876 ◇ de l'arabe maghrébin, arabe classique *madrasa* « école, collège » ▪ **(Maghreb)** Établissement d'enseignement coranique de niveau secondaire ou supérieur. *« Fès, ville de savoir qui semble bâtie autour des écoles, des* médersas *»* A. MAALOUF.

MÉDIA [medja] **n. m.** – 1965 ◇ abrév. de l'anglais américain *mass media* « *moyens* de communication de *masse* » ▪ Moyen de diffusion, de distribution ou de transmission de signaux porteurs de messages écrits, sonores, visuels (presse, cinéma, radiodiffusion, télédiffusion, vidéographie, télédistribution, télématique, télécommunication, etc.). ➤ **communication, information.** *Un nouveau média. Internet, média moderne. Média social :* tout moyen permettant de communiquer, d'échanger et de partager des informations par Internet. *Les blogs, les réseaux sociaux, les wikis, les flux RSS sont des médias sociaux.* — **Plus cour. au plur.** *Campagne publicitaire utilisant deux médias* (➤ **bimédia**), *plusieurs médias* (➤ **multimédia**). *Évènement largement couvert par les médias* (➤ **médiatique ;** 2 **médiatiser**). ▪ HOM. Médiat.

MÉDIAGRAPHIE [medjagʀafi] **n. f.** – 2000 ◇ de *média* et *-graphie*, sur le modèle de *bibliographie* ▪ Liste des sources citées ou consultées (documents imprimés, audiovisuels, sites Internet), placée en annexe d'un écrit.

MÉDIALE [medjal] **n. f.** – 1963 ; adj. XVIIIe ◇ latin *medialis*, de *medius* « qui est au milieu, central » ▪ STATIST. Valeur qui partage un ensemble d'éléments en deux groupes égaux.

MÉDIAMAT [medjamat] **n. m.** – 1987 ◇ n. déposé ; de *média*, d'après *audimat* ▪ Système permettant de mesurer l'audience des chaînes de télévision ; cette audience. ➤ **audimat ; médiascope.** *Les résultats du médiamat.* APPOS. *Un point médiamat équivaut à 1 % de la population de plus de six ans.*

MÉDIAN, IANE [medjɑ̃, jan] **adj. et n. f.** – 1550 « demi » ; *médiant* XIVe ◇ latin *medianus*

I **adj.** (1560 anat. ◇ autres emplois 1812) ▪ **1** Qui est situé, placé au milieu. *Ligne médiane, plan médian.* ANAT. *Veines, artères médianes. Vermis médian. — Nervure médiane d'une feuille.* ▪ **2** PHONÉT. Dont le point d'articulation est dans la partie moyenne du canal vocal. *Voyelle médiane.* ➤ **central.**

II **n. f.** (1425 *médiaine* « veine médiane ») **MÉDIANE.** ▪ **1** (1867) GÉOM. Segment de droite joignant le sommet d'un triangle au milieu du côté opposé, le sommet d'un tétraèdre au centre de gravité du côté opposé. ▪ **2** STATIST. Valeur centrale d'un caractère, généralement différente de la moyenne, séparant une population en deux parties égales.

MÉDIANOCHE [medjanɔʃ] **n. m.** – 1672 ◇ espagnol *medianoche* « minuit » ▪ VX ou LITTÉR. Repas pris un peu après minuit. ➤ **réveillon.** *« Le Médianoche amoureux »*, de M. Tournier.

MÉDIANTE [medjɑ̃t] **n. f.** – 1718 ; *(consonance) médiante* « intermédiaire » 1556 ◇ latin *medians*, de *mediare* « être au milieu » ▪ MUS. Troisième degré de la gamme, entre la tonique et la dominante, qui détermine le mode.

MÉDIASCOPE [medjaskɔp] **n. m.** – 1983 ◇ de *média* et *-scope* ▪ Appareil grâce auquel on connaît les réactions d'un échantillon de téléspectateurs au moment même de l'émission. — **n. f. MÉDIASCOPIE.**

MÉDIASTIN [medjastɛ̃] **n. m.** – v. 1370 ◇ latin médiéval *mediastinum* « qui est au milieu » ▪ ANAT. Région profonde du thorax, située entre le poumon droit et le poumon gauche. *Le médiastin contient le cœur et les gros vaisseaux, la trachée, l'œsophage et le thymus.*

MÉDIAT, IATE [medja, jat] **adj.** – 1478 ◇ latin *mediatus*, d'après *immédiat* ▪ DIDACT. Qui agit, qui se fait indirectement. *Action, cause, relation médiate.* ➤ **indirect.** *Auscultation* médiate.* ▪ CONTR. 1 Direct ; immédiat. ▪ HOM. Média.

MÉDIATEUR, TRICE [medjatœʀ, tʀis] **n.** – 1265 ◇ bas latin *mediator* ▪ **1** Personne qui s'entremet pour faciliter un accord entre deux ou plusieurs personnes ou partis. ➤ 1 **arbitre, conciliateur, facilitateur, intermédiaire, négociateur.** *Être médiateur entre deux pays, dans un conflit. « il se faisait le médiateur des querelles et des divisions de famille »* NERVAL. *Médiateur familial.* — (1972 ◇ traduction du suédois *ombudsman*) DR. ADMIN. *Médiateur (de la République) :* personnalité indépendante chargée de trouver des solutions aux désaccords entre les particuliers et l'Administration lorsque tous les recours gracieux ont échoué. — *Médiateur européen :* personnalité indépendante désignée par le Parlement européen pour examiner les cas supposés de mauvaise administration dans l'action des institutions ou organes communautaires. — DR. TRAV. Personne désignée pour le règlement amiable des conflits collectifs de travail. — DR. PUBL. INTERNAT. Personnalité chargée d'une médiation dans un litige international. — **adj.** *Commission médiatrice.* ▪ **2** **n. m.** (1860) **(CHOSES)** SC. Ce qui produit une médiation (2°), sert d'intermédiaire. *Médiateur chimique.* ➤ **neurotransmetteur.** *L'acétylcholine est un médiateur chimique.* ▪ **3** **adj.** GÉOM. *Plan médiateur d'un segment :* le plan perpendiculaire au segment, en son milieu.

MÉDIATHÈQUE [medjatɛk] **n. f.** – 1970 ◇ de *média* et *-thèque* ▪ Collection rassemblant des supports d'information correspondant aux différents médias (➤ **discothèque, filmothèque, vidéothèque**). — PAR EXT. Lieu où cette collection est consultable. — **n. MÉDIATHÉCAIRE.**

MÉDIATION [medjasjɔ̃] **n. f.** – 1561 ; « division » XIIIe ◇ bas latin *mediatio*, de *mediare* ▪ **1** Entremise destinée à mettre d'accord, à concilier ou à réconcilier des personnes, des partis. ➤ **arbitrage, conciliation, entremise, intermédiaire, intervention.** *Offrir, proposer sa médiation. Tentative de médiation pour obtenir la libération des otages. Médiation entre États.* ➤ **office** (bons offices). — SPÉCIALT Procédure de conciliation internationale organisée. *Médiation par l'ONU.* ▪ **2** DIDACT. Le fait de servir d'intermédiaire ; ce qui sert d'intermédiaire. — PHILOS. Processus créateur par lequel on passe d'un terme initial à un terme final.

MÉDIATIQUE [medjatik] **adj.** – 1982 ◇ de *média* ▪ **1** Qui concerne les médias ; transmis par les médias. *Opération, campagne médiatique. Image médiatique.* ▪ **2** Qui produit un bon effet, est à son avantage dans les médias, particulièrement à la télévision. *Politicien médiatique. Sport médiatique.* — **adv. MÉDIATIQUEMENT.**

1 **MÉDIATISER** [medjatize] **v. tr.** ‹1› – 1819 ◇ de *médiat* ▪ **1** HIST. Placer sous la suzeraineté d'un vassal, de l'Empereur (sous le Saint Empire romain germanique). ▪ **2** DIDACT. Rendre médiat. *Action de médiatiser* (**MÉDIATISATION n. f.**).

2 **MÉDIATISER** [medjatize] **v. tr.** ‹1› – v. 1985 ◇ de *média* ▪ Diffuser par les médias. — *Évènement médiatisé.* — **n. f. MÉDIATISATION,** 1983.

MÉDIATOR [medjatɔʀ] **n. m.** – 1902 ◇ mot latin ▪ MUS. Lamelle ovoïde utilisée pour jouer de certains instruments à cordes pincées (mandoline, banjo). ➤ **plectre.**

MÉDIATRICE [medjatʀis] **n. f.** – 1923 ; « celle qui s'entremet » XVe ◇ fém. de *médiateur* ▪ GÉOM. *Médiatrice d'un segment :* la droite perpendiculaire au segment en son milieu. *Les trois médiatrices d'un triangle,* les trois médiatrices de ses côtés.

MÉDICAL, ALE, AUX [medikal, o] **adj.** – 1752 ; « qui guérit » 1660 ; *doigt médical* « l'annulaire » 1534 ◇ du latin *medicus* « médecin » ▪ Qui concerne la médecine. *Acte médical. Études médicales. Déontologie médicale. Secret médical. La recherche médicale. Prescription médicale. Imagerie médicale. Soins médicaux. Visite médicale. Dossier, certificat médical. — Le corps médical :* les médecins. *Auxiliaires médicaux.* ➤ **paramédical.** ◆ *Délégué médical, visiteur médical,* représentant les laboratoires pharmaceutiques auprès des médecins.

MÉDICALEMENT [medikalmɑ̃] **adv.** – 1606 ◇ de *médical* ▪ Du point de vue de la médecine. *Procréation médicalement assistée (P. M. A.).*

MÉDICALISATION [medikalizasjɔ̃] **n. f.** – v. 1960 ◇ de *médical* ▪ Action de médicaliser qqn, qqch.

MÉDICALISER [medikalize] v. tr. ‹1› – 1969 ◇ de *médical* ■ **1** Faire relever du domaine médical. *Médicaliser la grossesse.* — Faire recourir (qqn) à la médecine. *Médicaliser la population rurale.* p. p. adj. *Individus médicalisés.* ■ **2** Pourvoir d'un équipement médical. *Médicaliser une région. Résidences médicalisées pour le quatrième âge.* ■ CONTR. Démédicaliser.

MÉDICAMENT [medikamɑ̃] n. m. – 1314 ◇ latin *medicamentum* ■ **1** Substance active employée pour prévenir ou traiter une affection ou une manifestation morbide. ➤ **drogue, médication, potion, remède ;** FAM. **2 médoc ; pharmacie, préparation, spécialité.** *Prescrire un médicament. Médicament délivré sur ordonnance. Prendre, absorber des médicaments. Formule, posologie, indications, contre-indications, précautions d'emploi, effets indésirables d'un médicament. Médicament remboursé par la Sécurité sociale. Médicament chimique, synthétique, biologique. Médicament princeps*, de référence*. Médicament générique*, biosimilaire. Médicament à usage interne, externe. Médicament de confort*. Médicament contre la toux, pour l'estomac. Consommation abusive de médicaments* (➤ **automédication**). *Dépendance aux médicaments.* ➤ **pharmacodépendance.** — *Tester un médicament en double aveugle** (➤ **placébo**). *Recueil des médicaments.* ➤ **codex, pharmacopée.** — *Médicament vétérinaire.* ■ **2** *Bébé-médicament,* conçu par F. I. V. et sélectionné par diagnostic préimplantatoire pour sa compatibilité immunitaire, dans le but de sauver un malade de sa fratrie (greffe de sang, de moelle osseuse, etc.). *Les bébés-médicaments et la bioéthique.* — Recomm. offic. *enfant donneur.*

MÉDICAMENTEUX, EUSE [medikamɑ̃tø, øz] adj. – 1541 ◇ de *médicament,* ou du latin savant *medicamentosus* ■ **1** Qui a des propriétés thérapeutiques. *Substances médicamenteuses.* ■ **2** Causé par des médicaments. *Eczéma médicamenteux.* — *I. V. G. médicamenteuse* (opposé à *chirurgicale*).

MÉDICASTRE [medikastʀ] n. m. – 1560 ◇ italien *medicastro,* de *medico* «médecin» ■ PÉJ. ; VX ou PLAISANT Mauvais médecin. ➤ **charlatan.**

MÉDICATION [medikasjɔ̃] n. f. – 1314 ◇ latin *medicatio* ■ Emploi de médicaments dans un but thérapeutique déterminé. ➤ **thérapeutique ; traitement.** *Médication substitutive. Médication sans prescription.* ➤ **automédication.**

MÉDICINAL, ALE, AUX [medisinal, o] adj. – fin XIIe *medecinal* ◇ latin *medicinalis* ■ Qui a des propriétés curatives. *Herbe, plante médicinale.* ➤ **simple.**

MÉDICINIER [medisinje] n. m. – 1765 ◇ du latin *medicina* «médecine» ■ BOT. Arbrisseau à graines purgatives *(euphorbiacées),* dont le manioc est une variété.

MÉDICO- ■ Élément, du latin *medicus* «médecin».

MÉDICOCHIRURGICAL, ALE, AUX [medikoʃiʀyʀʒikal, o] adj. – 1800 ◇ de *médico-* et *chirurgical* ■ Qui concerne à la fois la médecine et la chirurgie. *Matériel médicochirurgical.*

MÉDICOLÉGAL, ALE, AUX [medikolegal, o] adj. – 1767 ◇ de *médico-* et *légal* ■ Relatif à la médecine légale. *Expertise médicolégale. Institut médicolégal.* ➤ **2 morgue.**

MÉDICOSOCIAL, IALE, IAUX [medikosɔsjal, jo] adj. – v. 1960 ◇ de *médico-* et *social* ■ Relatif à la médecine sociale. *Assistance médicosociale.*

MÉDIÉVAL, ALE, AUX [medjeval, o] adj. – 1874 ◇ du latin *medium œvum* «moyen âge» ■ Relatif au Moyen Âge. ➤ **moyenâgeux.** *Époque, histoire médiévale. Art médiéval.* ➤ **gothique, 2 roman.** *Cité médiévale. Latin médiéval. — La France, l'Europe médiévale.*

MÉDIÉVISME [medjevism] n. m. – avant 1890 ◇ du latin *medium œvum* «moyen âge» → médiéval ■ DIDACT. Étude, connaissance de la période du Moyen Âge.

MÉDIÉVISTE [medjevist] n. – 1867 ◇ du latin *medium œvum* ■ DIDACT. Spécialiste de la langue, de la littérature ou de l'histoire du Moyen Âge.

MÉDINA [medina] n. f. – 1732 ◇ arabe *madina* «ville» ■ Partie ancienne d'une ville (opposé à *ville européenne*) en Afrique du Nord. *La médina de Tunis, de Marrakech. Les souks des médinas.*

MÉDIO- ■ Élément, du latin *medius* «moyen ; au milieu» : *médio-palatal.*

MÉDIOCRATIE [medjɔkʀasi] n. f. – 1869 ; «gouvernement de la classe moyenne» 1844 ◇ de *médiocre* et *-cratie* ■ Gouvernement, domination des médiocres.

MÉDIOCRE [medjɔkʀ] adj. et n. – 1495 ◇ latin *mediocris,* de *medius* «au milieu» ■ **1** VX Moyen. *«sept personnes d'une taille médiocre»* BUFFON. ■ **2** (XVIe) Qui est au-dessous de la moyenne, qui est insuffisant en quantité ou en qualité. ➤ **petit.** *Ressources, revenus médiocres.* ➤ **1 maigre, minime, modeste, modique, négligeable, piètre.** *Œuvre d'un médiocre intérêt.* ◆ Assez mauvais. ➤ **pauvre, piètre, pitoyable, quelconque.** *Médiocre nourriture. Sol médiocre,* peu productif. *Devoir médiocre. — Vie médiocre,* sans éclat, sans intérêt. ➤ **banal, étriqué, inintéressant, mesquin, minable.** ■ **3** (PERSONNES) Qui a peu de capacité, ne dépasse pas ou même n'atteint pas la moyenne. ➤ **inférieur.** *Esprit médiocre. Élève médiocre en français.* ➤ **faible.** *«tous les amants, même les plus médiocres, s'imaginent qu'ils innovent»* RADIGUET. ➤ **quelconque.** ◆ SUBST. *Un médiocre :* une personne qui manque de qualités, de talent, de largeur de vues. *Les faibles et les médiocres.* ■ **4** n. m. **LE MÉDIOCRE :** la médiocrité. *«éloignant d'elle le médiocre et ne retenant que la qualité»* COCTEAU. *«Un esprit au-dessous du médiocre»* SAINT-SIMON. ■ CONTR. Grand, 1 bon, excellent, parfait, supérieur. Distingué, éminent ; fameux.

MÉDIOCREMENT [medjɔkʀəmɑ̃] adv. – XVIe ◇ de *médiocre* ■ **1** D'une manière médiocre, moyenne. ➤ **modérément, moyennement.** *«le voyageur ne se montre que médiocrement enthousiaste de cette nature»* SAINTE-BEUVE. ■ **2** Assez peu. *«Le vieillard fut médiocrement aimable»* FLAUBERT. ■ **3** Assez mal. *Vivre médiocrement.* ➤ **végéter, vivoter.** *Un costume «médiocrement coupé, étroit aux emmanchures»* COLETTE. ■ CONTR. 1 Bien ; beaucoup.

MÉDIOCRITÉ [medjɔkʀite] n. f. – 1314 ◇ latin *mediocritas* ■ État de ce qui est médiocre ; chose médiocre. ■ **1** VX Position, situation moyenne ; modération, juste milieu. *«Cette médiocrité tempérée en laquelle la vertu consiste»* BOSSUET. ■ **2** (XVIe) MOD. Insuffisance de qualité, de valeur, de mérite. *La médiocrité des résultats. Médiocrité d'une œuvre.* ➤ **faiblesse, platitude.** *«ils parlèrent de la médiocrité provinciale, des existences qu'elle étouffait»* FLAUBERT. *Vivre dans la médiocrité. «Tout ça sentait les économies de bout de chandelle, pas la misère mais la médiocrité»* PH. BESSON. *Refuser la médiocrité.* ■ **3** Personne médiocre. *«L'Institut, livré aux médiocrités»* HUGO. ■ CONTR. Excellence, grandeur, importance ; génie.

MÉDIQUE [medik] adj. – 1745 ◇ latin *Medicus,* grec *Mêdikos* «de Médie, de Perse» ■ HIST. ANC. Qui concerne les Mèdes* (et PAR EXT. les Perses). *Les guerres médiques,* que les Perses firent aux Grecs au Ve siècle av. J.-C.

MÉDIRE [mediʀ] v. tr. ind. ‹37 ; sauf *médisez*› – 1160 ◇ de *mé-* et 1 *dire* ■ Dire (de qqn) le mal qu'on sait ou croit savoir sur son compte. *Médire de, sur* (VX) *qqn.* ➤ **attaquer, clabauder, critiquer, 1 dauber, décrier, dénigrer, diffamer ;** FAM. **bavasser, baver** (sur), **débiner, déblatérer, 2 taper** (sur) (cf. Dire pis que pendre*, casser* du sucre sur le dos). *«je n'approuve ni ne comprends qu'écrivain, on médise de la littérature»* CAILLOIS. *«Et je sais que de moi tu médis l'an passé»* LA FONTAINE. ABSOLT *Personne qui aime à médire.* ➤ **cancaner, jaser ; médisant** (cf. Mauvaise langue*). *«Ceux-là peuvent calomnier : ils médiraient qu'on ne les croirait pas»* BEAUMARCHAIS. ■ CONTR. 1 Louer, vanter.

MÉDISANCE [medizɑ̃s] n. f. – 1559 ◇ de *médisant* ■ **1** Action de médire. ➤ **dénigrement, détraction, diffamation.** *Victime de la médisance.* ■ **2** *Une médisance :* propos malveillant d'une personne qui médit. ➤ **commérage*, méchanceté, potin, racontar.** *Médisance faite par malignité, par esprit de vengeance. Ce ne sont que des médisances. «C'est pour la mettre à l'abri de médisances, qui sont peut-être des calomnies, que j'interviens»* MAURIAC. ■ CONTR. Apologie, compliment, éloge, louange.

MÉDISANT, ANTE [medizɑ̃, ɑ̃t] adj. et n. – fin XIIe ◇ p. prés. de *médire* ■ **1** Chargé de médisance. *Propos, bavardages médisants.* ➤ **diffamatoire.** ■ **2** n. Personne qui médit. ➤ **détracteur, diffamateur** (cf. Mauvaise langue*). *«L'ironie veut qu'il n'y ait personne de plus vulnérable, de plus susceptible, de moins disposé à reconnaître ses propres défauts, que le médisant»* CIORAN. ■ CONTR. Louangeur.

MÉDITATIF, IVE [meditatif, iv] adj. et n. – XIVe, rare avant fin XVIIe ◇ latin *meditativus* ■ **1** Qui est porté à la méditation. *Caractère, esprit méditatif. — Avoir un air méditatif.* ➤ **absorbé, pensif, préoccupé, recueilli, rêveur, songeur.** *«elle reprit son air méditatif et son visage se referma»* SARTRE. ■ **2** n. *C'est un méditatif.* ➤ **penseur, rêveur.**

MÉDITATION [meditasjɔ̃] n. f. – 1120 ◇ latin *meditatio* ■ **1** Action de méditer, de soumettre à une longue et profonde réflexion. ➤ **approfondissement, étude.** ■ **2** ABSOLT Réflexion qui approfondit longuement un sujet. ➤ **application, concentra-**

tion, réflexion. *S'absorber, se plonger dans la méditation.* ➤ **contemplation ; s'abstraire.** *« La méditation est un vice solitaire »* VALÉRY. ◆ SPÉCIALT, RELIG. Oraison mentale. *Entrer en méditation.* ➤ **recueillement.** ■ **3** Pensée profonde, attentive, portant sur un sujet particulier. *Sujet de méditation. Se livrer à de longues méditations. Le fruit de ses méditations.* ➤ IRON. **cogitation.** — (Dans un titre d'ouvrage) *« Les Méditations métaphysiques », traité de Descartes. « Méditations poétiques » ; « Nouvelles Méditations », recueils de Lamartine.*

MÉDITER [medite] **v.** ‹1› – 1495 ◇ latin *meditari* « s'exercer » ■ **1 v. tr.** Soumettre à une longue et profonde réflexion. ➤ **approfondir, réfléchir** (à). *Méditer une pensée, une vérité. Méditez mon conseil !* ◆ SPÉCIALT Préparer par une longue réflexion (une œuvre, une entreprise). *Méditer un livre. Méditer un projet, un voyage.* ➤ **combiner, échafauder, élaborer, mûrir, projeter.** *Méditer un sale coup.* ➤ **machiner, manigancer, mijoter, ourdir, tramer.** — VIEILLI *Il se tut « méditant s'il ne conviendrait pas de développer cette pensée »* R. ROLLAND. ➤ **se demander.** ■ **2 v. intr.** Penser longuement, profondément. ➤ **réfléchir, rêver, songer ;** RÉGION. **jongler.** *« Je médite longtemps, en mon cœur replié »* HUGO. *Méditer sur son triste sort. Méditer sur un problème.*

MÉDITERRANÉ, ÉE [mediterane] **adj.** et **n. f.** – XVIe ◇ latin *mediterraneus,* de *medius* « qui est au milieu » et *terra* « terre » ■ VX Qui est au milieu des terres, qui sépare des continents. *Les mers méditerranées.* ◆ **n. f.** MOD. GÉOGR. *Une méditerranée.* — COUR. *La Méditerranée :* mer située entre l'Europe, l'Asie et l'Afrique (cf. La grande bleue*).

MÉDITERRANÉEN, ENNE [mediteraneɛ̃, ɛn] **adj.** et **n.** – 1569, rare avant XIXe ◇ du latin *mediterraneum* ■ Qui appartient, se rapporte à la Méditerranée, et PAR EXT. à ses rivages. *Bassin méditerranéen. Pays méditerranéens. Climat méditerranéen,* à l'été sec et chaud, à l'hiver doux. *Flore méditerranéenne.* ◆ **n.** Personne originaire du bassin méditerranéen. *Les Méditerranéens.*

1 **MÉDIUM** [medjɔm] **n.** – XVIe « milieu » ◇ latin *medium*

I **n. m.** ■ **1** (1704) MUS. Étendue de la voix, registre des sons entre le grave et l'aigu. *Chanteuse qui a un beau médium.* ■ **2** LOG. Moyen terme. ■ **3** PEINT. Liquide servant à détremper les couleurs (huile, essence, etc.).

II **n.** (1853 ◇ de l'anglais) Personne réputée douée du pouvoir de communiquer avec les esprits. ➤ **spirite.** *Fluide des médiums. Émanation visible du corps du médium.* ➤ **ectoplasme.** *Cette femme est une grande médium.*

2 **MÉDIUM** [medjɔm] **n. m.** – 1988 ◇ de l'anglais *medium density fibres* ■ Matériau composé de fibres de bois collées et pressées, et présenté sous forme de panneaux. *Meubles en médium.*

MÉDIUMNIQUE [medjɔmnik] **adj.** – 1905 ◇ de 1*médium* ■ DIDACT. Propre au médium (1, II). *Pouvoir médiumnique. « elle était convaincue d'avoir des dons médiumniques qui lui permettaient de deviner l'avenir »* V. OVALDÉ.

MÉDIUMNITÉ [medjɔmnite] **n. f.** – 1862 ◇ de 1*médium* ■ DIDACT. Faculté du médium de communiquer avec les esprits.

MÉDIUS [medjys] **n. m.** – 1520 ◇ latin *medius (digitus)* « (doigt) du milieu » ■ Le troisième doigt de la main, situé au milieu. *Le médius est le plus long des cinq doigts.* ➤ **majeur.**

MEDLEY [mɛdlɛ] **n. m.** – 1976 ◇ mot anglais « mélange », anglonormand *medlee,* p. p. fém. de *medler,* latin *miscere* « mêler » ■ ANGLIC. VIEILLI Pièce musicale regroupant des extraits de différents morceaux. ➤ **pot-pourri.** *Un medley de ses plus grands succès.*

1 **MÉDOC** [medɔk] **n. m.** – 1789 ◇ de *Médoc,* n. d'une région viticole sur la rive gauche de la Gironde ■ Bordeaux rouge de la région de Médoc. *Les grands médocs.*

2 **MÉDOC** [medɔk] **n. m.** – 1996 ◇ variante abrégée de *médicament* ■ FAM. Médicament. *Prends tes médocs.*

MÉDULLAIRE [medylɛʀ] **adj.** – 1503 ◇ latin *medullaris,* de *medulla* « moelle » ■ SC. ■ **1** Qui a rapport à la moelle épinière ou à la moelle des os, des plantes. *Canal médullaire :* partie centrale des os longs qui renferme la moelle ; BOT. partie centrale de la tige des dicotylédones. ■ **2** Qui a une constitution semblable à celle de la substance blanche de la moelle épinière. *Lames médullaires du thalamus* (dans le cerveau). ◆ Qui forme la partie centrale (d'un organe) (opposé à *cortical*). *Substance médullaire de la glande surrénale.* ➤ **médullosurrénale.** *Substance médullaire du rein.*

MÉDULLEUX, EUSE [medylø, øz] **adj.** – 1842 ◇ du latin *medulla* « moelle » ■ BOT. Dont la moelle est abondante, en parlant d'une tige. *La tige du sureau est médulleuse.*

MÉDULLOSURRÉNALE [medylosyʀenal] **n. f.** – 1929 ◇ du latin *medulla* et *surrénale* ■ ANAT. Partie interne des capsules surrénales, sécrétant l'adrénaline.

MÉDUSE [medyz] **n. f.** – 1754 ◇ de *Méduse,* nom mythologique → méduser (étymologie) ■ **1** Animal marin nageur *(cnidaires)* formé de tissus transparents d'apparence gélatineuse, ayant la forme d'une cloche contractile (➤ **ombrelle**) sous laquelle se trouvent la bouche et les tentacules. *Filaments urticants des méduses.* ◆ Forme libre et sexuée des hydrozoaires. ■ **2** FAM. Sandale de plage en plastique transparent.

MÉDUSER [medyze] **v. tr.** ‹1› – 1606, rare avant 1838 ◇ du grec *Medousa,* l'une des trois Gorgones, à la tête hérissée de serpents et dont le regard pétrifiait ceux qui la fixaient ■ Frapper de stupeur. ➤ **pétrifier, stupéfier.** *« dès que la présence du terrible Prosper cessait un instant de la méduser »* HENRIOT. — *En rester médusé.* ➤ **interloqué, sidéré, stupéfait*.**

MEETING [mitiŋ] **n. m.** – 1786 ; *mitine* 1733 ◇ mot anglais, de *to meet* « rencontrer » ■ **1** Réunion publique organisée pour discuter une question d'ordre collectif, social ou politique. ➤ **manifestation, rassemblement.** *Tenir un meeting. Meeting électoral. « un grand meeting de protestation, présidé par Jaurès »* MARTIN DU GARD. ■ **2** PAR EXT. Démonstration (sportive,...) devant un vaste public. *Meeting d'athlétisme.* — *Meeting aérien, meeting d'aviation.* — Recomm. offic. *réunion.*

MÉFAIT [mefɛ] **n. m.** – *mesfait* 1160 ◇ p. p. de l'ancien verbe *méfaire,* de *mé-* et 1*faire* ■ **1** Action mauvaise, nuisible à autrui. ➤ **faute.** *Commettre les pires méfaits. Petits méfaits.* ➤ 3 **tour.** ■ **2** PAR EXT. Résultat pernicieux. ➤ **malfaisance.** *Les méfaits de l'alcoolisme.* ➤ **ravage.** ■ CONTR. Bienfait.

MÉFIANCE [mefjɑ̃s] **n. f.** – XVe ◇ de *méfier* ■ Disposition à se méfier ; état d'une personne qui se méfie. ➤ **défiance, doute.** *Avoir, éprouver de la méfiance à l'égard de qqn.* ➤ **suspicion.** *Éveiller, apaiser, dissiper la méfiance de qqn.* — PROV. *Méfiance est mère de sûreté.* ➤ **prudence.** ■ CONTR. Confiance.

MÉFIANT, IANTE [mefjɑ̃, jɑ̃t] **adj.** – 1642 ◇ p. prés. de *méfier* ■ Qui se méfie, est enclin à la méfiance. ➤ **défiant.** *« Il me semble qu'être intelligent, c'est, au premier chef, être méfiant, même à l'égard de soi-même »* LÉAUTAUD. *Naturel méfiant.* ➤ **craintif, timoré.** — *Regard, air méfiant.* ➤ **soupçonneux.** — SUBST. *Les méfiants.* ■ CONTR. Confiant.

MÉFIER (SE) [mefje] **v. pron.** ‹7› – fin XVe ◇ de *mé-* et *se fier* ■ **SE MÉFIER DE :** ne pas se fier (à qqn) ; se tenir en garde (contre les intentions de qqn). ➤ **se défier, se garder.** *Se méfier d'un flatteur, d'un inconnu. Je m'en méfie comme de la peste.* — *Méfiez-vous de votre crédulité, elle vous jouera des tours. Se méfier des promesses de qqn.* ➤ **douter.** *Méfiez-vous de l'eau qui dort*.* ◆ FAM. Se défier (de qqch.). *Méfiez-vous de cette porte.* ◆ ABSOLT Être sur ses gardes. *Méfie-toi, il n'est pas franc. Méfiez-vous, il y a une marche,* faites attention ! ■ CONTR. Confier (se), fier (se).

MÉFORME [mefɔʀm] **n. f.** – 1932 ◇ de *mé-* et *forme* ■ SPORT Mauvaise forme.

MÉGA ➤ **MÉGAOCTET**

MÉGA-, MÉGAL(O)-, -MÉGALIE ■ Éléments, du grec *megas, megalou* « grand » : *mégalithe, mégalomanie, splénomégalie.* **MÉGA-** (Emplois spéciaux) ■ **1** MÉTROL. Préfixe du système international (SYMB. M), qui multiplie par un million (10^6) l'unité dont il précède le nom : *mégahertz, mégajoule.* ◆ INFORM. Élément qui multiplie par 1 024 × 1 024, soit 2^{20}, l'unité d'information dont il précède le nom : *mégabit, mégaoctet, mégapixel.* — REM. Var. *még- (mégohm),* de l'anglais ■ **2** (Intensif) FAM. *Une mégafête.*

MÉGACÉROS [megaserɔs] **n. m.** – 1890 ◇ de *méga-* et du grec *keras* « corne » ■ PALÉONT. Grand cervidé fossile *(ruminants)* du quaternaire, aux bois immenses (jusqu'à 3 m d'envergure).

MÉGACÔLON [megakolɔ̃] **n. m.** – 1901 ◇ de *méga-* et *côlon* ■ MÉD. Dilatation anormale du gros intestin, accompagnée d'un épaississement de la paroi.

MÉGACYCLE [megasikl] **n. m.** – 1931 ◇ de *méga-* et *cycle* ■ MÉTROL. VX Unité de mesure de fréquence qui valait un million de cycles (par seconde). — ABUSIVEMENT Mégahertz.

MÉGADONNÉES [megadɔne] **n. f. pl.** – 2012 ◇ de *méga-* et *donnée* ■ Recomm. offic. pour remplacer l'anglicisme *big* data.*

MÉGAHERTZ [megaɛʀts] **n. m.** – 1963 ◇ de *méga-* et *hertz* ■ MÉTROL. Unité de mesure de fréquence (SYMB. MHz), valant un million de hertz par seconde.

MÉGALITHE [megalit] n. m. – 1867 ◊ de *méga-* et *-lithe* ■ ARTS Monument de pierre brute de grandes dimensions. *Mégalithes préhistoriques. Les mégalithes de l'île de Pâques.*

MÉGALITHIQUE [megalitik] adj. – 1865 ◊ de *mégalithe* ■ Qui est composé de mégalithes, caractérisé par des mégalithes. *Monuments mégalithiques.* ➤ **cromlech, dolmen, menhir, peulven.** *Ère, civilisation mégalithique.*

MÉGALO-, -MÉGALIE ➤ **MÉGA-**

MÉGALOMANE [megalɔman] adj. et n. – 1896 ◊ de *mégalo-* et *-mane* ■ MÉD. Qui est atteint de mégalomanie. ◆ COUR. Qui est d'un orgueil excessif, d'une ambition injustifiée. n. *Un, une mégalomane.* — ABRÉV. FAM. (1949) **MÉGALO.** *Elles sont complètement mégalos.*

MÉGALOMANIAQUE [megalɔmanjak] adj. – 1900 ◊ de *mégalomanie*, d'après *maniaque* ■ Qui dénote la mégalomanie. *Un projet mégalomaniaque. « l'époque est mégalomaniaque ! »* CÉLINE.

MÉGALOMANIE [megalɔmani] n. f. – 1865 ◊ de *mégalo-* et *-manie* ■ 1 MÉD. Comportement pathologique caractérisé par le désir excessif de gloire, de puissance ou par l'illusion qu'on les possède (délire, folie des grandeurs). *Mégalomanie du paranoïaque.* ■ 2 COUR. Ambition, orgueil démesurés ; goût du colossal.

MÉGALOPOLE [megalɔpɔl] n. f. – 1966 ◊ de *mégalo-* et *-pole*, d'après l'anglais *megalopolis*, du grec, pour désigner la vaste conurbation de la côte nord-est des États-Unis ■ 1 DIDACT. Agglomération urbaine très importante, formée de plusieurs grandes villes proches. *La mégalopole américaine, japonaise. La mégalopole européenne :* région urbaine qui s'étend de Londres à Milan. ■ 2 ABUSIVEMENT Mégapole.

MÉGAOCTET [megaɔktɛ] n. m. – milieu XXe ◊ de *méga-* et *octet* ■ INFORM. Unité de mesure de capacité de mémoire (SYMB. Mo), valant 2^{20} octets, soit environ un million d'octets. *10 mégaoctets.* — ABRÉV. FAM. **MÉGA.** *Un fichier de cinq mégas.*

MÉGAPHONE [megafɔn] n. m. – 1886 ◊ de *méga-* et *-phone*, par l'anglais ■ Appareil portatif servant à amplifier la voix. ➤ **porte-voix.**

MÉGAPOLE [megapɔl] n. f. – 1971 ◊ de *méga-* et *-pole* ■ Didact. Agglomération gigantesque de plusieurs millions d'habitants. ➤ **conurbation, mégalopole.** *Mexico, Tokyo, Le Caire, New York, mégapoles modernes.*

MÉGAPTÈRE [megaptɛʀ] n. m. – 1886 ◊ de *méga-* et *-ptère* ■ ZOOL. Mammifère cétacé, du type de la baleine (baleine à bosse). ➤ **jubarte.**

MÉGARDE [megaʀd] n. f. – XIIe *mesgarde* ◊ du v. *mesgarder*, de *més-* et *garder* ■ 1 VX Faute d'attention. ■ 2 MOD. loc. adv. **PAR MÉGARDE :** sans prendre garde, sans faire exprès. ➤ **involontairement** (cf. Par inadvertance). *« elle avait, par mégarde, renversé d'une table des objets qui s'étaient brisés »* LOTI. ■ CONTR. 2 Exprès, volontairement.

MÉGASTORE [megastɔʀ] n. m. – 1991 ◊ de l'anglais *megastore*, de *store* « magasin » ■ Grande surface spécialisée. *Les mégastores de la mode, du sport.*

MÉGATHÉRIUM [megateʀjɔm] n. m. – 1797 ◊ de *méga-* et du grec *thêrion* « bête sauvage » ■ PALÉONT. Grand mammifère fossile des ères tertiaire et quaternaire *(édentés)*, dont la forme rappelle celle du paresseux.

MÉGATONNE [megatɔn] n. f. – v. 1950 ◊ de *méga-* et 1 *tonne* ■ MÉTROL. Unité de mesure de masse valant un million (10^6) de tonnes. — NUCL. Unité d'évaluation de la puissance d'une arme nucléaire (SYMB. Mt), par comparaison avec l'énergie produite par l'explosion d'un million de tonnes de T. N. T.

MÉGAVIRUS [megaviʀys] n. m. – 2011 ◊ de *méga-* et *virus*, d'après le latin scientifique *Megavirus chilensis*, ce virus ayant été découvert au large du Chili ■ VIROL. Virus géant à ADN, plus grand que le mamavirus, doté d'un génome contenant plusieurs centaines de gènes.

MÉGAWATT [megawat] n. m. – 1963 ◊ de *méga-* et *watt* ■ MÉTROL. Unité de mesure de puissance (SYMB. MW), valant un million (10^6) de watts. *Centrale solaire produisant 20 mégawatts.*

MÉGÈRE [meʒɛʀ] n. f. – 1623 ◊ du latin *Megæra*, grec *Megaira*, n. d'une des Furies ■ Femme acariâtre et méchante. ➤ **chipie, furie, harpie ;** RÉGION. **gribiche.** *« Vous n'imaginez pas quel tissu d'horreurs l'infernale mégère lui a écrit sur mon compte »* LACLOS. *« La Mégère apprivoisée », titre français d'une comédie de Shakespeare.*

MÉGIR [meʒiʀ] ‹ 2 › ou **MÉGISSER** [meʒise] ‹ 1 › v. tr. – 1720, -1759 ◊ de *mégis* ■ TECHN. Tanner (une peau, un cuir) avec une préparation à base d'alun. *Cuir, chevreau mégi.*

MÉGIS [meʒi] n. m. – *megeis* XIIIe ◊ de l'ancien français *megier* « soigner », du latin *medicare* ■ 1 VX Bain d'eau, de cendre et d'alun utilisé pour mégir les peaux. ■ 2 adj. MOD. et TECHN. *Veau, mouton mégis, cuir mégis,* qui a été plongé dans le mégis.

MÉGISSERIE [meʒisʀi] n. f. – v. 1300 ◊ de *mégis* ■ TECHN. ■ 1 Art de préparer les cuirs utilisés en ganterie et pelleterie. ■ 2 Industrie, commerce des peaux mégies ; lieu où s'exerce cette industrie, ce commerce.

MÉGISSIER [meʒisje] n. m. – *megucier* 1205 ◊ de *mégis* ■ Ouvrier qui mégit les peaux, les cuirs. *Tablier de mégissier.* APPOS. *Ouvriers mégissiers.*

MÉGOHM [megom] n. m. – 1874 ◊ *méga-* et *ohm*, probablt par l'anglais *megohm* (1868) ■ MÉTROL. Unité de mesure de résistance électrique (SYMB. MΩ), valant un million (10^6) d'ohms. *Le mégohm est utilisé pour caractériser les isolants électriques.*

MÉGOHMMÈTRE [megommɛtʀ] n. m. – 1963 ◊ de *mégohm* et *-mètre* ■ PHYS. Appareil de mesure des très grandes résistances électriques. *Le mégohmmètre est un contrôleur d'isolement.*

MÉGOT [mego] n. m. – 1872 ◊ p.-ê. du dialectal *mégauder* « téter », de la famille de *mègue* « petit lait », gaulois °*mesigu-* ■ Bout de cigare ou de cigarette qu'on a fini de fumer. ➤ **clope.** *Cendrier plein de mégots.*

MÉGOTER [megɔte] v. intr. ‹ 1 › – 1932 ; « parier un cigare » argot scolaire 1902 ◊ de *mégot* ■ FAM. Lésiner, rechercher des profits dérisoires. *Il n'a pas mégoté, il a fait les choses en grand.* — n. m. **MÉGOTAGE,** 1960.

MÉHARÉE [meaʀe] n. f. – avant 1945 ◊ de *méhari* ■ Expédition, voyage fait avec des méharis.

MÉHARI [meaʀi] n. m. – 1853 ; *meherry* 1822 ; *el mahari* 1637 ◊ arabe d'Algérie *mehri* « de la tribu des Mahra » ■ Dromadaire d'Arabie, domestiqué en Afrique du Nord, et dressé pour les courses rapides. *Des méharis.* On emploie aussi le pluriel arabe *des mehara* [meaʀa]. *« Et tel le blanc méhari de race, que mes lèvres de neuf jours en neuf jours soient chastes de toute eau terrestre, et silencieuses »* SENGHOR.

MÉHARISTE [meaʀist] n. – 1885 ◊ de *méhari* ■ Personne qui monte un méhari. *Caravane de méharistes.* — SPÉCIALT n. m. Soldat des anciennes compagnies sahariennes montées. APPOS. *Officiers méharistes.*

MEILLEUR, E [mɛjœʀ] adj. – début XIIIe ; *meillor* 1080 ◊ latin *melior*, compar. de *bonus* « bon »

I Compar. de supériorité de *bon.* ■ 1 Qui l'emporte dans l'ordre de la bonté. *Les femmes « sont meilleures ou pires que les hommes »* LA BRUYÈRE. *Vouloir rendre l'humanité meilleure,* l'améliorer. *« Il faut toujours être meilleur Que l'homme que l'on voudrait être »* VERLAINE. ■ 2 Plus cour. Qui l'emporte dans l'ordre de la qualité, de l'agrément. *Vous avez meilleure mine qu'hier. Meilleure santé ! Je ne connais rien de meilleur.* ➤ 2 **dessus** (au-dessus). *C'est meilleur avec du beurre. Être de meilleure humeur. Article de meilleure qualité.* ➤ **supérieur.** *Meilleur marché**. *De meilleure heure :* plus tôt. *Il est meilleur peintre que dessinateur.* — RÉGION. (LOC.) *Avoir meilleur temps** *de.* ■ 3 adv. *Il fait meilleur aujourd'hui qu'hier,* le temps est meilleur. *Cette rose sent meilleur que celle-là.*

II LE MEILLEUR, LA MEILLEURE, superl. de *bon.* ■ 1 Que rien ni personne ne surpasse dans son genre. adj. *Le meilleur des hommes.* ➤ FAM. **crème.** *Les meilleurs esprits.* ➤ **excellent, supérieur.** *Le meilleur écrivain de son temps.* ➤ **premier.** *C'est son meilleur ami. Le meilleur moyen. Avec la meilleure volonté du monde. Dans le meilleur des cas.* ➤ **favorable, propice.** *Les meilleures conditions.* ➤ **optimal, optimum.** *La meilleure part. Je vous adresse mes vœux les meilleurs, mes meilleurs vœux.* — LOC. PROV. *Les plaisanteries les plus courtes sont les meilleures. Les meilleures choses ont une fin. « La raison du plus fort est toujours la meilleure »* LA FONTAINE. ➤ 1 **fort.** ELLIPT *J'en passe**, *et des meilleures.* IRON. *Tout va pour le mieux dans le meilleur des mondes.* ■ 2 SUBST. Personne supérieure aux autres. *Même les meilleurs renoncent. Les meilleurs d'entre nous. Que le meilleur gagne !* ◆ **LA MEILLEURE :** l'histoire la plus étonnante. *Ça alors, c'est la meilleure !* ◆ (Neutre) **LE MEILLEUR DE :** ce qu'il y a de plus valable en qqn, dans qqch. *Donner le meilleur de soi-même. Le meilleur de son talent. Le meilleur de ses pensées.* ➤ **quintessence.** *Le meilleur d'une société.* ➤ **élite, fleur, fleuron,** FAM. **gratin.** — LOC. *Être unis pour le meilleur et pour le pire,* pour les circonstances les plus heureuses comme pour les plus difficiles de la vie. *Garder le meilleur pour la fin.* ■ 3 (1910)

ANGLIC. SPORT *Prendre, avoir le meilleur sur :* prendre le dessus, l'emporter sur.
■ CONTR. Pire.

MÉIOSE [mejoz] **n. f.** – 1913 ; «décours d'une maladie» 1842 ◊ grec *meiosis* «décroissance» ■ BIOL. CELL. Division de la cellule en deux étapes aboutissant à la réduction de moitié du nombre des chromosomes et à quatre cellules filles haploïdes. ➤ aussi **mitose.** *Les gamètes sont produits par méiose. La méiose assure le passage du stade diploïde au stade haploïde.* — **adj. MÉIOTIQUE,** 1913. *Réduction méiotique.*

MEITNERIUM [majtnerjɔm] **n. m.** – avant 1994 ◊ du n. de la physicienne autrichienne *Lise Meitner* ■ CHIM. Élément atomique artificiel (Mt ; n° at. 109), dont tous les isotopes ont une durée de vie inférieure à 0,01 s. *Le meitnerium a été découvert en bombardant une cible de bismuth avec des noyaux de fer.*

MÉJANAGE [meʒanaʒ] **n. m.** – 1948 ◊ du provençal *mejan* «moyen» ■ TECHN. Classement des laines par qualité, longueur de fibre, etc.

MÉJUGER [meʒyʒe] **v. tr.** ⟨3⟩ – *mesjuger* XIIIe ◊ de *mé-* et *juger* ■ **1 tr. ind.** LITTÉR. **MÉJUGER DE :** estimer trop peu, se tromper sur (la valeur de). *Méjuger de qqn, des talents de qqn.* ■ **2** Juger mal. ➤ **déprécier, méconnaître, mésestimer.** *«l'amoureux qui se désole et méjuge l'amour»* GIDE. ■ **3 SE MÉJUGER v. pron. réfl.** Se sous-estimer par excès de modestie.

MEKTOUB [mɛktub] **interj.** et **n. m.** – 1913 ◊ de l'arabe *maktūb* «qui est écrit, prédestiné» ■ **(Maghreb)** Interjection exprimant un sentiment de fatalité. *C'est comme ça, mektoub !* — **n. m.** *Le mektoub,* le destin, la fatalité. *«Il y aura peut-être des morts. C'est encore loin. Et puis, on meurt même sans guerre. Affaire de mektoub»* M. FERAOUN. — On dit parfois *maktoub.*

MÉL. ➤ **E-MAIL** (rem.)

MÉLÆNA ➤ **MÉLÉNA**

MÉLAMINE [melamin] **n. f.** – 1835 ◊ de *melam,* substance chimique, et *amine* ■ CHIM. Composé cyclique contenant trois résidus de cyanamide et servant à la fabrication de résines synthétiques. — Ces résines. *Plateau de table recouvert de mélamine* (**MÉLAMINÉ, ÉE adj.**).

MÉLAMPYRE [melɑ̃piʀ] **n. m.** – 1795 ; *mélanopyron* 1615 ◊ grec *melampuron,* de *melas* «noir» et *puros* «grain» ■ BOT. Plante herbacée *(scrofulariacées)* dont certaines espèces comme le *mélampyre des prés* (appelé aussi *blé rouge, blé de vache, queue de renard*) vivent en parasites des céréales.

MÉLANCOLIE [melɑ̃kɔli] **n. f.** – v. 1175 ◊ bas latin *melancholia,* grec *melagkholia* «bile noire, humeur noire». Cf. *atrabilaire* ■ **1** MÉD. VX Bile noire, l'une des quatre humeurs, dont l'excès, selon la médecine ancienne, poussait à la tristesse. ➤ **hypocondrie.** ■ **2** MOD. État pathologique caractérisé par une profonde tristesse, un pessimisme généralisé. ➤ **dépression, neurasthénie.** *Mélancolie anxieuse, délirante.* ■ **3** (XVIIe) COUR. État d'abattement, de tristesse vague, accompagné de rêverie. ➤ **langueur, nostalgie, saudade, spleen, tædium vitæ.** *Tomber, sombrer dans la mélancolie* (cf. Vague* à l'âme). FAM. *Ne pas engendrer* la mélancolie. «La mélancolie, c'est le bonheur d'être triste»* HUGO. *«La mélancolie n'est que de la ferveur retombée»* GIDE. ALLUS. LITTÉR. *«Le soleil noir de la mélancolie»* NERVAL. ■ **4** LITTÉR. *Une mélancolie :* pensée, sentiment, attitude qui manifeste un tel état. ➤ 2 **chagrin.** *«nous ne valons que ce que valent nos inquiétudes et nos mélancolies»* MAETERLINCK. ■ **5** Caractère de ce qui inspire un tel état. *«la mélancolie du soir, celle de l'automne»* LOTI. ■ CONTR. Gaieté, joie.

MÉLANCOLIQUE [melɑ̃kɔlik] **adj.** – *melancholique* XIVe ◊ latin *melancholicus,* du grec *melagkholikos* ■ **1** Relatif à la mélancolie (2°). ♦ SUBST. *Un, une mélancolique.* ➤ **bilieux, dépressif, neurasthénique.** *«les mélancoliques nous offrent une image grossie de tout homme affligé»* ALAIN. ■ **2** En qui domine la mélancolie (3°). *Une personne rêveuse et mélancolique.* ➤ **pessimiste, sombre, ténébreux, triste*.** *Caractère, tempérament mélancolique.* ■ **3** Qui exprime, dénote ou inspire la mélancolie. *Air, attitude, regard, visage mélancolique. Être d'humeur mélancolique.* ➤ **cafardeux, désabusé,** 1 **morne,** 1 **morose, sombre, triste.** — *Une musique mélancolique.* ➤ **nostalgique.** *Paysage, site mélancolique.* — **adv. MÉLANCOLIQUEMENT,** 1549. *«jouir mélancoliquement du sentiment d'exil»* M. NDIAYE. ■ CONTR. Allègre, gai.

MÉLANÉSIEN, IENNE [melanezjɛ̃, jɛn] **adj.** et **n.** – 1837 ◊ de *Mélanésie,* du grec *melas* «noir» et *nêsos* «île» ■ De Mélanésie. *L'art mélanésien.* — **n.** *Les Papous sont des Mélanésiens.* — **n. m.** *Le mélanésien :* l'ensemble des langues mélanésiennes.

MÉLANGE [melɑ̃ʒ] **n. m.** – 1538 n. f. ; *meslinge* 1380 ◊ de *mêler* ■ **1** Action de mêler, de se mêler. *Faire, opérer un mélange, le mélange de divers éléments.* ➤ **alliage, alliance, assemblage, association, combinaison, fusion, mixtion,** 1 **union.** *Doser les éléments d'un mélange. Mélange de matières à haute température, dans un four.* ➤ **alliage, amalgame.** *Mélange de vins.* ➤ **coupage.** ♦ PAR EXT. *Mélange et fusion de populations, de groupes ethniques.* ➤ 1 **brassage, métissage ; melting-pot.** ABSOLT *«c'est le croisement, le mélange qui ouvre dans tous les sens les possibilités de dépassement, de nouveauté, de développement»* E. MORIN. ■ **2** LOC. **SANS MÉLANGE :** pur. *Substance à l'état isolé et sans mélange.* — FIG. *Un bonheur sans mélange.* ■ **3** Ensemble résultant de l'union de choses différentes, d'éléments divers. ➤ **amalgame, amas, assemblage, mixte, réunion.** *Mélange complexe, compliqué, intime, inextricable* (➤ **emmêlement, enchevêtrement**), *confus, disparate, hétéroclite* (➤ **confusion, fatras, fouillis, méli-mélo, pêle-mêle, salmigondis**). *Ingrédients d'un mélange. Un mélange de farine et d'œufs. Mélange de salades.* ➤ **mesclun.** *Le vert est un mélange de bleu et de jaune. L'air est un mélange gazeux.* ♦ CHIM., TECHN. Association de plusieurs éléments, de plusieurs corps rendus indistincts, mais qui conservent leurs propriétés spécifiques (de sorte qu'ils demeurent séparables par des moyens mécaniques). ➤ **combinaison, composé.** *Les solutions sont des mélanges moléculaires. Composition, analyse d'un mélange. Mélange détonant*. Mélange explosif*. Mélange pharmaceutique.* ➤ **mixture, préparation.** — *Mélange carburant. Mélange deux temps :* carburant composé d'essence et d'huile pour moteur à deux temps. ABSOLT *Mélange riche, pauvre.* ♦ *Mélange de boissons.* ➤ **cocktail, mixture.** *Mélange de bière et de limonade.* ➤ **panaché.** *«l'estomac tout barbouillé des quatre sortes d'alcools dont il avait eu l'imprudence de faire le mélange»* PEREC. ♦ Assemblage de choses diverses. ➤ **assemblage, composé.** *«le gros chien Riquet, qui était un affreux mélange de saint-bernard et d'épagneul»* ARAGON. *Mélange de courage et de faiblesse. Mélange de vérités et de mensonges.* ➤ **tissu.** *Mélange des styles, des genres. Mélange d'idées, de doctrines.* ➤ **syncrétisme.** ■ **4** DIDACT. **MÉLANGES,** titre de recueils sur des sujets variés. ➤ **miscellanées, variétés.** *«Mélanges littéraires, mélanges historiques»,* de Voltaire. *«Mélanges politiques»,* de Chateaubriand. — SPÉCIALT Ouvrage composé d'articles réunis et dédiés à un maître par ses amis, ses disciples. ■ CONTR. Discrimination, séparation, 1 tri.

MÉLANGÉ, ÉE [melɑ̃ʒe] **adj.** – XVIe ◊ de *mélanger* ■ Qui n'est pas pur. *Vin mélangé. Coton mélangé.* ♦ Qui constitue un mélange. ➤ **hétéroclite, mixte.** *Sentiments mélangés,* complexes, contradictoires. — PÉJ. *Une assistance, une société assez mélangée,* formée d'éléments inégalement appréciés. ■ CONTR. Pur.

MÉLANGER [melɑ̃ʒe] **v. tr.** ⟨3⟩ – 1549 ◊ de *mélange* ■ **1** Unir (des choses différentes) de manière à former un tout. ➤ **allier, associer, combiner, incorporer, marier** (FIG.), **mêler, réunir, unir.** *Mélanger des liquides en les agitant, en les brassant. «Elle se faisait un fond de teint avec des crèmes qu'elle mélangeait dans une soucoupe»* GIONO. *Mélanger une chose à une autre, avec une autre, et une autre. Mélanger deux choses ensemble. Bien mélanger le sucre et la farine avant d'ajouter les œufs. Mélanger l'huile avec le vinaigre. Mélangez et agitez* (➤ **mixeur**). — PRONOM. *L'huile et l'eau ne se mélangent pas.* ♦ ÉLECTRON. Combiner (deux signaux) pour effectuer une transposition de fréquence. ■ **2** Mettre ensemble (des choses) sans chercher ou sans parvenir à (les) ordonner. ➤ **brouiller, emmêler.** *Il a mélangé tous les dossiers, toutes les fiches. Mélanger les cartes.* ➤ **battre.** *Mélanger des dates dans sa mémoire.* ➤ **confondre.** *Il ne faut pas mélanger les torchons* et les serviettes. Vous mélangez tout. Il ne faut pas tout mélanger.* — LOC. FAM. *Se mélanger les crayons, les pédales, les pieds, les pinceaux :* s'embrouiller. ➤ **emmêler.** ■ CONTR. Cribler, démêler, dissocier, 1 ranger, séparer, trier.

MÉLANGEUR [melɑ̃ʒœʀ] **n. m.** – 1867 ◊ de *mélanger* ■ **1** Appareil servant à mélanger des substances. *Mélangeur industriel* (chimie, pharmacie). — SPÉCIALT *Mélangeur d'eau froide et d'eau chaude,* constitué d'un bec et de deux robinets de commande. APPOS. *Robinet mélangeur. Remplacer un mélangeur par un mitigeur*.* ■ **2** ÉLECTRON. Dispositif électronique effectuant une transposition de fréquence. — Appareil permettant de faire la somme pondérée de différents signaux. *Mélangeur de sons* (➤ **mixage**).

MÉLANINE [melanin] **n. f.** – 1855 ; *mélaïne* 1846 ◊ de *mélan(o)-* ■ BIOCHIM. Pigment brun foncé qui donne la coloration (pigmentation) à la peau, aux cheveux, à l'iris. *La mélanine est* *très abondante chez les Noirs (dits mélanodermes). Excès de mélanine.* ➤ **nævus ; mélanome.** *Absence congénitale de mélanine.* ➤ **albinisme.**

MÉLANIQUE [melanik] **adj.** – 1840 ◊ de *mélan(o)-* ■ BIOL., MÉD. Relatif à la mélanine, caractérisé par la présence de mélanine. *Pigment mélanique. Sarcome mélanique* (**n. m. MÉLANOSARCOME**). *Tumeur mélanique.* ➤ **mélanome.**

MÉLANISME [melanism] **n. m.** – 1840 ◊ de *mélan(o)-* ■ BIOL. Aptitude à fabriquer des pigments mélaniques en grande quantité ; état qui en résulte. — MÉD. Coloration anormalement foncée de la peau. *Mélanisme diffus.* ➤ **mélanodermie.** *Mélanisme circonscrit* (➤ **éphélide, nævus**). ■ CONTR. Albinisme.

MÉLAN(O)- ■ Élément, du grec *melas, melanos* « noir ».

MÉLANOCYTE [melanɔsit] **n. m.** – 1912 ◊ de *mélano-* et *-cyte* ■ BIOL. CELL. Cellule synthétisant la mélanine. *Les mélanocytes de l'épiderme, des follicules pileux,* responsables de la pigmentation de la peau, des poils.

MÉLANODERMIE [melanodɛʀmi] **n. f.** – 1867 ◊ de *mélano-* et *-dermie* ■ MÉD. Pigmentation excessive de la peau, régionale ou généralisée. ➤ **mélanisme.** *Mélanodermie du paludisme.*

MÉLANOME [melanom] **n. m.** – 1867 ◊ de *mélan(o)-* et *-ome* ■ PATHOL. Tumeur constituée par des cellules généralement pigmentées, capables de produire de la mélanine. *Mélanome bénin.* ➤ **nævus.** *Mélanome malin* (**n. m. MÉLANOBLASTOME**).

MÉLANOSE [melanoz] **n. f.** – 1814 ◊ grec *melanôsis* « noircissement » ■ PATHOL. Accumulation anormale de mélanine dans les tissus. *Mélanose de la conjonctive, du côlon, de la peau.* ➤ **mélanisme.** ◆ *Mélanose de la vigne* : maladie de la vigne se manifestant par des taches sombres sur les feuilles.

MÉLANOSTIMULINE [melanostimylin] **n. f.** – 1971 ◊ de *mélano-* et *stimuline* ■ BIOCHIM. Hormone élaborée par le lobe intermédiaire de l'hypophyse et qui agit sur les mélanocytes pour stimuler la synthèse de la mélanine.

MÉLANT, ANTE [melɑ̃, ɑ̃t] **adj.** – 1947 ◊ de *mêler* ■ (Canada) ■ **1** Difficile à comprendre. ➤ **confus, embrouillé.** *Une question, une intrigue mêlante.* ■ **2** LOC. FAM. *C'est pas mêlant* : c'est bien simple. *« C'est pas mêlant, j'ai l'impression de me faire avoir, moi, dans cette histoire-là »* M. LABERGE.

MÉLASSE [melas] **n. f.** – *mellaces* 1521 ◊ latin médiéval *omellacea*, de *mel, mellis* « miel » ■ **1** Résidu sirupeux de la cristallisation du sucre. *Mélasse de canne, de betterave. Distillation des mélasses.* ■ **2** FAM. Brouillard épais, boue. ◆ FIG. Situation pénible et inextricable. *Être dans la mélasse.* ➤ **panade, purée.** — Mélange confus. *Quelle mélasse !*

MÉLATONINE [melatɔnin] **n. f.** – v. 1960 ◊ de *mélano-*, radical *ton-* et *-ine*, par l'anglais ■ BIOCHIM. Hormone synthétisée dans l'épiphyse à partir de la sérotonine, et qui joue un rôle essentiel dans les rythmes biologiques, appelée aussi *hormone du sommeil.*

MELBA [mɛlba] **adj. inv.** – v. 1900 ◊ du n. de la cantatrice *Nellie Melba* ■ *Pêches, fraises melba* (ou *Melba*), dressées dans une coupe sur une glace à la vanille et nappées de crème chantilly. — **n. f.** *Commander deux melbas.*

MELCHIOR [mɛlkjɔʀ] **n. m.** – 1858 ◊ altération de *maillechort* ■ Maillechort. *Elle « essuya les plateaux des deux balances de melchior »* ZOLA.

MELCHITE ou **MELKITE** [mɛlkit] **n.** – 1666, -1690 ◊ du syriaque *melech* « roi » ■ RELIG. Chrétien de l'Église byzantine des patriarcats d'Alexandrie, Jérusalem et Antioche.

MÊLÉ, ÉE [mele] **adj.** – XIIe ◊ de *mêler* ■ **1** Constitué d'éléments divers ou disparates. *Couleurs mêlées, tons mêlés. « Littérature et philosophie mêlées »,* de Hugo. — *Sang mêlé.* ➤ **sang-mêlé.** — *Société très mêlée.* ➤ **bigarré, composite.** ■ **2** (1945) (Canada) PERSONNES *Être mêlé,* perdu ; perturbé. *« Elle était si mêlée, si malheureuse à l'époque »* M. LABERGE. *Un touriste un peu mêlé.* ➤ **désorienté.** *C'est bien mêlé dans sa tête.* ➤ **confus, embrouillé.**

MÉLÉAGRINE [meleagʀin] **n. f.** – fin XIXe ; « coquille » 1839 ◊ de *Méléagre,* nom mythologique ■ ZOOL. Mollusque *(lamellibranches),* huître perlière. ➤ **pintadine.**

MÊLÉCASSE ou **MÊLÉ-CASSE** [melekɑs] **n. m.** – *mêlé-cas'* 1876 ◊ pour *mêlé-cassis,* de *mêler* et 1*cassis* ■ POP. et VIEILLI Mélange d'eau-de-vie et de cassis. *Des mêlécasses, des mêlés-casses.* ◆ FAM. *Voix de mêlécasse,* rauque comme celle des ivrognes. ➤ **rogomme.**

MÊLÉE [mele] **n. f.** – 1080 ◊ de *mêler* ■ **1** Confusion de combattants au corps à corps. ➤ **bataille, cohue, combat.** *Mêlée confuse, générale, sanglante.* ◆ Lutte, conflit. *Il a reçu un coup de poing dans la mêlée.* ➤ **bagarre, rixe.** *Se jeter dans la mêlée* (cf. Descendre dans l'arène*). *Rester au-dessus, hors de la mêlée.* ■ **2** Ensemble de personnes, de choses mêlées. ◆ Phase du jeu de rugby, dans laquelle plusieurs joueurs de chaque équipe sont groupés autour du ballon à terre *(mêlée spontanée)* ou pour attendre que le ballon soit placé sur le sol, au milieu d'eux *(mêlée ordonnée). Mêlée ouverte.* ➤ **maul.** *Demi* de mêlée.*

MÉLÉNA ou **MÉLÆNA** [melena] **n. m.** – 1806 ; 1803 *mélène* ◊ du grec *melaina,* fém. de *melas* « noir » ■ MÉD. Évacuation de selles de couleur très foncée, contenant du sang digéré. ➤ aussi **rectorragie.** *Le méléna provient d'une hémorragie de la partie supérieure du tube digestif.*

MÊLER [mele] **v. tr.** ⟨1⟩ – 1080 *mesler* ; Xe *mescler* ◊ bas latin *misculare,* classique *miscere*

I ~ **v. tr.** ■ **1** (Rare en emploi concret) Unir, mettre ensemble (plusieurs choses différentes) de manière à former un tout. ➤ **amalgamer, combiner, fondre, fusionner, mélanger, unir.** *Mêler des substances. Mêler des sons, des odeurs. Rivières qui mêlent leurs eaux.* ➤ **confondre.** ◆ Réunir (des choses abstraites) réellement ou par la pensée. *Mêler plusieurs sujets, plusieurs thèmes dans une œuvre. Il mêle dans sa réprobation les gens les plus divers.* ■ **2** Manifester à la fois dans sa personne (des qualités différentes ou opposées). ➤ **allier, joindre.** *Mêler douceur et fermeté.* ■ **3** LITTÉR. Mettre en un désordre inextricable. ➤ **brouiller, embrouiller, mélanger ; méli-mélo.** *Il a mêlé tous mes papiers, toutes les notes que j'avais prises. Mêler des fils.* ➤ **emmêler.** COUR. *Mêler les cartes.* ➤ **battre, brouiller.** ◆ (Canada) FAM. Embrouiller, troubler (qqn). *Le gouvernement tente de mêler les gens.* ■ **4** Ajouter (une chose) à une autre, mettre (une chose) avec une autre, dans une autre sans qu'il y ait forcément mélange. *Un film qui mêle le rêve et la réalité.* — **MÊLER À...** *« Des fleurs légères Que tu mêlais parfois à tes cheveux dorés »* ARAGON. *Mêler des détails pittoresques à un récit. « Les annales humaines se composent de beaucoup de fables mêlées à quelques vérités »* CHATEAUBRIAND. — **MÊLER AVEC...** *Mêler la danse avec la musique.* — **MÊLER DE...** *Mêler un récit d'allusions médisantes. Blanc mêlé de bleu. Joie mêlée de crainte.* ■ **5** Faire participer (qqn) à qqch. *Mêler qqn à une affaire.* ➤ **associer, impliquer.** *Il a été mêlé à une affaire louche. Je ne veux pas être mêlé à ça.*

II ~ **v. pron. SE MÊLER A.** CHOSES Être mêlé, mis ensemble. *Odeurs qui se mêlent. Fleuves qui se rencontrent et se mêlent.* ➤ **fusionner,** se **mélanger.** ◆ **SE MÊLER À, AVEC :** se joindre, s'unir pour former un tout. *L'heure « où le suc de la mort, le long des veines, vient se mêler au sang du cœur ! »* BERNANOS. — IMPERS. *Il se mêle du dépit à sa colère.* ➤ **entrer** (il entre... dans).

B. PERSONNES ■ **1** Se joindre à (un ensemble de gens), aller avec eux pour ne former qu'un seul groupe. *Ils se mêlèrent à nous. Se mêler à la foule. « il s'agit de ne pas se faire remarquer et de se mêler discrètement à l'équipage... »* HERGÉ. ■ **2** Participer, prendre part (à une activité). ➤ **s'associer, participer.** *Se mêler à la conversation. « Ils appartenaient à un parti. Ils se mêlaient à tous les grands remous sociaux »* GIRAUDOUX. ■ **3** SPÉCIALT **SE MÊLER DE** (suivi d'un subst., d'un inf.). ➤ **s'occuper** (de). *« La politique est l'art d'empêcher les gens de se mêler de ce qui les regarde »* VALÉRY. *Elle se mêle de tout.* — FIG. *« un enfantillage devient grave quand l'orgueil s'en mêle »* MUSSET. ◆ *Se mêler des affaires d'autrui.* ➤ **s'entremettre, s'immiscer, s'ingérer, intervenir.** *Mêlez-vous de vos affaires, de ce qui vous regarde ! De quoi se mêle-t-il, celui-là ! « Je vous demande un peu ! De quoi je me mêle ! Oui, de quel droit vient-il me donner des leçons »* R. GUÉRIN. — LOC. FAM. *Mêle-toi de tes oignons !* (cf. Occupe-toi de tes fesses* !). ■ **4** S'aviser de. *Lorsqu'il se mêle de travailler, il réussit mieux qu'un autre.*

C. SENS RÉGIONAL (Canada) ■ **1** (1970) Se perdre, s'égarer. *Ils se sont mêlés en sortant de l'autoroute.* ■ **2** Se tromper. *Se mêler dans un discours.* ➤ **s'embrouiller.**

■ CONTR. Démêler, dissocier, isoler, séparer. Classer, trier.

MÊLE-TOUT [mɛltu] **n. inv.** /MÊLETOUT **n.**/ – date inconnue ◊ de *mêler* et *tout* ■ RÉGION. (Nord, Belgique) Personne qui aime se mêler des affaires d'autrui, qui est indiscrète.

MÉLÈZE [melɛz] **n. m.** – 1552 ◊ mot du Dauphiné, du roman °*melice,* croisement des noms gaulois (radical *mel-*) et latin *(larix)* de cet arbre ■ Grand conifère des montagnes d'Europe *(pinacées),* aux aiguilles fines, molles et caduques et aux cônes dressés. *Le bois de mélèze, utilisé en menuiserie, fournit aussi une résine* (térébenthine de Venise).

MÉLIA [melja] **n. m.** – 1812 ◊ du grec *melia* «frêne» ▪ BOT. Petit arbre d'Asie *(méliacées)* appelé aussi *lilas des Indes,* à fleurs odorantes pourpres, cultivé en Europe. *Des mélias.*

MÉLILOT [melilo] **n. m.** – 1322 ◊ latin *melilotum*, grec *melilôtos*, de *meli* «miel» et *lôtos* «lotus» ▪ Plante herbacée rudérale *(légumineuses),* aux fleurs jaunes en grappes dressées. *Le mélilot est utilisé comme fourrage.*

MÉLI-MÉLO [melimelo] **n. m.** /MÉLIMÉLO/ – 1851 ◊ altération, à partir de *mêler*, de *pêle-mêle*. Le mot est relevé en 1834 dans les dialectes de la région normanno-picarde. ▪ FAM. Mélange très confus et désordonné. *Quel méli-mélo ! une chatte n'y retrouverait pas ses petits.* ➤ **capharnaüm, confusion, embrouillamini, fouillis, gâchis.** *Des mélis-mélos.* — Salade composée. ◆ FIG. *Cette affaire, quel méli-mélo !*

MÉLINITE [melinit] **n. f.** – 1855 ◊ d'après le latin *melinus*, du grec *mêlinos* «couleur de coing» ▪ Explosif à base d'acide picrique fondu. *Obus à la mélinite.*

MÉLIORATIF, IVE [meljɔʀatif, iv] **adj.** – 1897 ; «qui sert à améliorer» v. 1200 ◊ du latin *meliorare*, d'après *péjoratif* ▪ LING. Qui présente sous un jour favorable. *Adjectif mélioratif.* SUBST. *Les mélioratifs.* ▪ CONTR. Péjoratif.

1 **MÉLIQUE** [melik] **n. f.** – 1791 ◊ italien *melica*, du latin *milium* «millet» ▪ BOT. Plante herbacée des régions tempérées *(graminées),* à tiges grêles, épis blancs et soyeux constituant un fourrage.

2 **MÉLIQUE** [melik] **adj.** – v. 1900 ◊ grec *melikos* «qui concerne le chant» ▪ HIST. LITTÉR. Se dit de la poésie lyrique grecque, et SPÉCIALT de la poésie chorale.

MÉLISSE [melis] **n. f.** – XIIIe ◊ latin médiéval *melissa*, du grec *melissophullon*, littéralt «feuille à abeilles» ▪ **1** Plante herbacée aromatique mellifère *(labiées).* ➤ **citronnelle.** *L'essence de mélisse officinale entre dans la composition de liqueurs (bénédictine, chartreuse). — Mélisse des bois.* ➤ **mélitte.** ▪ **2 EAU DE MÉLISSE :** alcoolat d'essence de mélisse (antispasmodique, calmant).

MÉLITOCOCCIE [melitɔkɔksi] **n. f.** – 1911 ◊ mot formé sur *Melita*, nom latin de *Malte*, par analogie avec les noms de maladies en *-coccie (gonococcie, pneumococcie)* ▪ MÉD. Fièvre de Malte. ➤ **brucellose.**

MÉLITTE [melit] **n. f.** – *mélite* 1808 ◊ grec (attique) *melitta* «abeille» ▪ Espèce mellifère *(labiées)* différente de la mélisse officinale, dite aussi *mélisse des bois. La mélitte a longtemps été un remède préconisé contre la goutte.* ▪ HOM. Mellite.

MELKITE ➤ **MELCHITE**

MELLIFÈRE [melifɛʀ] **adj.** – 1523, repris 1812 ◊ latin *mellifer* ▪ DIDACT. ▪ **1** Qui produit du miel. *Insectes mellifères.* ▪ **2** *Plante mellifère,* dont le nectar est utilisé par les abeilles pour élaborer le miel.

MELLIFICATION [melifikasjɔ̃] **n. f.** – 1610, repris 1803 ◊ du latin *mellificare* ▪ DIDACT. Élaboration du miel par les abeilles.

MELLIFLU, UE ou **MELLIFLUE** [melifly] **adj.** – 1495 ◊ latin *mellifluus* «d'où coule le miel» ▪ **1** VX Qui distille du miel. ▪ **2** FIG. et LITTÉR. Qui a la suavité du miel. — PÉJ. ➤ **doucereux, fade.** *«Style baveux, melliflue»* BAUDELAIRE.

MELLITE [melit] **n. m.** – 1808 ◊ latin *mellitus* «de miel» ▪ PHARM. Médicament sirupeux à base de miel. ▪ HOM. Mélitte.

MÉLO ➤ **MÉLODRAME**

MÉLO- ▪ Élément, du grec *melos* «chant», d'où «musique» : *mélodrame.*

MÉLODIE [melɔdi] **n. f.** – XIIe ◊ bas latin *melodia*, du grec *melôdia* ▪ **1** Succession ordonnée de sons dont l'écriture linéaire constitue une forme. — Composition musicale, formée d'une suite de phrases ayant ce caractère. ➤ 3 **air,** 2 **aria.** *Motif, rythme d'une mélodie. Fredonner une mélodie. Mélodie monotone.* ➤ **mélopée.** ▪ **2** (1844) Pièce vocale composée sur le texte d'un poème, avec accompagnement. ➤ 1 **chant ; chanson, lied.** *Mélodies de Fauré, de Debussy sur des vers de Verlaine.* ▪ **3** Caractère, qualité d'une musique où la mélodie est particulièrement sensible (par rapport à l'harmonie, au rythme). *Musique sans mélodie, qui manque de mélodie.*

MÉLODIEUX, IEUSE [melɔdjø, jøz] **adj.** – XIIIe ◊ de *mélodie* ▪ Agréable à l'oreille (en parlant d'un son, d'une succession ou d'une combinaison de sons). ➤ **harmonieux.** *Air, chant, gazouillement mélodieux. Voix mélodieuse.* ➤ **doux,** 1 **musical.** ◆ PAR EXT. Qui produit des sons agréables. *Oiseau mélodieux.* — adv. **MÉLODIEUSEMENT.**

MÉLODIQUE [melɔdik] **adj.** – 1733 ; *melodic* 1600 ◊ de *mélodie* ▪ **1** Qui a rapport à la mélodie. *Période, phrase, thème mélodique. Intervalle mélodique. Dessin, ligne, profil mélodique :* ensemble des rapports de continuité qui existent entre les sons d'une mélodie, relativement à leur hauteur. *Ligne mélodique ascendante.* ▪ **2** Qui a les caractères de la mélodie. *Morceau mélodique. La phrase «m'avait paru trop peu mélodique, trop mécaniquement rythmée»* PROUST.

MÉLODISTE [melɔdist] **n.** – 1811 ◊ de *mélodie* ▪ MUS. Compositeur dont les œuvres sont marquées par l'importance ou la qualité de la mélodie.

MÉLODRAMATIQUE [melɔdʀamatik] **adj.** – 1829 ◊ de *mélodrame* ▪ **1** Qui a rapport au mélodrame. *Répertoire mélodramatique.* ▪ **2** Qui tient du mélodrame, l'évoque, par l'outrance des expressions et des sentiments. *«le mari les poings crispés et arpentant la chambre d'un air mélodramatique»* GAUTIER.

MÉLODRAME [melɔdʀam] **n. m.** – 1762 ◊ de *mélo-* et *drame* ▪ **1** ANCIENNT Œuvre dramatique accompagnée de musique. ▪ **2** (1788) Drame populaire dont, à l'origine, un accompagnement musical soulignait certains passages et que caractérisent l'invraisemblance de l'intrigue et des situations, la multiplicité des épisodes violents, l'outrance des caractères et du ton. *Le traître du mélodrame. «Vive le mélodrame où Margot a pleuré !»* MUSSET. — PÉJ. *Héros, personnage, scène, style de mélodrame.* — Œuvre (théâtrale ou non) qui tient du mélodrame. *Ce film est un véritable mélodrame !* ▪ **3** Situation réelle semblable à un mélodrame. *Faire un, du mélodrame.* ◆ ABRÉV. FAM. (1872) **MÉLO** [melo]. *Aimer les mélos. Nous voilà en plein mélo !* — **adj.** *Un film mélo. Une histoire un peu mélo.*

MÉLOÉ [melɔe] **n. m.** – 1700 ◊ latin moderne, d'origine inconnue, p.-ê. du grec *melos* «noir» ▪ ZOOL. Insecte vésicant *(coléoptères),* noir ou bleu, à élytres très courts.

MÉLOMANE [melɔman] **n.** – 1781 ◊ de *mélo-* et *-mane* ▪ Personne qui est passionnée de musique classique. *C'est une mélomane.* — **adj.** *Peuple mélomane.*

MELON [m(ə)lɔ̃] **n. m.** – XIIIe ◊ latin *melo, onis* ▪ **1** Plante originaire d'Asie occidentale *(cucurbitacées),* herbacée, rampante ou grimpante, dont les fruits, sphériques ou ovoïdes, ont une chair comestible, juteuse et sucrée, orangée ou vert clair. *Cultiver des melons sous cloches, sous châssis, sur couche.* ➤ **melonnière.** *Variétés de melons.* ➤ **cantaloup,** 2 **cavaillon.** *Melon d'hiver* ou *melon d'Espagne,* ovoïde, à peau vermiculée et chair blanche. ▪ **2** Le fruit lui-même. *Savoir choisir un melon. Côtes d'un melon. Manger un melon, du melon, une tranche de melon. Melon au porto, au jambon de Parme.* — PAR EXT. *Melon d'eau.* ➤ **pastèque.** ▪ **3** (fin XIXe) APPOS. *Chapeau melon,* et ELLIPT *un melon :* chapeau d'homme en feutre rigide, de forme ronde et bombée. *Des chapeaux melon, des melons.* ▪ **4** (1833) POP. Tête. *Attraper, choper, prendre le melon :* devenir prétentieux (cf. Avoir la grosse tête*). *«Rose a le melon, c'est tout, elle se croit, elle utilise des mots pour se rendre intéressante»* M. DARRIEUSSECQ. ▪ **5** (1838) ARG. SCOL. Élève de première année, à Saint-Cyr. ▪ **6** (XXe) POP. ET PÉJ. (injure raciste) Nord-Africain, maghrébin.

MELONNIÈRE [m(ə)lɔnjɛʀ] **n. f.** – *melonière* 1534 ◊ de *melon* ▪ Champ, terrain réservé à la culture des melons.

MÉLOPÉE [melɔpe] **n. f.** – 1578 ◊ bas latin *melopoeia*, du grec ▪ **1** HIST. MUS. Dans l'Antiquité, Passage chanté. *«Le récitatif italien est précisément la mélopée des anciens»* VOLTAIRE. ▪ **2** COUR. Chant, mélodie monotone. *«une sorte de mélopée lente et lugubre»* LOTI.

MÉLOPHAGE [melɔfaʒ] **n. m.** – 1839 ◊ latin des zoologistes *melophagus*, du grec *mêlon* «mouton» et *-phage* ▪ ZOOL. Insecte *(diptères),* parasite du mouton.

MELTING-POT [mɛltiŋpɔt] **n. m.** – 1927 ◊ mot anglais, de *to melt* «fondre» et *pot* ▪ ANGLIC. ▪ **1** HIST. Brassage et assimilation des divers éléments démographiques, lors du peuplement des États-Unis, notamment au XIXe siècle. ▪ **2** Lieu où se rencontrent des personnes différentes, des idées différentes. *Des melting-pots musicaux.*

MÉLUSINE [melyzin] **n. f.** – 1922 ◊ de *Mélusine*, n. d'une fée ▪ Feutre à poils longs et souples utilisé en chapellerie.

MEMBRANAIRE [mɑ̃bʀanɛʀ] **adj.** – v. 1978 ◊ de *membrane* ▪ BIOL. Qui se rapporte à la membrane. *Protéines, enzymes membranaires.*

MEMBRANE [mɑ̃bʀan] **n. f.** – v. 1370 ◊ latin *membrana*, de *membrum* «membre» ▪ **1** ANAT. Mince couche de tissu qui enveloppe un organe, qui tapisse une cavité ou un conduit naturel (➤ **muqueuse**). *Fine membrane.* ➤ **pellicule.** *Membranes muqueuses, séreuses, fibreuses, élastiques. Membranes du corps humain* (aponévrose, choroïde, cornée, endocarde, épendyme, hyaloïde, méninge, péricarde, périoste, péritoine, sclérotique, tympan). *Fausse membrane :* exsudat riche en fibrine, ayant l'aspect d'une membrane, formé à la surface d'une muqueuse dans certaines inflammations (➤ **couenneux**). — *Membranes fœtales :* amnios, chorion, déciduale. ABSOLT *Rupture des membranes lors de l'accouchement* (cf. Poche* des eaux). — ZOOL. *Membranes alaires de la chauve-souris. Membrane nictitante*.* ◆ BOT. Tissu végétal, couche cellulaire servant d'enveloppe, de cloison. *L'épiderme d'une tige est une membrane.* ▪ **2** BIOL. CELL. Couche de phospholipides associés à du cholestérol et des protéines, généralement semi-perméable, constituant une limite. *Les membranes cellulaires renferment des récepteurs qui transmettent les stimulus extérieurs. Membrane plasmique,* renfermant le contenu de la cellule. *Membrane nucléaire,* séparant le noyau du cytoplasme. *Membrane vacuolaire,* délimitant les vacuoles. *Membrane basale :* couche extracellulaire sous un épithélium. — *Membrane cellulaire des végétaux,* essentiellement formée de cellulose. *Membranes lignifiées.* ▪ **3** PHYS., CHIM. Mince cloison. *Membrane semi-perméable.* ◆ *Membrane vibrante :* feuille mince (aluminium, matière plastique) destinée à communiquer à une masse d'air importante les vibrations mécaniques qui lui sont imposées par l'organe mobile d'un haut-parleur.

MEMBRANEUX, EUSE [mɑ̃bʀanø, øz] **adj.** – 1538 ◊ de *membrane* ▪ **1** Qui est de la nature d'une membrane. *Tissus membraneux.* — ZOOL. *Ailes membraneuses,* sans chitine (opposé à *élytres*). ▪ **2** MÉD. Caractérisé par la présence de fausses membranes. *Bronchite membraneuse.*

MEMBRANOPHONE [mɑ̃bʀanɔfɔn] **n. m.** – 1963 ◊ de *membrane* et *-phone,* d'après l'allemand *Membranophon* (1914, Sachs-Hornbostel) ▪ MUS. Instrument de musique dont les sons sont produits par la vibration d'une membrane tendue sur un cadre. *Le tambour, les timbales, le mirliton sont des membranophones.*

MEMBRE [mɑ̃bʀ] **n. m.** – 1080 ◊ latin *membrum*

I ▪ **1** Chacune des quatre parties appariées du corps humain qui s'attachent au tronc. *«Les membres sont des leviers articulés composés de trois segments»* CARREL. *La tête, le tronc et les membres. Membre supérieur :* bras, avant-bras et main (COUR. bras). *Membre inférieur :* cuisse, jambe et pied (COUR. jambe). *Priver d'un membre.* ➤ **amputer, mutiler.** *Moignon d'un membre coupé. Membres atrophiés d'un phocomèle*. Membre fantôme :* sensation, parfois douloureuse, qu'éprouve un sujet à l'endroit d'un membre amputé comme si ce membre était encore présent. *«C'est le vieux coup du membre fantôme. Il arrive que demeurent la conscience et la sensation d'une partie du corps perdue»* ECHENOZ. — LOC. *Trembler de tous ses membres.* ◆ ZOOL. Chacune des quatre parties articulées qui s'attachent au corps des vertébrés tétrapodes et servent essentiellement à la locomotion. ➤ **aile, 1 patte.** *Membres chiridiens. Membres antérieurs, postérieurs.* — PAR EXT. Patte des arthropodes. ▪ **2** VIEILLI *Membre viril,* ou ABSOLT *membre.* ➤ **pénis.**

II (v. 1570) FIG. ▪ **1** Personne qui fait nommément partie d'un corps. *Être, devenir membre d'une association, d'un parti, d'un club, d'un cercle, d'une assemblée, d'une académie.* ➤ **adhérent, associé, sociétaire ; clubiste.** *Membre du Parlement. Membre d'un jury.* ➤ **juré.** *Réservé aux membres. Carte de membre. Membre actif, bienfaiteur, honoraire, fondateur, permanent. Elle est membre de l'équipe.* REM. On rencontre parfois *une membre* en parlant d'une femme : *C'est une membre active du comité.* ▪ **2** Groupe, pays qui fait librement partie d'une union. *Les membres d'une fédération, d'un cartel. Les membres de l'ONU.* — EN APPOS. *Les États, les pays membres.* ▪ **3** Chacune des personnes qui forment une communauté. *Les membres de la société, de l'Église. Les membres de l'équipage. Tous les membres de la famille. «Chaque famille sécrète un ennui spécifique qui fait fuir chacun de ses membres»* VALÉRY.

III (XVIIIe «portion, partie [d'un fief, etc.]») ▪ **1** Fragment (d'énoncé). *Membre de phrase.* — Partie d'un vers (entre deux coupes). ▪ **2** ARCHIT. Partie constitutive d'un édifice. Ornement architectural, et SPÉCIALT Moulure. ▪ **3** MAR. Chacune des grosses pièces qui forment les couples d'un navire. ▪ **4** Chacune des deux parties d'une équation ou d'une inégalité, situées respectivement à gauche et à droite du signe.

MEMBRÉ, ÉE [mɑ̃bʀe] **adj.** – v. 1131 ◊ de *membre* ▪ **1** RARE Pourvu (bien ou mal) en fait de membres. *Bien membré :* qui a des membres vigoureux. ➤ **membru.** ▪ **2** *Homme bien membré.* ➤ **monté** (monter, II, 10°).

MEMBRON [mɑ̃bʀɔ̃] **n. m.** – 1572 ◊ de *membre* ▪ TECHN. Baguette servant d'ourlet dans un faîtage.

MEMBRU, UE [mɑ̃bʀy] **adj.** – v. 1131 ◊ de *membre* ▪ LITTÉR. Aux membres gros et forts (cf. Bien membré*). *«une femme rude, épaisse, membrue comme un homme»* SUARÈS.

MEMBRURE [mɑ̃bʀyʀ] **n. f.** – 1552 ; *membreüre* XIIe ◊ de *membre* ▪ **1** LITTÉR. Ensemble des membres d'une personne, considérés dans leur constitution. *Membrure puissante, délicate.* ▪ **2** TECHN. Ensemble des membres d'un navire ; chacune des poutres transversales attachées à la quille qui soutiennent le bordé et sur lesquelles sont fixés les barrots des ponts. *«Les charpentiers courbaient au feu, une à une, les membrures des bateaux»* ORSENNA. ◆ Pièce de bois servant de point d'appui à une charpente ou à un assemblage. *Membrure d'une porte.*

MÈME [mɛm] **n. m.** – fin XXe ◊ anglais *meme* (1976, R. Dawkins), formé sur le grec *mimêma* «imitation», sur le modèle de *gene* «gène» ▪ **1** DIDACT. Idée, représentation mentale ou élément culturel qui se propage d'un individu à l'autre, par imitation, dans une même société. ▪ **2** Image, vidéo ou texte humoristique se diffusant largement sur Internet, notamment sur les réseaux sociaux, et faisant l'objet de nombreuses variations. ▪ HOM. Même.

MÊME [mɛm] **adj., pron.** et **adv.** – fin XIe, au sens I, 2° ◊ du latin populaire *metipsimu* de *-met,* particule servant à renforcer les pronoms personnels et du superlatif de *ipse* «même»

I ~ **adj. indéf.** ▪ **1** (Devant le nom) Marque l'identité absolue. *Ils sont nés le même jour. Faire toujours les mêmes gestes. «Tu ouvres chaque matin, à la même minute, au même endroit, de la même façon, la bande de papier gommé qui ferme ton paquet quotidien de gauloises»* PEREC. *Il était dans la même classe que moi.* ◆ Marque la simultanéité. *En même temps. Du même coup*.* ◆ Marque la similitude. ➤ **semblable.** *«Plus ça change, plus c'est la même chose»* A. KARR. *Vous êtes tous du même avis. Elles avaient la même robe. De la même manière.* ◆ Marque l'égalité. ➤ **égal.** *De même valeur. Au même degré. Une même quantité de sucre et de farine. Entre gens de même formation.* ▪ **2** (fin XIe) (Après le nom ou le pron.) Marque qu'il s'agit exactement de l'être ou de la chose en question. *«Ces vers sont les paroles mêmes de François de Guise»* CHATEAUBRIAND. ➤ **propre.** *Ceux-là mêmes qui le critiquent. C'est cela même. «Natif de Neuf-Brisach, pas de Neuf-Brisach même, mais les environs»* ALLAIS. — (1651) Marquant une qualité possédée au plus haut point. *«Sainte Thérèse était la bonté même»* HUYSMANS (cf. En personne*). ◆ (Joint au pron. pers.) *Elle(s)-même(s), eux-mêmes, moi-même, nous-mêmes, soi-même, toi-même, vous-mêmes. Il est toujours égal à lui-même :* il n'a pas changé. *Il a réussi par lui-même,* tout seul, par ses propres moyens. — SUBST. *Un autre moi-même.* ➤ **alter ego.**

II ~ **pron. indéf.** ▪ **1** (1643) (Précédé de *le, la, les*) *«Ce sont toujours les mêmes qui se font tuer»* (attribué à BUGEAUD). *«La nature humaine est toujours la même»* GAUTIER. LOC. *On prend les mêmes et on recommence,* rien ne change dans la société. ▪ **2** (fin XVe) *Le même* (neutre). VX La même chose. MOD. *Cela revient au même :* c'est la même chose. LOC. FAM. *C'est du pareil au même :* c'est exactement pareil (cf. C'est du kif*, c'est kifkif).

III ~ **adv.** ▪ **1** (fin XIIe) Marquant un renchérissement, une gradation. *«il parle couramment plusieurs langues, et même le portugais»* G. DARIEN. *«Ci-gît Piron qui ne fut rien, Pas même académicien»* PIRON. *Ça ne coûte même pas, pas même vingt euros. Il n'a même pas téléphoné pour s'excuser. Sans même s'en apercevoir. Il est gros, et même obèse.* ➤ **voire.** *Même ses amis l'ont abandonné.* ➤ **jusque.** *«Même, la soirée de Noël, il lui en avait voulu de nous avoir fait venir»* QUIGNARD. — LOC. FAM. *Même pas mal, même pas peur* (affirmation volontariste). — *Même quand, même lorsque, lors même que... Même si*, si même. Quand* même. Quand* bien même.* ▪ **2** (milieu XIIe) Exactement, précisément. *Je l'ai rencontré ici même. Aujourd'hui même. Des personnes, celles-là même que vous m'avez présentées.* — (fin XIIIe) **À MÊME :** directement sur. *Porter un vêtement à même la peau. «une foule de vendeurs installés à même le sol sur des carrés de tissus»* DAENINCKX. ▪ **3** loc. adv. (fin XIe) **DE MÊME,** *tout de même* (VX) : de la même façon. ➤ **ainsi, pareillement.** *«elle avait aimé Dieu avec passion ; elle le craignait de même»* STENDHAL. *Bonne journée ! Vous de même. Il en* *est, il en va de même pour... :* c'est aussi le cas de. (Canada) *De même :* ainsi, comme cela. *« Arrête de crier de même »* TREMBLAY. ◆ (1831) *Tout de même :* néanmoins, pourtant. *« Donne-lui tout de même à boire, dit mon père »* HUGO. *Elle s'est tout de même décidée.* ➤ **enfin.** EXCLAM. FAM. *C'est un peu fort, tout de même !* ▪ **4** loc. conj. **DE MÊME QUE** (introd. une propos. compar.). ➤ **comme.** *« il fallait bien qu'elle fût debout la première [...], de même qu'elle se couchait la dernière »* ZOLA. *Jean, de même que sa sœur,* ainsi que sa sœur. ◆ (fin XVIe) POP. **MÊME QUE :** bien plus, et même, et d'ailleurs. *« Même que le colonel vient d'être tué »* STENDHAL. *Même que c'est vrai. J'étais chez moi, même que je peux le prouver.* ▪ **5** loc. prép. (fin XIIe) **À MÊME DE :** en état, en mesure de. *Il n'est pas à même de comprendre.* ➤ **capable.** ▪ **6** loc. adj. (Canada) *De même :* pareil, semblable. *Je n'ai jamais vu un temps de même, du monde de même.*

▪ CONTR. Autre. ▪ HOM. Mème.

MÉMÉ [meme] n. f. – 1884 ◇ variante dialectale de *mémère* ▪ FAM. ▪ **1** Enfantin Grand-mère. ➤ **mamie,** POP. **mémère ;** RÉGION. **mamé.** *Où est ta mémé ? Mémé, ma mémé est partie.* — (Appellatif) *Bonjour mémé !* ▪ **2** PÉJ. Femme d'un certain âge, sans séduction. *Les « mémés sur les plages qui se graissent la peau avec des huiles solaires »* TOURNIER. — adj. *Sa robe fait mémé,* elle fait vieux. ➤ **mémère.**

MÊMEMENT [mɛmmɑ̃] adv. – XVe ; *meimement, meïsmement* XIIe ◇ de *même* ▪ VX De même, pareillement.

MÉMENTO [memɛ̃to] n. m. – 1375 ◇ latin *memento* « souviens-toi », impératif de *meminisse* ▪ **1** Prière de souvenir appartenant au canon de la messe. *Mémento des vivants, des morts.* ▪ **2** (1836) VX Agenda. ➤ **mémorandum.** ▪ **3** (1882) VIEILLI (sauf comme titre) Résumé, aide-mémoire. *Des mémentos pratiques.*

MÉMÈRE [memɛʀ] n. f. – 1833 ◇ redoublement enfantin de 1*mère* ▪ **1** POP. Grand-mère (appellatif). ➤ FAM. **mémé ;** RÉGION. **mamé.** ▪ **2** FAM. Femme grosse et commune, d'un certain âge. *« les conciliabules de mémères qui tricotent en vous inspectant »* J. RÉDA. — adj. *Une coiffure mémère. « Elle a un style mémère »* PH. DELERM. ▪ **3** (Canada) FAM. Personne bavarde, commère.

MÉMÉRER [memere] v. intr. ‹6› – 1970 ◇ de *mémère* ▪ (Canada) FAM. Bavarder, faire des commérages. ➤ **cancaner,** RÉGION. **placoter.** — n. m. (1973) **MÉMÉRAGE.**

MÉMO ➤ **MÉMORANDUM**

1 **MÉMOIRE** [memwaʀ] n. f. – fin XIe ◇ du latin *memoria*

I POSSIBILITÉ DE GARDER UN SOUVENIR, DE CONSERVER UNE INFORMATION ▪ **1** COUR. Faculté de conserver et de rappeler des états de conscience passés et ce qui s'y trouve associé ; l'esprit, en tant qu'il garde le souvenir du passé. *« Ce qui touche le cœur se grave dans la mémoire »* VOLTAIRE. *Évènement encore présent à la mémoire, vivant dans les mémoires. « Le peu que je savais s'est effacé de ma mémoire »* ROUSSEAU. *« Des refrains me remontent à la mémoire »* LEMAITRE. (fin XIe) *Avoir, garder en mémoire :* se rappeler. *Chercher, fouiller dans sa mémoire. Effort de mémoire. Bonne, mauvaise mémoire. Avoir beaucoup, peu de mémoire. Une mémoire d'éléphant*, de poisson* rouge.* (1566) *Si j'ai bonne mémoire, si ma mémoire est exacte :* si je me souviens bien. LOC. *Avoir la mémoire courte :* oublier vite. *Rafraîchir* la mémoire à qqn. Perdre la mémoire. Lacunes, trous de mémoire.* ➤ RÉGION. 2 **blanc.** *Ma mémoire m'a trahi. « J'ai la mémoire qui flanche J'me souviens plus très bien »* REZVANI. ◆ (Non qualifié) Bonne mémoire. *Avoir de la mémoire. Il n'a pas de mémoire.* ◆ loc. adv. (1671) **DE MÉMOIRE :** sans avoir la chose sous les yeux. *Réciter, jouer de mémoire* (cf. Par cœur*). *Dessiner de mémoire.* ◆ *Mémoire auditive, gustative, olfactive, tactile, visuelle.* IMMUNOL. *Mémoire immunologique,* qui favorise une réponse immunitaire rapide lors d'une infection ultérieure par production de lymphocytes particuliers *(lymphocytes mémoire).* — *Mémoire de... :* aptitude à se rappeler spécialement certaines choses. *« La mémoire des lieux, des visages, des odeurs »* DUHAMEL. *Je n'ai pas la mémoire des noms, des chiffres.* ▪ **2** PSYCHOL. Ensemble de fonctions psychiques grâce auxquelles nous pouvons nous représenter le passé comme passé (fixation, conservation, rappel et reconnaissance des souvenirs). *Mémoire sélective. Mémoire-habitude :* conservation dans le cerveau d'impressions qui continuent à influer sur notre comportement sous forme d'habitudes. *Mémoire affective :* reviviscence d'un état affectif ancien agissant sur nos représentations, sans que nous en ayons conscience. *Mémoire à court terme ou mémoire de travail. « Mémoire volontaire », « mémoire involontaire »* PROUST. *« la détérioration de sa mémoire s'est poursuivie et le médecin a évoqué la maladie d'Alzheimer »* A. ERNAUX. *Perte de la mémoire.* ➤ **amnésie.** *Troubles de la mémoire.* ➤ **hypermnésie, paramnésie ; mnésique.** ◆ *Mémoire organique. Les cellules, « comme l'esprit, sont douées de mémoire »* CARREL. *L'ADN, mémoire génétique.* ▪ **3** (fin XIIe) Faculté collective de se souvenir. *La mémoire collective. Rester dans la mémoire de la postérité.* ◆ *Devoir de mémoire,* de témoigner et de garder vivace le souvenir d'évènements pour tirer les leçons du passé. *« Le devoir de mémoire a ses pièges. La mémoire doit être instrument de réflexion, pas de légitimation »* F. MASPERO. — *Lieu de mémoire :* lieu réel ou symbolique dans lequel s'incarne la mémoire collective d'une communauté. ▪ **4** (1951) INFORM. Dispositif destiné à enregistrer des informations en vue d'une conservation ou d'un traitement informatique ultérieur ; PAR EXT. le support physique de ces informations. *Temps d'accès à une mémoire. Capacité d'une mémoire* (➤ **mémoriel**). *Mise en mémoire d'une information.* ➤ **mémorisation ;** 1 **adresse.** *Mémoire tampon*. Mémoire cache*. Mémoire volatile. Mémoire flash*. Mémoire à tores*. Mémoire à bulles :* mémoire de grande capacité dans laquelle les éléments binaires sont enregistrés sous forme de bulles magnétiques. *Mémoire magnétique, à semi-conducteurs. Mémoire vive,* susceptible d'être écrite et lue (recomm. offic.). ➤ **RAM.** *Mémoire morte,* n'autorisant que la lecture. ➤ 2 **ROM ;** aussi **EPROM.** *Mémoire de masse :* mémoire de grande capacité utilisant généralement un support magnétique (bande, disque, feuillet* magnétique).

II CE DONT ON SE SOUVIENT ▪ **1** (1690) *La mémoire de :* le souvenir de (qqch., qqn). *Conserver, garder la mémoire d'un évènement. « Cette mémoire qu'il a de son visage, [...] c'est bien l'amour »* CHARDONNE. *« Le petit être dont je voudrais prolonger un peu la mémoire »* LOTI. ▪ **2** Souvenir qu'une personne laisse d'elle à la postérité. ➤ **renommée.** *Venger la mémoire de qqn. Honorer la mémoire d'un mort. Réhabiliter la mémoire d'un savant.* — **DE... MÉMOIRE.** *Un roi de sinistre mémoire, de triste mémoire. « le Lutetia, de sinistre mémoire pour certains puisqu'il avait abrité le service de renseignement nazi pendant la guerre »* C. ONO-DIT-BIOT. — *En mémoire de* (VIEILLI), *à la mémoire de :* pour perpétuer, glorifier la mémoire de (➤ **commémoratif**). *On inaugurait « une plaque à la mémoire d'Évariste Galois »* ALAIN. ▪ **3** (début XVe) (En phrase négative) *De mémoire d'homme :* d'aussi loin qu'on s'en souvienne. *De mémoire de sportif, on n'avait assisté à un match pareil.* ▪ **4 POUR MÉMOIRE,** se dit, en comptabilité, de ce qui n'est pas porté en compte et n'est mentionné qu'à titre de renseignement. PAR EXT. À titre de rappel, d'indication. *Signalons, pour mémoire...*

▪ CONTR. Oubli.

2 **MÉMOIRE** [memwaʀ] n. m. – 1320 ◇ de 1*mémoire* ▪ **1** DR. Écrit destiné à exposer, à soutenir la prétention d'un plaideur. ➤ VX **factum.** *Mémoire ampliatif,* produit par le demandeur en cassation. *Mémoire en défense,* établi par le défendeur. *Les mémoires de Beaumarchais dans l'affaire Goëzmann.* ▪ **2** VIEILLI État des sommes dues à un entrepreneur, un fournisseur, un officier ministériel. ➤ 2 **facture.** *Un jardinier « qui me présente des mémoires de deux mille francs tous les trois mois »* BALZAC. ▪ **3** Exposé ou requête sommaire à l'adresse de qqn. *Adresser un mémoire au préfet, à une assemblée.* ▪ **4** Dissertation adressée à une société savante, ou pour l'obtention d'un examen. *Galois « envoie mémoires sur mémoires à l'Académie des sciences »* ALAIN. *Mémoires de l'Académie des sciences. Mémoire de maîtrise*.* ▪ **5** (1552) PLUR. Relation écrite qu'une personne fait des évènements auxquels elle a participé ou dont elle a été témoin. ➤ **annales,** 1 **chronique, commentaire.** *« Mémoires » de Retz, de Saint-Simon. — Mémoires autobiographiques,* où les confessions se mêlent à l'histoire. ➤ **autobiographie, journal,** 2 **souvenir.** *Les « Mémoires d'outre-tombe », de Chateaubriand. Écrire ses mémoires. « Les Mémoires ne sont jamais qu'à demi sincères »* GIDE.

MÉMORABLE [memɔʀabl] adj. – XVe ◇ latin *memorabilis* ▪ Digne d'être conservé dans la mémoire collective. ➤ **fameux, historique, inoubliable, remarquable.** *Évènement, jour mémorable* (Cf. À marquer d'une pierre* blanche). *« Dans ces mémorables séances où Mirabeau remuait l'Assemblée »* HUGO.

MÉMORANDUM [memɔʀɑ̃dɔm] n. m. – 1777 ◇ anglais *memorandum,* neutre subst. du latin *memorandus* « qui doit être rappelé, mérite d'être rappelé » ▪ **1** Note écrite, adressée par un agent diplomatique au gouvernement auprès duquel il est accrédité, pour exposer le point de vue de son gouvernement sur une question qui fait l'objet de négociations. *Des mémorandums.* ▪ **2** Note qu'on prend d'une chose qu'on ne veut pas oublier. ABRÉV. FAM. (XXe) **MÉMO** [memo]. *Des mémos.*

— Carnet contenant ce genre de notes. ➤ **agenda, mémento.** ▪ **3** COMM. Note de commande à un fournisseur.

MÉMORIAL, IAUX [memɔʀjal, jo] **n. m.** – XIIIe ◇ bas latin *memoriale* ▪ **1** Écrit où est consigné ce dont on veut se souvenir. *Le «Mémorial» de Pascal.* — (Titres) Mémoires. *«Mémorial de Sainte-Hélène», de Las Cases.* ▪ **2** ANGLIC. Monument commémoratif. *Le mémorial de La Fayette.*

MÉMORIALISTE [memɔʀjalist] **n.** – 1725 ◇ bas latin *memorialis* «historiographe» ▪ **1** Auteur de mémoires historiques. ➤ **chroniqueur, historien.** ▪ **2** Écrivain considéré dans la partie de son œuvre qui témoigne de son temps.

MÉMORIEL, IELLE [memɔʀjɛl] **adj.** – 1921 ◇ du latin *memoria* ▪ **1** Relatif à la mémoire. ▪ **2** Relatif aux mémoires d'un ordinateur. *Capacité mémorielle.*

MÉMORISABLE [memɔʀizabl] **adj.** – XVIIIe ◇ de *mémoriser* ▪ **1** Que l'on peut fixer dans sa mémoire. *Un nom aisément mémorisable.* ▪ **2** (1989) Que l'on peut mettre en mémoire. *Radio à stations mémorisables.*

MÉMORISATION [memɔʀizasjɔ̃] **n. f.** – 1847 mot des pédagogues suisses ◇ du latin *memor, memoris* «qui se souvient» ▪ **1** DIDACT. Acquisition mnémonique volontaire. *Procédés de mémorisation.* ➤ **mnémotechnique.** ▪ **2** INFORM. Le fait de mettre (des données) en mémoire.

MÉMORISER [memɔʀize] **v. tr.** ⟨1⟩ – 1907 ◇ de *mémorisation* ▪ **1** Fixer dans la mémoire par les méthodes de mémorisation. *Mémoriser les connaissances. Je n'ai pas mémorisé son nom.* ➤ **retenir.** ▪ **2** INFORM. Mettre (des données) en mémoire.

MENAÇANT, ANTE [mənasɑ̃, ɑ̃t] **adj.** – 1380 ◇ de *menacer* ▪ **1** Qui menace, exprime une menace. *«La foule hostile et menaçante»* LOTI. *Ton, air menaçant.* ➤ **agressif.** *Lettre menaçante.* ➤ **comminatoire.** ▪ **2** Qui constitue une menace, un danger. ➤ **dangereux, inquiétant.** *«Les gueules menaçantes de douze canons»* BALZAC. *«La position, de critique, était devenue menaçante»* HUGO. — *Temps menaçant,* qui fait prévoir un orage, de la pluie. ▪ CONTR. Rassurant.

MENACE [mənas] **n. f.** – XIIe ; *manatce* v. 880 ◇ latin populaire °*minacia,* attesté au plur. *minaciæ,* classique *minæ* ▪ **1** Manifestation par laquelle on marque à qqn sa colère, avec l'intention de lui faire craindre le mal qu'on lui prépare. ➤ **avertissement, intimidation.** *Employer la menace. Obtenir qqch. par la menace, en usant de menaces.* ➤ **chantage.** *«Qui ne craint point la mort ne craint point les menaces»* CORNEILLE. *Menaces en l'air,* qu'on n'a pas les moyens de mettre à exécution. ➤ **bluff, rodomontade.** *Mettre ses menaces à exécution. Gestes, paroles, lettres de menace. Sous la menace :* en cédant à la menace, à la contrainte. *Accepter sous la menace. Sous la menace d'une arme. Être sous la menace d'une expulsion :* risquer une expulsion. ♦ DR. Expression du projet de nuire à autrui. *Menaces écrites, verbales. Proférer des menaces de mort contre qqn.* ▪ **2** Signe par lequel se manifeste ce qu'on doit craindre de qqch. ; indice d'un danger ; ce danger. *Menace permanente* (cf. Épée* de Damoclès). *«L'air était lourd de menaces»* CAMUS. *Menace de guerre, d'invasion* (cf. Bruit de bottes*). *La menace nucléaire. Une menace d'épidémie.*

MENACÉ, ÉE [mənase] **adj.** – 1580 ◇ de *menacer* ▪ En danger. *Ses jours sont menacés. Se sentir menacé. Espèce menacée,* menacée d'extinction (espèce vulnérable, en danger). *Un équilibre menacé.* ➤ **fragile.**

MENACER [mənase] **v. tr.** ⟨3⟩ – 1380 ; *menacier* XIIe ◇ latin populaire °*minaciare,* de *minaciæ* → menace ▪ **1** Chercher à intimider par des menaces. *Menacer qqn de mort,* lui faire des menaces de mort. *«Des décrets qui menaçaient de peines de prison les contrevenants»* CAMUS. *Les terroristes ont menacé de tuer les otages. Le patron l'a menacé de le renvoyer.* — *Il les menaçait de son arme, avec un couteau, de la main.* — ABSOLT *«les gens timides menacent volontiers»* MONTESQUIEU. ▪ **2** (CHOSES) Mettre en danger, constituer une menace pour (qqn). *«La misère, la maladie, le deuil, tout ce qui menace chaque homme»* SUARÈS. — *Ces épreuves menacent leur bonheur.* ▪ **3** Présager, laisser craindre (quelque mal). *Menacer ruine*.* — **MENACER DE** (et l'inf.). *Le mur menace de s'écrouler. Son discours menace d'être long.* ➤ **risquer.** *«Ses tempes menaçaient d'éclater»* MAC ORLAN. ▪ CONTR. Rassurer.

MÉNADE [menad] **n. f.** – *mainade* 1546 ◇ latin d'origine grecque *mænas, mænadis* ▪ ANTIQ. Bacchante.

MÉNAGE [menaʒ] **n. m.** – *mesnage* XIIIe, d'après l'ancien français *maisnie* «famille» (latin populaire °*mansionata,* du classique *mansio* «maison») ◇ *manage* v. 1150, de l'ancien verbe *manoir,* latin *manere* «demeurer, séjourner»

I ▪ **1** VX Maison, intérieur. *«notre ménage est très petit»* NERVAL. — MOD. *Tenir son ménage.* **DE MÉNAGE :** fait à la maison. *Pain, jambon de ménage.* ▪ **2** (v. 1210) VX Administration des choses domestiques. ♦ (XVIe) VIEILLI Économie, épargne. *«L'esprit de ménage et d'économie»* GAUTIER. ▪ **3** MOD. Ensemble des choses domestiques, tout ce qui concerne l'entretien d'une famille. *Subvenir aux besoins du ménage. Vaquer aux soins du ménage. «les travaux les plus pénibles et les plus dégoûtants du ménage demeurent attribués aux femmes»* FRANCE. ♦ Ensemble des soins matériels, des travaux d'entretien et de propreté dans un intérieur. *Le ménage et la cuisine. Faire le ménage, du ménage :* nettoyer* et ranger un local ; FIG. réorganiser, assainir (une entreprise...). *«De Gaulle avait fait le ménage dans les ministères»* J.-M. GUENASSIA. — *Ustensiles de ménage* (balais, aspirateur, chiffons, etc.). *Produits de ménage.* ➤ **entretien.** *Femme* (III) de ménage. Homme de ménage.* — *Faire des ménages :* faire le ménage chez d'autres moyennant rétribution. FIG. *Journaliste qui fait des ménages,* des séances de promotion pour améliorer ses revenus. ▪ **4** (XIIIe) VX Meubles et ustensiles nécessaires à la vie domestique. MOD. *Monter son ménage.*

II (XIIIe *en ménage*) ▪ **1** (Dans des expr.) Vie en commun d'un couple. *Se mettre en ménage :* se marier, commencer à vivre ensemble (➤ **concubinage**). *Scènes* de ménage. Être heureux en ménage.* — *Faire bon, mauvais ménage avec qqn,* s'entendre bien, mal avec son conjoint, et PAR EXT. avec qqn de son entourage. *Les chiens et les chats ne font pas bon ménage.* FIG. (CHOSES) *Alcool et conduite ne font pas bon ménage.* ▪ **2** Couple constituant une communauté domestique. *«On ne pouvait imaginer ménage plus tendrement uni»* GIDE. *Jeune, vieux ménage. Ménage sans enfants. «Ne vous faites jamais un plaisir de troubler la paix des ménages»* BALZAC. VX *Faux ménage :* couple non marié. *Ménage d'homosexuels.* — FAM. *Ménage à trois*.* ▪ **3** ÉCON. Personne ou ensemble de personnes partageant habitat et revenus. *Composition du ménage. La consommation des ménages.* — VIEILLI Famille. ➤ **foyer.** *Il y a une dizaine de ménages dans cet immeuble.*

MÉNAGEMENT [menaʒmɑ̃] **n. m.** – 1551 ◇ de 1 *ménager* ▪ **1** VX Administration, conduite, soin. *«laissez-moi le ménagement de notre fortune»* ABBÉ PRÉVOST. ▪ **2** (1655) Mesure, réserve dont on use envers qqn (par respect, par intérêt). *«Je ne connais plus ni respect, ni ménagement, ni bienséance»* ROUSSEAU. *Traiter qqn sans ménagement,* brutalement. ▪ **3** (Souvent au plur.) Procédé dont on use envers qqn que l'on veut ménager. ➤ **attention, égard, précaution.** *Avertir qqn avec de grands ménagements.* ▪ CONTR. Brusquerie, brutalité.

1 **MÉNAGER** [menaʒe] **v. tr.** ⟨3⟩ – XVe ; intr. 1309 «habiter» ◇ de *ménage*

I ▪ **1** Disposer, régler avec soin, adresse. ➤ **arranger.** *Ménager une entrevue, un entretien.* ➤ **faciliter.** *L'auteur «ménage d'avance et de loin les dénouements»* TAINE. *Transition, gradation bien ménagée. L'auteur a ménagé ses effets.* — *«Elle chercha à nous ménager un tête-à-tête»* P. BENOIT. ➤ **procurer.** *«la revanche que lui ménageait le sort»* COCTEAU. *Je vous ménage une surprise.* ➤ **préparer, réserver.** *Il «s'est ménagé des intelligences dans la place»* GAUTIER. ▪ **2** (1690) Installer ou pratiquer après divers arrangements et transformations. *Ménager un escalier, un passage, une ouverture dans l'épaisseur d'un mur.*

II ▪ **1** (v. 1560) Employer avec mesure, avec économie, de manière à conserver, à utiliser au mieux. ➤ **économiser, épargner.** *Ménager son bien. Ménager ses forces. Ne pas ménager sa peine, ses efforts. «Il n'y a rien que les hommes ménagent moins que leur propre vie»* LA BRUYÈRE. *Ménager son temps. «ménager le temps qui me reste»* DESCARTES. FAM. *Vous n'avez pas ménagé le poivre !* vous en avez mis un peu trop. ▪ **2** (XVIIe) Faire ou dire avec mesure. *Ménagez vos expressions !* ➤ **mesurer, modérer.** ▪ **3** Employer ou traiter (un être vivant) avec le souci d'épargner ses forces ou sa vie. *Ménager ses troupes. Qui veut voyager loin* ménage sa monture. «Les médecins dirent qu'il fallait le ménager beaucoup»* SAND. ▪ **4** Traiter (qqn) avec prudence, égard, avec le souci de ne pas lui déplaire. *«L'adjoint ménageait les prêtres»* ZOLA. *Une personne à ménager. «Défendre les idées qui me plaisent sans avoir à ménager personne»* ROMAINS. *Ménager la chèvre* et le chou.* ▪ **5** Traiter avec modération, avec indulgence, sans accabler de sa supériorité. *Il était plus fort, mais il ménageait visiblement son adversaire. Ménager la susceptibilité de qqn.*

■ **6 v. pron. (réfl.)** *Se ménager :* avoir soin de sa santé, ne pas abuser de ses forces. *« Soignez-vous, ménagez-vous »* FLAUBERT. *Il se ménage un peu trop.* ➤ **s'écouter.**

■ CONTR. Dépenser, gaspiller ; exposer, fatiguer ; accabler, malmener.

2 **MÉNAGER, ÈRE** [menaʒe, ɛʀ] **n. et adj.** – fin XVe ; *mainagier* 1281 «homme du petit peuple, journalier», puis «habitant» ◊ de *ménage*

I n. ■ **1** (XVe) VX Personne qui administre, gère (bien ou mal) un bien. FIG. *Un roi « Est meilleur ménager du sang de ses sujets »* CORNEILLE. ■ **2 n. f.** (milieu XVe) **MÉNAGÈRE :** femme qui tient une maison, s'occupe du ménage. *Le panier* de la ménagère. Une bonne ménagère* (cf. Maîtresse* de maison, fée* du logis). *« une intrigue pouvant aguicher la célèbre ménagère de moins de cinquante ans, la scotcher devant son écran de télé... »* TH. JONQUET. ■ **3 n. f.** (1931) Service de couverts de table dans un coffret. *Ménagère en argent, en inox.*

II adj. ■ **1** (1666 ; «qui administre bien» XVIe) VIEILLI (PERSONNES) **MÉNAGER DE :** qui ménage (II), est économe de. *« Le sage est ménager du temps et des paroles »* LA FONTAINE. ■ **2** (v. 1830) MOD. Qui a rapport aux soins du ménage, à la tenue de l'intérieur domestique. *Travaux ménagers. Appareils ménagers* (➤ **électroménager**) ; SUBST. *le ménager* (COMM.). *Arts ménagers :* industries et techniques visant à faciliter les travaux ménagers, accroître le confort et agrémenter la vie au foyer. ANCIENNT *Enseignement ménager* (travaux ménagers, cuisine, couture, puériculture). *Aide*-ménagère.* ■ **3** Qui provient du ménage. *Eaux, ordures ménagères.*

MÉNAGERIE [menaʒʀi] **n. f.** – 1664 ; «administration d'une ferme» 1530 ; «lieu où sont rassemblés les animaux d'une ferme» XVIe ◊ de *ménage* ■ Lieu où sont rassemblés des animaux rares, exotiques, soit pour l'étude, soit pour la présentation au public ; les animaux ainsi rassemblés. *Ménagerie foraine, d'un cirque. Ménagerie de fauves. La ménagerie du Jardin des Plantes de Paris.* ➤ **zoo.** ♦ Ensemble d'animaux nombreux. *C'est une véritable ménagerie chez lui.*

MÉNAGISTE [menaʒist] **n.** – 1956 ◊ de 2*ménager* ■ Personne, entreprise qui fabrique ou vend des appareils ménagers.

MÉNARCHE [menaʀʃ] **n. f.** – début XXe ◊ mot créé en allemand (Kish, 1895) sur le grec *mên* «mois», «menstrues» et *arkhê* «commencement» ■ PHYSIOL. Apparition des premières règles chez la jeune fille.

MENCHEVIK [mɛnʃevik] **n. et adj.** – 1903 ◊ mot russe, de *menchistvo* «minorité» ■ HIST. Membre du parti social-démocrate russe hostile à Lénine (mis en minorité au IIe Congrès de 1903 par les bolcheviks*).

MENDÉLÉVIUM [mɛ̃delevjɔm] **n. m.** – 1955 ◊ de *Mendeleïev*, chimiste russe ■ CHIM., PHYS. Élément atomique radioactif (Md ; n° at. 101 ; m. at. [de l'isotope de plus longue période] 258) de la série des actinides, produit artificiellement par bombardement d'einsteinium 256 avec un hélion.

MENDÉLIEN, IENNE [mɛ̃deljɛ̃, jɛn] **adj.** – 1903 ◊ de *Mendel*, bot. morave ■ GÉNÉT. Relatif, conforme aux lois de Mendel (➤ **mendélisme**). *Hérédité mendélienne. Caractère mendélien, héréditaire. Génétique mendélienne.*

MENDÉLISME [mɛ̃delism] **n. m.** – 1923 ◊ de *Mendel* ■ GÉNÉT. Théorie de la transmission des caractères héréditaires, reposant sur les lois de Mendel. *« Le mendélisme n'a jamais été renié. Il fut indispensable pour connaître les lois de l'hérédité »* J. RUFFIÉ.

MENDIANT, IANTE [mɑ̃djɑ̃, jɑ̃t] **n.** – XIIe ◊ de *mendier* ■ **1** Personne qui mendie pour vivre. ➤ **chemineau, clochard, gueux,** FAM. **mendigot.** *Faire la charité à un mendiant.* ➤ **pauvre.** *« Un mendiant déguenillé [...] sollicitant l'attention et la pitié de la multitude »* HUGO. ♦ **adj.** *Ordres mendiants,* qui faisaient profession de ne vivre que d'aumônes (carmes, dominicains, franciscains). ■ **2 n. m.** (v. 1600 ◊ allus. aux ordres) *Les quatre mendiants,* OU ELLIPT *mendiant(s) :* assortiment de quatre fruits secs (amandes, figues, noisettes, raisins).

MENDICITÉ [mɑ̃disite] **n. f.** – 1265 ◊ latin *mendicitas* ■ **1** Condition d'une personne qui mendie. *Être réduit à la mendicité.* ■ **2** Action de mendier. *Délit de mendicité. « Je vais te faire coffrer pour mendicité, dit l'agent »* SARTRE.

MENDIER [mɑ̃dje] **v.** ⟨7⟩ – XIIe ; *mendeier* 1080 ◊ latin *mendicare* ■ **1 v. intr.** Demander l'aumône, la charité (➤ **mendiant**). *« personne n'y mendie, il s'y trouve de l'ouvrage pour tout le monde »* BALZAC. *Personne sans ressources réduite à mendier* (cf. Faire la manche*). ■ **2 v. tr.** Demander à titre d'aumône. *Mendier du pain.* — FIG. Solliciter humblement, OU (PÉJ.) de façon servile et humiliante. *Mendier un baiser. Mendier des voix, des compliments.*

MENDIGOT, OTE [mɑ̃digo, ɔt] **n.** – 1875 ◊ de *mendiant* et du suffixe populaire de *Parigot* ■ FAM. VIEILLI Mendiant. *« un vieux mendigot, une ruine humaine »* DUHAMEL. — **v.** ⟨1⟩ **MENDIGOTER.**

MENDOLE [mɑ̃dɔl] **n. f.** – 1547 ◊ ancien provençal *amendolla*, latin populaire °*mænula*, diminutif de *mæna* ■ Poisson des fonds rocheux des côtes méditerranéennes *(perciformes),* au dos gris argenté à raies brunes.

MENEAU [məno] **n. m.** – 1402 ; *mayneau* 1398 ◊ du latin *medianus* «qui est au milieu» ■ Chacun des montants ou traverses de pierre qui divisaient la baie des anciennes fenêtres. *Fenêtre à meneaux.* PAR EXT. Chacune des barres verticales et transversales d'une croisée. *Meneaux de bois, métalliques.*

MENÉE [məne] **n. f.** – 1080 «charge, sonnerie de charge» ◊ de *mener* ■ **1** VÉN. Voie que prend un cerf en fuite. ■ **2** (1461) AU PLUR. Agissements secrets et artificieux dans un dessein nuisible. ➤ **intrigue, machination,** 1 **manœuvre.** *Menées subversives.* ■ **3** (1644) RÉGION. (Suisse) Amas de neige causé par le vent, la tempête. ➤ **congère,** RÉGION. 1 **gonfle.**

MENER [m(ə)ne] **v. tr.** ⟨5⟩ – fin Xe ◊ du latin *minare* «pousser devant soi»

I FAIRE ALLER (QQN, UN ANIMAL) AVEC SOI A. MENER À, EN, DANS ; MENER (et inf.) ■ **1** Conduire en accompagnant. ➤ **emmener.** *Mener les enfants à l'école, au parc. Mener qqn en bateau*.* ■ **2** (fin XIIe) Faire avancer (un animal) en l'accompagnant. *Mener les bêtes aux champs. Bêtes que l'on mène à l'abattoir. Mener paître les moutons.* ♦ FIG. *Mener qqn en laisse, à la baguette, par le bout du nez.* ■ **3** (fin XIe) Conduire en exerçant un commandement, une influence. *« Le vieux colonel menait ses troupes au feu »* MAC ORLAN. *Mener un pays à la guerre.* ➤ **entraîner.**

B. MENER qqn, qqch. ■ **1** (milieu XIIe) Être en tête de (un groupe, un cortège, une file). *« la farandole menée par un gars de Barbantane »* DAUDET. *Mener la danse*, le bal*. Mener le jeu, la partie.* ♦ (SANS COMPL.) (1892) SPORT *Mener* (le peloton) *pendant un tour. Mener deux à zéro :* avoir à la marque un avantage de 2 à 0. — *Être mené :* être devancé. *Notre équipe est menée par deux buts à un.* ■ **2** FIG. Diriger, commander. *« Dans les jeux, je ne prétendais mener personne, mais je ne voulais pas être mené »* CHATEAUBRIAND. *Se laisser mener.* — (1663) *L'intérêt mène le monde.* ➤ **gouverner, guider.**

II FAIRE ALLER (UNE CHOSE) EN LA CONTRÔLANT ■ **1** (fin XIe) Faire marcher, faire fonctionner. ➤ **conduire,** 2 **piloter.** *Mener un bateau.* FIG. *Mener la barque*.* ■ **2** FIG. (fin XIIIe) Faire avancer, faire évoluer sous sa direction. *Mener deux affaires de front. La police mène l'enquête. Mener une négociation. Mener rondement une affaire. Un projet mené tambour battant.* — **MENER À...** *Mener une chose à bonne fin*, à bien*, à terme*.* ➤ **exécuter.** ♦ (fin XIe) *La vie que l'on mène. « Si j'avais eu la foi, aurais-je mené ma vie autrement ! Mener sa vie ! Personne ne mène sa vie »* AVELINE. *Mener la vie* dure à qqn. Mener grand train. Ne pas en mener large*.*

III (CHOSES) FAIRE ALLER (QQN) D'UN ENDROIT À UN AUTRE ■ **1** Transporter. *Le tramway « qui le mènerait directement chez la papetière »* ROMAINS. ■ **2** Guider vers tel lieu. *Ses empreintes nous ont menés jusqu'à lui.* ■ **3** (fin XIIe) Permettre d'aller d'un lieu à un autre. *Ce sentier mène au refuge. Tous les chemins* mènent à Rome.* FIG. *« Le journalisme mène à tout, à condition d'en sortir »* JANIN. *« L'esprit sert à tout, mais il ne mène à rien »* TALLEYRAND. — *Cela peut vous mener loin, plus loin que vous ne pensez,* avoir pour vous des conséquences lointaines qui risquent d'être fâcheuses. *C'est une somme qui ne vous mènera pas loin,* qui ne fournira pas longtemps à vos besoins. *Cela ne nous mène à rien,* n'avance pas nos affaires. *Dieu sait où tout cela va nous mener !,* quelles seront les conséquences.

IV (1690) **GÉOM. TRACER.** *Mener une parallèle à une droite.*

MÉNESTREL [menɛstʀɛl] **n. m.** – XIIe, repris 1814 ; «serviteur» 1050 ◊ bas latin *ministerialis* ■ Au Moyen Âge, Musicien et chanteur ambulant (simple exécutant, et non créateur). ➤ **jongleur.**

MÉNÉTRIER [menetʀije] **n. m.** – 1680 ; *menestrier* v. 1265 ◊ var. de *ménestrel* ■ Violoniste de village, qui escortait les noces, faisait danser les invités. ➤ **sonneur, violoneux.** *« Le ménétrier allait en avant avec son violon empanaché de rubans »* FLAUBERT.

MENEUR, EUSE [mənœʀ, øz] **n.** – XIIIe ; *meneor* 1135 ◊ de *mener* ■ **1** VX Personne qui mène, conduit. *Meneur d'ours :* montreur d'ours. *Meneuse d'oies :* gardeuse d'oies. ♦ MOD. (métiers) Conducteur, transporteur. *Meneur de bois, de rails* (dans les mines). — *Meneur de jeu :* animateur d'un spectacle, d'une émission de variétés ou d'un jeu public. *Meneuse de revue :* vedette féminine principale d'une revue de music-hall.

■ **2** (XVIIIe) Personne qui, par son ascendant, son autorité, prend la tête d'un mouvement populaire. *«les curés ne s'associèrent pas seulement à ces mouvements, [...] ils en furent les meneurs»* MICHELET. ➤ **chef, dirigeant, leader.** *Celle qui «semblait la meneuse du périlleux complot»* LOTI. ◆ ABSOLT, PÉJ. Dans le monde du travail, Agitateur à l'origine d'une grève, d'une manifestation. *Les meneurs ont été licenciés.* ■ **3** LOC. **UN MENEUR, UNE MENEUSE D'HOMMES :** personne qui sait mener, manier les autres. *«cet état, sans responsabilité d'aucune sorte, sans autre obligation que celle du service [...] me plaisait bien davantage que celui de meneur d'hommes»* DUTOURD. ➤ **manageur.**

MENHIR [meniʀ] n. m. – 1807 ◇ mot bas breton, de *men* «pierre» et *hir* «longue» ■ Monument mégalithique, pierre allongée dressée verticalement (cf. Pierre* levée). *Menhirs disposés en rangées* (➤ **alignement**), *en cercle* (➤ **cromlech**).

MÉNIN, INE [menɛ̃, in] n. – 1606 ◇ espagnol *menino, menina* ■ HIST. ■ **1** Jeune homme, jeune fille de naissance noble, au service d'une maison princière espagnole. *«Les Ménines» (Las Meninas), tableau de Vélasquez.* ■ **2** n. m. (1680) En France, Jeune gentilhomme attaché à la personne du dauphin. — On écrit aussi *menin, ine* [menɛ̃, in].

MÉNINGE [menɛ̃ʒ] n. f. – 1478 ◇ bas latin *meninga,* de l'accusatif du grec *mênigx* ■ **1** Chacune des membranes qui entourent le cerveau et la moelle épinière. *Méninge dure.* ➤ **dure-mère.** *Méninges molles.* ➤ **leptoméninges ; arachnoïde, pie-mère.** ■ **2** FAM., AU PLUR. Le cerveau, l'esprit (cf. La matière* grise). *Il ne s'est pas fatigué les méninges. Se creuser, se torturer les méninges pour trouver une solution.* ➤ PLAIS. **remue-méninges.**

MÉNINGÉ, ÉE [menɛ̃ʒe] adj. – 1776 ◇ de *méninge* ■ DIDACT. Relatif aux méninges. *Artère méningée. Syndrome méningé, réaction méningée :* symptômes traduisant l'irritation des méninges. *Tumeur méningée.* ➤ **méningiome.** *Hémorragie méningée.*

MÉNINGIOME [menɛ̃ʒjom] n. m. – 1929 ◇ de *méninge* et *-ome* ■ MÉD. Tumeur méningée bénigne, développée à partir de l'arachnoïde et adhérente à la dure-mère.

MÉNINGITE [menɛ̃ʒit] n. f. – 1829 ; *méningité* 1793 ◇ de *méninge* et *-ite* ■ Inflammation aiguë ou chronique des méninges, par infection microbienne, virale ou intoxication. *Méningite cérébrospinale épidémique. Méningite tuberculeuse.* ◆ LOC. FAM. *Il ne risque pas d'attraper une méningite :* il ne fait aucun effort intellectuel.

MÉNINGITIQUE [menɛ̃ʒitik] adj. – 1867 ◇ de *méningite* ■ MÉD. Relatif à la méningite. ◆ Qui est atteint de méningite. SUBST. *Un, une méningitique.*

MÉNINGOCOQUE [menɛ̃gɔkɔk] n. m. – 1900 ◇ du radical de *méninge* et *-coque* ■ MÉD., BACTÉRIOL. Diplocoque immobile, gram-négatif, agent de la méningite cérébrospinale.

MÉNISCAL, ALE, AUX [meniskal, o] adj. – 1949 ◇ de *ménisque* ■ MÉD. Qui a rapport à un ménisque articulaire. *Hernie méniscale :* saillie due à la luxation d'un ménisque du genou.

MÉNISQUE [menisk] n. m. – 1671 ◇ grec *mêniskos* «croissant» ■ **1** PHYS. Lentille convexe d'un côté et concave de l'autre. *Ménisque convergent* (à bords minces), *divergent* (à bords épais). — Incurvation de la surface d'un liquide au voisinage de la paroi, due à la capillarité. ■ **2** (1823) *Ménisque (articulaire) :* formation fibro-cartilagineuse située entre deux surfaces articulaires mobiles (➤ **diarthrose**), qui assure un contact intime et le glissement de celles-ci. *Affection d'un ménisque du genou* (n. f. **MÉNISCITE** [menisit]). ■ **3** (1845) Bijou en forme de croissant.

MENNONITE [menɔnit] n. et adj. – XVIIe ◇ de *Mennon Simonis,* traduction latine de *Menno Simons,* n. d'un prêtre frison ■ RELIG. Membre d'un mouvement anabaptiste (1re moitié du XVIe s.), implanté aujourd'hui aux Pays-Bas et aux États-Unis. *Les amish sont des mennonites.*

MÉNO- ■ Élément, du grec *mên, mênos* «mois», qui signifie «menstruation» : *ménorragie, dysménorrhée.*

MÉNOPAUSE [menopoz] n. f. – 1823 ◇ de *méno-* et du grec *pausis* «cessation» ■ Cessation de l'activité ovarienne chez la femme, naturellement accompagnée de l'arrêt définitif de l'ovulation et des règles ; époque où elle se produit (cf. Âge critique*, retour* d'âge). *La ménopause survient autour de la cinquantaine. Andropause et ménopause.* ➤ **climatère.** — adj. **MÉNOPAUSIQUE,** 1922. *Troubles ménopausiques.*

MÉNOPAUSÉE [menopoze] adj. f. – 1952 ◇ de *ménopause* ■ Dont la ménopause est terminée. *«ces femmes ménopausées depuis longtemps et qui, cependant, ressentent au creux de leur corps les passages des cycles disparus»* C. PUJADE-RENAUD. *Patiente ménopausée sous hormones.*

MÉNORAH [menɔʀa] n. f. – attesté 1922 ◇ mot hébreu «chandelier» ■ RELIG. JUD. Chandelier à sept branches, symbole du peuple et du culte juifs. *La ménorah du Temple de Jérusalem devait rester continuellement allumée. Des ménorahs.*

MÉNORRAGIE [menɔʀaʒi] n. f. – *menorrhagie* 1771 ◇ de *méno-* et *-rragie* ■ MÉD. Exagération de l'écoulement menstruel (opposé à *aménorrhée*).

MENOTTE [mənɔt] n. f. – 1545 ; *manotte* 1474 ◇ diminutif de *main* ■ **1** Main d'enfant ; petite main. ➤ 2 **mimine.** *«Les mains de cette enfant [...] sont bien les deux plus jolies menottes qu'il soit possible de faire»* DIDEROT. ■ **2** AU PLUR. Entraves, bracelets métalliques réunis par une chaîne et munis d'une serrure qui se fixent aux poignets d'un prisonnier. ➤ ARG. **bracelets.** *Mettre, passer les menottes à qqn.* ➤ **menotter.**

MENOTTER [mənɔte] v. tr. ⟨1⟩ – v. 1600 ◇ de *menotte* ■ Passer les menottes à (qqn). *«après avoir menotté mon chauffeur à son volant et confié l'un de mes feux à Béru»* SAN-ANTONIO. — n. m. **MENOTTAGE.** *Le menottage du prévenu.*

MENSE [mɑ̃s] n. f. – 1603 ◇ latin *mensa* «table», spécialisé en latin ecclésiastique ■ **1** HIST. RELIG. *Mense épiscopale :* revenus affectés à la table d'un évêque. ■ **2** DR. CAN. Revenu ecclésiastique. *Mense abbatiale, conventuelle, épiscopale.* ■ HOM. Manse.

MENSONGE [mɑ̃sɔ̃ʒ] n. m. – 1080 ◇ latin populaire °*mentionica,* du bas latin *mentire* → mentir ■ **1** Assertion sciemment contraire à la vérité, faite dans l'intention de tromper. ➤ **blague, contrevérité, fable, histoire, invention,** VX **menterie, tromperie ;** FAM. **bobard, boniment, craque,** 1 **salade.** *Gros, grossier mensonge. Mensonge éhonté. Mensonge diplomatique, officieux. Pieux mensonge,* inspiré par la piété ou la pitié. *Mensonge par omission.* ➤ **réticence.** *Mensonge pour se mettre en valeur.* ➤ **vantardise.** *Un tissu de mensonges. Dire des mensonges. Mensonges de la propagande.* ➤ **désinformation.** ■ **2** L'acte de mentir, la pratique de l'artifice, de la fausseté. ➤ **imposture.** *«Le mensonge m'a toujours été si odieux et si impossible»* LAMARTINE. *Vivre dans le mensonge. Mensonge pathologique.* ➤ **fabulation, mythomanie.** *Détecteur* de mensonge(s).* ■ **3** Fiction, en art. ➤ **artifice.** *Les «fables de la mythologie unies aux mensonges du roman»* CHATEAUBRIAND. ■ **4** Ce qui est trompeur, illusoire. ➤ **duperie, illusion, mirage.** *«Le bonheur est un mensonge»* FLAUBERT. *«Laissez, laissez mon cœur s'enivrer d'un* mensonge*»* BAUDELAIRE. PROV. *Songes, mensonges :* les rêves sont trompeurs. ■ CONTR. Vérité, véracité. Réalité.

MENSONGER, ÈRE [mɑ̃sɔ̃ʒe, ɛʀ] adj. – début XIIe ◇ de *mensonge* ■ **1** Qui repose sur un mensonge, des mensonges. ➤ **fallacieux,** 1 **faux.** *«les récits mensongers de ses exploits»* MAC ORLAN. *Accusation mensongère.* ➤ **calomnie.** ■ **2** Qui abuse, trompe. ➤ **trompeur.** *Déclaration, promesse mensongère. Publicité mensongère.* — adv. **MENSONGÈREMENT.** ■ CONTR. Sincère, véridique, véritable.

MENSTRUATION [mɑ̃stʀyasjɔ̃] n. f. – 1761 ◇ du latin *menstrua* «menstrues» ■ Stade du cycle œstral (ou menstruel) de la femme non fécondée, pendant lequel se produit, normalement tous les 25 à 31 jours, de la puberté à la ménopause, un écoulement passager de sang par le vagin, dû à la chute de l'endomètre sous l'effet d'hormones sexuelles. *Absence de menstruation.* ➤ **aménorrhée.** *Menstruation douloureuse* (➤ **dysménorrhée**), *irrégulière.* — L'écoulement de sang lui-même, les règles. ➤ **menstrues.** *Menstruation anormalement abondante* (➤ **ménorragie**).

MENSTRUEL, ELLE [mɑ̃stʀyɛl] adj. – v. 1268 ◇ latin *menstrualis* «mensuel», de *menstruus* → menstrues ■ Qui a rapport aux menstrues, à la menstruation. *Flux menstruel. Coupe* menstruelle. Cycle menstruel.* ➤ **œstral.**

MENSTRUES [mɑ̃stʀy] n. f. pl. – fin XIVe ; *menstre* XIVe ◇ latin *menstrua,* famille de *mensis* «mois» ■ VX Écoulement de sang de la menstruation*, des règles*.

MENSUALISATION [mɑ̃sɥalizasjɔ̃] n. f. – 1967 ◇ de *mensuel* ■ Fait de rendre mensuel ; son résultat. *Mensualisation des salaires, de l'impôt.*

MENSUALISER [mɑ̃sɥalize] v. tr. ⟨1⟩ – avant 1970 ◇ de *mensuel,* d'après le latin *mensualis* ■ **1** Rendre mensuel (un paiement, notamment un salaire horaire). *Mensualiser les retraites.* ■ **2** Payer au mois. *Mensualiser ses employés.*

MENSUALITÉ [mɑ̃sɥalite] **n. f.** – 1845 ◊ de *mensuel* ■ **1** Somme payée mensuellement. *Achat payable par mensualités, en dix mensualités.* ■ **2** Somme perçue chaque mois, salaire* mensuel. *Percevoir, toucher sa mensualité.*

MENSUEL, ELLE [mɑ̃sɥɛl] **adj. et n.** – 1794 ◊ latin *mensualis,* de *mensis* «mois» ■ **1** Qui a lieu, paraît tous les mois. *Revue, publication mensuelle.* — **n. m.** *Les mensuels et les hebdomadaires.* ■ **2** (1893) Calculé pour un mois et payé chaque mois. *Salaire, appointements mensuels.* ➤ **mensualité.** ◆ **n.** (1968) *Les mensuels :* les salariés d'une entreprise payés au mois (opposé à *horaire*).

MENSUELLEMENT [mɑ̃sɥɛlmɑ̃] **adv.** – 1834 ◊ de *mensuel* ■ Tous les mois, une fois par mois. *«des livres que nous distribuait mensuellement le bibliothécaire»* BALZAC.

MENSURATION [mɑ̃syʀasjɔ̃] **n. f.** – 1520, repris 1795 ◊ bas latin *mensuratio,* de *mensurare* → mesurer ■ Détermination et mesure, par divers moyens scientifiques, des dimensions caractéristiques ou importantes du corps humain ; les mesures ainsi obtenues. *Mensurations judiciaires,* servant à établir le signalement d'un prévenu et à reconnaître un repris de justice. ➤ **anthropométrie.** — COUR. *Prendre ses mensurations avec un mètre. Les mensurations de Miss Monde* (tour de poitrine, taille, hanches). *«cette créature aux mensurations de reine»* T. BENACQUISTA.

MENTAL, ALE, AUX [mɑ̃tal, o] **adj. et n. m.** – *mentel* 1371 ◊ bas latin *mentalis,* de *mens, mentis* «esprit» ■ **1** Qui se fait dans l'esprit seulement, sans expression orale ou écrite. *Opérations mentales. Calcul mental. Lecture mentale. Restriction* mentale.* ■ **2** (1801 *aliénation mentale*) Qui a rapport aux fonctions intellectuelles de l'esprit. *Troubles mentaux, maladie mentale.* ➤ **folie.** *Malade mental.* ➤ **fou** (I, 1° et 3°). *Anorexie* mentale. Handicap mental :* déficience intellectuelle. VIEILLI *Médecine mentale.* ➤ **psychiatrie.** *«l'état mental occasionné par le haschisch»* BAUDELAIRE. *«Nos activités physiologiques et mentales»* CARREL. ➤ **psychique.** *Cruauté* mentale. Manipulation* mentale.* — *Âge mental :* âge qui correspond au degré de développement intellectuel (mesuré par les tests). *Arriération mentale. Débile mental.* ■ **3** **n. m.** État d'esprit, surtout en parlant d'un sportif. ➤ **moral.** *Un mental fort, un bon mental. Un mental de battante. «avec son mental moyenâgeux, Jean-Paul II freinait l'évolution spirituelle de l'Occident»* HOUELLEBECQ. ➤ **mentalité.** ■ CONTR. 2 Écrit, parlé. 1 Physique. ■ HOM. Manteau.

MENTALEMENT [mɑ̃talmɑ̃] **adv.** – *mentallement* XVe ◊ de *mental* ■ **1** En esprit seulement, par la pensée, de tête. *La jeune fille «priait mentalement pour l'âme de Catherine»* SAND. *Il «ne cessait de formuler mentalement ses conclusions»* ROMAINS. ➤ **intérieurement.** ■ **2** (1932) Du point de vue mental (2°). *«je me trouvais mentalement à peu près dispos»* CÉLINE.

MENTALISTE [mɑ̃talist] **n.** – 2004, en référence au Canada ◊ calque de l'anglais *mentalist* (1909) ■ Personne censée avoir le don de lire dans les pensées. ➤ **extralucide, voyant.**

MENTALITÉ [mɑ̃talite] **n. f.** – 1877 ; «caractère mental» 1842 ◊ de *mental,* avec l'influence probable de l'anglais *mentality* ■ **1** SOCIOL. Ensemble des croyances et habitudes d'esprit qui informent et commandent la pensée d'une collectivité, et qui sont communes à chaque membre de cette collectivité. ➤ **idéologie.** *«La mentalité est le lien le plus résistant qui rattache l'individu à son groupe»* G. BOUTHOUL. *«La Mentalité primitive», ouvrage de Lévy-Bruhl. Histoire des mentalités. Faire évoluer les mentalités.* ■ **2** COUR. État d'esprit, dispositions psychologiques ou morales. ➤ **psychologie.** *Une mentalité de profiteur.* — FAM. et VIEILLI Esprit qui s'accommode des choses condamnables. *Quelle mentalité !* PAR ANTIPHR. *Belle, jolie mentalité !* (cf. C'est du propre !).

MENTERIE [mɑ̃tʀi] **n. f.** – XIIIe ◊ de *mentir* ■ VX ou RÉGION. (Ouest, Centre, Champagne, Haut-Jura ; Belgique, Canada, Louisiane, Antilles, Réunion) Mensonge. *«C'est donc des menteries, ce qu'on raconte»* ZOLA. *Conter des menteries.*

MENTEUR, EUSE [mɑ̃tœʀ, øz] **n. et adj.** – *menteor* 1176 ◊ de *mentir* ■ **1** Personne qui ment, a l'habitude de mentir. ➤ **imposteur, mythomane.** *Un fieffé menteur, une sacrée menteuse. «un menteur habile ne propose jamais une vérité monolithique, qui sentira toujours trop la confection ; il compose plutôt un ensemble de petits détails, qui, isolément, ne prouvent rien»* S. AUDEGUY. *Quel menteur ! Menteur par vantardise.* ➤ **bluffeur, hâbleur, vantard.** ■ **2** **adj.** Qui ment. ➤ 1 **faux, hypocrite.** *«Tous les hommes sont menteurs, inconstants, faux»* MUSSET. ◆ (CHOSES) Mensonger, trompeur. *Ces éloges «menteurs qui faussent la conscience publique»* CHATEAUBRIAND. ■ CONTR. 2 Franc, sincère, vrai.

MENTHE [mɑ̃t] **n. f.** – *mente* v. 1240 ◊ latin *ment(h)a* ■ **1** Plante herbacée *(labiées),* très aromatique, qui croît dans les lieux humides. *Menthe sauvage, aquatique, poivrée. Thé à la menthe :* thé vert infusé avec des feuilles de menthe fraîche. *Infusion de menthe, de tilleul menthe. — Alcool de menthe. Sirop, liqueur de menthe.* ➤ **peppermint.** ■ **2** Sirop de menthe. *Prendre une menthe à l'eau.* ELLIPT *Des diabolos menthe.* ◆ Essence, arôme de menthe. *Bonbons, dentifrice à la menthe. Pastilles de menthe,* à la menthe. ■ HOM. Mante.

MENTHOL [mɑ̃tɔl] **n. m.** – 1874 ◊ allemand *Menthol* (1861), du latin *mentha* et *-ol* ■ Alcool terpénique extrait de l'essence de menthe poivrée, utilisé comme anesthésique (calmant) local, surtout au niveau des muqueuses.

MENTHOLÉ, ÉE [mɑ̃tɔle] **adj.** – 1874 ◊ de *menthol* ■ Additionné de menthol. *Cigarette mentholée.*

MENTION [mɑ̃sjɔ̃] **n. f.** – fin XIIe ◊ latin *mentio* ■ **1** Action de nommer, de citer, de signaler. *Ce catalogue ne fait pas mention des prix. Il n'en est pas fait mention dans cet ouvrage. Évènement digne de mention.* ■ **2** Brève note donnant une précision, un renseignement. *La lettre est revenue avec la mention «Décédé». Rayer les mentions inutiles* (sur un questionnaire à remplir). *Mention en marge d'un acte juridique.* ■ **3** Indication d'une appréciation favorable de la part d'un jury d'examen. *Mention très honorable. Mention passable, assez bien, bien, très bien. Être reçu avec mention* (supérieure à «passable»). *Mention honorable :* distinction venant, dans une exposition, un concours, après les prix et les accessits. ■ **4** LING. Statut d'un signe autonyme (opposé à *emploi, usage*). *Mot en mention.* ■ HOM. Mansion.

MENTIONNER [mɑ̃sjɔne] **v. tr.** ⟨1⟩ – 1432 ◊ de *mention* ■ Faire mention de. ➤ **citer, nommer, signaler.** *Mentionner tous ses collaborateurs. Cette île n'est pas mentionnée sur la carte.* ➤ **figurer.** *Une «actrice dont le nom n'est pas assez oublié pour que je le mentionne ici»* COLETTE. *Ne faire que mentionner une chose,* la signaler seulement, sans s'étendre. ➤ **évoquer.** — IMPERS. *Il est bien mentionné de..., que.* ➤ **préciser.** ◆ LING. *Mot mentionné,* dont on parle. ➤ **autonyme.**

MENTIR [mɑ̃tiʀ] **v. intr.** ⟨16⟩ – Xe ◊ latin populaire °*mentire,* latin classique *mentiri* ■ **1** Faire un mensonge, affirmer ce qu'on sait être faux, nier ou taire ce qu'on devrait dire. *Mentir effrontément, avec aplomb. C'est faux, tu mens ! «Il ne dit pas* toute *la vérité, ce qui est une façon de mentir»* FLAUBERT. *«mentir pour nuire est calomnie»* ROUSSEAU. *Il a menti sur son âge.* ➤ FAM. **pipeauter.** VIEILLI *Ils en ont menti :* ils ont menti sur ce point. — *Mentir comme un arracheur* de dents. Il ment comme il respire,* tout naturellement et continuellement. *Sans mentir :* à dire vrai, en vérité (souvent iron.). *«il y en avait bien, sans mentir, une vingtaine»* DAUDET. PROV. *A beau mentir qui vient de loin :* il est facile d'être cru quand ce qu'on dit n'est pas vérifiable. — *Mentir à qqn,* le tromper par un mensonge, lui en faire accroire (cf. Bourrer* le crâne, le mou*, monter* le coup, mener en bateau*, raconter des histoires*). *Il nous a menti sur son salaire.* PRONOM. (RÉFL.) *Se mentir à soi-même :* refuser de regarder la vérité en face. *«Celui qui ne se ment plus à lui-même* [...], *combien il est à plaindre !»* CIORAN. ■ **2** (CHOSES) Exprimer une chose fausse, être mensonger. LOC. *Faire mentir le proverbe,* lui apporter un démenti. *Faire mentir sa réputation.* ■ **3** TR. IND. **MENTIR À :** (VX) manquer à (sa foi, sa promesse). ABSOLT *Bon sang* ne peut mentir.* — VIEILLI Démentir. *«mentir à l'idée qu'on s'était faite de lui»* GAUTIER.

MENTISME [mɑ̃tism] **n. m.** – 1824 ◊ du latin *mens, mentis* «esprit» ■ MÉD., PSYCHOL. Fuite des idées.

MENTON [mɑ̃tɔ̃] **n. m.** – fin Xe ◊ latin populaire °*mento, onis,* latin classique *mentum* ■ **1** Partie saillante, médiane, du maxillaire inférieur ; partie de la face qui y correspond. *Menton avancé, en galoche*, rond, fuyant. Elle «avait le menton pointu, le visage presque triangulaire»* BALZAC. *Fossette au menton.* ◆ PAR EXT. Région du menton (menton proprement dit et haut de la gorge). *Avoir du poil au menton.* ➤ 1 **barbe.** *Double, triple menton :* plis de graisse sous le menton, comparés à des mentons superposés. *«son triple menton, lâche cravate de chair molle, flottait sur sa poitrine»* MIRBEAU. ■ **2** ZOOL. Chez les insectes broyeurs, Partie de la lèvre supérieure ; chez les oiseaux, Région à la base de la mâchoire inférieure.

MENTONNET [mɑ̃tɔnɛ] **n. m.** – 1604 ◊ diminutif de *menton* ■ TECHN. Pièce saillante ou tenon servant d'arrêt. *Mentonnet de serrure, de clenche, d'arbre tournant.*

MENTONNIER, IÈRE [mɑ̃tɔnje, jɛʀ] **adj.** – 1580 ◊ de *menton* ■ ANAT. Du menton. *Nerf mentonnier. Trou mentonnier,* entre le canal dentaire et la face externe du maxillaire.

MENTONNIÈRE [mɑ̃tɔnjɛʀ] n. f. – 1373 ◊ de *menton* ■ **1** ANCIENNT Partie inférieure du casque, protégeant le menton. ■ **2** Bande passant sous le menton et retenant la coiffure. ➤ **jugulaire.** *Bonnet à mentonnière.* ◆ CHIR. Bandage du menton. ■ **3** Plaquette de bois ou de plastique fixée à la base d'un violon, sur laquelle s'appuie le menton.

MENTOR [mɛ̃tɔʀ] n. m. – début XVIIIe ◊ nom d'un personnage de l'*Odyssée*, popularisé par le *Télémaque* de Fénelon ■ **1** LITTÉR. Guide, conseiller sage et expérimenté. ➤ **pygmalion.** *Jouer les mentors.* ■ **2** Recomm. offic. pour *coach.*

1 **MENU, UE** [məny] adj. et adv. – 1080 ◊ latin *minutus,* de *minuere* «diminuer» ■ **1** Qui a peu de volume. ➤ 2 **fin, mince, petit.** *Couper en menus morceaux. Les menues branches d'un arbre. Menus objets.* ➤ **babiole, bricole, brimborion.** *«de vraies mains de prélat, aux doigts menus et potelés»* GAUTIER. — (PERSONNES) Petit et mince. *«Étrange enfant, brune, menue»* FROMENTIN. ■ **2** Formé d'éléments relativement petits. *Menu gibier. Menu fretin**. — SUBST. PLUR. TECHN. **LES MENUS :** charbon en morceaux de petite dimension. ➤ **fines.** ■ **3** FIG. (emplois limités) Qui a peu d'importance, peu de valeur. *«Un essaim de menues occupations harcelantes»* GIDE. *Menus soucis. Menus détails. Menues dépenses. Menue monnaie. Le menu peuple. «j'ai su par le menu détail tout ce qui s'était passé»* ALAIN-FOURNIER. loc. adv. **PAR LE MENU :** en détail. *Raconter qqch. par le menu.* ■ **4** adv. En menus morceaux. *Oignons hachés menu. Hacher menu comme chair* à pâté. «de la pierre pilée menu»* MAUPASSANT. ■ CONTR. Gros.

2 **MENU** [məny] n. m. – 1718 ◊ subst. de 1 *menu,* proprt «menu détail» ■ **1** Liste détaillée des mets dont se compose un repas ; le repas considéré dans sa composition, son ordonnance. *Composer un menu. Menu de Noël, du réveillon. Qu'y a-t-il au menu ce soir ? «toujours le même menu, pain et vin»* BERNANOS. — Dans un restaurant, Liste déterminée de plats composant un repas à prix fixe ; repas ainsi composé (cf. RÉGION. Table d'hôte*). *Menu végétarien, gastronomique. Nous prendrons le menu.* ■ **2** Carte sur laquelle le menu et les prix sont inscrits. *«il a fait la grimace quand il a vu les prix sur le menu»* QUENEAU. ■ **3** FIG. et FAM. Programme, ordre du jour. *Quel est le menu de la réunion ?* ◆ INFORM. Choix d'opérations proposé à l'utilisateur sur l'écran d'un ordinateur. *Menu principal. Menu déroulant. Menu de navigation. Barre* de menus.*

MENUET [mənɥɛ] n. m. – 1670 ◊ subst. de l'ancien adj. *menuet* XIIe, diminutif de 1 *menu,* proprt «petit pas» ■ **1** Ancienne danse de bal et de théâtre à trois temps, adoptée sous Louis XIV, dont le mouvement rapide devint au XIXe s. très modéré ; air sur lequel on la dansait. *Danser le menuet. «le caractère du menuet est d'une élégante et noble simplicité»* ROUSSEAU. ■ **2** Forme instrumentale, dans la suite, la sonate (ordinairement le troisième mouvement), comprenant un premier air répété deux fois (*menuet* stricto sensu), encadrant un second menuet (➤ **trio**).

MENUISE [mənɥiz] n. f. – 1724 ◊ latin *minutia* «parcelle» ■ TECHN. ■ **1** Petit plomb de chasse. ➤ **cendrée.** ■ **2** Menu bois, petits rondins.

MENUISER [mənɥize] v. tr. ‹1› – 1483 ; «amenuiser» 1120 ◊ latin populaire °*minutiare,* de *minutus* → 1 menu ■ TECHN. ■ **1** VX Découper, amincir (du bois, des planches). ■ **2** Travailler en menuiserie. — p. p. adj. *Des boiseries ajourées «très finement menuisées»* LOTI.

MENUISERIE [mənɥizʀi] n. f. – 1456 ◊ de *menuiser* ■ **1** VX Fabrication de menus ouvrages (opposé à *grosserie*), en particulier d'or et d'argent ; petite orfèvrerie. ■ **2** MOD. Travail industriel ou artisanal (assemblages) du bois pour la fabrication des meubles et objets servant à l'agencement et la décoration des maisons (opposé à *charpente*). *Entreprise, atelier de menuiserie. Menuiserie d'art* (➤ **ébénisterie**), *de bâtiment.* ■ **3** PAR MÉTON. Ouvrages ainsi fabriqués. *Menuiserie dormante* (décoration fixe, lambris, parquets), *mobile* (huisseries). *«la menuiserie découpée des fenêtres»* NERVAL. ◆ Atelier où sont réalisés ces ouvrages. ■ **4** PAR EXT. *Menuiserie métallique :* fabrication de portes et fenêtres métalliques (surtout de grandes dimensions) ; ces systèmes. *Menuiseries métalliques des immeubles modernes.*

MENUISIER, IÈRE [mənɥizje, jɛʀ] n. – 1227 ◊ de *menuiser* ■ **1** VX Ouvrier en menuiserie (1°). *Corporation des orfèvres menuisiers.* ■ **2** (1382) MOD. Artisan, ouvrier qui travaille le bois équarri en planches pour la fabrication de meubles et ouvrages divers de menuiserie. *Menuisier de bâtiment, en meubles, en sièges. Menuisier d'art.* ➤ **ébéniste.** *La scie, le trusquin, la varlope du menuisier. Le menuisier et le charpentier.*

MÉNURE [menyʀ] n. m. – 1808 ◊ latin des zoologistes *menura,* du grec *mênê* «lune, croissant» et *oura* «queue» ■ ZOOL. Grand oiseau *(passériformes)* vivant en Australie, dont le mâle est remarquable par sa queue en éventail, à plumes disposées en forme de lyre. ➤ **lyre, oiseau-lyre.**

MÉNYANTHE [menjɑ̃t] n. m. – 1615 ◊ latin des botanistes *menyanthes,* altération du grec *minuanthes (triphullon)* «(trèfle) qui fleurit peu de temps» ■ BOT. Plante herbacée aquatique *(ményanthacées),* à feuilles alternes trilobées, dite aussi *trèfle d'eau.*

MÉPHISTOPHÉLIQUE [mefistɔfelik] adj. – 1833 ◊ de *Méphistophélès,* nom du démon dans la légende de Faust ■ Qui évoque Méphistophélès, semble appartenir au démon. ➤ **diabolique, satanique.** *Un rire méphistophélique.*

MÉPHITIQUE [mefitik] adj. – 1564 ◊ bas latin *mephiticus,* de *mephitis* «exhalaison sulfureuse d'origine volcanique» ■ Dont l'exhalaison est toxique et puante. *Vapeurs méphitiques.*

MÉPLAT, ATE [mepla, at] adj. et n. m. – 1676 ◊ de *mé-* et 1 *plat*
I adj. RARE Qui a plus de largeur que d'épaisseur. ◆ SPÉCIALT, ARTS *Bas-relief méplat,* où l'on diminue l'épaisseur relative des premiers plans. *Lignes méplates,* qui établissent le passage d'un plan à un autre.
II n. m. (1762 ; «bois méplat» 1691) ■ **1** ARTS Chacun des plans par lesquels on représente ou suggère le modelé des formes. *«les méplats plus nettement accusés»* GAUTIER. ■ **2** COUR. Partie relativement plane du corps. *«Là où le dessin voulait des os, la chair offrait des méplats gélatineux»* BALZAC. ■ **3** TECHN. Surface plane pratiquée sur une pièce arrondie.
■ CONTR. Saillie.

MÉPRENDRE (SE) [mepʀɑ̃dʀ] v. pron. ‹58› – v. 1215 ; *mesprendre* intr. Xe ◊ de *mé-* et *prendre* ■ LITTÉR. Se tromper (en particulier en prenant une personne, une chose pour une autre). *Ils se ressemblent à s'y méprendre,* au point de les confondre. *«il se méprend sur moi et méconnaît [...] qui je suis»* GIDE. *Je me suis mépris sur son compte.*

MÉPRIS [mepʀi] n. m. – *mespris* v. 1225 ◊ de *mépriser* ■ **1** *Mépris de :* fait de considérer comme indigne d'attention ; sentiment qui pousse à ne faire aucun cas (d'une chose). ➤ **dédain, indifférence.** *«poussant le mépris des scrupules presque aussi loin que le respect de l'étiquette»* PROUST. *«un mépris des conventions bourgeoises, voire même une révolte contre la société»* FALLET. loc. prép. **AU MÉPRIS DE :** sans tenir compte de, en dépit de. *Au mépris du danger, des conventions.* ■ **2** *Mépris de :* sentiment par lequel on s'élève au-dessus de (ce qui est généralement apprécié). *«un absolu mépris du succès»* FLAUBERT. *Les hommes très jeunes ont «le hautain mépris de la vie»* DUHAMEL. ■ **3** *Mépris (pour) :* sentiment par lequel on considère qqn comme indigne d'estime, comme moralement condamnable. ➤ **dédain, dégoût, mésestime.** *N'avoir que du mépris pour qqn. Traiter qqn avec mépris, par le mépris. Écraser qqn de son mépris. «le mépris outrage plus que la haine»* BARBEY. *Je voudrais «leur cracher mon mépris à la figure»* GAUTIER. *Mots, expressions qui marquent le mépris.* ➤ **dépréciatif, péjoratif.** LOC. *Avoir le mépris facile :* être porté à mépriser tout le monde. ■ **4** LITTÉR. *Un, des mépris :* manifestation de ce sentiment. ➤ **affront.** *J'ai souffert de ses mépris. «les prétentions exaspérées du collégien, ses mépris sifflants»* MAURIAC. — VX Manifestation d'indifférence en amour.
■ CONTR. Admiration, considération, estime, respect.

MÉPRISABLE [mepʀizabl] adj. – XIVe ◊ de *mépriser* ■ **1** VX Négligeable. ■ **2** MOD. Qui inspire le mépris (3°). ➤ **abject,** 1 **bas, honteux, indigne, vil.** *Un individu méprisable. Il n'y a rien de plus méprisable.* ■ CONTR. Estimable, respectable.

MÉPRISANT, ANTE [mepʀizɑ̃, ɑ̃t] adj. – 1226 ◊ de *mépriser* ■ Qui a ou témoigne du mépris. ➤ **arrogant, dédaigneux,** 1 **hautain.** *«les gens sont durs et méprisants pour ceux que le bon Dieu a mal partagés»* SAND. — *Sourire, ton méprisant. «Il me parla du bout des lèvres, d'un air méprisant»* DAUDET. ■ CONTR. Admiratif, respectueux.

MÉPRISE [mepʀiz] n. f. – 1465 ; «mauvaise action» XIIe ◊ de *se méprendre* ■ Erreur d'une personne qui se méprend. ➤ **confusion ; malentendu, quiproquo.** *Méprise impardonnable, grossière.* ➤ **bévue.** *«la méprise des sens»* BAUDELAIRE. *Je «souffre de la louange si je sens qu'elle m'est octroyée par méprise»* GIDE.

MÉPRISER [mepʀize] v. tr. ‹1› – XIIe ◊ de *mé-* et 1 *priser* ■ **1** Estimer indigne d'attention ou d'intérêt, ne faire aucun cas de. ➤ **dédaigner, négliger** (cf. Faire fi* de). *«l'affectai de mépriser la politesse que je ne savais pas pratiquer»* ROUSSEAU. *Mépriser les convenances.* ➤ **bafouer, piétiner** (cf. Fouler* aux pieds). *Mépriser le danger, la mort.* ➤ **braver.** ◆ VIEILLI Dédaigner (en amour). *« Je feignais de la mépriser »* FRANCE. ▪ **2** Estimer indigne d'intérêt (un bien ordinairement prisé et convoité). ➤ **se désintéresser.** *Mépriser l'argent, les honneurs.* ▪ **3** Considérer (qqn) comme indigne d'estime, comme moralement condamnable. ➤ **honnir.** *Je le méprise d'avoir accepté. « peut-être le méprisait-il trop pour vouloir lui ôter la vie »* MÉRIMÉE. *« J'aime mieux te haïr que te mépriser »* R. ROLLAND. PRONOM. (RÉFL.) *Il se méprisait de n'avoir pas osé. « Le jour où l'homme se méprise, où il se voit méprisé* [...] *il se tue »* BALZAC. ▪ CONTR. Apprécier, considérer ; convoiter, désirer ; admirer, estimer, honorer.

MER [mɛʀ] n. f. – fin XIe ◇ latin *mare* ▪ **1** Vaste étendue d'eau salée qui couvre une grande partie de la surface du globe. ➤ **océan.** *Haute mer, pleine mer :* partie de la mer la plus éloignée des rivages. ➤ **large.** *Brise, vent de mer,* qui souffle de la mer vers la terre. *Au-dessus du niveau de la mer. Eau de mer* (opposé à *eau douce*). *Sel de mer.* ➤ **1 marin.** *Bord de mer.* ➤ **côte, littoral, rivage ; 1 grève, 2 plage.** *Boulogne-sur-Mer. Fond, profondeur de la mer.* ➤ **fond ; abyssal, pélagique.** *Le Nautilus « reposait au fond des mers »* J. VERNE. *État de la mer :* hauteur moyenne des vagues. ➤ **bonace, 1 calme, tempête.** *Mer calme, belle, plate. Mer d'huile. Mer formée*. Mer agitée, forte, houleuse* (cf. Coup* de chien, gros temps*). *Mer qui déferle sur la côte.* ➤ **raz-de-marée, tsunami.** *Mouvement, ondulations de la mer* (➤ **flot, houle, lame, 1 vague ; déferlement, ressac**). *« La mer Qu'on voit danser le long des golfes clairs A des reflets d'argent »* TRENET. *Paquet* de mer. Mal de mer.* ➤ **naupathie.** *La mer est pleine,* a atteint son niveau le plus haut pendant la marée. *La mer est basse,* a atteint son niveau le plus bas. *Mer étale. La mer monte, descend* (➤ **marée ; flux, reflux**). *Bruit, mugissement de la mer. — Écume de mer.* ➤ **magnésite, sépiolite.** *Poissons de mer. Truite de mer. Tortue de mer. Chien* de mer. Lion* de mer. Cochon de mer.* ➤ **marsouin.** *Éléphant* de mer. Anémone de mer.* ➤ **actinie.** *Raisin* de mer. Fruits* de mer. Araignée* de mer. Amande* de mer. Étoile* de mer. Les « albatros, vastes oiseaux des mers »* BAUDELAIRE. *« Les oiseaux de mer volent autour de nous en criant, mouettes, sternes, pétrels blancs »* LE CLÉZIO. FIG. *Serpent* de mer. — Divinités de la mer.* ➤ **sirène, 1 triton.** *— Navigation en mer. Gens de mer :* marins. *Port de mer.* ➤ **maritime.** *Prendre la mer :* quitter le mouillage. *« Prendre la mer, c'est tout sauf une fuite, c'est au contraire une discipline et une contrainte »* KERSAUSON. *Courir, écumer les mers ; bourlinguer sur toutes les mers. Vieux loup* de mer. Au-delà des mers.* ➤ **outre-mer.** *Périr en mer. Voyage, commerce par mer. Forage en mer :* recomm. offic. pour *offshore. Fortune* de mer. Combat sur mer.* ➤ **naval.** *Armée de mer :* marine militaire. — *Étude des mers.* ➤ **océanographie.** — *Droit de la mer* (DR. PUBL. INTERNAT.) : ensemble des règles régissant les rapports juridiques issus des activités maritimes, et statuant sur les espaces maritimes. — *Octroi* de mer.* — *Mer territoriale*.* ◆ Eau de mer. *La mer est chaude. Bains de mer.* LOC. *Ce n'est pas la mer à boire :* ce n'est pas difficile, ce n'est pas très important. *Il boirait la mer et les poissons :* il a une soif inextinguible. *C'est une goutte* d'eau dans la mer. Un homme à la mer,* tombé à l'eau. ➤ FAM. **baille.** ◆ Région côtière, station balnéaire. *Passer ses vacances à la mer. Préférer la mer à la montagne.* ▪ **2** Bassin océanique, plus ou moins isolé, de dimensions limitées. *Mer secondaire, bordière, intercontinentale, fermée, intérieure. Mer du Nord, mer Rouge, mer Noire, mer Baltique, mer d'Aral, mer Caspienne, mer des Caraïbes. Bras* de mer.* ▪ **3** FIG. Vaste étendue. *Mer de sable :* vaste désert de sable. *La mer de Glace :* grand glacier des Alpes françaises. *Quelques orangers « perdus dans cette mer de goudron et de béton »* LE CLÉZIO. ◆ Grande quantité (de ce qui est comparé à un liquide). *« cette immersion violente dans une mer de mots »* FROMENTIN. ▪ HOM. Maire, mère.

MÉRANTI [meʀɑ̃ti] n. m. – 1991 ◇ mot malais ▪ Bois tropical brun-rouge, originaire d'Asie du Sud-Est.

MERBAU [mɛʀbo] n. m. – avant 1999 au Québec ◇ mot malais ▪ Bois dur, brun rougeâtre, à grain grossier, provenant d'un arbre *(légumineuses césalpiniacées)* du Sud-Est asiatique, utilisé en menuiserie et ameublement. *Parquet en merbau.*

MERCANTI [mɛʀkɑ̃ti] n. m. – 1859 ; *mercantiste* 1842 ◇ sabir de l'Afrique du Nord, de l'italien *mercanti,* plur. de *mercante* « marchand » ▪ **1** VX Marchand dans un bazar, un souk ; commerçant accompagnant une armée. ▪ **2** (1901) COUR. Commerçant malhonnête ; profiteur. *Les « mercantis du vieux Lourdes »* HUYSMANS.

MERCANTILE [mɛʀkɑ̃til] adj. – 1551 ◇ mot italien, de *mercante* « marchand » ▪ **1** VX Commercial. SPÉCIALT *Système mercantile.* ➤ **mercantilisme.** ▪ **2** (fin XVIIIe) MOD. Digne d'un commerçant cupide, d'un profiteur. *« sans que jamais rien de vénal et de mercantile ose approcher d'une si pure source »* ROUSSEAU.

MERCANTILISER [mɛʀkɑ̃tilize] v. tr. ⟨1⟩ – 1908 ◇ de *mercantile* ▪ LITTÉR. et PÉJ. Rendre mercantile, soumettre à l'intérêt commercial. — n. f. **MERCANTILISATION.**

MERCANTILISME [mɛʀkɑ̃tilism] n. m. – 1811 ◇ de *mercantile* ▪ **1** LITTÉR. et PÉJ. Esprit mercantile. ▪ **2** (1874) HIST. ÉCON. Doctrine économique des XVIe et XVIIe s. fondant la richesse des États sur l'accumulation des réserves en or et en argent. ➤ **colbertisme.**

MERCANTILISTE [mɛʀkɑ̃tilist] n. et adj. – 1846 ◇ de *mercantilisme* ▪ HIST. ÉCON. Économiste partisan du mercantilisme. — adj. *Théories mercantilistes.*

MERCAPTAN [mɛʀkaptɑ̃] n. m. – 1839 ◇ mot créé par l'Allemand Zeise en 1834, sur le latin *mercurium captans* « qui capte le mercure » ▪ CHIM. Thioalcool. *Le pétrole contient des mercaptans* (➤ **adoucissement**).

MERCATICIEN, IENNE [mɛʀkatisjɛ̃, jɛn] n. – 1974 ◇ de *mercatique* ▪ Spécialiste de la mercatique.

MERCATIQUE [mɛʀkatik] n. f. – 1974 ◇ d'après le latin *mercatus* « marché » ▪ ÉCON. Ensemble des actions menées pour déterminer et stimuler les besoins du consommateur et pour adapter la production et la commercialisation à ces besoins (➤ **marchandisage, marchéage**). — Recomm. offic. pour *marketing*.*

MERCATO [mɛʀkato] n. m. – 1994 ; 1990, en référence à l'Italie ◇ mot italien « marché » ▪ SPORT (spécialt au football) Marché officiel des transferts de joueurs d'un club professionnel à un autre. — Moment où s'effectuent ces transactions. *Club qui règle le transfert d'un libéro lors du mercato.* — Recomm. offic. *marché des transferts.* ◆ Mouvement des animateurs de radio, de télévision, à la rentrée. *Le mercato des médias.*

MERCENAIRE [mɛʀsənɛʀ] adj. et n. – XIIIe ◇ du latin *mercenarius* « loué, payé », de *merx, mercis* « marchandise » → marché

I adj. ▪ **1** VIEILLI ou LITTÉR. Qui n'agit, ne travaille que pour un salaire. *Les mères « n'ont plus voulu nourrir leurs enfants, il a fallu les confier à des femmes mercenaires »* ROUSSEAU. *« L'entretien des troupes mercenaires »* MICHELET. ◆ MOD. et PÉJ. Vénal. *La « tribu mercenaire des écrivains à tout faire »* MAUPASSANT. ▪ **2** VIEILLI Inspiré par la seule considération du gain. *« cet amas d'ouvrages mercenaires »* BOILEAU.

II n. ▪ **1** VX Salarié. — MOD. LOC. *Travailler comme un mercenaire :* faire un travail pénible, ingrat, pour un salaire de misère. ▪ **2** Soldat professionnel à la solde d'un gouvernement étranger. *Mercenaire en Italie.* ➤ **condottiere.** *Les mercenaires d'Afrique.* ➤ **affreux.**

MERCERIE [mɛʀsəʀi] n. f. – XIIIe ; « marchandise » 1187 ◇ de *mercier* ▪ **1** Ensemble des marchandises destinées à la couture, aux travaux d'aiguille. *Articles de mercerie* (aiguilles, fils, boutons, rubans, fermetures éclair, etc.). ▪ **2** Commerce, boutique de mercier, de mercière.

MERCERISER [mɛʀsəʀize] v. tr. ⟨1⟩ – 1878 ◇ anglais *to mercerize,* du nom de *John Mercer* ▪ TECHN. Traiter (le coton) en l'imprégnant d'une solution de soude caustique qui lui donne un aspect soyeux. — p. p. adj. COUR. *Coton mercerisé.* — n. m. **MERCERISAGE,** 1885.

MERCHANDISING [mɛʀʃɑ̃dajziŋ ; mɛʀʃɑ̃diziŋ] n. m. – 1961 ◇ mot anglais, de *to merchandise* « promouvoir les ventes » ▪ ANGLIC. COMM. ➤ **marchandisage** (recomm. offic.).

MERCI [mɛʀsi] n. f. et m. – *mercit* v. 880 ◇ latin *merces, edis* « prix, salaire, récompense », et en latin tardif « faveur, grâce »

I n. f. ▪ **1** VX ➤ **grâce, pitié.** *Avoir merci de qqn. Crier merci :* demander grâce. *« ils me réduiraient à crier merci »* ROUSSEAU. — MOD. *Lutte sans merci.* ➤ **acharné, impitoyable.** *La vie est « une bataille sans trêve et sans merci »* R. ROLLAND. ◆ loc. adv. (cf. ancien français *la merci Dieu, merci Dieu*) **DIEU MERCI :** grâce à Dieu, heureusement. *Dieu merci, il est sauf !* ▪ **2** loc. prép. **À LA MERCI DE :** dans une situation où l'on dépend entièrement de (qqn, qqch.). *« L'esprit est à la merci du corps comme sont les aveugles à la merci des voyants »* VALÉRY. *Tenir qqn à sa merci. Je suis à votre merci.* ELLIPT *Être taillable* et corvéable à merci.* — FIG. Dans une situation où l'on est entièrement exposé aux effets (d'une chose). *Votre destinée « est à la merci d'un faux pas, d'une décision hâtive »* BERNANOS.

II n. m. (1533 *un grand merci ;* REM. masc. par erreur sur le genre de *grand* dans cette expr.) ▪ **1** Remerciement. *« le froid merci qu'une femme accorde à son valet »* BALZAC. *Mille mercis. Je vous dois un grand merci.* ▪ **2** Terme de politesse dont on use pour remercier. *Merci mille fois. Tu diras merci à ta mère.*

FAM. *Merci beaucoup, merci bien.* — *«Merci pour cette bonne promesse»* DUMAS FILS. *Merci pour tout. «merci de votre adhésion»* ROMAINS. *«merci d'être venue»* BOURGET. *Merci qui ? Merci mon chien ! Merci madame. Merci à vous.* IRON. *«Ah bien ! merci, elle était jolie, la noce !»* ZOLA. *Merci du compliment ! — Merci de bien vouloir répondre dans les plus brefs délais* (demande écrite). ▪ **3** Formule de politesse accompagnant un refus. *Non, merci. Merci, je ne fume pas. Sans façon, merci bien.*

MERCIER, IÈRE [mɛʀsje, jɛʀ] **n.** – XIIe «marchand» ◊ de l'ancien français *merz* (Xe) «marchandise», latin *merx* ▪ Personne qui vend des articles de mercerie.

MERCREDI [mɛʀkʀədi] **n. m.** – *mercresdi* 1119 ◊ latin médiéval *Mercoris dies*, classique *Mercuri dies* «jour de Mercure» ▪ **1** Troisième jour de la semaine*, qui succède au mardi. *Venez mercredi,* le mercredi qui vient. *Il vient le mercredi, tous les mercredis, les mercredis soir. Mercredi soir. Noël tombe un mercredi. — Le mercredi, en France, est le jour de congé scolaire des enfants* (remplaçant le jeudi*). — *Le mercredi des Cendres**. ▪ **2** **interj.** PAR EUPHÉM. Merde !

MERCURE [mɛʀkyʀ] **n. m.** – XVe ◊ du n. de la planète *Mercure*, latin *Mercurius*, à laquelle l'analogie alchimique associait ce métal ▪ CHIM. Élément atomique de transition (SYMB. Hg ; n° at. 80 ; m. at. 200,59), métal blanc argenté très brillant, liquide à la température ordinaire, du même groupe que le zinc et le cadmium. ➤ **hydrargyre, vif-argent.** *Alliages de mercure.* ➤ **amalgame.** *Utilisation du mercure* (étamage des glaces, amalgamation*, construction d'appareils de physique, etc.). *Lampes à vapeur de mercure. Millimètre* de mercure* (unité de mesure). *Thermomètre, baromètre à mercure. «un froid à geler le mercure»* MICHELET. *Pollution des eaux par le mercure. Intoxication par le mercure.* ➤ **hydrargyrisme.** — FIG. *Le mercure est en baisse,* la température.

MERCUREUX [mɛʀkyʀø] **adj. m.** – 1840 ◊ de *mercure* ▪ CHIM. Se dit des composés du mercure monovalent dérivé de l'ion Hg_2^{2+} (opposé à *mercurique*). *Oxyde mercureux. Chlorure mercureux.* ➤ **calomel.**

1 **MERCURIALE** [mɛʀkyʀjal] **n. f.** – XIIIe ◊ latin *mercurialis (herba)* «(herbe) de Mercure» ▪ Plante herbacée *(euphorbiacées)* à fleurs dioïques verdâtres, mauvaise herbe des jardins.

2 **MERCURIALE** [mɛʀkyʀjal] **n. f.** – 1535 ◊ latin *mercurialis*, pris comme adj. de *mercredi* ▪ **1** ANCIENNT Assemblée semestrielle des cours de justice, qui se tenait un mercredi, où le président devait faire la critique de la justice et des juges ; le discours du président. — (1810) MOD. Discours inaugural prononcé par un membre du parquet à la rentrée des tribunaux. ▪ **2** (1672) FIG. et LITTÉR. Remontrance, réprimande. *Prononcer, écrire une sévère mercuriale contre qqn.*

3 **MERCURIALE** [mɛʀkyʀjal] **n. f.** – 1793 ; hapax 1701 ◊ du latin *mercurialis* «membre du collège des marchands», *Mercure* étant le dieu du commerce ▪ COMM. Tableau officiel hebdomadaire portant les prix courants des denrées vendues sur un marché public ; le cours officiel de ces denrées. *«ses prix* [du marché] *servaient de mercuriale à l'arrondissement»* BALZAC.

MERCURIEL, IELLE [mɛʀkyʀjɛl] **adj.** – 1626 ; *mercurial* 1413 ◊ de *mercure* ▪ DIDACT. (CHIM., PHARM., etc.) Qui contient du mercure. *Pommade mercurielle. Vapeurs, poussières mercurielles* (toxiques, provoquant l'hydrargyrisme).

MERCURIQUE [mɛʀkyʀik] **adj.** – 1787 ◊ de *mercure* ▪ CHIM. Se dit des composés du mercure bivalent dérivé de l'ion Hg^{2+} (opposé à *mercureux*). *Sulfure mercurique.* ➤ **cinabre.**

MERCUROCHROME [mɛʀkyʀokʀom] **n. m.** – 1931 ◊ nom déposé, de *mercure* et *-chrome* ▪ Dérivé d'une fluorescéine mercurielle utilisé comme antiseptique pour usage externe en solution aqueuse ou alcoolique de couleur rouge.

MERDE [mɛʀd] **n. f. et interj.** – fin XIIe ◊ latin *merda*

I **n. f.** VULG. ▪ **1** Matière fécale (de l'être humain et de certains animaux). ➤ **crotte, excrément ; caca.** *Une merde de chien.* ➤ **étron.** *On dit que marcher dans la merde du pied gauche porte bonheur. Mouche à merde.* ➤ **lucilie.** LOC. *Avoir de la merde dans les yeux :* ne pas voir une chose évidente. *Cacher la merde au chat :* dissimuler une chose dont on a honte. *«Je n'arriverai jamais à entasser assez de diplômes pour cacher la merde au chat, ma famille, les rires idiots des poivrots»* ERNAUX. ALLUS. HIST. *«Vous êtes de la m... dans un bas de soie»*, mot de NAPOLÉON à Talleyrand. ▪ **2** FIG. Être ou chose méprisable, sans valeur. *Ce type, cette voiture est une vraie merde. Ce film est une merde.* ➤ **bouse, daube.** *«Zazie, goûtant au mets, déclara tout net que c'était de la merde»* QUENEAU. ➤ **cochonnerie, saloperie.** LOC. *Il ne se prend pas pour de la merde, pour une merde :* il se considère comme un personnage important (➤ **merdeux**). *Traiter qqn comme de la merde, comme une merde,* très mal, de manière méprisante. *«les joueurs de l'équipe adverse qui les regarderont comme des merdes»* O. ADAM. — **loc. adj.** *De merde :* mauvais. ➤ **merdique.** *Un temps de merde.* ➤ **dégueulasse, pourri.** *«ils ont des vies de merde avec des boulots de merde»* A. NOTHOMB. ▪ **3** Situation fâcheuse, inextricable. *Être dans la merde jusqu'au cou, dans une merde noire. «ils se sont tous taillés et ils nous ont laissés dans la merde»* SARTRE. ➤ **mélasse, merdier.** *Il nous met dans la merde avec son désistement. Il ne m'arrive que des merdes.* ➤ **emmerdement.** *Ils «refusaient de s'apitoyer sur les malheurs individuels d'un définitif "chacun sa merde"»* ERNAUX. *Remuer la merde :* revenir sur des évènements fâcheux. *«Je dérange, remue la merde»* Y. KHADRA. ◆ Désordre, pagaille. ➤ **bordel.** *Foutre, semer la merde.*

II **interj.** FAM. ▪ **1** Exclamation de colère, d'impatience, de mépris, de refus. ➤ **crotte, mince, zut ;** EUPHÉM. **mercredi, miel** (cf. Les cinq lettres*, le mot* de Cambronne). *«Braves Français, rendez-vous ! Cambronne répondit : Merde !»* HUGO. — *«Merde pour l'imprimeur»* MAROT. *«Et merde pour le roi d'Angleterre, qui nous a déclaré la guerre»* (chanson). *Merde pour celui qui le lira* (graffiti). *On y va, oui ou merde ?* oui ou non. ◆ Le mot *merde. Je vous dis merde.* ➤ **emmerder.** *«Il se peut que tu aimes la marine française... Mais la marine française te dit merde»* PAGNOL, «Marius», film. *Dire merde à qqn pour lui porter chance. Avoir un œil* qui dit merde à l'autre.* ▪ **2** Exclamation d'étonnement, d'admiration. *«Je restais là, la gueule ouverte. Merde alors»* É. AJAR.

MERDER [mɛʀde] **v. intr.** ⟨1⟩ – 1909 ◊ de *merde* ▪ FAM. ▪ **1** Éprouver des difficultés, ne pas savoir répondre. *Merder à une interro de maths.* ➤ **sécher.** ▪ **2** (CHOSES) Échouer. ➤ **rater ;** FAM. **foirer, merdouiller.** *L'affaire a merdé.*

MERDEUX, EUSE [mɛʀdø, øz] **adj.** et **n.** – XIIe ◊ de *merde* ▪ VULG. ▪ **1** Sali d'excréments. ◆ FIG. *Se sentir merdeux,* coupable, honteux. LOC. *Bâton merdeux :* VIEILLI personne qu'on repousse avec dégoût et mépris ; MOD. affaire délicate dont on souhaite se défausser. ▪ **2** **n.** Gamin(e), blanc-bec. ➤ **morveux.** *Un petit merdeux. «Cette merdeuse de dix ans marchait comme une dame»* ZOLA.

MERDIER [mɛʀdje] **n. m.** – XIIe ◊ de *merde* ▪ VULG. ▪ **1** VX Lieu plein d'excréments. ▪ **2** (1951) MOD. FIG. Grand désordre*, confusion inextricable. *«Avec le merdier que son père avait laissé en mourant, c'était inespéré»* C. SIMON.

MERDIQUE [mɛʀdik] **adj.** – v. 1970 ◊ de *merde* ▪ FAM. Mauvais, sans valeur. *Un boulot merdique. Des combines merdiques.* ➤ **foireux.**

MERDOUILLER [mɛʀduje] **v. intr.** ⟨1⟩ – 1932, Céline ◊ de *merder* ▪ FAM. S'embrouiller, échouer lamentablement. ➤ **foirer, merder.** *Il a complètement merdouillé à l'oral.*

MERDOYER [mɛʀdwaje] **v. intr.** ⟨8⟩ – 1884 argot scolaire ◊ de *merder* ▪ FAM. S'embrouiller dans une explication, dans des démarches maladroites. ➤ **cafouiller, merdouiller, vasouiller.** — ARG. SCOL. Sécher. ➤ **merder.**

1 **MÈRE** [mɛʀ] **n. f.** – fin XIe ; v. 1000 *medre, madre* ◊ latin *mater*

I **FEMME, FEMELLE QUI A DES ENFANTS** ▪ **1** Femme qui a mis au monde un ou plusieurs enfants. ➤ **maman ;** FAM. 4 **mater, vieille.** *La mère et l'enfant se portent bien* (après l'accouchement). *Elle est mère de trois enfants. Le père, la mère* (➤ **parent**) *et les enfants.* ➤ **famille.** *La mère de ses parents* (➤ **grand-mère**), *de son conjoint* (➤ **belle-mère**). *Mère de famille. Mère au foyer. La fête des Mères. «Oh ! l'amour d'une mère ! amour que nul n'oublie !»* HUGO. ➤ **maternel.** *«On aime sa mère presque sans le savoir»* MAUPASSANT. *Je te le jure sur la tête de ma mère ! «Aux yeux de Freud et de ses successeurs, la mère symbolise avant tout l'amour et la tendresse»* É. BADINTER. *Mère affectueuse, consolatrice* (➤ **materner**). *Mère poule*. Mère indigne. Mauvaise mère.* ➤ **marâtre.** *Mère abusive, castratrice. Orphelin de mère. Frères par la mère* (➤ **utérin**). *Filiation par la mère* (➤ **matrilinéaire**). APPOS. *La reine* mère.* **adj.** *Elle est plus mère qu'épouse.* ◆ (1961) *Mère célibataire :* femme non mariée qui a un ou plusieurs enfants (cf. VX Fille*-mère). *«Elle était mère célibataire, séduite et abandonnée par un musicien»* MALLET-JORIS. ◆ RELIG. CHRÉT. *Marie, mère de Dieu, vierge et mère. La Bonne Mère :* Notre-Dame. *Bonne mère !* exclamation marseillaise. ▪ **2** (XIVe) Femelle qui a un ou plusieurs petits. *Veau qui tète sa mère. «Le faon fut tué. Alors sa mère brama»* FLAUBERT. ▪ **3** Femme qui a conçu et porte un enfant (➤ 2 **enceinte**). *«Elle devient mère. L'état de grossesse est pénible»* DIDEROT. ◆ *Mère* *couveuse, mère d'accueil* : femme dont l'utérus sert de réceptacle, le temps de la grossesse, à l'ovule fécondé d'une autre femme qui est la *mère génétique, biologique.* ◆ (1984) *Mère porteuse, mère d'emprunt, mère de substitution* : femme inséminée artificiellement qui porte un enfant pour un couple dont la femme est stérile (cf. Gestation pour autrui). — ABUSIVEMENT Mère d'accueil. ▪ **4** Femme qui est comme une mère. *Mère adoptive. Tu es une vraie mère pour lui.* «*une seconde mère pour vous tous*» MAUROIS.

II FEMME (EN DEHORS DE SA FONCTION MATERNELLE) ▪ **1** (XVIIe) Supérieure d'une communauté religieuse. «*des nonnes qui se liguent pour discuter les volontés de leur Mère*» HUYSMANS. — Titre de vénération donné à une religieuse professe. «*La mère Crucifixion est morte*» HUGO. Appellatif *Oui, ma mère.* ▪ **2** FAM. Madame, en parlant d'une femme d'un certain âge, ou qu'on n'apprécie pas. «*C'est la mère Michel qui a perdu son chat*» (chans. pop.). Appellatif «*Au revoir, mère Rollet*» FLAUBERT. ◆ (Afrique noire) Terme de déférence à l'égard d'une femme plus âgée que soi. ▪ **3** LITTÉR. Femme qui est à l'origine d'une lignée. *Ève, la mère de tous les vivants. Nos mères* : nos aïeules. ▪ **4** (Allus. à une pièce de Brecht) *Mère Courage* : femme déterminée, qui fait face à l'adversité. «*elle, la mère courage, la mère généreuse et son grand projet un peu fou pour sauver son fils*» L. MAUVIGNIER.

III CE QUI EST À L'ORIGINE DE QQCH., QUI PRODUIT QQCH. ▪ **1** LITTÉR. Réalité fondatrice. *Mère patrie* : État qui a fondé des colonies, d'autres États (➤ **métropole**) ; pays où l'on est né. ▪ **2** VX ou LITTÉR. Pays d'origine ou d'élection. «*France, mère des arts, des armes et des lois*» DU BELLAY. — *Notre mère la terre. Mère Nature.* ▪ **3** (1552) Origine, source. PROV. *L'oisiveté est la mère de tous les vices. Méfiance est mère de sûreté.* — SPÉCIALT (APPOS.) *Branche* mère d'un arbre. Les sociétés mères et leurs filiales. Maison mère. Carte*(-)mère. Bande mère* : recomm. offic. pour 1 *master. Cellule mère. Le latin est la langue mère du français.* — CHIM. *Solution mère,* solution qui reste après séparation (par évaporation, cristallisation) de son principal constituant. — *Roche*-mère.* ▪ **4** (1840) Moule en plâtre, obtenu par le surmoulage d'un modèle type, servant à la fabrication de pièces de poterie. ▪ **5** Matrice (en galvanoplastie). ▪ **6** (1767) *Mère de vinaigre* : membrane gélatineuse formée à la surface d'un liquide alcoolique par les mycodermes de la fermentation acétique.
▪ HOM. Maire, mer.

2 **MÈRE** [mɛʀ] adj. f. – 1369 ◇ latin *mera,* fém. de *merus* «pur» ▪ TECHN. Pur, fin. *La mère goutte*.*

-MÈRE ▪ Élément, du grec *meros* «partie» : *centromère, métamère, polymère.*

MÈRE-GRAND [mɛʀgʀɑ̃] n. f. – 1530 ◇ de 1*mère* et *grand* ▪ VX Grand-mère. *Le petit Chaperon rouge et sa mère-grand.* «*sa mère en était folle et sa mère-grand plus folle encore*» PERRAULT. *Des mères-grand.*

MERENGUÉ ou **MERENGUE** [meʀenge ; məʀɛ̃ge] n. m. – 1986 ◇ hispano-américain *merengue,* du sens argotique de «désordre», peut-être emprunté au français *meringue* ▪ Genre musical et danse d'origine dominicaine. «*Plus tard dans la matinée, il chaloupait au son des merengues de Saint-Domingue*» R. CONFIANT.
▪ HOM. Meringuer.

MERGUEZ [mɛʀgɛz] n. f. – v. 1950 ◇ mot arabe ▪ Petite saucisse pimentée à base de bœuf, de mouton. *Des merguez grillées.*

MERGULE [mɛʀgyl] n. m. – 1818 ◇ latin des zoologistes *mergulus,* diminutif de *mergus* «plongeon» ▪ Petit oiseau marin noir et blanc *(charadriiformes),* voisin du pingouin et du guillemot. *Mergule nain.*

MÉRICARPE [meʀikaʀp] n. m. – avant 1832 ◇ du grec *meros* «partie» et *-carpe* ▪ BOT. Chacun des éléments d'un fruit qui se dissocie à maturité.

MÉRIDIEN, IENNE [meʀidjɛ̃, jɛn] adj. et n. – XIIIe ◇ latin *meridianus,* de *meridies* «midi»

I adj. ▪ **1** VX ou LITTÉR. De midi. «*Voici bientôt l'heure méridienne*» LOTI. «*la cité qui sort de sa torpeur méridienne*» GAUTIER. *Ombre méridienne,* la plus courte. — COUR. *Pause méridienne.* — ASTRON. *Plan méridien* (ainsi appelé parce que le Soleil, dans sa course apparente, le coupe à midi et à minuit) : dans un lieu donné, plan défini par l'axe de rotation de la Terre et la verticale de ce lieu. ▪ **2** SC. Relatif au plan méridien. *Hauteur méridienne d'un astre,* sa hauteur au-dessus de l'horizon quand il est dans le plan méridien. *Lunette méridienne, cercle méridien* : lunette astronomique mobile dont l'axe optique se déplace dans le plan méridien d'un lieu.

II n. m. ▪ **1** (1377) ASTRON. *Méridien céleste d'un lieu* : grand cercle imaginaire de la sphère céleste perpendiculaire à l'équateur et passant par les pôles célestes, le zénith et le nadir de ce lieu. ▪ **2** Cercle imaginaire passant par les deux pôles terrestres. *La longueur du méridien terrestre est à peu près de 40 000 km. Arc de méridien.* — Demi-cercle joignant les pôles. *Méridiens et parallèles sur les cartes. Méridien d'un lieu,* qui passe par ce lieu. *Méridien d'origine, méridien international,* passant par l'ancien observatoire de Greenwich, choisi conventionnellement pour la détermination des longitudes. ▪ **3** PHYS. *Méridien magnétique d'un lieu,* grand cercle passant par ce lieu et par les pôles magnétiques du globe. ▪ **4** MATH. Section que fait, dans une surface de révolution, un plan passant par l'axe de cette surface. ▪ **5** ANAT. *Méridien oculaire* : plan vertical qui passe par les pôles (antérieur et postérieur) du globe oculaire, perpendiculaire à son «équateur».

III n. f. ▪ **1** (XVIIIe) ASTRON. *Méridienne d'un lieu,* intersection du plan méridien et du plan horizontal de ce lieu. ▪ **2** GÉOD. Chaîne de triangulation orientée suivant un méridien. *La méridienne de France, tracée par Cassini.* ◆ *La méridienne verte* : ligne plantée d'arbres matérialisant le tracé du méridien de Paris, de Dunkerque à Barcelone.

MÉRIDIENNE [meʀidjɛn] n. f. – XIIIe ◇ latin *meridiana (hora)* «(heure) de midi» ▪ **1** VX ou LITTÉR. Sieste que l'on fait vers le milieu du jour. *Faire la méridienne.* ▪ **2** Canapé de repos à deux chevets de hauteur inégale, en vogue sous l'Empire et la Restauration.

MÉRIDIONAL, ALE, AUX [meʀidjɔnal, o] adj. – 1314 ◇ bas latin *meridionalis,* de *meridies* «sud» ▪ **1** Qui est au sud. *Gibraltar, à la pointe méridionale de l'Espagne.* ▪ **2** Qui est du midi, propre aux régions et aux gens du Midi (d'un pays, et SPÉCIALT de la France). *Climat méridional.* ➤ **méditerranéen.** «*L'accent méridional de son père*» ARAGON. ◆ n. Personne du midi de la France. «*"Non !" ce qu'en bon Méridional il prononçait : "Nan !"*» DAUDET. ▪ CONTR. Septentrional.

MERINGUE [məʀɛ̃g] n. f. – 1691 ◇ origine inconnue, p.-ê. du polonais *marzynka* ▪ **1** Préparation sucrée très légère à base de blancs d'œufs battus en neige, que l'on fait cuire à four doux. *Meringue glacée* (➤ **vacherin**), *au chocolat. Spécialités à la meringue.* ➤ **conversation, merveilleux, mystère, omelette** (norvégienne), **pavlova, polonaise, tête-de-nègre.** ▪ **2** FAM. Robe (SPÉCIALT robe de mariée) très volumineuse.

MERINGUER [məʀɛ̃ge] v. tr. ‹1› – 1737 ◇ de *meringue* ▪ Enrober, garnir de meringue (surtout au p. p.). *Tarte au citron meringuée.*
▪ HOM. Merengué.

MÉRINOS [meʀinos] n. m. – fin XVIIIe ◇ espagnol *merino,* p.-ê. d'origine arabe ▪ **1** Mouton de race espagnole (originaire d'Afrique du Nord) à toison épaisse donnant une laine très fine, introduit en France au XVIIIe s. APPOS. *Béliers mérinos.* — FAM. *Laisser pisser* le mérinos.* ▪ **2** Laine de ce mouton ; tissu fait de cette laine. *Un châle de mérinos.*

MERISE [məʀiz] n. f. – 1265 ◇ de *l'amerise,* compris comme *la merise,* de *amer,* avec l'influence de *cerise* ▪ Fruit du merisier, petite cerise sauvage, rose ou noire, peu charnue, au goût amer.

MERISIER [məʀizje] n. m. – XIIIe ◇ de *merise* ▪ **1** Cerisier sauvage *(rosacées). Merisier à grappes.* ➤ **putier.** ◆ Bois de cet arbre, rougeâtre, à grain très fin. *Buffet en merisier.* ▪ **2** (1630) (Canada) Bouleau à écorce foncée.

MÉRISME [meʀism] n. m. – v. 1960 ; autre sens 1840 ◇ du grec *merisma* «délimitation» ▪ LING. Trait distinctif minimal dont la combinatoire forme les phonèmes.

MÉRISTÈME [meʀistɛm] n. m. – 1874 ◇ emprunté à l'allemand *Meristem,* du grec *meristos* «partagé» ▪ BOT. Tissu constitué de cellules embryonnaires à division très rapide, qui est à l'origine des tissus spécialisés des organes adultes. *Méristèmes secondaires* : assises* génératrices. ➤ **cambium.** *Méristème caulinaire.* — adj. **MÉRISTÉMATIQUE.**

MÉRITANT, ANTE [meʀitɑ̃, ɑ̃t] adj. – 1787 ◇ de *mériter* ▪ Souvent iron. Qui est digne d'estime, par son mérite. *Aider les gens méritants.* «*c'est une petite femme bien méritante* [...] *Elle est divorcée, elle a un enfant*» COLETTE.

MÉRITE [meʀit] n. m. – 1120 «récompense» ◇ latin *meritum*

I (XIIIe) ▪ **1** Ce qui rend une personne digne d'estime, de récompense, quand on considère la valeur de sa conduite et les difficultés surmontées. ➤ **vertu.** «*Où serait le mérite, si les héros n'avaient jamais peur ?*» DAUDET. *Il a du mérite, beaucoup de mérite à rester calme. Il n'en a que plus de mérite.* «*Je n'ai jamais trompé ma femme. Aucun mérite : je l'aime*»

DUHAMEL. *Il a au moins le mérite de la sincérité, le mérite de reconnaître ses torts.* ▪ 2 RELIG. Ce qui va au-delà du devoir strict, a sa source dans la charité et constitue une sorte de créance morale transportable d'une personne à une autre. *Les mérites du Christ.* ▪ 3 Ce qui rend une conduite digne d'éloges. *S'attribuer tout le mérite d'une action. « Quel est le mérite d'une résistance conseillée par les préjugés seuls ! »* SENANCOUR.

II ▪ 1 *Le mérite :* ensemble de qualités intellectuelles et morales particulièrement estimables. ➤ **valeur.** *Mérite personnel. Voir son mérite récompensé. Des gens de mérite. « Ajax et lui, d'égale force, d'égal mérite »* GIDE. *Avancement au mérite.* ▪ 2 *Un mérite :* qualité louable. *Vanter les mérites de qqn* (cf. Chanter les louanges). *« un honnête homme aux mérites certains mais sans éclat »* AYMÉ. *« Auprès des assemblées comme auprès des femmes, l'assiduité sera toujours le premier mérite »* MICHELET. ▪ 3 Avantage, utilité propre (de qqch.). *Les mérites comparés de deux méthodes. Discutailler « sur les mérites comparatifs du cacao et du café crème »* CÉLINE. *Cette revue n'est pas merveilleuse mais elle a le mérite d'exister,* il n'y en a pas d'autre.

III Nom donné à des décorations et ordres attribués en récompense de services rendus. *Ordre national du Mérite.*
▪ CONTR. Démérite ; défaut, faiblesse.

MÉRITER [meʀite] **v. tr.** ‹1› – XVe ; « récompenser » 1395 ◊ de *mérite* ▪ 1 (PERSONNES) Être, par sa conduite, en droit d'obtenir (un avantage) ou exposé à subir (un inconvénient). ➤ **encourir** (cf. Être digne de, passible de). *« je n'ai mérité Ni cet excès d'honneur, ni cette indignité »* RACINE. *Pour être « heureux, il ne suffit pas d'avoir le bonheur, il faut encore le mériter »* HUGO. *Mériter l'estime, la reconnaissance de qqn. Traiter qqn avec les égards, les honneurs qu'il mérite. Mériter son salaire. Un repos bien mérité,* bien gagné. *« il avait mérité la maison de correction »* ARAGON. *Il l'a bien mérité* (cf. C'est bien fait, il ne l'a pas volé). *C'est tout ce qu'il mérite. Il n'a que ce qu'il mérite. — Cet élève mérite de réussir. Vous mériteriez que je vous fasse arrêter. Il mériterait qu'on lui en fasse autant !* ▪ 2 (CHOSES) Donner lieu à, requérir. *Sa proposition mérite réflexion. Toute peine mérite salaire*. L'endroit mérite un détour.* ➤ **valoir.** *Ce fait mérite d'être mentionné* (cf. Valoir* la peine). ▪ 3 Être digne d'avoir (qqn) à ses côtés, dans sa vie. *On a les amis qu'on mérite. « vous ne méritez pas l'honnête femme qu'on vous a donnée »* MOLIÈRE. *« le monde antique n'a pas eu les dieux qu'il méritait »* PÉGUY. ▪ 4 VIEILLI (CHOSES) Donner droit à. ➤ **valoir.** *« Ce sont ces traits qui ont mérité à Corneille le nom de grand »* VOLTAIRE. ▪ 5 TRANS. IND. ; LITTÉR. Avoir droit à la reconnaissance. LOC. *Il a bien mérité de la patrie :* il a rendu des services éminents (formule offic.). ▪ CONTR. Démériter.

MÉRITOCRATIE [meʀitɔkʀasi] **n. f.** – 1969 ◊ de *mérite* et *-cratie,* d'après l'anglais *meritocracy* (1958) ▪ DIDACT. Hiérarchie sociale fondée sur le mérite individuel. — **adj. MÉRITOCRATIQUE.**

MÉRITOIRE [meʀitwaʀ] **adj.** – 1265 ◊ latin *meritorius* « qui mérite ou procure un salaire » ▪ Qui a du mérite ; qui est digne d'éloge ou de récompense. ➤ 1 **louable.** *Œuvre, effort méritoire. C'est méritoire de sa part, d'autant plus méritoire que...* ▪ CONTR. Blâmable.

MERL ➤ **MAERL**

MERLAN [mɛʀlɑ̃] **n. m.** – *merlanc, merlenc* XIIIe ◊ de *merle,* avec suffixe germanique ▪ 1 Poisson osseux *(gadiformes)* des côtes d'Europe occidentale, à la chair légère et fine. *Filets de merlan. Merlan poché, frit.* — LOC. FAM. *Faire des yeux de merlan frit :* lever les yeux au ciel de façon ridicule en ne montrant que le blanc des yeux. ▪ 2 (1744 « perruquier », couvert de poudre, comme le merlan de farine avant d'être frit) POP. et VIEILLI Coiffeur. ▪ 3 BOUCH. Morceau de viande de bœuf à griller, constitué par le muscle couturier. *Bifteck dans le merlan.*

MERLE [mɛʀl] **n. m.** – XIIe ◊ bas latin *merulus,* classique *merula* ▪ 1 Oiseau passereau *(passériformes),* au plumage généralement noir chez le mâle, brun chez la femelle. *Merle noir, à plastron. Femelle* (➤ **merlette**), *petit* (*merleau* **n. m.**) *du merle. « des merles moqueurs qui criaient sur mon passage »* LE CLÉZIO. PAR COMPAR. *Siffler comme un merle,* très bien. ▪ 2 LOC. FIG. *Un vilain merle,* IRON. *un beau merle :* un personnage peu recommandable. — *Merle blanc :* personne ou chose introuvable ou extrêmement rare (cf. Mouton* à cinq pattes). — *Faute de grives*, on mange des merles.* ▪ HOM. Merl.

MERLETTE [mɛʀlɛt] **n. f.** – XIVe ◊ de *merle* ▪ 1 RARE Femelle du merle. ▪ 2 BLAS. Petit oiseau morné, passant, les ailes serrées.

1 **MERLIN** [mɛʀlɛ̃] **n. m.** – 1624 ; variante dialectale *marlin* ◊ latin *marculus* « marteau » ▪ 1 Hache à fendre le bois. ▪ 2 (1803) Masse pour assommer les bœufs.

2 **MERLIN** [mɛʀlɛ̃] **n. m.** – 1636 ◊ moyen néerlandais *meerlijn* ▪ MAR. Petit cordage composé de trois fils de caret. ➤ **manoque.**

MERLON [mɛʀlɔ̃] **n. m.** – 1642 ◊ italien *merlone,* p.-ê. emploi fig. de *merle* « oiseau » ▪ Partie pleine d'un parapet entre deux créneaux, deux embrasures. *« Une porte crénelée, dont les merlons fendus s'évasent à la vénitienne »* J.-R. BLOCH.

MERLOT [mɛʀlo] **n. m.** – 1861 ◊ de *merle* ▪ Cépage à raisins noirs du sud-ouest de la France.

MERLU [mɛʀly] **n. m.** – 1560 ; *merlus* 1285 ◊ croisement probable de *merlan* et de l'ancien français *luz* « brochet », latin *lucius* ▪ Poisson de mer *(gadiformes),* voisin de la morue, n'ayant que deux nageoires dorsales et une anale, commercialisé à Paris sous le nom de *colin.*

MERLUCHE [mɛʀlyʃ] **n. f.** – 1603 ◊ variante méridionale de *merlu* ▪ Morue, merlu ou poisson du genre gade, vendus séchés et non salés.

MERLUCHON [mɛʀlyʃɔ̃] **n. m.** – 1845 ◊ de *merlu* ▪ RÉGION. (Ouest) Colinot.

MÉRO- ▪ Élément, du grec *meros* « partie ». ➤ aussi **méristème.**

MÉROSTOMES [meʀɔstɔm] **n. m. pl.** – 1890 ◊ du grec *mêros* « cuisse » et *stoma* « bouche » ▪ ZOOL. Classe d'arthropodes dont la bouche s'ouvre entre la base des pattes. *Les limules sont des mérostomes.*

MÉROU [meʀu] **n. m.** – 1808 ; *méro* 1714 ◊ espagnol *mero* ▪ Gros poisson carnassier *(perciformes)* de Méditerranée et d'Atlantique, à la chair très délicate. *Mérou brun.*

MÉROVINGIEN, IENNE [meʀɔvɛ̃ʒjɛ̃, jɛn] **adj.** et **n.** – 1583 ; *merovynge* XVe ◊ latin médiéval *Merowingi,* de *Merowig* « Mérovée », nom du chef d'une tribu de Francs Saliens ▪ Relatif à la dynastie qui régna sur la Gaule franque de Clovis à l'élection de Pépin le Bref ; relatif à cette époque. *Dynastie mérovingienne. Écriture mérovingienne,* minuscule cursive. ♦ **n.** Membre de la dynastie de Mérovée ; habitant de la Gaule franque à cette époque. *Mérovingiens et Carolingiens.*

MERRAIN [meʀɛ̃] **n. m.** – XIVe ; *mairrien* v. 1150 ◊ latin tardif *materiamen,* de *materia* « bois de construction » ▪ 1 TECHN. Bois de chêne débité en planches destinées surtout à la tonnellerie. ▪ 2 (fin XIVe) VÉN. Tige centrale de la ramure du cerf. ➤ 2 **perche.** *Ramifications du merrain.* ➤ **andouiller.**

MÉRULE [meʀyl] **n. f.** ou **m.** – 1818 ; autre sens 1551 ◊ latin botanique *merulius,* du latin *merula* « merle » ▪ Champignon *(basidiomycètes)* qui se développe sur le bois, en particulier les poutres des charpentes, et le détruit.

MERVEILLE [mɛʀvɛj] **n. f.** – fin XIe *merveil(l)e* ◊ latin *mirabilia*

I ▪ 1 VIEILLI Phénomène inexplicable, surnaturel. ➤ **miracle, prodige.** *« De merveilles sans nombre effrayer les humains »* RACINE. *Alice au pays des merveilles.* — LOC. *C'est, ce n'est pas merveille que* (et le subj.) : c'est (ce n'est pas) étonnant, extraordinaire. *« ce n'est pas merveille que vous soyez malade »* VOLTAIRE. ▪ 2 MOD. Chose qui cause une intense admiration. *Les merveilles de la nature, de l'art. Les Sept Merveilles du monde* (selon les Anciens : pyramides d'Égypte, phare d'Alexandrie, jardins de Babylone, temple de Diane à Éphèse, tombeau de Mausole, statue de Zeus de Phidias, colosse de Rhodes). FIG. *La huitième* merveille du monde.* — PAR HYPERB. Chose excellente, remarquable dans son genre. ➤ **bijou.** *Cette daube, quelle merveille.* ➤ **délice.** *La chapelle « est une merveille d'architecture »* NERVAL. ➤ **chef-d'œuvre.** *Ce livre me paraît « une merveille d'intelligence, de tact »* GIDE. ♦ LOC. *Faire merveille :* produire, obtenir des résultats remarquables. *Ce produit fait merveille sur les taches. Promettre monts* et merveilles.* ♦ **loc. adv. À MERVEILLE :** parfaitement, remarquablement. ➤ **admirablement** (cf. À la perfection). *Il se porte à merveille. Ils s'entendent à merveille. Cette coiffure vous va à merveille* (cf. À ravir).

II (1754) Beignet léger de pâte frite découpée.
▪ CONTR. Horreur.

MERVEILLEUSEMENT [mɛʀvɛjøzmɑ̃] **adv.** – *merveillusement* 1080 ◊ de *merveilleux* ▪ 1 VX Extraordinairement, étonnamment. *« c'est un sujet merveilleusement vain [...] que l'homme »* MONTAIGNE. ▪ 2 MOD. Admirablement, parfaitement. *Il se porte merveilleusement bien,* à merveille. *Marie « est merveilleusement faite »* ANOUILH. ▪ CONTR. Naturellement. Horriblement.

MERVEILLEUX, EUSE [mɛʀvɛjø, øz] **adj.** et **n.** – *merveillus* 1080 ◊ de *merveille*

I **adj.** ▪ 1 VIEILLI Qui étonne au plus haut point, extraordinaire. *« Le fait merveilleux, c'est qu'il existe des croyants »* CHARDONNE. *« l'homme ne s'étonne presque plus à l'annonce de nouveautés plus merveilleuses »* VALÉRY. ◆ SPÉCIALT Qui est inexplicable, surnaturel. ➤ **magique, miraculeux, prodigieux.** *Aladin ou la Lampe merveilleuse.* ■ **2** COUR. Qui est admirable au plus haut point, exceptionnel en son genre. ➤ **extraordinaire, fabuleux, fantastique.** *« Les femmes ont un instinct, un flair merveilleux »* GAUTIER. *« un merveilleux soir »* LOTI. *« un jardin merveilleux »* GREEN. ➤ **enchanteur, magnifique, paradisiaque.** *Elle est merveilleuse dans ce rôle.* ➤ **éblouissant, formidable, remarquable.** — *« pour un musicien, c'est merveilleux d'avoir une femme capable de déchiffrer »* MAURIAC.

II n. ■ **1** n. m. *Le merveilleux* : ce qui est inexplicable de façon naturelle ; le monde du surnaturel. ➤ **fantastique.** *« L'amour du merveilleux, si naturel au cœur humain »* ROUSSEAU. ◆ Élément d'une œuvre littéraire se référant à l'inexplicable, au surnaturel, au fantastique. *« Le merveilleux païen et le merveilleux chrétien »* CHATEAUBRIAND. ■ **2** n. f. (v. 1740) HIST. Femme élégante et excentrique, au XVIIIe et au début du XIXe s. *Les Incroyables* et les Merveilleuses du Directoire.* ■ **3** n. m. Pâtisserie traditionnelle (Nord, Flandres) faite de meringue recouverte de crème fouettée et de copeaux de chocolat.

■ CONTR. Naturel ; horrible.

MÉRYCISME [meʀisism] **n. m.** – 1812 ◇ grec *mêrukismos* « rumination » ■ MÉD. Régurgitation pathologique.

MERZLOTA [mɛʀzlɔta] **n. f.** – 1940 ◇ mot russe, de *miorznout'* « geler » ■ GÉOGR. Couche du sol et du sous-sol qui ne dégèle jamais. *La merzlota de la toundra sibérienne.* ➤ **pergélisol, permafrost.**

MES ➤ **MON**

MÉSA ou **MESA** [meza] **n. f.** – 1923 ◇ espagnol *mesa* « table » ■ GÉOGR. Plateau formé par les restes d'une coulée volcanique, quand l'érosion a abaissé les terrains environnants.

MÉSALLIANCE [mezaljɑ̃s] **n. f.** – 1666 ◇ de *mésallier* ■ Mariage avec une personne considérée comme inférieure par la naissance ou le milieu auquel elle appartient. *« la pureté d'une lignée sans mésalliance ! »* COLETTE.

MÉSALLIER (SE) [mezalje] **v. pron.** ‹7› – 1510 ◇ de *mé-* et *allier* ■ Faire une mésalliance. *« n'est-ce pas misérablement orgueilleux de se mésallier, tout le monde remarquera qu'elle est bien mieux que lui, plus cultivée, plus talentueuse »* V. OVALDÉ.

MÉSANGE [mezɑ̃ʒ] **n. f.** – *masenge* fin XIIe ◇ francique °*meisinga* ■ Petit oiseau (*passériformes*), qui se nourrit d'insectes, de graines et de fruits. ➤ **nonnette, rémiz.** *Mésange charbonnière,* plus petite que le moineau, à la tête noire. *Mésange bleue* ou *meunière. La mésange zinzinule.*

MÉSANGETTE [mezɑ̃ʒɛt] **n. f.** – 1788 ◇ de *mésange* ■ Piège, cage à trébuchet pour prendre les petits oiseaux.

MÉSAVENTURE [mezavɑ̃tyʀ] **n. f.** – XIIe ◇ de *mé-* et *avenir, advenir* ■ Aventure fâcheuse, évènement désagréable. ➤ **accident, malchance.** *Raconter ses mésaventures.* ➤ **déboire.**

MESCAL [mɛskal] **n. m.** – 1873 ◇ du nahuatl *mexcalli* « agave » ■ Alcool mexicain tiré de l'agave. ➤ **pulque, téquila.**

MESCALINE [mɛskalin] **n. f.** – 1933 ◇ calque de l'allemand *Mescalin* (1896), de l'anglais *mescal* « peyotl ; agave » → mescal ■ Alcaloïde extrait du peyotl et qui produit des troubles hallucinatoires.

MESCLUN [mɛsklœ̃] **n. m.** – v. 1970 ◇ mot provençal, de *mescla* « mélanger », du bas latin *misculare* → mêler ■ Mélange de feuilles de salades diverses (laitue, trévise, mâche...).

MESDAMES ➤ **MADAME**

MESDEMOISELLES ➤ **MADEMOISELLE**

MÉSENCÉPHALE [mezɑ̃sefal] **n. m.** – 1878 ◇ de *més(o)-* et *encéphale* ■ ANAT. Partie moyenne de l'encéphale située au-dessus de la protubérance annulaire (pédoncules cérébraux, tubercules quadrijumeaux et pédoncules cérébelleux).

MÉSENCHYME [mezɑ̃ʃim] **n. m.** – 1893 ◇ de *més(o)-* et *-enchyme,* du grec *enkhuma* « infusion, injection », d'après *parenchyme* ■ EMBRYOL. Tissu conjonctif embryonnaire dérivé du mésoderme, qui se différencie en tissu conjonctif, musculaire et cellules sanguines. — adj. **MÉSENCHYMATEUX, EUSE.**

MÉSENTENTE [mezɑ̃tɑ̃t] **n. f.** – 1845 ◇ de *mé-* et *entente* ■ Défaut d'entente ou mauvaise entente. ➤ **brouille, désaccord, désunion, discorde, dissension, mésintelligence.** *Il y a une légère mésentente entre eux.* ➤ **friction, frottement, tirage.** *Mésentente conjugale.* ■ CONTR. Entente.

MÉSENTÈRE [mezɑ̃tɛʀ] **n. m.** – v. 1370 ◇ grec *mesenterion* ■ ANAT. Repli du péritoine qui relie les intestins (jéjunum et iléon) à la paroi abdominale postérieure. *Mésentère de certains animaux de boucherie.* ➤ 2 **fraise.** — adj. **MÉSENTÉRIQUE,** 1541.

MÉSESTIMATION [mezɛstimasjɔ̃] **n. f.** – v. 1874 ◇ de *mésestimer* ■ LITTÉR. Action de mésestimer ; son résultat.

MÉSESTIME [mezɛstim] **n. f.** – 1753 ◇ de *mésestimer* ■ LITTÉR. Défaut d'estime, de considération pour qqn ou qqch. ➤ **déconsidération, dédain, mépris.** *Tenir une personne en mésestime.* ■ CONTR. Estime.

MÉSESTIMER [mezɛstime] **v. tr.** ‹1› – 1556 ◇ de *mé-* et *estimer* ■ LITTÉR. Avoir mauvaise opinion de (qqn, qqch.) ; ne pas apprécier à sa juste valeur. ➤ **déprécier, méconnaître, méjuger, sous-estimer.** *« il mésestimait par principe un pouvoir civil dont il ignorait les actes »* FRANCE. *Ne mésestimez pas les difficultés.* ■ CONTR. Estimer, surestimer.

MÉSINTELLIGENCE [mezɛ̃teliʒɑ̃s] **n. f.** – 1490 ◇ de *mé-* et *intelligence* ■ LITTÉR. Défaut d'accord, d'entente, d'harmonie entre les personnes. ➤ **brouille, désaccord, discorde, dissension, dissentiment, mésentente.** *Vivre en mésintelligence avec ses voisins, ses parents. « la mésintelligence entre le frère et la sœur croissait tous les jours »* MÉRIMÉE. ■ CONTR. Accord, entente, harmonie, intelligence.

MESMÉRISME [mɛsmeʀism] **n. m.** – 1782 ◇ de *Mesmer,* n. d'un médecin allemand ■ HIST. SC. Doctrine de Mesmer sur le magnétisme animal.

MÉS(O)- ■ **1** Élément, du grec *mesos* « au milieu, médian ». ■ **2** CHIM. **MÉSO-** : préfixe qui caractérise des composés ayant deux atomes chiraux, dont l'un est l'isomère optique de l'autre (opposé à *thréo-*). ➤ aussi **érythr(o)-.**

MÉSOBLASTE [mezɔblast] **n. m.** – 1853 ◇ de *méso-* et *-blaste* ■ **1** EMBRYOL. ➤ **mésoderme.** — adj. **MÉSOBLASTIQUE.** ■ **2** BOT. Rameau de certains conifères.

MÉSOCARPE [mezɔkaʀp] **n. m.** – 1842 ◇ de *méso-* et *-carpe* ■ BOT. Couche moyenne du péricarpe d'un fruit qui, dans les drupes, forme la partie charnue (entre l'épicarpe et le noyau ou les graines).

MÉSOCÔLON [mezokolɔ̃] **n. m.** – milieu XVIe ◇ du grec *mesokôlon* ; cf. *méso-* et *côlon* ■ ANAT. Repli du péritoine reliant le côlon sur toute sa longueur à la paroi postérieure de la cavité abdominale.

MÉSODERME [mezɔdɛʀm] **n. m.** – 1850 bot. ◇ de *méso-* et *-derme* ■ EMBRYOL. Feuillet embryonnaire, formé entre l'ectoderme et l'endoderme, à la fin du stade de la gastrula*. ➤ **mésoblaste.** *Le mésoderme est le précurseur des muscles, du tissu conjonctif, du squelette, de l'appareil circulatoire et de certains organes internes (reins, gonades, etc.).* — adj. **MÉSODERMIQUE,** 1899.

MÉSOLITHIQUE [mezɔlitik] **n. m. et adj.** – 1909 ◇ de *méso-* et *-lithique* ■ GÉOL., PALÉONT. Période de la préhistoire (12 000-6 000 av. J.-C.) caractérisée par le début de l'économie productive. — adj. *L'industrie mésolithique.*

MÉSOMÈRE [mezɔmɛʀ] **adj. et n. m.** – 1926 ◇ de *méso-* et *(iso)mère* ■ CHIM. Qui ne diffère (d'une autre substance) que par la répartition des doubles liaisons. ➤ aussi **isomère.** — **n. m.** (1931) *Un mésomère.*

MÉSOMÉRIE [mezɔmeʀi] **n. f.** – 1927 ◇ de *mésomère* ■ CHIM. Isomérie présentée par les mésomères.

MÉSOMORPHE [mezɔmɔʀf] **adj.** – 1922 ◇ de *méso-* et *-morphe* ■ PHYS. Qui est intermédiaire entre l'état amorphe* et l'état cristallin.

MÉSON [mezɔ̃] **n. m.** – v. 1935 ◇ du grec *mesos* « au milieu » ■ PHYS. Hadron formé d'un quark et d'un antiquark. *Méson π (pi),* 270 fois plus lourd que l'électron (➤ 3 **pion**) ; *méson K* (970 fois plus lourd). ➤ **kaon.** ■ HOM. Maison.

MÉSOPOTAMIEN, IENNE [mezɔpɔtamjɛ̃, jɛn] **adj. et n.** – 1867 ; *mésopotamique* 1840 ◇ grec *mesopotamios* « entre deux fleuves » ■ De Mésopotamie, région de l'Irak actuel où coulent le Tigre et l'Euphrate. *Civilisations mésopotamiennes. Art mésopotamien,* assyrien, chaldéen.

MÉSOSCAPHE [mezɔskaf] **n. m.** – 1964 ◇ de *méso-* et *-scaphe* ■ TECHN. Engin permettant l'exploration des mers à profondeur moyenne.

MÉSOSPHÈRE [mezɔsfɛʀ] **n. f.** – v. 1960 ◇ de *méso-* et *sphère* ■ PHYS. Couche de l'atmosphère intermédiaire entre la stratosphère* et l'ionosphère*, d'altitude comprise entre 60 et 100 km environ.

MÉSOTHÉRAPIE [mezoteʀapi] **n. f.** – v. 1960 ◇ de *méso(derme)* et *thérapie* ■ MÉD. Traitement local par introduction dans le derme de substances médicamenteuses au moyen de courtes aiguilles groupées en batterie. *Traitement de la douleur, de la cellulite par mésothérapie.* — **n. MÉSOTHÉRAPEUTE.**

MÉSOTHORAX [mezotɔʀaks] **n. m.** – 1819 ◇ de *méso-* et *thorax* ■ ZOOL. Segment moyen du thorax des insectes qui porte les ailes supérieures.

MÉSOZOÏQUE [mezɔzɔik] **n. m. et adj.** – 1867 ◇ de *méso-* et *-zoïque* ■ GÉOL. Ère géologique comprenant le trias, le jurassique, le crétacé. ➤ **secondaire.**

MESQUIN, INE [mɛskɛ̃, in] **adj.** – 1604 ; *meschin, ine* «jeune homme, fille» XIIe ◇ italien *meschino*, arabe *miskin* «pauvre» ■ **1** VX Médiocre ; sans importance ni valeur. ➤ **chétif, piètre.** «*Ce tapis mesquin ne cadre guère avec mon luxe*» DIDEROT. ■ **2** MOD. (PERSONNES) Qui est attaché à ce qui est petit, médiocre ; qui manque de générosité. *Un esprit mesquin.* ➤ **1 bas, borné, étriqué, étroit, petit.** *Personne envieuse et mesquine.* ♦ (CHOSES) Qui est le fait d'une personne mesquine. *De petites histoires mesquines.* ➤ **sordide.** «*la plus pure victoire traîne un convoi de satisfactions mesquines*» ROMAINS. ■ **3** SPÉCIALT Qui témoigne d'avarice, de parcimonie. *Calcul mesquin. N'offrez pas si peu, ce serait mesquin. Cela fait mesquin.* ■ CONTR. Important, riche ; généreux, grand, large, noble.

MESQUINEMENT [mɛskinmɑ̃] **adv.** – 1608 ◇ de *mesquin* ■ D'une façon mesquine. *Agir mesquinement envers qqn.* ➤ **bassement.** *Vivre mesquinement.* ➤ **petitement.** *Économiser, distribuer mesquinement.* ➤ **chichement, parcimonieusement.** ■ CONTR. Généreusement.

MESQUINERIE [mɛskinʀi] **n. f.** – 1635 ◇ de *mesquin* ■ **1** Caractère d'une personne mesquine, qui manque de grandeur d'âme, de générosité. ➤ **bassesse, étroitesse** (d'esprit), **médiocrité.** *Manifester sa mesquinerie par de petites susceptibilités, de petites rancunes. — La mesquinerie de sa vengeance.* ♦ SPÉCIALT ➤ **avarice, économie, parcimonie.** ■ **2** *Une, des mesquineries.* Attitude, action mesquine. ➤ **petitesse.** *Il est incapable d'une telle mesquinerie. Jalousies et mesquineries.* ■ CONTR. Générosité, grandeur, largeur (d'esprit).

MESS [mɛs] **n. m.** – 1831 n. f. ◇ mot anglais, du français *mes*, forme ancienne de *mets* ■ Lieu où se réunissent les officiers ou les sous-officiers d'une même unité, pour prendre leur repas en commun. ➤ **cantine, popote.** «*Ici, on sable le champagne au mess des sous-officiers*» APOLLINAIRE. — PAR EXT. Personnel, matériel affecté à la nourriture des officiers et sous-officiers ; ensemble des personnes qui mangent au mess. «*On mange en commun, [...] c'est un "mess" qui a ses règlements*» TAINE. ■ HOM. Messe.

MESSAGE [mesaʒ] **n. m.** – fin XIe ; «envoyé» jusqu'au XVe ◇ de l'ancien français *mes*, latin *missus*, p. p. de *mittere* «envoyer» ■ **1** Charge de dire, de transmettre qqch. ➤ **ambassade, commission.** *S'acquitter d'un message. Ambassadeur chargé d'un message.* «*un message suppose un expéditeur, un messager et un destinataire, il n'a qu'une valeur de moyen*» SARTRE. ■ **2** COUR. L'objet, l'information, les paroles que le messager transmet. ➤ **annonce, avis, communication.** *Message écrit.* ➤ **dépêche, fax, lettre*, missive, 1 pli.** *Message téléphonique, télégraphique, par télécopie. Message qui s'affiche sur l'écran d'un ordinateur, d'un pageur, d'un téléphone portable* (➤ **SMS, 2 texto**). *Message électronique :* recomm. offic. pour *e-mail*. *Message multimédia :* recomm. offic. pour remplacer l'anglic. *MMS. Message sur un forum, sur un blog.* ➤ ANGLIC. **post, tweet.** *Laisser un message sur un répondeur. Message téléphoné :* communication téléphonique transmise au destinataire par voie postale. *Message de détresse.* ➤ **S. O. S.** *Adresser, capter, recevoir, transmettre un message. — Message publicitaire :* tout ensemble d'informations transmises au public dans l'intention de diffuser et faire vendre un produit, quel que soit le support utilisé (recomm. offic. pour *spot*). — PAR MÉTAPH. *Les messages des sens. Message de l'au-delà.* ■ **3** (1704 ◇ emprunté à l'anglais) DR. CONSTIT. Communication du souverain, du chef de l'État, au pouvoir législatif. SPÉCIALT *Message du président de la République lu devant le Parlement.* — Communication d'une autorité destinée à une collectivité, à un public. *Message télévisé du président de la République à la nation.* ➤ **allocution, déclaration.** ■ **4** Contenu de ce qui est révélé, transmis à l'humanité. *L'Évangile, message de Jésus.* — PAR EXT. *Le message d'un écrivain. Roman, film à message* (cf. À thèse). *Faire passer un message dans son œuvre.* ■ **5** SC. (Sémiol., théorie de l'information, etc.) Élément matériel par lequel un ensemble d'informations, organisées selon un code*, circule d'un émetteur à un récepteur (concept élargi par rapport au sens courant, 2°). *Message acoustique, visuel, chimique, génétique, nerveux, hormonal. Décoder un message. L'émetteur, le récepteur d'un message.*

MESSAGER, ÈRE [mesaʒe, ɛʀ] **n.** – *messagier* 1080 ◇ de *message* ■ **1** Personne chargée de transmettre une nouvelle, un objet. ➤ **2 coursier, envoyé, porteur.** *Envoyer des messagers.* «*il servait de messager. Sa mère l'envoyait, et il rapportait la réponse*» ZOLA. ♦ HIST. Transporteur de messages, de missives. — (fin XVIIe) ANCIENNT Agent d'un service de messagerie (➤ **1 facteur**). ■ **2** LITTÉR. Ce qui annonce qqch. ➤ **avant-coureur, précurseur.** *L'hirondelle, messagère du printemps.* «*ces premiers jours de mars, qui sont les messagers du printemps*» MUSSET. ■ **3** BIOL. *ARN messager* (ABRÉV. mARN) : produit de la transcription des gènes par l'ARN polymérase*, qui est traduit en protéine au niveau des ribosomes. *Deuxième messager* ou *second messager :* molécule présente universellement dans les cellules eucaryotes, qui relaie et amplifie le signal perçu par un récepteur membranaire spécifique. *Le calcium est un second messager.*

MESSAGERIE [mesaʒʀi] **n. f.** – XIIIe «transport de messages» ◇ de *messager* ■ **1** (fin XVIIe) Service de transports de lettres (➤ **2 poste**), et SPÉCIALT de colis et voyageurs. ♦ HIST. *Messageries royales,* chargées de transporter les sacs de procédure, lettres, marchandises, sommes d'argent. ♦ MOD. *Messageries maritimes, aériennes ; compagnie de messageries* (➤ **transport**). *Messagerie express.* ➤ **expressiste.** ■ **2** Transport de marchandises, à grande vitesse (chemin de fer, bateau, voiture). *Train de messageries. Bureau des messageries.* ELLIPT *Faire enregistrer un colis aux messageries.* ■ **3** *Messageries de presse :* entreprises chargées de distribuer les journaux dans les points de vente. ➤ **routage.** ■ **4** Transmission, échange de messages écrits par l'intermédiaire d'un réseau informatique ; service permettant ce type de communication. *Messagerie électronique :* technique du courrier* électronique (symbole écrit inusité : *Mél*). ➤ **courriel, e-mail, 2 mail.** *Messagerie télématique.* ➤ **alphapage, fax.** *Messagerie rose*.* ♦ *Messagerie vocale.* ➤ **boîte** vocale, **répondeur.**

MESSE [mɛs] **n. f.** – Xe ◇ latin chrétien *missa*, p. p. subst. de *mittere* «envoyer», d'après *Ite* (allez), *missa est* ■ **1** Dans la religion catholique, Sacrifice du corps et du sang de Jésus-Christ sous les espèces du pain et du vin, par le ministère du prêtre et suivant le rite prescrit (cf. Office* divin ; saint sacrifice*). *Le sacrifice de la messe est un acte de propitiation. Ordinaire de la messe. Parties, prières, rites de la messe :* ablution, agnus dei, alléluia, aspergès, bénédiction, 2 canon, communion, confiteor, consécration, credo, élévation, épître, eucharistie, évangile, gloria, graduel, introït, kyrie, lavabo, mémento, oblation, offertoire, oraison, pater, préface, prône, purification, répons, sanctus, secrète, séquence. *Célébrer, dire la messe. Les enfants de chœur servent la messe. Vin de messe. — Livre de messe.* ➤ **paroissien ; évangéliaire, missel.** — *Aller à la messe. Entendre la messe. Faire dire une messe* (pour qqn). LOC. FIG. *La messe est dite*. Ceux qui vont à la messe :* les catholiques pratiquants (cf. Tala, arg. de l'École normale). — *Messe basse*, lue ; chantée* (ou VX *messe haute ;* MOD. ➤ **grand-messe**). *Messe concélébrée. Messe des morts.* ➤ **service** (funèbre). *Messe de minuit,* pour Noël. — «*Paris vaut bien une messe*», phrase attribuée à Henri IV au moment de sa conversion au catholicisme. ■ **2** *Messe noire :* parodie sacrilège du saint sacrifice. ■ **3** Ensemble de compositions musicales sur les paroles des chants liturgiques de la messe (Kyrie, Gloria, Credo, Sanctus, Benedictus, Agnus dei). «*Messe en si mineur*», *de Bach.* ➤ aussi **requiem.** ■ HOM. Mess.

MESSEIGNEURS ➤ **MONSEIGNEUR**

MESSEOIR [meswaʀ] **v. intr.** ‹26 ; inus., sauf *il messied, messéant*› – v. 1220 ◇ de *mé-* et *2 seoir* ■ LITTÉR. Ne pas convenir ; n'être pas séant. (Surtout négatif) *Cette couleur ne messied pas à votre teint.*

MESSIANIQUE [mesjanik] **adj.** – 1839 ◇ de *messie* ■ RELIG. ou LITTÉR. Relatif à la venue d'un messie, au messianisme. *Espoirs messianiques.* «*les explications messianiques des Psaumes*» RENAN.

MESSIANISME [mesjanism] **n. m.** – 1831 ◇ de *messie* ■ RELIG. Croyance selon laquelle un messie viendra affranchir les humains du péché et établir le royaume de Dieu sur la Terre. — FIG. et LITTÉR. *Le messianisme révolutionnaire.*

MESSIDOR [mesidɔʀ] **n. m.** – 1793 ◇ du latin *messis* «moisson» et du grec *dôron* «présent» ■ Dixième mois du calendrier révolutionnaire (du 19 ou 20 juin au 19 ou 20 juillet). «*Au grand soleil de Messidor*» A. BARBIER.

MESSIE [mesi] **n. m.** – fin XVe ; latin ecclésiastique *messias* ◇ hébreu *mashia'h*, de l'araméen *meschikhâ* «oint (du Seigneur)», traduit en grec par *khristos* → christ ■ Libérateur désigné et envoyé par Dieu. *Attente d'un messie.* ➤ **messianisme.** — SPÉCIALT *Le Messie :* Jésus-Christ. *L'avènement du Messie. Seconde venue du Messie* (➤ **parousie**). — LOC. FAM. *Attendre qqn comme le messie,* avec grande impatience, grand espoir. *Arriver comme le messie.*

MESSIED (IL) ➤ **MESSEOIR**

MESSIEURS ➤ **MONSIEUR**

MESSIRE [mesiʀ] **n. m.** – XIIe ◇ de *mes,* ancien cas sujet de *mon,* et *sire* ■ Ancienne dénomination honorifique réservée d'abord aux grands seigneurs (➤ **monseigneur**), puis ajoutée au titre des personnes de qualité ou placée devant le nom des prêtres, avocats, médecins.

MESTRE [mɛstʀ] **n. m.** – 1546 ◇ italien *maestro (di campo)* ■ ANCIENNT ■ **1** MILIT. **MESTRE DE CAMP :** officier commandant un régiment d'infanterie, de cavalerie. ➤ **colonel.** ■ **2** (1688 ◇ provençal *mestre*) MAR. Grand mât, maître mât des galères *(arbre, mât de mestre). Voile de mestre.*

MESURABLE [məzyʀabl] **adj.** – XIIe ◇ de *mesurer* ■ Qui peut être mesuré ; qui est susceptible de mesure. *«La quantité extensive est seule mesurable»* BERGSON. *Une grandeur mesurable est telle que l'on puisse définir l'égalité et la somme de deux de ses valeurs.* ■ CONTR. Immensurable.

MESURAGE [məzyʀaʒ] **n. m.** – 1247 ◇ de *mesurer* ■ TECHN. Action de mesurer (une longueur, une surface ou un volume), par un procédé direct et concret. ➤ **mesure** (COUR.). *Le mesurage d'un champ.*

MESURE [m(ə)zyʀ] **n. f.** – fin XIe ◇ du latin *mensura,* famille de *metiri* «mesurer». → mètre

I DÉTERMINATION D'UNE GRANDEUR ■ **1** Action de déterminer la valeur de certaines grandeurs par comparaison avec une grandeur constante de même espèce, prise comme terme de référence (étalon, unité). ➤ **détermination, évaluation, mensuration, mesurage ; -métrie, métro-.** *Degré d'approximation, précision d'une mesure. Échelle de mesure.* — *Importance, rôle de la mesure dans les sciences exactes, dans les sciences de la nature. Introduction de la mesure dans les sciences humaines* (psychologie, sociologie ➤ **statistique,** 2 **test**). — *Mesure d'une grandeur. Mesure de l'étendue, de l'espace.* ➤ **dimension ; largeur, longueur.** *Mesure des masses, des pressions, des températures. Mesures des forces, de la puissance ; mesures électriques. Mesure des longueurs, des surfaces, des volumes. Sciences de la mesure.* ➤ **métrologie ; -métrie.** *Mesure du temps* (horlogerie, minuterie). *Instrument* de mesure. Systèmes de mesures.* ➤ **métrique ; C. G. S., M. T. S.,** 4 **SI.** *Divisions, sous-multiples* (décimales, centésimales), *multiples* (double, etc.) *d'une unité de mesure.* ➤ **préfixe.** MATH. *Théorie de la mesure :* branche des mathématiques qui étudie les formes linéaires sur certains espaces vectoriels de fonctions numériques. ■ **2** (1538) Grandeur (et SPÉCIALT dimension) déterminée par la mesure. MATH. *Mesure d'un ensemble :* nombre réel définissant avec précision cette grandeur associée à un ensemble (nul s'il est vide, positif dans le cas contraire). ➤ 1 **espace** (II, 2°), **métrique** (II, 2°). — *Prendre les mesures d'une pièce, d'un meuble,* en déterminer les dimensions en mesurant. ◆ Dimensions caractéristiques du corps. ➤ **mensuration.** *Vêtement aux mesures de qqn.* LOC. *Sur mesure,* se dit d'un vêtement exécuté pour une personne en particulier. *«On jurerait que ce costume est fait sur mesure»* GREEN. SUBST. *S'habiller en sur-mesure.* FIG. Spécialement adapté à une personne ou à un but. *Rôle sur mesure,* spécialement bien adapté à la personnalité d'un comédien. *Il faut un caractère sur mesure pour vivre avec lui.* SUBST. *C'est du sur-mesure.* ■ **3** Appréciation de la valeur, de l'importance d'une chose. ➤ **évaluation.** *«Le temps fuyait, et il n'en avait ni le sentiment ni la mesure»* A. HERMANT. ◆ Valeur, capacité appréciée ou estimée. *La mesure de ses forces. Donner (toute) sa mesure, la mesure de son talent :* montrer ce dont on est capable. *Prendre la mesure, la juste mesure de qqn, de ses capacités.* ■ **4** (fin XIIe) Proportion, rapport (en loc.). (1550) **À LA MESURE DE :** qui correspond, est proportionné à. ➤ **échelle.** *Un adversaire à sa mesure. Une architecture à la mesure de l'homme. Sa réussite n'est pas à la mesure de ses ambitions. «que nous offre la technologie, sinon précisément un monde à notre mesure ?»* FINKIELKRAUT. — (1876) **DANS LA MESURE DE..., OÙ... :** dans la proportion de, où ; pour autant que. *Voir dans quelle mesure on s'est trompé. Dans la mesure de ses moyens. Dans la mesure du possible. Dans une certaine mesure :* jusqu'à un certain degré, un certain point. *Dans une certaine mesure, il me rappelle Untel. Dans une moindre mesure.* ◆ **loc. conj.** (fin XIVe) **À MESURE QUE... :** à proportion que, et PAR EXT. en même temps que (progression dans la durée). *On s'aime à mesure qu'on se connaît mieux.* — (fin XIIIe) *Elle écoutait et prenait des notes à mesure.* ◆ **AU FUR* ET À MESURE.**

II QUANTITÉ MESURABLE ■ **1** (fin XIIe) Quantité représentable par un étalon* concret, prise pour terme de comparaison dans l'évaluation des grandeurs de même espèce. *Bureau international des poids et mesures (BIPM). Mesures de longueur, de superficie, de capacité.* ◆ LOC. FIG. (1718) *Avoir deux poids, deux mesures :* juger différemment selon les objets, partialement. ■ **2** (fin XIIe) Récipient de capacité connue, servant à l'évaluation des volumes. *Mesure à grains. Remplir, vider une mesure.* ◆ PAR EXT. (milieu XIIe) Quantité (de grains, de liquide) que contient ce récipient. *Donner deux mesures d'avoine à un cheval.* ➤ **dose, ration.** *Ajouter trois mesures de lait.* ➤ **mesurette.** — LOC. FIG. *La mesure est comble*. Combler la mesure.* (1550) *Faire bonne mesure :* donner un peu plus qu'il n'est convenu ; se montrer généreux. ■ **3 COMMUNE MESURE** (en phrase négative) : quantité prise pour unité et servant à exprimer par un nombre entier ou fractionnaire les rapports avec d'autres quantités homogènes. *Il n'y a pas de commune mesure entre la diagonale et l'un des côtés du carré, entre le rayon et la circonférence d'un cercle.* ➤ **incommensurable.** — FIG. ➤ **rapport.** *Il n'y a aucune commune mesure entre Shakespeare et ses contemporains,* sa valeur est incomparablement plus grande. *Ces évènements sont sans commune mesure,* incomparables. ■ **4** FIG. Moyen d'apprécier une chose de même nature par une sorte d'étalon. *«Comme si l'effort n'était pas la mesure même de l'être !»* DUHAMEL. — ALLUS. PHILOS. *«L'homme est la mesure de toutes choses»* (d'après PROTAGORAS).

III QUANTITÉ NON TANGIBLE ■ **1** Quantité, dimension déterminée, considérée comme normale, souhaitable. *La juste, la bonne mesure* (cf. Le juste milieu). ◆ **LA MESURE.** ➤ **borne, limite.** *Dépasser, excéder la mesure :* exagérer. — LOC. *Outre mesure.* ➤ **exagérément, excessivement.** *Je n'en suis pas fier outre mesure. Au-delà de toute mesure* (cf. À l'extrême). *Un courage sans mesure.* ➤ **démesuré, illimité.** ■ **2** (fin XIe) Modération dans le comportement. ➤ **circonspection, précaution, retenue ; mesuré.** *Dépenser avec mesure. Parler avec mesure. Il manque de mesure dans ses jugements.* ➤ **pondération.** *Aimer sans mesure,* de manière excessive. ■ **3** Succession régulière ou périodique de divisions temporelles d'égale valeur ; ces divisions. ◆ (1538) Division de la durée musicale en plusieurs parties égales, formant une base sensible pour le rythme. ➤ **cadence, mouvement, rythme, tempo.** *Tenir compte de la mesure ; marquer, scander, battre la mesure.* — **loc. adv. EN MESURE :** en suivant la mesure, et PAR EXT. en cadence, à intervalles répétés. *«il lui manquait, pour s'échauffer, la cadence double des fléaux, tapant en mesure»* ZOLA. ◆ PAR EXT. Chacune des divisions formant la mesure. *Mesure binaire, à deux, quatre temps ; ternaire, à trois temps* (à trois-deux, trois-huit, six-huit, etc.). *Compter une mesure pour rien* (avant de commencer à jouer). *Barre de mesure.* — *«l'orchestre s'était arrêté net, au milieu de la mesure»* R. ROLLAND. ◆ (1557) VERSIF. Structure métrique du vers (➤ **mètre**) ; groupe rythmique constituant un tout et séparé d'un autre groupe par la coupe. ■ **4** (1626) ESCR. (dans des loc.) Distance convenable pour porter ou pour parer un coup (à l'épée ou au fleuret). *Être à la mesure, en mesure, hors de mesure.* ◆ (1780) FIG. et COUR. **ÊTRE EN MESURE DE :** avoir la possibilité de ; être en état, à même de. *Être en mesure de répondre, d'agir. «L'écrivain publié n'est aucunement en mesure de se faire une idée de ce que peuvent être les relations d'un peintre avec ses toiles vendues»* GRACQ. *Dès que je serai en mesure de vous le préciser.*

IV UNE MESURE, DES MESURES. MOYEN MIS EN ŒUVRE (XVIIe) Manière d'agir proportionnée à un but à atteindre ; acte officiel visant à un effet. ➤ **disposition,** 2 **moyen ; demi-mesure, mesurette.** *Prendre les mesures qui s'imposent. Mesures de circonstance, d'urgence. Mesures d'accompagnement. Ce nouvel impôt est une mesure impopulaire. Mesures de rétorsion*. Un train de mesures.* — *Mesures préventives, disciplinaires* (DR. PÉN.). *Mesure conservatoire :* acte juridique ayant pour but de protéger ou de conserver un bien ou un droit. — *Mesure d'instruction,* ordonnée afin d'éclairer le tribunal sur les prétentions du demandeur (DR. CIV., PROCÉD. PÉN.). — *Par mesure d'hygiène, d'économie, de précaution.*

■ CONTR. Démesure, excès.

MESURÉ, ÉE [məzyʀe] **adj.** – XVIe ◇ de *mesurer* ■ **1** Évalué par la mesure. *Distance, hauteur mesurée.* ■ **2** Déterminé, réglé par la mesure. ➤ **réglé.** *Pas mesurés.* ➤ **régulier.** *Prose mesurée,* rythmée, cadencée. — PAR EXT. *Ton de voix grave et mesuré.* ➤ **compassé, lent.** ▪ **3** (PERSONNES) Qui agit avec mesure. ➤ **circonspect, modéré.** *«Il décida de rester raisonnable, mesuré»* RADIGUET. ▪ CONTR. Démesuré.

MESURER [məzyʀe] v. ‹1› – fin XIe ◇ du latin *mensurare*, famille de *mensura* «mesure»

I ~ v. tr. **ÉVALUER PAR LA MESURE** ▪ **1** Évaluer (une longueur, une surface, un volume) par une comparaison avec un étalon de même espèce. ➤ **apprécier, estimer.** *Mesurer au mètre* (➤ **métrer**), *à la toise* (➤ **toiser**). *Mesurer un terrain à la chaîne d'arpenteur.* ➤ **arpenter, chaîner.** *Mesurer une profondeur à la sonde.* ➤ **sonder.** *Mesurer le volume, la capacité d'un récipient.* ➤ **cuber, jauger, niveler, rader.** *Mesurer une dose.* ➤ **doser.** *Mesurer qqn,* sa taille. ▪ **2** Déterminer la valeur de (une grandeur mesurable), lui attribuer un nombre qui fixe son intensité ou son état (par rapport à une grandeur de la même espèce). *Mesurer par l'observation directe, à l'aide d'instruments, par le calcul.* ➤ **calculer.** *Mesurer le temps, une durée. Mesurer la force du vent. Mesurer un angle en degrés.* (SANS COMPL.) *«Chercher des rapports ou mesurer, c'est la même chose»* CONDILLAC. ▪ **3** (début XIIIe) (ABSTRAIT) Juger par comparaison. ➤ **estimer, évaluer.** *Mesurer la valeur de qqn. Mesurer les autres à son aune*. Mesurer la portée, l'efficacité d'un acte. «Quand les périls sont passés, on les mesure et on les trouve grands»* VIGNY. *Mesurer un travail, un effort aux résultats.* ➤ **1 juger.** *Mesurer le succès d'un livre au nombre d'exemplaires vendus.*

II ~ v. intr. **AVOIR POUR MESURE** ▪ **1** (CHOSES) Avoir telle dimension. ➤ **1 faire ; contenir, jauger.** *Cette planche mesure deux mètres sur deux.* ▪ **2** (PERSONNES) Avoir telle taille. *Il mesure un mètre quatre-vingts.*

III ~ v. tr. **RÉGLER PAR UNE MESURE, APRÈS MESURE** ▪ **1** (début XIIIe) Donner, régler avec mesure. ➤ **compter, départir, distribuer.** *Le temps nous a été mesuré.* ▪ **2** (1611) Faire, employer avec mesure, modération. ➤ **régler.** *Mesurer ses pas, ses gestes.* ➤ **compter, 1 ménager.** *Mesurez vos expressions !* ➤ **modérer.** — LOC. *Ne pas mesurer sa peine, ses efforts* : se donner beaucoup de mal. ▪ **3** *Mesurer qqch. à, sur, d'après...,* déterminer l'importance, l'intensité d'une chose par rapport à une autre. ➤ **proportionner (à), régler (sur).** *«Peut-être que Dieu mesure nos douleurs et nos travaux aux forces de notre jeunesse»* SAND. *«Les êtres jeunes et les animaux mesurent leur sommeil sur la durée du jour»* COLETTE.

IV ~ v. pron. **SE MESURER** ▪ **1** PASS. Être mesurable. *«Tout ce qui se mesure, finit»* BOSSUET. *La longueur se mesure en mètres.* ♦ FIG. Être apprécié, estimé. *«Le pouvoir se mesure à l'audace»* JAURÈS. ▪ **2** RÉFL. (1636) (PERSONNES) *Se mesurer avec, à qqn,* se comparer à lui par une épreuve, et SPÉCIALT par une épreuve de force, un combat. ➤ **se battre, lutter.** *«Te mesurer à moi ! qui t'a rendu si vain»* CORNEILLE. ▪ **3** (RÉCIPR.) (1674) *Se mesurer (des yeux)* : se considérer réciproquement, se toiser. *«Ils se mesuraient d'un œil hostile»* MAURIAC.

MESURETTE [məzyʀɛt] n. f. – 1990 ◇ de *mesure* ▪ **1** Cuillère destinée à contenir une dose de produit liquide ou en poudre. *Mesurette à lait en poudre, à lessive.* ▪ **2** FAM. Mesure politique ou économique sans effet, insuffisante (➤ **réformette**).

MESUREUR [məzyʀœʀ] n. m. – XIIe ◇ de *mesurer* ▪ **1** TECHN. Personne qui mesure, est chargée de mesurer. ▪ **2** (1860) Appareil de mesure. *Mesureur de pression.* — adj. *Verre mesureur,* pour mesurer les substances alimentaires.

MÉSUSER [mezyze] v. tr. ind. ‹1› – 1283 ◇ de *mé-* et *user* ▪ LITTÉR. Faire mauvais usage (d'une chose). ➤ **abuser.** *Mésuser de sa fortune. «les moissons de joie que récoltent les riches, et dont ils mésusent si cruellement contre nous* [les pauvres]*»* MIRBEAU.

MÉTA [meta] n. m. – 1925 ◇ marque déposée, abrév. de *métaldéhyde* ▪ Tablette de métaldéhyde, combustible solide qui brûle sans laisser de résidu. *Réchaud à méta d'un campeur.*

MÉT(A)- ▪ **1** Élément, du grec *meta,* exprimant la succession, le changement, la participation, et en philosophie et dans les sciences humaines «ce qui dépasse, englobe» (un objet, une science) : *métalangage, métamathématique.* ▪ **2** CHIM. Préfixe indiquant qu'un composé acide a perdu une molécule d'eau (ex. *métaphosphorique*) ou que deux substituants fixés sur un cycle benzénique sont séparés par un atome de ce cycle.

MÉTABOLE [metabɔl] adj. – 1834 ◇ du grec *metabolê* «changement» ▪ BIOL. Se dit d'un insecte qui subit la métamorphose au cours de son développement post-embryonnaire. — SUBST. *Un métabole.*

MÉTABOLIQUE [metabɔlik] adj. – 1855 ◇ du grec *metabolê* «changement» ▪ Du métabolisme. *Désordre métabolique.*

MÉTABOLISER [metabɔlize] v. tr. ‹1› – date inconnue ◇ de *métabolisme* ▪ PHYSIOL. Transformer (une substance) dans un organisme vivant au cours du métabolisme*. — FIG. Transformer (qqch.) en l'assimilant, en le dégradant.

MÉTABOLISME [metabɔlism] n. m. – 1858 chim. ◇ du grec *metabolê* «changement» ▪ PHYSIOL. Ensemble des transformations chimiques et physicochimiques qui s'accomplissent dans tous les tissus de l'organisme vivant (dépenses énergétiques, échanges, nutrition...). *Phénomènes d'assimilation* (➤ **anabolisme**), *de dégradation* (➤ **catabolisme**) *du métabolisme. Le métabolisme des glucides.* — *Métabolisme basal* ou *de base* : quantité de chaleur que produit, par heure et par mètre carré de la surface du corps, un sujet à jeun et au repos. *«Mon métabolisme basal ralentit déjà, la lente activité de mon cœur le confirme, l'hypothermie, et donc la léthargie guettent»* F. THILLIEZ.

MÉTABOLITE [metabɔlit] n. m. – 1904 ◇ de *métabolisme* ▪ PHYSIOL. Toute substance organique qui participe aux processus du métabolisme*, ou qui est formée dans l'organisme au cours des transformations métaboliques. ➤ **anabolite, catabolite.** *Métabolite essentiel,* qui ne peut être synthétisé par un organisme donné et qui doit être fourni à l'état préformé dans l'alimentation (ex. les vitamines).

MÉTACARPE [metakaʀp] n. m. – 1546 ◇ grec *metakarpion* ▪ ANAT. Ensemble des cinq os *(métacarpiens)* qui constituent le squelette de la main, entre le carpe* et les phalanges.

MÉTACARPIEN, IENNE [metakaʀpjɛ̃, jɛn] adj. – 1752 ◇ de *métacarpe* ▪ ANAT. Qui appartient ou a rapport au métacarpe. *Ligaments métacarpiens.* — SUBST. *Les métacarpiens* : les cinq os du métacarpe. *Le premier, le deuxième métacarpien.*

MÉTACENTRE [metasɑ̃tʀ] n. m. – 1746 ◇ de *méta-* et *centre* ▪ PHYS. Point d'application de la résultante des forces qui s'exercent sur un corps solide flottant. — adj. **MÉTACENTRIQUE.**

MÉTADONNÉE [metadɔne] n. f. – 1997 ◇ de *méta-* et *donnée* ▪ INFORM. Donnée formelle, normalisée et structurée, utilisée pour décrire et traiter les contenus des ressources numériques.

MÉTAIRIE [meteʀi] n. f. – 1509 ; *moitoierie* v. 1200 ◇ de *métayer* ▪ **1** Domaine agricole exploité selon le système du métayage. ➤ **borderie.** *Exploitant d'une métairie.* ➤ **métayer.** *Il avait fallu «partager ses domaines en quatre grandes métairies»* BALZAC. ▪ **2** Les bâtiments de la métairie. ➤ RÉGION. **borde.**

METAL ➤ **HEAVY METAL**

MÉTAL, AUX [metal, o] n. m. – début XIIe ◇ latin *metallum* «métal, mine» ▪ **1** Corps simple, doué d'un éclat particulier (éclat métallique), bon conducteur de la chaleur et de l'électricité et formant, par combinaison avec l'oxygène, des oxydes basiques. *Coloration, conductibilité, ductilité, dureté, fusibilité, malléabilité, ténacité des métaux.* — *Métaux et métalloïdes* (➤ **non-métal**). *Classification des métaux : métaux alcalins, alcalinoterreux ; métaux de transition, métaux des terres rares.* — *Principaux métaux* : aluminium, chrome, cuivre, étain, fer, mercure, nickel, plomb, zinc ; baryum, béryllium, bismuth, cadmium, calcium, cérium, cobalt, erbium, gallium, germanium, indium, iridium, lithium, magnésium, manganèse, molybdène, osmium, palladium, plutonium, potassium, radium, rhodium, rubidium, ruthénium, sodium, strontium, tantale, terbium, thallium, titane, tungstène, uranium, vanadium, ytterbium, yttrium, zirconium. *Métaux précieux.* ➤ **argent, 1 or, 2 platine.** *«Ils allaient conquérir le fabuleux métal»* HEREDIA. *Métal commun recouvert d'un métal précieux.* ➤ **plaqué.** *Métal argenté, chromé. Métaux lourds,* de masse atomique élevée. *Métaux radioactifs* : actinium, polonium, radium, thorium, uranium,... *Alliage de métaux. Les métaux à l'état naturel.* ➤ **minerai.** *Roche, filon, gisement qui contient un métal.* ➤ **métallifère.** *«Dans le minerai finement broyé, les particules du métal recherché (souvent sous forme d'oxyde) sont emportées par les bulles d'une mousse et séparées ainsi de la gangue»* P.-G. DE GENNES. ♦ BLAS. Se dit de couleurs du blason : or et argent. ▪ **2** COUR. Substance métallique (métal ou alliage). *Chandelier, gobelet en métal. Lunettes à monture de métal. Métal anglais* : alliage de zinc et d'antimoine utilisé en orfèvrerie. *Métal blanc* : alliage de divers métaux ressemblant à de l'argent. *Le métal jaune* : l'or. *Le métal bleu* : le cobalt. — *Métal fin* : or, argent, platine. — *Industrie des* *métaux.* ➤ **métallurgie ; acier, alumine, 1fonte.** *Lame, plaque, feuille de métal. Art du métal.* ➤ **dinanderie, ferronnerie, orfèvrerie.** ▪ **3** SPÉCIALT **LE MÉTAL :** moyen d'échange, étalon monétaire. ➤ **monnaie ; bimétallisme, monométallisme.** *La valeur du billet convertible est égale à celle du métal auquel il donne droit.* ▪ **4** GÉOL., PALÉONT. *L'âge des métaux,* le plus récent de la préhistoire (ex. âge de bronze, du fer).

MÉTALANGAGE [metalɑ̃gaʒ] **n. m.** – 1946 ◊ de *méta-* et *langage* (en polonais, Tarski, 1931) ▪ **1** LOG. Langage formalisé supérieur qui décide de la vérité des propositions du langage-objet. ▪ **2** LING. Langage (naturel ou formalisé) qui sert à décrire la langue naturelle (➤ **métalinguistique**). *« Le métalangage est un langage dont le signifié est un langage, un autre ou le même »* J. REY-DEBOVE. — On dit aussi **MÉTALANGUE n. f.,** 1958.

MÉTALDÉHYDE [metaldeid] **n. m.** ou **f.** – 1855 ◊ de *méta-* et *aldéhyde* ▪ CHIM. Polymère de l'aldéhyde acétique CH_3CHO, solide inflammable. ➤ **méta.**

MÉTALINGUISTIQUE [metalɛ̃gɥistik] **adj.** – 1963 ◊ de *métalangage,* d'après l'adj. *linguistique* ▪ LING. Qui relève du métalangage, appartient au métalangage. *Mots métalinguistiques :* mots autonymes* et mots de la terminologie linguistique. *Les dictionnaires et les grammaires sont des ouvrages métalinguistiques. Jeux métalinguistiques* (ex. mots croisés).

MÉTALLIER, IÈRE [metalje, jɛʀ] **n.** – 1974 ◊ de *métal* ▪ Spécialiste de la fabrication et de la pose d'ouvrages métalliques pour le bâtiment. ➤ **aluminier, chaudronnier, serrurier.**

MÉTALLIFÈRE [metalifɛʀ] **adj.** – 1824 ◊ du latin *metallum* et *-fère* ▪ Qui contient un métal. *Gisement métallifère.*

MÉTALLIQUE [metalik] **adj.** – v. 1500 ◊ latin *metallicus* ▪ **1** Qui est fait de métal, constitué par du métal. *Fil, charpente métallique. Barre, tube métallique* (➤ **étiré, profilé**). *Menuiserie* métallique.* ◆ SPÉCIALT *Monnaie métallique.* ➤ **pièce.** *Encaisse métallique.* ▪ **2** Qui appartient au métal, a l'apparence du métal. *Éclat, reflet métallique. Regard d'un bleu métallique.* ▪ **3** Qui semble venir d'un corps fait de métal. *Bruit, son, voix métallique.*

MÉTALLISATION [metalizasjɔ̃] **n. f.** – 1877 ; chim. 1753 ◊ de *métalliser* ▪ Opération par laquelle on métallise (une surface). ➤ **galvanisation.** *Métallisation au pistolet. Métallisation sous vide.*

MÉTALLISÉ, ÉE [metalize] **adj.** – XVIe « transformé en métal » ◊ de *métalliser* ▪ Qui a l'éclat du métal. *Peinture métallisée. Voiture gris métallisé.*

MÉTALLISER [metalize] **v. tr.** ‹1› – XVIe ◊ de *métal* ▪ **1** Donner à (un corps) un éclat métallique. ▪ **2** Couvrir d'une légère couche de métal ou d'alliage. ➤ **étamer, galvaniser.** *Métalliser un miroir.*

MÉTALLO ➤ **MÉTALLURGISTE**

MÉTALLOCHROMIE [metalɔkʀɔmi] **n. f.** – v. 1888 ◊ radical du latin *metallum* et *-chromie* ▪ TECHN. Technique de coloration des surfaces métalliques.

MÉTALLOGRAPHIE [metalɔgʀafi] **n. f.** – 1548 « traité des métaux » ◊ du latin *metallum* et *-graphie* ▪ SC., TECHN. Étude de la structure et des propriétés des métaux. *Métallographie microscopique, aux rayons X.* — **adj. MÉTALLOGRAPHIQUE.**

MÉTALLOÏDE [metalɔid] **n. m.** – 1824 adj. ◊ de *métal* et *-oïde* ▪ CHIM. ▪ **1** VX Corps simple, généralement dépourvu d'éclat, mauvais conducteur de la chaleur et de l'électricité et qui forme avec l'oxygène des composés acides ou neutres (opposé à *métal*). ➤ **non-métal.** ▪ **2** (1960) MOD. Corps simple qui a des propriétés métalliques, mais aussi des propriétés opposées, très électronégatif.

MÉTALLOPHONE [metalɔfɔn] **n. m.** – 1935 ◊ radical du latin *metallum* et *-phone* ▪ MUS. Instrument de musique composé d'un jeu de lames ou de plaques de métal mises en vibration par percussion. ➤ **carillon, vibraphone.** — REM. Appelé souvent (ABUSIVEMENT) *xylophone*.*

MÉTALLOPLASTIQUE [metaloplastik] **adj.** – milieu XXe ◊ du latin *metallum* « métal » et *plastique* ▪ TECHN. Qui a certaines caractéristiques d'un métal et d'une matière plastique. *Joint métalloplastique.*

MÉTALLOPROTÉINE [metalopʀɔtein] **n. f.** – 1968 ◊ du latin *metallum* « métal » et *protéine* ▪ BIOCHIM. Hétéroprotéine combinée à un métal (fer, cuivre, magnésium, zinc). *L'hémoglobine, la chlorophylle, sont des métalloprotéines.*

MÉTALLURGIE [metalyʀʒi] **n. f.** – 1611 ◊ latin scientifique *metallurgia,* du grec *metallourgein* « exploiter une mine » ▪ **1** Ensemble des industries et des techniques qui assurent la fabrication des métaux. *Métallurgie du fer* (➤ **sidérurgie**), *des métaux non ferreux* (aluminium, cuivre, etc.). *Métallurgie lourde,* qui traite le minerai. *Métallurgie électrothermique.* ➤ **électrométallurgie.** *Métallurgie fine* (alliages, aciers spéciaux). — *Opérations principales et procédés de la métallurgie :* aciérage, affinage, ajustage, alésage, battage, brasage, bronzage, brunissage, calcination, calorisation, cémentation, coulage, décapage, décarburation, déphosphoration, dérochage, doucissage, éclaircissage, écrouissage, emboutissage, estampage, étamage, étirage, forgeage, fraisage, fusion, grillage, laminage, martelage, métallisation, métallochromie, meulage, moulage, polissage, puddlage, recuite, réduction, repoussage, ressuage, revenu, revivification, soudure, sulfinisation, tirage, tréfilage, trempe, usinage. — *Matériel, outillage de métallurgie :* trémie, trieur, convertisseur, four, haut-fourneau, forge, marteau-pilon ; étireuse, filière, laminoir ; tour. ▪ **2** Travail, mise en œuvre des métaux. *Métallurgie de transformation :* ensemble des industries mécaniques (outillage industriel, construction du matériel de transport, construction automobile et aéronautique, matériel agricole). ▪ **3** Ensemble des entreprises et des installations où l'on travaille les minerais métalliques, ET PAR EXT. les métaux. *La métallurgie française. Crise de la métallurgie.*

MÉTALLURGIQUE [metalyʀʒik] **adj.** – 1752 ◊ de *métallurgie* ▪ Relatif à la métallurgie. *Industries métallurgiques :* métallurgie lourde et métallurgie de transformation.

MÉTALLURGISTE [metalyʀʒist] **adj.** et **n. m.** – 1718 ◊ de *métallurgie* ▪ Qui s'occupe de métallurgie. *Industriel, ouvrier métallurgiste.* ◆ **n. m.** *Les grands métallurgistes de l'Est.* ➤ **1fondeur** (cf. Maître de forges*). — SPÉCIALT Ouvrier qui travaille dans la métallurgie. *Les métallurgistes de l'automobile.* ➤ **ajusteur, chaudronnier, 1fondeur.** ABRÉV. FAM. (v. 1921) **MÉTALLO.** *Grève des métallos.*

MÉTALOGIQUE [metalɔʒik] **adj.** et **n. f.** – 1906 ◊ du latin *metalogicus* XIIe, de *méta-* et *logique,* d'après l'allemand *metalogisch* (XIXe) ▪ DIDACT. Qui sert de base à la logique. — **n. f.** Étude formalisée des logiques symboliques, notamment de leur consistance et de leur complétude.

MÉTAMATHÉMATIQUE [metamatematik] **n. f.** – v. 1930 ◊ de *méta-* et *mathématique,* d'après l'allemand (Hilbert) ▪ DIDACT. Étude formalisée des structures des mathématiques.

MÉTAMÈRE [metamɛʀ] **adj.** et **n. m.** – 1873 ◊ de *méta-* et *-mère* ▪ **1** CHIM. Se dit d'un composé organique ayant la même fonction que l'un de ses isomères. ▪ **2 n. m.** ZOOL. Chacun des segments articulés ou anneaux successifs d'un arthropode, d'un ver. *Formation des métamères.* ➤ **métamérisation.** ◆ (1874) EMBRYOL. Segment résultant de la division primitive du mésoderme de l'embryon. *L'embryon humain comprend environ quarante métamères.* — NEUROL. Secteur d'innervation (d'un nerf rachidien). *Le métamère du nerf 10.*

MÉTAMÉRIE [metameʀi] **n. f.** – 1834 ◊ de *métamère* ▪ **1** CHIM. Type d'isomérie, caractère des corps métamères. ▪ **2** EMBRYOL. Disposition sous forme de métamères des éléments anatomiques de l'embryon. *Mise en place de la métamérie.* ➤ **métamérisation.** ◆ ZOOL. Caractéristique des espèces dont le corps est partagé en métamères (2°). — **adj. MÉTAMÉRIQUE,** 1903.

MÉTAMÉRISATION [metameʀizasjɔ̃] **n. f.** – 1877 ◊ de *métamère* ▪ **1** ZOOL. Formation des métamères. ▪ **2** BIOL. Mise en place de la métamérie au cours du développement embryonnaire.

MÉTAMORPHIQUE [metamɔʀfik] **adj.** – 1823 ◊ de *métamorphisme* ▪ GÉOL. *Roche métamorphique,* qui a été modifiée dans sa structure par l'action de la chaleur et de la pression. *Le gneiss, roche métamorphique.*

MÉTAMORPHISER [metamɔʀfize] **v. tr.** ‹1› – 1894 au p. p. ◊ de *métamorphisme* ▪ GÉOL. Transformer par métamorphisme. — **p. p. adj.** *Roches métamorphisées.*

MÉTAMORPHISME [metamɔʀfism] **n. m.** – 1823 ◊ de *méta-* et du grec *morphê* « forme » ▪ GÉOL. Ensemble des phénomènes qui donnent lieu à l'altération des roches sédimentaires, à leur transformation en roches cristallophylliennes.

MÉTAMORPHOSABLE [metamɔʀfozabl] **adj.** – 1846 ◊ de *métamorphoser* ▪ Qui peut être métamorphosé. ➤ **transformable.**

MÉTAMORPHOSE [metamɔʀfoz] **n. f.** – 1493 ; *Les Métamorphoses* d'Ovide 1365 ◊ latin d'origine grecque *metamorphosis* ■ **1** Changement* de forme, de nature ou de structure, si considérable que l'être ou la chose qui en est l'objet n'est plus reconnaissable. *Métamorphoses des dieux de la mythologie gréco-latine. Métamorphoses successives de Vishnu.* ➤ **avatar, incarnation.** ♦ ALCHIM. *Métamorphose des métaux en or.* ➤ **conversion, transmutation.** ■ **2** BIOL. Processus de transformation d'une larve en individu adulte, consistant en un changement total de forme et de structure que subissent certaines espèces animales (batraciens, insectes [➤ **métabole**]) au cours de leur développement post-embryonnaire. ➤ aussi **anamorphose.** *Métamorphose d'une chenille en papillon, d'un têtard en grenouille. Insectes à métamorphoses complètes, incomplètes. Stades de la métamorphose* (larve, nymphe, imago ; chenille, chrysalide ; pupe). ■ **3** Changement d'aspect d'un être ou d'un objet. *Métamorphoses successives d'un acteur au cours d'une représentation.* — FIG. Changement complet d'une personne ou d'une chose, dans son état, ses caractères. ➤ **transformation.** *Une lente métamorphose.* ➤ **évolution.** *« cette difficile métamorphose de la femme de théâtre en femme du monde »* GAUTIER.

MÉTAMORPHOSER [metamɔʀfoze] **v. tr.** ‹ 1 › – 1571 ◊ de *métamorphose* ■ **1** Faire passer (un être) de sa forme primitive à une autre forme. ➤ **changer, transformer.** *Des charmes « Qui métamorphosaient en bêtes les humains »* LA FONTAINE. PRONOM. *Jupiter se métamorphosa en taureau pour enlever Europe.* ➤ **s'incarner.** ■ **2 SE MÉTAMORPHOSER v. pron.** ZOOL. *Larves de coléoptères qui se métamorphosent.* ■ **3** FIG. Changer complètement (qqn, qqch.), modifier profondément l'aspect, la nature de. ➤ **transfigurer.** *« J'ai métamorphosé Louis, il est devenu charmant »* BALZAC. **p. p. adj.** *Elle est revenue métamorphosée de ses vacances.* — PRONOM. *« L'art se métamorphose, s'adapte aux circonstances »* R. ROLLAND.

MÉTAPHASE [metafɑz] **n. f.** – 1887 ◊ de *méta-* et *phase* ■ BIOL. CELL. Deuxième phase de la mitose. *Les chromosomes s'alignent sur la plaque équatoriale lors de la métaphase.* — **adj. MÉTAPHASIQUE.** *Chromosomes métaphasiques.*

MÉTAPHORE [metafɔʀ] **n. f.** – 1265 ◊ latin d'origine grecque *metaphora* « transposition » ■ Figure* de rhétorique, et PAR EXT. Procédé de langage qui consiste à employer un terme concret dans un contexte abstrait par substitution analogique, sans qu'il y ait d'élément introduisant formellement une comparaison. ➤ **comparaison, image.** *« Une source de chagrin », « un monument de bêtise » sont des métaphores. Métaphore et métonymie*. Filer* la métaphore. La métaphore est à l'origine des sens nouveaux d'un mot.*

MÉTAPHORIQUE [metafɔʀik] **adj.** – XIVe ◊ de *métaphore* ■ **1** Qui tient de la métaphore. *Au sens métaphorique.* ➤ **métaphoriquement.** ■ **2** Qui abonde en métaphores. ➤ **imagé.** *Style, discours métaphorique.* ➤ **allégorique.**

MÉTAPHORIQUEMENT [metafɔʀikmɑ̃] **adv.** – 1642 ; *métaforiquement* 1486 ◊ de *métaphorique* ■ D'une manière métaphorique ; par métaphore. *Parler métaphoriquement.*

MÉTAPHOSPHORIQUE [metafɔsfɔʀik] **adj.** – 1845 ◊ de *méta-* et *phosphorique* ■ CHIM. *Acide métaphosphorique* (PO_3H), l'un des acides dérivés du phosphore.

MÉTAPHYSE [metafiz] **n. f.** – 1963 ◊ de *méta-* et *-physe*, d'après *épiphyse* ■ ANAT. Segment d'un os long compris entre l'épiphyse et la diaphyse. — **adj. MÉTAPHYSAIRE.**

MÉTAPHYSICIEN, IENNE [metafizisjɛ̃, jɛn] **n.** – 1361 ◊ de 1 *métaphysique* ■ Personne qui s'occupe de problèmes métaphysiques. ➤ **philosophe.** *Platon, Descartes, Kant, illustres métaphysiciens.* ♦ **adj.** PAR EXT. Qui est tourné vers les problèmes abstraits. *« Les Romains, très habiles dans les problèmes de la vie, n'étaient point métaphysiciens »* Mme DE STAËL.

1 **MÉTAPHYSIQUE** [metafizik] **n. f.** – 1282 *metaphisique* ◊ latin scolastique *metaphysica*, grec *meta (ta) phusika* « ce qui suit les questions de physique » ■ **1** Recherche rationnelle ayant pour objet la connaissance de l'être absolu, des causes de l'univers et des principes premiers de la connaissance. ➤ **ontologie, philosophie.** *La métaphysique étudie la nature de la matière, de l'esprit, les problèmes de la connaissance, de la vérité, de la liberté.* ➤ aussi **épistémologie, métalogique, morale.** ■ **2** *La métaphysique de* (qqch.) : réflexion systématique sur les fondements d'une activité humaine. *La métaphysique du droit.* ■ **3** PÉJ. Abus de la réflexion abstraite qui rend obscure la pensée. *Tout cela n'est que de la métaphysique,* ne contient rien de positif. *Il ne s'embarrasse pas de métaphysique,* de considérations abstraites, morales...

2 **MÉTAPHYSIQUE** [metafizik] **adj.** – 1546 ◊ latin scolastique *metaphysicus* ■ **1** Qui relève de la métaphysique, porte sur des sujets de métaphysique. *Les problèmes métaphysiques de la liberté humaine, de l'existence de Dieu. « Méditations métaphysiques », de Descartes. Angoisse métaphysique.* ■ **2** Qui est d'ordre rationnel, et non sensible. ➤ **transcendant.** — (Chez Comte) *Ère, état métaphysiques,* caractérisés par une explication des phénomènes fondée sur des notions abstraites et non sur l'expérience. ■ **3** Qui présente l'incertitude, l'obscurité attribuées à la métaphysique. *Divagations métaphysiques. Cette discussion est bien métaphysique.* ➤ **abstrait.** — **adv. MÉTAPHYSIQUEMENT,** 1685.

MÉTAPLASIE [metaplazi] **n. f.** – 1869 ◊ de *méta-* et *-plasie*, d'après l'allemand *Metaplasie* ■ PHYSIOL. Transformation d'un tissu différencié en un autre de caractère différent et qui aboutit à la constitution d'un tissu normal en soi mais anormal par sa localisation.

MÉTAPSYCHIQUE [metapsiʃik] **adj.** et **n. f.** – 1905 ◊ de *méta-* et *psychique* ■ DIDACT. Qui concerne les phénomènes psychiques inexpliqués (télépathie, etc.). ♦ **n. f.** ➤ **parapsychologie.**

MÉTAPSYCHOLOGIE [metapsikɔlɔʒi] **n. f.** – 1916 ◊ allemand *Metapsychologie* (Freud, v. 1898) ■ **1** PSYCHAN. Interprétation théorique et généralisée des processus psychiques dans leurs relations dynamiques, topiques, économiques. ■ **2** DIDACT. Toute psychologie dont l'objet est au-delà du donné de l'expérience.

MÉTASTABLE [metastabl] **adj.** – 1903 ◊ de *méta-* et *stable* ■ CHIM., PHYS. Se dit d'un équilibre, d'un composé, d'un mélange, dont la vitesse de transformation ou de réaction est très faible et donne l'apparence de la stabilité. *Un équilibre métastable peut être brutalement rompu par un faible apport externe.*

MÉTASTASE [metastɑz] **n. f.** – 1586 ◊ grec *metastasis* « changement de place » ■ PATHOL. Dissémination de cellules cancéreuses de leur localisation initiale vers d'autres tissus. *Métastases ganglionnaires. Métastases cérébrales d'un cancer du sein.* — PAR EXT. Foyer infectieux ou parasitaire secondaire, formé en un point éloigné du foyer initial, par migration de l'agent responsable. — **adj. MÉTASTATIQUE.** *Cancer, mélanome métastatique.*

MÉTASTASER [metastɑze] **v. intr.** ‹ 1 › – 1977 ◊ de *métastase* ■ MÉD. Produire des métastases ; migrer vers d'autres régions de l'organisme. *Cancer primitif qui métastase. La tumeur a métastasé vers le foie.*

MÉTATARSE [metataʀs] **n. m.** – 1586 ◊ de *méta-* et *tarse* ■ ANAT. Partie du squelette du pied formée par les cinq os (métatarsiens), comprise entre le tarse et les premières phalanges des orteils.

MÉTATARSIEN, IENNE [metataʀsjɛ̃, jɛn] **adj.** – 1747 ◊ de *métatarse* ■ ANAT. Qui a rapport, appartient au métatarse. *Arcade métatarsienne. Ligaments métatarsiens.* — SUBST. *Les métatarsiens :* les cinq os du métatarse. *Le premier, le deuxième métatarsien.*

MÉTATHÈSE [metatɛz] **n. f.** – 1587 ◊ grec *metathesis* « transposition » ■ **1** LING. Altération d'un mot ou d'un groupe de mots par déplacement, interversion d'un phonème, d'une syllabe, à l'intérieur de ce mot ou de ce groupe. ■ **2** CHIM. Réaction au cours de laquelle deux molécules échangent des groupes d'atomes par rupture et reformation de doubles liaisons entre deux atomes de carbone, en présence d'un catalyseur. *Métathèse des oléfines.*

MÉTATHORAX [metatɔʀaks] **n. m.** – 1844 ◊ de *méta-* et *thorax* ■ ZOOL. Troisième anneau du thorax d'un insecte.

MÉTAYAGE [metɛjaʒ] **n. m.** – 1838 ◊ de *métayer* ■ Mode d'exploitation agricole, louage d'un domaine rural (➤ **métairie**) à un preneur (➤ **métayer**) qui s'engage à le cultiver sous condition d'en partager les fruits et récoltes avec le propriétaire (bail à partage de fruits). *Contrat de métayage. Conversion des baux à métayage en baux à fermage.*

MÉTAYER, ÈRE [meteje, ɛʀ] **n.** – *meiteier* XIIe ◊ de *meitié*, forme ancienne de *moitié* ■ Personne qui prend à bail et fait valoir un domaine sous le régime du métayage. ➤ 1 **colon ;** RÉGION. 2 **bordier.**

MÉTAZOAIRE [metazɔɛʀ] **n. m.** – 1877 ◊ de *méta-* et du grec *zôon* « animal » ■ ZOOL. Organisme animal constitué de cellules nombreuses et différenciées (opposé à *protozoaire*).

MÉTEIL [metɛj] **n. m.** – *mesteil* XIIIe ◇ latin populaire °*mistilium* «mélange», de *mixtus* ■ AGRIC. Seigle et froment mêlés qu'on sème et qu'on récolte ensemble. *Méteil additionné d'orge.* ➤ **champart.**

MÉTEMPSYCHOSE ou **MÉTEMPSYCOSE** [metɑ̃psikoz] **n. f.** – 1562 *metempsychose* ◇ bas latin *metempsychosis*, du grec «déplacement de l'âme» ■ Doctrine selon laquelle une même âme peut animer successivement plusieurs corps humains ou animaux, et même des végétaux. ➤ **réincarnation, transmigration.** *La métempsychose, dogme fondamental du brahmanisme.*

MÉTENCÉPHALE [metɑ̃sefal] **n. m.** – 1924 ◇ de *mét(a)-* et *encéphale* ■ EMBRYOL. Vésicule encéphalique de l'embryon, dérivée du rhombencéphale antérieur. *Le métencéphale est à l'origine de la protubérance annulaire et du cervelet.*

MÉTÉO [meteo] **n. f.** et **adj. inv.** – 1917 ◇ abrév. de *météorologie, météorologique* ■ **1** Météorologie. *Bulletin de la météo. Météo marine.* ■ **2** Prévisions météorologiques. *Écouter, lire la météo.* — Temps prévu. *On annonce une météo maussade pour le week-end.* ■ **3 adj. inv.** (1931) Météorologique. *Les prévisions météo.* «*Passez-moi les messages météo*» SAINT-EXUPÉRY.

MÉTÉORE [meteɔʀ] **n. m.** – v. 1270 ◇ latin médiéval *meteora*, grec *meteôros* «élevé dans les airs» ■ **1** VX ou DIDACT. Tout phénomène qui se produit dans l'atmosphère. «*La foudre est un météore comme la rosée*» J. DE MAISTRE. *Météores aériens, lumineux. Le vent, la pluie, les arcs-en-ciel sont des météores.* ➤ **hydrométéore.** ■ **2** COUR. Phénomène lumineux qui résulte de l'entrée dans l'atmosphère terrestre d'un corps solide venant de l'espace. ➤ **bolide, étoile** (filante), **météorite.** — LOC. *Passer, briller comme un météore,* très vite. ◆ FIG. Ce qui brille d'un éclat vif et passager, ou qui passe très rapidement.

MÉTÉORIQUE [meteɔʀik] **adj.** – 1537 ◇ de *météore* ■ **1** Des météores, relatif aux météores. — *Nuage météorique,* formé de météores, d'aérolithes. — *Cratère météorique,* formé par la chute de météorites (on dit aussi **MÉTÉORITIQUE**). ■ **2** FIG. Très rapide. ➤ **fulgurant.** «*l'apoplexie l'attendait au bout d'une carrière météorique*» GREEN.

1 **MÉTÉORISATION** [meteɔʀizasjɔ̃] **n. f.** – v. 1900 ◇ du grec *meteôra* «phénomène céleste» ■ GÉOMORPH. Ameublissement des roches résistantes par fragmentation ou par altération due aux agents climatiques.

2 **MÉTÉORISATION** [meteɔʀizasjɔ̃] **n. f.** – 1811 ◇ de *météoriser* ■ MÉD., VÉTÉR. Apparition d'un météorisme.

MÉTÉORISER [meteɔʀize] **v. tr.** ‹1› – fin XVIe ◇ grec *meteôrizein* «élever, gonfler» ■ MÉD., VÉTÉR. Gonfler l'abdomen de (un animal) par l'accumulation d'un gaz contenu dans l'appareil digestif. ➤ **ballonner.** *La luzerne humide météorise les vaches.* — **p. p. adj.** «*Une panse nue, météorisée, énorme*» HUYSMANS.

MÉTÉORISME [meteɔʀism] **n. m.** – v. 1560 ◇ grec *meteôrismos* ■ MÉD. Gonflement de l'abdomen par les gaz s'accumulant dans l'estomac et l'intestin. ➤ **ballonnement, flatulence.**

MÉTÉORITE [meteɔʀit] **n. m.** ou **f.** – 1830 ◇ de *météore* ■ ASTRON. Fragment de corps céleste qui tombe sur la Terre ou sur un astre quelconque. ➤ **aérolithe.** *Bombardement de météorites.* «*Un jour, elle m'apporte une pierre couleur de fer, lisse et lourde. C'est une météorite*» LE CLÉZIO.

MÉTÉORITIQUE ➤ **MÉTÉORIQUE**

MÉTÉOROLOGIE [meteɔʀɔlɔʒi] **n. f.** – 1547 ◇ grec *meteôrologia* ■ **1** Étude scientifique des phénomènes atmosphériques. ➤ **temps.** *La météorologie étudie les pressions* (anticyclone, cyclone, dépression), *les courants* (vents), *les températures, la présence de l'eau dans l'atmosphère* (nuages, précipitations). *Détermination, prévision du temps par la météorologie.* ■ **2** PAR EXT. Service qui s'occupe de météorologie. *Travailler à la Météorologie nationale.* ➤ **météo.**

MÉTÉOROLOGIQUE [meteɔʀɔlɔʒik] **adj.** – 1550 ; *methorologicque* fin XVe ◇ de *météorologie* ■ Qui concerne la météorologie. *Observations météorologiques. Carte météorologique. Bulletin météorologique de la radio, de la télévision. Observatoire, station, satellite météorologique.* ➤ **météo.**

MÉTÉOROLOGISTE [meteɔʀɔlɔʒist] **n.** – 1797 ◇ de *météorologie* ■ Spécialiste de la météorologie. — On dit aussi **MÉTÉOROLOGUE,** 1783.

MÉTÈQUE [metɛk] **n. m.** – *mestèque* 1743 ◇ grec *metoikos* «qui change de maison», de *meta* et *oikos* «maison» ■ **1** HIST. ANT. Étranger domicilié en Grèce, qui n'avait pas droit de cité. ■ **2** (1894) VIEILLI (injure raciste). Étranger (surtout méditerranéen) dont l'allure, le comportement sont jugés déplaisants. «*Avec ma gueule de métèque De Juif errant, de pâtre grec*» MOUSTAKI.

MÉTHACRYLIQUE [metakʀilik] **adj.** – 1874 ◇ de *méthyle* et *acrylique* ■ CHIM. *Acide méthacrylique,* obtenu par l'action de l'acide sulfurique sur un nitrile. — Se dit de composés thermoplastiques (esters de l'acide méthacrylique polymérisés). *Résines méthacryliques,* employées comme verre de sécurité (plexiglas).

MÉTHADONE [metadɔn] **n. f.** – 1971 ◇ anglais américain *methadon(e)*, de *meth(yl)a(mino), d(iphenyl)* et *(heptan)one* ■ Dérivé synthétique de la morphine, utilisé comme produit de substitution à l'héroïne dans certaines cures de désintoxication.

MÉTHAMPHÉTAMINE [metɑ̃fetamin] **n. f.** – 1952 ◇ abrév. de *méthylamphétamine*, d'après l'anglais (1949) ■ Drogue de synthèse psychostimulante dérivée de l'amphétamine. «*Ce soir elle n'avait pas assez tapé dans la méthamphétamine*» LIBERATI. *Dérivés de la méthamphétamine.* ➤ **ecstasy, MDMA.** — ABRÉV. FAM. **MÉTH** [mɛt].

MÉTHANAL [metanal] **n. m.** – 1892 ◇ de *méthane* ■ CHIM. Formaldéhyde.

MÉTHANE [metan] **n. m.** – 1882 ◇ de *méth(ylène)* et *-ane* ■ Hydrocarbure saturé (CH_4), gaz incolore, inodore et inflammable, formant un mélange explosif avec l'air. *Le méthane ou gaz des marais se dégage des végétaux en décomposition.* ➤ **biogaz ; méthanisation.** *Méthane des mines de houille.* ➤ **grisou.**

MÉTHANIER [metanje] **n. m.** – milieu XXe ◇ de *méthane*, d'après *pétrolier* ■ TECHN. Navire transporteur de gaz liquéfié.

MÉTHANISATION [metanizasjɔ̃] **n. f.** – 1968 ◇ de *méthane* ■ CHIM., BIOL. Transformation de matières organiques en méthane (➤ **biogaz**), par fermentation. *Méthanisation des déchets ménagers, des effluents (lisier, boues d'épuration).* — **v. tr.** ‹1› **MÉTHANISER.**

MÉTHANOGÈNE [metanɔʒɛn] **adj.** et **n. m.** – 1974 *méthanigène* ◇ de *méthane* et *-gène* ■ Qui produit du méthane. *Bactérie méthanogène* ou **n. m.** *méthanogène* : archée anaérobie consommant de l'hydrogène et du gaz carbonique. *Les méthanogènes, responsables de la méthanisation.*

MÉTHÉMOGLOBINE [metemɔglɔbin] **n. f.** – 1902 ◇ de *mét(a)-* et *hémoglobine* ■ MÉD. Hémoglobine oxydée dans laquelle le fer, passé à l'état ferrique, a perdu son pouvoir de fixer l'oxygène.

MÉTHIONINE [metjɔnin] **n. f.** – 1949 ◇ de *méthyle* et *thio-*, d'après l'anglais *methionine* (1928) ■ BIOCHIM. Acide aminé* essentiel soufré, qui joue un rôle fondamental dans la traduction de l'ARN messager et dans les transferts biologiques de groupements méthyles.

MÉTHODE [metɔd] **n. f.** – 1537 ◇ latin *methodus*, grec *methodos*, de *hodos* «voie» ■ **1** Marche, ensemble de démarches que suit l'esprit pour découvrir et démontrer la vérité (dans les sciences). ➤ 1 **logique.** «*Discours de la méthode pour bien conduire la raison et chercher la vérité dans les sciences*», *de Descartes* (1637). *Méthode analytique* (➤ **analyse**), *synthétique* (➤ **synthèse**). *Méthode déductive, inductive, objective ; dialectique. Méthode expérimentale,* qui repose sur l'expérience. — Démarche de l'esprit propre à une science, à une discipline. *Méthode des mathématiques modernes.* ■ **2** Ordre réglant une activité ; arrangement qui en résulte. *Ne laissez rien au hasard, agissez avec méthode,* méthodiquement. *Avec ordre et méthode.* «*il se déshabille avec une certaine méthode*» ROMAINS. *Manque de méthode. Travailler sans méthode. Avoir de la méthode.* ■ **3** Ensemble de moyens raisonnés suivis pour arriver à un but. ➤ **procédé, voie.** *Indiquer à qqn la méthode pour résoudre une difficulté.* ➤ **formule** (cf. Marche* à suivre). — FAM. Moyen. *Il a trouvé la bonne méthode pour s'enrichir. Une bonne vieille méthode* : une méthode éprouvée. «*divaguer dans l'incertitude plutôt que d'utiliser de bonnes vieilles méthodes*» PH. DJIAN. *En voilà des méthodes !* — Bonne méthode, méthode efficace. *Il n'a vraiment pas la méthode, avec les enfants !* ◆ PAR EXT. Manière de se conduire, d'agir (sans idée de réflexion préalable). *Chacun sa méthode. Elle voyait «que je voulais pas lui répondre* [...] *Alors elle a changé de méthode»* CÉLINE. ■ **4** SPÉCIALT (surtout au plur.) Procédé technique, scientifique. *Méthodes thérapeutiques. La méthode Coué* : technique de psychothérapie basée sur l'autosuggestion, mise au point par É. Coué ; IRON. méthode consistant à répéter inlassablement ce dont on veut se convaincre. *Méthodes d'expérimentation. Les nouvelles méthodes de vente. Perfectionner les méthodes d'une industrie.*

— Ensemble des moyens industriels mis en œuvre pour organiser une fabrication. *Le service des méthodes.* ➤ **ordonnancement.** ▪ **5** Ensemble des règles, des principes normatifs sur lesquels reposent l'enseignement, la pratique d'un art. *Les méthodes de l'architecture. Apprendre à lire par la méthode globale*.* — PAR MÉTON. Manuel exposant de façon graduelle ces règles, ces principes. *Méthode de dactylographie, de comptabilité.* ▪ CONTR. Désordre, empirisme, errements.

MÉTHODIQUE [metɔdik] adj. – 1488 ◇ latin *methodicus* ▪ **1** Qui est fait, calculé, ordonné avec méthode, résulte de l'application d'une méthode. *Liste méthodique.* ➤ **catalogue.** *Classement méthodique. Démonstration, preuves, vérifications méthodiques. Lecture méthodique,* selon un ou plusieurs axes de lecture. ▪ **2** Qui agit, qui raisonne avec méthode. *Chercheur, savant méthodique. Esprit méthodique.* ➤ **cartésien, réfléchi.** « *Moineau se montrait timoré, méthodique, scrupuleux* » DUHAMEL. — adv. **MÉTHODIQUEMENT,** 1550. ▪ CONTR. Empirique. 1 Brouillon, désordonné.

MÉTHODISME [metɔdism] n. m. – 1760 ◇ anglais *methodism,* du même radical que le français *méthode* ▪ Mouvement religieux créé en Angleterre par John Wesley en 1729. *Le méthodisme prit naissance au sein de l'anglicanisme.*

MÉTHODISTE [metɔdist] adj. et n. – 1760 ◇ anglais *methodist* → méthodisme ▪ Relatif au méthodisme. *Pasteur méthodiste.* — n. Personne qui professe le méthodisme.

MÉTHODOLOGIE [metɔdɔlɔʒi] n. f. – 1829 ◇ de *méthode* et *-logie* ▪ Étude des méthodes scientifiques, techniques (subdivision de la logique). ➤ **épistémologie.** *Méthodologie des sciences expérimentales, de l'enseignement des langues.* ◆ ABUSIF Manière de procéder, méthode.

MÉTHODOLOGIQUE [metɔdɔlɔʒik] adj. – 1877 ◇ de *méthodologie* ▪ DIDACT. Relatif à la méthodologie. — ABUSIF Méthodique.

MÉTHYLATION [metilasjɔ̃] n. f. – 1870 ◇ de *méthyler* « introduire le radical *méthyle* dans » (1870) ▪ CHIM. Introduction d'un radical méthyle (CH_3) dans une molécule. — BIOL. *Méthylation de l'ADN :* modification épigénétique de l'ADN par fixation d'un groupement méthyle sur une des bases azotées. *Méthylation de la cytosine, des histones.*

MÉTHYLE [metil] n. m. – 1839 ◇ de *méthylène* ▪ CHIM. Radical monovalent CH_3. *Chlorure de méthyle,* employé comme fluide frigorifique et anesthésique. *Salicylate de méthyle,* employé en parfumerie (essence de wintergreen).

MÉTHYLÈNE [metilɛn] n. m. – 1834 ◇ du grec *methu* « boisson fermentée » et *hulê* « bois » ▪ CHIM. ▪ **1** Radical bivalent CH_2 dérivé du méthane. ▪ **2** *Bleu de méthylène :* colorant bleu aromatique, aux propriétés antiseptiques.

MÉTHYLIQUE [metilik] adj. – 1835 ◇ de *méthyle* ▪ CHIM. Se dit des composés dérivés du radical méthyle. *Alcool méthylique* (CH_3OH) ou *méthanol* (n. m.). ➤ **esprit** (de bois).

MÉTICULEUSEMENT [metikyløzmɑ̃] adv. – 1831 ◇ de *méticuleux* ▪ D'une manière méticuleuse. ➤ **minutieusement, soigneusement.** *Ranger méticuleusement.*

MÉTICULEUX, EUSE [metikylø, øz] adj. – 1547 dr. ◇ latin *meticulosus* « craintif » ▪ Très attentif aux moindres détails, aux minuties. ➤ **minutieux, scrupuleux ; maniaque, pointilleux.** *Il est extrêmement méticuleux dans son travail.* ➤ 1 **précis, soigneux.** — PAR EXT. *Esprit méticuleux. Propreté méticuleuse.* ▪ CONTR. 1 Brouillon, désordonné, négligent.

MÉTICULOSITÉ [metikylozite] n. f. – 1828 ◇ de *méticuleux* ▪ LITTÉR. Caractère d'une personne, d'une action méticuleuse. « *Balzac qui méditait, élaborait et corrigeait ses romans avec une méticulosité si opiniâtre* » GAUTIER.

MÉTIER [metje] n. m. – *menestier, mistier* « service », « office » Xe ◇ latin médiéval *misterium* « office (religieux) » et « métier », par confusion de *ministerium* « office » et *mysterium* « mystère »

I OCCUPATION, TRAVAIL ▪ **1** Genre d'occupation manuelle ou mécanique qui exige un apprentissage et qui est utile à la société économique. ➤ **art, industrie.** « *Un vrai métier, un art purement mécanique, où les mains travaillent plus que la tête* » ROUSSEAU. *Régime des métiers au Moyen Âge.* ➤ **corporation.** *Les corps de métiers. Conservatoire, École des arts et métiers.* ▪ **2** Genre de travail déterminé, reconnu ou toléré par la société et dont on peut tirer ses moyens d'existence. ➤ **profession ; fonction ; gagne-pain ;** FAM. 2 **boulot,** 2 **job, taf.** *Métier manuel, intellectuel. Le métier de la guerre, des armes.* ➤ 1 **parti.** *Petits métiers,* artisanaux, exercés individuellement et qui ont de nos jours un aspect pittoresque. *Les métiers de bouche*. — Un beau, un dur métier.* FAM. *Fichu, foutu, sale métier. — Les nécessités, les risques, les joies du métier. Les ficelles*, les secrets du métier.* — LOC. *Le plus vieux métier du monde,* celui de prostituée. — *Apprendre, choisir un métier.* ➤ 2 **carrière.** *Exercer, pratiquer son métier, un métier :* travailler. *Faire tous les métiers.* « *J'ai fait mille métiers pour gagner ma vie* » CAMUS. *Savoir, connaître, faire son métier,* l'exercer comme il faut, faire ce qu'on doit faire. *Il est plombier, garagiste de son métier.* ➤ **état.** *Être du métier :* être spécialiste du travail dont il s'agit. *Un homme de métier :* un professionnel. *Termes de métier.* ➤ **technique, technologique.** *Argot de métier.* PROV. *Il n'est point de sot métier :* tous les métiers sont utiles et respectables. *Chacun son métier, les vaches* seront bien gardées.* LOC. *C'est le métier qui rentre,* se dit à un novice qui commet une erreur, une maladresse. ▪ **3** Occupation permanente qui possède certains caractères du métier. « *Le métier de roi est grand, noble, et flatteur* » LOUIS XIV. *Faire le métier de voleur, de proxénète.* ◆ Fonction qui ressemble à un métier. ➤ **condition.** *Le métier de courtisan. Les intellectuels,* « *dont le métier est de chercher la vérité au milieu de l'erreur* » R. ROLLAND. ➤ **fonction, rôle.** *Le métier de parents.* ▪ **4** Habileté technique (manuelle ou intellectuelle) que confère l'expérience d'un métier. ➤ **technique ; expérience, habileté, maîtrise,** 1 **pratique.** *Avoir du métier. Il a des idées mais aucun métier. Cet écrivain est doué, mais il manque de métier.* — PÉJ. La technique sous l'aspect du travail routinier, de la recette. « *Il y a toujours, dans la composition d'un roman par un professionnel, une part de métier* » MAUROIS. ▪ **5** Secteur d'activité dans lequel une entreprise est implantée. *Les métiers du groupe. Cœur de métier, métier de base :* activité première.

II MACHINE, CHÂSSIS (DOMAINE TEXTILE) (XVIe) ▪ **1** Machine servant à travailler les textiles. *Métier mécanique. Métier à filer la laine, le coton.* ➤ **jenny.** *Métier continu. Métier à tisser. Métier Jacquard. Métier à renvider* (renvideur), *à tricoter* (tricoteuse). *Métier à tapisserie, à dentelle. Métier à broder.* ▪ **2** Bâti qui supporte un ouvrage de dames (broderie, dentelle, tapisserie). ▪ **3** LOC. FIG. *Sur le métier :* en train, en chantier. *Mettre qqch. sur le métier.* ➤ **entreprendre.** « *Vingt fois sur le métier remettez votre ouvrage* » BOILEAU.

MÉTIS, ISSE [metis] adj. – *mestiz* fin XIIe ◇ bas latin *mixticius,* du latin classique *mixtus* « mélange » ▪ **1** VX Qui est mélangé ; qui est fait moitié d'une chose, moitié d'une autre. *Fer métis,* contenant du soufre ou de l'arsenic. — MOD. *Tissu métis, toile métisse,* dont la chaîne est en coton et la trame en lin (fil et coton). SUBST. *Du métis. Draps de métis. Torchon en métis.* ▪ **2** (*metice* 1615 ◇ du portugais de même origine) Dont le père et la mère sont de couleur de peau différente. ➤ **sang-mêlé ;** RÉGION. **demi.** *Enfant métis. Population métisse.* SUBST. *Métis né d'un Noir et d'une Blanche (ou d'une Noire et d'un Blanc)* (➤ **mulâtre ; chabin**), *d'un Européen et d'une Asiatique* (➤ **eurasien**). *Descendant de métis.* ➤ 2 **quarteron.** ▪ **3** BOT., ZOOL. Qui est issu du croisement de races, de variétés différentes de la même espèce. ➤ **hybride.** *Chien métis.* ➤ **croisé, mâtiné ; bâtard, corniaud ;** RÉGION. **zinneke.** ▪ CONTR. Pur.

MÉTISSAGE [metisaʒ] n. m. – 1834 ◇ de *métis* ▪ **1** Croisement, mélange de races (III, 1o) différentes. *Le métissage de la population brésilienne.* ◆ FIG. *Le métissage culturel.* ➤ **acculturation.** ▪ **2** ZOOL., BOT. Croisement entre sujets de la même espèce. *Hybridation et métissage.*

MÉTISSER [metise] v. tr. ‹1› – 1869 ; *métiser* 1854 ◇ de *métis* ▪ **1** Unir par métissage. *Les invasions ont métissé les populations.* ▪ **2** Croiser (des sujets appartenant à la même espèce, mais de races différentes). *Métisser des lapins, des plantes.*

MÉTONYMIE [metɔnimi] n. f. – 1521 ◇ bas latin *metonymia,* grec *metônumia* « changement de nom » ▪ DIDACT. Figure de rhétorique, procédé de langage par lequel on exprime un concept au moyen d'un terme désignant un autre concept qui lui est uni par une relation nécessaire (la cause pour l'effet, le contenant pour le contenu, le signe pour la chose signifiée). Ex. boire un verre (le contenu), ameuter la ville (les habitants). ➤ **hypallage, synecdoque.**

MÉTONYMIQUE [metɔnimik] adj. – avant 1834 ◇ de *métonymie* ▪ DIDACT. Qui a le caractère de la métonymie, contient des métonymies. *Sens métonymique.*

MÉTOPE [metɔp] n. f. – 1520 ◇ latin *metopa,* grec *metopê,* de *meta* « entre » et *opê* « ouverture » ▪ ARCHIT. Intervalle séparant deux triglyphes* d'une frise dorique, et dans lequel se trouve généralement un panneau sculpté. *Les métopes du Parthénon.*

MÉTRAGE [metʀaʒ] **n. m.** – 1823 ◊ de *métrer* ▪ **1** Action de métrer, de mesurer au mètre. *Le métrage d'une allée.* ▪ **2** Longueur en mètres (décimètres, centimètres) d'un objet. — SPÉCIALT Longueur de tissu vendu au mètre (la largeur étant généralement connue ou précisée). *Il faut un petit métrage pour faire une jupe.* — PAR EXT. Pièce, coupon. *« quelques litres d'alcool et quelques métrages de coton »* CÉLINE. ▪ **3** (1907) CIN. *Métrage d'un film* : longueur totale de la pellicule, proportionnelle au temps de projection. — PAR EXT. (1911) *Long métrage, moyen métrage, court métrage,* film de longueur déterminée. *Les documentaires sont généralement des courts métrages.*

MÈTRE [mɛtʀ] **n. m.** – v. 1220 ◊ latin *metrum,* grec *metron* « mesure » **I** ▪ **1** Dans la prosodie grecque et latine, Nature du vers déterminée par le nombre et la suite des pieds qui le composent. ▪ **2** Élément de mesure du vers ; chaque groupe de deux pieds dans la poésie grecque. ➤ **heptamètre, tétramètre, trimètre.** ▪ **3** Structure du vers moderne, ou PAR EXT. Structure de tout vers (➤ **mesure**) ; type de vers déterminé par le nombre de syllabes et la coupe. *Le choix d'un mètre.*

II (1791 ◊ grec *metron*) ▪ **1** MÉTROL. Unité SI de mesure de longueur (SYMB. m). *Le mètre, base du système métrique**. *Le mètre, d'abord défini par rapport à la longueur du méridien* (dix millionième partie du quart), *a été concrétisé par un étalon de platine en 1799 ; depuis 1983, il est défini à partir de la longueur du trajet parcouru dans le vide par la lumière en 1/299 792 458 de seconde. Multiples et sous-multiples du mètre* (kilomètre, hectomètre, centimètre, millimètre...). *Un homme d'un mètre quatre-vingts* (1 m 80). *Une altitude de 800 mètres. Un mètre de hauteur, de profondeur, de longueur. À quelques dizaines de mètres. Tissu qui vaut tant le mètre. Vendre de la ficelle au mètre. Mètre linéaire**. — *Mètre carré* (COUR. [mɛtkaʀe]) (SYMB. m^2), unité de superficie. ➤ **centiare.** *Appartement de cent mètres carrés. Mètre cube* (COUR. [mɛtkyb]) (SYMB. m^3), unité de volume. *Deux mètres cubes de bois.* ➤ **stère.** — *Mètre par seconde* (m/s), unité de vitesse. *Mètre par seconde carrée* (m/s^2), unité d'accélération. ◆ (1898) *Un cent mètres* : une course de cent mètres. *Courir un cent mètres.* ➤ **sprint.** — LOC. FAM. *Piquer un cent mètres* : courir très vite. ▪ **2** Objet concret, prototype du mètre. *Le mètre international en platine iridié, déposé au pavillon de Breteuil.* — Règle ou ruban gradué de la longueur du mètre (ou un peu plus long), qui sert à mesurer. ➤ RÉGION. **galon.** *Mètre rigide en bois, en métal. Mètre pliant. Mètre à ruban,* fait d'un ruban métallique qui s'enroule dans une gaine. *Mètre souple de couturière.* ➤ **centimètre.**

▪ **HOM.** Maître, mettre.

-MÈTRE ▪ Élément, du grec *-metrês, -metros, -metron,* de *metron* « mesure » : *géomètre, périmètre, baromètre, thermomètre.*

MÉTRÉ [metʀe] **n. m.** – 1836 ◊ p. p. subst. de *métrer* ▪ TECHN. Mesure d'un terrain, d'un ouvrage de construction ; devis détaillé des travaux dans le bâtiment. ➤ **toisé.**

MÉTRER [metʀe] **v. tr.** ⟨6⟩ – 1834 ◊ de *mètre* (II) ▪ Mesurer à l'aide d'un mètre. *Métrer un terrain. Maçon qui mètre une construction.*

MÉTREUR, EUSE [metʀœʀ, øz] **n.** – 1846 ◊ de *métrer* ▪ Personne qui mètre (SPÉCIALT les constructions). *Métreur vérificateur.*

MÉTRICIEN, IENNE [metʀisjɛ̃, jɛn] **n.** – 1846 ◊ de *métrique* ▪ DIDACT. Personne qui fait des recherches, des études de métrique (I).

-MÉTRIE ▪ Élément, signifiant « mesure, évaluation » : *géométrie, thermométrie.* ➤ **-mètre.**

MÉTRIQUE [metʀik] **adj.** et **n. f.** – 1495 ◊ latin *metricus,* grec *metrikos* **I** VERSIF. Qui est relatif à l'emploi de la mesure, du mètre (I). *Vers métrique,* fondé sur la quantité prosodique des syllabes. ◆ **n. f.** (1768) **LA MÉTRIQUE** : étude de la versification, notamment de l'emploi des mètres. ➤ **prosodie.** ◆ Système de versification ; ensemble des règles qui y sont relatives. ➤ 2 **vers.** *« Notre métrique est basée sur le nombre des syllabes »* GIDE.

II (1795 ◊ de *mètre* II) ▪ **1** Qui a rapport au mètre, unité de mesure. *Système métrique* : système décimal de poids et mesures qui a le mètre pour base, institué d'abord en France le 7 avril 1795 (décret de la Convention nationale du 18 germinal an III). *Le système international, forme moderne du système métrique.* — (Canada) *Tonne métrique* (par opposition à *tonne impériale*). ◆ TÉLÉCOMM. *Onde métrique,* dont la longueur d'onde est comprise entre un et dix mètres. ▪ **2** MATH. Relatif aux distances. *Espace** *métrique. Géométrie métrique.* ◆ **n. f.** Théorie de la mesure dans un espace (II, 2°), basée sur la formule de la distance entre deux points de cet espace.

MÉTRITE [metʀit] **n. f.** – 1807 ; *metritis* 1795 ◊ latin des médecins *metritis,* du grec *mêtra* « matrice » ▪ Maladie inflammatoire de l'utérus. *« ce n'est pas d'un cancer qu'il s'agit, mais d'une simple métrite »* CÉLINE.

1 **MÉTRO** [metʀo] **n. m.** – 1891 ◊ de 2 *métropolitain* ▪ Chemin de fer à traction électrique, partiellement ou totalement souterrain, qui dessert une grande agglomération urbaine. *Le métro de Paris, de New York, du Caire. Stations, rames, correspondances, lignes de métro. « Les bouches du métro refoulaient jusque sur le trottoir le flot des voyageurs »* MARTIN DU GARD. *Couloirs, portillons du métro. Ticket de métro. Métro aérien. Prendre le métro. « Zazie dans le métro », de R. Queneau. C'est direct en métro pour y aller. Métro régional.* ➤ **R. E. R.** *Métro automatisé.* ➤ 2 **val***. — LOC. *Métro, boulot, dodo,* slogan résumant la situation du travailleur parisien. ◆ Rame de métro. *Rater le métro. Le dernier métro.* ➤ **balai.** LOC. FIG. *Avoir un métro de retard**. ◆ Station de métro. *Rendez-vous au métro Opéra.*

2 **MÉTRO** [metʀo] **adj.** et **n.** – avant 1939 ◊ abrév. de 1 *metropolitain* ▪ Métropolitain (dans les départements et collectivités français d'outre-mer). *Les métros et les touristes.*

MÉTRO- ▪ Élément, du grec *metron* « mesure ».

MÉTROLOGIE [metʀɔlɔʒi] **n. f.** – 1780 ◊ de *métro-* et *-logie* ▪ DIDACT. Science des mesures ; traité sur les poids et mesures. — **n. MÉTROLOGISTE. adj. MÉTROLOGIQUE,** 1828.

MÉTRONOME [metʀɔnɔm] **n.** – 1815 ◊ de *métro-* et *-nome,* d'après l'allemand *Metronom* ▪ **1 n. m.** Petit instrument à pendule, de forme pyramidale, servant à marquer la mesure pour l'exécution d'un morceau de musique. *Le tic-tac du métronome.* Mme *de Cambremer « battant la mesure avec sa tête transformée en balancier de métronome »* PROUST. — *Métronome électronique* ou *à quartz,* réglé par une horloge à quartz. ▪ **2 n.** SPORT Sportif, sportive aux résultats très réguliers. *Elle s'est imposée comme la métronome de l'équipe.*

MÉTRONOMIQUE [metʀɔnɔmik] **adj.** – 1903 ◊ de *métronome* ▪ Du métronome. *Indication, mouvement métronomique.* ◆ FIG. *Une régularité, une exactitude métronomique.*

MÉTROPOLE [metʀɔpɔl] **n. f.** – XIVᵉ ◊ bas latin *metropolis,* grec *mêtêr* « mère » et *polis* « ville » ▪ **1** RELIG. Ville pourvue d'un archevêché où réside un métropolitain. ▪ **2** COUR. Ville principale. ➤ **capitale.** *Les grandes métropoles économiques.* ➤ **mégapole.** *Paris, métropole des libertés. La métropole du cinéma, de la mode. Métropole artistique.* — Importante conurbation à l'échelle régionale. *La métropole lilloise.* ◆ ADMIN. Établissement public de coopération intercommunale créé pour élaborer des projets d'aménagement et de développement du territoire. *La métropole du Grand Paris.* ▪ **3** (XVIIIᵉ) État, territoire d'un État, considéré par rapport à ses colonies, aux territoires extérieurs (cf. Mère* patrie). *Colon qui rentre en métropole.*

1 **MÉTROPOLITAIN, AINE** [metʀɔpɔlitɛ̃, ɛn] **adj.** et **n.** – XIVᵉ ◊ bas latin *metropolitanus*

I RELIG. Qui a rapport à une métropole. *Église métropolitaine.* — *Archevêque métropolitain,* ou **n. m.** *un métropolitain.*

II Qui appartient à la métropole (3°). *Territoire métropolitain et départements d'outre-mer.* ◆ **n.** Personne originaire de métropole. *Les métropolitains.* ➤ 2 **métro,** RÉGION. **zoreille.**

2 **MÉTROPOLITAIN** [metʀɔpɔlitɛ̃] **adj.** et **n. m.** – 1874 ◊ anglais *metropolitan* « de la grande ville » → métropole (2°) ▪ VX *Chemin de fer métropolitain* et **n. m.** *le métropolitain* (VX ou ADMIN.). ➤ 1 **métro.**

MÉTROPOLITE [metʀɔpɔlit] **n. m.** – 1679 ◊ du radical de *métropole* ▪ Titre des archevêques de l'Église orthodoxe.

MÉTRORRAGIE [metʀɔʀaʒi] **n. f.** – 1810 ◊ du grec *mêtra* « matrice » et *-rragie* ▪ MÉD. Hémorragie anormale d'origine utérine.

MÉTROSEXUEL, ELLE [metʀosɛksɥɛl] **n. m.** et **adj.** – 1998 ◊ calque du mot-valise américain *metrosexual* (1994), de *metropolis* (→ métropole) et *homosexual* (→ homosexuel) ▪ ANGLIC. Homme jeune et élégant, urbain, pour qui l'apparence est primordiale, prenant grand soin de son physique et de sa tenue. — **adj.** *Égérie métrosexuelle.*

METS [mɛ] **n. m.** – v. 1360 ; *mes* v. 1130 ◊ latin populaire *missum* « ce qui est mis sur la table », de *mittere* « mettre » ▪ LANGUE SOUTENUE ou RÉGION. (COUR. au Canada) Chacun des aliments cuisinés qui entrent dans l'ordonnance d'un repas. ➤ 2 **plat.** *Confectionner, accommoder un mets. Mets épicé, relevé ; fade, insi-*

pide. Manger des mets délicats, succulents, raffinés. « Ce qui parvenait à l'intéresser dans des mets comme le lapin chasseur, [...] c'était le piquant de la préparation » ROMAINS. ■ HOM. Mai, maie, mais, maye.

METTABLE [metabl] adj. – 1160 ◊ de *mettre* ■ **1** Se dit d'un vêtement qu'on peut mettre. ➤ **portable.** *Cette veste, ce manteau n'est plus mettable. Une robe encore très mettable. « Tu n'as que deux gilets blancs de mettables »* BALZAC. ■ **2** (du sens vulg. de *mettre*) FAM. Désirable sexuellement. ➤ **baisable.** *« Y a pas ta photo. T'es mettable comme fille ! »* É. REINHARDT. ■ CONTR. Immettable.

METTEUR, EUSE [metœR, øz] n. – 1305, repris 1694 ◊ de *mettre* ■ Seulement dans des syntagmes ■ **1** n. m. **METTEUR EN ŒUVRE :** ouvrier, artisan, technicien qui met en œuvre, réalise un projet, un plan. — SPÉCIALT Ouvrier bijoutier qui monte les perles, les pierres précieuses. ◆ FIG. (aussi fém. *METTEUSE*) *« Veut-on que Napoléon n'ait été que le metteur en œuvre de l'intelligence sociale répandue autour de lui ? »* CHATEAUBRIAND. ■ **2** n. m. (1819) **METTEUR EN PAGES :** typographe qui effectue la mise en pages. *Les metteurs en pages d'un journal.* ■ **3** n. m. (1873) **METTEUR AU POINT :** celui qui dégrossit une statue d'après le plâtre ; qui met au point un mécanisme (machine, moteur) avant les essais. ■ **4** (1828) **METTEUR, EUSE EN SCÈNE :** personne qui assure la réalisation, la représentation sur scène d'une œuvre dramatique. *Des metteurs en scène.* — PAR EXT. (1908) Réalisateur de films. ➤ **cinéaste, réalisateur** (cf. Mise* en scène). ◆ (d'après *metteur en scène*) **METTEUR, EUSE EN ONDES :** réalisateur d'émissions radiophoniques. *« J'obtins une situation de "metteuse en ondes" à la radio nationale »* BEAUVOIR.

METTRE [mɛtR] v. tr. ‹56› – milieu Xe, au sens de « provoquer, causer » (I, B, 9°) ◊ du latin *mittere* « envoyer », « émettre » puis « mettre, placer » et plus tard « causer, provoquer ». → message, missive, mission, missile

I **FAIRE CHANGER DE LIEU OU DE SITUATION A. FAIRE CHANGER DE LIEU** ■ **1** (fin Xe) Faire passer (une chose) dans un lieu, dans un endroit, à une place (où elle n'était pas). ➤ 1 **placer ;** FAM. **coller,** 2 **ficher,** 2 **flanquer, fourrer,** 1 **foutre.** *Mettez ça ici, là, autre part. Il faut ôter cet objet de là et le mettre ailleurs* (➤ **déplacer**) ; *il faut le mettre là où il était* (➤ **remettre**). *Je ne trouve plus mon stylo, je ne sais plus où je l'ai mis. Je n'y ai jamais mis les pieds*. — **METTRE SUR.** ➤ **poser.** *Mettre une casserole sur le feu. Mettre sa main sur l'épaule de qqn. Mettre un tapis sur le parquet.* ➤ **étendre.** *Mettre une carte sur une autre.* ➤ **couvrir.** *Je n'arrive pas à mettre la main sur mes lunettes,* à les retrouver. LOC. *Mettre sur le chantier*, sur le métier*. Mettre cartes* sur table. Mettre les points sur les i*.* — **METTRE SOUS** (➤ **cacher, glisser**). *Mettre une lettre sous enveloppe.* — LOC. *Mettre la clé* sous la porte. Mettre qqch. sous clé.* ➤ **enfermer.** *Mettre un ouvrage sous presse*.* — **METTRE DANS.** ➤ **enfoncer, insérer, introduire.** *Mettre de l'eau dans une carafe. Mettre une lettre dans une enveloppe. Mettre la clé dans la serrure.* ➤ **engager.** FIG. (fin XIe) *Mettre qqch. dans la tête, l'esprit, l'idée* (de qqn). ➤ **enfoncer.** — FAM. *Mettre les pieds* dans le plat. Mettre les petits plats* dans les grands. Mettre le doigt dans l'engrenage*.* — (En envoyant, en lançant) *Mettre une balle dans la cible, dans le but.* SANS COMPL. *Mettre en plein dans le mille.* — **METTRE EN.** *Mettre du vin en bouteilles* (embouteiller). (fin XIe) *Mettre en terre :* planter ou enterrer. *Mettre des données en mémoire.* — (fin XIe) **METTRE À un endroit.** ➤ 1 **placer.** *Mettre chaque chose à sa place.* ➤ **loger,** 1 **ranger,** RÉGION. **serrer ;** FAM. **caser.** *Mettre sa voiture au garage. Mettre au panier, à la poubelle :* jeter. *Mettre une lettre à la poste, à la boîte aux lettres :* poster. *Mettre qqch. au frais, au chaud. Mettre un tableau au mur.* — LOC. *Mettre la main à la pâte*. Mettre l'eau à la bouche*.* ◆ *Mettre devant, derrière qqch.* LOC. *Mettre la charrue* devant les bœufs. Mettre devant, sous les yeux :* présenter. — *Mettre près, auprès de.* ➤ **approcher.** *« Coupeau mit sa chaise tout contre le lit »* ZOLA. *Mettre avec.* ➤ **attacher*, joindre.** *Mettre entre.* ➤ **intercaler, interposer.** *Mettre un mot entre guillemets, entre parenthèses. Mettre par terre.* ➤ 1 **déposer, poser.** ◆ (Suivi d'un adv.) *Mettre dessus, dessous.* — *Mettre ensemble.* ➤ **assembler.** *Mettre qqn dehors*.* SPÉCIALT (Animaux) *Mettre bas :* accoucher. *La vache a mis bas.* ■ **2** (fin Xe) Placer (un membre, une partie du corps) dans une position. *Mettre les bras en l'air, les coudes sur la table, les mains derrière le dos, les poings sur les hanches.* LOC. *Mettre le pied à l'étrier*.* ■ **3** (fin Xe) Placer (un être vivant) à tel endroit. *Mettre un enfant dans son lit,* le coucher. *« Après avoir mis des hommes un peu partout »* ZOLA. ➤ 1 **poster.** *Mettre son cheval à l'écurie. Mets-toi là et attends ton tour.* — LOC. *Mettre qqn au pied du mur*, devant le fait accompli*, dans sa poche*. Mettre les rieurs* de son côté. Mettre qqn dans de beaux draps*, dans le pétrin.* — FAM. *Mettre dedans :* tromper. — *Mettre ses amis dans les meilleures chambres.* ➤ **installer, loger ;** FAM. **caser.** *Mettre à la place d'honneur* (à table), faire asseoir. — *Mettre qqn dans le train.* ➤ **conduire.** *Mettre sur la route, dans le bon chemin.* ➤ **diriger.** FIG. *Mettre sur la voie*, sur la piste.* ■ **4** (fin Xe) Faire passer dans un lieu en faisant changer de situation. *Mettre qqn sur la paille,* le ruiner. *Mettre en prison, en taule. Il a mis son fils en pension.* — *Mettre qqn, qqch. à l'abri*. Mettre à couvert, en lieu sûr.* ➤ **garder, tenir.** *Mettre en place.* ➤ **installer,** 1 **ranger.** *Mettre de l'argent en réserve, de côté.* — *Mettre du café à chauffer. « un gros paquet de linge, qu'elle avait dû mettre sécher »* ALAIN-FOURNIER. ➤ 1 **faire.** — LOC. *Mettre au monde, au jour :* donner naissance à. *« Roumya avait atteint le moment de mettre au monde »* LE CLÉZIO. ➤ **accoucher, enfanter.** ◆ SPÉCIALT Placer (qqn) dans un emploi ; l'affecter à un travail. ➤ 2 **affecter, préposer.** *Mettre qqn à un poste clé.* — *Mettre qqn dans une affaire. Mettre qqn dans le coup.* ■ **5** (ABSTRAIT) Placer en esprit à un certain rang, dans un classement, une série. ➤ **classer.** *Mettre une personne à tel ou tel rang. Mettre à côté de, sur le même plan. Je mets les bons livres parmi les choses nécessaires.*

B. AJOUTER, APPORTER QQCH. EN CAUSANT UN CHANGEMENT ■ **1** (fin XIe) Placer (un vêtement, un ornement, etc.) sur qqn en le disposant comme il doit l'être. ➤ **habiller, vêtir.** *Mettre ses vêtements à un enfant. Mettez-lui ses chaussures. Mettre des menottes à un prisonnier.* ◆ Passer, revêtir (ses propres vêtements, un produit). *Mettre ses vêtements, ses habits.* ➤ **s'habiller, se vêtir.** *Mettre un costume, une cravate. Mettre un collier, une ceinture, du parfum, du rouge à lèvres. « Je n'ai que ma robe à mettre, je suis prête »* COLETTE. ➤ **enfiler.** ◆ PAR EXT. Porter. *Il ne met jamais de manteau.* ■ **2** (fin XIIe) Ajouter en adaptant, en assujettissant. — **METTRE À :** ajouter une chose à une autre (pour la compléter, la réparer). *Mettre un manche à une pioche, un soc à une charrue. Mettre une pièce à un pantalon. Mettre des rideaux à une fenêtre. Mettre un couvercle à une marmite, un bouchon à une bouteille.* — **METTRE DANS :** mêler. LOC. *Mettre de l'eau* dans son vin ; du beurre* dans les épinards.* ■ **3** (fin XIIe) Disposer. *Mettre le couvert, la table.* ➤ **dresser.** ◆ Installer. *Il a fait mettre le chauffage central.* ■ **4** FIG. Ajouter à, mêler à. *Cette couleur met une note de gaieté.* ■ **5 METTRE... À :** ajouter, apporter (une qualité morale, un sentiment) à une action. ➤ **user** (de). *Il y met de la mauvaise volonté. « Il y mit tout son talent, toute son âme, toute sa piété »* GAUTIER. — LOC. *Y mettre du sien :* faire preuve de bonne volonté, faire des concessions. *Ils y ont mis du leur.* ■ **6 METTRE... DANS, EN, À :** placer dans, faire consister en. *Mettre de grands espoirs en qqn.* ➤ **fonder.** *Mettre sa confiance dans qqn. Mettre ses forces, son énergie dans qqch.* LOC. *Mettre un point d'honneur* à.* ■ **7** (début XIIe) **METTRE (un certain temps, de l'argent) À :** dépenser, employer, utiliser (ce temps, cette somme). *Mettre plusieurs jours, un temps fou, à faire qqch. Il y a mis le temps :* il a été bien long. — (De l'argent) *Combien voulez-vous y mettre ? Y mettre le prix.* ■ **8** (début XIIIe) Engager (de l'argent). *Mettre son argent dans une affaire, en viager.* ➤ **investir,** 1 **placer.** *Mettre de l'argent sur un cheval.* ➤ **miser.** ■ **9** (milieu Xe) Porter, provoquer, faire naître. ➤ FAM. 2 **flanquer,** 1 **foutre.** *Il a mis le désordre, le trouble partout.* ➤ 1 **causer, créer, semer.** *Mettre de l'ordre. Mettre fin*.* — (fin XIIe) *Mettre le feu à qqch. :* faire brûler. LOC. *Mettre le feu aux poudres*.* ◆ PAR EXT. Faire marcher, amorcer, déclencher. *Mettre le contact. Mettre les gaz.* — *Mettre la gomme*, le paquet*.* ■ **10** Écrire, coucher par écrit. ➤ **inscrire, marquer, noter.** *Mettre son nom sur une liste. Mettre une somme sur un compte, au compte de qqn.* ➤ **créditer,** 1 **porter.** — *Mettez que je suis d'accord. Mettez trente euros,* notez, inscrivez. ■ **11** FAM. **METTONS QUE :** admettons, disons... *Mettons que je n'ai rien dit.* ➤ **supposer.** *« Mettons que le prix soit honnête. Mettons »* AYMÉ. ■ **12** (début XIIe) Faire figurer, inclure (dans une œuvre, un texte). *Mettre des citations dans un livre.* FAM. *En mettre des tartines.* ◆ *Mettre un personnage en scène. Mettre Shakespeare, Verdi en scène. Mettre une œuvre à l'écran.* ➤ **adapter,** 1 **porter.** ■ **13** FAM. Donner. *Il lui a mis un P. V. Mettez-moi un kilo de cerises.* POP. *Mettre des coups, des gnons à qqn.* ➤ **coller.** SANS COMPL. *Qu'est-ce qu'il lui met !* — FIG. *En mettre un coup*.* SPORT *Ils leur ont mis 5 buts à 0.* ■ **14** (1914) FAM. *Mettre les bouts, les voiles.* ➤ **filer,** 1 **partir.** — ELLIPT *On les met ?* ■ **15** VULG. *Le mettre (à qqn) :* sodomiser. ➤ 1 **foutre, miser.** *Va te faire mettre !* — FIG. Tromper qqn. ➤ 1 **avoir.** *« Guerre à tous ceux qui cherchent à nous mettre »* B. BLIER.

II PLACER DANS UNE POSITION NOUVELLE OU PARTICULIÈRE ▪ **1** (fin xe) Placer dans une position nouvelle (sans qu'il y ait déplacement ni modification d'état, pour le complément). *Mettre qqn debout* (lever), *sur son séant* (asseoir). *Mettre un enfant sur ses pieds.* — FIG. *Mettre (qqch.), un projet sur pied**. — *Mettre bas, à bas* : abattre. *Mettre à l'envers, sens dessus dessous.* ◆ *Mettre un malade sous antibiotiques, sous perfusion.* ▪ **2** Placer, disposer (qqch.) dans une position particulière. *Voulez-vous mettre le loquet* (le baisser), *le verrou* (le pousser) ? *Mettre le frein à main,* le serrer. ▪ **3** MAR. *Mettre un navire à la voile, à l'ancre.* SANS COMPL. *Mettre à la voile pour appareiller.* — *Mettre le cap sur l'ouest,* aller vers l'ouest.

III FAIRE PASSER DANS UN ÉTAT NOUVEAU ; MODIFIER EN FAISANT PASSER DANS UNE SITUATION NOUVELLE ▪ **1** (Sens concret) **METTRE EN :** disposer, transformer en. *Mettre du bois en tas. Mettre les bras en croix. Mettre en fraction, en centimètres.* ➤ **convertir.** — *Mettre en perspective. Mettre un poème en musique. Mettre un texte en français, en anglais.* ➤ **traduire.** *Mettre en bon français.* ➤ **corriger.** *Mettre en forme. «Admirable matière à mettre en vers latins !»* MUSSET. ◆ **METTRE À.** *Mettre un bassin à sec. Mettre un brouillon au propre.* GRAMM. *Mettre un verbe au futur ; un adjectif au pluriel.* ◆ FAM. *Il l'a mise enceinte.* ➤ **engrosser.** ▪ **2** (fin xiiie) (Emplois abstraits) **METTRE (qqch. ou qqn) DANS, EN, À :** changer, modifier en faisant passer dans, à un état nouveau. *Ces efforts m'ont mis en nage. Mettre qqn dans tous ses états.* ABSOLT *Mettre en état* : préparer. *Mettre une pendule à l'heure. Mettre en commun. Mettre en contact, en présence, en relation, en rapport. Mettre à jour**. — Faire avancer, marcher, agir ou préparer pour l'action. *Mettre une armée en ordre de bataille, une pièce d'artillerie en batterie. Mettre en mouvement, en train, en marche, en branle. Mettre en circulation, en service, en vente. Mettre en action, en pratique, en usage. Mettre tout en œuvre pour.* ▪ **3** Mettre en marche ; faire fonctionner. *Il met la radio à partir de six heures du matin. Mets la télé moins fort. Mettez le chauffage, il commence à faire froid.* ▪ **4** (ABSTRAIT) Soumettre à un examen qui entraîne un jugement, une conclusion. *Mettre en lumière, en évidence**, *en avant**, *en valeur**, *en doute**. *Mettre en cause**, *en jeu**. *Mettre à l'épreuve.* ▪ **5** (milieu xiie) Placer (qqn) dans telle ou telle situation. *Mettre en danger. Mettre hors de combat. Mettre un détenu en liberté.* — *Mettre qqn à l'aise. Mettre dans une situation gênante. Mettre au supplice. Mettre à mort. Mettre à nu.* — *Mettre en colère. Mettre en confiance. Mettre au désespoir.* — (Suivi d'un adv. ou adj.) ➤ **rendre.** *Mettre qqn mal à l'aise. Mettre un boxeur K. O.*

IV SE METTRE A. ~ v. pron. ▪ **1** (fin xie) (RÉFL) Venir occuper un lieu, une place. ➤ **se placer.** *Se mettre à la fenêtre. Se mettre dans un fauteuil confortable,* s'y asseoir. ➤ **s'installer.** *Se mettre au lit* : se coucher. *Mettez-vous là-dessus. Se mettre à l'eau. Ils se mirent autour.* ➤ **entourer, environner.** *Se mettre entre deux personnes.* — *Se mettre à table**. *Se mettre à son bureau. Se mettre au piano* (pour en jouer). FIG. *Mettez-vous à ma place**. — LOC. *Ne plus savoir où se mettre* : être embarrassé, gêné. *«Elle rougit, elle pâlit, elle ne sait où se mettre»* CLANCIER. *Ôte***-toi de là que je m'y mette.* ▪ **2** (fin xiie) (Avec un nom de lieu indéterminé ou un nom abstrait) *Se mettre à l'abri. Se mettre au service de qqn. Se mettre dans une situation délicate, dans une sale affaire.* — LOC. *Se mettre de la partie**. ➤ **participer.** — FIG. *Se mettre avec qqn,* prendre son parti. — FAM. *Se mettre avec qqn,* vivre maritalement avec. ➤ **concubinage.** *Ils se sont mis ensemble. «Sa femme après tant de mois sans nouvelles s'était mise avec un autre»* P. ÉMOND. ▪ **3** (fin xie) Prendre une position. *Se mettre à genoux. Se mettre debout, sur le dos, par terre. Mettez-vous à plat ventre.* ▪ **4** Devenir (en tel ou tel état physique). *Se mettre à l'aise. Tu t'es mis dans un bel état. Le temps s'est mis au beau.* LOC. *Se mettre en quatre**. — (fin xve) (En parlant du vêtement) *Se mettre en smoking, en blanc, en bras de chemise. «Élisabeth ne savait comment se mettre, hésitait entre deux robes»* QUIGNARD. FAM. *Se mettre à poil**. — *Se mettre sur son trente** *et un.* ▪ **5** (fin xie) Devenir. *Se mettre en colère. Se mettre en frais, en peine. Se mettre d'accord avec qqn. Mettez-vous d'accord. Se mettre dans son tort. Se mettre en retard.* — (Suivi d'un adv.) *Se mettre bien, mal avec qqn* : être en bons, en mauvais termes. ▪ **6** (milieu xiie) **SE METTRE EN** (suivi d'un substantif exprimant le mouvement). *Se mettre en chemin, en route* : partir. *Se mettre en marche, en mouvement.* ▪ **7** (milieu xiie) **SE METTRE À :** commencer à faire. *Se mettre au travail, à l'étude. Se mettre à l'ouvrage. Se mettre au latin, aux mathématiques,* commencer à les étudier. *«Je ne me suis mis à l'anglais que très tard»* GIDE. — S'appliquer, prendre goût à. *Jusqu'alors il ne mordait pas à l'informatique, maintenant il s'y met.* — Commencer. *Se mettre à faire qqch. «Karamega s'enfila un grand verre de gin et se mit à rire tout seul»* PEREC. (1538) ELLIPT *Il va falloir s'y mettre* (au travail, à travailler). *Tout le monde s'y est mis.* — IMPERS. *Il se met à faire beau, à pleuvoir.* — Accepter un état, un genre de vie nouveau. *Se mettre au régime, à la diète, à l'eau.* ▪ **8** (PASS.) Se placer, s'introduire. *Gravier qui se met dans un conduit. Les vers s'y sont mis. Ce n'est pas là que ça se met.* ▪ **9** (RÉCIPR.) FAM. *Qu'est-ce qu'ils se mettent* (comme coups) !

B. SE METTRE, suivi d'un compl. d'objet. Mettre à soi. *Se mettre un pansement. Se mettre de l'encre sur les doigts.* FAM. *Se mettre le doigt** *dans l'œil. S'en mettre jusqu'aux yeux, plein la lampe.* — FIG. *Se mettre* (une idée) *dans la tête, en tête. Mettez-vous bien ça dans la tête.* ➤ **s'enfoncer.** — *Se mettre* (qqn) *à dos,* le fâcher, l'indisposer contre soi. ◆ SPÉCIALT *Se mettre un chapeau sur la tête. Elle n'a rien à se mettre. Se mettre de la poudre, du rouge.* LOC. *Se mettre la ceinture**.

▪ CONTR. Enlever, ôter, soustraire. ▪ HOM. Maître, mètre ; *mîmes* : mime (mimer) ; *mîtes* : mite (miter) ; *mirent* : mire (mirer).

MEUBLANT, ANTE [mœblɑ̃, ɑ̃t] adj. – xiiie ◊ de *meubler* ▪ **1** Qui peut s'employer pour l'ameublement. ▪ **2** DR. *Meubles meublants* : effets mobiliers destinés «à l'usage et à l'ornement des appartements» (CODE CIVIL).

MEUBLE [mœbl] adj. et n. m. – *mueble* xiie ◊ latin populaire *mobilis,* o bref (o long en latin classique)

I adj. ▪ **1** DR. (opposé à *immeuble*) Qui peut être déplacé, ou qui est réputé tel par la loi. *Biens meubles par nature* (animaux, mobilier, navires, matériaux de construction, marchandises ; ➤ **corporel**), *par la détermination de la loi* (créances, rentes, actions des sociétés, fonds de commerce, droits d'auteur, offices ministériels ; ➤ **incorporel**). ◆ SUBST. (xiiie) *Le meuble* : l'ensemble des biens meubles (de qqn). ➤ **mobilier.** — *Un meuble* : un bien meuble. *Meubles corporels et incorporels. «En fait de meubles, la possession vaut titre»* (CODE CIVIL). ▪ **2** SPÉCIALT, COUR. *Sol, terre meuble,* qui se laboure, se fragmente aisément. *«Quelques terres meubles ou argileuses»* BALZAC.

II n. m. (xvie) ▪ **1** VX Ce qui est destiné au service d'une maison, et PAR EXT. Objet ou ensemble d'objets utiles. *«Ce couteau à plusieurs lames est un meuble fort commode»* LITTRÉ. ▪ **2** (xviie) MOD. Objet mobile de formes rigides, qui concourt à l'aménagement de l'habitation, des locaux. ➤ **ameublement, mobilier ; armoire, bahut, buffet,** 2 **commode, enfilade, lit, siège, table.** *Meubles de repos* : canapé, divan, lit. *Meubles de rangement. Meubles de cuisine, de salle de bains. Meubles de bureau* : bibliothèque, bureau, casier, classeur, fichier, secrétaire. *Meuble de télé. Meubles de jardin en rotin, en vannerie.* — *Fabrication des meubles* (➤ **ébénisterie, menuiserie**). *Meubles rustiques. «Nos misérables meubles de bois plaqué, tous ces ustensiles informes»* GAUTIER. *Meubles de style. Meubles d'époque. Meuble Louis XVI, Empire. Acheter des meubles anciens chez un antiquaire, aux enchères. Meubles métalliques de bureau, de clinique.* — *Meuble escamotable, pliant, transformable.* — LOC. *S'installer, se mettre, être, vivre dans ses meubles,* dans un appartement, une maison qu'on meuble ou qu'on a meublés (opposé à *vivre en meublé*). — FAM. *Sauver** *les meubles.* — *Faire partie des meubles* : être un habitué d'un lieu, appartenir depuis longtemps à un groupe (cf. Faire partie du décor). *«Le patron lui a demandé, maintenant qu'il faisait partie des meubles, s'il ne désirait pas entrer dans l'effectif de l'hôpital»* R. JORIF. ◆ PAR EXT. VX Mobilier et décoration assortis. ➤ **ameublement.** ▪ **3** BLAS. Objet figuré sur l'écu. *Pièces et meubles.*

▪ CONTR. Bien-fonds, immeuble.

MEUBLÉ, ÉE [mœble] adj. et n. m. – 1279 «garni, riche» ◊ de *meubler* ▪ **1** Qui est loué avec des meubles, des ustensiles. *Louer un appartement, une chambre meublés. Location meublée.* ▪ **2** n. m. (1922) *Habiter, louer un meublé.* ➤ **garni.**

MEUBLER [mœble] v. tr. ⟨1⟩ – xiiie ◊ de *meuble* ▪ **1** VX Équiper, pourvoir. ▪ **2** (xive) MOD. Garnir de meubles. *Meubler une chambre pour la louer. Meubler sa maison. Elle a meublé la pièce d'un lit et d'une table. Son appartement est bien meublé.* — PRONOM. *Se meubler en Empire.* ▪ **3** Constituer le mobilier de. *«l'unique chaise qui meublait sa cellule»* MAC ORLAN. FIG. Remplir ou orner. *«L'illusion, cette espèce de nuit que nous meublons de songes»* BALZAC. *Meubler sa solitude, ses loisirs avec quelques bons livres.* ➤ **occuper, peupler.** *Les occupations qui meublent ses journées.* — PRONOM. *«Le silence se meuble parfois d'un bruit assourdi»* MALRAUX. ▪ CONTR. Démeubler.

MEUF [mœf] n. f. – 1981 ◊ verlan, de *femme* ■ ARG. FAM. ■ **1** Femme, jeune fille. ➤ **nana.** « *il paraît que les meufs et les mecs n'osent même plus se regarder* » PENNAC. ■ **2** Épouse, compagne. *J'ai rencontré sa meuf.* « *Tu parles pas à ma meuf comme ça* » É. LOUIS.

MEUGLEMENT [møgləmɑ̃] n. m. – 1539 ◊ de *meugler* ■ Cri sourd et prolongé des bovins. ➤ **beuglement, mugissement ; meuh.**

MEUGLER [møgle] v. intr. ⟨1⟩ – 1539 ◊ altération de *beugler* ■ Crier, pousser des meuglements, en parlant des bovins. ➤ **beugler, mugir.** « *La vache s'agitait, se battait de sa queue en meuglant* » ZOLA.

MEUH [mø] interj. et n. m. – 1885-1887 *me* ◊ onomat. ■ Onomatopée imitant le meuglement de la vache. *Faire meuh* : meugler. — *Boîte à meuh* : boîte cylindrique pourvue d'un mécanisme qui produit un meuglement quand on la retourne.

MEULAGE [mølaʒ] n. m. – v. 1900 ◊ de *meuler* ■ Opération d'ajustage par friction d'une meule rotative. *Meulage d'une couronne dentaire.*

1 **MEULE** [møl] n. f. – XIIIe *mole* ; 1170 *muele* ◊ latin *mola* ■ **1** Cylindre plat et massif, servant à broyer, à moudre. ➤ **broyeur, concasseur.** *Meules de moulin en pierre. Meule courante* ou *traînante*, qui repose sur la première. *Tourner la meule. Broyage des grains à la meule.* ■ **2** Disque en matière abrasive à grains très fins, servant à aiguiser (➤ **affiloir**), à polir (➤ **aléseuse**). « *La machine à aiguiser avec sa lourde meule, en grosse pierre épaisse* » GIONO. *Meule à pédale du rémouleur*. Meule électrique. Passer à la meule.* SPÉCIALT Instrument rotatif servant à modifier par abrasion la forme d'une dent. ■ **3** (1653) Grand fromage en forme de disque très épais. *Meule de gruyère.* ■ **4** FAM. Cyclomoteur, moto.

2 **MEULE** [møl] n. f. – *moule* 1170 ◊ p.-ê. métaph. de 1 *meule* ■ **1** ANCIENNT Gros tas de foin, de gerbes de céréales (➤ **gerbier**), dressé après la fenaison ou la moisson, et recouvert d'un toit de chaume. « *Jean et ses deux faneuses avaient commencé la première meule* » ZOLA. *Meule de foin. Les balles* de foin ont remplacé les meules.* ■ **2** Tas de bois recouvert d'herbe ou de feuillage, qu'on carbonise pour faire du charbon de bois. ■ **3** Tas de fumier provenant des couches de champignons ; la champignonnière elle-même. *Culture en meules.* ■ **4** FAM. *Les meules* : les fesses. *On se caille les meules.*

MEULER [møle] v. tr. ⟨1⟩ – 1903 ◊ de 1 *meule* ■ Passer, dégrossir à la meule. *Le dentiste meule une dent.* ABSOLT *Touret à meuler.*

MEULEUSE [møløz] n. f. – 1984 ◊ de *meuler* ■ TECHN. Machine-outil servant à meuler. *Une meuleuse tronçonneuse.*

MEULIÈRE [møljɛʀ] adj. f. et n. f. – 1566 adj. ◊ de 1 *meule* ■ **1** *Pierre meulière*, et n. f. *la meulière* : pierre à surface rugueuse, variété de calcaire siliceux employée en maçonnerie. « *Toutes les maisons sont bâties en pierres meulières trouées comme des éponges* » NERVAL. *Les pavillons en meulière de la banlieue.* ■ **2** n. f. Carrière de pierre meulière. *Exploiter une meulière.*

MEULON [mølɔ̃] n. m. – *mulon* XIIIe ◊ ancien français *muillon*, latin populaire °*mutulio*, par croisement avec 1 *meule* ■ **1** RÉGION. ➤ 2 **meule.** ■ **2** TECHN. Tas de sel extrait d'un marais salant. ➤ **javelle.**

MEUNERIE [mønʀi] n. f. – 1767 ◊ de *meunier* ■ **1** Industrie de la fabrication des farines (➤ **minoterie**) ; commerce du meunier. ➤ aussi **moulin.** *Opérations de meunerie* : blutage, broyage, convertissage, nettoyage, sassage. ■ **2** Ensemble des meuniers. *Chambre syndicale de la meunerie.*

MEUNIER, IÈRE [mønje, jɛʀ] n. et adj. – XIIIe ; ancien français *mounier, munier* ◊ latin °*molinarius*, de *molinum* « moulin »

I ■ **1** Personne qui possède, exploite un moulin à céréales, ou qui fabrique de la farine. ➤ **minotier.** PAR APPOS. « *Un garçon meunier assis sur des sacs de blé* » BALZAC. — *Échelle* de meunier.* — « *Meunier, tu dors* » (chans. enfantine). — **MEUNIÈRE** : épouse d'un meunier. ■ **2** CUIS. *À la meunière*, passé dans la farine puis sauté au beurre. *Sole à la meunière.* ELLIPT *Des truites meunière.* ■ **3** adj. Qui a rapport à la meunerie. *Industrie meunière.*

II (début XVIIe) FIG. ■ **1** n. m. Chevesne, poisson qui vit près des moulins. — Poisson d'eau douce du Canada. *Meunier rouge. Meunier noir.* ■ **2** n. f. (1767) Mésange bleue.

MEURETTE [mœʀɛt] n. f. – 1903 ◊ forme régionale (Bourgogne, etc.) de *murette* (XVe), de l'ancien français *muire* « eau salée » (→ saumure), du latin *muria* ■ Sauce au vin rouge servant à accommoder le poisson, les œufs. ➤ **matelote.** *Œufs en meurette.*

MEURSAULT [mœʀso] n. m. – 1795 *mursault* ◊ du n. d'une commune de la Côte-d'Or, en Bourgogne ■ Vin blanc ou rouge de la région de Beaune, très réputé. *Des meursaults rouges.*

MEURT-DE-FAIM [mœʀdəfɛ̃] n. inv. – 1690 ; *mort-de-faim* 1604 ◊ de *mourir* et *faim* ■ VIEILLI Personne misérable au point de ne pouvoir se nourrir. ➤ **crève-la-faim, miséreux.** « *Il les reçut comme des meurt-de-faim* » ZOLA.

MEURTRE [mœʀtʀ] n. m. – *murtre* 1090 ◊ de *murtrir* « assassiner » ■ Action de tuer volontairement un être humain. ➤ **crime,** 2 **homicide ; -cide.** *Commettre un meurtre. Meurtre avec préméditation.* ➤ **assassinat.** *Être accusé de meurtre, jugé pour le meurtre de qqn. Tentative de meurtre.* « *Hélas, une crainte religieuse m'écarte du meurtre, et me tire à lui* » GENET. — *Le meurtre symbolique du père, en psychanalyse.*

MEURTRIER, IÈRE [mœʀtʀije, ijɛʀ] n. et adj. – 1165 *murtrier* ◊ de *meurtre*

I Personne qui a commis un ou des meurtres. ➤ **assassin*, criminel.** *Meurtrier professionnel.* ➤ **tueur.**

II adj. (v. 1220) ■ **1** VX (PERSONNES) Qui commet ou a commis un meurtre, des meurtres. « *Bientôt de Jézabel la fille meurtrière* » RACINE. ■ **2** MOD. (CHOSES) Qui cause, entraîne la mort de nombreuses personnes. ➤ **destructeur, funeste, sanglant.** *Combats meurtriers. Coups meurtriers.* ➤ **mortel.** *Épidémie meurtrière. Accident meurtrier.* « *Trois de ses fils étaient morts sous ce climat meurtrier* » MAUPASSANT. — Où de nombreuses personnes trouvent la mort. ➤ **dangereux.** *Carrefour meurtrier.* « *Nos routes sont rendues meurtrières par la hantise stupide du dépassement* » MONTHERLANT. ♦ Qui sert à perpétrer un meurtre. ➤ 1 **homicide.** *Arme meurtrière. Poison meurtrier.* ♦ FIG. Qui pousse à tuer. *Folie, fureur meurtrière.*

■ CONTR. Victime.

MEURTRIÈRE [mœʀtʀijɛʀ] n. f. – 1573 ◊ de *meurtrier* ■ Ouverture, fente verticale pratiquée dans un mur de fortification* pour jeter des projectiles ou tirer sur les assaillants. *Meurtrières d'un château fort, d'une forteresse.* ➤ **archère, barbacane.** « *la petitesse des fenêtres percées en meurtrières* » GAUTIER. *Meurtrière d'un parapet de tranchée.* ➤ **créneau.** *Des* « *ouvertures si étroites qu'elles ressemblaient à des meurtrières* » BERNANOS.

MEURTRIR [mœʀtʀiʀ] v. tr. ⟨2⟩ – 1382 ; *murdrir* 1138 ◊ francique °*murthrjan* ■ **1** VX Assassiner, tuer. ■ **2** (XVIe) MOD. Blesser* (qqn) par un choc ou une forte compression, au point de laisser sur la peau une marque livide ou une ecchymose. ➤ **contusionner, écraser, fouler, froisser,** RÉGION. **macher.** *Il lui serrait le poignet à le meurtrir.* ■ **3** Endommager (un fruit, un légume). ➤ **taler ;** RÉGION. **macher.** « *il ne connaissait les légumes que meurtris par les cahots des tombereaux* » ZOLA. ■ **4** Marquer de traces semblables à des meurtrissures. *Yeux meurtris par la fatigue.* p. p. adj. *Corps meurtri.* ■ **5** (ABSTRAIT) Blesser, déchirer. — p. p. adj. *Cœur meurtri.*

MEURTRISSURE [mœʀtʀisyʀ] n. f. – 1535 ◊ de *meurtrir* ■ **1** Action de meurtrir ; marque qui en résulte. ➤ **blessure, bleu, contusion, coup.** *Corps couvert de meurtrissures.* ■ **2** Tache (sur des fruits, des végétaux endommagés dans leur chute, leur transport). ■ **3** Marque, trace laissée par la fatigue, la maladie, la vieillesse. — FIG. et LITTÉR. ➤ **peine, plaie.** *Meurtrissure du cœur, de la vie.*

MEUTE [møt] n. f. – XIIIe ; *muete* « soulèvement, expédition » 1140 ◊ latin populaire *movita*, latin classique *motus*, p. p. de *movere* « mouvoir » ■ **1** Troupe de chiens courants dressés pour la chasse à courre. *Lâcher, lancer la meute sur un cerf. Chiens de meute*, ceux qu'on découple les premiers pour attaquer. — PAR EXT. Bande (de chiens ou d'autres animaux proches). *Une meute de chiens. Les loups vivent en meute. Chef de meute.* ■ **2** FIG. et LITTÉR. Bande, troupe de gens acharnés à la poursuite, à la perte de qqn. *Meute de créanciers, de photographes.*

MÉVENTE [mevɑ̃t] n. f. – 1675 ◊ du v. *mévendre* (XIIe), de *vendre* ■ **1** VIEILLI Vente à perte. ■ **2** (1846) MOD. Forte chute des ventes qui compromet la prospérité d'un commerce. *Traverser une période de mévente.* ➤ **marasme.**

MÉZAIL [mezaj] n. m. – XIVe-XVe ◊ origine inconnue ■ ARCHÉOL. Armure de tête, visière mobile d'un casque fermé. *Des mézails.*

MÉZIGUE [mezig] pron. pers. – 1835 ◊ de *zigue* (→ zig) et du poss. *mes* (id. pour *tes, ses* : *tézigue, sézigue*) ■ ARG. Moi. *C'est pour mézigue.*

MEZZANINE [mɛdzanin] n. f. – 1676 ◊ italien *mezzanino* « entresol », de *mezzo* « milieu, moitié » ■ **1** Petit entresol ménagé entre deux grands étages. — PAR EXT. Petite fenêtre d'entresol. ■ **2** (1944) Petit étage entre l'orchestre et le premier balcon, dans une salle de spectacle. *Mezzanine d'un théâtre.* ➤ **corbeille.** *Prendre deux fauteuils à la mezzanine*, et ELLIPT *deux mezzanines.*

▪ **3** Plateforme aménagée à quelque distance du sol, dans une pièce haute de plafond et à laquelle on accède par un escalier. *Studio pourvu d'une mezzanine. Chambre en mezzanine.* ▪ **4** *Lit-mezzanine* ou *mezzanine* : lit à couchage surélevé.

MEZZA-VOCE [mɛdzavɔtʃe] **loc. adv.** – 1758 ◊ italien *mezza* et *voce* «voix» ▪ MUS. À mi-voix. *Chanter mezza-voce.*

MEZZÉ ou **MEZZE** [me(d)ze] **n. m.** – 1937 *mézé* ◊ grec et turc *meze,* du persan *mazze* «saveur» ▪ Assortiment de hors-d'œuvre à l'orientale (Grèce, Turquie, Moyen-Orient). *Le mezzé libanais. Des mezzés.*

MEZZO-SOPRANO [mɛdzosɔpʀano] **n.** – 1823 Stendhal ◊ italien «soprano moyenne» ▪ MUS. ▪ **1 n. m.** Voix de femme, intermédiaire entre le soprano et le contralto. *Des mezzo-sopranos.* — ABRÉV. **MEZZO.** *Des mezzos. «Elle avait une voix de mezzo voilée»* R. ROLLAND. ▪ **2 n. f.** Cantatrice qui a cette voix. *Mélodies chantées par une mezzo-soprano, une mezzo.*

MEZZOTINTO [mɛdzotinto] **n. m.** – 1688 ◊ mot italien «demi-teinte» ▪ ARTS Gravure «à la manière noire» exécutée en grattant la planche grenée pour obtenir, à partir d'un noir uniforme, des gris plus légers et des blancs purs. *Des mezzotintos* ou *des mezzotinto* (inv.).

MI [mi] **n. m. inv.** – XIIIe ◊ 1re syllabe du mot *mira* dans l'hymne à saint Jean-Baptiste ▪ Note de musique, cinquième degré de l'échelle fondamentale, troisième son de la gamme naturelle. *Mi naturel, bémol, dièse. Dans la notation anglaise, mi est désigné par E.* — Ton correspondant. *Concerto en mi majeur, en mi mineur.* — Cette note représentée. ▪ HOM. Mie, mis, mye.

MI- ▪ Élément, du latin *medius* «qui est au milieu», qui peut se combiner librement pour former : ▪ **1** des noms composés, avec un nom. *Des mi-bas.* SPÉCIALT Avec un nom désignant un espace de temps. *La mi-janvier :* le milieu de janvier. *La mi-carême.* ▪ **2** des loc. adv., précédé de la prép. *à* et suivi d'un nom. *À mi-hauteur, à mi-parcours. À mi-mollet. «On a de l'eau jusqu'à mi-cuisses»* GIDE. ➤ **mi-corps (à), mi-jambe (à).** — *À mi-temps* (voir ce mot). ▪ **3** des adj., avec un p. p., un adj. ou un nom, où *mi-* signifie «à moitié, en partie». *Mi-long, mi-cuit. Un ton mi-sérieux, mi-amusé. Mi-figue* mi-raisin. «Une galerie, mi-salle de billard, mi-cabinet de travail»* COCTEAU.

MIAM ou **MIAM-MIAM** [mjammjam] **interj. et n. m.** – 1784 *mian mian* ◊ onomat. enfantine ▪ FAM. Exclamation exprimant le plaisir de manger. *Miam, ça sent bon ! «Miam-miam, dit un voyageur en dégustant le fin fond de son assiette»* QUENEAU. — **n. m.** (lang. enfantin) Chose à manger. *Du bon miam-miam. Des miams-miams* ou *des miam-miam* (inv.).

MIAOU [mjau] **interj. et n. m.** – 1576 *myaou* ◊ onomat. ▪ Onomatopée imitant le cri du chat. *Le chat fait miaou. On entend de petits miaous.* ➤ **miaulement.**

MIASME [mjasm] **n. m.** – 1695 ◊ grec *miasma* «souillure» ▪ **1** Émanation à laquelle on attribuait les maladies infectieuses et les épidémies avant les découvertes pasteuriennes. *«Ces eaux s'amassent, croupissent et, se résolvant par l'évaporation, remplissent l'atmosphère de miasmes pestilentiels»* GAUTIER. ▪ **2** Gaz putride, provenant de substances végétales et animales en décomposition. *Miasmes des marais.*

MIAULEMENT [mjolmɑ̃] **n. m.** – 1564 ◊ de *miauler* ▪ Cri du chat. ➤ **miaou.** ◆ Bruit ressemblant au miaulement du chat, léger grincement, sifflement. *«Un miaulement de cor lui déchire le tympan»* MARTIN DU GARD.

MIAULER [mjole] **v. intr.** ‹1› – XIIIe ◊ onomat. ▪ Se dit du chat (et de certains félins) quand il fait entendre son cri. FIG. et FAM. Se plaindre, pleurer (enfants). *Arrête de miauler.*

MIAULEUR, EUSE [mjolœʀ, øz] **adj. et n.** – XVIe ◊ de *miauler* ▪ Qui miaule. *Chat miauleur.*

MI-BAS [mibɑ] **n. m. inv.** – 1953 ◊ de *mi-* et *bas* ▪ Chaussette montante. *Porter des mi-bas.*

MICA [mika] **n. m.** – 1735 ◊ latin *mica* «parcelle» → miche ▪ **1** Silicate à structure feuilletée, à clivage très facile, constituant des roches volcaniques et métamorphiques. *Le gneiss, le granit, le micaschiste sont des roches à mica.* ▪ **2** Plaque de mica blanc transparent, utilisée comme vitre, comme isolant thermique.

MICACÉ, ÉE [mikase] **adj.** – 1755 ◊ de *mica* ▪ **1** MINÉR. De la nature du mica ; qui contient du mica. *Sable micacé.* ▪ **2** Semblable à du mica. *«Une poussière micacée, brillante»* GAUTIER.

MI-CARÊME [mikaʀɛm] **n. f.** – 1250 ◊ de *mi-* et *carême* ▪ Jeudi de la troisième semaine de carême. *Mascarades, réjouissances de la mi-carême. Des mi-carêmes.*

MICASCHISTE [mikaʃist] **n. m.** – 1817 ◊ de *mica* et *schiste* ▪ GÉOL. Roche composée de mica et de quartz.

MICELLE [misɛl] **n. f.** – v. 1900 ◊ du latin *mica* «parcelle» ▪ CHIM., PHYS. Particule formée d'un agrégat de molécules en solution colloïdale. ➤ **colloïde.** — **adj. MICELLAIRE,** 1922. ▪ HOM. Missel.

MICHE [miʃ] **n. f.** – v. 1175 ◊ latin populaire °*micca,* de *mica* ▪ **1** Gros pain de campagne rond. *Acheter un quart de miche.* ▪ **2** AU PLUR., FAM. **LES MICHES :** les fesses. *«je lui allongeai un coup de pied dans les miches»* CENDRARS. LOC. *Gare à tes miches :* fais attention.

MI-CHEMIN (À) [amiʃ(ə)mɛ̃] **loc. adv.** – 1507 ◊ de *mi-* et *chemin* ▪ Au milieu ou vers le milieu du chemin, du trajet. *Rester à mi-chemin.* FIG. *S'arrêter à mi-chemin,* sans avoir atteint son but. — **loc. prép.** *À mi-chemin de :* à la moitié du chemin.

MICHETON [miʃtɔ̃] **n. m.** – v. 1810 ◊ de *miché, michet,* même sens (1739), forme populaire de *Michel* ▪ FAM. Client d'une (ou d'un) prostitué(e).

MICHETONNER [miʃtɔne] **v. intr.** ‹1› – 1898 ◊ de *micheton* ▪ ARG. Se livrer occasionnellement à la prostitution. *Michetonner dans les bars.*

MI-CLOS, CLOSE [miklo, kloz] **adj.** – 1839 ◊ de *mi-* et *clos* ▪ À moitié clos. *Fleurs mi-closes. L'œil mi-clos. «Quand, ta main approchant de tes lèvres mi-closes»* LAMARTINE.

1 **MICMAC** [mikmak] **n. m.** – *miquemaque* n. f. 1640 ◊ altération de *mutemacque* «rébellion» (XVe), du moyen néerlandais *muyte maken* «provoquer une émeute» ▪ FAM. ▪ **1** Intrigue mesquine, agissements suspects. ➤ **magouille, manigance.** *«Il doit y avoir là-dessous bien des micmacs»* ROMAINS. *Je veux rester en dehors de tous ces micmacs.* ▪ **2** Désordre, situation embrouillée. *Quel micmac !*

2 **MICMAC, MICMAQUE** [mikmak] **adj. et n.** – 1676, n. ◊ mot d'origine incertaine, peut-être de *mikumawak,* nom que se donnaient ces Amérindiens ▪ Relatif à une nation amérindienne de la côte atlantique du Canada. *Territoire micmac.* — **n.** *Une Micmaque.* ◆ **n. m.** (1738) *Le micmac :* langue algonquine parlée par les Micmacs.

MICOCOULIER [mikɔkulje] **n. m.** – *micacoulier* 1547 ◊ grec moderne *mikrokoukouli* ▪ Arbre du genre orme *(ulmacées)* des régions chaudes et tempérées.

MI-CORPS (À) [amikɔʀ] **loc. adv.** – 1643 ◊ de *mi-* et *corps* ▪ Au milieu du corps, jusqu'au niveau de la taille. *Il entra dans l'eau jusqu'à mi-corps. Portrait à mi-corps,* de la partie supérieure du corps.

MI-CÔTE (À) [amikot] **loc. adv.** – 1690 ◊ de *mi-* et *côte* ▪ Au milieu, à la moitié de la pente d'une côte.

1 **MICRO** [mikʀo] **n. m.** – 1915 ◊ abrév. de *microphone* ▪ Microphone. *Régler les micros. Parler au micro, devant le micro, dans le micro. Au micro, notre envoyé spécial. Micro baladeur*. Petit micro portatif.* ➤ **micro-cravate.**

2 **MICRO** ➤ **MICRO-INFORMATIQUE ; MICRO-ORDINATEUR**

MICRO- ▪ Élément, du grec *mikros* «petit». — MÉTROL. Préfixe du système international (SYMB. μ) qui divise par un million (10^{-6}) l'unité dont il précède le nom.

MICROAMPÈRE [mikʀoɑ̃pɛʀ] **n. m.** – 1923 ◊ de *micro-* et *ampère* ▪ MÉTROL Unité de mesure de l'intensité du courant électrique (SYMB. μA), valant un millionième d'ampère. *Des microampères.*

MICROAMPÈREMÈTRE [mikʀoɑ̃pɛʀmɛtʀ] **n. m.** – 1923 ◊ de *microampère* et *-mètre* ▪ ÉLECTR. Ampèremètre capable de mesurer de très faibles intensités. *Des microampèremètres.*

MICROANALYSE [mikʀoanaliz] **n. f.** – 1953 ◊ de *micro-* et *analyse* ▪ SC. Analyse chimique portant sur des masses extrêmement faibles. *Des microanalyses.*

MICROBALANCE [mikʀobalɑ̃s] **n. f.** – 1920 ◊ de *micro-* et *balance* ▪ TECHN. Balance dont le seuil de sensibilité est de l'ordre du microgramme.

MICROBE [mikʀɔb] **n. m.** – 1878 ◊ du grec *mikros* «petit», pour «microscopique», et *bios* «vie» (→ -bie) ▪ **1** VX Micro-organisme invisible à l'œil nu. ▪ **2** MOD. et COUR. Micro-organisme unicellulaire pathogène. ➤ **bacille, bactérie, germe, vibrion, virus.** *Culture de microbes :* bouillon de culture. *Toxines sécrétées par les microbes. Lutte, protection contre les microbes* (sérum, vaccin ; antisepsie, asepsie). ▪ **3** FIG. et FAM. Personne chétive, petite. ➤ **avorton.**

MICROBIEN, IENNE [mikʀɔbjɛ̃, jɛn] **adj.** – 1888 ◇ de *microbe* ■ **1** Relatif aux microbes. *Culture microbienne.* ■ **2** Causé, produit par les microbes. *Maladie microbienne. Toxines microbiennes.*

MICROBILLE [mikʀobij] **n. f.** – 1947 ◇ de *micro-* et 1*bille* ■ Particule sphérique très fine, obtenue par micronisation. *Microbilles de plastique, de verre.*

MICROBIOLOGIE [mikʀobjɔlɔʒi] **n. f.** – 1888 ◇ de *microbe* et *-logie* ■ DIDACT. Science qui traite des organismes microscopiques et ultramicroscopiques. *Branches de la microbiologie :* bactériologie, mycologie, protistologie, virologie. — **adj. MICROBIOLOGIQUE.**

MICROBIOLOGISTE [mikʀobjɔlɔʒist] **n.** – 1890 ◇ de *microbiologie* ■ SC. Spécialiste de la microbiologie.

MICROBIOME [mikʀobjom] **n. m.** – 2007 ◇ de *micro-* et *biome* ■ MICROBIOL. Aire biotique occupée par les microbiotes d'un individu. ♦ PAR MÉTON. Ensemble des microbiotes d'un individu. ♦ Ensemble des génomes d'un microbiote.

MICROBIOTE [mikʀobjɔt] **n. m.** – 2005 ; autre sens v. 1970 ◇ de *micro-* et *biote* ■ MICROBIOL. Ensemble de micro-organismes (écosystème microbien) peuplant un organisme animal. *Microbiote cutané, buccal, vaginal.* — ABSOLT Le microbiote intestinal. ➤ **flore, microflore.**

MICROBLOG [mikʀoblɔg] **n. m.** – 2007 ◇ de *micro-* et *blog* ■ INFORM. Blog qui permet de communiquer en temps réel en publiant de courts messages (➤ **tweet**) par Internet, messagerie, portable... — Recomm. offic. *microblogue.*

MICROBRASSERIE [mikʀobʀasʀi] **n. f.** – fin XXe au Canada ◇ *micro brasserie* marque déposée ; de *micro-* et *brasserie* ■ Établissement artisanal produisant de la bière en petite quantité.

MICROBUS [mikʀobys] **n. m.** – milieu XXe ◇ de *micro-* et *bus* ■ Petit autobus rapide. ➤ **minibus.**

MICROCALORIMÉTRIE [mikʀokalɔʀimetʀi] **n. f.** – 1944 ◇ de *micro-* et *calorimétrie* ■ PHYS. Technique de la mesure des très faibles quantités de chaleur, à l'aide d'un *microcalorimètre.*

MICROCÉPHALE [mikʀosefal] **adj.** et **n.** – 1795 ◇ grec *mikrokephalos* (→ micro-, -céphale) ■ SC. Qui a une tête anormalement petite. — **n.** *Un, une microcéphale.* — **n. f. MICROCÉPHALIE.** ■ CONTR. Macrocéphale.

MICROCHIMIE [mikʀoʃimi] **n. f.** – 1867 ◇ de *micro-* et *chimie* ■ SC. Ensemble des procédés permettant de déceler et de mesurer les très petites quantités de substances chimiques.

MICROCHIRURGIE [mikʀoʃiʀyʀʒi] **n. f.** – 1931 ◇ de *micro-* et *chirurgie* ■ DIDACT. Chirurgie réalisée sous le contrôle d'un microscope. ➤ **microdissection.**

MICROCINÉMATOGRAPHIE [mikʀosinematɔgʀafi] **n. f.** – 1908 ◇ de *micro-* et *cinématographie* ■ DIDACT. Prise de vues cinématographiques de sujets microscopiques. — On dit aussi **MICROCINÉMA n. m.**

MICROCIRCUIT [mikʀosiʀkɥi] **n. m.** – 1961 ◇ de *micro-* et *circuit* ■ TECHN. Circuit électrique imprimé et miniaturisé.

MICROCLIMAT [mikʀoklima] **n. m.** – 1939 ◇ de *micro-* et *climat* ■ BIOL. et ÉCOL. Climat d'une zone restreinte, différent du climat général de la région. — **adj. MICROCLIMATIQUE,** 1963.

MICROCONTACT [mikʀokɔ̃takt] **n. m.** – 1986 ◇ de *micro-* et *contact* ■ TECHNOL. Interrupteur électrique à fonctionnement très rapide commandé par un dispositif mécanique.

MICROCOPIE [mikʀokɔpi] **n. f.** – 1966 ◇ de *micro-* et *copie* ■ TECHNOL. Reproduction obtenue à l'aide d'un dispositif optique réduisant fortement les dimensions du document photographié. — **v. tr.** ⟨7⟩ **MICROCOPIER.**

MICROCOQUE [mikʀɔkɔk] **n. m.** – 1878 ◇ de *micro-* et *-coque* ■ VIEILLI Microbe en forme de grain arrondi (gonocoque, staphylocoque).

MICROCOSME [mikʀɔkɔsm] **n. m.** – 1314 ◇ bas latin *microcosmus,* grec *mikrokosmos* ■ **1** PHILOS. ANC. L'être humain, le corps considéré comme un petit univers, une image réduite du monde, du macrocosme, auquel il correspond, partie à partie. ■ **2** MOD. et LITTÉR. Monde en réduction. — SPÉCIALT Petite société. ➤ FAM. **landerneau.** *Le microcosme politique.* — **adj. MICROCOSMIQUE,** 1846. ■ CONTR. Macrocosme.

MICROCOUPURE [mikʀokupyʀ] **n. f.** – XXe ◇ de *micro-* et *coupure* ■ ÉLECTROTECHN. Baisse importante et de très courte durée d'une tension d'alimentation. *Les dispositifs informatiques sont sensibles aux microcoupures.*

MICRO-CRAVATE [mikʀokʀavat] **n. m.** – 1963 ◇ de 1*micro* et *cravate* ■ AUDIOVIS. Microphone miniature qui s'accroche sur le vêtement, à la cravate, au revers. *Des micros-cravates.*

MICROCRÉDIT [mikʀokʀedi] **n. m.** – 1995 ◇ de *micro-* et *crédit* ■ Prêt de faible montant accordé à des personnes démunies pour financer un projet générateur de revenus.

MICROCRISTAL, AUX [mikʀokʀistal, o] **n. m.** – 1893 ◇ de *micro-* et *cristal* ■ CHIM. Cristal de taille microscopique.

MICROCURIE [mikʀokyʀi] **n. m.** – 1941 ◇ de *micro-* et 2*curie* ■ MÉTROL. Ancienne unité de mesure de l'activité d'un radionucléide (SYMB. µCi), équivalant à un millionième de curie. *Le microcurie est encore utilisé en médecine.*

MICRODISSECTION [mikʀodisɛksjɔ̃] **n. f.** – 1931 ◇ de *micro-* et *dissection,* d'après l'anglais *microdissection* (1915) ■ BIOL. Micromanipulation* qui consiste à disséquer des organismes microscopiques, des cellules vivantes. ➤ **microchirurgie.**

MICROÉCONOMÉTRIE [mikʀoekɔnɔmetʀi] **n. f.** – 1993 ◇ de *micro-* et *économétrie* ■ DIDACT. Analyse économétrique du comportement microéconomique de groupes humains importants.

MICROÉCONOMIE [mikʀoekɔnɔmi] **n. f.** – 1956 ◇ de *micro-* et *économie* ■ DIDACT. Étude de l'activité et des comportements économiques des individus. — **adj. MICROÉCONOMIQUE,** 1963. ■ CONTR. Macroéconomie.

MICROÉDITION [mikʀoedisjɔ̃] **n. f.** – 1974 ◇ de *micro-* et *édition* ■ TECHN. Ensemble des techniques informatiques, développées à partir de micro-ordinateurs, pour assister les différentes phases de l'édition.

MICROÉLECTRODE [mikʀoelɛktʀɔd] **n. f.** – 1969 ◇ de *micro-* et *électrode* ■ TECHNOL. Électrode de diamètre très réduit utilisée en électrophysiologie. *Mesurer l'activité d'un neurone à l'aide de microélectrodes.*

MICROÉLECTRONIQUE [mikʀoelɛktʀɔnik] **n. f.** et **adj.** – 1966 ◇ de *micro-* et *électronique,* d'après l'anglais *micro-electronics, micro-electronic* (1960) ■ DIDACT. Ensemble des techniques conduisant à la réalisation des circuits intégrés. — **adj.** *Circuits microélectroniques.*

MICROENTREPRISE [mikʀoɑ̃tʀəpʀiz] **n. f.** – 1978 ◇ de *micro-* et *entreprise* ■ Entreprise individuelle, entreprise de très petite taille dont le chiffre d'affaires annuel ne dépasse pas un certain seuil qui confère des avantages fiscaux. ➤ **auto-entreprise.**

MICROÉVOLUTION [mikʀoevɔlysjɔ̃] **n. f.** – 1932 ◇ de *micro-* et *évolution* ■ BIOL. Changements héréditaires mineurs dus à des mutations génétiques et dont résulte l'apparition de variétés légèrement différentes au sein d'une même espèce. ■ CONTR. Macroévolution.

MICROFIBRE [mikʀofibʀ] **n. f.** – v. 1980 ◇ de *micro-* et *fibre* ■ Fibre textile synthétique extrêmement fine (moins de un décitex*) qui donne un tissu velouté au toucher (cf. Peau* de pêche). *Veste en microfibre.*

MICROFICHE [mikʀofiʃ] **n. f.** – 1953 ◇ de *micro-* et *fiche* ■ TECHN. Photographie en format très réduit d'un document à archiver (on emploie couramment *microfilm* dans ce cas). *Un microfilm est formé de microfiches. Document disponible sur microfiche.*

MICROFILM [mikʀofilm] **n. m.** – 1931 ◇ de *micro-* et *film* ■ Reproduction très réduite de documents sur film photographique. ➤ **microcopie, microforme.** *Lire un manuscrit ancien sur microfilm.* ➤ **microfiche.** *Collection de microfilms.* ➤ **filmothèque.**

MICROFILMER [mikʀofilme] **v. tr.** ⟨1⟩ – 1931 ◇ de *microfilm* ■ Photographier sur microfilm*. — *Documents microfilmés.*

MICROFINANCE [mikʀofinɑ̃s] **n. f.** – 1996 ; autre sens 1965 ◇ de *micro-* et *finance* ■ Ensemble de services financiers accessibles aux personnes démunies. ➤ **microcrédit.**

MICROFLORE [mikʀoflɔʀ] **n. f.** – 1972 ◇ de *micro-* et *flore* ■ MICROBIOL. Ensemble des micro-organismes végétaux qui vivent sur les tissus ou dans les cavités naturelles de l'organisme. *La microflore intestinale.*

MICROFORME [mikʀofɔʀm] **n. f.** – avant 1974 ◇ de *micro-* et *forme,* d'après l'anglais *microform* (1960) ■ TECHN. Document réalisé par micrographie. ➤ **microfiche, microfilm.**

MICROGRAMME [mikʀɔgʀam] **n. m.** – 1931 ◇ de *micro-* et *gramme* ■ MÉTROL. Unité de mesure de masse (SYMB. µg), égale à un millionième de gramme. *La teneur en plomb de l'eau du robinet ne doit pas dépasser 10 microgrammes, en France.*

MICROGRAPHIE [mikʀɔgʀafi] **n. f.** – 1665 ◊ de *micro-* et *-graphie* ■ **1** DIDACT. Ensemble des techniques de microscopie appliquée à l'étude des matériaux. *La micrographie des métaux.* ■ **2** Technique de réalisation des documents microfilmés. ➤ **microforme.** — **adj. MICROGRAPHIQUE.** ■ CONTR. Macrographie.

MICROGRAVITÉ [mikʀogʀavite] **n. f.** – 1975 ◊ de *micro-* et *gravité* ■ ASTRONAUT. Manifestation de la gravité beaucoup plus faible que sur la Terre. ➤ **apesanteur.**

MICROGRENU, UE [mikʀogʀeny] **adj.** – 1931 ◊ de *micro-* et *grenu* ■ MINÉR. *Roches microgrenues* : roches volcaniques formées de petits minéraux cristallins à peine visibles à l'œil nu, sans résidu vitreux (opposé à *microlithique*).

MICROHISTOIRE [mikʀoistwaʀ] **n. f.** – 1960 ◊ de *micro-* et *histoire* ■ DIDACT. Courant de la recherche historique qui s'appuie sur l'observation d'un individu ou d'un petit groupe d'individus.

MICROHM [mikʀom] **n. m.** – 1888 ◊ de *micro-* et *ohm* ■ MÉTROL. Unité de mesure de résistance électrique (SYMB. μΩ), égale à un millionième d'ohm.

MICRO-INFORMATIQUE [mikʀoɛ̃fɔʀmatik] **n. f.** – 1974 ◊ de *micro-* et *informatique* ■ Partie de l'informatique transposée ou développée sur des micro-ordinateurs*. *La micro-informatique dans le travail de bureau* (➤ **bureautique**), *dans l'édition* (➤ **microédition**). — ABRÉV. FAM. *La micro.*

MICRO-INJECTION [mikʀoɛ̃ʒɛksjɔ̃] **n. f.** – 1931 ◊ de *micro-* et *injection* ■ BIOL. CELL., BIOL. MOL. Injection dans une cellule isolée, pratiquée avec une microaiguille dans le champ du microscope ou de la loupe binoculaire. *Micro-injection d'ARN dans un ovocyte.* SPÉCIALT Introduction d'un spermatozoïde dans l'ovocyte (technique de procréation médicalement assistée). *Des micro-injections.* — **v. tr.** ⟨1⟩ **MICRO-INJECTER,** 1931.

MICRO-INSTRUCTION [mikʀoɛ̃stʀyksjɔ̃] **n. f.** – v. 1968 ◊ de *micro-* et *instruction*, p.-ê. d'après l'anglais (1959) ■ INFORM. Instruction élémentaire d'un microprogramme*. *Des micro-instructions.*

MICROLITHE ou **MICROLITE** [mikʀɔlit] **n. m.** – 1877, -1869 ◊ de *micro-* et *-lit(h)e* ■ **1** GÉOL. Très petit cristal, visible au microscope, caractéristique des magmas à refroidissement rapide à la surface du globe. ■ **2** PALÉONT. Petit outil de silex taillé, caractéristique du paléolithique.

MICROLITHIQUE ou **MICROLITIQUE** [mikʀɔlitik] **adj.** – 1877, -1875 ◊ de *micro-* et *-lit(h)ique* ■ GÉOL. *Roches microlithiques* : roches contenant une quantité importante de microlithes. *Structure microlithique des roches volcaniques.*

MICROMANIPULATION [mikʀomanipylasjɔ̃] **n. f.** – 1932 ◊ de *micro-* et *manipulation*, p.-ê. d'après l'anglais (1921) ■ SC. Opération effectuée sur un objet microscopique, à l'aide d'instruments très petits (*micro-instruments* **n. m.**) et de dispositifs spéciaux (*micromanipulateurs* **n. m.**). ➤ **microchirurgie, microdissection.** « *les progrès des techniques de micromanipulation sur les œufs de mammifères* » J. TESTART.

1 **MICROMÈTRE** [mikʀɔmɛtʀ] **n. m.** – 1640 « instrument d'astronomie » ; 1572 « sorte de compas » ◊ de *micro-* et *-mètre* ■ **1** (1667) DIDACT. Appareil utilisé pour mesurer les dimensions des objets étudiés à l'aide d'un instrument optique à fort grossissement (télescope, microscope). ■ **2** (1845) Instrument servant à mesurer avec précision de petites longueurs. ➤ **palmer.**

2 **MICROMÈTRE** [mikʀɔmɛtʀ] **n. m.** – 1959 ◊ de *micro-* et *mètre* ■ MÉTROL. Unité de mesure de longueur (SYMB. μm), valant un millionième de mètre. ➤ ANCIENNT **micron.**

MICROMÉTRIE [mikʀɔmetʀi] **n. f.** – 1840 ◊ de *micro-* et *-métrie* ■ DIDACT. Mesure d'objets microscopiques à l'aide du micromètre (1).

MICROMÉTRIQUE [mikʀɔmetʀik] **adj.** – 1832 ◊ de 1 *micromètre* ■ SC. Relatif à la micrométrie. ♦ *Vis micrométrique*, dont le pas très petit permet le réglage d'instruments de haute précision.

MICROMINIATURISATION [mikʀominjatyʀizasjɔ̃] **n. f.** – 1961 ◊ de *micro-* et *miniaturisation*, d'après l'anglais *microminiaturization* (1955) ■ ÉLECTRON. Réduction maximum des dimensions et de la masse des systèmes électroniques.

MICROMONDE [mikʀomɔ̃d] **n. m.** – 1995, au Canada ◊ de *micro-* et *monde* ■ INFORM. Environnement informatique à visée pédagogique, qui permet à l'apprenant de construire seul ses propres expériences à l'aide d'outils simples.

MICROMOTEUR [mikʀomɔtœʀ] **n. m.** – 1977 ◊ de *micro-* et *moteur* ■ TECHNOL. Moteur de très petites dimensions. *Micromoteurs utilisés en robotique, dans les programmateurs.*

MICRON [mikʀɔ̃] **n. m.** – 1890 ◊ grec *mikron*, neutre de *mikros* « petit » ■ ANCIENNT Micromètre (2).

MICRONISER [mikʀɔnize] **v. tr.** ⟨1⟩ – v. 1970 ◊ de *micron* ■ Réduire (un corps) en particules de l'ordre du micromètre. — **n. f. MICRONISATION.**

MICRONUCLÉUS [mikʀonykleys] **n. m.** – 1888 ◊ de *micro-* et *nucléus* ■ BIOL. Le plus petit des deux noyaux des protozoaires ciliés, contenant le matériel génétique associé aux fonctions de reproduction. *Des micronucléus.* — On dit aussi **MICRONOYAU.**

MICRO-ONDABLE [mikʀoɔ̃dabl] **adj.** /MICROONDABLE/ – 1994 ◊ de 2 *micro-onde* ■ Que l'on peut passer au four à micro-ondes. *Plastique micro-ondable. Plat présenté en barquette micro-ondable.*

1 **MICRO-ONDE** [mikʀoɔ̃d] **n. f.** /MICROONDE/ – 1888 ◊ de *micro-* et *onde* ■ TECHN. Onde électromagnétique, de très petite longueur. *Chauffage par micro-ondes. Radar à micro-ondes.* — (1970) *Four à micro-ondes.* ➤ 2 **micro-onde.**

2 **MICRO-ONDE n. m.** ou **MICRO-ONDES** [mikʀoɔ̃d] **n. m. inv.** /MICROONDE/ – 1984, *micro-ondes* ◊ de 1 *micro-onde* ■ Four à cuisson très rapide, utilisant les micro-ondes. *Réchauffer un plat au micro-onde. Des micro-ondes.*

MICRO-ORDINATEUR [mikʀoɔʀdinatœʀ] **n. m.** /MICROORDINATEUR/ – 1971 ◊ de *micro-* et *ordinateur* ■ Ordinateur de petite taille dont l'unité de traitement est un microprocesseur (➤ **micro-informatique**). *Logiciel et matériel d'un micro-ordinateur.* ➤ 2 **P. C.** *Des micro-ordinateurs.* — ABRÉV. FAM. (1974) **MICRO.** *Un micro portable. Des micros.*

MICRO-ORGANISME [mikʀoɔʀganism] **n. m.** /MICROORGANISME/ – 1876 ◊ de *micro-* et *organisme* ■ MICROBIOL. Organisme vivant visible seulement au microscope ou à l'ultramicroscope. ➤ **microbe ; microbiologie.** *Micro-organismes bactériens* (➤ **bactérie, virus ;** aussi **archée**), *végétaux* (protophytes, levures, protistes ; ➤ **microflore**), *animaux* (protozoaires). *Micro-organismes saprophytes, pathogènes.*

MICROPAIEMENT [mikʀopɛmɑ̃] **n. m.** – 1996 ◊ de *micro-* et *paiement* ■ Paiement d'un faible montant, effectué au moyen d'un service télématique. *Micropaiement par SMS surtaxé.*

MICROPARTICULE [mikʀopaʀtikyl] **n. f.** – 1929 ◊ de *micro-* et *particule* ■ Particule dont la taille est de l'ordre du micromètre.

MICROPHAGE [mikʀɔfaʒ] **adj.** et **n. m.** – 1903 ◊ de *micro-* et *-phage* ■ BIOL. Qui se nourrit de très petites proies, particules ou cellules. *La paramécie est microphage.*

MICROPHONE [mikʀɔfɔn] **n. m.** – 1721 ◊ de *micro-* et *-phone* ■ **1** HIST. DES SC. Instrument augmentant l'intensité des sons, de manière à les rendre perceptibles. ■ **2** (1878 ◊ anglais *microphone* [1877]) COUR. Capteur électroacoustique transformant une vibration sonore en signe électrique. ➤ 1 **micro.** *Microphone à membrane, à charbon. Microphone électrodynamique, piézoélectrique, électrostatique.*

MICROPHONIQUE [mikʀɔfɔnik] **adj.** – 1886 ◊ de *microphone* ■ Qui a rapport au microphone, qui fait partie d'un microphone. *Amplificateur, capsule microphonique.*

MICROPHOTOGRAPHIE [mikʀofɔtɔgʀafi] **n. f.** – 1890 ◊ de *micro-* et *photographie* ■ SC. ■ **1** ABUSIVEMENT Photographie d'un objet visible au microscope (t. correct *photomicrographie*). *Microphotographie en fluorescence.* ■ **2** Photographie de très petites dimensions. ➤ **microfiche, microfilm.**

MICROPHYSIQUE [mikʀofizik] **n. f.** – 1910 ◊ de *micro-* et 2 *physique* ■ Partie de la physique qui étudie l'atome et les phénomènes à l'échelle atomique. « *Physique et microphysique* », de L. de Broglie. *Les lois de la microphysique sont celles de la mécanique quantique.*

MICROPILULE [mikʀopilyl] **n. f.** – 1982 ◊ de *micro-* et *pilule* ■ Pilule contraceptive ne contenant que des progestatifs.

MICROPOREUX, EUSE [mikʀɔpɔʀø, øz] **adj.** – v. 1970 ◊ de *micro-* et *poreux* ■ Qui présente des pores de très petites dimensions. *Crépi microporeux.*

MICROPROCESSEUR [mikʀopʀɔsesœʀ] **n. m.** – 1973 ◊ anglais américain *microprocessor*, de *micro-* et *processor*, de *to process* « procéder » ■ INFORM. Circuit* intégré à haute densité d'intégration qui effectue les fonctions arithmétiques et logiques dans un micro-ordinateur. ➤ **puce.**

MICROPROGRAMMATION [mikʀopʀɔgʀamasjɔ̃] **n. f.** – 1968 ◊ de *micro-* et *programmation* ■ INFORM. Technique de programmation de la séquence des phases nécessaires à l'exécution d'une instruction par un processeur.

MICROPROGRAMME [mikʀopʀɔgʀam] **n. m.** – 1969 ◊ de *micro-* et *programme* ■ INFORM. Programme régissant le fonctionnement d'un processeur dans la réalisation des diverses phases de l'exécution d'une instruction.

MICROPYLE [mikʀɔpil] **n. m.** – 1821 ◊ de *micro-* et du grec *pulê* «porte» ■ BOT. Orifice de l'ovule des plantes par lequel le tube pollinique pénètre jusqu'au nucelle lors de la fécondation.

MICROSCOPE [mikʀɔskɔp] **n. m.** – 1656 ◊ latin moderne *microscopium* (1618), du grec ■ Instrument d'optique qui permet de voir des objets invisibles à l'œil nu grâce à un système de lentilles. *Microscope qui grossit mille fois. Étude, examen des objets visibles au microscope.* ➤ **micrographie, microscopie.** *L'objectif, l'oculaire d'un microscope. Microscope monoculaire, binoculaire. Microscope à pouvoir séparateur élevé.* ➤ **nanoscope, ultramicroscope.** *Microscope micrométrique, polarisant, à immersion, à contraste de phase, à fluorescence, à révolver*. Microscope à effet tunnel,* qui révèle la topographie des échantillons à l'échelle atomique. ♦ PAR EXT. *Microscope électronique,* dans lequel un faisceau d'électrons remplace le rayon lumineux. *Microscope électronique à balayage (MEB), à transmission (MET).* ♦ FIG. *Examiner, étudier une chose au microscope,* avec la plus grande minutie (cf. À la loupe). «*Si j'agissais davantage,* [...] *je n'aurais pas le temps de regarder mon âme au microscope*» GAUTIER.

MICROSCOPIE [mikʀɔskɔpi] **n. f.** – 1836 ◊ de *microscope* ■ Observation au microscope.

MICROSCOPIQUE [mikʀɔskɔpik] **adj.** – v. 1700 ◊ de *microscope* ■ **1** SC. Visible seulement au microscope. *Êtres microscopiques.* ➤ **animalcule, microbe, micro-organisme.** ■ **2** SC. Qui se fait à l'aide du microscope. *Examen, opération microscopique.* ■ **3** COUR. Très petit. ➤ **imperceptible, minuscule.** «*boire le café de Turquie dans les microscopiques tasses bleues*» LOTI.
■ CONTR. Macroscopique ; grand, énorme.

MICROSILLON [mikʀosijɔ̃] **n. m.** – répandu v. 1950 ◊ de *micro-* et *sillon* ■ **1** TECHN. Sillon très fin d'un disque (33 et 45 tours-minute). ■ **2** COUR. Le disque lui-même. *Écouter des microsillons.* **adj.** *Disque microsillon.*

MICROSOCIOLOGIE [mikʀosɔsjɔlɔʒi] **n. f.** – 1939 ◊ de *micro-* et *sociologie* ■ SC. Étude des formes de la sociabilité au sein des petits groupes.

MICROSONDE [mikʀosɔ̃d] **n. f.** – 1968 ◊ de *micro-* et *sonde* ■ SC. Sonde permettant le dosage des éléments et l'analyse sur des quantités de matière très petites. — *Microsonde ionique :* outil permettant de détecter des phénomènes d'usure, de corrosion, de frottement ou de contamination dans la surface ou à l'interface des matériaux.

MICROSPHÈRE [mikʀosfɛʀ] **n. f.** – 1966 ◊ de *micro-* et *sphère* ■ SC. Petite sphère, petit globule d'environ 2 micromètres de diamètre.

MICROSPORANGE [mikʀospɔʀɑ̃ʒ] **n. m.** – 1888 ◊ de *micro-* et *sporange* ■ BOT. Organe de certaines algues et des cryptogames vasculaires où se forment les microspores.

MICROSPORE [mikʀospɔʀ] **n. f.** – 1855 ◊ de *micro-* et *spore* ■ BOT. Spore mâle, de petites dimensions, de végétaux qui produisent aussi des macrospores*.

MICROSTRUCTURE [mikʀostʀyktyʀ] **n. f.** – 1877 en géol. ◊ de *micro-* et *structure* ■ DIDACT. Structure faisant partie d'une structure plus vaste. — LING. *La microstructure d'un dictionnaire :* le texte structuré des articles ; le programme d'informations sur les entrées. *Microstructure et macrostructure.*

MICROTOME [mikʀotom ; mikʀɔtɔm] **n. m.** – 1891 ◊ de *micro-* et *-tome* ■ BIOL. Instrument qui sert à couper les tissus animaux ou végétaux en lames très minces afin de les observer au microscope.

MICROTRACTEUR [mikʀotʀaktœʀ] **n. m.** – 1969 ◊ de *micro-* et *tracteur* ■ Petit tracteur de faible puissance utilisé pour le jardinage, le maraîchage ou l'agriculture de plaisance.

MICRO-TROTTOIR [mikʀotʀɔtwaʀ] **n. m.** – 1985 ◊ de 1 *micro* et *trottoir* ■ Enquête effectuée par des journalistes (radio, télévision) dans la rue, sous forme d'interview, auprès des passants. *Des micros-trottoirs.*

MICROTUBULE [mikʀotybyl] **n. m.** – avant 1972 ◊ de *micro-* et *tubule,* par l'anglais (1963) ■ BIOL. CELL. Structure cylindrique, un des trois types de filaments du cytosquelette, formé par polymérisation de la tubuline. *Microtubules, filaments intermédiaires et filaments d'actine. Les microtubules déterminent la forme cellulaire et forment le fuseau* mitotique.*

MICTION [miksjɔ̃] **n. f.** – 1618 ◊ bas latin *mictio,* latin classique *minctio,* de *mingere* «uriner» ■ MÉD. Action d'uriner ; écoulement de l'urine. *Miction douloureuse* (➤ **cystite, dysurie**), *involontaire* (➤ **énurésie, incontinence**). *Absence de miction.* ➤ **rétention.**
— REM. Ne pas confondre avec *mixtion.*

1 **MIDI** [midi] **n. m.** – 1080 ◊ de *mi-* et *di* «jour», latin *diem*
I ■ **1** Milieu du jour, entre le matin et l'après-midi. *Le soleil de midi est haut dans le ciel.* «*Midi, Roi des étés, épandu sur la plaine*» LECONTE DE LISLE. «*Midi le juste*» VALÉRY. *En plein midi. Le repas de midi.* ➤ 2 **déjeuner.** *Magasin, musée qui reste ouvert à midi.* RÉGION. ou FAM. *Le matin, le midi et le soir. Tous les midis.* — ELLIPT *Prendre un cachet matin, midi et soir.* — (Belgique) *Entre, sur, à, pendant l'heure de midi :* dans l'heure du déjeuner, à midi. *Temps de midi :* pause de la mi-journée. ♦ FIG. Âge de la pleine maturité. *Le démon* de midi.* ■ **2** Heure du milieu du jour, douzième heure. *Il est midi, midi sonné. À midi, sur le coup de midi.* FAM. *Vers les midi.* — *Midi un quart* (12 h 15) ; *midi dix* (minutes). *Entre midi et deux (heures) :* à l'heure du déjeuner. ♦ LOC. *Chercher midi à quatorze heures :* chercher des difficultés où il n'y en a pas, compliquer les choses. — PROV. *Chacun voit midi à sa porte,* envisage les choses de son point de vue. — FAM. et VIEILLI *C'est midi (sonné) :* il n'y a pas moyen. «*Avec eux, c'était labeur, labeur. Et midi pour sortir le soir*» AYMÉ. ■ **3** **adj. inv.** AUDIOVIS. *Chaîne, format midi,* dont la largeur se situe entre celle des chaînes normales et celle des minichaînes.
II (XIIe-XIIIe) ■ **1** L'un des quatre points cardinaux. ➤ **sud.** *Du nord au midi.* ■ **2** Exposition d'un lieu en face de ce point. *Versant, coteau exposé au midi.* ■ **3** Région qui est au sud d'un pays. *Le midi de l'Angleterre, de la France.* ■ **4** ABSOLT *Le Midi :* le sud du continent européen. *Les peuples du Nord et les peuples du Midi.* «*Le Nord vaut peut-être mieux pour la morale. Mais le Midi vaut mieux pour la vie*» SUARÈS. ♦ SPÉCIALT (plus cour.) La région du sud de la France. *Habiter dans le Midi. Les gens du Midi.* ➤ **méridional.** *L'accent du Midi.*
■ CONTR. Minuit. Nord.

2 **MIDI** [midi] **n. m.** – 1986 ◊ anglais (1983), sigle de *musical instrument digital interface* «interface numérique pour instrument de musique» ■ MUS., INFORM. Protocole d'échange d'informations entre instruments et logiciels de musique électronique. — **adj. inv.** *Interface midi. Fichiers midi.*

MIDINETTE [midinɛt] **n. f.** – 1890 ◊ de 1 *midi* et *dînette,* car la midinette se contente d'une *dînette* à *midi* ■ **1** VIEILLI Jeune ouvrière ou vendeuse parisienne de la couture, de la mode. ➤ **cousette, couturière, modiste, trottin.** ■ **2** MOD. Jeune fille de la ville, romanesque et frivole. *Goûts, lectures de midinette.* «*une petite midinette en rupture de courrier du cœur*» ANOUILH.

MIDSHIP [midʃip] **n. m.** – 1853 ; *midshipman* 1751 ◊ mot anglais «homme du milieu du vaisseau» ■ MAR. ■ **1** Aspirant dans la marine anglaise. ■ **2** Enseigne de vaisseau de deuxième classe, dans la marine française. *Des midships.*

1 **MIE** [mi] **adv.** et **n. f.** – XIIe-XVIIe «parcelle» (→ miette) ◊ latin *mica* «parcelle»
I **adv.** (XIIe) VX Particule de négation. *Ne... mie.* ➤ 2 **pas.** «*de nouvelles peines auxquelles ils ne s'attendaient mie*» SAND.
II **n. f.** (1209) Partie molle à l'intérieur du pain. *Manger la mie et laisser la croûte.* «*ils se mettaient à pomper la sauce à pleine mie*» GIONO. *Pain de mie :* pain à mie blanche et dense, à croûte fine et molle, utilisé pour les sandwichs, les toasts, les croque-monsieur. — LOC. FAM. (1886) *À la mie de pain :* sans valeur. «*Cher monsieur Vous êtes un mec à la mie de pain*» APOLLINAIRE (cf. À la gomme, à la flan, à la manque, à la noix).
■ HOM. Mi, mis, mye.

2 **MIE** [mi] **n. f.** – XIIIe ◊ de *amie,* sous la forme *m'amie* «mon amie» ■ VX ou LITTÉR. Amie, femme aimée. «*J'aime mieux ma mie au gué*» (chans. anc.).

MIEL [mjɛl] **n. m.** – v. 1170 ; v. 1000 *mel* ◊ latin *mel* ■ **1** Substance sirupeuse et sucrée, de couleur ambrée, que les abeilles élaborent dans leur jabot avec le nectar des fleurs ou d'autres matières végétales, et qu'elles dégorgent dans les alvéoles des rayons pour la nourriture de leur communauté. ➤ aussi **gelée** (royale). *Miel d'acacia, de sapin, de tilleul... Mouche à miel* (VX) : abeille. *Production du miel.* ➤ **apiculture.**

Gâteau de miel : gâteau de cire divisé en alvéoles contenant le miel. ➤ **gaufre, 2 rayon.** *Aliment, boisson sucrés au miel* (➤ **miellé**), *préparés avec du miel.* ➤ **hydromel, nougat, pain** (d'épice). *Préparations pharmaceutiques au miel.* ➤ **électuaire, mellite.** *Les ours sont friands de miel. Couleur de miel.* ▪ **2** FIG. Chose douce, agréable (souvent péj.). ➤ **agrément, douceur.** « *le miel de la politesse* » SUARÈS. — LOC. *Être tout miel ; tout sucre tout miel* : se faire très doux. ➤ **doucereux, mielleux ; melliflu.** *Faire son miel de qqch.*, s'en servir avec profit. *Parti qui fait son miel de la crise.* ▪ **3 LUNE* DE MIEL.** ▪ **4** interj. EUPHÉM. Merde !

MIELLAT [mjela] n. m. – 1671 ◊ de *miel* ▪ Excrétion sucrée d'insectes parasites (pucerons, cochenilles, etc.) vivant sur certaines plantes ; ce produit, recueilli par les abeilles. *Miel de miellat et miel de nectar.*

MIELLÉ, ÉE [mjele] adj. – XIIe ◊ de *miel* ▪ LITTÉR. Qui contient du miel, est sucré au miel. *Boisson miellée*, qui rappelle le miel par la couleur, la saveur, l'odeur. *Les fleurs d'amandier* « *exhaleront leur parfum ailé, miellé* » COLETTE. — PHARM. Se dit d'une préparation contenant du miel comme édulcorant.

MIELLÉE [mjele] n. f. – v. 1225 ; « hydromel » 1578 ◊ de *miel* ▪ **1** BOT. Exsudation sucrée, mucilagineuse qui apparaît en été sur les bourgeons et les feuilles de certains arbres (érable, tilleul, etc.). ▪ **2** APIC. Nectar butiné que rapportent les abeilles pour le transformer en miel.

MIELLEUX, EUSE [mjelø, øz] adj. – 1265 ◊ de *miel* ▪ **1** VX ou LITTÉR. Qui a le goût ou l'odeur du miel. « *Les mielleuses bananes* » A. CHÉNIER. ▪ **2** (1590 ; « édulcoré » XIIIe) MOD. FIG. Qui a une douceur affectée. ➤ **douceâtre, doucereux, emmiellé.** *Paroles, phrases mielleuses. Air, ton, sourire mielleux.* ➤ **hypocrite, onctueux, 1 patelin, sucré.** « *des flatteries empressées et mielleuses* » STENDHAL. — adv. **MIELLEUSEMENT**, 1552. ▪ CONTR. Aigre, âpre ; brutal, sec.

MIEN, MIENNE [mjɛ̃, mjɛn] adj. poss. et pron. poss. de la première pers. du sing. – 842 ◊ latin *meum*

▪ Qui est à moi, m'appartient ; qui se rapporte à moi ; de moi.

I adj. poss. VX ou LITTÉR. À moi. ➤ **mon.** ▪ **1** (Épithète ; après un adj. dém. ou un art. indéf.) *Un mien cousin* : un cousin à moi, un de mes cousins. « *cette œuvre mienne* » GIDE. « *la velléité capricieuse et purement mienne* » PROUST. ▪ **2** (Attribut) *Ce livre est mien*, m'appartient, est à moi. *Tu es mienne* (en amour). *Des protestations que je fais miennes*, que je prends à mon compte.

II pron. poss. COUR. **LE MIEN, LA MIENNE,** *les miens, les miennes* : l'objet ou l'être lié à la première personne par un rapport de parenté, de possession, etc. *Votre fils et le mien.* « *Ton premier coup d'épée égale tous les miens* » CORNEILLE. « *Préoccupé du bien public autant ou plus que du mien propre* » GIDE. *Leurs enfants et les deux miens.* — (Attribut) *Ce livre n'est pas le mien, c'est celui d'un ami. Vos idées sont les miennes sur ce sujet*, les mêmes que les miennes. *Je ne discute pas, votre prix sera le mien.*

III n. m. ▪ **1 LE MIEN :** ce qui est à moi, mon bien. « *tu nous as prêché je ne sais quelle distinction du tien et du mien* » DIDEROT. ▪ **2 DU MIEN :** de ma personne, de mes ressources... (cf. Mettre* du sien). *J'y ai mis du mien* : j'ai fait un effort. *J'ai repris son idée, mais en y ajoutant du mien.* ▪ **3 LES MIENS :** mes parents, mes amis, mes partisans... *J'aime les miens.* « *es-tu des nôtres ? – Je suis des vôtres, si vous êtes des miens* » MUSSET.

MIETTE [mjɛt] n. f. – XIIe ◊ de 1 *mie* ▪ **1** Petite parcelle de pain, de gâteau qui tombe quand on le coupe ou le rompt. *Ramasser les miettes sur la table, sur la nappe après le repas* (➤ **ramasse-miette**). *Mettre du pain en miettes.* ➤ **émietter.** *Économe, elle* « *recueillait du doigt sur la table les miettes de son pain* » FLAUBERT. ▪ **2** FIG. *Les miettes de sa fortune.* ➤ **bribe.** *N'avoir, ne récolter que des miettes du gâteau*, une part dérisoire du profit. « *elle jeta à tout le monde* [...] *quelque miette de son sourire* » FRANCE. ▪ **3** Petit fragment. *Mettre, réduire un verre en miettes.* ➤ **morceau, pièce.** — FIG. *Avoir le cœur en miettes* : éprouver un profond chagrin. ▪ **4** Petit morceau (d'un aliment). *Donnez-m'en une miette pour y goûter.* ➤ **peu** (un peu). *Ils n'en ont pas laissé une miette.* ▪ **5** FIG. et FAM. Un petit peu. *Ne pas perdre une miette d'un spectacle*, n'en rien perdre.

MIEUX [mjø] adv. – fin IXe comme adverbe (I, 2°) ◊ du latin *melius*, famille de *melior* → meilleur
Comparatif irrégulier de *bien* (au lieu de *plus bien*).

I COMPARATIF DE *BIEN* ▪ **1** D'une manière plus accomplie, meilleure. *Cette lampe éclaire mieux. Je l'estime davantage depuis que je le connais mieux. Il n'en travaillera que mieux.* « *Impossible d'exprimer mieux une pensée plus admirable* » GIDE. *Reculer* pour mieux sauter.* — loc. verb. **ALLER MIEUX :** être en meilleure santé. ➤ **guérir,** se **remettre.** *Elle ne va ni mieux ni plus mal.* — Être dans un état plus favorable, plus prospère. *Les choses commencent à aller mieux. Ça ira mieux demain.* FAM. *Ça (ne) va pas mieux !*, ça ne va pas du tout, c'est le comble. — **FAIRE MIEUX DE,** (Belgique, Canada) *être mieux de* : avoir intérêt, avantage à. *Il ferait mieux de rester tranquille. Il aurait mieux fait de se taire.* « *T'es mieux de boucler ton clapet, vieille nouille !* » R. DUCHARME. — *Faire mieux* : faire un effort (➤ **améliorer**). *Je ferai mieux la prochaine fois. (Élève qui) peut mieux faire.* — *Aimer mieux* : préférer. *Valoir* mieux.* — LOC. *Mieux vaut tard que jamais.* ▪ **2** (fin IXe) **MIEUX QUE...** *Il travaille mieux que son frère. Elle sait mieux que personne ce qu'elle doit faire. Mieux que jamais. Ça va mieux que bien*, très bien. « *Elle était mieux que jolie, elle était charmante* » SAND. *Il a mieux réussi que je ne pensais. Il n'écrit pas mieux qu'il ne parle* : il parle et écrit mal. — ELLIPT Aux enchères, *Qui dit mieux* (que l'enchérisseur précédent) ?, qui propose davantage ? ▪ **3** (Après un adv. de quantité) *Un peu, beaucoup, bien mieux.* ▪ **4** LOC. *Tant* mieux. D'autant* mieux.* — *Mieux*, en corrélation avec *plus, moins*, marque une augmentation directement ou inversement proportionnelle. *Moins je le vois, mieux je me porte.* « *Mieux je saisis ces rapports, plus je m'intéresse à l'œuvre* » FRANCE. — LOC. *On ne peut mieux* : parfaitement. — adj. *C'est on ne peut mieux.* ➤ **parfait.** — (fin XIIIe) *De mieux en mieux* : en progressant vers le mieux. *Notre malade va de mieux en mieux.* IRON. *De mieux en mieux, ne vous gênez pas !* — (fin XVe) *À qui mieux mieux* : à qui fera mieux (ou plus) que l'autre. ➤ **envi** (à l').

II LE, LA, LES MIEUX. SUPERLATIF DE *BIEN* ▪ **1** (début XIIIe) De la meilleure façon. « *Ce que je sais le mieux, c'est mon commencement* » RACINE. *Le plus tôt sera le mieux.* (avec un participe féminin) *La solution la mieux adaptée. Les situations le mieux payées* (beaucoup payées), *les mieux payées* (payées plus que les autres). *Le mieux qu'il peut, du mieux qu'il peut. J'* « *occupe du mieux que je peux des jours effroyablement vides, à l'étude* » GIDE. *Le mieux du monde* : à la perfection. — « *Le mieux qu'on puisse faire, c'est de détourner les yeux et de penser à autre chose* » SARTRE. ▪ **2** LOC. **AU MIEUX :** de la meilleure façon. *Faites au mieux. En mettant les choses au mieux* : en supposant l'état, les conditions les meilleurs. « *tabac et alcool aidant, il serait mort d'ici dix ans en mettant les choses au mieux* » FALLET. — *Vendre, acheter au mieux*, au meilleur prix du marché. — ELLIPT *Au mieux, il réunira deux mille suffrages.* — (1828) *Être au mieux avec qqn*, en excellents termes. *Ils sont au mieux.* — *Au mieux de*, de la façon la plus appropriée. *Je réglerai l'affaire au mieux de vos intérêts.* — *Être au mieux de sa forme.* ➤ **sommet.** ▪ **3 POUR LE MIEUX :** très bien, excellemment ; le mieux possible. *Faites pour le mieux.* PROV. *Tout est pour le mieux dans le meilleur des mondes.* ▪ **4** (fin XIe) **DES MIEUX.** Très bien. VIEILLI « *cela va des mieux* » JALOUX. — LITTÉR. (avec un p. p.) *Cet appartement est des mieux meublés.* loc. adv. *Le titre est des mieux choisi.*

III ~ adj. ATTRIBUT ▪ **1** (PERSONNES) En meilleure santé. *Se sentir mieux. Je vous trouve mieux ces temps-ci.* ◆ Plus agréable, plus beau. *Il est mieux que son frère ; il est mieux sans moustache.* ◆ Plus à l'aise. *Mettez-vous dans ce fauteuil, vous serez mieux.* ▪ **2** (fin XIe) (CHOSES) Dans un état meilleur, plus convenable, plus satisfaisant. *Nous ne nous voyons plus : c'est mieux ainsi. Parler est bien, se taire est mieux.* ➤ **préférable.** ◆ **DE MIEUX :** de meilleur, qui soit mieux. *Si vous n'avez rien de mieux à faire ce soir, je vous emmène au cinéma.* IRON. *Il n'a rien trouvé de mieux que de venir me déranger ici.* — *Ce qu'il y a de mieux dans un spectacle* (➤ **1 bouquet**), *dans une société* (➤ **gratin**). *Ce qu'il y a, ce qui se fait de mieux dans le genre* (➤ **must, nec plus ultra, 2 top**). — FAM. *Une maison tout ce qu'il y a de mieux.* ▪ **3** LOC. **QUI MIEUX EST** [kimjøzɛ] : ce qui est encore mieux. « *Le plus grand esprit de ce temps ! Et, qui mieux est, grand esprit et grand cœur* » DUHAMEL.

IV NOMINAL ▪ **1** (Sans article) Quelque chose de mieux, une chose meilleure. *En attendant mieux, je m'en contenterai. Vous ne trouverez pas mieux sur le marché. Il y a mieux, mais c'est plus cher. J'attendais, j'espérais mieux de lui.* loc. verb. *Ne pas demander* mieux.* — *Faute* de mieux.* « *Le mets ne lui plut pas : il s'attendait à mieux* » LA FONTAINE. *Il a changé en mieux*, à son avantage. ◆ (fin XIe) (Pour renchérir sur ce qu'on vient de dire) Bien plus. *Il a beaucoup de talent ; mieux, du génie.*

▪ **2** n. m. **LE MIEUX :** ce qui est plus accompli, meilleur, le plus haut degré d'excellence possible. *Efforts de l'humanité vers le mieux.* PROV. *Le mieux est l'ennemi du bien :* on risque de gâter une bonne chose en voulant la rendre meilleure, en cherchant à mieux faire. *« ce n'est pas le bien qui réjouit l'homme, c'est le mieux »* TAINE. ◆ (1676) SPÉCIALT *Le mieux, du mieux, un mieux.* ➤ **amélioration.** *Le médecin a constaté du mieux, un léger mieux. Il fait des efforts, il y a du mieux.* ➤ **progrès.** ◆ *De mon (ton, son) mieux,* aussi bien qu'il est en mon (ton, son) pouvoir. *Faites de votre mieux.*
▪ CONTR. Pire.

MIEUX-DISANT, ANTE [mjødizɑ̃, ɑ̃t] **adj.** – XVIIIe ◇ de *mieux* et *disant,* p. prés. de *dire* ▪ VX Qui parle mieux que les autres. — MOD. SUBST. Offre supérieure, plus riche. ➤ **élite, gratin.** *Le mieux-disant culturel.* ▪ CONTR. Moins-disant.

MIEUX-ÊTRE [mjøzɛtʀ] **n. m. inv.** – XVIIIe ◇ de *mieux* et 1 *être* ▪ État plus heureux, amélioration du bien-être. *« découvrir les lois physiques pour s'en servir au mieux-être des hommes »* BAZIN.

MIÈVRE [mjɛvʀ] **adj.** – v. 1240 variantes *esmièvre, nièvre* ◇ p.-ê. ancien scandinave *snoefr* « vif » ▪ **1** VX ➤ **espiègle.** *Enfant « mièvre et éveillé »* MOLIÈRE. ▪ **2** (fin XVIIe ; « d'une gentillesse affectée » en moyen français) MOD. D'une grâce quelque peu enfantine et fade. *Peinture gracieuse et mièvre. Paroles mièvres.* ➤ **doucereux.** *Poésie d'un charme un peu mièvre.* ➤ **gentillet.** — **adv. MIÈVREMENT,** 1842. ▪ CONTR. Vif, vigoureux.

MIÈVRERIE [mjɛvʀəʀi] **n. f.** – 1718 ; *mievreté* XVe ◇ de *mièvre* ▪ **1** VX Espièglerie. ▪ **2** MOD. Grâce puérile, fade et recherchée. *« la mièvrerie, la molle joliesse de certaines phrases* [de Barrès] *»* GIDE. ◆ *Une, des mièvreries.* Chose, propos mièvre. *« l'escalier du grand temple* [...] *contraste absolument avec les mièvreries d'alentour »* LOTI.

MI-FIN [mifɛ̃] **adj. m.** – XXe ◇ de *mi-* et 2 *fin* ▪ Intermédiaire entre gros et fin (en parlant de produits du commerce). *Petits-pois mi-fins.* ➤ **demi-fin.**

MIGMATITE [migmatit] **n. f.** – 1931 ◇ terme créé en suédois (1907), du grec *migma* « mélange » ▪ MINÉR. Roche métamorphique, gneissique, d'aspect mélangé, formée d'une « trame » sombre (amphibole, par ex.) et d'un apport magmatique clair (feldspaths, quartz).

MIGNARD, ARDE [miɲaʀ, aʀd] **adj.** – 1418 ◇ de *mignon* et *-ard* ▪ **1** VIEILLI Qui a une douceur mignonne. ➤ 2 **gentil.** *« des attentions mignardes »* SAND. ▪ **2** (PERSONNES) PÉJ. ➤ **affecté, mièvre, recherché.** *Tolstoï « s'engouait de petits-maîtres mignards, des musiques de clavecin »* R. ROLLAND. ▪ **3** FAM. Qui a un aspect mignon, une grâce délicate, de la joliesse. *La petite Indochinoise « était mignarde, avec des mains minuscules »* SARTRE.
▪ CONTR. Grossier.

MIGNARDISE [miɲaʀdiz] **n. f.** – 1539 ◇ de *mignard* ▪ **1** LITTÉR. Gentillesse mignonne, grâce délicate. ➤ **délicatesse, gentillesse.** *La mignardise de son visage.* ▪ **2** Délicatesse, grâce affectée. ➤ **afféterie, préciosité.** *« ces menues pages* [de Balzac] *où le génie tombe dans l'afféterie et la mignardise »* HENRIOT. — PAR EXT. *Les mignardises d'une coquette.* ➤ 1 **chichi, manière, minauderie.** ▪ **3** *Mignardise,* PAR APPOS. *œillet mignardise :* petit œillet vivace à fleurs très odorantes que l'on met en bordures. *Des œillets mignardises.* ▪ **4** PLUR. Petites sucreries délicates servies à la fin du repas. *Café et mignardises. Des « mignardises luisantes de gelée, de crème, de sucre : des mini-tartelettes, choux à la crème, babas »* S. GERMAIN.

MIGNON, ONNE [miɲɔ̃, ɔn] **adj. et n.** – XVe ◇ de *mignot* (XIIe), par changement de suffixe ; p.-ê. de *minet* « chat »
I adj. ▪ **1** Qui a de la grâce et de l'agrément, dans la petitesse, la délicatesse. ➤ **charmant,** 2 **gentil, gracieux, joli, mignard ;** FAM. **choupinet, croquignolet, mimi.** *Fille jeune et mignonne, mignonne comme tout, comme un cœur. Pied mignon. Bras mignon et potelé. « des gestes mignons de tête »* FLAUBERT. *« Ô la mignonne créature ! mes yeux ne pouvaient se lasser de la regarder »* DAUDET. *C'est mignon chez vous.* ➤ **coquet.** — *Péché* mignon.* ▪ **2** *Filet mignon,* coupé dans la pointe du filet. SUBST. *Mignon de veau, de porc.* ▪ **3** FAM. Aimable et gentil, complaisant. *Soyez mignonne, aidez-moi à mettre le couvert.*
II ▪ **1** n. (milieu XVe) Personne mignonne (en parlant des enfants, des jeunes gens). *Une jolie petite mignonne.* APPELLATIF. *« Mignonne, allons voir si la rose »* RONSARD. *Mon mignon.* ◆ FAM. Jeune fille (➤ **poupée**). ▪ **2** n. m. (1446) VX ➤ **favori.** *« Cet enfant est le mignon de sa mère »* LITTRÉ. — HIST. *Les mignons d'Henri III,* favoris du roi, homosexuels très efféminés.
▪ CONTR. Laid.

MIGNONNET, ETTE [miɲɔnɛ, ɛt] **adj. et n.** – v. 1500 ◇ diminutif de *mignon* ▪ Petit et mignon, assez mignon. ➤ **gentillet.** *C'est mignonnet, sans plus.*

MIGNONNETTE [miɲɔnɛt] **n. f.** – 1697 ◇ fém. de *mignonnet* ▪ **1** Satinette de coton clair à rayures de couleur, qui sert à doubler les manches des vêtements d'homme. ▪ **2** (1721 « œillet ») Nom donné à certaines plantes : œillet mignardise*, saxifrage ombreuse, chicorée sauvage. ▪ **3** (1750) Poivre grossièrement concassé (pour assaisonner les steaks, etc.). ▪ **4** Fin gravier. *« nettoyer à la lance la mignonnette encrassée de la cour »* BAZIN. ▪ **5** Flacon miniature, échantillon d'alcool, d'apéritif. *« le chariot chargé de mignonnettes, réapprovisionnant le minibar des chambres »* RINALDI. *Collectionner les mignonnettes.*

MIGNOTER [miɲɔte] **v. tr.** ⟨1⟩ – début XVe ◇ de *mignot* « mignon » ▪ VIEILLI ▪ **1** Traiter délicatement, gentiment. ➤ **cajoler, caresser, choyer, dorloter.** *« je voulais une bonne blessure au bras pour pouvoir être pansé, mignoté par la princesse »* BALZAC. ▪ **2** PRONOM. *Se mignoter :* faire longuement, soigneusement sa toilette. ➤ **se bichonner.**

MIGRAINE [migʀɛn] **n. f.** – XIVe ; *goutte migraigne* XIIIe ◇ latin des médecins *hemicrania* « (douleur) dans la moitié du crâne », du grec ▪ Douleur intense qui affecte généralement un seul côté de la tête, qui survient sous forme de crises (➤ **céphalée**), et s'accompagne de nausées. ➤ **hémicrânie.** *Migraines ophtalmiques.* — PAR EXT. COUR. Mal de tête. *Une forte, une légère migraine. Avoir la migraine.* ➤ FAM. **casque.**

MIGRAINEUX, EUSE [migʀɛnø, øz] **adj.** – 1890 ◇ de *migraine* ▪ Relatif à la migraine. *Des accès migraineux.* ◆ Sujet à la migraine. *« je suis brisé et migraineux »* J.-R. BLOCH. **n.** *Les migraineux.*

MIGRANT, ANTE [migʀɑ̃, ɑ̃t] **adj. et n.** – 1878 ; rare avant 1951 ◇ de *migrer,* avec influence de *émigrant, immigrant* et anglais *migrant* (1672) ▪ DIDACT. Qui participe à une migration (1°). ◆ **n.** SPÉCIALT Travailleur originaire d'une région peu développée, s'expatriant pour des raisons économiques. ➤ **émigrant, immigrant.** *L'accueil des migrants.* ◆ Personne qui fuit son pays pour échapper à un conflit armé. ➤ **réfugié.** *« naufrages des migrants fuyant la misère, la famine, les persécutions, sur des embarcations pourries »* S. GERMAIN. *Campement de migrants.* ➤ **jungle.**

MIGRATEUR, TRICE [migʀatœʀ, tʀis] **adj.** – 1843 ◇ du latin *migrare* ▪ (Animaux) Qui migre. *Oiseaux migrateurs.* — SUBST. *« elle les entendait maintenant revenir, les migrateurs, et passer sur sa forêt en grands froufrous d'ailes »* PERGAUD.

MIGRATION [migʀasjɔ̃] **n. f.** – 1495 ◇ latin *migratio* ▪ **1** Déplacement de populations qui passent d'un pays dans un autre pour s'y établir. ➤ **émigration, immigration.** *Migration provoquée par une guerre.* ➤ aussi **exode.** *Migration des barbares.* ➤ **invasion.** ◆ Déplacement de populations d'un endroit à un autre (➤ **migrant**). *Migrations alternantes, pendulaires :* déplacements entre le lieu d'habitation et le lieu de travail. ➤ **navetteur.** *Migrations saisonnières* (vacances, travail saisonnier). *Migrations intérieures,* entre deux régions d'un même pays. ▪ **2** Déplacement collectif, d'ordinaire périodique, d'une espèce animale sur de grandes distances (➤ **migrateur**). *Migration des hirondelles, des cigognes, des anguilles. Migration des saumons.* ➤ **montaison.** *Migration des troupeaux.* ➤ **transhumance.** ▪ **3** FIG. RELIG. *Migration des âmes.* ➤ **transmigration.** ▪ **4** SC. Déplacement (d'un organisme) au cours de son développement ou de ses métamorphoses. — PHYSIOL. Déplacement (de cellules) dans l'organisme. *Migration des leucocytes.* ➤ **diapédèse.** *Migration de l'ovule* (de l'ovaire à l'utérus, par la trompe). — EMBRYOL. *Migration du testicule* (de la cavité abdominale vers les bourses). *Migrations cellulaires dans la rétine.* — PATHOL. *Migration de cellules cancéreuses.* ➤ **métastase.** *Migration d'un caillot sanguin.* ➤ **embolie.** ◆ Déplacement (d'une substance) à l'intérieur d'un milieu, (d'un élément) à l'intérieur d'un ensemble. *Migration de l'humus dans le sol, d'un radical dans un isomère.* ▪ **5** INFORM. Transfert (de données ou d'applications informatiques) d'un environnement matériel ou logiciel à un autre.

MIGRATOIRE [migʀatwaʀ] **adj.** – 1838 ◇ du latin *migrare* ▪ Relatif aux migrations. *Le phénomène migratoire. Flux migratoires. Crise migratoire.* — *Solde migratoire :* différence entre les arrivées (immigration) et les départs (émigration) d'habitants sur un territoire.

MIGRER [migʀe] **v. intr.** ‹1› – 1546, repris XXe ◇ latin *migrare* → émigrer ■ DIDACT. Changer d'endroit, de région, émigrer (en parlant des humains et des espèces animales). — (Sujet chose) *La publicité migre vers Internet.*

MIHRAB [miʀab] **n. m.** – 1874 ◇ mot arabe ■ DIDACT. (ARTS, etc.) Niche pratiquée dans la muraille d'une mosquée et orientée vers La Mecque. *L'imam officie dans le mihrab. Des mihrabs.*

MI-JAMBE (À) [amiʒɑ̃b] **loc. adv.** – *mi-jambes* 1606 ◇ de *mi-* et *jambe* ■ Au niveau du milieu de la jambe. *Avoir de l'eau jusqu'à mi-jambe.* On écrit aussi *à mi-jambes.*

MIJAURÉE [miʒɔʀe] **n. f.** – 1640 ◇ p.-ê. d'un dialectal *mijolée,* de *mijoler* «cajoler», de *mijot* → mijoter ■ Femme, jeune fille aux manières affectées, prétentieuses et ridicules. ➤ **bêcheuse** (2°), **pimbêche.** *Faire la, sa mijaurée.*

MIJOTER [miʒɔte] **v.** ‹1› – 1742 ; «faire mûrir» 1583 ◇ de l'ancien français *mijot* «lieu où l'on fait mûrir les fruits», p.-ê. du germanique °*musgauda*

I **v. tr.** ■ **1** Faire cuire ou bouillir lentement, à petit feu. *Mijoter du bœuf miroton. Lapin mijoté.* — PAR EXT. Préparer (un mets) avec soin, avec amour. ➤ **mitonner.** *Mijoter de bons petits plats.* — **p. p. subst.** *Un mijoté, une mijotée,* un plat mijoté. *Mijotée de légumes.* ■ **2** FAM. Mûrir, préparer avec réflexion et discrétion (une affaire, un mauvais coup, une plaisanterie). ➤ **fricoter, manigancer.** *Mijoter sa vengeance. Qu'est-ce qu'il mijote ?*

II **v. intr.** ■ **1** Cuire, bouillir à petit feu. *Potage qui mijote.* ■ **2** (PERSONNES) FAM. Attendre en réfléchissant. *Laissons-le mijoter.* ➤ **mariner.**

MIKADO [mikado] **n. m.** – 1827 ◇ mot japonais, du préfixe honorifique *mi* et *kado* «la porte», spécialt «porte du palais impérial», puis «palais», «empereur, majesté impériale» ■ **1** Empereur du Japon. ■ **2** (1903) Jeu d'adresse d'inspiration japonaise, ressemblant au jonchet*. *Des mikados.*

1 **MIL** ➤ 1 **MILLE**

2 **MIL** [mil ; mij] **n. m.** – fin XIe ◇ latin *milium* ■ Céréale à petits grains (sorgo, millet) cultivée surtout en Afrique. *Couscous, bière de mil. «lui chanter paroles de vie fortes comme l'alcool de mil»* SENGHOR. ■ HOM. Mille.

3 **MIL** [mil] **n. m.** – 1850 ◇ persan *mail* «marteau» ■ RARE Petite massue de bois utilisée en gymnastique pour les exercices d'assouplissement.

MILAN [milɑ̃] **n. m.** – 1500 ◇ mot provençal, latin populaire °*milanus,* latin *miluus* ■ Oiseau rapace diurne *(aquilidés). Milan royal :* aigle à queue fourchue. *Milan blanc :* busard, circaète. *Milan noir.*

MILANAIS, AISE [milanɛ, ɛz] **adj.** et **n.** – 1606 *milanoise,* nom d'une danse ◇ de *Milan* ■ De Milan, la plus grande ville d'Italie du Nord (Lombardie). — **loc. adv.** et **adj.** **(À LA) MILANAISE :** se dit de plats panés (œufs, mie de pain, parmesan) à la manière lombarde. *Escalopes milanaises. — Timbale milanaise :* pâtes, champignons, ris de veau. — **n. m.** Variété de génoise à l'abricot.

MILDIOU [mildju] **n. m.** – 1881 ; *mildew* 1874 ◇ anglais *mildew* «moisissure», du germanique °*melith* «miel» et °*dawa* «rosée» ■ Maladie cryptogamique qui attaque différentes plantes et apparaît sous forme de taches blanches duveteuses. *Mildiou de la pomme de terre* (➤ **phytophthora**), *de la betterave* (➤ **péronosporacées**). — SPÉCIALT Maladie de la vigne (rouille des feuilles) causée par un champignon *(Plasmopara viticola).*

MILDIOUSÉ, ÉE [mildjuze] **adj.** – 1882 ◇ de *mildiou* ■ AGRIC. Atteint du mildiou. *Vigne mildiousée.*

MILE [majl] **n. m.** – 1866 (le mot était francisé en *mille*) ◇ mot anglais, du latin *milia* ■ MÉTROL. Unité anglo-saxonne de mesure de longueur utilisée en Grande-Bretagne, aux États-Unis et au Canada, valant 5 280 pieds soit 1 609 mètres. ➤ 2 **mille.** — SPORT Cette distance courue en athlétisme. *Le record du monde du mile.*

MILIAIRE [miljɛʀ] **adj.** et **n. f.** – 1560 ◇ latin *miliarius* ■ MÉD. Qui présente l'aspect d'un grain de mil. *Éruption miliaire. Fièvre miliaire,* ou **n. f.** *la miliaire,* caractérisée par une abondante transpiration et une éruption miliaire. ➤ **suette ;** COUR. **gale** (**bédouine**). *Tuberculose* miliaire.* ➤ **granulie.** ■ HOM. Milliaire.

MILICE [milis] **n. f.** – fin XVIe ; *milicie* 1372 ◇ latin *militia* «service militaire» ■ **1** VX Art de la guerre. ■ **2** VX Armée. *Rome «nourrissait une milice admirable»* BOSSUET. ■ **3** HIST. *Milices communales, urbaines, bourgeoises :* troupes armées formées dans les villes de communes. *Les milices bourgeoises furent remplacées en 1789 par la garde nationale. — Milices provinciales :* troupes de réserve de l'armée régulière, recrutées par tirage au sort. ■ **4** MOD. Troupe de police supplétive qui remplace ou renforce une armée régulière. *Milices populaires.* ◆ SPÉCIALT *La Milice :* corps paramilitaire de volontaires français formé par le gouvernement de Vichy pour soutenir les forces allemandes d'occupation contre la résistance française, de 1943 à 1944. ◆ Police, dans certains pays. ◆ Formation illégale chargée par une collectivité (parti politique, groupe de pression, entreprise, etc.) de la défendre ou de défendre ses intérêts, en recourant à la force. *Milices privées.*

MILICIEN, IENNE [milisjɛ̃, jɛn] **n.** – 1725 ◇ de *milice* ■ **1** **n. m.** HIST. Soldat d'une milice (3°). ■ **2** (v. 1937) MOD. Membre d'une milice (4°).

MILIEU [miljø] **n. m.** – début XIIe ◇ de *mi-* et 1 *lieu*

I CE QUI EST À MI-DISTANCE DANS L'ESPACE OU LE TEMPS ■ **1** (Dans l'espace) Partie d'une chose qui est à égale distance de ses bords, de ses extrémités. *Scier une planche en son milieu, par le milieu,* dans le sens de la longueur. ➤ **axe.** *Le milieu d'une pièce ronde.* ➤ **centre, mitan.** *Le milieu d'une rue,* le point situé à mi-distance de ses extrémités ; le point (la ligne) situé(e) à mi-distance des trottoirs. — MATH. *Milieu d'un segment AB :* point unique, équidistant de A et de B. — *Le milieu de la Terre* (dans la géographie antique). SANS COMPL. *L'empire du Milieu :* l'Empire chinois. *«La Chine est l'Empire du Milieu. Autour il y a les barbares»* P.-J. REMY. ■ **2** **loc. adj.** **DU MILIEU :** qui, parmi plusieurs, occupe la position centrale. *Le doigt du milieu.* ➤ **médius.** *Le rang du milieu et les rangs latéraux.* ■ **3** (milieu XVIe) (Dans le temps) Période également éloignée du commencement et de la fin. *Le milieu du jour* (➤ 1 **midi**), *de la nuit* (➤ **minuit**). *Depuis le milieu du XIXe siècle :* à partir de 1850. ■ **4** (milieu XIIe) **AU MILIEU (DE) :** à mi-distance des extrémités. *Au milieu du corps :* à mi-corps. *Au milieu de l'été* (cf. Au fort, au plus fort de ; au cœur de...). — *Interrompre qqn au milieu d'un exposé.* — PAR EXT. (début XIIe) Loin des extrémités, du bord ; à l'intérieur. *Au milieu des bois* (➤ **dans**), *des bosquets* (➤ **parmi**). *Au milieu d'une région, d'un pays.* LOC. FAM. *Au milieu de nulle part,* dans un endroit perdu. *«Échevelé, livide au milieu des tempêtes»* HUGO. — *Au milieu des gens qui nous entourent. Au milieu de sa famille.* ➤ **sein** (au sein de) ; **giron** (dans le giron de). — FIG. (1558) *Vivre au milieu du bruit.* ➤ **dans.** *«l'on causait, de voiture à voiture, au milieu de cris et de rires»* ZOLA. ➤ **parmi.** — (fin XVIe) (Temps) *Au milieu du jour, du repas* (➤ 3 **pendant**). ◆ (1547) **AU BEAU MILIEU DE ; EN PLEIN MILIEU DE...** *Au beau milieu de la chaussée. Il est arrivé en plein milieu de la séance. «elle reprend son discours au beau milieu d'une phrase, sans répéter les mots qui précèdent pour conserver la cohérence du propos»* ROBBE-GRILLET. ■ **5** PAR EXT. *Milieu de table :* pièce de vaisselle ou d'orfèvrerie décorative placée au milieu d'une table. ➤ 2 **surtout.** — SPORT *Milieu de terrain :* au football, joueur, intermédiaire entre les défenseurs et les attaquants, qui organise le jeu. ➤ **libéro.**

II FIG. POSITION MOYENNE ■ **1** (1613) Ce qui est éloigné des extrêmes, des excès ; position, état intermédiaire. ➤ **entredeux, intermédiaire.** *Il y a un milieu, il n'y a pas de milieu entre... L'homme dans la nature est «un milieu entre rien et tout»* PASCAL. *«s'il n'a pas vécu comme un saint, il n'a pas été non plus un mauvais homme. Il tenait le milieu»* CAMUS. ■ **2** (1662) LOG. Ce qui peut être intercalé entre deux notions, moyen terme. ➤ 1 **médium.** *Principe du milieu* (du tiers) *exclu :* de deux propositions contradictoires, il est nécessaire que l'une soit vraie et l'autre fausse (il n'y en a pas de troisième possible). ■ **3** (milieu XVIIe, Pascal) **LE JUSTE MILIEU.** ➤ **mesure, moyenne.** *«garder en tout un juste milieu, voilà la règle du bonheur»* DIDEROT. — (1831) POLIT. Méthode de gouvernement modéré, doctrine politique de la monarchie constitutionnelle de Louis-Philippe. ➤ **juste-milieu.**

III CE QUI ENTOURE ■ **1** PHYS. (1639) «espace matériel dans lequel un corps est placé» (d'Alembert). *Milieu réfringent. Milieu fluide, solide. Milieu acide, alcalin, neutre.* ■ **2** (1831) BIOL. Ensemble des objets matériels, des êtres vivants, des conditions physiques, chimiques, climatiques qui entourent un organisme vivant et interagissent avec lui. *Le milieu naturel. — Milieu de culture* (pour micro-organismes, cellules). — (1831) SPÉCIALT ÉCOL. Ensemble des conditions naturelles, des facteurs physicochimiques et biologiques interdépendants (facteurs abiotiques et biotiques) dont dépend la vie des organismes dans un lieu donné. ➤ **biotope, environnement.** *«le comportement d'un être humain est façonné par une incessante interaction des gènes et du milieu»* F. JACOB. *Ensemble des organismes et de leurs milieux* (terrestres). ➤ **biosphère, écosystème.** *Adaptation au milieu.* ➤ **acclimatation,**

accommodat. *Espèces vivant dans un même milieu.* ➤ **biocénose.** *Étude des milieux et des êtres vivants, de leurs rapports.* ➤ **biogéographie ; écologie.** *Impact humain sur le milieu.* ➤ **anthropisation ; anthropocène.** *La notion de climat est comprise dans celle de milieu.* ▪ **3** (1842) Ensemble des conditions extérieures dans lesquelles vit et se développe un être humain. *L'être humain et le milieu.* ➤ **société.** ▪ **4** PHYSIOL. Espace défini par ses constantes physicochimiques propres. (1866, C. Bernard) *Milieu intérieur* : ensemble des liquides physiologiques de l'organisme. *« La fixité du milieu intérieur est la condition de la vie libre, indépendante »* C. BERNARD. ▪ **5** (1846) COUR. Entourage matériel et moral d'une personne (➤ **ambiance, atmosphère, cadre, climat, décor, environnement**). *Le milieu ambiant.* SPÉCIALT Groupe social où vit une personne (pays, classe sociale, profession, famille). ➤ **condition, sphère** (FIG.). *Le milieu familial, social, professionnel d'une personne. Milieu modeste, huppé. Milieu défavorisé.* ➤ **classe.** *Milieu d'où l'on sort, où l'on vit. « ce dégoût que les âmes sans illusions réservent au milieu où elles ont grandi »* YOURCENAR. *S'adapter à un nouveau milieu, changer de milieu. Être, se sentir dans son milieu.* ➤ **élément.** — *Milieu fermé**. — *Les milieux politiques, littéraires, scientifiques. On pense dans les milieux bien informés que...* ▪ **6** (1921) ABSOLT **LE MILIEU :** groupe social formé en majorité d'individus vivant de la prostitution et des produits de vol. ➤ **pègre.** *Un caïd du milieu. « Il n'existe plus de "milieu" sauf celui des macs qui sont des donneurs »* GENET. *L'argot du milieu.* ▪ CONTR. Bord, bout, côté, extrémité ; commencement, 1 fin ; 1 écart (à l'écart).

MILITAIRE [militɛʀ] adj. et n. – 1355 ◊ latin *militaris*, de *miles* « soldat »

I adj. ▪ **1** Relatif à la force armée, à son organisation, à ses activités, en particulier au cours d'un conflit. ➤ **guerrier, martial.** *L'art militaire* : la stratégie, la tactique. *École militaire. Hiérarchie militaire. Circonscription, région militaire. Préparation militaire* (ABRÉV. *P. M.*). *Service* militaire. Les autorités civiles et militaires. Justice militaire* (conseil de guerre, cour martiale). *Police militaire (P. M.). Décoration, médaille militaire. « Servitude et Grandeur militaires »,* œuvre de Vigny. *Opération militaire. Victoire militaire,* par les armes. *Tenue militaire.* ➤ **uniforme.** *Équipement* militaire. Camion, véhicule militaire. Convoi militaire. Hôpital militaire. Marine, aviation militaire. Route militaire.* ➤ **stratégique.** — *Salut militaire. Musique, marche militaire. « le rythme d'une musique militaire — tambours, haut-bois, fifres et trompettes »* J. TEULÉ. — *Attaché*, médecin militaire. Êtes-vous militaire ou civil ? Il est militaire dans l'âme.* — *Collège militaire.* ➤ **prytanée.** ▪ **2** PAR EXT. *L'esprit, la fibre militaire* : le goût des armes, de l'armée. ➤ **militarisme.** ▪ **3** Qui est considéré comme propre à l'armée, aux soldats. *Concision, exactitude militaire. L'heure militaire,* précise. *Une rigueur toute militaire.* ▪ **4** Qui est fondé sur l'armée, sur la force armée. *Gouvernement militaire ; tyrannie, joug militaire.* ➤ **caporalisme.** — *Coup d'État militaire.* ➤ **pronunciamiento, putsch.**

II n. (1658) ▪ **1** Personne qui appartient à l'armée, en tant que groupe social, fait partie des forces armées. ➤ **soldat ; homme** (de troupe), 2 **officier.** *« Est-ce qu'un militaire n'est pas fait pour être tué ? »* DIDEROT. *Militaire de carrière, de métier.* — *Militaire borné, chauvin.* ➤ **baderne** (cf. Culotte* de peau). — FAM. et VIEILLI (appellatif) *Pardon, militaire !* ▪ **2** n. m. LITTÉR. **LE MILITAIRE :** l'ensemble des militaires ; le métier de soldat. *« Là-dessus, je pus disposer, comme on dit dans le militaire »* DUHAMEL.

▪ CONTR. Civil.

MILITAIREMENT [militɛʀmɑ̃] adv. – 1552 ◊ de *militaire* ▪ **1** D'une manière militaire. *Saluer militairement.* — Avec une discipline, une exactitude militaire. *Mener militairement une affaire,* avec décision, tambour battant. ▪ **2** Par l'emploi de la force armée. ➤ **manu militari.** *« Les ponts sur la Moselle étaient occupés militairement par les troupes allemandes »* MARTIN DU GARD.

MILITANCE [militɑ̃s] n. f. – 1938 en polit. ◊ de *militant* ▪ Activité militante. ➤ **militantisme.**

MILITANT, ANTE [militɑ̃, ɑ̃t] adj. et n. – 1420 ◊ de *militer* ▪ **1** RELIG. Qui lutte contre les tentations. *Église militante* (opposé à *triomphante*). ▪ **2** (1832) Qui lutte activement pour défendre une cause, une idée. ➤ **actif.** *Un syndicaliste très militant.* — Qui prône l'action. *Doctrine, politique militante* (➤ **militance**). ▪ **3** n. Membre actif d'une association, d'un syndicat, d'un parti. *Militant ouvrier, révolutionnaire. Militant communiste. « ces militants qui sont l'avant-garde de la classe ouvrière »* ARAGON. *Une militante féministe.* ➤ aussi **passionaria.** *Militant de base* : personne sans titre ni responsabilité particulière dans la hiérarchie du parti. *Les militants de base et les apparatchiks.*

MILITANTISME [militɑ̃tism] n. m. – 1963 ◊ de *militant* ▪ Attitude des personnes qui militent activement dans une organisation (➤ **militant**). *Militantisme antiraciste.*

MILITARISATION [militaʀizasjɔ̃] n. f. – 1845 ◊ de *militariser* ▪ **1** Action de militariser ; son résultat. ▪ **2** Utilisation à des fins militaires. *Militarisation de la variole.* ▪ CONTR. Démilitarisation.

MILITARISER [militaʀize] v. tr. ⟨1⟩ – 1843 ◊ de *militaire* ▪ **1** Organiser d'une façon militaire ; pourvoir d'une force armée. *Militariser une frontière.* p. p. adj. *Zone militarisée.* ▪ **2** Produire à des fins militaires, sous une forme permettant l'utilisation comme arme. *Militariser un gaz, une bactérie.* — *Anthrax militarisé.* ▪ CONTR. Démilitariser.

MILITARISME [militaʀism] n. m. – 1790 ◊ de *militaire* ▪ PÉJ. ▪ **1** Prépondérance de l'armée, de l'élément militaire dans la vie d'une société ; goût des armes, de la guerre. ➤ **bellicisme.** *« Il avait la haine du militarisme brutal »* R. ROLLAND. ▪ **2** Système politique qui s'appuie sur l'armée ; gouvernement par les militaires. ➤ **caporalisme.** ▪ CONTR. Antimilitarisme, pacifisme.

MILITARISTE [militaʀist] adj. et n. – 1892 ◊ de *militarisme* ▪ PÉJ. Relatif au militarisme. *Nationalisme militariste.* ♦ Partisan du militarisme. ▪ CONTR. Antimilitariste, pacifiste.

MILITARO- ▪ Élément, de *militaire*, signifiant « qui touche, qui se rapporte à la fois au domaine militaire et à un autre domaine (qualifié par le second élément) » : *militaro-industriel* (1967), *militaro-politique* (1973), *militaro-économique*, etc.

MILITER [milite] v. intr. ⟨1⟩ – XIIIe « faire la guerre » ◊ latin *militari*, de *miles, itis* « soldat » ▪ **1** (1669 dr.) (CHOSES) *Militer pour, contre* : constituer une raison, un argument pour ou contre. *Les arguments, les raisons qui militent en faveur de cette décision. « Tout ce qui militait en 1789 pour le maintien de l'Ancien Régime »* CHATEAUBRIAND. ▪ **2** (1794) (PERSONNES) Agir, lutter sans violence (pour ou contre une cause) en s'efforçant de rallier autrui à ses convictions. *Militer pour la paix, contre la violence.* — SPÉCIALT Être un militant (de parti, de syndicat). *« un copain qui milite à la* Guerre sociale *»* ROMAINS.

MILIUM ➤ **MILLET** (2°)

MILKBAR [milkbaʀ] n. m. – 1947 ◊ anglais *milk* « lait » et 1 *bar* ▪ ANGLIC. VIEILLI Bar, café où l'on ne consomme que des boissons non alcoolisées, généralement à base de lait. *Des milkbars.* — On écrit aussi *un milk-bar, des milk-bars.*

MILKSHAKE [milkʃɛk] n. m. – 1946 ◊ anglais américain *milk shake*, de *milk* « lait » et *to shake* « secouer » ▪ ANGLIC. Boisson frappée, aromatisée, à base de lait ou de farine lactée. *Des milkshakes à la fraise, à la banane.* ➤ aussi **smoothie.** — On écrit aussi *un milk-shake, des milk-shakes.*

MILLAGE [milaʒ] n. m. – 1968 ◊ mot canadien, de 2 *mille*, d'après *kilométrage* et anglais *mileage* ▪ Canada Action de mesurer en milles* ; nombre de milles parcourus. *Millage d'une voiture,* indiqué au compteur.

MILLAS [mijas] n. m. – 1606 ; *millace* « céréale » 1448 ◊ de 2 *mil* ▪ RÉGION. (Sud-Ouest) Gâteau de farine de maïs (se dit de divers gâteaux et pâtisseries). — On écrit aussi *millasse, milliasse,* n. f.

1 **MILLE** [mil] adj. numér. inv. et n. m. inv. – 1165 *mile* ; 1080 *mil* ◊ latin *milia*, plur. de *mille*

I adj. numér. card. Nombre entier naturel équivalant à dix fois cent (1 000 ; M). ➤ **kilo-.** ▪ **1** Avec ou sans déterm. *Mille ans.* ➤ **millénaire, millésime.** *Mille mètres.* ➤ **kilomètre.** *Mille francs.* ➤ FIN. **kilofranc.** *Mille kilos.* ➤ 1 **tonne.** *Mille fois moins.* ➤ **milli-.** ♦ (En composition pour former un adj. card.) *Mille un, une* (sauf dans *« les Mille et Une Nuits »*). *Mille dix. Mille huit cents* (ou *dix-huit cents*). *Mille neuf cent quatre-vingt-dix-neuf. Dix mille.* ➤ **myria-.** *Vingt et un mille tonnes* (ou *vingt et une*). *Cent mille. Sept cent mille euros.* — (Dans une date) *Mille* ou **MIL** [mil]. *« Mil huit cent onze »* HUGO. — n. m. inv. *Courir un 10 000 mètres,* une course d'une longueur de 10 000 m. — (Pour former un adj. ord.) *Mille et unième. Mille trois cent deuxième.* ♦ (Approximatif) Un grand nombre, une grande quantité de (cf. Trente-six, cent). *Je te l'ai dit mille fois. Briller de mille feux. Être à mille lieues* de... Mille pardons ; mille mercis. Mille et un, une. « Les mille et une brochures »* (ACADÉMIE). — LOC. *Je vous le donne en mille* : vous n'avez pas une chance sur mille de deviner, de gagner votre pari. ▪ **2** PRONOM. *Ils étaient mille. Donnez-m'en mille.*

II adj. numér. ord. Millième. *Page 1 000. Le numéro 1 000 d'une revue. En l'an 1000* (ou *mil*), *2000.*
III n. m. inv. ▪ **1** Sans déterm. *Mille plus deux mille cinq cents.* — **POUR MILLE** (précédé d'un adj. card.) : proportion de cas par millier d'unités (noté ‰). *Mortalité infantile de dix pour mille* (ou 10 ‰). ▪ **2** Avec déterm. Le chiffre, le numéro 1 000. *Des mille romains.* — Partie centrale d'une cible, marquée du chiffre 1 000. *Mettre, taper dans le mille,* dans le but. FIG. « *Alors je suis tombée juste ?* [...] – *Vous avez mis dans le mille* » QUENEAU. — Millier. *Il « désire que l'on massacre quelques centaines de mille hommes »* R. DE GOURMONT. *Objet vendu à tant le mille.* LOC. FAM. (1808) *Gagner des mille et des cents,* beaucoup d'argent. — Chaque millier d'exemplaires d'une édition. *Le trois centième mille.*
▪ HOM. Mil.

2 **MILLE** [mil] n. m. – XIIIe ◊ de 1*mille* ▪ MÉTROL. ▪ **1** Ancienne unité de mesure de longueur, de distance. *Mille romain,* valant mille pas soit 1 481,5 mètres. — Ancienne unité de mesure en usage dans de nombreux pays (France, Italie, Allemagne). ▪ **2** (1580 ◊ francisation de l'anglais *mile*) MOD. *Mille anglais* (SYMB. mi), utilisé en Grande-Bretagne, aux États-Unis et au Canada. ➤ **mile.** « *Quatre cents milles, en plein hiver, sans changer de cheval* » A. HÉBERT. *Nombre d'habitants au mille carré.* ✦ *Mille marin* (ou *nautique*) : unité de mesure de distance valant 1 852 mètres. ➤ **nautique** (n. m.). *Dixième de mille.* ➤ **encablure.**

1 **MILLEFEUILLE** [milfœj] n. f. – 1539 ◊ réfection de l'ancien français *milfoil* (milieu XIIIe), du latin *millefolium,* d'après 1*mille* et *feuille* ▪ Achillée *(composacées)* à longues feuilles étroites très découpées, utilisée comme hémostatique et comme anti-inflammatoire. *Des millefeuilles.* — On écrit aussi *mille-feuille.*

2 **MILLEFEUILLE** [milfœj] n. m. – 1806 ◊ de 1*mille* et *feuille* ▪ Gâteau rectangulaire, alternant de fines couches de pâte feuilletée et de crème pâtissière. *Des millefeuilles sucrés, glacés.* — PAR EXT. Préparation culinaire salée présentant des couches alternées. *Millefeuille de saumon, de courgettes.* ✦ FIG. Entassement, superposition. — PÉJ. (En France) *Millefeuille territorial :* accumulation des niveaux administratifs.

MILLÉNAIRE [milenɛʀ] adj. et n. m. – 1460 ◊ latin *millenarius* ▪ **1** Qui a mille ans (ou plus). *Une tradition plus que millénaire, plusieurs fois millénaire.* — PAR EXAGÉR. *Des arbres millénaires,* très vieux. ▪ **2** n. m. (1584) Période de mille ans. *Les dynasties égyptiennes du second millénaire avant Jésus-Christ.* ✦ PAR EXT. (1935) Millième anniversaire. *Le deuxième millénaire de la fondation d'une ville.* ➤ **bimillénaire.**

MILLÉNARISME [milenaʀism] n. m. – 1840 ◊ du latin *millenarius* ▪ RELIG. Doctrine du millénium. *Le « millénarisme en vogue qui nous vaut de si fanatiques bigoteries sur le désastre imminent »* SCHWARTZENBERG et VIANSSON-PONTÉ.

MILLÉNARISTE [milenaʀist] adj. et n. – 1877 ◊ de *millénarisme* ▪ RELIG. Relatif au millénarisme. *Théorie millénariste des premiers siècles de l'Église.* ✦ Partisan du millénarisme.

MILLÉNIAL, IALE, IAUX [milenjal, jo] n. et adj. – 2002 *millenials* ◊ anglais *millennial,* de *millennial generation* « génération du millénaire » ▪ ANGLIC. SOCIOL. Personne devenue adulte aux environs de l'an 2000. *Le mode de vie des milléniaux.* — adj. *La génération milléniale* (cf. La génération* Y). — On rencontre aussi la graphie *millennial,* plur. *millennials.*

MILLÉNIUM [milenjɔm] n. m. – *millenium* 1765 ◊ latin moderne, de *mille* « mille » et *annus* « an » ▪ Règne de mille ans attendu par les millénaristes (pour qui le Messie régnerait mille ans sur la Terre avant le jour du Jugement dernier). PAR EXT. L'âge d'or. « *On allait vers une sorte de millénium* » ROMAINS.

MILLEPATTE [milpat] n. m. – 1853 ◊ de 1*mille* et 1*patte* ▪ Myriapode caractérisé par un corps divisé en vingt et un segments, portant chacun une paire de pattes. ➤ 2 **scolopendre.** *Des millepattes.* — On écrit aussi *un mille-pattes* (inv.).

MILLEPERTUIS [milpɛʀtɥi] n. m. – 1539 ◊ de 1*mille* et *pertuis* ▪ Herbe ou arbrisseau *(hypéricacées)* dont les feuilles parsemées de glandes translucides semblent criblées de petits trous, appelé *herbe de Saint-Jean, herbe à mille trous.* — *Huile de millepertuis,* utilisée comme vulnéraire (baume du commandeur). — On écrit aussi *mille-pertuis* (inv.).

MILLÉPORE [mi(l)lepɔʀ] n. m. – 1742 ◊ prononciation latinisée de *mille-pore* ▪ ZOOL. Polypier calcaire *(hydrocoralliaires)* des mers chaudes.

MILLERAIE [milʀɛ] n. m. – 1803 ◊ de 1*mille* et *raie* ▪ Tissu à rayures ou à côtes très fines. *Des milleraies.* PAR APPOS. *Des velours milleraies.* — On écrit aussi *mille-raies* (inv.).

MILLERANDAGE [milʀɑ̃daʒ] n. m. – 1903 ◊ de *millerand,* adj. appliqué aux raisins avortés 1868, du latin *millium* (millet) *granum* (grain) ▪ AGRIC. Avortement partiel ou développement incomplet d'une partie des grains du raisin.

MILLERANDÉ, ÉE [milʀɑ̃de] adj. – v. 1900 ◊ de *millerand* → millerandage ▪ AGRIC. Affecté de millerandage. *Grappes millerandées.*

MILLÉSIME [milezim] n. m. – 1515 ◊ latin *millesimus* « millième » ▪ **1** DIDACT. Chiffre exprimant le nombre mille, dans l'énoncé d'une date. « *Charte datée de 350, au lieu de 1350, par oubli du millésime* » HATZFELD. ▪ **2** COUR. Les chiffres qui indiquent la date d'une monnaie, d'une médaille (et PAR EXT. d'un timbre-poste, de certains produits). — Date de la récolte du raisin qui a servi à la fabrication (d'un vin de cru). *1947 est un grand millésime pour les bordeaux rouges.*

MILLÉSIMÉ, ÉE [milezime] adj. – 1846 ◊ de *millésime* ▪ Qui porte un millésime. « *flacons jeunes, fioles millésimées* » COLETTE. *Porto millésimé.* ➤ **vintage.** *Mise à jour millésimée d'un ouvrage.*

MILLET [mijɛ] n. m. – *milet* 1256 ◊ diminutif de 2*mil* ▪ **1** Graminée cultivée pour les grains ou comme fourrage. ➤ **panic.** *Millet commun, millet blanc,* à tiges ramifiées, à inflorescence lâche, allongée. *Farine de millet. Millet des oiseaux, d'Italie ; millet à grappes,* à panicules serrées et épillets courts. *Grain de millet.* ✦ PAR EXT. Nom donné à plusieurs céréales (sarrasin [*millet noir*], maïs, sorgo, etc.). *Gros millet, millet de Guinée.* ➤ **sorgo.** ▪ **2** MÉD. Petit kyste blanc, rappelant un grain de millet, siégeant à la face (surtout aux paupières) ou sur la peau des organes génitaux externes (on dit aussi *milium* [miljɔm]).

MILLI- ▪ MÉTROL. Préfixe du système international (SYMB. m), de *millième,* qui divise par mille (10^{-3}) l'unité dont il précède le nom : *millimètre (mm), milliseconde (ms).*

MILLIAIRE [miljɛʀ] adj. – 1636 ; *milaire* « mille romain » v. 1240 ◊ latin *milliarius,* de *mille* ▪ ANTIQ. ROM. Qui marque la distance d'un mille* romain. *Borne, colonne, pierre milliaire.* ▪ HOM. Miliaire.

MILLIAMPÈRE [miliɑ̃pɛʀ] n. m. – 1881 ◊ de *milli-* et *ampère* ▪ MÉTROL. Unité de mesure de l'intensité du courant électrique (SYMB. mA), valant un millième d'ampère. *Un transformateur de 500 milliampères.*

MILLIAMPÈREMÈTRE [miliɑ̃pɛʀmɛtʀ] n. m. – 1923 ◊ de *milli-* et *ampèremètre* ▪ ÉLECTR. Ampèremètre très sensible, gradué en milliampères.

MILLIARD [miljaʀ] n. m. – 1688 ; *miliart* 1544 ◊ de *million,* par changement de suffixe ▪ Mille millions (10^9). *Un milliard de milliards.* ➤ **trillion.** *Deux milliards d'euros. Sept cents milliards de dollars.* — ABSOLT *Il est riche à milliards.* ➤ **milliardaire.** — Approximatif Un très grand nombre de. « *des millions de soleils éclairent des milliards de mondes* » VOLTAIRE.

MILLIARDAIRE [miljaʀdɛʀ] adj. et n. – 1866 ◊ de *milliard* ▪ Qui possède un milliard (ou plus) d'une unité monétaire. *Il est presque milliardaire. Compagnie pétrolière plusieurs fois milliardaire en dollars.* ➤ **multimilliardaire.** ✦ n. Personne extrêmement riche. *Les milliardaires américains.*

MILLIARDIÈME [miljaʀdjɛm] adj. et n. m. – 1923 ◊ de *milliard* ▪ **1** adj. numér. ord. Qui occupe le rang indiqué dans une série par le nombre d'un milliard. *Le milliardième visiteur.* ▪ **2** Se dit d'une des parties d'un tout divisé en un milliard de parties égales. ➤ **nano-.** — n. m. *Un milliardième.*

MILLIASSE ➤ **MILLAS**

MILLIBAR [milibaʀ] n. m. – 1914 ◊ de *milli-* et 3*bar* ▪ MÉTROL. Unité de mesure de pression atmosphérique (SYMB. mbar), valant un millième de bar et égale à 1 hectopascal. *La pression atmosphérique moyenne au niveau de la mer est de 1 013 millibars.*

MILLIÈME [miljɛm] adj. et n. – 1377 ; *millisme* XIIIe ◊ de *mille* ▪ **1** adj. numér. ord. Qui occupe le rang indiqué dans une série par le nombre mille. *Le, la millième touriste.* ▪ **2** Se dit d'une des parties d'un tout divisé en mille parties égales. *La millième partie d'une somme d'argent.* — n. m. *Un millième de millimètre.* ABSOLT *Calcul des charges d'un immeuble par millièmes.* SPÉCIALT Unité d'angle, en artillerie (diamètre d'un objet vu à une distance de mille fois ce diamètre).

MILLIER [milje] n. m. – 1080 ◊ de *mille* ▪ Nombre, quantité de mille ou d'environ mille. *Un millier de dollars. Plusieurs milliers de manifestants. Deux cents milliers.* — PAR EXT. *Des milliers :* un grand nombre indéterminé. *Milliers d'années.*

Il y en a des milliers et des milliers. — **loc. adv. PAR MILLIERS :** en très grand nombre. *Les étoiles « clignotaient par milliers au-dessus de sa tête »* MAC ORLAN.

MILLIGRAMME [miligʀam] **n. m.** – 1795 ◇ de *milli-* et *gramme* ■ MÉTROL. Unité de mesure de masse (SYMB. mg), valant un millième de gramme.

MILLILITRE [mililitʀ] **n. m.** – 1795 ◇ de *milli-* et *litre* ■ MÉTROL. Unité de mesure de volume (SYMB. ml), valant un millième de litre.

MILLIMÈTRE [milimɛtʀ] **n. m.** – 1795 ◇ de *milli-* et *mètre* ■ MÉTROL. Unité de mesure de longueur (SYMB. mm), valant un millième de mètre. *Mesurer au millimètre près. Millième de millimètre.* ➤ 2 **micromètre.** *Millimètre carré* (SYMB. mm^2). *Millimètre cube* (SYMB. mm^3). *Millimètre de mercure* : unité de mesure de pression (SYMB. mmHg), valant 133,32 pascals. ➤ **torr.** — *Film en huit, seize millimètres* (selon la largeur de la pellicule).

MILLIMÉTRÉ, ÉE [milimetʀe] **adj.** – début XXe ◇ de *millimètre* ■ Gradué, divisé en millimètres. *Papier millimétré.* ➤ **millimétrique.** — FIG. Au millimètre près, extrêmement précis. *Des frappes millimétrées. « Tout est planifié, organisé, millimétré »* É. CHERRIÈRE.

MILLIMÉTRIQUE [milimetʀik] **adj.** – 1836 ◇ de *millimètre* ■ SC. De l'ordre du millimètre. *Ondes millimétriques.* ➤ aussi **submillimétrique.** — Gradué en millimètres. *Papier millimétrique.* ➤ **millimétré.**

MILLION [miljɔ̃] **n. m.** – v. 1270 ◇ italien *milione* ■ Mille fois mille (10^6). ➤ **méga-.** *Un million, dix millions d'hommes. Mille millions* (➤ **milliard**), *un million de millions* (➤ **billion**). *Sept cents millions de dollars.* ◆ ABSOLT Million d'unités monétaires, de francs. *Son appartement lui a coûté deux millions.* — COUR. Million de centimes. *Sa bague valait dix millions.* ➤ FAM. **bâton, brique.** — *Posséder des millions.* ➤ **millionnaire.** *Être riche à millions,* très riche. — PAR EXT. *Des millions* : un nombre énorme. *Des millions de fleurs dans les prés.*

MILLIONIÈME [miljɔnjɛm] **adj.** et **n.** – 1550 ◇ de *million* ■ **1 adj. numér. ord.** Qui occupe le rang marqué par le nombre de un million. *La millionième entrée dans une exposition internationale.* **n.** *Le, la millionième.* ■ **2** Se dit de chaque partie d'un tout divisé en un million de parties égales. ➤ **micro-. n. m.** *Un millionième de gramme.* ➤ **microgramme.**

MILLIONNAIRE [miljɔnɛʀ] **adj.** et **n.** – 1721 ◇ de *million* ■ **1** Qui possède un ou plusieurs millions (d'unités monétaires, et SPÉCIALT de francs). PAR EXT. Qui est très riche. *Il est plusieurs fois millionnaire.* ➤ **multimillionnaire.** *Millionnaire en dollars, en yens.* — **n.** *Un, une millionnaire.* ■ **2** *Ville millionnaire,* qui compte au moins un million d'habitants.

MILLIVOLT [milivɔlt] **n. m.** – 1923 ◇ de *milli-* et *volt* ■ MÉTROL. Unité de mesure de tension électrique (SYMB. mV), valant un millième de volt .

MILLIVOLTMÈTRE [milivɔltmɛtʀ] **n. m.** – 1963 ◇ de *milli-* et *voltmètre* ■ ÉLECTR. Appareil utilisé pour mesurer les différences de potentiel très faibles. *Un pH-mètre millivoltmètre.*

MILORD [milɔʀ] **n. m.** – v. 1549 « titre anglais » ; v. 1430 « riche étranger » ◇ de l'anglais *my lord* « mon seigneur » ■ **1** VX Titre donné en France aux lords et pairs d'Angleterre, et PAR EXT. à tout étranger riche, puissant. *Sapé comme un milord.* ■ **2** (1839) ANCIENNT Cabriolet à quatre roues, à siège surélevé pour le conducteur.

MILOUIN [milwɛ̃] **n. m.** – 1760 ◇ p.-ê. du latin *miluus* « milan » ■ Oiseau palmipède *(anatidés)* des régions arctiques, canard sauvage à plumage noir, à tête et cou de couleur rousse.

MI-LOURD [miluʀ] **adj. m.** et **n. m.** – 1924 ◇ de *mi-* et *lourd* ■ SPORT Catégorie de poids, aux limites variables selon le sport (boxe, haltérophilie, judo, lutte, etc.), immédiatement inférieure à celle des poids lourds. *Le boxeur professionnel mi-lourd pèse entre 72,574 kg et 79,377 kg.* — **n. m.** Sportif de cette catégorie. *Champion du monde des mi-lourds.*

MIME [mim] **n.** – 1520 ◇ latin *mimus,* grec *mimos*

I **n. m.** ■ **1** ANTIQ. Courte comédie burlesque et satirique, comprenant texte, chant et expression corporelle. ■ **2** Genre de spectacle fondé sur le geste et l'expression corporelle. ➤ **mimique** (II, 1°), **pantomime.** *Cours de mime. L'art du mime.*

II ■ **1** **n. m.** (1542) Personne qui jouait dans les mimes antiques. ➤ **bouffon, histrion.** ■ **2** (1834) COUR. Personne qui joue dans les pantomimes, qui s'exprime par les attitudes et les gestes, sans paroles. *Le mime Marceau. « mademoiselle Rachel fut plutôt une mime tragique »* GAUTIER. ◆ PAR EXT. Personne qui a le talent d'imiter les manières, le langage d'autrui. ➤ **imitateur.**

III **n. m.** BIOCHIM. Substance qui reproduit l'effet d'une substance naturelle. ➤ **agoniste** (2°).

MIMER [mime] **v. tr.** ⟨1⟩ – 1838 ◇ de *mime* ■ Exprimer ou reproduire (une attitude, un sentiment, une action) par des gestes, des jeux de physionomie, sans le secours de la parole. *« Mimer le désir, la joie, la fatigue »* MAURIAC. — *Mimer qqn par dérision.* ➤ **imiter, singer.** ■ HOM. *Mime* : mîmes (mettre).

MIMESIS [mimezis] **n. f.** – 1969, Genette ◇ du grec *mimêsis* « imitation », de *mimeisthai* « imiter » ■ DIDACT. ■ **1** Imitation ou représentation de la réalité. *La mimesis et la catharsis chez Aristote.* ■ **2** Création poétique par la production de simulacres humains s'exprimant fictivement en leur propre nom (poésie dramatique : comédie, théâtre, tragédie).

MIMÉTIQUE [mimetik] **adj.** – 1912 ◇ de *mimétisme* ■ Du mimétisme. *Réactions mimétiques.*

MIMÉTISME [mimetism] **n. m.** – 1874 ◇ du grec *mimeisthai* « imiter » ■ **1** Propriété que possèdent certaines espèces animales, pour assurer leur protection, de se rendre semblables par l'apparence au milieu environnant, à un être de ce milieu, à un individu d'une espèce mieux protégée ou moins redoutée. *Mimétisme des couleurs* (homochromie), *des formes. Le mimétisme du caméléon.* ■ **2** PAR EXT. Processus d'imitation ; ressemblance produite par imitation machinale. *Madame de Chateaubriand « écrivait, elle aussi* [...] : *ainsi le veut le mimétisme »* HENRIOT. *Agir par mimétisme.*

MIMI [mimi] **n. m.** – 1808 ◇ de *minet* ■ **1** Lang. enfantin Chat. ➤ 1 **mimine, minet, minou.** ■ **2** FAM. Baiser, caresse. *Fais un gros mimi à ta grand-mère.* ■ **3** (1823) FAM. T. d'affection ➤ **mignon.** *« Qu'a donc le mimi ? On est triste ? »* FLAUBERT. — **adj. (inv. en genre)** *Des robes très mimis. C'est tout ce qu'il y a de mimi. C'est mimi tout plein.*

1 **MIMINE** [mimin] **n. f.** – 1933, Colette ◇ de *mimi* (1°), croisé avec *mine* « chatte », relevé dans plusieurs parlers ■ FAM. Chatte. *La jolie mimine !*

2 **MIMINE** [mimin] **n. f.** – attesté 1977 ◇ formation hypocoristique sur *main* ■ Langage enfantin Main. ➤ **menotte.** *Donne-moi la mimine pour traverser.*

MIMIQUE [mimik] **adj.** et **n. f.** – 1570 ◇ latin *mimicus,* grec *mimikos*

I **adj.** DIDACT. Qui exprime une action, un discours par des gestes. *Langage mimique.*

II **n. f.** ■ **1** (1824) DIDACT. Art de l'expression ou de l'imitation par le geste ; action de mimer. ■ **2** COUR. Ensemble des gestes expressifs et des jeux de physionomie qui accompagnent ou remplacent le langage oral. ➤ **gestuelle.** *Une drôle de mimique. Mimique figée* (➤ **amimie**).

MIMIVIRUS [mimiviʀys] **n. m.** – 2003 ◇ mot anglais créé en français, de *mi(micking) mi(crobe) virus* « virus qui imite le microbe » ■ VIROL. Virus géant à ADN, de la taille d'une petite bactérie. *La découverte du mimivirus a remis en question la définition du virus.*

MIMODRAME [mimɔdʀam] **n. m.** – 1819 ◇ de *mime* et *drame* ■ DIDACT. Œuvre dramatique interprétée par gestes, mimiques, danses, sans paroles mais avec accompagnement musical. ➤ **pantomime.** « Le Jeune Homme et la Mort, *est-ce un ballet ? Non. C'est un mimodrame »* COCTEAU. — PAR ANAL. *« le mimodrame des consignes de sécurité interprété par les hôtesses »* ECHENOZ.

MIMOLETTE [mimɔlɛt] **n. f.** – 1962 ◇ de *mi-* et 1 *mollet* ■ Fromage à pâte pressée non cuite, de forme sphérique et de couleur orangée, appelé aussi *boule de Lille. La mimolette est un hollande traditionnellement produit dans le Nord.*

MIMOLOGIE [mimɔlɔʒi] **n. f.** – 1721 ◇ de *mime* et *-logie* ■ **1** DIDACT. Art de l'imitation par le geste, et PLUS SPÉCIALT par la voix. ■ **2** VX Langage mimique utilisé par les sourds. *Mimologie et dactylologie.*

MIMOSA [mimoza] **n. m.** – 1602 ◇ mot du latin scientifique (1557), de *mimus* « mime », cette plante sensitive se rétractant au frôlement, faisant des « mouvements » comme le mime. REM. *Mimosa* était féminin jusqu'à la fin du XIXe s., à cause de la terminaison en *-a*. Il a d'ailleurs été adapté en *mimose* ou en *(herbe, plante) mimeuse,* au cours du XVIIIe s. ■ **1** Arbre ou arbrisseau épineux (*mimosacées* ; ➤ **acacia** [1°]), originaire des régions chaudes, acclimaté dans les régions tempérées, et cultivé pour ses fleurs jaunes très odorantes en forme de petites boules duveteuses. *« le mimosa* [...]

portait une multitude de grappes volumineuses, aux petites houppes duveteuses d'un jaune éclatant» S. GERMAIN. *La sensitive, espèce de mimosa.* ▪ **2** Les branches fleuries de mimosa. *Bouquet de mimosa.* ▪ **3** (1911) APPOS. *Œuf mimosa* : œuf dur coupé en deux et dont le jaune est amalgamé à de la mayonnaise. *Des œufs mimosas* ou *mimosa* (inv.).

MI-MOYEN [mimwajɛ̃] **adj. m.** et **n. m.** – 1924 ◊ de *mi-* et *moyen* ▪ SPORT Catégorie de poids, aux limites variables selon le sport (boxe, haltérophilie, judo, lutte, etc.), et immédiatement inférieure à celle des poids moyens. ➤ **welter.** *Le boxeur professionnel mi-moyen pèse entre 63,5 kg et 67 kg.* — **n. m.** Sportif de cette catégorie. *Championnat de judo des mi-moyens.*

MINABLE [minabl] **adj.** et **n.** – XVe «qui peut être sapé, détruit par une mine» ◊ de *miner* ▪ **1** (1810) Qui semble miné, usé par la misère, la maladie, le chagrin, à en inspirer pitié. ➤ **misérable, pitoyable.** *Elle était «si minable, qu'on lui voyait les os du corps, au travers de ses guenilles»* ZOLA. ▪ **2** FAM. Très médiocre. ➤ **lamentable, miteux, piètre, piteux.** *Résultats minables. Spectacle minable.* ➤ FAM. **craignos.** *Mener une existence minable.* ➤ **étriqué.** *«Il riait de lui même [...] de sa vie, de ses minables passions»* SARTRE. — *C'est minable d'agir ainsi.* ➤ **mesquin ; dérisoire.** ♦ PAR EXT. *Vous avez entendu sa conférence ? Il a été minable* (cf. Au-dessous* de tout). — **n.** *Une bande de minables.* ➤ **baltringue, loser** (ANGLIC.), **minus, paumé,** 2**ringard, tocard.** ▪ **3** LOC. FAM. (SPORT) *Mettre minable (un adversaire),* lui infliger une cuisante défaite, l'écraser. *Ils ont mis minable l'équipe adverse.* ♦ *Se mettre minable* : se dépenser physiquement jusqu'à l'épuisement. ➤ **se défoncer.** — S'enivrer. *Ils se sont mis minables à la bière.* — **adv. MINABLEMENT,** 1842. ▪ CONTR. Enviable ; réussi.

MINAGE [minaʒ] **n. m.** – 1922 ◊ de *miner* ▪ RARE Action de miner (2°, 4°). ▪ CONTR. Déminage.

MINAHOUET [minawɛ] **n. m.** – 1809 ◊ du breton *min* «pointe» ▪ MAR. Petite mailloche servant à fourrer les cordages minces.

MINARET [minaʀɛ] **n. m.** – 1606 ◊ turc *minare*, arabe *manāra* «phare» ▪ Tour d'une mosquée du haut de laquelle le muezzin invite les fidèles à la prière. *«les minarets, élancés comme un millier de mâts au-dessus des édifices»* NERVAL.

MINAUDER [minode] **v. intr.** ⟨1⟩ – 1645 ◊ de 1*mine* ▪ Faire des mines, prendre des manières affectées pour attirer l'attention, plaire, séduire. *«elle faisait de petites façons, elle minaudait»* BALZAC.

MINAUDERIE [minodʀi] **n. f.** – 1580 ◊ de *minauder* ▪ **1** Action de minauder ; caractère d'une personne qui manque de naturel en voulant plaire, séduire. ➤ 2**affectation.** *«les fausses grâces, la minauderie, l'afféterie, le précieux»* DIDEROT. ▪ **2** *Une, des minauderies.* Air, attitude, manière, geste affectés d'une personne qui minaude. ➤ 1**chichi, façons, grimaces, manières,** 1**mines, simagrée, singerie.** *Les minauderies d'une coquette.* ➤ **agacerie.** *«La coquetterie des femmes ordinaires, qui se dépensent en œillades, en minauderies et en sourires»* MUSSET.

MINAUDIER, IÈRE [minodje, jɛʀ] **adj.** – 1690 ◊ du radical de *minauder* ▪ Qui minaude, qui a l'habitude de minauder. ➤ **poseur.** *Femme minaudière.* — SUBST. *«Des minaudières ont été gracieusement saluées»* BALZAC.

MINAUDIÈRE [minodjɛʀ] **n. f.** – 1934 ◊ du féminin de *minaudier* ▪ Petit sac du soir, à l'origine objet de joaillerie en métal précieux.

MINBAR [minbaʀ] **n. m.** – 1931 ◊ mot arabe ▪ DIDACT. (ARTS, etc.) Chaire d'une mosquée. *Minbar sculpté.*

MINCE [mɛ̃s] **adj.** et **interj.** – fin XIVe ◊ de l'ancien verbe *mincier* «couper en menus morceaux», variante de *menuiser*

I adj. ▪ **1** (Opposé à *épais*) Qui a peu d'épaisseur. ➤ 2**fin.** *Couper de la viande en tranches minces.* ➤ **émincer.** *Métal réduit en bandes, en plaques minces* (feuilles, rubans). *Lamelle, membrane très mince* (pellicule). *Mince comme du papier à cigarette, comme une pelure d'oignon. «mon pardessus beaucoup trop mince pour la saison»* CÉLINE. ➤ **léger.** ▪ **2** (Opposé à *large*) ➤ 1**délié, étroit, filiforme, ténu.** *Colonnettes minces. Mince filet d'eau.* ▪ **3** Qui a des formes relativement étroites pour leur longueur, et donne une impression de finesse. *Jeune femme mince, grande et mince.* ➤ **élancé, fluet, gracile,** 1**menu, svelte.** *«Vit-on jamais au bal une taille plus mince ?»* BAUDELAIRE. ➤ 2**fin.** *Trop mince.* ➤ **efflanqué,** 1**maigre.** *Lèvres minces. Jambes trop minces.* ➤ 2**grêle.** ▪ **4** FIG. Qui a peu d'importance, peu de valeur. ➤ **insignifiant, médiocre, négligeable.** *Pour un mince profit. Un prétexte bien mince. Ce n'est pas une mince affaire.* ➤ **petit.** — FAM. *C'est (un peu) mince* : c'est (bien) peu (cf. C'est un peu court). ▪ **5** adv. *Peindre mince,* par couches minces.

II interj. (1878 ; *mince que...* «combien» 1873 ◊ emploi iron.) FAM. Exclamation d'étonnement, de surprise (souvent euphém. de *merde*). *Mince ! j'ai perdu mon sac ! Ah ! mince ! Mince alors ! «Hé bien ! mince de rigolade !»* ROMAINS.

▪ CONTR. Épais, 1fort, gros, large.

MINCEUR [mɛ̃sœʀ] **n. f.** – 1782 ◊ de *mince* ▪ **1** Caractère, qualité de ce qui est mince. *Minceur d'une feuille de papier. Minceur d'un fil* de la Vierge.* ➤ **ténuité.** ▪ **2** (PERSONNES) *Elle est d'une minceur et d'une élégance remarquables.* ➤ **gracilité.** — *«une taille d'une minceur extraordinaire»* GONCOURT. ➤ **finesse.** ▪ **3** APPOS. INV. Qui aide à mincir, à rester mince. *Régime minceur. Des crèmes minceur.* ▪ **4** (de *mince* I, 4°) *La minceur du profit, des preuves, du dossier.* ▪ CONTR. Épaisseur, grosseur.

MINCIR [mɛ̃siʀ] **v. intr.** ⟨2⟩ – 1877 ◊ de *mince* ▪ Devenir plus mince. *Elle a beaucoup minci.* ➤ FAM. **amincir, fondre.**

1**MINE** [min] **n. f.** – XVe ◊ p.-ê. breton *min* «bec, museau»

I (Aspect physique) ▪ **1** VX Aspect, apparence du corps. ➤ 2**air, allure, maintien.** *Un homme «de grande mine et de grande tournure»* GAUTIER. ➤ **prestance, tenue.** ▪ **2** MOD. Aspect extérieur, apparence naturelle ou affectée (par oppos. à la nature profonde, aux sentiments). ➤ 2**extérieur.** *C'est un passionné, sous sa mine tranquille. Juger des gens sur* (ou *d'après*) *la mine.* — FIG. (CHOSES) *Un rôti de bonne mine,* appétissant. ♦ LOC. *Ne pas payer de mine* : avoir un aspect extérieur qui n'est pas à son avantage. *«C'était un garçon de petite taille et qui ne payait pas de mine. Il était maigre, noiraud»* DUHAMEL. *Une petite auberge qui ne paie pas de mine, mais où l'on mange très bien.* — *Faire mine de* (et inf.) : paraître disposé à ; faire semblant de. *«l'autre a fait mine de lui donner un coup de tête»* CAMUS. — FAM. et IRON. *Avoir bonne mine,* l'air emprunté, ridicule. — FAM. *Mine de rien* : sans en avoir l'air, comme si de rien n'était (cf. L'air* de rien). *Tâche de lui tirer les vers du nez, mine de rien, en douce.*

II (Aspect du visage) ▪ **1** (XVIe) Aspect du visage qui est l'expression de l'état de santé. *Avoir bonne, mauvaise mine. Avoir une mine de papier mâché, de déterré,* très mauvaise mine. *Mine défaite. Tu en as une sale mine !* ABSOLT *Tu en as une mine !* ▪ **2** Aspect du visage, expression du caractère ou de l'humeur. ➤ **figure, physionomie.** *Mine boudeuse, renfrognée, soucieuse. Mine enjouée, éveillée.* ➤ **minois.** *«Il y a des mines de déconfits bien réjouissantes à voir»* FLAUBERT. — *Faire triste mine* : avoir l'air déçu, dépité. *Faire une mine de dix pieds de long.* ➤ **tête.** — *Faire bonne mine à tous.* ➤ **accueil.** LOC. *Faire grise mine (à qqn)* : accueillir (qqn) avec froideur, déplaisir.

III (XVIe) AU PLUR. Jeux de physionomie, attitudes, gestes. *Petites mines gracieuses d'un bébé. Les mines d'un comique.* ♦ PÉJ. *Mines affectées.* ➤ 2**affectation, façons, manières, minauderie, simagrée.** *Faire des mines* : chercher à séduire, à plaire par des manières affectées. *Coquette qui fait des mines.* ➤ **minauder, poser.**

2**MINE** [min] **n. f.** – 1314 ◊ p.-ê. gallo-roman °*mina*, mot celtique

I MATIÈRE MINÉRALE ▪ **1** VX Minerai. *«Mine métallique»* BUFFON. MOD. (dans des expr.) *Mine de platine* : alliage naturel de métaux de la famille du platine. — (XVe) *Mine de plomb* : graphite, plombagine. ▪ **2** (XXe) Petit bâton de graphite, et PAR EXT. de toute matière laissant une trace, qui constitue la partie centrale d'un crayon. *Crayon à mine dure, tendre.* — *Mettre une mine rouge dans un portemine.* — LOC. FAM. (Canada) *Avoir de la mine dans le crayon* : être viril (2°).

II CE QUI CONCERNE L'EXTRACTION D'UN MINERAI (1314 «le terrain où se trouve le minerai» ; répandu XVIIe) ▪ **1** Terrain d'où l'on peut extraire un métal, une matière minérale utile, qui s'y trouve sous forme de gisement (➤ **gîte**) ou d'alluvions. *Mine souterraine, à ciel ouvert.* ➤ 1**carrière, minière.** *Région de mines* : bassin minier. *Filons, veines d'une mine.* — *Mine de cuivre, de fer, d'or, de diamants. Mine de houille* (➤ **houillère**), *de sel gemme* (➤ **saline**). *Mine de soufre.* ➤ **soufrière.** ♦ FIG. Source inépuisable. ➤ **filon, fonds, gisement.** *Ce livre est une mine de renseignements, une mine d'informations. Ce type est une mine d'érudition, un puits de science. «les bouquins de Simenon sont des mines pour scénarios»* C. CHABROL. — *Mine d'or* : ressource fructueuse pouvant être développée ou exploitée avec profit. ➤ **trésor.** *«Le cul est la petite mine d'or du pauvre»* CÉLINE. ▪ **2** DR. Masse de substances précieuses, utiles, contenues dans une mine. *Nationalisation des mines de combustibles minéraux.* ▪ **3** (répandu XVIIIe ◊ d'expressions telles que *la coupe, l'exploitation d'une mine* [1°, 2°]) Cavité pratiquée dans le sous-sol et ensemble d'ouvrages souterrains aménagés pour l'extraction d'un minerai. *Galerie, puits de mine. Barre* à mine. Travailler à la mine, en surface ou au fond**

(➤ 2 **mineur**). *Travail des mines.* ➤ **abattage, havage, herchage, roulage.** *Mines et carrières.* ♦ PAR EXT. Installations de surface, bâtiments de la mine (machines d'extraction, ateliers, locaux sanitaires et administratifs). *Carreau* de la mine. Mine désaffectée.* ♦ ADMIN. **LES MINES** : administration spécialisée dans l'étude géologique des terrains, la topographie et l'exploitation du sous-sol, et la direction de tout travail en souterrain (tunnels). *École, ingénieur des Mines.* ♦ ABSOLT Mine de charbon. ➤ **charbonnage, houillère.** *Coup de grisou dans une mine.* «*c'est joli, cinquante ans de mine, dont quarante-cinq au fond !*» ZOLA. *Terril d'une mine.*

III CE QUI CONCERNE UN EXPLOSIF (XVe) ■ **1** VX Galeries de sape. ■ **2** (XVIe) Excavation pratiquée sous un ouvrage pour le faire sauter au moyen d'une charge ; cet explosif. «*les Allemands creusent une mine*» DORGELÈS. *Chambre, fourneau, trou de mine. Mettre le feu à une mine. Coup de mine* (explosion). ■ **3** (1915) COUR. Engin explosif, dont le dispositif de mise à feu se déclenche au passage d'un véhicule *(mines antichars)*, d'une personne *(mines antipersonnel)* ou à distance. *Amorcer, piéger une mine. Champ de mines.* «*les enfants de quinze ans étaient dans le maquis, ils mouraient dans les champs de mines*» LE CLÉZIO. *Détecteur de mines. Neutralisation des mines* (➤ **déminage**). ♦ Engin explosif immergé, fixé au fond par un câble *(mine dormante)*, ou flottant entre deux eaux *(mine flottante). Mine magnétique. Dragueur, mouilleur de mines. Navire qui saute sur une mine.*

MINER [mine] v. tr. ‹1› – 1190 ◊ de 2 *mine* ■ **1** VX Détruire par une mine (III, 1°). ➤ 1 **saper.** *Miner une muraille.* ■ **2** MOD. Creuser, attaquer la base ou l'intérieur de (une chose). ➤ 1 **caver, creuser, fouir, ronger,** 1 **saper.** *La mer mine les falaises.* ➤ **éroder.** — (PASS.) *Tronc d'arbre, mur miné par le temps.* ■ **3** FIG. Attaquer, affaiblir, ruiner par une action progressive et sournoise. *La maladie qui le mine. Miner la santé, les forces, la résistance de qqn.* ➤ **abattre, affaiblir, diminuer, user.** *L'attente lui mine le moral.* ➤ 1 **saper.** *Le chagrin, l'inquiétude, la passion le mine.* ➤ **brûler, consumer, corroder, ronger.** *Miner un régime, la société.* ➤ **désintégrer, détruire,** 1 **saper.** ■ **4** (1680) Garnir d'explosifs pour faire sauter. — Garnir de mines explosives. *Miner un pont. Terrain miné.* ■ CONTR. Consolider, fortifier. Combler. Guérir, remonter. Déminer.

MINERAI [minʀɛ] n. m. – *minerois* 1314 ; repris XVIIIe ◊ de 2 *mine* ■ **1** Minéral contenant, à l'état pur ou combiné, une ou plusieurs substances chimiques déterminées, en proportions telles qu'on puisse les isoler industriellement. *Substance terreuse qui enveloppe le minerai.* ➤ **gangue.** *Disposition des minerais.* ➤ **filon, gisement, gîte.** *La bauxite est le principal minerai d'aluminium. Détermination de la teneur d'un minerai en métal.* ➤ **docimasie.** *Installation pour l'extraction d'un minerai.* ➤ 2 **mine.** *Extraire un métal d'un minerai.* ➤ **métallurgie.** *Minerai broyé.* ➤ **schlich.** *Fonte du minerai.* ➤ **castine ; matte.** ■ **2** BOUCH. *Minerai de viande* : agglomérat de matières animales récupérées après la découpe des parties nobles et hachées, utilisé dans l'industrie agroalimentaire. *Minerai de bœuf, de cheval.* «*Le minerai est comme une viande qui ne serait pas d'animal, [...] une viande pour tous faite avec les restes, les bouts raclés*» A. JENNI.

MINÉRAL, ALE, AUX [mineʀal, o] adj. et n. m. – 1478 ◊ latin médiéval *mineralis*

I adj. ■ **1** Relatif aux corps constitués de matière inorganique. *Le règne minéral et le règne végétal. Chimie minérale* (opposé à *chimie organique*). ■ **2** Constitué de matière inorganique. *Cire minérale. Résine minérale fossile. Huiles minérales. Combustibles minéraux. Sels minéraux.* ■ **3** *Eau minérale* : eau provenant d'une nappe souterraine, contenant des sels minéraux dotés de propriétés favorables à la santé. *Eau minérale naturelle. Une bouteille d'eau minérale.*

II n. m. (XVIe) Corps, substance inorganique. — SPÉCIALT Élément ou composé naturel de la chimie minérale, constituant de l'écorce terrestre. *Étude des minéraux et de leur formation.* ➤ **géologie, minéralogie.** *État cristallin des minéraux.* ➤ **cristal, macle.** *Les minéraux entrent dans la composition des roches** (➤ aussi **minerai, pierre**).

MINÉRALIER [mineʀalje] n. m. – 1960 ; «ouvrier en métaux» XVIe ◊ de *minéral* ■ TECHN. Cargo conçu pour le transport des minerais. APPOS. *Des cargos minéraliers.*

MINÉRALISATEUR, TRICE [mineʀalizatœʀ, tʀis] adj. et n. m. – 1776 ◊ de *minéraliser* ■ Qui transforme un métal en minerai. *Le soufre, l'oxygène, les acides, substances minéralisatrices. Agent minéralisateur,* ou n. m. *un minéralisateur* : corps qui possède la propriété de rendre cristalline une matière amorphe.

MINÉRALISATION [mineʀalizasjɔ̃] n. f. – 1751 ◊ de *minéraliser* ■ TECHN., SC. ■ **1** Transformation (d'un métal) en minerai ; état du métal ainsi transformé. ■ **2** État d'une eau qui contient certaines substances minérales en dissolution. *Une minéralisation équilibrée.* ■ **3** BIOL. Dégradation de la matière organique en substances minérales (eau, dioxyde de carbone, ammoniac, nitrates, sulfates). *Dans un écosystème, les décomposeurs assurent la minéralisation.*

MINÉRALISER [mineʀalize] v. tr. ‹1› – 1751 ◊ de *minéral* ■ TECHN., SC. ■ **1** Effectuer la minéralisation de (un métal). *Minéraliser du cuivre.* ■ **2** p. p. adj. Chargé d'éléments minéraux solubles. *Une eau faiblement minéralisée.*

MINÉRALOGIE [mineʀalɔʒi] n. f. – 1750 ; «étude des sels minéraux» 1649 ◊ de *minéral* et *-logie* ■ Science qui traite des minéraux constituant les matériaux de l'écorce terrestre. *La minéralogie, science annexe de la géologie. Importance de la cristallographie* en minéralogie.*

MINÉRALOGIQUE [mineʀalɔʒik] adj. – 1751 ◊ de *minéralogie* ■ **1** Relatif à la minéralogie. ➤ **géologique.** *Collection minéralogique.* ■ **2** Relatif au service des Mines. *Arrondissement minéralogique.* SPÉCIALT *Numéro minéralogique, lettres minéralogiques* : ensemble de chiffres ou de lettres qui constitue le numéro d'immatriculation d'un véhicule à moteur (d'abord affecté par le service des Mines). *Plaque minéralogique* ou *d'immatriculation.*

MINÉRALOGISTE [mineʀalɔʒist] n. – 1753 ◊ de *minéralogie* ■ Spécialiste de minéralogie.

MINERVAL [minɛʀval] n. m. – 1840 ; 1771, Trévoux (à propos des écoliers de Rome) ◊ de *minerval* «qui concerne *Minerve*» ■ (Belgique, Luxembourg, Burundi) Frais de scolarité payés par les élèves de certaines écoles. *Des minervals.*

MINERVE [minɛʀv] n. f. – 1626 «intelligence, esprit» ◊ nom français de *Minerva*, déesse de la sagesse ■ **1** (1842) MÉD. Appareil orthopédique destiné à maintenir la tête en extension (en cas de traumatisme des vertèbres cervicales, etc.). ■ **2** (1890 ◊ n. déposé) IMPRIM. Petite machine à imprimer (conduite par un minerviste). «*C'était une "Minerve" à pédale, suffisante pour imprimer une feuille entière*» DUHAMEL.

MINESTRONE [minɛstʀɔn] n. m. – 1930 ◊ mot italien, augmentatif de *minestra*, de *minestrare* «servir la soupe», du latin *ministrare* «servir» ■ Soupe italienne au riz (ou aux pâtes) et aux légumes. — APPOS. «*Nous avons de la soupe minestrone, fit la donna*» CARCO.

MINET, ETTE [minɛ, ɛt] n. – v. 1560 au fém. ◊ de *mine*, nom populaire onomat. du chat en gallo-roman

I FAM. Petit chat, petite chatte. ➤ **mimi,** 1 **mimine, minou.** «*deux élégantes minettes, toutes blanches*» CHATEAUBRIAND. ♦ LOC. *Faire minette (à une femme)* : pratiquer le cunnilingus.

II ■ **1** T. d'affection *Mon minet, ma petite minette.* ■ **2** Jeune homme, jeune fille à la mode. ♦ SPÉCIALT, PÉJ. Jeune homme (rarement jeune fille) futile que préoccupe surtout la mode vestimentaire. «*ces bottines de minets prisées des Beatles et des groupes californiens*» LIBERATI. ♦ SPÉCIALT, MÉLIORATIF Jeune fille (parfois jeune homme) au physique attrayant par sa grâce ambiguë, à la fois juvénile et adulte. ➤ **nymphette.**

1 **MINETTE** [minɛt] n. f. – 1846 ◊ de 2 *mine* ■ RÉGION. Minerai de fer, en Lorraine. ➤ **limonite.**

2 **MINETTE** [minɛt] n. f. – fin XVIIIe ◊ mot normand, du radical expressif de *minet* ■ RÉGION. Luzerne lupuline.

1 **MINEUR, EURE** [minœʀ] adj. et n. – XIVe ◊ latin *minor* ■ **1** VX ou SPÉCIALT Plus petit, inférieur (opposé à *majeur*). ➤ **moindre.** — (Dans quelques emplois) *L'Asie Mineure* : l'Anatolie (Turquie actuelle). — RELIG. *Ordres* mineurs.* — LOG. *Terme mineur d'un syllogisme* : le sujet de la conclusion. *Proposition mineure,* et n. f. *la mineure* : la seconde des prémisses, qui a pour sujet le terme mineur et pour attribut le moyen terme. ♦ *Intervalle mineur* : intervalle musical comprenant un demi-ton de moins que son équivalent majeur. *Seconde mineure* (de mi à fa, par ex.). *Tierce mineure* : tierce d'un ton et demi. — PAR EXT. *Gamme mineure. Mode, ton mineur. Sonate en ut mineur.* — n. m. Mode mineur. ♦ n. m. MATH. *Mineur associé à un élément d'une matrice carrée d'ordre n* (*n* supérieur à 1) *à éléments dans un corps commutatif* : déterminant de la matrice carrée d'ordre *n*–1 obtenue en supprimant de la matrice à laquelle appartient l'élément considéré la ligne et la colonne à l'intersection desquelles il se trouve. ■ **2** (1930) MOD. D'importance, d'intérêt secondaire. *Problème, soucis mineurs. Arts mineurs.* ➤ **décoratif.** LITTÉR. et BX-ARTS *Genres mineurs. Peintre, poète mineur,* de second plan. «*cet écrivain*

mineur a rencontré un grand sujet» HENRIOT. ▪ **3** (PERSONNES) Qui n'a pas atteint l'âge de la majorité (fixée en France à 18 ans). *Enfants mineurs.* — **n.** *Un mineur, une mineure. Mineurs de 15 ans,* âgés de moins de 15 ans. *Émancipation du mineur. Enlèvement, détournement, délaissement de mineur.* ▪ CONTR. Majeur. Important, supérieur.

2 **MINEUR** [minœʀ] **n. m.** – v. 1210 ◊ de 2*mine* ▪ **1** Ouvrier qui travaille dans une mine, SPÉCIALT de houille. ➤ **galibot, haveur, hercheur, porion, raucheur.** *Mineur de fond. Mineur du Borinage. Maison, village de mineurs.* ➤ **coron.** *La silicose, maladie des mineurs.* ◆ PAR APPOS. *Ouvriers mineurs.* — REM. Les femmes qui travaillent à la mine sont désignées par le nom propre à leur fonction (hercheuse, trieuse, etc.). En France, elles n'ont pas le droit de descendre dans les puits. ▪ **2** MILIT. Soldat chargé de la pose des mines explosives. ➤ 1 **sapeur.**

MINI [mini] **adj.** – v. 1965 ◊ de *mini-* ▪ FAM. ▪ **1** *La mode mini,* des minijupes*. — **adv.** *S'habiller mini.* ▪ **2** Très petit. *Bijoux à prix minis* ou *mini* (inv.). ➤ 1 **réduit.**

MINI- ▪ Élément, du latin *minus* «moins». ➤ **micro-.** — Ce préfixe, tiré de composés anglais (comme *miniskirt* ➤ **minijupe**), a produit de nombreux composés, avec le sens de «très court» *(minirobe, minishort),* «très petit» *(minilégume),* «très bref» *(minivacances),* «infime». ▪ CONTR. Maxi-.

MINIATURE [minjatyʀ] **n. f.** – 1644 ◊ italien *miniatura,* de *minium.* Le mot est rapproché dès le XVIIe s. de *minuscule* et de *mignon,* et écrit *mignature.* ▪ **1** DIDACT. Lettre ornementale (d'abord rouge, et tracée au minium) pour orner le commencement des chapitres des manuscrits médiévaux. ▪ **2** COUR. Peinture fine de petits sujets servant d'illustration aux manuscrits, aux missels. ➤ **enluminure.** *Miniatures byzantines, irlandaises, gothiques, persanes. Peintre de miniatures.* ➤ **miniaturiste.** ▪ **3** Genre de peinture délicate de petite dimension *(la miniature)*; cette peinture *(une miniature). Porter une miniature en médaillon.* ▪ **4** loc. adj. **EN MINIATURE :** en très petit, en réduction. *«une dizaine de richards, [...] une bourgeoisie en miniature»* BALZAC. — PAR APPOS. *Golf miniature.* ◆ PAR EXT. Modèle réduit. *«une miniature d'épousée»* MAUPASSANT.

MINIATURÉ, ÉE [minjatyʀe] **adj.** – 1840 ◊ de *miniature* ▪ Illustré de miniatures. *«marges historiées et miniaturées»* GAUTIER. ◆ Peint en miniature. *Portrait miniaturé.*

MINIATURISATION [minjatyʀizasjɔ̃] **n. f.** – v. 1960 ◊ de *miniaturiser* ▪ TECHN. Action de miniaturiser. ➤ aussi **microminiaturisation.** *Miniaturisation de documents* (➤ **microcopie, microfiche**).

MINIATURISER [minjatyʀize] **v. tr.** ⟨1⟩ – 1960 ◊ de *miniature* (4°) ▪ TECHN. Donner à (un objet, un mécanisme) les plus petites dimensions possibles. — **p. p. adj.** *Circuit électronique miniaturisé* (➤ **microcircuit**).

MINIATURISTE [minjatyʀist] **n.** – 1748 ◊ de *miniature* ▪ Peintre de miniatures (➤ **enlumineur**). *Elle «écrit comme peignent les miniaturistes, à petites touches»* HENRIOT.

MINIBAR [minibaʀ] **n. m.** – v. 1970 ◊ marque déposée, de *mini-* et 1*bar* ▪ **1** Chariot circulant dans les trains pour proposer à la vente boissons et sandwichs. ▪ **2** Petit réfrigérateur rempli de boissons fraîches, d'alcools divers, dans les chambres d'hôtel. *Note de minibar.*

MINIBUS [minibys] **n. m.** – v. 1965 ◊ de *mini-* et *bus* ▪ Petit autobus.

MINICASSETTE [minikasɛt] **n. f.** – 1968 ◊ de *mini-* et *cassette* ▪ Cassette (3°) magnétique de petite dimension.

MINICHAÎNE [miniʃɛn] **n. f.** /MINICHAINE/ – v. 1980 ◊ de *mini-* et *chaîne* ▪ Chaîne haute-fidélité dont les différents éléments sont de petite taille, chaîne compacte. *Des minichaînes.*

MINIDOSE [minidoz] **n. f.** – 1971 ◊ de *mini-* et *dose* ▪ Petite quantité (d'un produit, d'un médicament). *Minidose de sérum physiologique.* ➤ **dosette, unidose.**

MINIER, IÈRE [minje, jɛʀ] **adj.** – 1859 ◊ de 2*mine* ▪ Qui a rapport aux mines. *Gisement minier. Industrie minière.* — Où il y a des mines. *Bassin, pays minier.*

MINIÈRE [minjɛʀ] **n. f.** – 1265 ◊ de 2*mine* ▪ **1** VX Mine, minerai. ▪ **2** MOD. DR. Mine peu profonde ou à ciel ouvert. *Les minières sont à la disposition des propriétaires du sol.*

MINIGOLF [minigɔlf] **n. m.** – v. 1970 ◊ de *mini-* et *golf* ▪ Golf miniature. *Des minigolfs.*

MINIJUPE [miniʒyp] **n. f.** – 1966 ◊ de *mini-* et *jupe,* traduction de l'anglais *miniskirt* ▪ Jupe très courte. ➤ **jupette.** *«Sa mini-jupe en jeans»* MALLET-JORIS. *S'habiller en minijupe.* ➤ **mini.** *Des minijupes.*

MINIMA ➤ **MINIMUM**

MINIMA (À) ➤ **A MINIMA**

MINIMAL, ALE, AUX [minimal, o] **adj.** – 1877 ◊ de *minimum* ▪ **1** Qui constitue un minimum. (REM. Tend à remplacer l'adj. *minimum.*) *Durée minimale. Conditions minimales. Températures minimales,* les plus basses. ▪ **2** MATH. *Élément minimal :* élément d'un ensemble ordonné tel qu'il n'existe aucun autre élément qui lui soit inférieur. LING. *Paire minimale,* constituée de deux mots de sens différent, dont le signifiant ne diffère que par un phonème. Oui [wi] *et* oie [wa] *forment une paire minimale.* ▪ **3** (1969) ARTS *Art minimal :* art réduisant au maximum ses moyens d'expression. ➤ **minimalisme.** *Rock minimal.* ▪ CONTR. Maximal.

MINIMALISME [minimalism] **n. m.** – 1967 ◊ de *minimal* ▪ **1** BX-ARTS École de peinture qui réduit au minimum les éléments d'un tableau et pour laquelle l'œuvre est un objet structuré. — PAR EXT. *Le minimalisme d'une mise en scène.* ▪ **2** (1976) Attitude, tactique qui consiste à demander (PAR EXT. à donner) le minimum de choses.

MINIMALISTE [minimalist] **adj.** – 1966 ; 1918 hist. U. R. S. S. ◊ de *minimal* ▪ **1** Qui vise le minimum, est réduit au minimum. *Réformateur minimaliste. Des ambitions minimalistes.* ▪ **2** (1974 bx-arts ; 1971 cin.) Adepte du minimalisme. *Un scénario, un opéra minimaliste.* SUBST. *Les minimalistes et les abstraits.* ▪ CONTR. Maximaliste.

MINIME [minim] **adj.** et **n.** – 1361 ◊ latin *minimus* «le plus petit» ▪ **1** Très petit, peu important (en parlant de choses abstraites). ➤ **infime, petit.** *Dégâts extrêmement minimes.* ➤ **insignifiant.** *Salaires minimes.* ➤ **dérisoire, médiocre, piètre.** *«je n'ai rien oublié ! [...] pas la moindre, pas la plus minime circonstance !»* GOBINEAU. ▪ **2** (1546) **n. m.** Religieux de l'ordre monastique fondé par saint François de Paule (XVe). *Les minimes se veulent les plus humbles des Frères mineurs.* ▪ **3** **n.** (1908) Jeune sportif appartenant à la catégorie d'âge comprise entre les benjamins et les cadets (ex. en athlétisme, de 14 à 15 ans). *«Je suis déjà inscrit en minime au F. C.-Orly. Maillot rouge»* PICOULY. *Match de minimes.* ▪ CONTR. Considérable, énorme, immense.

MINIMEX [minimɛks] **n. m.** – après 1974 ◊ acronyme de *minimum de moyens d'existence* ▪ En Belgique, Allocation versée aux personnes dont les ressources sont nulles ou insuffisantes, garantissant un revenu minimal (allocation appelée aujourd'hui *revenu d'intégration*). *Bénéficiaire du minimex* (*minimexé, ée* [minimɛkse]).

MINIMISER [minimize] **v. tr.** ⟨1⟩ – 1842 ◊ de *minime* ▪ Présenter en donnant de moindres proportions ; réduire l'importance de. ➤ **diminuer, minorer.** *Minimiser des résultats, des incidents ; le rôle de qqn. Minimiser l'importance d'un désaccord, la gravité d'une situation.* ➤ **dédramatiser, dépassionner.** ▪ CONTR. Amplifier, exagérer, grossir, maximiser, survaloriser.

MINIMUM [minimɔm] **n. m.** et **adj.** – début XVIIIe ◊ mot latin «le plus petit»

I **n. m.** ▪ **1** MATH. Valeur d'une fonction inférieure à celles qui la précèdent ou la suivent immédiatement (opposé à *maximum*). ➤ **extremum.** *Minimum minimorum :* le plus petit des minimums. ▪ **2** COUR. Valeur la plus petite atteinte par une quantité variable ; limite inférieure. *Minimum de frais. Les minimums* ou *les minima* (plur. lat.) *atteints. Dans le minimum de temps. Prendre le minimum de risques.* — **AU MINIMUM :** au plus bas degré, à presque rien. ABSOLT Au moins, pour le moins. *Disons au minimum...* (cf. Au bas* mot). ◆ DR. Minimum de la peine. *Être condamné au minimum.* ◆ PAR EXT. La plus petite quantité déterminée nécessaire. *La ration alimentaire doit contenir un minimum de graisses. Minimum* (de points) *exigible à un examen.* FAM. *S'il avait un minimum de savoir-vivre* (cf. Le moindre). *En faire le minimum,* le moins possible. FIG. *Faire le minimum syndical,* juste le nécessaire, pas plus que l'on a à faire. *«Il fait le minimum syndical. La moyenne, ça lui suffit»* J.-M. GUENASSIA. ◆ LOC. (abrév. de *salaire minimum vital*) **MINIMUM VITAL :** somme permettant de satisfaire le minimum des besoins correspondant au niveau de vie dans une société donnée. BIOL., SOCIOL. Minimum nécessaire pour maintenir l'organisme en vie (ration alimentaire dite «métabolisme de base»). — ADMIN. *Minima sociaux :* ensemble des allocations (R. M. I., allocation de solidarité...) versées en France aux personnes les plus démunies.

II **adj.** Qui constitue un minimum. *Âge minimum.* ➤ **minimal.** *Pertes, gains minimums* (ou *minima*). *Intensité minimum* (ou *minima*). *Salaire* minimum interprofessionnel*

garanti (*S. M. I. G.* [smig]), *devenu S. M. I. C.* (*salaire* [...] *de croissance*). *Revenu minimum d'insertion.* ➤ **R. M. I.** — FAM. *Un maillot de bain minimum,* minuscule.
■ CONTR. Maximum (et maxima). 1 Comble.

MINI-ORDINATEUR [miniɔʀdinatœʀ] **n. m.** /MINIORDINATEUR/ – v. 1975 ◊ de *mini-* et *ordinateur* ■ Ordinateur de taille, de puissance et de performance intermédiaires entre l'ordinateur et le micro-ordinateur. *Des mini-ordinateurs.*

MINIPILULE [minipilyl] **n. f.** – v. 1970 ◊ de *mini-* et *pilule* ■ Pilule anticonceptionnelle faiblement dosée en hormones, notamment en œstrogène.

MINISPACE [minispas] **n. m.** – 1998 ◊ de *mini-,* d'après *monospace* ■ Petit monospace.

MINISTÈRE [ministɛʀ] **n. m.** – fin XVe ◊ du latin *ministerium* «fonction de serviteur». Comparer avec *magistère* «fonction de maître»

I ■ **1** VX ou LITTÉR. Charge que l'on doit remplir. ➤ **charge, emploi, fonction.** *Les devoirs, les obligations de son ministère.* — MOD. Sacerdoce. *Le ministère du prêtre.* «*Le saint ministère auquel je me destine*» STENDHAL. ■ **2** VIEILLI Action de la personne qui sert d'instrument. ➤ **concours, entremise, intervention, office** (bons offices). *Offrir, proposer son ministère.* DR. *Par ministère d'huissier.* ■ **3** DR. **MINISTÈRE PUBLIC :** corps de magistrats établis près des cours et des tribunaux avec la mission de défendre les intérêts de la société, de veiller à l'application des lois et à l'exécution des décisions judiciaires. ➤ **magistrature.** *Magistrats du ministère public.* ➤ 1 **parquet ;** 1 **avocat** (général), **commissaire, procureur** (général), **substitut.** *Le ministère public soutient l'accusation.*

II (XVIIe ◊ d'après *ministre*) ■ **1** Corps des ministres et secrétaires d'État. ➤ **cabinet, conseil** (des ministres), **gouvernement.** *Former un ministère. Entrer dans un ministère.* «*Un ministère qu'on soutient est un ministère qui tombe*» TALLEYRAND. *Ministère de gauche, de coalition...* — (Suivi du nom du Premier ministre) *Le ministère Jospin.* — PAR EXT. Temps que dure un ministère. *Sous le ministère Chirac.* ■ **2** Département ministériel ; partie des affaires de l'administration centrale dépendant d'un ministre. *Fonctionnaire d'un ministère. Ministère de l'Agriculture, des Finances, de l'Éducation nationale,* etc. ♦ PAR EXT. Bâtiment où sont installés les services d'un ministère ; ces services. «*les visiteurs qui ont une requête à faire dans un ministère*» SARTRE. ■ **3** Fonction de ministre (VX *ministériat*). ➤ **maroquin, portefeuille.**

MINISTÉRIEL, IELLE [ministeʀjɛl] **adj.** – v. 1580 ◊ latin *ministerialis* ■ **1** VX Qui a rapport à un office, un ministère (I). — DR. *Officier ministériel.* ➤ **commissaire-priseur, huissier** (de justice), **notaire.** ■ **2** Relatif au ministère (II, 1°), au gouvernement. *Solidarité ministérielle. Crise ministérielle. Remaniement ministériel.* ♦ Partisan du ministère en place. ➤ **gouvernemental.** ■ **3** Relatif à un ministère ; qui émane d'un ministre. *Département ministériel. Arrêté, décret ministériel.* ■ **4** (ABUSIF) De, du ministre. *Voyage ministériel.*

MINISTRABLE [ministʀabl] **adj.** – 1894 ◊ de *ministre* ■ Susceptible de devenir ministre. «*un parlementaire ministrable*» ROMAINS. — **n.** *Parmi les ministrables, on cite...*

MINISTRE [ministʀ] **n.** – milieu XIIe ◊ du latin *minister* «serviteur», famille de *minus* «moins», formé d'après *magister* «maître» (→ maître), famille de *magis* «plus», auquel il s'oppose

I VX ou SPÉCIALT Celui qui est chargé d'une fonction, d'un office. ■ **1 n. m.** (XVIe) RELIG. Celui qui a la charge (du culte divin), agit au nom de Dieu. ➤ **ecclésiastique, prêtre.** *L'aumônier, ministre du culte dans une communauté.* ♦ **n.** (XVIe) Pasteur protestant. ■ **2** VX Personne qui est chargée d'une fonction, d'un office, personne qu'on utilise pour l'accomplissement de qqch. ➤ **serviteur.**

II (XVIIe) *Ministre d'État,* et ABSOLT *ministre.* — REM. Le féminin *la ministre,* grammaticalement correct, est couramment employé. ■ **1 n. m.** ANCIENNT Chef d'un grand service public permanent. *Louvois, ce grand ministre.* ■ **2** MOD. Agent supérieur du pouvoir exécutif ; homme ou femme d'État placé(e) à la tête d'un département ministériel ou ministère. *Nomination d'un ministre. Fonction de ministre.* ➤ **ministère, portefeuille.** *Madame la ministre* ou *Madame le ministre.* «*Député demain, après-demain je puis être ministre et alors je te prends à mon cabinet*» ARAGON. *Ensemble des ministres.* ➤ **cabinet, gouvernement, ministère.** *Décret pris en Conseil des ministres. Ministre de l'Éducation nationale* (grand maître de l'Université), *des Finances, de l'Intérieur. Un ancien ministre.* — *Le Premier ministre :* le chef du gouvernement (en régime parlementaire) (➤ RÉGION. **primature**). *En France, le Premier ministre est nommé par le président de la République.* «*les opposants politiques dont la première ministre*» (Le Monde, 1998). *Ministre sans portefeuille :* membre du cabinet qui n'est pas à la tête d'un département ministériel. *Ministre d'État :* ministre sans portefeuille. *Ministre de tutelle. Ministres et secrétaires d'État.* — Au Canada, Chef du gouvernement et chef du Conseil des ministres (chef du parti politique majoritaire à l'Assemblée nationale, ou d'une coalition). *La première ministre.* ♦ APPOS. INV. *Bureau ministre :* bureau plat de grande taille, à tiroirs latéraux. *Papier ministre,* de format officiel. ♦ LOC. *Un courrier de ministre,* très abondant. ■ **3** DR. INTERNAT. Agent diplomatique de rang immédiatement inférieur à celui d'ambassadeur et chargé de représenter son gouvernement à l'étranger. *Ministre plénipotentiaire. Ministre conseiller dans une ambassade.* — *Ministre résident :* agent de la troisième classe (après les ministres plénipotentiaires et avant les chargés d'affaires).

MINITEL [minitɛl] **n. m.** – 1980 ◊ n. déposé ; de *min-* pour *terminal* et *-tel* pour *téléphone,* avec influence de *mini-* ■ Petit terminal de consultation de banques de données vidéotex commercialisé par France Telecom de 1980 à 2011. *Les messageries du minitel.*

MINITÉLISTE [minitelist] **n.** – 1985 ◊ de *minitel* ■ Utilisateur, utilisatrice du minitel.

MINIUM [minjɔm] **n. m.** – 1547 ◊ mot latin ■ **1** Oxyde de plomb (Pb_3O_4), poudre de couleur rouge. *Le minium était utilisé dans l'enluminure des manuscrits* (➤ **miniature**). ■ **2** COUR. Peinture au minium préservant le fer de la rouille. «*un réservoir cylindrique de tôle* [...] *que trois peintres passaient au minium*» ROMAINS.

MINIVAGUE [minivag] **n. f.** – 1967 ; *mini-vague* n. déposé ◊ de *mini-* et 1 *vague* ■ COIFFURE Permanente très souple. *Se faire faire une minivague.*

MINNÉOLA [mineɔla] **n. m.** – 1950 ◊ anglais *minneola* (1931), de *Minneola,* nom d'une ville de Floride ■ Variété de tangélo. *Des minnéolas.*

MINNESINGER [minezinɡœʀ] **n. m.** – 1766 ◊ mot allemand ■ Poète chanteur allemand, au Moyen Âge. ➤ **trouvère.** *La poésie courtoise des minnesingers.*

MINOEN, ENNE [minɔɛ̃, ɛn] **adj.** – 1913 ◊ anglais *minoan,* de *Minos* ■ Relatif à la période archaïque de la civilisation crétoise et grecque. *L'art minoen.* **n. m.** *Le minoen ancien* (2600-2000 av. J.-C.).

MINOIS [minwa] **n. m.** – 1498 ◊ de 1 *mine* ■ Jeune visage délicat, éveillé, plein de charme. *Minois d'enfant.* ➤ **frimousse.**

MINORANT [minɔʀɑ̃] **n. m.** – v. 1950 ◊ de *minorer* ■ MATH. Nombre inférieur ou égal à tous les éléments d'un ensemble. ➤ **borne.** ■ CONTR. Majorant.

MINORATIF, IVE [minɔʀatif, iv] **adj.** – 1370 ◊ latin *minorativus* ■ DIDACT. Qui déprécie, diminue l'importance.

MINORER [minɔʀe] **v. tr.** ⟨1⟩ – XIVe ◊ latin *minorare* ■ DIDACT. ■ **1** Diminuer l'importance de (qqch.). ➤ **minimiser.** SPÉCIALT Porter à un chiffre moins élevé. ♦ MATH. Jouer le rôle de minorant* par rapport à (un ensemble). ➤ **borner.** *Zéro minore l'ensemble des entiers naturels.* ■ **2** (1842) Évaluer au-dessous de sa valeur réelle. ➤ **sous-estimer.** ■ CONTR. Augmenter, hausser, majorer.

MINORITAIRE [minɔʀitɛʀ] **adj.** et **n.** – fin XIXe ◊ de *minorité* ■ Relatif à la minorité, qui appartient à la minorité. *Parti minoritaire. Ils sont minoritaires.* — **n.** *Les minoritaires.* ■ CONTR. Majoritaire.

MINORITÉ [minɔʀite] **n. f.** – 1437 ◊ latin médiéval *minoritas,* du latin classique *minor* «moindre»

I (Opposé à *majorité,* I) ■ **1** État d'une personne qui n'a pas encore atteint l'âge où elle sera légalement considérée comme pleinement capable et responsable de ses actes. ➤ 1 **mineur.** *La minorité, cause d'incapacité.* DR. *Minorité pénale,* qui a pour effet de soumettre les mineurs délinquants âgés de moins de dix-huit ans à un régime juridique et pénal particulier. ♦ PAR EXT. Temps pendant lequel un individu est mineur. ■ **2** SPÉCIALT *Minorité d'un souverain,* temps pendant lequel il ne peut, étant trop jeune, régner par lui-même. *Une ordonnance de Charles V avait fixé à quatorze ans la fin de la minorité des rois. Régence pendant une minorité.*

II (1727 ◊ anglais *minority*) opposé à *majorité* (III) ■ **1** Groupement (de voix) qui est inférieur en nombre dans un vote, une réunion de votants. *Une petite minorité d'électeurs.* ➤ **frange.** — *En minorité,* dans la situation de ce groupe. *Être en minorité. L'Assemblée a mis le ministère en minorité.* — DR. *Minorité*

*de blocage**. ◆ Parti, groupe qui n'a pas la majorité des suffrages. *Être dans la minorité. Représentation des minorités dans un système électoral.* — PAR EXT. Groupe peu nombreux dont les idées, les intérêts se distinguent dans un parti, un peuple. *Minorité agissante.* ▪ **2** *La, une minorité de* : le plus petit nombre, très petit nombre, dans une collectivité ou une collection d'objets. *Dans la minorité des cas. Ce livre s'adresse à une minorité de lecteurs. Ce conseil d'administration ne comprend qu'une minorité de femmes.* ▪ **3** (1908) Groupe englobé dans une collectivité plus importante. *Minorités ethniques, linguistiques. Jeunes, députés issus des minorités.* ADMIN. *Minorités visibles* : personnes dont la couleur de peau diffère de celle de la majorité de la population d'un pays. *Minorités sexuelles (bisexuels, homosexuels, transsexuels...). Droits, protection des minorités. Il a parlé « du droit des minorités* [...] *dans cette Europe qui est en train de se faire, pour la première fois depuis cinq cents ans, les nations anciennement dominées pourront retrouver leur identité »* LE CLÉZIO.
■ CONTR. Majorité.

1 **MINOT** [mino] **n. m.** – 1678 ◊ du breton *min* « bec, pointe » ■ MAR. Arcboutant qui fait saillie à chaque épaule d'un navire et sur lequel s'amure la misaine.

2 **MINOT** [mino] **n. m.** – *minault* « jeune chat » 1721 ◊ probablt du radical latin *min-* (cf. latin *minor* « plus petit ») et du suffixe hypocoristique *-ot* ■ RÉGION. FAM. Petit enfant. ➤ **gamin.**

MINOTERIE [minɔtʀi] **n. f.** – 1834 ◊ de *minotier* ▪ **1** Usine pour la transformation des grains en farine. ➤ **moulin.** ▪ **2** Industrie de la mouture des grains. ➤ **meunerie.**

MINOTIER, IÈRE [minɔtje, jɛʀ] **n. et adj.** – 1791 ◊ de *minot* « ancienne mesure de grains », de *mine*, latin *hemina* → 1 hémine ▪ **1** Industriel(le) qui exploite une minoterie. ➤ **meunier.** ▪ **2** **adj.** Relatif à la minoterie, à la production de farines. *Pêche minotière,* dont les prises sont transformées en farines.

MINOU [minu] **n. m.** – 1560 ; « plante » 1398 ◊ var. de *minet* ■ FAM. ▪ **1** Petit chat (lang. enfantin). ➤ **mimi, 1 mimine, minet.** *Des minous.* — En appellatif Chat. ▪ **2** Sexe de la femme. *Brouter le minou (d'une femme),* faire un cunnilingus (cf. Faire minette). ▪ **3** RÉGION. (Nord, Belgique) Amas de poussière. ➤ **2 chaton, mouton.** *Il y a des minous sous les meubles.*

MINUIT [minɥi] **n. m.** – *mie nuit* XIIe ◊ de *mi-* et *nuit.* Le mot est fém. jusqu'en 1530, parfois encore (littér.). ▪ **1** Milieu de la nuit. *Soleil de minuit. « sur le minuit, une espèce de souper avec du vin de Champagne »* STENDHAL. ➤ **médianoche.** ▪ **2** Heure du milieu de la nuit, la douzième après midi (24 heures ou 0 heure). *Les douze coups de minuit. Minuit, l'heure du crime. Avoir la permission* de minuit. À minuit précis. Minuit et demi.* — *Messe de minuit, célébrée dans la nuit de Noël.*

MINUS [minys] **n.** – 1934 ◊ abréviation de *minus habens* ■ FAM. ▪ **1** Personne peu intelligente. ➤ **minus habens.** *Une, des minus.* ➤ **crétin, débile, idiot.** *« ce pitoyable minus ignorant de la menace suspendue sur sa tête »* AYMÉ. ▪ **2** PÉJ. Personne de petite taille. *« un minus il a aussi de petits pieds, de petites mains »* Y. QUEFFÉLEC. ▪ **3** Personne médiocre, sans envergure. ➤ **minable, 2 ringard, tocard.**

MINUSCULE [minyskyl] **adj. et n. f.** – 1634 ◊ latin *minusculus* « un peu plus petit, assez petit » ▪ **1** *Lettre minuscule* (opposé à *majuscule*) : petite lettre courante, d'une forme particulière. *Caractère minuscule* ou *bas de casse. Un* a, *un* b *minuscule.* ◆ **n. f.** *Une minuscule* : une lettre minuscule. *Écrire en minuscules.* — PAR EXT. Écriture en lettres minuscules. *La minuscule cursive.* ▪ **2** (1873) COUR. Très petit. ➤ **étriqué, exigu, infime, microscopique, minime, nain,** FAM. **riquiqui.** *Une minuscule boîte. Un jardin minuscule.* ➤ **miniature.** *Appareil minuscule.* ➤ **miniaturisé.** ■ CONTR. Capitale, majuscule. Colossal, énorme, géant, gigantesque, immense.

MINUS HABENS [minysabɛ̃s] **n.** – 1836 ; 1833 *minus habentes* plur. ◊ mots latins « ayant moins » ■ FAM. VIEILLI Individu incapable ou peu intelligent. ➤ **minus.** *Elle « traitait Paul comme un minus habens »* COCTEAU.

MINUTAGE [minytaʒ] **n. m.** – 1930 ◊ de *minuter* ■ Action de minuter. — Horaire précis du déroulement d'une opération, d'une cérémonie, etc. *« l'homme, de la sirène de l'entrée à la sirène de la sortie, est possédé par le minutage »* ARAGON.

MINUTAIRE [minytɛʀ] **adj.** – 1867 ◊ de *minute* (II) ■ DR. Qui est en minute, a le caractère d'une minute, d'un original. *Acte, testament minutaire.*

MINUTE [minyt] **n. f.** – XIIIe ◊ latin *minuta*, fém. de *minutus* « menu »
I ▪ **1** Division du temps, soixantième partie de l'heure, unité pratique de mesure du temps (SYMB. min), valant 60 secondes. *Deux heures cinq minutes, deux heures quarante-cinq minutes* (dans le lang. cour. *deux heures cinq, trois heures moins le quart*). — Durée équivalant approximativement à cette division. *Une minute de silence*.* ▪ **2** Court espace de temps. ➤ **2 instant, moment.** *Jusqu'à la dernière minute. Je reviens dans une minute. Minutes de coiffeur*. Toutes les cinq minutes. Une minute d'inattention. La minute de vérité*. « je n'ai pas d'ici là une minute à perdre »* FLAUBERT. ◆ LOC. *À la minute où...* : au moment où. *D'une minute à l'autre* : dans un futur très proche, imminent. *À la minute* : à l'instant même, tout de suite. *Je pars à la minute.* — FAM. *Tu n'es pas à la minute !* ne sois pas si pressé. ◆ (1854) APPOS. INV., FAM. Très rapide, fait très rapidement. *Entrecôtes minute. Talon, clé minute. Cocotte*-minute.* ◆ **interj.** FAM. *Minute !* attendez une minute, ne soyez pas si pressé ; FIG. doucement, je ne suis pas de cet avis. *Minute, papillon !* ▪ **3** MÉTROL. Unité de mesure d'angle plan (SYMB. ′), valant 1/60 degré. *Latitude, longitude mesurée en degrés et minutes d'angle.*
II (XIVe ◊ latin médiéval *minuta* « écriture menue ») ▪ **1** VX Petite écriture, petits caractères. ▪ **2** DR. Original d'un jugement ou d'un acte authentique dont le dépositaire ne peut se dessaisir. ➤ **1 original.** *Minute d'un contrat. Minutes des actes notariés* ➤ **minutier.** *Copie, expédition* d'une minute.* ➤ **grosse.**

MINUTER [minyte] **v. tr.** ⟨1⟩ – 1382 ◊ de *minute*
I (de *minute,* II) ▪ **1** DR. Rédiger (un acte) pour servir de minute, PAR EXT. (VX) une lettre. *Minuter un contrat.* ▪ **2** FIG. et VX Méditer, projeter (une entreprise) en cachette.
II (1908 ◊ de *minute,* I) MOD. Organiser (une cérémonie, un spectacle, une opération, un travail) selon un horaire précis. *Minuter les diverses opérations d'une chaîne de montage.* — **p. p. adj.** *Travail, discours minuté. Intervention minutée. Emploi du temps strictement minuté.*

MINUTERIE [minytʀi] **n. f.** – 1786 ◊ de *minute* (I) ▪ **1** TECHN. Partie d'un mouvement d'horlogerie qui communique aux aiguilles le mouvement de la roue d'échappement. ▪ **2** (1912) COUR. Appareil destiné à assurer, à l'aide d'un mouvement d'horlogerie, un contact électrique pendant un nombre déterminé de minutes. *Minuterie d'un escalier d'immeuble. « La minuterie s'arrête et il faut chercher longtemps le bouton »* SIMENON.

MINUTEUR [minytœʀ] **n. m.** – v. 1960 ◊ de *minuter* ■ Dispositif permettant de programmer une durée à l'issue de laquelle se déclenche un signal, un contact. *Minuteur d'une cafetière automatique. Sonnerie d'un minuteur de cuisson. Minuteur d'une bombe à retardement.*

MINUTIE [minysi] **n. f.** – 1627 ◊ latin *minutia* « parcelle », de *minutus* ▪ **1** VIEILLI Menu détail sans importance. ➤ **bagatelle, rien, vétille.** *Discuter sur des minuties* (➤ **ergoter**). ▪ **2** (XVIIIe) MOD. Application attentive aux menus détails. ➤ **méticulosité, soin.** *« un esprit de détail porté jusqu'à la minutie »* ROUSSEAU. *Faire un travail avec minutie* : fignoler, lécher. *Décrire avec minutie.* ➤ **exactitude, précision.** ■ CONTR. Négligence.

MINUTIER [minytje] **n. m.** – 1893 ◊ de *minute* (II) ■ DR. ▪ **1** Registre contenant les minutes des actes d'un notaire. ▪ **2** (1931) Local affecté au dépôt des archives notariales datant de plus de cent vingt-cinq ans. *Le minutier central des Archives.*

MINUTIEUSEMENT [minysjøzmɑ̃] **adv.** – 1812 ◊ de *minutieux* ■ Avec minutie. *Il « examina la lame minutieusement »* MAC ORLAN.

MINUTIEUX, IEUSE [minysjø, jøz] **adj.** – 1750 ; *minucier* 1737 ◊ de *minutie* ▪ **1** (PERSONNES) Qui s'attache, s'arrête avec minutie aux détails. ➤ **consciencieux, exact, formaliste, maniaque, méticuleux, pointilleux, scrupuleux, tatillon.** *Un peintre minutieux.* ▪ **2** (CHOSES) Qui marque ou suppose de la minutie. ➤ **attentif, soigneux.** *Préparation minutieuse. Soin minutieux. Inspection minutieuse. Travail long et minutieux. Dessin minutieux.* ➤ **soigné.** *Exposé minutieux.* ➤ **détaillé.** ■ CONTR. Désordonné, négligent. Grossier.

MIOCÈNE [mjɔsɛn] **adj. et n. m.** – 1834 ◊ anglais *miocene,* du grec *meion* « moins » et *kainos* « récent » ■ GÉOL. Se dit d'un groupe intermédiaire de terrains tertiaires (entre l'éocène et l'oligocène d'une part, et le pliocène). *Époque, terrain, faune miocène.* — **n. m.** Troisième période de l'ère tertiaire qui y correspond. *Le dinothérium, mammifère du miocène.*

MIOCHE [mjɔʃ] **n.** – 1803 ; « apprenti » argot 1721 ; « mie de pain » XVIe ◊ de 1 *mie* ■ FAM. Enfant. ➤ **1 gosse.** *Père qui joue avec sa mioche. « Des mioches font des pâtés de sable »* GIDE.

MI-PARTI, IE [miparti] adj. – XIIe ◊ de l'ancien verbe *mipartir* «partager en deux moitiés» ■ **1** RARE Divisé, partagé en deux moitiés égales, mais dissemblables. BLAS. *Écu mi-parti.* ■ **2** HIST. *Chambres mi-parties,* instituées par l'édit de Nantes et composées, par moitié, de juges catholiques et de juges protestants.

MIPS [mips] n. m. – 1985 ◊ acronyme de *Million d'Instructions par Seconde* ■ INFORM. Unité de mesure de la puissance d'un processeur, exprimant le nombre de millions d'instructions traitées par seconde. *Puissance de 20 MIPS* (ou *mips*).

MIR [miʀ] n. m. – 1859 ◊ mot russe ■ HIST. Organisme de propriété collective rurale, avant la révolution russe de 1917. ■ HOM. Mire, myrrhe.

MIRABELLE [miʀabɛl] n. f. – 1628 ◊ de *Mirabel,* n. de localités du sud de la France (Drôme, Ardèche, Tarn-et-Garonne) ■ **1** Petite prune ronde et jaune. *Confiture de mirabelles.* ■ **2** Eau-de-vie (blanche) de mirabelle. *Un petit verre de mirabelle. — Une mirabelle :* un verre de cette eau-de-vie.

MIRABELLIER [miʀabelje] n. m. – 1857 ◊ de *mirabelle* ■ Prunier à mirabelles. *Les mirabelliers de Lorraine.*

MIRABILIS [miʀabilis] n. m. – 1874 fém. ◊ mot latin ■ BOT. Plante herbacée, ornementale *(nyctaginacées),* à grandes fleurs s'ouvrant la nuit, communément appelée *belle-de-nuit.*

MIRACLE [miʀɑkl] n. m. – XIe ◊ latin *miraculum* «prodige» de *mirari* «s'étonner» ■ **1** Fait extraordinaire où l'on croit reconnaître une intervention divine bienveillante, auquel on confère une signification spirituelle. ➤ **merveille, mystère, prodige, signe.** *Les miracles de Lourdes. Guéri par un miracle.* ➤ **miraculé.** *Qui fait des miracles.* ➤ **thaumaturge.** — *La cour* des Miracles. — Cela tient du miracle,* est miraculeux. — FAM. *Croire aux miracles :* être crédule et optimiste (cf. Croire au père Noël*). ■ **2** LITTÉR. Drame médiéval sacré dont le sujet est emprunté à la vie des saints, à la Légende dorée (➤ **mystère**). *«Le Miracle de Théophile», de Rutebeuf.* ■ **3** Chose étonnante et admirable qui se produit contre toute attente. *Tout semblait perdu, et le miracle se produisit. «L'amour est le miracle de la civilisation»* STENDHAL. *Le miracle grec* (de la civilisation grecque). *Le miracle économique allemand, japonais.* — APPOS. *Remède miracle. Il n'y a pas de solutions miracles* ou *miracle* (inv.). ◆ LOC. *Faire, accomplir des miracles :* obtenir des résultats remarquables, extraordinaires. *Crier miracle, au miracle.* ➤ **s'extasier.** *Il n'y a pas de quoi crier miracle. — C'est miracle, ce serait miracle, un miracle si...* — loc. adv. **PAR MIRACLE :** d'une façon inattendue et heureuse. ➤ **bonheur** (par bonheur). *Il en a réchappé par miracle. Comme par miracle.* ■ **4** Chose admirable dont la réalité semble extraordinaire. ➤ **merveille.** *Ce monument est un miracle d'architecture, un miracle d'équilibre. «un miracle d'esprit, d'adresse et de beauté»* MOLIÈRE.

MIRACULÉ, ÉE [miʀakyle] adj. – 1798 ◊ du latin *miraculum* ■ Sur qui s'est opéré un miracle. *Malade miraculé,* guéri par un miracle. — n. *Les miraculés de Lourdes.*

MIRACULEUSEMENT [miʀakyløzmɑ̃] adv. – XIVe ◊ de *miraculeux* ■ **1** D'une manière miraculeuse, par un miracle. ■ **2** Comme par miracle, extraordinairement. *Il s'en est sorti miraculeusement.* ■ **3** (1842) Extrêmement. *Elle est miraculeusement belle.* ➤ **prodigieusement.**

MIRACULEUX, EUSE [miʀakylø, øz] adj. – 1314 ◊ du latin *miraculum* ■ **1** Qui est le résultat d'un miracle. ➤ **surnaturel.** *Guérison, apparition miraculeuse. La pêche* miraculeuse.* ■ **2** Où se font des miracles. *La grotte miraculeuse de Lourdes.* ■ **3** Qui produit des effets incompréhensibles, inexplicables, des prodiges. ➤ **étonnant, merveilleux, prodigieux.** *Un remède miraculeux.* ■ **4** Qui est extraordinaire. *Il n'y a rien de miraculeux dans sa réussite.* ■ CONTR. Naturel, normal. Ordinaire, quelconque.

MIRADOR [miʀadɔʀ] n. m. – *miradore* 1830 ◊ mot espagnol, de *mirar* «regarder» ■ **1** Belvédère au sommet d'un bâtiment, balcon ou loge vitrée en encorbellement. ■ **2** Poste d'observation et de guet, et SPÉCIALT Construction surélevée servant de poste de surveillance dans un camp de prisonniers. *Les sentinelles des miradors. «Deux miradors à cent mètres l'un de l'autre reposent sur la crête du mur»* SARTRE.

MIRAGE [miʀaʒ] n. m. – 1753 ◊ de *mirer*

I ■ **1** Phénomène optique dû à la réfraction inégale des rayons lumineux dans des couches d'air inégalement chaudes et pouvant produire l'illusion d'une nappe d'eau s'étendant à l'horizon, où se refléteraient les objets éloignés. *Les mirages du désert.* ■ **2** FIG. Illusion, apparence séduisante et trompeuse. ➤ **illusion, mensonge.** *Les mirages de la gloire, du succès. «le délicieux mirage d'amour»* LOTI. ■ **3** (1959) Avion militaire français de bombardement. *Des Mirages.*

II (1931) TECHN. Action de mirer (les œufs).

MIRAUD, AUDE ➤ **MIRO**

MIRBANE [miʀban] n. f. – 1867 ◊ origine inconnue ■ TECHN. (Parfumerie) *Essence de mirbane.* ➤ **nitrobenzène.**

MIRE [miʀ] n. f. – XVe ◊ de *mirer* ■ **1** VX Action de mirer, de viser. — MOD. *Prendre sa mire :* viser. *Cran* de mire. Ligne de mire :* ligne droite imaginaire déterminée par l'œil du tireur. — (1771) **POINT DE MIRE :** point de visée, endroit où l'on veut que le coup porte. FIG. *Être le point de mire,* le centre d'intérêt, d'attention. *«Elle était le point de mire de toutes les demandes, de toutes les sollicitations»* SAINTE-BEUVE. ➤ **cible, objet,** 3 **sujet.** ■ **2** TECHN. Signal fixe (jalon, disque, perche) servant à déterminer une direction par une visée. *Mire parlante* (graduée). *Jalon-mire.* ➤ **jalon.** ■ **3** TÉLÉV. Image conventionnelle fixe présentée sur un écran de téléviseur en vue d'apprécier ses performances, la qualité d'une transmission. *La mire apparaît à la fin des programmes.* ■ HOM. Mir, myrrhe.

MIRE-ŒUF [miʀœf] n. m. – 1907 ◊ de *mirer* et *œuf* ■ Appareil qui sert à mirer les œufs. *Des mire-œufs* [miʀø].

MIREPOIX [miʀpwa] n. m. ou f. – 1814 ◊ du nom du duc de *Mirepoix* ■ CUIS. Préparation à base de légumes et d'épices, pour corser une viande. APPOS. *Sauce mirepoix.*

MIRER [miʀe] v. tr. (1) – XIIe ◊ latin populaire *mirare* «regarder attentivement», classique *mirari* «s'étonner» ■ **1** VX Regarder avec attention. — (XVIe) Viser avec une arme à feu (➤ **mire**). ◆ (1874) MOD. Examiner (des œufs) à contre-jour, à la lumière naturelle ou artificielle (notamment pour s'assurer qu'ils ne sont pas couvés) (➤ **mire-œuf**). ■ **2** (par attraction de *miroir*) LITTÉR. Regarder (dans une surface polie) ; refléter. *Venise mire ses palais dans ses eaux.* ◆ **SE MIRER** v. pron. VIEILLI ou LITTÉR. Se regarder, se contempler. *Se mirer dans l'eau, un miroir. «Aux enfers, il* [Narcisse] *se mirait encore dans le Styx»* HENRIOT. — LITTÉR. Se refléter. *Arbre qui se mire dans l'eau.* ■ HOM. *Mire :* mirent (mettre).

MIRETTE [miʀɛt] n. f. – 1836 argot ◊ de *mirer* ■ FAM. Œil. *De belles mirettes.*

MIREUR, EUSE [miʀœʀ, øz] n. – 1840 ◊ de *mirer* ■ TECHN. Personne qui mire, examine des œufs.

MIRIFIQUE [miʀifik] adj. – *mirifique* fin XVe ; *mirlifiques* «merveilles» milieu XVe ◊ latin *mirificus,* de *mirus* «étonnant, merveilleux» → admirer ■ PLAISANT ou IRON. Merveilleux. ➤ **étonnant, mirobolant, prodigieux.** *Des promesses mirifiques.* — adv. **MIRIFIQUEMENT.**

MIRLIFLORE [miʀliflɔʀ] n. m. – *mirliflor* 1765 ◊ p.-ê. altération de *(eau de) mille fleurs,* parfum à la mode, avec influence de *mirifique* ■ VIEILLI, PLAISANT Jeune élégant, content de lui. *Faire le mirliflore.*

MIRLITON [miʀlitɔ̃] n. m. – 1745 ◊ p.-ê. ancien refrain de chanson populaire ■ **1** Tube creux (de roseau, de carton, etc.) garni à ses deux extrémités d'une membrane (papier fin, peau d'oignon ; cf. Flûte à l'oignon), et percé d'une ouverture latérale près de chaque bout, sur laquelle on applique les lèvres pour nasiller un air. ➤ **flûtiau ; bigophone.** — LOC. FAM. *Vers de mirliton* (du genre de ceux qui sont imprimés sur les bandes de papier entourant en spirale les mirlitons) : mauvais vers. ■ **2** Accessoire de cotillon, serpentin qui se déroule sous l'effet du souffle en émettant un son nasillard.

MIRMIDON ➤ **MYRMIDON**

MIRMILLON [miʀmijɔ̃] n. m. – 1704 ◊ latin *mirmillo* ■ ANTIQ. ROM. Gladiateur armé d'un bouclier, d'une épée et d'un casque, qui était en général opposé au rétiaire.

MIRO [miʀo] adj. et n. – 1928 *miro* ◊ de *mirauder* «regarder» (1405), de *mirer* ■ FAM. PÉJ. Qui voit très mal, qui est myope. ➤ **bigleux.** *«Évidemment, il était là ! Je n'étais pas miro»* G. DORMANN. *Elles sont miros.* — On écrit parfois *miraud, aude* [miʀo, od].

MIROBOLANT, ANTE [miʀɔbɔlɑ̃, ɑ̃t] adj. – 1836 ; *mirobolard* 1767 ◊ de *myrobolan* ■ FAM. Incroyablement magnifique, trop beau pour être vrai. ➤ **extraordinaire, merveilleux, mirifique.** *Des gains mirobolants.* ■ HOM. Myrobolan.

MIRODROME [miʀodʀom] n. m. – 1979 ◊ de *mir(er)* et *-drome* ■ Salle composée d'une série de cabines individuelles disposées en demi-cercle autour d'une scène où s'exhibe une femme nue évoluant derrière une glace sans tain. ➤ **peep-show.**

MIROIR [mirwaʀ] **n. m.** – *mireor* XIIe ◇ de *mirer* ■ **1** Objet constitué d'une surface polie (d'abord de métal, aujourd'hui de verre étamé) qui sert à réfléchir la lumière, à refléter l'image des personnes et des choses. ➤ **glace.** *Le tain d'un miroir. Se regarder dans un miroir.* ➤ **se mirer.** *Miroir déformant, grossissant. Miroir de poche, miroir mural. Miroir d'ameublement.* ➤ 1 **psyché.** *Commerce des miroirs.* ➤ **miroiterie.** *« Ô miroir ! Eau froide par l'ennui dans ton cadre gelée »* MALLARMÉ. *Multiplication d'une image par un jeu de miroirs* (cf. En abyme). — LOC. FIG. *Jeu de miroirs* : relation d'identification entre deux personnes. *Scénario qui repose sur un jeu de miroirs entre les protagonistes.* ALLUS. *Passer de l'autre côté du miroir* : découvrir l'aspect caché de qqch. ; changer de camp. — (1969 ◇ calque de l'anglais *courtesy mirror*) *Miroir de courtoisie,* fixé dans le pare-soleil du passager avant d'une automobile. — OPT. *Miroir plan. Miroirs sphérique, hyperbolique, parabolique.* ◆ SPÉCIALT *Miroir ardent* : miroir concave qui peut enflammer des objets par la concentration des rayons solaires. — *Miroir magique,* censé faire apparaître des personnes ou des choses absentes. — *Miroir aux alouettes* : engin composé d'une planchette mobile munie de petits miroirs que l'on fait tourner et scintiller au soleil pour attirer les oiseaux. FIG. Ce qui trompe, ce qui fascine. ➤ **leurre, piège.** — PSYCHAN. *Stade du miroir* (Lacan) : première étape de la structuration du sujet, entre six et dix-huit mois, lorsque l'enfant identifie sa propre image. ◆ APPOS. *Verres miroir,* qui réfléchissent comme des miroirs. *Lunettes miroir.* ■ **2** LITTÉR. Surface unie qui réfléchit la lumière ou les objets. *« le miroir azuré des lacs »* NERVAL. ◆ **MIROIR D'EAU :** pièce d'eau de forme géométrique dans un jardin, un parc. *« ses grandes fenêtres ouvertes sur le jardin, et son miroir d'eau pour refléter le ciel d'automne »* LE CLÉZIO. ■ **3** (ABSTRAIT) Ce qui offre à l'esprit l'image, la représentation des personnes, des choses, du monde. ➤ **reflet.** *Les yeux sont le miroir de l'âme. « Chrétien de Troyes est le miroir de la société féodale française »* ARAGON. ■ **4** CUIS. *Œufs (au) miroir,* qu'on fait cuire sans brouiller le jaune et le blanc (cf. COUR. Œufs sur le plat). ◆ Pâtisserie recouverte d'un nappage qui lui donne une finition brillante. *Miroir aux fraises.* ■ **5** DIDACT. **EN MIROIR :** de manière à produire une image spéculaire, inversée. *Écriture en miroir.* ■ **6** INFORM. *Site miroir* : copie d'un site Internet hébergé sur un autre serveur, généralement situé dans un autre pays.

MIROITANT, ANTE [mirwatɑ̃, ɑ̃t] **adj.** – 1824 ◇ de *miroiter* ■ Qui miroite. ➤ 1 **brillant*, chatoyant, scintillant.** *Surface miroitante de la mer. Soie miroitante.* — FIG. *Style miroitant.*

MIROITÉ, ÉE [mirwate] **adj.** – 1732 ; *mirouetté* 1595 ◇ de *miroiter* ■ HIPPOL. *Cheval miroité* : cheval bai dont la croupe est marquée de taches d'une couleur plus brillante que le fond de la robe.

MIROITEMENT [mirwatmɑ̃] **n. m.** – 1622 ◇ de *miroiter* ■ Éclat, reflet particulier produit par un objet qui miroite. ➤ **chatoiement,** 2 **lustre, reflet, scintillement.** *Miroitement des eaux. « une étincelle jaillissait de sa pupille à travers le miroitement de ses lunettes »* FLAUBERT.

MIROITER [mirwate] **v. intr.** ⟨1⟩ – XVIe ◇ de *miroir,* jadis prononcé *miroi* ■ **1** Réfléchir la lumière en jetant des reflets scintillants. ➤ **briller*, chatoyer, étinceler, scintiller.** *Vitre, eau qui miroite au soleil.* ■ **2** FIG. *Faire miroiter qqch.* (de positif) *à qqn,* le lui présenter de façon séduisante afin de l'appâter. *Il lui a fait miroiter les avantages qu'il pourrait en tirer.*

MIROITERIE [mirwatri] **n. f.** – 1701 ◇ de *miroitier* ■ Commerce, industrie des miroirs et des glaces. *Miroiterie-vitrerie.*

MIROITIER, IÈRE [mirwatje, jɛʀ] **n.** – 1564 ◇ de *miroir* ■ Personne qui vend, fabrique, encadre, taille des miroirs ou des glaces. *Miroitier-vitrier.*

MIROTON [mirɔtɔ̃] **n. m.** – 1691 ◇ origine inconnue ■ Bœuf bouilli coupé en tranches que l'on cuisine avec des oignons, du lard, du vinaigre. PAR APPOS. *Du bœuf miroton.* — La forme MIRONTON, très fréquente, est fautive.

MIRV [mirv] **n. m. inv.** – v. 1970 ◇ acronyme de l'anglais *Multiple Independently Targetable Reentry Vehicle* « véhicule de rentrée à têtes multiples à guidage indépendant » ■ MILIT. Dernier étage d'un missile comprenant plusieurs têtes nucléaires pouvant être guidées indépendamment vers leurs objectifs.

MIS, MISE [mi, miz] **adj.** – XVIIe ◇ de *mettre* ■ LITTÉR. Habillé, vêtu. *« Nénesse, mis comme un garçon de la ville »* ZOLA. *Femme bien, mal mise* (➤ **mise**). ■ HOM. Mi, mie, mye.

MISAINE [mizɛn] **n. f.** – XVIe ◇ de *migenne* (1382), de l'italien *mezzana,* lui-même du latin *medianus* « qui est au milieu » ■ Voile basse du mât de l'avant du navire (autrefois du milieu). *« Ils hissèrent la misaine, levèrent l'ancre »* MAUPASSANT. — *Mât de misaine* : le premier mât vertical à l'avant du navire.

MISANDRE [mizɑ̃dʀ] **adj. et n.** – v. 1970 ◇ de *mis(o)-* et *-andre,* sur le modèle de *misanthrope* et d'après *misogyne* ■ DIDACT. Qui a de la haine ou du mépris pour les hommes (II) (opposé à *misogyne*). *Elle est misandre.*

MISANDRIE [mizɑ̃dʀi] **n. f.** – v. 1970 ◇ de *misandre* ■ Haine ou mépris du sexe masculin, des hommes (opposé à *misogynie*).

MISANTHROPE [mizɑ̃tʀɔp] **n. et adj.** – 1552 ◇ grec *misanthrôpos,* de *misein* « haïr » et *anthrôpos* « homme » ■ **1** (Sens fort) Personne qui manifeste de l'aversion pour ses semblables. *« De ces misanthropes qui haïssent tout le monde, et qui ne s'aiment pas eux-mêmes »* SCARRON. ◆ PAR EXT. Personne qui a le caractère sombre, aime la solitude, évite la société. ➤ **atrabilaire, ours, sauvage, solitaire.** *Un vieux misanthrope. « Le Misanthrope », pièce de Molière.* ■ **2 adj.** Qui ne supporte personne, et PAR EXT. évite le commerce de ses semblables. ➤ **bourru,** 1 **chagrin,** 2 **farouche, insociable.** *Elle est devenue bien misanthrope.* ■ CONTR. Philanthrope. Sociable.

MISANTHROPIE [mizɑ̃tʀɔpi] **n. f.** – XVIe ◇ grec *misanthropia* (→ misanthrope) ■ Haine du genre humain ; caractère, humeur du misanthrope. *Accès de misanthropie.* — **adj. MISANTHROPIQUE,** 1771. ■ CONTR. Philanthropie. Sociabilité.

MISCELLANÉES [miselane] **n. f. pl.** – 1570 ◇ latin *miscellanea* « choses mêlées », adj. subst., de *miscere* « mêler » ■ DIDACT. Mélanges scientifiques ou littéraires. ➤ **mélange, recueil.**

MISCIBLE [misibl] **adj.** – 1757 ◇ du latin *miscere* « mêler » ■ SC. Qui peut se mêler avec une autre substance en formant un mélange homogène. *L'eau et l'alcool sont entièrement miscibles.*

MISE [miz] **n. f.** – XIIIe ◇ de *mettre*

I ACTION DE METTRE ■ **1** Action de mettre (quelque part). *Mise en place. Mise en bouteilles. Mise en bouche*.* — *Mise en bière.* — FIG. et FAM. *Mise en boîte*.* — TYPOGR. *Mise en forme, en pages*.* — RADIO *Mise en ondes*.* — INFORM. *Mise en ligne* (de contenus sur Internet). ◆ SPÉCIALT *Mise bas* : action de mettre* bas. ➤ **parturition.** *Mise bas d'une chatte.* ◆ (1800) **MISE EN SCÈNE :** organisation matérielle de la représentation d'une pièce, d'un opéra (choix des décors, places, mouvements et jeu des acteurs, etc.). ➤ **scénographie.** *Mise en scène au cinéma, à la télévision.* ➤ **réalisation.** FIG. *Il a fait toute une mise en scène.* ◆ PROCÉD. *Mise au rôle* : inscription d'une affaire à l'audience. ■ **2** Action de mettre (dans une position nouvelle). *Mise sur pied. Mise à pied.* ➤ **renvoi.** — MAR. *Mise à la voile.* ■ **3** En loc. Action de mettre (dans un état nouveau, une situation nouvelle). **MISE EN.** *Mise en plis*. Mise en eau* (d'un barrage), action de le remplir d'eau. — *Mise en gage,* en dépôt. — *Mise en équation, en facteurs. Mise en perspective.* — *Mise en état, en ordre.* — *Mise en forme d'un sportif. Mise en jambes d'un coureur. Mise en voix d'un chanteur.* — *Mise en branle, en jeu, en œuvre*, en pratique, en train*, en chantier, en vigueur. Mise en circulation. Mise en service, en vente.* — *Mise en réseau*.* — *Mise en demeure*. Mise en garde* (I, 5°). *Mise en cause. Mise en question.* — *Mise en liberté. « Après la naissance de Julien, Sophie avait demandé sa mise en disponibilité à la banque qui l'employait »* IZZO. — *Mise en valeur*.* — DR. **MISE EN ACCUSATION :** le fait d'accuser, signifié par l'acte d'accusation. *Chambre des mises en accusation. Mise en délibéré*.* — **MISE À...** *Mise au net. Mise au point** (➤ **metteur**). *Mise à jour*. Mise à niveau. Mise à feu* : le fait d'allumer les feux (d'une chaudière, d'un four). *Mise à feu** (d'une fusée). — *Mise à prix*. Mise au pas*, à la raison. Mise à la retraite. Mise à mort*.* DR. *Mise à l'épreuve.* — *Mise sous tension* (d'une installation), sur alimentation en courant électrique. *Mise à la terre* : raccordement électrique de la carcasse d'un appareil à un conducteur relié au potentiel de la terre. ◆ DR. *Mise sous séquestre*. Mise sous écrou*.* ■ **4** (Suisse) Vente aux enchères. *Avis de mise. Par voie de mise publique.* ■ **5** TECHNOL. Pièce métallique rapportée par soudage sur une autre pièce. *Un foret à mise rapportée en carbure de tungstène.*

II SENS SPÉCIALISÉS (« dépense » milieu XIIIe) ■ **1** Action de mettre de l'argent au jeu ou dans une affaire ; somme d'argent ainsi engagée. ◆ (Au jeu) ➤ 3 **cave, enjeu,** 2 **poule.** *Déposer une mise.* ➤ **miser.** *Doubler la mise. Rafler, remporter la mise* : gagner ; FIG. l'emporter. *Sauver la mise,* retirer l'argent engagé, à défaut de gain. LOC. FIG. *Sauver la mise à qqn,* lui épargner quelque perte ou désagrément. ◆ **MISE (DE**

FONDS*). ➤ **investissement, participation, placement.** — DR. *Mise sociale,* apport financier d'un associé. ▪ **2 DE MISE** (par ellipse de *mise en circulation*). Qui a cours, est reçu, accepté, convenable (plutôt en propos. négative). *Ces manières ne sont plus de mise, ne sont pas de mise chez nous.* ▪ **3** (fin XVIIIe) VIEILLI Manière d'être habillé. ➤ **ajustement, habillement, tenue, toilette.** *« Les plus recherchés dans leur mise »* BALZAC. *Soigner sa mise.*

MISER [mize] **v. tr.** ⟨1⟩ – 1669 ◊ de *mise* ▪ **1** Déposer, mettre (un enjeu). ➤ **blinder,** 2 **caver, jouer, parier,** 2 **ponter.** *Miser dix euros. Miser tout sur le rouge, à la roulette.* ▪ **2** ABSOLT *Miser sur un cheval, aux courses.* FIG. *Miser sur les deux tableaux*.* ◆ FAM. *Miser sur :* compter, faire fond sur. *On ne peut pas miser là-dessus.* ▪ **3** (Suisse) Acheter ou vendre (qqch.) aux enchères. *Miser sur qqn,* enchérir sur lui. ▪ **4** VULG. Posséder charnellement.

MISÉRABILISME [mizeʀabilism] **n. m.** – 1937 ◊ de *misérable* ▪ Tendance artistique à la représentation des aspects les plus misérables de la vie sociale. *Le misérabilisme d'un peintre, d'un cinéaste.*

MISÉRABILISTE [mizeʀabilist] **adj.** et **n.** – 1945 ◊ de *misérable* ▪ **1** Se dit d'un artiste (écrivain, peintre, cinéaste) adepte du misérabilisme. *Tableau, film misérabiliste. Réalisme misérabiliste.* — **n.** *Un misérabiliste.* ▪ **2** PAR EXT. Qui donne une impression de pauvreté mesquine, sordide. *Décor misérabiliste.*

MISÉRABLE [mizeʀabl] **adj.** et **n.** – 1336 ◊ latin *miserabilis* ▪ **1** Qui inspire ou mérite d'inspirer la pitié ; qui est dans le malheur, la misère. ➤ **lamentable, malheureux, pitoyable ; misérabilisme.** *L'homme, pour Pascal, est à la fois misérable et grand.* — (CHOSES) Triste, pénible. *Misérable existence. Vivre dans des conditions misérables. Une fin misérable. Un air misérable.* ◆ **n.** *Un, une misérable,* personne malheureuse. ▪ **2** Qui est dans une extrême pauvreté ; qui est au bas de l'échelle sociale. ➤ **besogneux, indigent, pauvre.** *Populations misérables. « Selon que vous serez puissant ou misérable »* LA FONTAINE. — (CHOSES) *Pays, région misérable,* très pauvre. *Logement misérable.* ➤ **taudis.** *Vêtements misérables.* ➤ **guenille ; minable, miteux.** ◆ **n. UN, UNE MISÉRABLE.** ➤ **diable** (pauvre diable), **gueux,** 1 **hère, miséreux, paria, pouilleux, traîne-misère, va-nu-pieds.** *« Les Misérables », roman de Victor Hugo.* ▪ **3** Qui est sans valeur, sans mérite. ➤ **insignifiant, méprisable, piètre.** *Une argumentation misérable. « Lucrèce était un misérable physicien »* VOLTAIRE. *« toute cette agitation lui apparaissant misérable à côté de leur amour »* FLAUBERT. *Un salaire misérable.* ➤ 1 **bas, minime.** — SPÉCIALT (avant le nom) ➤ **malheureux, méchant, pauvre.** *Tant d'histoires, pour un misérable billet de cinq euros !* ▪ **4** VIEILLI Dont la conduite mérite l'indignation, le mépris. ➤ **malhonnête, méprisable.** ◆ **n.** ➤ **malheureux, scélérat ;** VIEILLI **coquin.** *C'est un misérable.* — PLAISANT *Ah, petit misérable !* ▪ CONTR. Heureux. Riche. Admirable. Abondant, important, remarquable.

MISÉRABLEMENT [mizeʀabləmɑ̃] **adv.** – XIVe ◊ de *misérable* ▪ D'une manière misérable. ▪ **1** De façon très malheureuse. ➤ **pitoyablement, tristement.** *Finir misérablement.* ▪ **2** Dans la pauvreté. *Vivre misérablement.* ➤ **pauvrement.** ▪ **3** Mesquinement. *Lésiner misérablement.* ➤ **chichement.** ▪ CONTR. Richement.

MISÈRE [mizɛʀ] **n. f.** – *miserie* XIIe ◊ latin *miseria,* de *miser* « malheureux » ▪ **1** VIEILLI ou LITTÉR. Sort digne de pitié ; malheur extrême. ➤ **adversité, détresse, infortune, malheur.** *La misère des temps. Malade sur son lit de misère. Collier* de misère. Quelle misère !* — **interj.** *Misère !* ➤ **malheur.** ◆ RÉGION. (Ouest, Nord ; Canada) LOC. (1867) *Avoir de la misère à* (et inf.) : avoir du mal, de la difficulté à. *« j'imagine que vous aurez pas de misère à trouver ça »* V.-L. BEAULIEU. ▪ **2** *Une, des misères.* Ce qui rend le sort digne de pitié ; évènement malheureux, douloureux, pénible. ➤ **calamité,** 2 **chagrin, disgrâce, malheur, peine.** *« Toutes nos misères véritables sont intérieures et causées par nous-mêmes »* FRANCE. *Compassion aux misères d'autrui :* miséricorde. *Misères physiques. Les misères de l'âge.* ➤ **incommodité.** *Petites misères.* ➤ **ennui.** ◆ PAR EXAGÉR. *Faire des misères à qqn,* le tracasser, le taquiner. ➤ **malice, méchanceté, mistoufle, taquinerie.** (Belgique) *Chercher misère à qqn,* lui chercher querelle. ▪ **3** MYST. Se dit de la condition humaine, de son néant. ➤ **bassesse, faiblesse, impuissance.** *Misère de l'être humain sans Dieu, selon Pascal.* ▪ **4** *La misère.* Extrême pauvreté, pouvant aller jusqu'à la privation des choses nécessaires à la vie. ➤ **besoin, dénuement, gêne, indigence, pauvreté ;** FAM. ou POP. **débine, dèche, mistoufle, mouise, mouscaille, panade, purée.** *Être, tomber dans la misère* (cf. Être sur la paille*, tirer la langue*). *Réduire qqn à la misère. « Il avait ramassé des dizaines de cloches, de drogués, de paumés, les nuances infinies de la misère... »* DAENINCKX. *« la misère et la faim étaient les ferments increvables de la révolte »* A. FERNEY. *Misère noire. Misère dorée,* cachée par une apparence d'aisance. LOC. *Crier, pleurer misère :* se plaindre de sa pauvreté (➤ **pleure-misère**). *« Le boucher vaquait à ses occupations tout en pleurant misère »* MAC ORLAN. *Comme la misère sur le (pauvre) monde :* brusquement, impitoyablement. *« Quand le signal était enfin donné, nous nous jetions à la mer comme la misère sur le monde »* PH. BESSON. — **loc. adj.** *De misère :* misérable. *Pour un salaire de misère.* ▪ **5** MÉD. *Misère physiologique :* état d'une personne gravement sous-alimentée. ➤ **dénutrition.** ◆ État d'une personne souffrant d'un manque, d'une insuffisance. *La misère sexuelle.* ▪ **6** RARE Caractère de ce qui est digne de mépris ; insignifiance. ◆ *Une misère :* chose de peu d'importance, de peu de valeur. ➤ **babiole, bagatelle, vétille.** *« Son appartement ne lui coûtait que six cents francs par mois. – Une misère, dit-il »* BALZAC. ▪ **7** Chose moralement mesquine, vile. *« Que de misères mises au jour »* MARIVAUX. ▪ **8** COUR. Tradescantia (plante). ▪ CONTR. Bonheur, félicité, grandeur. Abondance, bien-être, fortune, opulence, richesse. Importance ; noblesse.

MISERERE [mizeʀeʀe] **n. m. inv.** – XVIe ; *colique de miserere* (vx) « occlusion intestinale » 1546 ◊ latin *miserere* « aie pitié », début d'un psaume ▪ LITURG. CATHOL. Le psaume « Miserere mei, Deus ». *Des miserere.* ◆ MUS. Air sur lequel le *miserere* se chante ; ce chant. — On écrit aussi *miséréré, des miséréré*s.

MISÉREUX, EUSE [mizeʀø, øz] **adj.** et **n.** – fin XIVe, repris fin XIXe ◊ de *misère* (4°) ▪ Qui donne l'impression de la misère, d'une extrême pauvreté. ➤ **besogneux, famélique, misérable, nécessiteux, pauvre.** *Un mendiant miséreux.* — PAR EXT. *Quartiers miséreux.* ◆ **n.** *Un miséreux.* ➤ **crève-la-faim, gueux, malheureux, meurt-de-faim.** *« Une fois sur le trottoir, on perdait tout repère, toute règle morale. La solidarité des miséreux relevait de la naïveté »* IZZO. ▪ CONTR. Aisé, opulent, riche.

MISÉRICORDE [mizeʀikɔʀd] **n. f.** – 1120 ◊ latin *misericordia,* de *misericors* « qui a le cœur *(cor)* sensible au malheur *(miseria)* »

I ▪ **1** VIEILLI Sensibilité à la misère, au malheur d'autrui. ➤ **bonté, charité, commisération, compassion, pitié.** *Sœurs de la Miséricorde.* — MAR. *Ancre* de miséricorde.* ▪ **2** Pitié par laquelle on pardonne au coupable. ➤ **clémence, indulgence, pardon.** *Demander, obtenir miséricorde.* — RELIG. *La miséricorde divine.* ➤ **absolution.** — LOC. PROV. *À tout péché miséricorde :* toute faute est pardonnable. ▪ **3** Interj. Exclamation qui marque une grande surprise accompagnée de douleur, de peur, de regret.

II Saillie fixée sous l'abattant d'une stalle d'église, pour permettre aux chanoines, aux moines, de s'appuyer ou de s'asseoir pendant les offices tout en ayant l'air d'être debout.

▪ CONTR. Cruauté, dureté.

MISÉRICORDIEUX, IEUSE [mizeʀikɔʀdjø, jøz] **adj.** – XIIe ◊ de *miséricorde* ▪ RELIG. Qui a de la miséricorde, de la compassion (➤ 1 **bon**) ; qui pardonne facilement (➤ **clément**). *Dieu est miséricordieux.* — **adv. MISÉRICORDIEUSEMENT.**

MISO [miso ; mizo] **n. m.** – 1977 ◊ mot japonais ▪ Préparation à base de pâte de soja fermenté, utilisée dans la cuisine japonaise. *Des misos. Soupe (au) miso.* ▪ HOM. Miso (misogyne).

MIS(O)- ▪ Élément, du grec *misein* « haïr ».

MISOGYNE [mizɔʒin] **adj.** et **n.** – 1559, rare avant 1757 ◊ de *miso-* et *-gyne* ▪ Qui hait ou méprise les femmes (opposé à *misandre*). *Comportement misogyne.* **n.** *Un, une misogyne.* — ABRÉV. FAM. (1976) **MISO** [mizo]. *Il est très miso. Des misos.* ▪ HOM. Miso.

MISOGYNIE [mizɔʒini] **n. f.** – 1812 ◊ de *misogyne* ▪ Haine ou mépris des femmes. *La misogynie des phallocrates.*

MISPICKEL [mispikɛl] **n. m.** – *mispikket* 1765 ◊ mot allemand ▪ MINÉR. Arsénio-sulfure naturel de fer (FeAsS).

MISS [mis] **n. f.** – *misse* 1713 ◊ mot anglais « mademoiselle » ▪ **1** (XIXe) Mademoiselle, en parlant d'une Anglaise, d'une Américaine. *Miss Smith.* ▪ **2** VX Demoiselle anglaise. *Des miss.* ◆ SPÉCIALT Gouvernante anglaise. ▪ **3** (1931) Jeune reine de beauté élue dans les concours internationaux ou locaux. *« Elle, si jolie, si faite pour jouer les Miss France »* MONTHERLANT.

MISSEL [misɛl] **n. m.** – 1611 ◊ de l'ancien français *messel* XIIe, d'après le latin *missalis liber* « livre de messe » ▪ Livre liturgique qui contient les prières et les lectures nécessaires à la célébration de la messe pour l'année entière, avec l'indication des rites et des cérémonies qui les accompagnent. ➤ **paroissien** (cf. Livre de messe*). *Suivre la messe dans son missel.* ▪ HOM. Micelle.

MISSI DOMINICI [misidɔminisi] **n. m. pl.** – 1765 ◊ mots latins «envoyés du maître» ■ HIST. Inspecteurs royaux qui visitaient les provinces, sous les Carolingiens, et notamment sous Charlemagne.

MISSILE [misil] **n. m.** – 1949 ◊ mot anglais, du latin *missile* «projectile» ■ **1** Projectile autopropulsé et téléguidé, à charge classique ou nucléaire. ➤ **engin, fusée.** *Missile balistique à ogive nucléaire.* ➤ aussi **MIRV.** *Missile balistique stratégique, intercontinental* (➤ **ICBM**). *Missile tactique.* ➤ **scud.** *Missile de croisière*. Missiles stratégiques,* de grande portée. *Missile antimissile. Types de missiles* (sol-sol, mer-sol, air-sol, sol-air, air-air). *Missiles nucléaires basés en Europe.* ➤ **euromissile.** *Interception des missiles.* ■ **2** *Médicament missile* (APPOS) ou *missile moléculaire :* médicament modifié de façon à atteindre sa cible spécifique. *Des médicaments missiles.*

MISSILIER [misilje] **n. m.** – 1970 ◊ de *missile* ■ MILIT. Militaire ou marin spécialiste des missiles.

MISSION [misjɔ̃] **n. f.** – XIVe ; *mession* XIIe ◊ latin *missio* «action d'envoyer», de *mittere* «envoyer» ■ **1** Charge donnée à qqn d'aller accomplir qqch., de faire qqch. ➤ **charge, commission, délégation, députation,** VX **légation, mandat.** *Donner, confier une mission à qqn. Charger qqn d'une mission.* ➤ **missionner.** *Envoyer en mission* (➤ **commettre, déléguer, dépêcher,** 1 **détacher**). *Avoir mission de faire qqch. C'est mission impossible. S'acquitter d'une mission. Mission accomplie. Personne chargée de mission :* délégué, député, émissaire, envoyé, mandataire, représentant. ➤ RÉGION. **missionnaire.** *Mission officielle, officieuse, secrète. Mission dangereuse. Mission-suicide.* — *Mission diplomatique.* ➤ **ambassade.** *Mission culturelle française à l'étranger. Mission économique. Mission civile internationale.* — *Mission de reconnaissance. Ordre* de mission. Mission aérienne. Mission spatiale :* envoi dans l'espace d'un engin spatial. *Mission habitée.* — *Mission scientifique* (exploration, géologie, archéologie, météorologie, etc.). ➤ **expédition.** ◆ RELIG. Ordre divin donné à un fidèle d'accomplir qqch. *Mission des apôtres.* — COUR. Charge de propager une religion. Prédications et œuvres accomplies à cet effet, propagande religieuse. ➤ **apostolat.** *Pays de mission,* où la religion doit être répandue. *Prêtre de la Mission.* ➤ **lazariste.** ■ **2** Groupe de personnes ayant une mission. *La mission est arrivée au grand complet. Faire partie d'une mission.* — SPÉCIALT (1611) Organisation de religieux chargés de la propagation de la foi (➤ **missionnaire**). *Mission catholique, protestante.* ABSOLT Mission catholique. *Faire des dons aux Missions.* ■ **3** Bâtiment où logent les missionnaires. ■ **4** But, tâche que l'on se donne à soi-même avec le sentiment d'un devoir. *«Il est comme quelqu'un qui se serait fixé une tâche, une mission»* ARAGON. ◆ Action, but auquel un être semble destiné. ➤ **fonction, rôle, vocation.** *La mission de l'artiste.* PAR EXT. *La mission civilisatrice de la France.* — (CHOSES) ➤ **but, destination, fonction.** *«La mission de l'art n'est pas de copier la nature»* BALZAC. ■ **5** *Mission locale pour l'insertion professionnelle et sociale des jeunes* ou COUR. *mission locale :* organisme public qui accompagne les jeunes de 18 à 25 ans dans leur recherche d'emploi. *La mission locale de Paris.*

MISSIONNAIRE [misjɔnɛʀ] **n. et adj.** – 1631 ◊ de *mission* ■ **1** Prêtre, religieux, religieuse des Missions. *Les missionnaires d'Afrique.* ◆ *Position du missionnaire :* position sexuelle dans laquelle l'homme est couché sur la femme. ■ **2 adj.** (XIXe) Qui a la mission de propager sa religion. *Sœur missionnaire.* PAR EXT. *Œuvre missionnaire. L'esprit missionnaire,* de la personne qui cherche à convertir à une religion, et PAR EXT. à un idéal. ■ **3** (Maghreb, Afrique noire, Madagascar) Chargé(e) de mission.

MISSIONNER [misjɔne] **v. tr.** ⟨1⟩ – 1939 ; intr. 1845 ◊ de *mission* ■ Charger d'une mission, envoyer en mission. *L'assureur va missionner un expert.*

MISSIVE [misiv] **adj. f. et n. f.** – 1456 ◊ du latin *missus,* p. p. de *mittere* «envoyer» ■ **1** DR. *Lettre missive :* tout écrit qu'une personne envoie à une autre par l'intermédiaire d'un particulier ou de la poste (lettre, carte postale, carte-télégramme, télégramme). ■ **2 n. f.** (1580) LITTÉR. ou PLAISANT Message écrit. ➤ **lettre*.** *Une longue missive.*

MISTELLE [mistɛl] **n. f.** – 1902 ◊ espagnol *mistela,* de *misto* «mélangé» ■ TECHN. Moût de raisin dont la fermentation a été arrêtée par une addition d'alcool, et qui sert à la préparation des vins de liqueur, des vermouths.

MISTIGRI [mistigʀi] **n. m.** – 1827 ◊ de *miste,* variante de *mite,* nom populaire du chat, et de *gris* ■ **1** FAM. et VIEILLI Chat. ■ **2** Valet de trèfle entre deux cartes de même valeur, dans certains jeux. — Valet de pique. ➤ **pouilleux.** ◆ PAR EXT. Jeu de cartes, où le *mistigri* est une carte avantageuse. — Carte désavantageuse dont il faut se défausser. LOC. FIG. *Repasser, refiler le mistigri à qqn :* se débarrasser d'un problème encombrant (cf. Refiler le bébé*).

MISTON, ONNE [mistɔ̃, ɔn] **n.** – 1790 «individu, type» ◊ origine inconnue ■ FAM. et RÉGION. Gamin, gamine.

MISTOUFLE [mistufl] **n. f.** – 1866 ◊ origine inconnue, p.-ê. de *emmitoufler* ■ **1** FAM. Méchanceté. *Faire des mistoufles à qqn.* ➤ **misère.** ■ **2** (avec influence de *misère*) POP. ➤ **misère, pauvreté.** *Être dans la mistoufle. «Deux clopinards de la mistoufle qui crevaient de faim»* AYMÉ.

MISTRAL [mistʀal] **n. m.** – 1625 ; *mestral* 1519 ◊ ancien provençal *maestral* «magistral», proprt «vent maître» ■ Vent violent et froid qui souffle du nord ou du nord-ouest vers la mer, dans la vallée du Rhône et sur la Méditerranée. *Un coup de mistral. Le mistral et la tramontane. Des mistrals. «il entendait dans toute sa haute violence la voix du mistral, du vent de la terre»* AUDIBERTI.

MITAGE [mitaʒ] **n. m.** – 1977 ◊ de *miter* ■ Prolifération anarchique des constructions en milieu rural ou périurbain.

MITAINE [mitɛn] **n. f.** – 1180 ◊ de l'ancien français *mite,* même sens, p.-ê. de *mite* «chat» ■ **1** VX ou RÉGION. (Centre-Ouest, Ardèche, Doubs, Haut-Jura, Ain ; Suisse, Canada) Moufle. — (Canada) **loc. adv.** (1932) FAM. *À la mitaine :* à la main, sans moyens techniques. *Écrire, calculer à la mitaine.* ■ **2** MOD. Gant qui laisse à nu les deux dernières phalanges des doigts. *Porter des mitaines.*

MITAN [mitɑ̃] **n. m.** – *mitant* XIVe ; *moitant* XIIe ◊ mot dialectal de l'Est, de *mi-* et *tant* ■ VX, RÉGION. (Lyon, Normandie, Anjou ; Canada, Antilles) ou POP. Milieu, centre. *Le mitan du lit. «le mitan de la matinée»* B. CLAVEL. ■ HOM. Mi-temps.

MITARD [mitaʀ] **n. m.** – 1884 ◊ de l'argot *mit(t)e* «cachot» 1800 ■ ARG. Cachot, cellule disciplinaire, dans une prison. *Envoyer qqn au mitard.*

MITE [mit] **n. f.** – XIIIe ◊ moyen néerlandais *mite* ■ **1** Arthropode (acarien ou arachnide) qui vit au détriment de matières végétales ou animales. *Mite de la farine, du fromage.* ■ **2** COUR. Petit papillon blanchâtre de la famille des teignes dont les larves rongent les étoffes de laine et les fourrures. *«quelques mites crayeuses s'envolent dans la pièce, emportant avec elles l'odeur des robes immobiles et moisies sur leurs cintres»* DEL AMO. *Produit qui protège contre les mites.* ➤ **antimite.** *Habit mangé des mites, troué aux mites.* FAM. *Mangé aux mites,* troué, en mauvais état. — (Canada) *Boule à mites :* boule de naphtaline (antimite). FIG. et FAM. *Sortir, ressortir qqch. des boules à mites :* faire réapparaître une vieillerie. ■ **3** (1867) FAM. et VX Chassie. *Avoir la mite à l'œil.* ■ HOM. Mythe.

MI-TEMPS [mitɑ̃] **n. f. inv. et m. inv.** – 1888 ◊ de *mi-* et *temps* ■ **1** Temps de repos au milieu d'un match (dans les sports d'équipe : football, rugby, hockey, etc.). ➤ **pause.** *Les joueurs se délassent pendant la mi-temps, à la mi-temps. «La mi-temps est enfin sifflée»* M. PRÉVOST. ■ **2** Chacune des deux moitiés du temps réglementaire dans le match. *Mener en première, en seconde mi-temps.* — LOC. FIG. *La troisième mi-temps :* la fête qui suit la victoire, après un match (notamment de rugby), un effort collectif. ■ **3 loc. adv. À MI-TEMPS.** *Travailler, être employé à mi-temps,* pendant la moitié de la durée normale du travail (opposé à *à plein temps*). — **n. m. inv.** Travail à mi-temps. *Faire un mi-temps.* ■ HOM. Mitan.

MITER (SE) [mite] **v. pron.** ⟨1⟩ – 1931 ; au p. p. 1743 ◊ de *mite* ■ Être attaqué, abîmé par les mites. *Mettre des vêtements dans des housses pour éviter qu'ils se mitent.* — **p. p. adj.** *Une fourrure mitée.* ■ HOM. *Mite :* mîtes (mettre).

MITEUX, EUSE [mitø, øz] **adj. et n.** – 1808 ◊ de *mite* ■ **1** VX Chassieux. ■ **2** (1880) MOD. En piteux état ; d'apparence misérable. ➤ **minable, pauvre, piètre.** *Vêtements miteux. «Le petit cinéma miteux du boulevard Bonne-Nouvelle»* MONTHERLANT. ■ **3 n.** FAM. Personne pauvre, pitoyable dont on ne fait pas grand cas. *Un hôtel trop chic pour des miteux comme nous.* ➤ **fauché.** *«au lieu de prendre le train ou le bus, il fait de l'auto-stop comme un miteux»* SIMENON. — **adv.** FAM. **MITEUSEMENT,** 1944.

MITHRIACISME [mitʀijasism] **n. m.** – 1842 ◊ latin *mithriacus,* de *Mithra,* nom d'un dieu perse ■ RELIG. Culte de Mithra. — On dit aussi **MITHRACISME.**

MITHRIAQUE [mitʀijak] **adj.** – 1765 ◊ latin *mithriacus* ■ RELIG. Relatif au culte de Mithra. *Religion, mystères mithriaques.*

MITHRIDATISATION [mitʀidatizasjɔ̃] **n. f.** – 1906 ◊ de *Mithridate*, n. d'un roi qui s'immunisait contre les poisons ■ MÉD. Immunité à l'égard des poisons minéraux ou végétaux, acquise par accoutumance progressive. — On dit aussi **MITHRIDATISME n. m.**, 1867.

MITHRIDATISER [mitʀidatize] **v. tr.** ⟨1⟩ – 1878 ◊ de *Mithridate* ■ LITTÉR. Immuniser en accoutumant à un poison. — PRONOM. *Se mithridatiser.* **p. p. adj.** *« entraînée par une absorption massive de cette drogue, Folcoche était littéralement mithridatisée »* BAZIN.

MITIGATION [mitigasjɔ̃] **n. f.** – XIVe ◊ de *mitiger* ■ DIDACT. Action de mitiger. ➤ **adoucissement.** — DR. *Mitigation des peines* : substitution, en vertu de la loi et par égard pour la faiblesse physique du condamné, d'une peine plus douce à la peine infligée. ■ CONTR. Aggravation.

MITIGÉ, ÉE [mitiʒe] **adj.** – 1676 ◊ de *mitiger* ■ **1** VX Adouci, atténué. *Les limbes, espèce d'enfer mitigé.* ■ **2** MOD. Moins strict. ➤ **relâché.** *Zèle mitigé. « Républicains mitigés »* VOLTAIRE. ■ **3** (avec influence de *mi-, moitié*) Emploi critiqué Mêlé, mélangé. *Des sentiments mitigés.*

MITIGER [mitiʒe] **v. tr.** ⟨3⟩ – 1355 ◊ latin *mitigare* « adoucir », de *mitis* « doux » ■ VIEILLI Rendre plus doux, moins rigoureux. ➤ **adoucir, édulcorer, tempérer.** *Chercher « des demi-mots pour mitiger l'annonce fatale »* STENDHAL. ■ CONTR. Aggraver.

MITIGEUR [mitiʒœʀ] **n. m.** – 1968 ◊ de *mitiger* ■ TECHN. Robinet permettant de régler d'un seul mouvement le débit et la température d'un mélange d'eau chaude et d'eau froide. *Mélangeur et mitigeur. Mitigeur thermostatique.*

MITOCHONDRIE [mitɔkɔ̃dʀi] **n. f.** – 1907 ; *mitochondria* 1898 ◊ du grec *mitos* « filament » et *khondrion* « grain » ■ BIOL. CELL. Organite cytoplasmique jouant un rôle fondamental dans la respiration cellulaire liée à la synthèse d'ATP*. ➤ **chondriome.** — **adj. MITOCHONDRIAL, IALE, IAUX,** (1910).

MITOGÈNE [mitɔʒɛn] **adj.** et **n. m.** – avant 1980 ◊ de *mito(se)* et *-gène*, p.-ê. d'après l'anglais *mitogen* ■ BIOL. CELL. ■ **1** Qui stimule la prolifération cellulaire. ■ **2** **n. m.** Substance induisant la mitose.

MITON [mitɔ̃] **n. m.** – XVe ◊ de *mite* « gant » → mitaine ■ ARCHÉOL. Gantelet formé d'un doigtier articulé pour le pouce et d'une plaque de protection pour les autres doigts.

MITONNER [mitɔne] **v.** ⟨1⟩ – 1546 ◊ de *miton* « mie de pain », de 1 *mie*

I **v. intr.** Cuire longtemps à petit feu dans l'eau ou le bouillon. ➤ **bouillir, mijoter.** *Laisser mitonner plusieurs heures. « La soupe mitonnait en gémissant »* GIONO.

II **v. tr.** ■ **1** Préparer en faisant cuire longtemps à feu doux. *Mitonner un plat. Ragoût mitonné.* — PAR EXT. Préparer soigneusement (un mets, une composition quelconque). *Elle nous a mitonné un bon petit dîner.* ■ **2** FIG. Préparer tout doucement (qqch.) pour un résultat. *Mitonner une affaire. Se mitonner un avenir confortable.* — Être aux petits soins pour (qqn). ➤ **cajoler, dorloter.** ♦ PRONOM. Se procurer toutes sortes d'aises et de commodités, se soigner. *« Je vous ai laissée vous mitonnant dans votre lit »* Mme DE SÉVIGNÉ.

MITOSE [mitoz] **n. f.** – 1887 ◊ grec *mitos* « filament » ■ BIOL. CELL. Division de la cellule au cours de laquelle il y a répartition égale des chromosomes préalablement dupliqués entre les deux cellules filles qui possèdent ainsi les mêmes chromosomes que la cellule d'origine. *Phases de la mitose* : prophase, métaphase, anaphase, télophase. *La deuxième division de la méiose* est une mitose. Inducteur de la mitose* (➤ **mitogène**). — **adj.** (1897) **MITOTIQUE** [mitɔtik]. *Fuseau* mitotique.*

MITOYEN, MITOYENNE [mitwajɛ̃, mitwajɛn] **adj.** – *mittoyenne* « au centre » XIVe ◊ réfection d'après *mi-* « demi », de l'ancien français *moiteen*, de *moitié* ■ Qui est entre deux choses, commun à l'une et à l'autre. *Cloison mitoyenne. « Un jardinet dont le mur était mitoyen avec la sacristie »* BALZAC. — PAR EXT. *Maisons mitoyennes,* qui se touchent par un mur mitoyen. ➤ **contigu.** ♦ DR. Se dit d'une clôture, d'un fossé séparant deux fonds contigus et qui appartient en copropriété aux propriétaires de l'un et de l'autre. *Mur mitoyen jusqu'à l'héberge*.*

MITOYENNETÉ [mitwajɛnte] **n. f.** – 1804 ◊ de *mitoyen* ■ Caractère de ce qui est mitoyen. — PAR EXT. Qualité de ce qui est contigu. ➤ **contiguïté, voisinage.** *« de grandes pierres qui jadis délimitaient les enclos et les mitoyennetés »* PH. CLAUDEL. ♦ DR. Copropriété d'une clôture, d'un mur, d'une haie, d'un fossé séparant deux fonds. *La mitoyenneté entraîne l'indivision forcée.*

MITRAILLADE [mitʀajad] **n. f.** – 1794 « décharge de mitraille » ◊ de *mitrailler* ■ **1** Tir, décharge de mitrailleuse. ➤ **mitraille.** ■ **2** RARE Mitraillage. *« la mitraillade de femmes et d'enfants »* DORGELÈS.

MITRAILLAGE [mitʀajaʒ] **n. m.** – 1937 ◊ de *mitrailler* ■ Action de mitrailler. *Mitraillage au sol* (par avion).

MITRAILLE [mitʀaj] **n. f.** – *mistraille* 1375 ◊ ancien français *mitaille*, de *mite* « morceau de cuivre de Flandre », moyen néerlandais *mite*, d'un radical germanique *mit-* « couper en morceaux » ■ **1** Ferraille, puis balles de fonte qu'on utilisait autrefois sur les canons comme projectiles meurtriers. *Canons chargés à mitraille. Tirer à mitraille.* — MOD. et COUR. Décharge d'artillerie, SPÉCIALT d'obus et de balles. *Fuir sous la mitraille.* ■ **2** FAM. Menue monnaie de métal. ➤ **ferraille.** *Avoir les poches pleines de mitraille.* ■ **3** VX Débris de métaux. ➤ **ferraille.**

MITRAILLER [mitʀaje] **v.** ⟨1⟩ – 1794 ◊ de *mitraille*

I **v. intr.** VX Tirer à mitraille.

II **v. tr.** ■ **1** Prendre pour objectif d'un tir à mitraille (VX) ; d'un tir de mitrailleuse (MOD.). *Mitrailler des soldats ennemis. Mitrailler un train. Civils mitraillés par des avions.* — PRONOM. (RÉCIPR.) *Se mitrailler sans répit.* ♦ FIG. et FAM. *Mitrailler qqn de questions,* le harceler de questions. ■ **2** FAM. Photographier ou filmer sans arrêt de tous côtés (un personnage de l'actualité). *Le Président fut mitraillé par les reporteurs.*

MITRAILLETTE [mitʀajɛt] **n. f.** – 1935 ◊ de *mitrailleuse* et suffixe diminutif ■ **1** Arme à tir automatique portative. ➤ **pistolet-mitrailleur,** ARG. **sulfateuse ; kalachnikov.** *Tir, rafale de mitraillette.* ■ **2** (Belgique) Sandwich contenant de la viande et des frites. *Une mitraillette à la fricadelle.*

MITRAILLEUR [mitʀajœʀ] **n. m.** – 1795 ◊ de *mitrailler* ■ **1** VX Celui qui tire ou fait tirer à mitraille sur la foule. *Les mitrailleurs de la Convention.* ■ **2** (1873) MOD. Servant d'une mitrailleuse. *Mitrailleur à bord d'un avion.* — APPOS. *Chef mitrailleur. Fusilier* mitrailleur.*

MITRAILLEUSE [mitʀajøz] **n. f.** – 1867 ◊ de *mitrailler* ■ Arme automatique à tir rapide. *Mitrailleuse lourde,* pour position défensive ou sur véhicule. *Mitrailleuse légère utilisée en campagne. Mitrailleuse d'avion, de char. Automobile équipée d'une mitrailleuse.* ➤ **automitrailleuse.** *Affût, trépied, bande, chargeur de mitrailleuse. Rafale de mitrailleuse.* — *Tireur, chargeur et pourvoyeur d'une mitrailleuse.* ➤ **mitrailleur.**

MITRAL, ALE, AUX [mitʀal, o] **adj.** – 1673 ◊ de *mitre* ■ ANAT. En forme de mitre. *Valvule mitrale* (ou *bicuspide*) : valvule à deux valves, située au niveau de l'orifice de communication entre l'oreillette et le ventricule gauches du cœur. — **n. f.** *La mitrale.* — PAR EXT. Qui a rapport à la mitrale. *Rétrécissement mitral. Insuffisance mitrale.*

MITRE [mitʀ] **n. f.** – fin XIIe ◊ latin *mitra*, mot grec « bandeau »

I ■ **1** Haute coiffure triangulaire de cérémonie portée par les prélats et notamment par les évêques. *La mitre et la crosse épiscopales. Recevoir la mitre* : être nommé évêque. *La mitre et la tiare*.* ■ **2** ANTIQ. Coiffure en forme de bandeau, turban, etc.

II (Par anal. de forme) ■ **1** TECHN. Chapeau triangulaire surmontant une cheminée sur un toit, et qui sert à la protéger de la pluie et à empêcher le vent d'y rabattre la fumée. ➤ **abat-vent.** ■ **2** ZOOL. Mollusque gastéropode des mers tropicales *(monotocardes)* à coquille longue et pointue.

MITRÉ, ÉE [mitʀe] **adj.** – fin XIIe ◊ de *mitre* ■ Qui a droit de porter la mitre, en parlant des abbés ayant reçu la bénédiction abbatiale. *Abbé crossé et mitré.*

MITRON [mitʀɔ̃] **n. m.** – 1610 ◊ de *mitre*, à cause de la forme primitive des bonnets de garçons boulangers ■ **1** Garçon boulanger ou pâtissier. — ALLUS. HIST. *Le boulanger, la boulangère et le petit mitron* : le roi Louis XVI, la reine et le dauphin, ainsi nommés par le peuple affamé qui vint les chercher à Versailles le 5 octobre 1789. ■ **2** BÂT. Poterie de forme circulaire couronnant un conduit de cheminée.

MI-VOIX (À) [amivwa] **loc. adv.** – 1852 ◊ de *mi-* et *voix* ■ D'une voix faible, ni haut ni bas. ➤ **mezza-voce.** *Parler à mi-voix.*

MIX [miks] **n. m.** – fin XXe ◊ mot anglais « mélange » ■ ANGLIC. ■ **1** AUDIOVIS. Regroupement de divers signaux sur un même canal. ➤ **mixage.** *Des mix.* ♦ MUS. Ensemble de morceaux de musique enregistrés ou diffusés de manière enchaînée. *Le mix d'un DJ.* ■ **2** (1997 ; anglais *energy mix*) *Mix énergétique* : bouquet* énergétique (recomm. offic.).

MIXAGE [miksaʒ] **n. m.** – 1934 ◊ de l'anglais *to mix* « mélanger » ■ AUDIOVIS. Regroupement pondéré de divers signaux sur un même canal. ➤ **mix.** — *« occupé par la terminaison de mon* *film, musique et mixage»* TRUFFAUT. *Table de mixage* : appareil destiné au regroupement de diverses sources sonores en vue de leur enregistrement.

MIXER [mikse] **v. tr.** ‹1› – 1934 ◊ de l'anglais *to mix* «mélanger» ■ **1** AUDIOVIS. Procéder au mixage de. ➤ **aussi remixer.** — MUS. Manipuler (des sons, des rythmes) en vue de créer des effets musicaux. ■ **2** Passer (un aliment) au mixeur.

MIXEUR, EUSE [miksœR, øz] **n.** – 1929 ◊ anglais *mixer* «mélangeur» ■ ANGLIC. ■ **1** AUDIOVIS. Technicien(ne) spécialiste du mixage. ■ **2 n. m.** (1953 ; *mixer* 1952) Appareil électrique servant à mélanger, à battre des aliments. ➤ **batteur, blender, malaxeur, robot.**

MIXITÉ [miksite] **n. f.** – 1842 pour *mixtité* ◊ de *mixte* ■ Caractère de ce qui est mixte (2°). *Mixité des établissements scolaires.* ◆ Caractère d'un groupe, d'une collectivité composé de personnes d'origines (culturelle, sociale, ethnique...) différentes. *Mixité sociale d'un quartier. «Même dans leurs écoles, ils ne veulent pas de nous – la mixité sociale, je rigole»* K. TUIL.

MIXOLOGIE [miksɔlɔʒi] **n. f.** – 1990 ; autre sens 1964 ◊ anglais *mixology* (1872), de *mix* «mélange» et *-logy* → -logie ■ Art de la confection des cocktails. — **n. MIXOLOGISTE** (1999) **ou MIXOLOGUE** (2006).

MIXTE [mikst] **adj. et n. m.** – XIVe, rare avant XVIIIe ◊ latin *mixtus*, p. p. de *miscere* «mélanger»

I adj. ■ **1** Qui est formé de plusieurs, de deux éléments de nature différente. ➤ **combiné, composé, mélangé.** *Cuisinière mixte,* à gaz et électricité. *Salade mixte,* composée de salade verte et de tomates. *Peau mixte,* présentant des zones sèches et d'autres grasses. *Train, navire mixte,* assurant à la fois le transport de passagers et de marchandises. — GÉOL. *Roche mixte,* composée de deux roches. ◆ *Commission, tribunal mixte,* formés de membres, de juges appartenant à des corps, à des pays différents. — *Société d'économie* mixte.* ◆ *Mariage mixte,* entre deux personnes de religion, de culture, d'origine, de nationalité différentes. *«En deux générations, les immigrations produisent des mariages mixtes»* E. MORIN. — *Couple mixte.* ◆ Composé de personnes d'origines (culturelle, sociale, ethnique...) différentes. *Quartier mixte.* ■ **2** COUR. Qui comprend des personnes des deux sexes. *École mixte.* — *Double mixte* **ou n. m.** *un mixte,* au tennis (entre deux équipes formées d'un homme et d'une femme). ■ **3** MATH. *Produit mixte de n vecteurs d'un espace vectoriel euclidien, de dimensions n,* le déterminant de ces *n* vecteurs, relativement à une base normée.

II n. m. Ensemble formé d'éléments différents. ➤ **mélange.** *«Ce mixte de morale et de logique, qu'est le bon sens»* BARTHES.

MIXTION [mikstjɔ̃] **n. f.** – *mistion* XIIIe ◊ latin *mixtio* ■ DIDACT. Action de mélanger plusieurs substances, **et** SPÉCIALT plusieurs drogues pour la composition d'un médicament. ➤ **incorporation, mélange.** ◆ PAR EXT. Produit de cette mixtion ; médicament. ➤ **mixture.** REM. Ne pas confondre avec *miction.* — **v. tr.** ‹1› **MIXTIONNER** [mikstjɔne].

MIXTURE [mikstyR] **n. f.** – 1560, rare avant XIXe ; *misture* 1190 ◊ latin *mixtura* ■ **1** DIDACT. Mélange de plusieurs substances chimiques, pharmaceutiques, généralement liquides. ➤ **mélange, mixtion.** ■ **2** COUR. Mélange comestible (boisson ou aliment) dont on reconnaît mal les composants. *Ne buvez pas cette affreuse mixture.* ■ **3** FIG. Mélange complexe, bizarre.

M. K. S. A. [ɛmkɑɛsɑ] **adj.** – milieu XXe ◊ sigle de *mètre, kilogramme, seconde, ampère* ■ MÉTROL. *Système M. K. S. A.* : système international d'unités fondé sur le mètre, le kilogramme, la seconde et l'ampère.

MLLE ➤ **MADEMOISELLE**

MM. ➤ **MONSIEUR** (messieurs)

MME ➤ **MADAME**

MMM [həm] **interj.** – 1869 ◊ onomat. ■ Exclamation qui exprime une appréciation gustative favorable, le plaisir. *Mmm, délicieux !*

MMS [ɛmɛmɛs] **n. m.** – 2001 ◊ sigle anglais, de *Multimedia Messaging Service* «messagerie multimédia» ■ ANGLIC. Service qui permet d'envoyer des photos, des messages multimédias (texte, image, son) à partir d'un téléphone mobile vers un autre mobile ou une adresse électronique ; message ainsi échangé. *Recevoir des MMS.* — **Recomm. offic.** *service de messages multimédias ; message multimédia.*

MNÉMO- ■ Élément, du grec *mnêmê* «mémoire».

MNÉMONIQUE [mnemɔnik] **adj.** – 1807 ◊ grec *mnêmonikos* ■ DIDACT. Qui a rapport à la mémoire, qui sert à aider la mémoire. *Procédé mnémonique.* ➤ **mnémotechnique.**

MNÉMOTECHNIQUE [mnemotɛknik] **adj.** – 1825 ◊ de *mnémotechnie* «art d'aider la mémoire» ■ Capable d'aider la mémoire par des procédés d'association mentale qui facilitent l'acquisition et la restitution des souvenirs. *Méthode mnémotechnique. «un moyen mnémotechnique pour des êtres qui n'apprenaient pas facilement»* FRANCE.

-MNÈSE, -MNÉSIE, -MNÉSIQUE ■ Éléments, du grec *-mnêsia* ou *-mnêsis,* radical *mimnêsko* «je me souviens» : *amnésie, amnésique, hypermnésie, paramnésie.*

MNÉSIQUE [mnezik] **adj.** – 1923 ◊ du grec *-mnêsis* → -mnèse ■ DIDACT. De la mémoire, propre à la mémoire. *Traces mnésiques. Pertes mnésiques.*

MOB ➤ **MOBYLETTE**

MOBILE [mɔbil] **adj. et n. m.** – 1301 «bien meuble» ◊ latin *mobilis* «qui se meut», pour *movibilis,* de *movere* «mouvoir»

I adj. (1377) ■ **1** Qui peut être mû, dont on peut changer la place ou la position. *Pièce mobile d'une machine, d'un dispositif* (chariot, coulisse, piston, etc.). *Maison mobile :* **recomm. offic. pour** *mobile home. Cloison mobile. Pont mobile. Carnet, calendrier à feuillets mobiles.* ➤ **amovible.** *Téléphone mobile* **ou n. m.** *un mobile.* ➤ **portable ;** RÉGION. **cellulaire, GSM.** ■ **2** Dont la date, la valeur peut être modifiée, est variable. *Fêtes mobiles. — Échelle* mobile des salaires.* ■ **3** MILIT. Qui peut se déplacer, aller en opérations (➤ **mobiliser**). *Troupe, colonne mobile.* ANCIENNT *La garde nationale mobile.* ➤ **1 garde** (II). *Un garde mobile* (ou *gendarme mobile*) *affecté au maintien de l'ordre. Brigade mobile.* ■ **4** Qui n'est pas fixe, se déplace sans cesse. *Population mobile.* ➤ **ambulant, nomade.** ■ **5** Dont l'apparence change sans cesse. ➤ **mouvant.** *Reflets mobiles.* ➤ **changeant, chatoyant, fugitif.** *«Une petite ombre mobile palpitait derrière ses pas»* LOUŸS. — *Visage, regard mobile,* plein de vivacité. ➤ **animé.** ■ **6** VIEILLI Dont les pensées, l'humeur sont sujettes au changement. ➤ **changeant*.**

II n. m. ■ **1** (XVIIe) MÉCAN. Tout corps qui se meut ou est mû, considéré dans son mouvement. *Mouvement, vitesse, direction, masse d'un mobile. — Problème de mobiles,* concernant des corps ou des êtres fictifs en mouvement dans des conditions déterminées. ■ **2** VIEILLI Ce qui fournit une impulsion, un mouvement. ➤ **moteur.** *«L'argent, premier mobile des affaires de ce monde»* VOLTAIRE. ◆ MOD. Ce qui porte, incite à agir. ➤ **impulsion.** *Mobile d'une action.* ➤ **cause, motif, motivation.** *«Toutes les actions humaines ont pour mobile la faim ou l'amour»* FRANCE. — DR. Motif qui détermine la volonté de l'auteur d'un acte et le décide à agir. *«Dès lors, le mobile du meurtre était trouvé : les Roubaud, connaissant le legs [...]»* ZOLA. *Crime commis sans mobile apparent,* sans raison immédiatement décelable. ■ **3** (1949 ◊ de l'anglais) ARTS Ensemble d'éléments construits en matériaux légers et agencés de telle sorte qu'ils prennent des dispositions variées sous l'influence du vent ou de tout autre moteur. *Les mobiles et les stabiles de Calder.*

■ **CONTR.** Immobile ; 1 fixe. Sédentaire.

-MOBILE ■ Élément, du latin *mobilis* «qui se meut» : *automobile, hippomobile.*

MOBILE HOME [mɔbilom] **n. m.** – v. 1970 ◊ mot anglais américain «maison mobile» ■ ANGLIC. Construction préfabriquée transportable, à usage d'habitation. *«la carlingue d'aluminium du mobile home, en équilibre sur ses étais de brique»* LE CLÉZIO. *Des mobile homes.* **Recomm. offic.** *maison mobile.*

MOBILIER, IÈRE [mɔbilje, jɛR] **adj. et n. m.** – 1510, rare avant XVIIIe ◊ de *mobile*

I adj. ■ **1** Qui consiste en meubles ; qui se rapporte aux biens meubles. *Propriété, richesse, fortune mobilière. Contribution, cote mobilière,* calculée d'après la valeur locative réelle du logement. ■ **2** DR. Qui est de la nature du meuble. *Effets mobiliers. Valeurs* mobilières.* ◆ Qui concerne les biens meubles. *Saisie, vente mobilière.*

II n. m. (1771) ■ **1** COUR. Ensemble des meubles destinés à l'usage et à l'aménagement d'une habitation. ➤ **ameublement.** *Le mobilier d'une maison. Mobilier Louis XV, Empire, rustique. Mobilier de cuisine, de bureau. Mobilier industriel.* ■ **2** DR. Ensemble des meubles qui dépendent d'un patrimoine, d'une masse de biens. — *Le mobilier national :* l'ensemble des meubles meublants qui sont la propriété de l'État et servent à garnir les bâtiments nationaux. ■ **3** *Mobilier urbain :* ensemble des équipements de l'espace public liés à la circulation, la publicité et destinés à assurer la

sécurité, la propreté, le confort et la décoration.
■ CONTR. Foncier, immobilier.

MOBILISABLE [mɔbilizabl] adj. – 1842 ◇ de *mobiliser* ■ Qui peut être mobilisé. *Soldats mobilisables.* — SUBST. *Un mobilisable.* ◆ FIG. À quoi on peut faire appel. *Toutes les énergies mobilisables.*

MOBILISATEUR, TRICE [mɔbilizatœʀ, tʀis] adj. – avant 1970 ◇ de *mobiliser* ■ **1** MILIT. Chargé de la mobilisation. *Centre mobilisateur.* ■ **2** Qui mobilise. ➤ **motivant.** *Programme politique mobilisateur. Un slogan mobilisateur des masses.* ■ CONTR. Démobilisateur.

MOBILISATION [mɔbilizasjɔ̃] n. f. – 1771 ◇ de *mobiliser* ■ **1** FIN. Opération par laquelle le détenteur d'un bien, d'une créance, retrouve la disponibilité des ressources engagées. *Mobilisation d'un élément d'actif.* ➤ **cession** (cf. Mise en gage*). *Mobilisation d'une créance commerciale* (➤ **escompte, titrisation**), *de crédits consentis par une banque* (➤ **réescompte**). ◆ Fait de rendre meuble. *Mobilisation de titres de rente.* ◆ Action de mobiliser (un actif qui a un caractère d'immobilisation). ■ **2** (1836) COUR. Opération qui a pour but de mettre une armée, une troupe sur le pied de guerre. *Décréter la mobilisation. Mobilisation partielle.* ➤ **appel, rappel.** *Mobilisation générale. La mobilisation n'est pas la guerre.* ◆ État de celui qui est mobilisé. *Fascicule* de mobilisation joint au livret militaire.* ■ **3** FIG. Rassemblement et mise en action. *La mobilisation des syndicats. Mobilisation des ressources, des forces vives de la nation* (dans une guerre, une période de crise). ■ **4** PHYSIOL. Processus par lequel l'organisme utilise des substances de réserve, en les transformant en substances solubles qui sont mises en circulation. *Mobilisation du glycogène du foie, des muscles.* ■ **5** MÉD. Action de faire bouger (un membre, une articulation) volontairement *(mobilisation active)* ou par intervention d'autrui *(mobilisation passive,* pratiquée, par ex., par un kinésithérapeute).
■ CONTR. Immobilisation. Démobilisation.

MOBILISER [mɔbilize] v. tr. ⟨1⟩ – 1787 ◇ de *mobile*

I DR., FIN. ■ **1** Prendre, déclarer meuble par convention (ce qui est immeuble par nature). ➤ **ameublir.** ■ **2** *Mobiliser une créance,* la céder pour reconstituer des liquidités.

II (1836) COUR. ■ **1** Mettre sur le pied de guerre (une armée) ; affecter (des citoyens) à des postes militaires. ➤ **appeler, rappeler ; enrégimenter, enrôler, 1 lever, recruter.** *Mobiliser une armée, des troupes. Être mobilisé dans les services auxiliaires.* — **p. p. adj.** *Réserviste, soldat mobilisé.* SUBST. *Un mobilisé.* ➤ **rappelé, requis.** ■ **2** PAR EXT. Faire appel à (un groupe) pour une œuvre collective. *Organisation syndicale qui mobilise ses adhérents en vue d'une manifestation, d'une grève.* FAM. *Toute la famille est mobilisée pour organiser la fête.* ■ **3** FIG. Faire appel à, mettre en jeu (des facultés intellectuelles ou morales). *Mobiliser les enthousiasmes, les énergies.* ➤ **rassembler.** ■ **4 SE MOBILISER** v. pron. Se rassembler pour passer à l'action. *Les étudiants se sont mobilisés pour manifester.*
■ CONTR. Démobiliser.

MOBILISME [mɔbilism] n. m. – 1896 apic. ◇ de *mobile* ■ DIDACT. ■ **1** (1908) PHILOS. Doctrine selon laquelle tout est mobile dans l'espace ou dans le temps. *Le mobilisme d'Héraclite, de Bergson.* ■ **2** (1963) GÉOL., GÉOGR. Doctrine de la dérive des continents. — adj. et n. **MOBILISTE.**

MOBILITÉ [mɔbilite] n. f. – v. 1200 ◇ latin *mobilitas* ■ **1** Caractère de ce qui peut se mouvoir ou être mû, changer de place, de position (➤ **mobile**). *Mobilité d'un membre, d'un organe.* ➤ **motilité.** *Personne à mobilité réduite* (ABRÉV. **PMR** [peɛmɛʀ]), qui a des difficultés dans ses mouvements et ses déplacements. — *La mobilité d'une population, d'une espèce animale.* ➤ **migration.** *Mobilité de la main-d'œuvre.* FIG. *Mobilité professionnelle, sociale. Mobilité ascendante* (Cf. Ascenseur* social). ■ **2** Caractère de ce qui change rapidement d'aspect ou d'expression. *La mobilité d'un visage, d'une physionomie.* «*une mobilité de l'intelligence qui se règle exactement sur la mobilité des choses*» BERGSON. ■ **3** FIG. *Mobilité des sentiments, de l'humeur, de la volonté.* ➤ **caprice, fluctuation, inconstance, instabilité, variabilité, versatilité.** «*Mobilité de l'esprit français*» CHATEAUBRIAND. ■ CONTR. Immobilité. Fixité.

MOBINAUTE [mɔbinot] n. – 2000 ◇ mot-valise, de *mobile* et *internaute* ■ Internaute qui utilise des terminaux mobiles (téléphone portable, ordinateur de poche...) pour accéder à Internet. «*plus de sept millions de lecteurs, internautes et mobinautes*» FOTTORINO.

MOBYLETTE [mɔbilɛt] n. f. – 1949 ◇ marque déposée, de *mobile* et *bicyclette* ■ Cyclomoteur de la marque de ce nom. ➤ FAM. **1 meule.** *Faire de la mobylette.* — ABRÉV. FAM. (1968) **MOB.**

MOCASSIN [mɔkasɛ̃] n. m. – 1707 ; *mekezin* 1615 ◇ algonquin *makisin,* par l'anglais ■ **1** Chaussure des Indiens d'Amérique du Nord, en peau non tannée et d'une seule pièce. ■ **2** PAR ANAL. Chaussure basse (de marche, de sport), très souple, généralement sans attaches. *Des mocassins.* ■ **3** (1878 ◇ anglais *mocassin snake*) ZOOL. Serpent des marais d'Amérique du Nord, très venimeux.

MOCHARD, ARDE [mɔʃaʀ, aʀd] adj. – 1898 ◇ de *moche* ■ FAM. Assez moche. ➤ **tocard.**

MOCHE [mɔʃ] adj. – 1878 ◇ origine incertaine, p.-ê. de *moche* «écheveau» (vx), du francique °*mokka* «masse informe» ■ FAM. ■ **1** Laid. *Sa robe est rudement moche. C'est assez moche, chez eux.* ➤ **craignos, mochard, tarte.** *Ce qu'elle est moche, cette fille !* (➤ **laideron, mocheté**). *Moche comme un pou*.* ■ **2** De mauvaise qualité. ➤ **médiocre.** *Le papier est moche. Ses spectacles sont de plus en plus moches.* ■ **3** Moralement critiquable. *Il a été moche avec elle. C'est moche ce qu'elle fait là !* ➤ **méprisable.** «*Tous ces types qui comptent sur toi, ce serait moche de les décevoir, non ?*» BEAUVOIR. ■ CONTR. 1 Beau, chic, 2 chouette ; 1 bon ; 1 bien, correct.

MOCHETÉ [mɔʃte] n. f. – 1936 ◇ de *moche* ■ FAM. ■ **1** Caractère de ce qui est moche. ➤ **laideur.** ■ **2** PÉJ. Personne ou chose laide. *C'est une vraie mocheté.*

MOCO ➤ **MOKO**

1 **MODAL, ALE, AUX** [mɔdal, o] adj. – 1546 ◇ de 2 *mode* ■ Du mode. ■ **1** PHILOS. VX Qui a rapport aux modes de la substance. *Existence modale. Logique modale.* ➤ 2 **mode.** ■ **2** GRAMM. Relatif aux modes des verbes. *Forme, valeur modale.* ■ **3** MUS. Relatif au mode. *Notes modales,* qui caractérisent le mode (tierce et sixte). ◆ (1963) *Musique modale,* où l'organisation en modes est primordiale (opposé à *tonal*).

2 **MODAL** [mɔdal] n. m. – 1968 ◇ mot anglais, de *modulus* dans *high wet modulus rayon* «rayonne à haut coefficient d'humidité» ■ Fibre textile artificielle, à base de cellulose de bois de hêtre.

MODALISATEUR [mɔdalizatœʀ] n. m. – 1969 ◇ de *modaliser* ■ LING. Mot, expression qui manifeste la présence de l'énonciateur et son attitude à l'égard de son discours. ➤ **modalisation.** *Certains adverbes* (peut-être, certainement...), *le conditionnel, sont des modalisateurs.*

MODALISATION [mɔdalizasjɔ̃] n. f. – 1969 ◇ de *modaliser* ■ LING. Ensemble des moyens d'expression (➤ **modalisateur**) par lesquels l'énonciateur manifeste sa subjectivité.

MODALISER [mɔdalize] v. tr. ⟨1⟩ – 1969 ; autre sens 1906 ◇ de 1 *modal* ■ LING. Produire (un énoncé) en exprimant sa plus ou moins grande adhésion au contenu par des modalités*.

MODALITÉ [mɔdalite] n. f. – 1546 ◇ de 1 *modal* ■ **1** PHILOS. Propriété que possède la substance d'avoir des modes. *Les modalités de l'étendue.* — Forme particulière d'une substance. ■ **2** COUR. Forme particulière d'un acte, d'un fait, d'une pensée, d'un être ou d'un objet. ➤ **circonstance, manière, particularité.** *Modalités de paiement.* ➤ **formule.** *Les modalités d'application d'une loi, d'un décret.* «*deux modalités de sentir et de comprendre : la sensation et l'idée*» CIORAN. ■ **3** GRAMM. *Adverbe de modalité* (ou *adverbe de phrase*), qui modifie le sens d'une phrase entière (et non d'un mot isolé). — LING. Expression, construction qui exprime l'attitude de l'énonciateur à l'égard de ce qu'il dit (➤ **modalisateur**). ■ **4** DR. Disposition d'un acte juridique qui en retarde, en limite les effets (ex. condition, terme). ■ **5** MUS. Caractère d'un morceau de musique dépendant du mode auquel il appartient. ➤ 2 **mode.**

1 **MODE** [mɔd] n. f. – XVe, aussi aux sens de 2 *mode* ◇ latin *modus* «manière, mesure» ■ **1** VX Manière individuelle de vivre, d'agir, de penser. «*Maître chez moi, j'y pouvais vivre à ma mode*» ROUSSEAU. ➤ **convenance, façon, fantaisie, manière.** ■ **2** VIEILLI sauf dans l'expr. *à la mode de...* Manière collective de vivre, de penser, propre à une époque, à un pays, à un milieu. «*Savez-vous planter les choux à la mode de chez nous ?*» (chans. pop.). *Cousin* à la mode de Bretagne.* — *Bœuf (à la) mode. Tripes à la mode de Caen.* ■ **3** MOD. Goûts collectifs, manières de vivre, de sentir qui paraissent de bon ton à un moment donné dans une société déterminée. *Les engouements de la mode.* ➤ **vogue.** *Lancer une mode. Une mode éphémère.* «*Il est des modes jusque dans la façon de souffrir ou d'aimer*» GIDE. — LOC. **À LA MODE :** conforme au goût du jour, en vogue. *Être, revenir à la mode. Restaurants, plages à la mode. C'est à la mode.* ➤ **in** (cf. C'est à la page*, le dernier cri*, dans le coup*, dans le vent*). *Ce n'est plus à la mode, c'est passé de mode.* ➤ **démodé.** *Personne, chanteur à la mode.* ➤ FAM. **branché, câblé.** ■ **4** ABSOLT (XVIIe) **LA MODE :** les habitudes

collectives et passagères en matière d'habillement. *Mode masculine, féminine, enfantine. La mode printemps-été. Les accessoires de mode. Suivre la mode. S'habiller à la dernière mode. Passionné de mode.* ➤ FAM. **fashionista, modeux.** *Ce genre de manteau est à la mode cet hiver.* ➤ se **faire,** se **porter.** — ELLIPT *Teintes, tissus mode. C'est très mode ! — Gravure* de mode. « un journal de mode, une de ces revues hebdomadaires où l'on entretient les dames de leur beauté »* DUHAMEL. *Être rédactrice de mode dans un magazine féminin. Photos de mode. Défilé de mode :* présentation des collections* sur des mannequins. ▪ **5** PAR EXT. (fin XVIIIe plur.) Commerce, industrie du vêtement. *Travailler dans la mode.* ➤ **confection, couture, prêt-à-porter.** *Les métiers de la mode* (➤ **couturier, créateur, styliste**). — PLUR. VX *Un marchand, une marchande de modes.* — SPÉCIALT, VIEILLI Chapellerie féminine. *Magasin de modes* (➤ **modiste**).

2**MODE** [mɔd] n. m. – fin XVIe mus., d'abord n. f. ◇ même mot que 1*mode* ▪ **1** (1647) PHILOS. VX Manière d'être d'une substance. — LOG. *Les modes de la logique modale :* contingence, possibilité, impossibilité, nécessité. ▪ **2** MUS. Chacune des dispositions particulières de la gamme caractérisée par la répartition des intervalles (tons et demi-tons). *Les modes du plain-chant* (authentique, plagal), *de la musique occidentale, moderne* (majeur, mineur). ABUSIVEMENT *Les modes de la musique antique.* ➤ 2**ton.** ▪ **3** (XVIe n. f.) LING. Caractère d'une forme verbale susceptible d'exprimer l'attitude du sujet parlant vis-à-vis du processus exprimé par le verbe (énoncé simple : indicatif ; subjonctif, conditionnel, impératif, etc.). *Les modes d'un verbe. Les temps de chaque mode. Modes personnels ; impersonnels* (infinitif, participe). ▪ **4** MATH. Classe d'une distribution statistique qui présente la fréquence la plus élevée. ▪ **5** (fin XVIIIe) *Mode de... :* forme particulière sous laquelle se présente un fait, s'accomplit une action. ➤ **forme.** *Mode de vie, d'existence.* ➤ **genre.** *Mode d'action.* ➤ **façon, manière.** *Mode de production, d'exploitation.* ➤ **méthode, processus.** *Mode de paiement.* ➤ **formule, modalité.** *Mode d'emploi*.* ▪ **6** INFORM. Type particulier de fonctionnement ou d'exploitation d'un ordinateur ou d'un périphérique. *Mode local, connecté, en ligne. Mode conversationnel*. Mode d'adressage*. — Fonctionner en mode automatique, en mode veille* (d'un appareil). *Téléphone en mode avion.* LOC. FIG. *Je me suis mis en mode vacances. Il « la gratifia d'un sourire charmant et passa en mode faux cul »* GAVALDA.

MODELAGE [mɔd(ə)laʒ] n. m. – 1830 ◇ de *modeler* ▪ **1** Action de modeler une substance plastique pour lui donner une forme déterminée. *Le modelage d'une statue en terre glaise, en cire, en plâtre. Jeux de modelage.* ▪ **2** Ouvrage ainsi modelé. *De beaux modelages.*

MODÈLE [mɔdɛl] n. m. – 1564 ; *modelle* 1542 ◇ italien *modello,* famille du latin *modulus* qui a également donné 1*moule* et *module* ▪ **1** Ce qui sert ou doit servir d'objet d'imitation pour faire ou reproduire qqch. ➤ **archétype,** 2**canon,** 2**étalon, exemple.** *Modèle de déclinaison, de conjugaison.* ➤ **paradigme.** *Texte qui est donné comme modèle à des élèves.* ➤ **corrigé.** *Modèle de rédaction d'acte juridique.* ➤ **formule.** *Sa conduite doit être un modèle pour nous.* ➤ **référence, règle.** *Copier, suivre un modèle. Prendre qqn comme, pour modèle. Tu devrais prendre modèle sur lui. — Sur le modèle de* (cf. À l'image, à l'imitation de). — *« Le poète ne doit avoir qu'un modèle, la nature »* HUGO. *« les hommes tiennent à se proposer des exemples et des modèles qu'ils appellent héros »* CAMUS. ◆ adj. *Un élève modèle.* ➤ **accompli, parfait.** *« Les Petites Filles modèles », de la comtesse de Ségur. — Usine modèle.* ➤ **pilote.** *Il a une conduite modèle.* ➤ 1**bon, édifiant,** 1**exemplaire.** ▪ **2** ARTS Personne ou objet dont l'artiste reproduit l'image. ➤ 3**sujet.** *Peindre d'après le modèle.* ◆ SPÉCIALT Personne dont la profession est de poser pour des artistes, des photographes (➤ **cover-girl**). *Figure dessinée d'après le modèle nu.* ➤ **académie.** ◆ PAR EXT. Personne sur laquelle un couturier, un coiffeur, etc. essaie ses créations. ➤ 1**mannequin.** ▪ **3** *Modèle de... :* personne, fait, objet possédant au plus haut point certaines qualités ou caractéristiques qui en font le représentant d'une catégorie. *Ce n'est pas un modèle de fidélité, de générosité. Harpagon, modèle de l'avare.* ➤ **type.** — *C'est un modèle du genre.* ▪ **4** PAR EXT. Ce qui représente sous une forme concrète ou restreinte une classe, une catégorie. ➤ **échantillon, spécimen.** ELLIPT *Visitez l'appartement modèle.* ◆ Catégorie, variété particulière, définie par un ensemble de caractères et à laquelle peuvent se rapporter des faits ou objets réels. *Les différents modèles d'organisation industrielle.* ➤ 2**mode, type.** ▪ **5** Objet, type déterminé selon lequel des objets semblables peuvent être reproduits à de multiples exemplaires. ➤ 1**standard, type.** *Modèle reproduit en grande série. Modèle courant. Modèle de luxe. Dernier modèle.* — ELLIPT *Fusil modèle 1936, modifié 1939. Automobile modèle 1990.* — DR. *Modèle de fabrique,* et ABSOLT *Modèle :* objet servant de prototype à une fabrication industrielle. *Modèle déposé.* ▪ **6** Objet de même forme qu'un objet plus grand mais exécuté en réduction. ➤ **maquette.** *Modèle de navire, d'un édifice.* — **MODÈLE RÉDUIT.** *Modèle réduit au 1/100e.* loc. adj. *Faire voler un avion modèle réduit.* ➤ **miniature.** ◆ Objet matériel dont on reproduit la forme, les contours pour obtenir des objets du même type. *Modèle d'après lequel on confectionne un objet, un vêtement.* ➤ **gabarit,** 1**moule,** 2**patron.** ▪ **7** SC. Représentation simplifiée d'un processus, d'un système. ➤ **schéma, structure ; simulation.** *Modèle d'une structure.* ➤ **matrice, pattern.** *Modèle mathématique :* modèle formé par des expressions mathématiques et destiné à simuler un tel processus. *Modèle économique* ou *modèle d'entreprise* (recomm. offic. pour l'anglic. *business model*), représentant les caractéristiques organisationnelles, financières et stratégiques d'une entreprise. *Le modèle libéral, soviétique.* ◆ LING. Construction théorique permettant d'expliquer des structures. *Modèle syntagmatique, transformationnel.*

MODELÉ [mɔd(ə)le] n. m. – 1822 ◇ de *modeler* ▪ **1** Relief des formes tel qu'il est rendu dans une sculpture, un dessin, une peinture. — PAR EXT. *Le modelé du corps.* ▪ **2** GÉOGR. Configuration du relief. *Le modelé d'une région.*

MODELER [mɔd(ə)le] v. tr. ‹5› – 1583 ◇ de *modèle* ▪ **1** Façonner (un objet) en donnant une forme déterminée à une substance molle. *Modeler une poterie.* ◆ SPÉCIALT Façonner en glaise, en cire le modèle de (une statue, un objet). ▪ **2** Pétrir (une substance plastique) pour lui imposer une certaine forme. ➤ **manier.** *Modeler de la glaise, de la cire.* ABSOLT *Pâte à modeler.* ▪ **3** Conférer une certaine forme à. *L'érosion modèle le relief.* ▪ **4** (1738) FIG. *Modeler son goût sur celui de qqn.* ➤ **former, régler.** *L'ambition « de modeler toute la vie humaine d'après un type préconçu »* TAINE. ➤ **façonner.** — PRONOM. **SE MODELER** *sur qqn, sur qqch.,* se façonner en en empruntant des caractères. ➤ se **conformer,** se **mouler.**

MODELEUR, EUSE [mɔd(ə)lœʀ, øz] n. – 1598 ◇ de *modeler* ▪ **1** Sculpteur qui exécute des modèles (en terre, en cire). *Un modeleur en cire.* ▪ **2** TECHN. Ouvrier qui confectionne des modèles (de machines, etc.). APPOS. *Ouvriers modeleurs.*

MODÉLISATION [mɔdelizasjɔ̃] n. f. – 1963 ◇ de *modéliser* ▪ DIDACT. Mise en équation d'un phénomène complexe permettant d'en prévoir les évolutions (➤ **modéliser**). *Modélisation mathématique, informatique. « la difficulté de la modélisation de certaines évolutions météorologiques »* M. BLANC. — SPÉCIALT Établissement d'un modèle mathématique compréhensible par l'ordinateur pour la description et la restitution d'un objet naturel.

MODÉLISER [mɔdelize] v. tr. ‹1› – 1975 ◇ de *modèle* ▪ DIDACT. Établir le modèle (7°) de (qqch.) ; présenter sous forme de modèle (notamment de modèle formel, en informatique, en recherche opérationnelle).

MODÉLISME [mɔdelism] n. m. – 1963 ◇ de *modèle* ▪ Conception et construction de modèles réduits. ➤ **aéromodélisme, maquettisme.**

MODÉLISTE [mɔdelist] n. – 1925 ◇ de *modèle* ▪ **1** Personne qui fait ou dessine des modèles (en couture). *« une modéliste de qui l'imagination fleurit en féeriques robes du soir »* COLETTE. — APPOS. *Ouvrier, ouvrière modéliste.* ▪ **2** Personne qui fabrique des modèles réduits (de véhicules, avions, trains).

MODEM [mɔdɛm] n. m. – 1968 ◇ de *mo(dulateur)* et *dém(odulateur)* ▪ INFORM. Appareil comprenant un modulateur et un démodulateur, convertissant des signaux numériques en signaux analogiques et inversement, utilisé pour transmettre des données entre ordinateurs par le réseau téléphonique ou le réseau câblé et synchroniser la communication. ➤ aussi 3**box.** *Modem câble.*

MODÉNATURE [mɔdenatyʀ] n. f. – 1673 ◇ italien *modanatura,* de *modano* « modèle » ▪ ARCHIT. Profil des moulures. *Modénature d'une corniche.*

MODÉRANTISME [mɔdeʀɑ̃tism] n. m. – 1792 ◇ de *modérant,* p. prés. de *modérer* ▪ HIST. Doctrine politique, opinion, attitude des modérés, spécialement sous la Révolution française. — adj. et n. **MODÉRANTISTE.**

MODÉRATEUR, TRICE [mɔdeʀatœʀ, tʀis] n. et adj. – 1416 ◇ latin *moderator* ▪ **1** Personne, chose qui tend par son action ou ses effets à modérer ce qui est excessif, à concilier les partis opposés. Personne désignée pour intervenir de cette façon dans un débat, une émission publique. — SPÉCIALT (anglais *moderator*) Personne qui veille à la qualité des messages diffusés sur un forum, une liste de diffusion. ♦ adj. Qui modère. *L'élément modérateur d'un groupe. « le classicisme modérateur et le romantisme inventeur »* HENRIOT. ▪ **2** n. m. (1845) MÉCAN. Mécanisme qui a pour fonction de régulariser un fonctionnement. ➤ **régulateur.** *Modérateur d'une horloge.* ▪ **3** n. m. (1953) PHYS. Corps (eau lourde, graphite, béryllium) qui, dans une pile atomique, permet de régler une réaction en chaîne. ➤ **ralentisseur.** ▪ **4** adj. *Ticket* modérateur.* ▪ CONTR. Excitateur. Accélérateur.

MODÉRATION [mɔdeʀasjɔ̃] n. f. – XVIe ; *moderacion* v. 1355 ◊ latin *moderatio* ▪ **1** Caractère, comportement d'une personne qui est éloignée de tout excès. *Faire preuve de modération dans sa conduite.* ➤ **circonspection, mesure, pondération, réserve, retenue, sagesse.** *Modération dans les idées, le style, le ton.* ➤ **douceur.** *Boire, manger avec modération.* ➤ **frugalité, sobriété.** *L'abus d'alcool est dangereux pour la santé, consommez avec modération* (avertissement sur les bouteilles). *« Ils buvaient sans modération. Les bonnes comme les mauvaises nouvelles justifiaient de trinquer et de finir quelques flacons »* J.-M. GUENASSIA. ▪ **2** Action de modérer, de diminuer (qqch.). *La modération des prix. Modération de la vitesse.* ➤ **diminution.** — SC. *Loi de modération, relative à l'équilibre chimique.* ▪ **3** DR. Action de rendre moins rigoureuse une règle, une peine. ➤ **adoucissement, réduction.** — *Modération de droit :* dégrèvement partiel d'impôt. ▪ CONTR. Abus, excès, extrémisme, immodération, intempérance.

MODÉRATO [mɔdeʀato] adv. et n. m. – 1842 ◊ italien *moderato* ▪ MUS. De manière modérée, intermédiaire entre l'andante et l'allégro (indication de mouvement). *Allégro modérato. « Moderato cantabile », roman de M. Duras.* ADJT INV. *Tempo modérato.* — n. m. Morceau qui doit être joué dans ce mouvement. *Des modératos.* — On écrit aussi *moderato.*

MODÉRÉ, ÉE [mɔdeʀe] adj. et n. – 1361 ◊ de *modérer* ▪ **1** Qui fait preuve de mesure, qui se tient éloigné de tout excès. *« Qui veut être modéré parmi les furieux s'expose à leur furie »* ROUSSEAU. *Modéré dans ses prétentions, ses désirs.* ➤ **mesuré, pondéré, sage.** *« Il m'est impossible d'être modéré en quelque chose, et surtout dans ce qui regarde le cœur »* GAUTIER. ▪ **2** (1789) VIEILLI Qui professe des opinions politiques éloignées des extrêmes (SPÉCIALT, en France, conservatrices). ➤ **centriste.** *« ce parti modéré qui désirait vivement [...] la fusion des opinions »* BALZAC. — n. *Les modérés.* ▪ **3** (CHOSES) Peu intense, assez faible. ➤ 1 **moyen.** *Prix modéré.* ➤ 1 **bas, modique, raisonnable.** *Habitation à loyer modéré (H. L. M.). Chaleur modérée.* ➤ **doux, tempéré.** *Vent modéré.* ▪ **4** MUS. Modérato. ▪ CONTR. Abusif, déraisonnable, exagéré, excessif, extrémiste, immodéré.

MODÉRÉMENT [mɔdeʀemɑ̃] adv. – 1370 ◊ de *modéré* ▪ Avec modération, d'une manière modérée. *Boire, manger modérément. User modérément de qqch. « elle aimerait mieux n'être point aimée que de l'être modérément »* ROUSSEAU. ▪ CONTR. Excessivement, fortement, immodérément.

MODÉRER [mɔdeʀe] v. tr. ⟨6⟩ – 1361 ◊ latin *moderare,* de *modus* « mesure » ▪ **1** Diminuer l'intensité de (un phénomène, un sentiment), réduire à une juste mesure (ce qui est excessif). ➤ **adoucir, diminuer, mitiger, pondérer, réprimer, tempérer.** *Modérer sa colère.* ➤ **apaiser, calmer, retenir.** *Modérez vos paroles !* ➤ **mesurer.** — *Modérer ses dépenses.* ➤ **limiter, réduire.** *Modérer l'allure, la vitesse.* ➤ **freiner, ralentir.** ▪ **2** Contrôler le contenu des messages diffusés sur (un forum, une liste de diffusion). ▪ **3** v. pron. **SE MODÉRER :** se tenir dans une juste mesure, éloigné de tout excès. *Se modérer dans ses ambitions.* — ABSOLT ➤ se **contenir** (cf. Mettre de l'eau* dans son vin). *« il faut vous modérer, le laisser dire, et dissimuler avec lui »* BEAUMARCHAIS. ▪ CONTR. Augmenter, exagérer, outrer.

MODERNE [mɔdɛʀn] adj. – 1361 ◊ bas latin *modernus,* de *modo* « récemment »

▪ Qui est du temps de la personne qui parle ou d'une époque relativement récente.

I ▪ **1** Actuel, contemporain. *« pour un homme du XIIIe siècle, le gothique était moderne »* MALRAUX. *L'époque moderne. La société moderne.* — *Dans ce dictionnaire, on désigne par moderne* (MOD.) *les mots et les emplois vivants de nos jours* (opposé à *vieux, vieilli*). ▪ **2** Qui bénéficie des progrès récents de la technique, de la science. ➤ 2 **neuf, nouveau, récent.** *Équipement moderne d'une entreprise. Tout le confort moderne.* — *Les progrès de la médecine moderne. Les mathématiques* modernes.* ▪ **3** (Surtout dans le domaine des arts) Qui est conçu, fait selon les règles, les habitudes contemporaines ; qui correspond au goût, à la sensibilité actuels. *L'art moderne. Musique, théâtre moderne. Architecture moderne.* ♦ *Le style moderne,* ou ELLIPT *le moderne,* caractéristique de l'époque contemporaine. ➤ **design.** *Préférer le moderne à l'ancien.* ▪ **4** (PERSONNES) Qui tient compte de l'évolution récente, dans son domaine ; qui est de son temps. *Une grand-mère moderne* (cf. Dans le vent*, à la page*).

II (Opposé à *ancien, antique*) ▪ **1** Qui appartient à une époque postérieure à l'Antiquité. *Les temps modernes :* le Moyen Âge et l'époque contemporaine. *Le grec moderne.* ♦ SUBST. *Les anciens et les modernes :* les grands écrivains de l'Antiquité et des temps modernes. *La querelle des anciens et des modernes,* des partisans des uns et des autres. ▪ **2** HIST. *Époque moderne* et PAR EXT. *histoire moderne,* de la fin du Moyen Âge (traditionnellement fixée à 1453, chute de Constantinople) à la Révolution française (1789), début de l'époque « contemporaine ». ▪ **3** (1906) *Enseignement moderne,* qui intègre l'enseignement des sciences, des langues vivantes (opposé à *classique*). *Lettres modernes.*

▪ CONTR. Dépassé, obsolète, traditionnel, vieux. Ancien, antique, classique.

MODERNISATEUR, TRICE [mɔdɛʀnizatœʀ, tʀis] n. et adj. – milieu XXe ◊ de *moderniser* ▪ Personne qui modernise. *Les réformateurs et les modernisateurs.* — adj. *Un projet modernisateur.*

MODERNISATION [mɔdɛʀnizasjɔ̃] n. f. – 1876 ◊ de *moderniser* ▪ Action de moderniser ; son résultat. ➤ **actualisation, aggiornamento.** *Modernisation de l'industrie.*

MODERNISER [mɔdɛʀnize] v. tr. ⟨1⟩ – 1754 ◊ de *moderne* ▪ **1** Rendre moderne. *Moderniser l'orthographe d'un texte du XVIe siècle.* ▪ **2** Organiser d'une manière conforme aux besoins, aux moyens modernes. *Moderniser la technique, l'enseignement.* ➤ **actualiser, adapter, transformer.** *Commerçant qui modernise son magasin.* ➤ **rajeunir, rénover.** — PRONOM. *« Il dit que l'Église se modernise »* ARAGON.

MODERNISME [mɔdɛʀnism] n. m. – 1879 ◊ de *moderniste* ▪ **1** Goût de ce qui est moderne ; recherche du moderne à tout prix. *Réaction au modernisme en peinture* (➤ **postmoderne**). ▪ **2** RELIG. Mouvement chrétien préconisant une nouvelle interprétation des croyances et des doctrines traditionnelles, en accord avec l'exégèse moderne. ▪ CONTR. Archaïsme, classicisme, traditionalisme.

MODERNISTE [mɔdɛʀnist] adj. et n. – 1769 ◊ de *moderne* ▪ **1** Qui adopte les idées modernes ; préfère ce qui est moderne (parfois péj.). *Un écrivain, un peintre moderniste.* ▪ **2** Partisan du modernisme ; relatif au modernisme en religion. ▪ CONTR. Archaïque, traditionaliste.

MODERNITÉ [mɔdɛʀnite] n. f. – 1823 ◊ de *moderne* ▪ Caractère de ce qui est moderne, notamment en art. *La modernité d'une œuvre. Un auteur d'une grande modernité.* ▪ CONTR. Antiquité, archaïsme.

MODERN STYLE [mɔdɛʀnstil] n. m. inv. – 1896 ◊ mots anglais « style moderne » ▪ Style de décoration (flore stylisée) répandu entre 1900 et 1925 (SYN. Art* nouveau). — APPOS. INV. *Les bouches de métro modern style de Guimard.*

MODESTE [mɔdɛst] adj. – 1355 ◊ latin *modestus,* de *modus* « mesure » ▪ **1** VX Qui a de la modération. ➤ **modéré, réservé.** *« Si l'on était modeste et sobre »* LA BRUYÈRE. ▪ **2** (XVIe) MOD. Qui est simple, sans faste ou sans éclat. *Un train de vie modeste.* ➤ **médiocre ; limité.** *Revenus modestes.* ➤ **faible, modique.** *Acceptez ce modeste présent.* — *Milieu social modeste. Il est d'origine très modeste.* ➤ **humble.** ▪ **3** De peu d'importance. ➤ **petit.** *Une pièce aux dimensions modestes. « Des gens d'une qualité intellectuelle très modeste »* ROMAINS. — *Un modeste employé.* — *Art modeste,* qui se situe en dehors des normes esthétiques admises et qui utilise des objets quotidiens sans valeur culturelle (objets de récupération, de rebut...). ▪ **4** (XVIIe) (PERSONNES) Qui a une opinion modérée, réservée, de son propre mérite, se comporte avec modestie. ➤ **effacé, humble, réservé.** *Une personne simple et modeste, timide et modeste. Vous êtes trop modeste. « Sois modeste ! c'est le genre d'orgueil qui déplaît le moins »* RENARD. — *Air, mine modeste.* ➤ 1 **discret, réservé.** ♦ SUBST. *Faire le modeste.* ▪ **5** VX Qui a de la pudeur, de la retenue, de la décence. *« avec une démarche modeste, et les yeux baissés »* LAUTRÉAMONT. ▪ CONTR. Excessif, grand ; orgueilleux, prétentieux, vaniteux ; effronté. Immodeste, indécent, provocant.

MODESTEMENT [mɔdɛstəmɑ̃] adv. – XIVe ◊ de *modeste* ▪ **1** VX Avec modération. ▪ **2** MOD. Avec modestie. ➤ **humblement.** *Parler, se comporter modestement.* ➤ **simplement.** ▪ **3** VX Avec pudeur.

MODESTIE [mɔdɛsti] **n. f.** – 1355 ◊ latin *modestia* ■ **1** VX Modération. ■ **2** (XVIIe) MOD. Modération, retenue dans l'appréciation de soi-même, de ses qualités. ➤ **humilité, réserve, retenue, simplicité.** *L'améthyste, la violette, symboles de modestie. Parler de soi avec modestie. «ils avaient manqué de cette modestie, de cet effacement de soi, de ces qualités de modération de jugement»* PROUST. — *Fausse modestie* : modestie affectée. *«La fausse modestie est le plus décent de tous les mensonges»* CHAMFORT. *Allons ! pas de fausse modestie.* — *En toute modestie,...* (souvent iron.). — GRAMM. *Pluriel* de modestie.* ■ **3** VX Pudeur, retenue. ➤ **décence, honnêteté.** *Vêtue avec modestie.* ■ CONTR. Excès ; audace, orgueil, prétention, vanité ; indécence.

MODEUX, EUSE [mɔdø, øz] **n.** – v. 1980 ◊ de 1*mode* ■ FAM. Personne qui se passionne pour la mode, les dernières tendances (➤ **fashionista**), ou qui travaille dans le secteur de la mode. *Une marque qui fait craquer les modeuses.*

MODICITÉ [mɔdisite] **n. f.** – 1584 ◊ bas latin *modicitas* ■ **1** Caractère de ce qui est modique (pécuniairement). ➤ **exiguïté, petitesse.** *La modicité de son revenu. Modicité d'un prix, d'un loyer.* ■ **2** Médiocrité, petitesse. *«Elle se raccrochait, la malheureuse, à la modicité de ses espoirs»* ARAGON.

MODIFIABLE [mɔdifjabl] **adj.** – 1611 ◊ de *modifier* ■ Qui peut être modifié, changé. ➤ **transformable.** *Nous sommes «changeantes, impressionnables, modifiables par ce qui nous entoure»* MAUPASSANT. *Le texte n'est plus modifiable, il est à l'impression.* ■ CONTR. 2 Arrêté, 1 fixe, immuable.

MODIFICATEUR, TRICE [mɔdifikatœʀ, tʀis] **adj.** et **n.** – 1826 ; «réformateur» 1797 ◊ latin *modificator* ■ Qui a la propriété de modifier. *Agent modificateur.* ➤ **transformateur.** *Action modificatrice.* — **n.** (1845) *Un modificateur.*

MODIFICATIF, IVE [mɔdifikatif, iv] **adj.** – 1490 ◊ de *modifier* ■ Qui modifie. *Texte modificatif. Note modificative.*

MODIFICATION [mɔdifikasjɔ̃] **n. f.** – 1385 ◊ latin *modificatio* ■ **1** DIDACT. Manière d'être accidentelle d'une substance ; relation du mode à la substance qu'il détermine. ➤ **modalité.** *«l'amour de soi : passion [...] dont toutes les autres ne sont [...] que des modifications»* ROUSSEAU. ■ **2** COUR. Changement* qui n'affecte pas l'essence de ce qui change. *Modifications physiques d'une substance. Modification quantitative.* ➤ **agrandissement, diminution.** *Modification en mieux* (➤ **amélioration**), *en pire* (➤ **aggravation**). *Modification brusque, rapide* (➤ **mutation**) ; *imperceptible, progressive.* ➤ **évolution.** *Subir, entraîner de profondes modifications.* ■ **3** Changement apporté à qqch. *Faire des modifications à un plan, un texte.* ➤ **correction, rectification, refonte, remaniement, révision.** *Modification apportée à un projet de loi, à un contrat.* ➤ **amendement, dérogation, restriction.** — ABRÉV. FAM. (1974) **MODIF.** *Liste des modifs.* ■ CONTR. Maintien, permanence, stabilité.

MODIFIER [mɔdifje] **v. tr.** ‹7› – 1355 ◊ latin *modificare,* radical de *modus* ■ **1** Changer (une chose) sans en altérer la nature, l'essence. *Modifier un peu, beaucoup* (➤ **transformer**). *Ne modifiez rien.* ➤ 1 **toucher** (à). *Modifier ses plans, ses objectifs.* ➤ **redéfinir.** *Modifier un texte.* ➤ **corriger, remanier, retoucher.** *«Les habitudes, les mœurs, les coutumes ont nécessairement modifié les types humains»* GAUTIER. *Organisme génétiquement modifié (OGM). Adverbe qui modifie un verbe, un adjectif.* ■ **2 SE MODIFIER v. pron.** *Une impression qui se modifie sans cesse.* ➤ **changer, évoluer, varier.** ■ CONTR. Fixer, laisser, maintenir.

MODILLON [mɔdijɔ̃] **n. m.** – *modiglion* 1545 ◊ italien *modiglione,* latin populaire °*mutulio* → mutule ■ ARCHIT. Ornement en forme de console renversée placé sous la saillie d'une corniche ou appliqué à un mur, pour supporter un vase, un buste.

MODIQUE [mɔdik] **adj.** – XVe, rare avant 1675 ◊ latin *modicus* ■ Qui est peu considérable, en parlant d'une somme d'argent. ➤ **faible, médiocre, minime, modeste, petit.** *Salaire modique.* ➤ 1 **bas,** 1 **maigre.** *Pour la modique somme de dix euros. Sa famille «ne lui donnait qu'une modique pension»* MUSSET. — **adv. MODIQUEMENT,** 1680. ■ CONTR. Considérable, important.

MODISTE [mɔdist] **n.** – 1636 «qui affecte de suivre la mode» ◊ de 1*mode* ■ **1** (1777) VX Marchand, marchande de «modes» (ajustements et vêtements féminins). ■ **2** (1827 ; d'abord n. f.) MOD. Fabricant(e) et marchand(e) de coiffures féminines. *«En attendant que nos modistes reviennent à une conception décente du chapeau»* COLETTE. *Modistes et chapeliers.* ♦ Ouvrière qui confectionne les chapeaux de femme pour un modiste, une maison de couture (cf. Apprêteuse).

MODULABLE [mɔdylabl] **adj.** – 1978 ◊ de *moduler* ■ Qui peut être modulé (4°). *La salle modulable de l'Opéra de la Bastille. Horaires modulables.* ➤ **flexible.**

MODULAIRE [mɔdylɛʀ] **adj.** – avant 1845 ◊ de *module* ■ DIDACT. ou TECHN. ■ **1** Qui est fondé sur l'emploi du module (1°). *Architecture modulaire.* ♦ Qui est conçu à partir d'éléments que l'on peut assembler de diverses façons. *Construction modulaire. Salon modulaire.* — **n. f. MODULARITÉ.** ■ **2** (1867) MATH. Du module. *Mesure modulaire d'un vecteur.* ➤ **norme.**

MODULANT, ANTE [mɔdylɑ̃, ɑ̃t] **adj.** – 1875 ◊ de *moduler* ■ MUS. Qui constitue ou produit une modulation. *Marche harmonique modulante.*

MODULATEUR, TRICE [mɔdylatœʀ, tʀis] **n. m.** et **adj.** – 1925 ; «celui qui connaît la modulation» 1842 ; «musicien qui règle la musique» 1769 ◊ de *modulation* ■ ÉLECTRON. Dispositif réalisant la modulation d'une onde. *Modulateur démodulateur* (➤ **modem**). — **adj.** *Fonction modulatrice des diodes.*

MODULATION [mɔdylasjɔ̃] **n. f.** – 1495, rare avant 1626 ◊ latin *modulatio* ■ **1** Chacun des changements de ton, d'accent, d'intensité, de hauteur dans l'émission d'un son (➤ **inflexion**). *Les modulations du chant de l'oiseau.* ♦ Action ou façon de moduler. *«Cette femme, dont la voix douce avait des modulations accentuées»* FLAUBERT. ■ **2** (XVIIe ◊ d'après l'italien *modulazione*) MUS. Passage d'une tonalité (mode) à une autre ; transition par laquelle s'opère ce passage, conformément aux règles de l'harmonie. *Modulation aux tons voisins* (qui ne diffèrent que par une altération) ; *aux tons éloignés* (par un accord commun altéré, par des accords intermédiaires ; une marche* modulante). *Ton principal et modulation d'un morceau. Modulation de mineur en majeur.* ♦ PEINT. Rapprochement de tons chauds et froids de valeur équivalente. ■ **3** (1924) RADIO Opération par laquelle on fait varier l'amplitude, l'intensité, la fréquence, la phase d'un courant ou d'une oscillation (onde porteuse), en vue de transmettre un signal. Superposition de ce signal à l'onde porteuse. *Modulation d'amplitude, en amplitude. Modulation de phase.* — COUR. *Modulation de fréquence* (recomm. offic.). ➤ **F. M.** *Écouter une émission en modulation de fréquence. Récepteur qui a la modulation de fréquence* (➤ **syntoniseur, tuner**). ♦ *Modulation par impulsion,* effectuée en faisant varier la position ou la largeur d'impulsion. *La modulation par impulsion et codage (MIC) est à la base de la téléphonie numérique.* ■ **4** (v. 1975 ◊ de *moduler,* 4°) Action d'adapter (qqch.) à différents cas particuliers. *Modulation des tarifs selon les revenus.*

MODULE [mɔdyl] **n. m.** – 1547 ◊ latin *modulus,* de *modus* «mesure» ■ **1** ARCHIT. Unité de mesure adoptée pour déterminer les proportions des membres d'architecture. *Le module des architectes grecs était le demi-diamètre du fût de colonne à sa base.* — PAR EXT. Unité de mesure, étalon. ➤ **gabarit.** *Cigare de gros module.* ➤ **calibre.** — TECHN. *Module d'un engrenage* : quotient de son diamètre par le nombre de dents. ♦ Unité de mesure de débit (de l'eau d'une pompe, d'une fontaine) équivalant à 10 m^3 par 24 h. — PAR EXT. Appareil pour la mesure des débits. ■ **2** PHYS. Coefficient caractérisant une propriété de résistance mécanique des matériaux. *Module de rigidité* (de Coulomb), *de traction. Module de torsion* : coefficient d'élasticité. ■ **3** MATH. *Module d'un vecteur.* ➤ **norme.** *Module d'un nombre complexe* $z = a + ib$: le réel positif noté $|z|$ et défini par $|z|^2 = a^2 + b^2$. ■ **4** Unité constitutive d'un ensemble. *Acheter un à un les modules pour composer sa bibliothèque.* ➤ **élément.** *Module de base.* — ARCHIT. *Module d'habitation* : éléments préfabriqués groupés pour constituer un logement individuel ou collectif. — INFORM. *Module d'extension* : partie logicielle que l'on ajoute à une application pour étendre ses fonctions. — ASTRONAUT. Élément d'un véhicule spatial. *Module lunaire.* — Unité d'enseignement universitaire. ➤ 2 **U. V.** *Module semestriel.* ♦ Groupe de travail intégré à un réseau. *Module de terminologie.*

MODULER [mɔdyle] **v. tr.** ‹1› – 1488, rare avant XVIIe ◊ latin *modulari* ■ **1** COUR. Articuler, émettre (une mélodie, un son varié) par une suite de modulations (1°). *Moduler un air en le sifflant. «leurs cris aigus modulés sur tous les tons»* GAUTIER. *«c'est que le magicien s'est trompé dans ses incantations, qu'il n'a pas bien modulé sa formule»* CAILLOIS. ■ **2** INTRANS. (XVIIe ◊ italien *modulare*) MUS. Effectuer une ou plusieurs modulations (2°). — TRANS. *Moduler un passage.* ■ **3** RADIO Faire varier les caractéristiques de (un courant électrique, une onde). ➤ **modulation.** — **p. p. adj.** *Courant à fréquence modulée.* ■ **4** Adapter (qqch.) à différents cas particuliers. *Moduler des tarifs, des horaires de travail. Moduler la forme d'une pièce à l'aide de claustras.*

MODULO [mɔdylo] **prép.** – XIXe ◊ latin *modulo,* ablatif de *modulus* ■ MATH. Suivant la relation d'équivalence (indiquée par le symbole chiffré ou littéral qui suit). ➤ **congruence.** *Deux* *nombres réels x et y sont dits congrus modulo n, n étant un nombre réel, s'il existe un entier rationnel dont le produit par n est égal à la différence x – y.*

MODULOR [mɔdylɔʀ] **n. m.** – 1942, Le Corbusier ◇ de *module* et *(nombre d')or* ■ DIDACT. Système de mesure destiné à fixer les proportions des ouvrages d'architecture ; suite dont chaque terme est obtenu en multipliant le précédent par le nombre d'or $(1 + \sqrt{5})/2$.

MODUS OPERANDI [mɔdysɔpeʀɑ̃di] **n. m. inv.** – 1891 ◇ mots latins «manière, mode de procéder» ■ DIDACT. Manière de procéder, mode opératoire. *Le modus operandi d'un tueur en série.*

MODUS VIVENDI [mɔdysvivɛ̃di] **n. m. inv.** – 1869 ◇ mots latins «manière de vivre» ■ Accommodement, transaction mettant d'accord deux parties en litige. *Trouver un modus vivendi.*

MOELLE [mwal] **n. f.** – *moele* par métathèse 1265 ; *meole* XIIe ◇ latin *medulla*

I ■ **1** Substance molle et grasse de l'intérieur des os, formée de cellules conjonctives. — REM. On emploie dans ce sens *moelle osseuse* par oppos. à *moelle épinière* (cf. infra II). *Examen cytologique de la moelle osseuse.* ➤ **myélogramme.** *Greffe de moelle osseuse. Moelle jaune,* riche en graisse. *Moelle rouge* (ou *sanguine*), riche en cellules conjonctives jeunes et en vaisseaux sanguins. *Moelle grise,* riche en trame conjonctive (stade du vieillissement). — *Moelle de bœuf* (utilisée en cuisine). *Entrecôtes à la moelle. Os à moelle,* contenant de la moelle. *La substantifique* moelle.* ■ **2** FIG. *La moelle (des os)* : l'intérieur du corps. *J'ai froid jusqu'à la moelle des os.* — *«Soudain, je frissonnai jusqu'aux moelles»* MAUPASSANT.

II ■ **1** (1667 ; *moelle spinale* XVIe) **MOELLE ÉPINIÈRE :** prolongement de l'encéphale qui s'étend du bulbe rachidien aux dernières vertèbres lombaires supérieures et qui est contenu dans le canal rachidien. *Le cerveau et la moelle épinière.* ➤ **névraxe.** *Substance* grise centrale et substance* blanche périphérique de la moelle. Relatif à la moelle épinière.* ➤ **médullaire, rachidien, spinal ; myél(o)-.** ■ **2** BOT. Substance molle (parenchyme médullaire) contenue au centre de la tige et de la racine. *La moelle du sureau* (➤ **médulleux**).

MOELLEUSEMENT [mwaløzmɑ̃] **adv.** – 1765 ◇ de *moelleux* ■ D'une manière moelleuse. *Moelleusement étendu sur des coussins.*

MOELLEUX, EUSE [mwalø, øz] **adj.** – 1478 ◇ de *moelle.* REM. La prononciation fautive [mwelø] est courante. ■ **1** VX ➤ **médullaire.** ■ **2** MOD. Qui a de la douceur et de la mollesse au toucher. ➤ **douillet, doux, 1 mou.** *Étoffe moelleuse. Un moelleux édredon. Siège, lit, coussin, tapis moelleux,* où l'on enfonce confortablement. ➤ **élastique.** ◆ **n. m.** Gâteau de consistance moelleuse. *Un moelleux au chocolat, aux pommes.* ■ **3** Agréable au palais, au goût. *Chocolat moelleux.* ➤ **onctueux, savoureux.** *Vin moelleux,* légèrement sucré. — SUBST. *Vin qui a du moelleux.* ■ **4** Agréable à l'oreille ; qui a une sonorité pleine et douce. *Son moelleux. Timbre moelleux et velouté.* ■ **5** Qui a de la mollesse et de la grâce (en parlant des formes humaines) (➤ **gracieux, souple**). *«le moelleux arrondi des épaules»* MARTIN DU GARD. — PEINT. Qui a un aspect fondu. *Ligne, touche moelleuse.* ■ CONTR. Dur, raide, sec.

MOELLON [mwalɔ̃] **n. m.** – XVIe ◇ altération, d'après *moelle,* de l'ancien français *moilon* (XIVe), famille du latin *mutulus,* t. d'architecture, «corbeau» ■ **1** Pierre de construction maniable en raison de son poids et de sa forme. *Moellons naturels, bruts. Empilage de moellons bruts sur mortier.* ➤ **opus incertum.** *Moellons de blocage. Moellons équarris* (➤ **libage**), *taillés.* ■ **2** GÉOL. Pierre de grosseur intermédiaire entre le bloc et le caillou.

MOELLONNAGE [mwalɔnaʒ] **n. m.** – 1874 *moellonage* ◇ de *moellon* ■ TECHN. Construction en moellons.

MOERE ou **MOÈRE** [mwɛʀ] **n. f.** – 1604 ; *more* «marais» XIIe ◇ néerlandais *moer* «marais», cf. anglo-normand *more,* ancien français *mor* ■ RÉGION. (Flandre) Lagune d'eau douce comblée, asséchée et mise en culture (➤ **wateringue**).

MŒURS [mœʀ(s)] **n. f. pl.** – 1549 ; 1267 *meurs* ; 1155 *mors* ; v. 1120 *murs* ◇ latin *mores,* plur. de *mos, moris*

I ■ **1** Habitudes (d'une société, d'un individu) relatives à la pratique du bien et du mal. ➤ **conduite, morale.** *Bonnes, mauvaises mœurs. Mœurs austères, rigides, sévères.* ➤ **rigorisme.** *Mœurs corrompues, dissolues, relâchées.* ➤ **débauche.** *Femme de mœurs faciles, légères.* ■ **2** DR. *Bonnes mœurs* : ensemble des règles imposées par la morale sociale. *Cause contraire aux bonnes mœurs. Certificat de bonne(s) vie et mœurs,* attestant la bonne conduite et la moralité. — ANCIENNT *Police, brigade des mœurs,* ELLIPT *les Mœurs* : police chargée de la réglementation de la prostitution, appelée depuis 1989 *Brigade de répression du proxénétisme.* ■ **3** VX *Les mœurs* : bonnes mœurs, respect et pratique des vertus. *Avoir des mœurs, ne pas avoir de mœurs.* ➤ **moralité, principes.** *«Les mœurs sont l'hypocrisie des nations»* BALZAC. — MOD. DR. *Crime contre les mœurs. Attentat aux mœurs* : crimes et délits portant atteinte aux bonnes mœurs.

II ■ **1** Habitudes de vie, coutumes d'un peuple, d'une société. ➤ **coutume, usage.** *Mœurs des aborigènes. Mœurs policées. Les mœurs antiques, féodales. Les mœurs de son temps. Une habitude qui entre dans les mœurs. «Les Caractères, ou les mœurs de ce siècle», de La Bruyère. «Essai sur les mœurs et l'esprit des nations», de Voltaire.* ◆ PROV. *Autres temps, autres mœurs* : les mœurs changent avec les époques. *«Ô temps, ô mœurs !»* LA FONTAINE. — LOC. PROV. *La musique adoucit les mœurs.* ■ **2** Habitudes communes à un groupe humain. *Les mœurs de la grande bourgeoisie. Peinture de mœurs.* ➤ **genre.** ■ **3** Habitudes de vie individuelles, comportement d'une personne. *Avoir des mœurs simples, des mœurs bohèmes.* VIEILLI *Mœurs spéciales* : homosexualité. — FAM. *Drôles de mœurs ! En voilà, des mœurs !* ➤ **manière.** ■ **4** Habitudes de vie d'une espèce animale. *Les mœurs des abeilles.* ➤ **comportement.**

MOFETTE [mɔfɛt] **n. f.** – 1741 «gaz nocif, émanation» ◇ italien *moffetta,* de *muffa* «moisissure», mot longobard

I GÉOL. Gaz impropre à la respiration (oxyde de carbone, gaz carbonique, hydrogène sulfuré, etc.) émanant d'une zone volcanique. ➤ **fumerolle** (froide).

II Mouffette (animal).

MOFLER [mɔfle] **v. tr.** ‹1› – 1930 ◇ mot d'origine incertaine ■ (Belgique) FAM. Faire échouer à un examen, recaler. ➤ **buser, péter.**

MOGETTE ou **MOJETTE** [mɔʒɛt] **n. f.** – 1762 ; *mongette* 1626 ◇ languedocien *monjeto* «moinillon» ■ RÉGION. (Ouest) Haricot blanc. *Mogettes de Vendée à la crème.*

MOHAIR [mɔɛʀ] **n. m.** – 1860 ◇ mot anglais, de l'arabe *mukhayyar* «choix», par attraction de l'anglais *hair* «poil» → moire ■ Poil de chèvre angora, long, droit, fin et soyeux, dont on fait des étoffes légères et des laines à tricoter. *Pull en mohair.* — APPOS. INV. *Laine mohair.* ◆ Étoffe de mohair. *Écharpe de mohair.*

MOI [mwa] **pron. pers.** et **n. m. inv.** – fin XIe ◇ du latin *me* en position accentuée → me

I ~ pron. pers. Forme tonique de la première personne du singulier et des deux genres, représentant la personne qui parle ou qui écrit (➤ **me ; je**). ■ **1** (Compl. d'objet après un impératif positif) *Regarde-moi. Laissez-moi là.* — (Pron. explétif pour appuyer l'expression) *Regardez-moi ça !* — (Après un autre pron. pers.) *Donnez-la-moi. Rends-le-moi.* REM. *Moi* se réduit à *m'* devant *en* et *y* : *Donnez-m'en ; faites m'y penser.* — POP. *Donne-moiz-en ; fais-y-moi penser.* ■ **2** (Sujet d'un verbe à l'inf.) Phrase exclamative *Moi, renoncer ? jamais de la vie !* — (Avec un inf. de narration) *«Et moi de me débattre, de frapper Alphonsine»* FRANCE. — (Avec un participe, un adj.) *Moi parti, que ferez-vous ? Moi vivante, il n'entrera pas ici.* ■ **3** (fin XIIe) (Sujet d'une propos. elliptique) *«Qui est là ? – Moi.» «Vous fumez ? Moi aussi.»* ■ **4** (fin XIe) (Sujet ou compl., coordonné à un nom, un pronom) *Mon avocat et moi sommes du même avis. «Ni mes cousines ni moi n'avions avec elle une grande intimité»* GIDE. — (Compl. d'objet) *Il nous a invités, ma femme et moi.* ■ **5** (Sujet ou compl. dans une phrase comparative, après *plus que, moins que, aussi... que, autre que, comme,* etc.) *Ne faites pas comme moi.* — (Avec la négation *ne... que*) *Je n'en accuse que moi.* ■ **6** (Renforçant *je, me,* un possessif) *Moi, je n'y comprends rien. Moi aussi, j'y suis allé. «Moi, monsieur, je ne suis pas comme vous ! Je ne quitte pas ma femme, moi monsieur»* GAVALDA. — *Moi, il m'a complètement oublié. On ne m'a jamais manqué de respect, à moi. Moi, ce qui fait ma force... «Moi, héron, que je fasse une si pauvre chère ?»* LA FONTAINE. ■ **7 MOI QUI.** *«Et moi qui vous avais prise pour un homme !»* MORAND. ■ **8** (début XIIIe) (Attribut) *«L'État, c'est moi»* LOUIS XIV. *«L'art, c'est moi ; la science, c'est nous»* C. BERNARD. — LOC. **C'EST MOI...** (et proposition relative). *C'est moi qui vous le dis. C'est moi qui commande.* ■ **9** (fin XIIe) (Précédé d'une prép.) *«On fait de moi, avec moi, devant moi, tout ce qu'on veut»* DIDEROT. *Avec moi. Chez moi.* ◆ **DE MOI.** *L'idée n'est pas de moi, mais de lui. Je vous donnerai une photo de moi.* FAM. *Pauvre* de moi.* ◆ **POUR MOI :** à mon égard, en ma faveur. *«Elle fut pour moi la plus tendre des mères»* ROUSSEAU. *Au temps* pour moi.* — Pour ma part, à mon avis. *Pour moi, il est complètement fou.* ◆ **À MOI !** Cri pour appeler à l'aide, ou interpellation (VX). *«À moi, comte, deux mots»* CORNEILLE. *À moi, au secours !* — *Un ami à moi* : un de mes amis. — (Apr.

des verbes de mouvement, d'intérêt, des pronominaux) *Il s'attacha à moi ; il vint à moi.* ➤ aussi **me.** — *À part* moi. Quant* à moi. De vous à moi :* confidentiellement, entre nous. *C'est à moi d'agir.* ▪ **10** (Formes renforcées de *moi*) **MOI-MÊME.** *J'irai moi-même. Je redevenais moi-même. « Je vivais trop en moi-même, par moi-même et pour moi-même »* SAND. SUBST. (1564) *Un autre moi-même.* ➤ **alter ego.** — **MOI SEUL*** (III, 2°). — **MOI AUSSI*.** — **MOI NON PLUS*.**

II ~ n. m. inv. ▪ **1** (1581) Ce qui constitue l'individualité, la personnalité d'un être humain. ➤ **esprit ; individu.** *« Le Culte du moi », de Barrès.* ◆ (1640, Descartes) PHILOS. La personne humaine considérée comme le sujet et l'objet de la pensée. *« Ce moi, c'est-à-dire l'âme »* DESCARTES. *L'unité du moi. Le moi profond.* ▪ **2** (milieu XVIIe, Pascal) La personnalité dans sa tendance à ne considérer que soi. ➤ **égocentrisme, égoïsme, égotisme, narcissisme.** *« Le moi est haïssable »* PASCAL. *Hypertrophie du moi* (➤ **mégalomanie**). ▪ **3** Forme que prend une personnalité à un moment particulier. *Notre vrai moi. « Le moi que j'étais alors, et qui avait disparu »* PROUST. ▪ **4** (1900) PSYCHAN. Instance psychique qui arbitre les conflits entre le ça*, le surmoi* et les impératifs de la réalité. ➤ **ego.** *Le moi idéal.*

▪ HOM. Mois, moye.

MOIE ➤ **MOYE**

MOIGNON [mwaɲɔ̃] **n. m.** – XIIe ◇ ancien français *moing* adj. « mutilé », d'un radical préroman °*munnio-* « émoussé » ▪ **1** Portion restante d'un membre amputé, comprise entre la cicatrice et l'articulation qui se trouve au-dessus ; extrémité d'un membre amputé. *Le moignon, les moignons d'un manchot, d'un amputé.* — *Le moignon ombilical* : reste du cordon ombilical coupé, qui se détache quelques jours après la naissance. ◆ PAR EXT. Membre peu développé par suite d'une malformation congénitale. ▪ **2** Ce qui reste d'une grosse branche cassée ou coupée, d'un arbre. ➤ **chicot.** ▪ **3** Membre rudimentaire. *Les moignons d'ailes des oiseaux marcheurs.*

MOINDRE [mwɛ̃dʀ] **adj. compar.** – v. 1360 ; *mendre, meindre* XIIe ◇ latin *minor* (→ 1 mineur), compar. de *parvus* « petit »

I Compar. ▪ **1** Plus petit (en quantité, en importance), plus faible. ➤ **inférieur.** *C'est un moindre mal. Rendre moindre.* ➤ **amoindrir.** *Un vin de moindre qualité. À moindres frais. Bien moindre,* (LITTÉR.) *beaucoup moindre. « Ces inimitiés sont moindres aujourd'hui qu'elles n'étaient hier »* FRANCE. ▪ **2** VX Inférieur (en mérite, en rang). *« ils sont moindres qu'esclaves »* CORNEILLE.

II Superl. (1220) ▪ **1 LE MOINDRE :** le plus petit, le moins important, le moins remarquable. *Le moindre effort. S'il avait eu le moindre bon sens.* ➤ **minimum.** *Dans les moindres détails.* — (Avec un poss.) *« C'est là son moindre défaut »* LA FONTAINE. — LOC. *C'est la moindre des choses :* c'est tout naturel (en réponse à un remerciement) (cf. Je vous en prie). — *C'est le moindre de mes soucis*.* ➤ **cadet.** PROV. *De deux maux, il faut choisir le moindre.* ▪ **2** (Précédé d'une négation) ➤ **aucun, nul.** *Il n'y a pas le moindre doute ; sans le moindre doute. Je n'en ai pas la moindre idée.* ▪ **3** (PERSONNES) VX ➤ **inférieur, subalterne.** — MOD. *Le moindre d'entre eux. Certains savants, et non des moindres.*

▪ CONTR. Meilleur, supérieur.

MOINDREMENT [mwɛ̃dʀəmɑ̃] **adv.** – 1726 ◇ de *moindre* ▪ LITTÉR. *Le moindrement* (avec une négation) : le moins du monde. *Il ne s'est pas le moindrement étonné. « La chambre de Sony n'avait pas le moindrement changé depuis son adolescence »* M. NDIAYE.

MOINE [mwan] **n. m.** – 1080 *monie* ◇ bas latin *monachus,* grec *monakhos* « unique », de *monos* « seul »

I Religieux chrétien vivant à l'écart du monde, soit seul (➤ **anachorète, ermite**), soit le plus souvent en communauté, après s'être engagé par des vœux à suivre la règle d'un ordre. ➤ **cénobite, frère, père, religieux ; convers.** *Moines et moniales. Communauté de moines.* ➤ **couvent, monastère.** *Cellule de moine* (➤ **monacal**). — PAR EXT. *Moine bouddhiste* (➤ **bonze**), *lamaïste.* — LOC. PROV. *L'habit* ne fait pas le moine. Être gras comme un moine.* ➤ **chanoine.**

II (*moine des Indes* « rhinocéros » 1740) FIG. ▪ **1** (Par allus. à l'aspect du moine encapuchonné) Variété de phoque *(pinnipèdes).* ➤ **phoque.** — Macareux commun. ▪ **2** (1604) ANCIENNT Ustensile formé d'un bâti destiné à recevoir un récipient rempli de braises pour réchauffer un lit. *Moines et bassinoires.*

MOINEAU [mwano] **n. m.** – *moinel* XIIe ◇ p.-ê. de *moine,* d'après la couleur du plumage ▪ **1** Oiseau commun en Europe *(passériformes)* à livrée brune striée de noir. *Moineau franc.* ➤ **pierrot ;** FAM. **piaf.** *Moineau montagnard. Moineau des champs.* ➤ **friquet.** *Épouvantail à moineaux. Volée de moineaux. Le moineau pépie.* — LOC. *Manger comme un moineau, avoir un appétit de moineau :* manger très peu. ▪ **2** *Tête de moineau :* variété de charbon à usage domestique. ▪ **3** FIG. *Vilain, sale moineau :* individu désagréable ou méprisable. *C'est un drôle de moineau,* un drôle de type. ➤ **oiseau.** ▪ **4** FAM. Pénis (surtout de l'enfant). ➤ 2 **zizi** (cf. Le petit oiseau).

MOINERIE [mwanʀi] **n. f.** – XIIIe ◇ de *moine* ▪ PÉJ. et VX ▪ **1** L'ensemble des moines. Couvent, monastère. ▪ **2** Esprit, condition monastique. *« Tâter de la moinerie »* SAINT-SIMON.

MOINILLON [mwanijɔ̃] **n. m.** – 1612 ◇ de *moine* ▪ Jeune moine. ◆ PÉJ. Moine peu estimable.

MOINS [mwɛ̃] **adv.** – milieu XIIe ◇ du latin *minus* → minus et mini- ; ministre

I COMPARATIF DE PEU ▪ **1** (Modifiant un verbe, un adj., un adv.) *Il travaille moins. Il a moins parlé. Il a parlé moins. Il est moins grand, moins riche. Tâchez d'arriver moins tard. J'ai moins faim, moins froid.* ◆ **EN MOINS** (et adj.). *C'est le même en moins gros.* ◆ LOC. (1530) **DE MOINS EN MOINS :** en diminuant par degrés. *J'y vois de moins en moins.* — (Dans une corrélation) *Moins elle sort, moins elle a envie de sortir. Moins il travaille, mieux il se porte.* — *Ni Plus* ni moins.* — *Plus* ou moins.* ▪ **2 MOINS QUE.** *Il travaille moins que son frère, moins qu'avant, moins que je ne croyais. Moins que jamais.* — *On le plaignait « moins pour les pertes qu'il avait souffertes que pour sa manière de les souffrir »* HUGO. ▪ **3** (fin XIIe) (Précédé d'un adv.) *Un peu plus ou un peu moins. D'autant moins que. Beaucoup, bien moins. Encore moins. Trois fois moins.* ▪ **4** (Précédé d'une négation, et exprimant une égalité) *Non moins que.* ➤ **ainsi** (que), **comme.** *Rien* moins, rien de moins que. Pas moins :* tout autant. *Ils ne sont pas moins décidés que leurs adversaires.* — *On ne peut moins :* le moins qu'il soit possible, très peu. *Des conditions on ne peut moins idéales.* — (début XVIIe) *N'en... pas moins* (avec une idée d'opposition, de concession). *Ils n'en ont pas moins de mérite. « Elle n'en pensait pas moins, en fait »* R. GUÉRIN. *Il n'en est pas moins vrai que :* il est vrai cependant que...

II LE, LA, LES MOINS. SUPERLATIF DE PEU *C'est lui qui a le moins parlé. « C'est le fonds qui manque le moins »* LA FONTAINE. *C'est la moins intelligente des trois. Le moins mal. Le moins souvent possible.* — **LE MOINS DU MONDE :** aussi peu que possible. ➤ **moindrement.** (Surtout précédé d'une négation) *Pas le moins du monde :* pas du tout. *Cela ne me dérange pas le moins du monde :* aucunement. *Sans s'inquiéter le moins du monde,* nullement. — **DES MOINS :** parmi les moins. *Un portrait des moins flatteurs,* très peu flatteur.

III NOMINAL ▪ **1** (milieu XIIe) Une quantité moindre ; une chose moindre. *Cela coûte moins. On ne peut pas faire moins. « Il ne m'aura pas fallu moins que toutes ces années pour arracher l'aveu de la vérité »* TOURNIER. — (fin XIIe) **MOINS DE** (suivi d'un subst., d'un numéral). *Cela dure moins d'une heure. Article à moins de dix euros. Ils étaient moins de cent (personnes).* — ELLIPT (FAM.) *Film interdit aux moins de treize ans,* aux jeunes qui ont moins de treize ans. *« Je vous parle d'un temps Que les moins de vingt ans Ne peuvent pas connaître »* AZNAVOUR. — LOC. *En moins de rien. En moins de temps qu'il n'en faut pour le dire. En moins de deux*.* — **PAS MOINS DE** (et adj. numéral cardinal) : au moins. *Pas moins de cinq millions d'euros.* ▪ **2** (Opposé à *trop*) **MOINS DE :** une quantité insuffisante. *« Plutôt moins que trop de nourriture »* BUFFON. ▪ **3** (1636) **À MOINS DE** (suivi d'un subst. ou d'un inf.), *que* (suivi d'un subj.) : à une condition en dehors de laquelle une chose n'est pas possible, pas réalisable ou tolérable. *Nous viendrons à moins d'un imprévu.* ➤ **sauf.** *Il n'acceptera pas à moins d'une augmentation, à moins qu'il ne reçoive une augmentation, à moins de recevoir une augmentation. J'irai chez vous, à moins que vous ne sortiez* (cf. Excepté si, sauf au cas où). ◆ **À MOINS :** pour une chose moindre, une quantité, un prix moindre. *Il est furieux ; on le serait à moins ! Vous ne l'obtiendrez pas à moins.* ▪ **4 DE MOINS ; EN MOINS,** exprimant l'idée de diminution. *Avoir qqch. en moins, de moins. Il y a une personne de moins, en moins.* FAM. *Avoir une case* en moins. Être en moins.* ➤ **manquer.** — *Il a deux ans de moins qu'elle.* SANS COMPL. *On lui donnerait dix ans de moins.*

IV ~ n. m. ▪ **1** (fin XIIe) **LE MOINS :** la plus petite quantité, la moindre chose. PROV. *Qui peut le plus peut le moins. Le moins que l'on (en) puisse dire, c'est que...* ➤ **minimum.** *« Les œuvres les plus belles sont celles où il y a le moins de matière »* FLAUBERT. *C'est bien le moins,* c'est le minimum. ▪ **2 AU MOINS,** appliqué à une condition qui atténuerait ou corrigerait le caractère d'un évènement, d'une situation que l'on déplore. *Si, au moins, il était arrivé à temps !* ➤ **seulement.** *Il pourrait s'excuser, au moins ! « Puisque tu ne fiches rien, rentre au moins à la maison »* ZOLA. — (milieu

XIIe) *Il y a au moins une heure,* au minimum. ➤ 1 **bien, facilement.** — (fin XIIe) (Dans un sens voisin) **TOUT AU MOINS ; À TOUT LE MOINS ; POUR LE MOINS.** *C'est pour le moins étonnant.* ♦ (1512) **DU MOINS** (LOC. RESTRICTIVE) : néanmoins, pourtant, en tout cas. *S'il a reçu des menaces, du moins n'est-il pas en danger. Il a son bac, du moins il le prétend,* ou plutôt, il le prétend.

V ~ **adj.** ATTRIBUT *« Il est moins qu'il paraît, moins que ce qu'il dit »* GIONO. — SUBST. POP. *C'est un (une) moins que rien,* une personne méprisable.

VI ~ **conj.** (milieu XIIe) En enlevant, en ôtant, en soustrayant. *Six moins quatre font deux. Dix heures moins une, moins dix* (minutes), *moins le quart.* — ELLIPT (en sous-entendant l'heure) *Dépêchez-vous, il est presque moins dix.* LOC. *Il était moins une, moins cinq :* il s'en est fallu de très peu.

VII ~ **prép.** (Introd. un nombre négatif) *Il fait moins dix* (degrés). *« En Slovaquie on signale moins soixante »* VIALATTE. *Dix puissance moins sept* (10^{-7}). *Moins l'infini* ($-\infty$). *Moins trois plus moins deux font moins cinq.* — ABUSIVEMENT *Un accroissement de moins trois pour cent* (–3 %), une diminution de 3 %. — SUBST. (1762) *Un moins :* le signe algébrique moins (noté –). *Mettre un moins.*

■ CONTR. Autant ; davantage, plus.

MOINS-DISANT, ANTE [mwɛ̃dizɑ̃, ɑ̃t] **adj.** et **n.** – 1970 ◊ de *moins* et *disant,* p. prés. de *dire* ■ **1** DR., ADMIN. Qui fait l'offre la plus basse dans une adjudication. *Société la moins-disante.* — SUBST. *Les moins-disants remportent le marché.* ■ **2 n. m.** Révision à la baisse. *Stratégie de moins-disant. Moins-disant social, salarial.* ■ CONTR. Mieux-disant.

MOINS-PERÇU [mwɛ̃pɛʀsy] **n. m.** – 1838 ◊ de *moins* et *percevoir* ■ DR., FIN. Ce qui, étant dû, n'a pas été perçu. *Les moins-perçus.* ■ CONTR. Trop-perçu.

MOINS-VALUE [mwɛ̃valy] **n. f.** – 1868 ◊ de *moins* et *value,* d'après *plus-value* ■ ÉCON., COMM. Diminution de la valeur d'une chose ; perte de valeur. SPÉCIALT Différence entre le produit réel et le produit théorique (d'une taxe, d'un impôt). *Des moins-values.* ■ CONTR. Plus-value ; boni.

MOIRAGE [mwaʀaʒ] **n. m.** – 1763 ◊ de *moirer* ■ TECHN. Opération par laquelle on donne l'apprêt de la moire à une étoffe. — PAR EXT. *Moirage du papier. Moirage du fer-blanc.*

MOIRE [mwaʀ] **n. f.** – 1690 ; *mouaire* 1650 ◊ anglais *mohair* → mohair ■ **1** ANCIENNT Étoffe en poils de chèvre. ➤ **mohair.** ■ **2** (fin XVIIe) MOD. Apprêt que reçoivent certains tissus par écrasement irrégulier de leur grain (à la calandre, au cylindre). *Moire à petites, à grandes ondes.* ♦ PAR EXT. Tissu d'armure toile qui présente des parties mates et des parties brillantes par suite de cet apprêt. ➤ **moiré.** *Moire de soie, de rayonne. Ruban, robe de moire. Moire antique,* à grandes ondes. ■ **3** (XIXe) LITTÉR. Aspect ondé, changeant, chatoyant d'une surface. *« des moires de vieil or couraient le long des blés »* ZOLA.

MOIRÉ, ÉE [mwaʀe] **adj.** et **n. m.** – v. 1540, rare avant 1740 ◊ de *moire* ■ **1** Qui a reçu l'apprêt, qui présente l'aspect de la moire. *« Les murs tendus de soie moirée vieux rose »* LARBAUD. — PAR ANAL. *Papier moiré.* ■ **2** FIG. ➤ **chatoyant, ondé.** *Les ailes moirées des corbeaux.* ■ **3 n. m. LE MOIRÉ :** caractère, aspect d'une étoffe moirée. ➤ **moirure.** ♦ *Moiré métallique :* tôle étamée chauffée et passée à l'acide, ce qui lui donne un aspect moiré.

MOIRER [mwaʀe] **v. tr.** ⟨1⟩ – *mohérer* 1765 ◊ de *moire* ■ **1** TECHN. Traiter (une étoffe) par moirage. *Moirer de la soie au cylindre, à la calandre* (➤ **calandrer**). — PAR EXT. *Moirer du papier.* ■ **2** LITTÉR. Rendre chatoyant. *« Un soleil étincelant moirait la mer de rubans de feu »* LAMARTINE.

MOIREUR [mwaʀœʀ] **n. m.** – 1846 ◊ de *moirer* ■ TECHN. Ouvrier qui effectue le moirage des étoffes, du papier, du fer-blanc, du zinc.

MOIRURE [mwaʀyʀ] **n. f.** – 1894 ◊ de *moirer* ■ Effet du moiré ; reflet, chatoiement d'une surface moirée. *Les moirures d'un plan d'eau au clair de lune.*

MOIS [mwa] **n. m.** – 1080 *meis* ◊ latin *mensis* ■ **1** Chacune des douze divisions de l'année (➤ **mensuel**). *Mois de trente, de trente et un jours. Le mois de février compte vingt-huit ou vingt-neuf jours* (en année bissextile). *Tous les trente*-six du mois. Au mois de mars. Les mois en R*. Mois solaire. Mois lunaire.* ➤ **lunaison.** *Mois du calendrier républicain.* ➤ **vendémiaire, brumaire, frimaire, nivôse, pluviôse, ventôse,** 1 **germinal, floréal, prairial, messidor, thermidor, fructidor.** *Les douze mois de l'année.* ➤ **janvier, février, mars, avril, mai, juin, juillet, août, septembre, octobre, novembre, décembre.** *Les mois d'hiver. Le début, le courant du mois. Le quantième du mois. Au début, à la fin du mois. Période de trois* (➤ **trimestre**), *de six mois* (➤ **semestre**). *Tous les deux mois* (➤ **bimestriel**). *Deux fois par mois* (➤ **bimensuel**). *Être payé tous les mois, au mois* (➤ **mensualisé**), *sur treize mois. Des fins* de mois difficiles.* ♦ *Le mois de Marie :* le mois de mai, consacré à la Vierge dans la liturgie catholique. ■ **2** Espace de temps égal à trente jours environ. *Mois légal. Mois civil, calendaire, glissant. Trois mois de congé. Femme enceinte de trois mois, de six mois.* — (Âge) *Un bébé d'un mois, de dix-huit mois. Une grenouillère de taille six mois.* — Espace de temps compris entre un quantième quelconque d'un mois et le même quantième du mois suivant. *Billet à un, trois mois d'échéance.* ■ **3** PAR MÉTON. Salaire, rétribution correspondant à un mois de travail. ➤ **mensualité.** *Toucher son mois. Mois double, treizième mois, accordé au personnel d'une entreprise. Ils n'avaient « ni les mois doubles, ni les primes de personnels réguliers »* PEREC. — Somme due pour un mois de location, de services, de prestations. *Verser deux mois de caution. Il doit un mois à son propriétaire.* ■ HOM. Moi, moye.

MOISE [mwaz] **n. f.** – 1328 ◊ latin *mensa* « table » ■ TECHN. Assemblage formé de deux pièces jumelles fixées de chaque côté d'une ou de plusieurs autres pièces, qu'elles relient et qu'elles maintiennent. *Les moises d'une charpente.* — **v. tr.** ⟨1⟩ **MOISER,** 1694. *Moiser une charpente.*

MOÏSE [mɔiz] **n. m.** – 1889 ◊ de *Moïse,* n. pr. ■ Petite corbeille capitonnée qui sert de berceau. ➤ **couffin.**

MOISI, IE [mwazi] **adj.** et **n. m.** – XIIe ◊ de *moisir* ■ **1** Attaqué, gâté par la moisissure. *Fruit moisi.* ♦ FIG. *« la France moisie est de retour »* SOLLERS. ■ **2 n. m.** *Le moisi :* la partie moisie de qqch. ➤ **moisissure.** *Enlever le moisi d'une confiture.* — *Odeur, goût de moisi :* odeur, goût spécifique des choses, des substances attaquées par la moisissure ou altérées par une atmosphère humide. *« cette pièce sent le renfermé, le moisi, le rance »* BALZAC. ■ **3** FIG. et FAM. Mauvais, désagréable. *Une journée moisie.* ➤ **pourri.**

MOISIR [mwaziʀ] **v. intr.** ⟨2⟩ – XIIe ◊ latin populaire °*mucire,* classique *mucere* ■ **1** Se détériorer, se gâter sous l'effet de l'humidité, de la température. *Livres qui moisissent à la cave.* ♦ Se couvrir de moisissure. ➤ **chancir.** *Ce pain moisit, a moisi. Moisir puis pourrir*.* ■ **2** Rester inactif, improductif. *Les avares ont des cassettes « qu'ils laissent moisir dans un coin de leur cabinet »* LA BRUYÈRE. ■ **3** (XVe) FAM. (PERSONNES) Attendre, rester longtemps au même lieu, dans la même situation, y perdre son temps. ➤ **croupir, languir, mariner.** *Nous n'allons pas moisir ici. « Je vais t'introduire chez le patron, sans quoi tu pourrais moisir jusqu'à sept heures du soir »* MAUPASSANT.

MOISISSURE [mwazisyʀ] **n. f.** – v. 1400 ; *moisiseure* 1380 ◊ de *moisir* ■ **1** Altération, corruption d'une substance organique, attaquée et couverte par des végétations cryptogamiques. *Moisissure précédant la décomposition, la pourriture.* ■ **2** Végétation cryptogamique (filaments du thalle ou du mycélium de champignons parasites) qui forme une mousse étalée en taches veloutées. *Moisissure blanche, verte. Moisissure du vin, du vinaigre* (➤ **fleur**). *Champignons des moisissures* (ascomycètes, mucor, mycoderme, pénicillium, puccinie). *Moisissures des fromages* (fromages à croûte fleurie et fromages à pâte persillée). *Roquefort à moisissures bleues.* ♦ PAR EXT. Partie atteinte de moisissure d'une substance, d'un objet. ➤ **moisi.** *Enlever la moisissure d'une confiture.*

MOISSINE [mwasin] **n. f.** – XIIIe ◊ origine incertaine, p.-ê. du radical de *mensa* → moise ■ VITIC. Bout de sarment auquel tient la grappe, par lequel on la suspend quand on veut la conserver.

MOISSON [mwasɔ̃] **n. f.** – *meisson* 1160 ◊ latin populaire °*messio,* classique *messis* ■ **1** Travail agricole qui consiste à récolter les céréales (surtout le blé), lorsqu'elles sont parvenues à maturité. *Faire les moissons, la moisson à la main* (faux, faucille), *à la machine* (moissonneuse). ➤ **moissonner.** *« ce n'est pas celui qui fait la moisson qui mange la galette »* BALZAC. *Autrefois, on mettait le blé en gerbe ou en meule après la moisson.* ♦ PAR EXT. *La moisson du colza.* ■ **2** L'époque, la saison à laquelle se fait la moisson. *La moisson approche. Les moissons sont terminées.* ■ **3** Les céréales qui sont ou seront moissonnées. ➤ **récolte.** *Rentrer, engranger, ensiler la moisson. Une moisson abondante. « Les sillons que la moisson dore »* HUGO. ■ **4** FIG. Action de recueillir, d'amasser en grande quantité (des récompenses, des gains, des renseignements) ; ce qu'on recueille. *Une moisson d'images, de souvenirs. Votre volume « où je vais faire moisson d'idées et de faits »* SAINTE-BEUVE.

MOISSONNAGE [mwasɔnaʒ] **n. m.** – 1860 ◊ de *moissonner* ▪ AGRIC. Coupe des céréales courantes.

MOISSONNER [mwasɔne] **v. tr.** ‹1› – 1204 fig. ◊ de *moisson* ▪ **1** (XIIIe) Couper et récolter (des céréales, des plantes à graines). ➤ **faucher.** *Moissonner du blé, du seigle, de l'orge ; du colza.* — PAR EXT. *Moissonner un champ.* ABSOLT *« On commençait à moissonner par places »* MAUPASSANT. — **p. p. adj.** *Champs moissonnés.* ▪ **2** FIG. et LITTÉR. Recueillir, amasser (qqch.) en grande quantité. ➤ **cueillir, engranger, gagner, ramasser, récolter.** *Moissonner les succès ; des renseignements. « Elle allait moissonnant les roses de la vie »* HUGO. ◆ Recueillir comme résultat de ses actes. *« Ils ont semé du vent, et ils moissonneront des tempêtes »* (BIBLE). ▪ **3** MÉTAPH. et LITTÉR. Détruire, faire périr. *La guerre, l'épidémie moissonne les vies humaines* (cf. La faux de la mort).

MOISSONNEUR, EUSE [mwasɔnœʀ, øz] **n.** – 1538 ; *messoneour* fin XIIe ◊ de *moisson* ▪ **1** Personne qui fait la moisson. ▪ **2 n. f.** (1834) Machine agricole qui sert à moissonner. ➤ **faucheuse.** ANCIENNT *Une moissonneuse-lieuse.*

MOISSONNEUSE-BATTEUSE [mwasɔnøzbatøz] **n. f.** – 1906 ◊ de *moissonneuse* et *batteuse* ▪ Machine agricole automotrice servant à couper les céréales et à les battre pour séparer les grains de la paille. *Des moissonneuses-batteuses.*

MOITE [mwat] **adj.** – *moiste* XIIIe ; *muste* 1190 ◊ p.-ê. latin *mucidus* « moisi », par croisement avec *musteus* « juteux », de *mustum* « moût » ▪ Légèrement humide. *Peau moite de sueur. Avoir les mains moites. « ces paumes moites qu'il essuyait avec un mouchoir »* MAURIAC. *Atmosphère, chaleur moite.*

MOITEUR [mwatœʀ] **n. f.** – v. 1380 ; *moistour* 1247 ◊ de *moite* ▪ **1** Légère humidité. *Moiteur de l'air. Moiteur étouffante.* — État de ce qui est moite ; état de transpiration dans lequel la peau se couvre d'une légère sueur. *Moiteur provoquée par la fièvre.* ▪ **2** Cette sueur. *« Et les moiteurs de mon front blême »* VERLAINE.

MOITIÉ [mwatje] **n. f.** – *moitiet* XIIe ; *meitiet* 1080 ◊ latin *medietas, atis* « milieu, moitié » ▪ **1** L'une des deux parties égales (d'un tout). *Le diamètre partage le cercle en deux moitiés. Cinq est la moitié de dix. Moitié d'une heure, d'une douzaine.* ➤ **demi.** ◆ PAR EXT. Partie à peu près égale à la moitié. *Manger une moitié de pomme. Une bonne, une grosse moitié. La moitié de sa vie, de son existence. Elle est absente la moitié du temps* (cf. La plupart). *Raccourcir, réduire de moitié. Un dégrèvement de moitié. Renouveler par moitié les membres d'une assemblée. Partager par moitié.* — Accord du verbe *« L'autre moitié jetait des cris »* VOLTAIRE. *« La moitié des hommes ne sauraient pas se servir de leurs armes »* MALRAUX. ▪ **2** L'une des deux parties égales ou à peu près égales (d'un tout), considérée comme unité autonome et opposable à l'autre. *La première moitié du XIIe siècle.* ▪ **3** Milieu. *Parvenu à la moitié de son existence. À la moitié d'une côte :* à mi-côte. ▪ **4** FIG. et VX *Moitié de ma vie, de mon âme :* terme d'affection. ◆ (1542) MOD. LITTÉR. puis FAM. Épouse, femme. *« Votre chère moitié »* Mme DE SÉVIGNÉ. *Il ne vient jamais sans sa moitié.* ▪ **5 À MOITIÉ :** à demi ; et PAR EXT. partiellement. *Ne rien faire à moitié. « Elle n'aime pas faire les choses à moitié : quand on les fait... il faut les faire bien »* SARRAUTE. — *Remplir son verre à moitié. Verre à moitié plein, à moitié vide. Être à moitié mort.* — **loc. prép.** *À moitié chemin* (cf. À mi-chemin). *À moitié prix :* pour la moitié du prix. — **À MOITIÉ,** répété devant deux mots différents. ➤ **mi-.** *Fonctions à moitié civiles, à moitié militaires.* ▪ **6** (XIIe) **MOITIÉ... MOITIÉ...** *Moitié farine et moitié son* (cf. Mi-figue* mi-raisin). *« Une vieille petite rue, moitié escalier, moitié sentier de chèvre »* LOTI. ◆ FAM. ADVT *Êtes-vous content de votre voyage ? – Moitié-moitié.* ➤ **couci-couça.** *Partageons les bénéfices moitié-moitié.* ➤ **fifty-fifty.** ▪ **7** LOC. FIG. *Agir, être, se mettre de moitié avec qqn,* en participation à égalité dans les bénéfices et les pertes. ▪ CONTR. Double.

MOITIR [mwatiʀ] **v. tr.** ‹2› – 1283 ◊ de *moite* ▪ VX ou TECHN. Rendre moite ; imprégner d'eau. *Moitir le papier,* l'imbiber d'eau de manière régulière.

MOJETTE ➤ **MOGETTE**

MOJITO [mɔxito] **n. m.** – 1976 ◊ mot espagnol (Cuba), p.-ê. de *mojar* « mouiller » ▪ Cocktail à base de rhum allongé d'eau gazeuse, de citron vert, de sucre et de feuilles de menthe. *Des mojitos.*

MOKA [mɔka] **n. m.** – 1767 ◊ de *Moka,* n. d'un port du Yémen ▪ **1** Variété de café originaire de l'Arabie méridionale ; boisson faite avec sa graine. *« une de ces petites tasses pleines d'un moka brûlant »* NERVAL. ▪ **2** Gâteau composé de pâte à biscuit fourrée d'une crème au beurre parfumée au café (ou au chocolat). *Des mokas.*

MOKO [mɔko] **n. m.** – 1854 ◊ origine inconnue ▪ ARG. MAR. Marin toulonnais ; PAR EXT. Provençal. *« Pépé le Moko », film de Julien Duvivier.* — On rencontre aussi la graphie *moco. « Jamais un chtimi n'aura l'air aussi sale qu'un moco sale »* J.-R. BLOCH.

MOL ➤ 1 **MOU**

1 **MOLAIRE** [mɔlɛʀ] **n. f.** – avant 1478 ◊ latin *(dens) molaris* « (dent) en forme de meule » ▪ Grosse dent de la partie postérieure de la mâchoire, dont la fonction est de broyer. *La couronne large et aplatie des molaires. Les cuspides des molaires et des prémolaires*. Les douze molaires de l'adulte.*

2 **MOLAIRE** [mɔlɛʀ] **adj.** – 1956 ; biol. 1907 ◊ de *mole* ▪ PHYS., CHIM. Relatif à la mole. *Masse molaire :* masse d'une mole de substance pure. *Solution 1 molaire, 2 molaire,* qui contient une mole, deux moles de soluté par litre de solution. *Concentration molaire.* ➤ **molarité.** *Énergie molaire. Conductivité* molaire.*

3 **MOLAIRE** [mɔlɛʀ] **adj.** – 1921 ◊ du latin *moles* « masse » ▪ PHILOS. Considéré comme un tout. ➤ **global, total, unitaire.** *« Les deux mouvements, moléculaire et molaire »* É. MEYERSON.

MOLALITÉ [mɔlalite] **n. f.** – 1972 ◊ anglais *molality,* de *molal* « 2 molaire » ▪ SC. Nombre de moles de soluté par unité de masse de solvant (en général le kilogramme).

MOLARITÉ [mɔlaʀite] **n. f.** – 1954 ◊ de 2 *molaire* ▪ SC. Nombre de moles de soluté par unité de volume de solution.

MOLASSE [mɔlas] **n. f.** – 1779 ; *pierre molasse* 1671 ; *mollasse* 1669 ◊ de l'adj. *mollasse* ou forme péj. de *meulière* ▪ SC. ou TECHN. Grès tendre, mêlé d'argile, de quartz. — On écrit aussi *mollasse.* ▪ HOM. 1 Mollasse.

MOLE [mɔl] **n. f.** – 1903 ◊ de l'allemand, de *Molekül* « molécule » ▪ MÉTROL. Unité SI de mesure de quantité de matière (SYMB. mol). *La mole équivaut à la quantité de matière d'un système contenant autant d'entités élémentaires qu'il y a d'atomes dans 0,012 kilogramme de carbone 12. Depuis 2019, la mole est définie par le nombre* d'Avogadro. Masse d'une mole.* ➤ 2 **molaire.** *Mole d'atomes, de molécules d'un élément.* ▪ HOM. Molle (1 mou).

1 **MÔLE** [mol] **n. f.** – 1372 ◊ du latin des médecins *mola* « meule » ▪ PATHOL. Croissance anormale du placenta dont les villosités du chorion se transforment en nombreuses vésicules groupées en grappes, et qui aboutit à l'avortement précoce. *La môle peut dégénérer en cancer.* ▪ HOM. Maul.

2 **MÔLE** [mol] **n. m.** – 1546 ◊ italien *molo* ▪ Construction en maçonnerie, destinée à protéger l'entrée d'un port. ➤ **brise-lame, digue, jetée, musoir.** ◆ Terre-plein qui s'avance à l'intérieur d'un bassin pour faciliter l'embarquement ou le débarquement des marchandises. ➤ **embarcadère, quai.** *« la foule qui encombre le môle quand partent les transatlantiques »* MAUPASSANT.

3 **MÔLE** [mol] **n. f.** – 1560 ◊ du latin *mola* « meule » ▪ Poisson des mers chaudes *(tétraodontiformes),* dont le corps en forme de disque aplati peut atteindre jusqu'à deux mètres de long. ➤ **lune** (II).

MOLÉCULAIRE [mɔlekylɛʀ] **adj.** – 1797 ◊ de *molécule* ▪ De la molécule, qui a rapport aux molécules. *Attraction moléculaire. Structure, constitution moléculaire. Formule moléculaire :* représentation d'un composé chimique en juxtaposant les symboles des atomes qui le constituent. *Formule moléculaire développée,* représentant les positions, les liaisons et les valences des atomes. *Masse moléculaire :* somme des masses atomiques des éléments qui composent la molécule, exprimée en unités de masse atomique* (ex. pour l'eau H_2O = 18). ➤ **mole** (de molécules). *Poids moléculaire. Orbitale moléculaire. Entités moléculaires* (molécules, atomes, ions...). — *Horloge moléculaire :* molécule dont l'évolution peut fournir des repères chronologiques. ◆ *Génétique moléculaire,* qui traite du gène au niveau moléculaire. *Biologie moléculaire.* ◆ *Cuisine moléculaire,* inspirée des travaux de la *gastronomie moléculaire,* qui étudie les phénomènes physicochimiques qui surviennent lors des transformations culinaires et propose de nouvelles pratiques.

MOLÉCULARITÉ [mɔlekylaʀite] **n. f.** – 1963 ◊ de *moléculaire* ▪ CHIM. Nombre d'entités moléculaires participant à chacune des étapes d'une réaction chimique.

MOLÉCULE [mɔlekyl] **n. f.** – 1674 ◇ latin moderne *molecula*, de *moles* «masse» ▪ **1** VX Particule de matière ; corpuscule. *«J'ai fait tous mes efforts pour concevoir une molécule vivante»* ROUSSEAU. ▪ **2** (début XIXᵉ) MOD. La plus petite quantité d'un corps simple qui peut exister à l'état libre ; SC. ensemble de deux atomes, ou plus, liés par des liaisons covalentes. *Molécule d'un corps simple monovalent.* ➤ **atome.** *Molécule de masse moléculaire très élevée.* ➤ **macromolécule.** *Molécule ionique,* qui se dissocie en ions. *Molécule polaire. Molécule de signalisation. Énergie de liaison, de dissociation d'une molécule.* — VX *Molécule-gramme.* ➤ **mole** (de molécules).

MOLÈNE [mɔlɛn] **n. f.** – *moleine* XIIIᵉ ◇ p.-ê. pour *molaine*, dérivé de *mol* «mou» ▪ Plante herbacée *(scrofulariacées),* à feuilles isolées et molles, à fleurs en épis. *Molène commune.* ➤ **bouillon-blanc.**

MOLESKINE [mɔlɛskin] **n. f.** – 1857 ; *mole-skin* 1838 ◇ anglais *moleskin* «peau *(skin)* de taupe *(mole)*» ▪ **1** Tissu de coton très fort présentant une face satin et une face croisée. ▪ **2** PLUS COUR. Toile de coton revêtue d'un enduit mat ou verni imitant le cuir. *Banquettes de moleskine. «un fauteuil en moleskine noire* [...] *luisait bizarrement comme l'anthracite»* LE CLÉZIO.

MOLESTER [mɔlɛste] **v. tr.** ‹1› – v. 1200 ◇ bas latin *molestare*, de *molestus* «fâcheux, pénible» ▪ **1** LITTÉR. Tourmenter en suscitant des désagréments. ➤ **tracasser, vexer.** ▪ **2** (1923) Maltraiter physiquement en public. ➤ **brutaliser, malmener, rudoyer.** *Il s'est fait molester par la foule.*

MOLETAGE [mɔl(ə)taʒ] **n. m.** – 1840 ◇ de *moleter* ▪ TECHN. ▪ **1** Action de moleter. ▪ **2** Quadrillage moleté.

MOLETER [mɔl(ə)te] **v. tr.** ‹4 /5/› – 1382 ◇ de *molette* ▪ TECHN. ▪ **1** Travailler à la molette. ▪ **2** Faire des stries ou un quadrillage à la molette sur (une tête de vis, un boulon, etc.), pour les tourner à la main plus aisément **(surtout au p. p.).** *Vis moletée.*

MOLETTE [mɔlɛt] **n. f.** – 1301 ◇ diminutif de *mole*, ancienne forme de 1*meule* ▪ **1** VX Petit pilon de pharmacien. ▪ **2** (1482 «poulie») TECHN. Roulette. SPÉCIALT Petite roue étoilée en acier, à l'extrémité de l'éperon, avec laquelle on pique les flancs du cheval. ◆ Outil fait d'une roulette mobile au bout d'un manche. *Molette de graveur, de ciseleur.* ▪ **3** (1846) TECHN. Disque d'acier qui sert à travailler les corps durs. ➤ 4**fraise.** ▪ **4** COUR. Pièce cylindrique à surface striée ou quadrillée, qui sert à manœuvrer certains dispositifs mobiles. *Molette de mise au point* (jumelles). *«Manuel tournait la molette des jumelles»* MALRAUX. *Clé à molette.* — Roulette taillée en lime qui frotte la pierre à briquet pour produire l'étincelle. ▪ **HOM.** Mollette (1 mollet).

MOLIÈRE [mɔljɛʀ] **n. f. et m.** – date inconnue ◇ de *Molière* ▪ **1 n. f.** **(Belgique, Luxembourg)** Chaussure basse lacée. ➤ **richelieu.** *Une paire de molières.* ▪ **2 n. m.** (1987) (En France) Récompense décernée chaque année aux professionnels du théâtre. *La Nuit des Molières. Le Molière du metteur en scène.*

MOLIÉRESQUE [mɔljeʀɛsk] **adj.** – 1867 ◇ de *Molière* ▪ DIDACT. Relatif aux œuvres, à l'art de Molière. Qui est dans la manière de Molière. *Verve moliéresque.*

MOLINISTE [mɔlinist] **n. et adj.** – XVIIᵉ ◇ de *Luis Molina*, n. d'un jésuite espagnol, 1536-1600 ▪ Catholique partisan des opinions de Molina sur la grâce (prédestination conciliable avec le libre arbitre). *Attaques de Pascal contre les molinistes.* — **adj.** *Doctrine moliniste.* — **n. m.** (1656) **MOLINISME.**

MOLINOSISTE [mɔlinozist] **n. et adj.** – 1704 ◇ de *Molinos*, n. d'un prêtre catholique espagnol mort en 1696 ▪ THÉOL. Partisan des opinions de Molinos qui professait le quiétisme. — **adj.** *La polémique molinosiste.* — **n. m.** **MOLINOSISME.**

MOLLAH [mɔ(l)la] **n. m.** – 1670 ; variante *mullah* 1742 ◇ mot arabe «maître, seigneur» ▪ Dans l'islam, Savant docteur en droit coranique. SPÉCIALT Chef religieux. *Gouvernement dirigé par les mollahs* (**MOLLARCHIE n. f.,** 1979).

MOLLARD [mɔlaʀ] **n. m.** – 1865 ◇ de *mol, mou* ▪ POP. et VULG. Crachat. *«un mollard verdâtre, rigide tant il était épais»* É. LOUIS. — **v. intr.** ‹1› **MOLLARDER,** 1866.

1**MOLLASSE** [mɔlas] **adj.** – 1551 ◇ de *mol, mou* et suffixe péj. *-asse*, ou italien *molaccio* ▪ **1** Qui est mou et flasque. *Des chairs mollasses.* ▪ **2** FIG. Qui est trop mou, qui manque d'énergie. ➤ **apathique, endormi, indolent, nonchalant, paresseux.** *Une grande fille mollasse. Il est un peu mollasse.* SUBST. *Un, une mollasse. Quelle mollasse !* ◆ *«le rythme* [de cette poésie] *est aussi mollasse que la pensée»* TAINE. ▪ **CONTR.** Dur. Actif. ▪ **HOM.** Molasse.

2**MOLLASSE** ➤ **MOLASSE**

MOLLASSERIE [mɔlasʀi] **n. f.** – 1838 ◇ de 1*mollasse* ▪ Excessive mollesse d'une personne. *Il est d'une mollasserie !*

MOLLASSON, ONNE [mɔlasɔ̃, ɔn] **n. et adj.** – 1887 ◇ de 1*mollasse* ▪ FAM. Personne mollasse. *Allons, dépêche-toi, gros mollasson !* ➤ **mollusque.** *«ce mollasson d'Achille ne la secondait pas. Il passait les journées à fumer des pipes»* ZOLA.

MOLLE ➤ 1**MOU**

MOLLEMENT [mɔlmɑ̃] **adv.** – XIIIᵉ ◇ de *mol, mou* ▪ **1** Sans vigueur, sans énergie. ➤ **faiblement.** *Travailler mollement,* sans ardeur, sans empressement. *Réclamer qqch. mollement,* avec mollesse, sans conviction. ➤ **timidement.** ▪ **2** Avec douceur et lenteur, avec un abandon gracieux. ➤ **doucement, indolemment, nonchalamment.** *Être étendu mollement sur un divan. Le fleuve coule mollement.* ➤ **lentement, paresseusement, tranquillement.** *«les vapeurs rampaient mollement dans les branchages»* HUGO. ▪ **CONTR.** Durement, rudement ; énergiquement, fermement.

MOLLESSE [mɔlɛs] **n. f.** – *molece* 1190 ◇ de *mol, mou* **A.** (ABSTRAIT) Caractère de ce qui est mou, sans énergie. ▪ **1** Paresse physique, intellectuelle ; manque de volonté. ➤ **apathie, indolence, langueur, nonchalance, paresse, somnolence.** *La mollesse d'un élève paresseux. Résister avec mollesse,* mollement. *«s'il était venu, ce n'était que par lâcheté, par mollesse»* GREEN. ▪ **2** VIEILLI Manière de vivre facile, délicate et voluptueuse. ➤ **sybaritisme.** *«J'aime le luxe et même la mollesse»* VOLTAIRE. ▪ **3** SPÉCIALT Manque de vigueur, de force dans une œuvre, dans le style.

B. (XVIᵉ) (CONCRET) Caractère de ce qui est mou (Iº). *La mollesse d'un coussin, d'un matelas.*

C. PAR ANAL. ▪ **1** Caractère d'une forme souple, douce, imprécise. *La mollesse des contours.* ➤ **moelleux.** ▪ **2** Caractère d'un climat mou. ▪ **CONTR.** Dureté, fermeté. Activité, allant, dynamisme, entrain, vivacité ; ardeur, énergie, force. Ascétisme.

1**MOLLET, ETTE** [mɔlɛ, ɛt] **adj.** – XIIᵉ ◇ diminutif de *mol, mou* ▪ Un peu mou, agréablement mou au toucher. *Lit mollet.* ➤ **douillet, doux.** *Pain mollet :* petit pain blanc à mie légère. — *Œuf mollet,* cuit dans sa coquille le temps nécessaire pour que le blanc soit bien pris et le jaune crémeux. ▪ **HOM.** Molette.

2**MOLLET** [mɔlɛ] **n. m.** – 1560 ◇ de 1*mollet* ▪ Partie charnue à la face postérieure de la jambe, entre le jarret et la cheville. *Le mollet est formé par la saillie du triceps sural. Le gras* du mollet. Jupe qui arrive à mi-mollet.* LOC. *Des mollets de coq,* nerveux et peu charnus. *Des mollets de cycliste,* très musclés.

MOLLETIÈRE [mɔltjɛʀ] **n. f.** – fin XIXᵉ ◇ de 2*mollet* ▪ Jambière de cuir, d'étoffe qui s'arrête en haut du mollet. ➤ **leggins.** *Molletières cirées des gardes mobiles.* — **adj.** *Bande molletière :* bande de drap de laine qu'on enroule autour du mollet.

MOLLETON [mɔltɔ̃] **n. m.** – 1664 ◇ de 1*mollet* ▪ Tissu de laine ou de coton gratté sur une ou deux faces. *Le molleton est pelucheux, doux, chaud et léger. Robe de chambre, gilet en molleton.* — Morceau de ce tissu. *Molleton d'une planche à repasser.*

MOLLETONNÉ, ÉE [mɔltɔne] **adj.** – 1845 ◇ de *molleton* ▪ Doublé, garni de molleton. *Gants molletonnés.* ➤ 2**fourré.** *Sweat-shirt molletonné.*

MOLLETONNEUX, EUSE [mɔltɔnø, øz] **adj.** – 1846 ◇ de *molleton* ▪ De la nature du molleton. *Étoffe molletonneuse.* ➤ **pelucheux.**

MOLLIR [mɔliʀ] **v.** ‹2› – XVᵉ ◇ de *mol, mou*

I **v. tr.** ▪ **1** VX Rendre mou. ➤ **amollir.** *«Mon grand mal de pitié mollirait une roche»* BAÏF. ▪ **2** MAR. *Mollir un cordage,* le détendre (cf. Donner du mou*).

II **v. intr.** (XVIIᵉ) ▪ **1** RARE Devenir mou. ➤ **se ramollir.** *Sentir «sous les pas, le sol mollir»* GIDE. ▪ **2** Perdre sa force. *Sentir ses jambes mollir de fatigue, d'émotion.* ➤ **chanceler** (cf. Avoir les jambes comme du coton*, en flanelle*). — MAR. *Le vent mollit,* perd de sa violence. ➤ **faiblir.** ▪ **3** FIG. Commencer à céder ; abandonner peu à peu ses résolutions. ➤ **s'abandonner,** se **dégonfler, faiblir, flancher, fléchir.** *«Il voulut riposter, puis il mollit et céda»* COLETTE. *Courage qui mollit.* ➤ **diminuer, faiblir.** *Sa résolution a molli.* — FAM. Hésiter, flancher. *Ce n'est pas le moment de mollir.* ➤ **se dégonfler.**

▪ **CONTR.** Durcir, raidir ; persister, résister, tenir.

MOLLO [mɔlo] **adv.** – 1933 ◇ de *mollement* ▪ FAM. Doucement. *Vas-y mollo !* ▪ **CONTR.** 2 Franco.

MOLLUSCUM [mɔlyskɔm] **n. m.** – 1846 ◇ mot latin «nœud de l'érable» ▪ MÉD. Petite tumeur fibreuse de la peau. *Des molluscums.*

MOLLUSQUE [mɔlysk] **n. m.** – 1771 ◊ latin scientifique *molluscus* (XVIIe), latin *mollusca (nux)* «(noix) à écorce molle» ■ **1** Animal invertébré au corps mou. — *Les mollusques :* embranchement du règne animal composé d'animaux terrestres ou aquatiques, au corps mou, non segmenté, formé d'une tête, d'un pied musculaire et d'une masse viscérale. *Classes de mollusques.* ➤ **amphineures, céphalopodes, gastéropodes, lamellibranches.** *Mollusques à coquille. Mollusques comestibles* (➤ **coquillage**). *Larves de mollusques.* ➤ **naissain.** ■ **2** FIG. et FAM. Personne molle. ➤ **mollasson,** 2 **moule.**

MOLOCH [mɔlɔk] **n. m.** – 1860 ◊ de *Moloch,* n. du dieu cruel des Ammonites ■ ZOOL. Reptile saurien *(crassilingues)* à corps massif semblable à celui du crapaud, hérissé d'épines écailleuses. *Des molochs.*

MOLOSSE [mɔlɔs] **n. m.** – 1555 ◊ latin *molossus,* mot grec «chien du pays des Molosses», en Épire ■ LITTÉR. Gros chien de garde, chien de berger, dogue. «*les rudes molosses aux crocs puissants*» PERGAUD.

MOLYBDÈNE [mɔlibdɛn] **n. m.** – 1782 n. f. ; «argent mêlé de plomb» 1605 ◊ du grec *molubdis* «plomb» ■ CHIM. Élément atomique de transition (Mo ; n° at. 42 ; m. at. 95,94), métal blanc argenté du groupe du chrome et du tungstène. *Aciers spéciaux au molybdène.*

MOLYBDÉNITE [mɔlibdenit] **n. f.** – 1807 ◊ de *molybdène* ■ MINÉR. Principal minerai du molybdène, sulfure naturel (MoS_2).

MOLYBDIQUE [mɔlibdik] **adj.** – fin XVIIIe ◊ de *molybdène* ■ CHIM. En parlant d'un composé, Qui contient du molybdène. *Anhydride molybdique* MoO_3 *; acide molybdique* H_2MoO_4 (dont les sels sont des *molybdates* **n. m.**).

MOLYSMOLOGIE [mɔlismɔlɔʒi] **n. f.** – 1973 ◊ du grec *molusma* «tache, souillure» et de *-logie* ■ DIDACT. Science des pollutions.

MÔME [mom] **n.** – 1821 ◊ mot populaire d'origine inconnue ■ **1** FAM. Enfant. *Une petite môme de cinq ans. Quel sale môme !* ◆ **adj.** (1834) *Il est encore tout môme,* tout petit. «*Y en a de tout mômes ! Et des malingres !*» CARCO. ■ **2 n. f.** (1864) POP. Jeune fille, jeune femme. *Une belle môme.* «*T'es tout' nue Sous ton pull Y'a la rue Qu'est maboul' Jolie môme*» FERRÉ. *Sa môme :* sa maîtresse.

MOMENT [mɔmɑ̃] **n. m.** – début XIIe, au sens de «court moment» (I, 2°) ◊ du latin *momentum* «mouvement, impulsion», «influence, poids, importance» et «durée d'un mouvement» d'où «instant», famille de *movere* «bouger» → mouvoir

I SENS GÉNÉRAL **A. ESPACE DE TEMPS** ■ **1** Espace de temps limité (relativement à une durée totale) considéré le plus souvent par rapport aux faits qui le caractérisent. ➤ 2 **instant, intervalle ; heure, minute,** 2 **seconde.** *Moments de la vie, de l'existence.* ➤ **jour ; époque.** «*cette succession de moments qui compose l'existence superficielle des êtres et des choses*» MATISSE. *Moment de l'année.* ➤ **saison.** *Moment où un évènement s'est produit.* ➤ **date.** *Le moment présent.* SANS COMPL. *Célébrité, succès du moment* (qui ne durera pas). ■ **2** (début XIIe) Court instant. *Un éclat d'un moment,* passager, fugitif. «*Plaisir d'amour ne dure qu'un moment*» FLORIAN. *En un moment.* ➤ **rapidement.** *Pour un moment :* pour peu de temps. *Je n'en ai que pour un moment, un petit moment, attends-moi. Dans un moment :* dans peu de temps ; bientôt. ELLIPT *Un moment ! J'arrive. Je suis resté sans bouger pendant un moment.* ELLIPT *Je vais travailler un moment.* ◆ Durée assez courte mais qui paraît longue. *Il nous a fait attendre un long, un bon moment. Je suis là depuis un moment. Ça commence à faire un moment,* assez longtemps. ■ **3** (milieu XVIIe) Circonstance, temps caractérisé par son contenu. *Moment de gêne, de bonheur. Avoir un moment d'absence. Moments passés à faire qqch., auprès de qqn. C'est un mauvais moment à passer.* «*Les mauvais moments sont faits pour apprendre certaines choses que les autres ne montrent pas*» VALÉRY. — *Avoir des moments libres. À mes moments perdus**. N'avoir pas un moment à soi :* avoir un emploi du temps très chargé. *Je n'ai pas eu, trouvé un moment pour t'appeler.* — *N'attends pas le dernier moment !* — SPÉCIALT *Les derniers moments de qqn,* qui précèdent immédiatement sa mort. ■ **4** Point de la durée (qui correspond ou doit correspondre à un évènement). «*Il n'y a qu'un moment pour chaque chose*» MICHELET. ➤ **occasion.** *Profiter du moment. Saisir le moment. Ce n'est pas le moment de plaisanter. Le moment est mal choisi pour cela. Avec toi, ce n'est jamais le moment. Il y a un moment pour tout* (cf. Chaque chose en son temps). *C'est le moment ou jamais.* ➤ 1 **cas.** *Attendre le moment convenable, favorable, opportun ; le bon moment. Le moment venu. Le moment psychologique* (cf. infra III).

B. LOCUTIONS ■ **1 AU MOMENT.** loc. prép. *Au moment de.* ➤ **lors.** *Au moment du départ. Au moment de partir,* sur le point de. loc. conj. **AU MOMENT OÙ.** ➤ **alors** (que), **comme, lorsque.** *Au moment où il s'y attend le moins. Au moment même où il arrivait. Il la suivit des yeux jusqu'au moment où elle disparut.* — *À certains, à d'autres moments. À ce moment-là.* ➤ **alors.** *À un moment donné. À ce moment du récit.* ➤ **endroit.** *Au dernier moment. À quel moment doit-il intervenir ?* ➤ **quand.** ■ **2** loc. adv. **À TOUT MOMENT ; À TOUS MOMENTS :** sans cesse, continuellement. *On peut l'appeler à tout moment,* n'importe quand. *À aucun moment :* pas une seule fois, jamais. *Je n'ai douté à aucun moment.* — **EN CE MOMENT :** à l'heure qu'il est, à présent. ➤ **actuellement, aujourd'hui, maintenant.** — **SUR LE MOMENT :** au moment précis où une chose a eu lieu. *Sur le moment, il n'a pas eu peur.* **POUR LE MOMENT.** ➤ **actuellement.** *Cela suffira pour le moment, nous verrons plus tard.* — **PAR MOMENTS :** par intervalles ; de temps à autre. — **DE MOMENT(S) EN MOMENT(S) :** à intervalles plus ou moins réguliers, incessamment. — **D'UN MOMENT À L'AUTRE :** d'une façon imminente, bientôt, très prochainement. *Il peut arriver d'un moment à l'autre.* ■ **3** loc. conj. **DU MOMENT OÙ, QUE.** VIEILLI Dès l'instant que, à partir du moment où ; au moment où. «*Nous nous arrêterons du moment que nous n'apercevrons plus la mer*» MAETERLINCK. — MOD. Puisque, dès lors que, dans la mesure où. «*Du moment que tu sais bien que ce n'est pas lui, pourquoi dire ces bêtises-là ?*» MAUPASSANT. *À partir du moment où tu es d'accord, il n'y a rien à dire.*

II EN MATH., EN PHYSIQUE (1634) *Moment d'un bipoint* (A, B) *par rapport à un point* O : le produit vectoriel de $\overrightarrow{OA}$ et $\overrightarrow{AB}$. *Moment d'ordre d'une variable aléatoire.* ➤ **espérance.** *Moment d'un torseur**. Moment cinétique d'un point matériel par rapport à un point,* moment de sa quantité de mouvement par rapport à ce point. *Moment d'inertie d'un point matériel par rapport à un point,* produit de sa masse par le carré de sa distance au point. *Moment d'une force par rapport à un point* (produit vectoriel exprimé en newton par mètre), *à un axe* (grandeur scalaire). *Moment d'un couple :* somme (géométrique) des moments de chaque force. (1875) *Moment magnétique :* moment du couple nécessaire pour maintenir un aimant perpendiculaire à un champ uniforme (➤ **magnéton**). *Moment magnétique d'une boucle parcourue par un courant,* celui de l'aimant équivalent. *Moment dipolaire**.

III EN PSYCHOLOGIE (1864 ◊ de l'allemand *Moment* «élément décisif») *Moment psychologique :* idée ou sentiment susceptible de déterminer à l'action. *Il attend le moment psychologique.* COUR. (compris au sens I) Moment favorable à une décision.

MOMENTANÉ, ÉE [mɔmɑ̃tane] **adj.** – 1542 ; *momentené* XIVe ◊ bas latin *momentaneus,* de *momentum* → moment ■ Qui ne dure qu'un moment, qui n'est pas destiné à continuer. ➤ 1 **bref,** 1 **court, éphémère, passager, provisoire, temporaire.** *Interruption momentanée d'une émission. Arrêts, efforts momentanés.* ➤ **discontinu, intermittent.** ■ CONTR. Continuel, durable.

MOMENTANÉMENT [mɔmɑ̃tanemɑ̃] **adv.** – *momentainement* «instantanément» XVIe ◊ de *momentané* ■ D'une manière momentanée. ➤ **provisoirement.** *Cacher momentanément un secret* (cf. Un moment, un temps). *Le trafic est momentanément interrompu.* ■ CONTR. Constamment, continuellement.

MOMERIE [mɔmʀi] **n. f.** – 1440 «mascarade» ◊ de l'ancien français *momer* «se déguiser», d'origine expressive ■ **1** VX Mascarade. Divertissement dansé. ◆ Farce ; parodie. «*Cette momerie de ministère*» RETZ. ➤ **caricature.** ■ **2** (XVIIe «affectation hypocrite, simulation») LITTÉR. Cérémonie ou pratique considérée comme ridicule ou insincère. ➤ **bigoterie.** «*sa répugnance pour ce qu'il appelait les momeries de l'Église*» BALZAC.

MOMIE [mɔmi] **n. f.** – XIIIe ◊ latin médiéval *mumia,* arabe *mûmiyâ,* de *mûm* «cire» ■ **1** VX Substance bitumineuse utilisée pour l'embaumement des cadavres. — PAR EXT. Drogue médicinale, composition visqueuse mélangée de bitume et de poix. ■ **2** (1582 *mumie*) MOD. Cadavre desséché et embaumé par les procédés des anciens Égyptiens. *La momie de Ramsès II. Momie de chat. Préparation des momies* (➤ **embaumer, momifier ; natron**). *Momie entourée de bandelettes.* «*Le Roman de la momie*», *de Th. Gautier.* ◆ LOC. *Comme une momie :* immobile, inactif. «*Nous restons là comme des momies*» VIGNY. ■ **3** FIG. et VIEILLI Personne à opinions ou manières surannées, arriérées.

MOMIFICATION [mɔmifikasjɔ̃] **n. f.** – 1789 ◊ de *momifier* ■ **1** Transformation (d'un cadavre) en momie par dessiccation, embaumement. État d'un cadavre momifié. *Momi-*

fication naturelle par dessèchement. ▪ **2** Dessiccation des tissus dans certaines maladies (gangrène sèche).

MOMIFIER [mɔmifje] **v. tr.** ‹7› – 1789 ◊ de *momie* ▪ **1** Transformer en momie. ➤ **dessécher ; embaumer. — p. p. adj.** *Cadavre momifié.* FIG. *« Une vieille ridée, tannée, momifiée en quelque sorte »* GAUTIER. ▪ **2** Rendre inerte. *L'inaction le momifie peu à peu.* PRONOM. *Esprit qui se momifie.* ➤ se **fossiliser,** se **scléroser.**

MOMORDIQUE [mɔmɔʀdik] **n. f.** – 1765 ◊ latin des botanistes *momordica,* du latin *momordi* «j'ai mordu» ▪ Plante rampante *(cucurbitacées)* appelée aussi *concombre d'âne,* dont les fruits en capsules (appelés *pommes de merveille*) éclatent en projetant leur coque vide. *Propriétés purgatives de la momordique.*

MON [mɔ̃], **MA** [ma], plur. **MES** [me] **adj. poss.** – *meon* Xe ◊ des adj. latins à l'accusatif *meum, meam, meos* et *meas* en emploi atone REM. Liaison : *mon ami* [mɔ̃nami], VIEILLI [mɔnami].

I SENS SUBJECTIF ▪ **1** Qui est à moi, qui m'appartient (➤ **je, moi**). *«Mon arc, mes javelots, mon char, tout m'importune»* RACINE. *Mes livres. Ma maison. Mon chien.* — PAR EXT. *Ma taille ; mon poids. Mon œil* ! —* REM. Devant les noms désignant les parties du corps, l'art. déf. remplace l'adj. poss. *(J'ai mal à la tête ; je lui tendis la main),* sauf quand il importe d'insister sur la possession : *«Je pose ma main sur ma poitrine»* MAURIAC. — *C'est mon opinion. À mon avis. J'ai mon idée là-dessus. «Rien que MES idées À MOI»* VALLÈS. *Je cherche dans mes souvenirs. Ma naissance, ma jeunesse. Mon destin. De mon vivant.* ◆ Dont je suis l'auteur, l'agent. *Mon œuvre. Tout est de ma faute. Présentez-lui mes hommages. Mon travail. Mon métier. Pendant mes études.* ◆ Qui m'est habituel ou me convient. *Je vous répondrai à mon heure. Ce n'est pas mon genre. Ma petite promenade du dimanche.* ◆ PAR EXT. Qui est le mien, auquel j'appartiens. *Ma famille. Ma nationalité. Les gens de mon espèce. Ma génération, ma promotion. De mon temps. Dans ma rue.* ▪ **2** (Devant un nom de personne) Exprime la parenté ou des relations variées. *Mon père, ma femme, mes enfants. Ciel, mon mari ! Ma petite sœur. Mon semblable. Mon patron. Mes élèves. Mes voisins, mes clients, mes invités. Mon dentiste. Ma secrétaire. Mon auteur préféré.* ▪ **3** PAR EXT. (marquant l'intérêt personnel) *Alors, mon type s'est mis à courir comme un fou. Ce n'est plus mon problème, mon affaire. J'ai pris mon lundi :* j'ai pris un jour de congé lundi. — (S'appliquant à un objet que l'on s'est pour ainsi dire approprié par son travail, son étude) *Je connais mes classiques. Je gagne mon bifteck.* ▪ **4** (En s'adressant à qqn) *Oui, mon oncle. Viens, mon enfant. Mon cher ami. Mon amie* (VX *M'amie*). *Mon cher monsieur. Ma pauvre. Mes chers compatriotes. Mon chéri. Mon chou. Mon amour. Mon ange. Mon vieux. «elle l'accablait de petits noms : mon chien, mon loup, mon chat»* ZOLA. *«c'est que je t'aime tant, mon René»* BOURGET. ◆ RELIG. *Mon Père. Ma sœur. Mes bien chers frères. Mon Dieu.* ◆ MILIT. (sauf dans la marine) En parlant à un supérieur *Mon lieutenant, mon général.* ◆ FAM. (marquant des nuances très diverses, de la camaraderie à l'ironie, au mépris) *Ah ! bien, mon salaud, mon cochon. «C'est que je vous connais, mes bougres !»* ZOLA.

II SENS OBJECTIF De moi, relatif à moi. (PERSONNES) *Mon persécuteur, mon juge :* celui qui me persécute, me juge. ◆ (CHOSES) *Elle est restée dix ans à mon service. À ma vue :* en me voyant. *On m'a félicité de mon élection. Il était venu à mon aide. «ma rencontre lui était désagréable»* FRANCE. LOC. *À mon égard, à mon intention, en mon honneur, en ma faveur.*

▪ HOM. Mont ; poss. mas, mât.

MONACAL, ALE, AUX [mɔnakal, o] **adj.** – 1534 ◊ latin ecclésiastique *monachalis,* de *monachus* «moine» ▪ Relatif aux moines, à leur vie, à leur état. ➤ **monastique.** *La vie monacale.* — PAR EXT. Digne d'un moine. *Mener une vie monacale.* ➤ **ascétique, claustral.**

MONACHISME [mɔnaʃism ; -kism] **n. m.** – 1554 ◊ latin médiéval *monachismus,* de *monachus* «moine» ▪ RELIG. État, vie de moine ; institution monastique.

MONADE [mɔnad] **n. f.** – 1547 ◊ bas latin *monas, adis* «unité», mot grec ▪ PHILOS. Chez les pythagoriciens, Unité parfaite qui est le principe des choses matérielles et spirituelles. — (fin XVIIe) Chez Leibniz, Substance simple, inétendue, indivisible, active, qui constitue l'élément dernier des choses et qui est douée de désir, de volonté et de perception.

MONADELPHE [mɔnadɛlf] **adj.** – 1787 ◊ de *mon(o)-* et du grec *adelphos* «jumeau» ▪ BOT. Dont les étamines sont soudées en un seul faisceau. *L'androcée monadelphe de la mauve.*

MONADOLOGIE [mɔnadɔlɔʒi] **n. f.** – fin XVIIe ◊ de *monade* et *-logie* ▪ PHILOS. Théorie de Leibniz sur les monades. — On dit aussi **MONADISME n. m.**

MONANDRE [mɔnɑ̃dʀ] **adj.** – 1787 ◊ de *mon(o)-* et *-andre* ▪ BOT. Qui n'a qu'une étamine.

MONARCHIE [mɔnaʀʃi] **n. f.** – 1265 ◊ bas latin *monarchia,* mot grec «gouvernement d'un seul» → mon(o)- et -archie ▪ **1** DIDACT. Régime dans lequel l'autorité politique réside dans un seul individu (➤ **monarque**), et est exercée par lui ou par ses délégués : dictature, empire, monarchie (2°), etc. *Monarchie élective, héréditaire, militaire.* ▪ **2** COUR. Régime politique dans lequel le chef de l'État est un roi héréditaire. ➤ **royauté.** *Monarchie absolue, de droit* divin ; constitutionnelle, parlementaire, représentative. Partisan de la monarchie.* ➤ **monarchiste, royaliste.** *Interrègne dans une monarchie.* ➤ **régence.** — (En France) *La monarchie avant 1789.* ➤ 1 **régime** (Ancien Régime). *La monarchie selon la Charte.* ➤ 1 **restauration.** *Monarchie de Juillet :* gouvernement du roi Louis-Philippe (1830-1848). ▪ **3** PAR EXT. État gouverné par un seul chef, spécialement par un roi héréditaire. *Les monarchies européennes.* ➤ **couronne, royaume.** *L'Espagne est une monarchie.* ▪ CONTR. Aristocratie, démocratie, oligarchie ; république.

MONARCHIQUE [mɔnaʀʃik] **adj.** – 1482 ◊ de *monarchie* ▪ Qui a rapport à la monarchie. *Régime monarchique. État, gouvernement monarchique.*

MONARCHISME [mɔnaʀʃism] **n. m.** – XVIIIe ; hapax 1550 ◊ de *monarchie* ▪ Doctrine politique des partisans de la monarchie. ➤ **royalisme.**

MONARCHISTE [mɔnaʀʃist] **n. et adj.** – 1738 ◊ de *monarchie* ▪ Partisan de la monarchie, d'un roi. ➤ **royaliste.** *Les monarchistes français divisés après la révolution de Juillet en légitimistes et orléanistes.* — **adj.** *Journal monarchiste.* ▪ CONTR. Démocrate, républicain.

MONARQUE [mɔnaʀk] **n. m.** – 1361 ◊ bas latin *monarcha,* grec *monarkhês,* de *monos* «seul» et *arkhein* «commander» ▪ **1** Chef de l'État dans une monarchie. ➤ **empereur, potentat, prince, roi, souverain.** *Monarque absolu.* ➤ **autocrate.** *Monarque héréditaire.* ▪ **2** Papillon diurne. ➤ **danaïde.**

MONASTÈRE [mɔnastɛʀ] **n. m.** – XIVe ◊ latin ecclésiastique *monasterium,* du grec ▪ **1** Établissement où des moines vivent isolés du monde. *Les monastères du mont Athos.* ▪ **2** Établissement où vivent des religieux, des religieuses appartenant à un ordre quelconque. ➤ **cloître, communauté ; abbaye, chartreuse, commanderie, couvent, ermitage, laure, prieuré.** *Église, cloître, salle capitulaire, réfectoire d'un monastère. Cartulaire d'un monastère. S'enfermer, se retirer dans un monastère.* — PAR EXT. *Monastère de lamas, de bonzes.* ➤ **bonzerie, lamaserie.** *Monastère indien.* ➤ **ashram.**

MONASTIQUE [mɔnastik] **adj.** – 1495 ◊ latin ecclésiastique *monasticus,* grec *monastikos* ▪ Qui concerne les moines. ➤ **monacal.** *Discipline, état, vie monastique. Vœux, règles monastiques. L'architecture monastique du Moyen Âge. Ordres monastiques,* dont les religieux vivent habituellement en clôture. — PAR ANAL. *Austérité, simplicité monastique.* ➤ **claustral.**

MONAURAL, ALE, AUX [mɔnɔʀal, o] **adj.** – 1951 ◊ de *mon(o)-* et du latin *auris* «oreille» ▪ **1** ACOUST. ➤ **monophonique.** ▪ **2** PHYSIOL. Relatif à une seule oreille (en tant qu'organe de l'audition).

MONAZITE [mɔnazit] **n. f.** – 1874 ◊ allemand *Monazit* (1829), du grec *monazein* «être seul, rare» ▪ MINÉR. Phosphate naturel de cérium et d'autres terres rares (lanthane, thorium). *La monazite est le minerai principal du thorium.*

MONBAZILLAC [mɔ̃bazijak] **n. m.** – *montbasiliac* 1796 ◊ du n. d'une commune de Dordogne ▪ Vin blanc doux de la région de Monbazillac. *Des monbazillacs.*

MONCEAU [mɔ̃so] **n. m.** – *muncel* 1160 ◊ bas latin *monticellus* «monticule» ▪ Élévation formée par une grande quantité d'objets entassés sans ordre. ➤ **accumulation, amas, amoncellement, tas.** *Des monceaux de cadavres. Un monceau de livres.* ➤ 1 **pile.** *«le monceau de revues qui jonchaient une table»* GREEN.

MONDAIN, AINE [mɔ̃dɛ̃, ɛn] **adj. et n.** – fin XIIe ◊ latin ecclésiastique *mundanus* «du monde, du siècle» ▪ **1** RELIG. Qui appartient au monde, au siècle (opposé à *religieux, sacré*). ➤ **profane.** *Vie mondaine et vie monastique.* ◆ VX Attaché aux vanités du siècle, du monde. — SUBST. *«Le Mondain», poème de Voltaire.* ▪ **2** (fin XVIIe) COUR. Relatif à la société des gens en vue, aux divertissements, aux réunions de la haute société. *Vie mondaine et brillante. Carnet* mondain. Leurs «obligations mondaines priment la mort d'un ami»* PROUST. *Conversation mondaine,* superficielle (cf. Conversation de salon*). *Alcoolisme mondain,* dû à une vie mondaine. *«les manières discrètes du buveur mondain, consistant à tenir un verre caché dans le* *creux de la main»* DUTEURTRE. — *Romancier, écrivain mondain,* qui écrit sur la vie de la haute société, des salons, et pour un public mondain (souvent péj.). ▪ **3** (XIXe) Qui aime les mondanités, sort beaucoup dans le monde. *Il est très mondain. Danseur* mondain.* n. *Un mondain, une mondaine :* un homme, une femme du monde. ➤ aussi **demi-mondain.** ▪ **4** ANCIENNT *Police, brigade mondaine,* et ELLIPT (1925) *la Mondaine :* policiers en civil spécialisés dans la répression du trafic de la drogue et la surveillance de la prostitution. ▪ **5** (1945) PHILOS. Qui appartient, a rapport à l'univers matériel. ♦ SÉMIOL. Qui appartient au monde (opposé au langage). *Discours mondain et discours métalinguistique.* ▪ CONTR. Religieux.

MONDANITÉ [mɔ̃danite] n. f. – 1398 ◇ de *mondain* ▪ **1** RELIG. État de ce qui appartient au monde, au siècle. — Attachement aux biens de ce monde. ▪ **2** COUR. Goût pour la vie mondaine, pratique de la haute société, de ses distractions. *«Proust eut alors une légère poussée de mondanité et donna quelques dîners au Ritz»* MAUROIS. ▪ **3** AU PLUR. Les évènements, les particularités de la vie mondaine. *Aimer, fuir les mondanités.* — Politesse conventionnelle. *Trêve de mondanités !* ♦ Chronique mondaine d'un journal. *«on voyait tous les jours leur nom dans les mondanités du* Gaulois*»* PROUST.

MONDE [mɔ̃d] n. m. – milieu XIIe ◇ du latin *mundus*

I L'UNIVERS COMME SYSTÈME ORGANISÉ ▪ **1** L'ensemble formé par la Terre et les astres visibles, conçu comme un système organisé. ➤ **cosmos, univers.** *Les Anciens plaçaient la Terre au centre du monde. «le monde n'est qu'un amas de taches confuses, jetées sur le vide par un peintre insensé»* YOURCENAR. ♦ Le système planétaire auquel appartient la Terre, et PAR EXT. Les systèmes comparables pouvant exister dans l'univers. *«Le Soleil est au centre de notre monde planétaire»* VOLTAIRE. ♦ (1672) Tout corps céleste comparé à la Terre. *«le Dieu qui fait les mondes, Le ver qui les détruit»* HUGO. *«Entretiens sur la pluralité des mondes»,* de Fontenelle. *«La Guerre des mondes»,* roman de H.-G. Wells. ▪ **2** L'ensemble de tout ce qui existe. ➤ **macrocosme, univers.** *Conception du monde. «Je crois donc que le monde est gouverné par une volonté puissante et sage»* ROUSSEAU. LOC. *Tout est pour le mieux dans le meilleur des mondes* (maxime des optimistes). — L'univers, par opposition aux humains. *Connaissance du monde. L'être humain et le monde.* ➤ **nature.** *Se prendre pour le nombril*, le centre* du monde. Création du monde.* ➤ **genèse.** *Fin du monde.* ➤ **apocalypse.** *Refaire* le monde. «Tant de mains pour transformer ce monde, et si peu de regards pour le contempler»* GRACQ. LOC. (1549) *Depuis que le monde est monde :* depuis toujours. *C'est vieux* comme le monde.* ▪ **3** (Qualifié) La totalité des choses, des concepts d'un même ordre (considéré comme un aspect de l'univers). *Le monde de la pensée et le monde physique. Monde extérieur, sensible, visible, des apparences.* — PHILOS. *Monde des essences, des idées.* ▪ **4** PAR EXT. (milieu XVIIe, Pascal) Ensemble de choses considéré comme formant un petit univers (➤ **microcosme ;** FAM. **landerneau**), un domaine à part. *Le monde de la politique. Le monde poétique, de l'art.* ➤ **milieu.** — (Dans le domaine matériel) *Le monde des abeilles, le monde végétal. Le monde sous-marin.* ♦ LOC. *Faire tout un monde de qqch.,* en exagérer l'importance, les difficultés. *Il s'en fait tout un monde.* ➤ **s'exagérer** (cf. Se faire une montagne* de qqch.). — FAM. *C'est un monde !,* c'est énorme, exagéré (marque l'indignation). *«C'est un monde qu'on ne puisse pas mettre la main sur cette fille, quand même»* ECHENOZ. *Il y a un monde entre...* ➤ **abîme.** *Un monde les sépare.*

II LA TERRE ▪ **1** (milieu XIIe) La planète Terre. ➤ **globe, terre.** — SPÉCIALT La surface terrestre, où vit l'humanité. *Les parties du monde.* ➤ 2 **continent.** *Carte du monde.* ➤ **mappemonde.** *Qui concerne le monde entier.* ➤ **mondial, universel.** *Citoyen du monde.* ➤ **cosmopolite ; mondialisme.** (1690) *Courir, parcourir le monde, le vaste monde. Faire le tour du monde. Connaître le monde entier.* LOC. FAM. *Le monde est petit !,* se dit lorsqu'on rencontre qqn à l'improviste, dans un lieu où on ne l'attendait pas. «[Paris] *ce nombril du monde»* HUGO. LOC. (1672) *C'est le bout du monde,* très loin ; FIG. à la limite du possible. *Si ça coûte dix euros, c'est le bout du monde.* FIG. *Ce n'est pas le bout du monde :* ce n'est pas difficile. *C'est bien le bout du monde si, ce serait le bout du monde :* ce serait étonnant. *Pour tout l'or* du monde.* — *De par le monde :* à travers la terre entière. *Un peu partout dans le monde. Le plus grand barrage du monde. Les Sept merveilles*, la huitième* merveille du monde. — Champion, championnat du monde. Miss Monde.* ♦ *Du monde :* de tous les pays du monde. *Musiques du monde* (musique indienne, africaine, afro-cubaine, brésilienne...). *Costumes, danses du monde.* ➤ **ethnique, folklorique.** *Cuisines du monde.* ♦ (1516) *Le Nouveau Monde :* l'Amérique. (1690) *L'Ancien, le Vieux Monde :* le monde tel qu'il était connu des Anciens (Europe, Afrique et Asie). ▪ **2** (1478) RELIG. *Le monde, ce monde, ce bas monde* (cf. Ici-bas), opposé à *l'autre monde,* que les âmes sont censées habiter, après la mort (➤ **au-delà**). *En ce monde et dans l'autre. «Mon royaume n'est pas de ce monde»* (ÉVANGILE, saint Jean). — LOC. *Mépriser les biens de ce monde.* (1562) *Envoyer, expédier qqn dans l'autre monde,* le tuer. *Il n'est plus de ce monde :* il est mort. *La perfection n'est pas de ce monde,* n'existe pas. ▪ **3** (fin XIIIe) (*Le monde,* lieu et symbole de la vie humaine). **AU MONDE.** (1671) *Mettre un enfant au monde.* ➤ **accoucher, enfanter.** (1560) *Venir au monde.* ➤ **naître.** *« "Venir au monde"... Quelle meilleure expression pour dire le moment inouï du passage ?»* N. CHÂTELET. *Être seul au monde,* dans la vie. ▪ **4** (milieu XIIe) La société, la communauté humaine vivant sur la terre ; le genre humain. ➤ **humanité, société.** *Histoire du monde. Le monde entier s'en est ému.* — LOC. *Ainsi va le monde. Du train où va le monde. À la face du monde :* ouvertement, en public. ▪ **5** La société, telle qu'elle se présente à une époque donnée ou dans un milieu géographique déterminé. *L'avènement d'un monde meilleur. La fin d'un monde,* d'une époque, d'un état social, d'un régime. *Le monde ancien ; le monde moderne, contemporain. «Regards sur le monde actuel»,* de Valéry. *«Je suis venu trop tard dans un monde trop vieux»* MUSSET. — *Le monde antique. Le tiers-monde, le quart-monde* (voir ces mots). — LOC. *Il faut de tout pour faire un monde,* se dit pour excuser l'état ou les goûts des gens. *«C'est dégueulasse, mais il faut de tout pour faire un monde»* QUENEAU. *C'est le monde à l'envers,* se dit pour désigner une dérogation à l'ordre normal des choses (dans une société donnée). ▪ **6 DU MONDE** (renforçant un superlatif). *C'est le meilleur homme du monde. La plus belle fille* du monde. Le plus vieux métier* du monde. — Le mieux* du monde. Pas le moins* du monde.* ♦ **AU MONDE,** renforçant *tout, rien, aucun. Pour rien au monde.* ➤ **jamais** (cf. À aucun prix*). *Faire tout au monde pour.* ➤ **s'efforcer.** *Personne au monde ne pourrait le remplacer. Unique au monde.*

III ASPECT OU PORTION DE LA SOCIÉTÉ ▪ **1** (milieu XIIIe) RELIG. La vie profane. ➤ **mondain** (I°). *Renoncer au monde.* — SPÉCIALT La vie séculière, par opposition à la vie monastique. ➤ **siècle.** ▪ **2** (fin XVIe) La vie en société, considérée surtout dans ses aspects de luxe et de divertissement ; l'ensemble des personnes qui vivent cette vie (➤ **mondain, mondanité**). *«J'ai de grands projets de dissipation : je compte aller beaucoup dans le monde»* STENDHAL. *Le beau, le grand monde.* ➤ **aristocratie, gentry.** *Du beau monde,* des gens prestigieux, connus. — (1644) *Homme, femme du monde,* de la haute société, qui a des manières raffinées. *Gens du monde. Le demi-monde* (voir ce mot). ▪ **3** (1589) Milieu ou groupement social particulier. *Être du même monde.* ➤ **milieu.** *Il n'est pas de notre monde. — Le monde des affaires, de la finance, des lettres, du spectacle.*

IV LES ÊTRES HUMAINS ▪ **1** (1530) **LE MONDE ; DU MONDE :** les gens, des gens ; un certain nombre de personnes. *Il y a beaucoup de monde, trop de monde ; il n'y a pas grand monde,* presque personne. *J'entends du monde dans l'escalier. «Du monde en blouse blanche se hâtait»* AVELINE. LOC. (1688) *Se moquer, se fiche, se foutre du monde.* — SPÉCIALT Beaucoup de gens. *Spectacle où il y a du monde. Il y a un monde fou*.* ➤ **foule.** FAM. *Il y a du monde au balcon*.* — (1689) SPÉCIALT *Avoir du monde chez soi, à dîner,* des invités. ♦ (milieu XIIe) **TOUT LE MONDE :** chacun. *Il ne peut jamais faire comme tout le monde. Il raconte son histoire à tout le monde* (cf. À tout-venant). *Tout le monde est servi ? Il n'y en aura pas pour tout le monde.* LOC. PROV. *La rue est à tout le monde.* FAM. *Tout le monde il est gentil* (présentation rassurante de la société). (1881) *Monsieur Tout-le-Monde :* n'importe qui, le premier venu, un individu quelconque. ▪ **2** (1608) VX Personnel au service de qqn. — PAR EXT. Les gens à qui on a affaire, que l'on reçoit, que l'on fréquente, que l'on emploie. *Elle a tout son monde près d'elle. Où va tout ce petit monde ?,* ces enfants.

MONDER [mɔ̃de] v. tr. ‹1› – fin XIIe ◇ latin *mundare* «purifier» ▪ AGRIC., TECHN. Nettoyer en séparant des impuretés (corps étrangers, pellicules, pépins). ➤ **décortiquer, émonder.** *Monder de l'orge, des raisins secs. — Orge mondé,* débarrassé de sa pellicule.

MONDIAL, IALE, IAUX [mɔ̃djal, jo] adj. et n. m. – fin XIXe ◇ de *monde*

I adj. Relatif à la terre entière ; qui intéresse toute la terre. *Population, production mondiale. À l'échelle mondiale.* ➤ **planétaire.** *Renommée mondiale. L'actualité mondiale.* ➤ **international.** *La Première, la Deuxième Guerre mondiale.*

II n. m. *Le Mondial :* manifestation mondiale, championnat du monde (dans quelques contextes). ♦ Coupe mondiale de football. ♦ Salon international de l'automobile (en France).

MONDIALEMENT [mɔ̃djalmɑ̃] **adv.** – milieu XXe ◇ de *mondial* ▪ D'une manière mondiale ; partout dans le monde. *Mondialement connu.* ➤ **universellement.**

MONDIALISATION [mɔ̃djalizasjɔ̃] **n. f.** – 1953 ◇ de *mondial* ▪ Le fait de devenir mondial, de se répandre dans le monde entier. *La mondialisation d'un conflit.* ♦ SPÉCIALT Phénomène d'ouverture des économies nationales sur un marché mondial libéral, lié aux progrès des communications et des transports, à la libéralisation des échanges, entraînant une interdépendance croissante des pays. ➤ **globalisation** (ANGLIC.). *« les deux mondialisations, la première, qui essaye d'organiser une société sur la base de l'économie, et la seconde, qui part de l'idée que le monde n'est pas une marchandise »* E. MORIN. *Opposition à la mondialisation* (➤ **altermondialisme, antimondialisation**). ▪ CONTR. Démondialisation.

MONDIALISER [mɔ̃djalize] **v. tr.** ‹1› – v. 1928 ◇ de *mondial* ▪ Rendre mondial. — PRONOM. *L'épidémie se mondialise.*

MONDIALISME [mɔ̃djalism] **n. m.** – v. 1950 ◇ de *mondial* ▪ Universalisme visant à constituer l'unité politique de la communauté humaine. — Perspective mondiale, en politique. — **adj. MONDIALISTE,** 1949.

MONDOVISION [mɔ̃dovizjɔ̃] **n. f.** – 1962 ◇ de *monde* et *(télé)vision* ▪ Transmission simultanée d'images de télévision dans le monde entier par satellite. *Émission en mondovision.* — On dit aussi *mondiovision.*

MONEL [mɔnɛl] **n. m.** – 1931 ◇ n. déposé, de *Monell*, n. pr. ▪ TECHN. Alliage de cuivre et de nickel contenant un peu d'étain et résistant à la corrosion.

MONÈME [mɔnɛm] **n. m.** – 1941 ◇ de *mon(o)-*, d'après *morphème* ▪ LING. Unité de première articulation, unité significative minimale. ➤ **morphème.** Repartons *se compose de trois monèmes. Monème discontinu**. — (Chez Martinet). *Monème lexical* (➤ **lexème**), *grammatical* (➤ **morphème**).

MONÈRE [mɔnɛʀ] **n. f.** – 1873 ◇ de l'allemand *Monäre* (1866), du grec *monêrês* « simple » ▪ **1** HIST. DES SC. Mélange de micelles, de bactéries et de fragments énucléés d'amibes, considéré à la fin du XIXe s. comme un être unicellulaire sans noyau. ▪ **2** BIOL. *Les monères* : embranchement du règne végétal (bactéries, cyanobactéries).

MONERGOL [mɔnɛʀgɔl] **n. m.** – 1959 ◇ de *mon(o)-* et *(prop)ergol* ▪ AÉRONAUT. Produit apte à la propulsion d'un moteur de fusée, ne contenant qu'un seul ergol.

MONÉTAIRE [mɔnetɛʀ] **adj.** – XVIe ◇ bas latin *monetarius* ▪ Relatif à la monnaie. *Alliage monétaire. Unité, étalon* monétaire.* ➤ **monnaie** (II). *Masse monétaire* : somme de l'ensemble des moyens de paiement et de la quasi-monnaie recensés dans un pays, à un moment donné. *Marché monétaire* : marché de l'argent, des liquidités. *Politique monétaire* : ensemble des moyens mis en œuvre par les autorités publiques pour contrôler le coût et le volume de la masse monétaire. *Dépréciation, érosion* monétaire. Circulation monétaire* : quantité de monnaie en circulation au cours d'une certaine période. *Système monétaire international (S. M. I.)* : ensemble des institutions et conventions résultant d'un accord conclu entre des pays sur les règlements des échanges internationaux. *Fonds* monétaire international (FMI). Système monétaire européen (S. M. E.)* : accord conclu entre les pays membres de la C. E. E. afin d'établir une zone de taux de change stables. *Zone* monétaire. Union monétaire entre deux pays. Illusion* monétaire.*

MONÉTARISME [mɔnetaʀism] **n. m.** – v. 1965 ◇ de *monétaire* ▪ ÉCON. Courant théorique donnant à la monnaie une place déterminante dans les explications des fluctuations économiques. — Politique économique privilégiant l'action sur les variables monétaires.

MONÉTARISTE [mɔnetaʀist] **adj.** et **n.** – v. 1965 ◇ de *monétaire* ▪ **1** Relatif aux problèmes monétaires ; au monétarisme. *Politique monétariste.* ▪ **2** Partisan du monétarisme.

MONÉTIQUE [mɔnetik] **n. f.** – 1983 ◇ de *moné(taire)* et *(informa)tique* ▪ Ensemble des techniques électroniques, informatiques et télématiques permettant d'effectuer des transactions monétaires, des transferts de fonds (carte bancaire, virement électronique, distributeurs automatiques, banque à domicile...). — **adj.** *La gestion monétique.*

MONÉTISER [mɔnetize] **v. tr.** ‹1› – 1818 ◇ du latin *moneta*, d'après *démonétiser* ▪ ÉCON. Transformer en monnaie. *Monétiser un métal.* — **n. f. MONÉTISATION.**

MONGOL, E [mɔ̃gɔl] **adj.** et **n.** – v. 1633 *Mongoles ; mogol* 1611 ; *mongal* 1540 ◇ mot mongol ▪ De Mongolie. *Tribus mongoles.* ♦ **n.** *Les Mongols. L'ancien empire des Mongols.* ➤ **tatar.** — **n. m.** *Le mongol* : ensemble des langues parlées par les peuples mongols (famille ouralo-altaïque).

MONGOLIEN, IENNE [mɔ̃gɔljɛ̃, jɛn] **adj.** et **n.** – 1767 ◇ de *Mongolie* ▪ **1** VX De Mongolie. ➤ **mongol.** *Populations mongoliennes.* ▪ **2** (1925) Relatif au mongolisme. *Faciès mongolien.* ♦ VIEILLI Trisomique. *Enfant mongolien. « Mais on ne dit pas mongolien. Tom est trisomique. Cela veut dire qu'il est handicapé et qu'il ne sera jamais comme les autres enfants »* D. DE VIGAN. — **n.** *Une mongolienne.* ▪ **3** FAM. et PÉJ. Stupide. ➤ **débile, gogol.** — **n.** *« Qu'est-ce qu'elle me dit, la mongolienne ! »* (J.-M. POIRÉ, « Le Père Noël est une ordure », film).

MONGOLIQUE [mɔ̃gɔlik] **adj.** – 1834 ◇ de *Mongolie* ▪ Relatif à la Mongolie, aux Mongols. *Régions mongoliques.*

MONGOLISME [mɔ̃gɔlism] **n. m.** – 1923 ◇ anglais *mongolism* (1900), de *mongol*, à cause du faciès caractéristique ▪ PATHOL. VIEILLI Trisomie* 21.

MONGOLOÏDE [mɔ̃gɔlɔid] **adj.** et **n.** – 1938 ; t. d'anthrop. 1866 ◇ de *mongol* et *-oïde* ▪ MÉD. Se dit de certains traits anormaux qui rappellent le mongolisme*. *Brides mongoloïdes des yeux.* — PAR EXT. *Individu mongoloïde.* **n.** *Un, une mongoloïde.*

MONIAL, IALE, IAUX [mɔnjal, jo] **adj.** – XIIe ◇ de *monie*, ancienne forme de *moine* ▪ VX ou GÉOGR. ➤ **monacal.** *Paray-le-Monial* (ville).

MONIALE [mɔnjal] **n. f.** – XVIe ◇ latin ecclésiastique *(sancti) monialis (virgo)* « religieuse » ▪ RELIG. Religieuse qui vit en clôture.

MONISME [mɔnism] **n. m.** – 1875 ◇ allemand *Monismus*, du grec *monos* « seul » ▪ PHILOS. Système qui considère l'ensemble des choses comme réductible à l'unité. *Monisme spirituel, matérialiste.* — **adj.** et **n. MONISTE,** 1877. ▪ CONTR. Dualisme, pluralisme.

MONITEUR, TRICE [mɔnitœʀ, tʀis] **n.** – XVe ◇ latin *monitor*

I (PERSONNES) ▪ **1** VX Personne qui donne des conseils, sert de guide. ▪ **2** (1864 ; d'abord milit.) MOD. Personne qui enseigne certains sports, certaines disciplines. ➤ **entraîneur, instructeur.** *Moniteur d'aviation, de ski. Moniteur d'autoécole. Monitrice d'éducation physique.* — *Moniteur de colonie de vacances* : personne qui s'occupe d'un groupe d'enfants dans une colonie de vacances. ABRÉV. FAM. (1975) **MONO** [mɔno]. *Les monos sont très sympas.*

II **n. m.** (anglais *monitor*) ▪ **1** INFORM. Programme du système d'exploitation* d'un ordinateur assurant l'enchaînement des différents travaux. *Moniteur séquentiel. Moniteur temps-réel*, pour les applications temps-réel du contrôle de processus. ♦ Dispositif permettant de mesurer et contrôler les performances d'un système informatique. *Moniteur logiciel, matériel.* ▪ **2** MÉD. *Moniteur cardiaque* : appareil automatique de surveillance de l'activité cardiaque, visualisant et enregistrant de façon continue l'électrocardiogramme et mettant en action un dispositif d'alarme en cas de troubles (➤ **monitoring**). ▪ **3** TECHNOL. Dispositif muni d'un écran assurant la visualisation d'images vidéos ou d'informations issues d'un système informatique, à des fins de contrôle. *« comme elle passait dans le champ des caméras de surveillance, elle aperçut encore sa pauvre silhouette* [...] *sur les moniteurs de contrôle fixés au-dessous des panneaux d'affichage »* ECHENOZ.

MONITION [mɔnisjɔ̃] **n. f.** – *monicion* 1275 ◇ latin *monitio* ▪ RELIG. Dans l'Église catholique, Avertissement que l'autorité ecclésiastique adresse avant d'infliger une censure. *Monition canonique* ou *de justice.* — Publication d'un monitoire.

MONITOIRE [mɔnitwaʀ] **n. m.** – XIVe ◇ latin *monitorius* ▪ RELIG. Lettre d'un juge d'Église qui avertissait les fidèles d'avoir, sous des peines ecclésiastiques, à révéler au juge séculier ce qui pouvait éclairer la justice sur certains faits criminels. — **adj.** *Une lettre monitoire.*

MONITORAGE [mɔnitɔʀaʒ] **n. m.** – v. 1970 ◇ adaptation de l'anglais *monitoring*, de *moniteur* ▪ Recomm. offic. pour *monitoring**. *Le monitorage fœtal permet de diagnostiquer la souffrance du bébé pendant le travail.*

MONITORAT [mɔnitɔʀa] **n. m.** – 1941 ◇ de *moniteur*, d'après le latin *monitor* ▪ Apprentissage, formation pour la fonction de moniteur ; la fonction elle-même.

MONITORING [mɔnitɔʀiŋ] **n. m.** – 1969 ◇ mot anglais américain « contrôle, commande » ▪ ANGLIC. MÉD. Technique de surveillance médicale électronique, au moyen de capteurs enregistrant différents paramètres et de systèmes d'alarme se déclenchant en cas d'écart des valeurs physiologiques (➤ **moniteur**).

— TECHNOL. Technique de surveillance de systèmes complexes, assistée par ordinateur. — AUDIOVIS. Méthode permettant de contrôler la qualité d'un enregistrement par l'audition, en temps réel, du son enregistré. — Recomm. offic. *monitorage**.

MONNAIE [mɔnɛ] n. f. – fin XIIe ◇ du latin *moneta,* famille de *monere* «avertir». Le latin *moneta* vient du surnom de Junon, *Juno Moneta,* qui avait averti *(monere)* les Romains d'un tremblement de terre. Le mot désigna l'hôtel de la Monnaie qui se trouvait près du temple de la déesse, puis l'argent qui y était frappé

I PIÈCE DE MÉTAL ■ **1** Pièce de métal, de forme caractéristique, dont le poids et le titre sont garantis par l'autorité souveraine, certifiés par des empreintes marquées sur sa surface, et qui sert de moyen d'échange, d'épargne et d'unité de valeur. ➤ **pièce.** *Étude des médailles et des monnaies.* ➤ **numismatique.** *Aspect d'une monnaie.* ➤ **avers, cordon, cordonnet, crénelage, face, grènetis, légende, listel, millésime, module, 3 pile, tranche.** *Monnaies d'or et d'argent. Monnaies de cuivre, de bronze, de nickel. Monnaies divisionnaires, d'appoint, de billon. Aloi, titre d'une monnaie. Monnaie fourrée, rognée.* ◆ PAR EXT. Ensemble des pièces de même type. *Frapper, fondre une monnaie. Retirer une monnaie de la circulation.* ➤ **démonétiser.** ■ **2** L'ensemble des pièces utilisées comme monnaie (II). *Pièce* de monnaie. Battre monnaie. Hôtel de la Monnaie,* et ELLIPT *La Monnaie* : établissement où l'on frappe monnaies et médailles. ■ **3 FAUSSE MONNAIE :** contrefaçon frauduleuse des pièces de monnaie ayant cours légal (et PAR EXT. dans le langage courant de toute monnaie légale). *Fabricant de fausse monnaie.* ➤ **faussaire, faux-monnayeur.**

II MOYEN D'ÉCHANGE ÉCONOMIQUE ■ **1** (1690) ÉCON. Tout instrument de mesure et de conservation de la valeur, moyen d'échange des biens (➤ **monétaire**). *Monnaie métallique* : lingots, barres, pièces de métal. ➤ **argent.** *Monnaie manuelle.* ➤ **espèces, numéraire.** *Monnaie fiduciaire* : (VX) *monnaie de papier* (monnaie fiduciaire constituée par des billets dont la valeur fictive [nominale], d'abord représentée par du métal précieux contre lequel on pouvait l'échanger, repose de nos jours sur la garantie de la banque d'émission) ; MOD. *papier-monnaie* (➤ **papier**). *Monnaie scripturale** ou *monnaie de banque.* ➤ **carte** (bancaire, de crédit, de paiement), **chèque, transfert** (électronique), **virement.** *Monnaie électronique* : tous les moyens de paiement par support informatique. ➤ **monétique.** *Quasi-monnaie* : dépôt d'épargne liquide (facilement transformable en monnaie). *Monnaie de compte* : référence conventionnelle de mesure de valeurs particulièrement utilisée dans les relations internationales. ➤ **2 étalon.** *Monnaie de facturation, de règlement.* ➤ **devise.** *Monnaie de réserve,* convertible en or. *Monnaie panier* : monnaie internationale de référence établie à partir de plusieurs monnaies nationales. ➤ **euro.** *Monnaie verte* : taux de conversion de la monnaie d'un pays de l'Union européenne en euros, utilisé pour la fixation des prix agricoles et la détermination des montants* compensatoires. *Monnaie virtuelle.* ➤ **cryptomonnaie ; bitcoin** (ANGLIC.). *Rôle de la monnaie dans les fluctuations économiques* (➤ **monétarisme**). ◆ FIG. *Servir de monnaie d'échange. Payer qqn en monnaie de singe*. C'est monnaie courante* : c'est une chose très fréquente, très banale. «*À partir d'un certain âge, les attaques sont monnaie courante*» ARAGON. ■ **2** (XIIIe) Unité monétaire de référence dans un pays donné. *Monnaie étrangère.* ➤ **devise.** *Cours d'une monnaie. Appréciation, dépréciation, dévaluation, dévalorisation, réévaluation, revalorisation de la monnaie nationale par rapport aux autres monnaies. Monnaie forte, faible. Valeurs relatives de plusieurs monnaies.* ➤ **change, cours, 1 pair, parité.** *Monnaie convertible. La monnaie américaine est le dollar.*

III ENSEMBLE DE PIÈCES, DE BILLETS DE FAIBLE VALEUR (milieu XIVe) *Petite, menue monnaie.* ➤ **ferraille, mitraille** (cf. Pièces* jaunes). *Une boîte «où je laissais toujours de la menue monnaie pour les télégraphistes, les coursiers... leur donner la pièce»* BOUDARD. *Je n'ai pas un sou de monnaie. Passez la monnaie ! Par ici la monnaie ! Mettre sa monnaie dans un portemonnaie.* ◆ SPÉCIALT Ensemble des pièces, des billets de valeur moindre qui représente la différence entre la valeur d'une pièce, d'un billet et le prix d'une marchandise. ➤ **appoint.** *Rendre la monnaie sur dix euros. «elle n'osait pas demander et elle avait peur qu'on ne lui rendît pas la monnaie qu'elle recomptait seulement à la maison»* P. CONSTANT. *Vérifier sa monnaie. Gardez la monnaie.* LOC. *Rendre à qqn la monnaie de sa pièce,* lui rendre la pareille (cf. Œil pour œil, dent pour dent). — (fin XIVe) Somme constituée par plusieurs pièces ou billets représentant au total la valeur d'une seule pièce, d'un seul billet. *La monnaie d'un billet de cent euros. Faire de la monnaie* : échanger un billet, une pièce contre l'équivalent en petites pièces, en petits billets. *Pouvez-vous me donner la monnaie de vingt euros ? Changeur de monnaie.* ➤ **monnayeur.**

MONNAIE-DU-PAPE [mɔnɛdypap] n. f. – 1845 ◇ de *monnaie* «pièce» et *pape* ■ Lunaire* (2). «*une gerbe de monnaies-du-pape,* [...] *avec l'illumination froide et morte de leurs médailles sans effigie*» JALOUX.

MONNAYABLE [mɔnɛjabl] adj. – 1879 ◇ de *monnayer* ■ Qu'on peut monnayer (1°). *Métaux monnayables.* ◆ Dont on peut tirer de l'argent. ➤ **négociable, vendable.** *Un diplôme monnayable sur le marché du travail.*

MONNAYAGE [mɔnɛjaʒ] n. m. – *monaage* 1296 ◇ de *monnayer* ■ TECHN. Fabrication de la monnaie à partir d'un métal ou d'un alliage monétaire. *Faux monnayage* : fabrication de fausse monnaie.

MONNAYER [mɔneje] v. tr. ‹8› – début XIIe ◇ de *monnaie* ■ **1** TECHN. Transformer en monnaie (un lingot, un objet de métal). *Monnayer de l'or* (➤ **monétiser**), *de la vaisselle d'or.* — *Or monnayé.* ◆ Frapper (la monnaie) d'une empreinte. ABSOLT *Monnayer au balancier, à la presse monétaire.* ■ **2** (1935) Convertir en argent liquide. *Monnayer un bien.* ■ **3** COUR. Se faire payer (quelque avantage), en tirer de l'argent. *Monnayer son talent, son silence, son témoignage. Monnayer ses charmes* : se prostituer.

MONNAYEUR [mɔnɛjœʀ] n. m. – *monayeur* 1530 ; *monnoyeur* 1332 ◇ de *monnayer* ■ **1** RARE Ouvrier qui travaille à la fabrication de la monnaie de l'État. COUR. *Faux monnayeur.* ➤ **faux-monnayeur.** ■ **2** (1974) Dispositif automatique commandé par l'introduction de pièces de monnaie. *Serrure à monnayeur.* — Appareil permettant de faire automatiquement la monnaie. ➤ **changeur.**

1 **MONO** [mɔno] adj. – v. 1960 ◇ abrév. de *monophonique* ■ Monophonique. *Disque mono* (opposé à *stéréo*). *Des casques monos.*

2 **MONO** ➤ **MONITEUR ; MONOSKI**

MON(O)- ■ Élément, du grec *monos* «seul, unique».

MONOACIDE [mɔnoasid] adj. – 1890 ◇ de *mono-* et *acide* ■ CHIM. Qui ne possède qu'un seul atome d'hydrogène acide par molécule.

MONOAMINE [mɔnoamin] n. f. – 1883 ◇ de *mono-* et *amine* ■ **1** CHIM. Amine qui ne possède qu'un radical $-NH_2$. ■ **2** (1960) BIOCHIM. *Monoamine oxydase* : enzyme inactivant certains neurotransmetteurs (➤ **I. M. A. O.**).

MONOATOMIQUE [mɔnoatɔmik] adj. – 1868 ◇ de *mono-* et *atomique* ■ CHIM. Dont la molécule n'a qu'un atome.

MONOBASIQUE [mɔnobɑzik] adj. – 1866 ◇ de *mono-* et *basique* ■ CHIM. *Acide monobasique,* dont un seul atome d'hydrogène peut être remplacé par un atome de métal. ➤ **monoacide.**

MONOBLOC [mɔnoblɔk] adj. et n. m. – 1906 ◇ de *mono-* et *bloc* ■ TECHN. D'une seule pièce, d'un seul bloc. *Des châssis monoblocs.* ◆ n. m. Groupe des cylindres d'un moteur à explosion, fondus d'un seul bloc. *Des monoblocs.*

MONOCÂBLE [mɔnokɑbl] n. m. et adj. – milieu XXe ◇ de *mono-* et *câble* ■ TECHN. Transporteur aérien à un seul câble sans fin. — adj. Qui n'a qu'un seul câble. *Téléférique monocâble.*

MONOCAMÉRISME [mɔnokameʀism] n. m. – 1931 ◇ de *mono-* et du latin *camera* «chambre» ■ DR. CONSTIT. Système parlementaire à une seule Chambre. — On dit aussi **MONOCAMÉRALISME.** — adj. **MONOCAMÉRAL, ALE, AUX.**

MONOCELLULAIRE [mɔnoselylɛʀ] adj. – 1874 ◇ de *mono-* et *cellulaire* ■ **1** BIOL. Composé d'une seule cellule. ➤ **unicellulaire ; procaryote.** ■ **2** MÉTÉOROL. *Orage monocellulaire,* causé par une seule cellule de convection (opposé à *multicellulaire, supercellulaire*). ➤ **unicellulaire.** ■ CONTR. Multicellulaire, pluricellulaire.

MONOCHROMATEUR [mɔnɔkʀɔmatœʀ] n. m. – 1933 ◇ de *mono-* et du grec *khrôma, khrômatos* «couleur» ■ OPT. Appareil permettant de sélectionner, dans le spectre d'une lumière complexe, un rayonnement monochromatique de longueur d'onde réglable.

MONOCHROMATIQUE [mɔnɔkʀɔmatik] adj. – 1838 ◇ de *mono-* et *chromatique* ■ **1** VIEILLI Monochrome*. ■ **2** MOD. PHYS. Qui ne contient qu'une fréquence ou une longueur d'onde bien déterminée. *Le laser émet un rayonnement monochromatique.*

MONOCHROME [mɔnokʀom] **adj.** – 1634 ✧ grec *monokhrômos* ■ Qui est d'une seule couleur (dont les valeurs peuvent varier). *Les peintures en camaïeu, la photo en noir et blanc sont monochromes. Imprimante laser monochrome.* — **n. f.** **MONOCHROMIE,** 1868. ■ **CONTR.** Polychrome.

MONOCINÉTIQUE [mɔnosinetik] **adj.** – 1940 ✧ de *mono-* et *cinétique* ■ **PHYS.** Se dit de particules qui ont la même vitesse. *Faisceau d'électrons monocinétiques.*

MONOCLE [mɔnɔkl] **n. m.** – 1746 ; «lorgnette monoculaire» 1671 ; *monougle* «borgne» XIIIe ✧ bas latin *monoculus* «qui n'a qu'un œil» ■ Petit verre optique que l'on fait tenir dans une des arcades sourcilières. ➤ **lorgnon ; carreau.** *Porter le monocle.* «*Le monocle du marquis de Forestelle était minuscule, n'avait aucune bordure*» **PROUST.**

MONOCLINAL, ALE, AUX [mɔnɔklinal, o] **adj.** et **n. m.** – 1890 ✧ de *mono-*, d'après *synclinal* ■ **GÉOL.** Dont les couches, sur de vastes étendues, sont inclinées dans le même sens, sans plis couchés (➤ **isoclinal**). — **n. m.** Ensemble de terrains à structure monoclinale.

MONOCLINIQUE [mɔnoklinik] **adj.** – 1868 ✧ de *mono-* et du grec *klinein* «incliner» ■ **PHYS.** *Système cristallin monoclinique* : prisme oblique à quatre faces latérales parallélogrammatiques et deux bases rectangulaires. ➤ **clinorhombique.**

MONOCLONAL, ALE, AUX [mɔnoklonal, o] **adj.** – v. 1960 ✧ de *mono-* et *clone*, par l'anglais (1914) ■ **BIOL.** Qui provient d'une même cellule initiale, d'un même clone cellulaire. *Cellules monoclonales.* — (1975) *Anticorps monoclonaux* : anticorps produits par un clone unique de lymphocytes fusionnés avec des cellules de myélome.

MONOCOQUE [mɔnɔkɔk] **n. m.** et **adj.** – 1923 ✧ de *mono-* et *coque* ■ **1 ANCIENNT** Avion à fuselage. — **MOD.** Bateau à une seule coque (opposé à *multicoque*). **adj.** *Un bateau monocoque.* ■ **2 adj.** (1955) **AUTOM.** Sans châssis, dont la coque assure à elle seule la rigidité. *Voitures monocoques.* ■ **3** Bactérie ronde se présentant isolée. ➤ **staphylocoque, streptocoque.**

MONOCORDE [mɔnɔkɔʀd] **n. m.** et **adj.** – 1680 ; *monacorde* 1155 ✧ latin *monochordon*, mot grec → manicorde ■ **MUS.** ■ **1** Instrument à une corde tendue sur une caisse de résonance. *Monocorde utilisé pour des mesures acoustiques.* ➤ **sonomètre.** *Musicien qui joue du monocorde* (ou **MONOCORDISTE n.**). — **adj.** (fin XIXe) *Instrument monocorde,* à une seule corde. ■ **2 adj. FIG.** et **COUR.** Qui est sur une seule note, n'a qu'un son. ➤ **monotone.** *Voix, timbre monocorde.*

MONOCORPS [mɔnɔkɔʀ] **n. m.** – 1990 ✧ de *mono-* et *corps* ■ Automobile dont la carrosserie ne présente pas de décrochement à l'avant ni à l'arrière. ➤ **monospace.** — **adj.** *Version monocorps d'un modèle de voiture.*

MONOCOTYLÉDONE [mɔnɔkɔtiledɔn] **adj.** et **n. f.** – 1763, au plur. ✧ de *mono-* et *cotylédon* ■ **BOT.** Dont la graine n'a qu'un cotylédon. *L'iris est monocotylédone.* ♦ **n. f. pl. LES MONOCOTYLÉDONES :** classe d'angiospermes dont la tige et la racine sont presque toujours dépourvues de cambium, le pollen ne possède qu'un seul pore et la graine renferme un embryon à un seul cotylédon. *Les graminées sont des monocotylédones.* **Sing.** *Une monocotylédone.*

MONOCRATIE [mɔnɔkʀasi] **n. f.** – 1963 ✧ de *mono-* et *-cratie* ■ **POLIT.** Forme de gouvernement où le pouvoir effectif réside dans la volonté du chef de l'État. «*La monocratie gaullienne*» (Le Monde, 1969).

MONOCRISTAL, AUX [monokʀistal, o] **n. m.** – milieu XXe ✧ de *mono-* et *cristal* ■ **TECHN.** Cristal élémentaire (d'une structure cristalline complexe). *Filaments formés de monocristaux métalliques à qualités mécaniques très élevées.* — Cristallisation de glace. — **adj. MONOCRISTALLIN, INE.**

MONOCULAIRE [mɔnɔkylɛʀ] **adj.** – 1800 «qui n'a qu'un œil» ✧ du latin *monoculus* ■ **1 MÉD.** Relatif à un seul œil. *Strabisme monoculaire. Vision monoculaire.* ■ **2 OPT.** Pourvu d'un seul oculaire. *Microscope monoculaire* (opposé à *binoculaire*).

MONOCULTURE [mɔnokyltyʀ] **n. f.** – 1842 ✧ de *mono-* et *culture* ■ Culture d'un seul produit. *Monoculture du riz, du tabac. Zone, région de monoculture.* ■ **CONTR.** Polyculture.

MONOCYCLE [mɔnosikl] **adj.** et **n. m.** – 1869 ; autre sens 1834 ✧ de *mono-* et *-cycle* ■ **DIDACT.** Qui n'a qu'une roue. — **n. m.** Vélo à une seule roue, encore utilisé dans les cirques.

MONOCYCLIQUE [mɔnosiklik] **adj.** – 1906 ✧ de *mono-* et *cycle (menstruel)* ■ **1 PHYSIOL.** Se dit d'espèces animales ne présentant qu'un cycle sexuel par an. ■ **2 CHIM.** Qui possède un cycle de carbone. *Le benzène est monocyclique.* ■ **CONTR.** Polycyclique.

MONOCYLINDRIQUE [mɔnosilɛ̃dʀik] **adj.** – 1898 ✧ de *mono-* et *cylindre* ■ **MÉCAN.** À un seul cylindre. *Moteur monocylindrique* ou **MONOCYLINDRE n. m.** — **ARCHIT.** Se dit d'une colonne au fût rond (par oppos. à *fasciculé*). ➤ **monostyle.**

MONOCYTE [mɔnɔsit] **n. m.** – 1931 ✧ de *mono-* et *-cyte* ■ **BIOL. CELL., IMMUNOL.** Gros leucocyte mononucléaire de 15 à 25 micromètres. *Les monocytes se transforment en macrophages en cas d'infection chronique. Angine à monocytes.* ➤ **mononucléose.**

MONODIE [mɔnɔdi] **n. f.** – 1576 ✧ latin *monodia*, grec *monôdia*, de *monos* «seul» et *ôdê* «chant» ■ **ANTIQ.** Monologue, couplet lyrique dans la tragédie. ♦ **MOD.** Chant à une seule voix sans accompagnement (**adj. MONODIQUE**).

MONŒCIE [mɔnesi] **n. f.** – 1787 ✧ latin scientifique *monœcia*, grec *monos* «seul» et *oikia* «maison» ■ **BOT.** État d'une plante monoïque.

MONOGAME [mɔnɔgam] **adj.** – 1495, repris 1808 ✧ latin ecclésiastique *monogamus*, du grec ■ Qui n'a qu'une seule femme, qu'un seul mari à la fois (opposé à *bigame, polygame*) ; qui pratique la monogamie. *Peuples monogames.* **SUBST.** *Un, une monogame.* ♦ **ZOOL.** Qui pratique la monogamie. *Couple d'animaux monogames.* ■ **CONTR.** Polygame.

MONOGAMIE [mɔnɔgami] **n. f.** – 1526 ✧ latin ecclésiastique *monogamia*, mot grec ■ Régime juridique en vertu duquel un homme ou une femme ne peut avoir plusieurs conjoints en même temps. ♦ **ZOOL.** État des animaux qui forment un couple exclusif, au moins pendant qu'ils élèvent leurs petits. ■ **CONTR.** Polygamie ; bigamie, polyandrie.

MONOGAMIQUE [mɔnɔgamik] **adj.** – 1823 ✧ de *monogamie* ■ Qui a rapport à la monogamie, qui a pour base la monogamie. *Famille monogamique.*

MONOGÉNIQUE [mɔnɔʒenik] **adj.** – 1846 ✧ de *mono-* et du grec *genikos*, de *genos* → -gène ■ **1 MINÉR.** Se dit d'une roche formée d'éléments de même nature. *Conglomérat monogénique.* ■ **2 GÉOL.** Dont la formation s'est déroulée dans des conditions constantes. *Volcan monogénique.* ■ **3** (de *génique*) **GÉNÉT.** Qui implique un seul gène. *Caractère monogénique. La mucoviscidose est une maladie monogénique.* ■ **CONTR.** Multigénique, polygénique.

MONOGÉNISME [mɔnɔʒenism] **n. m.** – 1865 ✧ de *mono-* et *-génie* ■ **DIDACT.** Doctrine de l'unité d'origine de l'espèce humaine selon laquelle toutes les races dérivent d'un type primitif commun. ■ **CONTR.** Polygénisme.

MONOGRADE [mɔnogʀad] **adj.** – 1972 ✧ de *multigrade*, avec changement de préfixe → mono- ■ *Huile monograde,* qui n'a qu'un seul grade de viscosité (➤ **2 grade, S. A. E.**). *Huile monograde et huile multigrade**.

MONOGRAMME [mɔnɔgʀam] **n. m.** – 1557 ✧ bas latin d'origine grecque *monogramma* ■ Chiffre composé de la lettre initiale ou de la réunion de plusieurs lettres (initiales et autres) d'un nom, entrelacées en un seul caractère. *Monogramme brodé sur un mouchoir. Monogramme du Christ.* ➤ **chrisme.** ♦ Marque ou signature abrégée. *Valise ornée d'un monogramme.* ➤ **sigle.** *Artiste qui signe d'un monogramme* (ou **MONOGRAMMISTE n.**).

MONOGRAPHIE [mɔnɔgʀafi] **n. f.** – 1793 ✧ de *mono-* et *-graphie* ■ Étude complète et détaillée qui se propose d'épuiser un sujet précis relativement restreint. *Écrire une monographie. Monographie d'une région, d'un personnage historique.* «*Jusqu'à ce que toutes les parties de la science soient élucidées par des monographies spéciales*» **RENAN.** — **adj. MONOGRAPHIQUE,** 1840.

MONOÏ [mɔnɔj] **n. m. inv.** /n. m./ – date inconnue ✧ mot polynésien ■ Huile parfumée obtenue par la macération de fleurs de tiaré dans l'huile de noix de coco. *Produit solaire au monoï.*

MONOÏDÉISME [mɔnoideism] **n. m.** – 1887 ✧ de *mono-* et *idée* ■ **RARE** État d'un esprit occupé de façon quasi exclusive par une seule idée (cf. Idée* fixe). — **adj. MONOÏDÉIQUE.**

MONOÏQUE [mɔnɔik] **adj.** – 1799 ✧ de *mono-* et du grec *oîkos* «demeure» ■ **BOT.** *Espèce monoïque,* dont tout individu, bisexué, peut produire des gamètes de chacun des deux sexes (➤ **monœcie**). *Le noisetier est monoïque.*

MONOLINGUE [mɔnɔlɛ̃g] **adj.** et **n.** – 1963 ✧ de *mono-*, d'après *bilingue* ■ Qui ne parle qu'une langue. *Elle est monolingue.* — En une seule langue. *Un dictionnaire monolingue.* ➤ **unilingue.** *Mode d'emploi monolingue.* ■ **CONTR.** Bilingue, multilingue, plurilingue.

MONOLINGUISME [mɔnɔlɛ̃gɥism] n. m. – milieu XXe ◊ de *monolingue* ■ DIDACT. Fait d'être monolingue (personne, région, pays). ■ CONTR. Bilinguisme, multilinguisme, plurilinguisme.

MONOLITHE [mɔnɔlit] adj. et n. m. – 1532, rare avant XVIIIe ◊ latin d'origine grecque *monolithus* ■ 1 ARCHIT. Qui est d'un seul bloc de pierre (en parlant d'un ouvrage de grandes dimensions). ➤ **monolithique.** *Colonne, linteau monolithe.* ■ 2 n. m. Monument monolithe (➤ **mégalithe**). PAR EXT. Très grosse pierre. *Gibraltar, « c'est un monolithe monstrueux lancé du ciel »* GAUTIER.

MONOLITHIQUE [mɔnɔlitik] adj. – 1868 ◊ de *monolithe* ■ 1 D'un seul bloc de pierre ; monolithe. *Obélisque monolithique.* ■ 2 (1926) FIG. Qui forme bloc ; dont les éléments forment un ensemble rigide, homogène, impénétrable. *Parti monolithique. « le système qu'on m'enseignait était à la fois monolithique et incohérent »* BEAUVOIR. *Cette espèce « d'orgueil serein, monolithique et sans fissure »* C. SIMON. ■ CONTR. Ouvert, souple.

MONOLITHISME [mɔnɔlitism] n. m. – 1864 ◊ de *monolithe* ■ 1 ARCHIT. Système de construction avec une seule pierre ou un petit nombre de très grosses pierres. ■ 2 (1935) FIG. Caractère monolithique. *Monolithisme des grands partis.* ■ CONTR. Éclectisme, syncrétisme.

MONOLOGUE [mɔnɔlɔg] n. m. – 1508 ◊ de *mono-* et *-logue*, d'après *dialogue* ■ 1 Dans une pièce de théâtre, Scène à un personnage qui parle seul. *Monologue d'une tragédie classique.* ♦ PAR EXT. Scène fantaisiste dite par un seul personnage. *Monologues en vers d'un chansonnier.* ■ 2 Long discours d'une personne qui ne laisse pas parler ses interlocuteurs, ou à qui ses interlocuteurs ne donnent pas la répartie. *« la propagande ou la polémique, qui sont deux sortes de monologue »* CAMUS. ■ 3 (1834) Discours d'une personne seule qui parle, pense tout haut. ➤ **soliloque.** — *Monologue intérieur :* longue suite de réflexions ; en littérature, transcription à la première personne d'une suite d'états de conscience que le personnage est censé éprouver. ■ CONTR. Dialogue, entretien.

MONOLOGUER [mɔnɔlɔge] v. intr. ‹1› – 1842 ◊ de *monologue* ■ Parler seul, ou en présence de qqn comme si l'on était seul. ➤ **soliloquer.** *« On ne rencontre dans les rues que des gens qui monologuent tout haut »* GONCOURT.

MONOMANIAQUE [mɔnɔmanjak] ou **MONOMANE** [mɔnɔman] adj. et n. – 1839, -1823 ◊ de *monomanie* ■ 1 VIEILLI Qui a une idée fixe, une obsession. ■ 2 Qui a une manie, un goût exclusif, une habitude dominante. — n. *Un monomaniaque qui se consacre à sa passion.*

MONOMANIE [mɔnɔmani] n. f. – 1814 ◊ de *mono-* et *-manie* ■ Idée fixe, obsession.

MONÔME [mɔnom] n. m. – 1691 ◊ de *mono-*, d'après *binôme* ■ 1 ALG. Expression algébrique à un seul terme, polynôme dont un seul coefficient n'est pas nul. $3a^2bxc$ *est un monôme.* ■ 2 (1878 ; REM. appelé *seul-homme* en 1836, argot de Polytechnique) Cortège formé d'une file d'étudiants se tenant par les épaules, qui se promènent sur la voie publique. *Monôme de fin d'année scolaire.*

MONOMÈRE [mɔnɔmɛʀ] adj. et n. m. – 1934 ; zool. 1817 n. ◊ de *mono-*, d'après *polymère* ■ CHIM. Constitué de molécules simples, et capable de se combiner à d'autres molécules semblables ou différentes pour former un polymère. ➤ aussi **protomère.**

MONOMÉTALLISME [mɔnometalism] n. m. – 1875 ◊ de *mono-* et *métal* ■ ÉCON. Système monétaire métallique dans lequel un seul métal étalon possède les caractères fondamentaux de frappe libre et de pouvoir libératoire illimité (opposé à *bimétallisme*). *Monométallisme or, argent.*

MONOMÉTALLISTE [mɔnometalist] adj. et n. – 1876 ◊ de *monométallisme* ■ ÉCON. Dont le système monétaire est fondé sur le monométallisme. *Pays monométalliste.* ♦ Partisan du monométallisme (opposé à *bimétalliste*).

MONOMOTEUR, TRICE [mɔnɔmɔtœʀ, tʀis] adj. – 1931 ◊ de *mono-* et *moteur* ■ Qui n'a qu'un seul moteur. *Avion monomoteur.* SUBST. *Un petit monomoteur de tourisme.*

MONONUCLÉAIRE [mɔnonykleɛʀ] adj. et n. m. – 1897 ◊ de *mono-* et *nucléaire* ■ BIOL. CELL. Qui n'a qu'un seul noyau, en parlant d'une cellule. *Les leucocytes mononucléaires* (ou n. m. *les mononucléaires*) *comprennent les lymphocytes, les monocytes.*

MONONUCLÉOSE [mɔnonykleoz] n. f. – 1901 ◊ de *mononucléaire* ■ MÉD. Leucocytose caractérisée par l'augmentation du nombre de monocytes. *Mononucléose infectieuse.*

MONOPARENTAL, ALE, AUX [mɔnopaʀɑ̃tal, o] adj. – 1975 ◊ de *mono-* et *parental* ■ Où il y a un seul parent, le plus souvent la mère. *Famille monoparentale.*

MONOPHASÉ, ÉE [mɔnɔfaze] adj. – 1894 ◊ de *mono-* et *phase* ■ ÉLECTR. Se dit du courant alternatif simple ne présentant qu'une phase. — SUBST. *Du monophasé* (opposé à *polyphasé*).

MONOPHONIQUE [mɔnɔfɔnik] adj. – milieu XXe ◊ de *mono-* et *phonique* ■ MUS. ■ 1 Qui n'a qu'une partie, est à l'unisson (opposé à *polyphonique*). ➤ **homophonie, monodie.** ■ 2 Qui comporte un seul canal d'amplification (en parlant d'un système électroacoustique) et ne peut donner l'impression de relief sonore (opposé à *stéréophonique*). ➤ 1 **mono ; monaural.** *Électrophone monophonique.* — n. f. (1956) **MONOPHONIE.**

MONOPHOSPHATE [mɔnofɔsfat] n. m. – 1963 ◊ de *mono-* et *phosphate* ■ BIOCHIM. Monomère de l'acide phosphorique. APPOS. *Adénosine monophosphate.* ➤ **AMP.**

MONOPHYLÉTIQUE [mɔnofiletik] adj. – 1874 ◊ de *mono-* et *phylétique*, d'après l'allemand ■ PHYLOG. Se dit d'un groupe d'êtres vivants constitué d'un ancêtre commun et de tous ses descendants réunis au sein d'une même branche (opposé à *paraphylétique*). *Taxon monophylétique.*

MONOPHYSITE [mɔnɔfizit] adj. et n. – 1694 ◊ de *mono-* et du grec *phusis* « nature » ■ RELIG. *Doctrine monophysite* (ou **MONOPHYSISME** n. m.), qui ne reconnaît qu'une nature (divine ; humaine) au Christ. — n. Adepte de cette doctrine.

MONOPLACE [mɔnoplas] adj. – 1920 ◊ de *mono-* et *place* ■ Qui n'a qu'une place, en parlant d'un véhicule. *Voiture, avion monoplace.* SUBST. *Un, une monoplace.*

MONOPLAN [mɔnoplɑ̃] n. m. – 1908 ◊ de *mono-* et *plan* ■ Avion qui n'a qu'un seul plan de sustentation (opposé à *biplan, triplan*).

MONOPLÉGIE [mɔnɔpleʒi] n. f. – 1877 ◊ de *mono-*, d'après *hémiplégie* ■ MÉD. Paralysie d'un seul membre ou d'un seul groupe musculaire.

MONOPOLE [mɔnɔpɔl] n. m. – 1358 ◊ latin *monopolium*, grec *monopôlion*, de *pôlein* « vendre » ■ 1 ÉCON. Situation d'un marché* où la concurrence n'existe pas, une seule entreprise étant maître de l'offre (➤ aussi **duopole, oligopole**). *Capitalisme de monopole. Monopole légal* (privilèges, brevets, marques). *Entreprise, trust qui a le monopole d'un produit, d'un service. Monopole d'émission d'une banque privée. Monopole de droit, de fait. Monopole d'État.* ➤ **régie.** *Monopole bilatéral,* lorsqu'un seul vendeur se trouve face à un seul acheteur. *Loi contre les monopoles* (➤ **antitrust**). *Exercer un monopole.* ♦ PAR EXT. Entreprise qui contrôle l'offre sur un marché (➤ **monopoleur**). *Les grands monopoles privés, publics.* ■ 2 (avant 1830) Privilège exclusif. ➤ **exclusivité.** *Parti qui s'attribue le monopole du patriotisme, de l'honnêteté. Vous n'avez pas le monopole du bon goût.* ■ CONTR. Concurrence.

MONOPOLEUR, EUSE [mɔnɔpɔlœʀ, øz] n. – 1552 ◊ de *monopoler* → monopoliser ■ ÉCON. Bénéficiaire d'un monopole, vendeur sans concurrent. — APPOS. *Trusts monopoleurs.* — On dit aussi **MONOPOLISTE.**

MONOPOLISATEUR, TRICE [mɔnɔpɔlizatœʀ, tʀis] n. – 1846 ◊ de *monopoliser* ■ Personne qui monopolise (2°).

MONOPOLISATION [mɔnɔpɔlizasjɔ̃] n. f. – 1846 ◊ de *monopoliser* ■ Action de monopoliser. ➤ **accaparement.** *La monopolisation de la presse.*

MONOPOLISER [mɔnɔpɔlize] v. tr. ‹1› – 1783 ◊ de *monopole* ■ 1 Exploiter, vendre par monopole. *L'État a monopolisé la vente des tabacs* (➤ **monopoleur**). ■ 2 FIG. Accaparer* (qqn ou qqch.), s'attribuer (un objet ou un privilège exclusif). *Monopoliser les honneurs. — Monopoliser qqn, son attention.* ➤ **monopolisateur.**

MONOPOLISTE ➤ **MONOPOLEUR**

MONOPOLISTIQUE [mɔnɔpɔlistik] adj. – 1949 ◊ de *monopole, monopoliser* ■ ÉCON. De monopole. *Capitalisme monopolistique. Pratiques monopolistiques des multinationales. — Concurrence monopolistique :* situation d'un marché de concurrence où les entreprises tentent de se placer en position de monopole par différenciation* de leurs produits.

MONOPOSTE [mɔnopɔst] adj. – 1981 ◊ de *mono-* et 3 *poste* ■ INFORM. Qui ne peut être installé que sur un seul poste de travail ou de consultation. *Version monoposte d'un logiciel.* ■ CONTR. Multiposte.

MONOPTÈRE [mɔnɔptɛʀ] adj. et n. m. – 1547 ◊ grec *monopteros* → mono- et -ptère ■ ARCHIT. *Temple monoptère* ou n. m. *un monoptère* : temple circulaire à coupole entourée d'une seule rangée de colonnes.

MONORAIL [mɔnɔʀaj] adj. et n. m. – 1884 ◊ de *mono-* et *rail* ■ Qui n'a qu'un seul rail, en parlant d'un moyen de transport, ou d'une voie de roulement. *Train monorail sur coussin d'air. Des lignes monorails.* — n. m. Voiture ou dispositif se déplaçant sur un seul rail. *Des monorails.*

MONORIME [mɔnɔʀim] adj. – 1691 ◊ de *mono-* et *rime* ■ POÉT. Dont tous les vers ont la même rime. — n. m. Poème monorime.

MONOROUE [mɔnɔʀu] adj. et n. m. – 1883 ; *bateau à vapeur monoroue* 1854 ◊ de *mono-* et *roue* ■ Se dit d'un véhicule à une roue. — n. m. *Un monoroue.* ➤ **gyropode, hoverboard.**

MONOSACCHARIDE [mɔnɔsakaʀid] n. m. /MONOSACCARIDE/ – milieu XXe ◊ de *mono-* et *saccharide* ■ BIOCHIM. Sucre de formule $C_nH_{2n}O_n$, non hydrolysable (opposé à *polysaccharide*). ➤ **ose.**

MONOSÉMIE [mɔnɔsemi] n. f. – 1965 ◊ de *mono-* et du grec *sêmeion* «signe» (→ sème) ■ LING. Caractère d'un signe linguistique qui n'a qu'une seule signification. ■ CONTR. Polysémie.

MONOSÉMIQUE [mɔnɔsemik] adj. – 1965 ◊ de *monosémie* ■ LING. Qui n'a qu'un seul sens, en parlant d'un signe. *Mots monosémiques* (ex. cassoulet, kilo). ■ CONTR. Polysémique.

MONOSÉPALE [mɔnosepal] adj. – 1790 ◊ de *mono-* et *sépale* ■ BOT. ➤ **gamosépale.**

MONOSKI [mɔnoski] n. m. – v. 1960 ◊ de *mono-* et *ski* ■ Ski unique sur lequel reposent les deux pieds. — Sport de glisse* ainsi pratiqué. ➤ **snowboard, surf** (des neiges). *Faire du monoski.* ABRÉV. FAM. (1968) **MONO.** — n. **MONOSKIEUR, IEUSE.**

MONOSPACE [mɔnɔspas] n. m. – 1990 ◊ de *mono-* et *espace* ■ Automobile spacieuse dont l'espace intérieur est modulable. ➤ aussi **monocorps.** *Petit monospace.* ➤ **minispace.**

MONOSPERME [mɔnospɛʀm] adj. – 1798 ◊ de *mono-* et *-sperme* ■ BOT. Qui ne contient qu'une seule graine. *Fruit monosperme.*

MONOSTABLE [mɔnostabl] adj. et n. m. – 1964 ◊ de *mono-* et *stable* ■ ÉLECTRON. Se dit d'un circuit électronique pouvant basculer dans un état instable de durée fixe (➤ **période**) à l'issue d'un déclenchement. — n. m. *Un monostable.*

MONOSTYLE [mɔnostil] adj. – 1931 ; bot. 1808 ◊ de *mono-* et *-style* ■ ARCHIT. Se dit d'une colonne qui n'a qu'un fût.

MONOSYLLABE [mɔnosi(l)lab] adj. et n. m. – 1521 ◊ latin *monosyllabus* ■ Qui n'a qu'une syllabe. ➤ **monosyllabique.** ♦ n. m. Mot d'une syllabe. LOC. *Répondre par monosyllabes* (ex. oui, tiens ! Ah ?), sans former de phrase. *«sans qu'il se donne seulement la peine de répondre par un monosyllabe»* SIMENON. ■ CONTR. Polysyllabe.

MONOSYLLABIQUE [mɔnosi(l)labik] adj. – 1752 ◊ de *monosyllabe* ■ **1** Qui n'a qu'une syllabe. ➤ **monosyllabe.** ■ **2** Qui est formé de monosyllabes. *Vers monosyllabique.* — SPÉCIALT *Langue monosyllabique,* dont les mots sont des monosyllabes. *Le chinois est monosyllabique.* — n. m. **MONOSYLLABISME,** 1846. ■ CONTR. Polysyllabique.

MONOTHÉIQUE [mɔnɔteik] adj. – 1844 ◊ de *monothéisme* ■ DIDACT. Du monothéisme. *Croyances monothéiques.*

MONOTHÉISME [mɔnɔteism] n. m. – 1808 ◊ de *mono-* et *théisme* ■ Croyance en un dieu unique. *Le monothéisme des musulmans.* ■ CONTR. Polythéisme.

MONOTHÉISTE [mɔnɔteist] adj. et n. – 1828 ◊ de *monothéisme* ■ Qui croit en un dieu unique, adepte du monothéisme. *Peuple monothéiste.* — n. *Les monothéistes.* ♦ Relatif au monothéisme.

MONOTONE [mɔnɔtɔn] adj. – 1732 ◊ bas latin *monotonus,* grec *monotonos* ■ **1** Qui est toujours sur le même ton ou dont le ton est peu varié. ➤ **monocorde.** *«des gémissements sourds ou aigus qui ne faisaient qu'une plainte monotone»* CAMUS. ♦ Qui est régulier et sur le même ton. *«au rythme monotone des deux tambours»* MAC ORLAN. ■ **2** FIG. Qui lasse par son uniformité, par la répétition, par l'absence de variété. ➤ **uniforme.** *Paysage monotone. Tâche monotone et harassante.* ➤ **répétitif.** *Une vie monotone,* triste et unie, qui manque de variété, d'imprévu. ■ **3** MATH. Qui varie dans le même sens. *Fonction, suite monotone,* soit croissante, soit décroissante. ■ CONTR. Nuancé, varié. Divertissant.

MONOTONIE [mɔnɔtɔni] n. f. – 1671 ◊ grec *monotonia* ■ **1** RARE Caractère de ce qui est monotone (1°). *Monotonie d'une psalmodie.* ■ **2** (début XVIIIe) COUR. Uniformité lassante. *Monotonie d'un paysage, d'un travail, des besognes quotidiennes.* ➤ **répétitivité.** *Rompre la monotonie de l'existence. «ma vie est la plus unie du monde, et rien n'en vient couper la monotonie»* GAUTIER. ➤ **ennui, grisaille.** ■ CONTR. Changement, diversité, variété.

MONOTRACE [mɔnɔtʀas] adj. – 1948 ◊ de *mono-* et *trace* ■ TECHN. (AVIAT.) Se dit d'un train d'atterrissage à deux roues dans l'axe de symétrie de l'avion.

MONOTRÈME [mɔnɔtʀɛm] adj. et n. m. – 1834 ◊ de *mono-* et du grec *trêma* «orifice» ■ ZOOL. Qui n'a qu'un seul orifice pour le rectum, les conduits urinaires et les conduits génitaux (➤ **cloaque**). ♦ n. m. pl. **LES MONOTRÈMES :** ordre de mammifères ovipares comprenant des animaux terrestres ou aquatiques, au corps couvert de poils ou de piquants, à la tête prolongée par un bec corné aplati ou tubulaire. — Au sing. *L'ornithorynque est un monotrème.*

MONOTYPE [mɔnɔtip] n. m. et f. – fin XIXe ◊ de *mono-* et *-type* ■ **1** n. m. ARTS Procédé de peinture ou de gravure permettant d'obtenir par impression un exemplaire unique. *Les monotypes de Degas.* ■ **2** n. m. Petit voilier de série. ■ **3** n. f. (1903 ◊ n. déposé ; d'après *linotype*) IMPRIM. Machine à composer qui fondait les caractères isolément.

MONOVALENT, ENTE [mɔnɔvalɑ̃, ɑ̃t] adj. – 1879 ◊ de *mono-* et *-valent* ■ **1** CHIM. Dont la valence* est égale à un. ■ **2** MÉD. *Sérum, vaccin monovalent,* contre un seul type de microbe. ■ **3** (d'apr. le sens étym.) À valeur unique ; à fonction, effet, forme unique.

MONOXYDE [mɔnɔksid] n. m. – milieu XXe ◊ de *mono-* et *oyde* ■ CHIM. Oxyde contenant un seul atome d'oxygène dans sa molécule. *Monoxyde de carbone :* gaz (CO) incolore, inodore, très toxique. *Monoxyde d'azote* (NO) : oxyde d'azote, appelé aussi *oxyde nitrique. Rôle de neurotransmetteur du monoxyde d'azote. Dans l'air, le monoxyde d'azote est un gaz polluant.*

MONOXYLE [mɔnɔksil] adj. – 1759 *monoxylo* ◊ de *mono-* et du grec *xulon* «bois» ■ DIDACT. Fait d'une seule pièce de bois. *Pirogue monoxyle.*

MONOZYGOTE [mɔnɔzigɔt] adj. – 1945 ◊ de *mono-* et *zygote* ■ BIOL. Issu du même œuf. ➤ **univitellin.** *Jumeaux monozygotes* (SYN. COUR. vrais jumeaux). ■ CONTR. Dizygote.

MONSEIGNEUR, plur. **MESSEIGNEURS** [mɔ̃sɛɲœʀ, mesɛɲœʀ] n. m. – v. 1155 ◊ de *mon* et *seigneur* → messire, monsignor ■ **1** Titre honorifique donné à certains personnages éminents (MOD. aux archevêques, évêques, prélats et aux princes des familles souveraines). ABRÉV. *Mgr,* plur. *Mgrs. «vous êtes tous empoisonnés, messeigneurs»* HUGO. ■ **2** (1827 *un monseigneur* «petit levier») **PINCE-MONSEIGNEUR** n. f. Levier pour forcer les serrures. *Les cambrioleurs utilisent des pinces-monseigneur.*

MONSIEUR, plur. **MESSIEURS** [məsjø, mesjø] n. m. – 1314 ◊ de *mon* et *sieur* ■ **1** Titre donné autrefois aux hommes de condition assez élevée (nobles ou bourgeois). ♦ SPÉCIALT Titre donné aux princes de la famille royale. — ABSOLT (Depuis le XVIe s.) *Monsieur :* l'aîné des frères du roi. ■ **2** MOD. Titre donné aux hommes de toute condition. *Bonjour, monsieur. Mesdames et messieurs.* POP. *Bonjour messieurs dames, m'sieu dames ; bonjour m'sieu* [msjø]. — *Monsieur le Maréchal. Monsieur le Ministre. Messieurs les jurés.* ♦ Titre qui précède le nom ou la fonction d'un homme dont on parle. *Monsieur Durand est arrivé ; M. Durand. Messieurs Durand ; MM. Durand. Voyez monsieur le recteur.* — (Courtois) *Mes amitiés à monsieur votre père.* — (En situation d'anonymat et en présence de la personne) *Voyez le dossier avec monsieur.* — SPÉCIALT (suivi du nom désignant la spécialité, la compétence du personnage en cause) *Monsieur bons offices.* ➤ **médiateur.** ■ **3** Titre respectueux donné à un homme par les personnes qui lui parlent à la 3e personne (employés de maison, vendeurs). *«Elle envoyait la bonne s'enquérir* [...] *si Monsieur n'avait besoin de rien»* HUYSMANS. ■ **4** FAM. et VIEILLI Le mari. *«Monsieur ne songe à rien, monsieur dépense tout»* LA FONTAINE. ■ **5 UN MONSIEUR :** un homme de la bourgeoisie, opposé au travailleur manuel, au paysan. *«Ma mère veut que son Jacques soit un* monsieur*»* VALLÈS. *Un monsieur comme il faut.* ♦ Homme dont on ne connaît pas le nom et dont l'aspect, les manières annoncent quelque éducation. — PAR EXT. Un homme quelconque qualifié (➤ **homme, type**). *Un vieux monsieur. Le monsieur que nous avons rencontré hier. «Un monsieur quelconque* [...] *ferait un discours sous un parapluie»* GUILLOUX. ♦ SPÉCIALT (avec certains

adj.) LOC. *Un joli, un vilain monsieur* : un individu méprisable. ◆ LANG. ENFANTIN Homme, quel qu'il soit. *Dis merci au monsieur.* ◆ (EMPHAT.) *C'est un monsieur, un grand monsieur,* un personnage éminent, remarquable. ▪ **6** SPORT PLUR. (en appos. à un n. désignant une épreuve sportive, pour indiquer qu'elle est réservée aux hommes) *La descente messieurs* (opposé à *dames*).

MONSIGNOR [mɔ̃siɲɔʀ] ou **MONSIGNORE** [mɔ̃siɲɔʀe] **n. m.** – 1679 ◊ italien *monsignore* «monseigneur» ▪ RELIG. CATHOL. Prélat, haut dignitaire de la cour papale. *Des monsignors. Un monsignore, des monsignori.*

MONSTRATION [mɔ̃stʀasjɔ̃] **n. f.** – après 1979 ◊ de *montrer,* d'après *démonstration* ▪ DIDACT. Action de montrer. *«après une nouvelle monstration de badge, on a monté un escalier»* ECHENOZ.

MONSTRE [mɔ̃stʀ] **n. m. et adj.** – milieu XIIe ◊ du latin *monstrum* «prodige qui avertit de la volonté des dieux, qui la montre» puis «objet ou être surnaturel» et «monstre», famille de *monere* «avertir». *Montrer* appartient à cette famille mais a perdu déjà en latin *(monstrare)* le sens religieux de *monstrum* «prodige» pour signifier seulement «indiquer»

I n. m. A. ▪ **1** (v. 1160) Être, animal fantastique (des légendes, mythologies). ➤ **chimère, dragon,** etc. *Le monstre du loch Ness, en Écosse.* ◆ Animal réel gigantesque ou effrayant. *«Une lionne vient, monstre inspirant la crainte»* LA FONTAINE. *Monstres marins* : grands cétacés. ▪ **2** Être vivant ou organisme présentant une grande difformité physique due à une conformation anormale (par excès, défaut ou position anormale de certaines parties de l'organisme). *Monstre de foire,* qui était exhibé comme attraction publique. *Les veaux à deux têtes, les moutons à cinq pattes sont des monstres. «les malformations congénitales (c'est le nom moderne des monstres)»* J. BERNARD. HIST. SC. *Étude des monstres.* ➤ **tératologie.** ▪ **3** (XIIIe) Personne d'une laideur effrayante. ▪ **4** Personne effrayante par son caractère, son comportement (spécialement sa méchanceté). *«Un fait divers horrible exige un monstre. Un monstre doit être enfermé»* I. JABLONKA. *Un monstre d'égoïsme, d'ingratitude. Passer pour un monstre.* ◆ FAM. *Petit monstre !* se dit à un enfant. FÉM. (PLAISANT) *«Petite monstresse !»* COLETTE. ▪ **5** LOC. **LES MONSTRES SACRÉS :** les grands comédiens (titre d'une pièce de Cocteau, 1940).

B. (XVIe) FIG. ▪ **1** VX Chose bizarre, incohérente, formée de parties disparates. ▪ **2** MUS. Texte formé de syllabes quelconques que le compositeur remet au parolier comme canevas pour le rythme. ▪ **3** AU PLUR. FAM. Objets (literie, meubles, électroménager...) dont les particuliers veulent se défaire, trop volumineux pour être ramassés par le service de collecte des ordures ménagères. *Service d'enlèvement des monstres.*

II adj. (1846) FAM. Très important, immense. ➤ **colossal, énorme, phénoménal, prodigieux.** *Un travail monstre. Un succès monstre.* ➤ **bœuf.** *«C'était une réclame monstre que le journaliste avait imaginée»* MAUPASSANT.

MONSTRUEUSEMENT [mɔ̃stʀyøzmɑ̃] **adv.** – 1333 ◊ de *monstrueux* ▪ D'une manière monstrueuse. ➤ **excessivement, prodigieusement.** *Homme «monstrueusement gros»* CHAMFORT. — PAR EXAGÉR. *Il est monstrueusement égoïste.* ➤ **extrêmement.**

MONSTRUEUX, EUSE [mɔ̃stʀyø, øz] **adj.** – 1330 ◊ latin *monstruosus* ▪ **1** Qui a la conformation d'un monstre (1°, 2°). *Corps monstrueux.* ➤ **difforme.** — Qui est propre à un monstre, qui rappelle un monstre. *Laideur* monstrueuse.* — Qui ressemble à un monstre. *Bête monstrueuse.* ▪ **2** Qui est d'une taille, d'une intensité prodigieuse et insolite. ➤ **colossal, énorme.** *«Elle vit la machine du rapide s'arrêter, monstrueuse et docile»* FRANCE. *Des prix monstrueux.* ➤ **excessif.** ▪ **3** Qui choque extrêmement la raison, la morale. ➤ **abominable, affreux, effrayant, effroyable, épouvantable, horrible.** *«Cette chose monstrueuse que le sacrifice d'un être vivant à l'égoïsme d'un autre»* RENAN. *Idée monstrueuse.* — Qui excède en perversion et en cruauté tout ce qu'on peut imaginer. *Attentat, crime monstrueux. C'est monstrueux !* ▪ CONTR. 1 Beau, normal.

MONSTRUOSITÉ [mɔ̃stʀyozite] **n. f.** – 1488 ◊ de *monstrueux* ▪ **1** MÉD. VX Anomalie congénitale très grave et apparente, compromettant plusieurs fonctions importantes de l'organisme, et le plus souvent incompatible avec la vie. ➤ aussi **difformité, malformation.** ◆ Malformation grave affectant une partie du corps (abusif en méd.). ▪ **2** Caractère de ce qui est monstrueux. FIG. *La monstruosité de son crime.* ➤ **atrocité, horreur.** ▪ **3** Chose monstrueuse (3°). *Commettre, dire des monstruosités. «Comment, vous, un homme de progrès, osez-vous en revenir à ces monstruosités !»* ZOLA.

MONT [mɔ̃] **n. m.** – Xe ◊ latin *mons, montis* ▪ Importante élévation de terrain. ➤ **montagne.** ▪ **1** (En emploi libre) POÉT. ou VX ➤ **butte, colline, élévation, hauteur, montagne.** *Du haut des monts.* — SPÉCIALT *Les monts* : les Alpes. *Au-delà des monts.* ➤ **ultramontain.** — (Dans des expr. géogr.) *Le mont Blanc. Les monts du Cantal.* ◆ LOC. *Par monts et par vaux* : à travers tout le pays ; FIG. de tous côtés, partout. *Il est sans cesse par monts et par vaux,* en voyage. — (probablt de *mont* «tas de») *Promettre monts et merveilles,* des avantages considérables, des choses admirables, étonnantes. ▪ **2** CHIROMANCIE Petite éminence charnue de la main. — ANAT. *Mont de Vénus.* ➤ **pénil.** ▪ CONTR. Plaine, 1 val. ▪ HOM. Mon.

MONTAGE [mɔ̃taʒ] **n. m.** – 1604 ◊ de *monter* (II) ▪ **1** RARE Action de monter, de porter plus haut, d'élever. *Montage des grains.* ▪ **2** (1765 *montage de métier* [filatures]) Opération par laquelle on assemble les pièces (d'un mécanisme, d'un dispositif, d'un objet complexe) pour le mettre en état de servir, de fonctionner. ➤ **arrangement, assemblage, disposition.** *Montage d'une charpente. Montage des chaussures. Montage d'un moteur au banc d'essai. Chaîne de montage. Montages de précision. Montage en bijouterie.* ➤ **monture.** *Montage d'un meuble.* — ÉLECTR., RADIO Mode d'association de différents organes et circuits. *Montage en parallèle, en série.* — Ce qui est monté, résultat d'un montage (2°). *Montage électronique imprimé.* ➤ **circuit.** — IMPRIM. Réunion de la composition, des clichés (pour former une page, etc.). ▪ **3** Assemblage d'éléments (textes, sons, images, etc.) pour obtenir un effet particulier. *Montage photographique.* ➤ **photomontage.** ▪ **4** Choix et assemblage des plans d'un film dans certaines conditions d'ordre et de temps. *Le montage consiste à assembler les plans tournés. «Montage. Passage d'images mortes à des images vivantes. Tout refleurit»* R. BRESSON. *Film de montage,* constitué d'éléments préexistants assemblés. PAR EXT. Résultat de cette opération. *Projeter un montage de bandes d'actualité.* — PAR ANAL. Organisation dans le temps d'éléments sonores enregistrés. *Montage sonore.* ▪ **5** *Montage financier* (d'une affaire), l'organisation de son financement. ▪ CONTR. Démontage, dislocation.

MONTAGNARD, ARDE [mɔ̃taɲaʀ, aʀd] **adj. et n.** – 1510 ◊ de *montagne* ▪ **1** Qui habite les montagnes, vit dans les montagnes. *Peuples montagnards.* — Relatif à la montagne. *Vie montagnarde.* — **n.** Habitant(e) des montagnes. ▪ **2 n. m.** (1792) HIST. Conventionnel appartenant, siégeant à la Montagne* (4°). *Les Montagnards et les Girondins.*

MONTAGNE [mɔ̃taɲ] **n. f.** – 1080 ◊ latin populaire °*montanea,* fém. subst. de °*montaneus,* latin classique *montanus,* de *mons* → mont ▪ **1** Importante élévation de terrain. ➤ **éminence, hauteur, mont ; djebel, puy,** 1 **rocher, volcan.** *Sommet aigu* (➤ **aiguille, cime, dent,** 4 **pic, piton, pointe**), *arrondi* (➤ 2 **ballon, croupe, mamelon**) *d'une montagne.* ➤ aussi **crête, faîte.** *Flancs*, pente, versant d'une montagne* (➤ **escarpement**). *Base, pied d'une montagne. Altitude d'une montagne. — Chaîne, massif de montagnes* (➤ **contrefort**). *Cirque* de montagnes. Montagne figurée sur un blason.* ➤ **terrasse.** ◆ LOC. *C'est la montagne qui accouche d'une souris,* se dit par raillerie des résultats décevants, dérisoires d'une entreprise, d'un ambitieux projet. — LOC. *Gros, (grand) comme une montagne* : très gros, très volumineux. — *(Se) faire une montagne de qqch.,* s'en exagérer les difficultés, l'importance. *«Je n'en fis pas des montagnes»* BEAUVOIR. — *Soulever des montagnes* : se jouer de grandes difficultés. *Enthousiasme, foi qui déplace, soulève les montagnes. Faire battre des montagnes* : être un germe de discorde. — PROV. *Il n'y a que les montagnes qui ne se rencontrent* pas.* ▪ **2 LES MONTAGNES, LA MONTAGNE :** ensemble de montagnes (chaîne, massif) ; zone, région de forte altitude (opposé à *plaine*). *Pays de montagne.* ➤ **montagneux.** *Torrent* de montagne. Lacets d'une route de montagne. Flore, faune des montagnes.* ➤ **monticole.** — *Habiter la montagne.* ➤ **montagnard.** *Chalet de montagne. Passer ses vacances à la montagne. Excursion en montagne. Sports de montagne.* ➤ **alpinisme, ascension, ski** (cf. Sports d'hiver*). *Chaussures de montagne.* — LOC. *La haute, la moyenne montagne. La montagne à vaches* : zones d'alpages peu élevées, où paissent les troupeaux (péj. dans la bouche des alpinistes). ◆ GÉOGR. (➤ **relief ; orogénie, orographie**) *Montagnes jeunes, formées par des plissements, par volcanisme. Montagnes anciennes* : massifs rajeunis par l'érosion ou les mouvements du sol. ▪ **3** FIG. **MONTAGNE DE... :** amas, amoncellement. ➤ **monceau, tas.** *Les «tombereaux, avec leurs montagnes de choux»* ZOLA. *Montagne de lettres, de paquets. «une montagne de bouteilles de bière»* LE CLÉZIO. ▪ **4** HIST. **LA MONTAGNE :** les bancs les plus élevés de la Convention où siégeaient les députés de gauche, conduits par Robespierre et Danton. ▪ **5** (1848) **MONTAGNES RUSSES :** attraction foraine constituée d'une suite de montées et de descentes parcourues à grande vitesse par un véhicule sur rails (cf. Grand huit*). ➤ VIEILLI **scenic railway.** — FIG. Suite de montées et de descentes. *« Le bateau s'enfonça, c'était les montagnes russes »* SARTRE. *« les montagnes russes des émotions »* C. CUSSET (cf. Des hauts et des bas*).

MONTAGNETTE [mɔ̃taɲɛt] **n. f.** – fin XIVe ◇ de *montagne* ▪ FAM. Petite montagne. *« Les Alpines, cette chaîne de montagnettes pas bien méchantes et très hautes »* DAUDET.

MONTAGNEUX, EUSE [mɔ̃taɲø, øz] **adj.** – 1284 ◇ de *montagne* ▪ Où il y a des montagnes ; formé de montagnes. *Région montagneuse. Massif montagneux.* ▪ CONTR. 1 Plat.

MONTAISON [mɔ̃tɛzɔ̃] **n. f.** – 1773 ; « action de monter » 1570 ◇ de *monter* ▪ Migration de certains poissons qui remontent les cours d'eau pour aller frayer ; saison de cette migration. ➤ 1 **frai.** *Montaison des saumons, des truites, des anguilles.*

MONTANISME [mɔ̃tanism] **n. m.** – 1846 ◇ de *Montanus* ▪ RELIG. CHRÉT. Doctrine hérétique de Montanus, croyance dans l'intervention perpétuelle du Saint-Esprit. — **n.** et **adj. MONTANISTE,** 1586.

MONTANT, ANTE [mɔ̃tɑ̃, ɑ̃t] **adj.** et **n. m.** – v. 1155 ◇ de *monter*
I adj. Qui monte. ▪ **1** Qui se meut de bas en haut. *Mouvement montant. Marée* montante. Bateau montant,* qui remonte le courant (opposé à *avalant*). — MILIT. *Garde* montante.* — PAR EXT. *Train montant,* qui se dirige vers l'origine de la ligne ou vers un grand centre. — MUS. *Gamme* montante.* — *Génération montante,* celle qui parvient à l'âge adulte. — Qui progresse sur l'échelle de la notoriété, de la réussite. *Étoile* montante. Les entreprises montantes.* ▪ **2** Qui s'étend vers le haut. *Chemin montant* (➤ **escarpé**). — PAR EXT. *Robe montante* (opposé à *décolleté*). *Col montant. Chaussures montantes.* TECHN. *Joints montants,* verticaux. — *Colonne* montante* (de gaz, d'eau chaude). ▪ **3** (1976) *Bar montant,* où sont employées des prostituées.
II n. m. ▪ **1** (1296) Pièce verticale (opposé à *traverse*) dans un dispositif, une construction, une charpente (en archit. on dit plutôt *piédroit*). ➤ **jambage, portant.** *Montants d'une fenêtre. Montants d'une échelle. « Les montants et barreaux du lit sont en fer »* ROMAINS. ▪ **2** (XVIIe ; « excédent » 1514) Chiffre auquel monte, s'élève un compte. ➤ **chiffre,** 1 **somme, total.** *Le montant des frais.* — ÉCON. *Montants compensatoires monétaires (M. C. M.)* : taxe prélevée (ou subvention versée) sur les échanges de produits agricoles dans la Communauté économique européenne afin de compenser les disparités de prix consécutives à une dévaluation (ou à une réévaluation). ▪ **3** LITTÉR. Goût relevé, saveur piquante. *Donner du montant à une sauce.* ➤ **corser.** *Vin qui a du montant,* de la force et du bouquet. ◆ (XIVe) FIG. et VX Charme, entrain, piquant.
▪ CONTR. Descendant.

MONT-BLANC [mɔ̃blɑ̃] **n. m.** – 1863 ◇ de *mont Blanc,* n. d'une montagne aux neiges éternelles ▪ Crème de marrons garnie de crème fouettée. *Des monts-blancs.*

MONT-DE-PIÉTÉ [mɔ̃d(ə)pjete] **n. m.** – 1576 ◇ mauvaise traduction de l'italien *monte di pietà* « crédit de pitié » ▪ Établissement de prêt sur gage. ➤ **crédit** (municipal) (cf. POP. Ma tante*). *Engager sa montre au mont-de-piété* (cf. Mettre au clou*). *Des monts-de-piété.*

MONTE [mɔ̃t] **n. f.** – 1584 ; « montant, valeur, intérêt » v. 1131 ◇ de *monter* ▪ **1** ZOOTECHN. Accouplement chez les équidés et les bovidés. *Période, saison de monte.* — Saillie. *Mener une jument à la monte.* ▪ **2** (1872) Action ou manière de monter un cheval. *Monte adroite, défectueuse.*

MONTE-CHARGE [mɔ̃tʃaʀʒ] **n. m.** – 1862 ◇ de *monter* et *charge* ▪ Appareil servant à monter des choses d'un étage à l'autre. ➤ **élévateur, monte-plat, monte-sac.** *L'ascenseur et le monte-charge. Des monte-charges.*

MONTÉE [mɔ̃te] **n. f.** – fin XIIe ◇ de *monter*
I Action de monter (I). ▪ **1** Action de grimper, de se hisser quelque part. ➤ **escalade, grimpée.** *La montée d'une côte. Il y a deux kilomètres, deux heures de montée. Être essoufflé par une pénible montée. « la montée dans la voiture »* BOURGET. ◆ (CHOSES) Fait de s'élever. ➤ **ascension.** *Montée d'un ballon, d'un avion, d'une fusée. « L'ascenseur à la descente comme à la montée est toujours plein »* MICHAUX. ◆ PAR EXT. *Montée des eaux.* ➤ **crue.** — *Montée du lait*. Montée de la sève.* ▪ **2** Augmentation* en quantité, valeur, intensité. *Montée de la température. Montée des prix.* ➤ **hausse.** ◆ Amplification d'un phénomène. ➤ **progression.** *Montée des protestations. La montée du nazisme, du racisme.* — LOC. *Montée en puissance (d'un moteur* et AU FIG. *de qqch., de qqn)* : progression spectaculaire. *La montée en puissance du dictateur.* ▪ **3** Fait de monter, de mettre plus haut qqch. *« Il surveilla la montée de ses belles valises [...] dans sa chambre »* ROMAINS. ▪ **4** Manifestation des effets de la drogue chez un toxicomane. *« Ils le disaient un peu comme les vieux camés parlent de leurs montées de jadis »* C. ONO-DIT-BIOT.
II Pente plus ou moins raide que l'on gravit. ➤ **côte, grimpée, raidillon, rampe.** *« au bout d'une montée assez rude, l'on trouve une pauvre maison »* GAUTIER. ◆ TECHN. *Montée d'une route*.*
▪ CONTR. Descente ; baisse, chute, diminution ; avilissement. Descente. Palier.

MONTE-EN-L'AIR [mɔ̃tɑ̃lɛʀ] **n. m. inv.** – 1885 ◇ de *monter en l'air* ▪ FAM. et VX Cambrioleur.

MONTE-MEUBLE [mɔ̃tmœbl] **n. m.** – 1989 ◇ de *monter* et *meuble* ▪ Rampe élévatrice à moteur, munie d'un plateau et utilisée lors des déménagements. *Des monte-meubles.*

MONTÉNÉGRIN, INE [mɔ̃tenegʀɛ̃, in] **adj.** et **n.** – 1864 dans *serbo-monténégrin* ◇ de *Monténégro* ▪ Du Monténégro. ◆ **n.** *Les Monténégrins.* — **n. m.** *Le monténégrin* : langue serbe parlée au Monténégro.

MONTE-PLAT [mɔ̃tpla] **n. m.** – 1875 ◇ de *monter* et *plat* ▪ Petit monte-charge qui sert à faire monter ou descendre les plats de la cuisine à la salle à manger. *Des monte-plats.*

MONTER [mɔ̃te] **v.** ‹ 1 › – fin Xe ◇ du latin populaire *montare,* famille de *mons, montis* → mont
I ~ v. intr. (AUXILIAIRE *ÊTRE* OU *AVOIR*) **A. (ÊTRES ANIMÉS)** ▪ **1** Se déplacer dans un mouvement de bas en haut ; se transporter vers un lieu plus haut que celui où l'on était. *Monter sur une hauteur.* ➤ **grimper.** *Monter au sommet d'une montagne. Monter en haut*, au haut d'une tour, là-haut.* — *Monter au grenier, dans sa chambre. Monter par l'ascenseur.* — *Monter à l'échafaud.* — *Monter se coucher.* SANS COMPL. *Prostituée qui monte avec un client.* — *Monter sur un arbre, à un arbre.* ➤ **grimper.** *Monter sur une échelle, à une échelle ; à l'échelle. Monter par un escalier. Monté sur une chaise,* juché. ◆ PAR ANAL. Se dresser, s'élever. *Danseuse qui monte sur les pointes.* LOC. *Monter sur ses ergots*. Monter sur ses grands chevaux*. Monter sur les planches*.* — *Monter à cheval.* (1538) SANS COMPL. *Monter à califourchon, en amazone. Il monte bien. Police montée,* à cheval. *Monté sur des patins, une luge.* — (1690) *Monter sur un véhicule, dans une voiture, en voiture. Monter sur un bateau, monter à bord.* ➤ **s'embarquer.** *Monter à bicyclette. Monter dans un taxi, un train, un avion. Il n'est jamais monté en avion.* ➤ **prendre.** — *Monter à l'assaut*, au front, en ligne. Monter au créneau*, au filet*.* ▪ **2** (1949) FAM. Se déplacer du sud vers le nord (en raison de l'orientation des cartes géographiques, où le nord est en haut). *Elles sont montées à Paris pour faire leurs études.* ▪ **3** FIG. (milieu XIIe) Progresser dans l'échelle sociale, s'élever dans l'ordre moral, intellectuel. *Monter en grade** : obtenir de l'avancement. ➤ **avancer.** FAM. SANS COMPL. *Un écrivain qui monte.* — *Les générations qui montent,* qui arrivent à l'âge adulte (➤ **montant**). ▪ **4** JEU Surenchérir ; augmenter la mise. — (1963) CARTES Mettre une carte supérieure.
B. (CHOSES) ▪ **1** (fin XIIIe) S'élever dans l'air, dans l'espace. *Le soleil monte au-dessus de l'horizon, à l'horizon. L'avion monte à six mille mètres. Les brouillards qui montent du fleuve.* ▪ **2** (1689) (Sons, odeurs, impressions) Émaner des choses. ➤ **s'élever.** *Bruits qui montent de la rue.* ◆ (fin XIIIe) (Phénomènes physiologiques, émotions) Apparaître sur un point élevé du corps, du visage. *La colère fait monter le sang au visage, à la tête* (➤ **attirer**). *Le rouge m'est monté au front. Les larmes lui montaient aux yeux.* — *La moutarde* lui monte au nez.* — *Le vin lui est monté à la tête.* ➤ **enivrer.** FIG. *« les fumées de l'ambition me montaient à la tête »* ROUSSEAU. ➤ **exalter, griser, troubler.** ▪ **3** (1690) S'élever en pente. *Là où la route monte* (➤ **montée**). — (1690) S'étendre jusqu'à une certaine hauteur. *Bas qui montent à mi-cuisse.* ➤ **arriver.** ▪ **4** (1553) Gagner en hauteur. *Le niveau monte. La maison en construction commence à monter. Les blés montent.* ➤ **pousser.** *Monter en graine*.* ▪ **5** (milieu XIIe) (Fluides) Progresser, s'étendre vers le haut. *La sève brute monte de la racine vers la tige. Le mercure monte dans le baromètre.* PAR EXT. *Le baromètre monte.* — *Le lait sur le feu monte et déborde.* FIG. (PERSONNES) S'emporter. *Monter comme une soupe* au lait. « Il ne faut pas monter, comme un lait qui bout, au moindre mot »* BARBEY. ◆ SPÉCIALT Se dit de la mer, des rivières, dont le niveau gagne en hauteur. *La Seine a monté de cinquante centimètres. « La mer montait, chassant peu à peu vers la ville les premières lignes des baigneurs »*

MAUPASSANT. ▪ **6** MUS. Aller du grave à l'aigu. *La voix monte par ton et par demi-ton.* — LOC. *Le ton monte* : la discussion tourne à la dispute. ▪ **7** (1690) Aller en augmentant. ➤ **augmenter, enchérir, grimper.** *Les prix, les loyers ne cessent de monter. Les enchères montent. Ses actions* montent.* — LOC. (Canada) *En montant* : et plus, au minimum. *Dix dollars en montant.* — *La température a monté. Sa popularité monte.* ▪ **8** (milieu XIIIe) Atteindre un total (➤ **montant**). *À combien montera la dépense ?*

II ~ v. tr. (AUXILIAIRE AVOIR) ▪ **1** (milieu XIIe) Parcourir en s'élevant, en se dirigeant vers le haut. ➤ **gravir.** *Monter les marches d'un escalier. Monter un escalier. Monter une côte, une rampe.* ➤ **grimper.** — FIG. *Monter la gamme* : chanter ou jouer une gamme du son le plus bas au plus aigu. — PAR EXT. *Monter la garde*.* ▪ **2** (fin XIIe) Être sur (un animal). ➤ **monture.** *Monter un cheval. Ce cheval n'a jamais été monté.* ▪ **3** (1763) Couvrir (la femelle), en parlant du cheval et d'autres quadrupèdes. ➤ **monte ; saillir, servir.** *L'étalon monte la jument.* ▪ **4** (1690) Porter, mettre en haut (qqch.). *Monter une malle au grenier. La gardienne monte le courrier* (aux occupants des étages). ▪ **5** (milieu XIIIe puis à nouveau 1690) Porter, mettre plus haut, à un niveau plus élevé. ➤ **élever, exhausser, hausser, 1lever, rehausser, relever, remonter ; surélever, surhausser.** *Monter une étagère d'un cran. Monter un store.* — Battre (une préparation) pour en augmenter le volume. *Monter les blancs en neige. Monter une mayonnaise.* — *Collet* monté.* — (fin XIIe) MUS. *Monter un instrument, un violon*, le mettre à un ton plus élevé. ♦ LOC. (1796) **MONTER LA TÊTE À qqn,** l'animer, l'exciter contre qqn. ➤ **braquer, dresser.** *Elle lui monte la tête.* ▪ **6** (1576) Mettre en état de fonctionner, de servir, en assemblant les différentes parties. ➤ **ajuster, assembler ; montage, monteur.** *Monter une machine, un meuble en kit, un échafaudage, un fusil. Monter la tente.* ➤ **dresser.** *Installation mal montée.* — *Monter un film* (➤ **montage**). *« Monter un film, c'est lier les personnes les unes aux autres et aux objets par les regards »* R. BRESSON. — *Pièce* montée.* ▪ **7** FIG. (1798) *Monter une pièce de théâtre*, en préparer la représentation. — (1802) *Monter une affaire, une entreprise, une société.* ➤ **constituer, établir, organiser.** *Monter un dossier, un prêt. Monter un complot.* ➤ **combiner, ourdir.** *Monter un coup. Coup* monté.* — FAM. *Monter le coup, monter un bateau* à qqn.* ▪ **8** (fin XIVe) Fournir, pourvoir de tout ce qui est nécessaire. *Monter son ménage, son trousseau.* ▪ **9** (1718) Fixer définitivement. *Monter un diamant sur une bague.* ➤ **enchâsser, sertir ; monture.** *Faire monter un camée en broche.* FIG. *Monter* (une chose) *en épingle*.* ▪ **10** VULG. *Être bien monté* : posséder un gros membre viril. ➤ **membré.**

III SE MONTER A. ~ v. pron. ▪ **1** PASSIF Être monté. *Côte, escalier qui se monte facilement. Cheval rétif qui se monte difficilement.* ▪ **2** RÉFL. Se pourvoir. *Se monter en linge, en livres.* ➤ se **fournir,** se **pourvoir.** — S'installer. *« Petits-bourgeois qui se montent, suivent la route bien conformiste »* A. ERNAUX. ▪ **3** S'exciter. *La tête, l'imagination se monte.* — FAM. *Se monter* (contre qqn) : se mettre en colère. ➤ **s'irriter.** *« Ça la travaille... ça la possède à la fin !... Elle se monte !... Elle se monte ! »* CÉLINE. *Être monté contre qqn*, irrité, en colère. ➤ **remonté.** ▪ **4** RÉFL. S'élever (à un total). ➤ **atteindre.** *Les frais se montent à deux cents euros.*

B. SE MONTER et compl. d'objet. *Se monter la tête*, FAM. *le bourrichon* : s'exalter, se faire des idées, des illusions.

▪ CONTR. Abaisser, baisser, démonter, descendre, diminuer. ▪ HOM. *Monterai* : montrai (montrer).

MONTE-SAC [mɔ̃tsak] **n. m.** – fin XIXe ◇ de *monter* et *sac* ▪ Appareil de levage employé dans les docks, pour monter les sacs. *Des monte-sacs.*

MONTEUR, EUSE [mɔ̃tœʀ, øz] **n.** – *munteor* « cavalier » XIIe ◇ de *monter* ▪ **1** (1765 horlog.) Personne qui monte (II, 6°) certains ouvrages, appareils, machines ; ouvrier, technicien qui effectue des opérations de montage, d'assemblage. *Monteur-ajusteur. Monteur électricien. Monteuse en fleurs artificielles, en parapluies.* — COUT. *Monteuse en cols.* ▪ **2** (1919) Spécialiste chargé(e) du montage des films. *« les monteuses vont commencer à charcuter la pelloche pour classer les prises chronologiquement »* TRUFFAUT. *Chef monteuse, assistant monteur.* ▪ **3** RARE Personne qui prépare, combine. *Un monteur d'affaires ; une monteuse de coups.*

MONTGOLFIÈRE [mɔ̃gɔlfjɛʀ] **n. f.** – 1782 ◇ de *Montgolfier*, nom des inventeurs ▪ Aérostat formé d'une enveloppe remplie d'air chauffé et dilaté par un foyer placé dessous. ➤ **1ballon.** *Excursion en montgolfière.*

MONTICOLE [mɔ̃tikɔl] **adj.** – 1832 ◇ latin *monticola* ▪ DIDACT. et RARE Qui vit dans les montagnes.

MONTICULE [mɔ̃tikyl] **n. m.** – 1488 ◇ bas latin *monticulus*, diminutif de *mons* ▪ Petite montagne. ➤ **butte, éminence, hauteur.** ♦ PAR EXT. Petite bosse de terrain (➤ **tertre**) ; tas de matériaux. *Monticule de pierres.* ➤ **tas.** — Au baseball, Partie du terrain légèrement surélevée où se tient le lanceur.

MONTMORENCY [mɔ̃mɔʀɑ̃si] **n. f.** – 1858 ◇ nom de lieu ▪ Variété de cerise acide. ➤ **griotte.** *Des montmorencys.*

MONTOIR [mɔ̃twaʀ] **n. m.** – 1160 ◇ de *monter* ▪ **1** Grosse pierre, billot ou banc pour monter sur un cheval. *« Un banc de pierre, qui servait de montoir »* BALZAC. ▪ **2** (1873) TECHN. Outil servant à monter des pièces métalliques.

MONTRABLE [mɔ̃tʀabl] **adj.** – XIIIe ◇ de *montrer* ▪ Qui peut être montré, se montrer (en dépit de l'aspect physique). *Elle « passait un temps infini à s'habiller. Elle était persuadée qu'elle n'était jamais "suffisamment montrable" »* QUIGNARD. ➤ **présentable.**

1**MONTRE** [mɔ̃tʀ] **n. f.** – *mostre* v. 1120 ◇ de *montrer* ▪ VX, LITTÉR. ou SPÉCIALT Action de montrer, de mettre en vue. ▪ **1** VX ou LITTÉR. ➤ **démonstration, étalage, exhibition, parade.** *« Il n'avait aucune affectation extérieure, ni montre d'austérité »* RENAN. *Pour la montre* : pour l'apparence extérieure, la parade. — LOC. **FAIRE MONTRE DE :** montrer avec affectation, faire parade. ➤ **1étaler, exhiber.** *Faire montre de son talent* (cf. Faire étalage*). Montrer au grand jour, révéler. *Faire montre de compréhension* (cf. Faire preuve* de). *« pour faire montre de sa largeur d'esprit »* PROUST. ▪ **2** COMM. VX Étalage de marchandises pour attirer les acheteurs. — MOD. ➤ **éventaire, vitrine.** *« Vous avez guigné quelques jolis volumes que j'ai en montre »* ROMAINS. — (Canada) *Salle de montre.* ➤ ANGLIC. **showroom.** ▪ **3** TECHN. Poterie d'essai dont l'affaissement permet de déterminer la température d'un four de potier, de porcelainier.

2**MONTRE** [mɔ̃tʀ] **n. f.** – 1537 ◇ de 1*montre*, « objet qui *montre* l'heure » ▪ **1** Petite boîte à cadran contenant un mouvement d'horlogerie, qu'on porte sur soi pour savoir l'heure. ➤ FAM. **tocante.** *Montres et pendules*. Montre de gousset, de poche. Chaîne de montre. « Ces anciennes montres de nos pères, en forme d'oignons »* NERVAL. *Montre portée au poignet.* ➤ **montre-bracelet.** *Montre à quartz, à cristaux liquides. Montre étanche. Montre de plongée. Montre de précision.* ➤ **chronomètre.** *Boîtier, verre, cadran, aiguilles, trotteuse d'une montre. Montre à répétition*, qui sonne l'heure quand on appuie sur un poussoir. *Consulter sa montre. Montre qui retarde, avance, est arrêtée. Mettre sa montre à l'heure, remonter sa montre.* ▪ **2** LOC. *Montre en main* : en mesurant le temps avec précision, en minutant. *J'ai mis un quart d'heure montre en main pour aller à la gare.* — *Dans le sens* des aiguilles d'une montre.* ➤ **dextrorsum.** — *Jouer la montre* : faire preuve d'attentisme. ➤ **atermoyer, 2différer.** ♦ SPORT *Course contre la montre*, où chaque coureur part seul, le classement s'effectuant d'après le temps mis par les concurrents. SUBST. *Un contre-la-montre* : une course contre la montre. *Les contre-la-montre du Tour de France.* — FIG. *« Il faut faire vite, Giuseppe, nous jouons contre la montre »* SAN-ANTONIO.

MONTRE-BRACELET [mɔ̃t(ʀə)braslɛ] **n. f.** – 1922 ◇ de 2*montre* et *bracelet* ▪ Montre montée sur un bracelet de cuir, de métal, etc. (appelée souvent simplement *montre*). ➤ **bracelet-montre.** *Des montres-bracelets.*

MONTRER [mɔ̃tʀe] **v. tr.** ⟨1⟩ – milieu Xe ◇ du latin *monstrare*, famille de *monstrum* → monstre

I FAIRE VOIR ▪ **1** Faire voir, mettre devant les yeux. *Montrer un objet à qqn. Action de montrer.* ➤ **monstration.** *Montrez sa chambre à Monsieur. Vendeur qui montre ses marchandises.* ➤ **présenter ; 1montre.** *Montrer son passeport, ses papiers.* ➤ **exhiber.** *Tu devrais montrer ton fils à un spécialiste. Montrer des animaux dressés* (➤ **montreur**). *Montrer patte* blanche. Montrer le poing*. Montrer ses charmes, ses richesses.* ➤ **déployer, 1étaler, exhiber.** *« partagé entre la vanité de montrer son trésor et la crainte de se le faire voler »* ZOLA. *Montrer sa force* pour n'avoir pas à s'en servir.* ♦ (CHOSES) *Peinture qui montre un personnage. Ce film montre des scènes de violence.* ▪ **2** (milieu XIIe) Faire voir de loin, par un signe, un geste. ➤ **désigner, indiquer.** *Montrer le chemin, la voie.* — *Montrer qqn du doigt*. Montrer la porte* à qqn.* ♦ (CHOSES) *Panneau, flèche qui montre le chemin, la sortie.* ➤ **indiquer.** ▪ **3** (milieu XIIe) Laisser voir, être fait ou disposé de telle sorte qu'un observateur puisse voir, apercevoir. *Elle montra ses jambes en s'asseyant. Montrer un visage souriant.* ➤ **offrir.** — LOC. *Montrer les dents*. Montrer le nez*, le bout de l'oreille*.* FAM. *Montrer son derrière, son cul* : être trop peu vêtu ; s'exhiber. ♦ (CHOSES) *Robe qui montre les bras, le cou.* ➤ **découvrir, dégager, dénuder.**

Tapis qui montre la corde. ▪ **4** Faire voir (un texte), faire lire. ➤ **communiquer, soumettre.** « *Elle ne m'écrirait plus si elle savait que je montre ses lettres à d'autres hommes* » MAC ORLAN.

II **FAIRE CONNAÎTRE** ▪ **1** (fin Xe) Faire voir à l'esprit, faire imaginer. ➤ **représenter.** *L'auteur montre dans ses livres toute une société.* ➤ **décrire, dépeindre, évoquer, peindre.** « *il suffit de montrer les choses telles qu'elles sont. Elles sont assez ridicules par elles-mêmes* » RENARD. ♦ (CHOSES) *Reportage qui montre aux lecteurs l'état d'un pays.* ➤ **décrire.** ▪ **2** (fin XIe) Faire constater, mettre en évidence. ➤ **démontrer, établir, prouver, signaler, souligner.** « *La raison du plus fort est toujours la meilleure, Nous l'allons montrer tout à l'heure* » LA FONTAINE. *Montrer à qqn qu'il a tort. Kant montre dans ses œuvres que...* ➤ 1 **dire, écrire, expliquer.** *Montrer comment, pourquoi...* ♦ (CHOSES) « *c'est la voix, surtout, qui montre l'éducation* » ROMAINS. ➤ **révéler.** *L'expérience nous montre que...* ➤ **enseigner, instruire** (de). *Signes qui montrent la présence, l'imminence de qqch.* ➤ **annoncer, déceler, dénoncer, dénoter.** *Ces détails montrent une habileté extraordinaire.* ➤ **attester, témoigner** (de). ▪ **3** VX Apprendre par l'exemple, l'explication. ➤ **enseigner.** « *Ce libéral montrait le latin au fils Sorel* » STENDHAL. ♦ MOD. *Montrer le maniement d'un appareil* (➤ **démonstration**). *Je vais vous montrer ce qu'il faut faire.* ▪ **4** Faire paraître, faire connaître volontairement par sa conduite. *Je vais lui montrer qui je suis, de quel bois* je me chauffe. Montrez-nous ce que vous savez faire, de quoi vous êtes capable. Montrer l'exemple. Montrer ses mérites.* ➤ **afficher,** 1 **étaler ; ostentation.** *Montrer à qqn son affection.* ➤ **marquer, témoigner ; démonstration.** ▪ **5** Laisser paraître ; révéler par l'attitude, le comportement. ➤ **exprimer, extérioriser, manifester, témoigner.** *Montrer son étonnement, son émotion. Elle n'a jamais montré combien elle souffrait.* ♦ *Montrer de l'impatience, du courage. Montrer des signes de faiblesse.*

III **SE MONTRER** v. pron. ▪ **1** (milieu XIIe) Se faire voir intentionnellement ; être vu. *Se montrer quelque part.* ➤ **apparaître, se présenter.** *Se montrer avec qqn. Une* « *de ces rares créatures qui n'ont qu'à se montrer pour être adorées* » LEMAITRE. ➤ **paraître.** *Il n'ose plus se montrer.* — (CHOSES) Apparaître, s'offrir à la vue. *Le soleil se montre entre les nuages.* — RÉCIPR. Faire voir l'un à l'autre. « *Les femmes se montraient leurs emplettes en se chuchotant le prix à l'oreille* » EXBRAYAT. ▪ **2** (milieu XIVe) Se faire voir, connaître (sous un aspect particulier, réel ou simulé). *Se montrer sous un jour favorable, tel qu'on est. Elle ne s'est pas montrée sous son meilleur jour.* ▪ **3** *Se montrer* (et attribut) : être effectivement, pour un observateur. ➤ **s'avérer,** 1 **être, se révéler.** *Se montrer courageux, habile. Se montrer à la hauteur des évènements. La médecine s'est montrée impuissante.* « *Il s'était montré d'une pingrerie révoltante* » MAC ORLAN.

▪ CONTR. Cacher, couvrir, dissimuler ; fourvoyer ; manquer (de). Disparaître.
▪ HOM. *Montrai :* monterai (monter).

MONTREUR, EUSE [mɔ̃tʀœʀ, øz] n. – 1328 ◇ de *montrer* ▪ Personne qui fait métier de montrer en public certaines curiosités. *Montreur d'ours, d'animaux.* ➤ **meneur.** *Montreur de marionnettes* (marionnettiste).

MONTUEUX, EUSE [mɔ̃tɥø, øz] adj. – 1355, rare avant 1488 ◇ latin *montuosus* → mont ▪ VIEILLI Qui présente des monts, des hauteurs. *Pays montueux,* au relief tourmenté. ➤ **montagneux.** *Terrain montueux.* ➤ **accidenté, inégal.** « *Stamboul est une ville fort montueuse* » NERVAL. ▪ CONTR. 1 Plat.

MONTURE [mɔ̃tyʀ] n. f. – 1360 ◇ de *monter*

I Bête sur laquelle on monte pour se faire transporter. *Un cavalier et sa monture.* ➤ **cheval.** *Enfourcher sa monture.* PROV. *Qui veut voyager loin* ménage sa monture.* ♦ PLAISANT Vélo, moto.

II ▪ **1** TECHN. Action de monter un ouvrage. ➤ **assemblage, montage.** ▪ **2** (1740) Partie d'un objet qui sert à assembler, fixer, supporter la pièce, l'élément principal. *Monture de chevalet. Monture d'épée,* la garde. *Monture de lunettes,* qui maintient les verres en place. — SPÉCIALT *Monture d'un bijou, d'un diamant.* ➤ 1 **chaton, griffe ; sertir.** *Monture en or.* ▪ **3** ASTRON. Support d'une lunette, d'un télescope. *Monture équatoriale.*

MONUMENT [mɔnymɑ̃] n. m. – 980 ◇ latin *monumentum* ▪ **1** Ouvrage d'architecture, de sculpture, destiné à perpétuer le souvenir de qqn, qqch. *Monument commémoratif :* arc de triomphe, colonne, trophée, etc. ➤ **mémorial.** — *Monument funéraire,* élevé sur une sépulture. ➤ **mausolée, sépulcre, stèle, stoupa, tombeau, tumulus.** — *Monument aux morts,* élevé à la mémoire des morts d'une même communauté, ou victimes d'une même catastrophe. ▪ **2** Édifice, pierre dressée ou monceau de pierres, qui a une valeur religieuse, symbolique. *Science des monuments antiques.* ➤ **archéologie.** *Monuments mégalithiques, préhistoriques.* ▪ **3** COUR. Édifice remarquable par son intérêt archéologique, historique ou esthétique. ➤ **bâtiment, cathédrale, édifice, église,** 1 **palais.** *Monument historique*, classé. Monument public. Visite des monuments d'une ville.* « *l'humanité du pays disparaît au profit exclusif de ses monuments* » BARTHES. ♦ FAM. Objet énorme. *Cette armoire est un véritable monument.* ▪ **4** FIG. et LITTÉR. Œuvre imposante, vaste, digne de durer. « *L'Encyclopédie est un monument qui honore la France* » VOLTAIRE. ▪ **5** FAM. *Un monument de... :* une personne, une chose remarquable par l'intensité de... « *Le traité d'Aix-la-Chapelle a passé pour un monument d'absurdité* » BAINVILLE.

MONUMENTAL, ALE, AUX [mɔnymɑ̃tal, o] adj. – 1802 ◇ de *monument* ▪ **1** Qui a un caractère de grandeur majestueuse. ➤ **grand, imposant.** « *Le pin a quelque chose de monumental ; ses branches ont le port de la pyramide* » CHATEAUBRIAND. FIG. *L'œuvre monumentale de Hugo.* ▪ **2** DIDACT. Relatif aux monuments. *Histoire monumentale.* ♦ Qui constitue un monument, fait partie d'un monument. *Sculpture, statue, peinture monumentale. Escalier monumental.* ▪ **3** (1873) Énorme. ➤ **colossal, démesuré, gigantesque, immense.** « *Un monumental baromètre à mercure* » DUHAMEL. — FIG. *Une thèse monumentale.* PÉJ. *Il est d'une bêtise monumentale.* ➤ **prodigieux.** *Erreur monumentale.* — n. f. **MONUMENTALITÉ.**

MOOC n. m. ou **MOOC** [muk] n. m. inv. – 2012 ◇ mot anglais, abrév. de *Massive Open Online Course* « cours en ligne ouvert et massif » ▪ ANGLIC. Cours d'enseignement diffusé sur Internet. *Suivre des moocs, des MOOC.* — Recomm. offic. *cours en ligne ouvert à tous.* — On rencontre aussi l'acronyme *clom* ou *CLOM (cours en ligne ouvert et massif),* de même sens. ▪ HOM. Mook.

MOOK [muk] n. m. – 2007 ◇ n. déposé ; mot-valise anglais, de *m(agazine)* et *(b)ook* « livre » ▪ ANGLIC. Publication périodique intermédiaire entre la revue et le livre illustré. *Des mooks.* ▪ HOM. Mooc.

1 **MOQUE** [mɔk] n. f. – 1687 ◇ néerlandais *mok* ▪ MAR. Bloc de bois percé intérieurement d'un trou par lequel passe un cordage, et muni sur son pourtour d'une cannelure pour recevoir une estrope.

2 **MOQUE** [mɔk] n. f. – 1780 ◇ néerlandais *mokke* « aiguière » ▪ RÉGION. Récipient servant de mesure. *Une moque de bière, de tabac.*

MOQUER [mɔke] v. tr. ‹1› – 1180 ◇ origine inconnue, p.-ê. onomatopée

I LITTÉR. Tourner en ridicule, traiter comme un objet de dérision ou de plaisanterie (surtout p. p.). ➤ **railler, ridiculiser.** « *il se vit bafoué, Berné, sifflé, moqué, joué* » LA FONTAINE. « *Mais il ne me déplaît pas d'être moqué* » GIDE.

II **SE MOQUER** v. pron. **A.** ▪ **1** *Se moquer de qqn, de qqch.* Tourner en ridicule. ➤ **bafouer,** LITTÉR. **blasonner,** 2 **chiner,** VX 1 **dauber, se gausser, gouailler, narguer, persifler, railler, ridiculiser,** 1 **rire** (de) ; FAM. **chambrer, charrier,** 3 **vanner** (cf. FAM. et POP. Mettre en boîte, se fiche(r), se foutre, se payer la tête de, tourner en dérision*). *Il se moque de son professeur en l'imitant.* ➤ **contrefaire, parodier.** *On s'est moqué de lui. Se moquer de soi-même* (➤ **autodérision**). « *Je n'ai pas envie de me faire moquer de moi* » ROMAINS. *Je me moquai de sa frayeur.* ▪ **2** Ne pas se soucier, ne pas faire cas de (qqn, qqch.). ➤ **dédaigner, se désintéresser, mépriser.** *Je m'en moque* (cf. Ça m'indiffère, ça m'est égal ; FAM. je m'en balance, je m'en bats l'œil, les couilles, je m'en cogne, je m'en fiche, je m'en fous, je m'en tape ; je n'en ai rien à battre, à branler, à carrer, à cirer, à foutre, à secouer ; VULG. je m'en torche, je m'en branle, je m'en tamponne le coquillard). *Se moquer du qu'en-dira-t-on.* ➤ **braver.** LOC. *Se moquer d'une chose comme de l'an quarante*, comme de sa première chemise*, comme de sa première culotte*. Se moquer du tiers* comme du quart.* « *Léon se moquait pas mal des souvenirs de M. Octave* » MONTHERLANT. — *Se moquer de* (et l'inf.) : s'abstenir, refuser de faire une chose. *Prêcher* « *que l'État doit être fort et se moquer d'être juste* » BENDA. — (CHOSES) « *La vraie éloquence se moque de l'éloquence* » PASCAL. ▪ **3** Tromper ou essayer de tromper (qqn) avec désinvolture. *Il s'est bien moqué de vous.* ➤ 1 **avoir, berner, duper, rouler.** *Vous vous moquez du monde !*

B. VIEILLI ou LITTÉR. Ne pas agir, ne pas parler sérieusement. ➤ **plaisanter.** *Vous vous moquez, je pense.*

▪ CONTR. Admirer, flatter, respecter. Intéresser (s').

MOQUERIE [mɔkʀi] n. f. – 1272 ◇ de *moquer* ▪ **1** Action, habitude de se moquer. ➤ **ironie, raillerie** (cf. FAM. Foutage* de gueule). « *La moquerie est souvent indigence d'esprit* » LA BRUYÈRE. ▪ **2** *Une, des moqueries :* action, parole par laquelle on se moque. ➤ **impertinence, lazzi, persiflage, plaisanterie, quolibet,**

raillerie, sarcasme. *«les moqueries reprenaient leur train et [...] Melchior était la risée de la ville»* R. ROLLAND. ■ CONTR. Admiration, flatterie, respect.

MOQUETTE [mɔkɛt] n. f. – 1625 ; *moucade* 1611 ◊ origine inconnue ■ **1** Étoffe dont la trame et la chaîne sont de fil et qui est veloutée en laine. *«un large tapis de moquette»* DUHAMEL. ■ **2** (1930) COUR. Tapis vendu au mètre, collé ou cloué, couvrant généralement toute la surface d'une pièce. *Moquette velours, bouclée. Moquette en laine, en polyamide. Poser de la moquette* (➤ **moquettiste**). *Moquette sur thibaude**. — LOC. FIG. FAM. *Fumer la moquette* : ne pas être dans son état normal, planer, délirer. *«Non, mais tu as fumé la moquette ? C'est une fille super !»* VAN CAUWELAERT.

MOQUETTER [mɔkete] v. tr. ‹1› – 1972 ◊ de *moquette* ■ Recouvrir de moquette. *Moquetter une chambre. — Pièce moquettée.*

MOQUETTISTE [mɔketist] n. – 1989 ; *solier-moquettiste* 1979 ◊ de *moquette* ■ Spécialiste de la pose de moquette.

MOQUEUR, EUSE [mɔkœʀ, øz] adj. et n. – v. 1180 ◊ de *moquer* ■ **1** Qui a l'habitude de se moquer, qui est enclin à la moquerie. ➤ **blagueur, 1 caustique, facétieux, frondeur, goguenard, gouailleur, persifleur, pince-sans-rire.** *«La vraie femme est trop tendre pour être moqueuse»* MICHELET. ◆ n. *C'est un moqueur.* ■ **2** Qui est inspiré par la moquerie, qui indique un caractère porté à la moquerie. ➤ **ironique, narquois, 1 piquant, railleur.** *Regard, rire moqueur. Critique moqueuse.* ➤ **satire.** ■ **3** n. m. (1676) Oiseau américain du groupe des merles, qui imite le chant des autres oiseaux. — Oiseau d'Afrique, voisin de la huppe, et dont le plumage présente des reflets métalliques. ■ CONTR. Admiratif, flatteur.

MORAILLE [mɔʀɑj] n. f. – 1285 ◊ provençal *moralha*, de *mor* «museau», latin populaire °*murru* «visière» ■ TECHN. ■ **1** Tenaille utilisée par le maréchal-ferrant, le vétérinaire pour pincer les narines d'un animal à maîtriser. ➤ **tord-nez.** ■ **2** PLUR. Tenailles, pinces de verrier. ■ **3** (ancien français *moraille* «visière» XIIIe) Pièce de fer à charnière fixant la visière au casque d'une armure.

MORAILLON [mɔʀɑjɔ̃] n. m. – 1690 ; *morillon* 1360 ◊ de *moraille* ■ TECHN. Plaque mobile à charnière, percée d'une fente dans laquelle passe un demi-anneau fixe (qu'on assujettit au moyen d'un cadenas) ou un pêne. *Rabattre le moraillon sur la serrure d'une cave.*

MORAINE [mɔʀɛn] n. f. – 1779 ◊ savoyard *morena* «bourrelet de terre», d'un radical prélatin *murr-* «tertre», ou du latin *mora* «obstacle» ■ Accumulation de débris entraînés, puis abandonnés par les glaciers. *Moraines latérales, médianes, frontales.*

MORAINIQUE [mɔʀenik] adj. – 1875 ◊ de *moraine* ■ GÉOL. Relatif à une moraine. *Dépôt, butte morainique. Amphithéâtre* morainique.*

MORAL, ALE, AUX [mɔʀal, o] adj. et n. m. – 1270 ; n. m. 1212 ◊ latin *moralis*, de *mores* «mœurs»

I ~ adj. ■ **1** Qui concerne les mœurs, les habitudes et surtout les règles de conduite admises et pratiquées dans une société. *Ordre moral. Conscience* morale. Sens moral* : discernement du bien et du mal. *Préceptes moraux.* ➤ **maxime, sentence.** *Jugement moral. Impératifs, principes moraux. Obligation, loi morale. Engagement moral. «Nos acquisitions morales ne sont que le résultat de l'éducation qui nous apprend à plier nos appétits et nos tendances à des impératifs sociaux»* CH. BARDENAT. ■ **2** Qui concerne l'étude philosophique de la morale (I, I°). ➤ **éthique.** *Théorie morale. «l'enseignement presque tout moral des grands philosophes antiques»* GIDE. ■ **3** Qui est conforme aux mœurs, à la morale (I, 2°) ; qui est admis comme tel. ➤ **correct, 1 exemplaire, honnête, intègre, juste.** *Une conduite morale. Ce n'est pas très moral.* — SPÉCIALT ➤ **édifiant ; moralisateur.** *Contes moraux. «êtes-vous édifié ? Voilà une histoire morale, [...] les méchants ont été punis et les bons récompensés»* SARTRE. ◆ (PERSONNES) Qui a une conduite conforme à la morale. ➤ **probe, vertueux.** ■ **4** PHILOS. Qui concerne l'action et le sentiment (opposé à *logique, intellectuel*). *Certitude morale.* ➤ **intime.** *«la preuve dite morale qui conclut à l'existence de Dieu»* SARTRE. ■ **5** Relatif à l'esprit, à la pensée (opposé à *matériel, physique*). ➤ **intellectuel, mental, spirituel.** *Autorité morale. Portrait moral.* ➤ **psychique, psychologique.** *Souffrances physiques et morales. Douleur morale. Crise morale. Préjudice moral. Harcèlement* moral. Force morale. Soutien moral.* ◆ DR. *Personne* morale.* ◆ VX *Sciences morales*, qui étudient les êtres humains sur le plan spirituel (psychologie, sociologie, morale, histoire) (cf. MOD. Sciences* humaines). *Académie des sciences morales et politiques.*

II ~ n. m. **LE MORAL** (du sens I, 5°) ■ **1** (1754) VIEILLI L'ensemble des facultés morales, mentales (caractère, esprit, âme). — *Au moral* : sur le plan moral, spirituel. ■ **2** (1823) COUR. État psychologique (de qqn), en tant qu'aptitude à supporter ou à affronter plus ou moins bien les problèmes, les difficultés. *Avoir bon, mauvais moral. Et comment va le moral ?* ➤ **mental.** *Le moral est bon, est bas. «M. Homais s'était efforcé de le raffermir, de lui remonter le moral»* FLAUBERT. *Cela a atteint, entamé son moral. Il lui a sapé, miné le moral.* — LOC. *Avoir le moral à zéro*, très bas. *Avoir le moral dans les chaussettes*. Avoir le moral au beau fixe*, un moral d'acier*. Remonter, soutenir le moral des troupes* ; FIG. encourager un groupe, une équipe. ◆ ABSOLT *Avoir, garder le moral* : être optimiste. *Ne pas avoir le moral* (cf. Être abattu, découragé, déprimé ; broyer* du noir ; avoir le cafard, FAM. le bourdon). ■ CONTR. Amoral, immoral. Corporel, matériel, 1 physique. ■ HOM. Moreau.

MORALE [mɔʀal] n. f. – 1637 ; 1530 les *Moralles*, titre d'un «traité» ◊ de *moral*

I ■ **1** Science du bien et du mal ; théorie de l'action humaine en tant qu'elle est soumise au devoir et a pour but le bien. ➤ **éthique.** *Traité de morale. «La morale est la science des lois naturelles»* DIDEROT. *«La Morale est la science des fins, [...] la science de l'ordre idéal de la vie»* F. RAUH. ◆ Doctrine morale. *Morale du devoir, de l'obligation* (➤ **déontologie**). *Morale kantienne, platonicienne, stoïcienne. Morale hédoniste, épicurienne. Morale chrétienne.* ■ **2** Ensemble des règles de conduite considérées comme bonnes de façon absolue. ➤ **éthique ; 2 bien, valeur.** *Principes, leçons de morale. Conforme à la morale.* ➤ **1 bien, 1 bon, moral.** *La morale est sauve*.* ■ **3** Ensemble de règles de conduite découlant d'une conception de la morale. *Se donner une morale. Morale sévère, rigoureuse.* ➤ **rigorisme.** *Morale d'ascète.* ➤ **ascétisme.** *Les jansénistes reprochaient aux jésuites une morale relâchée* (➤ **laxisme**). FAM. *Jolie morale !* ➤ **mentalité.** *Morale et recherche scientifique.* ➤ **bioéthique.**

II (1680 «sermon») ■ **1** Injonction, leçon de morale portant sur un point particulier. *Faire la morale à qqn.* ➤ **réprimande ; sermonner.** *Père* la morale.* ■ **2** Courte pièce ou conclusion en forme de leçon de morale. ➤ **apologue, maxime, moralité.** *La morale d'une fable.* ◆ Précepte, enseignement moral qu'on peut tirer d'une histoire, d'un évènement. *La morale de cette histoire, que l'on peut tirer de cette histoire, c'est...* ➤ **moralité.**

■ CONTR. Immoralité, 3 mal.

MORALEMENT [mɔʀalmɑ̃] adv. – 1361 ◊ de *moral* ■ **1** Conformément à une règle de conduite. *Se conduire, agir moralement.* ◆ Du point de vue éthique. *Action moralement condamnable.* ■ **2** (1718) Conformément à ses sentiments, son opinion. ➤ **intimement.** *Être moralement sûr.* ■ **3** (1636) Sur le plan spirituel, intellectuel. ➤ **mentalement.** *«Il est de l'essence de l'Homme de créer, matériellement et moralement»* BERGSON. *Moralement parlant. Physiquement et moralement.* ➤ **psychologiquement.** *Soutenir moralement qqn.* ■ CONTR. Immoralement. Matériellement, physiquement.

MORALISANT, ANTE [mɔʀalizɑ̃, ɑ̃t] adj. – 1778 ◊ de *moraliser* ■ Qui moralise (I). ➤ **moralisateur.**

MORALISATEUR, TRICE [mɔʀalizatœʀ, tʀis] adj. et n. – 1845 ◊ de *moraliser* ■ Qui fait la morale, édifie. ➤ **édifiant, moralisant.** *Discours moralisateur.* ➤ **prêchi-prêcha.** *Influence moralisatrice. «je voulais éviter le ton moralisateur»* GIDE. — n. (souvent péj.) ➤ **moraliste.**

MORALISATION [mɔʀalizasjɔ̃] n. f. – 1823 ◊ de *moraliser* ■ Action de rendre moral, de moraliser (II). ➤ **édification.** *La moralisation de la vie politique.* ■ CONTR. Corruption, démoralisation.

MORALISER [mɔʀalize] v. ‹1› – 1375 ◊ de *moral*

I VIEILLI Faire des leçons de morale. ■ **1** v. intr. Faire des réflexions morales dans une intention édifiante. ➤ **prêcher.** ■ **2** v. tr. Instruire ou reprendre (qqn) en lui faisant la morale. ➤ **admonester, morigéner, réprimander, sermonner.** *Fabuliste qui moralise ses contemporains.*

II v. tr. (1834) VIEILLI Élever moralement. *«Éclairer le peuple, c'est le moraliser»* HUGO. — MOD. Rendre conforme à la morale. *Moraliser la politique, le sport.*

■ CONTR. Corrompre ; pervertir.

MORALISME [mɔʀalism] n. m. – 1830 ; «moralité» 1771 ◊ de *morale* ■ **1** PHILOS. Attitude qui consiste à sacrifier toutes les valeurs à la valeur morale. ■ **2** COUR. Attachement strict et formaliste à une morale. *«le moralisme simpliste de ce puritain»* MARTIN DU GARD. ■ CONTR. Immoralisme.

MORALISTE [mɔʀalist] **n.** – 1690 ◊ de *morale* ■ **1** RARE Auteur qui écrit, qui traite de la morale. *Les grands moralistes grecs.* ■ **2** (répandu XIXe) Auteur de réflexions sur les mœurs, sur la nature et la condition humaines. *Montaigne, Pascal, La Rochefoucauld, La Bruyère, Vauvenargues, célèbres moralistes français.* ■ **3** Personne qui, par ses œuvres, son exemple, donne des leçons, des préceptes de morale. ➤ **moralisateur.** *Un moraliste austère.* — **adj.** *Elle a toujours été moraliste.* ◆ Empreint de moralisme. *Attitude moraliste.* ■ CONTR. Immoraliste.

MORALITÉ [mɔʀalite] **n. f.** – fin XIIe ◊ latin *moralitas* ■ **1** Caractère moral, valeur au point de vue moral, éthique. ➤ **mérite.** *Moralité d'une action, d'une attitude.* ◆ ABSOLT Valeur morale positive. *«la moralité de l'artiste est dans la force et la vérité de sa peinture»* BARBEY. ■ **2** (PERSONNES) Attitude, conduite ou valeur morale. *Faire une enquête sur la moralité de qqn. Personne de haute moralité, d'une moralité douteuse. La moralité de son fils l'inquiète.* ➤ **mentalité.** ◆ ABSOLT Sens moral (➤ **conscience**) ; vie conforme aux préceptes de la morale (➤ **honnêteté**). *Témoins, certificat de moralité. Un individu sans moralité.* ■ **3** VIEILLI Réflexion morale. ➤ **morale** (II, 2°) ; **maxime, sentence.** MOD. Enseignement moral que l'on peut tirer d'un récit, d'un évènement. *La moralité d'une fable.* ➤ **conclusion, enseignement.** *Moralité passée en proverbe. Moralité : ne faites pas comme moi !* ◆ HIST. LITTÉR. Au Moyen Âge, Courte pièce de théâtre, souvent allégorique, à l'intention édifiante. ■ CONTR. Immoralité.

MORASSE [mɔʀas] **n. f.** – 1845 ◊ italien *moraccio* «noiraud», de *moro* «noir» ■ IMPRIM. Dernière épreuve, faite autrefois à la brosse, lorsque la mise en pages du journal est terminée. *«au marbre, on pouvait lire les morasses avant que les pages ne volent à l'imprimerie»* FOTTORINO.

MORATOIRE [mɔʀatwaʀ] **adj. et n. m.** – 1765 ◊ latin juridique *moratorius,* de *morari* «retarder» ■ DR. ■ **1** Qui accorde un délai. — *Intérêts moratoires,* dus pour retard au paiement de la créance. ■ **2** **n. m.** (v. 1920) Disposition légale suspendant l'exigibilité des créances, le cours des actions en justice. ➤ **délai, suspension.** *Obtenir un moratoire.* On a dit aussi *moratorium* [mɔʀatɔʀjɔm], **n. m.**

MORBIDE [mɔʀbid] **adj.** – 1810 ; «malade» XVe ◊ latin *morbidus* ■ **1** MÉD. Relatif à la maladie. *État morbide.* ➤ **pathologique.** — *Obésité morbide,* qui diminue l'espérance de vie. ➤ **sévère.** ■ **2** COUR. Anormal, causé par un dérèglement psychique. ➤ **dépravé.** *Curiosité morbide.* ➤ **maladif, malsain.** *Goûts morbides.* ➤ **pervers.** ■ **3** Qui flatte les goûts dépravés. *Littérature, spectacle morbide.* ➤ **malsain.** ■ CONTR. 1 Sain.

MORBIDESSE [mɔʀbidɛs] **n. f.** – 1771 ◊ italien *morbidezza* (1580) «mollesse», de *morbido* «doux» ■ **1** LITTÉR. Grâce un peu maladive, alanguie. ➤ **langueur, nonchalance.** ■ **2** PEINT. Délicatesse et souplesse dans le modelé des chairs. *«des têtes italiennes d'une morbidesse délicieuse»* GAUTIER.

MORBIDITÉ [mɔʀbidite] **n. f.** – avant 1850 ◊ de *morbide* ■ DIDACT. ■ **1** Caractère morbide, maladif. *Morbidité d'un état.* ◆ Ensemble des causes qui peuvent produire une maladie (➤ **pathogène**). ■ **2** DÉMOGR. Nombre (absolu ou relatif) des malades dans un groupe déterminé à un moment donné. *Tables de morbidité. Morbidité prévalente :* nombre total de cas d'une maladie existant à un moment donné dans une population. *Morbidité incidente :* nombre de nouveaux cas d'une maladie pendant une période donnée dans une population. ■ **3** Caractère morbide, malsain. *Morbidité d'un film.*

MORBIER [mɔʀbje] **n. m.** – v. 1840 sens 2° ◊ nom d'une commune du Jura français ■ **1** (1938) Fromage de lait de vache, à pâte pressée, présentant en son milieu une raie grise. *Des morbiers.* ■ **2** (Suisse) Grande horloge de parquet, à balancier.

MORBILLEUX, EUSE [mɔʀbijø, øz] **adj.** – 1842 ◊ du latin médiéval *morbillus* «éruption, rougeole», proprt «petite maladie» ■ MÉD. Relatif à la rougeole. *Virus morbilleux. Encéphalite morbilleuse.*

MORBLEU [mɔʀblø] **interj.** – 1612 ; *mordieu* XVIe ◊ euphém. pour *mort de Dieu* ■ VX Juron en usage surtout au XVIIe s. ➤ **palsambleu.**

MORCEAU [mɔʀso] **n. m.** – 1480 ; *morsel* 1155 ◊ de l'ancien français *mors* «morceau, morsure» ■ **1** Partie, quantité qui a été séparée d'un aliment, d'un mets solide (soit pour être mangée en une bouchée, soit pour constituer une portion, une part). ➤ **bouchée, bout, rondelle, tranche.** *Avaler un gros morceau. Morceau de pain* (➤ **quignon**), *de poisson* (➤ **darne,** 2 **filet**). *Un morceau de fromage. Légumes coupés en petits morceaux* (➤ 1 **julienne**). *Morceau de sucre* (➤ RÉGION. **carreau**) ; *sucre en morceaux.* ◆ PAR EXT. Mets entier détaché ou pouvant être détaché d'un tout (bête de boucherie). *Morceau de bœuf, de porc. Les fins, les bons morceaux. Morceaux de choix, de roi,* les meilleurs. *Bas* morceaux.* — LOC. *Manger un morceau :* faire un petit repas (cf. Casser la croûte*). *Emporter* le morceau.* FAM. *Casser, cracher, lâcher, manger le morceau :* avouer, parler (cf. Se mettre à table*). *«parle, dis-moi, il faudra bien que tu craches le morceau»* É. REINHARDT. — FAM. *C'est un gros morceau,* qqch. dont on vient difficilement à bout. ■ **2** Partie d'un corps ou d'une substance solide. ➤ **bout, bribe, éclat, fraction, fragment, grain, parcelle,** 1 **part, partie,** VX **pièce, portion, quartier, segment, tronçon.** *Morceau de ficelle, de papier, de tissu. Couper, déchirer, mettre en morceaux.* ➤ **morceler ; briser, hacher, pulvériser.** *En mille morceaux :* cassé en nombreux fragments (cf. En pièces, en miettes). *La vitre est en mille morceaux. Recoller les morceaux ;* FIG. et FAM. se réconcilier ; se retrouver. *Couple qui tente de recoller les morceaux. «ils continuent de briser d'autres que moi qui n'auront ni la chance ni la force de recoller les morceaux»* VAN CAUWELAERT. ◆ Partie distincte, mais non séparée d'un tout. *Morceau de terre.* ➤ **coin, lopin.** — *Un bon morceau de.* ➤ **partie.** *C'est fait de pièces et de morceaux.* ➤ **disparate ;** 1 **mosaïque, patchwork.** ■ **3** Fragment, partie d'une œuvre littéraire. ➤ **extrait, passage.** *Morceau excellent, faible.* — SPÉCIALT *Morceaux choisis :* recueil contenant des passages d'auteurs ou d'ouvrages divers. ➤ **anthologie, chrestomathie, compilation, florilège.** *Un morceau d'anthologie. Morceaux de bravoure*.* ■ **4** MUS. Fragment complet d'une œuvre instrumentale en plusieurs parties (pour les formes fixes [sonates], on dit plutôt *mouvement*). *Les deux premiers morceaux d'Iberia.* ◆ COUR. Partie quelconque d'une œuvre musicale ; partie du programme d'un concert, d'un spectacle. *Le public a vivement applaudi le dernier morceau.* — Œuvre musicale généralement assez courte considérée comme un tout. ➤ **pièce.** *Morceau de piano. Morceau de concours. Exécuter un morceau.* ■ **5** ARTS Fragment de peinture considéré au point de vue de l'exécution. *«Le morceau le plus parfait qu'il y eut au Salon»* DIDEROT. — PAR EXT. Œuvre. *Morceau d'architecture.* ■ **6** FIG. et FAM. *Un sacré morceau :* une personne grande et forte. *«C'est peu dire que c'était un beau morceau. Elle était grande et blanche, c'était du lait»* P. MICHON. ■ CONTR. Bloc, tout.

MORCELABLE [mɔʀsəlabl] **adj.** – avant 1910 ◊ de *morceler* ■ Qu'on peut morceler. *Propriété morcelable.*

MORCELER [mɔʀsəle] **v. tr.** ⟨4 /5/⟩ – 1574 ◊ de *morcel,* ancienne forme de *morceau* ■ **1** Diviser (une substance, un corps solide) en plusieurs morceaux. ➤ **casser, fractionner, fragmenter.** *Morceler un cachet pour le faire avaler à un enfant.* ■ **2** Partager (une étendue de terrain) en plusieurs parties. ➤ **démembrer, partager.** *Morceler en lots.* ➤ **lotir.** — PRONOM. *Propriété qui se morcelle, peut se morceler.* ➤ **morcelable.** — *Pays morcelé en plusieurs petits États.* ■ **3** (ABSTRAIT) *«Tout ici me distrait [...] et morcelle mon effort»* GIDE. ➤ **disperser.** ■ CONTR. 1 Bloquer ; regrouper, remembrer.

MORCELLEMENT [mɔʀsɛlmɑ̃] **n. m.** /MORCÈLEMENT/ – 1789 ◊ de *morceler* ■ Action de morceler ; état de ce qui est morcelé. ➤ **désagrégation, division, fractionnement, segmentation.** — SPÉCIALT ➤ **démembrement, division, partage.** *Le morcellement de la propriété, de la terre. «en se déclarant contre le morcellement à outrance»* ZOLA. *Morcellement d'un pays.* ➤ **balkanisation.** ◆ (ABSTRAIT) *Morcellement des forces.* ➤ **dispersion.** ■ CONTR. Regroupement, remembrement, réunification.

MORDACHE [mɔʀdaʃ] **n. f.** – 1765 ; «morailles» 1560 ◊ latin *mordax, acis,* de *mordere* «mordre» ■ TECHN. ■ **1** Pièce de bois, de métal tendre, qu'on applique sur les mâchoires d'un étau pour serrer un objet sans l'endommager. ■ **2** Extrémité de certaines pinces ou tenailles.

MORDACITÉ [mɔʀdasite] **n. f.** – 1478 ◊ latin *mordacitas* ■ **1** VX Qualité d'une substance corrosive. *La mordacité de l'acide sulfurique.* ■ **2** LITTÉR. Caractère de ce qui est mordant (I, 3°). ➤ **causticité.** *La mordacité d'une critique.*

MORDANCER [mɔʀdɑ̃se] **v. tr.** ⟨3⟩ – 1846 ◊ de *mordant* ■ TECHN. Imprégner (une étoffe) d'un mordant en vue de l'impression ou de la teinture. — **n. m. MORDANÇAGE.**

MORDANT, ANTE [mɔʀdɑ̃, ɑ̃t] **adj. et n. m.** – XIIe ◊ de *mordre*
I **adj.** Qui mord, attaque. ■ **1** VÉN. *Bêtes mordantes,* qui se défendent en mordant (blaireau, loup, loutre, ours, renard, sanglier, etc.). ■ **2** Qui donne une impression de morsure. *Froid mordant.* ➤ **cuisant.** ■ **3** FIG. Qui attaque, raille avec une violence qui blesse. *Réplique mordante.* ➤ **acerbe, acéré, acide, acrimonieux, aigre,** 1 **caustique, corrosif, incisif,** 1 **piquant, vif.**

« Mordante à l'excès, elle avait peu d'amies » BALZAC. *Répondre à qqn d'une manière mordante* (cf. River* son clou à qqn). *Ton mordant,* à l'emporte-pièce. *Ironie mordante.*

II n. m. (XVIe ; « agrafe » XIIIe) ■ **1** Caractère de ce qui entame. *Le mordant d'une scie.* ■ **2** FIG. Énergie, vivacité dans l'attaque. ➤ **allant, 1 fougue,** FAM. **2 punch.** *« l'absence de mordant de l'armée américaine »* GIDE. *Œuvre littéraire qui a du mordant,* un ton vif et original qui saisit le lecteur. *Pamphlet plein de mordant.* ■ **3** MUS. VIEILLI Petit ornement mélodique. ■ **4** TECHN. Substance utilisée pour exercer une action corrosive sur un métal. *Emploi de mordants en gravure.* — Substance utilisée en teinture pour fixer le colorant sur la fibre (➤ **mordancer**).
■ CONTR. Calmant, doux.

MORDICUS [mɔʀdikys] **adv.** – 1690 ◊ mot latin « en mordant » ■ FAM. Obstinément, opiniâtrement, sans démordre. *Affirmer, soutenir qqch. mordicus.*

MORDILLEMENT [mɔʀdijmɑ̃] **n. m.** – 1867 ◊ de *mordiller* ■ Action de mordiller. *« les petits mordillements d'oreilles »* PERGAUD. — On dit aussi **MORDILLAGE.**

MORDILLER [mɔʀdije] **v. tr.** ⟨1⟩ – XVIe ◊ de *mordre* ■ Mordre légèrement et à plusieurs reprises. *Mordiller son crayon.* ➤ **mâchonner.** — INTRANS. *Chiot qui mordille pour jouer.*

MORDORÉ, ÉE [mɔʀdɔʀe] **adj.** et **n. m.** – 1770 ; *more doré* 1669 ◊ de *maure* et *doré* ■ Qui est d'un brun chaud avec des reflets dorés. ➤ **cuivré.** *« un lichen sombre, brun profond, vert noir, mordoré »* GENEVOIX. — **n. m.** *Du mordoré.*

MORDORURE [mɔʀdɔʀyʀ] **n. f.** – 1829 ◊ de *mordoré* ■ LITTÉR. Couleur mordorée. *Les mordorures de l'automne.*

MORDRE [mɔʀdʀ] **v.** ⟨41⟩ – 1080 ◊ latin *mordere*

I ~ v. tr. A. ÊTRES ANIMÉS ■ **1** Saisir et serrer avec les dents de manière à blesser, à entamer, à retenir. ➤ **croquer, déchiqueter,** RÉGION. **niaquer ; morsure.** *Son chien a mordu le facteur. Mordre qqn à la jambe, jusqu'au sang. Mordre une pomme à belles dents. Se mordre la joue, la langue.* — PRONOM. (RÉCIPR.) *Bêtes qui cherchent à se mordre.* — LOC. *Se mordre les doigts*, la langue*, les lèvres*. Se mordre la queue*. Mordre la poussière :* tomber de tout son long (dans un combat) ; FIG. essuyer un échec, une dure défaite. ◆ PAR EXT. *Mordre son crayon.* ➤ **mâchonner, mordiller.** *Mordre son mouchoir pour ne pas crier.* ■ **2** ABSOLT Avoir l'habitude d'attaquer, de blesser avec les dents. *Mettre une muselière à un chien pour l'empêcher de mordre.* — PLAISANT *Vous pouvez approcher, je ne mords pas.* ■ **3** Blesser au moyen d'un bec, d'un crochet, d'un suçoir. *Insecte, tortue qui mord. Être mordu, se faire mordre par un serpent.* ➤ **piquer.** ■ **4** Dépasser, empiéter sur (une limite). *Automobiliste qui mord la ligne continue.* — SPORT *Mordre la ligne,* commettre une faute en empiétant sur le tracé d'une ligne réglementaire.

B. CHOSES ■ **1** Entamer. ➤ **attaquer, détruire, ronger.** *La lime mord le métal.* — GRAV. *Mordre, faire mordre une planche,* lui faire subir l'action corrosive d'un mordant*, après avoir enlevé le vernis à certains endroits au moyen d'une pointe. ◆ S'accrocher, trouver prise. *« Les clous de leurs fers mordent la surface glissante »* GAUTIER. ABSOLT *Ancre qui mord. Pignon qui mord.* ➤ **engrener.** ■ **2** FIG. Provoquer une sensation douloureuse sur (qqn, qqch.). ➤ **pincer.** *« Le froid mouillé mordait si fort les mains »* GENEVOIX. — *L'inquiétude lui mordait le cœur.* ➤ **dévorer, ronger.**

II ~ v. tr. ind. MORDRE À ■ **1** Saisir avec les dents une partie d'une chose. *« il avait fini par mordre au fruit défendu »* HUGO. ◆ *Poisson qui mord à l'appât,* et ABSOLT *qui mord,* qui se laisse prendre. — IMPERS. *Ça mord ! « Ça n'a pas mordu, ce soir, mais je rapporte une rare émotion »* RENARD. — FIG. *Il n'a pas mordu à ton histoire.* ➤ **gober.** *Mordre à l'appât, à l'hameçon*.* ■ **2** FIG. Prendre goût à (un travail), s'y mettre, y faire des progrès (➤ **mordu**). *« Mords-tu ferme aux mathématiques ? »* BALZAC.

III ~ v. intr. A. MORDRE DANS ■ **1** Enfoncer les dents dans. ➤ **croquer.** *Mordre dans une pomme.* ■ **2** S'enfoncer, pénétrer. *Vis qui mord profondément dans le bois.*

B. MORDRE SUR (une chose et, PAR EXT., une personne) ■ **1** Agir, avoir prise sur, attaquer. *Faire mordre un acide sur le cuivre.* ■ **2** Empiéter sur (qqch. dans l'espace ou dans le temps). *Vacances qui mordent sur le début du mois.* ➤ **déborder.** *Mordre sur la marge. « Un professeur est autorisé à traiter beaucoup plus librement les sujets qui l'intéressent, à mordre sur l'actualité »* BEAUVOIR.

MORDU, UE [mɔʀdy] **adj.** et **n.** – XVIe ; a remplacé l'ancien p. p. *mords* ◊ de *mordre* ■ **1** Qui a subi une morsure. FIG. *« des voisines mordues de curiosité »* ZOLA. ■ **2** (1887) ABSOLT Amoureux. *Il est mordu, bien mordu.* ◆ **n.** (1926 sport) FAM. Personne qui a un goût extrême pour qqch. ➤ **fou*.** *Un mordu de football, de jazz.* ➤ **fanatique, fervent,** FAM. **toqué.**

MORE ➤ **MAURE**

MOREAU, ELLE [mɔʀo, ɛl] **adj.** – *morel* v. 1240 ◊ latin populaire °*maurellus* « brun comme un Maure » ■ Se dit d'un cheval qui est d'un noir luisant. *Chevaux moreaux, jument morelle.* ◆ SUBST. *Un moreau.* ■ HOM. Moraux (moral).

MORELLE [mɔʀɛl] **n. f.** – XIIIe ◊ latin tardif *maurella,* fém. de °*maurellus* → moreau ■ BOT. Plante dicotylédone *(solanacées),* à petites fleurs en étoile, dont de nombreuses variétés (herbes, arbustes) sont cultivées comme plantes comestibles (➤ **aubergine, pomme de terre, tomate**). — SPÉCIALT *Morelle toxique.* ➤ **douce-amère.** ■ HOM. Maurelle ; morelle (moreau).

MORESQUE ➤ **MAURESQUE**

MORFAL, ALE [mɔʀfal] **n.** et **adj.** – 1935 ◊ de *morfiler,* var. de *morfier* « manger » ■ FAM. (d'ab. arg. milit.) Personne qui dévore, qui a un appétit insatiable. ➤ **glouton, goinfre.** *Quel morfal ! Des morfals.*

1 **MORFIL** [mɔʀfil] **n. m.** – 1545 ; *marfil* 1553 ◊ espagnol *marfil,* d'origine arabe ■ VX Ivoire brut ; défenses d'éléphant non travaillées.

2 **MORFIL** [mɔʀfil] **n. m.** – 1611 ◊ de *mort,* p. p. de *mourir,* et *fil* ■ Petites parties d'acier, barbes métalliques qui restent sur le tranchant d'une lame fraîchement affûtée. *Enlever le morfil.* ➤ **émorfiler.**

MORFLER [mɔʀfle] **v. tr.** ⟨1⟩ – 1926 ◊ de l'argot *morfiler* « manger », avec influence de *mornifle* ■ ARG. FAM. Recevoir, encaisser (un coup, une punition) ; subir un inconvénient. *Morfler une beigne.* — ABSOLT, COUR. *C'est encore moi qui vais morfler.*

MORFONDRE (SE) [mɔʀfɔ̃dʀ] **v. pron.** ⟨41⟩ – 1574 ; « prendre froid » 1549 ; « être catarrheux » (cheval) intr. v. 1400 ◊ du provençal *mourre,* radical *murr-* « museau », et *fondre* ■ S'ennuyer*. *Elle est là toute seule à se morfondre.* — Être plongé dans l'inquiétude et la tristesse. *« ce pauvre chou qui se morfondait ici en attendant le résultat »* AYMÉ. ➤ **languir** (cf. Se faire du souci*). **(Avec l'inf.)** *Elle se morfondait à l'attendre.* ■ CONTR. Amuser (s').

MORFONDU, UE [mɔʀfɔ̃dy] **adj.** – XVIe ◊ de *morfondre* ■ Ennuyé d'une vaine attente, d'une déception. ➤ **dépité.** *« très morfondue à la pensée qu'elle ne le verrait pas »* MONTHERLANT. — *Un air morfondu.*

MORGANATIQUE [mɔʀganatik] **adj.** – 1609 ◊ latin médiéval *morganaticus,* bas latin *morganegiba* « don du matin des noces », du francique *morgan* « matin » et *geba* « don » ■ DR., HIST. Se dit de l'union contractée par un prince et une femme de condition inférieure, et de la femme ainsi épousée, qui ne bénéficie pas de tous les droits accordés à l'épouse. *Mariage, épouse morganatique.* — **adv.** (1844) **MORGANATIQUEMENT.**

MORGELINE [mɔʀʒəlin] **n. f.** – XVe ◊ italien *morsugalline, morso di gallina* « morsure de poule », du latin *mordere* « mordre » et *gallina* ■ Stellaire *(caryophyllacées),* plante appelée aussi *mouron* des oiseaux.*

1 **MORGUE** [mɔʀg] **n. f.** – v. 1460 ◊ de *morguer* « braver », du latin populaire °*murricare* « faire la moue » ■ LITTÉR. Contenance hautaine et méprisante ; affectation exagérée de dignité. ➤ **arrogance, hauteur, insolence, orgueil.** *« gourmé, plein de morgue, froid »* BALZAC. *« Leur morgue [...] les préservait de toute sympathie humaine »* PROUST.

2 **MORGUE** [mɔʀg] **n. f.** – XVIIe ; « lieu où l'on identifiait les prisonniers » 1526 ◊ de *morguer* « regarder avec hauteur » ■ Lieu où sont déposés les cadavres qu'il faut identifier. ➤ **médicolégal** (institut). *« Ses visites à la Morgue l'emplissaient de cauchemars »* ZOLA. ◆ Salle d'un hôpital, d'une clinique où l'on dépose les malades décédés.

MORIBOND, ONDE [mɔʀibɔ̃, ɔ̃d] **adj.** et **n.** – 1492 ◊ latin *moribundus* ■ Qui est près de mourir. ➤ **agonisant, mourant.** — **n.** Endormir *« les souffrances du moribond avec des injections de morphine »* HUYSMANS.

MORICAUD, AUDE [mɔʀiko, od] **adj.** et **n.** – 1583 ; nom de chien XVe ◊ de *more, maure* ■ FAM. Qui a le teint très brun, basané. ➤ **noiraud.** ◆ **n.** Personne au teint très brun, et SPÉCIALT **(t. raciste)** Homme, femme de couleur. *« tes cheveux frisés et ton teint de moricaud »* TOURNIER.

MORIGÉNER [mɔʀiʒene] **v. tr.** ⟨6⟩ – fin XVIe ; *morigéné* 1314 ◊ latin médiéval *morigenatus* « bien élevé », classique *morigeratus* « complaisant, docile » ■ **1** VX Élever. *« bien mal morigéné »* MOLIÈRE.

▪ **2** (XVIIIe) MOD. Réprimander*. ➤ **gourmander, sermonner.** «*ils lui ont promis de morigéner le prodigue*» GIDE. — SPÉCIALT Réprimander en se donnant des airs de moraliste. ➤ **chapitrer.**

MORILLE [mɔʀij] n. f. – 1500 ◊ latin populaire °*mauricula*, de *maurus* → morelle ▪ Champignon comestible *(ascomycètes)*, à chapeau ovoïde ou sphérique alvéolé. *Poulet aux morilles. Morilles à la crème.*

MORILLON [mɔʀijɔ̃] n. m. – XIIIe ◊ de l'ancien français *morel* → moreau ▪ **1** Variété de raisin noir. ▪ **2** (1564) Canard sauvage à plumage noir. ➤ **fuligule.** ▪ **3** Petite émeraude brute.

MORIO [mɔʀjo] n. m. – 1762 ◊ latin des zoologistes, p.-ê. de *maure, more* «brun» ▪ Papillon commun en France, aux ailes brunes bordées de jaune. *Des morios.*

MORION [mɔʀjɔ̃] n. m. – 1542 ◊ espagnol *morrion*, de *morra* «sommet de la tête» ▪ Ancien casque léger, à calotte sphérique, à bords relevés en pointe par-devant et par-derrière, porté par les fantassins espagnols (XVIe-XVIIe s.).

MORMON, ONE [mɔʀmɔ̃, ɔn] n. – 1832 ◊ de *Mormon*, nom d'un prophète allégué par J. Smith, fondateur du mouvement ▪ Adepte d'un mouvement religieux d'origine américaine («Église de Jésus-Christ des saints des derniers jours»), dont la doctrine, fondée sur une lecture de la Bible et du «Livre de Mormon», admet les principes essentiels du christianisme et présente des analogies avec l'islam. — adj. *La doctrine mormone* (ou *mormonisme* n. m.).

1 **MORNE** [mɔʀn] adj. – 1138 *murne* ◊ de l'ancien verbe *morner*, du francique °*mornôn* «être triste, inquiet» ▪ **1** (PERSONNES) Qui est d'une tristesse morose, allant jusqu'à l'abattement. ➤ **abattu, sombre, triste*.** *Morne et silencieux.* ➤ **taciturne.** «*inquiète de le voir si morne*» SAND. — PAR EXT. «*Son visage reprenait sa morne immobilité*» ZOLA. ▪ **2** (XVIe) Triste et maussade. *Temps morne.* «*Waterloo ! morne plaine*» HUGO. — «*Une vie morne et sans éclaircie*» MAUPASSANT. ➤ **monotone,** 1 **terne.** — Sans animation, sans intérêt. ➤ 1 **plat.** «*La conversation resta morne*» GIDE. ▪ CONTR. Ardent, gai.

2 **MORNE** [mɔʀn] n. f. – 1478 ◊ de *morner* → morné ▪ Anneau qui servait à rendre la lance inoffensive. ➤ 1 **frette.**

3 **MORNE** [mɔʀn] n. m. – 1640 ◊ mot créole des Antilles, altération de l'espagnol *morro* «monticule» ▪ Dans les îles (Réunion, Antilles), Petite montagne arrondie, isolée au milieu d'une plaine d'érosion. ➤ **inselberg, pédiment.** «*l'île, avec ses mornes surmontés de leurs pitons*» BERNARDIN DE SAINT-PIERRE.

MORNÉ, ÉE [mɔʀne] adj. – XVe ◊ de l'ancien verbe *morner*, p.-ê. du francique °*mornô* (→ 1 morne) ou de *morinare*, du latin *mora* «garde d'épée» ▪ **1** ARCHÉOL. Émoussé, garni d'une morne* (2). *Lance mornée.* ▪ **2** (XVIe) BLAS. Se dit d'un animal représenté sans dents, sans griffes, sans bec. — *Casque morné*, représenté la visière fermée. ▪ HOM. Mort-né.

MORNIFLE [mɔʀnifl] n. f. – 1609 ; autre sens 1549 ◊ de °*mornifler*, radical *murr-* «museau» et de l'ancien français *nifler* (→ renifler) ▪ VIEILLI et FAM. ➤ **gifle*,** 1 **taloche.** «*De ta main experte en mornifles*» VERLAINE.

1 **MOROSE** [mɔʀoz] adj. – 1615 ◊ latin *morosus* ▪ Qui est d'une humeur chagrine, que rien ne peut égayer. ➤ 1 **chagrin,** 1 **morne, renfrogné, sombre, triste* ; dépressif.** «*C'était la conscience de sa vie manquée qui lui donnait un air morose*» FLAUBERT. — Qui est marqué par la morosité, ou qui l'inspire. «*ces vieillesses moroses*» SAINTE-BEUVE. *Journée morose à la Bourse de Paris.* ▪ CONTR. Gai, joyeux.

2 **MOROSE** [mɔʀoz] adj. – 1863 ◊ latin théologique *morosa delectatio*, bas latin *morosus* «lent», de *mora* «retard» ▪ THÉOL. *Délectation* morose.*

MOROSITÉ [mɔʀozite] n. f. – 1486 ◊ latin *morositas* ▪ LITTÉR. Caractère, humeur morose. ➤ 2 **chagrin, tristesse.** «*une sorte de morosité et de rigidité calviniste*» GIDE. ♦ (repris 1971) Manque d'entrain créatif caractérisant un groupe, une société. ➤ **marasme, stagnation.** *La morosité politique, économique d'un pays.* ▪ CONTR. Gaieté, joie.

MORPHÈME [mɔʀfɛm] n. m. – 1905 ◊ de *morph(o)-* et *phonème* ▪ LING. ▪ **1** VX Élément grammatical d'un mot. ▪ **2** (de l'anglais) La plus petite unité significative. ➤ **monème** (cf. Unité de première articulation*). *Morphème libre.* ➤ **mot.** *Morphème lié*. Mot formé de plusieurs morphèmes* (➤ **morphologie**). *Morphème lexical* (➤ **lexème**), *grammatical. Morphème discontinu*. ♦ SPÉCIALT Chez A. Martinet, Monème grammatical. *Les monèmes se répartissent en morphèmes et en lexèmes.*

MORPHINE [mɔʀfin] n. f. – 1817 ◊ de *Morphée*, dieu du sommeil, latin *Morpheus*, mot grec ▪ CHIM. Principal alcaloïde de l'opium, doué de propriétés soporifiques et calmantes. *Morphine-base* : morphine brute, avant purification. *Chlorhydrate, sulfate de morphine.* ♦ COUR. Sel de morphine. *Morphine employée comme analgésique, calmant, ou hypnotique.* — SPÉCIALT La morphine utilisée comme stupéfiant (➤ **morphinomane**). «*Comme ces gens qui se piquent depuis longtemps à la morphine et qui doivent sans cesse augmenter la dose*» LÉAUTAUD. *La morphine est une drogue dure.* ♦ PAR ANAL. *Morphine endogène.* ➤ **endorphine.** *Morphine du cerveau.* ➤ **enképhaline.**

MORPHING [mɔʀfiŋ] n. m. – 1992 ◊ mot anglais américain (1991), de *to morph* «transformer» ▪ ANGLIC. Procédé d'animation numérique qui transforme une image en une autre, de manière continue. — Recomm. offic. *morphose.*

MORPHINIQUE [mɔʀfinik] adj. – 1891 ◊ de *morphine* ▪ Relatif à la morphine. *Un antidouleur morphinique.* — n. m. «*des morphiniques qui atténuent la douleur*» O. ROSENTHAL.

MORPHINISME [mɔʀfinism] n. m. – 1877 ◊ de *morphine* ▪ MÉD. Intoxication chronique par la morphine. ➤ **morphinomanie.**

MORPHINOMANE [mɔʀfinɔman] adj. et n. – 1883 ; *morphiomane* 1880 ◊ de *morphine* et *-mane* ▪ Qui se drogue à la morphine. — n. «*ces morphinomanes invétérés, aux traits fripés, vieilles maquerelles de la drogue*» MICHAUX.

MORPHINOMANIE [mɔʀfinɔmani] n. f. – 1880 ; *morphiomanie* 1876 ◊ de *morphine* et *-manie* ▪ DIDACT. Toxicomanie à la morphine. ➤ **morphinisme.**

MORPHISME [mɔʀfism] n. m. – milieu XXe ◊ du grec *morphê* «forme» ▪ Homomorphisme.

MORPH(O)-, -MORPHE, -MORPHIQUE, -MORPHISME ▪ Éléments, du grec *morphê* «forme».

MORPHOGÈNE [mɔʀfɔʒɛn] adj. et n. m. – v. 1900 ◊ de *morpho-* et *-gène* ▪ **1** BIOL. Qui détermine la forme, la structure d'un organisme vivant. ▪ **2** n. m. BIOCHIM. Molécule de signalisation influençant le devenir des cellules en fonction de leur emplacement. *Les morphogènes se répartissent selon un gradient* de concentration.*

MORPHOGENÈSE [mɔʀfɔʒənɛz] n. f. – 1893 ; *morphogénie* v. 1840 ◊ de *morpho-* et *-genèse* ▪ BIOL. Développement des formes, des structures caractéristiques d'une espèce vivante. *Morphogenèse des feuilles.* — adj. **MORPHOGÉNÉTIQUE.**

MORPHOLOGIE [mɔʀfɔlɔʒi] n. f. – 1822 ◊ créé en allemand par Goethe (1790), avec le grec *morphê* «forme» (→ morph[o]-) et *logia* «théorie» (→ -logie) ▪ **1** Étude de la configuration et de la structure externe (d'un organe ou d'un être vivant). *Morphologie animale* (➤ **anatomie**), *végétale.* — PAR EXT. *Morphologie de la surface terrestre.* ➤ **géomorphologie.** ▪ **2** Forme, configuration, apparence extérieure (d'un organisme vivant). *La morphologie d'un athlète. Anomalies de la morphologie* (➤ **difformité, malformation**). ▪ **3** (1868) LING. Étude des variations de forme des mots dans la phrase. ➤ **grammaire, morphosyntaxe.** ♦ *Morphologie lexicale* : étude de la formation ou de la composition des mots complexes. ➤ **lexicologie.**

MORPHOLOGIQUE [mɔʀfɔlɔʒik] adj. – 1836 ◊ de *morphologie* ▪ SC. Relatif à la morphologie, aux formes (en biologie, en linguistique). *Types morphologiques.* — adv. **MORPHOLOGIQUEMENT.**

MORPHOPSYCHOLOGIE [mɔʀfopsikɔlɔʒi] n. f. – 1950 ◊ de *morpho-* et *psychologie* ▪ DIDACT. Étude des correspondances entre la psychologie et les types ou prédominances morphologiques humains. ➤ **physiognomonie.**

MORPHOSYNTAXE [mɔʀfosɛ̃taks] n. f. – v. 1960 ◊ de *morpho-* et *syntaxe* ▪ LING. Étude des formes et des règles de combinaison régissant la formation des énoncés. — adj. **MORPHOSYNTAXIQUE,** v. 1960.

MORPION [mɔʀpjɔ̃] n. m. – 1532 ◊ de *mordre* et de *pion* «pou» (wallon, XVe), avec influence de 1 *pion* «fantassin» ▪ **1** FAM. Pou du pubis (➤ **phtiriase**). ▪ **2** (1660) FAM., PÉJ. Petit garçon. «*ce sale morpion vient encore m'emmerder*» BEAUVOIR. ▪ **3** (1924) Jeu consistant à placer alternativement un signe sur le quadrillage d'un papier, jusqu'à ce que l'un des deux joueurs parvienne à former une file de cinq signes.

MORS [mɔʀ] n. m. – 1386 ; «morsure, morceau» XIIe ◊ de *mordre* → morceau ▪ **1** Pièce du harnais, levier qui passe dans la bouche du cheval et qui, en appuyant sur les barres* (4o), sert à le diriger. ➤ **frein.** *Mettre, passer le mors à un cheval.* ♦ LOC. *Prendre le mors aux dents*, se dit du cheval qui prend les branches du frein avec les incisives, rendant ainsi inefficace l'action du mors ; s'emballer. FIG. S'emporter ; se mettre soudainement et avec énergie à un travail, à une entreprise. ▪ **2** (XVIe) Chacune des mâchoires d'un étau, de tenailles, de pinces. ▪ **3** RELIURE Rainure pratiquée près du dos d'un volume pour y loger le carton de la couverture ; bord du carton qui s'y loge. ■ HOM. Maure, mort.

1**MORSE** [mɔʀs] **n. m.** – 1618 ; *mors* 1540 ◊ finnois *mursu*, ou lapon *morssa* ▪ Grand mammifère marin des régions arctiques *(pinnipèdes)*, amphibie, carnivore, au corps épais et allongé, que l'on chasse pour son cuir, sa graisse et l'ivoire de ses défenses (➤ **rohart**). *Troupeau de morses.*

2**MORSE** [mɔʀs] **n. m.** – 1856 ◊ mot anglais américain, du nom de l'inventeur ▪ Système de télégraphie électromagnétique et de code de signaux utilisant des combinaisons de points et de traits (➤ **S. O. S.**). *Signaux en morse.* APPOS. *Alphabet morse.*

MORSURE [mɔʀsyʀ] **n. f.** – 1213 ◊ de *mors* ▪ **1** Action de mordre. *La morsure d'un chien. Morsure de serpent.* PAR EXT. *Morsure d'insecte.* ➤ **piqûre.** *Morsure mortelle.* ◆ PAR ANAL. *« La morsure des outils entamant la houille »* ZOLA. *Le vent « mord la peau de sa morsure glacée »* MAUPASSANT. ◆ GRAV. Opération qui consiste à attaquer à l'acide les parties dévernies d'une planche de cuivre. ▪ **2** Blessure, marque faite en mordant. *Une morsure profonde.* — PAR ANAL. *Des « tables portant sur la tranche de nombreuses morsures de canif »* ROMAINS.

1**MORT** [mɔʀ] **n. f.** – fin IXe ◊ du latin *mors, mortis,* famille de *morire* → mourir

I CESSATION DÉFINITIVE DE LA VIE (D'UN ÊTRE VIVANT) ▪ **1** Cessation de la vie, considérée comme un phénomène inhérent à la condition humaine ou animale. ➤ **trépas** (cf. LITTÉR. Le dernier sommeil, le sommeil éternel). *« Notre nature vivace est rétive à la mort »* P. BOREL. *« La mort est partout, devant nous, derrière nous »* SARTRE. *Avoir peur de la mort. « La mort est d'abord un événement naturel de la vie »* J. HAMBURGER. *Étude de la mort.* ➤ **thanatologie.** *La vie après la mort.* ➤ **au-delà.** ◆ (fin XIIe) (Personnifiée) ➤ **camarde, faucheuse** (cf. Danse macabre*). *Voir la mort de près. Frôler la mort. Allégorie de la Mort portant sa faux. La mort n'épargne personne. « C'est la mort qui console, hélas, et qui fait vivre »* BAUDELAIRE. — LOC. *Chien qui hurle à la mort.* ▪ **2** Fin d'une vie humaine (ou animale), circonstances de cette fin. *Mort héroïque, tragique. Mort naturelle, accidentelle, subite. Mort par asphyxie, électrocution. Trouver la mort :* mourir. *« C'est une drôle d'expression, quand on y réfléchit,* trouver la mort *»* PH. CLAUDEL. *Mourir de sa belle mort,* de vieillesse et sans souffrance. *Sur son lit de mort. Être à la mort, à l'article de la mort,* tout près de mourir. ➤ **agonie ; moribond, mourant.** *« J'allais vers la mort. Je n'avais jamais pensé que ça pourrait m'arriver, que je pourrais ressentir une chose pareille »* LE CLÉZIO. *Les affres de la mort. Être en danger de mort, entre la vie et la mort. C'est une question de vie ou de mort,* une affaire où il y va de la vie. *Échapper à la mort* (➤ **trompe-la-mort**). — *Un silence de mort,* absolu. ➤ **sépulcral.** — ADMIN. *Accident sans mort d'homme.* — LOC. *Il n'y a pas mort d'homme :* ce n'est pas grave. *Ce n'est pas la mort (du petit cheval, d'un homme) :* ce n'est pas grave ; ce n'est pas difficile. — *Coups et blessures ayant entraîné la mort* (➤ **fatal, mortel ;** 2**homicide**). ◆ **loc. adv.** (fin XIe) **À MORT :** d'une façon qui entraîne la mort. ➤ **mortellement.** *Battu à mort.* — *En vouloir à mort à qqn,* jusqu'à en souhaiter sa mort. *Ils sont fâchés à mort.* — FAM. Au maximum. *Freiner à mort* (cf. À fond). ▪ **3** (XIVe) Cette fin provoquée (➤ **assassinat, crime, euthanasie,** 2**homicide, meurtre, suicide**). *Donner la mort :* tuer. *« Les hommes ont-ils le droit de donner la mort ?... même à l'assassin [...] ? »* RESTIF. *Se donner la mort :* se suicider. *Qui cause la mort.* ➤ **fatal, funeste, létal, mortel, mortifère.** *Menaces de mort. Engins de mort,* de guerre. *Pulsions de mort.* ➤ **thanatos.** *Camp de la mort :* camp d'extermination*. *Peine de mort.* (1606) *Condamner, mettre à mort. Jusqu'à ce que mort s'ensuive. La mise à mort du taureau.* ➤ **estocade.** *Avoir droit de vie et de mort sur qqn. Baiser* de la mort.* ◆ **DE LA MORT,** se dit d'exercices, d'engins..., qui mettent en danger de mort leurs auteurs, leurs occupants. *L'acrobate va exécuter le saut de la mort. « les cris de stupéfaction et de terreur au moment le plus angoissant du saut de la mort »* GUILLOUX. ◆ **interj.** *À mort !,* cri par lequel on réclame la mort de qqn. *À mort le tyran ! Mort aux vaches* !* ▪ **4** Terme de la vie humaine considéré dans le temps. ➤ **décès, disparition.** *Avant, depuis sa mort. Ouvrage publié après la mort de l'auteur* (➤ **posthume**). *J'ai appris sa mort par un faire-part, par la rubrique nécrologique.* — LOC. *À la vie (et) à la mort :* pour toujours (formule de serment). *« Ces belles amitiés-là, à la vie à la mort »* LOTI. ▪ **5** BIOL., MÉD. Arrêt complet et irréversible des fonctions vitales (d'un organisme, d'une cellule) entraînant sa destruction progressive. *Mort d'un fœtus, d'un organisme, d'une cellule. « la mort est un processus qui gagne de proche en proche »* J. ROSTAND. *Mort apparente :* arrêt temporaire ou ralentissement extrême des fonctions cardiaques et respiratoires. *Mort clinique,* constatée par un examen clinique, correspondant à un arrêt brutal des fonctions cardiaques, respiratoires, cérébrales. *« La mort clinique, moment d'inconscience pendant lequel l'apport du sang au cerveau est insuffisant »* O. ROSENTHAL. *Mort biologique :* arrêt du métabolisme des cellules (surtout nerveuses). *Mort cérébrale :* cessation de l'activité électrique de l'encéphale mise en évidence par un électroencéphalogramme plat. *Reculer le moment de la mort par l'acharnement* thérapeutique.* — *Mort d'un organe. Mort cellulaire par nécrose, apoptose.*

II SENS FIGURÉS ▪ **1** ANCIENNT *Mort civile :* privation définitive des droits civils. — (fin XIIe) RELIG. *La mort éternelle, de l'âme :* la condamnation du pécheur aux peines de l'enfer. ▪ **2** (1670) Destruction (d'une chose). *C'est la mort du petit commerce.* ➤ 1**fin, ruine.** *« la mort de la liberté »* CAMUS. ▪ **3** (milieu XVe) Douleur mortelle. ➤ **agonie.** *Souffrir mille morts.* — LOC. *Avoir la mort dans l'âme :* être tout à fait désemparé, désespéré. *« Il faut s'habituer à avoir la mort dans l'âme et le visage riant »* SAND. *Faire qqch. la mort dans l'âme,* contre son gré et avec souffrance. ➤ 1**contrecœur (à).** ▪ **4** LOC. *La petite mort :* l'orgasme. *« La volupté est si proche de la dilapidation ruineuse que nous appelons "petite mort" le moment de son paroxysme »* G. BATAILLE.

■ CONTR. Vie, naissance. ■ HOM. Maure, mors.

2**MORT, MORTE** [mɔʀ, mɔʀt] **adj.** – Xe ◊ latin populaire °*mortus,* classique *mortuus,* de *mori* → mourir ▪ **1** Qui a cessé de vivre. ➤ **décédé, défunt,** 2**feu, trépassé.** *Personne morte.* ➤ **cadavre.** *Enfant mort à la naissance.* ➤ **mort-né.** *Il est mort depuis longtemps. Il est mort et enterré* (cf. Manger les pissenlits par la racine). *On le croyait mort. « Laissé pour mort sur le champ de bataille »* CHATEAUBRIAND. *Mort au champ d'honneur, mort pour la France. Être comme mort, à moitié mort,* inanimé. *Tomber mort, raide mort. Mort ou vif.* LOC. *C'est un homme mort,* se dit de qqn que l'on va supprimer (cf. Être condamné). *Un pas de plus et tu es un homme mort.* — (Animaux) ➤ **crevé ; charogne.** *« Un chien vivant vaut mieux qu'un lion mort »* (BIBLE). — (Végétaux) *Arbre mort. Bois* mort. Feuilles mortes.* ➤ **sec.** — (Organes, tissus) *Chair, peau morte* (cf. Nécrosé), *cellules mortes.* ▪ **2** Qui semble avoir perdu la vie. *Ivre mort. Être à demi-mort de froid. Mort de fatigue,* épuisé. ABSOLT *Je suis morte !* ➤ FAM. **claqué, crevé,** 2**naze.** — *Mort de peur :* paralysé par la peur. *Plus mort que vif :* effrayé au point de ressembler à un mort plus qu'à un vivant. FAM. *Mort de rire* (abrév. écrite *mdr* ; ➤ **lol**). — *Yeux morts,* éteints, sans vie. *Dent morte,* dévitalisée. *Ne pas y aller de main* morte.* ◆ PAR EXT. (CHOSES) FAM. Hors d'usage. ➤ **cassé, usé ;** FAM. 2**fichu, foutu,** 2**naze.** *Les piles sont mortes. Ma voiture est morte.* ▪ **3** FIG. et LITTÉR. **MORT À :** insensible, indifférent à. *Il est mort au monde. Rendre mort au péché.* ➤ **mortifier.** ▪ **4** (CHOSES) Sans activité, sans vie. *« Paris était mort. Plus d'autos, plus de passants »* SARTRE. *Eau morte.* ➤ **stagnant.** *La mer Morte. Le feu est mort.* ➤ **éteint.** — LOC. *Point*, poids* mort. Temps* mort. Œuvres* mortes d'un navire. Angle mort :* zone dans laquelle le tir, l'observation sont rendus impossibles (par un écran, etc.). *Cheptel* mort. Nature morte, morte-saison* (voir ces mots). ▪ **5** Qui appartient à un passé révolu. *Langue* morte. « Comme les villes mortes sortent des sables »* MAUROIS. *« Ma vieille amitié pour lui n'est point morte »* GIDE. ◆ LOC. FAM. *C'est mort :* c'est fini, il n'y a plus d'espoir. *« plus personne ne désire, ça n'existe plus, c'est mort »* Y. HAENEL. ■ CONTR. 2Vivant. Animé, vif.

3**MORT, MORTE** [mɔʀ, mɔʀt] **n.** – 1080 ◊ de 2*mort* ▪ **1** Dépouille mortelle d'un être humain. ➤ **cadavre, corps,** POP. **macchabée.** *Veiller un mort. Prélever des organes sur un mort afin de les greffer. Autopsier un mort. Ensevelir, enterrer, incinérer les morts* (➤ **obsèques**). *Restes, cendres d'un mort. Tête* de mort.* PAR COMPAR. *Être pâle comme un(e) mort(e)* (➤ **cadavérique**). ◆ LOC. *Faire le mort :* faire semblant d'être mort, rester sans bouger ; FIG. ne pas intervenir ; ne pas donner de nouvelles, se faire oublier. *« il s'agissait pas de faire le mort dans ces moments-là »* DJIAN. — FAM. *À réveiller les morts,* se dit d'un bruit, d'un alcool très fort ou d'un plat très relevé. — *Mort en sursis, mort vivant :* personne qui n'a plus beaucoup de temps à vivre (cf. Un cadavre* ambulant). ▪ **2** Être humain qui ne vit plus (mais considéré comme existant dans la mémoire collective ou dans l'au-delà). ➤ **défunt, disparu, trépassé.** *« Les morts gouvernent les vivants »* COMTE. *Culte, reli-*

gion des morts. ➤ **ancêtre.** *Messe* (➤ **requiem**), *prières des morts. Le jour des Morts* (le 2 novembre). *« toutes ces tombes étaient fleuries à l'occasion de la fête des morts, aucune n'avait été oubliée »* J.-PH. TOUSSAINT. *Monument aux morts.* ▪ **3** Esprit, âme d'une personne morte. ➤ **esprit, mânes.** *Ressuscité d'entre les morts. Apparition d'un mort.* ➤ **fantôme, mort-vivant, revenant, spectre, zombie.** — MYTH. *Le royaume, le séjour des morts.* ➤ 1 **ombre ; enfers.** ▪ **4** Personne que la mort a frappée, qui a été tuée. *Cet accident a fait un mort et trois blessés. Les morts et les rescapés. Les morts de la guerre.* ➤ **victime ; boucherie, hécatombe, massacre, tuerie.** *Liste des morts.* ➤ **nécrologie.** — FAM. *La place du mort :* dans une automobile, place du passager avant, la plus exposée en cas de choc. ▪ **5** DR. *Le mort saisit* le vif. Mort civil :* personne frappée de mort* civile. ▪ **6** n. m. Joueur de bridge, de whist qui étale ses cartes et ne participe plus au jeu après les annonces ; les cartes de ce joueur. *L'as est au mort, la dame dans ma main. Faire le mort.* ▪ CONTR. 2 Vivant.

MORTADELLE [mɔʀtadɛl] n. f. – XVe ◊ italien *mortadella,* du latin *murtatum* « farce au myrte » ▪ Charcuterie d'origine italienne, gros saucisson moelleux, de couleur rosée, fabriqué avec du porc, du bœuf et des morceaux de gras, qui se consomme froid.

MORTAISAGE [mɔʀtɛzaʒ] n. m. – 1845 ◊ de *mortaiser* ▪ TECHN. Opération consistant à faire une mortaise ; opération d'usinage destinée à donner à une cavité sa forme définitive.

MORTAISE [mɔʀtɛz] n. f. – *mortoise* XIIIe ◊ p.-ê. de l'arabe *murtazza* « fixé » ▪ Entaille faite dans une pièce de bois ou de métal pour recevoir le tenon d'une autre pièce. ➤ **adent.** *Assemblage à tenons et à mortaises. Creuser, faire une mortaise.* ◆ SPÉCIALT Ouverture dans une gâche pour recevoir le pêne de la serrure.

MORTAISER [mɔʀteze] v. tr. ‹1› – 1302 ◊ de *mortaise* ▪ TECHN. Entailler en faisant une mortaise ; effectuer le mortaisage de.

MORTAISEUSE [mɔʀtɛzøz] n. f. – 1868 ◊ de *mortaiser* ▪ TECHN. Machine-outil destinée au mortaisage.

MORTALITÉ [mɔʀtalite] n. f. – XIIe ◊ latin *mortalitas* ▪ **1** VX Condition d'un être mortel (opposé à *immortalité*). ▪ **2** (XIIIe) Mort d'un certain nombre d'êtres humains ou d'animaux, succombant pour une même raison (épidémie, fléau). *« l'excessive mortalité qu'on relevait dans la geôle municipale »* CAMUS. ▪ **3** (1749) DÉMOGR. *Taux de mortalité,* ou *mortalité :* rapport entre le nombre des décès et l'effectif moyen d'une population sur une année. *Régression, accroissement de la mortalité. Tables de mortalité. Mortalité des nouveau-nés* (➤ **mortinatalité**) ; *mortalité infantile :* rapport entre le nombre des décès d'enfants de moins de un an et le nombre d'enfants nés vivants dans une population sur un an. *Taux de mortalité et de natalité dans une population.*

MORT-AUX-RATS [mɔʀ(t)oʀa] n. f. inv. – 1594 ◊ de 1 *mort* et *rat* ▪ Préparation empoisonnée destinée à la destruction des rongeurs.

MORT-BOIS [mɔʀbwa] n. m. – début XVIe ; XIIIe *mort bosc* ◊ de 2 *mort* et *bois* ▪ TECHN. Bois de petite dimension qu'on ne peut travailler, provenant des arbrisseaux des sous-bois. *Des morts-bois.*

MORTE-EAU [mɔʀto] n. f. – 1690 ◊ de 2 *mort* et *eau* ▪ Faible marée ; époque de cette marée. *Marée de morte-eau.* ➤ **quadrature.** *La période des mortes-eaux.*

MORTEL, ELLE [mɔʀtɛl] adj. et n. – 1080 ◊ latin *mortalis* ▪ **1** Sujet à la mort. *Tous les hommes sont mortels. « Il importe de savoir si l'âme est mortelle ou immortelle »* PASCAL. *« Son âme avait presque abandonné son enveloppe mortelle »* STENDHAL. — *Dépouille* mortelle.* — (CHOSES) LITTÉR. Sujet à disparaître. ➤ **éphémère, périssable, temporel.** *« Nous autres civilisations, nous savons maintenant que nous sommes mortelles »* VALÉRY. ▪ **2** n. (XIIIe) LITTÉR. Être humain. ➤ **homme,** 1 **personne.** *Les dieux et les mortels.* — LOC. *Le commun* des mortels. Un heureux* mortel.* ▪ **3** (fin XIIe) Qui cause la mort, entraîne la mort. ➤ **fatal.** *Maladie, blessure mortelle. Poison, mélange mortel* (cf. Cocktail lytique*). *Dose mortelle.* ➤ **létal ; overdose.** *Coup mortel.* ➤ **meurtrier.** — *Plaie d'argent* n'est pas mortelle.* ◆ (1080) Qui souhaite, cherche la mort de qqn. *Son ennemi mortel.* ◆ *Péché* mortel.* ▪ **4** PAR EXAGÉR. D'une intensité dangereuse. *Un froid mortel. « la jalousie mortelle qui me déchirait le cœur »* ABBÉ PRÉVOST. ▪ **5** Extrêmement pénible. *Un ennui, un silence mortel. « Voilà trois mortelles heures qu'on les laisse se morfondre »* DAUDET. ◆ FAM. Extrêmement ennuyeux*. ➤ **lugubre,** 1 **sinistre.** *C'est mortel, ces réunions.* ▪ **6** FAM. Très bon. ➤ 2 **super** (cf. C'est de la balle, d'enfer). *Mortel, son dernier disque !* ▪ CONTR. Éternel, immortel.

MORTELLEMENT [mɔʀtɛlmɑ̃] adv. – 1380 ; *mortelement* v. 1155 ◊ de *mortel* ▪ **1** Par un coup mortel (cf. À mort). *« grièvement, mais non mortellement blessé »* DIDEROT. ▪ **2** D'une façon intense, extrême. *« Il était mortellement pâle »* VIGNY. — *« La journée avait été mortellement ennuyeuse »* ALAIN-FOURNIER (cf. À mourir). — *En vouloir mortellement à qqn,* jusqu'à souhaiter sa mort.

MORTE-SAISON [mɔʀt(ə)sɛzɔ̃] n. f. – v. 1400 ◊ de 2 *mort* et *saison* ▪ Époque de l'année où l'activité est réduite dans un secteur de l'économie. *C'est la morte-saison du tourisme. Station déserte en morte-saison. Des mortes-saisons.*

MORTIER [mɔʀtje] n. m. – 1190 ◊ latin *mortarium*

I ▪ **1** Récipient en matière dure et résistante, servant à broyer certaines substances. *Le mortier et le pilon. « le pharmacien pilait des poudres au fond d'un mortier de marbre »* MAUPASSANT. *Mortier de cuisine* (pour l'ail, les épices). ▪ **2** (XVe) ANCIENNT Bouche à feu servant à lancer des boulets. ➤ **bombarde.** ◆ MOD. Pièce à tir courbe, SPÉCIALT Pièce portative utilisée par l'infanterie. ➤ **crapouillot, obusier.** *Tir au mortier.* ▪ **3** Toque ronde que portaient les présidents, le greffier en chef du parlement et le chancelier de France. *Président à mortier.* — MOD. Bonnet porté par certains magistrats.

II (XIIe) Mélange de chaux éteinte (ou de ciment) et de sable délayé dans l'eau et utilisé en construction comme liant ou comme enduit. ➤ **gâchis, rusticage.** *Mortier hydraulique. Mortier maigre, gras. Crépi de mortier.*

MORTIFÈRE [mɔʀtifɛʀ] adj. – fin XVe ◊ latin *mortifer* ▪ DIDACT. Qui cause, provoque la mort. ➤ **mortel.** ◆ FIG. Nocif, dangereux. *Relation, ambiance mortifère.*

MORTIFIANT, IANTE [mɔʀtifjɑ̃, jɑ̃t] adj. – fin XVIe ◊ de *mortifier* ▪ **1** Qui mortifie la chair, les sens. ▪ **2** Qui humilie l'amour-propre. ➤ **blessant, humiliant, vexant.**

MORTIFICATION [mɔʀtifikasjɔ̃] n. f. – XIIe ◊ latin ecclésiastique *mortificacio* ▪ **1** Privation, souffrance qu'on s'impose dans l'intention de racheter ses péchés, de se préserver de la tentation. *Mortification de sa chair, de sa volonté. Faire qqch. par mortification.* ➤ **macération, pénitence.** ▪ **2** (XVIIe) Souffrance d'amour-propre, traitement mortifiant. ➤ **avanie, froissement, humiliation, offense.** *Infliger une mortification à qqn. « Elles auraient la mortification de voir plaire les autres et de ne plaire jamais »* MARIVAUX. ▪ **3** (XVIe) RARE Nécrose. ◆ CUIS. Faisandage. ▪ CONTR. Satisfaction.

MORTIFIER [mɔʀtifje] v. tr. ‹7› – 1120 ◊ latin ecclésiastique *mortificare* ▪ **1** Soumettre (son corps, ses sens) à la mortification (1°). ➤ **châtier, macérer,** 1 **mater.** *Mortifier sa chair.* — PRONOM. *« Elle se mortifiait, restait des heures à genoux »* ARAGON. ▪ **2** (XVIIe) Faire cruellement souffrir (qqn) dans son amour-propre. ➤ **blesser, froisser, humilier, vexer.** *« La déclaration de Bernard l'humiliait, le mortifiait »* GIDE. ▪ **3** (XVIe) RARE Faire mourir (un tissu) en le décomposant. ➤ **nécroser.** ◆ CUIS. Faisander légèrement. *Lièvre mortifié.* — Attendrir (la viande). ▪ CONTR. Enorgueillir, flatter.

MORTINATALITÉ [mɔʀtinatalite] n. f. – 1874 ◊ latin *mors, mortis* « mort » et *natalité* ▪ DÉMOGR. Nombre d'enfants mort-nés (mortalité intra-utérine) au sein d'une population et pendant une période de temps déterminée (en général, une année). *Taux de mortinatalité,* ou COUR. *mortinatalité :* nombre d'enfants mort-nés pour mille naissances.

MORT-NÉ, MORT-NÉE [mɔʀne] adj. et n. – 1285 ◊ de 2 *mort* et *né* ▪ **1** Mort en venant au monde. *Accoucher d'un enfant mort-né. Jumelles mort-nées.* ▪ **2** FIG. (1620) Qui échoue dès le début (➤ **avorter**). *« Chefs-d'œuvre mort-nés »* GAUTIER. ▪ HOM. Morné.

MORTUAIRE [mɔʀtɥɛʀ] adj. – XVe ; n. m. v. 1213 « épidémie, mortalité » ◊ du bas latin *mortuarius* « funèbre » ▪ Relatif aux morts, aux cérémonies en l'honneur d'une personne décédée. ➤ **funèbre, funéraire.** *Cérémonie mortuaire. Chapelle, chambre mortuaire. « un long cercueil sous un drap mortuaire »* DIDEROT. *Masque, couronne mortuaire.* ◆ (Canada) *Salon mortuaire.* ➤ **funéraire ; funérarium.** ◆ n. f. (Belgique) Maison dans laquelle un défunt est exposé. *Réunion à la mortuaire.*

MORT-VIVANT, MORTE-VIVANTE [mɔʀvivɑ̃, mɔʀtvivɑ̃t] n. – XVIIe *mort vivant* ◊ de 3 *mort* et 2 *vivant* ▪ Mort qui se manifeste parmi les vivants, selon certaines croyances et dans les récits fantastiques. *Les vampires sont des morts-vivants. « La Nuit des morts-vivants », titre français d'un film d'horreur.*

«nous marchions comme des morts-vivants, à pas lents, bras tendus, en heurtant les arbres» CHALANDON. ♦ SPÉCIALT Zombie.

MORUE [mɔʀy] n. f. – 1260 ; variante ancienne et dialectal *molue* ◊ origine inconnue, p.-ê. celte *mor* «mer» et ancien français *luz* (→ merlu), ou du provençal *morrude* «grondin» ■ **1** Grand poisson (*gadidés*), qui vit dans les mers froides. *Banc de morues. Pêche à la morue* (➤ **morutier ; islandais, terre-neuvas**). — *Morue fraîche, franche.* ➤ **cabillaud.** *Morue séchée.* ➤ **merluche, stockfisch.** *Morue verte,* salée mais non séchée. *Dessaler de la morue. Huile de foie de morue. Brandade de morue. Beignets de morue.* ➤ **acra.** — *Morue noire.* ➤ **églefin.** ♦ PAR MÉTAPH. *Habit queue* de morue.* ■ **2** (1849) VULG. et VIEILLI Prostituée. — Terme d'injure pour une femme.

MORULA [mɔʀyla] n. f. – 1877 ◊ latin scientifique, diminutif de *morum* «mûre» ■ EMBRYOL. Premier stade du développement embryonnaire*, où l'œuf fécondé se présente sous forme d'une petite sphère composée de blastomères.

MORUTIER, IÈRE [mɔʀytje, jɛʀ] n. m. et adj. – 1874 ; *moruyer* 1606 ◊ de *morue* ■ **1** Homme faisant la pêche à la morue. — Bateau-usine qui pêche et traite les morues. ■ **2** adj. Relatif à la morue, à sa pêche. *Industrie morutière. Fécamp, port morutier.*

MORVE [mɔʀv] n. f. – fin XIVe ◊ p.-ê. variante méridionale de *gourme* ■ **1** VÉTÉR. Grave maladie contagieuse des équidés, due à une bactérie spécifique, transmissible à l'être humain et caractérisée par un jetage purulent. *Morve cutanée.* ➤ **farcin.** ■ **2** COUR. Humeur visqueuse qui s'écoule du nez de l'être humain (➤ **morveux**). *Avoir la morve au nez.* ➤ 1 **goutte,** 1 **roupie.** *«la morve lui coule des deux narines jusqu'à la bouche»* SARTRE. ➤ FAM. **chandelle.**

MORVEUX, EUSE [mɔʀvø, øz] adj. et n. – XIIIe ◊ de *morve* ■ **1** VÉTÉR. Atteint de la morve. ■ **2** (XVe-XVIe) COUR. Qui a de la morve au nez. *Enfant malpropre, barbouillé et morveux.* — PROV. *Qui se sent morveux (qu'il) se mouche :* que la personne qui se sent visée par une critique en fasse son profit. LOC. *Se sentir morveux :* n'être pas très fier de soi. ■ **3** n. FAM. PÉJ. Jeune enfant. ➤ **gamin.** *«Une petite morveuse qu'on aurait encore dû moucher»* ZOLA. — SPÉCIALT Garçon, fille très jeune qui se donne des airs d'importance. ➤ **péteux.** *«on le traita de morveux, et on l'envoya coucher»* R. ROLLAND.

MOS [mɔs] n. m. – v. 1980 ◊ acronyme de l'anglais *Metal Oxyde Semiconductor* ■ ÉLECTRON. Transistor à effet de champ, à grille isolée par une couche d'oxyde de silicium. — ADJT *Les technologies MOS,* utilisant ce type de transistor.

1 **MOSAÏQUE** [mɔzaik] n. f. – 1526 ◊ italien *mosaico,* latin médiéval *musaicum,* altération de *musivum* ■ **1** Assemblage décoratif de petites pièces rapportées (pierre, marbre, terre cuite, smalt) retenues par un ciment et dont la combinaison figure un dessin ; art d'exécuter ces assemblages. *Éléments de mosaïque.* ➤ **abacule, tesselle.** *Les mosaïques de Pompéi, de Ravenne. Mosaïque murale, de pavement. «la mosaïque, mère du vitrail»* MALRAUX. — RELIURE Décor multicolore fait d'incrustations de pièces de cuir. — APPOS. INV. *Parquet mosaïque,* fait de petites lames de bois collées de manière à composer un motif. ■ **2** FIG. Ensemble d'éléments juxtaposés ; ouvrage fait de pièces et de morceaux. ➤ **marqueterie, patchwork.** *L'Italie était une «véritable mosaïque de principautés»* MADELIN. ■ **3** (1922) Maladie virale de certaines plantes cultivées. *Mosaïque du tabac.*

2 **MOSAÏQUE** [mɔzaik] adj. – 1505 ◊ latin moderne *mosaicus,* de *Mo(y)ses, Moïse* ■ RELIG. Qui a rapport à Moïse et au mosaïsme. *Loi mosaïque.*

MOSAÏQUÉ, ÉE [mɔzaike] adj. – 1894 ◊ de 1 *mosaïque* ■ ARTS Qui ressemble à une mosaïque. — SPÉCIALT *Reliure mosaïquée,* ornée d'une mosaïque.

MOSAÏSME [mɔzaism] n. m. – 1845 ◊ de 2 *mosaïque* ■ RELIG. Ensemble des doctrines et institutions religieuses que les Juifs reçurent de Moïse.

MOSAÏSTE [mɔzaist] n. – 1823 ◊ de 1 *mosaïque* ■ TECHN., ARTS Artiste qui exécute des mosaïques ; carreleur. *C. A. P. de carreleur-mosaïste.*

MOSAN, ANE [mozɑ̃, an] adj. – 1907 ◊ de *Mosa,* nom latin de la Meuse ■ BX-ARTS *Art mosan :* art qui s'est développé entre le Rhin et la Meuse du XIe au XIIIe s.

MOSCOUTAIRE [mɔskutɛʀ] n. – v. 1920 ◊ de *Moscou* ■ VIEILLI et PÉJ. Communiste accusé de prendre ses mots d'ordre à Moscou. — adj. *Attitude moscoutaire.*

MOSCOVIUM [mɔskɔvjɔm] n. m. – 2016 ◊ de *Moscou* ■ CHIM. Élément atomique artificiel (Mc ; n° at. 115).

MOSETTE [mozɛt] n. f. – 1680 ; *mossette* 1653 ◊ italien *mozetta,* altération de *almozetta* «petite aumusse» ■ Courte pèlerine que portent certains dignitaires ecclésiastiques. ➤ **camail.** *Mosette de chanoine, d'évêque.* — On écrit aussi *mozette* (d'après l'italien).

MOSQUÉE [mɔske] n. f. – 1553 ; *musquette* 1351 ◊ italien *moschea,* altération de *moscheta,* de l'arabe *masdjid* «endroit où l'on adore» ■ Lieu, édifice consacré au culte musulman. *Mihrab, minaret, minbar d'une mosquée. L'imam, le muezzin d'une mosquée.*

MOT [mo] n. m. – fin X^e, dans l'expression *ne soner mot* «ne rien dire» ◊ du latin *muttum,* famille de *mu,* onomatopée exprimant un son imperceptible émis les lèvres à peine ouvertes

I ÉLÉMENT DU LANGAGE ■ **1** Chacun des sons ou groupe de sons correspondant à un sens, entre lesquels se distribue le langage. *Les mots écrits sont séparés par des blancs. «tu me parles avec des mots et moi, je te regarde avec des sentiments»* (GODARD, «Pierrot le Fou», film). *«Les mots sont des clés qui ouvrent toutes les portes»* ALEXAKIS. *Manger ses mots, la moitié des mots. Chercher ses mots. Dire un mot pour un autre* (➤ **lapsus**). — LOC. *Avoir un mot sur le bout de la langue,* ne pas le trouver tout en étant sûr de le connaître. — *Ne pas dire, prononcer un seul, un traître mot. Il n'a pas décroché un mot de la soirée. Sans mot dire.* ➤ **motus.** *Ne pas souffler mot. Ne pas pouvoir placer un mot.* PROV. *Qui ne dit mot consent*. En disant ces mots, à ces mots, sur ces mots. Mot mal écrit, illisible. Mot à double sens. Mot tabou. Mot obscène. Jeu* de mots. Jouer* sur les mots. Ce ne sont que des mots* (et non des réalités). *Ne pas avoir peur* des mots. Ne pas mâcher ses mots. Ne pas avoir de mots assez durs pour* (condamner...). *Peser* ses mots. Égoïste, ce n'est pas le mot,* le mot qui convient. *Le mot n'est pas trop fort. Jamais un mot plus haut que l'autre :* d'un ton égal, sans colère. *Parler à mots couverts*. Comprendre à demi-mot.* ➤ **demi-mot.** *Se payer* de mots. Employer les grands mots,* des mots emphatiques qui ne disent pas les choses simplement. *Gros* mot. Le mot de Cambronne, de cinq lettres* (merde). *Mot d'ordre*, de passe*.* LOC. (1674) *Se donner le mot* (de passe) : se mettre d'accord, être d'intelligence. *Le mot de l'énigme*. Le fin* mot de l'affaire, de l'histoire. Au bas* mot. Rapporter un propos mot pour mot,* sans y changer un mot, textuellement. (fin XIIe) *Mot à mot* [motamo] : un mot après l'autre. (1549) *Traduction mot à mot,* littérale. SUBST. *Le mot à mot :* la traduction littérale. ♦ (1921) **MOTS CROISÉS :** mots qui se recoupent sur une grille quadrillée de telle façon que chacune des lettres d'un mot disposé horizontalement entre dans la composition d'un mot disposé verticalement ; divertissement consistant à trouver ces mots à partir de courtes définitions, de jeux de mots. *Faire des mots croisés. Amateur* (➤ **cruciverbiste, mots-croisiste**), *concepteur de mots croisés* (➤ **verbicruciste**). — *Mots fléchés*.* ■ **2** LING. Forme libre douée de sens qui entre directement dans la production de la phrase. *Mot oral, mot écrit. Graphie d'un mot. Mot d'un morphème, de plusieurs morphèmes.* ➤ **composé,** 2 **dérivé, lexie ;** 1 **affixe, base, radical.** *Mot-valise* (voir ce mot). *Fonction d'un mot dans la phrase, distributions* d'un mot. Catégories des mots.* ➤ **adjectif, adverbe, article, conjonction, interjection, nom (et substantif), préposition, pronom, verbe.** *Mots lexicaux* (nom, verbe, adj., adv.), *mots grammaticaux,* ou *mots-outils* (VX), exprimant des relations (conjonction, préposition, etc.). *Mot qui évoque un bruit.* ➤ **onomatopée.** *Mot-phrase,* qui forme à lui seul une phrase. *Des mots-phrases. Mot à plusieurs sens.* ➤ **polysémique.** *Mots à prononciations identiques* (➤ **homonyme, homophone**), *voisines* (➤ **paronyme**), *à mêmes signifiés* (➤ **synonyme**), *à signifiés contraires* (➤ **antonyme, contraire**). *Mot autonyme*. Groupe de mots.* ➤ **expression, locution, syntagme ; phraséologie.** *Ensemble des mots d'une langue* (➤ **lexique**), *étude des mots* (➤ **lexicologie**). *Mot vieux* (➤ **archaïsme**), *nouveau* (➤ **emprunt, néologisme**). *Mots courants, usuels. Mots dont on ne relève qu'un seul exemple.* ➤ **hapax.** *Mots familiers, populaires, mots d'argot* ; mots savants.* ➤ **terme, vocable.** *Mots régionaux. Chercher un mot dans le dictionnaire** (➤ **entrée**). *Étymologie*, définition*, notation phonétique* d'un mot. Forme des mots.* ➤ **morphologie.** *Étude du sens des mots.* ➤ **sémantique.** *«Les mots, voilà les seules choses qu'il me plaît de collectionner»* M. NIMIER. ♦ DOC. **MOT-CLÉ :** mot représentant une des notions fondamentales de l'information contenue dans un texte. *Indexation par mots-clés.* ♦ INFORM. **MOT-DIÈSE,** (Canada) **MOT-CLIC :** recomm. offic. pour l'anglicisme *hashtag.* ■ **3** INFORM. Suite finie d'unités d'information traitée ou stockée d'un seul tenant. *Un mot de huit bits.* ➤ **octet.**

II PHRASE, PAROLE (début XIIIe) ■ **1** Dans des expressions *Dire des mots doux, des mots gentils, des mots d'amour.* ♦ LOC. *Je lui en toucherai un mot :* je lui en parlerai brièvement. *En un mot :* pour résumer en une seule expression, en une phrase. *En un mot comme en cent*. Deux mots, quelques mots :* un bref discours. *Le président a prononcé quelques mots.* (1718) *Dire deux mots à qqn,* le réprimander. *Avoir son mot à dire :* être en droit d'exprimer son avis. *N'avoir qu'un mot à dire pour* (*que* ou inf.). (1793) *C'est mon dernier mot :* je ne ferai pas une concession de plus. *Avoir le dernier mot :* ne plus trouver de contradicteur, l'emporter. *Il n'a pas dit son dernier mot :* il n'a pas encore montré tout ce dont il est capable. *« Le temps s'est beaucoup rafraîchi, [...] l'hiver n'a pas dit son dernier mot »* S. GERMAIN. (1549) *Prendre qqn au mot :* se saisir aussitôt d'une proposition qu'il a faite sans penser qu'elle serait retenue. ■ **2** (1578) Courte lettre, billet. *Écrire un mot à qqn. « Je me souviens avoir écrit un mot pour justifier son absence »* MODIANO. *Mot d'excuse. Avez-vous reçu mon mot ?* ■ **3** (1585) Parole exprimant une pensée de façon concise et frappante. *Mots célèbres, historiques. « Selon le mot du plus spirituel de nos diplomates »* BALZAC. *Mot d'enfant. Mot d'auteur,* où l'on reconnaît l'esprit de l'auteur. *Le mot de la fin :* l'expression qui résume parfaitement la situation, ce qui clôt une discussion. (XIIIe) *Bon mot, mot d'esprit :* parole drôle et spirituelle. ➤ 1 **trait.** *Avoir toujours le mot pour rire*. « Chamfort a laissé bien des mots qu'on répète »* SAINTE-BEUVE. — LOC. FAM. *Avoir des mots avec qqn,* se disputer avec lui. *Nous avons eu des mots ensemble.*

■ HOM. Maux (3 mal).

MOTARD, ARDE [mɔtaʀ, aʀd] n. – 1927 ◊ de *moto* ■ **1** n. m. Motocycliste de l'armée ou de la gendarmerie. *Les motards de la police routière.* ■ **2** Motocycliste. ➤ ANGLIC. **biker.** *Une motarde vêtue de cuir.*

MOTEL [mɔtɛl] n. m. – 1946 ◊ mot anglais américain, du radical de *motor (car)* « automobile » et *hotel* ■ ANGLIC. Hôtel situé au bord des routes à grande circulation, aménagé pour recevoir les automobilistes de passage. *« nous entrons dans le Nevada. [...] Enfin les premiers* motels *s'allument »* BEAUVOIR.

MOTET [mɔtɛ] n. m. – XIIIe ◊ de *mot* ■ MUS. Chant d'église à plusieurs voix. ♦ (XVe) *Motet a cappella :* pièce de musique destinée à l'église et composée sur des paroles latines qui ne font pas partie de l'office. *Motets de Lulli, de Bach.*

MOTEUR, TRICE [mɔtœʀ, tʀis] n. m. et adj. – 1377 ◊ latin *motor,* de *movere* « mouvoir »

I ■ **1** VX PHILOS. ANC. Principe de mouvement, cause première. *« un seul moteur agit dans l'univers, et ce moteur, c'est la nature »* SADE. — MOD. Cause d'une action. ➤ **mobile.** *Le moteur de l'histoire ; de la guerre.* ➤ **nerf.** ♦ (PERSONNES) Agent, instigateur. ■ **2** adj. (XVIe) PHYSIOL. Qui engendre le mouvement. *Nerfs sensitifs et nerfs moteurs. Muscle moteur.* ➤ **locomoteur, vasomoteur.** *Plaque motrice.* — **CENTRE MOTEUR :** centre nerveux qui envoie des influx capables d'inhiber ou de stimuler l'activité d'un organe périphérique. SPÉCIALT Centre nerveux qui commande l'activité musculaire. ➤ **motricité.** — *Troubles moteurs* (par atteinte des centres, des nerfs moteurs). ➤ **contracture, paralysie, spasme.** *Handicap moteur. Infirmité motrice cérébrale.* ♦ MÉCAN. *Force motrice. Essieu moteur. Voiture à deux, quatre roues motrices* (➤ **quatre-quatre**). *Arbre moteur :* vilebrequin.

II n. m. ■ **1** (1744) VX Force motrice. *Moteur animé* (être humain, cheval), *inanimé* (air, eau). ■ **2** (1859 *moteur à gaz*) MOD. Appareil servant à transformer une énergie quelconque en énergie mécanique. *Moteurs à vent.* ➤ **aéromoteur.** *Moteurs hydrauliques, thermiques. Moteurs à vapeur.* ➤ **machine.** *Moteurs à combustion interne* (dits *à explosion**). *Moteurs à injection, diesels. Moteurs à gaz, à réaction*.* ➤ **turbopropulseur, turboréacteur.** *Moteurs pneumatiques. Moteurs électriques.* ➤ **électromoteur.** *Moteur synchrone, asynchrone, à courant alternatif, continu. Moteur pas* à pas, perpétuel*. Véhicules à moteur :* automobile, cyclomoteur, locomotrice, motocyclette, motrice, tracteur, etc. *Munir de moteurs.* ➤ **motoriser.** *Moteur d'avion* (➤ **bi-, tri-, quadrimoteur**). *Moteur de bateau, de congélateur, de caméra. Silence, moteur, action !,* ordre du réalisateur adressé au chef opérateur et aux acteurs. *« le quotidien d'une vie de tournage, cet instant entre le "Moteur !" et le "Coupez !" »* A. WIAZEMSKY. — ➤ aussi **micromoteur, servomoteur.** ■ **3** SPÉCIALT Moteur à explosion et à carburation ou injection. *Moteur à 4, 6 cylindres. Moteur à deux, à quatre temps. Moteur de 750 cm³* (de cylindrée). *Pièces essentielles d'un moteur :* arbre, bielle, bougie, came, carburateur, culasse, cylindre, distributeur, piston, rupteur, segment, soupape, vilebrequin. — PAR APPOS. *Bloc moteur.* ➤ **bloc-moteur.** *Bloc moteur et organes de transmission.* — *Régime, ralenti d'un moteur. Moteur qui tourne rond, vrombit, a des ratés, tousse, cale, chauffe, s'emballe. Couper le moteur. Roder un moteur. Moteur poussé,* qui, pour une cylindrée donnée, tourne plus vite qu'un autre et a une puissance supérieure. *Gonfler un moteur.* — PAR APPOS. *Frein* moteur.* ■ **4** (calque de l'anglais *search engine*) INFORM. *Moteur de recherche :* logiciel qui permet d'accéder à des ressources, de rechercher des informations sur Internet (par mot-clé, par thème). *Site référencé par les moteurs de recherche.*

MOTEUR-FUSÉE [mɔtœʀfyze] n. m. – XXe ◊ de *moteur* et *fusée* ■ AÉRONAUT. Propulseur à réaction emportant le combustible et le comburant (➤ **ergol**) nécessaires à son fonctionnement. *Des moteurs-fusées.*

MOTIF [mɔtif] n. m. – 1361 ; de l'ancien adj. *motif* « qui met en mouvement » ◊ bas latin *motivus* « mobile » ■ **1** Mobile d'ordre psychologique, raison d'agir, et PAR EXT. de ressentir. *Quel est le motif de votre visite ? « Il me paraît impossible de comprendre les actes des hommes sans se représenter leurs motifs »* SEIGNOBOS. ➤ **intention.** *Je cherche les motifs de sa conduite.* ➤ **cause, explication.** *Un motif d'inquiétude, de rancune, de satisfaction. Les motifs qu'on a d'être heureux. Avoir des motifs de se plaindre, pour refuser.* ➤ **occasion, raison,** 3 **sujet.** *Motif valable.* ➤ **raison.** *Faux motif.* ➤ 2 **prétexte.** *« les plus beaux motifs ne servent qu'à déguiser les plus petites choses »* BALZAC. — LOC. VIEILLI *Pour le bon motif,* (PAR PLAIS.) en vue du mariage. *Il la courtise pour le bon motif.* — *Sans motif :* sans raison. ➤ **immotivé.** *Des absences sans motif. Il y a motif à se fâcher.* ➤ **matière.** ♦ DR. Exposé des raisons qui déterminent les magistrats à rendre un jugement. *Les motifs et le dispositif des jugements. Exposé* des motifs.* ➤ **attendu, considérant.** *Requête rejetée au motif que l'intéressé est mineur.* ■ **2** Sujet d'une peinture. *Travailler sur le motif,* devant un modèle. ♦ Ornement isolé ou répété, servant de thème décoratif. *Tissu imprimé à grands motifs de fleurs.* ➤ **dessin.** ♦ MUS. Phrase ou passage remarquable par son dessin (mélodique, rythmique). *Motif dramatique répété.* ➤ **leitmotiv.** ■ CONTR. Conséquence, effet.

MOTILITÉ [mɔtilite] n. f. – 1801 ◊ latin *motum,* supin de *movere* « mouvoir » ■ PHYSIOL. Faculté de se mouvoir. ➤ **mobilité, motricité, mouvement.** — Ensemble des mouvements propres à un organe, à un système. *Motilité intestinale.* ➤ **péristaltisme.**

MOTION [mosjɔ̃] n. f. – XIIIe ◊ latin *motio* ■ **1** VX Action de mouvoir (➤ **impulsion**) ; mouvement. ♦ (sens repris au XXe) PSYCHAN. *Motion pulsionnelle :* la pulsion en tant que modification psychique (pulsion en acte). ■ **2** (1775 ◊ anglais *motion*) MOD. Proposition faite dans une assemblée délibérante par un de ses membres. *Faire, rédiger une motion.* — DR. CONSTIT. *Motion de censure :* proposition par laquelle l'Assemblée nationale met en cause la responsabilité du gouvernement (cf. Question* de confiance). *Voter, déposer une motion de censure.*

MOTIVANT, ANTE [mɔtivɑ̃, ɑ̃t] adj. – milieu XXe ◊ de *motiver* ■ DIDACT. Qui motive. *Raisons motivantes.* ➤ **motivation.** *Salaire motivant. Prix motivant.* ➤ **incitatif.**

MOTIVATION [mɔtivasjɔ̃] n. f. – 1899 ◊ de *motiver* ■ **1** PHILOS. Relation d'un acte aux motifs qui l'expliquent ou le justifient. *La motivation d'un acte.* — COUR. *Lettre de motivation* (d'un candidat). ■ **2** ÉCON. « Ensemble des facteurs déterminant le comportement de l'agent économique, plus particulièrement du consommateur » (Romeuf). *Études de motivation.* ■ **3** PSYCHOL. Action des forces (conscientes ou inconscientes) qui déterminent le comportement (sans aucune considération morale). *Les motivations profondes de qqn. Motivations conscientes, inconscientes.* ■ **4** LING. Relation naturelle de ressemblance entre le signe et la chose désignée. *Motivation des onomatopées.* — Caractère d'un signe complexe dont le sens se déduit de ses composants. *Mot qui perd sa motivation.* ➤ **démotivé.**

MOTIVER [mɔtive] v. tr. ‹1› – 1721 ◊ de *motif* ■ **1** (PERSONNES) Justifier par des motifs. *Motiver une action, une démarche, un choix.* p. p. adj. *Un refus à peine motivé. Un retard non motivé.* ■ **2** (CHOSES) Être, fournir le motif de. ➤ 1 **causer, expliquer.** *Voilà ce qui a motivé notre décision.* ■ **3** Créer chez (qqn) les raisons qui le poussent à agir. *Motiver qqn à (pour) faire qqch.* ➤ **inciter, stimuler.** *C'est l'ambition qui le motive.* ♦ p. p. adj. Qui a une motivation (3°). *Jeune cadre dynamique et motivé. Être très motivé dans, par son travail.* — LING. Qui a une motivation (4°). ➤ **iconique.** *« Il n'existe pas de langue où* *rien ne soit motivé»* SAUSSURE. *Mot composé ancien qui n'est plus motivé.* ■ CONTR. Démotiver. Démotivé, immotivé.

MOTO [moto] **n. f.** – 1898 ◊ abrév. de *motocyclette* ■ Véhicule à deux (parfois trois) roues, à moteur à essence de plus de 125 cm^3. ➤ FAM. 1 **meule.** *Être à, en moto* (critiqué), *sur sa moto. «La haute moto rouge, tout étincelante, ronflait sous moi comme un petit avion»* BERNANOS. *Course de motos.* ➤ **enduro, motocross, rodéo, trial.** *Pilote, passager d'une moto.* ➤ **motard.** *Moto à side-car*. Moto légère.* ➤ **vélomoteur.** *Moto de grosse cylindrée* (cf. FAM. Gros cube*). *Moto à longue fourche.* ➤ ANGLIC. 2 **chopper.** *Taxi à moto.* ➤ **mototaxi.** ♦ Pratique, sport de la moto. ➤ **motocyclisme.** *Faire de la moto.* — APPOS. *Des permis motos.*

MOTO- ■ Élément, de *moteur* (n. m.).

MOTOCROSS [motokʀɔs] **n. m.** – 1939 ◊ de *moto(cyclette)* et *cross(-country)* ■ Course de motos* sur parcours accidenté. *Des motocross.* — On écrit aussi *un moto-cross, des motos-cross.*

MOTOCULTEUR [mɔtɔkyltœʀ] **n. m.** – 1913 ◊ de *motoculture* ■ Engin automoteur de jardinage à deux roues, que le conducteur guide devant lui, et auquel on fixe des outils. *Labourer avec un motoculteur.*

MOTOCULTURE [mɔtɔkyltyʀ] **n. f.** – 1909 ◊ de *moto-* et *culture* ■ Utilisation du moteur mécanique dans l'agriculture.

MOTOCYCLE [mɔtɔsikl] **n. m.** – 1891 «motocyclette» ◊ de *moto-* et *cycle* ■ ADMIN. Véhicule automobile à deux ou trois roues (cyclomoteur, motocyclette, scooter, vélomoteur). ➤ **deux-roues, trois-roues.** *Cycles et motocycles.*

MOTOCYCLETTE [mɔtɔsiklɛt] **n. f.** – 1896 ◊ de *moto(cycle)*, d'après *bicyclette* ■ **1** VX Motocycle. ■ **2** VIEILLI Véhicule motorisé à deux ou trois roues, de cylindrée supérieure à 50 cm^3. ➤ **moto, scooter.**

MOTOCYCLISME [mɔtɔsiklism] **n. m.** – 1896 ◊ de *motocycle*, d'après *cyclisme* ■ Pratique de la motocyclette. ➤ **moto.** SPÉCIALT Sport de la motocyclette et du side-car.

MOTOCYCLISTE [mɔtɔsiklist] **n.** – 1896 ◊ de *motocyclette*, d'après *cycliste* ■ Personne qui conduit une motocyclette. *Motocycliste de l'armée, de la police.* ➤ **motard, voltigeur.**

MOTOFAUCHEUSE [motofoʃøz] **n. f.** – 1952 ◊ de *moto-* et *faucheuse* ■ Faucheuse automotrice conduite devant soi, pour les bords de route, les friches.

MOTOMARINE [motomaʀin] **n. f.** – 1988 ◊ de *moto* et 1 *marine* ■ (Canada) Petit engin à moteur pour se déplacer sur l'eau. ➤ **scooter** (des mers).

MOTONAUTISME [motonotism] **n. m.** – 1935 ◊ de *moto-* et *nautisme* ■ SPORT Navigation sur petits bateaux à moteur. — **adj.** **MOTONAUTIQUE.**

MOTONEIGE [motonɛʒ] **n. f.** – v. 1960 ◊ mot canadien, de *moto* et *neige* ■ Petit véhicule motorisé à une ou deux places avec des skis à l'avant, sur chenilles, pour se déplacer sur la neige ; sport pratiqué avec ce véhicule. *Des motoneiges. Club de motoneige.* — On dit aussi **MOTOSKI, n. f.**

MOTONEIGISTE [motoneʒist] **n.** – 1985 ◊ de *motoneige* ■ (Canada) Personne qui utilise une motoneige.

MOTONEURONE [motonøʀon ; -nøʀɔn] **n. m.** – 1909, répandu v. 1947 ◊ de l'anglais *motoneuron* ■ PHYSIOL. Neurone de grande taille qui innerve une fibre musculaire.

MOTOPAVEUR ou **MOTOPAVER** [motopavœʀ] **n. m.** – v. 1960 ◊ anglais *motopaver*, de *moto(r)* «moteur» et *paver* «paveur» ■ TRAV. PUBL. Engin automoteur permettant d'enrober de liant et de déposer en place des agrégats.

MOTOPOMPE [motopɔ̃p] **n. f.** – 1923 ◊ de *moto-* et *pompe* ■ Pompe entraînée par un moteur à explosion ou électrique. — Pompe utilisée par les sapeurs-pompiers.

MOTOPROPULSEUR [motopʀɔpylsœʀ] **adj. m.** – 1912 ◊ de *moto-* et *propulseur* ■ TECHN. Se dit des organes d'un véhicule qui produisent et transmettent le mouvement. *Groupe motopropulseur d'une automobile.*

MOTOR-HOME [mɔtɔʀom] **n. m.** – v. 1970 ◊ mot anglais «maison *(home)* à moteur» ■ ANGLIC. Véhicule automobile aménagé pour y vivre. ➤ **camping-car.** Recomm. offic. *autocaravane. Des motor-homes.*

MOTORISATION [mɔtɔʀizasjɔ̃] **n. f.** – 1931 ◊ de *motoriser* ■ **1** Action de motoriser ; son résultat. *Motorisation des transports ; des troupes. — Motorisation de portail, de volets.* ■ **2** Type de moteur équipant un véhicule. *Modèle disponible en six motorisations. Motorisation essence, diesel, thermique, électrique.*

MOTORISER [mɔtɔʀize] **v. tr.** ⟨1⟩ – *motorisé* 1922 ◊ de *moteur*, latin *motor* ■ **1** RARE Munir d'un moteur. *Motoriser un portail, des volets,* pour automatiser l'ouverture et la fermeture. ■ **2** COUR. Munir de véhicules à moteur, de machines automotrices. *Motoriser l'agriculture.* ➤ **mécaniser.** — *«Ses rêves de culture motorisée et d'engrais chimiques»* AYMÉ. ■ **3** (PERSONNES) *Troupes motorisées,* transportées par camions automobiles, motocyclettes. — FAM. *Être motorisé :* se déplacer avec un véhicule à moteur. *Vous êtes motorisé ? Pouvez-vous me reconduire chez moi ?*

MOTORISTE [mɔtɔʀist] **n. m.** – 1966 ; «chauffeur» 1917 ◊ de *moteur* ■ **1** Constructeur de moteurs d'avions ou d'automobiles. ■ **2** Mécanicien spécialiste de la réparation et de l'entretien des automobiles et des moteurs.

MOTORSHIP [mɔtɔʀʃip] **n. m.** – 1926 ◊ mot anglais «bateau *(ship)* à moteur» ■ ANGLIC. MAR. Navire de commerce à moteur diesel.

MOTOTAXI ou **MOTO-TAXI** [mototaksi] **n. m.** ou **f.** – 1920 ◊ de *moto* et 1 *taxi* ■ Moto faisant fonction de taxi. *Des mototaxis, des motos-taxis.*

MOTOTRACTEUR [mototʀaktœʀ] **n. m.** – 1931 ◊ de *moto-* et *tracteur* ■ TECHN. Tracteur automobile.

MOT-RÉBUS [moʀebys] **n. m.** – 2000 ; *initiales-rébus* 1951 ◊ de *mot* et *rébus* ■ Mot formé à partir d'autres mots ou signes ayant la même prononciation (ex. NRJ, Énergie, nom d'une chaîne de radio ; Xtra [ekstʀə] en américain). *Des mots-rébus.*

MOTRICE [mɔtʀis] **n. f.** – fin XIXe ◊ abrév. de *locomotrice* ■ Voiture à moteur qui en entraîne d'autres. *Motrice de rame des T. G. V.* ■ HOM. Motrice (moteur).

MOTRICITÉ [mɔtʀisite] **n. f.** – 1825 ◊ de *moteur, motrice* ■ PHYSIOL. Ensemble des fonctions qui assurent les mouvements. *Motricité volontaire, involontaire* (ou *réflexe*). — Ensemble des mouvements de l'organisme, d'une de ses parties.

MOTS-CROISISTE [mokʀwazist] **n.** – 1931 ◊ de *mots croisés* ■ Amateur de mots croisés. ➤ **cruciverbiste.** *Des mots-croisistes.*

MOTTE [mɔt] **n. f.** – *mote* «levée de terre» 1155 ◊ p.-ê. d'un radical prélatin °*mutta* ■ **1** Morceau de terre compacte, comme on en détache en labourant. ➤ RÉGION. **motton.** *Écraser les mottes d'un champ au brise-motte, à la herse, au rouleau.* — PAR EXT. *Motte de gazon*.* ■ **2** *Motte de beurre :* masse de beurre débitée par les crémiers. *Acheter du beurre en motte, à la motte.* ■ **3** (1655) ARG. Pubis (de la femme). *«Entre ses cuisses maigres, elle avait une très jolie motte, bien bombée»* HOUELLEBECQ.

MOTTER (SE) [mɔte] **v. pron.** ⟨1⟩ – 1550 ◊ de *motte* ■ CHASSE Se cacher, se blottir derrière les mottes, en parlant d'un animal. *Perdrix qui se mottent.*

MOTTEUX [mɔtø] **n. m.** – 1750 ; adj. XVIe ◊ de *motte* ■ Oiseau passereau, variété de traquet. *Cet oiseau se tient «sur les mottes* [...] *et c'est de là qu'il est appelé motteux»* BUFFON.

MOTTON [mɔtɔ̃] **n. m.** – 1867 ◊ de *motte* ■ RÉGION. ■ **1** (Bas-Poitou, Charente ; Canada) Boule que forme la farine délayée dans un liquide. ➤ **grumeau.** ■ **2** (Canada) Petite masse compacte. *«les patates ont des mottons, les petits pois sont trop durs»* TREMBLAY. *Des mottons de terre* (➤ **motte**), *de neige. Le chat perd des mottons de poils.* — FIG. Boule dans la gorge. *«Dans sa gorge un motton monte et descend ; les yeux lui piquent»* J.-Y. SOUCY. LOC. *Avoir le motton :* avoir la gorge serrée, être ému (Cf. Avoir une boule, un nœud dans la gorge). ■ **3** (Canada) Somme d'argent. *«je trouvais le motton assez gros pour qu'on puisse tous prendre un bon coup»* GUÈVREMONT. LOC. *Avoir, faire le motton :* avoir de l'argent, être riche.

MOTU PROPRIO [mɔtypʀɔpʀijo] **loc. adv.** et **n. m. inv.** – 1550 ◊ loc. latine «de son propre mouvement», langage de la chancellerie du Saint-Siège ■ RELIG. ou DIDACT. ■ **1** Spontanément, de plein gré. ■ **2 n. m.** Lettre apostolique expédiée par le pape, de sa propre initiative, sans requête préalable. *Des motu proprio.*

MOTUS [mɔtys] **interj.** – 1662 ◊ latinisation de *mot* ■ VIEILLI Invitation faite à qqn de ne pas répéter, ébruiter qqch. *«Comme ça, motus, bouche cousue !»* SARTRE.

MOT-VALISE [movaliz] **n. m.** – 1956, Ferdière ◊ de *mot* et *valise*, calque de l'anglais *portmanteau word* créé par Lewis Carroll ■ Mot composé de morceaux non signifiants de deux ou plusieurs mots (ex. motel, cultivar, progiciel). ➤ aussi **acronyme.** *Des mots-valises.*

1 **MOU** [mu] ou **MOL** [mɔl] **devant voyelle ou** ***h*** **muet, MOLLE** [mɔl] **adj., adv.** et **n.** – milieu XIIe ◊ du latin *mollis.* → bémol, mollusque, mouiller

II ~ adj. A. (OPPOSÉ À *DUR*) ▪ **1** Qui cède facilement à la pression, au toucher ; qui se laisse entamer sans effort. *Substance molle. Cire molle. Fromage à pâte molle.* ➤ 2 **tendre.** *Beurre que la chaleur rend mou.* ➤ **amollir, ramollir.** *Matière molle, facile à modeler.* ➤ **plastique.** — *Parties molles du corps :* les chairs, les viscères, par opposition aux os. — (Canada) *Bois mou,* tendre. ▪ **2** (fin XIIe) Qui s'enfonce au contact. ➤ **moelleux,** 1 **mollet.** *Matelas, oreiller trop mou.* ◆ PHYS. *Rayons X mous,* peu pénétrants, peu énergétiques. ▪ **3** *Bruit mou,* un peu sourd et long. ▪ **4** *Temps mou,* humide et (généralement) chaud, sans vent. *Climat mou.* ▪ **5** *Visage mou, aux traits mous. Ventre mou,* peu musclé. *Chairs molles.* ➤ **avachi,** 1 **flasque.**

B. (OPPOSÉ À *RAIDE, RIGIDE*) ▪ **1** Qui plie, se déforme facilement. ➤ **souple.** *Tige molle.* ➤ **flexible.** *« la molle liane Qui se balance »* VALÉRY. *Chapeau mou. — Avoir les jambes molles,* faibles (cf. Avoir les jambes* en coton). *« Les membres sont mous et inertes, ainsi que le cou ; tout son corps est pareil à une poupée de chiffon »* ROBBE-GRILLET. ▪ **2** PAR EXT. *De molles ondulations de terrain,* arrondies, douces ou imprécises. — LITTÉR. Qui a une souplesse gracieuse. *La molle rondeur de ses bras.* ▪ **3** (CHOSES) Qui manque de tenue, de vigueur. *Un tissu mou. Avoir le cheveu mou.*

C. FIG. ▪ **1** Qui manque d'énergie, de vitalité. ➤ **abattu, amorphe, apathique, avachi, endormi, indolent, inerte, lymphatique,** 1 **mollasse, nonchalant.** *Une poignée de main molle. Se sentir mou, sans force.* ➤ FAM. **flagada, flapi, mollasson, ramollo, raplapla.** *Élève mou, qui traîne sur ses devoirs.* ➤ **lambin, lent.** — *Mou du genou*. — Air, gestes mous.* ➤ **languissant.** ◆ (fin XIIe) Qui manque de vigueur morale, de caractère. ➤ **faible, lâche, veule.** *Il est trop mou pour protester. Chiffe* molle, couille* molle. — N'opposer qu'une molle résistance. De molles protestations.* ▪ **2** (1690) Qui manque de fermeté, de vigueur (en parlant du style, de l'exécution d'une œuvre). *Pianiste dont le jeu est mou. Dessin mou. — Consensus mou :* accord obtenu sans véritable débat. — *Croissance molle,* faible. ▪ **3** Qui manque de rigueur, de précision. *Sciences* molles* (opposé à *dures*). ▪ **4** (1587) VIEILLI Qui a le caractère de la mollesse (2°). ➤ **amollissant, efféminé.** *Mol abandon. Molle langueur.* ➤ **voluptueux.** *« la vie molle, rampante, efféminée »* DIDEROT.

III ~ adv. ▪ **1** LOC. FAM. *Y aller mou,* doucement, sans violence. ➤ **mollo.** *« Vas-y mou, [...] c'est un môme »* SARTRE. ▪ **2** PÉJ. Avec mollesse, mollement. *« Il n'y avait pas beaucoup de clients, ce soir, et l'orchestre jouait mou, comme toujours dans ce cas-là »* VIAN.

IIII ~ n. m. ▪ **1** FAM. Homme faible de caractère, qui recule devant les risques, les responsabilités. *C'est un mou.* ▪ **2** (1640) Ce qui est mou. *Le mou et le dur.* ▪ **3** *Avoir du mou :* n'être pas assez tendu (cf. Avoir du jeu*). *Donner du mou (à qqch.) :* relâcher la tension, détendre. — LOC. FAM. *Il y a du mou dans la corde à nœuds :* la situation se gâte. *Avoir un coup de mou,* un moment de fatigue, une baisse d'énergie.

▪ CONTR. Dur, rigide. 1 Ferme, 1 fort, vigoureux. Agissant, 2 alerte, dynamique, énergique, preste, vif. ▪ HOM. Moue, moût ; mole.

2 **MOU** [mu] **n. m.** – *mol* XIVe ◇ de 1 *mou* ▪ **1** Poumon des animaux de boucherie (abats). *« la vente en gros des mous de bœuf »* ZOLA. ▪ **2** LOC. FAM. *Bourrer le mou à qqn,* lui en faire accroire. — *Rentrer dans le mou à qqn.* ➤ **battre** (cf. Rentrer dans le chou*, dans le lard*).

MOUAIS [mwɛ] **interj.** – attesté 1985 ◇ onomat. ▪ FAM. Interjection exprimant un accord dubitatif, en réponse à une interrogation. *« Tu aimes ? – Mouais. »* ➤ **bof.**

MOUCHAGE [muʃaʒ] **n. m.** – 1831 (chandelle) ◇ de *moucher* ▪ Action de moucher, (1903) de se moucher.

MOUCHARABIEH ou **MOUCHARABIÉ** [muʃarabje] **n. m.** – 1828, -1847 ◇ arabe *machrabiya* ▪ Dans l'architecture arabe, Balcon fermé par un grillage qui forme avant-corps devant une fenêtre, permettant de voir sans être vu. *Des moucharabiehs, des moucharabiés.*

MOUCHARD, ARDE [muʃaʀ, aʀd] **n.** – 1567 ◇ de *mouche* ▪ **1** FAM. et PÉJ. Espion, indicateur de police. ➤ **mouche** (III), ARG. **mouton.** ▪ **2** FAM. Délateur, dénonciateur. ➤ **cafard, rapporteur,** LITTÉR. **sycophante ;** ARG. 2 **balance,** RÉGION. **porte-panier.** ▪ **3 n. m.** (1894) Appareil de contrôle enregistreur. ➤ **contrôleur.** — INFORM. *Mouchard (électronique) :* recomm. offic. pour remplacer l'anglic. *cookie*. — MILIT. Avion d'observation.

MOUCHARDER [muʃaʀde] **v. tr.** ⟨1⟩ – 1596 ◇ de *mouchard* ▪ FAM. Surveiller en vue de dénoncer ; dénoncer. ➤ **cafarder,** FAM. **cafter, espionner.** ◆ ABSOLT Faire le mouchard. *Écolier qui moucharde.* ➤ **rapporter.** — **n. m. MOUCHARDAGE.**

MOUCHE [muʃ] **n. f.** – v. 1120 *musche* ◇ latin *musca*

I INSECTE ▪ **1** VX Petit insecte volant (mouche, abeille, guêpe, moucheron, moustique, taon). *« Mouche guêpe »* MONTAIGNE. ◆ MOD. *Mouche d'Espagne :* cantharide. — (1487) RÉGION. *Mouche à miel :* abeille. (1855) (Canada) *Mouche à feu :* luciole. ▪ **2** MOD. Insecte *(diptères)* aux nombreuses espèces, dont la plus commune est la *mouche domestique. La larve* (➤ **asticot**) *de la mouche vit dans les matières organiques en putréfaction. Petite mouche.* ➤ **moucheron,** RÉGION. 2 **mouchette.** *Mouche bleue, mouche de la viande. Mouche dorée* ou *mouche verte* (lucilie). *Mouche tsétsé* (glossine). *Mouche charbonneuse* (stomoxe). *Mouche du vinaigre* (drosophile). *Mouche à merde* (scatophage stercoraire). (Canada, Louisiane) *Mouche noire :* insecte dont la piqûre est irritante. ➤ **simulie.** *« ils y sont tous, les maringouins, les mouches noires, les brûlots »* J. SAUCIER. ◆ COUR. Mouche domestique. *Protection contre les mouches* (chasse-mouche, insecticide, papier tue-mouche, tapette). *Nuage, nuée de mouches. Chiures de mouches.* — FIG. **PATTES DE MOUCHE(S) :** écriture très petite, irrégulière et difficile à lire. ▪ **3** LOC. *On aurait entendu une mouche voler :* le plus profond silence régnait. *On ne prend pas les mouches avec du vinaigre*. Il ne ferait pas de mal à une mouche :* il n'est absolument pas méchant. *« vous dites vous-même qu'il est trop bon et qu'il ne tuerait pas une mouche ! »* ZOLA. *Mourir, tomber comme des mouches,* en masse, en grand nombre. *Prendre la mouche :* s'emporter, se mettre en colère. *Quelle mouche le pique ?* pourquoi se met-il en colère brusquement et sans raison apparente ? (cf. Qu'est-ce qui lui prend* ?). — FAM. *Gober* les mouches. Enculer les mouches :* pinailler. *Enculage de mouches :* minutie excessive. *C'est une enculeuse de mouches* (cf. Coupeur de cheveux* en quatre). *« j'aurai toujours plus de respect pour les enculeurs de mouches que pour les inventeurs de bombes à neutrons »* DESPROGES. — (par allus. à la fable de La Fontaine « Le Coche et la Mouche ») *Être, faire la mouche du coche :* s'agiter beaucoup sans rendre de réels services.

II PAR ALLUSION À LA FORME, LA COULEUR, LA TAILLE DE L'INSECTE ▪ **1** (XVIIe) VX Petite tache. ▪ **2** (1609) Petit morceau de taffetas noir que les femmes mettaient sur la peau pour en faire ressortir la blancheur. ▪ **3** (1846) *Mouche artificielle :* appât fait de plumes de couleurs fixées à un hameçon. *« poissons articulés, jabots de coqs pour fabriquer des mouches, objets sacrés et quasi magiques »* M. ROUANET. *Pêche à la mouche :* pêche au lancer à la mouche artificielle. ▪ **4** Bouton que l'on fixe à la pointe d'un fleuret, pour le rendre inoffensif (➤ **moucheter**). ▪ **5** Point noir au centre d'une cible. LOC. *Faire mouche :* toucher ce point ; FIG. toucher juste (cf. Mettre dans le mille*). *« Vous faisiez mouche à chaque mot »* AYMÉ. ▪ **6** Point brillant ou tache qui apparaît dans le champ de l'œil. *« Il avait des mouches devant les yeux, et des points d'or »* ARAGON. ▪ **7** (1846) Touffe de barbe au-dessous de la lèvre inférieure. *Porter la mouche.*

III PAR ALLUSION À LA FINESSE, LA MOBILITÉ DE L'INSECTE ▪ **1** (1389) VX Espion. ➤ **mouchard.** ▪ **2** (1673) MOD. *Fine mouche :* personne habile, rusée. ▪ **3** MAR. Petit navire de reconnaissance, très mobile. *Mouche d'escadre.* ◆ (1870) COUR. (élément de composés) *Bateau*-mouche.* ▪ **4** SPORT. APPOS. *Poids* mouche.*

MOUCHER [muʃe] **v. tr.** ⟨1⟩ – XIIIe ◇ latin populaire °*muccare,* de *muccus* « morve » ▪ **1** Débarrasser (le nez) de ses mucosités en pressant les narines et en expirant fortement. *Mouche ton nez ! —* PAR EXT. *Moucher un enfant.* ◆ FIG. FAM. Remettre (qqn) vertement à sa place, lui dire son fait. ➤ **rabrouer,** FAM. **rembarrer** (cf. Clouer le bec*). *Il s'est fait rudement moucher.* ▪ **2** (1835) Rendre par le nez. *Moucher du sang.* ▪ **3 SE MOUCHER v. pron.** Moucher son nez. *« Le vieux musicien paraissait donner du cor, quand il se mouchait »* BALZAC. — LOC. PROV. *Qui se sent morveux se mouche.* — IRON. *Ne pas se moucher du coude, du pied :* se prendre pour qqn d'important. ▪ **4** (1220) *Moucher une chandelle, une lampe :* raccourcir la mèche. ➤ 1 **mouchette.**

MOUCHERON [muʃʀɔ̃] **n. m.** – v. 1300 ◇ de *mouche* ▪ Insecte volant de petite taille *(diptères) ;* petite mouche. ➤ RÉGION. 2 **mouchette.** *« Des vols d'éphémères, de moucherons commençaient [...] à danser à hauteur d'homme »* NIZAN. ◆ FIG. et FAM. Très petit garçon.

MOUCHERONNER [muʃʀɔne] **v. intr.** ⟨1⟩ – v. 1903 ◇ de *moucheron* ▪ Se dit de certains poissons (saumon, truite) quand ils sautent hors de l'eau pour attraper au vol des mouches, des moucherons.

MOUCHETÉ, ÉE [muʃ(ə)te] **adj.** – *mosqueté* 1340 ◇ de *mouche* → moucheter ▪ **1** Chargé de marques de couleur différente du fond. ➤ **tacheté, tigré.** *Cheval moucheté. Reliure en veau* *moucheté.* ▪ **2** Semé de petites taches de couleur différente. ➤ **chiné.** *Laine mouchetée. Tweed gris moucheté de rouge.* ▪ **3** Garni d'une mouche (II, 4°). *Fleuret moucheté.* — LOC. FIG. *Discussion, attaque à fleurets mouchetés,* ne cherchant pas à blesser trop profondément.

MOUCHETER [muʃ(ə)te] **v. tr.** ‹4 /5/› – 1483 ◊ de *mouche* ▪ **1** Parsemer de petites marques, de petites taches rondes (➤ **moucheture**) d'une couleur autre que celle du fond. *« la pluie mouchette leurs vêtements de pois sombres »* KERANGAL. — PAR EXT. *« Les lampes électriques mouchetaient la nuit »* R. ROLLAND. ▪ **2** ESCR. Mettre une mouche à (une arme) pour l'émousser et la rendre inoffensive. *Moucheter un fleuret.* ▪ CONTR. Démoucheter.

MOUCHETIS [muʃ(ə)ti] **n. m.** – 1895 ◊ de *moucheter* ▪ CONSTR. Crépi fait au balai et présentant de petites saillies.

1 **MOUCHETTE** [muʃɛt] **n. f.** – *mouhetes* 1394 ◊ de *moucher*

I AU PLUR. ANCIENNT Ciseaux qui servaient à moucher les chandelles. *« Ayant pris les mouchettes pour moucher la chandelle »* ZOLA.

II ARCHIT. ▪ **1** Rebord saillant du larmier d'une corniche. ▪ **2** Motif en ellipse des fenêtrages du gothique flamboyant.

2 **MOUCHETTE** [muʃɛt] **n. f.** – date inconnue ◊ de *mouche* ▪ (Belgique) Petite mouche, moucheron. *Des exemplaires « piqués de taches d'humidité ou de chiures de mouchettes »* LINZE.

MOUCHETURE [muʃ(ə)tyʀ] **n. f.** – 1539 ◊ de *moucheter* ▪ **1** Petite marque, tache d'une autre couleur que le fond. *« Une moucheture de fange sur mon seul gilet blanc ! »* BALZAC. ▪ **2** Tache arrondie naturelle sur le corps, le pelage, le plumage de certains animaux. ➤ 1 **maille, ocelle.** ▪ **3** AU PLUR. MÉD. Petites incisions superficielles de la peau (➤ **scarification**) répétées à des endroits très proches, destinées à décongestionner en provoquant un écoulement des sérosités accumulées.

MOUCHOIR [muʃwaʀ] **n. m.** – XVe ; *mouschoir* « mouchettes » fin XIVe ; *moucheur* fin XIIIe ◊ de *moucher* ▪ **1** Petite pièce de linge, généralement de forme carrée, qui sert à se moucher, à s'essuyer le visage. ➤ POP. **tire-jus.** *Mouchoir de batiste, de soie. Mouchoir blanc, à carreaux. Mouchoir de Cholet. Mouchoir brodé. Mouchoir de poche.* ➤ **pochette.** PAR COMPAR. *Appartement, jardin grand comme un mouchoir de poche,* très petit. — *Mouchoir de, en papier, mouchoir jetable.* ➤ **kleenex.** — *Agiter son mouchoir* (en signe d'adieu). *Faire un nœud à son mouchoir* (pour se rappeler qqch.). *Mettre* (qqch.) *dans sa poche* et son mouchoir par-dessus.* — (1909 ; *finir dans un mouchoir* 1895) SPORT *Arriver dans un mouchoir,* en peloton serré. ▪ **2** *Mouchoir (de cou, de tête)* : pièce d'étoffe dont les femmes se couvrent la tête, les épaules. ➤ **châle,** 1 **fichu, foulard, madras, pointe.**

MOUCLADE [muklad] **n. f.** – 1921 ◊ mot régional, de *moucle* « moule » ▪ Moules de bouchot servies avec une sauce à la crème, au beurre et au curry (plat charentais).

MOUDJAHID [mudʒaid] **n. m.** – *moudjahidîn* 1903 ◊ mot arabe « combattant de la guerre sainte » ▪ Combattant d'une armée de libération islamique. ➤ **djihadiste.** *Des moudjahids* ou *des moudjahidines.* — On dit parfois *un moudjahidine.*

MOUDRE [mudʀ] **v. tr.** ‹47 ; rare, sauf *moudre, moudrai(s),* et *moulu, ue*› – v. 1165 *molu* « réduit en poudre » ; v. 1135 *moluz* « bien aiguisé » ◊ latin *molere* ▪ **1** Broyer (des grains) avec une meule. ➤ **écraser, pulvériser ; mouture.** *Moudre du poivre, du café.* ➤ **moulu.** *Avoir du grain* à moudre. Moulin qui moud gros, fin.* ▪ **2** RARE Briser (de coups). ➤ **battre.** *« Ses trois ennemis qui le moulaient de coups »* DUMAS. ▪ **3** VIEILLI *Moudre un air,* le jouer sur un instrument à manivelle (orgue de Barbarie, vielle). — PAR EXT. *Cette rue « Où des orgues moudront des gigues dans les soirs »* VERLAINE. ▪ HOM. *Moulais* : moulais (mouler).

MOUE [mu] **n. f.** – 1775 « lèvre » ◊ francique °*mauwa,* p.-ê. onomatopée ▪ **1** Grimace que l'on fait en avançant, en resserrant les lèvres. *Une moue boudeuse, dégoûtée, de dédain. Faire la moue.* ➤ **lippe ;** RÉGION. **baboune.** ▪ **2** FIG. *Faire la moue à,* manifester une intention de refus. *Il a fait la moue à notre proposition.* ▪ HOM. Mou, moût.

MOUETTE [mwɛt] **n. f.** – *moëtte* XIVe ◊ diminutif de l'ancien français *maoue, mauve,* anglo-saxon *maew* ▪ **1** Oiseau de mer, palmipède *(lariformes),* voisin du goéland mais plus petit. ➤ **hirondelle** (de mer). *Mouette blanche* ou *sénateur ; mouette à capuchon noir ; mouette tridactyle ; mouette rieuse* ; mouette pillarde.* ➤ **stercoraire.** *Le cri strident des mouettes. « La mer calme où des mouettes éparses flottaient comme des corolles blanches »* PROUST. ▪ **2** MAR. Canot pneumatique de sauvetage.

MOUFETER ➤ **MOUFTER**

MOUFFETTE ou **MOUFETTE** [mufɛt] **n. f.** – 1765 ◊ → mofette ▪ Petit mammifère carnivore d'Amérique *(mustélidés),* à la fourrure noire rayée de blanc. *La mouffette, comme le putois, projette en cas de danger un liquide malodorant sécrété par ses glandes anales. La mouffette est chassée pour sa fourrure.* ➤ **sconse.**

MOUFLE [mufl] **n. f.** et **m.** – v. 1220 ◊ latin médiéval *muffula,* probablt d'origine germanique → mufle

I **n. f.** COUR. Pièce de l'habillement qui couvre entièrement la main, sans séparation pour les doigts, sauf pour le pouce. ➤ **gant,** RÉGION. **mitaine.** *Moufles de laine, de cuir. Moufles de skieur, de motard.*

II **n. m.** ou **f.** (1549 « support des poutres ») TECHN. Assemblage mécanique de poulies dans une même chape, pour soulever de lourds fardeaux. *« Le moufle est une poulie montée à l'envers »* ALAIN. *Deux moufles constituent un palan.*

III **n. m.** (1611 n. f.) CHIM. Vase de terre permettant de soumettre un corps à l'action du feu sans que la flamme le touche. ◆ **n. m.** ou **f.** TECHNOL. Dans un four, Enceinte réfractaire destinée à recevoir les pièces à cuire et à traiter. *Four à moufle pour la poterie, la porcelaine.*

MOUFLET, ETTE [muflɛ, ɛt] **n.** – 1867 argot ◊ ancien français et dialectal *mo(u)flet, mouflart, moufflu* « rebondi, dodu » → moufle, mufle ▪ FAM. Petit enfant. *Une bande de mouflets. « Toutes les femmes, voyez-vous ça* [...] *Mais tu n'es qu'une mouflette »* QUENEAU. ➤ **mioche, môme, moujingue, moutard.**

MOUFLON [muflɔ̃] **n. m.** – 1754 ; *muffle* 1556 ◊ italien *muflone,* bas latin dialectal *mufro* ▪ Mammifère ruminant ongulé, très proche du bouquetin. *Les mouflons mâles portent de grosses cornes recourbées en volute.*

MOUFTER [mufte] **v. intr.** ‹1› – 1896 ◊ variante de l'ancien verbe *mouveter,* de *mouvoir* ▪ FAM. Broncher, protester. *Il a accepté sans moufter. Il n'a pas moufté. Personne ne mouftait.* — REM. *Moufter* est défectif, employé surtout à l'inf., à l'imparfait et aux temps composés. — On écrit parfois *moufeter* (s'emploie seulement à l'inf. et aux temps composés).

MOUILLAGE [mujaʒ] **n. m.** – 1654 d'abord aux Antilles ◊ de *mouiller*

I MAR. ▪ **1** Action de mettre à l'eau. *Mouillage des mines, des ancres.* ◆ Action de mouiller l'ancre. *Mouillage d'un navire.* ➤ **ancrage, embossage.** ▪ **2** Emplacement favorable pour mouiller un navire. ➤ **abri.** *« Des bâtiments en marche venant chercher un mouillage »* MAUPASSANT. *Un bon mouillage. Bateau au mouillage.*

II ▪ **1** (1765) Action de mouiller (qqch.). *Mouillage du cuir,* en corroierie. *Mouillage du linge avant de le repasser.* ▪ **2** Addition d'eau dans un liquide. ➤ **coupage.** *Le mouillage frauduleux du lait.*

MOUILLANT, ANTE [mujɑ̃, ɑ̃t] **n. m.** et **adj.** – milieu XXe ◊ de *mouiller* ▪ TECHN. Produit destiné à abaisser la tension superficielle d'un liquide afin qu'il imprègne ou s'étale plus aisément. ➤ **tensioactif.** *Détersif à base de mouillant.* — **adj.** *Pouvoir mouillant d'une huile.*

MOUILLASSER [mujase] **v. impers.** ‹1› – 1744 au Canada ◊ de *mouiller* ▪ RÉGION. (Ouest, Lyonnais ; Canada, Louisiane) Pleuvoir par intermittence, bruiner. ➤ **pleuvasser, pleuviner, pleuvioter.**

MOUILLE [muj] **n. f.** – 1855 ; « source » 1840 ◊ de *mouiller* ▪ MAR. Avarie d'une cargaison par inondation ou humidité.

MOUILLÉ, ÉE [muje] **adj.** – *moillié* XIIIe ◊ de *mouiller* ▪ **1** Qui a été mis en contact avec un liquide. *Un maillot de bain mouillé.* ➤ **humide,** RÉGION. 2 **trempe.** *Cheveux mouillés. Je suis mouillé jusqu'aux os.* ➤ **trempé.** — *Enfant, bébé mouillé,* qui a uriné dans sa couche. — PAR PLAIS. *Elle fait quarante kilos toute mouillée,* au maximum. ◆ GÉOGR. *Section mouillée, périmètre mouillé d'un fleuve,* dépendant du niveau. ◆ *Yeux mouillés, regard mouillé,* plein de larmes. *Voix mouillée,* pleine d'émotion. ◆ FIG. *Poule* mouillée.* ◆ SUBST. *« son manteau sent le mouillé »* R. ROLLAND. ▪ **2** *Consonne mouillée,* qui s'articule avec la langue rapprochée du palais, produisant pendant l'émission un son analogue à [j]. ➤ **palatalisé.** N *mouillé* [ɲ] *comme dans* agneau [aɲo] *et autrefois* l *mouillé.* ▪ CONTR. Sec.

MOUILLEMENT [mujmɑ̃] **n. m.** – 1553 ◊ de *mouiller* ▪ RARE Action de mouiller. ◆ PHONÉT. *Mouillement d'une consonne.* ➤ **mouillure.**

MOUILLER [muje] **v.** ‹1› – fin XIVe ; *moilier* v. 1050 ◊ latin populaire °*molliare* « amollir », de *mollis* « mou »

I ~ **v. tr.** ▪ **1** Imbiber, mettre en contact avec de l'eau, avec un liquide très fluide. ➤ **arroser, asperger, éclabousser, humecter, imbiber, inonder, tremper.** *Mouiller une éponge.*

Mouiller son doigt de salive pour feuilleter un livre. Mouiller sa chemise de sueur. LOC. FIG. *Mouiller sa chemise, le maillot* : ne pas ménager sa peine. « *des jeunes qui en voulaient, qui étaient prêts à mouiller leur chemise* » MORDILLAT. *Mouiller sa culotte, son froc* : uriner dedans ; FIG. avoir peur (cf. infra, II, 3°). « *il s'était remis à mouiller son lit. Il n'y pouvait rien. Chaque matin il se réveillait dans une flaque* » TOURNIER. *Se faire mouiller par la pluie.* ➤ FAM. **doucher, rincer, saucer.** *Se mouiller les cheveux pour se coiffer.* ◆ CUIS. Ajouter un liquide pendant la cuisson de (un plat) pour faire une sauce. *Mouiller un ragoût avec du bouillon, du vin blanc. Mouiller un roux.* ◆ (CHOSES) « *Cette graisse qui fait que l'eau ne mouille pas les cygnes* » COCTEAU. ABSOLT *Pluie, brouillard qui mouille, transperce.* ▪ **2** Étendre d'eau (un liquide). ➤ **couper, diluer.** *Mouiller son vin.* « *Il commença de les mouiller* [les absinthes] *délicatement, goutte par goutte* » COURTELINE. ▪ **3** (XVIIe) MAR. Mettre à l'eau. ➤ **immerger.** *Mouiller une sonde, une mine, une ligne, un casier. Mouiller l'ancre.* — ABSOLT Jeter l'ancre, s'arrêter. ➤ **ancrer, fond** (donner fond). *Mouiller dans un port, dans une baie.* ➤ **embosser.** ▪ **4** (1690) *Mouiller une consonne,* l'articuler en rapprochant la langue du palais comme pour émettre un [j]. ➤ **palataliser.** ▪ **5** FIG., FAM. Compromettre (qqn). *Il cherche à te mouiller. Il est mouillé jusqu'au cou.*

II ~ **v. intr.** ▪ **1** RÉGION. Être exposé à la pluie. *Le foin va mouiller.* ▪ **2** **v. impers.** (1636) VX OU RÉGION. (Ouest, Lyonnais ; Canada) Pleuvoir. « *Il pleut, il mouille, c'est la fête à la grenouille* » (comptine). « *Ici* [en Normandie], *ça pleut pas, ça mouille* » F. VARGAS. ▪ **3** (1946 ◊ de *mouiller* [sa culotte] « uriner ») POP. Avoir peur. ▪ **4** VULG. (femme) Ressentir une excitation sexuelle (qui se manifeste par la sécrétion de cyprine) « *Je bandais. Elle mouillait. Rien que de très naturel* » B. BLIER.

III ~ **v. pron. SE MOUILLER** ▪ **1** S'imbiber d'eau (ou d'un liquide très fluide), entrer en contact avec l'eau, dans l'eau. *Se mouiller en sortant sous la pluie, en renversant un liquide sur soi.* — « *Sa voix s'altère, ses yeux se mouillent* » DIDEROT. ▪ **2** FIG. (1886) FAM. S'engager, prendre des risques. ➤ **se compromettre.** « *Les médecins ne parlent pas, ils ont peur de se mouiller* » D. DECOIN.

▪ CONTR. Assécher, dessécher, éponger, essuyer, sécher.

MOUILLÈRE [mujɛʀ] **n. f.** – 1846 ◊ de *mouiller* ▪ RÉGION. Partie de pré, de champ habituellement humide.

MOUILLETTE [mujɛt] **n. f.** – 1690 ◊ diminutif de *mouiller* ▪ **1** Petit morceau de pain long et mince qu'on trempe dans les œufs à la coque, dans un liquide. « *Taillant au pain de longues mouillettes, il les plongeait dans le café* » GENEVOIX. ▪ **2** En parfumerie, Petite languette de papier que l'on trempe dans une substance odorante pour en tester l'odeur.

MOUILLEUR [mujœʀ] **n. m.** – 1842 ◊ de *mouiller* ▪ **1** MAR. Appareil qui tient l'ancre dans la même position jusqu'au moment de la laisser tomber pour mouiller. ▪ **2** (1890) Appareil employé pour mouiller, humecter (les étiquettes, les timbres). ▪ **3** (1914) *Mouilleur de mines* : navire aménagé pour le mouillage des mines.

MOUILLURE [mujyʀ] **n. f.** – XIIIe *moilleüre* ◊ de *mouiller* ▪ **1** Action de mouiller. ➤ **mouillage, mouillement.** — État de ce qui est mouillé. ▪ **2** *Une mouillure* : trace laissée par l'humidité. *Mouillures d'un tissu, d'un papier.* ▪ **3** (fin XIXe) Caractère d'une consonne mouillée. *La mouillure du* n *dans* agneau. ➤ **palatalisation.**

MOUISE [mwiz] **n. f.** – 1892 ; « soupe » 1829 ◊ allemand dialectal du Sud *mues* « bouillie » ▪ FAM. Misère, pauvreté. ➤ **panade, purée.** *Être dans la mouise.*

MOUJIK [muʒik] **n. m.** – avant 1794 ; *mousique* 1727 ◊ mot russe, littéralement « petit homme *(mouj)* » ▪ Paysan russe d'avant la Révolution. « *Deux ou trois chariots de moujiks cherchant à rejoindre leurs isbas* » GAUTIER.

MOUJINGUE [muʒɛ̃g] **n.** – 1915 ◊ origine inconnue, p.-ê. de l'arabe algérien *mouchachou,* de l'espagnol *muchacho* « enfant » ▪ POP. Enfant. ➤ **mouflet, moutard.** « *Il est quand même drôle, ton moujingue* » AYMÉ.

MOUKÈRE ➤ **MOUQUÈRE**

1 **MOULAGE** [mulaʒ] **n. m.** – 1325 *molage* au sens 2° ◊ de *moudre* ▪ **1** RARE Action de moudre. ▪ **2** FÉOD. Droit payé au seigneur du moulin banal.

2 **MOULAGE** [mulaʒ] **n. m.** – 1415 *mollage* ◊ de *mouler* ▪ **1** Action de mouler, de fabriquer avec un moule. *Moulage d'un objet de métal, d'une cloche.* ➤ 1 **fonte.** *Moulage des verres d'optique. Moulage d'objets en matière plastique. Moulage d'une statue. Moulage au plâtre.* ▪ **2** Objet, ouvrage obtenu au moyen d'un moule. *Prendre un moulage d'un objet* (l'objet servant de moule). ➤ **empreinte ; surmoulage.** ◆ Reproduction d'une œuvre originale obtenue par moulage. « *Un bon moulage ne vaut pas une bonne statue* » TAINE.

MOULANT, ANTE [mulɑ̃, ɑ̃t] **adj.** – fin XIXe ◊ de *mouler* ▪ Qui épouse les formes du corps ; ajusté, serré. *Robe fourreau très moulante. Pantalon moulant.* ➤ **collant ; slim.** ▪ CONTR. Ample, large, 3 vague.

1 **MOULE** [mul] **n. m.** – 1559 ; v. 1170 *molle* ; fin XIe *modle* « modèle » ◊ latin *modulus* qui a également donné *module.* Voir aussi *modèle.* ▪ **1** Corps solide creusé et façonné, dans lequel on verse une substance liquide ou pâteuse qui, solidifiée, conserve la forme qu'elle a prise dans la cavité. (XIIIe) Objet plein sur lequel on applique une substance plastique pour qu'elle en prenne la forme. ➤ **forme, matrice, modèle ; surmoule.** *Moule en sable, en terre. Moule à cire perdue* : modèle en cire sur lequel on applique de l'argile, qui forme un moule en creux dans lequel on verse le métal en fusion, la cire fondant au contact du métal en fusion. *Moule d'une forme typographique.* ➤ **empreinte.** *Moule utilisé en poterie.* ➤ 1 **mère.** *Moule de sculpteur. Moule à pisé* (➤ **banche**), *à briques. Verser du métal en fusion dans un moule.* ➤ **couler.** « *Sur le moule il versait du plâtre liquide* » STENDHAL. *Retirer un objet du moule.* ➤ **démouler.** — *Moule à tarte, à manqué*, à charlotte, à brioche, à gaufre* (➤ **gaufrier**), *à glaces. Chemiser un moule.* — LOC. FIG. VIEILLI *Être fait au moule,* bien fait, de formes harmonieuses (corps). MOD. *Le moule est cassé* : la personne est unique en son genre. « *Si la nature a bien ou mal fait de briser le moule dans lequel elle m'a jeté* » ROUSSEAU. ◆ Pièce creuse servant à faire des pâtés de sable. ▪ **2** TECHN. Forme d'un bouton destiné à être recouvert de tissu. ◆ Cuve où les maroquiniers mettent les peaux. — Mesure de bois de chauffage. ▪ **3** FIG. Modèle, type. *Être fait sur le même moule. Se couler dans le moule* : se conformer au modèle dominant. *Casser le moule* : s'affranchir du modèle traditionnel, innover. — Forme imposée de l'extérieur (à la personnalité, au caractère, à une œuvre).

2 **MOULE** [mul] **n. f.** – 1240 *moulles* ◊ latin *musculus* « petite souris » → muscle ▪ **1** Mollusque bivalve *(lamellibranches)* comestible, aux valves oblongues et renflées, d'un bleu ardoisé, sans charnière, qui vit fixé sur les rochers, sur les corps immergés. *Écailles, byssus des moules. Pêche aux moules. Culture, élevage des moules.* ➤ **mytiliculture.** *Parc à moules.* ➤ **bouchot, moulière.** *Acheter un litre de moules.* — *Moules marinière, à la crème* ➤ **mouclade.** *Assiette de moules avec des frites.* — *Moule d'eau douce.* ➤ **anodonte, mulette.** ▪ **2** (influence de *mou, mollusque*) FAM. Personne molle ; mollasson. Imbécile, sot. *Quelle moule !* ➤ **mollusque, nouille.**

MOULÉ, ÉE [mule] **adj.** – 1080 « fait au moule » fig. ◊ de *mouler* ▪ **1** Obtenu par un moule ; reproduit au moyen d'un moulage. *Statue de bronze moulé.* ➤ **fondu.** *Ornements moulés en plâtre.* — *Pain moulé,* cuit dans un moule et non directement sur la plaque du four. *Baguette moulée.* ▪ **2** *Lettre moulée* : lettre imprimée ou qui imite la lettre imprimée. *Écriture moulée,* régulière et bien formée. ▪ **3** ARCHIT. Orné de moulures. *Colonne moulée.* ▪ HOM. Moulée.

MOULÉE [mule] **n. f.** – 1880 ◊ mot normand, du latin *molere* → moudre ▪ RÉGION. (Canada) Farine destinée à l'alimentation des animaux d'élevage. « *une poignée de moulée aux petits cochons* » GUÈVREMONT. ▪ HOM. Moulé, mouler.

MOULER [mule] **v. tr.** ⟨1⟩ – XVe ; *moler* 1080 ◊ de 1 *moule* ▪ Donner une forme, fabriquer, reproduire à l'aide d'un moule. ▪ **1** Obtenir (un objet) en versant dans un moule creux une substance qui en conserve la forme après solidification. *Mouler des briques, des caractères d'imprimerie. Camembert moulé à la louche.* ABSOLT *Mouler en cire, en plâtre.* (REM. On dit *couler, fondre* pour les métaux.) ▪ **2** Reproduire (un objet, un modèle plein) en y appliquant une substance plastique qui en prend les contours. — Prendre copie au moyen d'un moule en plâtre pris sur l'original. *Mouler un bas-relief, un buste.* — *Mouler le visage d'une personne célèbre.* ▪ **3** FIG. *Mouler dans* : faire entrer dans une forme fixe. « *L'agent supérieur, qui moule son action dans ces lois* » RENAN. — *Mouler sur* : faire, former sur un modèle ; ajuster à. ➤ **calquer.** « *Mouler les lois sur les mœurs générales* » BALZAC. ▪ **4** Épouser étroitement les contours de. ➤ **s'ajuster, s'appliquer, épouser.** *Vêtement très ajusté qui moule les formes.* « *Sa robe de soie collante moule exactement sa taille longue* » BAUDELAIRE. ➤ **serrer.** ▪ **5** *Mouler une lettre, un mot,* l'écrire d'une écriture soignée, parfaitement formée. ▪ HOM. Moulée ; *moulais* : moulais (moudre).

MOULEUR, EUSE [mulœʀ, øz] **n.** – 1260 *moleor* ◊ de *mouler* ■ TECHN. ■ **1** Ouvrier qui moule des ouvrages de sculpture (pour obtenir une copie, un nouveau modèle), des pièces de fonderie, des matières plastiques. *Ancienne corporation des fondeurs-mouleurs.* ■ **2 n. f.** Machine qui donne une forme par moulage. *Mouleuse à beurre, à chocolat.*

MOULIÈRE [muljɛʀ] **n. f.** – 1681 ◊ de 2 *moule* ■ Lieu situé au bord de la mer dans lequel on pêche ou on élève des moules. ➤ **parc** (à moules). *Moulière naturelle, artificielle. Compartiments d'une moulière.* ➤ **bouchot.**

MOULIN [mulɛ̃] **n. m.** – XIIe ; *molin* début XIIe ◊ bas latin *molinum,* de *mola* «meule» ■ **1** Appareil servant à broyer, à moudre le grain des céréales ; établissement qui utilise ces appareils. *Produits du moulin :* farine, mouture, recoupe, remoulage, son. *Outillage, équipement d'un moulin :* battant, blutoir, cerce, claquet, convertisseur, meule, plansichter, sasseur, trieur. *Moulin à cylindres.* — *Moulin à vent. Ailes, volants, voilure d'un moulin à vent.* ➤ 2 **volant.** — *Moulin hydraulique, à eau* (➤ **abée, bief,** 1 **vanne**). *Roues, aubes, palettes d'un moulin.* «*Meunier, tu dors, ton moulin va trop vite*» (chans. enfantine). — LOC. FIG. *On ne peut être à la fois au four et au moulin,* partout à la fois. — *Se battre contre des moulins à vent,* contre des ennemis imaginaires (allus. à un épisode de Don Quichotte). — *Apporter de l'eau au moulin de qqn,* lui procurer des ressources ; lui donner involontairement des arguments dans un débat. ■ **2** Le bâtiment où les machines sont installées. ➤ **meunerie, minoterie.** *Habiter dans un moulin désaffecté, dans un vieux moulin.* ◆ L'entreprise (atelier ou grande usine) qui les met en œuvre. *Exploitant d'un moulin.* ➤ **meunier, minotier.** *Les Grands Moulins de Paris.* — LOC. FIG. *On entre dans cette maison comme dans un moulin,* comme on veut. *Jeter son bonnet* par-dessus les moulins.* ◆ (Canada ; critiqué) Usine. *Travailler au moulin. Moulin à papier :* papeterie. ■ **3** (1378) **MOULIN À... :** installation, appareil servant à battre, à piler, à pulvériser, à extraire le suc par pression, broyage (➤ **pressoir**). *Moulin à huile, à sucre. Moulin à foulon.* ◆ Appareil ménager pour écraser, moudre. *Moulin à café, à poivre.* (1932 *moulin-légumes,* n. déposé) *Moulin à légumes :* ustensile qui sert à écraser les légumes (➤ **mouliner**), pour préparer les potages, les purées. ■ **4** FIG. (1680) **MOULIN À PAROLES :** VX langue ; MOD. FAM. personne qui parle sans arrêt. ➤ **bavard*.** ■ **5 MOULIN À PRIÈRES :** dans la religion bouddhiste, cylindre renfermant des bandes de papier recouvertes d'une formule sacrée et qu'on fait tourner pour acquérir les mérites attachés à la répétition de cette formule. ■ **6** (1909) FAM. Moteur d'automobile, d'avion. *Faire tourner, ronfler son moulin.* «*Sturmer emballe son moulin d'un coup d'accélérateur furieux*» G. ARNAUD.

MOULINAGE [mulinaʒ] **n. m.** – 1675 ◊ de *mouliner* ■ Opération qui consiste à mouliner (2°, 3°).

MOULIN-À-VENT [mulɛ̃avɑ̃] **n. m. inv.** – 1811 ◊ nom d'un vignoble ■ Vin rouge du Beaujolais issu du vignoble de ce nom, très apprécié pour son bouquet. *Une bouteille de moulin-à-vent.*

MOULINER [muline] **v. tr.** ‹1› – 1611 «moudre» ◊ de *moulin* ■ **1** VX Ronger (le bois). *Planche moulinée par les vers.* ■ **2** (1667) TECHN. Tordre et filer mécaniquement (la soie grège) au moyen d'un moulin garni de fuseaux ou de bobines. ■ **3** FAM. Écraser, passer au moulin à légumes. *Mouliner des pommes de terre.* ■ **4** INFORM. FAM. Traiter informatiquement (des données). *Mouliner des statistiques.*

MOULINET [mulinɛ] **n. m.** – *molinet* 1389 ◊ de *moulin*

I ■ **1** VX Petit moulin. ■ **2** MOD. Objet ou appareil qui fonctionne selon un mouvement de rotation ou qui a une disposition en ailes. *Le moulinet d'une crécelle.* ◆ SPÉCIALT Tourniquet qui sert à enlever ou à traîner des fardeaux. *Le moulinet d'un treuil. Le moulinet d'une barrière.* — PÊCHE Petit tambour commandé par une manivelle. ➤ **dévidoir.** *Moulinet multiplicateur.*

II ■ **1** (*faire le moulinet* 1548 ; «bâton qu'on fait tourner» 1418) Mouvement de rotation rapide (qu'on fait avec un bâton, une épée, un sabre) pour écarter l'adversaire et parer ses coups. «*Une canne en fer avec laquelle il faisait souvent des moulinets*» BALZAC. — PAR EXT. *Faire de grands moulinets des deux bras.* ■ **2** DANSE Figure dans laquelle deux ou quatre danseurs tournent autour d'un pivot formé par leurs mains droites réunies.

MOULINETTE [mulinɛt] **n. f.** – 1957 ◊ n. déposé, de *moulinet* ■ **1** Petit moulin à légumes, broyeur ménager. *Passer à la moulinette* (➤ **mouliner**) ; FIG. et FAM. soumettre à rude épreuve ; examiner. *Les sénateurs passent le projet de loi à la moulinette.* ■ **2** ALPIN. Technique d'escalade dans laquelle la corde liée au grimpeur est passée dans un relais situé en haut de la voie à gravir, et maintenue tendue par l'assureur situé en contrebas. ■ **3** INFORM. FAM. Petit programme qui effectue des calculs simples et répétitifs. *Lancer une moulinette.*

MOULINEUR, EUSE [mulinœʀ, øz] **n.** – 1723 ◊ de *mouliner* ■ TECHN. Ouvrier, ouvrière qui travaille au moulinage de la soie. — On dit aussi **MOULINIER, IÈRE.**

MOULT [mult] **adv.** – *mult* Xe ◊ latin *multum* «beaucoup», cf. *multitude* ■ VX ou PLAIS. Beaucoup, très. «*Timide mais brave et moult habile*» P. KLOSSOWSKI. — (Employé comme un adj. indéfini) *Après moult hésitations.* ➤ **nombreux.** *Série en moult épisodes.* ➤ **maint, plusieurs.**

MOULU, UE [muly] **adj.** – *moleü* XIIe ◊ de *moudre* ■ **1** Réduit en poudre. «*La table sentait le café moulu fraîchement*» BOSCO. ■ **2** Accablé de coups, brisé de fatigue. ➤ **courbatu, éreinté, fourbu, rompu, vanné.** *Je suis moulue, ce soir.* «*Altérés, affamés, moulus de fatigue*» GAUTIER.

MOULURE [mulyʀ] **n. f.** – *molleüre* 1423 ; *mollure* XVIe ◊ de *mouler* ■ **1** Ornement allongé à profil constant, en relief ou en creux. *Moulures d'une corniche* (➤ **modénature**), *d'un plafond. Différentes moulures :* anglet, archivolte, armilles, astragale, bague, baguette, bandeau, bandelette, boudin, cannelure, cavet, cimaise, congé, cordon, doucine, échine, filet, gorge, listel, liston, nervure, piédouche, platebande, plinthe, quart-de-rond, réglet, scotie, talon, tore, tringle. *Moulures d'ébénisterie,* taillées ou rapportées. ■ **2** (1931) *Moulures électriques :* lattes creusées de rainures parallèles qui reçoivent les fils conducteurs et qui sont recouvertes par une bande (couvercle, chapeau). ➤ **baguette.**

MOULURER [mulyʀe] **v. tr.** ‹1› – 1872 p. p. ◊ de *moulure* ■ Orner de moulures. ABSOLT *Machine, outil, rabot à moulurer.* ◆ **p. p. adj.** *Panneau mouluré. Colonne moulurée.* ➤ **moulé** (3°). *Les* «*grandes chambres moulurées d'or*» BOSCO.

MOUMOUTE [mumut] **n. f.** – 1865 ◊ de *moutonne* «perruque» (1724) ■ FAM. ■ **1** Cheveux postiches, perruque. *Passant* «*dans sa moumoute des doigts inspirés*» R. GARY. ■ **2** Fourrure de mouton ou matière d'aspect similaire. «*un blouson fourré en moumoute*» B. DUTEURTRE. — Veste ou manteau de cette matière.

MOUND [maund ; mund] **n. m.** – 1875 ◊ mot anglais «tertre» ■ ARCHÉOL. Monument de l'Amérique précolombienne (bassin du Mississippi) constitué par un tertre artificiel. ➤ **tumulus.**

MOUQUÈRE [mukɛʀ] **n. f.** – 1888 ; *moukère* 1863 ◊ mot du sabir d'Algérie (1830), de l'espagnol *mujer* «femme» ■ POP. et VIEILLI Femme. «*La mouquère se mit à brailler*» QUENEAU. — On écrit aussi *moukère.*

MOURANT, ANTE [muʀɑ̃, ɑ̃t] **adj.** et **n.** – v. 1380 ◊ de *mourir* ■ **1** Qui se meurt ; qui va mourir. ➤ **agonisant, expirant.** «*J'étais né presque mourant*» ROUSSEAU. ◆ **n.** ➤ **moribond.** *Les dernières volontés d'un mourant.* — DR. *Le premier mourant des conjoints, des père et mère* (le «prémourant»). ■ **2** PAR EXT. LITTÉR. «*Une mourante vie*» LA FONTAINE. — FIG. *Yeux, regards mourants.* ➤ **languissant ; langoureux.** ■ **3** Qui cesse, s'arrête, finit. ➤ **affaibli, éteint.** *Une voix mourante.* ➤ **évanescent.** «*Ses sons mourants* [de la voix] *arrivaient à peine jusqu'à l'oreille de Mina*» STENDHAL. «*Les pourpres du jour mourant*» MAUPASSANT. ■ **4** FIG. et VIEILLI Qui fait mourir d'ennui. ➤ **ennuyeux, tuant.** ◆ Qui fait mourir de rire. ➤ **crevant.** ■ CONTR. Naissant.

MOURIR [muʀiʀ] **v. intr.** ‹19› – fin Xe ◊ du latin *morire,* de *moriri* «mourir»

I CESSER D'EXISTER A. (ÊTRES VIVANTS) ■ **1** Cesser de vivre, d'exister, d'être. ➤ 1 **mort ; décéder, disparaître, s'éteindre, expirer,** 1 **partir** (FIG.), **passer, périr, succomber, trépasser ;** FAM. et ARG. **calancher,** 2 **caner, clamser, claquer, crever** (cf. Passer de vie à trépas* ; descendre dans la tombe* ; perdre* la vie ; rendre* l'âme, l'esprit, le dernier soupir ; être rappelé à Dieu*, finir sa destinée, s'endormir du sommeil de la tombe, quitter ce monde, descendre au tombeau, payer tribut* à la nature, ranger son violon*, faire le grand voyage ; FAM. y rester* ; avaler* son acte [son bulletin] de naissance, sa chique ; casser* sa pipe ; passer l'arme à gauche*, dévisser son billard* ; lâcher la rampe ; partir les pieds* devant, entre quatre planches*). «*L'homme est sans doute la seule espèce dans laquelle l'individu sait qu'il doit mourir*» H. LABORIT. *Personne qui va mourir, qui est sur le point de mourir.* ➤ **moribond, mourant** (cf. Être à la dernière extrémité ; avoir un pied dans la fosse, dans la tombe). «*Les vieux ne meurent pas, ils s'endorment un jour et dorment trop longtemps*» BREL. *Fermer* *les yeux à qqn qui vient de mourir. Laisser trois enfants en mourant.* — LOC. PROV. *On ne meurt qu'une fois.* — *Faire mourir :* exécuter, tuer*. *La maladie qui l'a fait mourir,* qui l'a emporté. ♦ (milieu XIIe) (Avec un compl., un attribut, exprimant la cause de la mort) *Mourir de faim, de froid, de maladie. On n'en meurt pas, vous n'en mourrez pas :* ce n'est pas grave. *Mourir de vieillesse, de sa belle mort. Mourir assassiné.* — (Avec un compl., un adv., un attribut, exprimant les circonstances de la mort) *Mourir doucement, subitement, de mort violente, dans un accident d'auto. Mourir à petit feu*. Mourir dans son lit, à l'hôpital.* « *Vous mourûtes aux bords où vous fûtes laissée* » RACINE. *Mourir jeune, à la fleur de l'âge. Fontenelle est mort centenaire.* « *Il est mort guéri* » CHAMFORT. *Mourir seul, abandonné.* — LOC. *Mourir comme un chien*.* ➤ **finir.** *Mourir à la peine,* en plein travail. *Mourir à la tâche,* à force de travail. *Mourir debout.* ♦ (Dans un combat) ➤ 1 **tomber ; périr** (cf. Verser son sang). *Mourir au feu, au champ d'honneur. Mourir en héros.* « *Que vouliez-vous qu'il fît contre trois ? – Qu'il mourût* » CORNEILLE. *La garde meurt et ne se rend pas* (attribué à CAMBRONNE). *Ceux qui vont mourir te saluent* (cf. lat. « Morituri te salutant »). « *Pour elle* [la République] *un Français doit mourir* » (« Chant du départ »). *Mourir pour ses idées, pour une cause.* ♦ (Animaux) ➤ **crever.** « *Le petit chat est mort* » MOLIÈRE. ♦ (fin XIIe) (Végétaux) Cesser de vivre (plantes annuelles) ; perdre sa partie aérienne sans cesser de vivre (plantes vivaces). — ALLUS. ÉVANG. *Si le grain ne meurt.* ■ **2** (fin XIIe) PAR EXAGÉR. Dépérir. *Mourir d'amour.* — PROV. *Partir, c'est mourir un peu.* — (Dans un serment) *Que je meure, si je mens !* « *Mon père voudra m'y forcer ; plutôt mourir* » STENDHAL. (1525) *J'aimerais mieux mourir que de céder.* ♦ LOC. FAM. *Plus* (et adj.), *tu meurs !,* c'est impossible, cela ne se peut pas. *Plus bête que lui, tu meurs !* « *Mais ma pauvre amie, plus précoce que Mozart, tu meurs !* » DESPROGES. ■ **3** FIG. (fin XIIe) Éprouver une grande affliction. ➤ **souffrir.** « *Je meurs si je vous perds, mais je meurs si j'attends* » RACINE. — (1671) **À MOURIR :** au point d'éprouver une souffrance, une grande fatigue. *S'ennuyer à mourir. C'était d'une tristesse à mourir.* PAR EXAGÉR. *Elle était belle à mourir.* « *Les invités s'extasièrent. Cette terrine était à mourir* » J. ALMIRA. — **MOURIR DE :** être très affecté par ; souffrir de. *Mourir de chagrin, de tristesse, de peur, de honte.* « *Je travaille toujours pour ne pas mourir d'ennui* » PROUDHON. — *Mourir d'envie* de.* — *Mourir de faim* (➤ **meurt-de-faim**), *de soif :* avoir très faim, soif. — *C'est à mourir de rire*.* ♦ (fin XIIe) RELIG. **MOURIR À :** se séparer définitivement de. ➤ **renoncer.** « *Il est pénible de voir une jeune fille mourir volontairement au monde* » FRANCE.

B. (CHOSES) (1556) Cesser d'exister, d'être (par une évolution lente, progressive). *Civilisation, pays qui meurt.* ➤ **s'anéantir, disparaître.** *Le feu, la flamme meurt.* ➤ **s'éteindre.** *Le jour meurt.* ➤ **s'effacer.** *Vague qui vient mourir sur la plage.* « *occupés à regarder mourir à nos pieds les longues houles* » FROMENTIN. *Bruit, son, voix qui meurt.* ➤ **s'affaiblir, diminuer, s'évanouir.** — *Sentiment, amour, conversation qui languit et meurt.* ➤ **cesser, s'éteindre, finir.**

II SE MOURIR v. pron. (milieu XIIe) LITTÉR. Être sur le point de mourir. « *Madame se meurt, Madame est morte* » BOSSUET. FIG. « *Au dehors, le soleil se mourait* » ZOLA.

■ CONTR. 1 Vivre ; naître. Continuer, durer ; renaître.

MOUROIR [muʀwaʀ] n. m. – 1812 « lit de mort » ; repris 1893, puis 1966 ◊ de *mourir* ■ PÉJ. Hospice de vieillards, hôpital où l'on ne dispense qu'un minimum de soins, en attendant la mort des sujets.

MOURON [muʀɔ̃] n. m. – *morun, moron* XIIe ◊ du moyen néerlandais *muer* ■ **1** Plante herbacée *(caryophyllacées)* des régions tempérées d'Europe, à fleurs rouges ou bleues. *Mouron d'eau.* ➤ **samole.** — *Mouron blanc* ou *mouron des oiseaux.* ➤ **morgeline, stellaire.** « *il criait sur un ton gras et traînant : – Mouron pour les p'tits oiseaux !* » ZOLA. ■ **2** (1878 « cheveux » argot) *Se faire du mouron,* du souci (cf. Se faire des cheveux*).

MOURRE [muʀ] n. f. – 1534 ◊ italien dialectal *morra* « troupeau » ■ ANCIENNT Jeu de hasard dans lequel deux personnes se montrent simultanément un certain nombre de doigts dressés en criant un chiffre pouvant exprimer ce nombre (celui qui donne le chiffre juste gagne). « *La mourre jeu du nombre illusoire des doigts* » APOLLINAIRE.

MOUSCAILLE [muskaj] n. f. – 1880 ; « excrément » XVIe ◊ de *mousse* au sens argotique d'« excrément » 1570 ■ FAM. *Être dans la mouscaille :* avoir de graves ennuis (cf. FAM. Être dans la merde*). — Être dans la misère, la pauvreté.

MOUSMÉ ou **MOUSMÉE** [musme] n. f. – 1887 ◊ mot japonais ■ VIEILLI Jeune fille, jeune femme japonaise. « *Elle a l'air d'une petite mousmé* » PROUST. ♦ POP. et VIEILLI Femme.

MOUSQUET [muskɛ] n. m. – 1571 ; *mosquet* 1568 ; *mousquette* 1555 ◊ italien *moschetto,* d'après *moschetta* « flèche » (littéralt « petite mouche »), de *mosca* « mouche » ■ Ancienne arme à feu portative, plus lourde que l'arquebuse, qu'on posait au sol sur une petite fourche et qu'on allumait avec une mèche. « *Laissez là vos mousquets trop pesants pour vos bras* » BOILEAU.

MOUSQUETAIRE [muskətɛʀ] n. m. – 1580 ◊ de *mousquet* ■ **1** HIST. Fantassin armé d'un mousquet. ■ **2** (1622) Cavalier armé d'un mousquet formant deux compagnies et faisant partie des troupes de la maison du roi. « *Les Trois Mousquetaires* », *roman de Dumas.* ■ **3** APPOS. INV. *Col mousquetaire :* grand col de femme, rabattu et à pointes écartées. *Poignet mousquetaire :* poignet de chemise d'homme qui forme revers et s'attache avec des boutons de manchette (opposé à *poignet droit*). *Gant à la mousquetaire,* à large crispin. *Botte à la mousquetaire,* à revers.

MOUSQUETERIE [muskɛtʀi ; muskətʀi] ou **MOUSQUÈTERIE** [muskɛtʀi] n. f. – fin XVIe ◊ de *mousquet* ■ VIEILLI Décharge de mousquets, et PAR EXT. de fusils. ➤ 1 **salve.** — On a dit aussi *mousquetade.*

MOUSQUETON [muskətɔ̃] n. m. – 1578 ◊ de *mousquet* ■ **1** ANCIENNT Mousquet gros et court. ■ **2** MOD. Fusil à canon court. *Mousquetons des gendarmes.* ■ **3** (1872 ◊ abrév. de *porte-mousqueton*) Boucle à ressort se refermant seule, utilisée pour suspendre, accrocher. *Mousqueton de harnachement, de parachute.* — (1930) ALPIN. Anneau de métal portant un ergot articulé, utilisé pour relier à un piton une corde ou un étrier. — MAR. Crochet de métal à cliquet permettant d'enverguer un foc.

MOUSSAILLON [musajɔ̃] n. m. – 1842 ; *moussaille* 1834 ◊ de 2 *mousse* ■ FAM. Petit mousse.

MOUSSAKA [musaka] n. f. – 1868 ◊ mot turc ■ Plat originaire des Balkans, composé d'aubergines et d'un hachis de viande (additionné de purée de tomates, d'oignons) cuit au four.

MOUSSANT, ANTE [musɑ̃, ɑ̃t] adj. – 1713 *bière moussante* ◊ de *mousser* ■ Qui mousse. *Savon moussant,* qui produit une mousse abondante. *Bain moussant.*

1 **MOUSSE** [mus] n. f. – 1226 ; *mosse* XIIe ◊ francique °*mosa,* avec influence d'un dérivé latin de *mel* « miel »

I *La mousse :* plante généralement verte, rase et douce, formant touffe ou tapis sur la terre, les pierres, les écorces. *Tapis de mousse. Tronc couvert de mousse.* ➤ **moussu.** « *La mousse épaisse, velouteuse, d'un vert pur et profond, se liséraìt de filets d'or* » GENEVOIX. — PROV. *Pierre qui roule n'amasse pas mousse :* on ne s'enrichit guère à courir le monde, à changer d'état. — APPOS. INV. *Vert mousse :* vert très clair. *Des coussins vert mousse.* ♦ BOT. **LES MOUSSES :** classe de plantes cryptogames cellulaires (*muscinées* ou *bryophytes*) pourvues de chlorophylle, à tiges feuillées sans racines ni vaisseaux, fixées au sol par des poils absorbants *(rhizoïdes),* à reproduction sexuée et parfois végétative (bourgeonnement, marcottage naturel) (ex. hypnes, polytric, sphaigne). *Organes reproducteurs des mousses :* anthéridies, archégones.

II (1680) ■ **1** Amas serré de bulles, qui se forme à la surface des eaux agitées. ➤ **écume.** ■ **2** Bulles de gaz accumulées à la surface d'un liquide sous pression. ➤ RÉGION. **broue.** *Mousse de champagne. Mousse au bord d'un pot de bière* (cf. Faux col*). « *La tête penchée sur son bock il regardait la mousse blanche pétiller et fondre* » MAUPASSANT. — FAM. *Une mousse, une petite mousse :* une bière. — LOC. FIG. *Faire de la mousse :* agiter un sujet pour lui donner de l'importance. *On a fait beaucoup de mousse pour une affaire banale.* ➤ **mousser,** 2°. ♦ Matière formée de cellules gazeuses séparées par les lames minces d'une solution. *Mousse de savon, de shampoing.* ■ **3** (1778) Entremets ou dessert à base de crème ou de blancs d'œufs fouettés. *Mousse au chocolat.* — Pâté léger et mousseux. *Mousse de foie de volaille, de foie gras. Mousse de poisson.* ■ **4** TECHN. *Mousse carbonique :* produit ignifuge, formant une écume très abondante. — COUR. Produit moussant. *Mousse à raser. Mousse coiffante.* ■ **5** CHIM. *Mousse de platine :* platine spongieux obtenu par calcination de certains de ses sels (utilisé comme catalyseur). ■ **6** COUR. *Mousse de caoutchouc,* APPOS. *caoutchouc mousse :* caoutchouc spongieux dans lequel a été dissous du gaz neutre, chimiquement inerte. *Balle en caoutchouc mousse. Matelas en mousse.* ➤ **polyéther.** *Mousse de nylon :* tricot de nylon assez épais et très extensible. *Collant, chaussettes en mousse de nylon,* ou APPOS. *en nylon mousse. Collant en mousse ou en voile.* ♦ APPOS. *Point mousse :* point de base du tricot, obtenu en tricotant toutes

les mailles à l'endroit.
III LOC. FAM. (1899 ◊ d'un sens argotique → mouscaille) *Se faire de la mousse,* du souci*.

2 **MOUSSE** [mus] **n. m.** – 1552 ; n. f. «jeune fille» XVe ◊ italien *mozzo,* espagnol *mozo* «garçon» ■ Jeune garçon de moins de seize ans qui fait sur un navire de commerce l'apprentissage du métier de marin. ➤ **moussaillon.** «*On me dit qu'il allait* passer novice *après deux années de mousse*» LOTI.

3 **MOUSSE** [mus] **adj.** – v. 1534 ; *mosse* XVe ; «émoussé» dès 1364 ◊ p.-ê. latin populaire °*muttius,* même radical que *mutilus* «tronqué» ■ VX ou TECHN. Qui n'est pas aigu ou qui n'est pas tranchant. *Pointe devenue mousse par usure,* émoussée. «*Nos instruments sont trop mousses*» PASCAL. ■ CONTR. Coupant, pointu.

MOUSSELINE [muslin] **n. f.** – 1656 ; *mosulin* n. m. 1298 ◊ italien *mussolina,* arabe *mausilî* «de *Mossoul*», ville d'Irak ■ **1** Toile de coton claire, fine et légère, généralement apprêtée. Le même tissu, de soie ou de laine (➤ **singalette, tarlatane**). «*Une délicieuse étoffe inédite nommée* mousseline de soie» BALZAC. *Robe, voile de mousseline. Foulard en mousseline blanche.* ■ **2** FIG. APPOS. INV. *Verre mousseline :* verre très fin. ♦ *Pommes mousseline :* purée de pommes de terre fouettée très légère. *Sauce mousseline,* émulsionnée, faite d'une sauce hollandaise à laquelle on mêle de la crème fouettée.

MOUSSER [muse] **v. intr.** ⟨1⟩ – 1680 ◊ de 1 *mousse* (II) ■ **1** Produire de la mousse. *Boisson qui mousse.* «*Le champagne mousse avec un délicieux bruit d'océan*» V. LEDUC. *Shampoing qui mousse beaucoup.* ■ **2** FIG. et FAM. *Faire mousser :* vanter, mettre exagérément en valeur (une personne, une chose). ➤ **valoir.** *Se faire mousser. Ils «truquent l'affaire, la montent, la poussent, la font mousser»* CENDRARS (cf. Faire de la mousse*).

MOUSSERON [musʀɔ̃] **n. m.** – 1542 ; *meisseron* v. 1200 ◊ bas latin *mussirio, onis, mousseron* par attraction de 1 *mousse* ■ Champignon basidiomycète, nom courant de plusieurs espèces d'agarics comestibles (clitocybe, tricholome, marasme). *Omelette aux mousserons.*

MOUSSEUX, EUSE [musø, øz] **adj.** et **n. m.** – 1545 «moussu» ◊ de 1 *mousse* (II) ■ **1** VX Moussu. — SPÉCIALT (1829) *Rose mousseuse,* dont la tige et le calice très velus semblent couverts de mousse. ■ **2** (1671) Qui mousse, produit de la mousse. *Eau trouble et mousseuse.* ➤ **écumeux.** *Elle «s'attablait devant le chocolat mousseux»* COLETTE. ♦ COMM. *Vins mousseux,* rendus mousseux par fermentation naturelle. ➤ 2 **champagne ; asti,** 1 **blanquette, clairette.** — **n. m.** COUR. *Du mousseux :* tout vin mousseux, à l'exclusion du champagne. *Une coupe de mousseux.* ■ **3** Qui a un aspect léger, vaporeux. «*Cette merveille oubliée aujourd'hui : une nuque mousseuse*» MAURIAC.

MOUSSOIR [muswaʀ] **n. m.** – 1743 ◊ de *mousser* ■ TECHN. Ustensile de cuisine en bois pour faire mousser, pour délayer (➤ aussi **batteur, fouet**). *Moussoir à chocolat.*

MOUSSON [musɔ̃] **n. f.** – 1622 ◊ altération de *monson* (1602 ; cf. *mouçone* 1598), du portugais *monçao,* par le néerlandais, emprunté à l'arabe *mausim* «époque, saison» ■ **1** Vent tropical régulier qui souffle alternativement pendant six mois de la mer vers la terre *(mousson d'été)* et de la terre vers la mer *(mousson d'hiver),* apportant de profondes modifications aux climats. *Les moussons soufflent dans l'océan Indien, en Australie, sur la côte orientale de l'Asie.* ■ **2** **LA MOUSSON :** époque du renversement de la mousson. *Les orages, les cyclones de la mousson.*

MOUSSU, UE [musy] **adj.** – *mossu* 1160 ◊ de 1 *mousse* (I) ■ Couvert de mousse. *Pierres moussues. Branches, souches moussues.*

MOUSTACHE [mustaʃ] **n. f.** – 1549 ◊ italien *mostaccio,* bas grec *mustaki,* grec ancien *mustax* «lèvre supérieure» ■ **1** Poils qui garnissent la lèvre supérieure de l'homme. ➤ FAM. 2 **bacchante.** *Un homme qui porte la moustache, des moustaches.* ➤ **moustachu.** *Longues, petites moustaches. Moustache(s) en croc, en brosse, à la Charlot* (Charlie Chaplin), *à la gauloise.* — *Femme qui a de la moustache,* dont le duvet de la lèvre supérieure est abondant. — Trace laissée autour des lèvres par un liquide. «*Elle s'était fait une moustache blanche* [en buvant du lait]» SARTRE. ■ **2** AU PLUR. Longs poils tactiles poussant à la lèvre supérieure de carnivores et rongeurs (➤ **vibrisse**). *Moustaches du chat, du lion, du phoque, de la souris.*

MOUSTACHU, UE [mustaʃy] **adj.** – 1845 ◊ de *moustache* ■ Qui a une grosse moustache, qui a de la moustache. *Homme moustachu et barbu. Visage, portrait moustachu. Une matrone moustachue.* — **n. m.** *Un moustachu.*

MOUSTÉRIEN, IENNE [musteʀjɛ̃, jɛn] **adj.** – 1880 ◊ de *Le Moustier,* village de la Dordogne ■ *Période moustérienne :* période préhistorique du paléolithique moyen (homme de Neandertal ➤ **néandertalien**). — **n. m.** *Le moustérien.*

MOUSTIER ➤ **MOUTIER**

MOUSTIQUAIRE [mustikɛʀ] **n. f.** – 1768 ◊ de *moustique* ■ **1** Rideau de gaze ou de mousseline dont on entoure les lits pour se préserver des moustiques. *Dormir sous une moustiquaire.* ■ **2** Châssis en toile métallique que l'on place aux fenêtres et aux portes pour empêcher les moustiques, les mouches d'entrer dans une maison. «*Des grosses mouches à casque vert, toutes neuves, rebondissent avec désespoir et obstination sur les moustiquaires*» R. DUCHARME.

MOUSTIQUE [mustik] **n. m.** – 1654 ◊ métathèse de *mousquite* (*mousquitte* 1603), espagnol *mosquito,* de *mosca* «mouche» ■ **1** Insecte diptère *(culicidés)* dont la femelle pique les êtres humains et les animaux pour se nourrir de leur sang. ➤ **aédès, anophèle,** 2 **cousin, maringouin, stégomyie.** *Piqûre de moustique.* ➤ RÉGION. **brûlot.** *Les moustiques aspirent le sang avec leur trompe* (➤ **suçoir**). *Certaines espèces de moustiques transmettent des maladies* (paludisme, filariose, chikungunya, dengue...). *Moustique tigre,* au corps et aux pattes rayés noir et blanc, vecteur de maladies. «*des nuages de moustiques, dont la susurration et les piqûres ne s'arrêtaient ni jour ni nuit*» FLAUBERT. *Lutte contre les moustiques* (➤ **antimoustique ; démoustication**). ■ **2** FIG. et FAM. Enfant, personne minuscule. ➤ **moucheron.** ■ **3** SPORT Jeune sportif appartenant à la catégorie précédant celle des poussins.

MOÛT [mu] **n. m.** /MOUT/ – *moust* XIIIe ◊ latin *mustum* ■ **1** Jus de raisin qui vient d'être exprimé et n'a pas encore subi la fermentation alcoolique. *Moût obtenu par foulage* (vins rouges), *pressurage* (vins blancs). *Chaptalisation, sucrage des moûts. Moût qui a subi le mutage à l'alcool.* ➤ **mistelle.** ■ **2** Jus extrait des pommes, des poires pour la fabrication du cidre, du poiré. ■ **3** Suc d'origine végétale, préparé pour être soumis à la fermentation alcoolique. *Moût de bière, de betterave.* ■ HOM. Mou, moue.

MOUTARD [mutaʀ] **n. m.** – 1827 ◊ origine inconnue ■ FAM. Petit garçon. ♦ AU PLUR. Enfants, sans distinction de sexe. ➤ **mioche, môme, mouflet.** «*Les deux enfants se remirent en marche en pleurant* [Gavroche] *les aborda : – "Qu'est-ce que vous avez donc, moutards ?"*» HUGO.

MOUTARDE [mutaʀd] **n. f.** – *mostarde, moustarde* début XIIIe ◊ de *moût* ■ **1** Plante herbacée *(crucifères)* d'Europe et d'Asie, à fleurs jaunes. *Moutarde sauvage* (ou *des champs*), très nuisible aux cultures. ➤ **sanve, sénevé.** *Moutarde blanche (Sinapis),* dont les graines sont utilisées pour la préparation du condiment et qui est aussi cultivée comme fourrage ou engrais vert. *Moutarde noire (Brassica),* dont les graines noires broyées fournissent une farine utilisée comme révulsif. *Cataplasmes à la farine de moutarde.* ➤ **sinapisme.** ■ **2** (1288) Plus cour. Condiment préparé industriellement avec des graines de moutarde pulvérisées, du moût, du verjus ou du vinaigre, du sel et des aromates. *Moutarde de Dijon. Moutarde extraforte. Moutarde en pot* (➤ **moutardier**), *en verre. Verre à moutarde :* verre ordinaire (qui contenait de la moutarde). — *Vinaigrette à la moutarde. Sauce moutarde,* chaude, préparée avec de la moutarde et du beurre fondu. *Lapin sauce moutarde.* ♦ LOC. FIG. et FAM. *La moutarde lui monte au nez :* l'impatience, la colère le gagne. *Valoir* son pesant de moutarde.* ■ **3** APPOS. INV. *Jaune moutarde,* couleur de la moutarde. *Des bonnets jaune moutarde.* ADJT INV. «*De jeunes soldats vêtus de drap moutarde*» MAC ORLAN. ■ **4** (par anal. d'odeur) APPOS. *Gaz moutarde.* ➤ **ypérite.**

MOUTARDIER [mutaʀdje] **n. m.** – 1311 ◊ de *moutarde* ■ **1** Fabricant ou marchand de moutarde. ■ **2** (1323) Petit pot en terre, récipient dans lequel on met la moutarde pour la servir à table.

MOUTIER [mutje] **n. m.** – XVIIe ; *moustier* XIIIe ◊ latin populaire °*monisterium,* latin classique *monasterium* ■ VX (ou dans des noms de lieux, encore écrit *Moustier*) ➤ **monastère.** *Saint-Pierre-le-Moutier.*

MOUTON [mutɔ̃] **n. m.** – v. 1160 ; *motun* fin XIe ◊ gaulois °*multo,* gallois *molt,* irlandais *molt* «mâle châtré»

I **ANIMAL** ■ **1** Mammifère ruminant *(ovidés),* à toison laineuse et frisée, domestiqué pour fournir de la laine, de la viande et du lait. *Mouton mâle* (➤ **bélier**), *femelle* (➤ **brebis**). *Jeune mouton.* ➤ **agneau.** *Le mouton bêle. Maladies du mouton* (charbon, clavelée, fourchet, muguet, piétin, tremblante...). *Troupeau de moutons. Mouton à laine* (➤ **karakul, mérinos**), *à* *viande. Moutons transhumants, de pré salé* (➤ **pré-salé**). *Berger qui garde les moutons. Moutons qui broutent, paissent, rentrent au bercail*, à la bergerie. Tonte des moutons. La fête du mouton* : fête musulmane où l'on sacrifie et mange un mouton en souvenir du sacrifice demandé à Abraham. *« chaque année, mon père était fier d'égorger, sans avoir rien dépensé, un mouton en l'honneur du Prophète »* M. FERAOUN. ▪ **2** SPÉCIALT (opposé à *bélier, brebis, agneau*) Ce mammifère mâle et adulte, châtré, élevé pour la boucherie. ◆ LOC. FIG. (allus. à *la Farce de Maître Pathelin*) *Revenons à nos moutons,* à notre sujet, mettons fin à ces digressions. — *Compter les moutons* (pour s'endormir). — PAR COMPAR. (PERSONNES) *Frisé comme un mouton* : très frisé. *Doux comme un mouton* : très doux et docile. — *Suivre comme un mouton.* — *Jouer à saute-mouton*.* ▪ **3** PAR EXT. Fourrure de mouton. *Manteau en mouton doré. Mouton rasé. Canadienne doublée de mouton.* ➤ FAM. **moumoute.** ◆ Cuir, peau de mouton. *Mouton retourné. Mouton lainé. Reliure en mouton.* ➤ **basane.** ▪ **4** Chair, viande de mouton. *Côtelette, épaule, gigot de mouton. Ragoût de mouton.* ➤ 1 **haricot, navarin.** *Mouton à la broche.* ➤ **méchoui.** *Couscous au mouton.*

II SENS FIGURÉS ▪ **1** *C'est un mouton,* une personne crédule et passive, qui se laisse facilement mener ou berner (cf. Se laisser manger, tondre la laine* sur le dos). — *Mouton à cinq pattes* : personne, chose extrêmement rare (cf. Merle* blanc). — (calque de l'anglais *black sheep*) *Mouton noir* : personne gênante ou indésirable dans un groupe (cf. Vilain petit canard*, brebis* galeuse). — *Mouton enragé* : personne habituellement paisible qui cède soudain à une violente colère. *« Il avait des révoltes de mouton enragé »* COURTELINE. ◆ ALLUS. LITTÉR. (Rabelais) *Les moutons de Panurge.* (Allus. à l'instinct grégaire des moutons) Personne dont la conduite, les opinions se modèlent sur celles de son entourage (➤ **moutonnier**). ▪ **2** (1777 ◇ allusion probable à l'humeur débonnaire affectée pour inspirer confiance) ARG. Compagnon de cellule que la police donne à un détenu, avec mission de provoquer ses confidences et de les rapporter à la justice. ➤ **délateur, espion, mouchard.** *« Ces prisonniers secrètement vendus qu'on appelle moutons dans les prisons »* HUGO. ▪ **3** FIG. Petite vague crêtée d'écume. *La mer forme des moutons* (➤ **moutonner**). *« Le mouvement des moutons d'écume »* ALAIN. ◆ Petit nuage blanc et floconneux (➤ **moutonné**). ◆ Flocon de poussière. ➤ 2 **chaton,** RÉGION. **minou.** *Il « laisse pendre au plafond les toiles d'araignées, les* moutons *se promener sous le lit »* GAUTIER. ▪ **4** (1490 ◇ pour l'évolution, cf. *bélier*) TECHN. Lourde masse de fer ou de fonte, employée pour le battage des pieux, des pilotis, sur les chantiers de construction. ➤ **bélier, hie, sonnette.** — Appareil d'essai de choc pour étudier la résistance des matériaux, constitué d'une lourde masse. — Pièce de bois dans laquelle on engage les anses d'une cloche pour la suspendre. — MAR. Armure d'une voile à antenne.

III ~ adj. **MOUTON, MOUTONNE** (1493) ▪ **1** VX Qui est de la nature du mouton. ➤ **moutonnier.** ▪ **2** LITTÉR. Qui rappelle le mouton. *« Dans les figures de Raphaël, la douceur est souvent un peu moutonne »* TAINE. — FIG. Doux et passif, capable d'une obéissance aveugle. *Humeur moutonne. « Quoique très mouton de sa nature »* BALZAC.

MOUTONNANT, ANTE [mutɔnɑ̃, ɑ̃t] adj. – 1874 ◇ de *moutonner* ▪ Qui moutonne. ➤ **moutonneux.** *Cette bourgade « se niche au rebord des hauteurs moutonnantes »* DANIEL-ROPS.

MOUTONNÉ, ÉE [mutɔne] adj. – 1694 ◇ de *moutonner* ▪ **1** ➤ 1 **frisé.** *Tête moutonnée.* ▪ **2** *Ciel moutonné.* ➤ **pommelé.** *Nuages moutonnés.* ▪ **3** GÉOL. *Roches moutonnées,* dont la surface présente une série de creux et de bosses, produite par le passage d'un glacier.

MOUTONNEMENT [mutɔnmɑ̃] n. m. – 1856 ◇ de *moutonner* ▪ Le fait de moutonner ; forme de ce qui moutonne. *Moutonnement de la mer, des vagues. Moutonnement des collines.*

MOUTONNER [mutɔne] v. intr. ⟨1⟩ – XIVe ◇ de *mouton* ▪ **1** Devenir semblable à une toison de mouton. *Mer, lac, rivière qui moutonne,* se couvre de moutons (II, 3°). ➤ **écumer.** ▪ **2** Évoquer par son aspect la toison du mouton, la surface d'une eau faiblement agitée. *« À l'est moutonnait* [...] *l'échine d'or d'une infinité d'autres dunes »* TOURNIER.

MOUTONNERIE [mutɔnʀi] n. f. – 1750 ◇ de *mouton* ▪ Caractère moutonnier, naïveté ; esprit d'imitation et passivité. *La moutonnerie des militants.*

MOUTONNEUX, EUSE [mutɔnø, øz] adj. – 1834 ◇ de *moutonner* ▪ Qui moutonne (➤ **moutonnant**). *« La mer bleue, moutonneuse à son habitude »* MAC ORLAN.

MOUTONNIER, IÈRE [mutɔnje, jɛʀ] adj. – 1552 adj. et n. m. « berger de moutons » ◇ de *mouton* ▪ **1** VX Du mouton. *« La moutonnière créature »* LA FONTAINE. ▪ **2** FIG. et MOD. Qui suit aveuglément les autres, les imite sans discernement. ➤ **grégaire, imitateur.** *« le public, gent moutonnière »* BALZAC. — *Un comportement moutonnier.*

MOUTURE [mutyʀ] n. f. – XIIIe ◇ latin populaire °*molitura,* de *molere* « moudre » ▪ **1** Opération de meunerie qui consiste à réduire en farine des grains de céréales, et SPÉCIALT du blé. *Mouture haute* (par cylindre) ; *mouture basse* (par meules). — PAR EXT. *Mouture du café.* ▪ **2** Produit résultant de cette opération. *Bluter la mouture. Résidus des moutures* (issues, son), *de la mouture de gruau* (remoulage). ▪ **3** FIG. et PÉJ. Reprise, sous une forme plus ou moins différente, d'un sujet déjà traité. *C'est au moins la troisième mouture du même ouvrage.* ◆ *Première mouture* : premier état d'une œuvre. *Voici la dernière mouture de mon article.* ➤ **version.**

MOUVANCE [muvɑ̃s] n. f. – 1516 ◇ de *mouvoir* intr., féod.

I FÉOD. ▪ **1** Dépendance d'un fief par rapport à un autre. ➤ **tenure.** ▪ **2** Fief dont d'autres dépendent *(mouvance active),* ou qui dépend d'un autre fief *(mouvance passive). « une des plus riches mouvances du royaume »* BALZAC. ◆ (milieu XXe) FIG. Domaine où une personne, un groupe exerce son influence ; sphère d'influence. *État qui est dans la mouvance d'une grande puissance.* ➤ **orbite** (cf. État satellite*). *Pays de mouvance communiste.* ➤ **obédience.** *La mouvance néonazie.*

II (1914) DIDACT. Caractère de ce qui est mouvant. *On a « reproché à M. Bergson la mouvance, le mobile »* PÉGUY.

MOUVANT, ANTE [muvɑ̃, ɑ̃t] adj. – XIIe ◇ de *mouvoir* ▪ **1** VX Qui se meut, bouge, remue. ➤ **animé, mobile.** *« Cette statue mouvante et parlante »* MOLIÈRE. ▪ **2** MOD. Qui change sans cesse de place, de forme, d'aspect. *La nappe mouvante des blés.* ➤ **ondoyant.** *« Les feux mouvants du bivouac Éclairent des formes de rêve »* APOLLINAIRE. ◆ Nos conceptions *« de la société changeante et de l'univers mouvant »* JAURÈS. ➤ **changeant*, fugitif, instable.** *Pensée mouvante et confuse.* ➤ **flottant, fluide.** — SUBST. *« La Pensée et le Mouvant »,* de Bergson. ▪ **3** (1580) VX Qui fait mouvoir. ➤ **moteur.** *Principe mouvant, forces mouvantes.* ▪ **4** Qui n'est pas stable, qui s'écroule, s'enfonce. *Terrain mouvant. Sables* mouvants.* — PAR MÉTAPH. *Avancer sur un terrain mouvant,* dans un domaine où rien n'est sûr.

▪ CONTR. 1 Fixe, immobile, stable.

MOUVEMENT [muvmɑ̃] n. m. – fin XIIe ◇ de *mouvoir*

I CHANGEMENT DE POSITION DANS L'ESPACE **A.** PHÉNOMÈNE PHYSIQUE, FAIT OBSERVABLE ▪ **1** UN MOUVEMENT. *Mouvement d'un corps.* ➤ **course, déplacement, trajectoire, trajet.** *Qui peut effectuer un mouvement.* ➤ **mobile ; mobilité.** *Communiquer, imprimer, transmettre un mouvement, le mouvement.* ➤ 1 **action, impulsion, lancement, motion, poussée, traction, transmission.** *Gêner, arrêter, interrompre, suspendre un mouvement. Point animé d'un mouvement. Mouvement rectiligne* (translation) ; *courbe, circulaire, giratoire* (courbe, révolution, rotation, torsion, tour). *Mouvements alternatifs, de balancier, de bascule* (balancement, battement, onde, ondulation, oscillation, pulsation, trépidation, va-et-vient, vibration). *Mouvements périodiques ; ondulatoires** (➤ **onde**) ; *oscillatoires ; pendulaires*. Mouvement sinusoïdal*. Mouvements isochrones, synchrones.* — *Direction* d'un mouvement. Mouvement en avant* (➤ **progression ; avance**), *en arrière* (➤ **récession, recul, reflux, retour, rétrogradation, rétrogression**) ; *mouvement ascendant, montant* (➤ **ascension, élévation, montée**), *descendant* (➤ **baisse, chute, descente**). *Mouvements divergents, convergents, rayonnants.* — *Force, intensité d'un mouvement.* ➤ **vitesse.** *Mouvement uniforme ; varié.* — SANS COMPL. **LE MOUVEMENT.** *Étude du mouvement.* ➤ **cinématique, dynamique, mécanique.** *Quantité de mouvement* : produit de la masse du mobile par sa vitesse. ◆ (Mouvements naturels) SC. *Mouvement apparent. Mouvement réel, propre* (des astres). *« les lois que les planètes et les comètes suivent dans leurs mouvements autour du Soleil »* LAPLACE. *Mouvement d'une molécule, d'une particule. Mouvement brownien*. Position et mouvement en physique atomique* (➤ **incertitude**). — *Mouvements de l'écorce terrestre* (glissement, plissement, soulèvement). *Mouvements sismiques*.* — COUR. ➤ **agitation, remuement.** *Mouvements de l'air, des feuillages agités par le vent. Mouvement de l'eau.* ◆ (Mouvements artificiels) *Production, transmission du mouvement. Utilisation du mouvement d'une machine* (➤ 1 **travail**). *Mouvement perpétuel*.* ◆ CIN. *Mouvements d'appareil, de caméra* (panoramiques, travellings et mouvements à la grue). ▪ **2** (1772) Ensemble des déplacements de véhicules. ➤ **circulation, trafic.** *Mouvement des navires dans un canal, des avions* *sur un aérodrome. Mouvements d'un port.* ◆ CH. DE FER Marche des trains. *Le chef du mouvement.* ■ **3** (1807) Déplacement (des biens, des marchandises). *Mouvement de capitaux* (➤ **afflux, fuite ; entrée, sortie**). *Mouvement de caisse* (portant sur l'argent liquide). (1832) *Mouvement de fonds.* ➤ **transfert.** — Achat ou vente (d'une marchandise). *Comptabiliser les mouvements d'un stock.* ■ **4** (1691) MUS. Progression des sons vers le grave ou l'aigu. *Mouvement direct* (les voix, les parties progressant dans le même sens), *contraire* (en sens inverse), *oblique* (une des parties est stationnaire).

B. ACTION DE SE MOUVOIR (D'UN ÊTRE VIVANT) ■ **1 UN MOUVEMENT :** changement de position ou de place effectué par un organisme ou une de ses parties. *Mouvements du corps ou d'une partie du corps.* ➤ 1 **geste.** *Attitudes, positions, postures et mouvements.* «*Les mouvements mesurés et réguliers s'exécutent avec moins de fatigue*» CONDORCET. *Les muscles, organes du mouvement. Mouvements simples, effectués par un membre, une partie du corps :* abduction, élévation, extension, flexion, inclinaison, pronation, rotation, supination. *Mouvements actifs. Mouvements passifs.* ➤ **mobilisation** (4°). *Mouvements complexes, effectués par tout le corps :* agenouillement, balancement, bond, cabriole, chute, culbute, élan, gambade, pirouette, plongeon, rétablissement, saut. *Mouvements de la locomotion* (course, marche, pas). *Mouvements vifs, lents, aisés, maladroits. Faire un faux mouvement,* un mouvement dans une mauvaise position, un mouvement involontaire ou maladroit qui provoque une douleur. *Mouvements de locomotion des oiseaux* (vol), *des poissons* (nage). ◆ SPÉCIALT (mouvements d'un exercice, d'une manœuvre) *Table des mouvements,* pour analyser scientifiquement les opérations d'un travail. *Mouvements de gymnastique, du crawl.* LOC. *En deux temps*, trois mouvements.* PAR EXT. *Commander le mouvement,* l'exercice. — *Mouvements coordonnés. Mouvements inconscients* (contraction, convulsion, frémissement, frisson, spasme, sursaut, tremblement, tressaillement). *Mouvement automatique* (➤ **automatisme**), *instinctif, réflexe* (➤ **réflexe, n.**). *Un mouvement de recul.* ■ **2 LE MOUVEMENT :** la capacité (➤ **motilité**) ou le fait (➤ 1 **action, activité**) de se mouvoir. *Aimer le mouvement, être sans cesse en mouvement :* être actif, remuant, ne pas tenir en place*. «*La vue du mouvement donne du bonheur : cheval, athlète, oiseau*» R. BRESSON. «*Le mouvement est notre loi*» LE CORBUSIER. ◆ LOC. *Se donner, prendre du mouvement.* ➤ **exercice.** ■ **3** Déplacement (d'une masse humaine agissant, se mouvant en même temps). *Mouvement d'une foule, d'un groupe de manifestants.* ➤ **agitation, flot, remous.** *Mouvement de populations.* ➤ **émigration, exode, immigration, migration.** — (1796) PAR EXT. Remue-ménage, tumulte. Agitation. «*Tout à coup, il se fit un grand mouvement*» DAUDET. — PAR MÉTON. ➤ **activité.** *Quartier où il y a beaucoup de mouvement* (➤ **animé,** 2 **vivant**). ■ **4** (1676) MILIT. *Mouvements de troupes, d'une armée.* ➤ **évolution,** 1 **manœuvre.** *Surveiller les mouvements de l'ennemi. Faire mouvement vers tel point du front. Guerre de mouvement. Mouvement tournant*, de repli, de retraite.* ■ **5** ADMIN. Déplacement de poste, de fonction. *Mouvements de personnel* (mutation, déplacement). *Mouvement diplomatique.*

C. EN MOUVEMENT Qui se déplace, bouge. *Corps en mouvement et corps au repos. Mettre un mécanisme en mouvement :* faire marcher. — *Toute la maison est en mouvement.* ➤ **agitation, branle, émoi.** FIG. «*L'esprit n'est que la bêtise en mouvement*» VALÉRY.

II CE QUI TRADUIT LE MOUVEMENT, DONNE L'IMPRESSION DU MOUVEMENT ■ **1** (1669) (Dans le langage) *Le mouvement de la phrase.* ➤ **rapidité, rythme, vie, vivacité.** *Le mouvement d'un récit.* ■ **2** (1639) (Dans les arts plastiques) ➤ **vie.** «*Ils disent d'une figure en repos qu'elle a du mouvement, c'est-à-dire qu'elle est prête à se mouvoir*» DIDEROT. ■ **3** (1690) MUS. Degré de rapidité que l'on donne à la mesure, conformément aux intentions du compositeur, au caractère de la pièce. ➤ **mesure, rythme ; tempo, temps.** *Le mouvement d'un morceau est défini par la durée d'une note* (noire, croche) *battue un nombre déterminé de fois par minute* (au métronome). *Indication de mouvement* (ex. noire = 120). *Principaux mouvements :* adagio, allégretto, allégro, andante, larghetto, largo, lento, modérato, prestissimo, presto, scherzando, scherzo. *Jouer un morceau dans le mouvement.* LOC. FIG. *Presser le mouvement :* accélérer l'allure de ce que l'on est en train de faire, se dépêcher. *Suivre le mouvement :* s'adapter au rythme des autres, se conformer à leur comportement. ◆ (fin XIXe) PAR EXT. Partie d'une œuvre musicale devant être exécutée dans tel ou tel mouvement. *Les mouvements d'une suite, d'une sonate, d'une symphonie. Le premier mouvement de ce concerto est un allégro.* ■ **4** (1798) Ligne, courbe que l'on considère comme l'effet d'un mouvement. *Mouvement de terrain, du sol.* ➤ **accident, courbe, vallonnement.** «*Une chaîne de petites montagnes, dernière ondulation des mouvements de terrain du Nivernais*» BALZAC. *Mouvement gracieux d'une commode Louis XV.* ➤ **galbe.**

III MÉCANISME (1574) Mécanisme qui produit, entretient un mouvement régulier. *Mouvement d'horlogerie. Mouvement à quartz. Il faut changer, réparer le mouvement.*

IV FIG. CHANGEMENT, MODIFICATION (fin XIIIe) **A. ÉLAN, ÉVOLUTION** ■ **1** LITTÉR. *Mouvements de l'âme, du cœur :* les différents états de la vie psychique. ➤ **ardeur,** 1 **élan, émotion, impulsion, inclination, passion, sentiment.** «*Les mouvements de son âme étaient dirigés tantôt par les remords, tantôt par la passion*» STENDHAL. — LOC. COUR. (1690) *Un bon mouvement,* incitant à une action généreuse, désintéressée, ou simplement amicale. «*Nous avons tous de "bons mouvements." Mais pour un bon mouvement, sommes-nous quittes ?*» GENEVOIX. — **MOUVEMENT DE...** *Mouvement d'agacement, d'impatience, d'humeur. Mouvement de joie, de colère.* — LOC. *Le premier mouvement :* la première réaction, la plus spontanée. ➤ 1 **élan, impulsion.** *Mon premier mouvement a été de lui téléphoner.* «*Méfiez-vous des premiers mouvements parce qu'ils sont bons*» (attribué à TALLEYRAND). ◆ AU PLUR. Expression collective d'une opinion, d'une émotion, par le geste ou la parole. *Son discours a suscité des mouvements divers dans l'auditoire.* ■ **2** (1784) Changement dans l'ordre social. ➤ **évolution.** *Le mouvement de l'histoire, de la société. Le mouvement des réformes.* — *Parti du mouvement* (opposé à *conservateur*). ➤ **progrès.** LOC. FAM. (1881) *Être dans le mouvement :* suivre les idées en vogue, être au fait de l'actualité, des nouveautés (cf. Dans le vent, dans le coup). ◆ (1790) **UN MOUVEMENT :** action collective (spontanée ou dirigée) tendant à produire un changement d'idées, d'opinions ou d'organisation sociale. *Mouvement révolutionnaire, insurrectionnel. Mouvement citoyen. Mouvement de grève, mouvement social.* — PAR EXT. Organisation, parti qui dirige ou organise un mouvement social. *Mouvement syndical. Mouvements de jeunesse. Mouvement de libération des femmes (M. L. F.). Prendre la tête du mouvement.* — Tendance évolutive (en littérature, en arts) ; personnes qui la représentent. *Mouvement littéraire, artistique, pictural. Le mouvement romantique, symboliste, dada, surréaliste.* ■ **3** (1835) Changement quantitatif. ➤ **fluctuation, variation.** *Mouvements de la population* (➤ **démographie**). *Mouvements des prix. Mouvement de hausse, de baisse, à la Bourse.*

B. EN PHILOSOPHIE (1647, Descartes) Tout changement en fonction du temps ; évolution, devenir. *Une philosophie du mouvement.*

■ **CONTR.** Arrêt, immobilité, inaction, repos. 1 Calme.

MOUVEMENTÉ, ÉE [muvmɑ̃te] adj. – 1845 ◊ de *mouvement*
■ **1** *Terrain mouvementé,* qui présente des mouvements, des accidents. ➤ **accidenté.** ■ **2** FIG. (1853) COUR. Qui a du mouvement, de l'action, en parlant d'une composition littéraire. *Récit mouvementé.* ➤ 2 **vivant.** — Qui présente des péripéties variées. *Poursuite, arrestation mouvementée. Avoir une vie mouvementée.* ➤ **agité, tumultueux ;** FAM. **rock-and-roll.** *Séance mouvementée,* où il se produit des incidents, des mouvements divers. ➤ **houleux, orageux.** — v. tr. ⟨1⟩ **MOUVEMENTER.** *Mouvementer le stock.* ■ **CONTR.** Égal, 1 plat ; 2 calme, paisible.

MOUVOIR [muvwaʀ] v. tr. ⟨27 ; rare sauf inf., prés. indic. et participes⟩ – 1080 *muveir* ◊ latin *movere*

I v. tr. LITTÉR. ou style soutenu ■ **1** Mettre en mouvement. ➤ **actionner, animer, ébranler, remuer** (cf. Faire fonctionner). *Mouvoir ses membres.* — *Machine mue par la force de l'homme, l'électricité. Automates mus par un mécanisme. Véhicule mû /mu/ par un moteur.* «*On le voyait sortir de chez lui, mû comme par un ressort*» JOUHANDEAU. ■ **2** FIG. Mettre en activité, en action. ➤ **émouvoir, exciter, pousser** (cf. Faire agir). *Le mobile qui le meut.* «*toujours mû par un perpétuel sentiment de bonté, par une intention délicate*» BALZAC. ➤ **animé.**

II v. pron. (XIIe) **SE MOUVOIR** Plus cour. Être en mouvement. ➤ **bouger, se déplacer, remuer.** *Qui ne peut se mouvoir.* ➤ **immobile.** — SPÉCIALT ➤ 1 **aller, bouger, courir, marcher.** *Se mouvoir avec lenteur. Le commandant* «*ne se mouvait que tout d'une pièce à la fois*» JOUHANDEAU. — FIG. Évoluer, vivre. *Se mouvoir dans un univers factice, dans le mensonge.* ◆ ELLIPT **FAIRE MOUVOIR :** faire se mouvoir. «*une roue que l'eau du torrent fait mouvoir*» STENDHAL.

■ **CONTR.** Arrêter, enchaîner, fixer, immobiliser, paralyser, river ; freiner.
■ **HOM.** *Mus :* mue (muer) ; *murent :* mure (murer).

MOVIOLA [mɔvjɔla] **n. f.** – 1931 ◇ n. déposé ; mot anglais américain, de *movie* « cinéma » et du suffixe diminutif latin ■ CIN. Appareil de projection sonore en format réduit, comportant un petit écran en verre dépoli, et utilisé pour le montage.

MOX ou **MOX** [mɔks] **n. m.** – 1987 ◇ acronyme de *mélange d'oxydes* ■ Combustible nucléaire composé d'un mélange d'oxydes d'uranium appauvri et de plutonium, issus du recyclage de combustible usé.

MOXA [mɔksa] **n. m.** – 1677 ◇ japonais *mogusa*, nom d'une variété d'armoise dont le parenchyme sert de combustible ■ MÉD. Bâtonnet ou branche d'armoise, employé en médecine traditionnelle chinoise, qui est brûlé au contact de la peau dans des régions bien déterminées et dont les effets sont comparables à ceux de l'acuponcture. « *Il avait fallu lui brûler la colonne vertébrale avec des moxas* » BARBEY.

MOYE ou **MOIE** [mwa] **n. f.** – 1694 ◇ de *moyer* « partager par le milieu », du latin *mediare* ■ TECHN. Couche tendre au milieu d'une pierre, qui la fait déliter. ■ HOM. Moi, mois.

MOYÉ, ÉE [mwaje] **adj.** – XVIIe ◇ de *moyer* → moye ■ TECHN. *Pierre moyée* : pierre de taille sciée par le milieu, ou altérée par une couche tendre.

1 **MOYEN, MOYENNE** [mwajɛ̃, mwajɛn] **adj.** – XVIe ; v. 1130 *meen, meien* ◇ latin *medianus* « qui se trouve au milieu »
■ Qui tient le milieu.

I ■ **1** Qui se trouve entre deux choses. ◆ (Dans l'espace, entre deux parties extrêmes ou deux choses de même nature). ➤ **médian ; intermédiaire.** *Oreille moyenne. Le cours moyen d'un fleuve. Le Moyen-Orient.* ◆ (Dans le temps) *Le Moyen Âge* **(voir ce mot).** *Crédit à moyen terme,* d'une durée comprise entre deux et sept ans. LING. *Le moyen français* : la langue française entre l'ancien français et le français moderne (approximativement les XIVe et XVe s.). — *Cours moyen,* situé entre le cours élémentaire et la sixième. *Cours moyen première (CM1), deuxième année (CM2).* ◆ (Dans l'ordre d'un énoncé) MATH. *Termes moyens,* **et n. m. pl.** *les moyens* : les deux éléments centraux d'un ensemble de quatre éléments. ◆ **MOYEN TERME** (dans un syllogisme) : celui des trois termes par l'intermédiaire duquel le majeur et le mineur sont mis en rapport. ➤ 1 **médium.** — COUR. Médiateur. FIG. Parti intermédiaire entre deux solutions extrêmes, deux prétentions opposées. ➤ **milieu.** « *Si vous ne faites pas fortune, vous serez persécuté : il n'y a pas de moyen terme pour vous* » STENDHAL. ■ **2** Qui, par ses dimensions ou sa nature, tient le milieu entre deux extrêmes. *Être de taille moyenne. Moyenne altitude.* — CIN. *Moyen métrage*.* — BOXE *Poids* moyen.* COUR. *Prix moyen.* ➤ **modéré.** *Petites et moyennes entreprises* (P. M. E.). Solution moyenne.* ➤ **intermédiaire.** *Cadre moyen. Classes moyennes* : petite et moyenne bourgeoisies. « *La classe moyenne, bourgeoise* [...] *Classe vraiment moyenne en tout sens, moyenne de fortune, d'esprit, de talent* » MICHELET. ■ **3** Qui est du type le plus courant. ➤ 1 **courant, ordinaire.** *Le Français moyen* : personne représentative du commun des Français (cf. Monsieur Tout le monde). *Le lecteur, le spectateur moyen.* ➤ **lambda.** ■ **4** Qui n'est ni bon ni mauvais. *Qualité moyenne.* — **correct.** *Intelligence moyenne. Élève moyen en mathématiques. Résultats moyens.* ➤ **honnête, honorable, médiocre, passable.** ■ **5 adv.** FAM. Moyennement, assez peu. « *Que tu te serves de mon whisky sans me demander, déjà ça me plaît moyen* » V. DESPENTES.

II (XVIIIe) Que l'on établit, calcule en faisant une moyenne*. *Température moyenne annuelle d'un lieu. La durée moyenne de la vie* (cf. Espérance* de vie). *Cours moyens de la Bourse. Temps solaire vrai et temps* moyen.*

■ CONTR. Extrême. Excessif, limite. Énorme, immense, minuscule. Exceptionnel, génial.

2 **MOYEN** [mwajɛ̃] **n. m.** – fin XIVe ◇ de 1 *moyen* « intermédiaire »

I UN MOYEN, DES MOYENS. MANIÈRE D'AGIR ■ **1** Ce qui sert pour arriver à une fin. ➤ **procédé, voie.** *La fin et les moyens.* PROV. *Qui veut la fin* veut les moyens. La fin* justifie les moyens.* « *Ce n'est pas le but qui intéresse, ce sont les moyens pour y parvenir* » BRAQUE. — GRAMM. *Complément de moyen,* introduit par *avec, de, par* (ex. Être tué par une bombe). — *Le moyen, les moyens de faire qqch. Par quel moyen ?* ➤ **comment.** *Se donner les moyens de réussir. Trouver un moyen.* ➤ **formule, méthode,** 3 **plan, recette ;** FAM. **biais, combine, filon,** 2 **joint, système,** 1 **truc.** *Il a trouvé le moyen d'entrer sans payer.* (fin XVe) *Trouver moyen de* : parvenir à **(souvent iron.).** *Il « trouvait moyen d'être tout ensemble ultra-royaliste et ultra-voltairien »* HUGO. POP. *Tâcher* moyen.* — *S'il en avait le moyen, les moyens,* s'il le pouvait. *Employer, utiliser un moyen. Je vous laisse le choix des moyens. Il y a plusieurs, mille moyens de...* ➤ **façon, manière.** *Il a utilisé tous les moyens* (cf. Remuer ciel et terre*). *Tous les moyens (lui) sont bons* : il est peu difficile, peu scrupuleux sur le choix des moyens. *Par tous les moyens* : à toute force, à tout prix. *Il n'y a pas d'autre moyen.* — *Moyen efficace. Un bon moyen, le meilleur moyen.* IRON. *C'est le meilleur moyen d'échouer.* « *Vous avez refusé un moyen de me voir ? Un moyen simple, commode et sûr ?* » LACLOS. *Moyen provisoire, insuffisant.* ➤ **demi-mesure,** 2 **expédient.** *Moyen de fortune. Les moyens du bord*. Employer les grands moyens,* ceux dont l'effet doit être décisif par la force, l'importance des éléments mis en jeu (cf. FAM. Mettre le paquet*, faire très fort*). *Moyen détourné.* ➤ **artifice, astuce, biais,** 1 **calcul,** 1 **manœuvre, ruse, subterfuge.** ◆ (fin XVe) **IL Y A MOYEN, IL N'Y A PAS MOYEN DE :** il est possible, il est impossible de. *Il n'y a pas moyen de le faire céder, qu'il soit à l'heure.* ELLIPT *Pas moyen de faire démarrer cette voiture !* ➤ **impossible.** (1810) *Pas moyen !,* rien à faire ! ➤ 2 **mèche.** « *il aimerait bien dormir, s'abstraire de tout cela vingt minutes, une petite demi-heure s'il vous plaît mais non, pas moyen* » ECHENOZ. ◆ *Moyen d'action.* ➤ **levier,** 1 **ressort.** *Moyens de pression. Moyens de défense. Moyen de contrôle. Moyens de production. Moyen de paiement. Moyens d'expression* (d'une personne ; FIG. d'un art). — (1801) *Moyens de transport. Moyens de communication.* ➤ **média.** ■ **2** DR. Raison de droit ou de fait invoquée devant une juridiction à l'appui d'une prétention ou pour faire rejeter la prétention de la partie adverse. *Les moyens d'une cause. Moyens de défense. Moyens d'opposition, de faux* (1 ; III). — FIN., AU PLUR. Procédés par lesquels le Trésor public se procure les ressources nécessaires à l'équilibre du budget. *Voies et moyens.* ■ **3** LOC. (fin XVe) **PAR LE MOYEN DE :** par l'intermédiaire de, grâce à. ➤ **canal, entremise, instrument, intermédiaire, truchement.** — (1495) **AU MOYEN DE :** à l'aide de **(le moyen exprimé étant générait concret).** ➤ **avec, grâce (à), moyennant,** 1 **par.** *Appliquez au moyen d'une brosse.* « *André se dirigeait au moyen d'alignements pris par lui* » LOTI.

II LES MOYENS. CAPACITÉS, RESSOURCES (1580) ■ **1** Capacités physiques, intellectuelles ou morales d'une personne. ➤ **capacité, faculté, force.** *Moyens physiques d'un sportif. Avoir des moyens, de grands moyens, peu de moyens.* ➤ 1 **don, facilité.** « *La faculté de bien me servir de mes moyens diminue lorsque leur nombre augmente* » R. BRESSON. « *Un garçon qui avait de l'ambition et des moyens ; il s'appliquait, il comprenait, il retenait* » ALAIN. *Être en possession de tous ses moyens, en pleine possession de ses moyens* : être en bonne forme physique ou morale. LOC. *Perdre (tous) ses moyens* : être troublé, décontenancé. *Il a perdu tous ses moyens devant l'examinateur.* — *Par ses propres moyens* : sans aide étrangère, en agissant seul. *Il est rentré chez lui par ses propres moyens,* sans être accompagné, ou sans utiliser les transports publics. ■ **2** (fin XVe) Ressources pécuniaires. *Ses parents n'avaient pas les moyens de lui faire faire des études. C'est trop cher, c'est au-dessus de mes moyens, je n'en ai pas les moyens. Chacun donne selon ses moyens.* — FAM. **(l'emploi qu'on en fait n'étant pas précisé)** *Avoir de petits, de gros moyens. Des gens qui ont les moyens, qui n'ont pas les moyens* : des gens riches, pauvres.

■ CONTR. 1 Fin, impossibilité, impuissance.

MOYEN ÂGE [mwajɛnɑʒ] **n. m.** – 1640 ◇ de 1 *moyen* et *âge* ■ On écrit aussi *Moyen-Âge.* Période comprise entre l'Antiquité et les Temps modernes, traditionnellement limitée par la chute de l'Empire romain d'Occident (476) et la prise de Constantinople (1453). *Le haut Moyen Âge* : la partie la plus ancienne. *Les marchands, les chevaliers, les villes du Moyen Âge.* ➤ **médiéval.** *La société du Moyen Âge.* ➤ **féodalité.** *Arts, styles du Moyen Âge* (gothique, roman). *Spécialiste du Moyen Âge.* ➤ **médiéviste.** REM. L'usage des majuscules est fluctuant : « *Le XIXe siècle a bien vengé le moyen âge des mépris du XVIIIe* » BALZAC. — PAR APPOS. ou adj. (1835) VIEILLI ➤ **moyenâgeux.** « *Le roman moyen-âge florissait principalement à Paris* » GAUTIER.

MOYENÂGEUX, EUSE [mwajɛnɑʒø, øz] **adj.** – 1865 ◇ de *Moyen Âge* ■ **1** VIEILLI Qui concerne le Moyen Âge ; du Moyen Âge. ➤ **médiéval.** ■ **2** Qui a les caractères, le pittoresque du Moyen Âge ; qui évoque le Moyen Âge. *Costume moyenâgeux. Rues moyenâgeuses d'une petite ville.* ◆ FIG. PÉJ. Suranné, vétuste. *Des procédés moyenâgeux.*

MOYEN-COURRIER [mwajɛ̃kuʁje] **n. m. et adj. m.** – milieu XXe ◇ de 1 *moyen,* d'après *long-courrier* ■ Avion de transport utilisé sur des distances moyennes (1 600-2 000 km). *Des moyen-courriers* ou *des moyens-courriers.*

MOYENNANT [mwajɛnɑ̃] **prép.** – 1361 ◇ de *moyenner* ■ Au moyen de, par le moyen de, à la condition de. ➤ **avec, grâce** (à). *Moyennant un effort intellectuel.* ➤ **prix** (au prix de). *Acquérir une chose moyennant un prix convenu.* ➤ **pour.** *Il accepta de rendre ce service moyennant récompense.* ➤ **contre, échange** (en échange de). LOC. *Moyennant finances :* en payant. — **MOYENNANT QUOI :** en échange de quoi, et PAR EXT. grâce à quoi. « *Il fallait d'abord obtenir un numéro d'ordre, moyennant quoi on aurait un bon, moyennant quoi on aurait de l'essence* » BEAUVOIR. ◆ **loc. conj.** LITTÉR. *Moyennant que* (et subj.) : à condition que, pourvu que. « *Moyennant qu'on le baigne d'eau* [...], *le jardin garde sa fraîcheur d'oasis* » COLETTE.

MOYENNE [mwajɛn] **n. f.** – XIVe « milieu » ◇ de 1 *moyen* ■ **1** (XVIIe) Valeur unique résultant de plusieurs valeurs et située entre elles. MATH. *La moyenne proportionnelle* ou *géométrique* m, *entre deux quantités* a *et* b, *est une quantité telle que* a, m *et* b *sont en progression* géométrique* : m/a = b/m ; ab = m². *Moyenne arithmétique de plusieurs nombres,* quotient de leur somme par leur nombre. *Moyenne harmonique* de plusieurs nombres.* STATIST. *Moyenne statistique d'une variable aléatoire, d'un caractère quantitatif,* son espérance* mathématique. COUR. *Calculer la moyenne des températures à Paris au mois d'août. La moyenne d'âge est de vingt ans. Rouler à une moyenne de 70 km/h.* FAM. *Faire 70, du 70 de moyenne.* — ABSOLT Note correspondant à la moitié des points qu'on peut obtenir (5 sur 10, 10 sur 20). *Avoir la moyenne à un examen, en maths. Il faut avoir la moyenne à l'écrit pour être admissible.* — DR. CONSTIT. *Moyenne électorale :* dans le scrutin de liste, nombre calculé en divisant le nombre de voix par le nombre de sièges obtenus, et servant à l'utilisation des restes. *Plus forte moyenne :* mode de répartition des sièges, dans le cadre du scrutin de liste avec représentation proportionnelle, accordant aux listes ayant obtenu les plus fortes moyennes, les sièges non attribués au quotient. ◆ FAM. En parlant de ce qui n'est pas mesurable *Cela fait une moyenne :* cela compense. ➤ **compensation.** ◆ (milieu XIXe) **EN MOYENNE :** en faisant une moyenne ; en évaluant approximativement la moyenne. *Il travaille en moyenne 8 heures par jour.* « *On y compte* [en Hollande] *en moyenne une grande inondation tous les sept ans* » TAINE. ■ **2** (1580) Type également éloigné des extrêmes, généralement le plus courant. *Une intelligence au-dessus de la moyenne. Être dans la moyenne, dans la bonne moyenne.* « *Vous avez autrement de poigne que la moyenne des patrons* » ROMAINS. ➤ **plupart** (la).

MOYENNEMENT [mwajɛnmɑ̃] **adv.** – XIIe ◇ de 1 *moyen* ■ D'une manière moyenne, à demi, ni peu ni beaucoup. ➤ **médiocrement.** *Être moyennement beau, intelligent, riche. Aller moyennement vite.* ➤ **modérément.** *Travailler moyennement.* ➤ **honnêtement, passablement.** « *Comment va-t-il ? – Très moyennement.* » ➤ **couci-couça.** ◆ Assez peu. *Il a moyennement apprécié cette initiative.* ■ CONTR. Excessivement.

MOYENNER [mwajene] **v. tr.** ⟨1⟩ – XIIe ◇ de 2 *moyen* ■ **1** VX Ménager, procurer (qqch.) en servant d'intermédiaire. ■ **2** ABSOLT (1845) LOC. FAM. *Il n'y a pas moyen de moyenner :* il est impossible d'y parvenir, d'y réussir. ■ **3** Calculer la moyenne de. *Moyenner des résultats, des variations.*

MOYEU [mwajø] **n. m.** – *moiel* XIIe ◇ latin *modiolus* « petit vase » ■ **1** Partie centrale de la roue que traverse l'axe ou l'essieu autour duquel elle tourne. — Pièce centrale d'une roue d'automobile, tournant sur la fusée par l'intermédiaire de roulements. *Les enjoliveurs recouvrent les moyeux.* ■ **2** PAR EXT. Pièce centrale sur laquelle sont assemblées des pièces devant tourner autour d'un axe. *Moyeu de volant, de poulie, d'hélice.*

MOZABITE [mɔzabit] **adj. et n.** – 1839 ; *Mozabis* 1788 ◇ de *Mzab,* n. d'une région du Sud algérien ■ Du Mzab. ◆ **n.** *Les Mozabites.* SPÉCIALT Musulman appartenant à une secte schismatique et puritaine dont la terre d'élection est le Mzab. On dit aussi **MZABITE,** 1857. — **n. m.** Parler berbère en usage au Mzab.

MOZARABE [mɔzaʀab] **n. et adj.** – 1627 ◇ ancien espagnol *moz'arabe* ; arabe *musta'rib* « arabisé » ■ HIST. Au temps de l'occupation arabe en Espagne, Espagnol chrétien qui, devant allégeance à un chef maure, avait en échange le droit de pratiquer sa religion. — **adj.** *Art mozarabe :* art chrétien d'Espagne sous l'occupation arabe (XIe, XIIe s.). ➤ aussi **mudéjar.**

MOZETTE ➤ **MOSETTE**

MOZZARELLA [mɔdzaʀela ; mɔdzaʀɛlla] **n. f.** – v. 1960 ◇ mot italien de *mozzare* « couper » ■ Fromage frais italien, fait de lait de bufflonne ou de vache, à pâte molle. *Des mozzarellas.*

MP3 [ɛmpetʀwɑ] **n. m.** – 1997 ◇ sigle anglais, de *MPeg-I audio layer 3,* de *Moving Picture Experts Group* « comité d'experts audios et vidéos » ■ **1** Format de compression qui permet de réduire la taille des fichiers audionumériques. ■ **2** Fichier ainsi compressé. *Télécharger des MP3.*

MST ou **M. S. T.** [ɛmɛste] **n. f.** – v. 1980 ◇ sigle de *Maladie Sexuellement Transmissible* ■ Maladie infectieuse qui se transmet par voie sexuelle. *Recrudescence des MST.* ➤ aussi **IST.**

M. T. S. [ɛmteɛs] **adj.** – sigle de *Mètre-Tonne-Seconde* ■ MÉTROL. *Système M. T. S. :* ancien système d'unités dont les trois unités de base étaient le mètre, la tonne, la seconde.

MU [my] **n. m. inv.** – 1655 ; *mi* 1529 ◇ mot grec ■ Lettre de l'alphabet grec (Μ, μ), correspondant au *m* français. ■ **HOM.** Mue.

MÛ, MUE ➤ **MOUVOIR**

MUANCE [myɑ̃s] **n. f.** – XVIe ; « changement, variation » XIIe ◇ de *muer* ■ **1** MUS. ANC. Dans la solmisation, Substitution d'un hexacorde à un autre. ■ **2** (1846) VX Altération de la voix quand elle mue.

MUCHER ➤ **MUSSER**

MUCILAGE [mysilaʒ] **n. m.** – 1314 ◇ latin *mucilago,* de *mucus* ■ DIDACT. Substance végétale (extraite de lichens, de graines de lin, de la bourrache), composée de pectines, ayant la propriété de gonfler dans l'eau et employée en pharmacie comme excipient et comme laxatif.

MUCILAGINEUX, EUSE [mysilaʒinø, øz] **adj.** – XIVe ◇ de *mucilage* ■ Qui est formé de mucilage, qui a l'aspect, la consistance du mucilage. ➤ **visqueux.** *La gomme, substance mucilagineuse.* — **n. m.** *Un mucilagineux.*

MUCITE [mysit] **n. f.** – 1834 ◇ de *mucus* et *-ite* ■ MÉD. Inflammation d'une muqueuse. *Mucite buccale* (➤ **stomatite**), *intestinale* (➤ **entérite**).

MUCOLYTIQUE [mykɔlitik] **adj.** – 1959 ◇ de *mucus* et *-lytique* ■ PHYSIOL., MÉD. Qui fluidifie les sécrétions bronchiques, les écoulements séreux des otites et des sinusites.

MUCOR [mykɔʀ] **n. m.** – 1775 ◇ mot latin « moisissure » ■ BOT. Champignon siphomycète, commun sur les matières organiques humides.

MUCOSITÉ [mykozite] **n. f.** – 1539 ◇ du latin *mucosus* → muqueux ■ Amas de substance épaisse et filante qui tapisse certaines muqueuses. ➤ **glaire, morve, pituite.** *Expectorer des mucosités qui encombrent les voies respiratoires.*

MUCOVISCIDOSE [mykovisidoz] **n. f.** – 1958 ◇ de l'anglais *mucoviscidosis* (1945), de *muco-* « mucus » et *viscid* « visqueux » ■ Maladie congénitale caractérisée par une viscosité excessive des sécrétions glandulaires qui provoque des troubles digestifs et respiratoires. — **adj. MUCOVISCIDOSIQUE.**

MUCRON [mykʀɔ̃] **n. m.** – 1834 *mucrone* ◇ latin *mucro, onis* ■ BOT. Petite pointe raide qui termine certains organes végétaux. — **adj. MUCRONÉ, ÉE.**

MUCUS [mykys] **n. m.** – 1743 ◇ mot latin « morve » ■ ANAT. Liquide transparent, d'aspect filant, produit par les glandes muqueuses et servant d'enduit protecteur à la surface des muqueuses. ➤ **mucosité.**

MUDÉJAR [mudexaʀ ; mydeʒaʀ] **n. et adj.** – *mudéjare* 1722 ◇ espagnol *mudejar* ; arabe *mudayyan* « pratiquant » ■ HIST. Musulman d'Espagne devenu sujet des chrétiens après la reconquête. ◆ **adj.** *Art mudéjar :* art chrétien influencé par l'art musulman dans l'Espagne reconquise (XIIe-XVIe s.). *Le style mudéjar succède au style mozarabe*.*

MUE [my] **n. f.** – XIIe ◇ de *muer*

I ■ **1** Changement partiel ou total qui affecte la carapace, les cornes, la peau, le plumage, le poil, etc., de certains animaux, en certaines saisons ou à des époques déterminées de leur existence. *Mue des reptiles, des arthropodes, des homards.* « *Le poil de ces animaux qui se renouvelle tous les ans par une mue complète* » BUFFON. — FIG. et LITTÉR. Transformation. ➤ **changement, métamorphose.** « *La mue mystérieuse de la terre donnait aux vacances de Pâques une qualité particulière* » MAURIAC. ◆ Saison à laquelle ce changement a lieu. ■ **2** Dépouille d'un animal qui a mué. ➤ **exuvie.** *Trouver une mue de serpent.* ■ **3** Changement dans le timbre de la voix humaine au moment de la puberté, surtout sensible chez les garçons. ➤ VX **muance.** « *anxieux de virilité et de ce signe avant-coureur, la mue* » LEIRIS.

II (v. 1175 « cage à oiseau, pour la mue ») AGRIC. Cage circulaire, sans fond, pour les poules (➤ **poulailler**), les lapins. — Endroit où l'on enferme des volailles destinées à l'engraissement (➤ 1 **épinette**).
■ HOM. Mu.

MUER [mɥe] v. ‹1› – fin XIe ◇ latin *mutare* « changer » ■ **1** v. tr. VX Changer. — LITTÉR. **MUER EN :** transformer en. *« La pluie avait soudain mué Venise en une immense moisissure »* MAURIAC. PRONOM. *« Ces joies refoulées se sont muées en rêves »* R. ROLLAND. ■ **2** v. intr. (XVIe) Changer de peau, de plumage, de poil (en parlant d'un animal). ➤ **se dépouiller ; mue.** *« Un paon muait, un geai prit son plumage »* LA FONTAINE. ♦ (De la voix humaine) Changer de timbre au moment de la puberté. ➤ **mue ;** VX **muance.** *Sa voix mue. — Voix muée. — Les garçons muent entre onze et quatorze ans.* ■ HOM. *Mue :* mus (mouvoir) ; *muerai :* murai (murer).

MUESLI [mysli ; mɥɛsli] n. m. – 1957 ◇ suisse allemand *müesli* ■ Mélange de flocons d'avoine, d'autres céréales et de fruits frais ou secs, généralement consommé au petit-déjeuner. ➤ aussi **granola.** — On écrit aussi *musli* [mysli].

MUET, MUETTE [mɥɛ, mɥɛt] adj. et n. – XIIe ◇ diminutif de l'ancien français *mu,* latin *mutus* → amuïr **A.** (PERSONNES) ■ **1** Qui est privé de l'usage de la parole (➤ **mutisme, mutité**). *Muet de naissance. « les sourds de naissance ne sont pas muets du tout »* DOLTO. ➤ VIEILLI **sourd-muet.** *« Voilà pourquoi votre fille est muette »,* célèbre formule du « Médecin malgré lui » de Molière, citée pour se moquer d'une explication verbeuse et incohérente. ♦ n. *Un muet, une muette.* LOC. FIG. *La grande muette :* l'armée. ■ **2** Qui, sous l'effet d'une émotion violente, d'un sentiment vif, est momentanément incapable de parler, de s'exprimer. *Muet d'admiration, de peur, de stupeur. « L'étonnement rendit muet le jeune prisonnier »* VIGNY. *En rester muet.* ➤ **coi** (cf. En perdre la parole ; demeurer sans voix). ■ **3** Qui s'abstient volontairement de parler, de répondre. ➤ **silencieux, taciturne** (cf. Ne pas dire un mot, pas un traître mot ; ne pas souffler mot). *À cette question, elle resta muette. Muet comme une carpe, comme une tombe.* ➤ 1 **discret.** ♦ THÉÂTRE *Personnages muets,* qui n'ont aucune parole à prononcer (➤ **figurant**). — PAR EXT. *Jeu muet,* où un acteur joue son personnage sans parler, par des gestes, des mimiques. *Rôle muet.*
B. (CHOSES) ■ **1** (Sentiments) Qui s'exprime, ou exprime qqch. sans utiliser la parole. *Muette protestation. De muets reproches.* ♦ Qui est tu, reste inexprimé. *Joie muette.* PROV. *Les grandes douleurs* sont muettes.* ■ **2** Qui ne donne pas les indications (qu'on pourrait en attendre). *La loi est muette sur ce point.* ■ **3** Qui, par nature, ne produit aucun son. ➤ **silencieux.** *Horloge sonnante et horloge muette.* — MUS. *Clavier muet :* clavier silencieux servant aux exercices de doigté. — *Cinéma, film muet,* qui ne comporte pas l'enregistrement ni la reproduction de la parole, du son. n. m. *Le muet :* le cinéma muet. *« Les films parlants n'ont pas tenu les promesses du muet »* SARTRE. ■ **4** (1655) Qui ne se fait pas entendre dans la prononciation. *Le* s *final dans* corps *est une lettre muette. — E, H muet.* ➤ 1 **e,** 1 **h.** ■ **5** Qui ne contient ou n'utilise aucun signe écrit. *Carte* (II) *du monde muette. Médaille muette,* sans inscription. *Clavier muet d'une machine à écrire,* dont les touches ne portent pas l'indication des lettres. ■ **6** MATH. *Indice muet :* indice qui, figurant dans un assemblage, ne figure pas nécessairement dans une autre écriture du même assemblage.
C. (Lieux) LITTÉR. Où l'on n'entend aucun son. ➤ **silencieux.** *« Tout se tait. Le désert est muet, vaste et nu »* HUGO. ■ CONTR. Bavard, parlant.

MUETTE [mɥɛt] n. f. – *muete* 1387 « gîte du lièvre » ◇ ancienne orthographe de *meute* → meute ■ VX Petite maison qui servait de logis aux chiens de meute. — Pavillon qui servait de rendez-vous de chasse. ■ HOM. Muette (muet).

MUEZZIN [mɥɛdzin] n. m. /MUEZZINE/ – 1805 ; *muezin* 1654 ; *maizin* 1568 ◇ mot turc, de l'arabe *mo'adhdhin* « qui appelle à la prière » ■ Fonctionnaire religieux musulman attaché à une mosquée et dont la fonction consiste à appeler du minaret les fidèles à la prière.

MUFFIN [mœfin] n. m. – 1813 ◇ mot anglais (1703), d'origine inconnue, p.-ê. à rapprocher du français *pain moufflet,* du radical *mouff-* ■ Petit pain rond cuit dans un moule, qui se mange en général grillé et beurré. *Servir des scones et des muffins avec le thé.* — Au Canada, Petit gâteau rond très léger. *Un muffin aux bleuets.*

MUFLE [myfl] n. m. – 1542 ◇ variante de *moufle,* germanique *muffel* « museau » ■ **1** Extrémité du museau de certains mammifères (carnassiers, rongeurs, ruminants) caractérisée par l'absence de poil. *Mufle de bœuf. Le chien « s'en écarta avec un froncement de mufle »* PERGAUD (➤ **truffe**). ■ **2** (1840) Individu mal élevé, grossier et indélicat. ➤ **butor, goujat, malotru, pignouf, rustre.** *Se conduire comme un mufle.* — adj. *Ce qu'il peut être mufle !* ■ CONTR. (du 2°) Galant.

MUFLERIE [myflǝʀi] n. f. – 1843 ◇ de *mufle* ■ Caractère, action, parole d'un mufle (2°). ➤ **goujaterie, grossièreté, indélicatesse.** *« Il était sans cesse indigné contre la muflerie et la crapulerie de ses contemporains »* GIDE. ■ CONTR. Galanterie, savoir-vivre.

MUFLIER [myflije] n. m. – 1778 ◇ de *mufle* (1°) ■ Plante herbacée *(labiées)* aux fleurs élégantes, solitaires ou en grappes, de coloris divers, rappelant la forme d'un mufle. *Muflier à grandes fleurs.* ➤ **gueule-de-loup.**

MUFTI [myfti] n. m. – 1560 ; *muphti* 1559 ; *mofti* 1546 ◇ arabe *moufti* « juge » ■ Théoricien et interprète du droit canonique musulman, qui remplit à la fois des fonctions religieuses, judiciaires et civiles. *Des muftis.*

MUG [mœg] n. m. – 1981 ◇ mot anglais (XVIIe) d'origine inconnue, apparenté au néerlandais *mokke* → 2 moque ■ Chope pour les boissons chaudes. *Des mugs.*

MUGE [myʒ] n. m. – 1546 ◇ mot provençal, du latin *mugil* ■ RÉGION. ➤ 2 **mulet.**

MUGIR [myʒiʀ] v. intr. ‹2› – XIIIe ◇ latin *mugire ;* cf. ancien français *muir* ■ **1** En parlant des bovidés, Pousser le cri sourd et prolongé propre à leur espèce. ➤ **beugler, meugler.** ■ **2** Faire entendre un bruit qui ressemble à un mugissement. *Sirène qui mugit. « Les vents déchaînés mugissaient avec fureur dans les voiles »* FÉNELON.

MUGISSANT, ANTE [myʒisɑ̃, ɑ̃t] adj. – fin XVe ◇ de *mugir* ■ Qui mugit. *Troupeaux mugissants.* ♦ FIG. *Flots mugissants.*

MUGISSEMENT [myʒismɑ̃] n. m. – 1487 ; hapax v. 1210 ◇ de *mugir* ■ Cri d'un animal qui mugit. ➤ **beuglement, meuglement.** ♦ FIG. Cri, bruit qui y ressemble. *Les mugissements des flots.*

MUGUET [mygɛ] n. m. – XIIe ◇ ancien français *muguette,* altération de *muscade,* à cause du parfum ■ **1** Plante herbacée des régions tempérées *(liliacées),* aux fleurs petites et blanches en clochettes, groupées en grappes très odorantes. *Muguet des bois. Offrir un brin de muguet. « Un cortège de premier Mai, avec les fleurs de muguet à la boutonnière »* ROMAINS. — Parfum, essence de muguet (➤ **terpinol**). *Savonnette au muguet.* ■ **2** (XVIe ◇ par allus. au parfum) VX Jeune élégant. ■ **3** (XVIIIe ◇ par anal. d'aspect entre la lésion et la fleur du muguet) MÉD. Inflammation de la muqueuse de la bouche et du pharynx sous forme d'érosions recouvertes d'un enduit blanchâtre, due à une levure (*candida* ou *oïdium*). ➤ VIEILLI **blanchet.** — PAR EXT. *Muguet intestinal, vaginal :* inflammation des muqueuses par les mêmes levures.

MUID [mɥi] n. m. – v. 1380 ; *mui* XIIe ◇ latin *modius* ■ **1** Ancienne mesure de capacité pour les liquides, les grains, le sel (à Paris 268 l pour le vin et 1 872 l pour les matières sèches). ■ **2** Futaille de la capacité d'un muid. ➤ **barrique, tonneau.**

MULARD, ARDE [mylaʀ, aʀd] n. m. et adj. – 1840 ◇ de *mul* → 1 mulet ■ Hybride du canard commun et du canard musqué. — adj. *Cane mularde.*

MULASSIER, IÈRE [mylasje, jɛʀ] adj. – 1868 ; n. m. « muletier » 1471 ◇ de l'ancien français *mulasse* « jeune mulet », de *mul* → 1 mulet ■ **1** Qui a rapport au mulet, est composé de mulets. *Cheptel mulassier.* ■ **2** Qui produit des mulets. *Jument mulassière,* et SUBST. *une mulassière.*

MULÂTRE, MULÂTRESSE [mylatʀ, mylatʀɛs] n. et adj. – 1604 ; variantes *mulat, mulate* XVIIe ; fém. *mulâtresse* 1681 ◇ altération de l'espagnol *mulato* « mulet, bête hybride » ■ Personne née de l'union d'un Blanc avec une Noire ou d'un Noir avec une Blanche. ➤ **métis.** *Descendants de mulâtres et de Blancs.* ➤ 2 **quarteron.** *Une mulâtre,* (VIEILLI ou PÉJ.) *une mulâtresse.* ♦ adj. **MULÂTRE** (aux deux genres). *Il est mulâtre. Fillette mulâtre.*

1 **MULE** [myl] n. f. – 1080 fém. de l'ancien français *mul* ◇ latin *mula* ■ **1** Hybride femelle de l'âne et de la jument (ou du cheval et de l'ânesse), généralement stérile. *« Une belle mule noire mouchetée de rouge, le pied sûr, le poil luisant »* DAUDET. — LOC. FAM. (➤ 1 **mulet**). *Chargé comme une mule,* de lourds et nombreux fardeaux. *Charger la mule :* confier une trop lourde tâche ; s'enivrer. *Entêté, têtu comme une mule,* très entêté, obstiné. *Tête de mule :* personne très entêtée. *Quelle tête de*

mule ! ▪ **2** ARG. Passeur de drogue. — *Mule financière,* qui effectue des transferts de fonds d'origine criminelle pour un tiers, contre rétribution.

2 **MULE** [myl] **n. f.** – v. 1350-1360 ; terme de vétérinaire «crevasse, engelure (au talon)» 1314 ◊ latin *mulleus (calceus)* «(soulier) rouge», de *mullus* «rouget» → 2 mulet ▪ Chaussure d'intérieur légère, avec ou sans talon, laissant l'arrière du pied découvert. *Mules de cuir, de velours. «des mules à hauts talons qui claquaient à terre, sous des pieds nus»* ARAGON. ♦ *La mule du pape :* pantoufle blanche brodée d'une croix. *Baisement de la mule du pape.*

MULE-JENNY [mylʒeni] **n. f.** – 1801 ◊ mot anglais, de *mule* «hybride» et *jenny* → jenny ▪ TECHN. Métier renvideur à mouvement automatique pour la filature du coton et de la laine. *Des mule-jennys.*

1 **MULET** [mylɛ] **n. m.** – 1080 ◊ diminutif de l'ancien français *mul ;* latin *mulus* ▪ **1** Hybride mâle de l'âne et de la jument *(grand mulet)* ou du cheval et de l'ânesse *(petit mulet* ➤ **bardot**), toujours infécond. *Le mulet, animal vigoureux, patient et sobre, est très recherché pour les parcours en montagne et le transport des lourdes charges* (➤ **muletier**). — LOC. FAM. *Chargé comme un mulet. Têtu comme un mulet.* ➤ 1 **mule.** *«Il est têtu, que c'est un vrai mulet»* BALZAC. ▪ **2** (1938) Véhicule d'entraînement ou de reconnaissance, dans un rallye automobile.

2 **MULET** [mylɛ] **n. m.** – XIIᵉ ◊ du latin *mullus* «rouget», avec attraction de *mulus* → 1 mulet ▪ Poisson des mers tempérées *(mugilidés),* se nourrissant de matières organiques en décomposition dans la vase, à chair blanche assez estimée. ➤ RÉGION. **muge.** *Œufs de mulet pressés.* ➤ **poutargue.**

MULÉTA [myleta] ou **MULETA** [muleta ; myleta] **n. f.** – *moleta* 1828 ◊ espagnol *muleta* ▪ TAUROM. Pièce de flanelle rouge tendue sur un court bâton, avec laquelle le matador provoque et dirige les charges du taureau. *Des mulétas. Passes de muléta. Travail de la muléta* (espagnol *faena de muleta*).

MULETIER, IÈRE [myl(ə)tje, jɛʀ] **n. m.** et **adj.** – v. 1380 ◊ de 1 *mulet* ▪ **1** Conducteur de mulets, de mules. ▪ **2** **adj.** (XVIᵉ) *Chemin, sentier muletier,* étroit et escarpé, que seuls peuvent emprunter les mulets. *Nous marchions «par des sentiers muletiers, raides et caillouteux»* TROYAT.

MULETTE [mylɛt] **n. f.** – 1803 ◊ altération de *moulette,* diminutif de 2 *moule* ▪ Mollusque d'eau douce *(lamellibranches)* appelé aussi *moule d'eau douce,* à épaisse coquille nacrée, aux deux valves égales, qui produit des perles.

MULON [mylɔ̃] **n. m.** – 1636 ; *muidlun* «tas de foin» XIIᵉ ◊ de l'ancien français *mule,* du latin *mulutus* «modillon» ▪ RÉGION. Tas de sel extrait d'un marais salant. ➤ **meulon.** *«recueillir le sel et le mettre en* mulons*»* BALZAC.

MULOT [mylo] **n. m.** – XIIIᵉ ; *mulotes* plur. XIIᵉ ◊ du bas latin *mulus* «taupe» ; francique °*mull* ▪ **1** Petit rongeur *(muridés)* appelé aussi *rat des champs,* qui se nourrit de bourgeons et de graines. ▪ **2** (1997) PLAIS. Souris d'ordinateur.

MULSION [mylsjɔ̃] **n. f.** – 1855 ◊ latin *mulsio,* de *mulgere* «traire» ▪ DIDACT. Traite d'un animal domestique.

MULTI- ▪ Élément, du latin *multus* «beaucoup, nombreux». ➤ **pluri-,** 1 **poly-.** ▪ CONTR. Mon(o)-, uni-.

MULTIBRIN [myltibʀɛ̃] **adj.** – v. 1970 ◊ de *multi-* et *brin* ▪ ÉLECTROTECHN. Composé de plusieurs brins. *Fil multibrin,* et **n. m.** *un multibrin.*

MULTIBROCHE [myltibʀɔʃ] **adj.** – 1932 ◊ de *multi-* et *broche* ▪ TECHN. *Tour multibroche,* muni de broches parallèles.

MULTICÂBLE [myltikɑbl] **adj.** et **n. m.** – v. 1960 ◊ de *multi-* et *câble* ▪ TECHN. Qui comporte plusieurs câbles. *Benne multicâble.* — **n. m.** MINES Installation d'extraction où les cages sont suspendues à plusieurs câbles.

MULTICARTE [myltikaʀt] **adj.** – 1973 ◊ de *multi-* et *carte* ▪ Se dit d'un voyageur de commerce qui représente plusieurs maisons, a plusieurs cartes*. *Représentants exclusifs et représentants multicartes.*

MULTICAULE [myltikol] **adj.** – 1803 ◊ latin *multicaulis* ▪ BOT. Qui a des tiges nombreuses. *Mûrier multicaule.*

MULTICELLULAIRE [myltiselylɛʀ] **adj.** – 1865 ◊ de *multi-* et *cellulaire* ▪ **1** BIOL. Composé de nombreuses cellules. ➤ **pluricellulaire.** ▪ **2** MÉTÉOROL. *Orage multicellulaire,* causé par plusieurs cellules de convection (opposé à *monocellulaire, supercellulaire*). ▪ CONTR. Monocellulaire, unicellulaire.

MULTICOLORE [myltikɔlɔʀ] **adj.** – 1512, rare avant 1823 ◊ latin *multicolor* ▪ COUR. Qui présente des couleurs variées. ➤ **polychrome.** *Oiseaux multicolores. Étoffes multicolores.* ➤ **bariolé, chamarré.** ▪ CONTR. Monochrome, uni, unicolore.

MULTICONDUCTEUR, TRICE [myltikɔ̃dyktœʀ, tʀis] **adj.** – v. 1970 ◊ de *multi-* et *conducteur* ▪ TECHNOL. Constitué de plusieurs conducteurs électriques. *Câble multiconducteur.*

MULTICONFESSIONNEL, ELLE [myltikɔ̃fesjɔnɛl] **adj.** – 1973 ◊ de *multi-* et *confessionnel* ▪ Où coexistent plusieurs confessions religieuses. *L'Inde, pays multiconfessionnel.*

MULTICOQUE [myltikɔk] **n. m.** – v. 1970 ◊ de *multi-* et *coque* ▪ Bateau, et PARTICULT voilier comportant plusieurs flotteurs ou coques (opposé à *monocoque*). *Les catamarans, les trimarans et les praos sont des multicoques.*

MULTICOUCHE [myltikuʃ] **adj.** – v. 1960 ◊ de *multi-* et *couche* ▪ Formé de plusieurs couches. — BÂT. *Revêtement multicouche :* revêtement d'étanchéité constitué de plusieurs feuilles étanches collées entre elles. — ÉLECTRON. *Circuit imprimé multicouche,* constitué de plusieurs couches de conducteurs pour la réalisation de circuits complexes.

MULTICRITÈRE [myltikʀitɛʀ] **adj.** – 1975 ◊ de *multi-* et *critère* ▪ INFORM. Qui combine plusieurs critères. *Recherches multicritères par mot-clé.*

MULTICULTURALISME [myltikyltyʀalism] **n. m.** – 1971 ◊ de *multi-* et *culturel* ▪ DIDACT. Coexistence de plusieurs cultures dans un même pays.

MULTICULTUREL, ELLE [myltikyltyʀɛl] **adj.** – 1975 ◊ de *multi-* et *culturel* ▪ Qui relève de plusieurs cultures différentes. ➤ **pluriculturel.** *Une société multiculturelle.*

MULTIDIMENSIONNEL, ELLE [myltidimɑ̃sjɔnɛl] **adj.** – 1937 ◊ de *multi-* et *dimensionnel* ▪ DIDACT. (MATH.) Se dit d'un espace à plus de trois dimensions. — FIG. Qui concerne plusieurs niveaux, plusieurs dimensions de l'expérience, du savoir. *Analyse multidimensionnelle d'un phénomène complexe.*

MULTIDISCIPLINAIRE [myltidisiplinɛʀ] **adj.** – v. 1960 ◊ de *multi-* et *disciplinaire* ▪ Qui concerne plusieurs disciplines ou spécialités. ➤ **pluridisciplinaire.** *Un enseignement multidisciplinaire.*

MULTIETHNIQUE [myltiɛtnik] **adj.** – 1977 ◊ de *multi-* et *ethnique* ▪ Où coexistent plusieurs ethnies. ➤ **pluriethnique.** *Les Balkans, région multiethnique.*

MULTIFACTORIEL, IELLE [myltifaktɔʀjɛl] **adj.** – 1978 ◊ de *multi-* et *factoriel* ▪ **1** (de l'anglais *multifactorial*) Qui dépend de plusieurs facteurs. *Maladie multifactorielle. — Génétique multifactorielle,* qui étudie les caractères à déterminisme complexe (caractères polygéniques). ▪ **2** DIDACT. Relatif à plusieurs facteurs. *Analyse multifactorielle des données statistiques.*

MULTIFILAIRE [myltifilɛʀ] **adj.** – 1926 ◊ de *multi-* et *fil* ▪ TECHN. Formé de plusieurs fils ou brins. ➤ **multibrin.** ▪ CONTR. Unifilaire.

MULTIFLORE [myltiflɔʀ] **adj.** – 1778 ◊ latin *multiflorus* ▪ BOT. Qui porte de nombreuses fleurs. *Narcisse multiflore.* ▪ CONTR. Uniflore.

MULTIFONCTION [myltifɔ̃ksjɔ̃] **adj.** et **n.** – avant 1970 ◊ de *multi-* et *fonction* ▪ Multifonctionnel. *Un four multifonction,* faisant fonction de gril, de micro-onde, etc. *Des robots multifonctions.* ♦ *Imprimante multifonction,* qui permet l'impression, la photocopie et la numérisation de documents. — **n. f.** ou **m.** *Un(e) multifonction.*

MULTIFONCTIONNEL, ELLE [myltifɔ̃ksjɔnɛl] **adj.** – 1967 ◊ de *multi-* et *fonctionnel* ▪ Qui remplit plusieurs fonctions. *Organisation multifonctionnelle. — Four multifonctionnel.* ➤ **multifonction.**

MULTIFORME [myltifɔʀm] **adj.** – 1440 ◊ latin *multiformis* ▪ Qui se présente sous des formes variées, des aspects, des états divers et nombreux. ➤ **protéiforme.** *Menace multiforme. «l'eau informe et multiforme»* BAUDELAIRE.

MULTIGÉNÉRATIONNEL, ELLE [myltiʒeneʀasjɔnɛl] **adj.** – 1981 ◊ de *multi-* et *générationnel* ▪ Qui concerne plusieurs générations. ➤ **transgénérationnel.** *Un public multigénérationnel.*

MULTIGÉNIQUE [myltiʒenik] **adj.** – 1984 ◊ de *multi-* et *génique* ▪ GÉNÉT. ▪ **1** *Famille multigénique :* ensemble de gènes, au sein d'un même génome, présentant des séquences similaires. *La famille multigénique des globines.* ▪ **2** *Caractère multigénique :* phénotype qui dépend de plusieurs gènes. *Maladie multigénique.* ➤ **polygénique.** ▪ CONTR. Monogénique.

MULTIGESTE [myltiʒɛst] **adj. et n. f.** – 1982, au Canada ◊ de *multi-* et *-geste*, élément tiré du latin *gestus*, de *gerere* « porter » (→ primigeste) ■ PHYSIOL. Qui a déjà eu une ou plusieurs grossesses (opposé à *primigeste*). ➤ aussi **multipare.** *Femme multigeste* ou **n. f.** *une multigeste.*

MULTIGRADE [myltigʀad] **adj.** – 1963 ◊ de *multi-* et *grade*, au sens anglais de « niveau » ; probablt anglicisme ■ Se dit d'un produit dont les propriétés s'étendent à plusieurs spécifications. *Huile multigrade* : huile pour moteur utilisable par toutes températures. *Huile multigrade et huile monograde**.

MULTIJOUEUR [myltiʒwœʀ] **adj.** – 1986 ◊ de *multi-* et *joueur* ■ Qui permet de jouer à plusieurs, en réseau. *Se connecter en mode multijoueur. Des tournois multijoueurs.*

MULTILATÉRAL, ALE, AUX [myltilateʀal, o] **adj.** – 1948 ◊ de *multi-* et *latéral* ■ POLIT. Qui concerne des rapports entre États ; à quoi adhèrent, participent plusieurs États. ➤ **plurilatéral.** *Un accord multilatéral.* ■ CONTR. Unilatéral.

MULTILATÉRALISME [myltilateʀalism] **n. m.** – 1960 ◊ de *multilatéral* ■ POLIT. Attitude qui privilégie le règlement multilatéral des problèmes mondiaux, dans un esprit de coopération internationale et de compromis. ■ CONTR. Isolationnisme, unilatéralisme.

MULTILINÉAIRE [myltilineɛʀ] **adj.** – avant 1966 ◊ de *multi-* et *linéaire* ; cf. anglais *multilinear* (1886) ■ MATH. Se dit d'une application linéaire par rapport à chacune des variables affectées, correspondant à un produit d'espaces vectoriels (on dit aussi *application n-linéaire*). — **n. f. MULTILINÉARITÉ.**

MULTILINGUE [myltilɛ̃g] **adj.** – 1939 ◊ de *multi-* et *-lingue*, d'après *bilingue* ■ DIDACT. Qui est en plusieurs langues. ➤ **plurilingue.** — Qui parle, possède plusieurs langues. ➤ **polyglotte.** *Pays multilingue.* — **n. m. MULTILINGUISME** [myltilɛ̃gɥism]. ■ CONTR. Monolingue, unilingue.

MULTILOBÉ, ÉE [myltilɔbe] **adj.** – 1808 ◊ de *multi-* et *lobé* ■ SC. NAT. Qui est divisé en de nombreux lobes.

MULTILOCULAIRE [myltilɔkylɛʀ] **adj.** – 1808 ◊ de *multi-* et *loculaire* ■ BOT. Se dit d'un ovaire divisé en plusieurs loges.

MULTIMÉDIA [myltimedja] **adj. et n. m.** – 1980 ◊ de *multi-* et *média* ■ **1** Qui concerne plusieurs médias ; diffusé par plusieurs médias. ➤ aussi **bimédia.** *Campagne publicitaire multimédia.* ■ **2 n. m.** Technologie intégrant sur un même support des données numérisées de différentes natures (son, texte, images fixes ou animées), consultables de manière interactive. — **adj.** *Des encyclopédies multimédias. Message multimédia* : recomm. offic. pour remplacer l'anglic. *MMS.*

MULTIMÈTRE [myltimɛtʀ] **n. m.** – 1963 ◊ de *multi-* et *-mètre*, par l'anglais *multimeter* ■ ANGLIC. MÉTROL. Appareil de mesure électrique servant à déterminer des grandeurs comme l'intensité du courant, la différence de potentiel, la résistance.

MULTIMILLIARDAIRE [myltimiljaʀdɛʀ] **adj. et n.** – 1944 ◊ de *multi-* et *milliardaire* ■ Plusieurs fois milliardaire ; richissime.

MULTIMILLIONNAIRE [myltimiljɔnɛʀ] **adj. et n.** – 1898 ◊ de *multi-* et *millionnaire* ■ Plusieurs fois millionnaire ; riche à millions. — **n.** *Un, une multimillionnaire.*

MULTIMODAL, ALE, AUX [myltimɔdal, o] **adj.** – 1902 ◊ de *multi-* et 1 *modal* ■ DIDACT. ou TECHN. Qui concerne plusieurs modes ou modalités. ◆ SPÉCIALT Qui concerne plusieurs modes de transport. ➤ **intermodal.** *Plateforme multimodale,* permettant le changement de mode de transport de marchandises au cours d'un même trajet. *Plateforme multimodale rail-route.*

MULTINATIONAL, ALE, AUX [myltinasjɔnal, o] **adj.** – 1928 ◊ de *multi-* et *national* ■ **1** POLIT. Qui concerne, englobe plusieurs pays. *Une politique de défense multinationale.* ■ **2** ÉCON. Qui a des activités, est implanté dans plusieurs pays. *Firme, société multinationale.* — **n. f.** (1972) **UNE MULTINATIONALE.** ➤ **groupe.** *Une multinationale pétrolière.*

MULTINOMIAL, IALE, IAUX [myltinɔmjal, jo] **adj.** – milieu XXe ◊ de *multi-* et *(bi)nomial* ■ MATH. *Loi multinomiale* : généralisation de la loi binomiale* lorsqu'une expérience a plus de deux résultats incompatibles.

MULTINORME [myltinɔʀm] **adj. et n. m.** – milieu XXe ◊ de *multi-* et *norme* ■ AUDIOVIS. *Récepteur de télévision multinorme.* ➤ **multistandard.** — *Vêtements professionnels multinormes,* satisfaisant à plusieurs normes de sécurité.

MULTIPARE [myltipaʀ] **adj. et n. f.** – 1808 ◊ de *multi-* et *-pare* ■ PHYSIOL. ■ **1** Se dit d'une femelle qui met bas plusieurs petits en une seule portée (opposé à *unipare*). *La truie est multipare.* — *Les rongeurs sont multipares.* ■ **2** Se dit d'une femme qui a déjà enfanté plusieurs fois. ➤ aussi **multigeste.** — **n. f.** *Une multipare.* — **n. f. MULTIPARITÉ,** 1846.

MULTIPARTISME [myltipaʀtism] **n. m.** – 1952 ◊ de *multi-* et *parti* ■ Système politique dans lequel il existe plus d'un parti. ➤ **pluripartisme.** *Passer d'un régime à parti unique au multipartisme.* — **adj. MULTIPARTITE.** *Démocratie multipartite.*

MULTIPLE [myltipl] **adj. et n. m.** – 1572 math. ; *multiplice* 1380 ◊ latin *multiplex* ■ **1** Qui n'est pas simple. — Qui est composé de plusieurs éléments de nature différente, ou qui se manifeste sous des formes différentes. ➤ **divers.** « *Ce vaste et multiple monde du moyen âge* » MICHELET. « *Ma douleur n'est pas une, elle est multiple* » BALZAC. ■ **2** Qui est constitué de plusieurs éléments, de plusieurs individualités identiques ou comparables. *Prise multiple.* ➤ **multiprise.** PHYS. *Écho* multiple.* — MATH. Qui n'est pas simple, qui présente plusieurs propriétés semblables. *Racine multiple d'un polynôme. Intégrale multiple d'une fonction. Point multiple d'une courbe.* ■ **3 MULTIPLE DE… :** qui contient plusieurs fois exactement un nombre donné ; qui est obtenu par la multiplication d'un nombre entier par un autre. *21 est multiple de 7.* — **n. m.** *Tout multiple de deux est pair. Plus petit commun multiple* (de plusieurs nombres) *(p. p. c. m.).* — *Les multiples et les sous-multiples*.* ■ **4** (Avec un nom au plur.) ➤ **nombreux.** *Des confusions multiples. À de multiples reprises.* ➤ **maint.** — Qui existent en plusieurs exemplaires. *Charrue à socs multiples.* — Qui se présentent sous des formes variées. ➤ **divers, varié.** *Activités, causes multiples.* ■ CONTR. Simple, un, unique.

MULTIPLET [myltiplɛ] **n. m.** – 1932 ◊ de *multiple* ■ **1** TECHN. Ensemble de raies voisines dans un spectre d'absorption ou d'émission. ■ **2** OPT. Ensemble de plusieurs lentilles formant un système centré. ■ **3** PHYS. Ensemble de niveaux d'énergie atomique ou moléculaire. ■ **4** INFORM. Ensemble de plusieurs bits (➤ **octet, tétrade**).

MULTIPLEX [myltiplɛks] **adj. et n. m.** – 1889 ◊ mot latin « multiple » ■ TÉLÉCOMM. ■ **1** Obtenu par multiplexage ; qui utilise ou réalise un multiplexage. *Signal multiplex. Matériel multiplex.* **n. m.** *Le multiplex.* ■ **2** AUDIOVIS. Qui fait intervenir simultanément des participants situés dans des lieux éloignés d'un studio central. *Une émission de radio réalisée en multiplex avec Londres et Madrid.* ■ HOM. Multiplexe.

MULTIPLEXAGE [myltiplɛksaʒ] **n. m.** – v. 1965 ◊ de *multiplex* ■ TÉLÉCOMM., INFORM. Regroupement, sur une voie unique, de signaux, d'informations issus de plusieurs voies (effectué grâce à un *multiplexeur*). — Regroupement de signaux indépendants en un signal composite (signal multiplex).

MULTIPLEXE [myltiplɛks] **n. m.** – 1993 ◊ de *multi-* et *complexe* ■ Grand complexe cinématographique multisalle. ■ HOM. Multiplex.

MULTIPLIABLE [myltiplijabl] **adj.** – 1120 « augmentable » ◊ de *multiplier* ■ Qui peut être multiplié. *Tout nombre est multipliable.*

MULTIPLICANDE [myltiplikɑ̃d] **n. m.** – 1549 ◊ latin *multiplicandus* ■ ARITHM. Dans une multiplication, Celui des facteurs qui est énoncé le premier. *Dans* 4 multiplié par 3, *4 est le multiplicande, 3 le multiplicateur.*

MULTIPLICATEUR, TRICE [myltiplikatœʀ, tʀis] **adj. et n. m.** – 1515 ◊ bas latin *multiplicator* ■ **1** Qui multiplie, sert à multiplier. *Train multiplicateur, dans un dispositif de changement de vitesse. Le cœur d'un réacteur nucléaire constitue un milieu multiplicateur.* ◆ **n. m.** Dispositif réalisant une multiplication. *Multiplicateur d'électrons.* ➤ **photomultiplicateur.** *Multiplicateur de focale.* ➤ **doubleur.** ■ **2 n. m.** ARITHM. Dans une multiplication, Celui des deux facteurs qui est énoncé le second. *Le multiplicateur et le multiplicande*.* ■ CONTR. Diviseur.

MULTIPLICATIF, IVE [myltiplikatif, iv] **adj.** – 1678 ◊ bas latin *multiplicativus* ■ Qui multiplie, qui aide à multiplier, à marquer la multiplication. *Signe multiplicatif* (×). MATH. *Groupe multiplicatif,* dont la loi de composition est représentée par une notation multiplicative. — GRAMM. Se dit des mots qui indiquent la multiplication d'une grandeur prise comme unité. *Préfixe multiplicatif* (bi-, tri-, quadri-).

MULTIPLICATION [myltiplikasjɔ̃] **n. f.** – XIIIe arithm. ◊ bas latin *multiplicatio* ■ **1** (1370) Augmentation importante en nombre. ➤ **accroissement, augmentation, prolifération, pullulement.** *Le miracle de la multiplication des pains.* « *La multiplication des ouvrages médiocres corrompt le goût* » CONDORCET. *Multiplication des partis politiques.* ■ **2** VX Reproduction d'êtres vivants. ➤ **génération, reproduction.** ◆ MOD. BIOL. Reproduction (surtout reproduction asexuée). ➤ **bourgeonnement, gemmation, scissiparité, sporulation ; prolifération.** *Multiplication des bactéries. Multiplication cellulaire.* ➤ **mitose.** *Multiplication par clonage*.* BOT. *Multiplication végétative :* reproduction des végétaux par des organes végétatifs (stolons, rhizomes, tubercules, caïeux, bulbilles, turions). *Multiplication artificielle.* ➤ **bouturage, marcottage, provignage.** ▪ **3** Opération arithmétique qui a pour but d'obtenir à partir de deux nombres *a* et *b* (multiplicande et multiplicateur), un troisième nombre (produit*), égal à la somme de *b* termes égaux à *a* (ex. 12 × 8 = 96). *Faire une multiplication.* ➤ **multiplier, produit** (faire le produit de...). *Faire la preuve* par 9 d'une multiplication. Multiplication de plusieurs nombres entre eux.* ➤ 2 **facteur** (I°). *Tables de multiplication :* tableaux des produits des premiers nombres entre eux. ▪ **4** MÉCAN. Rapport qui existe entre les vitesses angulaires de deux arbres d'un système de transmission, dont l'un transmet le mouvement à l'autre. *Multiplication d'une bicyclette :* rapport du nombre de dents du pédalier au nombre de dents du pignon de la roue motrice (➤ **développement**). ▪ CONTR. Diminution. Division, scission.

MULTIPLICITÉ [myltiplisite] **n. f.** – XIIe ◇ bas latin *multiplicitas* ▪ Caractère de ce qui est multiple ; grand nombre. ➤ **abondance, pluralité, quantité.** *Multiplicité des cas.* «*Multiplicité d'objets ; diversité de conditions* [...] ; *pluralité de statuts*» VALÉRY. ▪ CONTR. Simplicité, unicité, unité.

MULTIPLIER [myltiplije] **v.** ‹7› – 1120, variantes *molteplier, monteplier* ◇ latin *multiplicare* ; cf. *multiple*

I **v. intr.** VX ▪ **1** RARE Augmenter en nombre. «*les conséquences multiplient à proportion*» PASCAL. ▪ **2** Augmenter en nombre par la reproduction. ➤ **proliférer.** «*Croissez et multipliez*» (BIBLE).

II **v. tr.** ▪ **1** Augmenter le nombre, la quantité de (êtres ou choses de la même espèce). ➤ **accroître, augmenter.** *Multiplier les exemplaires d'un texte.* ➤ **reproduire.** — SPÉCIALT Faire en grand nombre, répéter à cause ou de peur d'un échec. *Multiplier les essais.* ➤ **répéter.** *Multiplier les démarches. — Des appels au calme multipliés.* ◆ Augmenter le nombre d'êtres vivants d'une même espèce. *Multiplier des plantes par semis* (➤ **semer**), *par bouture* (➤ **bouturer**). ◆ (Sujet chose) Avoir pour conséquence un accroissement de (qqch.). *L'argent multiplie les désirs. Ça va multiplier les difficultés. Un diplôme multiplie les chances de trouver un emploi.* ▪ **2** ARITHM. Faire la multiplication de. *Multiplier un nombre* (multiplicande) *par un autre* (multiplicateur) *pour obtenir le produit. Multiplier un nombre par lui-même* (cf. Élever un nombre au carré*, au cube*, à la puissance* *n*). *Multiplier un nombre par deux, trois, quatre... cent.* ➤ 1 **doubler, tripler, quadrupler... centupler.** *Sept multiplié par neuf* (7 × 9) : sept fois* neuf. — *Coefficient* qui multiplie une quantité algébrique.*

III **SE MULTIPLIER.** ▪ **1** Augmenter, être augmenté en nombre, en quantité ; se produire en grand nombre. ➤ **s'accroître, croître, se développer, proliférer.** *En quelques jours,* «*les cas mortels se multiplièrent*» CAMUS. ◆ Être répété ou reproduit un grand nombre de fois. *Livre à succès dont les tirages se multiplient. Image multipliée par des jeux de miroirs.* ▪ **2** (Êtres vivants) Se reproduire. ➤ **engendrer, procréer.** ▪ **3** FIG. (PERSONNES) Être partout à la fois, mener de front plusieurs entreprises, avoir une activité débordante.
▪ CONTR. Diminuer, démultiplier, diviser.

MULTIPOINT [myltipwɛ̃] **adj.** – 1992 ◇ de *multi-* et 1 *point* ▪ *Serrure multipoint,* qui comporte plusieurs pênes et plusieurs points de verrouillage. *Serrures multipoints.*

MULTIPOLAIRE [myltipɔlɛʀ] **adj.** – 1855 ◇ de *multi-* et *polaire* ▪ **1** PHYS. Qui comporte plus de deux pôles. *Dynamo multipolaire.* ▪ **2** BIOL. CELL. *Neurone multipolaire :* neurone possédant de nombreuses dendrites.

MULTIPOSTE [myltipɔst] **adj.** – 1988 ◇ de *multi-* et 3 *poste* ▪ INFORM. Qui peut être installé sur plusieurs postes de travail ou de consultation ; qui permet la connexion simultanée de plusieurs postes. *Des versions multipostes.* ▪ CONTR. Monoposte.

MULTIPRISE [myltipʀiz] **adj.** et **n. f.** – 1971 ◇ de *multi-* et *prise.*

I *Pince multiprise* ou **n. f.** *une multiprise :* pince dont l'ouverture des mâchoires peut se régler par un déplacement du point d'articulation.

II **n. f.** (1975) Bloc regroupant plusieurs prises électriques femelles. — Prise* multiple.

MULTIPROCESSEUR [myltipʀɔsesœʀ] **n. m.** et **adj. m.** – v. 1965 ◇ anglais *multiprocessor* ▪ INFORM. Ordinateur, système informatique comprenant plusieurs unités de traitement qui fonctionnent en se partageant un même ensemble de mémoires et d'unités périphériques. — **adj.** *Système multiprocesseur.*

MULTIPROGRAMMATION [myltipʀɔgʀamasjɔ̃] **n. f.** – v. 1965 ◇ de *multi-* et *programmation* ▪ INFORM. Technique d'exploitation permettant l'exécution, simultanée ou en alternance, de plusieurs programmes sur un ordinateur.

MULTIPROPRIÉTÉ [myltipʀɔpʀijete] **n. f.** – v. 1965 ◇ de *multi-* et *propriété* ▪ Régime de propriété collective où chaque propriétaire jouit de son bien pendant une période déterminée de l'année. *Studio à la montagne acheté en multipropriété. Des multipropriétés.*

MULTIRACIAL, IALE, IAUX [myltiʀasjal, jo] **adj.** – 1965 ◇ de *multi-* et *racial* ▪ Dans lequel plusieurs groupes raciaux humains coexistent. *Sociétés multiraciales.*

MULTIRÉCIDIVISTE [myltiʀesidivist] **adj.** et **n.** – 1975 ◇ de *multi-* et *récidiviste* ▪ DR. Qui commet plusieurs récidives. «*un tueur multirécidiviste au palmarès effrayant*» É. CHERRIÈRE.

MULTIRISQUE [myltiʀisk] **adj.** – 1974 ◇ de *multi-* et *risque* ▪ Se dit d'une assurance couvrant plusieurs risques pour un même contrat. *Des assurances multirisques.*

MULTISALLE [myltisal] **adj.** – 1972 *multisalle* n. f. ◇ de *multi-* et *salle* ▪ Qui comporte plusieurs salles de projection. *Complexe multisalle.* ➤ **multiplexe.** *Des cinémas multisalles.*

MULTISTANDARD [myltistɑ̃daʀ] **adj.** et **n. m.** – 1961 ◇ de *multi-* et 1 *standard* ▪ AUDIOVIS. Se dit d'un récepteur de télévision susceptible de recevoir des émissions de standards différents. ➤ **multinorme.** *Des appareils multistandards.* — **n. m.** *Les multistandards.*

MULTISUPPORT [myltisypɔʀ] **adj.** et **n. m.** – 1993 ◇ de *multi-* et *support* ▪ **1** FIN. *Contrat multisupport :* contrat d'assurance-vie dans lequel les sommes versées sont investies dans différents types de placements. — **n. m.** Contrat de ce type. ▪ **2** Se dit d'un contenu qui peut être exploité sur différents supports. *Édition multisupport* (papier, numérique). — **n. m.** «*Notre objectif est de réaliser des films ou des histoires pour des multisupports (téléphonie mobile, internet et télévision)*» (Ouest-France, 2009).

MULTITRAITEMENT [myltitʀɛtmɑ̃] **n. m.** – 1968 ◇ de *multi-* et *traitement* ▪ INFORM. Mode d'exploitation d'un ordinateur dans lequel plusieurs tâches sont exécutées simultanément par plusieurs processeurs.

MULTITUBE [myltityb] **adj.** – 1903 ◇ de *multi-* et *tube* ▪ MILIT. Se dit d'un canon lance-fusée à plusieurs tubes.

MULTITUBULAIRE [myltitybylɛʀ] **adj.** – 1890 ◇ de *multi-* et *tubulaire* ▪ TECHN. Se dit d'une chaudière de machine à vapeur dont l'eau circule dans de nombreux tubes disposés au-dessus du foyer.

MULTITUDE [myltityd] **n. f.** – XIIe ◇ latin *multitudo* ▪ **1** Grande quantité (d'êtres, d'objets) considérée ou non comme constituant un ensemble. *Une multitude de clients entra* (ou *entrèrent*). ➤ **armée, essaim, flot, légion, nuée ;** FAM. **flopée, tas.** «*Cette multitude prodigieuse de quadrupèdes, d'oiseaux, de poissons, d'insectes, de plantes, de minéraux*» BUFFON. ▪ **2** Grande quantité (d'êtres ou d'objets). ➤ **abondance, nombre** (grand, élevé), **quantité.** «*La multitude des lois fournit souvent des excuses aux vices*» DESCARTES. «*La multitude des maisons se dressaient dans leur énormité minuscule*» FRANCE. *Pour une multitude de raisons.* ▪ **3** ABSOLT Rassemblement d'un grand nombre de personnes. ➤ **foule, troupe.** *La multitude accourait pour le voir.* «*fuir la multitude*» MOLIÈRE. ◆ SPÉCIALT, VIEILLI ou LITTÉR. **LA MULTITUDE :** le plus grand nombre, la grande majorité, le commun des humains (opposé à *l'individu* ; ou SPÉCIALT et PÉJ. opposé à *l'élite*). ➤ **foule,** 1 **masse, peuple, populace,** 1 **tourbe.** «*Évitons d'avoir rien de commun avec la multitude*» LA BRUYÈRE.

MUNI, IE ➤ **MUNIR**

MUNICHOIS, OISE [mynikwa, waz] **adj.** et **n.** – 1922 ◇ de *Munich* ▪ **1** De Munich. ▪ **2** HIST. Partisan des accords de Munich (1938), PAR EXT. (PÉJ.) d'une attitude de soumission face à une démonstration de force. — **n.** «*les "munichois" et les va-t-en-guerre*» (Le Monde, 1990).

MUNICIPAL, ALE, AUX [mynisipal, o] **adj.** – XVe ◇ latin *municipalis,* de *municipium* «municipe» ▪ **1** ANTIQ. ROM. Relatif à un municipe. ▪ **2** (1527) Relatif à l'administration d'une commune. ➤ **communal.** *Conseil, conseiller municipal. Élections municipales,* ou ELLIPT *les municipales :* élection des conseillers municipaux par les citoyens. *Magistrats municipaux* (➤ **maire**).

Taxes, charges municipales : centime additionnel, octroi... — Appartenant à la commune, administré par elle. *Stade, théâtre municipal ; piscine, bibliothèque municipale.* — SPÉCIALT et VX *Garde municipal.* **n. m.** *Municipal* (POP. *cipal*) : soldat de la garde municipale de Paris (AUJ. gardien de la paix).

MUNICIPALISATION [mynisipalizasjɔ̃] **n. f.** – 1936 ◇ de *municipaliser* ■ Action de municipaliser, d'acheter au profit de la commune. *La municipalisation des sols.*

MUNICIPALISER [mynisipalize] **v. tr.** ‹1› – 1966 ◇ de *municipal* ■ Soumettre au contrôle de la municipalité.

MUNICIPALITÉ [mynisipalite] **n. f.** – 1756 ◇ de *municipal* ■ **1** Le corps municipal ; l'ensemble des personnes qui administrent une commune. *La municipalité d'une commune comprend le maire, ses adjoints et les conseillers municipaux. Le petit parc « dont la municipalité avait doté la ville »* GREEN. — PAR EXT. VX Siège de l'administration municipale. ➤ **mairie ; hôtel (de ville).** ■ **2** (1793) La circonscription administrée par une municipalité. ➤ **commune, ville.** ◆ Au Canada, Division territoriale administrée par un conseil municipal. — *Municipalité régionale de comté (MRC)* : ensemble de municipalités. ■ **3** DR. ADMIN. (sens étroit) Réunion du maire et des adjoints (à l'exclusion des conseillers municipaux).

MUNICIPE [mynisip] **n. m.** – 1548 ◇ latin *municipium* ■ ANTIQ. ROM. Cité, ville annexée par Rome et dont les habitants, sans avoir de droits politiques autres que locaux, jouissaient des droits civils de la citoyenneté romaine.

MUNIFICENCE [mynifisɑ̃s] **n. f.** – XIVe ◇ latin *munificentia*, de *munificus* « qui fait *(facere)* des présents *(munus)* » ■ LITTÉR. Grandeur dans la générosité, la libéralité. ➤ **largesse, magnificence, prodigalité.** *Dieu, dans sa munificence...* ■ CONTR. Avarice, mesquinerie.

MUNIFICENT, ENTE [mynifisɑ̃, ɑ̃t] **adj.** – 1840 ◇ de *munificence* ■ LITTÉR. Qui a de la munificence. ➤ **généreux, large, libéral, magnifique.**

MUNIR [myniʀ] **v. tr.** ‹2› – début XVIe ; « fortifier, défendre (une place forte) » 1360 ◇ latin *munire* ■ **1** VX Approvisionner (une place, une armée) de moyens de défense ou de subsistance. ➤ **munition ; équiper, ravitailler.** ■ **2** MOD. Garnir (qqch.), pourvoir (qqn) de ce qui est nécessaire, utile pour une fin déterminée. ➤ **garnir ; doter, équiper, nantir, outiller, pourvoir.** *Munir une radio de piles.* ➤ **charger.** *Munir un voyageur d'un peu d'argent.* ➤ **procurer (à).** — *Porte munie d'un verrou. Tous doivent être « munis de leurs papiers militaires et de vivres pour deux jours »* SARTRE. ◆ **v. pron. SE MUNIR DE.** ➤ **prendre.** *Se munir d'un imperméable, d'un passeport. Munissez-vous d'une arme.* — FIG. *Se munir de patience, de courage.* ➤ **s'armer.** ■ CONTR. Démunir. Dénué, dépourvu, exempt, manquant (de), privé.

MUNITION [mynisjɔ̃] **n. f.** – 1532 ; « place fortifiée » XIVe ◇ latin *munitio*, de *munire* « munir » ■ **1** VX Ensemble des moyens de subsistance (*munitions de bouche* ➤ 2 **vivre**) et de défense *(munitions de guerre)* dont on munit une troupe, une place. — MOD. *Pain* de munition.* PLAISANT *Munitions de bouche.* ➤ **provision.** ■ **2** (1552) MOD. AU PLUR. Explosifs et projectiles nécessaires au chargement des armes à feu (➤ 1 **balle,** 2 **cartouche, fusée, obus, plomb**) ou lâchés par un vecteur (➤ 1 **bombe**). *Entrepôt d'armes et de munitions.* ➤ **arsenal.** *« Les Anglais vendent de la poudre et des munitions à tout le monde, aux Turcs, aux Grecs, au diable »* BALZAC. ■ **3** PAR EXT. PLUR. Provision (d'une chose), qu'il faut renouveler souvent. ➤ **réserve.** *« J'ai apporté des munitions, dit Luc Corbeau en ouvrant un pack de bières »* MORDILLAT.

MUNITIONNAIRE [mynisjɔnɛʀ] **n. m.** – 1572 ◇ de *munition* ■ MILIT. ■ **1** VX Celui qui est chargé de fournir à une armée les munitions de bouche (vivres, fourrages). ➤ **fournisseur.** ■ **2** Fournisseur de munitions de guerre.

MUNSTER [mœ̃stɛʀ] **n. m.** – 1881 ◇ de la vallée de *Munster*, en Alsace ■ Fromage fermenté à pâte molle, d'odeur forte. *Munster au cumin. Des munsters.*

MUNTJAC [mœ̃tʒak] **n. m.** – 1818 ◇ anglais *muntjak* (1798), du sundanais (langue de Java) *minchek* ■ Mammifère ongulé *(cervidés)* de petite taille, qui vit en Malaisie, en Indonésie. *Des muntjacs.*

MUON [myɔ̃] **n. m.** – 1958 ◇ *méson* μ 1937 ; de *mu* et *(électr)on*, d'après l'anglais (1953) ■ PHYS. Particule élémentaire à interactions faibles, de même charge (positive ou négative) que l'électron. *Le muon est un lepton*.* — **adj. MUONIQUE.**

MUPHTI ➤ **MUFTI**

MUQUEUSE [mykøz] **n. f.** – 1825 ◇ de *muqueux* ■ Membrane qui tapisse les cavités de l'organisme, qui se raccorde avec la peau au niveau des orifices naturels et qui est lubrifiée par la sécrétion de mucus. ➤ **épithélium.** *Muqueuse buccale, nasale. Muqueuse de l'estomac, intestinale. Inflammation, maladie des muqueuses* (➤ **mucite ; aphte, balanite, conjonctivite, entérite, gastrite, mastoïdite, muguet, pyélite, rhinite, vaginite**).

MUQUEUX, EUSE [mykø, øz] **adj.** – 1520 ◇ latin *mucosus*, de *mucus* → mucus ■ **1** Qui a le caractère du mucus, des mucosités. *Exsudat muqueux.* ■ **2** Qui sécrète, produit du mucus. *Glande muqueuse.* VX *Membrane muqueuse.* ➤ **muqueuse.**

MUR [myʀ] **n. m.** – fin X^e ◇ du latin *murus*

I PAROI VERTICALE ■ **1** Ouvrage de maçonnerie qui s'élève verticalement ou obliquement *(mur de soutènement)* sur une certaine longueur et qui sert à enclore, à séparer des espaces ou à supporter une poussée. *Matériaux utilisés dans la construction d'un mur :* pierre ; moellon, parpaing ; mortier ; blocage, libage, remplage. *Mur maçonné et mur de pierres sèches. Pièces, constructions consolidant un mur ou formant son ossature :* ancre, appui, arcboutant, contrefort, contre-mur, étai, étançon, harpe, jambe. *Mur de briques, de ciment ; de torchis, de pisé. Construire, élever un mur. Fermer de murs.* ➤ **emmurer, murer.** *Fruit* d'un mur. Finition extérieure d'un mur :* badigeonnage, crépi, parement, ravalement, rusticage. *Crépir, parementer, plâtrer, jointoyer un mur. Pan de mur. Sommet d'un mur :* bahut, chaperon, crête ; pignon. *Surface apparente d'un mur.* ➤ **parement ; balèvre, bossage.** *Mur à hauteur d'appui* (➤ **garde-fou, parapet ; muret**). CONSTR. *Mur-rideau :* mur de façade qui ne supporte pas de plancher. *Des murs-rideaux.* — *Mur décrépi, lézardé, qui tombe en ruine. « Un vieux mur croulant et chargé de lierre »* SAINT-EXUPÉRY. *Murs d'appui, de soutènement* (➤ **bajoyer, épaulement, perré**). *Mur de clôture.* ➤ **clôture,** 1 **enceinte.** *Terrain clos de murs. Mur mitoyen. Inscriptions, dessins sur les murs* (➤ **graff, graffiti, tag**). *Mur végétal, végétalisé,* formé de plantes. — *Mur du combattant* (que doivent franchir les soldats à l'entraînement). ◆ *Murs d'enceinte.* (fin X^e) *Les murs d'une forteresse, d'une place forte, d'une ville.* ➤ **courtine, fortification, muraille, rempart.** *Murs crénelés, percés de meurtrières.* PAR EXT. *Le mur des Lamentations*, à Jérusalem.* — *Le mur de l'Atlantique :* ensemble d'ouvrages fortifiés construit par les Allemands durant la Deuxième Guerre mondiale. — *Le mur de Berlin* (construit en 1961, détruit en 1989). — LOC. *Le mur de la honte :* le mur de Berlin ; PAR EXT. limite matérielle (mur, clôture, barrière) destinée à empêcher le passage de populations jugées indésirables. *« partout s'élèvent de nouveaux murs. Autant de murs de la honte que l'a été le Mur »* F. MASPERO. ◆ (fin XIIe) PAR EXT. **LES MURS :** la ville, la partie de la ville circonscrite par les murs. *Dans les murs* (➤ **intra-muros**). *Hors des (les) murs* (➤ **extra-muros**). *Exposition, spectacle hors les murs,* en dehors du lieu habituel. ◆ (fin XIe) *Les murs d'une maison. Murs extérieurs, gros murs* (➤ **cage**). *Mur aveugle*. Mur porteur,* servant de support à la construction. *Murs intérieurs, de refend*.* ➤ **cloison.** *Murs supportant la retombée de voûtes* (➤ **piédroit**). — Face intérieure des murs, des cloisons d'une habitation. *Papier peint tapissant les murs. Mettre des tableaux aux murs. Horaire affiché au mur.* ➤ **mural.** — LOC. *Entre quatre murs :* en restant enfermé dans une maison (volontairement ou non). *« si parfaitement seuls qu'ils pourraient ne jamais ressortir de leurs quatre murs »* ARAGON. *Dans ses murs :* chez soi. — LOC. FAM. *Pousser les murs :* agrandir un espace. *On ne peut pas pousser les murs !* ◆ LOC. *Raser les murs,* pour se cacher, se protéger. *Sauter,* (plus cour.) *faire le mur :* sortir sans permission de la caserne, ET PAR EXT. d'une pension, d'un lieu où l'on est enfermé. FAM. *Faire du mur :* s'entraîner au tennis en jouant contre un mur. — *Autant parler* à un mur.* — FIG. *Coller au mur.* ➤ **fusiller** (cf. Mettre, envoyer au poteau*). *« les plus gueulards, au mur, et les autres, aux bataillons de discipline »* GUILLOUX. — *Se cogner, se taper la tête contre les murs* (de désespoir). — (1533) *Être au pied du mur :* se trouver acculé, sans échappatoire. — *Être le dos au mur :* ne plus pouvoir fuir, reculer. — *Aller (droit) dans le mur,* vers un échec certain. *« on va droit dans le mur... l'entreprise n'a pas les moyens de payer ce que vous voulez... »* J.-P. DUBOIS. — *Les murs ont des oreilles :* on peut être surveillé, épié sans qu'on s'en doute (se dit spécialt en parlant des espions). ■ **2** Barrière, enceinte (qui n'est pas en maçonnerie). *Petit mur de terre. Mur de rondins.* ■ **3** Paroi verticale formée par la neige, pente abrupte, sur une piste de ski. ◆ *Mur d'escalade :* paroi verticale, généralement en béton, aménagée pour pratiquer la varappe. ■ **4** Dans les réseaux sociaux sur Internet, Page sur laquelle s'affichent les publications (messages, photos ;

liens...) de l'utilisateur et celles de ses contacts. «*Ils laissent beaucoup de messages sur les murs les uns des autres*» V. DESPENTES.

III OBSTACLE (FIG.) ▪ **1** (1833) Ce qui sépare, forme obstacle. «*Un mur de pluie me séparait du reste du monde*» GIDE. «*l'horizon était un mur de flammes*» GUILLOUX. — Ensemble de personnes unies pour former un obstacle. *Un mur de manifestants.* ♦ (1718) ABSTRAIT *Le mur de la vie privée. Un mur d'incompréhension, de silence. Se heurter à un mur.* — (1883) *Cette personne est un mur,* est insensible, inflexible. ▪ **2** (1949) COUR. *Le mur du son,* TECHN. *le mur sonique* : l'ensemble des obstacles, des difficultés qui s'opposent au dépassement de la vitesse du son par un avion, un engin spatial. *Franchir le mur du son* (➤ **supersonique ; mach**). — TECHN. *Mur de la chaleur* : difficultés dues à l'échauffement des parois d'avions, d'engins spatiaux, aux vitesses supersoniques. ▪ **3** SPORT *Faire le mur* : former une défense compacte lors d'un coup franc, aux jeux de ballon.
▪ HOM. Mûr, mûre.

MÛR, MÛRE [myʀ] **adj.** – XVIIe ; *mëur* XIIe ◊ latin *maturus* ▪ REM. Il est admis d'écrire *mure* au féminin, et *murs, mures* au pluriel. ▪ **1** Qui a atteint son plein développement, en parlant d'un fruit, d'une graine (➤ **maturation, maturité**). *Un fruit bien mûr, pas assez mûr* (➤ **vert**), *trop mûr* (➤ **avancé, blet**). *Couleur de blé mûr.* — FAM. *Des vertes* et des pas mûres.* ▪ **2** PAR ANAL. *Abcès, furoncle mûr,* près de percer. ▪ **3** FAM. Très usé, près de se déchirer (tissu). *La toile mûre creva.* ▪ **4** (1547 *douleur meure*) ABSTRAIT Qui a atteint le développement nécessaire à sa réalisation, à sa manifestation. *Un projet mûr. La guerre, la révolution est mûre.* ♦ (PERSONNES) *Être mûr pour,* arrivé au point de son évolution où l'on est apte, préparé à. ➤ 1 **prêt.** *Il n'est pas mûr pour le mariage.* ▪ **5** *L'âge mûr,* où l'on a atteint son plein développement. ➤ **adulte.** PAR EXT. *Une personne mûre.* ➤ 1 **fait.** — PÉJ. Qui n'est plus jeune. «*Une demoiselle mûre, son aînée de cinq ans*» ZOLA. ▪ **6** *Esprit mûr,* qui a atteint tout son développement, montre de la réflexion, de la sagesse. ➤ **maturité** (d'esprit). PAR EXT. *Adolescent très mûr pour son âge.* ➤ **posé, raisonnable, réfléchi.** «*Il n'est pas tout à fait assez mûr. Je ne parle pas de son âge... C'est une question de tempérament*» SARRAUTE. — *Après mûre réflexion* : après avoir longuement réfléchi, pesé le pour et le contre. ▪ **7** (1920) ARG. ➤ **ivre, soûl.** *Il est complètement mûr.* ▪ CONTR. Vert. Immature, gamin, puéril. ▪ HOM. Mur, mûre.

MURAGE [myʀaʒ] **n. m.** – XIIIe ◊ de *murer* ▪ Action de murer. *Murage d'une porte.*

MURAILLE [myʀɑj] **n. f.** – v. 1200 ◊ de *mur* ▪ **1** Étendue de murs épais et assez élevés. *Haute muraille.* — LOC. *Couleur (de) muraille,* grise, se confondant avec celle des murs. *Un manteau couleur muraille.* ♦ (Souvent au plur.) Mur de fortification. ➤ **mur ; fortification, rempart.** *Enceinte de murailles. Murailles flanquées de tours crénelées. La Grande Muraille de Chine.* FIG. FIN. *Muraille de Chine* : dispositif mis en place pour cloisonner les flux d'informations entre les secteurs d'activités d'un établissement financier afin d'éviter les conflits d'intérêts et l'utilisation indue de ces informations. ▪ **2** Ce qui s'élève comme un mur, empêche de voir ou de se déplacer ; surface verticale abrupte, escarpée. ➤ **paroi.** «*La muraille blanche et sans fin de la falaise*» MAUPASSANT. — FIG. Obstacle infranchissable. ➤ **mur.** ▪ **3** MAR. Tout ce qui constitue l'épaisseur de la coque d'un navire, depuis la flottaison jusqu'aux plats-bords. ▪ **4** HIPPOL. Partie extérieure du sabot d'un cheval.

MURAL, ALE, AUX [myʀal, o] **adj.** – *murail* 1355 ; rare avant XVIIIe ◊ latin *muralis* ▪ **1** ARCHÉOL. *Couronne murale,* qui était décernée au guerrier monté le premier à l'assaut des murailles d'une place forte. ▪ **2** DIDACT. Des murs, des parois. *Plantes murales.* ➤ **rupestre.** ▪ **3** (1846) COUR. Qui est appliqué sur un mur, comme ornement. *Revêtement, tissu mural. Art mural.* ➤ **muralisme.** *Peintures murales* (➤ aussi **fresque**). — Qui est fixé au mur (et ne repose pas par terre). *Pendule, étagère murale.*

MURALISME [myʀalism] **n. m.** – 1956 ◊ espagnol *muralismo,* de *mural* «mural» ▪ Mouvement artistique apparu au Mexique vers 1920, caractérisé par la réalisation de peintures murales monumentales d'intention didactique. — **adj.** et **n.** **MURALISTE.**

MÛRE [myʀ] **n. f.** /MURE/ – *meure* XIIe ◊ latin *mora,* plur. neutre pris pour un fém. de *morum* ▪ **1** Fruit du mûrier*. *Mûre noire, blanche.* ▪ **2** COUR. Fruit noir comestible de la ronce des haies, qui ressemble au fruit du mûrier. ➤ RÉGION. **mûron.** «*Les mûres sont petites, noir brillant. Mais on préfère goûter en cueillant celles qui gardent encore quelques grains rouges, un goût acidulé*» PH. DELERM. *Confiture, gelée de mûres. Vin de mûres.*
▪ HOM. Mur, mûr.

MÛREMENT [myʀmɑ̃] **adv.** /MUREMENT/ – *meurement* XIIIe ◊ de *mûr* ▪ Avec beaucoup de concentration et de temps. *J'y ai mûrement réfléchi.* ➤ **longuement.** «*Il était important de peser mûrement le parti que j'avais à prendre*» ROUSSEAU.

MURÈNE [myʀɛn] **n. f.** – *moreine* 1268 ◊ latin *murœna,* du grec ▪ Poisson physostome *(murénidés)* long et mince, ondulant dans l'eau, très vorace, à la morsure dangereuse, qui vit dans les mers tropicales et tempérées chaudes. *La chair de la murène était très estimée par les Romains.*

MURÉNIDÉS [myʀenide] **n. m. pl.** – v. 1900 ◊ de *murène* ▪ ZOOL. Famille de poissons téléostéens *(anguilliformes)* à corps allongé et cylindrique dépourvu de nageoires abdominales. — Au sing. *La murène est un murénidé.*

MURER [myʀe] **v. tr.** ⟨1⟩ – fin XIIe ◊ de *mur* ▪ **1** Entourer de murs. «*Enclos désert, muré d'un mur croulant*» HUGO. ▪ **2** Fermer, clore par un mur, une maçonnerie. *Murer une porte, une issue, une galerie de mine.* ➤ **aveugler,** 1 **boucher, condamner.** «*Les fenêtres avaient été murées avec des briques*» STENDHAL. — **p. p. adj.** *Fenêtre murée.* ➤ **aveugle.** ▪ **3** Enfermer dans un endroit dont on bouche les issues par une maçonnerie. ➤ **emmurer.** — PAR EXT. *Mineurs murés au fond,* enfermés par un éboulement. ♦ FIG. Enfermer, isoler. «*Une prévention instinctive qui le murait dans une sorte de silence*» MARTIN DU GARD. ▪ **4 SE MURER :** s'enfermer (en un lieu), s'isoler. ➤ **se cacher,** se **cloîtrer.** «*Il se mura chez lui. Ses volets restaient clos, tout le jour*» R. ROLLAND. ♦ FIG. *Se murer dans son silence.* ➤ se **renfermer.** «*ne répondant pas aux questions, se murant si l'on insistait*» Y. QUEFFÉLEC. ▪ HOM. *Mure* : murent (mouvoir) ; *murai* : muerai (muer).

MURET [myʀɛ] **n. m.** et **MURETTE** [myʀɛt] **n. f.** – 1240, -1508 ◊ diminutif de *mur* ▪ Petit mur. ➤ **muretin.** SPÉCIALT Mur bas de pierres sèches servant de séparation.

MURETIN [myʀ(ə)tɛ̃] **n. m.** – *murtin* 1884 ◊ de *muret* ▪ Petit mur. ➤ **muret.**

MUREX [myʀɛks] **n. m.** – 1505 ◊ mot latin ▪ Mollusque gastéropode à coquille épaisse, hérissée d'épines, dont les Anciens tiraient la pourpre.

MURGER (SE) [myʀʒe] **v. pron.** ⟨3⟩ – 1998 ◊ du nom d'*Alphonse Murge,* donné à une rue de Paris voisine des entrepôts de vin de Bercy ▪ FAM. S'enivrer. «*le toast reprend, le personnel de l'hôpital commence à se murger*» E. CARRÈRE.

MURIDÉS [myʀide] **n. m. pl.** – *murides* 1834 ◊ du latin *mus, muris* «souris» ▪ ZOOL. Famille de petits rongeurs caractérisés par une queue longue couverte de poils ras, et qui vivent cachés (ex. campagnol, gerbille, hamster, lemming, mulot, ondatra, rat, souris). — Au sing. *Un muridé.*

MÛRIER [myʀje] **n. m.** /MURIER/ – *morier* XIIe ◊ de *mûre* (1°) ▪ **1** Arbre à fleurs monoïques *(moracées)* originaire d'Orient et acclimaté dans le bassin méditerranéen. *Mûrier noir,* à fruits noirs acidulés. *Mûrier blanc,* dont les feuilles nourrissent le ver à soie. *Bombyx* du mûrier.* ▪ **2** ABUSIVEMENT Ronce produisant des mûrons*, dits *mûres.*

MURIN, INE [myʀɛ̃, in] **adj.** – 1834 ; 1829 n. m. pl. ◊ latin *murinus,* de *mus, muris* «souris» ▪ ZOOL. Qui concerne la sous-famille de muridés comprenant la souris, le rat, le mulot. *Le séquençage du génome murin.* ▪ HOM. Murrhin.

MÛRIR [myʀiʀ] **v.** ⟨2⟩ /MURIR/ – milieu XIIIe *mëuri* p. p. adj. ◊ de *mëur, mûr* ; a évincé l'ancien français *meürer* (1119), du latin *maturare,* devenu hom. de *murer*

I v. tr. ▪ **1** Rendre mûr. «*Seul, un ensoleillement prolongé peut mûrir le raisin*» TAILLEMAGRE. ▪ **2** FIG. Mener (une chose) à point en y appliquant sa réflexion. ➤ **approfondir.** *Mûrir une pensée.* ➤ **méditer, réfléchir** (sur). *Mûrir un projet.* ➤ **mijoter, préparer.** «*Que m'importent les dons, chez qui ne sait pas les mûrir ?*» GIDE. ▪ **3** Donner de la maturité d'esprit à. *Les épreuves l'ont mûri avant l'âge.* «*Car je suis un homme fait : les dégoûts m'ont mûri*» SENANCOUR. ▪ **4** ARG. *Se mûrir* : s'enivrer.

II v. intr. ▪ **1** Devenir mûr, venir à maturité. *Fruit qui commence à mûrir.* ➤ **maturation.** *Les blés mûrissent.* ➤ **grandir.** *Faire mûrir précocement.* ➤ **forcer.** ▪ **2** MÉD. Devenir mûr. *Abcès qui mûrit.* ▪ **3** FIG. Se développer, atteindre son plein développement. *Ce projet a mûri dans son esprit. Laisser mûrir une idée.* ▪ **4** Acquérir de la maturité d'esprit, de la sagesse. *Elle a mûri pendant son séjour à l'étranger.* «*Les bons mûrissent. Les mauvais pourrissent*» HUGO.
▪ CONTR. Avorter.

MÛRISSANT, ANTE [myʀisɑ̃, ɑ̃t] **adj.** /MURISSANT, ANTE/ – *meurissant* 1669 ◇ de *mûrir* ■ Qui devient mûr. *Fruit mûrissant.* ◆ FIG. *Personne mûrissante,* qui n'est plus jeune. *«Il aurait pardonné ces faiblesses de femme mûrissante»* MAUROIS.

MÛRISSEMENT [myʀismɑ̃] **n. m.** /MURISSEMENT/ – *meurissement* 1587 ◇ de *mûrir* ■ Action de mûrir, de faire mûrir. ➤ **maturation.** *Le mûrissement des bananes dans les entrepôts* (on dit aussi **MÛRISSAGE** /murissage/, 1914). — FIG. *Mûrissement d'un projet.*

MÛRISSERIE [myʀisʀi] **n. f.** /MURISSERIE/ – milieu XXe ◇ de *mûrir* ■ Lieu où les importateurs laissent mûrir certains fruits qui ne supportent le transport que verts (notamment les bananes).

MURMEL [myʀmɛl] **n. m.** – 1912 ◇ mot allemand «marmotte» ■ Fourrure de marmotte, généralement teinte, dont l'aspect rappelle le vison.

MURMURANT, ANTE [myʀmyʀɑ̃, ɑ̃t] **adj.** – XVIe ◇ de *murmurer* ■ Qui murmure (choses). *«Mathilde écouta cette nuit murmurante du printemps au déclin»* MAURIAC.

MURMURE [myʀmyʀ] **n. m.** – XIIe ◇ latin *murmur* «grondement», onomat. ; changement de sens en français à cause de la prononciation du *u,* d'abord [u], puis [y]

I ■ **1** Bruit sourd, léger et continu de voix humaines. ➤ **bourdonnement, chuchotement, susurrement.** *Rires et murmures d'élèves. Pas un murmure dans la salle.* ➤ **marmonnement.** ■ **2** Commentaire fait à mi-voix par plusieurs personnes dans une circonstance particulière. *Murmure d'approbation, de protestation. «Une valse dont les premières mesures furent accueillies par une espèce de murmure de gourmandise»* GREEN. ■ **3** ABSOLT, AU PLUR. Plaintes sourdes ou commentaires désobligeants de plusieurs personnes. ➤ **grognement, plainte, protestation.** *Les murmures d'une foule indignée. «On est surpris des murmures qu'excita l'exécution de Montmorency»* BAINVILLE. — (Au sing., en tournure négative) *Accepter une chose sans murmure.* ➤ **murmurer.** LOC. *Sans hésitation ni murmure :* sans discussion.

II Bruit continu, léger, doux et harmonieux. *Le murmure des eaux, d'une fontaine. «Un peuplier, dont les feuilles agitées rendaient un perpétuel murmure»* FRANCE. ➤ **bruissement.** ◆ MÉD. *Murmure respiratoire* (ou *vésiculaire*) : bruit léger qu'on doit entendre à l'auscultation lorsque les poumons ne présentent pas de lésions.

■ CONTR. Hurlement, vacarme.

MURMURER [myʀmyʀe] **v.** ⟨1⟩ – XIIe ◇ de *murmure*

I v. intr. ■ **1** Faire entendre un murmure. ➤ **bourdonner, marmotter.** *Foule qui murmure.* ■ **2** Faire entendre une plainte, une protestation sourde. ➤ **bougonner, 1 geindre, grogner, grommeler, gronder, se plaindre, protester, râler, ronchonner.** *Accepter, obéir sans murmurer.* ➤ **broncher.** *«Ces Lombards murmuraient déjà contre les impôts»* MADELIN. ■ **3** LITTÉR. Faire entendre un murmure (II). *Feuilles qui murmurent dans le vent.* ➤ **bruire.**

II v. tr. Dire, prononcer à mi-voix ou à voix basse. ➤ **chuchoter ; marmonner, marmotter, susurrer.** *«nous murmurions des vers que nous inspirait le spectacle de la nature»* CHATEAUBRIAND. *Murmurer des excuses. Murmurer qqch. à qqn* (cf. Faire des messes basses*). *Murmurer un mot à l'oreille de qqn.* ➤ **glisser.** — En incise *«Maître Renault, murmura-t-il, je voudrais bien vous dire quelque chose»* FLAUBERT.

■ CONTR. Crier, hurler.

MÛRON [myʀɔ̃] **n. m.** /MURON/ – *moron* XIVe ◇ de *mûre* ■ RÉGION. Fruit de la ronce, couramment appelé *mûre.*

MURRHIN, INE [myʀɛ̃, in] **adj.** – 1556 ◇ latin *murrhinus* ■ ANTIQ. *Vases murrhins :* vases d'une matière irisée mal connue, appelée *murrhe* (n. f.). ■ HOM. Murin.

MUSAGÈTE [myzaʒɛt] **adj. m.** – 1552 ◇ latin d'origine grecque *musagetes* ■ MYTH. *Apollon musagète,* conducteur des Muses.

MUSARAIGNE [myzaʀɛɲ] **n. f.** – 1550 ; *mesiraigne* 1539 ◇ latin populaire *musaranea,* de *mus* «rat» et *aranea* «araignée» ■ Petit mammifère insectivore *(soricidés),* de la taille d'une souris. ➤ 2 **musette.** *Musaraigne aquatique.*

MUSARD, ARDE [myzaʀ, aʀd] **adj.** et **n.** – 1530 ; «sot» 1086 ◇ de 1 *muser* ■ FAM. et VIEILLI Qui passe son temps à muser. ➤ **flâneur, oisif.**

MUSARDER [myzaʀde] **v. intr.** ⟨1⟩ – 1834 ; hapax fin XIIe ◇ de *musard* ■ Perdre son temps à des riens. ➤ **flâner*, 1 muser.** *«Allons, Pierre, dépêche-toi, sacrebleu ! Ce n'est pas le jour de musarder»* MAUPASSANT.

MUSARDISE [myzaʀdiz] **n. f.** – 1834 ; *musardie* v. 1175 ◇ de *musard* ■ Caractère, comportement du musard ; action de muser. ➤ **flânerie.**

MUSC [mysk] **n. m.** – XIIIe ◇ bas latin *muscus,* du persan *musk* ■ Substance brune très odorante, à consistance de miel, sécrétée par les glandes abdominales d'un cervidé mâle voisin du chevrotin. *Grains de musc séché.* — Parfum préparé soit à partir du musc naturel, soit à partir de musc de synthèse. *Les dandys se parfumaient au musc.* ➤ **muscadin, musqué.**

MUSCADE [myskad] **adj.** et **n. f.** – XIIe ; ancien provençal *muscada* ◇ de *musc* ■ **1** *Noix muscade,* et **n. f.** (XVIe) *la muscade :* graine du fruit du muscadier, ovoïde, brune, ridée, d'odeur aromatique, employée comme épice. ➤ **macis.** *Râper une muscade, une noix de muscade.* ■ **2** (par anal. de parfum) *Rose muscade :* variété de rose rouge. ■ **3** **n. f.** Petite boule de liège utilisée par les escamoteurs dans leurs tours de passe-passe. — LOC. FIG. *Passez muscade,* se dit d'une chose qui passe rapidement ou que l'on fait disparaître avec adresse, aisance ou désinvolture (cf. Le tour* est joué).

MUSCADET [myskadɛ] **n. m.** – 1473 ; «vin muscat» v. 1360 ◇ mot provençal ■ Cépage blanc des vignobles nantais, connu ailleurs sous le nom de *melon de Bourgogne.* — COUR. Vin blanc sec obtenu avec ce cépage. *Muscadet sur lie.*

MUSCADIER [myskadje] **n. m.** – 1665 ◇ de *muscade* ■ Arbre des régions tropicales *(myristicacées),* à feuilles persistantes, qui produit un fruit dont la graine est la muscade.

MUSCADIN [myskadɛ̃] **n. m.** – 1578 «pastille parfumée au musc» ; 1747 n. pr. ◇ italien *moscardino* → musc ■ (1790) VX Jeune fat, d'une coquetterie ridicule dans sa mise et ses manières. ➤ **dandy, élégant, incroyable, merveilleux, mirliflore, muguet** (2°). ◆ SPÉCIALT Nom donné, sous la Révolution, aux royalistes qui se distinguaient par leur élégance recherchée.

MUSCADINE [myskadin] **n. f.** – XXe ◇ de *muscade* (1°) ■ Chocolat fin fourré qui imite l'aspect de la noix muscade.

MUSCARDIN [myskaʀdɛ̃] **n. m.** – 1753 ◇ italien *moscardino,* par allus. à l'odeur musquée qu'on attribuait autrefois à cet animal ■ ZOOL. Petit mammifère rongeur de la taille d'une souris, variété de loir roux à gorge et poitrine blanches.

MUSCARDINE [myskaʀdin] **n. f.** – 1812 ◇ provençal *moscardino* ■ Maladie mortelle des vers à soie, due à un champignon parasite.

MUSCARI [myskaʀi] **n. m.** – 1752 ◇ latin des botanistes, radical *muscus* «musc» ■ Plante *(liliacées)* d'Europe, d'Afrique du Nord et d'Asie occidentale, à fleurs bleues ou blanches disposées en grappes, et très parfumées. *Muscari chevelu. Muscari odorant, dit* jacinthe musquée. *Des muscaris.*

MUSCARINE [myskaʀin] **n. f.** – 1877 ◇ de *muscaria (amanita)* «(amanite) tue-mouche», d'où est extrait ce poison ; radical *musca* «mouche» ■ BIOCHIM. Alcaloïde toxique de certains champignons vénéneux qui affecte les mouvements musculaires volontaires et provoque la mort par asphyxie. *L'atropine est un antidote de la muscarine.* — adj. **MUSCARINIQUE.**

MUSCAT [myska] **adj.** et **n. m.** – 1371 ◇ mot provençal ; de *musc* ■ **1** *Raisin muscat,* à odeur musquée. — Au fém. *«La treille muscate»* COLETTE. — n. m. *Une grappe de muscat. Muscat blanc, noir.* ■ **2** *Vin muscat :* vin de liqueur, produit avec des raisins muscats. — n. m. *Un verre de muscat.* ➤ **frontignan, lacrima-christi, malaga, picardan.** *Muscat de Rivesaltes, de Samos.*

MUSCIDÉS [myside] **n. m. pl.** – 1818 *muscides* ◇ du latin *musca* «mouche» ■ ZOOL. Famille d'insectes diptères à antennes courtes *(brachycères),* communément appelés *mouches* (ex. glossine, lucilie, mouche commune, tachine).

MUSCINÉES [mysine] **n. f. pl.** – 1855 ◇ du latin *muscus* ■ BOT. Embranchement du règne végétal (➤ **bryophytes**), qui comprend les deux classes de cryptogames cellulaires ayant tiges et feuilles, mais dépourvus de racines et de fleurs : les hépatiques* et les mousses*.

MUSCLE [myskl] **n. m.** – 1314 ◇ latin *musculus* «petit rat» → 2 moule ■ **1** ANAT. Structure organique contractile qui assure les mouvements. ➤ **motricité.** *Relatif aux muscles.* ➤ **musculaire, musculeux ; my(o)-, sarco-.** *Le muscle est fait de cellules en fibres formées d'un protoplasme* (sarcoplasme) *parsemé de fibrilles divisées en segments contractiles et élastiques alternés. Muscles striés,* volontaires, formés de fibres musculaires à l'aspect strié. *Muscles lisses,* viscéraux, formés de fibres très courtes juxtaposées et innervés par le système végétatif.

Muscles squelettiques : muscles striés, permettant la motricité. *Étude des muscles.* ➤ **myologie.** *Propriétés des muscles :* contractilité, élasticité, excitabilité, tonicité. *Corps, ventre d'un muscle. Point d'insertion d'un muscle.* ➤ **tendon.** *Enveloppe des muscles.* ➤ **aponévrose, fascia.** *Muscle cardiaque.* ➤ **myocarde.** *Muscle utérin.* ➤ **myomètre.** *Atrophie des muscles.* ➤ **myopathie.** ■ **2** COUR. Muscle apparent sous la peau. ➤ **musculature.** *Contracter, gonfler un muscle. Développer ses muscles par l'exercice, par l'entraînement* (➤ **bodybuilding, culturisme, musculation**), *artificiellement* (➤ **anabolisant**). *« Au moindre mouvement qu'il faisait, on voyait tous ses muscles »* FÉNELON. *« Elle avait des muscles d'acier, dans sa souplesse de chatte »* ZOLA. *Muscles longs, fuselés, en boule. Se claquer, se froisser un muscle.* LOC. *Monsieur muscles :* stéréotype de l'homme très musclé et fier de son corps. — ABSOLT *Avoir des muscles,* et FAM. *du muscle :* être fort, robuste. ➤ **musclé.** *Être tout en muscles,* sans graisse. *Il n'a pas de muscles, ce garçon !*

MUSCLÉ, ÉE [myskle] adj. – 1762 ; hapax 1553 ◊ de *muscle* ■ **1** Qui est pourvu de muscles (striés) marqués et puissants. ➤ 1 **fort.** *Jambes musclées.* — (1968) PLAIS. *Appariteurs musclés :* policiers en civil recrutés pour assurer un service d'ordre dans les facultés. ■ **2** FIG. Énergique, fort, robuste. *« Une pièce* [de théâtre] *solide et bien musclée »* KEMP. ■ **3** (1967) FIG. et FAM. Qui utilise la force, l'autorité, la contrainte. ➤ **autoritaire, brutal.** *Un régime musclé. Une politique musclée.* ■ **4** ARG. SCOL. Difficile. *Problème musclé.*

MUSCLER [myskle] v. tr. ‹1› – 1771, rare avant 1868 ◊ de *muscle* ■ **1** Pourvoir de muscles développés, puissants. *Exercices pour muscler le ventre. « Cette gymnastique me musclait »* J. PRÉVOST. ■ **2** FIG. Rendre plus fort, plus énergique. ➤ **renforcer.** *Muscler un projet.*

MUSCULAIRE [myskylɛʀ] adj. – 1765 ◊ du latin *musculus* ■ Relatif aux muscles, à leur structure, à leur activité. *Système musculaire :* la musculature. *Fibres musculaires. Tissu musculaire. Force musculaire. Activité, contraction, tonus, travail musculaire. Douleur musculaire.* ➤ **myalgie.**

MUSCULATION [myskylasjɔ̃] n. f. – 1922 ; « ensemble des mouvements musculaires » 1866 ◊ du latin *musculus* ■ **1** Développement (d'un muscle, d'une partie du corps) grâce à des exercices appropriés. *Musculation d'un organe, musculation générale du corps. Travail, exercices de musculation en vue d'une compétition.* ■ **2** Ensemble d'exercices destinés à développer les muscles. *Faire de la musculation.* ➤ **bodybuilding, culturisme,** FAM. **gonflette.** ABRÉV. FAM. **MUSCU.** *Salle de muscu.*

MUSCULATURE [myskylatyʀ] n. f. – 1798 terme d'arts ◊ du latin *musculus* ■ Ensemble et disposition des muscles d'un organisme ou d'un organe. *« la musculature du redoutable athlète intimidant les gens »* GONCOURT.

MUSCULEUX, EUSE [myskylø, øz] adj. et n. f. – fin XIVe ; *muscleux* 1314 ◊ latin *musculosus,* de *musculus* ■ **1** ANAT. De la nature des muscles. *Brides musculeuses du côlon.* ■ **2** COUR. Qui a des muscles développés, forts. ➤ **musclé.** *« Que ses bras sont musculeux ! »* LAUTRÉAMONT. ■ **3** n. f. (1868) PHYSIOL. **MUSCULEUSE :** couche de fibres musculaires de la paroi d'un organe creux, d'un conduit naturel.

MUSCULO- ■ Élément, du latin *musculus* « muscle ».

MUSCULOSQUELETTIQUE [myskyloskəletik] adj. – 1886 ◊ de *musculo-* et *squelettique* ■ MÉD. Relatif aux muscles et au squelette. *Troubles musculosquelettiques (TMS) :* affections touchant les tissus mous (muscles, tendons, ligaments) situés autour des articulations, consécutives à une sollicitation excessive des membres. *Certains troubles musculosquelettiques sont reconnus comme maladie professionnelle.*

MUSE [myz] n. f. – XIIIe ◊ latin *musa,* grec *moûsa* ■ **1** Chacune des neuf déesses qui, dans la mythologie antique, présidaient aux arts libéraux. *Les neuf Muses : Clio* (histoire), *Calliope* (éloquence, poésie héroïque), *Melpomène* (tragédie), *Thalie* (comédie), *Euterpe* (musique), *Terpsichore* (danse), *Érato* (élégie), *Polymnie* (lyrisme), *Uranie* (astronomie). *Le Parnasse, séjour des Muses. Apollon et les Muses.* ➤ **musagète.** ◆ SPÉCIALT Muse qui inspire le poète. *« J'allais sous le ciel, Muse ! et j'étais ton féal »* RIMBAUD. ■ **2** FIG. *La Muse :* la poésie. ➤ **luth, lyre.** *La muse épique des anciens.* ■ **3** VX ou PLAISANT Inspiratrice d'un poète, d'un écrivain. *C'est sa muse.*

MUSEAU [myzo] n. m. – 1211 *musel* ◊ de l'ancien français °*mus,* bas latin *musum* ■ **1** Partie antérieure de la face de certains animaux (mammifères, poissons...) lorsqu'elle fait saillie. *Extrémité du museau des ruminants* (➤ **mufle**), *du porc* (➤ **groin**), *du chien* (➤ **truffe**). *Museau de brochet, de requin.* REM. Ne se dit pas du cheval. ◆ *Museau de bœuf, de porc* (➤ **hure**) : préparation de mufle, de joues, de lèvres et de menton servie froide. *Museau à la vinaigrette. Salade de museau.* ■ **2** FAM. Visage*, figure. *Affreux, vilain museau. « Ces jolis museaux si fins, si éveillés, si espiègles »* GAUTIER. ➤ **frimousse, minois.** VIEILLI *Fricassée* de museaux.*

MUSÉE [myze] n. m. – XIIIe « académie d'art, chez les Anciens » ◊ latin *museum,* grec *mouseîon* ■ **1** (1721 *muséon, museum*) HIST. Centre d'études scientifiques créé par les Ptolémées à Alexandrie. — PAR ANAL. (1762) VX Lieu destiné à l'étude des beaux-arts, des sciences et des lettres. — (1743) Cabinet d'homme de lettres. ■ **2** (1762 ◊ *museum* 1746) MOD. Établissement dans lequel sont rassemblées et classées des collections d'objets présentant un intérêt historique, technique, scientifique, artistique, en vue de leur conservation et de leur présentation au public. ➤ **cabinet, collection ; muséographie, muséologie.** *Visiter un musée. Musée de peinture* (➤ **pinacothèque**), *de sculpture. Le musée de l'Armée, de la Marine, des Arts et Métiers* (➤ 2 **conservatoire**). *Musée d'Histoire naturelle* (➤ **muséum**). *Musée des arts et traditions populaires.* ➤ aussi **écomusée.** — *Musée du Louvre, du Prado, de l'Ermitage.* — *Expositions d'un musée. Conservateur, gardien de musée. « Ce qui entend le plus de bêtises dans le monde est peut-être un tableau de musée »* GONCOURT. ■ **3** PAR EXT. *Objet, pièce de musée,* dignes d'être présentés dans un musée. *Son appartement est un véritable musée,* est plein de ces objets. APPOS. *Les villes musées. « New York n'est pas une ville-musée »* SARTRE. LOC. FAM. *C'est le musée des horreurs,* une réunion de choses très laides. — adj. **MUSÉAL, ALE, AUX.**
■ HOM. Muser.

MUSELER [myz(ə)le] v. tr. ‹4 /5/› – 1372 ◊ de *museau* ■ **1** Empêcher (un animal) d'ouvrir la gueule, de mordre, en lui emprisonnant le museau (➤ **muselière**). *Museler un chien.* — *Taureau muselé.* ■ **2** FIG. Empêcher de parler, de s'exprimer ; réduire au silence. ➤ **bâillonner, garrotter.** *Museler l'opposition. Museler la presse par la censure.* — *Museler ses passions,* les réfréner.

MUSELET [myz(ə)lɛ] n. m. – 1903 ◊ de *museau* ■ Armature de fils métalliques qui maintient le bouchon des bouteilles de boissons alcooliques gazeuses (champagne, par ex.).

MUSELIÈRE [myzəljɛʀ] n. f. – XIIIe ◊ de *museau* ■ Appareil servant à museler certains animaux en leur entourant le museau. *Mettre une muselière à un chien.* ➤ **museler.**

MUSELLEMENT [myzɛlmɑ̃] n. m. /MUSÈLEMENT/ – 1868 ◊ de *museler* ■ **1** Action de museler. *Musellement d'un chien.* ■ **2** FIG. *Le musellement de l'opposition.*

MUSÉOGRAPHIE [myzeɔgʀafi] n. f. – 1742 ◊ de *musée* et *-graphie* ■ DIDACT. ■ **1** Description, histoire des musées ; étude des collections. ■ **2** Techniques de l'établissement et de l'organisation des musées, de la présentation de leurs collections. — adj. **MUSÉOGRAPHIQUE.** *Parcours muséographique.* n. **MUSÉOGRAPHE.**

MUSÉOLOGIE [myzeɔlɔʒi] n. f. – 1931 ◊ de *musée* et *-logie* ■ DIDACT. Ensemble des connaissances scientifiques, techniques et pratiques concernant la conservation, le classement et la présentation des collections de musées ; cet ensemble, constitué en discipline autonome, et faisant l'objet d'un enseignement. — adj. **MUSÉOLOGIQUE.**

1 **MUSER** [myze] v. intr. ‹1› – XIIe « rester le museau en l'air » ◊ même radical que *museau* → amuser

I VIEILLI ou LITTÉR. Perdre son temps à des bagatelles, à des riens. ➤ **s'attarder, flâner*, musarder, traîner.** *« J'aime à muser* [...] *toute la journée sans ordre et sans suite »* ROUSSEAU.

II VÉN. Être en rut, en parlant du cerf.
■ HOM. Musée.

2 **MUSER** [myze] v. intr. ‹1› – date inconnue ◊ de l'ancien français *muse* « 1 musette » ■ (Belgique) ■ **1** Faire un bruit sourd à bouche fermée (chahut, protestation). ■ **2** Fredonner un air.

1 **MUSETTE** [myzɛt] n. f. et m. – XIIIe ◊ de l'ancien français *muse,* même sens, de *muser* « jouer de la musette » → cornemuse

I ■ **1** n. f. ANCIENNT Cornemuse alimentée par un soufflet. ➤ **loure.** *Le sac, le soufflet, les chalumeaux d'une musette. « Jouez, hautbois, résonnez, musettes »* (cantique de Noël). ◆ MUS. Au XVIIIe, Danse de théâtre à deux ou trois temps, au tempo lent et doux. ■ **2** PAR APPOS. n. m. **BAL MUSETTE :** VX bal champêtre où l'on danse au son de la cornemuse, de la musette ; MOD. bal populaire où l'on danse, généralement au son de l'accordéon, certaines danses (java, valse, fox-trot) dans un style particulier. *Des bals musettes. Orchestre musette. Valse musette.* ◆ n. m. *Le musette :* le genre de musique que jouent les orchestres musettes. — FAM. *Un musette* : un bal musette. *« ils allèrent dans un musette boire un dernier verre »* QUENEAU.

II n. f. ▪ **1** (1812) Sac de toile, qui se porte souvent en bandoulière. *« Quand vous cherchez dans vos musettes Votre gamelle ou votre quart »* ARAGON. — LOC. FIG. et FAM. *Qui n'est pas dans une musette* : doté de qualités certaines ; remarquable, digne d'intérêt. *« ils vouaient à nos grands chefs une de ces admirations qui n'était pas dans une musette »* CÉLINE. ▪ **2** Sac en toile que l'on suspend à la tête du cheval pour lui servir de mangeoire portative. *Une musette de picotin.*

2 **MUSETTE** [myzɛt] n. f. – 1529 ◊ même radical que *musaraigne* ▪ RÉGION. Musaraigne commune. *« tu massacres les musettes fragiles et les campagnols aux beaux yeux »* GENEVOIX.

MUSÉUM [myzeɔm] n. m. – 1778 ; « musée de peinture » 1746 ◊ latin *museum* → musée ▪ Musée consacré aux sciences naturelles. *Des muséums.* — ABSOLT *Le Muséum* : le Muséum national d'histoire naturelle de Paris (appelé avant 1793 *Jardin des Plantes*).

1 **MUSICAL, ALE, AUX** [myzikal, o] adj. – 1380 ◊ de *musique* ▪ **1** Qui est propre, appartient à la musique. *Son musical. Notation musicale. « Swann tenait les motifs musicaux pour de véritables idées »* PROUST. ◆ Où il y a de la musique ; qui concerne la musique. *Soirée, émission musicale.* ➤ **concert, récital.** — *Comédie* musicale. Spectacle musical.* ➤ 2 **musical** ANGLIC. — *La critique musicale.* — LOC. *Chaises musicales* : jeu consistant à disposer autant de chaises que de joueurs (moins une), à tourner autour en musique et à s'asseoir lorsque la musique cesse, le joueur debout étant éliminé ; FIG. échange de postes entre des personnes appartenant à un même petit groupe. ▪ **2** Qui a les caractères de la musique. *Voix, langue très musicale.* ➤ **doux, harmonieux, mélodieux.** *Phrase musicale. Qualité musicale d'un enregistrement.* — LOC. *Avoir l'oreille musicale,* qui reconnaît, distingue les sons. ➤ **musicien.**

2 **MUSICAL** [myzikal] n. m. – v. 1970, répandu XXe ◊ mot anglais, du français → 1 musical ▪ ANGLIC. Spectacle musical qui comporte une intrigue et des scènes chantées et dansées. *Les musicals de Broadway.*

MUSICALEMENT [myzikalmɑ̃] adv. – 1380 au sens 2° ◊ de 1 *musical* ▪ **1** En ce qui concerne la musique. *Être musicalement doué.* ▪ **2** D'une manière harmonieuse.

MUSICALITÉ [myzikalite] n. f. – 1835 ◊ de 1 *musical* ▪ **1** VIEILLI Qualité de ce qui est musical. *Musicalité d'un récepteur radiophonique.* ➤ **fidélité.** ▪ **2** Caractère musical (dans un domaine autre que la musique). *Musicalité d'un vers.*

MUSIC-HALL [myzikol] n. m. – 1862 ◊ mot anglais « salle de musique » ▪ Établissement qui présente un spectacle de variétés. *Fréquenter les music-halls. Chanteuse de music-hall. Numéros d'un spectacle de music-hall* (➤ aussi **show**). ◆ Genre de spectacle présenté par un tel établissement. *Aimer le music-hall.*

MUSICIEN, IENNE [myzisjɛ̃, jɛn] n. et adj. – XIVe ◊ de *musique* ▪ **1** Personne qui connaît l'art de la musique ; est capable d'apprécier la musique. — adj. *Il est très musicien.* PAR EXT. *Avoir l'oreille musicienne.* ➤ 1 **musical.** ▪ **2** Personne dont la profession est d'exécuter, de diriger ou de composer de la musique. ➤ **artiste, compositeur, exécutant, interprète ; chanteur, chef** (d'orchestre, de chœurs), **instrumentiste, maître** (de chapelle). ◆ SPÉCIALT Compositeur. *Bach et Mozart, grands musiciens du XVIIIe s. Un musicien contemporain.* — Instrumentiste. ➤ **joueur** (de). *Musicien qui joue seul* (➤ **soliste**), *qui accompagne* (➤ **accompagnateur**), *joue dans un orchestre* (➤ **concertiste, exécutant**). *Musiciens ambulants d'autrefois.* ➤ **jongleur, ménestrel, ménétrier, troubadour, trouvère.** *Musicien de jazz, de rock. Chanteur accompagné de ses musiciens.* ➤ FAM. **musicos.** *Jeu, technique, toucher, phrasé, brio d'un musicien. Musicien dont la technique est parfaite.* ➤ **virtuose.** — FIG. *« Racine, parfait musicien du vers »* HENRIOT.

MUSICO- ▪ Élément, du latin *musica* « musique ».

MUSICOGRAPHE [myzikɔgʀaf] n. – 1850 ; « instrument pour écrire la musique » 1846 ◊ de *musico-* et *-graphe* ▪ DIDACT. Personne qui écrit sur la musique, l'histoire de la musique et des musiciens.

MUSICOGRAPHIE [myzikɔgʀafi] n. f. – 1907 ◊ de *musicographe* ▪ DIDACT. Écriture, discours critique sur la musique ; description des œuvres musicales.

MUSICOLOGIE [myzikɔlɔʒi] n. f. – début XXe ◊ de *musico-* et *-logie* ▪ Science de la théorie, de l'esthétique et de l'histoire de la musique. *Institut de musicologie.* — adj. **MUSICOLOGIQUE.** n. **MUSICOLOGUE.**

MUSICOS [myzikos] n. – 1919 ◊ de *musicien* et suffixe argotique *-os* ▪ FAM. Musicien, instrumentiste qui se produit hors des circuits commerciaux, dans des bars, des festivals, des bals... *« le podium et les musicos déguisés en Mexicains d'opérette, à leur pied, la salle* [...] *où les couples valsent »* SAN-ANTONIO.

MUSICOTHÉRAPIE [myzikoteʀapi] n. f. – 1907 ◊ de *musico-* et *-thérapie* ▪ DIDACT. Traitement médical d'affections nerveuses, psychiques, par la musique.

MUSIQUE [myzik] n. f. – fin XIIe ◊ du latin *musica,* du grec *mousikê* « musique », c'est-à-dire, l'art des *Muses* (poésie, musique, culture, philosophie), famille de *moûsa* « muse »

I ART DE PRODUIRE DES SONS ▪ **1** Art de combiner des sons d'après des règles (variables selon les lieux et les époques), d'organiser une durée avec des éléments sonores ; productions de cet art (sons ou œuvres). *La musique « impuissante à exprimer quoi que ce soit » institue « un ordre entre l'homme et le temps »* STRAVINSKI. *« Si la musique nous est si chère, c'est qu'elle est la parole la plus profonde de l'âme »* R. ROLLAND. — LOC. PROV. *La musique adoucit les mœurs.* — *Étude sur la musique, l'histoire de la musique.* ➤ **musicographie, musicologie.** *Étude des instruments de musique.* ➤ **organologie.** *Être amateur de musique.* ➤ **mélomane.** *Musique vocale* (➤ 1 **chant, voix**). *Musique instrumentale* (➤ **instrument**). *Musique électronique* (➤ **électro, techno**), *électroacoustique* (➤ **synthétiseur**), *acousmatique. Musique expérimentale*.* — SPÉCIALT La partie musicale (d'une chanson). *Paroles et musique d'une chanson. Musique de Kosma et paroles de Prévert.* (1690) *Mettre un texte, un poème en musique.* FIG. *Mettre en musique une réforme.* ➤ **orchestrer.** — *Grands genres de musique (occidentale).* ➤ **contrepoint, mélodie ; harmonie ; homophonie, monodie, polyphonie.** *Musique tonale, atonale, polytonale.* ➤ 2 **ton.** *Musique modale.* ➤ 2 **mode.** *Musique sérielle, dodécaphonique.* ➤ **série.** — *Musique concrète,* à base de sons naturels, musicaux ou non (bruits). — *Formes principales de la musique* : antienne, aria, ariette, arioso, ballade, ballet, canon, cantate, chaconne, chanson, chœur, choral, concerto, divertissement, étude, fantaisie, fugue, impromptu, intermède, lied, madrigal, mélodie, menuet, messe, motet, opéra, opérette, oratorio, passacaille, poème symphonique, prélude, psaume, quatuor, rhapsodie, requiem, romance, rondo, scherzo, sérénade, sonate, sonatine, suite, symphonie, toccata, trio, variation. *Musique pour piano, pour piano et violon.* — (1855) *Musique de chambre* : ANCIENNT musique vocale ou instrumentale exécutée dans la chambre des princes ; AUJ. musique pour un petit nombre de musiciens (➤ **trio, quatuor, quintette, sextuor, septuor, octuor ; sonate**). *Musique d'orchestre, orchestrale, symphonique.* ➤ **orchestre.** — *Musique sacrée, spirituelle. Musique de danse, de ballet. Musique de théâtre, de scène.* ➤ **opéra, opéra-comique, opérette** (cf. Drame lyrique*). *Musique de film* (cf. Bande* originale). — *Musique de cirque, de bal. Musique d'ambiance*.* ➤ **lounge.** *Musique de fond,* diffusée en sourdine dans un lieu public, une réunion entre amis. *Musique militaire.* — *Musique ancienne. Musique classique** (FAM. *grande musique*) et *musique contemporaine. Musique légère. Musique de jazz. Musiques modernes.* ➤ **électro, funk, new wave, pop, raï, rap, reggae,** 2 **rock, ska.** *Musique pour danser.* ➤ **dance, disco, house music, techno ; bossanova, maloya, salsa, séga, zouk.** *Musique folk.* ➤ **country.** *Musiques d'origine afro-américaine.* ➤ **blues, funky, jazz, rhythm and blues, R'n'B, soul.** *Musiques du monde*.* — *Étudier la musique.* ➤ **solfège.** *École, conservatoire, professeur de musique. Société de musique.* ➤ **orphéon, philharmonie.** — *Note de musique.* — *Écrire, composer, faire de la musique.* ➤ **composition ; arrangement, harmonisation, improvisation, instrumentation, orchestration, transcription, transposition.** *Œuvre de musique.* ➤ **morceau, opus,** 1 **page, pièce.** *Interpréter, jouer, faire de la musique* (chanter, jouer ; déchiffrer). — *Entendre, écouter de la musique.* ➤ **concert, festival, récital.** *Lieux où l'on écoute de la musique.* ➤ **auditorium, opéra, salle** (de concert), **théâtre** (lyrique) ; **café-concert, music-hall...** *Boîte* à musique. Musique enregistrée.* ➤ 1 **bande, cassette, disque ; baladeur, chaîne, électrophone, magnétophone, phonographe, pickup.** *Musique en stéréophonie, en quadriphonie.* — *Danser, chanter sur une musique de* (un compositeur). — *Dîner, travailler en musique,* en écoutant de la musique. ▪ **2** (1669) Musique écrite, œuvre musicale écrite. *Savoir lire la musique. Jouer sans musique.* ➤ 2 **partition.** *Papier à musique,* sur lequel sont imprimées des portées. — LOC. FIG. (1690) *Être réglé comme du papier à musique :* avoir des habitudes très régulières ; (CHOSES) être organisé, prévu dans tous ses détails. « *toute l'affaire était arrangée d'avance et réglée comme papier à musique* » FARRÈRE. ▪ **3** (1553) Réunion de musiciens qui ont coutume de jouer ensemble (VX au sens général). ➤ **orchestre.** *La musique de la chambre, de la chapelle du roi.* — MOD. *Musique militaire, musique d'un régiment.* ➤ **clique, fanfare, nouba, orphéon.** *Chef de musique. Régiment qui marche musique en tête.* « *Toutes les musiques défilent, depuis la musique japonaise, qui a des pantalons à bandes blanches, jusqu'à la musique des sauvages, qui est toute nue* » LARBAUD. LOC. FAM. *En avant la musique !*, allons-y ! *Aller plus vite que la musique :* aller trop vite, précipiter les choses. ▪ **4** VX Concert. « *il y a des musiques tous les soirs* » Mme DE SÉVIGNÉ. ▪ **5** FIG. et FAM. (en parlant des discours) *C'est toujours la même musique.* ➤ **chanson, histoire, leitmotiv, refrain, rengaine.** *Change de musique !*, parle d'autre chose ! (cf. Change de disque*). — LOC. FAM. (1880) *Connaître la musique :* savoir de quoi il retourne, comment s'y prendre. « *Maintenant je suis vieille et je connais la musique, ah si je la connais !* » Y. QUEFFÉLEC. ♦ *Petite musique :* idée, impression récurrente ou obsédante (Céline employait aussi l'expression à propos de son style). *La petite musique des mots,* l'émotion qu'ils procurent. *La petite musique du temps qui passe.* « *diffuser la petite musique de la morale américaine, décoction de courage, de loyauté, de bons sentiments, de violence justifiée* » M. DUGAIN. ▪ **6** FAM. Instrument de musique. — (Belgique, Suisse, Canada, Louisiane) *Musique à bouche :* harmonica. (Lorraine) Mirliton. — (Louisiane) *Musique à bras, à mains :* accordéon.

II **HARMONIE, MÉLODIE** ▪ **1** (milieu XVIe) Suite, ensemble de sons rappelant la musique. ➤ **bruit, harmonie, mélodie, murmure.** *La musique des oiseaux, des cigales.* ➤ **chanson.** ▪ **2** Harmonie. *Musique d'une langue, d'un poème.* « *De la musique avant toute chose* » VERLAINE. *La musique du monde, du cosmos.* ➤ 1 **chant** (FIG.).

MUSIQUER [myzike] v. ‹1› – 1392 au sens 2° ◊ de *musique* ▪ VX ▪ **1** v. tr. Mettre en musique. *Musiquer des vers.* ▪ **2** v. intr. Jouer de la musique. « *Nous musiquâmes tout le jour au clavecin du prince* » ROUSSEAU.

MUSIQUETTE [myzikɛt] n. f. – 1798 ◊ diminutif de *musique* ▪ Musique facile, sans valeur artistique.

MUSLI ➤ **MUESLI**

MUSOIR [myzwaʀ] n. m. – 1757 ◊ de *museau* ▪ Pointe extrême d'une digue, d'une jetée ou d'un môle. — Tête d'une écluse.

MUSQUÉ, ÉE [myske] adj. – 1530 au sens 2° ; *galle muschee* « médicament » XIVe ◊ de *musc* ▪ **1** Parfumé au musc. *Odeur musquée.* ▪ **2** (Dans des loc.) Dont l'odeur rappelle celle du musc. *Rat musqué.* ➤ **ondatra.** *Bœuf musqué.* ➤ **ovibos.** ♦ VIEILLI Dont la saveur rappelle celle du musc. *Raisin musqué.* ➤ **muscat.**

MUSSER [myse] ou **MUCHER** [myʃe] v. tr. ‹1› – v. 1240 ; *mucier* XIIe ◊ latin populaire °*muciare* ▪ VX OU RÉGION. Cacher. « *Tasie mussait sa tête au creux de son bras replié* » GENEVOIX. — PRONOM. *Se musser.*

MUSSIF [mysif] adj. m. – 1801 ◊ ancien français *music*, latin *(aurum) musivum*, de *musivus* « de mosaïque » ▪ TECHN. *Or mussif :* sulfure d'étain, d'une belle couleur jaune doré, utilisé pour bronzer les statuettes de plâtre.

MUSSITATION [mysitasjɔ̃] n. f. – 1812 ; « murmure » 1531 ◊ latin *mussitatio*, de *mussitare* « parler à voix basse » ▪ MÉD. Mouvement des lèvres sans émission d'aucun son, symptôme de troubles cérébraux.

MUST [mœst] n. m. – 1981 ; avant 1973 (marque déposée) ◊ mot anglais ▪ ANGLIC. FAM. Ce qu'il faut savoir ou faire pour être à la mode (➤ **impératif**) ; ce qu'il y a de mieux. *Ce logiciel, c'est le must.* ➤ 2 **top.** *Le must de la saison.*

MUSTANG [mystɑ̃g] n. m. – 1840 ◊ mot anglais, de l'espagnol *mestengo* « sans maître » ▪ Cheval d'Amérique du Nord vivant à l'état sauvage, capturé pour le rodéo.

MUSTÉLIDÉS [mystelide] n. m. pl. – 1818 *mustélins* ◊ du latin *mustela* « belette » ▪ ZOOL. Famille de mammifères carnivores, de petite taille, bas sur pattes, au corps étroit et allongé, à belle fourrure, généralement sanguinaires et nocturnes (belette, blaireau, fouine, furet, hermine, loutre, martre, mouffette, putois, ratel, vison, zibeline).

MUSULMAN, ANE [myzylmɑ̃, an] adj. et n. – XVIe ◊ arabe *mislim* « fidèle, croyant »

I adj. ▪ **1** Qui professe la religion de Mahomet. ➤ VX **mahométan.** *Arabes, Indiens, Turcs musulmans. Le monde musulman.* ➤ **islam.** *Pèlerin musulman qui revient de La Mecque.* ➤ **hadji.** ▪ **2** Qui est propre à l'islam, relatif ou conforme à sa loi, à ses rites ; qui appartient à la communauté islamique. ➤ **islamique ; islamité.** *Dogme musulman.* ➤ **coran, sunna ; hadith.** *Culte musulman.* ➤ **mosquée.** *La circoncision, le ramadan*..., rites musulmans.* ➤ aussi **halal.** *Fêtes musulmanes.* ➤ **achoura, aïd.** *Calendrier musulman.* ➤ **hégire.** *Dignitaires, fonctionnaires musulmans :* agha, ayatollah, cadi, calife, chérif, imam, mollah, muezzin, mufti, pacha, sultan, uléma, vizir. *Écoles musulmanes.* ➤ **médersa, zaouïa.** — *Le croissant musulman. L'art musulman.* ➤ **mozarabe, mudéjar.**

II n. Adepte de l'islam. ➤ VX **mahométan,** 1 **sarrasin.** *Les musulmans se réunissent à la mosquée pour prier Allah. Musulmans sunnites, chiites. Un musulman intégriste. La polygamie est admise chez les musulmans.* — HIST. *Musulman d'Espagne.* ➤ **mudéjar.**

MUTABILITÉ [mytabilite] n. f. – 1170 ◊ latin *mutabilitas* ▪ LITTÉR. Caractère de ce qui est sujet au changement. « *La mutabilité des choses de la vie* » SENANCOUR. ♦ SC. Caractère d'une forme vivante pouvant subir une mutation. ▪ CONTR. Immutabilité.

MUTABLE [mytabl] adj. – 1801 ◊ latin *mutabilis* ▪ SC. Qui est sujet au changement. *Gène mutable.* — Susceptible de mutabilité. ➤ **labile.**

MUTAGE [mytaʒ] n. m. – 1832 ◊ de 1 *muter* ▪ TECHN. Action de muter (un moût). *Le mutage conserve au moût une partie de son sucre. Mutage à l'alcool.* ➤ **mistelle.**

MUTAGÈNE [mytaʒɛn] adj. – 1955 ◊ de *mutation* et *-gène* ▪ BIOL. Susceptible d'endommager l'ADN et de provoquer des mutations. *Agent mutagène. Rayonnements mutagènes.* — n. m. *Un mutagène chimique.*

MUTAGENÈSE [mytaʒənɛz] n. f. – v. 1965 ◊ de *mutation* et *-genèse* ▪ BIOL. Production de mutation due à l'action d'agents physiques ou chimiques. *Mutagenèse dirigée sur l'ADN.*

MUTANT, ANTE [mytɑ̃, ɑ̃t] adj. et n. – 1909 ◊ allemand ou anglais *mutant* → mutation ▪ GÉNÉT. Qui a subi une mutation. *Gène, caractère, type mutant. Organisme sauvage et organisme mutant.* « *Dès lors que la nouvelle espèce naît dans un seul individu mutant* » J. ROSTAND. — n. Organisme dont un ou plusieurs caractères héréditaires diffèrent de ceux des parents. *Mutants servant à des expériences de génétique. Mutant thermosensible,* dont la conséquence de la mutation n'est observable qu'à une certaine température. SPÉCIALT Dans la littérature d'anticipation, Être humain en cours de transformation ou transformé.

MUTATION [mytasjɔ̃] n. f. – XIIe ◊ latin *mutatio* ▪ **1** DIDACT. Changement*. ➤ **transformation.** « *nos actions, qui sont en perpétuelle mutation* » MONTAIGNE. « *le caprice du vent change en deux ou trois minutes la face du champ de la mer... Les mutations rapides font penser à celles d'une âme très impressionnable* » VALÉRY. *Les alchimistes espéraient obtenir la mutation des métaux en or.* ➤ **conversion, transmutation.** ♦ Transformation profonde et durable. *Société, secteur d'activité en pleine mutation. Mutations technologiques.* ▪ **2** COUR. Affectation d'un fonctionnaire, d'un militaire, d'un salarié à un autre poste ou à un autre emploi, d'un sportif à un autre club, etc. *Mutation d'office, sur demande, pour raison de service. Mutation dans une autre ville.* ▪ **3** DR. CIV. Changement opéré dans le droit de propriété d'un bien ou dans la possession d'un droit. ♦ DR. FISC. Transmission d'un droit de propriété ou d'usufruit d'une personne à une autre. *Droits de mutation. Mutation par décès.* ➤ **succession.** — Mise à jour des matrices cadastrales (changements de revenus des contribuables). — DR. MAR. *Mutation en douane,* transfert de la propriété d'un navire. ▪ **4** MUS. *Jeux de mutation :* jeux d'orgue dont chaque note comporte plusieurs tuyaux de différentes longueurs qui émettent les harmoniques. ▪ **5** (1903) BIOL. Modification de la séquence nucléotidique, au cours du cycle cellulaire ou sous l'effet d'agents mutagènes (U. V., rayons X...). *Mutations spontanées, provoquées* (par irradiation, etc.). ➤ **mutagenèse.** *Mutation d'un gène. Mutation ponctuelle,* qui ne concerne qu'une région limitée du génome. *Mutation silencieuse,* qui ne modifie pas la séquence des acides aminés de la protéine. *Mutation et hérédité,* en génétique*. *Mutation génique, chromosomique. Mutations dominantes, récessives. Mutation faux-sens :* mutation d'un codon entraînant la modification de l'acide aminé codé. *Mutation non-sens*.*

MUTATIONNISME [mytasjɔnism] **n. m.** – 1931 ◊ de *mutation* ■ SC. Théorie évolutionniste qui attribue aux mutations aléatoires un rôle essentiel dans le passage d'une espèce à l'autre (➤ **microévolution**). — **adj.** et **n. MUTATIONNISTE.**

MUTATIS MUTANDIS [mytatismytɑ̃dis] **loc. adv.** – 1633 ◊ mots latins «ce qui doit être changé étant changé» ■ En écartant les différences pour rendre la comparaison possible (cf. Toutes choses égales* d'ailleurs).

1 **MUTER** [myte] **v. tr.** ⟨1⟩ – 1799 ; au p. p. 1765 ◊ d'une var. de *muet* ; cf. *muetter* 1812 et *vin muet* 1761 ■ TECHN. *Muter un moût de raisin*, en arrêter la fermentation alcoolique par addition d'alcool ou d'anhydride sulfureux (➤ **soufrer**). **p. p. adj.** *Vin muté.* ■ **HOM.** *Mute* : mûtes (mouvoir).

2 **MUTER** [myte] **v.** ⟨1⟩ – 1874 au p. p. ◊ latin *mutare* ■ **1 v. tr.** Affecter à un autre poste, à un autre emploi. *Muter un fonctionnaire.* ➤ **déplacer ; mutation.** *Être muté en province.* ■ **2 v. intr.** (1909) Subir une mutation (5°). *Gène qui mute.*

MUTILANT, ANTE [mytilɑ̃, ɑ̃t] **adj.** – 1845 ◊ de *mutiler* ■ Qui mutile, qui peut produire une mutilation. *L'ablation du sein est une opération mutilante.*

MUTILATEUR, TRICE [mytilatœʀ, tʀis] **n.** – 1512 ◊ de *mutiler* ■ LITTÉR. Personne qui mutile. **adj.** *Couteau mutilateur.*

MUTILATION [mytilasjɔ̃] **n. f.** – 1245 ◊ latin *mutilatio* ■ **1** Perte accidentelle ou ablation d'un membre, d'une partie externe du corps, qui cause une atteinte irréversible à l'intégrité physique. *Mutilation sexuelle* (➤ **castration, excision, infibulation**), *rituelle. Il a fallu «amputer le membre. C'est une mutilation très pénible»* DUHAMEL. *Mutilation spontanée du lézard en danger qui se coupe la queue* (➤ **autotomie**). ■ **2** Dégradation. *Mutilation de statues. «La mutilation périodique de ces beaux arbres»* STENDHAL. ■ **3** Coupure, altération, perte d'un fragment de texte. *«J'ai vu les mutilations qu'il* [Senancour] *va faire à* Oberman*»* SAINTE-BEUVE.

MUTILÉ, ÉE [mytile] **n.** – 1834 ◊ p. p. subst. de *mutiler* ■ Personne qui a subi une mutilation, généralement par fait de guerre ou par accident. ➤ **amputé.** *Mutilé de guerre.* ➤ **blessé, infirme, invalide.** *Pension de mutilé à 100 %. Les mutilés de la face.* ➤ **gueule** (cassée). *Mutilé du travail :* victime d'un accident du travail (infirme civil).

MUTILER [mytile] **v. tr.** ⟨1⟩ – 1334 ◊ latin *mutilare* ■ **1** Priver (un être humain, un animal) de son intégrité physique par une mutilation, une grave blessure. ➤ **blesser*, couper, écharper, estropier.** *Il a été mutilé du bras droit, des deux jambes à la dernière guerre.* — PRONOM. RÉFL. *Se mutiler volontairement* (➤ **automutilation**). ■ **2** Abîmer*, endommager. ➤ 1 **dégrader.** *Mutiler un arbre.* — *«cet ancien Versailles mutilé et approprié à d'autres usages»* TAINE. ■ **3** Altérer (un texte, un ouvrage littéraire) en retranchant une partie essentielle. ➤ **amputer, diminuer, tronquer.** ■ **4** FIG. et LITTÉR. *Mutiler la vérité.* ➤ **altérer, déformer.**

MUTIN, INE [mytɛ̃, in] **adj.** et **n.** – XIVe ◊ de *meute* «émeute»

I ■ **1** VX Qui n'a pas le sens de la discipline, qui est porté à la révolte. ➤ **désobéissant, insoumis.** *«un enfant impérieux et mutin»* ROUSSEAU. ■ **2 n.** MOD. Personne qui refuse d'obéir, se révolte avec violence. ➤ **factieux, insurgé, mutiné, rebelle, révolté.**

II (XVIIIe) Qui est d'humeur taquine, qui aime à plaisanter. ➤ 1 **badin, gai*.** *Fillette mutine.* ◆ PAR EXT. *Un petit air mutin.* ➤ **espiègle, éveillé, gamin.** *Ton mutin.* ➤ **vif.** *«le minois le plus adorablement mutin qu'on puisse imaginer»* GAUTIER.

■ CONTR. Docile. — 1 Morose, sérieux, triste.

MUTINÉ, ÉE [mytine] **adj.** et **n.** – 1577 n. ◊ de *se mutiner* ■ Révolté par une mutinerie. ➤ **mutin.** *Les marins mutinés.* — **n.** *Les mutinés du cuirassé Potemkine.*

MUTINER (SE) [mytine] **v. pron.** ⟨1⟩ – XIVe ◊ de *mutin* (I) ■ Se dresser contre une autorité établie, se porter à la révolte avec violence. ➤ se **rebeller,** se **révolter.** *Prisonniers qui se mutinent contre leurs gardiens* (➤ **mutin, mutiné**).

MUTINERIE [mytinʀi] **n. f.** – 1332 ◊ de *mutin*

I (de *mutin,* I) Action de se mutiner ; son résultat. ➤ **insurrection, rébellion, révolte, sédition.** *Mutinerie des soldats, des marins. «peu s'en fallut qu'il n'y eût mutinerie et soulèvement du populaire»* GAUTIER.

II (de *mutin,* II) RARE Caractère de ce qui est mutin. *«son joli geste, la mutinerie de son accent»* BALZAC.

MUTIQUE [mytik] **adj.** – v. 1970 ◊ du latin *mutus* «muet» ■ MÉD. Qui refuse de parler (➤ **mutisme,** 1°).

MUTISME [mytism] **n. m.** – 1741 ◊ du latin *mutus* «muet» ■ **1** MÉD. Refus de parler déterminé par des facteurs affectifs, des troubles mentaux (névrose, psychose), en l'absence de lésions organiques. *Mutisme des hystériques, des simulateurs. Mutisme électif.* ■ **2** COUR. Attitude, état d'une personne qui refuse de parler, qui a l'habitude de garder le silence ou qui est réduite au silence. *S'enfermer dans le mutisme, dans un mutisme obstiné.* — FIG. *«Après une longue période de mutisme, des femmes prirent enfin la parole»* É. BADINTER. *«L'État, c'est le mutisme constitutionnel du peuple»* PROUDHON.

■ CONTR. Bavardage, loquacité, parole.

MUTITÉ [mytite] **n. f.** – 1803 ◊ bas latin *mutitas* ■ **1** VX État d'une personne muette. ➤ **aphasie, mutisme.** ■ **2** MOD. Impossibilité réelle, pour un sujet, de parler par insuffisance de développement ou destruction des centres ou des organes nécessaires à la parole. *Mutité avec* (➤ **surdimutité**) *ou sans atteinte de la fonction auditive* (➤ **audimutité**).

MUTUALISER [mytɥalize] **v. tr.** ⟨1⟩ – fin XVIe *mutualizer* «rendre la pareille» ◊ de *mutualisme* ■ Répartir (un risque, des frais) à égalité parmi les membres d'un groupe. ◆ Mettre en commun. *Mutualiser les expériences.* ➤ **partager.** — **n. f. MUTUALISATION.**

MUTUALISME [mytɥalism] **n. m.** – 1840 ; *mutuellisme* 1828 ◊ de *mutuel*

I ÉCON. Doctrine économique basée sur la mutualité.

II (1890) ÉCOL. Association de deux animaux d'espèces différentes qui retirent des bénéfices réciproques de cette union, sans vivre aux dépens l'un de l'autre. ➤ **symbiose.**

MUTUALISTE [mytɥalist] **adj.** et **n.** – 1834 ; *mutuelliste* 1828 ◊ de *mutuel* ■ ÉCON. Relatif au mutualisme (I). *Sociétés mutualistes.* ➤ **mutuelle.** *Pharmacie mutualiste.* ◆ **n.** Adhérent d'une mutuelle.

MUTUALITÉ [mytɥalite] **n. f.** – XVIe, rare avant 1784 ◊ de *mutuel* ■ **1** RARE Caractère de ce qui est mutuel. ■ **2** Forme de prévoyance volontaire par laquelle les membres d'un groupe, moyennant le paiement d'une cotisation, s'assurent réciproquement une protection sociale (en cas de maladie, maternité, invalidité, vieillesse, décès) ou se promettent certaines prestations. ➤ **association, mutuelle.** *Mutualité agricole.*

MUTUEL, ELLE [mytɥɛl] **adj.** et **n. f.** – 1329 ◊ du latin *mutuus* «réciproque» ■ **1** Qui implique un rapport double et simultané, un échange d'actes, de sentiments. ➤ **réciproque.** *Amour mutuel,* partagé. *Responsabilité mutuelle. Concessions mutuelles.* ➤ **compromis.** *Divorce par consentement mutuel.* ■ **2** Qui suppose un échange d'actions et de réactions entre deux ou plusieurs choses. — *Enseignement mutuel,* dans lequel certains élèves (moniteurs) instruisaient, sous la direction du maître, leurs camarades moins avancés. — *Pari* mutuel urbain (P. M. U.). Société d'assurance mutuelle.* ➤ **mutualité.** ■ **3 n. f.** (1931) Société de mutualité*. *Mutuelle complémentaire de la Sécurité sociale. Mutuelle régie par le code de la Mutualité. Mutuelle d'étudiants, de fonctionnaires. «Vous versez deux francs par mois, me dit-il, et quand vous mourez, la Mutuelle donne cinq mille francs pour vos funérailles»* DUHAMEL.

MUTUELLEMENT [mytɥɛlmɑ̃] **adv.** – 1495 ◊ de *mutuel* ■ D'une manière qui implique un échange entre personnes ou choses. ➤ **réciproquement.** *Les époux se doivent mutuellement fidélité et assistance. S'aider mutuellement.* ➤ **s'entraider.** *«deux personnes qui disputent cherchent mutuellement à se couvrir la voix»* MONTHERLANT.

MUTULE [mytyl] **n. f.** – 1546 ◊ latin *mutulus* «tête de chevron» ■ ARCHIT. Ornement d'un entablement dorique qui est placé sous le larmier en face du triglyphe, dont il a la largeur. *La mutule correspond au modillon des autres ordres.*

MYALGIE [mjalʒi] **n. f.** – 1866 ◊ de *my(o)-* et *-algie* ■ MÉD. Douleur musculaire. *Myalgie du torticolis.* — **adj. MYALGIQUE.**

MYASTHÉNIE [mjasteni] **n. f.** – 1878 ◊ de *my(o)-* et *asthénie* ■ MÉD. Affection d'origine neurologique et immunologique, caractérisée par une fatigabilité musculaire excessive et évoluant par poussées. — **adj. MYASTHÉNIQUE.**

MYCÉLIEN, IENNE [miseljɛ̃, jɛn] **adj.** – 1866 *mycelien* ◊ de *mycélium* ■ BOT. Qui a rapport au mycélium.

MYCÉLIUM [miseljɔm] **n. m.** – *mycelium* 1842 ; *mycélion* 1840 ◊ latin des botanistes (1832), du grec *mukês* → -myces ■ BOT. Appareil végétatif filamenteux, élaboré par de nombreux champignons. *Mycélium cloisonné, continu.*

MYCÉNIEN, IENNE [misenjɛ̃, jɛn] **adj.** – 1842 ◊ de *Mycènes* ■ HIST. Relatif à la civilisation, à la culture préhellénique dont Mycènes était le centre.

MYC(O)-, -MYCES, -MYCÈTE ■ Éléments, du grec *mukês* « champignon » : *mycologie, saccharomyces, actinomycète, streptomycine.*

MYCOBACTÉRIE [mikobakteʀi] **n. f.** – milieu XXe ◊ de *myco-* et *bactérie* ■ BACTÉRIOL. Bactérie filamenteuse au mycélium rudimentaire ne formant pas de spores, qui peut être pathogène pour les êtres humains et les animaux. *Les agents de la lèpre et de la tuberculose sont des mycobactéries. Les mycobactéries sont responsables d'infections opportunistes.*

MYCODERME [mikɔdɛʀm] **n. m.** – 1846 ◊ latin des botanistes *mycoderma* ■ BOT. Champignon unicellulaire proche des levures, mais qui ne produit pas d'asques. *Mycoderme du vin,* qui détruit par oxydation l'alcool des boissons fermentées et provoque leur acescence (vin piqué). ➤ **fleur** (de vin). — **adj. MYCODERMIQUE.**

MYCOLOGIE [mikɔlɔʒi] **n. f.** – 1834 ◊ de *myco-* et *-logie* ■ DIDACT. Partie de la botanique qui étudie les champignons. — **adj.** (1834) **MYCOLOGIQUE.**

MYCOLOGUE [mikɔlɔg] **n.** – 1834 ◊ de *myco-* et *-logue* ■ DIDACT. Botaniste spécialisé(e) dans l'étude des champignons.

MYCOPLASME [mikɔplasm] **n. m.** – v. 1970 ◊ de *myco-* et *-plasme* ■ BACTÉRIOL. Bactérie dépourvue de paroi dont il existe plusieurs espèces, responsables chez les êtres humains et les animaux de multiples infections, notamment pulmonaires et urogénitales.

MYCORHIZE [mikɔʀiz] **n. f.** – 1899 ◊ de *myco-* et du grec *rhiza* « racine » ■ BOT. Association symbiotique entre un champignon et les parties souterraines d'un végétal supérieur chlorophyllien. *La truffe forme une mycorhize avec le chêne.* ♦ **adj. MYCORHIZAL, ALE, AUX.** *Symbiose mycorhizale.*

MYCOSE [mikoz] **n. f.** – 1832 ◊ de *myc(o)-* et 2 *-ose* ■ MÉD. Affection parasitaire provoquée par des champignons microscopiques (chez l'être humain et l'animal). *Mycose buccale* (➤ **muguet**), *vaginale* (➤ **candidose**), *du cuir chevelu* (➤ **favus, teigne**), *de l'ongle* (➤ **onychomycose**). ➤ aussi **aspergillose.** *Mycoses des végétaux* (➤ **cryptogamique**). *Traitement des mycoses.* ➤ **antifongique, antimycosique, fongicide, fongistatique.** — **adj. MYCOSIQUE.**

MYCOTOXINE [mikotɔksin] **n. f.** – 1910 ◊ de *myco-* et *toxine* ■ BIOL. Toxine produite par certains champignons microscopiques. ➤ **aflatoxine.** *Céréales contaminées par des mycotoxines.*

MYDRIASE [midʀijɑz] **n. f.** – 1539 ◊ grec *mudriasis* ■ MÉD. Dilatation prolongée et excessive de la pupille due à l'accommodation de l'œil à l'obscurité et à la distance *(mydriase physiologique),* due à l'action de certaines drogues *(mydriase médicamenteuse)* ou à la paralysie de l'iris *(mydriase pathologique).* ■ CONTR. Myosis.

MYDRIATIQUE [midʀijatik] **adj.** – 1861 ◊ de *mydriase* ■ MÉD. Relatif à la mydriase ; qui provoque une dilatation de la pupille. *Effet mydriatique de l'atropine.* — **n. m.** *Examen du fond d'œil après instillation d'un mydriatique.*

MYE [mi] **n. f.** – 1800 ◊ grec *muax* « moule » ■ ZOOL. Mollusque bivalve *(lamellibranches)* qui vit enfoui dans le sable ou la vase et dont certaines espèces sont comestibles. ■ HOM. Mi, mie, mis.

MYÉLENCÉPHALE [mjelɑ̃sefal] **n. m.** – 1868 ◊ de *myél(o)-* et *encéphale* ■ **1** EMBRYOL. Partie de l'encéphale embryonnaire à l'origine du bulbe rachidien. ■ **2** ANAT. Partie inférieure du tronc cérébral. ➤ 2 **bulbe** rachidien.

MYÉLINE [mjelin] **n. f.** – 1865 ◊ de *myél(o)-* et *-ine* ■ ANAT. Substance lipidique et protidique complexe qui forme un manchon autour de l'axone de certaines fibres nerveuses. *Fibres nerveuses sans myéline* (ou *amyéliniques* **adj.**) *des nerfs sympathiques, du nerf olfactif.*

MYÉLITE [mjelit] **n. f.** – 1831 ◊ de *myél(o)-* et *-ite* ■ MÉD. Inflammation de la moelle épinière. *Myélite de la substance grise.* ➤ **poliomyélite.**

MYÉL(O)- ■ Élément, du grec *muelos* « moelle ».

MYÉLOBLASTE [mjelɔblast] **n. m.** – 1910 ◊ de *myélo-* et *-blaste* ■ HÉMATOL. Cellule de la moelle osseuse dont dérivent les leucocytes polynucléaires. *Certaines leucémies sont dues à la prolifération massive des myéloblastes.*

MYÉLOCYTE [mjelɔsit] **n. m.** – 1855 ◊ de *myélo-* et *-cyte* ■ HÉMATOL. Cellule mère des leucocytes polynucléaires.

MYÉLOGRAMME [mjelɔgʀam] **n. m.** – 1936 ◊ de *myélo-* et *-gramme* ■ HÉMATOL. Résultat de l'examen cytologique de la moelle osseuse déterminant la morphologie et les proportions respectives des différents éléments cellulaires qui la composent. *Le myélogramme permet de connaître l'état de l'hématopoïèse.*

MYÉLOGRAPHIE [mjelɔgʀafi] **n. f.** – 1938 ◊ de *myélo-* et *-graphie* ■ MÉD. Radiographie de la moelle épinière après injection d'un produit de contraste (gaz ou liquide opaque) dans le canal rachidien.

MYÉLOME [mjelom] **n. m.** – 1868 ◊ de *myél(o)-* et *-ome* ■ PATHOL. Tumeur, le plus souvent cancéreuse, de la moelle osseuse. — SPÉCIALT *Myélome multiple* : prolifération cancéreuse de la moelle osseuse.

MYGALE [migal] **n. f.** – 1802 ◊ grec *mugalê* « musaraigne », de *mus* « rat » et *galê* « belette » ■ Grande araignée des régions chaudes, à la morsure douloureuse, qui creuse dans le sol un abri qu'elle ferme avec un opercule amovible. ➤ RÉGION. **matoutou.**

MYI- ■ Élément, du grec *muia* « mouche ».

MYIASE [mijɑz] **n. f.** – 1923 ; *myiasis* 1902 ◊ du grec *muia* « mouche » ■ MÉD. Lésion de la peau ou des cavités naturelles de l'être humain ou des animaux, provoquée par des larves de mouches vivant habituellement ou accidentellement en parasites. *Myiase furonculeuse. Myiase oculaire.*

MY(O)- ■ Élément, du grec *mus* « muscle ».

MYOCARDE [mjɔkaʀd] **n. m.** – 1867 ◊ de *myo-* et *-carde* ■ ANAT. Muscle strié réticulaire épais, qui constitue la partie contractile du cœur. *Le myocarde joue un rôle essentiel dans la circulation du sang.* ➤ aussi **endocarde, péricarde.** *Infarctus* du myocarde.*

MYOCARDITE [mjɔkaʀdit] **n. f.** – 1855 ◊ de *myocarde* et *-ite* ■ MÉD. Inflammation du myocarde. *Myocardite aiguë.*

MYOFIBRILLE [mjɔfibʀij] **n. f.** – 1923 ◊ de *myo-* et *fibrille* ■ BIOL. Ensemble de filaments contractiles (➤ **myofilament**) constitutifs des cellules musculaires. ➤ **sarcomère.**

MYOFILAMENT [mjɔfilamɑ̃] **n. m.** – 1948 au plur. ◊ de *myo-* et *filament* ■ BIOL. MOL. Filament protéique, formé d'actine et de myosine, qui compose les myofibrilles.

MYOGRAPHE [mjɔgʀaf] **n. m.** – 1868 ◊ de *myo-* et *-graphe* ■ MÉD. Appareil destiné à enregistrer, en les amplifiant, les contractions musculaires. *Tracé obtenu par le myographe* (**MYOGRAMME n. m.**).

MYOLOGIE [mjɔlɔʒi] **n. f.** – 1628 ◊ de *myo-* et *-logie* ■ DIDACT. Partie de l'anatomie qui étudie les muscles. — **adj. MYOLOGIQUE.**

MYOME [mjom] **n. m.** – 1878 ◊ de *my(o)-* et *-ome* ■ PATHOL. Tumeur bénigne constituée par des fibres musculaires. ➤ **léiomyome.** *Myome de l'utérus* (appelé couramment mais improprement *fibrome*).

MYOMÈTRE [mjɔmɛtʀ] **n. m.** – 1911 ◊ de *myo-* et du grec *mêtra* « utérus » ■ ANAT. Muscle utérin.

MYOPATHE [mjɔpat] **adj.** et **n.** – XXe ◊ de *myopathie* ■ Qui est atteint de myopathie. — **n.** *Les myopathes.*

MYOPATHIE [mjɔpati] **n. f.** – 1884 ◊ de *myo-* et *-pathie* ■ MÉD. Maladie des muscles, secondaire à une autre affection (troubles endocriniens ou métaboliques, intoxications) ou primitive, de cause génétique. — SPÉCIALT *Myopathie primitive progressive* : maladie dégénérative héréditaire, caractérisée par l'atrophie de divers groupes musculaires, d'évolution très grave. ➤ **dystrophie** (musculaire). *Myopathie de Duchenne, de Becker.*

MYOPE [mjɔp] **n.** et **adj.** – 1578 ◊ latin *myops*, grec *muôps* « qui cligne des yeux » ■ **1** Personne qui a la vue courte ; qui ne voit distinctement que les objets rapprochés (opposé à *hypermétrope, presbyte*). ➤ **amétrope.** « *Ses yeux de myope, vagues et absorbés* » R. ROLLAND. ■ **2 adj.** Atteint de myopie. ➤ PÉJ. **bigleux, miro.** *Il, elle est myope,* FAM. *myope comme une taupe** (cf. Avoir la vue* basse). — PAR EXT. *Œil, regard myope.* ♦ FIG. Qui manque de perspicacité, de largeur de vue. « *Les politiques myopes ne virent pas, ils sentirent* » MICHELET.

MYOPIE [mjɔpi] **n. f.** – 1650 ◊ grec *muôpia* ■ **1** Difficulté à voir de loin ; anomalie de la vision, dans laquelle l'image d'un objet éloigné se forme en avant de la rétine en raison d'un allongement de l'axe antéropostérieur de l'œil (opposé à *hypermétropie, presbytie*). ➤ **amétropie.** *La myopie se corrige à* *l'aide d'un verre divergent ou par une opération* (➤ **kératotomie**). ▪ **2** FIG. *Myopie intellectuelle.*

MYOPOTAME [mjɔpɔtam] **n. m.** – 1823 ◇ latin des zoologistes *myopotamus*, du grec *mus* «rat» et *potamos* «fleuve» ▪ ZOOL. Mammifère rongeur vivant dans les marécages, appelé aussi *castor du Chili.* ➤ **ragondin.**

MYOSINE [mjɔzin] **n. f.** – 1878 ◇ de *myo-* et *-ine* ▪ BIOCHIM. Enzyme responsable, avec l'actine et l'ATP, de la contraction musculaire et des mouvements contractiles de la majorité des cellules eucaryotes.

MYOSIS [mjɔzis] **n. m.** – *myosie* 1808 ◇ mot latin, du grec *muein* «cligner de l'œil» ▪ MÉD. Contraction exagérée de la pupille. — **adj. MYOTIQUE.** ▪ CONTR. Mydriase.

MYOSITE [mjɔzit] **n. f.** – 1836 ◇ de *myo-* et *-ite* ▪ MÉD. Inflammation du tissu musculaire.

MYOSOTIS [mjɔzɔtis] **n. m.** – 1545 ◇ mot latin, grec *muosôtis* «oreille *(ous, ôtos)* de souris *(mus)*», à cause de la forme des feuilles ▪ Plante herbacée *(borraginacées)* à petites fleurs bleues (parfois blanches, roses) qui croît dans les lieux humides. *Le myosotis est aussi appelé* herbe d'amour, oreille de souris, ne m'oubliez pas (cf. allemand *Vergissmeinnicht* ; anglais *forget-me-not*). — PAR MÉTON. Fleur de cette plante. *«de bons yeux bleus très pâles, comme des myosotis un peu fanés»* R. ROLLAND.

MYOTATIQUE [mjɔtatik] **adj.** – 1932 ◇ de *myo-* et du grec *teinein* «tendre» ▪ BIOL. *Réflexe myotatique* : contraction réflexe d'un muscle en réponse à son propre étirement. *Le réflexe rotulien est un réflexe myotatique.*

MYRIA- ou **MYRIO-** ▪ Éléments, du grec *murias* «dizaine de mille».

MYRIADE [miʀjad] **n. f.** – 1525 ◇ bas latin *myrias, adis*, grec *murias, ados* ▪ **1** ANTIQ. Nombre de dix mille. ▪ **2** MOD. Très grand nombre ; quantité immense. *Des myriades d'étoiles. «des poissons innombrables, des myriades et des myriades»* LOTI.

MYRIAPODES [miʀjapɔd] **n. m. pl.** – 1806 ◇ de *myria-* et *-pode* ▪ ZOOL. Classe d'arthropodes terrestres dont le corps est formé d'anneaux portant chacun une ou deux paires de pattes. ➤ **millepatte.** *Principaux myriapodes* : géophile, gloméris, scolopendre. Au sing. *L'iule est un myriapode.*

MYRIO- ➤ **MYRIA-**

MYRIOPHYLLE [miʀjɔfil] **n. m.** – 1840 ; *myriophyllum* 1827 ; *miriofle* 1803 ◇ du latin des botanistes de Linné, emprunt au grec *muriophullon* ▪ Herbe aquatique *(haloragacées)*, appelée aussi *volant d'eau*, utilisée pour la décoration des aquariums.

MYRMÉCOPHILE [miʀmekɔfil] **adj. et n.** – 1840 n. m. «insecte orthoptère» ◇ du grec *murmêx, murmêkos* «fourmi» et *-phile* ▪ ÉCOL. Qui vit avec les fourmis, en association symbiotique avec elles. *Plantes, pucerons myrmécophiles.*

MYRMIDON [miʀmidɔ̃] **n. m.** – 1586 ; pl. *Mirmidoncis* nom de peuple XIIe ◇ latin *Myrmidones*, du grec *Murmidones*, rapproché par étym. légendaire de *murmêx* «fourmi» ▪ LITTÉR. VIEILLI Petit homme chétif, insignifiant. ➤ **nain, pygmée.** Au fém. PLAISANT *Une aimable vieille «un peu puérile, avec sa taille de myrmidone»* HUYSMANS. — On écrit aussi *mirmidon.* ▪ CONTR. Colosse, géant, hercule.

MYROBOLAN [miʀɔbɔlɑ̃] **n. m.** – XIIIe ◇ latin *myrobalanus*, grec *murobalanos*, de *muron* «parfum» et *balanos* «gland» → mirabelle ▪ **1** Nom donné aux fruits séchés de diverses espèces d'arbres exotiques utilisés autrefois comme purgatif, et aujourd'hui comme substance tannante. ▪ **2** BOT. *Myrobolan*, ou APPOS. *prunier myrobolan* : prunier sauvage *(rosacées)* utilisé comme porte-greffe. *Le prunus est une variété décorative de myrobolan.* ▪ HOM. Mirobolant.

MYROSINE [miʀozin] **n. f.** – 1840 ◇ du grec *muron* «parfum» ▪ BIOCHIM. Enzyme qui se trouve dans les graines de moutarde noire.

MYROXYLE [miʀɔksil] **n. m.** – *miroxile, myroxilon* 1803 ◇ du grec *muron* «parfum» et *xulon* «bois» ▪ BOT. Arbre d'Amérique du Sud *(légumineuses papilionacées)* dont le tronc fournit une résine (baume de Tolu ; baume du Pérou). — On dit aussi **MYROXYLON.**

MYRRHE [miʀ] **n. f.** – v. 1080 ◇ latin *myrrha*, grec *murra* ▪ Gomme résine aromatique fournie par le balsamier. *L'or, l'encens et la myrrhe offerts à l'Enfant Jésus par les Rois mages. «Un parfum âcre qui brûlait l'odorat* [...] *le parfum de la myrrhe flottait dans l'air»* HUYSMANS. — On peut aussi écrire *myrre.* ▪ HOM. Mir, mire.

MYRTE [miʀt] **n. m.** – 1512 ; *mirte* XIIIe ◇ latin *myrtus*, grec *murtos* ▪ **1** Arbre ou arbrisseau *(myrtacées)* à feuilles coriaces, persistantes, à fleurs blanches. *Myrte commun*, des régions méditerranéennes. *Myrte piment*, dont les fruits sont utilisés comme épices (poivre de la Jamaïque ; piment des Anglais). ➤ **toute-épice.** — PAR EXT. *Myrte épineux.* ➤ **fragon.** ▪ **2** ANTIQ. et POÉT. Feuille de myrte. *Couronne de myrte. Les lauriers et les myrtes, emblèmes de gloire.*

MYRTIFORME [miʀtifɔʀm] **adj.** – 1721 ◇ de *myrte* et *-forme* ▪ ANAT. Qui a la forme lancéolée des feuilles de myrte. *Muscle myrtiforme*, abaisseur des ailes du nez.

MYRTILLE [miʀtij] **n. f.** – 1565 ; *mirtile* XIIIe ◇ latin *myrtillus*, de *myrtus* «myrte» ▪ **1** Variété d'airelle qui croît dans les forêts de montagne *(éricacées). La myrtille est appelée selon les régions* abrêtier, abrêt-noir, brimbelle, moret, raisin des bois, teint-vin. *Des buissons de myrtilles.* ▪ **2** COUR. Baie bleu-noir comestible de la myrtille. ➤ RÉGION. **bleuet, brimbelle.** *Peigne à myrtilles* : instrument pour récolter ces baies (en peignant les buissons). *Confiture de myrtilles.*

MYSTAGOGIE [mistagɔʒi] **n. f.** – XVIIe ◇ de *mystagogue* ▪ DIDACT. Initiation aux mystères de la religion, de la magie, de l'occultisme. *«la superstition, la mystagogie, la sorcellerie»* BARRÈS.

MYSTAGOGUE [mistagɔg] **n. m.** – 1564 ◇ latin *mystagogus*, grec *mustagôgos*, de *mustês* «initié» et *agein* «conduire» ▪ ANTIQ. GR. Prêtre qui initiait aux mystères sacrés.

MYSTÈRE [mistɛʀ] **n. m.** – XVIe ; v. 1235 *mistere* ◇ latin *mysterium*, grec *mustêrion*

I CULTE, DOGME RELIGIEUX ▪ **1** ANTIQ. Culte religieux secret, auquel n'étaient admis que des initiés. ➤ **ésotérisme.** *Religions à mystères. Admission aux mystères* (➤ **initiation, mystagogie**). *Mystères grecs (mystères orphiques, mystères d'Éleusis), orientaux (mystères mithriaques, mystères d'Isis, de Cybèle).* ▪ **2** RELIG. CHRÉT. Dogme révélé, inaccessible à la raison. *Le mystère de la Trinité, de l'Incarnation, de la Rédemption.* — Le dessein conçu par Dieu de sauver le monde, d'abord caché, puis révélé en la personne du Christ ; les sacrements, considérés en tant que signes de ce dessein. *«Le mystère de Jésus»* (PASCAL), *de l'Eucharistie.*

II CHOSE INCOMPRÉHENSIBLE, SECRÈTE ▪ **1** Ce qui est (ou est cru) inaccessible à la raison humaine. *Le mystère de la nature, de la vie. «Je vais dévoiler tous les mystères : mystères religieux ou naturels, mort, naissance, avenir, passé, cosmogonie, néant»* RIMBAUD. *«le mystère de l'amour est plus grand que le mystère de la mort»* WILDE. ♦ Caractère mystérieux et plus ou moins sacré d'un lieu. *«Des lieux baignés de mystère»* BARRÈS. ▪ **2** Ce qui est inconnu, caché (mais qui peut être connu d'une ou de plusieurs personnes). ➤ 2 **secret.** *Cela cache, couvre un mystère. Il y a un mystère là-dessous. Les mystères de la politique, de la science.* ➤ **arcanes, coulisse,** 2 **dessous.** — LOC. *Ce n'est un mystère pour personne* : c'est de notoriété publique. ♦ Chose étonnante, difficile à comprendre, à expliquer. *Comment est-il au courant, c'est un mystère. «Ce vieillard muet fut un mystère pour le peintre»* BALZAC. ▪ **3** Ce qui a un caractère incompréhensible, très obscur. ➤ **obscurité,** 2 **secret.** *Aimer le mystère. Trouver du mystère à tout. La mécanique n'a pas de mystère pour lui.* ▪ **4** Obscurité volontaire dont on entoure qqch. ; ensemble des précautions que l'on prend pour rendre incompréhensible, pour cacher. *S'envelopper, s'entourer de mystère. Il prit «un air de grand mystère, agita l'index, et demanda à tous le secret»* ARAGON. — LOC. PLAIS. *Mystère et boule de gomme !* on n'en sait rien. — LOC. *Faire (un) mystère, faire grand mystère de qqch.*, refuser d'en parler, l'évoquer avec précautions. ➤ **cacher.** *«Il faisait, à propos de tout, des cachotteries et des mystères»* R. ROLLAND. *Inutile de faire des mystères, je suis au courant. Ne pas faire mystère de qqch.*, ne pas le cacher. *Il n'a pas fait mystère de ses intentions.* ▪ **5** Question difficile ; problème ardu. ➤ **énigme.** *Le mystère s'épaissit. Éclaircir un mystère. La clé du mystère.* ▪ **6** (nom déposé) Dessert glacé à base de meringue et de glace enrobée de noisettes pilées. *Mystère à la vanille.* ▪ **7** Avion de combat supersonique français. *Le Mystère 20.*

III GENRE DRAMATIQUE (XVe ◇ latin médiéval *misterium*, par confusion de *ministerium* «office, charge» et *mustêrion*) Au Moyen Âge, Genre théâtral qui mettait en scène des sujets religieux. ➤ **miracle ; diablerie.** *Représentation d'un mystère. «Le Mystère de la Passion», d'Arnoul Gréban.*

▪ CONTR. Clarté, évidence ; connaissance.

MYSTÉRIEUSEMENT [misteʀjøzmɑ̃] **adv.** – 1461 ◊ de *mystérieux* ■ D'une manière mystérieuse (2°). *Le magot a mystérieusement disparu.*

MYSTÉRIEUX, IEUSE [misteʀjø, jøz] **adj.** – 1440 ◊ de *mystère* ■ **1** LITTÉR. OU DIDACT. Relatif à un culte, à un dogme, réservé à des initiés, à une connaissance cachée. ➤ **mystère** (I) ; **cabalistique, ésotérique, occulte.** *Forces, influences mystérieuses. Rites mystérieux.* ■ **2** COUR. Qui est inconnaissable, incompréhensible ou inconnu. ➤ **énigmatique, impénétrable, inexplicable, inexpliqué, obscur,** 1 **secret, ténébreux.** *Le hasard est mystérieux. « de mystérieuses puissances, qui prennent le commandement dans les instants de néant »* R. ROLLAND. ◆ Qui est insolite, évoque la présence de forces cachées. *Forêt, lande mystérieuse. Le fjord « est mystérieux et profond »* SUARÈS. ■ **3** Qui est difficile à comprendre, à expliquer. *Cette histoire est bien mystérieuse. Propos mystérieux.* ➤ **sibyllin.** *Mystérieux enlèvement. Circonstances mystérieuses.* ■ **4** Dont la nature, le contenu sont tenus cachés. ➤ 1 **secret.** *Dossier mystérieux.* ◆ Dont l'identité, la qualité, les fonctions sont tenues secrètes. *Un mystérieux correspondant.* ■ **5** Qui cache, tient secret qqch. ➤ 1 **secret.** *Un homme mystérieux.* SUBST. *Faire le mystérieux. — Voix basse et mystérieuse,* confidentielle. *Le sourire mystérieux de la Joconde.* ■ CONTR. Clair, évident ; connu, public, révélé.

MYSTICÈTES [mistisɛt] **n. m. pl.** – 1903 ◊ latin scientifique *mysticetus,* grec *mustikêtos* ■ ZOOL. Sous-ordre des cétacés comprenant les cétacés à fanons et à double évent (**opposé à odontocètes**). *La baleine, le rorqual sont des mysticètes.*

MYSTICISME [mistisism] **n. m.** – 1804 ◊ de *mystique* ■ **1** Ensemble des croyances et des pratiques se donnant pour objet une union intime de l'être humain et de la divinité ; ensemble des dispositions psychiques des personnes qui recherchent cette union. ➤ **contemplation, extase, oraison.** *Mysticisme chrétien, oriental.* ➤ **mystique.** ◆ Foi, dévotion fervente à caractère mystique, intuitif. *Nombreux sont « ceux qui confondent mysticisme et spiritualité »* GIDE. *Le mysticisme de Fénelon.* ■ **2** Croyance, doctrine philosophique faisant une part excessive au sentiment, à l'intuition. ➤ **intuitionnisme, irrationalisme.**

MYSTIFIANT, IANTE [mistifjɑ̃, jɑ̃t] **adj.** – 1831, repris v. 1950 ◊ de *mystifier* ■ Qui mystifie (2°). *Propagande, idéologie mystifiante.* ■ CONTR. Démystifiant.

MYSTIFICATEUR, TRICE [mistifikatœʀ, tʀis] **n.** – 1770 ◊ de *mystifier* ■ Personne qui aime à mystifier, à s'amuser des gens en les trompant. ➤ **farceur, fumiste, trompeur.** *Mystificateur littéraire.* ➤ **faussaire.** — **adj.** *Intentions mystificatrices.* ■ CONTR. Démystificateur.

MYSTIFICATION [mistifikasjɔ̃] **n. f.** – 1768 ◊ de *mystifier* ■ **1** Actes ou propos destinés à mystifier qqn, à abuser de sa crédulité. ➤ **canular,** 2 **farce, fumisterie.** *Être le jouet d'une mystification. « ces froides mystifications qui consistent à défendre des opinions auxquelles on ne tient pas »* BALZAC. — *Mystification littéraire, intellectuelle.* ■ **2** PAR EXT. Tromperie collective, d'ordre intellectuel, moral. ➤ **duperie, mythe.** *Considérer la religion comme une mystification.* ■ CONTR. Positivisme, rationalisme ; démystification.

MYSTIFIER [mistifje] **v. tr.** ⟨7⟩ – 1764 ◊ dérivé plaisant du grec *mustês* « initié » ■ **1** Tromper (qqn) en abusant de sa crédulité et pour s'amuser à ses dépens. ➤ **abuser, berner, duper*** (cf. Faire marcher*, mener en bateau*). *« J'avais été mystifié comme un collégien »* LOUŸS. — **p. p. subst.** *Les mystificateurs et les mystifiés.* ■ **2** Tromper par une mystification (2°). *« pour éviter que le révolutionnaire ne soit mystifié par ses anciens maîtres »* SARTRE. ■ CONTR. Démystifier.

MYSTIQUE [mistik] **adj.** et **n.** – *misticque* v. 1390 ◊ latin *mysticus,* grec *mustikos* « relatif aux mystères »

I **adj.** ■ **1** DIDACT. Relatif au mystère, à une croyance cachée, supérieure à la raison, dans le domaine religieux. *Interprétation mystique.* ➤ **allégorique.** *Le corps mystique du Christ :* l'Église. *L'Agneau* mystique. Rose mystique :* la Vierge Marie. ◆ DR. Caché, secret. *Testament* mystique.* ■ **2** COUR. Qui concerne les pratiques, les croyances ou les dispositions psychologiques propres au mysticisme. *Extase, expérience mystique. Connaissance mystique.* ■ **3** (PERSONNES) Qui est prédisposé au mysticisme. *« Je suis mystique au fond et je ne crois à rien »* FLAUBERT. ■ **4** Qui a le caractère exalté, absolu, intuitif du mysticisme. *« Il avait connu ce "miracle," cette communauté mystique des troupes au feu »* MARTIN DU GARD.

II **n.** ■ **1** (1673) Personne qui s'adonne aux pratiques du mysticisme, et PAR EXT. qui a une foi religieuse intense et intuitive. ➤ **illuminé, inspiré.** *Les grands mystiques chrétiens. « Rimbaud, mystique à l'état sauvage »* CLAUDEL. — PAR ANAL. *Les mystiques de la révolution.* ➤ **illuminé.** ■ **2** **n. f.** **LA MYSTIQUE :** ensemble des pratiques du mysticisme, intuitions, connaissances obtenues par elles. *Mystique chrétienne, juive* ➤ **kabbale,** *islamique* ➤ **soufisme.** *L'amour « avait commencé par plagier la mystique [...] lui avait emprunté ses ferveurs, ses élans, ses extases »* BERGSON. — PAR ANAL. Système d'affirmations absolues à propos de ce à quoi on attribue une vertu suprême. *La mystique de la force, de la paix.* ■ CONTR. Clair, évident ; rationnel.

MYSTIQUEMENT [mistikmɑ̃] **adv.** – 1470 ◊ de *mystique* ■ Selon un sens mystique. *« Les croyants sont habiles à interpréter mystiquement les balbutiements d'un mourant »* GIDE.

MYTHE [mit] **n. m.** – 1803 n. f. ◊ bas latin *mythus,* grec *muthos* « récit, fable » ■ **1** Récit fabuleux, transmis par la tradition, qui met en scène des êtres incarnant sous une forme symbolique des forces de la nature, des aspects de la condition humaine. ➤ **fable, légende, mythologie.** *Mythes théogoniques, cosmogoniques, eschatologiques. Mythes chrétiens, païens. Mythes amérindiens. « Un mythe est une histoire, une fable symbolique, simple et frappante »* ROUGEMONT. *Mythes grecs d'Orphée, de Prométhée. « Le Mythe de Sisyphe », essai de Camus.* — PAR EXT. Représentation de faits ou de personnages souvent réels déformés ou amplifiés par l'imagination collective, une longue tradition littéraire. ➤ **légende.** *Mythes littéraires* (Don Juan, Don Quichotte, Faust, Hamlet...). *Le mythe napoléonien. Le mythe de l'Atlantide.* ■ **2** FIG. Pure construction de l'esprit (➤ **idée**). *« Le pécheur en soi est un mythe »* MAURIAC. — FAM. Affabulation. ➤ **invention.** *Son oncle à héritage ? C'est un mythe !* il n'existe pas. ■ **3** Expression d'une idée, exposition d'une doctrine ou d'une théorie philosophique sous une forme imagée. ➤ **allégorie.** *Le mythe de la caverne chez Platon.* ■ **4** Représentation idéalisée de l'état de l'humanité dans un passé ou un avenir fictif. *Mythe de l'Âge d'or, du Paradis perdu.* ➤ **utopie.** *« nos mythes actuels conduisent les hommes à se préparer à un combat »* G. SOREL. ■ **5** (avant 1865) Image simplifiée, souvent illusoire, que des groupes humains élaborent ou acceptent au sujet d'un individu ou d'un fait et qui joue un rôle déterminant dans leur comportement ou leur appréciation. *Le mythe du bon sauvage, du héros. Le mythe de la galanterie française. « le mythe est une parole choisie par l'histoire : il ne saurait surgir de la "nature" des choses »* BARTHES. *Détruire les mythes.* ➤ **démystifier, démythifier.** ■ HOM. Mite.

MYTHIFIER [mitifje] **v.** ⟨7⟩ – 1929 ◊ de *mythe* ■ **1** **v. intr.** RARE et LITTÉR. Fabriquer des mythes. ■ **2** **v. tr.** DIDACT. Instaurer en tant que mythe. **p. p. adj.** *Une institution mythifiée.* — **n. f.** **MYTHIFICATION.** ■ CONTR. Démythifier.

MYTHIQUE [mitik] **adj.** – XIVe, repris 1831 ◊ de *mythe* ■ **1** Qui a rapport ou appartient au mythe ; qui a le caractère d'un mythe. *Héros mythique.* ➤ **fabuleux, imaginaire, légendaire.** — *Récit mythique.* ◆ PAR EXT. Qui est entré dans les mémoires par sa popularité. ➤ **célèbre.** *Un film mythique.* ■ **2** Qui est le produit de l'imagination. *Des revenus mythiques.* ➤ **chimérique, imaginaire, irréel.** *Ce qu'il dit de son père est mythique.* ■ CONTR. Historique, réel.

MYTHO ➤ **MYTHOMANE**

MYTHO- ■ Élément, du grec *muthos* « fable ».

MYTHOGRAPHE [mitɔgʀaf] **n.** – 1838 ◊ de *mytho-* et *-graphe* ■ DIDACT. Auteur d'ouvrages sur les mythes, les fables. ➤ **mythologue.**

MYTHOLOGIE [mitɔlɔʒi] **n. f.** – XIVe ◊ bas latin *mythologia,* grec *muthologia* ■ **1** Ensemble des mythes (1°), des légendes propres à un peuple, à une civilisation, à une religion. *Mythologie hindoue, grecque.* — SPÉCIALT Mythologie de l'Antiquité gréco-romaine. *Fables de la mythologie. Dieux, déesses, héros et demi-dieux de la mythologie* (➤ **panthéon**). ■ **2** Science, étude des mythes (1°), de leurs origines, de leur développement et de leur signification. ■ **3** (1959) Ensemble de mythes (5°) se rapportant à un même objet, un même thème, une même doctrine. *Mythologie de la vedette. « le vin* [en France] *supporte une mythologie variée »* BARTHES.

MYTHOLOGIQUE [mitɔlɔʒik] **adj.** – 1481 ◊ latin *mythologicus,* grec *muthologikos* ■ Qui a rapport ou appartient à la mythologie (➤ **fabuleux**), et SPÉCIALT à la mythologie gréco-romaine. *Divinités mythologiques. Attributs mythologiques* (**ex.** le caducée de Mercure, le fuseau des Parques). *Récit mythologique.*

MYTHOLOGUE [mitɔlɔg] **n.** – XVIe ◊ de *mythologie* ■ DIDACT. Spécialiste de l'étude des mythes, de la mythologie. ➤ **mythographe.** ♦ Historien(ne) qui considère comme un mythe un point contesté (en histoire).

MYTHOMANE [mitɔman] **adj. et n.** – 1905 ◊ de *mytho-* et *2-mane* ■ Qui est atteint de mythomanie. — **n.** ➤ **affabulateur, fabulateur, menteur.** — ABRÉV. FAM. (1976) **MYTHO.** *Elles sont un peu mythos. Des mythos.*

MYTHOMANIE [mitɔmani] **n. f.** – 1905 ◊ de *mytho-* et *-manie* ■ Forme de déséquilibre psychique, caractérisée par une tendance à la fabulation, au mensonge, à la simulation. *« Sa mythomanie est un moyen de nier la vie,* [...] *de nier, et non pas d'oublier »* MALRAUX.

MYTILI-, MYTILO- ■ Éléments, du latin *mytilus,* grec *mutilos* « coquillage, moule ».

MYTILICULTEUR, TRICE [mitilikyltœʀ, tʀis] **n.** – v. 1903 ◊ de *mytiliculture* ■ DIDACT. Personne qui fait l'élevage des moules.

MYTILICULTURE [mitilikyltyʀ] **n. f.** – 1890 ◊ de *mytili-* et *culture* ■ DIDACT. Élevage des moules, pratiqué dans des moulières.

MYTILOTOXINE [mitilotɔksin] **n. f.** – 1889 ◊ de *mytilo-* et *toxine* ■ BIOCHIM. Toxine qui peut se trouver dans les moules, et causer une intoxication alimentaire.

MYXŒDÉMATEUX, EUSE [miksedematø, øz] **adj. et n.** – 1880 ◊ de *myxœdème* ■ MÉD. Qui a rapport au myxœdème, qui a pour cause le myxœdème. *Goitre myxœdémateux.* ♦ Atteint de myxœdème. — **n.** *Un myxœdémateux.*

MYXŒDÈME [miksedɛm] **n. m.** – 1879 ◊ du grec *muxa* « morve » et *oidêma* « gonflement » ■ MÉD. Affection due à l'insuffisance ou à la suppression de la fonction thyroïdienne et caractérisée par un œdème et une coloration jaunâtre de la peau, des troubles intellectuels et sexuels (➤ **crétinisme, goitre, hypothyroïdie**).

MYXOMATOSE [miksomatoz] **n. f.** – 1943 ◊ de *myxome* « tumeur molle, composée de tissu muqueux », du grec *muxa* « morve » ■ Grave maladie virale infectieuse et contagieuse du lapin, caractérisée par des tuméfactions d'apparence gélatineuse entre la peau et les muqueuses, et une très vive inflammation des paupières. *Le lapereau « est aveuglé par la myxomatose. Ses paupières sont refermées, soudées par une chassie jaune »* DEL AMO.

MYXOMYCÈTES [miksomisɛt] **n. m. pl.** – 1873 ◊ de l'allemand *Myxomyceten* (1863), du grec *muxa* « morve » et *-mycète* ■ BOT., ZOOL. Classe de champignons inférieurs à l'aspect amiboïde, classés parmi les protistes à cause de leur proximité avec les protozoaires.

MZABITE ➤ **MOZABITE**

N

1 **N** [ɛn] **n. m. inv.** ▪ Quatorzième lettre et onzième consonne de l'alphabet : *n majuscule* (N), *n minuscule* (n). — PRONONC. Lettre qui note à l'initiale entre voyelles ou suivie de *e* caduc l'occlusive nasale dentale [n] *(nez, année, innover, ennemi, finir, âne)* ; devant consonne (sauf *p, b, m* ➤ 1**m**) ou en finale *n* nasalise la voyelle précédente. — *Digrammes, trigrammes comportant n : in, ain, ein, yn,* qui notent la voyelle nasale [ɛ̃] *(fin, main, plein, syndicat)* ; *ien,* qui note souvent [jɛ̃] de même que *-yen (chien, il vient, moyen)* et parfois [jɑ̃] *(patient)* ; *-éen,* qui note [eɛ̃] *(européen)* ; *oin,* qui note [wɛ̃] *(coin)* ; *en, an, aen, aon,* qui notent généralement [ɑ̃] *(enfant, Caen, paon)* ; *on,* qui note [ɔ̃] *(bon, mignon)* ; *un, eun* qui notent [œ̃] *(brun, à jeun)* mais parfois *un* note [ɔ̃] (*punch* [boisson], *secundo*) ; *gn, ng* (→ 1g). — REM. *-en* note [ɛn] dans des emprunts *(yen, spécimen)*. - *en-* (→ 1e). - *-ent* est muet dans les terminaisons verbales quand il marque la troisième pers. du plur. *(ils chantent, ils prient)*. - En liaison, les adjectifs *bon* et *divin* ainsi que les adjectifs finissant en *-ein, -ain, -yen* se dénasalisent (*un certain âge* [œsɛʀtɛnɑʒ], *plein air* [plɛnɛʀ], *Moyen-Orient* [mwajɛnɔʀjɑ̃]), contrairement aux mots *en, bien, aucun, un, on, mon, ton, son* pour lesquels la liaison se fait sans dénasalisation. ▪ **HOM.** Aine, haine.

2 **N** **abrév. et symboles** ▪ **1 N.** [nɔʀ] Nord. ▪ **2 N°** ou **n°** [nymeʀo] Numéro. *Chambre n° 2.* ▪ **3 N** [ɛn] Azote (nitrogène). ▪ **4 N** [njutɔn] Newton. ▪ **5 n.** [nɔ̃] Nom. ▪ **6 n** [ɛn] Désigne, en mathématiques, un nombre indéterminé. ➤ **énième.** ▪ **7 n** [nano] Nano-. ▪ **8** ℕ [ɛn] Ensemble des entiers naturels. ▪ **9 n.** (de *niveau*) **N+1 :** supérieur hiérarchique direct. « *chacun de nous dépendant d'un chef baptisé n+1 qui lui-même reportait à un n+1, et ainsi de suite en pyramide jusqu'au PDG* » C. ADERHOLD. *Il est convoqué par sa N+2.*

N' ➤ **NE**

NA [na] **interj.** – 1826 ◇ onomat. ▪ Exclamation enfantine ou familière de défi, renforçant une affirmation ou une négation. *C'est bien fait, na !* — SUBST. « *Il faillit conclure par un "na !" comme les gosses* » FALLET.

NAAN [nan] **n. m.** – 1980, *nan* ◇ mot hindi d'origine farsie ▪ Galette de pain cuite traditionnellement au four, qui accompagne la cuisine du nord de l'Inde. *Des naans au fromage.*

NABAB [nabab] **n. m.** – 1653 ; *navabo* 1614 ◇ mot hindoustani, de l'arabe *nuwwâb*, plur. de *nāib* «lieutenant», par le portugais ▪ **1** HIST. Titre donné dans l'Inde musulmane aux grands officiers des sultans, aux gouverneurs de provinces. ▪ **2** (XVIIIe) VX Européen qui avait fait fortune aux Indes. — (1836) MOD. Personnage fastueux et très riche, avec de très nombreux serviteurs. « *Le Nabab* », *roman de Daudet. Mener une vie de nabab.*

NABI [nabi] **n. m.** – 1853 ◇ mot hébreu ▪ **1** RELIG. Chez les Hébreux, Prophète, homme inspiré par Dieu. ▪ **2** (1888) ARTS Nom adopté par de jeunes peintres indépendants qui voulaient s'affranchir de l'enseignement officiel. *Le mouvement des nabis* ou **NABISME n. m.**

NABLA [nabla] **n. m.** – 1953 ◇ mot anglais (1884), d'origine grecque ▪ MATH. Opérateur différentiel (noté ∇) défini sur des champs scalaires ou vectoriels.

NABLE [nabl] **n. m.** – 1820 ◇ du néerlandais *nagel* «cheville» ▪ MAR. Trou de vidange (d'une embarcation).

NABOT, OTE [nabo, ɔt] **n. et adj.** – 1549 ◇ probablt altération de *nain-bot*, de *nain* et *bot* ▪ PÉJ. Personne de très petite taille. ➤ **nain ;** PÉJ. **avorton.** ▪ **CONTR.** Colosse, géant.

NABUCHODONOSOR [nabykɔdɔnɔzɔʀ] **n. m.** – 1897 ◇ du n. d'un personnage bibl. ▪ Grosse bouteille de champagne d'une contenance de vingt bouteilles ordinaires.

NAC [nak] **n. m.** ▪ Sigle de *nouveaux animaux de compagnie**.

NACARAT [nakaʀa] **n. m.** – 1611 ; *nacarade* 1578 ◇ espagnol *nacarado* «nacré» ▪ LITTÉR. Couleur d'un rouge clair dont les reflets rappellent ceux de la nacre. — ADJT INV. « *une soierie nacarat* » PROUST.

NACELLE [nasɛl] **n. f.** – XIe ◇ bas latin *navicella, naucella,* diminutif de *navis* «bateau» ▪ **1** VX OU POÉT. Petit bateau à rames, sans voile. ➤ **canot.** — MOD. Partie fixe ou mobile d'un landau ou d'une poussette, destinée à coucher ou à asseoir l'enfant. ▪ **2** (1846) Panier (ou coque carénée) fixé sous un aérostat (pour les aéronautes, le moteur, les agrès). *Nacelle d'un ballon, d'une montgolfière.* ▪ **3** Dispositif suspendu ou élevé permettant d'effectuer des travaux dans des lieux difficiles d'accès. ▪ **4** CHIM. Petit récipient allongé, en verre, porcelaine ou métal, destiné à recevoir une ou plusieurs substances susceptibles de réagir entre elles ou avec l'atmosphère du tube qui le contient et que l'on chauffe.

NACHO [natʃo] **n. m.** – 1990 ◇ mot espagnol du Mexique, peut-être du nom de l'inventeur de la recette ▪ **AU PLUR.** Chips de maïs recouvertes de fromage fondu et d'ingrédients variés (plat mexicain). *Des nachos* [natʃos] *au poulet.* — PAR EXT. ➤ **tortilla** (2°). « *Il grignotait des* nachos *trempés dans une purée de tomates* » GODBOUT.

NACRE [nakʀ] **n. f.** – 1560 ; *nacrum, nacle* XIVe ◇ italien *naccaro* ; arabe *naqqāra* ▪ **1** VX Pinne marine. ▪ **2** (XVIIe) MOD. Substance à reflets irisés qui tapisse intérieurement la coquille de certains mollusques (burgau, mulette, huître), utilisée en bimbeloterie, marqueterie. *Nacre des perles. Boutons de nacre. Collier en nacre.* ▪ **3** LITTÉR. Couleurs, reflets nacrés. « *la nacre changeante de leurs flancs* [des dorades] » ZOLA.

NACRÉ, ÉE [nakʀe] **adj.** – 1734 ; «qui renferme de la nacre» 1667 ◇ de *nacre* ▪ Qui a l'aspect, l'éclat irisé de la nacre. « *libellules aux ailes de verre, nacrées* » MAUPASSANT. *Vernis à ongles nacré.*

NACRER [nakʀe] **v. tr.** ‹1› – 1845 ◊ de *nacre* ▪ **1** TECHN. Traiter (les fausses perles) de façon à leur donner l'aspect de la nacre. ▪ **2** LITTÉR. Iriser. ➤ **nacré.** *« La lune descendue allait s'enfoncer dans la mer qu'elle nacrait sur toute sa surface »* MAUPASSANT. — PRONOM. *Se nacrer.*

NADIR [nadiʀ] **n. m.** – 1556 ; *nador* 1361 ◊ arabe *nâdir* « opposé (au zénith) » ▪ ASTRON. Point de la sphère céleste diamétralement opposé au zénith, et qui se trouve sur la verticale de l'observateur.

NÆVUS [nevys] **n. m.** – 1834 ; *neve* 1611 ◊ mot latin « tache, verrue » ▪ MÉD. Malformation congénitale de la peau, se présentant sous la forme de tache ou de tumeur. ➤ **envie, grain** (de beauté). *Nævus pigmentaire, pileux, vasculaire. Des nævus.* On dit parfois *des nævi* [nevi] (plur. lat.).

NAFÉ [nafe] **n. m.** – 1844 ◊ de l'arabe *nāfi'* ▪ BOT., PHARM. Fruit de la ketmie, qui entre dans la composition de certains remèdes.

NAGARI ➤ **DEVANAGARI**

NAGE [naʒ] **n. f.** – 1160 ◊ de *nager* ▪ **1** VX Navigation. — MOD. MAR. Action, manière de ramer. *Bancs de nage,* sur lesquels sont assis les rameurs. *Dame de nage. Chef de nage. Nage à couple, en pointe.* ▪ **2** (1552) COUR. Action, manière de nager (2°). ➤ **natation.** *Nage rapide, de vitesse. Principales nages :* brasse (ordinaire, papillon, coulée), crawl, indienne, nage sur le dos, over arm stroke... *Nage libre,* au choix de chaque nageur (pratiquement, le crawl). *Champion du quatre cents mètres nage libre. Nage en eau vive :* descente de torrents, de rapides à la nage, en appui sur un flotteur. — *Nage sous-marine.* ◆ loc. adv. *À la nage :* en nageant. *Gagner la côte à la nage.* — FIG. Cuit dans un court-bouillon (crustacés, coquillages). *Homard, écrevisses à la nage.* SUBST. *Nage de crustacés.* PAR EXT. *Nage de légumes.* ▪ **3** LOC. *En nage :* inondé de sueur (➤ **transpiration**). *Être, mettre en nage.*

NAGEOIRE [naʒwaʀ] **n. f.** – 1555 ◊ de *nager* ▪ Organe formé d'une membrane soutenue par des rayons osseux, qui sert d'appareil propulseur et stabilisateur aux poissons et à certains animaux marins. *Nageoires impaires : nageoire anale, caudale (homocerque, hétérocerque), dorsale. Nageoires paires : nageoires pectorales, pelviennes. — Nageoires des marsouins, des phoques.*

NAGER [naʒe] **v. intr.** ‹3› – XIIe ; *nagier* 1080 ◊ latin *navigare* ▪ **1** VX Naviguer. — (1280) MOD. MAR. Ramer, aller à l'aviron. *Nager de l'avant, à culer. « nager à la vénitienne »* GAUTIER. ▪ **2** (milieu XIVe) COUR. Se soutenir et avancer à la surface de l'eau, se mouvoir sur ou dans l'eau par des mouvements appropriés. *Nager en mer, dans une piscine. Il ne sait pas nager, il apprend à nager. Nager sous l'eau. Nager comme un poisson,* très bien. — LOC. *Nager entre deux eaux :* ménager deux partis, éviter de s'engager à fond. ➤ **louvoyer.** *Nager en eau trouble :* savoir profiter d'une situation peu claire. ◆ TRANS. Pratiquer (un genre de nage) ; parcourir à la nage, disputer (une épreuve de nage). *Nager la brasse, le crawl. Nager un cent mètres dos. Il a nagé le 400 mètres.* ▪ **3** Baigner, être plongé dans un liquide (trop) abondant. *Un plat « où un pilon de poulet nage dans une sauce brune »* SARTRE. ▪ **4** FIG. Être dans la plénitude d'un sentiment, d'un état. ➤ **baigner.** *Nager dans le bonheur, dans l'incertitude.* ▪ **5** FAM. Être au large (dans ses vêtements). *Elle nage dans son pantalon.* ➤ 1 **flotter.** ▪ **6** (1916) FAM. Être dans l'embarras, dans l'incertitude. *Je nage complètement.* ➤ **patauger** (cf. Perdre* pied).

NAGEUR, EUSE [naʒœʀ, øz] **n.** – XIIe ◊ de *nager* ▪ **1** VX Navigateur. — MOD. MAR. Rameur. *Nageur de l'arrière, de l'avant. Banc de nageurs.* ▪ **2** (1350) Personne qui nage, qui sait nager. *Une bonne nageuse.* — APPOS. *Maillot nageur,* ou **n. m.** *un nageur :* maillot de bain une pièce comme portent les nageuses professionnelles. ◆ APPOS. *Maître nageur :* personne qui enseigne la natation, qui surveille un lieu où l'on se baigne (piscine, plage). ➤ **baigneur.** *Des maîtres nageurs.* ◆ Athlète disputant une épreuve de natation. ➤ **crawleur.** ◆ MAR. MILIT. *Nageur de combat :* homme*-grenouille.

NAGUÈRE [nagɛʀ] **adv.** – XIIe ◊ pour *n'a guère(s)* « il n'y a guère » ▪ LITTÉR. Il y a peu de temps. ➤ **récemment.** *« On arrive à haïr ce qu'on aimait naguère »* HUGO. *« Jadis et Naguère », de Verlaine.* ◆ COUR. (ABUSIF) Autrefois, jadis.

NAHUATL [naɥatl] **n. m.** – 1676 ◊ mot de cette langue ▪ Langue amérindienne (aztèque) parlée au Mexique.

NAÏADE [najad] **n. f.** – *nayade* 1491 ◊ latin d'origine grecque *naias, naiadis* ▪ **1** MYTH. Divinité des rivières et des sources. ➤ **nymphe.** ▪ **2** LITTÉR. OU PLAISANT Baigneuse, nageuse. ▪ **3** (1765) Plante aquatique *(naïadacées)* des eaux douces dont la pollinisation se fait par l'eau.

1 **NAÏF, NAÏVE** [naif, naiv] **adj.** – 1155 ◊ latin *nativus*

I ▪ **1** VX OU LITTÉR. Originaire, natif. *« saisir notre esprit dans son état naïf et comme à ses débuts »* PAULHAN. ▪ **2** (XVIe) VIEILLI Qui représente bien la chose telle qu'elle est. ➤ **ressemblant, sincère.** *« la naïve peinture des vices et des vertus »* CORNEILLE. ◆ SC. Empirique. *« comme on dit la théorie naïve des ensembles »* QUENEAU. ▪ **3** (XVIe) MOD. Qui est naturel, sans artifice, spontané. *« elle offre l'image d'une gaieté naïve et franche »* LACLOS. — Qui est d'une simplicité sans apprêt. *« L'adagio, cantilène simple et naïve »* BERLIOZ. ◆ SPÉCIALT *Art naïf :* art populaire, folklorique, contemporain de l'art évolué. PAR EXT. *Peintre naïf.* SUBST. *Les naïfs.*

II COUR. (PERSONNES) ▪ **1** (1607) Plein de confiance et de simplicité par ignorance, par inexpérience. ➤ **candide, confiant, ingénu, simple.** *« Aucune hypocrisie ne venait altérer la pureté de cette âme naïve »* STENDHAL. *Être très naïf* (cf. Croire au père Noël*). — *Un air naïf.* — Qui exprime par ignorance des choses simples que tout le monde sait. ➤ **ingénu, niais.** *Remarque naïve. Question naïve.* ➤ **simpliste.** ▪ **2** (1642) Qui est d'une crédulité, d'une confiance irraisonnée et quelque peu ridicule. ➤ **crédule, innocent, niais, nigaud ;** FAM. **gobeur,** 2 **gogo.** *« il est encore plus naïf que vous, il s'imagine que tout le monde est bon »* GREEN. *Je ne suis pas assez naïf pour y croire.* ◆ SUBST. *Vous me prenez pour un naïf !* ➤ **niais ;** FAM. **gobe-mouche, jobard, poire.** *Jouer les naïfs.*

▪ CONTR. Artificieux, astucieux, habile, méfiant, rusé.

2 **NAÏF** [naif] **adj. et n.** – 1996 ◊ acronyme de *Né Après l'Interdiction des Farines* ▪ Se dit d'un animal d'élevage né après l'interdiction d'utiliser des farines animales dans l'alimentation des ruminants. *Animal super-naïf,* né après l'interdiction étendue à tous les élevages. *Animaux naïfs contaminés par l'ESB.*

NAIN, NAINE [nɛ̃, nɛn] **n. et adj.** – XIIe ◊ latin *nanus*

I n. ▪ **1** COUR. Personne d'une taille anormalement petite. ➤ PÉJ. **avorton, gnome, nabot, tom-pouce.** FIG. *« Que de nains couronnés paraissent des géants ! »* VOLTAIRE. ◆ SPÉCIALT (dans les légendes) Personnage imaginaire de taille minuscule (gnome, farfadet, lutin, korrigan). *« Blanche-Neige et les sept nains », conte de Grimm. — Nain de jardin :* figurine (en céramique, en plastique) représentant un personnage des contes et légendes germaniques, servant à décorer les jardins. ◆ (1838) **NAIN JAUNE :** jeu de cartes où l'on place les mises sur un tableau dont la case centrale représente un nain vêtu de jaune, qui tient à la main un sept de carreau. ▪ **2** Individu atteint de nanisme*. *Ses chaussures « lui faisaient gagner les dix centimètres qui le haussaient de la condition de nain à celle d'homme petit »* TOURNIER. ▪ **3** FIG. Personne sans importance, négligeable. ➤ **minable, minus.** *« 9 millions de barils par jour ! Je suis un nain* [...] *à côté de ce gars-là ! »* E. CARRÈRE.

II adj. ▪ **1** (1636) Qui est anormalement petit. *« Elle avait beau être petite, très petite, presque naine »* JOUHANDEAU. ◆ Affligé de nanisme. *Il est minuscule, mais il n'est pas nain.* ▪ **2** (Qualifiant des espèces, des variétés de plantes de petite taille) *Arbre nain* (➤ aussi **bonsaï**), *rosier nain. Haricot, pois nain. Poule naine.* ▪ **3** (1923) ASTRON. *Étoile naine* ou SUBST. *naine :* étoile appartenant à la série principale du diagramme de Hertzsprung-Russell. *Le Soleil est une étoile naine. Naine blanche,* de température superficielle relativement élevée et de forte densité. *Naine rouge,* de température superficielle relativement faible, émettant peu de lumière. *Naine brune,* de faible masse, restée trop froide pour être le siège de réactions nucléaires. — *Planète* naine.*

▪ CONTR. Colosse, géant.

NAISSAIN [nɛsɛ̃] **n. m.** – 1863 ◊ de *naître* ▪ *Le naissain, du naissain :* embryons ou larves des huîtres et des moules d'élevage.

NAISSANCE [nɛsɑ̃s] **n. f.** – XIIe ◊ de *naître*

I ▪ **1** Commencement de la vie indépendante (caractérisé par l'établissement de la respiration pulmonaire) ; moment où le fœtus est expulsé de l'organisme maternel (➤ **accouchement, nativité**). *« Nous ne courons pas vers la mort, nous fuyons la catastrophe de la naissance »* CIORAN. *Vie avant la naissance* (➤ **anténatal, prénatal, utérin**). *Il a assisté à la naissance de son enfant. Donner naissance à.* ➤ **enfanter, engendrer.** *Date et lieu de naissance. Anniversaire de la naissance. « l'éducation de l'homme commence à sa naissance »* ROUSSEAU. ➤ **berceau.** — *De naissance :* qui se manifeste dès la naissance, qui n'est pas acquis. ➤ **congénital.** *Aveugle de naissance.* ➤ **né**

(aveugle-né). «*Le vrai coloriste connaît de naissance la gamme des tons*» (BAUDELAIRE), il en a une connaissance innée. — DR. Instant marquant la sortie de l'enfant du sein maternel, et condition d'acquisition de la capacité juridique, avec effet rétroactif au jour de la conception. *Déclaration, acte, extrait de naissance. Nom de naissance.* LOC. FAM. *Avaler son acte de naissance* : mourir*. *Thème astral de naissance.* ➤ **généthliaque.** ◆ **UNE, DES NAISSANCES.** *Nombre de naissances.* ➤ **natalité.** *Courbe des naissances. Contrôle*, limitation des naissances.* ➤ **contraception.** *Régulation des naissances.* ➤ **orthogénie.** ■ **2** Mise au monde d'un enfant, accouchement. *Naissance avant terme ou prématurée. Naissance double,* de jumeaux. *Naissance multiple.* — *Maison de naissance* : structure placée sous la responsabilité médicale de sages femmes, qui propose aux femmes enceintes un suivi et un accouchement moins médicalisés que dans une maternité. ■ **3** (1380) VIEILLI Origine, extraction ; condition sociale résultant du fait qu'on est né dans telle classe de la société. *Grande, haute naissance.* MOD. *De haute, de bonne naissance* : bien né. ➤ **extraction, famille, origine.** «*cet air de courtoisie des Turcs de bonne naissance*» LOTI. ◆ ABSOLT, VX Noblesse. *Un homme sans naissance.* «*la naissance n'est rien où la vertu n'est pas*» MOLIÈRE.

II FIG. ■ **1** (v. 1600) Commencement, apparition. ➤ **début, origine.** *La naissance du jour. Naissance d'une œuvre.* ➤ **création, éclosion, genèse.** «*De la naissance de l'amour*» STENDHAL. *C'est dans ce quartier que l'émeute a pris naissance,* a commencé. *Donner naissance à qqch.* ➤ **créer, produire, provoquer.** *Ce reportage a donné naissance à de nombreuses polémiques.* ■ **2** (1561) Point, endroit où commence qqch. *Naissance d'un arc* (commencement de la courbure). *Naissance d'un fleuve.* ➤ **source.** — SPÉCIALT «*Le corsage laissait voir la naissance du cou*» HUGO.

■ CONTR. 1 Mort. — 1 Fin.

NAISSANT, ANTE [nɛsɑ̃, ɑ̃t] adj. – 1581 ◇ de *naître* ■ **1** BLAS. ➤ **issant.** ■ **2** (1638) LITTÉR. Qui commence à apparaître, à se développer. «*Le demi-cercle de la lune naissante*» FROMENTIN. «*C'est ici* [Néron] *un monstre naissant*» RACINE. *Un amour naissant.* ■ **3** (1855) CHIM. *État naissant* : état des atomes doués d'une réactivité chimique inhabituelle parce qu'ils ne sont pas encore associés en molécules. *Hydrogène naissant.*

■ CONTR. Finissant, mourant.

NAÎTRE [nɛtʀ] v. intr. ‹59› /NAITRE/ – v. 1000 *nez* p. p. ◇ latin *nascere*

I ■ **1** Venir au monde, sortir de l'organisme maternel. «*Naître, c'est rompre un lien qu'on ne peut défaire, c'est un abandon paradoxal*» C. LAURENS. *Un enfant qui vient de naître* : un nouveau-né. *Il est né à terme, avant terme* (prématuré), *à sept mois* (après sept mois de vie intra-utérine). «*Je suis né à Genève, en 1712, d'Isaac Rousseau, citoyen, et de Suzanne Bernard*» ROUSSEAU. *Il est né le premier de quatre enfants* (cf. Premier né*). *En naissant* : au moment de la naissance. «*l'homme n'a pas en naissant la science infuse*» C. BERNARD. — IMPERS. *Il naît plus de filles que de garçons.* ◆ LOC. FIG. *Je ne suis pas né d'hier*, de la dernière pluie, de la dernière couvée. Il n'est pas né celui qui...* : cela ne risque pas d'arriver. «*celui-là qui se paiera la tête du vieux Golder, il n'est pas encore né*» I. NÉMIROVSKY. — *Être né sous un astre favorable, sous une bonne étoile* : avoir un heureux destin. *Être né avec une cuillère d'argent* dans la bouche.* ◆ (Suivi d'un attribut) *Naître aveugle.* «*Tous les êtres humains naissent libres et égaux en dignité et en droits*» (DÉCLARATION DES DROITS DE L'HOMME). *Il est né poète.* ◆ *Être né pour* : être naturellement fait pour, destiné à. «*Nous étions nés l'un pour l'autre*» GÉRALDY. «*l'homme est né pour le bonheur*» GIDE. ■ **2** LITTÉR. **NAÎTRE À** : commencer une vie nouvelle, s'éveiller, s'ouvrir à. *Naître à l'amour.*

II (XIIIe) FIG. ■ **1** Commencer à exister. «*Paris est né dans cette vieille île de la Cité*» HUGO. «*Colbert, qui fit naître l'industrie en France*» VOLTAIRE. ➤ **créer.** «*L'amour naît brusquement, sans autre réflexion*» LA BRUYÈRE. *Faire naître un sentiment,* l'éveiller, le provoquer. «*Toutes ces influences font naître l'amitié*» MAUPASSANT. — *Naître de* : être causé par. «*il n'y a point de mal dont il ne naisse un bien*» VOLTAIRE. ■ **2** Commencer à se manifester, apparaître. «*Le jour naissait, calme et glacial*» MAUPASSANT. ➤ **se lever.**

■ CONTR. Mourir. — Finir. Disparaître.

NAÏVEMENT [naivmɑ̃] adv. – 1180 ◇ de 1 *naïf* ■ **1** VX Par nature, de naissance. ■ **2** (1559) VX Au naturel ; avec exactitude et sincérité. «*Représenter naïvement et nettement les choses, sans les changer*» BUFFON. ■ **3** (1694) MOD. D'une manière naïve (II) : avec ingénuité, avec une simplicité et une confiance excessives. ➤ **ingénument.** *Répondre naïvement.* «*tout naïvement, sans y entendre malice*» DAUDET.

NAÏVETÉ [naivte] n. f. – v. 1265 ◇ de 1 *naïf* ■ **1** VX Simplicité et franchise naturelle dans l'expression. «*je vais procéder à cette confession avec la même naïveté*» ROUSSEAU. ■ **2** (XVIIe) MOD. Simplicité, grâce naturelle empreinte de confiance et de sincérité. ➤ **candeur, fraîcheur, ingénuité.** «*Toute la personne de Cosette était naïveté, ingénuité, transparence*» HUGO. ■ **3** (1680) Excès de confiance, de crédulité, résultant souvent de l'ignorance, de l'inexpérience ou de l'irréflexion ; marque de cet état d'esprit. ➤ **crédulité.** *Être d'une grande naïveté.* «*aucun âge n'échappe à la naïveté*» RADIGUET. «*mille choses qu'elle avait eu l'impardonnable naïveté de lui confier*» GREEN. ◆ Assertion, remarque naïve. *Dire des naïvetés.*

■ CONTR. Astuce, finesse, méfiance.

NAJA [naʒa] n. m. – 1734 ◇ latin des zoologistes (après 1658, avant 1693), du sanskrit *nāga-* «serpent» par une forme cinghalaise ■ ZOOL. ➤ **cobra.**

NANA [nana] n. f. – 1949 ◇ de *Anna* ■ FAM. ■ **1** Petite amie. ➤ **gonzesse,** 2 **nénette, pépée,** 1 **souris** (2°). «*pourquoi t'es seul, pourquoi t'as pas de nana ?*» DJIAN. ■ **2** Jeune fille, jeune femme. «*C'est une sacrée nana, on va en entendre parler un jour*» PENNAC.

NANAN [nanɑ̃] n. m. – 1640 ◇ radical onomat. *nann-*, attesté dans de nombreux dérivés dialectaux ■ FAM. et VX Friandise. «*les nanans dont nous sommes friands*» BALZAC. ◆ VIEILLI. LOC. *C'est du nanan* : c'est très agréable, très facile (cf. C'est du gâteau*).

NANAR [nanaʀ] n. m. – 1900 *nanard* ◇ par redoublement de la syllabe finale de l'argot *panard* «vieil homme» ■ FAM. Marchandise sans valeur. *Il m'a refilé un nanar.* — Mauvais film. ➤ **navet.**

NANDOU [nɑ̃du] n. m. – 1816 ◇ du latin des zoologistes *nandu*, d'un mot guarani (Brésil), déjà emprunté au XVIIe, *yandou* 1614 ■ Grand oiseau coureur *(rhéiformes)* de l'Amérique du Sud, voisin de l'autruche. *Des nandous.*

NANDROLONE [nɑ̃dʀɔlɔn] n. f. – 1972 ◇ de *n(or)andro(sténo)lone* ■ Stéroïde anabolisant à faible action androgénique. *Dopage à la nandrolone.*

NANIFIER [nanifje] v. tr. ‹7› – 1939 ◇ du latin *nanus* «nain» ■ TECHN. Empêcher de grandir (une plante). *Le bonsaï est un arbre nanifié.*

NANISME [nanism] n. m. – 1838 ◇ du latin *nanus* «nain» ■ Anomalie caractérisée par une taille inférieure de plus de 20 % à la moyenne, due à diverses causes (déficit hormonal, troubles de l'ossification ou du métabolisme). ➤ **achondroplasie.** *Le nanisme entraîne le plus souvent une disproportion des parties du corps.* ■ CONTR. Gigantisme.

NANO- ■ **1** MÉTROL. Préfixe du système international (SYMB. n), du grec *nannos* «nain», qui divise par un milliard (10^{-9}) l'unité dont il précède le nom : *nanoseconde, nanomètre, nanofarad.* ■ **2** SC. Élément, de *nanomètre.*

NANOMATÉRIAU [nanomateʀjo] n. m. – 1993 ◇ de *nano-* et *matériau* ■ Matériau composé d'objets (particules, fibres ou tubes) dont la taille n'excède pas 100 nanomètres. *Les fullerènes, le graphène sont des nanomatériaux.*

NANOMÈTRE [nanɔmɛtʀ] n. m. – v. 1961 ◇ de *nano-* et *mètre* ■ MÉTROL. Unité de mesure de longueur (SYMB. nm), égale à un milliardième (10^{-9}) de mètre. *Un nanomètre équivaut à 10 angströms.* — adj. (1986) **NANOMÉTRIQUE** [nanɔmetʀik].

NANOPARTICULE [nanopaʀtikyl] n. f. – 1980 ◇ de *nano-* et *particule* ou calque de l'anglais *nanoparticle* (v. 1980) ■ CHIM. Particule de taille nanométrique (de l'ordre de 1 à 100 nanomètres). *Propriétés bactéricides des nanoparticules d'argent.*

NANORÉSEAU [nanoʀezo] n. m. – 1985 ◇ nom déposé ; du latin *nanus* «nain» et *réseau* ■ INFORM. Réseau* local destiné à l'interconnexion d'un petit nombre de micro-ordinateurs.

NANOSCIENCES [nanosjɑ̃s] n. f. pl. – 1992 ◇ de *nano-* et *science* ■ DIDACT. Ensemble des sciences qui étudient les propriétés et les fonctions spécifiques des objets et structures de taille nanométrique, ainsi que les procédés de manipulation de la matière à l'échelle de l'atome. *Nanosciences et nanotechnologies.*

NANOSCOPE [nanɔskɔp] n. m. – 1955 ◇ de *nano-* et *-scope*, d'après *microscope* ■ TECHN. Microscope permettant d'observer des objets de taille nanométrique.

NANOSECONDE [nanos(ə)gɔ̃d] n. f. – 1962 ◇ de *nano-*, et 2 *seconde* ■ MÉTROL. Unité de mesure de temps (SYMB. ns), égale à un milliardième de seconde (10^{-9} s). *Un cycle de processeur dure quelques nanosecondes.*

NANOTECHNOLOGIE [nanotɛknɔlɔʒi] **n. f.** – 1990 ◊ anglais *nanotechnology* (1974) ; cf. *nano-* et *technologie* ■ *Les nanotechnologies* : ensemble des procédés de fabrication et de manipulation de structures, matériaux et systèmes de dimension comprises entre 1 et 100 nanomètres. *Les nanotechnologies se trouvent à la convergence de plusieurs disciplines scientifiques : la microélectronique, la chimie et la biologie. Nanotechnologies et nanosciences.* — **adj. NANOTECHNOLOGIQUE.**

NANOTUBE [nanotyb] **n. m.** – 1995 ◊ de *nano-* et *tube* ■ CHIM. Structure de forme tubulaire dont le diamètre n'excède pas 10 nanomètres. *Propriétés mécaniques (résistance, légèreté) des nanotubes de carbone.*

NANSOUK [nɑ̃suk] **n. m.** – 1829 *nansouck* ; 1771 *mansouque* ; répandu v. 1853 ◊ mot hindi « plaisir *(sukh)* des yeux *(nain)* » ■ Toile de coton légère d'aspect soyeux, employée en lingerie et pour la broderie. — On a écrit aussi *nanzouk*.

NANTI, IE [nɑ̃ti] **adj. et n.** – XVIe ◊ de *nantir* ■ Qui est bien pourvu ; et SPÉCIALT Riche. — **n.** PÉJ. *Les nantis.* ■ CONTR. Défavorisé, démuni, pauvre.

NANTIR [nɑ̃tiʀ] **v. tr.** ‹2› – 1255 ◊ de l'ancien français *nant* « gage », ancien scandinave *nam* « prise de possession » ■ **1** VX, DR. FIN. Mettre (un créancier) en possession d'un gage pour sûreté de la dette. — PRONOM. *Se nantir des effets d'une succession*, en prendre possession avant liquidation de la succession. ■ **2** (XVIe) Mettre (qqn) en possession de qqch. ➤ **munir, pourvoir.** — (Souvent péj.) *On l'a nanti d'un titre.* ➤ **doter.** — « *les peuples nantis de quelque supériorité* » BENDA. « *Il file à l'anglaise, nanti de quelques gâteaux dans ses poches* » BUTOR. ➤ aussi **nanti.** ■ CONTR. Démunir, priver.

NANTISSEMENT [nɑ̃tismɑ̃] **n. m.** – 1283 ◊ de *nantir* ■ DR., FIN. Contrat par lequel un débiteur remet, fictivement ou effectivement, un bien à son créancier pour sûreté de sa dette. ➤ **antichrèse, gage, hypothèque** (mobilière), **warrant.** *Nantissement* (sans dépossession) *d'un fonds de commerce, de l'outillage et du matériel professionnel, d'un film cinématographique* (➤ **avance** [sur recettes]). *Prêt sur nantissement.*

NANZOUK ➤ **NANSOUK**

NAOS [naos ; naɔs] **n. m.** – 1567 ; *naon* 1771 ◊ mot grec ■ ARCHÉOL. Partie intérieure et centrale d'un temple grec (entre le pronaos et l'opisthodome). — Dans un temple égyptien, Loge abritant la statue du dieu.

NAP [nap] **adj. inv.** – v. 1980 ◊ acronyme de *Neuilly, Auteuil, Passy*, quartiers élégants de Paris ■ Élégant, distingué. ➤ **B. C. B. G.** *Un ton très NAP.* ■ HOM. Nappe.

NAPALM [napalm] **n. m.** – avant 1943 ◊ mot anglais (1942), de *na(phtenate)* et *palm(itate)* ■ Essence solidifiée au moyen du palmitate de sodium ou d'aluminium, servant à la fabrication de bombes incendiaires. *Bombes au napalm.*

NAPÉE [nape] **n. f.** – XVe ◊ latin *napœa*, du grec *napê* « bois, vallon » ■ MYTH. Nymphe des bois et des prés. ■ HOM. Napper.

NAPEL [napɛl] **n. m.** – 1559 ◊ latin scientifique *napellus*, diminutif de *napus* « navet » ■ Aconit d'une espèce très commune. APPOS. *Aconits napels.*

NAPHTALÈNE [naftalɛn] **n. m.** – 1836 ◊ de *naphtaline* ■ CHIM. Hydrocarbure cyclique aromatique ($C_{10}H_8$) extrait du goudron de houille, solide blanc, brillant, cristallisé, à odeur pénétrante, utilisé dans l'industrie des colorants, des parfums.

NAPHTALINE [naftalin] **n. f.** – 1821 ◊ de *naphte* ■ Produit antimite fait de naphtalène impur. *Boules de naphtaline* (cf. RÉGION. Boules à mites*). *Forte odeur de naphtaline.* — LOC. FIG. et FAM. *Sentir la naphtaline* : être dépassé, dater.

NAPHTE [naft] **n. m.** – 1555 ; *napte* 1213 ◊ latin *naphta*, grec d'origine orientale *naphtha* ■ **1** VIEILLI Bitume liquide, mélange de carbures naturels (pétrole brut). *Nappe de naphte.* ■ **2** COMM. Produit distillé des pétroles, utilisé comme combustible, dissolvant ou dégraissant.

NAPHTOL [naftɔl] **n. m.** – 1843 ◊ de *napht(aline)* et suffixe chimique *-ol*, d'après *phénol* ■ CHIM. Phénol dérivé du naphtalène. *Les deux isomères du naphtol.*

NAPOLÉON [napɔleɔ̃] **n. m. et f.** – 1807 ◊ n. pr. ■ **1 n. m.** Pièce d'or de vingt francs frappée à l'effigie de Napoléon III. ➤ **louis.** *Le napoléon est coté en Bourse. Double napoléon*, pièce de quarante francs. ■ **2 n. f.** Bigarreau, d'une variété à gros fruit rose à chair blanche et ferme. *Des napoléons.*

NAPOLÉONIEN, IENNE [napɔleɔnjɛ̃, jɛn] **adj.** – 1814 ◊ de *Napoléon* ■ Qui a rapport à Napoléon Ier, et PAR EXT. à Napoléon III, aux Napoléon. *L'épopée napoléonienne. La dynastie napoléonienne.* ➤ aussi **empire.**

NAPOLITAIN, AINE [napɔlitɛ̃, ɛn] **adj. et n.** – 1549 ◊ italien *napoletano*, latin *neapolitanus*, de *Neapolis* « Naples » ■ **1** De Naples, relatif à Naples. *Romances napolitaines.* ◆ **n.** *Les Napolitains.* — **n. m.** *Le napolitain* (dialecte). ■ **2** *Tranche napolitaine* : glace disposée en trois couches diversement parfumées, servie en tranches. ■ **3 n. m.** (n. déposé) Petit carré de chocolat fin et amer, servi avec le café.

NAPPAGE [napaʒ] **n. m.** – 1807 ◊ de *nappe* ■ **1** RARE Linge de table. ■ **2** (de *napper*) CUIS. Couche nappée (2°). *Un nappage au chocolat.*

NAPPE [nap] **n. f.** – v. 1170 *nape* ◊ latin *mappa* « serviette de table »

I Linge qui sert à couvrir la table du repas. *La nappe et les serviettes. Nappe blanche ; à carreaux. Mettre, ôter la nappe. — Nappe en plastique, en papier.* ◆ (1508) LITURG. *Nappes d'autel* : chacun des trois linges de lin ou de chanvre qui doivent recouvrir l'autel.

II FIG. (XVIIIe) ■ **1** COUR. Vaste couche ou étendue plane (de fluide). « *des nappes de brumes dormantes s'étirent* » MARTIN DU GARD. *Nappe de gaz* : couche de gaz lourd qui s'étend sur le sol. *Nappe de feu* : vaste surface embrasée. ■ **2** GÉOL. *Nappe (d'eau)* : eau occupant une dépression fermée ; toute eau stagnante (lac, étang). *Écoulement en nappe*, de type laminaire. — *Nappe d'eau souterraine* (➤ **phréatique**). *Nappe libre, captive. — Nappe de naphte, de pétrole. — Nappe volcanique* : ancienne lave qui s'est étendue sur une vaste surface. *Nappe de charriage* : étendue de terrain qui a avancé, a été « charrié » au-dessus d'autres terrains, en laissant des traces. ■ **3** (1769) TECHN. Large bande de textile cardé d'épaisseur constante à la sortie de la machine. — Ensemble des fils de chaîne sur le métier. ■ **4** (1819) GÉOM. Portion fermée de surface. — Portion illimitée et d'un seul tenant d'une surface courbe. ■ **5** MUS. Accord (parfois note) tenu, joué au synthétiseur. « *Sous mon casque audio, des nappes de synthétiseur plein la tête* » P. BAILLY.

■ HOM. Nap.

NAPPER [nape] **v. tr.** ‹1› – 1845 ◊ de *nappe* ■ **1** Couvrir comme d'une nappe. ■ **2** (XXe) CUIS. Recouvrir (une viande, un gâteau) d'une couche de sauce, de gelée, etc. *Napper un gâteau de confiture.* ■ HOM. Napée.

NAPPERON [napʀɔ̃] **n. m.** – 1845 ; *naperon* 1391 ◊ diminutif de *nappe* ■ Petit linge de table servant à protéger ou décorer la table ou la nappe. *Napperons individuels*, placés sous chaque couvert. ➤ **set** (de table). ◆ Petit linge décoratif qui sert à isoler un objet (vase, lampe) du meuble qui le supporte. ➤ 2 **dessous**, 2 **dessus.**

NARCÉINE [narsein] **n. f.** – 1832 ◊ du grec *narkê* (cf. *narco-*) et suffixe *-ine* ■ BIOCHIM. Un des alcaloïdes de l'opium.

NARCISSE [naʀsis] **n. m.** – 1538 ; *narciz* 1363 ◊ latin *narcissus*, grec *narkissos*

I BOT. Plante monocotylédone *(amaryllidacées)* bulbeuse, herbacée, à fleurs campanulées blanches très odorantes, ou jaunes. *Narcisse des poètes.* ➤ 1 **jeannette.** *Narcisse jonquille.* ➤ **jonquille.** *Narcisse sauvage, des prés.* ➤ **coucou.** ◆ COUR. ABSOLT **NARCISSE :** le narcisse blanc odorant.

II (1598 ◊ de *Narcisse*, personnage de la mythologie, qui s'éprit de lui-même en se regardant dans l'eau d'une fontaine, et fut changé en la fleur qui porte son nom) LITTÉR. Personne qui se contemple, s'admire. « *Des Narcisses, aimant et détestant leur image, mais à qui toute autre est indifférente* » RADIGUET.

NARCISSIQUE [naʀsisik] **adj. et n.** – 1922 ◊ de *narcissisme* ■ Inspiré par le narcissisme ; qui relève du narcissisme. *Un comportement narcissique.* — PSYCHAN. *Stade narcissique infantile de la sexualité. Névrose narcissique.*

NARCISSISME [naʀsisism] **n. m.** – 1894 ◊ de *Narcisse* ■ **1** COUR. Admiration de soi-même, attention exclusive portée à soi. ➤ **égotisme.** ■ **2** PSYCHAN. Fixation affective à soi-même.

NARCO- ■ Élément, du grec *narkê* « engourdissement », qui a ce sens en français, et PAR EXTENSION « narcotique, drogue ».

NARCOANALYSE [naʀkoanaliz] **n. f.** – 1947 ◊ de *narco-* et *analyse* ■ MÉD. Investigation de l'inconscient d'un sujet préalablement mis dans un état de narcose incomplète (➤ **subnarcose**).

NARCODOLLARS [narkodɔlar] n. m. pl. – 1981 ◊ mot anglais ; de *narco-* et *dollar* ■ Profits, réalisés généralement en dollars, tirés du trafic de la drogue (4°). *Blanchir des narcodollars.* — Au sing. « *l'une des plus grandes capitales mondiales du narcodollar* » FOTTORINO.

NARCOLEPSIE [narkɔlɛpsi] n. f. – 1880 ◊ de *narco-* et du grec *lêpsis* « attaque » ■ MÉD. Tendance irrésistible au sommeil survenant par accès. — adj. **NARCOLEPTIQUE.**

NARCOSE [narkoz] n. f. – 1836 ◊ grec *narkôsis* ■ **1** VX Torpeur pathologique. ■ **2** (1903) MOD. MÉD. Sommeil provoqué artificiellement par un narcotique. ➤ **anesthésie.**

NARCOTHÉRAPIE [narkoterapi] n. f. – 1959 ◊ de *narco-* et *-thérapie* ■ DIDACT. Traitement de certaines affections mentales ou psychiques par un sommeil artificiel prolongé (cf. Cure de sommeil*).

NARCOTINE [narkɔtin] n. f. – 1814 ◊ de *narcotique* et suffixe *-ine* ■ BIOCHIM. Un des alcaloïdes de l'opium employé comme calmant de la toux.

NARCOTIQUE [narkɔtik] adj. et n. m. – 1314 ◊ latin médiéval *narcoticus*, grec *narkôtikos* ■ **1** Qui assoupit, engourdit la sensibilité. ➤ **anesthésique, calmant, somnifère, soporifique.** *Propriétés narcotiques d'une plante. Plantes narcotiques,* aux propriétés narcotiques. ■ **2** n. m. Médicament qui provoque la narcose. ➤ **barbiturique, hypnotique.** *Abus des narcotiques. Narcotiques et stupéfiants.* ◆ FIG. Ce qui fait dormir. « *Les larmes sont un narcotique* » DAUDET.

NARCOTRAFIC [narkotrafik] n. m. – 1985 ◊ de *narco-* et *trafic*, d'après l'espagnol *narcotráfico* ■ Trafic de drogue (4°).

NARCOTRAFIQUANT [narkotrafikɑ̃] n. m. – 1979 ◊ hispano-américain (Colombie) *narcotraficante* (1974) ■ Gros trafiquant de drogue. — ABRÉV. FAM. **NARCO.** *La guerre des narcos.* « *Les narcos colombiens la livrent* [la cocaïne] *par bateau* » J.-CH. RUFIN.

NARD [nar] n. m. – 1538 ; *narde* 1213 ◊ latin *nardus*, d'origine orientale ■ **1** *Nard (indien) :* plante herbacée, exotique *(valérianacées),* aromate très apprécié des Anciens. ◆ Parfum extrait de cette plante. ■ **2** (1538) Nom de diverses valérianacées. *Nard celtique, des montagnes.* ■ **3** (1765) *Nard raide :* plante herbacée *(graminées)* à feuilles piquantes, commune dans les prés.

NARGUER [narge] v. tr. ⟨1⟩ – 1750 ; *se narguer* « se moquer » 1562 ; « être désagréable » 1452 ◊ latin populaire °*naricare* « nasiller », de *naris* « narine » ■ Braver avec insolence, avec un mépris moqueur. ➤ **défier, provoquer.** *Narguer le danger.*

NARGUILÉ [nargile] n. m. – 1834 ; *narguillet* 1790 ◊ mot persan ■ Pipe orientale, à long tuyau communiquant avec un flacon d'eau aromatisée que la fumée traverse avant d'arriver à la bouche du fumeur. ➤ **chicha, houka.** « *Fumant notre narguilé sous les platanes d'un café turc* » LOTI. — On écrit aussi *narghilé.*

NARINE [narin] n. f. – 1165 ◊ latin populaire °*narina*, classique *naris* ■ Chacun des deux orifices extérieurs des cavités nasales. « *Les narines de son nez mince palpitaient largement* » FLAUBERT. *Narines du cheval.* ➤ **naseau.**

NARQUOIS, OISE [narkwa, waz] adj. – 1582 ◊ mot d'argot, d'origine inconnue ; p.-ê. variante de *narquin*, altération par agglutination de *arquin* « archer » puis « drille », de 1*arc* ■ **1** VX Filou, rusé. ■ **2** (1846 ◊ influence probable de *narguer*) MOD. Qui est à la fois moqueur et malicieux. ➤ **ironique, railleur.** *Un sourire, un regard narquois.* — (PERSONNES) *Il est toujours un peu narquois.* — adv. **NARQUOISEMENT,** 1846.

NARRATAIRE [naratɛr] n. – 1966, Barthes ◊ de *narrateur*, avec le suffixe *-aire*, sur le modèle de *destinateur / destinataire* ■ DIDACT. Instance à laquelle s'adresse le narrateur* dans le récit. *Un lecteur est réel, mais le narrataire est fictif.*

NARRATEUR, TRICE [naratœr, tris] n. – 1490 ◊ latin *narrator* ■ **1** Personne (et SPÉCIALT écrivain) qui raconte (certains événements). ➤ **conteur, historien.** « *Le narrateur de cette histoire* » CAMUS. ■ **2** Dans un texte, La première personne du récit, celle qui dit *je*, SPÉCIALT quand ce n'est pas l'auteur. *Le narrateur et le narrataire**.

NARRATIF, IVE [naratif, iv] adj. – 1452 ; n. f. « exposé » v. 1380 ◊ bas latin *narrativus* ■ **1** Composé de récits ; propre à la narration. *Histoire narrative. Élément narratif d'un poème.* ■ **2** DIDACT. Qui étudie les structures du récit. *Schéma narratif et schéma actanciel.*

NARRATION [narasjɔ̃] n. f. – 1190 ◊ latin *narratio* ■ **1** Exposé écrit et détaillé d'une suite de faits, dans une forme littéraire. ➤ **récit ; exposé, relation.** *Les récits de famille « se gravent plus fortement dans la mémoire que les narrations écrites »* VIGNY. « *Une narration* [...] *sèche, abstraite dans son élégance* » SAINTE-BEUVE. — GRAMM. *Infinitif* de narration. Présent de narration* (ex. Il se marie en 1970 et divorce en 1985). ■ **2** (1680) RHÉT. Partie du discours qui suit la proposition et précède la confirmation. ■ **3** (1862) Exercice scolaire qui consiste à développer, de manière vivante et pittoresque, un sujet donné. ➤ **rédaction.**

NARRATIVITÉ [narativite] n. f. – 1969 ◊ de *narratif* ■ DIDACT. Ensemble des traits caractéristiques du discours narratif.

NARRER [nare] v. tr. ⟨1⟩ – 1388 ◊ latin *narrare* ■ LITTÉR. Raconter. ➤ **conter, relater.**

NARTHEX [nartɛks] n. m. – 1721 ◊ grec ecclésiastique, de *narthêx* « férule, cassette » ■ ARCHIT. Vestibule de l'église, distinct du porche en ce qu'il est compris sous la même couverture que la nef, souvent surmonté d'une tribune. *Narthex d'une basilique romane.*

NARVAL [narval] n. m. – 1723 ; *narwal* 1647 ; *nahwal* 1627 ◊ danois *narhval*, d'origine islandaise, par le latin savant ■ Grand mammifère cétacé *(odontocètes)* des mers arctiques, appelé communément *licorne de mer,* caractérisé par le développement considérable, chez le mâle, de l'incisive gauche qui devient une longue défense horizontale spiralée. *Des narvals.*

NASAL, ALE, AUX [nazal, o] adj. – 1363 ◊ du latin *nasus* « nez » ■ **1** Qui a rapport ou appartient au nez. *Fosses nasales :* les deux cavités séparées par la lame perpendiculaire du nez et par lesquelles l'air pénètre par les narines. *Cloison, épine nasale. Hémorragie nasale.* ➤ **épistaxis.** ANTHROP. *Indice nasal :* rapport établi entre la plus grande largeur du nez et sa hauteur. ■ **2** (1721) Dont la prononciation comporte une résonance de la cavité nasale mise en communication avec l'arrière-bouche. *Consonnes nasales* (m [m], n [n], gn [ɲ]) ; *voyelles nasales* (an, en [ɑ̃], in [ɛ̃], on [ɔ̃], un [œ̃]). SUBST. *Une nasale.* — PAR EXT. Nasillard. *Voix nasale.* ■ HOM. Naseau.

NASALISATION [nazalizasjɔ̃] n. f. – 1868 ◊ de *nasaliser* ■ PHONÉT. Fait de nasaliser (un son) ; passage d'un phonème oral au phonème nasal correspondant. ■ CONTR. Dénasalisation.

NASALISER [nazalize] v. tr. ⟨1⟩ – 1868 ; *nasaler* 1781 ◊ de *nasal* ■ PHONÉT. Rendre nasal (un son, une prononciation). M, n, *devant une consonne, nasalisent la voyelle qui les précède* (ex. rompre, bande). — PRONOM. *La première syllabe de* dandy *se nasalise en français.* ■ CONTR. Dénasaliser.

NASALITÉ [nazalite] n. f. – 1760 ◊ de *nasal* ■ DIDACT. Caractère nasal (d'un phonème).

NASARD [nazar] n. m. – 1685 ; « cornet » 1519 ◊ de *nez* ■ MUS. Jeu de mutation* de l'orgue, à son flûté, qui sert au renforcement de la quinte. *Petit nasard.* ➤ **larigot.**

NASARDE [nazard] n. f. – 1532 *nazarde* ◊ du radical du latin *nasus* « nez » ■ VX OU LITTÉR. Chiquenaude sur le nez. ◆ FIG. Camouflet.

NASE ➤ 1 et 2 **NAZE**

NASEAU [nazo] n. m. – 1540 ◊ du radical du latin *nasus* « nez » ■ Chacune des narines de certains grands mammifères, et SPÉCIALT du cheval. ◆ FAM. *Les naseaux :* le nez. ■ HOM. Nasaux (nasal).

NASHI [naʃi] n. m. – 1988 ◊ mot japonais « poire » ■ Fruit d'un arbre originaire de Chine, piriforme, à la chair croquante et juteuse. *Des nashis.*

NASILLARD, ARDE [nazijar, ard] adj. – 1654 n. « personne qui nasille » ◊ de *nasiller* ■ Qui nasille, vient du nez. *Voix nasillarde.* — PAR EXT. *Le son nasillard d'un vieux disque.*

NASILLEMENT [nazijmɑ̃] n. m. – 1741 *nazillement* ◊ de *nasiller* ■ **1** Action de nasiller. — MÉD. Trouble de la phonation caractérisé par un excès de résonance des cavités nasales, dû à un défaut de perméabilité des fosses nasales. ■ **2** Cri du canard.

NASILLER [nazije] v. intr. ⟨1⟩ – 1575 ◊ de *nez* ■ **1** Parler du nez. ■ **2** Pousser son cri, en parlant du canard. ■ **3** Faire entendre des sons nasillards. *Basson qui nasille.* ■ **4** TRANS. (1767) LITTÉR. Dire, chanter en nasillant. « *un navrant* Requiem *s'éleva, nasillé par deux jeunes filles* » P. BENOIT. — adj. **NASILLEUR, EUSE.**

NASIQUE [nazik] **n. f. et m.** – 1789 ◊ latin *nasica* «au grand nez», surnom populaire

I **n. f. ou m.** (1789 n. f.) Grande couleuvre arboricole de l'Inde, dont les plaques nasales se prolongent en avant du museau.

II **n. m.** (1791) Grand singe des forêts tropicales d'Asie *(cercopithécoïdes)*, au nez pointu très proéminent.

NASITORT [nazitɔʀ] **n. m.** – XIIIe ◊ latin *nasturtium* ■ RÉGION. Cresson alénois.

NASONNEMENT [nazɔnmɑ̃] **n. m.** – 1684 ◊ de *nasonner*, variante de *nasiller*, d'après *chantonner* ■ MÉD., PHONÉT. Trouble de la phonation dû à une exagération de la perméabilité nasale, caractérisé par une légère nasalisation des voyelles et des consonnes orales.

NASSE [nɑs] **n. f.** – XIIe ◊ latin *nassa* ■ **1** Engin de pêche, panier oblong en osier, en filet ou en treillage métallique. ➤ **casier.** *Poser, lever des nasses.* ◆ Filet pour la capture des petits oiseaux. ■ **2** ZOOL. Mollusque gastéropode carnassier.

NATAL, ALE [natal] **adj.** – v. 1500 ◊ latin *natalis* ■ **1** Où l'on est né. *Maison natale. Pays natal. «Milly ou la Terre natale»,* poème de Lamartine. — *Langue natale,* maternelle. *«mêlant, dans ses protestations, un français farouche à son arabe natal»* DUHAMEL. ■ **2** Relatif à la naissance (cf. Périnatal, postnatal, prénatal). *Troubles natals.*

NATALISTE [natalist] **adj.** – 1929 ◊ de *natal* ■ Qui cherche à favoriser, à augmenter la natalité. *Politique nataliste.*

NATALITÉ [natalite] **n. f.** – 1868 ◊ de *natal* ■ Rapport entre le nombre des naissances d'enfants vivants et le chiffre de la population totale dans un lieu et dans un espace de temps (généralement un an) déterminés. *Pays à forte, à faible natalité. Taux de natalité. Accroissement de la natalité.* ➤ **babyboom.** *Diminution, baisse, régression de la natalité* (➤ **dénatalité**). — *Une politique de natalité,* qui vise à faire augmenter le nombre des naissances.

NATATION [natasjɔ̃] **n. f.** – 1550 ◊ latin *natatio* ■ Action de nager, considérée comme un exercice, un sport. ➤ **nage.** *Pratiquer la natation. Faire de la natation. Professeur de natation. Épreuves de natation sportive* (nage libre, brasse, dos). *Natation synchronisée* ou *natation artistique,* pratiquée par équipes, comportant figures imposées et ballet. *Sports annexes de la natation* (plongeon, waterpolo).

NATATOIRE [natatwaʀ] **adj.** – *lieu natatoire* 1567 ; n. «baignade, piscine» v. 1190 ◊ bas latin *natatorius* ■ **1** RARE Relatif à la natation. ■ **2** (1789) *Vessie* natatoire.*

NATIF, IVE [natif, iv] **adj. et n.** – XIVe ◊ latin *nativus* ; cf. 1 *naïf*

I **adj.** ■ **1 NATIF DE :** né d'une famille établie à (tel endroit). ➤ **originaire.** — POP. et VIEILLI *Il est né natif de Marseille.* ◆ ANGLIC. LING. *Locuteur natif,* qui parle sa langue. ■ **2** Qu'on a de naissance. ➤ **inné, naturel.** *Elle «avait une noblesse native»* BALZAC. ■ **3** (1762) MINÉR. *Métal natif,* qui se trouve naturellement à l'état de pureté, non combiné. ➤ **brut.** *Or, argent, mercure natif.* ◆ Tel qu'on le trouve dans la nature. *Protéine à l'état natif.* ■ **4** INFORM. *Mode natif* (d'un système), qui utilise les composants de base présents sur un ordinateur donné (➤ **émulateur**). *Logiciel natif,* écrit et compilé pour un processeur donné.

II **n.** Personne née dans (le pays dont il est question). ➤ **autochtone, indigène, naturel.** *Les natifs d'Auvergne.* — *Les natifs du Verseau,* les personnes nées sous ce signe.

NATION [nasjɔ̃] **n. f.** – *nacion* v. 1270 ; «naissance, race» 1160 ◊ latin *natio* ■ **1** VX Groupe d'individus auxquels on suppose une origine commune. *«des nations d'hommes d'une taille gigantesque»* ROUSSEAU. ➤ **race.** ■ **2** Groupe humain, généralement assez vaste, qui se caractérise par la conscience de son unité (historique, sociale, culturelle) et la volonté de vivre en commun. ➤ **peuple.** *Nation civilisée, policée. «Le peuple français est [...] mieux qu'une race, c'est une nation»* BAINVILLE. *«Essai sur les mœurs et l'esprit des nations»,* ouvrage de Voltaire. *La sagesse* des nations.* — *«Allez, enseignez toutes les nations»* (BIBLE). ◆ Au Canada, Groupe de communautés amérindiennes. *La nation abénaquise, iroquoise.* — *Les Premières Nations :* les Amérindiens et les Inuits. ■ **3** Groupe humain constituant une communauté politique, établie sur un territoire défini ou un ensemble de territoires définis, et personnifiée par une autorité souveraine. ➤ **état, 1 pays.** *Les grandes nations.* ➤ **puissance.** — *Qui concerne plusieurs nations.* ➤ **international.** — *Organisation des Nations unies (ONU),* créée en 1945 pour remplacer la *Société des Nations* (*S. D. N.,* 1919). ■ **4** Ensemble des individus qui composent ce groupe. ➤ **population.** *«cette partie de la nation qu'on nomme la bourgeoisie»* HUGO. *Les vœux de la nation.* ◆ DR. Personne juridique constituée par l'ensemble des individus composant l'État, mais distincte de ceux-ci et titulaire du droit subjectif de souveraineté. *«Le principe de toute souveraineté réside essentiellement dans la Nation»* (DÉCLARATION DES DROITS DE L'HOMME). *«L'Europe des Nations»* DE GAULLE. *Adresser un appel à la nation. Consulter la nation par référendum.* — COUR. *La nation,* la collectivité. *Pupilles* de la nation. Biens, moyens de production qui doivent revenir à la nation,* être nationalisés.

NATIONAL, ALE, AUX [nasjɔnal, o] **adj. et n.** – 1550 ; *nacional* 1534, d'abord terme d'organisation relig. ◊ de *nation* ■ **1** (répandu fin XVIIIe) Qui appartient à une nation (2° et 3°), qui a pour objet une nation, particulièrement celle à laquelle on appartient (opposé à *étranger,* à *international*). *Territoire national. Hymne national. Fête nationale. Industrie, production, richesse nationale. Produit national brut* (➤ **P. N. B.**). *Gloire nationale. Plat national.* SPÉCIALT *Langue nationale :* langue d'un groupe ethnique dont l'usage est légalement reconnu dans l'État auquel appartient ce groupe (à distinguer de *langue officielle*). *Armée nationale,* composée de citoyens (et non de mercenaires ou de volontaires étrangers). *Identité* nationale. Le roman, le récit national :* l'histoire de la nation telle qu'elle est enseignée, édifiée par les historiens. *«l'idéologie des droits de l'homme [...] porte en elle la destruction du roman national»* P. NORA. *Grande cause* nationale.* ◆ POLIT. Qui incarne ou prétend incarner et servir avant tout sa nation (en se défiant de toute tendance internationaliste). *«Tout ce qui est national est nôtre»* (slogan de MAURRAS). *Les partis nationaux.* **n.** *Les nationaux.* — Au Québec, ANCIENNT *Parti de l'Union nationale* (1935-1988), fondé par M. Duplessis. *Membre de l'Union nationale.* ➤ **unioniste.** ■ **2** (Opposé à *local, régional, privé*) Qui intéresse la nation entière, qui appartient à l'État, est entretenu, géré, organisé par l'État. *Biens nationaux :* biens des émigrés, de l'Église, qui furent confisqués sous la Révolution et vendus au profit de l'État. *Défense, Éducation nationale. Assemblée nationale. Bibliothèque nationale* (ABRÉV. *BN*), ou SUBST. *la Nationale. Musées, parcs nationaux. Congrès, comité, bureau national d'un parti* (opposé à *fédéral, local*). *Équipe nationale de football. Sport* national.* — *Route nationale,* construite et entretenue par l'État. ABRÉV. **R. N.** [ɛʀɛn]. *La R. N. 7.* SUBST. *Prendre une nationale. La nationale 7.* ◆ *Obsèques nationales.* ■ **3** Qui est issu de la nation (4°), qui la représente ou l'exprime. *«nous sommes ici par la volonté nationale»* MIRABEAU. *Victor Hugo, notre grand poète national.* — IRON. *Notre grand chanteur national.* ■ **4** **n.** (1787) Personne qui possède telle nationalité déterminée. *Les nationaux et ressortissants français.* ■ CONTR. Étranger.

NATIONALISABLE [nasjɔnalizabl] **adj.** – milieu XXe ◊ de *nationaliser* ■ Qui peut être nationalisé, soumis à la nationalisation. *Entreprise nationalisable.*

NATIONALISATION [nasjɔnalizasjɔ̃] **n. f.** – 1877 à propos de l'Angleterre, répandu début XXe ; hapax 1796 ; «action de nationaliser», au sens ancien ◊ de *nationaliser* ■ Transfert à la collectivité nationale du contrôle et de la propriété (totale ou partielle) des moyens de production appartenant à une entreprise privée ou de l'exercice de certaines activités. ➤ **collectivisation, confiscation, étatisation, socialisation.** *La loi de nationalisation du 11 février 1982. Nationalisation du secteur bancaire, de la sidérurgie.* ■ CONTR. Dénationalisation, privatisation.

NATIONALISER [nasjɔnalize] **v. tr.** ‹1› – 1842 ; «rendre national» 1792 ◊ de *national* ■ Opérer la nationalisation de (une entreprise privée). — **p. p. adj.** *Entreprises nationalisées,* où est intervenue la nationalisation. *Le secteur nationalisé* (➤ **public**). *Les banques nationalisées.* ■ CONTR. Dénationaliser, privatiser.

NATIONALISME [nasjɔnalism] **n. m.** – 1798 ◊ de *national* ■ **1** Doctrine, mouvement politique qui revendique pour une nationalité le droit de former une nation. ➤ **autonomisme, indépendantisme, séparatisme.** *Les nationalismes européens du XIXe siècle.* ■ **2** Exaltation du sentiment national ; attachement passionné à la nation à laquelle on appartient, accompagné parfois de xénophobie et d'une volonté d'isolement. ➤ **chauvinisme, patriotisme.** *«Le départ de nos dernières troupes [...] provoqua une explosion de nationalisme»* GAXOTTE. ■ **3** Doctrine fondée sur ce sentiment, subordonnant toute la politique intérieure au développement de la puissance nationale et revendiquant le droit d'affirmer à l'extérieur cette puissance sans limitation de souveraineté. ➤ aussi **souverainisme.** *Le nationalisme intégral de Ch. Maurras.*

«Scènes et Doctrines du nationalisme», de Barrès. ▪ CONTR. Internationalisme.

NATIONALISTE [nasjɔnalist] adj. et n. – 1830 ◊ de *nationalisme* ▪ Qui concerne le nationalisme ou qui l'inspire. *Une politique nationaliste.* ♦ Qui pousse le sentiment national jusqu'au nationalisme ; partisan du nationalisme politique. — n. *Les nationalistes. Nationaliste extrémiste.* ➤ **ultranationaliste.**

NATIONALITÉ [nasjɔnalite] n. f. – 1808 ; «sentiment national» avant 1778 ◊ de *national* ▪ **1** Existence ou volonté d'existence en tant que nation d'un groupe humain uni par une communauté de territoire, de langue, de traditions, d'aspirations ; ce groupe dans la mesure où il maintient ou revendique cette existence. *«en Irlande, le catholicisme est cher aux hommes comme symbole de la nationalité»* MICHELET. — *Principe des nationalités,* au nom duquel ces groupes ont le droit de se constituer en État politiquement autonome. ▪ **2** (1868) État d'une personne qui est membre d'une nation déterminée. ➤ **citoyenneté.** *Certificat de nationalité. Nationalité d'origine. Nationalité française. Elle est de nationalité italienne. Nationalité acquise par mariage, par naturalisation, par filiation* (droit du sang), *par le lieu de naissance* (droit du sol). *Double nationalité.* ➤ **binational.** *Sans nationalité légale.* ➤ **apatride, sans-patrie.**

NATIONAL-SOCIALISME [nasjɔnalsɔsjalism] n. m. – v. 1921 ◊ allemand *National-Sozialismus* ▪ Doctrine du «parti ouvrier allemand» et surtout d'Hitler qui en devint le chef. ➤ **nazisme.**

NATIONAL-SOCIALISTE [nasjɔnalsɔsjalist] adj. – 1923 ◊ allemand *National-Sozialist* ▪ Relatif au national-socialisme ; partisan de ce mouvement. ➤ **hitlérien, nazi.** *«En 1920, à Munich, Hitler tint la première grande réunion du Parti ouvrier allemand national-socialiste»* BAINVILLE. *La doctrine national-socialiste.* — SUBST. *Les nationaux-socialistes.*

NATIVISME [nativism] n. m. – 1876 ◊ de *natif* ▪ PHILOS. Théorie qui s'oppose au génétisme*, et selon laquelle la perception de l'espace est naturelle (donnée par la sensation). — adj. et n. **NATIVISTE,** 1888.

NATIVITÉ [nativite] n. f. – XIIe ◊ bas latin *nativitas* ▪ **1** RELIG. CHRÉT. Naissance (de Jésus, de la Vierge, de saint Jean-Baptiste). *La nativité de la Vierge.* — (1699) ARTS *Une nativité :* tableau, sculpture représentant Jésus dans la crèche*, avec Joseph et Marie. ♦ Fête anniversaire commémorant cette naissance. ➤ **noël.** ▪ **2** (XVIe) ASTROL. Thème généthliaque, horoscope.

NATRON [natʀɔ̃] ou **NATRUM** [natʀɔm] n. m. – 1665, –1765 ◊ espagnol *natron,* arabe *naṭrūn* ▪ Carbonate naturel hydraté de sodium cristallisé.

NATTAGE [nataʒ] n. m. – 1835 ◊ de *natter* ▪ Action de natter ; son résultat.

NATTE [nat] n. f. – *nate* XIe ◊ latin médiéval *natta,* bas latin *matta* ▪ **1** Pièce d'un tissu fait de brins végétaux entrelacés à plat, servant de tapis, de couchette. *Natte de paille, de roseau, de jonc, de raphia. «Quelques vieux Arabes accroupis sur des nattes et fumant le kief»* GIDE. ▪ **2** (1525) Tresse plate. *Natte à trois, six brins.* MAR. ➤ 1 **paillet.** ▪ **3** (1690) Tresse de cheveux. *Se faire deux nattes. Natte dans le dos. Petite natte.* ➤ **cadenette.** *Natte enroulée.* ➤ **macaron.** *Natte africaine,* dont les mèches se suivent en ligne sur le crâne. *Nattes très fines et très nombreuses des Africaines, des rastas* (➤ **dreadlocks**). *Des Chinois «s'injuriaient et se tiraient par la natte»* MIRBEAU.

NATTÉ [nate] n. m. – attesté 1894 ◊ de *natter* ▪ **1** Tissu en laine ou coton, dont l'armure est une variante de l'armure toile, présentant de petits damiers. ▪ **2** Petit pain fait de rubans de pâte tressés.

NATTER [nate] v. tr. ‹1› – 1344 ◊ de *natte* ▪ **1** VX Couvrir d'une natte. ▪ **2** (1606) Entrelacer, mettre en natte. ➤ **tresser.** *Natter de la soie. Natter ses cheveux.* — *«Nattée à l'alsacienne, deux petits rubans voletant au bout de mes deux tresses»* COLETTE.
▪ CONTR. Dénatter.

NATTIER, IÈRE [natje, jɛʀ] n. – XIVe ◊ de *natte* ▪ Artisan qui fabrique et vend des nattes (1°).

NATURALISATION [natyʀalizasjɔ̃] n. f. – 1566 ◊ de *naturaliser*
I ▪ **1** Concession par décision de l'autorité publique de la nationalité d'un pays donné à une personne qui ne possède pas cette nationalité, si elle le demande et si elle remplit les conditions exigées par la loi. *Demande, lettre, décret de naturalisation.* ▪ **2** Acclimatation durable d'une espèce végétale ou animale importée dans un lieu où elle se maintient d'elle-même, comme une espèce indigène. ▪ **3** FIG. Acclimatation définitive (d'un mot, d'une idée venant de l'étranger). ➤ **assimilation.**
II (1907) Opération par laquelle on conserve un animal mort, une plante coupée en lui donnant l'apparence de la nature vivante. ➤ **empaillage, taxidermie.**

NATURALISER [natyʀalize] v. tr. ‹1› – 1471 ◊ dérivé savant de *naturel*
I ▪ **1** Assimiler (qqn) aux nationaux d'un État par naturalisation. *Se faire naturaliser Français.* — p. p. adj. *Un Français naturalisé.* SUBST. *Les naturalisés et les nationaux. «Il aimait la France à en mourir, de cet amour sublimé des naturalisés»* D. FOENKINOS. ▪ **2** (fin XVIe) Acclimater de façon durable (une espèce végétale ou animale). ▪ **3** FIG. (1553) Introduire et acclimater définitivement (un mot, une coutume venant de l'étranger). *«Passionné pour les arts de l'Europe occidentale et résolu de les naturaliser dans son pays»* MÉRIMÉE.
II (1874) Conserver (un animal, une plante) par naturalisation. ➤ **empailler.**

NATURALISME [natyʀalism] n. m. – 1582 ◊ dérivé savant de *naturel* ▪ **1** PHILOS. Doctrine selon laquelle rien n'existe en dehors de la nature (II, 3°), qui exclut le surnaturel. ▪ **2** (1839) PEINT. Représentation réaliste de la nature. ♦ (1868 ; mus. 1841) HIST. LITTÉR. Doctrine, école qui vise, par l'application à l'art des principes du positivisme*, à reproduire la réalité avec une objectivité parfaite et dans tous ses aspects. ➤ **réalisme.** *Le naturalisme proscrit toute idéalisation du réel. Zola «croit avoir découvert le Naturalisme !»* FLAUBERT. ▪ CONTR. Fantastique, idéalisme.

NATURALISTE [natyʀalist] n. et adj. – 1527 ◊ dérivé savant de *naturel*
I n. ▪ **1** Spécialiste de l'étude des sciences naturelles. ➤ **biologiste, botaniste, géologue, minéralogiste, zoologiste.** *Il passait «pour un grand naturaliste, pour le successeur de Buffon»* BALZAC. ♦ Personne qui s'intéresse aux sciences naturelles. *«J'étais "naturaliste" avant d'être littérateur»* GIDE. ▪ **2** (1845) Artisan qui procède à la naturalisation des animaux et des plantes destinés aux collections. ➤ **empailleur, taxidermiste.**
II adj. ▪ **1** (1580) PHILOS. Qui est adepte du naturalisme. — Propre au naturalisme. ▪ **2** (1675, repris et précisé milieu XIXe) PEINT. Qui reproduit fidèlement la nature, évite l'idéalisation et l'imagination en art. *École, peintre naturaliste.* — (1877) HIST. LITTÉR. Adepte du naturalisme, inspiré par le naturalisme. *«Les Romanciers naturalistes», œuvre de Zola. «Le déterminisme du roman naturaliste écrase la vie»* SARTRE.
▪ CONTR. Fantastique, formaliste, idéaliste.

NATURE [natyʀ] n. f. – début XIIe, au sens II, 1° ◊ du latin *natura* «action de faire naître», «caractère naturel, nature» et «organes de la génération», famille de *nasci* → naître
I CE QUI DÉFINIT UN ÊTRE OU UNE CHOSE ▪ **1** (milieu XIIIe) (Qualifié) *La nature de...* Ensemble des caractères, des propriétés qui définissent un être, une chose concrète ou abstraite, généralement considérés comme constituant un genre. ➤ **essence ; entité.** *«on peut bien connaître l'existence d'une chose, sans connaître sa nature»* PASCAL. *La nature d'une substance, d'un bien, d'un sentiment.* — (XIIIe) SPÉCIALT *La nature humaine. «Il y a deux natures en nous»* PASCAL. — THÉOL. *L'union des deux natures* (divine et humaine) *en Jésus-Christ.* ♦ LOC. **DE... NATURE.** *De cette nature :* de ce genre, de cette espèce. *De toute nature :* de toute sorte. *Des difficultés de toute nature.* ➤ **espèce, genre** (cf. FAM. De tout poil). *Choses de même nature, de nature différente.* ♦ **DE NATURE À.** ➤ **propre** (à), **susceptible** (de). *Une découverte de nature à révolutionner la science.* ▪ **2 LA NATURE :** l'ensemble des caractères innés (physiques ou moraux) propres à une espèce, et SPÉCIALT à l'espèce humaine ; le principe interne qui détermine ces caractères. *«Analyser le cœur humain pour y démêler les vrais sentiments de la nature»* ROUSSEAU. *Combattre, étouffer la nature.* — SPÉCIALT, VIEILLI Les instincts de la chair. *«la nature en elle ne s'était point encore apaisée»* ARAGON. ▪ **3** (Dans des expressions) Ce qui est inné, spontané, par opposition à ce qui est acquis (par la coutume, la vie en société, la civilisation). *«De tous les sauvages que j'ai vus dans ma vie, les Pécherais sont les plus dénués de tout : ils sont exactement dans ce qu'on peut appeler l'état de nature»* BOUGAINVILLE. — *Seconde nature :* les caractères qui ont pris la force, l'importance de caractères innés. PROV. *L'habitude est une seconde nature.* ▪ **4** (fin XVe) *La nature de qqn, une nature :* ensemble des éléments innés d'un individu. ➤ **caractère,**

idiosyncrasie, naturel, tempérament. *« Il cachait une nature aimante sous de froids dehors »* GONCOURT. — LOC. *Ce n'est pas dans sa nature :* il, elle n'a pas l'habitude de (cf. Ça ne lui ressemble pas). — *De nature, par nature :* du fait de sa nature. ➤ **naturellement.** *Il est docile par nature.* ▪ **5** (1559) Personne, du point de vue de sa nature. *Une nature violente, insouciante :* une personne d'un naturel violent, insouciant. — LOC. *C'est une heureuse nature,* il, elle est toujours satisfait(e). *Une riche nature,* qui a de nombreux talents, ressources. *Petite nature :* personne faible, physiquement ou moralement. *« ce n'est pas une petite nature, mais là vraiment il criait de douleur »* É. LOUIS. SANS COMPL. Forte personnalité. *« C'est une nature, elle a une personnalité »* PROUST.

II PRINCIPE QUI PRÉSIDE À L'ORGANISATION DU MONDE ▪ **1** (début XIIe) Principe actif, souvent personnifié, qui anime, organise l'ensemble des choses existantes selon un certain ordre. *Les lois de la nature. « La nature agit toujours avec lenteur »* MONTESQUIEU. *« La nature ne procède que par bonds et désordres soudains »* DUHAMEL. — *Mère Nature, dame Nature* (personnification). — *La nature,* opposée à l'être humain, dans ses créations, ses ouvrages. *Ceux que la nature a favorisés. « le sort des femmes que la nature a disgraciées »* DIDEROT. *« la nature bienfaisante, qui toujours travaille à rétablir ce que l'homme ne cesse de détruire »* BUFFON. *Laisser faire la nature.* ▪ **2** (1580) Principe fondamental de tout jugement moral, ensemble de règles idéales dont les lois humaines ne sont qu'une imitation imparfaite. *« Que le code des nations serait court, si on le conformait rigoureusement à celui de la nature ! »* DIDEROT. — *Un crime contre nature. « J'ose presque dire que l'état de réflexion est un état contre nature »* ROUSSEAU. — VIEILLI *Vices contre nature :* perversions sexuelles.

III LE MONDE PHYSIQUE ▪ **1** (1584) L'ensemble des choses qui présentent un ordre ou se produisent suivant des lois ; l'ensemble de tout ce qui existe. ➤ **monde, univers.** *« rien ne se perd ni rien ne se crée dans la nature »* C. BERNARD. *Les secrets de la nature. La nature a horreur du vide*. Place de l'être humain dans la nature.* ▪ **2** (1690) Ce qui, dans l'univers, se produit spontanément, sans intervention humaine ; tout ce qui existe sans l'action humaine. *« l'art est constamment au-dessous de la nature »* MUSSET. *Des formes géométriques qui n'existent pas dans la nature.* ▪ **3** L'ensemble des choses perçues, visibles, en tant que milieu où vit l'être humain. *La nature sensible.* ➤ **réalité.** *Sciences abstraites et sciences de la nature. Les forces de la nature.* FIG. et FAM. (PERSONNES) *C'est une force de la nature,* une personne d'une grande force physique. ◆ (1696) SPÉCIALT Le monde physique où vivent les humains. *Nature luxuriante. Nature hostile, inhospitalière. Protection de la nature.* ➤ **environnement ; écologie.** *Impact humain sur la nature.* ➤ **anthropisation ; anthropocène.** (Comme objet d'émotion esthétique). *Aimer la nature. Les merveilles de la nature. « le sentiment de la nature* n'exista *qu'au moment où l'homme sut la concevoir différente de lui »* SEGALEN. *Partir quelques jours en pleine nature.* — PAR EXT. et FAM. *Il a disparu, il s'est évanoui dans la nature :* on ne sait où il se trouve, on n'a aucune nouvelle de lui. *Être lâché dans la nature,* dans un lieu inconnu. *La voiture a dérapé, il s'est retrouvé dans la nature,* loin de la route. ➤ **décor.** ▪ **4** (1580) Modèle que l'art se propose de suivre et de reproduire. (1663) *Dessiner, peindre d'après nature. C'est plus beau, plus vrai que nature. « C'était un buste creux, et plus grand que nature »* LA FONTAINE. PAR APPOS. *Grandeur* nature.* ◆ *Peindre des natures mortes.* ➤ **nature morte.** ▪ **5** (1734) **EN NATURE :** en objets réels (dans un échange, une transaction), sans intermédiaire monétaire. *Don, avantages en nature. Payer en nature ;* FIG. et FAM. en accordant ses faveurs en échange d'un service.

IV ADJT INV. ▪ **1** (1808) Préparé simplement. *Bœuf nature.* — (1865) Consommé sans assaisonnement, sans adjonction d'autre comestible (cf. Au naturel). *Yaourt nature. Fraises nature et fraises à la crème.* ▪ **2** FAM. Naturel, vrai, exact. *« Nana était si [...] nature dans ce personnage »* ZOLA. (1860) *Il est nature,* spontané, franc.

NATUREL, ELLE [natyʀɛl] adj. et n. – début XIIe, au sens I, 2° ◊ du latin *naturalis,* famille de *natura.* → nature

I RELATIF À LA NATURE DES CHOSES OU À LA NATURE ▪ **1** Qui appartient à la nature d'un être, d'une chose. *Caractères naturels.* ◆ VX Qui appartient à la nature d'un lieu. ➤ **indigène.** *« Le faucon qui est naturel en France »* BUFFON. ▪ **2** (début XIIe) Relatif à la nature des choses ou à la nature (II). *Phénomènes naturels. Lois naturelles. Cause naturelle et artéfact.* — SPÉCIALT *Sciences* naturelles. Histoire* naturelle.* ▪ **3** Qui appartient à la nature des choses (opposé à *miraculeux, surnaturel*). *« Les faits naturels et les miracles »* GAUTIER. — THÉOL. Tiré de la nature (opposé à *révélé*). *Raisons naturelles.* ▪ **4** (milieu XIIIe) Propre au monde physique, à l'exception de l'être humain et de ses œuvres (opposé à *humain, artificiel*). *Lac, port naturel. « une coupure pratiquée de main d'homme, plutôt qu'une ouverture naturelle »* GAUTIER. *Frontières naturelles* (fleuves, montagnes...). — *Soie naturelle.* ▪ **5** (XIVe) Qui n'a pas été modifié, traité par l'être humain. ➤ **brut.** *Eau minérale naturelle. Gaz naturel :* le méthane. *Manger des produits naturels.* ➤ **bio.** — SPÉCIALT Qui n'est pas altéré. ➤ **pur.** ◆ MUS. *Son naturel,* sans altération (dièse ou bémol). *Gamme naturelle,* formée par la succession des sons harmoniques (par oppos. à *gamme tempérée*). *Instrument naturel :* instrument à vent qui se joue avec les lèvres, sans intervention de clés ou de pistons. ▪ **6** Qui se trouve dans la nature, n'est pas le fruit de la pensée (opposé à *idéal*). *« La géométrie ne s'occupe pas de solides naturels »* POINCARÉ. LING. *Genre naturel,* celui du sexe (opposé à *genre grammatical*). ◆ MATH. *Nombre entier naturel* ou n. m. *un naturel :* nombre entier positif de la suite 1, 2, 3, 4... *Ensemble des entiers naturels* (ℕ). *Logarithme* naturel.* ▪ **7** Fondé sur la nature, imposé par la nature (II, 2°) en tant que principe. *Les droits* naturels des humains. La loi* naturelle. Inégalité naturelle et inégalité sociale.* ▪ **8** (1538) Qui correspond à l'ordre habituel, est considéré comme un reflet de l'ordre de la nature. ➤ **normal.** *Un sentiment naturel. « Le côté simple et naturel des choses »* GAUTIER. *C'est bien naturel, tout naturel,* cela va sans dire, cela va de soi. *Il est naturel d'avoir cette opinion. C'est naturel qu'il réagisse.* ▪ **9** (1398) (Opposé à *légitime*) *Enfant naturel,* né hors mariage, à la filiation légalement établie.

II RELATIF À LA NATURE HUMAINE (milieu XIIIe) ▪ **1** Qui appartient à la nature humaine, est commun à tous les humains. *« On a longtemps cherché s'il y avait une langue naturelle et commune à tous les hommes »* ROUSSEAU. *Langage naturel et langage formalisé.* — Relatif aux fonctions de la vie. *Besoins naturels et besoins culturels. Fonctions naturelles.* ➤ **physiologique.** *Procréation naturelle* (opposé à *artificiel, assisté*). ▪ **2** (début XIIIe) Qui est inné en l'être humain (individu, groupe, humanité) (opposé à *acquis, appris*). ➤ **natif.** *Penchant, goût naturel. Une élégance, une grâce naturelle. « Le style est une qualité naturelle comme le son de la voix »* CLAUDEL. — *Naturel à qqn,* habituel, conforme à sa nature. *« rien de ce qui m'est naturel n'est dangereux »* SENANCOUR. ▪ **3** Qui appartient réellement à qqn, n'a pas été modifié. *Couleur naturelle des cheveux. Elle n'est pas maquillée, c'est son teint naturel.* — *Mort naturelle* (opposé à *accidentel, provoqué*). ▪ **4** (1640) Qui témoigne de la nature d'un individu et par suite exclut toute affectation, toute contrainte. ➤ **2 franc, sincère, spontané.** *Bonne humeur, gaieté naturelle. D'un geste naturel.* ◆ (PERSONNES) Qui se comporte, s'exprime avec spontanéité, conformément à sa nature profonde. *« Rien n'empêche tant d'être naturel que l'envie de le paraître »* LA ROCHEFOUCAULD. *« elle reste au contraire parfaitement naturelle, dénuée de la moindre pose »* MONTHERLANT. — IMPERS. *Restez assis, ça fait plus naturel.* ▪ **5** Qui donne une impression de vérité, d'aisance, de simplicité, en parlant d'une œuvre, d'une création. *« une intrigue simple et naturelle »* DIDEROT.

III LE NATUREL n. m. ▪ **1** (fin XIVe) Ensemble des caractères physiques et moraux qu'un individu possède en naissant. ➤ **caractère, humeur, nature, tempérament.** *Il est d'un naturel jaloux, câlin.* PROV. *Chassez le naturel, il revient au galop.* ▪ **2** (1671) Aisance avec laquelle on se comporte, spontanéité sans affectation. *Elle a beaucoup de naturel sur cette photo. Se comporter avec naturel. « elle conserva le naturel et la liberté des façons allemandes »* STENDHAL. ◆ Simplicité pleine de vérité (en art). *« Le naturel est ennuyeux »* VALÉRY. ▪ **3** (1587) VIEILLI Personne originaire d'un lieu. ➤ **aborigène, autochtone, indigène, natif.** *« un naturel du village de Gruissan »* HUGO. ▪ **4 AU NATUREL.** VX D'après nature, avec exactitude. ◆ MOD. Sans assaisonnement, non préparé. *Thon, riz au naturel.* ➤ **nature** (IV). — (Opposé à une représentation) *Elle est mieux au naturel qu'en photo* (cf. FAM. En vrai).

▪ **CONTR.** Artificiel, culturel, surnaturel ; factice, falsifié, frelaté ; 1 idéal, anormal, arbitraire. — 2 Acquis ; affecté, forcé, maniéré, recherché, sophistiqué ; académique, emphatique.

NATURELLEMENT [natyʀɛlmɑ̃] adv. – XIIe ◊ de *naturel*

▪ **1** Conformément aux lois naturelles, de par la nature d'une chose, d'un être. *Il frise naturellement. Eau naturellement pure.* ▪ **2** Par un enchaînement logique ou naturel. *« que tout est explicable naturellement, même l'inexpliqué »* RENAN. ◆ Inévitablement, nécessairement. ➤ **infailliblement.** *« On a été naturellement porté à penser que »* MONTESQUIEU. — **adv. de phrase** FAM. Forcément, bien sûr. ➤ **évidemment.** *« J'ai rien* *dit, naturellement»* MAC ORLAN. *Naturellement, c'est moi qui ai tort !* ▪ **3** (v. 1190) Par une impulsion naturelle, conformément au naturel, à l'instinct. *«Il était naturellement courageux [...] comme tant de timides»* MALRAUX. ▪ **4** (XIVe) D'une manière spontanée, aisée. *Elle le tutoyait «si naturellement que Léon n'en était pas surpris»* MARTIN DU GARD. ➤ **aisément, facilement, spontanément.** ◆ Sans affectation ni recherche, avec naturel. *«Il faut exprimer le vrai pour écrire naturellement»* LA BRUYÈRE. ➤ **simplement.** ▪ CONTR. Artificiellement, faussement.

NATURE MORTE [natyʀmɔʀt] **n. f.** – 1752 ◇ de *nature* (II, 6°) et 2*mort* ▪ **1** Objets ou êtres inanimés (végétaux coupés, animaux morts) faisant le sujet essentiel d'un tableau ; genre de peinture qui s'attache à les représenter. *Peintre de natures mortes.* ▪ **2** (milieu XIXe) Tableau dans ce genre de peinture. *«La Raie», célèbre nature morte de Chardin. Nature morte au pichet, aux oranges,* se dit pour désigner un tableau de nature morte d'après son objet principal.

NATURISME [natyʀism] **n. m.** – 1778 ◇ de *nature* ▪ **1** PHILOS. Culte de la nature. *«son naturisme mécaniste* [de Buffon]*»* J. ROSTAND. ◆ Doctrine selon laquelle l'adoration des forces de la nature est à l'origine de la religion. ▪ **2** (1845) MÉD. Doctrine hippocratique, d'après laquelle on doit tout attendre de la médication naturelle. ▪ **3** (1931) COUR. Doctrine préconisant un mode de vie en harmonie avec la nature (vie en plein air, aliments naturels, nudisme).

NATURISTE [natyʀist] **n. et adj.** – 1821 méd. ◇ de *naturisme* ▪ Partisan du naturisme, qui pratique le naturisme (3°). *Club de naturistes.* ➤ **nudiste.** — **adj.** *Revue naturiste.*

NATUROPATHE [natyʀɔpat] **adj. et n.** – 1972 ◇ de *nature* et *-pathe* désignant le thérapeute ▪ Spécialiste de naturopathie.

NATUROPATHIE [natyʀɔpati] **n. f.** – 1972 ◇ de *nature* et *-pathie* ▪ Méthode thérapeutique utilisant exclusivement des moyens naturels (massages, héliothérapie, phytothérapie, diététique, etc.).

NAUCORE [nokɔʀ] **n. f.** – 1800 ◇ du grec *naus* «navire» et *koris* «punaise» ▪ Insecte carnivore des eaux stagnantes, communément appelé *punaise* d'eau.*

NAUFRAGE [nofʀaʒ] **n. m.** – 1549 ; *naffrage* 1414 ◇ latin *naufragium,* de *navis* «bateau» et *frangere* «briser» ▪ **1** Perte totale ou partielle d'un navire par un accident de navigation. ➤ **fortune** (de mer), **submersion.** *Faire naufrage.* ➤ **couler, sombrer.** *Débris, épave d'un naufrage. Le naufrage du Titanic.* ▪ **2** FIG. Destruction totale, ruine. *«le naufrage de mes ambitions»* MAURIAC. *«Le grand homme qui nous sauvera du naufrage»* BALZAC. ➤ **désastre.** *Naufrage des espoirs, d'une idéologie.* ➤ **effondrement.** *Naufrage d'un pays, d'une société ; d'une entreprise.* ➤ **banqueroute, faillite.** ▪ CONTR. Renflouement, sauvetage.

NAUFRAGÉ, ÉE [nofʀaʒe] **adj. et n.** – v. 1300 ◇ de *naufrage* ▪ **1** (PERSONNES) Qui a fait naufrage. *Marin naufragé.* **n.** *Sauvetage des naufragés.* ▪ **2** (1681) (En parlant des navires) *Des «carcasses de vaisseaux naufragés»* LAMARTINE. ▪ **3** PAR EXT. *Les naufragés de la route, du ciel :* voyageurs immobilisés par force majeure (accident, intempéries...).

NAUFRAGEUR, EUSE [nofʀaʒœʀ, øz] **n.** – 1874 ◇ de *naufrage* ▪ **1 n. m.** Pillard qui, par de faux signaux, provoquait un naufrage pour voler la cargaison, les épaves. ◆ **adj.** Se dit d'un navire qui provoque un naufrage, par abordage, collision. *Bateau naufrageur.* ▪ **2** FIG. et LITTÉR. Personne qui provoque la ruine (de qqch.). *Les naufrageurs de l'État.* ➤ **fossoyeur.**

NAUMACHIE [nomaʃi] **n. f.** – 1520 ◇ latin *naumachia,* mot grec, de *naus* «navire» et *makhê* «combat» ▪ ANTIQ. Représentation d'un combat naval dans un cirque où l'arène était remplacée par un bassin ; ce bassin.

NAUPATHIE [nopati] **n. f.** – 1858 ◇ du grec *naus* «navire» et *-pathie* ▪ MÉD. Mal de mer. — **adj. et n. NAUPATHIQUE.**

NAUPLIUS [noplijys] **n. m.** – 1882 ◇ mot latin, nom de crustacé ; cf. grec *nauplios,* nom de poisson ▪ ZOOL. Premier stade larvaire de certains crustacés, caractérisé par trois paires d'appendices et un œil cyclopéen. ➤ **larve.**

NAUSÉABOND, ONDE [nozeabɔ̃, ɔ̃d] **adj.** – 1762 ◇ latin *nauseabundus* ▪ **1** Qui cause des nausées, qui écœure (odeur). *Odeur, haleine nauséabonde.* ➤ **fétide, méphitique, puant.** — Qui dégage de mauvaises odeurs. *«le lac, dépotoir nauséabond»* MAUPASSANT. ▪ **2** FIG. Répugnant. *Quel volume «nauséabond et d'une lecture écœurante !»* SAINTE-BEUVE.

NAUSÉE [noze] **n. f.** – 1495 ◇ latin *nausea ;* grec *nautia* «mal de mer», de *nautês* «navigateur» ▪ **1** Envie de vomir. ➤ **malaise, haut-le-cœur.** *«Et elle fut prise d'une nausée si soudaine qu'elle eut à peine le temps de saisir son mouchoir»* FLAUBERT. *Avoir la nausée, des nausées :* avoir mal au cœur. ▪ **2** Sensation de dégoût insurmontable. ➤ **écœurement.** *Rien que d'y penser, j'en ai la nausée. Jusqu'à la nausée :* jusqu'à la saturation, jusqu'au dégoût. ➤ **ad nauseam.** — *«La Nausée», roman de Sartre.*

NAUSÉEUX, EUSE [nozeø, øz] **adj.** – 1793 ◇ de *nausée* ▪ Qui provoque des nausées. *Médicament nauséeux.* ➤ **émétique.** *«c'était cela l'ennui ? C'était ce vide nauséeux»* DUHAMEL. ◆ Qui souffre de nausées. *Se sentir nauséeux.*

-NAUTE, -NAUTIQUE ▪ Éléments, du grec *nautês* «navigateur», *nautikos* «relatif à la navigation».

NAUTILE [notil] **n. m.** – 1562 ◇ latin *nautilus,* grec *nautilos* ▪ **1** Mollusque céphalopode d'un type très ancien, à coquille spiralée divisée en loges que traverse un long appendice (siphon). ▪ **2** (1664) ARTS Vase fait d'une conque marine irisée montée sur un pied d'orfèvrerie.

NAUTIQUE [notik] **adj.** – v. 1500 ◇ latin *nauticus,* grec *nautikos* ▪ **1** Relatif à la technique de la navigation. ➤ **naval.** *Art, science nautique. Carte nautique.* — MÉTROL. *Mille nautique :* mille* marin. **n. m.** *Un nautique :* unité de mesure de longueur (SYMB. Nq), utilisée en navigation aérienne et par la Marine nationale, valant 1 852 mètres. ▪ **2** Relatif à la navigation de plaisance et aux sports de l'eau. *Joutes nautiques. Sports nautiques* (canyoning, hors-bord, régates, yachting). *Ski* nautique. Salon nautique. Centre nautique.* ➤ **aquatique.**

NAUTISME [notism] **n. m.** – 1941 ◇ de *nautique* ▪ Sports nautiques, et particulièrement la navigation de plaisance.

NAUTONIER, IÈRE [notɔnje, jɛʀ] **n.** – XVe ; *notonier* v. 1120 ◇ ancien provençal, du latin populaire °*nauto, onis,* classique *nauta* ▪ VX Personne qui conduit un bateau. ◆ MOD. *Le nautonier des enfers,* surnom de Charon. ➤ **nocher.**

NAVAL, ALE [naval] **adj.** – v. 1300 ◇ latin *navalis* ▪ **1** Qui concerne les navires, la navigation. ➤ **maritime, nautique.** *Constructions navales. Des chantiers navals.* ▪ **2** Relatif à la marine militaire, à la guerre sur mer. *Forces navales.* ➤ 1**flotte,** 1**marine.** *Base navale. Combat naval. La bataille* navale.* — *École navale :* école supérieure qui forme les officiers de la marine militaire. ELLIPT FAM. *Faire Navale.*

NAVALISATION [navalizasjɔ̃] **n. f.** – 1963 ◇ de *naval* ▪ TECHN. Adaptation (d'un appareil, d'une arme...) à une utilisation sur bateau.

NAVARIN [navaʀɛ̃] **n. m.** – 1866 ; *navarins* «navets» 1847 ◇ déformation plaisante de *navet,* d'après *Navarin,* ville fameuse par la bataille de 1827 ▪ Mouton en ragoût, accompagné de petits oignons, pommes de terre, carottes, navets.

NAVARQUE [navaʀk] **n. m.** – 1610 ◇ latin d'origine grecque *navarchus ;* cf. *-arque* ▪ Commandant d'un vaisseau ou d'une flotte, dans l'Antiquité grecque.

NAVEL [navɛl] **n. f.** – 1912 ◇ mot anglais «nombril» ▪ Orange d'une variété caractérisée par la formation d'un fruit secondaire interne. *Un kilo de navels.* — APPOS. *Oranges navels.*

NAVET [navɛ] **n. m.** – 1265 ; *naviet* 1220 ◇ de *nef* (1174), latin *napus* ▪ **1** Plante d'origine asiatique *(crucifères)* cultivée pour ses racines comestibles. *Navets potagers, fourragers.* ➤ 1**rave, turnep.** ◆ COUR. Racine comestible du navet potager, utilisée en cuisine. *Canard aux navets.* — FAM. *Avoir du sang* de navet.* ▪ **2** (1853 ◇ à cause de la fadeur du navet) FIG. Mauvais tableau. ➤ **croûte.** Œuvre d'art sans valeur. *Ce buste «n'est pas un simple navet»* MALRAUX. ◆ SPÉCIALT (1952) Très mauvais film.

1**NAVETTE** [navɛt] **n. f.** – XIIIe ◇ dérivé ancien de *nef,* employé par anal. de forme ▪ **1** Dans le métier à tisser, Instrument formé d'une pièce de bois, pointue aux extrémités et renfermant la bobine de trame, qui se déplace de la longueur de la duite en un mouvement alternatif. *Navette à main. Navette droite, volante,* lancée par un mécanisme. ◆ Dans une machine à coudre, Instrument de métal qui contenait et dirigeait le fil de dessous. ➤ 3**canette.** ◆ MAR. Instrument porte-fil ; aiguille pour confectionner les filets de pêche. ▪ **2** (1353 ◇ par anal. de forme) LITURG. Petit vase à encens. — (1754) Petit pain au lait pour buffet. *Navettes au jambon.* — RÉGION. (Provence) Petit gâteau sec en forme de barque. *Navettes à la fleur d'oranger.* ▪ **3** LOC. (milieu XVIIIe) *Faire la navette :* faire régulièrement l'aller-retour entre deux lieux déterminés. *Il fait la navette entre la France et la Belgique* (➤ **navetteur**). — DR. CONSTIT. *La navette parlementaire* : les examens successifs d'un projet ou d'une proposition de loi par les deux assemblées en vue de l'adoption d'un texte identique. ■ **4** Service de transport ou véhicule assurant régulièrement et fréquemment la correspondance entre deux lignes, la liaison entre deux centres de communication. *Prendre la navette. Navette entre aéroports. Navette gratuite entre un hôtel et les pistes de ski.* ■ **5** (1973) Véhicule spatial récupérable pouvant effectuer plusieurs voyages entre la Terre et un objectif en orbite terrestre. *Navette spatiale utilisée pour récupérer ou réparer des satellites.*

2 **NAVETTE** [navɛt] **n. f.** – 1600 ; *navete*, n. de la graine 1323 ◊ de l'ancien français *nef* «navet» ■ Plante *(crucifères)* voisine du colza, cultivée comme fourrage et oléagineux. *Huile de navette.*

NAVETTEUR, EUSE [navetœʀ, øz] **n.** – 1971 ◊ de 1*navette* (3°) ■ **(Belgique, Luxembourg)** Personne qui fait régulièrement la navette par un moyen de transport collectif, entre son domicile et son lieu de travail (cf. Banlieusard, travailleur pendulaire*). — REM. La prononciation [naftœʀ, øz] est courante en Belgique.

NAVICERT [navisɛʀ] **n. m.** – 1940 ◊ mot anglais, abrév. de *navigation certificate* ■ MAR., COMM. Permis de naviguer sur mer, délivré en temps de guerre par les belligérants aux navires de commerce. *Des navicerts.*

NAVICULAIRE [navikylɛʀ] **adj.** – avant 1478 ◊ latin *navicularis*, de *navicula*, diminutif de *navis* «bateau» ■ ANAT. Qui a la forme allongée d'une nacelle. *Os naviculaire* : os de la rangée antérieure du tarse articulé avec l'astragale (SYN. **scaphoïde tarsien**). *Fossette naviculaire* : dilatation que présente l'urètre masculin, en arrière du méat urinaire.

NAVICULE [navikyl] **n. f.** – 1824 ; «petite barque» 1476 ◊ latin *navicula* → naviculaire ■ Algue microscopique, diatomée* aux valves en forme de carène, dont une espèce *(navicule bleue)* provoque le verdissement des huîtres.

NAVIGABILITÉ [navigabilite] **n. f.** – 1823 ◊ de *navigable* ■ **1** État d'un cours d'eau, d'une surface d'eau navigable. ■ **2** (1863) État d'un navire en mesure de tenir la mer ; d'un avion en mesure de voler. *Certificat de navigabilité.*

NAVIGABLE [navigabl] **adj.** – 1448 ◊ latin *navigabilis* ■ Où l'on peut naviguer, où un navire peut flotter. *Cours d'eau, fleuve, rivière navigable. Voies navigables* : cours d'eau et canaux.

NAVIGANT, ANTE [navigɑ̃, ɑ̃t] **adj. et n.** – 1812 ; «navigateur» 1473 ◊ de *naviguer* ■ MAR., (XXe) AVIAT. Qui navigue. *Le personnel navigant* (par oppos. à *personnel au sol, personnel rampant*). *Hôtesse navigante.* ◆ **n.** *Un navigant, une navigante.* ■ **HOM.** Naviguant (naviguer).

NAVIGATEUR, TRICE [navigatœʀ, tʀis] **n.** – 1529 ◊ latin *navigator* ■ **1** Personne qui navigue, fait de longs voyages sur mer. ➤ 2 **marin**. *Un navigateur solitaire.* ◆ **adj.** *Un peuple navigateur.* ■ **2** Membre de l'équipage d'un navire ou d'un avion, chargé de faire suivre à celui-ci un itinéraire déterminé. *La navigatrice fait le point. Le navigateur et le radio.* ◆ AUTOM. Assistant(e) du pilote en rallye. ➤ **copilote**. ■ **3** **n. m.** *Navigateur (automatique)* : appareil déterminant le point* d'un avion ou d'un navire et son écart éventuel par rapport à la route. *Navigateur par satellite.* — *Navigateur automobile.* ➤ **GPS**. ■ **4** **n. m.** INFORM. Logiciel de navigation qui permet de rechercher et consulter des documents sur Internet et d'activer les liens hypertextuels.

NAVIGATION [navigasjɔ̃] **n. f.** – 1265 ◊ latin *navigatio* ■ **1** Le fait de naviguer, de se déplacer en mer à bord d'un navire. *Navigation maritime, au long cours, au cabotage. Navigation hauturière, côtière. Navigation de pêche, de commerce, de plaisance.* «*les roches du Calvados rendent la navigation dangereuse jusqu'à Cherbourg*» MAUPASSANT. ◆ Le fait de naviguer sur les cours d'eau. ➤ **batellerie**. «*Cette immense navigation intérieure ne ralentit point leurs expéditions lointaines*» CHATEAUBRIAND. ■ **2** Science et technique du déplacement des navires. ➤ 1 **manœuvre**, 2 **pilotage**. *Navigation à l'estime. Navigation astronomique* (en haute mer). *Navigation radioélectrique* (radiogoniométrie, radar). *Le mille, le nautique* (distance), *le nœud* (vitesse), *unités utilisées en navigation.* ■ **3** Ensemble des déplacements de navires dans un lieu, sur un itinéraire déterminé ; trafic par eau. *Lignes, compagnies de navigation.* ■ **4** Circulation aérienne (en avion, en aérostat). *Navigation aérienne. Navigation à vue, à l'estime. Couloir de navigation.* — *Navigation spatiale, interplanétaire*, art de conduire un véhicule aéronautique ou spatial à une destination donnée, par la détermination de la position, le calcul de la trajectoire optimale et le guidage par référence à celle-ci (➤ **spatiologie**). ■ **5** INFORM. Mode de consultation consistant à naviguer (6°). *Logiciel de navigation.* ➤ **navigateur**.

NAVIGUER [navige] **v. intr.** ⟨1⟩ – 1392 ◊ latin *navigare* ■ **1** Se déplacer sur l'eau, en parlant des navires et de leurs passagers. ➤ **voguer**. *Navire en état de naviguer ; qui navigue sous pavillon panaméen.* ■ **2** Voyager sur un navire, en tant que marin. *Ce mousse n'a pas encore navigué.* ■ **3** Pratiquer l'art de la navigation ; conduire, diriger la marche d'un navire. *Naviguer à la boussole, au compas. Naviguer de conserve*, bord à bord.* ◆ Diriger la marche d'un avion. «*Je navigue à sept cent cinquante mètres d'altitude*» SAINT-EXUPÉRY. ■ **4** VIEILLI Conduire sa vie, ses activités. *Savoir naviguer* : être débrouillard. LOC. *Naviguer entre les écueils* : éviter habilement les obstacles, les dangers. *Naviguer dans les eaux* de qqn.* ALLUS. LITTÉR. *Le char de l'État navigue sur un volcan*.* ■ **5** FIG. et FAM. Voyager, se déplacer beaucoup, souvent. ➤ **bourlinguer** (cf. Rouler sa bosse). «*ceux-ci n'avaient jamais navigué plus loin que le bout du canton*» ALAIN-FOURNIER. ■ **6** INFORM. Passer de manière non linéaire d'un document électronique, d'un site d'un réseau télématique à l'autre grâce aux liens hypertextuels. *Naviguer sur la Toile.* ➤ **surfer ; navigateur**.

NAVIPLANE [naviplan] **n. m.** – 1965 ◊ de *navi(gation)* et *-plane*, d'après *aquaplane* ■ TECHN. Véhicule de transport amphibie sur coussin d'air (aéroglisseur). ➤ **hovercraft**.

NAVIRE [naviʀ] **n. m.** – 1160 ; *navilie, navirie* 1080 ◊ latin populaire °*navilium*, altération de *navigium* ■ Construction flottante de forme allongée, pontée, destinée aux transports sur mer (moins cour. que *bateau* ; surtout en parlant des forts tonnages). ➤ **bateau* ; bâtiment, embarcation ; cargo, paquebot**. «*au Havre quand les grands navires appareillent et qu'ils lâchent dans l'air, disruptif et bruyant, leur panache de fumée*» J. ALMIRA. *Coque, muraille, côtés,* (bâbord, tribord), *avant* (proue), *arrière* (poupe), *pont, entrepont, cale... d'un navire.* «*Le pont de bois brillant et décoloré par l'eau de mer, les écoutilles relevées qui montrent l'intérieur du navire*» LE CLÉZIO. *Navires à rames, à voiles, à vapeur, à moteur diesel, à propulsion atomique. Navire de guerre.* ➤ **vaisseau**. *Navire amiral*. Navire de commerce, marchand. Navire transbordeur.* ➤ **ferry-boat**, RÉGION. **traversier**. *Navire-citerne* : recomm. offic. pour *tanker* (cf. Bateau*-citerne). *Navire-hôpital*, navire aménagé en hôpital et placé sous la sauvegarde de conventions internationales. *Des navires-hôpitaux. Navire-école*, où se fait l'apprentissage du métier de marin. *Des navires-écoles. Mauvais navire.* ➤ **rafiot**. *Navire-usine*, qui traite les produits de la pêche. *Des navires-usines.* — *Nationalité, numéro d'un navire. Navires de commerce* : allège, baleinier, brise-glace, caboteur, cargo (bananier, charbonnier, chimiquier, gazier, pétrolier, vraquier), chalutier, chasse-marée, clipper, dragueur, ferry-boat, goélette, hourque, hydrofoil, morutier, paquebot, ponton, remorqueur, sardinier, schooner, sloop, tartane, terre-neuvas, thonier, toueur, transatlantique, transbordeur. *Anciens navires* : barge, boutre, brick, caravelle, chébec, corsaire, cotre, drakkar, flûte, frégate, gabare, galéasse, galère, galion, galiote, mahonne. *Navires de guerre* : aviso, canonnière, contre-torpilleur, corvette, croiseur, cuirassé, destroyer, dragueur (de mines), éclaireur, escorteur, frégate, garde-côte, garde-pêche, patrouilleur, porte-avion, ravitailleur, sous-marin, torpilleur, vedette. *Navire amiral*, sur lequel est embarqué l'amiral. — *Pièces, matériel à bord d'un navire* : cordage, gréement, manœuvres, voiles, agrès, apparaux, équipement. *Armement* d'un navire. L'équipage d'un navire. Affréter, armer, équiper un navire.* — LOC. FIG. *Les rats* quittent le navire. Abandonner le navire*, une équipe, un projet. «*la cité qu'il n'avait jamais quittée et ne quitterait jamais, parce que ce serait comme abandonner le navire*» O. ADAM. ◆ DR. Bâtiment de mer (gros ou petit).

NAVISPHÈRE [navisfɛʀ] **n. f.** – 1879 ◊ de *navi(gation)* et *sphère* ■ MAR. Instrument en forme de sphère représentant la voûte céleste, que le navigateur peut orienter, en latitude et en heure, de façon à reconnaître le nom de l'étoile dont il prend la hauteur au sextant.

NAVRANT, ANTE [navʀɑ̃, ɑ̃t] **adj.** – 1787 ◊ de *navrer* ■ **1** Qui navre, provoque la tristesse, le découragement. ➤ **affligeant, attristant, consternant, décourageant, désolant, pénible**. «*Les Aubes sont navrantes*» RIMBAUD. ■ **2** Fâcheux, regrettable. *Il* *n'écoute personne, c'est navrant.* ➤ **déplorable.** *Un film d'une médiocrité navrante.* ▪ CONTR. Consolant, réconfortant.

NAVREMENT [navʀəmɑ̃] n. m. – 1831 ◇ de *navrer* ▪ LITTÉR. Profonde tristesse. *« il avait le regard si triste, un tel navrement sur le visage »* SIMENON.

NAVRER [navʀe] v. tr. ‹1› – XIIᵉ ; *nafrer* 1080 ◇ ancien nordique °*nafra* « percer » ▪ **1** VX Blesser. *« Navrer à mort »* (ACADÉMIE). ▪ **2** (1538) Affliger profondément. ➤ **attrister, consterner, désoler.** *Ce qui m'« a profondément attristé, humilié, si tu veux, navré est plutôt le mot »* FLAUBERT. ▪ **3** Contrarier vivement. *« leur ville me navrait. Une espèce de foire ratée... écœurante... »* CÉLINE. **ÊTRE NAVRÉ DE,** désolé, contrarié par. *Il semble navré de ce contretemps. Je suis navré de vous avoir dérangé. Il est navré que vous ne l'ayez pas trouvé.* — ELLIPT *Navré, vous faites erreur,* je regrette, désolé. ▪ CONTR. Consoler, réconforter.

NAZARÉEN, ENNE [nazaʀeɛ̃, ɛn] adj. – début XVIIᵉ ◇ formé sur le latin *Nazareus,* de *Nazareth* ▪ De Nazareth, ville de Galilée (Israël) où, selon les Évangiles, se passa la vie cachée de Jésus. — Se dit d'une école de peintres allemands du début du XIXᵉ s., établis à Rome et précurseurs des préraphaélites* anglais.

1 **NAZE** ou **NASE** [nɑz] n. m. – 1835, -1840 ◇ italien ou provençal *naso,* latin *nasus* → nez ▪ FAM. Nez. ➤ **blair,** 2 **pif.**

2 **NAZE** ou **NASE** [nɑz] adj. – 1957 « gâté, pourri » ; 1935 « syphilitique » ◇ p.-ê. de *nase* « morve (des équidés) », de l'allemand *Nase* « nez » ▪ FAM. ▪ **1** En mauvais état. ➤ 2 **fichu, foutu,** 2 **mort.** *La pile est naze.* — (PERSONNES) Très fatigué. *Il est complètement naze.* ➤ **crevé.** *« ils étaient épuisés, nazes, morts »* KERANGAL. ▪ **2** Sans valeur. ➤ **nul.** *Un film naze. Elle est naze ton idée.* — SUBST. *Bande de nazes !* ➤ **imbécile, nullité.** *Un gros naze.*

NAZI, IE [nazi] n. et adj. – 1931 ◇ abrév. allemande de *national-sozialist,* d'après *sozi* « socialiste » ▪ Membre du parti national-socialiste allemand. ➤ **chemise** (brune), **hitlérien.** *Les Aryens, race supérieure dont font partie les Allemands, selon les nazis.* ➤ **pangermanisme.** *Petit nazi* (**NAZILLON, ONNE** n., 1973). ◆ adj. Qui se rapporte à l'organisation, aux actes de ce parti. *Les victimes de la barbarie nazie. Camps d'extermination nazis. Lutte contre le régime nazi.* ➤ **antinazi ; dénazifier.** *Mouvement politique d'inspiration nazie.* ➤ **néonazisme.**

NAZISME [nazism] n. m. – v. 1930 ◇ de *nazi* ▪ Doctrine du national-socialisme allemand ; mouvement, régime nazi. ➤ aussi **pangermanisme.** *La montée du nazisme. Le nazisme, régime raciste et antisémite.*

N. B. ➤ **NOTA BENE**

N. B. C. [ɛnbese] adj. inv. – 1987 ◇ sigle de *Nucléaire-Biologique-Chimique* ▪ MILIT. Relatif aux armes nucléaires, biologiques ou chimiques. *Des combinaisons de protection N. B. C.*

NDLR ▪ Abréviation écrite de *note de la rédaction.*

NE [nə] adv. de négation – Xᵉ ◇ latin *non* en position proclitique Forme atone de la négation, dont *non* est la forme tonique. REM. Le *e* s'élide devant une voyelle ou un *h* muet : *je n'en veux pas.* – *Ne* précède immédiatement le verbe ; seuls les pron. pers. compl. peuvent s'intercaler entre *ne* et le verbe : *je ne le veux pas.*

I NE, marquant seul la négation ▪ **1** VX *« Je ne lui confierais l'état de ma garde-robe »* LA BRUYÈRE. ▪ **2** MOD. (en phrase principale) LOC. *N'avoir crainte, n'avoir cure*, n'avoir garde*. N'empêche, n'importe, qu'à cela ne tienne. « Si ce n'eût été la crainte de l'humilier »* BAUDELAIRE. *On ne peut mieux. Je ne sais qui, quoi, comment, où. Elle n'a que faire de nos conseils. « Que ne suis-je morte à sa place ! »* PROUST. ◆ (Dans une subordonnée au subj., après une négative) *« Pas un homme en place, qui ne fût un crétin »* FLAUBERT. — *Il ne peut faire un pas que sa mère ne s'inquiète,* sans qu'elle s'inquiète. *« Ce n'est pas que quelques personnes ne m'aient reproché cette même simplicité »* RACINE. ▪ **3 NE,** pouvant s'employer seul apr. certains v. tels que *cesser, pouvoir, oser,* surtout aux temps simples et suivis d'un inf. *Je ne peux, je n'ose le dire. Je ne cesse de vous le répéter. « vous ne savez quoi inventer »* BALZAC. — *Si je ne me trompe. Si je ne m'abuse... « si l'artillerie ne venait au plus tôt »* ZOLA. ◆ Après *depuis que..., il y a..., voilà... Voilà bien longtemps que nous ne nous sommes rencontrés.* ◆ Devant *autre... que* ou *autre... sinon* encadrant un subst. *« Je n'avais d'autres sorties que le matin »* DAUDET. ▪ **4 NE,** sans *pas* ou *point* (avec un indéf. à sens négatif : *personne, rien...,* avec *ni* répété, etc.). *Elle ne perdait aucune occasion. Il n'y a aucun mal à ça. « La destinée n'est à personne »* VOLTAIRE. *Personne n'a compris. Nul ne peut servir deux maîtres. Rien ne va. Ne croire ni à Dieu ni à diable. Elle n'est nullement idiote.*

II NE... PAS, NE... POINT, NE... PLUS, NE... JAMAIS, NE... QUE ▪ **1** (Emploi normal) *Il n'est pas*, plus*, jamais* là. Elle n'a pas fini. Ne la dérangez pas. Elle n'a confiance qu'en lui. Je n'en ai point*.* ➤ aussi **guère,** 1 **goutte, mais,** 1 **mie.** ▪ **2** (Omission de *ne* devant *pas* ou *point*) ➤ 2 **pas** (II, 4°).

III NE, en emploi dit explétif ▪ **1** (Après certains v. exprimant la crainte, l'impossibilité... en phrase affirmative) *Je crains qu'il ne parte. « Pour empêcher qu'on n'affranchît trop d'esclaves »* MONTESQUIEU. ▪ **2** (Après certains v. marquant le doute, la négation, en phrase négative) *« Je ne doute point qu'il n'y ait eu une ancienne erreur »* LA BRUYÈRE. *« Je ne nie pas que ces interprétations ne soient ingénieuses »* FRANCE. ▪ **3** (Après un compar. d'inégalité, introduit par *autre, autrement, meilleur, mieux, moindre, moins, pire, pis, plus*) *« On se voit d'un autre œil qu'on ne voit son prochain »* LA FONTAINE. *« Mieux que je ne pourrais le faire »* LACLOS. ▪ **4** (Après certaines loc. conj. : *à moins que, avant que*) *« Il se peut que l'on pleure, à moins que l'on ne rie »* MUSSET.

NÉ, NÉE [ne] adj. – fin XIIIᵉ *bien nee* ◇ latin *natus,* p. p. de *nasci* → naître ▪ **1** (XVIᵉ) LITTÉR. Qui est né (le premier, le dernier). *Premier, dernier-né.* ◆ *Bien né, mal né,* qui a un bon, un mauvais naturel, de bons, de mauvais penchants. *« mais aux âmes bien nées la valeur n'attend pas le nombre des années »* CORNEILLE. — De noble, de basse extraction. *« Aux yeux de cette femme [...] je ne suis pas bien né »* STENDHAL. ◆ *Mᵐᵉ X, née Y,* dont le nom de jeune fille est Y. *Né pour,* doté d'aptitudes pour. ▪ **2** (XVIᵉ) (Qualifiant un subst.) De naissance. *Un orateur-né. Une artiste-née.* ▪ HOM. Nez.

NÉANDERTALIEN, IENNE [neɑ̃dɛʀtaljɛ̃, jɛn] adj. et n. – 1894 ◇ de *Neandert(h)al,* nom de la vallée allemande dans laquelle a été trouvé le premier fossile de cette espèce (1856) ▪ PALÉONT. Qui appartient à une espèce humaine fossile *(Homo neanderthalensis)* qui a vécu en Europe et en Asie occidentale au paléolithique moyen (entre 250 000 et 28 000 ans), au stade technique moustérien*. *La lignée néandertalienne.* — n. *L'extinction des Néandertaliens.* — On écrit parfois *néanderthalien, ienne.*

NÉANMOINS [neɑ̃mwɛ̃] adv. et conj. – XVIIᵉ ; *naient moins* 1160 ; nombreuses variantes en ancien français ; *néantmoins* XVᵉ à XVIIᵉ ◇ de *néant* « en rien » et *moins* ▪ Malgré ce qui vient d'être dit ; en dépit de cela. ➤ **cependant, pourtant, toutefois.** *« Impétueux dans ses souhaits et néanmoins patient »* HUYSMANS. *Néanmoins, je m'en accommode.*

NÉANT [neɑ̃] n.inal et n. m. – XIIᵉ ; *nient* 1050 ◇ latin populaire °*negens, entis,* de *ne* et *gens, gentis* « race »

I n.inal VX (conservé dans quelques expr.) *De néant :* de rien. *« C'est un homme de néant »* (Logique de Port-Royal). *« des gens de néant »* MONTESQUIEU. *Pour néant :* pour rien, inutilement. ◆ MOD. *Réduire qqch. à néant.* ➤ **anéantir, annihiler.** *Nos espoirs sont réduits à néant.* ELLIPT ADMIN. **NÉANT :** rien à signaler. *Signes particuliers : néant.*

II n. m. ▪ **1 UN NÉANT.** VX Chose, être de valeur nulle. *« Un néant à l'égard de l'infini »* PASCAL. *« Un de ces néants que la jeunesse revêt un instant de rayons »* MAURIAC. ▪ **2** (XVIIᵉ) VX Situation obscure. *« Rentre dans le néant dont je t'ai fait sortir »* RACINE. — MOD. et LITTÉR. *Le néant de qqch.,* valeur, importance nulle. ➤ **faiblesse, misère.** *Avoir le sentiment de son néant. « le néant de ce pourquoi elle luttait »* MAURIAC. ➤ **inanité.** ▪ **3** (1637) ABSOLT, COUR. Ce qui n'est pas encore, ou n'existe plus. *« l'homme est matière ; il sort du néant, il rentre dans le néant »* HUGO. *Créature tirée du néant.* ➤ **créer.** *« Éternité, néant, passé »* LAMARTINE. — Fin de l'être, mort. *« la terreur de ce néant inévitable, détruisant toutes les existences »* MAUPASSANT. ◆ PHILOS. Non-être. *« je suis comme un milieu entre Dieu et ce néant »* DESCARTES. *« le néant, conçu comme une absence de tout »* BERGSON. *« L'Être et le Néant », ouvrage de Sartre.* ▪ CONTR. 2 Être, existence.

NÉANTISER [neɑ̃tize] v. tr. ‹1› – 1936 intr. ◇ de *néant* ▪ PHILOS. Faire disparaître, anéantir, détruire ; concevoir comme non-être. ◆ FIG. (1970) Éliminer, réduire à rien. — n. f. **NÉANTISATION,** 1943.

NEBKA [nɛpka] n. f. – 1931 ◇ arabe *nab(a)ka* « monticule » ▪ GÉOGR. Accumulation de sable autour d'un obstacle, dans un désert. *Des nebkas.*

NÉBULEUSE [nebyløz] n. f. – 1642 ◇ de *(étoile) nébuleuse,* désignant un amas de matières cosmiques → nébuleux

I Tout corps céleste dont les contours ne sont pas nets. ▪ **1** Amas de matières raréfiées de forme irrégulière *(nébuleuses diffuses),* ou atmosphère stellaire de dimension exceptionnelle et de forme régulière *(nébuleuses planétaires). Nébuleuse d'Andromède :* nom de la galaxie*

d'Andromède avant que l'on ait pu observer les étoiles qui la composent. ▪ **2** *Nébuleuse extragalactique* : énorme ensemble d'étoiles, d'amas d'étoiles et de matière interstellaire, de dimension comparable à celle de la Voie lactée. ➤ **galaxie.** *Nébuleuse spirale, elliptique* (de forme lenticulaire). **II** FIG. ▪ **1** Amas diffus. « *La coalition était dans l'air, mais* [...] *à l'état de nébuleuse* » MADELIN. ▪ **2** Groupe, ensemble à l'organisation et aux activités obscures. « *un groupuscule extrémiste appartenant ou non à la nébuleuse d'Al Qaeda* » J. ROLIN.

NÉBULEUX, EUSE [nebylø, øz] **adj.** – 1270 ◊ latin *nebulosus*, de *nebula* « brouillard » ▪ **1** Obscurci par les nuages ou le brouillard. ➤ **brumeux, nuageux.** *Ciel nébuleux.* ▪ **2** Constitué par des nuages, des vapeurs ou qui en a l'aspect. ➤ **vaporeux.** « *D'un crêpe nébuleux le ciel était voilé* » HUGO. ▪ **3** (1745 ; « incertain » XVe) FIG. Qui manque de clarté, de netteté. ➤ **brumeux, confus, flou, fumeux, imprécis,** 1 **incertain, indécis, obscur,** 3 **vague.** *Idées nébuleuses, projets nébuleux.* — *Auteur, philosophe nébuleux.* — **adv. NÉBULEUSEMENT,** 1736. ▪ CONTR. Clair, 2 net, transparent. 1 Précis.

NÉBULISATION [nebylizasjɔ̃] **n. f.** – 1965 ◊ de *nébuliseur* ▪ Dispersion d'un liquide en fines gouttelettes.

NÉBULISEUR [nebylizœʀ] **n. m.** – v. 1960 ◊ formé sur le latin *nebula* « brouillard » ▪ Vaporisateur projetant une substance en très fines gouttelettes. *Parfum, médicament vendu en nébuliseur.* ➤ **aérosol, atomiseur.**

NÉBULOSITÉ [nebylozite] **n. f.** – 1488 ◊ latin *nebulositas* ▪ **1** DIDACT. Substance nébuleuse, nuage, vapeur. — MÉD. *Nébulosité de la cornée.* ➤ **leucome, néphélion, taie.** ▪ **2** État, caractère de ce qui est nébuleux. *Nébulosité du ciel.* — (1889) MÉTÉOR. Fraction du ciel couverte par des nuages, à un moment donné. *Nébulosité totale.* ▪ **3** FIG. (1845) Manque de clarté, de précision. *Nébulosité d'une explication, d'une théorie.* ➤ **confusion, flou, obscurité.** ▪ CONTR. Clarté, limpidité.

NÉCESSAIRE [nesesɛʀ] **adj.** et **n. m.** – XIIe ◊ latin *necessarius*

I ~ **adj.** ▪ **1** Se dit d'une condition, d'un moyen dont la présence ou l'action rend seule possible une fin ou un effet. *Condition nécessaire et suffisante** (ex. pour qu'un quadrilatère soit un rectangle, que deux de ses angles successifs soient droits). *La somme nécessaire pour acheter une voiture.* — IMPERS. *Il n'est pas nécessaire d'espérer pour entreprendre.* ▪ **2** Dont l'existence, la présence est requise pour répondre au besoin (de qqn), au fonctionnement (de qqch.). ➤ **indispensable, utile. NÉCESSAIRE À.** *Les vitamines sont nécessaires à l'organisme.* « *Voyez-vous, nos enfants nous sont bien nécessaires* » HUGO. ♦ ABSOLT Qui est très utile, s'impose : dont on ne peut se passer. ➤ **essentiel, primordial.** « *ils manquèrent de tout ce qui est nécessaire, au milieu de tout ce qui est superflu* » DIDEROT. *C'est un mal nécessaire*, que l'on tolère vu les avantages qu'il comporte par ailleurs. *Personne nécessaire* (par les services qu'elle rend). « *La certitude d'être nécessaire prolonge la vie des vieilles femmes* » MAURIAC. *Nous le ferons si nécessaire. Elle n'a pas jugé nécessaire de nous prévenir*, elle ne nous a pas prévenus et c'est regrettable. — IMPERS. *Il est nécessaire d'en parler, qu'on en dise un mot.* ➤ **falloir** (il faut que). PÉJ. *Était-ce bien nécessaire ?* ▪ **3** LOG. Qui ne peut pas ne pas être, qui est de la nature ou qui est l'effet d'un lien logique, causal. ➤ **apodictique.** *Enchaînement nécessaire d'un effet par rapport à sa cause.* ➤ 2 **logique.** ♦ COUR. *Conséquence, effet, produit, résultat nécessaire*, qui doit se produire immanquablement. ➤ **immanquable, inéluctable, inévitable, infaillible, obligatoire, obligé.** « *toute chose humaine est nécessaire et déterminée par la marche irrésistible de l'ensemble des choses* » SENANCOUR. ▪ **4** PHILOS. Qui existe sans qu'il y ait de cause ni de condition à son existence. ➤ **absolu, inconditionné, premier.** *L'Être nécessaire* : le Dieu de Descartes, de Pascal.

II ~ **n. m.** (1530) **A. LE NÉCESSAIRE** Ce qui est nécessaire. ▪ **1** Biens dont on ne peut se passer (opposé à *luxe, superflu*). *N'emportez que le strict nécessaire.* « *tant que quelqu'un manque du nécessaire, quel honnête homme a du superflu ?* » ROUSSEAU (➤ **nécessiteux**). ▪ **2** Ce qu'il faut faire ou dire, et qui suffit. *Nous ferons le nécessaire.* « *Elle ne disait que le nécessaire, rien de plus, rien de moins* » A. HERMANT. ➤ **minimum.** ▪ **3** PHILOS. *Le nécessaire* (opposé à *contingent*). ➤ **nécessité.**

B. UN NÉCESSAIRE (1718) ▪ **1** Boîte, étui renfermant les ustensiles indispensables (à la toilette, à un ouvrage...) ; l'ensemble de ces ustensiles. ➤ **trousse.** *Nécessaire de toilette, de* (ou *à*) *couture. Nécessaire à ongles.* ➤ **onglier.** *Nécessaire de voyage, de survie.* ➤ **kit.** ▪ **2** (1973) Ensemble de pièces et d'outils permettant d'effectuer certains travaux.

▪ CONTR. Dispensable, inutile, superflu ; contingent, éventuel.

NÉCESSAIREMENT [nesesɛʀmɑ̃] **adv.** – 1435 ◊ de *nécessaire* ▪ **1** Par un besoin pressant, une obligation imposée. ➤ **absolument.** *Je dois nécessairement partir cette semaine.* ▪ **2** DIDACT. Par une implication logique. *La cause et l'effet sont liés nécessairement.* — COUR. Par voie de conséquence, à coup sûr. ➤ **fatalement, forcément, inévitablement, obligatoirement.** « *le sérieux que donne nécessairement la pensée continuellement fixée sur tout ce qui est grand* » STENDHAL. « *Il refusera. – Pas nécessairement* », ce n'est pas sûr. ▪ CONTR. Accidentellement, fortuitement, hasard (par hasard).

NÉCESSITÉ [nesesite] **n. f.** – XIIe ◊ latin *necessitas* ▪ **1** Caractère nécessaire (d'une chose, d'une action). ➤ **obligation.** « *la nécessité d'un oui ou d'un non devenait absolue* » ZOLA. *Il ne voit pas la nécessité de déménager.* ➤ **besoin.** — LOG. Un des quatre modes* de la logique modale. ▪ **2** Chose, évènement inéluctable qui exerce une contrainte sur l'être humain. *C'est une nécessité absolue* (cf. Il faut en passer par là). *La nécessité de mourir.* — *Par nécessité* : en étant obligé, forcé. ➤ **nécessairement.** *J'ai accepté par nécessité plus que par choix. Il est sévère sans nécessité* (➤ **gratuitement, inutilement**). ▪ **3** PHILOS., LOG. Enchaînement nécessaire des causes et des effets, des principes et des conséquences. *Doctrine de la nécessité.* ➤ **déterminisme.** *Nécessité et liberté.* « *Le Hasard et la Nécessité* », œuvre de J. Monod. ▪ **4** (Souvent au plur.) Chose, condition ou moyen nécessaire. ➤ **exigence.** ♦ Besoin impérieux. ➤ **besoin.** *Les nécessités de la vie* : les besoins que l'on doit satisfaire pour mener une vie normale. *Objets, dépenses de première nécessité*, qui correspondent à des besoins essentiels. ➤ **indispensable.** ♦ SPÉCIALT VX Besoins naturels. *Faire ses nécessités.* ➤ **besoin.** *Chalet* de nécessité.* ▪ **5** État d'une personne qui se trouve obligée (par un besoin, une contrainte extérieure) de faire qqch. *Être, se trouver dans la nécessité d'accepter. La nécessité où ils sont de partir. Ne me contraignez pas à cette pénible nécessité.* ▪ **6** ABSOLT État où l'on est contraint de faire telle ou telle chose. — LOC. PROV. *Nécessité fait loi* : certains actes se justifient par leur caractère inévitable. *Faire de nécessité vertu* : accomplir de bonne grâce un devoir pénible. *Il songeait* « *à faire, non de nécessité vertu, mais de nécessité plaisir* » MUSSET. ♦ DR. *État de nécessité* : état d'une personne contrainte de commettre un acte délictueux pour échapper ou faire échapper un tiers à un danger et dont la responsabilité pénale est exclue. — DR. CONSTIT. Théorie impliquant la dispense de répartition des compétences constitutionnelles en cas de péril national. ▪ **7** VX Privation des biens nécessaires. ➤ **dénuement, indigence, pauvreté.** *Être dans la nécessité, une cruelle nécessité.* ➤ **nécessiteux.** ▪ CONTR. Éventualité, possibilité. Contingence. Luxe.

NÉCESSITER [nesesite] **v. tr.** ⟨1⟩ – XIVe ◊ latin *necessitare* « contraindre », de *necessitas* « nécessité » ▪ **1** VX Contraindre (qqn) à. « *je serais nécessité* [...] *de me livrer à l'empressement du peuple* » ROUSSEAU. ▪ **2** PHILOS. Impliquer, entraîner par une relation nécessaire, inéluctable. ➤ **déterminer, impliquer.** ▪ **3** (1757) COUR. (sujet chose) Rendre indispensable, nécessaire ; faire de qqch. un besoin. ➤ **exiger ; demander, réclamer, requérir.** *Ce projet nécessite de gros investissements.* (Avec l'inf.) *Ça nécessite de partir tôt.*

NÉCESSITEUX, EUSE [nesesitø, øz] **adj.** et **n.** – 1549 ; « dénué de » XIVe ◊ de *nécessité* ▪ VIEILLI Qui est dans le dénuement, manque du nécessaire. ➤ **indigent, pauvre.** *Aider les familles nécessiteuses* (cf. Faire la charité). — **n.** *Je partagerais* « *aux nécessiteux le peu que je possède* » CHATEAUBRIAND. ▪ CONTR. Aisé, riche.

NECK [nɛk] **n. m.** – 1911 ◊ mot anglais « cou » ▪ GÉOL. Piton de lave provenant d'une cheminée de volcan, laissé en relief par l'érosion.

NEC PLUS ULTRA [nɛkplysyltʀa] **n. m. inv.** – v. 1714 ; *non plus ultra* XVIIe ◊ loc. latine substantivée « pas au-delà », apposée sur les colonnes d'Hercule ▪ Ce qu'il y a de mieux. ➤ 1 **comble, summum** (cf. Le fin du fin). « *un appartement qui avait dû jadis sembler le* nec plus ultra *du luxe* » GAUTIER.

NÉCR(O)- ▪ Élément, du grec *nekros* « mort ».

NÉCROBIE [nekʀɔbi] **n. f.** – 1785 ◊ de *nécro-* et *-bie* ▪ ZOOL. Petit insecte *(coléoptères)* vivant sur les matières organiques en décomposition. *Nécrobie à pattes rouges.*

NÉCROLOGE [nekʀɔlɔʒ] **n. m.** – 1646 ◊ latin médiéval *necrologium* ▪ **1** DIDACT., RELIG. Liste de morts. — SPÉCIALT Registre où sont inscrits les noms des morts d'une paroisse, d'une communauté religieuse. ♦ Liste de victimes d'une catastrophe (naufrage, séisme, guerre). ▪ **2** (1762) VX Nécrologie.

NÉCROLOGIE [nekʀɔlɔʒi] n. f. – 1797 ; «nécrologe» 1704 ◊ de *nécro-* et *-logie* ■ **1** Notice biographique consacrée à une personne morte récemment. — ABRÉV. FAM. (JOURNAL) **NÉCRO** (1968). *Des nécros.* ■ **2** Liste ou avis des décès récents, publiés par un journal, une revue. *Lire la nécrologie.*

NÉCROLOGIQUE [nekʀɔlɔʒik] adj. – 1784 ◊ de *nécrologie* ■ Qui a rapport ou appartient à la nécrologie. *Notice, rubrique nécrologique.*

NÉCROLOGUE [nekʀɔlɔg] n. m. – 1828 ◊ de *nécrologie* ■ DIDACT. Auteur de nécrologies.

NÉCROMANCIE [nekʀɔmɑ̃si] n. f. – XVIe ; *nigromance* v. 1119 ◊ latin d'origine grecque *necromantia* ■ Science occulte qui prétend évoquer les morts pour obtenir d'eux des révélations de tous ordres, particulièrement sur l'avenir. ➤ **spiritisme.**

NÉCROMANCIEN, IENNE [nekʀɔmɑ̃sjɛ̃, jɛn] n. – 1512 ; *nigremanchien* 1247 ◊ de *nécromancie* ■ Personne qui pratique la nécromancie. ➤ **nécromant, spirite.**

NÉCROMANT [nekʀɔmɑ̃] n. m. – XVIe ◊ italien *negromante* ■ VX Nécromancien, magicien qui évoque les morts.

NÉCROPHAGE [nekʀɔfaʒ] adj. – 1802 ◊ grec *nekrophagos* ■ DIDACT. Qui vit de cadavres, qui mange de la matière putréfiée. *Insecte nécrophage.*

NÉCROPHILIE [nekʀɔfili] n. f. – 1861 ◊ de *nécro-* et *-philie* ■ MÉD. Perversion sexuelle dans laquelle le plaisir est recherché avec des cadavres dans des mises en scène morbides. ➤ **vampirisme** (2°). — PAR EXT. Goût morbide pour les morts. *«les monuments pompeux et baroques produits par la nécrophilie espagnole»* TOURNIER. — adj. et n. (1903) **NÉCROPHILE.**

NÉCROPHORE [nekʀɔfɔʀ] n. m. – 1802 ; *nicrophore* 1790 ◊ grec *nekrophoros* ■ Insecte *(coléoptères)* qui enfouit des charognes, des cadavres de rongeurs sur lesquels il pond ses œufs.

NÉCROPOLE [nekʀɔpɔl] n. f. – 1828 ◊ grec *nekropolis* «ville des morts» ■ DIDACT. Vaste cimetière antique, souterrain ou à ciel ouvert, de caractère monumental. *Nécropoles égyptiennes, étrusques, grecques.* ◆ LITTÉR. Vaste cimetière urbain.

NÉCROSE [nekʀoz] n. f. – 1695 ◊ grec *nekrôsis* ■ HISTOL. Mort des cellules d'un tissu vivant causant son altération, suite à un traumatisme ou à une pathologie. ➤ **mortification ; gangrène.** *Apoptose et nécrose. Nécrose ischémique. Nécrose osseuse* (➤ **ostéonécrose, séquestre,** II), *cutanée* (➤ 1 **escarre**). *Nécrose des feuilles.* — adj. **NÉCROSIQUE** [nekʀozik] ou **NÉCROTIQUE** [nekʀɔtik].

NÉCROSER [nekʀoze] v. tr. ⟨1⟩ – 1780 ◊ de *nécrose* ■ HISTOL. Provoquer la nécrose de. — PRONOM. *Tissu qui se nécrose.* — p. p. adj. *Peau nécrosée.*

NECTAIRE [nɛktɛʀ] n. m. – 1769 ◊ latin savant *nectarium*, du grec *nektar* ■ BOT. Tissu qui produit le nectar et forme ordinairement une saillie sur la feuille ou la fleur.

NECTAR [nɛktaʀ] n. m. – fin XVe ◊ mot latin, grec *nektar* ■ **1** Breuvage des dieux antiques qui leur conférait l'immortalité. *Le nectar et l'ambroisie.* VX ou LITTÉR. Boisson de saveur exquise. — FIG. *«du pur nectar de poésie»* SAINTE-BEUVE. ■ **2** Boisson à base de jus ou de purée de fruits, d'eau et de sucre. *Nectar d'abricot.* ■ **3** BOT. Liquide sucré que sécrètent les nectaires. *Abeilles qui butinent le nectar.*

NECTARINE [nɛktaʀin] n. f. – 1870 ◊ emprunté probablt à l'anglais, du grec *nektar* ■ Variété de pêche à peau lisse, dont le noyau n'adhère pas à la chair. ➤ **brugnon.**

NECTON [nɛktɔ̃] n. m. – 1897 ◊ du grec *nêktos* «qui nage», d'après *plancton* ■ ZOOL. Partie de la faune marine qui nage et se déplace activement. *Le necton et le plancton.*

NÉERLANDAIS, AISE [neɛʀlɑ̃dɛ, ɛz] adj. et n. – attesté 1826 ◊ de *Néerlande*, forme française de *Nederland*, nom des Pays-Bas ■ Des Pays-Bas. ➤ **hollandais ;** PLAIS. **batave.** ◆ n. *Les Néerlandais.* — n. m. *Le néerlandais* : langue germanique, branche du bas allemand, en usage aux Pays-Bas, en Belgique (➤ **flamand**) et en Afrique du Sud (➤ **afrikaans**).

NÉERLANDOPHONE [neɛʀlɑ̃dɔfɔn] adj. et n. – 1974 ◊ de *néerlandais* et *-phone* ■ Qui parle, où l'on parle le néerlandais. ➤ **flamand.** — n. *Les néerlandophones de Belgique.*

NEF [nɛf] n. f. – fin XIe ◊ latin *navis* ■ **1** VX ou POÉT. Navire. — SPÉCIALT Grand navire à voiles du Moyen Âge. *Une nef figure sur les armes de Paris.* ■ **2** (XIIe ◊ par anal. de forme) Partie d'une église comprise entre le portail et le chœur dans le sens longitudinal, où se tiennent les fidèles. ➤ **vaisseau.** *Nef à cinq, six travées. Nef centrale, principale, grande nef,* et ABSOLT *la nef. Le peuple «envahit la nef, débordant jusque sur le parvis»* CAMUS. *Nef latérale.* ➤ **bas-côté, collatéral.**

NÉFASTE [nefast] adj. – 1355 ◊ latin *nefastus* «interdit par la loi divine» ■ **1** ANTIQ. ROM. *Jours néfastes,* où il était interdit par la loi religieuse de vaquer aux affaires publiques, et SPÉCIALT de rendre la justice. ■ **2** (1762 ◊ confusion avec le latin *faustus* «heureux» → 2 faste) VIEILLI Marqué par quelque évènement malheureux. *Jour néfaste.* ➤ **fatal.** — MOD. Qui a ou peut avoir des conséquences malheureuses, fâcheuses. ➤ **désastreux, funeste, mauvais.** *«il faut lutter contre un régime et contre une idéologie néfastes»* SARTRE. *Influence néfaste. Néfaste à.* ➤ **nuisible.** *Cette initiative lui a été néfaste.* ◆ (PERSONNES) Qui cause ou peut causer quelque dommage. *Personnage plus néfaste qu'utile.* ■ CONTR. 2 Faste, propice ; bénéfique.

NÈFLE [nɛfl] n. f. – 1240 ; variantes dialectales *nesple, mesle* ◊ plur. neutre latin *mespila* ■ Fruit du néflier. *Nèfle commune,* qui se consomme blette à l'automne. *Nèfle du Japon* : fruit orangé globuleux qui se récolte dans le Midi au printemps. ◆ LOC. FAM. *Des nèfles !* réponse négative et ironique à une demande jugée excessive (cf. La peau ; des clous !). — Rien du tout. *Travailler pour des nèfles* (cf. Des prunes).

NÉFLIER [neflije] n. m. – XIIIe ◊ de *nèfle* ■ Arbre des régions tempérées *(rosacées)*, au tronc tordu, qui produit les nèfles. *Néflier du Japon.*

NÉGATEUR, TRICE [negatœʀ, tʀis] n. et adj. – 1830 ; «celui qui reniait le Christ» 1752 ◊ latin *negator* ■ LITTÉR. Personne qui nie, qui a l'habitude de nier. *«les penseurs passent aisément pour des obstinés et des négateurs»* ALAIN. — adj. *Esprit négateur.*

NÉGATIF, IVE [negatif, iv] adj. et n. – 1283 ◊ latin *negativus*, de *negare* «nier»

I (Opposé à *affirmatif*) ■ **1** Qui exprime une négation, un refus. *Réponse négative. Signe de tête négatif.* ◆ Qui exprime la négation. *Phrase négative.* ➤ aussi **interronégatif.** *Particule négative* (ne, non). ■ **2** n. f. **LA NÉGATIVE.** *Répondre par la négative.* — loc. adv. *Dans la négative* (opposé à *dans l'affirmative*), si c'est non. *Voyez si c'est possible ; dans la négative, revenez me voir.*

II (Opposé à *positif*) ■ **1** (XVIIe) Qui est dépourvu d'éléments constructifs, qui ne se définit que par le refus de ce qui lui est proposé. *Critiques négatives. «Ils ont fait de la Justice une chose négative, qui défend, prohibe, exclut»* MICHELET. ◆ (PERSONNES) Qui ne fait que des critiques, n'approuve aucunement (un projet, un ouvrage) sans rien proposer d'autre. *Il s'est montré très négatif.* ■ **2** Qui est dépourvu d'éléments réels, qui ne se définit que par l'absence de son contraire. *Qualités négatives. «le résultat négatif des recherches»* BALZAC. ➤ **nul.** — MÉD. *Réaction négative* (à un antigène donné), qui ne se produit pas. ➤ **séronégatif.** *Cuti négative.* ■ **3** ANGLIC. Qui n'est pas bon. ➤ **mauvais, nuisible.** *Les effets négatifs d'une politique.* ■ **4** (1638) *Grandeur, quantité négative,* celle qui, dans une représentation géométrique des grandeurs (ou des quantités) par segments mesurés à partir d'une même origine sur une droite orientée, correspond à un déplacement dans la direction inverse de celle de l'axe. — ALG. *Nombre négatif* : nombre réel inférieur à zéro (s'écrit avec le signe –). *Le nombre –2 est négatif. Températures négatives,* au-dessous de zéro degré Celsius. — COMPTAB. *Solde négatif.* — *Croissance* négative.* ■ **5** Se dit de ce qui peut être considéré comme opposé, inverse. *Géotropisme négatif de la tige des plantes.* — *Rhésus négatif* (Rh^-), dépourvu d'antigène D. ◆ *Image, épreuve négative,* sur laquelle les parties lumineuses des objets représentés sont figurées par des taches sombres et inversement. ➤ **cliché, contretype.** — n. m. (1854) *Un négatif* : la plaque ou la pellicule qui porte cette image. ■ **6** CHIM. *Ion négatif* : atome ou groupe d'atomes qui possède plus d'électrons que de protons. ➤ **anion.** *Pôle négatif, électrode négative.* ➤ **cathode.**

■ CONTR. Affirmatif. 1 Positif ; constructif.

NÉGATION [negasjɔ̃] n. f. – *negatiun* fin XIIe ◊ latin *negatio*, de *negare* «nier» ■ **1** Acte de l'esprit qui consiste à nier, à rejeter un rapport, une proposition, une existence ; expression de cet acte. *Négation de Dieu. Négation de la vérité, des valeurs.* ➤ **nihilisme.** *«La négation n'est qu'une attitude prise par l'esprit vis-à-vis d'une affirmation éventuelle»* BERGSON. ◆ Action, attitude qui va à l'encontre d'une chose, qui n'en tient aucun compte (➤ **condamnation**). *Cette méthode est la négation de la science.* ■ **2** (1370) Manière de nier, de refuser ; (début XIVe) mot ou groupe de mots qui sert à nier. *Adverbes de négation.*

➤ **ne, non.** *Auxiliaires de la négation.* ➤ 1 **goutte, guère, jamais,** VX 1 **mie,** 2 **pas, plus,** 2 **point, tout** (du tout). *Négation exprimée par la conjonction* ni, *par les indéfinis* aucun, nul, personne, rien. *Préfixe marquant la négation* (➤ **privatif**). ■ CONTR. Affirmation, assentiment.

NÉGATIONNISME [negasjɔnism] n. m. – 1990 ◇ de *négation* ■ Position idéologique consistant à nier l'existence des chambres à gaz utilisées par les nazis. ➤ **révisionnisme.**

NÉGATIONNISTE [negasjɔnist] n. et adj. – 1988 ◇ de *négation* ■ Partisan du négationnisme. ➤ **révisionniste.** *« Les négationnistes refusent de regarder en face une page monstrueuse de l'histoire des hommes »* A. JACQUARD. — adj. *Thèses négationnistes.*

NÉGATIVEMENT [negativmɑ̃] adv. – XIVe ◇ de *négatif* ■ **1** D'une manière négative. *Répondre négativement. Réagir négativement.* ■ **2** Avec de l'électricité négative. *Électron chargé négativement.* ■ CONTR. Affirmativement. Positivement.

NÉGATIVISME [negativism] n. m. – 1900 ◇ de *négatif* ■ MÉD. Comportement pathologique qui consiste à résister, soit passivement, soit activement à toute sollicitation. ◆ DIDACT. Attitude négative, de refus. *« il n'entrait pas de désenchantement dans notre négativisme* [...] *: nous réprouvions le présent au nom d'un avenir »* BEAUVOIR.

NÉGATIVITÉ [negativite] n. f. – 1838 ◇ de *négatif* ■ **1** État d'un corps chargé d'électricité négative. ■ **2** Caractère de ce qui est négatif (II, 1°). *« la négativité du parti communiste est provisoire »* SARTRE.

NÉGATON [negatɔ̃] n. m. – 1934 ◇ de *négatif,* d'après *électron* ■ PHYS. VIEILLI Électron de charge négative (opposé à *positron*).

NÉGATOSCOPE [negatɔskɔp] n. m. – 1957 ◇ de *négatif* et *-scope* ■ MÉD. Écran lumineux pour la lecture et l'interprétation des radiographies.

1 **NÉGLIGÉ** [negliʒe] n. m. – 1687 ◇ de *négliger* ■ **1** État d'une personne mise sans recherche. *« toute parure lui nuit. C'est dans l'abandon du négligé qu'elle est vraiment ravissante »* LACLOS. — PÉJ. ➤ **débraillé, laisser-aller.** *« il se fait remarquer par son négligé »* BALZAC. ■ **2** (1789) VX Tenue légère que les femmes portent dans l'intimité. ➤ **déshabillé.** ■ CONTR. Apprêt.

2 **NÉGLIGÉ, ÉE** [negliʒe] adj. – XVIIe ◇ de *négliger* ■ **1** Qui ne fait pas l'objet d'un soin suffisant. *Tenue négligée. Travail négligé. Intérieur négligé,* mal tenu. — *Un rhume négligé peut dégénérer en bronchite.* ◆ (1640) (PERSONNES) Mal tenu, peu soigné. ■ **2** Dont on s'occupe moins qu'on ne le devrait. *Épouse négligée.* ➤ **délaissé.** ■ CONTR. Soigné.

NÉGLIGEABLE [negliʒabl] adj. – 1843 ; *négligible* 1834 ◇ de *négliger* ■ Qui peut être négligé, qui ne vaut pas la peine qu'on en tienne compte. ➤ **dérisoire, insignifiant.** *Considérer un risque comme négligeable. Ces frais ne sont pas négligeables. Un avantage non négligeable.* ◆ MATH. *Quantité négligeable,* dont on peut ne pas tenir compte, dont l'omission n'entraîne pas d'erreur appréciable dans le résultat final. — FIG. et COUR. *Considérer, traiter qqn comme (une) quantité négligeable,* ne tenir aucun compte de sa présence, de ses opinions, de ses désirs. ■ CONTR. Appréciable, important, notable, remarquable.

NÉGLIGEMMENT [negliʒamɑ̃] adv. – *négligentement* 1200 ◇ de *négligent* ■ **1** D'une manière négligente, sans soin. *« ses cheveux négligemment peignés, pendaient par mèches »* GAUTIER. ■ **2** Avec une négligence feinte. *Châle négligemment jeté sur les épaules.* ■ **3** Sur un ton, avec un air d'indifférence. *Répondre négligemment. Caresser négligemment.*

NÉGLIGENCE [negliʒɑ̃s] n. f. – 1120 ◇ latin *negligentia* ■ **1** Action, fait de négliger qqch. ; attitude, état d'une personne dont l'esprit ne s'applique pas à ce qu'elle fait ou devrait faire. ➤ **nonchalance, paresse.** *Je ne vous ai pas écrit par pure négligence. Traiter qqn avec négligence* (cf. Par-dessus la jambe*). ◆ Manque de précautions, de prudence, de vigilance. ➤ **insouciance, laisser-aller.** *« cette négligence que donne la victoire »* MONTESQUIEU. *Par la négligence des pouvoirs publics.* ➤ **carence, incurie.** ■ **2 UNE NÉGLIGENCE :** faute non intentionnelle, consistant à ne pas accomplir un acte qu'on aurait dû accomplir. ➤ **omission, oubli.** *Une négligence coupable, criminelle. Accident, incendie dû à une négligence.* ◆ Faute due au manque de rigueur, de soin. *Négligences dans le travail. Négligences de style. « Il s'y trouvait bien quelques négligences, à cause de la prodigieuse fécondité avec laquelle je l'avais écrit »* MUSSET. ■ CONTR. Application, assiduité, conscience, diligence, exactitude, minutie, soin, zèle.

NÉGLIGENT, ENTE [negliʒɑ̃, ɑ̃t] adj. – 1190 ◇ latin *negligens* ■ Qui fait preuve de négligence. ➤ **inattentif.** *Employé négligent qui mélange deux dossiers. Campeur négligent qui n'éteint pas son feu.* — *Jeter un coup d'œil négligent.* ◆ n. *« ne me parlez plus de ce paresseux, de ce négligent, de ce loir »* VOLTAIRE. ■ CONTR. Appliqué, consciencieux, soigneux.

NÉGLIGER [negliʒe] v. tr. ⟨3⟩ – 1355 ◇ latin *negligere* ■ **1** Laisser (qqch.) manquer du soin, de l'application, de l'attention qu'on lui devrait ; ne pas accorder d'importance à. ➤ FAM. 2 **ficher** (se ficher de). *Négliger ses intérêts, sa santé.* ➤ **se désintéresser** (de). *Les « esprits calculateurs qui ne négligent rien »* MUSSET. — PRONOM. (RÉFL.) *Se négliger :* ne pas avoir soin de sa personne, de sa toilette (cf. Se laisser aller). *Il n'était pas à son avantage, il se néglige.* — **NÉGLIGER DE :** ne pas prendre soin de. *Négliger de fermer à clé. Il a négligé de nous prévenir.* ➤ **omettre, oublier.** ■ **2** Porter à (qqn) moins d'attention, d'affection qu'on ne le devrait. *Négliger ses enfants. Mari qui néglige sa femme. Négliger ses amis.* ➤ **abandonner, délaisser.** ■ **3** Ne pas tenir compte, ne faire aucun cas de. *Négliger un avis salutaire.* ➤ **dédaigner, méconnaître** (cf. Faire fi* de, passer outre*). *Ce n'est pas à négliger.* ➤ 1 **écarter.** — MATH., SC. *Négliger les termes du deuxième ordre, la partie décimale.* ◆ Ne pas mettre en pratique. *Négliger la plus élémentaire prudence. Il n'a rien négligé pour me faire plaisir,* il a tout fait. ◆ Ne pas saisir ou ne pas retenir, laisser passer. *Négliger une occasion.* ■ CONTR. Occuper (s').

NÉGOCE [negɔs] n. m. – *negoces* « affaires » 1190 ◇ latin *negotium* ■ **1** VX Affaire, occupation. *« As-tu quelque négoce avec le patron du logis ? »* MOLIÈRE. ■ **2** (1617) VIEILLI Commerce, activité commerciale. *Liberté du négoce. Le haut négoce.* ◆ MOD. Activité d'achat et de revente de marchandises sur les marchés internationaux. ➤ **import-export.** *Négoce de céréales.*

NÉGOCIABILITÉ [negɔsjabilite] n. f. – 1771 ◇ de *négociable* ■ COMM. Qualité attachée à certaines formes que peuvent revêtir les titres représentatifs d'un droit ou d'une créance grâce à laquelle ce droit ou cette créance sont transmissibles par les procédés du droit commercial. ➤ **cessibilité.** *Négociabilité des effets de commerce.*

NÉGOCIABLE [negɔsjabl] adj. – 1675 ◇ de *négocier* ■ Qui peut être négocié (II). ➤ **cessible, transférable, transmissible.** *Titre négociable par endossement, tradition, virement.* ◆ Qui peut être débattu, discuté. *Les conditions de ce contrat ne sont pas négociables.*

NÉGOCIANT, IANTE [negɔsjɑ̃, jɑ̃t] n. – 1550 ◇ italien *negoziante* ■ Personne qui se livre au négoce, au commerce en grand. ➤ **commerçant, concessionnaire, distributeur, grossiste, marchand, trafiquant.** *Négociant en vins. Négociant international.* ➤ **exportateur, importateur, trader.**

NÉGOCIATEUR, TRICE [negɔsjatœr, tris] n. – 1462 ; « régisseur » 1361 ◇ latin *negotiator* « commerçant » ■ **1** Personne qui a la charge de négocier une affaire. ➤ 2 **agent, courtier, intermédiaire.** *Il a été le négociateur de ce contrat.* ■ **2** Agent diplomatique chargé de négocier un accord, un traité. *Les négociateurs du traité de paix.*

NÉGOCIATION [negɔsjasjɔ̃] n. f. – 1323 « affaire » ◇ latin *negotiatio* « commerce » ■ **1** VX Action de faire du commerce. — MOD. Opération d'achat et de vente portant sur une valeur mobilière, un effet de commerce. *Négociation de titres. Négociation au comptant, sur le marché à règlement mensuel.* ■ **2** (1544) Série d'entretiens, d'échanges de vues, de démarches qu'on entreprend pour parvenir à un accord, pour conclure une affaire. ➤ **tractation.** *Être en négociation avec qqn. Négociations salariales entre les syndicats et le patronat. Négociations commerciales multilatérales (NCM),* entre pays signataires de l'accord général sur les tarifs et le commerce (GATT). ➤ **round.** ◆ Échange de vues soit entre deux puissances par l'intermédiaire de leurs agents diplomatiques, ou envoyés spéciaux et de leur gouvernement, soit entre plusieurs puissances, au cours de congrès ou conférences, en vue d'aboutir à la conclusion d'un accord. *Engager, entamer des négociations.* ➤ **pourparler.** *Table de négociations. Ouverture, progrès, succès, échec des négociations. Négociations longues et difficiles.* ➤ **marathon.** *Négociations sur le désarmement.* — SPÉCIALT Recherche d'un accord, comme moyen d'action politique (opposé à *force, guerre*). *Être partisan de la négociation.* ➤ **dialogue.** *« La pensée d'obtenir des frontières préservatrices par force ou par négociation »* CHATEAUBRIAND.

NÉGOCIER [negɔsje] v. ‹7› – 1370 ◊ latin *negotiari*
I v. intr. ▪ **1** VX Faire du négoce, du commerce. ➤ **commercer.** ▪ **2** (XVIe) MOD. Mener une négociation. ➤ **discuter.** *Négocier à nouveau.* ➤ **renégocier.** *Gouvernement qui négocie avec une puissance étrangère.* ➤ **traiter.** — ABSOLT Régler un conflit par voie de négociation. *« c'est un diplomate, c'est un commerçant ; en tous sens du terme, il négocie »* DANIEL-ROPS.
II v. tr. ▪ **1** Établir, régler (un accord) entre deux parties. *Négocier une affaire* (➤ **traiter**), *une capitulation, une convention, un traité. Négocier son salaire.* ➤ **débattre, discuter.** *Négocier le prix.* ➤ **marchander.** *Négocier à nouveau.* ➤ **renégocier.** — p. p. adj. *Une solution négociée.* — PRONOM. (PASS.) *Un accord se négocie.* ▪ **2** Céder, réaliser (un effet de commerce, une valeur mobilière). *Négocier un billet, une lettre de change.* PRONOM. (PASS.) *Ce titre se négocie au plus haut cours. Valeurs négociées à terme.* ▪ **3** (1927 ◊ calque de l'anglais *to negociate a curve*) AUTOM. *Négocier un virage* : manœuvrer de manière à bien prendre un virage à grande vitesse.

NÉGONDO [negɔ̃do] n. m. – *negundo* 1602 ◊ mot malais par le portugais, le latin des botanistes ▪ Érable d'Amérique du Nord *(acéracées),* arbre ornemental à feuilles panachées de blanc.

NÈGRE, NÉGRESSE [nɛgʀ, negʀɛs] n. et adj. – 1516 ; *négresse* 1637 ; var. *une nègre* 1643 ; rare avant XVIIIe ◊ espagnol ou portugais *negro* « noir » ▪ **1** VIEILLI ou PÉJ. Noir, Noire. REM. Terme raciste et injurieux sauf s'il est employé par les Noirs eux-mêmes (➤ **négritude**). ♦ Esclave noir. *La traite des nègres.* ➤ **esclavage** (cf. Bois d'ébène*). *Nègre marron.* ➤ 2 **marron.** — LOC. *Travailler comme un nègre,* très durement, sans relâche. *Un combat de nègres dans un tunnel**. ▪ **2** n. m. (1757) FIG. VIEILLI Personne qui ébauche ou écrit anonymement les ouvrages signés par un autre. ➤ **prête-plume** (cf. Écrivain fantôme*). *Les nègres d'Alexandre Dumas.* ▪ **3** PAR EXT. VX Couleur brun foncé. ➤ 1 **marron.** — adj. (*neigre* 1611) *Une robe nègre.* ➤ **tête-de-nègre.** ▪ **4** CUIS. *Nègre en chemise* : entremets au chocolat garni de crème. ➤ aussi **tête-de-nègre.** ▪ **5** (1877) **PETIT-NÈGRE** : français rudimentaire, à la syntaxe simplifiée (verbes à l'infinitif, omission de l'article...), stéréotype linguistique des autochtones des anciennes colonies françaises. *Parler petit-nègre* (ex. Lui pas être content). *« Parler petit-nègre, c'est exprimer cette idée : "Toi, reste où tu es" »* FANON. — PAR EXT. Mauvais français. ▪ **6** adj. (des deux genres) (XVIIIe) **NÈGRE** Qui appartient, est relatif aux Noirs. VIEILLI ou PÉJ. (PERSONNES) ➤ **noir.** *Tribus nègres.* ♦ MOD. *Art nègre.* ➤ **négro-africain.** *Masque nègre. Musique nègre.* ➤ **black.** ♦ loc. adj. inv. *Nègre-blanc* : dont l'ambiguïté ménage les parties. *Des solutions nègre-blanc.*

NÉGRIER, IÈRE [negʀije, ijɛʀ] adj. et n. m. – 1685 ◊ de *nègre* ▪ **1** Relatif à la traite des Noirs ; qui s'occupait de la traite des Noirs. *Capitaine, vaisseau négrier.* ▪ **2** n. m. ANCIENNT Celui qui se livrait à la traite des Noirs, marchand d'esclaves. — PAR ANAL. Personne qui traite ses employés comme des esclaves. ♦ Navire qui servait à la traite des Noirs. *Les négriers nantais.*

NÉGRILLON, ONNE [negʀijɔ̃, ɔn] n. – 1714 ◊ diminutif de *nègre* ▪ VIEILLI ou PÉJ. Enfant noir(e). ♦ PLAISANT Enfant très brun(e) de peau. ➤ **moricaud, noiraud.**

NÉGRITUDE [negʀityd] n. f. – v. 1933 ◊ de *nègre* ▪ LITTÉR. Ensemble des caractères, des manières de penser, de sentir propres aux Noirs ; appartenance à la communauté noire. *« Il n'y a pas de contradiction entre la négritude et la francité »* SENGHOR.

NÉGRO [negʀo] n. m. – 1888 ◊ espagnol *negro* ▪ PÉJ. (injure raciste) Personne noire. (REM. Ne se dit pas pour une femme.) *« lui qui, au village, a tant de fois rigolé avec les autres des bicots et des* négros, *sans en avoir jamais croisé un seul »* L. MAUVIGNIER.

NÉGRO-AFRICAIN, AINE [negʀoafʀikɛ̃, ɛn] adj. et n. – 1924 ◊ de *nègre* et *africain* ▪ Relatif aux Noirs d'Afrique. *Langues négro-africaines.*

NÉGRO-AMÉRICAIN, AINE [negʀoamerikɛ̃, ɛn] adj. et n. – 1945 ◊ de *nègre* et *américain* ▪ Relatif aux Noirs d'Amérique. ➤ **africain-américain, afro-américain.** *« Aux soldats négro-américains », poème de Senghor.*

NÉGROÏDE [negʀɔid] adj. – 1870 ◊ de *nègre* et *-oïde* ▪ Qui présente certaines caractéristiques physiques propres aux Noirs. *Traits négroïdes.*

NEGRO-SPIRITUAL, ALS [negʀospiʀitɥɔl, ɔls] n. m. /NÉGROSPIRITUAL/ – 1926 ◊ mot anglais américain, de l'anglais *negro* « nègre » et *spiritual* « (chant) spirituel » ▪ Chant religieux chrétien des Noirs des États-Unis. ➤ **gospel.** — On dit aussi **SPIRITUAL, ALS,** 1922.

NÉGUENTROPIE [negɑ̃tʀɔpi] n. f. – 1964 ◊ anglais *neg(ative) entropy* ▪ DIDACT. Entropie* négative ; augmentation du potentiel énergétique.

NÉGUS [negys] n. m. – 1556, rare avant XVIIIe ◊ amharique *negûs (negusti)* « roi (des rois) » ▪ Titre porté par les souverains éthiopiens.

NEIGE [nɛʒ] n. f. – *naije* v. 1325 ◊ de *neiger* ▪ **1** Eau congelée dans les hautes régions de l'atmosphère, et qui tombe en flocons blancs et légers (➤ **nival ; nivo-**). *L'hiver, saison de la neige. Le temps est à la neige* : il va neiger. ➤ **neigeux.** *Flocons de neige. Chute, averse, tempête de neige* (➤ RÉGION. 1 **poudrerie**). *Couche de neige. Mesurer la hauteur de neige.* ➤ **enneigement ; nivologie.** *Paysage de neige. Boule, bonhomme de neige. Accumulation de neige.* ➤ **congère, névé ; avalanche.** (Canada) *Banc de neige.* ➤ RÉGION. 1 **gonfle.** *Route recouverte de neige.* ➤ **enneigé.** *Ôter la neige.* ➤ **déneiger ; chasse-neige.** — *Neiges éternelles**. *Fonte des neiges. « Mais où sont les neiges d'antan ? »* VILLON. LOC. *L'abominable homme des neiges.* ➤ **yéti.** — *Neige fraîche, poudreuse, pourrie, tôlée. Neige fondante.* ➤ **soupe ;** RÉGION. 2 **bouette, gadoue, sloche.** *Canon* à neige. Neige de culture.* — *Neige industrielle, neige de pollution* ou *neige urbaine,* produite par la condensation de la vapeur d'eau au contact des polluants atmosphériques. — *Équipement pour aller sur la neige.* ➤ **luge, raquette, ski, traîneau.** — APPOS. INV. *Pneus neige,* antidérapants. — PAR COMPAR. *Blanc comme neige.* LOC. *Fondre comme neige au soleil. Faire boule* de neige.* — ABSOLT, COLLECTIVT *La neige* : lieu où la neige abonde, station de sports d'hiver. *Aller à la neige. Des « villes, au soleil, à la neige »* V. OLMI. *Vacances de neige. Trains de neige. Classe* de neige. Exploitation de la neige* (cf. Or* blanc). ▪ **2** PAR ANAL. (de couleur, de consistance) *Neige artificielle* : substance chimique utilisée pour simuler la neige (au cinéma). *Neige carbonique.* ➤ **carboglace.** — (1921) ARG. Cocaïne en poudre. — *Battre des blancs (d'œufs) en neige,* de manière à obtenir un appareil blanc et ferme. *Œufs à la neige* : entremets composé de blancs d'œufs battus et pochés, servis avec une crème anglaise. ➤ **île** (flottante). ♦ Bruit*, parasites formant des petits points blancs sur un écran de télévision. *« L'image tremblait. Il y avait de la neige sur le canal »* G. FAYE. ▪ **3** loc. adj. LITTÉR. **DE NEIGE** : d'une blancheur éclatante. *Barbe, cheveux de neige.*

NEIGER [neʒe] v. impers. ‹3› – *negier* XIIe ◊ latin populaire °*nivicare,* de *nix, nivis* « neige » ▪ Tomber, en parlant de la neige. *Il va neiger.* — INTRANS. POÉT. *« Ah ! comme la neige a neigé »* NELLIGAN.

NEIGEUX, EUSE [nɛʒø, øz] adj. – 1552 ◊ de *neige* ▪ **1** Qui est couvert de neige, constitué par de la neige. *Cimes neigeuses.* ➤ **enneigé.** — PAR EXT. *Temps neigeux,* qui est à la neige. ▪ **2** Qui rappelle la neige par sa blancheur, sa douceur. *Peau, chevelure neigeuse.*

NÉLOMBO [nelɔ̃bo] n. m. – 1840 ; *nelumbo* 1765 ◊ mot cinghalais ▪ Plante aquatique *(nymphéacées)* à fleurs roses, parfois blanches. *Le nélombo d'Orient est le lotus sacré des Hindous. Des nélombos.*

NEM [nɛm] n. m. – v. 1980 ◊ mot vietnamien ▪ Petit pâté* impérial. *Manger des nems.*

NÉMALE [nemal] n. m. – v. 1902 ; *nemalion* 1841 ◊ du grec *nêma* « fil » ▪ BOT. Algue rouge gélatineuse *(rhodophycées)* qui croît dans les eaux à cours rapide.

NÉMATHELMINTHES [nematɛlmɛ̃t] n. m. pl. – 1890 ◊ de *némat(o)-* et *helminthe* ▪ ZOOL. Embranchement de la classification des êtres vivants qui comprend les vers cylindriques non segmentés (ANCIENNT vers ronds). *Les rotifères, les nématodes sont des némathelminthes.* Au sing. *Un némathelminthe.*

NÉMAT(O)- ▪ Élément, du grec *nêma, nêmatos* « fil ».

NÉMATOCYSTE [nematɔsist] n. m. – 1864 ◊ de *némato-* et *-cyste* ▪ ZOOL. Vésicule urticante des cnidaires, contenant un filament enroulé en forme de harpon.

NÉMATODES [nematɔd] n. m. pl. – 1887 ◊ grec *nêmatôdês* « semblable à du fil » ▪ ZOOL. Classe de l'embranchement des némathelminthes, généralement parasites des animaux et des végétaux. ➤ **ascaride,** 1 **filaire, oxyure, strongyle, trichine, tylenchus.** *Étude des nématodes* (**NÉMATOLOGIE** n. f.). Au sing. *L'ascaride est un nématode.*

NÉNÉ [nene] n. m. – 1907 ; *nénet* 1842 ◊ probablt de la racine onomatopéique *nann-* ; cf. *nanan* ▪ FAM. Sein de femme. ➤ **lolo, nichon.** *De gros nénés.*

1 **NÉNETTE** [nenɛt] n. f. – 1944 ◊ origine inconnue, p.-ê. de *comprenette* ▪ FAM. VIEILLI Tête. LOC. *Se casser la nénette* : se fatiguer.

2 **NÉNETTE** [nenɛt] **n. f.** – 1917 (métaph.) ◊ origine inconnue, p.-ê. de la racine onomatopéique *nann-* ; cf. provençal *nenet(t)o* «petit enfant, petite fille, poupée» et *Ninette* n. pr. (1755) ■ FAM. ■ **1** Jeune fille, jeune femme. ➤ **nana.** *Un mec et deux nénettes.* — Compagne. *C'est sa nénette.* ■ **2** (nom déposé) Brosse douce munie d'un manche servant à lustrer la carrosserie d'une automobile.

NENNI [neni] **adv.** – *nenil* v. 1130 ◊ composé de *nen,* forme atone de *non,* et de *il* ; cf. *oui* ■ RÉGION., VX OU PLAISANT Adverbe de négation. ➤ **non.** *Que nenni !*

NÉNUPHAR ou **NÉNUFAR** [nenyfaʀ] **n. m.** – v. 1350 *nenuphar* ; XIIIe *nenufar* ◊ latin médiéval *nenuphar,* de l'arabe *nînûfar* ■ Plante aquatique vivace *(nymphéacées)* qui croît dans les pays chauds et tempérés et dont les grandes feuilles rondes s'étalent sur l'eau. ➤ **lis** (d'eau, des étangs). *Nénuphar jaune.* ➤ **jaunet** (d'eau). *Nénuphar blanc.* ➤ **nymphéa.** *«le nénufar blanc, le lis des étangs, est sans contredit la plus belle des plantes aquatiques»* A. KARR. *Nénuphar sacré d'Égypte* (➤ **lotus**), *d'Inde* (➤ **nélombo**). — La graphie *nénufar* est étymologique.

NÉO ➤ **NÉOPLASME**

NÉO- ■ Élément, du grec *neos* «nouveau».

NÉOBLASTE [neɔblast] **n. m.** – 1907 ◊ anglais *neoblast,* du grec *neos* «nouveau» et *blastos* «germe» ■ BIOL. CELL. Cellule indifférenciée qui, chez certains animaux (planaires, annélides), assure la régénération des parties accidentellement amputées.

NÉOCAPITALISME [neokapitalism] **n. m.** – 1931 ◊ de *néo-* et *capitalisme* ■ ÉCON. Capitalisme moderne qui admet l'intervention de l'État dans certains domaines (secteur public, planification). — **adj. NÉOCAPITALISTE,** v. 1960.

NÉOCELTIQUE [neosɛltik] **adj.** – 1874 ◊ de *néo-* et *celtique* ■ LING. Se dit des langues modernes dérivées des langues celtiques. ➤ **celtique, gaélique, kymrique.**

NÉOCLASSICISME [neoklasisism] **n. m.** – 1905 ◊ de *néo-* et *classicisme* ■ École, mouvement littéraire (et spécialement poétique) préconisant le retour au classicisme, sous une forme renouvelée. *Le néoclassicisme dérive de l'école romane de Moréas.* ♦ Formes d'art imitées ou renouvelées de l'Antiquité classique.

NÉOCLASSIQUE [neoklasik] **adj.** – 1902 peint. ◊ de *néo-* et *classique* ■ Qui appartient, est relatif au néoclassicisme. *Architecture, poésie néoclassique.* — SUBST. *Les néoclassiques.*

NÉOCOLONIALISME [neokɔlɔnjalism] **n. m.** – v. 1960 ◊ de *néo-* et *colonialisme* ■ Nouvelle forme de colonialisme qui impose la domination économique à une ancienne colonie ayant accédé à l'indépendance. — **adj. NÉOCOLONIALISTE.**

NÉOCOMIEN, IENNE [neokɔmjɛ̃, jɛn] **n. et adj.** – 1835 ◊ de *Neocomum,* nom latin de Neuchâtel, en Suisse ■ GÉOL. Division stratigraphique du système crétacé inférieur.

NÉOCORTEX [neokɔʀtɛks] **n. m.** – avant 1950 ◊ de *néo-* et *cortex* ■ ANAT. Couche de substance grise, particulièrement développée chez les mammifères, qui constitue la paroi des hémisphères cérébraux. — **adj. NÉOCORTICAL, ALE, AUX.**

NÉOCRITICISME [neokritisism] **n. m.** – 1854 ◊ de *néo-* et *criticisme* ■ PHILOS. Doctrine philosophique renouvelée du kantisme. *Le néocriticisme de Renouvier.* — **adj. et n. NÉOCRITICISTE.**

NÉODARWINISME [neodaʀwinism] **n. m.** – v. 1902 ◊ de *néo-* et *darwinisme* ■ SC. Théorie synthétique de l'évolution, faisant la synthèse du darwinisme, des lois de l'hérédité et de la génétique des populations. — **adj.** (1898) **NÉODARWINIEN, IENNE.**

NÉODYME [neɔdim] **n. m.** – 1897 ◊ allemand *Neodym* ; cf. *néo-* et *didyme* ■ CHIM. Élément atomique (Nd ; n° at. 60 ; m. at. 144,24), métal blanc de la série des lanthanides. *Le néodyme et le praséodyme* (➤ **didyme**).

NÉOFASCISTE [neofaʃist] **adj. et n.** – 1945 ◊ de *néo-* et *fasciste* ■ Partisan d'une idéologie, d'un mouvement politique inspirés du fascisme italien. — **n. m. NÉOFASCISME.**

NÉOFORMATION [neofɔʀmasjɔ̃] **n. f.** – 1878 ◊ de *néo-* et *formation* ■ HISTOL. Formation de tissus nouveaux. — MÉD. Tumeur, bénigne ou non. ➤ **néoplasme.** — **adj. NÉOFORMÉ, ÉE.**

NÉOGÈNE [neɔʒɛn] **n. m.** – 1872 ◊ allemand *Neogen* ; cf. *néo-* et *-gène* ■ GÉOL. Période du tertiaire qui touche au quaternaire, comprenant le miocène et le pliocène.

NÉOGLUCOGENÈSE [neoglykoʒənɛz] **n. f.** – 1963 ◊ de *néo-* et *glucogenèse* ■ BIOCHIM. Production de glucose ou de polyosides, en particulier de glycogène, à partir de substances non glucidiques. *La néoglucogenèse est déclenchée dans le foie en cas de glycémie basse.* — On dit aussi **NÉOGLYCOGENÈSE** et **GLUCONÉOGENÈSE.**

NÉOGOTHIQUE [neogɔtik] **adj.** – 1929 ◊ de *néo-* et *gothique* ■ ARCHIT. Qui imite le gothique. *Chapelle néogothique.* — SUBST. *Le néogothique :* style en vogue à la fin du XIXe s.

NÉOGREC, NÉOGRECQUE [neogʀɛk] **adj.** – 1846 ◊ de *néo-* et *grec* ■ DIDACT. ■ **1** Qui a rapport à la Grèce moderne. *Langue, littérature néogrecque.* ■ **2** Qui imite l'art de la Grèce ancienne. *Le style néogrec.*

NÉO-IMPRESSIONNISME [neoɛ̃pʀesjɔnism] **n. m.** – 1886 ◊ de *néo-* et *impressionnisme* ■ ARTS Mouvement pictural fondé par Seurat. ➤ **pointillisme.** — **adj. et n. NÉO-IMPRESSIONNISTE.** *Les néo-impressionnistes.*

NÉOKANTISME [neokɑ̃tism] **n. m.** – 1899 ◊ de *néo-* et *kantisme* ■ PHILOS. Théorie psychologique morale, dérivée du criticisme de Kant.

NÉOLATIN, INE [neolatɛ̃, in] **adj. et n. m.** – 1817 ◊ de *néo-* et *latin* ■ LING. *Langues néolatines :* langues romanes. — **n. m.** *Le néolatin :* forme postmédiévale du latin, entre le XVe et le XIXe siècle.

NÉOLIBÉRAL, ALE, AUX [neolibeʀal, o] **adj. et n.** – 1959 ◊ de *néo-* et *libéral* ■ ÉCON., POLIT. Relatif au néolibéralisme. *Le modèle néolibéral. Une politique néolibérale.* ♦ Partisan du néolibéralisme. — **n.** *Les néolibéraux.*

NÉOLIBÉRALISME [neolibeʀalism] **n. m.** – 1844 ◊ de *néo-* et *libéralisme* ■ ÉCON., POLIT. Forme de libéralisme qui admet une intervention limitée de l'État.

NÉOLITHIQUE [neɔlitik] **adj. et n. m.** – 1866 ◊ de *néo-* et *lithique,* d'après l'anglais *neolithic* ■ PALÉONT. Relatif à l'âge de la pierre polie, période la plus récente de l'âge de pierre. *Site néolithique.* — **n. m.** (1902) *Le néolithique. Vestiges datés du néolithique.*

NÉOLOGIE [neɔlɔʒi] **n. f.** – 1759 ◊ de *néo-* et *-logie* ■ **1** Création de mots nouveaux dans une langue, afin de l'enrichir. *Une inflammation «à laquelle notre néologie n'a pas encore su trouver de nom»* BALZAC. *Commission de néologie.* — PAR EXT. Recueil de ces mots. ■ **2** (milieu XXe) LING. Processus par lesquels le lexique d'une langue s'enrichit, soit par la dérivation et la composition, soit par emprunts, calques, ou par tout autre moyen (sigles, acronymes...).

NÉOLOGIQUE [neɔlɔʒik] **adj.** – 1726 ◊ de *néo-* et *-logique* ■ Qui est relatif à la néologie, au néologisme. *Locution néologique. Emploi néologique.*

NÉOLOGISME [neɔlɔʒism] **n. m.** – 1735 ◊ de *néo-* et *-logisme* ■ **1** VIEILLI ET PÉJ. Affectation de nouveauté dans la manière de s'exprimer. ■ **2** (1800) MOD. Emploi d'un mot nouveau (soit créé, soit obtenu par dérivation, composition, troncation, siglaison, emprunt, etc. : *néologisme de forme*) ou emploi d'un mot, d'une expression préexistants dans un sens nouveau *(néologisme de sens).* ■ **3** Mot nouveau ; sens nouveau d'un mot. *Un néologisme mal formé. Néologisme officiel :* terme recommandé par le législateur à la place d'un terme étranger. ♦ MÉD. Mot forgé par un malade, incompréhensible pour l'entourage.

NÉOMYCINE [neɔmisin] **n. f.** – 1949 ◊ de *néo-, -myce* et *-ine* ■ MÉD. Antibiotique à large spectre d'action (comparable à celui de la streptomycine), administré par voie orale et en applications locales (pommade, solution).

NÉON [neɔ̃] **n. m.** – 1898 ◊ grec *neos* «nouveau» et suffixe *-on* ; cf. *argon, krypton* ■ **1** CHIM. Élément atomique (Ne ; n° at. 10 ; m. at. 20,1797), gaz incolore de la série des gaz* rares. *Le néon à basse pression émet une lumière rouge lorsqu'il est traversé par une décharge électrique. Enseigne lumineuse au néon.* ♦ ABUSIVEMENT ET COUR. *Tube au néon :* tout tube fluorescent. *«Les tubes de néon brillent à l'intérieur des vitrines»* LE CLÉZIO. *«L'éclairage au néon gâte les traits»* D. BOULANGER. ■ **2** Éclairage par tube fluorescent ; le tube lui-même. *Remplacer un néon.*

NÉONATAL, ALE [neonatal] **adj.** – 1954 ◊ de *néo-* et *natal,* ou de l'anglais *neonatal* ■ DIDACT. Qui concerne le nouveau-né. *Soins néonatals. Médecine néonatale.* ➤ **néonatologie.** *Mortalité néonatale.*

NÉONATICIDE [neonatisid] **adj. et n.** – 1969 ◊ de *néonatal* et *-cide* ■ DIDACT. ■ **1** Qui tue un nouveau-né. ➤ 1 **infanticide.** — **n.** *Un, une néonaticide.* ■ **2** **n. m.** Meurtre d'un nouveau-né. ➤ 2 **infanticide.**

NÉONATOLOGIE [neonatɔlɔʒi] n. f. – v. 1970 ◊ anglais *neonatology,* de *neonate* «nouveau-né» ■ DIDACT. Branche de la médecine qui s'occupe du nouveau-né. — On dit aussi *néonatalogie,* 1974. — ABRÉV. FAM. *néonat* [neonat].

NÉONAZISME [neonazism] n. m. – 1951 ◊ de *néo-* et *nazisme* ■ Mouvement politique d'extrême droite qui s'inspire du programme du nazisme. — adj. et n. (1952) **NÉONAZI, IE.**

NÉONICOTINOÏDE [neonikɔtinɔid] n. m. – 1999 ◊ de *néo-, nicotine* et *-oïde* ■ CHIM. Insecticide neurotoxique dérivé de la nicotine. *Les néonicotinoïdes seraient dangereux pour les abeilles.*

NÉOPHYTE [neɔfit] n. et adj. – *néofite* 1495 ; rare avant XVIIe ◊ latin ecclésiastique *neophytus,* grec *neophutos,* proprt «nouvellement planté» ■ 1 HIST. RELIG. Dans l'Église primitive, Personne nouvellement convertie au christianisme. — Personne récemment convertie et baptisée. ■ 2 (1759) COUR. Personne qui a récemment adopté une doctrine, un système, ou qui vient d'entrer dans un parti, une association. ➤ **adepte.** *L'ardeur, la ferveur, le zèle d'un néophyte.* ➤ **novice, prosélyte.** — adj. *Un zèle néophyte. Un joueur néophyte.* ➤ **débutant, inexpérimenté.**

NÉOPLASIQUE [neɔplazik] adj. – 1866 ◊ de *néo-* et du grec *plasis* «formation» ■ MÉD. Qui concerne un néoplasme. *Affection néoplasique.*

NÉOPLASME [neɔplasm] n. m. – 1855 ◊ de *néo-* et *-plasme* ■ PATHOL. Prolifération pathologique de cellules, de tissus se présentant généralement sous la forme d'une tumeur. — SPÉCIALT Prolifération de tissu cancéreux, tumeur cancéreuse. ARG. MÉD. **NÉO.** ➤ **cancer.** *Un néo.*

NÉOPLATONICIEN, IENNE [neoplatɔnisjɛ̃, jɛn] n. et adj. – 1827 ◊ de *néo-* et *platonicien* ■ DIDACT. Partisan du néoplatonisme. — adj. *Doctrine, école néoplatonicienne.*

NÉOPLATONISME [neoplatɔnism] n. m. – 1828 ◊ de *néo-* et *platonisme* ■ DIDACT. ■ 1 Doctrine inspirée de la philosophie de Platon, qui prit naissance et se développa à Alexandrie vers le IIIe s. de notre ère. *Plotin fut le principal représentant du néoplatonisme.* ■ 2 Mouvement littéraire, artistique ou philosophique inspiré du platonisme.

NÉOPOSITIVISME [neopozitivism] n. m. – 1908 ◊ de *néo-* et *positivisme* ■ PHILOS. Théories positivistes du XXe s. (philosophie analytique et logique). — adj. et n. **NÉOPOSITIVISTE.**

NÉOPRÈNE [neɔpʀɛn] n. m. – 1959 ◊ nom déposé ; anglais américain *neoprene,* de *neo-* et *-prene* pour *pr(opyl)ene* ■ TECHN. Caoutchouc synthétique thermoplastique, obtenu par polymérisation d'un composé chloré *(chloroprène). Colle au néoprène. Combinaison de plongée en néoprène.*

NÉOPROTECTIONNISME [neopʀɔtɛksjɔnism] n. m. – v. 1970 ◊ de *néo-* et *protectionnisme* ■ Nouvelle forme de protectionnisme utilisant des barrières non tarifaires pour limiter les importations. *La rigueur de certaines normes étrangères est souvent dénoncée comme une forme de néoprotectionnisme.*

NÉORÉALISME [neoʀealism] n. m. – v. 1935 ◊ de *néo-* et *réalisme* ■ Théorie artistique ou littéraire renouvelée du réalisme. ♦ SPÉCIALT École cinématographique italienne caractérisée par le réalisme, la vérité des situations et des décors, les préoccupations sociales.

NÉORÉALISTE [neoʀealist] adj. – 1863 ◊ de *néoréalisme* ■ Qui est relatif au néoréalisme, qui suit les principes du néoréalisme. *Film néoréaliste.*

NÉORURAL, ALE, AUX [neoʀyʀal, o] n. et adj. – 1974 ◊ de *néo-* et *rural* ■ Citadin qui décide de s'établir en milieu rural et d'y travailler.

NÉOTÉNIE [neɔteni] n. f. – 1903 ◊ allemand *Neotenie* (1884), du grec *neos* «jeune» et *teinein* «étendre, prolonger» ■ BIOL. Acquisition de la maturité sexuelle chez un organisme à l'état larvaire. — Persistance, temporaire ou permanente, des formes larvaires au cours du développement d'un organisme.

NÉOTHOMISME [neotɔmism] n. m. – v. 1902 ◊ de *néo-* et *thomisme* ■ RELIG. Thomisme moderne, répandu surtout depuis l'encyclique *Æterni patris* (1879), où Léon XIII recommandait d'incorporer à la philosophie de saint Thomas les acquisitions de la science contemporaine.

NÉOTTIE [neɔti] n. f. – 1823 ◊ grec *neotteia* «nid d'oiseau» ■ BOT. Sorte d'orchidée sans chlorophylle *(orchidacées),* saprophyte qui croît dans l'humus des hêtraies.

NÈPE [nɛp] n. f. – 1762 ◊ latin *nepa* «scorpion» ■ Insecte rhynchote des eaux stagnantes *(hémiptères),* dont une espèce, la *nèpe cendrée,* est commune en France. ➤ **punaise** (d'eau), **scorpion** (d'eau).

NÉPENTHÈS [nepɛ̃tɛs] n. m. – *nepenthe* 1560 ◊ mot grec «qui dissipe la douleur» ■ 1 Chez les Grecs, Breuvage magique, remède qui dissipait la tristesse, la colère. — Plante dont les Anciens tiraient cette drogue. ■ 2 *(népente* 1799) BOT. Plante carnivore *(népenthacées)* qui croît à Madagascar et en Asie du Sud-Est, dont les feuilles en vrilles se terminent par une urne à couvercle, dans laquelle tombent de petits insectes.

NÉPÉRIEN, IENNE [nepeʀjɛ̃, jɛn] adj. – 1846 ◊ de *Neper,* n. pr. ■ MATH. Inventé par le mathématicien Neper. *Logarithmes* népériens.*

NÉPÈTE [nepɛt] n. f. – 1803 ; *népéta* 1694 ◊ latin *nepeta* ■ BOT. Plante à odeur forte *(labiées)* qui comprend de nombreuses espèces, dont la cataire.

NÉPHÉLION [nefeljɔ̃] n. m. – 1765 ◊ grec *nephelion* «petit nuage» ■ MÉD. Tache transparente de la cornée n'interceptant pas complètement la lumière. ➤ **albugo, leucome, taie.**

NÉPHÉLOMÉTRIE [nefelɔmetʀi] n. f. – début XXe ◊ du grec *nephelê* «nuage» et *-métrie* ■ DIDACT. Mesure de la concentration d'une émulsion d'après sa transparence. ➤ **photométrie, turbidimétrie.** — On dit aussi **NÉPHÉLÉMÉTRIE.**

NÉPHRECTOMIE [nefʀɛktɔmi] n. f. – 1888 ; *néphrotomie* «opération de la pierre» 1753 ◊ de *néphr(o)-* et *-ectomie* ■ CHIR. Ablation chirurgicale d'un rein.

NÉPHRÉTIQUE [nefʀetik] adj. – *néfrétique* 1398 ◊ latin des médecins *nephreticus,* grec *nephritikos* «qui souffre des reins» ■ Relatif au rein malade. ➤ **rénal.** *Colique néphrétique :* douleur aiguë provoquée par un spasme des uretères, souvent dû au passage d'un calcul. ♦ Qui est affligé de coliques néphrétiques. — n. *Un néphrétique.*

NÉPHRIDIE [nefʀidi] n. f. – 1893 ◊ latin scientifique *nephridium,* du grec *nephridios* «qui concerne le rein» ■ ZOOL. Organe excréteur de certains invertébrés (rotifères, plathelminthes, annélides).

1 **NÉPHRITE** [nefʀit] n. f. – 1802 ; *néphrésie* 1557 ◊ grec *nephritis (nosos)* «(maladie) des reins» ■ Maladie inflammatoire et douloureuse du rein. *Néphrite aiguë. Néphrite chronique.* — adj. **NÉPHRITIQUE.**

2 **NÉPHRITE** [nefʀit] n. f. – 1798 ◊ allemand *Nephrit* ■ MINÉR. Variété de jade (qui passait pour guérir les reins), silicate de calcium et de magnésium appartenant au genre amphibole. *La néphrite et la jadéite.*

NÉPHR(O)- ■ Élément, du grec *nephros* «rein».

NÉPHROGRAPHIE [nefʀɔgʀafi] n. f. – 1953 ; «étude des reins» 1843 ◊ de *néphro-* et *-graphie* ■ MÉD. Radiographie du rein, pratiquée après l'injection d'une substance opaque aux rayons X dans les voies urinaires (➤ **urographie**), ou dans les artères du rein (➤ **artériographie**).

NÉPHROLOGIE [nefʀɔlɔʒi] n. f. – 1803 ◊ de *néphro-* et *-logie* ■ MÉD. Étude de la physiologie et de la pathologie du rein. *Néphrologie et urologie*.*

NÉPHROLOGUE [nefʀɔlɔg] n. – 1874 ; *néphrologiste* 1829 ◊ de *néphro-* et *-logue* ■ MÉD. Spécialiste de néphrologie.

NÉPHRON [nefʀɔ̃] n. m. – 1954 ◊ du grec *nephros* ■ PHYSIOL., ANAT. Unité anatomique et fonctionnelle du rein, constituée par un glomérule rénal et les tubes rénaux qui s'y rattachent. *Un rein humain comprend environ 1 million de néphrons.*

NÉPHROPATHIE [nefʀopati] n. f. – 1895 ◊ de *néphro-* et *-pathie* ■ DIDACT. Affection du rein, en général. SPÉCIALT *Néphropathie gravidique :* maladie rénale des femmes enceintes.

NÉPHROSE [nefʀoz] n. f. – 1929 ◊ de *néphr(o)-* et 2 *-ose* ■ MÉD. Affection chronique et dégénérative des tubes urinifères rénaux. — adj. **NÉPHROTIQUE.** *Syndrome néphrotique.*

NÉPOTISME [nepɔtism] n. m. – 1653 ◊ italien *nepotismo,* de *nepote* «neveu», latin *nepos* ■ 1 HIST. RELIG. Faveur et autorité excessives accordées par certains papes à leurs neveux, leurs parents, dans l'administration de l'Église. ■ 2 (1800) LITTÉR. Abus qu'une personne en place fait de son crédit, de son influence pour procurer des avantages, des emplois à sa famille, à ses amis. ➤ **favoritisme ; clientélisme.**

NEPTUNIUM [nɛptynjɔm] n. m. – 1940 ◊ de *Neptune,* nom d'une planète, d'après *uranium* ■ CHIM. Élément transuranien radioactif (Np ; n° at. 93 ; m. at. 237,04), métal argenté de la série des actinides.

NERD [nœʀd] n. – 1995 ◊ mot anglais «ringard» (1951), p.-ê. altération de l'argot *nert* «idiot», de *nut* «noix» ■ ANGLIC. PÉJ. Personne passionnée de sciences et de techniques, notamment d'informatique, qui y consacre la majeure partie de son temps, jusqu'à l'asociabilité. *Les nerds et les geeks. «Seules les lunettes à la monture métallique, aux verres fortement grossissants, pouvaient rappeler son passé de* nerd*»* HOUELLEBECQ.

NÉRÉIDE [neReid] **n. f.** – 1488 ◊ latin d'origine grecque *nereis, idis* ▪ **1** MYTH. GR. Nymphe de la mer. ▪ **2** (1803) ZOOL. Ver marin, annélide fouisseur *(polychètes),* qui vit sur les fonds vaseux. On dit aussi **NÉRÉIS** [neReis].

NERF [nɛR] **n. m.** – 1080 ◊ latin *nervus* «ligament, tendon»

I LIGAMENT, TENDON ▪ **1** VX Ligament, tendon des muscles. ➤ **muscle, tendon.** *«un petit vieux sec* [...] *tout en nerfs»* DAUDET. *Se fouler, se froisser un nerf. Une viande dure, pleine de nerfs.* ➤ **nerveux.** — SPÉCIALT **NERF DE BŒUF :** ligament cervical du bœuf étiré et durci par dessiccation, dont on se servait comme d'une matraque. ▪ **2** (1559 ◊ sens repris du latin) FIG. *Le nerf.* Ce qui fait la force active, la vigueur physique d'une personne, d'un animal. ➤ **vigueur.** *Avoir du nerf. Priver de nerf.* ➤ VX **énerver.** — FAM. *Allons, du nerf, un peu de nerf, frappez plus fort !* PAR ANAL. *Un style qui a du nerf* (➤ **musclé, vigoureux**), *qui manque de nerf. Pinceau, touche, composition qui manque de nerf,* qui est mou, languissant. — PAR EXT. Ce qui donne l'efficacité. LOC. *Le nerf de la guerre :* l'argent (comme moyen d'action). *«Le nerf de la guerre, c'était l'impression des tracts, des affiches et la reproduction de papiers officiels»* DAENINCKX. ▪ **3** RELIURE Cordelette au dos d'un livre relié, à laquelle est cousu un cahier, et qui forme une nervure apparente. ➤ **nervure.**

II FILAMENT NERVEUX ▪ **1** (1314) Cordon blanchâtre, généralement cylindrique, qui relie un centre nerveux (moelle, cerveau) à un organe ou à une structure organique (➤ **nerveux, neur(o)-**). *Les nerfs sont constitués par les prolongements des cellules nerveuses (axones*) réunis en faisceaux. Le nerf sciatique. Nerfs afférents : nerfs sensitifs, nerfs sensoriels. Nerfs efférents : nerfs moteurs, nerfs végétatifs. Nerfs mixtes,* à fibres motrices et sensitives. *Racine, tronc d'un nerf. Distribution des nerfs.* ➤ **innervation.** *Réseau de nerfs.* ➤ **plexus.** *Excitabilité, conductibilité des nerfs. Douleur, éruption sur le trajet d'un nerf.* ➤ **névralgie, zona.** *Inflammation d'un nerf.* ➤ **névrite.** *Tumeur d'un nerf périphérique.* ➤ **neurinome.** *Ôter les nerfs d'une dent* (➤ **dévitaliser**). — LOC. FIG. *Toucher un nerf (sensible) :* provoquer une réaction rapide. ▪ **2** (XIXe) COUR., AU PLUR. **LES NERFS,** considérés comme ce qui supporte les excitations extérieures ou les tensions intérieures, comme le centre de l'équilibre mental. *Avoir les nerfs solides, des nerfs d'acier,* beaucoup de self-control, de sang-froid. *Avoir les nerfs fragiles, irritables.* ➤ **nerveux** (II), **névropathe.** *Être malade des nerfs.* — LOC. *C'est un paquet de nerfs,* se dit d'une personne très nerveuse. (1817) *Porter sur les nerfs.* ➤ **agacer, énerver, exaspérer, irriter.** FAM. *Sa voix me tape sur les nerfs,* (Canada) *me tombe sur les nerfs. Avoir les nerfs tendus, à vif, à fleur de peau,* (FAM.) *en boule, en pelote :* être très énervé, irrité, en colère. *Ne pas contrôler ses nerfs.* ➤ **s'énerver ; énervement, nervosité.** *«j'ai été saisi d'une telle fureur contre elle que je suis allé me calmer les nerfs derrière la maison»* DJIAN. *Être, vivre sur les nerfs,* se dit d'une personne très fatiguée qui n'agit que par des efforts de volonté. *Être à bout de nerfs,* dans un état de surexcitation qu'on ne peut maîtriser plus longtemps (cf. Être à cran*). — *Crise de nerfs :* cris, pleurs, gestes désordonnés (➤ **hystérie**). *Faire, piquer une crise de nerfs. Être au bord de la crise de nerfs.* ABSOLT *Avoir ses nerfs, les nerfs :* être énervé, avoir une petite crise de nerfs. *Passer ses nerfs sur qqn, qqch. :* décharger son agressivité sur qqn, qqch. qui n'en est pas la cause. — (Canada) FAM. *Les nerfs ! :* du calme ! — *La guerre* des nerfs.*

NÉRITIQUE [neritik] **adj.** – 1899 ◊ allemand *neritisch,* p.-ê. du grec *nêritês* «coquillage» ▪ GÉOL. Se dit des sédiments marins déposés entre la zone littorale et la plateforme continentale.

NÉROLI [neRɔli] **n. m.** – 1672 ◊ nom d'une princesse italienne ▪ COMM. Fleur d'oranger destinée à la distillation. *Essence de néroli :* huile essentielle, extraite de la fleur d'oranger (spécialement de bigaradier) utilisée en parfumerie.

NÉRONIEN, IENNE [neRɔnjɛ̃, jɛn] **adj.** – 1721 ◊ de *Néron,* nom d'un empereur romain ▪ LITTÉR. Qui est propre à Néron, digne de la réputation de cruauté de Néron. *«Plaisir un peu néronien d'allumer un feu de brousse»* GIDE.

NERPRUN [nɛRpRœ̃] **n. m.** – 1501 ◊ latin populaire *niger prunus* «prunier noir» ▪ Arbre ou arbrisseau vivace à fruits noirs *(rhamnacées). Nerprun bourdaine.* ➤ **bourdaine.** *Nerprun purgatif,* dont les baies donnent le *sirop de nerprun,* purgatif énergique, et aussi un colorant, le vert de vessie. *Nerprun à feuilles persistantes.* ➤ **alaterne.**

NERVATION [nɛRvasjɔ̃] **n. f.** – 1800 ◊ de *nerf* «nervure» ▪ BOT., ZOOL. Disposition des nervures d'une feuille, d'une aile d'insecte. *La forme de la feuille dépend de sa nervation.*

NERVEUSEMENT [nɛRvøzmɑ̃] **adv.** – 1583 ◊ de *nerveux* ▪ **1** Avec nerf, vigueur. — FIG. *Une phrase nerveusement construite.* ▪ **2** Par l'action du système nerveux. *Ébranlé nerveusement.* ▪ **3** D'une manière nerveuse, excitée. *Marcher nerveusement de long en large.*

NERVEUX, EUSE [nɛRvø, øz] **adj. et n.** – XIIIe ◊ de *nerf,* d'après le latin *nervosus*

I VX Relatif aux nerfs (I, 1°), aux ligaments, aux tendons. ▪ **1** MOD. Qui a des tendons vigoureux, apparents. *Mains nerveuses. «l'animal sec, nerveux, aux muscles fermes»* TAINE. — *Viande nerveuse,* qui présente des tendons, qui est trop ferme, dure. ➤ **coriace, filandreux, tendineux.** ▪ **2** FIG. Qui a du nerf (I, 2°), de la force active et de la rapidité. ➤ **vigoureux.** *Un cheval, un coureur nerveux.* ◆ PAR ANAL. *Voiture nerveuse,* qui a de bonnes reprises. ◆ (ABSTRAIT) *Style nerveux,* qui a de la force, de la rapidité, de la concision. ➤ **concis, vigoureux.**

II ▪ **1** (1678) Relatif au nerf, aux nerfs (II). *Cellule nerveuse.* ➤ **neurone.** *Fibre nerveuse :* axone du neurone qui forme le nerf. *Terminaison nerveuse :* extrémité de la fibre. *Tissu nerveux,* formé de neurones. *Système nerveux :* ensemble des organes, des éléments de tissu nerveux qui commandent les fonctions de sensibilité, motilité, nutrition et, chez les vertébrés supérieurs, les facultés intellectuelles et affectives (➤ **neurosciences**). *Organes du système nerveux.* ➤ **ganglion, nerf, plexus.** *Système nerveux central :* encéphale et moelle épinière. *Système nerveux sympathique, parasympathique. Système nerveux périphérique. Maladie du système nerveux.* ➤ **neuropathie.** *Centres nerveux.* ➤ **névraxe.** *Influx nerveux.* ▪ **2** SPÉCIALT Qui concerne les nerfs, comme support de l'émotivité, des tensions psychologiques. *Tension nerveuse ; rire nerveux ; toux nerveuse.* ➤ **convulsif.** — *Maladies nerveuses,* se disait plus spécialement des maladies qui affectent le psychisme sans lésion organique connue. ➤ **névrose, névrotique.** *Dépression* nerveuse. Grossesse* nerveuse. Troubles d'origine nerveuse.* ➤ **psychosomatique.** *«des faims nerveuses, des caprices d'estomacs détraqués»* ZOLA. — FAM. *Faire un caca* nerveux.* ▪ **3** (PERSONNES) Émotif et agité, qui ne peut garder son calme, au physique et au moral. *Tempérament nerveux. L'attente rend nerveux.* ➤ **agité, énervé, excité, fébrile, impatient, irritable.** *«fatigué et nerveux, se promenant de long en large»* CAMUS. — **n.** Personne de tempérament nerveux. *«Tout ce que nous connaissons de grand nous vient des nerveux»* PROUST. ◆ **n.** CARACTÉROL. *«Le nerveux est un primaire, il est émotif, il est inactif»* LE SENNE.

▪ **CONTR.** 1 Flasque, 1 mou ; lâche, languissant. 2 Calme, flegmatique, 1 froid.

NERVI [nɛRvi] **n. m.** – 1804 ◊ plur. de l'italien *nervo* «vigueur» ▪ **1** VX (arg. marseillais) Portefaix. ▪ **2** VIEILLI Homme sans aveu. ▪ **3** MOD. Homme de main, tueur. ➤ **sbire.** *Des nervis.*

NERVOSITÉ [nɛRvozite] **n. f.** – 1829 ; «vigueur» 1553 ◊ latin *nervositas* ▪ État d'excitation nerveuse passagère. ➤ **énervement ; agacement, éréthisme, exaspération, irritation, surexcitation.** *Être dans un état de grande nervosité.* ▪ **CONTR.** 1 Calme.

NERVURE [nɛRvyR] **n. f.** – 1388 «renfort de bouclier» ◊ de *nerf* (I) ▪ Ligne saillante sur une surface, rappelant par son aspect un nerf (I, 1°), un tendon. ▪ **1** (1719) Filet saillant formé par un faisceau libéroligneux traversant le limbe d'une feuille. *Les nervures sont comme le squelette, la charpente de la feuille. «la dentelle délicate des nervures jaunies»* PERGAUD. ▪ **2** Filet corné, ramifié, qui soutient la membrane de l'aile chez certains insectes. *Les fines nervures des ailes de la libellule.* ▪ **3** RELIURE ➤ **nerf.** *Nervures d'un livre.* ▪ **4** ARCHIT. Moulure arrondie, arête saillante des voûtes d'ogives. *Les nervures d'une voûte gothique* (ogives, liernes, tiercerons). ▪ **5** TECHN. Filet saillant qui renforce la résistance d'une pièce. *Pêne à nervure d'une serrure. Nervures d'une bielle.* — AVIAT. Partie de l'armure d'une aile. ▪ **6** COUT. Petit pli décoratif en relief, piqué près du bord.

NERVURÉ, ÉE [nɛRvyRe] **adj.** – 1875 ◊ de *nervure* ▪ Qui présente des nervures. *Feuille, aile nervurée.* — *Jupe nervurée.* — **v. tr.** ‹1› **NERVURER.**

NESCAFÉ [nɛskafe] **n. m.** – 1942 ◊ marque déposée, de *Nes(tlé)* et *café* ▪ Café préparé avec une poudre soluble (notamment de cette marque) et de l'eau chaude ; la poudre. *Un nescafé décaféiné.* — ABRÉV. FAM. (1976) *Un nes* [nɛs].

NESTORIEN, IENNE [nɛstɔʀjɛ̃, jɛn] **n. et adj.** – XIIIe ◊ de *Nestorius,* patriarche de Constantinople au Ve s. ■ HIST. RELIG. Disciple de Nestorius, hérésiarque qui affirmait que les deux natures du Christ (divine et humaine) possédaient leur individualité propre. *Les nestoriens furent condamnés par le concile d'Éphèse* (431). — **adj.** *Hérésie nestorienne* (**NESTORIANISME n. m.**).

1 **NET** [nɛt] **adj. inv.** – 1891 ◊ mot anglais «filet» ■ ANGLIC. **(tennis, ping-pong, volleyball)** Se dit d'une balle qui a effleuré le haut du filet. ➤ aussi **let.** *Net !*

2 **NET, NETTE** [nɛt] **adj. et adv.** – 1120 «pur, serein» (ciel) ◊ latin *nitidus* «brillant»

I ~ adj. A. PROPRE ■ **1** (XIIIe) Que rien ne ternit ou ne salit. ➤ **propre.** *Une vaisselle nette. Linge net.* ➤ 1 **blanc, immaculé, impeccable.** «*Tout luisait, reluisait de propreté. Le plancher était net et blanc*» GUILLOUX. LOC. *Avoir les mains nettes,* propres, bien lavées ; FIG. n'avoir rien à se reprocher (cf. aussi ci-dessous B, 1o). ◆ Propre et soigné (avec une nuance de simplicité, de fraîcheur). *Une petite robe simple et nette. Intérieur net et propre.* ■ **2** Qui est débarrassé, nettoyé (de ce qui salit, encombre). — LOC. *Faire place nette :* vider les lieux ; FIG. renvoyer d'une maison, d'une entreprise tous ceux dont on veut se débarrasser ; rejeter ce dont on ne veut plus. ◆ FIG. et LITTÉR. *Il est net de tout blâme,* débarrassé, délivré. — (v. 1450) *Je veux en avoir le cœur net,* en être assuré.

B. PUR ■ **1** Qui est sans mélange ; qu'aucun élément étranger n'altère. ➤ **pur.** *Avoir la conscience nette :* se sentir irréprochable. ■ **2** (1723) COMM. Dont on a déduit tout élément étranger (opposé à *brut*). *Quitte et net. Bénéfice, prix, salaire* net. Immobilisations nettes,* après déduction des amortissements. *Poids net.* ◆ **NET DE :** exempté de, non susceptible de. *Net d'impôt, de tout droit.*

C. CLAIR ■ **1** (1219) ABSTRAIT Clair. *Avoir des idées nettes, se faire une idée nette (de qqch.). Garder des souvenirs très nets. Explication claire et nette.* ➤ **lumineux.** *Avoir la nette impression que... :* être sûr que... — *Nette amélioration,* très sensible. *Une différence très nette.* ➤ **marqué.** ◆ Qui ne laisse pas de place au doute, à l'hésitation. *Je veux une réponse nette, sans équivoque. C'est clair, net et précis. Ma position est nette.* ➤ **catégorique.** *Termes nets.* ➤ **explicite,** 1 **exprès, formel.** *Aimer les situations nettes. C'est (très) net, il est amoureux ! — Il a été très net :* il a parlé sans ambiguïté. ◆ FAM. Clair dans son comportement ; lucide et sain. *Il n'est pas très net, ton copain.* «*À observer cet homme qui parle tout seul* [...] *on pourrait légitimement imaginer qu'il n'est pas net*» É. CHERRIÈRE. ■ **2** (1645) Qui frappe par des contours fortement marqués ; qui ne donne lieu à aucune ambiguïté. ➤ **clair, distinct,** 1 **précis.** *Image nette. La photo n'est pas très nette. Couleurs nettes.* ➤ **tranché.** *Coupure, cassure nette.* ➤ **régulier.** *Voix, diction très nette.* — **n.** LOC. *Mettre au net,* au propre, recopier (un premier jet) de façon claire et lisible. «*il écrivait sa composition directement au net, sans une rature*» LARBAUD.

II ~ adv. (milieu XVe ; *a net* XIIe) ■ **1** D'une manière précise, brutale ; tout d'un coup. *S'arrêter net.* ➤ 3 **pile.** *La balle l'a tué net.* «*Un coup de sifflet brisa net la joyeuse animation*» Y. QUEFFÉLEC. ■ **2** VIEILLI D'une manière claire, franche. ➤ **carrément.** *Pour parler net,* avec franchise, sans ambiguïté et sans détour. *Je lui ai dit tout net ce que j'en pensais.* ➤ **crûment.** *Il a refusé net.* ➤ **catégoriquement.** ■ **3** Tous frais déduits. *Il reste net, trente-deux euros. Ce placement rapporte 4 % net.*

■ CONTR. Sale, souillé. Confus, équivoque, évasif, flou, imprécis, 1 incertain, indécis, indistinct, 3 vague.

3 **NET** [nɛt] **n. m.** – 1995 ◊ mot anglais, de *network* «réseau» ou diminutif de *Internet* ■ *Le Net :* le réseau Internet. ➤ **internet, web ;** aussi **darknet** (cf. La Toile).

NETBOOK [nɛtbuk] **n. m.** – 2000 ◊ mot anglais, de *(Inter)net* et de *subnotebook* (→ notebook) ■ ANGLIC. Ordinateur portable plus petit et moins puissant que le notebook*, destiné principalement à la navigation sur Internet. *L'écran des netbooks ne dépasse pas 13 pouces.*

NÉTIQUETTE [netikɛt] **n. f.** – 1994 ◊ anglais *netiquette,* mot-valise, de *net(work)* «réseau» et *(e)tiquette* ■ INFORM. Ensemble des règles de savoir-vivre en usage sur Internet.

NETTEMENT [nɛtmɑ̃] **adv.** – XIIe «entièrement» ◊ de *net* ■ D'une manière nette. ■ **1** (v. 1210) VX Proprement. ■ **2** (1538) MOD. Avec clarté (dans le domaine intellectuel). *Marquer nettement les différences.* ➤ 1 **bien.** *Expliquer nettement.* ➤ **clairement.** ◆ D'une manière qui paraît claire, incontestable. *L'emporter nettement sur un adversaire. Un sens nettement péjoratif.* ➤ **franchement.** ◆ FAM. Très, beaucoup. *Un coureur nettement plus rapide. Il va nettement mieux.* ■ **3** (1622) (CONCRET) D'une manière claire, très visible. *Les feuillages se découpent nettement sur le ciel.* ➤ **distinctement, fortement.** ■ CONTR. Ambigument, confusément, obscurément, vaguement.

NETTETÉ [nɛtte] **n. f.** – 1216 «propreté» ; *netée* «pureté» XIIe ◊ de *net* ■ **1** (1645) Qualité de ce qui est net (I, B). ➤ **clarté, précision.** *Netteté des idées, d'une impression.* ■ **2** Caractère de ce qui est clairement visible, bien marqué. *Netteté d'une photo, d'une image vidéo. Netteté d'une liaison radio.* ■ CONTR. Ambiguïté, confusion, flou, imprécision, incertitude, indécision, obscurité.

NETTOIEMENT [netwamɑ̃] **n. m.** – XVe ; *nattiement* XIIe ◊ de *nettoyer* ■ **1** Ensemble des opérations ayant pour but de nettoyer. ➤ **assainissement, nettoyage.** *Nettoiement des rues, d'un port. Service du nettoiement* (enlèvement des ordures). ■ **2** AGRIC. *Nettoiement des terres, du sol :* destruction des herbes ou plantes nuisibles. ➤ **débroussaillage.** — (1771) *Nettoiement des grains.* ■ **3** SYLVIC. Opération dont le but est de dégager, dans les peuplements forestiers, les jeunes plants des morts-bois et des bois blancs qui en gênent la croissance.

NETTOYAGE [netwajaʒ] **n. m.** – 1420 ; *nestiage* en Normandie 1344 ◊ de *nettoyer* ■ **1** Action de nettoyer ; son résultat. *Nettoyage d'une façade.* ➤ **ravalement.** *Nettoyage du linge, des vêtements.* ➤ **blanchissage, entretien, lavage ; teinturerie.** *Nettoyage à sec, à la vapeur. Nettoyage des métaux.* ➤ **décapage, dérochage, fourbissage.** — *Nettoyage par le vide,* à l'aide d'un aspirateur. FIG. et FAM. Action de débarrasser un lieu de tout ce qui l'encombre. ➤ **lessivage** (FIG.). ■ **2** MILIT. Action de débarrasser un lieu d'ennemis. *Nettoyage d'un village occupé par l'ennemi.* «*ce que, dans nos guerres modernes, on appelle avec pudeur le "nettoyage" d'une position*» DUHAMEL. ◆ FAM. Licenciement du personnel ; renvoi brusque (de visiteurs, d'intrus) (cf. Coup de balai*).

NETTOYANT, ANTE [netwajɑ̃, ɑ̃t] **adj. et n. m.** – 1926 ◊ de *nettoyer* ■ Qui nettoie, détache. ➤ **détersif. n. m.** *Nettoyant ménager.* ◆ ➤ **autonettoyant.**

NETTOYER [netwaje] **v. tr.** ‹8› – 1175 ◊ de *net* ■ **1** Rendre net, propre, en débarrassant de tout ce qui ternit ou salit. *Nettoyer des vêtements.* ➤ **dégraisser,** 2 **détacher, laver, savonner.** *Nettoyer la maison* (cf. Faire le ménage*). ➤ **balayer, brosser, cirer, épousseter, essuyer, frotter,** RÉGION. **poutser** (cf. Donner un coup* de chiffon, d'éponge, d'aspirateur, etc.). *Nettoyer l'argenterie* (➤ **fourbir**), *les cuivres.* ➤ **astiquer.** *Nettoyer les casseroles* (➤ **récurer**), *une baignoire. Nettoyer un bateau.* ➤ **briquer.** — *Nettoyer à l'eau* (➤ **laver**), *à sec.* — *Nettoyer une plaie.* ➤ **déterger.** — *Nettoyer un chien* (➤ **toiletter**), *un cheval* (➤ **bouchonner, étriller**). *Nettoyer un puits, un fossé, un canal, un bassin.* ➤ **curer, draguer.** *Nettoyer les écuries* d'Augias.* — *Nettoyer des allées, un jardin,* ôter les mauvaises herbes (➤ **désherber**), les feuilles mortes, etc. ■ **2** (XIIIe *nettoyer qqch. de...*) Rendre net (un contenant, un lieu), en débarrassant de ce qui remplit, encombre, gêne. ➤ **vider.** «*L'écuelle était mieux que vidée, elle était nettoyée*» HUGO. ◆ FAM. Vider de son argent. *Il a nettoyé son compte en banque. Se faire nettoyer à la Bourse, au jeu.* ➤ **lessiver.** ■ **3** SPÉCIALT (*nettoyer une tranchée* 1671) Débarrasser (un lieu, une position) de gens dangereux, d'ennemis, en les mettant hors d'état de nuire. «*Je vais nettoyer un bout de rue avec la mitrailleuse*» MALRAUX. ◆ (1844) FAM. Éliminer, liquider, tuer. «*les bourgeois seraient nettoyés avant trois mois*» ZOLA. ■ CONTR. Salir, souiller, ternir ; remplir.

NETTOYEUR, EUSE [netwajœʀ, øz] **n.** – 1480 ◊ de *nettoyer* ■ **1** Personne qui nettoie. *Nettoyeur de vitres* (➤ **laveur**), *de parquets* (➤ **cireur**). ■ **2 n. m.** (1859) Appareil, machine servant à nettoyer. *Nettoyeur à haute pression.* ➤ **karcher.** *Nettoyeur de grains.* ■ **3 n. m. (Canada)** Établissement où l'on nettoie et repasse les vêtements. ➤ **pressing, teinturerie.** *Porter une jupe au nettoyeur, chez le nettoyeur.*

1 **NEUF** [nœf] **adj. numér. inv. et n. inv.** – *nof* 1119 ◊ latin *novem*

I adj. numér. card. Nombre entier naturel équivalant à huit plus un (9 ; IX). ■ **1 (Avec l'art. défini, désignant un groupe déterminé de neuf unités)** *Les neuf Muses*.* ■ **2 (Avec ou sans déterm.)** *Les neuf dixièmes de la population. — Chat* à neuf queues. Figure à neuf angles.* ➤ **ennéagone.** *Enfant de neuf ans* [nœvɑ̃]. *Neuf heures* [nœvœʀ]. — LOC. *Neuf fois sur dix*.* — **(En composition pour former un nombre)** *Neuf cent trois.* ■ **3** PRONOM. *Elles étaient neuf. Neuf sont venues.*

II adj. numér. ord. Neuvième. ■ **1** *Louis IX. Article 9. — Le 9 thermidor*. Il est 9 h 5. — Elle est neuf ou dixième.* ■ **2** SUBST. Le neuvième jour du mois. *Nous sommes le neuf.* — Ce qui porte le numéro 9. *Habiter (au) 9, rue de... Le 9 a pris un mauvais départ* (dans une course). *La note de la 9* (au restaurant, à l'hôtel).

III n. m. inv. ■ **1** (Sans déterm.) *Trois fois neuf, vingt-sept.* — *Neuf pour cent* (ou *9 %*). — *Preuve* par neuf.* ■ **2** (Avec déterm.) Le chiffre, le numéro 9. *Un 9 mal fait.* — *Elle a eu 9 sur 10 en anglais.* — Carte marquée de neuf signes. *Le neuf de pique.*

2 **NEUF, NEUVE** [nœf, nœv] adj. et n. m. – XIVe ; v. 1170 *nuef* ; v. 1000 *nous* « neuf », *noves* « nouvelles » ◊ latin *novus*

I ■ **1** Qui vient d'être fait et n'a pas encore servi. *Maison neuve à vendre. Étrenner une robe neuve. Faire peau* neuve. Propre comme un sou* neuf.* — *À l'état neuf ; tout neuf, flambant* neuf, battant* neuf* : qui semble n'avoir jamais été utilisé. FAM. *On va vous mettre un poumon tout neuf* (greffe). *Sa voiture est comme neuve,* bien réparée, bien entretenue. ■ **2** Plus récent (opposé à *ancien, vieux*). *La vieille ville et la ville neuve.* ➤ **moderne.** ■ **3** (Choses abstraites) ➤ **nouveau,** 2 **original.** *Traiter un sujet neuf.* « *Le bonheur est une idée neuve en Europe* » SAINT-JUST. ■ **4** (PERSONNES) **NEUF À** (VX), **DANS... :** qui n'a pas encore l'expérience, l'habitude (des choses, des passions, de la vie). ➤ **inexpérimenté, novice.** MOD. « *J'étais neuf dans le métier* » ALAIN. ◆ PAR EXT. *Un cœur neuf,* sans expérience. *Le regard neuf de l'enfant.* ■ **5** FAM. **QQCH. DE NEUF** (Faits récents pouvant amener quelque changement, apporter une information*). ➤ **nouveau.** *Quoi de neuf ! Rien de neuf dans l'affaire X.*

II n. m. ■ **1** *Le neuf* : ce qui est neuf. *Vendre du neuf et de l'occasion.* LOC. FAM. *Faire du neuf avec du vieux,* transformer. ■ **2** (1564) **DE NEUF :** avec qqch. de neuf (vêtements, équipements). *Être vêtu de neuf.* — (XVIe) **À NEUF :** de manière à rendre l'état ou l'apparence du neuf. *Repeindre une pièce à neuf. Remettre à neuf.* ➤ **rafraîchir, rénover, réparer,** 1 **restaurer,** FAM. **retaper.** *Appartement refait à neuf.*

■ CONTR. Ancien, usé, vieux. Banal, éculé.

NEUFCHÂTEL [nøʃatɛl] n. m. – 1798 ◊ de *Neufchâtel-en-Bray,* localité de Seine-Maritime ■ Fromage au lait de vache, fabriqué en Normandie, à pâte molle très onctueuse, à croûte fleurie. ➤ **bondon.** *Des neufchâtels.*

NEUME [nøm] n. m. et f. – XIVe ◊ latin médiéval *neuma,* altération du grec *pneuma* « souffle, émission de voix » ■ HIST. MUS. ■ **1** n. m. Signe servant autrefois à la notation du plain-chant (notation dite *neumatique* adj.). ■ **2** n. f. Groupe de notes émises d'un seul souffle ; courte mélodie qui se vocalise, sans paroles ou sur la dernière syllabe du dernier mot, à la fin de l'alléluia de certaines antiennes.

NEUNEU [nønø] adj. – 1977 *neu-neu* ◊ origine inconnue, p.-ê. redoublement de *nœud* ■ FAM. Niais, un peu bête. *Elles sont gentilles mais un peu neuneus.* « *si je moisis encore dans ce trou je vais claquer ou rester neuneu !* » M. WINCKLER.

NEURAL, ALE, AUX [nøʀal, o] adj. – 1855 ◊ du grec *neuron* ; cf. *neur(o)-* ■ BIOL. Relatif au système nerveux. — EMBRYOL. *Plaque, crête neurale. Tube neural.*

NEURASTHÉNIE [nøʀasteni] n. f. – *névrasthénie* 1859 ◊ de *neur(o)-* et *asthénie* ■ **1** (1880) PSYCHOPATHOL. Trouble névrotique caractérisé par une grande fatigabilité, des troubles psychiques et physiques. ➤ **asthénie, psychasthénie.** ■ **2** VIEILLI État durable d'abattement accompagné de tristesse, de fatigabilité mentale. ➤ **dépression.**

NEURASTHÉNIQUE [nøʀastenik] adj. et n. – 1880 ; *névrasthénique* 1859 ◊ de *neurasthénie* ■ **1** PSYCHOPATHOL. Relatif à la neurasthénie. ◆ Atteint de neurasthénie. ■ **2** VIEILLI Qui est abattu, triste, sans motifs précis et de manière durable. ➤ **déprimé.** — n. « *une maison de santé pour neurasthéniques* » PROUST. ➤ **dépressif.**

NEURINOME [nøʀinom] n. m. – 1926 ◊ du latin des médecins *neurinoma,* formé sur le grec *neurinos* « fait de nerfs », de *neuron* « nerf », et *-oma* (→ -ome) ■ MÉD. Tumeur, presque toujours bénigne, des nerfs périphériques. *Le neurinome, par son volume, peut entraîner des complications dues à la compression des tissus voisins.* ➤ **neurofibromatose.**

NEUR(O)- ■ Élément, du grec *neuron* « nerf ». VAR. *névr(o)-.*

NEUROBIOLOGIE [nøʀobjɔlɔʒi] n. f. – 1913 ◊ de *neuro-* et *biologie* ■ SC. Partie de la biologie qui étudie le fonctionnement des cellules et des tissus nerveux. — n. **NEUROBIOLOGISTE.**

NEUROBLASTE [nøʀoblast] n. m. – 1897 ◊ de *neuro-* et *-blaste* ■ BIOL. CELL. Cellule nerveuse embryonnaire, précurseur de plusieurs neurones.

NEUROCHIMIE [nøʀoʃimi] n. f. – avant 1971 ◊ de *neuro-* et *chimie* ■ SC. Science qui étudie les constituants chimiques du système nerveux et les substances qui interviennent dans son fonctionnement physiologique. — On dit aussi **NEUROBIOCHIMIE.**

NEUROCHIRURGIE [nøʀoʃiʀyʀʒi] n. f. – 1932 ◊ de *neuro-* et *chirurgie* ■ MÉD. Spécialité médicale qui concerne la chirurgie de l'encéphale, de la moelle épinière et des nerfs. *Neurochirurgie stéréotaxique.* ➤ **radiochirurgie.** — adj. **NEUROCHIRURGICAL, ALE, AUX,** 1946.

NEUROCHIRURGIEN, IENNE [nøʀoʃiʀyʀʒjɛ̃, jɛn] n. – 1951 ◊ de *neuro-* et *chirurgien* ■ DIDACT. Chirurgien qui pratique la neurochirurgie.

NEURODÉGÉNÉRATIF, IVE [nøʀodeʒeneʀatif, iv] adj. – 1990 ◊ de *neuro-* et *dégénératif* ■ MÉD. Qui provoque la dégénérescence du système nerveux. *Maladies neurodégénératives.*

NEURODÉPRESSEUR [nøʀodepʀesœʀ] n. m. – 1961 ◊ de *neuro-* et *dépresseur* « substance qui fait baisser une activité » ■ MÉD. Médicament qui fait baisser la tension, ralentit ou atténue diverses activités cérébrales, normales ou pathologiques, en agissant au niveau du système nerveux central. ➤ **anxiolytique, hypnotique, neuroleptique, sédatif, tranquillisant.**

NEUROENDOCRINIEN, IENNE [nøʀoɑ̃dɔkʀinjɛ̃, jɛn] adj. – 1952 ◊ de *neuro-* et *endocrinien* ■ MÉD. Relatif aux phénomènes engendrés dans l'organisme par le système nerveux et les glandes endocrines. *Réflexe neuroendocrinien.* — On dit aussi **NEUROENDOCRINE.**

NEUROENDOCRINOLOGIE [nøʀoɑ̃dɔkʀinɔlɔʒi] n. f. – 1946 ◊ de *neuro-* et *endocrinologie* ■ MÉD. Science qui étudie les effets exercés sur l'organisme par le système nerveux et les glandes endocrines. — n. **NEUROENDOCRINOLOGUE.**

NEUROFIBROMATOSE [nøʀofibʀɔmatoz] n. f. – 1897 ◊ de *neuro-, fibrome* et 2 *-ose* ■ MÉD. Affection héréditaire caractérisée par le développement de tumeurs nerveuses et cutanées, de taches cutanées et des manifestations oculaires.

NEUROGENÈSE [nøʀɔʒənɛz] n. f. – 1900 *neurogénèse* ◊ de *neuro-* et *-genèse* ■ NEUROL. ■ **1** Mise en place du système nerveux au cours du développement embryonnaire. ■ **2** Processus de formation par mitose de cellules neuronales à partir de cellules souches neurales.

NEUROLEPTIQUE [nøʀɔlɛptik] adj. et n. m. – 1955 ◊ de *neuro-* et *-leptique* ■ MÉD. Se dit des médicaments qui exercent une action calmante globale sur le système nerveux. ➤ **psycholeptique, psychotrope, tranquillisant.**

NEUROLINGUISTIQUE [nøʀolɛ̃gɥistik] n. f. – v. 1965 ◊ de *neuro-* et *linguistique* ■ DIDACT. Étude des relations entre les facteurs neurologiques des troubles du langage et leur expression linguistique.

NEUROLOGIE [nøʀɔlɔʒi] n. f. – 1691 ; *névrologie* 1690 ◊ de *neuro-* et *-logie* ■ Branche de la médecine qui étudie l'anatomie, la physiologie et la pathologie du système nerveux, qui traite des maladies du système nerveux. — adj. **NEUROLOGIQUE.**

NEUROLOGUE [nøʀɔlɔg] n. – 1907 ; *neurologiste* 1888 ; *névrologue* 1824 ◊ de *neurologie* ■ Médecin spécialisé en neurologie. *Une excellente neurologue.*

NEUROMÉDIATEUR [nøʀomedjatœʀ] n. m. – 1975 ◊ de *neuro-* et *médiateur* ■ BIOCHIM. Médiateur chimique assurant la transmission de l'influx nerveux d'un neurone à l'autre. ➤ **neurotransmetteur.**

NEUROMOTEUR, TRICE [nøʀomɔtœʀ, tʀis] adj. – avant 1950 ◊ de *neuro-* et *moteur,* adj., peut-être d'après l'anglais *neuromotor* (1914) ■ PHYSIOL. Du système nerveux en tant qu'il commande l'activité motrice.

NEUROMUSCULAIRE [nøʀomyskylɛʀ] adj. – 1881 ◊ de *neuro-* et *musculaire* ■ PHYSIOL. Qui concerne à la fois les muscles, l'activité musculaire et ses commandes nerveuses. *Fuseau* neuromusculaire.*

NEURONAL, ALE, AUX [nøʀɔnal, o] adj. – 1955 ◊ de *neurone* ■ **1** BIOL. Du neurone. *Intégration* neuronale.* — On dit aussi *neuronique.* ■ **2** INFORM. *Réseau* neuronal* : réseau de neurones formels interconnectés. *Ordinateurs neuronaux.*

NEURONE [nøʀɔn ; nøʀon] n. m. – 1893 ◊ du grec *neuron* « nerf », peut-être d'après l'allemand *Neuron* (1891) ■ **1** BIOL. CELL. Cellule nerveuse qui comprend un corps cellulaire (➤ **soma**), un prolongement axial cylindrique (➤ **axone**) et des prolongements secondaires (➤ **dendrite**). *Le neurone, unité fondamentale, fonctionnelle et anatomique du tissu nerveux. Le neurone assure la conduction, la transmission, la réception et l'intégration du signal nerveux. Point de contact entre deux* *neurones.* ➤ **synapse.** ▪ **2** INFORM. *Neurone formel* ou *artificiel* : modèle informatique du fonctionnement simplifié d'un neurone biologique. *Réseau de neurones formels.*

NEUROPATHIE [nøʀopati] **n. f.** – 1905 ◇ de *neuro-* et *-pathie* ▪ DIDACT. Maladie du système nerveux. — **adj. NEUROPATHIQUE.** *Douleurs neuropathiques.*

NEUROPATHOLOGIE [nøʀopatɔlɔʒi] **n. f.** – 1880 ◇ de *neuro-* et *pathologie* ▪ DIDACT. Partie de la pathologie qui traite des maladies du système nerveux.

NEUROPEPTIDE [nøʀopɛptid] **n. m.** – v. 1973 ◇ de *neuro-* et *peptide* ▪ BIOCHIM. Peptide synthétisé par les neurones et impliqué dans les processus de signalisation du système nerveux central, en tant que neurotransmetteur ou hormone. *Les neuropeptides assurent des fonctions importantes dans l'hypothalamus et l'épiphyse* (2°).

NEUROPHYSIOLOGIE [nøʀofizjɔlɔʒi] **n. f.** – 1896 ◇ de *neuro-* et *physiologie* ▪ DIDACT. Physiologie du système nerveux. — **adj. NEUROPHYSIOLOGIQUE.**

NEUROPLÉGIQUE [nøʀopleʒik] **adj. et n. m.** – milieu XXe ◇ de *neuro-* et du grec *plêssein* «frapper» (cf. *-plégie*) ▪ DIDACT. Se dit d'une substance capable de paralyser la transmission de l'influx nerveux.

NEUROPSYCHIATRE [nøʀopsikjatʀ] **n.** – 1913 ◇ de *neuro-* et *psychiatre* ▪ DIDACT. Spécialiste de neuropsychiatrie.

NEUROPSYCHIATRIE [nøʀopsikjatʀi] **n. f.** – 1910 ◇ de *neuro-* et *psychiatrie* ▪ MÉD. Discipline médicale qui englobe la psychiatrie, la neurologie et leurs relations réciproques.

NEUROPSYCHOLOGIE [nøʀopsikɔlɔʒi] **n. f.** – 1951 (d'abord en anglais) ◇ de *neuro-* et *psychologie* ▪ MÉD. Étude des phénomènes psychiques en liaison avec la physiologie et la pathologie du système nerveux. — **adj. NEUROPSYCHOLOGIQUE.**

NEURORÉCEPTEUR [nøʀoʀesɛptœʀ] **n. m.** – 1981 ◇ de *neuro-* et 1 *récepteur* ▪ BIOCHIM. Récepteur (4°) d'une cellule nerveuse ou musculaire, qui reçoit les informations délivrées par les neurotransmetteurs libérés dans l'espace synaptique. *Neurorécepteurs olfactifs.*

NEUROSCIENCES [nøʀosjɑ̃s] **n. f. pl.** – avant 1982 ◇ de *neuro-* et *science* ▪ Ensemble des connaissances et des recherches concernant le système nerveux. ➤ **neurobiologie, neurochimie, neuroendocrinologie, neurologie, neuropathologie, neurophysiologie.**

NEUROTENSINE [nøʀotɑ̃sin] **n. f.** – 1977 ◇ de *neuro-* et *tension* ▪ BIOCHIM. Peptide hypothalamique qui favorise la libération d'hormones hypophysaires et possède un effet hypotenseur.

NEUROTOXINE [nøʀotɔksin] **n. f.** – 1909 ◇ de *neuro-* et *toxine* ▪ BIOCHIM. Toxine qui agit spécifiquement sur le tissu nerveux.

NEUROTOXIQUE [nøʀotɔksik] **adj.** – 1983 ◇ de *neuro-* et *toxique* ▪ MILIT. *Gaz neurotoxique,* le plus toxique des gaz de combat, qui atteint le système nerveux et le contrôle des muscles. ➤ **innervant.** — **n. m.** *Le tabun, le sarin sont des neurotoxiques.*

NEUROTRANSMETTEUR, TRICE [nøʀotʀɑ̃smetœʀ, tʀis] **n. m. et adj.** – v. 1960 ◇ de *neuro-* et *transmetteur* ▪ BIOCHIM., NEUROL. Substance chimique libérée par les terminaisons neuronales et qui assure la transmission de l'influx nerveux (neuropeptides, catécholamines, GABA, sérotonine, acétylcholine, glutamate, glycine, etc.). ➤ **neuromédiateur.** *Neurotransmetteurs activateurs, inhibiteurs. Neurotransmetteur et neurorécepteur.* — **adj.** *Molécule neurotransmettrice.*

NEUROTROPE [nøʀɔtʀɔp] **adj.** – 1922 ◇ de *neuro-* et *-trope* ▪ MÉD. Doué de neurotropisme. *Drogue neurotrope.*

NEUROTROPISME [nøʀɔtʀɔpism] **n. m.** – 1907 ◇ de *neuro-* et *-tropisme* ▪ BIOL. Propriété d'une substance chimique, d'un microbe ou d'un virus de se fixer sélectivement sur les tissus ou les centres nerveux. *Neurotropisme du VIH.*

NEUROVÉGÉTATIF, IVE [nøʀoveʒetatif, iv] **adj.** – 1920 ◇ de *neuro-* et *végétatif* ▪ ANAT., PHYSIOL. *Système neurovégétatif* (*système nerveux autonome* ou *sympathique*) : ensemble des structures nerveuses qui contrôlent les grandes fonctions involontaires (la vie végétative) : circulation, sécrétion, excrétion, etc. ➤ **orthosympathique, parasympathique.** — PAR EXT. *Dystonie neurovégétative.*

NEURULA [nøʀyla] **n. f.** – 1875 ◇ de *neur(o)-*, d'après *morula* ▪ EMBRYOL. Stade du développement embryonnaire des vertébrés, suivant la gastrulation, où se forme l'ébauche du système nerveux (tube neural).

NEURULATION [nøʀylasjɔ̃] **n. f.** – 1930 ◇ de *neurula* ▪ EMBRYOL. Étape du développement embryonnaire qui suit la gastrulation et qui aboutit à la mise en place du système nerveux central de l'embryon des vertébrés.

NEUTRALISANT, ANTE [nøtʀalizɑ̃, ɑ̃t] **adj. et n. m.** – 1800 ◇ de *neutraliser* ▪ **1** Qui neutralise (2°). *Shampoing neutralisant* (après une teinture). ▪ **2 n. m.** (1812) CHIM. Substance qui neutralise.

NEUTRALISATION [nøtʀalizasjɔ̃] **n. f.** – 1778 ◇ de *neutraliser* ▪ **1** Action de neutraliser, de se neutraliser, d'équilibrer. — CHIM. *Courbe de neutralisation d'un acide par une base* (➤ **protolyse**). — MÉD. *Neutralisation d'un agent nocif par un anticorps.* — LING. Disparition d'une opposition phonologique dans certaines positions (➤ **archiphonème**). ▪ **2** (1795) POLIT. Action de retirer (à qqn) la qualité de belligérant, de soustraire (qqch.) au droit de la guerre. *Neutralisation du personnel sanitaire.* ▪ **3** MILIT. *Tir de neutralisation,* exécuté moins pour détruire un objectif que pour le réduire à l'impuissance.

NEUTRALISER [nøtʀalize] **v. tr.** ⟨1⟩ – 1606 ; v. intr. «rester neutre» 1564 ◇ du latin *neutralis* ▪ Rendre neutre. ▪ **1** POLIT. Assurer à (un État, un territoire, une ville) la qualité de neutre. ▪ **2** (1776) CHIM. *Neutraliser un acide par une base,* en ajoutant la même quantité de base que d'acide. *Neutraliser une solution acide,* en ajoutant la quantité de base nécessaire pour que le pH de la solution soit égal à 7. — PHYS. *Force qui neutralise une force antagoniste.* — Annuler, amortir l'effet de (une autre couleur). *Par le mélange, le rouge neutralise le vert, en donnant du gris.* — LING. *L'opposition entre consonnes sourdes et sonores se neutralise à la finale absolue en allemand.* ▪ **3** (1792) COUR. Empêcher d'agir, par une action contraire qui tend à annuler les efforts ou les effets ; rendre inoffensif. ➤ **annihiler, compenser, contrebalancer, désamorcer.** *La cour voulait «endormir Lafayette, neutraliser Mirabeau, amortir son action»* MICHELET. *Neutraliser l'adversaire. Neutraliser un forcené, un terroriste,* le maîtriser ; PAR EUPHÉM. l'abattre. ➤ **maîtriser.** *Neutraliser le trafic, la circulation,* l'arrêter provisoirement sur un tronçon. ♦ **v. pron. (récipr.)** *Se neutraliser* : se compenser, se faire équilibre.

NEUTRALISME [nøtʀalism] **n. m.** – 1915 ◇ de *neutraliste* ▪ **1** Doctrine, système politique qui tend à ne pas lier une nation à un groupe de puissances (par des alliances). ▪ **2** BIOL. Théorie qui rend le hasard responsable de l'évolution moléculaire. ▪ CONTR. Interventionnisme. Sélectionnisme.

NEUTRALISTE [nøtʀalist] **adj. et n.** – 1916 ◇ du latin *neutralis* ▪ **1** Favorable à la neutralité systématique. *Attitude neutraliste.* ▪ **2** DR. INTERNAT. Favorable à une neutralité garantie à l'égard de puissances en conflit (ou à régimes antagonistes). **n.** *«Les neutralistes français de gauche commençaient à comprendre leur erreur»* BEAUVOIR. ▪ CONTR. Interventionniste.

NEUTRALITÉ [nøtʀalite] **n. f.** – 1360 ◇ du latin *neutralis* ▪ **1** Caractère, état d'une personne qui reste neutre (2°). ➤ **abstention.** *Rester dans la neutralité. Neutralité de qqn envers, à l'égard de qqn, qqch., dans un conflit.* ➤ **laisser-faire.** — PAR EXT. *Neutralité d'un livre, d'un ouvrage historique, d'un rapport.* ➤ **impartialité, objectivité.** ♦ PSYCHAN. Attitude du psychanalyste, qui ne doit pas intervenir au cours de la cure. *Neutralité bienveillante.* ▪ **2** État d'une nation qui ne participe pas à une guerre. ➤ aussi **non-engagement.** *Garantir, violer la neutralité d'un État. Partisan de la neutralité.* ➤ **neutraliste.** ▪ **3** (1811) CHIM., ÉLECTR. État d'un corps neutre. ▪ CONTR. Belligérance, intervention.

NEUTRE [nøtʀ] **adj. et n.** – v. 1370 ◇ latin *neuter* «ni l'un ni l'autre» ▪ **1** (fin XIVe) Qui est dans l'état de neutralité. *État, pays neutre.* ♦ PAR EXT. Qui n'appartient à aucun des belligérants, à aucune des parties adverses ; qu'on décide de maintenir en dehors des hostilités. *Navire, ressortissant, territoire neutre.* — **n. m. pl. LES NEUTRES :** les nations neutres. ▪ **2** (v. 1550) Qui s'abstient de prendre parti, de s'engager d'un côté ou de l'autre. ➤ **impartial,** 1 **objectif.** *Rester neutre dans un débat. «en temps de révolution, qui est neutre est impuissant»* HUGO. ▪ **3** (v. 1420) LING. Qui appartient à une catégorie grammaticale où ne se manifeste pas le contenu mâle/femelle, la forme masculin/féminin. ♦ PAR EXT. Se dit parfois de mots français (pronoms, etc.) qui présentent, dans leur sens et leur valeur, les caractères du neutre formel de certaines langues. ▪ **4** (1743) CHIM. Qui n'est ni acide, ni basique ; dont le pH est égal à 7. ➤ aussi **isoélectrique.** *Combinaison, solution, milieu, sel neutre.* — (1821) ÉLECTR. Se dit d'un corps (ou d'une substance) qui n'est chargé ni par l'électricité positive, ni par l'électricité négative. *Fil neutre dans le triphasé,* ou **n. m.**

le neutre. Point neutre, où aboutissent toutes les phases d'un appareillage électrique polyphasé. — PHYS. AT. *Mésons à l'état neutre. Particule neutre.* ➤ **neutron.** — MATH. *Élément neutre,* qui combiné avec un autre élément donne pour résultat ce dernier élément. ▪ **5** *Couleur, teinte neutre,* indécise, sans éclat. ▪ **6** ZOOL. Se dit des insectes (fourmis, abeilles, termites), dont les organes sexuels sont atrophiés et qui protègent ou approvisionnent la communauté (par ex. fourmis-soldats, fourmis-ouvrières). ▪ **7** *Le sexe neutre,* celui des personnes intersexuées (reconnu légalement dans certains pays). ➤ **intersexe.** ▪ **8** Qui est dépourvu de passion, d'originalité ; qui reste froid, détaché, objectif. *Style neutre, inexpressif. Un ton neutre.* ▪ CONTR. Belligérant, ennemi, hostile. 2 Cru, éclatant, vif.

NEUTRINO [nøtʀino] n. m. – 1935 ◇ mot italien, de *neutro* «neutre» ▪ Particule (lepton) électriquement neutre, de masse infime, de spin 1/2, capable de traverser toute matière. *Neutrino de l'électron.* ➤ aussi **antineutrino.** *Des neutrinos.*

NEUTROGRAPHIE [nøtʀɔgʀafi] n. f. – v. 1950 ◇ de *neutron* et *-graphie* ▪ PHYS. Radiographie effectuée à l'aide d'un faisceau de neutrons. (Recomm. offic. *neutronographie* n. f.)

NEUTRON [nøtʀɔ̃] n. m. – 1912 ◇ mot anglais, de *neutral* «neutre», en électr., et *-on,* de *electron* ▪ Particule élémentaire, électriquement neutre, qui fait partie de tous les noyaux atomiques, sauf du noyau d'hydrogène normal. *C'est le nombre de neutrons qui différencie les noyaux des isotopes. Neutrons rapides, neutrons lents* (dits *thermiques*). *Bombe* à neutrons. Étoile* à neutrons.*

NEUTRONIQUE [nøtʀɔnik] adj. – 1934 ◇ de *neutron* ▪ PHYS. Du neutron. *Masse neutronique. Activation neutronique.*

NEUTROPHILE [nøtʀɔfil] adj. et n. m. – 1903 ◇ de *neutre* et *-phile* ▪ HISTOL. Qui a une affinité pour le mélange de colorants acides et basiques (opposé à *acidophile* et à *basophile*). *Leucocytes neutrophiles. Granulocytes neutrophiles* ou n. m. *les neutrophiles :* leucocytes* polynucléaires du sang, à granulations colorées par des colorants neutres. *Les neutrophiles assurent la phagocytose dans les tissus infectés.*

NEUVAIN [nœvɛ̃] n. m. – 1548 ◇ de 1 *neuf* ▪ Strophe, poème de neuf vers.

NEUVAINE [nœvɛn] n. f. – 1611 ; *nouvenne* v. 1364 ◇ de 1 *neuf* ▪ Série d'exercices de piété et de prières, qu'on fait pendant neuf jours consécutifs. *Faire une neuvaine.*

NEUVIÈME [nœvjɛm] adj. et n. – 1550 ; *noviesme* 1230 ◇ de 1 *neuf*

I adj. ▪ **1** adj. numér. ord. Qui suit le huitième. *Le IXe siècle. «La Neuvième Symphonie», de Beethoven. Le neuvième étage* ou n. m. *une chambre au neuvième. Le IXe arrondissement* ou n. m., *être né dans le IXe* (ou 9e). — *Le neuvième art*.* — (Dans une compétition) *Il a fini neuvième.* ◆ (En composition pour former des adj. ord.) *Trente-neuvième. Deux cent quatre-vingt-dix-neuvième* (299e). ▪ **2** adj. fractionnaire Se dit d'une partie d'un tout également divisé ou divisible en neuf. *La neuvième partie de son volume.* — n. m. *Le neuvième d'une longueur. Quatre neuvièmes* (4/9). — adv. **NEUVIÈMEMENT,** 1479.

II n. ▪ **1** *Elle est la neuvième sur la liste.* ▪ **2** n. f. ANCIENNT Cours* élémentaire de deuxième année. — (1721) MUS. Intervalle de neuf degrés.

NE VARIETUR [nevaʀjetyʀ] loc. adv. et loc. adj. – 1579 ◇ mots latins «que (cela) ne soit pas changé» ▪ DIDACT. Sans possibilité de changement. *Faire parapher un acte juridique ne varietur.* — *Édition ne varietur,* dans sa forme définitive.

NÉVÉ [neve] n. m. – 1836 ◇ mot de français régional (Savoie, Suisse), emprunté à l'ancien franco-provençal °*nevaiz,* d'un dérivé issu du latin *nivere* «neiger» ▪ Masse de neige durcie en haute montagne, qui alimente parfois un glacier.

NEVEU [n(ə)vø] n. m. – 1190 ; ancien français *nevuld,* cas régime de *niés* 1080 ◇ latin *nepos, nepotis* «petit-fils» → népotisme, nièce ▪ **1** VX Petit-fils ; descendant. *«Mon époux a des fils, il aura des neveux»* CORNEILLE. ▪ **2** MOD. Fils du frère, de la sœur ; du beau-frère ou de la belle-sœur (opposé à *oncle, tante*). *Son neveu et sa nièce*. Neveu à la mode de Bretagne :* fils d'un cousin germain ou d'une cousine germaine. — *«Le Neveu de Rameau», ouvrage de Diderot.* — LOC. POP. (1824) *Un peu mon neveu !* réponse affirmative emphatique à une question (cf. Et comment !).

NÉVRALGIE [nevʀalʒi] n. f. – 1801 ◇ de *névr(o)-* et *-algie* ▪ **1** Douleur ressentie dans le territoire d'un nerf sensitif. *Névralgie faciale, sciatique, crurale* (➤ **cruralgie**). ▪ **2** COUR. (abusivt en méd.) Mal de tête. ➤ **céphalée.**

NÉVRALGIQUE [nevʀalʒik] adj. – 1801 ◇ de *névralgie* ▪ **1** Relatif à la névralgie. *Douleur, point névralgique.* ▪ **2** (1932) *Le point névralgique d'une situation.* ➤ **sensible.**

NÉVRAXE [nevʀaks] n. m. – 1855 ◇ de *névr(o)-* et *axe* ▪ ANAT. Ensemble du cerveau et de la moelle épinière (axe cérébrospinal ou centres nerveux).

NÉVRITE [nevʀit] n. f. – 1824 ◇ de *névr(o)-* et *-ite* ▪ MÉD. Lésion inflammatoire des nerfs. — ABUSIVEMENT Toute atteinte des nerfs (y compris les lésions dégénératives). *Névrite périphérique* (d'origine interne ou externe). *Névrite radiculaire.* ➤ **radiculite.** *Névrite alcoolique* (➤ **polynévrite**). — adj. **NÉVRITIQUE,** 1864.

NÉVR(O)- ➤ **NEUR(O)-**

NÉVRODERMITE [nevʀodɛʀmit] n. f. – 1891 ; «dermite des extrémités» 1855 ◇ de *névro-* et *dermite* ▪ MÉD. Affection cutanée chronique caractérisée par des plaques ou des lésions prurigineuses diffuses d'aspect papuleux.

NÉVROGLIE [nevʀɔgli] n. f. – 1869 ◇ de *névro-* et du grec *gloios* «glu», d'après l'allemand ▪ ANAT. Tissu conjonctif de soutien du système nerveux. ➤ **glie.**

NÉVROPATHE [nevʀɔpat] adj. et n. – 1873 ◇ de *névro-* et *-pathe* ▪ VIEILLI Qui souffre de troubles psychiques, de névrose. ➤ **névrosé.** — n. *Un, une névropathe.* — n. f. **NÉVROPATHIE** VX. ➤ **névrose.**

NÉVROPTÈRE [nevʀɔptɛʀ] n. m. – 1764 ; *neuroptère* 1754 ◇ de *névro-* et *-ptère* ▪ ZOOL. Insecte aux ailes transparentes sillonnées de nombreuses nervures (fourmilion, phrygane, etc.).

NÉVROSE [nevʀoz] n. f. – 1785 ◇ de *névr(o)-* et 2 *-ose,* p.-ê. d'après l'anglais ▪ PSYCHIATR. Affection caractérisée par des troubles affectifs et émotionnels (angoisse, phobies, obsessions, asthénie), dont le sujet est conscient mais ne peut se débarrasser, et qui n'altèrent pas l'intégrité de ses fonctions mentales. *Névroses et psychoses*. Névrose traumatique, phobique, obsessionnelle,* etc. *La psychothérapie «substitue à la névrose clinique une névrose thérapeutique ou névrose de transfert»* LAGACHE. *Théorie freudienne des névroses.*

NÉVROSÉ, ÉE [nevʀoze] adj. et n. – 1857 ◇ de *névrose* ▪ PSYCHIATR. Qui souffre d'une névrose. — n. *Un névrosé, une névrosée. «Posséder un inconscient n'est pas le privilège des névrosés»* LACAN.

NÉVROTIQUE [nevʀɔtik] adj. – 1892 ; a remplacé *névrosique* 1842 ; «contre les troubles nerveux» 1793 ◇ dérivé savant de *névrose* ▪ PSYCHIATR. Relatif à une névrose. *Troubles névrotiques* (➤ **phobie**). *Comportement névrotique.*

NEW-LOOK ou **NEWLOOK** [njuluk] n. m. inv. et adj. inv. – 1947 ◇ mot créé, à partir de l'anglais, par Chr. Dior, couturier français : «nouvel aspect» ; cf. *look* ▪ ANGLIC. VIEILLI Style nouveau (en mode, en politique). — adj. inv. *«des ouvrages de théologie* new-look*»* GREEN.

NEWSLETTER [njuzlɛtœʀ] n. f. – 1992 ◇ mot anglais, de *news* «nouvelle(s)» et *letter* «lettre» ▪ ANGLIC. Lettre d'information électronique publiée périodiquement par un site web à l'intention des internautes abonnés. ➤ RÉGION. **infolettre.** *S'inscrire à la newsletter d'un journal, d'un musée.* — Recomm. offic. *lettre d'information.*

NEWSMAGAZINE [njuzmagazin] n. m. – 1973 ◇ anglais *news magazine,* de *news* «nouvelle» et *magazine* ▪ ANGLIC. Magazine hebdomadaire illustré, qui présente l'actualité dans des dossiers, des reportages, des analyses. — PAR EXT. Émission télévisée développant un sujet d'actualité.

NEWTON [njutɔn] n. m. – v. 1950 ◇ n. pr. ▪ MÉTROL. Unité de mesure de force (SYMB. N), correspondant à une accélération de 1 mètre par seconde carrée communiquée à une masse de 1 kilogramme. — *Newton mètre :* unité de mesure de moment d'une force (SYMB. N m).

NEWTONIEN, IENNE [njutɔnjɛ̃, jɛn] adj. et n. – 1734 ◇ de *Newton,* n. pr. ▪ HIST. DES SC. Relatif à Newton, à son système. *Astronomie, physique, mécanique* newtonienne. Système newtonien.* ◆ Partisan des théories, du système de Newton. n. *La querelle des cartésiens et des newtoniens.*

NEW WAVE [njuwɛv] n. f. inv. – 1979 ◇ mots anglais «nouvelle vague» ▪ ANGLIC. Courant musical né à la fin des années 1970 en Grande-Bretagne, caractérisé par l'utilisation des instruments électroniques (synthétiseurs, échantillonneurs, boîtes à rythmes...). — APPOS. *Des concerts new wave.* — On écrit aussi **NEW-WAVE.**

NEZ [ne] n. m. – fin XIe ◇ du latin *nasus.* → renâcler

I ORGANE ▪ 1 Partie saillante du visage, située dans son axe, entre le front et la lèvre supérieure, et qui abrite l'organe de l'odorat (partie antérieure des fosses nasales). ➤ FAM. **blair, blase, 1 naze, 2 pif, 2 tarin.** *Base, racine, ailes, arête, bout du nez.* FAM. *Les trous de nez :* les narines. *Poils du nez* (vibrisses). *Long nez. Nez droit, grec*. Nez aquilin*, bourbonien, busqué, crochu. Nez en bec d'aigle. Nez pointu. Nez camus, écrasé, épaté. Nez gros et rond.* ➤ **truffe.** *Nez en pied de marmite*, en patate. Nez à piquer des gaufrettes,* long et pointu. *Nez retroussé, en trompette. «Son nez était court et retroussé, avec de larges narines et des poils blancs dedans»* MANCHETTE. *Se faire refaire le nez* (chirurgie esthétique). — *«Le nez de Cléopâtre : s'il eût été plus court, toute la face de la terre aurait changé»* PASCAL. — *Le nez de Cyrano.* — *Faux nez :* pièce (de carton, de matière plastique) imitant un nez (prothèse ou masque). FIG. Prête-nom, couverture. *«une société maltaise qui n'était qu'un faux nez»* (Le Point, 2010). — *Fourrer, mettre ses doigts dans son nez, dans le nez. Se boucher le nez,* pour ne pas sentir une odeur désagréable. *Aspirer* (➤ **inhaler, renifler**), *souffler, respirer par le nez. Parler du nez.* ➤ **nasiller.** *Des lunettes sur le nez. Saigner du nez. Avoir le nez bouché. Avoir la goutte, la morve au nez. Nez qui coule.* ➤ **coryza, rhinite, rhume.** *Mouche ton nez :* mouche-toi. *Soins du nez.* ➤ **rhin(o)- ; otorhinolaryngologie.** *Os, cartilages, cornets, cloison du nez.* ➤ **nasal.** *Crottes* de nez.* ▪ 2 LOC. *À plein nez :* très fort. *Ça sent le gaz à plein nez.* — FAM. *Gagner les doigts dans le nez,* sans aucune difficulté (cf. Dans un fauteuil*). *Mener qqn par le bout du nez,* le mener à sa guise (comme le cheval que l'on mène par la bride). — (1585) *Ne pas voir plus loin que le bout de son nez :* manquer de prévoyance. — (1579) *À vue de nez :* à première estimation, approximativement. ➤ **pifomètre.** — (XIIIe) *Cela lui pend au nez :* cela va lui arriver (➤ **menacer**). — *Tirer les vers* du nez à qqn.* — (1857) FAM. *Se manger, se bouffer le nez :* se disputer violemment. — (1872) *Se piquer le nez :* s'enivrer. (1934) *Avoir un verre, un coup dans le nez :* être un peu ivre (allusion au nez rouge de l'ivrogne). *«quand ils ont un verre dans le nez, ces deux-là, je vous assure qu'ils n'inspirent pas la mélancolie !»* É. GUILLAUMIN. — *Cela se voit comme le nez au milieu de la figure, du visage :* c'est très apparent, FIG. évident. *«le petit avait besoin de son père, il l'adorait ça se voyait comme le nez au milieu de la figure»* O. ADAM. — (1858) *Faire un long nez, un drôle de nez :* faire une moue de déception, de dépit. SANS COMPL. *Il en fait un nez ! Il a fait un de ces nez !* (cf. Une de ces têtes). — *Tordre le nez :* dédaigner. — (1821) FAM. *Avoir qqn dans le nez,* le détester* (cf. Ne pas pouvoir le sentir). — *La moutarde* lui monte au nez.* — *Si on lui pressait le nez, il sortirait du lait*.* — *Ton (son) nez bouge, remue :* tu mens, il ment. *«Gros menteur ! Tu crois que je ne vois pas ton nez qui remue !»* R. FORLANI. ✦ (1949 ◊ du néerlandais) (Belgique) *Faire de son nez :* prendre un air prétentieux, sûr de soi, arrogant. ✦ **PIED DE NEZ.** (1640) *Faire un pied de nez à qqn* (un nez d'un *pied* de long), un geste de dérision qui consiste à étendre la main, doigts écartés, en appuyant le pouce sur son nez. *Des pieds de nez.* — FIG. *Pied de nez :* affront, bravade. ▪ 3 Face, figure, visage. *Montrer son nez, pointer le nez :* se montrer, se manifester. *«Le fric revint en masse dans les poches de Franky et la meute des soiffards repointa le nez»* DAENINCKX. *Montrer le bout de son nez :* se montrer à peine, apparaître. *Mettre le nez, son nez à la fenêtre.* ✦ LOC. FAM. (1611) *Mettre le nez dehors :* sortir. *Il fait un temps à ne pas mettre le nez dehors.* — *Le nez en l'air, au vent :* la tête levée, et FIG. en musant. *«j'allais le nez en l'air, comptant sur le bon cœur du hasard»* DOISNEAU. *Baisser le nez :* baisser la tête ; SPÉCIALT en signe de honte, de dépit. *Piquer du nez :* laisser tomber sa tête en avant (en s'endormant). — *Fourrer son nez dans de vieux papiers,* les compulser. — *Mettre, fourrer son nez dans les affaires d'autrui,* les examiner, s'en mêler indiscrètement. ➤ **s'immiscer.** (1550) *Il fourre son nez partout :* il est curieux, indiscret. ➤ **fouiller, fouiner, fureter.** *Mettre (à qqn) le nez dans sa crotte, son caca, sa merde,* le forcer à reconnaître ses torts, en lui infligeant une humiliation. *Avoir le nez sur son travail, ne pas lever le nez,* y rester plongé, sans se laisser distraire. *Le nez dans le guidon*.* — *Avoir le nez sur qqch. :* être tout près. *«Pour bien décrire quelque chose, il ne faut pas avoir le nez dessus»* GIDE. — *Se casser* le nez à la porte de qqn.* — (1585) *Fermer, claquer la porte au nez de qqn,* le congédier. — (1660) *Se trouver nez à nez* [neane] *avec qqn,* le rencontrer brusquement, à l'improviste. ➤ **face** (à face). — (1608) *Au nez de qqn,* devant lui, sans se cacher (avec une idée de bravade, d'impudence). *Rire* au nez de qqn. Au nez et à la barbe*.* — *Passer sous le nez à qqn :* échapper à qqn après avoir semblé être à sa portée. *L'héritage lui est passé sous le nez. Sous le nez de qqn,* sous ses yeux. *Il triche sous le nez du professeur.* ▪ 4 (1572) Odorat. *Il a bon nez. «moi qui suis doué d'une acuité visuelle remarquable, j'ai également un nez exceptionnel»* TOURNIER. — MOD. Flair, perspicacité. LOC. *Avoir du nez, le nez fin, le nez creux* (➤ **clairvoyance, flair, prévoyance, sagacité**). *«j'ai une espèce de nez pour les coups foireux»* DJIAN. — DIDACT. *Le nez d'un vin, d'un chocolat,* les arômes perçus lors de l'examen olfactif de la dégustation. ➤ **arôme, 1 bouquet.** *Nez complexe, aromatique, boisé. Nez floral avec des notes d'agrumes.* ✦ FAM. Créateur de parfums. — Goûteur de vins. ▪ 5 (fin XIIe) (Animaux) Mufle, museau, groin, hure, etc. *Taureau qui porte un anneau dans le nez.*

II PARTIE SAILLANTE D'UNE CHOSE ▪ 1 (1573) Partie saillante située à l'avant (de qqch.). ➤ **2 avant.** *Bateau trop chargé à l'avant qui tombe sur le nez.* ➤ **proue.** ✦ (1911) Partie effilée à l'avant du fuselage (d'un avion). *Avion qui pique du nez.* — FIG. *La Bourse pique du nez,* baisse rapidement. ▪ 2 (1903) TECHN. *Nez de gouttière :* morceau de zinc conique soudé à un tuyau de descente. ▪ 3 (1831 ◊ du norvégien *naes*) GÉOGR. *Le nez de Jobourg* (cap du Cotentin).

▪ HOM. Né.

NI [ni] conj. – 1229 ; *ne* 842 ◊ latin *nec*

▪ Conjonction négative, niant *et* et *ou,* et servant à unir en les distinguant des parties du discours, des membres de phrase ou des propositions.

I *Ni* avec une autre négation. ▪ 1 Joignant deux ou plusieurs groupes de mots à l'intérieur d'une proposition négative (avec *NE... PAS, point, rien, jamais, personne*). *«Elle n'a rien de fin ni de distingué»* BALZAC. *«Il ne sait pas parler ni raconter ce qu'il vient de voir»* LA BRUYÈRE. LITTÉR. **ET NI.** *«Le rire n'empêche pas la haine et ni le sourire, l'amour»* GIDE. (Avec *NE* seul, *ni* est répété). LOC. *Ne dire ni oui ni non. N'avoir ni feu ni lieu, ni Dieu ni maître*. Ni fleurs ni couronnes*. Ni l'un ni l'autre*. Ni plus* ni moins (que). Le prince russe «n'était ni prince ni russe»* STENDHAL. *Ni toi ni moi ne partirons. Ni toi ni lui ne voulez.* LITTÉR. (un seul *ni*) *«Le soleil ni la mort ne se peuvent regarder fixement»* LA ROCHEFOUCAULD. *«L'instituteur ni le curé n'ont besoin d'avoir un nom qui les désigne»* MAURIAC. REM. Accord plur. : *«Ni l'un ni l'autre n'avaient le caractère endurant»* (STENDHAL) ; accord sing. pour exprimer l'exclusion : *Ce n'est ni votre candidat ni le mien qui sera élu.* ✦ **n. m.** FAM. Réponse négative à une alternative. *«le triomphe du "ni-ni :" "ni gauche ni droite"»* (Le Nouvel Observateur, 1993). ▪ 2 Joignant plusieurs propositions négatives. — (Propos. de même sujet ; VX ou LITTÉR.) *«Il n'avance ni ne recule»* MAUPASSANT. *«Votre être éternellement permanent ni ne s'écoule, ni ne se change, ni ne se mesure»* BOSSUET. — (De sujets différents ; *ni* se répète) *«Ni l'ignorance n'est défaut d'esprit ni le savoir n'est preuve de génie»* VAUVENARGUES. — (Subordonnées) *«Il ne croit pas que l'histoire soit ni ne devienne jamais une science»* FRANCE.

II *Ni* sans autre négation. ▪ 1 Dans des propos. elliptiques (sans verbe). *«Tel que je suis, ni meilleur, ni pire»* ROUSSEAU. LOC. *Ni vu ni connu*.* ▪ 2 LITTÉR. Apr. un nom, un pron., un adj. ou un verbe de sens négatif. *«Rien de si plat ni de si uniforme» que ce pays* MAURIAC. ▪ 3 Après *sans, sans que* et subj. *Sans rime* ni raison. Sans tambour* ni trompette. Sans queue* ni tête. Ces honnêtes femmes qui «savent, sans rien permettre ni rien promettre, faire espérer plus qu'elles ne veulent tenir»* ROUSSEAU. ▪ 4 Avec un compar. d'inégalité. *«Patience et longueur de temps Font plus que force ni que rage»* LA FONTAINE.

▪ HOM. Nid.

NIABLE [njabl] adj. – 1662 ◊ de *nier* ▪ RARE (sauf au négatif) Qui peut être nié. *Cela n'est pas niable.* ▪ CONTR. Indéniable.

NIAIS, NIAISE [njɛ, njɛz] adj. – 1265 ; *nies* 1175 ◊ latin populaire °*nidax,* de *nidus* → nid ▪ 1 FAUCONN. Qui n'est pas encore sorti du nid. *Faucon niais.* ▪ 2 COUR. Dont la simplicité, l'inexpérience va jusqu'à la bêtise. ➤ **nigaud* ; jocrisse, 1 naïf, simple, sot ;** FAM. **godiche, jobard, nunuche ;** RÉGION. **niaiseux, nono.** *«Mieux vaut un adversaire intelligent qu'un ami niais»* GIDE. — n. ➤ **âne, 1 naïf ;** FAM. **andouille, gobeur, 2 gogo, serin.** *Pauvre niais ! Quelle niaise !* ➤ FAM. **bécasse, oie.** ▪ 3 Qui exprime la niaiserie. *Air, sourire niais.* ➤ **béat.** *Style niais et plat.* ➤ FAM. **bébête, 2 bêta, cucul.**

▪ CONTR. 2 Fin, habile, malicieux, malin, rusé, spirituel.

NIAISAGE [njɛzaʒ] n. m. – 1958 ◊ de *niaiser* ▪ (Canada) FAM. Action de niaiser, de perdre son temps à des futilités. ➤ **enfantillage.** *Tout ça c'est du niaisage.*

NIAISEMENT [njɛzmɑ̃] adv. – 1596 ◊ de *niais* ▪ D'une façon niaise. *Sourire niaisement.*

NIAISER [njeze] v. ‹1› – 1580, Montaigne ◊ de *niais* ▪ FAM. ▪ 1 v. intr. VX ou RÉGION. (Canada) Perdre son temps à des futilités, ne rien faire. *Il n'était «propre qu'à se promener, niaiser, se faire* *choyer»* BALZAC. ▪ **2** v. tr. RÉGION. (Canada) Faire marcher (qqn). ➤ **taquiner.** *C'est juste pour te niaiser !*

NIAISERIE [njɛzʀi] n. f. – 1579 ; *nyeserie* 1542 ◊ de *niais* ▪ **1** Caractère d'une personne ou d'une chose niaise. ➤ **bêtise*, crédulité ; sottise.** *Ils ont profité de sa niaiserie. Niaiserie d'une remarque.* ➤ FAM. **cucuterie.** ▪ **2** *Une, des niaiseries.* Action, parole de niais (➤ **ânerie, bêtise***), et PAR EXT. Chose futile, sans importance (➤ **baliverne, fadaise, futilité, rien, sottise**). *« des niaiseries d'amour, des petits mots bêtes et délicieux »* MAUPASSANT. ▪ CONTR. Finesse, malice.

NIAISEUX, EUSE [njɛzø, øz] adj. et n. – 1909 ◊ de *niais* ▪ RÉGION. (Canada) Niais, sot. ➤ **bête, idiot, imbécile, stupide.** *Il est niaiseux. Un film niaiseux. « c'était tellement dans le style niaiseux de tout le reste de notre vie que ça ne pouvait plus et que j'ai éclaté »* R. DUCHARME.

NIAOULI [njauli] n. m. – 1875 ◊ mot de Nouvelle-Calédonie ▪ Arbrisseau exotique *(myrtacées)* qui fournit l'essence qui entre dans la composition du goménol.

NIAQUE [njak] n. f. – 1990 *gnac* ◊ de *gnac,* mot du Sud-Ouest «morsure, mordant», de *gnaca* «mordre» (→ niaquer), d'un radical *nak-* ▪ FAM. Combativité, volonté de gagner. ➤ **gagne.** *Avoir la niaque.* ➤ **rage** (cf. En vouloir). *« Je dors pourtant, mais je ne sais pas... J'ai plus la niaque... »* GAVALDA. — On trouve aussi les variantes régionales *gnac* n. m et *gnaque* n. f. [nak].

NIAQUER [njake] v. tr. ‹1› – 1926 ; *gnaquer* 1884 ◊ occitan *gnaca,* d'un radical expressif *nak-* ▪ RÉGION. (Sud) FAM. Mordre. *Se faire niaquer par un chien.* — On écrit aussi *gnaquer* v. tr. ‹1›.

NIB [nib] adv. – 1847 ◊ abrév. de *nibergue* (1800), pour *niberque,* de 2*bernique* ▪ ARG. VIEILLI Rien. *J'y comprends que nib, nib de nib. Bon à nib :* bon à rien.

NIBARD ou **NIBAR** [nibaʀ] n. m. – v. 1950 ◊ de *nichon* et suffixe argotique *-bar* ▪ ARG. FAM. Sein de femme. ➤ **nichon.** *« elle est dépoitraillée, les nibards ont jailli »* B. BLIER. — ABRÉV. **NIB** n. m.

1**NICHE** [niʃ] n. f. – 1295 ◊ p.-ê. de l'ancien verbe *niger, nicher* «agir en niais» ▪ VIEILLI Tour malicieux destiné à taquiner, attraper qqn. ➤ **blague,** 2**farce*, taquinerie.** *Faire des niches à qqn.*

2**NICHE** [niʃ] n. f. – 1395 ◊ de *nicher* ▪ **1** Enfoncement pratiqué dans l'épaisseur d'une paroi pour abriter un objet décoratif (statue, buste, vase). ➤ **cavité.** *Niche funéraire.* ➤ **enfeu.** ▪ **2** Enfoncement formant réduit. *Lit dans une niche.* ➤ **alcôve.** ▪ **3** (1697) Abri en forme de petite maison où couche un chien. *Chien de garde à la niche. À la niche !* (cf. Allez coucher !). ▪ **4** ÉCOL. *Niche écologique :* place (habitat, régime trophique, etc.) occupée dans un écosystème par une espèce et relations qu'elle y entretient avec les autres espèces. ➤ **biotope.** ▪ **5** ÉCON. *Niche (de marché) :* petit segment de marché qui reste à exploiter. *Stratégie de niches. Marché de niche* (opposé à *marché de masse*). ♦ *Niche fiscale :* lacune ou vide législatif dont on peut tirer un avantage fiscal.

NICHÉE [niʃe] n. f. – 1552 ; *nicée* «groupe d'enfants» 1330 ◊ de *nicher* ▪ Jeunes oiseaux d'une même couvée qui sont encore au nid. ➤ **couvée.** — PAR ANAL. *Nichée de souris, de chiens.* — *Une mère avec toute sa nichée.*

NICHER [niʃe] v. ‹1› – *nichier* fin XIIIe ; *nigier* «faire son nid» v. 1155 ◊ latin populaire °*nidicare,* de *nidus* «nid»

I v. intr. ▪ **1** Faire son nid. ➤ **nidifier.** *Les cigognes nichent sur les toits.* — Se tenir dans son nid, et SPÉCIALT y couver. ▪ **2** (1650) FAM. (PERSONNES) Demeurer, s'établir dans un logement. *Où niche-t-il ?* ➤ **crécher, loger, percher.**

II v. tr. (1588) FAM. et VX Placer dans un endroit (que l'on compare à un nid, à une niche). ➤ **caser.** *Nicher sa tête sur l'épaule de qqn.*

III SE NICHER v. pron. ▪ **1** Faire son nid. — PAR ANAL. *L'écureuil se niche dans le creux d'un chêne.* ▪ **2** Se blottir, se cacher. *Un village qui se niche dans la verdure, niché dans la forêt.* — FIG. Se mettre, se fourrer. *« Où la vertu va-t-elle se nicher ! »* MOLIÈRE.

NICHET [niʃɛ] n. m. – 1752 ◊ de *nicher* ▪ AGRIC. Œuf factice (en plâtre, en marbre) qu'on met dans les nids, les poulaillers pour que les poules y aillent pondre.

NICHEUR, EUSE [niʃœʀ, øz] adj. et n. m. – 1660 ◊ de *nicher* ▪ ZOOL. *Oiseau nicheur,* qui construit son nid et se reproduit dans un territoire déterminé. — n. m. *Les nicheurs d'Europe.*

NICHOIR [niʃwaʀ] n. m. – 1680 ◊ de *nicher* ▪ **1** Cage pour faire couver les canaris, les serins. ▪ **2** (1732) Panier à claire-voie, cage pour faire couver les oiseaux de bassecour. ▪ **3** Endroit où nichent les oiseaux.

NICHON [niʃɔ̃] n. m. – 1858 ◊ de *se nicher* ▪ FAM. et POP. Sein (de femme). ➤ **néné.**

NICHROME [nikʀom] n. m. – 1920 ◊ n. déposé, de *nickel* et *chrome* ▪ TECHN. Alliage de nickel et de chrome, avec un peu de fer.

NICKEL [nikɛl] n. m. – 1765 ◊ d'abord en suédois (1751), d'après l'allemand *Kupfernickel,* de *Kupfer* «cuivre» et *Nickel* «lutin des mines», abrév. de *Nikolaus,* sobriquet donné par les mineurs allemands ▪ **1** Corps simple (Ni ; n° at. 28 ; m. at. 58,6934), métal d'un blanc argenté, malléable et ductile, très résistant et inaltérable à la température ordinaire. *On obtient le nickel par grillage du minerai* (➤ **garniérite, speiss**), *par fusion et affinage. Alliages au nickel.* ➤ **argentan, constantan, cupronickel, ferronickel, invar, maillechort, nichrome, platinite.** ▪ **2** adj. inv. (1918 ◊ par allus. au beau poli que peut prendre le nickel) FAM. Qui est d'une propreté raffinée, impeccable. *C'est drôlement nickel chez eux.* ➤ **clean.** *« j'aimerais arriver nickel à c'te conférence »* SAN-ANTONIO. *Des bottes nickel.* ♦ FAM. Parfait, irréprochable. ➤ **tip-top.** *Un dossier nickel. La finition est nickel chrome.*

NICKELAGE [niklaʒ] n. m. – 1844 ◊ de *nickeler* ▪ Dépôt d'une couche de nickel sur un métal oxydable pour le préserver de l'oxydation. ➤ **galvanisation, galvanoplastie.**

1**NICKELÉ, ÉE** [nikle] adj. – 1846 «qui contient du nickel» ◊ de *nickeler* ▪ Fait en métal ou en alliage recouvert de nickel.

2**NICKELÉ, ÉE** [nikle] adj. – 1895 ◊ altération de *niclé* (1894), p.-ê. d'un dialectal *aniclé* «noué, arrêté dans sa croissance» ▪ LOC. FAM. *Avoir les pieds nickelés :* refuser d'agir, être paresseux, indolent. — *Un pied nickelé :* un personnage incompétent et louche. *Quelle bande de pieds nickelés !*

NICKELER [nikle] v. tr. ‹4 /5/› – 1853 ; p. p. 1846 ◊ de *nickel* ▪ Couvrir d'une mince couche de nickel, par procédé électrolytique. ➤ **galvaniser.**

NICKÉLIFÈRE [nikelifɛʀ] adj. – 1818 ◊ de *nickel* et *-fère* ▪ DIDACT. Qui contient du nickel. *Dépôt nickélifère.*

NICNAC n. m. ou **NIC-NAC** [niknak] n. m. inv. – 1950 ◊ des radicaux onomatopéiques *nik-,* exprimant l'indifférence dont les dérivés désignent des objets de peu de valeur, et *nak-,* exprimant l'action de mordre, de ronger ▪ RÉGION. (Picardie ; Belgique) Petit biscuit, souvent en forme de lettre ou de chiffre. *Grignoter des nicnacs, des nic-nac.*

NICODÈME [nikɔdɛm] n. m. – 1662 ◊ nom d'un pharisien qui posa au Christ des questions naïves → nigaud ▪ FAM. VIEILLI ➤ **niais, nigaud.** *Des nicodèmes.*

NICOL [nikɔl] n. m. – 1859 ◊ de *Nicol,* physicien anglais ▪ OPT. Instrument d'optique, essentiellement constitué par un spath d'Islande, utilisé pour l'étude des phénomènes de polarisation de la lumière. ➤ **prisme.**

NICOTINE [nikɔtin] n. f. – 1818 ◊ du radical de *nicotiane* (1570), ou *herba nicotiana,* herbe à *Nicot* «tabac» ▪ Alcaloïde ($C_{10}H_{14}N_2$) du tabac, liquide huileux, incolore, très soluble dans l'eau et violent excitant du système neurovégétatif. *« Demande à un fumeur que la nicotine empoisonne s'il peut renoncer à son habitude »* MAUPASSANT. *Doigts jaunis par la nicotine.*

NICOTINIQUE [nikɔtinik] adj. – 1878 ◊ de *nicotine* ▪ CHIM., TECHN. De la nicotine. *Amide nicotinique :* vitamine PP (dont la carence cause la pellagre*). *Substituts nicotiniques* (patchs, gommes à mâcher, etc. pour le sevrage tabagique).

NICOTINISME [nikɔtinism] n. m. – 1867 ◊ de *nicotine* ▪ MÉD. ➤ **tabagisme.**

NICTATION [niktasjɔ̃] ou **NICTITATION** [niktitasjɔ̃] n. f. – 1814, -1868 ◊ latin *nictatio* ▪ **1** ZOOL. Clignotement des paupières. ▪ **2** MÉD. Clignements fréquents de durée prolongée, dus à la contraction spasmodique des orbiculaires des paupières.

NICTITANT, ANTE [niktitɑ̃, ɑ̃t] adj. – 1868 ; 1834, en bot. ◊ du radical de *nictation* ▪ ZOOL. *Paupière nictitante :* troisième paupière qui, chez les oiseaux nocturnes, préserve l'œil d'une lumière trop vive, par un clignotement constant ; troisième paupière du chat.

NID [ni] n. m. – 1480 ; 1155 *niz* plur. ◊ latin *nidus* ▪ **1** Abri que les oiseaux se construisent pour y pondre, couver leurs œufs et élever leurs petits (➤ **nicher, nidifier**). *Nid d'alouette, d'hirondelle*. Nid d'aigle.* ➤ 2**aire.** ♦ PAR MÉTAPH. **NID D'AIGLE :** construction (château, etc.) en un lieu élevé, escarpé. — **NID-DE-POULE :** petite dépression dans une chaussée. *Des nids-de-poule.* — (1851) MAR. **NID-DE-PIE :** poste d'observation placé assez haut sur le mât. *Des nids-de-pie.* ♦ LOC. *Prendre, trouver l'oiseau (la pie) au nid :* surprendre qqn chez lui. PROV.

Petit à petit, l'oiseau fait son nid : les choses se font, s'élaborent progressivement. ▪ **2** Abri que se construisent ou se ménagent certains animaux. *Nid d'écureuil. Nid de souris. Nid de fourmis* (➤ **fourmilière**), *de guêpes* (➤ **guêpier**), *de termites* (➤ **termitière**). — FAM. *Nid à rats**. ▪ **3** FIG. **NID-D'ABEILLES :** garniture, broderie en forme d'alvéoles de ruche. — Tissu d'armure spéciale dessinant des alvéoles carrés. *Serviettes de toilette nid-d'abeilles.* — TECHN. *Radiateur à nids-d'abeilles :* radiateur d'automobile présentant l'aspect des rayons d'une ruche. — PAR EXT. Caractérise un matériau dont la structure cellulaire rappelle celle d'un rayon de miel. *Bobinage en nid-d'abeilles* (ÉLECTROTECHN.). ▪ **4** PAR MÉTAPH. Logis de l'être humain considéré surtout sous son aspect d'intimité, de confort. *Un nid douillet, un vrai nid d'amoureux. « l'important est de savoir laisser sa progéniture quitter le nid »* D. DE VIGAN. — *Syndrome du nid vide :* désarroi parental lors du départ des enfants de la maison. ▪ **5** (*nidange* marque déposée) *Nid d'ange :* long manteau de bébé, en forme de sac, muni d'une capuche. ▪ **6** FIG. **NID DE... :** endroit où se trouvent étroitement rassemblées plusieurs personnes ou choses qu'on a lieu de redouter. ➤ **repaire.** *Nid de brigands. Nid de vipères**. *Nid de mitrailleuses, de résistance :* petit groupe d'infanterie isolé, disposant d'armes automatiques. ▪ HOM. Ni.

NIDATION [nidasjɔ̃] **n. f.** – 1877 ◊ du latin *nidus* « nid » ▪ BIOL. Implantation* de l'œuf fécondé des mammifères dans la muqueuse utérine.

NIDIFICATION [nidifikasjɔ̃] **n. f.** – 1778 ◊ de *nidifier* ▪ DIDACT. Art, action ou manière de nidifier ; construction d'un nid. *« le bel et surprenant instinct de la nidification »* DUHAMEL.

NIDIFIER [nidifje] **v. intr.** ‹7› – v. 1172 ◊ latin *nidificare* ▪ DIDACT. Construire un nid. ➤ **nicher.** *Les oiseaux nidifient au printemps.*

NIÈCE [njɛs] **n. f.** – XIIe ◊ latin populaire °*neptia ;* classique *neptis,* même évolution de sens que *neveu* ▪ Fille du frère ou de la sœur, du beau-frère ou de la belle-sœur (opposé à *oncle, tante*). *Avoir plusieurs nièces, deux ou trois neveux et nièces.*

NIELLAGE [njelaʒ] **n. m.** – 1843 ◊ de 2*nieller* ▪ Opération par laquelle on nielle un ouvrage d'orfèvrerie. ➤ 2**niellure.**

1**NIELLE** [njɛl] **n. f.** – *neele, neiele* XIIe ◊ latin *nigella* « nigelle »

I RARE OU RÉGION. BOT. ▪ **1** Nigelle*. ▪ **2** *Nielle des blés.* ➤ **gerzeau, lychnis.**

II (1538 ; cf. ancien français *niele* « brouillard nuisible aux céréales » 1190) BOT. Maladie de l'épi des céréales (et spécialement du blé), produite par une anguillule (➤ **tylenchus**). *La carie et la nielle du blé sont parfois confondues sous le nom de charbon.*

2**NIELLE** [njɛl] **n. m.** – *neel, neiel* « émail noir » XIe-XIIe ◊ repris à l'italien *niello,* 1823 ; latin *nigellus,* de *niger* « noir » → 1nielle ▪ TECHN., ARTS ▪ **1** Incrustation d'émail noir dont on décore une plaque de métal ; émail noir (sulfure d'argent) servant pour cette incrustation. *Travail d'orfèvrerie en nielles.* ➤ 2**niellure.** ▪ **2** PAR EXT. (1842) Épreuve d'essai d'une plaque gravée tirée sur papier par l'orfèvre pour vérifier l'état du travail.

1**NIELLER** [njele] **v. tr.** ‹1› – *niellé* 1538 ◊ de 1*nielle* ▪ AGRIC. Attaquer, gâter par la nielle. — **p. p. adj.** *Blé niellé.*

2**NIELLER** [njele] **v. tr.** ‹1› – 1611 ; *neeler* XIe ◊ de *neel* « émail noir » → 2nielle ▪ TECHN. Orner, incruster de nielles. ➤ **graver.** — **p. p. adj.** *Horloge au cadran niellé.*

NIELLEUR [njelœʀ] **n. m.** – 1826 ◊ de 2*nieller* ▪ Graveur de nielles.

1**NIELLURE** [njelyʀ] **n. f.** – 1558 ◊ de 1*nielle* ▪ AGRIC. Effets de la nielle sur les épis de céréales (blé, etc.).

2**NIELLURE** [njelyʀ] **n. f.** – 1812 ; *nelleure* 1611 ; ancien français *neelure,* XIIe ◊ de 2*nieller* ▪ Technique, procédés de gravure en nielles (➤ **niellage**) ; travail en nielles.

NIÈME ➤ **ÉNIÈME**

NIER [nje] **v. tr.** ‹7› – v. 1450 ; *neier* « nier Dieu » 980 ◊ latin *negare* ▪ **1** Rejeter (un rapport, une proposition, une existence) ; penser, se représenter (un objet) comme inexistant ; déclarer (un objet) irréel. ➤ **contester, démentir, disconvenir** (cf. Mettre en doute*, s'inscrire en faux*). *L'homme « est toujours disposé à nier tout ce qui lui est incompréhensible »* PASCAL. *Nier l'évidence. Nier un fait, un évènement ; l'existence, la possibilité d'une chose. L'accusé nie tout.* ABSOLT *L'accusé persiste à nier* (ce dont on l'accuse). *Nier ce que qqn vient d'affirmer.* ➤ **contredire.** *« les stoïciens prétendaient qu'on supprime la douleur en la niant »* BENDA. — *Nier l'existence de Dieu.* ABSOLT *« L'Église affirme, la raison nie »* HUGO. ▪ **2** ABSOLT Refuser, rejeter les croyances, les valeurs proposées. *Esprit destructeur qui ne fait que nier.* ➤ **négateur, négatif.** *Nier et douter. « L'homme est la créature qui, pour affirmer son être et sa différence, nie »* CAMUS. ▪ **3 NIER** (et l'inf. passé). *Il nie l'avoir rencontré.* ▪ **4 NIER QUE** (et l'indic.). *Il nie qu'il est venu à quatre heures* (il est pourtant venu) ; (et le subj.) *Il nie qu'il soit venu* (on ne sait s'il est venu ou non). — *« Je ne nie pas que* [...] *ce sentiment d'affinités ne se ramène à des souvenirs confus »* ROMAINS. ▪ **5** VX Refuser, dénier. — MOD. DR. *Nier un dépôt, une dette,* soutenir qu'on n'en est point débiteur. *Nier sa signature.* ➤ **désavouer.** ▪ **6** Refuser l'idée de, par un démenti, un défi moral. *« Tout homme ne vit que pour nier la mort »* NIZAN. ➤ **occulter.** ▪ CONTR. Affirmer, assurer, attester, avouer, certifier, confesser, confirmer, croire, maintenir, reconnaître.

NIET [njɛt] **adv.** et **n. m.** – milieu XXe, d'abord en contexte politique ◊ mot russe « non » ▪ FAM. Non (avec une valeur d'emphase). *« quand ma mère dit niet, c'est niet »* PICOULY. ♦ **n. m.** Refus. *Les citoyens ont opposé un niet à ce projet. Des niets.*

NIETZSCHÉEN, ENNE [nitʃeɛ̃, ɛn] **adj.** et **n.** – fin XIXe ◊ de *Nietzsche,* n. d'un philosophe allemand ▪ Relatif à Nietzsche, à sa pensée. *Le surhomme nietzschéen.* ♦ Partisan des théories de Nietzsche.

NIFÉ [nife] **n. m.** – début XXe ◊ allemand *Nife* (1909), de *Ni* et *Fe,* symboles chimiques du nickel et du fer ▪ GÉOL. Noyau de la Terre, qui serait constitué de nickel et de fer. *« des racines qui me plongent jusqu'au cœur de la terre, jusqu'au noyau du nifé »* DUCHARME.

NIGAUD, AUDE [nigo, od] **adj.** et **n.** – v. 1500 ◊ abrév. de *Nigodème,* prononciation populaire de *Nicodème* ▪ **1** Qui se conduit d'une manière niaise. ➤ **gauche, sot.** — **n.** ➤ **niais* ; benêt, dadais ;** PLAIS. **cornichon ;** FAM. **couillon, cruche, gourde, nicodème, niquedouille, nouille, nunuche.** — (Avec une nuance affectueuse, en parlant à un enfant) ➤ 2**bêta.** *Allons, gros nigaud, ne pleure pas !* — **n. f. NIGAUDERIE,** 1548. ▪ **2 n. m.** (1781) Petit cormoran, d'aspect lourd et maladroit. ▪ CONTR. Astucieux, 2fin, futé, malicieux, malin, rusé.

NIGELLE [niʒɛl] **n. f.** – 1538 ◊ latin *nigella ;* forme savante de 1*nielle* ▪ Plante dicotylédone *(renonculacées),* herbacée, dont les graines à la saveur piquante sont utilisées comme condiment (toute-épice). ➤ 1**nielle.** *Nigelle des champs. La nigelle de Damas.*

NIGHT-CLUB [najtklœb] **n. m.** – 1930 ◊ mots anglais « club de nuit *(night)* » ▪ ANGLIC. VIEILLI Boîte de nuit. ➤ **boîte.** *Des night-clubs.*

NIGRI-, NIGRO- ▪ Éléments, du latin *niger* « noir ».

NIHILISME [niilism] **n. m.** – 1787 ◊ du latin *nihil* « rien » ▪ **1** PHILOS., VIEILLI Doctrine d'après laquelle rien n'existe d'absolu. — MOR. Doctrine qui nie la vérité morale, les valeurs et leur hiérarchie. ▪ **2** (1866 ◊ du russe) Idéologie qui refuse toute contrainte sociale et prône la recherche de la liberté totale. *Nihilisme et terrorisme, et anarchisme.* ➤ aussi **libertaire.** ▪ **3** COUR. Disposition d'esprit caractérisée par le pessimisme et le désenchantement moral. *Le nihilisme punk.*

NIHILISTE [niilist] **adj.** et **n.** – 1793 polit. ; 1761 relig. ◊ du latin *nihil* ▪ **1** PHILOS. Relatif au nihilisme. — **n.** Adepte du nihilisme. ▪ **2** (1877 ◊ du russe) Du nihilisme (2°). *Parti nihiliste russe.* **n.** *Les nihilistes.* ▪ **3** COUR. Pessimiste, et moralement désenchanté. *Un graffiti nihiliste.* ▪ CONTR. Enthousiaste, optimiste.

NIHONIUM [nionjɔm] **n. m.** – 2016 ◊ du japonais *Nihon* « Japon » ▪ CHIM. Élément atomique artificiel (Nh ; n° at. 113).

NILGAUT [nilgo] **n. m.** – 1666 ◊ hindoustani *nîlgâû,* mot persan « bœuf *(gao)* bleu *(nil)* » ▪ Mammifère ongulé *(bovidés)* voisin de l'antilope*. — On écrit aussi *nilgau.*

NILLE [nij] **n. f.** – 1328 *neille,* pour *anille* ◊ latin *anaticula* « petit canard » ▪ TECHN. Manchon mobile (bobine) autour du manche d'une manivelle.

NILOTIQUE [nilɔtik] **adj.** – 1842 ◊ latin d'origine grecque *niloticus,* de *Nilus,* grec *Neilos* « le Nil » ▪ GÉOGR. Relatif au Nil, à son delta, aux contrées riveraines. *Campagne nilotique.*

NIMBE [nɛ̃b] **n. m.** – 1692 ◊ latin *nimbus* « nuage » ▪ **1** ARCHÉOL. Cercle figuré autour de la tête de certains empereurs, sur les médailles antiques. ▪ **2** Zone lumineuse qui entoure la tête des représentations de Dieu, des anges, des saints. ➤ **auréole, couronne** (de gloire). *Nimbe crucifère,* réservé au Christ. — PAR MÉTAPH. ➤ **auréole, halo.** *« le nimbe doré des cheveux »* LOTI. *« un délicat nimbe d'astre qui plane, flotte »* CINGRIA.

NIMBER [nɛ̃be] **v. tr.** ‹1› – 1876 ; *nimbé* 1852 ◊ de *nimbe* ▪ **1** Pourvoir d'un nimbe. ➤ **auréoler.** ▪ **2** Entourer, auréoler. — *Apparition nimbée de lumière.* — PRONOM. *L'île se nimbe de brume.*

NIMBOSTRATUS [nɛ̃bostʀatys] **n. m.** – 1932 ◊ de *nimbus* et *stratus* ■ MÉTÉOR. Couche nuageuse basse et sombre. *Les nimbostratus se résolvent rapidement en précipitations continues de pluie ou de neige.*

NIMBUS [nɛ̃bys] **n. m.** – 1830 ◊ mot latin «nuage» ■ MÉTÉOR. Gros nuage bas et gris, aux contours déchiquetés, porteur de pluie ou de neige (➤ **cumulonimbus, nimbostratus**).

N'IMPORTE (QUI, QUEL, QUOI) ➤ **2 IMPORTER**

NINAS [ninas] **n. m.** – fin XIXᵉ ◊ espagnol *niñas,* fém. plur. de *niño* «enfant» ■ Petit cigare fait avec des débris de tabac. ➤ **cigarillo.**

NINJA [ninʒa] **n. m.** – 1981 ◊ mot japonais «espion» ■ Guerrier japonais du Moyen Âge, spécialiste des opérations d'espionnage. *Un film de ninjas.*

NIOBIUM [njɔbjɔm] **n. m.** – 1845 ◊ de *Niobé* n. pr. grec, fille de Tantale, d'après l'allemand (1844) ■ CHIM. Corps simple (Nb ; n° at. 41 ; m. at. 92,90638), métal blanc brillant, rare et toujours associé avec le tantale dans ses minerais (d'où le nom du métal).

NIOLO [njɔlo] **n. m.** – date inconnue ◊ de *Niolo,* région du centre de la Corse ■ Fromage de lait de brebis (ou de chèvre) fabriqué en Corse, à saveur très piquante.

NIPPE [nip] **n. f.** – 1611 ◊ de *guenipe,* forme dialectale de *guenille* ■ **1** VX Objet servant à l'ajustement et à la parure. «*de belles nippes, du linge fin,* [...] *des bijoux*» GAUTIER. ■ **2** PÉJ. ➤ **hardes.** «*des nippes qui ne valent pas quatre sous*» HUGO. ■ **3** FAM. et VIEILLI (AU PLUR.) Les vêtements. ➤ **fringue.**

NIPPER [nipe] **v. tr.** ‹1› – 1718 ◊ de *nippe* ■ FAM. et VIEILLI ➤ **habiller.** — PRONOM. *Il s'est nippé de neuf.* ➤ **se saper.** — «*C'est que je suis nippée comme une princesse !*» BALZAC.

NIPPO- ■ Élément signifiant «japonais» (➤ **nippon**) et servant à former des adjectifs : *nippo-américain, aine.*

NIPPON, ONE [nipɔ̃, ɔn] **adj. et n.** – fin XIXᵉ *le Nippon* «le Japon» ; *le Niphon* «une des îles du Japon» 1765 ◊ mot japonais «soleil levant» ■ Du Japon (État, nation). ➤ **japonais** (plus cour.). *L'archipel nippon.* — **n.** *Les Nippons.* — Au féminin, on écrit parfois *nipponne.*

NIQAB [nikab] **n. m.** – 1982, au Québec ◊ mot arabe, de *naqaba* «trouer» ■ Voile intégral*, qui dissimule le visage à l'exception des yeux. «*une femme obligée d'enlever son niqab sous la menace*» HOUELLEBECQ.

NIQUE [nik] **n. f.** – 1370 ◊ d'une racine *nick,* attestée en gallo-roman ; onomatopée ■ **loc. verb.** *Faire la nique à qqn,* lui faire un signe de mépris, de bravade. ➤ **braver, défier, se moquer.** FIG. Se moquer de. *Pichegru et Cadoudal «devaient s'en être échappés, faisant la nique à la fameuse police consulaire»* MADELIN.

NIQUEDOUILLE [nik(ə)duj] **n. et adj.** – 1654 ◊ de la racine de *nigaud, nicodème,* et suffixe péj. *-ouille* ■ VIEILLI et FAM. Nigaud, niais. *Pique, niquedouille, c'est toi l'andouille !* (comptine). — **adj.** «*Je me suis trouvé assez niquedouille d'avoir failli payer pour d'autres*» ROMAINS.

NIQUER [nike] **v. tr.** ‹1› – 1890 ◊ du sabir d'Afrique du Nord *i-nīk* «il fait l'amour», de l'arabe *nāk,* de même sens ■ FAM. ■ **1** ARG. Posséder sexuellement. ➤ **1 baiser.** «*j'avais commencé à inviter les filles au restaurant dans l'espoir de les niquer*» PH. JAENADA. ABSOLT «*on a niqué, poussés par un désir incontrôlable*» SAN-ANTONIO. — LOC. *Nique ta mère !, nique ta race !* insultes ; exclamations de colère. «*– Tu sais à qui tu parles, bâtard ? – Nique ta race, bouffon !*» MORDILLAT. ■ **2** FIG. *On a été niqué,* possédé. ■ **3** Abîmer, détruire. *Ce virus a niqué mon fichier.*

NIRVANA [niʀvana] **n. m.** – 1844 ◊ mot sanskrit «extinction» ■ **1** RELIG. Dans le bouddhisme, Extinction du karma, du désir humain, entraînant la fin du cycle des naissances et des morts. *Le nirvana, état de sérénité suprême.* ■ **2** COUR. État de béatitude, d'intense plaisir, bonheur suprême. *Atteindre le nirvana.* — PAR EXT. Lieu, situation idyllique. ➤ **éden, paradis.** *Ce massif est le nirvana des grimpeurs.*

NITESCENCE [nitesɑ̃s] **n. f.** – 1835 ◊ du latin *nitescere* «briller» ■ DIDACT. ou LITTÉR. Lueur, clarté, rayonnement.

NITOUCHE ➤ **SAINTE NITOUCHE**

NITRATATION [nitʀatasjɔ̃] **n. f.** – 1838 ◊ de *nitrater* ■ SC., TECHN. Action de nitrater ; état de ce qui est nitraté.

NITRATE [nitʀat] **n. m.** – 1787 ◊ de *nitre* ■ Sel ou ion de l'acide nitrique. ➤ **azotate.** *Nitrates naturels de soude* (➤ **caliche**), *de potasse* (➤ **nitre, salpêtre**). *Nitrates utilisés comme engrais : nitrate de sodium, de potassium, de calcium, nitrate d'ammonium* (➤ **ammonitrate**). *Nitrate de cuivre,* employé comme désherbant. *Pollution par les nitrates.* — *Nitrate d'argent,* utilisé en médecine comme caustique, cicatrisant. *Bâton de nitrate* (d'argent).

NITRATER [nitʀate] **v. tr.** ‹1› – 1878 ; au p. p. 1797 ◊ de *nitrate* ■ SC., TECHN. ■ **1** Ajouter du nitrate à. *Nitrater un mélange.* — **p. p. adj.** *Engrais nitratés.* ■ **2** Convertir en nitrate. ■ **3** Traiter au nitrate d'argent. *Nitrater des peaux pour les colorer.*

NITRATION [nitʀasjɔ̃] **n. f.** – 1840 ◊ de *nitrate* ■ CHIM. Introduction du radical NO_2 dans des composés organiques.

NITRE [nitʀ] **n. m.** – 1256 ◊ latin *nitrum,* grec *nitron* ■ VX ➤ **salpêtre.**

NITRÉ, ÉE [nitʀe] **adj.** – v. 1600 ◊ de *nitre* ■ CHIM. VX Qui contient du nitre. ♦ MOD. *Dérivés nitrés :* composés organiques contenant le radical NO_2 (substitué à l'hydrogène) (ex. nitrobenzène, acide picrique, chloropicrine).

NITRER [nitʀe] **v. tr.** ‹1› – 1800 ◊ de *nitre* ■ SC., TECHN. Traiter par l'acide nitrique.

NITREUX, EUSE [nitʀø, øz] **adj.** – XIIIᵉ ◊ latin *nitrosus* ■ CHIM. Qui contient de l'azote (et spécialement de l'azote au degré d'oxydation +3). ➤ **azoteux.** *Acide nitreux :* acide oxygéné de l'azote (HNO_2). *Anhydride, oxyde nitreux.*

NITRIFICATION [nitʀifikasjɔ̃] **n. f.** – 1797 ◊ de *nitrifier* ■ CHIM. Transformation en nitrates des composés azotés. *La nitrification se fait en deux temps* (nitrosation* ; nitration*), *sous l'influence de bactéries* (nitrobactéries). *Bacille qui produit la nitrification* (*nitrifiant* **adj.**).

NITRIFIER [nitʀifje] **v. tr.** ‹7› – 1797 ◊ de *nitre* ■ CHIM. Transformer en nitrates. ♦ **SE NITRIFIER v. pron.** VX Se couvrir de nitre, de salpêtre. — MOD. Se transformer en nitrates.

NITRILE [nitʀil] **n. m.** – 1849 ◊ de *nitre* et suffixe chimique ■ CHIM. Composé (acyclique) renfermant le radical CN. *Nitrile formique :* acide cyanhydrique.

NITRIQUE [nitʀik] **adj.** – 1787 ◊ de *nitre* ■ CHIM. *Acide nitrique* (HNO_3) : acide liquide, corrosif, incolore (➤ **eau-forte**). *Anhydride nitrique* (N_2O_5). ➤ **azotique.** ♦ BACTÉRIOL. *Bactérie nitrique.* ➤ **nitrobactérie.**

NITRITE [nitʀit] **n. m.** – 1787 ◊ de *nitre* ■ CHIM. Sel, ester ou ion issu de l'acide nitreux. ➤ **azotite.** *Nitrite d'amyle.*

NITRO- ■ Élément, de *nitre,* indiquant notamment la présence du radical NO_2 dans un composé chimique.

NITROBACTÉRIE [nitʀobakteʀi] **n. f.** – 1891 ◊ de *nitro-* et *bactérie* ■ BACTÉRIOL. Bactérie du sol qui oxyde l'ammoniac en nitrites (*nitrosomonas*) et les nitrites en nitrates (*nitrobacter*).

NITROBENZÈNE [nitʀobɛ̃zɛn] **n. m.** – 1903 ; *nitrobenzine* 1838 ◊ de *nitro-* et *benzène* ■ CHIM. Dérivé nitré du benzène ($C_6H_5NO_2$), liquide toxique, huileux, utilisé en parfumerie (essence de mirbane), dans la fabrication d'explosifs, dans l'industrie des colorants. ➤ **aniline, rosaniline.**

NITROCELLULOSE [nitʀoselyloz] **n. f.** – 1898 ◊ de *nitro-* et *cellulose* ■ TECHN. Nitrate de cellulose, ester nitrique de la cellulose. ➤ **coton-poudre, fulmicoton.**

NITROGÉNASE [nitʀoʒenɑz] **n. f.** – 1974 ◊ de *nitrogène* VX «azote» et *-ase* ■ BIOCHIM. Complexe enzymatique détruit par l'oxygène et responsable de la fixation de l'azote atmosphérique chez certains procaryotes.

NITROGLYCÉRINE [nitʀogliseʀin] **n. f.** – 1847 ◊ de *nitro-* et *glycérine* ■ Trinitrate de glycérine, $C_3H_5(NO_3)_3$, huile jaune qui détone violemment sous le choc et qui est le constituant essentiel de la dynamite.

NITROPHILE [nitʀɔfil] **adj.** – milieu XXᵉ ◊ de *nitro-* et *-phile* ■ DIDACT. *Plantes nitrophiles,* qui demandent beaucoup de nitrates pour se développer, qui recherchent les terrains riches en azote.

NITROSATION [nitʀozasjɔ̃] **n. f.** – 1894 ◊ du latin *nitrosus* ■ CHIM. Introduction du groupement NO dans une molécule. *La nitrosation constitue le premier temps de la nitrification* naturelle :* transformation de l'ammoniac en nitrites sous l'action de nitrobactéries (*nitrosomonas*).

NITROTOLUÈNE [nitʀotɔlɥɛn] **n. m.** – 1899 ◊ de *nitro-* et *toluène* ■ TECHN. Dérivé nitré du toluène. *L'un des nitrotoluènes* (*trinitrotoluène* ou *T. N. T.*) *est un explosif puissant.*

NITRURATION [nitʀyʀasjɔ̃] **n. f.** – 1932 ◊ de *nitrurer* ■ TECHN. Durcissement superficiel de l'acier (cémentation) par formation de nitrures.

NITRURE [nitʀyʀ] **n. m.** – 1836 ◊ de *nitre* ■ CHIM. Composé défini d'azote et d'un métal, ou solution d'azote dans un métal. *Nitrure de fer.*

NITRURER [nitʀyʀe] **v. tr.** ‹1› – 1932 ◊ de *nitrure* ■ TECHN. Traiter (un métal) par l'ammoniac, pour le durcir. — **p. p. adj.** *Acier nitruré.*

NIVAL, ALE, AUX [nival, o] **adj.** – 1532 ◊ latin *nivalis* ■ DIDACT. De la neige, dû à la neige. *Régime nival,* des cours d'eau alimentés par les neiges (hautes eaux à la fonte : printemps).
■ HOM. Niveau.

NIVÉAL, ALE, AUX [niveal, o] **adj.** – 1831 ◊ du latin *nix, nivis* «neige» ■ BOT. Qui fleurit dans la neige. *L'édelweiss, fleur nivéale.*

NIVEAU [nivo] **n. m.** – milieu XIVᵉ ◊ de l'ancienne forme *livel* (XIIIᵉ), du latin *libella* «balance», famille de *libra* → 2 livre. L'ancienne forme a donné l'anglais *level* «niveau»

I INSTRUMENT Instrument qui sert à donner l'horizontale, à vérifier l'horizontalité d'un plan, d'une droite. *Niveau d'eau :* instrument à deux vases communicants qui, remplis d'eau, donnent une ligne de visée horizontale. *Niveau à bulle* (d'air). ➤ **nivelle.** «*M. Deume, juché sur une chaise, posait son niveau à bulle d'air sur le dessus de l'armoire à glace afin de s'assurer qu'elle était bien d'équerre*» A. COHEN. *Niveau à voyant.* ➤ **nivelette.** *Niveau à lunette. Utilisation des niveaux en arpentage, en géodésie, en topographie.*

II HAUTEUR (1429) ■ **1** Degré d'élévation, par rapport à un plan horizontal, d'une ligne ou d'un plan qui lui est parallèle. ➤ **hauteur.** *Niveau d'un liquide dans un vase, une éprouvette. Jauge* indiquant le niveau d'essence, d'huile dans un réservoir. Niveau de l'eau sur un navire :* ligne de flottaison*. *Au niveau inférieur :* en contrebas*. *Au niveau supérieur :* en contre-haut*. *Changements, inégalités de niveau.* ➤ **dénivelé, dénivellation.** *Baisse, élévation de niveau. Être au même niveau que... :* à fleur*, à ras* de. *De même niveau.* ➤ 1 **plain,** 1 **plan.** LOC. **DE NIVEAU.** *Ces deux allées ne sont pas de niveau,* pas sur le même plan. *Surface de niveau :* surface horizontale, dont tous les points sont au même niveau, et (PHYS., MATH.) forment une surface normale aux lignes de champ (dans un champ de vecteurs). *Mettre de niveau* (➤ **niveler, raser** [II], 1 **régaler**). *Courbes de niveau* (sur une carte), représentant les points de même altitude. ➤ **isohypse.** — *Passage* à niveau.* — *Niveau de la mer :* niveau zéro à partir duquel on évalue les altitudes. *Variations du niveau des eaux d'un fleuve. Niveau le plus bas. Niveau de base :* limite au-dessous de laquelle un cours d'eau cesserait d'exercer un effet par érosion, transport (étiage). ◆ **AU NIVEAU DE :** à la même hauteur que. *Appartement au niveau du sol :* rez-de-chaussée. *L'eau lui arrivait au niveau de la taille,* à mi-corps. — PAR EXT. À côté et sur la même ligne (perpendiculaire à un chemin, à une direction), à la hauteur de. *Arrivé au niveau du groupe, il ralentit le pas.* — *Angle au niveau,* de la ligne de tir avec l'horizontale. ■ **2** Étage ou plan horizontal (d'un bâtiment). ➤ **étage.** *Cette tour comprend dix niveaux de bureaux. Les parfums sont au premier niveau du magasin.*

III DEGRÉ COMPARATIF (1637) *Mettre au même niveau,* à côté, sur la même ligne, sur le même plan. — *Niveau social :* degré de l'échelle sociale. ◆ Degré hiérarchique ; échelon d'une organisation. *Quelqu'un de son niveau ne s'occupe pas de cela.* ➤ **rang.** *Les consignes devront être observées à tous les niveaux. Au plus haut niveau.* ◆ Échelon atteint par une grandeur, par rapport à une base de référence relative à cette grandeur. *Niveau de pollution, de pression acoustique, de température. Niveau minimal* (➤ 1 **plancher**), *maximal* (➤ **plafond**) (des prix, des salaires). ◆ *Niveau intellectuel, culturel :* degré des connaissances, de la culture. *Des élèves de même niveau.* ➤ **force.** *Niveau bac + 4. Niveau mental* (cf. Âge mental*). — *Niveau d'instruction. La chute du niveau scolaire. Vérification du niveau.* ➤ 2 **test** (cf. Contrôle continu). ◆ Valeur intellectuelle ou artistique. *Le niveau des études. Le niveau de la production littéraire, cinématographique d'un pays.* «*Les chefs-d'œuvre ont un niveau, le même pour tous, l'absolu*» HUGO. ◆ LING. *Niveau de langue :* caractère que la langue présente selon le milieu de la personne qui parle et la situation de communication. *Niveau de langue littéraire, familier, vulgaire.* ➤ **registre.** — *Les niveaux de lecture d'un texte :* les différentes manières de l'interpréter. ◆ (1688) **AU NIVEAU DE.** *Se mettre au niveau d'une chose, d'une personne* (cf. Se mettre au diapason*, à la portée*). *Chercheur qui se met au niveau du grand public.* ➤ **vulgarisation.** *Il n'est pas au niveau de sa tâche.* ➤ **hauteur** (à la hauteur). ABSOLT *Il n'est pas de niveau. Au niveau de la commune, de l'électeur, de l'acheteur.* ➤ **échelon.** — PAR EXT. (emploi critiqué) En ce qui concerne (ce qui est). *Au niveau national. Problèmes au niveau des finances.*

IV NIVEAU DE VIE. Quantité de biens et de services que le revenu d'un individu (d'un groupe social ou d'une nation) lui permet d'acquérir. *Le haut niveau de vie des pays riches. Le niveau de vie monte. Le niveau de vie baisse lorsque, à revenu nominal* constant, les prix augmentent.* ➤ 2 **pouvoir** (d'achat) ; **paupérisation.** *Indices de niveau de vie.* ◆ *Niveau de salaire :* salaire moyen dans un secteur économique, dans une catégorie professionnelle.
■ HOM. Nivaux (nival).

NIVELAGE [niv(ə)laʒ] **n. m.** – *nivellage* 1636 ◊ de *niveler* ■ Action de niveler ; son résultat. ➤ **nivellement.**

NIVELER [niv(ə)le] **v. tr.** ‹4 /5/› – début XIVᵉ ◊ de *nivel* → niveau ■ **1** COUR. Mettre de niveau, rendre horizontal, plan, uni (une surface). ➤ **aplanir, égaliser,** 1 **régaler.** *Niveler en rasant les aspérités* (➤ **déblayer, écrêter**), *en bouchant les creux* (➤ **combler**). *L'érosion tend à niveler les reliefs.* ■ **2** (1549) TECHN. Mesurer avec un niveau. ■ **3** (1795) FIG. Mettre au même niveau, rendre égal. ➤ **égaliser.** *Niveler les fortunes, les profits. Niveler par le bas, par le haut,* en égalant ce qu'il y a de plus bas, de plus élevé.

NIVELETTE [niv(ə)lɛt] **n. f.** – 1834 ◊ diminutif de *niveau* ■ TECHN. Petit niveau à voyant monté sur pied, utilisé pour régler la pente d'une chaussée.

NIVELEUR, EUSE [niv(ə)lœʀ, øz] **n.** – 1546 «géomètre» ◊ de *niveler* ■ **1** Personne qui nivelle, met le sol de niveau. «*les bulldozers infatigables des niveleurs*» PEREC. ◆ Personne qui mesure au niveau (I). ■ **2** (1789) FIG. et PÉJ. Personne qui veut niveler les rangs et les fortunes dans la société. ➤ **égalitaire.** — **adj.** «*Un levain de haine niveleuse*» MICHELET. ■ **3 n. m.** AGRIC. Petite herse.

NIVELEUSE [niv(ə)løz] **n. f.** – 1948 ; en appos. 1914 ◊ de *niveler* ■ TRAV. PUBL. Engin de terrassement muni d'une lame orientable placée entre les essieux, et servant à niveler la surface du sol (recomm. offic.). ➤ **grader** (ANGLIC.).

NIVELLE [nivɛl] **n. f.** – 1907 ◊ de *niveau* ■ TECHN. Niveau à bulle.

NIVELLEMENT [nivɛlmɑ̃] **n. m.** /NIVÈLEMENT/ – 1538 ◊ de *niveler* ■ **1** Action de niveler, de mesurer les hauteurs comparatives (de différents points d'un terrain) par rapport à un plan horizontal donné (de la surface terrestre) ou par rapport au niveau de la mer. *Planimétrie et nivellement. Instruments de nivellement.* ➤ **cathétomètre, mire, niveau, tachéomètre.** *Nivellement géodésique effectué avec un théodolite*. Nivellement trigonométrique.* ➤ **triangulation.** *Nivellement général de la France :* détermination des altitudes et pose des repères de niveau. ■ **2** Action de mettre de niveau, d'égaliser (une surface). *Nivellement d'un terrain par des travaux de terrassement.* ➤ **régalage.** ■ **3** (1793) FIG. Action de niveler, de rendre égal. *Nivellement par la base, par le bas.* «*le nivellement des rangs, [...] l'égalité de tous devant la loi*» CHATEAUBRIAND.

NIVÉOLE [niveɔl] **n. f.** – 1796 ◊ du latin *niveus* «neigeux» ■ Plante monocotylédone *(amaryllidacées)* qui ressemble au perce-neige, et qui croît dans les bois et les prés.

NIVO- ■ Élément, du latin *niveus* «de neige».

NIVOGLACIAIRE [nivoglasjɛʀ] **adj.** – 1963 ◊ de *nivo-* et *glaciaire* ■ GÉOGR. *Régime nivoglaciaire,* des cours d'eau alimentés par les glaciers et les neiges (maximum de printemps ; minimum d'hiver).

NIVOLOGIE [nivɔlɔʒi] **n. f.** – avant 1963 ◊ de *nivo-* et *-logie* ■ GÉOPHYS. Étude des caractéristiques de la neige et des couches neigeuses au sol. *La nivologie étudie les risques d'avalanche. Nivologie et glaciologie.*

NIVOLOGUE [nivɔlɔg] **n.** – 1978 ◊ de *nivo-* et *-logue* ■ Spécialiste de l'étude, de la mesure des neiges.

NIVOPLUVIAL, IALE, IAUX [nivoplyvjal, jo] **adj.** – 1927 ◊ de *nivo-* et *pluvial* ■ GÉOGR. *Régime nivopluvial,* des cours d'eau alimentés par les pluies (maximum d'automne) et les neiges (maximum de printemps).

NIVÔSE [nivoz] **n. m.** – 1793 ◊ latin *nivosus* «neigeux» ■ HIST. Quatrième mois du calendrier républicain (21 ou 22 décembre au 20 ou 21 janvier).

NIXE [niks] **n. f.** – 1836 ◊ allemand *Nix* ■ LITTÉR. Génie ou nymphe des eaux, dans les légendes germaniques. «*cette fée radieuse des brouillards, cette ondine fatale comme toutes les nixes du nord*» NERVAL.

NIZERÉ [nizʀe] **n. m.** – 1826 ◊ persan *nizrin* «rose musquée» ■ **TECHN.** Essence de roses blanches.

NÔ [no] **n. m.** – 1874 ◊ mot japonais ■ Drame lyrique de caractère religieux et traditionnel, au Japon. *Des nôs. Masque de nô.* ■ **HOM.** Nos (notre).

NOBÉLISABLE [nɔbelizabl] **adj.** – 1973 ◊ de *(prix) Nobel* ■ Susceptible d'obtenir un prix Nobel. *« "l'immense romancier" nobélisable Gabriel Garcia Marquez »* **SOLLERS.** — **n.** *Un, une nobélisable.*

NOBÉLISER [nɔbelize] **v. tr.** ‹1› – 1973 au p. p. ◊ de *(prix) Nobel* ■ Attribuer le prix Nobel à. — **p. p. adj.** *Mistral, Camus, Le Clézio, écrivains nobélisés.*

NOBÉLIUM [nɔbeljɔm] **n. m.** – 1957 ◊ de *Nobel,* n. d'un chimiste suédois ■ **CHIM.** Élément chimique artificiel, radioactif et transuranien (No ; n° at. 102).

NOBILIAIRE [nɔbiljɛʀ] **n. m.** et **adj.** – 1690 ◊ du latin *nobilis* ■ **1** Registre des familles nobles d'un pays, d'une province. ➤ **armorial.** *Le nobiliaire de Bretagne.* ■ **2** **adj.** (1796) Qui appartient ou qui est propre à la noblesse. ➤ **aristocratique.** *Hiérarchie, titres nobiliaires. Particule nobiliaire.*

NOBLAILLON, ONNE [nɔblɑjɔ̃, ɔn] **n.** – 1874 ◊ de *noble* et suffixe péj. ■ **PÉJ.** Noble de petite noblesse. ➤ **nobliau.**

NOBLE [nɔbl] **adj.** et **n.** – fin XIe ◊ latin *nobilis*
Qui est au-dessus du commun.

I ~ adj. SUPÉRIEUR AUX AUTRES DE SON ESPÈCE ■ **1** **LITTÉR.** Dont les qualités morales sont grandes. *« la nation la plus noble de la terre »* **JOUBERT.** ➤ **courageux, généreux, magnanime.** — **PAR EXT.** Qui est hautement apprécié, sur le plan moral. *Nobles sentiments, nobles aspirations ; actions nobles.* ➤ **1 beau, élevé, généreux, sublime.** *Se battre pour une noble cause. Le cheval, « la plus noble conquête que l'Homme ait jamais faite »* **BUFFON.** ♦ (1911 ◊ anglais *noble art* XVIIIe, *noble science* 1588) **LE NOBLE ART :** la boxe. ■ **2** Qui commande le respect, l'admiration, par sa distinction, son autorité naturelle. ➤ **distingué, imposant, majestueux, olympien.** *« remarquablement belle, avec des traits nobles et réguliers »* **ROMAINS.** — *Père noble :* au théâtre, rôle d'homme d'un certain âge et d'une gravité, d'une dignité souvent un peu outrées. **LOC. FIG.** *Jouer les pères nobles* (dans la vie). ■ **3** Qui a de la majesté, une beauté grave, parfois un peu froide. *Noble ordonnance d'un tableau.* — **HIST. LITTÉR.** (opposé à *bas*) *Genre, style noble,* qui rejette les mots et expressions jugés vulgaires par le goût du temps. ➤ **élevé, soutenu.** ■ **4** (dans certaines expr.) Considéré comme supérieur. — *Parties nobles :* organes indispensables à la vie (le cerveau, le cœur). — *Métaux nobles :* inaltérables à l'air ou à l'eau (argent, or, platine). ➤ **précieux.** — *Matières nobles,* non synthétiques (le bois, la pierre, la laine, etc.). — *Poissons nobles,* à la chair délicate. — **CHIM.** *Gaz nobles,* dont la couche électronique externe est complète, et formant la dernière colonne de la classification périodique. *L'hélium, le néon sont des gaz nobles.*

II ~ adj. et **n. ARISTOCRATE** ■ **1** **adj.** (1216) Qui appartient à une classe privilégiée (sociétés hiérarchisées, féodales, etc.) ou qui descend d'un membre de cette classe et peut en justifier (par des *titres de noblesse*). *Une famille noble.* ■ **2** **n.** (XIVe) *Un noble, une noble* (RARE). ➤ **aristocrate, grand, seigneur.** *Les nobles.* ➤ **noblesse.** *Noble ruiné, qui cherche à redorer son blason. Nobles de la suite du roi.* ➤ **gentilhomme.** *Jeune noble de l'escorte d'un prince.* ➤ **2 page.** *Nobles de campagne.* ➤ **hobereau, junker.** *Noble adoubé.* ➤ **chevalier.** — *Nobles d'Espagne* (➤ **hidalgo, ménin**), *de Russie* (➤ **boyard**), *de la Rome antique* (➤ **patricien**), *d'Angleterre* (➤ **lord**). ■ **3** **adj.** Qui appartient, qui est propre aux nobles, caractéristique de leur état. *Nom noble à particule*, sans particule. Être de naissance, de sang noble. Une Altesse « issue de la race la plus noble [...], fille du prince de Parme, elle avait épousé un cousin également princier »* **PROUST.**
■ **CONTR.** 1 Bas, commun, mesquin, vil. Familier. — Bourgeois, roturier, vilain.

NOBLEMENT [nɔbləmɑ̃] **adv.** – XIe-XIIe «d'une manière pompeuse» ◊ de *noble* ■ **1** **DR. FÉOD.** À titre de noble, comme un noble. ■ **2** (1538) **MOD.** D'une manière noble (I), avec noblesse. ➤ **dignement, fièrement.**

NOBLESSE [nɔblɛs] **n. f.** – *noblesce* 1155 ◊ de *noble*
■ Caractère, état, qualité de ce qui est noble.

I (Sens génér.) ■ **1** Grandeur des qualités morales, de la valeur humaine. ➤ **dignité, élévation, magnanimité.** *« La noblesse est la préférence de l'honneur à l'intérêt »* **VAUVENARGUES.** *« toute noblesse vient du don de soi-même »* **LARBAUD.** *Noblesse d'âme, de caractère, d'esprit.* ➤ **fierté, grandeur.** *Noblesse de vues.* ➤ **hauteur.** ■ **2** Caractère noble du comportement, de l'expression ou de l'aspect physique. ➤ **dignité, distinction, majesté.**

II **SPÉCIALT** (*noblace* 1279) ■ **1** Condition du noble. *Titres de noblesse* (selon l'ordonnance du 25 août 1817). ➤ **chevalier, 1 baron, vicomte, comte, marquis, duc, prince.** *Les armoiries, le blason, la couronne, signes de noblesse. Être de haute noblesse.* ➤ **lignage.** *Quartiers* de noblesse. Noblesse paternelle. Noblesse utérine*. Noblesse d'épée, d'office* ou *de robe. Noblesse personnelle,* qui ne se transmet pas aux descendants. *Noblesse de finance,* acquise par l'achat de *lettres de noblesse.* — **LOC. PROV.** *Noblesse oblige :* la noblesse crée le devoir de faire honneur à son nom. — **LETTRES DE NOBLESSE :** lettres patentes du roi par lesquelles il conférait la noblesse pour services rendus, ou moyennant finance. **PAR MÉTAPH.** *Ce festival a gagné ses lettres de noblesse.* ■ **2** Classe des nobles. ➤ **aristocratie.** *Origines féodales de la noblesse. Privilèges de la noblesse sous l'Ancien Régime.* — Une partie de cette classe. *Ancienne noblesse,* antérieure à la Révolution ; *nouvelle noblesse,* créée depuis la Révolution. *Noblesse d'Empire,* celle qui tient ses titres de Napoléon Ier. *Appartenir à la haute noblesse,* à la plus ancienne, à la plus illustre. *La petite noblesse. — Noblesse anglaise* (➤ **gentry**).
■ **CONTR.** Bassesse, infamie. Familiarité. — Roture.

NOBLIAU [nɔblijo] **n. m.** – 1840 ◊ de *noble* ■ Noble de petite noblesse, ou de noblesse douteuse. ➤ **PÉJ. noblaillon.**

NOCE [nɔs] **n. f.** – XIe ◊ latin populaire °*noptiæ*, déformation d'après °*novius* «nouveau marié», du classique *nuptiæ* ■ **1** **LES NOCES :** mariage (➤ **nuptial**). *Épouser qqn en secondes noces :* contracter un second mariage. *Justes noces :* le mariage légitime. *Convoler* en justes noces. — Nuit de noces :* première nuit passée ensemble par les nouveaux époux. *Voyage de noces,* qui suit traditionnellement le mariage. ■ **2** (1578) Ensemble des réjouissances qui accompagnent un mariage. *Je vous invite à mes noces.* **AU SING. COUR.** *Aller, être invité à la noce de qqn. Être de noce(s). Festin, repas, robe de noce. Salle pour noces et banquets. — Les noces de Cana,* au cours desquelles le Christ changea l'eau en vin. — **LOC.** *N'être pas à la noce :* être dans une mauvaise situation. *« Ah ! je ne suis pas à la noce [...] Dans ma chambre, il fait un froid de loup »* **MIRBEAU.** ■ **3** **PAR ANAL.** Fête qu'un couple célèbre à l'occasion de l'anniversaire de son mariage. *Noces d'argent* (vingt-cinquième anniversaire), *d'or* (cinquantième), *de diamant* (soixantième), *de platine* (soixante-dixième), etc. ■ **4** *La noce :* l'ensemble des personnes qui assistent à un mariage, qui forment le cortège du mariage. *Une noce villageoise. L'église « où la noce s'était réfugiée »* **C. MARTINEZ.** ■ **5** (1834 ; argot «libertinage» 1719) **FAM.** Partie de plaisir, de débauche, généralement accompagnée d'excès de table et de boisson. *Faire la noce :* faire une partie de plaisir ; mener de manière habituelle une vie de débauche. ➤ **2 bombe, 2 bringue, fête*.** *La « lividité d'une fille épuisée par la noce »* **HUYSMANS.**

NOCEUR, EUSE [nɔsœʀ, øz] **n.** et **adj.** – 1836 ; fém. 1834 ◊ de *noce* ■ **VIEILLI** Personne qui aime faire la noce (5°). ➤ **débauché, fêtard, viveur ; RÉGION. ambianceur.** **adj.** *Il est un peu trop noceur.* ■ **CONTR.** Abstinent, ascète.

NOCHER [nɔʃe] **n. m.** – *nochier* 1246 ◊ italien *nocchiero ;* latin *nauclerus ;* grec *nauklêros* «patron de bateau» ■ **POÉT.** et **VX** Celui qui conduit, dirige une embarcation. ➤ **pilote.** *Charon, nocher des Enfers.* ➤ **nautonier.**

NOCICEPTEUR [nɔsisɛptœʀ] **n. m.** – v. 1935 ◊ anglais *nociceptor* (1906) ■ **BIOL.** Récepteur, terminaison nerveuse sensible aux stimulus douloureux. *« les nocicepteurs, qui s'activent uniquement quand certains seuils agressifs sont dépassés »* **F. THILLIEZ.**

NOCICEPTIF, IVE [nɔsisɛptif, iv] **adj.** – v. 1920 ◊ adaptation de l'anglais *nociceptive* (1904) ■ **PHYSIOL.** Relatif à la nociception. *Stimulation nociceptive. Messages, neurones nociceptifs. Récepteurs nociceptifs.* ➤ **nocicepteur.**

NOCICEPTION [nɔsisɛpsjɔ̃] **n. f.** – 1956 ◊ de *nociceptif* ■ **PHYSIOL.** Réaction des récepteurs sensitifs périphériques (➤ **nocicepteur**) provoquée par des stimulus (mécaniques, chimiques ou thermiques) menaçant l'intégrité de l'organisme. *Douleur par excès de nociception* (ex. brûlure, traumatisme).

NOCIF, IVE [nɔsif, iv] **adj.** – début XVIe ; *noxif* 1495 ◊ latin *nocivus* ■ Qui peut nuire. ➤ **dangereux, funeste, nuisible.** *Gaz, polluant nocif.* ➤ **délétère, pathogène, toxique.** *Nocif pour l'environnement.* ➤ **écotoxique.** — (ABSTRAIT) *Théories, influences nocives.* ➤ **malfaisant, pernicieux.** ■ **CONTR.** Anodin, innocent, inoffensif.

NOCIVITÉ [nɔsivite] **n. f.** – 1876 ◇ de *nocif* ■ Caractère d'une chose nuisible. ➤ **malignité, toxicité.** *Nocivité d'une substance ; d'une doctrine.* ■ CONTR. Innocence, innocuité.

NOCTAMBULE [nɔktɑ̃byl] **n. et adj.** – 1701 ◇ latin médiéval *noctambulus,* du latin classique *nox, noctis* «nuit» et *ambulare* «marcher» ■ **1** VX Somnambule. ■ **2** (1720) MOD. Personne qui se promène ou se divertit la nuit. ➤ **couche-tard, fêtard, nuitard** (cf. Oiseau de nuit*). — **adj.** *Un noceur noctambule.* — **n. m. NOCTAMBULISME,** 1765.

NOCTILUQUE [nɔktilyk] **adj. et n. f.** – 1722 ◇ bas latin *noctilucus* «qui luit pendant la nuit» ■ ZOOL. Qui a la propriété d'émettre une lueur dans l'obscurité. *Lampyre noctiluque* (ver luisant). — **n. f.** (1846) Protozoaire luminescent qui vit dans la mer et se présente sous la forme d'une sphère minuscule et molle. *Les noctiluques sont l'une des causes de la phosphorescence de la mer.*

NOCTUELLE [nɔktɥɛl] **n. f.** – 1792 ◇ du latin *noctua* «chouette» ■ Insecte lépidoptère hétéroptère *(noctuidés),* papillon nocturne, généralement de taille moyenne et de coloration terne (grise, brune). ➤ **agrotis, leucanie, xanthie.**

NOCTULE [nɔktyl] **n. f.** – 1791 ◇ du latin *noctua* «chouette» ■ Chauve-souris d'assez grande envergure *(vespertilionidés)* qui vit en Europe et en Asie.

NOCTURNE [nɔktyʀn] **adj. et n. m. et f.** – 1355 ◇ latin *nocturnus*

I **adj.** ■ **1** Qui est propre à la nuit. ♦ Qui a lieu pendant la nuit. *«entrevues, rendez-vous nocturnes»* LACLOS. — *Tapage* nocturne. Terreurs* nocturnes. Pollutions* nocturnes.* ■ **2** Qui veille, se déplace, chasse pendant la nuit. *Oiseaux, papillons nocturnes,* de nuit*.

II **n. m.** ■ **1** (XIVe) LITURG. CATHOL. Chacune des parties de l'office de la nuit (➤ **matines**), qui contient un certain nombre de psaumes et de leçons. ■ **2** (XVIIIe) MUS. ANCIENNT Sérénade, divertissement pour instruments (à vent, à archet). — MOD. Morceau de piano de forme libre, à caractère mélancolique. *Les nocturnes de Chopin.*

III **n. m.** (1839) Oiseau rapace qui ne sort, ne chasse que la nuit (chouette, duc, grand duc, hibou...). *Les grands nocturnes.*

IV **n. f.** ■ **1** (1924) SPORT Compétition qui a lieu en soirée. — **loc. adv.** *En nocturne. Match qui se déroule en nocturne.* ■ **2** (1967) COMM. Ouverture en soirée de certains magasins, salons, expositions. *Nocturne le mercredi jusqu'à 22 h.*

■ CONTR. Diurne.

NOCUITÉ [nɔkɥite] **n. f.** – 1823 ◇ du latin *nocuus* «nuisible» ■ MÉD. Caractère de ce qui est nuisible (➤ **nocivité**). ■ CONTR. Innocuité.

NODAL, ALE, AUX [nɔdal, o] **adj.** – 1820 ; *jointure nodale* «qui forme un nœud» 1503 ◇ du latin *nodus* «nœud» ■ **1** PHYS. Relatif aux nœuds d'une corde ou d'une surface vibrante. *Points nodaux. Ligne nodale sur une plaque vibrante,* ou **n. f.** *la nodale.* ■ **2** ANAT. Relatif au tissu différencié du myocarde dont dépend l'excitabilité du cœur. ➤ **nœud** (II, 2°). *Arythmie nodale.* ■ **3** (XXe) Qui constitue le nœud, le centre, le point essentiel (d'une question, etc.).

NODOSITÉ [nɔdozite] **n. f.** – 1539 ; hapax XIVe ◇ bas latin *nodositas* ■ **1** MÉD. Formation pathologique arrondie et dure. ➤ **nodule, nouure.** *Nodosités rhumatismales.* ■ **2** État d'un végétal ou d'une partie de végétal qui présente de nombreux nœuds. *Nodosité d'une tige, d'un tronc.* — PAR EXT. Nœud, loupe. — SPÉCIALT Renflement sur une racine ou une tige, qui contient des bactéries symbiotiques fixatrices d'azote atmosphérique (➤ **rhizobium**).

NODULAIRE [nɔdylɛʀ] **adj.** – 1834, en bot. ◇ de *nodule* ■ MÉD. Relatif aux nodules. *Lésion nodulaire.*

NODULE [nɔdyl] **n. m.** – 1498 ◇ latin *nodulus* «petit nœud» ■ **1** MÉD. Petite nodosité. *Nodule cancéreux, tuberculeux.* ➤ **tubercule.** — ANAT. Petit renflement. *Nodules des valvules aortiques du cœur.* ■ **2** (1795) GÉOL. Concrétion pierreuse qui se rencontre dans une roche tendre, généralement calcaire. — *Nodules polymétalliques :* concrétions d'oxydes métalliques présents dans des grands fonds océaniques, se formant autour d'un corps dur ou *noyau.*

NODULEUX, EUSE [nɔdylø, øz] **adj.** – 1812 ◇ du latin *nodulus* ■ DIDACT. ■ **1** Qui comporte beaucoup de petits nœuds. *Tige noduleuse.* ■ **2** Qui contient des nodules (2°). *Calcaire noduleux.*

NOËL [nɔɛl] **n. m.** – 1175 ; *nael* v. 1120 ◇ latin *natalis (dies)* «(jour) de naissance» ■ **1** Fête que les chrétiens célèbrent le 25 décembre, en commémoration de la naissance du Christ. ➤ **nativité.** *La fête de Noël. Messes de Noël* (SPÉCIALT messe de minuit). *La crèche* de Noël. Sapin, arbre* de Noël. Réveillon* de Noël. Marché* de Noël. Joyeux Noël ! «Le Noël de cette année-là»* CAMUS. *Cadeaux de Noël.* — (1848) **PÈRE NOËL :** personnage imaginaire qui est censé descendre par la cheminée au cours de la nuit de Noël pour déposer des cadeaux dans les souliers des enfants. *Croire** (II, 1°) *au père Noël. Jouer les pères Noël ;* FIG. faire preuve de générosité, de largesse. — *La fête de Noël,* et SUBST. *la Noël.* PROV. *Noël au balcon, Pâques au tison :* s'il fait doux à Noël, il fera froid à Pâques. ■ **2** Époque où l'on célèbre la fête de Noël. *Congé, vacances de Noël. Pour Noël, à Noël, elle est partie faire du ski.* ■ **3** (début XVIe) Chanson populaire dont le thème est Noël. ■ **4** FAM. *Le noël, le petit noël :* cadeau offert à l'occasion de Noël. *Donner aux enfants leurs petits noëls.*

NOÈME [nɔɛm] **n. m.** – 1936 ; rhét. 1824 ◇ du grec *noêma* «pensée», par l'allemand ■ PHILOS. Ce qui est pensé, en phénoménologie. — **adj. NOÉMATIQUE.**

NOÈSE [nɔɛz] **n. f.** – 1943 ◇ du grec *noêsis* «conception, intelligence», par l'allemand ■ PHILOS. Acte de pensée, en phénoménologie.

NOÉTIQUE [nɔetik] **n. f. et adj.** – 1923-1931 ◇ du grec *noêtikos* «doué d'intelligence», par l'allemand ■ PHILOS. Théorie de la pensée, de la connaissance. ➤ **gnoséologie.** — **adj.** Qui concerne la pensée, la noèse.

NŒUD [nø] **n. m.** – début XIIe ◇ du latin *nodus*

I **CROISEMENT, ENTRELACEMENT** ■ **1** Enlacement d'une chose flexible (fil, corde, cordage) ou entrelacement de deux objets flexibles, exécuté de façon qu'il soit d'autant plus serré que l'on tire plus fortement sur les extrémités. *Faire un nœud.* ➤ **nouer.** *Nœuds ordinaires, nœuds de marque,* servant à raccourcir une corde, à faire un point d'arrêt. *Nœud simple, double.* ➤ **boucle.** *Nœud d'une maille. Corde à nœuds,* utilisée pour grimper. *Nœud droit, nœud de tisserand.* ➤ **épissure.** — *Nœuds d'attache,* destinés à attacher une corde à un point fixe. *Nœud coulant*.* ➤ **collet, lacet, lacs, lasso.** *Nœuds marins : nœud en huit, nœud de chaise, nœud de galère...* — (1690) *Nœud de cravate,* qui assujettit la cravate autour du cou. *Nœud trop serré, trop lâche. Faire, défaire, desserrer, dénouer un nœud.* (1812) *Faire un nœud à son mouchoir* (pour se rappeler qqch.). — LOC. *Avoir un nœud dans la gorge,* la gorge serrée (par l'angoisse) (cf. RÉGION. Avoir le motton). ♦ *Nœud gordien :* nœud extrêmement compliqué qui attachait le joug au timon du char de Gordias (roi légendaire de Phrygie) conservé dans le temple de Zeus à Gordion ; Alexandre, ne pouvant le dénouer, le trancha d'un coup d'épée. FIG. Difficulté, problème quasi insoluble. *Couper, trancher le nœud gordien :* trancher de façon violente une difficulté. *«le nœud gordien qui ne se dénoue pas et que le génie tranche»* BALZAC. — FAM. *Sac* de nœuds.* ■ **2** (1621) MAR. *Nœuds de loch :* nœuds de marque disposés à une distance de 15,43 mètres sur la ligne de loch. — SANS COMPL. (1797) Longueur qui sépare deux nœuds de la ligne, unité de mesure. ♦ PAR EXT. MÉTROL. Unité de mesure de vitesse (SYMB. COUR. kn), correspondant à 1 mille marin à l'heure (soit 0,514 mètre par seconde), utilisée pour la navigation maritime ou aérienne. *Navire qui file vingt nœuds. Avion qui décolle à cent nœuds. Vent qui souffle à vingt nœuds.* ■ **3** (fin XIIe) Ruban noué servant de parure ; ornement en forme de nœud. ➤ **bouffette, rosette.** *Porter des nœuds dans les cheveux. Nœud papillon*. Nœud de perles, de diamants.* ■ **4** (1779) Enroulement d'un reptile (sur lui-même, autour d'un corps qu'il étreint). ➤ **anneau, repli.** — *Nœud de vipères :* emmêlement de vipères dans le nid. *«Dans un soir d'humilité, j'ai comparé mon cœur à un nœud de vipères»* MAURIAC. ■ **5** FIG. (fin XIIe) VX et LITTÉR. Lien, attachement très étroit entre des personnes. ➤ **chaîne.** *«Il est des nœuds secrets, il est des sympathies»* CORNEILLE. *Le nœud sacré, le saint nœud du mariage.*

II **POINT OÙ PLUSIEURS CHOSES SE CROISENT, INTERFÈRENT** ■ **1** (fin XVe) VIEILLI Point essentiel d'une affaire complexe, d'une difficulté. *Voilà le nœud de l'affaire.* ➤ **fond, hic** (cf. Point* chaud, point sensible). *Le nœud du débat.* ➤ **centre.** ■ **2** (fin XVe) Péripétie ou suite de péripéties qui amènent l'action théâtrale, littéraire à son point culminant. ➤ **intrigue, péripétie.** *Le nœud et le dénouement. «Dans le roman classique, l'action comporte un nœud»* SARTRE. ■ **3** (1690) ASTRON. Point d'intersection de l'orbite d'une planète avec l'écliptique. *Nœud ascendant, descendant :* ce point d'intersection selon que la planète passe de l'hémisphère Sud dans l'hémisphère Nord ou vice versa. *Ligne des nœuds :* intersection du plan de l'orbite d'un astre avec le plan de l'écliptique. ■ **4** PHYS. Point où l'amplitude d'un système d'ondes stationnaires est nulle (➤ **nodal**). *Nœuds et ventres d'une corde vibrante.* — Point où se trouve un centre d'une unité structurale (ion, atome, molécule) d'un édifice cristallin. ■ **5** *Nœud vital* : centre des mouvements respiratoires, situé dans le bulbe. ■ **6** Endroit où se croisent plusieurs grandes lignes, d'où partent plusieurs embranchements. *Nœud ferroviaire, routier, autoroutier. Nœuds d'un schéma en arbre.* ■ **7** ÉLECTR. Point d'un circuit où aboutissent plus de deux conducteurs. *Loi des nœuds.* ■ **8** BÂT. Point où concourent plusieurs pièces d'armure métallique.

III SAILLIE ■ **1** (fin XIIIe) Protubérance à la partie externe d'un arbre, constituée par un faisceau plus ou moins contourné de fibres et de vaisseaux ligneux. *Nœuds d'un tronc, d'un bâton* (➤ **nodosité ; noueux**). — Partie très dense et dure, à l'intérieur de l'arbre, visible dans les planches de menuiserie. *Lambris en pin sans nœuds.* ■ **2** ANAT. Amas de cellules à fonction bien définie. *Nœud fibreux du périnée.* ■ **3** (1684) TECHN. Partie saillante. *Nœud à soudure.* ■ **4** VULG. Gland (de la verge). — LOC. (injure) *Tête de nœud.* — FIG. Imbécile. *Quel nœud !*

NOIR, NOIRE [nwaʀ] adj. et n. – fin XIe ◊ du latin *niger* → nerprun, nigri-

I ~ adj. A. COULEUR ■ **1** Se dit de l'aspect d'un corps dont la surface ne réfléchit aucun rayonnement visible, dont la couleur est aussi sombre que possible (➤ **noirceur ; noircir ; mélan[o]-**). *Noir comme (du) jais, de l'encre, du cirage, du charbon, de l'ébène. Yeux noirs. Cheval noir* (➤ **moreau**), *chat noir. Fourmi noire.* (CHASSE) *Bêtes noires,* au pelage noir, telles que le sanglier. LOC. *C'est sa bête* noire. Chemises* noires. Blousons* noirs. Le drapeau noir des pirates.* — PAR EXT. *Tableau* noir. Disque* noir. Cartes noires* : trèfle, pique. *La couleur noire* (à la boule, à la roulette). *Le huit noir est sorti.* — *Épaisse fumée noire. Champignons* noirs. Radis* noir.* ◆ (1904) PHYS. *Corps noir* : système qui absorbe tout le rayonnement qu'il reçoit. — ASTRON. *Trou* noir.* ■ **2** (milieu XIIe) PAR EXAGÉR. Qui est d'une couleur (gris, brun, bleu) très foncée, presque noire. *Cheveux noirs,* très bruns (cf. Couleur aile de corbeau*). *Chocolat noir. Café noir.* SUBST. (1859) « *Je commande un petit noir très serré* » SAN-ANTONIO. ■ **3** (fin XIe) Qui appartient à un groupe humain caractérisé par une peau très pigmentée. *Race noire, peuples noirs* (➤ **négritude**). *Chanteuse noire.* PAR EXT. Qui concerne les personnes appartenant à ce groupe. *Musique noire. Les quartiers noirs. L'Afrique noire,* subsaharienne. *Le continent noir,* l'Afrique. ■ **4** (fin XIIe) Qui est plus sombre (dans son genre). *Du pain noir ou du pain blanc. Blé* noir. Raisin noir. Beurre* noir. Lieu noir. Savon* noir. Terres* noires. Lunettes* noires.* — (1593) *Une rue noire de monde.* ■ **5** (1690) Qui, pouvant être propre, se trouve sali. ➤ **sale.** *Avoir les mains noires, les ongles noirs.* — FAM. *Les gueules noires.* ➤ **2 mineur.** *Eaux* noires. Marée* noire.* — **NOIR DE...** *Mur noir de suie. Chiffon noir de poussière.* « *un papier noir de surcharges et de ratures* » COURTELINE. ■ **6** (milieu XIIe) Qui est privé de lumière, plongé dans l'obscurité, dans l'ombre. ➤ **obscur, sombre, ténébreux.** *Cabinet* noir, chambre* noire. Cachots noirs. Il fait noir comme dans un four, un tunnel. Nuit noire,* complète (sans lune, sans étoiles). PAR EXT. *Boîte* noire.* ■ **7** Qui, pouvant être clair, se trouve obscurci, assombri. *Ciel noir.* ➤ **2 couvert, sombre.** LITTÉR. « *Le soleil noir de la mélancolie* » NERVAL. ■ **8** ANC. MÉD. Trouble, troublé. *Bile*, humeur* noire.* ■ **9** (1898) FAM. (VIEILLI) Ivre (➤ **gris**). « *Un samedi, j'étais noir, je les ai engueulés tous* » DORGELÈS.

B. AVEC UNE CONNOTATION NÉGATIVE ■ **1** (fin XIIe) Assombri par la mélancolie. « *J'entre en une humeur noire, en un chagrin profond* » MOLIÈRE. ➤ **triste.** *Avoir, se faire des idées noires. Noirs pressentiments.* ➤ **funeste ; funèbre.** *Faire un tableau bien noir de la situation.* « *Je ne veux point donner d'elle un portrait trop noir* » R. MILLET. ◆ (fin XIIe) Malheureux, funeste. *Une série* noire. Un jour noir,* désastreux, catastrophique. *Le jeudi noir* (24 octobre 1929). *Les années noires. Les heures noires,* les moments difficiles. *Colère* noire.* ◆ LOC. *Regarder qqn d'un œil noir,* avec irritation, colère. ■ **2** (XIIIe) Marqué par le mal. ➤ **mauvais, méchant.** « *Franck n'est pas tout noir. Franck a des bons côtés. Il a des bons et des mauvais côtés* » DJIAN. (1630) *Magie noire. Messe* noire. Roman*, film* noir. Humour* noir. Liste* noire.* ◆ VIEILLI ou LITTÉR. Odieux. *Noire ingratitude. Noire calomnie.* « *quelque noir projet de vengeance* » GAUTIER. ■ **3** Dont le profit est illégal. (1941) *Marché noir,* clandestin. ELLIPT *Acheter une denrée au noir.* — *Travail au noir,* illégal, non déclaré (cf. FAM. Au black). *Travail au noir d'étudiants, de sans-papiers.* PAR EXT. *Travail noir.* (1882) *Caisse noire.*

II ~ n. A. LE NOIR n. m. ■ **1** (XIIIe) Couleur noire. *Un noir d'ébène*.* « *la monotonie de ces couleurs, noir gluant du goudron ouvert, noir terne des habits, noir laqué des voitures* » CAMUS. *Noir d'encre. Noir profond. Porter du noir, être en noir* SPÉCIALT (fin XIVe) (en signe de deuil). — LOC. *C'est écrit noir sur blanc,* de façon visible, incontestable. *Vous me mettrez noir sur blanc tous ces projets,* par écrit. — La couleur noire aux jeux (opposé à *rouge*). *Le noir est sorti.* — (1704) Centre d'une cible de tir. *Mettre dans le noir.* — *Film, photo en noir et blanc* (opposé à *en couleur*). « *Peu de films étaient laids en noir et blanc, peu de films en couleur ne le sont pas* » TRUFFAUT. ■ **2** (fin XIIe) Ténèbres, nuit. ➤ **obscurité.** *Enfant qui a peur dans le noir.* FAM. *Il a peur du noir.* — LOC. *Être dans le noir (le plus complet)* : ne rien comprendre à qqch. (cf. Être dans le brouillard). ■ **3** (milieu XIIIe) Matière colorante noire (produit naturel ou de synthèse). ➤ **colorant.** — (1825) **NOIR ANIMAL,** obtenu par calcination en vase clos de diverses matières animales (SPÉCIALT des os). ➤ **charbon.** *Broyer* du noir.* — (1620) **NOIR DE FUMÉE,** obtenu par combustion incomplète de corps riches en carbone, tels que les résidus de l'industrie des résines. ➤ **suie.** ◆ Trace de salissure. *Avoir du noir sur la joue,* être sali de noir. *Être barbouillé de noir.* — *Se mettre du noir aux yeux* (maquillage). ➤ **khol, mascara.** ■ **4** FIG. **LE NOIR :** symbole de la mélancolie, du pessimisme. **EN NOIR ; AU NOIR.** *Voir tout en noir. Pousser les choses au noir* : être exagérément pessimiste, alarmiste. — FAM. VX Tristesse, cafard. « *T'as le noir, petit môme ? qu'elle dirait. Moi je répondrais pas* » P. HERBART. ■ **5** (milieu XIIe) Partie noire d'une chose. *Les noirs d'une gravure* : les parties fortement ombrées. ➤ **hachure.** *Les noirs et les clairs d'un tableau.* ■ **6** (1818) AGRIC. Maladie des plantes dont certains organes noircissent. *Noir des grains.* ➤ **charbon.** *Noir du seigle.* ➤ **ergot.** *Noir de l'olivier.* ➤ **fumagine.**

B. UN NOIR, DES NOIRS. « *Les "pessimistes de la plume" : ils cherchent un "beau noir", dit un peintre. Pascal a de "beaux noirs" et les a cherchés* » VALÉRY.

C. UN NOIR, UNE NOIRE (1556) Homme noir, femme noire (I, A, 3°). ➤ FAM. **black** (cf. Homme, femme de couleur*). *Les Noirs d'Afrique* (➤ **négro-africain**). *La traite des Noirs.* ➤ **nègre.** *Les Noirs américains, les Noirs des États-Unis* (➤ **africain-américain, afro-américain, négro-américain**). *Un Noir antillais. Une Noire.* REM. *Noir* a remplacé *nègre,* considéré comme raciste, que les écrivains noirs se sont réapproprié.

■ CONTR. 1 Blanc, blond, clair. Gai, optimiste. Pur.

NOIRÂTRE [nwaʀɑtʀ] adj. – 1395 ◊ de *noir* et *-âtre* ■ Qui tire sur le noir ; d'une couleur tirant sur le noir. ➤ **sombre.** *Couleur, teinte noirâtre. Tache noirâtre. Lèvres noirâtres.* ➤ **fuligineux.**

NOIRAUD, AUDE [nwaʀo, od] adj. et n. – 1538 ; fém. 1680 ◊ de *noir* ■ Qui est très foncé de peau, de poil. ➤ **moricaud.** *Face noiraude.* — n. *Un petit noiraud.*

NOIRCEUR [nwaʀsœʀ] n. f. – 1487 ; *nerçor* 1160 ◊ de *noir* ■ **1** LITTÉR. Couleur, caractère de ce qui est noir. *Noirceur de l'encre.* « *chez Ribera, un ton clair éclate subitement sur la noirceur lugubre* » TAINE. ■ **2** VX OU RÉGION. (Canada, Seychelles) Obscurité. *La noirceur tombe. Se coucher avec la noirceur.* — HIST. *La Grande Noirceur* : la politique conservatrice et autoritaire du Québec de 1944 à 1959, qui précéda la révolution* tranquille. ■ **3** VX Mélancolie, tristesse. ◆ MOD. et LITTÉR. Méchanceté extrême, odieuse. ➤ **perfidie.** *La noirceur de son âme. La noirceur de cette trahison.* ➤ **horreur, indignité.** ■ **4** VIEILLI *Une, des noirceurs* : acte, parole témoignant de cette méchanceté. *Tramer, méditer quelque noirceur.* ■ CONTR. Blancheur, clarté ; bonté.

NOIRCIR [nwaʀsiʀ] v. ‹2› – XIIIe ; *nercir* XIIe ◊ latin populaire °*nigricire,* latin classique *nigrescere* « devenir noir »

I v. intr. Devenir noir. *Fraise sauvage qui mûrit, noircit et tombe. Ce tableau a noirci.*

II v. tr. (XIIe « assombrir, attrister ») ■ **1** (XIIIe) LITTÉR. Diffamer (qqn). ➤ **calomnier, dénigrer.** « *son talent à noircir ceux qu'elle s'est juré de perdre* » ARTAUD. — PAR EXT. *Noircir la réputation de qqn.* ■ **2** Dépeindre d'une manière pessimiste, alarmiste. *Noircir la situation.* ■ **3** Colorer ou enduire de noir. *La fumée a noirci les murs.* ➤ **enfumer.** *Le charbon noircit les mains.* ➤ **barbouiller, charbonner, maculer, salir.** *Noircir un texte pour le rendre indéchiffrable.* ➤ **caviarder.** ◆ LOC. *Noircir du papier* : écrire beaucoup à la main, notamment une œuvre littéraire. *Des cahiers* « *dont chaque jour il noircissait quelques pages* » GIDE.

III SE NOIRCIR v. pron. ■ **1** (1549) RARE Devenir noir. ■ **2** (1640) FIG. et VX S'accuser, se charger. « *Je ne me noircis point pour le justifier* » RACINE. ■ **3** (1918) FAM. VIEILLI S'enivrer.

■ CONTR. Blanchir, innocenter, justifier.

NOIRCISSEMENT [nwaʀsismɑ̃] **n. m.** – fin XVIe ◊ de *noircir* ■ Action de noircir (concret). *Noircissement du papier sensible à la lumière.*

NOIRCISSEUR [nwaʀsisœʀ] **n. m.** – 1671 ◊ de *noircir* ■ FAM. *Noircisseur de papier* : mauvais écrivain. ➤ **barbouilleur.**

NOIRCISSURE [nwaʀsisyʀ] **n. f.** – 1538 ◊ de *noircir* ■ Tache de noir. — SPÉCIALT Altération du vin qui prend une teinte noire.

NOIRE [nwaʀ] **n. f.** – 1633 ◊ de *noir*

I Note de musique à corps noir et à queue simple dont la valeur relative est déterminée par la mesure (un temps dans les mesures à deux, trois, quatre-quatre ; un demi-temps dans les mesures à un-deux, deux-deux) et la valeur absolue par le mouvement (ex. une seconde, quand *noire* = *60*). *Noire pointée. Silence équivalant à une noire.* ➤ **soupir.**

II *Une Noire* : femme noire. ➤ **noir** (II, B).

NOISE [nwaz] **n. f.** – fin XIe ; «bruit, tapage» en ancien français ◊ latin *nausea* «mal de mer» ■ VX Querelle, dispute. ◆ (1611) MOD. LOC. *Chercher noise, des noises à qqn.* ➤ **quereller** (cf. Chercher des crosses à qqn).

NOISERAIE [nwazʀɛ] **n. f.** – 1812 ◊ de 2 *noyer* ■ RARE Terrain planté de noyers ou de noisetiers. ➤ **coudraie.**

NOISETIER [nwaz(ə)tje] **n. m.** – 1530 *noisettier* ◊ de *noisette* ■ Arbrisseau des bois et des haies *(bétulacées)*, qui donne la noisette. ➤ **avelinier, coudrier.** *Baguette de noisetier.*

NOISETTE [nwazɛt] **n. f.** – 1280 ◊ de *noix* ■ **1** Fruit du noisetier, akène ovoïde et lisse, retenu à sa base dans un involucre vert aux bords découpés et dont la coque contient une amande comestible. ➤ **aveline.** *Cueillir, casser des noisettes* (➤ **casse-noisette**). *Chocolat à la noisette* (➤ **gianduja, praliné**). *Un goût de noisette.* ■ **2** PAR EXT. Morceau de la grosseur d'une noisette. *Mettre une noisette de beurre sur une escalope.* ➤ **noix.** — APPOS. *Pommes noisettes* : petites boulettes de purée de pommes de terre, rissolées. ◆ BOUCH. Partie charnue d'une côtelette. *Noisettes de chevreuil.* ■ **3** (1607) *Couleur de noisette, couleur noisette* : gris roussâtre rappelant la couleur de la noisette. — ADJT INV. *Des yeux noisette. Beurre noisette* : beurre blond (cuit) qui prend une teinte roussâtre. ◆ *Café noisette* ou ELLIPT *un* (parfois *une*) *noisette* : café noir, généralement un express, avec quelques gouttes de lait.

NOIX [nwa] **n. f.** – 1155 *noiz* ◊ latin *nux* ■ **1** Fruit du noyer, drupe constituée d'une écale verte (➤ **brou**), d'un endocarpe lignifié à maturité qui forme la coque, et d'une amande comestible. *Noix de Grenoble, du Périgord. Gauler des noix.* ◆ COUR. La graine, formée de la coque contenant l'amande. *Noix fraîche, sèche. Casser des noix.* ➤ **casse-noix.** *Coquille* de noix.* — L'amande formée de quatre quartiers séparés par un zeste. ➤ **cerneau.** *Manger des noix. Huile de noix.* ◆ PAR EXT. *Une noix de beurre* : un morceau de la grosseur d'une noix. ■ **2** Se dit d'autres fruits qui ressemblent à la noix. *Noix de cajou, d'arec, de coco, de cola, de macadamia, de pécan, du Brésil. Noix muscade, vomique.* ■ **3** (1690 ◊ par anal. de forme) Renflement, partie saillante. *Noix de galle* du chêne. Noix de veau* : partie arrière du cuisseau, particulièrement appréciée. *Un rôti dans la noix.* — *Noix de bœuf* : pelote graisseuse dans les muscles lombaires. *Gîte à la noix.* — *Noix de côtelette,* la partie centrale. ➤ **noisette.** — Muscle comestible de certains coquillages (coquille Saint-Jacques, pétoncle). *La noix et le corail.* ■ **4** FAM. et VIEILLI Imbécile. *Quelle noix ! Une vieille noix.* — **adj.** *«Qu'est-ce que vous avez comme instruction ? [...] – Je ne suis pas plus noix qu'un autre»* QUENEAU. ■ **5** LOC. *À la noix (de coco)* : de mauvaise qualité, sans valeur. *Des outils à la noix* (cf. À la manque). *«Tu parles d'une guerre à la noix»* DORGELÈS (cf. À la con).

NOLENS VOLENS [nɔlɛ̃svɔlɛ̃s] **adv.** – 1868 ◊ expression latine formée des p. prés. de *nolo* «je ne veux pas» et de *volo* «je veux» ■ DIDACT. Consentant ou non ; bon gré mal gré.

NOLI ME TANGERE [nɔlimetɑ̃ʒeʀe] **n. m. inv.** – avant 1478 ◊ expression latine «ne me touche pas», Évangile selon saint Jean ■ **1** MÉD. ANC. Ulcère cutané que les divers topiques ne font qu'irriter. ■ **2** (1704) Balsamine des bois. ➤ **impatiens.**

NOLIS [nɔli] **n. m.** – 1634 ◊ de *noliser* ■ MAR., COMM. Fret.

NOLISEMENT [nɔlizmɑ̃] **n. m.** – 1681 ; *nolesement* XIVe ◊ de *noliser* ■ MAR., COMM. Affrètement.

NOLISER [nɔlize] **v. tr.** ⟨1⟩ – *nauliser* 1520 ◊ italien *noleggiare*, de *nolo* «fret» ; latin *naulum*, grec *naulon* ■ MAR., COMM. Affréter, fréter (un navire). — *Navire nolisé.* — PAR ANAL. *Noliser un avion.* ➤ **chartériser.** — *Avion nolisé.* ➤ **charter.**

NOM [nɔ̃] **n. m.** – fin IXe, au sens de «titre, qualification» (II, 1°) ◊ du latin *nomen, nominis*

I **(NOM PROPRE)** Mot ou groupe de mots servant à désigner un individu et à le distinguer des êtres de la même espèce. ■ **1** (fin Xe) Vocable servant à nommer une personne, un groupe. *Étude des noms.* ➤ **onomastique.** *Noms de personnes* (➤ **anthroponymie**). *Avoir, porter tel nom.* ➤ **se nommer ; s'appeler ;** ARG. **blase.** *Deux personnes qui portent le même nom.* ➤ **homonyme.** *Porter le nom de..., répondre au nom de... Appeler, désigner qqn par son nom.* ➤ **nommer.** LOC. *Ne pas pouvoir mettre un nom sur un visage. Connaître qqn de nom,* de réputation. *Ce nom me dit qqch. Franciser son nom. Cacher son nom* (➤ **anonyme**). *Mettre son nom au bas d'une lettre.* ➤ **signature ; signer.** *Nom célèbre, fameux. Le héros qui donnait son nom à la tribu.* ➤ **éponyme.** *Les grands noms de la peinture.* ➤ **célébrité.** — FAM. *Un nom à coucher* dehors.* ◆ Le nom sous lequel une personne fait qqch. (qui engage sa responsabilité). *Prêter son nom à qqn* (➤ **prête-nom**). *Agir au nom de qqn, en son nom.* ◆ (Éléments du nom) *Nom individuel.* (début XIVe) *Nom de baptême* ou *petit nom* : nom individuel conféré au baptême, dans les civilisations chrétiennes. ➤ **prénom.** *Nom de famille, nom patronymique.* ➤ **patronyme.** — *Se cacher sous un faux nom. Prendre un nom, un nom d'emprunt.* ➤ 1 **alias, pseudonyme, sobriquet, surnom.** *Nom de code*. Nom de guerre* ; nom de plume. Nom d'utilisateur* (d'un service informatique). ➤ **identifiant,** ANGLIC. **login.** ■ **2** (1555) Prénom. *Noms de garçons, noms de filles. Chercher un nom pour un bébé.* — *Louis, treizième du nom* : le treizième roi de France à porter le nom de Louis. ■ **3** Nom de famille. *Nom, prénom et domicile. Nom de jeune fille* d'une femme mariée. Nom de naissance. Être le dernier de son nom, du nom,* de sa famille. *Nom noble, à particule ;* FAM. *nom à rallonges*, à charnière*. Nom d'usage* : nom constitué du patronyme auquel est joint un autre nom, et pouvant être inscrit sur les documents administratifs. ■ **4** (1919) *Nom commercial* : appellation sous laquelle une entreprise, un commerçant exerce son activité. *Le nom commercial est un élément incorporel* du fonds de commerce.* ➤ **raison** (sociale). *Société en nom collectif.* ■ **5** (fin XIIe) (Dans quelques expr.) Réputation, notoriété. ➤ **célébrité, gloire, renommée.** *Se faire un nom* : commencer à être connu (en bien ou en mal). *«Tony commence à se faire un nom. Il dort dehors, harcèle les gens, vole»* I. JABLONKA. *Laisser un nom.* ■ **6** VX (fin XIIIe) Noblesse. *«un état, une famille, un nom, un rang»* BEAUMARCHAIS. ■ **7** (milieu XIIe) *Le nom de Dieu* : le nom employé pour désigner Dieu, et qu'il est généralement interdit de profaner. — (1690) *Au nom du Père, du Fils et du Saint-Esprit,* formule du signe de croix. *Au nom du ciel, du Christ.* ➤ **pour.** — (1790) (Dans les jurons) *Nom de Dieu !* — (PAR EUPHÉM.) *Cré nom de nom !* (➤ 1 **sacré**). *Nom d'une pipe ! Nom d'un chien ! Nom d'un petit bonhomme !* ■ **8** (fin XIe) Désignation individuelle d'un animal, d'un lieu, d'un objet. *Donner à son chien le nom de Médor. Noms de lieux* (➤ **toponymie**), *d'habitants* (➤ **gentilé**). *Quel est le nom de ce fleuve ? Noms de rues. Nom de livre.* ➤ **titre.** *Nom d'un bateau,* écrit sur la poupe. *Nom de monument.* — (Appliqué à des objets produits en série) *Noms de produits, de marques. Nom déposé,* qui désigne un produit déposé.

II **(NOM COMMUN)** ■ **1** (fin XIIe) Mot servant à désigner les êtres, les choses qui appartiennent à une même catégorie logique, et SPÉCIALT à une même espèce. ➤ **appellation, dénomination, désignation.** *Donner un nom à un nouveau corps chimique.* ➤ **nommer.** *Appeler* les choses par leur nom. «De quel nom te nommer, heure trouble où nous sommes ?»* HUGO. *«Un je ne sais quoi qui n'a plus de nom dans aucune langue»* BOSSUET. (fin XIIe) *Une épouvante sans nom,* si intense qu'on ne peut la qualifier. ➤ **innommable, inqualifiable.** *Un libéralisme qui n'ose pas dire son nom, qui ne dit pas son nom,* honteux. *Comme son nom l'indique...* — (fin IXe) LITTÉR. *Le beau nom de Sage* (➤ **qualification, titre**). *Être digne, indigne du nom d'homme.* — LOC. *Traiter qqn de tous les noms, donner des noms d'oiseaux à qqn,* l'accabler d'injures. ◆ *Nom d'espèce, nom spécifique* (dans une nomenclature scientifique). ➤ **taxinomie, terminologie.** *Nom de genre, nom générique.* ■ **2** (1538) Le *Nom,* opposé à la chose nommée. ➤ **mot, signe.** *Le nom et la chose. Le nom ne fait rien à la chose. «une route carrossable, qui n'a de carrossable que le nom»* BARRÈS. — PHILOS. *Croire à l'existence des noms* (➤ **nominalisme**) *et pas à celle des concepts* (conceptualisme), *ou des choses* (réalisme). ■ **3** (1667) **AU NOM DE :** en considération de, en invoquant. *Au nom de la loi* : en vertu de la loi, des pouvoirs qu'elle confère. ➤ **ordre.** *Au nom de notre amitié, viens-moi en aide.* — ALLUS. HIST. *Liberté*, que de crimes on commet en ton nom !*

III EN GRAMMAIRE ■ **1** (milieu XIIe) COUR. Une des parties du discours (➤ **catégorie**), mot lexical qui désigne un individu, une classe. ➤ **substantif.** *Noms propres. «les noms propres, dans un roman que j'écris, ont pour moi beaucoup d'importance»* GRACQ. — *Noms communs. Genre et nombre des noms. Nom composé. Nom abrégé.* ➤ **abréviation, acronyme, sigle.** *Nom sujet, attribut, complément. Nom en apposition. Mot remplaçant le nom.* ➤ **pronom.** *Transformer en nom.* ➤ **nominaliser, substantiver.** *Nom autonyme*.* ■ **2** LING. Catégorie utilisée par les grammairiens latins et classiques et reprise par certains grammairiens modernes, comprenant le *nom* au sens 1° *(nom substantif),* l'adjectif et le pronom *(nom adjectif)* et parfois certaines formes verbales (*noms verbaux :* infinitifs, participes).

■ HOM. Non.

NOMADE [nɔmad] **adj.** et **n.** – 1730 ; n. m. pl. 1540 ◊ latin *nomas, adis,* mot grec, proprt «pasteur» ■ **1** GÉOGR. Qui n'a pas d'établissement, d'habitation fixe, en parlant d'un groupe humain qui se déplace. ➤ 2 **errant, instable, mobile.** *Peuple, population, tribu nomade.* ◆ ZOOL. Qui change de région avec les saisons. ➤ **migrateur.** ■ **2** PAR EXT. *Vie nomade,* d'une personne en déplacements continuels. ➤ 1 **errant, itinérant, vagabond.** ■ **3 n.** *Peuple de nomades. Les nomades du désert vivent dans des tentes. Nomades à demi sédentarisés* (semi-nomades). *«Les nomades aux lentes caravanes»* SAINT-EXUPÉRY. *Nomades qui se déplacent dans des roulottes.* ➤ **forain.** ◆ DR. Tout individu n'ayant aucun domicile* fixe, qui se déplace en France, et n'entre pas dans la catégorie des forains. ■ **4** *Appareil nomade :* objet de taille réduite qui permet la consultation, l'échange d'informations sans être relié à une installation fixe (téléphones, ordinateurs portables, agendas, répertoires électroniques...) (opposé à *fixe*). *L'informatique nomade.* — *Travailleur nomade,* qui utilise ce type de technologie pour travailler en toute circonstance, lors de ses déplacements. *«permettre à l'internaute nomade de rester connecté de chez lui»* (Le Monde, 1999). ■ CONTR. 1 Fixe, sédentaire.

NOMADISER [nɔmadize] **v. intr.** ⟨1⟩ – 1845 ◊ de *nomade* ■ DIDACT. Vivre en nomade. — PAR EXT. *«Costals nomadisa et chassa dans la région de Fez»* MONTHERLANT.

NOMADISME [nɔmadism] **n. m.** – 1845 ◊ de *nomade* ■ Genre de vie des nomades. *Le nomadisme au Sahara.* ◆ PAR EXT. Vie nomade, faite de déplacements continuels.

NO MAN'S LAND [nomanslɑ̃d] **n. m. inv.** – v. 1915 ◊ expression anglaise «terre d'aucun homme» ■ ANGLIC. ■ **1** Zone comprise entre les premières lignes de deux armées ennemies. — PAR EXT. Zone frontière comprise entre deux postes de douane de nationalité différente. ■ **2** FIG. Terrain neutre. — Zone d'incertitude, du domaine de l'inconnu.

NOMBRABLE [nɔ̃bʀabl] **adj.** – 1350 ; *numbrable* v. 1120 ◊ de *nombrer* ■ Qui peut être nombré, compté. ➤ **dénombrable.** ■ CONTR. Innombrable.

NOMBRE [nɔ̃bʀ] **n. m.** – début XIIe ◊ du latin *numerus* → numerus clausus, numéro

I CE QUI SERT À MESURER UNE QUANTITÉ ■ **1** Concept de base des mathématiques, une des notions fondamentales de l'entendement que l'on peut rapporter à d'autres idées (de pluralité, d'ensemble, de correspondance), mais non définir. *Caractère servant à représenter les nombres.* ➤ **chiffre.** *Le nombre 527. Nombre pair, impair. Nombre cardinal, ordinal* (➤ **numéro, quantième**). *Système de nombres.* ➤ **numération.** — MATH. *Nombre entier naturel, entier relatif, décimal, rationnel, réel, complexe. Puissance, carré, racine d'un nombre. Nombres premiers. Nombres incommensurables. Nombre algébrique :* nombre complexe qui est racine d'un polynôme à coefficients entiers. *Nombre transcendant,* non algébrique. — *Étude des nombres.* ➤ 2 **arithmétique.** *Théorie des nombres :* branche de l'arithmétique élémentaire, enrichie par les théories modernes. — *Loi des grands nombres,* selon laquelle à mesure que le nombre des épreuves augmente, le nombre moyen des réussites d'un évènement se rapproche de plus en plus de la valeur la plus probable fixée par le calcul. ➤ **probabilité.** ◆ PHYS., CHIM. *Nombre atomique*. Nombre de masse*. Nombre d'Avogadro :* nombre d'entités élémentaires (molécules, atomes, ions) contenues dans une mole (de matière), équivalant par convention au nombre d'atomes de carbone dans 0,012 kilogramme de carbone 12. *Le nombre d'Avogadro* (noté N_A) *est égal à* $6{,}022.10^{23}$ (unité SI : $mole^{-1}$). — *Nombres quantiques*.* — *Nombre de Mach*.* ◆ **NOMBRE D'OR.** Dans le partage asymétrique d'une composition picturale, Rapport entre la plus grande des deux parties et la plus petite, égal au rapport entre le tout et la plus grande (on dit aussi *section dorée*). ◆ *Écrire un nombre en lettres. Noms de nombre :* mots désignant les nombres cardinaux, ordinaux, et les fractions. ■ **2** (milieu XIIe) COUR. Nombre concret servant à caractériser une pluralité de choses, de personnes. *Nombre d'habitants d'un pays* (➤ **population**), *des hommes d'une armée* (➤ 2 **effectif**). *Nombre de fois.* ➤ **fréquence.** *Quel nombre ?* ➤ **combien.** *Évaluer le nombre de... :* compter, dénombrer. *«Est-ce que t'as déjà remarqué le nombre de gens qui, dans le métro, ont des têtes à se faire assassiner ?»* (B. BLIER, «Buffet froid», film). *Nombre approximatif, exact. Nombre rond*. Un nombre qui monte, s'élève à deux mille. Un certain nombre de...* ➤ **plusieurs, quelques.** *Un petit nombre.* ➤ **peu.** *Un petit nombre de privilégiés.* ➤ **minorité.** *Un nombre suffisant.* ➤ **assez ; quorum.** *Un assez grand nombre, (un) bon nombre de...* (cf. Pas mal* de...). (XIVe) *Un bon nombre (de personnes) était là* (ou *étaient là*). *Un grand nombre.* ➤ **beaucoup ; collection, foule,** 1 **masse, multitude, quantité.** *Le grand nombre, le plus grand nombre des...* ➤ **généralité, majorité, plupart** (la). *En grand nombre, en trop grand nombre.* ➤ **surnombre.** *Ennemi supérieur en nombre. Nombre impressionnant, incalculable. Un nombre infini de.* ➤ **infinité.** *Grossir le nombre de.* ◆ **loc. prép. AU NOMBRE DE... :** en tel nombre, en tout, au total. *Les signes du zodiaque sont au nombre de douze.* — (fin XVe) **AU NOMBRE DE... ; DU NOMBRE DE...** ➤ **parmi ; entre.** *«Fouan était comme rayé du nombre des vivants»* ZOLA. *Serez-vous du nombre des invités ?* ELLIPT *Serez-vous du nombre ?* — **SANS NOMBRE.** ➤ **innombrable, nombreux.** *Il a raté des occasions sans nombre.* ■ **3** (milieu XIIe) *Le nombre :* pluralité, grand nombre. *La qualité importe plus que le nombre.* ➤ **quantité.** *«La valeur n'attend pas le nombre des années»* CORNEILLE. — Masse, grande quantité de personnes. *«le droit du nombre, le respect de la foule a succédé à l'autorité du nom»* FLAUBERT. *Succomber sous le nombre. Subir la loi du nombre. Faire nombre :* faire un ensemble nombreux (cf. Faire masse*). *Inviter des amis pour faire nombre à une première. Dans le nombre :* dans la quantité. *Dans le nombre, nous en choisirons un.* ◆ **EN NOMBRE :** en grande quantité, en masse. *Ils sont venus en nombre* (➤ **affluence**). — **NOMBRE DE...** ➤ **beaucoup, maint.** *Depuis nombre d'années. Nombre d'entre eux est mécontent,* (plus cour.) *sont mécontents.*

II EN GRAMMAIRE (XIIIe) Catégorie grammaticale fondée sur la considération du compte, suivant que le mot est employé pour désigner un objet ou concept unique ou une pluralité. *Nombre exprimant l'unité* (➤ **singulier**), *la dualité* (➤ 2 **duel**), *la pluralité* (➤ **pluriel**). *Accord en genre et en nombre.*

III TERME DE STYLISTIQUE (1549) Répartition rythmique et harmonique des éléments d'un vers, d'une phrase. ➤ **cadence, harmonie, rythme.** *«j'aurais plié la signification d'une phrase à son nombre»* GIDE.

NOMBRER [nɔ̃bʀe] **v. tr.** ⟨1⟩ – *numbrer* XIIe ◊ latin *numerare* ■ VX ou LITTÉR. Affecter d'un nombre, évaluer en nombre. ➤ **compter, dénombrer, supputer.** *«je ne pus nombrer les mets qui s'offrirent à ma vue»* LESAGE.

NOMBREUX, EUSE [nɔ̃bʀø, øz] **adj.** – 1350 ◊ de *nombre* ■ **1** Qui est formé d'un grand nombre d'éléments. ➤ **abondant, considérable.** *Foule nombreuse.* ➤ **dense.** *Nombreuse assistance. Un public nombreux. Famille nombreuse,* où il y a beaucoup d'enfants. ➤ **grand.** *Aider les familles nombreuses.* REM. Au plur., *nombreux* se place après le nom pour éviter la confusion avec le sens 2°. ■ **2** En grand nombre. ➤ **multi-,** 1 **poly-.** (Attribut) *Ils vinrent nombreux à notre appel. Ils sont très nombreux, de plus en plus nombreux.* — (Épithète ; avant le nom) *De nombreuses familles ont protesté. Nombreux sont ceux qui... Dans de nombreux cas.* ➤ **beaucoup.** *De nombreuses fois.* ➤ **souvent.** *Après de nombreuses expériences.* ➤ **multiple.** ■ **3** DIDACT. Qui a du nombre (II, 2°). ➤ **cadencé, harmonieux.** *«Quel style magnifique, nombreux, riche de fortes cadences !»* DUHAMEL. ■ CONTR. Petit. Rare.

NOMBRIL [nɔ̃bʀi(l)] **n. m.** – XIIe ◊ latin populaire °*umbiliculus,* classique *umbilicus* ■ **1** Cicatrice arrondie formant une petite cavité ou une saillie, placée sur la ligne médiane du ventre des mammifères, à l'endroit où le cordon ombilical a été sectionné. ➤ **ombilic.** PAR EXAGÉR. *Être décolletée jusqu'au nombril :* avoir un décolleté très profond. LOC. FAM. *Se regarder le nombril :* être égocentriste (➤ **nombrilisme**). ◆ FIG. ➤ **centre.** *Le nombril de la terre.* LOC. FAM. *Se prendre pour le nombril du monde :* se donner une importance exagérée. ■ **2** BOT. *Nombril de Vénus :* plante sauvage des vieux murs *(crassulacées),* aux feuilles en forme d'ombilic. ➤ **ombilic** (II).

NOMBRILISME [nɔ̃bʀilism] **n. m.** – 1968 ◊ de *nombril* ▪ FAM. Attitude égocentrique (cf. Se regarder le nombril*). — **adj. et n. NOMBRILISTE.**

NOME [nɔm] **n. m.** – 1732 ◊ grec *nomos* «portion de territoire» ▪ HIST. Division administrative de l'Égypte ancienne. ♦ Ancienne division territoriale de la Grèce moderne (jusqu'en 2010).

-NOME, -NOMIE, -NOMIQUE ▪ Groupes suffixaux, du grec *-nomos, -nomia, -nomikos,* de *nemein* «distribuer, administrer» : *agronome, économie, gastronomique.*

NOMENCLATEUR, TRICE [nɔmɑ̃klatœʀ, tʀis] **n.** – 1749 ; autre sens 1541 ◊ latin *nomenclator* ▪ Personne qui établit une nomenclature. *«La tendance des nomenclateurs à distribuer les êtres par familles ou genres»* J. ROSTAND.

NOMENCLATURE [nɔmɑ̃klatyʀ] **n. f.** – 1559 ◊ latin *nomenclatura* «action d'appeler *(calare)* par le nom *(nomen)*» ▪ **1** Ensemble des termes employés dans une science, une technique, un art..., méthodiquement classés ; méthode de classement de ces termes. ➤ **terminologie.** *Nomenclature systématique des sciences de la vie, de la Terre.* ➤ **systématique, taxinomie.** *Nomenclature botanique.* ♦ Liste méthodique d'objets, des personnes d'une profession. ➤ **catalogue, classification, collection, inventaire, recueil, répertoire.** *La nomenclature des douanes. La nomenclature des professions et des catégories socio-professionnelles.* ➤ 2 **liste.** *Nomenclature comptable. Nomenclature juridique :* ensemble systématique de rubriques (mots clés). ▪ **2** Ensemble des formes (mots, expressions, morphèmes) répertoriées dans un dictionnaire, un lexique et faisant l'objet d'un article distinct. ➤ **entrée.** *Mot qui est, n'est pas, ne figure pas à la nomenclature. Nomenclature de 60 000 mots. Une grande nomenclature et des articles courts.* ➤ **macrostructure, microstructure.**

NOMENKLATURA [nɔmɛnklatuʀa] **n. f.** – 1980 ◊ mot russe ▪ En U. R. S. S., dans les pays de l'Est, Liste de personnes bénéficiant de prérogatives exceptionnelles ; ces personnes. — PAR EXT. Ensemble de personnes privilégiées. *Membre de la nomenklatura* ou **NOMENKLATURISTE n.** (1988).

NOMINAL, ALE, AUX [nɔminal, o] **adj.** et **n. m.** – 1503 ◊ latin *nominalis,* de *nomen* «nom»

I LING. ▪ **1** Qui se rapporte au nom (III), a valeur de nom, équivaut à un nom. *Emploi nominal d'un mot. — Formes nominales de la conjugaison* (infinitifs, participes). *Proposition, phrase nominale,* sans verbe ou avec le verbe *être. Syntagme nominal.* ▪ **2 n. m.** *Un nominal :* un pronom. *Nominaux démonstratifs* (ça), *personnels* (moi, toi, soi, lui, il), *possessifs* (le mien, le tien), *indéfinis* (aucun, même, tous, tout).

II (1732 *prière nominale*) Relatif au nom de personnes ou d'objets individuels. *Appel nominal,* qui se fait en appelant les noms. *Liste nominale.* ➤ 2 **nominatif.**

III (1778) ▪ **1** DIDACT. Relatif aux mots, aux noms (II) et non aux choses elles-mêmes. *Définition nominale.* ▪ **2** Qui existe seulement de nom, et pas en réalité. *Autorité nominale que confère un titre honorifique.* ▪ **3** ÉCON. *Valeur nominale :* valeur officielle ou apparente d'une grandeur qui ne correspond pas nécessairement à la valeur réelle ou marchande de cette grandeur. *Valeur nominale d'une monnaie, d'une devise. Taux d'intérêt nominal.* ➤ **extrinsèque.** *Prix nominal,* en monnaie constante. *Valeur nominale d'une action :* valeur arithmétique établie par division du montant total de l'émission par le nombre de titres émis. ▪ **4** TECHN. Se dit d'une performance annoncée par le constructeur d'un appareil. *Une puissance nominale de dix watts.*

▪ CONTR. Collectif. 1 Effectif, réel. Verbal.

NOMINALEMENT [nɔminalmɑ̃] **adv.** – 1789 «par la dénomination» ◊ de *nominal* ▪ **1** De nom. *Ces terres lui appartiennent nominalement.* ▪ **2** Par son nom. *Être nominalement désigné, appelé.* ▪ **3** LING. *Forme verbale employée nominalement,* comme nom.

NOMINALISER [nɔminalize] **v. tr.** ‹1› – 1929 au p. p. ◊ de *nominal* ▪ LING. Transformer (une phrase verbale) en syntagme nominal. — Employer comme nom. ➤ **substantiver.** — **n. f. NOMINALISATION.**

NOMINALISME [nɔminalism] **n. m.** – 1752 ◊ de *nominal* ▪ PHILOS. ▪ **1** Doctrine selon laquelle les idées générales ne sont que des noms, des mots. ▪ **2** *Nominalisme scientifique :* doctrine scientifique qui substitue l'idée de réussite empirique, de commodité à celle de connaissance absolue, de vérité. ▪ **3** DR. *Nominalisme monétaire :* principe en vertu duquel la somme due par un débiteur est celle qui avait été prévue lors de la contraction de la dette, indépendamment de toute considération sur les fluctuations monétaires (➤ aussi **indexation**).

NOMINALISTE [nɔminalist] **adj.** – 1752 ; n. m. 1590 ◊ de *nominal* ▪ PHILOS. Relatif au nominalisme.

1 **NOMINATIF** [nɔminatif] **n. m.** – XIIe ◊ latin *nominativus* ▪ GRAMM. Cas affecté à un nom (III, 2°) : substantif, adjectif, pronom), et qui énonce un concept, soit seul, soit comme sujet (ou attribut) dans la phrase. *Nominatif et accusatif du latin.*

2 **NOMINATIF, IVE** [nɔminatif, iv] **adj.** – 1789 ◊ du latin *nominare* ▪ Qui nomme ; qui contient, énonce expressément le nom, les noms (I). *Liste nominative. Carte nominative :* carte strictement personnelle portant le nom de l'utilisateur ou du bénéficiaire. *Titre nominatif,* dont le propriétaire est nommément désigné (par oppos. à *au porteur*). *Action nominative. Bons nominatifs* (opposé à *anonyme*).

NOMINATION [nɔminasjɔ̃] **n. f.** – 1305 ◊ latin *nominatio*

I ▪ **1** Action de nommer (qqn) à un emploi, à une fonction, à une dignité. ➤ **désignation.** *Nomination à un grade, à un poste supérieur* (➤ **élévation, promotion**). *Nomination brusque, inattendue.* ➤ **parachutage.** *Nomination d'un héritier.* ➤ **institution.** — PAR EXT. L'acte portant nomination. *Signer les nominations.* ♦ (Sens pass.) Le fait d'être nommé à un poste. *Attendre sa nomination.* ➤ 1 **affectation.** *Il vient d'obtenir sa nomination.* ▪ **2** ADMIN. Droit de nommer à un emploi, à une dignité, à un bénéfice. *Emploi à la nomination du préfet.* ▪ **3** Le fait d'être nommé (dans une distribution de prix, parmi les lauréats d'un concours). ➤ **mention.** *Obtenir plusieurs nominations, prix ou accessits. — Nomination d'un candidat dans une émission de téléréalité,* le fait d'avoir son nom cité pour être éliminé.

II (fin XIVe «dénomination») DIDACT. Action de nommer (I). ➤ **dénomination.** *«la nomination est un acte métaphysique d'une valeur absolue»* SARTRE.

▪ CONTR. Destitution.

NOMINATIVEMENT [nɔminativmɑ̃] **adv.** – 1547 ◊ de 2 *nominatif* ▪ En nommant les personnes concernées. *Représentant désigné nominativement.*

NOMINÉ, ÉE [nɔmine] **adj.** – 1978 ◊ de l'anglais *nominee* «personne désignée», de *to nominate,* latin *nominare* ▪ ANGLIC. Dont on a cité le nom, le titre, pour être digne d'un prix, d'une distinction (en parlant d'une personne, d'une œuvre). *Trois films nominés aux Oscars.* — **n.** *Les nominés sont...* Recomm. offic. *sélectionné*.* — *Être nominé dans une émission de téléréalité :* être cité pour être expulsé. *Candidat nominé et sauvé par les votes du public.*

NOMINETTE [nɔminɛt] **n. f.** – 1997 ◊ marque déposée ; de *nom* ▪ (Belgique) ▪ **1** Bandelette de tissu fixée sur un vêtement, qui porte le nom de son propriétaire. ▪ **2** Badge, insigne indiquant l'identité de la personne qui le porte.

NOMMAGE [nɔmaʒ] **n. m.** – 1996 ◊ calque de l'anglais *naming,* de *to name* «nommer» ▪ Attribution d'un nom permettant d'identifier un objet et de le différencier des objets similaires. *Nommage de fichier. Nommage d'un site Internet :* attribution du nom de domaine.

NOMMÉ, ÉE [nɔme] **adj.** – *numez* «cité» fin XIe ◊ de *nommer*

I ▪ **1** Qui a pour nom. *Un homme nommé Dubois.* — SUBST. (DR. ou PÉJ.) *Le, un nommé X.* ▪ **2** Désigné par son nom. *Les personnes nommées plus haut.* ➤ **susdit, susnommé.** ▪ **3** LOC. **À POINT NOMMÉ :** au moment voulu, à propos. *Arriver à point nommé.* ➤ **opportunément.**

II Désigné, choisi par nomination. *Magistrats nommés et magistrats élus.*

NOMMÉMENT [nɔmemɑ̃] **adv.** – *nommeement* XIIe ◊ de *nommé* ▪ **1** En nommant, en désignant (qqn) par son nom. *Accuser, désigner nommément qqn.* ▪ **2** Spécialement. *Le théâtre classique, et nommément la tragédie.*

NOMMER [nɔme] **v. tr.** ‹1› – XIIIe ; *nomner* 980 ◊ latin *nominare*

I Désigner par un nom. ➤ **appeler.** ▪ **1** Distinguer (une personne) par un nom ; donner un nom à (qqn). ➤ **dénommer.** *Ses parents l'ont nommé Paul.* ➤ **prénommer.** *«la fille à Cognet, [...] la Cognette comme on la nommait»* ZOLA. ▪ **2** Distinguer (une chose, un concept) par un vocable particulier. ➤ **appeler, dénommer.** *Nommer un corps chimique nouvellement découvert.* ▪ **3** Désigner, qualifier (qqn) par un vocable. *«Ô mon fils, de ce nom j'ose encor vous nommer»* RACINE. — Appliquer un nom à (une chose, une idée). *Ce que l'on nomme amitié. «Certaines règles que je nomme les lois de la nature»* DESCARTES. *«Ce tas de cendre éteint qu'on nomme le passé»* HUGO. ▪ **4** Indiquer (une personne, une chose) en disant ou en écrivant son nom. ➤ **citer, désigner, indiquer, mentionner.** *Froisser qqn en ne le nommant pas. Nommer plu-*

sieurs personnes. ➤ **énumérer.** PAR PLAIS. *Un riche banquier, Rockefeller, pour ne pas le nommer.* — *L'accusé refuse de nommer ses complices.* ➤ **dénoncer** (cf. Donner des noms). — *Nommer une ville.* ➤ **baptiser.** *Les poètes «ne songent pas à* nommer *le monde»* SARTRE. ■ **5** PRONOM. **SE NOMMER :** avoir pour nom. ➤ **s'appeler.** *Comment se nomme-t-elle ?*

II (XIVe) ■ **1** VX Désigner (en nommant [2°] ou en élisant). *«Le peuple au Champ de Mars nomme ses magistrats»* RACINE. ■ **2** MOD. Désigner, choisir (une personne) de sa propre autorité, pour remplir une fonction, une charge, être élevé à une dignité (opposé à *élire*). ➤ **appeler, commettre, désigner ; nomination.** *Nommer qqn à un emploi* (➤ **pourvoir**). *On l'a nommé, il a été nommé directeur.* ➤ 1 **faire.** *Nommer brusquement à un poste.* ➤ **bombarder, parachuter.** ◆ DR. *Nommer qqn son héritier,* le désigner, le reconnaître pour tel. ➤ **déclarer, instituer.** ◆ PAR EXT. Donner, conférer à qqn le titre de. *Nommer des magistrats. Nommer d'office un expert, un avocat.* ➤ **commettre.**

■ CONTR. (du II) 1 Déposer, destituer.

NOMO- ■ Élément, du grec *nomos* «loi».

NOMOGRAMME [nɔmɔgʀam] **n. m.** – 1905 ◊ de *nomo-* et *-gramme* ■ MATH. Système de courbes permettant d'effectuer certains calculs numériques par simple lecture.

NOMOGRAPHE [nɔmɔgʀaf] **n. m.** – 1750 ◊ grec *nomographos* ■ DIDACT. Auteur d'un recueil de lois, d'une étude sur les lois.

NOMOGRAPHIE [nɔmɔgʀafi] **n. f.** – 1819 ◊ grec *nomographia* ■ **1** DIDACT. Traité sur les lois et sur leur interprétation. ■ **2** MATH. Procédé graphique de résolution de certains problèmes de calcul, par l'emploi d'un nomogramme. *La nomographie est la généralisation de l'ancien système des abaques.*

NOMOLOGIE [nɔmɔlɔʒi] **n. f.** – 1829 ◊ de *nomo-* et *-logie* ■ Étude des lois. — **adj. NOMOLOGIQUE.**

NOMOPHOBIE [nɔmɔfɔbi] **n. f.** – 2012 ◊ anglais *nomophobia,* mot-valise, de *no mo(bile)* («sans portable») *phobia* (→ phobie) ■ ANGLIC. DIDACT. Dépendance extrême au téléphone portable. — **adj. et n. NOMOPHOBE** (2012).

NOMOTHÈTE [nɔmɔtɛt] **n. m.** – 1605 ◊ grec *nomothetês* ■ ANTIQ. GR. Membre d'une commission législative, à Athènes.

NON [nɔ̃] **adv. de négation** – fin Xe ◊ du latin *non*

I DANS UNE RÉPONSE, UNE EXCLAMATION OU UNE INTERROGATION ■ **1** (Réponse négative, refus) *«Je dois bien t'ennuyer, Spark ? – Non : pourquoi cela ?»* MUSSET. *Non, rien à faire, n'insistez pas.* ➤ FAM. **niet.** *Non, non et non ! Mais non ! Non merci. Ma foi non. Ah ! ça non ! Certes non. «Vous êtes fâchée de cela ? Oh ! que non»* MUSSET. — LITTÉR. *«Ai-je tout dit ? Non pas !»* DUHAMEL. *Pourquoi non ?* ➤ 2 **pas.** — (En réponse à une interrogation négative ; opposé à *si*) *«Il n'a rien dit ? – Non.»* ◆ FAM. (interrog.) N'est-ce pas ? *C'est bien ce qu'il a dit, non ?* ■ **2** (milieu XIIe) (Compl. dir. d'un v. déclaratif) *Il dit toujours non :* il nie, il refuse. *C'est un faible, il ne sait pas dire non.* FAM. *Je ne dis pas non :* je veux bien (cf. Ce n'est pas de refus). — (milieu XIIe) *Ne dire ni oui ni non :* ne pas prendre parti (cf. Réponse* de Normand). *Répondre non. Faire non de la tête.* ◆ (En subordonnée complétive) Il n'en est rien. *Je vous dis que non. J'espère bien que non. Faire signe que non. «posons tout de suite que non, pas du tout, jamais, en aucun cas et sous aucun prétexte il ne faut fesser les enfants»* SERGUINE. ■ **3** (Pour annoncer ou souligner la négation) *Non, je ne le regrette pas.* ■ **4** FAM. Exclamatif, marquant l'indignation, la protestation. *Non, par exemple ! Non, mais ! Non mais des fois, non mais dites donc, non mais sans blague !* ■ **5** (fin XIIIe) Interrogatif, marquant l'étonnement. *Il nous quitte. Non, pas possible ?*

II EN PHRASE COORDONNÉE OU JUXTAPOSÉE (fin XIe) **ET NON ; MAIS NON...** *«presque tous les hommes meurent de leurs remèdes, et non pas de leurs maladies»* MOLIÈRE. — **ET (ou MAIS) NON PAS, POINT...** *«il désirait inspirer confiance. Mais non point se confier à l'aveuglette»* ROMAINS. — **OU NON,** marquant une alternative. *Que vous le vouliez ou non. Jean «se demandait tous les jours s'il l'épouserait ou non»* MAUPASSANT. *Tu te décides, oui ou non ?* — (En fin de phrase, pour nier un verbe qui est énoncé dans un premier membre affirmatif) ➤ 2 **pas.** *«Les riches sont moralement tenus d'être probes ; les pauvres non»* FRANCE. ◆ **NON PLUS,** remplace *aussi* dans une propos. négative. *«elle ne parlait pas, Charles non plus»* FLAUBERT. *Elle non plus n'a pas pu venir.* ➤ **aussi.** — **NON, NON PAS, NON POINT, NON SEULEMENT... MAIS...** *Une voix non pas servile, mais soumise. Compter non plus par milliers, mais par millions. Non seulement il a tort, mais encore il s'obstine.* ◆ **NON SANS...** (affirmation atténuée) *Non sans hésitation :* avec une certaine hésitation. *Non sans peine. Non sans mal. Non sans avoir vérifié que toutes les portes étaient fermées.* ◆ **loc. conj. NON QUE** (et subj.), pour écarter une explication possible. *«Elle accepta avec joie, non qu'il y eût entre vous beaucoup d'intimité, mais elle aimait nos enfants»* MAURIAC.

III DEVANT UN ADJECTIF, UN NOM OU UN PARTICIPE Qui n'est pas, est le contraire de. *Un avantage non négligeable.* — REM. *Non* s'emploie librement pour former des noms et des adjectifs. *Non* peut être rattaché au deuxième élément du mot ainsi composé, avec ou sans trait d'union : *non-exécution, non coupable.*

IV ~ n. m. inv. UN NON, DES NON ■ **1** (XIIIe) Le mot *non ;* réponse négative. *Le référendum a obtenu une majorité de non* (➤ **noniste**). *Un non catégorique.* ➤ **refus.** *Pour un oui* ou pour un non.* ■ **2** AUTOMAT., INFORM. Opérateur de complémentation. — **adj.** *Un circuit Non.*

■ CONTR. Oui, 2 si. ■ HOM. Nom.

NON-ACTIVITÉ [nɔnaktivite] **n. f.** – 1846 ◊ de *non* et *activité* ■ Situation d'un fonctionnaire, et SPÉCIALT d'un officier provisoirement sans emploi. ➤ **disponibilité.** *Mise en non-activité par suppression d'emploi.* ■ CONTR. Activité.

NONAGÉNAIRE [nɔnaʒenɛʀ] **adj. et n.** – 1660 ; «qui comprend 90 unités» 1380 ◊ latin *nonagenarius* ■ Dont l'âge est compris entre quatre-vingt-dix et quatre-vingt-dix-neuf ans. *Vieillard nonagénaire.* — **n.** *Un, une nonagénaire.*

NONAGÉSIME [nɔnaʒezim] **adj. et n. m.** – 1762 ; «quatre-vingt-dixième» 1534 ◊ latin *nonagesimus* ■ ASTRON. VX *Le nonagésime degré de l'écliptique,* et ELLIPT *le nonagésime :* le point de l'écliptique éloigné de 90° des points d'intersection de l'écliptique et de l'horizon (le point culminant de l'écliptique à un instant donné, intersection de l'écliptique et du méridien).

NON-AGRESSION [nɔnagʀesjɔ̃] **n. f.** – 1932 ◊ de *non* et *agression* ■ Le fait de ne pas recourir à l'agression, de ne pas attaquer (tel ou tel pays). *Pacte de non-agression.*

NON-ALIGNÉ, ÉE [nɔnaliɲe] **adj.** – 1963 ◊ de *non* et *aligné* ■ POLIT. Qui pratique le non-alignement. *Politique non-alignée. Les pays non-alignés.* — **n.** *Les non-alignés.* ■ CONTR. Aligné.

NON-ALIGNEMENT [nɔnaliɲmɑ̃] **n. m.** – 1963 ◊ de *non* et *alignement* ■ Fait de ne pas se conformer à une politique commune. ➤ **non-engagement ; désalignement.** ■ CONTR. Alignement.

NONANTAINE [nɔnɑ̃tɛn] **n. f.** – 1640 ◊ de *nonante* ■ VX OU RÉGION. (Belgique, Luxembourg, Suisse) ■ **1** Nombre de nonante ou environ. *«tous les gens des villages étaient là, une nonantaine environ en comptant les femmes qui portaient des bâtons»* E. LE ROY. ■ **2** Âge de nonante ans. *À l'approche de la nonantaine.*

NONANTE [nɔnɑ̃t] **adj. numér. inv.** – v. 1131 ◊ latin populaire *nonanta,* classique *nonaginta* ■ VX OU RÉGION. (Belgique, Luxembourg, Suisse, Vallée d'Aoste, Rwanda, Burundi, R. D. du Congo) Quatre-vingt-dix. *Nonante et un :* quatre-vingt-onze. *Nonante-six pages.* — **adj. ord. NONANTIÈME.**

NON-APPARTENANCE [nɔnapaʀtənɑ̃s] **n. f.** – 1945 ◊ de *non* et *appartenance* ■ Fait de ne pas appartenir à un groupe. ➤ **aussi indépendance.** *La non-appartenance à un parti politique.* ■ CONTR. Appartenance.

NON-ASSISTANCE [nɔnasistɑ̃s] **n. f.** – milieu XXe ◊ de *non* et *assistance* ■ DR. PÉN. Délit qui consiste à ne pas secourir volontairement. *Non-assistance à personne en danger.* ■ CONTR. Assistance, secours.

NON-BELLIGÉRANCE [nɔ̃beliʒeʀɑ̃s ; nɔ̃bɛlliʒeʀɑ̃s] **n. f.** – 1939 ◊ de *non* et *belligérance* ■ État d'une nation qui, sans observer une stricte neutralité, s'abstient de prendre part effectivement à un conflit armé. ■ CONTR. Belligérance.

NON-BELLIGÉRANT, ANTE [nɔ̃beliʒeʀɑ̃ ; nɔ̃bɛlliʒeʀɑ̃, ɑ̃t] **adj. et n.** – v. 1939 ◊ de *non-belligérance* ■ Qui s'abstient de prendre part à un conflit. — **n.** *Les non-belligérants.* ■ CONTR. Belligérant.

NONCE [nɔ̃s] **n. m.** – *nunce* 1521 ◊ italien *nunzio,* du latin *nuntius* «envoyé» ■ Agent diplomatique du Saint-Siège, archevêque titulaire accrédité comme ambassadeur permanent du Vatican auprès d'un gouvernement étranger. ➤ **légat.** *Nonce apostolique. Nonce intérimaire.* ➤ **internonce.**

NONCHALAMMENT [nɔ̃ʃalamɑ̃] **adv.** – XVe ◊ de *nonchalant* ■ D'une manière nonchalante, avec nonchalance. *Nonchalamment allongé.* ➤ **mollement, paresseusement.**

NONCHALANCE [nɔ̃ʃalɑ̃s] **n. f.** – 1150 ◊ de *nonchalant* ■ **1** Caractère, manière d'agir d'une personne nonchalante ; manque d'ardeur, de soin. ➤ **apathie, indolence, insouciance, langueur, mollesse, négligence, nonchaloir, paresse, tiédeur.** *Tâche faite avec nonchalance.* « *tous les raffinements de la nonchalance orientale* » LOTI. ■ **2** Absence de hâte, de vivacité ; caractère de ce qui est lent, et comme indifférent au but. *Marcher, répondre avec nonchalance.* ➤ **nonchalamment.** ♦ Grâce alanguie. *Nonchalance d'une pose.* ➤ **abandon.** ■ CONTR. Ardeur, entrain, vivacité, zèle.

NONCHALANT, ANTE [nɔ̃ʃalɑ̃, ɑ̃t] **adj.** – 1265 ◊ de *non* et *chalant,* de *chaloir* ■ Qui manque d'activité, d'ardeur par insouciance, indifférence. ➤ **indolent, insouciant,** 1 **mou.** *Écolier nonchalant.* ➤ **fainéant, paresseux.** *Humeur nonchalante.* ♦ PAR EXT. *Démarche nonchalante.* ➤ **lent.** *Pose nonchalante.* ➤ **alangui.** ■ CONTR. Actif, ardent, vif, zélé.

NONCHALOIR [nɔ̃ʃalwaʀ] **n. m.** – XIIe, inusité après XVIe et repris par les poètes du XIXe ◊ de *non* et *chaloir* substantivé ■ VIEILLI et LITTÉR. Nonchalance. « *les voluptés du nonchaloir et le bien-être du chez soi* » GAUTIER.

NONCIATURE [nɔ̃sjatyʀ] **n. f.** – 1623 ◊ italien *nunziatura* ■ DIPLOM. Charge, fonction de nonce. *Prélat nommé à la nonciature d'Espagne.* — Exercice de cette fonction. ♦ Résidence du nonce ; services administratifs qu'elle abrite.

NON-COMBATTANT, ANTE [nɔ̃kɔ̃batɑ̃, ɑ̃t] **adj.** – 1842 ◊ de *non* et *combattant* ■ Qui ne prend pas une part effective aux combats, en parlant de certains membres du personnel militaire. SUBST. *Les non-combattants d'une armée.* ■ CONTR. Combattant.

NON-COMPARANT, ANTE [nɔ̃kɔ̃paʀɑ̃, ɑ̃t] **adj.** et **n.** – 1834 ◊ de *non* et *comparant* ■ DR. Qui ne comparaît pas en justice, fait défaut. *Parties non-comparantes.* ■ CONTR. Comparant.

NON-COMPARUTION [nɔ̃kɔ̃paʀysjɔ̃] **n. f.** – 1580 ◊ de *non* et *comparution* ■ DR. (PROCÉD.) Fait de ne pas comparaître en justice. ■ CONTR. Comparution.

NON-CONCILIATION [nɔ̃kɔ̃siljasjɔ̃] **n. f.** – 1792 ◊ de *non* et *conciliation* ■ DR. Défaut de conciliation. *Ordonnance de non-conciliation.*

NON-CONFORMISME [nɔ̃kɔ̃fɔʀmism] **n. m.** – fin XVIIIe ◊ de *non-conformiste* ■ **1** HIST. Doctrine des non-conformistes. ■ **2** Attitude morale d'un non-conformiste. ➤ **anticonformisme.** *Le non-conformisme de Gide.* ■ CONTR. Conformisme.

NON-CONFORMISTE [nɔ̃kɔ̃fɔʀmist] **n.** et **adj.** – 1688 ◊ de l'anglais *nonconformist* ■ **1** HIST. Protestant qui n'est pas conformiste*. — **adj.** *Doctrine, église non-conformiste.* ➤ **dissident.** ■ **2** PAR EXT. (1830) Personne qui ne se conforme pas aux usages établis, aux opinions reçues, qui fait preuve d'originalité. ➤ **anticonformiste, marginal,** 2 **original.** *D'irréductibles non-conformistes.* ♦ **adj.** ➤ **indépendant, individualiste.** *Peintre, musicien non-conformiste.* — *Morale non-conformiste.*

NON-CONFORMITÉ [nɔ̃kɔ̃fɔʀmite] **n. f.** – 1688 ◊ de *non* et *conformité* ■ Défaut de conformité. *Non-conformité d'une livraison à la commande.*

NON-CONTRADICTION [nɔ̃kɔ̃tʀadiksjɔ̃] **n. f.** – 1904 ◊ de *non* et *contradiction* ■ PHILOS. *Principe de non-contradiction,* par lequel une chose n'est pas autre qu'elle-même (➤ **cohérence**). ■ CONTR. Contradiction.

NON-CROYANT, ANTE [nɔ̃kʀwajɑ̃, ɑ̃t] **n.** et **adj.** – XXe ◊ de *non* et *croyant* ■ Personne qui n'appartient pas à une confession religieuse et n'a pas la foi. ➤ **agnostique, athée, incroyant.** *Les non-croyants.* ■ CONTR. Croyant.

NON-CUMUL [nɔ̃kymyl] **n. m.** – 1876 ◊ de *non* et *cumul* ■ **1** DR. PÉN. Règle en vertu de laquelle la plus grave des peines encourues doit seule être prononcée en cas de concours de plusieurs crimes ou délits. ■ **2** Fait de ne pas cumuler (plusieurs choses). *Le non-cumul des mandats.* ■ CONTR. Cumul.

NON-DIRECTIF, IVE [nɔ̃diʀɛktif, iv] **adj.** – 1960 ◊ de *directif,* d'après l'anglais américain *non-directive* (Lewin et Lippitt, 1938) ■ Qui n'est pas directif* (I, 2°). *Chef non-directif.* — PSYCHOL. *Entretien, questionnaire non-directif,* qui évite de suggérer une orientation dans les réponses, ne fait pas pression sur l'interlocuteur. — *Psychothérapie non-directive,* dans laquelle le psychothérapeute s'abstient de se substituer au patient et de le conseiller, pour lui proposer une direction. — **n. f.** **NON-DIRECTIVITÉ,** 1968. ■ CONTR. Autocratique, autoritaire, directif.

NON-DISCRIMINATION [nɔ̃diskʀiminasjɔ̃] **n. f.** – 1935 ◊ de *non* et *discrimination* ■ Refus d'appliquer des traitements différents selon les appartenances ethniques, politiques, raciales ou sociales. ■ CONTR. Discrimination.

NON-DIT [nɔ̃di] **n. m.** – 1974 ◊ de *non* et *dit* ■ Ce qui n'est pas dit, reste caché dans le discours de qqn. *Du non-dit.* « *les zones d'obscurité où chacun campe pour sa sauvegarde, sauvagement replié, ces recoins maléfiques des non-dits* » A.-M. GARAT.

NON-DROIT [nɔ̃dʀwa] **n. m.** – 1972 ◊ de *non* et 3 *droit* ■ *Zone de non-droit,* dans laquelle les lois ne sont pas observées, ne sont pas applicables. « *des "territoires de non-droit" livrés au trafic de drogue et aux "tournantes"* » A. ERNAUX.

NONE [nɔn] **n. f.** – XIIe ◊ latin *nona,* fém. de *nonus* « neuvième »
I AU SING. (de *nona* [*hora*] « neuvième [heure] ») ■ **1** ANTIQ. ROM. Neuvième heure du jour. — Quatrième partie du jour qui commençait à la fin de la 9e heure. ■ **2** LITURG. CATHOL. Petite heure canoniale qui se récite après sexte, à la neuvième heure du jour (vers 15 h).
II AU PLUR. (de *nonæ* [*dies*] « neuvièmes [jours] ») ANTIQ. ROM. Division du mois qui tombait le neuvième jour avant les ides.
■ HOM. Nonne.

NON-ENGAGÉ, ÉE [nɔnɑ̃gaʒe] **adj.** et **n.** – milieu XXe ◊ de *non* et *engagé* ■ Qui n'est pas engagé dans un conflit international. *Nations non-engagées.* **n.** *Les non-engagés.*

NON-ENGAGEMENT [nɔnɑ̃gaʒmɑ̃] **n. m.** – 1949 ◊ de *non* et *engagement* ■ Politique de neutralité à l'égard des grandes puissances. ➤ **non-alignement.** ■ CONTR. Engagement.

NON-ÊTRE [nɔnɛtʀ] **n. m. inv.** – XIVe ◊ de *non* et 2 *être* ■ PHILOS. Fait de ne pas être ; état de ce qui n'est pas. ➤ **néant.** ■ CONTR. 2 Être.

NON-EUCLIDIEN, IENNE [nɔnøklidjɛ̃, jɛn] **adj.** – 1868 ◊ de *non* et *euclidien* ■ SC. Qui n'obéit pas au postulat d'Euclide (sur les parallèles*). *Géométries non-euclidiennes.* ■ CONTR. Euclidien.

NON-ÉVÈNEMENT ou **NON-ÉVÉNEMENT** [nɔnevɛnmɑ̃] **n. m.** – 1985 ◊ calque de l'anglais *nonevent* (1962), de *event* « évènement » ■ Évènement attendu qui, finalement, suscite peu d'intérêt. « *l'euro est un non-événement d'un point de vue sociologique* » (Le Monde, 2000). *Des non-évènements.*

NON-EXÉCUTION [nɔnɛgzekysjɔ̃] **n. f.** – début XIXe ◊ de *non* et *exécution* ■ DR. Défaut d'exécution. *Non-exécution d'un contrat, d'une obligation.*

NON-EXISTENCE [nɔnɛgzistɑ̃s] **n. f.** – 1700 ◊ de *non* et *existence* ■ PHILOS. Le fait de ne pas être, de ne pas exister. *Arguments en faveur de l'existence ou de la non-existence de Dieu.* ➤ **inexistence.** ■ CONTR. Existence.

NON-FIGURATIF, IVE [nɔ̃figyʀatif, iv] **adj.** – 1936 n. m. ◊ de *non* et *figuratif* ■ Qui ne représente pas le monde extérieur dans les arts plastiques, graphiques. *Art, peintre non-figuratif.* ➤ **abstrait.** « *L'art dit non figuratif n'a pas plus de sens que l'école non enseignante, que la cuisine non alimentaire, etc.* » MAGRITTE. — SUBST. *Les non-figuratifs.* ■ CONTR. Figuratif.

NON-FUMEUR, EUSE [nɔ̃fymœʀ, øz] **n.** – date inconnue ◊ de *non* et *fumeur* ■ Personne qui ne fume pas. *Revendications des non-fumeurs.* EN APPOS. *Espace non-fumeurs.* ■ CONTR. Fumeur.

NON-GAGE [nɔ̃gaʒ] **n. m.** – XXe ◊ de *non* et *gage* ■ *Certificat de non-gage,* certifiant qu'une voiture n'est pas gagée (et peut être revendue).

NONIDI [nɔnidi] **n. m.** – 1793 ◊ du latin *nonus* « neuvième » et *dies* « jour » ■ HIST. Neuvième jour de la décade du calendrier républicain.

NON-INGÉRENCE [nɔnɛ̃ʒeʀɑ̃s] **n. f.** – v. 1950 ◊ de *non* et *ingérence* ■ Attitude qui consiste à ne pas s'ingérer dans la politique d'un État étranger. ➤ **non-intervention.** *Le principe de non-ingérence.* ■ CONTR. Ingérence.

NON-INITIÉ, IÉE [nɔninisje] **n.** – 1674 ◊ de *non* et *initié* ■ Personne qui n'est pas initiée. ➤ **profane.** *À l'usage des non-initiés.*

NON-INSCRIT, ITE [nɔnɛ̃skʀi, it] **n.** et **adj.** – 1930 ◊ de *non* et *inscrit* ■ DR. CONSTIT. Parlementaire qui n'est pas inscrit à un groupe politique ou parlementaire. — **adj.** *Les députés non-inscrits.*

NON-INTERVENTION [nɔnɛ̃tɛʀvɑ̃sjɔ̃] **n. f.** – 1830 ◊ de *non* et *intervention* ■ Attitude d'un gouvernement qui s'abstient d'intervenir dans les affaires d'un pays étranger, ET SPÉCIALT dans ses querelles intestines ou dans ses conflits avec d'autres peuples. ➤ **non-ingérence.** *Politique de non-intervention. Non-intervention et neutralisme*.* ➤ aussi **laisser-faire.** ■ CONTR. Intervention.

NON-INTERVENTIONNISTE [nɔnɛ̃tɛʀvɑ̃sjɔnist] adj. et n. – 1838 ◊ de *non-intervention* ■ Favorable à la non-intervention. *Politique non-interventionniste.* — n. *Les non-interventionnistes.* ■ CONTR. Interventionniste.

NONISTE [nɔnist] n. et adj. – 1946 ◊ de *non* ■ Partisan du non dans un débat politique. — adj. *Le vote noniste.* ♦ SPÉCIALT (en France) Partisan du non au référendum de 2005 relatif à la ratification de la Constitution européenne. *La victoire des nonistes.*

NON-JOUISSANCE [nɔ̃ʒwisɑ̃s] n. f. – 1660 ◊ de *non* et *jouissance* ■ DR. Privation de jouissance. *La non-jouissance d'un bien.*

NON-LIEU [nɔ̃ljø] n. m. – 1836 ◊ de *non* et 1 *lieu* ■ DR. Décision par laquelle une juridiction d'instruction, se fondant sur une justification de droit ou sur une insuffisance de preuves, dit qu'il n'y a pas lieu de suivre la procédure tendant à faire comparaître la personne mise en examen devant une juridiction de jugement. *Arrêt, ordonnance de non-lieu.* ELLIPT *Bénéficier d'un non-lieu. Des non-lieux.* ■ CONTR. Inculpation.

NON-LINÉAIRE [nɔ̃lineɛʀ] adj. – 1948 ◊ de *non* et *linéaire* ■ ÉLECTRON. *Dispositif non-linéaire* : circuit pour lequel la grandeur de sortie n'est pas proportionnelle à la grandeur d'entrée.

NON-MÉTAL, AUX [nɔ̃metal, o] n. m. – 1843 ◊ de *non* et *métal* ■ CHIM. Élément ne présentant pas les propriétés d'un métal. ➤ **métalloïde.** *Le soufre, l'azote sont des non-métaux. Les oxydes d'un non-métal forment des acides dans l'eau.*

NON-MOI [nɔ̃mwa] n. m. inv. – 1801 ◊ de *non* et *moi* ■ PHILOS. L'objet ou le monde extérieur en tant que distinct du sujet.

NONNE [nɔn] n. f. – 1273 ; *none* v. 1167 ◊ latin ecclésiastique *nonna* ■ VX ou PLAISANT Religieuse. ■ HOM. None.

NONNETTE [nɔnɛt] n. f. – XIIIe «jeune nonne» ◊ de *nonne* ■ **1** (1512 ◊ par anal. d'aspect entre le plumage gris cendré de cet oiseau et le costume de certaines religieuses) Variété de mésange. ■ **2** (1803) Petit gâteau en pain d'épice, de forme ronde, primitivement fabriqué dans les couvents de religieuses, appelé aussi *chanoinesse**. ■ **3** *Nonnette voilée* : bolet comestible muni d'un voile.

NONO, OTE [nono, ɔt] adj. et n. – 1954 ◊ probablt du poitevin *nonot* «niais», d'un radical *nann-* ■ (Canada) FAM. Niais, imbécile. ➤ RÉGION. **niaiseux.** — n. *« Qui se fait traiter de nono tous les jours ? Moi ! »* M. LABERGE.

NONOBSTANT [nɔnɔpstɑ̃] prép. et adv. – XIIIe ◊ de *non* et de l'ancien français *obstant*, du latin *obstans*, p. prés. de *obstare* «faire obstacle»

I prép. VIEILLI ou DR. Sans être empêché par qqch., sans s'y arrêter. ➤ **dépit** (en dépit de), **malgré.** *«nonobstant cette ferme déclaration, il s'esquive lui-même»* BARBUSSE. — DR. *Nonobstant prohibitions. Ce nonobstant, nonobstant ce...* : malgré cela.

II adv. VIEILLI ➤ **cependant, néanmoins.** *«Nonobstant, il se tint parole»* BARBEY.

NON-PAIEMENT [nɔ̃pɛmɑ̃] n. m. – 1743 ◊ de *non* et *paiement* ■ DR. Défaut de paiement. *Quel recours, en cas de non-paiement ?*

NONPAREIL, EILLE [nɔ̃paʀɛj] adj. et n. – 1350 ; variante ancienne *nompareil* ◊ de *non* et *pareil*

I adj. VX Qui n'a pas son pareil, qui est sans égal en son genre. ➤ 1 **beau, inégalable** (cf. Sans pareil).

II n. ■ **1** n. f. VX Ruban très étroit. ■ **2** n. f. (1801) ou m. (1846) Petit passereau d'Amérique du Nord. ■ **3** n. m. (1667) ou f. (1721) Nom de diverses espèces d'œillet.

NON-PROLIFÉRATION [nɔ̃pʀɔlifeʀasjɔ̃] n. f. – 1966 ◊ de *non* et *prolifération* ■ POLIT. Limitation de la quantité (d'armes nucléaires dans le monde). *Traité de non-prolifération.*

NON-RECEVOIR [nɔ̃ʀ(ə)səvwaʀ] n. m. inv. – 1690 ◊ de *non* et *recevoir* ■ *Fin de non-recevoir.* ➤ 1 **fin** (II, 3°).

NON-RÉSIDENT, ENTE [nɔ̃ʀezidɑ̃, ɑ̃t] n. – milieu XXe ◊ de *non* et *résident* ■ ÉCON. Personne, physique ou morale, qui n'est pas considérée comme résident. *Les non-résidents.* — adj. *Électeur non-résident.*

NON-RESPECT [nɔ̃ʀɛspɛ] n. m. – 1843 ◊ de *non* et *respect* ■ Fait de ne pas observer, de ne pas respecter (un engagement, une obligation). *Le non-respect des délais, de la législation. Des non-respects.*

NON-RETOUR [nɔ̃ʀətuʀ] n. m. – v. 1965 ◊ calque de l'anglais américain *no return* dans l'expression *point of no return* ■ **POINT DE NON-RETOUR.** Point au-delà duquel un aéronef ne peut plus revenir à son lieu de départ faute de carburant. — FIG. Moment où il n'est plus possible de revenir en arrière (dans une série ordonnée d'actes, de décisions). *Atteindre le point de non-retour.*

NON-RÉTROACTIVITÉ [nɔ̃ʀetʀɔaktivite] n. f. – 1801 ◊ de *non* et *rétroactivité* ■ DR. Caractère de ce qui n'est pas rétroactif. *Non-rétroactivité d'un règlement, d'une loi.* ■ CONTR. Rétroactivité.

NON-SATISFACTION [nɔ̃satisfaksjɔ̃] n. f. – 1786 ◊ de *non* et *satisfaction* ■ DIDACT. Absence de satisfaction (d'un besoin, etc.). *La non-satisfaction des dernières revendications.* — PAR EXT. État d'esprit qui en résulte. ➤ **insatisfaction.** ■ CONTR. Satisfaction.

NON-SENS [nɔ̃sɑ̃s] n. m. inv. et adj. inv. – avant 1778 ◊ de l'anglais *nonsense* (1614) ■ **1** Défi au bon sens, à la raison. ➤ **absurdité.** *«Exalter la violence et la haine pour instaurer le règne de la justice et de la fraternité, c'est un non-sens»* MARTIN DU GARD. ■ **2** (de *sens* «signification») Absence de sens. *« Sens et non-sens », essai de Merleau-Ponty.* ■ **3** Ce qui est dépourvu de sens (phrase, proposition, raisonnement). *Élève qui fait des non-sens dans une version latine* (➤ **contresens**). ■ **4** *Le non-sens* : l'absurde. ■ **5** adj. inv. GÉNÉT. *Mutation non-sens* : mutation de l'ADN qui transforme des codons spécifiant un acide aminé en codons qui causent l'arrêt de la synthèse protéique par les ribosomes.

NON-STOP [nɔnstɔp] adj. inv. et n. inv. – 1932 ◊ de l'anglais *non stop*

I ANGLIC. adj. inv. ■ **1** Se dit d'un vol sans escale. ➤ 1 **direct.** *Un vol non-stop entre Paris et New York.* ■ **2** (SPORT, SPECTACLE, etc.) Ininterrompu. *Descente non-stop,* ou ELLIPT *une non-stop* : descente à ski d'une seule traite. *Des débats non-stop.*

II n. m. ou f. inv. Processus ininterrompu. *L'orchestre a joué toute la nuit en non-stop,* sans arrêt.

NON-TISSÉ [nɔ̃tise] n. m. – 1971 ◊ de *non* et *tissé* ■ TECHN. Matériau obtenu en assemblant entre elles des fibres par des procédés chimiques ou physiques autres que le tissage ou le tricotage. *Nappe en non-tissé. «le non-tissé de leurs surchaussures glissait sur le ciment peint»* A. JENNI. *Les non-tissés.*

NON-USAGE [nɔnyzaʒ] n. m. – 1682 ◊ de *non* et *usage* ■ Fait de ne pas ou de ne plus utiliser qqch. *Non-usage d'un mot, d'une expression. Non-usage d'un outil, d'une arme.* ♦ DR. Fait de ne pas user d'un droit réel. ■ CONTR. Usage.

NON-VALEUR [nɔ̃valœʀ] n. f. – 1512 ◊ de *non* et *valeur* ■ **1** DR. État d'une propriété qui ne produit aucun revenu ; cette propriété. *Une terre en friche est une non-valeur.* — FIN. Créance irrécouvrable. *Des non-valeurs.* ■ **2** Chose ou personne sans valeur. ■ CONTR. Valeur.

NON-VIABLE [nɔ̃vjabl] adj. – 1826 ◊ de *non* et *viable* ■ DIDACT. Se dit d'un fœtus qui n'est pas encore viable du fait de son développement intra-utérin insuffisant. *Enfants non-viables.*

NON-VIOLENCE [nɔ̃vjɔlɑ̃s] n. f. – 1921 ◊ de *non* et *violence*, d'après l'anglais *non-violence*, traduction du sanskrit *ahimsâ* ■ Doctrine qui recommande d'éviter la violence dans l'action politique, en toutes circonstances. ➤ **résistance** (passive). *«La Non-violence [...] est la loi de notre espèce, comme la violence est la loi de la brute»* GANDHI ; trad. R. ROLLAND. *Un apôtre de la non-violence.* ■ CONTR. Terrorisme, violence.

NON-VIOLENT, ENTE [nɔ̃vjɔlɑ̃, ɑ̃t] adj. et n. – 1924 ◊ de *non-violence* ■ **1** Qui procède par la non-violence. *Manifestations non-violentes.* ■ **2** n. Partisan de la non-violence ; personne qui manifeste dans cet esprit. *Non-violents portés par la police.* ■ CONTR. Terroriste.

NON-VOYANT, ANTE [nɔ̃vwajɑ̃, ɑ̃t] n. – v. 1970 ◊ par euphém., de *non* et *voyant* ■ Personne qui ne voit pas. ➤ **aveugle.** *Indications en braille pour les non-voyants.*

NOOLOGIQUE [nɔɔlɔʒik] adj. – 1834 ◊ du grec *noos, noûs* «esprit» et *-logique* ■ PHILOS. *Sciences noologiques,* qui ont pour objet le monde de l'esprit (opposé à *sciences cosmologiques*).

NOPAL [nɔpal] n. m. – 1587 ◊ mot espagnol, de l'aztèque *nopalli* ■ Cactus à rameaux aplatis (raquettes), et à fruits comestibles (figues de Barbarie). *«nulle végétation que celle des nopals – ces paradoxales raquettes vertes, couvertes de piquants venimeux»* GIDE.

NORADRÉNALINE [nɔʀadʀenalin] **n. f.** – 1954 ◊ de *nor-*, acronyme de l'allemand *N Ohne Radical* «azote sans radical», et *adrénaline* ■ BIOCHIM. Neurotransmetteur du groupe des catécholamines, libéré par les fibres nerveuses sympathiques, hormone précurseur de l'adrénaline dans la médullosurrénale.

NORADRÉNERGIQUE [nɔʀadʀenɛʀʒik] **adj.** – 1974 ◊ de *noradrén(aline)* et *-ergie* ■ PHYSIOL. Qualifie un récepteur membranaire de la noradrénaline.

NORD [nɔʀ] **n. m. inv.** – 1549 ; *nort* 1190 ; *north* début XIIe ◊ anglais *north*

I ■ **1** Celui des quatre points cardinaux correspondant à la direction du pôle qui est situé dans le même hémisphère que l'Europe et la majeure partie de l'Asie (ABRÉV. N.). ➤ POÉT. **septentrion.** *Actuellement, le nord géographique correspond assez exactement à la direction de l'étoile Polaire. Vents du nord :* aquilon (POÉT.), bise, mistral, tramontane. *Le nord de l'Italie. Pièce exposée au nord, en plein nord.* — *Nord magnétique,* indiqué par l'aiguille aimantée et ne coïncidant pas exactement avec le nord géographique. — LOC. *Perdre le nord :* ne plus savoir où on en est ; être désorienté (cf. Perdre la boussole, la tête, être à l'ouest). *« Elle a perdu le nord. Elle n'a plus de repères »* C. ORBAN. *Il ne perd pas le nord :* il ne perd pas de vue son intérêt, son objectif (cf. Tenir le cap*). — **AU NORD DE... :** dans une région située dans la direction du nord par rapport à un lieu donné. *Au nord de la Loire* (cf. Au-dessus de). ■ **2** (Avec la majuscule) Ensemble des pays, partie d'un ensemble géographique qui est la plus proche du nord. *Pays, peuples du Nord.* ➤ **nordique.** *Bruges, la Venise du Nord. Le Nord canadien.* LOC. *Afrique, Amérique du Nord. La mer du Nord.* — *Le Grand Nord :* la partie du globe terrestre située près du pôle Nord. ♦ (En parlant de la France ; opposé à *Midi*) *Les gens, un homme du Nord.* ➤ FAM. **chtimi.** L'ensemble des départements qui se trouvent le plus au nord de la France (Nord, Pas-de-Calais, Somme, Aisne). *Habiter dans le Nord. La gare du Nord à Paris.* — *Le Nord :* région administrative française formée par les départements du Nord et du Pas-de-Calais. *Les industriels du Nord.* ♦ Les pays industrialisés (par opposition aux pays du Sud en voie de développement). *Dialogue Nord-Sud.*

II APPOS. INV. (majuscule dans les noms propres) Qui se trouve au nord. ➤ **septentrional.** *Hémisphère Nord.* ➤ **boréal.** *Pôle Nord.* ➤ **arctique.** *Latitude nord. Le cap Nord, en Norvège. Les régions nord de l'Europe. La banlieue nord de Paris. Le portail nord d'une cathédrale.*

■ CONTR. 1 Midi, sud.

NORD-AFRICAIN, AINE [nɔʀafʀikɛ̃, ɛn] **adj. et n.** – 1900 ◊ de *nord* et *africain* ■ D'Afrique du Nord. *Climat nord-africain.* — **n.** *Les Nord-Africains.* ➤ **maghrébin ;** (injures racistes) **2 bicot, bougnoule, crouille, melon, 1 raton.**

NORD-AMÉRICAIN, AINE [nɔʀameʀikɛ̃, ɛn] **adj. et n.** – 1849 ◊ de *nord* et *américain* ■ D'Amérique du Nord. *L'économie nord-américaine.* — **n.** *Les Nord-Américains.* ➤ **américain ; états-unien, yankee ; canadien.**

NORD-EST [nɔʀɛst] **n. m. inv.** – 1596 ; *northest* 1241 ◊ de *nord* et *est* ■ **1** Point de l'horizon situé à égale distance entre le nord et l'est. *Le nord-nord-est,* situé à égale distance entre le nord et le nord-est. ■ **2** Partie d'un pays située dans cette direction. *Le nord-est de la France.* — APPOS. INV. *Soleil prévu sur le quart nord-est du pays. Les côtes nord-est. La région nord-est de l'Angleterre.*

NORDET [nɔʀdɛ] **n. m.** – date inconnue ◊ de *nord-est* ■ MAR. Vent qui vient du nord-est.

NORDICITÉ [nɔʀdisite] **n. f.** – 1975 ◊ de *nordique* ■ GÉOGR. Caractère nordique ; spécificité de la partie septentrionale de l'hémisphère boréal. — Identité nordique.

NORDIQUE [nɔʀdik] **adj. et n.** – 1873 ling. ◊ de *nord* ■ **1** Qui est relatif, qui appartient aux pays du nord de l'Europe (spécialement à la Scandinavie) ; qui en est originaire. *Europe nordique. Type nordique. Combiné* nordique. Activités nordiques* (ski de fond, randonnées en raquette, chiens de traîneau...). *Marche nordique.* — **n.** *Un, une Nordique.* — *Langues nordiques,* issues de *l'ancien nordique* (➤ **norrois**) ou germanique septentrional. *Langues nordiques actuelles :* danois, islandais, norvégien, suédois. ➤ **scandinave.** ■ **2** (1975 au Canada) Relatif à la partie septentrionale de l'hémisphère boréal, aux zones arctiques et subarctiques.

NORDIR [nɔʀdiʀ] **v. intr.** ⟨2⟩ – 1868 ◊ de *nord* ■ MAR. Tourner au nord (en parlant du vent).

NORDISTE [nɔʀdist] **n. et adj.** – 1865 ◊ de *nord* ■ HIST. Partisan ou membre des États du Nord, aux États-Unis, pendant la guerre de Sécession. *Les Nordistes ou Fédéraux*.* — **adj.** *Armée, navire nordiste.* ■ CONTR. Confédéré, sudiste.

NORD-OUEST [nɔʀwɛst] **n. m. inv.** – 1677 ; *northwest* 1155 ◊ de *nord* et *ouest* ■ **1** Point de l'horizon situé à égale distance entre le nord et l'ouest. *Le vent du nord-ouest.* ➤ **noroît.** *Le nord-nord-ouest,* situé à égale distance entre le nord et le nord-ouest. ■ **2** Partie d'un pays située dans cette direction. *Le nord-ouest de la France.* — APPOS. INV. *La côte nord-ouest de la Corse. Les quartiers nord-ouest de la ville.*

NORI [nɔʀi] **n. m.** – 1890 ; répandu v. 1990 ◊ mot japonais ■ Algue marine rouge utilisée séchée dans la cuisine japonaise. *Les noris se présentent en fines feuilles de couleur verte ou noire.*

NORIA [nɔʀja] **n. f.** – 1792 ◊ mot espagnol, arabe *nâ'oûra* ■ **1** Machine hydraulique à godets qui sert à élever l'eau et qui fonctionne suivant le principe du chapelet hydraulique (➤ **chapelet**). *Noria égyptienne.* ➤ **sakieh.** ♦ Appareil élévateur. ■ **2** Suite ininterrompue de véhicules qui vont et viennent. *Une noria d'ambulances.*

NORMAL, ALE, AUX [nɔʀmal, o] **adj. et n. f.** – 1753 ; *verbe normal* hapax XVe ◊ latin *normalis,* de *norma* «équerre» ■ **1** MATH. *Droite normale,* ou **n. f.** *la normale à une courbe, à une surface en un point :* droite perpendiculaire à la tangente, au plan tangent en ce point. *Plan normal en un point d'une courbe :* plan perpendiculaire à la tangente à la courbe en ce point. — STATIST. *Loi normale :* loi de probabilité d'une variable aléatoire de Laplace-Gauss. ■ **2** (1793) *École normale :* établissement où l'on formait les instituteurs (avant la création des IUFM en 1989). ♦ *L'École normale supérieure (ENS),* ou ELLIPT *Normale :* établissement où l'on forme les professeurs de l'enseignement secondaire et supérieur et des chercheurs. *Être reçu à Normale Lettres, à Normale Sciences* (➤ **normalien ;** ARG. SCOL. **archicube, caïman**). ■ **3** Qui sert de règle, de modèle, de référence (➤ **norme**). CHIM. *Solution normale* ou *1 normale :* solution aqueuse qui est capable de faire réagir une mole de protons ou une mole d'électrons par litre. *Solution 0,1* (dixième ou déci-) *normale, 0,01 normale,* qui contient un dixième, un centième de mole de protons ou d'électrons par litre. *Potentiel normal :* potentiel de référence atteint par une électrode dans une solution 1 molaire. ➤ **1 standard.** CHIM. ORGAN. Qualifie une molécule organique sans substituants carbonés. *Alcanes normaux.* ■ **4** (1834) *État normal :* état d'un être vivant, d'un organe qui n'est affecté d'aucune modification pathologique. *Le teint naturel, l'aspect normal du visage. N'être pas dans son état normal :* ne pas se sentir bien (cf. N'être pas dans son assiette). ■ **5** COUR. (sens génér.) Qui est dépourvu de tout caractère exceptionnel ; qui est conforme au type le plus fréquent (➤ **norme**) ; qui se produit selon l'habitude. *Homme normal. Il n'est pas normal,* se dit d'un individu dont le niveau intellectuel est inférieur à la moyenne, dont le comportement laisse supposer des troubles mentaux. *Mener une vie normale. Il existe « un consensus du groupe culturel, sur ce qui est comportement normal et ce qui est comportement déviant. La norme varie avec le milieu et la culture »* É. ZARIFIAN. *Rien à signaler, tout est normal. Dans des conditions normales.* ➤ **habituel.** *En temps normal :* quand les circonstances sont normales. ➤ **ordinaire.** *Évolution normale d'une maladie. Ce prix est très normal.* ➤ **correct, honnête.** *La situation n'est pas encore redevenue normale. Il trouve normal que tu le fasses. Sa réaction est normale.* ➤ **2 logique.** *« Bon, d'accord, tu m'en veux, c'est normal... »* Y. QUEFFÉLEC. *C'est bien normal,* excusable. *C'est normal de vouloir se reposer après un tel effort.* ➤ **naturel.** — *Il est, il paraît normal de, que...* ➤ **compréhensible, légitime.** ■ **6** **n. f. LA NORMALE :** la moyenne. ➤ **norme.** *Intelligence au-dessus, au-dessous de la normale. S'écarter de la normale. Revenir à la normale. Retour à la normale.* — MÉTÉOR. Moyenne d'un paramètre météorologique établie sur une période d'au moins trente ans. *Les normales saisonnières.* ■ CONTR. Anormal ; anomal. Bizarre, étonnant, exceptionnel, extraordinaire. Particulier, spécial.

NORMALEMENT [nɔʀmalmɑ̃] **adv.** – 1826 ◊ de *normal* ■ D'une manière normale. *Tout se passe normalement. Normalement, nous devons arriver à cinq heures,* si tout va bien. — En temps normal. ➤ **habituellement.** ■ CONTR. Accidentellement, anormalement.

NORMALIEN, IENNE [nɔʀmaljɛ̃, jɛn] **n.** – v. 1850 ◊ de *école normale* ■ Élève, ancien(ne) élève de l'École normale supérieure. *« C'est le normalien, le maître dans la république des professeurs, le mandarin »* DRIEU LA ROCHELLE. ♦ Élève qui fréquentait une école normale d'instituteurs.

NORMALISATION [nɔʀmalizasjɔ̃] **n. f.** – 1873 ◊ de *normal* ■ **1** Action de normaliser. ➤ **standardisation.** — MATH. Changement d'échelle qui amène à l'unité l'intégrale ou la somme des carrés des valeurs prises par une grandeur donnée. ♦ Définition de spécifications techniques, de normes, de performances, de méthodes d'essais requises pour un produit. *Organismes, bureaux de normalisation. Association française de normalisation (AFNOR).* — Mise en conformité d'un produit à une ou plusieurs normes. ■ **2** (1950) Action de rendre normal, de rétablir (une situation) dans l'état antérieur. *Normalisation des relations diplomatiques.* ABSOLT Rétablissement des structures politiques et sociales telles qu'elles étaient avant d'être déstabilisées. *Processus de normalisation.*

NORMALISER [nɔʀmalize] **v. tr.** ‹ 1 › – 1923 ◊ de *normal* ■ **1** Appliquer à (un produit, un document) des règles de fabrication, de présentation communes afin d'abaisser les coûts de production et d'utilisation. ➤ **rationaliser, standardiser ; norme** (3°). *Normaliser l'écartement des voies de chemin de fer.* — **p. p. adj.** *Emballages normalisés,* dont les dimensions, les matériaux sont standards, homogènes. *Taille normalisée* (d'un vêtement). ■ **2** (v. 1950) Faire devenir ou redevenir normal. *Normaliser les relations diplomatiques avec un pays étranger.*

NORMALITÉ [nɔʀmalite] **n. f.** – 1834 ◊ de *normal* ■ DIDACT. Caractère de ce qui est normal. — CHIM. Concentration d'une solution normale*. *Calculer la normalité de cette solution.*

NORMAND, ANDE [nɔʀmɑ̃, ɑ̃d] **n. et adj.** – XIIe ; forme latinisée *nortmannus* XIe ◊ du francique °*nortman* «homme du Nord» ■ **1** HIST. *Les Normands :* envahisseurs scandinaves (Norvégiens et Danois) qui effectuèrent de nombreux raids en France et en Europe au IXe s. et s'installèrent à demeure au Xe s. ➤ **viking.** *Les Normands ont abandonné leur langue d'origine.* ♦ Du duché de Normandie. *Conquête de l'Angleterre* (1066), *de la Sicile par les Normands.* — **adj.** *L'Angleterre normande du Moyen Âge.* ➤ **anglo-normand.** ■ **2** COUR. De la province française de Normandie. *La côte normande. Maison normande à colombage. Armoire normande. Le trou* normand. Le dialecte normand* ou *le normand. Vache normande* ou **n. f.** *une normande.* «*la normande est une race mixte — qui produit du lait puis de la viande en fin de carrière*» J. SORMAN. — **n.** *Les Normands. Une réponse* de Normand.*

NORMATIF, IVE [nɔʀmatif, iv] **adj.** – 1868 ◊ du latin *norma* ■ DIDACT. Qui constitue une norme, est relatif à la norme. *Sciences normatives,* dont l'objet est constitué par des jugements de valeur, et qui donne des règles, des préceptes. *Logique, morale normative. Grammaire descriptive et grammaire normative.*

NORME [nɔʀm] **n. f.** – 1160 *mettre norme à* «régler» ; rare avant XIXe ◊ latin *norma* «équerre, règle» ■ **1** LITTÉR. Type concret ou formule abstraite de ce qui doit être. ➤ 2 **canon,** 2 **idéal,** 1 **loi, modèle, principe, règle.** *Norme juridique, sociale.* ■ **2** État habituel, conforme à la majorité des cas (cf. La moyenne, la normale). *Être, rester dans la norme. S'écarter de la norme.* ➤ **anormal, déviant.** *Un destin hors norme(s).* ➤ **exceptionnel, extraordinaire.** *Revenir à la norme.* ■ **3** (v. 1920) TECHNOL. Ensemble de règles d'usage, de prescriptions techniques, relatives aux caractéristiques d'un produit ou d'une méthode, édictées dans le but de standardiser et de garantir les modes de fonctionnement, la sécurité et les nuisances (➤ **homologation, réglementation**). *Cahier des normes. Appareil conforme aux normes françaises NF* (➤ **normalisation**). *Normes ISO, AFNOR.* ♦ *Norme de productivité :* productivité moyenne d'une gamme déterminée de produits. ■ **4** LING. Ce qui, dans la parole, le discours, correspond à l'usage général (opposé d'une part à *système,* d'autre part à *discours*). — Usage d'une langue valorisé comme «bon usage» et rejetant les autres, jugés incorrects. ➤ **purisme ; normatif.** ■ **5** DR. Règle de droit ; règle juridique. ■ **6** MATH. Application définie d'un espace vectoriel sur l'ensemble des nombres réels positifs et vérifiant certaines conditions. ➤ **distance.** *Norme d'un vecteur,* nombre réel positif, noté $\|\vec{u}\|$, mesurant sa longueur. ■ CONTR. Bizarrerie, difformité.

NORMÉ, ÉE [nɔʀme] **adj.** – milieu XXe ◊ de *norme* ■ **1** MATH. *Espace vectoriel normé,* muni d'une norme. *Vecteur normé,* dont la norme est égale à un. ■ **2** Normalisé. *Présentation normée.*

NORMOGRAPHE [nɔʀmɔgʀaf] **n. m.** – milieu XXe ◊ de *normo-* (latin *norma* «règle») et *-graphe* ■ Plaquette dans laquelle des contours de lettres, de figures, de symboles ont été évidés pour permettre d'en suivre le tracé.

NOROÎT [nɔʀwa] **n. m.** /NOROIT/ – 1869 ; *noroûé* 1823 ◊ altération dialectale de *nord-ouest* ■ MAR. Vent du nord-ouest. ■ HOM. Norrois.

NORROIS, OISE ou **NOROIS, OISE** [nɔʀwa, waz] **n. m. et adj.** – fin XIIe ; *norresche* XIIe ◊ du radical de l'ancien anglais *north* «nord» ■ LING. Ancienne langue des peuples scandinaves, appelée *ancien nordique* ou *germanique septentrional.* — **adj.** *Langue norroise. Texte norrois,* écrit en caractères runiques (➤ **rune**). ■ HOM. Noroît.

NORVÉGIEN, IENNE [nɔʀveʒjɛ̃, jɛn] **adj. et n.** – 1575 n. ; *norvegue* «nordique» XVe ◊ allemand *Norwegen* «Norvège» proprt «chemin du Nord» ■ De la Norvège. *Marmite* norvégienne. Omelette* norvégienne.* ♦ **n.** *Les Norvégiens.* — **n. m.** *Le norvégien :* langue scandinave parlée en Norvège, à l'origine la même que le danois («bokmål»), aujourd'hui plus différenciée dans le «nynorsk» ou néo-norvégien.

NOS ➤ **NOTRE**

NOSO- ■ Élément, du grec *nosos* «maladie».

NOSOCOMIAL, IALE, IAUX [nozɔkɔmjal, jo] **adj.** – 1855 ◊ du latin *nosocomium,* grec *nosokomeion* «hôpital» ■ MÉD. Qui se rapporte à l'hôpital. *Infection nosocomiale,* maladie due à des micro-organismes, contractée au cours d'un séjour en milieu hospitalier.

NOSOGRAPHIE [nozɔgʀafi] **n. f.** – 1798 ◊ de *noso-* et *-graphie* ■ MÉD. Description et classification méthodique des maladies.

NOSOLOGIE [nozɔlɔʒi] **n. f.** – 1747 ◊ de *noso-* et *-logie* ■ MÉD. Discipline médicale qui étudie les caractères distinctifs des maladies en vue de leur classification méthodique.

NOSTALGIE [nɔstalʒi] **n. f.** – 1759 ◊ du grec des médecins *nostalgia* (1678), formé sur *nostos* «retour» et *algos* «douleur» → -algie ■ **1** État de dépérissement et de langueur causé par le regret obsédant du pays natal, du lieu où l'on a longtemps vécu. *Nostalgie des émigrés, des exilés* (cf. Mal du pays*). ■ **2** Regret mélancolique (d'une chose révolue ou de ce qu'on n'a pas connu) ; désir insatisfait. ➤ **mélancolie, saudade.** «*cette nostalgie produite par une habitude brisée*» BALZAC. *Avoir la nostalgie de sa jeunesse. Regard empreint de nostalgie.* «*La nostalgie, c'est le désir d'on ne sait quoi*» SAINT-EXUPÉRY.

NOSTALGIQUE [nɔstalʒik] **adj.** – v. 1800 ◊ de *nostalgie* ■ **1** Qui est relatif à la nostalgie, empreint de nostalgie. *Pensées, regrets nostalgiques.* ♦ **n.** Personne qui regrette (qqch. ou qqn). *Les nostalgiques du nazisme.* ■ **2** Mélancolique, triste. *Chanson nostalgique.*

NOSTOC [nɔstɔk] **n. m.** – XVIIe *nostoch* ◊ origine inconnue, mot créé par Paracelse ■ BOT. Algue bleue microscopique *(cyanobactéries)* qui forme des masses gélatineuses dans les sols humides.

NOTA BENE [nɔtabene] **loc. lat. et n. m. inv.** – 1764 ; *nota* XIe ◊ mots latins «notez bien», de *notare* «noter» ■ Formule destinée à attirer l'attention du lecteur sur une remarque importante (ABRÉV. **N. B.** [nɔtabene]). — **n. m.** Remarque qui commence par cette formule. *Des nota bene.* ➤ **note, observation, remarque.**

NOTABILITÉ [nɔtabilite] **n. f.** – 1260 ◊ de *notable,* d'après le latin *notabilis* ■ **1** RARE Caractère d'une personne notable. *Sa notabilité est connue.* ■ **2** (1800) Personne notable, qui occupe un rang supérieur dans une hiérarchie. ➤ **notable, personnalité.** «*des notabilités châtelaines et bourgeoises*» NERVAL.

NOTABLE [nɔtabl] **adj. et n. m.** – 1265 «notoire» ◊ latin *notabilis,* de *notare* ■ **1** (XIVe) Qui est digne d'être noté, remarqué. ➤ **remarquable.** *Un fait notable. Des différences notables, de notables progrès.* ➤ **appréciable, important, sensible.** ■ **2** (PERSONNES) Qui occupe une situation sociale importante. ➤ **important.** ■ **3** **n. m.** (1355) Personne à laquelle sa situation sociale confère une certaine autorité dans les affaires publiques. *Les notables d'une ville.* ➤ **notabilité** (2°), **personnalité.** *Les Assemblées de notables,* convoquées par le roi, sous l'Ancien Régime. ■ CONTR. Insensible, négligeable.

NOTABLEMENT [nɔtabləmɑ̃] **adv.** – v. 1250 ◊ de *notable* ■ D'une manière notable. ➤ **sensiblement.** *Le niveau a notablement baissé.*

NOTAIRE [nɔtɛʀ] **n.** – fin XIIIe *notere ;* 1190 *notarie* «scribe» ◊ latin *notarius* «sténographe, secrétaire», de *notare* «noter» ■ **1** Officier public établi pour recevoir tous les actes et contrats auxquels les parties doivent ou veulent faire donner le caractère d'authenticité attaché aux actes de l'autorité publique, et pour en assurer la date, en conserver le dépôt, en délivrer des grosses et expéditions (autrefois dans le cadre de son ressort territorial, maintenant sur le territoire national). ➤ VX **tabellion.** *Charge de notaire. Cabinet, étude de notaire. Panonceau de notaire. Maître Untel, notaire. Clercs de notaire. Minutes d'un acte de notaire. Frais de notaire. Signature devant notaire. Acte, contrat passé devant notaire* (➤ **notarié**). *Comparaître par-devant notaire. Maître Suzanne X, notaire ; elle est notaire. La notaire. Épouse d'un notaire* (n. f. VX *notairesse* [nɔtɛʀɛs]). ▪ **2** (1479) *Notaire apostolique*.*

NOTAMMENT [nɔtamɑ̃] adv. – 1485 *notemment* ◊ de *notant,* p. prés. de *noter* ▪ D'une manière qui mérite d'être notée (pour attirer l'attention sur un ou plusieurs objets particuliers faisant partie d'un ensemble précédemment désigné ou sous-entendu). ➤ **particulièrement, singulièrement, spécialement.** *Les mammifères, et notamment les carnivores.*

NOTARIAL, IALE, IAUX [nɔtaʀjal, jo] adj. – 1571 *notairial* ◊ latin médiéval *notariatus* ▪ DR. Relatif à la charge de notaire. *Fonctions notariales. Actes notariaux.*

NOTARIAT [nɔtaʀja] n. m. – 1482 ◊ de *notaire* ▪ DR. Charge, fonction de notaire. *Se destiner au notariat.* ♦ Corps des notaires.

NOTARIÉ, IÉE [nɔtaʀje] adj. – 1450 ◊ de *notaire* ▪ Fait par un notaire, devant notaire. *« vous passez un simple acte sous seing privé et non un acte notarié »* MORAND. ➤ **authentique.**

NOTATION [nɔtasjɔ̃] n. f. – 1531 « décision » ◊ latin *notatio* ▪ **1** (1750) Action, manière de noter, de représenter par des symboles ; système de symboles. *Notation des nombres, notation numérique ; notation par lettres. Notation littérale, algébrique, créée par Viète au XVIe siècle. Notation chimique,* utilisant des lettres ou groupes de lettres (➤ **symbole**), des chiffres et divers signes arithmétiques. *Notation atomique.* — *Notation musicale :* représentation des sons, de leur valeur, de leur durée ; de tous les éléments et caractères d'une musique quelconque. *Notation musicale par notes. Notation carrée du Moyen Âge. Notation ronde actuelle.* — *Notation sténographique* (➤ **sténographie**), *phonétique* (➤ **transcription**). *Notation chorégraphique.* ➤ **chorégraphie** (2°). ▪ **2** Action de noter, de représenter par le dessin, la peinture. *L'impressionnisme « substitue au dessin classique la notation des ombres et des reflets »* FRANCASTEL. ▪ **3** (fin XIXe) Ce qui est noté (par écrit) ; courte remarque. ➤ **note.** *« Aussi toute la psychologie de J. Renard* [sera-t-elle] *de notations »* SARTRE. ♦ *Notations vivement colorées* (en dessin, en peinture). ▪ **4** Action de donner une note (II, 6°). *Notation des devoirs par le professeur. Notation de 0 à 20. Notation d'un fonctionnaire par son chef de service.* — *Notation sociale (des entreprises),* selon des critères sociaux (politique d'emploi, gestion des ressources humaines, respect de l'environnement). *Agence de notation sociale.* ▪ **5** FIN. *Agence de notation,* qui établit les indices permettant d'évaluer la solvabilité des entreprises ou des pays. Recomm. offic. pour *rating.*

NOTE [nɔt] n. f. – milieu XIIe, au sens de « mélodie » et « musique », disparu au début du XVIIIe ◊ du latin *nota*

I EN MUSIQUE ▪ **1** Signe qui sert à caractériser un son par sa forme (durée du son) et par sa place sur la portée (hauteur du son). *Notes de musique. Figures de notes :* les différentes formes des notes exprimant leur durée relative. ➤ **ronde ; blanche ; noire ;** 2**croche.** *Les notes modernes sont ovales et munies, sauf la ronde, d'une hampe ou queue dirigée vers le haut ou vers le bas. Note pointée*. Notes sur la portée d'une partition. Savoir lire les notes.* ➤ **déchiffrer.** ▪ **2** (fin XIVe) Son figuré par une note. *Les notes de la gamme* (do, ré, mi, fa, sol, la, si). *L'échelle des notes. Jouer une note. Note piquée, tenue. Note bleue :* abaissement d'un demi-ton, vers le mode mineur ou majeur, caractéristique du blues (gamme pentatonique mineure). *« la note bleue des mots »* PH. DELERM. — *Note juste ;* FIG. (fin XIIe) détail vrai, approprié à la situation. — *Fausse note :* note qui, jouée ou chantée à la place de la note requise, fait dissonance. ➤ **canard, couac.** FIG. Impair, faute de goût qui détruit l'harmonie d'un ensemble. — LOC. *Donner la note :* indiquer la première note d'un morceau ou l'accord correspondant. FIG. Donner l'exemple à suivre (cf. Donner le la*, le ton*). — *Être dans la note,* dans le style, en accord avec l'ensemble. *Cet acteur n'est pas dans la note* (➤ **détonner**). — *Forcer la note :* en faire trop. ♦ FIG. Détail, élément. *Donner, jeter une note grave, mélancolique. « la note claire d'une cravate sur un complet sévère »* BLONDIN. ➤ **touche.** *« Il y avait une pointe de cannelle, une note plus grave de café moulu »* SIMENON. ▪ **3** Son musical. *Note cristalline.* ▪ **4** Touche d'un clavier. ▪ **5** TECHN. Caractéristique de la fragrance (d'une composition parfumée). *Note florale ambrée. Note de tête, de cœur, de fond.*

II INDICATION ÉCRITE ▪ **1** RARE Marque faite pour garder mention, indication de qqch. *J'ai mis une note sur mon exemplaire pour retrouver ce passage* (ACADÉMIE). ▪ **2** (1636) Mot, phrase se rapportant à un texte et qui figure à côté du texte, généralement à l'endroit concerné. ➤ **annotation ; addition, apostille.** *Note manuscrite. Note marginale, en marge. Observation, remarque, commentaire en note. « Mon Rabelais est tout bourré de notes et commentaires »* FLAUBERT. ♦ Bref éclaircissement nécessaire à l'intelligence d'un texte, et qui figure au bas de la page ou à la fin du texte. ➤ **explication, glose, référence, scolie.** *Notes et variantes. Notes en bas de page, en fin de chapitre, de volume. Appel de note,* chiffre ou signe placé après un mot. *Introduction et notes d'une édition critique. Note de l'auteur, du traducteur, de la rédaction (NDLR).* ▪ **3** (1636) Brève communication écrite. ➤ **avis, communication, communiqué, notice.** *Faire passer une note.* — *Note de service. Note diplomatique :* communication écrite soit entre agents diplomatiques, soit entre un ambassadeur et le gouvernement auprès duquel il est accrédité. ➤ **mémorandum.** *Note officielle,* signée. *Note verbale, confidentielle,* non signée. ▪ **4** Brève indication recueillie par écrit (en écoutant, en étudiant, en observant). *Voici quelques notes sur la question.* ➤ **aperçu, considération, observation,** 1**pensée, réflexion.** *Cahier, carnet de notes* (➤ **bloc-note**). — *Prendre en note une adresse, un numéro de téléphone. Prendre note d'un renseignement.* ➤ **noter.** *J'en prends note. Prendre des notes pendant une réunion* (➤ **compte rendu**), *un cours. « les notes prises sur des bouts de papier, des cartes de visite, des dos d'enveloppes »* GUILLOUX. ♦ Titre de certains essais critiques. *« Notes nouvelles sur E. Poe », de Baudelaire.* ♦ PAR EXT. Papier, feuille où sont écrites des notes. *Étudiants qui se prêtent leurs notes. Orateur qui parle sans notes.* ▪ **5** (1723) Détail d'un compte ; papier sur lequel est le détail d'un compte. ➤ **compte,** 2**facture,** 2**mémoire.** *Note de gaz, d'électricité. Note d'hôtel, de restaurant.* ➤ **addition,** FAM. **douloureuse.** *Demander sa note. La note, s'il vous plaît ! Le « garçon vous fait la note et énumère, à vos oreilles écœurées, tous les plats que vous digérez déjà depuis longtemps »* KOLTÈS. ♦ Le total du compte, la somme due. *Acquitter, payer, régler une note. La note était salée.* — *Note de frais :* compte des dépenses faites par une personne au titre d'un organisme, d'une entreprise, et qui lui sont remboursées. ▪ **6** (1845) Brève appréciation donnée par un supérieur sur le travail, la conduite de qqn. ➤ **cote, observation,** 1**point.** *Note d'un fonctionnaire, d'un élève.* ➤ **notation.** *Infliger une mauvaise note.* PAR EXT. *C'est une mauvaise note pour lui,* un mauvais point, un blâme. ♦ (1906) COUR. Appréciation chiffrée ou non, donnée selon un barème préalablement choisi. *Note sur 10, sur 20. Note supérieure, inférieure à la moyenne. Mettre une note à un devoir. Avoir de bonnes, de mauvaises notes. Carnet de notes d'un élève.*

NOTEBOOK [nɔtbuk] n. m. – 1991 ◊ mot anglais « bloc-note » ▪ ANGLIC. Petit ordinateur portable, plat et léger, dont le format se rapproche de celui d'une feuille A4. *Des notebooks.* — Recomm. offic. *bloc-notes électronique.*

NOTER [nɔte] v. tr. ⟨1⟩ – 1119 « remarquer » ◊ latin *notare*

I (1538) ▪ **1** Marquer (ce dont on veut garder l'indication, ce qu'on juge digne de mention). *Noter les passages intéressants d'un livre,* les cocher, les souligner, les passer au surligneur*. *J'ai noté d'une croix ce qui pouvait vous concerner.* ▪ **2** Écrire pour mémoire. ➤ **consigner, enregistrer, inscrire, marquer.** *Noter une adresse, un numéro de téléphone, la date d'un rendez-vous, une commande.* — *Noter sur ses tablettes*. « noter soigneusement et dans le plus grand détail tout ce qui se produit »* SARTRE. — *Notez que nous serons absents jusqu'à la fin du mois.* ▪ **3** Prêter attention à (qqch.). ➤ **apercevoir, constater, remarquer.** *Noter une différence, un changement. Ceci mérite d'être noté. Il faut bien noter ceci* (cf. Faire attention*, prendre garde*, se rendre compte*). *Notez bien.* ➤ **nota bene.** *Notez bien que je n'y suis pour rien. Il faut noter, il est à noter qu'il était encore bien jeune.* — (En incise) *Je ne lui ai rien dit, notez, mais il a compris.* ▪ **4** Apprécier par une observation, une note chiffrée. *Noter un élève, un employé. Noter un devoir sur 10, sur 20.* ➤ **coter.** — p. p. adj. *Fonctionnaire bien noté. Élève mal noté en maths. Devoir noté.*

II MUS. Écrire, copier (de la musique) avec les caractères destinés à cet usage. *Noter un air.*

NOTICE [nɔtis] n. f. – XIIIe « connaissance de quelque chose » ◊ latin *notitia* « connaissance », en bas latin « registre, liste » ▪ **1** (1721) Préface d'un livre dans laquelle l'éditeur présente succinctement l'auteur et l'œuvre. *Notice de l'éditeur.* ▪ **2** Bref exposé écrit, ensemble d'indications sommaires. ➤ **abrégé, note.** *Notice biographique, bibliographique, nécrologique. Notice explicative. Notice de mode d'emploi.* ▪ **3** FIN. Publication d'informations par une société qui émet des actions dans le public.

NOTIFICATIF, IVE [nɔtifikatif, iv] **adj.** – 1860 ◊ de *notifier* ▪ Qui sert à notifier. *Lettre notificative.*

NOTIFICATION [nɔtifikasjɔ̃] **n. f.** – 1468 ; «connaissance» 1314 ◊ du radical latin de *notifier* ▪ **1** DR. Action de notifier ; acte par lequel on notifie. ➤ **annonce, avis, exploit, signification.** *Donner, recevoir notification d'un arrêt.* — DR. ADMIN. Information communiquée en la forme administrative à une personne pour porter à sa connaissance une décision qui la concerne. — PROCÉD. CIV. Acte instrumentaire par lequel on porte à la connaissance d'une personne une décision la concernant. *Notification a été faite du jugement aux parties intéressées.* ▪ **2** Court message informatif envoyé automatiquement par voie numérique. *Recevoir une notification sur son téléphone portable.* ➤ aussi 1 **alerte.**

NOTIFIER [nɔtifje] **v. tr.** ‹7› – 1314 «faire connaître» ◊ latin *notificare* ▪ **1** COUR. Faire connaître expressément. ➤ **annoncer, communiquer, informer, signifier.** *On lui notifia son renvoi.* ▪ **2** (1463) DR. Porter à la connaissance d'une personne intéressée et dans les formes légales (un acte juridique). ➤ **intimer, signifier ; notification.**

NOTION [nosjɔ̃] **n. f.** – 1570 ◊ latin *notio* ▪ **1** (Surtout plur.) Connaissance élémentaire. ➤ **élément, rudiment.** *Avoir des notions de chimie, d'anglais, d'informatique.* ▪ **2** Connaissance intuitive, synthétique et assez imprécise (que l'on a d'une chose). *Notion qui devance l'expérience.* ➤ **a priori.** *Avoir la notion du bien et du mal. Je n'en ai pas la moindre notion.* ➤ **idée.** *Spationaute qui perd la notion du temps.* ▪ **3** Objet abstrait de connaissance. ➤ **concept, représentation.** *«Les idées sont des notions des objets»* ROUSSEAU. *Le mot et la notion.*

NOTIONNEL, ELLE [nosjɔnɛl] **adj.** – 1701 *notionel* ◊ de *notion* ▪ DIDACT. Relatif à une notion, à un concept. *Champ notionnel.* ➤ **conceptuel.** ◆ (1986) FIN. *Emprunt notionnel* : emprunt d'État de nature fictive servant de support à certains contrats négociés sur le MATIF.

NOTO- ▪ Élément, du grec *nôtos* «dos».

NOTOCORDE [nɔtɔkɔʀd] **n. f.** – 1868 ◊ de *noto-* et *corde* ▪ ANAT. Spécialisation précoce du mésoderme* définissant l'axe central du corps des vertébrés.

NOTOIRE [nɔtwaʀ] **adj.** – 1283 ; *notore* 1226 ◊ latin juridique *notorius* «qui fait connaître» ▪ **1** Qui est connu d'une manière sûre, certaine et par un grand nombre de personnes. ➤ **connu, évident,** 1 **manifeste, public, reconnu.** *Le fait est notoire. Il est notoire que* (et indic.). ➤ **clair.** *Il est d'une méchanceté, d'une bêtise notoire.* — DR. *Inconduite notoire. Vivre en concubinage notoire.* ▪ **2** (PERSONNES) Avéré, reconnu comme tel. *Un criminel notoire.* ◆ Célèbre, très connu. *«Des praticiens notoires»* MARTIN DU GARD. ▪ CONTR. Douteux, 1 faux, inconnu.

NOTOIREMENT [nɔtwaʀmɑ̃] **adv.** – 1283 ◊ de *notoire* ▪ De façon notoire ; au su d'un grand nombre de personnes. ➤ **manifestement.** *Nouvelle notoirement fausse. Il est notoirement insolvable.*

NOTONECTE [nɔtɔnɛkt] **n. m.** ou **f.** – 1808 ◊ de *noto-* et grec *nêktos* «nageur» ▪ ZOOL. Punaise d'eau *(hémiptères)*, qui nage sur le dos.

NOTORIÉTÉ [nɔtɔʀjete] **n. f.** – 1404 ◊ du latin *notorius* → notoire ▪ **1** Caractère de ce qui est notoire ; le fait d'être connu d'une manière certaine et générale. *Notoriété d'un fait, d'une nouvelle.* — *Il est de notoriété publique que...* ◆ PAR EXT. L'opinion générale qui donne une chose pour notoire. *«Il admirait un peu au hasard, d'après la notoriété publique»* GAUTIER. ◆ DR. *Acte de notoriété* : acte par lequel un magistrat ou un officier public (juge d'instance, notaire) relate des témoignages constatant la notoriété d'un fait. ▪ **2** (1856) Fait d'être connu avantageusement. ➤ **célébrité, renom, renommée, réputation.** *Acquérir une certaine notoriété. Son livre lui a donné de la notoriété. La notoriété d'un écrivain, d'une œuvre, d'un lieu.* — *Étude de notoriété d'un produit.* ▪ CONTR. Obscurité ; ignorance.

NOTRE [nɔtʀ], plur. **NOS** [no] **adj. poss.** – *nostre* 1080 ; *nostro* 842 ◊ latin *noster*
▪ Adjectif possessif de la première personne du pluriel et des deux genres, correspondant au pronom personnel *nous**.
I Qui est à nous, qui nous appartient. ▪ **1** (Représentant deux ou plusieurs personnes, dont le locuteur.) *Notre enfant, nos parents. Les religieuses «ne disent de rien* ma *ni* mon [...] *Elles disent de toutes choses* notre*»* HUGO. *Nous devrions donner chacun notre avis. C'est notre tour.* ▪ **2** (Représentant un groupe de personnes.) *Notre bonne ville. Dans nos régions. «Gloire à notre France éternelle !»* HUGO. ▪ **3** (Représentant la généralité des êtres humains.) *À l'heure de notre mort. Nous avons tous nos problèmes. À notre époque.*
II Emplois stylistiques ▪ **1** Marquant la sympathie personnelle. *Comment va notre malade ?* ▪ **2** Marquant «un intérêt supposé commun au sujet parlant et à l'interlocuteur» (Sandfeld). *Notre héros, notre homme partit en voyage.* ▪ **3** RÉGION. et POP. devant un appellatif *«Elle répondit [...] : – Quoi, not'maître»* MAUPASSANT. ▪ **4** (Représentant une seule personne ; correspond à *nous**, de majesté ou de modestie). ➤ **mon.** *Tel est notre bon plaisir. Ce n'est pas notre point de vue.*
▪ HOM. Nô.

NÔTRE [notʀ] **adj. poss., pron. poss.** et **n.** – *nostre* XIᵉ ◊ latin *nostrum*
▪ Qui est à nous, nous appartient, se rapporte à nous.
I adj. poss. À nous, de nous. VX *Cette idée nôtre* : cette idée de nous. ◆ MOD. et LITTÉR. (attribut) *«Nous les avons faites nôtres* [ces émotions]*»* PROUST. *À présent, elles sont nôtres.*
II pron. poss. (XIᵉ) **LE NÔTRE,** *la nôtre, les nôtres.* L'être ou l'objet qui est en rapport de possession, de parenté, d'intérêt, etc., avec le groupe formé par le locuteur *(je, moi)* et une ou plusieurs autres personnes *(nous). Votre maison et la nôtre. Vos idées ne sont pas toujours les nôtres. Ils ont leurs soucis, et nous les nôtres.*
III n. (XVIIᵉ) *Nous y mettons chacun du nôtre.* — *Les nôtres* : nos parents, amis, compagnons. *Soyez des nôtres* : venez avec nous.

NOTRE-DAME [nɔtʀədam] **n. f. inv.** – v. 1130 ◊ de *notre* et *dame* ▪ Employé sans art. (comme n. pr.) Désignation traditionnelle de la Vierge Marie, parmi les catholiques. ◆ Nom d'églises, de sanctuaires dédiés à la Vierge. *Notre-Dame de Paris, de Lourdes.*

NOTULE [nɔtyl] **n. f.** – 1495 ◊ bas latin *notula* (vᵉ), de *nota* → note ▪ Petite annotation à un texte.

NOUAGE [nwaʒ] **n. m.** – 1812 «rachitisme» ; *nouage d'aiguillette* 1603 ◊ de *nouer* ▪ (1874) TECHN. Opération de tissage, action de nouer les fils d'une chaîne terminée à ceux qui doivent leur succéder.

NOUAISON [nwɛzɔ̃] **n. f.** – attesté 1948 ◊ de *nouer* ▪ AGRIC., ARBOR. Transformation de l'ovaire de la fleur en fruit. *Nouaison du raisin.* ➤ **nouure.**

NOUBA [nuba] **n. f.** – 1897 ◊ arabe d'Algérie *nuba* «tour de rôle», désignant la musique que l'on jouait à tour de rôle devant les maisons des dignitaires ▪ **1** ANCIENNT. Musique militaire des régiments de tirailleurs d'Afrique du Nord, comportant des instruments traditionnels (fifres, tambourins). ▪ **2** FIG. (1898) FAM. *Faire la nouba.* ➤ **fête*, java, noce.** *Une nouba à tout casser.* ▪ **3** RÉGION. (Maghreb) Œuvre musicale classique d'origine andalouse, composée de mouvements se succédant selon un ordre précis.

1 **NOUE** [nu] **n. f.** – XIVᵉ ; *noe* XIIIᵉ ◊ latin médiéval *nauda*, d'origine gauloise ▪ RÉGION. Terre grasse et humide (➤ **marécage**) cultivée en pâturage, en prairie ; terrain périodiquement inondé.
▪ HOM. Nous.

2 **NOUE** [nu] **n. f.** – 1676 ; *nohe* 1223 ◊ latin populaire °*navica*, °*nauca*, dérivés de *navis* «nef» ▪ TECHN. ou RÉGION. ▪ **1** Tuile creuse, bande de plomb servant à l'écoulement des eaux de pluie. ▪ **2** (XVIIᵉ) Angle rentrant formé par l'intersection de deux combles ; pièce de charpente qui supporte leur jonction.

NOUÉ, NOUÉE [nwe] **adj.** – XVᵉ «dru, serré» ◊ de *nouer* ▪ **1** Contracté, serré comme par un nœud. *Avoir la gorge nouée, l'estomac noué. Être noué* : contracté, nerveux. *«non, il n'a pas faim, il est noué – l'émotion peut-être»* K. TUIL. ▪ **2** MÉD. ANC. Qui forme une nodosité. *Articulation nouée* (par la goutte, le rachitisme). — (1718) *Enfant noué,* rachitique.

NOUEMENT [numɑ̃] **n. m.** – XVᵉ ◊ de *nouer* ▪ RARE Action de nouer.

NOUER [nwe] **v.** ‹1› – XIIIᵉ ; *noer* XIIᵉ ◊ latin *nodare* → nœud
I v. tr. ▪ **1** Arrêter (une corde, un fil, un lien) ou unir les deux bouts de (une corde, un lien) en faisant un nœud. ➤ **attacher, lier,** RÉGION. **rappondre.** *Nouer ses lacets. Nouer sa cravate*. Nouer un garrot serré. Nouer l'aiguillette*. Foulard noué sur la tête.* — TECHN. *Nouer la chaîne, la trame,* en ratta-

cher les fils rompus. ➤ **nouage.** ▪ **2** (XVIIe) Serrer, envelopper (qqch.), réunir (un ensemble de choses) en faisant un ou plusieurs nœuds. *Nouer une gerbe, un bouquet avec un lien, un fil. — Paquet noué d'une faveur, d'un ruban.* ◆ PAR EXT. (PRONOM.) « *Leurs doigts se nouaient* » ARAGON. ➤ se **serrer.** ▪ **3** FIG. (par allus. au nœud coulant qui étrangle) *Le trac lui noue la gorge.*

II v. tr. (XVIIe) (ABSTRAIT) ▪ **1** Établir, former (un lien moral). *Nouer une alliance, une relation, des liens, une amitié avec qqn.* ➤ **lier.** ▪ **2** VIEILLI Organiser, former (une affaire compliquée, emmêlée). *Nouer un complot, une conspiration.* ➤ **ourdir.** — THÉÂTRE *Nouer l'action, l'intrigue,* en établir le « nœud » pour l'amener à son point culminant. PRONOM. *L'intrigue se noue au IIe acte.*

III v. intr. (1690) AGRIC. Passer à l'état de fruit, en parlant des fleurs fécondées (➤ **nouaison, nouure**). *Les fruits ont bien noué.*

▪ CONTR. (de I, II) Dénouer.

NOUEUR [nwœʀ] n. m. – 1976 ; « ouvrier » XVIe ◇ de *nouer* ▪ Mécanisme de la ramasseuse-presse qui noue la ficelle des balles de foin.

NOUEUX, NOUEUSE [nwø, nwøz] adj. – 1530 ; *noous* XIIIe ◇ latin *nodosus,* de *nodus* → nœud ▪ **1** *Bois, arbre noueux,* qui a beaucoup de nœuds. *Tronc noueux. Racines noueuses.* ▪ **2** Qui présente des nœuds, des nodosités. *Mains noueuses.* « *Ses doigts noueux comme un cou de poulet* » RENARD. — PAR EXT. *Arthritisme noueux,* qui rend les articulations noueuses.

NOUGAT [nuga] n. m. – 1750 ; *nogas* plur. 1595 ◇ provençal *nougo* « noix », d'un latin populaire °*nuca,* classique *nux* « noix » ▪ **1** Confiserie fabriquée avec des amandes (ou des noix, des noisettes) et du sucre caramélisé, du miel. *Nougat dur, mou. Nougat de Montélimar. Nougat espagnol.* ➤ **touron.** — *Nougat chinois (au sésame). Nougat glacé au coulis de framboise* (glace). ▪ **2** FIG. (1928) FAM. *C'est du nougat !* c'est très facile (cf. C'est du gâteau*, du nanan*). *C'est pas du nougat :* c'est difficile (cf. C'est pas de la tarte*). ▪ **3** (1926 ; *jambes en nougat* « fatiguées, molles » 1917) POP. *Les nougats :* les pieds. « *On avait mal aux nougats à force de circuler* » QUENEAU.

NOUGATINE [nugatin] n. f. – 1938 ◇ de *nougat* ▪ Nougat brun, dur, utilisé en confiserie et en pâtisserie. *Pièce montée en nougatine.*

NOUILLE [nuj] n. f. – 1767 ; *nulle* 1655 ◇ allemand *Nudel* ▪ **1** AU PLUR. Pâtes alimentaires, en forme de ruban, de longueur moyenne. *Nouilles alsaciennes. Nouilles soba*.* — PAR EXT. FAM. Toute espèce de pâtes alimentaires, à l'exclusion des pâtes à potage. « *elle avait mangé des nouilles et partagé avec d'autres étudiants des appartements pourris* » C. CUSSET. *Nouilles plates. Nouilles au gratin. Plat de nouilles.* FIG. (PERSONNES) *Quel plat de nouilles !* (cf. ci-dessous 2°). ▪ **2** FIG. et FAM. Personne molle et niaise. *Quelle nouille !* — adj. *Ce qu'il peut être nouille.* ▪ **3** FIG. et FAM. Pénis. « *se faire téter la nouille sur un parking de boîte de nuit* » P. BAILLY. ▪ **4** APPOS. INV. *Style nouille :* style décoratif où dominent les courbes, à la mode vers 1900. ➤ **modern style.** « *le style nouille des bouches de métro* » GREEN.

NOUKTA [nukta] n. f. – 1984 ◇ de l'arabe ▪ (Maghreb) Histoire drôle, anecdote plaisante. *Raconter une noukta.*

NOULET [nulɛ] n. m. – 1314 ◇ de 2 *noue* ▪ TECHN. ▪ **1** Canal d'écoulement formé d'un assemblage de noues. ▪ **2** Pièce de charpente placée à l'intersection de deux combles en angle rentrant, de hauteurs différentes.

NOUMÈNE [numɛn] n. m. – 1801 ◇ mot allemand (Kant), transcription du grec *nooumena* « choses pensées », p. pass. de *noein* « penser » → noèse ▪ PHILOS. Objet de la raison, réalité intelligible (opposé à *phénomène, réalité sensible*). — Chose en soi. — adj. **NOUMÉNAL, ALE, AUX,** 1801.

NOUNOU [nunu] n. f. – 1857 ◇ de *nourrice* ▪ FAM. Nourrice (3°). *Chercher une nounou. Les nounous.*

NOUNOURS [nunuʀs] n. m. – *nounourse* 1935 ◇ de *(un) ours,* par agglutination ▪ LANG. ENFANTIN Ours en peluche. *Bébé qui dort avec son nounours.*

NOURRAIN [nuʀɛ̃] n. m. – *norrin* 1310 ◇ latin populaire °*nutrimen* « action de nourrir *(nuture)* » ▪ TECHN. Fretin qu'on met dans un étang, un vivier, pour le peupler ou le repeupler. ➤ **alevin.** ◆ Cochon de lait qu'on engraisse.

NOURRI, IE [nuʀi] adj. – XIIe n. « invité à une table » ◇ de *nourrir* ▪ **1** Alimenté. *Bien, mal nourri. Logé et nourri* (cf. Le vivre et le couvert*). — SUBST. *Les mal-nourris* (➤ **malnutrition**). ▪ **2** (1771) Entretenu, continué ou renforcé. *Feu, tir nourri, fusillade nourrie.* ➤ **dense.** *Sons nourris. Conversation nourrie.*

NOURRICE [nuʀis] n. f. – *norrice* 1138 ◇ bas latin *nutricia,* fém. de *nutricius* « nourricier »

I ▪ **1** Femme qui allaite au sein un enfant en bas âge (➤ **nourrisson**), le sien ou celui d'une autre. « *La véritable nourrice est la mère* » ROUSSEAU. *Nourrice qui donne le sein à un enfant.* ▪ **2** SPÉCIALT Nourrice à gages, autre que la mère. *Confier un enfant à une nourrice, à la campagne. Enfants qui ont la même nourrice* (cf. Frères, sœurs de lait*). — *Mettre un enfant en nourrice,* le donner à une nourrice hors de chez soi. ◆ Femme qui a été la nourrice de qqn. *Rôle des nourrices, confidentes du théâtre antique. Sa vieille nourrice.* ▪ **3** (1874) *Nourrice* (ou VIEILLI *nourrice sèche*) : femme qui élève un nourrisson, lui donne ses soins. — Femme qui par profession garde, élève chez elle des enfants en bas âge. ➤ FAM. **nounou.** *Confier son bébé à une nourrice ou à la crèche. Nourrice agréée.* ➤ **assistante** (maternelle), RÉGION. **maman** (de jour). ◆ *Épingle* de nourrice* (qui attachait les langes). ▪ **4** (Animaux) Femelle qui allaite. *Cette vache est bonne nourrice.* ▪ **5** (1834) APIC. Abeille qui élève les larves. ▪ **6** (XIVe) FIG. Ce qui élève, forme, nourrit. ➤ **nourricier.** « *La Révolution qui était la nourrice de Napoléon* » CHATEAUBRIAND. ▪ **7** ARG. Personne rémunérée par des trafiquants pour cacher chez elle de la drogue, de l'argent, des armes.

II (1907) ▪ **1** TECHN. Réservoir intermédiaire muni de raccords, placé à l'intersection des conduites d'eau ou de gaz afin de régulariser le débit. — AUTOM. Réservoir intermédiaire ou de réserve. ▪ **2** ➤ **bidon, jerricane.** *Une nourrice de cinquante litres.*

III FIN. Le fait de nourrir (II, 8°) un effet, une créance. *Emprunt en nourrice. Frais de nourrice.*

NOURRICERIE [nuʀisʀi] n. f. – XIVe ◇ de *nourricier* ▪ **1** VX Pièce destinée aux enfants. ➤ **nurserie.** ▪ **2** AGRIC. Lieu où l'on engraisse les bestiaux.

NOURRICIER, IÈRE [nuʀisje, jɛʀ] n. et adj. – *norrecier* n. 1190 ◇ de *nourrice*

I n. (1690) APPOS. *Père nourricier :* mari de la nourrice ; père adoptif. *Saint Joseph, père nourricier de l'Enfant Jésus.*

II adj. ▪ **1** (1538) Qui fournit, procure la nourriture. *La terre nourricière.* ▪ **2** (XVIIIe) Qui contribue à la nutrition. ➤ **nutritif.** *Suc nourricier ; sève nourricière.* ANAT. *Artères nourricières* (des os longs), qui pénètrent dans l'os à travers les *trous* et les *canaux nourriciers* et assurent leur irrigation.

NOURRIR [nuʀiʀ] v. tr. ‹2› – v. 1000 ◇ latin *nutrire*

I VX **FORMER, PRODUIRE** ▪ **1** Élever, éduquer (surtout pass. et p. p.). « *J'ai été nourri aux lettres* » DESCARTES. — *Nourri dans...* « *Félicité, bien que nourrie dans la rudesse* » FLAUBERT. ▪ **2** Produire. « *Et tout ce que l'Espagne a nourri de vaillants* » CORNEILLE.

II ALIMENTER A. ALIMENTER UN ÊTRE VIVANT ▪ **1** (XIe) Élever, alimenter (un enfant, un nouveau-né) en l'allaitant. ➤ **allaiter ; nourrice.** *Mère qui a nourri ses enfants. Nourrir un bébé au sein,* PAR EXT. *au biberon.* ▪ **2** (XIIIe) Entretenir, faire vivre (une personne, un animal) en lui donnant à manger ou en lui procurant les aliments nécessaires à sa subsistance. ➤ **alimenter.** *Nourrir un enfant à la cuillère. Nourrir un malade. Elle viendra nourrir le chat. Poulet nourri au grain. Des bêtes bien nourries, bien soignées. Oiseau qui nourrit ses petits à la becquée.* ◆ Procurer, fournir les aliments à. ➤ **ravitailler.** *La pension loge et nourrit dix personnes. L'intendance les nourrit bien.* ▪ **3** Pourvoir (qqn) de moyens de subsistance. ➤ **entretenir.** *C'est elle qui nourrit toute la famille,* qui la fait vivre. *Avoir trois personnes à nourrir,* à sa charge. *Une bouche* à nourrir.* ◆ (XVIe) FIG. (sujet chose) Fournir, donner de quoi vivre à. — LOC. *Ce métier, ce travail ne nourrit pas son homme. — Industrie qui nourrit des milliers d'ouvriers. L'agriculture doit nourrir l'humanité.* ▪ **4** ABSOLT Constituer une subsistance pour l'organisme. *Le pain nourrit* (➤ **nourrissant**). ▪ **5** Développer, faire croître. *Le sol nourrit les arbres.*

B. ALIMENTER QQCH. ▪ **1** (Sujet chose) Pourvoir (l'esprit) d'une nourriture spirituelle. *La lecture nourrit l'esprit.* ➤ **former.** *Nourri de Kant et de Hegel.* ▪ **2** (1530) Entretenir (une chose) en augmentant l'importance, en conservant ou en faisant durer plus longtemps. *Nourrir le feu, une lampe.* ➤ **alimenter.** *Nourrir les sons :* émettre des sons pleins et les soutenir (➤ **nourri,** 2°). *Nourrir la conversation. Nourrir la croissance économique. Nourrir un exposé d'exemples choisis.* ➤ **enrichir.** ▪ **3** (XIIe) Entretenir en soi (un sentiment, une pensée). *Nourrir un désir, des rancunes. Nourrir de vieilles haines pour (contre) qqn. Il nourrit l'espoir, l'illusion d'y parvenir. Nourrir un projet.* ➤ **caresser, échafauder, préparer.** — « *La solitude nourrit les pensées sombres* » GAUTIER. ▪ **4** FIN. Garder (des créances, des effets) en portefeuille, sans les mobiliser. *Nourrir des effets de commerce.*

III SE NOURRIR v. pron. (*soi nourrir* 1190) ▪ **1** Absorber tel ou tel aliment. *Se nourrir de légumes, de viande,* en consommer, en manger (➤ **-phage, -vore**). — ABSOLT *Il faut vous nourrir.* ➤ **s'alimenter,** 1 **manger*,** se **sustenter.** *Conseils pour bien se nourrir* (➤ **diététique**). *Très affaibli, le malade ne se nourrit presque plus. Refus de se nourrir.* ➤ **anorexie** (cf. aussi Grève* de la faim). ▪ **2** FIG. ➤ **s'abreuver,** se **repaître.** *Se nourrir d'illusions, de rêves.* «*Le monde se nourrit d'un peu de vérité et de beaucoup de mensonge*» R. ROLLAND.

▪ CONTR. Sevrer ; affamer, priver. — Jeûner.

NOURRISSAGE [nuʀisaʒ] n. m. – *norrisaige* 1482 ◊ de *nourrir*
▪ Action ou manière de nourrir un animal. *Nourrissage d'un chaton perdu.* — (Animaux) Action de se nourrir.

NOURRISSANT, ANTE [nuʀisɑ̃, ɑ̃t] adj. – 1314 ◊ de *nourrir*
▪ **1** Qui nourrit (plus ou moins) ; qui a une valeur nutritive, calorique, plus ou moins grande. ➤ **nutritif.** *Aliments très nourrissants* (➤ 2 **calorique**), *peu nourrissants* (➤ **allégé, léger**). ▪ **2** ABSOLT Qui nourrit beaucoup. ➤ **riche, substantiel.** *Plat nourrissant.*

NOURRISSEUR [nuʀisœʀ] n. m. – XIIe «celui qui nourrit» ◊ de *nourrir* ▪ AGRIC. ▪ **1** (1803) Personne qui entretient des vaches pour la vente de leur lait (sans cultiver les fourrages). — Personne qui engraisse du bétail pour la boucherie. ➤ **engraisseur.** ▪ **2** Récipient (pour la nourriture des bestiaux ; des abeilles).

NOURRISSON [nuʀisɔ̃] n. m. – 1538 ; *a nurrezon* «en nourrice» 1150 ; *nourreçon* XIIe ◊ bas latin *nutritio* «nourriture» ▪ **1** (XVIe) Enfant qu'une femme nourrit de son lait. — FIG. et VX *Les nourrissons des Muses :* les poètes. ▪ **2** DIDACT. Enfant âgé(e) de plus d'un mois et de moins de deux ans. ➤ **bébé, nouveau-né.** *Service de consultation des nourrissons, dans un dispensaire.* — COUR. Enfant en bas âge, pas encore sevré(e). *Hygiène du nourrisson.* ➤ **puériculture.**

NOURRITURE [nuʀityʀ] n. f. – XIVe ; *nurture* «bétail» fin XIe ; *norreture* «éducation» XIIe ◊ bas latin *nutritura,* avec influence de *nourrir*

I VX ▪ **1** Éducation. ▪ **2** (XVIe) Allaitement.

II (1530) MOD. ▪ **1** Ce qui entretient la vie d'un organisme en lui procurant des substances à assimiler (➤ **alimentation, nutrition, subsistance**). *Produits destinés à la nourriture des êtres humains.* ➤ 2 **vivres.** *Nourriture des animaux* (➤ **pâtée, pâture**). — Ces substances. ➤ **aliment.** *Bouchées, morceaux, fragments de nourriture.* ➤ aussi **portion, ration.** *Absorber, prendre de la nourriture :* manger, se nourrir. *Se jeter sur la nourriture. Se priver de nourriture* (➤ **jeûner**). *Refuser toute nourriture. Nourriture préparée, accommodée, apprêtée, gastronomique.* ➤ **cuisine ; traiteur.** *Nourriture congelée, surgelée, sous vide. Nourriture pauvre ; riche. Une nourriture saine, équilibrée. Nourriture solide* ; liquide* (potages, soupes, etc., à l'exclusion des boissons sans valeur nutritive). ◆ Ce qu'on mange habituellement aux repas. ➤ **chère, mangeaille,** 2 **manger, pitance, soupe** (FIG.) ; FAM. **bectance,** 2 **bouffe, bouffetance, boustifaille, croûte,** ARG. **tortore.** *Comment est la nourriture dans cette cantine ? Médiocre, mauvaise nourriture.* ➤ FAM. **rata, tambouille.** *Une nourriture abondante, variée.* «*Il rêvait à des nourritures gargantuesques*» GONCOURT. *La nourriture et la boisson.* ▪ **2** FIG. et LITTÉR. *Nourriture de l'esprit.* «*la nourriture de l'impulsion créatrice*» RIMBAUD. «*Les Nourritures terrestres*», œuvre de Gide.

NOUS [nu] pron. pers. – XIIIe ; *nos* v. 880 ◊ latin *nos*
▪ Pronom personnel de la première personne du pluriel (représente la personne qui parle et une ou plusieurs autres, ou un groupe auquel celui qui parle appartient ➤ **on**).

I pron. pers. pl. ▪ **1** Employé seul (sujet) «*Mes deux frères et moi, nous étions tout enfants*» HUGO. *Vous et moi, nous sommes de vieux amis.* — (Attribut) «*Et c'est nous trop souvent qui faisons nos malheurs*» M.-J. CHÉNIER. — Compl. *Il nous regarde, il ne nous voit pas. Tu nous ennuies. Partez sans nous.* — Compl. ind. *Vous nous le donnerez. Il nous a écrit* (= à nous). «*Notre fortune n'est pas à nous*» DUMAS. *Il est venu à nous, vers nous. Chez nous, pour nous.* ◆ pron. réfl. (ou récipr.) *Nous nous sommes regardés sans rien dire. Sauvons-nous.* ▪ **2 NOUS,** renforcé. *Nous, nous restons là.* — **NOUS-MÊME(S).** «*Nous sommes incompréhensibles à nous-mêmes*» PASCAL. — (XVIe) **NOUS AUTRES,** marque une distinction très forte ou s'emploie avec un terme en apposition. «*Nous autres, compatriotes de Napoléon*» MÉRIMÉE. «*Nous autres Français*», *ouvrage de Bernanos.* — (Précisé par un numér. card.) *Voilà qui nous contentera tous deux. À nous trois, nous y arriverons.* — *Nous voici, nous voilà*.*

II Emplois stylistiques (transposition de personnes) ▪ **1** (1re pers. du sing.) Employé pour *je* (plur. de modestie ou de majesté) *Le roi dit : nous voulons.* REM. L'adj. et le p. p. s'accordent avec le vrai sujet : *Nous sommes étonnée de cette décision.* ▪ **2** (2e pers., en signe d'intérêt, d'affection) ➤ **toi, vous.** «*Eh bien, madame la baronne, comment allons-nous ?*» MAUPASSANT. *Alors, nous sommes contente ?* ➤ **on.** ▪ **3** (3e pers.) ➤ **il, elle.** S'emploie lorsque la personne qui parle (avocat, notaire) le fait en tant que représentant des intérêts d'une personne (plur. normal de l'adj. et du p. p.).

III n. m. sing. Le mot *nous.* «*un de ces orgueils exigeants qui s'accommodent mal du "nous"*» DUHAMEL. *Le je et le nous.*

▪ HOM. Noue.

NOUURE [nuyʀ] n. f. – 1797 ; *noueüre* 1611 ◊ de *nouer* ▪ **1** MÉD. Déformation, tuméfaction des épiphyses, de l'extrémité des côtes, du dos, caractéristiques du rachitisme. — PATHOL. Nodosité sous-cutanée. ▪ **2** BOT. Commencement de la formation du fruit. ➤ **nouaison.**

NOUVEAU [nuvo] ou **NOUVEL** [nuvɛl] (devant voyelle ou *h* muet), **NOUVELLE** [nuvɛl] adj. et n. – milieu XIIe ◊ du latin *novellus,* diminutif de *novus* → 2 neuf

I QUI N'EXISTAIT PAS AVANT ▪ **1** (le plus souvent apr. le subst.) Qui apparaît pour la première fois ; qui vient d'apparaître. ➤ **récent ; néo-, novo-.** *Les pousses nouvelles.* ➤ **jeune, vert.** *Pommes de terre nouvelles. Le beaujolais nouveau est arrivé. Invention, création nouvelle.* ➤ **dernier.** *Un modèle nouveau, un type nouveau. Nouveau film, nouveau livre. Ville nouvelle.* — *Art* nouveau.* — *Mots, termes nouveaux.* ➤ **néologisme.** *L'ordre ancien et l'ordre nouveau.* ➤ **moderne.** *Établir une religion nouvelle. Un esprit nouveau.* PROV. *Tout nouveau, tout beau :* ce qui est nouveau est apprécié (et puis délaissé ensuite). DR. *Faits nouveaux :* faits produits ou révélés après une condamnation et justifiant la révision du procès. — *Qu'y a-t-il de nouveau ?* (➤ **nouvelle**). *Quoi de nouveau ?* (➤ 2 **neuf**). *Rien de nouveau.* LOC. *Rien de nouveau sous le soleil.* FAM. *C'est nouveau, ça vient de sortir !* PAR EXT. *Ça alors, c'est nouveau !* c'est inouï, c'est un peu fort. — SUBST. (1658) *Il y a du nouveau dans l'affaire X.* ◆ *Des gens nouveaux,* connus ou arrivés depuis peu de temps. ▪ **2** (fin XIIe) (Devant le subst.) Qui est depuis peu de temps ce qu'il est. *Les nouveaux riches. Les nouvelles recrues :* les soldats nouvellement incorporés (➤ **bleu**). *Le nouveau gouvernement. Le nouveau ministre de la Santé.* — (Devant un participe) *Le nouvel élu, les nouveaux élus. Les nouveaux mariés.* ➤ **jeune.** *Un nouveau venu.* ◆ n. (1832) **LE NOUVEAU, LA NOUVELLE :** personne qui vient d'arriver dans un groupe, une collectivité dont les membres se connaissent tous. *Un petit nouveau vient d'arriver. Il y a trois nouvelles dans la classe cette année. Grande école où les nouveaux sont victimes de canulars, de brimades.* ➤ **bizut.** ▪ **3** (milieu XIIe) (Apr. le subst., et souvent qualifié) Qui tire de son caractère récent une valeur de création, d'invention. ➤ **autre, hardi, inédit, insolite,** 2 **neuf,** 2 **original.** *Un art, un style, un langage nouveau, tout à fait nouveau. L'emploi nouveau et hardi que certains écrivains font des mots.* ◆ SUBST. ➤ **nouveauté.** *Faire, réclamer du nouveau en art. Le goût du nouveau.* ➤ **innovation ; innovant, innover, novateur.** «*Demandons au poète du nouveau. – idées et formes*» RIMBAUD. ▪ **4 NOUVEAU POUR** (qqn) **:** qui était jusqu'ici inconnu de (qqn) ; dont on n'a pas l'habitude. ➤ **inconnu, inhabituel.** *C'est pour moi une chose nouvelle. C'était un sentiment nouveau pour lui.* ◆ (Le compl. de l'adj. n'étant pas exprimé) *Voir les choses sous un jour nouveau, un nouveau jour. Rencontrer des têtes nouvelles.* ▪ **5** (fin XIIe) (PERSONNES ; en attribut ou apr. le subst.) VX Qui n'a pas, qui n'a guère l'expérience ou l'habitude de qqch. ➤ **inexpérimenté,** 2 **neuf, novice.** «*Nous arrivons tout nouveaux aux divers âges de la vie*» LA ROCHEFOUCAULD. *Être nouveau dans le métier.*

II QUI VIENT REMPLACER (Avant le subst., et seult épithète) (début XIIe) ▪ **1** Qui apparaît après un autre qu'il remplace, au moins provisoirement, ou tend à remplacer dans notre vision, dans nos préoccupations (opposé à *ancien, vieux*). — *Le nouvel an. La nouvelle lune :* le croissant, quand il commence à grandir (avant la demi-lune). *Le Nouveau Monde*. Le Nouveau Testament. Le nouveau régime. Un nouveau type de société. Un nouveau genre.* «*J'ai essayé d'inventer de nouvelles fleurs, de nouveaux astres, de nouvelles chairs, de nouvelles langues*» RIMBAUD. ◆ (PERSONNES) Qui, dans une catégorie, a des caractéristiques nouvelles, inédites par rapport à la tradition. *Les nouveaux pères. Les nouveaux bourgeois. Les nouveaux pauvres*. Les nouveaux réalistes.* — (Groupe, activité) *La nouvelle droite. Le nouveau théâtre. Le nouveau roman*. La nouvelle vague*. La nouvelle cuisine*. La nouvelle économie*. Les nouvelles technologies.* ▪ **2** (fin XIIe) Qui a succédé, s'est substitué à un autre. ➤ **autre, second.** *Son nouveau mari. La nouvelle directrice. Acheter une nouvelle voiture. Nouveaux francs*. Jusqu'à nouvel ordre*. Une nouvelle fois. Nouvelle et *dernière tentative. Une nouvelle édition mise à jour.* ♦ (1679) SPÉCIALT (devant un n. pr.) *Un nouveau Staline.* ➤ **second.** *« Julie, ou la Nouvelle Héloïse », roman de Rousseau.* — (Dans des expr. géogr.) *La Nouvelle-Zélande. La Nouvelle-Orléans.*

III DE NOUVEAU ; À NOUVEAU loc. adv. ▪ **1** (milieu XIIe) **DE NOUVEAU.** Pour la seconde fois, une fois de plus. ➤ **derechef, encore.** *Faire de nouveau.* ➤ **recommencer, réitérer** (cf. FAM. Remettre ça). *Il pleut de nouveau. Elle a de nouveau protesté. Être de nouveau malade, absent.* ▪ **2** (1835) **À NOUVEAU.** BANQUE *Créditer, débiter, porter à nouveau,* sur un nouveau compte. ♦ (1852) D'une manière différente, sur de nouvelles bases. *Examiner à nouveau une question. « "De nouveau" veut dire "derechef" et "à nouveau" veut dire "à neuf" »* DUHAMEL. — PAR EXT. (1864) De nouveau. *Il est à nouveau sans travail.*

▪ CONTR. Ancien, antique, vieux ; banal, expérimenté ; même.

NOUVEAU-NÉ, NOUVEAU-NÉE [nuvone] adj. et n. – fin XIIe ◊ de *nouveau* « récemment » et *né* ▪ **1** Qui vient de naître. *Un enfant nouveau-né. Une petite fille nouveau-née. Des faons nouveau-nés.* — FIG. *Une gloire nouveau-née.* ▪ **2** n. m. (1680) Enfant ou animal qui vient de naître, qui est né(e) depuis quelques jours ; SPÉCIALT (MÉD.) Bébé qui a moins de 28 jours. ➤ **nourrisson ; néonatal.** *Cris, vagissements du nouveau-né. « Certaines mères vont se récriant sur la beauté des nouveau-nés »* GIDE. — *Meurtre d'un nouveau-né.* ➤ **néonaticide.** — REM. Parfois *des nouveaux-nés, des nouvelles-nées ; « l'haleine des nouveaux-nés »* MORÉAS.

NOUVEAUTÉ [nuvote] n. f. – 1280 ; *novelté* v. 1160 ◊ de *nouveau* ▪ **1** Caractère de ce qui est nouveau. *Mode qui plaît par sa nouveauté.* — SPÉCIALT Originalité. *« Le point de perfection est atteint lorsque la nouveauté de la forme répond exactement à la nouveauté intérieure »* GIDE. ▪ **2** ABSOLT Ce qui est nouveau. *Aimer la nouveauté. Le charme, l'attrait de la nouveauté.* ▪ **3** *Une, des nouveautés :* chose nouvelle. *« chaque nouveauté doit nous trouver toujours tout entiers disponibles »* GIDE. *Tiens, vous ne fumez plus ? C'est une nouveauté ! Ce n'est pas une nouveauté !* on le savait déjà. ♦ SPÉCIALT Doctrine, institution, pratique nouvelle (religieuse, morale, politique) en contradiction avec la tradition, les idées reçues. ➤ **innovation.** *Esprit conservateur hostile aux nouveautés. « La peur des changements, l'horreur des nouveautés qui font du bruit »* FROMENTIN. ♦ (1666) Ouvrage nouveau qui vient de sortir, d'être représenté. *Nouveautés annoncées sous la rubrique : « Vient de paraître ».* ♦ VIEILLI Production nouvelle de l'industrie de la mode. *Nouveautés de printemps, d'hiver.* — *Magasin de nouveautés,* d'articles de mode. (COLLECT.) *La nouveauté :* l'industrie et le commerce des nouveautés. ▪ CONTR. Ancienneté, antiquité, archaïsme ; banalité, cliché ; coutume ; vieillerie.

NOUVELLE [nuvɛl] n. f. – XIIIe ; *novele* XIe ◊ latin populaire *novella,* n. f., de *novella,* plur. « choses récentes » ▪ **1** Premier avis qu'on donne ou qu'on reçoit (d'un évènement récent) ; cet évènement porté pour la première fois à la connaissance de la personne intéressée, ou du public. *La nouvelle d'un décès, d'un putsch. La nouvelle que l'armée reculait. Annoncer, apporter, répandre une nouvelle. Connaissez-vous la nouvelle ? Nouvelle de bonne source* (cf. On apprend, des milieux autorisés...). *La nouvelle n'est pas confirmée.* ➤ **bruit, écho, rumeur.** *Fausse nouvelle.* ➤ **bobard, canard.** *Lancer une nouvelle sensationnelle* (➤ 1 **bombe**), *importante et exclusive* (➤ **scoop**). — *Une bonne, une mauvaise nouvelle :* annonce d'un évènement heureux, malheureux. *Heureuse, triste, fâcheuse nouvelle. Nouvelles alarmantes.* — SPÉCIALT *La bonne nouvelle :* l'Évangile. — LOC. *Ce n'est pas une nouvelle :* c'est une chose que je savais déjà. *Première nouvelle !* en parlant d'une chose dont on n'avait pas connaissance et qui surprend. ♦ *Les nouvelles,* tout ce que l'on apprend par la presse, les médias. ➤ **information.** *Aller, venir aux nouvelles. Écouter les nouvelles à la radio, à la télévision. Les nouvelles du jour. Dernières nouvelles,* celles de dernière heure. *Petites nouvelles et faits* divers.* ▪ **2** PLUR. Renseignements concernant l'état ou la situation d'une personne qu'on n'a pas vue ou dont on n'a pas entendu parler depuis quelque temps. *Avoir des nouvelles de qqn. Je n'ai aucune nouvelle de lui. Aux dernières nouvelles, il allait mieux. « Sans nouvelles de toi, je suis désespéré »* APOLLINAIRE. *Ne plus donner de ses nouvelles.* ➤ **signe** (de vie). *Envoyer, faire prendre des nouvelles d'un malade.* FAM. *Quelles nouvelles ?* comment ça va ? (cf. Quoi de neuf ?). ♦ LOC. PROV. *Pas de nouvelles, bonnes nouvelles :* quand on ne reçoit pas de nouvelles de qqn, on peut supposer qu'elles sont bonnes. — (Menace) *Vous aurez, vous entendrez de mes nouvelles ! Soyez tranquilles, il aura bientôt de mes nouvelles !* — *Vous m'en direz des nouvelles :* vous m'en direz sûrement du bien, vous m'en ferez compliment. *« Je vais te faire goûter à mon eau-de-vie de prunes, tu m'en diras des nouvelles »* SARRAUTE. ▪ **3** (XVe ◊ italien *novella*) Récit généralement bref, de construction dramatique, et présentant des personnages peu nombreux. ➤ **conte.** *Romans et nouvelles. « la* nouvelle *[...] est faite pour être lue d'un coup, en une fois »* GIDE. *Auteur de nouvelles* (➤ **nouvelliste**). *Recueil de nouvelles.* — *« Les Cent Nouvelles nouvelles », recueil de nouvelles d'auteurs français publié au XVe s. Les nouvelles de Mérimée, de Maupassant.*

NOUVELLEMENT [nuvɛlmɑ̃] adv. – XIVe ; *novelment* 1155 ◊ de *nouveau* ▪ (Seult devant un p. p., un pass.) Depuis peu de temps. ➤ **récemment.** *Films nouvellement sortis. Fleur nouvellement éclose.* ➤ **fraîchement.** ▪ CONTR. Anciennement.

NOUVELLISTE [nuvelist] n. – 1620 ◊ de *nouvelle,* d'après l'italien *novellista* ▪ **1** VX Journaliste. ▪ **2** (1640) MOD. Auteur de nouvelles (3°). *L'art du nouvelliste. « Comme nouvelliste et romancier, Edgar Poe est unique dans son genre »* BAUDELAIRE.

NOVA, plur. **NOVÆ** [nɔva, nɔve] n. f. – fin XIXe ◊ fém. de l'adj. latin *novus* « nouveau » ▪ ASTRON. Étoile dont l'éclat peut s'accroître brusquement, avant de diminuer lentement et de subir éventuellement une nouvelle éruption. *Des novæ /novas/.*

▪ HOM. Nover.

NOVATEUR, TRICE [nɔvatœʀ, tʀis] n. – 1578 ◊ bas latin *novator,* radical *novus* « neuf » ▪ Personne qui innove ou tente d'innover. ➤ **innovateur ; créateur, initiateur.** *Les grands novateurs. « Les novateurs à qui l'avenir a donné raison »* RENAN. ♦ adj. (1770) *« un talent hardi et novateur »* ROMAINS. *Esprit novateur.* ➤ **audacieux, innovant, révolutionnaire.** — *Théorie novatrice.* ▪ CONTR. Conservateur, imitateur, réactionnaire, rétrograde.

NOVATION [nɔvasjɔ̃] n. f. – 1307 ◊ bas latin *novatio,* de *novare* « renouveler », radical *novus* ▪ **1** DR. Convention par laquelle une obligation est éteinte et remplacée par une nouvelle, soit par changement de créancier, de débiteur, soit par changement de l'objet de l'obligation. ▪ **2** (1548, repris XXe) RARE Chose nouvelle. ➤ **innovation, nouveauté.** *Une novation fondamentale.*

NOVATOIRE [nɔvatwaʀ] adj. – 1874 ◊ du bas latin *novatio* ▪ DR. Qui est de la nature de la novation ou a rapport à elle. *Acte, effet novatoire.*

NOVELETTE [nɔvlɛt] n. f. – fin XIXe ◊ de l'italien *novella* « récit », et du nom de la cantatrice *Clara Novello* ▪ MUS. Pièce pour piano. *Les novelettes de Schumann, de Poulenc.*

NOVÉLISATION [nɔvelizasjɔ̃] n. f. – v. 1980 ◊ anglais *novelization* ou *novelisation,* de *novel* « roman » ▪ ANGLIC. Transformation d'un film, d'un scénario de film en roman. *Novélisation d'un film. Le film dont il « a tiré, par novélisation, un beau roman contre la peine de mort »* PH. JAENADA. — On écrit aussi *novellisation.* — v. tr. ⟨1⟩ **NOVÉLISER** (aussi *novelliser*). ▪ CONTR. Adaptation.

NOVEMBRE [nɔvɑ̃bʀ] n. m. – 1119 ◊ latin *novembris,* de *novem* « neuf », neuvième mois de l'ancienne année romaine qui commençait en mars ▪ Onzième mois de l'année (correspondait à *brumaire*, frimaire**). *« Quand novembre de brume inonde le ciel bleu »* HUGO. RARE *Des novembres pluvieux. Le 1er novembre, fête de la Toussaint. Le 11 Novembre, anniversaire de l'armistice de 1918.*

NOVER [nɔve] v. tr. ⟨1⟩ – 1868 ◊ latin *novare* ▪ DR. Renouveler (une obligation). — ABSOLT Effectuer une novation. *Il n'est pas nécessaire que l'intention de nover soit exprimée par écrit.*

▪ HOM. Novæ (nova).

NOVICE [nɔvis] n. et adj. – 1175 adj. ◊ latin *novicius*

I n. (XIIIe) ▪ **1** Personne qui a pris récemment l'habit religieux et passe un temps d'épreuve (➤ **noviciat**) dans un couvent, avant de prononcer des vœux définitifs. *Maître, mère des novices. Postulante qui prend le voile et devient novice.* ▪ **2** Personne qui aborde une chose dont elle n'a aucune habitude, qui n'a pas d'expérience. *Il se débrouille bien, pour un novice.* ➤ **apprenti, commençant, débutant.** *Se laisser prendre comme un novice.* ➤ **bleu, conscrit.** ▪ **3** MAR. Jeune marin de seize à dix-huit ans. *Mousse, novice et matelot.*

II adj. ▪ **1** Qui manque d'expérience. ➤ **candide, ignorant.** *« Frédéric était si novice, que ses premières folies de jeunesse lui semblaient le bonheur même »* MUSSET. ▪ **2** Qui manque d'expérience (dans la pratique d'un art, l'exercice d'une profession, d'une activité). ➤ **inexpérimenté, inhabile, maladroit.** *Je suis novice en la matière. Il est encore bien novice dans ce métier.* ➤ **jeune,** 2 **neuf.**

▪ CONTR. Expérimenté, habile.

NOVICIAT [nɔvisja] **n. m.** – 1535 ◇ de *novice* ■ **1** Temps d'épreuve que la règle d'une congrégation religieuse impose aux novices avant leur profession ; situation des novices pendant ce temps. ➤ **probation.** *Faire son noviciat, plusieurs années de noviciat.* ■ **2** Partie d'un couvent réservée aux novices. *Salle d'études d'un noviciat.*

NOVILLADA [nɔvijada] **n. f.** – 1946 ◇ mot espagnol, de *novillo* ■ TAUROM. Course de taureaux avec des novillos, réservée aux toréros non confirmés. *Des novilladas.*

NOVILLÉRO ou **NOVILLERO** [nɔvijeʀo] **n. m.** – 1899 ◇ espagnol *novillero,* de *novillo* ■ TAUROM. Toréro qui n'est pas encore confirmé et ne tue que des jeunes taureaux (➤ **novillo**) dans des novilladas*. *Des novilléros. « Déjà trois novilleros avaient été grièvement blessés »* PEYRÉ.

NOVILLO [nɔvijo] **n. m.** – 1842, répandu 1954 ◇ mot espagnol, de *novo* « nouveau, jeune » ■ TAUROM. Jeune taureau de combat, toréé par un novilléro* dans une novillada*. *« un* novillo, *fut abandonné aux amateurs, qui envahirent l'arène »* GAUTIER.

NOVLANGUE [nɔvlɑ̃g] **n. f.** – vers 1950 ◇ calque de l'anglais *newspeak,* terme créé par George Orwell en 1948 dans son roman *1984* ■ Langage stéréotypé dans lequel la réalité est édulcorée (cf. Langue de bois*). *Les clichés de la novlangue politique.*

NOVO (DE) ➤ **DE NOVO**

NOVO- ■ Élément, du latin *novus* « nouveau ».

NOVOCAÏNE [nɔvɔkain] **n. f.** – 1894 ◇ marque déposée ; de *novo-* et *(co)caïne* ■ MÉD. Composé de synthèse dérivé de la cocaïne, anesthésique local administré par injections. ➤ **procaïne.** *Infiltration de novocaïne.*

NOVOTIQUE [nɔvɔtik] **n. f.** – 1980 ◇ de *novo-* et *-tique,* d'après *informatique* ■ TECHNOL. Ensemble des techniques et des phénomènes économiques liés aux microprocesseurs et à l'informatique (télématique, bureautique, robotique, etc.).

NOYADE [nwajad] **n. f.** – 1794 ◇ de 1*noyer* ■ **1** RARE Action de noyer un être vivant ; résultat de cette action. *Les noyades de Nantes* (ordonnées en 1793 par le conventionnel Carrier). ■ **2** (1867) COUR. Le fait de se noyer ; mort accidentelle par immersion dans l'eau. *Sauver qqn de la noyade. Tragique noyade en mer* (➤ **hydrocution**).

NOYAU [nwajo] **n. m.** – 1530 ; *noiel* début XIIIe ◇ bas latin *nucalis* « de la grosseur d'une noix *(nux)* » puis « noyau » en latin populaire

I PARTIE CENTRALE ET DURE D'UN FRUIT ■ **1** BOT. Partie dure et lignifiée de l'endocarpe, renfermant l'amande (➤ **graine**) ou les amandes de certains fruits à péricarpe charnu (➤ **drupe**). ■ **2** COUR. Noyau (au sens bot.) ou graine dure dans une baie (datte, etc.). *Fruits à noyau et fruits à pépins. Noyaux d'abricots, de cerises, d'olives, de prunes. Retirer les noyaux.* ➤ **dénoyauter.** — LOC. FAM. *Rembourré avec des noyaux de pêche,* se dit d'un fauteuil, d'un matelas dur et inconfortable. — *Eau, crème, liqueur de noyau(x),* préparée avec des amandes de noyaux (d'abricots) infusées dans de l'eau-de-vie.

II PARTIE CENTRALE, FONDAMENTALE D'UN OBJET ■ **1** (XVIIIe) SC. ASTRON. Partie solide et centrale d'une comète. Partie centrale d'une galaxie. — GÉOL. Partie centrale du globe terrestre. ♦ (1868) BIOL. CELL. Organite renfermant le matériel génétique (➤ **chromosome**) de la cellule eucaryote, séparé du cytoplasme cellulaire par une membrane lipidique. ➤ **caryo-.** *Le noyau joue un rôle essentiel dans la reproduction de la cellule. Division du noyau.* ➤ **caryocinèse ; méiose, mitose.** *Fusion des noyaux lors de la fécondation.* ➤ **pronucléus ; caryogamie.** *Constituants du noyau.* ➤ **chromatine, histone, nucléole, nucléoprotéine ; ADN, ARN.** *Le noyau est délimité par une membrane nucléaire et structuré par le cytosquelette. Leucocytes, cellules à un seul noyau* (➤ **mononucléaire**), *à plusieurs noyaux* (➤ **polynucléaire ; nucléé**). *Priver de son noyau.* ➤ **énucléer.** ♦ ANAT. Amas de substance grise des centres nerveux. *Noyaux du bulbe, du thalamus. Noyau caudé*.* ♦ (1928) PHYS. Partie centrale de l'atome, constituée de protons et de neutrons (➤ **nucléon**). *Les électrons entourent le noyau. Noyau instable. Noyau fissile. La physique du noyau* (➤ **nucléaire**). ■ **2** (1549) Pièce, partie maîtresse autour de laquelle s'organisent les autres éléments d'un ensemble. ♦ ARCHIT. Toute armature intérieure enveloppée d'un revêtement. *Ce piédestal de marbre a un noyau de maçonnerie. Noyau d'une voûte :* pilier central sur lequel s'appuie le sommet de la voûte. — *Noyau d'un escalier :* partie centrale d'un escalier tournant supportant les marches du côté opposé au mur de cage. ♦ TECHN. Partie pleine à l'intérieur d'un moule et qui produira, à la fonte, le vide correspondant. ♦ (1890) ÉLECTR. *Noyau d'une bobine d'induction, d'un inducteur,* pièce de fer doux placée au centre. ■ **3** FIG. Ce vers quoi tout converge ou d'où tout émane. ➤ **centre, cœur.** ■ **4** INFORM. Programme central d'un système d'exploitation qui gère les tâches de base.

III GROUPE DE PERSONNES (v. 1794) ■ **1** Petit groupe qui est à l'origine d'une importante communauté. *Le noyau ethnique d'un peuple.* ■ **2** Groupe humain, considéré quant à sa permanence, à la fidélité de ses membres. ➤ **cercle.** *Le noyau familial. « Pour faire partie du "petit noyau," du "petit groupe," du "petit clan" des Verdurin »* PROUST. ■ **3** Très petit groupe considéré par rapport à sa cohésion, à l'action qu'il mène (au sein d'un milieu hostile). ➤ **groupuscule.** *Parti désorganisé par des noyaux d'opposants* (➤ **noyauter**). — MILIT. *Noyaux de résistance :* petits groupes isolés de personnes qui résistent. ■ **4** *Noyau dur :* partie la plus intransigeante d'un groupe. *Noyau dur d'un syndicat, d'un parti.* ♦ SPÉCIALT Petit groupe d'actionnaires qui détiennent le pouvoir dans une société. — Part du capital détenue par ce groupe.

NOYAUTAGE [nwajotaʒ] **n. m.** – 1920 ◇ de *noyauter* ■ Système qui consiste à introduire dans un milieu neutre (syndicat, administration) ou hostile (parti politique adverse) des propagandistes isolés (➤ **sous-marin**) chargés de le diviser, de le désorganiser et, le cas échéant, d'en prendre la direction. ➤ **entrisme, infiltration.** *Le noyautage d'un parti, de l'armée.*

NOYAUTER [nwajote] **v. tr.** ⟨1⟩ – 1920 ◇ de *noyau* ■ Soumettre au noyautage. *Parti qui noyaute un syndicat ouvrier.*

NOYÉ, ÉE [nwaje] **adj.** et **n.** – XIIIe ◇ de 1*noyer* ■ **1** *Marins noyés en mer.* ➤ **disparu ; périr.** — FIG. *Être noyé :* être dépassé par la difficulté ou l'ampleur d'un travail, ne pas savoir s'en tirer. ➤ **perdu.** *Élève complètement noyé, qui n'arrive plus à suivre.* ♦ PAR ANAL. *Des yeux noyés de pleurs.* PAR EXT. *Pièce noyée dans la pénombre. Maison noyée dans la verdure.* ♦ FIG. *Quelques bons passages noyés dans un fatras de digressions inutiles.* ■ **2** **n.** (*nooié* fin XIIe) Personne morte noyée ; cadavre noyé. *Repêcher un noyé.* — Personne qui est en train de se noyer, a perdu connaissance. *Secours aux noyés. Ranimer un noyé par la respiration artificielle.*

1 **NOYER** [nwaje] **v. tr.** ⟨8⟩ – *neier* 1080 ◇ latin *necare* « tuer »

I v. tr. ■ **1** Faire mourir, tuer par asphyxie en immergeant dans un liquide. *Noyer des chatons.* LOC. PROV. *Qui veut noyer son chien l'accuse* de la rage.* ♦ **NOYER LE POISSON :** (PÊCHE) promener le poisson une fois ferré en lui élevant par moments la tête hors de l'eau pour l'épuiser. FIG. et COUR. Obscurcir volontairement une affaire, de manière à embrouiller l'interlocuteur. ■ **2** (1500) Recouvrir d'eau. ➤ **engloutir, inonder, submerger.** *Noyer un pays sous les eaux de la mer.* — PAR MÉTAPH. *Balzac « vous noyait aussitôt dans un tel déluge de paroles qu'il fallait bien se taire »* GAUTIER. ♦ *Noyer dans le sang :* exercer des représailles sanglantes. ➤ **réprimer.** *Noyer une révolte, un soulèvement dans le sang.* ♦ SPÉCIALT *Noyer la poudre,* la mouiller pour la rendre inutilisable. *Noyer le carburateur* (par excès d'essence). ♦ PAR MÉTAPH. (XVe) *Noyer son chagrin (dans l'alcool) :* boire pour oublier. ■ **3** Enfoncer complètement (dans une masse solide). *Noyer un clou dans le bois. Noyer des tiges de fer dans du ciment.* ♦ ARCHIT. Envelopper complètement dans la maçonnerie. *Pilier noyé dans la masse. Conduite noyée.* ■ **4** (XVIIe) Faire absorber et disparaître dans un ensemble vaste ou confus. *Noyer les contours, les couleurs. Cri noyé dans le tumulte.* ➤ **étouffer.**

II SE NOYER v. pron. (1774) ■ **1** Mourir asphyxié par l'effet de l'immersion dans un liquide (➤ **noyade**). *« celui qui veut se noyer ne plonge pas tête la première ; il se laisse tomber »* KUNDERA. *Baigneur qui perd pied, coule à pic et se noie. Les naufragés se sont noyés.* ♦ LOC. FIG. *Se noyer dans un verre d'eau :* se laisser arrêter par la moindre difficulté. ■ **2** FIG. Se perdre, sombrer. *« L'orateur, qui se noyait dans ses phrases et périphrases »* BALZAC.

2 **NOYER** [nwaje] **n. m.** – 1487 ; *noier* v. 1150 ◇ latin populaire °*nucarius,* de *nux* « noix » ■ **1** Arbre de grande taille *(juglandacées),* à feuilles composées, à fleurs disposées en chatons pendants, et dont le fruit est la noix. *Noyer commun. Noyer noir d'Amérique. Plantation de noyers.* ➤ **noiseraie.** ■ **2** Bois de cet arbre. *Meubles de noyer. Ronce* de noyer.*

N. P. I. [ɛnpei] **n. m. pl.** – v. 1980 ◇ sigle de *Nouveaux Pays Industrialisés* ■ Pays en développement de l'Amérique latine et de l'Asie qui ont connu une très forte croissance économique vers 1960-1970. — SPÉCIALT Les nouveaux pays industriels d'Asie (Corée du Sud, Hong-Kong, Singapour, Taiwan ; cf. Les quatre dragons*).

NTSC [ɛntesse] **n. m.** – milieu xxe ◇ sigle de l'anglais *National Television System Committee* ■ Se dit du système de télévision en couleur mis au point aux États-Unis et en usage aux États-Unis, au Canada et au Japon. *Systèmes PAL et NTSC.*

1 **NU, NUE** [ny] **adj.** et **n. m.** – 1080 *nud, nut, nu* ◇ latin *nudus*

I ~ adj. ■ **1** Qui n'est couvert d'aucun vêtement (cf. FAM. À poil). *« une femme nue est par elle-même émouvante sur les deux plans, esthétique et sensuel »* CAILLOIS. *Être complètement nu, tout nu* (cf. Être dans le costume* d'Adam, d'Ève, dans le plus simple appareil*, dans l'état* de nature). *Être nu comme un ver, nu comme la main.* LOC. (du conte d'Andersen, *Les Habits neufs de l'empereur*) *Oser dire que le roi est nu :* dénoncer la faiblesse, l'impuissance d'un homme de pouvoir, que chacun feint d'ignorer. *Aimer vivre nu* (➤ **nudisme**). *Se mettre nu :* se déshabiller*. *Modèle qui pose nu. Danseuse nue. Être nu sous sa chemise.* — *Nu jusqu'à la ceinture. Bronzer les seins nus. À moitié nu* ou *à demi nu.* FAM. *Cul nu :* sans culotte, les fesses à l'air. *Torse nu. Être pieds nus* ou *nu-pieds* (➤ **va-nu-pieds**), *bras nus. Sortir nu-tête,* sans chapeau (cf. En cheveux). *Robe (à) dos nu. Les mains nues,* sans gants. LOC. *À main nue,* sans protection. *Boxe, escalade à mains nues.* ♦ Dépourvu de cheveux, de poils. *Crâne nu.* ➤ **chauve.** *Visage nu.* ➤ **glabre.** ■ **2** LITTÉR. Mal vêtu, misérable. *Vêtir ceux qui sont nus.* ■ **3** Dépourvu de son accompagnement, de son complément habituel. *Épée nue,* hors du fourreau. *Appareil vendu nu,* sans accessoire ou sans emballage. *Titre nu :* charge achetée ou vendue sans la clientèle qui y est jointe. — LOC. *À l'œil nu :* sans instrument d'optique. *À voix nue* (➤ **a cappella**). ■ **4** (1607) Dépourvu d'ornement, de parure. *Une plaine nue,* sans végétation. ➤ **pelé.** *Un arbre nu,* sans feuilles. *Mur nu,* sans ornement, lisse. *Cellule pauvre et nue,* sans meubles. ➤ **vide.** *Ampoule nue,* dépourvue d'abat-jour. ■ **5** ZOOL. Qui n'est pas recouvert de poils, de plumes ou d'écailles. *Mollusques nus,* dépourvus de coquille. *Souris nues :* espèce mutante glabre utilisée en recherche immunologique. *Chat nu.* ➤ **sphynx.** ■ **6** FIG. Sans apprêt, sans déguisement, sans fard. ➤ **sobre.** *Un style simple et nu.* ➤ **dépouillé.** *La vérité toute nue.* ➤ 2 **cru, pur.** ■ **7** DR. ➤ **nue-propriété.**

II ~ loc. adv. À NU (1174) VX Sans être vêtu. *Se mettre à nu :* se mettre nu. ♦ MOD. À découvert. *Mettre à nu.* ➤ **dénuder, dévoiler.** *« Mon cœur mis à nu », carnet intime de Baudelaire. Mettre à nu un fil électrique, une surface métallique.* — VIEILLI *Monter un cheval à nu,* sans selle (cf. À cru*).

III ~ n. m. (1669) ■ **1** Corps humain ou partie du corps humain dépouillé(e) de tout vêtement. — Genre artistique qui consiste à dessiner, à peindre, à sculpter le corps humain nu. ➤ **académie, nudité.** *« Ce que fut l'amour aux conteurs et aux poètes, le Nu le fut aux artistes de la forme »* VALÉRY. ■ **2** *Un nu :* image, représentation d'une personne nue. *Nu artistique. Album de nus photographiques. Un nu de Rodin.* ■ **3** Nudité. *Spectacle de nu intégral.*

■ CONTR. 2 Couvert, habillé, vêtu ; déguisé. ■ HOM. Nue.

2 **NU** [ny] **n. m. inv.** – 1765 ; 1655 *ny* ◇ mot grec ■ Treizième lettre de l'alphabet grec (Ν, ν), correspondant au *n* français.

NUAGE [nɥaʒ] **n. m.** – 1564 ◇ de *nue,* qu'il a remplacé ■ **1** Amas de vapeur d'eau condensée en fines gouttelettes maintenues en suspension dans l'atmosphère par les courants ascendants. ➤ 1 **brouillard, nébulosité ;** LITTÉR. **nue, nuée ; cirrus, cumulus, nimbus, stratus.** *Nuages en flocons.* ➤ **mouton.** *Nuages de grêle, de pluie,* qui portent la grêle, la pluie. *Les nuages s'amoncellent, couvrent, obscurcissent le ciel. Nuages bas, élevés. Nuages blancs, gris, noirs. Ciel chargé de nuages* (➤ **nébuleux, nuageux**), *couvert de petits nuages* (➤ **moutonné**). *Ciel sans nuages.* ➤ **pur.** *« J'aime les nuages... les nuages qui passent... là-bas... les merveilleux nuages ! »* BAUDELAIRE. *« Les nuages couraient sur la lune enflammée »* VIGNY. ♦ LOC. *Être, se perdre dans les nuages :* être distrait ; se perdre dans des rêveries confuses (cf. Dans la lune). *Vivre sur son nuage, être sur son petit nuage :* être très satisfait et détaché des choses qui vous entourent, hors des réalités. ➤ FAM. 2 **planer.** — PAR MÉTAPH. *Nuages noirs à l'horizon :* menace, danger. — Ce qui trouble la sérénité (soupçons, brouilleries, etc.). *Un nuage sur leur union. Bonheur sans nuage,* qui n'est pas troublé. *« Notre couple n'avait connu aucune crise, tout au plus quelques nuages d'altitude »* M. DUGAIN. ■ **2** PAR ANAL. Amas vaporeux, ou mouvant. *Nuage de fumée, de poussière. Nuage radioactif :* concentration accidentelle d'éléments radioactifs dans l'atmosphère. *Nuage volcanique, éruptif :* nuage de cendres provenant d'un volcan en éruption. — *Nuage de sauterelles.* ➤ **nuée.** *« ce nuage épais, opaque, d'une étendue de plusieurs milles, arrivait avec un bruit assourdissant, promenant sur le sol son ombre immense »* J. VERNE. — *Nuage de mousseline, de tulle* (tissu léger, transparent). — *Nuage de lait :* très petite quantité qui prend, avant de se mélanger avec le thé, le café, l'aspect d'un nuage. ■ **3** SC. Ce qui forme un amas dense. *Nuage électronique* (autour du noyau de l'atome). *Nuage de points* (sur un graphique). — (anglais *tag cloud*) *Nuage de tags :* représentation visuelle des mots clés les plus utilisés sur un site web, la taille des caractères étant proportionnelle à leur fréquence. ■ **4** INFORM. (anglais *cloud computing*) *Nuage informatique ; informatique en nuage* (recomm. offic.) : mode d'exploitation et de gestion des données d'un client consistant à stocker celles-ci sur des serveurs à distance.

NUAGEUX, EUSE [nɥaʒø, øz] **adj.** – 1549 ◇ de *nuage* ■ **1** Couvert de nuages. ➤ **nébuleux.** *Ciel, temps nuageux.* ➤ 2 **couvert.** MÉTÉOROL. Qui concerne les nuages, est constitué par les nuages. *Tête, corps, traîne d'un système nuageux.* ■ **2** FIG. ➤ **nébuleux** (3°). *Esprit nuageux.* ■ CONTR. Clair, 1 serein.

NUANCE [nɥɑ̃s] **n. f.** – 1380 ◇ de *nuer* VX « assortir », de *nue* ■ **1** Chacun des degrés par lesquels peut passer une même couleur. ➤ **tonalité.** *Toutes les nuances de bleu.* ➤ **gamme.** *« Le regard moderne sait voir la gamme infinie des nuances »* MAUPASSANT. ■ **2** État intermédiaire par lequel peut passer une chose, un sentiment, une personne. *Nuances insensibles, imperceptibles. « Goethe a parcouru toutes les nuances de l'amour »* Mme DE STAËL. ♦ Différence peu sensible, délicate, entre des choses de même nature. ➤ **subtilité.** *Les nuances du langage. Une nuance entre... et... Saisir des nuances. Caractère, esprit, personnage tout en nuances.* ➤ **finesse.** *Un individu sans nuances,* tout d'une pièce. *« ces hommes rugueux, ennemis de la nuance et qui se donnaient d'un seul coup »* GRACQ. — *Il y a des nuances,* des degrés. *Il y a une nuance,* une différence. — ELLIPT *Nuance !* ne confondons pas ! ♦ Ce qui s'ajoute à l'essentiel pour le modifier légèrement. *Avec une nuance de mépris dans la voix.* ■ **3** Degré divers de douceur ou de force à donner aux sons. ➤ **forte, fortissimo, pianissimo,** 2 **piano.** *Modification de la nuance.* ➤ **crescendo, decrescendo.** ■ **4** Particularité délicate de l'expression (en musique, littérature). *Les nuances du jeu de l'acteur. Récit tout en nuances.*

NUANCÉ, ÉE [nɥɑ̃se] **adj.** – 1680 ◇ de *nuancer* ■ **1** RARE Qui a diverses nuances. *Tissu nuancé et changeant.* ■ **2** COUR. Qui tient compte de différences ; qui n'est pas net, tranché. *Donner une opinion nuancée.* ♦ (PERSONNES) *Il est très nuancé dans ses jugements.* ■ **3** *Nuancé de :* qui est légèrement modifié par. *« une insouciance nuancée d'une certaine tristesse »* BAUDELAIRE.

NUANCER [nɥɑ̃se] **v. tr.** ⟨3⟩ – fin XVIe ◇ de *nuance* ■ **1** Colorer en parcourant progressivement la gamme des nuances dans une couleur ; assortir les nuances. *Nuancer une couleur. Bleu nuancé de vert.* ■ **2** Faire passer graduellement d'un état à un autre, en atténuant les différences, en adoucissant les contrastes. — Exprimer en tenant compte des différences les plus délicates. *Nuancer sa pensée.* ■ **3** Rendre délicatement et fidèlement les nuances dans l'interprétation de (une œuvre). *Nuancer son jeu.* ■ CONTR. Contraster, opposer, trancher.

NUANCIER [nɥɑ̃sje] **n. m.** – 1953 ◇ de *nuance* ■ COMM. Présentoir de coloris factices (poudres, rouges à lèvres, à ongles, peintures, etc.) proposés en échantillonnages à la clientèle. ➤ **palette.**

NUBILE [nybil] **adj.** – 1509 ◇ latin *nubilis,* de *nubere* « se marier » ■ **1** Qui est en âge d'être marié. ➤ **mariable.** *D'après la loi française, les filles et les garçons sont nubiles à dix-huit ans.* ■ **2** Qui est formé, apte à la reproduction (se dit surtout des filles). ➤ **pubère ; formé, réglé.** *Ce n'est plus une enfant, elle est nubile.* ➤ **femme.** *« les filles devenues nubiles sont placées sous haute surveillance, objets de convoitise autant que de méfiance »* S. GERMAIN. — PAR EXT. *Âge nubile :* fin de la puberté. ■ CONTR. Impubère.

NUBILITÉ [nybilite] **n. f.** – 1750 ◇ de *nubile* ■ **1** DR. Âge nubile ; aptitude à contracter mariage. ■ **2** État d'une jeune fille nubile (2°).

NUBUCK [nybyk] **n. m.** – 1951 ◇ probablt anglais américain, de *nu* pour *new* « nouveau » et *buck* « daim » ■ Cuir bovin pleine fleur légèrement poncé, d'aspect velouté. *Chaussures, sac en nubuck.*

NUCAL, ALE, AUX [nykal, o] **adj.** – 1837 ◇ de *nuque* ■ ANAT. De la nuque. *Les os nucaux.*

NUCELLE [nysɛl] n. m. – 1838 ◇ latin *nux, nucis* «noix» ■ BOT. Partie centrale de l'ovule des spermaphytes.

NUCLÉAIRE [nykleɛʀ] adj. – 1838 «relatif au noyau du fruit», aussi *nucléal* ◇ du latin *nucleus* ■ 1 (1857) BIOL. Relatif au noyau de la cellule. *Membrane, pore nucléaire. Clonage par transfert nucléaire.* ■ 2 (1931) PHYS. Relatif au noyau de l'atome. *Physique nucléaire. Particules nucléaires.* ➤ **nucléon.** *Réaction nucléaire,* au cours de laquelle le noyau est modifié. ➤ **fission, fusion, radioactivité, transmutation ; spallation, stripage.** — *Médecine nucléaire,* utilisant le rayonnement de matériaux radioactifs (➤ **R. M. N.**). — COUR. *Énergie nucléaire,* fournie par une réaction nucléaire. *Réacteur, centrale nucléaire.* ➤ **électronucléaire.** *Déchets nucléaires radiotoxiques. Évènement nucléaire :* incident dans le fonctionnement d'une installation nucléaire pouvant affecter la sûreté ou la radioprotection. *Échelle internationale des évènements nucléaires (échelle INES).* — SUBST. *Le nucléaire :* l'énergie nucléaire. *L'avènement du nucléaire.* — *Nucléaire ? non merci,* slogan des adversaires du nucléaire (traduit en plusieurs langues). ■ 3 Qui utilise l'énergie nucléaire à des fins militaires. ➤ **atomique, thermonucléaire.** *Guerre, explosion nucléaire. Projets de non-prolifération des armes nucléaires* (➤ **dénucléariser**). — ABUSIVEMENT *Puissances nucléaires,* qui possèdent des bombes atomiques. ➤ **nucléarisé.** ◆ *Hiver nucléaire :* obscurcissement de l'atmosphère et abaissement de la température dus à l'accumulation de poussière et de cendre que provoquerait un conflit nucléaire généralisé. ■ 4 SOCIOL. *Famille nucléaire :* unité familiale élémentaire, composée des parents et des enfants.

NUCLÉARISER [nykleaʀize] v. tr. ⟨1⟩ – 1915 ◇ de *nucléaire* ■ Pourvoir (un pays) de l'énergie nucléaire ; d'un armement nucléaire. — p. p. adj. (plus cour.) *Les pays nucléarisés.* — n. f. **NUCLÉARISATION.**

NUCLÉARISTE [nykleaʀist] adj. et n. – 1975 ◇ de *nucléaire* ■ Partisan de l'utilisation de l'énergie nucléaire ; de l'armement nucléaire.

NUCLÉASE [nykleɑz] n. f. – 1907 ◇ de *nuclé(o)-* et *-ase* ■ BIOCHIM. Enzyme qui catalyse l'hydrolyse des acides nucléiques. ➤ **désoxyribonucléase, ribonucléase.**

NUCLÉÉ, ÉE [nyklee] adj. – 1868 ◇ de *nucléus* ■ BIOL. CELL. Qui possède un ou plusieurs noyaux. *Cellule nucléée.*

NUCLÉIDE [nykleid] n. m. – 1968 *nuclide, nucléide* ◇ de *nuclé(o)-* ■ PHYS. NUCL. Noyau atomique caractérisé par le nombre de protons et le nombre de neutrons qu'il renferme. *Nucléide radioactif.* ➤ **radionucléide.** — On dit aussi **NUCLIDE.**

NUCLÉIQUE [nykleik] adj. – 1897 ◇ de *nucléus* et *-ique* ■ BIOCHIM. *Acide nucléique :* polymère de molécules organiques, composé d'une chaîne de nucléotides, constituant de la cellule vivante (noyau et cytoplasme cellulaire). ➤ **ADN, ARN.** «*À la fois programmateurs et programmes, les acides nucléiques sont transmis de génération en génération. Ils assurent l'hérédité*» J. BERNARD.

NUCLÉ(O)- ■ Élément, du latin *nucleus* «noyau».

NUCLÉOCAPSIDE [nykleokapsid] n. f. – 1959 ◇ de *nucléo-* et *capside* ■ VIROL. Ensemble formé de la capside et de l'acide nucléique viral.

NUCLÉOCRATE [nykleɔkʀat] n. – v. 1980 ◇ de *nuclé(aire)* et *(techno)crate* ■ IRON. ou PÉJ. Technocrate du nucléaire, responsable en matière d'énergie nucléaire.

NUCLÉOLE [nykleɔl] n. m. – 1855 ◇ de *nucléus* ■ BIOL. CELL. Petit corps sphérique qui se trouve dans les noyaux cellulaires. *Le nucléole est le lieu de transcription de l'ARN ribosomique et de l'assemblage des ribosomes.*

NUCLÉON [nykleɔ̃] n. m. – 1948 ◇ de *nuclé(o)-,* d'après *proton* ■ PHYS. Particule constitutive du noyau atomique. ➤ **neutron, proton.**

NUCLÉONIQUE [nykleɔnik] adj. et n. f. – 1950 ◇ de *nucléon* ■ PHYS. Relatif au nucléon. — n. f. Science, technique des transmutations nucléaires.

NUCLÉOPHILE [nykleɔfil] n. m. et adj. – 1961 ◇ de *nucléo-* et *-phile* ■ CHIM. Particule chimique ayant de l'affinité pour un noyau ou un atome chargé positivement auquel elle donne ou avec lequel elle partage un ou plusieurs électrons. — adj. *Réactif nucléophile.* ■ CONTR. Électrophile.

NUCLÉOPROTÉINE [nykleopʀɔtein] n. f. – 1922 ◇ de *nucléo-* et *protéine* ■ VIROL., GÉNÉT. Combinaison formée par l'association d'un acide nucléique avec une protéine basique. ➤ **histone, protamine.**

NUCLÉOSIDE [nykleozid] n. m. – 1907 ◇ de *nuclé(o)-* et *oside* ■ BIOCHIM. Molécule constituée d'un ribose ou d'un désoxyribose et d'une base azotée (purique ou pyrimidique). *L'adénosine est un nucléoside.*

NUCLÉOSOME [nykleozom] n. m. – 1938 ◇ de *nucléo-* et *-some* ■ BIOL. CELL. Structure élémentaire de la chromatine, consistant en une séquence d'environ deux cents paires de bases d'ADN associées à un noyau d'histones (deux copies de quatre histones différentes).

NUCLÉOSYNTHÈSE [nykleosɛ̃tɛz] n. f. – 1964 ◇ de *nucléo-* et *synthèse* ■ PHYS. Formation des éléments chimiques par fission ou fusion nucléaire. *Nucléosynthèse stellaire, primordiale.*

NUCLÉOTIDE [nykleɔtid] n. m. – 1911 ◇ de *nucléo-* et *-ide* ■ GÉNÉT., BIOCHIM. Unité élémentaire des acides nucléiques, formée par un nucléoside associé à un phosphate. *Nucléotides libres,* correspondant à l'ATP, l'ADP et l'AMP cyclique. — adj. **NUCLÉOTIDIQUE** (1929). «*La séquence nucléotidique de l'ARNm est complémentaire de celle du brin d'ADN dont il dérive*» J.-D. VINCENT.

NUCLÉUS [nykleys] n. m. – 1864 ; «nucelle» 1834 ◇ du latin *nucleus* ■ PRÉHIST. Noyau de silex ou autre roche dure, dont on extrait des éclats, des lames. *Des nucléus.*

NUCLIDE ➤ **NUCLÉIDE**

NUDISME [nydism] n. m. – 1932 ◇ de 1*nu,* d'après le latin *nudus* ■ Doctrine prônant la vie au grand air dans un état de complète nudité. ➤ **naturisme.** ◆ Pratique de cette doctrine ; le fait d'être nu ou très peu vêtu. ➤ **nudité.** *Faire du nudisme sur la plage.*

NUDISTE [nydist] adj. et n. – 1932 ; «peintre de nus» 1924 ◇ du latin *nudus* ■ Relatif au nudisme. ◆ Adepte du nudisme. — n. *Un, une nudiste. Plage de nudistes.* ➤ **naturiste.** *Les nudistes et les textiles.*

NUDITÉ [nydite] n. f. – 1320 ; *nueté,* ancien français ◇ bas latin *nuditas,* de *nudus* «nu» ■ 1 État d'une personne nue. «*Le sommeil nous avait surpris dans notre nudité*» RADIGUET. ◆ Le fait de vivre nu. ➤ **nudisme.** ■ 2 PAR EXT. Corps humain dévêtu ; partie du corps dénudée, chair nue (en parlant de ce qui est habituellement couvert). «*Un déshabillé de Chantilly noir, arachnéen, évoquait de scandaleuses nudités*» MAUROIS. ■ 3 ARTS Représentation du corps humain nu. ➤ 1 **nu.** *Les trois Grâces,* «*sous forme de belles nudités*» HENRIOT. ■ 4 (CHOSES) État de ce qui n'est pas recouvert, de ce qui n'est pas orné. *Nudité d'un mur, d'une pièce.* ◆ FIG. *Vices, laideurs qui s'étalent dans toute leur nudité,* avec impudence, sans se cacher.

NUE [ny] n. f. – v. 1120 ◇ latin populaire °*nuba,* latin classique *nubes* ■ 1 VX ou LITTÉR. Nuages. ➤ **nuée.** «*Le soleil dissipe la nue*» LA FONTAINE. — PAR EXT. Le ciel, l'espace nuageux ou non. «*Sa prière étant faite, il entend dans la nue une voix*» LA FONTAINE. ■ 2 MOD. LOC. *Porter, élever, mettre aux nues :* admirer, louer avec enthousiasme. — *Tomber des nues :* être extrêmement surpris, décontenancé par un évènement inopiné (cf. Tomber de la lune, de haut). «*Je tombais des nues, j'étais ébahi, je ne savais que dire*» ROUSSEAU. ■ HOM. Nu.

NUÉE [nɥe] n. f. – XIIe ◇ de *nue* ■ 1 LITTÉR. Gros nuage. ➤ **nuage, nue.** «*La voyez-vous passer, la nuée au flanc noir ?*» HUGO. ■ 2 PAR EXT. *Nuée ardente :* avalanche de cendres et de débris (blocs, scories, lapilli... ➤ **pyroclastique**) à haute température, qui dévale les pentes d'un volcan lors de certaines éruptions. ■ 3 Multitude formant un groupe compact (comparé à un nuage). «*une nuée d'oiseaux qui tourbillonnent et voltigent sans but*» GAUTIER. ◆ Très grand nombre (de choses, de personnes). ➤ **essaim, quantité.** *Des nuées de photographes.*

NUEMENT ➤ **NÛMENT**

NUE-PROPRIÉTÉ [nypʀɔpʀijete] n. f. – 1765 ◇ de 1*nu* et *propriété* ■ DR. Droit restant au propriétaire dépouillé de la jouissance de son bien, pendant la durée de l'usufruit conféré à une autre personne. *Des nues-propriétés.*

NUGGET [nœgɛt] n. m. – 1994 ◇ mot anglais «pépite» ■ ANGLIC. Croquette en forme de bâtonnet, panée et frite. *Des nuggets de poulet.*

NUIRE [nɥiʀ] v. tr. ind. ⟨38⟩ – v. 1160 ; 1119 *nuisir* «faire du tort» ◇ latin *nocere,* avec un *e* bref en latin populaire ■ **NUIRE À.** ■ 1 (PERSONNES) Faire du tort, du mal (à qqn). ➤ **léser, préjudicier.** *La liberté consiste à pouvoir faire tout ce qui ne nuit pas à autrui. Il nous a nui par son silence, ses critiques. Nuire à qqn auprès de ses amis.* ➤ 2 **desservir.** — ABSOLT *Désir, intention,* *volonté de nuire* (➤ **malignité, malveillance**). *Hors d'état de nuire* : maîtrisé, en lieu sûr. ▪ **2** (CHOSES) Constituer un danger ; causer du tort. *Cette accusation lui a beaucoup nui. Cela risque de nuire à nos projets.* ➤ **contrarier, gêner** (cf. Faire obstacle à). *Fumer nuit à la santé.* ➤ **détruire, ruiner ; nocif.** PROV. *Trop gratter cuit, trop parler nuit. — Abondance* de biens ne nuit pas.* ▪ **3 SE NUIRE** v. pron. (réfl.) Se faire du mal, se causer du tort à soi-même. — (RÉCIPR.) «*sans se détruire réciproquement et sans se nuire*» SAINTE-BEUVE. ➤ **s'entrenuire.** *Elles se sont nui.* ▪ CONTR. Aider, assister, servir.

NUISANCE [nɥizɑ̃s] n. f. – 1120, repris v. 1960, par l'anglais *nuisance* ◇ de *nuire*

I VX ou RÉGION. Caractère de ce qui est nuisible ; chose nuisible.

II (1936 *nuisance industrielle*) Ensemble de facteurs d'origine technique (bruits, dégradations, pollutions, etc.) ou sociale (encombrements, promiscuité) qui nuisent à la qualité de la vie. *Nuisances acoustiques, visuelles, olfactives, chimiques. Nuisances pour les riverains de l'autoroute.* ◆ PAR EXT. ➤ **gêne.** *Carence affective, nuisance psychopathogène.*

NUISETTE [nɥizɛt] n. f. – 1964 ◇ de *nuit* et *(chemi)sette* ▪ Chemise de nuit très courte et légère.

NUISIBLE [nɥizibl] adj. – XIVe ; *nuisable* 1120 ◇ de *nuire*, sous l'influence du bas latin *nocibilis* ▪ Qui nuit (à qqn, à qqch.). ➤ **dangereux, défavorable, dommageable, funeste, malfaisant, néfaste, nocif, toxique.** *Climat nuisible à la santé.* ➤ **insalubre, malsain.** ◆ ABSOLT ➤ **mauvais.** *Engins nuisibles. Émanations, gaz nuisibles.* ➤ **délétère ; nuisance.** — SPÉCIALT *Animaux nuisibles* : animaux parasites vulnérants ou destructeurs (d'animaux ou de végétaux utiles). n. m. «*la lutte biologique contre les nuisibles*» M. BLANC. ▪ CONTR. Avantageux, bienfaisant, favorable, inoffensif ; utile.

NUIT [nɥi] n. f. – fin XIe ; v. 1000 *noit* ◇ latin *nox, noctis*

I OBSCURITÉ ▪ **1** Obscurité résultant de la rotation de la Terre, lorsqu'elle dérobe un point de sa surface à la lumière solaire. ➤ **obscurité, 1ombre, ténèbres ; nocturne.** *Le jour et la nuit, la lumière et la nuit. Il fait nuit. La nuit tombe.* «*une île sereine et douce où la nuit descend très lentement*» LACARRIÈRE. «*Ô nuit ! ô rafraîchissantes ténèbres !* [...] *vous êtes la délivrance d'une angoisse*» BAUDELAIRE. «*Entends, ma chère, entends la douce Nuit qui marche*» BAUDELAIRE. *À la nuit tombante, à la tombée de la nuit.* ➤ **brune, crépuscule, soir ;** RÉGION. **brunante** (cf. Entre chien* et loup). *À la nuit tombée. Se laisser surprendre par la nuit. La nuit venue. Nuit claire. Nuit noire,* très obscure. *Nuit d'encre*. Nuit sans lune. Nuit étoilée.* POÉT. *L'astre de la nuit* : la Lune. — PROV. *La nuit, tous les chats* sont gris.* — LOC. *Être comme le jour* et la nuit.* — *Bleu de nuit, bleu nuit* : bleu très foncé. — *Nuit américaine*.* ▪ **2** PAR EXT. Obscurité, absence de lumière. *Une cave dans laquelle il fait nuit.* ➤ **noir.** «*Une noire tempête déroba le ciel à nos yeux, et nous fûmes enveloppés dans une profonde nuit*» FÉNELON. — FIG. *La nuit des temps,* se dit d'une époque très reculée, dont on ne sait rien. «*C'est une chanson qui vient de la nuit des temps, et que les femmes chantent* [...] *depuis que le village existe*» PH. CLAUDEL. POÉT. *La nuit du tombeau, la nuit éternelle.* ➤ **1mort.** ▪ **3** LITTÉR. Le fait de ne pas voir, de ne pas comprendre, de ne pas sentir. ➤ **noir.** «*Dans la nuit où nous sommes tous, le savant se cogne au mur*» FRANCE.

II TEMPS OÙ IL FAIT NOIR ▪ **1** Espace de temps qui s'écoule depuis le coucher jusqu'au lever du soleil. *Dans la nuit de dimanche à lundi. La nuit dernière. Jour et nuit, nuit et jour* [nɥiteʒuʀ] : continuellement, sans répit. *Milieu de la nuit.* ➤ **minuit.** *Jusqu'à une heure avancée de la nuit. Jusqu'au bout de la nuit* : jusqu'à l'aube. *En pleine nuit. Toute la nuit. Établissement ouvert la nuit. Les longues nuits d'hiver. La nuit de la Saint-Jean est la plus courte de l'année.* PROV. *La nuit porte conseil*.* — «*C'était pendant l'horreur d'une profonde nuit*» RACINE. «*La nuit qui abolit tout, fatigues et passions*» SARTRE. ◆ (Emploi de ce temps) *Dormir la nuit. Bébé qui fait ses nuits,* que la faim ne réveille plus la nuit. *Il en rêve la nuit. Marcher, se promener, sortir la nuit.* ➤ **nuitamment ; noctambule.** «*Tôt, j'ai connu le monde de la nuit*» CALAFERTE. *Une nuit d'amour. Folles nuits.* — LOC. FAM. *Il n'y a pas de quoi se (re)lever la nuit* : ce n'est pas extraordinaire. — *Nuit blanche,* au cours de laquelle on n'a pas dormi (➤ **veille, veillée**), on n'est pas parvenu à dormir (cf. RÉGION. Passer la nuit sur la corde* à linge). «*Sur l'écran noir de mes nuits blanches*» NOUGARO. — (allus. au sigle bleu laissé sur les lieux des attentats de Chypre, dans la nuit du 31 mars 1955) *Nuit bleue,* au cours de laquelle des terroristes commettent des attentats synchronisés. — *Nuit d'hôtel,* passée à l'hôtel. ➤ **nuitée.** — *Je vous souhaite une bonne nuit.* ELLIPT *Bonne nuit.* ➤ **bonsoir.** — *Nuit de noces*.* — HIST. *La nuit de la Saint-Barthélemy, du 4 août* (1789). ▪ **2 DE NUIT.** Qui a lieu, se passe la nuit. ➤ **nocturne.** *Travail, surveillance de nuit* (➤ **nuitard, nuiteux**). *Service de nuit. Vol, train de nuit. Fête de nuit* (➤ **médianoche, réveillon**). *Conduire, voyager de nuit.* — PAR EXT. Qui travaille, exerce ses fonctions pendant la nuit. *Veilleur, gardien, garde de nuit. Équipe de nuit.* FAM. *Être de nuit.* ◆ Qui sert pendant la nuit. *Table* de nuit. Vase* de nuit. Bonnet*, chemise de nuit.* — Qui est ouvert la nuit ; qui fonctionne la nuit. *Boîte* de nuit. Asile* de nuit. Sonnette de nuit d'une pharmacie.* ◆ Qui vit, reste éveillé la nuit. *Oiseaux de nuit.* ➤ **nocturne.** *Papillons de nuit.* — FIG. *Oiseau de nuit* : personne qui vit ou aime vivre essentiellement la nuit. ➤ **noctambule.**

▪ CONTR. Jour, lumière.

NUITAMMENT [nɥitamɑ̃] adv. – 1328 ◇ altération de l'ancien français *nuitantre*, bas latin *noctanter*, classique *nocte, noctu* ▪ LITTÉR. Pendant la nuit, à la faveur de la nuit. «*Exercer nuitamment leurs terribles gaîtés*» RIMBAUD.

NUITARD, ARDE [nɥitaʀ, aʀd] n. – v. 1970 ◇ de *nuit* ▪ FAM. ▪ **1** Travailleur (SPÉCIALT postier) de nuit. ➤ **nuiteux.** ▪ **2** Personne qui aime sortir au spectacle, au restaurant, etc. tard le soir. ➤ **couche-tard, noctambule.**

NUITÉE [nɥite] n. f. – *nuitie* 1250 ◇ de *nuit* ▪ **1** VX L'espace, la durée d'une nuit. — RÉGION. *À nuitée* : toute la nuit. ▪ **2** ÉCON. Nuit passée dans un établissement d'hébergement payant (hôtel, camping, etc.).

NUITEUX, EUSE [nɥitø, øz] n. – 1935 ; adj. «nocturne» XVIe ◇ de *nuit* ▪ Personne qui effectue un service de nuit (policier, chauffeur de taxi). ◆ ARG. *Une nuiteuse* : prostituée travaillant la nuit.

NUL, NULLE [nyl] adj. et pron. – milieu IXe ◇ du latin *nullus*

I ~ adj. indéf. ▪ **1** LITTÉR. (accompagné d'une négation, et placé devant le nom) Pas un. ➤ **aucun.** — *Nulle peine sans loi* (latin «Nulla pœna sine lege»). — LITTÉR. (AU PLUR.) «*Nulles paroles n'égaleront jamais la tendresse d'un tel langage*» MUSSET. ▪ **2** (Employé avec *ne*) *Nul homme n'en sera exempté.* ➤ **2personne.** *Nulle chose ne manque.* ➤ **rien.** *Je n'en ai nul besoin.* ➤ **2pas.** *Nul autre n'en est capable.* ▪ **3** (Sans négation exprimée) «*Que m'avaient-ils fait ? Nulle offense*» LA FONTAINE. *Des choses de nulle importance, de nulle valeur. Nul doute qu'il accepte.* — (fin XIIe) COUR. *Nulle part.* ➤ **1part** (III). — ELLIPT (sans v. exprimé) *Nul répit pour lui. Nul doute.* ▪ **4** (Avec *sans*) *Agir sans nulle crainte. Sans nulle exception. Sans nul doute.*

II ~ pron. indéf. sing. (employé comme sujet) (fin Xe) LITTÉR. ou ADMIN. Pas une personne. ➤ **aucun, 2personne.** *Nul n'est censé ignorer la loi. Nul mieux que lui n'est capable de...* — LOC. *À l'impossible nul n'est tenu.* ◆ (Après *sans que*) *Il a fraudé sans que nul s'en aperçoive.* ◆ (Dans des adages) *Nul ne plaide par procureur.*

III ~ adj. qualificatif (toujours apr. le nom) ▪ **1** Qui est sans existence, se réduit à rien. *Différence nulle,* égale à zéro. *Les risques sont nuls* : il n'y a pas de risques. ➤ **inexistant.** *Résultats nuls. Score nul.* ➤ **vierge.** ◆ Qui reste sans résultat, sans décision. *Match nul,* où il n'y a ni gagnant ni perdant. ◆ (fin XIIIe) DR. Qui n'a pas d'effet légal, en parlant d'un acte frappé de nullité. ➤ **caduc.** *Toute disposition au profit d'un incapable sera nulle. Bulletin blanc et bulletin nul. Nul et non avenu*. Rendre nul.* ➤ **annuler, infirmer.** — PAR EXT. Sans effet. *Billet, papier nul par expiration de délai.* ➤ **périmé.** — MATH. *Application nulle,* qui à tout élément de l'ensemble de départ associe l'élément zéro. *Vecteur nul,* dont toutes les composantes sont nulles. ▪ **2** (1559) Qui ne vaut rien, pour la qualité, en parlant d'ouvrages de l'esprit, de travaux intellectuels. *Un devoir nul, qui mérite zéro. Son dernier roman, son dernier film est nul.* (Intensif) *C'est nul à chier,* extrêmement mauvais. ◆ (1769) (PERSONNES) Sans mérite intellectuel, sans valeur. *Personne nulle.* ➤ **nullité.** *Paul* «*est incapable, il est nul, c'est un âne, un demeuré*» COCTEAU. — (1804) Très mauvais (dans un domaine particulier). *Élève nul en maths. Pour le bricolage, je suis nul.* ➤ **ignorant, incompétent.** ◆ PAR EXT. (v. 1980) FAM. Sans valeur par manque de bon sens. ➤ **bête*, crétin, idiot.** *T'es nul, c'est nul de lui avoir fait croire ça.* — SUBST. *Oh le nul !* ➤ **imbécile*.** *Bande de nuls !* «*donner un cours sur l'existentialisme pour les nuls*» T. BENACQUISTA.

IV ~ n. f. NULLE (1690) TECHN. Élément chiffré (caractère, mot, phrase) qui ne correspond à rien et qui est destiné à donner des garanties de sécurité supplémentaires. *Les nulles d'un message chiffré.*

▪ CONTR. Beaucoup, chacun, tout ; tous. — Important, réel, valable ; éminent, 1fort.

NULLARD, ARDE [nylaʀ, aʀd] adj. – 1953 ◇ de *nul* et suffixe péj. *-ard* ■ FAM. Tout à fait nul, qui n'y connaît rien. *Elle est nullarde en anglais.* SUBST. *C'est un vrai nullard.* ➤ **nullité.**

NULLEMENT [nylmɑ̃] adv. – 1180 ◇ de *nul* ■ Pas du tout, en aucune façon. ➤ **aucunement, 2 point.** *Cela ne me gêne nullement. Il n'était nullement jaloux.* — (Avec une négation s.-ent.) *Audacieux, mais nullement brave. Cela vous déplaît-il ? Nullement* (cf. Pas le moins du monde). — (Avec *sans*) *Il attendait, sans nullement s'impatienter.* ■ CONTR. Certainement.

NULLIPARE [nylipaʀ] adj. et n. f. – 1877 ◇ du latin *nullus* et *-pare,* d'après *primipare* ■ MÉD. Qui n'a encore jamais accouché. — n. f. *Une nullipare de 40 ans.*

NULLITÉ [nylite] n. f. – XIVe ◇ latin médiéval *nullitas* ■ **1** DR. Inefficacité d'un acte juridique résultant de l'absence de l'une des conditions de fond ou de forme requises pour sa validité. *Nullité d'un acte, d'un legs* (➤ **caducité**). *Nullité d'ordre public,* qui peut être relevée d'office par le juge. *Nullité de procédure, de jugement. Acte entaché de nullité,* auquel s'attache une cause de nullité. — Sanction qui frappe cet acte. *Acte frappé de nullité. Action, demande en nullité.* ◆ PAR EXT. Cause de nullité. ➤ **vice.** « *Pour ne point faire un faux, pour ne pas introduire de nullité dans les actes du mariage* » HUGO. ■ **2** Caractère de ce qui est nul, sans valeur. *La nullité d'une objection* (➤ **futilité**), *d'une démonstration.* ◆ COUR. Défaut de talent, de connaissances, de compétence (d'une personne). *La nullité d'un élève* (➤ **faiblesse**) ; *sa nullité en maths. Les membres de la Commission sont tous d'une nullité lamentable.* ➤ **incompétence.** ■ **3** *Une, des nullités :* personne nulle. ➤ **non-valeur, nullard, zéro.** *C'est une vraie nullité.* « *des nullités, comme nous en avons tant dans notre Assemblée actuelle* » NERVAL. ■ CONTR. Validité. Valeur. As, 1 crack, génie.

NÛMENT ou **NUMENT** [nymɑ̃] adv. – 1213 ◇ de 1 *nu* ■ LITTÉR. Sans déguisement, sans fard. « *Je vous dirai tout nûment que je le trouve le plus barbifiant des raseurs* » PROUST. ➤ **crûment, franchement.** — On a écrit *nuement.* La graphie *nument* sans accent circonflexe, comme dans *absolument, éperdument, résolument,* est régulière.

NUMÉRAIRE [nymeʀɛʀ] adj. et n. m. – 1561 ◇ bas latin *numerarius* ■ **1** DIDACT. Qui sert à compter. *Pierres numéraires,* qui servaient à évaluer les distances sur les routes. ■ **2** *Espèces numéraires :* espèces monnayées (opposé à *monnaie scripturale*). ◆ n. m. (1720) Monnaie métallique, et PAR EXT. Toute monnaie ayant cours légal. ➤ **espèces.** *Apports en numéraire* (opposé à *apports en nature, apports en industrie*). *Paiement en numéraire.*

NUMÉRAL, ALE, AUX [nymeʀal, o] adj. – 1474 ◇ bas latin *numeralis* ■ Qui désigne, représente un nombre, des nombres arithmétiques. *Système numéral. Symboles numéraux :* symboles utilisés pour représenter les nombres (signes, lettres, chiffres). ➤ **numération.** *Lettres numérales,* désignant des nombres (chez les Phéniciens, les Hébreux, les Grecs, les Romains). ◆ GRAMM. *Adjectifs numéraux :* adjectifs indiquant le nombre (➤ 2 **cardinal**) ou le rang (➤ 1 **ordinal**). — SUBST. *Un numéral, les numéraux.* ■ HOM. Numéro.

NUMÉRATEUR [nymeʀatœʀ] n. m. – 1487 ◇ bas latin *numerator* ■ Premier terme d'une expression fractionnaire indiquant le nombre de parties considérées. *Numérateur et dénominateur d'une fraction.*

NUMÉRATION [nymeʀasjɔ̃] n. f. – XIVe ◇ latin *numeratio* ■ **1** ARITHM. Manière de rendre sensible la notion abstraite de nombre et d'en conserver la mémoire ; système permettant d'écrire et de nommer les divers nombres. ➤ **chiffre.** *Modes de numération concrète* (cailloux des anciens Romains, quipous des Incas, doigts de la main, boulier). *Système de numération :* ensemble de conventions et de méthodes permettant de nommer, d'écrire les nombres entiers naturels (et PAR EXT. tous les autres nombres) et d'effectuer des calculs sur les nombres. *Base de numération :* nombre de chiffres, y compris le zéro, qui servent de base pour former les autres nombres. *Numération à base 2,* ou *binaire**, *à base 12* (➤ **duodécimal**), *à base 10* (➤ **décimal**), *à base 8* (➤ **octal**), *à base 16* (➤ **hexadécimal**). ■ **2** Action de nombrer, de compter ; résultat de cette action. ➤ **compte.** — MÉD. *Numération globulaire :* dénombrement des cellules (hématies, leucocytes, plaquettes) du sang, effectué sur un échantillon de sang. ➤ **hémogramme.** *Numération formule sanguine (NFS).*

NUMÉRIQUE [nymeʀik] adj. – 1616 ◇ du latin *numerus* « nombre » ■ **1** MATH. Qui est représenté par un nombre, se fait avec des nombres. *Valeur numérique. Calcul numérique.* ■ **2** Qui concerne les nombres arithmétiques. *Table numérique :* table de correspondance entre listes de nombres (➤ **logarithmique, trigonométrique**). *Fonction numérique,* dont l'ensemble d'arrivée est l'ensemble des nombres réels. *Analyse,* ou *calcul numérique :* ensemble des méthodes (généralement programmables sur ordinateur) permettant la résolution chiffrée de divers problèmes (système d'équations, calcul d'intégrales, etc.). ■ **3** Évalué en nombre. ➤ **quantitatif.** *Données numériques. La supériorité numérique de l'ennemi.* ■ **4** TECHN. Se dit de la représentation de données, de grandeurs physiques au moyen de caractères tels que des chiffres (opposé à *analogique*), ainsi que des procédés utilisant ce mode de représentation (recomm. offic.). ➤ 2 **digital.** *Codage, traitement numérique de l'information.* ➤ **numérisation.** *Compression, stockage numérique. Affichage numérique. Diffusion numérique, hertzienne, par satellite, par câble. Télévision numérique terrestre.* ➤ 2 **T. N. T.** *Radio numérique terrestre. Espace numérique de travail.* ➤ **ENT.** — PAR EXT. En ligne. *Librairie numérique* (opposé à *physique*). ◆ Qui est codé sous forme de nombres. *Signal numérique. Son numérique.* ➤ **audionumérique.** *Images numériques* (➤ **gif, jpeg**). « *une clef USB qui contenait les photos sous forme numérique* » HOUELLEBECQ. ◆ Se dit d'un appareil recourant à ce type de représentation. *Caméra, appareil photo, téléviseur numérique.* — Se dit d'un produit proposé sous forme de données numérisées. *Livre** *numérique* (opposé à *livre papier*). ◆ n. m. *Le numérique :* l'ensemble des techniques utilisant des signaux numériques, les nouvelles technologies de l'information et de la communication. *L'ère du numérique.* — adj. *Fossé, fracture** *numérique.* ■ CONTR. Littéral.

NUMÉRIQUEMENT [nymeʀikmɑ̃] adv. – 1697 ◇ de *numérique* ■ Relativement au nombre, en nombre. *L'ennemi était numériquement inférieur.*

NUMÉRISATION [nymeʀizasjɔ̃] n. f. – v. 1970 ◇ de *numériser* ■ DIDACT. Action de numériser ; son résultat. *Procédés de numérisation.* ➤ **échantillonnage, quantification.** *La numérisation de l'image* (➤ **seuillage**).

NUMÉRISER [nymeʀize] v. tr. ⟨1⟩ – v. 1970 ◇ de *numérique* ■ DIDACT. Représenter (un signal analogique) par une suite de valeurs numériques. ➤ **digitaliser ;** aussi 2 **scanner.** — p. p. adj. *Images numérisées.*

NUMÉRISEUR [nymeʀizœʀ] n. m. – 1974 ◇ de *numériser* ■ Appareil permettant de numériser des documents. Recomm. offic. pour *scanner.*

NUMÉRO [nymeʀo] n. m. – 1560 ◇ italien *numero* « nombre »

I NOMBRE ATTRIBUÉ À UNE CHOSE ; CETTE CHOSE ■ **1** Marque en chiffres, nombre attribué à une chose pour la caractériser parmi des choses semblables, ou la classer dans une série (ABRÉV. N°, n°, devant un nombre). *Numéro d'une maison. Numéro bis, ter, ajouté entre deux numéros. Numéro d'une place dans une salle de spectacle, dans un train. Numéro d'attente dans une file.* — *Numéro d'immatriculation d'une automobile. Numéro d'inscription.* ➤ **matricule.** *Numéro de Sécurité sociale. Numéro de compte* (bancaire, postal), *de carte de crédit. Numéro d'un navire :* numéro officiel et définitif de chaque bâtiment de la Marine nationale. — (En Suisse) *Numéro postal d'acheminement (NPA) :* numéro à quatre chiffres indiquant la zone de distribution du destinataire et qui permet le tri automatique du courrier. — *Numéros des billets de banque. Numéros des pages d'un livre* (➤ **pagination**). ◆ *Numéro de téléphone, d'appel,* ou ABSOLT *numéro. Numéro de portable. Composer, faire un numéro. Le numéro que vous avez demandé n'est plus attribué. Numéro d'urgence,* pour appeler des secours ; service d'assistance téléphonique (recomm. offic. pour *hot-line*). *Numéro vert**. *Portabilité** *du numéro.* ◆ COMM. Numéro exprimant la taille, la grosseur relative d'un objet. *Morceaux de sucre numéro 4. Numéro des verres de lunettes :* nombre indiquant le degré de convergence ou de divergence des verres. *Vendre au numéro* (peintres), selon la dimension. ◆ CHIM. *Numéro atomique**. ■ **2** Ce qui porte un numéro. *Habiter au numéro 12* (maison). *C'est le numéro trois qui est arrivé le premier* (courses). — SPÉCIALT Nombre utilisé dans le tirage au sort, les jeux de hasard, les loteries. *Numéro des anciens tirages au sort dans le recrutement de l'armée. Tirer le bon, le mauvais numéro.* — LOC. FIG. *Avoir tiré le bon numéro :* avoir de la chance. « *Naître sous une bonne étoile. Tirer le bon numéro. La vie considérée comme une loterie* » R. GUÉRIN. — *Numéros d'une grille de loto. Numéros sortants, gagnants.*

III LOC. **NUMÉRO UN** ▪ **1** adj. Principal. *L'ennemi public numéro un. C'est leur problème numéro un.* ▪ **2** SUBST. Personne, entreprise qui occupe la première place (dans une hiérarchie, un classement). *Cette militante est le numéro un* (ou *la numéro un*) *du parti. Le numéro un mondial du logiciel.* ➤ **leader.** *Le numéro un allemand, chinois,* etc. : le dirigeant allemand, chinois, etc. — PAR EXT. *Le numéro deux de la politique étrangère américaine.*

III **PERSONNE** (1901) FAM. Personne bizarre, originale. *Quel numéro !* ➤ **phénomène.** *C'est un drôle de numéro.* ➤ FAM. **spécimen.** « *Elle était souvent tombée sur des numéros qui ne se contentaient pas, comme Cripure, de l'insulter* » GUILLOUX.

IV **CE QUI FAIT PARTIE D'UN ENSEMBLE** ▪ **1** Partie d'un ouvrage périodique qui paraît en une seule fois et porte un numéro ; chacun des exemplaires. ➤ **livraison.** *Numéro d'une revue. Numéro épuisé. Numéro spécial,* traitant d'un sujet particulier. — LOC. *La suite au prochain numéro* : la suite de l'article, du feuilleton paraîtra dans le numéro suivant (➤ **épisode**). FIG. et FAM. La suite à demain, à plus tard. ▪ **2** (1879) Petit spectacle faisant partie d'un programme de variétés, du répertoire d'un artiste de cirque, de music-hall. *Numéro de chant, de danse, de cirque. Les trapézistes X dans leur nouveau numéro.* — FIG. et FAM. Spectacle donné par qqn qui se fait remarquer. *Cesse ton numéro.* ➤ **cinéma, cirque.**

▪ HOM. Numéraux (numéral).

NUMÉROLOGIE [nymeʀɔlɔʒi] n. f. – attesté 1952 ◇ du latin *numerus* (→ nombre) et *-logie* ; cf. anglais *numerology* (1911) ▪ Étude divinatoire basée sur l'analyse numérique de caractéristiques individuelles. — n. **NUMÉROLOGUE.**

NUMÉROTAGE [nymeʀɔtaʒ] n. m. – 1787 ◇ de *numéroter* ▪ Action de numéroter. *Numérotage de billets, d'étiquettes.* « *Projet de numérotage des rues et des maisons de Paris* », *par Laclos* (1787). ➤ **numérotation.**

NUMÉROTATION [nymeʀɔtasjɔ̃] n. f. – 1834 ◇ de *numéroter* ▪ **1** Action de numéroter. ➤ **numérotage.** ◆ SPÉCIALT Formation et envoi d'un numéro d'appel d'abonné ou de service à l'aide d'un dispositif (clavier, cadran, etc.). ▪ **2** Ordre des numéros. *Changer la numérotation d'une collection. La numérotation des pages d'un livre.* ➤ **pagination.**

NUMÉROTER [nymeʀɔte] v. tr. ⟨1⟩ – 1680 ◇ de *numéro* ▪ Marquer, affecter d'un numéro. ➤ **chiffrer, immatriculer.** *Numéroter les pages d'un manuscrit, d'un registre.* ➤ **coter, folioter, paginer.** — p. p. adj. *Place numérotée. Exemplaire numéroté d'un livre,* et PAR EXT. *Édition numérotée.* — FAM. *Numéroter ses abattis*.* ◆ v. pron. réfl. **SE NUMÉROTER :** se donner un numéro. *Soldats qui se numérotent à l'exercice.*

NUMÉROTEUR [nymeʀɔtœʀ] n. m. – 1871 ◇ de *numéroter* ▪ **1** Instrument servant à imprimer des numéros à la main. ▪ **2** Dispositif permettant de composer les numéros d'appel.

NUMERUS CLAUSUS [nymeʀysklozys] n. m. /NUMÉRUS CLAUSUS/ – 1931 ◇ mots latins « nombre fermé » ▪ ANCIENNT Limitation discriminatoire du nombre des étudiants juifs. ◆ MOD. Limitation d'une catégorie de personnes à l'accessibilité à une fonction, un grade ou une profession, en vertu d'une loi ou d'une disposition réglementaire. *Le numerus clausus à l'installation des pharmaciens.*

NUMIDE [nymid] adj. et n. – 1580 ◇ latin *Numide,* grec *Nomas, Nomados,* proprt « pasteur » ▪ HIST. De Numidie, ancien nom d'une région du nord de l'Afrique. *Esclave numide.* — n. *Les Numides.*

NUMISMATE [nymismat] n. – 1812 ◇ de *numismatique,* d'après *diplomate* ▪ DIDACT. Spécialiste, connaisseur des médailles et monnaies. *Une savante numismate.* « *Je le tourne et le retourne comme un numismate interroge une curieuse pièce de monnaie* » THARAUD.

NUMISMATIQUE [nymismatik] adj. et n. f. – 1740 ◇ latin *numisma,* var. de *nomisma,* mot grec « monnaie » ▪ DIDACT. ▪ **1** Relatif aux monnaies, aux médailles ; à leur connaissance. *Recherches numismatiques.* ▪ **2** n. f. (1803) Connaissance, science des médailles et des monnaies. *La numismatique antique.*

NUMMULAIRE [nymylɛʀ] n. f. et adj. – 1545 ◇ latin *nummularius,* de *nummulus* « petite monnaie » ▪ **1** BOT. Plante dont les feuilles rondes évoquent une monnaie. *Lysimaque* nummulaire.* ▪ **2** adj. (1837) MÉD. En forme de pièce de monnaie. *Crachat nummulaire. Lésion nummulaire de la peau.*

NUMMULITE [nymylit] n. f. – 1801 ◇ du latin *nummulus* ▪ PALÉONT. Foraminifère fossile à coquille ronde, divisée en loges spiralées, très abondant au début du tertiaire (éocène).

NUMMULITIQUE [nymylitik] adj. et n. m. – 1864 ◇ de *nummulite* ▪ GÉOL. Qui renferme des nummulites, est formé de nummulites. *Calcaires, sables nummulitiques de l'éocène.* — n. m. *Le nummulitique* : ensemble des terrains du début du tertiaire. ➤ **paléogène.**

NUNATAK [nynatak] n. m. – 1891 ◇ mot du Groenland ▪ GÉOGR. Pointe rocheuse émergeant d'une calotte glaciaire.

NUNCHAKU [nunʃaku] n. m. – 1972 ◇ mot japonais ▪ Arme d'origine japonaise, formée de deux bâtons reliés à leur extrémité la plus mince par une chaîne ou une corde ; fléau d'armes.

NUNCUPATIF [nɔ̃kypatif] adj. m. – 1308 ◇ bas latin *nuncupativus,* de *nuncupare* « dénommer » ▪ DR. ROM. *Testament nuncupatif,* fait par simple déclaration devant témoins et suivant les formes légales.

NUNCUPATION [nɔ̃kypasjɔ̃] n. f. – *noncoupacion* XIVe ◇ latin juridique *nuncupatio, onis* « appellation », de *nomen* « nom » et *capere* « prendre » ▪ DR. ROM. Déclaration solennelle du testateur, parfois jointe à la mancipation.

NUNUCHE [nynyʃ] adj. et n. f. – répandu v. 1976 ; mot région. attesté avant 1955 ◇ redoublement expressif de *nu, nuc,* variante de *nul,* du latin *nullus* ▪ FAM. Niais*. ➤ **simplet ;** FAM. **cucul, neuneu.** *Il est un peu nunuche. Une histoire nunuche.* — n. f. *Une nunuche* : une jeune fille peu dégourdie.

NUOC-MAM [nɥɔkmam] n. m. /NUOCMAM/ – *neuc-num* 1803 ◇ mot vietnamien « eau de poisson » ▪ Sauce de poisson macéré dans une saumure, assaisonnement très employé dans la cuisine vietnamienne. — On écrit aussi *nuoc-mâm.*

NU-PIED [nypje] n. m. – 1951 ; a remplacé *pied-nu* 1937 ◇ de 1*nu* et *pied* ▪ Sandale laissant nu le dessus du pied. *Porter des nu-pieds l'été.*

NU-PROPRIÉTAIRE, NUE-PROPRIÉTAIRE [nypʀɔpʀijetɛʀ] n. – 1845 ◇ de *nue-propriété* ▪ DR. Personne à qui appartient la nue-propriété d'un bien. *Des nus-propriétaires.*

NUPTIAL, IALE, IAUX [nypsjal, jo] adj. – XIIIe ◇ latin *nuptialis,* de *nuptiæ* → noce ▪ LITTÉR. (sauf dans quelques expr.) Relatif aux noces, à la célébration du mariage. *Bénédiction, cérémonie, messe nuptiale. Lit nuptial. Chambre nuptiale. Marche nuptiale. Anneau nuptial.* ➤ **alliance.** *Robe nuptiale.* ◆ ZOOL. Relatif à l'accouplement. *Les mœurs nuptiales des espèces animales. Parade nuptiale. Vol nuptial.*

NUPTIALITÉ [nypsjalite] n. f. – 1879 ◇ de *nuptial* ▪ DÉMOGR. Étude statistique des mariages (et des divorces) dans une population ; nombre relatif des mariages *(taux de nuptialité). Tables de nuptialité* (par classe d'âge).

NUQUE [nyk] n. f. – XVIe ; « moelle épinière » 1314 ◇ latin médiéval *nuca, nucha,* de l'arabe *nukha* ▪ Partie postérieure du cou, au-dessous de l'occiput. *Coiffure dégageant la nuque.* « *Sur les nuques se tordent toutes sortes de petits cheveux follets* » GAUTIER. *Coup sur la nuque* (cf. Coup du lapin*).

NURAGHE, plur. **NURAGHI** [nyʀag ; nuʀage, i] n. m. /NURAGHÉ/ – 1826 *nurage* ◇ mot sarde, qu'on rattache aux racines hébraïques *nour* « lumière » et *hag* « toit » ▪ ARCHÉOL. Tour antique, en forme de cône tronqué, propre à la Sardaigne. *Des nuraghi.*

NURSAGE [nœʀsaʒ] n. m. – 1985 ◇ de l'anglais *nurse* « infirmière », d'après *nursing* ▪ MÉD. Ensemble des soins infirmiers destinés à assurer le confort et l'hygiène des personnes dépendantes, en particulier des malades.

NURSE [nœʀs] n. f. – 1896 ; « nourrice anglaise » 1855 ◇ mot anglais « infirmière », du français *nourrice* ▪ Employée de maison (anglaise à l'origine) qui s'occupe exclusivement des soins à donner aux enfants. ➤ **bonne** (d'enfants), 3 **garde, gouvernante.** « *Sur les trottoirs, des nurses à voiles bleus roulaient dans des voitures vernies des bébés en dentelles* » CHARDONNE.

NURSERIE ou **NURSERY** [nœʀsəʀi] n. f. – 1834 ; 1833 n. m. ◇ anglais *nursery,* de *nurse* ▪ Pièce réservée aux enfants. *La nurserie d'un hôpital.* ➤ **pouponnière.** *Des nurseries, des nurserys.*

NUTATION [nytasjɔ̃] n. f. – 1748 ◇ latin *nutatio, onis* ▪ DIDACT. ▪ **1** ASTRON. Oscillation périodique de l'axe de rotation de la Terre (axe du monde) autour de sa position moyenne. PAR EXT. *Nutation de l'axe d'un astre.* ◆ MATH. *Angle de nutation,* formé par l'axe de rotation d'un solide et un axe fixe. ▪ **2** BOT. Changement de direction d'un organe végétal en cours de croissance. ▪ **3** PATHOL. Balancement continuel de la tête.

NUTRIMENT [nytʀimɑ̃] **n. m.** – 1855 ; «nourriture» XIVe ◊ latin *nutrimentum* ■ DIDACT. Substance alimentaire pouvant être entièrement et directement assimilée. *Nutriment introduit en injections intraveineuses.*

NUTRITIF, IVE [nytʀitif, iv] **adj.** – 1314 ◊ bas latin *nutritivus,* de *nutrire* → nourrir ■ **1** Qui contribue à la nutrition ; qui a la propriété de nourrir. *Éléments, principes nutritifs d'un aliment. Sucs nutritifs.* ➤ **nourricier.** *Réserves nutritives.* ♦ PAR EXT. Qui contient en abondance des principes nutritifs. *Aliments, mets nutritifs.* ➤ 2 **calorique, fortifiant, nourrissant, riche, substantiel.** ■ **2** PAR EXT. DIDACT. Relatif à la nutrition. ➤ **nutritionnel.** *Les besoins nutritifs d'un adulte. L'appareil nutritif. Fonctions nutritives.* — *Valeur, qualité nutritive d'un aliment.*

NUTRITION [nytʀisjɔ̃] **n. f.** – 1361 ◊ bas latin *nutritio,* de *nutrire* «nourrir» ■ **1** PHYSIOL. Ensemble de processus d'assimilation et de désassimilation qui ont lieu dans un organisme vivant, lui permettant de se maintenir en bon état et lui fournissant l'énergie vitale nécessaire. *Fonctions de nutrition.* ➤ **alimentation, digestion, métabolisme.** ■ **2** (Sens restreint) Transformation et utilisation des aliments dans l'organisme. *Troubles de la nutrition.* ➤ **dystrophie.** *Mauvaise nutrition.* ➤ **carence, dénutrition, malnutrition.** *Nutrition et diététique.*

NUTRITIONNEL, ELLE [nytʀisjɔnɛl] **adj.** – 1958 ◊ de *nutrition* ■ DIDACT. Qui concerne la nutrition. *Composition nutritionnelle du lait.* ➤ **nutritif.** — *Troubles d'ordre nutritionnel.* ➤ **trophique.** *Hygiène nutritionnelle.* ➤ **diététique.**

NUTRITIONNISTE [nytʀisjɔnist] **n.** – 1958 ◊ de *nutrition* ■ DIDACT. Spécialiste des problèmes de la nutrition. ➤ **diététicien.** *Nutritionniste sportif.* — APPOS. *Médecins nutritionnistes.*

NYCTALOPE [niktalɔp] **n.** – 1562 ◊ latin *nyctilope* 1538 ; *noctilupa* v. 1370 ; grec *nyctalops,* de *nux, nuktos* «nuit» et *ôps* «vue» ■ MÉD. Personne susceptible de distinguer les objets sous une faible lumière ou pendant la nuit. — **adj.** *La chouette, le hibou, oiseaux nyctalopes.*

NYCTALOPIE [niktalɔpi] **n. f.** – 1668 ◊ latin *nyctalopia* ■ DIDACT. Faculté de bien voir pendant la nuit ou dans l'obscurité, normale chez certains animaux (hibou, chouette, chat), et observée chez certains individus atteints de troubles visuels (opposé à *héméralopie*).

NYCTHÉMÈRE [niktemɛʀ] **n. m.** – 1813 ◊ du grec *nux, nuktos* «nuit» et *hêmera* «jour» ■ BIOL. Espace de temps (24 h) comprenant un jour et une nuit et correspondant à un cycle biologique (➤ **circadien**). — **adj. NYCTHÉMÉRAL, ALE, AUX.**

NYCTURIE [niktyʀi] **n. f.** – 1903 ◊ du grec *nux, nuktos* «nuit» et *-urie* ■ PHYSIOL., MÉD. Élimination d'urine plus abondante ou mictions plus fréquentes la nuit que le jour.

NYLON [nilɔ̃] **n. m.** – 1942 ◊ nom déposé ; mot anglais américain, p.-ê. de *(vi)nyl* et *(cott)on, (ray)on* «rayonne» ■ Fibre synthétique obtenue par polycondensation d'un diacide et d'une diamine. *Résistance, élasticité du nylon. Brosse en nylon. Fil de nylon pour les lignes de pêche.* ♦ *Étoffe de nylon,* et ELLIPT *du nylon.* APPOS. INV. *Les premiers bas nylon.*

NYMPHE [nɛ̃f] **n. f.** – 1265 ◊ latin d'origine grecque *nympha* ■ **1** MYTH. Déesse d'un rang inférieur, qui hantait les bois, les montagnes, les fleuves, la mer, les rivières. ➤ **dryade, hamadryade, naïade, napée, néréide, océanide, oréade.** — Représentation plastique d'une nymphe, sous forme d'une jeune femme nue ou demi-nue. *«les Satyres qu'on voit dans les jardins ravissant des Nymphes»* FRANCE. ♦ PAR EXT. PLAISANT Jeune fille ou jeune femme, au corps gracieux. *«une jeune nymphe de quinze ans»* Mme DE SÉVIGNÉ. — **loc. adj.** *Cuisse de nymphe émue :* rose incarnadin. ■ **2** ANAT. AU PLUR. Petites lèvres de la vulve. ■ **3** (1682) ZOOL. Deuxième stade (dit *nymphal*) de la métamorphose des insectes, intermédiaire entre la larve et l'imago. ➤ **nymphose.** *Nymphe de lépidoptère.* ➤ **chrysalide.**

NYMPHÉA [nɛ̃fea] **n. m.** – 1538 ◊ latin savant d'origine grecque *nymphæa* ■ BOT. Nénuphar blanc, appelé aussi *lune d'eau.* *«Les Nymphéas», tableau de Monet.*

NYMPHÉACÉES [nɛ̃fease] **n. f. pl.** – 1817 ◊ de *nymphéa* ■ BOT. Famille de plantes angiospermes *(dicotylédones),* aquatiques, à rhizome, à canaux aérifères, à larges feuilles nageant sur les eaux douces (nélombo, nénuphar, nymphéa, victoria). Au sing. *Une nymphéacée.*

NYMPHÉE [nɛ̃fe] **n. m.** ou parfois **f.** – fin XVe ◊ de *nymphe* ■ ARCHÉOL. Grotte naturelle ou artificielle où jaillissait une source, une fontaine, sanctuaire consacré aux nymphes.

NYMPHETTE [nɛ̃fɛt] **n. f.** – 1611, repris v. 1960 ◊ de *nymphe* ■ Très jeune fille au physique attrayant, aux manières aguicheuses, à l'air faussement candide. ➤ **lolita.** *«le charme subtil des nymphettes acides»* Y. HAENEL.

NYMPHOMANE [nɛ̃fɔman] **n. f.** et **adj. f.** – 1819 ◊ de *nymphomanie* ■ Femme ou femelle atteinte de nymphomanie. *Une nymphomane.* — **adj.** *Une jument nymphomane.* — PAR EXT. Femme trop désirante. ABRÉV. FAM. (1969) **NYMPHO.** *Des nymphos. Des nanas nymphos.*

NYMPHOMANIE [nɛ̃fɔmani] **n. f.** – 1732 ◊ de *nymphe* et *-manie* ■ Exagération pathologique des désirs sexuels chez la femme ou chez les femelles de certains animaux.

NYMPHOSE [nɛ̃foz] **n. f.** – 1874 ◊ de *nymphe* ■ BIOL. Ensemble des phénomènes biologiques qui transforment la larve d'insecte en nymphe. *La nymphose est une étape de la métamorphose.*

NYSTAGMUS [nistagmys] **n. m.** – *nystagme* 1839 ◊ grec *nustagmos,* de *nustazein* «baisser la tête» ■ MÉD. Secousses rythmiques involontaires des globes oculaires, survenant le plus souvent dans le regard latéral, lors de circonstances physiologiques particulières (fatigue des yeux, troubles de la vision, lésions nerveuses, fixation d'un objet qui se déplace).

O

1 **O** [o] n. m. inv. ▪ Quinzième lettre et quatrième voyelle de l'alphabet : *o majuscule* (O), *o minuscule* (o), *o accent circonflexe* (ô), *e dans l'o* (œ). — PRONONC. Lettre qui correspond à la voyelle arrondie postérieure *o ouvert* [ɔ] *(robe, joli)* ou *o fermé* [o] *(rose, pot)* ; ô note généralement [o] *(côte)*. — *Digrammes, trigrammes comportant o : oi* (➤ 1 **i**) ; *oin* (➤ 1 **n**) ; *on, om* (➤ 1 **n**) ; *œu, œ* (➤ 1 **e**) ; *ou*, qui note la voyelle postérieure arrondie fermée [u] *(cou)* ou la semi-consonne (ou semi-voyelle) [w] devant une voyelle prononcée *(oui, souhait, pingouin)* ; *oy* (➤ 1 **y**) ; *oo*, qui note [(ɔ)ɔ] *(coopérative)*, [(o)o] *(zoo)* ou parfois [u] dans des emprunts *(zoom, boots)* ; *oa* (➤ 1 **a**). ▪ HOM. Au, aulx (ail), aux, eau, haut, ho, ô, oh, os.

2 **O** abrév. et symboles ▪ **1 O** [zeʀo] n. m. inv. Zéro. ▪ **2 O.** [wɛst] n. m. inv. Ouest. ▪ **3** (*O* pour *zéro*, indiquant une absence) **O** [o] adj. Se dit du groupe sanguin du système ABO, dont les hématies sont dépourvues d'agglutinogène. *Groupe O⁺, O⁻.* — PAR EXT. *Être O⁺.* ▪ **4 O** [o] n. m. inv. Oxygène. CO_2 : dioxyde de carbone.

Ô [o] interj. – 980 ◊ latin *o*, onomat. ▪ **1** Interjection servant à invoquer, à interpeler (dite parfois *O* vocatif). *Ô ciel ! « Chantez, ô conques sur les eaux ! »* SAINT-JOHN PERSE. ▪ **2** Interjection traduisant un vif sentiment (joie, admiration, douleur ; crainte, colère). *« Ô nuit désastreuse ! »* BOSSUET. *« Ô rage, ô désespoir, ô vieillesse ennemie ! »* CORNEILLE. ♦ *Ô combien**. ▪ HOM. Au, aulx (ail), aux, eau, haut, ho, 1 o, oh, os.

OARISTYS [ɔaʀistis] n. f. – fin XVIIIᵉ ◊ grec *oaristus*, de *oar* « compagne, épouse » ▪ LITTÉR. Idylle, ébats amoureux. *« Ah ! les oaristys ! les premières maîtresses ! »* VERLAINE.

OASIEN, IENNE [ɔazjɛ̃, jɛn] adj. et n. – 1865 ◊ de *oasis* ▪ GÉOGR. Relatif aux oasis. — n. Habitant(e) d'une oasis. *Les oasiens et les nomades du Sahara.*

OASIS [ɔazis] n. f., parfois m. – 1766 ; n. pr. 1561 ◊ bas latin *oasis*, mot grec emprunté à l'égyptien ▪ **1** Endroit d'un désert qui présente de la végétation due à la présence d'un point d'eau. *« L'oasis. La tête en haut exposée au feu du ciel, les pieds dans l'eau [...], les palmiers montent la garde en rangs serrés »* M. DIB. *Cultures, palmeraies d'une oasis. Oasis sahariennes.* — PAR COMPAR. *« Cette banlieue de Grenade forme comme une oasis enchantée au milieu des plaines brûlées de l'Andalousie »* STENDHAL. ▪ **2** FIG. Lieu ou moment reposant, chose agréable qui fait figure d'exception dans un milieu hostile, une situation pénible. ➤ **îlot.** *« Dans ce triste quatorzième siècle, le règne de Charles V est une oasis de raison »* BAINVILLE.

OB- ▪ Élément, du latin *ob* « en face, à l'encontre », qui prend la forme *oc-, of-, op-, os-, o-*, selon la lettre qu'il précède : *occasion, offenser, opprimer, omettre.*

OBÉDIENCE [ɔbedjɑ̃s] n. f. – 1155 ◊ latin *obœdientia* ▪ **1** RELIG. Obéissance à un supérieur ecclésiastique. ♦ Maison religieuse dépendant d'une maison principale. ▪ **2** LITTÉR. Obéissance ou soumission. *Une obédience absolue.* ➤ **dépendance, obéissance, soumission, subordination.** *« J'avais passé vingt ans de ma vie dans l'obédience, dans la servitude »* DUHAMEL. ▪ **3** Lien entre une puissance spirituelle, politique et ceux qui lui sont soumis, fidèles (dans les expr. *dans l'obédience, d'obédience...*). ➤ **domination.** *Il est d'obédience chrétienne. De stricte obédience. Les pays d'obédience communiste.* ➤ **mouvance.** ▪ CONTR. Indépendance.

OBÉDIENCIER [ɔbedjɑ̃sje] n. m. – 1240 ◊ de *obédience* ▪ RELIG. Religieux soumis à l'autorité spirituelle d'un supérieur. — Religieux qui administre, par ordre de son supérieur, un bénéfice dont il n'est pas titulaire.

OBÉDIENTIEL, IELLE [ɔbedjɑ̃sjɛl] adj. – 1798 ; théol. 1636 ◊ de *obédience* ▪ RELIG. Relatif à l'obédience.

OBÉIR [ɔbeiʀ] v. tr. ind. ‹2› – v. 1112 ◊ latin *obœdire* ▪ **1 OBÉIR À qqn :** se soumettre (à qqn) en se conformant à ce qu'il ordonne ou défend. *Enfant qui obéit à ses parents.* ➤ **écouter.** *Obéir à un maître :* être, se mettre aux ordres d'un maître. *Obéir à une puissance.* ➤ **s'inféoder.** *Se faire obéir, être obéi des autres. Il a de l'autorité et sait se faire obéir.* — ABSOLT *Il faut obéir.* ➤ **s'incliner,** se **soumettre.** *« Il est toujours facile d'obéir, si l'on rêve de commander »* SARTRE. — *Obéir sans murmurer, sans broncher. Obéir au doigt* et à l'œil.* ▪ **2 OBÉIR À qqch. :** se conformer, se plier à ce qui est imposé par autrui, ou par soi-même. ➤ **acquiescer** (à), **déférer** (à). *Obéir à un ordre, l'exécuter.* ➤ **obtempérer.** *Chien qui obéit à la voix de son maître.* — PAR EXT. *Obéir aux lois.* ➤ **observer, sacrifier, suivre.** *Obéir à sa conscience. Obéir à une impulsion.* ➤ **céder.** *Il obéissait à un mouvement, à un sentiment de pitié* (cf. Se laisser aller à...). *Animal qui obéit à son instinct.* ▪ **3** (CHOSES) Être soumis à (une volonté). *Ses jambes fatiguées ne lui obéissaient plus. Les freins n'obéissent plus.* ➤ **répondre.** ♦ PAR EXT. Être soumis à (une nécessité, une force, une loi naturelle). *Les corps matériels obéissent à la loi de la gravitation.* ▪ CONTR. Commander, diriger, ordonner ; désobéir, résister, transgresser, violer.

OBÉISSANCE [ɔbeisɑ̃s] n. f. – début XIVᵉ ; « juridiction » 1270 ◊ de *obéir* ▪ Le fait d'obéir ; action, état d'une personne qui obéit. ➤ **soumission, subordination.** — REM. L'obéissance a un caractère plus formel que la soumission. *Obéissance des enfants à leurs parents, des soldats à leurs chefs militaires ; des religieux à leurs supérieurs* (➤ **obédience, observance**). *Devoir obéissance à un chef. Prêter, jurer obéissance à qqn. Refus d'obéissance. — Obéissance à la loi, aux règles.* ➤ **discipline, observation.** — *« Il n'entendait donc point pousser l'esprit d'obéissance jusqu'à la soumission aveugle »* DUHAMEL. ▪ CONTR. Commandement, désobéissance, indiscipline, insoumission, résistance.

OBÉISSANT, ANTE [ɔbeisɑ̃, ɑ̃t] adj. – 1170 ◇ p. prés. de *obéir* ■ Qui obéit volontiers. ➤ **docile, soumis.** — REM. L'emploi le plus cour. du mot concerne les enfants. *Enfant obéissant.* ➤ **doux, sage.** *Obéissant envers son père* (VX), *à son père* (VX), *avec son père.* ➤ **discipliné.** *Chien obéissant.* — PAR EXT. « *Bien que connu pour ma nature obéissante, ponctuelle et douce, comme Buffon dit du chameau* » PROUST. ■ CONTR. Désobéissant, entêté, indocile, têtu, volontaire.

OBEL ou **OBÈLE** [ɔbɛl] n. m. – 1935, –1689 ◇ latin d'origine grecque *obelus* « broche » ■ PALÉOGR. Trait noir en forme de broche servant à signaler un passage interpolé sur les manuscrits anciens.

OBÉLISQUE [ɔbelisk] n. m. – 1537 ◇ latin *obeliscus,* du grec, de *obelos* → obel ■ **1** Dans l'art égyptien, Colonne en forme d'aiguille quadrangulaire surmontée d'un pyramidion. *Hiéroglyphes gravés sur les faces d'un obélisque. L'obélisque de Louksor, amené d'Égypte et érigé place de la Concorde à Paris.* ■ **2** Monument ayant cette forme. « *Il y avait un monument aux morts, un obélisque qu'un coq de bronze surmontait* » NIZAN.

OBÉRER [ɔbere] v. tr. ‹6› – 1680 ; au p. p. 1596 ◇ latin *obaeratus* « endetté » ■ **1** ADMIN. ou LITTÉR. Charger, accabler de dettes. ➤ **endetter.** *Guerre qui obère les finances d'un pays.* ➤ **grever.** *Être obéré jusqu'à la ruine.* — PRONOM. VX *S'obérer :* s'endetter. ■ **2** Compromettre, nuire à. *Cette décision obère l'avenir.*

OBÈSE [ɔbɛz] adj. et n. – 1825 ◇ latin *obesus,* de *edere* « manger » ■ (PERSONNES) Qui est anormalement gros. ➤ **adipeux, énorme, gras, gros.** *Il est devenu obèse.* ◆ MÉD. Atteint d'obésité. — n. *Un, une obèse.* ■ CONTR. 1 Maigre.

OBÉSITÉ [ɔbezite] n. f. – 1550 ◇ latin *obesitas* ■ État d'une personne obèse. ◆ MÉD. Accumulation excessive de graisse corporelle, accompagnée d'un important excès de poids. ➤ **adiposité, grosseur ; surpoids.** *Obésité sévère, morbide. Obésité exogène,* par suralimentation. *Obésité endogène,* résultant de troubles métaboliques ou endocriniens. *Chirurgie de l'obésité* (➤ **bariatrique**). ■ CONTR. Maigreur.

OBI [ɔbi] n. f. – 1881 ◇ mot japonais ■ Longue et large ceinture de soie du costume japonais traditionnel. « *Sa robe était gris perle et son obi ponceau* » FARRÈRE. *Des obis.* ■ HOM. Hobby.

OBIER [ɔbje] n. m. – 1535 ◇ var. de *aubier,* à cause de la couleur blanche du bois ■ Espèce de viorne, arbrisseau à fleurs blanches en boules compactes très décoratives. ➤ **boule-de-neige.** *Fruit de l'obier.* ➤ RÉGION. **pimbina.**

OBIT [ɔbit] n. m. – 1238 ; « trépas » XIIe ◇ latin *obitus,* de *(mortem) obire* « allers vers (la mort) » ■ LITURG. CATHOL. Service religieux célébré au bénéfice de l'âme d'un défunt, généralement au jour anniversaire de sa mort. *Des obits.*

OBITUAIRE [ɔbitɥɛʀ] adj. et n. m. – 1671 ◇ latin médiéval *obituarius,* de *obitus* « mort » ■ RELIG. CATHOL. ■ **1** Relatif au décès. ➤ **mortuaire.** *Registre obituaire,* donnant la liste des morts pour lesquels a été célébré un service funèbre. ■ **2** n. m. Registre obituaire d'une abbaye ; livre liturgique contenant les obits fondés.

OBJECTAL, ALE, AUX [ɔbʒɛktal, o] adj. – 1926 ◇ du latin *objectum* ■ PSYCHAN. Qui se rapporte à des objets indépendants du moi du sujet. *Relations objectales. Processus mentaux objectaux.*

OBJECTER [ɔbʒɛkte] v. tr. ‹1› – 1561 ; *objeter* 1288 ◇ latin *objectare* « placer devant, opposer » ■ **1 OBJECTER qqch. :** opposer (une objection) à une opinion, une affirmation, pour réfuter. *Objecter de bonnes raisons à, contre un argument,* contredire cet argument. — *Objecter que.* ➤ **répondre, rétorquer.** — Opposer (une objection) à qqn. ➤ **répliquer.** « *Il est rarement arrivé qu'on m'ait objecté quelque chose que je n'eusse point du tout prévue* » DESCARTES. ■ **2** Opposer (un fait, un argument) à un projet, une demande, pour les repousser. *Objecter la fatigue pour ne pas sortir.* ➤ **invoquer, prétexter.** ■ **3 OBJECTER À qqn :** alléguer (qqch.) comme un obstacle ou un défaut, pour rejeter la demande de qqn. *On lui objecta son jeune âge ; qu'il était trop jeune.* « *Elle n'aura plus à vous objecter le scandale du tête-à-tête* » LACLOS. ■ CONTR. Approuver.

OBJECTEUR, TRICE [ɔbʒɛktœʀ, tʀis] n. – 1777 ◇ de *objecter* ■ **1** n. m. VX Celui qui fait des objections. ➤ **contradicteur.** ■ **2** (1933 ◇ traduction de l'anglais *consciencious objector*) MOD. **OBJECTEUR DE CONSCIENCE :** personne qui, en temps de paix ou de guerre, refuse d'accomplir ses obligations militaires, en alléguant que ses convictions lui enjoignent le respect absolu de la vie humaine. ◆ *Objecteur de croissance :* partisan de la décroissance.

1 **OBJECTIF, IVE** [ɔbʒɛktif, iv] adj. – 1642 ◇ latin scolastique *objectivus,* de *objectum* → objet ■ **1** Qui a rapport à un objet donné. VX OPT. *Verre objectif.* ➤ 2 **objectif.** — (XVIIIe) MILIT. *Point objectif.* ➤ 2 **objectif.** ◆ LING. Relatif à l'objet. *Sens objectif des adjectifs possessifs en français.* ■ **2** PHILOS. VX Chez Descartes, Qui n'est que conceptuel. — (début XIXe) MOD. Qui existe hors de l'esprit, comme un objet indépendant de l'esprit. *L'espace et le temps n'ont pour Kant aucune réalité objective.* — LOG. Qui repose sur l'expérience. *Méthode objective.* ➤ **scientifique.** — MÉD. *Symptômes, signes objectifs,* que le médecin peut constater (opposés à ceux, dits *subjectifs,* que seul le malade perçoit). — POLIT. *La droite objective :* les éléments qui en fait sont de droite (indépendamment de l'étiquette qu'ils se donnent). ■ **3** COUR. Se dit d'une description de la réalité (ou d'un jugement sur elle) indépendante des intérêts, des goûts, des préjugés de la personne qui la fait. ➤ **impartial.** *Faire un rapport objectif des faits. Jugement objectif.* — PAR EXT. *Information objective. Un article objectif sur les conflits sociaux.* ■ **4** (PERSONNES) Dont les jugements ne sont altérés par aucune préférence d'ordre personnel. ➤ **détaché, impartial.** *Observateur, historien, journaliste objectif. Il a su rester objectif.* ➤ **neutre.** ■ CONTR. Subjectif ; affectif, arbitraire, partial, tendancieux.

2 **OBJECTIF** [ɔbʒɛktif] n. m. – 1666 ◇ → 1 objectif (1°)

I ■ **1** (de *verre objectif*) Système optique d'une lunette (ou d'un microscope) qui se trouve tournée vers l'objet à examiner. ➤ **oculaire.** « *Dans toutes les lunettes il faudrait donc l'objectif aussi grand, et l'oculaire aussi fort qu'il est possible* » BUFFON. ■ **2** (1839) Système optique formé de lentilles qui donne des objets photographiés une image réelle enregistrée sur une plaque sensible ou un film. *Objectif d'un appareil photographique, d'une caméra.* « *Changer à tout instant d'objectif photographique, c'est comme changer à tout instant de lunettes* » R. BRESSON. *Le boîtier et les objectifs. Objectif anastigmat, objectif à grand angle* (➤ **fish-eye, grand-angle**), *objectif macrophotographique ; objectif à très grande distance focale* (➤ **téléobjectif**), *à focale variable* (➤ **zoom**). *Profondeur de champ, distance focale, ouverture d'un objectif. Obturateur, diaphragme d'un objectif.* ◆ PAR EXT. L'appareil photographique ou cinématographique. *Poser devant l'objectif.*

II But à atteindre. ■ **1** (v. 1850 ◇ de *point objectif*) Point contre lequel est dirigée une opération stratégique ou tactique. *Les missiles ont atteint leur objectif.* ➤ **cible.** *Bombarder des objectifs militaires.* ◆ Résultat qu'on se propose d'atteindre par une opération militaire. « *Il connaît son objectif, qui est la défense ou la conquête de tel territoire* » MAUROIS. ■ **2** FIG. (1874) But précis que se propose l'action. ➤ 1 **fin.** *Quels sont vos objectifs ?* ➤ **dessein, visée.** *Redéfinir les objectifs d'une entreprise. Tout mettre en œuvre pour atteindre un objectif.*

OBJECTION [ɔbʒɛksjɔ̃] n. f. – 1190 ◇ bas latin *objectio* ■ **1** Argument que l'on oppose à une opinion, à une affirmation pour la réfuter. ➤ 2 **critique, réfutation, réplique.** *Faire, formuler une objection à un raisonnement, à une théorie,* et PAR EXT. *à qqn. Aller au-devant d'une objection.* « *Pour prévenir les objections que l'on peut ici m'adresser, il faudrait de longues explications* » RENAN. *Répondre à une objection. Réfuter une objection.* ■ **2** Ce que l'on oppose à une suggestion, une proposition pour la repousser. *Cette proposition n'a soulevé aucune objection.* ➤ **contestation, difficulté*, discussion, opposition, protestation.** *Si vous ne voyez pas d'objection à poursuivre la séance.* ➤ **empêchement.** *Si vous n'y voyez pas d'objection.* ➤ **inconvénient, obstacle** (cf. Si vous n'avez rien contre cela). *Objection !* pour introduire un argument ou un avis contraire. *Objection, votre honneur !* ◆ *Objection de conscience :* principe sur lequel se fonde l'attitude des objecteurs* de conscience. ■ CONTR. Approbation.

OBJECTIVATION [ɔbʒɛktivasjɔ̃] n. f. – 1846 ◇ de *objectiver* ■ DIDACT. Action d'objectiver, de rendre objectif. — PSYCHIATR. Mécanisme mental par lequel un malade atteint de délire chronique interprète ses hallucinations comme des réalités.

OBJECTIVEMENT [ɔbʒɛktivmɑ̃] adv. – milieu XVe ◇ de 1 *objectif* ■ D'une manière objective. ■ **1** PHILOS. En tant qu'objet, indépendamment de l'esprit du sujet. ■ **2** GRAMM. En considérant (une chose, le sens d'un mot) au sens objectif. ■ **3** En fait, en réalité, pratiquement. *Il a objectivement raison.* ■ **4** COUR. D'une façon objective, impartiale. *Examiner objectivement une opinion adverse.* ■ CONTR. Arbitrairement, subjectivement.

OBJECTIVER [ɔbʒɛktive] v. tr. ⟨1⟩ – 1817 ◇ de 1*objectif* ■ DIDACT. ■ **1** Transformer en réalité objective, susceptible d'étude objective. *Objectiver sa conscience.* ■ **2** Rapporter à un objet, référer à une réalité extérieure. *Objectiver ses sensations.* ■ **3** Extérioriser. ➤ **exprimer, manifester.** *Elle était incapable « d'objectiver sa pensée, ses sentiments. Elle ne trouvait pas ses mots »* ARAGON. *Le langage objective la pensée.* — PRONOM. *La pensée s'objective dans le langage.*

OBJECTIVISME [ɔbʒɛktivism] n. m. – 1851 ◇ de 1*objectif* ■ DIDACT. Attitude pratique qui consiste à s'en tenir aux données contrôlables par les sens, à écarter les données subjectives. ◆ PHILOS. Doctrine de l'objectivité de certaines choses. — n. (1901) **OBJECTIVISTE.**

OBJECTIVITÉ [ɔbʒɛktivite] n. f. – 1801 ◇ de 1*objectif* ■ **1** PHILOS. Qualité de ce qui existe indépendamment de l'esprit. ■ **2** Qualité de ce qui donne une représentation fidèle d'un objet. *Objectivité de la science.* ➤ **impersonnalité.** ■ **3** (1838) COUR. Qualité de ce qui est exempt de partialité, de préjugés. *Objectivité d'un compte rendu, d'un jugement. Récit qui manque à l'objectivité, manque d'objectivité.* ◆ (PERSONNES) Attitude d'esprit d'une personne objective, impartiale. *Objectivité d'un historien, d'un juge.* ➤ **impartialité, neutralité.** *Manquer d'objectivité.* ■ CONTR. Partialité, subjectivité.

OBJET [ɔbʒɛ] n. m. – fin XIVe ◇ du latin médiéval *objectum*, de *objicere* «jeter devant», «placer devant»

I CONCRET ■ **1** Toute chose (y compris les êtres animés) qui affecte les sens, et SPÉCIALT la vue. *La perception des objets. « L'histoire naturelle embrasse tous les objets que nous présente l'univers »* BUFFON. ■ **2** (1784) Plus cour. Chose solide ayant unité et indépendance et répondant à une certaine destination. ➤ **chose ;** FAM. **bidule, machin,** 1**truc.** *Forme, matière, taille d'un objet. « Les objets ont une force plastique que rien ne peut troubler »* F. LÉGER. *Objets fabriqués. Saisir le premier objet qui tombe sous la main. Manier un objet avec précaution. « Reconnaître un objet usuel consiste surtout à savoir s'en servir »* BERGSON. — SPÉCIALT (1973) *Objet spatial :* corps naturel ou artificiel situé dans l'espace, dont l'orbite n'a pas été calculée. — *Objet volant non identifié.* ➤ **ovni.** — *Bureau des objets trouvés,* où l'on rassemble les objets trouvés, où leurs propriétaires peuvent venir les réclamer. *Objets de première nécessité. Objets à usage professionnel.* ➤ **instrument, outil.** *Objets de toilette.* ➤ **affaire, article.** *Objets pieux, objets de piété.* — *Petit objet sans valeur.* ➤ **bagatelle, broutille, colifichet.** — *Objets précieux de grand prix, de luxe. Un bel objet. Des objets de vitrine,* des bibelots. LOC. **OBJET D'ART,** ayant une valeur artistique (à l'exception de ce qu'on appelle *œuvre d'art,* et des meubles). *Collection d'objets d'art.*

II ABSTRAIT ■ **1** (fin XIVe) Tout ce qui se présente à la pensée, qui est occasion ou matière pour l'activité de l'esprit. *L'objet de la pensée. La géométrie « a pour objets certains solides idéaux »* POINCARÉ. ■ **2** (1647, Descartes) PHILOS. Ce qui est donné par l'expérience, existe indépendamment de l'esprit, par opposition au sujet qui pense. *Le sujet et l'objet. Traiter quelqu'un en objet. Femme*-objet. Langage-objet et métalangage.* ■ **3** **OBJET DE... :** être ou chose à quoi s'adresse (un sentiment). *Être un objet de pitié, d'horreur, de mépris, de convoitise pour qqn. Être l'objet des railleries, de la sollicitude de qqn. La curiosité dont il est l'objet. « Rome, l'unique objet de mon ressentiment »* CORNEILLE. *Objet d'amour, objet aimé :* personne qu'on aime. — SANS COMPL. (STYLE PRÉCIEUX et VX) *« Femmes ! objets chers et funestes ! »* ROUSSEAU. ■ **4** (1612) Ce vers quoi tendent les désirs, la volonté, l'effort et l'action. ➤ **but,** 1**fin.** *L'objet de nos vœux. L'objet que je me propose, mon objet est de... :* mon intention, mon dessein est de... *« Il ne soupçonnait pas même l'objet de ma visite »* FRANCE. *Cette démarche, cette plainte est dès lors sans objet,* n'a plus de raison d'être. *Remarque, discours sans objet.* ➤ **gratuit.** *Remplir, atteindre, manquer son objet.* ➤ 2**objectif.** ◆ PSYCHAN. Cause globale (personne, partie d'une personne, objet matériel ou fantasme) susceptible de constituer pour le moi le terme d'une relation, d'un rapport investi d'un point de vue affectif. *Relation d'objet.* ➤ **objectal.** *Objet transitionnel, libidinal.* ■ **5** PAR EXT. (1669, Pascal) *L'objet d'un discours.* ➤ **matière, substance,** 3**sujet, thème.** *Cette circulaire a pour objet la salubrité publique.* ➤ **concerner** (cf. Avoir rapport à). ◆ **FAIRE, ÊTRE L'OBJET DE :** subir. *Ce malade est l'objet d'une surveillance constante. Faire l'objet de nombreuses critiques.* ■ **6** (1804) DR. Matière sur laquelle portent un droit, une obligation, un contrat, une convention, une demande en justice. *L'objet d'un litige, d'un procès.* ■ **7** (1922) GRAMM. **COMPLÉMENT D'OBJET.** *Complément d'objet d'un verbe,* désignant la chose, la personne, l'idée sur lesquelles porte l'action marquée par le verbe. *Complément d'objet direct,* ou ELLIPT *objet direct,* directement rattaché au verbe sans l'intermédiaire d'une préposition (ex. je prends *un crayon*). *Complément d'objet indirect,* ou ELLIPT *objet indirect,* rattaché au verbe par l'intermédiaire d'une préposition (ex. j'obéis *à vos ordres*). ➤ **transitif.** *Complément d'objet second :* complément d'attribution*. *Proposition complément d'objet* ou *complétive* (ex. je lui ai annoncé *que tu étais parti*). *Infinitif complément d'objet d'un verbe* (ex. désirer *partir*). ■ **8** INFORM. Entité structurée et limitée, constituée d'un ensemble de données et de règles qui régissent son comportement. *Programmation (par) objets* ou ANGLIC. *orientée objet(s). Langage (à) objets,* conçu pour la programmation par objets.
■ CONTR. Créature, forme, 3 sujet.

OBJURGATION [ɔbʒyʀgasjɔ̃] n. f. – XIIIe, rare avant XVIIIe ◇ latin *objurgatio* ■ Surtout au plur. ■ **1** LITTÉR. Parole vive par laquelle on essaie de détourner qqn d'agir comme il se propose de le faire. ➤ **admonestation, remontrance, représentation, réprimande, reproche.** *Céder aux objurgations de qqn.* ■ **2** (ABUSIF) Prière instante. ➤ **adjuration.** *« L'objurgation amoureuse recommença, plus enflammée »* BLOY. *« Lassé de la surveiller sans cesse, de m'épuiser en objurgations toujours vaines »* GIDE.
■ CONTR. Apologie, approbation, encouragement.

OBLAT, ATE [ɔbla, at] n. – 1549 ◇ latin *oblatus* «offert», p. p. de *offerre,* l'oblat se donnant à un couvent avec ses biens ■ **1** Personne qui s'est agrégée à une communauté religieuse en lui faisant donation de ses biens et en promettant d'observer un règlement, mais sans prononcer les vœux et sans abandonner le costume laïque. *« L'Oblat », roman de Huysmans.* ■ **2** Religieux de certains ordres. *Les oblats de Saint-François de Sales, de Marie-Immaculée.* ■ **3** n. m. pl. LITURG. Tout ce qui est offert à l'occasion d'une messe (pain bénit, cierge, quête, etc.).

OBLATIF, IVE [ɔblatif, iv] adj. – 1926 ◇ du latin *oblativus* «qui s'offre» ■ DIDACT. Qui s'offre à satisfaire les besoins d'autrui au détriment des siens propres. *Amour oblatif.* — n. f. **OBLATIVITÉ.** ■ CONTR. Captatif.

OBLATION [ɔblasjɔ̃] n. f. – *oblatiun* v. 1120 ◇ latin *oblatio* ■ **1** LITTÉR. Action d'offrir (qqch.) à Dieu. *« Jésus fit à Dieu l'oblation solennelle de sa personne »* BOURDALOUE. ■ **2** LITURG. Acte par lequel le prêtre offre à Dieu le pain et le vin qu'il doit consacrer. ➤ **oblat, offertoire.**

OBLIGATAIRE [ɔbligatɛʀ] n. et adj. – 1867 ◇ du radical de *obligation,* d'après *donataire* ■ FIN. Créancier titulaire d'une obligation (I°). Souscripteur d'un emprunt en obligations. — adj. Qui se réfère aux obligations. *Marché obligataire,* où se négocient les obligations. *Portefeuille obligataire,* composé d'obligations.

OBLIGATION [ɔbligasjɔ̃] n. f. – 1235 ◇ latin juridique *obligatio,* de *obligare,* de *ligare* ■ **1** DR. Lien de droit en vertu duquel une personne peut être contrainte de donner, de faire ou de ne pas faire qqch. (➤ **créancier,** 1**débiteur**). *Obligation alimentaire.* (latin *in solidum* «au tout») *Obligation « in solidum »,* qui lie plusieurs personnes vis-à-vis d'une ou plusieurs autres. — SPÉCIALT Dette créée par un lien juridique. *Contracter une obligation. S'acquitter d'une obligation. Extinction d'une obligation* (prescription). *Obligation conditionnelle, conjointe ; obligation de moyen, de résultat.* ◆ Acte authentique portant une obligation, notamment acte par lequel on se reconnaît débiteur. — *Obligation cautionnée :* titre souscrit par une personne physique ou morale et avalisé par la caution d'un organisme financier pour garantir à l'administration le règlement ultérieur de droits de douane, d'impôts, de taxes dus. ➤ aussi **acquit-à-caution, traite.** — (1720) FIN. Titre représentatif d'un emprunt à long terme émis par une personne morale et donnant droit à son détenteur de percevoir un intérêt annuel (généralement fixe mais parfois indexé) et au remboursement de la somme ainsi avancée à une échéance déterminée. ➤ **emprunt, rente, valeur** (mobilière) ; 2**action, certificat** (d'investissement) ; **euro-obligation.** *Émission d'obligations par l'État. Épargnant qui souscrit à une obligation. Porteur d'une obligation.* ➤ **obligataire, titulaire.** *Obligation non garantie.* ➤ RÉGION. **débenture.** ■ **2** (XVIe) COUR. Lien moral qui assujettit l'individu à une loi religieuse, morale ou sociale ; prescription constituant la matière d'une loi de cette nature. *Remplir les obligations de sa charge. Faire honneur, satisfaire ; manquer, se soustraire à ses obligations.* ➤ **engage-**

ment, promesse, serment. *« Nous naissons chargés d'obligations de toute sorte envers la société »* COMTE. *Obligations professionnelles.* ➤ **responsabilité.** *Obligations militaires. Obligations fastidieuses.* ➤ **corvée, servitude, sujétion.** *Se créer des obligations.* — *Obligation morale,* ou *obligation :* caractère impératif que revêt la loi morale. ➤ 2 **devoir, impératif.** *« Esquisse d'une morale sans obligation ni sanction », ouvrage de Guyau.* ▪ **3** *Obligation de* (et inf.) : le fait d'être obligé, contraint de (faire qqch.). ➤ **nécessité.** *L'obligation d'avoir recours à un interprète, d'emprunter de l'argent. Se voir, se trouver, être dans l'obligation de faire qqch.* ➤ **obligé.** — (Et un nom) *Jeu sans obligation d'achat.* ▪ **4** VIEILLI Lien moral qui attache à la personne dont on a reçu un bienfait, et qui crée un devoir de reconnaissance (➤ **obligé,** A, 2°). *Avoir à qqn de l'obligation, bien des obligations. Je ne veux point « demeurer redevable à mon ennemi, et je lui ai une obligation dont il faut que je m'acquitte »* MOLIÈRE. ▪ CONTR. Dispense, grâce, liberté.

OBLIGATOIRE [ɔbligatwaʀ] **adj.** – XIVe ◊ latin juridique *obligatorius,* de *obligare* → obliger ▪ **1** Qui a la force d'obliger, qui a un caractère d'obligation (1° et 2°). ➤ **déontique.** *Instruction gratuite et obligatoire. « L'étude de l'hébreu n'était pas obligatoire au séminaire »* RENAN. *Il est obligatoire de passer une visite médicale.* ▪ **2** FAM. Inévitable, nécessaire. ➤ **forcé, obligé.** *Il a raté son examen, c'était obligatoire !* ▪ CONTR. Facultatif, libre, volontaire ; fortuit.

OBLIGATOIREMENT [ɔbligatwaʀmɑ̃] **adv.** – 1846 ◊ de *obligatoire* ▪ D'une manière obligatoire. ➤ **nécessairement.** *Vous devez obligatoirement présenter votre passeport à la frontière.* ◆ FAM. Forcément. ➤ **fatalement, inévitablement.** *Cela devait obligatoirement arriver.*

OBLIGÉ, ÉE [ɔbliʒe] **adj.** – XIIIe ◊ de *obliger* **A.** (PERSONNES) ▪ **1** Tenu, lié par une obligation, assujetti par une nécessité. — DR. *Une personne obligée envers un créancier.* **n.** *Le principal obligé :* le débiteur principal (opposé à *caution*). — *Être, se sentir obligé à qqch. « Obligés au secret comme les confesseurs »* GAUTIER. *Être obligé à* (VX), *de* (MOD.) *faire qqch. Vous n'êtes pas obligé de me croire, de répondre. Il s'est cru obligé d'intervenir. « Je serai bien obligé de la refuser »* MONTHERLANT. ▪ **2** (1559) Attaché, lié (par un service reçu). ➤ **reconnaissant, redevable.** *Je vous serais très obligée de bien vouloir... « Je vous suis obligé de l'attention que vous avez eue »* BOSSUET. ➤ **gré** (savoir gré). — **n.** *L'obligé(e) :* celui, celle qu'on a obligé(e). *« Le bienfaiteur crée des droits à l'obligé »* BALZAC. *« se passer de tous les hommes et n'être l'obligé de personne »* JOUBERT. *Je suis votre obligé.*

B. (CHOSES) ▪ **1** (1703 ◊ italien *obligato*) MUS. *Récitatif* obligé.* ▪ **2** (fin XVIIIe) COUR. Qui résulte de quelque obligation ou nécessité ; qui est commandé par l'usage, par les faits. ➤ **indispensable, nécessaire, obligatoire.** *Un passage obligé. « La vie commune n'était plus que le contact obligé de deux êtres »* ZOLA. ◆ FAM. *C'est obligé !* c'est forcé. *C'était obligé,* c'était fatal, ça devait arriver. ➤ **obligatoire ; immanquable, inévitable.** ◆ EUPHÉM. ADMIN. ➤ **obligatoire.** *Vous devez composter votre billet, c'est obligé.* ▪ CONTR. Dispensé, exempt ; quitte. Facultatif.

OBLIGEAMMENT [ɔbliʒamɑ̃] **adv.** – milieu XVIIe ◊ de *obligeant* ▪ D'une manière obligeante, avec obligeance. *Comme vous me l'avez obligeamment proposé.* ➤ **aimablement.**

OBLIGEANCE [ɔbliʒɑ̃s] **n. f.** – 1785 ; en ancien français « obligation » ◊ de *obligeant* ▪ LITTÉR. ou style soutenu Disposition à obliger, à se montrer obligeant. ➤ **affabilité, amabilité, bienveillance, complaisance, gentillesse, prévenance.** *« À mon ami, dont le grand savoir et l'infatigable obligeance ont guidé mes pas »* R. ROLLAND. — (Formule de politesse) *Ayez l'obligeance, voulez-vous avoir l'obligeance, l'extrême obligeance de me suivre.* ➤ **bonté.** ▪ CONTR. Désobligeance, malveillance.

OBLIGEANT, ANTE [ɔbliʒɑ̃, ɑ̃t] **adj.** – 1636 ; autre sens 1601 ◊ de *obliger* ▪ LITTÉR. ou style soutenu Qui aime à obliger, à faire plaisir. ➤ **affable, aimable, complaisant,** 2 **gentil, prévenant, serviable.** *Il s'est montré très obligeant. — « L'offre que vous me faites est tout à fait obligeante »* BOILEAU. ▪ CONTR. Désobligeant.

OBLIGER [ɔbliʒe] **v. tr.** ⟨3⟩ – 1246 « engager » (des liens) ◊ latin *obligare,* de *ligare* « lier » ▪ **1** (fin XIIIe) Assujettir par une obligation d'ordre juridique. *« Les lois de police et de sûreté obligent tous ceux qui habitent le territoire »* (CODE CIVIL). *Le contrat oblige les deux parties. Obliger à* (et subst. ou inf.). *« La loi oblige l'homme à quantité d'actes »* VALÉRY. — *Être obligé par contrat de faire telle ou telle chose.* — PRONOM. Se lier par une obligation. ➤ **s'engager, promettre.** *S'obliger à faire, à fournir.* ▪ **2** Assujettir par une obligation d'ordre moral. *« Ces devoirs nous obligent vis-à-vis de la cité »* BERGSON. *Obliger qqn à qqch., à faire qqch. L'honneur m'y oblige. Les coutumes, la bienséance, la politesse nous obligent à certaines choses, à faire certaines choses.* — ABSOLT LOC. PROV. *Noblesse* oblige.* (Sur ce modèle) *Jeunesse oblige.* ▪ **3** Mettre dans la nécessité (de faire qqch.). ➤ **astreindre, contraindre, forcer.** VIEILLI *Obliger de. « Les persécutions les ont obligés de passer dans les Indes »* MONTESQUIEU. MOD. *Obliger à. Ses parents l'ont obligé à travailler. « La gêne domestique l'obligea à tenir un hôtel »* SAINTE-BEUVE. *« Tout nous oblige à admettre son existence »* PAULHAN. *Rien ne vous y oblige.* FAM. *Tu vas m'obliger à me fâcher !* — PRONOM. S'imposer de. *Un sportif doit s'obliger à boire.* — PASS. *Être obligé de (faire qqch.).* ➤ **obligé.** ▪ **4** (1538) Attacher (qqn) par une obligation, en rendant service, en faisant plaisir. ➤ **aider, secourir ; obligeance, obligeant.** *« Il faut autant qu'on peut obliger tout le monde »* LA FONTAINE. *Vous n'obligerez pas un ingrat. Vous m'obligerez, vous m'obligeriez infiniment en faisant, si vous faisiez telle chose.* ▪ CONTR. Affranchir, dispenser ; exempter ; désobliger.

OBLIQUE [ɔblik] **adj.** – XIIIe ◊ latin *obliquus* ▪ **1** Qui s'écarte de la verticale, de la perpendiculaire (à une ligne, un plan donnés ou supposés). ➤ **biais.** *« Vers la fin de la journée, quand le soleil est oblique »* GAUTIER. — Non horizontal. *« Ses yeux étaient obliques, mais admirablement fendus »* MÉRIMÉE. — *Regard oblique,* de qqn qui ne regarde pas droit, en face. *« Un de ces regards obliques pleins de finesse et de ruse »* BALZAC. ◆ GÉOM. *Droite oblique,* ou **n. f.** *une oblique :* droite qui n'est ni horizontale ni verticale. *Projection, symétrie oblique :* toute projection, toute symétrie non orthogonale. *Cône, prisme oblique,* dont l'axe de symétrie n'est pas perpendiculaire à la base. ◆ MILIT. *Ordre oblique. Tir, feux obliques* (cf. En écharpe). ◆ ANAT. Se dit de certains muscles dont les fibres ont une direction oblique par rapport au plan qui divise le corps en deux moitiés symétriques. *Muscle grand oblique* (ou *le grand oblique*), *muscle petit oblique* (ou *le petit oblique*) *de l'abdomen, de l'œil.* — MUS. *Mouvement oblique.* ▪ **2** FIG. (dans certaines expr.) Qui n'est pas direct. ➤ **indirect.** DR. *Action oblique,* indirecte. LING. *Cas obliques,* qui n'expriment pas de rapports directs. *Discours oblique* (« oratia obliqua ») : discours indirect. ▪ **3 loc. adv.** (1876) **EN OBLIQUE :** dans une direction oblique. ➤ **obliquement** (cf. En diagonale). *Rue qui part en oblique.* ▪ CONTR. 1 Direct, 1 droit ; 2 franc.

OBLIQUEMENT [ɔblikmɑ̃] **adv.** – 1314 ◊ de *oblique* ▪ Dans une direction ou une position oblique (cf. De biais, de côté, en oblique). *« Des piquets fichés obliquement en terre »* THARAUD. — *Regarder obliquement.* ▪ CONTR. 1 Droit, directement.

OBLIQUER [ɔblike] **v. intr.** ⟨1⟩ – 1825 ; tr. « faire dévier » XIIIe ◊ de *oblique* ▪ Prendre une direction oblique, aller, marcher en ligne oblique. ➤ **dévier.** *Au prochain carrefour, vous obliquerez à gauche. La moto a soudain obliqué vers la droite. « Ils errèrent, obliquant de droite ou de gauche »* LOTI.

OBLIQUITÉ [ɔblik(ɥ)ite] **n. f.** – 1361 ◊ latin *obliquitas* ▪ Caractère ou position de ce qui est oblique. ➤ **inclinaison.** *Obliquité des rayons solaires suivant l'heure ou la saison. « L'obliquité du regard »* PROUST. ◆ GÉOM. Relation de position entre deux droites ou deux plans qui ne sont ni perpendiculaires ni parallèles. — ASTRON. *Obliquité de l'écliptique :* angle du plan de l'écliptique et du plan de l'équateur céleste. ▪ CONTR. Aplomb, verticalité ; horizontalité.

OBLITÉRATEUR, TRICE [ɔbliteʀatœʀ, tʀis] **adj. et n. m.** – 1857 en méd. ◊ du radical latin de *oblitérer* ▪ LITTÉR. ou TECHN. Qui sert à oblitérer. ◆ **n. m.** Instrument employé pour oblitérer des timbres, des reçus.

OBLITÉRATION [ɔbliteʀasjɔ̃] **n. f.** – 1777 ◊ du radical latin de *oblitérer* ▪ **1** PATHOL. Fermeture d'un conduit, d'une cavité, par accolement de ses parois (➤ **occlusion**), ou par la présence d'un corps étranger (➤ **embolie, obstruction, obturation**). *Oblitération congénitale.* ➤ **imperforation.** ▪ **2** (1863) COUR. Action d'oblitérer (un timbre) ; son résultat. *Cachet d'oblitération.* — PAR EXT. Empreinte résultant de l'oblitération du timbre. *Oblitération premier jour* (lors de la mise en vente d'une nouvelle émission de timbres).

OBLITÉRER [ɔbliteʀe] **v. tr.** ⟨6⟩ – v. 1512 ◊ latin *oblitterare* ▪ **1** VIEILLI Effacer par une usure progressive. — PRONOM. *« Petit à petit, les délicates sculptures s'oblitèrent »* GAUTIER. ◆ FIG. et LITTÉR. *Souvenir oblitéré par le temps.* ▪ **2** (1782) MÉD. Provoquer l'oblitération de (un conduit, une cavité). ▪ **3** (1863) COUR. *Oblitérer un timbre,* l'annuler par l'apposition d'un cachet qui le rend impropre à servir une seconde fois. — **p. p. adj.** *Timbre neuf* *et timbre oblitéré.* SUBST. *Les oblitérés d'une collection de timbres.*

OBLONG, ONGUE [ɔblɔ̃, ɔ̃g] **adj.** – 1363 ◇ latin *oblongus* ▪ **1** Qui est plus long que large. ➤ **allongé.** *Forme oblongue. Un visage oblong.* ▪ **2** Qui est moins haut que large (livre, album). *Format oblong* (cf. À l'italienne).

OBNUBILATION [ɔbnybilasjɔ̃] **n. f.** – 1486 ◇ latin ecclésiastique *obnubilatio* ▪ LITTÉR. Action d'obnubiler (l'esprit) ; état de l'esprit obnubilé. — MÉD. Ralentissement des fonctions psychiques, accompagné d'engourdissement, d'une baisse de la vigilance, d'un manque de lucidité. *Obnubilation due à une commotion cérébrale, à l'épilepsie, à un choc émotionnel.*

OBNUBILER [ɔbnybile] **v. tr.** ⟨1⟩ – XIVe ; «couvrir de nuages» v. 1270 ◇ latin *obnubilare* ▪ Envelopper (les facultés mentales, les sentiments) comme d'un brouillard. ➤ **obscurcir.** *«une sorte de fièvre qui, loin d'obnubiler sa pensée [...]»* MADELIN. ◆ PAR EXT. Obséder (qqn). *Ce rêve l'obnubile. Il ne faut pas vous laisser obnubiler par cette difficulté. — Il est obnubilé par cette idée.*

OBOLE [ɔbɔl] **n. f.** – v. 1200 ◇ latin *obolus*, grec *obolos* ▪ **1** Ancienne monnaie française, valant un demi-denier. ◆ (1539) Ancienne monnaie grecque, valant le sixième d'une drachme. ▪ **2** (1628) VX Très petite somme. ➤ **sou.** *«Je n'ai pas fait tort d'une obole à mes héritiers»* BALZAC. ▪ **3** (1738) MOD. Modeste offrande, petite contribution en argent. *Apporter son obole à une souscription.*

OBOMBRER [ɔbɔ̃bʀe] **v. tr.** ⟨1⟩ – *obumbrer* v. 1265 ; rare avant XIXe ◇ latin *obumbrare* ▪ LITTÉR. Couvrir d'ombre. — FIG. Obscurcir.

OBSCÈNE [ɔpsɛn] **adj.** – 1534 ◇ latin *obscenus* «de mauvais augure» ▪ Qui blesse la délicatesse par des représentations ou des manifestations grossières de la sexualité. *«Les livres les plus monstrueusement obscènes»* HUGO. ➤ **licencieux, pornographique.** *«Des filles de joie tenaient les propos les plus obscènes»* CHATEAUBRIAND. ➤ **graveleux, grivois, grossier, inconvenant, ordurier, salace.** *Geste, spectacle, photo, graffiti obscène.* ➤ **cochon, impudique, indécent.** *Instruments, objets obscènes.* ◆ PAR EXT. FAM. *Il a encore gagné, c'est obscène.* ➤ **dégoûtant, indécent.** ▪ CONTR. Décent, pudique.

OBSCÉNITÉ [ɔpsenite] **n. f.** – 1511 ◇ latin *obscenitas* ▪ **1** Caractère de ce qui est obscène. ➤ **indécence.** *«Ces sujets ne seraient point souillés par cette obscénité révoltante»* BAUDELAIRE. ▪ **2** Parole, phrase, image obscène. *«Il disait des grossièretés, des obscénités et des ordures»* HUGO. ➤ **grossièreté, ordure ;** FAM. **cochonnerie, saleté.** *Écrire des obscénités dans les toilettes. Film qui montre des obscénités.* ▪ CONTR. (du 1°) Décence, pudeur.

OBSCUR, URE [ɔpskyʀ] **adj.** – XIIe ◇ latin *obscurus*

I ▪ **1** Qui est privé (momentanément ou habituellement) de lumière. ➤ **enténébré, noir, sombre.** *«Nuit sans étoiles, nuit obscure !»* BAUDELAIRE. *«une de ces cours obscures où le soleil ne pénètre jamais»* BALZAC. *«un enchevêtrement de ruelles obscures»* COURTELINE. — LOC. *Les salles obscures* : les salles de cinéma. ▪ **2** Qui est foncé, peu lumineux. ➤ **sombre.** *«Les écueils se dessinent en grisailles obscures»* LOTI. — SUBST. *«une insensible dégradation du clair [...] à l'obscur»* GIDE. ➤ aussi **clair-obscur.**

II ABSTRAIT ▪ **1** (Discours, texte) Qui est difficile à comprendre, à expliquer (par sa nature ou par la faute de la personne qui expose). ➤ **abscons, abstrus, cryptique, incompréhensible.** *«Cet amas de phrases louches, irrégulières, incohérentes, obscures»* VOLTAIRE. ➤ **brumeux, confus, embrouillé, équivoque, fumeux, jargonneux.** *Déchiffrer, éclaircir un texte, un passage obscur. Poème obscur.* ➤ **ésotérique, hermétique.** — PAR EXT. *Poète obscur.* ▪ **2** Mal connu, difficile* à connaître, à expliquer. ➤ **inexplicable, mystérieux.** *«des questions complexes ou obscures non encore étudiées»* C. BERNARD. *Pour des raisons obscures.* ➤ **inconnu.** — *Périodes obscures de l'histoire.* ▪ **3** Qui n'est pas net, pas défini ; que l'on sent, perçoit ou conçoit confusément, sans pouvoir l'analyser. ➤ 3 **vague.** *«Un obscur instinct de conservation»* GAUTIER. *Un obscur pressentiment. «Un sentiment encore obscur et à peine éveillé»* MAUPASSANT. ◆ Dont on sent les effets sans en connaître la nature, l'origine. *«L'histoire n'est pas le résultat de hasards obscurs»* DANIEL-ROPS. ▪ **4** (PERSONNES) Qui n'a aucun renom, qui n'est pas connu. ➤ **ignoré, inconnu.** *«Je crèverai obscur ou illustre»* FLAUBERT. — **n.** *«Et nous, les petits, les obscurs, les sans-grades»* ROSTAND. ◆ Qui est d'une condition sociale modeste. ➤ **humble.** *«Tous gens obscurs, de pauvres gens»* MICHELET. — *Vie obscure. Ils s'employaient «à des besognes obscures et mal payées»* MARTIN DU GARD.

▪ CONTR. Clair, éblouissant, éclatant, lumineux. — Connu, distinct ; intelligible, 2 net, 1 précis. Célèbre, fameux, illustre.

OBSCURANTISME [ɔpskyʀɑ̃tism] **n. m.** – 1819 ◇ de *obscurant* (1781), de *obscur* ▪ Opinion, doctrine des ennemis des «lumières», de ceux qui s'opposent à la diffusion, à la vulgarisation de l'instruction et de la culture dans les masses populaires. *«Deux journaux que les feuilles constitutionnelles accusaient d'obscurantisme»* BALZAC.

OBSCURANTISTE [ɔpskyʀɑ̃tist] **adj. et n.** – 1832 ◇ de *obscurantisme* ▪ Inspiré par l'obscurantisme ; partisan de l'obscurantisme. — **n.** *Un obscurantiste.*

OBSCURCIR [ɔpskyʀsiʀ] **v. tr.** ⟨2⟩ – *oscurcir* v. 1160 ◇ de *obscur*

I ▪ **1** Priver de lumière, de clarté. ➤ **assombrir.** *Ce vis-à-vis obscurcit la pièce. — «La chambre obscurcie déjà par la nuit commençante»* MARTIN DU GARD. ◆ Affaiblir, éteindre (la clarté, la lumière). — PRONOM. *Le ciel s'est obscurci*, est devenu sombre. ➤ **s'assombrir.** *«Un nuage glissa devant le soleil et le jour s'obscurcit soudain»* COURTELINE. ▪ **2** Troubler, affaiblir (la vue). *«Les yeux obscurcis de larmes»* ZOLA. ➤ 1 **voilé.** ▪ **3** RARE Rendre foncé, sombre. *Obscurcir une couleur.* ➤ **assombrir.** *«Des meubles obscurcis par les crasses»* HUYSMANS.

II ABSTRAIT ▪ **1** Rendre obscur, peu intelligible. *Mots difficiles qui obscurcissent le sens d'un texte. «Les philosophes, en tâchant d'expliquer des choses qui sont manifestes, n'ont rien fait que les obscurcir»* DESCARTES. ▪ **2** Rendre (l'esprit) incapable de discernement, de lucidité. ➤ **obnubiler.** *«Un concours de causes peut obscurcir de nouveau la réflexion»* RENAN. — PRONOM. *«la perception du bien et du mal s'obscurcit à mesure que l'intelligence s'éclaire»* CHATEAUBRIAND.

▪ CONTR. Éclaircir, éclairer.

OBSCURCISSEMENT [ɔpskyʀsismɑ̃] **n. m.** – 1538 ; *oscurcissement* XIIIe ◇ de *obscurcir* ▪ **1** Action d'obscurcir ; perte de lumière, d'éclat. *Obscurcissement du ciel.* ▪ **2** Le fait de rendre peu intelligible ou peu clairvoyant (➤ **obscurcir,** II). *«Le grand travail d'obscurcissement, d'erreur»* MICHELET. ▪ CONTR. Éclaircissement.

OBSCURÉMENT [ɔpskyʀemɑ̃] **adv.** – 1213 ; *oscurement* v. 1170 ◇ de *obscur*

I RARE D'une manière à peine visible, imperceptible. *«Les anges y volaient sans doute obscurément»* HUGO.

II COUR. (ABSTRAIT) ▪ **1** D'une manière peu intelligible. *«Il est mauvais de parler obscurément des choses claires»* DUHAMEL. ▪ **2** D'une manière vague, insensible. *Il sentait obscurément l'approche du danger. «la modification de mon état sentimental, préparée obscurément par les désagrégations continues de l'oubli»* PROUST. ▪ **3** En restant ignoré, inconnu. *Finir ses jours obscurément*, dans l'anonymat. *«Cet amas de papier noirci qui moisit obscurément chez les bouquinistes»* FRANCE.

▪ CONTR. Clairement, nettement. Glorieusement.

OBSCURITÉ [ɔpskyʀite] **n. f.** – milieu XIIIe ; *obscurtet* 1119 ◇ latin *obscuritas*

I Absence de lumière ; état de ce qui est obscur. ➤ **noir, nuit, ténèbres ;** RÉGION. **noirceur.** *Obscurité profonde, complète, totale. La maison fut soudain plongée dans l'obscurité. «Comme on distingue peu à peu des objets dans l'obscurité»* MONTHERLANT. *«On pénètre dans l'obscurité de l'église»* LOTI.

II ABSTRAIT ▪ **1** Défaut de clarté, d'intelligibilité (d'un texte). *«L'obscurité qui enveloppe les lois»* FRANCE. *«L'embrouillement des papiers, la savante obscurité des calculs»* MICHELET. PAR EXT. *«L'obscurité qu'on trouve à Mallarmé»* VALÉRY. ➤ **hermétisme.** ◆ État de ce qui est mal connu. *L'obscurité des origines de l'humanité. Beaucoup de points restent encore dans l'obscurité.* ▪ **2** *Une, des obscurités* : passage, point obscur ; évènement incompréhensible. *«Il est des obscurités qui tiennent aux choses dont on parle»* VALÉRY. *«il convenait de se taire jusqu'à ce que certaines obscurités fussent éclaircies»* HUGO. ▪ **3** Situation sans éclat, où l'on reste obscur, inconnu, ignoré. ➤ **anonymat ; médiocrité.** *Vivre dans l'obscurité.*

▪ CONTR. Clarté, lumière. — Évidence, netteté. Célébrité, renom.

OBSÉCRATION [ɔpsekʀasjɔ̃] **n. f.** – XIIIe ◇ latin *obsecratio* ▪ RELIG. Prière par laquelle on implore Dieu, on conjure qqn au nom de Dieu. ➤ **déprécation, supplication.** *«Quant aux incursions diaboliques, on ne les refoule qu'après de persistantes obsécrations»* HUYSMANS.

OBSÉDANT, ANTE [ɔpsedɑ̃, ɑ̃t] adj. – 1845 ◊ de *obséder* ■ Qui obsède (3°), s'impose sans répit à la conscience. *« Le souvenir était fixé dans son cerveau, obsédant, presque intolérable »* CHARDONNE. *Le rythme obsédant d'une musique.* ➤ **lancinant.** *Une question obsédante.*

OBSÉDÉ, ÉE [ɔpsede] n. – 1632 ◊ de *obséder* ■ Personne qui est en proie à une idée fixe, à une obsession. ➤ **fou ; obsessionnel.** *Un obsédé sexuel.* ➤ **érotomane, maniaque.** *Les « obsédés dont nous lisons les graffiti sur l'ardoise des vespasiennes »* AYMÉ. *Une obsédée de la propreté. Un obsédé du jazz.*

OBSÉDER [ɔpsede] v. tr. ⟨6⟩ – fin XVIe ◊ latin *obsidere* ■ **1** VX Entourer d'une présence constante, d'une surveillance sans relâche. *« Les espions m'obsèdent »* ROUSSEAU. ■ **2** VIEILLI Importuner par des assiduités, des démarches d'une insistance déplacée. *« Elle fut importune, obstinée, maladroite souvent ; elle obséda »* SAINTE-BEUVE. ■ **3** MOD. (sujet chose) Tourmenter (qqn) de manière incessante ; s'imposer sans répit à la conscience. ➤ **hanter, obnubiler, poursuivre, tracasser, travailler ; turlupiner.** *« Quand le remords ou l'ennui les obsède »* BAUDELAIRE. *L'idée fixe qui l'obsède depuis plusieurs jours.* — (Passif) *« être obsédé, cela signifie se trouver pris dans un mécanisme, dans un engrenage de plus en plus exigeant et sans fin »* LACAN. *Obsédé par la peur d'échouer. Étudiant obsédé par son travail.* ➤ 1 **polar.**

OBSÈQUES [ɔpsɛk] n. f. pl. – 1398 ; *osseque* début XIIe ◊ bas latin *obsequiæ* ■ Cérémonie et convoi funèbres. ➤ **crémation, enterrement, funérailles, inhumation.** *Organisation des obsèques* (cf. Pompes funèbres*). *Obsèques civiles, religieuses. Obsèques nationales. Le chef de l'État assistera aux obsèques des victimes de la catastrophe, de l'attentat.*

OBSÉQUIEUX, IEUSE [ɔpsekjø, jøz] adj. – v. 1500 « obligeant, serviable » ; repris XVIIIe ◊ latin *obsequiosus* ■ Qui exagère les marques de politesse, d'empressement, par servilité ou hypocrisie. ➤ **flatteur,** 1 **plat, rampant, servile.** *Serviteur, courtisan obséquieux. « d'une politesse obséquieuse devant les chefs »* ZOLA. — adv. **OBSÉQUIEUSEMENT,** 1819. ■ CONTR. 1 Hautain, méprisant.

OBSÉQUIOSITÉ [ɔpsekjozite] n. f. – 1504 « obligeance, serviabilité » ; repris début XIXe ◊ de *obséquieux* ■ Attitude, comportement d'une personne obséquieuse. ➤ **platitude, servilité.** *« Poli jusqu'à l'obséquiosité »* FLAUBERT. *« L'obséquiosité du personnel lui était agréable »* MARTIN DU GARD.

OBSERVABLE [ɔpsɛʀvabl] adj. – 1587 ; « qui doit être observé » fin XVe ◊ latin *observabilis* ■ Qui peut être observé. *Éclipse observable dans telle région.* ■ CONTR. Inobservable.

OBSERVANCE [ɔpsɛʀvɑ̃s] n. f. – XIIIe ◊ latin *observantia* ■ **1** Action d'observer habituellement, de pratiquer une règle en matière religieuse ; obéissance (à la règle). ➤ **observation,** 1 **pratique.** *« L'observance de la loi du Seigneur »* MASSILLON. — (Règle non religieuse) *« La vie se résumait pour lui à la stricte observance du tableau de service »* LOTI. *Observance médicamenteuse.* ■ **2** *Une observance* : règle, loi religieuse prescrivant l'accomplissement de pratiques. *Manquer aux observances. « une des observances minutieuses qui commandent toute la vie juive »* THARAUD. ■ **3** Manière dont la règle est observée dans une communauté religieuse. *« Un monastère cistercien de la plus rigide observance »* BLOY. — PAR ANAL. *« radical et franc-maçon d'étroite observance »* MAURIAC. ■ **4** Règle d'un ordre. *Religieux de l'observance de saint Benoît.* ♦ PAR EXT. Ordre religieux (considéré par rapport à sa règle, à sa discipline). *L'observance de Saint-François* : les Franciscains. ■ CONTR. Inobservance, manquement.

OBSERVATEUR, TRICE [ɔpsɛʀvatœʀ, tʀis] n. – 1491 ◊ latin *observator*

I VX Personne qui observe (une loi, une prescription). *« Observateurs zélés de l'exacte justice »* VOLTAIRE.

II MOD. ■ **1** (1555) Personne qui observe, s'attache à observer la nature, la société. *« Cet artiste est l'observateur le plus patient et le plus minutieux »* GAUTIER. *« Il exerçait sur chaque nouveau venu ses facultés aiguës d'observateur »* PROUST. — SPÉCIALT Personne qui s'adonne à l'observation scientifique des phénomènes naturels. *« L'observateur écoute la nature, l'expérimentateur l'interroge »* CUVIER. ■ **2** Personne qui, dans une circonstance particulière, observe un évènement auquel elle assiste. ➤ **témoin.** *Assister à un évènement en simple observateur,* en simple spectateur (opposé à *participant*). — PHYS. Personne par rapport à qui se fait une observation, se mesure une quantité. *Pour un observateur placé en A.* ■ **3** Personne chargée d'observer. — Agent chargé par un gouvernement d'assister à des négociations et d'en rendre compte. *Un observateur des Nations unies.* — Soldat, officier chargé d'une mission d'observation militaire. *Observateur d'artillerie.* ■ **4** adj. Qui aime à observer, est doué pour l'observation. *« Son esprit est observateur et sensé »* SAINTE-BEUVE. *Elle est très observatrice.*

OBSERVATION [ɔpsɛʀvasjɔ̃] n. f. – 1200 ◊ latin *observatio*

I OBSERVANCE (1507) Action d'observer ce que prescrit une loi, une règle. ➤ **obéissance, observance.** *« Je voudrais obtenir une stricte observation du règlement »* CHARDONNE.

II EXAMEN ATTENTIF (1361) ■ **1** Action de considérer avec une attention suivie la nature, l'être humain, la société, afin de les mieux connaître. ➤ **examen.** *« Toute l'histoire de la science, c'est l'apprentissage de la raison par l'homme grâce à la seule observation de la nature »* TOURNIER. *« L'attention qu'exige l'observation du cœur humain »* Mme DE STAËL. *« Le monde était son champ d'observation »* MAUROIS. *Qualités, dons d'observation. Esprit d'observation* : aptitude à observer. ■ **2** Procédé scientifique d'investigation, constatation attentive des phénomènes tels qu'ils se produisent, sans volonté de les modifier. *Appareils, instruments d'observation. Sciences d'observation* : sciences de faits, qui n'ont pas recours à l'expérimentation (➤ **observationnel**). *L'observation et l'expérience.* ♦ Fait d'observer un phénomène ; compte rendu du phénomène constaté, décrit, mesuré. *« À chaque observation que je faisais sur l'organisation végétale »* ROUSSEAU. *Observations météorologiques, astronomiques. Observations de terrain.* — PAR MÉTON. Cas observé. *L'analyse a porté sur dix observations.* ■ **3** MÉD. Surveillance attentive (à laquelle on soumet un être vivant, un organe). *Il est à l'hôpital, en observation. « une chambre d'observation intensive »* HOUELLEBECQ. *Quarantaine d'observation,* qui dure le temps nécessaire pour constater le bon état sanitaire d'un navire. ■ **4** Surveillance systématique des activités d'un suspect, d'un ennemi. *« Javert laissa deux hommes en observation »* HUGO. *Corps, détachement d'observation* (militaire). *Poste d'observation.* ➤ **vigie.** *Observation aérienne. Aviation d'observation.* ■ **5** SPORT Examen attentif auquel on soumet un adversaire, afin de mesurer ses forces, de découvrir ses points faibles. *Le premier round a été un round d'observation.*

III REMARQUE ■ **1** *Une observation* : remarque, écrit exprimant le résultat de cette considération attentive. ➤ **annotation, commentaire, note, réflexion.** *Sa critique est « un tissu d'observations sensées et justes »* SAINTE-BEUVE. *Observations du professeur sur une copie.* ■ **2** Parole, déclaration par laquelle on fait remarquer qqch. à qqn. ➤ **remarque.** *Il lui en a fait l'observation. Elle s'est permis des observations.* ➤ 2 **critique.** *Pas d'observation !* ➤ **objection.** ♦ Remarque par laquelle on reproche à qqn son attitude, ses actes. ➤ **avertissement, remontrance, réprimande, reproche.** *« Ses employés auxquels il faisait de continuelles observations »* BALZAC.
■ CONTR. Désobéissance, manquement, inobservation. — Compliment.

OBSERVATIONNEL, ELLE [ɔpsɛʀvasjɔnɛl] adj. – milieu XXe ◊ de *observation* ■ DIDACT. Qui repose sur l'observation, en parlant d'une science, de la science. *Les bases observationnelles de la connaissance scientifique.*

OBSERVATOIRE [ɔpsɛʀvatwaʀ] n. m. – 1667 ◊ du radical de *observation* ■ **1** Établissement scientifique destiné aux observations astronomiques et météorologiques. *L'Observatoire de Paris. Coupole, télescope d'un observatoire.* — Laboratoire de recherche en astronomie, en géophysique. *Observatoire océanographique.* ■ **2** Organisme chargé de collecter, de diffuser des informations. *Observatoire économique et régional. Observatoire des inégalités.* ■ **3** (1783) Lieu élevé, favorable à l'observation ou aménagé en poste d'observation. *« Napoléon avait choisi pour observatoire une étroite croupe de gazon »* HUGO. *Observatoire d'artillerie.*

OBSERVER [ɔpsɛʀve] v. tr. ⟨1⟩ – Xe ◊ latin *observare*

I Se conformer de façon régulière à (une prescription). ➤ **obéir (à), respecter.** *« il faut observer certaines règles, certaines formules »* JOUBERT. *« Une des seules coutumes de l'islam qu'elles observaient fidèlement encore »* LOTI. *Observer une consigne, un mot d'ordre. Observer un régime.* ➤ **suivre.** ♦ VIEILLI Prendre, adopter de façon constante. *« Aussi observait-elle cette précaution »* GIDE. *Observer la même attitude.*

II (1535) ■ **1** Considérer avec une attention soutenue, afin de connaître, d'étudier. ➤ **contempler, étudier, examiner,**

regarder. *«Le philosophe consume sa vie à observer les hommes»* LA BRUYÈRE. *«La Fontaine scrute le nid d'oiseau, il observe le brin d'herbe»* HUGO. — Examiner, regarder (qqn) avec attention. ➤ **dévisager, fixer.** *Se savoir, se sentir observé. Observer un adversaire.* ◆ SPÉCIALT Soumettre à l'observation scientifique. *Observer un phénomène, une réaction. «Dans les sciences d'observation, l'homme observe* [...] *mais il n'expérimente pas»* C. BERNARD. ▪ **2** Examiner en contrôlant, en surveillant. *Observer ce que fait quelqu'un. «Comme un parvenu observe ses gestes à table»* RADIGUET. ▪ **3** Épier. *Un «espion de première qualité qui avait tout observé, tout écouté»* HUGO. *«Les enfants sont nos espions, ils nous observent»* GAUTIER. *Méfiez-vous, on nous observe...* ➤ **espionner.** — MILIT. *Observer les mouvements de l'ennemi, un secteur du front.* ▪ **4** Constater, remarquer par l'observation. ➤ **noter.** *«Ce sont de ces traits qui ne se trouvent point si on ne les a observés»* SAINTE-BEUVE. *«On observe que les travaux les plus pénibles* [...] *du ménage demeurent attribués aux femmes»* FRANCE. *Je vous ferai observer qu'il est interdit de fumer dans cette salle,* j'attire votre attention sur le fait que, je vous signale... ▪ **5** v. pron. **S'OBSERVER :** se prendre pour sujet d'observation. *«Dans ses premiers ouvrages Balzac s'observe et se dissèque lui-même»* GAUTIER. ◆ Se surveiller, se contrôler. *«On s'observe moins dans l'intimité de la vie domestique»* STENDHAL. ◆ (RÉCIPR.) *«Deux peuples, s'observant et s'étudiant plus à l'aise»* BAUDELAIRE. ◆ (PASS.) Se manifester, être observable. *Cette réaction s'observe parfois.*

▪ CONTR. Déroger, désobéir, enfreindre, mépriser, transgresser, violer. — Abandonner (s').

OBSESSIF, IVE [ɔpsesif, iv] adj. – 1900 ◊ de *obsession,* comme *compulsif* de *compulsion* ▪ Caractérisé par l'obsession. *Une peur obsessive de perdre sa liberté.* ➤ **monomaniaque, obsessionnel.**

OBSESSION [ɔpsesjɔ̃] n. f. – 1590 ; «siège» XVe ◊ latin *obsessio* ▪ **1** VX État d'une personne qu'un démon obsède. *On distinguait obsession et possession.* ◆ (1690) VX Action d'importuner, d'obséder ; son résultat. *«Il insistait, le lardait d'une obsession de litanies»* COURTELINE. ▪ **2** (1799, rare avant 1857) COUR. Idée, image, mot qui s'impose à l'esprit de façon répétée et incoercible. ➤ **hantise, idée** (fixe) ; **obsessif.** *«Cette pensée ne le quittait pas, c'était une obsession»* DAUDET. *«L'amour, c'est l'obsession du sexe»* BOURGET. *L'obsession de devoir quitter sa maison.* — PSYCHOL. Représentation, accompagnée d'états émotifs pénibles, qui tend à accaparer tout le champ de la conscience. ➤ **manie, phobie ; obsessionnel.** *L'obsession est un des symptômes majeurs de la névrose obsessionnelle.*

OBSESSIONNEL, ELLE [ɔpsesjɔnɛl] adj. – 1933 ◊ de *obsession* ▪ PSYCHOL. ▪ **1** Propre à l'obsession, qui relève d'une obsession. *Névrose obsessionnelle. Trouble obsessionnel compulsif* (**TOC**). ▪ **2** (PERSONNES) Qui est en proie à une, à des obsessions. ◆ Qui présente les traits psychologiques (ordre, parcimonie, obstination) sur lesquels peut se développer une névrose obsessionnelle. — n. *Un obsessionnel.*

OBSIDIENNE [ɔpsidjɛn] n. f. – 1765 ; *obsidiane* 1600 ◊ latin *obsidianus,* leçon fautive pour *obsianus (lapis)* «(pierre) d'Obsius» ▪ Roche magmatique vitreuse et noire, à cassure conchoïdale, lisse et brillante. — Cette pierre montée en bijou.

OBSIDIONAL, ALE, AUX [ɔpsidjɔnal, o] adj. – XVe ◊ latin *obsidionalis,* de *obsidio* «siège» ▪ DIDACT. Relatif, propre aux sièges, aux villes assiégées. *Monnaie obsidionale,* frappée dans une ville assiégée. — *Fièvre obsidionale :* sorte de psychose collective qui atteint une population assiégée. — PSYCHOL. *Délire obsidional :* délire d'un sujet qui se croit assiégé, environné de persécuteurs.

OBSOLESCENCE [ɔpsɔlesɑ̃s] n. f. – 1955 ◊ mot anglais (1828), du latin *obsolescere* «tomber en désuétude» ▪ DIDACT. Fait de devenir périmé. ◆ SPÉCIALT (ÉCON.) Pour un bien, Fait d'être déprécié, périmé pour des raisons indépendantes de son usure physique mais liées au progrès technique, à l'évolution des comportements, à la mode, etc. ; la dépréciation elle-même. ➤ **obsolète.** — *Obsolescence programmée :* fait qu'un fabricant limite volontairement la durée de vie d'un bien pour favoriser son renouvellement. — adj. **OBSOLESCENT, ENTE.**

OBSOLÈTE [ɔpsɔlɛt] adj. – 1596 ◊ latin *obsoletus* ▪ **1** LING. Qui n'est plus en usage. *Mot obsolète.* ➤ **ancien, désuet.** ▪ **2** ÉCON. Dont l'usage se raréfie au profit d'une nouveauté. *Une machine obsolète.* ➤ **périmé, vieux.** *«l'armement nucléaire, toujours obsolète, heureusement»* M. BLANC. — *Coutume obsolète.* ➤ **démodé, dépassé, désuet.**

OBSTACLE [ɔpstakl] n. m. – 1220 ◊ latin *obstaculum,* de *obstare* «se tenir *(stare)* devant» ▪ **1** Ce qui s'oppose au passage, gêne le mouvement. *Le vent «ne rencontre aucun obstacle naturel sur le plateau»* CAMUS. *«la voiture fit un écart pour ne pas heurter un obstacle»* ALAIN-FOURNIER. *Contourner, franchir un obstacle.* — SPÉCIALT Chacune des difficultés (haies, murs, rivières, oxers, etc.) semées sur le parcours des chevaux. *Course d'obstacles* (haies, steeple-chase). *Saut* d'obstacles.* ▪ **2** FIG. Ce qui s'oppose à l'action, à l'obtention d'un résultat. ➤ **barrage, barrière, difficulté*, empêchement, frein, gêne.** *«Les obstacles au divorce sont utiles, à condition de ne pas être insurmontables»* CHARDONNE. *«capable de culbuter toutes les résistances et de franchir bien des obstacles»* BERGSON. *Il a rencontré beaucoup d'obstacles avant de réussir.* ➤ **écueil** (cf. Tomber sur un bec*, sur un os*). *Son jeune âge ne fut pas un obstacle à son admission.* **FAIRE OBSTACLE À :** empêcher, gêner (cf. Mettre des bâtons* dans les roues). *La défense fait obstacle à l'avancée de l'ennemi. Faire obstacle à la montée des prix* (➤ **obvier**). *Ses parents ont fait obstacle à ce voyage.* ➤ **opposition.** ▪ CONTR. 1 Aide.

OBSTÉTRICIEN, IENNE [ɔpstetʀisjɛ̃, jɛn] n. – avant 1934 ◊ de *obstétrique,* d'après l'anglais *obstetrician* (1828) ▪ Spécialiste d'obstétrique. ➤ **accoucheur.**

OBSTÉTRIQUE [ɔpstetʀik] n. f. – 1834 ; adj. 1803 ◊ du latin *obstetrix* «sage-femme» ▪ Spécialité médicale qui traite de la grossesse et des accouchements (➤ aussi **gynécologie**). — adj. **OBSTÉTRICAL, ALE, AUX,** 1818.

OBSTINATION [ɔpstinasjɔ̃] n. f. – v. 1190 ◊ latin *obstinatio* ▪ Caractère, comportement d'une personne obstinée. ➤ **acharnement, constance, entêtement, insistance, opiniâtreté, persévérance, ténacité.** *«Derrière son front bombé, on sentait une obstination de paysan»* R. ROLLAND. *Défendre ses idées avec obstination. «pourquoi cette obstination à se taire !»* BOURGET.
▪ CONTR. Docilité, inconstance.

OBSTINÉ, ÉE [ɔpstine] adj. – v. 1220 ◊ latin *obstinatus* ▪ **1** Qui s'attache avec énergie et de manière durable à une manière d'agir, à une idée. ➤ **constant, entêté, opiniâtre, persévérant, tenace, têtu, volontaire.** *«L'entêtement d'une femme obstinée»* ROUSSEAU. *«obstinés dans leurs rancunes»* MICHELET. ▪ **2** (CHOSES) Qui marque de l'obstination. *Effort, travail obstiné.* ➤ **acharné, assidu.** *Résistance obstinée.* ➤ **opiniâtre.** ▪ CONTR. Docile, inconstant.

OBSTINÉMENT [ɔpstinemɑ̃] adv. – 1532 ; *ostinement* XIVe ◊ de *obstiné* ▪ Avec obstination. ➤ **opiniâtrement.** *Refuser obstinément.*

OBSTINER (S') [ɔpstine] v. pron. ⟨1⟩ – 1531 ◊ latin *obstinare* ▪ Se montrer obstiné, se comporter avec obstination. ➤ **se buter, s'entêter, persévérer, persister.** *Il s'obstine dans son idée* (cf. Ne pas en démordre, RÉGION. tenir son bout*). *«le silence où tu t'obstinais»* MAURIAC. *Il s'obstine à la défendre.* ABSOLT *Je lui ai dit non, mais il s'obstine.* ➤ **insister.** ▪ CONTR. Céder.

OBSTRUCTIF, IVE [ɔpstʀyktif, iv] adj. – 1539 ◊ de *obstruction* ▪ DIDACT. Qui cause une obstruction. ➤ **occlusif.**

OBSTRUCTION [ɔpstʀyksjɔ̃] n. f. – 1538 ◊ latin *obstructio* ▪ **1** MÉD. Gêne ou obstacle à la circulation des matières solides ou liquides (dans un conduit de l'organisme). ➤ **engorgement, iléus, oblitération, occlusion.** *Obstruction des voies respiratoires.* ▪ **2** (1890 ◊ repris à l'anglais *obstruction*) Tactique qui consiste, dans une assemblée, un parlement, à entraver, à paralyser les débats par des procédés divers (discours interminables, etc.). *Faire de l'obstruction pour empêcher le vote d'une loi.* ▪ **3** (1907) SPORT Manœuvre illicite qui vise à barrer volontairement le passage à un adversaire en cours d'action. *L'obstruction est sanctionnée par un coup franc, au football.*

OBSTRUCTIONNISME [ɔpstʀyksjɔnism] n. m. – 1892 ◊ de *obstruction* ▪ POLIT. Tactique parlementaire qui consiste à faire de l'obstruction systématique. — n. et adj. **OBSTRUCTIONNISTE.**

OBSTRUÉ, ÉE [ɔpstʀye] adj. – 1713 ◊ de *obstruer* ▪ Bouché. *Tuyaux obstrués.* — Engorgé. *«Une horrible saleté croupissait dans les ruisseaux obstrués»* BAUDELAIRE.

OBSTRUER [ɔpstʀye] v. tr. ⟨1⟩ – 1540 ◊ latin *obstruere* ▪ **1** Engorger, boucher (un canal, un vaisseau dans l'organisme). ➤ **oblitérer.** *Vaisseau obstrué par un caillot.* — PRONOM.

Artères qui s'obstruent. ▪ **2** (1780) Embarrasser, faire obstacle à, en entravant ou en arrêtant la circulation. ➤ **barrer, 1 boucher, encombrer, engorger.** « *Ce chemin est obstrué de feuillages et de fleurs* » GAUTIER. « *Les voitures se croisaient, obstruant le passage* » R. ROLLAND. ➤ **1 bloquer, fermer.** ▪ CONTR. 1 Déboucher, désobstruer.

OBTEMPÉRER [ɔptɑ̃peʀe] v. tr. ind. ‹ 6 › – 1377 ◊ latin *obtemperare* ▪ DR., ADMIN. *Obtempérer à* : obéir, se soumettre à (une injonction, un ordre). « *Je lui intimai par trois fois l'ordre de circuler, auquel il refusa d'obtempérer* » FRANCE. — ABSOLT *Il a fini par obtempérer.* ▪ CONTR. Contrevenir.

OBTENIR [ɔptəniʀ] v. tr. ‹ 22 › – 1355 ; *optenir* 1283 ◊ latin *obtinere*, francisé d'après *tenir* ▪ **1** Parvenir à se faire accorder, à se faire donner (ce qu'on veut avoir). ➤ **acquérir, arracher, 1 avoir, conquérir,** FAM. **décrocher, enlever, extorquer, impétrer** (DR.), **recevoir, recueillir, remporter, soutirer.** *Obtenir un laissez-passer, un visa. Obtenir des précisions. Obtenir la libération d'un otage.* « *J'ai cessé de souhaiter, [...] sachant que je ne pouvais rien obtenir* » GIDE. « *Pour obtenir la main de cette petite* » LOTI. — *Obtenir qqch. de qqn.* « *on obtenait du ministre une lettre de cachet* » ROMAINS. **OBTENIR** *qqch. à qqn* : procurer. *Il a obtenu un poste à, pour son fils. Je lui ai fait obtenir de l'avancement.* **OBTENIR DE** (et l'inf.). « *le sculpteur a obtenu de travailler dans la verdure* » DAUDET. **OBTENIR QUE** (et subj. ou condit.). « *Mazarin exigea et obtint que le Parlement vînt le haranguer* » VOLTAIRE. *Il a obtenu de son fils qu'il continuerait ses études.* ◆ PRONOM. (PASS.) *Cette autorisation ne s'obtient pas facilement.* ▪ **2** Réussir à atteindre (un résultat). ➤ **parvenir (à).** « *Des années de patience pour obtenir le plus infime résultat* » SARTRE. *En additionnant, on obtient un total de tant.* ◆ PRONOM. (PASS.) *Le prix net s'obtient en ajoutant les taxes au prix brut.* ▪ CONTR. Manquer, perdre.

OBTENTION [ɔptɑ̃sjɔ̃] n. f. – 1360 ◊ du latin *obtentus*, p. p. de *obtinere* → obtenir ▪ DIDACT. Fait d'obtenir. *L'obtention d'un visa, d'un diplôme. L'obtention d'une température constante est difficile.*

OBTURATEUR, TRICE [ɔptyʀatœʀ, tʀis] adj. et n. m. – 1560 ◊ du radical latin de *obturer* ▪ **1** Qui sert à obturer. *Plaque obturatrice.* — ANAT. *Membrane obturatrice, muscles obturateurs,* servant à obturer le trou sous-pubien (dit aussi *trou obturateur*). ▪ **2** n. m. Dispositif servant à obturer une ouverture du corps. « *les obturateurs de tympan qui protégeaient leur ouïe* » HAMP. ➤ **1 boule** (Quies). ◆ (XVIIIe) Organe d'arrêt ou de réglage d'un débit (liquide, gaz). ➤ **clapet, robinet, soupape, valve.** — *Obturateur pour prises de courant.* ➤ **cache-prise.** ◆ (1858) Dans un appareil photographique, Dispositif qui obture l'objectif et dont le déplacement permet à la lumière d'impressionner la surface sensible pendant une durée déterminée. *Obturateur focal, obturateur à rideau.*

OBTURATION [ɔptyʀasjɔ̃] n. f. – v. 1500 ◊ bas latin *obturatio* ▪ Action d'obturer ; état de ce qui est obturé. ◆ SPÉCIALT *Obturation d'une arme à feu,* empêchant toute fuite de gaz à travers la culasse. — Plus cour. *Obturation dentaire* (radiculaire ou coronaire), au moyen de ciments, résines, amalgames, or. ➤ **inlay, plombage.**

OBTURER [ɔptyʀe] v. tr. ‹ 1 › – 1538 ◊ latin *obturare* ▪ Boucher (une ouverture, un trou). *Obturer une fuite avec du mastic* (➤ **2 mastiquer**). *Obturer la cavité d'une dent cariée avec un amalgame* (➤ **plomber**), *avec de l'or* (➤ **aurifier**).

OBTUS, USE [ɔpty, yz] adj. – 1370 ◊ latin *obtusus* « émoussé », de *tundere* « frapper » ▪ **1** RARE Qui est émoussé, de forme arrondie. — (1542) GÉOM. *Angle obtus,* plus grand qu'un angle droit. *Angle obtus de 100°.* ▪ **2** (fin XVIe) FIG. VX *Ouïe, vue obtuse,* qui manque d'acuité. — MOD. Qui manque de finesse, de pénétration. ➤ **bête*, borné, bouché, épais, lourd.** *Des problèmes « si aisés à résoudre que l'esprit le plus obtus s'en tirerait sans peine »* ALAIN. « *L'expression obtuse de son visage* » GIDE. *Cet élève est complètement obtus.* ▪ CONTR. Aigu ; pénétrant.

OBTUSANGLE [ɔptyzɑ̃gl] adj. – 1671 ◊ bas latin *obtusangulus* ▪ GÉOM. *Triangle obtusangle,* dont l'un des angles est obtus.

OBUS [ɔby] n. m. – 1797 ; « obusier » 1697 ; *hocbus* 1515 ◊ altération de l'allemand *Haubitze,* tchèque *haufnice* « catapulte » ▪ Projectile utilisé par l'artillerie, généralement de forme cylindro-conique, le plus souvent creux et rempli d'explosif. *Obus de mortier. Obus explosifs ou brisants. Obus à balles, à mitraille.* ➤ **shrapnel.** *Obus incendiaires, fumigènes, éclairants, traceurs. Obus à charge nucléaire.* ➤ **ogive.** *Obus de rupture,* utilisé en marine pour percer les blindages. *Obus perforants* (pleins). *Obus à flèche* ou *obus-flèche.* — *Parties d'un obus* : cartouche, ceinture, chambre, culot, fusée, ogive, percuteur. « *Chaque obus soulevait une longue gerbe de terre dans un nuage de fumée* » DORGELÈS. *Éclat d'obus. Trou d'obus. Obus qui éclate. Pluie d'obus.* ➤ **bombardement.**

OBUSIER [ɔbyzje] n. m. – 1762 ◊ de *obus* ▪ VX Bouche à feu destinée à lancer des obus. ◆ MOD. Canon court pouvant exécuter un tir courbe. ➤ **mortier.** *Obusier de campagne.*

OBVENIR [ɔbvəniʀ] v. intr. ‹ 22 › – 1369 ◊ latin *obvenire* ▪ DR. Échoir. *Biens obvenus par succession.*

OBVIE [ɔbvi] adj. – 1889 ◊ latin *obvius,* proprt « qui vient au-devant » ; cf. anglais *obvious* ▪ THÉOL. *Sens obvie,* qui se présente tout naturellement à l'esprit. ➤ **évident.**

OBVIER [ɔbvje] v. tr. ind. ‹ 7 › – 1361 ; « résister » 1180 ◊ bas latin *obviare* ▪ LITTÉR. **OBVIER À** : mettre obstacle, parer à (un mal, un inconvénient). *Obvier à un accident possible en prenant des mesures rigoureuses. Obvier à un inconvénient.* ➤ **éviter, prévenir, remédier.**

OC [ɔk] adv. d'affirmation – XIIe ◊ mot occitan « oui » ; latin *hoc* ▪ **1** VIEILLI *Langue d'oc* : ensemble des dialectes romans du midi de la France, où *oui* se disait *oc* (opposé à *langue d'oïl*). ➤ **occitan.** ▪ **2** PAR EXT. *D'oc* : de langue occitane. « *la France d'oc* » ABELLIO.

OCARINA [ɔkaʀina] n. m. – 1877 ◊ mot italien, probablt de *oca* « oie », par anal. de forme ▪ Petit instrument de musique à vent, en terre cuite ou en métal, de forme ovoïde, percé de trous et muni d'un bec. *Des ocarinas.*

OCCASE [ɔkɑz] n. f. – 1841 ◊ abrév. de *occasion* ▪ FAM. VIEILLI Occasion. « *C'est une occase [...] que tu ne retrouveras jamais* » FLAUBERT. MOD. (SPORT) Action de jeu qui met en situation de marquer (football). *Se créer une occase.* ◆ *D'occase* : d'occasion. *Cette voiture, je l'ai achetée d'occase.*

OCCASION [ɔkazjɔ̃] n. f. – 1174 ◊ latin *occasio,* de *occidere* ▪ **1** Circonstance qui vient à propos, qui convient. *Une occasion inespérée. Une occasion à saisir.* ➤ **aubaine, chance,** FAM. **occase, opportunité.** LOC. *Saisir l'occasion par les cheveux,* la saisir rapidement (cf. Battre* le fer quand il est chaud, saisir la balle* au bond). « *Son père ayant voulu profiter d'une occasion pour le faire entrer au ministère* » BALZAC. *Laisser passer une occasion.* LOC. FAM. *Sauter sur l'occasion,* en tirer parti sans délai. *C'est l'occasion ou jamais !* il faut saisir l'occasion, elle ne se représentera pas. *Il ne manquait, ne perdait jamais une occasion d'en parler. Il « ne négligeait cependant aucune occasion de leur faire entendre de grandes et utiles vérités »* FRANCE. *Je n'ai jamais eu l'occasion de la rencontrer. Je n'en ai pas eu l'occasion. Il lui a donné, fourni l'occasion de partir.* PAR PLAIS. *Vous avez perdu une belle occasion de vous taire !* vous auriez mieux fait de vous taire. PROV. *L'occasion fait le larron* : les circonstances peuvent amener à mal agir. ◆ loc. adv. **À L'OCCASION** : quand l'occasion se présente. ➤ **éventuellement** (cf. Le cas échéant*). « *Volontaire, capable de se montrer dur à l'occasion* » ROMAINS. *Je n'ai pas le temps aujourd'hui, mais je passerai à l'occasion,* un de ces jours. — *À la première occasion* : dès que l'occasion se présente. *À la prochaine occasion.* ▪ **2** Marché avantageux pour l'acheteur ; objet de ce marché. « *des occasions uniques ! J'aurais payé le double au Havre* » ZOLA. « *les occasions du jour écrites à la craie sur des ardoises* » SIMENON. — **D'OCCASION.** VX Bon marché, en solde. MOD. Qui n'est pas neuf, a déjà servi. *Livres, voitures d'occasion,* de seconde main. PAR EXT. *Le marché de l'occasion.* ▪ **3** *Occasion de* : circonstance qui détermine (une action), provoque (un évènement). ➤ **cause, motif, raison, 3 sujet.** *Des occasions de jalousie, de dispute.* « *Les leçons de cuisine étaient l'occasion de plaisanteries* » ROMAINS (cf. Donner lieu* à). « *Ce fut pour la municipalité l'occasion de demander une loi de sévérité* » MICHELET. — *Toutes les occasions sont bonnes pour...* ➤ **2 prétexte.** ◆ loc. prép. **À L'OCCASION DE** : l'occasion en étant fournie par. « *Il y avait un bal costumé ; c'était à l'occasion de la Mi-Carême* » MAUPASSANT. ➤ **pour.** ▪ **4** Circonstance. ➤ **1 cas.** *Il y a des occasions où il faut agir vite.* « *dans combien d'occasions le mensonge ne devient-il pas une vertu héroïque !* » VOLTAIRE. *Je l'ai rencontré en plusieurs, en maintes occasions.* « *J'ai décidé de me mettre du côté des victimes, en toute occasion* » CAMUS. VIEILLI *Par occasion* : par accident, par hasard. ➤ **occasionnellement.** *D'occasion* : accidentel, occasionnel. « *Des liaisons d'occasion qu'un jeune homme rencontre toujours* » MAUPASSANT. *Un peintre d'occasion* (souvent péj.). ◆ *Les grandes occasions* :

les circonstances importantes de la vie familiale et sociale. *On sortait l'argenterie dans, pour les grandes occasions.*

OCCASIONNALISME [ɔkazjɔnalism] **n. m.** /OCCASIONALISME/ – 1845 ✧ de *occasionnel* ■ PHILOS. Théorie de Malebranche, d'après laquelle il n'y a, dans le monde des créatures, que des causes occasionnelles.

OCCASIONNEL, ELLE [ɔkazjɔnɛl] **adj.** – 1674 ✧ de *occasion* ■ **1** PHILOS. *Cause occasionnelle* : circonstance qui, sans être une véritable cause (efficiente), contribue au fait considéré qui, sans elle, ne se produirait pas. ■ **2** (1836) COUR. Qui résulte d'une occasion, se produit, se rencontre par hasard. ➤ **accidentel, exceptionnel, fortuit.** *Une dépense occasionnelle. Un client occasionnel.* — SPÉCIALT **n. f.** *Une occasionnelle* : une femme qui se prostitue sans être une prostituée. ■ CONTR. Efficient ; habituel.

OCCASIONNELLEMENT [ɔkazjɔnɛlmɑ̃] **adv.** – 1546 ; *occasionaument* 1306 ✧ de *occasionnel* ■ D'une manière occasionnelle (et non habituelle). ➤ **accidentellement.** *Je ne vais à Paris qu'occasionnellement.*

OCCASIONNER [ɔkazjɔne] **v. tr.** ‹1› – 1596 ✧ de *occasion* ■ ADMIN. ou style soutenu Être l'occasion (3°) de (qqch. de fâcheux). ➤ 1 **amener,** 1 **causer, créer, déterminer, engendrer, entraîner, produire, provoquer, susciter** (cf. Être la cause* de, donner lieu* à). *Orage qui occasionne des dégâts. «Pour savoir ce qui pouvait occasionner ce retard»* LACLOS. *«nous ne vous occasionnerons pas de dépenses»* SAND.

OCCIDENT [ɔksidɑ̃] **n. m.** – 1120 ✧ latin *occidens* «(soleil) tombant» ■ **1** POÉT. Un des quatre points cardinaux ; côté de l'horizon, point du ciel où le soleil se couche. ➤ **couchant, ouest.** ■ **2** COUR. (souvent écrit avec une majuscule) Région située vers l'ouest, par rapport à un lieu donné (opposé à *orient*). — SPÉCIALT Partie de l'ancien monde située à l'ouest. *L'Empire romain d'Occident.* ■ **3** HIST. (contexte de la guerre froide) L'Europe de l'Ouest, les États-Unis et, plus généralement, les membres de l'Organisation du Traité de l'Atlantique Nord (O. T. A. N.). *La défense de l'Occident* (autrefois opposé à *Est, pays de l'Est*). ➤ **ouest.** ♦ Ensemble des pays développés d'Europe et d'Amérique. *L'Asie et l'Occident.* ■ CONTR. Orient ; est, levant. ■ HOM. Oxydant.

OCCIDENTAL, ALE, AUX [ɔksidɑ̃tal, o] **adj.** et **n.** – 1530 ; *occidentel* 1314 ✧ latin *occidentalis* ■ **1** Qui est à l'ouest. *Côte occidentale d'un pays. L'Afrique occidentale,* de l'ouest. ■ **2** Qui se rapporte à l'Occident, à l'Europe de l'Ouest et aux États-Unis. *«L'Europe avait été jusqu'ici le foyer de la culture occidentale»* SIEGFRIED. *S'habiller à l'occidentale.* — **n.** *Les Occidentaux.* ■ **3** HIST. Qui concerne les pays de l'Occident (3°) au temps de la guerre froide. *Le bloc occidental et le bloc soviétique.* ♦ Relatif aux pays développés d'Europe et d'Amérique. *Les puissances occidentales.* — **n.** *Les Occidentaux.* ■ CONTR. Oriental.

OCCIDENTALISER [ɔksidɑ̃talize] **v. tr.** ‹1› – 1877 ✧ de *occidental* ■ Modifier conformément aux habitudes de l'Occident. *Occidentaliser les coutumes, les mœurs.* PRONOM. *S'occidentaliser.* — **p. p. adj.** *Les Japonais sont largement occidentalisés.* — **n. f.** (1948) **OCCIDENTALISATION.**

OCCIPITAL, ALE, AUX [ɔksipital, o] **adj.** – avant 1478 ✧ latin médiéval *occipitalis* ■ ANAT. Qui appartient à l'occiput. *Os occipital,* et **n. m.** *l'occipital* : os qui forme la partie inférieure et postérieure du crâne. *Trou occipital* : large ouverture de la partie inférieure médiane de l'*os occipital,* faisant communiquer la cavité crânienne avec le canal rachidien et donnant passage à la partie inférieure du bulbe et aux artères vertébrales.

OCCIPUT [ɔksipyt] **n. m.** – milieu XIIIe ✧ mot latin ■ Partie postérieure et inférieure médiane de la tête. *Il a reçu un coup sur l'occiput.*

OCCIRE [ɔksiʀ] **v. tr.** ‹inus. sauf inf. et p. p. (temps comp.) : *occis, ise*› – 1361 ; *occidre* Xe ✧ latin populaire °*aucidere,* classique *occidere* ■ VX ou PLAIS. Tuer. *«Mais pourquoi qu't'as occis le mataf ?»* GENET.

OCCITAN, ANE [ɔksitɑ̃, an] **n.** et **adj.** – 1921 ; *occitain* 1886 ✧ latin médiéval *(lingua) occitana,* latinisation de *(langue) d'oc* ■ **1** **n. m.** Langue romane du groupe gallo-roman parlée dans la partie sud de la France (de l'estuaire de la Gironde au nord de Briançon, en englobant le Limousin et l'Auvergne et en exceptant les aires basque et catalane), dans le Val d'Aran et dans quelques vallées alpines du Piémont (cf. Langue d'oc*). *L'occitan, le franco-provençal et les dialectes d'oïl (dont le français).* ■ **2** **adj.** Relatif à l'occitan, aux dialectes occitans. *Littérature occitane. Poète occitan.* ➤ **félibre.** — Relatif à l'Occitanie. **n.** *Les Occitans.*

OCCLURE [ɔklyʀ] **v. tr.** ‹35 sauf p. p. *occlus*› – 1858 ; «enfermer» 1440 ✧ latin *occludere* ■ MÉD. Fermer. ♦ CHIR. Pratiquer l'occlusion de. *Paupières occluses.* ■ CONTR. Ouvrir.

OCCLUSIF, IVE [ɔklyzif, iv] **adj.** – 1542 ✧ du latin *occlusus,* p. p. de *occludere* «fermer» ■ **1** MÉD. Qui produit une occlusion. ■ **2** (1903) PHONÉT. *Consonne occlusive,* et **n. f.** *une occlusive* : consonne dont l'articulation comporte essentiellement une occlusion du canal buccal, suivie d'une ouverture brusque (ex. [p, t, k, b, d, g]).

OCCLUSION [ɔklyzjɔ̃] **n. f.** – 1808 ✧ bas latin *occlusio* ■ **1** CHIR. Opération consistant à rapprocher les bords d'une ouverture naturelle. ■ **2** (1812) Oblitération d'un conduit ou d'un orifice. ➤ **obstruction ; atrésie.** *Occlusion intestinale,* déterminant l'arrêt du cours des matières contenues dans l'intestin. ➤ **iléus.** *Occlusion coronaire* (➤ **thrombose**), *lymphatique.* ■ **3** (1868) Fermeture complète. *Occlusion des paupières. Occlusion du canal buccal dans la prononciation des occlusives.* ♦ Contact des dentures inférieure et supérieure par le jeu des muscles de la mâchoire. *Occlusion équilibrée, normale. Occlusion bouleversée* (malocclusion). — **adj.** **OCCLUSAL, ALE, AUX.** *Harmonie, dysharmonie occlusale.* ■ **4** (1869 ✧ repris à l'anglais *occlusion*) TECHN. Propriété que possèdent certains solides d'absorber les gaz. ■ **5** MÉTÉOROL. Front résultant de la rencontre d'un front chaud et d'un front froid.

OCCULTATION [ɔkyltasjɔ̃] **n. f.** – 1488 ✧ latin *occultatio* ■ **1** ASTRON. Disparition passagère (d'un astre) par l'interposition d'un astre apparemment plus grand. ➤ **éclipse.** *Occultation d'une étoile par la lune.* ■ **2** Action d'occulter (une source lumineuse). ■ **3** (ABSTRAIT) Fait de rendre obscur, de faire oublier, de cacher. *Occultation des vrais problèmes par des informations tendancieuses.*

OCCULTE [ɔkylt] **adj.** – 1120 ✧ latin *occultus* «caché» ■ **1** Qui est caché et inconnu par nature. ➤ **inconnu, mystérieux,** 1 **secret.** *«Je ne parlerai pas des puissances occultes, [...] du magnétisme, de la télépathie»* MAETERLINCK. ■ **2** Qui se cache, garde le secret ou l'incognito. ➤ **clandestin.** *«que certaines puissances d'argent aient un rôle occulte et parfois décisif»* ROMAINS. *Comptabilité occulte. Financement occulte des partis politiques.* ■ **3** (1690) *Sciences occultes* : doctrines et pratiques secrètes faisant intervenir des forces qui ne sont reconnues ni par la science ni par la religion, et requérant une initiation (alchimie, astrologie, cartomancie, chiromancie, divination, magie, nécromancie, radiesthésie, sorcellerie, télépathie). ➤ **occultisme.**

OCCULTER [ɔkylte] **v. tr.** ‹1› – 1324 ✧ latin *occultare* «cacher», fréquentatif de *occulere* ■ **1** ASTRON. Cacher à la vue (une étoile). ■ **2** Rendre peu visible (une source lumineuse), en la munissant d'un dispositif appelé *occulteur* qui en canalise les rayons en un faisceau étroit. *Occulter un phare, un signal.* ♦ Plus cour. (sujet chose) Rendre opaque, sombre. *Des «fenêtres enduites d'une couche de poussière si épaisse qu'elle en occultait les rideaux»* DETREZ. ■ **3** FIG. Cacher, dissimuler, rendre obscur. *Occulter un souvenir, un fait historique.*

OCCULTISME [ɔkyltism] **n. m.** – 1884 ; «système occulte» 1842 ✧ de *occulte* ■ Croyance à l'existence de réalités suprasensibles qui seraient perceptibles par les méthodes des sciences occultes ; ensemble des sciences occultes et des pratiques qui s'y rattachent. ➤ **cabale, ésotérisme, hermétisme, illuminisme, spiritisme, théosophie.** — **n.** et **adj.** **OCCULTISTE.**

OCCUPANT, ANTE [ɔkypɑ̃, ɑ̃t] **adj.** et **n.** – 1480 ✧ p. prés. de *occuper* ■ **1** DR. Qui occupe un lieu. *La partie occupante.* ♦ **n.** COUR. Personne qui habite un lieu, qui y demeure. ➤ **habitant.** *L'occupant d'une chambre d'hôtel.* — SPÉCIALT, DR. Ancien locataire ou preneur d'un local d'habitation ou professionnel, à l'expiration du terme du congé qui lui a été signifié. *L'occupant des lieux. Le premier occupant* : personne qui a pris le premier possession d'un lieu. *Occupant de bonne foi. Occupant sans droit ni titre.* ➤ **squatteur.** — Personne à bord d'un véhicule. *Les occupants de la voiture sont indemnes. Occupants d'un ascenseur.* ■ **2** Qui occupe militairement un pays, un territoire. *L'armée, l'autorité occupante.* — **n.** (v. 1940) *Les occupants, l'occupant.* ➤ **envahisseur.** *Occupants et résistants.*

OCCUPATION [ɔkypasjɔ̃] n. f. – XIIe ◊ latin *occupatio* ▪ **1** Ce à quoi on consacre son activité, son temps. ➤ **affaire, besogne, ouvrage, passe-temps.** *« Les jeux des enfants sont de graves occupations »* BARBUSSE. *Elle a de multiples occupations. Vaquer à ses occupations.* ♦ Travail susceptible d'occuper. *« Il lui aurait fallu une occupation, un métier »* ARAGON. ▪ **2** (1360) DR. Mode d'acquisition de la propriété résultant de la prise de possession d'un bien vacant. *Plan d'occupation des sols* (P. O. S.* [pɔs]). ♦ COUR. Fait d'habiter effectivement. *Occupation illégale d'un logement.* ➤ **squat.** ▪ **3** (1515) Action de s'emparer par les armes d'une ville, d'un territoire, de s'y installer en substituant son autorité à celle de l'État envahi. ➤ **assujettissement, envahissement.** *Armée d'occupation.* — DR. INTERNAT. PUBL. Établissement par un État de son autorité sur un territoire (Acte de Berlin, 1855). ♦ SPÉCIALT Période pendant laquelle la France fut occupée par les Allemands (1940-1944). *Pendant l'Occupation, sous l'Occupation.* ▪ **4** Fait d'occuper un lieu, d'y être illégalement installé. *Grève avec occupation des locaux.* ▪ CONTR. Inaction, oisiveté. Abandon. Évacuation.

OCCUPÉ, ÉE [ɔkype] adj. – v. 1180 ◊ latin *occupatus* ▪ **1** (PERSONNES) Qui se consacre (à un travail, à une activité). *Il est occupé à la rédaction de ses mémoires, à rédiger ses mémoires. Il est occupé, on ne peut pas le déranger.* — Qui est très pris, qui a beaucoup à faire. *Il est très occupé cette semaine* (cf. N'avoir pas un moment* à soi). *« Un évêque est un homme fort occupé »* HUGO. ♦ VIEILLI *Occupé de* : préoccupé de, qui a l'esprit absorbé par. *« Madame de Rênal, occupée sans cesse de Julien »* STENDHAL. ▪ **2** (XIVe) (CHOSES) Dont on a pris possession. *La zone occupée et la zone libre en France* (1940-1942). *Les territoires occupés. Appartement occupé,* habité. *Ce taxi est occupé. W. C. occupés.* (Au téléphone) *Je t'ai appelé deux fois mais c'était toujours occupé, cela sonnait occupé.* ▪ CONTR. Inoccupé. Désœuvré, inactif. Libre, vide.

OCCUPER [ɔkype] v. tr. ⟨1⟩ – XIVe ◊ latin *occupare,* de *capere*

I ~ v. tr. ▪ **1** Prendre possession de (un lieu), tenir en sa possession. *« En quelques heures les troupes occuperont Belgrade »* MARTIN DU GARD. *Occuper le terrain,* le tenir en s'y installant solidement ; FIG. manifester sa présence dans un domaine avant l'intervention des autres, pour éviter que la place ne soit prise. *Occuper un pays vaincu,* le soumettre à une occupation militaire. ➤ **envahir.** — *Les grévistes ont occupé l'usine.* ▪ **2** (Sujet chose) Remplir, couvrir (une certaine étendue d'espace ou de temps ainsi délimitée). *Son atelier occupe la cave. Le lit occupe toute la place. Cette activité occupe une bonne part de son temps.* ➤ **prendre.** ▪ **3** (1530) Habiter. *« Le propriétaire en occupait une partie et louait l'autre »* HUGO. *Occuper illégalement un logement.* ➤ **squatter.** — Mobiliser pour soi (un lieu). *Il occupe la salle de bains pendant des heures.* ♦ Tenir (une place, un rang) dans un ensemble ordonné. *Place qu'occupe un mot dans une phrase.* — *Occuper un emploi, un poste.* ▪ **4** Être l'objet de l'attention, de la pensée de (qqn). ➤ **absorber, captiver.** *Ce fait divers occupe l'opinion publique.* — *Occuper l'esprit, les pensées.* ▪ **5** VIEILLI *Occuper qqn de qqch.,* faire en sorte qu'il s'y intéresse, s'en préoccupe. *« En occupant les gens de leur propre intérêt »* BEAUMARCHAIS. MOD. *Occuper qqn à qqch. « Tant qu'il n'occuperait pas à de nouvelles opérations officiers et soldats »* MADELIN. ▪ **6** Constituer une occupation pour (qqn). *Lis, ça t'occupera.* — ABSOLT *Un bébé, ça occupe !* ▪ **7** Faire travailler, donner une occupation, une activité à. *« Moi qui occupe douze cents ouvriers »* ZOLA. ➤ **employer.** *Comment occuper les enfants ?* ▪ **8** Employer, meubler (du temps). *« pour occuper ses heures d'attente »* LOTI. *Occuper ses loisirs à jouer au bridge.* ▪ **9** ABSOLT, DR. *Occuper pour qqn,* se disait d'un avoué qui se chargeait des intérêts d'un client. ➤ **postuler** (I).

II ~ v. pron. **S'OCCUPER** (1365) ▪ **1 S'OCCUPER À (qqch.)** : s'attacher, s'appliquer à. ➤ **s'atteler, s'employer, travailler.** *S'occuper à des travaux de jardinage. Il s'occupe à bricoler.* ▪ **2 S'OCCUPER DE (qqch.).** *S'occuper d'une affaire,* y employer son temps, ses soins. *S'occuper de politique, de littérature.* ➤ **se mêler.** *Laissez ça, je m'occupe de tout.* ➤ **se charger.** *Ne vous occupez pas de ça :* ne vous en souciez pas, n'en tenez pas compte. — FAM. *Occupe-toi de tes affaires, de ce qui te regarde.* LOC. *Occupe-toi de tes oignons*, (VULG.) de tes fesses.* (VIEILLI) *T'occupe pas du chapeau de la gamine.* ABSOLT *T'occupe pas !* et ELLIPT *T'occupe !* cela ne te regarde pas, ne t'en mêle pas. — *« La géométrie ne s'occupe pas de solides naturels »* POINCARÉ. ➤ **traiter.** ♦ **S'OCCUPER DE (qqn),** en prendre soin, veiller sur lui ou le surveiller. ➤ **se charger.** *Elle s'occupe de personnes âgées. On s'est bien occupé de lui, à l'hôpital.* ➤ **entourer, soigner.** *S'occuper d'un enfant.* — SPÉCIALT, FAM. *Attends un peu, je vais m'occuper de toi !* je vais te faire un mauvais parti. *Toi tu t'occupes du gardien, moi j'ouvre les cellules.* ♦ *S'occuper de* (et l'inf.) : se préoccuper de. *Il ne s'occupe pas de savoir si cela vous dérange.* ▪ **3** ABSOLT Passer son temps à une activité précise. *Cet enfant ne sait pas s'occuper.* ➤ **se distraire.** *Il y a de quoi s'occuper. Il regarde la télévision, histoire de s'occuper.*

▪ CONTR. Libérer, quitter. — Oublier.

OCCURRENCE [ɔkyʀɑ̃s] n. f. – 1440 ◊ du latin *occurrere* « se rencontrer », de *currere* ▪ **1** LITTÉR. Cas, circonstance. *« changeant de route suivant l'occurrence »* BALZAC. — MOD. (dans des loc.) **EN L'OCCURRENCE :** dans le cas présent. *La personne responsable, en l'occurrence, M. Untel. En pareille occurrence.* ▪ **2** LITURG. Rencontre de deux fêtes qui tombent le même jour. ▪ **3** (de l'anglais *occurrence*) LING. Apparition (d'une unité de langue) dans le discours. *Occurrence conjointe de deux mots.* ➤ **cooccurrence.** — Cette unité, qui peut varier morphologiquement. Chevaux *est une occurrence de* cheval. *Nombre d'occurrences d'un mot dans un corpus.* ➤ **fréquence.** *Occurrence unique.* ➤ **hapax.**

OCCURRENT, ENTE [ɔkyʀɑ̃, ɑ̃t] adj. – 1475 ◊ latin *occurrens,* p. prés. de *occurrere* « se rencontrer » ▪ LITURG. *Fêtes occurrentes,* qui tombent le même jour.

OCÉAN [ɔseɑ̃] n. m. – *occean* 1120 ◊ latin *oceanus* ▪ **1** Vaste étendue d'eau salée qui couvre une grande partie de la surface du globe terrestre. ➤ **mer.** *Étude des océans.* ➤ **océanographie.** ♦ Vaste partie déterminée de cette étendue. *L'océan Atlantique, Indien, Pacifique. L'océan Austral, l'océan Arctique.* LOC. (1968) RÉGION. (Canada) *D'un océan à l'autre :* d'un bout à l'autre du Canada. *C'est un succès d'un océan à l'autre.* — ABSOLT *Les plages de l'Océan* (Atlantique, en France). ▪ **2** FIG. et LITTÉR. *Océan de... :* vaste étendue, immensité de... ➤ **mer.** *« Un océan d'éternelle verdure »* LOTI. *« Cet océan de musique qui remplit les siècles »* R. ROLLAND.

OCÉANAUTE [ɔseanot] n. – 1964 ◊ de *océan* et *-naute* ▪ Spécialiste de l'exploration sous-marine. ➤ **aquanaute.**

OCÉANE [ɔsean] adj. f. – 1268 *la mer occheaine* « l'Atlantique » ◊ du latin *mare Oceanus* « l'Océan » ▪ VIEILLI De l'océan Atlantique. — MOD. Relatif à l'océan. *Les profondeurs océanes.* ➤ **océanique.** *« la fraîcheur des soirées océanes »* J.-P. DUBOIS.

OCÉANIDE [ɔseanid] n. f. – 1721 ◊ latin d'origine grecque *oceanis, idis* ▪ MYTH. Chacune des nymphes de la mer, filles d'Okéanos et de Téthys.

OCÉANIEN, IENNE [ɔseanjɛ̃, jɛn] adj. et n. – 1841 ; « océanique » 1716 ◊ de *Océanie* (1812) ▪ De l'Océanie. *L'art océanien.* — n. *Les Océaniens.*

OCÉANIQUE [ɔseanik] adj. – fin XVe ◊ latin *oceanicus,* de *oceanus* « océan » ▪ **1** Qui appartient, est relatif à l'océan. *Explorations, profondeurs océaniques* (➤ **hadal**). ▪ **2** Qui est au bord de la mer, qui subit l'influence de l'océan. *Climat océanique,* à faibles variations thermiques. ▪ **3** (1945) RÉGION. (Canada) Qui traverse les océans. *Un paquebot océanique,* **n. m.** *un océanique.* ➤ **transatlantique.**

OCÉANOGRAPHE [ɔseanɔgʀaf] n. – 1896 ◊ de *océanographie* ▪ Spécialiste de l'océanographie.

OCÉANOGRAPHIE [ɔseanɔgʀafi] n. f. – 1584, rare avant 1876 ◊ de *océan* et *-graphie* ▪ Science qui a pour objet l'étude des mers et océans, du milieu marin et de ses frontières (avec l'air, avec le fond), ainsi que des organismes qui y vivent. *Océanographie physique, biologique. Océanographie descriptive. Applications de l'océanographie à l'océanologie*.*

OCÉANOGRAPHIQUE [ɔseanɔgʀafik] adj. – 1894 ◊ de *océanographie* ▪ Qui appartient à l'océanographie. *L'Institut océanographique de Paris, de Monaco.*

OCÉANOLOGIE [ɔseanɔlɔʒi] n. f. – 1966 ◊ de *océan* et *-logie* ▪ « Ensemble des méthodes et des opérations scientifiques, techniques [...] mises en œuvre en vue de la prospection, de l'exploitation économique ou de la protection des océans, dans leur partie fluide, sur ou dans le sol immergé et sur les rivages » (H. Lacombe). *Les recherches concernant les richesses minérales ou biologiques des océans et des mers relèvent de l'océanologie.* — n. **OCÉANOLOGUE.** adj. **OCÉANOLOGIQUE.**

OCELLE [ɔsɛl] **n. m.** – 1825 au sens 2° ◇ latin *ocellus*, diminutif de *oculus* «œil» ■ DIDACT. ■ **1** (1840) Tache arrondie dont le centre et le tour sont de deux couleurs différentes (ailes de papillons, plumes d'oiseaux). ■ **2** ZOOL. Œil «simple» des insectes et des arthropodes (opposé à *œil composé, à facettes*). ➤ **stemmate.**

OCELLÉ, ÉE [ɔsele ; ɔsɛlle] **adj.** – 1804 ◇ latin *ocellatus* ■ LITTÉR. ou SC. Parsemé d'ocelles. *Papillon à ailes ocellées. Paon, lézard ocellé.*

OCELOT [ɔs(ə)lo] **n. m.** – 1765 ◇ *ocelotl* 1640, mot aztèque ■ Mammifère carnivore *(félidés)*, grand chat sauvage d'Amérique à pelage roux tacheté de brun. ➤ **chat-tigre.** ◆ Fourrure de cet animal. *Manteau d'ocelot.*

OCHLOCRATIE [ɔklɔkʀasi] **n. f.** – 1564 ◇ de *ochlo-* «foule, populace», du grec *okhlos*, et *-cratie* ■ DIDACT. PÉJ. Gouvernement par la foule, la multitude. «*la démocratie dégénère en ochlocratie*» ROUSSEAU.

OCRE [ɔkʀ] **n. f.** et **m.** – 1307 ◇ latin *ochra*, grec *ôkhra*, de *ôkhros* «jaune» ■ **1 n. f.** Colorant minéral naturel, jaune brun ou rouge, constitué par de l'argile et des oxydes de fer ou de manganèse. ◆ Couleur fabriquée avec de l'ocre. *Acheter un tube d'ocre. Ocres brunes* (terre de Sienne, terre d'ombre). *Crayon d'ocre* (➤ aussi **sanguine**). ■ **2 n. m.** Couleur d'un brun jaune ou orangé. «*Les façades d'un bel ocre pâle*» ROMAINS. — ADJT INV. «*Le sol est de pavés ocre, de la couleur du sable des terrains de tennis*» MODIANO.

OCRÉ, ÉE [ɔkʀe] **adj.** – 1588 ◇ de *ocre* ■ Teint en ocre. — De la couleur de l'ocre. ➤ **ocreux.** *Pierre gris ocré.*

OCREUX, EUSE [ɔkʀø, øz] **adj.** – 1762 ◇ de *ocre* ■ **1** Qui contient de l'ocre. «*Le drap est raidi par la boue ocreuse*» BARBUSSE. ■ **2** (1819) VIEILLI De couleur ocre. ➤ **ocré.**

OCT(A)-, OCTI-, OCTO- ■ Éléments, du latin *octo* «huit».

OCTAÈDRE [ɔktaɛdʀ] **n. m.** – 1557 ◇ bas latin *octædros*, d'origine grecque ■ GÉOM. Polyèdre à huit faces. *Octaèdre régulier*, dont les faces sont des triangles équilatéraux. — **adj. OCTAÉDRIQUE,** 1799.

OCTAL, ALE, AUX [ɔktal, o] **adj.** – v. 1960 ◇ dérivé savant du latin *octo* «huit» ■ TECHN. (INFORM.) Qui procède par huit, qui a pour base le nombre huit.

OCTANE [ɔktan] **n. m.** – 1874 ◇ de *oct-* et suffixe *-ane* ■ CHIM. Hydrocarbure saturé (C_8H_{18}) de la série des paraffines, à nombreux isomères (➤ **isooctane**). — COUR. *Indice d'octane* : échelle conventionnelle caractérisant le pouvoir antidétonant d'un carburant (ex. 100 pour l'isooctane, –17 pour l'octane).

OCTANOÏQUE [ɔktanɔik] **adj.** – 1894 ◇ de *octane* et suffixe chimique ■ CHIM. *Acide octanoïque* : acide gras saturé à huit atomes de carbone, présent dans l'huile de coco. ➤ **caprylique.**

OCTANT [ɔktɑ̃] **n. m.** – 1619 ◇ latin *octans* «huitième partie» ■ **1** GÉOM. Arc de 45° (huitième de cercle). ■ **2** MAR. ANC. Instrument du genre du sextant, mais dont le limbe n'est que de 45°.

OCTAVE [ɔktav] **n. f.** – v. 1180 ◇ latin *octavus* «huitième» ■ **1** LITURG. Huitième jour après certaines fêtes. — Durée de huit jours pendant laquelle on commémore une grande fête. ■ **2** (1534) MUS. Intervalle parfait de huit degrés de l'échelle diatonique (5 tons ; 2 demi-tons diatoniques) ; intervalle de deux fréquences dont l'une est le double de l'autre. *Octave augmentée* (do – do dièse), *diminuée* (do – do bémol). ABSOLT *À l'octave* (ou *octava*, 8va) : terme, signe indiquant qu'un passage doit être joué une octave plus haut ou plus bas (➤ **octavier**). — *Faire des octaves* : jouer en même temps une note et son octave. *Passage de piano en octaves.* ◆ Huitième degré de l'échelle diatonique ; note, son portant le même nom que la tonique et situé une octave plus haut (fréquence double, première harmonique), plus bas. ■ **3** (1694) VERSIF. Stance de huit vers dans l'usage classique. *L'octave de l'Arioste, du Tasse.* ■ **4** ESCR. Huitième position (l'arme dans la ligne du dehors, pointe basse).

OCTAVIER [ɔktavje] **v.** ‹7› – 1765 ◇ de *octave* ■ MUS. ■ **1 v. intr.** Jouer l'octave supérieure au lieu de la note. ■ **2 v. tr.** Jouer à l'octave supérieure. *Octavier un passage.*

OCTAVIN [ɔktavɛ̃] **n. m.** – 1803 ◇ de *octave* ■ MUS. Petite flûte accordée à l'octave supérieure de la grande flûte.

OCTET [ɔktɛ] **n. m.** – v. 1960 ◇ de *oct-* «huit» ■ **1** INFORM. Ensemble ordonné de huit caractères binaires (➤ **bit**) utilisé dans la plupart des langages machines. *Un caractère alphanumérique* peut être représenté par un octet. Une mémoire de plusieurs millions d'octets.* ➤ **gigaoctet, mégaoctet.** — **Recomm. offic.** pour *byte.* ■ **2** CHIM. Groupe de huit électrons entourant un atome (facteur de stabilité pour cet atome). *Règle de l'octet* : lors d'une réaction chimique, tout atome tend à gagner ou perdre des électrons pour en avoir huit sur sa couche externe et acquérir la structure électronique du gaz rare le plus proche.

OCTIDI [ɔktidi] **n. m.** – 1793 ◇ du latin *octo* «huit», et finale de *lundi, mardi* ■ HIST. Huitième jour de la décade, dans le calendrier républicain.

OCTO- ➤ **OCT(A)-**

OCTOBRE [ɔktɔbʀ] **n. m.** – 1213 ◇ latin *october* «huitième mois de l'année romaine (qui commençait en mars)», de *octo* «huit» ■ Dixième mois de l'année (correspondait à *vendémiaire*, brumaire** dans le calendrier républicain). *Le mois d'octobre, octobre a 31 jours. Il prend des vacances en octobre.* «*Octobre, le courrier de l'hiver*» A. BERTRAND. RARE *Des octobres* : des mois d'octobre. ◆ HIST. *La révolution d'octobre* (octobre 1917), qui renversa le régime russe de Kerenski au profit des soviets.

OCTOCORALLIAIRE [ɔktokɔʀaljɛʀ] **n. m.** – *octocoralliens* 1903 ◇ de *octo-* et *coralliaire* ■ ZOOL. Anthozoaire à huit tentacules (corail, gorgone, etc.).

OCTODON [ɔktɔdɔ̃] **n. m.** – 1836 ◇ de *octo-* et grec *odous, odontos* «dent», la surface d'usure de ses molaires ayant la forme d'un huit ■ Petit rongeur voisin du chinchilla, appelé aussi *écureuil du Chili*, vivant à l'état sauvage du centre du Chili au sud du Pérou. *L'octodon, le furet, le rat, nouveaux animaux de compagnie.*

OCTOGÉNAIRE [ɔktɔʒenɛʀ] **adj.** et **n.** – 1578 ◇ latin *octogenarius* ■ Dont l'âge est compris entre quatre-vingts et quatre-vingt-neuf ans. — **n.** *Une octogénaire.*

OCTOGONAL, ALE, AUX [ɔktɔgɔnal, o] **adj.** – 1520 ◇ de *octogone* ■ Qui a huit angles. ◆ Dont la base est un octogone. *Pyramide octogonale.*

OCTOGONE [ɔktɔgɔn ; ɔktogon] **adj.** et **n. m.** – 1520 ◇ latin *octogonos*, mot grec ■ **1** VX Octogonal. ■ **2 n. m.** Polygone à huit côtés. — SPÉCIALT Fortification de plan octogonal. ◆ Agrès de gymnase faits de plateformes octogonales superposées.

OCTOPODE [ɔktɔpɔd] **adj.** et **n. m.** – 1818 ◇ grec *oktôpous, podos* ■ ZOOL. Qui a huit pieds ou huit tentacules. ◆ **n. m. pl.** Sous-ordre de mollusques céphalopodes à deux branchies (poulpes, argonautes), munis de huit bras. — **Au sing.** *La pieuvre est un octopode.*

OCTOSTYLE [ɔktostil] **adj.** – 1580 ◇ grec *oktastulos*, de *oktô* «huit» et *stulos* «colonne» ■ ARCHIT. Qui a huit colonnes, une façade de huit colonnes.

OCTOSYLLABE [ɔktosi(l)lab] **adj.** et **n. m.** – 1611 ◇ latin *octosyllabus* → syllabe ■ DIDACT. Qui a huit syllabes. ◆ **n. m.** Vers de huit syllabes. **adj. OCTOSYLLABIQUE,** 1907.

OCTROI [ɔktʀwa] **n. m.** – *octroy* XIVe ; *otrei, otroi* XIIe ◇ de *octroyer* ■ **1** Action d'octroyer, de concéder. ➤ **attribution, concession.** «*l'octroi des loisirs aux classes ouvrières*» GIRAUDOUX. — SPÉCIALT, DR. CONSTIT. Mode d'établissement d'une constitution par décision unilatérale (ex. la Charte de 1814). ■ **2** Contribution indirecte que certaines municipalités étaient autorisées à établir et à percevoir sur les marchandises de consommation locale (droits d'entrée). *Ils «devaient tout manger avant de rentrer en ville pour ne pas payer l'octroi»* VIALATTE. — (1936 ; 1872, autre sens) *Octroi de mer* : taxe indirecte sur les produits importés ou les productions locales, perçue par les collectivités territoriales d'outre-mer. ◆ PAR EXT. Administration qui était chargée de cette contribution. *Le bureau, la barrière de l'octroi.* — Lieu où était perçue cette taxe. *S'arrêter à l'octroi.*

OCTROYER [ɔktʀwaje] **v. tr.** ‹8› – fin XIVe ; *otreier* 1080 ◇ latin populaire °*auctorizare*, latin classique *auctorare* «garantir, louer» ■ Accorder à titre de faveur, de grâce. ➤ **concéder.** *La Charte «avait l'inconvénient d'être octroyée»* CHATEAUBRIAND. «*Celui qui a bien employé le temps qu'on lui octroie*» COCTEAU.

Octroyer un délai. ➤ **impartir.** *Octroyer une somme d'argent à chacun.* ➤ **allouer, attribuer, consentir, distribuer, donner.** *S'octroyer une pause.*

OCTUOR [ɔktɥɔʀ] **n. m.** – 1878 ◊ de *oct-*, d'après *quatuor* ■ MUS. Œuvre musicale pour huit instruments. ♦ Formation de chambre de huit instrumentistes (ou chanteurs). *Octuor à cordes, à vent.*

OCTUPLE [ɔktypl] **adj. et n. m.** – 1377 ◊ latin *octuplus* ■ DIDACT. Qui vaut huit fois (une quantité donnée). — **v. tr.** ⟨1⟩ **OCTUPLER,** 1798.

OCULAIRE [ɔkylɛʀ] **adj. et n. m.** – 1478 ; aussi 1480 «visible, évident» ◊ latin *ocularis*

I **adj.** ■ **1** Qui a vu de ses propres yeux. *Témoin oculaire.* ■ **2** De l'œil, relatif à l'œil. *Globe oculaire. Nerfs moteurs oculaires.* ➤ **oculomoteur.** *Troubles oculaires.* ➤ **visuel.** ■ **3** OPT. *Cercle, anneau oculaire :* image réelle de l'objectif donnée par l'oculaire (d'une lunette, d'un microscope).

II **n. m.** (1667) Dans un instrument d'optique, Lentille ou système de lentilles près duquel on applique l'œil. *Oculaire de Huygens, de Ramsden. Oculaires orthoscopiques.* ➤ 2 **objectif.**

OCULARISTE [ɔkylaʀist] **n.** – 1855 ◊ de *oculaire* ■ DIDACT. Personne qui fabrique des pièces de prothèse oculaire et en effectue la pose.

OCULISTE [ɔkylist] **n.** – 1503 ◊ du latin *oculus* «œil» ■ Médecin spécialiste des troubles de la vision. ➤ **ophtalmologue.** *L'opticien exécute les verres prescrits par l'oculiste.*

OCULOMOTEUR, TRICE [ɔkylomɔtœʀ, tʀis] **adj.** – 1903 ◊ de *oculus* «œil» et *moteur* ■ MÉD. Relatif au mouvement des yeux. *Paralysie oculomotrice. Nerfs oculomoteurs :* nerfs moteurs oculaires (commun et externe) et nerf pathétique.

OCULUS [ɔkylys] **n. m.** – fin XIXe ◊ mot latin «œil» ■ ARCHIT. Fenêtre ronde, œil-de-bœuf. *Oculus gothique. Des oculus* ou *des oculi* (plur. lat.). — TECHN. Ouverture circulaire pratiquée dans une porte, une cloison.

OCYTOCINE [ɔsitɔsin] **n. f.** – 1942 ◊ du grec *ôkutokos* «qui procure un accouchement *(tokos)* rapide *(ôkus)*» ■ BIOCHIM. Neuropeptide libéré dans le sang par l'hypophyse, qui provoque la contraction de l'utérus au cours de l'accouchement et la production de lait au cours de l'allaitement. *L'ocytocine agit comme hormone et neurotransmetteur.*

ODALISQUE [ɔdalisk] **n. f.** – 1624 ◊ turc *odalık* ■ HIST. Femme de chambre esclave qui était au service des femmes d'un harem. — COUR. et ABUSIVEMENT Femme d'un harem. *«L'Odalisque couchée», tableau d'Ingres.*

ODE [ɔd] **n. f.** – 1488 ◊ bas latin *oda,* grec *ôdê,* proprt «chant» ■ **1** LITTÉR. GR. Poème lyrique destiné à être chanté ou dit avec accompagnement de musique. *Odes de Sapho. Les odes de Pindare. Odes d'Horace* (imitées des lyriques grecs). ■ **2** (1549) Poème lyrique d'inspiration généralement élevée, le plus souvent constitué de strophes symétriques. *Odes de Ronsard, de Malherbe. «Odes et ballades», de V. Hugo. «Cinq grandes odes», de Claudel. «Ode à Salvador Dali», de F. Garcia-Lorca, traduite par Éluard et L. Parrot.*

ODELETTE [ɔd(ə)lɛt] **n. f.** – 1554 ◊ de *ode* ■ Petite ode d'un genre gracieux. *Les odelettes de Nerval.*

ODÉON [ɔdeɔ̃] **n. m.** – 1755 ; *odéum* 1547 ◊ latin *odeum,* grec *ôdeion* ■ Dans la Grèce antique, Édifice consacré aux chants et à la musique. ♦ (1797) MOD. *L'Odéon,* nom d'un théâtre parisien.

ODEUR [ɔdœʀ] **n. f.** – v. 1380 ; début XIIe *odur, udur* ◊ latin *odor* ■ Émanation volatile, caractéristique de certains corps et susceptible de provoquer chez l'être humain ou chez un animal des sensations dues à l'excitation d'organes spécialisés. ➤ **effluve, émanation, exhalaison.** *Odeur agréable.* ➤ **arôme,** 1 **bouquet, fragrance, fumet, parfum, senteur.** *Odeur désagréable.* ➤ **empyreume, fétidité, puanteur, relent, remugle.** *«Une odeur fine et suave d'héliotrope s'exhalait d'un petit carré de fèves en fleurs»* CHATEAUBRIAND. *Odeur sui generis. Odeur de brûlé, de moisi, de renfermé. Sensation des odeurs* (➤ **nez, odorat, olfaction**). *Humer, flairer une odeur. Avoir une odeur ; dégager, exhaler, répandre une odeur.* ➤ **sentir.** *Avoir une bonne odeur* (➤ 1 **bon** [sentir bon] ; **embaumer**), *une mauvaise odeur* (➤ **empester*** ; **mauvais** [sentir mauvais]). *Qui dégage une bonne odeur* (➤ **aromatique, odorant, odoriférant, parfumé**), *une mauvaise odeur* (➤ **malodorant, puant**). *Enlever les mauvaises odeurs.* ➤ **désodoriser.** *Une fleur sans odeur.* ➤ **inodore.** — *L'argent* n'a pas d'odeur.* ♦ LOC. **ODEUR DE SAINTETÉ :** odeur suave qu'exhalerait le corps de certains saints après leur mort. FIG. État de perfection spirituelle. *«Huit ou dix séminaristes vivaient en odeur de sainteté»* STENDHAL. *Mourir en odeur de sainteté.* — PAR EXT. FAM. *Ne pas être en odeur de sainteté* (auprès de qqn), en être mal vu. *«Les révolutionnaires n'étaient pas en odeur de sainteté dans la maison Eyssette»* DAUDET.

-ODIE ■ Élément, du grec *-ôdia,* radical *ôdê* «chant» : *palinodie.*

ODIEUSEMENT [ɔdjøzmɑ̃] **adv.** – 1541 ◊ de *odieux* ■ D'une manière odieuse. *Il a été odieusement traité.* ➤ **abominablement.**

ODIEUX, IEUSE [ɔdjø, jøz] **adj.** – 1376 ◊ latin *odiosus* ■ **1** Qui excite la haine, le dégoût, l'indignation. ➤ **antipathique, détestable, exécrable, haïssable, ignoble, infâme, méchant.** *«C'était un homme odieux, un méchant homme»* D'ALEMBERT. *«Pas de gens qui lui fussent si odieux»* NERVAL. *Il s'est rendu odieux à tout le monde. — Un crime particulièrement odieux. «un rôle odieux, bas, lâche»* ROUSSEAU. — SUBST. *«L'odieux de la condamnation de Jeanne d'Arc»* BAINVILLE. ■ **2** Très désagréable*, insupportable. *Elle a été odieuse avec nous. Cet enfant est odieux. — Cette pensée m'est odieuse.* ■ CONTR. Adorable, agréable, aimable, charmant.

ODOMÈTRE [ɔdɔmɛtʀ] **n. m.** – 1678 ◊ grec *hodometron,* de *hodos* «route» et *metron* «mesure» ■ TECHNOL. Appareil servant à évaluer une distance parcourue à pied (➤ **compte-pas, podomètre**) ou en voiture (➤ **compte-tour**) et la vitesse à laquelle elle est parcourue. — SPÉCIALT Dispositif intégré à un robot pour mesurer ses déplacements. — **n. f. ODOMÉTRIE.**

ODONATES [ɔdɔnat] **n. m. pl.** – 1829 ◊ du grec *odous, odontos* «dent» ■ ZOOL. Ordre d'insectes caractérisés par des pièces buccales du type broyeur, comprenant les libellules.

ODONTALGIE [ɔdɔ̃talʒi] **n. f.** – 1694 ◊ grec *odontalgia* ■ MÉD. Douleur d'origine dentaire. ➤ 3 **mal, rage** (de dents).

ODONT(O)-, -ODONTIE ■ Éléments, du grec *odous, odontos* «dent».

ODONTOCÈTES [ɔdɔ̃tɔsɛt] **n. m. pl.** – milieu XXe ◊ du grec *odous, odontos* «dent» et *kêtos* «gros animal marin» ; cf. *cétacé* ■ ZOOL. Sous-ordre des cétacés constitué par les cétacés munis de dents (opposé à *mysticètes*). — Au sing. *Le dauphin est un odontocète.*

ODONTOÏDE [ɔdɔ̃tɔid] **adj.** – 1541 ◊ de *odont(o)-* et *-oïde* ■ DIDACT. En forme de dent. *Apophyse odontoïde de l'axis,* s'articulant dans le trou vertébral de l'atlas.

ODONTOLOGIE [ɔdɔ̃tɔlɔʒi] **n. f.** – 1771 ◊ de *odonto-* et *-logie* ■ DIDACT. Étude et traitement des dents ; médecine dentaire. ➤ **orthodontie, parodontie, stomatologie.**

ODONTOMÈTRE [ɔdɔ̃tɔmɛtʀ] **n. m.** – 1866 ◊ de *odonto-* et *-mètre* ■ Échelle graduée pour mesurer le nombre et l'écartement des dentelures des timbres-poste.

ODONTOSTOMATOLOGIE [ɔdɔ̃tostɔmatɔlɔʒi] **n. f.** – 1955 ◊ de *odonto-* et *stomatologie* ■ MÉD. Étude de la chirurgie dentaire et de la stomatologie ; thérapeutique de la bouche et des dents. — **n. ODONTOSTOMATOLOGUE.**

ODORANT, ANTE [ɔdɔʀɑ̃, ɑ̃t] **adj.** – 1223 ◊ de l'ancien verbe *odorer* (1120) ; latin *odorare* «parfumer» ■ Qui exhale une odeur (généralement bonne). *Des fleurs très odorantes.* ➤ **odoriférant.** ■ CONTR. Inodore.

ODORAT [ɔdɔʀa] **n. m.** – 1551 ◊ latin *odoratus* ■ Sens grâce auquel l'être humain et les animaux perçoivent les odeurs. ➤ **olfaction.** *L'odorat développé du chien.* ➤ **flair.** *L'odeur du civet chatouillait agréablement l'odorat. Trouble de l'odorat.* ➤ **anosmie.**

ODORIFÉRANT, ANTE [ɔdɔʀifeʀɑ̃, ɑ̃t] **adj.** – 1380 ◊ latin médiéval *odoriferens,* classique *odorifer* ■ Qui possède une odeur agréable que l'on utilise. ➤ **odorant, parfumé.** *«Des plantes odoriférantes, le thym et la sarriette»* DUHAMEL. ➤ **aromatique.** ■ CONTR. Puant.

ODYSSÉE [ɔdise] **n. f.** – 1814 ◊ emploi fig. du titre du poème d'Homère qui raconte les aventures d'Ulysse, latin *Odyssea,* grec *Odusseia* ■ **1** Récit d'un voyage rempli d'aventures.

■ **2** Voyage particulièrement mouvementé ; vie agitée à l'image d'un tel voyage. *Une odyssée mémorable.*

ŒCUMÉNICITÉ [ekymenisite ; øky-] **n. f.** – 1752 ◇ de *œcuménique* ■ DIDACT. (RELIG.) Caractère œcuménique. *L'œcuménicité d'un concile.*

ŒCUMÉNIQUE [ekymenik ; øky-] **adj.** – fin XVIe ◇ latin médiéval *œcumenicus*, du grec *oikoumenê (gê)* « terre habitée, univers » ■ RELIG. Universel. ➤ **catholique.** — *Concile œcuménique*, présidé par le pape ou ses légats et auquel sont convoqués tous les évêques catholiques. *Patriarche œcuménique*, titre que se donnent les évêques de Constantinople. ◆ PAR ANAL. Qui rassemble des personnes ou des idéologies différentes.

ŒCUMÉNISME [ekymenism ; øky-] **n. m.** – 1927 ◇ de *œcuménique* ■ RELIG. Mouvement favorable à la réunion de toutes les Églises chrétiennes en une seule.

ŒDÉMATEUX, EUSE [edematø, øz ; øde-] **adj.** – 1549 ◇ de *œdème* ■ MÉD. De la nature de l'œdème. *Infiltration œdémateuse.* ◆ Atteint d'œdème. *Membre œdémateux.*

ŒDÈME [edɛm ; ødɛm] **n. m.** – 1538 ; *endimie* 1478 ◇ grec *oidêma*, de *oidein* « enfler » ■ Infiltration séreuse de divers tissus et en particulier du tissu sous-cutané et sous-muqueux, se traduisant par un gonflement diffus. ➤ **anasarque.** *Œdème inflammatoire.* ➤ **inflammation.** *Œdème de Quincke* ou *œdème angioneurotique**. *Œdème mécanique.* ➤ **stase.** *Œdème aigu du poumon* : engorgement séreux brutal des alvéoles pulmonaires. *Ses doigts « gonflés d'œdème se refusaient à tout service »* MARTIN DU GARD.

ŒDICNÈME [ediknɛm] **n. m.** – 1816 ◇ latin des zoologistes *œdicnemus*, 1553 ; du grec *oidein* « enfler » et *knêmê* « jambe » ■ ZOOL. Oiseau échassier *(charadriidés)*, voisin du pluvier, appelé aussi *courlis de terre.*

ŒDIPE [edip ; ødip] **n. m.** – 1929 ◇ de *Œdipe*, n. d'un personnage de la mythologie grecque ■ PSYCHAN. Complexe* d'Œdipe. *Un œdipe mal résolu.*

ŒDIPIEN, IENNE [edipjɛ̃ ; ødipjɛ̃, jɛn] **adj.** – 1916 ◇ de *Œdipe* ■ PSYCHAN. Relatif au complexe d'Œdipe. *Conflits œdipiens.*

ŒIL [œj], plur. **YEUX** [jø] **n. m.** – fin Xe ◇ du latin *oculus*
REM. Dans certains emplois, le pluriel est *œils.*

I PARTIE DU CORPS ■ **1** Organe de la vue (globe oculaire et ses annexes). ➤ **vision ; voir, vue.** *Le globe de l'œil est logé dans l'orbite. Tunique externe, moyenne, interne de l'œil* : choroïde, procès ciliaire, cornée, iris, rétine, sclérotique, uvée. *Milieux transparents et réfringents de l'œil* : chambre, cristallin ; corps, humeur vitrée. *Annexes de l'œil* : capsule de Tenon, cil, conjonctive, glande lacrymale, muscle droit, oblique, orbiculaire, paupière, sourcil. *Angle externe, interne de l'œil.* ➤ **commissure.** *Médecine des yeux.* ➤ **ophtalmologie.** *Examen du fond de l'œil.* ➤ **ophtalmoscopie.** *Troubles fonctionnels des yeux* : achromatopsie, amaurose, amétropie, daltonisme, hypermétropie, myopie, presbytie, strabisme. *Maladies des yeux* : albugo, cataracte, conjonctivite, exophtalmie, glaucome, kératite, staphylome, taie, trachome, uvéite, xérophtalmie. *Occlusion spasmodique de l'œil.* ➤ **blépharospasme.** *Œil directeur**. ◆ *Avoir de bons, de mauvais yeux*, une bonne, une mauvaise vue. *Se faire examiner les yeux par un oculiste, un ophtalmologue. S'user les yeux à lire. Des yeux chassieux, larmoyants, qui louchent.* LOC. FAM. *Avoir un œil qui dit merde à l'autre, un œil qui joue au billard et l'autre qui compte les points, les yeux qui se croisent les bras* : loucher. *« elle a un œil qui dit merde à l'autre, c'est difficile de trouver le bon, celui dans lequel on doit regarder quand on lui parle »* V. DESPENTES. *Avoir une coquetterie* dans l'œil. Perdre un œil, les deux yeux* : devenir borgne, aveugle. *Avoir un œil au beurre* noir.* (XVe) FAM. *Avoir bon pied, bon œil* : avoir une allure vive et alerte (en parlant d'une personne d'un certain âge). *« J'ai bon pied, bon œil, bonne santé »* BALZAC. — *De grands, de petits yeux.* ➤ FAM. **carreau, châsse, mirette.** FAM. *Avoir de petits yeux* : être fatigué. *Yeux globuleux, en boules de loto*, enfoncés, bridés, en amande. Une brune aux yeux bleus, aux yeux noirs. Avoir les yeux vairons*. Se maquiller les yeux*, les paupières et les cils. *Ses yeux brillent, pétillent. Œil terne, fixe. Des yeux injectés de sang. Des yeux durs, froids. « Vos beaux yeux me font mourir d'amour »* MOLIÈRE. *« T'as de beaux yeux, tu sais »* (PRÉVERT, « Quai des brumes », film). LOC. (1640) *Pour les beaux yeux de qqn*, uniquement pour lui faire plaisir, sans y avoir d'intérêt. — *Lever, baisser les yeux. Lever les yeux au ciel*. Rouler des yeux furibonds. Les yeux lui sortaient de la tête.* LOC. FAM. *Faire des yeux de merlan* frit. Faire les yeux doux* à qqn. Faire les gros yeux à qqn*, le regarder d'un air mécontent, sévère. ◆ (Mouvement des paupières) *Ouvrir, fermer les yeux. Avoir, tenir les yeux grand ouverts. Ouvrir de grands yeux, des yeux ronds* : ouvrir des yeux agrandis, arrondis par la surprise, l'étonnement. ➤ **écarquiller.** — LOC. FIG. *Ouvrir l'œil*, (FAM.) *ouvrir l'œil, et le bon* : être très attentif, vigilant. *Ouvrir les yeux à qqn (sur qqch.)*, lui montrer ce qu'il se refusait à voir, lui révéler quelque chose. — *Fermer un œil pour viser. Sentir ses yeux se fermer*, sous l'effet du sommeil. LOC. (1704) *Ne dormir que d'un œil*, en conservant son attention éveillée. (1559) *Ne pas fermer l'œil de la nuit* : ne pas dormir. *« Bientôt mes yeux se fermeront pour l'éternité »* FRANCE. *Fermer les yeux de qqn* (qui vient de mourir). — LOC. FIG. (1644) *Fermer les yeux sur qqch.* : se refuser à voir ; faire, par tolérance, connivence, lâcheté, etc., comme si on n'avait pas vu. *« Elle ferma les yeux sur mes sorties du soir »* MAURIAC. *J'irais là-bas les yeux fermés* (tant le chemin m'est familier). *Accepter qqch. les yeux fermés*, en toute confiance. — *Ciller les yeux. Cligner l'œil, les yeux, de l'œil, des yeux. Clin d'œil* (voir ce mot). ◆ (Dans l'action de la vue) *Voir une chose de ses yeux, de ses propres yeux. Objet visible à l'œil nu*, sans l'aide d'aucun instrument d'optique. *À vue d'œil, cette table ne passe pas par la porte.* ➤ **approximativement** (cf. À vue de nez*). *Elle grandit à vue d'œil*, d'une manière visible. *Regarder qqn dans les yeux, dans le blanc* des yeux. Ils se regardaient les yeux dans les yeux.* (1640) *Lorgner, surveiller du coin de l'œil*, d'un regard en coin. FAM. *N'avoir pas les yeux en face des trous*.* — *Je n'en crois* pas mes yeux.* — *Attention* les yeux.* ■ **2** PAR EXT. (fin XIe) Regard. *« Aie l'œil du peintre »* R. BRESSON. *Les yeux de Chimène* : le regard de l'amour. *Chercher, suivre qqn des yeux. Jetez un peu les yeux de ce côté. « Elle l'interrogeait, les yeux fixés sur lui »* MAUPASSANT. *Ne pas quitter une chose des yeux. « je ne pouvais détacher mes yeux de son visage »* PROUST. *Manger, couver qqn des yeux. « je dévorais d'un œil ardent les belles personnes »* ROUSSEAU. FAM. *On touche avec les yeux ! Détourner les yeux. Ses yeux se détachèrent d'elle.* PROV. *Loin* des yeux, loin du cœur. « Brusquement ses yeux tombèrent sur la lettre »* GREEN. (1538) *Avoir une chose devant les yeux*, sous son regard. *Paysages qui défilent devant les yeux.* (1671) *Sous mes yeux*, devant moi. *Ça s'est passé sous mes yeux. Aux yeux de tous*, devant tout le monde. *Je lui ai mis sous les yeux tous les documents*, je les lui ai montrés. *Obéir au doigt* et à l'œil.* ◆ **MAUVAIS ŒIL** : regard auquel on attribue la propriété de porter malheur ; faculté de porter malheur par ce regard. *Jeter le mauvais œil. La croyance au mauvais œil. « Ses enfants étaient tous morts. Cela était dû – disait-on – au mauvais œil qui s'acharnait sur elle »* SEMBENE. ■ **3** (1668) **COUP D'ŒIL** : regard rapide, prompt. *« Elle jeta un coup d'œil sur la façade »* GREEN. *Découvrir, remarquer une chose du premier coup d'œil, au premier coup d'œil. Jeter un coup d'œil sur le journal*, le parcourir rapidement, en lire quelques lignes. *Des coups d'œil.* — LOC. FIG. *Valoir le coup d'œil* : mériter l'attention. *Avoir le coup d'œil*, l'art d'observer rapidement et exactement. *La justesse et la sûreté du coup d'œil. Coup d'œil professionnel.* — PAR EXT. Vue qu'on a d'un point sur un paysage. *« Le coup d'œil sur la ville est merveilleux »* MAUPASSANT. ➤ **point de vue.** ■ **4** FIG. (dans des expressions) Attention portée par le regard. *« Une ville qui par sa situation attire l'œil du voyageur »* BALZAC. *« ce qui frappe et tire l'œil »* VALÉRY. *Cela saute* aux yeux, crève* les yeux.* — LOC. *Être tout yeux, tout oreilles* : regarder, écouter très attentivement. *N'avoir pas les yeux dans sa poche* : ne pas manquer d'observer ce qui pourrait échapper à qqn de moins attentif. *« Elles étaient trois, n'avaient ni leurs yeux ni leurs langues dans leurs poches »* H.-P. ROCHÉ. *Avoir des yeux derrière la tête* : ressentir l'arrivée pourtant discrète de qqch. ou de qqn hors de son champ visuel. *Avoir l'œil américain*, remarquer du premier coup d'œil. *Photographe qui a l'œil. « sa maîtrise technique alliée à son "œil", à cette capacité à saisir l'instant »* C. LAURENS. *Avoir le compas* dans l'œil. Avoir de la merde* dans les yeux.* — (1631) *N'avoir d'yeux que pour qqn* : ne voir que lui ; FIG. ne s'intéresser qu'à lui. *Avoir l'œil (sur qqn, sur qqch.)* : surveiller avec attention (le plus souvent pour empêcher de mal faire). *« Depuis longtemps Colbert avait l'œil sur les procédés de Fouquet »* SAINTE-BEUVE. — (1798) FAM. *Avoir, tenir qqn à l'œil*, sous une surveillance qui ne se relâche pas. — (fin XVe) *Avoir l'œil à tout* : veiller à tout. *L'œil du maître*. L'œil de Moscou* : la surveillance occulte. *L'œil de Dieu, de la conscience. « L'œil était dans la tombe et regardait Caïn »* HUGO. ■ **5** (milieu XIIe) (ABSTRAIT) Disposition, état d'esprit, jugement. *Voir qqch. d'un bon œil, d'un mauvais* *œil,* d'une manière favorable ou défavorable, avec satisfaction ou avec déplaisir. *Considérer une chose d'un œil critique, bienveillant. « On se voit d'un autre œil qu'on ne voit son prochain »* LA FONTAINE. *Regarder d'un œil neuf,* autrement, avec du recul. — *Aux yeux de qqn,* selon son appréciation, sa manière de voir. ➤ **pour, selon.** *« Elle devint un monstre à ses yeux »* AYMÉ. — Personne qui observe, est dans une certaine disposition. *Des yeux étrangers. Pour un œil averti.* ▪ **6** LOC. FIG. *Tenir à une chose comme à la prunelle* de ses yeux. Coûter* les yeux de la tête.* — FAM. *« Oui ! Enceinte ! Jusque-là ! Jusqu'aux yeux »* FALLET. — *N'avoir plus que ses yeux pour pleurer,* avoir tout perdu. *Je m'en bats* l'œil. Taper* dans l'œil de qqn.* — *Faire de l'œil à qqn,* faire des clins d'œil, des œillades. *Se rincer* l'œil. N'avoir pas froid* aux yeux. S'arracher* les yeux.* — *Tourner de l'œil :* VX mourir ; MOD. s'évanouir. — (1493) *Avoir les yeux plus grands que le ventre :* être incapable de manger autant qu'on le désirait ; FIG. voir trop grand, s'exagérer ses capacités. *Se mettre, se fourrer le doigt* dans l'œil. Frais comme l'œil,* dispos, en excellente condition physique. FAM. *Il, elle, ça me sort par les yeux,* je l'ai assez vu, je ne peux plus le supporter. (1740) FAM. *Entre quat'z'yeux.* ➤ **quatre.** (fin XIIIe) ALLUS. BIBL. *Œil pour œil, dent pour dent,* expression de la loi du talion. — *Avoir des étoiles* dans les yeux.* ♦ **loc. adv.** (1827) **À L'ŒIL :** VX à crédit, sans payer (PROPRT sur la vue, la bonne mine) ; MOD. gratuitement. *« Tu as payé demi-tarif ? – Non* [...] *je suis entré à l'œil »* QUENEAU. — **loc. exclam.** (FAM.) **MON ŒIL !,** se dit pour marquer l'incrédulité, le refus.

II OBJETS LIÉS À LA VISION ▪ **1** (1690) *Œil de verre :* œil artificiel en verre ou en émail qu'on met à la place d'un œil énucléé. ▪ **2** VIEILLI *Œil électrique :* cellule photoélectrique. — *Œil magique :* petit tube à rayons cathodiques permettant d'effectuer le contrôle visuel du réglage d'un récepteur de radio. ▪ **3** Petit dispositif de visée, judas* optique placé dans une porte.

III CE QUI A LA FORME D'UN ŒIL OU QUI L'ÉVOQUE ▪ **1** Ouverture, trou **(plur. ŒILS).** (1751) *Œil d'une aiguille.* ➤ **chas.** *Œil d'une meule,* trou par lequel elle est fixée sur l'axe. ➤ **œillard.** — TECHN. Trou ménagé dans un outil pour introduire le manche. — Trou dans le rideau d'un théâtre pour observer. — (1660) **(Plur. YEUX)** *Yeux du fromage de gruyère :* trous qui se forment dans la pâte. *Les yeux d'un bouillon,* les petits ronds de graisse. *« La soupe était froide, couverte d'yeux de graisse »* ZOLA. ▪ **2** ARBOR. Bourgeon naissant. ➤ **œilleton.** (1653) *Greffe, écussonnage à œil dormant* (utilisant des bourgeons à feuilles), *à œil poussant. Tailler une vigne à deux yeux, à trois yeux,* en laissant sur la branche deux, trois boutons à fruit. — COUR. *Les yeux des pommes de terre.* ▪ **3** (1690) IMPRIM. **(plur. ŒILS)** Partie du caractère comprenant le dessin de la lettre formant relief, et qui s'imprime sur le papier. *L'œil de la lettre. Gros œil, petit œil.* ▪ **4** (1929) MÉTÉOR. Centre d'une dépression. *L'œil du cyclone*.*

IV APPARENCE, ASPECT FIG. (1611) RARE *Ces perles ont un bel œil* (ACADÉMIE). ABSOLT, VIEILLI. *Avoir de l'œil,* bel aspect.

ŒIL-DE-BŒUF [œjdəbœf] **n. m.** – 1530 ◊ de *œil* et *bœuf* ▪ Fenêtre, lucarne ronde ou ovale, pratiquée dans un mur, un comble. ➤ **oculus.** *« deux chambres de domestique, éclairées par un œil-de-bœuf »* BALZAC. *Des œils-de-bœuf.*

ŒIL-DE-CHAT [œjdəʃa] **n. m.** – 1416 ◊ de *œil* et 1 *chat* ▪ Variété de quartz chatoyant, chargé de fibres d'amphibole. ♦ Variété de chrysobéryl*. *Des œils-de-chat.*

ŒIL-DE-PERDRIX [œjdəpɛʀdʀi] **n. m.** – 1839 ◊ de *œil* et *perdrix* ▪ **1** Cor entre les orteils. *Des œils-de-perdrix.* ▪ **2** TECHN. APPOS. *Vin œil-de-perdrix :* vin paillet brillant.

ŒIL-DE-PIE [œjdəpi] **n. m.** – 1678 ◊ de *œil* et 1 *pie* ▪ MAR. Œillet dans une voile, par où passe le filin. *Des œils-de-pie.*

ŒILLADE [œjad] **n. f.** – 1493 ◊ de *œil* ▪ Regard, clin d'œil plus ou moins furtif, de connivence. *« d'une œillade discrète, il signalait à M. Nègre sa boutonnière »* COURTELINE. — SPÉCIALT Clin d'œil constituant un appel, une invite amoureuse ou coquette. *Lancer, jeter, décocher une œillade. Faire des œillades* (cf. Jouer* de la prunelle, faire de l'œil*). *« ces œillades incendiaires que l'Orient a léguées à l'Espagne »* GAUTIER.

ŒILLARD [œjaʀ] **n. m.** – 1777 ; *œullard* hapax 1554 ◊ de *œil* ▪ TECHN. Œil* d'une meule.

ŒILLÈRE [œjɛʀ] **n. f.** – *oilliere* fin XIIe ◊ de *œil* ▪ **1** ANCIENNT Partie du heaume qui se rabattait sur les yeux. ▪ **2** (1611) MOD. Plaque de cuir attachée au montant de la bride et empêchant le cheval de voir sur le côté. ♦ LOC. *Avoir des œillères :* être borné, ne pas voir certaines choses par étroitesse d'esprit ou par parti pris. *« C'est ce qui lui donne sa force* [...] *ces partis pris, ces œillères »* SARRAUTE. ▪ **3** (1835) Petit récipient ovale pour les bains d'œil.

ŒILLET [œjɛ] **n. m.** – *oillet* « petit œil » XIIe ◊ de *œil*

I ▪ **1** Petit trou pratiqué dans une étoffe, du cuir, etc., souvent cerclé, servant à passer un lacet, un bouton. *Œillets d'une chaussure. « elle ajustait des petits ronds de cuivre à des œillets de corset »* HUGO. ♦ Bordure rigide qui entoure cette ouverture. *Machine, pince à œillets.* — SPÉCIALT Anneau de papier ou de toile gommée servant à renforcer les perforations des feuilles mobiles d'un classeur. ▪ **2** (1731) TECHN. Bassin d'un marais salant ; compartiment rectangulaire situé dans la partie centrale d'une saline et où se dépose le sel.

II (1493 ◊ de *œil,* nom ancien ou dialectal de fleurs) ▪ **1** Plante herbacée *(caryophyllacées),* annuelle ou vivace, cultivée pour ses fleurs rouges, roses, blanches, très odorantes. ➤ **grenadin.** *Œillet mignardise. Œillet de poète,* à fleurs réunies en corymbes. ♦ Fleur de cette plante. *Porter un œillet à la boutonnière.* — LOC. *La révolution des œillets :* les évènements politiques de 1974, au Portugal, quand la gauche remplaça les militaires (« capitaines »), entreprenant, après la décolonisation, de nombreuses réformes sociales. ▪ **2** PAR EXT. *Œillet d'Inde,* tagète. *Œillet des jansénistes,* nom d'un lychnis. ♦ *Œillet de mer,* nom d'une actinie.

ŒILLETON [œjtɔ̃] **n. m.** – 1554 ◊ de *œillet* ▪ **1** BOT. Bourgeon qui se développe au collet des racines, à l'aisselle des feuilles de certaines plantes, utilisé pour leur multiplication. ▪ **2** (1777) Pièce adaptée à l'oculaire d'une lunette, d'un télescope, etc., percée d'un petit trou qui détermine la position de l'œil de l'observateur. ♦ Petit viseur circulaire. ▪ **3** Œil (II, 3°) d'une porte.

ŒILLETONNAGE [œjtɔnaʒ] **n. m.** – 1874 ◊ de *œilletonner* ▪ ARBOR. Action d'œilletonner.

ŒILLETONNER [œjtɔne] **v. tr.** ‹1› – 1652 ◊ de *œilleton* ▪ ARBOR. ▪ **1** Débarrasser (un arbre) de ses bourgeons à bois ; débarrasser (un arbre fruitier) de ses bourgeons à feuilles. ▪ **2** Multiplier (une plante) en en séparant les œilletons.

ŒILLETTE [œjɛt] **n. f.** – 1732 ◊ altération de *oliette* (XIIIe), dérivé de *olie,* ancienne forme de *huile* ▪ Pavot d'une variété cultivée pour ses graines dont on extrait une huile comestible. Cette huile.

ŒKOUMÈNE ➤ **ÉCOUMÈNE**

ŒNANTHE [enɑ̃t] **n. f.** – 1545 ◊ mot latin d'origine grecque ▪ Plante dicotylédone herbacée *(ombellifères),* aux racines vénéneuses, qui croît dans les prés humides.

ŒNANTHIQUE [enɑ̃tik] **adj.** – 1836 ◊ du bas latin *œnanthium* « essence de raisins sauvages » ▪ DIDACT. Relatif à l'arôme des vins. *Acide, éther œnanthique,* composés auxquels certains vins doivent leur bouquet.

ŒN(O)- ▪ Élément, du grec *oinos* « vin ».

ŒNOLIQUE [enɔlik] **adj.** – 1846 ◊ de *œnol* VX « vin servant d'excipient pharmaceutique » ▪ PHARM. Qui a le vin pour excipient. *Médicament œnolique.* ♦ CHIM. *Acides œnoliques :* matières colorantes acides que l'on trouve dans les vins rouges.

ŒNOLISME [enɔlism] **n. m.** – 1963 ; *œnilisme* 1900 ◊ de *œn-,* d'après *alcoolisme* ▪ DIDACT. Alcoolisme par abus de vin.

ŒNOLOGIE [enɔlɔʒi] **n. f.** – 1636 ◊ de *œno-* et *-logie* ▪ DIDACT. Étude des techniques de fabrication et de conservation des vins. *Chimie, biochimie, microbiologie appliquées à l'œnologie.* — **adj. ŒNOLOGIQUE,** 1833.

ŒNOLOGUE [enɔlɔg] **n.** – 1801 ◊ de *œnologie* ▪ DIDACT. Spécialiste de l'œnologie.

ŒNOMÉTRIE [enɔmetʀi] **n. f.** – 1838 ◊ de *œno-* et *-métrie* ▪ TECHN. Mesure de la richesse des vins en alcool. — **adj. ŒNOMÉTRIQUE,** 1846.

ŒNOTHÈRE [enɔtɛʀ] **n. m.** – 1811 ; *œnothera* 1777 ◊ grec *oinothêras* ▪ BOT. Onagre* (2).

ŒRSTED [œʀstɛd] **n. m.** – 1923 ◊ du nom d'un physicien danois ▪ MÉTROL. Unité C. G. S. de mesure de champ magnétique (SYMB. Oe), valant 79,58 ampères par mètre.

ŒRSTITE [œʀstit] n. f. – 1953 ◊ de *Œrsted*, n. pr. ■ TECHN. Acier au titane et au cobalt, à forte aimantation rémanente.

ŒSOPHAGE [ezɔfaʒ ; øzɔ-] n. m. – 1562 ; *ysofague* 1314 ◊ grec *oisophagos*, proprt «qui porte *(oisô)* ce qu'on mange *(phagein)*» ■ Partie de l'appareil digestif, canal musculo-membraneux qui va du pharynx à l'estomac.

ŒSOPHAGIEN, IENNE [ezɔfaʒjɛ̃, jɛn ; øzɔ-] adj. – 1701 ◊ de *œsophage* ■ ANAT., MÉD. Relatif à l'œsophage. *Contractions œsophagiennes. Sonde œsophagienne.*

ŒSOPHAGITE [ezɔfaʒit ; øzɔ-] n. f. – 1822 ◊ de *œsophage* et *-ite* ■ MÉD. Inflammation de l'œsophage.

ŒSOPHAGOSCOPE [ezɔfagɔskɔp ; øzɔ-] n. m. – 1932 ◊ de *œsophage* et *-scope* ■ MÉD. Endoscope pour l'examen direct de l'œsophage (*œsophagoscopie* n. f.).

ŒSTRADIOL ou **ESTRADIOL** [ɛstʀadjɔl] n. m. – 1953 ◊ de *œstrus* ■ BIOCHIM. Hormone stéroïde, œstrogène naturel le plus puissant, sécrétée par les follicules ovariens. *Œstradiol de synthèse utilisé en thérapeutique et en contraception.*

ŒSTRAL, ALE, AUX [ɛstʀal, o] adj. – 1945 ◊ de *œstrus* ■ PHYSIOL. Relatif à l'œstrus. *Cycle œstral* : ensemble des modifications périodiques de l'utérus et du vagin déclenchées par les sécrétions ovariennes et préparant à la fécondation et à la gestation. ➤ **menstruation.**

ŒSTRE [ɛstʀ] n. m. – 1519 ◊ latin *œstrus* «taon» ■ Insecte diptère *(œstridés)*, grosse mouche dont les larves vivent en parasites sous la peau ou dans les fosses nasales de certains mammifères (cheval, mouton, etc.).

ŒSTROGÈNE ou **ESTROGÈNE** [ɛstʀɔʒɛn] adj. et n. m. – 1951 ◊ de *œstrus* et *-gène* ■ PHYSIOL. Qui provoque l'œstrus* chez les femelles des mammifères. *Les hormones œstrogènes les plus importantes sont la folliculine et l'œstradiol.* — n. m. *Un œstrogène. Les œstrogènes sont responsables de l'apparition des caractères sexuels secondaires chez la femme.*

ŒSTRONE ou **ESTRONE** [ɛstʀɔn] n. f. – v. 1921 ◊ de *œstrus* ■ BIOCHIM. Folliculine, l'une des hormones œstrogènes sécrétées par l'ovaire et le placenta.

ŒSTRUS [ɛstʀys] n. m. – 1931 ◊ mot latin ; grec *oistros* «fureur» ■ PHYSIOL. Phase du cycle œstral où se produit l'ovulation (et le rut* chez les animaux).

ŒUF, plur. **ŒUFS** [œf, ø] n. m. – milieu XIIe ◊ du latin *ovum* → ove, ovaire, ovule, ovale

I SENS COURANT A. PRODUCTION ANIMALE ■ **1** Corps plus ou moins gros, dur et arrondi que produisent les femelles des oiseaux et qui contient le germe de l'embryon et les substances destinées à le nourrir pendant l'incubation (➤ **ovi-**). *Coquille, blanc* (➤ **albumen**), *jaune* (et *cicatricule*) *de l'œuf* (➤ **vitellus**). *Œuf de poule, de cane, de caille, de pigeon, d'autruche... Pondre un œuf. Ponte, incubation, couvaison, éclosion des œufs.* ■ **2** SPÉCIALT (fin XIIIe) Œuf de poule, spécialement destiné à l'alimentation. ➤ FAM. 2 **coco.** *Marchand de beurre, œufs et fromages* (➤ **B. O. F.**). *Œufs frais, du jour. Œuf pourri. Mirer* un œuf. Acheter une douzaine d'œufs. Gober un œuf. Œufs à la coque*.* (début XIVe) *Œuf dur*, cuit dans sa coquille jusqu'à ce que le blanc et le jaune soient durs. *Œufs cocotte*. Œuf mollet, poché. Omelette de six œufs. Battre des blancs d'œufs en neige*. Œufs brouillés. Œufs au plat, sur le plat*, au miroir*. Œufs au bacon. Œufs en meurette*, en gelée. Œufs mimosas*. Œufs mayonnaise. — Œufs à la neige*. Œufs au lait* : crème faite d'œufs et de lait pris au four. *Pâtes aux œufs. Œufs congelés, en poudre...* ➤ **ovoproduit.** ■ **3** (fin XIVe) Produit des femelles ovipares. *Œuf de reptile, de batracien. Œufs de poisson.* ➤ 1 **frai ; œuvé.** *Œufs de seiche.* ➤ **raisin** (de mer). *Œufs comestibles d'esturgeon, de sterlet* (➤ **caviar**), *de saumon, de lump, de mulet* (➤ **poutargue**), *de cabillaud* (➤ **tarama**). «*Qu'on songe que chaque hareng a* [...] *jusqu'à soixante-dix mille œufs !*» MICHELET. — *Œufs d'insectes.* ➤ **couvain.** *Œuf de pou.* ➤ **lente.** ■ **4** LOC. *En forme d'œuf.* ➤ **ovale, ové, ovoïde.** «*Il avait une tête chauve en forme d'œuf*» MAUROIS. *Chauve comme un œuf. Tête, crâne d'œuf* (PÉJ.). — FAM. *Des œufs sur le plat*, des seins menus et plats. — (1640) *Plein* comme un œuf. — Marcher sur des œufs*, en touchant le sol avec précaution, et SPÉCIALT d'un air mal assuré ; FIG. agir avec circonspection. «*Jusqu'à Toulouse il conduit sur des œufs, retenant son souffle en évitant la moindre ornière*» ECHENOZ. — *La poule* aux œufs d'or. Tondre* un œuf. — C'est comme l'œuf de (Christophe) Colomb, il fallait y penser !*, se dit d'une réalisation qui paraît simple mais qui suppose une idée ingénieuse (anecdote de Colomb aplatissant le bout d'un œuf pour le faire tenir debout). *C'est comme l'œuf et la poule, on ne sait par où ça a commencé* (de causes qui s'enchaînent). «*Tu ne t'es jamais sérieusement interrogé sur la priorité de l'œuf ou de la poule*» PEREC. — (Belgique) *Avoir un œuf à peler avec qqn* : avoir un conflit à résoudre avec qqn. — LOC. PROV. *On ne fait pas d'omelette sans casser* des œufs. Mettre tous ses œufs dans le même panier* : engager toutes ses ressources sur la même affaire ; faire dépendre son sort d'une seule chose (et s'exposer ainsi à tout perdre). — PROV. *Qui vole* un œuf, vole un bœuf.* ◆ (1830) **DANS L'ŒUF :** dans le principe, avant la naissance, l'apparition de qqch. *Tuer, étouffer dans l'œuf les débuts d'une insurrection.* ◆ (1860) FAM. *Quel œuf !* quel imbécile ! «*Ne fais pas l'œuf, mon vieux. On parle gentiment*» J. AMILA. — (1954) FAM. *Va te faire cuire un œuf !*, formule pour se débarrasser d'un importun (cf. Va te faire foutre*, va te faire voir* chez les Grecs, va voir* là-bas si j'y suis).

B. OBJET EN FORME D'ŒUF «*Il tourna l'œuf de faïence de la porte de l'atelier*» AUDIBERTI. ◆ *Œuf de Pâques* : confiserie en forme d'œuf, en chocolat ou en sucre, qu'on offre à l'occasion de Pâques. *Œufs en chocolat. Œufs à la liqueur* : petits bonbons en sucre remplis de liqueur. ◆ (1845) *Œuf à repriser.* ◆ SKI *Position en œuf*, ou ELLIPT *l'œuf* : position de recherche de vitesse, skis écartés, genoux fléchis, buste incliné en avant. ◆ Télécabine à deux ou quatre sièges en forme d'œuf.

II EN BIOLOGIE (XVIIe) *Œuf* ou *cellule-œuf* : première cellule d'un être vivant à reproduction sexuée (animal ou végétal), née de la fusion des deux cellules reproductrices (gamète mâle et gamète femelle). ➤ **zygote.** *Segmentation, gastrulation, neurulation de l'œuf.* ➤ **morula, blastula, gastrula, neurula.** *Fécondation et nidation de l'œuf chez la femme* (➤ **ovule**). *Œuf clair* (ou *œuf blanc*), qui a cessé de se développer après la fécondation. *Centre d'étude et de conservation des œufs et du sperme (CECOS).* — ABUSIVEMENT *Œuf* ou *œuf vierge* : le gamète femelle (ovule ou oosphère) avant sa fécondation. — MÉD. Produit de la conception au cours de son développement intra-utérin, comprenant l'embryon* ou le fœtus et ses enveloppes.

■ HOM. Eux.

ŒUFRIER [œfʀije] n. m. – 1838 ◊ de *œuf* ■ Ustensile de cuisine pour cuire plusieurs œufs à la coque ; petit plateau pour coquetiers. — Compartiment, casier destiné à contenir des œufs. *La porte du réfrigérateur comporte un œufrier.*

ŒUVÉ, ÉE [œve] adj. – 1393 ◊ de *œuf* ■ PÊCHE Se dit d'un poisson femelle contenant des œufs. ➤ **rogué.** *Carpe œuvée. Hareng œuvé.*

ŒUVRE [œvʀ] n. f. et m. – milieu XIIe ◊ du latin *opera* «activité, travail», du latin *opus, operis.* → opérer, ouvrer, opuscule, 1 manœuvre

I ~ n. f. ■ **1** Activité, travail (dans des expressions). — **À L'ŒUVRE.** *Être à l'œuvre* : être au travail. ➤ **travailler.** *Se mettre à l'œuvre.* — **D'ŒUVRE.** *Bois d'œuvre*, destiné à être travaillé (opposé à *bois de chauffage*). *Main-d'œuvre* (voir ce mot). *Maître d'œuvre* : VIEILLI chef d'atelier ; MOD. personne (physique ou morale) responsable de l'exécution des travaux ; FIG. personne qui dirige un travail intellectuel. *Le maître d'œuvre d'une encyclopédie.* ◆ loc. verb. (début XVe) **METTRE EN ŒUVRE :** employer en vue d'une application pratique (des matériaux). — PAR EXT. Combiner, employer de façon ordonnée. *Mettre en œuvre certains moyens.* ➤ **recourir** (à), **user** (de). *Il mettra tout en œuvre pour que l'affaire réussisse.* — Exploiter, mettre en pratique. *La science* «*enrichit celui qui met en œuvre, non le véritable inventeur*» RENAN. — SPÉCIALT Mettre en valeur, faire valoir. «*Certains défauts qui, bien mis en œuvre, brillent plus que la vertu même*» LA ROCHEFOUCAULD. ➤ **valeur** (mettre en). — (1832) **MISE EN ŒUVRE :** action de mettre en œuvre ; emploi d'éléments, mise en pratique. ◆ ANCIENNT *Exécuteur* des hautes, des basses œuvres.* ■ **2** PLUR. ou LOC. Action humaine, jugée au regard de la loi religieuse ou morale. ➤ 1 **acte,** 1 **action.** *Chacun sera jugé selon ses œuvres. Faire œuvre pie, méritoire. L'œuvre de chair*. Renoncer* à Satan, à ses pompes et à ses œuvres.* VIEILLI ou LITTÉR. *Femme enceinte des œuvres de son mari*, enceinte de lui. «*l'enfant de ses œuvres porterait donc le nom de sa mère*» ECHENOZ. ◆ SPÉCIALT (milieu XIIIe) *Bonnes œuvres* : les actions charitables que l'on fait, pour soulager les pauvres ou pour des fondations pieuses ou charitables. — PAR EXT. *Œuvre de bienfaisance*, ou ABSOLT *œuvre* : organisation ordinairement due à l'initiative privée et ayant pour but de faire du bien à titre non lucratif. *Collecte au profit d'une œuvre.* ▪ **3** Ensemble d'actions et d'opérations effectuées par qqn ou qqch. *« C'est à l'intelligence d'achever l'œuvre de l'intuition »* R. ROLLAND. *Faire son œuvre* : agir, opérer. *Quand le médecin arriva, la mort avait déjà fait son œuvre. La satisfaction de l'œuvre accomplie. — Faire œuvre utile.* ▪ **4** (milieu XIIe) Résultat sensible (être, objet, système) d'une action ou d'une série d'actions orientées vers une fin ; ce qui existe du fait d'une création, d'une production. *« Les œuvres des humains sont fragiles comme eux »* VOLTAIRE. *L'œuvre d'un savant, d'un homme d'État,* ce qu'ils ont accompli durant leur vie et qui leur survit. *Être le fils** (5°) *de ses œuvres. « Faire œuvre durable c'est là mon ambition »* GIDE. *« À chacun selon sa capacité ; à chaque capacité selon ses œuvres »,* formule des saint-simoniens. *— Être l'œuvre de... :* être fait par..., être dû à l'action de... *« Il y a de grandes choses qui ne sont pas l'œuvre d'un homme, mais d'un peuple »* HUGO. *C'est mon œuvre. « Une belle gravure est une œuvre de patience et d'amour »* GAUTIER. ▪ **5** SPÉCIALT (fin XIIe) Ensemble organisé de signes et de matériaux propres à un art, mis en forme par l'esprit créateur ; production littéraire ou artistique. ➤ **ouvrage.** *Composer une œuvre littéraire* (➤ 1 **écrit,** 1 **livre**), *musicale, picturale* (➤ **tableau**). *L'auteur d'une œuvre. Une œuvre capitale, maîtresse.* ➤ **chef-d'œuvre.** *Une œuvre de jeunesse, mineure.* ♦ SPÉCIALT (XVIIIe) Œuvre littéraire. *Les œuvres complètes d'un auteur. Œuvres choisies.* ➤ 1 **page.** *« Mes œuvres, c'est mon âme, et mon âme appartient à mon pays »* HUGO. *— L'œuvre d'un écrivain, d'un artiste,* l'ensemble de ses différentes œuvres, considéré dans sa suite, son unité et son influence (cf. aussi II, 3°). *« L'auteur, dans son œuvre, doit être présent partout, et visible nulle part »* FLAUBERT. *Une œuvre imposante.* ➤ **monument.** *Hugo, sa vie, son œuvre.* ♦ (1831) **ŒUVRE D'ART :** œuvre qui manifeste la volonté esthétique d'un artiste, qui donne le sentiment de la valeur artistique (beauté, perfection...). *« une œuvre d'art est un coin de la création vu à travers un tempérament »* ZOLA. ▪ **6** (1643) MAR. (AU PLUR.) **ŒUVRES VIVES** *d'un navire :* la partie de la coque qui est au-dessous de la ligne de flottaison. ➤ **carène.** *Œuvres mortes :* la partie émergée. ➤ **accastillage.** — FIG. *Nation atteinte, frappée dans ses œuvres vives,* dans une partie vitale, dans ses ressources essentielles.

II ~ **n. m.** ▪ **1** (1529) VX Œuvre (I). *« Sans cela toute fable est un œuvre imparfait »* LA FONTAINE. ▪ **2** (fin XVe) ARCHIT. *L'œuvre, les œuvres :* l'ensemble de la bâtisse. COUR. **LE GROS ŒUVRE :** les fondations, les murs et la toiture d'un bâtiment. *Le gros œuvre est terminé. Le second œuvre :* ouvrages d'achèvement d'une construction (plomberie, chauffage, électricité, vitrerie, serrurerie, peinture...). TECHN. *Une pièce dans œuvre,* ménagée dans le corps du bâtiment ; *hors œuvre, hors d'œuvre :* hors du corps du bâtiment, en saillie (➤ **hors-d'œuvre**). — *Reprendre un mur en sous-œuvre.* ➤ **sous-œuvre** (en). — *Amener les matériaux à pied d'œuvre,* au pied de la construction. — LOC. FIG. (1798) *Être à pied d'œuvre,* sur le lieu du travail, prêt à agir. ▪ **3** LITTÉR. Ensemble des œuvres d'un artiste, particulièrement d'un peintre ou d'un graveur. *L'œuvre gravé de Rembrandt. « L'œuvre entier de Beethoven »* R. ROLLAND. ▪ **4** (1626) ALCHIM. **LE GRAND ŒUVRE :** la transmutation des métaux en or, la recherche de la pierre philosophale. *« Cette fois, j'ai ordonné aux sorcières les plus puissantes d'accomplir le grand œuvre »* BODARD. *L'œuvre au noir :* le premier stade du grand œuvre consistant en la dissociation de la matière.

ŒUVRER [œvʀe] **v. intr.** ‹ 1 › – 1530 ; ancien français *obrer, ovrer* ◊ bas latin *operare* → ouvrer ▪ LITTÉR. Travailler, agir. *« Du temps de ma jeunesse [...] j'œuvrais n'importe comment, n'importe où »* GIDE. *Nous tentons d'œuvrer pour le bien du pays.*

OFF [ˈɔf] **adj. inv.** et **adv.** /**adj.** et **adv.**/ – 1944 ◊ de l'anglais *off screen* « hors de l'écran » ▪ ANGLIC. ▪ **1 adj.** CIN., TÉLÉV. Qui n'est pas sur l'écran, n'est pas lié à l'image (opposé à *in*). *Le narrateur est off. Voix off,* hors champ (recomm. offic.). *Une voix off commente la scène.* — **adv.** En étant hors champ, la source sonore étant hors champ. *« Le texte récité "off" du Journal »* A. BAZIN. ▪ **2 adj.** (1969 ◊ de *off-Broadway* « hors de Broadway », qualifiant un théâtre d'avant-garde) Se dit d'un spectacle, généralement d'avant-garde, qui se donne en marge d'un programme officiel. *Le festival off, à Avignon.* — **n. m. inv.** *Le programme du off.* ♦ (anglais *off the record*) Se dit de propos non officiels, tenus en privé, hors micro. *Conversation off. Des révélations off /offs/.* — **n. m. inv.** *« un de ses plus prolixes fournisseurs de off et d'informations croustillantes sur le parti dont il était membre »* O. ADAM.

OFFENSANT, ANTE [ɔfɑ̃sɑ̃, ɑ̃t] **adj.** – 1672 ◊ de *offenser* ▪ **1** Qui offense. ➤ **blessant, injurieux, insultant.** *Propos offensants pour, à l'égard de qqn. Cela n'a rien d'offensant.* ▪ **2** VX ou LITTÉR. Qui produit une sensation désagréable (➤ **offenser,** II). *« l'offensante odeur de chou »* DUHAMEL. ▪ CONTR. Flatteur.

OFFENSE [ɔfɑ̃s] **n. f.** – v. 1225 ; *estre en offense de* « être coupable de » fin XIIe ◊ latin *offensa* ▪ **1** Parole ou action qui offense, qui blesse qqn dans son honneur, dans sa dignité. ➤ **affront, injure, insulte, outrage.** *« Plus l'offenseur est cher, et plus grande est l'offense »* CORNEILLE. *Faire une offense à quelqu'un. Demander raison d'une offense. Réparation, pardon d'une offense. Il y a, il n'y a pas d'offense à...* FAM. *(Il n')y a pas d'offense :* il n'y a pas de mal. ▪ **2** Péché (qui offense Dieu). *« Pardonne-nous nos offenses »* (prière du « Notre Père »). ▪ **3** SPÉCIALT Outrage (envers un chef d'État). *Offense envers le président de la République.* ▪ CONTR. Compliment, flatterie.

OFFENSÉ, ÉE [ɔfɑ̃se] **adj.** et **n.** – 1548 n. ◊ de *offenser* ▪ Qui a subi, qui ressent une offense. *« D'un air de dignité offensée »* LOTI. *« l'air offensé et glacial »* PROUST. ♦ **n.** Personne qui a subi une offense. *Dans un duel, l'offensé a le choix des armes. L'offenseur et l'offensé.*

OFFENSER [ɔfɑ̃se] **v. tr.** ‹ 1 › – v. 1450 ◊ de *offense* ; a remplacé l'ancien français *offendre* XIIe ; latin *offendere*

I ▪ **1** Blesser (qqn) dans sa dignité ou dans son honneur, par la parole ou par l'action. ➤ **blesser, froisser, humilier, injurier, outrager, vexer.** *Elle a été offensée par votre remarque. Soit dit sans vous offenser, sans vouloir vous offenser.* ▪ **2** Manquer, déplaire à (Dieu) par le péché. *« On n'offense que Dieu qui seul pardonne »* VERLAINE. ▪ **3** VIEILLI ou LITTÉR. Blesser, porter atteinte à. *« De peur d'offenser sa délicatesse »* STENDHAL. ♦ Manquer gravement à (une règle, une vertu). ➤ **braver.** *Offenser le bon sens, le bon goût. « Les lois de la décence se trouvaient souvent offensées »* FLAUBERT.

II ▪ **1** VX Blesser, meurtrir. *« Un coup de mousquet qui n'offense pas l'os »* Mme DE SÉVIGNÉ. ▪ **2** VIEILLI Blesser (les sens) par une sensation pénible. *« D'un ton rauque, si fort qu'il offense l'oreille »* BUFFON. ➤ **écorcher.**

III S'OFFENSER v. pron. Réagir par un sentiment d'amour-propre, d'honneur blessé à ce que l'on considère comme une offense. ➤ se **fâcher,** se **formaliser,** se **froisser, s'offusquer,** se **vexer** (cf. Prendre* mal). *« ne s'offensant de rien, bon flatteur de tous »* STENDHAL.

▪ CONTR. Flatter, plaire.

OFFENSEUR [ɔfɑ̃sœʀ] **n. m.** – 1606 ; « pécheur » XVe ◊ de *offenser* ▪ Personne qui fait une offense. ➤ **agresseur, insulteur.** *« Je m'occupe trop peu de l'offense, pour m'occuper beaucoup de l'offenseur »* ROUSSEAU. *L'offenseur et l'offensé.*

OFFENSIF, IVE [ɔfɑ̃sif, iv] **adj.** – 1538 ; « offensant » 1417 ◊ de l'ancien français *offendre* ; latin *offendere* ; d'après *défensif* ▪ **1** Qui attaque, sert à attaquer. *Armes offensives. Grenade offensive. Guerre offensive,* où les opérations militaires ont pour objet d'attaquer l'ennemi et pas seulement de le contenir. *« Bonaparte devait affronter un formidable retour offensif »* MADELIN. FIG. *Le retour offensif de l'hiver, d'une maladie.* ➤ **reprise.** — *Traité offensif ; alliance offensive,* aux termes desquels les parties contractantes doivent attaquer ensemble. *Ligue offensive et défensive.* ▪ **2** (PERSONNES) Qui attaque, qui agresse. ➤ **agressif, batailleur, combatif.** *Il est un peu trop offensif dans sa manière de poser les questions.* ▪ CONTR. Défensif.

OFFENSIVE [ɔfɑ̃siv] **n. f.** – 1587 ◊ de *offensif* ▪ **1** Action d'attaquer l'ennemi, en prenant l'initiative des opérations. ➤ **attaque.** *Prendre, reprendre l'offensive. Passer à l'offensive.* — *Une offensive :* attaque d'envergure, exécutée à l'échelon d'une grande unité. *Préparer, déclencher une offensive. Offensive terrestre, aérienne.* ▪ **2** Attaque, campagne d'une certaine ampleur. *Offensive diplomatique, publicitaire. « L'offensive qu'elle prenait plaisir à mener contre les jeunes générations »* MAUROIS. FAM. *Une offensive de charme.* — (CHOSES) LITTÉR. *La première offensive de l'hiver. « Le mistral a différé son offensive »* COLETTE. — **adv. OFFENSIVEMENT,** 1718. ▪ CONTR. 1 Défense, défensive.

OFFERT, ERTE ➤ **OFFRIR**

OFFERTOIRE [ɔfɛʀtwaʀ] **n. m.** – v. 1350 ◊ bas latin *offertorium* ▪ LITURG. Partie de la messe, ensemble des rites et des prières qui accompagnent la bénédiction du pain et du vin. ➤ **oblation.** ♦ Antienne qui précède l'offrande du pain et du vin. — Morceau de musique joué entre le Credo et le Sanctus.

OFFICE [ɔfis] **n. m.** – v. 1190 ◊ latin *officium*

II FONCTION, CHARGE ■ **1** VIEILLI Fonction que l'on doit remplir, charge dont on doit s'acquitter. ➤ **charge, emploi, fonction.** *Résigner un office.* — LOC. FIG. *Remplir son office :* produire son effet naturel, jouer pleinement son rôle. *Le blindage de la porte a bien rempli son office.* **FAIRE OFFICE DE :** tenir lieu de. ➤ **servir** (de). *Le châtelain fait office de guide. Bureau faisant office de chambre d'ami.* ■ **2** (XIVe) ANCIENNT Fonction permanente et stable dont le titulaire possédait des devoirs déterminés par les coutumes et les ordonnances et avait la propriété de sa charge. *Vénalité* des offices. « Ceux qui se font honorer pour des charges et des offices »* PASCAL. ■ **3** (1816) Fonction publique conférée à vie par une décision de l'autorité. *Office public, ministériel. Office d'avocat au Conseil d'État, de notaire, d'agent de change.* ➤ 2 **officier.** ■ **4** LOC. (XIVe) **D'OFFICE :** par le devoir général de sa charge ; sans l'avoir demandé soi-même. *Avocat, expert commis, nommé d'office.* — Par l'effet d'une mesure générale. *Être mis à la retraite d'office. Placement d'office* (opposé à *libre, volontaire*). ■ **5** Ensemble de livres (souvent des nouveautés) que l'éditeur laisse périodiquement en dépôt chez le libraire. ■ **6** (XVIe) VX Devoir. *« Et d'un homme de bien il sait trop bien l'office »* MOLIÈRE.

III LIEU, ÉTABLISSEMENT ■ **1** (1863 ◊ p.-ê. d'après l'anglais *office* « bureau ») Lieu où l'on remplit les devoirs d'une charge*. Établissement qui se consacre à une activité particulière. ➤ **agence, bureau, étude.** *Office commercial ; office de publicité ; office de tourisme.* ◆ (1907) Service doté de la personnalité morale, de l'autonomie financière et confié à un organisme spécial. *Office national, régional, départemental. Office national des forêts. Office des changes. Office de la langue française.* ■ **2** (XVIe ; autrefois n. f.) Pièce ordinairement attenante à la cuisine où se prépare le service de la table. ➤ **dépense.** *Les domestiques prenaient leur repas à l'office.*

IIII RITE RELIGIEUX (XIIe) ■ **1** LITURG. *Office (divin) :* ensemble des prières de l'Église, réparties aux heures de la journée. ➤ **heure.** — Une de ces prières. *Office de nuit.* — Ensemble des prières pour un jour déterminé. *L'office du jour. Calendrier des offices.* ➤ **ordo.** ■ **2** COUR. Toute cérémonie du culte ; messe. *Célébrer un office. Office des morts, funèbre. « les fidèles peu matineux manquaient souvent l'office »* NERVAL. — SPÉCIALT Culte régulier d'une religion autre que le catholicisme ; culte protestant (opposé à la messe des catholiques). *Offices de shabbat.*

IV SERVICE, MÉDIATION ■ **1** (fin XVe) VX Service que l'on rend à qqn. MOD. (AU PLUR.) *« Vous remercier de vos bons offices »* DUHAMEL. ■ **2** DIPLOM. *Bons offices :* démarches d'un État, pour amener des États en litige à négocier. ➤ **conciliation, médiation.** *La France a proposé ses bons offices.* FAM. *Monsieur Bons offices :* médiateur, négociateur.

OFFICIALISATION [ɔfisjalizasjɔ̃] **n. f.** – 1933 ◊ de *officialiser* ■ Action d'officialiser. *Officialisation d'une candidature.*

OFFICIALISER [ɔfisjalize] **v. tr.** ‹1› – fin XIXe ◊ du radical de *officiel* ■ Rendre officiel. *Officialiser une nomination. Officialiser une situation. « Je ne craignais pas d'officialiser notre relation, bien au contraire »* M. DUGAIN.

OFFICIALITÉ [ɔfisjalite] **n. f.** – *officialiteit* 1285 ◊ de *official* « officier public » ■ Organisme juridique dépendant de la curie diocésaine.

OFFICIANT, IANTE [ɔfisjɑ̃, jɑ̃t] **n. m. et f.** – 1671 ◊ de 1 *officier* ■ **1 n. m.** Clerc qui préside une cérémonie sacrée (messe, etc.). ➤ **célébrant.** *L'officiant et les enfants de chœur.* **adj.** *Le ministre officiant.* ■ **2 n. f.** *Officiante :* religieuse qui est de semaine au chœur.

OFFICIEL, IELLE [ɔfisjɛl] **adj.** et **n.** – 1778 ◊ anglais *official ;* bas latin *officialis,* de *officium* → office ■ **1** Qui émane d'une autorité reconnue, constituée (gouvernement, administration). *Actes, documents officiels. Textes officiels* (lois, décrets, arrêtés, débats des assemblées), recueillis dans le *Journal officiel* (SUBST. *l'Officiel*). *Communiqué officiel. Dépêche, note officielle.* — *Langue officielle :* langue dont l'emploi est statutairement reconnu dans un État, un organisme, pour la rédaction des textes officiels émanant de lui. *Trois seulement des quatre langues nationales de la Suisse sont aussi langues officielles.* ◆ Annoncé, confirmé, certifié par une autorité compétente. *« Barbentane élu ! Cela avait été officiel vers sept heures »* ARAGON. *Candidature officielle.* — PAR EXT. FAM. Notoire, public. *Leur liaison est officielle.* ◆ PÉJ. Donné pour vrai par ou pour les autorités. *La version officielle de l'incident. « L'histoire officielle et menteuse qu'on enseigne »* BALZAC. — *La raison officielle de son départ,* celle qui est donnée à tout le monde, qui sert d'alibi. ■ **2** Organisé par les autorités compétentes (opposé à *privé, informel*). *Cérémonie officielle. Chef d'État en visite officielle.* ■ **3** (PERSONNES) Qui a une fonction officielle. *Un personnage officiel. Porte-parole officiel du gouvernement.* ➤ **autorisé.** — PAR EXT. Réservé aux personnages officiels. *Voitures officielles.* ◆ **n.** Personnage officiel, autorité. *La tribune des officiels.* — Personne qui a une fonction dans l'organisation, la surveillance d'une épreuve sportive (organisateur, juge, arbitre). ■ CONTR. Officieux.

OFFICIELLEMENT [ɔfisjɛlmɑ̃] **adv.** – 1789 ◊ de *officiel* ■ À titre officiel, de source officielle. *Il en a été officiellement avisé.* ■ CONTR. Officieusement.

1 **OFFICIER** [ɔfisje] **v. intr.** ‹7› – 1540 ; « exercer un office » 1290 ◊ latin médiéval *officiare,* de *officium* → office ■ **1** Célébrer l'office divin, présider une cérémonie sacrée. *« L'évêque officiait en personne »* NERVAL. ■ **2** FIG. Agir, procéder comme si l'on accomplissait une cérémonie. *J'avais « tant regardé ma grand-mère officier dans le théâtre sacré de sa hotte de cheminée »* M. ROUANET.

2 **OFFICIER, IÈRE** [ɔfisje, jɛʀ] **n.** – 1324 ◊ latin médiéval *officiarius* « chargé d'une fonction *(officium)* » ■ **1** ANCIENNT Titulaire d'un office. *Officiers de justice. Grands officiers de la Couronne :* auxiliaires du roi qui, à l'origine, s'occupaient d'un service domestique en même temps que de l'administration d'un service public. — Domestique dans une grande maison (princière, etc.). *Officiers de bouche.* ◆ MOD. DR. *Officiers publics, ministériels :* personnes investies d'un office ministériel ou public (notaires, huissiers de justice, conservateurs des hypothèques...). — VIEILLI *Officiers municipaux,* qui ont une charge dans l'administration d'une commune. *Officier de l'état* civil.* — *Officier de police judiciaire,* titre conféré par la loi aux personnes qui ont pour mission de rechercher et de constater les infractions, d'en livrer les auteurs à la justice (procureurs, juges, maires, etc.). *Officier de paix :* fonctionnaire en uniforme de la Police nationale, de rang immédiatement inférieur au capitaine. ■ **2** (XVIe) COUR. Militaire ou marin titulaire d'un grade égal ou supérieur à celui de sous-lieutenant ou d'enseigne de seconde classe, et susceptible d'exercer un commandement. *« Le métier d'officier consiste surtout à punir ceux qui sont au-dessous de soi et à être puni par ceux qui sont au-dessus »* ALLAIS. — (ARMÉE DE TERRE, AVIAT.) *Officiers et soldats. Officiers subalternes, supérieurs et généraux.* ➤ 1 **grade ; sous-officier.** *Élève officier.* ➤ **aspirant.** *Elle est officier* ou *elle est officière. « La môme est officière, si j'en crois ses galons »* SAN-ANTONIO. *Officier d'infanterie, d'artillerie, d'aviation, de gendarmerie. Officier d'état-major. Positions de l'officier :* activité, disponibilité, non-activité, congé d'activité, réforme, retraite. *Officier d'active, de carrière. Officier de réserve*. Officier instructeur, d'ordonnance*. Officier sorti du rang, sorti d'une école.* — MAR. *Officiers et matelots. Officiers de marine :* officiers du corps de la marine militaire appelés à armer les bâtiments de guerre et à les commander. *Officiers de la marine,* ceux des autres corps. *Officiers de la marine marchande. Officier mécanicien.* PAR EXT. *Officier marinier*.* ■ **3** Titulaire d'un grade dans un ordre honorifique. *Officier d'Académie :* titulaire des palmes académiques. *Officier de la Légion d'honneur :* titulaire du grade supérieur à celui de chevalier. *Être promu officier.* — *Grand officier :* titulaire du grade supérieur à celui de commandeur. *Être élevé à la dignité de Grand officier.* ■ **4** APPOS. *Col officier :* col droit et étroit bordant une encolure ronde.

OFFICIEUSEMENT [ɔfisjøzmɑ̃] **adv.** – 1859 ; « obligeamment » XIVe ◊ de *officieux* ■ D'une manière officieuse (2o). *On l'a averti officieusement de sa nomination.* ■ CONTR. Officiellement.

OFFICIEUX, IEUSE [ɔfisjø, jøz] **adj.** – 1534 ◊ latin *officiosus* ■ **1** VX Qui rend, cherche à rendre service. ➤ **obligeant, serviable.** *« si officieux, si secourable »* FÉNELON. *« Ses soins officieux »* RACINE. — MOD. LITTÉR. *Mensonge officieux,* fait pour rendre service. ■ **2** (1868) Communiqué à titre de complaisance par une source autorisée mais sans garantie officielle. *Nouvelle officieuse. Résultats officieux d'une élection. De source officieuse.* ➤ **officieusement.** ■ CONTR. Égoïste. Officiel.

OFFICINAL, ALE, AUX [ɔfisinal, o] **adj.** – 1762 ; « de boutique » début XVIe ◊ de *officine* ■ **1** PHARM. Se dit d'une préparation faite dans l'officine d'une pharmacie, selon les prescriptions du codex, prête à être délivrée (opposé à *magistral*). ■ **2** Qui est utilisé en pharmacie. *Plantes, herbes officinales.*

OFFICINE [ɔfisin] **n. f.** – 1160 ◇ latin *officina* ▪ **1** VX Boutique, atelier. ♦ (1643) FIG. et MOD. Endroit où se prépare, où s'élabore qqch. *Une officine de fausses nouvelles.* « *Une officine d'espionnage allemand* » ARAGON. ▪ **2** (1812) VX Laboratoire annexé à une pharmacie, où sont préparés certains produits (➤ **officinal**). — TECHN. Lieu où un pharmacien vend, entrepose et prépare les médicaments. ➤ **pharmacie.** *Pharmaciens d'officine et de laboratoire.*

OFFRANDE [ɔfʀɑ̃d] **n. f.** – 1080 ◇ latin médiéval *offerenda*, subst. au fém., du latin classique *offeranda* « choses à offrir » ▪ **1** Don que l'on offre à la divinité ou à ses représentants. *Offrande votive, expiatoire.* — (RELIG. ANC.) ➤ **libation, sacrifice.** ▪ **2** LITURG. Cérémonie pratiquée à certaines messes où le prêtre présente la patène à baiser et reçoit les dons des fidèles. ▪ **3** VIEILLI ou LITTÉR. ➤ 1 **don**, 2 **présent.** *Offrande à une œuvre de bienfaisance.* ➤ **obole.** — FIG. Ce que l'on offre à qqn pour lui prouver son dévouement, sa reconnaissance, son amour... « *quelqu'un vers qui porter en offrande sa noblesse et sa pureté* » GIDE.

OFFRANT [ɔfʀɑ̃] **n. m.** – 1365 ◇ de *offrir* ▪ *Le plus offrant* : l'acheteur qui offre le plus haut prix. *Vendre au plus offrant* (cf. À l'encan).

OFFRE [ɔfʀ] **n. f.** – 1138 ◇ de *offrir* ▪ **1** Action d'offrir ; ce que l'on offre. *Faire une offre, faire l'offre de qqch. Recevoir, accepter, décliner une offre, des offres. Faire des offres de service* à qqn. Rubrique des offres d'emploi, dans les petites annonces. — Offres de paix, de négociations.* ➤ **ouverture, proposition.** — SPÉCIALT Prix que l'on propose pour qqch. *Une offre avantageuse, raisonnable. J'ai une offre à cinq mille euros.* ▪ **2** Quantité de produits ou de services offerts sur le marché (opposé à *demande*). *L'offre dépasse la demande. La loi de l'offre et de la demande*, qui régit les prix et les salaires en économie libérale. ➤ **marché.** ▪ **3** DR. Fait de proposer à une autre personne la conclusion d'un contrat. — *Offre publique d'achat.* ➤ **O. P. A.** *Offre publique d'échange.* ➤ **O. P. E.** *Offre publique de vente.* ➤ **O. P. V.** — Acte par lequel on propose d'acquitter une dette. *Offre réelle* : présentation matérielle de l'objet de la dette, avec obligation, pour le créancier, de la recevoir. — ADMIN., FIN. *Offre de concours. Offre d'adjudication.* COUR. *Appel* d'offres. Répondre à un appel d'offres.* ➤ **soumissionner.** ▪ CONTR. Demande. Refus.

OFFREUR, EUSE [ɔfʀœʀ, øz] **n.** – 1347, repris milieu XXe ◇ de *offrir* ▪ Personne qui offre, propose (qqch., un bien, un service). *Les offreurs de service et les demandeurs d'emploi.* — **adj.** *Un marché offreur.*

OFFRIR [ɔfʀiʀ] **v. tr.** ⟨18⟩ – v. 1112 ◇ bas latin *offerire*, classique *offere*

I DONNER ▪ **1** Donner en cadeau. ➤ **donner.** *Je lui ai offert des fleurs pour sa fête.* « *Les enfants aiment bien les gens qui leur offrent des bonbons* » IZZO. « *Je vous offre ces vers* » BAUDELAIRE. ➤ **dédier.** *S'offrir des vacances.* ➤ **s'accorder**, se **payer.** ▪ **2** Proposer, présenter (une chose) à qqn en la mettant à sa disposition. *Il* « *lui avait offert et prêté, spontanément, de l'argent* » MAUPASSANT. *Offrir des rafraîchissements.* « *On t'offre une place de chroniqueur* » DAUDET. *Offrir son aide, ses services. Offrir l'hospitalité à qqn.* — Proposer à qqn de lui payer (qqch.). *Viens je t'offre un verre, à dîner.* « *Il serrait des mains, offrait à boire* » CHARDONNE. — Sans compl. « *C'est moi qui offre, dit-elle* » P. CONSTANT. — LOC. *Offrir le bras* à qqn. Offrir ses hommages, ses vœux de nouvel an.* ➤ **présenter.** ♦ (Compl. personne) « *Il t'offrait sa fille, il te cédait sa cabane* » DIDEROT. ♦ **OFFRIR À QQN DE** (et inf.), proposer. *Offrir à qqn de l'héberger.* ▪ **3** Mettre à la portée de (qqn). *Offrir à qqn l'occasion de se racheter. Je vous offre la possibilité de choisir. Elle s'est offert le luxe de refuser.* — (Sujet chose) *Cette situation offre des avantages.* ➤ **comporter, présenter, procurer.** ▪ **4** Faire l'offrande de (qqch.). *Offrir des victimes aux dieux.* ➤ **immoler, sacrifier.** PAR EXT. *Offrir sa vie pour un idéal.* ▪ **5** Proposer (une somme d'argent) à qqn (en contrepartie de qqch.). *Offrir une grosse somme, un prix dérisoire pour l'achat d'un objet, pour un service. Je vous offre cent euros, pas un sou de plus*, je suis prêt à vous payer cent euros. *On m'en a offert cent euros. Offrir une forte récompense.*

II EXPOSER, PRÉSENTER ▪ **1** Proposer (qqch.) à l'achat ; mettre en vente. « *Je suis courtier, je prends la liberté de vous offrir quelques nouveautés* » FRANCE. *Magasin qui offre un grand choix de marchandises.* ▪ **2** Exposer à la vue. ➤ **montrer.** « *Elle offre l'image d'une gaîté naïve* » LACLOS. ♦ FIG. Présenter à l'esprit. « *Les événements dont l'histoire nous offre le tableau* » A. COURNOT. ▪ **3** Exposer (à qqch. de pénible, de dangereux) de manière intentionnelle ou non. « *Il allait offrir sa poitrine aux baïonnettes* » HUGO.

III S'OFFRIR v. pron. ▪ **1** Se proposer. *Il s'offrit comme guide. S'offrir en otage.* SPÉCIALT, VIEILLI *Femme qui s'offre.* ➤ se **donner.** « *Elle s'offrait avec une impudeur souveraine* » ZOLA. — *S'offrir à* (VX), *pour* (MOD.) *faire qqch.*, proposer de. « *Pour s'offrir à porter les provisions* » LESAGE. *Il s'est offert pour nous aider.* ▪ **2** (PASSIF) Être mis à la portée (de qqn). « *Le moindre petit plaisir qui s'offre à ma portée* » ROUSSEAU. ➤ **se présenter, se rencontrer.** *Saisir la première occasion qui s'offre. Les métiers qui s'offrent aux filles.* ▪ **3** S'exposer (à la vue...). « *Une belle fille qui s'offre aux regards* » TAINE. ➤ se **montrer.** *S'offrir en spectacle. — S'offrir aux coups.* — Se présenter. *La première idée qui s'offre à l'esprit.* ➤ **venir.**

▪ CONTR. Refuser.

OFFSET [ɔfsɛt] **n. m.** – 1932 ◇ mot anglais « report » ▪ ANGLIC. TECHN. Procédé d'impression à plat utilisant le report sur caoutchouc. *Affiche imprimée en offset.* — PAR APPOS. *Presse offset. Papier offset*, utilisé pour l'impression en offset.

OFFSETTISTE [ɔfsetist] **n.** – 1955 ◇ de *offset* ▪ Technicien(ne) de l'offset.

OFFSHORE [ɔfʃɔʀ] **adj.** et **n. m.** – *off-shore* 1952 ◇ anglais « loin du rivage », de *off* « loin de, hors de » et *shore* « rivage » ▪ ANGLIC. ▪ **1** *Programme, commande offshore* : commande d'équipement de l'armée américaine passée aux industries du pays où les troupes sont stationnées. ▪ **2** BANQUE, FIN. Extraterritorial (recomm. offic.). *Sociétés offshores.* ▪ **3 n. m.** TECHN. Installation de forage pétrolier sous-marin, sur plateforme. — **adj.** *Une installation pétrolière offshore.* Recomm. offic. *en mer.* ▪ **4 n. m.** Sport nautique utilisant des bateaux très rapides et de grande puissance ; bateau servant à pratiquer ce sport. *Des offshores.* ➤ 1 **cigare** (des mers), **cigarette.**

OFFUSQUER [ɔfyske] **v. tr.** ⟨1⟩ – XIVe ◇ latin ecclésiastique *offuscare* « obscurcir » ▪ Indisposer (qqn) par des actes ou des propos qui lui déplaisent. ➤ **choquer, froisser, heurter.** *Il est offusqué d'un tel sans-gêne.* « *Les succès de Proust continuaient à offusquer Montesquiou* » MAUROIS. ♦ PRONOM. Être choqué, se formaliser. ➤ se **froisser**, s'**offenser.** *Elle s'est offusquée de ce que vous lui avez dit.*

OFLAG [ɔflag] **n. m.** – 1940 ◇ abrév. de l'allemand *Offizierlager* « camp pour officiers » ▪ HIST. Camp allemand où étaient internés des officiers des armées alliées, pendant la Seconde Guerre mondiale. *Les oflags et les stalags*.*

OGANESSON [ɔganɛsɔ̃] **n. m.** – 2016 ◇ du nom de *Oganessian*, physicien russe ▪ CHIM. Élément atomique artificiel (Og ; n° at. 118).

OGHAMIQUE [ɔgamik] **adj.** – 1881 ; *ogamique* 1801 ◇ de *Ogham*, n. de l'inventeur mythique de cette écriture ▪ Se dit de l'écriture des inscriptions celtiques d'Irlande et du Pays de Galles des Ve-VIIe s. (offrant des analogies avec l'écriture runique).

OGIVAL, ALE, AUX [ɔʒival, o] **adj.** – 1823 ◇ de *ogive* ▪ Caractérisé par l'emploi des ogives, de l'ogive. *Voûte ogivale.* VX *Art ogival.* ➤ **gothique.** — PAR EXT. *Arcs ogivaux*, en ogive.

OGIVE [ɔʒiv] **n. f.** – 1250, var. *oegive, augive* ◇ origine inconnue ; p.-ê. anglo-normand *ogé*, du latin *obviatum*, supin de *obviare* « s'opposer », avec suffixe latin *-ivus* ▪ **1** Arc diagonal bandé sous une voûte et en marquant l'arête. *Arc d'ogives. Croisée d'ogives* : partie de la voûte où se croisent les deux ogives (au sommet). *La croisée d'ogives est caractéristique du style gothique* (➤ **ogival**). ▪ **2** PAR EXT., ABUSIVEMENT Arc brisé. *Arc en ogive* (opposé à *arc en plein cintre*). ➤ **ogival.** *Ogive en tiers-point*. Ogive surhaussée. Ogive lancéolée. Ogive surbaissée.* ▪ **3** PAR ANAL. Partie antérieure des projectiles oblongs (dits aussi *cylindro-ogivaux*) tels que balles, obus. — SPÉCIALT *Ogive nucléaire* : ogive à charge nucléaire d'engins ou projectiles de l'artillerie atomique. ➤ **tête** (nucléaire).

OGM [oʒeɛm] **n. m.** – 1992 ◇ sigle de *organisme génétiquement modifié* ▪ Organisme dont le génome a été modifié par génie* génétique, afin de lui conférer une propriété qu'il ne possède pas naturellement. *Étude de l'impact des OGM sur l'environnement. Faucheur* d'OGM.*

OGNETTE ➤ **ONGLETTE**

OGRE, OGRESSE [ɔgʀ, ɔgʀɛs] **n.** – v. 1300 ; fém. 1697 ◊ altération probable de °*orc,* latin *Orcus,* nom d'une divinité infernale ■ Géant des contes de fées, à l'aspect effrayant, se nourrissant de chair humaine. *L'ogre et le Petit Poucet.* — LOC. FAM. *Manger comme un ogre, avoir un appétit d'ogre :* manger beaucoup ou goulûment. «*Elle se jeta dessus avec un appétit d'ogresse*» FLAUBERT. — ALLUS. HIST. *L'ogre de Corse,* surnom donné par les royalistes à Napoléon (dont les guerres «dévoraient» la jeunesse française).

OH [o] **interj.** – 1659 ; anciennt *ho* ◊ latin *oh* ■ **1** Interjection marquant la surprise ou l'admiration. «*Oh ! oh ! je n'y prenais pas garde*» MOLIÈRE. «*Oh ! c'était un malin*» ZOLA. ■ **2** Interjection renforçant l'expression d'un sentiment quelconque. *Oh ! quelle chance ! Oh là là* !* ■ **3** **n. m. inv.** *Pousser des oh ! et des ah !* [deoedea]. ■ HOM. Au, aulx (ail), aux, eau, haut, ho, 1 o, ô, os.

OHÉ [ɔe] **interj.** – 1834 ; *oé* 1215 ◊ latin *ohe* ■ Interjection servant à appeler. *Ohé ! là-bas ! Venez ici. Ohé, les gars !*

OHM [om] **n. m.** – 1867 ◊ nom d'un physicien allemand ■ MÉTROL. Unité de mesure de résistance électrique (SYMB. Ω), correspondant à la résistance qui existe entre deux points d'un conducteur lorsqu'une différence de potentiel constante de 1 volt, appliquée entre ces points, produit un courant de 1 ampère. ➤ **mégohm, microhm.** ■ HOM. Heaume, home.

OHMIQUE [omik] **adj.** – 1894 ◊ de *ohm* ■ MÉTROL. Qui a rapport à l'ohm, qui présente un caractère résistif. *Une valeur ohmique. La partie ohmique d'une impédance.*

OHMMÈTRE [ommɛtʀ] **n. m.** – 1883 ◊ de *ohm* et *-mètre* ■ MÉTROL. Instrument servant à mesurer la résistance électrique.

OHNISME [onism] **n. m.** – 1989 ◊ du nom de l'ingénieur de Toyota *Taiichi Ōhno* (1912-1990) ■ Système de gestion de la production industrielle d'origine japonaise, appelé aussi *toyotisme,* s'appuyant sur le travail en flux tendu et sur l'implication du personnel. ➤ aussi **fordisme, taylorisme.**

-OÏDE, -OÏDAL, ALE, AUX ■ Groupes suffixaux, du grec *-eidês,* de *eidos* «aspect», servant à former des adj. avec le sens de «semblable à»

OÏDIUM [ɔidjɔm] **n. m.** – 1825 ◊ latin scientifique, grec *ôoeidês* «ovoïde» ■ Champignon microscopique unicellulaire parasite dont une variété s'attaque à la vigne qu'il couvre d'une poussière grisâtre ; maladie due à ce champignon. *Oïdium de la vigne, du rosier.* ➤ 2 **blanc.** — MÉD. Levure pathogène *(candida)* responsable d'affections de la peau et des muqueuses. ➤ **muguet ; candidose.**

OIE [wa] **n. f.** – XIIIe ; *oe, oue* XIIe ◊ bas latin *auca* ■ **1** Oiseau palmipède *(ansériformes),* au plumage blanc ou gris, au long cou, dont une espèce est depuis très longtemps domestiquée ; SPÉCIALT La femelle de cette espèce. *Le jars, l'oie et les oisons. L'oie cacarde, criaille. Troupeau d'oies. Gardeuse d'oies. Engraisser, gaver des oies. — Confit d'oie. Foie* gras d'oie. Graisse d'oie.* FAM. *Boniments à la graisse* d'oie. — Plume d'oie,* utilisée autrefois pour écrire. *Duvet d'oie. — Oie sauvage.* ➤ **bernache.** *Un vol, un passage d'oies sauvages.* «*L'automne, lorsque les oies blanches par milliers quittent ce bout-ci de la terre pour des cieux plus doux*» A. HÉBERT. ◆ LOC. *Patte d'oie.* ➤ **patte-d'oie.** *Pas* de l'oie. Couleur caca d'oie :* jaune verdâtre. — *Bête* comme une oie.* ■ **2** FIG. et FAM. Personne très sotte, niaise. «*Une grande oie infatuée d'elle-même*» BAUDELAIRE. — VIEILLI *Une oie blanche :* une jeune fille très innocente, niaise. ➤ **oiselle.** «*oie blanche peut-être au lit mais inimitable aux fourneaux*» ORSENNA. ■ **3** (1612) **JEU DE L'OIE :** jeu où chaque joueur fait avancer un pion, selon le coup de dés, sur un tableau formé de cases numérotées où des oies sont figurées toutes les neuf cases. ■ HOM. Ouah.

OIGNON ou **OGNON** [ɔɲɔ̃] **n. m.** – XIVe ; *hunion, ognon* XIIIe ◊ latin dialectal *unio, onis* ■ La graphie *ognon* est étymologique. ■ **1** Plante potagère voisine de l'ail *(liliacées),* bisannuelle, à bulbe comestible. *Oignon blanc, jaune, rouge,* à bulbe blanc, coloré. *Botte, chapelet d'oignons.* — LOC. *En rang d'oignons,* rangés en file, sur une seule ligne (personnes, choses). ◆ Bulbe de cette plante, utilisé en cuisine. *Éplucher, hacher, émincer des oignons. Les oignons font pleurer* (en irritant les yeux). *Soupe à l'oignon.* ➤ **gratinée.** *Petits oignons :* petits bulbes d'oignons plantés serrés pour les empêcher de se développer, et consommés petits. ➤ RÉGION. **cébette.** *Petits oignons et cornichons au vinaigre. — Pelure d'oignon :* pellicule interposée entre les diverses couches du bulbe. *Couleur pelure d'oignon,* rose orangé. *Vin pelure d'oignon,* ou ELLIPT *pelure d'oignon.* — LOC. FIG. FAM. *Aux petits oignons :* exécuté avec soin ; parfait, très bien. *Occupe-toi de tes oignons :* occupe-toi de tes affaires, mêle-toi de ce qui te regarde. *Ce ne sont pas (c'est pas) mes oignons.* «*Après tout, c'étaient ses oignons*» ARAGON. ■ **2** (1538) Partie renflée de la racine de certaines plantes ; cette racine. *Oignon de tulipe, de lis.* ➤ 2 **bulbe.** ■ **3** (1701 ◊ par anal.) Grosseur qui se développe à une articulation des orteils, due à une inflammation de la bourse séreuse. ➤ 2 **cor, durillon.** ■ **4** (1834) Grosse montre de poche d'autrefois, très bombée.

OIGNONIÈRE ou **OGNONIÈRE** [ɔɲɔnjɛʀ] **n. f.** – 1546 ◊ de *oignon* ■ AGRIC. Terrain où sont cultivés des oignons.

OÏL [ɔjl] **adv. d'affirmation** – 1080 «oui» ; ancien français *o* «cela» ◊ du latin *hoc* et *il* ■ *Langue d'oïl :* ensemble des dialectes (picard, bourguignon, normand, gallo, etc.) parlés dans les régions de France situées au nord de la Loire, jusqu'en Belgique (wallon), où *oui* se disait *oïl* (opposé à *langue d'oc**).

OINDRE [wɛ̃dʀ] **v. tr.** ‹49› – 1120 ◊ latin *ungere* ■ **1** VX ou LITTÉR. Frotter d'huile ou d'une matière grasse. ➤ **enduire.** PRONOM. *Les athlètes s'oignaient autrefois d'huiles parfumées.* — LOC. PROV. *Oignez vilain, il vous poindra ; poignez vilain, il vous oindra :* il faut traiter rudement les gens grossiers, si on veut en être respecté. ◆ FIG. Imprégner. «*La musique m'occupait à l'excès ; j'en oignais mon style*» GIDE. ■ **2** RELIG. Faire une onction sur (une partie du corps : le front, les mains) avec les saintes huiles pour bénir ou sacrer (➤ **chrême, extrême-onction**).

1 **OINT** [wɛ̃] **n. m.** var. anc. **OING** – 1260 ◊ latin *unguen* ■ VX Graisse des animaux servant à oindre. *Vieux oint* ou *oint :* vieille graisse de porc fondue servant à graisser un mécanisme. *Une huile minérale «remplace le vieux oint dans les machines à grand frottement»* GAUTIER. ■ HOM. Ouin.

2 **OINT, OINTE** [wɛ̃, wɛ̃t] **adj.** et **n. m.** – XVe ◊ de *oindre* ■ Frotté d'huile. — RELIG. Consacré par une onction. ◆ **n. m.** *Les oints du Seigneur :* les rois, les prêtres (dans le judaïsme, le christianisme). *L'oint du Seigneur :* Jésus-Christ.

OISEAU [wazo] **n. m.** – *oisel* XIIe ◊ latin populaire °*aucellus,* de *avicellus,* diminutif de *avis* «oiseau»

I ÊTRE ANIMÉ A. ANIMAL ■ **1** Animal appartenant à la classe des vertébrés tétrapodes à sang chaud, au corps recouvert de plumes, dont les membres antérieurs sont des ailes, les membres postérieurs des pattes, dont la tête est munie d'un bec corné dépourvu de dents, et qui est en général adapté au vol. ➤ **aviaire ; ornitho-.** *Les oiseaux,* cette classe de vertébrés. *Relation génétique entre les reptiles et les oiseaux. Le plumage de l'oiseau. Le jabot, le bréchet, le croupion des oiseaux. Les oiseaux sont ovipares. Petits des oiseaux.* ➤ **couvée, nichée ; oiselet, oisillon.** *Étude des oiseaux.* ➤ **ornithologie.** *Oiseaux à longues pattes* (échassiers), *à pattes palmées* (palmipèdes). *Oiseaux terrestres, marins.* «*Les oiseaux de mer volent autour de nous en criant, mouettes, sternes, pétrels blancs, frégates immenses*» LE CLÉZIO. *Oiseaux migrateurs*, oiseaux de passage. Oiseaux percheurs, plongeurs, sauteurs, coureurs. Oiseaux granivores, insectivores, carnivores. Oiseaux domestiques* (➤ 2 **volatile**), *de bassecour* (➤ **volaille**). *Oiseau diurne, nocturne.* «*un immense oiseau de nuit, grand-duc, milan, hibou, chevêche, elle n'aurait su dire, c'était un nocturne géant qui la fixait de ses prunelles vastes comme des phares*» CLANCIER. *Oiseaux de proie.* ➤ **rapace.** *Oiseau de paradis.* ➤ **paradisier.** *Oiseau des îles*. L'oiseau de Jupiter,* l'aigle, dit aussi *roi des oiseaux ; l'oiseau de Junon,* le paon ; *de Vénus,* la colombe ; *de Minerve,* la chouette. *L'oiseau des tempêtes,* le goéland, l'aigle. — *Oiseau-lyre, oiseau-mouche* (voir ces mots). *Oiseau-trompette.* ➤ **agami.** — *Vol des oiseaux. Les oiseaux d'une région.* ➤ **avifaune.** *Bande, nuée, volée d'oiseaux. L'oiseau crie, chante, siffle. Chants d'oiseaux* (babil, gazouillis, piaillement, pépiement, ramage). *Le cuicui des petits oiseaux. Le hululement des oiseaux de nuit. — Épouvantail à oiseaux. — Prendre un oiseau à la glu, au piège, à l'appeau, au miroir, aux pipeaux. Oiseau captif, en cage. Cage à oiseaux.* ➤ **volière.** *Éleveur d'oiseaux.* ➤ **aviculteur.** *Marchand d'oiseaux.* ➤ **oiselier.** *Le marché aux oiseaux, à Paris. — Chasser les oiseaux.* ➤ **gibier** (à plumes), **sauvagine.** — *Oiseaux dressés pour la chasse.* ➤ **fauconnerie, volerie.** — BLAS. *Oiseau éployé, essoré*.* ■ **2** (Belgique) CUIS. *Oiseau sans tête :* paupiette. ■ **3** LOC. et PROV. *Être léger comme un oiseau. Être gai, libre comme un oiseau. Chanter* *comme un oiseau.* — *Baiser d'oiseau,* léger et tendre. — *Un appétit d'oiseau* : un petit appétit. — *Une cervelle d'oiseau* : un esprit faible et instable. «*Une femme délicieuse, mais avec une cervelle d'oiseau*» SIMENON. — *Donner à qqn des noms* d'oiseaux. Être comme l'oiseau sur la branche*. Trouver l'oiseau au nid*. L'oiseau s'est envolé* : la personne qu'on recherchait s'est enfuie, est partie. *Le petit oiseau va sortir !* formule plaisante par laquelle le photographe demandait à ceux qui posaient de ne plus bouger et de fixer l'objectif. FAM. *Le petit oiseau* : le pénis. ➤ **moineau, 2 zizi.** **(Canada)** *Être aux oiseaux,* très content. ➤ **comblé, ravi** (cf. Aux anges). «*il l'entend répondre avec angoisse un "pourquoi" qui le met aux oiseaux*» M. LABERGE. PROV. *Petit à petit l'oiseau fait son nid*. Oiseau de bon, de mauvais augure*. Oiseau de malheur.* — **(Belgique, Luxembourg)** *Être un oiseau pour le chat* : être de constitution fragile ; être en mauvaise santé. *Cet enfant maigrichon, c'est un oiseau pour le chat.* PAR EXT. Être dans une situation précaire (cf. Être comme l'oiseau sur la branche*). ▪ **4** loc. adv. **À VOL D'OISEAU** : en ligne droite d'un point à un autre de la surface terrestre (distance théorique la plus courte). *Distance à vol d'oiseau. Il y a dix kilomètres à vol d'oiseau mais quinze par la route.* — En regardant de très haut, comme le ferait un oiseau (cf. Vu d'avion). *Perspective à vol d'oiseau* ou *à vue d'oiseau.* «*un grand plan de Venise à vol d'oiseau*» GAUTIER.

B. FAM. et PÉJ. INDIVIDU *Qui est cet oiseau-là ? C'est un drôle d'oiseau !* ➤ **2 coco, moineau, zèbre.** *Un oiseau rare,* une personne irremplaçable, étonnante (surtout iron.). *Un oiseau de nuit*. Un vilain oiseau,* une personne déplaisante.

II OBJET (1445 ◇ influence de *ojoel, aubjoel* [1290 ; cf. *auge*]) TECHN. ▪ **1** Hotte, civière qui se place sur l'épaule et dans laquelle les maçons portent le mortier. ▪ **2** Chevalet que les couvreurs accrochent à la charpente du toit pour former échafaudage.

OISEAU-LYRE [wazoliʀ] n. m. – v. 1903 ◇ de *oiseau* et *lyre* ▪ Ménure. ➤ **lyre.** *Des oiseaux-lyres.*

OISEAU-MOUCHE [wazomuʃ] n. m. – 1632 ◇ de *oiseau* et *mouche,* à cause de sa petite taille ▪ Colibri. *Des libellules* «*grandes comme des oiseaux-mouches*» MAUPASSANT.

OISELER [waz(ə)le] v. ‹4 |5|› – XIIe ◇ de *oisel, oiseau* ▪ **1** v. tr. FAUCONN. Dresser (un oiseau) pour le vol, la chasse. *Oiseler un épervier.* ▪ **2** v. intr. VÉN. Tendre des pièges (filets, gluaux) aux oiseaux.

OISELET [waz(ə)lɛ] n. m. – XIIe ◇ diminutif de *oisel, oiseau* ▪ VX ou LITTÉR. Petit oiseau. ➤ **oisillon.**

OISELEUR [waz(ə)lœʀ] n. m. – XIIe ◇ de *oiseler* ▪ Personne qui fait métier de prendre les oiseaux. «*la ruse et la patience avec lesquelles les oiseleurs finissent par saisir les oiseaux les plus défiants*» BALZAC.

OISELIER, IÈRE [wazəlje, jɛʀ] n. – 1558 ◇ de *oiseau* ▪ Personne dont le métier est d'élever et de vendre des oiseaux. «*l'oiselier du rez-de-chaussée commence à transporter ses cages sur le trottoir*» CHARDONNE.

OISELLE [wazɛl] n. f. – 1857 ; hapax avant 1563 ◇ fém. de *oiseau* ▪ **1** POÉT. Oiseau femelle. «*L'été, l'oiseau cherche l'oiselle*» NERVAL. ▪ **2** FAM. Jeune fille niaise (cf. Oie* blanche). «*je n'en crois plus rien depuis que c'est l'avis d'une oiselle*» FRANCE.

OISELLERIE [wazɛlʀi] n. f. – XIVe ◇ de *oiseau* ▪ **1** VX Lieu où l'on élève les oiseaux. ➤ **cage, volière.** ▪ **2** Métier d'oiselier, commerce des oiseaux.

OISEUX, EUSE [wazø, øz] adj. – v. 1210 ; *oiseus* «oisif» XIIe ◇ latin *otiosus* ▪ Qui ne sert à rien, ne mène à rien. ➤ **inutile, stérile, vain.** *Dispute, question oiseuse.* «*Ne dites pas de paroles oiseuses [...]. Au fait ! au fait ! et vivement !*» BALZAC. ▪ CONTR. Utile ; important.

OISIF, IVE [wazif, iv] adj. et n. – *ouesif* 1350 ◇ de *oiseux,* par changement de suffixe ▪ **1** Qui, de manière momentanée ou permanente, est dépourvu d'occupation, n'exerce pas de profession. ➤ **désœuvré, inactif, inoccupé.** *Rester oisif.* ➤ FAM. **buller, glander** (cf. Peigner la girafe*). «*Tout citoyen oisif est un fripon*» ROUSSEAU. — PAR EXT. *Mener une vie oisive.* — adv. **OISIVEMENT,** 1500. ▪ **2** n. (1553) Personne qui dispose de beaucoup de loisir. *De riches oisifs.* — SPÉCIALT Personne à qui sa fortune permet de vivre largement sans avoir à exercer de profession lucrative. «*l'angoisse de la mort est un luxe qui touche beaucoup plus l'oisif que le travailleur*» CAMUS. ▪ CONTR. Actif, laborieux, occupé, travailleur.

OISILLON [wazijɔ̃] n. m. – v. 1200 ◇ diminutif de *oiseau* ▪ Petit oiseau ; jeune oiseau (surtout en parlant des espèces de petite taille). «*Trois oisillons déjà emplumés*» COLETTE.

OISIVETÉ [wazivte] n. f. – 1330 ◇ de *oisif* ▪ État d'une personne oisive. ➤ **désœuvrement, farniente, inaction.** *Vivre dans l'oisiveté.* «*Il vaut mieux mourir que de traîner dans l'oisiveté une vieillesse insipide ; travailler, c'est vivre*» VOLTAIRE. — PROV. *L'oisiveté est (la) mère de tous les vices.* ▪ CONTR. Étude, occupation, 1 travail.

OISON [wazɔ̃] n. m. – v. 1230 ◇ réfection, d'après *oiseau,* de *osson* ; latin populaire °*aucio, aucionis,* de *auca* → oie ▪ **1** Petit de l'oie. ▪ **2** (1549 ; hapax avant 1252) FIG. et VIEILLI Personne très crédule, facile à mener. «*tu es un véritable oison et on n'a guère pris soin de t'instruire, mon pauvre petit*» SAND.

O. K. [ɔke ; ɔkɛ] adv. et adj. inv. – 1869, répandu après la guerre 1939-1945 ◇ mot anglais américain, abrév. de *oll korrect,* altération de *all correct* ▪ ANGL. FAM. ▪ **1** adv. D'accord. ➤ **oui.** *À demain ? – O. K.* ➤ **entendu.** *O. K., les gars, j'arrive !* ◆ SUBST. Accord. *Donner, avoir le O. K.* ▪ **2** adj. attribut ➤ **1 bien.** *C'est O. K.* : ça va, ça convient. *Tout est O. K., on peut partir.* ➤ RÉGION. **correct.** ▪ HOM. Hockey, hoquet.

OKA [ɔka] n. m. – 1909 ◇ de *Oka,* n. d'une localité québécoise où se trouve l'abbaye cistercienne qui créa ce fromage ▪ **(Canada)** Fromage affiné au lait de vache, à pâte pressée non cuite, de saveur douce. «*un brie, un chèvre, un bleu et un oka, cela devait suffire*» N. BISMUTH.

OKAPI [ɔkapi] n. m. – 1901 ◇ anglais *okapi* (1900), mot bantou ▪ Mammifère ruminant des forêts humides d'Afrique, de la taille d'une grande antilope et dont la tête ressemble à celle de la girafe. *Le pelage brun de l'okapi est zébré de blanc sur la croupe et les pattes antérieures. Des okapis.*

OKOUMÉ [ɔkume] n. m. – 1913 ◇ mot d'une langue du Gabon ▪ Arbre d'Afrique tropicale originaire du Gabon et du Congo. — Bois de cet arbre, aux reflets rouges, utilisé en ébénisterie et dans la fabrication du contreplaqué.

-OL ▪ Élément, de *alcool,* indiquant, dans la terminologie chimique, la présence d'une fonction alcool : *menthol, phénol, stérol.*

OLA ['ɔla] n. f. – 1990 ◇ mot espagnol «vague», apparenté au français *houle.* On relève *ola* comme mot étranger à propos du Mexique en 1986 ▪ Ovation que font les spectateurs d'un stade en se levant successivement, créant l'effet d'une vague. *Faire la ola. Une série de olas.* ▪ HOM. Holà.

OLÉ [ɔle] interj. – 1919 ◇ espagnol *ole* ▪ **1** Exclamation espagnole qui sert à encourager. *Le public crie olé à chaque passe de la corrida.* ▪ **2** adj. inv. FAM. **OLÉ OLÉ** [ɔleɔle]. Qui est libre dans ses manières ou son langage ; égrillard, osé (paroles, textes, etc.). *Des photos olé olé.* — On écrit aussi *ollé* [ɔ(l)le].

OLÉACÉES [ɔlease] n. f. pl. – 1843 ; *oléinées* 1833 ◇ du latin *olea* «olivier» ▪ Famille de plantes gamopétales (ex. frêne, jasmin, lilas, olivier, troène). — Au sing. *Une oléacée.*

OLÉAGINEUX, EUSE [ɔleaʒinø, øz] adj. et n. m. – 1314, rare avant XVIe ◇ du latin *oleaginus* «relatif à l'olivier» ▪ Qui est de la nature de l'huile. *Liquide oléagineux.* ➤ **huileux.** — Qui contient de l'huile. *Fruits oléagineux. Graines, plantes oléagineuses.* ➤ **oléifère.** ◆ n. m. *Un oléagineux* : substance oléagineuse. ➤ **huile.** — Plante susceptible de fournir une telle substance. *L'arachide, le colza, la navette sont des oléagineux.* ➤ **oléoprotéagineux.**

OLÉATE [ɔleat] n. m. – 1816 ◇ du latin *oleum* «huile» ▪ BIOCHIM. Sel ou ester de l'acide oléique.

OLÉCRANE [ɔlekʀan] n. m. – XVIe ◇ grec *ôlekranon,* de *ôlenê* «bras, coude» et *kranion* «tête» ▪ ANAT. Apophyse du cubitus, formant la saillie du coude. — adj. **OLÉCRANIEN, IENNE.**

OLÉFIANT, IANTE [ɔlefjɑ̃, jɑ̃t] adj. – 1823 ; *oléifiant* 1819 ◇ du latin *oleum* «huile» ▪ CHIM. Qui produit de l'huile. — VX *Gaz oléfiant.* ➤ **éthylène.**

OLÉFINE [ɔlefin] n. f. – v. 1900 ◇ anglais *olefine* (1860) ▪ CHIM. Hydrocarbure éthylénique de formule C_nH_{2n}. ➤ **alcène.**

OLÉI-, OLÉO- ▪ Éléments, du latin *olea* «olivier», *oleum* «huile».

OLÉICULTEUR, TRICE [ɔleikyltœʀ, tʀis] n. – 1904 ◇ de *oléi-* et *-culteur* ▪ DIDACT. Personne qui pratique l'oléiculture.

OLÉICULTURE [ɔleikyltyʀ] **n. f.** – 1907 ◇ de *oléi-* et *culture* ■ DIDACT. Culture de l'olivier, et PAR EXT. d'oléagineux.

OLÉIFÈRE [ɔleifɛʀ] **adj.** – 1812 ◇ latin *oleifer* ■ DIDACT. Qui contient de l'huile, des graines oléagineuses. *Plantes oléifères.*

OLÉIFORME [ɔleifɔʀm] **adj.** – 1907 ◇ de *oléi-* et *-forme* ■ DIDACT. Dont la consistance est analogue à celle de l'huile. ➤ **huileux, oléagineux.**

OLÉINE [ɔlein] **n. f.** – 1824 ◇ latin *oleum* et *-ine*, d'après *glycérine* ■ CHIM. Ester de l'acide oléique et du glycérol qui entre dans la composition de nombreux corps gras (beurre, huile d'olive, de soja, beurre de noix de coco).

OLÉIQUE [ɔleik] **adj. m.** – 1816 ◇ du latin *oleum* et *-ique* ■ CHIM. *Acide oléique* : acide organique non saturé ($C_{17}H_{33}COOH$), qui se trouve sous forme de glycérides, tels que l'oléine, dans les corps gras.

OLÉO- ➤ **OLÉI-**

OLÉODUC [ɔleɔdyk] **n. m.** – 1894, répandu v. 1950 pour remplacer *pipeline* ◇ de *oléo-* (d'après le sens de l'anglais *oil* «pétrole») et *-duc* ■ Conduite pour le transport du pétrole brut. ➤ **pipeline.**

OLÉOMÈTRE [ɔleɔmɛtʀ] **n. m.** – 1845 ◇ de *oléo-* et *-mètre* ■ TECHN. Aréomètre qui sert à mesurer la densité des huiles. — On dit aussi **ÉLÉOMÈTRE, ÉLAIOMÈTRE.**

OLÉOPNEUMATIQUE [ɔleopnømatik] **adj.** – avant 1970 ◇ de *oléo-* et *pneumatique* ■ MÉCAN. Qui fonctionne à l'aide d'huile et d'un gaz comprimé. ➤ aussi **hydropneumatique.** *Fourche oléopneumatique d'une moto.*

OLÉOPROTÉAGINEUX, EUSE [ɔleopʀɔteaʒinø, øz] **n. m.** et **adj.** – 1983 ◇ de *oléo-* et *protéagineux* ■ Plante dont les graines oléagineuses sont riches en protéines. *Culture d'oléoprotéagineux.* — **adj.** *Plantes oléoprotéagineuses* (arachide, soja, tournesol...).

OLÉUM [ɔleɔm] **n. m.** – 1919 ◇ latin *oleum* «huile» ■ CHIM. Acide sulfurique fumant ou solution d'anhydride sulfurique SO_3 dans l'acide sulfurique, qui se présente sous la forme d'un liquide huileux. *Les oléums.*

OLFACTIF, IVE [ɔlfaktif, iv] **adj.** – 1503, rare jusqu'au XVIIIe ◇ latin des médecins *olfactivus*, de *olfactus* «odorat» ■ Relatif à l'odorat, à la perception des odeurs. *Sens olfactif.* ➤ **odorat, olfaction.** *Nerf olfactif. Bulbe olfactif.*

OLFACTION [ɔlfaksjɔ̃] **n. f.** – 1507 «odeur, parfum» ◇ d'après *olfactif* ■ DIDACT. Fonction par laquelle l'être humain et les animaux perçoivent les odeurs. ➤ **odorat.** *Troubles de l'olfaction.* ➤ **anosmie, dysosmie.**

OLIBRIUS [ɔlibʀijys] **n. m.** – *olybrius* 1537 ◇ nom d'un empereur romain du Ve s., incapable et fanfaron ■ **1** VX Bravache, fanfaron. ■ **2** FAM. VIEILLI Homme importun qui se fait fâcheusement remarquer par sa conduite, ses propos bizarres. ➤ 2 **original, phénomène.** *Une espèce d'olibrius nous a insultés.*

OLIFANT [ɔlifɑ̃] **n. m.** – 1080 ◇ altération de *éléphant* ■ Cor d'ivoire, taillé dans une défense d'éléphant, dont les chevaliers se servaient à la guerre ou à la chasse. *L'olifant de Roland.* — On trouve aussi la variante ancienne *oliphant.*

OLIGARCHIE [ɔligaʀʃi] **n. f.** – 1361 ◇ grec *oligarkhia* «commandement de quelques-uns» ■ Régime politique dans lequel la souveraineté appartient à un petit groupe de personnes, à une classe restreinte et privilégiée. ◆ Ce groupe. — PAR ANAL. Élite puissante. *Une oligarchie financière.* ■ CONTR. Démocratie, monarchie.

OLIGARCHIQUE [ɔligaʀʃik] **adj.** – 1361 ◇ grec *oligarkhikos* ■ Relatif à l'oligarchie. *Régime oligarchique.* «*Nous organiserons un pouvoir oligarchique, un Sénat à vie, une Chambre élective qui sera dans nos mains*» BALZAC.

OLIGARQUE [ɔligaʀk] **n.** – 1568 ◇ du grec *olygarkhês*, de *oligos* «peu nombreux», et *arkhein* «commander» ; cf. *oligo-*, *-arque* ■ Membre d'une oligarchie.

OLIGISTE [ɔliʒist] **adj.** et **n. m.** – 1801 ◇ grec *oligistos*, superlatif de *oligos* «peu», ce minerai étant relativement peu riche ■ CHIM. *Fer oligiste* ou **n. m.** *l'oligiste* : oxyde naturel de fer (Fe_2O_3) qui constitue un excellent minerai. ➤ **hématite** (rouge).

OLIGO- ■ Élément, du grec *oligos* «petit, peu nombreux».

OLIGOCÈNE [ɔligɔsɛn] **n. m.** – 1881 adj. ◇ de *oligo-* et *-cène* ■ GÉOL. Deuxième période de l'ère tertiaire qui succède à l'éocène (environ douze millions d'années). — **adj.** *Époque, faune, terrain oligocène.*

OLIGOCHÈTES [ɔligɔkɛt] **n. m. pl.** – v. 1903 ◇ de *oligo-* et du grec *khaitê* «chevelure» ■ ZOOL. Classe d'annélides terrestres ou aquatiques, au corps translucide, sans pieds ni appendices (ex. lombric, lombricule, tubifex). — **Au sing.** *Un oligochète.*

OLIGOÉLÉMENT [ɔligoelemɑ̃] **n. m.** – 1937 ◇ de *oligo-* et *élément* ■ PHYSIOL. Élément chimique, métal ou métalloïde, présent en très faible quantité chez les êtres vivants, et généralement indispensable au métabolisme. *Principaux oligoéléments :* bore, chlore, cobalt, cuivre, fer, fluor, iode, manganèse, molybdène, nickel, sélénium, vanadium, zinc.

OLIGOMÈRE [ɔligɔmɛʀ] **n. m.** – avant 1970 ◇ de *oligo-* et *-mère* ■ CHIM. Polymère court dont la molécule est formée de 2 à 12 sous-unités (dites *monomères** ou *protomères*). — **adj. OLIGOMÉRIQUE.**

OLIGOPEPTIDE [ɔligopɛptid] **n. m.** – 1941 ◇ de *oligo-* et *peptide* ■ BIOCHIM. Peptide contenant moins de dix résidus d'acides aminés.

OLIGOPHRÉNIE [ɔligɔfʀeni] **n. f.** – 1947 ◇ de *oligo-* et du grec *phrên* «esprit» ■ MÉD. VIEILLI Arriération mentale. *Oligophrénie phénylpyruvique :* phénylcétonurie*.

OLIGOPOLE [ɔligɔpɔl] **n. m.** – 1550, repris 1780 ◇ de *oligo-* et *(mono)pole* ■ ÉCON. Forme de marché où un très petit nombre de grandes entreprises ont le monopole de l'offre. ➤ **concentration ; duopole, monopole.**

OLIGOPOLISTIQUE [ɔligɔpɔlistik] **adj.** – 1946 ◇ de *oligopole*, d'après *monopolistique* ■ ÉCON. Propre à l'oligopole. *Structure industrielle oligopolistique.*

OLIGOSACCHARIDE [ɔligosakaʀid] **n. m.** /OLIGOSACCARIDE/ – 1934 ◇ de *oligo-* et *saccharide*, d'après l'allemand *Oligosaccharid* (1930) ■ BIOCHIM. Composé contenant de deux à dix sous-unités d'oses liés de façon covalente.

OLIGURIE [ɔligyʀi] **n. f.** – 1877 ◇ de *oligo-* et *-urie* ■ MÉD. Diminution de la quantité d'urine éliminée pendant 24 heures.

OLIPHANT ➤ **OLIFANT**

OLIVAIE [ɔlivɛ] **n. f.** – 1630 ◇ de l'ancien occitan *oliveda* «lieu planté d'oliviers», du latin *oliveta* ■ Plantation d'oliviers. ➤ **oliveraie.**

OLIVAISON [ɔlivɛzɔ̃] **n. f.** – 1636 ◇ de *olive* ■ AGRIC. Récolte des olives ; saison où se fait cette récolte.

OLIVÂTRE [ɔlivɑtʀ] **adj.** – *olivastre* 1525 ◇ italien *olivastro* ■ Qui tire sur le vert olive. *Grive à dos gris olivâtre.* ◆ SPÉCIALT Se dit d'un teint bistre, généralement mat et foncé, d'où le rouge, le rose sont absents. ➤ **verdâtre.** «*Il devait à son origine* [La Réunion] *son teint olivâtre et son regard languide*» GIDE.

OLIVE [ɔliv] **n. f.** – 1260 ; «olivier» 1080 ◇ latin *oliva* «olivier» et «olive» ■ **1** Fruit de l'olivier, drupe globuleuse et oblongue, de couleur verdâtre puis noirâtre à maturité, à peau lisse, dont on extrait de l'huile. *Huile d'olive. Olives vertes* (picholines), *noires.* — *Canard aux olives.* ■ **2** (1694) Ornement d'architecture ; perle allongée en file. ◆ Objet ayant la forme ellipsoïdale d'une olive. «*Le cordon de tirage, au bout duquel pendait une olive crasseuse*» BALZAC. — Petit interrupteur en forme d'olive, placé sur la longueur d'un fil électrique. ◆ Pièce mécanique ellipsoïdale. ◆ ANAT. Éminence de la face latérale du bulbe rachidien *(olives bulbaires)*, des hémisphères cérébelleux *(olives cérébelleuses)*. ◆ ZOOL. Mollusque gastéropode prosobranche *(monotocardes)* à coquille ellipsoïdale. ■ **3** (1699) APPOS. INV. *Vert olive :* d'une couleur verte tirant sur le brun. *Des rideaux vert olive.* ADJT INV. *Des étoffes olive.*

OLIVERAIE [ɔlivʀɛ] **n. f.** – 1606 ; *oliverie* 1350 ◇ de *olivier* ■ Verger, plantation d'oliviers. *Les oliveraies du littoral méditerranéen.* ➤ **olivaie, olivette.**

OLIVÉTAIN [ɔlivetɛ̃] **n. m.** – 1808 ◇ italien, du mont *Olivet* «planté d'oliviers» ■ RELIG. Moine bénédictin de l'ordre du Mont-Olivet, fondé à Sienne au XIVe s.

OLIVETTE [ɔlivɛt] **n. f.** – v. 1611 ◊ de *olive* ▪ **1** Champ, terrain planté d'oliviers. ➤ **olivaie, oliveraie.** «*une olivette bien tenue, argentée, plage claire dans la brousse des kermès, des arbousiers*» M. ROUANET. ▪ **2** (1690 ◊ du provençal) RÉGION. *Les olivettes* : danse folklorique provençale après la cueillette des olives. ▪ **3** (*olivetto* 1772) Variété de vigne à raisins oblongs ; ces raisins. — Tomate oblongue et ferme.

OLIVIER [ɔlivje] **n. m.** – XIIe ; *oliver* 980 ◊ de *olive* ▪ **1** Arbre ou arbrisseau *(oléacées)* à tronc noueux, à feuilles lancéolées, vert pâle à leur face supérieure, blanchâtres à leur face inférieure et dont le fruit (➤ **olive**) est comestible et oléagineux. *L'olivier est caractéristique des pays méditerranéens.* «*à l'infini, des oliviers massifs, énormes, ventrus ou creusés de fissures profondes, bosselés, tordus, craquelés*» LACARRIÈRE. *Culture de l'olivier.* ➤ **oliveraie ; oléiculture.** *La branche d'olivier, symbole de la trêve, de la paix.* ALLUS. BIBL. *Le rameau d'olivier qu'une colombe ramena à Noé.* — ALLUS. ÉVANG. *Le jardin des Oliviers, le mont des Oliviers* (Gethsémani), où Jésus pria, délaissé par ses disciples, avant d'être arrêté. ▪ **2** Bois de cet arbre, jaune clair et susceptible d'un beau poli. *Statue d'olivier. Plateau en olivier.*

OLIVINE [ɔlivin] **n. f.** – 1798 ◊ de *olive* ▪ MINÉR. Silicate de magnésium et de fer (péridot), de couleur jaune ou verte. *L'olivine est courante dans le basalte. Olivine altérée.* ➤ **serpentine.**

OLLAIRE [ɔlɛʀ] **adj.** – 1732 ◊ latin *ollarius*, de *olla* «pot» ▪ TECHN. *Pierre ollaire* : serpentine, facile à travailler, durcissant au feu et employée pour faire des vases, des pots.

OLLA-PODRIDA [ɔjapɔdʀida ; ɔ(l)lapɔdʀida] **n. f.** /OLLAPODRIDA/ – 1590 ◊ expression espagnole *olla* (pot) *podrida* (pourri) → pot-pourri ▪ VX Plat espagnol, ragoût de viandes et de légumes cuits ensemble. ♦ FIG. et VX Mélange informe. *Des ollas-podridas.*

OLLÉ ➤ **OLÉ**

OLO- ➤ **HOLO-**

OLOGRAPHE [ɔlɔgʀaf] **adj.** – 1603 ◊ latin *olographus*, pour *holographus*, mot grec, de *holos* «entier» ▪ DR. *Testament olographe*, écrit en entier de la main du testateur. — On écrit aussi *holographe.*

OLYMPIADE [ɔlɛ̃pjad] **n. f.** – 1370 ◊ latin *olympias, adis* ; grec *olumpias, ados*, du nom de *Olumpia* «Olympie», ville d'Élide ▪ **1** Période de quatre ans entre deux jeux olympiques. ▪ **2** (1901) Souvent au plur. Jeux olympiques. *Athlète qui se prépare pour les prochaines olympiades.*

OLYMPIEN, IENNE [ɔlɛ̃pjɛ̃, jɛn] **adj.** et **n.** – 1552 ◊ du latin *olympius* ; grec *olumpios*, de *Olumpos* «montagne de Thessalie, séjour des dieux» ▪ **1** MYTH. Relatif à l'Olympe, à ses dieux. *Les dieux olympiens*, et **n.** *les Olympiens.* — SPÉCIALT Se disait de Jupiter et de Junon. *Temple de Jupiter olympien.* ▪ **2** (1838) Noble, majestueux avec calme et hauteur (comme l'on représente Jupiter). *Air, regard olympien. Un calme olympien*, imperturbable. «*Très lointain, très serein, très olympien*» QUENEAU. ▪ **3** *Front olympien*, haut et large ; SPÉCIALT (1897) MÉD. ce type de front, caractéristique d'une ostéite déformante.

OLYMPIQUE [ɔlɛ̃pik] **adj.** – 1512 ◊ latin *olympicus* ; grec *olumpikos*, du nom de la ville d'*Olympie* ▪ ANTIQ. GR. *Jeux olympiques*, qui étaient célébrés tous les quatre ans près d'Olympie, à partir de 776 av. J.-C., et où se disputaient les prix de concours gymnastiques. — (1892) MOD. Série de rencontres sportives internationales réservées aux meilleurs athlètes, et ayant lieu tous les quatre ans. ➤ **olympiade.** *Les Jeux olympiques d'hiver* (ski, patinage) *ont lieu deux ans après les Jeux olympiques d'été. Entraînement pour les Jeux olympiques.* ➤ **préolympique.** *Jeux olympiques réunissant des athlètes en situation de handicap.* ➤ **paralympique.** ABRÉV. **JO** [ʒio]. *Les JO de Pékin.* — (Canada) **n. m. pl.** *Les Olympiques. La cérémonie d'ouverture des Olympiques.* ♦ PAR EXT. *Record, champion olympique. Médaille olympique. Torche, flamme olympique.* «*Autour de la terre, le flambeau olympique court de ville en ville*» DE COUBERTIN. *Sport olympique. Stade olympique. Ville olympique. Comité international olympique (CIO).* — Conforme aux règlements des Jeux olympiques. *Piscine olympique. Piste olympique.* — *Esprit olympique. Forme* olympique.*

OLYMPISME [ɔlɛ̃pism] **n. m.** – 1894 ◊ de *olympique* ▪ Institution, organisation des Jeux olympiques.

OMBELLE [ɔ̃bɛl] **n. f.** – 1690 ; *umbelle* 1558 ◊ latin *umbella* «parasol» ▪ BOT. Inflorescence dans laquelle les pédicelles insérés en un même point du pédoncule s'élèvent en divergeant pour disposer leurs fleurs dans un même plan (➤ **corymbe**), sur une même surface sphérique ou ellipsoïdale. *Ombelle simple, composée.* ➤ **ombellule.** «*Au bord des chemins, montaient de hautes graminées et de grandes fleurs en ombelle*» LOTI. ♦ Plus cour. Fleur en ombelle. *Bouquet d'ombelles.*

OMBELLÉ, ÉE [ɔ̃bele] **adj.** – 1797 ◊ de *ombelle* ▪ BOT. Disposé en ombelle. *Fleurs ombellées.*

OMBELLIFÈRE [ɔ̃belifɛʀ] **adj.** et **n. f.** – *umbellifère* 1698 ◊ du latin *umbella* et *-fère* ▪ Qui porte des ombelles. *Plante ombellifère.* ♦ **n. f. pl.** (1701) **LES OMBELLIFÈRES :** famille de plantes phanérogames angiospermes caractérisées par une racine pivotante, des feuilles engainantes, des fleurs en ombelle (angélique, anis, carotte, céleri, cerfeuil, ciguë, panais, persil), appelées aujourd'hui *apiacées.* — Au sing. *Une ombellifère.*

OMBELLIFORME [ɔ̃belifɔʀm] **adj.** – *umbelliforme* 1765 ◊ de *ombelle* et *-forme* ▪ DIDACT. Qui a la forme d'une ombelle.

OMBELLULE [ɔ̃belyl] **n. f.** – 1778 ◊ diminutif de *ombelle* ▪ BOT. Ombelle partielle qui fait partie d'une ombelle composée. «*Les ombellules du cerfeuil sauvage*» BALZAC.

OMBILIC [ɔ̃bilik] **n. m.** – 1503 ; *ombelic* XIVe ◊ latin *umbilicus* → nombril

I ▪ **1** ANAT. Nombril*. — Avant la naissance, Endroit d'où part le cordon reliant le fœtus au placenta. ▪ **2** (1762) BOT. Dépression à la base ou au sommet de certains fruits. — Renflement au sommet du chapeau d'un champignon. ▪ **3** ARCHÉOL. Partie centrale d'un plat ou d'une assiette quand elle est en saillie arrondie. ▪ **4** (1928) GÉOL. Dépression peu étendue et creuse, cuvette au fond d'une vallée glaciaire. ▪ **5** FIG. et LITTÉR. Point central. ➤ **centre.** «*L'Ombilic des limbes*», d'Artaud.

II (XVIe *ombilic de Vénus*) Plante à racine tubéreuse *(crassulacées)*, dont une espèce à fleurs pendantes est appelée *nombril de Vénus.*

OMBILICAL, ALE, AUX [ɔ̃bilikal, o] **adj.** – *umbilical* 1490 ◊ de *ombilic* ▪ **1** ANAT. Relatif à l'ombilic, au nombril. *Cordon* ombilical.* «*l'enfant pendue à son sein, comme si le sein pouvait renouer l'échange ombilical interrompu*» Y. QUEFFÉLEC. *La région ombilicale. Hernie ombilicale.* ▪ **2** SC., TECHN. En forme d'ombilic. *Dépression ombilicale.*

OMBILIQUÉ, ÉE [ɔ̃bilike] **adj.** – 1812 ; *umbiliqué* 1765 ◊ de *ombilic* ▪ DIDACT. Pourvu d'un ombilic. ♦ Qui présente une dépression ou une saillie rappelant un ombilic. *Feuille ombiliquée*, attachée au pétiole par le milieu de sa surface, qui est un peu enfoncée.

OMBLE [ɔ̃bl] **n. m.** – 1874 ; *humble* 1553 ◊ altération de *amble*, mot de Neuchâtel ; bas latin *amulus* ▪ Poisson d'eau douce *(salmoniformes)* à chair très estimée, vivant dans les profondeurs des lacs et des rivières. *L'omble(-)chevalier ou* truite rouge. *L'omble (ou saumon) de fontaine*, originaire d'Amérique du Nord.

OMBRAGE [ɔ̃bʀaʒ] **n. m.** – 1165 ◊ de *ombre*

I Ensemble de branches et de feuilles qui donnent de l'ombre. ➤ **feuillage.** *Sous l'ombrage, les ombrages des arbres.* ♦ L'ombre que donnent les feuillages. «*Nous trouvâmes que ces saules faisaient un agréable ombrage*» LESAGE.

II (XVIe ◊ l'ombre excite la défiance et l'inquiétude, particult chez les chevaux) FIG. et VIEILLI Sentiment de défiance. ➤ **défiance.** — SPÉCIALT Jalousie, crainte d'être éclipsé, plongé dans l'ombre par qqn. VIEILLI «*Tout ce qui m'offrait un peu d'indépendance* [...] *lui donnait de l'ombrage* [à ma mère]» FRANCE. MOD. **PORTER OMBRAGE (à qqn)**, l'indisposer, lui causer l'inquiétude d'être éclipsé. *Sa sœur lui a porté ombrage.* **PRENDRE OMBRAGE (de qqch.) :** éprouver de la jalousie, de l'inquiétude de qqch. (➤ **ombrageux**). *Il a pris ombrage de ton succès. N'en prenez pas ombrage.* ➤ **s'offenser, s'offusquer.**

▪ CONTR. Confiance, tranquillité.

OMBRAGÉ, ÉE [ɔ̃bʀaʒe] **adj.** – 1350 ◊ de *ombrager* ▪ Abrité par un ombrage. *Jardin ombragé. Avenue ombragée.* ➤ **ombreux.**

OMBRAGER [ɔ̃bʀaʒe] **v. tr.** ⟨3⟩ – 1542 ◊ de *ombrage* ▪ **1** Faire, donner de l'ombre à (en parlant des feuillages). *Arbres qui ombragent une allée, une terrasse.* «*Une habitation commode,* *tout ombragée de platanes»* DAUDET. ▪ **2** Couvrir, cacher comme fait un ombrage. *«Ses longs cils baissés ombrageaient ses joues de pourpre»* HUGO.

OMBRAGEUX, EUSE [ɔ̃bʀaʒø, øz] **adj.** – 1300 ; *ombragié* v. 1225 ◊ de *ombrage* ▪ **1** (D'un animal de trait ou de somme) Qui s'inquiète, s'effraie d'une ombre ou de tout ce qui le surprend. *Cheval, âne, mulet ombrageux.* ▪ **2** Qui est porté à prendre ombrage, s'inquiète, s'alarme, s'effraie. ➤ **défiant, inquiet, méfiant, peureux.** — (XVIe) COUR. Qui se froisse, s'offusque aisément, s'estime facilement offensé. ➤ **difficile, 1 farouche, jaloux, susceptible.** *«Son caractère ombrageux à l'excès prenait de jour en jour des angles plus vifs»* FROMENTIN. ▪ CONTR. Paisible, tranquille.

1 **OMBRE** [ɔ̃bʀ] **n. f.** – milieu Xe ◊ du latin *umbra.* REM. *Ombre* est souvent masculin jusqu'au XVIe s.

I ESPACE PRIVÉ DE LUMIÈRE ▪ **1** Zone sombre créée par un corps opaque qui intercepte les rayons d'une source lumineuse ; obscurité, absence de lumière (surtout celle du soleil) dans une telle zone. *Ombre partielle.* ➤ **demi-jour, pénombre.** *Jeter, faire de l'ombre ; projeter une ombre. Les stores font de l'ombre. L'ombre des arbres, des feuillages.* ➤ **1 couvert, ombrage.** *Arbres qui donnent de l'ombre. Il n'y a pas un coin d'ombre sur cette place. Chercher l'ombre.* LOC. *Faire de l'ombre à qqn,* le gêner en interceptant la lumière ; FIG. l'éclipser. — ASTRON. Zone (du système solaire) non éclairée par le Soleil. *Hémisphère plongé dans l'ombre. Cône* d'ombre d'un astre.* ◆ **À L'OMBRE.** *«Malgré la saison tardive, la chaleur atteignait encore quarante-trois à l'ombre»* PEYRÉ. *Places à l'ombre et places au soleil, dans une arène. À l'ombre d'un parasol,* à l'abri. — LOC. FIG. ET FAM. (1486) *Mettre qqn à l'ombre,* l'enfermer, l'emprisonner. *Mettre à l'ombre de l'argent, des documents,* les mettre en sécurité, les cacher. — *À l'ombre de :* sous la protection de, à l'abri de. *«Le libéralisme, qui croissait à l'ombre de la Charte constitutionnelle»* BARBEY. — **DANS L'OMBRE.** *L'intérieur de l'église est plongé dans l'ombre.* ➤ **obscurité.** *Dans l'ombre d'une forêt.* FIG. *Vivre dans l'ombre de qqn,* constamment près de lui, dans l'effacement de soi. ▪ **2** (1667) Représentation d'une zone sombre, en peinture. ➤ **ombrer.** *Les ombres et les clairs.* ➤ **clair-obscur, contraste ; demi-teinte.** *«Ainsi les ombres ne doivent pas être considérées comme l'ornement d'un tableau, mais comme une nécessité absolue»* PH. DE CHAMPAIGNE. *Terre d'ombre :* couleur servant à ombrer. ➤ **3 ombre.** — LOC. FIG. (1667) *Il y a une ombre au tableau :* la situation comporte un élément négatif, un inconvénient (cf. Un point* noir). ◆ Place, tache sombre sur une surface plus claire. *«Un léger duvet qui faisait une ombre sur ses lèvres»* FRANCE. — *Ombre à paupières :* fard qu'on étale sur les paupières. *«Sur l'œil, elle croisa des ombres brunes et grises qui creusèrent ses arcades»* J. VAUTRIN. ▪ **3** PAR EXT. LITTÉR. Obscurité. *Les ombres de la nuit. «Dans l'ombre doublement obscure de la nuit et des rues profondes»* MICHELET. ▪ **4** FIG. ➤ **obscurité, 2 secret.** *Rester, vivre, végéter dans l'ombre,* dans une situation obscure, effacée. ➤ **caché, inconnu.** *Sortir de l'ombre.* ➤ **oubli.** — LOC. *Laisser qqch. dans l'ombre,* maintenir l'ignorance, l'incertitude. ➤ **mystère.** *Certains détails ont été laissés dans l'ombre. De nombreuses zones d'ombre subsistent dans cette affaire. Ce qui se trame dans l'ombre.* ➤ **secrètement.** *La part d'ombre de qqn :* sa face cachée, ses penchants, ses pulsions ignorés ou niés. *«il advient toujours un moment dans une vie où on est confronté à sa part d'ombre»* PH. BESSON.

II IMAGE PROJETÉE PAR UN CORPS ▪ **1** (fin XIIe) Zone sombre reproduisant le contour plus ou moins déformé (d'un corps qui intercepte la lumière). ➤ **contour, image, silhouette.** *Ombre absolue,* qu'un corps projette dans l'espace. *Ombre relative,* qu'il projette sur une surface, sur un autre corps. *Ombre portée,* qu'un corps projette sur une surface. *«Dans le bas, l'ombre portée de mon père qui a pris la photo»* A. ERNAUX. *Ombre droite* (portée sur un plan horizontal), *renversée* (sur un plan vertical). — *Longueur, direction des ombres,* selon la position du soleil. *Ombre méridienne,* la plus courte, celle de midi. *«La lumière de la lampe faisait danser son ombre au mur, la diminuant et l'allongeant tour à tour»* BERNANOS. ◆ LOC. FIG. (milieu XIIe) *Avoir peur de son ombre :* être très craintif, pusillanime. — (1680) VX *Être comme l'ombre et le corps,* se dit d'amis inséparables (cf. Comme cul et chemise*, comme les doigts* de la main). — *Suivre qqn comme une (son) ombre.* — *Tirer plus vite que son ombre,* très vite ; FIG. réagir plus vite que son adversaire (cf. Dégainer* le premier). ▪ **2** PLUR. Ombres projetées sur un écran, une surface plane, pour constituer un spectacle. *Théâtre d'ombres.* (1776) *Ombres chinoises :* projection sur un écran de silhouettes découpées. ➤ **image, silhouette.** *«mon père faisait des ombres chinoises sur le mur, avec ses mains : le lapin, le chat, le chameau»* H. CALET. ▪ **3** Apparence, forme imprécise (SPÉCIALT humaine) dont on ne discerne que les contours. *Il a entrevu deux ombres qui s'enfuyaient.* ➤ **silhouette.** ▪ **4** PAR MÉTAPH. (l'ombre étant considérée comme l'apparence changeante, transitoire et trompeuse d'une réalité) ➤ **reflet.** *«La peine et le plaisir passent comme une ombre»* ROUSSEAU. — LOC. *Lâcher, (laisser, abandonner) la proie pour l'ombre,* un avantage certain pour une espérance vaine. ◆ FIG. (1547) Chose, apparence fragile et vaine. ➤ **apparence, chimère, simulacre.** *«Nous poursuivons des songes et nous embrassons des ombres»* FRANCE. ◆ **UNE OMBRE DE :** la moindre apparence, la plus petite quantité de (souvent en tournure négative). ➤ **soupçon, trace.** *Elle n'avait pas l'ombre d'un remords. Il n'y a pas l'ombre d'un doute. Sans l'ombre d'une hésitation. «Il n'y avait eu de la part de madame de Parnes ombre de sévérité ni de résistance»* MUSSET. ▪ **5** (1549) Dans certaines croyances, Apparence d'une personne qui survit après sa mort. ➤ **âme, double, fantôme, mânes.** *Le royaume des ombres.* ▪ **6** Reflet affaibli (de ce qui a été). *«leurs robustes chevaux d'armes* [...] *n'étaient plus maintenant que des ombres de chevaux»* C. SIMON. LOC. *Être (n'être plus que) l'ombre de soi-même,* très amaigri, ou très diminué.

▪ CONTR. Clarté, éclairage, lumière. — Réalité ; 2 vivant.

2 **OMBRE** [ɔ̃bʀ] **n. m.** – *umbre* «poisson du genre sciène» fin XIVe ◊ latin *umbra* «poisson de teinte sombre» ▪ Poisson de rivière *(salmoniformes)* voisin du saumon et de l'omble* (sa bouche est plus petite). *Ombre de rivière, d'Auvergne.* ◆ ABUSIVEMENT *Ombre chevalier :* omble* chevalier.

3 **OMBRE** [ɔ̃bʀ] **n. f.** – 1808 ◊ de *terre d'ombre* → 1 ombre (I, 2o), avec influence de *Ombrie* ▪ Terre brune, qui sert à ombrer (SYN. terre d'ombre, terre de Sienne).

OMBRELLE [ɔ̃bʀɛl] **n. f.** – 1611 ; «parasol» 1275 ◊ du latin médiéval *umbrella,* variante de *umbella* (→ ombelle) refait sur *umbra,* probablt par l'italien ▪ **1** Petit parasol portatif. *Ouvrir, fermer une ombrelle. S'abriter du soleil sous une ombrelle. «L'ombrelle* [...] *que traversait le soleil, éclairait de reflets mobiles la peau blanche de sa figure»* FLAUBERT. ▪ **2** PAR ANAL. ZOOL. Partie convexe de la masse généralement transparente d'une méduse, d'où partent les tentacules.

OMBRER [ɔ̃bʀe] **v. tr.** ⟨1⟩ – 1622 ◊ de l'italien *ombrare ;* «marquer d'un trait noir» 1555 ; «mettre à l'ombre» XVe ; de 1 *ombre* ▪ **1** Marquer de traits ou de couleurs figurant les ombres, en dessinant ou en peignant. *Ombrer un dessin. Terre à ombrer.* ➤ **3 ombre.** **p. p. adj.** *Partie ombrée.* — PAR EXT. *Maquillage qui ombre les paupières. Paupières ombrées de mauve.* ▪ **2** LITTÉR. Mettre dans l'ombre. *«Un grand feutre à longue plume Ombrait son œil qui s'allume»* VERLAINE.

OMBRETTE [ɔ̃bʀɛt] **n. f.** – 1776 ◊ de 1 *ombre* ▪ Oiseau échassier de l'Afrique tropicale *(ciconiiformes),* huppé, au plumage sombre.

OMBREUX, EUSE [ɔ̃bʀø, øz] **adj.** – XIIIe ◊ latin *umbrosus,* de *umbra* → 1 ombre ▪ **1** LITTÉR. Qui donne de l'ombre. *Les hêtres ombreux.* ▪ **2** Où il y a beaucoup d'ombre. ➤ **ombragé.** *Bois ombreux, forêts ombreuses.* ➤ **sombre, ténébreux.** *«Les salles d'attente étaient ombreuses et fraîches»* CAMUS. ▪ CONTR. Ensoleillé.

OMBRIEN, IENNE [ɔ̃bʀijɛ̃, ijɛn] **adj.** et **n.** – 1811 *umbrien* ◊ de *Ombrie* ▪ D'Ombrie, région d'Italie. — **n. m.** LING. *L'ombrien :* langue du groupe italique.

OMBRIÈRE [ɔ̃bʀijɛʀ] **n. f.** – 1837 ◊ de *ombre* ▪ ARCHIT. Structure, dispositif destiné à faire de l'ombre. *L'ombrière du Vieux-Port, à Marseille.*

OMBRINE [ɔ̃bʀin] **n. f.** – 1752 ; *umbrine* 1611 ◊ de 2 *ombre* ▪ Poisson marin *(perciformes)* à corps rayé de bandes brunes, à chair comestible.

OMBUDSMAN [ɔmbydsman] **n. m.** – v. 1960 ◊ mot suédois, de *ombud* «délégué» et *man* «homme» ▪ Dans les pays scandinaves, Personne chargée de défendre les droits du citoyen face aux pouvoirs publics (cf. Médiateur [en France], protecteur* du citoyen [au Québec]). *Des ombudsmans* ou *des ombudsmen* [ɔmbydsmɛn] (d'après l'angl.).

-OME ▪ Élément, désignant une tumeur, une maladie se manifestant par une tumeur : *fibrome, hématome.*

OMÉGA [ɔmega] **n. m. inv.** – XIIe ◊ mot grec, littéralt «o grand» ▪ **1** Vingt-quatrième et dernière lettre de l'alphabet grec (Ω, ω), servant à noter le *o* long ouvert en grec ancien (➤ **omicron**). ▪ **2** FIG. (1616) Dernier élément d'une série. *L'alpha* et l'oméga.* ▪ **3** AU PLUR. Famille d'acides gras insaturés, aux effets bénéfiques sur la santé. *Les oméga sont présents dans certaines huiles végétales, les poissons gras. Oméga 3, oméga 6.* — En ce sens, on rencontre parfois le pluriel *des omégas.*

OMELETTE [ɔmlɛt] **n. f.** – 1548 ◊ altération de *amelette,* de *alumelle* (*lamelle,* avec agglutination de *a*) ▪ **1** Mets fait avec des œufs battus et cuits à la poêle auxquels on peut ajouter divers ingrédients. *Omelette aux champignons, au fromage, aux fines herbes, au jambon, au lard. Omelette baveuse*.* «*L'inimitable omelette d'Alsace, craquante et dorée comme un gâteau*» DAUDET. *Omelette flambée. Omelette sucrée.* ➤ aussi **flognarde.** — PROV. *On ne fait pas d'omelette sans casser* des œufs.* ▪ **2** *Omelette norvégienne* : dessert composé de glace, de meringue et de génoise, chaud à l'extérieur et glacé dedans.

OMERTA [ɔmɛʀta] **n. f.** – 1952 ◊ italien *omertà,* forme dialectale de *umiltà* «humilité» ▪ Loi du silence, dans les milieux proches de la Mafia. «*l'omerta, tu connais ?... Cette conspiration du silence autour du péché d'un seul qui devient le trésor de tous*» Y. QUEFFÉLEC. ◆ Silence gardé sur un sujet compromettant, tabou. *L'omerta sur la corruption, le harcèlement sexuel.*

OMETTRE [ɔmɛtʀ] **v. tr.** ‹56› – 1337 ; var. *obmettre* XVe-XVIIIe ◊ latin *omittere,* d'après *mettre* ▪ S'abstenir ou négliger de considérer, de mentionner ou de faire (ce qu'on pourrait, qu'on devrait considérer, mentionner, faire). ➤ **négliger, oublier, taire** (cf. Laisser de côté*, passer sous silence*). *N'omettre aucun détail. Omettre qqn dans une liste.* — *Omettre de faire qqch.* ➤ **manquer.** *Elle a omis de les prévenir.* — *Omettre que* (et l'indic.). *Vous omettez qu'il n'est pas au courant.* ▪ CONTR. Mentionner, 1 penser (à).

OMICRON [ɔmikʀɔn] **n. m. inv.** – 1868 ◊ mot grec, littéralt «o petit» ▪ Quinzième lettre de l'alphabet grec (Ο, ο) qui sert à noter en grec ancien le *o* bref fermé (➤ **oméga**).

OMIS, ISE [ɔmi, iz] **adj.** et **n. m.** – *obmis* 1690 ◊ de *omettre* ▪ **1** Que l'on s'est abstenu ou que l'on a négligé de considérer, de mentionner, de faire. *Ajouter une référence omise.* ▪ **2 n. m.** (1907) Jeune homme qui n'a pas été recensé par l'autorité militaire.

OMISSION [ɔmisjɔ̃] **n. f.** – 1350 ◊ bas latin *omissio* ▪ Le fait, l'action d'omettre (qqch.), de ne pas dire, de ne pas faire (qqch.). *L'omission d'un détail par un témoin.* — *Pécher par omission. Mensonge par omission.* ◆ Chose omise. *Omission volontaire ; involontaire.* ➤ **absence, lacune,** 2 **manque, négligence, oubli.** *Sauf erreur ou omission. L'omission comme figure de rhétorique.* ➤ **prétérition.** «*Quant aux omissions ou erreurs involontaires que j'ai pu commettre*» BAUDELAIRE. ◆ DR. FISC. Soustraction totale ou partielle d'un bien à l'assiette de l'impôt direct, du fait volontaire ou involontaire du contribuable.

OMMATIDIE [ɔmatidi] **n. f.** – 1932 ◊ du grec *ommation* «petit œil» ▪ BIOL. Unité optique de l'œil composé des arthropodes, assurant la réception des signaux lumineux. ➤ **facette.** *Une ommatidie est en soi un photorécepteur complet.*

OMNI- ▪ Élément, du latin *omnis* «tout».

OMNIBUS [ɔmnibys] **n. m.** et **adj.** – 1825 ; de *voiture omnibus* ◊ latin *omnibus* «pour tous» → 1 bus ▪ **1** ANCIENNT Voiture publique d'abord hippomobile, puis automobile, transportant des voyageurs dans une ville. *Impériale d'un omnibus. L'omnibus Madeleine-Bastille.* ▪ **2** (1838) MOD. *Train omnibus,* ou **n. m.** *un omnibus* : train qui dessert toutes les stations sur son trajet (opposé à *express*). — **adj.** (attribut) *Ce train est omnibus entre Boulogne et Calais.* ▪ **3** ÉLECTR. *Barre omnibus* : conducteur de grande section relié, d'une part au générateur, d'autre part aux circuits d'utilisation.

OMNIDIRECTIONNEL, ELLE [ɔmnidiʀɛksjɔnɛl] **adj.** – 1948 ◊ de *omni-* et *direction,* d'après *directionnel* ▪ TECHN. Dont les caractéristiques d'émission ou de réception sont les mêmes dans toutes les directions. *Antenne omnidirectionnelle. Microphone omnidirectionnel. Radiophare omnidirectionnel.* ▪ CONTR. Unidirectionnel.

OMNIPOTENCE [ɔmnipɔtɑ̃s] **n. f.** – 1387 ◊ bas latin *omnipotentia* ▪ DIDACT. Puissance absolue, sans limitation. ➤ **toute-puissance.** — Pouvoir absolu. ➤ **absolutisme, domination, suprématie.** *L'omnipotence militaire.* ▪ CONTR. Impuissance.

OMNIPOTENT, ENTE [ɔmnipɔtɑ̃, ɑ̃t] **adj.** – XIIe ◊ latin *omnipotens* ▪ Qui est tout-puissant, qui dispose d'une puissance absolue.

OMNIPRATICIEN, IENNE [ɔmnipʀatisjɛ̃, jɛn] **n.** – 1964 ◊ de *omni-* et *praticien* ▪ ADMIN. Médecin généraliste*. ▪ CONTR. Spécialiste.

OMNIPRÉSENCE [ɔmnipʀezɑ̃s] **n. f.** – 1700 ◊ de *omni-* et *présence* ▪ LITTÉR. Faculté de pouvoir être présent partout ; présence en tout lieu. ➤ **ubiquité.** *L'omniprésence de Dieu. L'omniprésence de son souvenir.*

OMNIPRÉSENT, ENTE [ɔmnipʀezɑ̃, ɑ̃t] **adj.** – 1838 ◊ de *omni-* et *présent* ▪ LITTÉR. Qui est présent partout, en tout lieu. ➤ **ubiquiste, ubiquitaire.** — PAR EXT. Qui accompagne partout. *Une préoccupation omniprésente.* «*Le bruit omniprésent du vent*» C. SIMON.

OMNISCIENCE [ɔmnisjɑ̃s] **n. f.** – 1734 ◊ latin médiéval *omniscientia* ▪ LITTÉR. Science de toute chose. «*Dans l'idée de Dieu, avec son omnipotence et son omniscience*» BAUDELAIRE.

OMNISCIENT, IENTE [ɔmnisjɑ̃, jɑ̃t] **adj.** – 1700 ◊ de *omniscience* ▪ LITTÉR. Qui sait tout. *Nul n'est omniscient.* ➤ **universel.** *La science «n'est ni omnisciente, ni infaillible»* MAUROIS.

OMNISPORT ou **OMNISPORTS** [ɔmnispɔʀ] **adj.** – 1924 ◊ de *omni-* et *sport* ▪ Où l'on peut pratiquer un grand nombre de sports. *Stade, salle omnisport. Palais omnisport de Paris* (Bercy). *Des clubs omnisports.*

OMNIUM [ɔmnjɔm] **n. m.** et **f.** – 1776 à propos d'un emprunt lancé en Angleterre ◊ mot latin, génitif plur. de *omnis* «tout»

I n. m. ▪ **1** (1872) ÉCON. Société financière ou commerciale qui s'occupe de toutes les branches d'un secteur économique. *Les omniums affectent souvent la forme du holding. L'omnium des pétroles.* ▪ **2** (1855) SPORT Handicap ouvert aux chevaux de tout âge (sauf les deux ans) courant en plat. ◆ Compétition cycliste sur piste, combinant plusieurs courses. ◆ Championnat de golf ouvert aux amateurs et aux professionnels.

II (Belgique) *Une assurance omnium* ou **n. f.** *une omnium* : assurance tous risques.

OMNIVORE [ɔmnivɔʀ] **adj.** – 1749 ◊ de *omni-* et *-vore* ▪ DIDACT. Qui mange de tout, qui se nourrit indifféremment d'aliments d'origine animale ou végétale. *L'être humain, le porc sont omnivores.*

OMOPLATE [ɔmɔplat] **n. f.** – 1534 ; *homoplate* v. 1370 ◊ grec *ômoplatê,* de *ômos* «épaule» et *platê* «surface plate» ▪ Chacun des deux os plats triangulaires situés en haut du dos. ➤ **scapula ;** aussi **épaule.** *L'omoplate est reliée au sternum par la clavicule. Omoplates saillantes.*

OMRA [(')ɔmʀa] **n. f.** – 1965 ◊ de l'arabe ▪ RELIG. Visite des lieux saints de l'islam effectuée en dehors de la période de pèlerinage. *Le hadj et la omra.* REM. Souvent écrit avec majuscule et sans élision.

ON [ɔ̃] **pron. indéf.** – XIIe ; *om* 842 ◊ du nominatif latin *homo* → homme Pronom personnel indéfini de la 3e personne, invariable, faisant toujours fonction de sujet. REM. La tournure *l'on* (au Moyen Âge «les hommes»), s'emploie encore, dans la langue écrite, pour éviter un hiatus, une cacophonie : *Ce que l'on conçoit bien ; Et l'on pense.*

I ~ pron. A. MARQUANT L'INDÉTERMINATION ▪ **1** Les humains en général, l'être humain. *On ne saurait penser à tout.* ▪ **2** Les gens. *Autrefois, on se mariait jeune. On ne me fera jamais croire cela. On prétend que, on dit que :* le bruit court. SUBST. *Un on-dit* (➤ **on-dit**) ; *le qu'en-dira-t-on* (➤ **qu'en-dira-t-on**). — *On dirait, on dirait que...* — *C'est, comme on dit, une riche nature,* suivant l'expression consacrée. ▪ **3** Un plus ou moins grand nombre de personnes. *On était fatigué de la guerre.* «*Ici, on est très radical et libre penseur. Quand je dis "on est," j'entends parler de cinq ou six petits bourgeois*» FLAUBERT. ▪ **4** Une personne quelconque. ➤ **quelqu'un.** «*On me l'a dit : il faut que je me venge*» LA FONTAINE. *On apporta le dessert :* le dessert fut apporté. *On vous demande au téléphone.*

B. REPRÉSENTANT UNE OU PLUSIEURS PERSONNES DÉTERMINÉES

(emplois stylistiques) ■ **1** Il ou elle. *«Nous sommes restés bons amis ; on me confie ses petites pensées, on suit quelquefois mes conseils»* DIDEROT. ♦ Ils ou elles. *On ne nous a pas demandé notre avis.* ■ **2** Tu, toi, vous. FAM. *Eh bien ! on ne s'en fait pas ! Alors, on a bien dormi ? «Alors ! On s'en va comme ça ? On ne dit même pas merci ?»* SARTRE. *«Ce bruit d'eau qu'on entend de partout, qui vous enveloppe»* DAUDET. ■ **3** Je, moi ou nous. *On a trop chaud ici. Oui, oui ! on y va. On fait ce qu'on peut. Il y a longtemps qu'on ne vous a pas vu.* — (Dans un écrit) *On montrera dans ce livre que...* — (Dans une annonce) *On recherche vendeuse.* ■ **4** FAM. Nous. *Quand est-ce qu'on se voit ? Chez nous, on parle peu. L'enfant «prit la main de sa mère. – On s'en va, viens»* DURAS. *«Nous autres artistes [...] on ne fait pas toujours ce qu'on veut»* COLETTE. *«Il faut prendre des mesures immédiates. – Nous, on veut bien»* SARTRE. (Avec accord) *«Ce qu'on était serrés !»* PEREC.

C. EMPLOIS PARTICULIERS ■ **1** Avec le pron. pers. *soi* ou un nom accompagné d'un poss. *(son)* pour compl. **ON... SOI, SOI-MÊME** (réfl.). *«On a souvent besoin d'un plus petit que soi»* LA FONTAINE. *On n'est jamais si bien servi que par soi-même. «On ne tremble jamais que pour soi»* PROUST. ■ **2** Suivi d'un p. p. ou d'un attribut — (Au masc. sing.) *«On n'est jamais si heureux ni si malheureux qu'on s'imagine»* LA ROCHEFOUCAULD. — (Avec accord) *«On est vieille, on est prude, on est la tante»* HUGO. *On s'est disputés. «On est toujours servis les derniers»* SARTRE. ■ **3** LOC. (avec *pouvoir* et *savoir*) *On ne peut plus, on ne peut mieux. J'ai tout cela on ne peut mieux présent à l'esprit. On ne sait qui, on ne sait quoi. «la foudre va tomber on ne sait quand ni sur qui»* ROMAINS.

II ~ **n. m.** Le mot *on. «Quand* on, *Monsieur On, est tout seul à raconter des histoires»* HERVIEU. — LOC. FAM. On *est un con* (pour protester contre un sujet indéterminé).

1 **ONAGRE** [ɔnagʀ] **n. m.** – fin XIIe ; *onager* v. 1120 ; rare et savant jusqu'au XVIIIe ◊ latin *onager* ; grec *onagros* «âne sauvage» ■ **1** Âne sauvage, de grande taille. ■ **2** (XIVe ◊ par anal. avec la ruade de l'animal) ARCHÉOL. Machine de guerre, baliste ou catapulte, utilisée au cours des sièges.

2 **ONAGRE** [ɔnagʀ] **n. f.** – 1778 ; *onagra* 1615 ◊ grec *onagra* ■ Plante appelée aussi *herbe aux ânes*, cultivée pour ses fleurs. ➤ **œnothère.**

ONANISME [ɔnanism] **n. m.** – 1760 ◊ de *Onan*, personnage de la Bible ■ LITTÉR. ou MÉD. Masturbation.

ONC, ONCQUES ou **ONQUES** [ɔ̃k] **adv.** – *onc* v. 1130 ; *umque* 880 ◊ latin *unquam* «quelquefois» ■ VX Jamais.

1 **ONCE** [ɔ̃s] **n. f.** – *unce* 1138 ◊ latin *uncia* «douzième partie» ■ **1** MÉTROL. Ancienne unité de mesure de masse qui valait la douzième partie de la livre romaine et la seizième partie de la livre de Paris. *Le marc valait huit onces.* ♦ Unité anglo-saxonne de mesure de masse (SYMB. oz), utilisée aussi au Canada (après 1760), qui vaut la seizième partie de la livre* ou 28,349 grammes (et 31,103 grammes pour les métaux précieux). *Quatre onces de café.* — *Once liquide*, unité de mesure de volume (SYMB. fl oz ; (Canada) oz liq), valant 28,4 millilitres. *Un quart d'once de parfum.* ■ **2** FIG. **UNE ONCE DE... :** une très petite quantité. *Il n'a pas une once de bon sens.* ➤ **grain, gramme.** *«pas une once de graisse, tout en muscles»* GUILLOUX. ➤ **poil.**

2 **ONCE** [ɔ̃s] **n. f.** – fin XIIIe ◊ déglutination de *lonce*, du latin populaire °*lyncea*, de *lynx* ■ Grand félin sauvage de l'Himalaya, à l'épaisse fourrure gris-brun, appelé aussi *léopard des neiges, panthère des neiges.*

ONCHOCERCOSE [ɔ̃kosɛʀkoz] **n. f.** – 1932 ◊ de *onchocerque* «ver parasite» et 2-*ose* ■ MÉD. Parasitose, appelée aussi *cécité des rivières*, due à une filaire transmise par la simulie, atteignant surtout les yeux et responsable de nombreuses cécités dans les pays tropicaux.

ONCIAL, IALE, IAUX [ɔ̃sjal, jo] **adj.** et **n. f.** – 1587 ◊ latin *uncialis* «d'un douzième (de pied)», c.-à-d. «d'un pouce» ■ DIDACT. Se dit d'une écriture romaine en capitales arrondies de grande dimension, souvent réservée aux têtes de chapitre. *Caractères onciaux. Lettres onciales. Écriture onciale.* — **n. f.** Écriture onciale. *Manuscrit en onciale.*

ONCLE [ɔ̃kl] **n. m.** – *uncle* 1080 ◊ latin *avunculus* «oncle maternel» ■ Le frère du père ou de la mère, et PAR EXT. le beau-frère du père ou de la mère. ➤ aussi **grand-oncle.** *Bonjour, oncle Paul.* ➤ FAM. **tonton.** *Relatif à un oncle.* ➤ **avunculaire.** *Oncle paternel, maternel. Oncle par alliance. L'oncle et la tante. L'oncle et ses neveux, ses nièces. Oncle à la mode de Bretagne :* cousin germain du père ou de la mère. *Oncle à héritage :* oncle riche dont on attend un héritage. — *Oncle d'Amérique :* parent riche, émigré depuis longtemps, qui laisse aux siens un héritage inattendu. — *Oncle Sam :* personnification familière des États-Unis.

ONCOGÈNE [ɔ̃kɔʒɛn] **adj.** – 1951 ◊ du grec *onkos* «grosseur, tumeur» et *-gène* ■ DIDACT. Qui favorise ou provoque le développement des tumeurs, notamment des tumeurs malignes (➤ **cancérigène**). *Virus oncogène.* — *Gène oncogène* ou **n. m.** *un oncogène :* gène, souvent porté par un rétrovirus, parfois préexistant dans le génome cellulaire, responsable du développement tumoral.

ONCOLOGIE [ɔ̃kɔlɔʒi] **n. f.** – 1934 ◊ du grec *onkos* «grosseur, tumeur» et *-logie* ■ DIDACT. Étude des tumeurs cancéreuses (évolution, traitement). ➤ **cancérologie, carcinologie.**

ONCOLOGUE [ɔ̃kɔlɔg] **n.** – v. 1970 ◊ de *oncologie* ■ DIDACT. Médecin spécialiste en oncologie. ➤ **cancérologue.**

ONCOTIQUE [ɔ̃kɔtik] **adj.** – 1878 ◊ du grec *onkos* «masse, volume» ■ BIOCHIM. *Pression oncotique :* pression osmotique* d'une solution colloïdale complexe. *Pression oncotique des protéines du plasma sanguin.*

ONCQUES ➤ **ONC**

ONCTION [ɔ̃ksjɔ̃] **n. f.** – 1190 ◊ latin *unctio*, de *unguere* «oindre» ■ **1** DIDACT. (RELIG.) Rite qui consiste à oindre une personne ou une chose (avec de l'huile sainte, du saint chrême), en vue de lui conférer un caractère sacré, d'attirer sur elle la grâce. *L'onction qui accompagnait le sacre d'un roi. L'onction dans les sacrements et les cérémonies catholiques :* baptême, confirmation, extrême-onction, ordination d'un prêtre, sacre d'un évêque, consécration, bénédiction. ■ **2** VIEILLI Friction de la peau avec un corps gras. ■ **3** (1363) LITTÉR. Douceur dans les gestes, les paroles, qui dénote de la piété, de la dévotion, et y incite. *Onction apostolique, ecclésiastique. «Il gardait de sa première vocation je ne sais quelle onction du regard et de la voix»* GIDE. ■ CONTR. Brièveté, brutalité, dureté, rudesse, sécheresse.

ONCTUEUX, EUSE [ɔ̃ktɥø, øz] **adj.** – *unctueus* 1314 ◊ latin médiéval *unctuosus* ■ **1** Qui est propre à oindre ; qui est de la nature d'un corps gras ; qui donne au toucher l'impression douce et moelleuse de la graisse, de l'huile. ➤ **gras, huileux, savonneux.** *Liquide onctueux. Savon onctueux.* ♦ Qui a une consistance crémeuse. *Potage onctueux.* ➤ **doux, moelleux, velouté.** ■ **2** FIG. (souvent iron.) Qui a de l'onction. ➤ **dévot.** *«Cette lenteur douce, un peu onctueuse, des gens d'Église»* LOTI. *Manières onctueuses.* ➤ **mielleux, 1 patelin.** — **adv. ONCTUEUSEMENT,** 1582. ■ CONTR. 1 Bref, sec.

ONCTUOSITÉ [ɔ̃ktɥozite] **n. f.** – 1314 ◊ de *onctueux* ■ DIDACT. Caractère de ce qui est onctueux, doux au toucher. *L'onctuosité d'une crème.*

ONDATRA [ɔ̃datʀa] **n. m.** – 1763 ; *ondathra* 1632 ◊ mot huron ■ Mammifère rongeur *(muridés)*, qui vit à la manière des castors. ➤ **loutre** (d'Hudson), **rat** (musqué). — Sa fourrure. *Manteau d'ondatra.*

ONDE [ɔ̃d] **n. f.** – début XIIe ◊ du latin *unda* «eau agitée, flot, vague». → onduler, inonder

I EAU EN MOUVEMENT ■ **1** VX ou LITTÉR. Masse d'eau qui se soulève et s'abaisse en se déplaçant ou en donnant l'illusion du déplacement. ➤ **flot, 1 vague.** *«L'onde approche, se brise»* RACINE. — FIG. *«Une onde brusque de rougeur inonda son visage»* MARTIN DU GARD. ➤ **afflux.** ■ **2** (1549) LITTÉR. et VIEILLI L'eau de la mer, les eaux courantes ou stagnantes. ➤ **eau.** *«Dans le courant d'une onde pure»* LA FONTAINE. *Onde limpide, transparente. Voguer sur l'onde. «Adieu, reflet perdu sur l'onde calme et close»* VALÉRY. *La terre et l'onde :* la surface terrestre. ■ **3** (début XIVe) Forme sinueuse, rappelant l'aspect de l'onde. *Ondes de la chevelure.* ➤ **ondulation.** *«barbe disposée en ondes régulières et parallèles»* Z. OLDENBOURG. — Ornement fait de lignes sinueuses et parallèles.

II PROPAGATION D'UN MOUVEMENT ONDULATOIRE (1765)

A. UNE ONDE ■ **1** PHYS. Déformation, ébranlement ou vibration dont l'élongation est une fonction périodique des variables de temps et d'espace. *Ondes longitudinales*, dans lesquelles le déplacement, la vibration se produit dans la direction de la propagation (ex. *ondes sonores*). *Ondes trans-*

versales, dans lesquelles le déplacement, la vibration se produit dans un plan perpendiculaire à la direction de propagation (ex. *ondes électromagnétiques*). ➤ **vibration.** *Crête, creux d'une onde. Phase* des points d'une onde. Source d'une onde. Front d'onde :* lieu des points de l'espace atteints par la vibration à l'instant considéré. *Surface d'onde :* surface continue telle que les vibrations en chacun de ses points soient en phase. *Amplitude*, période* d'une onde. Fréquence* d'une onde. Longueur d'onde :* espace parcouru par la vibration pendant une période. *Vitesse de propagation d'une onde :* vitesse qu'aurait un point qui se trouverait constamment sur la crête de l'onde. *Train d'ondes :* émission d'ondes en nombre limité. *Ondes entretenues :* émission continue d'ondes d'amplitude constante. *Ondes amorties,* dont l'amplitude décroît. *Ondes directes. Ondes indirectes* ou *ondes d'espace :* ondes réfléchies sur l'ionosphère. *Ondes stationnaires*. Ventre*, nœud* de vibration d'une onde stationnaire. Interférence, diffraction des ondes. Ondes liquides :* ondes concentriques qui se propagent dans l'eau quand on y jette une pierre (1er emploi, dans ce sens). ➤ **cercle, ride, rond.** *Ondes sismiques.* — *Onde de choc :* sillage généralement conique d'un objet se déplaçant dans l'air à une vitesse supersonique ; FIG. ensemble de répercussions, souvent fâcheuses, d'un évènement (cf. Choc* en retour). *Ondes explosives* (➤ **blast**). — *Ondes sonores.* ➤ 2 **son** (infrason, ultrason, son audible), **résonance.** ▪ **2** PHYSIOL. *Onde musculaire, péristaltique* (propagation de proche en proche d'une contraction). ➤ **péristaltisme.**

B. LES ONDES ▪ **1 ONDES ÉLECTROMAGNÉTIQUES :** famille d'ondes qui ne nécessitent aucun milieu matériel connu pour leur propagation. *Les ondes électromagnétiques comprennent* (dans l'ordre de longueur d'onde décroissante) *les ondes hertziennes, les rayons infrarouges, les rayonnements visibles, les rayons ultraviolets, les rayons X et les rayons gamma. Ondes lumineuses.* ➤ **lumière.** — *Onde associée à un corpuscule** (en mécanique ondulatoire*). ▪ **2** (1899) **ONDES HERTZIENNES** ou *radioélectriques ;* ABSOLT **LES ONDES.** ➤ **radar,** 2 **radio, télévision ; T. S. F.** *Les ondes radioélectriques sont classées selon leur longueur d'onde ou leur fréquence. Ondes courtes, ondes moyennes, petites ondes, grandes ondes. Écouter une émission sur ondes courtes.* « *Ma mère a poussé le sélecteur de gammes d'ondes sur les ondes courtes* » F. WEYERGANS. TECHN. *Ondes décamétriques, hectométriques, kilométriques.* — *Ondes porteuses*. Modulation d'une onde porteuse, de sa fréquence.* ➤ **modulation** (de fréquence). — (Canada) *Être en ondes, passer en ondes* (on dit, en français d'Europe, *à l'antenne*). — LOC. FIG. et FAM. *Être sur la même longueur d'onde :* se comprendre mutuellement, en parlant de deux personnes. *Ils ne sont pas sur la même longueur d'onde.* ➤ **déphasé.** ▪ **3** SANS COMPL. **LES ONDES :** la radiodiffusion. ➤ 2 **radio.** *Sur les ondes ou dans la presse. Mettre en ondes, mise en ondes. Metteur en ondes. La guerre des ondes.* ▪ **4** PAR EXT. *Ondes musicales* ou (1948) *ondes Martenot* (nom de l'inventeur) : instrument de musique électronique à clavier, dont le son est produit par les vibrations de lampes du type radioélectrique.

III SENSATION (XIVe) Sensation, sentiment qui se manifeste par accès, et se propage comme une onde. ➤ **vibration.** *Ondes de colère, de sympathie.* « *passait dans les yeux sombres un éclair, une onde véloce de malice* » BELLETTO. *Des ondes positives, négatives.*

ONDÉ, ÉE [ɔ̃de] adj. – XIVe ◇ de *onde* ▪ DIDACT. ou LITTÉR. En forme d'onde (I, 3°), qui présente des ondes. *Tissu ondé.* ➤ **moiré.** *Jaspes ondés ou veinés.* « *Ses bandeaux, torrents de cheveux noirs vigoureusement ondés à ses tempes* » BARBEY. ➤ **onduleux.** — BLAS. *Croix ondée, chevron ondé.*

ONDÉE [ɔ̃de] n. f. – XIIIe ; « flot » XIIe ◇ de *onde* ▪ Pluie soudaine et de peu de durée. *Être surpris par une ondée.* ➤ **averse.**

ONDEMÈTRE [ɔ̃dmɛtʀ] n. m. – 1904 ◇ de *onde* et *-mètre* ▪ TECHN. Appareil servant à mesurer la longueur d'onde d'une émission radioélectrique.

ONDIN, INE [ɔ̃dɛ̃, in] n. – 1704 ; fém. XVIe ◇ de *onde* ▪ Génie, déesse des eaux dans la mythologie nordique (rare au masc.). *Les nixes, les ondins et les ondines.*

ONDINISME [ɔ̃dinism] n. m. – 1951 ◇ de *ondin,* par l'anglais *undinism* ▪ Pratique sexuelle dans laquelle le plaisir est obtenu par la vue ou le contact de l'eau (ou de l'urine). ➤ **urolagnie.**

ON-DIT [ɔ̃di] n. m. inv. – 1730 ◇ de *on* et *dit* → 1 dire ▪ Bruit qui court. ➤ **bruit, racontar, rumeur.** *Ce ne sont que des on-dit.*

ONDOIEMENT [ɔ̃dwamɑ̃] n. m. – 1165 ◇ de *ondoyer* ▪ **1** Mouvement de ce qui ondoie. *L'ondoiement des herbes dans le vent.* ➤ **frisson.** ▪ **2** (1736) Baptême où seule l'ablution baptismale est faite, sans les rites et prières habituels. *Ondoiement donné à un enfant en danger de mort.*

ONDOYANT, ANTE [ɔ̃dwajɑ̃, ɑ̃t] adj. – XIIe ◇ de *ondoyer* ▪ **1** Qui ondoie, a le mouvement de l'onde. *Les blés ondoyants. Flamme ondoyante.* ➤ **mouvant.** *Taille ondoyante.* ➤ **onduleux, souple.** ◆ PAR EXT. Qui présente des courbes gracieuses. *Formes ondoyantes du modern style.* ➤ **sinueux.** ▪ **2** (XVIe) LITTÉR. Qui est mobile, change aisément. « *C'est un sujet merveilleusement vain, divers et ondoyant que l'homme* » MONTAIGNE. *Personne ondoyante.* ➤ **capricieux, changeant, inconstant, mobile, variable.** « *Représenter l'ondoyante humanité dans sa* vérité momentanée » GONCOURT. ■ CONTR. Constant, stable.

ONDOYER [ɔ̃dwaje] v. ‹8› – 1200 « couler » ◇ de *onde* ▪ **1** v. intr. (1617 ◇ de *onde* « vague ») Remuer, se mouvoir en s'élevant et s'abaissant alternativement. *Drapeau, panache qui ondoie dans le vent.* ➤ 1 **flotter, onduler.** ▪ **2** v. tr. (1250 ◇ de *onde* « eau ») LITURG. CATHOL. Baptiser par ondoiement. *Ondoyer un nouveau-né.*

ONDULANT, ANTE [ɔ̃dylɑ̃, ɑ̃t] adj. – 1761 ◇ de *onduler* ▪ Qui ondule. *Une démarche ondulante.* ➤ **ondoyant, onduleux.** ◆ MÉD. *Fièvre ondulante,* qui s'élève puis décroît par ondulations. ➤ **brucellose.** *Pouls ondulant,* perçu sous forme d'ondes irrégulières.

ONDULATION [ɔ̃dylasjɔ̃] n. f. – 1680 « mouvement concentrique dans un fluide » ◇ du bas latin *undula* « petite onde » ▪ **1** VX Onde concentrique dans l'eau ; onde en général. ▪ **2** (v. 1780) MOD. Mouvement alternatif de ce qui s'élève et s'abaisse en donnant l'impression d'un déplacement longitudinal ; mouvement sinueux, latéral. *Ondulation des vagues, de la houle* (➤ **ondoiement**), *des blés.* « *Elle se tordait la taille, balançait son ventre avec des ondulations de houle* » FLAUBERT. ▪ **3** Ligne, forme sinueuse, faite de courbes alternativement concaves et convexes. « *Là-bas, suivant les ondulations de la petite rivière, une grande ligne de peupliers serpentait* » MAUPASSANT. ➤ **sinuosité.** — PAR EXT. Mouvement naturel ou artificiel des cheveux dont les mèches présentent une succession de vagues. *Cheveux qui ont des ondulations naturelles, permanentées.* ◆ SPÉCIALT *Ondulation du sol, du terrain :* suite de dépressions et de saillies dues à un plissement. ➤ 1 **pli.** « *Les ondulations du terrain commençaient à devenir plus fortes* » GAUTIER.

ONDULATOIRE [ɔ̃dylatwaʀ] adj. – 1765 ◇ de *onduler* ▪ PHYS. ▪ **1** Qui a les caractères d'une onde (II). *Mouvement ondulatoire de la houle, du son.* ◆ Qui appartient à l'onde. *Aspect, caractère ondulatoire.* ▪ **2** Qui se rapporte aux ondes. *Mécanique ondulatoire :* théorie selon laquelle toute particule est considérée comme associée à une onde périodique. « *La mécanique ondulatoire est née d'un effort pour comprendre la véritable nature du dualisme des ondes et des corpuscules* » BROGLIE.

ONDULÉ, ÉE [ɔ̃dyle] adj. – 1767 ◇ de *onduler* ▪ Qui ondule, fait des courbes (surtout dans un plan vertical). *Cheveux ondulés. Tôle* ondulée. Route, chaussée ondulée,* dont la surface présente des rides, des inégalités régulières.

ONDULER [ɔ̃dyle] v. ‹1› – 1746 ◇ bas latin °*undulare,* de *unda* « onde »

I v. intr. ▪ **1** Avoir un mouvement d'ondulation. ➤ **ondoyer.** *Images qui ondulent dans l'eau.* « *La houppelande du cocher ondulait par grands plis au trot du cheval* » ARAGON. ➤ se **dérouler,** 1 **flotter.** « *L'armée en marche ondule au fond des chemins creux* » HUGO. ▪ **2** Présenter des ondulations (3°). « *Une route ondulait devant eux par-dessus collines et vallons* » GIONO. *Ses cheveux ondulent naturellement.*

II v. tr. (1877) Rendre ondulé. *Onduler ses cheveux au fer* (➤ **friser**).

ONDULEUR [ɔ̃dylœʀ] n. m. – 1948 ◇ de *onduler* ▪ ÉLECTROTECHN. Dispositif électronique destiné à transférer, sous forme alternative, à une charge, une énergie électrique continue.

ONDULEUX, EUSE [ɔ̃dylø, øz] adj. – 1735 ◇ du radical de *ondulation* ▪ **1** Qui présente de larges ondulations. ➤ **courbe, flexueux, ondulé, sinueux.** *Une courbe, une ligne onduleuse. Plaine onduleuse.* ▪ **2** (1779) Qui ondule. ➤ **ondoyant, ondulant.** « *Elle marchait avec un léger mouvement onduleux, comme si elle eût été portée par une barque* » MAUPASSANT. ■ CONTR. 1 Droit, 1 plat, raide.

ONE MAN SHOW [wanmanʃo] loc. subst. m.e – *one-man show* 1923 ◊ mot anglais «spectacle *(show)* d'un seul homme *(one man)*» ■ ANGLIC. Spectacle de variétés centré sur une vedette (masculine ou féminine). ➤ aussi **stand-up.** *Des one man shows.* — REM. Quand la vedette est une femme, on rencontre la forme **ONE WOMAN SHOW** [wanwumanʃo] (1950). — **Recomm. offic.** *spectacle solo, solo* ou *seul(e) en scène.*

ONÉREUX, EUSE [ɔnerø, øz] adj. – 1509 ; «lourd, pesant» 1370 ◊ latin *onerosus,* de *onus, oneris* «poids, charge» ■ **1** VX Qui est à charge, qui est incommode, pénible. *«La société est fondée sur un avantage mutuel ; mais lorsqu'elle me devient onéreuse, qui m'empêche d'y renoncer ?»* MONTESQUIEU. — DR. *À titre onéreux :* sous la condition d'acquitter une charge, une obligation. ■ **2** (1694) MOD. Qui impose des frais, des dépenses ; qui est cher. ➤ **cher*, coûteux, dispendieux, lourd ;** PLAIS. **budgétivore.** *Une moto onéreuse.* — adv. RARE **ONÉREUSEMENT,** 1781. ■ CONTR. Bénévole, gracieux, gratuit ; avantageux, économique.

ONE-STEP [wanstɛp] n. m. – *one step* 1913 ◊ mot anglais américain «un pas (par temps)» ■ ANGLIC. VIEILLI Danse d'origine américaine, sur une musique à deux temps syncopée, à la mode en France après la guerre de 1914-1918 ; air sur lequel elle se danse. *L'orchestre jouait des one-steps.*

O. N. G. ou **ONG** [oɛnʒe] n. f. inv. – 1968 ◊ sigle de *Organisation Non Gouvernementale* ■ Organisme non gouvernemental d'intérêt public ou humanitaire (Croix-Rouge, Médecins du monde, Terre des hommes, etc.). *L'action des O. N. G.*

ONGLE [ɔ̃gl] n. m. – 1160 ; *ungle* n. f. v. 1100 ◊ latin *ungula* ■ **1** Lame cornée, implantée sur l'extrémité dorsale des doigts et des orteils chez l'être humain (et certains vertébrés). *Racine, matrice de l'ongle. La lunule de l'ongle. Taches blanches sur l'ongle* (➤ **albugo**). *Petites peaux se détachant au pourtour des ongles* (➤ **cuticule, envie**). *Inflammation du lit de l'ongle.* ➤ **onyxis.** *Mycose de l'ongle.* ➤ **onychomycose.** *Ongle incarné*.* *«ongles de nourrissons fragiles comme des paupières, ongles anthracite et brefs des mécanos, ongles de vieillards épais, durs»* ECHENOZ. — *Avoir les ongles sales, noirs* (la partie libre des ongles). FAM. *Avoir les ongles en deuil*, endeuillés.* — *Manger, ronger ses ongles* (➤ **onychophagie**). *Ongles longs, courts. Se couper les ongles des mains et des pieds. Se curer, se brosser les ongles. Nécessaire* à ongles* (➤ **onglier**), *contenant brosse à ongles, coupe-ongle, polissoir, lime, ciseaux, pince à ongles. Faire les ongles à qqn* (➤ 2 **manucure**). *Faux ongles. Se faire les ongles, avoir les ongles faits. Vernis, rouge à ongles.* *Pierrette regardait «ses ongles qu'elle n'osait encore vernir et qu'elle ne rongeait déjà plus»* QUENEAU. — *Gratter, égratigner, griffer avec les ongles.* ◆ LOC. FIG. *Avoir les ongles crochus :* être très avare. — *Payer rubis* sur l'ongle.* — *Jusqu'au bout des ongles :* complètement, extrêmement. *«Certains qui n'en sont pas moins pères jusqu'au bout des ongles»* DUHAMEL. *Avoir de l'esprit, du talent jusqu'au bout des ongles,* en avoir beaucoup. *Connaître, savoir qqch. sur le bout des ongles,* complètement, à fond (cf. Sur le bout des doigts*). ■ **2** Griffe des carnassiers. — Serre des rapaces. — LOC. *Se défendre bec et ongles,* de toutes ses forces.

ONGLÉ, ÉE [ɔ̃gle] adj. – 1400 ◊ de *ongle* ■ DIDACT. Qui a des ongles, est pourvu d'ongles. ➤ aussi **ongulé.** *«Ces pattes onglées de poignards rétractiles»* GAUTIER. — FAUCONN. *Oiseau onglé,* qui a des serres.

ONGLÉE [ɔ̃gle] n. f. – 1456 ◊ de *ongle* ■ Engourdissement douloureux de l'extrémité des doigts, provoqué par le froid, premier degré de la gelure des mains. *Avoir l'onglée.*

ONGLET [ɔ̃glɛ] n. m. – 1676 ; «crochet en forme d'ongle» 1304 ◊ de *ongle* ■ **1** MENUIS. Extrémité d'une planche, d'une moulure formant un angle de quarante-cinq degrés ; assemblage de deux moulures qui se coupent à angle droit, en juxtaposant leurs onglets. *Assemblage à onglet, en onglet.* — *Boîte à onglets,* formée de deux barres de bois à encoches pour guider la scie, entre lesquelles on place la planche, la moulure que l'on veut scier, couper en onglet. ■ **2** (1680) Petite bande de papier (repliée sur le côté ou rapportée) permettant d'insérer dans un ouvrage une feuille isolée. *Monter un hors-texte, des gravures sur onglet.* ■ **3** (1960 ◊ par anal. de forme) BOUCH. Partie de la fressure qui tient au foie et aux poumons. — Morceau pour biftecks (muscles piliers du diaphragme). *Onglet à l'échalote.* ◆ (XVIIIe) BOT. Partie inférieure du pétale, par laquelle il s'insère au réceptacle. — (XIXe) ARBOR. Partie d'un rameau laissée au-dessus de l'œil, après la taille. ◆ (1690) Poinçon ou burin taillé en triangle. ➤ **onglette.** ◆ (XIXe) GÉOM. Portion d'un volume (cylindre, sphère, cône) comprise entre deux plans passant par l'axe. *Onglet cylindrique, conique, sphérique.* ■ **4** (1835) Entaille où l'on peut introduire l'ongle. Échancrure sur le plat d'une règle. — Entaille sur la lame d'un canif, d'un couteau pliant (pour permettre de tirer la lame). ◆ Échancrure en forme de demi-cercle dans les feuillets d'un livre ou d'un cahier pour signaler un chapitre ou une section. *Les onglets d'un répertoire.* ■ **5** INFORM. Élément d'une fenêtre sur lequel on peut cliquer pour faire apparaître sur l'écran une page, un document ou accéder à une fonction. *La navigation par onglets permet d'ouvrir plusieurs pages dans une même fenêtre.*

ONGLETTE [ɔ̃glɛt] n. f. – 1615 ; «petit ongle» 1572 ◊ de *ongle* ■ Petit outil de graveur en médailles (➤ **burin**), appelé aussi *onglet, ognette.*

ONGLIER [ɔ̃glije] n. m. – 1873 ◊ de *ongle* ■ Ensemble des instruments nécessaires à la toilette des ongles, des mains ; étui, nécessaire qui les contient. ➤ **nécessaire** (à ongles).

ONGLON [ɔ̃glɔ̃] n. m. – 1846 ; «grand ongle» 1310 ◊ de *ongle* ■ ZOOL. Sabot des artiodactyles (ruminants, porcins) et des proboscidiens (éléphants). *Chaque pied porte deux onglons.*

ONGUENT [ɔ̃gɑ̃] n. m. – XIIIe ◊ latin *unguens, entis* ■ **1** VX Parfum, baume. ■ **2** PHARM. Sorte de pommade* renfermant habituellement des substances résineuses, peu employée en thérapeutique moderne. ➤ **crème, embrocation, emplâtre, liniment, pommade, topique.** *Onguent napolitain,* pommade mercurielle. *Onguent à base de cire, d'huile* (➤ **cérat**), *de résines. Appliquer un onguent sur une brûlure.*

ONGUICULÉ, ÉE [ɔ̃g(ɥ)ikyle] adj. – 1756 ◊ du latin *unguiculus* ■ DIDACT. Qui a un ongle à chaque doigt. *Animaux onguiculés.* — BOT. *Pétale onguiculé,* pourvu d'onglets très apparents.

ONGUIFORME [ɔ̃g(ɥ)ifɔʀm] adj. – 1834 ◊ du latin *unguis* et *-forme* ■ DIDACT. Qui a la forme d'un ongle.

ONGULÉ, ÉE [ɔ̃gyle] adj. et n. m. – 1754 ◊ du latin *ungula* ■ Se dit des animaux dont les pieds sont terminés par des productions cornées (➤ **ongle, onglon, sabot**). ◆ n. m. pl. **LES ONGULÉS :** ordre de mammifères placentaires comportant les artiodactyles, les périssodactyles et les proboscidiens.

ONGULIGRADE [ɔ̃gyligʀad] adj. – *ongulograde* 1816 ◊ du latin *ungula* et *-grade* ■ DIDACT. Qui marche sur des sabots, en parlant d'animaux. ➤ **ongulé.**

ONIRIQUE [ɔniʀik] adj. – 1895 ◊ du grec *oneiros* «rêve» ■ **1** DIDACT. Relatif aux rêves. *Images, scènes, visions de l'état onirique.* ■ **2** LITTÉR. Qui évoque un rêve, semble sorti d'un rêve. *Atmosphère, décor onirique de certaines œuvres surréalistes.*

ONIRISME [ɔniʀism] n. m. – 1907 ◊ de *onirique* ■ MÉD. Activité mentale pathologique faite de visions et de scènes animées, telles qu'en réalise le rêve. *Onirisme infectieux, toxique.* ◆ COUR. Caractère onirique (de qqch.). — Univers du rêve. *«un cinéaste mort resurgissant sur une plage de nuit comme un fantôme, et convoquant l'onirisme par le son»* (Le Monde, 2007).

ONIRO- ■ Élément, du grec *oneiros* «rêve».

ONIROLOGIE [ɔniʀɔlɔʒi] n. f. – 1816 ◊ de *oniro-* et *-logie* ■ PSYCHOL. Étude des rêves.

ONIROLOGUE [ɔniʀɔlɔg] n. m. – 1933 ◊ de *onirologie* ■ PSYCHOL. Spécialiste en onirologie.

ONIROMANCIE [ɔniʀɔmɑ̃si] n. f. – *oniromance* 1623 ◊ de *oniro-* et *-mancie* ■ DIDACT. Divination par les songes.

ONIROMANCIEN, IENNE [ɔniʀɔmɑ̃sjɛ̃, jɛn] n. – 1836 ◊ de *oniromancie* ■ DIDACT. Personne qui pratique l'oniromancie.

ONLAY [ɔnlɛ] n. m. – 1951 ◊ mot anglais, de *on* «sur» et *to lay* «déposer» ■ CHIR. DENT. Pièce prothétique qui recouvre une dent pour la reconstituer (opposé à *inlay*). *Des onlays.* — **T. conseillé** *prothèse extrinsèque.*

ONOMASIOLOGIE [ɔnɔmazjɔlɔʒi] n. f. – 1904 ◊ grec *onomasia* «désignation», de *onoma* «mot», et *-logie* ■ LING. Étude de la désignation par un mot (opposé à *sémasiologie*). — adj. **ONOMASIOLOGIQUE.**

ONOMASTIQUE [ɔnɔmastik] **n. f.** et **adj.** – *onomastic* XVIe ◊ grec *onomastikos* «relatif au nom» ■ LING. ■ **1** Étude, science des noms propres, et spécialement des noms de personnes (➤ **anthroponymie**) et de lieux (➤ **toponymie**). ■ **2 adj.** (1838) Relatif aux noms propres, et spécialement aux noms de personnes, à leur étude. *Index, table onomastique.*

ONOMATOPÉE [ɔnɔmatɔpe] **n. f.** – XVIe ◊ latin *onomatopoeia*, grec *onomatopoiia* «création (*poiein* "faire") de mots (*onoma*)» ■ LING. Création de mot suggérant ou prétendant suggérer par imitation phonétique la chose dénommée ; le mot imitatif lui-même. *Motivation* de l'onomatopée. Onomatopées désignant des sons naturels* (ex. atchoum, cocorico, miam, toc-toc) *ou artificiels* (broum, pin-pon). *Les onomatopées servent à former des noms* (gazouillis, roucoulement) *et des verbes* (chuchoter, ronronner, vrombir) *dérivés.*

ONOMATOPÉIQUE [ɔnɔmatɔpeik] **adj.** – 1838 ; *onomatopique* XVIIIe ◊ de *onomatopée* ■ Relatif à l'onomatopée ; qui en a les caractères. *Formations onomatopéiques du langage enfantin.*

ONQUES ➤ **ONC**

ONTO- ■ Élément, du grec *ôn, ontos* «l'être, ce qui est».

ONTOGENÈSE [ɔ̃toʒənɛz] **n. f.** – 1874 ◊ de *onto-* et *-genèse* ■ BIOL. Développement de l'individu, depuis la fécondation de l'œuf jusqu'à l'état adulte. — On dit aussi **ONTOGÉNIE.**

ONTOGÉNÉTIQUE [ɔ̃toʒenetik] **adj.** – 1897 ◊ de *onto-* et *-génétique* ■ **1** BIOL. Relatif à l'ontogenèse. — On a dit aussi *ontogénique*, 1877. ■ **2** PHILOS. Qui engendre l'être, en parlant de la pensée, du raisonnement, d'un concept.

ONTOLOGIE [ɔ̃tɔlɔʒi] **n. f.** – 1692 ◊ latin des philosophes *ontologia* (1646) ■ PHILOS. Partie de la métaphysique qui s'applique à l'être en tant qu'être, indépendamment de ses déterminations particulières. *«L'Être et le Néant, essai d'ontologie phénoménologique», de Sartre.*

ONTOLOGIQUE [ɔ̃tɔlɔʒik] **adj.** – 1765 ◊ de *ontologie* ■ PHILOS. Relatif à l'ontologie, à l'être en tant que tel (opposé à *axiologique*). *Preuve ontologique de l'existence de Dieu*, qui vise à prouver l'existence de Dieu par la seule analyse de sa définition (Dieu est parfait, donc il existe). — **adv. ONTOLOGIQUEMENT,** 1874.

ONUSIEN, IENNE [ɔnyzjɛ̃, jɛn] **adj.** – 1949 ◊ de *ONU.* ■ De l'Organisation des Nations unies. *La mission onusienne. Les agences onusiennes.* — **n.** *Les onusiens* : les fonctionnaires de l'ONU.

ONYCHOMYCOSE [ɔnikomikoz] **n. f.** – 1889 ◊ du grec *onux, onukhos* «ongle» et *mycose* ■ MÉD. Mycose de l'ongle due à des champignons parasites.

ONYCHOPHAGIE [ɔnikɔfaʒi] **n. f.** – 1893 ◊ du grec *onux, onukhos* «ongle» et *-phagie* ■ MÉD. Habitude de se ronger les ongles.

-ONYME ■ Élément, du grec *-ônumos*, de *onoma* «nom».

ONYX [ɔniks] **n. m.** – *onix* XIIe ◊ latin *onyx*, grec *onux* «ongle», cette pierre étant translucide comme un ongle ■ Variété d'agate présentant des zones concentriques régulières de diverses couleurs. *Coupe en onyx.* — PAR MÉTAPH. *«Ses admirables yeux d'onyx»* PROUST. ◆ Variété de marbre.

ONYXIS [ɔniksis] **n. m.** – 1835 ◊ du grec *onux* «ongle» ■ MÉD. Inflammation du lit de l'ongle, presque toujours chronique et accompagnée d'ulcérations, de fongosités. *L'ongle incarné est une forme d'onyxis.*

ONZAIN [ɔ̃zɛ̃] **n. m.** – 1473, «monnaie» ◊ de *onze* ■ DIDACT. Strophe de onze vers.

ONZE ['ɔ̃z] **adj. numér. inv.** et **n. inv.** – 1080 ◊ latin *undecim*, de *unus* «un» et *decem* «dix»

I adj. numér. card. Nombre entier naturel équivalant à dix plus un (11 ; XI). ➤ **hendéca-, undéci-.** ■ **1** Avec l'art. défini Désigne un groupe déterminé de onze unités. *Les Onze* : magistrats de l'ancienne Athènes chargés de la police. ■ **2** Avec ou sans déterminant *Un enfant de onze ans. Polygone à onze côtés.* ➤ **hendécagone.** *Strophe de onze vers.* ➤ **onzain.** *Il n'y a que onze pages.* — (En composition pour former un nombre) *Quatre-vingt-onze. Onze cents* (ou mille cent). *«Les Onze Mille Verges», de G. Apollinaire.* ■ **3** PRON. *Ils étaient onze.*

II adj. numér. ord. Onzième. ■ **1** *Louis XI. Chapitre XI* [ʃapitʀəɔ̃z] ; *page 11* [paʒɔ̃z]. — *Le 11 Novembre*. Le train de 11 h 08.* — *Bouillon* d'onze heures.* ■ **2** SUBST. M. Le onzième jour du mois. *Chèque daté du 11.* ◆ Ce qui porte le numéro 11. *C'est le 11 qui a gagné.* ■ **3** SUBST. F. Chambre, table numéro 11. *La douche de la 11.*

III n. m. inv. ■ **1** Sans déterminant *Onze multiplié par deux.* — *Onze pour cent* (ou *11 %*). ■ **2** Avec déterminant Le chiffre, le numéro 11. *Des onze romains.* — Note (II, 6o) correspondant à onze points. *Avoir (un) 11 à un examen.* ◆ Équipe de onze joueurs, au football. *Le onze de France.*

ONZIÈME ['ɔ̃zjɛm] **adj.** et **n.** – *onsieme* XIIIe ; *unzime* v. 1199 ◊ de *onze* ■ REM. Il est d'usage de ne pas élider l'art. ou la prép. qui précède *onzième.*

I adj. ■ **1 adj. numér. ord.** Qui suit le dixième. *Le XIe siècle. Le onzième étage* ou SUBST. *habiter au onzième. Le XIe arrondissement* ou SUBST. *habiter dans le onzième.* — LOC. *Les ouvriers de la onzième heure* : parabole évangélique (saint Matthieu) exprimant la charité divine à l'égard de ceux qui viennent tardivement à la vraie foi. — (Dans une compétition) *Elle a fini onzième de sa promotion.* ◆ (En composition pour former des adj. ord.) *Mille onzième* (1 011e). ■ **2 adj. fractionnaire** Se dit d'une partie d'un tout également divisé ou divisible en onze. — SUBST. *Un onzième de l'héritage. Deux onzièmes* (2/11).

II n. ■ **1** *Il est le onzième sur la liste.* ■ **2 n. f.** Classe de cours préparatoire*, première année de l'enseignement primaire français. — (1868) MUS. Intervalle de onze degrés, redoublement de la quarte.

ONZIÈMEMENT [ɔ̃zjɛmmɑ̃] **adv.** – *onziesmement* 1552 ◊ de *onzième* ■ En onzième lieu (en chiffres 11°).

OO- ■ Élément, du grec *ôon* «œuf». ➤ **ovi-.**

OOCYTE ➤ **OVOCYTE**

OOGENÈSE ➤ **OVOGENÈSE**

OOGONE [ɔɔgɔn ; oogon] **n. f.** – 1854 ◊ de *oo-* et *2-gone* ■ BOT. Organe où se forment les cellules femelles *(oosphères)*, chez les thallophytes (champignons, algues). ➤ **archégone.**

OOLITHE ou **OOLITE** [ɔɔlit] **n. f.** ou **m.** – 1752 n. f. ◊ de *oo-* et *-lithe* ■ MINÉR. Calcaire formé de grains sphériques (comparés à des œufs de poissons). *Les oolithes sont caractéristiques du jurassique ancien.* — Formation analogue de grains d'oxyde de fer.

OOLITHIQUE ou **OOLITIQUE** [ɔɔlitik] **adj.** – 1818 ◊ de *oolithe* ■ MINÉR. Formé d'oolithes ; relatif à l'oolithe. *Terrains calcaires oolithiques.* — **n. m.** *L'oolithique.* ➤ **jurassique.**

OOLONG ['ulɔ̃g ; ulɔ̃g] **n. m.** – 1848 ◊ mot chinois «dragon noir» ■ Thé chinois faible en théine, aux feuilles semi-fermentées, également appelé *thé bleu-vert.* — APPOS. *Thé oolong.*

OOSPHÈRE [ɔɔsfɛʀ] **n. f.** – 1854 ◊ de *oo-* et *-sphère* ■ BOT. Gamète femelle des plantes (correspondant à l'ovocyte chez les animaux). *Oosphère formée dans l'ovaire, dans l'oogone, l'archégone, ou provenant d'un prothalle. L'oosphère est fécondée par l'anthérozoïde.*

OOSPORE [ɔɔspɔʀ] **n. f.** – 1874 ◊ de *oo-* et *spore* ■ BOT. Œuf (fécondé) des algues et des champignons.

OOTHÈQUE [ɔɔtɛk] **n. f.** – 1868 ◊ de *oo-* et *-thèque* ■ ZOOL. Groupe d'œufs enfermés dans une même coque, chez de nombreux insectes orthoptères (ex. blattes) ; cette coque.

O. P. A. [opea] **n. f. inv.** – v. 1965 ◊ sigle de *Offre Publique d'Achat* ■ FIN. Procédure d'acquisition de parts d'une société cotée en bourse où l'acquéreur (➤ **attaquant, raider**) fait connaître publiquement aux détenteurs des titres ses intentions d'achat. *Lancer une O. P. A. sur les actions d'une société.* ➤ **raid ; opéable.** *O. P. A. amicale*, hostile*.* — FIG. *Politicien qui tente une O. P. A. sur un parti,* qui manifeste publiquement son intention d'en prendre le contrôle.

OPACIFIANT, IANTE [ɔpasifjɑ̃, jɑ̃t] **adj.** – 1946 ◊ de *opacifier* ■ TECHN. Qui rend opaque, augmente l'opacité de. *Pouvoir opacifiant d'un pigment. Agents opacifiants.* — **n. m.** *La baryte est un opacifiant.*

OPACIFICATION [ɔpasifikasjɔ̃] **n. f.** – 1810 ◊ de *opacifier* ■ MÉD. ■ **1** Diminution de la transparence de la cornée (➤ **albugo, leucome, néphélion, taie**), ou du cristallin (➤ **2 cataracte**). ■ **2** Injection d'une substance opaque aux rayons X en vue d'un examen radiologique.

OPACIFIER [ɔpasifje] v. tr. ⟨7⟩ – 1868 ◊ de *opaque* ■ Rendre opaque. — PRONOM. **S'OPACIFIER :** devenir opaque.

OPACIMÉTRIE [ɔpasimetʀi] n. f. – 1945 ◊ de *opaci(té)* et *-métrie* ■ TECHN. Mesure de l'opacité de certaines substances (avec un *opacimètre*).

OPACITÉ [ɔpasite] n. f. – v. 1500 ◊ latin *opacitas* ■ **1** Ombre épaisse. « *Tout le reste était brouillard* [...] *opacité, noirceur* » HUGO. ■ **2** (1680) Propriété d'un corps qui ne se laisse pas traverser par la lumière. *Cataracte qui aboutit à l'opacité du cristallin. Opacité d'un papier d'impression.* ■ **3** LITTÉR. Caractère obscur, impénétrable. *Opacité d'un texte.* ◆ LING. *Opacité d'un signe,* qu'on ne peut ni remplacer ni traduire à cause du signifiant qui est présent dans la signification. ➤ **connotation** (autonymique). ■ CONTR. Translucidité, transparence.

OPALE [ɔpal] n. f. – *opalle* XVIe ; *optal* v. 1120 ◊ latin *opalus* ■ **1** Pierre semi-précieuse opaque ou translucide (variété de silice hydratée) à reflets irisés. *Opale noble, opale de feu, opale miellée, opale commune* (ou *semi-opale*). « *une opale : pierre de malheur, gemme infâme* » APOLLINAIRE. ■ **2** adj. Qualifie un verre non transparent, rendu blanc et mat par un revêtement interne de silice. *Des ampoules opales.* ➤ **opalisé.**

OPALESCENCE [ɔpalesɑ̃s] n. f. – 1866 ◊ de *opale* ■ LITTÉR. Aspect, reflet opalin.

OPALESCENT, ENTE [ɔpalesɑ̃, ɑ̃t] adj. – 1788 ◊ de *opale* ■ LITTÉR. Qui prend la couleur, les reflets de l'opale. ➤ **opalin.**

OPALIN, INE [ɔpalɛ̃, in] adj. – 1783 ◊ de *opale* ■ Qui a l'aspect, la couleur laiteuse, les reflets irisés de l'opale. ➤ **blanchâtre, laiteux, opalescent.** « *Verte, opaline ou laiteuse, c'est toujours de l'absinthe* » COLETTE.

OPALINE [ɔpalin] n. f. – 1895 ◊ de *opale* ou de l'adj. *opalin* ■ Substance vitreuse dont on fait des vases, des ornements. *Vase d'opaline, en opaline bleue.* ◆ Objet (vase, bibelot...) fait de cette matière. *Une collection d'opalines.*

OPALISER [ɔpalize] v. tr. ⟨1⟩ – 1877 ◊ de *opale* ■ LITTÉR. Donner un aspect opalin à (une matière). — TECHN. Rendre opale. *Opaliser un verre.* Au p. p. *Ampoule opalisée.* — n. f. **OPALISATION,** 1874.

OPAQUE [ɔpak] adj. – XIVe ◊ latin *opacus* « ombragé, touffu » ■ **1** Qui s'oppose au passage de la lumière. *Verre opaque.* « *Le brouillard qui rendait pesante, opaque et nauséabonde la nuit* » MAUPASSANT. *Collant opaque.* ◆ **OPAQUE À... :** qui s'oppose au passage de (certains rayonnements). *Corps opaque aux rayons ultraviolets, aux rayons X* (➤ **opacifiant**). ■ **2** Très sombre, sans lumière. ➤ **impénétrable, obscur, ténébreux.** *Nuit, ombre opaque.* ■ **3** FIG. Qui ne se laisse pas comprendre, dont le sens n'est pas donné. ➤ **obscur.** *Mot opaque.* — *Un être, un personnage opaque.* ■ CONTR. Clair, diaphane, hyalin, translucide, transparent.

OPE [ɔp] n. f. ou m. – 1547 ◊ latin *opa,* grec *opê* « ouverture » ■ ARCHIT. Trou ménagé dans un mur et destiné à recevoir une poutre, un boulin. — *Opes d'une frise dorique :* ouvertures réelles ou simulées entre les métopes. ■ HOM. Hop.

O. P. E. [opeø] n. f. inv. – v. 1985 ◊ sigle de *Offre Publique d'Échange* ■ FIN. Procédure d'acquisition de parts d'une société cotée en Bourse où l'acquéreur (➤ **attaquant, raider**) propose d'autres titres (actions, obligations) en échange ou en paiement de ceux qui sont détenus par les actionnaires de la société convoitée. ➤ **raid.**

-OPE, -OPIE ■ Groupes suffixaux, du grec *ôps, opis* « vue » : *amétropie.*

OPÉABLE [ɔpeabl] adj. – v. 1970 ◊ de *O. P. A.* ■ FIN. Susceptible d'être l'objet d'une O. P. A. *Une société opéable.*

OPEN [ɔpɛn] adj. inv. – 1929 ◊ mot anglais « ouvert » ■ ANGLIC. ■ **1** SPORT Se dit d'une compétition ouverte aux professionnels et aux amateurs. *Tournoi open.* ➤ **ouvert.** — n. m. *Un open de tennis.* ■ **2** *Billet open :* billet d'avion non daté à l'achat et utilisable à la date choisie par l'acheteur. ➤ **ouvert** (recomm. offic.). *Des billets open.*

OPEN SOURCE [ɔpœnsuʀs] adj. inv. – 1999 ◊ mots anglais, de *open* « ouvert ; libre » et *source* ■ ANGLIC. INFORM. *Logiciel open source :* logiciel* libre (recomm. offic.). — *Des programmes open source.*

OPÉRA [ɔpeʀa] n. m. – v. 1646 ◊ italien *opera* ■ **1** Poème, ouvrage dramatique mis en musique, dépourvu de dialogue parlé, qui est composé de récitatifs, d'airs (➤ 1 **chant, bel canto**), de chœurs et parfois de danses (➤ **ballet**) avec accompagnement d'orchestre (cf. Drame lyrique). *Grand opéra* ou *opéra sérieux* (it. *opera seria*), dont le sujet est tragique. *Opéra bouffe,* dont les personnages et le sujet sont empruntés à la comédie. ➤ **opéra-comique, opérette.** *Livret d'un opéra. Le compositeur et le librettiste d'un opéra. Chanteur d'opéra. Chanteuse d'opéra.* ➤ **cantatrice, diva, prima donna.** *Choriste, chœurs d'opéra.* ◆ Genre musical constitué par ces ouvrages. *Aimer l'opéra.* — *Opéra rock :* spectacle musical fondé sur la musique rock. ■ **2** (1694) Édifice, théâtre où l'on joue ces sortes d'ouvrages. *La Scala de Milan, célèbre opéra italien.* — (À Paris) *L'Opéra* (Académie nationale de musique). *Chœurs, orchestre, ballet, danseur, petit rat* de l'Opéra.* ■ **3** VIEILLI Couleur rouge pourpre. ■ **4** Gâteau au chocolat de forme carrée, fourré de crème au café.

OPÉRABLE [ɔpeʀabl] adj. – 1845 ; « qui pousse à agir » 1450 ◊ de *opérer* ■ Qui peut être opéré, est en état de l'être. *Malade opérable.* — PAR EXT. *Cancer opérable.* ■ CONTR. Inopérable.

OPÉRA-COMIQUE [ɔpeʀakɔmik] n. m. – 1715 ◊ de *opéra* et *comique* ■ **1** Drame lyrique, généralement sans récitatif, composé d'airs chantés avec accompagnement orchestral, alternant parfois avec des dialogues parlés. *Des opéras-comiques.* ◆ Genre constitué par cette sorte d'ouvrage. ■ **2** (1819) *L'Opéra-Comique :* théâtre lyrique parisien où l'on donne des opéras-comiques.

OPÉRANDE [ɔpeʀɑ̃d] n. m. – 1963 ◊ de *opérer,* d'après *multiplicande ;* anglais *operand* (1866) ■ **1** MATH. Quantité entrant dans une opération. *Les opérandes de la multiplication* (➤ **multiplicande, multiplicateur**), *de la division* (➤ **dividende, diviseur**). ■ **2** INFORM. Élément entrant dans la constitution d'une instruction de programme.

OPÉRANT, ANTE [ɔpeʀɑ̃, ɑ̃t] adj. – 1560 ◊ de *opérer* ■ THÉOL. *Grâce opérante,* qui a des effets spirituels. ◆ (1787) COUR. Qui produit un effet. *Nos mesures ont été opérantes.* ➤ **agissant,** 1 **efficace.** ■ CONTR. Inopérant.

OPÉRATEUR, TRICE [ɔpeʀatœʀ, tʀis] n. – XIVe « artisan » ◊ latin *operator, trix* ■ **1** VX Personne qui opère, exécute une action. ➤ **auteur.** « *opérateur des miracles* » PASCAL. ■ **2** (1561) VX Personne qui exécute une opération chirurgicale. ➤ **chirurgien.** ■ **3** COUR. Personne qui exécute des opérations techniques déterminées, fait fonctionner un appareil. ➤ **manipulateur.** *Opérateur radio.* ◆ Personne chargée d'assurer les liaisons dans un central téléphonique. ➤ **standardiste, téléphoniste.** ◆ *Opérateur de prise de vues,* et ABSOLT *Opérateur.* ➤ **cadreur, caméraman.** APPOS. *Chef opérateur* (FAM. *chef op*) : directeur de la photographie. *Des chefs opérateurs.* ◆ *Opérateurs boursiers, financiers.* ➤ 2 **agent** (de change), **broker, courtier, trader.** *Opérateur de marché :* recomm. offic. pour *trader.* ■ **4** ÉCON. Exploitant qui tire profit d'une entreprise. *Opérateur de transport.* — Actionnaire principal qui possède la direction des opérations industrielles, commerciales. *Les opérateurs privés. Opérateurs locaux. Opérateurs institutionnels.* ■ **5** n. m. Entreprise qui exploite commercialement un réseau de télécommunications. *Les opérateurs et câblo-opérateurs. L'opérateur historique*.* ■ **6** n. m. MÉCAN. (opposé à *récepteur*). Organe d'une machine-outil qui exécute le travail utile que la machine doit accomplir. ■ **7** n. m. (1885) MATH. Symbole mathématique indiquant une opération à réaliser. + *est l'opérateur de l'addition.* — Élément d'un ensemble associé aux éléments d'un deuxième ensemble et définissant une loi de composition externe. ➤ **algorithme.** *Opérateur sur un ensemble E.* ◆ LOG. Symbole indiquant la valeur d'une proposition. *Opérateur binaire.* ➤ **connecteur.** *Opérateurs modaux* (contingence, impossibilité, nécessité, possibilité). *Opérateurs booléens*.* ■ **8** n. m. GÉNÉT. Séquence d'ADN située en amont des gènes, à laquelle peut se lier une protéine effectrice (répresseur ou activateur), inhibant ou augmentant la transcription au niveau du promoteur contigu. ➤ **opéron.**

OPÉRATION [ɔpeʀasjɔ̃] n. f. – XIIIe « ouvrage, travail » ◊ latin *operatio* ■ **1** Action d'un pouvoir, d'une fonction, d'un organe qui produit un effet selon sa nature. *Les opérations de la digestion.* « *La mémoire est nécessaire pour toutes les opérations de la raison* » PASCAL. — THÉOL. *Opération de la grâce. Opération du Saint-Esprit :* action mystique du Saint-Esprit par laquelle la Vierge Marie fut rendue mère. LOC. FIG. *Par l'opération du Saint-Esprit :* par un moyen mystérieux, inexplicable, parfois quelque peu suspect. *Il s'est enrichi très vite, comme par l'opération du Saint-Esprit.* ▪ **2** Acte ou série d'actes (matériels ou intellectuels) supposant réflexion et combinaison de moyens en vue d'obtenir un résultat déterminé. ➤ **accomplissement, entreprise, exécution, 1travail.** *Opérations industrielles, chimiques, pharmaceutiques, techniques.* ➤ **manipulation, traitement.** *Les opérations d'une fabrication. Machine qui se charge de la plupart des opérations.* ▪ **3** (1613) Processus de nature déterminée qui, à partir d'éléments connus, permet d'en engendrer un nouveau. ➤ **1calcul, 1loi** (de composition). *Opérations fondamentales :* addition, soustraction, multiplication, division (les *quatre opérations*), élévation à une puissance, extraction d'une racine. *« toute l'arithmétique n'est composée que de quatre ou cinq opérations qui sont : l'Addition, la Soustraction, la Multiplication, la Division et l'Extraction des racines, qu'on peut prendre pour une espèce de division »* DESCARTES. *Faire, poser une opération. Opération juste, fausse.* ▪ **4** (1690) *Opération (chirurgicale) :* toute action mécanique sur une partie du corps vivant en vue de la modifier, de la couper, de l'enlever (➤ **ablation, amputation ; -tomie**), de greffer un tissu, un organe (➤ **2greffe ; -plastie**), de mettre en place certains appareils de prothèse, d'extraire un corps étranger, etc. ➤ **intervention.** *Subir une opération. Opération à cœur ouvert. Opération sous anesthésie. Salle d'opération ;* FAM. *salle d'op* [saldɔp]. ➤ **bloc.** *Table d'opération.* ➤ FAM. **billard.** ▪ **5** (1701) *Opération (militaire) :* ensemble de mouvements, de manœuvres, de combats qui permet d'atteindre un objectif, d'assurer la défense d'une position, le succès d'une attaque (➤ **bataille, campagne**). *Le théâtre des opérations. Avoir, prendre l'initiative des opérations.* — PAR ANAL. *Opération de police.* — (Suivi d'un nom de code) *Opération Torch* (débarquement allié en Afrique du Nord, 1942). ◆ FAM. Série de mesures coordonnées en vue d'atteindre un résultat. *Opération « baisse des prix ». Opération escargot**. ▪ **6** (XVIIIe) ➤ **affaire, spéculation.** *Opération commerciale. Opérations financières, immobilières. Opérations de bourse,* portant sur l'acquisition ou la vente de valeurs mobilières, de matières premières. — FAM. *Vous n'avez pas fait là une belle opération !* ➤ **affaire.** — *Opération de banque,* que les banques et les institutions financières sont autorisées à réaliser.

OPÉRATIONNEL, ELLE [ɔpeʀasjɔnɛl] **adj.** – milieu XXe ◇ de *opération,* d'après l'anglais *operational* (1922) ▪ **1** Relatif aux opérations militaires, aux aspects de la stratégie qui concernent plus particulièrement les opérations, les combats. *Base opérationnelle.* ◆ Qui est en exploitation, fonctionne correctement. *Avion, missile opérationnel. — Armée, troupe opérationnelle.* ▪ **2** (1956 ◇ anglais *operational research*) *Recherche opérationnelle :* technique d'analyse scientifique (mathématique) des phénomènes d'organisation afin d'obtenir des résultats optimisés*. ▪ **3** Qui, dans l'entreprise, prend part directement à l'activité, à la réalisation des objectifs (opposé à *fonctionnel*). *Cadre opérationnel.* — SUBST. *Un, une opérationnelle.* ▪ **4** (1968) Qui peut être mis en service. *L'hôpital nouvellement construit sera opérationnel dans un mois.* — (PERSONNES) Capable d'agir. *Nouvel employé qui devient vite opérationnel.*

OPÉRATIQUE [ɔpeʀatik] **adj.** – 1966 ◇ de *opéra,* par l'anglais (1749) ▪ Relatif à l'opéra. *Projet scénique et opératique.*

OPÉRATOIRE [ɔpeʀatwaʀ] **adj.** – 1784 ◇ latin *operatorius* ▪ **1** Relatif aux opérations chirurgicales. *Médecine opératoire.* ➤ **chirurgie.** *Manœuvres, méthodes opératoires. Champ* opératoire. — Bloc opératoire :* ensemble des salles et installations servant aux opérations chirurgicales. — *Choc, maladie opératoire :* phénomènes morbides observés à la suite d'opérations. ➤ **postopératoire.** ▪ **2** DIDACT. Qui concerne une opération (2°, 3°). ▪ **3** *Mode opératoire :* manière de procéder, détail des opérations à réaliser pour obtenir un résultat. ➤ **modus operandi.**

OPERCULAIRE [ɔpɛʀkylɛʀ] **adj.** et **n. f.** – 1815 ◇ de *opercule* ▪ SC., TECHN. Qui fait office d'opercule, qui ferme une ouverture à la manière d'un couvercle. *Valve operculaire.* ◆ **n. f. pl.** (1874) Genre d'infusoires qui vivent fixés sur certains insectes aquatiques.

OPERCULE [ɔpɛʀkyl] **n. m.** – 1736 ◇ latin *operculum* « couvercle » ▪ **1** ZOOL. Pièce chitineuse ou calcaire par laquelle les gastéropodes prosobranches peuvent clore leur coquille. ▪ **2** (1797) ZOOL. Ensemble des pièces osseuses qui protègent les fentes des branchies chez certains poissons. ▪ **3** (1767) BOT. Couvercle qui ferme l'urne des mousses, à maturité. ➤ **coiffe.** ▪ **4** (1878) Couvercle qui obture les cellules des abeilles. ▪ **5** TECHN. Pièce formant couvercle.

OPERCULÉ, ÉE [ɔpɛʀkyle] **adj.** – 1767 ◇ de *opercule* ▪ SC., TECHN. Qui est muni d'un opercule. *Coquille operculée.*

OPÉRÉ, ÉE [ɔpeʀe] **adj.** et **n.** – 1738 ◇ de *opérer* ▪ **1** (PERSONNES) Qui vient de subir une opération chirurgicale. — **n.** (1834) *L'opéré sort du bloc.* ABUSIVEMENT *Les grands opérés :* les personnes qui ont subi une grave opération. ▪ **2** (CHOSES) Effectué. ◆ **n. m.** FIN. *Avis d'opéré,* par lequel un agent de change confirme à son client l'exécution d'un ordre.

OPÉRER [ɔpeʀe] **v. tr.** ‹6› – 1470 ◇ latin *operari* « travailler », de *opus* « ouvrage, œuvre » ▪ **1** VX Produire, déterminer. *« des sacrements qui opèrent tout sans nous »* PASCAL. ◆ MOD. ABSOLT Faire effet. ➤ **agir.** *Ce médicament n'a pas opéré. Le charme a opéré. Laisser opérer la nature.* ▪ **2** Accomplir (une action), effectuer (une transformation) par une suite ordonnée d'actes (opération). ➤ **exécuter, 1faire, pratiquer, réaliser.** *Il faut opérer un choix. Éléments d'une colonne militaire qui opèrent leur jonction. « Pour opérer une telle transposition avec charme, il fallait une imagination à la fois forte et souple »* SAINTE-BEUVE. ◆ ABSOLT Faire l'acte, l'action qu'on a à faire. *Il faut opérer de cette manière.* ➤ **procéder.** *Les brigands « opèrent nuitamment »* BALZAC. ▪ **3** (1690) Soumettre (qqn) à une opération chirurgicale. *Anesthésier un malade avant de l'opérer. Se faire opérer* (cf. Passer sur le billard*). *Il a été opéré de l'appendicite. Se faire opérer d'un cancer.* — ABSOLT *Se résoudre à opérer.* ➤ **intervenir.** *Opérer à chaud*, à froid*.* ◆ Traiter (un organe, une malformation, une lésion) par une opération chirurgicale. *Opérer un œil de la cataracte.* ◆ PAR EUPHÉM. *Faire opérer* (un animal domestique), le faire stériliser chirurgicalement. — *Une chatte opérée.* ▪ **4 S'OPÉRER v. pron.** ➤ **se faire, se produire** (cf. Avoir lieu). *L'expropriation pour cause d'utilité publique s'opère par autorité de justice.* — IMPERS. *Il s'opère en ce moment un grand changement.*

OPÉRETTE [ɔpeʀɛt] **n. f.** – 1821 ; hapax 1672 ◇ p.-ê. de l'italien *operetta,* mot à mot « petite œuvre » (fin XIIIe en littérature, milieu XVIIIe en musique), famille du latin *opera* ▪ Petit opéra-comique dont le sujet et le style, légers et faciles, sont empruntés à la comédie (cf. Opéra* bouffe). *Chanteuse d'opérette.* ➤ **divette.** *Les opérettes d'Offenbach.* — PAR PLAIS., **loc. adj.** *D'opérette :* qu'on ne peut prendre au sérieux. *Un soldat, un héros d'opérette.*

OPÉRON [ɔpeʀɔ̃] **n. m.** – 1961 ◇ de *opérer* ▪ GÉNÉT. Ensemble de gènes contigus sur le chromosome, dont les fonctions sont reliées, formant une unité de transcription. *Un opéron associe un promoteur, un opérateur et un ou plusieurs gènes.*

OPHICLÉIDE [ɔfikleid] **n. m.** – 1811 ◇ de *ophi-* et du grec *kleis, kleidos* « clé » ▪ MUS. Gros instrument à vent de la famille des cuivres, à embouchure, muni de clés. *L'ophicléide a un son très grave et une justesse douteuse.*

OPHIDIEN, IENNE [ɔfidjɛ̃, jɛn] **adj.** et **n. m.** – 1804 ◇ du grec *ophis* « serpent » ▪ DIDACT. Relatif au serpent ; de la nature du serpent, qui a son aspect. — **n. m. pl.** (1799) ZOOL. **LES OPHIDIENS :** sous-ordre de reptiles. ➤ **serpent.**

OPHI(O)- ▪ Élément, du grec *ophis* « serpent ».

OPHIOGLOSSE [ɔfjɔglɔs] **n. m.** – 1762 ◇ du latin moderne *ophioglossum* (1694), formé sur le grec *ophis* « serpent » (→ ophi[o]-) et *glôssa* « langue » (→ -glosse) ▪ BOT. Fougère des lieux humides *(ophioglossées),* à feuilles ovales, appelée communément *langue-de-serpent, herbe sans couture.*

OPHIOLÂTRIE [ɔfjɔlatʀi] **n. f.** – 1721 ◇ de *ophio-* et *-lâtrie* ▪ DIDACT. Culte, adoration du serpent (➤ **2ophite**).

1OPHITE [ɔfit] **n. m.** – 1495 ◇ latin *ophites,* mot grec, de *ophis,* les rayures de la pierre évoquant une peau de serpent ▪ MINÉR. Roche magmatique de couleur sombre (souvent verdâtre), parfois avec des cristaux blancs de feldspath en filets.

2OPHITE [ɔfit] **n. m.** – 1765 ◇ cf. 1*ophite* ▪ HIST. RELIG. Membre d'une secte gnostique égyptienne (IIe s. apr. J.-C.) vouant un culte au serpent qui avait tenté Ève (pour avoir révélé la connaissance du bien et du mal) et faisant de cet animal un symbole du Messie.

OPHIURE [ɔfjyʀ] **n. f.** – 1801 ◇ de *ophi-* et du grec *oura* « queue » ▪ ZOOL. Échinoderme proche de l'étoile de mer dont les bras, plus grêles, ressemblent à de petits serpents. *« les ophiures bougent lentement leurs longs bras velus »* LE CLÉZIO.

OPHRYS [ɔfʀis] **n. m.** ou **f.** – *ophris* 1549 ◇ mot latin d'origine grecque ■ BOT. Orchidée dont les fleurs offrent l'aspect d'insectes. *Ophrys bombyx, frelon, mouche.*

OPHTALMIE [ɔftalmi] **n. f.** – 1538 ; *obtalmie* 1361 ◇ latin *ophtalmia*, mot grec ■ Affection inflammatoire de l'œil (conjonctivite* ou atteinte globale). *« J'ai une légère ophtalmie, fruit de mes lectures »* SAINTE-BEUVE. *Ophtalmie des neiges.*

OPHTALMIQUE [ɔftalmik] **adj.** – 1538 ; *obtalmique* 1478 ◇ latin *ophtalmicus*, mot grec ■ ANAT., MÉD. Relatif à l'œil, aux yeux. ➤ **oculaire.** *Artère, nerf ophtalmique. Migraine ophtalmique.*

OPHTALM(O)-, -OPHTALMIE ■ Éléments, du grec *ophthalmos* « œil » : *exophtalmie.*

OPHTALMOLOGIE [ɔftalmɔlɔʒi] **n. f.** – 1753 ◇ de *ophtalmo-* et *-logie* ■ SC. Branche de la médecine qui étudie l'œil, qui traite de la fonction visuelle, des maladies oculaires et des opérations pratiquées sur l'œil. — **adj. OPHTALMOLOGIQUE,** 1808.

OPHTALMOLOGUE [ɔftalmɔlɔg] **n.** – 1840 ◇ de *ophtalmologie* ■ SC. Médecin spécialiste en ophtalmologie. ➤ **oculiste.** — ABRÉV. FAM. (1965) **OPHTALMO** [ɔftalmo]. *Elles sont ophtalmos.* — On dit aussi **OPHTALMOLOGISTE.**

OPHTALMOMÈTRE [ɔftalmɔmɛtʀ] **n. m.** – 1747 ◇ de *ophtalmo-* et *-mètre* ■ MÉD. Instrument servant à mesurer les degrés de courbure et le pouvoir de réfraction de la cornée, à évaluer un astigmatisme*.

OPHTALMOSCOPE [ɔftalmɔskɔp] **n. m.** – 1854 ◇ de *ophtalmo-* et *-scope*, d'après l'allemand ■ MÉD. Instrument servant à éclairer et à examiner le fond de l'œil.

OPHTALMOSCOPIE [ɔftalmɔskɔpi] **n. f.** – 1840 ; « connaissance du caractère par l'examen des yeux » XVIIᵉ ◇ de *ophtalmo-* et *-scopie* ■ MÉD. Examen du fond de l'œil.

OPIACÉ, ÉE [ɔpjase] **adj.** et **n. m.** – 1812 ◇ du latin *opium* ■ Qui contient de l'opium, une préparation d'opium. *Médicament opiacé, cigarettes opiacées.* — PAR EXT. *Odeur opiacée,* d'opium. — **n. m.** *Un opiacé :* médicament, produit dérivé de l'opium ; substance ayant des effets similaires à ceux de la morphine. *L'héroïne est un opiacé. Opiacé naturel (opium, morphine, codéine, laudanum), synthétique (méthadone).*

OPIMES [ɔpim] **adj. f. pl.** – 1571 ◇ latin *opimus* « copieux, riche », dans l'expr. *opima spolia* ■ HIST. ou LITTÉR. *Dépouilles opimes :* les dépouilles d'un général ennemi tué par un général romain et que ce dernier remportait. — FIG. Riches dépouilles, riche profit qu'on recueille comme un butin.

OPINEL [ɔpinɛl] **n. m.** – v. 1950 ◇ n. déposé, n. du fabricant ■ Couteau pliant à virole, à manche de bois.

OPINER [ɔpine] **v. intr.** ‹ 1 › – XIVᵉ ◇ latin *opinari* ■ **1** VX ou DR. Dire, énoncer son opinion, son avis (dans une assemblée, une délibération). *« Opiner sur la religion »* JOUBERT. *Opiner pour ou contre une proposition.* ■ **2** DR. ou PLAISANT *Opiner à :* donner son assentiment. ➤ **adhérer, consentir.** ◆ LOC. COUR. *Opiner du bonnet :* donner son adhésion totale à l'avis d'un autre (ce que faisaient les docteurs en Sorbonne en levant leur bonnet). *« d'aucuns claquant de la langue, opinant du bonnet, branlant du chef »* PEREC.

OPINIÂTRE [ɔpinjɑtʀ] **adj.** – *oppiniastre* 1431 ◇ du latin *opinio* → opinion ■ **1** VX Qui est attaché d'une manière tenace, obstinée à ses opinions. ➤ **entêté, obstiné, têtu.** ◆ LITTÉR. Tenace dans ses idées, ses résolutions. ➤ **acharné, déterminé, entier, persévérant, résolu, tenace, volontaire.** *Esprit, caractère opiniâtre.* ■ **2** COUR. (CHOSES) Qui ne cède pas, que rien n'arrête. *Haine, opposition opiniâtre.* ➤ **irréductible, obstiné.** *Silence opiniâtre. Travail, combat, lutte opiniâtre.* ➤ **acharné.** *« Après six mois de résistance opiniâtre, il fallut céder à la demoiselle »* MUSSET. *Toux opiniâtre.* ➤ **persistant.** ■ CONTR. Faible, versatile.

OPINIÂTREMENT [ɔpinjɑtʀəmɑ̃] **adv.** – 1431 ◇ de *opiniâtre* ■ Avec opiniâtreté. ➤ **obstinément.** *Soutenir opiniâtrement un avis.* ➤ FAM. **mordicus.** ■ CONTR. Faiblement, mollement.

OPINIÂTRER (S') [ɔpinjɑtʀe] **v. pron.** ‹ 1 › – 1538 ◇ de *opiniâtre* ■ VX ou LITTÉR. S'obstiner, s'attacher opiniâtrement à une opinion, une résolution. ➤ se **buter, s'entêter, persévérer.** *S'opiniâtrer dans un projet.* ■ CONTR. Céder, transiger.

OPINIÂTRETÉ [ɔpinjɑtʀəte] **n. f.** – 1528 ◇ de *opiniâtre* ■ **1** VX Attachement obstiné à une opinion. ➤ **entêtement, obstination.** ■ **2** MOD. Persévérance tenace. ➤ **constance, détermination, fermeté, résolution, ténacité, volonté.** *Travailler, lutter, résister avec opiniâtreté.* ➤ **acharnement.** *« Avec l'opiniâtreté, l'on vient à bout de tout »* STENDHAL. — Caractère opiniâtre. *Opiniâtreté d'un effort.* ■ CONTR. Faiblesse, mollesse, versatilité.

OPINION [ɔpinjɔ̃] **n. f.** – fin XIIᵉ ◇ du latin *opinio*, famille de *opinari* « dire son opinion » → opiner

I UNE OPINION, DES OPINIONS ■ **1** Manière de penser, de juger ; attitude de l'esprit qui tient pour vraie une assertion ; assertion que l'esprit accepte ou rejette (généralement en admettant une possibilité d'erreur). ➤ **appréciation, avis ; conviction, croyance, idée, jugement, 1 pensée, point de vue** (cf. Manière de voir, de penser). *Avoir telle opinion.* ➤ **considérer, croire, estimer, 1 juger, 1 penser, tenir** (v. appelés par les grammairiens *verbes d'opinion*). *Avoir une opinion sur tel sujet. Se faire une opinion. Mon opinion est faite. Ne pas avoir d'opinion. Quelle est votre opinion ? Je n'ai pas d'opinion là-dessus. Êtes-vous pour, contre ou sans opinion ?* (Dans un sondage) *Changer d'opinion* (cf. Changer son fusil* d'épaule). *Changer sans cesse d'opinion* (➤ **inconstance, versatilité ; girouette, protée**). *Brusque changement d'opinion.* ➤ **pirouette, revirement, volte-face** (cf. Tourner casaque*, retourner sa veste*). *Avoir la même opinion que qqn, partager ses opinions* (cf. Être du même bord* ; abonder* dans le sens de qqn). *Il est toujours de l'opinion du dernier qui a parlé. Différences, divergences d'opinions.* ➤ **dissension, dissentiment.** *« Il ne fut jamais au monde deux opinions semblables »* MONTAIGNE. *Accepter* (➤ **tolérance**), *ne pas accepter* (➤ **intolérance**) *les opinions différentes de la sienne. « Toutes les opinions sont respectables. Bon. C'est vous qui le dites. Moi, je dis le contraire »* PRÉVERT. — *Donner, émettre, exprimer une opinion, son opinion* (➤ **1 dire, opiner**). *Ce n'est que mon opinion. Ce n'est pas mon opinion.* ➤ **avis.** PAR PLAIS. ALLUS. LITTÉR. *« C'est mon opinion et je la partage »* H. MONNIER. *Défendre, professer, soutenir une opinion. Défenseur, tenant d'une opinion. Combattre une opinion. Avoir le courage de ses opinions,* les soutenir avec franchise. — *Opinion assurée* (➤ **certitude, conviction**), *incertaine* (➤ **conjecture, soupçon**). *Opinion toute personnelle, purement subjective.* ➤ **imagination, impression, sentiment.** *Opinions toutes faites.* ➤ **1 parti** (parti pris), **préjugé, prévention.** ◆ *C'est une affaire d'opinion,* une affaire où intervient le jugement subjectif de chacun. ■ **2** (fin XIIIᵉ) PLUR. ou COLLECT. Point de vue, position intellectuelle, idée ou ensemble des idées que l'on a dans un domaine déterminé. ➤ **conviction, croyance, doctrine, système, théorie, thèse.** *Opinions philosophiques, religieuses* (➤ **credo, foi**), *politiques* (➤ **1 parti**). *Couleur* des opinions politiques de qqn. Opinions avancées, subversives. « Tout individu a droit à la liberté d'opinion* [...], *ce qui implique le droit de ne pas être inquiété pour ses opinions »* (DÉCLARATION DES DROITS DE L'HOMME). *Délit d'opinion.* — *Journal d'opinion,* qui prend parti, défend une idéologie (opposé à *journal d'information*). ■ **3** (XVᵉ) DR. Avis d'une personne dans une délibération (➤ **opiner**). *Partage d'opinions :* situation résultant de l'absence d'une majorité, au cours d'un délibéré. ■ **4** (1538) *Bonne, mauvaise opinion de... :* jugement de valeur porté sur une personne, un acte, une qualité. *Avoir (une) haute, bonne, mauvaise opinion de qqn.* ➤ **estimer, mésestimer.** *Donner aux autres bonne opinion de soi. Il a une piètre opinion de leur valeur.* — *Avoir (une) bonne, une haute opinion de soi.* ➤ **présomption** (cf. Être content de soi).

II L'OPINION ■ **1** Jugement collectif, ensemble d'opinions, de jugements de valeur sur qqch. ou qqn. *L'opinion des autres, du monde.* (fin XVIᵉ) *L'opinion publique.* ➤ **vox populi.** *« L'opinion moyenne est sans intérêt »* VALÉRY. ◆ *L'opinion :* les idées partagées, les jugements portés par la majorité d'un groupe social. *« cette espèce de croyance généralement adoptée, qu'on nomme opinion »* CONDORCET. *Braver l'opinion. « Le mensonge et la crédulité s'accouplent et engendrent l'Opinion »* VALÉRY. *« L'opinion se fait d'après l'opinion. Il en faut une première »* COCTEAU. ■ **2** Ensemble des attitudes d'esprit dominantes dans une société (à l'égard de problèmes généraux, collectifs et actuels) ; ensemble des opinions d'un groupe social sur les problèmes politiques, moraux, philosophiques, religieux. ➤ **doxa.** *L'opinion ouvrière, paysanne. L'opinion française, américaine. Leader d'opinion.* ◆ SANS COMPL. Ensemble des personnes qui partagent ces attitudes. *Influencer, travailler l'opinion ; agir sur l'opinion.* ➤ **propagande.** *« cette habitude des gens au pouvoir de rassurer l'opinion au lieu de l'avertir »* J. ALMIRA. *Alerter l'opinion. Sondages d'opinion. L'opinion est unanime, divisée. Les différents courants de l'opinion. Mouvements d'opinion.*

OPIOÏDE [ɔpjɔid] adj. – 1979 n. m. ◊ anglais *opioid* (1957), de *opium* ▪ BIOCHIM., PHARM. Qualifie un groupe de peptides exerçant un effet physiologique semblable à celui de la morphine. *Antalgiques opioïdes.* — n. m. *La consommation d'opioïdes.*

OPIOMANE [ɔpjɔman] n. – 1897 ◊ de *opium* et *-mane* ▪ Toxicomane qui fume ou mange de l'opium.

OPIOMANIE [ɔpjɔmani] n. f. – 1909 ◊ de *opiomane* ▪ Toxicomanie par usage habituel de l'opium.

OPISTHO- ▪ Élément, du grec *opisthen* « derrière, en arrière ».

OPISTHOBRANCHES [ɔpistɔbʀɑ̃ʃ] n. m. pl. – 1848 ◊ de *opistho-* et *branches* « branchies » ▪ ZOOL. Ordre de mollusques gastéropodes dont les branchies se trouvent en arrière du corps (opposé à *prosobranches*). — Au sing. *Un opisthobranche.*

OPISTHODOME [ɔpistɔdɔm] n. m. – 1752 ◊ grec *opisthodomos*, de *domos* « maison » ▪ ARCHÉOL. Partie postérieure d'un temple grec, pièce abritant le trésor et où seuls les prêtres, les prêtresses avaient accès.

OPISTHOGRAPHE [ɔpistɔgʀaf] adj. – 1546 ◊ grec *opisthographos* ▪ DIDACT. Se dit d'un manuscrit couvert d'écriture au verso comme au recto.

OPIUM [ɔpjɔm] n. m. – XIIIe ◊ mot latin, grec *opion*, de *opos* « suc » ▪ **1** Suc des capsules d'un pavot *(Papaver somniferum)*, incisées avant maturité, latex riche en alcaloïdes, dont le plus actif est la morphine. *L'opium est un stupéfiant, une drogue. Alcaloïdes de l'opium.* ➤ **codéine, morphine, narcéine, narcotine, papavérine, thébaïne.** *Manger, fumer de l'opium* (➤ **opiomane**). *Fumerie d'opium. Pipe à opium. Goutte, boulette d'opium.* « *tu possèdes les clefs du paradis, ô juste, subtil et puissant opium* » BAUDELAIRE. *Teintures d'opium* : laudanum, élixir parégorique. ▪ **2** PAR EXT. *Opium de laitue.* ➤ **lactucarium.** ▪ **3** FIG. Ce qui cause un agréable assoupissement moral en éloignant des difficultés, des problèmes réels. *La religion « est l'opium du peuple »* (trad. de MARX).

OPO- ▪ Élément, du grec *opos* « suc ».

OPODELDOCH [ɔpɔdɛldɔk] n. m. – XVIe ◊ mot latin, p.-ê. du grec *opos* « suc » ▪ PHARM. Médicament à base de savon et d'ammoniaque, utilisé en frictions contre les douleurs.

OPONCE [ɔpɔ̃s] n. m. – v. 1900 ◊ latin *opuntia*, de *opuntios*, grec *opuntios* « d'Oponte », ville grecque ▪ BOT. Plante grasse *(cactées)* à tiges aplaties en raquettes portant des tubercules épineux d'où sortent de grandes fleurs. ➤ **cactus, figuier** (de Barbarie), **nopal.** — On dit aussi **OPUNTIA** [ɔpɔ̃sja], n. m.

OPOPANAX [ɔpɔpanaks] n. m. – *opopanac* XIIIe ◊ mot latin, du grec *opos* « suc » et *panax* « plante médicinale » ▪ Plante vivace *(ombellifères)* à forte tige et grandes inflorescences, qui pousse dans les rochers et les sables de la région méditerranéenne et dont une variété fournit une gomme-résine aromatique utilisée comme parfum ; cette gomme-résine.

OPOSSUM [ɔpɔsɔm] n. m. – 1640 ◊ mot anglais américain, de l'algonquin *oposon* ▪ **1** Espèce de sarigue *(marsupiaux)* à beau pelage noir, blanc et gris. ▪ **2** Fourrure de cet animal. *Manteau d'opossum.* — PAR EXT. *Opossum d'Australie* : fourrure du renard phalanger *(marsupiaux).*

OPOTHÉRAPIE [ɔpɔteʀapi] n. f. – 1896 ◊ de *opo-* et *-thérapie* ▪ MÉD. Emploi thérapeutique d'organes, notamment de glandes endocrines, d'origine animale, à l'état naturel ou sous forme d'extraits. *Opothérapie thyroïdienne.* ➤ **hormonothérapie.**

OPPIDUM [ɔpidɔm] n. m. – 1765 ◊ mot latin ▪ ARCHÉOL., HIST. Ville fortifiée, fortification romaine. ➤ **citadelle.** *Des oppidums. L'oppidum de Bibracte, dans le Morvan.*

OPPORTUN, UNE [ɔpɔʀtœ̃, yn] adj. – 1355 ◊ latin *opportunus*, radical *portus*, proprt « qui conduit au port » ▪ Qui convient dans un cas déterminé, qui vient à propos. ➤ **convenable.** *Démarche opportune. Au moment opportun.* ➤ 1 **bon, favorable, propice.** *En temps opportun.* ➤ **utile** (cf. En temps* et en heure). « *Il n'est plus de vérité qu'opportune : c'est-à-dire que le mensonge opportun triomphe* » GIDE. *Il lui parut opportun de céder.* ➤ 1 **expédient, indiqué.** ▪ CONTR. Déplacé, fâcheux, inopportun, intempestif.

OPPORTUNÉMENT [ɔpɔʀtynemɑ̃] adv. – 1422 ◊ de *opportun* ▪ D'une manière opportune, à propos. *Arriver opportunément* (cf. À point nommé*, à pic). ▪ CONTR. Contretemps (à contretemps), inopportunément.

OPPORTUNISME [ɔpɔʀtynism] n. m. – 1876 ◊ de *opportun* ▪ Politique qui consiste à tirer parti des circonstances, à les utiliser au mieux, en transigeant, au besoin, avec les principes. « *Vous allez peut-être m'accuser d'opportunisme ! pourtant ce barbarisme cache une vraie politique* » GAMBETTA. ♦ PAR EXT. (XXe) Comportement d'une personne qui règle sa conduite selon les circonstances, qui subordonne ses principes à son intérêt momentané (➤ **opportuniste**).

OPPORTUNISTE [ɔpɔʀtynist] n. et adj. – 1877 ◊ de *opportunisme* ▪ **1** Personne qui se conduit avec opportunisme. — adj. Qui pratique l'opportunisme. *Politicien opportuniste.* ➤ **attentiste.** ▪ **2** adj. ANGLIC. BIOL. Se dit d'un germe qui ne manifeste sa virulence que sur un organisme dont les défenses immunitaires sont affaiblies. *Infection opportuniste. Un « effondrement de l'immunité des patients, suivi par la multiplication de maladies opportunistes »* DUTEURTRE.

OPPORTUNITÉ [ɔpɔʀtynite] n. f. – v. 1660 ; *oportunité* « facilité, aisance » 1220 ◊ latin *opportunitas* ▪ **1** Caractère de ce qui est opportun. ➤ **à-propos.** *L'opportunité d'une décision. Discuter de l'opportunité de faire telle ou telle chose.* ▪ **2** (1864 ◊ de l'anglais) Emploi critiqué Circonstance opportune. ➤ **occasion.** *Profiter de l'opportunité. Si vous avez l'opportunité de passer par là...* ▪ CONTR. Inopportunité ; contretemps.

OPPOSABILITÉ [ɔpozabilite] n. f. – 1865 ◊ de *opposable* ▪ **1** DIDACT. Caractère de ce qui est opposable. *L'opposabilité du pouce.* ▪ **2** DR. Caractère d'un droit, d'un moyen de défense que son titulaire peut faire valoir contre un tiers. *Opposabilité d'un contrat.* ▪ CONTR. Inopposabilité.

OPPOSABLE [ɔpozabl] adj. – 1845 ◊ de *opposer* ▪ Qui peut être opposé. ▪ **1** Qui peut être mis en face, vis-à-vis. *Le pouce est opposable aux autres doigts de la main.* ▪ **2** Qui peut être utilisé contre. *Raison opposable à une décision.* — DR. Que l'on peut faire valoir contre un tiers. *Cette fin de non-recevoir n'est pas opposable. Droit au logement opposable (DALO).* ▪ CONTR. Inopposable.

OPPOSANT, ANTE [ɔpozɑ̃, ɑ̃t] adj. et n. – 1336 dr. ◊ de *opposer* ▪ **1** Qui s'oppose à. — DR. *La partie opposante*, qui s'oppose à un acte, un jugement. ➤ **opposition.** *Tiers opposant.* — Qui s'oppose à une mesure, une autorité. *La minorité opposante.* ♦ n. (1751) Personne opposante. ➤ **adversaire, contradicteur.** *Les opposants au régime.* ➤ **détracteur.** « *Les opposants m'intéressent plus que les suiveurs* » GIDE. — SPÉCIALT Membre de l'opposition. *Les opposants et les gouvernants. Une opposante.* — DIDACT. Actant* qui fait obstacle à la quête du sujet (dans le schéma actanciel). *Adjuvants et opposants.* ▪ **2** ANAT. Qui met en opposition, vis-à-vis. *Muscle opposant*, et n. m. *l'opposant du pouce.* ▪ CONTR. Approbateur, consentant. Défenseur, soutien.

OPPOSÉ, ÉE [ɔpoze] adj. et n. m. – 1549 ◊ de *opposer*

I ~ adj. ▪ **1** Se dit (au plur.) de choses situées de part et d'autre et plus ou moins loin d'un axe réel ou imaginaire et qui sont orientées face à face, dos à dos (➤ **symétrique**) ; se dit (au sing.) d'une de ces choses par rapport à l'autre. *Les pôles sont diamétralement opposés. Le panneau opposé aux fenêtres.* ➤ **vis-à-vis** (de). *Du côté opposé ; sur la rive opposée.* ➤ **autre.** — *Sens opposé.* ➤ **contraire, inverse.** *Dans la direction opposée. Bouteilles rangées en sens opposé.* ➤ **tête-bêche.** *Muscles qui produisent des mouvements opposés.* ➤ **antagoniste.** — BOT. *Feuilles opposées et feuilles alternées* (la tige étant l'axe de symétrie). — (1718) GÉOM. *Angles opposés par le sommet*, dont les côtés sont en prolongement l'un de l'autre et qui ont même mesure. ♦ *Nombres opposés*, de même valeur absolue et de signe contraire. *Signes opposés, tensions opposées.* ▪ **2** Qui fait contraste. *Couleurs opposées.* ▪ **3** Qui s'oppose, qui est aussi éloigné, aussi différent que possible dans le même genre, le même ordre d'idées. ➤ **antinomique, antithétique, contraire.** *Des caractères opposés.* ➤ **antagoniste.** *Ils ont des goûts opposés, des opinions opposées.* ➤ **discordant, divergent, incompatible, inconciliable.** *Concilier des intérêts opposés.* « *les extrêmes opposés fatiguent* » Mme DE STAËL. *Mots de sens opposé.* ➤ **antonyme, contraire.** Humain *opposé à* animal, dans le sens où il s'oppose à. ➤ **versus.** — LOG. *Termes opposés*, corrélatifs et contraires ou contradictoires. ▪ **4** (1549 « insoumis ») Qui s'oppose (à), se dresse contre. ➤ **adversaire, contraire, contre, défavorable, ennemi, hostile.** *Être opposé à tous* *les excès. Une personne violemment opposée à tout changement.* ➤ **réactionnaire.** *Personne, faction opposée au pouvoir.* ➤ **dissident, opposant, rebelle.**

II ~ n. m. L'OPPOSÉ ▪ **1** MATH. *L'opposé d'un élément d'un groupe additif,* le symétrique de cet élément. ▪ **2** Côté opposé, sens opposé. *L'opposé du nord est le sud.* ♦ (1681) (ABSTRAIT) Ce qui est opposé. ➤ **contraire.** *Soutenir l'opposé d'une opinion.* ➤ **contrepartie, contrepied.** *Les opposés.* ➤ **extrême, pôle** (FIG.). — FAM. *Cet enfant est tout l'opposé de son frère* (cf. C'est le jour* et la nuit). ▪ **3** loc. adv. (1845) **À L'OPPOSÉ :** du côté opposé. ➤ **opposite.** *La gare est à l'opposé, vous lui tournez le dos.* — D'une manière opposée, au contraire. *L'aîné est travailleur, à l'opposé, le cadet est incapable d'un effort soutenu.* ♦ loc. prép. **À L'OPPOSÉ DE... :** du côté opposé à... — D'une nature, d'une manière opposée à. ➤ **contrairement** (à), **contre** (cf. À l'encontre de, en contradiction avec, à rebours de). *«ceci est à l'opposé de tes discours habituels [...]. Tu passes à l'ennemi»* MONTHERLANT. *À l'opposé de X, Y pense que rien n'est perdu* (cf. Au contraire de, contrairement à).

▪ CONTR. Contigu ; adéquat, analogue, conforme, identique, semblable.

OPPOSER [ɔpoze] v. tr. ‹1› – 1165 intr. «objecter» ◊ latin *opponere,* d'après *poser*

I ~ v. tr. A. PRÉSENTER COMME OBSTACLE ▪ **1** (1312) Alléguer (une raison qui fait obstacle à ce qu'une personne a dit, pensé). ➤ **objecter, prétexter.** *«Il refuse ! Quel prétexte vous a-t-il opposé ?»* MAURIAC. *Il n'y a rien à opposer à cela.* ➤ **répondre, rétorquer.** *On lui oppose qu'il est trop jeune.* ▪ **2** (XVIe) Placer (qqch.) en face pour faire obstacle. *Opposer une digue aux crues d'un fleuve.* — Constituer (un obstacle, une force contraire). *La résistance qu'oppose le mur.* ♦ (ABSTRAIT) *«quand on oppose à leur agitation le silence et la froideur»* MONTAIGNE. *Opposer un refus* (➤ **refuser**), *une protestation* (➤ **protester**). *Opposer une résistance farouche* (➤ **résister**). — DR. *Opposer l'incapacité du mineur avec qui on a contracté* (➤ **opposabilité,** 2°).

B. FAIRE S'AFFRONTER (XVIe) Mettre en face, face à face pour le combat. *Opposer une armée puissante à l'ennemi.* ♦ *Opposer une personne à une autre,* la faire entrer en lutte, en compétition avec une autre. ➤ **armer, dresser, exciter** (contre). *Des questions d'intérêt les opposent.* ➤ **diviser.** *Conflit qui oppose deux pays.* — SPORT *Match qui oppose deux équipes.*

C. METTRE VIS-À-VIS, EN COMPARAISON ▪ **1** (1636) RARE Placer en face de. *Opposer deux objets, un objet à un autre.* ♦ (1762) Juxtaposer (des éléments opposés) ; mettre en opposition, en contraste. *Opposer deux couleurs, le noir au blanc.* ▪ **2** (XVIIe) COUR. Montrer ensemble, comparer (deux choses totalement différentes). ➤ **confronter** (cf. Mettre en balance, en contraste, en face). *Opposer le courage et la lâcheté, à la lâcheté. «J'ai choisi Burrhus pour opposer un honnête homme à cette peste de cour»* RACINE. — PAR EXT. Mettre en comparaison, en parallèle avec. *Quels orateurs pouvait-on opposer à Cicéron, à Sénèque !* ▪ **3** Donner, présenter comme totalement différent, ou comme contraire. *Il est absurde d'opposer l'âme au corps.*

II ~ v. pron. S'OPPOSER A. FAIRE OBSTACLE ▪ **1** (1495) (PERSONNES) Faire obstacle ou mettre obstacle. ➤ **contrarier, contrecarrer, contredire, empêcher, interdire** (cf. Être, aller, s'élever, se dresser contre*). *Parents qui s'opposent à un mariage.* ➤ **désapprouver.** *S'opposer aux décisions, aux volontés de qqn. Je m'y oppose formellement. Il s'oppose à ce que vous preniez de tels risques.* ♦ Agir contre, résister à (qqn) ; agir à l'inverse de (qqn). ➤ **braver, contrer, résister** (cf. Se dresser contre, tenir tête à). *Enfant qui s'oppose à ses parents* (cf. Heurter de front*). *«En toutes choses, d'instinct, je m'opposais à lui»* FRANCE. — ABSOLT *Le moi se pose en s'opposant.* ▪ **2** (1667) Être en face pour faire obstacle. RARE *Armée qui s'oppose à une autre* (cf. Faire front*, faire face*). ♦ COUR. (ABSTRAIT) Faire obstacle. ➤ **empêcher,** 1 **entraver.** *Les préjugés s'opposaient aux progrès de la science. Leur religion s'y oppose.* ➤ **condamner, défendre, interdire.** *Rien ne s'oppose plus à leur union. Rien ne s'y oppose.*

B. FAIRE CONTRASTE *Couleurs qui s'opposent.* ➤ **contraster.** — Être totalement différent (➤ **opposé**), être le contraire. ➤ 1 **différer.** *«Haut» s'oppose à «bas», est opposé à «bas»* (➤ **opposition**).

▪ CONTR. Accorder. Concilier, rapprocher, réconcilier, réunir. — Acquiescer, approuver, appuyer, céder. Coopérer. Correspondre, ressembler. S'accorder, s'harmoniser.

OPPOSITE [ɔpozit] n. m. – 1325 ; adj. XIIIe ◊ latin *oppositus* «opposé» → opposé ▪ VX Lieu, côté opposé ; manière opposée. ♦ MOD. loc. adv. **À L'OPPOSITE ;** loc. prép. **À L'OPPOSITE DE.** *Leurs maisons sont situées à l'opposite l'une de l'autre,* en face. ➤ **vis-à-vis.** *Cette chambre «est flanquée à l'opposite par [un] gros mur»* BALZAC. — FIG. *Leurs points de vue sont à l'opposite (l'un de l'autre).*

OPPOSITION [ɔpozisjɔ̃] n. f. – 1165 «objection» ◊ latin *oppositio*

I POSITION DE PERSONNES OU DE CHOSES OPPOSÉES ▪ **1** (1370) Rapport de choses opposées qui ne peuvent coexister sans se nuire ; de personnes que leurs opinions, leurs intérêts dressent l'une contre l'autre. ➤ **antagonisme, combat, désaccord, heurt, lutte.** *Opposition de deux adversaires, de deux rivaux.* ➤ **discorde, dissension, dissentiment, hostilité, rivalité.** — **EN OPPOSITION.** *Entrer, être en opposition avec qqn, sur un point particulier.* ➤ **conflit, contestation, dispute.** *Adolescent en opposition avec ses parents.* ▪ **2** (fin XIIe) Position de deux choses, deux parties du corps opposées, d'une chose, d'une partie du corps opposée (à une autre). *Opposition d'objets situés face à face.* ➤ **symétrie.** *Opposition du pouce aux autres doigts.* — (v. 1265) ASTRON. Distance angulaire de 180° entre deux astres. *Lune en opposition avec le Soleil. Opposition et conjonction* de deux astres.* ▪ **3** Effet produit par des objets, des éléments très différents juxtaposés. ➤ **contraste.** *Opposition de couleurs.* ➤ **discordance, heurt.** *Opposition des ombres et des lumières, dans un tableau. Opposition entre la ville ancienne et les nouveaux quartiers.* — *Opposition de natures, de caractères.* ➤ **disparité.** ▪ **4** (XVIe) Rapport de deux choses qu'on oppose ou qui s'opposent. ➤ **contraste, différence.** *Opposition des contraires*, des contradictoires*. Opposition entre «froid» et «chaud», «bien» et «mal».* ➤ **antonymie.** — LING. *Opposition pertinente :* différence entre deux unités d'un même paradigme, qui permet de les déterminer. — *Opposition de deux vérités, de deux principes.* ➤ **antinomie, antithèse.** — **EN OPPOSITION.** *Sa conduite est en opposition avec ses idées.* — loc. adv. **PAR OPPOSITION ;** loc. prép. **PAR OPPOSITION À :** par contraste avec, d'une manière opposée à. *On emploie ce mot par opposition à tel autre.*

II ACTION DE S'OPPOSER À, DE LUTTER CONTRE, DE RÉSISTER ▪ **1** (1508) Action, fait de s'opposer en mettant obstacle, en résistant. *Opposition de qqn* (➤ **désobéissance, résistance**) *à une action* (➤ **réaction**), *un projet* (➤ **désapprobation, refus**), *à une politique, une doctrine.* ➤ 1 **ant(i)-.** *Faire, mettre opposition à qqch.* ➤ **barrage, difficulté, empêchement, obstacle, veto.** *Hugo «finira par emporter à soi la craintive Adèle, contre l'opposition des deux familles»* HENRIOT. *Faire de l'opposition. Il fait de l'opposition systématique.* ➤ **obstruction.** ♦ (1474) DR. Manifestation de volonté destinée à empêcher l'accomplissement d'un acte juridique, ou à imposer certaines conditions à cet accomplissement. *Moyens d'opposition. Opposition à mariage,* ayant pour objet d'empêcher la célébration du mariage en considération d'un empêchement légal. *Opposition au paiement :* instruction de ne pas payer donnée au tiré par le tireur d'un chèque, d'une lettre de change. *Faire opposition à un chèque perdu.* ♦ PROCÉD. Moyen que peut soulever un justiciable ayant fait l'objet d'un jugement par défaut, afin de faire juger de nouveau l'affaire (cf. Voie de recours*). ▪ **2** (1745) **L'OPPOSITION :** l'ensemble des personnes qui s'opposent au gouvernement, au régime politique en vigueur. ➤ **opposant.** *Le gouvernement et l'opposition. L'opposition en régime parlementaire.* ➤ **minorité ;** aussi **contre-pouvoir.** *Opposition de droite, de gauche. «L'idée que j'avais du gouvernement représentatif me conduisit à entrer dans l'opposition»* CHATEAUBRIAND. *Être dans l'opposition. Rallier l'opposition. Les partis, les journaux de l'opposition. La loi est passée grâce aux voix de l'opposition.* — (En Grande-Bretagne) *L'opposition de Sa Majesté.*

▪ CONTR. Conjonction, harmonie. Analogie, conformité, correspondance. Accord, alliance. — Adhésion, approbation, consentement, obéissance, soumission.

OPPRESSANT, ANTE [ɔpʀesɑ̃, ɑ̃t] adj. – 1866 ; «tyrannique» XVe ◊ de *oppresser* ▪ Qui oppresse. ➤ **étouffant, suffocant.** *«Une chaleur énervante, oppressante, un étouffement complet»* DAUDET. ♦ FIG. Accablant. *Une peur oppressante.* ➤ **angoissant.**

OPPRESSÉ, ÉE [ɔpʀese] adj. – fin XIIe «accablé» ◊ de *oppresser* ▪ Gêné dans ses fonctions respiratoires, essoufflé. *«si oppressé qu'il ne pouvait contenir le ronflement de son haleine»* ZOLA. *Se sentir oppressé.*

OPPRESSER [ɔpʀese] v. tr. ‹1› – XIIIe «gêner par une pression, accabler» ◊ du latin *oppressum,* supin de *opprimere* → opprimer ▪ Gêner (qqn) dans ses fonctions respiratoires, comme en lui pressant fortement la poitrine. *«Il me semblait que l'intensité des ténèbres m'oppressait et me suffoquait»* BAUDELAIRE. ➤ **étouffer.** ◆ FIG. Accabler, étreindre. *«Christophe voulait parler, une angoisse l'oppressait»* R. ROLLAND. ▪ CONTR. Dilater, soulager.

OPPRESSEUR [ɔpʀesœʀ] n. m. et adj. m. – 1359 ◊ latin *oppressor* ▪ Personne qui opprime. ➤ **tyran.** *«la muette hostilité qui sépare l'oppresseur de l'opprimé»* CAMUS. — adj. m. *«la barbarie du régime oppresseur»* JAURÈS. ➤ **oppressif ; despotique, tyrannique.** ▪ CONTR. Opprimé ; libérateur.

OPPRESSIF, IVE [ɔpʀesif, iv] adj. – XIVe ◊ de *oppresser* ▪ Qui tend ou sert à opprimer. ➤ **opprimant.** *Autorité, fiscalité oppressive.* ➤ **tyrannique.** *Des mesures oppressives et répressives.* ▪ CONTR. Libéral.

OPPRESSION [ɔpʀesjɔ̃] n. f. – début XIIIe ; plur. «violences, dommages» XIIe ◊ latin *oppressio* ▪ **1** Action, fait d'opprimer. *Oppression du faible par le fort.* ➤ **domination ; joug.** *Oppression des minorités.* — ABSOLT Action de faire violence par abus d'autorité. ➤ **asservissement, tyrannie.** *La résistance à l'oppression est un des droits du citoyen.* ➤ **contrainte, dépendance, sujétion.** *Régime d'oppression.* ◆ État d'opprimé. *«Syracuse. Cette ville, toujours dans la licence ou dans l'oppression»* MONTESQUIEU. ▪ **2** (1659) Gêne respiratoire, sensation d'un poids qui oppresse la poitrine. ➤ **suffocation.** *«il fut pris d'une grande chaleur dans la poitrine, avec une oppression à ne pouvoir se tenir couché»* FLAUBERT. ◆ FIG. Malaise psychique, accompagné d'une sensation de pesanteur ou de crispation dans la poitrine (cf. Avoir le cœur serré*). ➤ **angoisse.** *«cette oppression douloureuse, ce malaise de l'âme que laisse en nous le chagrin sur lequel on a dormi»* MAUPASSANT. ▪ CONTR. Liberté.

OPPRIMANT, ANTE [ɔpʀimɑ̃, ɑ̃t] adj. – 1771 ◊ de *opprimer* ▪ RARE Qui opprime. ➤ **oppressif.**

OPPRIMÉ, ÉE [ɔpʀime] adj. et n. – XVIe ◊ de *opprimer* ▪ Qui subit une oppression. *Populations opprimées.* ◆ n. (1535) *Défendre, libérer les opprimés. Oppresseurs et opprimés.* ▪ CONTR. Libre, oppresseur.

OPPRIMER [ɔpʀime] v. tr. ‹1› – *obprimer* 1356 ◊ latin *opprimere* **I** ▪ **1** Soumettre à une autorité excessive et injuste, persécuter par des mesures de violence. ➤ **asservir, assujettir, écraser, tyranniser.** *Opprimer un peuple, les faibles. «Entre le fort et le faible, entre le riche et le pauvre [...] c'est la liberté qui opprime et la loi qui libère»* LACORDAIRE. ▪ **2** (1667) Empêcher de s'exprimer, de se manifester. ➤ **étouffer.** *Opprimer les consciences, la liberté, l'opinion.* ▪ **3** (1904) VX Oppresser.

II ▪ **1** (1530) VX OU LITTÉR. Accabler sous un poids, un fardeau. *«Ô paupières qu'opprime une nuit de trésor»* VALÉRY. ▪ **2** VX Tuer, assassiner. *«Aux yeux de tout son peuple il faut que je l'opprime !»* RACINE.
▪ CONTR. Délivrer, libérer, soulager.

OPPROBRE [ɔpʀɔbʀ] n. m. – 1120 ◊ latin *opprobrium,* de *probrum* «action honteuse» ▪ LITTÉR. ▪ **1** Ce qui humilie, mortifie à l'extrême d'une manière éclatante et publique. ➤ **déshonneur, 2 flétrissure, honte, ignominie.** *Accabler, couvrir qqn d'opprobre. Jeter l'opprobre sur qqn.* ◆ Sujet de honte, cause de déshonneur. *Elle est l'opprobre de sa famille. «je viens de mettre au monde un fils, mon opprobre et mon désespoir»* BEAUMARCHAIS. ▪ **2** État d'abjection, de déchéance extrême. ➤ **avilissement, ignominie.** *«j'ai vécu dans une sorte d'opprobre où le bien a perdu sa récompense et le mal sa hideur»* GIDE.
▪ CONTR. Considération, gloire, honneur.

-OPSIE ▪ Groupe suffixal, du grec *opsis* «vision, vue».

OPSINE [ɔpsin] n. f. – avant 1969 ◊ anglais *opsin* (1951), de *(rhod)opsin, (porphyr)opsin,* etc. ▪ BIOCHIM. Protéine incolore qui, liée au rétinal, donne la rhodopsine ou pourpre* rétinien.

OPSONINE [ɔpsɔnin] n. f. – 1904 ◊ du grec *opson* «aliment» ▪ BIOCHIM. Protéine soluble et thermostable du sang, qui se fixe sur les bactéries et en facilite la phagocytose* (➤ **opsonisation**). — adj. **OPSONIQUE.** *Indice opsonique du sérum sanguin.*

OPSONISATION [ɔpsɔnizasjɔ̃] n. f. – 1907 ◊ du grec *opson* «aliment» ▪ IMMUNOL. Processus qui favorise la phagocytose des micro-organismes au cours de la réaction immunitaire, par fixation des opsonines. *L'opsonisation d'une bactérie.*

OPTATIF, IVE [ɔptatif, iv] adj. – XVe ; n. m. «mot exprimant un souhait» 1374 ◊ latin *optativus,* de *optare* «souhaiter» ▪ LING. Qui exprime le souhait. — *Mode optatif,* et ELLIPT *l'optatif* : mode de conjugaison servant à exprimer le souhait dans certaines langues (grec ancien, sanskrit).

OPTER [ɔpte] v. intr. ‹1› – 1411 ◊ latin *optare* «choisir» ▪ LITTÉR. OU DR. Faire un choix, prendre parti (entre deux ou plusieurs choses qu'on ne peut avoir ou faire ensemble). ➤ **adopter, choisir, se décider ; option.** *Opter pour la nationalité française. «Faut-il opter ? je ne balance pas, je veux être peuple»* LA BRUYÈRE.

OPTICIEN, IENNE [ɔptisjɛ̃, jɛn] n. – 1640 ; fém. 1854 ◊ formé sur le radical de *optique* ▪ **1** VX Personne qui connaît ou enseigne l'optique. ➤ **physicien.** ▪ **2** (1765) MOD. Personne qui fabrique, vend des instruments d'optique, des verres, des lentilles de contact. *Faire faire ses lunettes chez l'opticien. L'opticien se conforme à l'ordonnance de l'oculiste*. Elle est opticienne.* — adj. *Diplôme d'ingénieur opticien.*

OPTIMAL, ALE, AUX [ɔptimal, o] adj. – 1906 ◊ de *optimum,* d'après *maximal* ▪ DIDACT. Qui est un optimum ; qui est le meilleur possible. ➤ **1 idéal, parfait.** *Expérience faite dans des conditions optimales.*

OPTIMISATION [ɔptimizasjɔ̃] n. f. – v. 1960 ◊ de *optimiser* ▪ ANGLIC. DIDACT. Fait d'optimiser (un processus, un objet) ; son résultat. ➤ **rationalisation.** *Optimisation fiscale,* visant à réduire le montant d'une imposition. — MATH. Recherches des valeurs des paramètres qui maximisent une fonction. — On dit aussi **OPTIMALISATION.**

OPTIMISER [ɔptimize] v. tr. ‹1› – v. 1960 ◊ de *optimal,* d'après l'anglais ▪ ANGLIC. DIDACT. Donner à (une machine, une entreprise, une production) les meilleures conditions de fonctionnement, de rendement ; exploiter au mieux. *Optimiser les ressources.* ➤ **maximaliser, maximiser.** — On dit aussi **OPTIMALISER** ‹1›.

OPTIMISME [ɔptimism] n. m. – 1737 ◊ du latin *optimus,* superlatif de *bonus* «bon» ▪ **1** PHILOS. Doctrine selon laquelle le monde est le meilleur et le plus heureux possible. *«Candide ou l'Optimisme», roman de Voltaire* (1758), consacré à la réfutation de cette doctrine. ▪ **2** (1788) VIEILLI Tournure d'esprit qui dispose à prendre les choses du bon côté, en négligeant leurs aspects fâcheux. *Un optimisme béat. «Le pessimisme est d'humeur ; l'optimisme est de volonté»* ALAIN. ▪ **3** MOD. Impression, sentiment de confiance heureuse, dans l'issue, le dénouement favorable d'une situation particulière. *«le vent était plutôt à l'optimisme»* MARTIN DU GARD. *Envisager la situation avec optimisme* (➤ **positiver**). IRON. *J'aimerais partager votre bel optimisme.* ▪ CONTR. Pessimisme.

OPTIMISTE [ɔptimist] adj. et n. – 1752 ◊ du radical de *optimisme* ▪ **1** PHILOS. Qui a rapport à l'optimisme ou à ses partisans. — n. Théoricien ou partisan de l'optimisme. ▪ **2** VIEILLI Qui est naturellement disposé à voir tout en beau, à être toujours content de son sort. ➤ **satisfait.** n. *«les vrais optimistes n'écrivent pas : ils mangent, ils jouissent»* DUHAMEL. ▪ **3** MOD. Qui a l'impression, dans une circonstance particulière, que les choses vont tourner favorablement. *Le docteur n'est pas très optimiste. Soyez optimiste !* (cf. Ayez confiance en l'avenir ; ça va s'arranger). — (CHOSES) *«les communiqués officiels restaient optimistes»* CAMUS. ▪ CONTR. Pessimiste.

OPTIMUM [ɔptimɔm] n. m. et adj. – 1771 ◊ mot latin «le meilleur», superlatif neutre de l'adj. *bonus* ▪ **1** État considéré comme le plus favorable pour atteindre un but déterminé ou par rapport à une situation donnée. *Optimum du producteur :* situation où l'entrepreneur réalise un profit maximum. *Des optimums* ou *des optima* [ɔptima] (plur. lat.). ▪ **2** adj. (1889) ➤ **optimal.** *Atteindre l'effet optimum. Température optimum* ou *optima. Conditions optimums* ou *optima.*

OPTION [ɔpsjɔ̃] n. f. – v. 1190 ◊ latin *optio* ▪ **1** Faculté, action d'opter. ➤ **choix.** *«La nécessité de l'option me fut toujours intolérable»* GIDE. *«Ou pendus, ou noyés, nous n'avions pas d'autre option»* HUGO. ➤ **1 alternative.** — *Matières, textes à option* dans le programme d'un examen, entre lesquels le candidat peut choisir. ➤ **facultatif, optionnel.** ◆ (1980) MILIT. *Option zéro :* choix effectué par les anciens blocs de l'Est et de l'Ouest, consistant à supprimer les armes nucléaires à moyenne portée stationnées en Europe. ▪ **2** COMM. Équipement ne faisant pas partie du modèle de série, fourni moyennant un supplément de prix. *Modèle de voiture comprenant plu-*

sieurs options. Toit ouvrant en option. ➤ **optionnel.** ▪ **3** DR. Faculté ou action de choisir entre plusieurs situations juridiques. — Promesse unilatérale de vente à un prix déterminé sans engagement de la part du futur acheteur. *Prendre une option sur un appartement. Lever l'option, abandonner une option.* — Somme versée au vendeur en contrepartie de cette promesse. ➤ **arrhes.** ◆ FIN. Contrat à terme conditionnel permettant à un opérateur de se réserver la faculté de demander l'exécution d'une opération convenue ou d'y renoncer, moyennant le paiement immédiat d'une prime (dite *prix de l'option*). ➤ 1 **premium.** *Achat, vente d'option d'achat de titres. Option sur titres* : recomm. offic. pour *stock-option.*

OPTIONNEL, ELLE [ɔpsjɔnɛl] adj. – v. 1967 ◇ de *option* ▪ Qui n'est pas obligatoire, donne lieu à un choix. ➤ **facultatif.** *Les enseignements optionnels.* ◆ Qu'on a le choix d'acquérir en plus en même temps qu'autre chose (cf. En option*). *Accessoires optionnels. Extension de garantie optionnelle.*

OPTIQUE [ɔptik] adj. et n. f. – 1314 ◇ grec *optikos* «relatif à la vue»
I ▪ **1** Relatif à la vision. *Nerf optique,* formé par la réunion au niveau de la *papille optique* des prolongements des cellules de la rétine. *Angle optique* (ou *visuel*), formé dans l'œil de l'observateur par le croisement des rayons qui partent des extrémités de l'objet regardé. ▪ **2** Relatif à l'optique (II). *Verres optiques. Fibre* optique. Chemin* optique. Activité* optique.* ◆ n. f. **L'OPTIQUE :** partie optique (lentilles, etc.) d'un appareil d'optique (opposé à *monture, accessoires*). *L'optique d'une caméra. «les vieilles Chevrolet [...] avec leur double optique avant et leurs ailerons arrière»* LIBÉRATI. ▪ **3** Dont la technologie fait appel à l'optique et à l'électronique. *Crayon optique.* ➤ **photostyle.** *Lecture optique. Découpage optique,* par rayon laser. — adv. **OPTIQUEMENT.** *Atome optiquement actif.* ➤ **chiral.**
II n. f. (1605 ◇ latin *optice* ; grec *optikê [tekhnê]* «[art] de la vision») ▪ **1** Science qui a pour objet l'étude de la lumière, de ses lois et de leurs relations avec la vision. ➤ **catoptrique, dioptrique, optométrie, spectroscopie.** *Optique géométrique* : ensemble des propositions, déduites du principe de Fermat, qui concernent la propagation en ligne droite de la lumière dans les milieux transparents. *Optique médicale, optique physiologique,* restreinte à la lumière des fréquences visibles par l'œil. *Optique physique* : étude des propriétés du rayonnement électromagnétique de toute la gamme des fréquences. *Optique cristalline* : étude des propriétés optiques des cristaux. ➤ **biréfringence, indice, polarisation.** *Optique quantique,* qui tient compte de la structure discontinue de la lumière (➤ **photon**). *Optique corpusculaire,* qui étudie la propagation des particules pesantes. *Appareils, instruments, matériel d'optique* : lentille, loupe, lunette, ménisque, microscope, miroir, objectif, oculaire, périscope, prisme, spectroscope, stadia, stéréoscope, télémètre, télescope, verre. *«ces verres d'optique qui, par un jeu étrange, bouleversent, rabougrissent ou prolongent les plus belles formes, et font une figure grotesque d'une admirable statue»* P. BOREL. *Fabricant, marchand d'appareils d'optique.* ➤ **opticien.** — PAR EXT. *Optique électronique.* — *Illusion* d'optique.* ◆ Traité, ouvrage sur l'optique. *L'«Optique», de Newton.* ◆ Commerce, fabrication, industrie des appareils d'optique. *Ingénieur qui travaille dans l'optique. Optique astronomique, photographique.* ▪ **2** Aspect particulier que prend un objet vu à distance d'un point déterminé. ➤ **perspective.** *L'optique du théâtre, du cinéma. «Il faut qu'à cette optique de la scène, toute figure soit ramenée à son trait le plus saillant, le plus individuel, le plus précis»* HUGO. ◆ (ABSTRAIT) Manière de voir. ➤ **point de vue.** *Dans cette optique. Vu sous cette optique. Changer d'optique.*

OPTO- ▪ Élément, du grec *optos* «visible».

OPTOÉLECTRONIQUE [ɔptoelɛktʀɔnik] n. f. et adj. – avant 1968 ◇ probablt d'après l'anglais *optoelectronic* (1955), *optoelectronics* (1959) ▪ ÉLECTRON. Ensemble des techniques mettant en œuvre des dispositifs électroniques d'émission, de détection et de modulation de lumière. *Guides de lumière utilisés en optoélectronique.* ➤ **fibre** (optique). — adj. *Détecteur optoélectronique. Dispositifs optoélectroniques* (➤ **diode, laser, photomultiplicateur**).

OPTOMÈTRE [ɔptɔmɛtʀ] n. m. – 1855 ◇ de *opto-* et *-mètre* ▪ TECHN. Appareil de mesure de l'acuité visuelle de l'œil et servant à détecter ses défauts et leurs causes.

OPTOMÉTRIE [ɔptɔmetʀi] n. f. – 1874 ◇ de *optomètre* ▪ DIDACT. ▪ **1** Étude de la vision des yeux et de la netteté des images qu'ils reçoivent (➤ **amétropie, emmétropie**). ▪ **2** Partie de l'optique et de la physique qui a la vision pour objet. — adj. **OPTOMÉTRIQUE.**

OPTOMÉTRISTE [ɔptɔmetʀist] n. – 1955 ◇ de *optométrie* ▪ Opticien qui pratique l'optométrie et peut ainsi déterminer la correction nécessaire à ses clients. — APPOS. *Opticiens optométristes.* ◆ Au Canada, Docteur en optométrie.

OPTRONIQUE [ɔptʀɔnik] n. f. et adj. – 1976 adj. ◇ abrév. de *optoélectronique* ; cf. *optron* «cellule électroluminescente associée à un photoconducteur» (1963) ▪ Mise au point de systèmes alliant l'optique et l'électronique. *Optronique militaire, spatiale, médicale.* — adj. *Systèmes, capteurs optroniques.*

OPULENCE [ɔpylɑ̃s] n. f. – 1464 ◇ latin *opulentia* ▪ **1** Grande abondance de biens. ➤ **abondance, aisance, fortune, richesse.** *Vivre dans le luxe et l'opulence. Nager dans l'opulence. Opulence d'un État.* ▪ **2** FIG. *Opulence des formes.* ➤ **ampleur.** ▪ CONTR. Besoin, misère, pauvreté.

OPULENT, ENTE [ɔpylɑ̃, ɑ̃t] adj. – 1356 ◇ latin *opulentus* ▪ **1** Qui est très riche, qui est dans l'opulence. ➤ **riche.** *La «Hongrie, contrée opulente et fertile»* D'ALEMBERT. *«Son luxe opulent était celui des grands hôtels»* MAUPASSANT. ➤ **fastueux.** PAR EXT. *Vie opulente.* ▪ **2** Qui a de l'ampleur dans les formes. ➤ **plantureux.** *«Il trouvait les femmes opulentes et sensuelles»* ROMAINS. *Poitrine opulente.* ➤ 1 **fort, généreux, gros.** ▪ CONTR. Misérable.

OPUNTIA ➤ **OPONCE**

OPUS [ɔpys] n. m. – 1832 ◇ mot latin «ouvrage» ▪ MUS. Indication utilisée pour désigner un morceau de musique avec son numéro dans l'œuvre complète d'un compositeur (ABRÉV. Op.). *Numéro d'opus des œuvres de Bach* (B. W. V.), *Mozart* (Köchel). *Beethoven, opus 106.* — COUR. Œuvre (musicale, cinématographique). *Son dernier opus est un triomphe. «l'opus mythique de Miles Davis,* Kind of Blue*»* KERANGAL.

OPUSCULE [ɔpyskyl] n. m. – XIVe ◇ latin *opusculum,* diminutif de *opus* «ouvrage» ▪ Petit ouvrage, petit livre. ➤ **brochure.**

OPUS INCERTUM [ɔpysɛ̃sɛʀtɔm] n. m. inv. – 1870 ◇ mots latins «ouvrage irrégulier» ▪ TECHN. Empilage de moellons bruts sur mortier.

O. P. V. [opeve] n. f. – 1978 ◇ sigle de *Offre Publique de Vente* ▪ FIN. Procédure permettant à un actionnaire de société de proposer publiquement de vendre un certain nombre des titres qu'il détient, à un prix déterminé.

1 **OR** [ɔʀ] n. m. – fin IXe, au sens B ◇ du latin *aurum* → orfèvre, orfroi, oriflamme ; dorade, loriot

I MÉTAL A. MATIÈRE À L'ÉTAT BRUT OU TRANSFORMÉE ▪ **1** (fin XIe) Élément atomique (SYMB. Au ; n° at. 79 ; m. at. 196,96), métal jaune, brillant, inaltérable et inoxydable. *L'or, très ductile et malléable, est le métal précieux par excellence de la joaillerie, de la fabrication de monnaie et de la médecine. Minerais d'or natif.* ➤ **paillette, pépite.** *Mine* d'or. Chercheur d'or.* ➤ **orpailleur ; aurifère.** *«Celui qui cherche l'or doit d'abord s'oublier soi-même, il doit devenir un autre. L'or aveugle et aliène»* LE CLÉZIO. *La ruée vers l'or. Les alchimistes prétendaient transformer le plomb en or.* — *Le veau* d'or. La poule* aux œufs d'or.* ◆ PAR EXT. *Liqueur d'or* : sorte de ratafia contenant des paillettes d'or (appelée aussi *eau-de-vie de Dantzig*). — *Or colloïdal* : solution colloïdale d'or, employée pour combattre l'infection. ▪ **2 L'OR :** métal précieux allié ou non à d'autres substances, dans des proportions variables (titre, aloi). *Or de coupelle*, affiné. Or vierge, or pur, or fin. Titre de l'or.* ➤ **aloi, carat, titre.** *De l'or 18 carats. Or contrôlé, poinçonné.* ➤ **poinçon.** *Or jaune, or blanc, or rose* (allié d'argent et de cuivre), *or rouge* (allié de cuivre), *or gris* (allié de zinc, de nickel), *or vert* (allié d'argent). *Or patiné ; vieil or.* — *Lingot, barre d'or. Bijoux, joyaux d'or, en or massif.* ➤ **orfèvrerie.** *Statue d'or et d'ivoire* (➤ **chryséléphantin**). *Vaisselle d'or. Stylo à plume en or. Dent en or.* — *Filigrane d'or. Nom écrit en lettres d'or. Peinture, enluminure sur fond d'or. Incruster un filet d'or dans un métal* : damasquiner. *Couvrir d'une feuille d'or.* ➤ **doré, dorer.** *Bijou en plaqué or.* ➤ **plaqué.** *Argent plaqué d'or.* ➤ **vermeil.** — *Étoffe brodée d'or* : brocart. *Fil d'or. Habits de soie et d'or. Le camp du Drap* d'or.* — *Être (tout) cousu* d'or.* POÉT. *Jours filés d'or et de soie,* très heureux (par allus. aux Parques). ◆ *Pièces d'or.* ➤ **jaunet, louis.** *Payer une somme en or,* en pièces d'or. *«Tu répugnes peut-être à te séparer de ton or, hein,* *fifille !»* BALZAC. ▪ **3** (fin XIIe) Monnaie métallique virtuelle (étalon, valeur de référence) ou réelle *(or monnayé)*. ➤ **monnaie.** *Once* d'or. Cours de l'or. Valeur, change de l'or.* — APPOS. INV. *Encaisse or d'une banque d'émission. Étalon or. Valeur or d'une unité monétaire.* PAR EXT. Métal utilisé comme monnaie de référence. ➤ **bimétallisme, convertibilité.** ▪ **4** Substance ayant l'apparence de l'or véritable. ➤ **chrysocale, oripeau.** *Or mussif. Or de couleur.* PAR APPOS. *Peinture or. L'or d'un cadre, d'une décoration.* — *Les ors de la République :* les décors dorés des bâtiments officiels ; FIG. les fastes du pouvoir. *«La préfète reçoit dans les ors des salons de la préfecture»* A. JENNI.

B. SYMBOLE DE RICHESSE (fin IXe) Symbole de richesse, de fortune (qu'il s'agisse ou non d'or monnayé). ➤ **argent, richesse.** *Le pouvoir de l'or. «la soif de l'or dessèche tous les cœurs»* MARAT. ✦ LOC. *Acheter, vendre, payer à prix d'or,* très cher. — *Valoir* son pesant d'or.* — *Affaire en or.* ➤ **avantageux.** *C'est de l'or en barre*.* — *Couvrir qqn d'or :* payer très cher (qqn), lui donner beaucoup d'argent. *Faire un pont* d'or à qqn. Rouler sur l'or :* être dans l'opulence, la richesse. (milieu XIIe) (Après la négation) *Pour tout l'or du monde :* à aucun prix. ➤ **jamais** (cf. Pour un empire*, pour rien au monde*). *«C'était une rue où elle n'aurait pas demeuré pour tout l'or du monde»* ZOLA.

II SENS FIGURÉS ▪ **1** (1578) (En parlant de ce qui a une couleur jaune, un éclat comparable à celui de l'or) ➤ 2 **brillant, éclat.** *Jaune d'or. Cheveux d'or,* d'un blond doré. *L'or des blés, des ajoncs. L'or et la pourpre de l'automne.* — ADJT INV. *Un tissu noir et or. Des rideaux vieil or.* ▪ **2** (fin XIIIe) BLAS. Un des deux métaux héraldiques, représenté conventionnellement par des pointillés. ▪ **3** (fin XIe) Chose précieuse, rare, excellente. PROV. *Tout ce qui brille n'est pas or.* ✦ LOC. *Noces* d'or.* — *Parler d'or :* dire des choses excellentes, très sages. *Le silence est d'or. Règle* d'or.* — *Être franc, bon comme l'or. Cœur d'or.* ➤ 1 **bon, excellent, généreux.** — FAM. **EN OR :** excellent, parfait. *Un mari en or. «Je vois un beau film à faire. – Un sujet en or, approuva Lili»* AYMÉ. — *Le but* en or.* ✦ **ÂGE D'OR :** temps heureux d'une civilisation (ancien ou à venir). PAR EXT. *«Cette période extraordinaire qu'on a pu appeler l'âge d'or de la littérature française médiévale»* ARAGON. — *Siècle d'or,* se dit d'une époque brillante de prospérité et de culture (SPÉCIALT en Espagne). ✦ *Livre* d'or.* — ESTHÉTIQUE *Nombre* d'or.* ▪ **4** (Désignant une ressource naturelle qui est source de richesse) (1937) *L'or noir :* le pétrole. — *L'or blanc :* la neige des sports d'hiver. — *L'or vert :* les ressources procurées par l'agriculture ou la forêt. — *L'or bleu :* l'eau douce, l'eau potable. *«Le Canada constituait un des plus grands réservoirs naturels d'eau douce du monde : dans la ruée vers l'Or Bleu, le pays courait en tête»* M. G. DANTEC. — *L'or rouge :* l'énergie solaire. — *L'or gris :* les personnes âgées, source de profits.
▪ HOM. Hors.

2 **OR** [ɔʀ] adv. et conj. – *ores* 1176 ; *ore* Xe ◊ latin populaire *hora* pour *hac hora* «à cette heure» → désormais, dorénavant, encore, lors
▪ En tête de phrase ou de propos.

I adv. VX Maintenant, présentement. *«Or, adieu, j'en suis hors»* LA FONTAINE. ✦ (1877) MOD. **D'ORES ET DÉJÀ** [dɔʀzedeʒa] : dès maintenant, dès aujourd'hui. *«Le triomphe final sera difficile [...] Mais d'ores et déjà [...] il est inévitable»* MARTIN DU GARD.

II conj. MOD. Marque un moment particulier d'une durée (dans un récit) ou d'un raisonnement. *«Elle pleurait pendant des jours entiers [...] Or, un soir, son mari rentra, l'air glorieux»* MAUPASSANT. — Introduit la mineure d'un syllogisme, un argument ou une objection à une thèse. *Vous croyez avoir raison, or vous n'avez rien prouvé.* ➤ **cependant, pourtant.**

ORACLE [ɔʀɑkl] n. m. – 1160 «lieu sacré» ◊ latin *oraculum* ▪ **1** (1390) VX Volonté de Dieu annoncée par les prophètes et les apôtres. ➤ **prophétie.** ▪ **2** (1530) ANTIQ. Réponse qu'une divinité donnait à ceux qui la consultaient en certains lieux sacrés. ➤ **divination.** *Rendre un oracle. Les oracles de la pythie, de la sibylle.* ➤ **vaticination.** — La divinité qui rendait ces oracles (➤ 1 **augure**) ; le sanctuaire où elle les rendait. *Consulter un oracle. L'oracle de Delphes.* ▪ **3** (1546) LITTÉR. Décision, opinion exprimée avec autorité et qui jouit d'un grand crédit. *«L'honneur parle, il suffit : ce sont là nos oracles»* RACINE. ▪ **4** (1549) Personne qui parle avec autorité ou compétence. *«Talleyrand, considéré comme l'oracle de son temps»* MADELIN.

ORAGE [ɔʀaʒ] n. m. – XIIe ◊ de l'ancien français *ore* «brise», latin *aura* ▪ **1** Perturbation atmosphérique violente, caractérisée par des phénomènes électriques (éclairs, tonnerre), souvent accompagnée de pluie, de vent. ➤ **bourrasque, ouragan, tempête.** *Pluie, vent d'orage. Il va y avoir, il va faire de l'orage. Le temps est à l'orage. L'orage menace, éclate, gronde. «Levez-vous vite, orages désirés»* CHATEAUBRIAND. *Orage sec,* qui ne produit pas ou peu de précipitations au sol. — *Orage supercellulaire*.* — *Orage volcanique,* qui accompagne l'éruption d'un volcan. ✦ (1869) *Orage magnétique*. Orage solaire*.* ▪ **2** FIG. Trouble qui éclate ou menace d'éclater. LITTÉR. *Les orages des passions. «sa voix, son regard, sa figure sont à l'orage»* BALZAC. — FAM. *Il y a de l'orage dans l'air :* l'atmosphère est à la dispute. ▪ CONTR. 1 Calme.

ORAGEUX, EUSE [ɔʀaʒø, øz] adj. – 1564 fig. ; hapax 1200 ◊ de *orage* ▪ **1** Qui annonce l'orage ; qui a les caractères de l'orage. *Le temps est orageux. Ciel, nuage orageux. Chaleur, pluie orageuse.* ✦ Sujet aux orages ; troublé par l'orage. *Saison, contrée orageuse. Mer orageuse.* ▪ **2** FIG. Tumultueux. *Discussion, séance, vie orageuse.* ➤ **agité, mouvementé.** ▪ CONTR. 2 Calme.

ORAISON [ɔʀɛzɔ̃] n. f. – fin XIe *oraisun* ◊ latin *oratio* ▪ **1** Prière. ➤ **orémus.** *Oraison dominicale. Oraison jaculatoire. Dire, faire, réciter une oraison.* — LITURG. *La messe comporte plusieurs oraisons.* ▪ **2** (XVIe) VX Discours prononcé en public. ➤ **harangue.** — MOD. *Oraison funèbre :* discours religieux prononcé à l'occasion des obsèques d'un personnage illustre (➤ **panégyrique**). *Les «Oraisons funèbres», de Bossuet.* FAM. *Faire l'oraison funèbre d'une institution,* en parler comme si elle n'existait plus. ▪ **3** (XVIIe) VX *Les parties de l'oraison :* les parties du discours.

ORAL, ALE, AUX [ɔʀal, o] adj. – 1610 ◊ du latin *os, oris* «bouche» ▪ **1** (Opposé à *écrit*) Qui se fait, se transmet par la parole. *Langue orale et langue écrite. Cours d'expression orale. Confession, déposition orale.* ➤ **verbal.** *Littérature, tradition orale* (➤ **aède, conteur, griot**). *Une mémoire «nourrie aussi par ses prédécesseurs, et qui est le fondement de notre tradition orale»* C. LAYE. — SPÉCIALT *Épreuves orales d'un examen.* ✦ SUBST. *L'oral :* l'expression, la langue orale. *L'oral et l'écrit.* — SPÉCIALT L'ensemble des épreuves orales d'un examen ou d'un concours. *Il a réussi à l'écrit, mais échoué à l'oral. La date des oraux. Le grand oral de l'ENA.* FIG. *Grand oral :* exposé public très attendu, au cours duquel un candidat présente, défend un projet. ▪ **2** (v. 1830) Relatif à la bouche. ➤ **buccal ; oralité.** *Médicament qui s'administre par voie orale.* — PSYCHAN. *Stade oral :* premier stade de la libido où la bouche et les lèvres sont les principales zones érogènes, précédant le stade anal, selon Freud. — PHONÉT. *Voyelle orale* (opposé à *nasale*).
▪ CONTR. 2 Écrit, graphique.

ORALEMENT [ɔʀalmɑ̃] adv. – 1829 ◊ de *oral* ▪ D'une manière orale, de vive voix. *Interroger un élève oralement. Il s'exprime mieux oralement que par écrit.*

ORALISER [ɔʀalize] v. tr. ⟨1⟩ – v. 1970 ◊ de *oral* ▪ LING. Dire à voix haute (un écrit lu ou appris). *Texte oralisé. L'écrit oralisé est moins naturel que l'oral.* ✦ *Sourd oralisé,* qui est capable de parler sans entendre. ▪ CONTR. Transcrire.

ORALITÉ [ɔʀalite] n. f. – 1845 ◊ de *oral* ▪ **1** DIDACT. Caractère oral (de la parole, du langage, du discours). — *L'oralité d'une culture, d'une tradition. «Nous c'est l'oralité des ancêtres, nous c'est les contes de la brousse et de la forêt»* A. MABANCKOU. ▪ **2** PSYCHAN. Caractère propre au stade oral du développement de la libido. ▪ **3** PSYCHIATR. Tendance à porter à la bouche, à lécher, à manger toutes sortes d'objets.

-ORAMA ▪ Élément, du grec *orama* «vue», souvent simplifié en *-rama : panorama ; cinérama.*

ORANGE [ɔʀɑ̃ʒ] n. f. – 1515 ; *pomme d'orenge* v. 1300 ◊ ancien italien *melarancia ;* de l'arabe *narandj* ▪ **1** Fruit comestible de l'oranger (agrume), d'un jaune tirant sur le rouge. ➤ **maltaise, navel.** *Quartier d'orange. Écorce, peau, pelure d'orange.* ➤ **zeste.** *Orange amère.* ➤ **bigarade.** *Orange sanguine. Orange d'Espagne, du Maroc. Marmelade d'oranges. Jus d'orange, orange pressée. Boisson à l'orange.* ➤ **orangeade.** *Vin d'oranges.* ➤ **sangria.** *Liqueur d'oranges.* ➤ **curaçao.** *Canard à l'orange.* — *On presse* l'orange et on jette l'écorce.* PAR PLAIS. *Apporter des oranges à qqn :* rendre visite à qqn à l'hôpital ou en prison. *Si tu es pris, ne compte pas sur moi pour t'apporter des oranges.* ▪ **2** adj. inv. D'une couleur semblable à celle de l'orange. ➤ **orangé.** *Des rubans orange.* — n. m. *Un orange clair, vif. Des oranges doux.* SPÉCIALT La couleur orange d'un feu de signalisation, entre le vert et le rouge. *Passer à l'orange.*

ORANGÉ, ÉE [ɔʀɑ̃ʒe] **adj.** et **n. m.** – XVIe ◇ de *orange* ■ **1** COUR. D'une couleur nuancée d'orange. *Rose orangé. « De chaudes teintes orangées Dorent sa joue au fard vermeil »* GAUTIER. ■ **2 n. m.** DIDACT. Couleur du spectre solaire entre le rouge et le jaune. — *Les orangés,* matières colorantes azoïques. ■ HOM. Oranger.

ORANGEADE [ɔʀɑ̃ʒad] **n. f.** – 1680 ; « confiture d'oranges » 1642 ◇ de *orange,* avec influence de l'italien *aranciata* ■ ANCIENNT Boisson préparée avec du jus d'orange, du sucre et de l'eau. — MOD. Boisson rafraîchissante au sirop d'orange.

ORANGER [ɔʀɑ̃ʒe] **n. m.** – *orengier* 1388 ◇ de *orange* ■ Arbre fruitier *(rutacées),* au feuillage luisant, persistant et parfumé, originaire de Chine, qui produit les oranges. *L'oranger croît en pleine terre sous les climats méditerranéens, en serre sous des climats plus froids* (➤ **orangerie**). *Plantation d'orangers.* ➤ **orangeraie.** *Eau de fleur d'oranger :* liqueur obtenue par la distillation des fleurs de l'oranger (➤ **néroli**). *La tropézienne, gâteau parfumé à la fleur d'oranger. La fleur d'oranger, symbole de la virginité et du mariage. Lucie s'avançait, « une couronne d'oranger dans les cheveux »* FLAUBERT. ■ HOM. Orangé.

ORANGERAIE [ɔʀɑ̃ʒʀɛ] **n. f.** – 1932 ◇ de *oranger* ■ Plantation, verger d'orangers cultivés en pleine terre.

ORANGERIE [ɔʀɑ̃ʒʀi] **n. f.** – 1603 ◇ de *oranger* ■ Lieu fermé où l'on met à l'abri pendant la saison froide les orangers cultivés dans des caisses. ➤ 1 **serre.** *L'orangerie de Versailles, des Tuileries.* ◆ Partie d'un jardin où les orangers sont placés pendant la belle saison.

ORANGETTE [ɔʀɑ̃ʒɛt] **n. f.** – 1821 ◇ de *orange* ■ **1** Petite orange amère, cueillie avant maturité, et utilisée en confiserie. ■ **2** Confiserie composée d'un morceau d'écorce d'orange confite enrobé de chocolat.

ORANG-OUTAN [ɔʀɑ̃utɑ̃] **n. m.** – 1753 ◇ latin des zoologistes avant 1631 ; malais *orang hutan* « homme des bois » ■ Grand singe arboricole de Bornéo et Sumatra *(hominoïdes),* à longs poils brun-roux, aux membres antérieurs très longs. *Des orangs-outans.* — On écrit aussi *orang-outang.*

ORANT, ANTE [ɔʀɑ̃, ɑ̃t] **n.** – 1874 ◇ du latin *orare* « prier » ■ **1** Dans l'art chrétien primitif, Personnage représenté en prière. *Les orantes des catacombes.* **adj.** *Vierge orante.* ■ **2** ARTS Statue funéraire qui représente un personnage en prière, à genoux et les mains jointes (opposé à *gisant*).

ORATEUR, TRICE [ɔʀatœʀ, tʀis] **n.** – v. 1355 ◇ latin *orator* ■ **1** Personne qui compose et prononce des discours. ➤ **conférencier.** *Orateur religieux* (➤ **prédicateur**), *politique* (➤ **tribun**). *Une femme orateur, une oratrice* (RARE). *« pour apprécier pleinement un orateur, il faut l'entendre et le voir »* ROMAINS. ◆ Personne qui est amenée occasionnellement à prendre la parole. *À la fin du banquet, l'orateur a été très applaudi. Orateurs d'un débat.* ➤ **débatteur, intervenant.** ■ **2** Personne éloquente, qui sait parler en public, séduire son auditoire. ➤ **rhéteur.** *Ses talents d'orateur.* ■ **3** Au Canada, Titre donné au président de la Chambre des communes. ➤ **speaker.** *L'élection de l'Orateur.*

1 **ORATOIRE** [ɔʀatwaʀ] **n. m.** – XIIIe ; *oratur* XIIe ◇ latin chrétien *oratorium,* du latin *orare* « prier » ■ **1** Lieu destiné à la prière, petite chapelle. *« Il disait sa messe soit à la cathédrale, soit dans son oratoire »* HUGO. ■ **2** (1662) Nom de diverses congrégations religieuses. *L'Oratoire de Jésus. Les Pères de l'Oratoire.* ➤ **oratorien.** — Église, maison de la congrégation de l'Oratoire.

2 **ORATOIRE** [ɔʀatwaʀ] **adj.** – v. 1500 ◇ latin *oratorius,* de *orator* ■ Qui appartient ou convient à l'orateur, à l'art de parler en public ; qui a le caractère des ouvrages d'éloquence. *Art oratoire.* ➤ **déclamation, éloquence.** *Développement oratoire :* discours. *Procédé oratoire. Joute oratoire.* ◆ (1798) *Précautions oratoires :* moyens qu'on emploie pour se concilier la bienveillance de l'auditeur et ménager sa susceptibilité.

ORATORIEN [ɔʀatɔʀjɛ̃] **n. m.** – 1721 ◇ de 1 *oratoire* ■ Membre de la congrégation religieuse de l'Oratoire. *Malebranche, Massillon, oratoriens célèbres.*

ORATORIO [ɔʀatɔʀjo] **n. m.** – 1700 ◇ mot italien « oratoire » ■ MUS. Drame lyrique sur un sujet religieux, parfois profane, qui contient les mêmes éléments que la cantate, avec un rôle plus important dévolu à l'orchestre. *Les oratorios de Haendel. « L'oratorio de Noël », de Bach.*

1 **ORBE** [ɔʀb] **adj.** – XIIIe ; *orbs* « aveugle » 1050 ◇ latin *orbus* ■ **1** CHIR. *Coup orbe,* qui meurtrit la chair sans l'entamer. ■ **2** TECHN. *Mur orbe,* qui n'est percé d'aucune ouverture.

2 **ORBE** [ɔʀb] **n. m.** – 1527 ; n. f. XIIIe ◇ latin *orbis* ■ **1** VX Espace circonscrit par l'orbite d'une planète ou de tout corps céleste. *Surface d'un orbe elliptique.* ◆ ABUSIVEMENT Cette orbite. *Orbe que décrit la Lune.* ■ **2** POÉT. Globe, sphère (d'un astre). *« L'orbe d'or du soleil tombé des cieux sans bornes »* LECONTE DE LISLE.

ORBICOLE [ɔʀbikɔl] **adj.** – 1868 ◇ de 2 *orbe* et *-cole* ■ RARE Qui se trouve sur tous les points du globe. *Plante orbicole.*

ORBICULAIRE [ɔʀbikylɛʀ] **adj.** – XIVe ◇ latin *orbicularis* ■ DIDACT. ■ **1** En forme de cercle. ➤ **rond.** ANAT. *Muscles orbiculaires* (des lèvres, des paupières), dont la contraction détermine une occlusion. **n. m.** *L'orbiculaire des paupières.* ➤ **sphincter.** ■ **2** Qui décrit un cercle. *Mouvement orbiculaire.*

ORBITAIRE [ɔʀbitɛʀ] **adj.** – XVe ◇ de *orbite* ■ ANAT. Qui a rapport à l'orbite de l'œil.

ORBITAL, ALE, AUX [ɔʀbital, o] **adj.** et **n. f.** – 1874 ◇ de *orbite* ■ **1** ASTRON. Qui a rapport à l'orbite d'une planète, d'un satellite ; qui décrit une orbite. *Mouvement orbital d'une planète autour du Soleil. Station orbitale.* ➤ **orbiteur.** ■ **2 n. f.** (v. 1956) PHYS. Fonction d'onde des coordonnées d'un électron lié dans un atome ou une molécule. *Orbitales atomiques.*

ORBITE [ɔʀbit] **n. f.** – 1314 ◇ latin *orbita* → 2 orbe

I Cavité osseuse dans laquelle se trouvent placés l'œil et ses annexes. *Avoir les yeux qui sortent des orbites.* ➤ **exorbité.** *Faire sortir de son orbite* (➤ **désorbiter**).

II ■ **1** (1676) ASTRON. Trajectoire courbe d'un corps céleste ayant pour foyer un autre corps céleste. *Points, axes, plans de l'orbite elliptique d'un corps céleste.* ➤ **apoastre, apside, écliptique, périastre, périhélie.** *La Terre décrit, parcourt son orbite autour du Soleil en 365 jours 6 h et 9 min* (➤ **orbiter**). *Orbite géostationnaire*.* — ABUSIF *Placer un satellite artificiel sur son orbite ; le mettre en orbite,* lui faire décrire l'orbite prévue, calculée (➤ 1 **lancer ; satellisation**). — LOC. FIG. *Mettre sur orbite :* lancer. *Ce joueur a mis son équipe sur orbite. Mise sur orbite d'une nouvelle industrie.* ◆ PHYS. Trajectoire fermée décrite par un corps animé d'un mouvement périodique. *Les orbites des électrons* (ancienne théorie quantique). ■ **2** FIG. Milieu où s'exerce l'influence de qqn. *Échapper à l'orbite de sa famille. « Une séduction irrésistible [...] qui vous emporte dans son orbite »* BARBEY. ➤ **sphère.**

ORBITÈLE [ɔʀbitɛl] **n. f.** – 1805 ◇ du latin *orbis* « cercle » et *tela* « toile » ■ ZOOL. Araignée qui tisse une toile polygonale à symétrie centrale.

ORBITER [ɔʀbite] **v. intr.** ‹1› – 1886 v. tr. ◇ de *orbite* ■ ASTRON., ASTRONAUT. Tourner sur une orbite.

ORBITEUR [ɔʀbitœʀ] **n. m.** – v. 1965 ◇ de *orbiter* ■ ASTRONAUT. Engin spatial qui suit une trajectoire orbitale. ➤ **satellite.** SPÉCIALT Partie satellisable d'une navette spatiale. *« l'orbiteur permet aux astronautes de revenir se poser en vol plané sur une piste terrestre »* M. BLANC.

ORCANÈTE ou **ORCANETTE** [ɔʀkanɛt] **n. f.** – *orcanette* 1546 ; *arguenet* 1398 ◇ de *arcanne,* latin médiéval *alchanna,* de l'arabe ■ Plante des régions méditerranéennes *(borraginacées)* dont la racine fournit une matière colorante rouge foncé. ◆ TECHN. Racine contenant un principe colorant rouge.

ORCHESTIQUE [ɔʀkɛstik] **n. f.** – 1721 ; *orchestrique* 1723 ◇ grec *orkhêstikê* ■ ANTIQ. GR. Art de la danse, science des attitudes et des mouvements considérés dans leur valeur expressive et leur emploi au théâtre. ➤ **chorégraphie, pantomime.**

ORCHESTRAL, ALE, AUX [ɔʀkɛstʀal, o] **adj.** – 1845 ◇ de *orchestre* ■ Propre à l'orchestre symphonique. *Musique orchestrale. Richesse orchestrale.*

ORCHESTRATEUR, TRICE [ɔʀkɛstʀatœʀ, tʀis] **n.** – milieu XXe ◇ de *orchestrer* ■ Musicien, musicienne qui fait une orchestration.

ORCHESTRATION [ɔʀkɛstʀasjɔ̃] **n. f.** – 1836 ◇ de *orchestrer* ■ **1** Action, manière d'orchestrer. ➤ **instrumentation.** *Cours, traité d'orchestration.* ■ **2** Adaptation d'une œuvre musicale pour l'orchestre. ➤ **arrangement, harmonisation.** *Nouvelle orchestration d'une chanson.* ➤ **remix, réorchestration.**

ORCHESTRE [ɔʀkɛstʀ] n. m. – 1500 ◊ grec *orkhêstra*

I ▪ **1** ANTIQ. Dans les théâtres antiques, Espace compris entre le public et la scène. ▪ **2** (1665) Partie contiguë à la scène et un peu en contrebas, où peuvent prendre place des musiciens. *Fosse* d'orchestre. Les pupitres de l'orchestre.* ▪ **3** COUR. Dans une salle de spectacle, Ensemble des places du rez-de-chaussée les plus proches de la scène ou de l'écran. *Fauteuil d'orchestre. Préférez-vous être à l'orchestre ou au balcon ?* PAR EXT. *Louer deux orchestre(s).* ♦ Le public qui occupe ces places. *Il « saluait de nouveau en souriant sous les applaudissements de l'orchestre »* MAUPASSANT.

II (v. 1750) Groupe d'instrumentistes qui exécute ou qui est constitué en vue d'exécuter de la musique polyphonique. *Orchestre de trois, de soixante exécutants. Grands et petits orchestres.* ➤ **concert, 2ensemble, formation, octuor, quatuor, quintette, septuor, trio.** *Orchestre symphonique. Morceau, musique d'orchestre.* ➤ **orchestral.** *Concerto pour violon et orchestre. Parties d'orchestre* (opposé à *parties vocales*). *Orchestre philharmonique. Orchestre dirigé par X, placé sous la baguette, sous la conduite de X. Chef* d'orchestre. Orchestre d'harmonie*. Orchestre à cordes. Orchestre de cuivres.* ➤ **fanfare.** — (Selon le genre d'œuvres) *Orchestre (de musique) de chambre. Orchestre de jazz* (➤ **big band**), *de danse.*

ORCHESTRER [ɔʀkɛstʀe] v. tr. ⟨1⟩ – 1838 ◊ de *orchestre* ▪ **1** MUS. Composer (une partition) en combinant les parties instrumentales. *Œuvre puissamment orchestrée.* ♦ Adapter pour l'orchestre. ➤ **arranger, harmoniser.** *Ravel a orchestré les « Tableaux d'une exposition » de Moussorgsky.* ▪ **2** FIG. Organiser en cherchant à donner le maximum d'ampleur et de retentissement. *Orchestrer une campagne de presse.*

ORCHIDÉE [ɔʀkide] n. f. – 1766 ◊ du grec *orkhidion* « petit testicule » ▪ Plante des climats chauds *(orchidacées),* dont les fleurs composées de trois sépales colorés et de trois pétales (dont le plus grand a trois lobes ➤ **labelle**) sont recherchées pour l'originalité de leur forme et de leurs coloris. *Orchidée épiphyte.* ♦ COUR. La fleur. *Bouquet d'orchidées.*

ORCHIS [ɔʀkis] n. m. – 1546 ◊ grec *orkhis* « testicule » ▪ BOT. Plante d'Europe et d'Asie Mineure *(orchidacées),* communément appelée *orchidée. Orchis tacheté, brûlé.*

ORCHITE [ɔʀkit] n. f. – 1823 ◊ grec *orkhis* « testicule » et *-ite* ▪ MÉD. Inflammation du testicule. *Orchite ourlienne,* qui complique les oreillons. *« Un de mes amis avait eu jadis une orchite, sorte d'infection des bourses qui les lui rendait douloureuses et les gonflait aux dimensions d'un melon »* BELLETTO.

ORDALIE [ɔʀdali] n. f. – 1693 ◊ ancien anglais *ordâl* ; latin médiéval *ordalium* « jugement » ▪ ANCIENNT Épreuve judiciaire par les éléments naturels, jugement de Dieu par l'eau, le feu.

ORDINAIRE [ɔʀdinɛʀ] adj. et n. m. – 1348 ; « juge » 1260 ◊ latin *ordinarius*

I adj. ▪ **1** Conforme à l'ordre normal, habituel des choses ; sans condition particulière. ➤ **1courant, habituel, normal, usuel.** *Le cours ordinaire des choses.* ➤ **coutumier.** *Le traitement ordinaire d'une affection.* — IMPERS. *« Il est encore assez ordinaire de mépriser qui nous méprise »* LA BRUYÈRE. — FAM. *Ça alors, c'est pas ordinaire !* c'est étonnant, remarquable. ♦ Habituel, coutumier à qqn. *Sa froideur, sa gaieté, sa maladresse ordinaire.* ▪ **2** (PERSONNES) Qui remplit habituellement une fonction. HIST. *Le médecin, le maître d'hôtel ordinaire du roi,* qui remplissait sa fonction toute l'année. *Évêques ordinaires,* qui gouvernent un diocèse. ▪ **3** (XVIIe) Dont la qualité ne dépasse pas le niveau moyen le plus courant, qui n'a aucun caractère spécial. ➤ **banal, commun, quelconque,** RÉGION. **régulier.** *Du vin ordinaire, de qualité ordinaire. Modèle ordinaire* (➤ **1standard**) *et modèle de luxe. — J'étais un enfant très ordinaire, confesse le grand musicien. Les gens ordinaires,* n'importe qui (cf. Monsieur Tout-le-Monde*). ♦ PÉJ. *Des gens très ordinaires,* de condition sociale très modeste, ou peu distingués.

II n. m. ▪ **1** (XVIe) Ce qui n'a rien d'exceptionnel. *À son ordinaire :* d'après son comportement habituel, comme d'habitude. *« Demain j'irai au collège en fumant [...] comme à mon ordinaire »* FLAUBERT. *Sortir de l'ordinaire :* changer. *« une intelligence au-dessus de l'ordinaire »* PROUDHON. ▪ **2** (début XVe) Surtout milit. Ce que l'on mange, ce que l'on sert habituellement aux repas. ➤ **alimentation.** *Servir « d'appoint à l'ordinaire peu varié de la troupe »* ECHENOZ. *Améliorer l'ordinaire. Caporal d'ordinaire.* ▪ **3** LITURG. *Ordinaire de la messe :* ensemble des prières de teneur invariable (opposé à *propre*).

III loc. adv. **D'ORDINAIRE ; À L'ORDINAIRE :** de façon habituelle, à l'accoutumée, et PAR EXT. le plus souvent. ➤ **habituellement, ordinairement, souvent** (le plus souvent) (cf. De coutume, d'habitude). *« Un hiver plus rude que d'ordinaire »* MICHELET. *Moins élégant qu'à l'ordinaire.*

▪ CONTR. Anormal, étrange, exceptionnel, extraordinaire, 2original, rare, remarquable. Distingué, excentrique.

ORDINAIREMENT [ɔʀdinɛʀmɑ̃] adv. – 1381 ◊ de *ordinaire* ▪ D'une manière ordinaire, habituelle. ➤ **communément, couramment, généralement, habituellement.** *Il vient ordinairement le matin* (cf. D'habitude, d'ordinaire). *Matériau ordinairement utilisé.*

1**ORDINAL, ALE, AUX** [ɔʀdinal, o] adj. et n. m. – 1550 ◊ latin des grammairiens *ordinalis* ▪ **1** Qui marque l'ordre, le rang. *Nombre ordinal,* qui désigne le rang d'un nombre cardinal*. — n. m. *L'ordinal de E :* tout ensemble E dans lequel l'appartenance est un bon ordre et tout élément de E est une partie de E. ♦ GRAMM. Se dit d'un adjectif numéral qui exprime le rang d'un élément dans un ensemble. Premier *et* deuxième *sont des adjectifs numéraux ordinaux.* SUBST. *Les ordinaux servent à classer un objet dans une série. — Adverbes ordinaux,* dérivés des adjectifs ordinaux (premièrement, deuxièmement). ▪ **2** Relatif à un conseil de l'ordre. *Arbitrage ordinal.*

2**ORDINAL, AUX** [ɔʀdinal, o] n. m. – XVe ◊ mot anglais, du latin *ordo* « ordre » ▪ *L'ordinal :* livre de prières et de formules d'ordination de l'Église anglicane.

ORDINAND [ɔʀdinɑ̃] n. m. – 1642 ◊ latin *ordinandus* ▪ LITURG. Celui qui est ordonné prêtre. ▪ HOM. Ordinant.

ORDINANT [ɔʀdinɑ̃] n. m. – 1690 ◊ latin *ordinans* ▪ LITURG. Ministre du sacrement de l'ordination. ➤ **1ordinateur.** *L'évêque est l'ordinant.* ▪ HOM. Ordinand.

ORDINARIAT [ɔʀdinaʀja] n. m. – 1877 ◊ de *(évêque) ordinaire* (I, 2°) ▪ RELIG. Fonction, pouvoir judiciaire de l'évêque diocésain.

1**ORDINATEUR, TRICE** [ɔʀdinatœʀ, tʀis] adj. et n. m. – 1491 ◊ latin *ordinator, trix* ▪ **1** DIDACT. Qui ordonne, met en ordre. *Cause ordinatrice.* ▪ **2** n. m. RELIG. Celui qui confère un ordre ecclésiastique. ➤ **ordinant.**

2**ORDINATEUR** [ɔʀdinatœʀ] n. m. – 1951 ◊ du latin *ordo, ordinis* ; remplaçant l'anglic. *computer* ▪ INFORM. Machine électronique de traitement numérique de l'information, exécutant à grande vitesse les instructions d'un programme enregistré. *Le clavier, la souris, l'écran, la console, la mémoire, l'unité de traitement d'un ordinateur.* ➤ **matériel.** *Le compilateur, le langage, le progiciel, le système d'exploitation d'un ordinateur.* ➤ **logiciel.** *Ordinateur frontal*. Vitesse d'un ordinateur* (➤ **inférence**). *Ordinateur spécialisé* (➤ **2calculateur, supercalculateur**), *individuel, de bureau* (➤ **micro-ordinateur, 2P. C.** ; aussi **mini-ordinateur**), *de bord*. Ordinateur portable.* ➤ **netbook, notebook.** *Ordinateur quantique*. Travailler sur ordinateur. « l'ordinateur dont la manipulation signifiait un degré supérieur d'accès à la modernité, une intelligence différente, nouvelle »* A. ERNAUX. *Conception, enseignement assisté* par ordinateur.* ➤ **informatique.** — ABRÉV. FAM. **ORDI.** *Brancher des ordis en réseau.*

ORDINATION [ɔʀdinasjɔ̃] n. f. – 1190 ◊ latin chrétien *ordinatio* ▪ **1** LITURG. CATHOL. Acte par lequel est administré le sacrement de l'ordre, SPÉCIALT la prêtrise. *Les ordinations ont lieu au cours d'une messe pontificale. Conférer* (➤ **ordinant**), *recevoir* (➤ **ordinand**) *l'ordination. Ordination d'un prêtre.* ▪ **2** (1671 ◊ repris au latin classique) MATH. Action d'ordonner.

ORDINOGRAMME [ɔʀdinɔgʀam] n. m. – v. 1965 ◊ de *ordinateur* et *-gramme* ▪ INFORM. Organigramme utilisé pour la résolution d'un problème à l'aide d'un ordinateur.

ORDO [ɔʀdo] n. m. – 1752 ◊ mot latin « ordre » ▪ LITURG. Calendrier liturgique qui comprend les diverses parties de l'année liturgique de l'Église universelle et d'une Église ou d'un ordre particulier. *Des ordo* (inv.) ou *des ordos.*

ORDONNANCE [ɔʀdɔnɑ̃s] n. f. – 1380 ; *ordenance* v. 1180 ◊ de *ordonner*

I Mise en ordre ; disposition selon un ordre. ➤ **agencement, arrangement, disposition, ordonnancement, organisation.** *Ordonnance des mots dans la phrase. « L'ordonnance, la disposition de toutes les fêtes, tout cela est de la charge du majordome-major »* SAINT-SIMON. *L'ordonnance d'un repas :* la suite des plats. ♦ (XVIIe) PEINT. Composition d'ensemble d'un tableau, d'une œuvre décorative ; groupement et équilibre des masses. — ARCHIT. Disposition d'ensemble d'un édifice.

➤ **architectonique.** *Ordonnance d'un appartement* : disposition des pièces ; plan. « *une pièce voisine qui, dans l'ordonnance de l'appartement, formait un salon de jeu* » BALZAC.

II (XIIIe) Prescription, chose ordonnée. ▪ **1** DR. CONSTIT. Texte législatif émanant de l'exécutif (roi, gouvernement). ➤ **constitution, 1 loi.** *Ordonnances et édits**. — *Les ordonnances de la constitution de 1958* : textes du domaine exécutif pris par le pouvoir exécutif. ➤ **décret(-loi).** ◆ (1868) Arrêté du préfet de police de Paris. ➤ **règlement.** *Ordonnance de police.* ◆ (1510) Décision émanant d'un juge unique. *Le juge a rendu une ordonnance de non-lieu. Ordonnance pénale* (ou *décret pénal*), pouvant porter condamnation d'un contrevenant sans qu'il ait pu se défendre. *Ordonnance de non-conciliation en matière de divorce.* ◆ (XVe) FIN. Ordre de paiement décerné par un ministre *(ordonnance de paiement)* ; autorisation à une personne (➤ **ordonnateur**) de disposer de crédits par des mandats de paiement *(ordonnance de délégation).* ▪ **2** (1660) Prescriptions d'un médecin ; écrit qui les contient. *Rédiger, faire une ordonnance* (➤ **ordonnancier**). *Médicament délivré sur ordonnance. Envoyer une ordonnance à la Sécurité sociale pour se faire rembourser.* ▪ **3** (1752) VX Cavalier servant de messager à un officier supérieur ou général. — (1849 ; souvent masc.) ANCIENNT Domestique militaire, soldat attaché à un officier. « *Les ordonnances suivaient, portant les cantines* » SARTRE. ▪ **4** (1740) MILIT. **D'ORDONNANCE :** conforme au règlement. *Révolver d'ordonnance.* ◆ (1812) *Officier d'ordonnance* : officier qui remplit auprès d'un officier général, d'un chef d'État, les fonctions d'aide de camp.

ORDONNANCEMENT [ɔʀdɔnɑ̃smɑ̃] **n. m.** – 1832 ; « testament » 1493 ◇ de *ordonnancer* ▪ **1** FIN., ADMIN. Acte administratif donnant ordre à un comptable public de régler une dépense publique préalablement engagée et liquidée. ➤ **engagement, liquidation.** *L'ordonnancement est prescrit par un ordonnateur**. ▪ **2** TECHN. Ensemble des processus de mise en œuvre et de contrôle d'une commande (de la fabrication à l'expédition). PAR EXT. Organisation méthodique (de la fabrication, d'un processus). ➤ **méthode.** ▪ **3** LITTÉR. Façon dont une chose est arrangée, ordonnée. ➤ **agencement, ordonnance.**

ORDONNANCER [ɔʀdɔnɑ̃se] **v. tr.** ⟨3⟩ – 1571 ◇ de *ordonnance* ▪ **1** Donner l'ordre de payer (le montant d'une dépense publique). ▪ **2** VIEILLI Prescrire (qqch.) par une ordonnance médicale.

ORDONNANCIER [ɔʀdɔnɑ̃sje] **n. m.** – 1951 ◇ de *ordonnance* ▪ **1** PHARM. Registre sur lequel le pharmacien doit consigner les produits prescrits sur ordonnance et les préparations magistrales. ▪ **2** Bloc de papier à entête utilisé par un praticien pour rédiger ses ordonnances.

ORDONNATEUR, TRICE [ɔʀdɔnatœʀ, tʀis] **n.** – 1504 ◇ de *ordonner* ▪ **1** Personne qui dispose, met en ordre. *Ordonnateur, ordonnatrice d'une fête, d'un repas.* — (XIXe) *Ordonnateur des pompes funèbres,* qui accompagne et dirige les convois mortuaires. ▪ **2** FIN., COMPTAB. Agent de l'État ou des collectivités territoriales ayant qualité pour prescrire l'exécution des dépenses et des recettes publiques. *Ordonnateur accrédité auprès du comptable public.* **adj.** *Commissaire ordonnateur.*

ORDONNÉ, ÉE [ɔʀdɔne] **adj.** – XIIIe ◇ de *ordonner* ▪ **1** En bon ordre. *Maison bien ordonnée. Discours ordonné.* PROV. *Charité bien ordonnée commence par soi-même.* ◆ MATH. *Anneau, corps, ensemble ordonné,* muni d'une relation d'ordre. *Ensemble bien ordonné* (ou *muni d'un bon ordre*), tel que toute partie non vide de l'ensemble possède un plus petit élément. *Ensemble partiellement, totalement ordonné,* muni d'un ordre partiel, total. — PHYS. *Milieu ordonné,* dans lequel la disposition des atomes ou des molécules est régulière. ▪ **2** (1559) (PERSONNES) Qui a de l'ordre et de la méthode. ➤ **méthodique.** *Secrétaire très ordonnée.* — Qui range ses affaires. *Un enfant ordonné.* ▪ CONTR. Confus, désordonné. 1 Brouillon.

ORDONNÉE [ɔʀdɔne] **n. f.** – 1658 ◇ de *ordonner* ▪ MATH. Deuxième coordonnée d'un point dans un repère cartésien. *Dans la représentation d'un espace euclidien, l'ordonnée est mesurée sur l'axe vertical, l'abscisse* sur un axe horizontal. L'axe des ordonnées. Ordonnée curviligne.*

ORDONNER [ɔʀdɔne] **v. tr.** ⟨1⟩ – XIVe, d'après *donner ; ordener* 1119 ◇ latin *ordinare* ▪ **1** Disposer, mettre dans un certain ordre. ➤ **agencer, arranger, classer, distribuer, organiser, 1 ranger.** *Ordonner ses souvenirs.* « *Tout le secret de l'art est peut-être de savoir* ordonner *des émotions désordonnées* » RAMUZ. — PRONOM. « *Insensiblement, ce tumulte s'ordonna, devint rythme* » MARTIN DU GARD. ◆ MATH. Conférer un ordre aux éléments de (un ensemble). ALG. Disposer, écrire (un polynôme) en rangeant ses termes suivant les puissances croissantes ou décroissantes d'un terme. ▪ **2** Élever (qqn) à l'un des ordres de l'Église. ➤ **consacrer ; ordination, ordre.** *Ordonner un diacre, un prêtre.* ▪ **3** (1352) COUR. Prescrire par un ordre. ➤ **adjurer, commander, dicter, enjoindre, prescrire.** *Ordonner qqch. à qqn. Vous me voyez « prêt à servir de nouveau Votre Excellence en tout ce qu'il lui plaira de m'ordonner »* BEAUMARCHAIS. *Je vous ordonne de vous taire.* ➤ **1 sommer.** *Il ordonne que tout le monde soit convoqué chez lui.* ABSOLT *Ordonnez, vous serez obéi.* — SPÉCIALT *Médecin qui ordonne un traitement, des médicaments* (➤ **ordonnance**). ◆ DR. Prescrire par une ordonnance. ➤ **décider, statuer.** *Ordonner le huis clos.* ▪ CONTR. Déranger, dérégler, embrouiller. Interdire ; obéir.

ORDRE [ɔʀdʀ] **n. m.** – fin XIe, au sens de « ordre religieux » (II, B, 4°) ◇ du latin *ordo, ordinis* « rang », « rangée » et « distribution régulière », qui a aussi donné 1 *orne.* REM. Le mot a souvent été féminin jusqu'au XVIIe s.

I L'ORDRE. RELATION INTELLIGIBLE ENTRE PLUSIEURS TERMES ➤ **organisation, structure ; économie.** « *L'idée de la forme se confond avec l'idée de l'ordre* » A. COURNOT. « *L'ordre* [...] *est ami de la raison et son propre objet* » BOSSUET. « *L'ordre est* [...] *un certain accord entre le sujet et l'objet. C'est l'esprit se retrouvant dans les choses* » BERGSON. *L'ordre universel des lois naturelles. Les mots « monde » et « cosmos » traduisent l'idée de l'ordre.* ▪ **1** (début XIIe) DIDACT. Disposition, succession régulière (de caractère spatial, temporel, logique, esthétique, moral). ➤ **disposition, distribution.** *Ordre de termes qui se succèdent* (➤ **enchaînement, filiation, gradation, succession, suite**), *alternent, se reproduisent à intervalles réguliers* (➤ **alternance, 1 cycle**). « *conduire par ordre mes pensées, en commençant par les objets les plus simples* » DESCARTES. *L'ordre des mots dans la phrase.* ➤ **syntaxe.** *Mettre dans un certain ordre* (➤ **agencer, classer, disposer, ordonner, 1 ranger**). *Dans quel ordre sont arrivés les concurrents ? Tiercé* dans l'ordre, dans le désordre. Changer, inverser l'ordre des termes. Ordre chronologique, logique. Ordre croissant, décroissant. Procédons par ordre. Ordre d'importance. Ordre alphabétique, numérique. Dans l'ordre d'entrée en scène. Par ordre d'apparition à l'écran. Par ordre d'arrivée.* ◆ (1956) MATH. *Relation d'ordre sur un ensemble E* : relation binaire sur E, réflexive, transitive et antisymétrique. — *Ordre d'une dérivée, d'une équation, d'une matrice. Matrice d'ordre* n, comportant *n* lignes et *n* colonnes. *Ordre d'un groupe,* cardinal de l'ensemble de ses éléments. — PHYS. *Ordre à grande distance, ordre statistique à petite distance dans une phase* : régularité de structure qui s'étend à grande, à petite distance. *Degré d'ordre d'un composé binaire cristallin. Ordre d'interférence* : quotient de la différence de marche entre deux ondes en un point par la longueur d'onde. ◆ (1540) Disposition d'une troupe sur le terrain. *Ordre de marche, de bataille. Ordre serré* : type de formation des unités militaires pour le défilé. *Ordre dispersé. Navires en ordre de convoi. En ordre de bataille*.* — FIG. *En ordre dispersé* : de manière désordonnée ; BOURSE sans tendance claire. *Le marché évolue en ordre dispersé.* ◆ (1507) DR. Procédure réglant la répartition du prix de vente d'un immeuble entre créanciers. *Ordre amiable, judiciaire.* ◆ (1755) **ORDRE DU JOUR :** matières, sujets dont une assemblée délibérante doit s'occuper tour à tour, dans un certain ordre. *Voter l'ordre du jour. Proposer, inscrire, mettre une question à l'ordre du jour.* — **loc. adj.** (1818) *À l'ordre du jour* : d'actualité, dont on s'occupe particulièrement à un moment donné. *Madame de Sévigné « est un de ces sujets qui sont perpétuellement à l'ordre du jour en France »* SAINTE-BEUVE. ▪ **2** (milieu XIIe) Disposition qui satisfait l'esprit, semble la meilleure possible ; aspect régulier, organisé. *Aimer l'ordre. Mettre de l'ordre. Maison où règne l'ordre.* « *Là tout n'est qu'ordre et beauté, Luxe, calme et volupté* » BAUDELAIRE. *Mettre sa chambre, ses dossiers, ses idées en ordre. En ordre* : rangé, ordonné. « *Tout est en ordre. Les chaises autour de la table : c'est plus distingué* » SARTRE. *L'ordre d'un parc.* ➤ **ordonnance, ordonnancement.** ◆ Bon fonctionnement. *Remettre une affaire en ordre.* (1609) *Mettre bon ordre à* (une situation) : faire cesser le désordre, une situation fâcheuse. *Il y a du gaspillage ; nous y mettrons bon ordre.* ▪ **3** (fin XVe) Qualité d'une personne qui a une bonne organisation, de la méthode. *Une personne d'ordre et de confiance.* « *la mère, pleine d'ordre, tenait les livres* [...], *menait toute la maison* » ZOLA. — SPÉCIALT Qualité d'une personne qui range les objets à leur place et sait les retrouver. *Elle a beaucoup d'ordre* (➤ **ordonné**), *n'a aucun ordre* (➤ **désordonné**). ▪ **4** (fin XIIe) Principe de causalité ou de finalité du monde. *« un ordre réglé de tout temps par la Providence »* LA ROCHEFOUCAULD. *« l'ordre de Dieu. Or, il ne faut adorer que son ordre »* PASCAL. LOC. (1768) *C'est dans l'ordre (des choses)* : c'est normal, inévitable. ▪ **5** (fin XVe) Organisation sociale. ➤ **civilisation, société.** *L'ordre social, économique et politique. Ébranler, renverser l'ordre établi. « l'ordre pour base, et le progrès pour but »* COMTE. — (1725) **L'ORDRE PUBLIC :** la sécurité publique, le bon fonctionnement des services publics. *Troubler l'ordre public.* ♦ (milieu XVIIe) Stabilité sociale, respect de la société établie. *Les partisans de l'ordre. « J'aime l'ordre, j'aurais voulu être soldat »* Y. QUEFFÉLEC. *Maintenir, faire régner l'ordre. Le maintien* de l'ordre. Rétablir l'ordre. — Le service d'ordre,* qui maintient l'ordre dans un rassemblement. *« La foule continuait à s'amasser et le service d'ordre était submergé »* SIMENON. *Les forces de l'ordre,* chargées de réprimer une émeute, une insurrection. ➤ **armée,** 1 **police.** ▪ **6** (1665) Norme, conformité à une règle. (1751) *Tout est rentré dans l'ordre,* redevenu normal. *Tout est en ordre,* en règle. (1754) *Rappeler qqn à l'ordre,* à ce qu'il convient de faire. ➤ **réprimander.** — *Machine en ordre de marche,* en état de fonctionner.

II L'ORDRE, LES ORDRES. CATÉGORIE, CLASSE D'ÊTRES OU DE CHOSES A. CHOSES ▪ **1** (début XIIIe) LITTÉR. Domaine particulier. *« L'ordre de l'événement et l'ordre de la justice ont en eux et entre eux une contrariété native »* PÉGUY. COUR. Espèce (choses abstraites). ➤ **genre, nature, sorte.** *Choses de même ordre, d'ordres différents. — Dans le même ordre, dans un autre ordre d'idées. — Ordre de grandeur*. Un nombre de l'ordre de deux millions,* d'environ deux millions. ▪ **2** (En loc.) Qualité, valeur. ➤ 2 **plan.** *« La réputation exagérée d'Auguste Comte, érigé en grand homme de premier ordre »* RENAN. *Une œuvre de second ordre,* mineure. ➤ **zone.** *De dernier ordre.* ▪ **3** Système architectural antique ayant une unité de style. *Ordres grecs* : dorique, ionique, corinthien ; *ordres romains* : toscan, composite. ▪ **4** PHYLOG. Division intermédiaire entre la classe* et la famille*. ➤ aussi **sous-ordre, superordre.** *L'ordre des coléoptères.*

B. PERSONNES ▪ **1** (milieu XIIe) ANCIENNT Division de la société. ➤ **classe, état.** *Les trois ordres de la société française sous l'Ancien Régime* : noblesse, clergé, tiers état. *L'ordre équestre, à Rome.* ♦ DR. CIV. Classement de personnes ou d'institutions suivant certaines règles juridiques. *Ordre d'héritiers, de créanciers. Ordre des juridictions* (civile, pénale, administrative). ▪ **2** (fin XIIe) Association*, groupe de personnes soumises à certaines règles professionnelles, morales. ➤ **corporation, corps.** *L'ordre des médecins, des architectes, des avocats.* (Non qualifié) *Le conseil, le bâtonnier* de l'ordre. — Ordres de chevalerie*. L'ordre de Malte.* ♦ Association honorifique constituée par un ancien ordre de chevalerie ou créée en vue de récompenser le mérite. *L'ordre de la Légion d'honneur, l'ordre de la Libération. Insignes d'un ordre.* ▪ **3** (milieu XIIe) Association de personnes vivant dans l'état religieux après avoir prononcé des vœux solennels. *Les congrégations et les ordres religieux.* PAR EXT. Communauté* religieuse. *Ordres monastiques* (➤ **moine**). *Religieux appartenant à un ordre* (➤ **régulier**). *Règle, observance, habit d'un ordre. L'ordre des bénédictins, des dominicains, des jésuites, des carmélites. Les ordres mendiants*.* **LE TIERS ORDRE** (le troisième après les ordres masculins et féminins) : association dont les membres, vivant dans le monde, pratiquent une règle sous la direction et conformément à l'esprit d'un ordre religieux. ➤ **tertiaire.** ▪ **4** (fin XIe) L'un des degrés de la hiérarchie cléricale catholique. *La tonsure, signe de l'ordre. Ordres mineurs* (➤ **acolyte, exorciste, lecteur, portier**). *Ordres majeurs* (➤ **évêque, prêtre, diacre**). — LOC. (1763) *Entrer dans les ordres* : se faire moine, prêtre ou religieuse. ➤ **ordonner ; ordination.** ▪ **5** RELIG. Une des hiérarchies d'anges (subdivisées en chœurs).

III UN ORDRE. MANIFESTATION D'UNE VOLONTÉ ▪ **1** (début XIIIe) Acte par lequel un chef, une autorité manifeste sa volonté ; ensemble de dispositions impératives. ➤ **commandement, consigne, directive, injonction, instruction, prescription.** *Ordre formel, exprès, impératif. Ordre écrit, verbal. Ordre et contrordre. Donner l'ordre d'accomplir une mission. Vos désirs sont pour nous des ordres. Viens immédiatement, c'est un ordre ! — Donner un ordre.* ➤ **commander, ordonner ; imposer.** *Intimer l'ordre de... Recevoir un ordre. Je n'ai d'ordre à recevoir de personne. Nous avons des ordres. Obéir à un ordre, aux ordres.* ➤ **obéissance ; obtempérer.** *Exécuter, transgresser, enfreindre un ordre. Agir sur (l')ordre d'un supérieur. — Être aux ordres de qqn,* être, se mettre à sa disposition*. *À vos ordres, mon capitaine ! —* (1734) *Être sous les ordres de qqn,* être son subalterne, dans la hiérarchie. *Elle a trente personnes sous ses ordres.* — **ORDRE DE MISSION,** assignant à un militaire une mission à exécuter. — (Sans art.) *Par ordre du ministre... Vente par ordre de justice. « Elle lui a donné ordre de ne laisser entrer personne »* LACLOS. — (1680) **JUSQU'À NOUVEL ORDRE :** jusqu'à ce qu'un ordre vienne modifier la situation ; et PAR EXT. jusqu'à ce qu'une décision, un fait nouveau modifie la situation. *Vous restez là jusqu'à nouvel ordre.* ▪ **2** (1675) Décision, généralement matérialisée par un document, à l'origine d'une opération financière, commerciale. *Ordre d'achat* (➤ **commande,** 1°), *de vente.* — (1833) *Ordre de Bourse* : mandat d'acheter ou de vendre des valeurs mobilières donné à un intermédiaire. *Passer des ordres.* (1936) *Ordre au mieux,* sans indication de cours. *Ordre au premier, au dernier cours. Ordre de virement* : instruction donnée par un client à son banquier de virer de l'argent sur son compte. *Billet* à ordre. Payez à l'ordre de M. X. Faire un chèque à l'ordre de X.* ♦ COMM. Commande. *Feuille d'ordres. Voyageur de commerce qui prend des ordres.* ▪ **3** (1686) **MOT D'ORDRE :** consigne, résolution commune aux membres d'un parti. *« un mot d'ordre avait fini par courir [...] : Du pain ou de l'air »* CAMUS. ♦ **ORDRE DU JOUR** *d'un chef militaire,* l'ensemble de ses instructions, de ses ordres pour la journée. *Citer un soldat à l'ordre du jour,* et ELLIPT *à l'ordre du bataillon, de l'armée, de la nation,* le signaler pour sa belle conduite. ➤ **citation.**

▪ CONTR. Anarchie, chaos, confusion, désordre*. 1 Défense, interdiction.

ORDURE [ɔʀdyʀ] **n. f.** – 1118 ◊ de l'ancien français *ord* « sale », latin *horridus* « grossier (mot) », « repoussant », de *horreo* ▪ **1** Toute matière qui souille et répugne. *De l'ordure, des ordures.* ➤ 2 **crasse, fange, immondice, saleté.** — SPÉCIALT Excrément. *Chien qui fait ses ordures sur le trottoir.* ▪ **2** PLUR. Choses de rebut dont on se débarrasse. ➤ **balayures, débris, déchet, détritus ;** RÉGION. **cheni, vidange(s).** *Ordures ménagères. Balai, pelle à ordures. Tas d'ordures. Boîte à ordures.* ➤ **poubelle, vide-ordures.** *Le ramassage, la collecte des ordures* (➤ 2 **boueux, éboueur,** RÉGION. **ordurier ; voirie**). *Benne à ordures. Lieu où sont déposées les ordures.* ➤ **décharge, dépotoir.** *Recyclage des ordures.* ➤ **déchèterie.** *Jeter, mettre aux ordures* : se débarrasser de... *Bon à mettre aux ordures,* à jeter. ▪ **3** LITTÉR. Souillure morale. ➤ **boue, fange, souillure.** *Se vautrer dans l'ordure.* ➤ **débauche.** *« Que le cœur de l'homme est creux et plein d'ordure ! »* PASCAL. ▪ **4** Propos, écrit, acte vil, sale ou obscène. ➤ **cochonnerie, grossièreté, obscénité, saleté, saloperie.** *Dire, écrire des ordures. Ce livre est une ordure. « il répondit par un flot d'ordures »* ZOLA. ▪ **5** VULG. Servant d'injure très violente à l'adresse d'une personne. ➤ **fumier, salaud, salope.** *Espèce d'ordure ! « Allez, fous-moi le camp, ordure ! Sans ça je fais un malheur ! »* SARTRE.

ORDURIER, IÈRE [ɔʀdyʀje, jɛʀ] **adj.** et **n.** – 1716 ; n. m. 1680 « boîte à ordures » ◊ de *ordure* ▪ **1** (PERSONNES) Qui dit ou écrit des choses sales, obscènes. *« des gens très orduriers »* PROUST. ➤ **grossier.** ♦ (CHOSES) Qui contient des ordures, des obscénités. ➤ **ignoble, obscène, sale.** *Propos orduriers ; chansons, plaisanteries ordurières.* ▪ **2 n.** (1991) (Maroc) Éboueur.

ORÉADE [ɔʀead] **n. f.** – 1485 ◊ du grec *oreas* ▪ MYTH. GR. Divinité, nymphe des montagnes et des bois.

ORÉE [ɔʀe] **n. f.** – 1308 « rive, rivage » ◊ latin *ora* ▪ VX Bord. ➤ **bordure.** MOD. *L'orée du bois, de la forêt.* ➤ **lisière.** ▪ CONTR. Cœur, fond.

OREILLARD, ARDE [ɔʀɛjaʀ, aʀd] **adj.** et **n. m.** – 1642 ◊ de *oreille* ▪ **1** RARE Qui a les oreilles d'une longueur démesurée. *Cheval, chien oreillard.* ▪ **2 n. m.** Animal à longues ou grandes oreilles (lapins, lièvres, ânes). — ZOOL. Très petite chauve-souris *(chiroptères)* aux longues oreilles. ▪ **3 n. m.** TECHN. Oreille (de fauteuil).

OREILLE [ɔʀɛj] **n. f.** – fin Xe, au sens I, 2° ◊ du latin populaire *auricula,* famille de *auris* « oreille »

I ORGANE ▪ **1** (milieu XIIe) L'un des deux organes constituant l'appareil auditif. ➤ ARG. **esgourde, portugaise.** *L'oreille droite, gauche. Qui concerne l'oreille.* ➤ **auriculaire ; oto-.** — (1690) ANAT. *L'oreille externe* (➤ **conque hélix, pavillon, tragus**), *l'oreille moyenne* (➤ **tympan, osselet, trompe** [d'Eustache]) *et l'oreille interne* (➤ **cochlée, columelle, labyrinthe, limaçon,** 1 **rocher, vestibule ; basilaire**). — *Avoir mal aux oreilles* (➤ **otalgie, otite**). *Médecin spécialiste des oreilles* (➤ **otorhinolaryngologiste**). *Sécrétion de l'oreille.* ➤ **cérumen.** *Bourdonnement, sifflement, tintement d'oreilles.* ➤ **acouphène.** PAR PLAIS. *Tes oreilles ont dû siffler,* se dit à qqn dont on a beaucoup parlé en son absence. *« Les oreilles ont dû vous tinter, monsieur [...] On ne parlait que de vous »* PROUST. — LOC. *Écouter de toutes ses oreilles. Être* *tout yeux**, *tout oreilles* (cf. Être tout ouïe*). *N'écouter que d'une oreille, d'une oreille distraite**. *prêter** *l'oreille ; prêter** *une oreille attentive. Fermer l'oreille, les oreilles à* : refuser d'écouter. *Ne pas l'entendre** *de cette oreille.* (milieu XIIe) *Faire la sourde oreille* : feindre de ne pas entendre, et PAR EXT. d'ignorer une demande. *Ne pas en croire** *ses oreilles.* — *Casser** *les oreilles. Rebattre** *les oreilles. Crier dans les oreilles de qqn. Parler, dire qqch. à qqn à l'oreille, dans le creux de l'oreille,* de sorte qu'il soit seul à entendre. *De bouche** *à oreille. Le bouche à oreille. Si cela venait à ses oreilles,* à sa connaissance. *Ce n'est pas tombé dans l'oreille d'un sourd* : ces paroles ont été mises à profit. *Cela lui entre par une oreille et lui sort par l'autre* : il ne fait pas attention à ce qu'on lui dit, ne le retient pas. *Ventre affamé** *n'a pas d'oreilles. Les murs** *ont des oreilles.* ◆ (1559) PAR MÉTON. Personne qui entend, écoute. *Choquer les oreilles pudiques.* «*Maria Cristina était la meilleure oreille dont elle disposait dans la famille*» V. OVALDÉ. ◆ FIG. (1660) VIEILLI *Avoir l'oreille de qqn,* en être écouté. ➤ **confiance, faveur.** *Il a l'oreille du maître.* «*ma bonne camarade (qui a l'oreille du ministre et même l'oreiller)*» VILLIERS. ◆ PAR EXT. Ouïe. *Être dur** *d'oreille* (cf. FAM. De la feuille). *Avoir l'oreille fine. Rime pour l'oreille. Avoir l'oreille musicale**. *Avoir l'oreille absolue* : être capable d'identifier une note musicale en l'absence de référence. «*Un homme qui a l'oreille juste et qui joue faux*» FLAUBERT. — ABSOLT «*Avoir de l'oreille, c'est avoir l'ouïe sensible, fine et juste*» ROUSSEAU. *Il n'a pas d'oreille, aucune oreille.* ▪ **2** (fin Xe) Partie visible de l'organe de l'ouïe, dont la grandeur et la forme varient selon les espèces et les individus. ➤ FAM. **étiquette.** *Oreilles pointues, décollées, en feuille de chou, en chou-fleur. Oreilles finement ourlées. Lobe de l'oreille. Se faire percer les oreilles. Boucles, pendants d'oreilles. Contour** *d'oreille. Emmitouflé jusqu'aux oreilles. Rougir** *jusqu'aux oreilles. Frotter, tirer l'oreille, les oreilles à qqn,* pour le punir. — LOC. *Se faire tirer l'oreille* : se faire prier, obéir avec réticence. *Se faire tirer les oreilles* : se faire réprimander*. *Il commence à nous échauffer (chauffer) les oreilles,* à nous fâcher, nous énerver. *Dormir sur ses deux oreilles* : ne pas s'inquiéter. — FAM. *Bien dégagé sur, derrière les oreilles,* se dit d'une coupe de cheveux très courte, SPÉCIALT d'une coupe militaire. *Avoir qqch. entre les oreilles,* dans la tête. ◆ *Oreilles d'animaux. Oreilles d'âne. Lapin qui remue les oreilles. Les oreilles pendantes du cocker.* — LOC. (s'appliquant à des personnes) *Montrer le bout de l'oreille* : se trahir. *Dresser**, *tendre** *l'oreille. Avoir l'oreille basse**. *Avoir, mettre la puce** *à l'oreille. Avoir les oreilles qui traînent* : entendre des choses en espionnant. *Ne pas bouger une oreille* : rester immobile ; ne pas réagir, ne pas intervenir. — FAM. *Les grandes oreilles* : les services secrets. «*personne ne s'offusquait de ces écoutes. Les grandes oreilles devaient tout savoir pour le bien et la tranquillité de la population*» M. DUGAIN.

II PARTIE SAILLANTE OU ÊTRE FAISANT PENSER À UNE OREILLE ▪ **1** Partie saillante ressemblant au pavillon de l'oreille. *Oreilles d'un ballot, d'un sac,* plis de la toile aux coins, servant à le manier. — (1721) *Oreille d'une charrue.* ➤ **versoir.** — TECHN. Chacun des deux appendices symétriques d'un écrou servant à le tourner. ➤ **ailette.** (1755) *Écrou à oreilles.* ➤ **papillon.** — MAR. Partie élargie à chaque extrémité de la patte (d'une ancre). ◆ (milieu XIIIe) Chacun des deux appendices symétriques (généralement pleins) de récipients et ustensiles, par lesquels on les saisit. ➤ **anse.** *Oreilles d'une cocotte, d'une marmite, d'un bol.* ➤ **orillon.** ▪ **2** (1830) Chacune des deux parties latérales du dossier de certains fauteuils, sur laquelle on peut appuyer sa tête. ➤ **oreillard.** *Bergère à oreilles.* ◆ Oreillette. *Bonnet à oreilles.* ▪ **3** (1642) VX Pli au coin d'un feuillet de livre. ➤ **corne.** ▪ **4** (Nom d'animaux, de plantes) (1611) *Oreille de mer.* ➤ **haliotide,** 2 **ormeau.** (1694) *Oreille de souris.* ➤ **myosotis ; piloselle.**

OREILLER [ɔʀeje] n. m. – fin XIIe ◇ de *oreille* ▪ Pièce de literie qui sert à soutenir la tête, coussin rembourré, généralement carré. ➤ RÉGION. **coussin.** *L'oreiller et le traversin. Oreiller américain,* rectangulaire. *Taie d'oreiller. Dormir sans oreiller.* ◆ *Sur l'oreiller* : au lit ; et PAR EXT. dans la plus grande intimité. *Confidences sur l'oreiller.* «*On se dispute [...], on se déteste presque, on se raccommode sur l'oreiller*» LÉAUTAUD. — LOC. FAM. *Panne d'oreiller* : retard de qqn qui a dormi trop longtemps.

OREILLETTE [ɔʀɛjɛt] n. f. – *oreillete* «petite oreille» XIIe ◇ de *oreille* ▪ **1** (début XIXe) Partie d'un chapeau qui protège les oreilles du froid. *Chapka, toque à oreillettes.* ▪ **2** (1654) Chacune des deux cavités supérieures du cœur. *Oreillettes et ventricules. Les veines pulmonaires débouchent à l'oreillette gauche, les veines caves à l'oreillette droite.* ▪ **3** Petit récepteur qui s'adapte à l'oreille. *Oreillette utilisée en télévision, entre la régie et l'animateur. L'oreillette d'un téléphone portable, d'un baladeur* (➤ **écouteur**). ▪ **4** Beignet saupoudré de sucre. ➤ **bugne, merveille** (II).

OREILLON [ɔʀɛjɔ̃] n. m. – XIIe «coup sur l'oreille» ◇ de *oreille* ▪ **1** ARCHÉOL. Partie mobile de l'armure de tête, qui protégeait l'oreille et la joue. ▪ **2** (XIVe) AU PLUR. Maladie infectieuse, épidémique et contagieuse d'origine virale, caractérisée par une inflammation des glandes parotides et des douleurs dans l'oreille (➤ **ourlien**). *Attraper, avoir les oreillons.* ▪ **3** FORTIF. ➤ **orillon.** ▪ **4** Moitié d'abricot dénoyauté. *Oreillons au sirop.*

ORÉMUS [ɔʀemys] n. m. – 1560 ◇ latin *oremus,* 1re pers. du plur. du subj. prés. de *orare* «prier» ▪ Mot prononcé à la messe par le prêtre pour inviter les fidèles à prier avec lui. ◆ FAM. et VX Prière, oraison. *Marmonner des orémus.*

ORES ➤ 2 **OR**

ORFÈVRE [ɔʀfɛvʀ] n. – XIIe ◇ latin *aurifex,* avec influence de l'ancien français *fèvre* «artisan», latin *faber* ▪ Fabricant(e) d'objets d'ornement, de table, en métaux précieux, en cuivre, en étain, en alliage ; marchand(e) de pièces d'orfèvrerie. *Atelier, magasin d'orfèvre. Le poinçon de l'orfèvre. Orfèvre-joaillier, orfèvre-bijoutier.* «*Orfèvre, ça veut dire : forgeron de l'or*» TOURNIER. ◆ LOC. *Être orfèvre en la matière* : s'y connaître parfaitement. ALLUS. LITTÉR. «*Vous êtes orfèvre, Monsieur Josse*» (MOLIÈRE) : vos conseils sont intéressés.

ORFÉVRÉ, ÉE [ɔʀfevʀe] adj. – 1868 ; *orfévri, ie* 1751 ◇ de *orfèvre* ▪ Façonné par un orfèvre. *Coupe d'argent orfévré.*

ORFÈVRERIE [ɔʀfɛvʀəʀi] n. f. – 1690 ; *orfaverie* fin XIIe ◇ de *orfèvre* ▪ **1** Art, métier, commerce de l'orfèvre. *Dessinateur, monteur en orfèvrerie.* ▪ **2** COLLECTIVT Ouvrages de l'orfèvre, destinés à la décoration, à l'exercice du culte (calice, ciboire, ostensoir), au service de la table (vaisselle, couverts, ustensiles). *Orfèvrerie d'argent massif* (➤ **argenterie**), *d'étain. Pièces d'orfèvrerie.* — PAR EXT. *Orfèvrerie fantaisie.* ➤ **doublé, plaqué.**

ORFRAIE [ɔʀfʀɛ] n. f. – 1491 ; *orfres* 1200 ◇ latin *ossifraga,* proprt «qui brise les os» ▪ Rapace diurne, souvent confondu avec l'effraie*. ◆ LOC. *Pousser des cris d'orfraie* (pour *d'effraie*), des cris perçants ; FIG. protester vivement.

ORFROI [ɔʀfʀwa] n. m. – *orfreis* 1150 ◇ du latin *aurum phrygium* «or phrygien» ▪ DIDACT. Parement, broderie d'or (et PAR EXT. d'argent) des vêtements liturgiques. *Orfrois d'une chasuble.*

ORGANDI [ɔʀgɑ̃di] n. m. – 1723 ◇ p.-ê. altération d'une variante de *organsin* ▪ Mousseline de coton, très légère et empesée. *Robe d'été en organdi. Des organdis.* — PAR EXT. Le même tissu en soie.

ORGANE [ɔʀgan] n. m. – v. 1130 ◇ latin *organum,* grec *organon*

I (de *organon* «instrument de musique») ▪ **1** (1465) Voix (surtout d'un chanteur, d'un orateur). *Organe bien timbré.* «*Un bel organe*» FLAUBERT. ▪ **2** (XVIe) VIEILLI Voix autorisée d'un porte-parole, d'un interprète. *Le ministère public est l'organe de l'accusation.* ◆ PAR EXT. (1782) Publication périodique considérée comme l'expression, l'interprète des opinions d'un parti, des intérêts d'un groupement. ➤ **journal.** «*Le Globe, organe de la doctrine saint-simonienne*» BALZAC.

II (de *organon* «outil») ▪ **1** (XVe) Partie du corps d'un être vivant (organisme) remplissant une fonction déterminée. *Lésion d'un organe* (➤ **organique**). *Don, greffe d'organe. La fonction** *crée l'organe.* — *Organe de la circulation, de la digestion, de la respiration. Organes génitaux internes, externes,* et ABSOLT (POP.) *les organes.* ➤ **parties, sexe.** — *Organes des sens. L'œil, organe de la vue.* ▪ **2** Instrument (II ; FIG.). «*La volonté est l'organe de la puissance*» SUARÈS. ▪ **3** SPÉCIALT Institution chargée de faire fonctionner une catégorie déterminée de services. ➤ **organisme.** *Ensemble des organes directeurs de l'État* : le gouvernement. ▪ **4** (1860) MÉCAN. Élément d'une machine ayant une fonction particulière. ➤ **accessoire, équipement, instrument.** *Organes de commande, de transmission d'une machine.*

ORGANEAU [ɔʀgano] n. m. – 1382 ◇ de *organe* ▪ MAR. Anneau de fer à l'extrémité de la verge d'une ancre pour y étalinguer un câble. ➤ **cigale.**

ORGANELLE [ɔʀganɛl] n. f. – 1902 ◇ allemand *Organelle,* latin scientifique *organella,* du latin *organum* «organe» ▪ BIOL. CELL. VX Organite.

ORGANICIEN, IENNE [ɔʀganisjɛ̃, jɛn] **adj. et n.** – v. 1931 ◊ de *organique* ▪ DIDACT. Spécialiste de chimie organique. *Un chimiste organicien.*

ORGANICISME [ɔʀganisism] **n. m.** – 1846 ◊ de *organe* ▪ **1** PHILOS. Doctrine d'après laquelle la vie est le résultat de l'organisation. ▪ **2** MÉD. Doctrine selon laquelle toute maladie a pour cause la lésion d'un ou plusieurs organes.

ORGANIGRAMME [ɔʀganigʀam] **n. m.** – 1947 ◊ de *organi(ser)* et *-gramme* ▪ Représentation synthétique des diverses parties d'un ensemble organisé et de leurs relations mutuelles. *L'organigramme d'une entreprise. Il « occupait une place de choix dans l'organigramme de son mouvement »* O. ADAM. — Représentation graphique des sous-ensembles d'un système et des relations qui les lient entre eux. ♦ INFORM. Schéma dynamique des diverses phases de la résolution d'un problème par une technique informatique. ➤ **ordinogramme.**

ORGANIQUE [ɔʀganik] **adj.** – 1314 ◊ latin *organicus* ▪ **1** Qui a rapport ou qui est propre aux organes. *Vie organique.* ➤ **végétatif.** *Maladie, trouble organique* (par oppos. à *fonctionnel*). ▪ **2** Propre aux êtres organisés. *Phénomènes organiques.* ▪ **3** Qui provient de tissus vivants ou de transformations subies par les produits extraits d'organismes vivants. *Les glucides, les lipides, les protéines, l'albumine, la chitine, la myéline, substances organiques. Matières organiques. Engrais organiques* (opposé à *chimique*). ♦ (1840) CHIM. *Chimie organique,* qui a pour objet l'étude des composés du carbone, corps contenu dans tous les êtres vivants (opposé à *chimie minérale*). — *Molécule, substance organique,* qui contient des atomes de carbone. *Verre organique* (opposé à *minéral*). ▪ **4** (1801 « qui concerne l'organisation d'un ensemble ») POLIT. Qui a rapport à l'essentiel de l'organisation d'un État, de la constitution d'un traité. *Loi organique.* ▪ **5** (anglais *organic*) ANGLIC. Biologique (2°). *Nourriture organique. « citron vert provenant de notre jardin organique »* C. ONO-DIT-BIOT. ▪ CONTR. Anorganique, inorganique.

ORGANIQUEMENT [ɔʀganikmɑ̃] **adv.** – 1547 ◊ de *organique* ▪ D'une manière organique, du point de vue de l'organisation profonde et cohérente d'un ensemble.

ORGANISABLE [ɔʀganizabl] **adj.** – 1835 ◊ de *organiser* ▪ Qui peut être organisé. ▪ CONTR. Inorganisable.

ORGANISATEUR, TRICE [ɔʀganizatœʀ, tʀis] **n. et adj.** – 1793 ◊ de *organiser* ▪ **1** Personne qui organise, sait organiser. *C'est une bonne organisatrice. Les organisateurs d'une manifestation. Organisateur de voyages.* ➤ **voyagiste.** — **adj.** *Puissance organisatrice d'un créateur.* ▪ **2** EMBRYOL. *Centre organisateur* ou **n. m.** (v. 1924) *organisateur :* partie de l'embryon qui provoque la différenciation des territoires embryonnaires, puis des tissus. *Le centre de Spemann et le centre de Nieuwkoop sont des organisateurs.*

ORGANISATION [ɔʀganizasjɔ̃] **n. f.** – 1390 ◊ de *organiser* ▪ **1** VIEILLI État d'un corps organisé. ♦ Manière dont ce corps est organisé. ➤ **conformation, structure.** *L'organisation des végétaux, des mammifères.* ▪ **2** MOD. Action d'organiser (qqch.) ; son résultat. ➤ **agencement, aménagement, arrangement, coordination, direction, gestion, ordre.** *L'organisation d'une soirée, d'un concert, d'un colloque.* ➤ **préparation.** *L'organisation du travail :* coordination des activités et des tâches en vue d'accroître la productivité. ➤ **planning, rationalisation ; taylorisme.** *Organisation de la journée.* ➤ **programme** (cf. Emploi du temps). *Organisation des loisirs :* partie de la politique de l'environnement relative aux activités non imposées, récréatives. ABSOLT *Bonne, mauvaise organisation. Manque d'organisation. Avoir l'esprit d'organisation.* ♦ (1798) Façon dont un ensemble est constitué en vue de son fonctionnement. ➤ **ordre, 1 régime, structure.** *L'organisation d'un service, dans une entreprise, une administration. Organisation rationnelle.* ➤ **logistique.** *« une organisation politique primitive, balancée entre la démocratie et l'oligarchie »* BAINVILLE. — *Organisation sociale. La polygamie est un type d'organisation familiale.* ▪ **3** Association qui se propose des buts déterminés. ➤ **assemblée, groupement, société.** *Organisation politique* (➤ **1 parti**), *syndicale* (➤ **syndicat**). *Une puissante organisation financière, industrielle, commerciale.* ➤ **entreprise.** *Organisation non gouvernementale.* ➤ **O. N. G.** — *Organisation de tourisme, de voyage.* ➤ **organisme.** — *Organisation des Nations* unies (ONU). Organisation des Nations unies pour l'éducation, la science et la culture (U. N. E. S. C. O.). Organisation mondiale de la santé (O. M. S.). Organisation de l'unité africaine (O. U. A.). Organisation de libération de la Palestine (O. L. P.). Organisation des pays exportateurs de pétrole (O. P. E. P.).* ▪ CONTR. Anarchie, chaos, dérèglement, désordre, désorganisation.

ORGANISATIONNEL, ELLE [ɔʀganizasjɔnɛl] **adj.** – 1935 ◊ de *organisation* ▪ Qui concerne l'organisation, SPÉCIALT politique. *Problèmes organisationnels de la gauche non communiste.*

ORGANISÉ, ÉE [ɔʀganize] **adj.** – 1606 ◊ de *organiser* ▪ **1** Pourvu d'organes. *Êtres organisés.* ▪ **2** Qui est disposé ou se déroule suivant un ordre, des méthodes ou des principes déterminés. *Voyage* organisé.* FAM. *C'est du vol* organisé !* ♦ *Esprit organisé,* méthodique. — PAR EXT. *Une personne bien organisée,* qui organise bien sa vie, son emploi du temps. *Être mal organisé* (cf. RÉGION. FAM. Broche* à foin). ▪ **3** Qui appartient à une organisation, qui a reçu une organisation. *Consommateurs organisés en associations. Des bandes organisées. Vol commis en bande* organisée. « Cette force* [le peuple] *n'était nullement organisée »* MICHELET. *Société organisée.* ➤ **structuré.** ▪ CONTR. Anarchique, confus, désordonné, inorganique, inorganisé.

ORGANISER [ɔʀganize] **v. tr.** ‹1› – XIVe « rendre apte à la vie » ◊ de *organe* ▪ **1** (fin XVIIIe) Doter d'une structure, d'une constitution déterminée, d'un mode de fonctionnement. *Organiser les parties d'un ensemble.* ➤ **agencer, articuler, disposer, ordonner, structurer.** *Il fallait « organiser, armer la Révolution, lui donner la forme et la force »* MICHELET. *Organiser la résistance.* ➤ **orchestrer.** *Organiser le travail, la distribution, un service des ventes.* ➤ **coordonner.** — PRONOM. (RÉFL.) *La résistance s'organise.* ▪ **2** Soumettre à une méthode, à une façon déterminée de vivre ou de penser. *Organiser son temps, sa vie. « Organiser, le beau verbe à l'usage des femmes, tous les magazines regorgent de conseils, gagnez du temps, faites ci et ça »* A. ERNAUX. — **S'ORGANISER v. pron.** (PERSONNES) Organiser ses activités. *Il perd beaucoup de temps, il ne sait pas s'organiser.* ▪ **3** Préparer (une action), pour qu'elle se déroule dans les conditions les meilleures, les plus efficaces. ➤ **concerter, diriger, monter** (cf. Mettre sur pied*). *Organiser un voyage, une promenade, une fête.* ➤ **préparer, programmer.** *Organiser une rencontre.* ➤ **arranger, 1 ménager.** — *Organiser une manifestation publique, un meeting, un complot.* — *Organiser un attentat.* ➤ **commanditer.** — PRONOM. *Ça commence à s'organiser.* ▪ **4** BIOL. Constituer en organes différenciés (➤ **organisateur,** 2°). ▪ **5** (1984) (Canada) Duper, rouler. *Se faire organiser.* ▪ CONTR. Déranger, dérégler, désorganiser, détruire.

ORGANISEUR [ɔʀganizœʀ] **n. m.** – 1994 ◊ anglais *organizer* ▪ **1** Agenda à feuillets mobiles. ▪ **2** Logiciel pour la gestion de données personnelles (rendez-vous, carnet d'adresses...). — Ordinateur de poche remplissant cette fonction. ➤ **assistant** (personnel). Recomm. offic. *agenda électronique.*

ORGANISME [ɔʀganism] **n. m.** – 1729 ◊ de *organe*

I BIOL. ▪ **1** Ensemble des organes qui constituent un être vivant. — SPÉCIALT Le corps humain. *Les besoins, les fonctions de l'organisme. Un organisme usé, affaibli. « les troubles de conscience réagissent tout naturellement sur l'organisme. Est-ce qu'une contrariété ne vous serre pas l'estomac ! »* ROMAINS. ▪ **2** Être vivant ayant une individualité propre. *Organisme unicellulaire, microscopique.* ➤ **micro-organisme.**

II (1842) ▪ **1** Ensemble organisé. *Une nation est un organisme vivant. « Les grandes villes sont des organismes monstrueux »* R. ROLLAND. *L'organisme social.* ▪ **2** Ensemble des services, des bureaux affectés à une tâche. ➤ **organisation.** *Organisme public, agréé. Organisme de crédit, de recherche. La Société des Nations, « organisme tendant à supprimer la guerre »* BENDA.

ORGANISTE [ɔʀganist] **n.** – 1223 ◊ latin médiéval *organista* ▪ Instrumentiste qui joue de l'orgue. *J.-S. Bach fut un remarquable organiste. L'organiste de l'église Saint-Eustache.*

ORGANITE [ɔʀganit] **n. m.** – 1864 ◊ de *organe* ▪ BIOL. CELL. Tout élément intracellulaire différencié assurant une fonction déterminée (ex. noyau, centrosome, mitochondrie, nucléole, etc.). ➤ VX **organelle.**

ORGANO- ▪ Élément signifiant « organe » *(organogenèse)* ou « organique » *(organomagnésien).*

ORGANOCHLORÉ, ÉE [ɔʀganoklɔʀe] **adj. et n. m.** – milieu XXe ◊ de *organo-* et *chloré* ▪ CHIM. Se dit d'un composé organique de synthèse contenant du chlore lié à un ou plusieurs atomes de carbone par une ou des liaisons covalentes. — **n. m.** *Le lindane, le D. D. T. sont des organochlorés.*

ORGANOGENÈSE [ɔʀganoʒənɛz] **n. f.** – 1904 ; *organogénie* 1842 ◊ de *organo-* et *-genèse* ▪ EMBRYOL. Formation et développement des différents organes d'un organisme.

ORGANOLEPTIQUE [ɔʀganɔlɛptik] **adj.** – 1829 ◊ de *organo-* et *-leptique* ▪ DIDACT. Qui affecte les organes des sens. *Qualités organoleptiques d'un aliment :* goût, odeur, couleur, aspect, consistance, etc.

ORGANOLOGIE [ɔʀganɔlɔʒi] **n. f.** – 1972 ◊ du latin *organum* «instrument» et *-logie* ▪ DIDACT. Étude des instruments de musique. *Organologie et musicologie.*

ORGANOMAGNÉSIEN [ɔʀganomaɲezjɛ̃] **n. m.** – 1932 ◊ de *organo-* et *magnésien* ▪ CHIM. Composé organométallique dans lequel le métal est le magnésium.

ORGANOMÉTALLIQUE [ɔʀganometalik] **adj.** – 1874 ◊ de *organo-* et *métallique* ▪ CHIM. Se dit d'un composé chimique dans lequel un métal est lié à un ou plusieurs atomes de carbone.

ORGANOPHOSPHORÉ, ÉE [ɔʀganofɔsfɔʀe] **adj. et n. m.** – 1955 ◊ de *organo-* et *phosphoré* ▪ CHIM. Se dit d'un produit organique de synthèse contenant du carbone et du phosphore. *Insecticide organophosphoré.*

ORGANSIN [ɔʀgɑ̃sɛ̃] **n. m.** – XIVe ◊ italien *organzino,* de *Organzi,* altération de *Ourgentch,* n. d'une ville d'Ouzbékistan ▪ TECHN. Fil de soie torse, destiné à former la chaîne des étoffes.

ORGANSINER [ɔʀgɑ̃sine] **v. tr.** ‹1› – 1712 ◊ de *organsin* ▪ TECHN. Tordre (la soie) pour obtenir de l'organsin. — **n. m. ORGANSINAGE.**

ORGASME [ɔʀgasm] **n. m.** – 1623 ; «accès de colère» 1611 ◊ du grec *orgân* «bouillonner d'ardeur» ▪ **1** VX MÉD. Irritation, hystérie. *Une attaque d'orgasme* (ENCYCLOPÉDIE). ▪ **2** (fin XVIIIe) VX PHYSIOL. Érection. ◆ (1837) MOD. Point culminant du plaisir sexuel. *Atteindre l'orgasme. Avoir un orgasme. Orgasme clitoridien, vaginal. Absence d'orgasme.* ➤ **anorgasmie.** *«le plaisir atteint à l'orgasme»* GIDE. — **adj. ORGASMIQUE** ou **ORGASTIQUE.**

ORGE [ɔʀʒ] **n. f. et m.** – XIIe ◊ latin *hordeum* ▪ **1 n. f.** Plante herbacée *(graminées)* à épi simple, cultivée comme céréale. *Champ d'orge. Orge hâtive.* ➤ **escourgeon.** *Orge de printemps.* ➤ 2 **paumelle.** ◆ FIG. *Grain* d'orge.* ▪ **2** Grain de cette céréale, utilisé surtout en brasserie (➤ **malt, maltage**) et pour l'alimentation des chevaux, des porcs, de la volaille. *Boissons à base d'orge.* ➤ 1 **bière, kvas, orgeat.** *Pain d'orge. — Sucre* d'orge.* ◆ **n. m.** *Orge mondé*. Orge perlé :* graines dépouillées de leurs deux pellicules et réduites en petits grains ronds entre deux meules.

ORGEAT [ɔʀʒa] **n. m.** – fin XIVe ◊ de *orge* ▪ Sirop préparé autrefois avec une décoction d'orge et, de nos jours, avec une émulsion d'amandes douces et amères. — (1732) Boisson rafraîchissante obtenue avec ce sirop. *Un verre d'orgeat.*

ORGELET [ɔʀʒəlɛ] **n. m.** – 1671 ; *orgeolet* 1615 ◊ diminutif de *horgeol* (1538) ; latin *hordeolus* «grain d'orge» ▪ Petit furoncle de la grosseur d'un grain d'orge, sur le bord de la paupière. ➤ **chalazion ; compère-loriot.**

ORGIAQUE [ɔʀʒjak] **adj.** – 1797 ◊ grec *orgiakos* ▪ **1** ANTIQ. Des orgies (Io). *Culte, fêtes orgiaques.* ▪ **2** LITTÉR. Qui tient de l'orgie, évoque l'orgie. *«la partie voluptueuse et orgiaque de l'ouverture de* Tannhäuser*»* BAUDELAIRE.

ORGIE [ɔʀʒi] **n. f.** – XVe-XVIe ◊ latin *orgia* ▪ **1** ANTIQ. PLUR. Fêtes solennelles en l'honneur de Dionysos à Athènes, de Bacchus à Rome. ➤ **bacchanale.** — SPÉCIALT Chants et danses de Bacchantes. ▪ **2** (1631) MOD. Partie de débauche, où les excès de table, de boisson, s'accompagnent de plaisirs grossièrement licencieux. — PAR EXT. Repas long et bruyant, copieux et arrosé à l'excès. ➤ **beuverie,** VX **ribote, ripaille,** FAM. **soûlographie.** *Banquet qui tourne à l'orgie. «Quand le souper devint une orgie, les convives se mirent à chanter»* BALZAC. ▪ **3** (XIXe) **ORGIE DE :** usage abondant, parfois excessif de (ce qui plaît). ➤ **excès.** *Faire une orgie de fraises. «Après les éblouissantes orgies de forme et de couleur du dix-huitième siècle, l'art s'était mis à la diète»* HUGO. ➤ **débauche, profusion.**

ORGUE [ɔʀg] **n. m.** – 1155 ◊ latin ecclésiastique *organum*
▪ REM. Depuis le XVIIIe s., masc. au sing. et fém. au plur. quand il désigne un seul instrument dans *grandes orgues.*

I ▪ **1** Instrument de musique à vent, composé de nombreux tuyaux que l'on fait résonner par l'intermédiaire de claviers, en y introduisant de l'air au moyen d'une soufflerie. *«L'orgue [...] est un orchestre entier, auquel une main habile peut tout demander, il peut tout exprimer»* BALZAC. *Buffet, coffre, sommier, laye, porte-vent, console d'un orgue. Claviers* (bombarde, positif, récit, etc.), *pédalier, registres, tirasse, touches de l'orgue. Pédale, tuyaux d'orgue. Jeux d'orgue* (à anches, de flûte, de bourdon). *Tablature d'orgue. — Facteur d'orgues. Toccata pour orgue. — L'orgue, les grandes orgues* (d'une église). *Orgue de chœur, orgue de tribune. Tribune d'orgues ;* ELLIPT *Monter aux orgues, à l'orgue* (généralement au fond de la grande nef, au-dessus du portail principal). *Joueur d'orgue.* ➤ **organiste.** *«maintenant, elle tient l'orgue de la chapelle chaque Dimanche»* GIDE. ◆ *Orgue portatif.* ➤ 2 **positif.** (par altération de *Barberi,* n. d'un facteur d'orgues de Modène) *Orgue de Barbarie :* instrument mobile dont on joue au moyen d'une manivelle qui actionne le soufflet et fait tourner un cylindre noté réglant l'admission de l'air dans les tuyaux. *Orgue limonaire*.* ◆ (1868) *Orgue électrique* (sans tuyau), muni d'amplificateurs et de haut-parleurs, et produisant les sons au moyen de circuits électriques. *Orgue électronique,* produisant les sons à l'aide de circuits électroniques ou de dispositifs numériques. ANCIENNT *Orgue de cinéma :* orgue électrique composé de certains jeux particuliers, soumis à un constant trémolo. ▪ **2 POINT D'ORGUE :** prolongation de la durée d'une note ou d'un silence laissée à l'appréciation de l'exécutant ; signe (noté 𝄐), qui, placé au-dessus d'une note ou d'un silence, indique ce temps d'arrêt. FIG. Temps d'arrêt, moment intense dans une succession d'évènements. *Cette visite «s'achevait en point d'orgue dans la chambre du colonel»* DUHAMEL.

II PAR ANAL. ▪ **1** (1485) Ancienne pièce d'artillerie composée de plusieurs canons de mousquets montés parallèlement sur un affût. ➤ **ribaudequin.** ◆ *Orgues de Staline :* engin soviétique multitube lançant des obus autopropulsés (pendant la Deuxième Guerre mondiale). ▪ **2** (XIXe) GÉOGR. *Orgues basaltiques :* coulées de basalte en forme de tuyaux d'orgue serrés les uns contre les autres. ➤ **colonnade ; chaussée.** ▪ **3** (1752) ZOOL. *Orgue de mer.* ➤ **tubipore.**

ORGUEIL [ɔʀgœj] **n. m.** – *orgoill* 1080 ◊ francique °*urgoli* «fierté» ▪ **1** Opinion très avantageuse, le plus souvent exagérée, que qqn a de sa valeur personnelle aux dépens de la considération due à autrui. *Péché d'orgueil. Être bouffi, gonflé d'orgueil. «Il fut un temps où l'orgueil humain se contentait de défier Dieu ; aujourd'hui, il le remplace»* É.-E. SCHMITT. *«cet orgueil inique et aveugle qui caractérise les grands hommes»* SARTRE. *Attitude pleine d'orgueil.* ➤ **arrogance, hauteur,** 1 **morgue, présomption, prétention, suffisance, vanité.** *Orgueil démesuré.* ➤ **mégalomanie.** ◆ (En bonne part) Sentiment élevé de dignité. ➤ **amour-propre, fierté.** *«Les femmes fières dissimulent leur jalousie par orgueil»* STENDHAL. *«Nous voici vaincus et captifs, humiliés dans notre légitime orgueil national»* SARTRE. ▪ **2 L'ORGUEIL DE :** la satisfaction d'amour-propre que donne (qqn, qqch.). ➤ **fierté.** *Avoir l'orgueil de ses enfants, de ses titres,* en être fier. ➤ **s'enorgueillir.** *Il ne cache pas son orgueil d'avoir réussi. «Il avait bien eu quelque succès à l'office. Mais il n'en tirait pas grand orgueil»* ROMAINS. ➤ **gloire, vanité.** ◆ PAR MÉTON. Ce qui motive cette fierté. *«Les chats puissants et doux, orgueil de la maison»* BAUDELAIRE. ▪ CONTR. Humilité, modestie, simplicité. Bassesse. Honte.

ORGUEILLEUSEMENT [ɔʀgøjøzmɑ̃] **adv.** – *orgoillusement* 1080 ◊ de *orgueilleux* ▪ Avec orgueil, d'une manière orgueilleuse. ▪ CONTR. Humblement, modestement.

ORGUEILLEUX, EUSE [ɔʀgøjø, øz] **adj.** – *orgoillus* 1080 ◊ de *orgueil* ▪ **1** Qui a de l'orgueil. ➤ **fier, infatué.** *Nature orgueilleuse. «Leurs caractères orgueilleux s'entrechoquaient comme des nuées d'orage»* R. ROLLAND. — Qui manifeste, montre de l'orgueil. ➤ **arrogant,** 1 **hautain, présomptueux, prétentieux, vaniteux.** *«Cet être que l'on a vu à Verrières si rempli de présomption, si orgueilleux, était tombé dans un excès de modestie ridicule»* STENDHAL. LOC. *Orgueilleux comme un paon, comme un pou.* — SUBST. *C'est une orgueilleuse.* ◆ PAR EXT. Qui dénote de l'orgueil, est inspiré par l'orgueil. *«l'orgueilleux plaisir de supplanter un rival aimé»* LESAGE. ▪ **2** Qui a l'orgueil de, qui tire orgueil de. *Une mère orgueilleuse de son fils.* ➤ **fier.** *Il n'y a jamais eu «de sultane si orgueilleuse de sa beauté»* MONTESQUIEU. ▪ CONTR. Humble, modeste. Honteux.

ORIBUS [ɔʀibys] **n. m.** – 1827 ; sens incertain au XVe ◊ origine inconnue ▪ RÉGION. et VX Chandelle de résine qu'on plaçait de part et d'autre d'une cheminée.

ORICHALQUE [ɔʀikalk] **n. m.** – 1765 ; *auricalque* 1511 ◊ grec *oreikhalkos* «airain de montagne» → archal ■ ANTIQ. Métal fabuleux des Anciens.

ORIEL [ɔʀjɛl] **n. m.** – 1879 ◊ de l'anglais *oriel window* «fenêtre sous une galerie, un auvent», de l'ancien français *oriol*, d'origine inconnue, «porche» ■ Fenêtre en encorbellement faisant saillie sur un mur de façade. ➤ **bay-window, bow-window.**

ORIENT [ɔʀjɑ̃] **n. m.** – 1080 ◊ latin *oriens*, p. prés. de *oriri* «surgir, se lever»

I ■ **1** POÉT. Côté de l'horizon où le soleil se lève. ➤ **levant ; est.** *L'orient et l'occident*.* FIG. «*Tant de choses éclatantes ont eu leur orient et leur couchant*» VOLTAIRE. ■ **2** COUR. Région située vers l'est par rapport à un lieu donné. SPÉCIALT (en prenant l'Europe comme référence) *L'Orient :* l'Asie et parfois certains pays du bassin méditerranéen ou de l'Europe centrale (➤ **oriental**). *Tapis d'Orient. Voyages en Orient, à la mode après les expéditions de Bonaparte en Égypte. — L'Orient-Express* [ɔʀjɑ̃tɛkspʀɛs] : train rapide international reliant Paris à Istanbul. *Extrême-Orient, Moyen-Orient* (➤ **levant**), *Proche-Orient.* — HIST. *L'empire d'Orient :* l'Empire byzantin. *La question* d'Orient. Le schisme* d'Orient.*

II (1778) *Grand Orient :* loge* centrale de la franc-maçonnerie formée dans la capitale par les représentants des loges de province. *Le Grand Orient de France.*

III (1742) Irisation des perles (rappelant la lumière du soleil levant). «*un collier de perles du plus bel orient*» TRIOLET.

■ CONTR. Occident.

ORIENTABLE [ɔʀjɑ̃tabl] **adj.** – 1918 ◊ de *orienter* ■ **1** Que l'on peut orienter dans la direction voulue. *Projecteur orientable.* ■ **2** MATH. *Surface orientable,* qui peut être orientée et distinguée de sa symétrique par rapport à un plan de référence. *La sphère est orientable.* ■ CONTR. 1 Fixe.

ORIENTAL, ALE, AUX [ɔʀjɑ̃tal, o] **adj. et n.** – 1160 ◊ latin *orientalis* ■ **1** Qui est situé à l'est d'un lieu. *La rive orientale du Rhin. Pyrénées orientales. L'Afrique orientale,* de l'Est. ■ **2** Originaire de l'Orient. *Peuples orientaux. — Langues orientales :* langues mortes ou vivantes de l'Orient (hébreu, chaldéen, arabe, chinois, etc.). ANCIENNT *École des langues orientales* (FAM. *Langues O* [lɑ̃gzo]). — **n.** *Les Orientaux et les Occidentaux.* ■ **3** Qui est propre à l'Orient méditerranéen, au Moyen-Orient. *Musique orientale. Cuisine, pâtisserie orientale. Contes orientaux.* «*notre vieux faste oriental*» LOTI. — RELIG. CHRÉT. *Rite oriental.* ➤ **orthodoxe.** ■ CONTR. Occidental.

ORIENTALISME [ɔʀjɑ̃talism] **n. m.** – 1830 ◊ de *oriental* ■ DIDACT. ■ **1** Science des choses de l'Orient. ■ **2** Goût pour l'Orient, à la mode au XIXe s. ; caractère oriental. *L'orientalisme de Delacroix.*

ORIENTALISTE [ɔʀjɑ̃talist] **n. et adj.** – 1799 ◊ de *oriental* ■ DIDACT. ■ **1** Spécialiste des langues et des civilisations orientales. — **adj.** «*Au siècle de Louis XIV on était helléniste, maintenant on est orientaliste*» HUGO. ■ **2** (1895) Artiste s'inspirant de l'Orient. — **adj.** *Écrivain, peintre orientaliste du XIXe siècle.*

ORIENTATION [ɔʀjɑ̃tasjɔ̃] **n. f.** – 1834 ◊ de *orienter* ■ **1** Détermination des points cardinaux d'un lieu, et PAR EXT. de l'endroit où l'on se trouve. *Avoir le sens de l'orientation.* «*il avait perdu le sens de l'orientation, à force de faire des tours et des détours*» SIMENON. *Table* d'orientation.* — SPORT *Course d'orientation :* course contre la montre en terrain varié, sur un circuit balisé que le concurrent (➤ **orienteur**) découvre et parcourt le plus vite possible à l'aide d'une carte et éventuellement d'une boussole. — PHYSIOL. Capacité de tout individu de se situer dans le temps et dans l'espace. ■ **2** FIG. (1874) Action de donner une direction déterminée. *L'orientation de ses études. L'orientation professionnelle a pour objet de déterminer la profession la mieux adaptée aux capacités et aux goûts d'un individu. Une conseillère* d'orientation.* ➤ **orienteur.** *Centre d'information et d'orientation (C. I. O.). Changer d'orientation. — Loi d'orientation,* qui fixe la politique à réaliser dans un domaine en un temps plus ou moins long. ■ **3** (1838) Fait d'être orienté d'une certaine façon. ➤ **position, situation.** *Orientation d'une maison.* ➤ **exposition.** — FIG. *Les résultats* «*ne changeaient rien à l'orientation de l'enquête*» ROMAINS. ➤ **direction.** *L'orientation d'un mouvement politique, littéraire.* ➤ **tendance.** *Les grandes orientations du Plan.* ➤ **option.** *Changement d'orientation d'un parti* (➤ **recentrage**). ♦ *Orientation sexuelle*.* ♦ ASTRONAUT. Position angulaire d'un engin spatial par rapport à un trièdre de référence. — MATH. Action d'orienter (4°). *Orientation d'un arc géométrique, d'un espace vectoriel.*

ORIENTÉ, ÉE [ɔʀjɑ̃te] **adj.** – 1485 ◊ de *orienter* ■ **1** Disposé d'une certaine manière par rapport aux points cardinaux. «*les vastes chambres orientées à l'est*» COLETTE. *Appartement bien, mal orienté, orienté est-ouest.* ■ **2** MATH. Où l'on a choisi un sens positif de mesure. *Droite orientée. — Espace vectoriel orienté,* dans lequel tous les axes de référence sont orientés. ■ **3** FIG. Qui manifeste une tendance idéologique. *Un ouvrage orienté.* ➤ **engagé.**

ORIENTEMENT [ɔʀjɑ̃tmɑ̃] **n. m.** – 1831 ◊ de *orienter* ■ RARE Orientation. — MAR. *Orientement des voiles.*

ORIENTER [ɔʀjɑ̃te] **v. tr.** ‹1› – 1680 ◊ de *Orient*

I ■ **1** VX Disposer (un édifice) en direction de l'est. ■ **2** MOD. Disposer (qqch.) par rapport aux points cardinaux, à une direction, un objet déterminé. *Orienter une maison au sud.* ➤ **exposer.** *L'exigence* «*qui oriente les plantes du côté où la lumière arrive*» NIZAN. ■ **3** *Orienter une carte, un plan,* y porter les repères des points cardinaux. ■ **4** MATH. *Orienter une droite,* lui donner un sens positif (figuré par une flèche). ■ **5** Indiquer à (qqn) la direction à prendre. ➤ **conduire, diriger, guider.** VX *Orienter un voyageur égaré.* — FIG. et MOD. *Orienter l'opinion.* ➤ **influencer.** *Orienter la conversation sur un sujet.* ➤ **aiguiller, brancher.** *Orienter un élève vers l'enseignement technique. La police oriente ses recherches vers les milieux terroristes.*

II S'ORIENTER **v. pron.** ■ **1** Se tourner vers l'est (VX), et PAR EXT. dans une direction déterminée. *Des musulmans* «*s'orientent à présent vers la Mecque et se prosternent pour la prière du soir*» LOTI. ♦ Diriger son activité (vers). FIG. *S'orienter vers la recherche.* «*La Littérature s'orientait de plus en plus vers l'humain*» LECOMTE. ■ **2** ABSOLT Déterminer la position que l'on occupe par rapport aux points cardinaux, à des repères. *S'orienter par son ombre, à l'aide d'une boussole. S'orienter dans une ville.* ➤ se **repérer.** «*un demi-jour suffisant pour m'orienter*» BOSCO.

■ CONTR. Égarer.

ORIENTEUR, EUSE [ɔʀjɑ̃tœʀ, øz] **n.** – 1832 ◊ de *orienter* ■ **1 n. m.** TECHN. Appareil servant à déterminer l'orientation d'un lieu. ■ **2** MILIT. *Officier orienteur,* qui dirige les mouvements d'une troupe. ■ **3** *Orienteur (professionnel) :* personne qui s'occupe d'orientation pédagogique ou professionnelle. ■ **4** SPORT Concurrent(e) d'une course d'orientation*.

ORIFICE [ɔʀifis] **n. m.** – 1304 ◊ latin *orificium* ■ **1** ANAT. Ouverture faisant communiquer un conduit, un organe avec une structure voisine ou avec l'extérieur. ➤ **méat, pore ; cloaque.** ■ **2** (1500) Ouverture qui fait communiquer une cavité naturelle ou artificielle avec l'extérieur. *Orifice d'un puits, d'un tuyau, d'un four. Orifice d'admission, d'échappement des gaz dans un moteur à explosion. — Boucher, agrandir un orifice.* ➤ **trou.** «*Nous ne laissâmes qu'un très petit orifice, juste assez large pour nous permettre de surveiller la baie*» BAUDELAIRE.

ORIFLAMME [ɔʀiflam] **n. f.** – XIVe ; *orie flambe* 1080 ◊ de l'ancien français *orie* «doré» et *flamme* ■ Petit étendard, ancienne bannière des rois de France. ➤ **drapeau, gonfalon.** ♦ MOD. Bannière d'apparat ou utilisée comme ornement. *Oriflammes d'une église.* «*des oriflammes aux couleurs du royaume, que le vent desséchant fait claquer dans l'air*» LOTI.

ORIGAMI [ɔʀigami] **n. m.** – 1954 ◊ mot japonais, de *ori* «plier» et *kami* «papier» ■ Art traditionnel japonais du papier plié. *Origami et kirigami.*

ORIGAN [ɔʀigɑ̃] **n. m.** – XIIIe ◊ latin *origanum* ■ Plante aromatique *(labiées)* aux inflorescences roses. ➤ **dictame, marjolaine.** ♦ Aromate tiré de cette plante. *Pizza à l'origan.*

ORIGINAIRE [ɔʀiʒinɛʀ] **adj.** – 1365 ◊ bas latin *originarius* ■ **1** Qui tire son origine, vient (d'un pays, d'un lieu). *Sa famille est originaire de Savoie.* ➤ **natif.** *La fondue est originaire de Suisse.* ■ **2** DIDACT. Qui est à l'origine, à la source même (d'une chose). ➤ **premier.** *La nation est le titulaire originaire de la souveraineté.* ♦ VX Originel. ■ CONTR. Étranger. Postérieur, subséquent, ultérieur.

ORIGINAIREMENT [ɔʀiʒinɛʀmɑ̃] **adv.** – 1532 ◊ de *originaire* ■ Primitivement, à l'origine. ➤ **initialement, originellement.** *Le slogan* «*était originairement un cri de guerre*» GIDE.

1**ORIGINAL, AUX** [ɔʀiʒinal, o] **n. m.** – 1269 ◊ latin *originalis* ■ **1** Ouvrage de la main de l'auteur, dont il est fait des reproductions. ♦ Rédaction primitive d'un document. ➤ **manuscrit, minute.** *L'original d'un acte, d'un contrat. Ce n'est* *pas l'original, c'est une photocopie. Copie conforme à l'original* (➤ **authentique**). ◆ Texte dans la langue où il a été écrit par l'auteur. *Traduction qui s'éloigne de l'original.* ◆ Œuvre d'art de la main de l'auteur. *Je t'avouerai «que je prendrais une mauvaise copie pour un sublime original»* DIDEROT. *L'original est au Louvre.* ▪ **2** Personne réelle, objet naturel représentés ou décrits par l'art. ➤ **modèle.** *Ressemblance du portrait avec l'original. «Mme de Montmaur, original de Mme de Merteuil»* STENDHAL. ▪ CONTR. Copie, double, imitation, réplique, reproduction.

2 **ORIGINAL, ALE, AUX** [ɔʀiʒinal, o] **adj.** – v. 1240 ◇ latin impérial *originalis* «qui existe dès l'origine» ▪ **1** VX OU LITTÉR. Primitif. ➤ **originaire, originel.** *«Tout mot qui fait un long usage prend des acceptions nouvelles, plus ou moins distinctes de l'acception originale»* DUHAMEL. ▪ **2** Qui émane directement de l'auteur, est l'origine et la source première des reproductions. *Pièces originales, documents originaux.* ➤ **source.** *Maquette originale.* ➤ **prototype.** *Copie originale,* faite directement sur l'original. *Gravures originales,* exécutées par l'artiste lui-même. *Édition originale :* première édition en librairie d'un texte inédit. ➤ **princeps.** ELLIPT *L'originale des «Liaisons dangereuses».* — *Bande* originale d'un film. Film en version* originale.* ▪ **3** Qui paraît ne dériver de rien d'antérieur, ne ressemble à rien d'autre, est unique, hors du commun. ➤ **inédit,** 2 **neuf, nouveau, personnel.** *Avoir des vues, des idées originales.* ➤ **non-conformiste.** *«Il s'était tant de fois entendu dire ces choses, qu'elles n'avaient pour lui rien d'original»* FLAUBERT. *Une décoration originale.* ◆ (1657) (PERSONNES) *Penseurs, esprits originaux. Auteur, artiste, talent original. «Pour tout dire, être original, c'est être soi»* LÉAUTAUD. *«Je me perdais dans l'exagération, afin de paraître original»* MUSSET. ▪ **4** Marqué de caractères nouveaux et singuliers au point de paraître bizarre, peu normal. ➤ **atypique, bizarre, curieux, étonnant, étrange, excentrique, singulier, spécial.** — **n.** *C'est un original.* ➤ **fantaisiste, numéro, olibrius, phénomène, type.** *Quelle originale ! elle ne fait rien comme tout le monde.* ▪ CONTR. Imité. Banal, classique, commun, ordinaire ; conformiste.

ORIGINALEMENT [ɔʀiʒinalmɑ̃] **adv.** – XIVe «primitivement» ◇ de 2 *original* ▪ RARE D'une manière originale.

ORIGINALITÉ [ɔʀiʒinalite] **n. f.** – 1699 ; «lignage» 1380 ◇ de 2 *original* ▪ **1** Caractère de ce qui est original, d'une personne originale (3°). ➤ **fantaisie, hardiesse, individualité, nouveauté.** *«une création d'une extraordinaire originalité»* HENRIOT. *Originalité et élégance d'une toilette.* ➤ **chic.** *L'originalité d'un écrivain, d'un artiste. Des êtres sans originalité.* ➤ **caractère, personnalité.** *«En littérature, on commence à chercher son originalité laborieusement chez les autres»* GONCOURT. ◆ SPÉCIALT Étrangeté, excentricité, singularité. *Se faire remarquer par l'originalité de ses manières.* ▪ **2** Élément original. *C'est une des originalités de ce nouveau modèle.* ➤ **particularité.** ◆ Action étrange, comportement singulier d'un original. ➤ **excentricité.** *«Ces originalités [...] devinrent le sujet de plus d'une causerie»* BALZAC. ▪ CONTR. Banalité, conformisme, imitation, impersonnalité.

ORIGINE [ɔʀiʒin] **n. f.** – XVe ; *orine* 1138 ◇ latin *origo, inis*

I ▪ **1** Ancêtres ou milieu humain primitif auquel remonte la généalogie d'un individu, d'un groupe. ➤ **ascendance, extraction, parenté, souche.** *Rechercher ses origines.* ➤ **racine.** *Il est d'origine française, irlandaise. Nationalité, pays d'origine.* ➤ **terroir.** — Milieu social d'où est issu qqn. ➤ **naissance.** *Être de noble origine, d'origine modeste. Porter la marque de son origine* (cf. La caque* sent toujours le hareng). *«on sentait son origine paysanne, assez basse, à ses vêtements»* ARAGON. — Pedigree (d'un animal). ▪ **2** Époque, milieu d'où vient une chose. *Une coutume d'origine ancienne. «Un messianisme d'origine chrétienne et bourgeoise»* CAMUS. ◆ *Origine d'un mot.* ➤ **étymologie ;** 1 **dérivation.** *Mot d'origine grecque, d'origine inconnue.* ▪ **3** Point de départ (de ce qui est envoyé). ➤ **provenance.** *L'origine d'un message, d'un appel téléphonique.* — Endroit d'où (qqch.) provient. *Origine d'un produit. Appellation* d'origine.* ▪ **4** Point à partir duquel on mesure les coordonnées. MATH. *Origine d'une demi-droite. Origine d'un système de coordonnées :* le point d'intersection de tous les axes du système. — GÉOGR. *Méridien* d'origine.*

II ▪ **1** Commencement, première apparition ou manifestation. ➤ **création, naissance.** *À l'origine du monde, des temps.* — ABSOLT **loc. adv. À L'ORIGINE :** au début. *À l'origine, ce mot signifiait...* **DÈS L'ORIGINE :** dès le début. — **loc. adj. D'ORIGINE :** qui provient du lieu indiqué ; primitif, originel. *Vin d'origine. Pièces d'origine. Ces aménagements ne sont pas d'origine.* ▪ **2** AU PLUR. Commencements, formes anciennes d'une réalité qui se modifie. ➤ **genèse.** *Les origines de la vie, du langage.* ▪ **3** Ce qui explique l'apparition ou la formation d'un fait nouveau. ➤ **cause.** *Origine d'une révolution. «Le diplôme fut l'origine de sa définitive réussite»* CÉLINE. *Avoir son origine dans qqch.* ➤ **source ; s'originer.** *Il est à l'origine de cette décision. Affection d'origine virale.*

▪ CONTR. Destination. 1 Fin.

ORIGINEL, ELLE [ɔʀiʒinɛl] **adj.** – XIIIe ◇ latin *originalis* ▪ Qui date de l'origine, qui vient de l'origine. ➤ **initial, originaire,** 2 **original, premier, primitif.** *L'état originel de l'être humain.* ➤ **natif** (cf. État de nature). *Sens originel d'un mot.* ◆ RELIG. CHRÉT. Du premier homme créé par Dieu. *La grâce, l'innocence originelle. Le péché* originel.* ▪ CONTR. Artificiel. Secondaire.

ORIGINELLEMENT [ɔʀiʒinɛlmɑ̃] **adv.** – XIVe ◇ de *originel* ▪ Dès l'origine, à l'origine. ➤ **primitivement.**

ORIGINER (S') [ɔʀiʒine] **v. pron.** ‹1› – 1957 ◇ de *origine* ou de l'anglais *to originate* ▪ DIDACT. Avoir son origine (dans qqch. d'abstrait).

ORIGNAL, AUX [ɔʀiɲal, o] **n. m.** – 1664 ; *orignac* 1605 ◇ du basque *oreinak,* plur. de *orein* «cerf» ▪ Élan du Canada et de l'Alaska. *«L'orignal a le mufle du chameau, le bois plat du daim, les jambes du cerf»* CHATEAUBRIAND.

ORILLON [ɔʀijɔ̃] **n. m.** – XVIe ◇ diminutif de *oreille* ▪ **1** VX OU RÉGION. Objet ou partie d'instrument en forme de petite oreille. *Les orillons d'une écuelle.* ▪ **2** FORTIF. *Orillons* (ou *oreillons*) *d'un bastion :* saillies de maçonnerie à l'angle d'épaule d'un bastion.

ORIN [ɔʀɛ̃] **n. m.** – 1483 ◇ p.-ê. moyen néerlandais *oorring* «boucle d'oreille», puis «anneau d'ancre», attesté seult au XIXe ; cf. catalan *orri* (1340), portugais *ourinque* (1416), etc. ▪ MAR. Cordage reliant une ancre à la bouée qui permet d'en repérer l'emplacement. — Câble servant à maintenir une mine immergée entre deux eaux.

ORIPEAU [ɔʀipo] **n. m.** – XIIe *oripel* ◇ de l'ancien français *orie* «doré» et de *peau* ▪ **1** TECHN. Lame de cuivre ou de laiton très mince ayant l'apparence de l'or. ◆ VX Étoffe, broderie ornée de ces lames. ▪ **2** (XVIIe) MOD., AU PLUR. Vêtements voyants, vieux habits dont un reste de clinquant fait ressortir l'usure. ➤ **guenille.** *«les oripeaux du "décrochez-moi-ça"»* GONCOURT.

O. R. L. [oɛʀɛl] **n. et adj.** – 1926 ◇ abrév. ▪ **1 n. f.** Otorhinolaryngologie. *Faire un stage en O. R. L.* ▪ **2 n.** (1952) Otorhinolaryngologiste. *Consulter une O. R. L. «la minutieuse introspection d'un O. R. L., la lampe sur le front»* MALLET-JORIS. ▪ **3 adj.** (1952) Otorhinolaryngologique. *La sphère O. R. L.*

ORLE [ɔʀl] **n. m.** – XIIe *urle, ourle* ◇ latin populaire °*orula,* diminutif de *ora* «bord» ▪ **1** VX Ourlet. MAR. *Orle d'une voile.* ▪ **2** ARCHIT. Bordure ou filet soulignant l'ove d'un chapiteau. ▪ **3** BLAS. Bordure étroite qui suit, sans le toucher, le bord de l'écu.

ORLÉANISTE [ɔʀleanist] **n. et adj.** – 1794 ◇ de *Orléans,* n. de la branche cadette des Bourbons ▪ HIST. En France, au XIXe s., Personne qui soutenait les droits de la famille d'Orléans au trône. *Légitimistes contre orléanistes.* — **adj.** *Le parti orléaniste.*

ORLON [ɔʀlɔ̃] **n. m.** – 1950 ◇ n. déposé ; suffixe de *nylon* ▪ Fibre textile synthétique. *Pull-over en orlon.*

ORMAIE [ɔʀmɛ] **n. f.** – 1301 *ourmaye* ◇ de *orme* ▪ Lieu planté d'ormes. ➤ **ormoie.** ▪ HOM. Ormet (2 ormeau).

ORME [ɔʀm] **n. m.** – 1175 ; var. *olme* ◇ latin *ulmus* ▪ **1** Arbre *(ulmacées)* atteignant 20 à 30 mètres de haut, à feuilles dentelées, au bois dur et lourd. *Orme champêtre* ou *orme rouge. Orme de montagne* ou *orme blanc. Orme tortillard. Allée d'ormes. La graphiose* de l'orme.* — VIEILLI LOC. *Attendez-moi sous l'orme,* se dit lorsqu'on ne compte pas se rendre à un rendez-vous. ▪ **2** Bois de cet arbre. *«Nous ferons peut-être la coque en orme. L'orme est bon pour les parties noyées»* HUGO. *Loupe* d'orme.*

1 **ORMEAU** [ɔʀmo] **n. m.** – 1546 ; *ormel* XIIe ◇ de *orme* ▪ Petit orme, jeune orme.

2 **ORMEAU** [ɔʀmo] **n. m.** – XVIe ◇ var. de l'ancien français *ormier* «or pur», du latin *aurum* «or» et *merus* «pur», la nacre de ce coquillage étant précieuse ▪ COUR. Mollusque marin comestible *(gastéropodes).* ➤ **abalone, haliotide, oreille** (de mer). — On dit aussi **ORMET** [ɔʀmɛ], **ORMIER.**

ORMOIE [ɔʀmwa] **n. f.** – 1307 *o(u)rmoie* ◇ de *orme* ■ Lieu planté d'ormes. ➤ **ormaie.**

1**ORNE** [ɔʀn] **n. m.** – 1220 ◇ latin *ordo, ordinis* «ordre» ■ SYLVIC. *Faire orne* : abattre les arbres droit devant soi. ♦ (1611) VITIC., RÉGION. Sillon tiré entre les rangées de ceps de vigne.

2**ORNE** [ɔʀn] **n. m.** – 1529 ◇ latin *ornus* ■ RÉGION. Variété de frêne à fleurs blanches.

ORNEMANISTE [ɔʀnəmanist] **n.** – 1800 ◇ de *ornement* ■ ARTS Spécialiste du dessin ou de l'exécution de motifs décoratifs, en plâtre ou en stuc. APPOS. *Sculpteur ornemaniste.*

ORNEMENT [ɔʀnəmɑ̃] **n. m.** – 1050 ◇ latin *ornamentum* ■ **1** Action d'orner ; résultat de cette action. ➤ **décoration.** *L'ornement d'un salon. Les chandeliers ne sont là que pour l'ornement,* ils ne servent pas. *Arbres, plantes d'ornement.* ➤ **ornemental, décoratif.** ■ **2** Ce qui orne, s'ajoute à un ensemble pour l'embellir ou lui donner un certain caractère. *Ornements de passementerie, de tapisserie. «la beauté n'a besoin d'aucun ornement et se suffit à elle-même»* LOUŸS. ➤ **parure.** *Ornements d'une toilette.* ➤ **falbala, fanfreluche.** *Sans ornement.* ➤ **dépouillé, sobre.** — LITURG. Vêtements et insignes prescrits par les règles liturgiques. *Ornements sacerdotaux de l'officiant.* ■ **3** Motif accessoire qui agrémente une composition artistique. *Peintre, sculpteur d'ornements* (➤ **ornemaniste**). *Les ornements d'un édifice.* ➤ **ornementation.** *Ornements rapportés.* ➤ **applique.** — *Ornements d'un texte.* ➤ **cul-de-lampe, fleuron, miniature, vignette.** ♦ BLAS. Pièce extérieure à l'écu. ■ **4** MUS. Note ou ensemble de notes, trait instrumental ou vocal, qui s'ajoute à une mélodie sans modifier la ligne mélodique. ➤ **agrément, fioriture.** *Le mordant, le gruppetto sont des ornements.* ■ **5** (1538) VX Procédé d'expression qui orne le discours (figures de rhétorique, etc.). ➤ **figure.** ■ **6** FIG. et LITTÉR. Ce qui embellit (qqch.). ➤ **gloire, honneur.** *«la jeune princesse était devenue l'ornement et l'âme de la Cour»* SAINTE-BEUVE.

ORNEMENTAL, ALE, AUX [ɔʀnəmɑ̃tal, o] **adj.** – 1838 ◇ de *ornement* ■ Qui a rapport à l'ornement, qui utilise des ornements. *Style ornemental.* ♦ Qui sert à l'ornement. ➤ **décoratif.** *Motif ornemental. Plantes ornementales.*

ORNEMENTATION [ɔʀnəmɑ̃tasjɔ̃] **n. f.** – 1838 ◇ de *ornement* ■ **1** Action d'ornementer. *Travailler à l'ornementation d'une façade.* ➤ **décoration.** ■ **2** Ensemble d'éléments qui ornent. *Il a peint dans la salle à manger «toute une ornementation de feuillage, de fruits»* GAUTIER.

ORNEMENTER [ɔʀnəmɑ̃te] **v. tr.** ⟨1⟩ – XVIᵉ, rare avant XIXᵉ ◇ de *ornement* ■ Garnir d'ornements ; embellir par des ornements convenablement disposés (surtout au p. p.). ➤ **décorer, orner.** *«un salon encombré de fleurs, au plafond curieusement ornementé d'armoiries et de rocailles»* GAUTIER.

ORNER [ɔʀne] **v. tr.** ⟨1⟩ – XIIIᵉ ◇ latin *ornare* ; ce mot a remplacé l'ancien français *aorner* → adorner ■ **1** Mettre en valeur, embellir (une chose). ➤ **adorner, agrémenter, décorer, enjoliver, ornementer,** 1**parer.** *Orner une façade de drapeaux.* ➤ **pavoiser.** *Orner sa boutonnière d'une fleur.* ➤ **fleurir.** *Orner un livre d'enluminures, de vignettes.* ➤ **enluminer, illustrer.** — *«le grand peigne orné de boules d'or»* GREEN. ➤ **garnir. p. p. adj.** *Lettres ornées.* ➤ **historié.** ♦ Servir d'ornement à. *Un crucifix et deux images «ornaient seuls cet appartement propre et désolant»* MAUPASSANT. ■ **2** Rendre plus attrayant ; conférer un charme, un état ou une valeur à (qqn, qqch.). ➤ **rehausser.** *«Je ne veux pas orner la vérité»* MAETERLINCK. ➤ **habiller.** *«je l'ornais de vertus qu'elle n'avait pas»* MAUROIS. ➤ 1**parer.** — *Style trop orné.* ➤ **tarabiscoté.** ♦ VIEILLI Enrichir. *Orner son esprit.*

ORNIÈRE [ɔʀnjɛʀ] **n. f.** – 1278 ◇ de l'ancien français *ordière* (v. 1190), latin populaire °*orbitaria* par croisement avec 1*orne* ■ **1** Trace plus ou moins profonde que les roues des voitures creusent dans les chemins. *«le sable du chemin, sillonné de profondes ornières que l'eau remplissait entièrement»* VIGNY. ■ **2** FIG. Chemin tout tracé, habituel. *«Vous êtes le criminel classique. Vous suivez l'ornière»* ROMAINS. — LOC. *Sortir de l'ornière,* d'une situation pénible, difficile.

ORNITHO- ■ Élément, du grec *ornis, ornithos* «oiseau».

ORNITHOGALE [ɔʀnitɔgal] **n. m.** – *ornitogalon* 1553 ◇ grec *ornithogalon* «lait *(gala)* d'oiseau» ■ BOT. Plante bulbeuse *(liliacées)* à fleurs blanches, jaunes ou orangées, appelée aussi *étoile de Bethléem.* ➤ **dame-d'onze-heures.**

ORNITHOLOGIE [ɔʀnitɔlɔʒi] **n. f.** – 1649 ◇ de *ornitho-* et *-logie* ■ DIDACT. Partie de la zoologie qui traite des oiseaux.

ORNITHOLOGIQUE [ɔʀnitɔlɔʒik] **adj.** – 1771 ◇ de *ornithologie* ■ SC. Qui a rapport à l'ornithologie, aux oiseaux. *Réserve ornithologique.*

ORNITHOLOGUE [ɔʀnitɔlɔg] **n.** – 1759 ; *ornithologiste* 1721 ◇ de *ornithologie* ■ SC. Spécialiste de l'ornithologie.

ORNITHOMANCIE [ɔʀnitɔmɑ̃si] **n. f.** – 1717 ◇ de *ornitho-* et *-mancie* ■ ANTIQ. Méthode de divination par le chant ou le vol des oiseaux (➤ 1**augure**).

ORNITHORYNQUE [ɔʀnitɔʀɛ̃k] **n. m.** – 1803 ◇ de *ornitho-* et du grec *runkhos* «bec» ■ Mammifère ovipare semi-aquatique *(monotrèmes),* à bec corné, à longue queue plate, aux pattes palmées, qui vit en Australie et en Tasmanie.

ORNITHOSE [ɔʀnitoz] **n. f.** – milieu XXᵉ ◇ de *ornitho-* et 2*-ose* ■ MÉD. Maladie infectieuse des oiseaux, transmissible aux humains, chez qui elle prend la forme d'une pneumonie. *Ornithose des perroquets.* ➤ **psittacose.**

ORO- ■ Élément, du grec *oros* «montagne».

OROBANCHE [ɔʀɔbɑ̃ʃ] **n. f.** – 1546 ◇ latin *orobanche, es,* du grec *orobagkhê,* de *orobos* «vesce» et *agkhein* «étouffer» ■ Plante *(orobanchacées)* sans chlorophylle, d'une teinte roussâtre, violacée ou blanchâtre, vivant en parasite sur les racines. *«Amusement de retrouver, jaillie du sable, cette même orobanche que j'admirais dans les dunes»* GIDE.

OROBE [ɔʀɔb] **n. m.** – *orbe* 1256 ◇ latin *orobus,* même radical que *orobanche* ■ Plante *(légumineuses)* des régions tempérées, voisine de la gesse.

OROGENÈSE [ɔʀɔʒənɛz] **n. f.** – 1910 ◇ de *oro-* et *-genèse* ■ GÉOL. Processus de formation des reliefs de l'écorce terrestre. ➤ **orogénie.**

OROGÉNIE [ɔʀɔʒeni] **n. f.** – 1868 ◇ de *oro-* et *-génie* ■ DIDACT. ■ **1** Orogenèse. ■ **2** GÉOGR. Étude des mouvements de l'écorce terrestre, en particulier ceux qui ont donné naissance aux montagnes.

OROGÉNIQUE [ɔʀɔʒenik] **adj.** – 1868 ◇ de *orogénie* ■ DIDACT. Qui a rapport à l'orogénie. *Cycle orogénique hercynien.*

OROGRAPHIE [ɔʀɔgʀafi] **n. f.** – 1823 ◇ de *oro-* et *-graphie* ■ GÉOGR. Étude, description des montagnes. — PAR EXT. Agencement des reliefs montagneux. *L'orographie des Alpes.* — **adj. OROGRAPHIQUE.**

ORONGE [ɔʀɔ̃ʒ] **n. f.** – 1753 ◇ rouergat *ourounjo* «orange» ■ Amanite. *Oronge vraie* : amanite des Césars. *Oronge ciguë blanche* (amanite printanière, coucoumelle), *verte* (amanite phalloïde). *Fausse oronge* : amanite tue-mouche à chapeau rouge taché de blanc, vénéneuse.

ORONYMIE [ɔʀonimi] **n. f.** – v. 1960 ◇ de *oro-* sur le modèle de *toponymie* ■ DIDACT. Étude toponymique des noms de montagne. — **adj. ORONYMIQUE.**

OROPHARYNX [ɔʀofaʀɛ̃ks] **n. m.** – 1931 ◇ du latin *os, oris* «bouche» et *pharynx* ■ ANAT. Partie moyenne du pharynx* qui communique avec la bouche.

ORPAILLAGE [ɔʀpajaʒ] **n. m.** – 1842 ◇ de *orpailleur* ■ Métier de l'orpailleur ; extraction de l'or.

ORPAILLEUR, EUSE [ɔʀpajœʀ, øz] **n.** – 1762 ◇ croisement de l'ancien français *harpailler* «saisir», avec 1*or* ■ Ouvrier qui recueille par lavage les paillettes d'or dans les fleuves ou les terres aurifères. — PAR EXT. Chercheur d'or. *«mes outils d'orpailleur, batée, tamis, flacon d'eau régale»* LE CLÉZIO.

ORPHELIN, INE [ɔʀfəlɛ̃, in] **n. et adj.** – 1150 ; *orfanin* fin XIᵉ ◇ latin ecclésiastique *orphanus,* mot grec ■ **1** Enfant qui a perdu ses parents, ou l'un des deux. *Un orphelin de père et de mère. Orphelin élevé dans une institution, un orphelinat.* ➤ 1**pupille.** *Tuteur d'une orpheline. «Le veuf, l'orphelin, tous ceux qu'on foule, ou qu'on opprime»* MASSILLON. LOC. FAM. *Défenseur de la veuve et de l'orphelin* : avocat, PAR EXT. et PLAISANT protecteur des opprimés (cf. Don quichotte). *Il défend la veuve et l'orphelin.* ♦ **adj.** *Un enfant orphelin.* ■ **2** **n. f.** TYPOGR. *Une orpheline* : mot isolé ou ligne creuse qui se trouve en bas de page ou de colonne. *Les orphelines et les veuves*.* ■ **3** **adj.** *Maladie orpheline* : maladie trop peu fréquente pour que la recherche s'y intéresse. — *Œuvre orpheline* : œuvre protégée et divulguée dont les titulaires des droits d'auteur ne sont pas identifiés.

ORPHELINAT [ɔʀfəlina] **n. m.** – 1842 ◊ de *orphelin* ■ Établissement qui recueille et élève des orphelins. ♦ Ensemble des orphelins de cet établissement.

ORPHÉON [ɔʀfeɔ̃] **n. m.** – 1767 ◊ de *Orphée*, personnage mythologique ■ **1** VX Sorte d'instrument de musique à cordes et à clavier. ■ **2** (1833) VX École, société de chant choral composée d'hommes. ♦ (1868) MOD. Fanfare. *«des orphéons maltraitent des hymnes déjà tristes»* ECHENOZ.

ORPHÉONISTE [ɔʀfeɔnist] **n.** – 1842 ◊ de *orphéon* ■ Membre d'un orphéon.

ORPHIE [ɔʀfi] **n. f.** – *orfie* 1554 ◊ grec *orphos* ■ Long poisson marin *(cyprinodontiformes)* à bec pointu, appelé aussi *aiguille* ou *bécassine de mer.*

ORPHIQUE [ɔʀfik] **adj.** – 1545 ◊ de *Orphée* ■ DIDACT. Relatif à la religion initiatique dont Orphée passait pour être le fondateur. *Mystères orphiques. Poésie orphique.*

ORPHISME [ɔʀfism] **n. m.** – 1863 ◊ de *Orphée* ■ DIDACT. Doctrine ou secte religieuse de l'Antiquité qui s'inspire de la pensée d'Orphée.

ORPIMENT [ɔʀpimɑ̃] **n. m.** – XIIe ◊ du latin *auripigmentum*, proprt «couleur d'or» ■ CHIM. ANC. OU TECHN. Sulfure naturel d'arsenic de couleur jaune orangé, utilisé en peinture et dans certaines industries.

ORPIN [ɔʀpɛ̃] **n. m.** – XIIe ◊ de *orpiment*, à cause des fleurs dorées ■ **1** TECHN. VX Orpiment. ■ **2** (1262) Plante charnue *(crassulacées)* qui croît sur les toits et les murs. ➤ **sedum.** *Orpin brûlant. Orpin blanc.* ➤ **joubarbe.**

ORQUE [ɔʀk] **n. f.** – 1550 ◊ latin *orca* ■ Mammifère marin carnivore, le plus grand cétacé de la famille des dauphins. ➤ **épaulard.**

ORSEILLE [ɔʀsɛj] **n. f.** – *orsolle* XVe ◊ catalan *orxella*, p.-ê. de l'arabe ■ Lichen qui fournit une matière colorante de couleur pourpre. ➤ **rocelle.** ♦ TECHN. Pâte tinctoriale tirée de ce lichen, utilisée comme colorant.

ORTEIL [ɔʀtɛj] **n. m.** – fin XIIe ; *arteil* 1160 ◊ latin *articulus*, diminutif de *artus* «articulation» ■ Chacune des cinq extrémités du pied, homologues des doigts de la main. ➤ **doigt** (de pied). *Le gros orteil* ou *l'orteil* : le pouce du pied. *Déviation de l'orteil.* ➤ **hallux valgus.** *«Son orteil qui la supporte tout entière frotte sur le sol comme le pouce sur un tambour»* VALÉRY. *Le petit orteil*, le plus extérieur.

ORTHÈSE [ɔʀtɛz] **n. f.** – avant 1973 ◊ de *ortho-* d'après *prothèse* ■ DIDACT. Appareillage destiné à pallier une déficience fonctionnelle du système locomoteur, d'une articulation. *Orthèse plantaire* : semelle orthopédique.

ORTH(O)- ■ **1** Élément, du grec *orthos* «droit», et FIG. «correct». ■ **2** CHIM. Préfixe indiquant que deux substituants sont voisins sur un cycle benzénique substitué deux fois : *orthoquinone.*

ORTHOCENTRE [ɔʀtosɑ̃tʀ] **n. m.** – 1903 ◊ de *ortho-* et *centre* ■ GÉOM. Point d'intersection des trois hauteurs d'un triangle ou des quatre hauteurs d'un tétraèdre à arêtes opposées orthogonales. — **adj. ORTHOCENTRIQUE.**

ORTHOCHROMATIQUE [ɔʀtokʀɔmatik] **adj.** – 1889 ◊ de *ortho-* et *chromatique* ■ PHOTOGR. *Plaque orthochromatique*, sensible à toutes les couleurs sauf au rouge.

ORTHODONTIE [ɔʀtodɔ̃ti ; ɔʀtodɔ̃si] **n. f.** – 1948 ◊ de *orth(o)-* et *-odontie* ■ DIDACT. Branche de l'odontologie qui traite les malpositions des dents. — **adj. ORTHODONTIQUE** [ɔʀtodɔ̃tik].

ORTHODONTISTE [ɔʀtodɔ̃tist] **n.** – 1951 ◊ de *orthodontie* ■ Spécialiste de l'orthodontie.

ORTHODOXE [ɔʀtɔdɔks] **adj.** et **n.** – 1431 ◊ latin ecclésiastique *orthodoxus*, du grec *doxa* «opinion»

I ■ **1** RELIG. Conforme au dogme, à la doctrine d'une religion. *Foi orthodoxe.* — *Théologien orthodoxe.* ♦ **n.** *Les orthodoxes et les hérétiques.* ■ **2** (1787) Conforme à une doctrine quelconque, aux opinions et usages établis, considérés comme seuls valables. ➤ **conformiste, traditionnel.** *Économiste, historien orthodoxe.* — **n.** *Orthodoxes et déviationnistes d'un parti politique.* ■ **3** (En emploi négatif) *Sa méthode n'est pas très orthodoxe, est peu orthodoxe* : elle n'est pas conforme aux règles (cf. Pas très catholique*).

II Se dit des Églises chrétiennes des rites d'Orient séparées de Rome au XIe siècle. *L'Église orthodoxe russe, grecque.* — Qui appartient à ces Églises. *Clergé orthodoxe.* ➤ **exarque, métropolite, papas, patriarche, pope.** *Rite orthodoxe.* ➤ **oriental.** ♦ **n.** *Les orthodoxes grecs.*

■ CONTR. Hérétique, hétérodoxe. Dissident, déviationniste, non-conformiste.

ORTHODOXIE [ɔʀtɔdɔksi] **n. f.** – 1580 ◊ de *orthodoxe* ■ **1** Ensemble des doctrines, des opinions religieuses considérées comme valides par la fraction dominante d'une religion, et enseignées officiellement. ➤ **dogme.** *L'orthodoxie catholique. «la vérité de l'orthodoxie ne fut jamais pour lui l'objet d'un doute»* RENAN. ♦ (1787) Ensemble des principes, des usages traditionnellement ou généralement admis (en matière d'art, de science, de morale). *Ils «se sont fait un système d'épuration progressive, de minutieuse orthodoxie, qui vise à faire d'un parti une secte, une petite église»* MICHELET. ■ **2** Caractère orthodoxe (d'une proposition, d'une personne). *L'orthodoxie d'une exégèse. «pour prix de son orthodoxie, il demandait la vie éternelle»* VOLTAIRE. ♦ PAR EXT. *Orthodoxie marxiste. Orthodoxie d'un jugement littéraire, moral...* ➤ **conformisme.** ■ CONTR. Hérésie, hétérodoxie. Déviationnisme, non-conformisme.

ORTHODROMIE [ɔʀtɔdʀɔmi ; ɔʀtodʀomi] **n. f.** – 1691 ◊ du grec *orthodromein* «courir en ligne droite» ■ DIDACT. Route d'un navire, d'un avion qui suit la voie la plus directe. *Orthodromie et loxodromie**. — Le chemin le plus court entre deux points sur une surface (plane ou courbe). — **adj. ORTHODROMIQUE.** *Navigation orthodromique.*

ORTHOÉPIE [ɔʀtɔepi] **n. f.** – 1845 ◊ de *ortho-* et grec *epos* «parole», d'après l'allemand ■ DIDACT. Phonétique normative. ➤ **orthophonie.**

ORTHOGENÈSE [ɔʀtoʒənɛz] **n. f.** – 1893 ◊ de *ortho-* et *-genèse* ■ HIST. SC. Théorie selon laquelle l'évolution des organismes vivants est prédéterminée, sans intervention de l'adaptation. ♦ Développement suivant une direction constante selon les espèces. *L'orthogenèse des équidés.*

ORTHOGÉNIE [ɔʀtoʒeni] **n. f.** – 1965 ◊ de *ortho-* et *-génie* ■ MÉD. Régulation des naissances. ➤ **contrôle** (des naissances), **planning** (familial). *Centres d'orthogénie.*

ORTHOGÉNISME [ɔʀtoʒenism] **n. m.** – 1969 ◊ de *orthogénie* ■ MÉD. Science qui traite de l'orthogénie.

ORTHOGONAL, ALE, AUX [ɔʀtɔgɔnal, o] **adj.** – 1520 ◊ du latin d'origine grecque *orthogonus* «à angle droit» ■ GÉOM. Qui forme un angle droit, qui se fait à angle droit. ➤ **perpendiculaire.** *Deux droites orthogonales. Vecteurs orthogonaux deux à deux.* — *Projection orthogonale* : projection d'une figure obtenue au moyen de perpendiculaires abaissées à partir des différents points de cette figure sur une droite, un plan, une surface quelconque. ➤ **orthographique,** 2°.

ORTHOGONALEMENT [ɔʀtɔgɔnalmɑ̃] **adv.** – 1528 ◊ de *orthogonal* ■ GÉOM. D'une manière orthogonale, à angle droit. ➤ **perpendiculairement.**

ORTHOGRAPHE [ɔʀtɔgʀaf] **n. f.** – 1529 ; *ortografie* XIIIe ◊ latin *orthographia*, mot grec ; cf. *ortho-* et *-graphie* ■ **1** Manière d'écrire un mot qui est considérée comme la seule correcte. *Chercher l'orthographe d'un mot dans le dictionnaire. Orthographe d'usage* : graphie usuelle des mots. *Orthographe d'accord* : graphie de ces mots selon la fonction qu'ils remplissent dans la phrase. *Règles d'orthographe. Dictée pour l'apprentissage de l'orthographe. Faute d'orthographe. Réforme, simplification de l'orthographe. «notre orthographe* [...] *est un recueil impérieux ou impératif d'une quantité d'erreurs d'étymologie artificiellement fixées par des décisions inexplicables»* VALÉRY. ♦ Capacité d'écrire sans faute. *«Je ne sais pas grand'chose, mais je sais l'orthographe»* ANOUILH. *Être bon, nul en orthographe. Concours d'orthographe. Trouble d'acquisition de l'orthographe.* ➤ **dysorthographie.** ■ **2** Manière dont un mot est écrit. ➤ **graphie.** *Mots qui ont la même orthographe.* ➤ **homographe.** *Ce mot a deux orthographes* (➤ **variante**). ■ **3** Système de notation des sons par des signes écrits, propre à une langue, à une époque, à un écrivain. ➤ **écriture.** *L'orthographe du XVIe siècle, de Ronsard. Orthographe étymologique, phonétique*, conforme à l'étymologie, à la prononciation.

ORTHOGRAPHIE [ɔʀtɔgʀafi] **n. f.** – 1678 ; *ortografie* « orthographe » XIIIe ◊ de *ortho-* et *-graphie* ■ **1** VX Profil ou coupe perpendiculaire d'une fortification. ■ **2** (1838) MOD. GÉOM. RARE Projection orthogonale*.

ORTHOGRAPHIER [ɔʀtɔgʀafje] **v. tr.** ‹7› – 1426 ◊ de *orthographe* ■ Écrire selon les règles de l'orthographe. *Orthographier un mot étranger. Texte mal orthographié.* ➤ **cacographie.** ABSOLT *Il orthographie correctement.* PRONOM. *Son nom s'orthographie avec deux* r. ➤ **s'écrire.**

ORTHOGRAPHIQUE [ɔʀtɔgʀafik] **adj.** – 1752 ; fortif. 1691 ◊ de *orthographe* ■ **1** Relatif à l'orthographe. *Règles orthographiques. Réforme orthographique. Correcteur orthographique.* ■ **2** GÉOM. Relatif à l'orthographie (2°). *Projection orthographique.* ➤ **orthogonal.**

ORTHONORMÉ, ÉE [ɔʀtonɔʀme] **adj.** – milieu XXe ◊ de *ortho-* et *normé* ■ Dont les vecteurs de base sont orthogonaux et de même norme (longueur). *Repère orthonormé.* ➤ **normé.**

ORTHOPÉDAGOGUE [ɔʀtopedagɔg] **n.** – 1954 ◊ de *ortho-* et *pédagogue* ■ (Cour. au Canada) Personne dont le métier consiste à prévenir, identifier et corriger les troubles de l'apprentissage.

ORTHOPÉDIE [ɔʀtɔpedi] **n. f.** – 1741 ◊ de *ortho-* et grec *pais, paidos* « enfant » ■ **1** VX Art de prévenir et de corriger les difformités du corps chez les enfants. ■ **2** MOD. Spécialité médicale qui étudie et traite les affections du squelette, des muscles et des tendons. *Orthopédie dentofaciale,* qui traite des malformations des dents et des mâchoires. ➤ **orthodontie ; prothèse.** ■ **3** (par rapprochement avec le latin *pes, pedis* « pied ») COUR. Orthopédie des membres inférieurs.

ORTHOPÉDIQUE [ɔʀtɔpedik] **adj.** – 1771 ◊ de *orthopédie* ■ Relatif à l'orthopédie. *Appareil orthopédique pour le cou.* ➤ **minerve.** *Corset orthopédique.* ➤ **lombostat.** « *sa jambe gauche serrée dans une bottine orthopédique* » SARTRE. *Semelles orthopédiques.*

ORTHOPÉDISTE [ɔʀtɔpedist] **n.** – 1771 ◊ de *orthopédie* ■ Médecin qui pratique l'orthopédie. — **adj.** *Chirurgien orthopédiste.* ♦ Personne qui fabrique ou vend des appareils orthopédiques.

ORTHOPHONIE [ɔʀtɔfɔni] **n. f.** – 1828 ◊ de *ortho-* et *-phonie* ■ Discipline thérapeutique visant au diagnostic et au traitement des troubles de la voix (➤ **phoniatrie**), du langage oral et écrit. ➤ **logopédie ; orthoépie.** — **adj. ORTHOPHONIQUE.**

ORTHOPHONISTE [ɔʀtɔfɔnist] **n.** – 1966 ◊ de *orthophonie* ■ Spécialiste de l'orthophonie. ➤ RÉGION. **logopédiste.** « *Elle est orthophoniste et rééduque des petits enfants bègues* » PEREC.

ORTHOPNÉE [ɔʀtɔpne] **n. f.** – 1611 ◊ de *ortho-* et du grec *pnein* « respirer » ■ MÉD. Difficulté à respirer (➤ **dyspnée**) en position couchée. *Orthopnée des cardiaques, des asthmatiques.*

ORTHOPTÈRE [ɔʀtɔptɛʀ] **n. m.** et **adj.** – 1789 ◊ latin savant, de *ortho-* et *-ptère* ■ **n. m. pl.** ZOOL. Ordre d'insectes à élytres mous, et à ailes postérieures pliées dans le sens de la longueur. « *Les mantes religieuses font, en effet, partie de l'ordre des orthoptères, ainsi que les blattes, les sauterelles, les grillons, les acridiens, les phasmes et les forficules* » QUENEAU. — **adj.** *Insecte orthoptère.*

ORTHOPTIE [ɔʀtɔpsi ; -ti] **n. f.** – 1960 ; *orthoptique* 1932 ◊ de *orth(o)-* et *opt(ique),* sur le modèle de *orthophonie* ■ Discipline médicale qui a pour objet de corriger les troubles visuels liés à la mauvaise coordination des mouvements oculaires, en particulier le strabisme. — **n. ORTHOPTISTE,** 1971.

ORTHOPTIQUE [ɔʀtɔptik] **adj.** – 1887 ◊ de *orth(o)-* et *optique* ■ Relatif à l'orthoptie. *Rééducation orthoptique.*

ORTHORHOMBIQUE [ɔʀtoʀɔ̃bik] **adj.** – 1843 ◊ de *ortho-* et *rhombe* ■ MINÉR. *Cristal orthorhombique,* qui possède trois axes de symétrie binaires, perpendiculaires entre eux.

ORTHOSCOPIQUE [ɔʀtɔskɔpik] **adj.** – 1878 ◊ de *ortho-* et *-scopique* ■ PHOTOGR. Se dit d'un objectif construit de manière à éviter toute déformation de l'image.

ORTHOSE [ɔʀtoz] **n. m.** – 1803 ◊ du grec *orthos* « droit » ■ MINÉR. Feldspath potassique de couleur blanche, rose ou rouge, abondant dans le granit.

ORTHOSTATIQUE [ɔʀtostatik] **adj.** – 1901 ◊ de *ortho-* et du grec *statos* « qui est debout » ■ DIDACT. Relatif à la station debout, qui se produit pendant la station debout. *Albuminurie orthostatique. Hypotension orthostatique.*

ORTHOSYMPATHIQUE [ɔʀtosɛ̃patik] **adj.** – 1930 ◊ de *ortho-* et *sympathique* ■ ANAT. Se dit de la partie du système nerveux végétatif dont les centres se trouvent dans les cornes latérales de la moelle thoracique et lombaire et dont l'action est antagoniste de celle du parasympathique*.

ORTIE [ɔʀti] **n. f.** – fin XIIe ; *orttrie* v. 1120 ◊ latin *urtica* ■ Plante herbacée *(urticacées)* dont les feuilles sont couvertes de poils fins qui renferment un liquide irritant (acide formique). *Piqûre d'ortie. Soupe aux orties. Purin d'ortie(s).* — *Jeter le froc* aux orties. Jeter qqch. aux orties,* s'en débarrasser sans hésitation. FAM. *Faut pas pousser mémé* (ou *grand-mère*) *dans les orties :* il ne faut pas exagérer. — PAR EXT. *Ortie blanche.* ➤ **lamier.**

ORTOLAN [ɔʀtɔlɑ̃] **n. m.** – 1668 ; *hortolan* 1552 ◊ provençal *ortolan,* du bas latin *hortulanus* « de jardin » ■ Petit oiseau à chair très estimée, variété de bruant à gorge jaune et ventre orangé, d'Europe méridionale. ♦ LOC. *Manger des ortolans,* des mets coûteux et raffinés. « *Et nous donc ! crois-tu que nous mangions des ortolans ?* » BALZAC.

ORVALE [ɔʀval] **n. f.** – 1256 ◊ p.-ê. altération du latin *auris galli* « oreille de coq », d'après *or,* et *valoir* ■ Sauge, d'une variété haute et vigoureuse, aux grandes feuilles velues et aux fleurs roses, appelée aussi *toute-bonne.*

ORVET [ɔʀvɛ] **n. m.** – 1319 au plur. *orveis* ◊ de l'ancien français *orb* « aveugle » ■ Reptile *(lacertiliens),* ovovivipare, dépourvu de membres, ressemblant à un serpent.

ORVIÉTAN [ɔʀvjetɑ̃] **n. m.** – 1625 ◊ italien *orvietano* « d'*Orvieto* », n. d'une ville d'Italie ■ VX Drogue inventée par un charlatan d'Orvieto, qui fut en vogue au XVIIe siècle. — FIG. et LITTÉR. *Marchand, vendeur d'orviétan.* ➤ **charlatan, imposteur.**

ORWELLIEN, IENNE [ɔʀwɛljɛ̃, jɛn] **adj.** – 1954 ◊ de *Orwell,* nom d'un écrivain britannique ■ Se dit d'un univers totalitaire et déshumanisé rappelant celui des romans de George Orwell.

ORYCTÉROPE [ɔʀikteʀɔp] **n. m.** – 1791 ◊ latin scientifique *orycteropus,* du grec *oruktêr, oruktêros* « fouisseur » et *pus* « pied » ■ Mammifère nocturne d'Afrique *(tubulidentés),* pourvu d'un long museau et d'une langue épaisse et gluante lui permettant d'attraper fourmis et termites.

ORYX [ɔʀiks] **n. m.** – XVIIIe ; *orix* 1530 ◊ mot latin d'origine grecque ■ Mammifère des déserts *(artiodactyles),* sorte de gazelle aux cornes très longues et pointues. ➤ **algazelle.**

OS [ɔs] plur. [o] **n. m.** – 1080 ◊ latin *ossum,* variante de *os, ossis* ■ REM. Au pluriel prononcé [ɔs] dans certaines locutions. ■ **1** Chacune des pièces rigides, constituées par un tissu spécial (➤ **osseux**), du squelette de l'être humain et des animaux vertébrés. ➤ **ossature.** (REM. Ne se dit pas des poissons. ➤ **arête.**) *Articulation* des os.* ➤ **diarthrose, suture, symphyse, synarthrose.** *Os longs, os plats, os courts. Intérieur* (➤ **moelle**) *et extérieur* (➤ **périoste**) *de l'os. Diaphyse, épiphyse, apophyse d'un os. Les os de la main, du bassin. Os brisé* (➤ **esquille ; fracture**), *démis, déboîté. Maladie des os.* ➤ **carie, ostéite, ostéomyélite, ostéonécrose,** etc. *Décalcification des os. Maladie des os de verre.* ➤ **ostéogenèse** (imparfaite). ♦ LOC. *Avoir les os saillants :* être maigre. — *N'avoir que la peau sur les os :* être très maigre. « *Un loup n'avait que les os et la peau* » LA FONTAINE. — *On lui voit les os* (cf. On lui compterait les côtes*). — *C'est un sac d'os* [sakdɔs], *un paquet d'os* [pakɛdɔs], une personne très maigre (cf. Squelette* ambulant). — *En chair et en os* [ɑ̃ʃɛʀeɑ̃nɔs] : en personne, physiquement réel. — *Se rompre les os :* se blesser grièvement dans une chute. — *Il ne fera pas de vieux os :* il ne vivra pas longtemps. — *Jusqu'aux os, jusqu'à l'os :* complètement. *Être trempé, gelé... jusqu'aux os.* FIG. « *Ce monde propret, fini, hiérarchisé, rationnel jusqu'à l'os* » SARTRE. « *racler jusqu'à l'os l'expérience humaine* » E. CARRÈRE. *Il est pourri jusqu'à l'os, jusqu'à la moelle des os* (cf. Jusqu'au trognon*). — (1948 ◊ euphém. pour *cul*) VULG. *L'avoir dans l'os :* ne pas obtenir ce qu'on voulait ; être possédé, refait. *Il l'a dans l'os !* ■ **2** *Viande vendue avec os, sans os* (➤ **désossé**). *Des os de poulet. Os de côtelette.* ➤ 2 **manche.** *Os de gigot. Des os à moelle* [ɔsamwal]. *Jarret de veau servi avec l'os à moelle.* ➤ **osso buco.** *Jeter un os à un chien* (FAM. *un nonos* [nonɔs]). *Ronger un os.*

— LOC. *Donner un os à ronger à qqn,* lui abandonner quelque petit profit pour apaiser ses exigences. *« C'est un os qu'ils vous jettent à ronger pour qu'on se tienne tranquille »* DORGELÈS. — FAM. *Être à l'os :* être à bout de ressources ; être réduit à l'essentiel. — ALLUS. LITTÉR. *Rompre l'os et sucer la substantifique* moelle.* ♦ (1914) FAM. Difficulté*, obstacle, problème. ➤ **cactus, hic.** *Tomber sur un os ; il y a un os !* ■ **3 LES OS :** restes d'un être vivant, après sa mort. ➤ **carcasse, ossements.** *« Tes os dans le cercueil vont tomber en poussière »* MUSSET. ■ **4** Matière qui constitue les os, utilisée pour fabriquer certains objets. *Aiguille, alène, boutons en os. Couteaux à manches en os. Jetons en os.* ■ **5** PAR ANAL. *Os de seiche :* lame calcaire qui soutient le dos de la seiche, et qu'on donne aux oiseaux pour s'y aiguiser le bec. ■ HOM. Au, aulx, aux, eau, haut, ho, 1 o, ô, oh.

O. S. [oɛs] n. – 1950 ♦ sigle de *Ouvrier Spécialisé* ■ Ouvrier, ouvrière spécialisé(e). *Une O. S.*

OSCABRION [ɔskabʀijɔ̃] n. m. – 1765 ♦ origine inconnue ■ ZOOL. Mollusque marin *(amphineures)* couvert de plaques calcaires sur sa face dorsale.

OSCAR [ɔskaʀ] n. m. – v. 1930 ♦ marque déposée ; n. pr. ■ Haute récompense décernée chaque année, sous forme d'une statuette, par l'Académie des arts et sciences du cinéma, aux États-Unis. *La cérémonie des Oscars. Il a reçu l'Oscar du meilleur acteur.* ♦ PAR EXT. Récompense décernée par un jury dans des domaines divers. *L'Oscar de la chanson, de la publicité, de l'emballage.*

OSCARISER [ɔskaʀize] v. tr. ⟨1⟩ – 1987, n. ♦ de *Oscar* ■ Récompenser (un film, un acteur...) par un Oscar. *« plusieurs adaptations cinématographiques dont certaines avaient été oscarisées »* R. JAUFFRET. — Au p. p. adj. *Chef-d'œuvre oscarisé.*

OSCIÈTRE [ɔsjɛtʀ] n. m. – XXᵉ ♦ du russe *ossiotr* ■ Espèce d'esturgeon qui donne un caviar d'une couleur dorée intense. ♦ Variété de caviar provenant de cet esturgeon. *Préférer l'oscietre au bélouga.*

OSCILLANT, ANTE [ɔsilɑ̃, ɑ̃t] adj. – 1746 ♦ de *osciller* ■ Qui oscille, qui a un rythme alterné plus ou moins régulier. *Mouvement oscillant. Tige oscillante.* — PHYS. Qui change de sens périodiquement. *Décharge oscillante. Circuit oscillant,* dont l'impédance présente un extremum pour la fréquence d'accord*. — MÉD. *Fièvre oscillante,* qui présente de grandes variations au cours de la journée. — CHIM. *Réaction oscillante,* qui se produit dans une solution aqueuse dont les deux couleurs alternent régulièrement en fonction de la concentration.

OSCILLATEUR [ɔsilatœʀ] n. m. – 1898 ♦ de *osciller* ■ PHYS. Dispositif générateur d'oscillations électriques, lumineuses, sonores, mécaniques. ➤ **diapason ; alternateur.** — SPÉCIALT Dispositif électronique générateur de signaux périodiques. *Oscillateur sinusoïdal. Oscillateur à quartz. Oscillateur local,* destiné à opérer un changement de fréquence.

OSCILLATION [ɔsilasjɔ̃] n. f. – 1605 ♦ latin *oscillatio* ■ **1** Mouvement d'un corps qui oscille. ➤ **balancement, branle.** *Oscillation d'un pendule.* ♦ PHYS. Variation alternative d'une grandeur, en fonction du temps, autour d'une valeur fixe. ➤ **sinusoïde.** *Oscillations électriques, électromagnétiques.* ➤ **vibration.** *Oscillation amortie,* dont l'amplitude diminue et finit par s'annuler. *Oscillation entretenue,* dont l'amplitude est maintenue constante par un apport régulier d'énergie. — VIEILLI *Oscillation simple :* partie du mouvement oscillatoire correspondant à une demi-période ; *oscillation double,* correspondant à une période entière. ■ **2** COUR. Mouvement de va-et-vient (qui ne s'effectue pas forcément entre les mêmes limites). *Oscillations d'un navire.* ➤ **roulis, tangage.** ♦ FIG. SC. Variation alternative et irrégulière d'une grandeur. *Zone climatique à oscillations saisonnières. Oscillations de la tension artérielle.* — COUR. ➤ **fluctuation, variation.** *Oscillations de l'opinion. « cette oscillation perpétuelle du fascisme au communisme, du communisme au fascisme »* SARTRE.

OSCILLATOIRE [ɔsilatwaʀ] adj. – 1729 ♦ latin moderne *oscillatorium* ■ SC. Qui est de la nature de l'oscillation. *Phénomène, mouvement oscillatoire.* — Qui a rapport aux oscillations. *Prendre la tension par la méthode oscillatoire.*

OSCILLER [ɔsile] v. intr. ⟨1⟩ – 1752 ♦ latin *oscillare* ■ **1** Aller de part et d'autre d'une position moyenne par un mouvement alternatif plus ou moins régulier ; se mouvoir par oscillations. *Pendule qui oscille. « Il demeurait incertain, oscillant sur ses pieds »* COLETTE. ➤ **se balancer, dodeliner.** *Il « se mit à osciller [...] et tomba sur le trottoir »* CAMUS. ➤ **chanceler.** *Le courant d'air fit osciller la flamme de la bougie.* ➤ **vaciller.** ■ **2** (ABSTRAIT) Varier en passant par des alternatives. *Osciller entre deux positions, deux partis.* ➤ **hésiter.** *« les tentations contraires entre lesquelles il arrive à la littérature d'osciller »* CAILLOIS.

OSCILLOGRAMME [ɔsilɔgʀam] n. m. – 1903 ♦ de *osciller* et *-gramme* ■ TECHNOL. Courbe tracée par un oscillographe ou sur l'écran d'un oscilloscope.

OSCILLOGRAPHE [ɔsilɔgʀaf] n. m. – 1876 ♦ de *osciller* et *-graphe* ■ **1** MAR. Instrument servant à étudier l'action de la houle et du roulis sur un navire. ■ **2** (1893) ÉLECTR. Galvanomètre à oscillations très rapides, utilisé pour l'enregistrement des courants électriques variables à basse fréquence. ➤ **oscillomètre.** — VIEILLI *Oscillographe cathodique.* ➤ **oscilloscope.**

OSCILLOMÈTRE [ɔsilɔmɛtʀ] n. m. – 1877 ♦ de *osciller* et *-mètre* ■ **1** ÉLECTR. Oscillographe (2°). ■ **2** MÉD. Instrument servant à mesurer la pression artérielle et ses oscillations.

OSCILLOSCOPE [ɔsilɔskɔp] n. m. – 1900 ♦ de *osciller* et *-scope* ■ MÉTROL. Appareil de mesure permettant de visualiser sur un écran cathodique les variations d'une tension. *Oscilloscope à mémoire, numérique.*

OSCULATEUR, TRICE [ɔskylatœʀ, tʀis] adj. – 1701 ♦ du latin *osculari* « embrasser » ■ GÉOM. Se dit d'une courbe, d'une surface, etc., qui, en un point donné, a le contact de l'ordre le plus élevé avec une autre courbe, surface. *Plan osculateur ; surface osculatrice.*

OSCULATION [ɔskylasjɔ̃] n. f. – 1765 ; « baiser » fin XVᵉ ♦ latin *osculatio* ■ GÉOM. Mode de contact propre aux courbes et aux surfaces osculatrices.

OSCULE [ɔskyl] n. m. – 1830 ♦ latin *osculum* « petite bouche » ■ ZOOL. Orifice de sortie de l'eau des spongiaires.

OSE [oz] n. m. – 1925 ♦ subst. de 1-*ose* ■ CHIM. Glucide non hydrolysable dont la formule est du type $C_nH_{2n}O_n$ (opposé à *oside*). ➤ **monosaccharide.** *Classement des oses selon le nombre d'atomes de carbone.*

1 **-OSE** ■ Élément, de *glucose,* servant à former les noms des glucides : *cellulose, dextrose, maltose, saccharose.*

2 **-OSE** ■ Élément, du grec *-ôsis,* servant à former des noms de maladies non inflammatoires : *arthrose, névrose.*

OSÉ, ÉE [oze] adj. – v. 1190 ♦ de *oser* ■ Qui est fait ou tenté avec audace, avec témérité. *Démarche, tentative osée.* ➤ **hardi, risqué.** *C'est bien osé de votre part.* ➤ **audacieux, téméraire.** ♦ Qui risque de choquer les bienséances. *Plaisanteries, scènes osées.* ➤ **libre, scabreux.** *Tenue osée.* ➤ **provocant.** ■ CONTR. Timide ; convenable.

OSEILLE [ozɛj] n. f. – *osille* XIIIᵉ ♦ bas latin *acidula,* de *acidus* « acide », d'après *oxalis* « oseille » ■ **1** Plante *(polygonacées)* cultivée dans les potagers pour ses feuilles comestibles au goût acide (acide oxalique). ➤ **surelle.** *Soupe à l'oseille. Escalope de saumon à l'oseille.* — *Oseille sauvage,* courante dans les prés. ➤ **oxalide.** ♦ LOC. POP. (1860) VIEILLI *Il veut nous la faire à l'oseille :* il cherche à nous tromper. ■ **2** (1876, répandu 1920) FAM. Argent*. ➤ **fric.** *Avoir de l'oseille :* être riche. ➤ **blé, trèfle.**

OSER [oze] v. tr. ⟨1⟩ – 1080 ; v. 1000 *auser* ♦ bas latin *ausare,* formé sur *ausus,* p. p. du latin classique *audere* ■ **1** LITTÉR. **OSER QQCH. :** entreprendre, tenter avec assurance, audace (une chose considérée comme difficile, insolite ou périlleuse). ➤ **risquer.** *« Et, dans une sourde volonté de se donner mieux et plus que jamais, elle osa ce qu'elle n'eût pas cru possible d'oser »* FRANCE. *« Présence d'esprit ; qui donc osa le premier cet heureux mariage de mots ! »* GIDE. ■ **2 OSER** (et inf.) : avoir l'audace, le courage, la hardiesse de. *« Il faut oser regarder en face ce que l'on hait »* MAURIAC. *« La terrible question qu'il n'osait même pas se formuler »* BARRÈS. *Je n'ose plus rien dire.* — (Négatif, sans *pas,* avec un sens plus faible) *« Pauline n'osait l'appeler par son prénom »* CHARDONNE. *Il n'osait faire un mouvement.* ♦ (En mauvaise part) Avoir le front, la hardiesse, l'impudence de. *Il a osé me faire des reproches, lever la main sur moi.* ➤ **se permettre.** *S'il ose recommencer.* ➤ **s'aviser** (de). *« Qui donc ose parler lorsque j'ai dit : silence ! »* HUGO. — (Menace, défi) *Ose répéter ce que tu viens de dire. Approchez, si vous l'osez.* ♦ PAR EXT. (précaution oratoire) ➤ se **permettre.** *J'ose penser que vous n'en êtes pas mécontent. Si j'ose dire, m'exprimer ainsi* (cf. Passez-moi l'expression). — (Comme souhait) *J'ose l'espérer. J'ose croire qu'il ira mieux.* ➤ **aimer** (à), 1 **vouloir.** ▪ **3** ABSOLT Se montrer audacieux, téméraire, prendre des risques (cf. Prendre son courage* à deux mains). *Si j'osais, j'irais la chercher. Il faut oser ! « Rien ne se fait par le calme : on n'ose qu'en révolution »* RENAN. *« Agir c'est oser. Penser c'est oser »* ALAIN. ▪ **4** (1724) (Luxembourg, Suisse) Avoir le droit de, être autorisé à. *Maman, j'ose y aller ?* ▪ CONTR. Craindre. Hésiter.

OSERAIE [ozʀɛ] n. f. – 1549 ; *oseraid* v. 1200 ◊ de *osier* ▪ Endroit, terrain planté d'osiers.

OSIDE [ozid] n. m. – 1925 ◊ de 1 *-ose* ▪ CHIM. Glucide décomposable par hydrolyse (opposé à *ose*). ➤ **hétéroside, holoside.**

OSIER [ozje] n. m. – 1265 ; ancien français *osiere* ◊ du bas latin *auserai*, d'un thème germanique *hals-* ▪ **1** Saule de petite taille *(salicacées)* aux rameaux flexibles. *Plantation d'osiers* (➤ **oseraie**). *Branche, scion d'osier. Osier blanc, osier brun.* ▪ **2** Rameau d'osier, employé pour la confection de liens et d'ouvrages de vannerie. *Tresser de l'osier. Brin d'osier. — Fauteuil en osier. Panier d'osier.*

OSIÉRICULTURE [ozjeʀikyltyʀ] n. f. – 1907 ◊ de *osier* et *-culture* ▪ DIDACT. Culture de l'osier ; exploitation d'oseraies.

OSMIQUE [ɔsmik] adj. – 1834 ◊ de *osmium* ▪ CHIM. *Acide osmique* (OsO_4) : solide cristallisé, incolore, dont la solution est utilisée en histologie pour colorer les préparations.

OSMIUM [ɔsmjɔm] n. m. – 1804 ◊ du grec *osmê* « odeur » ▪ CHIM. Élément atomique (Os ; n° at. 76 ; m. at. 190,23), métal bleu-blanc, extrait des minerais de platine et utilisé dans la fabrication des billes (stylo, roulement, etc.).

OSMOMÈTRE [ɔsmɔmɛtʀ] n. m. – 1868 ◊ de *osmo(se)* et *-mètre* ▪ SC. Appareil servant à mesurer la pression osmotique*.

OSMONDE [ɔsmɔ̃d] n. f. – XIIᵉ ◊ mot du Nord, d'origine inconnue ▪ BOT. Fougère des lieux humides et des terrains siliceux, appelée aussi *fougère aquatique. L'osmonde royale.*

OSMOSE [ɔsmoz] n. f. – 1861 ◊ grec *ôsmos* « poussée, impulsion » ▪ **1** Phénomène de diffusion qui se produit lorsque deux liquides ou deux solutions de concentrations moléculaires différentes se trouvent séparés par une membrane semi-perméable laissant passer le solvant mais non la substance dissoute. ➤ **endosmose ; perméase.** *Le mouvement d'un liquide par osmose s'effectue de la solution la plus diluée vers la plus concentrée. Osmose inverse,* obtenue en appliquant une pression suffisante sur la solution la plus concentrée. ▪ **2** FIG. et LITTÉR. Influence réciproque. ➤ **interpénétration.** *Vivre en osmose. « Il se fait comme ça, entre les rêves et la conscience éveillée, des échanges mal définis : une sorte d'osmose »* ARAGON.

OSMOTIQUE [ɔsmɔtik] adj. – 1855 ◊ de *osmose* ▪ CHIM. Qui a rapport à l'osmose, qui est de la nature de l'osmose. *Pression osmotique,* résultant de la différence de concentrations de solutés de part et d'autre d'une membrane sélectivement perméable.

OSQUE [ɔsk] adj. et n. – 1575 ◊ latin *oscus* ▪ D'un peuple primitif de l'Italie, établi en Campanie. — n. *Les Osques,* ce peuple. ◆ n. m. *L'osque* : langue italique de ce peuple. *L'osque et l'ombrien.* ➤ **italique.**

OSSATURE [ɔsatyʀ] n. f. – 1801 ◊ de *os* ▪ **1** Ensemble des os, tels qu'ils sont disposés dans le corps. ➤ **squelette.** *Personne qui a une ossature grêle, robuste.* ➤ **charpente.** *« L'ossature de sa tête [...] faisait penser à un crâne d'oiseau »* MARTIN DU GARD. ▪ **2** Ensemble de parties essentielles et résistantes qui soutient un tout. ➤ **charpente.** *Ossature d'un monument, d'une voûte. Ossature en béton armé.* ◆ FIG. *L'ossature sociale.* ➤ **armature, structure.** *L'ossature d'un discours, d'un drame.* ➤ **canevas, trame.**

OSSÉINE [ɔsein] n. f. – 1855 ◊ de *os* ▪ BIOCHIM. Substance protéique produite par les ostéoblastes, qui représente un tiers de la composition des os et qui donne de la gélatine par hydrolyse.

OSSELET [ɔslɛ] n. m. – 1190 ◊ diminutif de *os* ; cf. ancien français *ossel, osset* ▪ **1** RARE Petit os. — ANAT. *Les osselets de l'oreille* : les petits os de la caisse du tympan. ➤ **enclume, étrier, marteau.** ▪ **2** (1538) **LES OSSELETS :** jeu d'adresse consistant à lancer, rattraper, déplacer de différentes manières, des petits os provenant du carpe des moutons, ou des pièces (de plastique, de métal, etc.) de forme identique. *Jouer aux osselets.* ◆ Chacune de ces pièces.

OSSEMENTS [ɔsmɑ̃] n. m. pl. – XIVᵉ ; sing. 1165 « squelette » ◊ latin ecclésiastique *ossamentum* ▪ Os décharnés et desséchés de cadavres d'êtres humains ou d'animaux. ➤ **carcasse.** *Des ossements blanchis par le temps. Ossements qui révèlent un charnier*. Dépôt d'ossements.* ➤ **ossuaire.** *Ossements préhistoriques.* ▪ HOM. poss. Haussement.

OSSEUX, EUSE [ɔsø, øz] adj. – 1537 ; *ossos* 1220 ◊ de *os* ▪ **1** Qui est propre aux os, de la nature de l'os. *Tissu osseux,* constitué d'osséine* et de cellules osseuses (➤ **ostéocyte**). *Éminence osseuse.* — Qui concerne les os. *Tuberculose osseuse* (SYN. mal de Pott). — CHIR. *Greffe osseuse par transplantation d'un morceau de périoste. Greffe de moelle osseuse,* dans la leucémie. ▪ **2** Qui possède des os. *Les ostéichtyens, poissons osseux* (opposé à *cartilagineux*). ▪ **3** Qui est constitué par des os. *Charpente osseuse. Carapace osseuse.* ▪ **4** Dont les os sont saillants, très apparents. ➤ 1 **maigre.** *Un visage « osseux, comme taillé dans le silex »* MAURIAC. ▪ CONTR. Charnu, dodu.

OSSIANIQUE [ɔsjanik] adj. – 1800 ◊ de *Ossian,* barde écossais légendaire du IIIᵉ s. ▪ Qui appartient ou ressemble aux poèmes attribués à Ossian (poèmes de Macpherson publiés en 1760). *« Les émotions causées par les poésies ossianiques »* Mᵐᵉ DE STAËL. *Les thèmes ossianiques dont se sont inspirés les romantiques.*

OSSIFICATION [ɔsifikasjɔ̃] n. f. – 1697 ◊ de *ossifier* ▪ **1** Formation du tissu osseux par transformation d'un tissu fibreux ou cartilagineux en substance osseuse. ➤ **ostéogenèse.** *Point, centre d'ossification. Ossification des fontanelles.* ▪ **2** Production anormale de tissu osseux au sein d'un autre tissu. ➤ **ostéophyte.** *Ossification des cartilages d'une articulation* (➤ **ankylose**).

OSSIFIER [ɔsifje] v. tr. ⟨7⟩ – 1697 ◊ de *os* ▪ **1** RARE Convertir en tissu osseux. ◆ FIG. *« En Allemagne le culte de l'argent n'ossifie pas tout à fait le cœur »* STENDHAL. ▪ **2** v. pron. **S'OSSIFIER :** se transformer en tissu osseux. *Cartilage qui s'ossifie.* — p. p. adj. *Squelette incomplètement ossifié.*

OSSO BUCO [ɔsobuko] n. m. inv. /OSSOBUCO n. m./ – 1954 ◊ mot italien « os (à) trou » ▪ Jarret de veau servi avec l'os à moelle, cuisiné avec des tomates et du vin blanc (plat italien).

OSSU, UE [ɔsy] adj. – 1175 ◊ de *os* ▪ RARE Qui a de gros os. *« un grand escogriffe, long, sec, jaune, bilieux, ossu »* GAUTIER.

OSSUAIRE [ɔsɥɛʀ] n. m. – 1775 ◊ latin *ossuarium* « urne funéraire » ▪ **1** Amas d'ossements. ▪ **2** Excavation (➤ **catacombe**), bâtiment où sont conservés des ossements humains. *Ossuaires des cloîtres romans. L'ossuaire de Douaumont.*

OST [ɔst] n. m. – v. 1080 ; *host* 1050 ◊ du latin *hostis* « ennemi » ▪ HIST. Armée féodale. — Service militaire dû par les vassaux à leur suzerain.

OSTÉALGIE [ɔstealʒi] n. f. – 1823 ◊ de *osté(o)-* et *-algie* ▪ MÉD. Douleur osseuse profonde.

OSTÉICHTYENS [ɔsteiktjɛ̃] n. m. pl. – v. 1954 ◊ de *osté(o)-* et du grec *ikhthus* « poisson » ▪ ZOOL. Classe des poissons osseux. *Les ostéichtyens et les chondrichtyens.*

OSTÉITE [ɔsteit] n. f. – 1833 ◊ de *osté(o)-* et *-ite* ▪ MÉD. Inflammation des os. ➤ **carie, ostéomyélite.** *Ostéite chronique, syphilitique, tuberculeuse.*

OSTENSIBLE [ɔstɑ̃sibl] adj. – 1739 ◊ du latin *ostensus,* p. p. de *ostendere* « montrer » ▪ **1** VX Qui peut être montré publiquement sans inconvénient. ▪ **2** (1801) LITTÉR. Qui est fait sans se cacher ou avec l'intention d'être remarqué. ➤ **apparent, ouvert, patent, visible.** *Attitude, démarche ostensible. Préférence ostensible. Charité ostensible.* ➤ **ostentatoire.** *« les faits publics et ostensibles »* SAINTE-BEUVE. ▪ **3** Porté pour être vu. *Signes religieux ostensibles.* ▪ CONTR. Caché, 1 discret, furtif, 1 secret.

OSTENSIBLEMENT [ɔstɑ̃sibləmɑ̃] adv. – 1789 ; hapax 1361 ◊ de *ostensible* ▪ D'une manière ostensible. ➤ **ouvertement** (cf. Au vu* et au su de tout le monde). *« elle avait même bâillé une ou deux fois assez ostensiblement »* GAUTIER. ▪ CONTR. Discrètement, subrepticement.

OSTENSOIR [ɔstɑ̃swaʀ] **n. m.** – 1673 ◊ du latin ecclésiastique *ostensarium*, famille de *ostensus* → ostensible ■ Pièce d'orfèvrerie destinée à contenir l'hostie consacrée et à l'exposer à l'adoration des fidèles. *Ostensoir en forme de soleil rayonnant.* — « *Ton souvenir en moi luit comme un ostensoir* » BAUDELAIRE.

OSTENTATION [ɔstɑ̃tasjɔ̃] **n. f.** – milieu XVIe ; *obstentacion* 1403 ; « action de montrer » 1366 ◊ latin *ostentatio* ■ Mise en valeur excessive et indiscrète d'un avantage. ➤ **étalage, parade.** *Avec ostentation.* ➤ 2 **affectation, gloriole, orgueil, vanité ;** FAM. **épate.** *Montrer avec ostentation* (cf. Faire montre de). « *Les femmes mettent de l'ostentation jusque dans la grandeur d'âme* » STENDHAL. ■ CONTR. Discrétion, modestie.

OSTENTATOIRE [ɔstɑ̃tatwaʀ] **adj.** – 1903 ; hapax 1527 ◊ du latin *ostendere* « montrer » ■ LITTÉR. Qui témoigne de l'ostentation, qui est fait, montré avec ostentation. *Charité ostentatoire. Luxe, consommation ostentatoire. Port ostentatoire de signes religieux et politiques.* ■ CONTR. 1 Discret.

OSTÉ(O)- ■ Élément, du grec *osteon* « os ».

OSTÉOBLASTE [ɔsteɔblast] **n. m.** – 1871 ◊ de *ostéo-* et *-blaste* ■ BIOL. CELL. Cellule osseuse qui produit l'osséine au cours de l'ossification. *Les ostéoblastes se transforment en ostéocytes*.*

OSTÉOCLASIE [ɔsteɔklazi] **n. f.** – 1890 ◊ de *ostéo-* et *-clasie* ■ CHIR. Opération qui consiste à fracturer certains os pour redresser les déformations osseuses ou articulaires.

OSTÉOCYTE [ɔsteɔsit] **n. m.** – 1964 ◊ de *ostéo-* et *-cyte* ■ BIOL. CELL. Cellule osseuse arrivée à maturité (opposé à *ostéoblaste*).

OSTÉODENSITOMÉTRIE [ɔsteodɑ̃sitɔmetʀi] **n. f.** – 1991 ◊ de *ostéo-* et *densitométrie* ■ MÉD. Évaluation de la densité osseuse. SYN. **densitométrie osseuse.** *L'ostéodensitométrie, examen de dépistage de l'ostéoporose.*

OSTÉOGENÈSE [ɔsteoʒənɛz] **n. f.** – 1874 ◊ de *ostéo-* et *-genèse* ■ EMBRYOL. Formation et développement des os et du tissu osseux (➤ **ossification**). *Ostéogenèse imparfaite* : maladie caractérisée par une extrême fragilité osseuse, appelée aussi *maladie des os de verre.* — On a dit aussi *ostéogénie*, 1736.

OSTÉOLOGIE [ɔsteɔlɔʒi] **n. f.** – 1594 ◊ grec *osteologia* ■ SC. Partie de l'anatomie qui traite des os. — **adj. OSTÉOLOGIQUE,** 1803.

OSTÉOMALACIE [ɔsteomalasi] **n. f.** – 1814 ; *ostéomalaxie* 1808 ◊ de *ostéo-* et du grec *malakia* « mollesse » ■ MÉD. Ramollissement généralisé des os par résorption diffuse des sels calcaires de la substance osseuse.

OSTÉOMYÉLITE [ɔsteomjelit] **n. f.** – 1855 ◊ de *ostéo-* et *myélite* ■ MÉD. Inflammation d'un os et de la moelle osseuse.

OSTÉONÉCROSE [ɔsteonekʀoz] **n. f.** – 1843 ◊ de *ostéo-* et *nécrose* ■ MÉD. Nécrose du tissu osseux.

OSTÉOPATHE [ɔsteɔpat] **n.** – 1944 ◊ anglais *osteopath* ■ Personne qui soigne par des manipulations des os. — ABRÉV. FAM. **OSTÉO** [ɔsteo]. *Des ostéos.*

OSTÉOPATHIE [ɔsteɔpati] **n. f.** – 1860 ◊ de *ostéo-* et *-pathie* ■ **1** MÉD. Affection osseuse. ■ **2** (1954 ◊ anglais *osteopathy*) Pratique thérapeutique faisant appel à des manipulations sur les os. — **adj. OSTÉOPATHIQUE.**

OSTÉOPHYTE [ɔsteɔfit] **n. m.** – 1833 ◊ de *ostéo-* et *-phyte* ■ MÉD. Production osseuse pathologique au voisinage des articulations, constituée par ossification anormale du périoste ou prolifération du tissu osseux. ➤ **exostose.**

OSTÉOPLASTIE [ɔsteɔplasti] **n. f.** – 1855 ◊ de *ostéo-* et *-plastie* ■ CHIR. Opération réparatrice du squelette, faite par transplantation de fragments d'os ou de périoste.

OSTÉOPOROSE [ɔsteɔpɔʀoz] **n. f.** – 1855 ◊ de *ostéo-* et du grec *poros* « passage » ■ MÉD. Raréfaction pathologique du tissu osseux, limitée à certains os ou diffuse. *Ostéoporose survenant après la ménopause.* — **adj. et n. OSTÉOPOROTIQUE.**

OSTÉOSARCOME [ɔsteosaʀkom] **n. m.** – 1809 ◊ de *ostéo-* et *sarcome* ■ PATHOL. Tumeur maligne (cancer) d'un os, ou sarcome renfermant des éléments osseux.

OSTÉOSYNTHÈSE [ɔsteosɛ̃tɛz] **n. f.** – 1909 ◊ de *ostéo-* et *synthèse* ■ CHIR. Réunion des fragments d'un os fracturé, au moyen de vis, boulons, clous, plaques métalliques, etc.

OSTÉOTOMIE [ɔsteɔtɔmi] **n. f.** – 1753 ◊ de *ostéo-* et *-tomie* ■ CHIR. Opération consistant à sectionner un os long pour remédier à une difformité.

OSTIAK [ɔstjak] **n. m.** – 1699 *ostiacky, ostiaque, ostaque* ◊ n. d'un peuple ■ LING. Langue finno-ougrienne de l'Ob (Sibérie). *L'ostiak et le vogoul.* — On écrit aussi *ostyak.*

OSTIOLE [ɔstjɔl] **n. m.** – 1817 ◊ latin *ostiolum*, de *ostium* « porte » ■ SC. NAT. Petite ouverture ; SPÉCIALT Orifice par lequel se font les échanges gazeux de la feuille.

OSTRACISER [ɔstʀasize] **v. tr.** ‹1› – 1793 ◊ du grec *ostrakizein* → ostracisme. REM. On relève *ostracisé*, n. m., en 1772. ■ Frapper (qqn) d'ostracisme. ➤ 1 **écarter, exclure.** *Dictature qui ostracise les opposants.* « *Ils* [les cadres d'URSS] *dominaient, ils sont maintenant brimés, ostracisés* » E. CARRÈRE. *Se faire ostraciser.* — **n. f. OSTRACISATION** (1948).

OSTRACISME [ɔstʀasism] **n. m.** – 1535 ◊ grec *ostrakismos*, de *ostrakon* « coquille », « morceau de terre cuite » (sur lequel étaient notées les sentences) ■ **1** HIST. Bannissement de dix ans prononcé à la suite d'un jugement du peuple, à Athènes et dans d'autres cités grecques. ➤ **proscription.** ■ **2** (1773) Décision d'exclure ou d'écarter du pouvoir une personne ou un groupement politique. ➤ **exclusion.** *Prononcer l'ostracisme contre un ancien ministre. Être frappé d'ostracisme par la majorité.* ◆ PAR EXT. Hostilité (d'une collectivité) qui rejette un de ses membres. ➤ **quarantaine.** « *Il vivait dans un isolement relatif qui n'avait pas* [...] *l'ostracisme de l'aristocratie pour cause* » PROUST.

OSTRÉI- ■ Élément, du latin *ostrea*, grec *ostreon* « huître ».

OSTRÉICOLE [ɔstʀeikɔl] **adj.** – 1872 ◊ de *ostréi-* et *-cole* ■ TECHN. Qui a rapport à l'ostréiculture. *Port, bassin ostréicole.*

OSTRÉICULTEUR, TRICE [ɔstʀeikyltœʀ, tʀis] **n.** – 1875 ◊ de *ostréi-*, d'après *agriculteur* ■ Personne qui pratique l'ostréiculture.

OSTRÉICULTURE [ɔstʀeikyltyʀ] **n. f.** – 1861 ◊ de *ostréi-*, d'après *agriculture* ■ Élevage des huîtres.

OSTRÉIDÉS [ɔstʀeide] **n. m. pl.** – 1868 ◊ latin savant, de *ostrea* « huître » ■ ZOOL. Famille de lamellibranches littoraux comprenant l'huître et les espèces voisines.

OSTROGOTH, GOTHE [ɔstʀɔgo ; ɔstʀɔgo, gɔt] **n. et adj.** – XIXe ; *ostrogot* 1668 fig. ◊ bas latin *ostrogothus*, n. d'une tribu des Goths, du germanique *ost* « est » et *goth* ■ **1** HIST. Habitant de la partie orientale des territoires occupés par les Goths. *Les Ostrogoths et les Wisigoths.* ■ **2** FIG., VIEILLI Être malappris, ignorant et bourru. ➤ **sauvage.** *Quel ostrogoth !* ◆ Personnage extravagant. « *Comment s'appelle-t-il, cet ostrogoth-là ?* » PROUST.

OSTYAK ➤ **OSTIAK**

OTAGE [ɔtaʒ] **n.** – *ostage* 1080, aussi « logement, demeure » ◊ de *oste* « hôte », les otages étant d'abord logés chez le souverain ■ **1** Personne livrée ou reçue comme garantie de l'exécution d'une promesse, d'un traité (militaire ou politique). ➤ **gage, garant, répondant.** *Servir d'otage. Prisonniers retenus comme otages, gardés en otages. Fusiller des otages en représailles. Échange d'otages entre pays.* ■ **2** Personne dont on se saisit et que l'on détient comme gage pour obtenir ce que l'on exige. *Hold-up avec prise d'otages. Preneur d'otages. Un client de la banque a été emmené en otage. Les ravisseurs exigent une rançon pour libérer les otages.* ◆ FIG. *Être l'otage de* : être l'objet d'une pression, d'un chantage politique, économique, etc.

OTALGIE [ɔtalʒi] **n. f.** – 1701 ; *otalgique* dès 1495 ◊ grec *ôtalgia* ■ MÉD. Douleur d'oreille.

OTARIE [ɔtaʀi] **n. f.** – 1810 ◊ grec *ôtarion* « petite oreille » ■ Mammifère *(pinnipèdes)* du Pacifique et des mers du Sud, au cou plus allongé que le phoque. *Les otaries du cirque.* ◆ Sa peau, sa fourrure (dite abusivement *loutre de mer*).

ÔTER [ote] **v. tr.** ‹1› – *oster* 1119 ◊ latin *obstare* « faire obstacle », bas latin « enlever » ■ REM. *Ôter* est d'un emploi moins cour. que *enlever* (sauf dans les parlers région., et dans quelques expr.). ■ **1** Enlever (un objet) de la place qu'il occupait. ➤ **déplacer, retirer.** *Ôter les assiettes en desservant. Ôtez-lui ce couteau des mains.* ➤ **arracher, enlever.** ◆ FIG. *Ôter à qqn une épine* du pied, ôter un poids de la poitrine.* ➤ **soulager.** *Ôter le pain* de la bouche.* — *Ôter une idée de l'esprit, de la tête de qqn.* « *Je ne peux m'ôter de*

l'idée que c'est peut-être après tout le libertin qui a raison» RENAN. *On ne m'ôtera pas de l'idée que c'est un mensonge, j'en* suis convaincu. ▪ **2** (XIIe) Enlever (ce qui vêt, couvre, protège). ➤ **quitter, retirer.** *«Tous ces vêtements peuvent être ôtés en un tour de main»* TAINE. *Ôter son chapeau, ses gants, ses chaussures.* ▪ **3** Faire disparaître (ce qui gêne, salit). *Ôter une tache. Ôter les mauvaises herbes.* ▪ **4** Enlever (une partie d'un ensemble) en coupant, en arrachant, en séparant. *Ôter le noyau, la pelure, les arêtes. Ôter un nom d'une liste.* ➤ **supprimer.** *Ôter un passage d'un ouvrage.* ➤ **couper, retrancher.** ◆ COUR. *Ôter une somme d'une autre ; ôter un nombre, une quantité d'un total.* ➤ **déduire, retrancher, soustraire.** Au p. p. (inv.) *6 ôté de 10 égale 4* : 10 moins 6 égale 4. ▪ **5** Mettre hors de la portée, du pouvoir ou de la possession de qqn. ➤ **enlever, retirer.** *«On m'a ôté papier, plumes et encre»* LACLOS. *Ôter un enfant à sa mère. Ôter la vie* : tuer. ◆ *Ôter à qqn ses forces, son courage, l'usage de la parole, l'appétit* (➤ **couper**). *Ôter les illusions.* ➤ **désabuser.** *Cela n'ôte rien à son mérite.* ▪ **6 S'ÔTER** v. pron. COUR. *Ôtez-vous de là, ôtez-vous de devant moi.* ➤ **s'écarter.** — LOC. FAM. *Ôte-toi de là que je m'y mette,* se dit lorsqu'une personne agit avec sans-gêne. ➤ **pousser.**
▪ CONTR. Mettre. Ajouter. Donner.

OTIQUE [ɔtik] adj. – 1812 ◇ du latin scientifique d'origine grecque *oticus* (1650) ▪ ANAT. Relatif à l'oreille, aux voies nerveuses auditives. ➤ **auriculaire.**

OTITE [ɔtit] n. f. – 1810 ◇ du latin des médecins, du grec *ôtos* «oreille» ▪ Inflammation aiguë ou chronique de l'oreille, d'origine virale ou bactérienne. *Otite externe, interne* : inflammation du conduit auditif externe, interne. *Otite simple,* n'atteignant qu'une oreille. *Otite double. Otite séreuse.*

OTO- ▪ Élément, du grec *oûs, ôtos* «oreille».

OTOCYON [ɔtɔsjɔ̃] n. m. – 1847 ◇ de *oto-* et grec *kuôn* «chien» ▪ Mammifère *(canidés)* carnassier d'Afrique aux grandes oreilles, appelé parfois *chien oreillard.*

OTOCYSTE [ɔtɔsist] n. m. – 1872 ◇ de *oto-* et *-cyste* ▪ ZOOL. Organe sensoriel des invertébrés renseignant l'animal sur sa position dans l'espace.

OTOLITHE [ɔtɔlit] n. m. /OTOLITE/ – 1827 ◇ de *oto-* et *-lithe* ▪ **1** ANAT. Concrétion calcaire de l'oreille interne chez les vertébrés, assurant l'équilibre. ▪ **2** ZOOL. Concrétion calcaire contenue dans certains otocystes.

OTOLOGIE [ɔtɔlɔʒi] n. f. – 1793 ◇ de *oto-* et *-logie* ▪ SC. Partie de la médecine qui étudie l'oreille (anatomie et pathologie). — adj. **OTOLOGIQUE.** *Chirurgie otologique.*

OTORHINOLARYNGOLOGIE [ɔtɔʀinolaʀɛ̃gɔlɔʒi] n. f. – 1923 ◇ de *oto-, rhino-* et *laryngologie* ▪ Spécialité médicale qui étudie les maladies de l'oreille, du nez et de la gorge. ➤ **O. R. L.** — On écrit aussi *oto-rhino-laryngologie.* — adj. **OTORHINOLARYNGOLOGIQUE,** aussi *oto-rhino-laryngologique.*

OTORHINOLARYNGOLOGISTE [ɔtɔʀinolaʀɛ̃gɔlɔʒist ; oto ʀino-] n. – 1923 ◇ de *otorhinolaryngologie* ▪ Médecin spécialisé en otorhinolaryngologie. *Des otorhinolaryngologistes.* ➤ **O. R. L.** — On écrit aussi *un oto-rhino-laryngologiste, des oto-rhino-laryngologistes.* — ABRÉV. (1948) **OTORHINO,** aussi *oto-rhino. Des otorhinos, des oto-rhinos.*

OTORRAGIE [ɔtɔʀaʒi] n. f. – 1863 ◇ de *oto-* et *-rragie* ▪ MÉD. Écoulement de sang par l'oreille.

OTORRHÉE ou **OTORRÉE** [ɔtɔʀe] n. f. – 1803 ◇ de *oto-* et *-rr(h)ée* ▪ MÉD. Écoulement de sérosité, de mucus ou de pus par l'oreille.

OTOSCOPE [ɔtɔskɔp] n. m. – 1855 ◇ de *oto-* et *-scope* ▪ MÉD. Petit tube muni d'un dispositif d'éclairage destiné à examiner l'intérieur de l'oreille (examen dit *otoscopie* n. f.).

OTTOMAN, ANE [ɔtɔmɑ̃, an] adj. et n. – 1624 ◇ de *Othman,* fondateur d'une dynastie qui régna sur la Turquie

I adj. Qui a rapport à la dynastie d'Othman. ◆ PAR EXT. ANCIENNT Turc. *L'Empire ottoman* : l'empire turc (de 1299 à 1918). *Armée ottomane.*

II n. ▪ **1** Membre de la dynastie fondée par Othman. *Les conquêtes des Ottomans.* — PAR EXT. ➤ **turc.** ▪ **2** n. m. Étoffe de soie à trame de coton formant de grosses côtes. *«La dame avait une robe En ottoman violine»* APOLLINAIRE. ▪ **3** n. f. (1780) Canapé à dossier arrondi en corbeille. *Une ottomane.*

OU [u] conj. et n. m. – milieu Xe ◇ du latin *aut*

I ~ conj. Sert à unir des parties du discours, des membres de phrases ou des propositions de même rôle ou de même fonction, en séparant les idées exprimées de façon exclusive ou non (souvent renforcée par l'adv. *bien*). **A.** IDÉE DE CHOIX ▪ **1** (Équivalence de dénominations différentes d'une même chose.) *Le patronyme, ou nom de famille. La bête à bon Dieu ou coccinelle,* autrement appelée. (Dans certains titres d'ouvrages) *«Le Sicilien ou l'Amour peintre»,* comédie de Molière. ▪ **2** (Indifférence entre deux ou plusieurs éventualités.) *«Il lui était parfaitement égal d'être ici ou là, parti ou revenu»* GAUTIER. *Maintenant, ou bien plus tard. Sa mère ou son père l'accompagnera, l'accompagneront. Elle ou moi l'accompagnerons. «Que tu viennes du ciel ou de l'enfer, qu'importe»* BAUDELAIRE. *Nous irons au cinéma lundi ou mardi, mais pas ce soir ni demain. Il passe ses loisirs à lire ou à dormir.* — REM. Dans une suite de plus de deux termes, *ou* se place soit devant le dernier, soit devant chaque terme sauf le premier : *«Sera-t-il dieu, table, ou cuvette ?»* (LA FONTAINE) ; *«Elle n'avait été que bonne, ou intelligente, ou sérieuse, ou même aimant plus que tout les sports»* (PROUST). ▪ **3** (Alternative) *«je payerai la donzelle,* OU *je l'épouserai»* BEAUMARCHAIS. *L'un ou l'autre*.* ➤ **soit.** *C'est tout ou rien. «Il faut qu'une porte soit ouverte ou fermée»,* comédie de Musset. *«Il faut mourir, la belle, ou être à moi ! [...] La tombe ou mon lit !»* HUGO. ◆ SPÉCIALT Alternative entre une affirmation et une négation. *Oui ou non, répondez. «Civile ou pas, mon œuvre prétend ne concurrencer rien»* GIDE. — REM. *Ou,* reliant deux mots de sens contr., sert à former de nombr. loc. *Mort ou vif. Tout ou rien. Tôt ou tard. Quitte ou double. À tort ou à raison. De près ou de loin. Plus ou moins. Se soumettre ou se démettre.* ◆ LITTÉR. (en corrélation avec *soit*) *«Plusieurs, soit paresse ou prudence, étaient restés au seuil du défilé»* FLAUBERT. ◆ Après un impér. ou un subj. Introduit la conséquence si l'ordre n'est pas observé. ➤ **sans** (ça), **sinon.** *«Montrez-moi patte blanche, ou je n'ouvrirai point»* LA FONTAINE. *Qu'il se calme, ou je me fâche.* ◆ **OU... OU...,** souligne l'exclusion d'un des deux termes. *Ou c'est lui ou c'est moi. «*Ou *la maladie vous tuera,* ou *ce sera le médecin»* BEAUMARCHAIS. ▪ **4** (Renforcé par un adv. pour préciser ou corriger ce qui vient d'être dit) *Ou alors. Ou encore. Ou même. Ou plutôt. Viens à trois heures, ou mieux, à deux heures.*
B. IDÉE D'APPROXIMATION (Évaluation approximative par deux numéraux proches.) *Il a dix ou onze ans. Un groupe de quatre ou cinq personnes.* ➤ **à.**

II ~ n. m. LOG., AUTOMAT. Opérateur logique qui donne la valeur «vrai» lorsqu'au moins l'un des opérandes a la valeur «vrai» (appelé aussi *ou inclusif,* noté ∨, parfois *et/ou*). — *Ou exclusif* : opérateur logique qui donne la valeur «vrai» lorsque l'un seulement des deux opérandes a la valeur «vrai».
▪ HOM. Août, hou, houe, houx, où.

OÙ [u] pron., adv. rel. et interrog. – fin Xe comme adverbe de lieu (II, 1°) ◇ du latin *ubi*

I ~ pron. et **adv. rel.** (AVEC UN ANTÉCÉDENT) ▪ **1** (fin XIIe) (Sens locatif) Dans le lieu indiqué ou suggéré par l'antécédent. ➤ **dans** (lequel), **1 sur** (lequel). *Le pays où il est né. «Toute une mer immense où fuyaient les galères»* HEREDIA. *De là où je suis. Là où je l'ai laissé.* (REM. Avec *C'est là..., c'est à...,* on emploie *que* et non *où.*) — (Avec prép.) *La maison d'où il sort.* ➤ **dont.** *«Je sais tous les chemins par où je dois passer»* RACINE. *«Hier soir retour de Paris pour où j'étais parti»* GIDE. *L'endroit jusqu'où il est allé.* — (Avec inf.) *Je cherche une villa où passer mes vacances.* ▪ **2** (État) *On ne peut pas le transporter dans l'état où il est. Dans le trouble où j'étais. Dans l'obligation où je me trouve.* ◆ (*où* représentant d'autres prép. : *à, pour,* etc.) *Au prix où est le beurre. Du train, au train où vont les choses.* ▪ **3** (Sens temporel) ➤ **3 que.** *L'hiver où il a fait si froid. «Il avait passé l'âge où l'on se marie par entraînement»* FROMENTIN. *Au cas où il viendrait. Au moment où il est arrivé. Le jour où...*

II ~ adv. ▪ **1** (fin Xe) (Sens locatif) Là où, à l'endroit où. *J'irai où vous voudrez. «Les Fleuves m'ont laissé descendre où je voulais»* RIMBAUD. *«D'où il était, il aurait pu s'apercevoir de ma présence»* P. BENOIT. *«Chacun croira s'élancer spontanément où l'on a calculé de le conduire»* CAILLOIS. *On est puni par où l'on a péché.* — (Pour indiquer le sujet d'un chapitre) Dans lequel. *«Où il est traité de la manière d'entrer au couvent»* HUGO. ◆ **OÙ QUE...** En valeur d'indéf. (avec le subj.) *Où que vous alliez* : en quelque lieu que vous alliez. *«D'où que vienne le vent désormais, celui qui soufflera sera le bon»* GIDE. ▪ **2** (Sens temporel) *«Mais où ma souffrance devint insupportable, ce fut quand il me dit...»* PROUST. ▪ **3 D'OÙ,** marque la conséquence. *D'où vient, d'où il suit, d'où il résulte que...* — (Sans v. exprimé) *Il ne m'avait pas prévenu de sa visite : d'où mon étonnement.* ➤ **là** (de là).

III ~ adv. interrog. ■ **1** (fin XIe) Interrog. dir. En quel lieu ? en quel endroit ? *Où est ton frère ? «Mais où sont les neiges d'antan ?»* VILLON. *«– Où vas-tu ? – Là. – Où, là ?»* ZOLA. *Où trouver cet argent ? «Où donc est le jeune mari Que vous m'aviez promis ?»* LA FONTAINE. *«Où est-ce que Mme Swann a pu aller pêcher ce monde-là ?»* PROUST. *«D'où venaient-ils ? Du lieu le plus prochain. Où allaient-ils ? Est-ce que l'on sait où l'on va ?»* DIDEROT. *Par où commencer ? «Jusqu'où ne serais-je pas monté ?»* MAURIAC. — FAM. *Vous allez où ?* ◆ FAM. **D'OÙ ? :** pourquoi ?, comment se fait-il que ? *D'où tu dis ça ?* ■ **2** Interrog. ind. (après un v. déclaratif) *Dis-moi où tu vas. Je ne sais où aller. «Qui peut dire où la mémoire commence Qui peut dire où le temps présent finit»* ARAGON. *Je vois où il veut en venir. Ils ne savent plus où donner de la tête.* ◆ *N'importe où :* dans n'importe quel endroit. *Dieu sait où, je ne sais où :* dans un endroit inconnu, ou PÉJ. un endroit peu adéquat.

OUABAÏNE [wabain] n. f. – 1889 ◇ du somali *ouabaïo* ■ BIOCHIM., MÉD. Glucoside aux propriétés cardiotoniques extrait des graines de strophante, impliqué dans la régulation de la concentration ionique intracellulaire et doté de propriétés cardiotoniques.

OUACHE [waʃ] interj. – 1917 ◇ onomat. ■ (Canada) FAM. Interjection exprimant le dégoût. ➤ **berk, pouah.**

1 **OUAH** ['wa] interj. – 1721 *oua oua* ◇ onomat. ■ Onomatopée imitant le cri du chien qui aboie, généralement redoublé. *Ouah ! ouah !* ■ HOM. Oie.

2 **OUAH** ['wa] interj. – 1883, repris v. 1970 ◇ influence de l'anglais américain *wow !* (1896) ■ FAM. Interjection exprimant la joie, l'admiration. ➤ **waouh.** *Ouah ! qu'elle est belle !*

OUAILLE [waj] n. f. – 1361 ; *oeille* 1120 ◇ bas latin *ovicula,* de *ovis* «brebis» ■ **1** VX Brebis. ■ **2** (1170 ◇ d'après la parabole du bon et du mauvais pasteur) MOD. surtout au plur. Les chrétiens, par rapport à l'un de leurs pasteurs. ➤ **fidèle, paroissien.** *Le curé et ses ouailles.*

OUAIS ['wɛ] interj. – 1464 *ouay* ◇ onomat. ■ VX Interjection familière exprimant la surprise. *«Ouais ! Quel est donc le trouble où je vous vois paraître ?»* MOLIÈRE. ◆ MOD. et FAM. Oui (iron., sceptique ou négligé). ➤ **mouais.**

OUANANICHE ['wananiʃ] n. f. – 1897 ; *annanish* 1825 ◇ mot amérindien (montagnais) «le petit égaré» ■ Au Canada, Saumon d'eau douce. *La pêche à la ouananiche.*

OUAOUARON ['wawaʀɔ̃] n. m. – 1632 ◇ mot iroquois «grenouille verte» ■ (Canada, Louisiane) Grenouille géante d'Amérique du Nord pouvant atteindre 20 cm de long, et dont le coassement ressemble à un meuglement, appelée aussi *grenouille mugissante, grenouille-taureau. «Les ouaouarons priaient dans les mares qui se desséchaient»* V.-L. BEAULIEU.

OUATE ['wat ; wat] n. f. – 1661 ; *wadda* hapax 1380 ◇ p.-ê. arabe *bata'in,* par l'italien ■ **1** Matière textile (généralement coton) spécialement préparée pour garnir les doublures de vêtements, des objets de literie, pour rembourrer des sièges. ➤ 1 **bourre.** *De la ouate, de l'ouate. «une vieille robe de chambre en calicot imprimé dont la ouate prenait la liberté de sortir par plusieurs déchirures»* BALZAC. ◆ PAR EXT. *Ouate de verre :* fibre de verre très fine (cf. Laine de verre). ■ **2** Coton spécialement préparé pour servir aux soins d'hygiène. ➤ **coton.** *Ouate chirurgicale, hydrophile, thermogène. Tampon d'ouate. Mouchoirs jetables en ouate de cellulose.* — FIG. *Vivre dans de la ouate,* dans un milieu très protégé. ■ HOM. Watt.

OUATÉ, ÉE [wate] adj. – 1680 ◇ de *ouate* ■ Recouvert, garni d'ouate. *Douillette ouatée. Pansement ouaté.* ◆ FIG. Peu sonore, amorti. *Un pas ouaté,* étouffé. ➤ **feutré.** *«nous arrivaient assourdis, ouatés par la distance, des sons de cloche»* MIRBEAU. — PAR EXT. *Ambiance ouatée.*

OUATER ['wate ; wate] v. tr. ‹1› – 1798 ◇ de *ouate* ■ Doubler, garnir d'ouate. *Il faut l'ouater, le ouater.* ◆ PAR MÉTAPH. *«Le duvet neigeux et doux [...] qui ouatait le ventre et les cuisses de l'oiseau»* GENEVOIX.

OUATINE ['watin ; watin] n. f. – 1903 ◇ de *ouate* ■ Étoffe molletonnée utilisée pour doubler certains vêtements. *Manteau doublé d'ouatine,* ou (plus cour.) *de ouatine.*

OUATINER ['watine ; watine] v. tr. ‹1› – 1903 ◇ de *ouatine* ■ Doubler de ouatine. — p. p. adj. *Peignoir ouatiné.*

OUBLI [ubli] n. m. – *ubli* 1080 ◇ de *oublier* ■ **1** Défaillance de la mémoire, portant soit sur des connaissances ou aptitudes acquises, soit spécialement sur les souvenirs ; action d'oublier. *Moment d'oubli.* ➤ **absence, trou** (de mémoire) ; RÉGION. 2 **blanc.** *Oubli d'un nom, d'une date, d'un évènement. Oubli pathologique.* ➤ **amnésie.** *«les mécanismes affectifs de l'oubli»* J. DELAY. ◆ État caractérisé par l'absence ou la disparition de souvenirs dans la mémoire (individuelle ou collective). *Le temps apporte avec lui l'oubli. «Le ciel a mis l'oubli pour tous au fond d'un verre»* MUSSET. *«Retrouver ceux qu'on aime serait bon, mais l'oubli est encore meilleur»* CLAUDEL. — *Droit à l'oubli (numérique) :* droit d'une personne à effacer ses données personnelles sur Internet. ◆ MYTH. *Le Léthé, fleuve de l'oubli.* LITTÉR. *«Un immense fleuve d'oubli nous entraîne dans un gouffre sans nom»* RENAN. — COUR. PAR MÉTAPH. *Tomber dans l'oubli, dans un profond, un éternel oubli. Sauver, tirer de l'oubli.* ■ **2** Fait de ne pas effectuer (ce qu'on devait faire), de ne pas tenir compte (d'une règle). *L'oubli de ses devoirs, de ses promesses.* ➤ **abandon, manquement.** ◆ **UN OUBLI.** ➤ **distraction, étourderie, inattention, négligence, omission.** *C'est un oubli. Commettre, réparer un oubli. Il y a des oublis dans son récit.* ➤ **lacune.** ■ **3** Fait de ne pas prendre en considération, par indifférence ou mépris. ➤ **détachement.** *«Dans leur oubli des choses terrestres, ils sont presque nus, un pagne de toile autour de la taille»* LOTI. *Oubli de soi-même,* par altruisme, désintéressement. ➤ **abnégation, désintéressement.** *«Telle est la récompense infinie de l'amour : un oubli de soi»* SUARÈS. ◆ SPÉCIALT Pardon. *Pratiquer l'oubli des injures, des offenses.* ■ CONTR. 1 Mémoire, 2 souvenir. Actualité, célébrité. Ressentiment. Reconnaissance. ■ HOM. Oublie.

OUBLIABLE [ublijabl] adj. – 1398 ◇ de *oublier* ■ RARE Qui peut être oublié. ■ CONTR. Inoubliable (cour.).

OUBLIE [ubli] n. f. – 1360 ; d'après *oublier, oublée* début XIIIe ◇ latin médiéval *oblata* «offrande» ■ **1** VX Pain azyme ; hostie non encore consacrée. ■ **2** ANCIENNT Petite gaufre en forme de cylindre ou de cornet. ➤ 2 **plaisir.** *Marchand d'oublies. «des vendeuses de plaisirs crièrent leurs oublies»* CHATEAUBRIAND. ■ HOM. Oubli.

OUBLIER [ublije] v. tr. ‹7› – fin X^e ◇ du latin populaire *oblitare,* de *oblivisci* «oublier»

I ~ v. tr. A. NE PAS RETROUVER DANS SA MÉMOIRE ■ **1** Ne pas avoir, ne pas retrouver (le souvenir d'une chose, d'un évènement, d'une personne). *J'ai oublié son nom, son visage. «On peut oublier un visage mais on ne peut pas tout à fait effacer de sa mémoire la chaleur d'une émotion, la douceur d'un geste, le son d'une voix tendre»* BEN JELLOUN. *J'ai oublié qui doit venir, lequel c'est ; pourquoi et comment ils ont pris cette décision.* ■ **2** Ne plus pouvoir pratiquer (un ensemble de connaissances, une technique). *Oublier la pratique d'un métier. J'ai tout oublié en mathématiques.* — (SANS COMPL.) *Il apprend vite mais oublie immédiatement.* ■ **3** Ne plus connaître, ne plus conserver dans la mémoire collective. *On oublia l'art gréco-romain pendant le Moyen Âge. Être oublié :* ne plus être connu. *Ce héros du jour sera bientôt oublié* (cf. Tomber dans l'oubli). *Impossible à oublier.* ➤ **inoubliable.** — p. p. adj. *Un auteur oublié. Mourir complètement oublié, oublié de tous.* — LOC. *Se faire oublier :* faire en sorte qu'on ne parle plus de vous quand on est accusé, critiqué (cf. Faire le mort). *Mets-toi au vert et fais-toi oublier quelque temps.*

B. LAISSER PAR INATTENTION OU PAR NÉGLIGENCE ■ **1** (fin XIe) Cesser de penser à (ce qui gêne). *«la gentillesse de quelques-unes faisait oublier leur laideur»* ROUSSEAU. ➤ **éclipser, effacer.** *Oublier ses problèmes, ses soucis. «On n'oublie rien de rien On s'habitue, c'est tout»* BREL. — (SANS COMPL.) *Boire pour oublier.* ■ **2** Ne pas avoir à l'esprit (ce qui devrait tenir l'attention en éveil). ➤ **négliger, omettre.** *Il oublie tout* (➤ **écervelé, étourdi**). *Oublier la consigne.* ➤ 1 **manger.** *Oublier un rendez-vous.* ➤ FAM. **zapper.** *Vous oubliez l'essentiel ! Oublier ses responsabilités* (➤ **abandonner**), *ses affaires, son travail.* ➤ **déconnecter,** se **désintéresser.** — LOC. *Oublier l'heure :* ne pas s'apercevoir de l'heure qu'il est, se mettre en retard. *En oublier le boire* et le manger.* — (Avec inf.) *N'oublie pas de fermer la porte à clé !* ➤ **manquer.** *Il a oublié de nous prévenir.* LOC. FAM. *Il a oublié d'être bête.* — (Avec *que*) *Vous oubliez que c'est interdit. N'oublie pas qu'il doit venir.* ■ **3** Négliger de mettre. ➤ **omettre.** *Oublier le vinaigre dans la salade.* ◆ (1214) Négliger de prendre. ➤ **laisser ; perdre.** *Oublier ses clés. Oublier son parapluie au cinéma. «Il s'aperçoit qu'il a oublié son pardessus. Mais où ?»* MALRAUX. ■ **4** Négliger (qqn) en ne

s'occupant pas de lui, en faisant preuve d'indifférence à son égard. *Oublier ses amis.* ➤ **délaisser, se désintéresser, se détacher** (cf. FAM. Laisser tomber*). *On a vite oublié les absents* (cf. Loin* des yeux, loin du cœur). **p. p. adj.** *Les victimes oubliées.* SUBST. *Les oubliés de la croissance.* FAM. *Eh bien ! on ne vous voit plus, vous nous oubliez !* — LOC. FAM. *Oublie-moi !* cesse de m'importuner ! ◆ Ne pas donner qqch. à (qqn). *On l'a oublié dans la distribution. N'oubliez pas le guide, s'il vous plaît !,* pensez à lui donner un pourboire.
C. NE PAS FAIRE CAS DE ▪ **1** Refuser sciemment de faire cas de (qqn), de tenir compte de (qqch.). *Vous oubliez vos promesses. Vous oubliez qui je suis :* vous manquez aux égards qui me sont dus. ▪ **2** Pardonner. *Oublier une faute, un affront* (cf. Passer l'éponge* ; fermer les yeux* ; passer [sur] ; faire comme si de rien n'était). *N'en parlons plus, c'est oublié.* — LOC. FAM. *On oublie tout et on recommence*.*

II ~ **v. pron. S'OUBLIER A.** PASSIF Être oublié. *Un tel affront ne s'oublie pas. « Tout peut s'oublier Qui s'enfuit déjà »* BREL.
B. RÉFLÉCHI ▪ **1** (fin XIIe) Cesser d'avoir nettement conscience de son existence personnelle. *« je ne rêve jamais plus délicieusement que quand je m'oublie moi-même »* ROUSSEAU. ◆ (1588) Ne pas penser à soi, à ses propres intérêts. *« Uni à d'autres hommes [...] l'homme se trouve lui-même en s'oubliant »* MAUROIS. — IRON. *Il ne s'est pas oublié :* il a su se réserver sa part d'avantages, de bénéfices. ▪ **2** (fin XIe) LITTÉR. Manquer aux égards dus à (autrui ou soi-même). *« Messieurs, vous vous oubliez, vous manquez de dignité »* MAUPASSANT. ◆ (1882) PAR EUPHÉM. Faire ses besoins là où il ne le faut pas. *Le chiot s'est oublié sur la moquette.*
▪ CONTR. Rappeler (se), retenir, 1 souvenir (se). 1 Penser (à), songer (à). Occuper (s'occuper de).

OUBLIETTE [ublijɛt] **n. f.** – fin XIVe ; *oubliete* v. 1360 ◇ de *oublier* ▪ **Généralt au plur.** Cachot où l'on enfermait les condamnés à la prison perpétuelle. ◆ Fosse couverte d'une trappe basculante où l'on faisait tomber ceux dont on voulait se débarrasser. *Les oubliettes d'un château.* — LOC. *Jeter, mettre aux oubliettes* (qqn, qqch.) : laisser de côté, refuser de s'occuper de. ➤ RÉGION. **tabletter** (cf. Mettre au placard).

OUBLIEUX, IEUSE [ublijø, ijøz] **adj.** – *oblious* 1190 ; repris XVIIIe ◇ de *oubli* ▪ VIEILLI Qui oublie (5e et 7e), néglige de se souvenir de. *« je ne m'étonne plus de voir les femmes devenir égoïstes, oublieuses et légères »* BALZAC. ◆ MOD. **OUBLIEUX DE...** *« aussi insouciant que son ami, aussi oublieux du passé et négligent de l'avenir »* MARMONTEL. *Oublieuse de ses devoirs* (➤ **négligent**), *des services qu'on lui a rendus* (➤ **ingrat**). ▪ CONTR. Soucieux (de).

OUCH [autʃ] **interj.** – 1937 ◇ onomatopée américaine ▪ **(Canada)** FAM. Interjection exprimant la douleur. ➤ **aïe, ouille.** *Ouch ! Tu me fais mal !*

OUCHE [uʃ] **n. f.** – 1229 ◇ bas latin *olca* ▪ RÉGION. Pâturage. — Terrain, généralement clos, cultivé en potager ou planté d'arbres fruitiers.

OUD [ud] **n. m.** – attesté en 1987 ◇ mot arabe *oûd*, d'abord « bois » → luth ▪ Instrument de musique à cordes pincées, à manche court sans frettes et à caisse en forme de demi-poire, très répandu dans les pays arabes, en Arménie et en Turquie. *L'oud est souvent appelé* luth oriental. *Des ouds.*

OUECH ➤ **WECH**

OUED [wɛd] **n. m.** – 1849 ; *ouadi* 1807 ◇ mot arabe « vallée, fleuve » ▪ Rivière d'Afrique du Nord, cours d'eau temporaire dans les régions arides. *« je partais chaque jour [...] suivant le lit aride de l'oued »* GIDE. *Des oueds.*

OUEST [wɛst] **n. m. inv.** – 1379 ; *west* fin XIIe ◇ de l'ancien anglais
I ▪ **1** Celui des quatre points cardinaux qui est situé à l'opposé de l'est, dans une direction qui forme un angle de 90° avec la direction du nord (ABRÉV. O.). ➤ **couchant, occident ;** VX **ponant.** *Le soleil se couche à l'ouest. Vent d'ouest. Chambre exposée, orientée à l'ouest.* — **À L'OUEST DE :** dans la direction de l'ouest par rapport à un lieu donné. *Rouen est à l'ouest de Paris.* ▪ **2** Partie d'un ensemble géographique qui est la plus proche de l'ouest. *L'ouest de la France.* ➤ aussi **nord-ouest, sud-ouest.** — ABSOLT *La conquête de l'Ouest* (des colons des États-Unis). ➤ **far west.** ◆ HIST. *Allemagne de l'Ouest :* la République fédérale d'Allemagne (R. F. A.). *Les Allemands de l'Ouest.* ➤ **ouest-allemand.** — **L'OUEST :** l'Europe occidentale et l'Amérique du Nord. ➤ **occident.** *Les rapports Est-Ouest.* ▪ **3** LOC. FIG. et FAM. *Être à l'ouest,* déphasé, complètement désorienté, déboussolé.
II APPOS. INV. Qui se trouve à l'ouest, en direction de l'ouest. *Longitude ouest. La côte ouest.* ➤ **occidental.** *Les quartiers ouest.*
▪ CONTR. Est.

OUEST-ALLEMAND, ANDE [wɛstalmɑ̃, ɑ̃d] **adj.** et **n.** – v. 1950 ◇ calque de l'anglais *west german* ▪ HIST. De la République fédérale d'Allemagne, dite *Allemagne de l'Ouest. Les länder ouest-allemands.*

1 **OUF** ['uf] **interj.** – 1642 ; *of* 1579 ◇ onomatopée ▪ **1** VX Interjection qui exprime la douleur soudaine, l'étouffement. MOD. LOC. *Il n'a pas eu le temps de dire ouf,* de réagir, de faire face à la situation. *« Bon Dieu ! un homme ne peut pas crever comme un rat pour rien et sans faire ouf »* SARTRE. ▪ **2** MOD. Exprimant le soulagement. *Ouf ! enfin, on respire. Ouf ! bon débarras.* — **n. m. inv.** *Pousser un ouf, des ouf de soulagement.*

2 **OUF** ['uf] **adj.** et **n.** – 1988 ◇ verlan de *fou* ▪ FAM. Fou. *T'es ouf, ou quoi ?* — **n.** *Un vrai ouf, ce type ! Bande de oufs !* LOC. *Un truc de ouf :* une chose incroyable.

OUGRIEN, IENNE [ugʀijɛ̃, ijɛn] **adj.** – 1849 ◇ de *ougre* ; → hongrois ▪ *Langues ougriennes :* les langues sibériennes (l'ostiak et le vogoul, région de l'Ob) et le hongrois* (➤ **finno-ougrien**).

OUI ['wi] **adv. d'affirmation** – XVe ; *oïl* 1080 ◇ latin *hoc*, ancien français *o*, renforcé par le pron. pers. *il* → oc
▪ REM. On ne fait pas l'élision ni la liaison : *Je crois que oui* [kəwi], *un oui franc* [œ̃wi].
I Adverbe équivalant à une proposition affirmative qui répond à une interrogation non accompagnée de négation (cf. Si). ▪ **1** (Dans une réponse positive à une question) *Vous venez avec moi ? – Oui. Oui, Monsieur. En veux-tu ? – Oui, j'en veux bien. Oui merci.* — (Répété par insistance) *Acceptez-vous ? – Oui, oui.* ➤ **absolument, assurément, certainement, certes, évidemment ;** FAM. **carrément, O. K., ouais** (cf. Comment donc, bien sûr, sans aucun doute, tout à fait ; d'accord, entendu, volontiers). *M'entendez-vous ? – Oui.* ➤ **affirmatif.** *Êtes-vous satisfait ? Oui et non :* à demi. ➤ **mouais.** — (Répété) *Ça va mieux ? – Oui, oui.* (Exprimant le doute, l'inquiétude) *Oui, oui, oui* (POP. *voui, voui, voui*). ◆ (Renforcé par un adv., une loc. adv., une exclam.) *Mais oui. Certes oui. Mon Dieu oui. — Oui, bien sûr. Ça oui. Ma foi, oui. Eh ! oui, hé oui. Ah oui, alors ! Eh bien oui. — Que oui !* — RÉGION. *Dame* oui.* VIEILLI *Oui-da*.* ▪ **2** (Comme interrog.) *Ah oui ! vraiment ?* FAM. *Tu viens, oui ou non ?* FAM. *Oui ou merde ?* ▪ **3** (Compl. dir. d'un v. déclaratif) *Il dit toujours oui* (➤ **accepter, admettre ; approuver**). *Dire oui à tout* (➤ **béni-oui-oui**). *Il m'a dit oui.* ➤ **accepter.** — *Ne dire ni oui, ni non :* ne pas prendre parti (cf. Répondre* en Normand). *Répondez-moi par oui ou par non.* — *Faire oui de la tête :* hocher la tête de bas en haut en signe d'acquiescement. ◆ ELLIPT **OUI À... :** nous voulons, nous réclamons (slogan). *Oui à la campagne, non aux autoroutes ! Oui à la formation, non à la sélection !* ◆ (En subordonnée complétive) *Il semblerait que oui. « Les uns disent que non, les autres disent que oui »* MOLIÈRE. *En voulez-vous ? Si oui, prenez-le.* ◆ (En phrase coordonnée ou juxtaposée) *Sont-ils venus ? Lui, non, mais elle, oui.* ▪ **4** (Soulignant une affirmation et répondant à une objection sous-entendue). *« Vivre, oui, sentir fortement, profondément qu'on existe »* MUSSET.
II **n. m. inv.** *Les millions de oui du référendum. « Le premier oui qui sort de lèvres bien-aimées ! »* VERLAINE. LOC. *Pour un oui (ou) pour un non :* à tout propos, sans raison. — ALLUS. HIST. *« Un oui franc et massif »* DE GAULLE. *Un oui mais :* accord, acquiescement entaché d'une certaine réserve.
▪ CONTR. Non. ▪ HOM. Ouïe.

OUÏ-DIRE ['widiʀ] **n. m. inv.** – v. 1200 ◇ de *ouï*, p. p. de *ouïr*, et *dire* ▪ Information connue par la parole entendue, et notamment par des rumeurs. ➤ **bruit, on-dit.** *Ce ne sont que des ouï-dire* [dewidiʀ]. — LOC. *Par ouï-dire :* par la rumeur publique. *« Chacun sait, au moins par ouï-dire, qu'il y a des perceptions trompeuses »* ALAIN.

OUÏE [wi] **n. f.** – *oïe* 1080 ◇ de *ouïr*
I Le sens qui permet la perception des sons. ➤ **audition.** *L'oreille est l'organe de l'ouïe. Son perceptible à l'ouïe.* ➤ **audible.** *Avoir l'ouïe fine. « Sa vie se concentra dans le seul sens de l'ouïe »* BALZAC. — LOC. PLAIS. *Je suis tout ouïe* [tutwi] : j'écoute attentivement (cf. Tout oreilles).
II AU PLUR. ▪ **1** (XVIe) Orifices externes de l'appareil branchial des poissons, sur les côtés de la tête. ➤ **branchie.** *Attraper un poisson par les ouïes.* ▪ **2** Ouverture latérale en forme de S, pratiquée sur la table supérieure des instruments de la

famille du violon. ➤ 1esse. ▪ 3 Abat-vent à lamelles obliques, rappelant les branchies des poissons.
▪ HOM. Oui.

OUÏGOUR [iguʀ ; ujguʀ] n. m. – 1846 ◇ mot turc ▪ Langue turque de l'Asie centrale. — adj. *Textes ouïgours.* — On écrit aussi *ouïghour.*

OUILLE ['uj] interj. – 1914 *houille* ; 1525 *oye* ◇ onomatopée ▪ Interjection exprimant la douleur, la surprise et le mécontentement. ➤ aïe, RÉGION. ouch. — (Généralt répété) *Ouille ouille ouille !* [ujujuj]. ▪ HOM. Houille.

OUILLER [uje] v. tr. ‹1› – 1750 ◇ *aouller* (XIIIe), de *aouiller* «remplir jusqu'à l'œil» ▪ TECHN. Remplir (un tonneau de vin) à mesure que le niveau baisse. ▪ HOM. Houiller.

OUILLÈRE [ujɛʀ] n. f. – 1842 ◇ du latin médiéval *ouliare* «creuser, extraire» ▪ AGRIC. *Vigne en ouillère,* dans laquelle les ceps sont disposés en lignes parallèles espacées, avec des cultures intercalaires. ◆ *Une ouillère :* intervalle, petite allée entre les ceps. — On trouve aussi *ouillière* [ujɛʀ], *oullière* [uljɛʀ]. «*Dans les "oullières", très larges entre les raies de vignes, on semait du blé*» J. AICARD. ▪ HOM. Houillère.

OUIN ['wɛ̃] interj. – 1818 ; cri du cochon 1651 ◇ onomatopée ▪ Onomatopée exprimant un bruit de pleur, de sanglot. ▪ HOM. Oint.

OUÏR [wiʀ] v. tr. ‹*j'ois, nous oyons ; j'oyais ; j'ouïs ; j'ouïrai* (VX *j'orrai, j'oirai*) *; que j'oie, que nous oyions ; que j'ouïsse ; oyant, ouï* ; surtout inf. et p. p.› – 1350 ; 1080 *oir* ; v. 1000 *audir* ◇ latin *audire* ▪ VX OU PLAISANT ➤ entendre, écouter. *J'ai ouï dire que...* ➤ ouï-dire. *Oyez* [ɔje] *bonnes gens !* «*Oyez, dit-il ensuite, oyez peuple, oyez tous*» CORNEILLE. *Jamais* «*il ne fut donné d'ouïr un vacarme plus discordant*» LOTI. ◆ DR. *Ouïr des témoins,* entendre, recevoir leur déposition.

OUISTITI ['wistiti] n. m. – 1767 ◇ adaptation d'un mot considéré comme une onomat. par Buffon ▪ Petit singe des forêts tropicales d'Amérique du Sud *(platyrhiniens),* à longue queue touffue. *Le ouistiti mignon.* ◆ FIG. et FAM. *Un drôle de ouistiti,* de personnage. ➤ numéro.

OUKASE [ukaz] n. m. – 1774 *oukas* ◇ du russe *oukazat'* «publier» ▪ 1 HIST. Édit promulgué par le tsar. ▪ 2 FIG. Décision arbitraire, ordre impératif. ➤ diktat. — On écrit aussi *ukase* (1775). *Vous n'en faites* «*qu'à votre tête, et ne traitez que par ukases et décrets*» COLETTE.

OULÉMA ➤ ULÉMA

OULLIÈRE ➤ OUILLÈRE

OUOLOF ➤ WOLOF

OUPS [ups] interj. – 1972 ◇ anglais *oops* (1933) ▪ FAM. Exprime la surprise face à une bêtise, une gaffe, un raté. «*oups ! pardon pour ce lapsus révélateur*» (L'Humanité, 1999).

OURAGAN [uʀagɑ̃] n. m. – 1640 ; *houragan* 1604 ; *huracan, uracan* XVIe ◇ d'une langue des Antilles, par l'espagnol *huracán* «tornade» ▪ 1 Forte tempête caractérisée par un vent très violent dont la vitesse dépasse 120 km à l'heure, et spécialement par un vent cyclonal. ➤ cyclone, tornade, typhon. *La mer des Antilles est souvent agitée par des ouragans.* ◆ COUR. Vent violent accompagné de pluie, d'orage. ➤ bourrasque, tourmente. *Arbres arrachés par l'ouragan.* «*En un instant, ils furent enveloppés par l'ouragan, affolés par les éclairs, assourdis par le tonnerre, trempés des pieds à la tête*» R. ROLLAND. ◆ PAR COMPAR. *Arriver, passer comme un ouragan.* ▪ 2 FIG. Mouvement violent, impétueux. «*Cette bonne femme* [...] *c'est un ouragan*» SARTRE. *Son discours a déchaîné un ouragan,* un grand tumulte.

OURALIEN, IENNE [uʀaljɛ̃, jɛn] adj. – 1846 ◇ de *Oural* ▪ GÉOGR. Relatif à la chaîne montagneuse de l'Oural et à la région qui l'entoure. — LING. *Langues ouraliennes* ou n. m. *l'ouralien :* langues finno-ougriennes et samoyèdes. *L'ouralien, le turc, le mongol forment le groupe ouralo-altaïque* (adj., 1876).

OURDIR [uʀdiʀ] v. tr. ‹2› – *ordir* XIIe ◇ latin populaire *ordire,* classique *ordiri* ▪ 1 TECHN. Préparer (la chaîne) en réunissant les fils en nappe et en les tendant, avant le tissage. ABUSIVEMENT Tisser, croiser les fils ourdis avec les fils de trame. ➤ tramer. ◆ POÉT. Tisser. *L'araignée ourdit sa toile.* «*La Parque à filets d'or n'ourdira point ma vie*» LA FONTAINE. ▪ 2 (XIIe) FIG. et LITTÉR. Disposer les premiers éléments de (une intrigue). ➤ combiner, machiner, monter, nouer. «*C'est mon métier d'auteur dramatique d'ourdir, de régler et de dénouer les affaires de ce genre !*» VILLIERS. *Ourdir un complot, une machination contre qqn.* ➤ tramer. p. p. adj. *Une conspiration ourdie en secret.* — PRONOM. «*Et toujours la fortune est le mobile des intrigues qui s'élaborent, des trames qui s'ourdissent !*» BALZAC. ➤ se tramer.

OURDISSAGE [uʀdisaʒ] n. m. – 1753 ◇ de *ourdir* ▪ TECHN. Préparation de la chaîne pour le tissage, par un ouvrier appelé *ourdisseur, euse.*

OURDISSOIR [uʀdiswaʀ] n. m. – 1410 ◇ de *ourdir* ▪ TECHN. Appareil servant à étaler en nappe et à tendre les fils de la chaîne.

OURDOU, E [uʀdu] n. m. et adj. – 1826 ◇ mot hindi, du turc *urdu* «camp» ▪ Forme de l'hindi occidental influencée par le persan et notée en écriture arabe, utilisée au Pakistan. — adj. *La langue ourdoue.* — On écrit aussi *urdu* (1884).

-OURE ▪ Élément, du grec *oura* «queue».

OURLÉ, ÉE [uʀle] adj. – *orlé* XIIe ◇ de *ourler* ▪ Bordé d'un ourlet. *Mouchoirs ourlés. Couture ourlée,* rabattue et terminée par un ourlet. — *Oreilles finement ourlées.* — FIG. et LITTÉR. «*Des prairies ourlées de ruisseaux*» RENARD. «*Un épais nuage ourlé de feu blanc*» COLETTE.

OURLER [uʀle] v. tr. ‹1› – 1530 ; *orler* 1160 ◇ du latin populaire °*orulare,* de *ora* «bord» ▪ Garnir, border d'un ourlet. *Ourler des torchons. Ourler très finement un foulard de soie* (➤ roulotté). — FIG. et LITTÉR. «*Adieu, petite oreille que la lumière de la fenêtre ourle de givre rose !*» DUHAMEL.

OURLET [uʀlɛ] n. m. – 1487 ; *orlet* «bord d'un objet» début XIIIe ◇ de *ourler* ▪ 1 Repli d'étoffe terminant un bord (➤ bordure). *Faire un ourlet à la main, à la machine. Ourlet roulotté. Défaire l'ourlet pour rallonger une jupe. Ourlet à points de côté* (dits *points d'ourlet*). — *Faux ourlet :* bande de tissu rapporté repliée sur la couture. ▪ 2 TECHN. Bord replié de certains objets métalliques. ➤ rebord, repli. *Ourlet d'une gouttière.* ◆ *Ourlet de l'oreille :* bord replié du pavillon. ▪ 3 FIG. et LITTÉR. «*On ne voyait plus que l'ourlet blanc de l'écume autour de l'île*» DAUDET.

OURLIEN, IENNE [uʀljɛ̃, jɛn] adj. – 1885 ◇ de l'ancien français régional *ourles* «oreillons» ▪ MÉD. Relatif aux oreillons. *Fièvre ourlienne. Orchite ourlienne.*

OURS [uʀs] n. m. – fin XVIe ; *urs* 1080 ◇ latin *ursus* ▪ 1 Mammifère carnivore plantigrade *(ursidés),* de grande taille dans les principales espèces, au pelage épais, aux membres armés de griffes, au museau allongé ; SPÉCIALT le mâle adulte. *Femelle* (➤ ourse), *petit* (➤ ourson) *de l'ours.* — *Ours brun, d'Europe et d'Asie. Ours des montagnes Rocheuses* (➤ grizzli). *Ours noir d'Amérique du Nord* (➤ ourson). *Ours lippu d'Asie. Ours malais, ours des cocotiers* (plus petit). *Ours polaire* ou *ours blanc,* à cou mince et à tête aplatie. «*Les dandinements stupides de l'ours blanc*» BAUDELAIRE. — *Ours dressés, savants. Montreur d'ours. Ours en cage. La fosse aux ours d'un jardin zoologique.* — *Peau d'ours.* ▪ 2 LOC. (allus. à une fable de La Fontaine) *Le pavé de l'ours :* maladresse commise dans l'intention de rendre service, mais qui produit un effet contraire. — *Tourner comme un ours en cage :* marcher de long en large dans une pièce, par inaction. «*Dans une fosse comme un ours Chaque matin je me promène Tournons tournons tournons toujours*» APOLLINAIRE. LOC. PROV. *Il ne faut pas vendre la peau de l'ours (avant de l'avoir tué).* ▪ 3 (1935 ◇ par anal.) Jouet d'enfant (en peluche, etc.) ayant l'apparence d'un ourson. *Enfant qui dort avec son ours en peluche.* ➤ nounours, teddy-bear. ▪ 4 (v. 1670 adj. ◇ allus. aux mœurs solitaires, à l'aspect lourdaud de l'ours) Homme insociable, hargneux, qui recherche la solitude. *Quel ours ! C'est un vieil ours.* — *Ours mal léché*.* — adj. «*La mère et le fils semblaient un peu ours*» ZOLA. ▪ 5 LOC. FAM. *Avoir ses ours,* ses règles. ▪ 6 Encadré où doivent figurer, dans un journal ou une revue, la liste des collaborateurs et les mentions légales.

OURSE [uʀs] n. f. – XIIIe ; *orsse* fin XIIe ◇ latin *ursa* → ours ▪ 1 Femelle de l'ours. *Une ourse et ses oursons.* ▪ 2 (1544) Nom de deux constellations situées près du pôle arctique. *La Grande Ourse* ou *Grand Chariot. L'étoile Polaire appartient à la Petite Ourse.*

OURSIN [uʀsɛ̃] n. m. – 1552 ◇ de *ours* ; cf. provençal *ursin de mar* ▪ Animal échinoderme des fonds marins *(échinoïdes)* au test à plaques calcaires couvert de longs piquants. «*L'oursin, dont la bouche s'appelle, on ne sait pourquoi, lanterne d'Aristote, creuse le granit*» HUGO. — SPÉCIALT Cet animal, lorsqu'il est comestible. *Manger des huîtres et des oursins* (cf. Fruits* de mer). ◆ LOC. FAM. *Avoir des oursins dans les poches, dans le portemonnaie* : être avare.

OURSON, ONNE [uʀsɔ̃, ɔn] n. – 1540 ◇ de *ours* ■ **1** Petit de l'ours. ◆ n. m. Ours noir d'Amérique, de petite taille. ■ **2** n. m. (1831) ANCIENNT Bonnet à poils des grenadiers.

OUSTE ['ust] interj. – 1849 ◇ onomat. ■ FAM. Interjection pour chasser ou presser qqn. « *Allons, ouste ! Prenez la porte !* » BOSCO. — On écrit aussi *oust*. « *oust ! hors d'ici !* » COURTELINE.

OUT ['aut] adv. et adj. inv. – 1891 ◇ mot anglais « hors de »
■ ANGLIC.

I adv. TENNIS Hors des limites du court. Recomm. offic. *dehors*.
— adj. *La balle est out.*

II adj. inv. (1966) Se dit de qqn qui se trouve dépassé, rejeté hors d'une évolution ou incapable de la suivre (opposé à *in*). *Elle « rétorquerait que Freud est définitivement "out" – du rococo »* MALLET-JORIS (cf. Hors circuit*, hors du coup*).

OUTARDE [utaʀd] n. f. – *ostarde* XIVe ◇ latin populaire °*austarda*, contraction de *avis tarda* « oiseau lent » ■ **1** Oiseau échassier *(gruiformes)* au corps massif, à pattes fortes et à long cou. *La chair de l'outarde est appréciée. Petite outarde.* ➤ **canepetière.** ■ **2** (1535) Bernache du Canada. *La rivière aux Outardes. Un champ où « 42 000 outardes étaient descendues des nuages pour picorer des restes d'avoine »* R. DUCHARME. — *Petit de l'outarde* (**OUTARDEAU** n. m., 1552).

OUTIL [uti] n. m. – 1538 ; *hustil, ostil* XIIe ◇ du latin *usitilium*, sing. de *usitilia*, latin classique *utensilia* → ustensile ■ **1** Objet fabriqué qui sert à agir sur la matière, à faire un travail. ➤ **appareil, engin, instrument, machine** (et machine-outil). REM. *Outil* désigne en général un objet simple utilisé directement par la main. « *Un outil humain est [...] un objet façonné, transformé, de manière à pouvoir être utilisé commodément et efficacement pour accomplir un certain genre d'action* » G. VIAUD. — *Outils de cordonnier, de maçon, d'orfèvre. Outils à travailler le bois. Outils de jardinage* (➤ **ustensile**). *Manier des outils. Caisse, trousse à outils. Panoplie d'outils. Boîte à outils.* ➤ **matériel, outillage.** *Manche d'outil.* — LOC. PROV. *Les mauvais ouvriers ont toujours de mauvais outils* : on s'excuse d'un mauvais travail en alléguant les moyens mis à sa disposition. ◆ INFORM. *Barre d'outils* : rangée d'icones affichée à l'écran, donnant rapidement accès à certaines fonctions. ■ **2** Ce qui permet de faire (un travail). *Ce livre est un outil indispensable. La télévision, outil de communication. Sa voiture est son outil de travail. L'outil informatique.* ◆ LING. *Mot-outil.* ➤ **mot.**

OUTILLAGE [utijaʒ] n. m. – 1829 ◇ de *outiller* ■ Ensemble, assortiment d'outils nécessaires à l'exercice d'un métier, d'une activité manuelle, à la marche d'une entreprise, d'une exploitation. ➤ **équipement, matériel.** *Exposition d'outillage agricole. Outillage industriel. Atelier, magasin d'outillage. L'outillage perfectionné d'une usine moderne.*

OUTILLER [utije] v. tr. ‹1› – 1550 au p. p. ◇ de *outil* ■ **1** Munir des outils nécessaires à un certain travail, à une certaine production. ➤ **équiper.** *Il a outillé ses ouvriers de façon très moderne. Outiller un atelier, une usine.* — PRONOM. (RÉFL.) *Dans certains corps de métier, les ouvriers s'outillent à leurs frais.* p. p. adj. *Artisans bien, mal outillés. Nous ne sommes pas outillés pour effectuer cette réparation. Usine outillée pour la fabrication d'armement.* ■ **2** Donner, fournir à (qqn) les moyens matériels de faire qqch. ; équiper (un local, un objet) en vue d'une destination particulière. — PRONOM. *S'outiller à peu de frais pour la pêche.*

OUTILLEUR, EUSE [utijœʀ, øz] n. – 1845 ◇ de *outil* ■ TECHN. Professionnel(le) qui confectionne et met au point calibres, moules, outillages et montages de fabrication. *Une ajusteuse-outilleuse.*

OUTING [autiŋ] n. m. – 1993 ◇ mot anglais, de *to out* « rendre public » ■ ANGLIC. Révélation par un tiers de l'homosexualité d'un personnage public (➤ aussi **coming out**).

OUTLAW [autlo] n. m. – 1783 ◇ mot anglais « hors la loi *(law)* » ■ Dans les pays anglo-saxons, Brigand qui vivait hors la loi. ➤ **hors-la-loi.** *Des outlaws.*

OUTPLACEMENT [autplasmɑ̃] n. m. – 1986 ◇ mot anglais américain ■ Aide au reclassement professionnel d'un salarié licencié. *Cabinet d'outplacement.*

OUTPUT [autput] n. m. – v. 1965 ◇ mot anglais, de *out* « hors de » et *to put* « mettre » ■ ANGLIC. ■ **1** TECHNOL. Sortie de données dans un système informatique, de signal dans un dispositif électronique. ■ **2** ÉCON. Bien ou service issu de l'activité de production. ➤ **produit.** ■ CONTR. Input.

OUTRAGE [utʀaʒ] n. m. – 1080 ◇ de 2 *outre* ■ **1** Offense ou injure extrêmement grave (de parole ou de fait). ➤ **affront, injure, insulte, offense.** « *Ce manque de parole au rendez-vous lui semblait un outrage* » FLAUBERT. *Venger, laver un outrage.* — *Faire outrage à qqn.* ➤ **outrager.** *Je ne lui ferai pas l'outrage de le soupçonner. Me reprochant « d'avoir, en de faciles amours, fait outrage à sa mémoire »* NERVAL. ◆ LOC. VIEILLI ou PLAIS. *Les derniers outrages* : le viol. *Faire subir à une femme les derniers outrages*, la violer. ◆ FIG. et LITTÉR. ➤ **atteinte, dommage,** 1 **flétrissure, tort.** *Les outrages du temps. « Pour réparer des ans l'irréparable outrage »* RACINE. ■ **2** DR. Délit par lequel on met en cause l'honneur d'un personnage officiel (magistrat, etc.) dans l'exercice de ses fonctions. *Outrage par paroles, gestes, menaces, écrits ou dessins. Outrage à magistrat. Jérôme Crainquebille « fut traduit en police correctionnelle pour outrage à un agent de la force publique »* FRANCE. ■ **3** PAR EXT. Acte gravement contraire (à une règle, à un principe). ➤ **violation.** *Outrage à la raison, au bon sens.* ◆ DR. ANC. *Outrage aux bonnes mœurs* : discours, écrit ou publication obscène ou contraire aux bonnes mœurs. *Journal poursuivi pour outrage aux bonnes mœurs. Outrage public à la pudeur* : fait matériel de nature à choquer la pudeur de la personne qui en est le témoin. ➤ **attentat** (aux mœurs).

OUTRAGÉ, ÉE [utʀaʒe] adj. – XVIIe ◇ de *outrager* ■ LITTÉR. ou VIEILLI Qui a subi un outrage. *Femme outragée. Parents outragés.* PAR EXT. *Prendre un air outragé.*

OUTRAGEANT, ANTE [utʀaʒɑ̃, ɑ̃t] adj. – 1660 ◇ de *outrager* ■ Qui outrage. ➤ **injurieux, insultant.** *Critique, propos outrageants pour, envers qqn. « Elle répondait quelquefois à ses amis par des plaisanteries outrageantes à force de piquante énergie »* STENDHAL.

OUTRAGER [utʀaʒe] v. tr. ‹3› – 1478 ◇ de *outrage* ■ **1** Offenser gravement par un outrage (actes ou paroles). ➤ **bafouer, injurier, insulter, offenser.** « *une femme outragée dans son honneur, c'est-à-dire dans ce qu'elle a de plus précieux* » STENDHAL. « *une princesse parjure [...] a outragé les dieux de ses pères !* » GAUTIER. ■ **2** VIEILLI Contrevenir gravement à (qqch.). *Outrager les bonnes mœurs, la morale.*

OUTRAGEUSEMENT [utʀaʒøzmɑ̃] adv. – v. 1245 « avec outrecuidance » ◇ de *outrageux* (XIIe), de *outrage* ■ **1** VX D'une manière qui outrage. PAR PLAIS. « *Elle se fout outrageusement de lui, si j'ose parler un tel langage* » COURTELINE. ■ **2** Excessivement. *Femme outrageusement fardée.*

OUTRANCE [utʀɑ̃s] n. f. – XIIIe ◇ de 2 *outre* ■ **1** Chose ou action outrée. ➤ **excès.** *Une outrance de langage. Les outrances du mélodrame.* ◆ Caractère de ce qui est outré. ➤ **démesure, exagération.** *L'outrance de son langage, de ses propos. « Pour éviter le commun, ils seraient allés jusqu'à l'outrance, jusqu'au paroxysme »* GAUTIER. *Complimenter qqn avec outrance.* ■ **2** loc. adv. **À OUTRANCE :** avec exagération, avec excès. « *La femme de Montchevreuil était [...] dévote à outrance* » SAINT-SIMON. *Poursuivre un combat à outrance*, jusqu'à victoire totale. « *Des républicains ardents [...] qui voulaient la guerre à outrance* » BAINVILLE.

OUTRANCIER, IÈRE [utʀɑ̃sje, jɛʀ] adj. – 1870 ◇ de *outrance* ■ Qui pousse les choses à l'excès. ➤ **excessif, outré.** *Caractère outrancier. Propos outranciers.* ■ CONTR. Mesuré, pondéré.

1 **OUTRE** [utʀ] n. f. – v. 1400 ◇ latin *uter, utris* « ventre » ■ Peau de bouc cousue en forme de sac et servant de récipient pour la conservation et le transport des liquides (pays de la Méditerranée ou du Proche-Orient). *Outre d'eau, de vin.* LOC. *Être gonflé, plein comme une outre* : avoir trop bu, trop mangé. *Gros comme une outre.* ◆ FIG. « *Le ventre est l'outre des vices* » HUGO.

2 **OUTRE** [utʀ] prép. et adv. – *ultre* 1080 ◇ latin *ultra* → ultra- ■ **1** (Dans des expressions adverbiales) Au-delà de. *Outre-Atlantique* : en Amérique (du Nord). *Outre-Manche* : en Grande-Bretagne. *Outre-Rhin. Outre-mer.* ➤ **outre-mer.** *Outre-tombe* : au-delà de la tombe, de la mort. *Les « Mémoires d'outre-tombe », de Chateaubriand. Une voix d'outre-tombe*, caverneuse, sépulcrale. ■ **2** adv. de lieu *Passer outre* : aller au-delà, plus loin. « *Il tournait le dos au chemin et ne me voyait pas. Je passai outre*

sans l'interpeller» Bosco. ♦ **PASSER OUTRE À (qqch.) :** ne pas tenir compte de (une opposition, une objection). ➤ **braver, mépriser.** *«Puis, comme malgré son insistance, on passait outre, il protesta, les dents serrées»* ZOLA. *Passer outre à une interdiction.* ▪ **3 prép.** En plus de. *Cette salle «était immense ; elle pouvait contenir outre les douze cents députés, quatre milliers d'auditeurs»* MICHELET. *«Outre leurs photographies, les deux jeunes gens avaient échangé leurs confidences»* ROMAINS. ♦ **loc. conj.** *Outre que...* (et l'indic.). *«Outre qu'il parle tout seul, il est sujet à de certaines grimaces»* LA BRUYÈRE (cf. Non seulement*... mais encore). *Outre le fait que* : sans parler du fait que. ▪ **4 loc. adv. OUTRE MESURE :** excessivement, au-delà de la normale (surtout en tour négatif). ➤ **excès** (à l'excès), **trop.** *Ce voyage ne l'avait pas fatigué outre mesure.* ▪ **5 loc. adv. EN OUTRE :** de plus, en plus de cela. *Il est tombé malade... (et) en outre, il a perdu sa place.* **loc. prép.** *«En outre de la modique pension qu'il touchait, il continuait de récolter quelques petites sommes»* R. ROLLAND.

OUTRÉ, ÉE [utʀe] **adj.** – XVIe ; «vaincu, exténué» XIIIe ◊ de *outrer* ▪ **1** Poussé au-delà de la mesure. ➤ **exagéré, excessif, extrême, outrancier.** *Éloges outrés.* ▪ **2** (PERSONNES) VX ou LITTÉR. Qui passe les bornes dans sa conduite ou ses sentiments. *Un dévot outré,* affecté. ▪ **3** MOD. ➤ **indigné, révolté, scandalisé.** *«Votre Maman a attribué votre redoublement de tristesse à un redoublement d'amour [...] elle en est outrée»* LACLOS. *Je suis outré de, par son ingratitude. «Outré d'un tel aveuglement et d'une telle injustice, [...] je fondis en larmes»* FRANCE. *Prendre un air outré.*

OUTRECUIDANCE [utʀəkɥidɑ̃s] **n. f.** – XIIe ◊ de l'ancien français *outrecuider* «avoir en soi une confiance excessive», de l'ancien français *cuider* «croire» ▪ LITTÉR. ▪ **1** Confiance excessive en soi-même, estime exagérée de soi. ➤ **fatuité, orgueil, présomption, prétention, vanité.** *Il s'est montré d'une outrecuidance insupportable. «Pouvons-nous sans folle outrecuidance croire que l'avenir ne nous jugera pas»* RENAN. *Je n'aurai pas l'outrecuidance de critiquer ce travail.* ▪ **2** Désinvolture impertinente envers autrui. ➤ **arrogance, effronterie, impertinence.** *Répondre à qqn avec outrecuidance.* ▪ **CONTR.** Modestie, réserve.

OUTRECUIDANT, ANTE [utʀəkɥidɑ̃, ɑ̃t] **adj.** – fin XIIe ◊ de l'ancien français *outrecuider* → outrecuidance ▪ LITTÉR. Qui montre de l'outrecuidance. ➤ **fat, présomptueux ; arrogant, impertinent.**

OUTRE-MER [utʀəmɛʀ] **adv.** – *ultremer* 1080 ◊ de 2 *outre* et *mer* ▪ Au-delà des mers, par rapport à une métropole. *Les départements d'outre-mer (D. O. M.).* ▪ **HOM.** Outremer.

OUTREMER [utʀəmɛʀ] **n. m.** – XIIe ◊ de *outre-mer* ▪ **1** MINÉR. Lapis-lazuli (pierre bleue). ▪ **2** COUR. Couleur d'un bleu intense. APPOS. INV. *Bleu outremer* (➤ **ultramarin**) *et bleu de Prusse.* — ADJT INV. LITTÉR. *«un ciel outremer comme du lapis-lazuli»* FLAUBERT. ▪ **HOM.** Outre-mer.

OUTREPASSÉ, ÉE [utʀəpɑse] **adj.** – 1866 ◊ de *outrepasser* ▪ ARCHIT. *Arc outrepassé,* qui dessine un arc de cercle plus grand que le demi-cercle ou plein cintre (cf. En fer* à cheval).

OUTREPASSER [utʀəpɑse] **v. tr.** ⟨1⟩ – 1155 ◊ de 2 *outre* et *passer* ▪ **1** VIEILLI Aller au-delà de (une limite). ➤ **dépasser.** ▪ **2** MOD. Aller plus loin qu'il n'est permis. *Outrepasser ses droits, ses pouvoirs.* ➤ **abuser, empiéter, excéder.** *«J'ai pour règle de conduite rigoureuse de ne jamais outrepasser les limites de ma compétence»* ROMAINS. ➤ **franchir** (cf. Dépasser les bornes*).

OUTRER [utʀe] **v. tr.** ⟨1⟩ – XVe ; «dépasser» 1155 ◊ de 2 *outre* ▪ **1** Exagérer, pousser (l'expression) au-delà des limites raisonnables. *Comédien qui outre son jeu.* ➤ **forcer.** *Outrer un effet.* ➤ **amplifier, charger, développer.** *«Le jeune chanteur, outrant un peu son accent qui faisait pouffer de rire les enfants»* STENDHAL. ▪ **2** VX Pousser (qqn) à un excès dans l'ordre des sentiments, des émotions déplaisantes. *«Ce manque de parole m'a outrée contre lui»* Mme DE SÉVIGNÉ. — MOD. (aux temps comp. et sans compl.) Indigner, mettre hors de soi. *Votre façon de parler de sa mort m'a outré.* ➤ **outré** (3°).

OUTRIGGER [autʀigœʀ] **n. m.** /OUTRIGGEUR/ – 1854 ◊ mot anglais, de *out* «en dehors» et *to rig* «armer» ▪ SPORT Embarcation légère à rames, destinée aux courses. *Dans les outriggers, les avirons prennent appui sur des montures métalliques débordantes.*

OUTSIDER [autsajdœʀ] **n.** – 1859 ◊ mot anglais «qui se tient en dehors» ▪ **1** TURF Cheval de course qui ne figure pas parmi les favoris mais qui a des chances de gagner. *Le favori et l'outsider.* — PAR EXT. Concurrent(e) dont la victoire ou la performance est inattendue (dans un sport quelconque). ▪ **2** FIG. *Pour ce fauteuil à l'Académie, dans cette élection, X fait figure d'outsider. La candidature d'une outsider.*

OUVERT, ERTE [uvɛʀ, ɛʀt] **adj.** – début XIIIe, au sens de «manifeste» (II, 2°) ◊ de *ouvrir*

I CONCERNE DES CHOSES ▪ **1** Disposé de manière à laisser le passage. *Porte, fenêtre ouverte. Grand ouvert* : ouvert le plus possible. *À peine ouvert.* ➤ **entrouvert.** — *Entrez, c'est ouvert !* la porte n'est pas fermée à clé. ▪ **2** Où l'on peut entrer (local). *Magasin ouvert. Ouvert de 9 heures à 20 heures.* — PAR EXT. FAM. *«D'ordinaire je reste ouvert jusqu'à la Toussaint, dit-il en regardant le comptoir»* SARTRE. ▪ **3** (fin XIIIe) Disposé de manière à laisser communiquer avec l'extérieur. *Bouche ouverte, yeux ouverts. À ciel* ouvert.* — PAR EXT. *Sons ouverts,* prononcés avec la bouche assez ouverte. *O ouvert* [ɔ]. — *Robinet ouvert,* qui laisse passer l'eau. FAM. *Le gaz est resté ouvert.* — DIDACT. *Ensemble ouvert,* défini en compréhension, dont le nombre d'éléments peut augmenter. *Corpus ouvert,* non clos, extensible. ♦ Qui n'est pas fermé (récipient). *Boîte ouverte. Tiroir ouvert. Bouteille ouverte.* — (Luxembourg, Suisse) *Vin ouvert,* servi en pichet, au verre. — FIG. *À tombeau* ouvert.* ▪ **4** Dont les parties sont écartées, séparées. *Main ouverte* (opposé à *poing fermé*). *Fleur ouverte,* épanouie. LOC. *À bras* ouverts. Livre ouvert. Lire le latin à livre ouvert,* couramment. — *Lettre* ouverte.* ♦ *Col ouvert, chemise ouverte.* ▪ **5** Qui présente une interruption. *Courbe ouverte. Chaîne* ouverte des corps chimiques de la série acyclique.* ▪ **6** Percé, troué, incisé. *Avoir le crâne ouvert. Fracture ouverte. Plaie ouverte.* CHIR. *Opération à cœur ouvert* : intervention à l'intérieur du muscle cardiaque. ▪ **7** Accessible (à qqn, qqch.), que l'on peut utiliser (moyen, voie). ➤ **libre.** *Col de montagne ouvert. Canal ouvert à la navigation.* — *Jardin ouvert au public. Le concours est ouvert aux candidats de moins de 35 ans. Tenir table* ouverte.* — SPORT Accessible à des athlètes de niveau et de statut différents. *Tournoi ouvert. Compétition ouverte.* ➤ **open.** — *Billet ouvert,* sans date fixée (recomm. offic. pour *open*). — *Données ouvertes,* mises à la disposition de tous (recomm. offic. pour l'anglic. *open data*). ♦ Qui n'est pas protégé, abrité. ➤ 1 **découvert.** *Des espaces ouverts. Ville ouverte,* qui n'est pas défendue militairement. *«Malgré sa neige de pays de l'Est, malgré ses vieux airs soviétiques, Berlin, me disais-je, est une ville ouverte»* Y. HAENEL. ♦ DR. *Exécution des peines en milieu ouvert,* en contact avec la vie sociale (à la différence de l'incarcération, de l'internement). ▪ **8** Commencé. *La chasse, la pêche est ouverte,* permise. *Les paris sont ouverts,* autorisés, possibles. *Le débat est ouvert.* ▪ **9** MATH. *Intervalle ouvert,* qui ne contient pas les éléments constituant la limite ou la frontière. *Partie ouverte d'un espace topologique E* : l'ensemble des points situés à l'intérieur de E. ▪ **10** GÉNÉT. *Phase ouverte de lecture* : séquence d'ADN pouvant être traduite en protéine, dont les extrémités correspondent à un codon d'initiation et à un codon-stop. ▪ **11** PHYS. *Système ouvert* : système en équilibre dynamique avec son environnement et où les échanges de matière, d'énergie et d'information sont constants.

II CONCERNE DES PERSONNES, DES ACTIONS ▪ **1** (1588) Communicatif et franc. ➤ **confiant, cordial, démonstratif, expansif,** RÉGION. **parlable.** *Visage, caractère ouvert. «Sa mine fleurie, son air ouvert et pourtant buté»* SARTRE. — LOC. *À cœur ouvert* : en toute franchise. *Il nous a parlé à cœur ouvert.* ▪ **2** (début XIIIe) Qui se manifeste, se déclare publiquement. ➤ **déclaré,** 1 **manifeste, patent, public.** (1671) *Faire une guerre ouverte à qqn. Éviter les conflits ouverts. Déchaîner une campagne ouverte, officielle. «Rien encore ne l'avait fâché avec eux d'une façon ouverte et définitive»* ZOLA. ▪ **3** Qui s'ouvre facilement aux idées nouvelles, qui comprend ou admet sans peine, sans préjugé. *Un esprit ouvert.* ➤ **éveillé, pénétrant, vif.** *«Morale ouverte et morale fermée»* BERGSON. — *C'est une personne très ouverte,* à l'esprit très ouvert.

▪ **CONTR.** Étroit, serré ; 1 clos, 2 couvert, fermé, protégé. — 1 Faux, 1 froid, hypocrite, renfermé ; intime, 1 secret ; borné, buté, étroit.

OUVERTEMENT [uvɛʀtəmɑ̃] **adv.** – XIIe ◊ de *ouvert* ▪ D'une manière ouverte, sans dissimulation. ➤ **franchement.** *Dire ouvertement la vérité,* sans compliment, sans flatterie. *Témoigner ouvertement son affection. Agir ouvertement.* ➤ 3 **découvert** (à) ; **transparence.** ▪ **CONTR.** Cachette (en cachette), secrètement.

OUVERTURE [uvɛʀtyʀ] **n. f.** – milieu XIIe, au sens II ◊ du latin populaire *opertura,* de *apertura,* famille de *aperire* → ouvrir

I LE FAIT D'OUVRIR OU DE COMMENCER QQCH. **A. L'OUVERTURE (DE)...** ▪ **1** (fin XIIIe) Action d'ouvrir ; état de ce qui est ouvert. *Ouverture d'une boîte ; d'un coffre-fort. Ouverture des portes d'un lieu public.* PAR EXT. *Ouverture des magasins, des bureaux. Heures, jours d'ouverture.* — *Ouverture d'une lettre, d'un testament.* ♦ CHIR. Première phase d'une opération dans laquelle on coupe les tissus. ➤ **incision.** ♦ Caractère de ce qui est plus ou moins ouvert (dispositifs réglables). *Ouverture d'un objectif ; régler l'ouverture.* ♦ *Ouverture d'un angle :* écartement des côtés. *Ouverture d'un compas. L'ouverture d'une danseuse* (cf. En-dehors*). ▪ **2** Le fait de rendre praticable, utilisable. *Ouverture d'une autoroute.* ▪ **3** (ABSTRAIT) *Ouverture d'esprit :* qualité de l'esprit ouvert. ▪ **4** (1581) Le fait d'être commencé, mis en train ; de devenir ouvert. ➤ **ouvrir.** *Ouverture de la session, d'une séance, d'une enquête, d'un débat, d'un festival.* ➤ **commencement, début.** *Ouverture d'une exposition, d'une école, d'un théâtre, d'une usine.* ➤ **inauguration.** *Cérémonie d'ouverture. Cours d'ouverture et cours de clôture, à la Bourse.* — *Ouverture de la chasse, de la pêche :* le premier des jours où il est permis de chasser, de pêcher. *Faire l'ouverture* (de la chasse) : aller chasser ce jour-là. ♦ DR. *Ouverture de succession.* ♦ FIN. *Ouverture de crédits :* convention (expresse ou tacite) selon laquelle une banque, un établissement de crédit s'engage à mettre à la disposition d'un client une somme fixée. ➤ aussi 2 **découvert, facilité** (de caisse). *Ouverture d'un compte bancaire.* — FIN., ADMIN. *Ouverture de crédit :* autorisation de dépenser donnée aux ordonnateurs par les lois. ♦ CARTES Action ou possibilité d'ouvrir (le jeu). — Série de coups par laquelle débute, s'ouvre une partie d'échecs. ♦ SPORT *Demi d'ouverture :* joueur chargé d'ouvrir le jeu, au rugby. ➤ FAM. 2 **ouvreur.**

B. DES OUVERTURES (1643) PLUR. Premier essai en vue d'entrer en pourparlers. ➤ **avance, offre, proposition.** *Faire des ouvertures de paix, de négociation, de conciliation. « Comme je voyais [...] qu'on attendait mes ouvertures, je balbutiai : "Vous allez bien, madame ?" »* MAUPASSANT.

C. EN MUSIQUE (1691) Morceau, généralement conçu pour l'orchestre, par lequel débute le plus souvent un ouvrage lyrique (opéra, opéra-comique, oratorio). *L'ouverture d'Egmont, de Beethoven.*

II UNE OUVERTURE, DES OUVERTURES. CE QUI FAIT QU'UNE CHOSE EST OUVERTE ▪ **1** (milieu XIIe) Solution de continuité par laquelle s'établit la communication ou le contact entre l'extérieur et l'intérieur ; espace libre, vide, dans une paroi. ➤ **accès, entrée, issue, passage, trou.** *Les ouvertures d'un bâtiment, d'un mur :* tout vide aménagé ou percé dans la construction. ➤ 2 **arche,** 2 **baie, chatière, embrasure, fenêtre, guichet, jour, judas, lucarne, œil-de-bœuf,** 1 **porte, soupirail,** 1 **trappe, vasistas.** *Une « muraille, où il avait laissé deux ouvertures, une fenêtre et la porte »* ZOLA. *Ouverture étroite.* ➤ **fente, interstice.** *Boucher, condamner une ouverture.* ♦ *Ouverture d'un puits* (➤ **orifice**), *d'un volcan* (➤ **cratère**) ; *d'un four* (➤ **gueule**). ▪ **2** FIG. Voie d'accès ; moyen de comprendre. *« On n'a d'ouverture sur un être que si on en est aimé »* CHARDONNE. ▪ **3** *Politique d'ouverture,* visant à des rapprochements, à des alliances avec d'autres partis. *Parti qui pratique l'ouverture au centre, à gauche.*

▪ CONTR. Clôture, fermeture. 1 Fin. 2 Finale.

OUVRABLE [uvʀabl] adj. m. – 1260 ; *uverable* fin XIIe ◊ de *ouvrer* « travailler », rattaché par erreur à *ouvrir* (les magasins, les usines) ▪ Se dit des jours de la semaine qui ne sont pas des jours fériés. *La semaine comporte six jours ouvrables et cinq jours ouvrés.* ▪ CONTR. Férié ; chômé.

OUVRAGE [uvʀaʒ] n. m. – début XIIIe ; *ovraigne* 1155 ◊ de *œuvre* ▪ **1** Ensemble d'actions coordonnées par lesquelles on met qqch. en œuvre, on effectue un travail. ➤ **œuvre ; besogne, tâche,** 1 **travail.** *Avoir de l'ouvrage, ne pas avoir d'ouvrage.* ➤ **occupation.** *Ouvrages manuels. Ouvrage pénible, de longue haleine.* VIEILLI *Ouvrages de dames :* travaux de couture, broderie, tricot, tapisserie. *« Suzanne jouait du piano et était fort habile à toutes sortes d'ouvrages de dame »* ARAGON. — *Se mettre à l'ouvrage.* LOC. *Avoir du cœur à l'ouvrage :* être enthousiaste pour un travail. ♦ Travail lucratif, rémunéré. *« Quand on en a l'envie, on trouve toujours de l'ouvrage »* CH.-L. PHILIPPE. ♦ TECHN. *Bois d'ouvrage,* destiné à être employé dans la fabrication d'objets ouvrés. — DR. *Louage d'ouvrage :* contrat de travail. ➤ **entreprise.** ♦ POP. au fém. *C'est de la belle ouvrage,* un travail soigné, bien fait. ▪ **2** (début XVe) Objet produit par le travail d'un ouvrier, d'un artisan, d'un artiste. *Ouvrage de ferronnerie, de marqueterie.* ♦ SPÉCIALT Construction. *Le gros de l'ouvrage :* le gros œuvre*. *Ouvrages de maçonnerie, gros ouvrage. Ouvrage léger* (cloisons, plafonds, sols...). *Maîtrise*, maître d'ouvrage.* — **OUVRAGES D'ART :** constructions (ponts, tranchées, tunnels) nécessaires à l'établissement d'une voie. ♦ (1757) TECHN. Partie cylindrique basse d'un haut-fourneau. ♦ FORTIF. *Ouvrage militaire.* ➤ **blockhaus, fortification.** *Ouvrage défensif. Ouvrage de campagne :* fortification provisoire. ♦ (1542) Objet de couture, de broderie, de tricot, de tapisserie, considéré relativement à son exécution ou durant son exécution. — LOC. *Boîte, corbeille, panier, sac à ouvrage. Table à ouvrage* (➤ **travailleuse**). *« Après le dîner, elle faisait quelque ouvrage de couvent »* HUGO. ▪ **3** (XVIIe) Texte scientifique, technique ou littéraire. ➤ 1 **écrit, œuvre** (*œuvre* insiste plus sur la qualité artistique), **texte.** *La matière, le sujet d'un ouvrage. Consulter tous les ouvrages publiés sur une question.* ➤ **bibliographie, littérature.** *Édition, diffusion, publication d'un ouvrage. Ouvrage sous presse*. Ouvrage de référence.* ♦ Livre. *Ouvrage en deux tomes. Ouvrages à la vitrine d'un libraire.* ▪ **4** (1640) VIEILLI ou LITTÉR. Ensemble d'opérations tendant à une fin ; ce qui est fait, accompli par qqn. ➤ **œuvre,** 1 **travail.** *« Et cette alarme universelle Est l'ouvrage d'un moucheron »* LA FONTAINE. *« J'ai fait un peu de bien, c'est mon meilleur ouvrage »* VOLTAIRE. *L'ouvrage du hasard. L'ouvrage du temps.* ▪ CONTR. Divertissement, récréation, repos.

OUVRAGÉ, ÉE [uvʀaʒe] adj. – v. 1360 ◊ de *ouvrage* ▪ **1** Ouvré, travaillé. *Pièce d'orfèvrerie finement ouvragée.* ▪ **2** Qui a nécessité un travail minutieux, délicat. ➤ **orné.** *« Une de ces signatures si ouvragées qu'elle lui prit pour l'exécution fignolée dix bonnes minutes »* CÉLINE. ▪ CONTR. Brut, grossier.

OUVRAISON [uvʀɛzɔ̃] n. f. – 1846 ◊ de *ouvrer* ▪ TECHN. Action d'ouvrer, de mettre en œuvre (les soies grèges). — Les soies ouvrées.

OUVRANT, ANTE [uvʀɑ̃, ɑ̃t] n. m. et adj. – XVIe ◊ de *ouvrir*

I n. m. TECHN. Panneau mobile recouvrant une peinture. *Les ouvrants d'un triptyque.* ♦ Partie mobile d'un ouvrage de menuiserie à châssis (porte, croisée, armoire) (opposé à *dormant*). ➤ 1 **battant.**

II adj. (1611) Qui ouvre (II). *Toit ouvrant* (d'une voiture). ♦ DR. *À jour ouvrant :* dès le début de l'audience du jour.

OUVRÉ, ÉE [uvʀe] adj. – début XIVe ◊ de *ouvrer* ▪ **1** TECHN. ou LITTÉR. Travaillé, façonné. *Bois, fer, cuivre ouvré.* ➤ **manufacturé, ouvragé.** *Produits ouvrés et semi-ouvrés.* ♦ Orné. *La grande porte « tout ouvrée de guirlandes »* ARAGON. ➤ **ouvragé.** *Linge ouvré,* orné de broderies, de dentelles. ▪ **2** ADMIN. *Jour ouvré,* où l'on travaille. ▪ CONTR. Brut ; uni.

OUVREAU [uvʀo] n. m. – 1697 ◊ de *ouvrir* ▪ TECHN. Ouverture pratiquée dans les parois des fours de verriers, dans les fourneaux, les meules à charbon, etc. (pour attirer l'air, pour puiser de la matière).

OUVRE-BOÎTE [uvʀəbwat] n. m. /OUVRE-BOITE/ – 1926 ◊ de *ouvrir* et *boîte* ▪ Instrument coupant, servant à ouvrir les boîtes de conserve. *Ouvre-boîte électrique. Des ouvre-boîtes.*

OUVRE-BOUTEILLE [uvʀəbutɛj] n. m. – 1935 ◊ de *ouvrir* et *bouteille* ▪ Instrument servant à ouvrir les bouteilles capsulées. ➤ **décapsuleur.** *Des ouvre-bouteilles.*

OUVRER [uvʀe] v. ⟨1⟩ – *ovrer* XIIe ; *obrer* 980 ◊ latin *operari* ▪ **1** v. intr. VX ou RÉGION. Travailler. ➤ **œuvrer.** *« Il est défendu [...] d'ouvrer les fêtes et les dimanches »* FURETIÈRE. ➤ **ouvrable.** ▪ **2** v. tr. TECHN. Mettre en œuvre (des matériaux). ➤ **élaborer, façonner.** *Ouvrer du bois.* ♦ *Ouvrer du linge,* le décorer, l'orner par des travaux d'aiguille (➤ **ouvrage, ouvroir**). ▪ HOM. *Ouvre :* ouvre (ouvrir).

1 **OUVREUR** [uvʀœʀ] n. m. – *ovreor* « ouvrier » XIIIe ◊ latin *operatorem* → ouvrer ▪ TECHN. Ouvrier papetier qui puise la pâte dans la cuve.

2 **OUVREUR, EUSE** [uvʀœʀ, øz] n. – 1611 « qui ouvre » ◊ de *ouvrir* ▪ **1** (1932) Personne qui ouvre le jeu ou engage la première une mise, au poker. ▪ **2** Personne chargée de placer les spectateurs dans une salle de spectacle. *Ouvreuse de théâtre.* ➤ **placeur.** *« vous entrez dans la salle obscure, mystérieuse, précédées du faisceau lumineux de la lampe d'une ouvreuse »* M. SIZUN. ▪ **3** SPORT Skieur, skieuse qui ouvre la piste afin d'en permettre l'accès (au public ou aux concurrents d'une compétition). ♦ AUTOM. Pilote chargé(e) de vérifier l'état de la route avant le départ d'une course. ♦ FAM. Demi d'ouverture*.

OUVRIER, IÈRE [uvʀije, ijɛʀ] **n. et adj.** – XIIIe ; *ovrer, overier* XIIe ◊ latin *operarius*

I ~ n. ▪ **1** Personne qui exécute un travail manuel, exerce un métier manuel ou mécanique moyennant un salaire ; et COUR. Travailleur manuel de la grande industrie. ➤ **prolétaire ; 2 aide, apprenti, façonnier, journalier ;** RÉGION. **travaillant.** *Ouvrier agricole, ouvrier d'usine. — Formation, qualification professionnelle des ouvriers.* ➤ **2 manœuvre, O. S.** *Ouvrier qualifié*, hautement qualifié (O. Q., O. H. Q.). Ouvrier professionnel (O. P.). «L'O. S. sans qualification précise, appelé faussement "ouvrier spécialisé" [...] tend à disparaître avec le perfectionnement des machines complexes»* CHOMBART DE LAUWE. *Ouvrier peintre. Maître ouvrier. — Ouvriers travaillant en équipe, à la chaîne. Chef d'une équipe d'ouvriers.* ➤ **chef** **(d'équipe), contremaître.** *Ouvrières qui pointent en arrivant à l'usine. Machine-outil, casque d'un ouvrier. Salopette, combinaison d'ouvrier.* ➤ **bleu.** *Les ouvriers d'un atelier, d'un chantier ; ouvriers du bâtiment, de la voie publique. Ouvrier, ouvrière à domicile, en chambre. Ouvrier à façon*. — Meilleur ouvrier de France* (titre décerné sur concours). *Communautés, organisations professionnelles d'ouvriers* (➤ **compagnonnage, syndicat**). *Ouvriers syndiqués. «un ouvrier ne peut pas vivre en bourgeois ; il faut, dans l'organisation sociale d'aujourd'hui, qu'il subisse jusqu'au bout sa condition de salarié»* SARTRE. ◆ LOC. PROV. *Les mauvais ouvriers ont toujours de mauvais outils*.* ALLUS. BIBL. *Ouvrier de la onzième* heure.* ◆ COLLECT. *L'ouvrier :* la classe ouvrière. *Le bourgeois et l'ouvrier.* ▪ **2** (XVIe) VX ou LITTÉR. Personne qui effectue habituellement et avec habileté un travail, et SPÉCIALT Personne dont le métier, la profession consiste dans l'exécution de tel ou tel travail. *Les ouvriers du livre. C'est un excellent ouvrier.* ➤ **artisan, artiste.** *«elle avait une prestesse d'ouvrière, car tout le monde peut, à certaines façons, reconnaître le faire de l'ouvrier et celui d'un amateur»* BALZAC. ▪ **3** VX *L'ouvrier de* (qqch.). ➤ **artisan, auteur.** *«Je suis l'ouvrier de ma fortune»* BOSSUET.

II ~ adj. (v. 1400 *jour ouvrier* «ouvrable») ▪ **1** (1789) Qui a rapport aux ouvriers, qui est constitué par des ouvriers ou est destiné aux ouvriers, au prolétariat industriel. *La classe ouvrière. La condition ouvrière. «Elle ne savait rien de l'enfance ouvrière, différente de celle qu'elle avait eue, comme le cauchemar d'un sommeil calme»* ARAGON. *Le mouvement ouvrier. Les revendications ouvrières. Militant d'un syndicat ouvrier. Force ouvrière (F. O.),* nom d'une centrale syndicale. ◆ *Cité ouvrière. «Nous avons en France des cités ouvrières* [...] *elles sont le produit artificiel des cités voisines»* SARTRE. *Jardin ouvrier.* ▪ **2** LOC. *Cheville* ouvrière.*

III ~ adj. et **n. f.** (1751) *Abeille ouvrière* (RARE) et **n. f. OUVRIÈRE :** dans une ruche, individu neutre (femelle dont l'appareil génital n'est pas développé) qui butine, assure la construction ou la défense. *La reine et les ouvrières.* PAR ANAL. Fourmi, guêpe neutre.

▪ CONTR. Employeur, maître, 1 patron ; bourgeois. — Patronal.

OUVRIÉRISME [uvʀijeʀism] **n. m.** – 1878 ◊ de *ouvrier* ▪ Système selon lequel le mouvement syndical, la gestion socialiste de l'économie, doivent être dirigés par les mouvements ouvriers. *«On a arrêté avec l'avenir radieux, on s'est fait* [sic] *discrets sur l'ouvriérisme»* A. JENNI. — **adj.** et **n. OUVRIÉRISTE** (1930).

OUVRIR [uvʀiʀ] **v.** ⟨18⟩ – fin Xe ◊ du latin populaire *operire,* de *aperire* «ouvrir», sous l'influence du contraire *cooperire* «couvrir»

I ~ v. tr. A. FAIRE UN PASSAGE, RENDRE ACCESSIBLE ▪ **1** Disposer (une ouverture) en déplaçant ses éléments mobiles, de manière à mettre en communication l'extérieur et l'intérieur. *Ouvrir une porte, la porte, l'ouvrir à peine* (➤ **entrouvrir**), *l'ouvrir toute grande, à deux battants. Ouvrir la fenêtre. Ouvrir la porte avec une clé, un passe-partout.* ➤ aussi **déverrouiller.** PAR EXT. *Clé qui ouvre une porte,* qui permet de l'ouvrir. *Ouvrir une porte avec effraction.* ➤ **crocheter, forcer.** ◆ (sans le compl. «la porte») *«Je me suis levé pour aller ouvrir, quand on a sonné à la porte»* DJIAN. *Ouvrez, au nom de la loi ! N'ouvrez à personne.* ◆ *Ouvrir la vitre d'une voiture.* ➤ **abaisser.** — (Sujet chose) *Musée qui ouvre ses portes.* ▪ **2** (fin XIe) Mettre en communication (un contenant, un local) avec l'extérieur par le déplacement ou le dégagement de l'élément mobile. *Ouvrir une armoire, une boîte, un bocal. Ouvrir une bouteille.* ➤ **1 déboucher, décapsuler.** *Ouvrir un paquet.* ➤ **déballer, défaire.** (SANS COMPL.) *Pour ouvrir, percez le couvercle.* ◆ (fin XVe) SPÉCIALT (en insistant sur le résultat et sur la durée des effets) Rendre accessible (un local). *Ouvrir un magasin, une boutique de 9 heures à 19 heures.* ◆ (Sujet personne) *Nous ouvrirons toute la matinée de dimanche.* PAR EXT. FAM. *Vous êtes ouvert le lundi ?* ▪ **3** (fin XIe) Mettre (un objet) dans une disposition qui assure la communication ou le contact avec l'extérieur. *Ouvrir la bouche. Il n'a pas ouvert la bouche de la soirée,* il s'est tu. ELLIPT et FAM. *L'ouvrir :* parler. *Il n'y a pas moyen de l'ouvrir, avec lui !* (cf. En placer* une). *«Réfléchis avant de l'ouvrir»* DAENINCKX. — *Ouvrir le bec. — Ouvrir un œil :* s'éveiller. *Ouvrir l'œil*. Ouvrir les yeux* à qqn.* ◆ *Ouvrir un sac, son portemonnaie, un portefeuille. Ouvrir une enveloppe. — Ouvrir une lettre, son courrier.* ➤ **décacheter.** ◆ *Ouvrir en grand un robinet.* — FAM. *Ouvrir la lumière, le gaz, la radio, la télévision, le chauffage,* etc., faire fonctionner. ➤ **allumer, brancher, mettre.** ◆ LOC. *Ouvrir l'appétit :* donner faim. ▪ **4** PAR EXT. Écarter, séparer (des éléments mobiles). *Ouvrir les rideaux. Ouvrir les bras, ses ailes.* ➤ **déployer, étendre.** *Ouvrir un éventail, un parapluie. Ouvrir un livre. Ouvrir largement son journal.* ➤ **1 étaler.** — *Ouvrir le lit.* ▪ **5** Faire (une ouverture) en creusant, en trouant. *Ouvrir une fenêtre dans un mur, une brèche dans une forteresse.* ➤ **percer, pratiquer.** PAR EXT. *Ouvrir la parenthèse*, les guillemets*.* ▪ **6** (fin XIe) Atteindre l'intérieur de (qqch. de vivant ou dont le contenu peut être recueilli) en écartant, coupant, brisant. *Ouvrir des huîtres, des oursins. Ouvrir une noix de coco, un avocat. Ouvrir un homard en deux.* ◆ *Chirurgien qui ouvre un abcès à l'aide d'un bistouri.* ➤ **inciser, percer.** *«en ouvrant le péritoine, ils avaient trouvé un fibrome énorme»* CÉLINE. — *On lui a ouvert le crâne* (➤ **trépanation**). *S'ouvrir les veines* (pour se suicider). *S'ouvrir le ventre.* ➤ **s'éventrer.** PAR EXAGÉR. *S'ouvrir le genou en tombant.* — (SANS COMPL.) *Le diagnostic externe est insuffisant, il va falloir ouvrir.* ➤ **opérer.** ▪ **7** (XIVe) Créer ou permettre d'utiliser (un moyen d'accéder, d'avancer, une voie). *Ouvrir, s'ouvrir un chemin, une voie.* ➤ **frayer.** *Ouvrir la route, la piste,* s'y engager le premier. *Skieur qui ouvre la piste* (➤ **2 ouvreur**). *Motard qui ouvre la route à un convoi officiel.* FIG. *Ouvrir la voie*. Ouvrir un passage. Ouvrir un canal à la navigation. «La victoire en chantant nous ouvre la carrière»* M.-J. CHÉNIER. ◆ PAR EXT. (fin XVe) Rendre accessible (un lieu, un domaine) à qqn. *Ses succès «lui ouvraient quelques salons»* BALZAC. *Ouvrir sa maison à qqn,* lui offrir son accueil. FIG. *Diplôme qui ouvre une carrière.*

B. FAIRE DÉCOUVRIR, FAIRE COMMENCER (fin XIIe) ▪ **1** Découvrir, présenter. *Ouvrir à qqn son âme, son cœur, sa pensée. Il nous a ouvert le fond de son cœur* (cf. Parler à cœur* ouvert). *Cela ouvre des horizons*, des perspectives nouvelles. «Vous m'avez ouvert un monde d'idées que je ne soupçonnais pas»* PROUST. ▪ **2** *Ouvrir l'esprit* (à qqn), lui rendre l'esprit ouvert, large. *Enseignant, lecture qui ouvre l'esprit d'un enfant.* ➤ **éveiller.** *«Ce sont deux arts* [la musique et la danse] *qui ouvrent l'esprit d'un homme aux belles choses»* MOLIÈRE. ▪ **3** (fin XIVe) Commencer, mettre en train. *Ouvrir les hostilités. Ouvrir le feu.* ➤ **attaquer, tirer.** *Ouvrir le dialogue, une discussion, un débat.* ➤ **1 lancer.** *Ouvrir une information, une enquête, un procès. Ouvrir un compte, un crédit à qqn,* l'accorder. *Se faire ouvrir un compte en banque. — Ouvrir la session parlementaire, la séance, le scrutin. Ouvrir une exposition, la chasse.* ◆ Être le premier à faire, à exercer (une activité, etc.). *Ouvrir la marche, la danse, le bal, le ban. Équipe qui ouvre la marque. — Son nom ouvre la liste.* ➤ **commencer.** — *Ouvrir le jeu :* être le premier à miser, à déclarer, à jouer. (SANS COMPL.) *Ouvrir d'un trèfle, d'un pique.* — (1928) (Au rugby) *Le demi d'ouverture ouvre sur tel joueur,* en lui lançant le ballon. ▪ **4** Créer, fonder (un établissement ouvert au public). *Ouvrir un cinéma, une boutique, des écoles, un commerce.* ▪ **5** INFORM. Lancer l'exécution de (un programme) dont les fonctions sont rendues ainsi disponibles. — Permettre l'accès à (un fichier). *Ouvrir un fichier en écriture, en lecture.*

II ~ v. intr. ▪ **1** Être ouvert. *Cette porte n'ouvre plus. Magasin, théâtre qui ouvre tel jour. Ça ouvre à 9 heures.* ◆ (début XIIIe) *Ouvrir sur :* donner accès, donner vue sur. *Fenêtre qui ouvre sur la mer.* ▪ **2** Commencer, débuter. *Les cours ouvriront la semaine prochaine.*

III ~ v. pron. S'OUVRIR ▪ **1** Devenir ouvert. *La porte s'ouvre automatiquement. Le toit de cette voiture s'ouvre* (➤ **ouvrant**). *Cette fenêtre s'ouvre mal. Comment est-ce que ça s'ouvre ? Sésame*, ouvre-toi ! — Mains, bras, ailes qui s'ouvrent. La fleur s'ouvre.* ➤ se **déplier, éclore, s'épanouir.** *La foule s'ouvrait sur mon passage.* — FIG. *«Sa bourse s'ouvrait facilement»* BALZAC ▪ **2 S'OUVRIR SUR :** être percé, pratiqué de manière à donner accès ou vue sur. ➤ **donner.** *«la porte d'entrée s'ouvrait directement sur le large couloir»* ZOLA. ▪ **3** Se présenter, s'offrir comme une voie d'accès, un chemin. *La route qui s'ouvre devant nous.* ◆ (ABSTRAIT) Devenir accessible, apparaître comme accessible. *Une vie nouvelle s'ouvrait devant lui.* ▪ **4 S'OUVRIR À (qqch.) :** devenir accessible à ; se laisser pénétrer par (un sentiment, une idée). *Pays qui s'ouvre au tourisme. «son cœur s'ouvre aux premiers feux de l'amour»* ROUSSEAU. ➤ **s'abandonner.** *Esprit qui s'ouvre à certaines notions, à une idée. — Son esprit commence à s'ouvrir.* ◆ VIEILLI **S'OUVRIR À (qqn),** lui ouvrir son cœur, sa pensée. ➤ se **confier.** *«Je ne m'en suis ouvert à personne [...]. J'emporterai ce secret avec moi dans la tombe»* VALLÈS. ■ **5** (CHOSES) Commencer, être mis en train. *L'exposition qui allait s'ouvrir. — S'ouvrir par :* commencer par.

■ CONTR. Fermer, 1 boucher, boucler, clore, plier, resserrer, serrer ; barrer, intercepter, interdire ; finir, terminer. ■ HOM. *Ouvre :* ouvre (ouvrer).

OUVROIR [uvʀwaʀ] n. m. – XVe «atelier» ; *ovreor* 1160 ◊ de *ouvrer* ■ VIEILLI ■ **1** Lieu réservé aux ouvrages de couture, de broderie..., dans une communauté de femmes, un couvent. ■ **2** Atelier de charité où des personnes bénévoles faisaient des ouvrages* de dames pour les indigents ou des ornements d'église. ■ **3** PAR PLAIS. *«L'ouvroir de littérature potentielle»* (Oulipo), *de R. Queneau.*

OUZBEK, ÈKE [uzbɛk] adj. et n. – *uzbek* 1765 ; *Usbeke* 1613 ◊ mot de cette langue ■ D'une ethnie turque d'Asie centrale. — n. *Les Ouzbeks.* — n. m. Langue du groupe turc.

OUZO [uzo] n. m. – 1937 *ouso* ◊ mot grec ■ Boisson grecque, alcool parfumé à l'anis. *Bouteille d'ouzo. Des ouzos.* ■ HOM. Houseau.

OVAIRE [ɔvɛʀ] n. m. – 1672 ◊ latin des médecins *ovarium,* de *ovum* «œuf» ■ **1** Glande génitale femelle qui produit les ovules et les hormones sexuelles. *Fonction de l'ovaire.* ➤ **ovarien, ovulation.** *Tumeur, kyste de l'ovaire. Ablation d'un ovaire.* ➤ **ovariectomie.** ■ **2** (1746) BOT. Partie inférieure du pistil ou du carpelle, formée d'une ou plusieurs loges, qui contient les ovules destinés à devenir des graines après la fécondation (➤ **fleur, 1 fruit**). *Ovaire infère, supère.*

OVALBUMINE [ɔvalbymin] n. f. – 1900 ◊ de *ov(o)-* et *albumine* ■ BIOCHIM. Glycoprotéine qui forme la plus grande partie du blanc de l'œuf.

OVALE [ɔval] adj. et n. m. – 1361 ◊ du latin *ovum* «œuf» ■ **1** Qui a la forme d'une courbe fermée et allongée (rappelant celle d'un œuf de poule). ➤ 2 **elliptique, ovoïde.** *Une table ovale. «Monsieur Edmond avait un visage ovale terminé par un menton en galoche»* CH.-L. PHILIPPE. — LOC. *Le ballon ovale :* le ballon de rugby (opposé à *ballon rond,* de **football**). PAR EXT. Le rugby. ➤ **ovalie.** ■ **2** n. m. (1660 ; *une ovalle* 1562) Courbe plane dont la forme rappelle le contour d'un œuf. *Tracer un ovale,* une courbe ovoïde. ➤ 2 **ellipse.** PARTICULT L'ovale du visage. *Un ovale parfait. «Malheureusement, le menton termine quelquefois par une courbe trop brusque un ovale divinement commencé»* GAUTIER. ◆ **EN OVALE :** en forme d'ovale. — SPÉCIALT Courbe qui est formée par le raccordement de quatre arcs de cercle (➤ **ove**). *«Un salon avec un grand ovale au plafond comme chez les gens riches»* ROMAINS.

OVALIE [ɔvali] n. f. – 1980 n. pr. ◊ de *ovale,* dans *ballon ovale* ■ Ensemble des régions où l'on joue au rugby ; le milieu du rugby.

OVALISATION [ɔvalizasjɔ̃] n. f. – 1923 ◊ de *ovaliser,* de *ovale* ■ TECHN. Défaut d'une pièce mécanique dû à l'usure inégale des parois d'un cylindre.

OVALISÉ, ÉE [ɔvalize] adj. – 1845 ◊ de *ovale* ■ TECHN. Qui a pris une forme ovale (d'un cylindre). *Canon de fusil, cylindres de moteur ovalisés.*

OVARIECTOMIE [ɔvaʀjɛktɔmi] n. f. – 1901 ◊ du latin *ovarium* et *-ectomie* ■ CHIR. Ablation d'un ovaire ou des ovaires. *Ovariectomie bilatérale.* ➤ **castration.**

OVARIEN, IENNE [ɔvaʀjɛ̃, jɛn] adj. – 1838 ◊ du radical de *ovaire* ■ Relatif à l'ovaire. *Follicule* ovarien. Hormones ovariennes.* ➤ **folliculine, œstrogène, progestérone.** *Cycle ovarien :* ensemble des modifications périodiques de l'ovaire (maturation du follicule ovarien, ovulation, formation du corps jaune). ➤ **œstral.** *Phase folliculaire et phase lutéale du cycle ovarien.*

OVATE [ɔvat] n. m. – 1874 ◊ plur. latin °*ovates,* grec *ouateis,* latin classique *vates* «celui qui prédit l'avenir» ■ HIST. RELIG. Prêtre gaulois, entre les druides et les bardes, dans la hiérarchie druidique.

OVATION [ɔvasjɔ̃] n. f. – 1520 ◊ latin *ovatio,* de *ovis* «brebis» ■ **1** HIST. Dans l'Antiquité romaine, Cérémonie en l'honneur d'un général victorieux, moins solennelle que le triomphe*, accompagnée du sacrifice d'une brebis. ■ **2** (1767) COUR. Acclamations publiques, manifestations bruyantes d'approbation rendant honneur à un personnage, à un orateur. ➤ **acclamation, cri.** *Faire une ovation à qqn.* ➤ **ovationner.** *«Un tonnerre d'acclamations, ce bruit émouvant des ovations lointaines et se rapprochant, annonçait le héros»* MADELIN. ■ CONTR. Bronca, huée, tollé.

OVATIONNER [ɔvasjɔne] v. tr. ⟨1⟩ – 1892 ◊ de *ovation* ■ Acclamer, accueillir (qqn) par des ovations. *Il s'est fait ovationner.* ■ CONTR. Conspuer, huer, siffler.

OVE [ɔv] n. m. – 1622 ◊ latin *ovum* «œuf» ■ DIDACT. Ornement en relief, en forme d'œuf (➤ **ovale**) utilisé en architecture, en orfèvrerie. *Ove qui orne une corniche, une moulure. Oves fleuronnés,* entourés de feuillage.

OVÉ, ÉE [ɔve] adj. – 1798 ; «gros, plein» 1226 en Flandres ◊ du latin *ovum* «œuf» ■ DIDACT. Se dit d'un objet en relief qui a la forme d'un œuf. ➤ **ovale, ovoïde.** *Fruit ové.*

OVER ARM STROKE [ɔvɛʀaʀmstʀɔk] n. m. – 1898 ◊ mots anglais «coup *(stroke)* de bras *(arm)* par-dessus» ■ ANGLIC. VIEILLI Nage sur le côté avec ciseaux des jambes, où un bras est ramené d'arrière en avant hors de l'eau (SYN. COUR. **nage indienne***).

OVERDOSE [ɔvœʀdoz ; ɔvɛʀdoz] n. f. – 1968 ◊ mot anglais, de *over* «excessif» et *dose* emprunté au français ■ ANGLIC. Dose excessive d'une drogue dure. ➤ **surdose.** *Mort par overdose. Être en overdose.* — FIG. ➤ **excès.** *Une overdose de chocolat. Overdose publicitaire.*

OVERDRIVE [ɔvœʀdʀajv] n. m. – 1960 ◊ mot anglais, de *over* «supérieur» et *drive* «propulsion» ■ ANGLIC. AUTOM. Dispositif de surmultiplication des rapports d'une boîte de vitesses. *Cinquième vitesse en overdrive.*

OVI-, OV(O)- ■ Élément, du latin *ovum* «œuf». ➤ **oo-.**

OVIBOS [ɔvibɔs] n. m. – 1816 ◊ du latin *ovis* «brebis» et *bos* «bœuf» ■ ZOOL. Mammifère ruminant de l'Arctique qui rappelle le mouton par sa toison et par sa queue. ➤ **bœuf** (musqué).

OVIDUCTE [ɔvidykt] n. m. – 1771 ◊ de *ovi-* et du latin *ductus* «conduit» ■ ANAT. Conduit par lequel, chez les animaux, l'ovule ou ovocyte (➤ **œuf**) quitte l'ovaire. *Dans l'espèce humaine, l'oviducte est nommé* trompe de Fallope.

OVIN, INE [ɔvɛ̃, in] adj. – 1278, repris 1834 ◊ du latin *ovis* «brebis» ■ Qui appartient, qui est relatif au mouton, au bélier, à la brebis. *Bête, espèce, race ovine.* — n. m. pl. *Les ovins* (ou *ovinés*) : sous-famille de la famille des bovidés comprenant tous les membres de l'espèce ovine (ex. mérinos, mouflon...).

OVINÉS [ɔvine] n. m. pl. – 1923 ◊ du latin *ovis* «brebis» ■ ZOOL. *Les ovinés.* ➤ **ovin.**

OVIPARE [ɔvipaʀ] adj. – 1700 ; *ovipere* 1558 ◊ latin *oviparus* ■ Se dit des animaux qui se reproduisent par des œufs (leur embryon ne se développe pas aux dépens des tissus maternels, mais d'une réserve nutritive contenue dans une enveloppe, l'ensemble constituant l'œuf). *Les oiseaux sont ovipares, ainsi que les crustacés, la plupart des insectes, des poissons, des reptiles. Chez certaines espèces ovipares, la fécondation a lieu après la ponte* (poissons). *Mammifères ovipares.* ➤ **monotrème.** — PAR EXT. *Reproduction ovipare.* — SUBST. *Les vivipares, les ovipares et les ovovivipares.*

OVIPARITÉ [ɔviparite] n. f. – 1838 ◊ de *ovipare* ■ ZOOL. Mode de reproduction des animaux ovipares.

OVIPOSITEUR [ɔvipozitœʀ] n. m. – 1877 ◊ du latin des zoologistes *ovipositor,* de *ovi-* et latin *positor* «qui place» ■ ZOOL. Organe de ponte des insectes femelles, en forme de gouttière permettant de percer des trous pour enfouir les œufs. *Pointe de l'ovipositeur.* ➤ **tarière.**

OVNI [ɔvni] n. m. – 1972 ◊ acronyme, calque de l'anglais américain *UFO,* pour *unidentified flying object* ■ **1** Objet volant non identifié («soucoupe volante», etc.). *Des ovnis.* ➤ **aussi ufologie.** ■ **2** Artiste, œuvre inclassable, qui surprend en ne suivant pas les lois du genre. *«C'est l'ovni de la chanson française, le petit génie de la classe qui n'en fait qu'à sa tête»* (Télérama, 2003).

OV(O)- ➤ **OVI-**

OVOCYTE [ɔvɔsit] n. m. – 1899 ◊ de *ovo-* et *-cyte* ■ BIOL. Gamète femelle qui n'est pas encore arrivé à maturité. ➤ **ovule.** On a dit aussi *oocyte* [ɔɔsit].

OVOGENÈSE [ovoʒənɛz] n. f. – 1899 ◊ du latin *ovum* «œuf» et *-genèse* ■ BIOL. Formation des gamètes femelles (ovules) à partir des ovocytes. *La méiose est une étape fondamentale de l'ovogenèse.* On a dit aussi *oogenèse* [ɔɔʒənɛz].

OVOÏDE [ɔvɔid] adj. – 1769 ◊ de *ov(o)-* et *-oïde* ■ Qui a la forme d'un œuf. ➤ **ovale, ové.** *Amphore, crâne, fruit ovoïde.* — **n. m.** *Un ovoïde.*

OVOPRODUIT [ovopʀɔdɥi] n. m. – 1963 ◊ de *ovo-* et *produit* ■ Produit transformé à base d'œuf (à l'état liquide, en poudre, congelé). *Les ovoproduits sont utilisés par l'industrie agroalimentaire et la restauration.*

OVOTESTIS [ovotɛstis] n. m. – milieu XXe ◊ de *ovo-* et du latin *testis* «testicule» ■ BIOL. Organe reproducteur unique qui produit à la fois, mais non simultanément, du sperme et des ovules chez de nombreux mollusques hermaphrodites. *Ovotestis de l'escargot.*

OVOVIVIPARE [ovovivipaʀ] adj. – 1806 ◊ de *ovo-* et *vivipare* ■ ZOOL. Se dit des animaux qui sont en fait des ovipares, mais dont les œufs éclosent à l'intérieur du corps maternel. *L'orvet, la vipère sont ovovivipares.* — SUBST. *Les ovovivipares.*

OVOVIVIPARITÉ [ovoviviparite] n. f. – 1910 ◊ de *ovovivipare* ■ BIOL. Mode de reproduction des animaux ovovivipares.

OVULAIRE [ɔvylɛʀ] adj. – 1838 ◊ de *ovule* ■ BIOL. Relatif à l'ovule. *Ponte ovulaire.* ➤ **ovulation.**

OVULATION [ɔvylasjɔ̃] n. f. – 1855 ◊ de *ovule* ■ Chez les mammifères, Libération de l'ovule après rupture du follicule ovarien. *L'ovulation, stade du cycle ovarien*. Absence d'ovulation.* ➤ **anovulation.** *Substance, contraceptif qui inhibe l'ovulation.* ➤ **anovulatoire.** — adj. **OVULATOIRE.**

OVULE [ɔvyl] n. m. – 1798 ◊ latin savant *ovula,* du latin *ovum* «œuf» ■ **1** BOT. Chez les angiospermes, Gamète femelle végétal (➤ **oosphère**) qui, après la fécondation, se transforme en graine. *Pièces afférentes à l'ovule :* chalaze, funicule, micropyle, nucelle, sac embryonnaire, tégument. ■ **2** (1835) Gamète femelle animal élaboré par l'ovaire, dernier stade de maturation de l'ovocyte. *Les ovules et les spermatozoïdes. Ponte de l'ovule.* ➤ **ovulation.** *Don d'ovule. Recueil, prélèvement des ovules par ponction folliculaire* (dans le cadre d'une F. I. V). *Ovule fécondé.* ■ **3** Petit solide de forme ovoïde, constitué de glycérine ou de beurre de cacao, enrobant des substances médicamenteuses, destiné à être introduit dans le vagin. *Ovules gynécologiques. Ovules spermicides.*

OVULER [ɔvyle] v. intr. ⟨1⟩ – attesté 1969 ◊ de *ovule* ■ Avoir une ovulation.

OXACIDE [ɔksasid] n. m. – 1823 ◊ de *ox(y)-* et *acide* ■ CHIM. Acide contenant de l'oxygène (opposé à *hydracide*).

OXALATE [ɔksalat] n. m. – 1787 ◊ du grec *oxalis* «oseille» ■ CHIM. Sel ou ion issu de l'acide oxalique. *Oxalate acide de potassium,* dit *sel d'oseille.*

OXALIDE [ɔksalid] n. f. ou **OXALIS** [ɔksalis] n. m. – 1559, -1812 ◊ du grec *oxalis* «oseille», de *oxus* «acide» ■ BOT. Plante herbacée des prés dont les feuilles contiennent de l'oxalate de potassium, appelée aussi *oseille sauvage.* ➤ **alléluia.**

OXALIQUE [ɔksalik] adj. – 1787 ◊ du grec *oxalis* «oseille» ■ *Acide oxalique :* acide $H_2C_2O_4$ dont les sels *(oxalates)* se trouvent dans certaines plantes acides (oxalide, oseille...). *L'acide oxalique est utilisé pour détacher, décolorer.*

OXER [ɔksɛʀ] n. m. – 1924 ◊ mot anglais, de *ox-fence* «barrière de pâture» ■ ÉQUIT. Obstacle formé de trois barres superposées, la barre supérieure étant accompagnée d'une autre barre au même niveau.

OXFORD [ɔksfɔʀ(d)] n. m. – 1873 ◊ de *Oxford,* n. d'une ville anglaise ■ Tissu de coton à armure toile, dont les fils de trame sont colorés et les fils de chaîne blancs. *Une chemise en oxford.*

OXHYDRIQUE [ɔksidʀik] adj. – 1867 ◊ de *ox(y)-* et *hydr(o)-* «hydrogène» ■ *Mélange oxhydrique :* mélange gazeux d'oxygène et d'hydrogène dont la combustion dégage une chaleur considérable. — *Chalumeau* oxhydrique.*

OXIME [ɔksim] n. f. – 1890 ◊ de *Oxim,* mot créé en allemand (1882), formé de *Ox(ygen)* et *Im(id)* «imide (dérivé d'ammoniac)» ■ CHIM. Composé contenant le groupement =C=N–OH et formé par élimination d'eau entre l'hydroxylamine et un aldéhyde ou une cétone.

OXONIUM [ɔksɔnjɔm] n. m. – 1903 ◊ de *ox(y)-,* sur le modèle de *ammonium ;* cf. anglais (1899) ■ CHIM. Ion positif monovalent H_3O^+. ➤ **hydronium.** — Ion contenant un atome d'oxygène chargé positivement comme dans H_3O^+ ou obtenu en remplaçant un atome d'hydrogène par un radical alkyle.

OX(Y)- ■ Élément, du grec *oxus* «pointu, acide», qui représente *oxygène.*

OXYACÉTYLÉNIQUE [ɔksiasetilenik] adj. – 1903 ◊ de *oxy-* et *acétylène* ■ TECHN. *Chalumeau oxyacétylénique,* qui fonctionne avec un mélange d'oxygène et d'acétylène.

OXYCARBONÉ, ÉE [ɔksikaʀbɔne] adj. – 1879 ◊ de *oxy-* et *carboné* ■ PHYSIOL. *Hémoglobine oxycarbonée,* qui a fixé de manière stable de l'oxyde de carbone.

OXYCHLORURE [ɔksiklɔʀyʀ] n. m. – 1834 ◊ de *oxy-* et *chlorure* ■ CHIM. Combinaison d'un élément avec l'oxygène et le chlore au degré d'oxydation −1. *Oxychlorure de cuivre* (fongicide).

OXYCOUPAGE [ɔksikupaʒ] n. m. – 1941 ◊ de *oxy-* et *(dé)coupage* ■ TECHN. Découpage des métaux au chalumeau (oxhydrique, oxyacétylénique).

OXYCRAT [ɔksikʀa] n. m. – avant 1475 ◊ grec *oxukraton* ■ HIST. Boisson faite d'un mélange de vinaigre et d'eau, utilisée dans l'Antiquité grecque.

OXYDABLE [ɔksidabl] adj. – 1789 ◊ de *oxyder* ■ Susceptible d'être oxydé. *Métal oxydable à l'air.* ■ CONTR. Inoxydable.

OXYDANT, ANTE [ɔksidɑ̃, ɑ̃t] adj. – 1806 ◊ de *oxyder* ■ Qui oxyde. — SUBST. *Oxydants et réducteurs.* — PAR EXT. Accepteur d'électrons périphériques. *Le chlore est un oxydant.* ■ CONTR. Réducteur. ■ HOM. Occident.

OXYDASE [ɔksidɑz] n. f. – 1896 ◊ de *oxyder* et *-ase* ■ BIOCHIM. Enzyme catalysant une oxydation par transfert de deux ions d'hydrogène sur un atome d'oxygène provenant d'une molécule d'eau. — *Monoamine* oxydase.*

OXYDATION [ɔksidasjɔ̃] n. f. – *oxidation* 1789 ◊ de *oxyder* ■ **1** Union d'une substance avec l'oxygène. ➤ **combustion, rouille.** *Oxydation et réduction* sont deux phénomènes inséparables.* ➤ **oxydoréduction.** — TECHN. *Oxydation anodique :* procédé électrolytique de revêtement de l'aluminium destiné à le protéger de la corrosion. ■ **2** CHIM. VIEILLI Processus d'augmentation de la valence positive ou de diminution de la valence négative d'un élément ou d'un ion. ■ **3** CHIM. Processus par lequel les électrons sont enlevés à des atomes ou à des ions. ■ **4** Tout phénomène dans lequel un élément est oxydé. ■ **5** CHIM. *Degré, nombre d'oxydation :* somme de toutes les charges que porterait un atome dans une molécule ou dans un ion si ses liaisons covalentes polarisées étaient remplacées par des liaisons ioniques. *Dans l'eau, l'hydrogène est au degré d'oxydation +1 et l'oxygène à −2.*

OXYDE [ɔksid] n. m. – 1809 ; *oxide* 1787 ◊ de *ox(y)-* et *-ide,* d'après *acide* ■ Composé résultant de la combinaison d'un élément avec l'oxygène (composé appelé *monoxyde, bioxyde, peroxyde, protoxyde,* etc. selon la proportion d'oxygène). *Oxyde de carbone. Oxydes de fer* (ABUSIVEMENT rouille [hydroxyde]). *Oxyde de cuivre* (ABUSIVEMENT vert-de-gris [hydrocarbonate de cuivre]).

OXYDER [ɔkside] v. tr. ⟨1⟩ – 1787 ◊ de *oxyde* ■ **1** Accroître la teneur en oxygène de (un composé chimique). ➤ **peroxyder.** — *L'air oxyde la plupart des métaux.* PRONOM. *Le fer s'oxyde rapidement.* ➤ **rouiller.** ■ **2** CHIM. Augmenter le degré d'oxydation* de (un atome). ■ CONTR. Réduire.

OXYDIMÉTRIE [ɔksidimetʀi] n. f. – XXe ◊ de *oxyde* et *-métrie* ■ CHIM. Dosage d'un oxydant.

OXYDORÉDUCTION [ɔksidoʀedyksjɔ̃] n. f. – début XXe ◊ de *oxyd(ation)* et *réduction* ■ CHIM., PHYS. Transfert chimique d'électrons d'un composé, le donneur, qui est oxydé, vers un autre, l'accepteur, qui est réduit. ➤ **redox.** *Potentiel d'oxydoréduction.* — adj. **OXYDORÉDUCTEUR, TRICE.**

OXYGÉNASE [ɔksiʒenɑz] **n. f.** – 1964 ◊ de *oxygèn(e)* et *-ase* ■ BIOCHIM. Enzyme catalysant l'addition à un substrat d'un atome ou d'une molécule d'oxygène provenant de l'oxygène atmosphérique.

OXYGÉNATION [ɔksiʒenasjɔ̃] **n. f.** – 1789 ◊ de *oxygéner* ■ **1** Action d'oxygéner, de s'oxygéner ; son résultat. *Degré d'oxygénation d'un corps. Oxygénation du sang.* ■ **2** Action d'appliquer de l'eau oxygénée. *Cheveux décolorés par oxygénation.*

OXYGÈNE [ɔksiʒɛn] **n. m.** – 1783 *oxigène* ◊ du grec *oxus* «acide» et *-gène* ■ **1** Élément métalloïde (O ; n° at. 8 ; m. at. 15,9994), gaz invisible, inodore à l'état non combiné, qui constitue approximativement 1/5 de l'air atmosphérique. *Oxygène diatomique* (➤ **dioxygène**), *triatomique* (➤ **ozone**). *Combinaison avec l'oxygène.* ➤ **oxyde ; combustion, oxydation.** ◆ COUR. Dioxygène. *L'oxygène est indispensable à la plupart des êtres vivants* (➤ **D. B. O., D. C. O.**). *Absorption de l'oxygène par l'organisme* (➤ **respiration**). *Dégagement d'oxygène des plantes à chlorophylle. Étouffer par manque d'oxygène* (➤ **asphyxie ; anoxémie, anoxie**). «*Le médecin fit une piqûre de morphine et pour rendre la respiration moins pénible demanda des ballons d'oxygène*» PROUST. *Tente à oxygène. Masques à oxygène des avions.* — *Bouteille d'oxygène comprimé.* ■ **2** PAR EXT. COUR. Air pur, non pollué. *Aller prendre un bol d'oxygène à la campagne.* — FIG. *Subvention ministérielle qui donne de l'oxygène aux P. M. E. Bouffée d'oxygène,* ce qui aère, allège, vivifie, ranime. *Cette nouvelle fut pour lui une bouffée d'oxygène.*

OXYGÉNER [ɔksiʒene] **v. tr.** ⟨6⟩ – 1787 «oxyder» ◊ de *oxygène* ■ **1** Ajouter de l'oxygène à (une substance), par dissolution. *Oxygéner de l'eau.* **p. p. adj.** *Composés oxygénés d'un corps.* — FAM. *S'oxygéner les poumons* : respirer de l'air pur (cf. Prendre un bol* d'air). — PRONOM. *Elle va s'oxygéner à la campagne.* ■ **2 EAU OXYGÉNÉE :** solution aqueuse de peroxyde d'hydrogène (H_2O_2), dans les proportions indiquées par le volume d'oxygène susceptible d'être libéré par un volume de cette solution. *Eau oxygénée à 10, à 20 volumes. L'eau oxygénée est un oxydant, un antiseptique, un hémostatique et un décolorant puissant.* ◆ *Oxygéner les cheveux,* les passer à l'eau oxygénée pour les décolorer. *S'oxygéner les cheveux.* — **p. p. adj.** *Cheveux blonds oxygénés.* — PAR MÉTON. «*une petite moricaude oxygénée*» CENDRARS.

OXYGÉNOTHÉRAPIE [ɔksiʒenoteʀapi] **n. f.** – 1917 ◊ de *oxygène* et *-thérapie* ■ MÉD. Emploi thérapeutique de l'oxygène en inhalations (masque ou tente à oxygène, appareil à surpression).

OXYHÉMOGLOBINE [ɔksiemɔglɔbin] **n. f.** – 1874 ◊ de *oxy-* et *hémoglobine* ■ BIOCHIM. Combinaison de l'hémoglobine avec l'oxygène, formée dans les poumons au contact de l'air inspiré.

OXYMEL [ɔksimɛl] **n. m.** – XIIIe ◊ grec *oxumeli,* de *meli* «miel» ■ ANCIENNT Préparation faite d'eau, de vinaigre et de miel.

OXYMORE [ɔksimɔʀ] **n. m.** – 1765 *oxymoron* ◊ grec *oxumôron,* de *oxus* «aigu» et *môros* «sot, fou» ■ RHÉT. Figure qui consiste à allier deux mots de sens contradictoires pour leur donner plus de force expressive (ex. Une douce violence ; hâte-toi lentement). «*cette espèce de propreté sale — je ne trouve pas mieux que cet oxymore — qui caractérise en France tant de débits de boisson*» J.-C. BAILLY. — On dit aussi **OXYMORON n. m.**

OXYSULFURE [ɔksisylfyʀ] **n. m.** – 1836 ◊ de *oxy-* et *sulfure* ■ CHIM. Composé d'un élément avec l'oxygène et le soufre au degré d'oxydation –2. *Oxysulfure de carbone.*

OXYTON [ɔksitɔ̃] **n. m.** – 1570 ◊ grec *oxutonos* «ton» ■ LING. Se dit d'un mot qui a l'accent tonique sur la dernière syllabe (➤ aussi **paroxyton, proparoxyton**).

OXYURE [ɔksjyʀ] **n. m.** – 1827 adj. ◊ du grec *oxus* «pointu» et *oura* «queue» ■ ZOOL. Ver nématode, parasite des intestins des mammifères, principalement de l'être humain. *Troubles causés par les oxyures* (ou **OXYUROSE n. f.**).

OYAT [ɔja] **n. m.** – 1810 ; *oyak* 1415 ◊ origine inconnue, mot picard ■ Graminée appelée aussi *élyme des sables,* employée à fixer les sables des dunes. «*un cordon de dunes de sable planté d'oyats*» D. ROLIN.

OZ ➤ 1 **ONCE**

OZALID [ozalid] **n. m.** – 1963 ◊ n. déposé, du nom de la firme britannique *Ozalid,* anagramme de *diazol* ■ IMPRIM. ■ **1** Papier sensible de la firme de ce nom, comportant des composés diazoïques, et utilisé pour la reprographie. — PAR APPOS. *Papier ozalid.* ■ **2** Épreuve d'un positif tiré sur ce papier, soumise pour bon à graver. ➤ **traceur.** *Vérifier les ozalids.*

OZÈNE [ozɛn] **n. m.** – 1478 ◊ du grec *ozein* «exhaler une odeur» ■ MÉD. Atrophie de la muqueuse nasale accompagnée de formation de croûtes et de sécrétions fétides (odeur de punaises, d'où le nom pop. *punaisie*).

OZOCÉRITE [ozoseʀit] ou **OZOKÉRITE** [ozokeʀit] **n. f.** – 1855, -1837 ◊ du grec *ozo* «odeur» et *keros* «cire» ■ MINÉR. Hydrocarbure naturel qui a la consistance et l'aspect de la cire.

OZONE [ozon ; ɔzɔn] **n. m.** – 1840 ◊ du p. prés. du grec *ozein* «exhaler une odeur» ■ CHIM. Gaz bleu, odorant, dangereux à respirer, dont la molécule se compose de trois atomes d'oxygène (O_3). *Propriétés antiseptiques et bactéricides de l'ozone. Ozone atmosphérique,* contenu dans l'ozonosphère*. «*l'air chargé de l'ozone des lointains orages*» ABELLIO. *Pollution à l'ozone. La couche d'ozone absorbe une grande partie des U. V. les plus dangereux.* «*il avait entendu parler des puits d'ozone, parcelles de forêt tropicale soigneusement préservées en raison de leur rôle dans la production de ce gaz*» J.-CH. RUFIN. — *Trou dans la couche d'ozone* (ABUSIVEMENT *trou d'ozone*) : point de l'atmosphère terrestre où l'on observe un amincissement de la couche d'ozone dû aux pollutions industrielles (chlorofluorocarbones).

OZONISATION [ozonizasjɔ̃ ; ɔzɔnizasjɔ̃] **n. f.** – 1857 ◊ de *ozone* ■ TECHN. Action d'ozoniser ; état de ce qui est ozonisé. *L'ozonisation de l'eau d'une piscine.*

OZONISER [ozonize ; ɔzɔnize] **v. tr.** ⟨1⟩ – 1857 ◊ de *ozone* ■ TECHN. Traiter à l'ozone pour purifier. *Ozoniser de l'eau, de l'air.*

OZONISEUR [ozonizœʀ ; ɔzɔnizœʀ] **n. m.** – 1868 ◊ de *ozone* ■ TECHN. Appareil servant à préparer l'ozone à partir de l'oxygène ou de l'air.

OZONOSPHÈRE [ozonosfɛʀ ; ɔzɔnɔsfɛʀ] **n. f.** – milieu XXe ◊ de *ozone* et *sphère,* d'après *stratosphère* ■ GÉOPHYS. Zone de la stratosphère, comprise entre 15 et 40 km, dans laquelle la proportion d'ozone est élevée.

P

1 P [pe] n. m. inv. ■ Seizième lettre et douzième consonne de l'alphabet : *p majuscule* (P), *p minuscule* (p). — PRONONC. Lettre qui, prononcée, note l'occlusive bilabiale sourde [p] *(papa, apparaître, rapt, bip).* À la fin ou à l'intérieur de certains mots, *p* est muet *(coup, drap, compter).* — *Digramme comportant p : ph,* qui note la fricative labiodentale sourde [f] *(pharmacie, éléphant). On écrit* phantasme *ou* fantasme (➤ 1 f).

2 P abrév. et symboles

I P ■ **1 P** [pe] adj. inv. *Région de type P :* région d'un semi-conducteur à prédominance d'impuretés comportant un défaut d'électrons. ■ **2 P** [pɛʀ] n. m. inv. Père (10e). *Le P. de Foucauld.* ■ **3 P** [paʀkiŋ] Parc de stationnement.

II *p* ■ **1 p** [piko] Pico-. ■ **2 p.** [paʒ] n. f. Page. — *pp. :* pages. ■ **3 p. p.** [paʀtisippase] n. m. inv. Participe passé. ■ **4 p.** [pjano] n. m. inv. Piano (2e). — *pp. :* pianissimo. ■ **5 p.** [puʀ] prép. Pour, dans l'indication d'un pourcentage. *4 p. 100.*

Pa Symbole du pascal* (2).

PACAGE [pakaʒ] n. m. – 1600 ; *pascuage* «repas» 1330 ◇ du latin *pascuum* «pâturage» ■ **1** Action de faire paître le bétail. — SPÉCIALT (1740) *Droit de pacage :* droit de faire pâturer le gros bétail en forêt. ■ **2** Terrain où l'on fait paître les bestiaux. ➤ **pâturage.** *Changement de pacage.* ➤ **transhumance.** *«On allait dès demain partir pour les pacages d'été»* GIONO. ■ HOM. Pacquage.

PACAGER [pakaʒe] v. ⟨3⟩ – *pascagier* 1596 ◇ de *pacage* ■ **1** v. tr. Faire paître (les troupeaux). ■ **2** v. intr. Brouter dans une pâture. *Des ruminants pacagent.*

PACANE [pakan] n. f. – 1824 ◇ mot d'origine algonquine ■ VX ou RÉGION. (Canada, Louisiane) Noix comestible, fruit du pacanier. ➤ **pécan.** *Tarte aux pacanes.*

PACANIER [pakanje] n. m. – 1775 ◇ de *pacane* ■ Grand arbre ornemental d'Amérique du Nord (*juglandacées,* du genre *carya*), qui produit un bois apprécié (➤ **hickory**) et des noix dont l'amande est comestible. ➤ **pacane, pécan.**

PACEMAKER [pɛsmɛkœʀ] n. m. /PACEMAKEUR/ – v. 1962 ◇ mot anglais «celui qui règle la marche, le pas *(pace)*», de *pace* et *maker* «faiseur» ■ ANGLIC. MÉD. Stimulateur* (recomm. offic.), SPÉCIALT stimulateur cardiaque.

PACFUNG [pakfɔ̃] n. m. – 1923 ; *packfond* 1836 ◇ anglais *paaktong* (1775) ; mot dialectal chinois ■ TECHN. Alliage naturel de cuivre et de nickel qui a l'aspect de l'argent.

PACHA [paʃa] n. m. – 1626 ; *bacha* 1457 ◇ mot turc ■ **1** Gouverneur d'une province de l'Empire ottoman. — Titre honorifique que portaient en Turquie, avant 1923, certains hauts personnages. ➤ **bey, vizir.** ◆ Titre honorifique donné à de hauts dignitaires de différents pays musulmans. ■ **2** LOC. FAM. *Mener une vie de pacha :* mener une vie fastueuse, nonchalante. *Faire le pacha :* se faire servir. ■ **3** ARG. MAR. Le commandant d'un navire (de guerre ou de commerce).

PACHYDERME [paʃidɛʀm ; pakidɛʀm] adj. et n. – 1795 ; *pachuderme* 1578 ◇ grec *pakhudermos* «qui a la peau épaisse» ■ **1** VX Qui a la peau épaisse. ■ **2** n. m. pl. *Les pachydermes.* ➤ **proboscidiens.** — AU SING. COUR. Éléphant. *«Une toile cirée semblable à la dépouille écailleuse d'un pachyderme»* MARTIN DU GARD. FIG. *Une démarche de pachyderme,* lourde. — adj. (1866) **PACHYDERMIQUE.** *Allure pachydermique.*

PACHYDERMIE [paʃidɛʀmi ; pakidɛʀmi] n. f. – 1878 ◇ de *pachyderme* ■ MÉD. Épaississement pathologique de la peau, généralement limité à une région du corps. *Pachydermie compliquant un éléphantiasis.*

PACIFICATEUR, TRICE [pasifikatœʀ, tʀis] n. et adj. – début XVIe ◇ latin *pacificator* ■ Personne qui pacifie, ramène la paix. *Hoche, le pacificateur de la Vendée.* — PAR EXT. *L'amour «est le grand pacificateur»* MICHELET. ◆ adj. *Influences, actions pacificatrices.*

PACIFICATION [pasifikasjɔ̃] n. f. – 1450 ◇ latin *pacificatio* ■ Action de pacifier. *«Cette pacification du Maroc avait été obtenue autant par la persuasion que par la force»* MAUROIS. *Politique, mesures de pacification.* ◆ Fait de ramener le calme, la paix. *Pacification des esprits.* ➤ **apaisement, conciliation.**

PACIFIER [pasifje] v. tr. ⟨7⟩ – 1487 ; *pacefier* «faire la paix» 1250 ◇ latin *pacificare* ■ **1** Ramener à l'état de paix (un pays, un peuple). *«il pacifia la Sicile tant par la force que par la clémence»* GAUTIER. p. p. adj. *Zone pacifiée.* PAR EUPHÉM. Rétablir l'ordre, réduire la rébellion dans (un pays). ■ **2** FIG. Rendre calme. *Pacifier les esprits.* ➤ **apaiser, calmer.** — ABSOLT *«Vous ne savez pas comme c'est bon, d'avoir beaucoup d'argent ; comme cela pacifie !»* MONTHERLANT. ■ CONTR. Agiter, attiser.

PACIFIQUE [pasifik] adj. – XVe ; *pacific* dr. hapax XIVe ◇ latin *pacificus* ■ **1** (PERSONNES) Qui aime la paix, qui aspire à la paix. *«C'était* [Philippe-Auguste] *un prince cauteleux, plus pacifique que guerrier»* MICHELET. — PAR EXT. *Esprit pacifique.* ➤ **débonnaire.** ■ **2** DR. *Possesseur pacifique,* dont le titre n'est pas contesté, qui n'est pas troublé dans sa possession. ➤ **paisible** (DR.). ■ **3** (CHOSES) Qui a la paix pour objet. *Des intentions pacifiques. Utilisation pacifique de l'énergie nucléaire.* ■ **4** Qui se passe dans le calme, la paix. ➤ **paisible.** *Coexistence pacifique entre États. Une manifestation pacifique.* ■ CONTR. Belliqueux.

PACIFIQUEMENT [pasifikmɑ̃] adv. – v. 1308 ◇ de *pacifique* ■ D'une manière pacifique, sans violence. *Pays qui accède pacifiquement à l'indépendance.*

PACIFISME [pasifism] n. m. – 1845 ◇ de *pacifique* ■ Doctrine des pacifistes. *«le pacifisme multiplie quelquefois les guerres et l'indulgence la criminalité»* PROUST. *Pacifisme et neutralisme.* ■ CONTR. Bellicisme.

PACIFISTE [pasifist] n. et adj. – 1907 ◇ de *pacifique* ■ Partisan de la paix. ➤ **colombe.** *Pacifistes et non-violents.* — adj. *Idéal pacifiste. Mouvement pacifiste. Une manifestation pacifiste,* pour la paix. ■ CONTR. Belliciste.

PACK [pak] n. m. – 1817 ◊ anglais *pack-ice* «paquet de glace» ■ ANGLIC. ■ **1** MAR. Banquise ou agglomération de glace de mer en dérive. ■ **2** (1912) Au rugby, L'ensemble des avants. Recomm. offic. *paquet.* «*une dizaine d'adolescents se ruèrent sur moi comme un pack de rugby*» F. HUMBERT. ■ **3** (1970) Emballage réunissant un lot d'une même marchandise. *Des packs de bière(s).* ■ **4** Offre commerciale associant des produits complémentaires. — AUTOM. Recomm. offic. *groupe d'options.* ■ HOM. poss. Pâque.

PACKAGE [paka(d)ʒ ; pakɛdʒ] n. m. – 1968 ◊ mot anglais (XVIe), de *to pack* «emballer» ■ ANGLIC. ■ **1** INFORM. Ensemble cohérent de programmes et de documentations commercialisables (➤ **progiciel**, recomm. offic.). ■ **2** COMM. Ensemble des prestations, faisant partie d'un programme complet, et assuré pour un prix forfaitaire. Recomm. offic. *forfait.* — n. **PACKAGEUR, EUSE** [paka(d)ʒœʀ, øz] ou n. m. **PACKAGER** [paka(d)ʒœʀ].

PACKAGING [paka(d)ʒiŋ] n. m. – v. 1980 ◊ mot anglais, de *package* ■ ANGLIC. Technique d'emballage qui soigne la présentation dans une perspective publicitaire. Recomm. offic. *conditionnement*.*

PACOTILLE [pakɔtij] n. f. – 1711 ◊ espagnol *pacotilla*, de la famille de *paquet* ■ **1** VX Ballot de marchandises que l'équipage d'un navire pouvait transporter avec lui sans payer de fret. ■ **2** (1759) ANCIENNT Assortiment de marchandises, de menus objets, destinés au commerce en pays lointains. ➤ **verroterie.** ■ **3** (1835) MOD. Marchandises de mauvaise qualité, de peu de valeur. ➤ **camelote ;** RÉGION. **cacaille.** *C'est de la pacotille !* ♦ **DE PACOTILLE :** de très mauvaise qualité, sans valeur. *Bijoux de pacotille.* ➤ 2 **toc.** FIG. *Un héroïsme de pacotille.*

PACQUAGE [pakaʒ] n. m. /PAQUAGE/ – 1583 ◊ de *pacquer* ■ TECHN. Opération consistant à pacquer le poisson. ■ HOM. Pacage.

PACQUER [pake] v. tr. ⟨1⟩ /PAQUER/ – 1423 ; «mettre en paquet» 1341 ◊ → paquet ■ TECHN. Entasser (le poisson salé) dans un baril.

PACS [paks] n. m. – 1998 ◊ sigle de *Pacte Civil de Solidarité* ■ En France, Institution juridique définissant les conditions de vie en commun de deux personnes non mariées (concubins) ou qui ne peuvent se marier. — Contrat fixant les modalités de la vie commune. *Signer, conclure un pacs, un PACS.*

PACSER [pakse] v. intr. ⟨1⟩ – 1998 ◊ de *Pacs* ■ Se lier par un pacte civil de solidarité. — PRONOM. *Ils se sont pacsés.* — p. p. adj. *Couple pacsé.* SUBST. *Les mariés, les pacsés et les concubins.*

PACSON [paksɔ̃] n. m. – 1899 *pacqson* ; *pacmon* 1822 ◊ de *paq(uet)* et suffixe argotique (adj. poss., etc.) ■ ARG. Paquet. «*Elle récupéra discrètement le pacson oublié par le type*» QUENEAU.

PACTE [pakt] n. m. – 1461 ; *pact* 1355 ◊ latin *pactum* → paix ■ **1** Convention de caractère solennel entre deux ou plusieurs parties (personnes ou États). ➤ **accord, marché, traité.** *Conclure, sceller, signer un pacte.* SPÉCIALT (DIPLOM.) *Pacte d'alliance, de non-agression. Pacte atlantique.* — *Pacte social.* ➤ **contrat.** — *Pacte civil de solidarité* ➤ **pacs.** ♦ Document, écrit qui constate la convention. ■ **2** SORCELL. *Pacte avec le diable :* convention d'après laquelle le démon se mettait au service de qqn en échange de son âme. ➤ **alliance.** FIG. Accord secret et immoral. ■ **3** Résolution par laquelle on décide de rester fidèle à qqch. ; accord constant. *Pacte avec la chance.*

PACTISER [paktize] v. intr. ⟨1⟩ – 1481 ◊ de *pacte* ■ Conclure un pacte, un accord (avec qqn). *Pactiser avec l'ennemi.* ♦ FIG. Agir de connivence (avec qqn) ; composer (avec qqch.). ➤ **transiger.** «*Si je croyais au diable je dirais que je pactise aussitôt avec lui*» GIDE. *Pactiser avec le crime, avec sa conscience.*

PACTOLE [paktɔl] n. m. – 1800 ◊ du nom d'une rivière de Lydie qui roulait des paillettes d'or ■ **1** Source de richesse, de profit. *Il a trouvé le pactole. C'est un vrai pactole.* ■ **2** FAM. Grosse somme d'argent. *Gagner un pactole au poker.*

PADDLE [padœl] n. m. – 1991 ◊ mot anglais ■ ANGLIC. ■ **1** ➤ **padel.** ■ **2** (2009 ; de *stand-up paddle* [2006], mot anglais, de *to stand up paddle* «pagayer debout») Sport nautique consistant à se déplacer debout sur une planche à l'aide d'une pagaie. — Ensemble formé de cette planche et de cette pagaie. *Des paddles.* — Recomm. offic. *planche à rame.* ■ HOM. Padel.

PADDOCK [padɔk] n. m. – 1828 ◊ mot anglais «enclos, parc» ■ **1** AGRIC. Enclos aménagé dans une prairie pour les juments poulinières et leurs poulains. ■ **2** TURF Enceinte réservée dans laquelle les chevaux sont promenés en main. ♦ Terrain sur lequel se trouve un circuit de course automobile. ■ **3** (1923) POP. VIEILLI Lit. «*allongé en robe de chambre sur son paddock*» SIMONIN.

PADDY [padi] n. m. – 1785 ◊ mot anglais, du malais *padi* ■ COMM. Riz non décortiqué. «*les domestiques cultivent les parcelles du haut, on leur laisse le paddy*» DURAS. *Des paddys.* — APPOS. *Riz paddy* (opposé à *poli*).

PADEL ou **PADDLE** [padœl] n. m. – 2001, – 1991 ◊ mot anglais, de *paddle* «pagaie ; raquette» ■ ANGLIC. Sport de raquette apparenté au tennis, qui se joue en double sur un court plus petit et fermé. ■ HOM. Paddle.

PADINE [padin] n. f. – 1823 «varech» ◊ origine inconnue ■ Algue brune, dont les frondes irrégulières s'étalent en éventail.

PADISHAH ou **PADISCHAH** [padiʃa] n. m. /PADICHAH/ – 1697 ◊ mot persan ■ HIST. Titre que portait l'empereur des Turcs (➤ **sultan**).

PAD THAÏ [padtaj] n. m. – 1990 ◊ mot thaï ■ Plat traditionnel thaïlandais composé de nouilles de riz, d'œufs, de crevettes ou de viande, agrémenté de soja, de cacahouètes, etc. *Des pad thaïs au poulet.*

PAELLA [paela ; pae(l)ja] n. f. /PAÉLIA/ – 1868 ; répandu milieu XXe ◊ mot espagnol «poêle» ■ Plat espagnol composé de riz épicé (safran, poivre de Cayenne) cuit dans une large poêle avec des moules, des crustacés, des viandes, du chorizo, etc. — On écrit aussi *paëlla.*

1 **PAF** [paf] interj. – 1717 ; *paffe* 1666 ◊ onomat. ■ Interjection qui exprime un bruit de chute, de coup. *Pif*, paf !* «*Le bouchon de champagne fit paf ! et la bouteille bava*» ARAGON.

2 **PAF** [paf] adj. – 1806 ◊ de *paffé*, p. p. de *se paffer* «se gaver» ■ POP. Ivre. «*Vous avez été joliment paf, hier* [...] *moi je n'aime pas les gens qui boivent*» BALZAC. *Elle est paf. Des mecs pafs.*

PAGAIE [pagɛ] n. f. – 1691 *pagaye* ; *pagais* 1686 ◊ malais *pengajoeh* ■ Aviron court en forme de pelle, pour les pirogues, canoës, kayaks, périssoires. ➤ 1 **rame ; pagayer.** «*et nous fûmes conduits à la pagaie le long du récif*» BAUDELAIRE.

PAGAILLE [pagaj] n. f. – 1914 ; *en pagaye* 1833 ; *en pagale* 1773 ◊ de *pagaie*, par allus. aux mouvements que l'on fait avec cette sorte de rame ■ FAM. ■ **1** Grand désordre* d'objets. ➤ **bazar, fouillis ;** RÉGION. **brol, cheni.** *Quelle pagaille ici !* — LOC. **EN PAGAILLE :** en désordre. *Tout est en pagaille.* ♦ Désordre, confusion dans l'organisation. ➤ **anarchie, gabegie.** *Semer, foutre la pagaille.* ➤ **merde.** — adj. **PAGAILLEUX, EUSE.** ■ **2 EN PAGAILLE :** en grande quantité (cf. À la pelle*, à la douzaine*). — On écrit aussi *pagaïe, pagaye.* «*Vous avez vu cette fille ? Il y en a plein* [...] *en pagaye*» MONTHERLANT ■ CONTR. Ordre.

PAGANISER [paganize] v. tr. ⟨1⟩ – 1836 ; «agir en païen» 1445 ◊ du latin *paganus* «païen» ■ DIDACT. Rendre païen, revêtir d'un caractère païen.

PAGANISME [paganism] n. m. – 1546 ; *paienisme* 1155 ◊ latin ecclésiastique *paganismus* → païen ■ Nom donné par les chrétiens de la fin de l'Empire romain aux cultes polythéistes. ➤ **gentilité, polythéisme.** *Le paganisme hellénique.* ♦ PAR EXT. L'Antiquité gréco-romaine. «*Dans le paganisme, où chaque État avait son culte et ses dieux, il n'y avait point de guerres de religion*» ROUSSEAU.

PAGAYER [pageje] v. intr. ⟨8⟩ – 1686 ◊ de *pagaie* ■ Ramer à l'aide d'une pagaie.

PAGAYEUR, EUSE [pagɛjœʀ, øz] n. – v. 1691 ◊ de *pagaie* ■ Personne qui se sert de la pagaie.

1 **PAGE** [paʒ] n. f. – 1155 ◊ latin *pagina* ■ **1** Chacun des deux côtés d'une feuille de papier, de parchemin, etc., susceptible de recevoir un texte ou un dessin. *Première, deuxième page d'une feuille.* ➤ **recto, verso.** *Numérotation des pages.* ➤ **pagination.** *La première* (cf. La une*), *la dernière page des journaux. Cet article se trouve à la page 4, en page 4, page 4. Suite en page 3, en troisième page. Les pages d'un livre, d'un cahier. Les marges d'une page. Page blanche, vierge.* «*Il s'épouvantait devant la page blanche* [...] *ne trouvant plus rien à y consigner*» CAILLOIS. (marque déposée) *Les pages jaunes* de l'annuaire. Pages de garde.* ➤ 1 **garde** (III). «*Toute son invention* [de Mallarmé] *se fonde sur la considération de la page, unité visuelle*» VALÉRY. *Marquer sa page avec un marque-page, un signet.* ♦ LOC. (1914) *Être à la page :* être au courant de l'actualité, de la dernière mode (cf. Être dans le coup*, dans le vent*, in*). ■ **2** Le texte inscrit sur une page. *Lire une page. Finir sa page. Page d'écriture* (devoir scolaire). *Pages de publicité d'une revue,* PAR EXT. *à la télévision.* — INFORM. **PAGE-ÉCRAN :** ensemble des informations apparaissant sur toute la surface de l'écran d'un terminal. *Une page-écran proposant un*

menu*. *Des pages-écrans. Page web :* page-écran faisant partie d'un site web. *Page d'accueil :* écran de présentation contenant les liens hypertextuels permettant d'accéder aux autres pages (recomm. offic. pour *home page*). *Page d'accueil d'un site. « l'écran de son ordinateur allumé sur une page consacrée à un journal d'informations »* K. TUIL. *La page de qqn, d'une entreprise, etc. :* la page web d'un réseau social sur laquelle il, elle publie des informations. ➤ **mur** (I, 4). *Poster une photo sur sa page.* ◆ SPÉCIALT Unité servant à évaluer la longueur d'un texte. *Des lettres de trente pages. Traducteur payé trente euros la page.* ■ **3** Surface d'une page, considérée dans son aspect matériel. *Bas, haut, fin de la page. Notes en bas de page. Page à deux, trois colonnes. Vingt-cinq lignes à la page. Photo pleine page, sur une double page.* ◆ TYPOGR. *La belle page :* page impaire, de droite. *Fausse page* (de gauche). — **MISE EN PAGES :** opération par laquelle le *metteur en pages* d'un journal, d'une revue, dispose les paquets de composition en y intercalant tout ce qui doit rentrer dans le texte (blancs, titres, clichés, etc.). ➤ **maquette.** *Composition, mise en pages et impression d'un texte. « à l'heure où la mise en page* [sic] *décidait de l'admission ou du rejet de tel ou tel article »* BALZAC. *Recomposition d'un texte qui change la mise en pages. Logiciel de mise en pages.* ■ **4** COUR. Feuille, feuillet. *Corner les pages d'un livre. Feuilleter, tourner les pages. Arracher une page. Il manque une page.* — LOC. *Tourner la page :* oublier le passé, ne pas se perdre en regrets inutiles. *Il faut « avoir le courage de renoncer, d'accepter l'échec, de tourner la page et de recommencer »* MAUROIS. ■ **5** Passage d'une œuvre littéraire. *Les plus belles pages d'un écrivain.* ➤ **anthologie.** ◆ Composition musicale. *« Excentricité pour laquelle Debussy venait d'écrire une page pittoresque »* DUHAMEL. ■ **6** FIG. Partie de la vie ou de l'histoire d'un individu, d'un groupe, d'une nation. ➤ **évènement, 2 fait.** *Une page glorieuse de l'histoire de France.*

2 **PAGE** [paʒ] n. m. – 1430 ; « valet » 1225 ◊ probablt grec *paidion* latinisé ; cf. italien *paggio* ■ ANCIENNT Jeune noble qui était placé auprès d'un roi, d'un seigneur, d'une grande dame pour apprendre le métier des armes, faire le service d'honneur. *« Au sortir de page on devenait écuyer »* CHATEAUBRIAND. — VIEILLI LOC. *Hardi, effronté comme un page.*

3 **PAGE** n. m. ➤ 2 **PAGEOT**

1 **PAGEOT** [paʒo] n. m. – ancien provençal *pagel* 1562 ; *pageau* 1552 ◊ latin *pagellus*, d'origine grecque → pagre ■ Poisson téléostéen *(sparidés)* des mers chaudes et tempérées, à chair estimée. *La dorade rose est un pageot.* — On dit aussi *pagelle* (n. f.), *pagel, pageau* (n. m.).

2 **PAGEOT** [paʒo] n. m. – 1895 ; *page* 1918 ; *paj* 1916 ◊ de *paillot* « petite paillasse » ■ POP. Lit. *Se mettre au pageot.* ➤ **paddock.** ABRÉV. (1918) **PAGE.** — On écrit aussi *pajot. « tu es encore au pajot ! »* SARTRE.

PAGEUR ou **PAGER** [paʒœʀ] n. m. – 1987 ◊ de l'anglais *to page* « faire appeler » ■ ANGLIC. TÉLÉCOMM. Petit récepteur de radiomessagerie, permettant à son utilisateur d'être informé qu'un message lui est destiné ou de recevoir directement un bref message.

PAGI ➤ **PAGUS**

PAGINATION [paʒinasjɔ̃] n. f. – 1801 ◊ du latin *pagina* ■ Action de mettre un numéro sur chacune des pages d'un livre ; résultat de cette action. *Erreur de pagination.*

PAGINER [paʒine] v. tr. ‹1› – 1811 ◊ du latin *pagina* ■ Numéroter les pages de. ➤ **folioter.** *Ce livre est mal paginé.*

PAGNE [paɲ] n. m. – 1691 ; fém. 1643 ; *paigne* fém. 1637 ◊ espagnol *paño* → 1 pan ■ **1** Morceau d'étoffe ou de matière végétale tressée que l'on drape autour des hanches et qui couvre le corps de la taille aux genoux ou aux pieds. *Pagne des Indiens, des Africaines, des Tahitiennes* (➤ **paréo**). ■ **2** (Afrique) Cotonnade aux motifs colorés. ➤ **wax.** *Acheter du pagne au marché. Il « ne portait que des chemises en pagne et des boubous »* G. FAYE.

PAGNOTER (SE) [paɲɔte] v. pron. ‹1› – 1878 ; « manquer de courage » 1859 ◊ p.-ê. de *soldats de la pagnotte* « mauvais soldats », de l'espagnol *pagno* « chiffon » ou de *paniot* « housse », latin *pannus* ■ POP. Se mettre au lit.

PAGODE [pagɔd] n. f. – 1553 ; *paxode* 1545 ◊ portugais *pagoda*, du tamoul *pagavadam* « divinité » ■ **1** Temple des pays d'Extrême-Orient. — *Toit en pagode,* qui s'évase et se retrousse vers le bas. — *Manche pagode,* qui va en s'évasant jusqu'au poignet. ■ **2** Figurine chinoise de porcelaine à tête mobile.

PAGRE [pagʀ] n. m. – 1505 ◊ latin *pager*, du grec *phagros* ■ Poisson de mer, voisin de la dorade.

PAGURE [pagyʀ] n. m. – 1552 ◊ grec *pagouros* « qui a la queue en forme de corne » ■ ZOOL. Crustacé *(décapodes)* couramment appelé *bernard-l'ermite.*

PAGUS [pagys], plur. **PAGI** [pagi] n. m. – 1765 ◊ mot latin « bourg, canton » ■ HIST. Circonscription rurale dans l'Antiquité romaine. *Les pagi /pagus/ se sont maintenus à l'époque carolingienne.*

PAHLAVI ➤ **PEHLVI**

PAIDOLOGIE ➤ 1 **PÉDOLOGIE**

PAIE ➤ **PAYE**

PAIEMENT [pɛmɑ̃] n. m. – 1165 ◊ de *payer* ■ On écrit aussi *payement* [pɛjmɑ̃]. ■ **1** Action de payer, exécution d'une obligation. *Effectuer, faire un paiement.* ➤ **débourser.** *« La banqueroute d'un associé l'a forcé à suspendre ses paiements »* MUSSET. *Paiement d'un service, de droits, d'une amende.* ➤ **acquittement, règlement.** *Paiement mensuel de l'impôt* (➤ **mensualisation**). *Paiement par chèque, par carte de crédit, paiement électronique* (➤ **télépaiement ; micropaiement**). *Paiement en espèces, en liquide, en numéraire, en nature. Paiement comptant. Avance, acompte sur paiement.* ➤ **arrhes.** *Paiement à la commande. Paiement effectué à l'avance.* ➤ **prépaiement.** *Délai de paiement.* ➤ **échéance, terme.** *Facilités de paiement.* ➤ **crédit.** *Quittance, reçu attestant le paiement d'une dette. Paiement de l'indu. Paiement mis en recouvrement. Incident* de paiement. Paiement sans contact,* par simple effleurement du terminal de paiement avec une carte de paiement ou un téléphone mobile. ■ **2** Ce qu'on donne pour exécuter une obligation, et qui éteint cette obligation. *Recevoir un paiement, son paiement.* — ÉCON. *Balance* des paiements.* ■ **3** FIG. Le fait de s'acquitter (d'une obligation morale) ; ce par quoi on s'acquitte. ➤ **récompense, salaire.** *« Voilà donc le paiement de l'hospitalité ! »* HUGO. ■ CONTR. Non-paiement.

PAÏEN, PAÏENNE [pajɛ̃, pajɛn] adj. et n. – 1080 ; v. 900 *pagien* ◊ latin *paganus* ■ **1** Relatif à une religion polythéiste (par opposition aux religions monothéistes : christianisme, islam et judaïsme). ➤ **idolâtre.** *La Rome païenne. Les peuples païens. Dieux, rites païens.* ◆ n. Qui a foi en une religion païenne (➤ **paganisme**). — PAR EXT. Adepte du polythéisme de l'Antiquité païenne (Grecs, Romains). *« Descartes, ce mortel dont on eût fait un dieu Chez les païens »* LA FONTAINE. ■ **2** (PERSONNES) Dont l'attitude philosophique ou artistique s'inspire du paganisme antique. *« Si nos peuples nouveaux sont chrétiens à la messe, Ils sont païens à l'Opéra »* VOLTAIRE. ■ **3** PAR PLAIS. Sans morale religieuse. ➤ **impie.** *Mener une vie païenne.* ■ CONTR. Chrétien, pieux, religieux.

PAIERIE [peʀi] n. f. – 1932 ◊ de *payer* ■ Services, bureau d'un trésorier-payeur. *Paierie générale de la Seine Saint-Denis.* ■ HOM. Pairie, péri.

PAILLAGE [pɑjaʒ] n. m. – 1835 ◊ de 2 *pailler* ■ AGRIC. Action de pailler (le sol, un semis, des arbres).

PAILLARD, ARDE [pajaʀ, aʀd] adj. et n. – 1430 ; *paillart* « vagabond qui couche sur la paille » 1200 ◊ de *paille* ■ **1** (PERSONNES) VIEILLI ou PLAISANT Qui mène une vie dissolue et joyeuse, dépourvue de tout raffinement. ➤ **débauché, salace.** *« L'homme, tyran goulu, paillard, dur et cupide »* BAUDELAIRE. *Un moine paillard. Falstaff, ivrogne et paillard.* ◆ n. (1530) *Un paillard, une paillarde.* ■ **2** Qui a un caractère de paillardise, de grivoiserie vulgaire. *Histoires, plaisanteries, chansons paillardes.* ➤ **cochon, grivois, polisson.** ■ CONTR. Bégueule ; chaste.

PAILLARDISE [pajaʀdiz] n. f. – 1530 ◊ de *paillard* ■ **1** Débauche, grivoiserie. ■ **2** VIEILLI Action ou parole paillarde. ➤ **grossièreté.** *Débiter des paillardises.*

1 **PAILLASSE** [pajas] n. f. – v. 1250 ◊ de *paille* ■ **1** Enveloppe garnie de paille, de feuilles sèches, qui sert de matelas. *Coucher sur une paillasse. « Dans ce pays, c'est avec de la paille de maïs que l'on remplit les paillasses des lits »* STENDHAL. ◆ LOC. FAM. *Crever la paillasse à qqn,* le tuer en l'éventrant. ■ **2** (*paillasse de corps de garde* 1680) POP. et VIEILLI Prostituée de bas étage. ➤ **pouffiasse.** *« Pas en peine pour trouver des lits chez les autres, ces paillasses-là »* ARAGON. ■ **3** TECHN. Massif de maçonnerie à hauteur d'appui. SPÉCIALT, COUR. Partie d'un évier à côté de la cuve. *Paillasse d'un laboratoire,* où l'on fait les manipulations. *Paillasse d'une cuisine,* où l'on pose la vaisselle.

2 **PAILLASSE** [pajas] n. m. – 1683 ◊ italien *Pagliaccio*, personnage du théâtre italien dont l'habit était fait de toile à paillasse ■ ANCIENNT Bateleur d'un théâtre forain. — Clown.

PAILLASSON [pajasɔ̃] n. m. – 1652 ; «petite paillasse» 1375 ◇ de 1paillasse ■ **1** AGRIC. Natte ou claie de paille, destinée à protéger certaines cultures (espaliers, châssis, serres) des intempéries. ➤ **abrivent.** ■ **2** (1750) COUR. Natte épaisse et rugueuse servant à s'essuyer les pieds. ➤ **essuie-pied, tapis** (tapis-brosse). — *Mettre la clé* sous le paillasson.* ■ **3** FIG. Personnage plat et rampant. ➤ **carpette, lèche-botte.** «*Le rôle du paillasson admiratif est à peu près le seul dans lequel on se tolère d'humain à humain avec quelque plaisir*» CÉLINE. ■ **4** TECHN. Tresse de paille pour faire les chapeaux. ■ **5** APPOS. *Pomme paillasson :* galette de pomme de terre râpée, cuite à la poêle. *Des pommes paillasson.*

PAILLASSONNER [pajasɔne] v. tr. ⟨1⟩ – 1874 ◇ de *paillasson* ■ AGRIC. Garnir, couvrir de paillassons (1°). *Paillassonner un espalier, un châssis.* — n. m. **PAILLASSONNAGE,** 1874.

PAILLE [pɑj] n. f. – XIIe ◇ latin *palea* «balle de blé»

I TIGE COUPÉE ■ **1** COLLECT. Tiges des graminées, des céréales quand le grain en a été séparé. ➤ **chaume.** *Paille de blé, d'avoine, de riz. Paille fraîche, sèche. Paille servant de nourriture aux bêtes* (➤ 1**fourrage**), *de litière* (➤ aussi **fumier**). *Botte de paille.* ➤ **gerbée.** *Poignée de paille tortillée.* ➤ **bouchon.** *Brin, fétu de paille.* — *Vin de paille :* vin fait de raisins mûris sur un lit de paille. — *Feu* de paille.* — *Garnir de paille.* ➤ **empailler,** 2**pailler.** *Huttes de paille* (➤ **paillote**). *Emballages de paille* (➤ **paillon**). ◆ LOC. *Être sur la paille,* dans la misère. *Mettre qqn sur la paille,* le ruiner (cf. Sur le sable*). — *La paille humide des cachots*. La paille des mots et le grain* des choses.* ■ **2** Paille filée et tressée, utilisée en vannerie. *Stores en paille. Panier de paille. Réparer la paille d'une chaise* (➤ **rempailler**). *Chapeau de paille :* canotier, panama, chapeau de soleil. ■ **3** *Une paille :* brin de paille (➤ **fétu**). LOC. *Tirer à la courte paille :* tirer au sort au moyen de brins de paille de longueur inégale dont une extrémité reste cachée. *La paille et la poutre*.* ◆ Tuyau de paille, et PAR EXT. de papier, de matière plastique. ➤ **chalumeau.** *Boire en aspirant avec une paille. Paille coudée.* ◆ APPOS. INV. *Pommes paille :* pommes de terre frites coupées très fines (cf. Pommes allumettes*). ◆ (1867) FAM. *Une paille :* peu de chose. ➤ **rien, vétille.** IRON. *Il en demande dix millions, une paille !* (cf. Rien* que ça). ■ **4** LOC. **HOMME DE PAILLE :** personne qui sert de prête-nom dans une affaire plus ou moins honnête. *Des hommes de paille.* «*Je ne suis plus que le prête-nom d'un prévaricateur* [...] *C'est bien de Castel-Bénac que vous êtes l'homme de paille !*» PAGNOL. ■ **5** ADJT INV. Couleur jaune pâle de la paille de blé. *Des gants paille.* — *Jaune paille.* ■ **6** (1873 ◇ par anal.) **PAILLE DE FER :** filaments, copeaux de métal réunis en paquet. *Décaper un parquet à la paille de fer.*

II SENS SPÉCIAUX ■ **1** (1307) TECHN. Défaut (impureté, fissure, loupe) dans une pièce de métal, de verre. «*Ceux qui ont forgé l'épée de la nouvelle royauté ont introduit dans sa lame une paille qui tôt ou tard la fera éclater*» CHATEAUBRIAND. — Tache fine et allongée dans un diamant, une pierre précieuse. ➤ **crapaud.** ■ **2** MAR. Longue cheville métallique à tête. ■ **3** (1708) *Paille-en-queue ;* (1762) *paille-en-cul :* phaéton (oiseau). «*le vol irrégulier des pailles-en-queue qui font une ronde obsédante autour du piton, en poussant leurs cris éraillés*» LE CLÉZIO.

1**PAILLÉ** [pɑje] n. m. – 1842 ◇ de *paille* ■ AGRIC. Fumier dont la paille n'est pas encore décomposée (➤ **pailleux**).

2**PAILLÉ, ÉE** [pɑje] adj. – XIVe ◇ de *paille* ■ **1** (1610) Couleur jaune paille. ■ **2** TECHN. Qui a des pailles, des défauts. *Acier paillé.* ➤ **pailleux.** ■ **3** Garni de paille. *Chaise paillée.*

1**PAILLER** [pɑje] n. m. – 1600 ; *paillier* 1202 ◇ latin *palearium* ■ AGRIC. ■ **1** Meule de paille en vrac ou en bottes. ■ **2** Hangar ou cour de ferme où l'on entrepose de la paille.

2**PAILLER** [pɑje] v. tr. ⟨1⟩ – 1364 ◇ de *paille* ■ **1** Garnir de paille tressée. *Pailler des chaises* (➤ **dépailler, rempailler**). ■ **2** Couvrir ou envelopper de paille, de paillassons*. *Pailler des arbres fruitiers.* ➤ **enchausser.** — *Pailler des bouteilles,* les entourer de paillons.

1**PAILLET** [pɑjɛ] n. m. – 1768 ; «balle de blé» 1130 ◇ de *paille* ■ **1** MAR. Natte de fils de caret, de torons de cordages pour protéger des frottements. ■ **2** (1803) TECHN. Lame servant de ressort de targette. ➤ **paillette.**

2**PAILLET** [pɑjɛ] n. m. – 1552 ◇ de *paille* ■ *Vin paillet* ou *paillet :* vin clairet.

PAILLETAGE [pɑj(ə)taʒ] n. m. – 1890 ◇ de *paillette* ■ Action de pailleter. — Disposition des paillettes.

PAILLETÉ, ÉE [pɑj(ə)te] adj. – 1382 ◇ de *paillette* ■ Orné de paillettes. *Robe pailletée. Vernis à ongles pailleté.*

PAILLETER [pɑj(ə)te] v. tr. ⟨4 |5|⟩ – 1606 ◇ de *pailleté* ■ Orner, parsemer de paillettes. *Pailleter d'or une étoffe.* — *Cristaux qui paillettent une roche.* — «*des sables pailletés de mica*» FLAUBERT.

PAILLETEUR [pɑj(ə)tœʀ] n. m. – 1606 ◇ de *paillette* ■ TECHN. Ouvrier qui recueille les paillettes d'or dans les sables aurifères. ➤ **orpailleur.**

PAILLETTE [pɑjɛt] n. f. – 1304 ◇ diminutif de *paille* ■ **1** Lamelle de métal brillant (de nacre, de plastique) que l'on peut coudre à un tissu. *Robe à paillettes.* «*un voile d'un bleu pâle semé de paillettes argentées*» VIGNY. *Strass et paillettes.* ◆ AU PLUR. FIG. *Les paillettes :* l'aspect brillant et factice (du monde du spectacle, des médias). «*fasciné par ce monde de paillettes, de richesse et de célébrité*» BEIGBEDER. ■ **2** (1546) Parcelle d'or qui se trouve dans des sables aurifères. *Extraire les paillettes d'or* (➤ **orpailleur**). — *Paillettes de soudure utilisées par l'orfèvre.* ➤ **paillon.** ■ **3** Lamelle cristalline de mica. — PAR ANAL. *Paillettes de soude. Lessive, savon en paillettes.* ■ **4** (1909) Taffetas léger. ■ **5** Défaut d'un diamant, d'une pierre. ➤ **paille.** ■ **6** Ressort de targette. ➤ 1**paillet.**

PAILLEUX, EUSE [pɑjø, øz] adj. – 1611 ; «plein de paille» XIVe ; *paillous* XIIe ◇ de *paille* ■ **1** AGRIC. *Fumier pailleux,* qui contient encore de la paille non décomposée. ➤ 1**paillé.** ■ **2** TECHN. *Acier pailleux, glace pailleuse,* qui a une ou plusieurs pailles.

PAILLIS [pɑji] n. m. – *pailliz* 1276 ◇ de *paille* ■ AGRIC. Couche de paille destinée à préserver l'humidité du sol, à protéger certains fruits (fraises, etc.) du contact de la terre.

PAILLON [pɑjɔ̃] n. m. – 1534 «petite paillasse» ◇ de *paille* ■ **1** Petite lamelle de métal. SPÉCIALT (XVIe) Morceau de soudure à l'usage des orfèvres. ➤ **paillette.** ◆ (1723) Feuille mince de cuivre que l'on place sous une pierre pour en rehausser l'éclat. — Plaque métallique servant de fond à un émail translucide. ◆ TECHN. Maille d'une chaînette. ■ **2** Corbeille de paille. *Paillon de boulanger.* ➤ **paneton.** — Poignée de paille servant de tamis, de filtre. ■ **3** (XIXe) Enveloppe de paille pour les bouteilles.

PAILLOTE [pɑjɔt] n. f. – 1617 ◇ p.-ê. du portugais *palhota,* de *palha* «paille» ■ Cabane, hutte de paille ou d'une matière analogue. ➤ **case.** *Paillotes coniques d'un village d'Afrique.*

PAIN [pɛ̃] n. m. – v. 1120 ; v. 1000 *pan* ◇ latin *panis*

I ALIMENT ■ **1** Aliment fait de farine, d'eau, de sel et de levain, pétri, fermenté et cuit au four *(le pain, du pain) ;* masse déterminée de cet aliment ayant une forme donnée *(un pain). Pâte à pain. Faire du pain. Croûte*, mie* de pain. Miettes de pain. Pain de froment, de gruau, de seigle, d'avoine, d'orge. Pain blanc, bis, noir.* «*le pain noir, celui qui bourre le plus et qui tient le mieux au corps*» P. J. HÉLIAS. *Pain complet* ou *pain de son,* où entrent de la farine brute, du petit son. *Pain de ménage* (fait à la maison) *et pain de boulanger*. Pain industriel. Pain de campagne* (vendu au poids) *et pain de fantaisie* (vendu à la pièce). *Pain de munition,* pain pour les soldats (ANCIENNT). *Pain moulé* ; pain de mie*. Pain au levain. Pains longs* (baguette, flûte, parisien, bâtard, ficelle, saucisson) ; *pains ronds* (boule, miche, couronne ; ballon). *Pain surprise*. Pain aux noix, aux figues, aux olives. Pain viennois :* pain de gruau additionné de sucre et de matière grasse. (Belgique, Canada) *Pain français :* tout type de pain long et mince (baguette, flûte). *Pain polaire, nordique,* moelleux et légèrement sucré. *Pain indien.* ➤ **chapati, naan.** *Petits pains* (➤ **bagel**), *pains au lait* (➤ **bun, muffin,** 1**navette, pistolet**). *Pain à l'huile d'olive.* ➤ **ciabatta.** *Pain pita*. Pain frais, croustillant ; pain dur, rassis. Pain réduit en poudre.* ➤ **chapelure, panure.** *Corbeille, couteau, planche* à pain. Morceau, tranche, croûton* de pain. Bouchée, quignon de pain. Couper, rompre du pain. Pain grillé, braisé* (➤ **biscotte, croûton, gressin, longuet**). *Étaler du beurre sur son pain.* ➤ **tartine.** *Pain beurré. Pain sec,* sans aucun accompagnement. *Être au pain sec et à l'eau,* par punition. «*Jeanne était au pain sec dans le cabinet noir*» HUGO. *Le miracle de la multiplication des pains, dans l'Évangile.* — **PAIN PERDU,** (Belgique, Canada) *pain doré :* tranches de pain rassis trempées dans le lait et l'œuf, frites à la poêle et sucrées. — *Machine à pain (MAP) :* appareil électroménager qui pétrit et cuit le pain. ◆ RELIG. *Pain azyme*. Les espèces* du pain et du vin.* — *C'est pain bénit*.* ◆ LOC. FIG. *Manger son pain blanc (le premier) :* profiter des bonnes choses. *Il a mangé son pain blanc :* il a vécu le meilleur. «*j'en ai fini d'être jeune. Le pain blanc de ma vie est mangé*» A. FERNEY.

Manger son pain noir : vivre le pire. *Je ne mange pas de ce pain-là* : je n'accepte pas ces procédés. *Ça ne mange* pas de pain. Bon comme du bon pain* : excellent. *Embrasser qqn comme du bon pain. Avoir du pain sur la planche*. Pour une bouchée* de pain. Objets qui se vendent comme des petits pains,* très facilement. ▪ **2** (Dans des loc.) *Le pain,* symbole de la nourriture, de la subsistance. *Du pain et des jeux* (II, 1°). *« L'homme ne vit pas seulement de pain, mais il vit aussi de pain »* RENAN. *Gagner son pain à la sueur* de son front. Ôter, retirer à qqn le pain de la bouche,* le priver de sa subsistance. *Ôter à qqn le goût* du pain. Le pain quotidien* : la nourriture de chaque jour ; FIG. ce qui est habituel. *« on le traita de séditieux parce qu'il prononça un peu haut,* Donnez-nous aujourd'hui notre pain quotidien*»* VOLTAIRE. *Long comme un jour sans pain* : interminable. ▪ **3 PAIN AUX RAISINS, AU CHOCOLAT :** petite pâtisserie, simple, sucrée (aux raisins secs, au chocolat). ➤ RÉGION. **chocolatine, cramique. — PAIN DE GÊNES :** gâteau à pâte légère. — **PAIN D'ÉPICE(S) :** gâteau fait avec de la farine de seigle, du miel, du sucre et des épices (anis). ➤ RÉGION. **couque ; biscôme.** ▪ **4** *Arbre à pain,* nom courant de l'artocarpe. (Antilles, Madagascar, Réunion, Maurice, Nouvelle-Calédonie) *Fruit à pain, fruit-à-pain* : gros fruit de l'artocarpe, à chair farineuse. — *Pain de singe* : pulpe du fruit du baobab. — *Pain d'oiseau* : nom de différentes plantes (brize, orpin, saxifrage) dont les oiseaux sont friands.

II CHOSE EN FORME DE PAIN ▪ **1** CUIS. Préparation moulée en forme de pain. *Pain de viande, de légumes, de poisson.* ▪ **2** Masse (d'une substance) comparée à un pain. *Pain d'olives.* ➤ 1 **tourteau.** *Pain de savon, de cire. Pain de glace.* **PAIN DE SUCRE :** casson. *Crâne, montagne en pain de sucre.* ➤ **cône.** GÉOGR. Piton de granit. ▪ **3** *Pain à cacheter :* pain azyme utilisé pour cacheter les lettres.

III FAM. COUP Coup* (gifle, coup de poing...). *Il lui a collé un pain. « Le deuxième homme essaie [...] de lui envoyer un pain mais Karma s'est baissé et lui décoche un crochet sous les côtes »* M. WINCKLER.

▪ **HOM.** Peint, pin.

PAINTBALL [pɛntbol] **n. m.** – 1995 ◇ mot anglais (1987), littéralt « balle de peinture » ▪ Jeu d'équipe pratiqué en plein air, qui consiste à s'emparer du drapeau du camp adverse et à le ramener dans son propre camp sans être touché par les billes de gélatine colorée propulsées par des pistolets à air comprimé. *Jouer au paintball.*

1 **PAIR** [pɛʀ] **n. m.** – fin XIe *per ;* v. 930 *peer* adj. « semblable » ◇ latin *par, paris* ▪ **1** VX Ce qui est égal, pareil. ➤ **pareil.** *C'est un homme sans pair.* — MOD. *Hors de pair, hors pair :* sans égal. ➤ **supérieur.** *Réussite hors (de) pair. C'est un cuisinier hors pair. Aller de pair,* ensemble, sur le même rang. *Le courage peut aller de pair avec la prudence.* ▪ **2** Personne semblable, quant à la fonction, la situation sociale. *« Un artiste ne peut attendre aucune aide de ses pairs »* COCTEAU. *Écrire pour ses pairs.* LITTÉR. *Être avec qqn, traiter qqn de pair à compagnon,* comme si on était son égal. ▪ **3** FÉOD. Se disait de vassaux ayant même rang par rapport au suzerain. *Les douze pairs de France.* ◆ Dans les Constitutions de 1814 et 1830, Membre de la Haute Assemblée législative ou *Chambre des pairs. Pair de France.* ◆ (anglais *peer*) En Grande-Bretagne, Membre de la *Chambre des pairs* ou Chambre des lords. ▪ **4** FIN. Rapport d'une valeur (monnaie, titre) à un étalon de référence ou à une autre valeur. *Le pair du change, d'une monnaie.* ➤ **cours, parité, taux.** — (1720) BOURSE Valeur nominale* d'un titre. *Acheter, émettre au pair. La cote est au-dessus, au-dessous du pair.* ▪ **5 AU PAIR :** en échangeant un travail contre le logement et la nourriture (sans salaire). *Travailler, être au pair. Jeune fille au pair.* ▪ **HOM.** Paire, père, pers.

2 **PAIR, PAIRE** [pɛʀ] **adj.** – 1283 ◇ latin *par* « semblable » ▪ **1** Se dit d'un nombre divisible exactement par deux. PAR EXT. *Numéro pair,* représenté par un nombre pair. *Jours pairs.* ◆ Se dit d'une fonction dont la valeur reste inchangée lorsque les variables changent de signe. ▪ **2** ANAT. *Organes pairs,* au nombre de deux. *Les poumons sont des organes pairs.* ▪ **3 n. m.** Numéro pair, au jeu. *Jouer pair. Jeu du pair et de l'impair.* ▪ **CONTR.** Impair.

PAIRE [pɛʀ] **n. f.** – v. 1130 ◇ latin *par* → 1 et 2 pair ▪ Réunion de deux choses, de deux êtres semblables qui vont ensemble. ▪ **1** Se dit de deux choses identiques ou symétriques destinées à être utilisées ensemble. *Une paire de souliers, de chaussettes, de gants. Une paire de draps.* — *C'est une autre paire de manches*. Une paire de gifles*.* — JEU Combinaison de deux cartes de même valeur. *Une paire de valets.* ◆ PAR EXT. Objet unique composé de deux parties semblables et symétriques. *Une paire de lunettes, de ciseaux, de tenailles.* ▪ **2** Ensemble de deux animaux de même espèce capturés ensemble ou travaillant ensemble. *Une paire de bœufs sous le joug.* ▪ **3** Ensemble de deux choses semblables et naturellement assemblées. *Une paire d'yeux noirs. Paire de jambes, paire de fesses. Paire de couilles* (cf. De mes deux*). ◆ ANAT. *Paire de nerfs, de chromosomes.* BIOL. *Paire de bases.* — PHYS. *Paire d'ions,* produite par un rayonnement ionisant. *Création de paires.* ➤ **matérialisation.** ▪ **4** PLAISANT (en parlant de deux personnes) *Une paire d'amis. Une belle paire d'escrocs.* LOC. *Les deux font la paire,* ils ont les mêmes défauts. ▪ **5** LOC. POP. (1883) *Se faire la paire* : partir ; s'enfuir* (cf. Se faire la belle*). ▪ **HOM.** Pair, père, pers.

PAIRESSE [pɛʀɛs] **n. f.** – 1698 ◇ anglais *peeress* ▪ ANCIENNT Femme d'un pair de France. ◆ En Grande-Bretagne, Celle qui possède une pairie. — Épouse d'un membre de la Chambre des pairs.

PAIRIE [peʀi] **n. f.** – v. 1460 ; autre sens 1259 ◇ de 1 *pair* ▪ Titre et dignité de pair. *Pairie à vie. Pairie héréditaire.* ▪ **HOM.** Paierie, péri.

PAIRLE [pɛʀl] **n. m.** – 1658 ◇ origine inconnue ▪ BLAS. Pièce honorable en forme d'Y dont les branches atteignent les angles supérieurs de l'écu. ▪ **HOM.** Perle.

PAISIBLE [pezibl] **adj.** – XIIe ◇ de *paix* ▪ **1** Qui demeure en paix, ne trouble pas la paix. ➤ 2 **calme*, pacifique, placide, quiet, tranquille.** *Une personne simple et paisible. Caractère doux et paisible. Rendre paisible.* ➤ **apaiser.** — Qui jouit de la paix intérieure. ➤ 1 **serein.** *« Ils demeuraient côte à côte [...] paisibles et en quelque sorte heureux »* COLETTE. ◆ (1507) DR. Qui a la paix, n'est pas inquiété dans la possession (d'un bien). *Paisible possesseur d'une terre.* ▪ **2** Qui exprime la paix, le calme. ➤ 1 **serein.** *Sourire paisible.* ▪ **3** (CHOSES) Qui ne trouble pas la paix. ➤ **pacifique.** *Mœurs paisibles.* — Dont rien ne vient troubler la paix, le calme. *Sommeil, vie paisible. Paisible retraite.* ➤ **tranquille.** *Un quartier paisible.* — Qui suggère une impression de calme. *Un fleuve paisible.* ▪ **CONTR.** Agressif, emporté ; inquiet, tourmenté. Agité, bruyant, troublé.

PAISIBLEMENT [peziblәmɑ̃] **adv.** – XIIe ◇ de *paisible* ▪ **1** D'une manière paisible, en paix. *« La Suisse trait sa vache et vit paisiblement »* HUGO. ▪ **2** Avec le cœur, l'âme en paix. ➤ **sereinement.** *« je serais mort paisiblement dans le sein des miens »* ROUSSEAU. ▪ **3** Avec calme et tranquillité. ➤ **calmement, tranquillement.** *« les curieux se retirèrent paisiblement, sans embarras, sans tumulte »* GAUTIER.

PAISSANCE [pesɑ̃s] **n. f.** – 1877 ; « pâture » fin XIIe ◇ de *paître* ▪ DR. FORESTIER Action de faire paître des animaux domestiques en forêt. *Bêtes en paissance.*

PAISSEAU [pɛso] **n. m.** – XIVe ; *paissel* XIe ◇ latin populaire °*paxellus,* classique *paxillus* ▪ VX OU RÉGION. Échalas. ▪ **HOM.** poss. Peso.

PAÎTRE [pɛtʀ] **v.** ‹57 ; défectif ; pas de p. simple ni de subj. imp. ; pas de p. p.› /PAITRE/ – fin XIe ◇ latin *pascere* → repas

I v. tr. ▪ **1** VX Nourrir (un animal). PRONOM. *« Les corbeaux se paissent de charogne »* M. RÉGNIER. ▪ **2** VX ou LITTÉR. Mener (les bêtes) aux champs. *« Une petite fille qui paissait une chèvre blanche au bord du chemin »* RAMUZ. ▪ **3** Manger sur pied, sur place (l'herbe, les fruits tombés). ➤ **brouter, pâturer.** *« Le cheval paît l'herbe d'automne »* VERHAEREN.

II v. intr. (XIIe) Manger l'herbe sur pied, les fruits tombés. ➤ **pacager.** *Lieu où l'on fait paître les animaux* (➤ **herbage, pacage, pâturage, pâture**). — FIG. et FAM. *Envoyer* paître qqn.* ▪ **HOM.** *Pais :* paie (payer).

PAIX [pɛ] **n. f.** – v. 1000 *pais* ◇ latin *pax, pacis*

I BONNE ENTENTE ENTRE DES PERSONNES ▪ **1** Rapports entre personnes qui ne sont pas en conflit, en querelle. ➤ **accord, concorde, entente.** *Avoir la paix chez soi. Être pour la paix des ménages*. Faire la paix* : se réconcilier. ➤ **conciliation, réconciliation.** ◆ **EN PAIX.** *Vivre en paix avec tout le monde. « Mais n'est-ce pas le pire piège Que vivre en paix pour des amants »* BREL. *Être en paix avec sa conscience, avec soi-même.* ◆ DR. CIV. ANCIENNT *Juge* de paix* (qui servait de conciliateur entre particuliers). *Justice de paix* (juridiction remplacée par le tribunal d'instance). ▪ **2** Rapports calmes entre citoyens ; absence de troubles, de violences. *La justice doit faire régner la paix. Climat de paix sociale. Gardien* de la paix.* — HIST. *Paix romaine* (« pax romana »), que faisait régner la civilisation romaine.

II ABSENCE DE CONFLIT ENTRE DES PAYS (opposé à *guerre*) ▪ **1** Situation d'une nation, d'un État qui n'est pas en guerre ; rapports entre États qui jouissent de cette situation. *En temps de paix. Aimer la paix* (➤ **pacifique**). *Militer pour la paix* (➤ **pacifiste**). LOC. PROV. *Si tu veux la paix, prépare la guerre.* — *Paix par le désarmement. Congrès de la paix. Le rameau d'olivier, symbole de la paix. La colombe de la paix. Prix Nobel de la paix. Paix mondiale, universelle. Pays qui reste en paix dans un conflit.* ➤ **neutralité.** *Volonté de paix. Processus de paix* : tout ce qui est fait pour parvenir à une paix durable. *Ramener la paix* (➤ **pacifier**). *Proposer ses bons offices pour rétablir la paix. Paix armée ou course aux armements* (cf. Guerre* froide). ▪ **2** *Traité de paix,* et ELLIPT *paix* : traité entre belligérants qui fait cesser l'état de guerre. *Faire la paix. Faire des propositions de paix.* — *Calumet* de la paix. Pourparlers de paix.* ➤ **armistice, trêve.** — *Traiter, conclure, ratifier, signer la paix. Paix d'Utrecht, de Westphalie.* — *Paix séparée* : paix faite par un cobelligérant alors que ses alliés sont encore en guerre. *Paix honteuse. La paix des braves* : paix honorable pour les vaincus qui se sont battus courageusement. *Paix forcée, imposée* (➤ **diktat**).

III CALME, TRANQUILLITÉ ▪ **1** État d'une personne que rien ne vient troubler. ➤ **repos, tranquillité.** *Débrancher le téléphone pour avoir la paix. Laisser la paix à qqn.* «*comme ça du moins on me laissera tranquille, on me fichera la paix*» GIDE. FAM. *Foutez-moi la paix !* ◆ **EN PAIX.** *Laisser qqn* (et PAR EXT. *qqch.*) *en paix.* LOC. PROV. *Il faut laisser les morts en paix,* ne pas parler d'eux. ◆ interj. *La paix !* (sous-entendu *Fichez-nous la paix*). ▪ **2** État de l'âme qui n'est troublée par aucun conflit, aucune inquiétude. ➤ 1**calme, quiétude, tranquillité** (d'esprit). *Goûter une paix profonde. Chercher, ne pouvoir trouver la paix.* ➤ **sérénité.** *Avoir la conscience en paix,* tranquille. ◆ RELIG. *La paix du Seigneur,* celle que Dieu apporte aux chrétiens. *La paix soit avec vous ! La paix éternelle,* qu'on trouve après la mort. — (En parlant d'un défunt) *Qu'il repose en paix. Paix à son âme, à ses cendres !* — «*paix sur la terre aux hommes de bonne volonté*» (ÉVANGILE, saint Luc) ▪ **3** État, caractère d'un lieu, d'un moment où il n'y a ni agitation ni bruit. ➤ 1**calme, tranquillité.** *La paix des champs, des bois. La paix du cimetière. La paix d'une maison.* «*Tout était paix et silence*» HUGO.

▪ CONTR. Conflit, dispute, querelle ; 2trouble, violence. Guerre. Agitation, inquiétude. ▪ HOM. Paie, 1pet.

PAJOT ➤ 2**PAGEOT**

1**PAL** [pal] n. m. – fin XIe ◇ latin *palus* ▪ **1** Longue pièce de bois ou de métal aiguisée par un bout. ➤ 1**pieu.** *Arbre soutenu par des pals.* — SPÉCIALT *Le supplice du pal,* consistant à enfoncer un pieu par le fondement dans le corps du condamné (➤ **empaler**). ▪ **2** AGRIC. Outil de fer utilisé comme plantoir par les vignerons. — *Pal injecteur,* servant à injecter dans le sol des liquides insecticides. ▪ **3** BLAS. Pièce honorable de l'écu, bande large qui le traverse du haut du chef jusqu'à la pointe. ▪ HOM. Pale ; poss. pâle.

2**PAL** [pal] n. m. – 1965 ◇ acronyme anglais, de *Phase Alternating Line* «changement de phase à chaque ligne» ▪ AUDIOVIS. Standard de télévision, amélioré du NTSC*, utilisé dans les pays anglosaxons et pour certains dispositifs vidéos comme les caméscopes, les magnétoscopes. *Pal et secam*.*

PALABRE [palabʀ] n. f. ou m. – 1601 ◇ espagnol *palabra* «parole» ▪ **1** HIST. Présent fait à un roi africain pour se concilier ses bonnes grâces. ▪ **2** MOD. En Afrique, Échange de propos. Assemblée coutumière où se discutent des sujets concernant la communauté. *Fama* «*descendit les manches du boubou, se pavana de sorte que partout on le vit, et se lança dans le palabre*» KOUROUMA. *Arbre*, fromager à palabres.* ▪ **3** n. f. pl. Discussion interminable et oiseuse. *Obtenir un rabais après maintes palabres.* ➤ **discours, parole.** *Perdre son temps en palabres.*

PALABRER [palabʀe] v. intr. ‹1› – 1842 ◇ de *palabre* ▪ Discourir, discuter interminablement. *Agissez au lieu de palabrer !*

PALACE [palas] n. m. – 1905 ◇ mot anglais, du français *palais* ▪ Grand hôtel de luxe. «*L'hôtel de luxe est ce qu'on appelle un "palace," réservé en principe à une clientèle riche*» LEIRIS. *Descendre dans un palace.* FAM. *Mener la vie de palace.*

PALADIN [paladɛ̃] n. m. – 1552 ◇ italien *paladino,* latin médiéval *palatinus* «officier du palais» ▪ Chevalier errant du Moyen Âge, en quête de prouesses et d'actions généreuses. — SPÉCIALT Seigneur de la suite de Charlemagne.

PALAFITTE [palafit] n. m. – 1865 ◇ italien *palafitta,* du latin *palus* «pieu» et *fingere* «façonner» ▪ ARCHÉOL. Construction lacustre du néolithique récent.

1**PALAIS** [palɛ] n. m. – *paleis* 1050 ◇ latin *palatium* «le (mont) Palatin» sur lequel Auguste avait fait édifier sa demeure ▪ **1** Vaste et somptueuse résidence d'un chef d'État, d'un personnage de marque, et PAR EXT. d'un riche particulier. ➤ 1**château.** «*les lambris dorés des palais des rois*» FÉNELON. *Un petit palais du XVIIIe siècle.* ➤ **hôtel.** *Cour d'honneur d'un palais. Palais ducal, épiscopal* (évêché). *Le palais de l'Élysée à Paris.* — *Révolution* de palais.* — (1690) HIST. Ancienne résidence des rois francs. *Les maires du palais. Comte, officier du palais.* ➤ 1**palatin.** ▪ **2** Ancienne demeure d'un grand devenue lieu public. ➤ **monument.** *Le palais du Louvre. L'Assemblée nationale siège au Palais-Bourbon. Galeries et jardins du Palais-Royal. Le palais des Papes, à Avignon.* ◆ Vaste édifice public construit à des fins d'intérêt général. *Le palais de Chaillot, le Grand et le Petit Palais à Paris. Palais des expositions, des sports. Palais des congrès.* ▪ **3** (1135) Salle d'audience d'une demeure royale ou seigneuriale. — (XVe) *Palais de justice,* édifice où siègent les cours et tribunaux. *Des palais de justice. Visiter la Sainte-Chapelle et le Palais de Justice, à Paris.* ABSOLT *Le Palais. Gens du* (ou *de*) *Palais* : juges, avocats. ◆ PAR MÉTON. Juges et avocats du Palais. *Acte, gazette du Palais. Le langage, le style du Palais.* ▪ HOM. Palet.

2**PALAIS** [palɛ] n. m. – v. 1120 ◇ latin populaire °*palatium,* classique *palatum* ▪ **1** Cloison qui forme la partie supérieure de la cavité buccale et la sépare des fosses nasales ; partie supérieure interne de la bouche. *Voûte du palais* (➤ 2**palatin**) ou *palais dur* ; *voile du palais* ou *palais mou,* qui prolonge en arrière le palais dur. *Rôle du palais dans l'articulation* (➤ **palatal, vélaire**). *Faire claquer sa langue contre son palais.* ▪ **2** COUR. (considéré comme l'organe du goût) *Gourmet, gourmand qui a le palais fin. Mets qui flatte le palais.*

PALAN [palɑ̃] n. m. – 1643 ; *palenc* 1573 ◇ italien *palanco* ; latin populaire °*palanca,* grec *phalanga* → planche, phalange ▪ Appareil de levage à mécanisme démultiplicateur (poulies, moufles), utilisé pour soulever et déplacer des fardeaux ou à bord des navires pour exécuter certaines manœuvres. *Palan électrique, pneumatique.*

PALANCHE [palɑ̃ʃ] n. f. – 1723 ◇ de *palan* ▪ TECHN. Tige de bois légèrement incurvée pour porter deux fardeaux, deux seaux, accrochés à chacune des extrémités. «*Des marchandes au chapeau conique, une palanche sur l'épaule*» P. DEVILLE.

PALANÇON [palɑ̃sɔ̃] n. m. – 1755 ◇ de *palan* ▪ MAÇONN. Chacune des pièces de bois qui retiennent un torchis.

PALANGRE [palɑ̃gʀ] n. f. – 1765 ◇ mot occitan (probablt provençal) ▪ PÊCHE Grosse ligne de fond à laquelle pendent, sur toute sa longueur, des cordelettes munies d'hameçons. *Petite palangre* (**PALANGROTTE** [palɑ̃gʀɔt] n. f.).

PALANQUÉE [palɑ̃ke] n. f. – 1948 ◇ de l'ancienne forme de *palan* ▪ **1** MAR. Ensemble des fardeaux réunis par une élingue. ▪ **2** Groupe de plongeurs qui effectuent une plongée. *Guide de palanquée.* ▪ **3** FIG. Une grande quantité, une multitude. *Il a une palanquée de copains.*

PALANQUER [palɑ̃ke] v. ‹1› – 1618 ◇ de *palan*

I v. intr. (de *palenc,* ancienne forme occitane de *palan*) MAR. Se servir d'un palan.

II v. tr. (1836 ; par l'italien *palanca*) FORTIF. Munir de murs de retranchement faits de troncs d'arbres, de gros pieux jointifs plantés verticalement.

PALANQUIN [palɑ̃kɛ̃] n. m. – 1611 ; *planchin* 1571 ◇ portugais *palanquim,* hindi *pâlakî,* sanskrit *paryanka* ▪ Sorte de chaise ou de litière portée à bras (parfois à dos de chameau ou d'éléphant) dans les pays orientaux. «*les nombreux palanquins des femmes, appareils singuliers figurant un lit surmonté d'une tente et posé* [...] *sur le dos d'un chameau*» NERVAL.

PALASTRE [palastʀ] n. m. – 1457 ◇ du latin *pala* «pelle» ▪ TECHN. Boîtier métallique contenant le mécanisme d'une serrure. — On dit aussi **PALÂTRE** [palɑtʀ], 1765.

PALATAL, ALE, AUX [palatal, o] adj. – 1694 ◇ du latin *palatum* → 2palais ▪ **1** PHONÉT. Se dit des phonèmes dont l'articulation se fait dans la région antérieure du palais (palais dur). *Voyelles palatales* [i, e, ɛ, y, ø, œ, a]. *Consonnes post-palatales.* ➤ **vélaire.** — n. f. *Une palatale.* ▪ **2** (1924) ANAT. Relatif au palais. ➤ 2**palatin.**

PALATALISATION [palatalizasjɔ̃] n. f. – 1890 ◇ de *palatal* ▪ PHONÉT. Modification subie par un phonème dont l'articulation est reportée dans la région antérieure du palais. *Palatalisation de* [a] *en* [ɛ]. *Palatalisation d'une consonne, de* [k] *suivi de* [j]. ➤ **mouillure.**

PALATALISER [palatalize] v. tr. ‹1› – 1890 pron. ◊ de *palatal* ■ Transformer par palatalisation. ➤ **mouiller.** — *Phonème palatalisé.*

1 **PALATIN, INE** [palatɛ̃, in] adj. et n. – 1257 ; *palasin* 1160 ◊ latin *palatinus* → 1 palais ■ **1** HIST. Revêtu d'un office, d'une charge, dans le palais d'un souverain. *Seigneur palatin.* — *Comtes palatins* (et SUBST. *les palatins*) *d'Allemagne,* institués par les empereurs. ♦ SPÉCIALT *L'électeur palatin :* le souverain du Palatinat. PAR EXT. *La maison, la dynastie palatine.* «*Il y a deux princesses Palatines* [...] *la seule qui ait droit au titre s'appelait Anne de Gonzague*» HENRIOT. — n. f. *La Palatine :* Charlotte de Bavière. ♦ n. m. *Les palatins de Pologne :* gouverneurs de province. — En Hongrie, Vice-roi. ■ **2** DIDACT. Dépendant d'un palais. *Chapelle palatine.*

2 **PALATIN, INE** [palatɛ̃, in] adj. – 1611 ◊ du latin *palatum* → 2 palais ■ ANAT. Relatif au palais. ➤ **palatal.** *Voûte, artère palatine. Fente palatine :* bec-de-lièvre. ♦ *Os palatin :* os lamellaire de la mâchoire supérieure, dont la partie horizontale constitue le palais dur. — SUBST. *Le palatin.*

PALATINAT [palatina] n. m. – 1567 ◊ de 1 *palatin* ■ HIST. Dignité de comte palatin (SPÉCIALT allemand ou polonais). ♦ PAR EXT. Pays sous la domination d'un palatin. *Le palatinat de Souabe, de Cracovie.* ABSOLT *Le Palatinat* (du Rhin).

PALÂTRE ➤ **PALASTRE**

1 **PALE** [pal] n. f. – 1702 ; «rame de bateau» v. 1330 ◊ latin *pala* «pelle» ■ **1** Extrémité plate d'une rame qui agit sur l'eau. — (1846) Aube de la roue d'un bateau à vapeur. ♦ (1913 ; *palette* 1864) Partie d'une hélice* qui est entraînée par le moyeu et agit sur l'air. *Hélice à deux, trois pales* (➤ **bipale, tripale**). ■ **2** TECHN. Vanne d'une écluse, d'un bief. ■ HOM. Pal ; poss. pâle.

2 **PALE** [pal] n. f. – 1680 ; *palle* 1693 ◊ du latin *palla* «manteau» ■ LITURG. CATHOL. Linge sacré, carré et rigide, dont le prêtre recouvre la patène et le calice pendant la messe.

PÂLE [pɑl] adj. – *pale* 1080 ◊ latin *pallidus* ■ **1** D'une blancheur terne, mate, en parlant du teint, de la peau (surtout du visage). *Un peu pâle.* ➤ **pâlichon, pâlot.** *Très pâle.* ➤ **blafard, blême, hâve, livide.** — POÉT. *L'envie* «*au teint pâle et livide*» BEAUMARCHAIS. — (PERSONNES) Qui a le teint pâle. *Être pâle comme un linge* (➤ 1 **blanc**), *pâle comme la mort* (cf. Avoir une mine de déterré*). *Pâle de peur, de colère, de dégoût. Devenir pâle.* ➤ **pâlir.** — FAM. (argot des militaires v. 1900) *Se faire porter pâle,* malade. ♦ LOC. *Les Visages pâles,* nom donné aux Blancs par les Indiens d'Amérique. ■ **2** Qui a peu d'éclat. *Lumière, lueur pâle.* ➤ **doux, faible.** «*Le ciel sans teinte est constellé D'astres pâles comme du lait*» APOLLINAIRE. ♦ Peu vif ou mêlé de blanc (en parlant d'un coloris). ➤ **clair, décoloré, délavé, déteint.** *Les teintes pâles. Bleu pâle* (opposé à *vif, foncé*). *Yeux pâles.* ■ **3** FIG. Sans éclat ; sans couleur. ➤ **éteint, fade,** 1 **terne.** *Un style pâle et décoloré. Pâle imitation. Un pâle imitateur.* FAM. *Un pâle crétin.* ■ CONTR. Coloré, rouge, sanguin. 1 Brillant, éclatant, vif. ■ HOM. poss. Pal, pale.

PALÉ, ÉE [pale] adj. – 1280 ◊ de 1 *pal* ■ BLAS. Qui est divisé verticalement de parties égales et en nombre pair d'émaux alternés.

PALE-ALE [pɛlɛl] n. f. – 1856 ◊ mot anglais ■ Bière anglaise blonde, ale claire. *Des pale-ales.*

1 **PALÉE** [pale] n. f. – 1296 ◊ de 1 *pal* ■ TECHN. Rang de pieux fichés en terre pour soutenir un ouvrage en terre, en maçonnerie, former une digue, etc.

2 **PALÉE** [pale] n. f. – milieu XIVe ◊ latin médiéval *palatea* (XIIe), de *pelaica* ■ Poisson des lacs de Neuchâtel, Bienne et Morat, du genre corégone, à la chair très appréciée.

PALEFRENIER, IÈRE [palfʀənje, jɛʀ] n. – 1350 ◊ ancien occitan *palafrenier* → palefroi ■ Personne chargée du soin des chevaux. ➤ **lad.** ♦ PÉJ. Rustre. *Des manières de palefrenier.*

PALEFROI [palfʀwa] n. m. – v. 1160 ; *palefreid* 1080 ◊ bas latin *paraveredus,* de *veredus* «cheval», d'origine celtique ■ ANCIENNT Cheval de marche, de parade, de cérémonie (opposé à *destrier*).

PALÉMON [palemɔ̃] n. m. – 1801 ◊ de *Palæmon,* personnage mythologique changé en dieu marin ■ Crevette rose. ➤ 2 **bouquet.**

PALÉO- ■ Élément, du grec *palaios* «ancien».

PALÉOANTHROPOLOGIE [paleoɑ̃tʀɔpɔlɔʒi] n. f. – 1869 ◊ de *paléo-* et *anthropologie* ■ DIDACT. Science des origines et de l'évolution de la lignée humaine. — n. **PALÉOANTHROPOLOGUE** (1947).

PALÉOBIOLOGIE [paleobjɔlɔʒi] n. f. – 1923 ◊ de *paléo-* et *biologie* ■ Science des êtres, organes et traces de vie fossiles.

PALÉOBOTANIQUE [paleobɔtanik] n. f. – 1900 ◊ de *paléo-* et *botanique* ■ SC. Partie de la paléontologie qui étudie les éléments végétaux fossiles. — n. **PALÉOBOTANISTE.**

PALÉOCÈNE [paleɔsɛn] n. m. – 1874 ◊ de *paléo-* et *éocène* ■ GÉOL. Première époque de l'ère tertiaire, comprenant les trois étages les plus anciens. *Le paléocène précède l'éocène.*

PALÉOCHRÉTIEN, IENNE [paleokʀetjɛ̃, jɛn] adj. – 1953 ◊ de *paléo-* et *chrétien* ■ DIDACT. Des premiers chrétiens. *Art paléochrétien.*

PALÉOCLIMAT [paleoklima] n. m. – 1963 ◊ de *paléo-* et *climat* ■ GÉOL. Climat d'une région à une époque géologique donnée. *Reconstitution de la flore et du paléoclimat.* — n. f. **PALÉOCLIMATOLOGIE.**

PALÉOÉCOLOGIE [paleoekɔlɔʒi] n. f. – 1953 ◊ de *paléo-* et *écologie* ■ Étude des modes de vie des animaux fossiles.

PALÉOGÈNE [paleɔʒɛn] n. m. – 1902 ◊ de *paléo-* et *-gène* ■ SC. Première période de l'ère tertiaire (➤ **nummulitique**).

PALÉOGÉOGRAPHIE [paleoʒeɔgʀafi] n. f. – 1874 ◊ de *paléo-* et *géographie* ■ Partie de la géographie concernant la description du globe aux temps géologiques. — adj. **PALÉOGÉOGRAPHIQUE.**

PALÉOGRAPHE [paleɔgʀaf] n. – 1827 ; *palaiographe* 1760 ◊ de *paléographie* ■ Personne qui s'occupe de paléographie. APPOS. *Archiviste* paléographe.*

PALÉOGRAPHIE [paleɔgʀafi] n. f. – 1708 ◊ de *paléo-* et *-graphie* ■ Science du déchiffrage, de l'interprétation des écritures anciennes (➤ **épigraphie, papyrologie**). *Paléographie et codicologie.* — adj. **PALÉOGRAPHIQUE.**

PALÉOHISTOLOGIE [paleoistɔlɔʒi] n. f. – milieu XXe ◊ de *paléo-* et *histologie* ■ DIDACT. Étude des tissus animaux et végétaux fossiles. *La paléohistologie participe à une meilleure connaissance de l'évolution des êtres vivants.*

PALÉOLITHIQUE [paleɔlitik] adj. et n. m. – 1866 ◊ de *paléo-* et du grec *lithos* «pierre» (→ -lithe), d'après l'anglais *paleolithic* (1865) ■ Relatif à l'âge de la pierre taillée. — n. m. *Le paléolithique :* première période de l'ère quaternaire (pléistocène), où apparurent les premières civilisations humaines avec des outils de pierre taillée.

PALÉOMAGNÉTISME [paleomaɲetism] n. m. – milieu XXe ◊ de *paléo-* et *magnétisme* ■ GÉOPHYS. Étude des effets du champ magnétique terrestre et de ses variations depuis les temps géologiques.

PALÉONTOLOGIE [paleɔ̃tɔlɔʒi] n. f. – 1830 ◊ de *paléo-* et *ontologie* ■ Science des êtres vivants ayant existé au cours des temps géologiques, et qui est fondée sur l'étude des fossiles*. ➤ **paléoanthropologie, paléobiologie, paléobotanique, paléozoologie.** *La paléontologie, science auxiliaire de la géologie*. Paléontologie des invertébrés.*

PALÉONTOLOGIQUE [paleɔ̃tɔlɔʒik] adj. – 1831 ◊ de *paléontologie* ■ SC. Relatif à la paléontologie. ♦ FIG. et LITTÉR. Très ancien, disparu. ➤ **fossile.** «*une époque révolue et déjà paléontologique*» DUHAMEL.

PALÉONTOLOGUE [paleɔ̃tɔlɔg] n. – 1842 ◊ de *paléontologie* ■ SC. Spécialiste de la paléontologie. — On dit aussi **PALÉONTOLOGISTE,** 1832.

PALÉOSOL [paleosɔl] n. m. – v. 1960-70 ◊ de *paléo-* et *sol* ■ GÉOL. Sol résultant d'une évolution ancienne, formé dans des conditions disparues, et pouvant affleurer à la surface ou être recouvert de dépôts plus récents.

PALÉOTHÉRIUM [paleɔteʀjɔm] n. m. – 1804 ◊ de *paléo-* et du grec *thêrion* «bête sauvage» ■ PALÉONT. Mammifère fossile de l'éocène.

PALÉOZOÏQUE [paleozɔik] adj. et n. m. – 1859 ◊ de *paléo-* et *-zoïque* ■ PALÉONT. Relatif aux fossiles animaux les plus anciens. — n. m. *Le paléozoïque :* ensemble des terrains primaires. ➤ **primaire.**

PALÉOZOOLOGIE [paleozɔɔlɔʒi] n. f. – 1834 *palæozoologie* ◊ de *paléo-* et *zoologie* ■ Partie de la paléontologie qui étudie les animaux fossiles et leur mode de vie.

PALERON [palʀɔ̃] n. m. – 1680 ; «omoplate» XVe ◊ de 1 *pale* ■ **1** Partie plate et charnue située près de l'omoplate de certains animaux. ■ **2** BOUCH. Morceau de bœuf à braiser ou à bouillir, situé dans l'épaule.

PALESTRE [palɛstʀ] **n. f.** – 1547 ; «exercice du corps» 1160 ◊ latin *palæstra*, grec *palaistra* ■ ANTIQ. Lieu public où l'on s'exerçait à la lutte, à la gymnastique. ➤ **gymnase.**

PALET [palɛ] **n. m.** – 1306 ◊ de 1*pale* ■ **1** Objet plat et rond en pierre, en métal, en caoutchouc avec lequel on vise un but (dans un jeu). *Palet de marelle. Palet de hockey sur glace.* ➤ RÉGION. **rondelle.** ■ **2** Gâteau sec, rond et plat. *Palets aux amandes. Palet breton.* ■ **HOM.** Palais.

PALETOT [palto] **n. m.** – 1819 ; *paltoke* 1370 ◊ moyen anglais *paltok* «sorte de jaquette» ■ Vêtement de dessus, généralement assez court, boutonné devant. ➤ **manteau, pardessus.** — FAM. Gilet de laine. ◆ LOC. FAM. (1821) *Tomber sur le paletot à qqn,* l'agresser, le malmener. *Ils me sont tombés sur le paletot.*

PALETTE [palɛt] **n. f.** – XIIIe ◊ de 1*pale*

I ■ **1** Instrument en bois, de forme plate et allongée. *Palette pour battre le linge.* ➤ **battoir.** *Palette d'une baratte.* ➤ **batte.** — Petite raquette en bois. ◆ MILIT. *Palette de marqueur,* pour indiquer aux tireurs les points d'impact. ◆ TECHN. Aube d'une roue. ■ **2** (1909) (Canada) FAM. Tablette (de chocolat). ■ **3** (1958) TECHN., COMM. Plateau de chargement permettant une manutention automatique par chariots à fourche (➤ **palettiser**). *Gerber des palettes.* ■ **4** Morceau de viande de mouton, de porc comprenant l'omoplate et la chair qui l'entoure. *Palette aux lentilles.*

II ■ **1** (1615) Plaque mince percée d'un trou pour y passer le pouce et sur laquelle l'artiste peintre étend et mélange ses couleurs. *«que sa palette soit de bois ou de faïence, il* [Ziem] *sait toujours y étaler la lumière»* GAUTIER. ◆ PAR MÉTON. L'ensemble des couleurs dont se sert habituellement un peintre. *La palette de Rubens. Palette riche, pauvre, brillante.* ■ **2** *Palette graphique :* outil permettant de faire des effets graphiques (dessin, retouche photo) sur ordinateur. ■ **3** FIG. *Une palette d'arômes, de saveurs.* ➤ **éventail, gamme.** *Palette thérapeutique.* ➤ **arsenal.** ■ **4** Ensemble de fards assortis présentés dans un même conditionnement. *Une palette de trois fards à paupières.*

PALETTISER [paletize] **v. tr.** ⟨1⟩ – 1969 ◊ de *palette* ■ TECHN., COMM. ■ **1** Mettre sur palettes (une marchandise). *Palettiser des sacs de ciment, des bouteilles.* ■ **2** Organiser par l'emploi de palettes. *Palettiser le magasinage, la manutention d'un produit.* — **n. f. PALETTISATION ; adj. PALETTISABLE.**

PALÉTUVIER [paletyvje] **n. m.** – 1722 ; *appariturier* 1614 ◊ du tupi *apara-hiwa* «arbre courbé» ■ Grand arbre tropical aux feuilles persistantes, aux racines aériennes et verticales qui croît dans la vase des mangroves. — SPÉCIALT Manglier.

PÂLEUR [pɑlœʀ] **n. f.** – *pallur* 1240 ; *pallor* «couleur jaune de l'or» 1120 ◊ de *pâle* ■ Couleur, aspect d'une personne qui a le teint pâle. *Pâleur cireuse ; mortelle. «quelle étrange pâleur De son teint tout à coup efface la couleur»* RACINE. — (CHOSES) *La pâleur du ciel.*

PALI, IE [pali] **n. m. et adj.** – 1815 ◊ mot hindi ■ Ancienne langue religieuse de l'Inde méridionale et du Sri Lanka (➤ **sanskrit**). — **adj.** *Langue palie.* ■ **HOM.** Palis.

PÂLICHON, ONNE [pɑliʃɔ̃, ɔn] **adj.** – 1903 ; argot «double blanc (domino)» 1866 ◊ de *pâle* ■ FAM. Un peu pâle. ➤ **pâlot.**

PALIER [palje] **n. m.** – *paelier* 1287 ◊ de l'ancien français *paele* «poêle», par anal. de forme (cf. *poêle*), du latin *patella* ■ **1** MÉCAN. Pièce fixe supportant l'arbre de transmission d'une machine. *Paliers d'un moteur d'auto. Palier de butée,* qui empêche le glissement longitudinal de l'arbre. ■ **2** (1547) Plateforme entre deux volées d'un escalier ou en haut d'un perron. *Portes donnant sur le palier* (➤ **palière**). *Ils habitent sur le même palier. Des voisins de palier. Palier de repos,* entre deux étages. ◆ PAR ANAL. Partie horizontale, comprise entre deux déclivités. *Vitesse en palier.* — AVIAT. *Voler en palier.* — Partie quasi horizontale de la courbe d'un graphique. ■ **3** FIG. Phase intermédiaire de stabilité, dans une évolution. *Palier dans la hausse des prix. «à ses yeux leur amour avait atteint* [...] *une sorte de palier»* ROMAINS. ◆ **PAR PALIERS :** progressivement. *Maladie qui évolue par paliers* (cf. Par degrés*). ■ **4** Pause que doit effectuer un plongeur au cours de la remontée vers la surface ; durée de cette pause. *Palier de décompression, de sécurité. Faire un palier de 3 minutes à 3 mètres.* ■ **HOM.** Pallier.

PALIÈRE [paljɛʀ] **adj. f.** – 1770 ◊ de *palier* ■ *Marche palière,* de plain-pied avec le palier. *Porte palière,* qui s'ouvre sur le palier.

PALILALIE [palilali] **n. f.** – 1932 ◊ de *pali(n)-* et *-lalie* ■ PATHOL. Répétition involontaire d'un ou de plusieurs mots.

PALIMPSESTE [palɛ̃psɛst] **n. m.** – 1823 ; hapax 1542 ◊ latin *palimpsestus,* grec *palimpsêstos* ■ DIDACT. Parchemin manuscrit dont on a effacé la première écriture pour pouvoir écrire un nouveau texte. *«les souvenirs du jeune âge reparaissent sous les passions comme le palimpseste sous les ratures»* HUGO. — FIG. *«L'immense et compliqué palimpseste de la mémoire»* BAUDELAIRE.

PALI(N)- ■ Élément, du grec *palin* «de nouveau».

PALINDROME [palɛ̃dʀom] **n. m.** – 1765 ◊ grec *palindromos* «qui court en sens inverse» ■ **1** DIDACT. Mot, groupe de mots qui peut être lu indifféremment de gauche à droite ou de droite à gauche en conservant le même sens (ex. ressasser, élu par cette crapule) (cf. Phrase rétrograde*). ■ **2** GÉNÉT. Séquence d'ADN lue de manière identique dans un sens ou dans l'autre par rapport à un axe de symétrie binaire, sur le même brin ou sur les deux brins complémentaires. *Les enzymes de restriction coupent l'ADN au niveau de palindromes.*

PALINGÉNÉSIE [palɛ̃ʒenezi] **n. f.** – 1546 ◊ bas latin *palingenesia,* du grec ; cf. *palin-* et *-génésie* ■ PHILOS. Chez les stoïciens, Retour périodique éternel des mêmes évènements. — **adj. PALINGÉNÉSIQUE,** 1665. ◆ DIDACT. Renaissance des êtres ou des sociétés conçue comme source d'évolution et de perfectionnement. ➤ **régénération, résurrection.** — FIG. et LITTÉR. Retour à la vie. *«ma convalescence merveilleuse fut une palingénésie»* GIDE. ◆ PHYLOG. Réapparition de caractères ancestraux. ➤ **atavisme.**

PALINODIE [palinɔdi] **n. f.** – 1512 ◊ bas latin *palinodia,* mot grec ; cf. *palin-* et *-odie* ■ **1** ANTIQ. Poème dans lequel l'auteur rétractait ce qu'il avait dit dans un poème antérieur. ■ **2** (1843) MOD., AU PLUR. Changement d'opinion. *Les palinodies d'un personnage politique.* ➤ **désaveu, rétractation, revirement, volte-face.** *Leurs «palinodies tiennent moins à un excès d'ambition qu'à un manque de mémoire»* PROUST.

PÂLIR [pɑliʀ] **v.** ⟨2⟩ – 1155 ◊ de *pâle*

I v. intr. ■ **1** (PERSONNES) Devenir pâle, notamment sous l'effet d'une émotion. *Pâlir de colère, d'envie, de rage.* ➤ **blêmir.** *Pâlir d'effroi, d'horreur, de peur. «Je le vis, je rougis, je pâlis à sa vue»* RACINE. FIG. *Pâlir sur les livres, sur un travail,* y consacrer de longues heures. ◆ SPÉCIALT *Faire pâlir qqn,* lui inspirer de la jalousie, du dépit. *Sa promotion a fait pâlir ses confrères.* ■ **2** (CHOSES) Perdre son éclat. *Les couleurs ont pâli.* ➤ **passer.** *«Les lampes de la rue se sont allumées brusquement et elles ont fait pâlir les premières étoiles qui montaient dans la nuit»* CAMUS. — FIG. *Les images du passé pâlissent peu à peu.* ➤ **s'affaiblir, s'estomper.**

II v. tr. LITTÉR. Rendre pâle, plus pâle. *«Le froid qui le pâlissait semblait déposer sur sa figure une langueur plus douce»* FLAUBERT. *L'encre pâlie par le temps.*

■ **CONTR.** Brunir, rougir. Briller, luire. ■ **HOM.** poss. *Pâlis :* pallie (pallier) ; *pâlissent :* palisse (palisser).

PALIS [pali] **n. m.** – *paliz* 1155 ◊ de 1*pal* ■ Petit pieu pointu qu'on enfonce en alignement avec d'autres pour former une clôture. ◆ La clôture ainsi formée. ➤ **palissade.** — L'espace ainsi entouré. ■ **HOM.** Pali.

PALISSADE [palisad] **n. f.** – XVe ◊ de *palis* ■ Barrière, clôture faite d'une rangée de pieux, de perches ou de planches plus ou moins jointifs. ➤ **ganivelle.** *Chantier entouré d'une palissade.* ◆ JARD. Mur de verdure formé d'une rangée d'arbres ou d'arbustes spécialement taillés à la verticale (➤ **charmille**). *Taille en palissade.*

PALISSADER [palisade] **v. tr.** ⟨1⟩ – 1585 ◊ de *palissade* ■ Entourer, fermer, protéger au moyen d'une palissade. ◆ Masquer par une palissade d'arbres.

PALISSADIQUE [palisadik] **adj.** – 1903 ◊ de *palissade* ■ BOT. *Parenchyme palissadique :* parenchyme à cellules étroites et serrées de la face supérieure des feuilles, qui évoque une palissade.

PALISSAGE [palisaʒ] **n. m.** – 1690 ◊ de *palisser* ■ AGRIC. Opération qui consiste à palisser un arbre ou un arbuste. *Palissage d'un rosier grimpant.*

PALISSANDRE [palisɑ̃dʀ] **n. m.** – 1718 ◊ néerlandais *palissander,* d'un dialecte de la Guyane ■ Bois exotique dur, odorant, d'une couleur violacée, veiné de noir et de jaune, provenant de plusieurs espèces d'arbres d'Amérique du Sud, d'Asie, d'Afrique, dont le jacaranda*. *Une armoire en palissandre. Palissandre d'Inde, de Rio. — Palissandre d'Afrique, du Congo.* ➤ **wengé.**

PÂLISSANT, ANTE [palisɑ̃, ɑ̃t] **adj.** – 1512 ◇ de *pâlir* ■ Qui pâlit. *Des bruits étranges « épouvantèrent les femmes. Pâlissantes, elles tendaient l'oreille »* ZOLA. *Ciel pâlissant.* ■ CONTR. Rougissant.

PALISSER [palise] **v. tr.** ‹1› – 1680 ; « fermer avec des pieux » 1417 ◇ de *palis* ■ AGRIC. Étendre et lier les branches de (un arbre, un arbuste) contre un support pour leur imposer une direction (➤ 1 **espalier**). *Palisser une vigne.* ■ HOM. poss. *Palisse* : pâlissent (pâlir).

PALISSON [palisɔ̃] **n. m.** – 1723 ; *paleszon* « pieu » XIIIe ◇ de *palis* ■ TECHN. Instrument de fer, en forme de demi-cercle, qui sert à chamoiser (ou *palissonner* ‹1›) les peaux.

PALIURE [paljyʀ] **n. m.** – 1615 ◇ grec *paliouros* ■ Arbrisseau épineux *(rhamnacées)* appelé aussi *épine du Christ,* qui croît en Europe méridionale, en Asie occidentale et dont on fait des haies.

PALLADIEN, IENNE [paladjɛ̃, jɛn] **adj.** – 1874 ◇ de *Palladio,* n. pr. ■ Relatif à l'architecte Palladio, à son style élégant inspiré de l'Antiquité. *Villas palladiennes.*

1 **PALLADIUM** [paladjɔm] **n. m.** – 1562 ; *palladion* 1160 ◇ latin *palladium,* grec *palladion* ■ ANTIQ. Statue de Pallas considérée par les Troyens comme le gage du salut de leur ville. ♦ (1748) DIDACT. Bouclier, garantie, sauvegarde. *« la loi civile, qui est le palladium de la propriété »* MONTESQUIEU.

2 **PALLADIUM** [paladjɔm] **n. m.** – 1803 ◇ mot anglais (1803), du nom de la planète *Pallas* ■ CHIM. Élément atomique (Pd ; n° at. 46 ; m. at. 106,42), métal précieux du groupe du platine, que l'on trouve à l'état naturel allié à l'or ou au platine, ou comme sel de sélénium dans les mines de nickel. *Le palladium est utilisé en dentisterie et en orfèvrerie et sert de catalyseur en chimie.*

PALLÉAL, ALE, AUX [paleal, o] **adj.** – 1829 ◇ du latin *palla* « manteau » ■ ZOOL. Relatif au manteau des mollusques (➤ **pallium**). *La cavité palléale abrite les branchies.*

PALLIATIF, IVE [paljatif, iv] **adj. et n. m.** – 1314 ◇ latin médiéval *palliativus* ■ **1** MÉD. Qui atténue les symptômes d'une maladie sans agir sur sa cause. *Traitement palliatif d'un cancer. Médication palliative. Soins palliatifs,* donnés à des malades incurables, des personnes en fin de vie. ♦ **n. m.** *« Le sommeil est un palliatif, la mort est le remède »* CHAMFORT. ■ **2 n. m.** Expédient, mesure qui n'a qu'un effet passager. *Ce n'est qu'un palliatif. « des palliatifs insuffisants et qui ne feront qu'ajourner une grande crise morale et politique »* BALZAC.

PALLIDECTOMIE [palidɛktɔmi] **n. f.** – milieu XXe ◇ de *pallid(um)* et *-ectomie* ■ CHIR. Destruction du pallidum, en vue de supprimer les symptômes de la maladie de Parkinson.

PALLIDUM [palidɔm] **n. m.** – 1946 ◇ latin *pallidus* « pâle » ■ ANAT. Formation grise interne du noyau lenticulaire du cerveau, appelée parfois *globus pallidus.*

PALLIER [palje] **v. tr.** ‹7› – v. 1300 ◇ bas latin *palliare* « couvrir d'un manteau » ■ **1** LITTÉR. Couvrir, dissimuler en présentant sous une apparence spécieuse. ➤ **cacher, déguiser.** *« Pauline apporte tous ses soins à pallier les insuffisances et les défaillances d'Oscar, à les cacher aux yeux de tous »* GIDE. ■ **2** (XXe) MOD. Atténuer faute de remède véritable ; résoudre d'une manière provisoire. *Les moyens de pallier la crise.* — REM. La constr. *pallier à* est incorrecte et critiquée : *« On pallie généralement au manque de matériel par des hommes »* CAMUS. ■ HOM. Palier ; poss. *pallie* : pâlis (pâlir).

PALLIUM [paljɔm] **n. m.** – 1190 ◇ mot latin « manteau » ■ **1** LITURG. Ornement sacerdotal en laine blanche brodée de croix noires, que le pape, les primats et les archevêques portent autour du cou. ■ **2** (1832) ANTIQ. ROM. Manteau d'origine grecque. ■ **3** (1894) Cortex cérébral des animaux supérieurs. ♦ Manteau d'un mollusque, qui recouvre la masse viscérale et sécrète coquille, plaques ou tubes (➤ **palléal**).

PALMAIRE [palmɛʀ] **adj.** – 1560 ◇ latin *palmaris* → paume ■ ANAT. Relatif à la paume de la main. *Saillie palmaire externe* (➤ **thénar**), *interne* (➤ **hypothénar**). ■ HOM. Palmer.

PALMARÈS [palmaʀɛs] **n. m.** – 1842 ◇ du latin *palmaris* « qui mérite la palme » → 1 plain ■ Liste des lauréats* d'une distribution de prix, liste de récompenses. *Son nom figure au palmarès. Le palmarès d'un concours, d'une compétition sportive.* — **Recomm. offic.** pour *hit-parade.*

PALMATIFIDE ➤ **PALMIFIDE**

PALMATURE [palmatyʀ] **n. f.** – 1838 ◇ latin moderne, de *palmus* « palmé » ■ MÉD. Forme de syndactylie où les doigts sont réunis par une membrane. ➤ **palmure.** ♦ VÉN. Paumure.

1 **PALME** [palm] **n. f.** – XIIIe ; *paume* XIIe ◇ latin *palma* « palmier » ■ **1** Feuille de palmier. *« Les palmes [...] groupées en plumets au bout des tiges trop hautes »* LOTI. ■ **2** (XIIe) VX Palmier. MOD. *Vin de palme :* boisson faite de la sève fermentée de divers palmiers. *Huile de palme :* huile rouge tirée de la pulpe fermentée des fruits du palmiste. ■ **3** (v. 1380) *La palme,* symbole de victoire (➤ **palmarès**). *Remporter la palme. Décerner la palme. La Palme d'or du festival de Cannes* (➤ **palmé**). *« Je ne te dispute pas la palme du mal »* LAUTRÉAMONT. *La palme du martyre.* — IRON. *Pour le désordre, à lui la palme !* ■ **4** ARCHIT. Ornement en forme de feuille palmée stylisée. ➤ **palmette.** *Frise de palmes.* ♦ Insigne d'une décoration en forme de palme stylisée. *Palmes académiques**, et ABSOLT *avoir les palmes.* ■ **5** (d'après *palmé*) COUR. Nageoire de caoutchouc qui se fixe au pied pour la nage sous-marine et qui augmente la vitesse du nageur. *Plongeur équipé d'un masque, d'un tuba et de palmes.*

2 **PALME** [palm] **n. m.** – 1553 ◇ latin *palmus* ■ ANTIQ. Mesure correspondant à la largeur de la paume de la main.

PALMÉ, ÉE [palme] **adj.** – 1754 ◇ latin *palmatus* ■ **1** BOT. Qui ressemble à une main ouverte. *Feuille palmée,* dont le limbe est divisé en segments réunis au sommet du pétiole comme les doigts de la main. ➤ **palmilobé, palmiparti.** *La feuille du marronnier est palmée.* ■ **2** (1783) Dont les doigts sont réunis par une membrane. *Pattes, pieds palmés de certains oiseaux* (➤ **palmipède**). — PAR ANAL. *Doigts palmés* (➤ **palmature, palmure**). ■ **3** Qui a reçu la Palme d'or du festival de Cannes. *Réalisateur palmé.*

PALMER [palmɛʀ] **n. m.** – 1877 ◇ du nom de l'inventeur ■ Instrument de précision composé d'une pointe fixe et d'une pointe mobile, pour mesurer les épaisseurs. ■ HOM. Palmaire.

PALMERAIE [palməʀɛ] **n. f.** – *palmeraye* 1607 ; var. *palmérier* jusqu'au XIXe ◇ de *palmier* ■ Plantation de palmiers. *Les palmeraies d'une oasis.*

PALMETTE [palmɛt] **n. f.** – 1694 ◇ de 1 *palme* ■ **1** ARCHIT. Ornement en forme de feuille de palmier. ■ **2** (1842) ARBOR. Forme de taille des arbres fruitiers en espalier.

PALMI- ■ Élément, du latin *palma* « palme ».

PALMIER [palmje] **n. m.** – 1119 ◇ de 1 *palme* ■ **1** Arbre des régions chaudes *(arécacées)* à tige simple (➤ **stipe**), surmontée d'un bouquet de grandes feuilles palmées ou pennées, à fleurs en grappes et dont les fruits sont des baies ou des drupes. ➤ **açaï, arec, chamérops, cocotier, dattier, doum, kentia, latanier, palmiste, phœnix, raphia, sagoutier, tallipot.** *Palmiers dattiers. Plantation de palmiers.* ➤ **palmeraie.** *Produits fournis par les palmiers.* ➤ 1 **coco, copra, corozo, datte,** 1 **palme** (huile, vin de palme), **raphia, sagou.** *Cœur de palmier* ou *chou palmiste**. ■ **2** (1938 ◇ pour *feuille de palmier*) Gâteau plat, fait de pâte feuilletée coupée dans le sens vertical.

PALMIFIDE [palmifid] **adj.** – 1874 ; *palmitifide* 1834 ◇ de *palmi-* et du latin *findere* « fendre » ■ BOT. Se dit d'une feuille à nervures palmées dont les divisions vont jusqu'au milieu du limbe. — On dit aussi **PALMATIFIDE.**

PALMILOBÉ, ÉE [palmilɔbe] **adj.** – 1834 ◇ de *palmi-* et *lobé* ■ BOT. Se dit d'une feuille palmée aux divisions arrondies.

PALMIPARTI, IE [palmiparti] **adj.** – 1846 ; *palmipartite* 1834 ◇ de *palmi-* et du latin *partitus* « divisé » ■ BOT. Se dit d'une feuille palmée dont les divisions vont presque à la base du limbe. — On dit aussi **PALMIPARTITE.**

PALMIPÈDE [palmipɛd] **adj. et n. m.** – 1760 ; hapax 1555 ◇ latin *palmipes, pedis* ; de *palma* ■ Dont les pieds sont palmés. *Oiseaux aquatiques palmipèdes.* **n. m.** *Les canards, les plongeons, les pingouins sont des palmipèdes.*

PALMISTE [palmist] **n. m.** – 1601 ◇ du portugais *palmito* « petit palmier » ■ **1** BOT. Palmier du genre *arec* dont le bourgeon terminal (*chou palmiste* ou cœur de palmier), formé des feuilles tendres de la pousse nouvelle, est comestible. ♦ PAR EXT. Palmier à huile *(éléis).* — L'amande de son fruit. *Huile de palmiste.* ➤ 1 **palme.** ■ **2** *Rat palmiste.* ➤ **xérus.**

PALMITE [palmit] **n. m.** – 1590 ◇ portugais *palmito* ■ Moelle comestible du palmier.

PALMITINE [palmitin] **n. f.** – 1855 ◇ de 1 *palme* ■ CHIM. Ester du glycérol et de l'acide palmitique, substance solide, grasse, constituant de l'huile de palme.

PALMITIQUE [palmitik] adj. m. – 1855 ◊ de *palmitine* ■ BIOCHIM. *Acide palmitique* : acide gras saturé à seize atomes de carbone, très abondant dans les graisses animales et les huiles végétales. *Sel ou ester de l'acide palmitique* (ou *palmitate* n. m.).

PALMURE [palmyʀ] n. f. – 1846 ◊ de 1*palme* ■ **1** ZOOL. Membrane tendue entre les doigts de la plupart des palmipèdes, de quelques mammifères aquatiques et de certains animaux terrestres. *La palmure des doigts du castor.* ■ **2** PATHOL. Bride cutanée due à une malformation ou à une brûlure grave. ➤ **palmature.** *Palmure interdigitale.*

PALOMBE [palɔ̃b] n. f. – 1539 ◊ latin *palumba* ■ RÉGION. Pigeon ramier, dans le sud et le sud-ouest de la France. *Chasse à la palombe. — Salmis de palombe.*

PALONNIER [palɔnje] n. m. – 1694 ; *palonnel* 1383 ; *palonneau* 1611 ◊ de l'ancien français *pal* ■ **1** Barre transversale aux extrémités de laquelle on fixe les traits des chevaux. ♦ TECHNOL. Dispositif suspendu à un appareil de levage, permettant l'accrochage d'une charge qui nécessite des prises multiples. ■ **2** TECHN., AUTOM. *Palonnier compensateur de freinage* : dispositif servant à égaliser l'action des freins sur chacun des tambours. ♦ AVIAT. Dispositif de commande du gouvernail de direction d'un avion, constitué par une barre articulée sur un pivot et orientée à l'aide des pieds.

PALOT [palo] n. m. – 1415 «bêche» ◊ de 1*pale* ■ **1** TECHN. Sorte de pelle utilisée par les tourbiers. ♦ Bêche étroite servant à retirer les vers, coquillages, etc., du sable, de la vase. ■ **2** FAM. Baiser langue en bouche. ➤ 2**galoche, patin, pelle.** *Rouler un palot à qqn.* ■ HOM. poss. Pâlot.

PÂLOT, OTTE [pɑlo, ɔt] adj. – 1775 ; *pallaud* XVIe ◊ de *pâle* ■ Un peu pâle (surtout en parlant des enfants). ➤ **pâlichon.** *Je l'ai trouvée bien pâlotte.* ■ HOM. poss. Palot.

PALOURDE [paluʀd] n. f. – 1540 ; *palorde* XIIIe ◊ latin populaire °*pelorida*, classique *peloris*, du grec ■ Mollusque bivalve comestible *(lamellibranches).* ➤ RÉGION. **clovisse.** *Palourde américaine.* ➤ **clam.**

PALPABLE [palpabl] adj. – fin XIVe ◊ latin *palpabilis* → palper ■ **1** Qui peut être palpé, touché. ➤ **matériel.** *Kyste palpable.* — PAR EXT. Dont on peut s'assurer par les sens, et SPÉCIALT par le toucher. ➤ **concret, sensible, tangible.** *La force «est une qualité palpable, au lieu que la justice est une qualité spirituelle»* PASCAL. ■ **2** Dont on peut s'assurer, que l'on peut vérifier avec certitude. ➤ **clair, évident.** *Des avantages palpables. Preuves solides et palpables,* qui tombent sous le sens. ■ CONTR. Impalpable ; immatériel, spirituel. Aléatoire, douteux.

PALPATION [palpasjɔ̃] n. f. – 1833 ◊ de *palper* ■ MÉD. Examen qui consiste à palper les parties extérieures du corps pour apprécier les caractéristiques physiques des tissus et des organes, et leur sensibilité. ➤ 2**toucher.** *Déceler une grosseur à la palpation. Palpation des seins.* ➤ aussi **autopalpation.** *«La palpation médicale cherche les anomalies dans la profondeur du corps : la fouille de sécurité s'intéresse plutôt à la surface»* J.-CH. RUFIN. ♦ Fouille sommaire effectuée par la police sur une personne.

PALPE [palp] n. m. – 1802 ◊ de *palper* ■ ZOOL. Organe sensoriel des arthropodes qui sert à la préhension et à la gustation.

PALPÉBRAL, ALE, AUX [palpebʀal, o] adj. – 1748 ◊ latin *palpebralis* → paupière ■ ANAT. Relatif aux paupières. *La fente palpébrale. Réflexe palpébral.*

PALPER [palpe] v. tr. ⟨1⟩ – 1488 ◊ latin *palpare* ■ **1** Examiner en touchant, en tâtant avec la main, les doigts. *Aveugle qui palpe un objet pour le reconnaître. Médecin qui palpe un patient.* ■ **2** (1765) FAM. Toucher, recevoir (de l'argent). ABSOLT *Il a palpé dans cette affaire.*

PALPEUR [palpœʀ] n. m. – v. 1920 ; entomol. 1808 ◊ de *palper* ■ TECHNOL. Appareil de mesure de très faibles déplacements ou variations de planéité. *Palpeur à ultrasons. Palpeur optique. «la sirène d'alarme déclenchée par les palpeurs sismiques»* TOURNIER. *Palpeurs d'un robot.* EN APPOS. *Crochets palpeurs.* — SPÉCIALT Dispositif placé au centre d'une plaque de cuisson électrique qui mesure la température du récipient chauffé et règle le thermostat.

PALPITANT, ANTE [palpitɑ̃, ɑ̃t] adj. et n. m. – 1519 ◊ de *palpiter* **I** adj. ■ **1** Qui palpite. ➤ **pantelant.** *Cadavre encore palpitant. Poitrine palpitante.* ♦ *Être tout palpitant d'angoisse, d'émotion,* violemment ému. ➤ **tremblant.** ■ **2** (1830) COUR. Qui excite l'émotion, un vif intérêt. ➤ **émouvant, prenant, saisissant.** *Récit, film palpitant. Ce n'est pas très palpitant.* ➤ **excitant.**
II n. m. FAM. **LE PALPITANT** : le cœur.

PALPITATION [palpitasjɔ̃] n. f. – 1541 ◊ latin *palpitatio* ■ **1** Battement de cœur plus sensible et plus rapide que dans l'état naturel, et quelquefois inégal. ➤ **tachycardie.** *Avoir des palpitations.* ➤ **palpiter.** ■ **2** Contraction, frémissement convulsif. *Palpitations des paupières, des ailes du nez.* ■ **3** FIG. et LITTÉR. Frémissement, mouvement alternatif (oscillation, pulsation). *«La palpitation de la mer se faisait sentir dans cette cave»* HUGO.

PALPITER [palpite] v. intr. ⟨1⟩ – 1488 ◊ latin *palpitare*, fréquentatif de *palpare* «palper» ■ **1** Être agité de contractions, de frémissements. *Blessure, animal qui palpite. «La beauté de la chair, c'est de n'être point marbre ; c'est de palpiter»* HUGO. ■ **2** Battre très fort, en parlant du cœur ; avoir des palpitations. *«Mon cœur palpite au seul aspect d'une femme»* BEAUMARCHAIS. ■ **3** (XIXe) PAR ANAL. *Étoiles, lumières qui palpitent.* ➤ **scintiller.** *Feu qui palpite.*

PALPLANCHE [palplɑ̃ʃ] n. f. – 1729 ◊ de 1*pal* et *planche* ■ TECHN. ■ **1** Planche grossièrement équarrie servant au boisage des galeries de mines. ■ **2** (1750) Poutrelle qui s'emboîte bord à bord avec d'autres pour former une cloison étanche (➤ **batardeau**) utilisée en terrain aquifère ou immergé.

PALSAMBLEU [palsɑ̃blø] interj. – XVIIe ◊ euphém. pour *par le sang (de) Dieu* ■ VX Juron en usage au XVIIe s. ➤ **morbleu.**

PALTOQUET [paltɔkɛ] n. m. – 1704 ; *palletoqué* «vêtu d'un justaucorps» 1546 ◊ de *paltok* → paletot ■ **1** VX Individu grossier, rustre. ■ **2** MOD. LITTÉR. Homme insignifiant et prétentieux, insolent.

PALU ➤ **PALUDISME** ■ HOM. Palud, palus.

PALUCHE [palyʃ] n. f. – 1940 ◊ de 1*pale* ■ POP. Main. *Je lui ai serré la paluche.*

PALUCHER (SE) [palyʃe] v. pron. ⟨1⟩ – 1947 ◊ de *paluche* ■ **1** VULG. Se masturber (en parlant d'un homme). *«on se serait paluché en cadence»* BOUDARD. ■ **2** FAM. *Se palucher qqch.*, faire qqch. de pénible manuellement, sans l'intervention d'un système d'automatisation. *Il a dû se palucher le tri des colis.*

PALUD [paly] n. m. – v. 1112 ◊ latin *palus, paludis* ■ VX Marais. ➤ **palus.** — On dit aussi **PALUDE,** 1895. *«Paludes», récit d'André Gide.* ■ HOM. Palu (paludisme), palus.

PALUDÉEN, ENNE [palydeɛ̃, ɛn] adj. – 1837 ◊ latin *palus, paludis* «marais» ■ **1** VX De la nature du marais ; propre aux marais, aux terrains marécageux. ➤ **palustre.** ■ **2** (1896) Relatif au paludisme. ➤ **paludique.** *Accès paludéen. Cirrhose paludéenne.* ♦ Atteint de paludisme. ➤ **impaludé.** *Malade paludéen.* — n. *Un paludéen.*

PALUDIER, IÈRE [palydje, jɛʀ] n. – 1731 ◊ de *palud* ■ TECHN. Personne qui travaille aux marais salants.

PALUDINE [palydin] n. f. – 1842 ◊ de *palud* ■ ZOOL. Mollusque *(gastéropodes)* qui vit dans les étangs, les marais, les cours d'eau.

PALUDIQUE [palydik] adj. et n. – 1877 ◊ de *paludisme* ■ MÉD. Relatif au paludisme ; atteint de paludisme. ➤ **impaludé, paludéen.**

PALUDISME [palydism] n. m. – 1869 ; var. *impaludisme* 1873 ◊ du latin *palus, paludis* «marais» ■ Maladie parasitaire, endémique dans certaines régions chaudes et humides, due à des hématozoaires inoculés dans le sang par la piqûre de moustiques (anophèles), et se manifestant par des accès de fièvre intermittents. ➤ **malaria.** *Accès, crise de paludisme.* ➤ **paludéen, paludique.** *La quinine, remède spécifique contre le paludisme.* ➤ **antipaludéen.** — ABRÉV. FAM. (avant 1945) **PALU.** *Avoir le palu, des crises de palu.*

PALUDOLOGIE [palydɔlɔʒi] n. f. – 1959 ◊ de *palud(isme)* et *-logie* ■ DIDACT. Étude du paludisme. ➤ **malariologie.** — n. **PALUDOLOGUE.**

PALUS [paly] n. m. – 1802 ◊ de *palud* ■ VX Marais. ➤ **palud.** — MOD. RÉGION. Dans le Bordelais, Terre d'alluvions ou ancien marais littoral desséché, planté de vignobles. *Vin de, des palus.* ■ HOM. Palu (paludisme), palud.

PALUSTRE [palystʀ] adj. – XVIe ◊ latin *paluster* «marécageux» ■ Qui se rapporte aux marais. *Terrains, plantes, coquillages palustres.*

PALYNOLOGIE [palinɔlɔʒi] n. f. – milieu XXe ◊ du grec *palunein* «répandre (de la farine)», d'après l'anglais *palynology* (1944) ■ DIDACT. Étude des pollens, et spécialement des résidus fossiles de pollens contenus dans les sédiments (**PALÉOPALYNOLOGIE** n. f.).

PÂMER (SE) [pɑme] **v. pron.** ‹ 1 › – *pasmer* fin XIe ◊ latin populaire °*pasmare*, classique *spasmare* ▪ **1** VIEILLI Perdre connaissance. ➤ **défaillir, s'évanouir ; pâmoison.** « *Il y avait des moments où un mot de lui vous faisait pâmer de rire* » RENAN. ▪ **2** Être comme paralysé par une émotion ou une sensation très agréable. *Elles se sont pâmées d'aise. Se pâmer devant un tableau.* ➤ **s'extasier.** *Pâmé d'admiration.*

PÂMOISON [pɑmwazɔ̃] **n. f.** – *pasmeisun* 1080 ◊ de *pâmer* ▪ VIEILLI OU PLAISANT Fait de se pâmer ; état d'une personne qui se pâme. ➤ **défaillance, évanouissement.** *Tomber en pâmoison.*

PAMPA [pɑ̃pa] **n. f.** – 1716 ◊ mot d'Amérique latine, emprunté au quéchua ▪ Vaste plaine d'Amérique du Sud, dont le climat et la végétation sont ceux de la steppe. *Les gauchos de la pampa.*

PAMPÉRO [pɑ̃peʀo] **n. m.** – 1771 ◊ espagnol *pampero*, de *pampa* ▪ Vent violent soufflant du sud et de l'ouest, qui amène les pluies d'hiver en Argentine.

PAMPHLET [pɑ̃flɛ] **n. m.** – XVIIIe ; « brochure » 1653 ◊ mot anglais ; altération de *Pamphilet*, n. d'une comédie en vers latins du XIIe s. ▪ Court écrit satirique, qui attaque avec violence le gouvernement, les institutions, la religion, un personnage connu. ➤ **diatribe, factum, libelle, satire.** *Écrire un pamphlet contre qqn. Lancer un pamphlet. Les pamphlets de Voltaire, de Paul-Louis Courier.*

PAMPHLÉTAIRE [pɑ̃fletɛʀ] **n.** – 1791 ◊ de *pamphlet*, d'après l'anglais *pamphleteer* ▪ Auteur de pamphlets. ➤ **polémiste.** *Il a un talent de pamphlétaire.*

PAMPILLE [pɑ̃pij] **n. f.** – XIXe ◊ de l'ancien français *pampe* → pampre ▪ Chacune des petites pendeloques groupées en franges, servant d'ornement. *Galon, collier à pampilles.*

PAMPLEMOUSSE [pɑ̃pləmus] **n. m.** – *pampelmous* « fruit » 1677, au sens 1° ; ◊ du néerlandais *pompelmoes* « gros citron » ▪ **1** (1772) BOT., AGRIC. Arbre épineux originaire des îles de l'océan Indien, dont le fruit comestible, mais peu juteux, ne se consomme que confit ou sous forme de confiture. (1677) Ce fruit. ▪ **2** (1946) COUR. Fruit du pamplemoussier, gros agrume sphérique à peau jaune, juteux et légèrement amer. ➤ **grapefruit.** *Pamplemousse de Floride. Pamplemousse rose, rosé,* à chair rose. ➤ **pomélo.** *Jus de pamplemousse.*

PAMPLEMOUSSIER [pɑ̃pləmusje] **n. m.** – 1870 ◊ de *pamplemousse* ▪ Arbre des climats chauds *(rutacées)*, dont le fruit est le pamplemousse. *Hybride de pamplemoussier.* ➤ **pomélo.**

PAMPRE [pɑ̃pʀ] **n. m.** – 1534 ◊ ancien français *pampe*, latin *pampinus* ▪ **1** Branche de vigne avec ses feuilles et ses grappes. *Les pampres et les sarments.* ▪ **2** POÉT. Le raisin, la vigne. ◆ LITTÉR. Tonnelle couverte d'une vigne grimpante. « *Des pêcheurs sont là-bas sous un pampre attablés* » HUGO. ▪ **3** ARCHIT. Ornement représentant un rameau de vigne avec ses feuilles et ses fruits.

1 **PAN** [pɑ̃] **n. m.** – 1080 ◊ latin *pannus* ▪ **1** Grand morceau d'étoffe ; partie flottante ou tombante d'un vêtement. *Pan d'une chemise, d'un manteau* (➤ 1 **basque**). *Se promener en pan de chemise.* ➤ **bannière.** — *S'attacher au pan de l'habit de qqn,* pour le retenir, le supplier. ▪ **2** (XIIIe) *Pan de mur :* partie plus ou moins grande d'un mur. ALLUS. LITTÉR. « *la précieuse matière du tout petit pan de mur jaune* » PROUST. — Ossature d'un mur. — TECHN. *Pan coupé :* surface élevée à l'angle de deux murs, oblique par rapport à eux, et remplaçant leur réunion à angle droit ou aigu. ◆ FIG. « *un vaste pan du ciel* » THARAUD. « *De grands pans de passé sortent ainsi du champ de ma conscience* » GIDE. ▪ **3** (XVIe) Face d'un objet, d'une construction polyédrique. ➤ **côté.** *Pans d'un prisme, d'une tour.* — TECHN. *Pan de comble :* chacun des côtés de la couverture d'une construction. ▪ HOM. Paon.

2 **PAN** [pɑ̃] **interj.** – 1731 ◊ onomat. ▪ Mot qui exprime un bruit sec, un coup, une fessée ; un éclatement, etc. *Pan ! dans le mille !* (Redoublé) *Panpan cucul.*

PAN-, PANT(O)- ▪ Éléments, du grec *pan, pantos* « tout ».

PANACÉE [panase] **n. f.** – 1550 ; hapax 1213 ◊ latin *panacea* ; grec *panakeia*, de *pan-* et *akos* « remède » ▪ Remède universel, agissant sur toutes les maladies. — Pléonasme « *Les savants prétendaient qu'il avait trouvé la panacée universelle* » BALZAC. ◆ Ce qu'on croit capable de guérir tous les maux ; formule par laquelle on prétend tout résoudre. *Il n'y a pas « de panacée sociale »* GAMBETTA.

PANACHAGE [panaʃaʒ] **n. m.** – fin XIXe ◊ de *panacher* ▪ Action de panacher ; son résultat. *Un panachage de couleurs.* ◆ (1899) Possibilité dont dispose l'électeur de composer lui-même sa liste en prenant des candidats sur les différentes listes en présence. *Panachage électoral.*

PANACHE [panaʃ] **n. m.** – 1522 ; *pennache* XVe ◊ italien *pennacchio* ▪ **1** Faisceau de plumes serrées à la base et flottantes en haut, qui sert à orner une coiffure, un dais. ➤ **aigrette, plumet.** *Orné d'un panache.* ➤ **empanaché.** *Le panache blanc d'Henri IV.* ◆ FIG. Brio et bravoure spectaculaires. *Le panache de Cyrano. Avoir du panache :* avoir fière allure. *Perdre avec panache.* ▪ **2** PAR ANAL. *Queue en panache de l'écureuil. Panache de fumée.* ▪ **3** ARCHIT. Ornement en forme de plumes qui remplace parfois le feuillage d'un chapiteau. — Surface triangulaire du pendentif d'une voûte sphérique.

PANACHÉ, ÉE [panaʃe] **adj.** – *pannaché* 1389 ◊ de *panache* ▪ **1** RARE Orné d'un panache. ▪ **2** COUR. Qui présente des couleurs variées. *Œillet panaché.* ▪ **3** Composé d'éléments différents. ➤ **mélangé.** *Glace, salade panachée. Haricots panachés :* mélange de haricots verts et de haricots blancs. *Liste panachée* (➤ **panachage**). ◆ *Un demi panaché,* OU ELLIPT. *un panaché :* mélange de bière et de limonade.

PANACHER [panaʃe] **v. tr.** ‹ 1 › – 1667 ◊ de *panache* ▪ **1** RARE Orner d'un panache. ▪ **2** Bigarrer, orner de couleurs variées. ➤ **barioler.** — PAR EXT. Composer d'éléments divers. ➤ **mélanger.** — SPÉCIALT *Panacher une liste électorale* (➤ **panachage**).

PANACHURE [panaʃyʀ] **n. f.** – 1758 ◊ de *panache* ▪ Tache, semis de taches de couleur sur un fond de couleur différente. *Panachures d'une fleur, du plumage d'un oiseau.*

PANADE [panad] **n. f.** – 1548 ◊ ancien occitan *panado*, de *pan* « pain » ▪ **1** Soupe faite de pain, d'eau et de beurre, liée souvent avec un jaune d'œuf. ▪ **2** LOC. FAM. (1878) *Être dans la panade,* dans la misère. ➤ **mouise, purée.** ▪ **3** (Belgique) Goûter pour bébé, à base de fruits et de biscuits écrasés.

PANAFRICAIN, AINE [panafʀikɛ̃, ɛn] **adj.** – milieu XXe ◊ de *pan-* et *africain* ▪ POLIT. Relatif à l'unité des peuples d'Afrique.

PANAFRICANISME [panafʀikanism] **n. m.** – milieu XXe ◊ de *panafricain* ▪ POLIT. Doctrine qui tend à développer l'unité et la solidarité africaines.

PANAIS [panɛ] **n. m.** – 1562 ; *pasnaie* n. f. 1080 ◊ latin *pastinaca*, de *pastinum* « plantoir » par anal. de forme ▪ Plante herbacée *(ombellifères)* dont la racine blanche, odorante et charnue, est comestible. — ABUSIVEMENT Carotte sauvage.

PANAMA [panama] **n. m.** – 1842 ◊ nom de pays ▪ Chapeau d'été, large et souple, tressé avec la feuille d'un latanier d'Amérique. — PAR EXT. Chapeau de paille de même forme. *Des panamas.*

PANAMÉRICAIN, AINE [panameʀikɛ̃, ɛn] **adj.** – 1901 ; *pan-américain* 1894 ◊ de *pan-* et *américain* ▪ POLIT. Qui concerne les nations du continent américain tout entier. *Congrès panaméricain.* ◆ *Route panaméricaine,* qui traverse le continent américain.

PANAMÉRICANISME [panameʀikanism] **n. m.** – 1903 ◊ de *panaméricain* ▪ POLIT. Système qui vise à placer toutes les nations américaines sous l'influence des États-Unis et à empêcher toute ingérence dans les affaires américaines.

PANARABISME [panaʀabism] **n. m.** – 1923 ◊ de *pan-* et *arabisme* ▪ POLIT. Système qui tend à unir tous les peuples de langue ou de civilisation arabe (➤ **panislamisme**). — **adj. PANARABE.**

1 **PANARD, ARDE** [panaʀ, aʀd] **adj.** – 1750 ◊ provençal moderne *panard* « boiteux » (1734) ▪ HIPPOL. Se dit d'un cheval dont les pieds de devant sont tournés en dehors. *Jument panarde.* ▪ **CONTR.** Cagneux.

2 **PANARD** [panaʀ] **n. m.** – v. 1910 ◊ p.-ê. de 1 *panard* ▪ POP. Pied. *Il a de grands panards.* — FIG. *C'est le panard !* ➤ **pied** (III, 3°).

PANARIS [panaʀi] **n. m.** – 1503 ; *panarice* 1363 ◊ latin *panaricium* ▪ Inflammation aiguë phlegmoneuse d'un doigt. ➤ **tourniole.** *Panaris à un orteil provoqué par une écharde.*

PANATHÉNÉES [panatene] **n. f. pl.** – 1719 ◊ grec *panathênaia* ▪ ANTIQ. Fêtes données à Athènes en l'honneur de la déesse Athéna.

PANAX [panaks] **n. m.** – 1538 ◊ mot latin → opopanax ▪ Arbre *(araliacées)* originaire d'Asie, dont une espèce fournit le ginseng. *Panax épineux.*

PAN-BAGNAT [pɑ̃baɲa] **n. m.** – 1926 ; *pan bagna* 1921 ◊ mot provençal, de *pan* «pain» et *bagnat* «imbibé (d'huile)» ■ Sandwich composé d'un pain rond garni de salade niçoise. *Des pans-bagnats.*

PANCA ou **PANKA** [pɑ̃ka] **n. m.** – 1890, –1857 ; *punka* 1841 ◊ hindi *pankha* ■ Sorte d'écran suspendu au plafond, qui se manœuvre au moyen de cordes et est utilisé comme ventilateur, dans les pays chauds.

PANCAKE [pankɛk] **n. m.** – 1985 ; 1972, au Canada ◊ mot anglais, de *pan* «casserole» et *cake* «gâteau» ■ Petite crêpe épaisse. *Des pancakes au sirop d'érable.*

PANCALISME [pɑ̃kalism] **n. m.** – 1915 ◊ de *pan-* et du grec *kalos* «beau» ■ PHILOS. Doctrine philosophique qui fait dépendre du beau toutes les autres catégories.

PANCARTE [pɑ̃kaʀt] **n. f.** – *pencarte* «carte marine, charte» 1440 ◊ latin médiéval *pancharta* ■ **1** VX Charte, document, vieux papiers. *«Le latin de nos vieilles pancartes»* CORNEILLE. — (XVIe) Affiche indiquant le tarif de certains droits, le prix des marchandises vendues par un commerçant. ■ **2** (1623) MOD. Écriteau qu'on applique contre un mur, un panneau, etc., pour donner un avis au public. ➤ **affiche, écriteau, placard.** *Pancarte à la vitrine d'un magasin.* — Écriteau portant des slogans, que l'on brandit. *Porter une pancarte dans une manifestation.*

PANCETTA [pɑ̃(t)ʃeta] **n. f.** – 1992 ◊ mot italien (1855), de *pancia* «panse» ■ Charcuterie italienne faite de poitrine de porc roulée en forme de saucisson et séchée. *Des pancettas.*

PANCHEN-LAMA ➤ 2 **LAMA**

PANCHROMATIQUE [pɑ̃kʀɔmatik] **adj.** – 1898 ◊ de *pan-* et *chromatique* ■ PHOTOGR. Sensible à toutes les couleurs du spectre. *Pellicule, plaque panchromatique.* ABRÉV. (1955) **PANCHRO** [pɑ̃kʀo]. *Des pellicules panchros.*

PANCLASTITE [pɑ̃klastit] **n. f.** – avant 1864 ◊ de *pan-* et du grec *klastos* «brisé» ■ TECHN. Explosif liquide constitué de peroxyde d'azote et d'une substance combustible.

PANCOSMISME [pɑ̃kɔsmism] **n. m.** – 1951 ◊ de *pan-* et du grec *kosmos*, d'après l'anglais *pancosmism* (1865) ■ PHILOS. Doctrine selon laquelle toute réalité est contenue dans le monde sous une forme matérielle.

PANCRACE [pɑ̃kʀas] **n. m.** – 1578 ◊ latin *pancratium* ; grec *pankration*, de *pan-* et *kratos* «force» ■ ANTIQ. Exercice gymnique de la Grèce antique qui combine la lutte et le pugilat.

PANCRÉAS [pɑ̃kʀeas] **n. m.** – 1541 ◊ grec *pankreas*, de *pan-* et *kreas* «chair» ■ Glande annexe du tube digestif, de forme allongée, située derrière l'estomac, entre la deuxième portion du duodénum et la rate. *Sécrétion externe du pancréas :* le suc pancréatique*. *Sécrétion interne (hormonale) du pancréas* (insuline et glucagon). ➤ **îlot** (de Langerhans). *Ablation du pancréas* (**PANCRÉATECTOMIE n. f.**).

PANCRÉATINE [pɑ̃kʀeatin] **n. f.** – 1846 ◊ de *pancréas* ■ BIOCHIM. Produit obtenu par dessiccation du pancréas, servant de matériel de départ pour la purification des enzymes pancréatiques (➤ **amylase, chymotrypsine, lipase, trypsine**) et, en pharmacie, à la fabrication de pilules digestives.

PANCRÉATIQUE [pɑ̃kʀeatik] **adj.** – 1666 ◊ de *pancréas* ■ Relatif au pancréas. *Canal pancréatique. Suc pancréatique.*

PANCRÉATITE [pɑ̃kʀeatit] **n. f.** – 1810 ◊ de *pancréas* et *-ite* ■ MÉD. Inflammation du pancréas.

PANDA [pɑ̃da] **n. m.** – 1824 ◊ probablt du nom népali de l'animal ■ Mammifère des forêts tempérées d'Asie, se nourrissant de pousses de bambou. *Le grand panda, le petit panda.*

PANDANUS [pɑ̃danys] **n. m.** – *pandan* 1816 ; *pandang* 1803 ◊ malais *pandan* ■ Arbre ou arbuste des régions chaudes *(pandanacées)*, à port de palmier, dont une espèce fournit des fibres textiles.

PANDÉMIE [pɑ̃demi] **n. f.** – 1752 ◊ de *pan-* et du grec *demos* «peuple» ■ MÉD. Épidémie qui atteint un grand nombre de personnes, dans une zone géographique très étendue (➤ aussi **endémie, épidémie**). *Pandémie de choléra, de sida. Pandémie grippale.* — **adj. PANDÉMIQUE.**

PANDÉMONIUM [pɑ̃demɔnjɔm] **n. m.** – 1714 ◊ de *pan-* et du grec *daîmôn* «démon», d'après l'anglais *pandemonium* ■ *Le Pandémonium :* capitale imaginaire de l'enfer. ♦ FIG. et LITTÉR. Lieu où règnent la corruption et le désordre. Lieu bruyant.

PANDICULATION [pɑ̃dikylasjɔ̃] **n. f.** – 1560 ◊ du latin *pandiculari* ■ DIDACT. Mouvement qui consiste à étendre les bras en haut en renversant la tête et le tronc en arrière tout en allongeant les jambes et en bâillant.

PANDIT [pɑ̃di(t)] **n. m.** – 1819 ; *pandet* 1663 ; *pandite* 1614 ◊ du sanskrit *pandita* «savant» ■ Titre honorifique donné dans l'Inde à un fondateur de secte, à un sage (brahmane). *Le pandit Nehru.*

PANDORAVIRUS [pɑ̃dɔʀaviʀys] **n. m.** – 2013 ◊ du grec *Pandôra* «Pandore» et de *virus* ; allus. au mythe de la boîte de Pandore, par la forme du virus et son contenu mystérieux ■ VIROL. Virus géant à ADN, dont le diamètre (de l'ordre du micromètre) et la complexité génétique sont exceptionnels.

1 **PANDORE** [pɑ̃dɔʀ] **n. f.** – 1519 ◊ latin *pandura* ; cf. *mandore* ■ Instrument de musique à cordes pincées, de la famille du luth, en usage aux XVIe et XVIIe siècles.

2 **PANDORE** [pɑ̃dɔʀ] **n. m.** – 1857 ◊ n. pr., dans une chanson ■ FAM. VX ou PLAIS. Gendarme. *«Il exige des pandores la présentation d'un mandat»* D. FRANCK.

PANÉGYRIQUE [paneʒiʀik] **n. m.** – 1512 ◊ latin *panegyricus*, du grec, de *panêguris* «assemblée de tout (le peuple)» ■ **1** DIDACT. Discours à la louange d'une personne illustre, d'une nation, d'une cité. *«Il est toujours à craindre que le panégyrique d'un monarque ne passe pour une flatterie intéressée»* VOLTAIRE. ♦ SPÉCIALT Sermon qui a pour sujet l'éloge d'un saint. *«Le Panégyrique de saint Paul», par Bossuet.* ■ **2** Parole, écrit à la louange de qqn. ➤ **apologie, éloge.** *Faire le panégyrique de qqn.* ➤ **vanter.** — PÉJ. Éloge outré, emphatique. ➤ **dithyrambe.** — IRON. Discours malveillant, médisant. *Voilà un beau panégyrique !* ■ CONTR. Blâme, calomnie.

PANÉGYRISTE [paneʒiʀist] **n.** – fin XVIe ◊ bas latin *panegyrista* ■ DIDACT. Auteur d'un panégyrique. ♦ Personne qui loue, qui vante qqn ou qqch. (souvent iron.). ➤ **laudateur.** *«Ne sois ni fade panégyriste, ni censeur amer»* DIDEROT.

PANEL [panɛl] **n. m.** – 1953 ◊ mot anglais «panneau», de l'ancien français → panneau ■ ANGLIC. ■ **1** Échantillon* représentatif stable de personnes que l'on interroge régulièrement sur différents sujets. *Panel de consommateurs, de téléspectateurs, d'entreprises. Personne faisant partie d'un panel* (**PANÉLISÉ, ÉE** ou **PANÉLISTE n.**). ■ **2** Groupe de discussion, animant une table ronde.

PANER [pane] **v. tr.** ⟨1⟩ – 1660 ; *(eau) panée* «dans laquelle on a fait tremper du pain» 1540 ◊ de *pain* ■ Enrober de panure, de chapelure avant de faire cuire, griller. — **p. p. adj.** *Escalope panée. Poisson pané.*

PANERÉE [panʀe] **n. f.** – 1393 ◊ de *panier* ■ VIEILLI Contenu d'un panier. *Une panerée de fruits, d'œufs.* ➤ **panier.**

PANETERIE [pan(ə)tʀi ; panɛtʀi] ou **PANÈTERIE** [panɛtʀi] **n. f.** – v. 1300 ◊ du radical de *pain* ■ Lieu où l'on conserve et distribue le pain, dans les communautés, les grands établissements. ♦ HIST. Office de panetier.

PANETIER [pan(ə)tje] **n. m.** – 1150 ◊ du radical de *pain* ■ HIST. Officier de bouche chargé du pain. *Le panetier et l'échanson.*

PANETIÈRE [pan(ə)tjɛʀ] **n. f.** – XIIe ◊ du radical de *pain* ■ **1** VX Gibecière, sac où l'on met du pain, des aliments. *Panetière de pèlerin.* ■ **2** (1546) Coffre à pain.

PANETON [pan(ə)tɔ̃] **n. m.** – 1812 ; *panneton* 1803 ◊ de *panier* ■ BOULANG. Petit panier garni de toile où l'on met les pâtons, pour donner sa forme au pain. ■ HOM. Panneton.

PANETTONE [panetɔn] **n. m.** – 1990 ◊ mot italien, du dialecte milanais *panatton*, de *pane* «pain» ■ Gâteau brioché italien, garni de raisins secs et de zestes confits, servi traditionnellement à Noël. *Des panettones.*

PANEUROPÉEN, ENNE [panøʀɔpeɛ̃, ɛn] **adj.** – 1901 ◊ de *pan-* et *européen* ■ POLIT. Relatif à l'unité européenne. ➤ **européen.** *Conférence paneuropéenne.*

PANGA [pɑ̃ga] **n. m.** – 2004 ◊ abréviation de *Pangasius*, nom scientifique (Sauvage, 1878) de ce poisson ■ Poisson d'eau douce *(siluriformes)*, objet d'un élevage intensif en Asie du Sud-Est. *Filets de panga.*

PANGERMANISME [pɑ̃ʒɛʀmanism] **n. m.** – 1846 ◊ de *pan-* et *germanisme* ■ POLIT. Système visant à grouper dans un État unique tous les peuples supposés d'origine germanique. *Le pangermanisme nazi.*

PANGERMANISTE [pɑ̃ʒɛʀmanist] **adj. et n.** – 1894 ◊ de *pangermanisme* ■ POLIT. Relatif au pangermanisme. ♦ Partisan du pangermanisme.

PANGOLIN [pɑ̃gɔlɛ̃] **n. m.** – 1761 ◊ malais *pengguling* ▪ Mammifère d'Asie et d'Afrique, répandu sous les tropiques *(pholidotes)*, couvert d'écailles emboîtées, qui se roule en boule en cas de danger. *Termitière éventrée par un pangolin.*

PANHELLÉNIQUE [panelenik] **adj.** – 1868 ◊ de *pan-* et *hellénique* ▪ ANTIQ. Qui se rapportait, appartenait à l'ensemble des Grecs.

PANIC [panik] **n. m.** – 1403 ; *penis* 1282 ◊ latin *panicum*, de *panus* «fil de tisserand» ▪ Plante herbacée *(graminées)*, annuelle ou vivace, cultivée comme céréale ou plante fourragère. ➤ **millet.** ▪ HOM. Panique.

PANICAUT [paniko] **n. m.** – fin XIVe ; *pain de caulde* 1517 ◊ provençal *panicau*, du latin *panis* «pain» et *cardus* «chardon» ▪ Plante herbacée *(ombellifères)* aux feuilles de chardon, aux ombelles serrées en capitules, appelée communément *chardon Roland* (pour «chardon roulant»). *«un panicaut, chardon aux feuilles bleuâtres particulièrement acérées, symbole de fidélité conjugale»* TOURNIER.

PANICULE [panikyl] **n. f.** – 1545 ◊ latin *panicula*, de *panus* «épi» ▪ BOT. Grande inflorescence en grappes, ramifiée et lâche. *Les panicules des graminées.* — **adj. PANICULÉ, ÉE.** ▪ HOM. Pannicule.

PANIER [panje] **n. m.** – 1165 ◊ latin *panarium* «corbeille à pain» ▪ **1** Réceptacle fait, à l'origine, de vannerie, et servant à contenir, à transporter des marchandises, des provisions, des animaux. ➤ **bourriche, cabas, corbeille, hotte, paneton, panière.** *Panier à anses.* ➤ RÉGION. **gabion.** *Panier d'osier, de matière plastique, en rotin. Panier à provisions. Panier à ouvrage.* ➤ **corbeille.** — **METTRE AU PANIER :** jeter aux ordures ; FIG. traiter avec mépris. *Livre bon à mettre au panier.* ◆ LOC. *Faire danser l'anse* du panier.* — *Mettre tous ses œufs* dans le même panier.* — *Mettre dans le même panier* : juger de façon identique et généralement négative (cf. Mettre dans le même sac*). *«Aussi fou qu'elle* [...] *À mettre dans le même panier»* MALLET-JORIS. ◆ Dispositif d'un site commercial en ligne destiné à recevoir les articles sélectionnés par l'internaute lors d'une commande sur Internet. *Ajouter au panier,* à votre sélection. *Votre panier est vide.* ◆ **PANIER PERCÉ.** Personne très dépensière. **adj.** *Un être «brave, panier percé, prodigue»* HUGO. — (Canada) Personne incapable de garder un secret. ➤ **porte-panier.** *«cesse de parler en paraboles ! Me prends-tu pour un panier percé ?»* Y. BEAUCHEMIN. ▪ **2** (1450) Contenu d'un panier. ➤ **panerée.** *Un panier de champignons. Panier-repas :* repas froid distribué à des voyageurs. *Des paniers-repas.* ◆ *Le dessus* du panier.* ➤ **élite, fleur, gratin.** *Le fond du panier.* ➤ **rebut.** ◆ LOC. *Le panier de la ménagère :* les dépenses en produit de grande consommation servant au calcul de l'indice des prix à la consommation. PAR EXT. Dépenses de consommation courante représentant le coût de la vie. SPÉCIALT Volume moyen des achats d'un consommateur dans une surface commerciale. ◆ ÉCON. *Panier de devises, de monnaies :* unité de compte de référence dont la valeur est établie à partir de la moyenne pondérée de la valeur de plusieurs monnaies nationales (➤ **euro**). ▪ **3** Objet creux en vannerie, en métal, en plastique, servant à divers usages. *Panier à bouteilles :* panier métallique à compartiments. — **PANIER À SALADE :** réceptacle métallique, à ouverture étroite, dans lequel on met la salade pour la secouer afin de l'égoutter ; FIG. et FAM. (1822) voiture cellulaire. *Panier à couverts d'un lave-vaisselle. Panier d'un autocuiseur.* ◆ Dispositif contenant des diapositives et facilitant la projection successive des vues. — PÊCHE Nasse pour la pêche aux crustacés. *Panier de crabes*.* ◆ Nacelle (d'un ballon, d'un télésiège). ▪ **4** (1720) Corps de jupe baleiné servant à faire bouffer les jupes, les robes. *Robe à paniers.* ➤ **crinoline.** ▪ **5** (1934) Au basketball, Filet ouvert en bas, fixé à un panneau de bois par une armature. *La balle au panier :* nom français du basketball. — PAR EXT. Point marqué en faisant passer le ballon dans le panier du camp adverse. *Savoir «si tu vas rater ou réussir ton panier»* O. ROLIN. ▪ **6** Motif décoratif composé d'une corbeille remplie de fleurs, de fruits. *Lambris Louis XVI décoré de paniers.* ▪ **7** ARCHIT. *Arc en anse* de panier.* ▪ **8** VULG. Derrière. *Il lui a mis la main au panier.* ➤ **cul*.** *«Et quand l'alcool a fait son effet : une main ou deux au panier des filles»* M. DUGAIN.

PANIÈRE [panjɛʀ] **n. f.** – 1373, repris XIXe ; *pennière* XIIIe ◊ de *panier* ▪ Grand panier à anses ; son contenu. *Une panière de linge.*

PANIFIABLE [panifjabl] **adj.** – 1819 ◊ du latin *panis* ▪ Qui peut servir de matière première dans la fabrication du pain. *Céréales panifiables.*

PANIFICATION [panifikasjɔ̃] **n. f.** – 1781 ◊ de *panifier* ▪ Ensemble des opérations qui permettent la fabrication du pain. ➤ **boulangerie.**

PANIFIER [panifje] **v. tr.** ⟨7⟩ – 1600 intr. ◊ du latin *panis* ▪ Transformer en pain. *Panifier de la farine de seigle, de blé.*

PANINI [panini] **n. m.** – 1986 ◊ mot italien, plur. de *panino* «petit pain» ▪ Sandwich italien au pain blanc précuit, qui se mange grillé et chaud. *Des paninis tomate-mozzarella.*

PANIQUANT, ANTE [panikɑ̃, ɑ̃t] **adj.** – milieu XXe ◊ de *paniquer* ▪ Qui fait paniquer, entraîne la panique.

PANIQUARD, ARDE [panikaʀ, aʀd] **n.** – 1925 *panicard* ◊ de *panique* ▪ Personne qui se laisse lâchement gagner par la panique. *«ces paniquards se ruaient vers l'arrière»* DORGELÈS.

PANIQUE [panik] **adj. et n. f.** – *terreur panice* 1534 ◊ latin *panicus*, de *Pan*, dieu qui passait pour troubler, effrayer les esprits ▪ **1** Qui trouble subitement et violemment l'esprit (en parlant d'un sentiment de peur). *Peur, terreur panique.* — LITTÉR. *«Fièvre panique»* COLETTE. *«on voyait passer, criant de peur, des oiseaux de mer emportés par un souffle panique»* TOURNIER. ▪ **2 n. f.** (1835) Terreur extrême et soudaine, souvent collective, devant un danger réel ou seulement possible. ➤ **effroi, épouvante ; affolement.** *Être pris de panique. Un vent de panique. Jeter, semer la panique dans les rangs de l'ennemi.* ➤ **déroute, désordre ; fuite, sauve-qui-peut.** *«Cette panique, qui fait prendre la fuite à des régiments tout entiers»* BARBEY. *Pas de panique ! prenez les sorties de secours.* — LOC. *Être en panique :* paniquer ; FIG. être dans une situation délicate. *L'économie en panique.* ◆ MÉD. Crise d'angoisse paroxystique. *Attaque de panique.* ▪ HOM. Panic.

PANIQUER [panike] **v.** ⟨1⟩ – 1937 ◊ de *panique* ▪ **1 v. tr.** Frapper de panique ; FAM. d'angoisse. *Il paniquerait tout le monde si on l'écoutait !* ➤ **affoler.** — **p. p. adj.** *À l'approche des examens il est complètement paniqué,* affolé, angoissé. ▪ **2 v. intr.** Être pris de peur ; s'affoler. ➤ FAM. **psychoter.** *Il panique facilement.*

PANISLAMISME [panislamism] **n. m.** – 1905 ◊ de *pan-* et *islamisme* ▪ Système politique tendant à l'union de tous les peuples musulmans (➤ **panarabisme**). — **adj. PANISLAMIQUE.**

PANISSE [panis] **n. f.** – 1921 ◊ du provençal *panisso*, famille du latin *panis* «pain» ▪ Préparation culinaire faite d'une bouillie de farine de pois chiche à l'huile d'olive, refroidie, découpée et passée à la friture. *Les panisses de l'Estaque.*

PANKA ➤ **PANCA**

PANLOGISME [pɑ̃lɔʒism] **n. m.** – 1901 ◊ de *pan-* et du radical de *logique*, d'après l'allemand *Panlogismus* (1853) ▪ PHILOS. Doctrine d'après laquelle tout ce qui est réel est intégralement intelligible.

PANMIXIE [pɑ̃miksi] **n. f.** – 1903 ◊ de *pan-* et du grec *mixia*, de *mixis* «mélange» ▪ BIOL. Reproduction par des unions faites au hasard, en l'absence de sélection naturelle, dans une population dont l'effectif est très grand. *Panmixie et génétique des populations.*

PANNA COTTA ou **PANNACOTTA** [panakɔta] **n. f.** – 1997 ◊ mot italien «crème *(panna)* cuite *(cotta)*» ▪ Entremets d'origine italienne composé de crème fraîche gélifiée et de sucre, généralement accompagné d'un coulis de fruits frais.

1 **PANNE** [pan] **n. f.** – v. 1200 ; v. 1170 *pane* ; v. 1160 *penne* «fourrure» ◊ latin *pinna* «plume, aile»

I *(pane* XIIe) Étoffe (de laine, coton, soie) semblable au velours, mais à poils longs et peu serrés. *Panne de laine, de soie, de velours.* ◆ BLAS. *Pannes :* les fourrures (hermine, vair).

II *(penne d'oint* «fourrure, garniture de graisse» XIIIe) Graisse qui se trouve sous la peau du cochon.

▪ HOM. Paonne (paon).

2 **PANNE** [pan] **n. f.** – XVIe «pièce latérale d'une vergue» ; *pene* «aile, partie latérale» 1515 ◊ latin *penna* ▪ **1** (1573 *bouter vent en penne*) MAR. *Mettre* (un bateau) *en panne,* l'arrêter en orientant les vergues (➤ 2 **brasser**), et PAR EXT. en réduisant la voilure (cf. Mettre à la cape*). ▪ **2** (1843) Rôle insignifiant dans une pièce. *Ne jouer que des pannes.* ▪ **3** (1879) COUR. Arrêt imprévu de fonctionnement dans un mécanisme, un moteur ; impossibilité accidentelle de fonctionner. *Machine en panne.* ➤ **détraqué, hors service ;** RÉGION. **brisé.** *Prévention et réparation des pannes* (➤ 2 **maintenance**). *L'avion a eu une panne de moteur. Panne d'automobile. Tomber, rester en panne* (cf. FAM. En carafe, en rade). *Réparer un moteur en panne.* ➤ **dépanner.** *Panne d'essence, panne sèche.* — *Panne d'électricité, de courant :* arrêt

accidentel de courant. *« Y a-t-il une panne d'électricité ! Peut-être un plomb de sauté »* DUHAMEL. *La panne a duré une heure.* ♦ FIG. et FAM. *Être en panne,* dans l'impossibilité momentanée de continuer ; ne pas produire les effets attendus. *« L'éducation est en panne, la culture a fusionné avec la consommation »* M. DUGAIN. *Être en panne de qqch.,* en être dépourvu, en manquer. *Panne sexuelle :* impuissance passagère, fiasco. *Panne d'oreiller*.* ■ CONTR. Fonctionnement, 2 marche.

3 **PANNE** [pan] n. f. – *pasne* 1170 ◊ du latin *patena,* grec *phatnê* « crèche » ■ TECHN. Pièce de bois horizontale qui sert à soutenir les chevrons d'un comble, dans une charpente. ➤ **chantignole, 3 ferme.**

4 **PANNE** [pan] n. f. – 1680 ◊ de *panne, pene* « aile, partie latérale » → 2 panne ■ TECHN. Partie du marteau opposée à la tête. ♦ Partie plate d'un piolet. ♦ Partie du fer à souder avec laquelle on fait fondre la soudure.

5 **PANNE** [pan] n. f. – v. 1905 ◊ latin *pannus* → 1 pan ■ RARE Bande de nuages près de l'horizon.

6 **PANNE** [pan] n. f. – 1950 ◊ du néerlandais *(bed)pan* « bassin », du latin *patina* « récipient plat » ■ (Belgique) Bassin hygiénique.

PANNEAU [pano] n. m. – *panel* XIIe ◊ latin populaire *pannellus,* de *pannus* → 1 pan ■ **1** (*penel* XIIIe) CHASSE Morceau d'étoffe ou filet utilisé pour prendre le gibier. *Chasse au panneau* (➤ **panneauter**). ♦ LOC. COUR. (XVIIe) *Donner, tomber dans le panneau,* dans le piège. ■ **2** (fin XIIIe) Partie d'une construction, constituant une surface délimitée (par une bordure ou par d'autres panneaux). *Panneaux de boiserie, d'aggloméré, de tapisserie, de glace. Panneau mobile, coulissant.* — Élément préfabriqué utilisé dans la construction (➤ **panneautage**). *Panneau de particules,* réalisé à partir de fragments ligneux agglomérés par un liant synthétique. ➤ aussi **isorel.** *Panneaux agglomérés au ciment.* — MAR. *Panneau de cale, d'écoutille.* ♦ TECHN. Face d'une pierre taillée. Patron pour la taille des pierres. — Élément plan d'une pièce d'orfèvrerie. — *Panneau solaire :* élément d'un dispositif transformant l'énergie solaire en énergie électrique. ■ **3** Surface plane (de bois, de métal, de toile tendue) destinée à servir de support à des inscriptions. *Petit panneau.* ➤ **panonceau.** *Panneaux publicitaires. Une route bordée « de poteaux indicateurs et de panneaux-réclame »* SARRAUTE. *Panneaux de signalisation routière.* ■ **4** ARTS Support de bois d'un tableau. *Peinture sur panneau.* ■ **5** COUT. Pièce d'étoffe, élément d'un vêtement cousu, assemblé. *Panneaux d'une jupe.* ➤ **lé.**

PANNEAUTAGE [panotaʒ] n. m. – 1860 ◊ de *panneauter* ■ **1** VÉN. Action de panneauter. ■ **2** BÂT. Ensemble de panneaux destinés à recouvrir des murs ou à créer des cloisons dans un espace.

PANNEAUTER [panote] v. intr. ‹1› – 1798 ◊ de *panneau* ■ **1** RARE Chasser avec des panneaux. ■ **2** BÂT. Réaliser un panneautage (2°). ■ **3** SPORT *Panneauter un coureur,* lui indiquer son temps, son classement, etc. à l'aide d'un panneau pendant la course.

PANNETON [pan(ə)tɔ̃] n. m. – 1581 ◊ var. de *penneton,* de *pennon* ■ TECHN. Partie de la clé qui pénètre dans la serrure et agit sur le pêne. — Partie de l'espagnolette qui s'assujettit au crochet. ■ HOM. Paneton.

PANNICULE [panikyl] n. m. – XIVe ◊ latin *panniculus,* de *pannus* ■ ANAT. *Pannicule adipeux :* tissu sous-cutané constitué de petits lobules de graisse. ■ HOM. Panicule.

PANONCEAU [panɔ̃so] n. m. – *penoncel* XIIe ◊ de *pennon* « écusson d'armoiries » ■ **1** FÉOD. Écu d'armoiries servant de signe de juridiction. ➤ **blason, 1 écu.** ■ **2** Écusson, plaque métallique placée à la porte d'un officier ministériel (huissier, commissaire-priseur, notaire). ■ **3** COUR. Enseigne, panneau. *Panonceau à l'entrée d'un hôtel, indiquant sa catégorie.*

PANOPHTALMIE [panɔftalmi] n. f. – 1932 ◊ de *pan-* et *ophtalmie* ■ MÉD. Inflammation purulente de la totalité du globe oculaire, due à une infection par plaie pénétrante ou généralisée (septicémie).

PANOPLIE [panɔpli] n. f. – 1848 ; « armure » 1551 ◊ grec *panoplia* « armure de l'hoplite » ■ **1** Ensemble d'armes présenté sur un panneau et servant de trophée, d'ornement ; PAR EXT. Collection d'armes. ♦ FIG. Ensemble d'accessoires, série de moyens. ➤ **arsenal.** *Une panoplie d'arguments.* ■ **2** (1932) Jouet d'enfant, comprenant un déguisement (vêtements et instruments) présenté sur un carton. *Panoplie de pompier, d'infirmière.* — IRON. *La panoplie du parfait bricoleur.*

PANOPTIQUE [panɔptik] adj. – 1802 ◊ de *pan-* et *optique* ■ TECHN. Qui permet de voir sans être vu. *Prison panoptique,* aménagée de telle sorte que le surveillant puisse voir chaque détenu dans sa cellule sans être vu lui-même. *Système panoptique. Caméra panoptique.*

PANORAMA [panɔʀama] n. m. – 1799 ◊ de *pan-* et *-orama,* par l'anglais ■ **1** Spectacle constitué par un vaste tableau circulaire peint en trompe-l'œil et destiné à être regardé du centre. *Le panorama du musée de Waterloo.* ■ **2** Vaste paysage que l'on peut contempler de tous côtés ; vue circulaire. ➤ **vue.** *Admirer le panorama. « le panorama qui se déroule est fort beau ; d'un côté les Vosges, de l'autre les montagnes de la forêt Noire »* NERVAL. ■ **3** (ABSTRAIT) Étude successive et complète d'une catégorie de questions. *Panorama de la littérature contemporaine.*

PANORAMIQUE [panɔʀamik] adj. et n. m. – 1816 ◊ de *panorama* ■ **1** Qui offre les caractères d'un panorama, permet d'embrasser l'ensemble d'un paysage. *Vue panoramique. Croquis panoramique.* ♦ Qui permet une grande visibilité. *Car panoramique. Restaurant panoramique,* d'où l'on a une vue très étendue. ♦ PHOTOGR. *Vue panoramique,* obtenue à l'aide d'un objectif grand angle. — *Écran panoramique :* grand écran de cinéma, de télévision. — FIG. *Vue panoramique d'une période historique.* ■ **2** n. m. (1928 ; « appareil tournant » 1858) CIN., TÉLÉV. Mouvement d'appareil, auquel l'opérateur fait effectuer une rotation autour d'un axe. *Panoramique horizontal, vertical.*

PANORAMIQUER [panɔʀamike] v. intr. ‹1› – 1912 ◊ de *panoramique* (2°) ■ CIN., TÉLÉV. Faire un panoramique. *Panoramiquer sur la foule.*

PANORPE [panɔʀp] n. f. – 1764 ◊ de *pan-* et du grec *orpêx* « aiguillon » ■ ZOOL. Insecte au corps grêle *(névroptères),* tacheté de jaune et de noir et à longues pattes.

PANOSSE [panɔs] n. f. – 1411 *pannose* ◊ du latin *pannucia* « guenille », de *pannus* ■ RÉGION. (Sud-Est ; Suisse) Serpillière. *Passer la panosse* (v. tr. ‹1› **PANOSSER**).

PANPSYCHISME [pɑ̃psiʃism] n. m. – 1904 ◊ de *pan-* et *psychisme* ■ PHILOS. Doctrine d'après laquelle toute matière est vivante (➤ **hylozoïsme**) et possède une nature psychique, une âme.

PANSAGE [pɑ̃saʒ] n. m. – 1798 ◊ de *panser* ■ Action de panser (un cheval, une bête de somme).

PANSE [pɑ̃s] n. f. – XIVe ; *pance* 1155 ◊ du latin *pantex, icis* « intestins, ventre » ■ **1** FAM. Gros ventre, bedaine. ➤ **ventre.** LOC. *Se remplir la panse ; s'en mettre plein la panse :* manger beaucoup (cf. S'en mettre plein la lampe*). ■ **2** (1562, du cheval) ZOOL. Premier compartiment de l'estomac des ruminants. ➤ **rumen.** *Panse de brebis farcie.* ➤ **haggis.** ■ **3** (1379) Partie renflée. *Panse d'une cruche, d'une cloche. Vase à panse renflée. — Panse d'une commode.* ➤ **galbe.** ♦ Partie ronde d'une lettre. *La panse d'un* a.

PANSEMENT [pɑ̃smɑ̃] n. m. – *pansements* « soins à un malade » 1531 ◊ de *panser* ■ **1** Action de panser (une plaie ; un blessé). *« les médecins procédaient en hâte au pansement des blessés »* ZOLA. ■ **2** Ce qui sert à soigner une plaie. *Pansement gastrique :* médicament destiné à protéger la muqueuse de l'estomac contre les effets de l'acidité gastrique. ➤ **plâtrage.** ■ **3** SPÉCIALT et COUR. Linges, adhésifs servant à assujettir les produits curatifs, antiseptiques. ➤ **1 bande, charpie, compresse, coton, gaze, linge, ouate.** *Boîte à pansements. Pansement antiseptique, aseptique. Pansement au collodion. Être couvert de pansements. Pansement au doigt.* ➤ **poupée.** *Pansement adhésif.* ➤ **sparadrap.** *Mettre, changer un pansement. — Pansement de derme, pansement-greffe cutané.*

PANSER [pɑ̃se] v. tr. ‹1› – *penser de* « prendre soin de » 1190 ◊ latin *pensare* « penser » → 1 penser ■ **1** (XVe) Soigner (un animal domestique, et SPÉCIALT un cheval) en lui donnant les soins de propreté. ➤ **bouchonner, brosser, étriller ; pansage.** ■ **2** (1680 *panser une plaie ;* 1314 *penser de* « soigner ») VX Soigner, traiter (un malade). *« Je le pansai, Dieu le guérit »* (attribué à AMBROISE PARÉ). ♦ SPÉCIALT et MOD. Soigner (qqn, une partie du corps) en appliquant un pansement. *Panser la main, le pied de qqn.* ➤ **bander.** *Panser une plaie, une blessure. — Panser un malade, un blessé.* ♦ FIG. Calmer, soulager. *Panser une mémoire blessée.* ■ HOM. Pensée, penser.

PANSEUR, EUSE [pɑ̃sœʀ, øz] n. – 1932 ◊ de *panser* ■ Infirmier, infirmière qui fait les pansements. ■ HOM. Penseur.

PANSLAVISME [pɑ̃slavism] n. m. – 1845 ◊ de *pan-* et *slavisme* ■ POLIT. Système politique qui tend à grouper tous les peuples slaves sous l'autorité de la Russie.

PANSPERMIE [pɑ̃spɛʀmi] n. f. – 1846 ; autre sens 1829 ◊ de *pan-* et du grec *sperma* « germe » ■ DIDACT. Théorie selon laquelle la vie sur la terre provient de germes venus de l'espace.

PANSU, UE [pɑ̃sy] adj. – 1360 ◊ de *panse* ■ **1** Qui a un gros ventre. ➤ **gros, ventru.** ■ **2** *Vase pansu.* ➤ **renflé.**

PANTACOURT [pɑ̃takuʀ] n. m. – 1969 ◊ de *pantalon* et *court* ■ Pantalon qui arrive à mi-mollet.

PANTAGRUÉLIQUE [pɑ̃tagʀyelik] adj. – 1552, repris 1829 ◊ de *Pantagruel,* personnage de Rabelais ■ Digne du géant Pantagruel, qui évoque le personnage de Pantagruel. *Appétit, repas pantagruélique.* ➤ **gargantuesque.**

PANTALON [pɑ̃talɔ̃] n. m. – 1802 ; « haut-de-chausses étroit qui tient avec les bas » 1650 ◊ du nom d'un personnage de la comédie italienne ■ **1** Culotte longue descendant jusqu'aux pieds. ➤ **culotte ;** ANCIENNT **braies ;** FAM. **bénard, falzar, fendard, froc, futal,** VIEILLI **grimpant.** *Mettre, enfiler son pantalon. Soldat au garde-à-vous, le petit doigt sur la couture du pantalon. — Braguette, entrejambes, poche-révolver d'un pantalon. Bretelles, ceinture de pantalon. Pantalon court.* ➤ **corsaire, pantacourt.** *Pantalon bouffant des anciens zouaves.* ➤ **sarouel.** *Pantalon de toile.* ➤ **bleu ; blue-jean, chino, jean.** *Pantalon collant* (➤ **caleçon, slim**), *ample* (➤ **baggy**). *Pantalon cigarette**. *Pantalon fuseau**, *pantalon de ski. Pantalon à pattes** *d'éléphant. Pantalon de pyjama. Pantalon à plastron.* ➤ **cotte, salopette.** *Pantalon de cheval.* ➤ **jodhpur.** *Pantalon de golf.* ➤ **knickerbockers.** *Porter un pantalon,* (VIEILLI) *des pantalons. Elle est en pantalon. Veste et pantalon.* ➤ 2**complet, costume ; combinaison.** *Tailleur**-*pantalon.* — LOC. *Baisser son pantalon :* se soumettre, être lâche ; avouer (cf. Baisser son froc*, baisser culotte*). ■ **2** ANCIENNT (le plus souvent au plur.) Culotte en lingerie et à jambes que les femmes portaient comme sous-vêtement.

PANTALONNADE [pɑ̃talɔnad] n. f. – 1597 « danse burlesque » ◊ de *Pantalon,* personnage de la comédie italienne ■ **1** Farce burlesque assez grossière. ■ **2** (1751) Manifestation hypocrite (de dévouement, de loyauté, de regret).

PANTE [pɑ̃t] n. m. – 1833 ; *pantre* « paysan » 1821 ◊ de *pantin* ■ ARG. VX Individu considéré comme bon à gruger (cf. Bourgeois, 3cave). ◆ FAM. VIEILLI Individu quelconque. *Un drôle de pante.* ➤ **mec.** ■ HOM. Pente.

PANTELANT, ANTE [pɑ̃t(ə)lɑ̃, ɑ̃t] adj. – 1578 ◊ de *panteler* ■ **1** Qui respire avec peine, convulsivement. ➤ **haletant.** *Être pantelant de terreur.* — FIG. Suffoqué d'émotion. « *Mon cœur tout pantelant comme cerf aux abois* » REGNARD. ■ **2** (1762) En parlant d'un animal, d'un individu qui vient d'être tué et qui palpite encore. *Chair pantelante.* ➤ **palpitant.**

PANTELER [pɑ̃t(ə)le] v. intr. ⟨4 /5/⟩ – 1561 ◊ altération de l'ancien français *pantaisier* → pantois ■ **1** VX Haleter, suffoquer. — FIG. *Panteler d'émotion.* ■ **2** LITTÉR. Palpiter encore (en parlant d'un être en train d'agoniser). ➤ **pantelant.**

PANTENNE [pɑ̃tɛn] n. f. – *pantene* 1571 ◊ ancien provençal *pantena* ■ **1** CHASSE Pantière. ■ **2** (1687) MAR. *En pantenne :* dans une position quelconque, en désordre. *Mettre les vergues en pantenne.* — On écrit aussi *pantène.*

PANTHÉISME [pɑ̃teism] n. m. – 1709 ◊ anglais *pantheism,* du grec *theos* « dieu » ■ Doctrine métaphysique selon laquelle Dieu est l'unité du monde, tout est en Dieu. *Panthéisme matérialiste,* selon lequel Dieu est la somme de tout ce qui existe. ◆ COUR. Attitude d'esprit qui tend à diviniser la nature.

PANTHÉISTE [pɑ̃teist] adj. et n. – 1712 ◊ anglais *pantheist* ■ Relatif au panthéisme. ◆ Partisan du panthéisme. n. *Un, une panthéiste.*

PANTHÉON [pɑ̃teɔ̃] n. m. – 1491 ◊ latin *Pantheon ;* grec *Pantheion,* de *pan-* et *theos* « dieu » ■ **1** ANTIQ. Temple consacré à tous les dieux. ◆ Ensemble des divinités d'une mythologie, d'une religion polythéiste. ■ **2** Monument consacré à la mémoire des grands personnages d'une nation (➤ **panthéoniser**). ■ **3** Ensemble de personnages célèbres. *Le panthéon littéraire.* « *mon nom restera au panthéon de l'histoire* » DANTON.

PANTHÉONISER [pɑ̃teɔnize] v. tr. ⟨1⟩ – 1797 ◊ de *Panthéon,* n. d'un monument de Paris ■ Transférer les cendres de (qqn) au Panthéon. — n. f. (1832) **PANTHÉONISATION.**

PANTHÈRE [pɑ̃tɛʀ] n. f. – *pantere* 1119 ◊ latin *panthera,* d'origine grecque ■ **1** Grand mammifère carnassier *(félidés)* d'Afrique et d'Asie, au pelage ras, le plus souvent jaune moucheté de taches noires, marbrées ou ocellées. *Panthère d'Afrique.* ➤ **léopard.** *Panthère des neiges.* ➤ 2**once.** *Panthère noire de Java. Panthère d'Amérique.* ➤ **jaguar.** *Fourrure, peau de panthère. — Bondir comme une panthère.* ◆ Fourrure de cet animal. *Manteau de panthère.* — Impression qui l'imite (tissu, maille). « *Son slip était une sorte de string panthère* » Y. HAENEL. ■ **2** (XIXe) FIG. et VX Femme emportée, violente.

PANTIÈRE [pɑ̃tjɛʀ] n. f. – 1280 ◊ du latin d'origine grecque *panthera* « large filet » ■ CHASSE Filet que les chasseurs tendent verticalement pour prendre les oiseaux qui volent par bandes. ➤ **pantenne.**

PANTIN [pɑ̃tɛ̃] n. m. – 1747 ◊ p.-ê. de *pantine* (1570) « écheveau de soie », de 1*pan* ■ **1** Jouet d'enfant, figurine burlesque dont on agite les membres au moyen d'un fil. *Il « lui fabriquait des pantins avec du carton »* FLAUBERT. — PAR EXT. Marionnette. *Gesticuler comme un pantin.* ■ **2** (1793) Personne comique ou ridicule par ses gesticulations excessives. ➤ **bouffon, guignol.** ◆ Personne versatile, inconsistante. ➤ **girouette.** *Elle a fait de lui un pantin.* ➤ **esclave, fantoche, marionnette.** « *La Femme et le Pantin* », de Pierre Louÿs.

PANT(O)- ➤ **PAN-**

PANTOGRAPHE [pɑ̃tɔgʀaf] n. m. – 1743 ◊ de *panto-* et *-graphe* ■ **1** Instrument composé de tiges articulées, qui sert à reproduire, réduire ou agrandir mécaniquement un dessin ou une figure. ■ **2** (par anal. de forme) Appareil installé sur le toit d'une motrice électrique et qui transmet le courant de la caténaire aux organes moteurs.

PANTOIRE [pɑ̃twaʀ] n. f. – 1771 ; *pentoir* 1415 ◊ de *pente* ■ MAR. Fort bout de cordage capelé à un mât, tombant le long de ce mât et terminé par un œillet à boucle.

PANTOIS, OISE [pɑ̃twa, waz] adj. – *pantays* 1534 ◊ de l'ancien français *pantaisier,* latin populaire °*pantasiare* « avoir des visions », grec *phantasiein* ■ **1** VX Haletant. ➤ **pantelant.** ■ **2** (1658) MOD. Dont le souffle est coupé par l'émotion, la surprise. ➤ **ahuri, déconcerté, stupéfait*.** *Cette réponse l'a laissée pantoise. La vieille « le jeta dehors* [...], *les autres demeurèrent tout pantois »* BALZAC.

PANTOMÈTRE [pɑ̃tɔmɛtʀ] n. m. – 1675 ◊ de *panto-* et *-mètre* ■ ANCIENNT Instrument de géométrie, composé de trois règles mobiles, qui servait à mesurer les angles d'un triangle. ◆ (1874) MOD. TECHN. Instrument d'arpenteur servant à la mesure des angles.

PANTOMIME [pɑ̃tɔmim] n. m. et f. – 1560 ◊ latin *pantomimus,* d'origine grecque

I n. m. RARE Mime.

II n. f. (1752) ■ **1** Jeu du mime ; art de s'exprimer par la danse, le geste, la mimique, sans recourir au langage. *La pantomime dans l'Antiquité.* ➤ **orchestique, saltation.** ■ **2** Pièce mimée. ➤ **mimodrame.** *Clowns qui jouent une pantomime.* — (1749) APPOS. *Ballets pantomimes.* ◆ PAR EXT. Mimique dont on accompagne un texte, des paroles. « *tandis que je lui tenais ce discours, il en exécutait la pantomime* » DIDEROT. ■ **3** Attitude affectée, outrée, manège ridicule. *Que signifie cette pantomime ?* ➤ **comédie ;** FAM. **cirque.**

PANTOTHÉNIQUE [pɑ̃tɔtenik] adj. – v. 1935 ◊ du grec *pantothen* « de toutes parts » ■ BIOCHIM. *Acide pantothénique :* vitamine B5, essentielle à la croissance cellulaire intervenant lors de la cicatrisation et précurseur du coenzyme* A.

PANTOUFLARD, ARDE [pɑ̃tuflaʀ, aʀd] adj. – 1889 ◊ de *pantoufle* ■ FAM. Qui aime rester chez soi, qui tient à ses habitudes, à ses aises. ➤ **casanier.** — n. *Un(e) pantouflard(e).* ■ CONTR. Bohème.

PANTOUFLE [pɑ̃tufl] n. f. – 1465 ◊ origine inconnue ■ **1** Chausson bas, sans tige ni talon. ➤ **charentaise, chausson, savate.** *Pantoufle sans quartier.* ➤ **babouche,** 2**mule.** *Chausser ses pantoufles et endosser sa robe de chambre. Se mettre en pantoufles. — Passer sa vie dans ses pantoufles :* mener une existence casanière, retirée (➤ **pantouflard**). FAM. *Raisonner** *comme une pantoufle.* ■ **2** ARG. DES ÉCOLES Dédit dû par un élève d'une grande école qui quitte le service de l'État pour travailler dans le secteur privé. — PAR EXT. Situation que trouve un fonctionnaire dans le secteur privé lorsqu'il quitte le service de l'État.

PANTOUFLER [pɑ̃tufle] v. intr. ⟨1⟩ – XVIIe ◊ de *pantoufle* ■ **1** VX Converser familièrement dans l'intimité. ■ **2** (1880) MOD. Quitter le service de l'État pour entrer dans une entreprise privée (en payant au besoin un dédit ➤ **pantoufle,** 2°). **— n. m. PANTOUFLAGE.**

PANTOUFLIER, IÈRE [pɑ̃tuflije, ijɛʀ] **n.** – 1530 ◊ de *pantoufle* ▪ RARE Personne qui fabrique ou vend des pantoufles.

PANTOUM [pɑ̃tum] **n. m.** – 1829 ; *panton* 1807 ◊ malais *pantun* ▪ *Pantoum malais :* quatrain à rimes croisées dont les deux premiers vers évoquent une idée explicitée dans les deux derniers. — PAR EXT. Poème composé de quatrains à rimes croisées, dans lesquels le deuxième et le quatrième vers sont repris par le premier et le troisième vers de la strophe suivante. *« Harmonie du soir », de Baudelaire, est un pantoum.*

PANTOUTE [pɑ̃tut] **adv.** – 1880 ◊ de *pas en tout* ▪ **RÉGION. (Canada) FAM. (avec une négation :** *pas, rien***)** Du tout. *C'est pas vrai pantoute. « ça te fait rien si je l'apporte avec nous autres ? – Ça me fait rien pantoute »* V.-L. BEAULIEU.

PANTY [pɑ̃ti] **n. m.** – 1960 ◊ mot anglais américain «caleçon», diminutif de *pants* «culotte» ▪ **1** Gaine-culotte à jambes. ▪ **2** RÉGION. **(Belgique)** Collant en nylon. *Des pantys en voile.*

PANURE [panyʀ] **n. f.** – 1874 ◊ de *paner* ▪ Mie de pain rassis ou croûte râpée servant à paner. ➤ **chapelure.**

PANURGISME [panyʀʒism] **n. m.** – 1866 ◊ de *Panurge* ▪ PÉJ. Comportement des personnes qui modèlent leur conduite et leurs opinions sur celles de leur entourage (cf. Mouton* de Panurge). ➤ **suivisme.** *« goût d'être minoritaire, refus du panurgisme »* E. CARRÈRE.

PANZER [pɑ̃(d)zɛʀ] **n. m.** – v. 1940 ◊ mot allemand «blindé» ▪ Char de l'armée allemande. *Des panzers.*

PAON, rare **PAONNE** [pɑ̃, pan] **n.** – v. 1220 ; *poun* 1125 ; fém. 1393 ◊ latin *pavonem,* accusatif de *pavo* ▪ **1** Oiseau originaire d'Asie *(gallinacés, phasianidés)* de la taille d'un faisan, dont le mâle porte une chatoyante livrée bleue mêlée de vert, une aigrette en couronne, et une longue queue aux plumes ocellées que l'animal peut redresser et déployer en éventail (➤ **roue**). *Le paon, la paonne* (au plumage terne) *et les paonneaux* [pano]. *Paon qui fait la roue. Cri aigre du paon qui braille, criaille.* ♦ LOC. *Pousser des cris de paon,* très aigus ; FIG. protester bruyamment. *Être vaniteux, orgueilleux comme un paon. Marcher en se rengorgeant comme un paon.* ➤ **se pavaner.** — LOC. PROV. *Le geai* paré des plumes du paon. Se parer des plumes du paon :* se prévaloir de mérites qui appartiennent à autrui. ▪ **2** (1734) Papillon dont les ailes ocellées rappellent la queue du paon. *Paon-de-jour.* ➤ **vanesse.** *Des paons-de-jour. Paon-de-nuit.* ➤ **saturnie.** ▪ HOM. Pan ; panne.

PAPA [papa] **n. m.** – 1256 ◊ du latin *pappus* «aïeul» ▪ **1** Terme affectueux par lequel les enfants même devenus adultes désignent leur père. *Oui, papa. Demande à papa,* à ton père. *Un papa gâteau* (➤ **gâteau**). *Un papa poule* (➤ 1 **poule**). *Jouer au papa et à la maman*.* — VIEILLI (COUR. en Suisse et au Canada) *Grand-papa :* grand-père. ➤ **bon-papa.** *Des grands-papas. — Fils* à papa. Barbe* à papa.* — FAM. (En s'adressant à un homme d'âge mûr qui a l'air de peiner). *Vas-y papa !* ▪ **2** LOC. FAM. (1808) **À LA PAPA :** sans hâte, sans peine, sans risques. *Conduire à la papa.* ➤ **tranquillement.** *« Quant à son érotisme : très à la papa, très académique... »* PONGE. ♦ **loc. adj.** (1959) FAM. **DE PAPA :** d'une époque révolue, d'autrefois. *L'Algérie de papa. Le cinéma de papa.*

PAPABLE [papabl] **adj.** – v. 1590 ◊ de *pape,* d'après l'italien *papabile* ▪ FAM. Susceptible d'être élu pape. *Les cardinaux papables.*

PAPAÏNE [papain] **n. f.** – 1879 ◊ de *papaye* ▪ BIOCHIM. Enzyme protéolytique extraite du latex du papayer.

PAPAL, ALE, AUX [papal, o] **adj.** – 1315 ◊ latin *papalis* ▪ Qui appartient au pape. ➤ **pontifical.** *Tiare, croix papale. Bulle papale,* qui émane du pape.

PAPAMOBILE [papamɔbil] **n. f.** – 1979 ◊ mot italien ▪ Voiture blindée du pape.

PAPARAZZI [papaʀadzi] **n.** – v. 1960 ◊ mot italien, plur. de *paparazzo* «reporteur photographe», nom d'un photographe indiscret de *La Dolce Vita,* film de F. Fellini ▪ Photographe faisant métier de prendre des photos indiscrètes de personnes connues, célèbres, sans respecter leur vie privée. *Une nuée de paparazzis. « les paparazzis, déployés en arc de cercle face à leur proie »* J. ROLIN. — On écrit aussi *des paparazzi* (plur. it.).

PAPARMANE ➤ **PEPPERMINT**

PAPAS [papas] **n. m.** – 1743 ; *palpas* 1210 ◊ mot grec «père, patriarche» ▪ Prêtre, évêque ou patriarche de l'Église grecque. ➤ **pope.**

PAPAUTÉ [papote] **n. f.** – 1596 ; hapax XIVe ◊ de *pape,* d'après *royauté* ▪ **1** Dignité, fonction de pape. ➤ **pontificat.** *Cardinal qui aspire à la papauté.* ♦ Temps pendant lequel un pape occupe le Saint-Siège. *Pendant la papauté de Jean XXIII.* ▪ **2** Gouvernement ecclésiastique dans lequel l'autorité suprême est exercée par le pape (cf. Le Saint-Siège, le Vatican). *Histoire de la papauté.* ▪ **HOM.** poss. Papoter.

PAPAVER [papavɛʀ] **n. m.** – XIIIe ◊ mot latin ▪ BOT. Pavot.

PAPAVÉRACÉES [papaveʀase] **n. f. pl.** – 1798 ◊ de *papaver* ▪ BOT. Famille de plantes dicotylédones dialypétales, comprenant des plantes herbacées à suc aqueux ou lactescent (chélidoine, coquelicot, pavot, sanguinaire). — **Au sing.** *Une papavéracée.*

PAPAVÉRINE [papaveʀin] **n. f.** – 1834 ◊ de *papaver* ▪ BIOCHIM., PHARMACOL. Un des alcaloïdes de l'opium utilisé comme antispasmodique et comme anesthésique local.

PAPAYE [papaj] **n. f.** – 1579 ◊ caraïbe des Antilles *papaya* ▪ Fruit comestible du papayer, baie jaune orangé à maturité, de forme oblongue.

PAPAYER [papaje] **n. m.** – 1654 ◊ de *papaye* ▪ Arbre exotique, appelé aussi *arbre à melon,* dont les tiges et les feuilles renferment un latex (➤ **papaïne**) et qui produit les papayes. *Les vergers de papayers de Floride.*

PAPE [pap] **n. m.** – fin XIe ◊ latin *papa* ▪ **1** Chef suprême de l'Église catholique romaine (cf. Souverain pontife*). *Notre Saint*-Père, Sa Sainteté le pape. Dignité de pape.* ➤ **pontificat.** *Élection du pape par les cardinaux* (➤ **conclave**). *Tiare du pape. Chaire du pape* ou *Saint-Siège. Gouvernement du pape.* ➤ **papauté ;** 1 **curie,** 2 **rote.** *Le pape et les conciles*. Personnel travaillant autour du pape.* ➤ **camérier, caudataire, consulteur, scripteur ; protonotaire.** *Ambassadeur du pape.* ➤ **légat, nonce.** *Églises chrétiennes orientales qui reconnaissent le pape.* ➤ **uniate.** *Le pape est infaillible lorsqu'il parle ex cathedra*. Lettres du pape.* ➤ 2 **bref,** 1 **bulle, encyclique, rescrit.** *Bénédiction donnée par le pape* (➤ **apostolique**). *Le pape prononce la béatification*, la canonisation*. Sérieux* comme un pape.* — *Palais des Papes, à Avignon. La cité des papes :* Avignon. ▪ **2** PAR ANAL. Personne considérée comme le chef de file d'un mouvement, d'une école, d'un parti. ➤ **pontife.** *« Timothy Leary, qui allait devenir quelques années plus tard un des papes de la contre-culture »* M. DUGAIN.

PAPÉ [pape] ou **PAPET** [papɛ] **n. m.** – 1802 ◊ mot occitan ▪ **RÉGION. (Provence, Languedoc, Limousin, Gironde)** Grand-père. ➤ **papi,** FAM. **pépé.**

PAPEGAI [pap(ə)gɛ] **n. m.** – fin XIIe ◊ ancien provençal *papagai* ▪ **1** VIEILLI Perroquet d'Amérique. ▪ **2** (1534) RÉGION. Oiseau de carton ou de bois placé au bout d'une perche pour servir de but aux tireurs à l'arc, à l'arbalète (dans le nord de la France). *Tir au papegai.*

1 **PAPELARD, ARDE** [paplaʀ, aʀd] **n.** et **adj.** – milieu XIIIe ◊ de l'ancien français *papeler* «marmonner des prières» ▪ **1** VX Faux dévot. ▪ **2** **adj.** LITTÉR. *Air papelard.* ➤ 1 **faux, doucereux, mielleux.** *« Celui-ci était aussi droit, aussi franc, que l'autre était retors et papelard »* GIDE.

2 **PAPELARD** [paplaʀ] **n. m.** – 1821 ◊ de *papier* ▪ FAM. Morceau de papier ; écrit. *« J'ai aussi dans mes papelards une carte de la région »* BARBUSSE.

PAPELARDISE [paplaʀdiz] **n. f.** – XVe ; *papelardie* XIIIe ◊ de 1 *papelard* ▪ VX OU LITTÉR. Fausse dévotion ; hypocrisie.

PAPERASSE [papʀas] **n. f.** – 1588 ; *paperas* 1553 ◊ de *papier* ▪ **1** Papier écrit, considéré comme inutile ou encombrant. *Chercher dans ses paperasses.* ▪ **2** COLLECT. *De la paperasse. Bureaucrate qui multiplie la paperasse.*

PAPERASSERIE [papʀasʀi] **n. f.** – 1845 ◊ de *paperasse* ▪ Accumulation de paperasses ; multiplication abusive des écritures administratives. *La paperasserie d'un service administratif. « le flot de cette paperasserie procédurière et tatillonne »* DUHAMEL.

PAPERASSIER, IÈRE [papʀasje, jɛʀ] **n.** et **adj.** – 1798 ◊ de *paperasse* ▪ Personne qui aime conserver, écrire des paperasses. **adj.** *Administration paperassière,* qui multiplie les formalités écrites.

PAPESSE [papɛs] **n. f.** – v. 1450 ◊ latin médiéval *papissa,* de *papa* → pape ▪ **1** Femme pape, selon la légende. *La papesse Jeanne.* ▪ **2** Femme chef de file (d'un mouvement, d'un courant de pensée). ➤ grande **prêtresse.** *La papesse de l'avant-garde.*

PAPET ➤ **PAPÉ**

PAPETERIE [papɛtʀi ; pap(ə)tʀi] ou **PAPÈTERIE** [papɛtʀi] **n. f.** – 1423 ◊ de *papier* ▪ **1** Fabrication du papier. *Usine de papeterie.* ♦ Lieu où l'on fabrique le papier. ▪ **2** (1890) Magasin où l'on vend du papier, des articles et des fournitures de bureau, d'école. *Des librairies-papeteries.*

PAPETIER, IÈRE [pap(ə)tje, jɛʀ] **n.** – 1507 ; *papeterius* 1414 ◊ de *papier* ▪ **1** Personne qui fabrique, vend du papier ; qui a un commerce de papeterie. *Papetier-libraire.* — APPOS. *Ouvriers papetiers.* ▪ **2** **n. f.** (Canada) Entreprise de production de papier, de carton.

PAPI [papi] **n. m.** – milieu XXe ◊ d'après *mamie* ▪ FAM. Grand-père, dans le langage enfantin. ➤ **bon-papa,** FAM. **pépé ;** RÉGION. **papé.** — PAR EXT. Homme âgé. *Des papis.* — On écrit aussi *papy.* «*une dizaine de papys et de mamies qui prenaient le thé en jouant aux cartes*» O. ADAM.

PAPIER [papje] **n. m.** – fin XIIIe ◊ du latin médiéval d'Italie *paperium,* de *papyrus* → papyrus

I LE PAPIER, DU PAPIER ▪ **1** Matière fabriquée avec des fibres végétales réduites en pâte, étendue et séchée pour former une feuille mince. *Du papier, une feuille de papier.* — (fin XIVe) *Moulin à papier. Pâte à papier :* pâte servant à fabriquer le papier. — *Papier en rouleaux, en feuilles* (➤ **main,** 1 **rame,** 2 **ramette**). *Format, grain, filigrane du papier. Papier couché*, glacé*, moiré, vergé*. Papier uni, rayé, quadrillé.* — *Papiers de luxe,* pour l'impression (➤ 1 **chine, hollande, japon, vélin**). *Papier de chiffon*. Papier à dessin. Papier bible*,* pelure. *Papier à musique*. Papier à cigarettes. Papier de soie :* papier très fin. *Papier crépon*. Papier cristal,* translucide et assez raide. *Papier bristol. Papier calque*. Papier buvard*. Papier absorbant, papier ménager.* ➤ **essuie-tout, sopalin.** *Papier-filtre,* servant à la filtration des liquides (papier poreux, épais ou plissé). *Des papiers-filtres. Papier d'emballage, papier kraft*. Papier goudronné. Papier-toile*.* — *Papier cadeau*.* — *Papier hygiénique, papier-toilette,* TRÈS FAM. *papier cul.* ➤ **P. Q.** ♦ *Feuille, morceau, bout de papier. Allumer du feu avec du papier. Corbeille à papier. Serviette, nappe en papier.* ➤ aussi **non-tissé.** *Mouchoir en papier* (➤ **kleenex**). *Cocotte en papier. Art du papier plié* (➤ **origami**), *découpé* (➤ **kirigami**). ♦ (Le papier servant de support à un produit quelconque) *Papier carbone*. Papier collant*, gommé. Papier tue-mouches. Papier sulfurisé*, papier cuisson.* PHOT. *Papier sensible,* au gélatinobromure d'argent. *Papier au ferroprussiate, pour la reproduction des plans.* — (nom déposé) *Papier d'Arménie,* qui brûle lentement en dégageant un parfum caractéristique. — *Papier émeri*, papier de verre*.* — (1543) **PAPIER PEINT,** que l'on colle sur les murs intérieurs d'une maison. «*Les immeubles ouverts en deux montraient le papier à fleurs des chambres*» COCTEAU. ♦ (1695) **PAPIER MÂCHÉ :** pâte à papier encollée, malléable. *Figurine en papier mâché. Avoir une mine* de papier mâché.* ♦ (1727) HIST. ou DIDACT. **PAPIER-MONNAIE.** Monnaie de papier inconvertible en or. ➤ **billet** (de banque). ♦ SPÉCIALT (papiers à écrire, à imprimer) *Papier de brouillon* (➤ **bloc-note, cahier, carnet**). *Papier ministre. Papier à lettres,* pour la correspondance. *Papier à entête.* — APPOS. *Livre papier* (opposé à *numérique*). «*il refusait désormais d'ouvrir un journal papier et ne lisait les nouvelles que sur sa tablette*» P. BRUCKNER. — *Papier d'impression.* ➤ **feuille, feuillet,** 1 **page.** IMPRIM. *Marger, régler, plier le papier. Édition grand papier,* dont les pages ne sont pas rognées. — *Papier recyclé.* — *Papier journal,* de qualité inférieure et peu encollé. — DR. *Papier timbré*.* FAM. *Papier bleu,* sur lequel un huissier dresse un exploit. ▪ **2** Feuille très mince de métal, servant à envelopper. *Papier d'étain, papier d'argent, papier doré. Papier d'aluminium,* FAM. *papier alu.* «*Il a emballé son énorme sandwich dans du papier alu*» DJIAN. ▪ **3** SPÉCIALT (fin XIVe) *Le papier,* support de ce qu'on écrit. «*Nous ne demandons au papier que de supporter la promenade de notre main*» AUDIBERTI. *Jeter une phrase, une idée sur le papier.* ➤ **écrire.** *Gratter du papier :* écrire ; FIG. ➤ **gratte-papier.** *Chiffon* de papier.* — LOC. *Sur le papier :* théoriquement. *Sur le papier, ça paraît simple.* ♦ (Matérialisant la création littéraire) *Écrivain devant son papier. Noircir du papier.* «*la clarté déserte de ma lampe Sur le vide papier que la blancheur défend*» MALLARMÉ.

II UN PAPIER, DES PAPIERS ▪ **1** Feuille, morceau de papier (➤ FAM. 2 **papelard**). *Notez plutôt cela dans votre carnet que sur un papier* (cf. Feuille* volante). — *Des papiers gras.* — SPÉCIALT BX-ARTS. *Papiers collés de Picasso, de Braque.* ➤ **collage.** ♦ Article destiné à un journal. *Journaliste qui fait un papier sur un sujet.* ▪ **2** (XIVe) Papier écrit de quelque importance. ➤ **document, note.** *Serviette pleine de papiers. Classer, ranger des papiers. Papiers inutiles.* ➤ **paperasse.** *Réunir les papiers nécessaires à un mariage.* ➤ **pièce.** *Signer un papier.* — (1736) *Papiers d'un navire* ou *papiers de bord. Papiers militaires. Papiers de famille.* ♦ LOC. FIG. et FAM. *Être dans les petits papiers de qqn,* jouir de sa faveur, de sa considération. — (1640) *Rayez cela de vos papiers !,* n'y comptez pas ! ♦ (1835) *Papiers d'identité, papiers :* ensemble des pièces d'identité*. *Vos papiers ! Avoir ses papiers en règle. Se faire faire de faux papiers. Immigré sans papiers.* ➤ **clandestin, sans-papiers.** ♦ FIN. ➤ **effet** (de commerce), **titre, valeur.** *Papiers de commerce. Papier à vue,* payable à vue. *Bon papier,* signé par des gens solvables. *Papier sur Londres.* ➤ **devise.**

PAPILIONACÉ, ÉE [papiljɔnase] **n. f.** et **adj.** – v. 1700 ◊ du latin *papilio* «papillon» par anal. de forme ▪ **n. f. pl.** BOT. **PAPILIONACÉES** Sous-famille de légumineuses dont les corolles ont cinq pétales inégaux et dont les fruits sont des gousses bivalves. — Au sing. *Une papilionacée.* ♦ **adj.** (1732) *Fleur papilionacée.*

PAPILLAIRE [papilɛʀ] **adj.** – 1665 ◊ de *papille* ▪ ANAT. Formé de papilles. *Crêtes papillaires des doigts* (reliefs des empreintes digitales). — *Empreintes, traces papillaires.* ♦ De la nature d'une papille.

PAPILLE [papij] **n. f.** – XVIe «bout du sein» ; hapax 1372 ◊ latin *papilla* → aussi papule ▪ **1** Petite éminence à la surface d'une muqueuse. *Papilles linguales, gustatives.* — *Papille dermique :* saillie conique du derme vers l'épiderme, renfermant des terminaisons vasculaires et nerveuses. — *Papille optique :* disque blanchâtre situé au centre de la rétine, correspondant à l'émergence des vaisseaux rétiniens et du nerf optique. ▪ **2** BOT. Rugosité formée par une cellule épidermique.

PAPILLIFÈRE [papilifɛʀ] **adj.** – 1838 ◊ de *papille* et *-fère* ▪ DIDACT. Qui porte des papilles.

PAPILLOMAVIRUS [papijɔmaviʀys] **n. m.** – 1978 ◊ de *papillome* et *virus* ▪ VIROL. Virus à ADN, responsable de lésions cutanées ou muqueuses (verrues, condylomes). *Certains papillomavirus sont oncogènes. Les papillomavirus non enveloppés sont généralement plus résistants.*

PAPILLOME [papilom ; papijɔm] **n. m.** – *papilloma* 1858 ◊ de *papille* et *-ome* ▪ PATHOL. Tumeur bénigne de la peau ou d'une muqueuse, d'origine virale, d'aspect mamelonné, constituée par un épaississement irrégulier de la couche des cellules épithéliales et du tissu conjonctivo-vasculaire sous-jacent, et pouvant être transmise lors des rapports sexuels. *La verrue, le condylome sont des papillomes. Virus du papillome humain (VPH).*

PAPILLON [papijɔ̃] **n. m.** – 1275 ◊ latin *papilio* → parpaillot, pavillon ▪ **1** Insecte lépidoptère sous la forme adulte, ailée. *Principaux papillons :* alucite, apollon, argus, bombyx, cossus, danaïde, liparis, machaon, mars, morio, noctuelle, paon, parnassien, phalène, piéride, saturnie, satyre, sphinx, uranie, vanesse, xanthie, zeuzère, zygène. *Papillons de jour, diurnes ; de nuit, nocturnes ; crépusculaires.* — *Antennes, trompe, ailes à fines écailles* (➤ **squamule**) *des papillons. Métamorphoses qui changent la larve* (➤ **chenille**) *en nymphe* (➤ **chrysalide, cocon**), *puis en papillon. Faire la chasse aux papillons. Filet à papillons. Collection de papillons.* — *Léger comme un papillon.* — *Effet* papillon.* — LOC. FAM. *Minute papillon !* une minute ; attendez ! (calque de l'anglais) *Avoir des papillons dans le ventre :* ressentir une vive émotion, agréable ou désagréable ; SPÉCIALT avoir le trac. ♦ VX *Papillons noirs :* idées sombres, mélancolie passagère. ▪ **2** (Par anal. de forme) APPOS. *Nœud papillon :* nœud plat servant de cravate, en forme de papillon. *Des nœuds papillons.* ABRÉV. FAM. *Nœud pap* [nøpap]. *Des nœuds pap.* ♦ *Brasse papillon,* ou ELLIPT *le papillon :* brasse sportive où les bras sont lancés simultanément hors de l'eau, effectuant des moulinets, les jambes effectuant un battement ondulatoire. *Le record du 200 m papillon.* ♦ MAR. Petite voile placée au-dessus des cacatois. ▪ **3** (XIXe ; hapax 1465) Feuillet imprimé sur lequel figure un avis au lecteur, un erratum que l'on insère dans une publication ; petit texte de publicité ou de propagande que l'on distribue ou que l'on colle. ♦ Recomm. offic. pour *post-it.* ♦ Contravention. ➤ **P.-V.** *Papillon sur le parebrise d'une voiture.* ▪ **4** TECHN. Écrou à ailettes. *Papillons d'une roue de bicyclette. Bec papillon,* donnant une flamme en forme d'ailes de papillon. ♦ Dispositif de réglage du débit d'un fluide dans une tuyauterie. — AUTOM. *Papillon des gaz :* clapet d'admission du mélange gazeux dans les cylindres.

PAPILLONNAGE [papijɔnaʒ] **n. m.** – 1742 ◊ de *papillonner* ▪ Fait de papillonner (2°). — On dit aussi **PAPILLONNEMENT,** 1843.

PAPILLONNANT, ANTE [papijɔnɑ̃, ɑ̃t] adj. – 1874 ◊ de *papillonner* ■ Qui papillonne, aime à papillonner. « *À quarante ans, elle était encore blanche, rose, souple et papillonnante* » HENRIOT. *Esprit papillonnant.*

PAPILLONNER [papijɔne] v. intr. ‹1› – 1348 « palpiter » ◊ de *papillon* ■ **1** S'agiter comme des ailes de papillon. ■ **2** (1608) Aller d'une personne, d'une chose à une autre sans nécessité. ➤ **folâtrer, virevolter, voltiger.** « *elle allait et revenait, elle papillonnait en chantant* » BALZAC. ◆ Passer d'un sujet à l'autre, sans rien approfondir. ➤ **s'éparpiller.**

PAPILLOTAGE [papijɔtaʒ] n. m. – 1611 « éclat des paillettes » ◊ de *papillotter* ■ **1** (1684) Effet produit sur les yeux par un grand nombre de points lumineux éparpillés qui les obligent à se mouvoir sans cesse. ➤ **éblouissement.** *Un papillotage de lumière, de couleurs.* ◆ TYPOGR. Manque de netteté d'un tirage. ■ **2** (XVIIIe) Battements précipités des paupières, quand les yeux sont éblouis. ➤ **papillotement.**

PAPILLOTANT, ANTE [papijɔtɑ̃, ɑ̃t] adj. – 1767 ◊ de *papilloter* ■ **1** Qui éblouit par un grand nombre de lumières. *Moire papillotante.* ➤ **scintillant.** ■ **2** Qui papillote (en parlant de l'œil, du regard). ➤ **clignotant.**

PAPILLOTE [papijɔt] n. f. – 1408 ◊ de *papilloter* ■ **1** VX Paillette d'or ou d'argent sur une étoffe. ➤ **paillon.** ■ **2** (1617) ANCIENNT Bigoudi de papier. *Une femme en papillotes.* LOC. FAM. *Tu peux en faire des papillotes,* se dit d'un papier, d'un écrit sans valeur, bon à jeter. ➤ **confetti.** ■ **3** (1803) Papier servant d'enveloppe à un bonbon. — CUIS. Papier d'aluminium ou papier sulfurisé enveloppant certains poissons, légumes ou viandes à cuire au four ou à la vapeur. *Saumon en papillote.* ■ **4** Longue mèche de cheveux bouclée partant des tempes, portée de chaque côté du visage par les juifs orthodoxes. « *un rabbin portant barbe et papillotes qu'on eût dit sorti d'un roman d'Isaac Bashevis Singer* » K. TUIL.

PAPILLOTEMENT [papijɔtmɑ̃] n. m. – 1851 ; « fait d'être pailleté » 1611 ◊ de *papilloter* ■ Éparpillement de points lumineux qui papillotent ; effet produit par cet éparpillement. ➤ **papillotage.** « *papillotements, tremblements tamisés, confettis de lumière* » SARTRE.

PAPILLOTER [papijɔte] v. ‹1› – *papeloté* 1400 ◊ de l'ancien français *papillot,* diminutif de *papillon*

I v. tr. VX Garnir (qqch.) de paillettes, de papillotes.

II v. intr. (1752) ■ **1** Se dit des yeux, entraînés dans un mouvement qui les empêche de se fixer sur un objet. PAR EXT. Cligner des paupières. ■ **2** Scintiller comme des paillettes. ➤ **miroiter.** « *Le soleil papillote dans les haies* » SARTRE. ◆ TYPOGR. Manquer de netteté.

PAPION [papjɔ̃] n. m. – 1766 ◊ latin moderne *papio,* altération de *babouin* ■ ZOOL. Nom générique de singes *(cynocéphales),* dont le babouin est une espèce.

PAPISME [papism] n. m. – 1553 ◊ de *papiste* ■ Soumission à l'autorité du pape ; doctrine des partisans de l'autorité absolue du pape. ◆ PÉJ. et VIEILLI Catholicisme romain.

PAPISTE [papist] n. – 1526 ◊ de *pape* ■ PÉJ. Personne qui se soumet à l'autorité du pape. ◆ Catholique romain (SPÉCIALT dans le langage des polémistes protestants, du XVIe au XIXe s.).

PAPOTAGE [papɔtaʒ] n. m. – 1837 ◊ de *papoter* ■ Action de papoter ; propos légers, insignifiants. ➤ **bavardage.** « *des racontars idiots, [...] des papotages grossiers* » SARRAUTE.

PAPOTER [papɔte] v. intr. ‹1› – 1737 ; *papeter* « bavarder » XIIIe ◊ latin *pappare,* radical onomatopéique *pap-* ■ Parler beaucoup, en disant des choses insignifiantes. ➤ **bavarder,** RÉGION. **placoter.** *Papoter entre copines.* ■ HOM. poss. Papauté.

PAPOUILLE [papuj] n. f. – 1923 ◊ p.-ê. de *palpouille* (dialectal), de *palper* ■ FAM. Chatouillement, caresse indiscrète. *Faire des papouilles à qqn.*

PAPRIKA [papʀika] n. m. – 1922 ◊ mot hongrois ■ Piment doux en poudre, utilisé notamment dans la cuisine hongroise.

PAPULE [papyl] n. f. – 1500 ◊ latin *papula,* variante de *papilla* → papille ■ **1** MÉD. Lésion élémentaire de la peau, caractérisée par une petite saillie ferme, de couleur rouge, rose ou brune, ne laissant pas de cicatrice. ■ **2** BOT. Protubérance sur l'épiderme de certaines plantes.

PAPULEUX, EUSE [papylø, øz] adj. – 1810 ◊ de *papule* ■ MÉD. Qui porte des papules ; qui est formé de papules. *Éruption papuleuse.*

PAPY ➤ **PAPI**

PAPYBOOM ou **PAPY-BOOM** [papibum] n. m. /PAPYBOUM/ – 1985 ◊ de *papy* et *boom,* sur le modèle de *babyboom* ■ FAM. Forte augmentation du nombre des personnes vieillissantes au sein de la population. *Le choc du papyboom. Des papybooms, des papy-booms.*

PAPYROLOGIE [papiʀɔlɔʒi] n. f. – 1907 ◊ de *papyrus* et *-logie* ■ DIDACT. Branche de la paléographie qui étudie les papyrus.

PAPYROLOGUE [papiʀɔlɔg] n. – 1907 ◊ de *papyrologie* ■ DIDACT. Spécialiste de la papyrologie.

PAPYRUS [papiʀys] n. m. – 1562 ◊ mot latin, du grec → papier ■ **1** Plante des bords du Nil *(cypéracées),* à grosse tige nue (renfermant une moelle comparable à celle du sureau) qui servait à fabriquer des objets de vannerie et surtout des feuilles pour écrire. ➤ 1 **souchet.** *Le Nil* « *bordé de papyrus dont les ombelles se caressaient au vent* » TOURNIER. ■ **2** Feuille constituée de bandes de cette plante, séchées et collées, utilisée comme support d'écriture. *Manuscrit antique sur papyrus.* ■ **3** (XIXe) Manuscrit, livre écrit sur papyrus. « *le papyrus, gardien secret de la pensée* » MAUPASSANT. ■ **4** ARTS Motif ornemental de l'art égyptien, formé d'un faisceau de hampes de papyrus.

PÂQUE n. f., **PÂQUES** [pɑk] n. f. pl. et n. m. – Xe *Pasches, Paschas* ◊ latin chrétien *Pascha,* grec *paskha,* hébreu biblique *pesa'h*

I n. f. **LA PÂQUE** ■ **1** RELIG. *La Pâque* : fête juive annuelle qui commémore l'exode d'Égypte. ➤ **azyme** (fête des azymes). — PAR EXT. *Manger la pâque,* l'agneau pascal. ■ **2** VX Pâques (Iº). *La grande pâque russe.*

II PÂQUES ■ **1** n. f. pl. Fête chrétienne célébrée le premier dimanche suivant la pleine lune de l'équinoxe de printemps, pour commémorer la résurrection du Christ. *Souhaiter de joyeuses Pâques à qqn.* — PAR EXT. *Pâques fleuries* (cf. Les Rameaux). ◆ PAR EXT. (1606) *Faire ses pâques* (ou *Pâques*) : recevoir la communion prescrite aux fidèles par l'Église, à Pâques. ■ **2** n. m. (1283 ◊ ellipse de *jour de Pâques*) *Pâques est célébré entre le 22 mars et le 25 avril. La semaine avant Pâques* (cf. La semaine sainte). *La semaine de Pâques* (après Pâques), *le lundi de Pâques. Vacances de Pâques. — Œufs* de Pâques.* — LOC. *À Pâques ou à la Trinité* : très tard ; jamais*. — PROV. *Noël* au balcon, Pâques au tison.*

■ HOM. poss. Pack.

PAQUEBOT [pak(ə)bo] n. m. – 1665 ; *paquebouc* 1634 ◊ anglais *packet-boat* ■ **1** VX Navire de dimension moyenne, transportant passagers et courrier. ■ **2** MOD. Grand navire principalement affecté au transport des passagers. *Paquebot mixte,* transportant aussi des marchandises. *Paquebot transatlantique. Paquebot de croisière.*

PÂQUERETTE [pɑkʀɛt] n. f. – *pasquerette, pasquette* 1553 ◊ de *Pâques* (époque de la floraison) ■ Petite plante dicotylédone *(composées),* annuelle ou vivace et dont certaines variétés sont appelées *marguerites** ; la fleur de cette plante, blanche ou rosée, à cœur jaune. *Pelouse émaillée de pâquerettes.* — LOC. *Au ras* des pâquerettes. Aller aux pâquerettes* : aller cueillir des fleurs des champs ; FIG. sortir de la route (pour un véhicule).

PÂQUES ➤ **PÂQUE**

PAQUET [pakɛ] n. m. – 1538 ; *pacquet* 1368 ◊ de l'ancien français *pacque,* du néerlandais *pak* ■ **1** Assemblage de plusieurs choses attachées ou enveloppées ensemble, et PAR EXT. Objet enveloppé, attaché pour être transporté plus commodément ou pour être protégé. ➤ ARG. **pacson.** *Un paquet de linge, de vêtements.* ➤ **ballot.** FIG. *Faire son paquet, ses paquets* : partir. ➤ **balluchon.** *Paquet-cadeau*. Paquet ficelé. Faire un paquet.* ➤ **empaqueter.** *Ouvrir, défaire un paquet.* ➤ **dépaqueter.** *Envoyer, remettre, recevoir un paquet. Expédition d'un paquet par la poste.* ➤ **colis.** *Des paquets-poste. Papier d'emballage, ficelle pour faire des paquets.* — FIG. *Paquet fiscal* : ensemble de mesures d'allègement fiscal. ◆ Emballage, objet manufacturé (papier, carton) ; emballage et contenu. *Paquet de café, de sucre, de lessive, de bonbons* (➤ **sachet**). *Paquet de cigarettes.* PAR EXT. Contenu d'un paquet. *Il fume plus d'un paquet par jour.* ■ **2** (1868) *Paquets, pieds (et) paquets* : tripes de mouton ficelées en petits paquets, cuites avec des pieds de mouton. ■ **3 PAQUET (DE)** : grande quantité (de). *Un paquet d'actions. Il a touché un paquet de billets.* ➤ **liasse.** ABSOLT *Toucher le paquet,* une grosse somme. « *Vous avez touché un joli paquet, hein !* » AYMÉ. LOC. *Mettre le paquet* : employer les grands moyens ; donner son maximum. ◆ Masse informe. *Des paquets de neige. Un paquet d'eau, de pluie. Paquet de mer* : masse d'eau de mer qui s'abat sur le pont d'un bateau, une jetée. ◆ FAM. (PERSONNES) *C'est un paquet de graisse ! Un paquet d'os**. — *Un paquet de nerfs**. — *Le paquet des avants,* au rugby. ➤ **pack.** ▪ **4** LOC. FAM. *Donner, lâcher son paquet à qqn,* lui faire une critique sévère et méritée. *« qu'elle se tienne tranquille ou je lui lâche son paquet »* ZOLA. *Il a eu son paquet.* ▪ **5** IMPRIM. Lignes de composition liées ensemble pour être remises au metteur en pages. ▪ **6** TÉLÉCOMM., INFORM. Ensemble de bits constituant un message ou une partie de message et comprenant des informations de service (nature du message, adresse de l'émetteur, du récepteur, etc.). *Un réseau de commutation par paquets.*

PAQUETAGE [pak(ə)taʒ] **n. m.** – 1842 ; « mise en paquet » 1836 ◇ de *paquet* ▪ Effets d'un soldat pliés et placés de manière réglementaire. *Faire son paquetage.* ➤ **bagage, barda.**

PAQUETÉ, ÉE [pak(ə)te] **adj.** – 1917 ◇ de *paquet* ▪ RÉGION. (Canada) FAM. Trop plein, rempli à l'excès. *Autobus paqueté. Salle paquetée,* bondée. — FIG. Ivre. ➤ FAM. **plein.** *Il est complètement paqueté, paqueté aux as. « J'étais plutôt paqueté, Catherine me servait du vin, je n'ai jamais su boire, je vidais le verre à mesure »* GODBOUT.

PAQUETEUR, EUSE [pak(ə)tœʀ, øz] **n.** – 1562 ◇ de *paquet* ▪ RARE Personne qui fait des paquets. ➤ **emballeur, empaqueteur.**

1 **PAR** [paʀ] **prép.** – milieu IXe, au sens II ◇ du latin *per* « à travers, au moyen de »

I EXPRIMANT UNE RELATION DE LIEU OU DE TEMPS (fin Xe) **A.** LIEU ▪ **1** À travers. *Passer par la porte, le couloir. Jeter qqch., regarder par la fenêtre. Voyager par mer, air, terre. Pour aller en Italie, il est passé par la Suisse.* ➤ **via.** — *Idée qui passe par la tête. Passer par de rudes épreuves. Passer par les mains de qqn.* ▪ **2** (fin Xe) (En parcourant un lieu) ➤ **dans.** *Courir par les rues. Par le monde, de par le monde**. *Par monts** *et par vaux.* — *Envoyer un navire par le fond.* ▪ **3** (fin Xe) (Sans mouvement) *Par endroits**. *Être assis par terre** (➤ **à**). — MAR. À la hauteur de. *Se trouver par 30° de latitude Nord et 48° de longitude Ouest. Embarcation par tribord,* à tribord. ◆ (Avec ou sans mouvement) *Voitures qui se heurtent par l'avant. Par en bas, par le bas ; par en haut, par le haut ; par-devant ; par-derrière ; par-dessus ; par-dessous ; par-dedans ; par-dehors ; par-delà. Par ici, par là.* — LOC. **PAR-CI, PAR-LÀ.** ➤ 1 **ci.**

B. TEMPS (début Xe) Durant, pendant. *Par une belle matinée de printemps. Sortir par –10°. Par les temps** *qui courent. Par le passé**.

C. EMPLOI DISTRIBUTIF (fin XIe) *Plusieurs fois par jour,* durant ce temps. *Par moments. Gagner 1 500 euros par mois. C'est tant par personne, par tête. Par trois fois, je l'ai répété,* trois fois de suite. *Aller par petits groupes, par dix. — Marcher deux par deux. Suivre les évènements heure par heure.*

II EXPRIMANT LE MOYEN OU LA MANIÈRE (milieu IXe) ▪ **1** (fin Xe) (Introduisant le compl. d'agent) Grâce à l'action de. ◆ (fin XIe) (Avec un v. au passif) *Il a été renversé par une voiture.* — (Avec l'inf. passif) *« On l'accusait d'avoir fait reporter le portefeuille par un complice »* MAUPASSANT. ◆ (Après un v. actif ou pron.) *J'ai appris la nouvelle par mes voisins. « Toutes les grandes choses se font par le peuple »* RENAN. — (Après un nom) *L'exploitation de l'homme par l'homme. Faire qqch. par soi-même. « le portrait d'une bisaïeule à elle, par Titien »* PROUST. ➤ 1 **de.** ▪ **2** Au moyen de. ➤ **avec.** *Obtenir qqch. par la force, par la douceur. Répondre par oui ou par non, par le silence. Réussir par l'intrigue. Appeler qqn par son nom. — Par contrat, par testament. — Multiplier, diviser une quantité par une autre. Preuve** *par neuf. — Qu'entendez-vous par là ? Tenir un couteau par le manche. Voyager par le train. Envoyer une lettre par la poste. Répondre par retour du courrier. À force d'en parler, ça va finir par arriver ! — Prendre qqn par la taille. Se tenir par la main. — Par l'intermédiaire, par le fait, par la faute, par l'entremise de...*

III EXPRIMANT UNE RELATION DE CAUSE À EFFET ▪ **1** (Après un adj.) *Femme remarquable par sa beauté. Fidèle par devoir.* ▪ **2** (Après un nom) *Nettoyage par le vide. Un oncle par alliance. Société par actions.* ◆ LOC. *Par cœur**. *Par exemple, par extension. Par excellence. Par conséquent. Par suite. Par ailleurs. Par bonheur. Par miracle. Par pitié !* ◆ **DE PAR :** à cause de, du fait de. *De par ses convictions.*

IV **DE PAR...** (altération de 1 *part*) De la part de, au nom de... *De par le roi, de par la loi.*

V **PAR TROP adv.** (du préfixe augmentatif latin *per*) Beaucoup trop. *« Le hasard est par trop moqueur ce soir »* BARBEY.

▪ HOM. Part.

2 **PAR** [paʀ] **n. m.** – 1929 ◇ mot anglais « égalité », du latin *par* « égal » ▪ ANGLIC. GOLF Score idéal, nombre de coups nécessaires pour réussir un trou. *Faire le parcours dans le par* (➤ 1 **scratch ; handicap**). *Coups gagnés sur le par* (➤ **albatros, birdie, eagle**).

PARA ➤ **PARACHUTISTE**

1 **PARA-** ▪ Élément, du grec *para* « à côté de ». ◆ CHIM. Préfixe utilisé pour indiquer que deux substituants sont fixés sur un cycle benzénique à l'opposé l'un de l'autre : *paradichlorobenzène.*

2 **PARA-** ▪ Élément, tiré de mots empruntés *(parasol, paravent)* qui exprime l'idée de « protection contre » (➤ **pare-**).

PARABASE [paʀabɑz] **n. f.** – 1819 ◇ grec *parabasis* « action de s'avancer » ▪ LITTÉR. ANT. Discours du coryphée par lequel l'auteur faisait connaître ses opinions personnelles. ◆ Intrusion d'une réflexion de l'auteur (sur le contenu de l'histoire narrée, sur les sentiments du lecteur, etc.) au cours de la narration.

PARABELLUM [paʀabelɔm] **n. m.** – 1928 ◇ de l'allemand, d'après le proverbe latin *si vis pacem, para bellum* « si tu veux la paix, prépare la guerre » ▪ Pistolet automatique de fort calibre. *Des parabellums.*

PARABEN ou **PARABÈNE** [paʀabɛn] **n. m.** – 1986 *parabènes* fém. pl. ◇ acronyme de *parahydroxybenzoate* ▪ CHIM. Ester de l'acide parahydroxybenzoïque (PHB). *Paraben méthylique, propylique. Les parabens sont utilisés comme additifs (conservateurs) dans l'industrie alimentaire, pharmaceutique et cosmétique.*

PARABIOSE [paʀabjoz] **n. f.** – 1893 ◇ de 1 *para-* et grec *biôsis,* de *bios* « vie » ▪ BIOL. Greffe dite « siamoise », par laquelle on soude deux organismes, ce qui permet des échanges physiologiques entre eux. *Parabiose chez les insectes pour étudier les processus de la métamorphose.*

1 **PARABOLE** [paʀabɔl] **n. f.** – 1265 ◇ latin ecclésiastique *parabola,* grec *parabolê* « comparaison » ▪ Récit allégorique des livres saints, sous lequel se cache un enseignement. *Les paraboles de Salomon. Les paraboles de l'Évangile.* ◆ PAR EXT. Récit allégorique, à valeur morale. ➤ **allégorie, apologue, fable.** — VIEILLI *Parler par paraboles,* d'une manière détournée, obscure.

2 **PARABOLE** [paʀabɔl] **n. f.** – 1554 ◇ grec *parabolê,* au sens géométrique ▪ Ligne courbe dont chacun des points est situé à égale distance d'un point fixe *(foyer)* et d'une droite fixe *(directrice). La parabole résulte de la section d'un cône par un plan parallèle à l'un des plans tangents à la surface du cône. La parabole, représentation graphique de la fonction du second degré.* ◆ Courbe décrite par un projectile. ➤ **trajectoire.** ◆ TÉLÉCOMM. Antenne en forme de miroir parabolique.

PARABOLÉ, ÉE [paʀabɔle] **adj.** et **n.** – 1991 ◇ de 2 *parabole* ▪ (Maghreb) Qui dispose d'une antenne parabolique. *Population parabolée.* — **n.** *Les parabolés.* — REM. Au Maroc, on dit aussi *parabolisé, ée.*

1 **PARABOLIQUE** [paʀabɔlik] **adj.** – 1493 ◇ latin ecclésiastique *parabolicus* ▪ RARE Relatif à la parabole (1). ➤ **allégorique.**

2 **PARABOLIQUE** [paʀabɔlik] **adj.** et **n.** – 1571 ◇ de 2 *parabole* ▪ **1** Relatif à la parabole (2). ◆ En forme de parabole. *Miroir parabolique.* — **adv. PARABOLIQUEMENT,** 1732. ▪ **2** (1935) *Radiateur parabolique,* ou **n. m.** *un parabolique :* radiateur à miroir parabolique. ▪ **3** *Antenne parabolique* ou **n. f.** (Algérie) *une parabolique :* antenne de télévision qui capte les programmes retransmis par satellite. ➤ 2 **parabole.**

PARABOLOÏDE [paʀabɔlɔid] **n. m.** – 1691 ; adj. 1660 ◇ de 2 *parabole* ▪ GÉOM. Quadrique n'ayant pas de centre. *Paraboloïde elliptique, hyperbolique,* dont certaines sections planes sont des ellipses, des hyperboles. *Paraboloïde de révolution :* surface engendrée par une parabole tournant autour de son axe de symétrie.

PARACENTÈSE [paʀasɛ̃tɛz] **n. f.** – XVIe ◇ grec *parakentêsis* « ponction » ▪ CHIR. Ponction, au moyen d'une aiguille ou d'un bistouri, de la paroi d'une cavité, afin d'en évacuer le liquide accumulé. *Paracentèse abdominale dans l'ascite. Paracentèse du tympan* (en cas d'otite).

PARACÉTAMOL [paʀasetamɔl] **n. m.** – 1972 ◇ anglais *paracetamol* (1957), acronyme de ***para-acetylaminophenol*** ▪ PHARMACOL. Médicament antalgique et antipyrétique.

PARACHÈVEMENT [paʀaʃɛvmɑ̃] **n. m.** – 1355 ◇ de *parachever* ▪ LITTÉR. Action de parachever (➤ **achèvement**) ; son résultat. ➤ **perfection.**

PARACHEVER [paʀaʃ(ə)ve] **v. tr.** ‹5› – 1213 ◊ du latin *per-* «jusqu'au bout» et *achever* ■ Conduire au dernier point de perfection. ➤ **achever, couronner,** FAM. **fignoler, parfaire.** *Parachever une œuvre, un poème.* ➤ **polir.** *Parachever la mise au point d'un projet.* ➤ **finaliser.** *Parachever son équipement.* ➤ **compléter.**

PARACHRONISME [paʀakʀɔnism] **n. m.** – 1691 ◊ de 1*para-* et *anachronisme* ■ DIDACT. Erreur de chronologie (➤ **anachronisme**) qui consiste à placer un évènement plus tard qu'il ne faudrait.

PARACHUTAGE [paʀaʃytaʒ] **n. m.** – 1939 ◊ de *parachuter* ■ **1** Action de parachuter d'un avion (des personnes ou des objets). ➤ **droppage, largage.** *Parachutage d'armes, de troupes, de vivres.* ■ **2** FIG. Action de parachuter (2°) qqn dans un emploi ; nomination inattendue. — SPÉCIALT Présentation (de qqn) comme candidat à une élection dans une circonscription où il est inconnu. *Un parachutage mal accepté.*

PARACHUTE [paʀaʃyt] **n. m.** – 1777 ◊ de 2*para-* et *chute* ■ **1** COUR. Appareil permettant de ralentir dans l'atmosphère la chute d'une personne qui saute ou d'un objet qu'on lance d'un aérostat ou d'un avion, de diminuer la vitesse d'un avion, etc. (➤ **aussi parapente**). *Éléments d'un parachute :* coupole ou voilure, composée de fuseaux et reliée au harnais par les suspentes. *Toile de parachute. Parachute dorsal, ventral. Parachute servant de frein à un avion après l'atterrissage. Saut en parachute* (➤ **parachutage, parachutisme**). *Parachute mal plié qui ne s'est pas ouvert.* ◆ FIG. (calque de l'anglais *golden parachute*) FAM. *Parachute doré* (ou *en or*) : indemnité de départ négociée par un dirigeant qui accepte de démissionner, qui est écarté. «*Je n'ai pas voulu du parachute. Du parachute doré* [...] *Contrairement à beaucoup d'autres, je l'ai refusé*» PH. CLAUDEL. ■ **2** TECHN. Dispositif de sécurité qui permet d'arrêter la chute accidentelle de la benne dans un puits de mine. — HORLOG. Pièce qui protège des chocs l'axe du balancier d'une montre.

PARACHUTER [paʀaʃyte] **v. tr.** ‹1› – 1939 ◊ de *parachute* ■ **1** Lâcher d'un avion avec un parachute. *Parachuter des soldats, du ravitaillement.* ➤ 2**droper, larguer.** ■ **2** FIG. FAM. Nommer à un poste ou désigner (qqn) à l'improviste, de manière inattendue. — SPÉCIALT Présenter (un candidat) à des électeurs, alors qu'il n'appartient pas à leur circonscription.

PARACHUTISME [paʀaʃytism] **n. m.** – 1920 ◊ de *parachute* ■ Technique, pratique du saut en parachute. *Parachutisme sportif, militaire.*

PARACHUTISTE [paʀaʃytist] **n. et adj.** – 1903 ◊ de *parachute* ■ Personne qui pratique le parachutisme. *Brevet de parachutiste.* ◆ Soldat qui fait partie d'unités spéciales dont les éléments sont destinés à combattre après avoir été parachutés. *Commando de parachutistes.* — ABRÉV. FAM. (1944) **PARA.** *Les paras* (cf. Les bérets* rouges). — **adj.** *Brigade parachutiste.*

PARACLET [paʀaklɛ] **n. m.** – 1248 ◊ du grec *paraklêtos* «avocat», de *kalein* «appeler» ■ RELIG. *Le Paraclet :* le Saint-Esprit.

PARADE [paʀad] **n. f.** – v. 1560 ◊ de *parer*

I (de 1*parer*) ■ **1** Étalage que l'on fait d'une chose, afin de se faire valoir. ➤ 2**affectation, bluff, exhibition, ostentation ;** FAM. **épate, esbroufe.** «*le désir de parade qui excite devant les femmes tous les buveurs de gloire*» MAUPASSANT. ◆ LOC. **FAIRE PARADE DE** qqch. ➤ **déployer,** 1**étaler, exhiber** (cf. Faire étalage*, faire montre* de). «*lire pour faire parade de ses lectures*» ROUSSEAU. ◆ **DE PARADE :** destiné à être utilisé comme ornement. *Habit de parade.* «*une arme de combat et non de parade*» GAUTIER. *Lit* de parade.* — FIG. *Amabilité, vertu de parade,* purement extérieure. ■ **2** Cérémonie militaire où les troupes en grande tenue défilent. ➤ **défilé, revue.** *Parade militaire. Parade de cavalerie.* ➤ **carrousel.** ■ **3** (1680) Exhibition que font les bateleurs, avant la représentation, pour attirer les spectateurs. ➤ **boniment.** *Faire, jouer la parade.* — PAR EXT. Spectacle (essentiellement défilés). ■ **4** Comportement ritualisé de certains animaux (insectes, mammifères, oiseaux) formant prélude à la copulation. *Parade nuptiale.*

II (1611 ◊ de l'espagnol *parada,* de *parar* «retenir») ÉQUIT. Arrêt d'un cheval qu'on manie. *Cheval sûr à la parade.*

III (1626 ◊ de 2*parer*) ■ **1** Action, manière de parer un coup, à l'escrime. ➤ **contre.** «*sa parade ne vaut pas son attaque*» GAUTIER. ■ **2** Défense, riposte. *Trouver la parade à une attaque, à une manœuvre d'un adversaire.*

PARADER [paʀade] **v. intr.** ‹1› – *se parader* 1573 ◊ de *parade* ■ **1** Se montrer en se donnant un air avantageux. ➤ **se pavaner, plastronner ;** FAM. **frimer.** *Les occasions* «*de parader au milieu de gens fort titrés et de jolies femmes lui procuraient les plus vives jouissances*» ROMAINS. ■ **2** RARE Manœuvrer au cours d'une parade. *Le régiment paradait sur l'esplanade.* ■ **3** MAR. VX Aller et venir en se préparant à attaquer. ➤ **croiser.**

PARADIGMATIQUE [paʀadigmatik] **n. f. et adj.** – v. 1960 ◊ de *paradigme* ■ LING. Étude des rapports (oppositions) entre les termes qui peuvent figurer en un même point de la chaîne parlée et qui font l'objet d'un choix exclusif de la part du locuteur. ◆ **adj.** Du paradigme (2°). *Axe paradigmatique* (**opposé à** *syntagmatique*) : axe de substitution des mots.

PARADIGME [paʀadigm] **n. m.** – 1561 ◊ latin *paradigma,* du grec *paradeigma* «exemple» ■ **1** Modèle de référence. ◆ ÉPISTÉM. Modèle de pensée. *Paradigme aristotélicien, newtonien.* ◆ SOCIOL. Système de représentations, de valeurs, de normes qui influent sur la perception du monde. *Paradigmes scientifiques.* ◆ GRAMM. Mot-type qui est donné comme modèle pour une déclinaison, une conjugaison. ➤ **exemple, modèle.** — Ensemble des formes différentes, des flexions de ce mot-type. ■ **2** (1943) LING. Ensemble des termes substituables en un même point de la chaîne parlée.

PARADIS [paʀadi] **n. m.** – 980 ◊ latin ecclésiastique *paradisus,* grec *paradeisos,* de l'avestique *paridaiza* «enclos, édifice» → aussi parvis ■ **1** Lieu où les âmes des justes jouissent de la béatitude éternelle. ➤ **ciel** (cf. Le royaume* de Dieu, le royaume éternel). *Le paradis et l'enfer. Aller au paradis,* (VIEILLI) *en paradis. Les clés du paradis. — Vous ne l'emporterez* pas au paradis.* ■ **2** FIG. État ou lieu de bonheur parfait, séjour enchanteur. ➤ **éden, nirvana.** *C'est le paradis sur (la) terre. Un coin de paradis.* «*le vert paradis des amours enfantines*» BAUDELAIRE. «*c'est de l'enfer des pauvres qu'est fait le paradis des riches*» HUGO. LOC. *Être, se croire au paradis :* être au comble du bonheur. — «*Les Paradis artificiels*» *(ouvrage de Baudelaire) :* les plaisirs de la drogue. «*ce mouvement où la promesse des paradis artificiels était dans toutes les têtes*» M. DUGAIN. ◆ *Paradis fiscal :* pays où la réglementation monétaire, la fiscalité plus souple, plus favorable que dans le reste du monde attire les capitaux étrangers. *Fuite de capitaux vers un paradis fiscal.* ■ **3 LE PARADIS TERRESTRE :** jardin, lieu de délices où, dans la Genèse, Dieu plaça Adam et Ève. ➤ **éden.** ■ **4** (XVIe-XVIIe) VX Bassin aménagé dans un port pour abriter les navires. ■ **5** (1606) Galerie supérieure d'un théâtre. ➤ **poulailler.** «*Les Enfants du Paradis*», *film de M. Carné.* ■ **6** (1542) *Pommier de paradis* ou *paradis :* variété de pommier *(Mala paridisiaca)* utilisée comme porte-greffe. — *Graine de paradis.* ➤ **maniguette.** ■ **7** (1560) *Oiseau de paradis.* ➤ **paradisier.** ■ CONTR. Enfer, géhenne.

PARADISIAQUE [paʀadizjak] **adj.** – 1838 ; hapax 1553 ◊ latin ecclésiastique *paradisiacus* ■ **1** Qui appartient au paradis. *Joie paradisiaque.* ■ **2** Très agréable, délicieux. *Séjour paradisiaque.* ➤ **enchanteur.**

PARADISIER [paʀadizje] **n. m.** – 1806 ◊ de *paradis* ■ Oiseau *(passereaux)* de la Nouvelle-Guinée, appelé aussi *oiseau de paradis. Le paradisier mâle porte sur le flanc des panaches de plumes aux riches couleurs.* ➤ **sifilet.**

PARADOS [paʀado] **n. m.** – 1838 ◊ de 2*para-* et *dos* ■ FORTIF. Terrassement destiné à parer les coups qui pourraient prendre à revers les servants d'une batterie, les occupants d'une tranchée.

PARADOXAL, ALE, AUX [paʀadɔksal, o] **adj.** – 1584 ◊ de *paradoxe* ■ **1** Qui tient du paradoxe. *Des raisonnements paradoxaux.* ◆ PAR EXT. Bizarre parce que contradictoire. «*un revirement par trop paradoxal*» ROMAINS. ■ **2** Qui aime, qui recherche le paradoxe. *Esprit paradoxal.* ■ **3** *Sommeil* paradoxal.* ■ CONTR. Commun.

PARADOXALEMENT [paʀadɔksalmɑ̃] **adv.** – 1834 ; hapax 1588 ◊ de *paradoxal* ■ D'une manière paradoxale, contrairement à ce qu'on attendrait.

PARADOXE [paʀadɔks] **n. m.** – *paradoce* 1485 ◊ grec *paradoxos* «contraire à l'opinion commune» ■ **1** Opinion qui va à l'encontre de l'opinion communément admise. *Avancer, soutenir un paradoxe.* «*Les paradoxes d'aujourd'hui sont les préjugés de demain*» PROUST. ■ **2** Être, chose, fait qui heurte le bon sens. ➤ **absurdité, singularité.** *Un paradoxe de la nature.* «*Le despotisme est un paradoxe*» HUGO. ■ **3** LOG. Se dit d'une proposition qui est à la fois vraie et fausse. ➤ **antinomie, contradiction, sophisme.** *Le paradoxe du menteur* (s'il dit *je mens,* il ne ment pas).

PARAFE ; PARAFER ➤ **PARAPHE ; PARAPHER**

PARAFFINAGE [parafinaʒ] **n. m.** – 1875 ◊ de *paraffiner* ■ Opération qui consiste à enduire de paraffine ; son résultat.

PARAFFINE [parafin] **n. f.** – 1832 ; *parafine* «poix, résine» 1552 ◊ de l'allemand *Paraffin* (Reichenbach, 1830), formé sur le latin *parum affinis* «qui a peu d'affinité», en chimie, «qui a peu de réactions» ■ **1** CHIM. VIEILLI Corps appartenant à une série homologue d'hydrocarbures saturés de formule générale C_nH_{2n+2}. ➤ **alcane.** ■ **2** COUR. Substance solide blanche, constituée d'hydrocarbures de la *série des paraffines,* qui fond entre 50 et 60 °C (➤ **graisse** [minérale], **ozocérite**), utilisée dans la fabrication de bougies, et pour imperméabiliser le papier. — *Huile de paraffine,* utilisée comme laxatif et comme lubrifiant ; comme huile sans calories (non assimilée).

PARAFFINER [parafine] **v. tr.** ⟨1⟩ – 1875 ; au p. p. 1867 ◊ de *paraffine* ■ Enduire de paraffine. — **p. p. adj.** *Papier paraffiné.*

PARAFISCAL, ALE, AUX [parafiskal, o] **adj.** – milieu XXe ◊ de 1*para-* et *fiscal* ■ ADMIN. Qui a rapport à la parafiscalité. *Taxes parafiscales.*

PARAFISCALITÉ [parafiskalite] **n. f.** – 1949 ◊ de 1*para-* et *fiscalité* ■ ADMIN. Ensemble des taxes, cotisations, versements obligatoires, distincts des impôts, perçus sous l'autorité légale, quoique non comptabilisés au budget de l'État. *Parafiscalité professionnelle.*

PARAFOUDRE [parafudr] **n. m.** – 1842 ◊ de 2*para-* et *foudre* ■ TECHN. Paratonnerre.

1 **PARAGE** [paraʒ] **n. m.** – fin XIe ◊ de 1*pair* ■ VX LOC. *De haut parage :* de haute naissance. ➤ **extraction.** ■ **HOM.** Parages.

2 **PARAGE** [paraʒ] **n. m.** – 1732 ◊ de 1*parer* ■ TECHN. ■ **1** BOUCH. Action de parer les morceaux de viande bruts. *«Habileté d'exécution au niveau du désossage et du parage»* J. SORMAN. ■ **2** VITIC. Labour (des vignes) avant l'hiver.

PARAGES [paraʒ] **n. m. pl.** – 1544 ◊ espagnol *paraje* «lieu de station», de *parar,* latin *parare* «s'arrêter» ■ **1** MAR. Endroit, espace déterminé de la mer ; étendue de côtes accessible à la navigation. ➤ **approches, atterrage.** *Les parages du cap Horn.* — *Parages des pilotes :* partie de la mer ou d'un fleuve où l'on a recours à l'assistance d'un pilote. ■ **2** (1835) COUR. Environs d'un lieu. ➤ **voisinage.** *Il habite dans les parages,* à proximité, aux alentours. *«les indigènes dans ces parages souffraient* [...] *de toutes les maladies attrapables»* CÉLINE. ➤ **contrée,** 1 **pays.** ■ **HOM.** Parage.

PARAGRAPHE [paragraf] **n. m.** – 1283 ; *paragrafe* v. 1220 ◊ latin médiéval *paragraphus,* grec *paragraphos* «écrit à côté» ■ **1** Division d'un écrit en prose, offrant une certaine unité de pensée ou de composition. *Paragraphes d'un chapitre. Les alinéas* d'un paragraphe. Paragraphe de la Bible.* ➤ **verset.** ■ **2** Signe typographique (§) présentant le numéro d'un paragraphe.

PARAGRÊLE [paragrɛl] **n. m. et adj.** – 1810 ◊ de 2*para-* et *grêle* ■ Appareil destiné à protéger les cultures contre la grêle. — **adj.** *Canon, fusée paragrêle.*

PARAÎTRE [parɛtr] **v. intr.** ⟨57⟩ /PARAITRE/ – fin X^e^ ◊ du latin du Ve s. *parescere,* de *parere* «paraître»

I DEVENIR VISIBLE ■ **1** (fin XIIe) Se présenter à la vue. ➤ **apparaître.** *«lorsque au matin le jour vient à paraître»* MUSSET. ➤ **poindre,** 2 **pointer.** *«La canne levée retomba* [...] *sur le front et les tempes jusqu'à ce que le sang parût»* GREEN. ■ FIG. Venir au jour. *Les premières roches qui ont paru sur la croûte terrestre. Lorsque cette institution parut.* ➤ **éclore, naître.** ◆ (fin X^e^) (PERSONNES) Se montrer. *«La porte de la chambre s'ouvrit. Elle parut, et vint à lui»* MAUPASSANT. *«Lorsque l'enfant paraît»,* poème de Hugo. ■ **2** (1677) Être mis en vente, livré au public (publications). *Faire paraître un ouvrage.* ➤ **éditer, imprimer, publier.** *Les «Fleurs du mal» ont paru en juin 1857. Son nouveau roman est paru, vient de paraître. À paraître prochainement. Nouveautés parues ce mois-ci.* — *Faire paraître un décret au Journal officiel* (cf. Rendre public*). ◆ IMPERS. *Il va paraître, il a ou il est paru une nouvelle édition de cet ouvrage.*

II ÊTRE VISIBLE, ÊTRE VU ■ **1** VIEILLI ou LITTÉR. Se voir. ➤ **transparaître.** ◆ MOD. (avec un adv. ou à la forme négative) *Vous aurez beau frotter cette tache, il en paraîtra toujours qqch. Dans une heure, il n'y paraîtra plus.* — (début XVIIe) **FAIRE, LAISSER PARAÎTRE :** rendre visible, laisser voir. ➤ **manifester, montrer.** *Laisser paraître ses sentiments. Elle n'a rien laissé paraître de sa déception.* ■ **2** Se montrer dans des circonstances où l'on doit remplir quelque obligation. *Il n'a pas paru à son travail depuis deux jours. Bien que «sa fortune lui permît de paraître avantageusement à la cour»* MUSSET. ◆ (1666) *Paraître en justice.* ➤ **comparaître.** — *Paraître en public, sur scène, à l'écran.* ➤ **se produire.** ■ **3** (1617) SANS COMPL. Se donner en spectacle, se faire remarquer. ➤ **briller.** *Elle aime un peu trop paraître.*

III ~ v. «d'état» ÊTRE VU SOUS UN CERTAIN ASPECT ■ **1** (fin XIIe) (Avec un attribut du sujet) Sembler, avoir l'air. *Il paraît satisfait. «Il y a un âge auquel on voudrait paraître plus vieux, un autre auquel on voudrait paraître plus jeune»* CALAFERTE. *Minutes qui paraissent interminables.* ◆ Donner (à qqn) l'impression d'être. *Je vais vous paraître vieux jeu. Cela me paraît louche. «Hermann à mes côtés me paraissait une ombre»* HUGO. ■ **2** (fin XVIIe) (Devant un inf.) *Il paraît douter de lui-même. «elle les laissait venir, sans qu'elle parût remarquer leur présence»* R. ROLLAND. ◆ *Elle paraît (avoir) trente ans.* ➤ 1 **faire.** — *Il ne paraît pas son âge.* ■ **3** SPÉCIALT (opposé à *«être effectivement»*) Se faire passer pour. *«les uns veulent paraître ce qu'ils ne sont pas ; les autres sont ce qu'ils paraissent»* LA ROCHEFOUCAULD. ◆ SANS COMPL. Se donner une apparence flatteuse (cf. Se faire valoir*). *Être et paraître.* ■ **4** IMPERS. (fin XIIe) ➤ **sembler.** LITTÉR. *Il me paraît que* (et indic. ou conditionnel) : j'ai l'impression que... — *Il ne paraît pas que* (et subj.). *Il ne leur paraissait pas que le départ fût proche.* — (1718) *Il paraît* (et adj. attribut) *de* (et inf.). *Il paraît nécessaire d'agir ainsi.* — *Il paraît* (et adj.) *que* (et indic. pour exprimer l'idée de certitude ; et subj., l'hypothèse ou la négation). *Il paraît évident qu'on va augmenter les impôts. Il (me) paraît préférable que vous sortiez. Il ne me paraît pas certain qu'il vienne. Il paraît douteux qu'il vienne.* ◆ SPÉCIALT (1636) **IL PARAÎT, IL PARAÎTRAIT QUE** (et indic.) : le bruit court que. *Il paraît qu'ils vont se marier. «Il paraîtrait qu'elle est morte il n'y a pas si longtemps»* P. ÉMOND. — POP. ou FAM. *Paraît que, paraîtrait que* (et indic.). *Paraît qu'il a trouvé du travail.* — (En incise) **PARAÎT-IL.** *«Il y a, paraît-il, un concierge et qui raconte de très belles histoires sur les anciens locataires»* SARTRE. — *À ce qu'il paraît :* selon ce qu'on dit, selon les apparences. *«Vous vous révoltez, à ce qu'il paraît»* ZOLA.

IV ~ n. m. LE PARAÎTRE (1617) PHILOS. ou LITTÉR. L'apparence. *L'être et le paraître.*

■ **CONTR.** Cacher (se), disparaître. ■ **HOM.** *Parais :* parais (parer) ; *paraissent :* paresse (paresser).

PARALANGAGE [paralɑ̃gaʒ] **n. m.** – v. 1965 ◊ de 1*para-* et *langage* ■ LING. Moyen de communication naturel non langagier, employé seul ou plus généralement simultanément avec la parole (mimique, gestuelle, sifflements, etc.) ➤ **paraverbal.**

PARALITTÉRAIRE [paraliterɛr] **adj.** – 1935 ◊ de 1*para-* et *littéraire* ■ DIDACT. ■ **1** Qui concerne des activités ou des travaux annexes de la littérature. ■ **2** Qui concerne la paralittérature.

PARALITTÉRATURE [paraliteratyr] **n. f.** – 1953 ◊ de 1*para-* et *littérature* ■ DIDACT. Ensemble des textes sans finalité utilitaire et que la société ne considère pas comme de la «littérature» (roman, presse populaires ; chanson, scénario et texte des romans-photos, bandes dessinées, etc.).

PARALLACTIQUE [paralaktik] **adj.** – 1665 ◊ latin scientifique, du grec *parallaktos* ■ SC. Relatif à la parallaxe. *Angle parallactique.*

PARALLAXE [paralaks] **n. f.** – 1557 ; genre incertain au XVIIe ◊ grec *parallaxis* «changement» ■ ASTRON. Déplacement de la position apparente d'un corps, dû à un changement de position de l'observateur ; angle formé par deux droites menées du corps observé à deux points d'observation. *Parallaxe équatoriale :* angle sous lequel le rayon équatorial terrestre serait vu d'une planète ou d'un astre. ◆ OPT. Angle formé par les axes optiques de deux instruments (ex. une lunette et son viseur) visant le même objet. *Correction de parallaxe.* ◆ MÉTROL. *Erreur de parallaxe,* commise sur la lecture d'un appareil de mesure à aiguille, et résultant de l'écart entre l'axe visuel et la norme à la graduation.

PARALLÈLE [paralɛl] **adj. et n.** – 1532 ◊ latin *parallelus,* grec *parallêlos*

I ■ **1** Se dit de lignes, de surfaces qui, en géométrie euclidienne, ne se rencontrent pas. *Courbes parallèles. Droites parallèles,* dont deux points correspondants sont toujours équidistants. *Quadrilatère à côtés parallèles.* ➤ **parallélogramme.** *Droite parallèle à un plan.* ◆ INFORM. Qui permet des traitements simultanément sur de multiples données. *Calculs parallèles. Ordinateur parallèle.* ➤ **multiprocesseur.** — PHYS. *Faisceau parallèle* (d'ondes). — GYM. *Barres* parallèles.* ◆ **n. f.** (1680 ; n. m. 1611) Droite parallèle à une droite de référence. *Le postulat des parallèles, fondement de la géométrie d'Euclide.* — ÉLECTR. *Montage en parallèle,* de conducteurs, de générateurs dont tous les pôles positifs d'une part, tous les pôles négatifs d'autre part sont reliés entre eux (opposé à *en série*). ➤ 1 **dérivation.** ■ **2** (1552) *Cercle parallèle,* et **n. m.**

PARALLÈLE : cercle que détermine la section d'une surface de révolution par un plan perpendiculaire à l'axe. ◆ *Parallèle céleste, terrestre :* petit cercle de la sphère céleste, terrestre, parallèle au plan de l'équateur. ➤ **cercle, 1tropique.** *Méridiens et parallèles tracés sur une carte. Le vingtième parallèle. « à la découverte des terres occidentales se trouvant sous les climats et parallèles de vos pays »* J. CARTIER. ▪ **3** ANCIENNT Tranchée parallèle au côté d'une place qu'on assiège ou à la ligne du front.

II FIG. ▪ **1** (XVIIIe) Qui suit la même direction, se développe dans la même direction. *Évolution parallèle.* — ETHNOL. *Filiation parallèle :* règle de filiation, assignant les hommes à des groupes patrilinéaires* et les femmes à des groupes matrilinéaires*, chaque ligne étant reconnue pour un sexe seulement. ◆ Qui a lieu en même temps, porte sur le même objet. *Marché*, cours parallèle. Circuits parallèles de distribution. — Police parallèle.* ➤ **milice.** *Médecines* parallèles.* ▪ **2** (milieu XVIe) Qui présente une comparaison suivie entre deux objets. *« Vies parallèles », de Plutarque.* — CIN. *Montage parallèle,* réunissant en des plans alternés deux évènements distincts. ▪ **3** n. m. (1559) Comparaison suivie entre deux ou plusieurs sujets. *Établir, faire un parallèle entre deux questions, entre deux personnages.* ◆ LOC. *Mettre deux choses en parallèle.* ➤ **comparer** (cf. Mettre en balance*). *Les romans de Richardson ne sauraient « entrer en parallèle avec le mien »* ROUSSEAU.

▪ CONTR. Convergent, divergent ; confluent.

PARALLÈLEMENT [paʀalɛlmɑ̃] adv. – 1584 ◊ de *parallèle* ▪ **1** D'une manière parallèle. *Rue qui court parallèlement à la Seine.* ▪ **2** En même temps, corrélativement. *Exprimer deux idées parallèlement.* ▪ **3** FIG. D'une manière simultanée et analogue (choses abstraites). *Elle travaille et parallèlement fait des études.* — loc. prép. *Parallèlement à ce projet...*

PARALLÉLÉPIPÈDE [paʀalelepipɛd] n. m. – 1639 ; *parallélipipède* 1570 adj. ◊ latin *parallelepipedus,* du grec, de *epipedon* « surface » ▪ GÉOM. Hexaèdre dont les faces sont des parallélogrammes, les faces opposées étant parallèles et égales ; prisme dont les bases sont des parallélogrammes. *Parallélépipède rectangle. Le cube, le rhomboèdre sont des parallélépipèdes.* — adj. **PARALLÉLÉPIPÉDIQUE,** 1846.

PARALLÉLISME [paʀalelism] n. m. – 1647 ◊ grec *parallêlismos* → parallèle ▪ **1** État de lignes, de plans parallèles. *Parallélisme des roues d'une automobile.* ABSOLT *Vérifier le parallélisme.* ▪ **2** (XVIIIe) Progression semblable ; ressemblance suivie entre choses comparables. ➤ **accord.** *Parallélisme de deux destins ; de deux théories. « certains parallélismes entre notre intelligence, nos mœurs et notre caractère »* HUGO. ◆ (1860) PHILOS. Doctrine selon laquelle à tout phénomène physique correspond un fait psychique et réciproquement. ▪ **3** INFORM. Technique d'accroissement des performances des ordinateurs utilisant plusieurs processeurs fonctionnant simultanément. ▪ CONTR. Convergence, divergence, 1rencontre, section.

PARALLÉLOGRAMME [paʀalelɔgʀam] n. m. – 1540 ◊ latin *parallelogrammum,* grec *parallêlogrammon* ▪ GÉOM. Quadrilatère dont les côtés opposés sont deux à deux parallèles et égaux. *Parallélogramme à côtés égaux* (➤ **losange**), *à angles droits* (➤ **rectangle**), *à côtés égaux et perpendiculaires* (➤ **carré**).

PARALOGISME [paʀalɔʒism] n. m. – 1380 ◊ grec *paralogismos* ▪ DIDACT. Faux raisonnement fait de bonne foi (opposé à *sophisme*). ➤ **erreur, non-sens.**

PARALYMPIQUE [paʀalɛ̃pik] adj. – v. 1960 ◊ anglais *Paralympics* (1953), de *para(plegic)* « paraplégique » et *(O)lympics* « Jeux olympiques » ▪ *Jeux paralympiques :* compétitions sportives disputées par des athlètes en situation de handicap, se déroulant à la suite des Jeux olympiques. — *Médaille paralympique. Athlètes paralympiques.*

PARALYSANT, ANTE [paʀalizɑ̃, ɑ̃t] adj. – 1845 ◊ de *paralyser* ▪ De nature à paralyser. *Gaz paralysant. Peur paralysante.*

PARALYSÉ, ÉE [paʀalize] adj. et n. – v. 1560 ◊ de *paralysie* ▪ Atteint de paralysie. ➤ **paralytique.** — *Bras, jambes paralysés.* — *Paralysé d'un bras, des deux jambes.* ◆ n. *Les paralysés.* ➤ **hémiplégique, paraplégique, tétraplégique.**

PARALYSER [paʀalize] v. tr. ⟨1⟩ – 1765 ◊ de *paralysie* ▪ **1** Frapper de paralysie. *Un accident vasculaire l'a paralysé.* — PAR EXT. Immobiliser. *Le froid paralyse les membres.* ➤ **engourdir.** *« déjà l'asphyxie les étrangle et les paralyse »* DAUDET. ▪ **2** FIG. (1789) Frapper d'inertie ; rendre incapable d'agir ou de s'exprimer. ➤ **glacer** (FIG.). *« J'étais paralysé par la terreur »* MAUPASSANT. ➤ **figer, tétaniser.** *Examinateur qui paralyse les candidats.* ➤ **inhiber, intimider.** — PAR EXT. *L'excès de la douleur paralyse les réactions.* ➤ **annihiler, neutraliser.** ◆ *Grève qui paralyse les transports en commun, la capitale.* ▪ CONTR. Aider, animer, éveiller.

PARALYSIE [paʀalizi] n. f. – 1380 ; *paralisin* 1190 ◊ latin *paralysis,* mot grec, de *lusis* « relâchement » ▪ **1** Déficience ou perte de la fonction motrice d'une partie du corps, due le plus souvent à des lésions nerveuses centrales ou périphériques. *Paralysie légère.* ➤ **parésie.** *Paralysie d'une moitié du corps.* ➤ **hémiplégie.** *Paralysie d'un membre* (➤ **monoplégie**), *des membres inférieurs* (➤ **paraplégie**), *des quatre membres* (➤ **tétraplégie**). *Paralysie faciale. Paralysie spinale.* ➤ **poliomyélite.** *Paralysie accompagnée de tremblements.* ➤ **parkinson.** *Être atteint, frappé de paralysie.* ➤ **paralytique.** ▪ **2** (1822) MÉD. VIEILLI *Paralysie générale (progressive) :* encéphalite méningée, inflammation diffuse du cerveau, d'origine syphilitique. ➤ **tabès.** *« la paralysie générale, horrible et longue déchéance du syphilitique »* BAZIN. ▪ **3** FIG. (1701) Impossibilité d'agir, de s'extérioriser, de fonctionner. ➤ **asphyxie** (FIG.), **assoupissement, blocage, impuissance.** *L'esprit « subit une espèce de paralysie momentanée »* BAUDELAIRE. — *Paralysie de l'activité économique.* ▪ CONTR. Animation, mouvement.

PARALYTIQUE [paʀalitik] adj. et n. – *paralitike* 1256 ◊ latin *paralyticus* → paralysie ▪ **1** Qui est atteint de paralysie. ➤ **hémiplégique, paraplégique, tétraplégique.** — n. *La fable de l'aveugle et du paralytique* (de Florian). ◆ MÉD. VIEILLI *Paralytique général :* malade atteint de paralysie* générale. ▪ **2** PATHOL. Relatif à la paralysie. *Strabisme paralytique.*

PARAMAGNÉTIQUE [paʀamaɲetik] adj. – 1852 ◊ de 1*para-* et *magnétique* ▪ ÉLECTR. *Substance paramagnétique,* qui s'aimante comme le fer, mais beaucoup plus faiblement.

PARAMAGNÉTISME [paʀamaɲetism] n. m. – 1866 ◊ de 1*para-* et *magnétisme* ▪ SC. Propriété des substances paramagnétiques, douées d'une faible susceptibilité magnétique positive.

PARAMÉCIE [paʀamesi] n. f. – 1800 ◊ latin *paramecium,* du grec *paramêkês* « oblong » ▪ ZOOL. Protozoaire de grande taille porteur de cils vibratiles.

PARAMÉDICAL, ALE, AUX [paʀamedikal, o] adj. – milieu XXe ◊ de 1*para-* et *médical* ▪ Qui se consacre aux soins, au traitement des malades, sans appartenir au corps médical. *Le personnel paramédical. Les professions paramédicales* (kinésithérapeute, orthophoniste, etc...).

PARAMÈTRE [paʀamɛtʀ] n. m. – 1732 « côté droit de la parabole » ◊ de 1*para-* et grec *metron* « mesure » ▪ **1** MATH. Quantité à fixer librement, maintenue constante, dont dépend une fonction de variables indépendantes, une équation ou une expression mathématique. *Paramètre d'une parabole,* distance de son foyer à sa directrice. — Variable en fonction de laquelle on exprime chacune des variables d'une équation. ▪ **2** FIG. et DIDACT. Élément important dont la connaissance explicite les caractéristiques essentielles de l'ensemble d'une question. *Paramètres d'une série statistique :* médiane, quartile, moyennes, variance, mode. ▪ **3** PAR EXT. Élément nécessaire pour juger, évaluer, comprendre (qqch.). ➤ **donnée, 2facteur.** *Paramètre dont il faut tenir compte.*

PARAMÉTRER [paʀametʀe] v. tr. ⟨6⟩ – v. 1970 ◊ de *paramètre* ▪ INFORM. Programmer (un appareil complexe), en définissant les paramètres assurant son fonctionnement optimal. *Paramétrer une imprimante.* — n. m. **PARAMÉTRAGE.**

PARAMÉTRIQUE [paʀametʀik] adj. – 1842 ◊ de *paramètre* ▪ MATH. Relatif à un paramètre ; qui contient un paramètre. *Équation, coordonnées paramétriques.*

PARAMILITAIRE [paʀamilitɛʀ] adj. – v. 1920 ◊ de 1*para-* et *militaire* ▪ Qui est organisé selon la discipline et la structure d'une armée. *Formations, organisations paramilitaires.* ➤ **milice, 1police** (parallèle).

PARAMINOPHÉNOL [paʀaminofenɔl] n. m. – 1891 ◊ de 1*para-*, *amine* et *phénol* ▪ PHOTOGR. Dérivé du phénol ($NH_2{-}C_6H_4{-}OH$), employé comme révélateur photographique.

PARAMNÉSIE [paʀamnezi] n. f. – 1843 ◊ de 1*para-* et grec *mnêsis* « souvenir » ▪ MÉD. Perte de la mémoire des mots et de leurs signes. — Illusion du déjà-vu. *Paramnésie de localisation :* souvenir faussement localisé (dans l'espace ou dans le temps). — adj. **PARAMNÉSIQUE,** 1948.

PARAMORPHINE [paʀamɔʀfin] n. f. – 1834 ◊ de 1*para-* et *morphine* ▪ CHIM. ➤ **thébaïne.**

PARANGON [parɑ̃gɔ̃] **n. m.** – 1504 ; *mettre en parragon* «comparer» v. 1270 ◊ espagnol *parangon*, de l'italien *paragone* «pierre de touche», grec *parakonê* «pierre à aiguiser» ■ **1** VX OU LITTÉR. Modèle. «*Des ministres tarés et d'anciennes filles publiques étaient tenus pour des parangons de vertu*» PROUST. — SPÉCIALT Perle, diamant sans défaut. ■ **2** Marbre noir d'Égypte et de Grèce. — APPOS. *Marbre parangon.*

PARANGONNER [parɑ̃gɔne] **v. tr.** ‹1› – 1542 ; *paragonner* 1531 ◊ de *parangon* ■ **1** VX Comparer ; donner comme modèle. ■ **2** (1800) TYPOGR. Aligner correctement (des caractères d'imprimerie de différents corps). — **n. m. PARANGONNAGE.**

PARANOÏA [paranɔja] **n. f.** – 1822 ◊ mot allemand (1772), du grec *paranoia* «folie» ■ MÉD. ■ **1** (jusque v. 1920) VX Délire systématisé avec conservation de la clarté de la pensée, ou délire d'interprétation. ■ **2** Trouble mental (orgueil démesuré, méfiance, susceptibilité excessive, fausseté du jugement avec tendance aux interprétations) engendrant un délire et des réactions d'agressivité. — ABRÉV. FAM. (avant 1971) **PARANO** [parano]. *C'est de la parano !*

PARANOÏAQUE [paranɔjak] **adj.** et **n.** – 1892 ◊ de *paranoïa* ■ **1** MÉD. Relatif à la paranoïa. *Psychose paranoïaque.* ◆ Atteint de paranoïa. — **n.** (1896) *Les paranoïaques se caractérisent par la surestimation pathologique du moi, la méfiance, la fausseté du jugement et l'inadaptation sociale.* ◆ (1929, Dali) LITTÉR. «*Activité paranoïaque-critique : méthode spontanée de connaissance irrationnelle basée sur l'association interprétative-critique de phénomènes délirants*» ÉLUARD. ■ **2** (milieu XXe) COUR. Se dit d'une inquiétude, d'une méfiance exagérées, ou des comportements qu'elles engendrent. «*tu as une vision paranoïaque des choses, tu vois le mal et la conspiration partout*» M. DUGAIN. — ABRÉV. FAM. **PARANO** (avant 1971) [parano]. *Elles sont un peu paranos.*

PARANOÏDE [paranɔid] **adj.** – 1900 ◊ de *paranoïa* et *-oïde* ■ PSYCHIATR. Se dit d'une psychose, d'un délire mal structurés qui rappellent la paranoïa. *Délire paranoïde,* caractéristique de la schizophrénie.

PARANORMAL, ALE, AUX [paranɔrmal, o] **adj.** – 1920 ◊ de 1*para-* et *normal* ■ Qui n'est pas explicable par les données et les lois normales, dans le domaine considéré. *Phénomènes paranormaux.* ➤ **métapsychique, parapsychique ; parapsychologique.**

PARAPENTE [parapɑ̃t] **n. m.** – 1983 ◊ de *para(chute)* et *pente* ■ Parachute rectangulaire fixé sur un harnais, conçu pour s'élancer d'un terrain pentu. ➤ **aussi deltaplane.** — Sport pratiqué avec cet appareil. — **n. PARAPENTISTE.**

PARAPET [parapɛ] **n. m.** – *parapete* 1546 ◊ italien *parapetto* «qui protège la poitrine» ■ **1** FORTIF. Levée de terre, massif de maçonnerie destiné à protéger les combattants. ■ **2** (1611) COUR. Mur à hauteur d'appui destiné à servir de garde-fou. ➤ **garde-corps.** *Parapet d'un pont. S'accouder au parapet, enjamber un parapet.*

PARAPHARMACIE [parafarmasi] **n. f.** – 1952 ◊ de 1*para-* et *pharmacie* ■ Ensemble des produits sans usage thérapeutique (produits de beauté, dentifrices, shampoings, etc.) que l'on peut trouver en pharmacie et dans des boutiques spécialisées. ➤ **dermopharmacie.** — Commerce de ces produits. — **adj. PARAPHARMACEUTIQUE.**

PARAPHASIE [parafazi] **n. f.** – 1864 ◊ de 1*para-* et *-phasie,* d'après *aphasie* ■ DIDACT. Trouble du langage dans lequel le malade altère les mots (par substitution de phonèmes ou de syllabes) ou substitue des mots paronymiques.

PARAPHE ou **PARAFE** [paraf] **n. m.** – 1394 ; «paragraphe» 1390 ◊ latin médiéval *paraphus,* altération de *paragraphus* → paragraphe ■ **1** Traits qu'on ajoute au nom pour distinguer la signature. «*Au bas de la page, il improvise une signature.* [...] *La queue du paraphe s'égare, se perd dans le paraphe lui-même*» RENARD. ■ **2** (1611) Signature abrégée (souvent réduite aux initiales). ➤ **griffe.** *Apposer son paraphe au bas des pages d'un contrat.* ➤ **parapher.** — DR. Signature d'un magistrat (pour authentifier un acte).

PARAPHER ou **PARAFER** [parafe] **v. tr.** ‹1› – 1497 ◊ de *paraphe* ■ Marquer, signer d'un paraphe. «*il écrivait les décisions, et le marquis les paraphait*» STENDHAL. *Parapher les ratures d'un acte, toutes les pages d'un contrat.* ➤ RÉGION. **initialer.** — **p. p. adj.** *Renvois paraphés.*

PARAPHERNAL, ALE, AUX [parafɛrnal, o] **adj.** – 1575 ; *biens parapharnelz* XVe ◊ bas latin *paraphernalis,* du grec *parapherna* «à côté de la dot» ■ ANC. DR. Se disait des biens d'une femme mariée, qui ne faisaient pas partie de la dot. ■ CONTR. Dotal.

PARAPHEUR ou **PARAFEUR** [parafœr] **n. m.** – 1963 ◊ de *parapher* ■ Chemise cartonnée comportant plusieurs volets (souvent des buvards) entre lesquels sont glissées les lettres pour être présentées à la signature.

PARAPHILIE [parafili] **n. f.** – 1981, au Québec ◊ de 1*para-* et *-philie,* d'après l'anglais *paraphilia* (Stekel, 1925) ■ PSYCHIATR. Déviance sexuelle. ➤ **perversion.**

PARAPHIMOSIS [parafimozis] **n. m.** – 1701 ◊ de 1*para-* et grec *phimos* «lien» ■ MÉD. Étranglement du gland par le prépuce, pouvant constituer une complication du phimosis.

PARAPHRASE [parafrɑz] **n. f.** – 1525 ◊ latin *paraphrasis,* du grec «phrase à côté» ■ **1** Développement explicatif d'un texte. ➤ **commentaire, explication, interprétation ; glose, scolie.** *Paraphrase d'un texte.* ■ **2** (1676) Développement verbeux et diffus. ➤ **amplification.** *Cette explication de texte n'est qu'une paraphrase.* ◆ LING. Phrase synonyme d'une autre (ex. Jean aime Louise → Louise est aimée de Jean). — Expression de plusieurs mots qui est synonyme d'un mot. ➤ **périphrase.** ■ **3** MUS. Fantaisie, écrite généralement sur des airs d'opéra. «*Paraphrase de concert*», de Liszt. ■ CONTR. Résumé.

PARAPHRASER [parafrɑze] **v. tr.** ‹1› – 1534 ◊ de *paraphrase* ■ Commenter, amplifier par une paraphrase. «*allusion si claire que nous ne jugeons pas utile de la paraphraser*» PEREC. — *Paraphraser un auteur,* dire la même chose que lui avec d'autres mots. ■ CONTR. Abréger.

PARAPHRASEUR, EUSE [parafrɑzœr, øz] **n.** – XVIIIe ; hapax XVIe ◊ de *paraphrase* ■ LITTÉR. Personne qui fait des paraphrases, des développements verbeux.

PARAPHRASTIQUE [parafrastik] **adj.** – 1542 ◊ de *paraphrase* ■ DIDACT. Qui constitue une paraphrase (1°). *Exégèse paraphrastique.*

PARAPHRÉNIE [parafreni] **n. f.** – 1900 ◊ de 1*para-* et *-phrénie,* du grec *phrên* «intelligence» ■ MÉD. Délire chronique reposant sur des mécanismes de fabulation (thèmes délirants riches, variés et changeants). «*poussant jusqu'à la paraphrénie sa distorsion de la réalité*» BEAUVOIR.

PARAPHYLÉTIQUE [parafiletik] **adj.** – 1973 ◊ de 1*para-* et *phylétique* ■ PHYLOG. Se dit d'un groupe d'êtres vivants qui ne réunit pas au sein d'une même branche un ancêtre commun et tous ses descendants (opposé à *monophylétique*). *Groupe, taxon paraphylétique.*

PARAPHYSE [parafiz] **n. f.** – 1818 ◊ de 1*para-* et du grec *phusa* «vessie» ■ BOT. Cellule allongée et stérile de l'hyménium des champignons ascomycètes et basidiomycètes.

PARAPLÉGIE [paraplεʒi] **n. f.** – 1560 ◊ de 1*para-* et du grec *plêgê* «coup, choc» ■ MÉD. Paralysie des deux membres inférieurs.

PARAPLÉGIQUE [paraplεʒik] **adj.** – 1819 ◊ de *paraplégie* ■ MÉD. Atteint de paraplégie. — **n.** *La rééducation des paraplégiques.*

PARAPLUIE [paraplɥi] **n. m.** – 1622 ◊ de 2*para-* et *pluie* ■ **1** Objet portatif constitué par une étoffe tendue sur une armature pliante et par un manche, et qui sert d'abri contre la pluie. ➤ FAM. **pébroc, 2 pépin, 2 riflard.** *Baleines de parapluie. Fourreau d'un parapluie. Ouvrir son parapluie. S'abriter sous un parapluie. Petit parapluie à manche court.* ➤ **tom-pouce.** *Parapluie télescopique.* — FAM. *Avoir avalé* son parapluie.* ■ **2** FIG. Couverture, protection. — LOC. *Ouvrir le parapluie :* dégager sa responsabilité ou la faire endosser par un autre, par d'autres, en cas de difficultés, d'ennuis imprévus. «*Mais si vous sortez un tant soit peu de la légalité, n'ouvrez pas le parapluie*» DAENINCKX. ◆ SPÉCIALT *Parapluie atomique, nucléaire :* protection accordée par une grande puissance nucléaire à ses alliés.

PARAPSYCHIQUE [parapsiʃik] **adj.** – 1893 ◊ de 1*para-* et *psychique* ■ DIDACT. Se dit des phénomènes psychiques inexpliqués (clairvoyance, précognition, psychokinésie, télépathie, etc.). ➤ **métapsychique, paranormal.**

PARAPSYCHOLOGIE [parapsikɔlɔʒi] **n. f.** – 1908 ◊ de 1*para-* et *psychologie* ■ DIDACT. Étude des phénomènes parapsychiques.

PARAPSYCHOLOGIQUE [parapsikɔlɔʒik] **adj.** – 1948 ◊ de 1*para-* et *psychologique* ■ DIDACT. De la parapsychologie. *Phénomènes parapsychologiques.* ➤ **parapsychique.**

PARAPUBLIC, IQUE [parapyblik] **adj.** – 1959 ◊ de 1*para-* et *public* ■ ÉCON. Relatif à l'économie mixte, reposant sur des capitaux privés et publics. *Secteur privé, public, parapublic.* — Au Canada, Relatif à des organismes dépendant de l'État mais jouissant d'une certaine autonomie.

PARASCÈVE [parasɛv] **n. f.** – 1310 *jour de paraceuve* ◊ grec *paraskeuê* «préparation» ■ RELIG. JUD. Veille du sabbat.

PARASCOLAIRE [paraskɔlɛr] **adj.** – 1966 ◊ de 1*para-* et *scolaire* ■ En marge de l'école. *Activités parascolaires. Ouvrages parascolaires.*

PARASEXUALITÉ [parasɛksɥalite] **n. f.** – 1968 ◊ de 1*para-* et *sexualité* ■ DIDACT. Ensemble des phénomènes psychophysiologiques conditionnés par la sexualité. — BIOL. Ensemble des phénomènes de la sexualité primitive (en l'absence de fécondation). *Parasexualité des bactéries.*

PARASISMIQUE [parasismik] **adj.** – 1977 ◊ de 2*para-* et *sismique* ■ Qui peut résister aux secousses sismiques. ➤ **antisismique.** *Immeubles construits selon les normes parasismiques.*

PARASITAIRE [parazitɛr] **adj.** – 1855 ◊ de *parasite* ■ **1** Relatif aux parasites (II). Causé par les parasites. *Maladie parasitaire.* ■ **2** LITTÉR. Qui vit en parasite ; du parasite (I). *Mener une existence parasitaire.*

PARASITE [parazit] **n. m.** et **adj.** – v. 1500 ◊ latin *parasitus*, grec *parasitos*, de *sitos* «nourriture»

I **n. m.** ■ **1** ANTIQ. Commensal attaché à la table d'un riche, et qui devait le divertir. ♦ MOD. Personne qui se nourrit en sachant se faire inviter chez les autres. ➤ **écornifleur, pique-assiette.** ■ **2** (1680) Personne qui vit dans l'oisiveté, aux dépens de la société. «*Nous sommes tous* [les capitalistes] *des parasites*» ARAGON.

II **n. m.** et **adj.** (1721 adj.) Organisme animal ou végétal qui vit aux dépens d'un autre (appelé *hôte*), lui portant préjudice, mais sans le détruire (à la différence du prédateur). *Parasite externe* (➤ **ectoparasite**), *interne* (➤ **endoparasite**). *Parasites animaux d'espèces animales : vers parasites* (ténia, ascaride, 2 douve, filaire, oxyure, etc.) *et parasites corporels* (pou, puce, punaise, tique). «*Très vite, il fut envahi de parasites, attaqué par les punaises, les poux, les morpions. Il oubliait de se faire désinfecter, se grattait comme un malade*» P. BRUCKNER. *Animaux parasites d'espèces végétales :* chenille, doryphore, puceron, phylloxéra. *Bactéries, champignons parasites d'espèces végétales. Le gui est un parasite. Destruction des parasites* (➤ **parasiticide, pesticide ; antiparasitaire**). ♦ ABUSIVEMENT Se dit d'un organisme qui détériore le milieu où il vit. *Fleurs parasites des murs.*

III FIG. ■ **1** **adj.** Superflu et gênant. ➤ **encombrant, importun.** «*Humilité : vertu parasite, qui rapetisse*» MARTIN DU GARD. ■ **2** **n. m. pl.** (1923) Perturbations dans la réception des signaux radioélectriques. ➤ FAM. **friture.** *Parasites qui empêchent d'écouter une émission* (➤ **brouillage**). *Élimination des parasites* (➤ **antiparasite**).

PARASITER [parazite] **v. tr.** ⟨1⟩ – 1599 ◊ de *parasite* ■ **1** Habiter (un être vivant) en parasite ; vivre aux dépens de. *Vers qui parasitent un chat.* FIG. *Individus qui parasitent une société* (cf. Vivre aux crochets*). ■ **2** Perturber (une émission) par des parasites. — **p. p. adj.** *Image parasitée.*

PARASITICIDE [parazitisid] **adj.** et **n. m.** – 1655 ◊ de *parasite* et *-cide* ■ DIDACT. Qui tue les parasites. — **n. m.** *Les vermifuges sont des parasiticides.*

PARASITIQUE [parazitik] **adj.** – 1539 ◊ de *parasite* ■ BIOL. RARE Propre au parasite (II). *Vie parasitique.*

PARASITISME [parazitism] **n. m.** – 1719 ◊ de *parasite* ■ **1** Condition d'un être vivant qui vit sur un autre en parasite (II). *Parasitisme, symbiose et commensalisme.* ■ **2** Présence de parasites dans un organisme, dans un organe. *Parasitisme intestinal.* ■ **3** Mode de vie du parasite (I). «*Avec l'ignoble tendance au parasitisme qu'avaient les gens de sa génération*» MONTHERLANT.

PARASITOLOGIE [parazitɔlɔʒi] **n. f.** – 1886 ◊ de *parasite* ■ DIDACT. Science qui étudie les parasites et les pathologies parasitaires.

PARASITOSE [parazitoz] **n. f.** – 1933 ◊ de *parasite* et 2*-ose* ■ MÉD. Affection provoquée par la présence de parasites. *Parasitose du foie, de l'intestin.* «*ses organes tendus et dilatés par les parasitoses contractées à force de jouer dans la terre et les fumiers*» DEL AMO.

PARASOL [parasɔl] **n. m.** – 1548 ◊ italien *parasole*, de 2*para-* et *sole* «soleil» ■ **1** VX Objet portatif et pliant, utilisé pour se protéger du soleil et de la pluie. ➤ **ombrelle, parapluie.** ♦ MOD. Cet objet, destiné à abriter les dignitaires dans certains pays chauds. *Le sultan «protégé par un grand parasol»* GIDE. ■ **2** (XIXe) MOD. Objet pliant semblable à un vaste parapluie et fixé à un support, que l'on installe en un endroit pour se protéger du soleil. *Parasol d'une table de café. Parasol de plage.* ■ **3** (1762) APPOS. *Pin parasol*, dont les branches s'étalent en forme de parasol (cf. Pin pignon*). *Des pins parasols.*

PARASTATAL, ALE, AUX [parastatal, o] **adj.** – XXe ◊ de 1*para-* et du latin *status* «État» ■ (Belgique) ADMIN. Semi-public. *Les institutions parastatales.* — **n. m.** *Un parastatal.*

PARASYMPATHIQUE [parasɛ̃patik] **adj.** et **n. m.** – 1903 ◊ de 1*para-* et *sympathique* ■ ANAT. Se dit de la partie du système nerveux végétatif (ou neurovégétatif), qui comprend deux centres nerveux, aux deux extrémités de l'axe cérébrospinal (*centre supérieur*, cervico-crânien et *centre inférieur*, pelvien ou sacré). *Système parasympathique.* **n. m.** *Le parasympathique est antagoniste du sympathique* (➤ **orthosympathique**) *et agit par l'intermédiaire de l'acétylcholine.*

PARASYNTHÉTIQUE [parasɛ̃tetik] **adj.** et **n. m.** – 1875 ◊ du grec *parasunthetos* ■ LING. Composé par l'addition combinée de plusieurs affixes à une base (ex. incollable).

PARATAXE [parataks] **n. f.** – 1907 ; autre sens 1838 ◊ de 1*para-*, d'après *syntaxe* ■ LING. Construction par juxtaposition, sans qu'un mot de liaison indique la nature du rapport entre les propositions (ex. Ici, il est interdit de fumer, je pense).

PARATEXTE [paratɛkst] **n. m.** – 1981 ◊ de 1*para-* et *texte* ■ DIDACT. Ensemble formé par le péritexte et l'épitexte.

PARATHORMONE [paratɔrmɔn] **n. f.** – 1941 ◊ de *parath(yroïde)* et *hormone* ■ MÉD., BIOCHIM. Hormone peptidique sécrétée par la parathyroïde. *La parathormone règle le taux de phosphore et de calcium de l'organisme. Hypersécrétion* (➤ **hyperparathyroïdie**), *hyposécrétion* (➤ **hypoparathyroïdie**) *de parathormone.*

PARATHYROÏDE [paratirɔid] **n. f.** – 1896 ◊ de 1*para-* et *thyroïde* ■ ANAT. Chacune des quatre petites glandes endocrines situées dans le voisinage de la thyroïde, qui sécrètent une hormone (➤ **parathormone**).

PARATONNERRE [paratɔnɛr] **n. m.** – 1773 ◊ de 2*para-* et *tonnerre* ■ Appareil inventé par Franklin, destiné à préserver les bâtiments des effets de la foudre, fait d'une ou plusieurs tiges métalliques fixées aux toits et reliées au sol. ➤ **parafoudre.** «*Deux pins gigantesques* [...] *servaient de paratonnerres*» BALZAC.

PARÂTRE [parɑtr] **n. m.** – *parastre* 1080 ◊ bas latin *patraster* «second mari de la mère», de *pater* «père» ■ **1** VX Beau-père (mari de la mère). ■ **2** FIG., VX OU PLAISANT Père méchant (cf. Marâtre).

PARATYPHIQUE [paratifik] **adj.** et **n.** – 1897 ◊ de *paratyphoïde*, d'après *typhique* ■ MÉD. ■ **1** Relatif à la fièvre paratyphoïde et aux bacilles qui en sont la cause. ■ **2** Qui est atteint de fièvre paratyphoïde. — **n.** *Un, une paratyphique.*

PARATYPHOÏDE [paratifɔid] **adj.** et **n. f.** – 1907 ◊ de 1*para-* et *typhoïde* ■ MÉD. *Fièvre paratyphoïde* ou **n. f.** *la paratyphoïde :* fièvre rappelant la typhoïde, généralement de gravité moindre, et provoquée par des bacilles différents (bacilles paratyphiques).

PARAVALANCHE [paravalɑ̃ʃ] **n. m.** – 1866 ◊ de 2*parer* et *avalanche* ■ Construction très robuste contre les avalanches. *Des paravalanches.* — On écrit aussi *pare-avalanches* (inv.).

PARAVENT [paravɑ̃] **n. m.** – 1599 ◊ italien *paravento* «contre le vent» ■ **1** Meuble d'appartement fait de panneaux verticaux mobiles qu'on dispose en ligne brisée, destiné à protéger contre les courants d'air, à isoler. *Paravent chinois. Se déshabiller derrière un paravent.* ■ **2** (1834) FIG. Ce qui protège en cachant. ➤ **abri, couverture.** «*ses affaires qui lui fournissaient de si commodes paravents et échappatoires, le réclamaient d'urgence en Angleterre*» A. ARNOUX.

PARAVERBAL, ALE, AUX [paravɛrbal, o] **adj.** – 1988 ◊ de 1*para-* et *verbal* ■ Relatif à un paralangage. «*une dissociation entre le contenu amical d'un message et l'expression paraverbale on non verbale agressive de celui-ci*» É. ZARIFIAN.

PARBLEU [parblø] **interj.** – 1540 ◊ euphém. pour *pardieu* ■ Jurement atténué pour exprimer l'assentiment, l'évidence. ➤ **pardi.**

PARC [park] n. m. – 1175 «clôture» ◊ bas latin *parricus*, d'un prélatin °*parra* «perche»
I ■ **1** Clôture légère et transportable dans laquelle on enferme les animaux (moutons) pendant la nuit (➤ **parcage**). ◆ PÊCHE Ensemble de filets disposés en fer à cheval qui servent à retenir le poisson. ◆ (XXe) Petite clôture basse et pliante formant une enceinte dans laquelle les enfants en bas âge peuvent jouer sans danger. *«libérés de derrière les barreaux du parc où l'on nous emprisonne d'abord — certes pour notre sécurité, mais de fait comme un animal en cage»* C. MILLET. ■ **2** Enclos où est enfermé le bétail. ➤ **pâtis, pâturage.** — Bassin où sont engraissés des coquillages. *Parc à huîtres* (➤ **clayère, huîtrière, vivier**), *à moules* (➤ **bouchot, moulière, vasière**). ◆ Enclos servant d'entrepôt. MILIT. *«les parcs d'artillerie et de munitions»* RACINE. ■ **3** Place réservée dans une ville pour le stationnement des automobiles. *Parc de stationnement :* recomm. offic. pour *parking**. *Parc payant, gardé. Mettre, garer sa voiture dans un parc.* ➤ **parquer ; garage.** ■ **4** TECHN., ÉCON. Ensemble des véhicules dont dispose une armée (1835) et PAR EXT. un pays, une collectivité, une entreprise, etc. *Le parc automobile français. Le parc d'une compagnie de louage, de taxis...* — Ensemble des machines, des wagons d'un réseau de chemin de fer. ◆ Ensemble d'appareils, d'installations d'une catégorie donnée, dont dispose une collectivité. *Parc d'appareils ménagers, de matériel informatique. Le parc de logements sociaux. Parc immobilier. Le parc nucléaire français.*
II (1220 «verger») ■ **1** Grande étendue boisée et clôturée où l'on garde le gibier pour la chasse. ➤ **enclos.** — Vaste réserve où l'on protège la faune et la flore. *«un des Parcs royaux du Kenya, ces réserves où des lois [...] protègent les bêtes sauvages»* KESSEL. *Parc national. Parc naturel régional,* comportant un plan de développement touristique et d'aménagement des sites tendant à retarder l'industrialisation de la zone. ■ **2** (1664) Étendue de terrain boisé entièrement clos, dépendant généralement d'un château, d'une grande habitation. *Allées, bassin, pelouse d'un parc. Parc à l'anglaise, à la française. Parc public.* ➤ **jardin.** *Le parc du château de Versailles. Le parc Monceau* (à Paris). ■ **3** Espace aménagé en plein air pour le public. *Parc zoologique.* ➤ **zoo.** *Parc aquatique. — Parc d'attractions. Parc de loisirs.*
■ HOM. Parque.

PARCAGE [parkaʒ] n. m. – *parquaige* «enceinte» fin XIVe ◊ de *parquer*
■ **1** AGRIC. *Parcage des moutons :* fertilisation du sol par les déjections des moutons parqués pendant la nuit. ■ **2** (1957) *Parcage d'une voiture.* ➤ **garage, stationnement.** — PAR EXT. RARE Parc de stationnement. ➤ **parc, parking.**

PARCELLAIRE [parsɛlɛr] adj. – 1791 ◊ de *parcelle* ■ DIDACT., DR. Fait par parcelles. *Travail, plan parcellaire.* — Qui concerne les parcelles de terre. *Cadastre parcellaire.*

PARCELLE [parsɛl] n. f. – 1162 ◊ latin populaire °*particella*, classique *particula*, de *pars, partis* «part, partie» → particule ■ **1** Très petit morceau. ➤ **fraction, fragment, morceau.** *Parcelles d'or.* ➤ **paillette.** ■ **2** (1838) Portion de terrain de même culture, constituant l'unité cadastrale. *Diviser un terrain en plusieurs parcelles.* ➤ **lot.** *Acheter une parcelle.* ■ **3** Minuscule partie, considérée abstraitement. ➤ **atome, brin, grain, miette, 1 once.** *L'éclat «d'une parcelle de bonheur»* COLETTE. *Il n'y a pas la moindre parcelle de vérité dans cette histoire.* ■ CONTR. Bloc, 1 masse.

PARCELLISATION [parselizasjɔ̃] n. f. – 1958 ◊ de *parcelliser* ■ **1** Fragmentation, division en parcelles (d'un terrain, etc.). ➤ **fractionnement, morcellement.** ■ **2** (1964) *Parcellisation du travail :* division du travail en opérations simples. ■ CONTR. Remembrement.

PARCELLISER [parselize] v. tr. ⟨1⟩ – 1964 ◊ de *parcelle* ■ **1** Diviser en parcelles, et PAR EXT. en petites unités. ➤ **fractionner, morceler ; atomiser.** *Parcelliser l'opposition.* — p. p. adj. *Travail parcellisé. Tâches parcellisées.* ➤ **atomistique.** ■ **2** v. pron. Se fragmenter.

PARCE QUE [pars(ə)kə] loc. conj. – 1370 ; *parce ke* v. 1200 ◊ de *par, ce* et *que* ■ Exprime la cause. ➤ **attendu** (que), **1 car, comme, pour** (ce que), **puisque, 2 vu** (que). *«une pierre tombe parce qu'elle est pesante»* STENDHAL. *«Parce que vous êtes un grand seigneur, vous vous croyez un grand génie !»* BEAUMARCHAIS. *«C'est parce qu'il était un conspirateur qu'elle l'avait d'abord aimé»* FRANCE. *«M'aimes-tu parce que tu m'aimes, ou parce que je t'aime ?»* R. ROLLAND. *«c'était sinistre, peut-être parce que vide et silencieux»* SIMENON. ◆ PAR EXT. FAM. Renforce une coordination (cf. C'est que). *«Vous en avez pour longtemps avec lui ? – Non. – Parce que j'aurais pu vous attendre»* ROMAINS. ◆ ABSOLT Marque le refus ou l'impossibilité d'une explication. *«Pourquoi ? demanda le comte, surpris. – Parce que, répondit-elle lentement»* ZOLA.

PARCHEMIN [parʃəmɛ̃] n. m. – *parchamin* 1050 ◊ bas latin *pergamena (charta)*, grec *pergamênê* «(peau) de *Pergame*» ■ **1** Peau d'animal (mouton, agneau, chèvre, chevreau) préparée spécialement pour l'écriture, la reliure. *Parchemin très fin.* ➤ **vélin.** *Parchemin gratté.* ➤ **palimpseste.** — *Malle, sac, valise en parchemin.* — EN APPOS. *Papier-parchemin :* papier préparé de telle sorte qu'il ressemble à du parchemin. ■ **2** *Un, des parchemins.* Texte (généralement manuscrit) conservé sur parchemin OU PAR EXT. sur papier. ➤ **document, 1 écrit.** *Consulter, copier de vieux parchemins.* — Titres de noblesse. ➤ **brevet.** — FAM. Diplôme universitaire (cf. Peau* d'âne).

PARCHEMINER [parʃəmine] v. tr. ⟨1⟩ – *se parcheminer* 1836 ◊ de *parchemin* ■ **1** (1874) TECHN. Rendre semblable, par la consistance, la couleur, à du parchemin. *Parcheminer du papier.* — p. p. adj. *Cuir parcheminé.* ■ **2** v. pron. *Se parcheminer :* devenir semblable à du parchemin. *«Les rides du visage se plissèrent [...] et la peau se parchemina»* BALZAC. *Visage parcheminé.*

PARCHEMINIER, IÈRE [parʃəminje, jɛr] n. – XIIIe ◊ de *parchemin* ■ TECHN. Personne qui prépare, qui vend le parchemin. APPOS. *Ouvriers parcheminiers.*

PARCIMONIE [parsimɔni] n. f. – 1495 ◊ latin *parcimonia*, du p. p. de *parcere* «retenir» et *monere* ■ Épargne minutieuse, s'attachant aux petites choses. ➤ **économie.** *Donner avec parcimonie* (cf. Au compte-goutte*). ➤ **mesurer.** *Une maison «construite avec une parcimonie visible et même avec lésine»* FRANCE. — PAR EXT. *Accorder ses éloges avec parcimonie* (cf. Être avare*, chiche* de...). ■ CONTR. Gaspillage, générosité, prodigalité, profusion.

PARCIMONIEUSEMENT [parsimɔnjøzmɑ̃] adv. – 1831 ◊ de *parcimonieux* ■ Avec parcimonie. ➤ **chichement.** *«les gâteaux et le thé, si parcimonieusement offerts dans les salons»* BALZAC.
■ CONTR. Généreusement, profusément.

PARCIMONIEUX, IEUSE [parsimɔnjø, jøz] adj. – 1755 ◊ de *parcimonie* ■ VIEILLI Qui fait preuve de parcimonie. ➤ **1 chiche, économe.** *«Regardant et parcimonieux [...] oui, je sais que je le suis»* GIDE. — Qui dénote de la parcimonie. *Distribution parcimonieuse.* ➤ **mesquin.** ■ CONTR. Dépensier, prodigue ; généreux.

PAR-CI, PAR-LÀ ➤ **1 CI**

PARCMÈTRE [parkmɛtr] n. m. – v. 1960 ◊ de *parc* (à voitures) et *-mètre* ■ Compteur de stationnement payant sur la voie publique, pour les automobiles. *Mettre des pièces dans un parcmètre. Horodateur* d'un parcmètre.* — On a dit aussi *parcomètre* (courant en Suisse et au Canada).

PARCOURIR [parkurir] v. tr. ⟨11⟩ – XVe ◊ latin *percurrere*, de *currere* ■ **1** (PERSONNES) Aller dans toutes les parties de (un lieu, un espace). ➤ **traverser ; arpenter, visiter.** *«On n'a point vu Rome quand on n'a point parcouru les rues de ses faubourgs»* CHATEAUBRIAND. *Parcourir les bois, la campagne.* ➤ **battre.** ◆ (1675) (CHOSES) *Le navire parcourait la mer.* ➤ **sillonner.** *Tout son corps «était parcouru par une vibration»* MONTHERLANT. ■ **2** Accomplir (un trajet déterminé). *Distance à parcourir entre deux arrêts* (➤ **étape**). *Le son parcourt environ trois cents mètres à la seconde.* ➤ **1 faire.** ■ **3** (XVIe) Examiner, lire rapidement. *Parcourir un journal, un article* (cf. Lire en diagonale*), *un livre* (➤ **feuilleter**). ■ **4** (1669) Regarder successivement (les éléments d'un ensemble) pour avoir une vue générale. *«D'un regard errant, Pauline parcourut les meubles figés dans la pénombre des persiennes»* CHARDONNE.

PARCOURS [parkur] n. m. – 1268 ◊ bas latin *percursus*, francisé d'après *cours* ■ **1** FÉOD. Convention entre habitants de deux seigneuries leur permettant de résider dans l'une ou l'autre sans perdre leur franchise. ◆ (XVe) VX *Droit de parcours*, ou *parcours :* droit qui permettait de faire paître son bétail sur la vaine pâture de la commune voisine. ■ **2** (1845) Chemin pour aller d'un point à un autre. ➤ **chemin, circuit, course, itinéraire, trajet.** *Effectuer un parcours. — Le parcours d'un autobus. Cette station est sur le parcours.* PAR EXT. *Payer le parcours.* ◆ SPORT Distance déterminée qu'un coureur, qu'un cheval, qu'un joueur doit couvrir dans une épreuve. *Un parcours difficile* (de golf, de steeple-chase, etc.). *Réussir un parcours sans faute. — Parcours de santé :* circuit sportif aménagé en plein air, proposant différents exercices physiques. FIG. Chose très facile à réaliser. *Affronter cette équipe* *n'est pas un parcours de santé.* ◆ LOC. FIG. (1968 polit.) *Accident, incident de parcours :* évènement fâcheux qui survient dans le cours d'une entreprise, sans toutefois la compromettre. ◆ MILIT. *Parcours du combattant :* parcours semé d'obstacles (murs, barbelés, échelles de corde, poutres, etc.) que doit accomplir un soldat en armes dans un temps donné ; ensemble de ces obstacles ; cette épreuve, qui fait partie de l'entraînement du fantassin. — FIG. Série d'épreuves rencontrées. ▪ **3** *Parcours de soins (coordonnés) :* en France, dispositif que doit respecter un assuré social afin de bénéficier de la prise en charge optimale de ses dépenses de santé. ▪ **4** FIG. Suite des activités et des décisions qui caractérisent la vie d'une personne. *Ils n'ont pas suivi, pas eu le même parcours. Sportif, artiste, politicien en fin de parcours.*

PAR-DELÀ, PAR-DERRIÈRE, PAR-DESSOUS, PAR-DESSUS ➤ **DELÀ, 1DERRIÈRE, 1DESSOUS, 1DESSUS**

PARDESSUS [paʀdəsy] **n. m.** – 1810 ◇ de *par-dessus* ▪ Vêtement masculin de laine qu'on porte par-dessus les autres vêtements pour se garantir des intempéries. ➤ **manteau.** *Les passants, « la nuque cachée dans le col relevé des pardessus »* MAUPASSANT. *Pardessus doublé de fourrure.* ➤ **pelisse.**

PAR-DEVANT, PAR-DEVERS ➤ **1DEVANT, DEVERS**

PARDI [paʀdi] **interj.** – 1589 ◇ altération de *pardieu* ▪ FAM. Exclamation par laquelle on renforce une déclaration. ➤ **2dame, pardieu.** *Il a trouvé porte close. Pardi, il s'était trompé d'adresse !*

PARDIEU [paʀdjø] **interj.** – *par dé* XIIIe ◇ de *1par* et *Dieu* ▪ VX Exclamation qui renforce. ➤ **pardi.** *Pardieu oui !*

PARDON [paʀdɔ̃] **n. m.** – v. 1135 ◇ de *pardonner* ▪ **1** Action de pardonner. ➤ **absolution, amnistie, grâce, indulgence, miséricorde, rémission.** *Demander pardon, son pardon. Demander pardon à qqn d'avoir fait qqch. Je vous en demande humblement pardon. Accorder son pardon à qqn :* pardonner. *« On nous prêche beaucoup le pardon des offenses »* ROUSSEAU. *Obtenir son pardon.* ▪ **2** (1868) Fête religieuse bretonne. *Le pardon de Sainte-Anne d'Auray. — Le Grand Pardon* ou *jour du Pardon :* fête juive annuelle (Yom Kippour), célébrée par le jeûne et la prière. ▪ **3** *Je vous demande pardon,* ou ELLIPT *Pardon,* ou *Mille pardons :* formule de politesse par laquelle on s'excuse (de déranger qqn, d'avoir à lui demander un service, de lui faire répéter une phrase qu'on a mal comprise [➤ **comment**], de le contredire ou qui sert à introduire une rectification) (cf. Excusez*-moi). ▪ **4** FAM. Exclamation emphatique. *Le père était déjà costaud, mais alors le fils, pardon !* ▪ CONTR. Rancune, ressentiment. Condamnation, représailles.

PARDONNABLE [paʀdɔnabl] **adj.** – *pardonable* XIIe ◇ de *pardonner* ▪ Que l'on peut pardonner. ➤ **rémissible.** *Une méprise bien pardonnable. « les écarts pardonnables ou punissables des soldats »* BALZAC. — (PERSONNES) Qui mérite le pardon. ➤ **excusable.** *Cet enfant est pardonnable.* ▪ CONTR. Impardonnable, inexcusable, punissable.

PARDONNER [paʀdɔne] **v. tr.** ⟨1⟩ – *perdoner (un péché)* « remettre à qqn (la punition d'un péché) » 980 ◇ de *1par* et *donner* ▪ **1** Tenir (une offense) pour non avenue, ne pas en garder de ressentiment, renoncer à en tirer vengeance. ➤ **oublier** (cf. Passer l'éponge*). *Pardonner les péchés.* ➤ **remettre.** *« Il n'y a point d'injure qu'on ne pardonne quand on s'est vengé »* VAUVENARGUES. PROV. *Faute avouée est à moitié pardonnée.* ◆ **PARDONNER QQCH.** *à* **QQN :** supporter qqch. de qqn. ➤ **passer.** *« Je te pardonne tout, et veux tout oublier »* LECONTE DE LISLE. *« Je ne pardonne point aux hommes d'action de ne point réussir »* FLAUBERT. *Je ne me le pardonnerai jamais. Elles se sont tout pardonné.* ◆ (*pardonner qqn* XVIe) **PARDONNER À QQN,** oublier ses fautes, ses torts. ➤ **absoudre.** *« Roxane dans son cœur peut-être vous pardonne »* RACINE. *Il cherche à se faire pardonner.* ALLUS. BIBL. *« Pardonnez-leur, car ils ne savent pas ce qu'ils font »* (ÉVANGILE, saint Luc). *Le roi lui pardonna.* ➤ **gracier ; amnistier** (cf. Faire grâce* à). (PASS.) *Vous êtes pardonné.* — FAM. et VIEILLI *Dieu me pardonne !* pour atténuer une déclaration surprenante. — ABSOLT *Il pardonne facilement* (➤ **indulgent**), *difficilement* (➤ **vindicatif**). *« Je tâche de comprendre afin de pardonner »* HUGO. *« L'amour-propre offensé ne pardonne jamais »* L. VIGÉE. ▪ **2** (Sens atténué) Juger avec indulgence, en trouvant des excuses, en minimisant la faute. ➤ **admettre, excuser, supporter, tolérer.** *Je prie « le lecteur de me pardonner cette petite préface »* RACINE. *Pardonnez ma franchise.* ◆ SPÉCIALT Accepter sans dépit, sans jalousie. *« Régnier a eu certainement beaucoup de peine à se faire pardonner [...] son talent »* ROMAINS. ▪ **3** (1572) Au négatif Épargner. *C'est une maladie qui ne pardonne pas,* mortelle. — FAM. *Une erreur qui ne pardonne pas,* irréparable. ▪ **4** (XVIe) Dans une formule de politesse *Pardonnez-moi cette irruption chez vous. Pardonnez-moi cette expression. Pardonnez-moi de vous déranger, si je vous dérange.* — SPÉCIALT (pour s'excuser de contredire un interlocuteur) *Pardonnez-moi, mais je crois que...* ➤ **pardon** (cf. Sauf votre respect*). ▪ CONTR. Accuser, condamner, frapper, punir.

PARE- ▪ Élément, de *2parer* « éviter, protéger contre » (➤ 2para-).

-PARE ▪ Élément, du latin *-parus,* de *parere* « engendrer » : *ovipare, sudoripare.*

1**PARÉ, ÉE** [paʀe] **adj.** – XIIe ◇ de *1parer* ▪ **1** (PERSONNES) Qui porte des ornements, une parure. *Ma mère Jézabel « Comme au jour de sa mort pompeusement parée »* RACINE. ▪ **2** (1690) Préparé pour être cuit (viande). ➤ **1parer** (I, 4°). ▪ **3** MAR. Prêt. *Paré à virer.*

2**PARÉ, ÉE** [paʀe] **adj.** – 1702 ◇ de *2parer* ▪ Muni du nécessaire pour faire face à, se protéger. *Nous sommes parés contre le froid, contre toute éventualité. Vous voilà paré !*

PARÉAGE ➤ **PARIAGE**

PARE-AVALANCHES ➤ **PARAVALANCHE**

PARE-BALLE **n. m.** et **adj.** ou **PARE-BALLES** [paʀbal] **n. m. inv.** et **adj. inv.** – 1873 ; *paraballes* 1860 ◇ de *2parer* et *1balle* ▪ Plaque de protection contre les balles (1, 2°). *Des pare-balles.* — **adj.** *Gilet pare-balle* ou *pare-balles.*

PARE-BOUE [paʀbu] **n. m.** – 1913 ; *paraboue* 1828 « garde-boue » ◇ de *2parer* et *boue* ▪ Bande de caoutchouc fixée derrière les roues arrière d'un véhicule, qui empêche les projections de boue. *Des pare-boues,* aussi *des pare-boue* (inv.).

PAREBRISE **n. m.** ou **PARE-BRISE** [paʀbʀiz] **n. m. inv.** – 1907 ◇ de *2parer* et *brise* ▪ Paroi transparente à l'avant d'un véhicule pour protéger les occupants de l'air, du vent, des poussières. — Vitre avant d'une automobile. *Parebrise feuilleté. Essuie-glace du parebrise. Des parebrises, des pare-brise.*

PARE-BUFFLE [paʀbyfl] **n. m.** – 1995 ◇ de *pare-* et *buffle* ▪ Grosse barre frontale de protection à l'avant des quatre-quatre. *Des pare-buffles.*

PARECHOC **n. m.** ou **PARE-CHOCS** [paʀʃɔk] **n. m. inv.** – 1925 ; *pare-à-choc* 1863 ch. de fer ◇ de *2parer* et *choc* ▪ **1** Garniture placée à l'avant et à l'arrière d'un véhicule (SPÉCIALT d'une automobile) et destinée à amortir les chocs. ➤ aussi **pare-buffle.** *Des parechocs, des pare-chocs. « avancer jusqu'à toucher le parechoc de la voiture de devant »* L. GAUDÉ. *« Rentrée massive des Parisiens. Pare-chocs contre pare-chocs »* FALLET. ▪ **2** HORLOG. Système destiné à amortir les chocs pouvant endommager une montre.

PARE-DOUCHE [paʀduʃ] **n. m.** – XXe ◇ de *2parer* et *douche* ▪ Panneau repliable que l'on fixe à la baignoire ou autour du bac à douche, et qui évite les projections d'eau lorsqu'on se douche. *Des pare-douches.*

PARE-ÉCLATS **n. m. inv.** ou **PARE-ÉCLAT** [paʀekla] **n. m.** – 1907 ◇ de *2parer* et *éclat* ▪ FORTIF. Abri, rempart de terre (sur un parapet, une tranchée) destiné à protéger des éclats d'obus, de bombes. *Des pare-éclats.*

PARE-ÉTINCELLES **n. m. inv.** ou **PARE-ÉTINCELLE** [paʀetɛ̃sɛl] **n. m.** – 1880 ◇ de *2parer* et *étincelle* ▪ Écran que l'on place devant une cheminée pour empêcher les étincelles de s'échapper. ➤ **pare-feu.** *Des pare-étincelles.*

PARE-FEU [paʀfø] **n. m.** – 1873 ◇ de *2parer* et *1feu* ▪ **1** Dispositif de protection contre la propagation du feu. ➤ **coupe-feu.** *Des pare-feux.* ◆ Bande déboisée, en forêt, pour limiter les incendies. ▪ **2** Pare-étincelles. ▪ **3** (calque de l'anglais *firewall*) INFORM. Dispositif de sécurité destiné à protéger un réseau local connecté à un réseau public comme Internet (notamment des tentatives d'intrusion qui pourraient en provenir). ➤ **coupe-feu.** — APPOS. *Logiciel, système pare-feu.*

PARE-FUMÉE [paʀfyme] **n. m.** – 1677 ◇ de *2parer* et *fumée* ▪ Dispositif canalisant ou absorbant la fumée. *Des pare-fumées* ou *des pare-fumée* (inv.). ▪ HOM. Parfumer.

PARÉGORIQUE [paʀegɔʀik] **adj.** et **n. m.** – 1549 ◇ latin *paregoricus,* du grec *parêgorikos* « qui calme » ▪ VIEILLI Se disait des médicaments qui calment la douleur. ➤ **antalgique, calmant.** ◆ (1795) MOD. *Élixir parégorique :* médicament à base d'opium utilisé comme analgésique contre les coliques.

PAREIL, EILLE [paʀɛj] **adj.** et **n.** – 1155 ◇ latin populaire °*pariculus,* du latin classique *par* → 1pair

II ~ adj. ▪ **1** Semblable par l'aspect, la grandeur, la nature. ➤ **identique, même, semblable, similaire.** *«il n'y a pas, de par le monde entier, deux grains de sable* [...], *deux mains ou deux nez absolument pareils»* MAUPASSANT. *Ils ne sont pas pareils* : ils ne se ressemblent pas. *Ils ont tous les deux un pareil amour des animaux.* ➤ **égal, 1 équivalent, même.** *Ce n'est pas pareil* : ce n'est pas comparable, c'est différent. *C'est exactement pareil. Et votre santé ? – Toujours pareille,* semblable à elle-même, sans changement. ➤ **immuable.** *L'an dernier à pareille époque,* à la même époque. ◆ **PAREIL À.** *L'un est pareil à l'autre.* ➤ **comparable.** — LOC. LITTÉR. *À nul autre pareil* : sans égal. — (Servant à introduire une compar.) ➤ **comme.** *«L'Océan, pareil au bœuf qui beugle»* HUGO. ▪ **2** De cette nature, de cette sorte. ➤ **tel.** *En pareil cas, en pareille occasion. À une heure pareille !* si tard ; si tôt. *«Jamais il ne se sera vu un réveillon pareil»* DAUDET. — (Mélioratif ou péjoratif) *Une offre pareille, ça ne se refuse pas. Je n'ai jamais entendu pareille sottise.*

II ~ n. (1210) ▪ **1** VIEILLI Personne ou chose semblable ou équivalente (à celle dont il est question). *Cette étoffe est superbe, il faudra trouver la pareille.* — MOD. (avec l'adj. poss.) Personne du même caractère, de la même qualité, de la même condition, d'un rang égal. *«si vous aviez épousé une de vos pareilles»* MOLIÈRE. ➤ **congénère, 1 pair, semblable.** *Nos pareils* : nos semblables ; nos égaux. *Vous et vos pareils, vous êtes responsables.* — *Ne pas avoir son pareil, sa pareille* : être extraordinaire, sans équivalent. ◆ **SANS PAREIL(LE)** : qui n'a pas son égal. ➤ **excellent, exceptionnel, incomparable, inégalable,** VX **nonpareil, supérieur ;** RÉGION. **dépareillé.** *«Ces fables, d'une naïveté sans pareille, vrai trésor de mythologie celtique»* RENAN. ▪ **2 n. f.** (1380) **RENDRE LA PAREILLE (à qqn)** : faire subir à qqn un traitement analogue à celui qu'on a reçu. ➤ **payer** (de retour), RÉGION. **réciproquer** (cf. Œil* pour œil, dent pour dent). *«Trompeurs, c'est pour vous que j'écris : Attendez-vous à la pareille»* LA FONTAINE. ▪ **3 n. m.** FAM. LOC. *C'est du pareil au même* : c'est la même chose. ➤ **kifkif** (cf. Bonnet* blanc et blanc bonnet). *«ça m'a l'air aussi moche qu'ailleurs. – C'est du pareil au même»* BARBUSSE.

III ~ adv. ▪ **1** POP. ou FAM. ➤ **pareillement** (cf. De même). *«Deux grandes jeunes filles "habillées pareil"»* ALLAIS. *Essayez de faire pareil. «La mère ment : – Je vous aime pareil mes trois enfants»* DURAS. ▪ **2** RÉGION. (Canada) Quand même. *«C'est beau, pareil»* SAVARD.

▪ CONTR. Autre, contraire, différent, dissemblable, inégal.

PAREILLEMENT [paʀɛjmɑ̃] adv. – 1422 ; *paraument* XIIIe ◇ de *pareil* ▪ **1** De la même manière. *«je voudrais te contenter pareillement pour ma part»* SAND. ➤ **également** (cf. De même). *«Les gamins, vêtus pareillement à leurs papas»* FLAUBERT. ➤ **comme, semblablement.** ▪ **2** Aussi. *La santé est bonne et l'appétit pareillement* (cf. À l'avenant). ◆ (Pour rendre un souhait) *«Bonne année. – Et à vous pareillement.»* ▪ CONTR. Autrement, contraire (au).

PARÉLIE ➤ **PARHÉLIE**

PAREMENT [paʀmɑ̃] n. m. – 1318 ; «ce qui sert à orner» 1240 ; *parament* «vêtement riche» 880 ◇ de 1 *parer* ▪ **1** LITURG. *Parement d'autel* : ornement d'étoffe qu'on change selon la couleur liturgique du jour. ▪ **2** (1408) Face extérieure d'un mur, revêtue de pierres de taille. — Côté visible d'une pierre dans un ouvrage de maçonnerie. — TECHN. Face supérieure d'un pavé. ▪ **3** (1677) Pièce d'étoffe riche qui orne un vêtement. — Revers sur le collet, les manches d'un vêtement. ➤ **retroussis.** *Une robe «avec de grands parements de dentelle bise»* ARAGON. *Manteau à parements de cuir.*

PAREMENTER [paʀmɑ̃te] v. tr. ⟨1⟩ – 1838 ; *parementé* «pourvu d'ornement» 1557 ◇ de *parement* ▪ TECHN. Revêtir (un mur) d'un parement.

PAREMENTURE [paʀmɑ̃tyʀ] n. f. – 1925 ; *parmenture* 1832 ◇ de *parement* ▪ COUT. Partie d'une veste ou d'un manteau formant revers et se prolongeant jusqu'en bas du vêtement. — Toile utilisée pour doubler les parements.

PARÉMIOLOGIE [paʀemjɔlɔʒi] n. f. – 1842 ◇ du grec *paroimia* «proverbe» et *-logie* ▪ DIDACT. Étude des proverbes.

PARENCHYMATEUX, EUSE [paʀɑ̃ʃimatø, øz] adj. – 1764 ◇ de *parenchyme* ▪ ANAT. Relatif au parenchyme ; constitué par un parenchyme. — MÉD. *Néphrite parenchymateuse.*

PARENCHYME [paʀɑ̃ʃim] n. m. – 1546 ◇ grec *parenkhuma* ▪ **1** ANAT. Tissu d'un organe, d'une glande, qui assure son fonctionnement (par opposition au tissu conjonctif de soutien). *Parenchyme hépatique, pulmonaire, rénal.* ▪ **2** (1675) BOT., HISTOL. Tissu cellulaire spongieux et mou des feuilles, des jeunes tiges, des fruits, de l'écorce, des racines. *Parenchyme vert* (à fonction chlorophyllienne). *Parenchyme palissadique*, lacuneux des feuilles.*

PARENT, ENTE [paʀɑ̃, ɑ̃t] n. et adj. – v. 1000 ◇ latin *parens* **A. PLUR. LES PARENTS.** ▪ **1** Le père et la mère. ➤ **procréateur ;** PLAISANT **géniteur** (cf. FAM. Les darons, les vieux, les vioques). *La relation parents enfants. Parents indignes, dénaturés* (cf. Bourreau* d'enfants). *Un enfant qui obéit à ses parents. Parents du conjoint* (➤ **beau-parent**), *du père ou de la mère* (➤ **grands-parents**). — Le père ou la mère et son conjoint. — FAM. *Les parents,* pour «mes, nos parents». *Venez ce soir, les parents seront absents. — Parents d'élèves.* ◆ *Parents adoptifs. — Parents spirituels* : le parrain et la marraine. ◆ AU SING. *Devenir parent* ➤ **parentalité.** *Parent unique, isolé** (➤ **monoparental**). ▪ **2** (XIe) LITTÉR. Les ascendants. ➤ **ancêtre, aïeul.** SPÉCIALT *Nos premiers parents* (Adam et Ève).

B. SING. ou PLUR. ▪ **1** Personne avec laquelle on a un lien de parenté. ➤ **famille, proche** (les proches). *C'est mon parent, un proche parent, un parent éloigné. Parents en ligne directe* (➤ **2 ascendant, descendant**), *en ligne collatérale** (➤ **frère, neveu, oncle ; 1 cousin**). *Parents et alliés* ; parents par alliance.* ➤ **apparenté.** *Parents légitimes et parents naturels.* — LOC. *Traiter qqn en parent pauvre,* moins bien que les autres, le négliger. *«ces Noirs communément traités en parents pauvres dans la famille humaine»* LEIRIS. ▪ **2** BIOL. Être vivant par rapport à l'être qu'il a engendré. *Les parents biologiques, génétiques. Le parent et le descendant. Le parent mâle et le parent femelle.*

C. adj. ▪ **1** Avec qui on a un lien de parenté. *Ils sont plus ou moins parents.* ▪ **2** FIG. Analogue, semblable. *Des esprits parents.* ➤ **apparenté.**

PARENTAL, ALE, AUX [paʀɑ̃tal, o] adj. – 1536, repris 1913 ◇ de *parent* ▪ DIDACT. Des parents. *Autorité parentale. Retrait d'autorité parentale* : mesure judiciaire retirant aux parents indignes la garde de leurs enfants. *Congé parental (d'éducation)* : congé de l'un ou des deux parents à l'occasion de la naissance de leur enfant. ◆ BIOL. Relatif à l'être qui procrée. *Projet parental* : désir de procréation ; relation qui lie des parents à un embryon dans le cadre d'une procréation assistée. ▪ HOM. Parentales.

PARENTALES [paʀɑ̃tal] n. f. pl. – 1721 ◇ latin *parentalia* ▪ ANTIQ. ROM. Fêtes annuelles en l'honneur des morts. — On dit aussi **PARENTALIES,** 1875. ▪ HOM. Parental.

PARENTALITÉ [paʀɑ̃talite] n. f. – 1985 ◇ de *parental* ▪ Qualité de parent, de père, de mère. ➤ aussi **coparentalité.** *«une préparation à la naissance et à la parentalité»* (Le Monde, 1997).

PARENTÉ [paʀɑ̃te] n. f. – 1155 n. m. ; *parentet* «famille, lignage» 1050 ◇ latin populaire °*parentatus,* de *parens*

I ▪ **1** Rapport entre personnes descendant les unes des autres (➤ **ascendance, descendance, filiation, origine**), ou d'un ancêtre commun (➤ **cousinage, fraternité**). *Liens de parenté.* ➤ **famille, sang.** — DR. *La parenté entre deux personnes se définit au moyen des notions de ligne* (directe ou collatérale) *et de degré. Parenté du côté maternel* (➤ **utérin**), *paternel* (➤ **consanguin**). ▪ **2** PAR EXT. Rapport équivalent établi par la société. *Parenté par alliance*. Parenté adoptive.* ➤ **adoption.** — SOCIOL. Relation entre les membres d'un groupe familial, d'un clan. ▪ **3** FIG. Rapport (entre deux ou plusieurs choses) provenant d'une origine commune. *Parenté entre deux langues, d'une langue et d'une autre.* — PAR EXT. Rapport d'affinité, d'analogie. *«l'étroite parenté de la beauté et de la mort»* SARTRE.

II (1636) COLLECT. L'ensemble des parents (et PAR EXT. des alliés) de qqn, considéré abstraitement. *Toute sa parenté.* ➤ **parentèle.**

PARENTÈLE [paʀɑ̃tɛl] n. f. – 1380 ◇ latin *parentela* ▪ LITTÉR. Ensemble des parents. *Toute sa parentèle assistait à la cérémonie.*

PARENTÉRAL, ALE, AUX [paʀɑ̃teʀal, o] adj. – 1909 ◇ de 1 *para-* et *entéral* ▪ MÉD. Qui est introduit dans l'organisme par une voie autre que le tube digestif. *Administration parentérale d'un médicament* (par voie intraveineuse, intramusculaire). *Nutrition parentérale* (par voie veineuse). ▪ CONTR. Entéral.

PARENTHÈSE [paʀɑ̃tɛz] n. f. – 1546 ; *parenteze* 1493 ◇ latin *parenthesis,* du grec *enthesis* «action de mettre» ▪ **1** Insertion, dans le corps d'une phrase, d'un élément qui, à la différence de l'incise, interrompt la construction syntaxique ; cet élément. *Introduire une parenthèse explicative.* ◆ PAR EXT. (1687) Phrase ou épisode accessoire dans un discours. ➤ **digression.** *Je fais une brève parenthèse pour vous dire... Par parenthèse,* en passant (dans le discours). *Soit dit par parenthèse...* — FIG.

La vie, «sorte de parenthèse énigmatique entre la naissance et l'agonie» HUGO. ▪ **2** (1620) Chacun des deux signes typographiques entre lesquels on place l'élément qui constitue une parenthèse : ( ). *Mettre entre parenthèses.* — Ensemble de ces deux signes et leur contenu. *Ouvrir, fermer la parenthèse.* FIG. *J'ouvre une parenthèse pour vous faire remarquer que...* ◆ ALG. Signe qui isole une expression algébrique et indique qu'une même opération s'applique à l'expression tout entière. ◆ loc. adv. **ENTRE PARENTHÈSES ; PAR PARENTHÈSE :** d'une manière incidente. ➤ **incidemment.** *Ces «vers de Corneille ! – qui, entre parenthèses, sont de Racine»* GIDE. — LOC. *Mettre entre parenthèses :* mettre de côté, exclure. *Mettons ce cas, ce caractère entre parenthèses.*

PARÉO [pareo] **n. m.** – 1880 ; *parou* 1774 ◊ mot tahitien ▪ **1** Pagne tahitien. ▪ **2** Vêtement de plage fait d'un morceau de tissu que l'on drape autour du corps.

1 **PARER** [paʀe] **v. tr.** ‹ 1 › – v. 1000 ◊ latin *parare* «préparer, apprêter»

I ▪ **1** LITTÉR. Arranger ou orner dans l'intention de donner belle apparence. ➤ **adorner, agrémenter, arranger, décorer, embellir, orner.** *L'église «qui ce jour-là était parée de tous ses rideaux cramoisis»* STENDHAL. ◆ SPÉCIALT (XVIIe) *Parer une femme de bijoux, de dentelles* (➤ **parure**). ◆ PAR EXT. (CHOSES) *Les bijoux, les grâces qui la parent.* ▪ **2** (XIIIe) Vêtir (qqn) avec recherche. ➤ **apprêter.** *Parer qqn pour une fête, une cérémonie.* — PAR MÉTAPH. *«La vérité, dites-vous, ne veut aucun ornement ; tout ce qui la pare, la cache»* P.-L. COURIER. ➤ **embellir.** ▪ **3** Attribuer une qualité à. *Parer qqn de toutes les qualités, de toutes les vertus.* ➤ **auréoler, orner.** ▪ **4** SPÉCIALT (XIIe) Arranger de manière à rendre plus propre à tel usage. ➤ **préparer.** *Parer de la viande :* ôter les éléments inutiles (gras, nerfs...), arranger pour la cuisson (barder, larder, ficeler, etc.). — (1250) TECHN. *Parer une étoffe, du drap ; parer les cuirs, les peaux,* leur faire subir certains apprêts. — *Parer la vigne,* la labourer avant l'hiver. ▪ **5** (1552) MAR. Rendre, tenir prêt à servir ; mettre en ordre (après une manœuvre). *Parer les amures pour virer de bord.* ELLIPT *Parer à virer.*

II v. pron. **SE PARER.** ▪ **1** (PASS.) VX ou LITTÉR. Être orné, agrémenté. *Les bijoux dont se paraient ses bras. «Jamais son visage ne s'est paré de plus vives couleurs»* MOLIÈRE. — (XIVe) FIG. *«le superflu, dont l'orgueil se pare»* BOURDALOUE. ▪ **2** (XVIIe) (RÉFL.) Se vêtir avec recherche. ➤ **s'endimancher,** se **pomponner.** *Elle «voulut s'habiller et se parer comme pour un jour de fête»* BALZAC. ◆ FIG. et LITTÉR. *Se parer de qualités empruntées.* — *Se parer des plumes du paon*.*

▪ CONTR. Déparer, enlaidir. ▪ HOM. *Pare :* pars (1 partir) ; *parais :* parais (paraître) ; *pariez :* pariez (parier).

2 **PARER** [paʀe] **v. tr.** ‹ 1 › – XVe ◊ italien *parare* «se garer d'un coup» ; latin *parare*

I ▪ **1** VX Défendre, protéger (qqn). — MOD. *Je suis bien paré contre le froid.* ▪ **2** MOD. *Parer un coup,* l'éviter ou le détourner. *Parer une attaque,* l'esquiver. — PAR MÉTAPH. Détourner (une attaque, un accident). *«Il faut parer le coup [...] par une bonne petite calomnie»* GAUTIER. ◆ ESCR. *Parer une botte.* ▪ **3** (1552) MAR. *Parer un abordage,* l'éviter. — SPÉCIALT *Parer un cap,* le doubler.

II v. tr. ind. (1625 ; *parer aux coups* 1540) **PARER À :** se protéger de, faire face à. *Fortunio «avait paré à cet inconvénient»* GAUTIER. ➤ **remédier ; obvier.** *Parer à toute éventualité :* prendre toutes les dispositions nécessaires. ➤ se **prémunir.** — LOC. *Parer au plus pressé :* s'occuper des problèmes les plus urgents.

▪ CONTR. Attaquer.

3 **PARER** [paʀe] **v.** ‹ 1 › – 1575 ◊ espagnol *parar,* latin *parare* → parade ▪ ÉQUIT. ▪ **1** v. tr. Retenir (un cheval). ▪ **2** v. intr. *Cheval qui pare sur les hanches,* qui prend appui sur les hanches (en galopant).

PARÈRE [paʀɛʀ] **n. m.** – 1679 ◊ italien *parere,* du latin *parere* «paraître, assister» ▪ DR. Certificat établissant l'existence d'un usage déterminé.

PARÉSIE [paʀezi] **n. f.** – 1741 ; *parésis* 1694 ◊ grec *paresis* «relâchement» ▪ MÉD. Paralysie partielle ou légère, se manifestant par une diminution de la force musculaire.

PARE-SOLEIL [paʀsɔlɛj] **n. m. inv.** /n. m./ – 1914 ◊ de 2 *parer* et *soleil* ▪ Écran protégeant des rayons du soleil, spécialement à l'intérieur d'une automobile. *Rabattre les pare-soleil. Pare-soleil pivotant* (sur les vitres latérales).

PARESSE [paʀɛs] **n. f.** – *perece* XIIe ◊ latin *pigritia,* de *piger* «paresseux» ▪ **1** Goût pour l'oisiveté ; comportement d'une personne qui évite et refuse l'effort. ➤ **fainéantise, indolence, mollesse ;** FAM. 2 **cosse, flemmardise, flemme.** *«Paresse : habitude prise de se reposer avant la fatigue»* RENARD. *Paresse par défaut d'énergie, de volonté.* ➤ **apathie, inertie, langueur, négligence, nonchalance.** *Habitudes de paresse. Climat qui incite à la paresse. S'abandonner à la paresse.* ➤ **paresser,** se **prélasser** (cf. FAM. Tirer au flanc*, ne pas se fatiguer*, se fouler*, se casser* ; ne pas en ficher une rame*, rester les bras croisés* ; se tourner les pouces* ; se les rouler* ; coincer la bulle*, avoir les pieds nickelés*). *«il était d'une paresse incurable»* R. ROLLAND. *«Vous connaissez l'homme et sa naturelle paresse à soutenir la conversation»* MOLIÈRE. *Il n'a encore rien fait, par paresse.* ▪ **2** *Paresse intellectuelle, paresse d'esprit :* absence ou refus de l'effort, goût de la facilité. ▪ **3** MÉD. Lenteur anormale à fonctionner, à réagir. *Paresse intestinale.* ➤ **atonie.**

▪ CONTR. Activité, application, effort, énergie, 1 travail.

PARESSER [paʀese] **v. intr.** ‹ 1 › – 1606 ; *parecer* XIIe ◊ de *paresse* ▪ Se laisser aller à la paresse, à l'oisiveté ; ne rien faire. ➤ **fainéanter ;** FAM. **buller, flemmarder, glander,** 2 **lézarder, traînasser ;** RÉGION. **gosser,** 2 **vacher** (cf. Tirer au flanc, tirer sa flemme). *Un enfant qui paresse et s'ennuie. J'ai paressé toute la journée. «Six heures et demie. Je pouvais encore paresser un moment. Et je me suis rendormi»* DORGELÈS. ▪ CONTR. Agir, travailler. ▪ HOM. *Paresse :* paraissent (paraître).

PARESSEUSEMENT [paʀesøzmɑ̃] **adv.** – XIIe ◊ de *paresseux* ▪ **1** Avec paresse ; sans énergie. *Corps paresseusement étendus sur la plage.* ▪ **2** Avec lenteur. *Fleuve qui coule paresseusement.* ➤ **mollement.**

PARESSEUX, EUSE [paʀesø, øz] **adj. et n.** – *pereçus* 1119 ◊ de *paresse*

I ▪ **1** Qui montre habituellement de la paresse ; qui évite et refuse l'effort. ➤ **apathique, fainéant, inactif, indolent,** 1 **mou, nonchalant ;** FAM. **cossard, feignant, feignasse, flemmard ;** RÉGION. **lâche** (cf. Avoir un poil* dans la main, avoir les côtes* en long, les pieds nickelés*, les bras à la retourne*). — LOC. *Être paresseux comme une couleuvre*. Élève paresseux. Je suis «si paresseux, que, s'il me fallait travailler pour vivre, je crois que je me laisserais mourir de faim»* LESAGE. *Il est paresseux pour se lever.* ▪ **2** Qui fonctionne, réagit avec une lenteur anormale. *Esprit paresseux.* ➤ **endormi, inactif, inerte, lent.** *Estomac paresseux.* ➤ **atone.** ▪ **3** n. Personne paresseuse. *Un paresseux, une paresseuse. «Les paresseux ont toujours envie de faire quelque chose»* VAUVENARGUES. ➤ **tire-au-flanc ;** FAM. **clampin, branleur, glandeur, tire-au-cul.** *Ce paresseux refuse de travailler à l'école.* ➤ **cancre.**

II n. m. (1640 ; *paresse* 1603) Mammifère arboricole *(édentés),* à mouvements très lents, qui vit dans les forêts tropicales d'Amérique du Sud. ➤ **aï, bradype ; unau.**

▪ CONTR. Actif, 2 alerte, bûcheur, laborieux, travailleur, vif.

PARESTHÉSIE [paʀɛstezi] **n. f.** – 1878 ◊ de 2 *para-* et du grec *aisthêsis* «sensibilité» ▪ MÉD. Trouble de la sensibilité se traduisant par la perception de sensations anormales (fourmillements, picotements, brûlures). ➤ **acroparesthésie, dysesthésie.**

PAREUR, EUSE [paʀœʀ, øz] **n.** – 1250 ◊ de 1 *parer* ▪ **1** Ouvrier, ouvrière qui donne le dernier apprêt à un travail. ▪ **2 n. f.** (1904) **PAREUSE :** machine à parer les draps (encolleuse).

PARFAIRE [paʀfɛʀ] **v. tr.** ‹ 60 ; inf. et temps comp. seult › – XIIe ◊ latin *perficere,* d'après *faire* ▪ Achever, de manière à conduire à la perfection (➤ **parfait**). *Parfaire son ouvrage, son travail.* ➤ **ciseler, fignoler, parachever, peaufiner, perfectionner, polir.** *Parfaire ses connaissances en anglais.* ▪ CONTR. Ébaucher, esquisser.

PARFAIT, AITE [paʀfɛ, ɛt] **adj. et n.** – XIIe ; *parfit* XIe ; *perfectus* Xe ◊ p. p. du v. *parfaire,* d'après le latin *perfectus*

I QUI EST AU PLUS HAUT, DANS L'ÉCHELLE DES VALEURS ▪ **1** Tel qu'on ne puisse rien concevoir de meilleur. ➤ **accompli, achevé, admirable, excellent,** 1 **exemplaire, incomparable.** *Être en parfaite santé.* — Aussi bien fait, aussi réussi que possible. ➤ **impeccable ; sans-faute.** *Parfait en son genre. Parfaite exécution d'une sonate. Crime* parfait. Plus, moins parfait.* — (PERSONNES) Sans défaut, sans reproche. *Il n'est pas parfait* (cf. Ce n'est pas un saint*). *«Les gens sans fortune doivent être parfaits !»* BALZAC. — SUBST. *Les parfaits,* nom que se donnaient les cathares. ▪ **2** (PERSONNES) Dont on n'a qu'à se louer, sans reproche. ➤ **irréprochable.** *Il «a toujours été parfait pour moi»* STENDHAL. *C'est un mari parfait. Vous avez été parfait !* (cf. À la hauteur*). *Personne (nul) n'est parfait.* — (CHOSES) *Une soirée parfaite. Le service était parfait.* ➤ FAM. **tip-top.** *Remède parfait contre le rhume.* ➤ **infaillible.** *C'est loin d'être parfait.* ABSOLT *Parfait !* très bien ! ➤ RÉGION. **tiguidou.** ▪ **3** (Sens absolu) Qui réunit toutes les qualités concevables. *Dieu est parfait.*

II ABSOLU, TOTAL ■ **1** Qui répond exactement, strictement à un concept. ➤ **absolu, 1 complet, total.** *Type, exemple parfait.* «*Des seins d'une rondeur parfaite*» ROMAINS. *En parfait accord. Ressemblance parfaite. Linge d'une blancheur parfaite. Une parfaite connaissance de l'anglais. Filer* le parfait amour.* ➤ **1 idéal.** *Être dans la plus parfaite ignorance de ce qui se passe.* ➤ **1 complet.** ■ **2** (Avant le nom) Qui correspond exactement à tel ou tel type, à tel ou tel emploi (PERSONNES). ➤ **accompli, achevé, 1 complet ; modèle.** *Un parfait gentleman.* ➤ **consommé.** «*Ses soupirants* [de Célimène] *se conduisent comme de parfaits goujats*» LEMAITRE. ➤ **fieffé.** *Un parfait crétin.* ■ **3** (1690) (CHOSES) *Accord* parfait.* — (XVe) *Nombre parfait :* nombre entier égal à la somme de ses diviseurs (ex. 6 = 3 + 2 + 1). — PHYS., CHIM. *Gaz parfait :* état théorique d'un gaz dont les molécules n'interagissent pas entre elles. ■ **4** (sens étymologique → parfaire) BIOL. Qui est arrivé au terme de son développement normal. *Insecte parfait.*

III ~ n. m. LE PARFAIT, UN PARFAIT ■ **1** LITTÉR. Perfection. «*Le parfait est le centre de gravitation de l'humanité*» RENAN. ■ **2** (1690 ◊ de *prétérit parfait* [fin XIIe]) LING. Ensemble de formes verbales indiquant un état présent résultant d'une action antérieure. *Parfait latin, grec.* ◆ ABUSIVEMENT Le passé (simple ou composé) opposé à *l'imparfait.* ■ **3** (1871) Glace qui ne contient que de la crème fraîche et un parfum. *Un parfait au café, au chocolat.*

■ CONTR. Imparfait, laid, mauvais ; médiocre, 1 moyen. — Approximatif, partiel, relatif.

PARFAITEMENT [paʀfɛtmɑ̃] **adv.** – *parfetement* 1180 ; *parfitement* v. 1050 ◊ de *parfait* ■ **1** D'une manière parfaite. ➤ **admirablement, excellemment, merveilleusement, supérieurement.** *Savoir parfaitement une langue, son rôle.* «*Mais l'aînée était parfaitement belle, et la cadette parfaitement jolie*» RESTIF. ◆ Très bien. *Je comprends, j'admets parfaitement que vous soyez d'un avis différent.* ■ **2** (v. 1220) Absolument, complètement, entièrement. *Être parfaitement heureux.* ➤ **pleinement.** *C'est parfaitement clair.* ➤ **très.** *Cela m'est parfaitement égal.* ➤ **totalement** (cf. Tout à fait). *Il est parfaitement idiot.* ➤ **1 complètement.** ■ **3** ABSOLT (1835) Oui, certainement, bien sûr. «*Quand un homme me plaît, je couche avec. Parfaitement, c'est comme ça*» ZOLA. ■ CONTR. Imparfaitement, 2 mal.

PARFILER [paʀfile] **v. tr.** ‹1› – *porfiler* «border» XIVe ◊ de l'ancien verbe *pourfiler*, de *filer* ■ TECHN. ■ **1** VX Tisser avec des fils de métal précieux. ■ **2** (1750) ANCIENNT Effiler (un tissu d'or ou d'argent), en tirant les fils de métal précieux. — **n. m. PARFILAGE.**

PARFOIS [paʀfwa] **adv.** – 1530 ◊ de *par fois* «par moments» 1270 ■ À certains moments. ➤ **quelquefois** (cf. De temps* à autre, de temps* en temps). *Il vient parfois nous voir.* «*il lui prend parfois des syncopes*» MOLIÈRE. Dans certains cas. «*Des passions violentes et parfois cruelles*» MICHELET. *Il est parfois gai, parfois mélancolique.* ➤ **tantôt.** ■ CONTR. Jamais, toujours.

PARFONDRE [paʀfɔ̃dʀ] **v. tr.** ‹41› – XIVe ◊ du latin *per-* «jusqu'au bout» et *fondre* ■ TECHN. Faire fondre (de l'émail auquel on a incorporé des oxydes métalliques colorants).

PARFUM [paʀfœ̃] **n. m.** – 1528 ◊ de *parfumer* ■ **1** Odeur agréable et pénétrante. ➤ **arôme, fragrance, senteur.** *Le doux parfum de la rose.* ➤ **effluve, exhalaison.** *Parfum de tabac anglais. Parfum capiteux, enivrant, entêtant, suave, subtil, discret.* ◆ Goût de ce qui est aromatisé. *Glaces à tous les parfums.* ◆ PAR MÉTAPH. «*Un parfum de hautaine vertu émanait de toute sa personne*» BAUDELAIRE. ■ **2** Substance aromatique, solide ou liquide. ➤ **essence,** FAM. **sent-bon.** *Parfums d'origine animale* (ambre, civette, musc), *végétale* (benjoin, chypre, ilang-ilang, iris, jasmin, lavande, muguet, myrrhe, œillet, patchouli, rose, violette, etc.). *Parfums synthétiques.* — *Flacon de parfum. Vaporisateur, atomiseur à parfum. Se mettre du parfum.* ■ **3** LOC. FAM. (1953) *Être au parfum,* informé, au courant. *On l'a mise au parfum.*

PARFUMÉ, ÉE [paʀfyme] **adj.** – *perfumé* XVIe ◊ de *parfumer* ■ Qui répand une bonne odeur, qui a un parfum. ➤ **odoriférant.** *Des fraises très parfumées.* — *Serviette parfumée.* ◆ Qui se parfume. *Femme parfumée.* ◆ Aromatisé. *Glace parfumée au café.*

PARFUMER [paʀfyme] **v. tr.** ‹1› – fin XIVe ◊ du latin *fumare*, par une langue romane méditerranéenne → 1 fumer ■ **1** Remplir, imprégner d'une odeur agréable. ➤ **embaumer.** «*Sachet toujours frais qui parfume L'atmosphère d'un cher réduit*» BAUDELAIRE. ■ **2** Imprégner de parfum (2o). *Parfumer son mouchoir, son papier à lettres. Voulez-vous que je vous parfume ?* ◆ **v. pron.** (réfl.) *Femme qui se parfume.* ■ **3** PAR EXT. Aromatiser. *Parfumer une crème à l'essence de café.* ■ CONTR. Empuantir. ■ HOM. Pare-fumée.

PARFUMERIE [paʀfymʀi] **n. f.** – 1802 ◊ de *parfum* ■ **1** Industrie de la fabrication des parfums et des produits de toilette, de beauté. ◆ Les produits de cette industrie. *Vente de parfumerie en gros.* ■ **2** Usine, laboratoire où l'on fabrique des produits de parfumerie. — Boutique d'un parfumeur. *Acheter une crème, du rouge à lèvres dans une parfumerie.* ■ **3** Ensemble des parfumeurs. *Syndicat de la parfumerie.*

PARFUMEUR, EUSE [paʀfymœʀ, øz] **n.** – 1528 ◊ de *parfum* ■ **1** Fabricant(e) de parfums. ■ **2** Personne qui a pour métier de vendre des articles de parfumerie.

PARHÉLIE ou **PARÉLIE** [paʀeli] **n. m.** – 1671, -1611 ; *parahele* 1547 ◊ latin *parelion* ; grec *parêlios*, de *hêlios* «soleil» ■ DIDACT. Image du soleil (dite aussi *faux soleil*) due au phénomène de réfraction qui produit également le halo.

PARI [paʀi] **n. m.** – 1642 ◊ de *parier* ■ **1** Convention par laquelle deux ou plusieurs parties s'engagent à verser une certaine somme (➤ **enjeu**) au profit de celle qui aura raison. *Engager, faire un pari.* ➤ **parier.** *Gagner, perdre un pari, son pari. Pari stupide. Tenir un pari,* l'accepter. ➤ **gageure.** ■ **2** Forme de jeu où le gain dépend de l'issue d'une partie à laquelle le parieur ne prend pas part lui-même ; action de parier. *Législation des paris. Pari sur le résultat d'une course, sur un cheval. Pari individuel* ou *à la cote,* effectué par l'intermédiaire des bookmakers et interdit par la loi. — (1872) **PARI MUTUEL,** dans lequel le montant des enjeux est soumis à un prélèvement fixé par la loi avant d'être réparti entre les gagnants, proportionnellement à leurs mises. *Pari mutuel urbain* (marque déposée). ➤ **P. M. U.** *Pari couplé, tiercé. Pari à trois contre un.* ◆ FIG. *Les paris sont ouverts,* se dit d'une affaire dont le dénouement est incertain. ■ **3** PHILOS. *Le pari de Pascal, l'argument du pari,* par lequel il essaie de convaincre les incroyants qu'en pariant pour l'existence de Dieu ils n'ont rien à perdre, mais tout à gagner. «*Les paris stupides Un certain Blaise Pascal etc... etc...*» PRÉVERT. ■ **4** Affirmation de grande possibilité d'un évènement, sans enjeu précis. *Je te fais le pari qu'il sera là demain.*

PARI (À) ➤ **A PARI**

PARIA [paʀja] **n.** – 1655 ; *pareaz* plur. 1575 ◊ mot portugais, tamoul *parayan* «joueur de tambour» ■ **1** En Inde, Individu hors caste, au plus bas degré de l'échelle sociale, et dont le contact est considéré comme une souillure. ➤ **intouchable.** ■ **2** FIG. (1821) Personne mise au ban d'une société, d'un groupe. ➤ **exclu.** *Traiter qqn comme un vrai paria. Vivre en paria,* rejeté de tous. «*Les Pérégrinations d'une paria*», de Flora Tristan.

PARIADE [paʀjad] **n. f.** – 1611 ◊ de *parier*, I ■ Saison où les oiseaux se réunissent par paires avant de s'accoupler ; cet accouplement. ◆ PAR EXT. Couple d'oiseaux.

PARIAGE [paʀjaʒ] ou **PARÉAGE** [paʀeaʒ] **n. m.** – 1290, -1466 ◊ du latin *pariare* «aller de pair» → parier ■ FÉOD. Seigneurie partagée entre deux ou plusieurs personnes ayant des droits égaux.

PARIAN [paʀjɑ̃] **n. m.** – 1868 ◊ mot anglais «de *Paros*» ■ TECHN. Porcelaine à grain fin, de teinte jaunâtre, dont l'aspect rappelle le marbre (de Paros).

PARIDÉS [paʀide] **n. m. pl.** – 1903 ; *parinés* 1874 ◊ du bas latin *parus*, classique *parra* «mésange» ■ ZOOL. Famille d'oiseaux *(passereaux)* communément appelés mésanges.

PARIDIGITIDÉ, ÉE [paʀidiʒitide] **adj.** et **n.** – v. 1960 ◊ du latin *par* «égal, pareil» et *digitus* «doigt» ■ ZOOL. Se dit des mammifères ongulés ayant un nombre pair de doigts à chaque patte. — **n.** *Le bœuf, le porc sont des paridigitidés.* ➤ **artiodactyles.**

PARIER [paʀje] **v. tr.** ‹7› – v. 1340 «égaler» ◊ latin °*pariare*, de *par* «égal»

I (XVe) VX Accoupler, apparier.

II (1549) MOD. ■ **1** Engager (un enjeu) dans un pari. ➤ **gager.** *Qu'est-ce qu'on parie ? Je suis prêt à parier, je parie une bouteille de champagne avec toi qu'il acceptera.* — (L'enjeu n'étant pas précisé) *Parier à qui boira le plus. Parier de faire qqch. Tu paries que je me jette à l'eau tout habillé ? Chiche !* ■ **2** (1636) Engager (une certaine somme), avec l'espoir que le joueur, le concurrent qu'on désigne remportera la victoire. *Parier vingt euros sur le favori.* ➤ **jouer.** ABSOLT *Parier à cinq contre un.* «*ne pas savoir pour quel cheval parier*» ZOLA. *Parier aux courses.* — FIG. Engager un pari sur l'avenir. «*Parier, c'est être prêt à perdre. Tout : ses biens, son argent, son amour, sa vie*» C. CUSSET. ■ **3** PAR EXT. Affirmer avec vigueur ; être sûr. «*Je parie*

que c'est du bluff [...] *Je te parie qu'il y aura un démenti»* SARTRE. *Je te parie tout ce que tu veux qu'il ira. Il y a gros à parier que :* il est à peu près certain que. *«il y a toujours vingt à parier contre un qu'un gentilhomme descend d'un fripon»* ROUSSEAU. *Je l'aurais parié :* je m'en doutais. *Vous avez soif, je parie !* je suppose, j'imagine.
■ HOM. *Pariez :* pariez (parer).

PARIÉTAIRE [paʀjetɛʀ] **n. f.** – 1544 ; *paritaire* XIIIe ◊ latin *(herba) parietaria,* de *paries* «paroi, mur» ■ BOT. Plante *(urticacées)* qui pousse sur les murs, d'où ses noms courants de *casse-pierre, épinard des murailles, perce-muraille.*

PARIÉTAL, ALE, AUX [paʀjetal, o] **adj.** et **n.** – 1541 ◊ du latin *paries, parietis* «paroi» ■ **1** ANAT. Qui a rapport à la paroi d'une cavité. *Os pariétal :* chacun des deux os plats constituant la partie moyenne et supérieure de la voûte du crâne. — **n. m.** *Les pariétaux.* — PAR EXT. *Lobe pariétal droit, gauche du cerveau.* ■ **2** (1800) BOT. *Plante pariétale,* dont les ovules sont disposés contre la paroi de l'ovaire. ■ **3** (1914) ARTS *Peintures pariétales,* exécutées sur des parois rocheuses. ➤ **rupestre.**

PARIEUR, IEUSE [paʀjœʀ, jøz] **n.** – 1640 ◊ de *parier* ■ Personne qui parie, qui aime à faire des paris. ◆ Personne qui a l'habitude de parier aux courses. ➤ **turfiste.** *Une pouliche dont «pas un parieur ne voulait à cinquante !»* ZOLA.

PARIGOT, OTE [paʀigo, ɔt] **adj.** et **n.** – 1886 ◊ de *Paris* ■ FAM. Parisien. *Accent parigot. «les intonations* [...] *encore un peu trop parigotes»* ROMAINS. — **n.** *Les Parigots.*

PARIPENNÉ, ÉE [paʀipene] **adj.** – 1838 ◊ du latin *par* «pareil» et *penné* ■ BOT. *Feuille paripennée :* feuille composée pennée, sans foliole terminale. *Les feuilles paripennées du pistachier.*

PARIS-BREST [paʀibʀɛst] **n. m. inv.** – 1938 ◊ allus. à la course cycliste entre les deux villes ■ Pâtisserie composée d'une couronne en pâte à chou, fourrée de crème pralinée et décorée d'amandes effilées.

PARISETTE [paʀizɛt] **n. f.** – 1778 ◊ diminutif de *herbe de Pâris* ■ Plante *(liliacées)* à baies bleuâtres, commune dans les bois et les prairies humides, appelée parfois *raisin de renard.*

PARISIANISME [paʀizjanism] **n. m.** – 1583, repris 1840 *(parisiénisme)* ◊ de *parisien* ■ Particularité de langage ou culturelle propre aux Parisiens.

PARISIEN, IENNE [paʀizjɛ̃, jɛn] **n.** et **adj.** – v. 1460 ; *parisin* 1312 ◊ de *Paris* ■ **1** (1771) Personne née à Paris ou y habitant. ➤ FAM. **parigot.** *Les Parisiens et les banlieusards. Un vieux Parisien de Montmartre.* ■ **2 adj.** De Paris ; relatif à Paris, aux Parisiens. *Bassin parisien, banlieue parisienne. La vie parisienne. La haute société parisienne,* le Tout*-Paris. *Un évènement bien parisien* (➤ **parisianisme**). *Titi parisien.* ■ CONTR. Provincial.

PARISIS [paʀizi] **adj.** – *paresi* XIIe ◊ bas latin *parisiensis* ■ ANCIENNT Se disait de la monnaie frappée à Paris, valant un quart de plus que celle frappée à Tours. *Monnaie parisis. Denier parisis et denier tournois.*

PARISYLLABIQUE [paʀisi(l)labik] **adj.** – 1789 ◊ du latin *par* «pareil» et *syllabe* ■ GRAMM. (en grec et en latin) Se dit d'une déclinaison, et PAR EXT. d'un mot dont le nombre de syllabes est le même au génitif qu'au nominatif singulier (ex. pubes, pubis). *Nom, adjectif parisyllabique.* ■ CONTR. Imparisyllabique.

PARITAIRE [paʀitɛʀ] **adj.** – 1920 ◊ de *parité* ■ Formé d'un nombre égal de représentants des parties en présence. *Comité paritaire.* — *Commission paritaire,* où employeurs et salariés ont un nombre égal de représentants élus.

PARITARISME [paʀitaʀism] **n. m.** – 1961 ◊ de *paritaire* ■ Tendance à confier la gestion des problèmes sociaux aux organismes paritaires.

PARITÉ [paʀite] **n. f.** – 1345 ◊ du bas latin *paritas,* de *par* «égal, pareil» **A.** ■ **1** DIDACT., LITTÉR. Le fait d'être pareil (en parlant de deux choses). ➤ **égalité, ressemblance, similitude.** *«cette absolue parité d'idées»* MAUPASSANT. *Parité de deux situations, entre deux cas. Parité des traitements du secteur public avec ceux du secteur privé.* ◆ (1738) ÉCON. Égalité de la valeur d'échange des monnaies de deux pays dans chacun de ces pays (➤ 1 **pair**). *Parité de change. Parité de deux monnaies.* ■ **2** MATH. Caractère pair (d'un nombre). INFORM. Contrôle de validité des informations, fondé sur l'utilisation de la parité des nombres de bits. ■ **3** PHYS. Propriété d'une grandeur physique décrivant son comportement par rapport à une inversion dans l'espace.

B. (de *paritaire*) Répartition égale entre deux groupes. *La parité entre les hommes et les femmes ; la parité hommes-femmes.* ■ CONTR. Contraste, différence, disparité. Imparité.

PARJURE [paʀʒyʀ] **n.** – 1130 ◊ latin *perjurium,* de *perjurare*
I n. m. Faux serment, violation de serment. *Être coupable de parjure.*
II (*perjure* 1138 ◊ latin *perjurus*) Personne qui commet un parjure. ➤ **traître. adj.** *«infidèle et parjure Manon !»* ABBÉ PRÉVOST. ➤ **déloyal.**
■ CONTR. Fidélité. — Fidèle.

PARJURER (SE) [paʀʒyʀe] **v. pron.** ‹1› – 1080 ◊ latin *perjurare* ■ LITTÉR. Faire un parjure, violer son serment, sa promesse. *«En manquant de mémoire, on peut se parjurer»* MOLIÈRE.

PARKA [paʀka] **n. f.** ou **m.** – 1761, repris 1932 ◊ mot anglais américain, de l'inuit ■ Veste longue de sport, en tissu imperméable, munie d'une capuche. *Parka matelassée, fourrée.*

PARKÉRISATION [paʀkeʀizasjɔ̃] **n. f.** – 1927 ◊ n. déposé ; adaptation de l'anglais *Parkerizing* ■ ANGLIC. TECHN. Protection superficielle de pièces métalliques au moyen de phosphates complexes. ➤ **bondérisation, phosphatation.**

PARKING [paʀkiŋ] **n. m.** – 1926, répandu v. 1945 ◊ mot anglais, de *to park* «parquer, garer (une voiture)» ■ ANGLIC. ■ **1** Action de parquer (une voiture). ➤ **garage, parcage, stationnement.** *Parking autorisé. Parking payant.* ■ **2** PAR EXT. Parc de stationnement pour les automobiles. ➤ **parc** (recomm. offic.), **stationnement.** *Parking souterrain. Parking couvert, à plusieurs étages. Acheter, louer une place de parking. Le parking d'un supermarché, d'un immeuble. Des parkings.* ◆ FAM. APPOS. Qui constitue une voie de garage*. *Des stages parkings.*

PARKINSON [paʀkinsɔn] **n. m.** – 1974 ◊ de *maladie de Parkinson* 1876, du nom d'un médecin anglais (1755-1824) ■ MÉD. Maladie dégénérative de certains noyaux gris centraux du cerveau, caractérisée par des tremblements lents (surtout des mains), une raideur musculaire et une raréfaction des mouvements. ➤ **parkinsonisme.** *Il est atteint d'un parkinson.*

PARKINSONIEN, IENNE [paʀkinsɔnjɛ̃, jɛn] **adj.** et **n.** – 1896 ◊ de *(maladie de) Parkinson* ■ MÉD. De la maladie de Parkinson, relatif à un parkinson. ◆ Atteint de cette maladie. — **n.** *Une parkinsonienne.*

PARKINSONISME [paʀkinsɔnism] **n. m.** – 1925 ◊ de *maladie de Parkinson* → parkinson ■ MÉD. Maladie de Parkinson.

PARLABLE [paʀlabl] **adj.** – 1930 ◊ de *parler* ■ (Canada) D'un abord facile, ouvert. ➤ **abordable.** *Un gars très parlable.* — (en emploi négatif) *Le matin, elle n'est pas parlable :* elle est de mauvaise humeur. *«t'étais pas parlable ces derniers temps»* M. LABERGE.

PARLANT, ANTE [paʀlɑ̃, ɑ̃t] **adj.** – 1210 ◊ de *parler* ■ **1** VX ou DIDACT. Qui parle, est doué de parole. *«Les arbres et les plantes sont devenus chez moi créatures parlantes»* LA FONTAINE. — LING. *Le sujet parlant.* ➤ **locuteur.** ◆ FAM. *Il n'est pas très parlant.* ➤ **bavard, causant, loquace.** ■ **2** (fin XIXe) Qui reproduit, après enregistrement, la parole humaine. *Horloge parlante.* — (1931) *Cinéma parlant* (opposé à *muet*). ■ **3** (1542) Très expressif. ➤ 2 **vivant.** *Regards, gestes parlants.* — FIG. et LITTÉR. Qui se passe de commentaires. ➤ **éloquent.** *Des preuves parlantes. Les chiffres sont parlants.* — BLAS. *Armes parlantes,* où le nom est représenté par l'objet correspondant.

PARLÉ, ÉE [paʀle] **adj.** – 1798 ◊ de *parler* ■ Qui se réalise par la parole. ➤ **oral.** *Langue parlée et langue écrite. Connaissance de l'anglais parlé. Langue parlée complétée (LPC) :* code manuel qui permet de visualiser le langage oral, pour faciliter l'apprentissage des jeunes sourds et malentendants. LING. *Chaîne parlée :* suite de mots, de phrases du discours. — *Journal parlé :* nouvelles radiophoniques.

PARLEMENT [paʀləmɑ̃] **n. m.** – v. 1200 ; «discours» 1080 ◊ de *parler* ■ **1** ANCIENNT Cour souveraine de justice formée par un groupe de spécialistes détachés de la cour du roi (des Capétiens jusqu'à la Révolution). *Les parlements de Paris, Grenoble, Bordeaux. Droit de remontrance du Parlement.* ◆ PAR EXT. Étendue, ressort de la juridiction d'un parlement. — Durée de la session. ■ **2** En Angleterre, depuis le XIIIe s., Nom donné collectivement aux deux assemblées (Chambre des lords, Chambre des communes) qui exercent le pouvoir législatif. *Projet d'acte du Parlement.* ➤ **bill.** ■ **3** Nom donné à l'assemblée ou aux chambres qui détiennent le pouvoir législatif dans les pays à gouvernement représentatif. ➤ (En France) **assemblée** (nationale), **chambre** (des députés), **sénat.** *Membre du Parlement.* ➤ 1 **parlementaire.** *Discussion, vote des lois au*

Parlement. Convocation, dissolution du Parlement. Les débats du Parlement. Opposé au parlement. ➤ **antiparlementaire.** — *Le Parlement européen* : institution qui examine les propositions de directives et de règlements et contrôle la Commission* européenne (➤ **eurodéputé**).

1**PARLEMENTAIRE** [paʀləmɑ̃tɛʀ] **adj.** et **n.** – 1671 ; subst. 1644 ◊ de *parlement* ▪ **1** ANCIENNT Propre aux parlements (I°). *Remontrances parlementaires.* ♦ SPÉCIALT, VX Qui prend le parti du Parlement. *«Je ne serai jamais ni jésuite, ni janséniste, ni parlementaire»* VOLTAIRE. ▪ **2** (XVIIe) Relatif au Parlement d'Angleterre. — **n.** Partisan du Parlement anglais dans ses luttes contre la monarchie. ▪ **3** (1789) COUR. Relatif aux assemblées législatives modernes. *Régime parlementaire et régime présidentiel. Gouvernement parlementaire.* ➤ **constitutionnel, représentatif.** *«le pouvoir dit* parlementaire *qu'exercent des assemblées électives»* BALZAC. — *Mandat, indemnité parlementaire. Immunité parlementaire. Débats parlementaires.* ♦ VIEILLI Conforme aux usages parlementaires. *Langage, ton peu parlementaire,* peu courtois. ▪ **4** **n.** (1824) Membre du Parlement. ➤ **député, sénateur.**

2**PARLEMENTAIRE** [paʀləmɑ̃tɛʀ] **adj.** et **n.** – 1789 ◊ de *parlementer* ▪ **1** VX Relatif à l'action de parlementer. *«Il allait faire un drapeau parlementaire, un drapeau blanc»* MAUPASSANT. ▪ **2** **n.** (1798) MOD. Personne chargée de parlementer avec l'ennemi. ➤ **délégué, député, envoyé.**

PARLEMENTAIREMENT [paʀləmɑ̃tɛʀmɑ̃] **adv.** – 1785 ◊ de 1*parlementaire* ▪ Conformément aux usages parlementaires.

PARLEMENTARISME [paʀləmɑ̃taʀism] **n. m.** – 1845 ◊ de 1*parlementaire* ▪ Régime, gouvernement parlementaire. ♦ Abus, mauvais fonctionnement de ce régime.

PARLEMENTER [paʀləmɑ̃te] **v. intr.** ‹1› – v. 1300 «avoir un entretien» ◊ de *parlement* «discours» ▪ **1** Entrer en pourparlers (avec l'ennemi) en vue d'une convention. ➤ **discuter, négocier, traiter.** ♦ PAR EXT. Discuter avec un adversaire en vue d'un accommodement. *«Saint-Just plia son orgueil à parlementer avec eux»* JAURÈS. ▪ **2** Discuter, s'entretenir longuement. ➤ **palabrer.** *La bonne «parlementa quelque temps avec un homme resté en bas»* FLAUBERT.

1**PARLER** [paʀle] **v.** ‹1› – milieu X^e, au sens I, A, 2° ◊ du latin du VIIe siècle *parabolare,* de *parabola* → parole et 1parabole

I ~ v. intr. A. ARTICULER ▪ **1** (fin X^e) Articuler les sons d'une langue naturelle. *Le fait de parler* (➤ **parole**). *«Les gens parlent car ils ont peur du silence»* A. MAKINE. *Enfant qui apprend à parler. Refus, impossibilité de parler.* ➤ **aphasie, mutisme.** *Parler distinctement* (➤ **articuler**) ; *de façon défectueuse* (➤ **bafouiller, balbutier, bégayer, bléser, zézayer**) ; *entre ses dents* (➤ **marmonner**). *Parler du bout des lèvres. Parler bas, à voix basse, à mi-voix.* ➤ **chuchoter, murmurer.** *Parler haut* (➤ **crier, gueuler**), *vite, du nez* (➤ **nasiller**), *avec un accent, sans accent. On dirait qu'il va parler,* réflexion familière à propos d'un portrait fidèle, d'une peinture réaliste. — Imiter la voix humaine. *Apprendre à parler à un perroquet. Poupée qui parle.* ▪ **2** (milieu X^e) S'exprimer en usant de ces sons (➤ **langue ; langage**). *Parler en français. S'exprimer en parlant* (➤ **oralement**) *ou par écrit. Parler peu* (➤ **laconisme**), *beaucoup* (➤ **bavarder,** FAM. **tchatcher**), *tout seul* (➤ **monologuer, soliloquer**). *«on croise des promeneurs parlant tout seuls, signe d'une préoccupation grandissante et de solitude»* GREEN. *Parler pour ne rien dire. Parler pour parler,* pour le plaisir de parler. *Le ton «d'une personne qui parle pour parler, tout en songeant à autre chose qu'à ses paroles»* G. DARIEN. *S'écouter parler. «un petit vieux qui, les mains dans les poches, s'écoutait parler»* HUYSMANS. — LOC. *Savoir ce que parler veut dire. Voilà ce qui s'appelle parler, voilà qui est parler,* marque l'approbation de ce qui vient d'être dit. *C'est une façon, une manière de parler :* il ne faut pas prendre à la lettre ce qui vient d'être dit. *Il parle comme un livre*, il parle d'or,* très bien, sagement. — *Parler crûment, sans mâcher ses mots. Parler vrai. Parler en se répétant* (➤ **radoter**). *Parler à mots couverts. Parler à tort et à travers* (➤ RÉGION. **barjaquer, déparler**). *Ne parlez pas tous à la fois* (pour demander aux interlocuteurs de s'exprimer l'un après l'autre, OU IRON. de prendre la parole alors qu'ils restent silencieux). *Parlons peu, (mais) parlons bien :* réglons la question rapidement. ♦ *Je parlerai pour vous,* en votre faveur (➤ **intercéder, plaider**). FIG. *«Malheureusement, son habit parlait peu pour lui»* MICHELET. — Demander. *«Je n'avais qu'à parler pour avoir tout ce que je souhaitais de mon père !»* MOLIÈRE. ♦ Prendre la parole en public. *Parler à la radio, au nom de son parti* (➤ **porte-parole**). *Le conférencier a parlé une heure. C'est à vous de parler. Il a très bien parlé. Parler à la tribune, dans un meeting, un colloque.* ♦ Avoir une conversation avec qqn. ➤ **converser,** 1**deviser, dialoguer, s'entretenir,** 2**causer.** *Parler avec une amie. Nous avons longuement parlé.* ➤ **babiller, bavarder,** 2**causer, discuter.** ▪ **3** (1646) Révéler ce qu'on tenait caché, passer aux aveux. ➤ FAM. **accoucher** (cf. FAM. Vider son sac*, se mettre à table*, manger le morceau*). *Parler sous la menace, sous la torture. Nous avons les moyens de vous faire parler.* ▪ **4** Annoncer, déclarer son jeu, aux cartes. *C'est à toi de parler.* ▪ **5** (1641) **PARLANT,** précédé d'un adv. : en s'exprimant de telle manière. *Humainement, généralement parlant.*

B. S'EXPRIMER ▪ **1** (1661) S'exprimer. *Les muets parlent par gestes. Parler avec les mains.* ▪ **2** (Sujet nom de chose) Être éloquent, s'exprimer. *Laisser parler son cœur. Les faits, les chiffres parlent d'eux-mêmes.* ♦ Révéler des données, après analyse. *Une empreinte qui doit parler. Les experts vont faire parler la boîte noire.*

II ~ v. tr. ind. (AVEC *DE, À*) ▪ **1** (fin X^e) **PARLER DE** qqch. *Parlez-moi de vos projets. Parler de la pluie* et du beau temps, de choses* et d'autres, de tout et de rien. Toute la ville en parle.* FAM. *De quoi ça parle, ce livre ?,* de quoi est-il question ? *Un film qui parle de la guerre. Je ne sais pas de quoi tu parles,* à quoi tu fais allusion. LOC. *Sans parler de* (➤ 2**outre**). — *Je veux parler de :* je fais allusion à. ➤ 1**dire** (vouloir dire). *Je ne parle pas de :* je ne fais pas allusion à. *Cela ne vaut pas la peine d'en parler :* c'est une chose insignifiante. ➤ **mentionner, signaler.** *On en parlera :* cela fera du bruit. IRON. *Parlons-en ! N'en parlons plus :* que ce soit fini. *«Appelez-moi mon gendre, et n'en parlons plus !»* ARAGON PROV. *Quand on parle du loup* (on en voit la queue).* ♦ (Avec un nom compl. sans article) Employer le mot de. *«On parle sans cesse de bourgeoisie. Mais il est vain d'appeler de ce nom des types sociaux très différents»* BERNANOS. ▪ **2** (fin XIe) **PARLER DE** qqn. *On ne parle que de lui. Il fait beaucoup parler de lui. Je ne veux plus entendre parler d'elle. Parler de qqn en bien. Parler (en) mal de qqn,* en dire du mal. *Parler de qqn à qqn,* intervenir en sa faveur. *Je parlerai de vous au directeur.* — *On parle de lui comme futur ministre.* ▪ **3** (1549) **PARLER DE** (et inf.) : manifester l'intention de. *«le banc de bois tordu auquel il manque une patte et que le père parle toujours de réparer»* CLANCIER. ▪ **4** (fin X^e) **PARLER À** qqn, lui adresser la parole (➤ **interlocuteur**). *Tu pourrais répondre quand on te parle. Autant parler à un mur,* à qqn qui ne veut rien entendre. *Parler à l'oreille de qqn. Il lui parle comme à un chien,* sans égards. *Moi qui vous parle, j'ai connu votre arrière-grand-oncle. Trouver à qui parler :* avoir affaire à forte partie. *«Elle est un peu sorcière, et si le diable vient, il trouvera à qui parler»* GAUTIER. — SPÉCIALT *Il est amoureux d'elle, mais il n'ose pas lui parler,* se déclarer. ♦ **v. pron.** (réfl.) *Il se parle à lui-même.* ➤ **monologuer, soliloquer.** — (RÉCIPR.) *J'espère que nous aurons l'occasion de nous parler. Nous ne nous parlons plus :* nous sommes brouillés. ♦ (sujet chose) Susciter les sentiments, les souvenirs, la réflexion de qqn. *«Cette lettre, elle vous parle ! Elle a un sens pour vous !»* F. THILLIEZ. ▪ **5** (fin XIIe) **PARLER DE... À** qqn. *Je voulais vous parler de cette affaire. Il n'a parlé à personne de cette histoire. On m'a beaucoup parlé de vous. Elle ne veut plus en entendre parler.* — (fin XIIe) PAR EXT. (par écrit) *Je vous en ai parlé dans ma dernière lettre.* ♦ (À l'impér.) *Parlez-moi d'un associé comme ça ! Qu'on ne m'en parle plus !* ♦ (1793) ABSOLT, FAM. (à la 2e pers. de l'indic. seulement, avec une nuance de moquerie ou de colère, parfois d'admiration). *Tu parles ! Tu parles, Charles ! Sa reconnaissance, tu parles ! Tu parles d'un idiot !,* quel idiot !

III ~ v. tr. dir. ▪ **1** (fin X^e) Pouvoir s'exprimer au moyen de (telle ou telle langue). *Parler français, italien.* FAM. *Parler français comme une vache* espagnole.* — *Parler un anglais excellent. Parler un français approximatif.* ➤ **baragouiner, jargonner.** — *Parler patois, argot. Interprète qui parle couramment plusieurs langues* (➤ **multilingue, plurilingue, polyglotte**). PRONOM. (PASS.) *L'anglais se parle dans le monde entier.* — *Langues parlées en Inde.* ♦ *Il parle un langage fleuri.* ▪ **2** (milieu XIIe) (Avec un compl. sans article) Aborder (tel sujet). ➤ **discuter.** *Parler affaires, politique, chiffons. «vous continuez à parler passion quand je vous parle mariage»* BALZAC.

▪ **CONTR.** Taire (se).

2**PARLER** [paʀle] **n. m.** – 1190 ◊ de 1*parler* ▪ **1** VX Action, faculté de parler. ➤ **parole.** MOD. *Franc-parler* (voir ce mot). ▪ **2** Manière de parler. ➤ RÉGION. **parlure.** *«Son parler avait quelque chose de rude»* RADIGUET. *Les mots du parler de tous les jours.* ➤ **usage.** ▪ **3** (1665) LING. Ensemble des moyens d'expression employés par un groupe à l'intérieur d'un domaine linguistique. ➤ **dialecte, idiome, langue, patois.** *Les parlers régionaux.*

PARLEUR, EUSE [paʀlœʀ, øz] **n.** – XIVe ; *parlere* 1170 ◊ de *parler* ■ **1** RARE Personne qui parle (dans sa manière habituelle de parler). ■ **2** COUR. **BEAU PARLEUR :** (VIEILLI) personne éloquente. (XVIIIe) MOD. Personne qui aime faire de belles phrases, qui a plus de brillant que de qualités profondes. ➤ **phraseur.** *« beau parleur, c'est-à-dire faiseur de longues phrases, et content de lui »* ROUSSEAU.

PARLOIR [paʀlwaʀ] **n. m.** – v. 1250 ; *parleür* 1155 ◊ de *parler* ■ **1** RÉGION. Dans une maison particulière, Salon où l'on cause, où l'on reçoit. ■ **2** (1835) COUR. Local où sont admis les visiteurs qui veulent s'entretenir avec un pensionnaire d'un établissement religieux, scolaire, hospitalier, pénitentiaire, etc. *Élève appelé au parloir. Untel, au parloir ! Parloir d'une prison.* ■ **3** Rencontre au parloir entre un détenu et les personnes qui lui rendent visite. *Elle n'a jamais raté un parloir. « le gardien le réveille pour lui dire qu'il a un parloir avec l'un de ses avocats »* K. TUIL.

PARLOPHONE [paʀlɔfɔn] **n. m.** – 1976 ◊ marque déposée (1932) ; mot formé sur le radical de *parler* et *-phone* ■ RARE **(courant en Belgique, au Luxembourg)** Dispositif assurant la communication entre une porte d'entrée et l'intérieur d'un bâtiment, d'un appartement. ➤ **interphone.** *« Il alla vers le parlophone, entendit dire : "C'est Géraldine Leynier" »* J. HARPMAN.

PARLOTE [paʀlɔt] **n. f.** – 1829 ◊ de *parler* ■ FAM. ■ **1** Assemblée, réunion de gens qui bavardent ou s'exercent à la parole. ➤ **conférence.** — SPÉCIALT Local où les avocats s'entretiennent au Palais. ■ **2** Conversation oiseuse, échange de paroles insignifiantes. *Faire la parlote avec une voisine* (➤ **papoter**). — On écrit aussi *parlotte.*

PARLURE [paʀlyʀ] **n. f.** – milieu XIIe ; rare entre le XVIe et le XIXe ◊ de 1*parler* ■ **1** VX OU RÉGION. **(Canada)** Manière de parler. *Une parlure distinguée.* ■ **2** DIDACT. Usage social d'une langue.

PARME [paʀm] **adj. inv. et n. m.** – 1897 ◊ de *Parme,* ville d'Italie
I adj. inv. Mauve comme la violette* de Parme. *Velours parme.* — **n. m.** Cette couleur. *Le parme est à la mode cet hiver.*
II n. m. Jambon de Parme.

PARMÉLIE [paʀmeli] **n. f.** – 1821 ◊ du latin *parma* « petit bouclier rond », par anal. de forme ■ BOT. Lichen des régions froides.

PARMENTIER [paʀmɑ̃tje] **n. m.** – 1902 ◊ de *hachis Parmentier,* de *Parmentier,* n. pr. ■ Hachis* Parmentier. — PAR EXT. *Un parmentier de canard, de courgettes.*

PARMENTURE ➤ **PAREMENTURE**

PARMESAN [paʀməzɑ̃] **n. m.** – 1596 ; *permigean* adj. XVe ◊ italien *parmigiano* « de *Parme* » ■ Fromage cuit à pâte très dure, préparé avec du lait de vache écrémé, et fabriqué dans les environs de Parme. *Parmesan râpé. Pâtes au parmesan. Des parmesans.*

PARMI [paʀmi] **prép.** – fin XIe ◊ de 1*par* et *mi* « milieu » ■ Dedans, au milieu de (plusieurs choses, personnes ; qqch.). ■ **1** **(Lieu, milieu)** VIEILLI OU POÉT. Au milieu de, dans, sur. *« Parmi le thym et la rosée »* LA FONTAINE. PAR EXT. *« Parmi le vacarme confus des mécontents »* CYRANO. — FIG. et VX **(avec un mot abstrait)** *« Mais parmi ce plaisir quel chagrin me dévore ! »* RACINE. ◆ MOD. **(suivi d'un nom ou nominal plur. ou collect., sauf s'il ne s'agit que de deux choses)** ➤ **entre.** *Maisons disséminées parmi les arbres.* ◆ **(Compl. personne)** *« rôdant parmi la foule »* R. ROLLAND. *Nous souhaitons vous avoir bientôt parmi nous.* ➤ **avec, près** (de). ■ **2** (Marque l'appartenance à un ensemble.) *Compter, placer, ranger qqn parmi ses amis.* ➤ **nombre** (au nombre de). *Seuls parmi tous les peintres.* ➤ 1**de.** *Plusieurs parmi lesquels celui-ci.* ➤ **dont.** *C'est une solution parmi (tant) d'autres. Lequel parmi vous ?* (cf. D'entre* vous, de vous). ■ **3** (Appartenance d'une chose abstraite à un ensemble d'êtres vivants.) ➤ **chez.** *« Discours sur l'origine et les fondements de l'inégalité parmi les hommes », de Rousseau. « Le mot fit scandale parmi les lecteurs ordinaires »* FRANCE.

PARNASSE [paʀnas] **n. m.** – 1660 ◊ latin *Parnassus,* du grec *Parnasos,* montagne de Phocide, consacrée à Apollon et aux Muses ■ LITTÉR. La poésie. *Les faveurs du Parnasse.* ◆ SPÉCIALT (1866) Mouvement littéraire issu de « l'Art pour l'Art », tendant à la synthèse de l'esprit positiviste et de l'esprit « artiste ». *Poètes du Parnasse.* ➤ **parnassien.**

PARNASSIEN, IENNE [paʀnasjɛ̃, jɛn] **adj. et n.** – *pernasien* 1516 ◊ de *Parnasse*
I ■ **1** VX Relatif à la poésie. ■ **2 n.** (1866) Poète de l'école du Parnasse. *Les Parnassiens.* **adj.** *L'école parnassienne.*
II n. m. (1796) Papillon commun dans les montagnes. ➤ **apollon.**

PARODIE [paʀɔdi] **n. f.** – 1614 ◊ grec *parôdia,* de 1*para-* et *odê* « chant » ■ **1** Imitation burlesque (d'une œuvre sérieuse). *Le « Virgile travesti » de Scarron est une parodie de l'Énéide. Pastiche* et parodie.* ◆ FIG. Contrefaçon ridicule. ➤ **caricature, travestissement.** *Une parodie de réconciliation.* ■ **2** VX Couplet, strophe composés pour être chantés sur un air connu.

PARODIER [paʀɔdje] **v. tr.** ⟨7⟩ – 1580 ◊ de *parodie* ■ Imiter (une œuvre) en faisant une parodie. *Parodier une scène d'un auteur.* PAR EXT. *Parodier un auteur* (➤ **pasticher**). ◆ FIG. Imiter (qqn) d'une façon ridicule. ➤ **caricaturer, contrefaire, imiter.** *Parodier un homme politique.* — PAR EXT. *Parodier un mot célèbre.*

PARODIQUE [paʀɔdik] **adj.** – 1800 ◊ de *parodie* ■ LITTÉR. Qui appartient à la parodie. *Style parodique.*

PARODISTE [paʀɔdist] **n.** – 1723 ◊ de *parodie* ■ LITTÉR. Auteur d'une parodie.

PARODONTE [paʀɔdɔ̃t] **n. m.** – 1963 ◊ de 1*par(a)-* et du grec *odous, odontos* « dent » ■ ANAT. Ensemble des tissus de soutien qui relient la dent au maxillaire. *Atteinte du parodonte.* ➤ **parodontose.** — **adj. PARODONTAL, ALE, AUX.**

PARODONTIE [paʀɔdɔ̃si] **n. f.** – 1972 ◊ de *parodonte* ■ DIDACT. Branche de l'odontologie qui traite de l'ensemble des tissus de soutien de la dent. ➤ **parodontologie.** — **n. PARODONTISTE.**

PARODONTOLOGIE [paʀɔdɔ̃tɔlɔʒi] **n. f.** – 1970 ◊ de *parodonte* et *-logie* ■ MÉD. Partie de la médecine dentaire qui étudie le parodonte et traite ses affections. ➤ **parodontie.** — **n. PARODONTOLOGUE** ou **PARODONTOLOGISTE.**

PARODONTOSE [paʀɔdɔ̃toz] **n. f.** – 1956 ◊ mot créé en allemand (1926) sur le grec ; cf. 1*par(a)-, odonto-* et 2*-ose* ■ MÉD. Destruction pathologique du parodonte. *La parodontose aboutit à la chute des dents.*

PAROI [paʀwa] **n. f.** – 1175 ; *pareit* « mur » 1080 ◊ latin populaire °*pares, etis,* classique *paries, ietis* ■ **1** Ce qui fait office de mur, de séparation, dans un bâtiment, sans être en maçonnerie. *Des parois de bois, de métal, de verre.* ◆ Séparation intérieure d'une maison (➤ **cloison**) ou face intérieure d'un mur. *Appuyer son lit contre la paroi.* ◆ PAR EXT. **(véhicules)** *Les parois d'un navire, d'un avion, d'un wagon, d'un ascenseur, d'une cabine.* ■ **2** Face latérale (d'une excavation naturelle ou creusée artificiellement). *Suintement des eaux le long des parois d'une caverne. Parois d'une tranchée.* ■ **3** (1749) Roc, terrain à pic, comparable à une muraille. *Paroi rocheuse. Faire l'ascension de la paroi nord.* ■ **4** Partie solide (d'un récipient) qui isole l'extérieur de l'intérieur ; surface interne (d'une cavité) destinée à contenir qqch. *Les parois d'un vase, d'un tube. Pression d'un fluide sur les parois d'un récipient.* ■ **5** (1680) HISTOL., ANAT. Surface qui limite une cavité, épaisseur qui enveloppe une structure *(paroi cellulaire, paroi de l'orbite)* ; tissu d'un organe creux (➤ **pariétal**). *La paroi abdominale.*

PAROIR [paʀwaʀ] **n. m.** – 1611 ◊ de 1*parer* ■ TECHN. Instrument, outil qui sert à parer (➤ 1**parer,** I, 4°.) *Paroir de corroyeur.*

PAROISSE [paʀwas] **n. f.** – *parosse* 1090 ◊ latin ecclésiastique *parochia,* grec *paroikia* « groupe d'habitations voisines » ■ **1** Circonscription ecclésiastique où s'exerce le ministère d'un curé, d'un pasteur. *Pour les œuvres, pour les pauvres de la paroisse. Se marier dans sa paroisse.* LOC. FIG. VIEILLI *Il n'est pas de la paroisse :* il n'est pas d'ici. *Querelles de paroisse,* de clocher*. *Prêcher* pour sa paroisse.* ■ **2** HIST. Unité administrative rurale de l'Ancien Régime. *La paroisse avait la plupart des fonctions de la commune. Cahiers de paroisse :* cahiers de doléances* des paroisses.

PAROISSIAL, IALE, IAUX [paʀwasjal, jo] **adj.** – *parochial* fin XIIe ◊ latin ecclésiastique *parochialis* ■ De la paroisse, propre à la paroisse. *Église, messe paroissiale.* — *Enclos paroissial :* en Bretagne, ensemble architectural formé par l'église, l'ossuaire, le cimetière, etc.

PAROISSIEN, IENNE [paʀwasjɛ̃, jɛn] **n.** – 1200 ◊ latin ecclésiastique *parochianus* ■ **1** Personne qui dépend d'une paroisse catholique ou protestante. *Le curé et ses paroissiens.* ◆ (XVIe) FAM. VIEILLI Type. *Un drôle de paroissien. « Je sais ce qu'il fait de ses nuits et de ses journées, ce paroissien-là »* DAUDET. ■ **2 n. m.** (1803) Livre de messe. ➤ **missel.**

PAROLE [paʀɔl] **n. f.** – fin XIe ◊ du latin *parabola* « comparaison », « parabole » (→ 1 parabole), du grec *parabolê* → 1 parler

I UNE PAROLE, DES PAROLES. ÉLÉMENT(S) DE LANGAGE PARLÉ ■ **1** Élément simple du langage articulé. ➤ **mot ; expression.** VX Mot. *« Ce n'est pas une petite parole que "Monseigneur" »* MOLIÈRE. ♦ MOD. (au plur. ou en emplois déterminés) Énoncé. ➤ **discours, propos.** *Il n'a pas dit, prononcé une parole de la soirée. On ne peut pas lui arracher une parole. Voilà une bonne parole ! Paroles aimables. Ce sont ses propres paroles. Le sens de ses paroles m'échappe. Mesurer, peser ses paroles. Faire rentrer les paroles dans la gorge*. C'est un moulin* à paroles. — Écouter, boire* les paroles de qqn. — Sur ces bonnes paroles* (formule de conclusion). — *Les dernières paroles d'un mourant.* ■ **2 LES PAROLES** (opposé à *écrits*). PROV. *Les paroles s'envolent, les écrits restent* (cf. latin « Verba volant, scripta manent »). ♦ (Opposé à *actes*) ➤ **mot.** LOC. *En paroles* : d'une manière purement verbale. *Il est courageux en paroles mais beaucoup moins en actes.* ♦ Mots d'une formule. *Prononcer les paroles magiques.* ■ **3** PLUR. Promesses. *De belles paroles. Payer qqn en paroles* (cf. En monnaie de singe*). ■ **4** PLUR. Texte (d'un morceau de musique vocale) (➤ **parolier**). *L'air et les paroles d'une chanson. Histoire sans paroles* : série de dessins qui se passent de légende. ■ **5** (fin XIIe) Pensée exprimée à haute voix, en quelques mots. ➤ **devise, mot, sentence.** *Parole historique, mémorable. « Nous savons que les paroles historiques ne furent jamais dites »* COCTEAU. ■ **6** (fin XIIe) SING. Engagement, promesse sur l'honneur. ➤ **assurance, engagement, foi, serment.** *Donner sa parole, sa parole d'honneur.* ➤ **jurer, promettre.** *Je vous donne ma parole que je n'y suis pour rien. Vous avez ma parole. Dégager qqn de sa parole. Tenir parole, sa parole. Rendre, retirer sa parole.* ➤ se **dédire,** se **rétracter.** — *N'avoir qu'une parole* : ne rien changer à ce qu'on a promis. *Manquer à sa parole.* — LOC. (1633) *Un homme de parole,* loyal, sûr. — **SUR PAROLE :** sans autre garantie que la parole donnée. *Affaire conclue sur parole. Croire qqn sur parole.* ♦ **interj.** *(Ma) parole d'honneur ! Parole !,* je le jure. — *Ma parole !* (exprimant l'étonnement).

II LA PAROLE. EXPRESSION VERBALE DE LA PENSÉE ■ **1** (fin XIIe) Faculté de communiquer la pensée par un système de sons articulés (➤ **langage**) émis par les organes de la phonation. *L'apprentissage de la parole. Perdre la parole. Troubles de la parole* (soignés par l'orthophonie*). ➤ **logopathie ; aphasie, bégaiement, dyslogie.** *Recouvrer l'usage de la parole. Les organes de la parole.* — LOC. (1616) *Il ne lui manque que la parole,* se dit d'un animal intelligent, d'un portrait ressemblant. — INFORM. *Reconnaissance de la parole* : ensemble des techniques mises en œuvre pour permettre à un ordinateur de reconnaître les mots énoncés par un utilisateur. *Synthèse* de la parole.* ■ **2** (fin XIe) Exercice de cette faculté. ➤ **langage** (parlé), **verbe.** *Encourager qqn de la parole et du geste.* ➤ **voix.** *« Je ne suis que parole intentée à l'absence »* BONNEFOY. — *Avoir la parole facile* : être disert, éloquent. ➤ **verve.** PROV. *La parole est d'argent et le silence* est d'or.* — Langage parlé ou écrit. *« La littérature a pour substance et pour agent la parole »* VALÉRY. ♦ (1916) LING. L'usage que fait un individu du langage (opposé à *langue*). ➤ **discours.** ■ **3** Le fait de parler. *Adresser la parole à qqn,* lui parler. *Couper la parole à qqn.* ➤ **interrompre.** ♦ SPÉCIALT (1688) Droit de parler dans une assemblée délibérante. *« La parole n'a pas été donnée à l'homme : il l'a prise »* ARAGON. *Demander la parole. Accorder, passer, refuser la parole à qqn. Vous avez la parole* : vous pouvez parler. *La parole est à la défense. Temps de parole. Prendre la parole dans un débat.* ➤ **intervenir.** *« Nous avons voulu prendre la parole comme nous avons pris la Bastille »* M. POLAC. — *Lieu de parole,* où l'on peut s'exprimer. *Groupe de parole* : assemblée informelle où les participants peuvent s'exprimer sur leur expérience, leur situation. *« Le groupe de parole va débuter. Chaque mercredi, un psychologue anime une discussion où les infirmières peuvent s'exprimer librement. Elles parlent, il les écoute »* É. CHERRIÈRE. ♦ JEU *Parole !,* je passe. ■ **4** (fin XIIe) (Relig. révélées) ➤ **logos, verbe ;** et aussi **écriture.** *La parole de Dieu, la bonne parole.* PLAISANT *Prêcher, porter la bonne parole.* — *C'est parole d'évangile*.*

■ CONTR. 1 Action. 1 Écrit. Silence.

PAROLIER, IÈRE [paʀɔlje, jɛʀ] **n.** – 1842 « librettiste » ; 1584 adj. « (poésie) riche en paroles » ◊ de *parole* ■ Auteur des paroles d'une chanson, d'un livret d'opéra (➤ **librettiste**).

PARONOMASE [paʀɔnɔmɑz] **n. f.** – *paronomasie* 1546 ◊ latin *paronomasia,* du grec *onoma* « nom » ■ RHÉT. Figure qui consiste à rapprocher des paronymes* dans une phrase (ex. Qui s'excuse s'accuse).

PARONYME [paʀɔnim] **adj.** et **n. m.** – 1789 ; « dérivé » avant 1607 ◊ grec *paronumos* ■ DIDACT. Se dit de mots presque homonymes qui peuvent être confondus (ex. conjecture, conjoncture ; éminent, imminent).

PARONYMIE [paʀɔnimi] **n. f.** – 1846 ◊ de *paronyme* ■ DIDACT. Caractère des mots paronymes. — **adj. PARONYMIQUE,** 1836.

PARONYQUE [paʀɔnik] **n. f.** – 1838 ; *paronychia* 1562 ◊ grec *paronuxis,* de *onux* « ongle » ■ BOT. Plante *(caryophyllacées)* annuelle ou vivace suivant les variétés, qui passait pour guérir les panaris.

PAROS [paʀos ; paʀɔs] **n. m.** – 1856 ◊ du nom de l'île ■ Marbre blanc extrait des carrières de l'île de Paros (Cyclades).

PAROTIDE [paʀɔtid] **n. f.** – 1537 ; *perotide* « inflammation des glandes » 1490 ◊ latin *parotis, idis,* grec *parôtis* « près de l'oreille » ■ ANAT. Glande salivaire paire, située au-dessous du conduit auditif externe. — APPOS. *Glandes parotides.* — **adj. PAROTIDIEN, IENNE,** 1818.

PAROTIDITE [paʀɔtidit] **n. f.** – 1830 ◊ de *parotide* et *-ite* ■ MÉD. Inflammation de la glande parotide. *Parotidite épidémique.* ➤ **oreillons.**

PAROUSIE [paʀuzi] **n. f.** – 1903 ◊ grec *parousia* « présence » ■ RELIG. Second avènement attendu du Christ glorieux (➤ **millénium**).

PAROXYSME [paʀɔksism] **n. m.** – 1552 ; *peroxime* 1314 ◊ grec des médecins *paroxusmos,* de *oxunein* « aiguiser, exciter » → ox(y)- ■ **1** MÉD. Période d'une maladie où les symptômes sont les plus aigus. ➤ **accès, crise.** *« Rassurez-vous, [...] je crois que le paroxysme est passé »* FLAUBERT. ■ **2** (1831) Le plus haut degré (d'une sensation, d'un sentiment). ➤ **exacerbation.** *La douleur atteint son paroxysme. Pousser, porter à son paroxysme. « La nuée des spectateurs, au paroxysme de la joie, suivait avec des quolibets »* HUGO. ♦ Le plus haut degré (d'un phénomène). ➤ **maximum.** *L'incendie est à son paroxysme.*

PAROXYSMIQUE [paʀɔksismik] **adj.** – 1832 ; *paroximique* 1611 ◊ de *paroxysme* ■ DIDACT. Relatif au paroxysme, à un paroxysme. *Phase paroxysmique d'une éruption.* ➤ **paroxystique.** — On dit aussi **PAROXYSMAL, ALE, AUX,** 1932.

PAROXYSTIQUE [paʀɔksistik] **adj.** – 1822 ◊ de *paroxysme* ■ **1** MÉD. Qui se présente sous forme de paroxysmes. *Tachycardie paroxystique.* ■ **2** LITTÉR. D'un paroxysme (2°).

PAROXYTON [paʀɔksitɔ̃] **adj. m.** – 1570 ◊ grec *paroxutonos* → oxyton ■ LING. Se dit d'un mot qui a l'accent tonique sur l'avant-dernière syllabe ou pénultième (➤ aussi **proparoxyton**). — SUBST. *Un paroxyton.*

PARPAILLOT, OTE [paʀpajo, ɔt] **n.** – 1622 ; « papillon » XVIe ◊ occitan *parpalhol* « papillon » ■ VX OU PLAISANT Calviniste, protestant(e). ➤ **huguenot.**

PARPAING [paʀpɛ̃] **n. m.** – 1268 ◊ bas latin °*perpetaneus,* de *perpes, etis* « ininterrompu, continuel » ■ **1** TECHN. Pierre de taille (ou moellon) tenant toute l'épaisseur d'un mur et ayant deux parements (à la différence de la boutisse). ■ **2** COUR. Bloc (de plâtre, de ciment, de béton) qui remplace souvent la pierre, dans les constructions récentes. ➤ RÉGION. **plot.** *Parpaings recouverts d'un crépi.*

PARQUE [paʀk] **n. f.** – 1512 ◊ latin *Parca* « déesse des Enfers », probablt de *parere* « engendrer », ces déesses présidant à la destinée humaine ■ MYTH. Chacune des trois déesses infernales (Clotho, Lachésis, Atropos) qui filent, dévident et coupent le fil des vies humaines ; PAR MÉTAPH. La vie et la mort, la destinée (cf. Les sœurs filandières*). ♦ PAR EXT. LITTÉR. *La Parque* : la destinée, la mort. *« sans cesse j'entends la Parque, la vieille, murmurer à mon oreille : tu n'en as plus pour longtemps »* GIDE. ■ HOM. Parc.

PARQUER [paʀke] **v.** ⟨1⟩ – 1380 ◊ de *parc*

I v. tr. ■ **1** Mettre (des bestiaux, des animaux) dans un parc. *Parquer des bœufs, des moutons.* — *Parquer des huîtres, des moules,* les disposer dans un parc d'élevage. ■ **2** (1829) PÉJ. Placer, enfermer (des personnes) dans un espace étroit et délimité. ➤ **confiner, entasser.** *Parquer des réfugiés dans un camp. La foule « parquée symétriquement entre des balustrades »* FLAUBERT. ■ **3** (1930) Arrêter et ranger (une voiture) dans un parc de stationnement. ➤ **garer,** 1 **ranger.** — PRONOM. RARE *Se parquer* : parquer sa voiture. ➤ **parking.**

II v. intr. (XVIIe) Être dans un parc. *Troupeaux qui parquent dans un enclos.*

1 **PARQUET** [paʀkɛ] **n. m.** – 1339 « petit parc » ◊ de *parc*

I ■ **1** (1366) ANCIENNT Partie d'une salle de justice où se tenaient les juges ou les avocats (➤ MOD. **barre, barreau**). ♦ (1549)

MOD. Local réservé aux membres du ministère public en dehors des audiences. *Parquet général,* sous l'autorité d'un procureur général. *Petit parquet :* service du parquet où sont conduites les personnes arrêtées en flagrant délit. ■ **2** PAR EXT. Groupe des magistrats chargés de requérir l'application de la loi au nom de la société. *Le parquet antiterroriste s'est saisi de l'enquête.* ■ **3** (1802) Partie de l'enceinte d'une Bourse où se tiennent les opérateurs, pendant le marché. ➤ **corbeille.** *Négociateur individuel de parquet.*

II (Sens étym.) AGRIC. *Parquet d'élevage :* enclos destiné à l'élevage de volailles.

2 **PARQUET** [paʀkɛ] **n. m.** – 1664 ; «panneau de retable» 1385 ◇ de 1*parquet* ■ **1** Revêtement de sol formé d'éléments de bois (lames, lattes) (➤ 1 **plancher**). *Parquet de chêne. Parquet ciré, vitrifié. Rainure de parquet. Parquet classique, sur lambourdes ; parquet collé, flottant* (qui n'est pas fixé sur son support). *Parquet à l'anglaise,* dont les lames sont posées parallèlement ; *à bâtons rompus,* posé par rangées formant un angle droit. ◆ SPORT *Les parquets :* les salles de basketball. *Une vedette des parquets.* ■ **2** TECHN. Assemblage de bois sur lequel est appliquée une glace. ■ **3** MAR. Assemblage de plaques formant une plateforme pour la circulation, dans une salle de machines.

PARQUETAGE [paʀkətaʒ] **n. m.** – 1621 ; «compartiment d'un marais salant» 1580 ◇ de *parqueter* ■ TECHN. Action de parqueter ; son résultat. *Un parquetage soigné.*

PARQUETER [paʀkəte] **v. tr.** ‹4 /5/› – 1680 ; «diviser un espace» 1382 ◇ de 2*parquet* ■ Garnir d'un parquet. — *Pièce parquetée.* ◆ TECHN. *Parqueter un tableau,* en réparer la boiserie ou consolider la toile avec des planches.

PARQUETERIE [paʀkɛtʀi ; paʀkətʀi] ou **PARQUÈTERIE** [paʀkɛtʀi] **n. f.** – 1835 ◇ de 2*parquet* ■ TECHN. Fabrication, pose des parquets. ➤ **menuiserie.**

PARQUETEUR, EUSE [paʀkətœʀ, øz] **n.** – 1691 ◇ de 2*parquet* ■ TECHN. ■ **1** Ouvrier, menuisier qui pose ou répare les parquets. ■ **2** **n. f.** Machine qui débite des lames de parquet.

PARQUEUR, EUSE [paʀkœʀ, øz] **n.** – 1868 ; «pêcheur» XVIIIe ; *parquier* «gardien de bestiaux» XIIIe ◇ de *parquer* ■ **1** TECHN. Personne qui s'occupe des huîtres, des moules, etc. d'un parc. ■ **2** AGRIC. Personne qui garde, soigne les bestiaux dans un parc. ➤ **berger.**

PARRAIN [paʀɛ̃] **n. m.** – *parrin, parin* XIIe ; *-ain* d'après *marraine* ◇ latin populaire *patrinus,* de *pater* «père» ■ **1** Celui qui tient (ou a tenu) un enfant (➤ **filleul**) sur les fonts du baptême. *«elle s'était obstinée à avoir les Charles pour parrain et marraine»* ZOLA. *Mon parrain.* Appellatif *Merci, parrain !* ◆ PAR ANAL. Celui qui préside au lancement d'un navire, au baptême d'une cloche. — Celui qui donne un nom à une personne, à une chose, à un ouvrage. ■ **2** Celui qui présente qqn dans un cercle, un club, pour l'y faire inscrire. ■ **3** Chef d'un important groupe illégal. *Un parrain de la Mafia. «Le Parrain», film de F. F. Coppola.* ■ **4** Entreprise, mécène qui apporte un soutien financier (➤ **parrainage**). *«Les Jeux olympiques coûtent si cher aujourd'hui qu'il est impossible de les organiser sans le soutien de quelques "parrains"»* ALEXAKIS.

PARRAINAGE [paʀɛnaʒ] **n. m.** – 1829 ; *parrinaiges* «le parrain et la marraine» 1220 ◇ de *parrain* ■ **1** Fonction, qualité de parrain (1°) ou de marraine. ◆ Soutien d'une personne qui demande à être admise dans un ordre, dans une société. ■ **2** (1935) Appui moral ou financier qu'une personnalité ou un groupe accorde à une œuvre. ➤ **patronage.** *Comité de parrainage.* — ÉCON. Soutien matériel apporté à une manifestation, à un produit ou à une organisation en vue d'en retirer un bénéfice direct, un effet publicitaire. ➤ **sponsorisation.** *Le parrainage d'un voilier par une entreprise, dans une course.* Recomm. offic. pour *sponsoring.* ■ **3** POLIT. Soutien écrit d'un élu, d'un militant, à un candidat à une élection. *Récolter les parrainages nécessaires.*

PARRAINER [paʀene] **v. tr.** ‹1› – v. 1935 ◇ de *parrain* ■ **1** Soutenir (une entreprise, une œuvre) en accordant son parrainage. ➤ **sponsoriser.** *Parrainer une émission télévisée.* ■ **2** Présenter (qqn) en tant que parrain.

PARRAINEUR, EUSE [paʀɛnœʀ, øz] **n.** – 1988 ◇ de *parrainer* ■ Personne, société qui parraine une entreprise, une émission (recomm. offic. pour *sponsor*). ➤ **parrain.**

1 **PARRICIDE** [paʀisid] **n.** – 1190 ◇ latin *par(r)icida* ■ Personne qui a commis un parricide (2). *Condamnation d'une parricide.* ◆ **adj.** *Fils parricide. Attentat, complot parricide.*

2 **PARRICIDE** [paʀisid] **n. m.** – 1372 ◇ latin *parricidium* ■ **1** Meurtre du père ou de la mère, ou (DR.) de tout autre ascendant légitime. ➤ 2 **matricide.** *Commettre un parricide.* ■ **2** (XVe) VX Meurtre commis contre la vie du souverain. ➤ 2 **régicide.**

PARSEC [paʀsɛk] **n. m.** – 1923 ◇ de *par(allaxe)* et 2*seconde,* par l'anglais ■ MÉTROL. Unité de mesure de longueur (SYMB. pc) utilisée en astronomie, valant 3,26 années-lumière. *Le parsec est l'unité la plus utilisée en astronomie.*

PARSEMER [paʀsəme] **v. tr.** ‹5› – v. 1480 ◇ de 1*par* et *semer* ■ **1** Répartir avec des espaces. ➤ **disperser, répandre ; saupoudrer, semer** (de). *Parsemer de paillettes.* ➤ **pailleter.** *Ciel parsemé d'étoiles.* ➤ **constellé.** ◆ FIG. *Parsemer un récit de mots d'esprit.* ➤ **émailler.** ■ **2** (XVIIIe) (CHOSES) Être répandu çà et là sur (qqch.). *«Déjà plus d'une feuille sèche Parsème les gazons jaunis»* GAUTIER. ➤ **joncher.** — *Route parsemée d'embûches.* ■ CONTR. Amasser, grouper, rassembler, réunir.

PARSI, E [paʀsi] **n. et adj.** – 1633 ◇ mot persan ■ Personne qui, dans l'Inde, suit l'enseignement de Zoroastre et descend des Perses zoroastriens chassés de leur pays par les musulmans. ◆ **n. m.** *Le parsi :* langue indo-européenne du groupe iranien, usitée en Perse à l'époque des derniers rois sassanides, et intermédiaire entre le vieux perse et le persan moderne.

PARSISME [paʀsism] **n. m.** – 1872 ◇ de *parsi* ■ DIDACT. Religion des parsis. ➤ **mazdéisme, zoroastrisme.**

1 **PART** [paʀ] **n. f.** – milieu IXe, au sens III, 1° ◇ du latin *pars, partis* → quote-part

I CE QUI REVIENT À QQN ■ **1** (fin X^e) Ce qu'une personne possède ou acquiert en propre. *Chacun a sa part de difficultés. Avoir la meilleure part.* LOC. *La part du pauvre :* part d'un aliment réservée à la venue éventuelle d'un pauvre ; FIG. la plus petite part. — (1538) **AVOIR PART À :** participer. *Avoir part aux bénéfices d'une entreprise.* PAR EXT. Être pour qqch. dans. *Un acte où la volonté a peu de part.* — **PRENDRE PART À :** jouer volontairement un rôle dans (une affaire). ➤ **intervenir, participer.** *Prendre part à un travail, aux frais.* ➤ **aider, contribuer.** *Prendre part à une manifestation. Il a pris une part très active à l'élaboration de ce projet.* — SPÉCIALT S'associer aux sentiments d'une autre personne. ➤ **partager.** *Je prends part à votre douleur.* ➤ **compatir.** ◆ **FAIRE PART À DEUX :** partager. ELLIPT *Part à deux !,* partageons entre nous deux. ◆ (1559) **FAIRE PART DE qqch. À qqn :** faire connaître. ➤ **communiquer, informer.** *Faire part de ses projets à ses amis.* — SPÉCIALT *Faire part d'une naissance, d'un mariage, d'un décès* (➤ **faire-part**). ◆ **POUR MA PART :** en ce qui me concerne, quant à moi. ➤ **personnellement.** *Pour ma part, je n'en crois rien.* ■ **2** (milieu XIIe) Partie attribuée à qqn ou consacrée à tel ou tel emploi. ➤ **lot, portion.** *Part proportionnelle.* ➤ **prorata.** *Parts égales. Diviser en parts :* partager. *Une part de gâteau.* ➤ **morceau.** *Avoir sa part du gâteau*. Se tailler la part du lion*.* — *Part de marché :* pourcentage des ventes d'un produit par rapport au total des ventes de ce produit sur un marché déterminé. *Conquérir des parts de marché. Entreprise qui détient 50 % de part de marché sur les livres scolaires.* — *Prendre sa part du butin* (dans un partage). ➤ ARG. **pied.** ◆ DR. Portion d'un patrimoine attribuée à un copartageant. ➤ **partage.** *Assigner à qqn une part dans un legs.* — *Part virile :* portion d'une masse indivise, obtenue en divisant cette masse par le nombre des ayants droit. ◆ DR. FIN. *Part sociale* ou *part d'intérêt :* titre représentatif d'une partie du capital social d'une société et attribué personnellement à un associé en contrepartie de son apport*. ➤ 2 **action.** *Il possède les trois quarts des parts de la société.* — *Part de fondateur* ou *part bénéficiaire :* titre sans valeur nominale attribué à une personne ayant contribué à la constitution d'une société ou à une augmentation de capital et lui conférant un droit de participation aux bénéfices. *L'émission des parts de fondateur est interdite depuis 1966.* ◆ (1721) MAR. *Être, naviguer à la part,* se dit de l'équipage dont chaque membre reçoit une part déterminée en fonction des bénéfices. ◆ **À PART ENTIÈRE.** *Sociétaire à part entière* (dans une compagnie théâtrale). FIG. *Un citoyen à part entière,* qui jouit de tous les avantages et de tous les droits attachés à la qualité de citoyen. *«traiter les enfants comme des créatures à part entière, capables de douter, de pâtir et de vouloir»* BERGOUNIOUX. *La sémiotique est devenue une discipline à part entière.* ◆ Ce que chacun doit donner. *Il faut que chacun paye sa part.* ➤ **contribution,** 1 **écot, quote-part.** — Unité de base servant à déterminer le montant de l'impôt à payer. *Un couple marié avec un enfant a deux parts et demie.* ■ **3** **FAIRE LA PART :** assigner, attribuer en partage. *Faire la part belle à* *qqn,* lui accorder un gros avantage. — (1835) *Faire la part de :* tenir compte de. *Il faut faire la part de l'exagération dans ce qu'il raconte. Faire la part du feu**. — *Faire la part des choses :* tenir compte des contingences, ne pas être trop absolu dans ses jugements.

II PARTIE D'UN ENSEMBLE (fin XIe) Partie d'un tout, d'un groupe. *Il a perdu une grande part de sa fortune.* ➤ **partie.** *Ce travail lui prend la plus grande part de son temps.* — *Pour une part, une large part, une bonne part :* en partie, dans une large mesure. ➤ **proportion.** — Élément qui entre dans la composition d'un tout. *« Car il n'est pas de salut sans une part de sacrifice »* M. BLOCH. *La part d'ombre**, *la part obscure de qqn.*

III PARTIE D'UN LIEU ■ **1** VX Côté, direction. — (milieu IXe) Dans des loc., au propre ou au figuré **DE LA PART DE :** VX du côté de ; (fin XIe) MOD. indique la personne de qui émane un ordre, une démarche. ➤ **nom** (au nom de). *Je viens de la part d'un de vos amis.* (Au téléphone, pour identifier l'interlocuteur qui demande qqn) *C'est de la part de qui ? – De sa sœur.* — (Avec l'adj. possessif) *Il n'y a aucune mauvaise foi de sa part. Ce n'est pas très aimable de leur part.* — (fin Xe) **DE TOUTES PARTS** ou **DE TOUTE PART :** de tous les côtés. *Navire qui fait eau** *de toutes parts. Les messages arrivent de toutes parts.* LITTÉR. *« Le vieux roi se trouva attaqué de toutes parts à la fois »* MICHELET. — **D'UNE PART... D'AUTRE PART,** pour mettre en parallèle, pour opposer deux idées ou deux faits, deux aspects d'un objet. *D'une part, il en avait envie, d'autre part, il n'osait pas.* — *D'une part..., de l'autre...* ➤ **côté.** — (En début de phrase) **D'AUTRE PART** (cf. D'ailleurs, en outre). *D'autre part, il commençait à faire noir.* — (1624) **DE PART ET D'AUTRE** [dəpaʀtedotʀ] : d'un côté et de l'autre, des deux côtés. *On se disait « de part et d'autre des injures si grossières »* MONTESQUIEU. — (fin XVIe) **DE PART EN PART :** d'un côté à l'autre. *La pluie a pénétré mon manteau de part en part.* — (1530) **PRENDRE EN BONNE, EN MAUVAISE PART :** interpréter en bien (cf. Prendre du bon côté), en mal. *Ne prenez pas cette réflexion en mauvaise part. « les rires complaisants d'une personne qui sait qu'on plaisante, prend en bonne part la plaisanterie »* COURTELINE. ■ **2** (Avec un adj. indéf. et formant une loc. adv. de lieu) (fin XIIe) **NULLE PART :** en aucun lieu (opposé à *partout*). *Il n'est jamais bien nulle part. « Ne faisons rien et n'allons nulle part, tout simplement »* CIORAN. *Nulle part je n'ai été mieux accueilli. Je n'ai vu cela nulle part ailleurs. Au milieu** *de nulle part.* — (fin XIIe) **AUTRE PART :** dans un autre lieu. ➤ **ailleurs.** *J'ai dû le ranger autre part.* — (1530) **QUELQUE PART :** en un lieu indéterminé, qu'on ne veut pas ou ne peut pas préciser. *Il a toujours mal quelque part ! Elle l'avait déjà vu quelque part. J'ai déjà lu cela quelque part.* — FAM. (PAR EUPHÉM.) *Aller quelque part,* aux toilettes. *Un coup de pied quelque part,* au derrière (cf. Où je pense) ou dans les parties génitales. *« c'est mon genou qu'il se reçoit quelque part, là où l'homme est décidément très fort et très fragile »* Y. QUEFFÉLEC. ■ **3** loc. adv. (fin XIVe) **À PART :** à l'écart. *Mettre à part :* écarter, excepter, séparer, ségréguer. *Servir la sauce à part. Prendre qqn à part pour lui parler* (cf. En particulier, en aparté). *Toute plaisanterie à part :* sans plaisanter. FAM. *Blague à part :* sérieusement. — *À part,* indiquant au théâtre que le personnage parle seul avec lui-même. ➤ **aparté.** — VIEILLI *À part soi :* dans son for intérieur. *« Je résolus à part moi de retourner seul au jardin »* GIDE. ♦ **loc. prép.** (1788) ➤ 1 **excepté.** *À part lui, nous ne connaissons personne ici. Personne n'a voulu rester à part moi.* ➤ **sauf.** — FAM. *Et à part ça, qu'est-ce que vous devenez ?* — FAM. *À part que :* excepté que, sauf que. — **À PART** (en fonction d'adj.) : qui est séparé d'un ensemble. *Occuper une place à part.* ➤ **spécial.** *« les intellectuels anglo-saxons qui forment une classe à part »* SARTRE. *Tirage** *à part.* — *Faire bande** *à part. Faire chambre** *à part.* — PAR EXT. (1636) Très différent des autres. *Un cas à part. Une personnalité tout à fait à part.*

■ CONTR. Conjointement, 1 ensemble ; avec. ■ HOM. Par.

2 **PART** [paʀ] **n. m.** – 1170 ♦ latin *partus* « enfanté » ■ **1** VX ➤ **parturition.** ■ **2** (XVIe) DR. (dans quelques expr.) Enfant nouveau-né. *Substitution de part. Confusion de part :* confusion de paternité ; incertitude sur la paternité d'un enfant.

PARTAGE [paʀtaʒ] **n. m.** – 1244 ♦ de 2*partir* « partager »

I Action de partager ou de diviser ; son résultat. ■ **1** (1283) Division d'un tout en plusieurs parts pour une distribution. ➤ **répartition.** *Procéder à un partage. Partage d'un domaine* (➤ **morcellement**), *d'un pays entre ses envahisseurs* (➤ **démembrement**). *Le partage d'un butin, de l'argent volé.* ♦ DR. Opération par laquelle un bien est partagé entre les copropriétaires. ➤ **liquidation, succession.** *Partage définitif, provisionnel. Partage amiable, judiciaire. Partage d'ascendant* (➤ **donation**). *Donation**-*partage. Testament-partage.* ♦ INFORM. *Partage de temps :* mode d'exploitation d'un ordinateur dans lequel les utilisateurs se voient allouer alternativement une brève séance d'intervention. ■ **2** Fait de partager qqch. (avec qqn). *Le partage du pouvoir, des responsabilités. Partage du travail. Partage équitable. « Un partage avec Jupiter N'a rien du tout qui déshonore »* MOLIÈRE. — VIEILLI **SANS PARTAGE :** sans réserve, sans restriction. *Un dévouement sans partage.* MOD. *Régner sans partage.* ■ **3** MATH. Division d'une grandeur en parties plus petites. ♦ Division en nombre égal des voix, d'un côté et de l'autre, dans une consultation, une délibération. *S'il y a partage, la voix du président est prépondérante.* — *Faire le partage entre deux choses* (cf. Faire la différence*). ➤ **départager.** ■ **4** Le fait de se partager. GÉOGR. *Ligne de partage des eaux :* crête qui forme la limite entre deux bassins fluviaux.

II (1325) Part qui revient à qqn. ■ **1** VX Lot attribué à qqn dans une succession. ■ **2** MOD. **LE PARTAGE DE QQN :** le lot, le sort de qqn. ➤ 1 **part.** *« Ce que je fus demeure à jamais mon partage »* ARAGON. — **EN PARTAGE :** comme part. *Donner* (➤ **impartir**), *recevoir en partage. « Croyez-vous donc avoir tant d'esprit en partage ? »* MOLIÈRE.

■ CONTR. Indivision.

PARTAGEABLE [paʀtaʒabl] **adj.** – 1505 ♦ de *partager* ■ Qui peut être l'objet d'un partage. ■ CONTR. Impartageable.

PARTAGEANT, ANTE [paʀtaʒɑ̃, ɑ̃t] **n.** – 1612 ♦ de *partager* ■ DR. Personne qui participe à un partage. ➤ **copartageant.**

PARTAGER [paʀtaʒe] **v. tr.** ⟨3⟩ – 1398 ♦ de *partage*

I ~ **v. tr.** ■ **1** Diviser (un ensemble) en éléments qu'on peut distribuer, employer à des usages différents. *Partager un héritage. Partager un domaine, un pays.* ➤ **démembrer, morceler.** *Partager une pomme en deux.* ➤ **couper.** *Partager par moitié. « la petite fortune de M. Mesurat devait être également partagée entre ses deux filles »* GREEN. ➤ 1 **répartir.** — FIG. *« Le bon sens est la chose du monde la mieux partagée »* DESCARTES. *Partager son temps entre plusieurs occupations.* ■ **2** *Partager qqch. avec qqn,* lui en donner une partie. *Partager les bénéfices avec un associé.* ABSOLT *Enfant qui n'aime pas partager* (➤ **partageur**). ■ **3** Rendre accessible ; faire connaître. *Partager une recette, une astuce avec ses lecteurs. Faire partager son expérience, sa passion. Partager une image sur les réseaux sociaux.* REM. *Partager à qqn* (ex. *Je vous partage ma vidéo*) est fautif. ■ **4** Avoir part à (qqch.) en même temps que d'autres. *Colocataires qui partagent un appartement. Partager le repas, le lit de qqn. Partager la vie, l'existence de qqn.* — *Jardin** *partagé. Véhicule partagé,* utilisé successivement par plusieurs personnes qui n'en sont pas propriétaires. *Espace de travail partagé* (➤ **coworking**). — INFORM. Rendre accessible (une ressource) à plusieurs utilisateurs via un réseau. *Partager une imprimante. En temps partagé.* ➤ **partage.** ♦ FIG. Prendre part à. *Partager les ennuis* (➤ **compatir**), *la joie de qqn. « Enfer ou paradis, quel que soit ton sort, je le partagerai ! »* GAUTIER. *Partager la responsabilité d'un acte.* ➤ se **solidariser.** *Partager les opinions, les convictions de qqn.* ➤ **embrasser, épouser.** *Je ne partage pas votre point de vue, ce bel optimisme.* — **p. p. adj.** *Un amour partagé,* mutuel, réciproque. *Torts partagés.* ■ **5** VIEILLI ou LITTÉR. *Partager qqn,* lui donner ce qui lui revient. *Le destin l'a bien partagé.* ➤ **doter, favoriser.** ♦ MOD. (au pass.) *Ce pauvre garçon est mal partagé,* loti. ■ **6** (Sujet chose) Diviser (un ensemble) de manière à former plusieurs parties distinctes, effectivement séparées ou non. ➤ **couper, diviser, fractionner, fragmenter.** *Une cloison partage la pièce en deux.* ➤ **séparer.** *La rivière qui partage les deux propriétés. « le nez se dirigeait de droite à gauche, au lieu de partager exactement la figure »* BALZAC. ■ **7** FIG. (1678) Au pass. **ÊTRE PARTAGÉ :** être divisé entre plusieurs sentiments contradictoires. ➤ **écarteler** (FIG.). *« il gardait le silence, partagé entre le désir de courir à elle et l'effroi de lui déplaire »* GREEN. *Être partagé sur la conduite à tenir.* ➤ **perplexe.** ♦ (Groupe) Être divisé. *« Bien que touchés par un malheur commun, les Français restent, autant que jamais, partagés »* GIDE. LOC. *Les avis sont partagés,* très divers.

II ~ **v. pron. SE PARTAGER** (XVIe « se retirer à part ») ■ **1** (PASSIF) Être partagé. *Le melon peut se partager facilement.* ■ **2** (RÉFL.) Être divisé. *« Ses cheveux se partageaient en drôles de petites mèches »* LOTI. ■ **3** FIG. *Se partager entre diverses tendances, en deux groupes.* ➤ se **scinder.** ■ **4** (RÉCIPR.) Partager (qqch.) entre soi. *Se partager la faveur du public. « Ils se sont partagé l'héritage, les tableaux, les actions »* CHARDONNE.

■ CONTR. Accaparer. Réunir.

PARTAGEUR, EUSE [partaʒœʀ, øz] n. et adj. – XVIe, repris XXe ◊ de *partager* ■ Personne qui partage volontiers ce qu'elle possède. *Cette gamine n'est pas partageuse.* ■ HOM. Partageuse (partageux).

PARTAGEUX, EUSE [partaʒø, øz] n. – 1849 ; *partageur* «celui qui partage» 1544 ; «préposé au partage des successions» 1567 ◊ de *partager* ■ VIEILLI ou PLAIS. Personne qui préconise le partage, la communauté ou l'égalité des biens. ➤ **communiste, socialiste.** ■ HOM. Partageuse (partageur).

PARTANCE [partɑ̃s] n. f. – XVIe ; *partence* 1395 ◊ de 1*partir* ■ VX Départ, moment du départ. ♦ MOD. **EN PARTANCE :** qui va partir (bateaux, grands véhicules). *«plusieurs bateaux, les uns en arrivage, les autres en partance»* HUGO. *Avion, train, convoi en partance. En partance pour :* à destination de. *Avion en partance pour Genève* (opposé à *en provenance de*).

1 **PARTANT, ANTE** [partɑ̃, ɑ̃t] n. et adj. – 1627 ◊ de 1*partir* ■ **1** Personne qui part. *Les arrivants et les partants.* ♦ (1923) TURF Cheval qui se présente effectivement au départ d'une course. *Cheval déclaré non partant à la dernière minute.* ♦ Coureur qui part. *Les partants d'une course cycliste, automobile, d'un cross-country.* ■ **2** adj. FAM. *Être partant (pour) :* être disposé (à), d'accord, volontaire (pour). *Elle est toujours partante pour un bon gueuleton. C'est trop risqué, je ne suis pas partant.* ■ CONTR. Arrivant.

2 **PARTANT** [partɑ̃] conj. – 1160 ◊ de *par* et *tant* ; cf. *pourtant* ■ VX ou LITTÉR. Conjonction marquant la conséquence. ➤ **ainsi, donc** (cf. Par conséquent). *«Les tourterelles se fuyaient ; Plus d'amour, partant plus de joie»* LA FONTAINE.

PARTENAIRE [partənɛʀ] n. – 1781 ; *partner* 1767 ◊ de l'anglais ■ **1** Personne avec laquelle qqn est allié contre d'autres joueurs. *Sa partenaire au bridge. «Un remaniement des équipes les rassembla dans la même partie, d'abord en adversaires, puis en partenaires»* MARTIN DU GARD. ■ **2** Personne associée à une autre pour la danse (➤ **cavalier**), dans un exercice sportif, professionnel. *Le, la partenaire d'un patineur, d'un prestidigitateur.* — *Partenaire d'entraînement :* recomm. offic. pour *sparring partner.* ♦ VIEILLI Personne avec qui on tient conversation. *Trouver un partenaire à la hauteur.* ■ **3** Personne qui a des relations sexuelles avec une autre. *«sa partenaire n'avait pas dû prendre beaucoup de plaisir»* ROMAINS. *Partenaire stable, occasionnel. Partenaires multiples.* ■ **4** Collectivité avec laquelle une autre collectivité a des relations, des échanges. *Partenaire commercial, économique* (➤ **partenariat**). *Nos partenaires européens.* — *Les partenaires sociaux :* les représentants des syndicats et du patronat dans une négociation. ■ CONTR. Adversaire, compétiteur, rival.

PARTENARIAT [partənaʀja] n. m. – 1984 ◊ de *partenaire* ■ Association d'entreprises, d'institutions en vue de mener une action commune. *Signer un accord de partenariat. Exposition organisée en partenariat avec le CNRS.*

PARTERRE [partɛʀ] n. m. – 1546 ◊ de *par* «sur» et *terre* «sol» ■ **1** VX Sol. *Faire un parterre,* une chute. ♦ MOD. ; POP. ou RÉGION. (Afrique du Nord) Carrelage, plancher. *Laver le parterre. Chiffon de parterre. «Mes pieds imprimaient des taches humides sur le parterre»* Y. KHADRA. ■ **2** Partie d'un parc, d'un jardin d'agrément où l'on a aménagé des compartiments de fleurs, de gazon. *Parterre de tulipes.* ■ **3** RÉGION. (Canada) Terrain aménagé, pelouse autour d'une maison. ■ **4** (XVIIe) VX Rez-de-chaussée d'une salle de théâtre où le public se tenait debout. ♦ MOD. Partie du rez-de-chaussée d'une salle de théâtre, derrière les fauteuils d'orchestre. *Places de parterre. Être au parterre.* LOC. FAM. *Prendre un billet de parterre :* tomber (jeu sur le sens 1°). ■ **5** Public du parterre, généralement populaire. *«Voici un bon mot de Mme Cornuel, qui a fort réjoui le parterre»* Mme DE SÉVIGNÉ (cf. Amuser la galerie*). — Public, assistance. *Un parterre de vedettes au Festival. Allocution devant un parterre de journalistes.*

PARTHÉNOGENÈSE [partenoʒənɛz ; -ʒenɛz] n. f. – 1860 ◊ grec *parthenos* «vierge» et *-genèse* ■ BIOL. Reproduction sans fécondation (sans mâle) chez une espèce sexuée. ➤ **androgenèse, gynogenèse.** *Parthénogenèse saisonnière des pucerons.*

PARTHÉNOGÉNÉTIQUE [partenoʒenetik] adj. – 1892 ; *parthénogénésique* 1874 ◊ de *parthénogenèse* ■ BIOL. Relatif à la parthénogenèse. *Génération parthénogénétique.* — Issu de la parthénogenèse. *Œuf, puceron parthénogénétique. Embryon parthénogénétique,* obtenu à partir d'un ovule non fécondé.

1 **PARTI** [parti] n. m. – fin XIVe, au sens II, 1° ◊ de 2*partir.* En ancien français, *un parti* (fin XIIIe) désignait une portion de quelque chose. Le mot a été remplacé dans ce sens par le féminin *partie*

I CE QU'UNE PERSONNE A POUR SA PART ■ **1** (1655) VX Salaire d'un employé ; bénéfice. ♦ (1734) MOD. **TIRER PARTI DE :** exploiter, utiliser. ➤ **profit.** *Savoir tirer parti de tout. Il en a tiré le meilleur parti. «On n'imagine pas le parti qu'on peut tirer d'un simple morceau de bois»* R. ROLLAND. ■ **2** Situation qui échoit. *Faire un mauvais parti à qqn.* ➤ **malmener, maltraiter.** *«ils auraient pu faire un mauvais parti à ce jeune fat»* FERNANDEZ. ■ **3** (1538) Personne à marier, considérée du point de vue de sa situation sociale. *«Je songerai à marier ma fille quand il se présentera un parti pour elle»* MOLIÈRE. COUR. *Un beau parti.*

II DÉCISION, CHOIX ■ **1** (fin XIVe) LITTÉR. Solution proposée ou choisie pour résoudre une situation. *Hésiter entre deux partis.* — ARTS Conception d'ensemble (d'une œuvre architecturale ou picturale). ■ **2** LOC. COUR. **PRENDRE LE PARTI DE.** ➤ **décision, résolution.** *Hésiter sur le parti à prendre. Prendre le parti d'en rire. «Les hommes prennent le parti d'aimer ceux qu'ils craignent, afin d'en être protégés»* JOUBERT. — (fin XVe) **PRENDRE PARTI :** choisir, prendre position. ➤ **décider, opter.** *Prendre parti pour, contre qqn,* lui donner raison ou tort. *Il ne veut pas prendre parti.* ➤ **s'engager,** FAM. **se mouiller.** — **PRENDRE SON PARTI :** se déterminer. (1664) *Prendre son parti de qqch., en prendre son parti :* accepter raisonnablement ce qu'on ne peut éviter ni changer (cf. Se faire une raison*). ➤ **s'accommoder, se résigner.** *Il en a pris son parti.* ♦ (1798) **PARTI PRIS.** LITTÉR. Décision inflexible. *«Ce qui apparaît le plus nettement dans une œuvre de maître, c'est la "volonté," le parti pris»* VALÉRY. — COUR. (en mauvaise part) Opinion préconçue, choix arbitraire. ➤ **a priori, préjugé, prévention.** *«Balzac est de tous les auteurs contemporains celui auquel Sainte-Beuve témoigna le plus d'antipathie naturelle et de parti pris»* BILLY. *Le parti pris :* attitude qui pousse à tel choix. *«Dès que l'auteur a écrit son œuvre, le parti pris s'y installe»* JOUVET. *Être de parti pris,* partial. *Je vous le dis sans parti pris, sans aucun parti pris,* honnêtement, avec objectivité.

III GROUPE DE PERSONNES ■ **1** VX Détachement de soldats. ♦ (début XVe) MOD. Groupe de personnes défendant la même opinion. ➤ **camp, clan.** *Être du même parti* (cf. Du même bord*). *Se mettre, se ranger du parti de qqn :* défendre la même opinion (➤ **partisan**). *Prendre le parti de qqn,* le soutenir, le défendre (cf. Prendre fait et cause* pour, être de son côté*). ■ **2** Association de personnes unies pour défendre des intérêts, des buts communs ; faction, ligue. *Le parti janséniste.* — SPÉCIALT Organisation dont les membres mènent une action commune à des fins politiques. ➤ **formation, mouvement, rassemblement,** 1 **union.** *Les partis politiques. Régimes de parti unique. «Le parti unique ne traduit jamais l'expression unanime des citoyens»* M. BA. *Coexistence des partis.* ➤ **multipartisme, pluripartisme.** *Parti monarchiste, républicain, démocrate, ouvrier. Parti fasciste, conservateur, travailliste, radical, socialiste, communiste. Partis de droite, de gauche. Les partis de l'opposition. Le régime des partis. Alliance de partis* (➤ **front ; cartel**). *Adhérer à un parti. Adhérent, membre, militant, responsable, secrétaire, président, leader d'un parti. Programme électoral d'un parti. Voter pour un parti.* — *Le parti* (celui dont il est question ; SPÉCIALT le parti communiste). *Il est inscrit au parti. Carte du parti. «Il savait que je n'étais pas "du parti," que je ne serais jamais d'un parti»* VERCORS.
■ HOM. Partie.

2 **PARTI, IE** [parti] adj. – début XIIIe, blas. ◊ de *partir*
I (de 1*partir*) ■ **1** Absent, disparu. ■ **2** FAM. Un peu ivre ; éméché. ➤ **gai, gris.** *«La comtesse, les jambes en l'air sur le dossier d'une chaise, était plus partie encore que son amie»* MAUPASSANT.
II (de 2*partir*) BLAS. *Parti, partie* ou VX *partite.* Partagé en deux. *Une «casaque partie de blanc et de vert»* AYMÉ. ➤ **mi-parti.**

PARTIAIRE [parsjɛʀ] adj. – 1514 ; *parciaire* «copropriétaire» 1200 ◊ latin *partiarius,* de *pars* «1 part» ■ DR. *Colon partiaire :* fermier qui partage les récoltes avec le propriétaire.

PARTIAL, IALE, IAUX [parsjal, jo] adj. – 1540 ; *parcial* «personne attachée à un parti» 1370 ◊ latin médiéval *partialis,* de *pars* «1 part» ■ Qui prend parti pour ou contre qqn ou qqch., sans souci de justice ni de vérité, qui a du parti pris. *«Le juge partial ne saurait bien juger»* RONSARD. — (CHOSES) *«L'histoire est la plus partiale des sciences»* R. ROLLAND. ■ CONTR. Impartial, neutre, 1 objectif ; équitable, juste.

PARTIALEMENT [parsjalmɑ̃] adv. – 1660 ◊ de *partial* ■ LITTÉR. D'une manière partiale. ■ CONTR. Impartialement.

PARTIALITÉ [paʀsjalite] **n. f.** – 1611 ; «faction, parti» 1360 ◊ latin *partialitas,* de *pars* «1part» ■ Attitude partiale ; état d'esprit d'une personne partiale. *Partialité pour qqn, en faveur de qqn* (➤ **favoritisme,** RÉGION. **partisanerie**), *contre qqn* (➤ **parti** pris). *«Le critique ne doit point avoir de partialité»* SAINTE-BEUVE. *Agir, juger avec partialité* (cf. Avoir deux poids, deux mesures*). ■ CONTR. Impartialité, objectivité, neutralité ; équité, justice.

PARTICIPANT, ANTE [paʀtisipɑ̃, ɑ̃t] **adj.** et **n.** – 1321 ◊ de *participer* ■ Qui participe à qqch. *Les personnes participantes.* ♦ **n.** (1802) *Liste des participantes à une compétition.* ➤ **concurrent.** *Les participants d'un débat.* ➤ **intervenant.**

PARTICIPATIF, IVE [paʀtisipatif, iv] **adj.** – 1868 ◊ de *participation* ■ **1** FIN. *Prêt participatif* : prêt à faible taux accordé à une entreprise. *Titre participatif* : valeur tenant de l'action et de l'obligation, dont une partie de la rémunération est indexée sur le bénéfice de la société nationalisée émettrice. ■ **2** Qui implique une participation populaire. *Démocratie* participative. Enquête participative. Encyclopédie participative,* dont le contenu est rédigé par les utilisateurs. ➤ **contributif.** *Financement* participatif.*

PARTICIPATION [paʀtisipasjɔ̃] **n. f.** – v. 1170 ◊ latin *participatio* ■ **1** Action de participer à qqch. ; son résultat. *«La démocratie est la participation à droit égal, à titre égal, à la délibération des lois et au gouvernement de la nation»* LAMARTINE. *La participation des femmes à la vie politique. Acteur qui promet sa participation à un gala.* ➤ **collaboration, concours.** *Avec la participation de... «Rostopchine a décliné toute participation à l'incendie de Moscou»* CHATEAUBRIAND. ➤ **complicité, connivence.** — SPÉCIALT Le fait de se prononcer aux élections, de voter. *Taux de participation et taux d'abstention.* — ABSOLT (1968) Droit de regard, de libre discussion et d'intervention des membres d'une communauté. *Tous les professeurs «déplorent l'inertie de leur classe, son absence de participation»* BEAUVOIR. ■ **2** Action de participer à (un profit, la gestion) ; son résultat. *Participation aux bénéfices.* DR. COMM. *Participation financière* : détention d'une part (inférieure à 50 %) du capital d'une société par une autre société. *Prise de participation.* DR. TRAV. *Participation des salariés.* ➤ **intéressement.** *Participation du personnel à la gestion de l'entreprise.* ➤ **actionnariat, cogestion.** ■ **3** Action de participer à (une dépense). *Participation aux frais.* ➤ **contribution,** 1**écot, quote-part.** ■ CONTR. Abstention.

PARTICIPE [paʀtisip] **n. m.** – fin XIIe ◊ latin des grammairiens *participium* ■ Forme modale impersonnelle qui «participe» de l'adjectif (peut s'accorder en genre et en nombre) et du verbe (peut exprimer temps et voix et régir un complément). *Participe présent à valeur verbale* (ex. respirant, de respirer ➤ **gérondif**), *à valeur d'adjectif,* ou *adjectif verbal* (ex. brûlant, brûlante, de brûler). *Participe passé* : forme du verbe qui s'emploie avec l'auxiliaire, dans les temps composés (ex. ils ont *respiré,* elle était *partie* [de *respirer, partir*]), dans la forme passive (ex. nous sommes *pris,* de *prendre*) ; *participe passé adjectif* : adjectif issu d'un participe passé (ex. un teint *coloré*). *Règle de l'accord du participe passé* : avec l'auxiliaire ÊTRE, il s'accorde en genre et en nombre avec le sujet du verbe ; avec l'auxiliaire AVOIR, il s'accorde en genre et en nombre avec son complément d'objet direct si celui-ci le précède, sinon il reste invariable (ex. J'ai *reçu* les lettres. Les lettres que j'ai *reçues*). — APPOS. *Propositions participes.* ➤ **participial.**

PARTICIPER [paʀtisipe] **v. tr. ind.** ‹1› – XIVe ◊ latin *participare,* de *particeps* «qui prend part»

I **PARTICIPER À.** ■ **1** Prendre part à (qqch.). *Participer à un jeu, à une manifestation, à un colloque, à la conversation.* ➤ **s'associer,** se **joindre,** se **mêler,** 1**part** (prendre part) ; **participant.** *«obliger les hommes valides à participer au sauvetage général»* CAMUS. ➤ **collaborer, coopérer.** *Participer à toutes les réunions.* ➤ **assister,** 1**être** (de), **figurer.** — *Les malhonnêtetés auxquelles il a participé.* ➤ **tremper** (dans) ; **complice.** FIG. *Participer au chagrin, à la joie d'un ami,* s'y associer par amitié. ➤ **partager.** ♦ ABSOLT Prendre part à la vie d'un groupe, notamment d'une classe. *Cet élève ne participe pas assez.* ■ **2** Payer sa part, une part de. ➤ **contribuer.** *Chaque convive a participé aux frais du banquet.* ■ **3** Avoir part à qqch. *Participer au succès de qqn.* — SPÉCIALT Être intéressé. *Associés qui participent aux bénéfices* (➤ **participation**).

II (1544) LITTÉR. **PARTICIPER DE... :** tenir de la nature de. ➤ **procéder.** *«Toute littérature participe d'une civilisation»* CAILLOIS. ■ CONTR. Abstenir (s').

PARTICIPIAL, IALE, IAUX [paʀtisipjal, jo] **adj.** – 1380 ◊ de *participe* ■ LING. Qui a rapport au participe. — SPÉCIALT *Proposition participiale* et ELLIPT *une participiale* : proposition syntaxiquement indépendante, ayant son sujet propre et son verbe au participe présent ou passé. Ex. ***«Le cauchemar dissipé*** **[participiale],** ***de quoi parleront-ils ce soir ?»*** **(Mauriac).*****Dieu aidant, nous réussirons.***

PARTICULARISATION [paʀtikylaʀizasjɔ̃] **n. f.** – 1575 ◊ de *particulariser* ■ DIDACT. Action de particulariser ; son résultat. ■ CONTR. Généralisation.

PARTICULARISER [paʀtikylaʀize] **v. tr.** ‹1› – 1412 ◊ du radical latin de *particulier* ■ **1** VX Exposer (un fait) dans ses moindres détails. *«Les histoires qu'on particularise trop* [...] *sont ennuyeuses»* FURETIÈRE. ■ **2** MOD. Distinguer, différencier par des traits particuliers. ➤ **individualiser.** — PRONOM. (RÉFL.) Se singulariser. ■ CONTR. Confondre, généraliser, induire.

PARTICULARISME [paʀtikylaʀism] **n. m.** – 1689 ◊ du radical latin de *particulier* ■ **1** THÉOL. Doctrine selon laquelle le Christ n'est mort que pour la rédemption des élus. ■ **2** (1850) Attitude d'une population, d'une communauté qui veut conserver, à l'intérieur d'un État ou d'une fédération, ses libertés régionales, son autonomie. ♦ Caractère, trait particulier. *Le particularisme linguistique d'une région. «respecter les particularismes»* CAMUS.

PARTICULARISTE [paʀtikylaʀist] **n.** – 1701 ◊ de *particularisme* ■ **1** THÉOL. Partisan du particularisme. ■ **2** (1868) Autonomiste. — **adj.** *Esprit particulariste* (cf. Esprit de clocher*).

PARTICULARITÉ [paʀtikylaʀite] **n. f.** – v. 1270 ◊ latin *particularitas* ■ **1** VIEILLI Circonstance particulière. ➤ **détail.** *Elle lui débita «toutes les particularités, même les plus secrètes, de sa vie antérieure»* BALZAC. ■ **2** MOD. LITTÉR. Caractère de ce qui est particulier. ➤ **caractéristique, modalité, spécificité.** *La particularité d'un cas.* ➤ **singularité.** ♦ COUR. Caractère particulier à qqn, qqch. *Une particularité physique. «Joseph Grand ne trouvait pas ses mots. C'est cette particularité qui peignait le mieux notre concitoyen»* CAMUS. *Avoir, présenter telle particularité. Le requin offre la particularité d'être vivipare.* ■ CONTR. Généralité.

PARTICULE [paʀtikyl] **n. f.** – 1484 ◊ latin *particula,* diminutif de *pars* «1part» ■ **1** Très petite partie, infime quantité d'un corps. *Je n'examine point «s'il y a dans une portion finie de matière un nombre infini de particules»* D'ALEMBERT. ➤ **atome.** *Fines particules d'une substance pulvérulente* (➤ **poudre, poussière**). *Eau chargée de particules calcaires. Particules en suspension*. Particules fines,* en suspension dans l'air. *Filtre à particules* (d'un véhicule). ♦ SPÉCIALT (v. 1900) PHYS. Élément constitutif de la matière ou de l'énergie. ➤ aussi **microparticule ; antiparticule.** *Principales particules élémentaires* : baryon, boson, électron, fermion, gluon, hadron, hypéron, kaon, lepton, méson, muon, négaton, neutrino, neutron, nucléon, parton, photon, 3pion, positron, proton, quark. *Particule stable, instable. Charge, masse, spin d'une particule. Particule présente dans l'espace.* ➤ **astroparticule.** — *Particule* α. ➤ **hélion.** *Particule* β : électron émis par une substance radioactive. — *La particule de Dieu* : le boson* de Higgs. — *Accélérateur* de particules.* ■ **2** (1606) Petit mot invariable, élément de composition (➤ 1**affixe, préfixe, suffixe**) ou de liaison (➤ **conjonction, préposition**). ■ **3** (1838) *Particule nobiliaire* et ABSOLT *particule* : préposition *de* précédant un nom patronymique. *Avoir un nom à particule* (FAM. à rallonge, à tiroir). *«La particule n'a jamais été une preuve de noblesse»* NERVAL.

PARTICULIER, IÈRE [paʀtikylje, jɛʀ] **adj.** et **n.** – *particuler* 1265 ◊ latin *particularis,* de *pars* «partie»

I ~ **adj. A. OPPOSÉ À *COLLECTIF, PUBLIC, UNIVERSEL*** ■ **1** Qui appartient en propre (à qqn, qqch., ou à une catégorie d'êtres, de choses). ➤ **personnel, propre.** *Cela lui est particulier. «ce qu'on appelle création dans les grands artistes n'est qu'une manière particulière à chacun* [...] *de rendre la nature»* DELACROIX. ■ **2** Qui ne concerne qu'un individu (ou un petit groupe) et lui appartient (opposé à *collectif, commun*). ➤ **individuel.** *«il était impossible de prendre en considération les cas particuliers»* CAMUS. *Jouir de droits particuliers* (➤ **privilège**). *À titre particulier. Secrétaire particulier.* ➤ **privé.** *Hôtel* particulier. Voiture particulière. Cabinet*, salon particulier. Leçons particulières.* — (Opposé à *public*). *Conversations particulières, entretiens particuliers* (➤ **aparté**). *Recevoir qqn en audience particulière.* ♦ **n. m.** VX ou LITTÉR. *Le particulier* : l'intimité.

B. OPPOSÉ À *COURANT, ORDINAIRE* ■ **1** Qui donne (à une chose, à un être) son caractère original, distinctif. ➤ **caractéristique, distinctif, spécial, spécifique.** *Signes particuliers : néant. Le goût* *particulier du gingembre. «La foi a cela de particulier que, disparue, elle agit encore»* RENAN. — *Particulier à :* qui appartient en propre à. ➤ **propre** (à). *Une coutume particulière à cette région.* ▪ **2** Qui présente des caractères hors du commun. ➤ **singulier.** *«Le timbre si particulier de la voix de Jaurès»* MARTIN DU GARD. *Un être doué de qualités particulières* (➤ **exceptionnel, extraordinaire, remarquable**), *sans qualités particulières* (➤ **ordinaire, quelconque**). *«J'ai une estime et une amitié pour vous toute particulière»* MOLIÈRE. — PÉJ. *C'est un peu particulier tout de même.* ➤ **bizarre, spécial.** *Des mœurs particulières,* qui s'éloignent de la norme. *Amitiés* particulières.* ◆ PAR EXT. (dans des phrases négatives) *«Je n'ai aucune sympathie particulière pour votre mère adoptive»* ROMAINS.

C. OPPOSÉ À *GÉNÉRAL* (XVe) Qui ne se réfère pas à un ensemble ; limité au détail. *Les aspects particuliers d'un problème d'ordre général. Sur ce point particulier.* ➤ 1 **précis.** — n. m. *Aller du général au particulier.* ➤ **particulariser.**

II ~ loc. adv. **EN PARTICULIER** ▪ **1** (1538) À part (cf. En privé). ➤ **séparément.** *Je voudrais vous parler en particulier,* seul à seul. ▪ **2** D'une manière spécifique. ➤ **particulièrement, spécialement,** 1 **surtout.** *Un élève très doué, en particulier pour les mathématiques.* ➤ **notamment.** ▪ **3** (Opposé à *en général*) D'un point de vue particulier. *Le désespoir «juge et désire tout en général, et rien en particulier»* CAMUS.

III ~ n. **UN PARTICULIER, LES PARTICULIERS** (1460) Personne privée, simple citoyen. *L'empereur et ses frères «veulent être considérés dans leurs amusements, comme de simples particuliers»* Mme DE STAËL. — (Opposé à *professionnel*) *Répondre à l'annonce d'un particulier. Transaction de particulier à particulier.* ◆ FAM. VIEILLI (souvent péj.) Personne quelconque. ➤ **individu.** *Tu le connais toi, ce particulier ?*

▪ CONTR. Collectif, commun, 1 général, public, universel. 1 Courant, normal, ordinaire.

PARTICULIÈREMENT [partikyljɛrmɑ̃] adv. – *particulerement* 1314 ◇ de *particulier* ▪ **1** D'une manière particulière par rapport à un ensemble. ➤ **notamment, principalement, singulièrement, spécialement,** 1 **surtout** (cf. En particulier). *Il aime tous les arts, particulièrement la peinture.* ▪ **2** D'une façon peu commune, qui mérite attention. ➤ **spécialement.** *J'attire tout particulièrement votre attention sur ce point. J'y suis particulièrement sensible. Il n'est pas particulièrement doué.* ▪ **3** D'une manière intime, privée. *Je ne le connais pas particulièrement.* ▪ CONTR. Généralement ; 1 général (en).

PARTIE [parti] n. f. – début XIIe ◇ de 2 *partir*

I ÉLÉMENT D'UN TOUT ORGANISÉ **A.** EMPLOIS GÉNÉRAUX ▪ **1** (Envisagé dans ses rapports avec la totalité qui le comprend.) *«je tiens impossible de connaître les parties sans connaître le tout, non plus que de connaître le tout sans connaître particulièrement les parties»* PASCAL. ➤ **élément, fraction, morceau, parcelle,** 1 **part, portion.** *Qui a toutes ses parties,* complet, entier. *Qui ne constitue qu'une partie.* ➤ **partiel.** *Rapports des parties :* composition, structure. *Partie centrale* (centre, cœur, milieu), *latérale* (côté), *terminale* (bout, extrémité), *inférieure* (bas, base), *supérieure* (haut). *La deuxième* (moitié), *troisième* (tiers), *quatrième* (quart), *dixième, millième partie d'un tout. Parties égales, inégales. Objet cassé en plusieurs parties.* ➤ **fragment.** — (milieu XIIe) (D'un lieu, d'un espace) *Nous n'habitons pas la même partie de la ville* (➤ **coin, endroit, quartier**). *Parties d'un pays.* ➤ **département, province, région.** *Les cinq parties du monde :* les continents. *Les parties communes d'un immeuble* (ex. escalier, toiture). FIG. *La partie cachée de l'iceberg*.* — (milieu XIIe) (D'un groupe) *«cette partie de la nation qu'on nomme la bourgeoisie»* HUGO. ◆ *Décomposer un ensemble en parties* (➤ **analyser**). ▪ **2** LOC. *Une petite, une grande, une bonne partie de :* un peu, beaucoup. *La majeure partie* (cf. La plupart). *Il passe la plus grande partie de son temps à la campagne. Une partie des spectateurs s'est levée* ou *se sont levés.* — (début XIIIe) **EN PARTIE.** *C'est en partie vrai. En grande, en majeure partie. En tout ou en partie. «La véritable tare de Mlle de Bauret, qui était en partie la tare de son âge, et en partie celle de son époque»* MONTHERLANT. *Pour partie :* partiellement. — (milieu XIIIe) VX *Partie..., partie :* en partie..., en partie. ◆ **FAIRE PARTIE DE :** être du nombre de, compter parmi. ➤ **appartenir.** *Faire partie d'une association. Cet employé ne fait plus partie de l'entreprise. Faire partie intégrante* de... «Tu fais partie de ma famille, après tout»* GIDE. *«Cela faisait partie de sa vie au même titre que les pierres des maisons qu'elle voyait chaque jour»* GREEN. FIG. *Faire partie du décor*. Ça fait partie des risques du métier. Cela ne fait pas partie de mes attributions.*

B. EMPLOIS SPÉCIALISÉS ▪ **1** (1673) *Comptabilité en partie simple,* dans laquelle le commerçant n'établit le compte que de la personne à qui il livre ou de qui il reçoit. *Comptabilité en partie double :* enregistrement d'un fait comptable sous deux aspects distincts. *«Elle s'entendait en comptabilité, se jouait de la partie double, et eût inventé la partie triple au besoin»* J. VERNE. ▪ **2** (XIVe) GRAMM. *Les parties du discours*.* ▪ **3** (fin XIVe) Un des éléments successifs d'une œuvre. *Les six parties du «Discours de la méthode». Les trois parties d'une dissertation, d'une symphonie* (➤ **mouvement**). ▪ **4** (début XIIe) Élément constitutif d'un être vivant. *Les parties du corps.* — *Parties génitales,* (XVe) VIEILLI *parties honteuses.* (1651) ABSOLT, POP. ou PLAIS. *Les parties :* les organes génitaux externes de l'homme (cf. POP. Les organes). *«Je ne discute même pas, je lui réponds qu'il me casse les parties»* AYMÉ. ▪ **5** (fin XIVe) Domaine particulier (d'une science, d'une activité). ➤ **branche.** *Connaître sa partie.* ➤ **métier, profession, spécialité.** *Dans sa partie, il est imbattable. Tu peux lui faire confiance, il est de la partie,* c'est un spécialiste (cf. Être du métier*). ▪ **6** (fin XVIe) MUS. Rôle d'une voix, d'un instrument dans une polyphonie. *Ensemble des parties.* ➤ 2 **partition.** *Jouer, tenir sa partie dans un orchestre.*

II DANS UNE SITUATION DE CONFRONTATION ▪ **1** (milieu XIIIe) DR. CIV. Personne physique ou morale qui participe, comme étant personnellement intéressée, à un acte juridique ou une convention (➤ **plaideur**). *Les parties en présence. La partie adverse. La partie plaignante.* — DR. PÉN. Personne engagée dans un procès. *Partie civile*.* (1690) *Partie publique :* le ministère public. — *Entendre les parties.* ▪ **2** LOC. COUR. (1515) **PRENDRE qqn À PARTIE,** lui imputer le mal qui est arrivé, PAR EXT. l'attaquer (cf. S'en prendre à). *Il «n'attendait plus que l'occasion de prendre à partie le camarade mal inspiré qui l'avait pistonné pour ce poste de choix»* DORGELÈS. — *Être juge et partie :* avoir le pouvoir de décision dans une affaire où l'on est personnellement impliqué. *«sans avoir aucun remords d'être à la fois juge et partie, de Marsay condamnait froidement à mort l'homme ou la femme qui l'avait offensé sérieusement»* BALZAC. — *Partie prenante*.* ▪ **3** (fin XIIIe) Adversaire. *Les parties belligérantes. — Avoir affaire à forte* partie.*

III DANS UNE ACTIVITÉ COMMUNE ▪ **1** (fin XIIIe) VX Projet commun à plusieurs personnes. MOD. *Avoir partie liée* avec qqn.* ▪ **2** (1611) Durée (d'un jeu), à l'issue de laquelle sont désignés gagnants et perdants. *Faire une partie de cartes, de poker, de dames, d'échecs, de tennis. Divisions d'une partie.* ➤ **jeu,** 1 **manche ; set.** *Engager, gagner, perdre la partie.* ◆ PAR EXT. Lutte, combat. *La partie est inégale. J'abandonne la partie.* ▪ **3** (1661) Divertissement concerté à plusieurs. *«Mais il n'y avait pas de femmes, c'était une partie d'hommes»* RESTIF. *Une partie de chasse. Partie de campagne*. Partie de plaisir.* LOC. *Ce n'est pas une partie de plaisir :* ça n'a rien d'agréable, de facile. — *Une partie de jambes* en l'air.* VIEILLI (1786) *Une partie fine :* partie de plaisir. *«L'opération s'est déroulée alors qu'elle participait à une partie fine ; car c'est une personne très portée sur le sexe»* SAN-ANTONIO. *Partie carrée :* relation sexuelle entre deux couples avec échange des partenaires. ➤ **échangisme,** FAM. **partouze.** ◆ LOC. *Se mettre, être de la partie. Ce n'est que partie remise*.* ▪ **4** (1930) RÉGION. (Canada) *Partie de sucre :* fête printanière au cours de laquelle on déguste les produits de l'érable. — (1962) *Partie d'huîtres.*

▪ CONTR. 2 Ensemble, totalité, tout. ▪ HOM. Parti.

PARTIEL, IELLE [parsjɛl] adj. – 1370 ◇ doublet de *partial,* latin médiéval *partialis* ▪ **1** Qui ne constitue qu'une partie d'un tout (➤ **fragmentaire**). *Mouvements d'ensemble et mouvements partiels.* — *Épreuve partielle, examen partiel,* dont la note constitue une partie de la note finale (cf. Contrôle* continu). ELLIPT n. m. *Un partiel de chimie.* — *Travail à temps partiel* (opposé à *temps plein, complet*). ➤ **mi-temps.** *Résultats partiels.* — CHIM. *Charge partielle :* fraction de charge ajoutée formellement à l'extrémité d'une liaison covalente pour en expliquer les propriétés polaires. ▪ **2** (1823) Qui n'existe qu'en partie (➤ **incomplet**), ne concerne qu'une partie. *Mobilisation générale ou partielle. Information partielle et partiale. Éclipse partielle.* — *Élection partielle,* qui a lieu en dehors des élections générales et ne porte que sur un ou quelques sièges. ELLIPT n. f. *Remporter la partielle.* — MATH. *Dérivée partielle :* dérivée d'une fonction à plusieurs variables par rapport à une seule de ces variables, les autres étant supposées constantes. ▪ CONTR. 1 Complet, entier, 1 général, global, intégral, total.

PARTIELLEMENT [parsjɛlmɑ̃] adv. – 1796 ; *parcialement* v. 1370 ◇ de *partiel* ▪ D'une manière partielle ; en partie (cf. À demi). *C'est partiellement exact.* ▪ CONTR. Entièrement.

1 **PARTIR** [partir] v. intr. ‹16› – fin XIIe ◇ de 2 *partir,* à partir de l'idée de division, de séparation

II SE METTRE EN MOUVEMENT ■ **1** Se mettre en mouvement pour quitter un lieu ; s'éloigner. ➤ 1 **aller** (s'en aller), se **retirer.** *Partir d'un endroit, de chez soi.* SANS COMPL. *Il est parti. Revenir au point d'où l'on est parti.* « *de toute sa voix, il cria dans le silence : "Je pars. Je m'en vais. Je f... le camp ! Je me barre ! Je mets les voiles !"* » VIALATTE. *Partir en hâte, pour fuir.* ➤ **décamper,** s'**enfuir*** ; FAM. s'**arracher,** se **barrer, calter,** se **casser,** se **débiner, déhotter** (cf. Mettre les bouts* ; ficher, foutre le camp* ; mettre les voiles* ; prendre le large*, la clé* des champs ; lever l'ancre*, le camp* ; se faire la malle*, la valise*). *Partir en douce, furtivement.* ➤ s'**éclipser,** s'**esquiver ; disparaître.** *Il ne voulait pas partir.* ➤ FAM. **décoller, dévisser.** *Partir à pied, en voiture, par le train, en bateau. Partir de son pays.* ➤ **quitter.** « *Chateaubriand est encore à Paris [...] Il devait partir ; il n'est pas parti, et nous ne savons plus s'il partira, et comment et quand il pourra partir* » SAINTE-BEUVE. « *Faut-il partir ? rester ? Si tu peux rester, reste ; Pars s'il le faut* » BAUDELAIRE. — LOC. PROV. « *Partir, c'est mourir un peu* » E. HARAUCOURT. — **PARTIR POUR.** *Partir pour la chasse.* « *Beau chevalier qui partez pour la guerre* » MUSSET. — **PARTIR À** (critiqué par les puristes). *Partir à Londres, à l'école.* — **PARTIR EN, DANS.** *Partir en voyage, en week-end, en vacances, en Italie. Partir dans le Midi.* — **PARTIR** (et inf.). *Il est parti faire un tour.* ◆ (1671) (CHOSES) *Faire partir une lettre, un paquet,* l'expédier. « *Je t'écris à la hâte ; ma lettre partira par une occasion que j'ai pour Rouen* » FLAUBERT. ■ **2** (XVIIe) Passer de l'immobilité à un mouvement rapide (par rapport à un point initial). *Partir du pied droit. Partir comme une flèche. Partir au galop.* ◆ Prendre le départ (d'une course) (➤ 1 **partant**). *À vos marques ! Prêts ? partez ! Partir gagnant, battu d'avance.* — PROV. « *Rien ne sert de courir : il faut partir à point* » LA FONTAINE. — (Véhicules) *La voiture ne part pas.* ➤ **démarrer.** *Le navire va partir,* lever l'ancre. ➤ 1 **appareiller.** — PAR EXT. *Faire partir un moteur,* le mettre en marche. ◆ (D'une évolution intellectuelle, sociale) *Partir à la conquête de la gloire, du monde.* ◆ Se mettre à progresser, à marcher. *L'affaire est bien partie.* ➤ **commencer, démarrer, engager.** *C'est assez mal parti* (cf. FAM. Mal barré*). *C'est parti pour durer.* FAM. *C'est parti, mon kiki !* ■ **3** PAR MÉTAPHORE « *Il faut donc que je me prépare à partir pour l'autre monde* » LESAGE. FIG. (1680) Mourir*. *Son mari est parti le premier.* — S'évanouir. « *J'ai senti que vous alliez partir, mademoiselle. Vous évanouir* » D. FRANCK et J. VAUTRIN. ■ **4** (fin XVIIe) (Projectiles) Être lancé, commencer sa trajectoire. *Le bouchon part.* ➤ **sauter ; jaillir.** *Il* « *pensait à la minute précise où la phrase effroyable partirait raide comme une balle* » MAC ORLAN. — *Faire partir une mine, un pétard,* les faire exploser. « *Un mouvement maladroit avait fait partir son fusil* » GIDE. ■ **5** (PERSONNES) Commencer (à faire qqch.). *Elle est partie dans de grandes explications.* ➤ se **lancer.** « *Je crois que j'étais parti pour dormir jusqu'à midi* » D. BOULANGER. ◆ VIEILLI ou POP. **PARTIR À** (et l'inf.). Se mettre à. « *ne me regardez pas, je sens que je partirais à rire* » AYMÉ.

III PARTIR DE... ■ **1** Venir, provenir (d'une origine). *La course part de Nice. Le deuxième en partant de la gauche.* « *un hall sombre d'où partaient trois escaliers* » CLANCIER. FIG. *Partir de zéro. Il est parti de rien et il a réussi.* — (Dans le temps) *Son contrat, son abonnement part de janvier.* ➤ **commencer.** ◆ (fin XIIe) Avoir son origine, son principe dans. *C'est un mot qui part du cœur. Son geste part d'un bon sentiment.* ■ **2** (1751) Commencer un raisonnement, une opération. *Il faut partir des besoins réels. Partir du principe, du fait que.* ■ **3** loc. prép. (1787) **À PARTIR DE :** en prenant pour point de départ (dans l'espace ou le temps). ➤ 1 **de, depuis, dès** (cf. À compter* de ; à dater* de). *À partir d'aujourd'hui, de maintenant :* désormais, dorénavant. « *Le moindre geste humain se comprend à partir de l'avenir* » SARTRE. *À partir de Lyon, le ciel s'est dégagé.* — (Emploi critiqué) *Produits chimiques obtenus à partir de la houille,* tirés de la houille.

IV (CHOSES) Disparaître, ne plus se manifester. *La tache ne part pas.* ➤ s'**effacer,** s'**enlever.** « *La maladie semblait partir comme elle était venue* » CAMUS. — *Ce livre part en lambeaux. Ses économies sont parties en fumée.* LOC. FAM. *Partir en cacahouète*, en couille, en sucette, en vrille, en eau de boudin*.

■ CONTR. Arriver ; engager, envahir. Attendre, demeurer, établir (s'), installer (s'), rester. ■ HOM. *Pars :* pare (parer).

2 **PARTIR** [partiʀ] v. tr. ‹seult inf.› – 980 ◊ latin populaire °*partire*, classique *partiri*, de *pars* « part » ■ VX Partager, séparer en parties. — FIG. *Avoir maille* à partir avec qqn.*

PARTISAN, ANE [partizɑ̃, an] n. et adj. – 1477 ◊ italien *partigiano*, de *parte* « part, partie »

I n. (Rare au fém.) ■ **1** Personne qui est attachée, dévouée à qqn, à un parti. ➤ **adepte, allié, ami, disciple, fidèle ; aficionado, supporteur ;** PÉJ. **sectateur, séide, suppôt.** *Gagner, recruter des partisans.* ➤ **adhérent, recrue.** ■ **2** PAR EXT. (1640) Personne qui prend parti pour une doctrine. ➤ **adepte, défenseur ; pro-.** *Partisans et détracteurs du féminisme. Un chaud partisan.* ➤ aussi **inconditionnel.** *Partisan du moindre effort*.* — adj. « *la réforme orthographique dont il est fort partisan* » LÉAUTAUD. *Être partisan de* (et inf.), d'avis de. *Ils sont partisans d'accepter.* — *Esprit partisan* (➤ RÉGION. **partisanerie**). — *La liberté de la presse dont elle est fervente partisane.* FAM. *Elle est partisante de...*

II n. m. ■ **1** (1560) VX Fermier, financier. ■ **2** (1678) MOD. Soldat de troupes irrégulières faisant une guerre d'avant-postes. ➤ **franc-tireur, guérilléro.** *Guerre de partisans.* ➤ **guérilla.** « *Le Chant des partisans* », de Druon et Kessel. *Francs-Tireurs et Partisans (F. T. P.),* organisation de résistants pendant la Seconde Guerre mondiale.

III adj. (1616) Qui témoigne d'un parti pris, d'une opinion préconçue. *Témoigner d'un esprit partisan.* ➤ **sectaire.** *Haines partisanes.*

■ CONTR. Adversaire, antagoniste, contradicteur, détracteur.

PARTISANERIE [partizanʀi] n. f. – 1846 ◊ de *partisan* ■ RARE ou RÉGION. (Canada) Esprit partisan, attitude partisane. *Faire preuve de partisanerie.* ➤ **partialité.** — On écrit aussi *partisannerie.*

■ CONTR. Impartialité.

PARTITA [partita] n. f. – 1897 ◊ mot italien « partie » ■ MUS. Pièce musicale pour un instrument solo ou accompagné, généralement formée d'une suite de danses ou de variations. *Une partita de Bach. Des partitas.* On emploie aussi le pluriel italien *des partite* [partite].

PARTITE ➤ 2 **PARTI,** II

PARTITEUR [partitœʀ] n. m. – 1842 ; « diviseur » 1484 ◊ du latin *partire* « partager » → 2 partir ■ TECHN. Appareil destiné à répartir l'eau d'un canal d'irrigation.

PARTITIF, IVE [partitif, iv] adj. – *partitis* 1380 ◊ du latin *partitus*, p. p. de *partire* → 2 partir ■ GRAMM. Qui considère une partie par rapport à un tout que l'on ne peut compter. *Article partitif.* ➤ 2 **de.**

1 **PARTITION** [partisjɔ̃] n. f. – *particion* « division, partage » 1170 ◊ latin *partitio* « partage », de *partiri* → 2 partir

I VX Division. ◆ MOD. BLAS. Division de l'écu par des lignes droites.

II (anglais *partition*) ANGLIC. ■ **1** Partage (d'un pays, d'un territoire). *La partition de Chypre.* ■ **2** MATH. Partage d'un ensemble en parties non vides, disjointes deux à deux et dont la réunion reconstitue cet ensemble. ◆ PHYS. Séparation d'un nucléide en deux ou plusieurs nucléides. ➤ **fission.**

2 **PARTITION** [partisjɔ̃] n. f. – 1636 ◊ latin *partitio* « partage », avec influence de l'italien *partitura* « partition » ■ Notation d'une composition musicale, superposant les parties vocales et instrumentales, permettant une lecture d'ensemble. *Il faut* « *que celui qui conduit un concert ait la partition sous les yeux* » ROUSSEAU. *Partition d'orchestre, de piano. Déchiffrer, lire une partition. Les portées d'une partition. Jouer sans partition,* de mémoire. ◆ PAR EXT. Composition musicale. *Les thèmes d'une partition.*

PARTON [partɔ̃] n. m. – 1973 ◊ mot anglais ; de *particule* ■ PHYS. Sous-élément hypothétique de certaines particules élémentaires (notamment les nucléons).

PARTOUSE ➤ **PARTOUZE**

PARTOUT [partu] adv. – 1160 ◊ de 1 *par* et *tout* ■ En tous lieux ; en de nombreux endroits. « *Une sphère infinie dont le centre est partout* » PASCAL. *On ne peut être partout à la fois* (➤ **ubiquité**). *Mettre, fourrer son nez partout :* être indiscret. « *Comme on lui donnait partout à boire gratis, Guyame allait boire partout* » APOLLINAIRE. « *Ce qui a été cru par tous, et toujours et partout, a toutes les chances d'être faux* » VALÉRY. « *Partout où j'ai voulu dormir* » MUSSET. *Chercher partout* (cf. Dans tous les coins*). *Partout ailleurs ce sera pareil.* FAM. *Ils arrivent de partout.* ◆ JEU (dans le décompte des points) Pour chaque adversaire. *Quarante partout,* égalité (au tennis). ■ CONTR. 1 Part (nulle part).

PARTOUZARD, ARDE [partuzaʀ, aʀd] adj. et n. – 1925 *partousard* ◊ de *partouze* ■ FAM. Qui prend part à des partouzes. n. *Des partouzards.* — On écrit aussi *partousard, arde.*

PARTOUZE [partuz] n. f. – 1919 ◊ de *partie* (III, 3°) ■ FAM. Partie de débauche à laquelle participent plusieurs personnes. *Je me demandais si* « *ça n'allait pas se terminer en partouze* » CÉLINE. — On écrit aussi *partouse.*

PARTOUZER [partuze] v. intr. ‹1› – 1966 ◊ de *partouze* ■ FAM. Participer à une partouze. — On écrit aussi *partouser.*

PARTURIENTE [partyʀjɑ̃t] **adj. f. et n. f.** – 1598 ◊ latin *parturiens, entis,* de *parturire* ■ MÉD. Femme qui accouche.

PARTURITION [partyʀisjɔ̃] **n. f.** – *parturation* 1787 ◊ latin *parturitio,* de *parturire* «accoucher» ■ MÉD. Accouchement naturel. ➤ **enfantement, gésine.** — Mise bas des animaux. *«Altérée par la parturition, la chamelle s'était approchée du bord* [du puits]*»* TOURNIER. ◆ FIG. *«Alors tu crois que la pensée humaine est un produit spontané de l'aveugle parturition divine ?»* MAUPASSANT.

PARULIE [paʀyli] **n. f.** – 1752 ; *parulis* 1690 ◊ grec *paroulis,* de *para* «à côté» et *oulon* «gencive» ■ MÉD. Abcès qui se forme dans le tissu des gencives. ➤ **inflammation.**

PARURE [paʀyʀ] **n. f.** – XIIe ◊ de 1*parer*

I A. Ce qui sert à parer. ■ **1** VIEILLI L'ensemble des vêtements, des ornements, des bijoux d'une personne en grande toilette. *Ma toilette «était à peine remarquable au milieu des parures merveilleuses de la plupart des femmes»* BALZAC. — FIG. *«Les arbres, les arbrisseaux, les plantes sont la parure et le vêtement de la terre»* ROUSSEAU. ■ **2** Objets précieux et de petite taille, qui servent à orner le vêtement. ◆ SPÉCIALT Ensemble de bijoux assortis (bracelets, broche, collier, pendants). *Une parure de diamants.* ■ **3** Ensemble assorti de pièces de linge (de maison ou sous-vêtements féminins). *Une parure de lit. Une parure de lingerie.*

B. (1611) Action de parer ou de se parer ; le fait d'être paré. *«le souci qu'elle a de sa beauté, que sa parure met en relief»* G. BATAILLE.

II (1690) TECHN. Ce qu'on retranche en parant (I, 4°) avec un outil. ➤ **rognure.** *Parures de graisse,* que le boucher retranche de la viande. *Parures de poisson* (tête, arêtes...).

PARURERIE [paʀyʀʀi] **n. f.** – 1963 ◊ de *parure* ■ TECHN., COMM. Fabrication, commerce d'articles de fantaisie, de mode, servant à orner le vêtement féminin.

PARURIER, IÈRE [paʀyʀje, jɛʀ] **n.** – 1955 ◊ de *parure* ■ TECHN., COMM. Personne qui fabrique, vend des articles de fantaisie, de mode, pour orner le vêtement féminin.

PARUTION [paʀysjɔ̃] **n. f.** – 1907 ◊ de *paraître* ■ Fait (pour un livre, un article) d'être publié, de paraître en librairie ; date, moment de la publication. ➤ **publication, sortie.** *Dès sa parution, ce roman a eu beaucoup de succès.* — PAR MÉTON. Ce qui est paru. *Nos dernières parutions.*

PARVENIR [paʀvəniʀ] **v. tr. ind.** ‹22› – *pervenir* 980 ◊ latin *pervenire* ■ **1** Arriver (en un point déterminé), dans un déplacement. ➤ **arriver, atteindre.** *«Plus d'une heure durant, nous escaladons des roches et parvenons assez péniblement à un col très étroit»* GIDE. ■ **2** (CHOSES) Arriver à destination. *Ma lettre vous est-elle parvenue ? Faire parvenir un colis* (➤ **acheminer, adresser**), *un ordre* (➤ **transmettre**) *à son destinataire.* ◆ Se propager à travers l'espace jusqu'à un lieu donné. *Le «tapage dont une espèce de houleux écho lui parvenait à peine»* GREEN. — (Dans le temps) *Son nom est parvenu jusqu'à notre époque, jusqu'à nous.* ■ **3** (1559) FIG. Arriver (à tel résultat qu'on se proposait). *Parvenir à ses fins.* ➤ **réussir.** *«J'ai souhaité l'Empire et j'y suis parvenu»* CORNEILLE. *«ce n'est que par les beaux sentiments qu'on parvient à la fortune !»* BAUDELAIRE. ➤ **accéder** (à), **s'élever.** ◆ (1549) **PARVENIR À** (et l'inf.). ➤ **arriver** (à), **réussir** (à). *«nous parvînmes à faire comprendre à l'hôtesse* [...] *que nous mourions de faim»* GAUTIER. *«Le feu le plus ardent ne parvenait pas à sécher les murs»* BLOY. ◆ ABSOLT, VIEILLI S'élever à une situation sociale éminente. ➤ **arriver, réussir ; parvenu** (cf. Faire son chemin*). *Il est prêt à tout pour parvenir. «la détermination de parvenir dans le monde»* DEL AMO. ■ **4** En venir, par un processus naturel (à un certain stade de développement). ➤ **atteindre.** *Parvenir à un âge avancé, au terme de sa vie. «Au degré d'exaltation où il était parvenu, l'idée chez lui primait tout le reste»* RENAN.

PARVENU, UE [paʀvəny] **adj.** et **n.** – 1690 ◊ de *parvenir* ■ Qui a atteint rapidement une importante situation sociale, sans en acquérir les manières, le ton, le savoir-vivre. *«Le paysan parvenu», roman de Marivaux. «Les épaves de la noblesse sont toujours recueillies par les bourgeois parvenus»* MAUPASSANT. — **n.** (1718) *Une société de parvenus* (cf. Nouveau riche*). *Ce dédain «fut pris pour l'insolence d'une parvenue»* BALZAC. *«Il n'y a que deux espèces de parvenus : ceux qui parlent toujours de leurs origines et ceux qui n'en parlent jamais»* DUHAMEL.

PARVIS [paʀvi] **n. m.** – v. 1235 ; *parewis, parevis* v. 1150 ◊ latin ecclésiastique *paradisus* → paradis ■ **1** VX Espace situé devant une église et généralement entouré d'une balustrade ou de portiques. ■ **2** MOD. Place située devant la façade d'une église, d'une cathédrale. *Le parvis de Notre-Dame.* — PAR EXT. Espace dégagé devant un édifice public. ➤ **esplanade.** *Le parvis de l'Hôtel de Ville, du centre Pompidou.*

1**PAS** [pɑ] **n. m.** – fin XIe ◊ du latin *passus,* de *pandere* «étendre» et «ouvrir», d'où le sens de «ouvrir en écartant». → passer

I UN PAS, DES PAS. ACTION D'AVANCER EN MARCHANT OU FAIT DE PROGRESSER DANS LE TEMPS ■ **1** Action de faire passer l'appui du corps d'un pied à l'autre, dans la marche. *Faire un pas en avant, en arrière* (➤ **recul**), *sur le côté. Avancer, reculer d'un pas. «cette chose merveilleuse : les premiers pas d'un petit enfant»* GIDE. *À pas comptés, mesurés, réguliers. Marcher à grands pas, à pas de géant** (➤ **enjambée ; arpenter**), *à petits pas* (➤ **trottiner**). LOC. *À pas de loup* : de manière souple et silencieuse. *Approcher à pas de loup. À chaque pas, à tous les pas* : à chaque instant, très souvent. — *Ne pas faire un pas sans...* : ne rien faire sans. *L'incommode jaloux qui «ne fait pas un pas sans la traîner à ses côtés»* MOLIÈRE. — LOC. (milieu XVe) *Pas à pas* [pɑzapɑ] : lentement, avec précaution. — *Faire les cent pas* : attendre en marchant de long en large, aller et venir. LITTÉR. *«Vous savez quel sujet conduit ici leurs pas»* RACINE. — *Salle des pas perdus* (dans un édifice public), où vont et viennent des personnes qui attendent. «[la gare] *Saint-Lazare et sa tragique salle des pas perdus»* FALLET. ◆ (1530) **FAUX PAS** : pas où l'appui du pied manque ; fait de trébucher. *«Marie heurta tout à coup une pierre et fit un faux pas»* BALZAC. *«Un faux pas, une syllabe achoppée révèlent la pensée d'un homme»* ARAGON. FIG. (1606) Écart de conduite (➤ **faiblesse, faute**). *Faire un pas de clerc**. ◆ Bruit de pas. *«Pour la question d'entendre des pas, j'entends des pas»* AUDIBERTI. ■ **2** FIG. Chaque élément, chaque temps d'une progression, d'une marche. ➤ **étape.** *«Chaque instant de la vie est un pas vers la mort»* CORNEILLE. *«Enfin, ma belle amie, j'ai fait un pas en avant, mais un grand pas»* LACLOS. ➤ **progrès.** LOC. *Politique des petits pas,* qui procède par petites étapes. *Faire les premiers pas* : prendre l'initiative. ➤ **avances.** *«La princesse trouvait normal que les femmes fissent le premier pas»* COCTEAU. — PROV. *Il n'y a que le premier pas qui coûte.* ◆ SC. (dans quelques expressions) Variation minimale d'une grandeur prenant des valeurs discrètes. INFORM. *Pas de progression.* ➤ **incrément.** AUTOMAT. *Moteur pas à pas* : moteur électrique dont la rotation s'effectue par incrément angulaire permettant un positionnement très précis de l'arbre moteur. ■ **3** (fin XIIe) Trace laissée par un pied humain. *«Et la mer efface sur le sable les pas des amants désunis»* PRÉVERT. ◆ Endroit où l'on est passé. *Arriver sur les pas de qqn,* tout de suite après lui. *Retourner, revenir sur ses pas,* en arrière (cf. Rebrousser* chemin). — *Marcher sur les pas de qqn, emboîter le pas à qqn,* le suivre ; FIG. l'imiter, suivre son exemple (cf. Suivre les traces* de qqn). ■ **4** (fin XIVe) Distance parcourue au cours d'un pas. ➤ **enjambée.** *«À quatre pas d'ici je te le fais savoir»* CORNEILLE. — *C'est à deux pas d'ici,* tout près, à côté. *«Le café où nous devons voir mon homme est à deux pas d'ici»* G. DARIEN. FIG. *Ne pas quitter qqn d'un pas,* rester constamment près de lui (cf. Ne pas quitter d'une semelle*). *Il n'y a qu'un pas entre la médisance et la calomnie,* il y a peu de distance, on passe facilement de l'une à l'autre.

II LE PAS, UN PAS (XIIe) ■ **1** Façon de marcher. ➤ **allure, démarche.** *Marcher d'un bon pas, d'un pas léger. «Elle parvint à garder un pas de promenade pour regagner l'allée centrale»* CLANCIER. *Allonger, presser, ralentir le pas. «je m'exerçais à reconnaître les pas : les pas pressés des gens qui rentraient tard du travail, les pas furtifs des vieilles, les pas traînants des clochards et des ivrognes»* LE CLÉZIO. — LOC. (1548) *J'y vais de ce pas,* sans plus attendre. ◆ **AU PAS.** *Aller, avancer au pas* (opposé à *en courant*), à l'allure du pas normal. — *Au pas (de) gymnastique, au pas de course* : rapidement. ◆ (1755) Façon réglementaire de marcher dans l'armée. *Marcher au pas, au pas cadencé. Pas de charge. Le pas des légionnaires. Pas de l'oie* : pas de parade où les jambes sont levées en extension. *Pas redoublé*. Marquer* le pas. Se mettre au pas.* — LOC. *Mettre qqn au pas,* le rappeler à l'ordre, le forcer à obéir. ■ **2** (1480) DANSE Mouvement exécuté par le danseur avec ses pieds dans l'exécution d'une danse. *Pas de basque. Pas des patineurs*. Esquisser un pas de tango. Pas de deux* : partie dansée par deux danseurs. *«les pas de trois, les pas de deux, les pas seuls et les évolutions du corps de ballet»* GAUTIER. ■ **3** Allure, marche (d'un animal). — SPÉCIALT (fin XIIe) La plus lente des allures naturelles du cheval (opposé à *amble, trot, galop*). *Cheval qui va au pas. «Le pas, qui est la plus lente de toutes les allures, doit cependant être prompt»* BUFFON. PAR EXT. *Voiture qui roule au pas,* qui avance lentement.

III **PASSAGE** ■ **1** En loc. Action de passer devant. *Prendre le pas sur qqn,* le précéder ; FIG. le dominer. (1651) *Céder le pas à qqn,* le laisser passer devant ; FIG. reconnaître sa supériorité. ■ **2** (fin XIIe) VX sauf dans quelques expressions Lieu où l'on passe, que l'on doit passer. ➤ **passage.** *Franchir le pas.* ◆ (1530) Détroit. *Le pas de Calais.* ◆ FIG. (XIIIe) Difficulté, obstacle. LOC. *Franchir, sauter le pas :* se décider à faire qqch. après des hésitations (cf. Faire le saut*). *« Elles furent assez longues à convaincre les filles* [...] *Pourtant, le troisième soir, deux des plus audacieuses franchirent le pas »* VIALAR. *Se tirer, sortir d'un mauvais pas,* d'une situation périlleuse, fâcheuse. ■ **3** (milieu XIVe) VX Marche d'escalier. MOD. **LE PAS DE LA PORTE :** seuil, ou espace qui se trouve devant une porte. *Prendre le frais sur le pas de la porte. — Pas de porte.* ➤ **pas-de-porte.** ◆ **PAS DE TIR :** lieu à partir duquel est effectué le lancement d'un engin spatial. ■ **4** *Pas japonais :* dalles de pierre plates disposées sur une pelouse pour permettre de cheminer. *Allée en pas japonais.* ■ **5** Tours d'une rainure en spirale. *Pas de fusée* (HORLOG.). (1676) *Pas de vis. Le pas est usé.* — TECHN. Distance entre deux points de même projection horizontale. *Hélice à pas variable.* Distance entre deux spires successives. *Vis à gros pas.*

2 **PAS** [pɑ] **adv. de négation** – 1080 ◇ spécialisation du substantif (→ 1 pas) avec des verbes du type *aller, marcher*

I Élément de la négation, en corrélation avec NE. ➤ **ne,** et aussi 2 **point.** ◆ (Apr. le v. quand celui-ci est à un mode personnel ou après l'auxil.) *Je ne sais pas. Je ne vous ai pas parlé. Je ne veux pas lui parler. Ce n'est pas nouveau. Il n'y a pas que lui. Il n'a pas plus de quarante ans. Il n'a même pas le bac, pas même le bac. « L'homme ne vit pas que de miracles »* VALÉRY. *Je n'en dis pas plus.* ◆ (Avec l'inf.) *« Il feignait même parfois de ne pas le voir »* GIDE. *« Écrire est ma raison d'être sur terre. Ne pas écrire me tuerait lentement »* GREEN. ◆ LOC. *Ce n'est pas que,* et le subj., pour introduire une restriction. *« Ce n'est pas que la chirurgie lui fît peur »* FLAUBERT. — REM. Le changement de place de la négation peut changer complètement le sens de la phrase : *il* ne *sait* pas *parler* (il est incapable d'user du langage) et *il sait* ne pas *parler* (il est capable de se taire) ; *ce* n'*est* pas *absolument vrai* (pas tout à fait vrai) et *ce* n'*est absolument* pas *vrai* (complètement faux).

II **PAS,** employé sans *NE.* ■ **1** ELLIPT (Réponse) *Pourquoi pas ? Pas que je sache. Certainement pas. Pas encore. Pas tellement. Pas vraiment.* — (Exclam.) *Pas de chance ! « Pas si loin ! pas si haut ! redescendons »* HUGO. — (Alternative, oppos.) *« Vous m'en voyez navré. – Pas moi, repartis-je »* COLETTE. *« La famille respectait sa solitude ; le démon pas »* GIDE. ➤ **non.** *« Que m'importe qu'ils m'entendent ou pas ? »* CLAUDEL. — (Injonction) *Pas d'histoires !* ■ **2** Devant un pronom, un syntagme nominal *Pas un* (➤ **aucun, nul**). *Pas un geste ou je tire ! Pas grand-chose.* ➤ **grand-chose.** *« J'ai regardé partout : pas le moindre croûton de pain »* SARRAUTE. *« Il connaissait comme pas un tous les bruits qui couraient »* R. ROLLAND. ➤ 2 **personne.** ■ **3** Devant un adj. ou un participe *« C'était une femme pas sérieuse »* CÉLINE. *Pas vrai ? Pas vu pas pris ! Pas folle la guêpe* ! Pas possible !* ■ **4** FAM. (COUR. dans la langue orale) Emploi analogue au sens I, sans *NE « Moi, dit Gabriel, je fais pas de politique »* QUENEAU. *Faut pas t'en faire ! Pas touche ! Y a pas à dire... Si c'est pas malheureux ! Voilà-t-il pas que...* ■ **5** ABSOLT, FAM. N'est-ce pas ? *« Vous m'écrirez ? Pas ? »* RIMBAUD. ■ **6** LOC. (Canada) **PAS DE** (et nom) : sans. *Un chèque pas de fonds. « ils vont me donner à manger des toasts pas de beurre »* M.-S. LABRÈCHE.

P. A. S. [peaɛs] **n. m.** – v. 1950 ◇ sigle de *acide para-amino-salicylique* ■ MÉD. Antibiotique actif contre le bacille tuberculeux.

1 **PASCAL, ALE, ALS** ou **AUX** [paskal, o] **adj.** – 1120 ◇ latin *paschalis* ■ **1** Relatif à la fête chrétienne de Pâques. *Cierge pascal.* ■ **2** Relatif à la Pâque juive. *Agneau pascal.*

2 **PASCAL** [paskal] **n. m.** – 1935 ◇ du nom de *B. Pascal* ■ MÉTROL. Unité de mesure de pression et de contrainte (SYMB. Pa), équivalant à la contrainte uniforme qui, agissant sur une surface plane de 1 mètre carré, exerce perpendiculairement à cette surface une force totale de 1 newton. *Cent pascals.* ➤ **hectopascal, millibar.** — *Pascal seconde* (SYMB. Pa s) : unité de mesure de viscosité dynamique (➤ **poise, poiseuille**).

3 **PASCAL** [paskal] **n. m.** – 1969 ◇ du nom de *B. Pascal* ■ INFORM. Langage évolué utilisant les principes de la programmation structurée. *Le pascal. Programmer en pascal.* (Plur. inus. *pascals.*)

PAS-D'ÂNE [padɑn] **n. m. inv.** – 1497 « mors » ◇ de 1 *pas, de* et *âne* ■ **1** (1538) COUR. Tussilage. ■ **2** (1769) TECHN. Instrument servant à maintenir ouverte la bouche d'un cheval quand on l'examine. ■ **3** VX Garde d'une épée qui protège la main.

PAS-DE-GÉANT [pad(ə)ʒeɑ̃] **n. m. inv.** – 1892 ◇ de 1 *pas, de* et *géant* ■ Appareil de gymnastique formé d'un mât et de cordes auxquelles on se tient pour faire de grandes enjambées en tournant. ➤ **vindas.**

PAS-DE-PORTE [pad(ə)pɔʀt] **n. m. inv.** – 1893 ◇ de 1 *pas, de* et 1 *porte* ■ **1** Somme payée au bailleur ou au détenteur d'un bail pour avoir accès à un fonds de commerce. ■ **2** PAR EXT. Local commercial situé au rez-de-chaussée d'un immeuble et donnant sur la rue. *Pas-de-porte à vendre.*

PASHMINA [paʃmina] **n. m.** – 1993 ◇ du farsi *pašmīn* « en laine ; laineux », de *pašmin* « laine » ■ Laine très fine et très chaude provenant du duvet d'une chèvre des hauts plateaux de l'Himalaya et de Mongolie. — Châle fait avec cette laine. *« il était difficile de différencier le vrai pashmina, fait uniquement des poils d'une petite chèvre himalayenne »* C. CUSSET.

PASIONARIA ➤ **PASSIONARIA**

PASO DOBLE [pasodɔbl] **n. m. inv.** /PASODOBLE **n. m.**/ – v. 1919 ◇ mots espagnol « pas redoublé » ■ Danse sur une musique à deux temps de caractère espagnol à mouvement rapide, à la mode entre les deux guerres. *Des paso doble.*

PASQUIN [paskɛ̃] **n. m.** – 1534 ◇ italien *Pasquino,* nom d'une statue antique sur laquelle on affichait des écrits satiriques à Rome ■ **1** VX Écrit satirique. ■ **2** VX Bouffon, pitre.

PASQUINADE [paskinad] **n. f.** – 1566 ◇ italien *pasquinata* → pasquin ■ VIEILLI et LITTÉR. Raillerie bouffonne.

PASSABLE [pasabl] **adj.** – 1396 ; « qui peut se glisser en un endroit » 1270 ◇ de *passer* ■ Qui peut passer, est d'une qualité suffisante sans être très bon, beau, dont on peut se contenter. ➤ **acceptable, admissible, correct, honnête,** 1 **moyen,** FAM. **potable, quelconque, supportable.** *Un travail à peine passable* (➤ **médiocre**). *Les Parisiennes « sont tout au plus passables de figure, et généralement plutôt mal que bien »* ROUSSEAU. — SPÉCIALT *Avoir la mention « passable » à un examen.* ■ CONTR. Excellent.

PASSABLEMENT [pasabləmɑ̃] **adv.** – 1495 ◇ de *passable* ■ **1** (Qualitatif) D'une manière passable, pas trop mal. *Il joue passablement cette sonate.* ■ **2** (Quantitatif) Plus qu'un peu, assez. *Il a passablement voyagé* (cf. Pas mal*). *« Il faut déjà passablement d'intelligence pour souffrir de n'en avoir pas davantage »* GIDE. *« Elle avait dû boire déjà passablement »* LE CLÉZIO. *Il est passablement ambitieux.*

PASSACAILLE [pasakaj] **n. f.** – 1644 ; *passa-caillé* 1632 ◇ espagnol *pasacalle* ■ Danse de théâtre à trois temps au rythme modéré, en faveur en France aux XVIIe et XVIIIe s. ◆ MUS. Pièce voisine de la chaconne, dans une suite. *Passacailles de Couperin.*

PASSADE [pasad] **n. f.** – 1454 « partie de jeu » ◇ de *passer,* avec influence de l'italien *passata* « passage » ■ **1** (1573) ÉQUIT. Course d'un cheval qu'on fait passer et repasser sur un même parcours. ■ **2** (fin XVIIe) Liaison amoureuse de courte durée. ➤ **aventure.** *« les passades, les liaisons d'une nuit, les amourettes sans lendemain »* PH. BESSON. ◆ PAR EXT. Attachement, goût passager. ➤ **caprice, tocade.**

PASSAGE [pasaʒ] **n. m.** – fin XIe, au sens de « voie d'accès », « défilé » (II, 1o) ◇ de *passer*

I **ACTION, FAIT DE PASSER** ■ **1** (En traversant un lieu, en passant par un endroit). *Lieu, voie de passage. Passage interdit. Passage protégé,* lorsque la voie principale est prioritaire au croisement d'une route secondaire. DR. *Servitude de passage,* obligeant à laisser passer sur son fonds le propriétaire voisin dont le fonds est enclavé. — *Le passage des Alpes, du Rhin, de la Manche.* ➤ **franchissement, traversée.** *Passage de la ligne*. Passage à gué. — Le passage de qqn, d'un véhicule,* le fait qu'il passe, le moment où il passe. *« il y avait une foule formidable qui attendait le passage de Poincaré »* ARAGON. *Avis de passage* (du préposé). *Heures de passage des trains.* FAM. *Il y a du passage,* beaucoup de passants, de trafic (cf. Allées* et venues). — **AU PASSAGE** (de qqn, de qqch.) : au moment où qqn ou qqch. passe à un endroit. *Saluer qqn à son passage. Prends du pain au passage,* en passant. FIG. *Il a su saisir l'occasion au passage* (cf. Au vol*). *Arrêtez-moi au passage si je me trompe.* — **DE PASSAGE :** qui ne fait que passer, ne reste pas longtemps. *« Bien sûr, je n'ai été pour vous qu'un amant de passage »* AYMÉ. *Clientèle de passage. Un étranger de passage à Paris. Oiseau de passage,* migrateur. ◆ Bref séjour. *Lors de mon passage à Paris.* — PAR EXT. *Le passage d'un chanteur à l'Olympia. Il a été très convaincant lors de son passage à la télé.* ◆ ASTRON. Moment où un astre passe devant un autre ou traverse un méridien. ➤ **transit.** ■ **2** (En se rendant d'un lieu à un autre). *Le passage d'une barque d'une rive à l'autre.* ◆ (fin XIIe) Traversée sur un navire. ➤ **voyage.** *Le prix du passage.* ■ **3** Le fait de passer d'un degré à un autre. *Examen de passage,* que subit un élève pour tenter de passer dans la classe supérieure. *Passage en sixième.* — ETHNOL. *Rites de passage,* marquant les étapes de la vie culturelle et sociale d'une société. *« Les rites de passage constituent un prodigieux instrument de conservation religieuse et sociale »* R. GIRARD. — *Le grand passage :* la mort. *« Prenant le temps de souffler, de se préparer au grand passage »* Z. OLDENBOURG. ■ **4** Le fait de passer, l'action de faire passer d'un état à un autre (➤ **changement**). *Le passage de l'état liquide à l'état gazeux. Le passage de l'enfance à l'adolescence.* ■ **5** TECHN. Action de faire subir un certain traitement. *Passage des peaux, des étoffes,* dans certains liquides pour les teindre, les apprêter. ■ **6** FAM. *Passage à tabac**. ■ **7** LOC. *Passage à vide :* perte momentanée du dynamisme, de l'efficacité au cours d'une action. *« Je pense que tu traverses une sorte, peut-être pas de dépression, mais de passage à vide »* E. CARRÈRE. ■ **8** PSYCHOL. *Passage à l'acte**. ■ **9** Fait de passer qqch. à qqn. *Le passage du témoin,* dans une course de relais.

II ENDROIT PAR OÙ L'ON PEUT PASSER ■ **1** Voie d'accès. ➤ **allée, boyau, canyon, col, corridor, couloir, défilé, détroit, galerie, ouverture, trouée, voie.** *Se frayer un passage. Livrer passage à. Barrer le passage à qqn.* ➤ **accès, route.** *Dégager le passage. Forcer le passage.* ◆ **SUR LE PASSAGE DE :** sur le chemin, à l'endroit où passe, doit passer qqn, qqch. *« il y a tant de gens sur le passage des cortèges royaux »* HUGO. ◆ Endroit où passe qqch. *Passage de roue* (d'un véhicule). ■ **2** Petite rue interdite aux voitures, généralement couverte (quelquefois traversant un immeuble), qui unit deux artères. *Le passage des Panoramas, à Paris. Passage couvert.* ➤ **galerie.** *Les passages de Lyon.* ➤ **traboule.** ■ **3** Voie aménagée pour permettre de passer. **PASSAGE À NIVEAU :** croisement d'une voie ferrée et d'une route. — **PASSAGE SOUTERRAIN :** tunnel sous une voie de communication. *Passage pour piétons.* — **PASSAGE CLOUTÉ*.**

III FRAGMENT D'UNE ŒUVRE (fin XIIe) *Citer un court passage. Un passage de la Bible, d'une sonate.* ➤ **extrait, morceau.**

PASSAGER, ÈRE [pasaʒe, ɛʀ] n. et adj. – fin XIVe *passagier* ◊ de *passage*

I n. ■ **1** VX Voyageur. POÉT. *« Habitante du ciel, passagère en ces lieux »* LAMARTINE. ■ **2** Personne transportée à bord d'un navire, et PAR EXT. d'un avion, d'une voiture, et qui ne fait pas partie de l'équipage, qui ne conduit pas. *Passager clandestin. Le conducteur et les passagers d'une auto. Embarquement des passagers pour Mexico.* ➤ **voyageur.** *Passagers en transit.*

II adj. (1564) ■ **1** Qui ne fait que passer en un lieu. *Oiseau passager,* migrateur. ■ **2** Dont la durée est brève. ➤ 1 **court, éphémère, momentané, provisoire, temporaire, transitoire.** *« J'avais cru l'averse passagère, mais tandis que je patientais, le ciel acheva de s'assombrir »* GIDE. *Un bonheur passager.* ➤ **fugace.** *Une brouille passagère. « La beauté du visage est un frêle ornement, Une fleur passagère, un éclat d'un moment »* MOLIÈRE. ■ **3** (1835) FAM. Très fréquenté. ➤ **passant.** *Une rue très passagère.*

■ CONTR. Définitif, durable, éternel, permanent.

PASSAGÈREMENT [pasaʒɛʀmɑ̃] adv. – 1609 ◊ de *passager* ■ Pour peu de temps seulement. ➤ **momentanément, provisoirement, temporairement.** *« il ne consentait à accepter que passagèrement cette épreuve »* LOTI. ■ CONTR. Définitivement.

PASSANT, ANTE [pasɑ̃, ɑ̃t] adj. et n. – XIIe « qui sert de passage, où l'on a le droit de passer » ◊ de *passer*

I adj. ■ **1** (1538) Où il passe beaucoup de gens, de véhicules. ➤ **animé, fréquenté, passager.** *Une rue très passante. « L'endroit est tranquille [...] Un pays peu passant et de bons voisins »* BOSCO. *« Le côté passant du boulevard Rochechouart »* AYMÉ. ■ **2** BLAS. Se dit d'un animal représenté dans l'attitude de la marche (opposé à *rampant*). ■ **3** PHYS. *Bande* passante.*

II n. (v. 1250) Personne qui passe à pied dans un lieu, dans une rue. ➤ **promeneur.** *Croiser, arrêter, interpeler un passant. Un passant attardé. Des passants les regardaient.* ➤ **badaud.**

III n. m. (1347) Anneau aplati autour d'une courroie, pour recevoir et maintenir celle des extrémités de la courroie qui est passée dans la boucle. *Le passant d'une ceinture.* ➤ 2 **coulant.** — Petit morceau de tissu cousu verticalement au niveau de la taille d'un pantalon, dans lequel on passe la ceinture. ➤ RÉGION. **ganse.**

PASSATION [pasasjɔ̃] n. f. – 1521 ; *passassion* « décision » 1428 ◊ de *passer* ■ **1** DR. Action de passer (III, 10o), de dresser (un acte, un contrat, une écriture comptable). *Passation d'un contrat.* ■ **2** (1962) COUR. *Passation des pouvoirs :* transmission des pouvoirs à un autre, à d'autres. ■ **3** DIDACT. Action, fait de passer (un test).

PASSAVANT [pasavɑ̃] n. m. – *passe-avant* « bannière » 1203 ◊ de *passer* et *avant* ■ **1** (1680) DR., COMM. Document autorisant la circulation en franchise d'une marchandise soumise à certaines taxes (contributions indirectes, droits de douane), sur un parcours et pour un temps déterminés. ➤ **laissez-passer.** *Délivrance des passavants.* ■ **2** MAR. ANCIENNT Partie du pont supérieur qui servait de passage entre l'avant et l'arrière du navire. ◆ (1773) MOD. Passerelle légère, souvent amovible, reliant un rouf à un autre.

1 **PASSE** [pɑs] n. f. – 1383 « but, au jeu de javelines » ◊ de *passer*

I Action de passer. ■ **1** (1669) ESCR. Action d'avancer sur l'adversaire en passant le pied arrière devant le pied avant ou inversement. — FIG. et COUR. **PASSE D'ARMES :** échange d'arguments, de répliques vives (cf. Joute* oratoire). ■ **2** (XIXe) **MOT DE PASSE :** formule convenue qui permet de passer librement. *« Tu ne sais pas le mot de passe. Si tu t'éloignes tu vas te faire tirer dessus »* GIDE. — Mot, suite de caractères qui identifie un utilisateur et lui permet d'accéder à un service. *Saisissez votre identifiant et votre mot de passe.* ■ **3** (1829) Rapport sexuel d'une prostituée, d'un prostitué avec son client. *Le prix de la passe.* — *Maison de passe,* de prostitution. ➤ **bordel.** *Hôtel de passe,* où les prostituées amènent leurs clients. ■ **4** (1835) *Passes (magnétiques) :* mouvements de la main du magnétiseur qui agit sur qqn. *Faire des passes pour endormir.* ■ **5** TECHN. Chaque passage d'un outil dans une opération cyclique, d'une pièce au laminoir. ◆ MAR. Tour d'un cordage sur une poulie. ■ **6** Action de passer le ballon à un partenaire. *Une belle passe. « on ne fait pas de passe à un homme "marqué" par l'adversaire, [...] cette passe aurait trop de chances de ne pas aboutir »* MONTHERLANT. ■ **7** TAUROM. Mouvement de la cape ou de la muléta du toréro pour toréer. *Il y a eu quelques passes de cape* ➤ 2 **véronique.** ■ **8** Mouvement de main (du prestidigitateur) fait pour exécuter un tour.

II (XVIIe) Endroit où l'on passe (➤ **passage**). ■ **1** CHASSE Endroit où passent les animaux. *Piège à l'entrée d'une passe.* ■ **2** GÉOGR., MAR. Passage étroit ouvert à la navigation. ➤ **canal, chenal, embouquement.** *« La Romania virait pour prendre la passe »* MARTIN DU GARD. ■ **3** VX *Être* **EN PASSE,** en bonne position pour gagner au jeu. — MOD. *Être en passe de :* en position, sur le point de. *« Hélas ! nous ne sommes pas encore connues ; mais nous sommes en passe de l'être »* MOLIÈRE. ◆ FIG. *Être dans une bonne passe, une mauvaise passe,* dans une période faste, dans une période d'ennuis. *« Malgré la mauvaise passe où il se trouvait, l'expression de ses traits était fort douce »* STENDHAL.

III (XIXe) Ce qui dépasse. ■ **1** COMPTAB. *Passe de caisse :* somme destinée à couvrir les erreurs de caisse. ■ **2** Série de numéros au-delà du milieu de la série, à la roulette (de 19 à 36), à la boule. *Passe et manque.* ■ **3** IMPRIM. *Main de passe, passe :* papier fourni en sus pour la mise en train. *Livre, exemplaire de passe,* en sus du chiffre officiel du tirage. ■ **4** TECHN. (MODES) Bord d'un chapeau de femme.

2 **PASSE** [pɑs] n. m. – 1850 ◊ abrév. de *passe-partout* ■ FAM. Passe-partout (Io). *Ouvrir une porte avec un passe.*

3 **PASSE** [pɑs] n. m. – 1978 *pass,* au Canada ◊ anglais *pass* « permis de circuler en chemin de fer » (1858) ■ Permis, carte permettant de franchir un contrôle et donnant accès à un lieu, un service. Recomm. offic. pour *badge, pass. Passe national sur le réseau de chemin de fer. « le passe Delta qui, pour quatre cents francs, permet de voyager en avion partout à travers tout le pays »* C. CUSSET. *Ce passe donne accès à dix musées.* ➤ aussi **coupe-file,** 2 **forfait, laissez-passer.**

1 **PASSÉ** [pase] n. m. – 1553 ◊ p. p. substant. de *passer*

I (1553) ■ **1** Ce qui a été, relativement à un moment présent donné. *« Le romancier est l'historien du présent ; l'historien est le romancier du passé »* DUHAMEL. *Avoir le culte du passé :* être conservateur, traditionaliste. ➤ **passéiste, réactionnaire, rétrograde.** *« Quant à nous, nous respectons çà et là et nous épargnons partout le passé, pourvu qu'il consente à être mort. S'il veut être vivant, nous l'attaquons, et nous tâchons de le tuer »* HUGO. *« Le présent est aride et trouble, l'avenir est caché. Toute la richesse, toute la splendeur, toute la grâce du monde est dans le passé »* FRANCE. — *Acte qui a un effet sur le passé.* ➤ **rétroactif.** *Coup d'œil sur le passé.* ➤ **rétrospectif.** *Oublions le passé et* *faisons la paix.* FAM. *Tout ça, c'est du passé* (cf. C'est de l'histoire* ancienne). ▪ **2** *Le passé de qqn,* sa vie passée. *Son passé judiciaire* (➤ **antécédents**). *« Mon passé se colle à moi comme l'emplâtre d'une plaie »* VALLÈS. *« Comme si nous n'avions pas assez de notre passé, nous remâchons celui de l'humanité entière »* FLAUBERT. — PAR EXT. *Le passé d'une ville.* ➤ **histoire.** ◆ ABSOLT Vie passée, considérée comme un ensemble de souvenirs. *Évoquer le passé. Regarder vers le passé* (cf. En arrière*). *Se pencher sur son passé. Réminiscences du passé. « Ce tas de cendre éteint qu'on nomme le passé »* HUGO.

II ▪ **1** Partie du temps, cadre où chaque chose passée aurait sa place. *Le passé, le présent et l'avenir. Le passé le plus reculé* (cf. La nuit* des temps). *Situer un évènement dans le passé.* ➤ **autrefois, hier, jadis, naguère.** *L'héritage du passé. « Sentiments déjà connus, mais qu'on croyait enfouis dans la nuit du passé »* BAUDELAIRE. Qui appartient au passé. ➤ **ancien, antique** (cf. D'antan). — **PAR LE PASSÉ :** autrefois (cf. FAM. Dans le temps). *Il peignait par le passé.* ▪ **2** (1550) GRAMM. Temps qui n'est plus et dans lequel se situe l'action ou l'état qu'exprime le verbe. *Temps du verbe exprimant le passé en français* (➤ **imparfait, plus-que-parfait**), *dans d'autres langues* (➤ **aoriste, parfait, prétérit**). ◆ (En loc., pour désigner les temps du v. qui expriment le passé) *Passé composé* (ex. il a aimé). *Passé simple* (il aima), qui énonce un acte, un état achevé. *On substitue souvent le passé composé au passé simple. Passé antérieur* (il eut aimé). *Passés surcomposés*. Passé du subjonctif* (que j'aie aimé), *de l'impératif* (aie aimé). *Passé première forme* (j'aurais aimé), *deuxième forme* (j'eusse aimé) *du conditionnel.* — *Conjuguer un verbe au passé simple, au passé composé.*

▪ CONTR. 1 Avenir, futur ; actualité, aujourd'hui, 1 présent.

2 **PASSÉ** [pɑse] **prép.** – XVe ; 1295 avec l'accord ◇ de *passer* ▪ Après, au-delà, dans l'espace ou le temps. *« Mais passé la ferme de la Saudraie, l'enfant me fit prendre une route où jusqu'alors je ne m'étais jamais aventuré »* GIDE. *Passé cette date, votre billet est périmé.* ▪ CONTR. 1 Avant.

3 **PASSÉ, ÉE** [pɑse] **adj.** – v. 1320 « vieux, usé » ◇ de *passer*

I (1538) Qui n'est plus, est écoulé. *Le temps passé :* le passé. *« Qu'est-ce que l'histoire ? La représentation écrite des événements passés »* FRANCE. *Les siècles passés.* — Qui vient de s'écouler. *L'an passé, la semaine passée.* ➤ **dernier.** ◆ *Il est midi passé,* plus de midi. *Il est midi passé de trois minutes.* ◆ *Participe* passé. Infinitif* passé.*

II ▪ **1** Qui a perdu les qualités de sa maturité. *« un cantaloup [...] encore vert ou déjà passé »* FRANCE. ▪ **2** (Couleurs) Qui a perdu son éclat. ➤ **éteint, fané.** *Couleur passée.* PAR EXT. *Cette tapisserie « était usée, élimée, passée de ton »* GAUTIER. ➤ **défraîchi.** ▪ **3** *Passé de mode :* démodé.

PASSE-BANDE [pɑsbɑ̃d] **adj.** – 1943 ◇ de *passer* et *bande* (de fréquence) ▪ TECHN. Se dit d'un dispositif électrique (filtre) qui ne laisse passer qu'une bande de fréquences. *Des filtres passe-bande* (inv.) ou *passe-bandes.*

PASSE-BAS [pɑsbɑ] **adj. inv.** – 1948 ◇ de *passer* et *bas* (basse fréquence) ▪ TECHN. *Filtre passe-bas,* qui ne laisse passer que les basses fréquences. ▪ CONTR. Passe-haut.

PASSE-BOULE [pɑsbul] **n. m.** – 1903 ◇ de *passer* et 1 *boule* ▪ Jeu d'adresse fait d'un panneau représentant une tête grotesque à la bouche percée d'un trou destiné à recevoir les boules des joueurs. *Des passe-boules.* — PAR EXT. *Avoir une bouche en passe-boule,* largement ouverte.

PASSE-CRASSANE [pɑskʀasan] **n. f.** – 1874 ◇ de *passer* et *crassane* ▪ Poire d'hiver juteuse, à la peau grumeleuse d'un brun jaune terne. *Des passe-crassanes.*

PASSE-DEBOUT [pɑsdəbu] **n. m. inv.** – 1723 ◇ de *passer* et *debout* ▪ ANCIENNT Permis de passage pour les produits traversant une localité soumise aux droits d'octroi.

PASSE-DROIT [pɑsdʀwa] **n. m.** – 1546 ◇ de *passer* et 3 *droit* ▪ **1** Faveur accordée contre le règlement (généralement, au détriment d'autrui). ➤ **privilège ;** RÉGION. **couloir.** *« J'ai les passe-droits en horreur et ne veux profiter de rien que ma valeur n'ait mérité »* GIDE. ▪ **2** VX Injustice subie par qqn malgré ses droits. *Il « vengea les passe-droits faits à cet homme »* BALZAC.

PASSÉE [pɑse] **n. f.** – 1573 ; *pessée* « passage » 1290 ◇ de *passer* ▪ CHASSE ▪ **1** Trace laissée en passant (par certains animaux). ▪ **2** (1690) Passage des bécasses qui sortent du bois vers la campagne. *L'heure de la passée.*

PASSE-HAUT [pɑso] **adj. inv.** – 1948 ◇ de *passer* et *haut* (haute fréquence) ▪ TECHN. *Filtre passe-haut,* qui ne laisse passer que les hautes fréquences. ▪ CONTR. Passe-bas.

PASSÉISME [paseism] **n. m.** – 1926 ◇ de 1 *passé* ▪ DIDACT. PÉJ. Goût excessif du passé.

PASSÉISTE [paseist] **adj.** et **n.** – 1913 ◇ de 1 *passé* ▪ DIDACT. Qui a un goût excessif pour tout ce qui appartient au passé ; partisan du passéisme. *Il disait « qu'il était passéiste : il croyait à un âge d'or de la bourgeoisie »* BEAUVOIR.

PASSE-LACET [pɑslasɛ] **n. m.** – 1811 ◇ de *passer* et *lacet* ▪ Grosse aiguille à long chas et pointe obtuse servant à introduire un lacet dans un œillet, une coulisse. *Des passe-lacets.* ◆ LOC. FAM. (1919) *Être raide comme un passe-lacet,* sans argent. ➤ **raide.**

PASSEMENT [pɑsmɑ̃] **n. m.** – 1539 ; « passage » 1250 ◇ de *passer* ▪ Tissu de fils mêlés (d'or, d'argent, de soie) servant de garniture. ◆ PAR EXT. (1680) Galon, ganse qui borde et orne. *Passement bordant un siège* (➤ **passementerie**).

PASSEMENTER [pɑsmɑ̃te] **v. tr.** ‹ 1 › – 1542 ◇ de *passement* ▪ Garnir, orner de passements. ➤ **ganser.** — **p. p. adj.** *Vêtements passementés.*

PASSEMENTERIE [pɑsmɑ̃tʀi] **n. f.** – 1539 ◇ de *passement* ▪ **1** Ensemble des ouvrages de fil (passements, franges, galons) destinés à l'ornement des vêtements, des meubles, etc. *Ouvrages de passementerie.* ➤ **cordon, dentelle, épaulette, frange, galon, passepoil, ruban, torsade, tresse.** *« L'influence de la passementerie sur l'imagination des jeunes filles »* HUGO. *La passementerie pour ameublement.* ▪ **2** Commerce, industrie des articles de passementerie.

PASSEMENTIER, IÈRE [pɑsmɑ̃tje, jɛʀ] **n.** et **adj.** – 1552 ◇ de *passement* ▪ TECHN., COMM. ▪ **1** Personne qui fabrique ou vend de la passementerie. ▪ **2** **adj.** De la passementerie. *Industrie passementière.*

PASSE-MONTAGNE [pɑsmɔ̃taɲ] **n. m.** – 1859 ◇ de *passer* et *montagne* ▪ Coiffure de tricot qui enveloppe complètement la tête et le cou, ne laissant que le visage découvert. ➤ **cagoule.** *Des passe-montagnes.*

PASSE-PARTOUT [pɑspaʀtu] **n. m. inv.** /PASSEPARTOUT **n. m.**/ – 1567 ◇ de *passer* et *partout* ▪ **1** Clé servant à ouvrir plusieurs serrures. *Passe-partout de cambrioleur, de serrurier.* ➤ **crochet,** FAM. 2 **passe.** ▪ **2** Grosse scie à lame large, sans monture, munie d'une poignée à chaque extrémité, utilisée pour scier le bois et les pierres tendres. ▪ **3** (1825) Carton de couleur dans lequel une fenêtre découpée laisse apparaître le sujet à encadrer. *Photographie montée en passe-partout.* ▪ **4** TECHN. Brosse de boulanger pour enlever la farine du pain. ▪ **5** FIG. Ce qui convient partout. ◆ **adj. inv.** *Une tenue passe-partout.*

PASSE-PASSE [pɑspɑs] **n. m. inv.** /PASSEPASSE **n. m.**/ – 1530 ; *jouer de passe-passe* 1420 ◇ de l'impératif de *passer,* redoublé ▪ *Tour de passe-passe :* tour d'adresse des jongleurs (VX), des prestidigitateurs. ➤ **escamotage.** ◆ (XVIe) FIG. Tromperie, fourberie habile. *« Ce tour de passe-passe permit de les condamner à mort, sans les entendre »* ANOUILH.

PASSE-PIED [pɑspje] **n. m.** – 1532 ◇ de *passer* et *pied* ▪ ANCIENNT Danse traditionnelle française à trois temps, vive et gaie, semblable au menuet. *« Les passe-pieds, les sarabandes, se succèdent joyeusement »* GAUTIER.

PASSE-PIERRE ➤ **PERCE-PIERRE**

PASSE-PLAT [pɑspla] **n. m.** – 1936 ◇ de *passer* et 2 *plat* ▪ Guichet pour passer les plats, les assiettes (entre une cuisine et une salle à manger, une salle de restaurant, etc.). *Des passe-plats.*

PASSEPOIL [pɑspwal] **n. m.** – 1834 ; « fente du vêtement par où paraissait le poil de la doublure » 1603 ◇ de *passer* et *poil* ▪ Liseré, bordure de tissu formant un dépassant entre deux pièces cousues ; SPÉCIALT sur les coutures d'un uniforme.

PASSEPOILER [pɑspwale] **v. tr.** ‹ 1 › – 1907 ◇ de *passepoil* ▪ Garnir d'un passepoil. *Passepoiler des boutonnières.* — *« Une culotte noire passepoilée de grenat »* GIRAUDOUX.

PASSEPORT [pɑspɔʀ] **n. m.** – 1420 (marchandises) ◇ de *passer* et *port* « issue, passage » ▪ **1** (1520) Pièce certifiant l'identité, délivrée par la préfecture à un ressortissant pour lui permettre de se rendre à l'étranger. *Passeport valide, périmé. Passeport biométrique. Contrôle des passeports à la douane. Apposer un visa sur un passeport.* ◆ SPÉCIALT *Ambassadeur qui demande ses passeports,* qui sollicite son départ du pays où il est accrédité. ◆ *Passeport biologique,* qui répertorie les résultats des contrôles antidopage d'un sportif. ▪ **2** Pièces délivrées à un navire étranger contre perception du droit de sortie, dit *droit de passeport.* ▪ **3** FIG. Ce qui permet d'accéder (à qqch.). *Passeport pour la réussite.*

PASSER [pase] v. ‹1› – fin XIe ◇ du latin populaire *passare,* famille de *passus* → 1 pas

I ~ v. intr. (auxil. *avoir* ou *être ; être* est devenu plus cour.) **A. SE DÉPLACER D'UN MOUVEMENT CONTINU** ▪ **1** Être momentanément (à tel endroit), en mouvement, notamment en marchant, en avançant (véhicules). *Passer quelque part, à un endroit, dans un lieu* (cf. infra 4° pour les autres prép.). *Regarder passer le cortège.* — IMPERS. *Il passe beaucoup de monde, ici.* — (Sans compl. de lieu) « *Dans le temps qu'il se baignait, le roi vint à passer* » PERRAULT. *Passer sans s'arrêter, à toute vitesse, en coup de vent.* LOC. FIG. (Canada) *Passer tout droit :* manquer sa destination ; ne pas se réveiller à l'heure prévue. — *Ne faire que passer :* rester très peu de temps quelque part. — (Dans une tournée) *Le facteur vient de passer.* « *Le boulanger qui passe pourtant tous les mardis n'est pas venu aujourd'hui* » ALAIN-FOURNIER. — *Un ange* passe.* ◆ **EN PASSANT :** sans s'arrêter ou en s'arrêtant très peu de temps. *Venez nous voir en passant,* au passage. *Prends le pain en passant.* — LOC. FIG. (1546) *Dire, remarquer qqch. en passant,* au cours d'un récit, sans s'y arrêter (➤ **incidemment**). *Soit dit en passant.* ◆ (CHOSES) *Le chaland qui passe. L'autobus vient de passer. La Seine passe à Paris.* — Se manifester un instant. « *Un souffle d'air froid passa, venu de très loin* » MAUPASSANT. ▪ **2** TRANS. **PASSER SON CHEMIN :** aller, continuer sans s'arrêter. « *Tu passes ton chemin, majestueuse enfant* » BAUDELAIRE. — VX ou LITTÉR. *Passez votre chemin :* allez-vous-en. ▪ **3** SPÉCIALT Être projeté sur un écran, en parlant d'un film (dont la pellicule se déroule et passe dans le projecteur). *Ce film passe dans toutes les salles.* ◆ Être programmé (personne, émission). *Il passe à la radio. Chanteur qui passe dans un café-théâtre. Émission, message publicitaire qui passe à la télévision,* transmis, retransmis. ▪ **4** (Construit avec certaines prép.) **PASSER SOUS, DESSOUS.** *Passer sous un pont, un porche, sous une échelle.* « *Passer sous un arc de triomphe, c'est aussi passer sous le joug* » VALÉRY. — FAM. *Passer sous une voiture, un train... :* être écrasé. *La chatte est passée sous une voiture.* — *Faire passer qqch. sous les yeux de qqn,* faire voir. — FIG. *Passer sous le nez*.* ◆ **PASSER SUR, DESSUS.** *Passer sur un pont.* « *Sur la maison des morts mon ombre passe* » VALÉRY. — IMPERS. *Il passe peu de voitures sur cette route.* — *Passer sur, dessus,* en foulant, en écrasant. *Le camion lui a passé dessus* (FAM.). — FIG. *Passer sur le corps, sur le ventre de qqn,* lui nuire sans aucun scrupule pour parvenir à ses fins. *Elle lui passerait sur le corps pour obtenir ce qu'elle veut.* — FIG. Ne pas s'attarder, ne pas s'appesantir sur (un sujet). « *On nous saura gré de passer rapidement sur des détails douloureux* » HUGO. ➤ **glisser** (sur), **négliger.** *Passons là-dessus ! Passons !,* passons sur ce détail, n'insistons pas. — Ne pas tenir compte de (un inconvénient), prendre son parti de. *Passer sur les défauts de qqch.* — Oublier volontairement (les torts d'autrui). *Passer sur les fautes de qqn.* ➤ **oublier, pardonner, supporter** (cf. III, 1° Passer l'éponge*). « *Et l'amitié passant sur ces petits discords* » MOLIÈRE. — Se dispenser de (une obligation). *Passer sur des formalités.* ➤ **éluder, éviter.** ◆ **PASSER OUTRE.** ➤ 2 **outre.** ◆ **PASSER À (ou AU) TRAVERS :** traverser. *Passer à travers bois.* « *Un trait de lumière qui passe à travers un prisme* » BUFFON. — FIG. Se dispenser, être dispensé, exempté. ➤ **éviter.** *Passer au travers d'une corvée, d'une punition. Elle est passée au travers.* — (Canada) *Passer au travers de qqch.,* en venir à bout. *J'ai fini par passer au travers* (cf. En voir le bout). ◆ **PASSER À CÔTÉ, PRÈS, LE LONG DE.** *Passer à côté de qqn, près de qqn* (➤ **côtoyer**). *Passer le long de.* ➤ **longer.** ◆ **PASSER ENTRE** deux personnes, deux choses. ◆ **PASSER DEVANT, DERRIÈRE** (qqn, qqch.). *Ils passèrent devant la maison. Les images qui me passaient devant les yeux.* — *Passer devant qqn. Passer devant qqn pour lui montrer le chemin.* ➤ **précéder.** *Je passe devant, excusez-moi. Passez derrière moi.* ➤ **suivre.** ◆ **PASSER AVANT, APRÈS :** précéder, suivre (dans le temps). *Passer avant qqn,* passer d'abord ; *après qqn,* passer ensuite. SANS COMPL. *Passez donc ! Après vous !* — FIG. *Passer avant :* être plus important. *Sa mère passe avant sa femme. Sa tranquillité passe avant tout. Cela passe après :* c'est moins important. ▪ **5** (Sans compl. ; avec l'idée d'une difficulté, d'obstacles à franchir) Passer dans un endroit étroit, difficile, dangereux, interdit (cf. ci-dessus, II). *Le col est enneigé, nous ne pourrons pas passer. Défense de passer. Halte ! on ne passe pas !* — *Ils ne passeront pas,* formule lancée par Pétain à Verdun. ◆ **LAISSER PASSER :** faire en sorte qu'une personne, une chose passe. *S'effacer pour laisser passer qqn. Écartez-vous, laissez passer !* ➤ **dégager** (cf. Faire place). *Fenêtre qui laisse passer le soleil* (➤ **entrer, pénétrer**). — *Permettre, donner la permission de passer* (➤ **laissez-passer**). ◆ (Liquide) Traverser un filtre, un tamis (➤ **filtrer**). « *Le café qui passait tout doucement dans la cuisine répandait jusqu'à nous son arôme* » GUILLOUX. ◆ (Aliments) Être digéré. *Cela a du mal à passer* (cf. Rester sur l'estomac*). *Mon déjeuner ne passe pas.* ◆ FIG. et FAM. *Le, la sentir passer :* subir qqch. de pénible. *On lui a ouvert son abcès, il l'a senti passer !,* il a eu mal. — En parlant de gros frais *Il l'a sentie passer, la note.* ▪ **6** FIG. (sans compl. ; choses abstraites) Être accepté, admis. *Sa fille passe en sixième à la rentrée. Voiture qui passe au contrôle technique. La loi a passé. Cette scène ne passe pas,* est mauvaise (cf. II Ne pas passer la rampe*). *Comment faire passer cela ? La forme fait passer le fond* (➤ **excuser**). — LOC. PROV. *La sauce* fait passer le poisson.* — **PASSE ;** (1583) **PASSE ENCORE :** cela peut être admis, être tolérable. *Passe encore de...* (et l'inf.). « *Passe encore de bâtir, mais planter à cet âge !* » LA FONTAINE. *Passe encore que...* (et le subj.). *Passe encore qu'il l'ait fait, mais qu'il s'en vante ! Passe pour cette fois !* ▪ **7 PASSER PAR :** traverser. ◆ Traverser (un lieu) à un moment de son trajet. *Passer par Calais pour se rendre en Angleterre.* « *En passant par la Lorraine, avec mes sabots* » (marche lorraine). — (Voie de communication) *La nouvelle ligne de T. G. V. passera par ici. La route qui passe par le village.* ➤ **traverser.** — (ABSTRAIT) *Idée, pensée, impression qui passe par la tête,* qui traverse l'esprit. *Dire tout ce qui vous passe par la tête,* tout ce qu'on pense à un moment donné. « *Vous pouvez me raconter, sans m'ennuyer jamais, toutes les choses tristes ou saugrenues, ou même gaies, qui vous passeront par la tête* » LOTI. ◆ Faire un stage, une étape (FIG.). *Il est passé par l'École polytechnique.* « *Cette ville avait passé, comme tant d'autres, par tous les degrés de la barbarie, de l'ignorance, de la sottise et de la misère* » VOLTAIRE. — Utiliser (une personne, un bureau, un organisme) comme intermédiaire. *Il est passé par une agence pour louer son studio.* ◆ (1500) Subir (qqch.). *Il faut en passer par ses volontés, en passer par là,* accepter, céder. « *Ils passèrent par des alternances d'excitation et de dépression* » CAMUS. *Je suis passé par là :* j'ai eu les mêmes difficultés. ◆ (1655) **Y PASSER :** passer par là, subir nécessairement (une peine, une violence, un sort commun). *Il n'épargne personne dans ses critiques, tout le monde y passe.* — FAM. Mourir. *Il a failli y passer, mais il est tiré d'affaire.* ▪ **8** (Introduisant un attribut) *Passer inaperçu :* rester, être inaperçu.

B. ALLER ▪ **1 PASSER DE... À, DANS, EN... :** quitter (un lieu) pour aller dans (un autre). ➤ se **rendre.** *Passer d'une pièce dans une autre, à une autre. Passer d'un pays dans un autre.* « *J'ai eu le temps de passer de Surinam à Bordeaux, d'aller de Bordeaux à Paris* » VOLTAIRE. *Passer de main* en main.* — FIG. (pour exprimer un changement d'état) *Passer de vie à trépas :* mourir, trépasser. *Passer du rire aux larmes.* « *Sa physionomie avait passé de la violence effrénée à la douceur tranquille et rusée* » HUGO. *Passer d'un excès, d'un extrême* à l'autre.* — *Feu qui passe au rouge.* ▪ **2** (Sans *de*) **PASSER À, DANS, EN, CHEZ... PASSER QUELQUE PART** (➤ 1 **aller**). *Passons à table, au salon, dans le salon. Passons à côté. Veuillez passer dans mon cabinet* (➤ **entrer**). *Passez à la caisse. Je passerai chez vous entre six et sept.* — Se présenter pour subir. *Passer à la visite médicale, à la radio(graphie). Passer devant un jury, une commission.* IMPERS. *Il n'est passé que trois candidats en une heure.* ◆ **PASSER** (et inf.). Aller (faire qqch.). *Passer à la banque retirer de l'argent. Je passerai te prendre en voiture.* ◆ (Le passage étant considéré comme définitif) Se rendre en un lieu pour y rester, se joindre à un groupe. *Résistant qui passe à l'étranger.* — *Passer dans l'opposition, dans un camp.* ➤ se **joindre.** *Passer à l'ennemi.* — PAR EXT. *Héritage, bien qui passe à qqn. Usage qui passe dans les mœurs. Ce mot est passé dans l'usage.* ➤ **entrer.** ◆ (CHOSES) **Y PASSER :** être destiné, consacré à. « *Un rubis d'un prix exorbitant* [...] *Toutes ses économies y passèrent* » BALZAC. ◆ FIG. **PASSER À :** en venir à, aborder (un sujet), entamer (une action). *Passer à l'action :* se décider à agir. *Le prévenu est passé aux aveux,* il a avoué. *Passons à autre chose.* ➤ **s'occuper** (de). ◆ **PASSER EN** (un nouvel état). *Ce mot est passé en proverbe.* — *Passer en seconde* (vitesse). ▪ **3** (Suivi d'un attribut exprimant une situation, un grade) ➤ 1 **devenir.** *Il est passé capitaine,* il a été nommé. *Il est passé maître dans cet art.* ▪ **4** (PERSONNES, CHOSES) Être dans un lieu nouveau ou inconnu. *Où sont passées mes lunettes ? Où étais-tu passé ? On te cherchait partout.*

C. SUBIR L'ACTION, L'EFFET DU TEMPS ▪ **1** (fin XIe) S'écouler (en parlant du temps). *Beaucoup de temps est passé depuis. Il passera du temps avant que...* (cf. Il coulera de l'eau sous les ponts*). « *Passent les jours et passent les semaines Ni temps passé Ni les amours reviennent* » APOLLINAIRE. ➤ 2 **passé.** — (En parlant du temps psychologique) *Les heures passent vite.* ➤ **s'enfuir, s'envoler, filer, fuir.** *Déjà huit heures ! Comme le temps passe !* « *Ses journées passaient comme des heures* » STENDHAL.

▪ **2** Cesser d'être. *La douleur va passer.* ➤ **cesser.** *Faire passer le mal.* ➤ **enlever, ôter.** *Faire passer à qqn le goût, l'envie de qqch.*, lui enlever, lui ôter le goût, l'envie (souvent par la rigueur). — **p. p. adj.** *Le plus dur est passé.* ♦ FAM. *(Le) faire passer* : se faire avorter. *« Un enfant qu'on ne fera pas passer, qui devra grandir dans le ventre de sa mère. C'est l'Espagne catholique »* PH. BESSON. ♦ LOC. *Passer de mode**. ▪ **3** Avoir une durée limitée, une fin ; n'être pas éternel. *« Le temps n'a point de rive ; Il coule, et nous passons »* LAMARTINE. *Nos affections passent et changent.* ➤ **disparaître.** *« Ce dieu présidait également à tout ce qui s'écoule et passe, la route, le crépuscule, la jeunesse, la douceur de la chair »* MONTHERLANT. LOC. FAM. *Tout passe, tout lasse, tout casse* ! Ça passe ou ça casse*. « Racine passera comme le café »*, comme la mode du café (mot attribué faussement à Mme de Sévigné). *Ça lui passera. « Ça vous passera avant que ça me reprenne »* COURTELINE. ▪ **4** PAR EUPHÉM. (RÉGION.) Mourir*. ➤ **trépasser.** *« Le type a passé pendant qu'on l'opérait d'urgence »* ARAGON. ▪ **5** LITTÉR. (des fruits) Perdre ses qualités avec le temps. *« Il en est d'elle comme de ces fruits qui passent vite »* MARIVAUX. — COUR. (des couleurs) Perdre son intensité, son éclat. ➤ **pâlir, ternir.** *Cette couleur a passé au soleil.* ➤ 3 **passé.**

D. PASSER POUR... (1604) (auxiliaire *avoir*) Être considéré, regardé comme, avoir la réputation de (cf. Avoir l'air*, faire figure* de). — (Suivi d'un nom, d'un pronom ou d'un adj.) *« Passer pour un idiot aux yeux d'un imbécile est une volupté de fin gourmet »* COURTELINE. (Avec l'inf.) *« Il passa pour avoir fait une folie »* BALZAC. — (CHOSES) Être pris pour. *Cela peut passer pour vrai.* — **FAIRE PASSER POUR...** *Elle le fait passer pour un idiot. Se faire passer pour... :* tromper les autres sur soi (➤ **tromper**). *Se faire passer pour fou. Elle s'est fait passer pour une étrangère.*

II ~ **v. tr.** (pour *passer son chemin* cf. I, A, 2°) **A. TRAVERSER** ▪ **1** (fin XIe) Traverser (un lieu, un obstacle). ➤ **franchir, traverser.** *Passer une rivière. Passer un mur, un obstacle* (➤ **escalader, sauter**). *Passer la frontière. — Passer la rampe*.* ▪ **2** FIG. *Passer un examen :* VX être reçu ; MOD. en subir les épreuves (bien ou mal). *Passer le baccalauréat, une licence de lettres. Il a passé l'écrit et attend les résultats. — Passer l'inspection. Passer la visite médicale.* ▪ **3** (fin XIe) Employer (un temps), se trouver dans telle situation pendant (une durée). *Passer la soirée chez qqn. Les moments passés auprès d'elle. Passer ses vacances à la montagne. J'ai passé deux jours sur ce travail. On y passera le temps qu'il faudra. Ce n'est qu'un mauvais moment à passer.* — LOC. FAM. *Passer un mauvais quart d'heure :* traverser un moment pénible ; SPÉCIALT subir la colère de qqn. — *C'est pour passer le temps,* pour s'occuper, ne pas s'ennuyer (➤ **passe-temps**). ♦ *Passer le temps, son temps à* (et l'inf.). ➤ **employer, occuper.** *Ce chat passe son temps à dormir. « J'ai passé tout l'été à me promener en canot et à lire du Shakespeare »* FLAUBERT. *Il ne passe pas un jour sans m'appeler.* ▪ **4** (1588) Satisfaire (un besoin). ➤ **assouvir, satisfaire.** *Passer son envie. Passer sa colère sur qqn,* l'assouvir en s'en prenant à qqn. ▪ **5** (milieu XIIIe) Abandonner (un élément d'une suite). ➤ **omettre, oublier, sauter.** *Passer un mot, une ligne en copiant un texte. Passer son tour.* — (XVIIe) *Je passe* (mon tour, au jeu). — *Passer à l'as, sous silence. — J'en passe* (des choses qu'on pourrait dire). LOC. *J'en passe et des meilleures,* se dit d'une énumération incomplète mais probante. ▪ **6 PASSER (qqch.) À qqn.** ➤ **concéder, permettre.** *Un enfant gâté à qui ses parents passent tout. « Vous savez, tout passer à ses enfants, ce n'est pas toujours leur rendre service »* O. ADAM. *Passez-moi le mot, l'expression,* se dit pour s'excuser d'un mot qui pourrait déplaire, choquer. — (RÉFL.) *Se passer une fantaisie,* se l'accorder. *« Une femme qui s'était imposé de si grands sacrifices pouvait bien se passer des fantaisies »* FLAUBERT. *Se passer toutes ses envies.*

B. DÉPASSER, ALLER AU-DELÀ DE ▪ **1** (Dans l'espace) Dépasser. *Quand vous aurez passé la gare... Jupon qui passe* (sous la jupe). FIG. *Passer le, un cap :* franchir (une difficulté, un âge critique). *Elle a passé le cap de la cinquantaine.* ♦ FIG. *Passer les limites, les bornes, la mesure :* aller trop loin. ➤ **outrepasser.** *Il a passé les bornes.* — LITTÉR. *« Et les fruits passeront la promesse des fleurs »* MALHERBE. *Cela passe l'entendement :* c'est incompréhensible. ♦ (PERSONNES) VX ou LITTÉR. ➤ **surpasser.** ▪ **2** (fin XIe) (Dans le temps) *Il a passé la limite d'âge pour ce concours. « Ai-je passé le temps d'aimer ? »* LA FONTAINE. — *Le malade ne passera pas la nuit,* il ne vivra pas au-delà (en parlant d'un mourant). LOC. *Il ne passera pas l'hiver*.*

III ~ **v. tr. FAIRE PASSER** (au sens I) ▪ **1** (fin XIe) Faire traverser. *Passer des marchandises en transit, en contrebande* (➤ **transporter**). *Passer un faux billet, une fausse pièce.* ➤ **écouler.** ♦ Faire mouvoir, faire aller. *Se passer la main dans les cheveux. « Il se passait la main sur le front comme un homme harcelé par les mouches »* FLAUBERT. *Passer l'aspirateur. — Passer un anneau au doigt, la corde* au cou.* — FIG. *Passer l'éponge*.* ▪ **2** SPÉCIALT *Passer* (qqch.) *sur* (➤ **étendre, répandre**). *Passer une couche de peinture sur une porte.* — FIG. et FAM. *Passer un savon*, une engueulade* (à qqn) : admonester, réprimander. *Qu'est-ce qu'il lui a passé !* ▪ **3** *Passer* (qqn, qqch.) *par, à... :* soumettre à l'action de. *Passer qqn par les armes,* le fusiller. *Passer qqn au fil* de l'épée.* FAM. *Passer à tabac*. — Passer un instrument à la flamme, une plaie à l'alcool. Passer un plat au four. Passer qqch. au crible. Se passer les mains à l'eau.* ▪ **4** (fin XIVe) Faire traverser un filtre, un tamis à (➤ **cribler, filtrer, tamiser**). *Passer un bouillon, une sauce. Passer le café* (cf. *supra* Le café passe). ▪ **5** Projeter (un film) (cf. Le film passe). *« Il paraît qu'à sept heures on va passer de vieux films muets »* BEAUVOIR. ♦ Retransmettre (une émission de radio, de télévision). *Ils vont passer une émission sur les animaux.* ▪ **6** Mettre rapidement ou de façon peu durable. ➤ **enfiler, mettre.** *Il passa une robe de chambre à la hâte. Passer une veste, une robe pour l'essayer.* ▪ **7** Enclencher (les commandes de vitesse d'un véhicule). *Passer ses vitesses. Passer la seconde après la première* (cf. I Passer en seconde). ▪ **8** COMM., COMPTAB. Faire figurer (une opération sur un livre de commerce). ➤ **inscrire.** *Passer un article en compte, sur le compte de qqn. Passer des écritures comptables. Passer une somme par pertes* et profits.* ▪ **9** Remettre (qqch.). *Passer une chose à qqn.* ➤ **donner, remettre, transmettre.** *Passez-moi le sel. Le CD qu'elle m'a passé.* ➤ **prêter.** FAM. *Passons la monnaie !* — PAR EXT. *Passer les consignes, un message à qqn* (➤ **communiquer, transmettre**). ABSOLT *Faites passer !* (RÉCIPR.) *Ils se sont passé le mot. — Passer la parole à qqn,* la lui donner après qu'on a parlé. FAM. *Passer un coup de téléphone, un coup de fil à qqn,* lui téléphoner. *Passez-moi la communication dans mon bureau.* ♦ Mettre en communication téléphonique avec (qqn). *Ne quittez pas, je vous la passe.* ♦ *Passer une maladie à qqn,* la lui donner par contact, par contagion. ➤ **transmettre.** *Il m'a passé son rhume.* ➤ FAM. **refiler.** ▪ **10** (fin XIVe) Dresser (un acte). ➤ **dresser,** 1 **faire, libeller ; passation.** DR. *Acte authentique passé dans la forme administrative.* COUR. *Passer une commande. — Passer un ordre d'achat, de vente en Bourse. — Passer un accord.* ➤ **conclure.**

IV ~ **v. pron. SE PASSER A.** (DANS LE TEMPS) ▪ **1** (fin XIVe) Accomplir sa durée. ➤ **s'écouler.** *Moments qui se passent dans l'attente. « Le meilleur de la vie se passe à dire : "Il est trop tôt," puis "Il est trop tard" »* FLAUBERT. *L'action se passe en un seul jour.* ➤ se **dérouler.** PROV. *Il faut bien que jeunesse* se passe.* — IMPERS. *Il ne se passe pas d'année que...* ♦ PAR EXT. (milieu XVe) Prendre fin (➤ **cesser, finir**). *Cela va se passer. « En attendant que le mal de gorge de Jacques se passe, laissons parler son maître »* DIDEROT (cf. ci-dessus, I, C). ▪ **2** Être (en parlant d'une action, d'un phénomène, d'un évènement qui a une certaine durée). ➤ **advenir, arriver,** se **produire.** *L'action, l'histoire se passe au XVIe siècle. « Et ceci se passait dans des temps très anciens »* HUGO. *Ce qui se passe en qqn,* dans l'esprit, dans le cœur de qqn. — *Cela s'est bien, mal passé* (cf. Cela a bien, mal marché*). *« Rien ne se passe jamais tout à fait comme on aurait cru »* GIDE. FAM. *Ça ne se passera pas comme ça :* je ne le tolérerai pas, j'y mettrai bon ordre. — *Tout se passe comme si...,* expression employée pour décrire un phénomène en l'assimilant à un autre, fictif ou hypothétique. *« Tout se passe comme si la plupart de ce qui est n'existait pas »* VALÉRY. — IMPERS. *Que se passe-t-il ? Qu'est-ce qui se passe ?,* qu'est-ce qu'il y a ? *Il se passe des choses étranges.* ➤ **arriver.** *« Il se passe bien des choses, je me dis, mais au fond, il se passe rien »* GUILLOUX. *Comment ça se passe pour toi ?* (cf. Comment ça va).

B. SE PASSER DE... ▪ **1** (fin XIIe) VX Se contenter (d'une chose). *« Un homme sobre se passe de peu »* (Dictionnaire de Trévoux). ▪ **2** (fin XIVe) MOD. Vivre sans... (en s'accommodant de cette absence, qu'elle soit voulue ou subie). *Se passer d'argent. Apprendre à se passer de qqch. S'il n'y en a plus, on s'en passera. Elle s'est passée de nos conseils.* PAR EUPHÉM. *Nous nous voyons dans l'obligation de nous passer de vos services,* de vous renvoyer. — *Nous nous passerons d'aller au théâtre.* ➤ **s'abstenir.** ♦ IRON. *Je me passerais volontiers de cette corvée.* ➤ se **dispenser.** ▪ **3** (CHOSES) Être sans, ne pas avoir besoin. *« L'admiration se passe de l'amitié. Elle se suffit à elle-même »* RENARD. *Cela se passe de commentaires !,* c'est évident, en parlant plus spécialement de ce qu'on réprouve.

▪ **CONTR.** Arrêter (s'), rester ; durer.

PASSERAGE [pasʀaʒ] **n. f.** – 1549 ◊ de *passer* et *rage* ▪ Plante *(crucifères)* considérée autrefois comme un remède contre la rage. ➤ **cresson.**

PASSEREAU [pasʀo] **n. m.** – 1538 ; *passerel* 1265 ◊ latin *passer, eris* «moineau» ■ **1** VX Moineau. ■ **2** **n. m. pl.** (1803) MOD. *Les* **PASSEREAUX.** Ordre d'oiseaux comprenant des percheurs et des chanteurs, généralement de petite taille. ➤ **passériformes.** *Principaux passereaux* (PAR APPOS. *oiseaux passereaux*) : alouette, becfigue, bouvreuil, bruant, corbeau, farlouse, fauvette, grive, hirondelle, merle, moineau, passerine, passerinette, pie, pinson, pipit, rossignol, rouge-gorge. — Au sing. *Cet oiseau n'est pas un passereau.*

PASSERELLE [pasʀɛl] **n. f.** – 1835 ◊ de *passer* **A.** ■ **1** Pont étroit, réservé aux piétons. *Passerelle qui traverse une route, une voie ferrée, un canal. Garde-fous, rambardes d'une passerelle.* «*On la traversait* [la Vivonne] *sur une passerelle dite le Pont-Vieux*» PROUST. ■ **2** INFORM. Système permettant de passer d'un environnement à un autre. ■ **3** FIG. Moyen d'accès, communication. ➤ **pont.** *Créer des passerelles entre la recherche et l'industrie.*

B. ■ **1** Plan incliné mobile par lequel on peut accéder à un navire, un avion. — Système d'accès à un avion. *Passerelle d'embarquement direct. Passerelle télescopique.* ■ **2** MAR. Superstructure la plus élevée d'un navire. *Le commandant est sur la passerelle.*

PASSÉRIFORMES [paseʀifɔʀm] **n. m. pl.** – 1930 ◊ du latin *passer, eris* et *-forme* ■ ZOOL. Ordre des passereaux*.

PASSERINE [pasʀin] **n. f.** – *passerin* adj. «qui ressemble au moineau» 1611 ◊ latin *passer, eris* «moineau» → passereau ■ **1** Plante *(daphnoïdés)* appelée communément *langue de moineau, herbe à l'hirondelle,* proche du daphné. ■ **2** (1775) Passereau d'Amérique, aux couleurs vives, appelé aussi *pape.*

PASSERINETTE [pasʀinɛt] **n. f.** – 1775 ◊ de *passerine* ■ RARE Fauvette des jardins.

PASSEROSE [pasʀoz] **n. f.** – XIIIe ◊ de *passer* «surpasser» et *rose* ■ RÉGION. Rose trémière*. *Des passeroses.* ➤ **primerose.** — On écrit aussi *passe-rose.* «*leurs petits jardins, avec des tournesols et des passe-roses*» RAMUZ.

PASSE-TEMPS [pastɑ̃] **n. m. inv.** /PASSETEMPS/ – 1410 ◊ de *passer* et *temps* ■ Ce qui fait passer agréablement le temps. ➤ **amusement, distraction, divertissement, jeu.** *C'est son passe-temps favori.* ➤ **hobby** (cf. Violon* d'Ingres). «*Il préparait son bachot ou sa licence, mais c'était plutôt par passe-temps*» SARTRE.

PASSE-THÉ [paste] **n. m.** – v. 1900 ◊ de *passer* et *thé* ■ Petite passoire à thé. ➤ **passette.** *Des passe-thés.*

PASSE-TOUT-GRAIN [pastugʀɛ̃] **n. m. inv.** – 1859 ; *passe-tous-grains* 1816 ◊ de *passer, tout* et *grain* (de raisin) ■ Vin rouge de Bourgogne, mélange de plants fins et de gamay.

PASSETTE [pasɛt] **n. f.** – 1626 «passoire» ◊ de *passer* ■ Petite passoire. *Passette à thé.* ➤ **passe-thé.**

PASSEUR, EUSE [pasœʀ, øz] **n.** – 1260 ◊ de *passer* ■ **1** Personne qui conduit un bac, un bateau, une barque pour traverser un cours d'eau. ➤ **batelier.** ■ **2** Personne qui fait passer clandestinement une frontière, traverser une zone interdite, etc. «*les immigrants clandestins abandonnés par leur passeur et errant dans le désert*» J. ROLIN. *Passeur de drogue.* ➤ **trafiquant ;** ARG. **fourmi,** 1**mule.** ■ **3** SPORT Personne qui passe le ballon, fait une passe. ■ **4** FIG. Personne qui transmet la connaissance d'une œuvre, d'un auteur, d'un artiste, d'un contenu culturel. «*traduisant de l'allemand en français, ou de l'anglais en français, faisant le passeur, l'espion*» QUIGNARD.

PASSE-VELOURS [pasvəluʀ] **n. m. inv.** – *passe-veloux* 1512 ◊ de *passer* et *velours* ■ RÉGION. Amarante.

PASSE-VUE [pasvy] **n. m.** – v. 1932 ◊ de *passer* et *vue* ■ Dispositif permettant d'amener successivement des vues (diapositives, etc.) devant la fenêtre d'un projecteur. *Des passe-vues.*

PASSIBLE [pasibl] **adj.** – 1160 ◊ latin *passibilis,* de *passus,* p. p. de *pati* «souffrir»

I THÉOL. et DIDACT. Qui peut souffrir, éprouver des sensations.

II (1552 «coupable») COUR. *Passible de :* qui doit subir (une peine). *Être passible d'une amende, d'emprisonnement.* ➤ **encourir.**

1**PASSIF, IVE** [pasif, iv] **adj. et n. m.** – 1220 ◊ latin *passivus,* de *pati* «souffrir, subir» ■ **1** Caractérisé par le fait de subir, d'éprouver. «*dans les espèces inférieures, le toucher est passif et actif tout à la fois*» BERGSON. ■ **2** (*verbe passif* fin XIIe) GRAMM. Se dit des formes verbales présentant l'action comme subie par le sujet. *Forme, voix* passive. Pronominal passif.* ◆ **n. m.** *Le passif se forme avec l'auxiliaire être et le participe passé* (ex. le jardinier arrose les fleurs *[actif]* et les fleurs sont arrosées par le jardinier *[passif]*). *Au passif, le sujet de la phrase active correspondante devient complément d'agent* (➤ **passivation**). *Passif impersonnel.* ■ **3** (v. 1480) Qui se contente de subir, ne fait preuve d'aucune activité, d'aucune initiative. ➤ **indifférent, inerte.** «*cette grande enfant passive, d'une affection filiale, où l'amante ne s'éveillait point*» ZOLA. «*son air passif la retranchait du monde à mes yeux*» CAMUS. *Être, rester passif devant une situation.* — HIST. *Citoyens passifs,* non électeurs. ◆ *Résistance*, défense* passive.* ➤ **non-violence.** ◆ *Vocabulaire passif,* maîtrisé passivement, connu mais pas employé spontanément. ■ **4** *Homosexuel passif,* qui est le partenaire qui se laisse pénétrer lors du coït. *Rapports passifs.* ■ **5** MÉD. Se dit d'un mouvement qui n'est pas accompli volontairement, qui résulte de l'intervention d'autrui (médecin qui évalue la mobilité d'une articulation ; kinésithérapeute au cours de la rééducation d'un hémiplégique). ◆ *Congestion passive.* ➤ **stase.** ■ **6** PHYS., ÉLECTRON. Qui ne requiert pas l'usage d'une source d'énergie extérieure. *La résistance, la condensation, l'inductance sont des pôles passifs.* ◆ TECHN. *Maison passive,* dont la conception permet de limiter la consommation énergétique. ■ CONTR. Actif.

2**PASSIF** [pasif] **n. m.** – 1789 ◊ de 1*passif* ■ Ensemble de dettes et engagements (d'une entreprise, d'une personne). — SPÉCIALT (COMPTAB.) Partie droite d'un bilan, contrepartie de l'actif*. *Les postes du passif :* les capitaux propres, provisions pour risques et charges, dettes, comptes de régularisation. *Le résultat net de l'exercice s'inscrit toujours au passif.* ■ CONTR. Actif.

PASSIFLORE [pasiflɔʀ] **n. f.** – 1808 ◊ latin des botanistes *passiflora* «fleur de la passion» ■ Plante à larges fleurs étoilées, présentant des filaments en leur centre (comparés à la couronne d'épines), un pistil muni de trois styles (comparés aux clous de la Passion), et à feuilles aiguës (comparées à la lance) (cf. Fruit de la passion*).

PASSIFLORINE [pasiflɔʀin] **n. f.** – 1838 ◊ de *passiflore* ■ Alcaloïde tiré de la racine de la passiflore.

PASSIM [pasim] **adv.** – 1868 ◊ mot latin «çà et là», supin de *pandere* «étendre» ■ DIDACT. Çà et là (dans tel ouvrage), en différents endroits (d'un livre). *Page neuf et passim.*

PASSING-SHOT [pasiŋʃɔt] **n. m.** – 1928 ◊ mot anglais «coup *(shot)* passant» ■ ANGLIC. Au tennis, Balle rapide en diagonale ou près d'un couloir, évitant un joueur placé pour faire une volée. *Des passing-shots.* «*il ferma le poing comme s'il venait d'accomplir un passing-shot sur une balle de match*» D. FOENKINOS.

PASSION [pasjɔ̃] **n. f.** – v. 1000 *passiun* ◊ latin *passio*

I SOUFFRANCE VX Souffrance. «*Bernard Palissy souffrait la passion des chercheurs de secrets*» BALZAC. *Souffrir mort* et passion.* ◆ MOD. Les souffrances et le supplice du Christ (cf. Chemin de la croix*). LITURG. *Semaine de la Passion,* qui précède la semaine sainte. — *Fruit de la passion :* fruit exotique, produit par la passiflore*, au parfum acidulé. ➤ **grenadille, maracuja.** *Sorbet aux fruits de la passion. Arbre de la passion :* passiflore ; *fleur de la passion,* sa fleur. — MUS. Oratorio ayant pour sujet la Passion. «*La Passion selon saint Jean, saint Matthieu*», de Bach.

II ÉTAT AFFECTIF ■ **1** VX Tout état ou phénomène affectif. ➤ **émotion, sentiment.** «*Traité des passions de l'âme*», de Descartes (1649). «*La nature, qui n'est pas sensible, n'est pas susceptible de passions*» PASCAL. ■ **2** (1572) Surtout plur. État affectif et intellectuel assez puissant pour dominer la vie de l'esprit, par l'intensité de ses effets, ou par la permanence de son action. *Obéir, résister à ses passions, à sa passion. Maîtriser, dompter, vaincre ses passions.* «*D'autres ont le bonheur d'être guidés par leurs passions. Des passions, je n'en ai pas...*» DEGAS. — COLLECT. *Aveuglement de la passion.* «*Je ne sus jamais écrire que par passion*» ROUSSEAU. ■ **3** SPÉCIALT L'amour, quand il apparaît comme un sentiment puissant et obsédant. ➤ **adoration, amour.** *Déclarer, avouer, témoigner sa passion.* ➤ **flamme.** *L'amour-passion. Passion subite.* ➤ **emballement** (cf. Coup de foudre*). *Une folle passion. Les transports, les égarements de la passion.* «*La passion est une terrible destructrice*» VERCORS. «*malgré sa passion pour moi, au fond, elle ne pensait qu'à elle*» (QUENEAU et H. MILLS, «Monsieur Ripois», film). ■ **4** Vive inclination vers un objet que l'on poursuit, auquel on s'attache de toutes ses forces. *La passion du jeu, de la liberté, du pouvoir ; de voyager. Sa passion pour l'opéra.* ◆ Objet d'une telle inclination. «*La peinture, au siècle de Jules II et de Léon X, n'était pas un métier comme*

aujourd'hui ; c'était une religion pour les artistes, une passion pour les femmes» MUSSET. *«Je t'adore, ô ma frivole, Ma terrible passion»* BAUDELAIRE. *Tout sacrifier pour sa passion. C'est sa passion.* ➤ **faible.** ▪ **5** Affectivité violente qui nuit au jugement. *«Aborder sereinement les grands problèmes moraux et philosophiques de la science, les résoudre sans passion»* DUHAMEL. *Déchaîner les passions.* ◆ Opinion irraisonnée, affective et violente. *Céder aux passions politiques, religieuses, nationales.* ➤ **fanatisme.** *Les passions et les préjugés.* ▪ **6** *La passion :* ce qui, de la sensibilité, de l'enthousiasme de l'artiste, passe dans l'œuvre. ➤ **chaleur, émotion, 1feu, flamme, lyrisme, pathétique, sensibilité, vie.** *«Sans passion, il n'y a pas d'art»* MATISSE. *Œuvre, page pleine de passion.* ▪ **7** Expression d'un état affectif d'une grande puissance. *Parler avec passion.* ➤ **ardeur, emportement, enthousiasme, 1fougue, véhémence.** *Il fait tout avec passion.*
▪ CONTR. 1Calme, détachement ; lucidité. Raison.

PASSIONARIA ou **PASIONARIA** [pasjɔnaʀja] **n. f.** – 1936 ◊ espagnol *pasionaria* «la passionnée» ▪ Militante qui défend de façon parfois violente et spectaculaire une cause politique.

PASSIONISTE ➤ **PASSIONNISTE**

PASSIONNANT, ANTE [pasjɔnɑ̃, ɑ̃t] **adj.** – 1867 ◊ de *passionner* ▪ Qui passionne, qui est capable de passionner. ➤ **captivant, émouvant, intéressant, prenant.** *Livres passionnants. Des gens passionnants. Ce n'est pas très passionnant.* ➤ **excitant ;** FAM. **bandant.**

PASSIONNÉ, ÉE [pasjɔne] **adj.** – fin XVe ; «qui souffre» v. 1220 ◊ de *passionner* ▪ **1** (PERSONNES) Animé, rempli de passion. *Le plus passionné de tous les amants. Partisan passionné. «Exigerez-vous que des personnages passionnés soient de sages philosophes, c'est-à-dire n'aient point de passion !»* STENDHAL. — PAR EXT. *Un tempérament passionné.* — **n.** *C'est un passionné.* ◆ *Passionné de, pour, par... :* qui a une vive inclination pour qqch. ➤ **avide, fanatique, féru, fervent ;** FAM. **fana, mordu ;** RÉGION. **bleu.** *Elle est passionnée de musique. «Grands sculpteurs du temps, tous passionnés pour l'étude du corps humain»* TAINE. *Il est passionné par son travail, par ce qu'il fait.* — **n.** *Une passionnée de photo.* ▪ **2** (CHOSES) Qui a la force d'une passion. ➤ **ardent, brûlant, fervent, violent.** *«Considérons l'amour passionné. Il est à soi-même sa propre illusion, sa propre folie, sa propre substance»* CHATEAUBRIAND. — Qui manifeste de la passion. *Le récit passionné d'une aventure. Un débat passionné.* ➤ **houleux, tumultueux, véhément.** *Une déclaration passionnée.* ➤ **enflammé.** *Rendre moins passionné.* ➤ **dépassionner.** ▪ CONTR. 2Calme, 1froid, lucide, raisonnable ; détaché, 1objectif.

PASSIONNEL, ELLE [pasjɔnɛl] **adj.** – 1285, rare avant 1808 ◊ latin *passionalis* ▪ DIDACT. Relatif aux passions, qui dénote de la passion. *États passionnels.* ◆ COUR. Inspiré par la passion amoureuse. *Crime, drame passionnel.*

PASSIONNELLEMENT [pasjɔnɛlmɑ̃] **adv.** – 1854 ◊ de *passionnel* ▪ LITTÉR. D'une manière passionnelle.

PASSIONNÉMENT [pasjɔnemɑ̃] **adv.** – 1578 ◊ de *passionné* ▪ **1** D'une manière passionnée, avec passion. *Aimer passionnément qqn, qqch.* ➤ **beaucoup, follement** (cf. À la folie*). ▪ **2** Avec une grande énergie, un intérêt profond et durable. *Désirer passionnément qqch. S'intéresser passionnément à qqch. «Pas de "vérité" sans passion, sans erreur. Je veux dire : la vérité ne s'obtient que passionnément»* VALÉRY.

PASSIONNER [pasjɔne] **v. tr.** ⟨1⟩ – 1580 ; «faire souffrir» 1180 ◊ de *passion* ▪ **1** Éveiller un très vif intérêt chez (qqn). ➤ **attacher, intéresser.** *Ce roman, ce film m'a passionné.* ➤ **captiver.** *«Les études que j'avais commencées au séminaire m'avaient tellement passionné»* RENAN. ▪ **2** Empreindre de passion. *Il ne faut pas passionner le débat.* ▪ **3** **v. pron.** *Se passionner pour :* prendre un intérêt très vif. ➤ **aimer, s'emballer, s'engouer, s'enticher, s'éprendre.** *Se passionner pour une science, une recherche, une affaire.* VIEILLI *«des hommes qui crurent à la vérité et se passionnèrent à sa recherche»* RENAN. ▪ CONTR. Ennuyer ; dépassionner ; désintéresser (se).

PASSIONNISTE [pasjɔnist] **n. m.** – 1903 ; «sectaire chrétien» 1838 ◊ de *passion* ▪ RELIG. Membre d'une congrégation fondée par saint Paul de la Croix pour conserver le souvenir de la Passion du Christ. — On écrit aussi *passioniste.*

PASSIVATION [pasivasjɔ̃] **n. f.** – 1930 ◊ mot anglais, de *to passivate* «rendre passif» (chim.) ▪ ANGLIC. ▪ **1** TECHN. Préparation de la surface d'un métal (traitement au phosphate), avant la peinture. ▪ **2** CHIM. Formation d'une couche protectrice d'oxyde de fer inaltérable à la surface du fer soumis à l'acide nitrique concentré. ▪ **3** LING. Transformation par mise au passif du verbe.

PASSIVEMENT [pasivmɑ̃] **adv.** – 1370 ◊ de *passif* ▪ D'une manière passive. *«Ce qu'on a commencé activement, on le continue passivement»* HUGO. ▪ CONTR. Activement.

PASSIVITÉ [pasivite] **n. f.** – *passiveté* 1697 ◊ de *passif* ▪ **1** RELIG. État de l'âme demeurant passive pour se soumettre complètement à l'action de Dieu. ➤ **quiétisme.** ▪ **2** COUR. État ou caractère de celui ou de ce qui est passif. ➤ **inertie.** *Attendre, subir son sort avec passivité. La passivité d'une attitude.* ➤ **apathie.** *«Nul homme au monde n'a plus d'aversion pour la passivité que ce lutteur inlassable* [Gandhi]*»* R. ROLLAND. ▪ **3** (1877) CHIM. Propriété qu'acquièrent certains métaux soumis à des acides de résister à l'oxydation. ▪ CONTR. Activité, dynamisme, initiative.

PASSOIRE [paswaʀ] **n. f.** – 1660 ; *passoere* hapax XIIIe «crible» ◊ de *passer* ▪ Récipient percé de trous et utilisé pour égoutter des aliments, pour filtrer sommairement des liquides. *Égoutter des pâtes dans une passoire. Petite passoire.* ➤ **chinois, passette ; passe-thé.** ◆ FIG. Ce qui ne retient rien, laisse passer (ce qui doit être retenu). *Sa mémoire est une passoire. «c'est vraiment la première fois que rien ne filtre de cette passoire d'Élysée»* M. DUGAIN. *Les «habitats anciens accusés d'être des "passoires énergétiques"»* P. BRUCKNER. — EN APPOS. *Des frontières passoires.*

1**PASTEL** [pastɛl] **n. m.** – XIVe ◊ mot provençal ; du bas latin *pasta* «pâte», cette plante étant réduite en pâte ▪ Plante *(crucifères)* dont les feuilles et les tiges contiennent un principe colorant bleu (➤ **guède, isatis**) et qui est cultivée comme plante fourragère. ◆ (avec influence de 2*pastel*) *Bleu pastel,* ELLIPT *pastel :* couleur, teinture bleu clair de pastel. *Des robes pastel,* bleu pastel.

2**PASTEL** [pastɛl] **n. m.** – 1675 «crayon» ◊ italien *pastello ;* bas latin °*pastellus* → pastille ▪ **1** Pâte faite de pigments colorés pulvérisés, agglomérés et façonnés en bâtonnets ; ces bâtonnets. *Portrait au pastel. Boîte de pastels.* ▪ **2** *Teintes, tons de pastel,* doux et clairs comme ceux du pastel. ADJT INV. *Tons, teintes pastel.* ▪ **3** Œuvre faite au pastel. *Pastel sur carton. Fixer un pastel. Les pastels de Degas.*

PASTELLISTE [pastelist] **n.** – 1836 ◊ de 2*pastel* ▪ Peintre en pastel. *Les grands pastellistes du XVIIIe siècle.*

PASTENAGUE [pastənag] **n. f.** – 1558 ◊ ancien provençal *pastenago,* du latin *pastinaca* «carotte» → panais ▪ RÉGION. Raie à longue queue *(dasyatidés).* ➤ 2**raie.** PAR APPOS. *Raies pastenagues.*

PASTÈQUE [pastɛk] **n. f.** – 1619 ; *patèque* 1512 ◊ portugais *pateca,* arabe *bâttihah* ▪ Plante *(cucurbitacées)* dont le gros fruit lisse, à chair rose, verdâtre ou blanche, est comestible ; PLUS COUR. Ce fruit. ➤ **melon** (d'eau). *Tranche de pastèque.*

PASTEUR [pastœʀ] **n.** – 1238 ; *pastur* 1050 ◊ latin *pastor, oris,* cas régime de *pastre* → pâtre ▪ REM. Au féminin, on trouve aussi *pasteure* sur le modèle du français du Canada. ▪ **1** **n. m.** VX ou POÉT. Celui qui garde, fait paître le bétail. ➤ **berger, pâtre.** *Qui se rapporte à la vie des pasteurs.* ➤ **bucolique, pastoral.** ◆ DIDACT. Celui qui vit surtout de l'élevage. *Le nomade est un pasteur.* APPOS. *«Les peuples pasteurs ne peuvent se séparer de leurs troupeaux, qui sont leur subsistance»* MONTESQUIEU. ▪ **2** **n. m.** PAR MÉTAPH. ➤ **chef, conducteur.** *«Pasteurs des peuples, conducteurs d'hommes, guides et maîtres, c'est là ce qu'étaient mes pères»* HUGO. ◆ (1534) **LE BON PASTEUR,** qui, dans l'Évangile, retrouve et sauve la brebis égarée ; le Christ ; chef spirituel. ▪ **3** **n. m.** (*pastur* XIIe) VX Prêtre. ◆ **n.** (1541) MOD. Ministre d'un culte protestant. *Le pasteur est au temple. La femme du pasteur. Un prêtre catholique et un pasteur protestant. Femme pasteur. Pasteur anglais* (➤ **révérend**). *Une pasteur méthodiste.*

PASTEURIEN, IENNE [pastœʀjɛ̃, jɛn] **adj.** et **n.** – 1903 ; *pastorien* 1883 ◊ du nom de *Pasteur* (1822-1895) ▪ MÉD. Relatif aux théories de Pasteur et à leurs applications. *Vaccinations pasteuriennes. Méthodes pasteuriennes de stérilisation des liquides fermentescibles.* ➤ **pasteurisation.** — On dit aussi **PASTORIEN, IENNE.** *Cette doctrine «remise en honneur par l'école pastorienne sous le nom d'immunisation active»* GARNIER et DELAMARE. — **n.** Personne travaillant à l'institut Pasteur. *Un pasteurien, une pasteurienne.*

PASTEURISATION [pastœʀizasjɔ̃] **n. f.** – 1883 ◊ du nom de *Pasteur* ▪ Opération qui consiste à chauffer un liquide fermentescible, puis à le refroidir brusquement, de manière à y détruire un grand nombre de germes pathogènes. *Pasteurisation du lait, des jus de fruits, du vin, de la bière. Pasteurisation et stérilisation. — Pasteurisation à froid des aliments,* par ionisation, irradiation.

PASTEURISER [pastœʀize] v. tr. ‹1› – 1872 ◊ du nom de *Pasteur* ■ Stériliser par pasteurisation ; détruire les germes de fermentation de. *Pasteuriser du lait.* — p. p. adj. *Lait pasteurisé à ultra haute température.* ➤ U. H. T. *Beurre, fromage pasteurisé.* « *Une nourriture de régime, insipide, stérilisée, pasteurisée* » SARRAUTE. ■ CONTR. (du p. p.) Fermentescible.

PASTICHE [pastiʃ] n. m. – 1719 peint. ◊ italien *pasticcio* « imbroglio » ; latin populaire °*pasticium* → pastis ■ 1 Œuvre littéraire ou artistique dans laquelle l'auteur a imité la manière, le style d'un maître, par exercice de style ou dans une intention parodique (➤ imitation ; copie). *Faire, écrire un pastiche d'un écrivain célèbre. Pastiche et plagiat* ; et faux** (artistique). *Pastiche plaisant.* ➤ parodie. « *Pastiches et Mélanges* », *de Proust. Un pastiche de Picasso.* ♦ Imitation ou évocation du style, de la manière d'un écrivain, d'un artiste, d'une école. « *Si, pour donner l'idée d'un peintre inconnu à Paris, nous avons été obligé de chercher des analogues, ne croyez pas pour cela au pastiche* » GAUTIER. ■ 2 (1798) HIST. MUS. Opéra formé d'un assemblage d'airs empruntés à d'autres œuvres (➤ pot-pourri).

PASTICHER [pastiʃe] v. tr. ‹1› – 1844 ◊ de *pastiche* ■ Imiter la manière, le style de. « *Il avait une aptitude merveilleuse à pasticher Hugo, Balzac, de Musset, et parfois même il continuait un article commencé par nous de façon à nous tromper nous-même* » GAUTIER. — *Pasticher la manière d'un écrivain, d'un peintre.*

PASTICHEUR, EUSE [pastiʃœʀ, øz] n. – 1760 ◊ de *pastiche* ■ Auteur de pastiches ; imitateur, imitatrice.

PASTILLA [pastija] n. f. – 1932 ◊ mot espagnol « bonbon, pastille » ■ Plat marocain fait de pâte feuilletée chaude fourrée de morceaux de pigeon, de raisins et d'amandes.

PASTILLAGE [pastijaʒ] n. m. – 1803 ◊ de *pastille* ■ TECHN. ■ 1 Fabrication des pastilles, à la main ou à la machine. ■ 2 (1874) Procédé de décoration par des ornements modelés à part et collés sur la surface à décorer.

PASTILLE [pastij] n. f. – 1539 ◊ espagnol *pastilla* ; latin *pastillum* « petit pain » ■ 1 VX Pâte odorante que l'on brûle pour parfumer l'air. *Pastilles d'encens, de benjoin.* ■ 2 (1690) COUR. Petit morceau d'une pâte pharmaceutique ou d'une préparation de confiserie, généralement en forme de disque. *Pastille de menthe. Pastille au chocolat.* ➤ bonbon. ■ 3 Dessin en forme de petit disque. ➤ pois. *Tissu, robe à pastilles.* ♦ *Pastille autocollante.* ➤ gommette. — *Pastille verte* : en France, autocollant identifiant les véhicules les moins polluants, autorisés à circuler en cas de restriction du trafic (alerte à la pollution). ➤ écopastille. ■ 4 AUDIOVIS. Émission de très courte durée, parfois insérée dans une émission plus longue. ➤ capsule. « *la nouvelle pastille humoristique de la chaîne cryptée* » (Le Parisien, 2015).

PASTILLEUR, EUSE [pastijœʀ, øz] n. – 1808 ◊ de *pastille* ■ TECHN. ■ 1 Ouvrier, ouvrière qui met une pâte en pastilles. — n. m. Emporte-pièce pour la fabrication des pastilles. ■ 2 PAR EXT. Ouvrier qui met une pâte en blocs.

PASTIS [pastis] n. m. – 1915 sens II ◊ mot d'ancien occitan, du latin *pasticius* « relatif à la pâte », auquel se rattachent *pâtisserie* et *pâtisson*

I (1928 *pastisse*) Boisson alcoolisée à l'anis, qui se consomme avec de l'eau (souvent désignée par des noms de marque). *Garçon, deux pastis ! Pastis à la menthe* (➤ perroquet), *à la grenadine* (➤ tomate), *à l'orgeat* (➤ mauresque).

II (1915 ◊ idée de « mélange ») FAM. et RÉGION. Ennui, désagrément ; situation embrouillée. *Quel pastis !*

III RÉGION. (1923) Pâtisserie feuilletée parfumée à l'armagnac. *Pastis gascon.* — Brioche parfumée à l'anis et au rhum. *Pastis landais.*

PASTORAL, ALE, AUX [pastɔʀal, o] adj. et n. f. – v. 1200, rare avant XVIe ◊ latin *pastoralis*, de *pastor* ; cf. *pâtre, pasteur* ■ 1 DIDACT. ou LITTÉR. Relatif aux pasteurs, aux bergers. *La vie, les mœurs pastorales. Chant pastoral.* ♦ VIEILLI Qui a un caractère de simplicité rustique. ➤ bucolique, champêtre. « *Rien n'était plus pastoral et plus simple* » GAUTIER. ■ 2 DIDACT. Qui dépeint ou évoque les mœurs champêtres, la vie des bergers. ➤ bucolique. *L'Astrée, roman pastoral. Poète pastoral.* — « *La Symphonie pastorale* » (ELLIPT « *La Pastorale* ») : la sixième symphonie de Beethoven. ♦ n. f. (XVIe) **PASTORALE** HIST. LITTÉR. Ouvrage littéraire dont les personnages sont des bergers, souvent dépeints d'une manière conventionnelle et raffinée. — PEINT. *Les pastorales de Boucher.* — MUS. Opéra champêtre, pièce de musique dans le goût du chant des bergers. ■ 3 DIDACT. Relatif aux civilisations dont l'élevage est l'activité principale. *Économie pastorale.* ➤ pastoralisme. ■ 4 (XIIIe) RELIG. Relatif aux pasteurs spirituels. *Instruction pastorale d'un évêque* (n. f. *une pastorale*). *Anneau pastoral, croix pastorale,* portés par les évêques. ♦ Relatif à un pasteur protestant. « *La Symphonie pastorale* », *récit de Gide.*

PASTORALISME [pastɔʀalism] n. m. – milieu XXe ◊ de *pastoral* ■ DIDACT. Économie pastorale ; mode d'exploitation agricole fondé sur l'élevage extensif.

PASTORAT [pastɔʀa] n. m. – 1611 ◊ du latin *pastor* ■ RELIG. Dignité, fonction de pasteur spirituel, et SPÉCIALT de pasteur protestant. *Un intellectuel « venu tard au pastorat »* MALRAUX.

PASTORIEN, IENNE ➤ PASTEURIEN

PASTOUREAU, ELLE [pastuʀo, ɛl] n. – XIVe ; *pasturel* v. 1190 ◊ diminutif de l'ancien français *pastur* → pasteur ■ VIEILLI et LITTÉR. Petit berger, petite bergère.

PASTOURELLE [pastuʀɛl] n. f. – *pasturele* XIIe ◊ fém. de *pastoureau* ■ MUS. VX Chanson de bergère. — Quatrième figure du quadrille ; air sur lequel elle se dansait. ♦ HIST. LITTÉR. Chanson à personnages, consistant en un dialogue entre un chevalier et une bergère.

PASTRAMI [pastʀami] n. m. – 1976 ◊ mot anglais américain, du yiddish *pastrame*, famille du roumain *pastră* « conserver » ■ Poitrine de bœuf cuite et fumée, marinée et épicée, souvent présentée en tranches très fines. *Sandwich au pastrami. Des pastramis.*

PAT [pat] adj. inv. et n. m. – 1689 ◊ italien *patta* « quitte » (jeu) ; latin *pactum* « accord » ■ ÉCHECS Se dit du roi qui, sans être mis en échec, ne peut pourtant plus bouger sans être pris. — n. m. Coup qui amène le roi dans cette position. *Faire un pat.* ■ HOM. Patte ; poss. pâte.

PATACHE [pataʃ] n. f. – 1581 ◊ de l'espagnol *pataje*, probablt de l'arabe *batās* « bateau à deux mâts », de l'adjectif correspondant signifiant « rapide » ■ 1 HIST. Petit navire de surveillance. ■ 2 (XIXe) ANCIENNT Diligence peu confortable où l'on voyageait à peu de frais. ♦ FAM. et VX Mauvaise voiture. « *C'était une affreuse guimbarde [...] une vraie patache !* » HUGO.

PATACHON [pataʃɔ̃] n. m. – 1842 ; « conducteur de patache » 1832 ◊ de *patache* ■ LOC. FAM. *Une vie de patachon*, agitée, dissipée (cf. Une vie de bâton* de chaise). *Elles « menaient une vie de patachon, un amant aujourd'hui, un autre demain »* AYMÉ.

PATAPHYSIQUE [patafizik] n. f. et adj. – 1893 ◊ composé plaisant de *épi-* et *(mé)taphysique*, pour *épi-métaphysique* ; Jarry écrit *'pataphysique* ■ DIDACT. et PLAISANT « La science des solutions imaginaires, qui accorde symboliquement aux linéaments les propriétés des objets décrits par leur virtualité » (Jarry). — adj. Qui relève de la pataphysique.

PATAPOUF [patapuf] interj. et n. m. – 1785 ◊ onomat. ■ 1 interj. Exclamation imitant le bruit d'une chute. ➤ badaboum, patatras. ■ 2 n. m. FAM. Personne, enfant gros et gras. *Un gros patapouf.*

PATAQUÈS [patakɛs] n. m. – 1784 ◊ formation imitative ironique, d'après *ce n'est pas-t-à moi, je ne sais pas-t-à qui est-ce* ■ 1 Mauvaise liaison entre deux mots. ➤ cuir. *Faire un pataquès*, en substituant, par exemple, un *s* à un *t* final, ou réciproquement. ♦ PAR EXT. Faute grossière de langage. ■ 2 Situation embrouillée. LOC. FAM. *Faire tout un pataquès de qqch.*, en exagérer l'importance (cf. Faire toute une histoire, un fromage, un plat). — Gaffe grossière, impair.

PATARAS [pataʀa] n. m. – 1757 ◊ mot dialectal, du radical *patt-*, de *patte* ■ MAR. Étai arrière supplémentaire (hauban d'étambot).

PATARASSE [pataʀas] n. f. – 1687 ◊ provençal *patarasso* ; germanique °*paita* « morceau d'étoffe » ■ MAR. Coin de calfat servant à enfoncer l'étoupe dans les joints d'un navire.

PATATE [patat] n. f. – 1599 ; *batate* 1519 ◊ espagnol *batata, patata*, d'une langue indienne d'Haïti (taïno) ■ 1 Liane tropicale *(convolvulacées)*, cultivée pour ses gros tubercules comestibles à chair rosée et sucrée ; le tubercule (appelé souvent *patate douce*, (Canada) *patate sucrée* pour distinguer du 2°). ■ 2 (1768 ◊ p.-ê. d'après l'anglais *potato*) FAM. (COUR. au Canada) Pomme de terre. *Corvée de patates. Sac à patates.* (Canada) *Patates frites.* ➤ frite. *Patates pilées.* ➤ purée. ♦ LOC. *Avoir la patate* : être en forme (cf. Avoir la frite). — (calque de l'anglais) *Se refiler la patate chaude* : se défausser d'une affaire embarrassante. « *Il voyait parfaitement ses collègues se débiner et lui refiler la patate chaude* » F. THILLIEZ. — (Canada) *Être dans les patates* : se tromper, être dans l'erreur ; être perdu. FAM. *Faire patate* :

échouer. *Son projet a fait patate.* ▪ **3** MATH. FAM. Schéma de forme courbe, irrégulière (pour éviter qu'on lui attribue une forme géométrique particulière) et fermée, symbolisant un ensemble*. SYN. PLAIS. **patatoïde.** ▪ **4** FIG. et FAM. Personne niaise, stupide. *Va donc, eh patate ! «Patate», pièce de M. Achard. — Se débrouiller comme une patate,* très mal. ▪ **5** LOC. FAM. *En avoir gros sur la patate,* sur le cœur. ▪ **6** (après 1990 ◊ p.-ê. de *sac* [à patates]) FAM. Somme de un million de centimes (10 000 francs, avant l'euro). *«J'ai cinq patates en liquide dans les poches, pour m'amuser ce soir»* PH. JAENADA.

PATATI, PATATA [patati, patata] **interj.** – 1809 ; *patatin, patata* «bruit du cheval au galop» 1524 ◊ onomat., de *patt-* évoquant un coup, un choc ▪ FAM. Onomatopée qui évoque un long bavardage. ➤ **blablabla.** *«Comment va-t-il ? Qu'est-ce qu'il fait ? Pourquoi ne vient-il pas ? Est-ce qu'il est content ?* [...] *Et patati ! et patata ! Comme cela pendant des heures»* DAUDET.

PATATRAS [patatʀa] **interj.** – 1650 ◊ onomat. ▪ Mot exprimant le bruit d'un corps qui tombe avec fracas. *Patatras ! Voilà le vase cassé !*

PATAUD, AUDE [pato, od] **n. et adj.** – 1485 *Pataut,* n. pr. d'un chien ◊ de *patte*

I **n.** ▪ **1** **n. m.** Jeune chien à grosses pattes. ▪ **2** FIG. (1669) Enfant, individu à la démarche pesante et aux manières embarrassées. *Un gros pataud.*

II **adj.** (1501) Qui est lent et lourd dans ses mouvements. ➤ **gauche, empoté, maladroit.** *«Mimar avait l'allure pataude d'un paysan»* DABIT.

PATAUGAS [patogas] **n. m.** – 1959 ◊ marque déposée, de *patauger* ▪ Chaussure montante en toile robuste et à semelle épaisse, destinée à la marche. ➤ **brodequin.**

PATAUGEOIRE [patoʒwaʀ] **n. f.** – 1962 ◊ de *patauger* ▪ Piscine peu profonde pour les jeunes enfants. ➤ RÉGION. **barboteuse.**

PATAUGER [patoʒe] **v. intr.** ⟨3⟩ – XVIIe ; *patoier* XIIIe ◊ de *patte* ▪ **1** Marcher sur un sol détrempé, dans une eau boueuse. ➤ FAM. **patouiller.** *«les pieds de mon cheval, qui pataugeait dans les ornières»* VIGNY. — Barboter. *Enfants qui pataugent dans le caniveau.* ▪ **2** FIG. et FAM. Ne pas arriver à se sortir de (une situation). ➤ **se perdre, vasouiller** (cf. Pédaler* dans la semoule). *«Ma nullité avec les gens du monde dépasse toute imagination. Je m'embarque, je m'embrouille, je patauge, je m'égare en un tissu d'inepties»* RENAN. ➤ **s'empêtrer.** ▪ **3** ABSOLT Ne pas suivre, ne pas comprendre. ➤ **nager.**

PATCH [patʃ] **n. m.** – 1970 ◊ mot anglais «pièce» ▪ ANGLIC. ▪ **1** Dispositif dermique autocollant qui dispense un médicament, une substance par voie percutanée. *Patch contraceptif. Patch antitabac,* à la nicotine. ➤ **timbre.** ▪ **2** Morceau de tissu veineux utilisé pour élargir le diamètre d'un vaisseau sanguin. ▪ **3** INFORM. Rustine. Recomm. offic. *retouche, correctif.*

PATCHOULI [patʃuli] **n. m.** – *patchaily* 1826 ◊ du tamoul *patch* «vert» et *ilai* «feuille» ; cf. anglais *patchleaf* ▪ Plante *(labiacées)* des régions tropicales qui fournit une essence très parfumée. ◆ Parfum (souvent ordinaire) extrait de cette plante. *«Adrienne, vous sentez le patchouli !»* COLETTE.

PATCHWORK [patʃwœʀk] **n. m.** – 1962 ◊ mot anglais, de *patch* «morceau» et *work* «ouvrage» ▪ ANGLIC. Tissu fait de morceaux disparates cousus les uns aux autres. — PÉJ. Mélange d'éléments hétérogènes. *Un patchwork culturel.*

PÂTE [pɑt] **n. f.** – 1174-78 ◊ bas latin *pasta,* grec *pasta* plur. «mets à base de céréales et de fromage» **A.** ▪ **1** Préparation plus ou moins consistante, à base de farine délayée (additionnée ou non de levain, d'œufs, d'aromates, de beurre) que l'on consomme après cuisson. *Pétrir, travailler une pâte. Laisser reposer la pâte. Pâte qui lève. Pâte à pain. Pâte à frire. Pâte à beignets, à choux, à crêpes, à tarte. Pâte brisée*, feuilletée*, sablée. Étaler la pâte. Rouleau* à pâte.* ◆ LOC. *Mettre la main à la pâte :* travailler soi-même à qqch., aider. *«C'était ma mère qui mettait la main à la poche et à la pâte»* K. BUGUL. — *Être comme un coq* en pâte.* ▪ **2** **PÂTES** (1805), **PÂTES ALIMENTAIRES :** petits morceaux de pâte préparés avec de la semoule de blé dur et vendus prêts pour la cuisine. ➤ **coquillette, crozet, nouille, spaetzle.** *Pâtes italiennes.* ➤ **cappelletti, farfalle, fettucine, fusilli, lasagne, macaroni,** 2**penne, rigatoni, spaghetti, tagliatelle, tortellini ; carbonara, pesto.** *Pâtes japonaises.* ➤ **ramen, soba, udon.** *Pâtes à potage.* ➤ **vermicelle.** *Pâtes à farcir.* ➤ **cannelloni, raviole, ravioli.** *Pâtes aux œufs. Pâtes fraîches. Un paquet de pâtes. Pâtes au gratin, à la sauce tomate.*

B. ▪ **1** Préparation, mélange plus ou moins mou (➤ **crème**). *Fromage à pâte molle, cuite, fermentée, persillée, pressée. Pâte d'amandes. Pâte de fruits :* friandise molle, très sucrée, faite de fruits. *Pâte de guimauve*. Pâte à tartiner.* ➤ **tartinade.** ◆ PHARM. Préparation pour usage externe, moins grasse que la pommade*, contenant une grande quantité de poudre (talc, oxyde de zinc, kaolin). — *Pâte dentifrice. — Pâtes pectorales*.* ◆ *Colle de pâte. Pâte à polir les casseroles. — Pâte à papier. Carton*-pâte. — Pâte de porcelaine. Pâte de verre*. Pâte à bois*.* **PÂTE À MODELER :** pâte malléable avec laquelle les enfants façonnent des objets. ➤ RÉGION. **plasticine.** *Boîte, bâtons de pâte à modeler. Pâte à sel,* à base de farine et de sel, qui durcit à la cuisson. ▪ **2** (Employé seul) Matière molle, collante. ➤ **bouillie.** *On nous a servi du riz trop cuit, une vraie pâte.* ➤ **colle ; pâteux.** ▪ **3** En peinture, Couleurs mêlées et travaillées sur la palette ; matière formée par les couleurs travaillées, sur le tableau. *En pleine pâte. Ce peintre a une pâte extraordinaire.* ▪ **4** LOC. *Une bonne pâte :* une personne accommodante, de caractère facile, docile. *C'est une bonne pâte. «Un cœur simple comme dirait Flaubert. Une crème, une pâte de femme»* GUILLOUX. — *Une pâte molle :* une personne sans caractère, soumise à toutes les influences. ▪ HOM. poss. Pat, patte.

PÂTÉ [pɑte] **n. m.** – *pasté* v. 1165 ◊ de *pâte*

I ▪ **1** VX Pâtisserie servant d'enveloppe à une viande, un hachis. *Lapin dans un pâté, en pâté.* ➤ **croûte.** ▪ **2** (Par contresens) MOD. **PÂTÉ** ou **PÂTÉ EN CROÛTE :** pièce de charcuterie, faite d'un hachis de viandes épicées, de poisson, etc., enveloppé dans une croûte*. *Pâté lorrain,* entouré de pâte feuilletée. *Petit pâté à la viande* (➤ 2**friand**). *Pâté au saumon.* ➤ **koulibiac.** ◆ *Pâté impérial :* crêpe de farine de riz, fourrée de viande et de soja, qui se mange frite (cuisine orientale). ➤ **nem.** *Des pâtés impériaux.* ▪ **3** (fin XIVe *pasté en pot*) Hachis de viandes épicées (aussi de poissons, de légumes) cuit dans une terrine sans enveloppe de pâte et consommé froid. ➤ **terrine.** *Morceau, tranche de pâté. Pâté de foie** (➤ 1**mousse**). *Pâté de campagne ; pâté de canard, de lapin. Pâté pur porc. Pâté en boîte. Sandwich au pâté. — Chair* à pâté.* — FIG. et FAM. *Envoyer* du pâté. Ça sent* le pâté.* ▪ **4** (1930) (Canada) *Pâté chinois :* hachis de bœuf recouvert de purée de pommes de terre et de maïs.

II (Par anal. d'aspect) ▪ **1** (1606) Grosse tache d'encre. *Faire des pâtés en écrivant. «les grumeaux du fond* [de la bouteille d'encre] *qui au bout de la plume font faire des* pâtés*»* M. GAZIER. ▪ **2** (1835) *Pâté de maisons :* ensemble de maisons formant bloc. ➤ **bloc.** *Faire le tour du pâté de maisons.* ▪ **3** (1886) *Pâté de sable,* et ABSOLT *un pâté :* sable moulé à l'aide d'un seau, d'un moule (jeu d'enfant). *«On ne fait pas des pâtés avec du sable sec, dit Odette. Les tout petits enfants savent déjà ça»* SARTRE.

▪ HOM. Pâtée ; poss. patté.

PÂTÉE [pɑte] **n. f.** – 1680 ; *pastée* 1332 ◊ de *pâte* ▪ **1** Mélange de farine, de son, d'herbes, de tubercules ou de fruits cuits, délayés avec de l'eau ou du petit-lait, dont on engraisse la volaille, les porcs. ◆ Soupe très épaisse dont on nourrit les chiens, les chats. ◆ Soupe grossière rappelant la *pâtée* des animaux. ➤ **pitance.** ▪ **2** FIG. et VIEILLI Correction, volée de coups. *On leur a foutu la pâtée.* ▪ HOM. Pâté ; poss. patté.

1**PATELIN, INE** [patlɛ̃, in] **n. m. et adj.** – 1538 ◊ de *Pathelin,* personnage d'une farce célèbre du XVe ▪ **1** VX Homme qui s'efforce de dissimuler ses intentions pour duper les gens. ▪ **2** **adj.** LITTÉR. ➤ **doucereux,** 1**faux, flatteur.** *«elle était pateline et non pas affectueuse ; elle me paraissait jouer un rôle en actrice consommée»* BALZAC. — MOD. *Ton patelin.* ➤ **hypocrite, mielleux.**

2**PATELIN** [patlɛ̃] **n. m.** – 1847 ; *pacquelin* 1628 ◊ de l'ancien français *pastiz* «pacage», famille du latin *pascere* «paître» ▪ FAM. Village, localité, pays. *Un beau petit patelin. Un patelin perdu.* ➤ **bled, trou.** — ABSOLT, PÉJ. *Où est-ce, ton patelin ?*

PATELLA [patela ; patɛlla] **n. f.** – 1634 ◊ mot latin «petit plat» → patelle ▪ ANAT. Rotule.

PATELLAIRE [patelɛʀ] **adj.** – 1923 ; «en forme de plat» 1834 ◊ du latin *patella* «rotule» ▪ PHYSIOL. *Réflexe patellaire :* réflexe rotulien*.

PATELLE [patɛl] **n. f.** – 1555 ◊ du latin *patella* «petit plat» ▪ **1** Mollusque prosobranche *(gastéropodes),* à coquille conique, sans opercule, qui vit fixé aux rochers. ➤ 1**bernique.** *Manger des patelles.* ▪ **2** (1829) ARCHÉOL. Petit vase sacré en forme de plat utilisé pour offrir les libations. ➤ **patère.**

PATÈNE [patɛn] **n. f.** – 1380 ; hapax XIIIe ◊ latin *patena* «bassin, plat» ▪ Vase sacré, petite assiette servant à l'oblation de l'hostie.

PATENÔTRE [pat(ə)notʀ] **n. f.** – 1636 ; *paternostre* 1170 ◇ latin *pater noster* → 1 pater ■ **1** VX Oraison dominicale. ♦ VIEILLI IRON. Prière. «*de vieilles femmes à genoux, qui y marmottaient leurs patenôtres*» BARBEY. ■ **2** (XVIIe) VX Paroles inintelligibles ou vides de sens.

PATENT, ENTE [patɑ̃, ɑ̃t] **adj.** – 1292 «lettre patente» ◇ latin *patens*, p. prés. de *patere* «être ouvert ; être évident» ■ **1** VX Ouvert. — HIST. *Lettres patentes :* décision royale, sous forme de lettre ouverte, accordant ordinairement une faveur à une personne déterminée. ➤ **patente** (1°). ■ **2** (1370) MOD. Évident, manifeste. ➤ **flagrant** (cf. Qui crève* les yeux). *Une injustice patente.* ➤ **criant.** *L'échec est patent.* ■ CONTR. Douteux, latent.

PATENTABLE [patɑ̃tabl] **adj.** – 1791 ◇ de *patente* ■ ADMIN. Qui est assujetti à la patente. *Commerçant patentable.*

PATENTAGE [patɑ̃taʒ] **n. m.** – 1949 ◇ de l'anglais *patent* ; même origine que *patente* ■ TECHN. Trempe spéciale des fils d'acier.

PATENTE [patɑ̃t] **n. f.** – 1595 plur. ◇ ellipse de *lettres patentes* ■ **1** ANCIENNT (SING. OU PLUR.) Écrit émanant du roi, d'un corps qui établissait un droit ou un privilège. ■ **2** (1736) MAR. *Patente de santé* ou *patente :* document relatif à l'état sanitaire d'un navire. ■ **3** (1791) Ancien impôt direct local, auquel étaient assujettis, en France, les commerçants, artisans, les membres de certaines professions libérales ; quittance de cet impôt. *La patente a été remplacée en 1976 par la taxe* professionnelle.* ➤ **contribution.** ■ **4** (Canada) FAM. Objet, chose quelconque. ➤ **bidule, machin,** 1 **truc.**

PATENTÉ, ÉE [patɑ̃te] **adj.** – 1750 ◇ de *patente* ■ **1** Soumis à la patente ; qui payait patente. ■ **2** FIG. et FAM. Attitré, confirmé. *Les grammairiens patentés.* «*Ce vieux voleur patenté*» BALZAC. *Un emmerdeur patenté.*

PATENTER [patɑ̃te] **v. tr.** ⟨1⟩ – 1907 ◇ anglais *to patent* ■ (Canada) FAM. ■ **1** Fabriquer avec les moyens du bord. ➤ **bricoler.** ■ **2** Réparer grossièrement. ➤ **arranger, rafistoler.** ■ **3** Protéger par un brevet d'invention. *Patenter une molécule.* ➤ **breveter.**

PATENTEUX, EUSE [patɑ̃tø, øz] **n.** – 1954 ◇ de *patenter* ■ (Canada) FAM. Bricoleur ingénieux. ➤ **bidouilleur.** *Patenteux et inventeurs.* «*C'est un patenteux, le gars, y sait faire des bombes comme pas un*» G. LA ROCQUE.

1 **PATER** [patɛʀ] **n. m. inv.** – 1578 ◇ premier mot latin de la prière ■ Prière qui commence (en latin) par les mots *Pater noster* (Notre Père). *Dire des Pater et des Ave.* ➤ **chapelet.** ■ HOM. Patère.

2 **PATER** ➤ **PATERNEL** (4°)

PATÈRE [patɛʀ] **n. f.** – *pathere* v. 1500 ; rare avant 1680 ◇ latin *patera* «coupe» ■ **1** ANTIQ. Vase sacré utilisé pour offrir des libations. ➤ **patelle.** ■ **2** Ornement d'architecture en forme de rosace, qui rappelle l'aspect d'une patère antique. ■ **3** COUR. Pièce de bois ou de métal, fixée à un mur par une base en forme de pied de coupe, qui sert à suspendre les vêtements. ➤ **portemanteau.** *Accrocher son manteau à une patère.* ■ HOM. Pater.

PATER FAMILIAS [patɛʀfamiljas] **n. m. inv.** /PATERFAMILIAS/ – 1831 ◇ mots latins «père de famille» ■ **1** HIST. Chef de la famille romaine. ■ **2** (1907) LITTÉR. Père de famille très autoritaire. «*Les chefs de famille, seuls les hommes non mobilisés, vieux pater familias à moustache*» A. FERNEY.

PATERNALISME [patɛʀnalism] **n. m.** – 1894 ◇ anglais *paternalism* (1881) ■ Conception patriarcale ou paternelle du rôle de chef d'entreprise. — POLIT. Tendance à imposer un contrôle, une domination, sous couvert de protection. «*le paternalisme de Salazar*» BEAUVOIR.

PATERNALISTE [patɛʀnalist] **adj.** – début XXe ◇ de *paternalisme* ■ Relatif au paternalisme ; qui en a le caractère. *Patron, entreprise paternaliste.*

PATERNE [patɛʀn] **adj.** – v. 1770 ; n. m. «Dieu le père» 1080 ◇ latin *paternus* ■ VIEILLI Qui montre ou affecte une bonhomie doucereuse. *M. de Rênal «sortit de son cabinet ; du même air majestueux et paterne qu'il prenait lorsqu'il faisait des mariages à la mairie»* STENDHAL. ■ HOM. Pattern.

PATERNEL, ELLE [patɛʀnɛl] **adj.** et **n. m.** – 1180 ◇ du latin *paternus* ■ **1** Qui est propre au père (comportement, sentiments). *Sentiment paternel. Autorité paternelle.* — PAR EXT. Qui semble venir d'un père. «*un petit garçon, bête à ravir, confié aux soins très paternels* [...] *d'un vieil abbé*» BARBEY. ■ **2** PSYCHOL. Qui concerne le père. *Image paternelle.* ■ **3** Du père, dans la famille. *Ligne paternelle. Grand-mère paternelle* (opposé à *maternel*). *Son oncle du côté paternel.* ■ **4** **n. m.** (1880) POP. Père. ➤ **vieux** (III, A, 3°). *Quand est-ce qu'il rentre ton paternel ?* ABRÉV. (1890) **PATER** [patɛʀ]. *Demande à ton pater.* «*Le gamin et son pater, un brun à moustache*» P. BAILLY.

PATERNELLEMENT [patɛʀnɛlmɑ̃] **adv.** – 1492 ◇ de *paternel* ■ À la manière d'un père ; d'une manière paternelle.

PATERNITÉ [patɛʀnite] **n. f.** – 1380 ; «qualité de père» en parlant de Dieu 1160 (→ paterne) ◇ latin *paternitas* ■ **1** État, qualité de père ; sentiment paternel. «*il sentait la paternité naître et se développer en lui de plus en plus, il couvait de l'âme cette enfant*» HUGO. ♦ Lien juridique qui unit le père à son enfant. *Paternité légitime. Paternité naturelle. Paternité civile,* qui résulte de l'adoption. *Confusion de paternité* ou *de part :* incertitude quant à l'identité du véritable père d'un enfant (dont la mère s'est remariée sans observer le délai de viduité prévu par la loi). *Désaveu* de paternité. Action en recherche de paternité,* pour découvrir le père véritable d'un enfant naturel. ■ **2** Fait d'être l'auteur (de qqch.). *Reconnaître, revendiquer, désavouer la paternité d'un ouvrage.*

PÂTEUX, EUSE [pɑtø, øz] **adj.** – *pasteux* XIIIe ◇ de *pâte* ■ **1** Qui a une consistance semblable à celle de la pâte (intermédiaire entre solide et liquide). *Consistance pâteuse. Matière, métal à l'état pâteux. Sauce pâteuse.* ♦ FIG. *Style pâteux,* lourd et embarrassé. ■ **2** LOC. *Avoir la bouche, la langue pâteuse :* prononcer, articuler avec difficulté (comme si la bouche était empâtée). *Avoir la bouche pâteuse après avoir trop bu* (cf. Avoir la gueule* de bois). — **adv. PÂTEUSEMENT.**

PATHÉTIQUE [patetik] **adj.** et **n. m.** – 1580 ◇ bas latin *patheticus ;* grec *pathêtikos* «relatif à la passion»

I **adj.** ■ **1** Qui émeut vivement, excite une émotion intense, souvent pénible (douleur, pitié, horreur, terreur, tristesse). ➤ **émouvant,** 2 **touchant ; bouleversant, poignant.** *Discours pathétique.* «*J'avais été témoin déjà d'autres agonies, mais qui ne m'avaient point paru si pathétiques*» GIDE. *Récit, roman, film pathétique.* ➤ **dramatique.** «*La Sonate pathétique*», ou «*La Pathétique*», *de Beethoven. Un ton pathétique.* — (PERSONNES) *Orateur, actrice pathétique.* — **adv. PATHÉTIQUEMENT.** ♦ PAR EXT. Qui inspire une pitié méprisante. ➤ **pitoyable.** *Son arrogance est pathétique.* ■ **2** (1695) ANAT. *Nerf pathétique :* nerf moteur du muscle grand oblique de l'œil.

II **n. m.** (1666) LITTÉR. Caractère pathétique ; expression de ce qui est propre à émouvoir fortement. *Un pathétique facile, mélodramatique.* ➤ **pathos.** «*Pour tempérer les douleurs de l'absence, nous nous écrivons des lettres d'un pathétique à faire fendre les rochers*» ROUSSEAU.

■ CONTR. Comique ; 1 froid, impassible.

PATHÉTISME [patetism] **n. m.** – 1740 ◇ de *pathétique* ■ LITTÉR. Caractère de ce qui est pathétique.

-PATHIE, -PATHIQUE, -PATHE ■ Groupes suffixaux, du grec *-patheia, -pathês,* de *pathos* «ce qu'on éprouve» : *antipathie, apathique, névropathe.*

PATHO- ■ Élément, du grec *pathos* «affection, maladie».

PATHOGÈNE [patɔʒɛn] **adj.** – 1865 ◇ de *patho-* et *-gène* ■ MÉD. Qui peut causer une maladie. *Agent, bactérie, microbe pathogène.* ♦ FIG. Qui est cause d'un trouble mental, d'une attitude anormale.

PATHOGÉNIE [patɔʒeni] **n. f.** – 1819 ◇ de *patho-* et *-génie* ■ MÉD. Étude du processus par lequel une cause pathogène agit sur l'organisme et détermine une maladie ; le processus lui-même. On dit aussi **PATHOGENÈSE.** — **adj. PATHOGÉNIQUE,** (1811).

PATHOGNOMONIQUE [patognɔmɔnik] **adj.** – 1560 ◇ grec *pathognômonikos* «qui connaît la maladie» ■ MÉD. *Signe pathognomonique :* symptôme ou signe clinique qui se rencontre seulement dans une maladie déterminée et qui suffit à en établir le diagnostic.

PATHOLOGIE [patɔlɔʒi] **n. f.** – 1550 ◇ grec *pathologia* ■ **1** Science qui a pour objet l'étude des maladies, des effets qu'elles provoquent (lésions, troubles). *Pathologie animale. Pathologie végétale. Pathologie moléculaire. Pathologie mentale.* ➤ **psychopathologie.** ■ **2** Maladie. *Les pathologies liées au tabac.*

PATHOLOGIQUE [patɔlɔʒik] **adj.** – 1552 ◇ grec *pathologikos* ■ **1** Relatif à la pathologie. *Anatomie pathologique.* ■ **2** (XVIIIe) Relatif à l'état de maladie ; qui dénote un mauvais état de santé ; qui s'écarte du type normal d'un organe ou d'une fonction. ➤ **morbide.** «*la connaissance de l'état pathologique ou anormal ne saurait être obtenue sans la connaissance de l'état normal*» C. BERNARD. *Antécédents pathologiques.* ♦ PAR EXT. FAM. Anormal (d'un comportement). *Il a une peur patho-*

logique de la foule. ➤ **maladif.** *« Il pensait qu'il n'y avait rien de pathologique à une telle passion, que beaucoup d'hommes aimaient les femmes d'une manière excessive, hystérique »* D. FOENKINOS. — PAR EXT. *Un cas pathologique :* une personne qu'on juge anormale (mentalement). ■ CONTR. Normal.

PATHOLOGIQUEMENT [patɔlɔʒikmɑ̃] adv. – 1617 ◇ de *pathologique* ■ DIDACT. Du point de vue de la pathologie ; d'une manière anormale, pathologique.

PATHOLOGISTE [patɔlɔʒist] n. et adj. – 1765 ◇ de *pathologie* ■ DIDACT. Spécialiste en pathologie, et PARTICULT Spécialiste en anatomie pathologique (➤ **anatomopathologie**).

PATHOMIMIE [patɔmimi] n. f. – 1908 ◇ de *patho-* et *mime* ■ MÉD. Simulation consciente ou inconsciente d'une maladie.

PATHOS [patos ; patɔs] n. m. – 1671 ◇ mot grec « souffrance, passion » ■ **1** VX Partie de la rhétorique qui traitait des moyens propres à émouvoir l'auditeur. ■ **2** (1750) MOD. et LITTÉR. Pathétique déplacé dans un discours, un écrit, et PAR EXT. dans le ton, les gestes. *« L'avocat général faisait du pathos en mauvais français sur la barbarie du crime commis »* STENDHAL.

PATIBULAIRE [patibylɛʀ] adj. – 1395 ◇ du latin *patibulum* « gibet », de *patulus* « ouvert », de *patere* ■ **1** VX Relatif au gibet. *Les fourches* patibulaires.* ■ **2** (1675) MOD. Relatif à un individu qui semble digne de la potence. ➤ **inquiétant, 1 sinistre.** *Figure, mine, visage patibulaire.*

PATIEMMENT [pasjamɑ̃] adv. – 1532 ; *paciemment* 1200 ◇ de *patient* ■ Avec patience, d'une manière patiente. *Attendre patiemment son tour.* ■ CONTR. Brusquement, impatiemment.

1 **PATIENCE** [pasjɑ̃s] n. f. – *pacience* 1120 ◇ latin *patientia*, de *pati* « souffrir »

I ■ **1** Vertu qui consiste à supporter les désagréments, les malheurs. ➤ **résignation, sang-froid.** *Prendre patience. Souffrir avec patience.* ➤ **endurer, supporter, tolérer.** *« Ces braves gens souffrent les maux de la guerre avec une patience d'ange »* BALZAC. *« Les hommes de ma génération n'ont pas votre patience ; ils sont plus chatouilleux »* MARTIN DU GARD. *Avoir de la patience, beaucoup de patience avec qqn. Prendre son mal en patience. La patience a des limites. Être à bout de patience. Perdre patience. Ma patience est à bout. Abuser de la patience de qqn.* ➤ **longanimité.** ■ **2** Qualité qui fait qu'on persévère dans une activité, un travail de longue haleine, sans se décourager. ➤ **constance, courage, persévérance.** *« C'est une grande et rare vertu que la patience, que de savoir attendre et mûrir, que se corriger, se reprendre et [...] tendre à la perfection »* GIDE. *Ce travail exige beaucoup de patience. Il a fallu des années de patience pour obtenir ce résultat.* ➤ **effort.** *Je n'ai plus la patience de faire cela.* — LOC. PROV. *Le génie est une longue patience* (d'apr. un mot de Buffon). *« Patience et longueur de temps Font plus que force ni que rage »* LA FONTAINE. — *Ouvrage de patience,* qui demande de la minutie et de la persévérance plutôt qu'une grande dépense d'énergie. ■ **3** Qualité, disposition d'esprit d'une personne qui sait attendre, en gardant son calme. *Attendre avec patience. Après une heure d'attente, il a perdu patience. Encore un instant de patience. Il va falloir s'armer de patience. C'est une affaire de patience.* ■ **4** (XVIe) **PATIENCE !** interjection pour exhorter à la patience, pour répondre à une objection prématurée. *Patience ! C'est presque fini !* Interjection exprimant la menace. *Patience, je saurai me venger !* ■ **5 JEU DE PATIENCE :** jeu qui consiste à remettre en ordre des pièces irrégulièrement découpées, de manière à reconstituer une carte de géographie, un dessin, etc. ➤ **casse-tête, puzzle.** — FIG. Travail extrêmement minutieux.

II ■ **1** (1846) Combinaison de cartes à jouer. ➤ **réussite.** *« Je fais des patiences, ça distrait [...] Les cartes se disposaient en croix, une au centre, en paquets »* ARAGON. ■ **2** VX Petite planchette, percée d'une rainure, dont les soldats se servaient pour astiquer les boutons d'uniforme sans salir l'étoffe.

■ CONTR. Brusquerie, exaspération, impatience.

2 **PATIENCE** [pasjɑ̃s] n. f. – 1544 ◇ altération de *lapacion* (XVIe) ; latin *lapathium, lapathum* ■ *Patience sauvage :* plante proche de l'oseille *(polygonacées),* dont les feuilles, toniques et dépuratives, se préparent comme celles de l'épinard.

PATIENT, IENTE [pasjɑ̃, jɑ̃t] adj. et n. – 1120 ◇ latin *patiens, patientis*

I adj. ■ **1** Qui a de la patience (I, 1°), fait preuve de patience. *« Mais le Vieux, qui n'était pas patient, cria : – Enfin, fous-moi donc la paix ! »* CH.-L. PHILIPPE. *Professeur patient avec ses élèves.* — SUBST. *« Le patient est le fort »* HUGO. ◆ PAR EXT. *Caractère patient.* ➤ **2 calme.** ■ **2** Qui ne se lasse pas (dans un travail, etc.). ➤ **inlassable, persévérant.** *« Ce n'est jamais qu'aux esprits patients et laborieux qu'appartient le don de l'invention dans les sciences naturelles »* VOLTAIRE. ◆ Qui manifeste ou exige de la patience. *« Les plus importantes découvertes scientifiques résultent de la patiente observation de petits faits subsidiaires »* GIDE. ■ **3** Qui sait attendre (➤ **1 patience,** I, 3°). *Soyez patient, dans cinq minutes il sera ici.* ■ **4** VX Passif. *« Dans les passions, comme nous les considérons, l'âme est patiente »* BOSSUET. ◆ n. m. DIDACT. Celui qui est passif. *L'agent et le patient.*

II n. (v. 1250) Personne qui subit ou va subir une opération chirurgicale ; personne qui est l'objet d'un traitement, d'un examen médical. *Le médecin et ses patients.* ➤ **client, malade ; patientèle.** ◆ Personne qui subit ou va subir un supplice.

■ CONTR. Fougueux, impatient, vif, violent.

PATIENTÈLE [pasjɑ̃tɛl] n. f. – 1993 ◇ de *patient,* sur le modèle de *clientèle* ■ DIDACT. Ensemble des patients (d'un professionnel de la santé). *La patientèle d'un médecin, d'une orthophoniste. Cession de patientèle.*

PATIENTER [pasjɑ̃te] v. intr. ‹1› – 1560 ◇ de *patient* ■ Attendre avec patience. *Faites-le patienter en attendant que je puisse le recevoir.* ■ CONTR. Impatienter (s').

PATIN [patɛ̃] n. m. – XIIIe « chaussure » ◇ de *patte* ■ **1** Morceau de semelle supplémentaire placé de l'avant à la cambrure d'une chaussure, afin d'en assurer l'étanchéité. — Pièce de tissu sur laquelle on pose le pied pour avancer sans salir le parquet. *La salle commune « où nul ne se déplaçait que sur des patins de feutre »* PEREC. ■ **2** (1660) **PATIN (À GLACE) :** dispositif formé d'une lame fixée à la chaussure, et destiné à glisser sur la glace. ➤ **2 patiner ; patineur.** *« des patins hollandais en bois, à lame mince et basse »* SIMENON. LOC. (Canada) *Être vite sur les patins :* réagir, comprendre rapidement. FAM. *Accrocher* ses patins.* — *Le patin :* le patinage. *Faire du patin, du patin à glace, du patin artistique.* ◆ PAR EXT. *Les patins d'un traîneau, d'une luge.* ◆ PAR ANAL. **PATIN À ROULETTES :** dispositif monté sur trois ou quatre roulettes et qui s'adapte à la chaussure. ➤ **roller.** *Une paire de patins à roulettes.* — *Patin en ligne,* dont toutes les roulettes sont alignées dans le sens de la longueur. — ABSOLT *Faire du patin et de la planche* (à roulettes). ■ **3** TECHN. Pièce de bois ou de métal, servant de support. *Chaise montée sur des patins.* — Massif de plâtre, etc., servant à soutenir un échafaudage. — Partie inférieure d'un rail, reposant sur les traverses. ➤ **semelle.** ◆ *Patin de frein :* organe mobile dont le serrage, contre la jante d'une roue, permet de freiner. ■ **4** (de *patte* « chiffon ») FAM. Baiser langue en bouche. ➤ **2 galoche, palot, pelle.** *Elle lui a roulé un patin.*

1 **PATINAGE** [patinaʒ] n. m. – 1829 ◇ de 2 *patiner* ■ **1** Pratique, technique du patin à glace. *Patinage artistique. Patinage de vitesse. Piste de patinage.* ➤ **patinoire.** *Championnat de patinage. Figures libres et figures imposées de patinage* (➤ **axel, huit, lutz, salchow, salto**). — *Patinage à roulettes.* ■ **2** (1875) Action de patiner, de glisser. *Le patinage des roues d'un véhicule.*

2 **PATINAGE** [patinaʒ] n. m. – 1930 ◇ de 3 *patiner* ■ TECHN. Opération qui consiste à donner une patine artificielle.

PATINE [patin] n. f. – 1765 ◇ italien *patina,* d'origine inconnue ■ **1** Couche d'hydrocarbonate de cuivre qui se forme à la longue sur les objets de cuivre, de bronze exposés à l'air humide. ➤ **vert-de-gris.** ■ **2** Dépôt qui se forme sur certains objets anciens ; couleur qu'ils prennent avec le temps. *La patine du marbre, des pierres, d'une statue. « La patine est la récompense des chefs-d'œuvre »* GIDE. FIG. *« J'ai pris de la patine ; je suis poli aux angles. L'expérience m'a prodigué ses faveurs »* DUHAMEL. ■ **3** Coloration ou vernis dont on recouvre divers objets pour les décorer ou les protéger.

1 **PATINER** [patine] v. tr. ‹1› – 1408 ◇ de *patte* ■ VX Manipuler ; caresser. ➤ **peloter.**

2 **PATINER** [patine] v. intr. ‹1› – 1732 ◇ de *patin* ■ **1** Glisser sur la glace avec des patins. *Apprendre à patiner.* — PAR ANAL. FAM. *« il y avait des gosses qui patinaient à roulettes, avec un seul patin »* ARAGON. ◆ PAR EXT. Glisser comme sur des patins. *Patiner sur un parquet ciré, sur un dallage.* ◆ FIG. RÉGION. (Canada) Éluder une question, éviter d'y répondre. ■ **2** (1868) Glisser sans tourner ; tourner sans avancer (d'une roue de véhicule). ➤ **chasser, déraper, riper.** *Roues de locomotive qui patinent sur les rails. « Le premier camion patina, fit un quart de cercle, versa ses hommes comme un panier, s'abattit »* MALRAUX. — (D'un embrayage) Tourner sans entraîner les roues. *Faire patiner l'embrayage.* ■ **3** (v. 1970) Ne pas progresser. ➤ **piétiner.** *Les négociations patinent.*

3 **PATINER** [patine] **v. tr.** ⟨1⟩ – 1867 ◇ de *patine* ■ Couvrir de patine, notamment d'une patine artificielle. PRONOM. *Sculptures qui commencent à se patiner.* — **p. p. adj.** *Cuir patiné.*

PATINETTE [patinɛt] **n. f.** – 1917 ◇ de 2*patiner* ■ **1** Appareil de locomotion formé d'une plateforme allongée montée sur deux roues, sur laquelle on pose un pied, l'autre servant à donner l'impulsion, que l'on dirige à l'aide d'un guidon. ➤ **trottinette.** *Enfant qui fait de la patinette. Patinette à pédale. Patinette pliante, électrique.* ■ **2** Ski très court conçu pour un usage sans bâtons.

PATINEUR, EUSE [patinœʀ, øz] **n.** – 1728 ◇ de 2*patiner* ■ Personne qui patine (sur la glace). *C'est une excellente patineuse. Patineurs de vitesse ; patineurs artistiques. Pas des patineurs :* valse ancienne comportant deux temps glissés et une volte. — *Patineur à roulettes.*

PATINOIRE [patinwaʀ] **n. f.** – 1891 *patinoir* n. m. ◇ de 2*patiner* ■ Piste de patinage. *Patinoire naturelle, artificielle, couverte.* — FIG. *La rue est une vraie patinoire,* est très glissante. ◆ Piste en ciment pour le patin à roulettes.

PATIO [pasjo ; patjo] **n. m.** – 1840 ◇ mot espagnol (1495), d'origine inconnue ■ Cour intérieure à ciel ouvert d'une maison espagnole ou de style espagnol. *Les patios andalous.*

PÂTIR [pɑtiʀ] **v. intr.** ⟨2⟩ – 1546 «supporter» ◇ latin *pati* ■ **1** VX Souffrir. *« Quand on a un peu pâti, le plaisir en semble meilleur »* MARIVAUX. ■ **2** VIEILLI ou LITTÉR. Être dans la misère. — Languir, stagner. *Les affaires pâtissent.* ➤ **péricliter.** ■ **3** MOD. **PÂTIR DE :** souffrir à cause de ; subir les conséquences fâcheuses, pénibles de. *« Hélas ! on voit que de tout temps Les petits ont pâti des sottises des grands »* LA FONTAINE. *Pâtir de l'injustice.* ➤ **endurer.** *Sa santé pâtira de ses excès.* ■ CONTR. Bénéficier, jouir, profiter. ■ HOM. *Pâtissent :* pâtisse (pâtisser).

PÂTIS [pɑti] **n. m.** – *pastiz* 1119 ◇ latin populaire *pasticium,* de *pastus,* p. p. de *pascere* «paître» → pacage ■ VX ou RÉGION. Terre inculte (friche, lande) sur laquelle on fait paître le bétail. *Pâtis et pâturages.*

PÂTISSER [pɑtise] **v. intr.** ⟨1⟩ – 1617 ; *pasticier* 1278 ◇ latin populaire *pasticiare,* de *pasta* «pâté» ■ RARE Travailler la pâte. Faire de la pâtisserie. ■ HOM. *Pâtisse :* pâtissent (pâtir).

PÂTISSERIE [pɑtisʀi] **n. f.** – 1668 ; *pastiserie* 1328 ◇ de *pâtisser* ■ **1** Préparation de la pâte travaillée destinée surtout à la confection des gâteaux. *Four, moule, rouleau*, roulette à pâtisserie. Ustensiles de pâtisserie :* fouet, batteur, moule, pâtissoire, saupoudroir, tourtière. ■ **2** (XVIIe) **UNE PÂTISSERIE.** VX Préparation de pâte sucrée ou salée. MOD. Préparation sucrée de pâte travaillée, le plus souvent destinée à être consommée fraîche (entremets ou dessert). ➤ **gâteau.** *Aimer les pâtisseries. « un grand plateau de cuivre martelé chargé de pâtisseries orientales – baklava, cornes de gazelles, gâteaux au miel et aux dattes »* PEREC. — COLLECT. *De la pâtisserie. « toute une vitrine* [de la boulangerie] *était réservée à la pâtisserie ;* [...] *les gâteaux aux amandes, les saint-honoré, les savarins, les flans, les tartes aux fruits, les assiettes de babas, d'éclairs, de choux à la crème »* ZOLA. ■ **3** Commerce, industrie de la pâtisserie ; fabrication et vente des gâteaux. *Pâtisserie industrielle.* — Magasin où l'on vend des gâteaux frais. *Boulangerie pâtisserie. Pâtisserie confiserie.* ■ **4** PAR ANAL. Moulage en stuc décorant un plafond. *Des demeures « aux pâtisseries 1900 »* C. SIMON.

PÂTISSIER, IÈRE [pɑtisje, jɛʀ] **n. et adj.** – 1617 ◇ *pasticier* 1278 → pâtisser ■ **1** Personne qui fait, qui vend de la pâtisserie, des gâteaux. *Boulanger pâtissier. Garçon pâtissier.* ■ **2 adj.** *Crème pâtissière,* faite de lait parfumé, de jaunes d'œufs, de farine et de sucre, et utilisée pour garnir certaines pâtisseries (choux, éclairs, saint-honorés, millefeuilles, tartes). ◆ *Chocolat pâtissier,* pour cuisiner.

PÂTISSOIRE [pɑtiswaʀ] **n. f.** – 1798 ◇ de *pâtisser* ■ TECHN. Tablette à rebords sur laquelle on fait de la pâtisserie.

PÂTISSON [pɑtisɔ̃] **n. m.** – *pastisson* 1775 ◇ ancien provençal *pastitz* «pâté» ■ Courge dont le fruit rond à peau vert clair est appelé aussi *artichaut d'Espagne, bonnet de prêtre.*

PATOCHE [patɔʃ] **n. f.** – 1803 «coup de férule» ◇ de *patte* ■ FAM. Main, patte. ➤ **paluche.**

PATOIS, OISE [patwa, waz] **n. m. et adj.** – v. 1285 ◇ probablt du radical *patt-* (cf. *patte*), exprimant la grossièreté ■ **1** Parler local, dialecte employé par une population généralement peu nombreuse, souvent rurale, et qui n'a pas le statut, le prestige social et culturel de la langue commune dominante. ➤ 2 **parler ; dialecte, idiome.** *Le patois d'une région, d'un village. Parler patois, en patois* (**PATOISER v. intr.** ⟨1⟩ 1834). *Paysans qui parlent patois.* ➤ **patoisant.** *Le curé « l'entretenait en patois, parce que Jean, étant sans instruction aucune, ne savait même pas parler le français »* E. LE ROY. — **adj.** *Mot patois. Versions, variantes patoises d'un mot.* ■ **2** PAR EXT. Langue spéciale (considérée comme incorrecte ou incompréhensible). ➤ **argot,** 1 **jargon.** *« Il lui défila de nouveau son jargon romantique ;* [...] *il lui parla* [...] *en patois séminariste »* BAUDELAIRE.

PATOISANT, ANTE [patwazɑ̃, ɑ̃t] **adj.** – 1859 ◇ de *patois* ■ Qui emploie, parle le patois. — SUBST. *Les patoisants.*

PÂTON [pɑtɔ̃] **n. m.** – 1483 ◇ de *pâte* ■ TECHN. ou RÉGION. Morceau de pâte (spécialement destiné à former un pain). *Enfourner les pâtons. Pâton surgelé.* ◆ AGRIC. Morceau de pâte, de graisse, servant à l'engraissement des volailles.

PATOUILLARD [patujaʀ] **n. m.** – v. 1900 ◇ de *patouiller* ■ RARE Mauvais bateau ; navire lent et lourd.

PATOUILLER [patuje] **v.** ⟨1⟩ – *patoiller* 1213 ◇ du radical *patt-* → patauger, patrouiller ■ FAM. ■ **1 v. intr.** Patauger. *Patouiller dans la boue.* ■ **2 v. tr.** (1896) Manier, tripoter brutalement ou indiscrètement. ➤ FAM. **tripatouiller, tripoter.**

PATRAQUE [patʀak] **n. f. et adj.** – 1743 ◇ provençal *patraco* «monnaie usée, dépréciée» ; espagnol *pataca* ■ FAM. ■ **1** VX Machine usée. — Vieille montre détraquée. *« Il dînait à cinq heures juste, encore prétendait-il le plus souvent que la* vieille patraque *retardait »* FLAUBERT. ■ **2** VIEILLI Personne faible, maladive. ◆ **adj.** MOD. Un peu malade, en mauvaise forme. ➤ **souffrant** (cf. FAM. Mal fichu*). *Il est un peu patraque. Se sentir patraque.*

PÂTRE [pɑtʀ] **n. m.** – *pastre* XIIe ◇ ancien cas sujet de *pasteur ;* latin *pastor* «berger» → pasteur ■ LITTÉR. Celui qui garde, fait paître le bétail. ➤ **berger, pasteur.** *« quelques troupeaux menés* [...] *par de petits pâtres en bérets »* LOTI.

PATRIARCAL, ALE, AUX [patʀijaʀkal, o] **adj.** – v. 1400 «épiscopal» ◇ latin ecclésiastique *patriarchalis* → patriarche ■ **1** RELIG. Relatif à la dignité de patriarche. *Siège, trône patriarcal. Croix patriarcale.* ■ **2** (XVIIIe) Relatif aux patriarches de la Bible. *L'autorité, la famille patriarcale.* — PAR EXT. Qui rappelle la simplicité, les mœurs paisibles des anciennes tribus juives, à l'époque des patriarches. *« la jolie petite île de Bréhat, avec ses mœurs patriarcales »* RENAN. ■ **3** (XIXe) SOCIOL. Qui est organisé selon les principes du patriarcat. *Société patriarcale.* — **adv.** (1763) **PATRIARCALEMENT.** ■ CONTR. Matriarcal.

PATRIARCAT [patʀijaʀka] **n. m.** – XVIe ; *patriarchat* v. 1280 ◇ latin ecclésiastique *patriarchatus* → patriarche ■ **1** RELIG. Dignité de patriarche. *Être élevé au patriarcat.* — PAR EXT. Circonscription d'un patriarche. *Le patriarcat d'Antioche.* ■ **2** SOCIOL. Forme de famille fondée sur la parenté par les mâles et sur la puissance paternelle ; structure, organisation sociale fondée sur la famille patriarcale. *« mettre un terme au système de représentations permettant aux hommes d'exercer sur les femmes un pouvoir plusieurs fois millénaire : le patriarcat »* É. BADINTER. ■ CONTR. Matriarcat.

PATRIARCHE [patʀijaʀʃ] **n. m.** – 1080 ◇ latin chrétien *patriarcha ;* grec ecclésiastique *patriarkhês* «chef de famille» ■ **1** HIST. ECCLÉS. Titre accordé, dans l'Église romaine, à certains évêques titulaires de sièges très importants. *Le patriarche d'Antioche.* ◆ SPÉCIALT (XVIe *patriarque*) Chef d'une Église qui n'observe pas le rite latin. — Chef d'une Église séparée de l'Église romaine (schismatique ou hérétique). ■ **2** (v. 1250) RELIG. JUD. L'un des chefs de famille dépeints par l'Ancien Testament comme ayant été d'une longévité et d'une fécondité extraordinaires. *Le temps des patriarches :* depuis Abraham jusqu'à Moïse. *« La barbe de patriarche* [de Tolstoï] *qui rappelle le Moïse de Dijon »* R. ROLLAND. ■ **3** Vieillard qui mène une vie simple et paisible, entouré d'une nombreuse famille. *Mener une vie de patriarche.* ➤ **patriarcal.** *Le patriarche de Ferney :* Voltaire âgé.

PATRICE [patʀis] **n. m.** – 1190, repris 1506 ◇ latin *patricius,* de *pater* «chef de famille noble» → patricien ■ HIST. ROM. Titulaire d'une dignité instituée par Constantin. *Les patrices, nommés à vie, avaient le premier rang dans l'empire après les Césars.* — **adj. PATRICIAL, IALE, IAUX,** 1575.

PATRICIAT [patʀisja] **n. m.** – 1678 ; *patritiat* 1565 ◇ latin *patriciatus* ■ **1** HIST. ROM. Dignité de patrice, de patricien. — Ordre des patriciens. *La puissance du patriciat.* ■ **2** LITTÉR. Élite, aristocratie. *« ces privilégiés qui, n'étant pas loin de se prendre pour un patriciat, en avaient les vues étroites »* TOULET. ■ CONTR. Plèbe.

PATRICIEN, IENNE [patʀisjɛ̃, jɛn] **n. et adj.** – 1350 ◊ du latin *patricius* → patrice ■ **1** HIST. ROM. Personne qui appartenait, de par sa naissance, à la classe supérieure des citoyens romains, et jouissait de nombreuses prérogatives. ➤ **noble.** ■ **2** (XVIIIe) LITTÉR. Aristocrate, noble. « *Les plus grands coups portés à l'antique constitution de l'État, le furent par des gentilshommes. Les patriciens commencèrent la Révolution, les plébéiens l'achevèrent* » CHATEAUBRIAND. ♦ **adj.** Aristocratique. « *Ce calme patricien qui respire* [...] *l'impossibilité d'aucune vive émotion* » STENDHAL. ■ CONTR. Plébéien, populaire, prolétaire, prolétarien.

PATRICLAN [patʀiklɑ̃] **n. m.** – 1968 ◊ du latin *pater* « père » et de *clan* ■ ETHNOL. Clan dont le recrutement est assuré par la voie patrilinéaire* (opposé à *matriclan*).

PATRIE [patʀi] **n. f.** – 1511 ◊ latin *patria* « pays du père », de *pater* ■ **1** Nation, communauté politique à laquelle on appartient ou à laquelle on a le sentiment d'appartenir ; pays habité par cette communauté. ➤ **nation, 1 pays.** *Il considère la France comme sa patrie. Aimer sa patrie ; amour de la patrie* (➤ **patriote ; patriotisme**). APPOS. *La mère patrie. Fuir, quitter sa patrie* : s'expatrier. *Faire revenir dans sa patrie* : rapatrier. *Avoir la même patrie.* ➤ **compatriote.** *Mourir pour la patrie. Bien mériter* de la patrie. La patrie reconnaissante*. « Pour la patrie, les sciences et la gloire », devise de l'École polytechnique. Qui n'a pas de patrie.* ➤ **apatride, sans-patrie.** — *La science, l'art n'a pas de patrie,* concerne tout le monde. « *L'égoïsme et la haine ont seuls une patrie ; La fraternité n'en a pas !* » LAMARTINE. *C'est ma seconde patrie,* le pays qui m'est le plus cher, après le mien. ♦ ALLUS. HIST. « *Ingrate patrie, tu n'auras pas mes os* » (paroles attribuées à SCIPION L'AFRICAIN). — « *On n'emporte pas la patrie à la semelle de ses souliers* » DANTON. — « *Allons, enfants de la patrie* » (« La Marseillaise »). — *Honneur et patrie,* devise des armées françaises (à l'exception de la Légion étrangère), et de l'ordre de la Légion d'honneur (inscrite au revers de l'insigne). — *Travail, Famille, Patrie,* devise du gouvernement de Vichy. ♦ Province, région, ville natale. *Clermont-Ferrand est la patrie de Pascal.* ■ **2** (1835) *La patrie de la poésie, de l'art* : le pays où fleurissent l'art, la poésie. « *Venise, patrie des brumes* » FLAUBERT.

PATRILINÉAIRE [patʀilineɛʀ] **adj.** – 1936 ◊ du latin *pater* « père » et *linearis,* d'après l'anglais *patrilinear* (1913) ■ ETHNOL. Se dit d'un type de filiation (puis, PAR EXT. d'un type d'organisation sociale) fondé sur l'ascendance paternelle (opposé à *matrilinéaire*).

PATRILOCAL, ALE, AUX [patʀilɔkal, o] **adj.** – XXe ◊ anglais *patrilocal,* de *pater* « père » et *local* ■ ETHNOL. Se dit d'un type de résidence du couple déterminé par la résidence du père du mari. PAR EXT. *Organisation, société patrilocale* (opposé à *matrilocal*).

PATRIMOINE [patʀimwan] **n. m.** – 1160 ◊ latin *patrimonium* « héritage du père » ■ **1** Biens de famille, biens que l'on a hérités de ses ascendants. ➤ **fortune, héritage, propriété.** *Maintenir, accroître, dilapider, engloutir le patrimoine familial.* ■ **2** DR. « L'ensemble des droits et des charges d'une personne, appréciables en argent » (Planiol). ♦ Ensemble des biens corporels et incorporels et des créances nettes d'une personne (physique ou morale) ou d'un groupe de personnes, à une date donnée. *Patrimoine social d'une entreprise. Patrimoine national. Patrimoine immobilier, foncier, financier. Gestion de patrimoine. Déclaration de patrimoine. Impôt sur le patrimoine.* SPÉCIALT *Patrimoine brut. Patrimoine net. Valeur nette du patrimoine* : différence entre les avoirs et les dettes. ■ **3** (1829) Ce qui est considéré comme un bien propre (➤ **apanage**), comme une propriété, une richesse transmise par les ancêtres. *Patrimoine archéologique, architectural, historique.* « *respectez les œuvres ! C'est le patrimoine du genre humain* » R. ROLLAND. *Le patrimoine mondial de l'humanité. Patrimoine culturel. Conservateur* du patrimoine.* — *Patrimoine naturel et espaces protégés.* ■ **4** GÉNÉT. *Patrimoine héréditaire, génétique* : l'ensemble des caractères hérités. ➤ **génome, génotype.**

PATRIMONIAL, IALE, IAUX [patʀimɔnjal, jo] **adj.** – 1380 ◊ latin *patrimonialis* ■ **1** HIST. ou DR. Qui constitue un patrimoine, fait partie d'un patrimoine. *Biens patrimoniaux. Seigneurie patrimoniale,* attachée à la possession d'une terre. — DR. *Droits patrimoniaux, charges patrimoniales,* ayant un caractère pécuniaire. ■ **2** Qui appartient à un patrimoine culturel commun. *Littérature patrimoniale. Textes patrimoniaux.*

PATRIOTARD, ARDE [patʀijɔtaʀ, aʀd] **adj. et n.** – 1904 ◊ de *patriote* ■ Qui affecte un patriotisme exagéré, exclusif, chauvin. ➤ **cocardier.**

PATRIOTE [patʀijɔt] **n. et adj.** – 1460 ◊ bas latin *patriota,* grec *patriôtês* « compatriote » ■ **1** VX Compatriote ; citoyen. ■ **2** (1647 ; *patriot* 1561) MOD. Personne qui aime sa patrie et la sert avec dévouement. ➤ **patriotisme.** « *Tout patriote est dur aux étrangers ; ils ne sont qu'hommes, ils ne sont rien à ses yeux* » ROUSSEAU. *Un ardent patriote. Patriote cocardier.* ➤ **chauvin, patriotard.** — **adj.** *Être très patriote.* « *Mais si nous ne sommes plus chauvins, nous restons pacifiquement patriotes* » ARAGON. ♦ HIST. Partisan de la Révolution, en 1789-1790. ■ CONTR. Cosmopolite.

PATRIOTIQUE [patʀijɔtik] **adj.** – 1750 ; « paternel » hapax 1532 ◊ de *patriote* ■ Qui exprime l'amour de la patrie ou est inspiré par lui (➤ **patriotisme**). *Ardeur, élan patriotique. Les nationalistes cherchent « toujours à masquer sous des sentiments patriotiques leurs velléités belliqueuses »* MARTIN DU GARD. *Chants, refrains patriotiques.* — **adv. PATRIOTIQUEMENT,** 1790. ■ CONTR. Antipatriotique.

PATRIOTISME [patʀijɔtism] **n. m.** – 1750 ◊ de *patriote* ■ Amour de la patrie ; désir, volonté de se dévouer, de se sacrifier pour la défendre, en particulier contre les attaques armées.

PATRISTIQUE [patʀistik] **n. f. et adj.** – 1813 ◊ grec *patêr, patros* « père (de l'Église) » ■ DIDACT. Étude, connaissance de la doctrine, des ouvrages, de la biographie des Pères de l'Église. ➤ **patrologie.** ♦ **adj.** Qui a rapport aux Pères de l'Église. *Tradition patristique. Ouvrages patristiques.*

PATROLOGIE [patʀɔlɔʒi] **n. f.** – 1706 ◊ du grec *patêr, patros* « père » et *-logie* ■ DIDACT. ■ **1** Collection complète des ouvrages des Pères de l'Église. *Patrologie grecque, latine.* ■ **2** (1843) Patristique*.

1 **PATRON, ONNE** [patʀɔ̃, ɔn] **n.** – milieu XIIIe ◊ latin *patronus* « protecteur », de *pater* « père »

I Saint ou sainte dont on a reçu le nom au baptême ; qu'un pays, une confrérie, une corporation reconnaît pour protecteur, ou encore (COUR.) à qui est dédiée une église, une chapelle. *Sainte Geneviève, patronne de Paris. Saint Éloi, patron des orfèvres. Votre saint patron.* « *Nous ne connaissons pas les Saints, nous autres* [...] *Lequel d'entre vous serait capable d'écrire vingt lignes sur son Patron ou sa Patronne ?* » BERNANOS. « *une divinité consolatrice à la façon de sainte Rita, la patronne des causes désespérées* » BAUBY.

II Personne qui commande à des employés. ■ **1** (1357) MAR. *Patron de pêche.* ➤ **capitaine.** *Patron d'une barque, d'un remorqueur.* ■ **2** Maître, maîtresse de maison, par rapport à ses employés. « *N'empêche les valets, les femmes de chambre, les chauffeurs de maître,* [...] *ils savent petit à petit tout sur leurs patrons. C'est la rançon de se faire servir* » BOUDARD. ■ **3** (1812) Artisan, petit entrepreneur qui emploie quelques ouvriers, forme des apprentis. *Patron boulanger et ses mitrons.* — (Opposé à *commis, garçon, serveur, vendeur*) Personne qui dirige une maison de commerce, de petite ou moyenne importance, dont elle est généralement propriétaire. *Patron, patronne d'un café, d'un hôtel, d'un restaurant.* ➤ **tenancier.** ABSOLT *La tournée du patron.* « *Ils vidaient leurs verres. – Payez-vous, la patronne* » GUILLOUX. — POP. (d'un conjoint) *Faut demander à la patronne* (cf. Ma bourgeoise*). ■ **4** (1834) Dirigeant(e) d'une entreprise industrielle ou commerciale. ➤ **directeur, entrepreneur, P. D. G. ;** FAM. **boss,** POP. **singe.** *Patron d'une usine, d'un groupe commercial, industriel* (cf. Chef d'entreprise*). *Un patron à l'américaine. Grand patron* : dirigeant d'un grand groupe, capitaine d'industrie. *Association, fédération de patrons.* ➤ **patronat.** LOC. *Le patron des patrons* : le président des organisations patronales. — COUR. Tout employeur, par rapport à ses subordonnés. *Rapports entre patrons et employés. Il est le bras droit du patron. La secrétaire du patron. Mme X est le patron. Une femme patron.* ■ **5** (1901) Professeur de médecine, chef d'un service hospitalier (au regard de ses élèves, internes ou externes, et de ses assistants). *Les grands patrons.* ➤ **mandarin, manitou.** ♦ Personne qui dirige des travaux intellectuels, artistiques, qui dispense un enseignement, qui préside à une activité (politique, etc.). *Patron de thèse* : directeur de thèse. ■ **6** (Appellatif) *Salut, patron !* ➤ **chef.** — SPÉCIALT (en Afrique) Monsieur.

III **n. m.** (XVIe) HIST. ROM. Ancien maître d'un esclave affranchi ; patricien, plus ou moins puissant et riche, protecteur d'hommes libres, mais de condition inférieure, appelés « clients ».

■ CONTR. Bonne, domestique. Garçon. Apprenti, employé, ouvrier, personnel.

2 **PATRON** [patʀɔ̃] **n. m.** – 1119 « étalon, modèle » ◊ latin *patronus* « patron », fig. ■ **1** (1375) Modèle sur lequel travaillent les artisans pour fabriquer certains objets. ➤ **forme.** *Patrons de*

tapisserie, de vitrail. ➤ **carton, dessin.** ♦ (1681) Modèle de papier ou de toile préparé sur un mannequin ou aux mesures d'une personne. *Un patron taille 42. Tailler une robe d'après un patron, sur un patron. Spécialiste établissant des patrons* (**PATRONNIER, IÈRE n.**). — FIG. « *Mathilde désespérait de rencontrer un être un peu différent du patron commun* » STENDHAL. ♦ *Taille patron* (hommes), moyenne. ▪ **2** TECHN. Carton ajouré pour le coloriage. ➤ **pochoir.** *Colorier au patron.* ▪ **3** (ABSTRAIT) Équivalent français proposé pour *pattern**. ➤ **modèle.**

PATRONAGE [patʀɔnaʒ] **n. m.** – fin XIIIe ◊ de 1*patron* ▪ **1** Appui moral donné par un personnage puissant ou un organisme. ➤ **protection.** « *Je ne viens vous demander ni patronage, ni référence, ni service d'aucune sorte* » DUHAMEL. — *Gala placé sous le haut patronage du président de la République.* ➤ **parrainage.** *Comité de patronage d'une revue scientifique.* ♦ Protection d'un saint (➤ 1**patron**). ▪ **2** (1868) Œuvre, mouvement de jeunesse proposant des distractions, des activités les jours de congé. ➤ **foyer.** *Patronage laïque, municipal, paroissial.* — Siège d'un patronage. *Ses enfants vont au patronage le mercredi.* — ABRÉV. (Belgique) **PATRO.** — IRON. *Roman, film de patronage,* d'un caractère édifiant, naïf et enfantin. ▪ **3** (1889) RÉGION. (Canada) Favoritisme politique. ➤ **clientélisme, népotisme.**

PATRONAL, ALE, AUX [patʀɔnal, o] **adj.** – 1611 ◊ de 1*patron* ▪ **1** RELIG. Qui a rapport au saint patron d'une paroisse. *Fête patronale.* ▪ **2** (1907) COUR. Qui a rapport ou qui appartient aux chefs d'entreprise. *Intérêts patronaux. Syndicat patronal. Cotisation patronale aux caisses de Sécurité sociale (part patronale).*

PATRONAT [patʀɔna] **n. m.** – 1578 « protection » ◊ de 1*patron* ▪ **1** (1832) ANTIQ. ROM. Titre de patron. ▪ **2** (XIXe) VIEILLI Autorité du patron. ▪ **3** MOD. Ensemble des chefs d'entreprise. *Rencontre patronat-syndicats.* « *Il y a entre les patrons et les ouvriers, entre le patronat et le prolétariat* [...] *une antinomie, un antagonisme* » PÉGUY.

1**PATRONNER** [patʀɔne] **v. tr.** ‹1› – 1501, rare avant 1838 ◊ de 1*patron* ▪ Couvrir de son crédit, de sa protection. *Être patronné par un personnage influent.* ➤ **aider, protéger, recommander.** — PAR EXT. *Patronner une candidature.* ➤ **appuyer.**

2**PATRONNER** [patʀɔne] **v. tr.** ‹1› – 1392 ◊ de 2*patron* ▪ **1** COUT. RARE Découper, tailler sur un patron. ▪ **2** TECHN. Imprimer, colorier à l'aide d'un patron à jours.

PATRONNESSE [patʀɔnɛs] **adj. f.** et **n. f.** – 1575 « femme qui protège » fém. de 1*patron* ◊ repris 1833, d'après l'anglais *patroness* ▪ *Dame patronnesse,* qui se consacre à des œuvres de bienfaisance (souvent iron.).

PATRONYME [patʀɔnim] **n. m.** – v. 1825 ◊ de *patronymique* ▪ LITTÉR. Nom patronymique, nom de famille.

PATRONYMIQUE [patʀɔnimik] **adj. m.** – 1611 ; *patronomique* 1461 ; *patrenomique* « nom patronymique » 1220 ◊ bas latin *patronymicus* ▪ ANTIQ. *Nom patronymique,* commun à tous les descendants d'un même ancêtre illustre. *Les descendants d'Hercule portaient le nom patronymique d'« Héraclides ».* ♦ MOD. *Nom patronymique :* nom de famille. ➤ **patronyme.** ♦ *Suffixe patronymique,* indiquant la filiation, dans certaines langues.

PATROUILLE [patʀuj] **n. f.** – 1538 « action de patauger » ◊ de *patrouiller* ▪ Ronde de surveillance faite par un détachement de police militaire ou civile ; ce détachement. ➤ VX **guet.** « *Quelquefois, un battement de pas lourds s'approchait. C'était une patrouille de cent hommes au moins* » FLAUBERT. ♦ (Au combat) Déplacement d'un groupe composé de quelques soldats sous le commandement d'un gradé et chargé de remplir une mission ; ce groupe. *Chef de patrouille. Patrouille de reconnaissance. Patrouille motorisée. Aller, partir en patrouille.* « *Nous étions de patrouille* [...] *Il s'agissait de reconnaître un nouveau poste d'écoute allemand* » BARBUSSE. ♦ (1917) AVIAT. *Patrouille de chasse. La Patrouille de France.* — MAR. Détachement de petits bâtiments rapides.

PATROUILLER [patʀuje] **v. intr.** ‹1› – 1553 ; tr. « tripatouiller, pétrir » 1450 ◊ var. de *patouiller* ▪ Aller en patrouille, faire une patrouille. *Policiers qui patrouillent. Des navires de guerre patrouillent au large.*

PATROUILLEUR, EUSE [patʀujœʀ, øz] **n.** – 1914 ; « celui qui pétrit le beurre » 1606 ◊ de *patrouille* ▪ **1** Soldat qui fait partie d'une patrouille. ▪ **2** **n. m.** AVIAT. Avion de chasse qui effectue une patrouille. ♦ MAR. Avion, ou navire de guerre de petit tonnage, utilisé pour la surveillance des routes maritimes, l'escorte des convois et la chasse aux sous-marins.

1**PATTE** [pat] **n. f.** – fin XIIe ◊ d'un radical onomatopéique *patt-* exprimant le bruit que font de lourdes pattes sur un sol détrempé

I **MEMBRE ARTICULÉ** ▪ **1** Chez l'animal, Membre ou appendice qui supporte le corps, sert à la marche (➤ **jambe**), à la préhension, etc. *Extrémité de la patte.* ➤ **pied ; -pode.** *Les insectes ont trois paires de pattes. Pattes de devant, de derrière d'un quadrupède. Chien qui donne, qui tend la patte. Lever* la patte. Avoir de grosses pattes* (➤ **pataud, pattu**). *Chien qui détale à toutes pattes,* très vite. *Un échassier, debout sur une patte. Pattes palmées de certains oiseaux. Pattes de homard, de crabe.* FAM. *Nos compagnons à quatre pattes :* nos chiens, nos chats. — FIG. (1611) (PERSONNES) *Marcher à quatre pattes,* en posant les mains et les pieds (ou les genoux) par terre. *Bébé qui marche à quatre pattes.* — LOC. *Mouton* à cinq pattes.* FAM. *Ne pas casser* trois pattes à un canard. Moteur qui marche sur trois pattes,* qui a des ratés. ▪ **2** (1618) FAM. Jambe. *Traîner la patte ;* FIG. faire preuve de mauvaise volonté. *Se casser une patte. Ne pas être solide sur ses pattes. Aller quelque part à pattes,* à pied. *Être bas, court sur pattes. Avoir une patte folle :* boiter légèrement. *Avoir du poil aux pattes.* — LOC. *Estomac, ventre sur pattes* (ou *à pattes*) : personne qui a un appétit insatiable. *C'est un cœur sur pattes,* une personne très généreuse. ▪ **3** (milieu XVe) FAM. Main. ➤ **paluche, patoche.** *Retire tes sales pattes de là ! Bas les pattes !,* n'y touchez pas, ne me touchez pas. « *Quand l'un d'eux devenait tendre elle criait* [...] : *– Allez, allez, porc, bas les pattes !* » MAC ORLAN.

II **SENS FIGURÉS** ▪ **1** LOC. **COUP DE PATTE :** coup de main habile. *Avoir le coup de patte, avoir de la patte :* en parlant d'un peintre, être habile. *On reconnaît sa patte. Un coup de patte :* un trait malveillant qu'on décoche à qqn en passant. ➤ 2**critique.** — *Avoir un fil* à la patte.* — *Graisser* la patte à qqn.* — *Retomber sur ses pattes :* se tirer sans dommage d'une affaire fâcheuse. (1885) *En avoir plein les pattes :* être fatigué après une longue marche ; en avoir assez (cf. Plein les bottes*). — *Faire patte de velours*.* — *Montrer patte blanche :* montrer un signe de reconnaissance convenu, dire le mot de passe nécessaire pour entrer quelque part. « *Le biquet, soupçonneux, par la fente regarde. "Montrez-moi patte blanche, ou je n'ouvrirai point"* » LA FONTAINE. — FAM. *Se fourrer dans les pattes de qqn.* — *Tomber entre les pattes de qqn. Sortir, se tirer des pattes de qqn,* lui échapper, retrouver son indépendance. *Filer entre les pattes à, de qqn.* — *Tirer dans les pattes de qqn,* lui susciter des difficultés, s'opposer sournoisement. ▪ **2** (par analogie d'aspect ou de forme) **PATTE DE** (et un nom d'animal). *Pattes de mouche*.* — *Pantalon à pattes d'éléphant*.* — (1883) *Pattes de lapin, de lièvre,* ou *pattes :* favoris courts. ➤ **favori, rouflaquette.** « *Un sous-officier de la légion* [...] *qui portait de chaque côté des joues des "pattes" comme un ancien torero* » MAC ORLAN. — *Patte-d'oie* (voir ce mot).

III **CE QUI SERT À FIXER, À MAINTENIR** (fin XVe) ▪ **1** *Pattes d'une ancre :* chacune des parties triangulaires terminant les bras. ▪ **2** Clou dont une extrémité est aplatie et qui sert à fixer un cadre, une glace, un objet lourd. *Patte à glace.* ▪ **3** (1723) Crochet de fer (pour suspendre la viande, déplacer les futailles). ➤ **croc.** ▪ **4** ÉLECTRON. FAM. Fil conducteur formant les bornes d'un composant électronique. *Les trois pattes d'un transistor. Un circuit intégré à 64 pattes.* ▪ **5** (1680) Languette d'étoffe, de cuir, etc. *Patte d'une poche, d'un portefeuille, d'un sac. Galons fixés sur les pattes d'épaule.* ➤ **épaulette.**

▪ HOM. Pat ; poss. pâte.

2**PATTE** [pat] **n. f.** – 1550 ; *pate* 1531 ◊ du germanique °*paita* « vêtement » ▪ RÉGION. (Bourgogne, Lorraine, Franche-Comté, Savoie, Provence ; Suisse) Chiffon, torchon. *Patte à relaver :* torchon à vaisselle. *Patte à poussière :* chiffon à poussière.

PATTÉ, ÉE [pate] **adj.** – 1390 ; *paté* « qui a de larges pattes » XIIIe ◊ de 1*patte* ▪ BLAS. Dont les branches s'élargissent en s'incurvant à leurs extrémités. *Croix pattée.* ▪ HOM. poss. Pâté, pâtée.

PATTE-D'OIE [patdwa] **n. f.** – 1624 ; « difformité du nouveau-né » 1573 ◊ de *patte* et *oie* ▪ **1** Carrefour d'où partent plusieurs routes. ▪ **2** (1826) Les petites rides divergentes à l'angle externe de l'œil. *Lissage des pattes-d'oie.* ▪ **3** MAR. *Cordage en patte-d'oie,* avec plusieurs cordes attachées en différents endroits d'un objet sur lequel on veut agir. ▪ **4** BOT. *Patte-d'oie rouge :* espèce du genre chénopode*. ➤ **ansérine.**

PATTEMOUILLE [patmuj] **n. f.** – 1914 ◊ de 2*patte* et *mouiller* ▪ Chiffon, linge humecté dont on se sert pour repasser les vêtements. *Repasser à la pattemouille.*

PATTERN [patɛʀn] n. m. – 1914 ◊ mot anglais «modèle schématique» ■ ANGLIC. Modèle simplifié d'une structure, en sciences humaines. ➤ modèle, 2 patron, schéma, structure, type. ■ HOM. Paterne.

PATTINSONAGE [patinsɔnaʒ ; patɛ̃sɔnaʒ] n. m. – 1864 ◊ de *Pattinson*, n. d'un chimiste anglais ■ TECHN. Mode de traitement des plombs argentifères par cristallisation fractionnée, pour séparer l'argent du plomb.

PATTU, UE [paty] adj. – v. 1480 ◊ de 1 *patte* ■ Qui a de grosses pattes. ➤ pataud. *Chien pattu.* ◆ Se dit d'oiseaux dont la patte porte une touffe de plumes. *Pigeons pattus.*

PÂTURABLE [pɑtyʀabl] adj. – XVIe ◊ de *pâturer* ■ AGRIC., GÉOGR. Qui peut être employé comme pâture. *Herbe, prairie pâturable.*

PÂTURAGE [pɑtyʀaʒ] n. m. – *pasturage* XIIe ◊ de *pâturer* ■ 1 Droit de faire paître du bétail sur une terre. — Action de faire pâturer. — ALLUS. HIST. «*Labourage et pâturage sont les deux mamelles de la France*» (d'après SULLY). ■ 2 (1219) Lieu couvert d'une herbe qui doit être consommée sur place par le bétail. ➤ pâtis, prairie ; herbage. *Amener, mener, mettre les vaches au pâturage.* ➤ 1 champ, pâture, pré. *Pâturage alpestre.* ➤ alpage, 2 estive. «*On entendait des sonnailles de troupeaux partant pour les pâturages*» LOTI.

PÂTURE [pɑtyʀ] n. f. – *pasture* v. 1170 ◊ bas latin *pastura*, de *pascere* «paître» → appât ■ 1 Lieu où croît l'herbe et où l'on fait paître le bétail. ➤ pâturage. *Mener les vaches en pâture.* (XIIIe *vaine pasture*) DR. *Vaine pâture* ou *droit de vaine pâture*, qui permet aux habitants d'un village de faire paître leur bétail sur les terres non clôturées, une fois les récoltes enlevées, jusqu'à l'ensemencement. ■ 2 Tout ce qui sert à la nourriture des animaux. *L'oiseau apporte leur pâture à ses petits.* ➤ becquée. ■ 3 FIG. Ce qui sert d'aliment à une faculté, à un besoin, à une passion ; ce sur quoi une activité s'exerce. *Il lit tout ce qu'il trouve et fait sa pâture de tout. Livrer un fait divers en pâture à la presse à scandale.* «*Mon ardeur de savoir avait sa pâture*» RENAN. «*Choiseul avait essayé de gouverner avec les Parlements en leur donnant les jésuites en pâture*» BAINVILLE.

PÂTURER [pɑtyʀe] v. tr. et intr. ⟨1⟩ – *pasturer* v. 1130 ◊ de *pâture* ■ AGRIC. Paître. «*Les moutons, çà et là, pâturaient*» FLAUBERT. — p. p. adj. *Prairies pâturées et prairies fauchées.*

PÂTURIN [pɑtyʀɛ̃] n. m. – 1775 ◊ de *pâture* ■ RÉGION. Plante *(graminées)* qui constitue une grande partie de la végétation des bonnes prairies.

PATURON [patyʀɔ̃] n. m. – v. 1510 ◊ de l'ancien français *pasture* «corde attachant l'animal par la jambe» (1220) ; latin *pastoria* «corde de pâtre» ■ Partie de la jambe du cheval comprise entre le boulet et la couronne, et qui correspond à la première phalange. *Cheval qui a le paturon trop court* (➤ court-jointé), *trop long* (➤ long-jointé). ◆ (1628) POP. Pied. — On écrit aussi *pâturon.*

PAUCHOUSE ➤ POCHOUSE

PAUCIFLORE [posiflɔʀ] adj. – 1795 ◊ du latin *pauci* «un petit nombre de» et *flos, floris* «fleur» ■ BOT. Qui ne porte que peu de fleurs. ■ CONTR. Florifère.

PAULETTE [polɛt] n. f. – 1612 ◊ de *Paulet*, premier fermier de cet impôt ■ HIST. Impôt annuel que devaient payer les titulaires de charges de judicature pour en devenir propriétaires.

PAULIEN, IENNE [poljɛ̃, jɛn] adj. – XVIIIe ◊ latin *pauliana*, du nom du préteur *Paulus* ■ ACTION PAULIENNE. DR. ROM. Action en réparation de préjudice que les créanciers pouvaient intenter contre un débiteur frauduleux. DR. MOD. Action révocatoire, «par laquelle le créancier fait révoquer les actes de son débiteur qui lui portent préjudice et qui ont été accomplis en fraude de ses droits» (Capitant).

PAULINIEN, IENNE [polinjɛ̃, jɛn] adj. – 1868 ◊ de l'apôtre *Paul* ■ RELIG. CATHOL. Relatif à saint Paul. *Doctrine, philosophie paulinienne.*

PAULINISME [polinism] n. m. – 1874 ◊ de l'apôtre *Paul* ■ RELIG. CATHOL. Doctrine de saint Paul.

PAULISTE [polist] n. et adj. – fin XIXe ◊ anglais *paulist* ■ Membre d'une congrégation catholique américaine fondée en 1858 à New York et dédiée à saint Paul. — adj. *Missionnaires paulistes.*

PAULOWNIA [polɔnja] n. m. – 1864 ◊ de *Anna Paulowna*, fille du tsar Paul Ier, à laquelle cette fleur fut dédiée ■ Arbre d'ornement, de grande taille *(scrofulariacées)*, originaire du Japon, dont les fleurs campanulées bleues ou mauves, se présentent en panicules dressées. «*un énorme paulownia dressait ses girandoles*» JALOUX.

PAUME [pom] n. f. – XIIe ; *palme* 1050 ◊ latin *palma* → 1 palme

I ■ 1 Le dedans, l'intérieur de la main. ➤ creux ; palmaire. «*sa main dont elle ne voulut jamais me donner que le dessus et jamais la paume*» BALZAC. «*ses paumes tournées vers le ciel portaient les ampoules, les callosités des mains d'homme*» NIZAN. ■ 2 (Par compar. avec deux mains jointes aux paumes appuyées) TECHN. Assemblage de deux pièces perpendiculaires par une coupe à mi-bois, droite *(paume carrée)* ou oblique *(paume grasse).*

II (1320) Jeu, sport qui consistait à se renvoyer une balle de part et d'autre d'un filet, au moyen de la main à l'origine, puis d'un instrument (➤ batte, raquette) et selon certaines règles. *La paume, ancêtre du tennis. Jouer à la paume.* — *Longue paume*, jouée sur terrain ouvert. *Courte paume*, jouée en terrain clos et souvent couvert. — *Jeu de paume* : terrain de jeu de courte paume. — HIST. *Le serment du Jeu de paume* (1789).

PAUMÉ, ÉE [pome] adj. – XXe ; *une paumée* «fille perdue» 1899 ◊ de *paumer* ■ FAM. ■ 1 Misérable, pauvre. SUBST. *Va donc, eh paumé ! Une bande de paumés.* ■ 2 Perdu, égaré. *Un coin complètement paumé*, isolé, éloigné. ◆ FIG. *Il est vraiment paumé* : il ne sait plus où il est. ■ HOM. poss. Pommé, pommer.

1 **PAUMELLE** [pomɛl] n. f. – 1314 ; «paume de la main» 1294 ◊ de *paume* ■ TECHN. ■ 1 Petite penture articulée sur un gond et fixée au battant d'une porte, d'un volet. ■ 2 Bande de cuir renforcée au creux de la main par une plaque métallique piquetée, servant à protéger la paume de certains ouvriers (cordiers, voiliers, selliers). ■ 3 Planche cintrée servant à assouplir les peaux. ■ HOM. poss. Pommelle.

2 **PAUMELLE** [pomɛl] n. f. – 1564 ◊ provençal *palmola, paumola* ; latin *palmula* «petite palme» ■ AGRIC. Variété d'orge commune à deux rangs.

PAUMER [pome] v. tr. ⟨1⟩ – 1460 argot «prendre» ; v. 1290 «toucher de la main» ◊ de *paume* ■ 1 (1664) ARG. ANC. Donner un coup à. LOC. *Paumer la gueule à qqn.* — (1837) *Se faire paumer* : se faire prendre (cf. FAM. Se faire coincer*, pincer*). ■ 2 (1827) FAM. Perdre. *J'ai paumé le fric. Il a tout paumé au casino.* — PRONOM. Se perdre. *Il s'est paumé en route.* ■ HOM. poss. Pommé, pommer.

PAUMIER, IÈRE [pomje, jɛʀ] n. m. et adj. – 1754 «cerf palmé» ◊ du latin *palma* «paume» ■ VÉN. Daim de cinq ans, dont les andouillers supérieurs sont aplatis et forment des paumures. — adj. *Bête paumière.* ■ HOM. poss. Pommier.

PAUMOYER [pomwaje] v. tr. ⟨8⟩ – XIIe ; *palmeier* «tenir à pleines mains» 1080 ◊ de *paume* ■ 1 MAR. Haler à la main. ◆ (1903) *Paumoyer la toile* : ramasser les plis d'une voile. ■ 2 TECHN. Assouplir (le cuir) à la paumelle.

PAUMURE [pomyʀ] n. f. – *paumeure* 1390 ◊ de *paume* ■ VÉN. ➤ empaumure. — Partie aplatie au sommet des bois du cerf, des andouillers du daim (➤ paumier).

PAUPÉRISATION [poperizasjɔ̃] n. f. – 1842 ◊ du latin *pauper* «pauvre» ■ DIDACT. Abaissement continu du niveau de vie, diminution absolue du pouvoir d'achat *(paupérisation absolue)* ou appauvrissement relatif d'une classe sociale, par rapport à l'ensemble de la société *(paupérisation relative). La paupérisation du tiers-monde.*

PAUPÉRISER [poperize] v. tr. ⟨1⟩ – 1863 ◊ du latin *pauper* «pauvre», d'après l'anglais *to pauperize* (1834) ■ DIDACT. Frapper de paupérisation. ➤ appauvrir. *Crise qui paupérise les classes défavorisées.* — p. p. adj. *Un prolétariat paupérisé.*

PAUPÉRISME [poperism] n. m. – 1823 ◊ du latin *pauper* «pauvre», d'après l'anglais *pauperism* (1815) ■ DIDACT. État permanent de pauvreté, d'indigence dans une partie de la société. «*Pratiquement, il n'y a pas de misère dans ce pays-là, il n'y a même pas de paupérisme. Je n'ai jamais vu un taudis*» ROMAINS.

PAUPIÈRE [popjɛʀ] n. f. – XIVe ; *palpere* 1120 ◊ bas latin *palpetra*, classique *palpebra* ■ Chacune des parties mobiles (voiles musculo-membraneux) qui recouvrent et protègent la partie antérieure de l'œil. *Paupière supérieure, inférieure. Muscles des paupières.* ➤ orbiculaire, releveur. *La conjonctive tapisse l'intérieur des paupières et les unit au globe oculaire. Bord, commissure des paupières. Les cils bordent les paupières. Battre, cligner, ciller des paupières.* «*Nous, nous battions des paupières. Un clin d'œil, ça s'appelait. Un petit éclair noir, un rideau qui tombe et qui se relève*» SARTRE. *Abaisser, fermer les* *paupières d'un mourant,* lui fermer les yeux. *Avoir les paupières mi-closes. Ouvrir les paupières :* s'éveiller. *Avoir les paupières lourdes. Paupières gonflées, bouffies. Fard*, ombre* à paupières. Paupières inférieures teintées de khol*. Inflammation des paupières* (➤ **chalazion, compère-loriot, orgelet**), *renversement* (➤ **ectropion, entropion, éraillement**) *des paupières. Abaissement permanent de la paupière supérieure* (➤ **ptosis**). ◆ ZOOL. *Paupière nictitante* des oiseaux de nuit, des chats.*

PAUPIETTE [popjɛt] **n. f.** – 1742 ; *popiette* 1735 ; *poupiette* 1691 ◇ probablt de l'italien *polpetta* «boulette de viande hachée», du latin *pulpa* ■ Tranche de viande garnie de farce et roulée (cf. Alouette* sans tête, RÉGION. oiseau* sans tête). *Paupiettes de veau.*

PAUSE [poz] **n. f.** – 1360 ◇ latin *pausa* ■ **1** Interruption momentanée d'une activité, d'un travail. ➤ **arrêt, 2 break** (ANGLIC.), **interruption, suspension.** *La pause de midi, la pause déjeuner.* FAM. *La pause café* (pour prendre le café). *Des pauses café. Pause pipi.* ◆ SPÉCIALT Temps de repos interrompant un exercice, une marche (➤ **halte**). *Faire une pause, la pause. Cinq minutes de pause. Pause entre deux cours.* ➤ **interclasse, intercours.** «*Le sommeil de ses amis n'était qu'une pause, comme celles où s'abandonnent les soldats entre deux manœuvres*» NIZAN. — SPORT Mi-temps. ◆ FAM. Temps d'arrêt, station prolongée. «*J'aurai fait ici une petite pause de dix jours*» Mme DE SÉVIGNÉ. ➤ **séjour.** ■ **2** Temps d'arrêt dans les paroles, le discours. ➤ **silence.** *Marquer une pause entre deux phrases.* «*Cette parenthèse, ouverte et fermée par deux pauses*» BALZAC. ■ **3** (1460) MUS. Silence correspondant à la durée d'une ronde ; figure, signe qui sert à le noter. *Une pause vaut deux demi-pauses, quatre soupirs.* ■ **4** Fonction permettant d'interrompre la lecture d'un support d'enregistrement, le visionnage de la télévision et de les reprendre ultérieurement. *Mettre un film sur pause.* FIG. *Mettre qqch sur pause,* le suspendre, l'interrompre. «*Elle avait arrêté de vieillir vers soixante ans, comme si elle avait pu mettre son âge sur pause*» D. FOENKINOS. ■ CONTR. 2 Marche, mouvement. ■ HOM. Pose.

PAUSER [poze] **v. intr.** ⟨1⟩ – 1636 ; de *pause,* influence de *poser* ◇ latin *pausare* ■ **1** VIEILLI Appuyer sur une syllabe en chantant. PAR EXT. (1829) Faire une pause (MUS.). ■ **2** FAM. Faire une pause. — FAM. et RÉGION. *Faire pauser qqn,* le faire attendre. ➤ **poireauter.** ■ HOM. Poser.

PAUVRE [povʀ] **adj. et n.** – fin XIe ◇ du latin *pauper, pauperis*

I ~ adj. A. (APRÈS LE NOM) **QUI A DES RESSOURCES INSUFFISANTES** ■ **1** (PERSONNES) Qui manque du nécessaire ou n'a que le strict nécessaire ; qui n'a pas suffisamment d'argent, de moyens, pour subvenir à ses besoins. ➤ **impécunieux, indigent, nécessiteux ;** FAM. **fauché.** *Être pauvre* (cf. Être dans le besoin*, n'avoir pas le sou*, ne pas avoir d'argent*). *Il est devenu pauvre.* ➤ **appauvri, ruiné.** *Très pauvre, pauvre comme Job.* ➤ **misérable, miséreux.** *Une famille pauvre.* ➤ **défavorisé.** *Les travailleurs pauvres,* dont les seuls revenus ne leur permettent pas de subsister. *Traiter qqn en parent* pauvre.* (Lieux habités) *Les quartiers pauvres d'une ville. Les banlieues pauvres. Les pays pauvres.* ➤ **sous-développé ; 1 P. M. A.** ■ **2** (CHOSES) Qui annonce la pauvreté. *Un air pauvre et souffreteux. Ça fait pauvre.* ■ **3** (fin XIIe) LITTÉR. **PAUVRE DE :** qui n'a guère de. ➤ **dénué, dépourvu, privé.** «*Pauvres de talent et de ressources*» DIDEROT. *Pauvre d'esprit :* très bête. ◆ (1671) MOD. **PAUVRE EN.** *Sous-sol pauvre en charbon. Aliment pauvre en calories* (➤ **hypocalorique**). *Région pauvre en distractions, en équipement* (➤ **sous-équipé**). ■ **4** (1549) Qui est insuffisant, offre ou produit trop peu. *Terre pauvre.* ➤ **1 maigre, stérile.** *La carte des vins est un peu pauvre. La documentation sur le sujet est très pauvre.* «*"Langue un peu pauvre," disait cet excellent Heredia à qui je présentai mon premier livre*» GIDE. *Rime* pauvre.* — *L'art pauvre,* dans lequel les objets de la vie quotidienne sont abondamment utilisés.

B. (AVANT LE NOM) **QUI FAIT PITIÉ** ■ **1** (XVe) Qui inspire de la pitié, que l'on plaint. ➤ **malheureux, pitoyable.** *Un pauvre malheureux. De pauvres gens. Pauvre hère*. Ayez pitié d'un pauvre aveugle ! Pauvre bougre ! La pauvre bête. Son pauvre corps endolori. Un pauvre sourire,* triste, forcé. *Pauvre France !* (En s'adressant à qqn) FAM. *Mon pauvre vieux, ma pauvre chérie, ma pauvre petite !* «*Pauvres maris ! voilà comme on vous traite*» MOLIÈRE. POP. *Ma pauvre dame !* [povdam]. ◆ LOC. RÉGION. «*Pauvre de moi ! disait-il. Maintenant, je n'ai plus qu'à mourir*» DAUDET. *Pauvre de nous !* — SUBST. *Le pauvre, il n'a vraiment pas de chance !* ■ **2** (fin XVe) Méprisable, lamentable. *C'est un pauvre type. Quelle pauvre idiote ! Pauvre minable. Pauvre mec ! Pauvre con !*

II ~ n. UN PAUVRE, LES PAUVRES ■ **1** (fin XIe) VIEILLI **UN PAUVRE, UNE PAUVRESSE** (1788) : personne qui est dans le besoin, la misère, qui vit de la charité publique. ➤ **indigent, mendiant, va-nu-pieds ;** FAM. **sans-le-sou.** «*Une pauvresse* [...] *vieille et ridée, en haillons*» BALZAC. *Secourir les pauvres* (➤ **assistance, aumône, charité, solidarité**). *Donner aux pauvres.* ◆ COLLECTIF *Le riche et le pauvre.* ■ **2 DU PAUVRE.** *Le mousseux, c'est le champagne du pauvre,* un succédané de champagne, mais moins cher. *Les asperges du pauvre :* les poireaux. «*Le cul est la petite mine d'or du pauvre*» CÉLINE. ■ **3 LES PAUVRES :** les personnes sans ressources, qui ne possèdent rien. ➤ **défavorisé ; quart-monde.** «*Quand les riches se font la guerre, ce sont les pauvres qui meurent*» SARTRE. «*On ne peut tout de même pas tout leur prendre, aux pauvres*» (PRÉVERT, «Les Enfants du paradis», film). (1968) *Les nouveaux pauvres :* les victimes des récentes crises économiques. — RELIG. *Bienheureux les pauvres en esprit** (IV).
■ CONTR. Aisé, fortuné, riche. Abondant, copieux, luxuriant.

PAUVREMENT [povʀəmɑ̃] **adv.** – 1530 ; *povrement* v. 1170 ◇ de *pauvre* ■ D'une manière pauvre, indigente. *Vivre pauvrement.* ➤ **misérablement.** — *Être pauvrement vêtu,* d'une manière qui trahit la pauvreté. ■ CONTR. Richement.

PAUVRESSE ➤ **PAUVRE** (II)

PAUVRET, ETTE [povʀɛ, ɛt] **n. et adj.** – *povret* XIIIe ◇ de *pauvre* ■ VIEILLI ou RÉGION. Pauvre petit, pauvre petite (dimin. de commisération et d'affection).

PAUVRETÉ [povʀəte] **n. f.** – *poverte* XIe ◇ latin *paupertas, atis ;* de *pauper* → pauvre ■ **1** État d'une personne qui manque de moyens matériels, d'argent* ; insuffisance de ressources. ➤ **besoin, dénuement, gêne, indigence, nécessité, paupérisme, privation ;** FAM. et POP. **débine, dèche, mouise, panade.** «*Blanche fille aux cheveux roux, Dont la robe par ses trous Laisse voir la pauvreté Et la beauté*» BAUDELAIRE. *Vivre dans la pauvreté, au dessous du seuil de pauvreté.* «*la fatalité de la transmission d'une pauvreté dont la fille enceinte était, au même titre que l'alcoolique, l'emblème*» A. ERNAUX. *Une grande, une extrême pauvreté.* ➤ **misère.** — RELIG. *Faire vœu de pauvreté.* LOC. PROV. «*Pauvreté n'est pas vice. Parbleu ! Un vice est agréable*» LÉAUTAUD. LOC. *Se jeter sur* (qqch., qqn) *comme la pauvreté sur le monde,* avec une grande violence. ◆ Aspect pauvre, misérable. *La pauvreté d'une cabane, du mobilier.* ■ **2** Insuffisance matérielle ou morale. *Pauvreté du sol, de la terre.* ➤ **stérilité.** *Pauvreté intellectuelle.* ➤ **faiblesse, médiocrité.** ◆ VX *Une pauvreté.* ➤ **banalité.** «*Quelles pauvretés on apprend à cet enfant !*» FRANCE. ■ CONTR. Aisance, bien-être, fortune, richesse. Abondance, fertilité.

PAVAGE [pavaʒ] **n. m.** – 1389 ; «droit, péage pour l'entretien de la chaussée» 1331 ◇ de *paver* ■ **1** Travail qui consiste à paver. *Pavage d'une rue, d'une chaussée.* ■ **2** (1701) Revêtement d'un sol, formé de pavés, de cailloux ou de pierres, de mosaïque, etc., pour le rendre dur et uni. ➤ **cailloutage, carrelage, dallage, pavement, rudération.** *Refaire le pavage d'une route.*

PAVANE [pavan] **n. f.** – *pavenne* 1529 ◇ italien *padana* «de Padoue» ■ Ancienne danse, de caractère lent et solennel, en vogue aux XVIe et XVIIe s. ; musique de cette danse. «*Pavane pour une infante défunte*», de Ravel.

PAVANER (SE) [pavane] **v. pron.** ⟨1⟩ – 1611 ; *se paonner* 1544 ◇ croisement entre *se paonner* (de *paon*) et *pavane* ■ Marcher avec orgueil, avoir un maintien fier et superbe (comme un paon qui fait la roue). ➤ **parader, poser.** — PAR EXT. «*Ta tête se pavane avec d'étranges grâces*» BAUDELAIRE.

1 **PAVÉ** [pave] **n. m.** – 1312 ◇ de *paver* ■ **1** Ensemble des blocs (de pierre, de bois, etc.) qui forment le revêtement du sol. ➤ **pavage, pavement.** «*à Tolède, où le pavé est composé de petits cailloux polis*» GAUTIER. *Le pavé de marbre, de mosaïque, d'une église.* ◆ *Pavé, brique de verre :* cube de verre épais utilisé en construction. *Cloison en pavés de verre.* ■ **2** SPÉCIALT La partie d'une voie publique ainsi revêtue. *Pavé humide, glissant.* LOC. *Brûler le pavé :* courir ou rouler très vite. — (De l'époque où le ruisseau occupait le milieu de la rue) *Tenir le haut du pavé :* occuper le premier rang. ◆ La rue, la voie publique. LOC. *Battre* le pavé. Être sur le pavé,* sans domicile, sans emploi. *Mettre, jeter qqn sur le pavé* (cf. À la rue*). ■ **3** (XVIe) Chacun des blocs de basalte, de granit, de grès ou de bois spécialement taillés et préparés pour revêtir un sol. ➤ aussi **carreau, 1 dalle.** *Elle* «*glisse sur les trop fameux pavés du Nord, hantise des coureurs du Paris-Roubaix*» DAENINCKX. *Joints entre les pavés. Poser des pavés.* ➤ **paver.** *Arracher des pavés pour faire une barricade.* ◆ LOC. *Le pavé de l'ours*.* — *C'est le pavé dans la mare,* un évènement inattendu qui apporte la surprise et le trouble

dans une situation tranquille. *Avoir un pavé sur l'estomac* : avoir un poids indigeste. ▪ **4** FIG. Bloc. *« Un carré de filet de bœuf, un véritable pavé de viande »* ROMAINS. — SPÉCIALT Épaisse tranche de bœuf à griller. *« l'épaisseur sanguine et tendre des "pièces" de charolais, des "pavés," des cœurs de filet »* PEREC. *Le pavé de Charolais à la moelle. — Pavé de saumon.* ◆ Gâteau en forme de pavé. *Pavé au chocolat.* ▪ **5** FAM. et PÉJ. Livre très épais. ➤ RÉGION. **brique.** *Un énorme pavé de huit cents pages.* — Article de journal imprimé d'une manière massive. *Un pavé publicitaire.* — Texte trop long et lourdement rédigé. *Quel pavé, cette thèse !* ▪ **6** INFORM. *Pavé numérique* : partie séparée (généralement carrée) d'un clavier d'ordinateur comprenant les chiffres et les symboles opératoires. — *Pavé tactile**. ▪ HOM. Pavée.

2 **PAVÉ, ÉE** [pave] **adj.** – 1150 ◊ de *paver* ▪ Couvert d'un pavage. *Route pavée. Les rues pavées ont été recouvertes d'asphalte. « Les rues de Paris, à peine pavées et couvertes de fange »* VOLTAIRE.

PAVÉE [pave] **n. f.** – 1846 ◊ mot dialectal, de *pave*, de l'ancien français *paveil* « jonc », lui-même du latin *papyrus* ▪ RÉGION. Digitale pourprée. ▪ HOM. Pavé, paver.

PAVEMENT [pavmɑ̃] **n. m.** – 1156 ◊ de *paver*, d'après le latin *pavimentum* ▪ **1** Sol pavé. ➤ **pavage, 1 pavé ; dallage.** *Pavement en grès d'un chemin. Un pavement de mosaïque.* ▪ **2** (1483) VIEILLI Travail qui consiste à paver. ➤ **pavage.**

PAVER [pave] **v. tr.** ⟨1⟩ – 1265 ◊ latin populaire °*pavare*, latin classique *pavire* « aplanir, niveler le sol » ▪ Couvrir (un sol) d'un revêtement formé d'éléments, de blocs assemblés (pavés, dalles, briques, cailloux, pierres, mosaïque). ➤ **carreler, daller ; pavage, pavement.** *Paver un chemin.* — PAR EXT. *Les larges dalles qui pavaient cette cour.* PROV. *L'enfer* est pavé de bonnes intentions.* ▪ HOM. Pavée.

PAVEUR [pavœʀ] **n. m.** – 1260 ◊ de *paver* ▪ Ouvrier qui fait les travaux de pavage. ➤ **carreleur.** *Outils de paveur.* ➤ **1 dame** (III), **demoiselle, hie.**

PAVIE [pavi] **n. f.** – 1560 ◊ de *Pavie*, localité du Gers ▪ Variété de pêche dont la chair est ferme et adhérente au noyau. APPOS. INV. *Pêches pavie.*

PAVILLON [pavijɔ̃] **n. m.** – *paveillon* « tente de campement » v. 1130 ◊ latin *papilio, onis* « papillon »

I ▪ **1** VX Tente militaire. *« Va sur les bords du Rhin planter tes pavillons »* CORNEILLE. ▪ **2** LITURG. Étoffe qui recouvre le ciboire, le tabernacle. ➤ **custode.** — BLAS. Ornement extérieur à l'écu, en forme de tente, qui enveloppe les armoiries d'un souverain. ▪ **3** (1508) COUR. Construction légère élevée dans un jardin, un parc, etc., et destinée surtout à servir d'abri. ➤ **belvédère, kiosque, rotonde.** *Pavillon chinois.* PAR EXT. *Pavillon de verdure.* ➤ **tonnelle.** ◆ (1566) Petit bâtiment isolé ; petite maison dans un jardin, un parc. ➤ **bungalow, maisonnette, villa.** *Pavillon de chasse. Pavillons d'un hôpital.* — Maison particulière plus ou moins petite. *« Les pavillons de banlieue, orgueil de leur propriétaire, injure au bon goût »* M. DUGAIN. ◆ ARCHIT. Corps de bâtiment qui se distingue du reste de l'édifice dont il fait partie. *Pavillon central, pavillon d'angle. Le pavillon de Flore, aux Tuileries.* ▪ **4** (1680 ◊ de la forme évasée, conique, de la tente militaire) Extrémité évasée (de certains instruments à vent). *Pavillon d'un cor, d'une trompette.* — *Pavillon acoustique* : conduit ouvert aux deux extrémités de section régulièrement croissante. *Pavillon d'un haut-parleur, d'un phonographe.* ◆ (1810) Partie visible de l'oreille externe de l'être humain et des mammifères (➤ **oreille**).

II (1541) Pièce d'étoffe que l'on hisse sur un navire pour indiquer sa nationalité, la compagnie de navigation à laquelle il appartient, ou pour faire des signaux. ➤ **drapeau ; pavois.** *Pavillon national. Pavillon d'armateur, de reconnaissance. Pavillon de guerre. Pavillon de détresse. Pavillon de quarantaine*, qui signale une maladie contagieuse à bord. *Pavillon haut*, hissé le long du mât. *Envoyer, hisser le pavillon. Amener, baisser le pavillon*, le faire descendre le long du mât. LOC. *Baisser pavillon devant qqn* : s'avouer battu. — *Navire battant* pavillon britannique. Naviguer sous pavillon français. Pavillon de complaisance* : nationalité fictive accordée libéralement par certains États qui offrent des conditions avantageuses (fiscalité, législation sociale, etc.) aux armateurs. — *Le pavillon noir, le pavillon à tête de mort* : l'emblème des pirates. — DR. INTERNAT. PUBL. *Le pavillon couvre la marchandise* : principe juridique selon lequel un belligérant ne peut saisir une cargaison ennemie transportée sur un navire neutre. FIG. et FAM. *« le public était content. Le mot de Devoir lui suffisait ; il ne tenait pas à la chose : le pavillon couvrait la marchandise »* R. ROLLAND. ◆ Drapeau. *« La tour était compliquée d'étendards de mer, de banderoles, de bannières, de drapeaux, de pennons, de pavillons »* HUGO.

PAVILLONNAIRE [pavijɔnɛʀ] **adj.** – 1966 ; « relatif aux pavillons d'un hôpital » 1912 ◊ de *pavillon* ▪ Qui rappelle les pavillons de banlieue ; qui est formé de pavillons. *Quartier, zone pavillonnaire. Les banlieues pavillonnaires.*

PAVILLONNERIE [pavijɔnʀi] **n. f.** – 1868 ◊ de *pavillon* ▪ MAR. Atelier où l'on confectionne les pavillons pour les navires ; magasin où on les garde.

PAVIMENTEUX, EUSE [pavimɑ̃tø, øz] **adj.** – 1838 ◊ du latin *pavimentum* « pavement » ▪ DIDACT. ▪ **1** Employé pour le pavage. *Roche pavimenteuse.* ▪ **2** (1855) HISTOL. *Épithélium pavimenteux*, à plusieurs couches cellulaires et dont les cellules superficielles sont aplaties.

PAVLOVA [pavlɔva] **n. f.** – 1986 ◊ du nom de Anna *Pavlova*, ballerine russe ▪ Gâteau constitué d'un disque de meringue garni de crème chantilly et de fruits. *Une pavlova aux fraises.*

PAVOIS [pavwa] **n. m.** – 1336 ◊ italien *pavese* « de *Pavie* », n. d'une ville d'Italie ▪ **1** ARCHÉOL. Grand bouclier long, en usage surtout aux XIVe et XVe s. ◆ LOC. FIG. (de l'usage des Francs consistant à faire monter le nouveau roi sur un bouclier) *Élever, hisser qqn sur le pavois* : le mettre au premier rang, l'exalter (cf. Mettre sur un piédestal*). ▪ **2** (1336) MAR. ANC. (collect.) Boucliers dont on garnissait le haut des bordages d'un navire. (1643 *pavier*) MOD. Partie des bordages située au-dessus du pont. — **GRAND PAVOIS** : ensemble des pavillons hissés sur un navire comme signal de réjouissance. *Hisser le grand pavois.* ➤ **pavoiser.** — *Petit pavois* : pavillons arborés par un navire pour se faire reconnaître.

PAVOISEMENT [pavwazmɑ̃] **n. m.** – 1846 mar. ◊ de *pavoiser* ▪ RARE Action de pavoiser ; son résultat.

PAVOISER [pavwaze] **v. tr.** ⟨1⟩ – *paveschier* 1360 ◊ de *pavois* ▪ **1** MAR. ANCIENNT Garnir (le plat-bord d'un navire) d'un pavois (rangée de boucliers). MOD. ABSOLT Hisser le pavois en signe de réjouissance. ▪ **2** (v. 1900) Orner de drapeaux (un édifice public, une maison, une ville, etc.), à l'occasion d'une fête, d'une cérémonie. *Pavoiser une rue.* — **p. p. adj.** *Toute la ville était pavoisée. Maisons pavoisées.* ABSOLT *Pavoiser pour la fête nationale.* ▪ **3** ABSOLT, FIG. et FAM. Manifester une grande joie, triompher. *Les supporteurs pavoisent. (Il n') y a pas de quoi pavoiser !* il n'y a pas de quoi se réjouir, de quoi être fier.

PAVOT [pavo] **n. m.** – 1260 ; *pavo* 1175 ◊ latin populaire °*papavus*, classique *papaver* ▪ Plante herbacée *(papavéracées)* cultivée pour ses fleurs ornementales, ou ses capsules contenant des graines oléagineuses riches en lécithine et fournissant l'huile d'œillette. *Graines de pavot utilisées en pâtisserie. Alcaloïde du pavot somnifère.* ➤ **opium.** *Pavot des champs.* ➤ **coquelicot.**

PAYABLE [pɛjabl] **adj.** – 1481 *paiavle* « qui satisfait ; de bonne qualité » 1255 ◊ de *payer* ▪ Qui doit être payé (dans certaines conditions de temps, de lieu, etc.). *Payable en argent, en nature, en espèces, par chèque.* ➤ **réglable.** *Objet payable en douze mensualités. Traite payable à 90 jours. Chèque payable à Paris. « Distinguer entre la lettre de change payable à vue – et la lettre payable à échéance »* CHAMFORT.

PAYANT, ANTE [pɛjɑ̃, ɑ̃t] **adj.** et **n.** – 1260 « qui doit être payé » ◊ de *payer* ▪ **1** (1798) Qui paie. *Spectateurs payants, hôtes payants* (opposé à *invités*). **n.** LOC. FAM. *Les cochons de payants*, terme de mépris désignant les acheteurs, les spectateurs ordinaires, qui paient plein tarif. ▪ **2** Qu'il faut payer. *Entrée payante. Billet payant.* ▪ **3** FIG. Qui paie, qui profite, rapporte. ➤ **lucratif, rémunérateur, rentable.** *Le coup n'est pas payant. Ce n'est pas très payant.* ▪ CONTR. Gratuit.

PAYE [pɛj] ou **PAIE** [pɛ] **n. f.** – 1175 ◊ de *payer* ▪ **1** Action de payer (des salariés ou employés). *« Le samedi, jour de paye »* L. DAUDET (cf. La sainte-touche*). ◆ FAM. Temps écoulé entre deux payes. LOC. *Il y a une paye, cela fait une paye qu'on ne l'a pas vu* : il y a longtemps. ▪ **2** Ce qu'on paie aux militaires (➤ **1 solde**), aux salariés ou employés (➤ **salaire**). *Toucher sa paye. Avoir une bonne paye. Feuille, bulletin* de paye. « Les ouvriers comprenaient souvent mal leur feuille de paye à cause d'un jeu merveilleusement subtil d'amendes, de retenues, de petits vols »* NIZAN. ▪ HOM. Peille ; paix, 1 pet.

PAYEMENT ➤ **PAIEMENT**

PAYER [peje] **v. tr.** ‹8› – fin XIIe ◊ du latin *pacare* «faire la paix *(pax, pacis)*» puis «apaiser», d'où les sens de «se réconcilier» et «se satisfaire de», relevés du Xe au XVIe s. en français

I AVEC UN COMPLÉMENT DIRECT A. PAYER qqn Mettre (qqn) en possession de ce qui lui est dû en exécution d'une obligation, d'un marché. *Payer un créancier.* ➤ **rembourser, satisfaire.** *Payer un salarié, un employé. Payer son personnel, ses fournisseurs.* ➤ **rémunérer, rétribuer ; appointements, honoraires ; rétribution, salaire.** *Être bien, mal payé. Payer insuffisamment.* ➤ **sous-payer.** *Payer généreusement, grassement. Payer trop cher.* ➤ **surpayer.** *Être payé à l'heure, au mois, à la pige*, à la tâche*. Payer qqn en espèces, en liquide, par chèque, carte bancaire, en nature. Payer qqn pour un travail, pour faire qqch. Être payé à ne rien faire.* LOC. FIG. *Je suis payé pour savoir que :* j'ai appris à mes dépens que. *Je ne suis pas payé pour ça :* personne ne peut m'obliger à faire ça. — *Payer qqn de retour,* reconnaître ses procédés, ses sentiments par des procédés et des sentiments semblables (cf. Rendre la pareille*, renvoyer l'ascenseur*). ♦ *Payer qqn de ses services, de sa peine.* ➤ **dédommager, récompenser.**

B. PAYER qqch. ▪ **1** S'acquitter, par un versement de (ce qu'on doit). *«Payer ce qu'on doit est le meilleur moyen de ne pas s'exposer à payer un jour plus que son dû»* COURTELINE. *Payer ses dettes.* ➤ **liquider, régler, rembourser.** PROV. *Qui paie ses dettes s'enrichit. Payer un intérêt, une rente.* ➤ **servir.** *Payer sa part. Payer un loyer, une indemnité, des dommages-intérêts, une facture, l'addition, la note, ses impôts. Payez contre ce chèque* (formule figurant sur les chèques). *Payer le prix.* — FIG. *Payer sa dette* à la société.* ▪ **2** Verser de l'argent en contrepartie de (qqch. : objet, travail). *Payer un objet, un service. Un meuble qu'elle a payé très cher. Payer comptant une marchandise. Payer les pièces et la main-d'œuvre. Payer d'avance.* ➤ **prépayer.** LOC. FIG. *Payer les pots* cassés.* PROV. *Qui casse* les verres les paie.* — **p. p. adj.** *Travail bien, mal payé. Il voyage tous frais payés.* — *Congés* payés.* — FAM. ➤ **offrir.** *Viens, je te paie un verre. Payer la tournée. «Mais les bouteilles étaient vides : "J'en paye une," déclara M. Tourneau»* MAUPASSANT. ♦ FIG. (1538) (de ce qui entraîne, en contrepartie, des sacrifices, une punition) ➤ **acheter, expier.** *Une victoire, un succès, un bien qu'on paie très cher. C'est cher payé. Il m'a joué un sale tour, mais il me le paiera. Faire payer qqch. à qqn :* se venger d'une offense en punissant son auteur. — (De ce qui mérite salaire) *«À ce que je puis voir, maître Jacques, on paye mal votre franchise»* MOLIÈRE. ➤ **récompenser.** ♦ LOC. FAM. *Paye ton, ta* (+ n.) *! :* se dit de qqch. de désagréable, d'embarrassant que l'on subit malgré soi. *Elle s'appelle Cunégonde, paye ton prénom !*

II SANS COMPLÉMENT DIRECT ▪ **1** (Sujet n. de personne) Verser de l'argent. *Payer comptant, cash, rubis* sur l'ongle, recta*. Payer plein pot*. C'est toujours lui qui paie.* ➤ FAM. **casquer, cracher, douiller, raquer.** *Partir* (d'un restaurant) *sans payer* (➤ **grivèlerie**). *Commandement* de payer. «Pourriez-vous disposer d'un lit ? Non. Quoi ! pas même en payant, en payant bien !»* DIDEROT. *Il peut, il ne peut pas payer.* ➤ **solvable ; insolvable.** — FIG. Subir les conséquences fâcheuses, expier. *Un innocent qui paie pour le coupable. Il a payé pour tout le monde. Faire payer qqn,* s'en venger. ♦ **PAYER DE :** payer avec. *Payer de ses deniers, de sa poche,* avec son propre argent. — PAR EXT. (1635) *Payer de sa personne :* faire un effort, se dépenser ou subir qqch. *«L'oncle et le médecin, n'ayant plus à payer de leur poche, payaient de leurs personnes»* COCTEAU. LOC. *Il ne paie pas de mine*. Il faut payer d'audace :* montrer de l'audace faute d'autre chose. ▪ **2** (1875) (Sujet n. de chose) Rapporter, être profitable. *Un métier qui paie bien,* rémunérateur. *Une tactique, un coup qui paie.* ➤ **payant.** *Ça paiera, ça va payer un jour ou l'autre.* PROV. *Le crime ne paie pas.* ▪ **3** FAM. Être d'une bizarrerie comique. *Elle paye avec son chapeau !*

III SE PAYER v. pron. ▪ **1** (RÉFL. DIR.) Prendre son dû. *Voilà cent euros, payez-vous.* LOC. FAM. *Se payer sur la bête*.* — FIG. *Se payer de mots :* se contenter de vaines paroles. ▪ **2** (1867) (RÉFL. IND.) FAM. S'offrir. *«Comme il avait faim et qu'aujourd'hui on pouvait se payer un extra»* DABIT. ♦ LOC. *Se payer le luxe* de faire, de dire qqch. Se payer du bon temps*. S'en payer une tranche*.* — *Je me suis payé tout le travail.* ➤ **farcir.** FAM. *Se payer la tête de qqn,* se moquer de lui. *«Il voyait bien à l'œil rusé de l'autre, qu'il se payait doucement sa gueule»* ARAGON. ▪ **3** FAM. Mettre à mal. *Celui-là, je vais me le payer.* ➤ 1**faire.** *On a failli se payer un arbre,* rentrer dedans. ▪ **4** (PASS.) Devoir être payé. *Les commandes se paient à la livraison.* ➤ **payable.** — FIG. *Tout se paie :* tout finit par coûter cher ; FIG. tout s'expie.

▪ CONTR. 1Devoir. Encaisser, recevoir. Donner, vendre. ▪ HOM. *Paie :* pais (paître).

PAYEUR, EUSE [pɛjœʀ, øz] **n.** – 1245 ◊ de *payer* ▪ **1** Personne qui paie ce qu'elle doit. *Mauvais payeur.* LOC. PROV. *Les conseilleurs* ne sont pas les payeurs.* ADJT *Principe du pollueur* payeur.* ▪ **2** Personne chargée de payer, pour une administration ; comptable public. *Trésorier*-payeur général.*

1**PAYS** [pei] **n. m.** – v. 1360 ; *païs* Xe ◊ bas latin *page(n)sis* «habitant d'un *pagus,* d'un bourg, d'un canton», et par ext. le *pagus* lui-même ▪ **1** Territoire habité par une collectivité et constituant une réalité géographique dénommée ; nation. *Les divers pays du monde, de l'Europe.* ➤ **état, nation.** *Grands et petits pays. Pays riches et pays pauvres. Pays industriels, agricoles, producteurs de pétrole. Nouveaux pays industrialisés.* ➤ **N. P. I.** *Pays développés. Pays sous-développé, en voie de développement (P. V. D.), en développement ; pays les moins avancés (P. M. A.).* ➤ **tiers-monde.** *De quel pays êtes-vous ? Les habitants d'un pays. Frontières d'un pays. «Prolétaires de tous les pays, unissez-vous !»* (Manifeste communiste). LOC. *Se conduire comme en pays conquis*. Ceci concerne plusieurs pays.* ➤ **international, multinational.** ♦ Province, circonscription quelconque. *Le pays de Caux, d'Auge.* ♦ ABSOLT *Le pays :* le pays, la partie de pays dont il est question. ➤ **coin, endroit, région.** *Habitudes, traditions, langage du pays. Les gens du pays.* ➤ **autochtone, indigène, natif.** *Il n'est pas du pays. Produit du pays.* ➤ 1**cru, terroir.** *Vin*, jambon de pays.* ▪ **2** Les gens, les habitants du pays (nation ou région). ➤ **peuple ; région, village.** *«Le pays n'aspirait plus qu'à la paix»* MADELIN. *Tout le pays en a parlé. Être en pays de connaissance*.* ▪ **3 LE PAYS DE qqn, SON PAYS :** patrie à laquelle on appartient par la naissance. *«Et qui sert son pays n'a pas besoin d'aïeux»* VOLTAIRE. FIG. *«Je suis concitoyen de toute âme qui pense : La vérité, c'est mon pays !»* LAMARTINE. — Lieu où l'on est né. *La Gascogne, pays de Montesquieu et de Montaigne.* PROV. *Nul n'est prophète* en son pays.* LOC. *Avoir le mal du pays :* être triste loin de son pays. ➤ **nostalgie.** *Retourner au pays.* FAM. *Entendre parler du pays :* se faire réprimander. ♦ **LE PAYS DE qqch. :** terre d'élection, milieu particulièrement favorable à, riche en. *La France est le pays du vin. L'Allemagne, pays de la musique.* ➤ **patrie.** *C'est le pays du jazz.* — *Le pays du Matin calme :* la Corée. *Le pays du Soleil levant :* le Japon. — FIG. *Le pays du rêve, des songes.* ➤ **domaine, royaume.** *«Alice au pays des merveilles»,* œuvre de *Lewis Caroll.* ▪ **4** Région géographique, plus ou moins nettement limitée, considérée surtout dans son aspect physique. ➤ **contrée, endroit,** 1**lieu, région.** *Les pays chauds, froids, tempérés. Pays plat, de montagnes. Les Pays-Bas. Pays de forêts, de vignes, d'élevage. Voir du pays :* voyager. — *Pays de cocagne*.* ▪ **5** Petite ville ; village. *Il habite un petit pays, un pays perdu au fin fond de l'Auvergne.* ➤ FAM. **bled,** 2**patelin, trou.**

2**PAYS, PAYSE** [pei, peiz] **n.** – 1605 ; fém. 1765 ; hapax 1512 ◊ → 1 pays ▪ FAM. OU RÉGION. Personne du même pays. ➤ **compatriote.** *Il descendit «dans une auberge que tenait une de ses payses»* ZOLA.

PAYSAGE [peizaʒ] **n. m.** – 1549 «étendue de pays» ◊ de 1*pays* ▪ **1** Partie d'un pays que la nature présente à un observateur. ➤ **site, vue.** *Paysage champêtre, méditerranéen. Contempler, admirer le paysage. Un beau paysage.* ♦ PAR EXT. *Paysage urbain.* ▪ **2** (1680) *Un paysage :* tableau représentant la nature et où les figures (humaines ou animales) et les constructions («fabriques») ne sont que des accessoires. *Peintre de paysages.* ➤ **paysagiste.** *Un paysage de Corot. «On ne fait pas un paysage avec de la géométrie»* HUGO. ♦ *Le paysage :* la peinture de paysages. ♦ TECHN. (en appos., apr. un nom de nombre) Se dit du format initialement réservé aux paysages. *Un 5-paysage mesure 35×24 cm.* — *Format paysage,* où la largeur est plus importante que la hauteur (cf. À l'italienne) (par oppos. à *format portrait*). ♦ FIG. et FAM. *Cela fait bien dans le paysage,* produit un bon effet (cf. Dans le tableau*). ▪ **3** FIG. Aspect général. ➤ **situation.** *Paysage politique, culturel. «Je voulais vérifier si le paysage littéraire était bien celui que m'avait décrit Marc [...] S'il n'avait pas oublié ou négligé quelque auteur nouveau»* J. SEMPRUN. *Le paysage audiovisuel français (PAF).*

PAYSAGÉ, ÉE [peizaʒe] **adj.** – 1958 ◊ de *paysage* ▪ Paysager. *Parc paysagé,* arrangé de manière à créer un effet de paysage naturel. *Halls, bureaux paysagés.*

PAYSAGER, ÈRE [peizaʒe, ɛʀ] **adj.** – 1846 ◊ de *paysage* ▪ Destiné à produire, par une disposition artificielle plus ou moins irrégulière, un effet de paysage naturel. *Jardin, parc paysager.* ➤ **paysagé.**

PAYSAGISTE [peizaʒist] **n.** – 1651 ◊ de *paysage* ■ **1** Peintre de paysage. *Les paysagistes hollandais, anglais, français.* «*De très grands* paysagistes *paraissent* [...] *Ils engagent le corps à corps avec la* nature telle quelle» VALÉRY. ■ **2** (1808) Personne qui élabore des plans de jardins et notamment qui aménage les espaces verts dans les villes. — APPOS. *Jardiniers, architectes paysagistes.*

PAYSAN, ANNE [peizɑ̃, an] **n. et adj.** – 1617 ; *païsant* v. 1140 ◊ de 1*pays* ■ **1** Homme, femme vivant à la campagne et s'occupant des travaux des champs. ➤ **agriculteur, cultivateur, exploitant, fermier,** VX **laboureur, vilain** (I) ; FAM. et PÉJ. **bouseux,** 1 **croquant, cul-terreux, manant, pedzouille, péquenaud, plouc ;** RÉGION. **habitant.** *Paysan propriétaire, fermier, métayer, salarié* (ouvrier agricole). «*Le paysan travaille seul, au milieu des forces naturelles* [...] *Il se tait*» SARTRE. «*J'aime les paysans ; ils ne sont pas assez savants pour raisonner de travers*» MONTESQUIEU. *Révolte de paysans.* ➤ **jacquerie.** *Paysan égyptien* (➤ **fellah**), *russe* (➤ **koulak, moujik**), *indien* (➤ **péon**). — LOC. (d'après la fable de La Fontaine) **LE PAYSAN DU DANUBE,** se dit d'un homme qui scandalise par sa franchise brutale. «*Franklin parlant ainsi devant le Parlement de la vieille Angleterre, était un peu comme le Paysan du Danube*» SAINTE-BEUVE. ♦ PÉJ. Rustre. *Quel paysan !* ■ **2 adj.** (1636) Propre aux paysans, relatif aux paysans. ➤ **rural, rustique.** *Mœurs, coutumes paysannes. Le monde paysan.* ➤ **paysannat, paysannerie.** *Syndicats paysans.* ➤ **agricole.** «*Cette sagesse des nations, n'est-ce pas simplement notre vieille sagesse paysanne ?*» SIEGFRIED. *Avoir un air paysan.* ■ CONTR. Bourgeois, citadin.

PAYSANNAT [peizana] **n. m.** – v. 1935 ◊ de *paysan* ■ L'ensemble des paysans, la classe paysanne. ➤ **paysannerie.** *Le paysannat français.*

PAYSANNERIE [peizanʀi] **n. f.** – 1668 ; *paysanterie* 1547 ◊ de *paysan* ■ VX Condition de paysan. ♦ MOD. Ensemble des paysans. ➤ **paysannat.** «*Devant la noblesse et la paysannerie de leur province*» ROMAINS.

1**P. C.** [pese] **n. m.** – v. 1940 ◊ sigle ■ MILIT. Poste* de commandement. *P. C. opérationnel. Le P. C. de la circulation routière.*

2**P. C.** ou **PC** [pese] **n. m.** – v. 1982 ◊ sigle de l'anglais *Personal Computer* «ordinateur personnel», de la marque IBM à l'origine ■ **1** ANCIENNT Ordinateur individuel, quelle qu'en soit la marque. ➤ **micro-ordinateur.** ■ **2** Ordinateur individuel basé sur la norme architecturale mise au point à l'origine par IBM.

PCB [pesebe] **n. m.** – 1979 ◊ sigle de *polychlorobiphényle* ■ CHIM. Composé chimique organochloré, dérivé du diphényle, très toxique (➤ **pyralène**). *Pollution de l'eau par les PCB.*

PCR [peseɛʀ] **n. f.** – 1989 ◊ sigle anglais, de *Polymerase Chain Reaction* «réaction en chaîne par polymérase» ■ BIOL. MOL. Technique d'amplification* in vitro d'une séquence d'ADN afin d'en obtenir une quantité suffisante pour l'étudier ou l'utiliser dans des expériences. *Génotypage d'un virus par PCR.* «*on "photocopie" ces fragments* [d'ADN] *en milliards d'exemplaires, grâce à une technique d'amplification dite PCR, pour pouvoir les manipuler plus facilement*» F. THILLIEZ.

P. C. V. [peseve] **n. m.** – milieu XXe ◊ abrév. de *à percevoir* ■ Communication téléphonique payée par le destinataire après l'accord de celui-ci. *Téléphoner, appeler en P. C. V. Accepter, refuser un P. C. V.*

PDF [pedeɛf] **n. m. inv.** – 1995 ◊ sigle anglais, de *Portable Document Format* «format de document portable» ■ INFORM. Format de fichier permettant de conserver les caractéristiques d'un document. *Document en PDF.* — **Par appos.** *Format PDF. Fichiers PDF.*

P. D. G. ou **P.-D. G.** [pedeʒe] **n.** – v. 1960 ◊ sigle de *Président-Directeur Général* ■ Président-directeur général. *Le P. D. G. d'une multinationale. Des P. D. G.* (**aussi écrit** *P. d. g.*). *Femme P. D. G.* ➤ FAM. **pédégère.** *Ma P. D. G.*

PÉAGE [peaʒ] **n. m.** – *paage* v. 1150 ◊ latin populaire °*pedaticum* «droit de mettre le pied (*pes, pedis*), de passer» ■ **1** Droit que l'on paye pour emprunter une voie de communication (d'abord droit féodal). *Autoroute, pont à péage.* — PAR EXT. *Chaîne de télévision à péage,* où certains programmes ne sont accessibles qu'aux abonnés (cf. Chaîne cryptée*). ■ **2** L'endroit où se perçoit le péage. *S'arrêter au péage de l'autoroute.* — *Péage autoroutier automatique.* ➤ **télépéage.**

PÉAGISTE [peaʒist] **n.** – 1969 ; *péager* XIIIe ◊ de *péage* ■ Personne percevant le péage d'une autoroute. «*Le véhicule stoppe devant le guichet du péagiste. Pierre lui tend sa carte*» TOURNIER.

PEAU [po] **n. f.** – fin XIe ◊ du latin *pellis* → 2pieu, pellicule, pelisse

I ENVELOPPE CORPORELLE ■ **1** Enveloppe extérieure du corps des animaux vertébrés, constituée par une partie profonde (➤ **derme**) et par une couche superficielle (➤ **épiderme**). *La peau et ses appendices* (poils, plumes, écailles). *Relatif à la peau.* ➤ **cutané, épidermique.** *Reptile qui change de peau.* ➤ **mue.** *Enlever, détacher la peau d'un animal.* ➤ **dépiauter, dépouiller.** ■ **2** (début XIIe) L'épiderme humain. *Avoir la peau douce. Le grain, l'odeur de la peau.* «*J'ai toujours aimé l'odeur de ma peau. Un peu poivrée en dessous. Un rien sucrée sur le dessus*» Y. NAVARRE. *Couleur de la peau. Peau blanche, noire,* FAM. *café au lait. Peau claire, bronzée. Types de peau (peau grasse, sèche, mixte*). Peaux sensibles. Peau mature*.* «*nous allons vêtus, mais la peau n'en reste pas moins la surface par laquelle nous sommes exposés à l'air, au vent, au froid et aux corps*» J.-C. BAILLY. LOC. *Une sensibilité à fleur* de peau.* — *Soins de beauté de la peau* (➤ **cosmétique**). *Crèmes de soins pour la peau.* FAM. *Se faire tirer la peau :* se faire lifter. *Étude, soins des maladies de la peau* (➤ **dermatologie**). *Affections de la peau* (acné, boutons, cloques, crevasses, eczéma, dermatose, furoncle, gerçures, impétigo, verrues...). *Troubles de la pigmentation de la peau* (albinisme, mélanisme, vitiligo). *Marques laissées sur la peau.* ➤ **bleu, cicatrice.** *Médicament absorbé par la peau* (➤ **percutané**). — LOC. *N'avoir que la peau et les os*.* — (1927) FAM. *Se faire trouer* la peau. Recevoir douze balles* dans la peau. Attraper qqn par la peau du cou, du dos, des fesses, du cul,* le retenir au dernier moment. *Coûter la peau des fesses, du cul,* très cher (cf. Les yeux* de la tête). (1896) *Avoir qqn dans la peau,* être très épris. — FAM. *Peau de vache*. En peau de toutou*.* ♦ (1564) *Une peau :* petit morceau de peau. *Se couper les peaux autour des ongles.* ➤ **envie.** *Peaux mortes :* petits morceaux de peau desséchée.

II SENS FIGURÉS ■ **1** (début XIVe) Apparence extérieure, personnalité de qqn. *Je ne voudrais pas être dans sa peau,* à sa place. «*Tu n'es pas dans ma peau pour évaluer mes sentiments*» FALLET. *Entrer, être dans la peau d'un personnage. Être bien* (ou *mal*) *dans sa peau :* se sentir à l'aise (mal à l'aise) ; pouvoir (ne pas pouvoir) se supporter. *Faire peau neuve :* changer complètement de manière d'être. «*Il sortait du saltimbanque et entrait dans le lord. Changements de peau qui sont parfois des changements d'âme*» HUGO. PAR EXT. (1831) (CHOSES) Se renouveler, se moderniser. *La vieille institution fait peau neuve.* ■ **2** (milieu XIIe) FAM. La vie, l'existence. *Tenir à sa peau.* «*Il y a longtemps que je me serais quitté si je ne tenais si évidemment à ma peau*» G. PERROS. *Jouer, risquer, sauver sa peau ; y laisser* sa peau.* «*Il se sentait capable de tout pour sauver sa peau, de fuir, de demander grâce, de trahir, et pourtant il ne tenait pas tellement à sa peau*» SARTRE. (1677) *Avoir la peau de qqn,* se venger. *J'aurai ta peau ! Vendre chèrement sa peau.* (1850) *Faire la peau à qqn,* le tuer. *Ne pas savoir quoi faire de sa peau :* ne pas savoir quoi faire, s'ennuyer. ■ **3** (1883) FAM. et PÉJ. *Vieille peau :* vieille femme. «*Il culbutait la Bécu dans les coins, tout en la traitant de vieille peau, sans délicatesse*» ZOLA.

III DÉPOUILLE ANIMALE (XVe) Dépouille animale destinée à fournir la fourrure, le cuir. *Traitement, travail des peaux.* ➤ **cuir ; tannage.** «*À côté d'elle logeait un artisan tanneur. Il tannait chez lui de petites peaux d'animaux. Il les pendait pour les faire sécher aux volets de sa fenêtre*» GIONO. *Ouvriers des cuirs et peaux :* corroyeurs, mégissiers, tanneurs, etc. *Peau de chamois*. Étui en peau de serpent. Peau de raie, de squale traitée.* ➤ **galuchat.** *Peau de porc, de chèvre* (➤ **maroquin, vélin**). *La peau de l'ours*. Les peaux d'un manteau de fourrure.* ➤ **pelleterie.** *Peau de lapin. Peau lainée :* peau de mouton avec sa laine. *Manteau en peau lainée.* — *Reliure pleine peau :* entièrement découpée dans une peau. — SANS COMPL. Cuir fin et simple. *Culotte* de peau. Gants de peau.* ♦ (1883) FAM. *Peau d'âne :* diplôme, parchemin. — *Peau de chagrin** (allusion au roman de Balzac) : bien matériel ou moral qui s'amenuise. ♦ *Peau de tambour*.*

IV ENVELOPPE EXTÉRIEURE ■ **1** (1538) Enveloppe extérieure des fruits. ➤ **épicarpe.** *Enlever, ôter la peau d'un fruit.* ➤ **peler.** *Peau de pêche ;* FIG. tissu à l'aspect duveteux. ➤ **microfibre.** *Glisser sur une peau de banane*.* — *Peau d'orange,* aspect granuleux de l'épiderme, dans la cellulite. ■ **2** *Peau du saucisson :* enveloppe fine extérieure. ■ **3** (1690) *Peau du lait :* pellicule qui se forme sur le lait au repos. — «*du thé qu'elle laissait refroidir jusqu'à ce qu'une peau brune se forme sur la surface et s'accroche aux parois de la tasse comme du lichen*» N. APPANAH. ■ **4** (1872) FAM. (**la peau étant considérée comme sans valeur**) *La peau :* rien du tout. «*Pour ce qui est des bougies* [...] *la peau !* [...] *elles sont sous clé*» MIRBEAU. — On dit aussi *peau de*

*balle**, (1870) *peau de zébi.*
▪ **HOM.** Pot.

PEAUCIER [posje] **adj. m. et n. m.** – 1560 ◇ de *peau* ▪ **ANAT.** *Muscle peaucier*, et **n. m.** *le peaucier* : muscle superficiel qui s'attache à la face profonde du derme. *Le peaucier du cou.* ▪ **HOM.** Peaussier.

PEAUFINER [pofine] **v. tr.** ⟨1⟩ – 1883 ; *se peaufiner* 1865 ◇ de *peau* et *fin* ▪ **1** Nettoyer avec une peau de chamois. ▪ **2 FIG.** Préparer, orner minutieusement ; fignoler (un travail). « *les chercheurs peaufinent leur invention* » **J. TESTART.** — **p. p. adj.** « *Un élégant pommadé, parfumé, peaufiné* » **J.-R. BLOCH.** *Un travail peaufiné.* — **n. m. PEAUFINAGE.**

PEAU-ROUGE [poʀuʒ] **n. et adj.** – 1842 ◇ de *peau* et *rouge* ▪ **VIEILLI** Membre des peuples autochtones du Canada et des États-Unis. ➤ **amérindien, indien.** *Les Peaux-Rouges et les Visages pâles.* « *Des Peaux-Rouges criards les avaient pris pour cibles* » **RIMBAUD.** — **adj.** *Tribu, nation peau-rouge.*

PEAUSSERIE [posʀi] **n. f.** – 1723 ◇ de *peaussier* ▪ **1** Commerce, métier, travail des peaux, des cuirs. ▪ **2** *Une peausserie*, une peau travaillée. ➤ **cuir, peau.**

PEAUSSIER [posje] **n. m.** – 1545 ; *paucier* 1292 ◇ de *peau* ▪ Artisan, ouvrier qui prépare les peaux pour les transformer en cuirs.
▪ **HOM.** Peaucier.

PÉBRINE [pebʀin] **n. f.** – 1859 ◇ provençal moderne *pebrino*, de *pebre* « poivre » ▪ **AGRIC.** Maladie des vers à soie.

PÉBROC ou **PÉBROQUE** [pebʀɔk] **n. m.** – 1907 ◇ de 2*pépin* et suffixe argotique ▪ **FAM.** Parapluie. ➤ 2 **pépin.**

PÉCAÏRE [pekaiʀ] **interj.** – attesté 1775 ; *pechiere* XIIIe ◇ provençal *pecaire* « pécheur », francisé en *peuchère* ▪ **RÉGION.** (Provence) Exclamation exprimant une commisération affectueuse ou ironique.

PÉCAN [pekɑ̃] **n. m.** – 1930 ◇ de l'algonquin *pakan* « noix », par l'anglais américain *pecan* ▪ **ANGLIC.** Fruit du pacanier, dont la noix comestible est très semblable à celle du noyer mais plus aplatie et d'un goût très fin. ➤ **RÉGION. pacane.** *Noix de pécan. Glace aux pécans. Les pécans font partie des mélanges de graines pour l'apéritif.* ▪ **HOM.** Peccant, pékan.

PÉCARI [pekaʀi] **n. m.** – 1699 ; *pacquire* 1640 ◇ mot caraïbe ▪ Sorte de sanglier *(suidés)*, cochon sauvage d'Amérique. « *ces pécaris vivent ordinairement par troupes* » **J. VERNE.** ◆ Cuir de cet animal. *Des gants de pécari.*

PECCABLE [pekabl] **adj.** – 1050 ◇ latin ecclésiastique, de *peccare* ▪ **RELIG.** Sujet à pécher. « *Si Dieu a créé l'homme peccable, il ne devait pas le punir* » **FLAUBERT.**

PECCADILLE [pekadij] **n. f.** – avant 1615 ; d'abord *peccatile*, n. m. ◇ espagnol *pecadillo* « petit péché » ▪ **LITTÉR.** Faute sans gravité. *Condamné pour une peccadille.* « *Sa peccadille fut jugée un cas pendable* » **LA FONTAINE.**

PECCANT, ANTE [pekɑ̃, ɑ̃t] **adj.** – *pechantes* 1314 ◇ du latin médiéval *peccans*, de *peccare* « pécher » ▪ **VX** *Humeurs peccantes*, mauvaises. ▪ **HOM.** Pécan, pékan.

PECHBLENDE [pɛʃblɛ̃d] **n. f.** – 1790 ◇ allemand *Pech* « poix » et *Blende* → blende ▪ **MINÉR.** Principal minerai d'uranium, composé principalement d'uraninite. *P. et M. Curie ont découvert le polonium et le radium en partant de la pechblende.*

1 **PÊCHE** [pɛʃ] **n. f.** – 1671 ; *pesche* XIIe ◇ latin populaire *persica* n. f., plur. de *persicum (pomum)* « fruit de Perse » ▪ **1** Fruit du pêcher, à noyau très dur et à chair fine. *Pêche blanche, jaune* (➤ **pavie**). *Pêche à peau lisse.* ➤ **brugnon, nectarine.** *Pêche plate. Pêche-abricot. Pêche de vigne**. *Compote de pêches. Pêches au sirop.* — *Pêche Melba**. ◆ **FIG.** *Peau, teint de pêche*, rose et velouté. *Peau** *de pêche* (tissu). — **LOC. FAM.** *Rembourré avec des noyaux** *de pêche.* ◆ D'un rose qui rappelle la peau d'une pêche. *Couleur pêche.* ▪ **2 FAM.** Coup, gifle. *Il va te flanquer une pêche.* ▪ **3 FAM.** Visage. **LOC.** *Se fendre la pêche* : rire (cf. Se fendre la pipe*). ▪ **4 FAM.** *Avoir la pêche* : avoir le moral, être en forme. ➤ **frite ; pêchu.**

2 **PÊCHE** [pɛʃ] **n. f.** – *pesche* 1261 « droit de pêcher » ◇ de 2*pêcher* ▪ **1** Action ou manière de prendre les poissons. ➤ **halieutique.** *Ouverture, clôture, fermeture de la pêche*, de la période où la pêche est autorisée. *Réglementation de la pêche. Pêche interdite. Pêche excessive.* ➤ **surpêche.** *Engins de pêche* : filet, ligne, nasse ; trident. *Pêche hauturière. Grande pêche au large* (morue, flétan). *Petite pêche. Pêche côtière* (colin, merlan, raie). *Pêche à la ligne* (et **ABSOLT** *pêche*). *Articles de pêche* : bouchon, épuisette, flotteur, gaule, hameçon, moulinet, plomb. *Canne à pêche. Pêche au coup, au lancer. Pêche au chalut* (➤ **chalutage**), *à la seine**, *à la traîne**. *Pêche sous-marine. Bateau**, *barque de pêche. Pêche en mer, en rivière, en étang. Aller à la pêche.* — *La pêche miraculeuse*, que le Christ fit faire à ses disciples. — **FIG. et FAM.** *Aller à la pêche aux nouvelles, aux emplois*, à la recherche de nouvelles, d'emplois. ▪ **2** Endroit où l'on pêche, où l'on peut pêcher. *Garde-pêche qui surveille une pêche réservée.* ▪ **3** (1538) **COLLECT.** Poissons, produits pêchés. *Rapporter une belle pêche.* ▪ **4 DR.** Droit de pêche. *Riverain qui a la pêche d'un canal jusqu'au milieu du cours de l'eau.*

PÉCHÉ [peʃe] **n. m.** – XIVe ; v. 1135 *pechié* ; v. 1000 *pechez* sing. ◇ latin *peccatum* ▪ **RELIG.** Acte conscient par lequel on contrevient aux lois religieuses, aux volontés divines. ➤ **coulpe** (VX), **faute, manquement, offense** (à Dieu). *Commettre, faire un péché.* ➤ **pécher.** *Avouer, confesser ses péchés. S'accuser de ses péchés. Expier, racheter ses péchés* : faire pénitence. *Absolution, rémission des péchés.* **PROV.** *À tout péché miséricorde**. **ALLUS. BIBL.** *Que celui qui est sans péché lui jette la première pierre.* « *Vous avez encore une vingtaine d'années de jolis péchés à faire : n'y manquez pas ; ensuite vous vous en repentirez* » **DIDEROT.** — *Petit péché.* ➤ **peccadille.** *Péché de jeunesse. Péché mignon* : défaut sans gravité et agréable. *La gourmandise est son péché mignon.* ➤ **faible.** *Péché véniel**. — *Péché mortel*, qui entraîne la damnation du pécheur. *Les sept péchés capitaux.* ➤ **avarice, colère, envie, gourmandise, luxure, orgueil, paresse.** *Le péché de (la) chair**. **LOC. FAM.** *Laid comme les sept péchés capitaux* : très laid. — *Péché originel*, commis par Adam et Ève et dont tout être humain est coupable en naissant. ◆ **ABSOLT LE PÉCHÉ** : l'état où se trouve la personne qui a commis un péché mortel (opposé à *état de grâce*). ➤ **pécheur.** *Tomber, vivre dans le péché.* ➤ 3 **mal.** *L'absurde « ne mène pas à Dieu. L'absurde c'est le péché sans Dieu »* **CAMUS.** « *Le péché, qui tue l'âme, repétrit le corps à son affreuse ressemblance* » **MAURIAC.**
▪ **HOM.** Pécher, pêcher.

PÉCHER [peʃe] **v. intr.** ⟨6⟩ – v. 1050 ◇ latin *peccare* ▪ **1** Commettre un péché, des péchés. ➤ **faillir.** *Pécher par pensée, par parole, par action et par omission. Pécher par orgueil, par ignorance.* « *C'est nous inspirer presque un désir de pécher, Que montrer tant de soins de nous en empêcher* » **MOLIÈRE.** ◆ *Pécher contre qqch.* : faillir (contre une règle). ➤ **contrevenir, manquer (à).** *Pécher contre la bienséance, les bonnes mœurs.* ▪ **2** (XVIIe) Commettre une faute, une erreur. *Pécher contre la logique. Être puni** *par où l'on a péché.* ◆ (Sujet chose) « *Toute cette brochure pèche par une grande obscurité et une grande confusion d'idées* » **SAINTE-BEUVE.** ▪ **HOM.** Péché, pêcher.

1 **PÊCHER** [peʃe] **n. m.** – 1677 ; *peskier* 1190 ◇ de 1*pêche* ▪ Arbre *(rosacées)* d'origine exotique, acclimaté et cultivé pour ses fruits, les pêches. *Pêcher en espalier.* « *les premiers pêchers, d'un rose un peu fiévreux, fleurissent en houppes* » **COLETTE.** — *Couleur (de) fleur de pêcher*, d'un rose assez vif. ▪ **HOM.** Péché, pécher.

2 **PÊCHER** [peʃe] **v. tr.** ⟨1⟩ – 1680 ; *pescher* 1138 ◇ latin populaire °*piscare*, latin classique *piscari* ▪ **1** Prendre ou chercher à prendre dans l'eau (du poisson). *Pêcher la morue, la truite.* — **PRONOM.** (PASS.) *L'anguille se pêche au ver de terre.* ➤ **se prendre.** — **ABSOLT** *Pêcher à la ligne, au filet. Pêcher à l'asticot, à la mouche. Pêcher en mer, dans une rivière, un étang.* **LOC. FIG.** *Pêcher en eau trouble* : profiter, d'une manière peu honorable, d'un état de désordre, de confusion. ◆ (D'autres animaux que les poissons) *Pêcher des moules, des crevettes, des éponges. Pêcher des grenouilles.* ▪ **2 FIG. et FAM.** Chercher, prendre, trouver (une chose inattendue) d'une manière incompréhensible. « *Où diable avez-vous pêché des radis ? demanda Godefroid* » **BALZAC.** ➤ **dégoter.** *Où as-tu été pêcher ce costume ? Je me demande où il va pêcher ces histoires.* ➤ **imaginer.**

PECHÈRE ➤ **PEUCHÈRE**

PÉCHERESSE ➤ **PÉCHEUR**

PÊCHERIE [pɛʃʀi] **n. f.** – 1606 ; *pescherie* 1155 ◇ de 2*pêcher* ▪ Lieu aménagé pour une entreprise de pêche. *Les pêcheries de Terre-Neuve.* « *Nous voici au milieu des pêcheries, des barques, des filets tendus* » **LOTI.**

PÊCHETTE [pɛʃɛt] **n. f.** – 1868 ; « petit filet » 1773 ◇ de 2*pêcher* ▪ **RÉGION.** Petit filet à écrevisses. ➤ 1 **balance.**

PÉCHEUR, PÉCHERESSE [peʃœʀ, peʃʀɛs] **n.** /fém. PÉCHERESSE/ – XIVe ; *pechedor* 980 ; fém. *pecheris* v. 1130 ◇ latin ecclésiastique *peccator, oris*, de *peccare* « pécher » ▪ Personne qui est dans l'état de péché, commet habituellement de graves péchés.

Pécheur endurci, repenti. Marie-Madeleine, la pécheresse. — Dieu ne veut pas la mort du pécheur : il est indulgent. ▪ HOM. poss. Pêcheur.

PÊCHEUR, EUSE [pɛʃœʀ, øz] **n.** – *pescheür* 1138 ; fém. *pescheuse* 1606 ◊ latin *piscator, oris* ▪ Personne qui s'adonne à la pêche, par métier ou par plaisir. *Pêcheur de sardines, de morues. Pêcheur de crevettes, de moules. Pêcheurs qui posent, lèvent leurs filets. Village de pêcheurs. «Pêcheur d'Islande», roman de Loti. «Je suis un pêcheur à la ligne. Quelquefois je ferre un brochet, quelquefois une vieille chaussure»* ANOUILH. *«un équipement complet de pêcheur, bob imperméable, gilet à poches, cannes télescopiques et bottes en caoutchouc»* A. JENNI. — PAR ANAL. *Pêcheurs de corail, de perles.* — FIG. *Pêcheurs d'hommes :* apôtres, missionnaires qui convertissent à la doctrine du Christ. ✦ **adj.** *Bateau pêcheur.* APPOS. *Des marins pêcheurs.* ▪ HOM. poss. Pécheur.

PÊCHU, E [peʃy] **adj.** – 1991 ◊ de 1*pêche*, dans *avoir la pêche* ▪ FAM. En grande forme, plein d'ardeur. *Un groupe pêchu sur scène.* ➤ **dynamique.** *Discours pêchu.* — *Film, album pêchu,* au rythme soutenu. ➤ **entraînant.** *Moteur pêchu.* ➤ **nerveux.** ▪ CONTR. Apathique, 1 mou.

PÉCILE ➤ **PŒCILE**

PÉCOPTÉRIS [pekɔpteʀis] **n. m.** – 1836 ◊ du grec *pekos, pokos* «toison» et *pteris* «fougère» ▪ PALÉONT. Fougère arborescente fossile des terrains carbonifères.

PÉCORE [pekɔʀ] **n. f.** – 1512 ◊ italien *pecora* ; latin populaire *pecora*, plur. neutre pris pour un fém. sing. de *pecus, oris* «bête, tête de bétail» ▪ **1** VX Animal, bête. *«La chétive pécore»* LA FONTAINE. ▪ **2** (1808) VIEILLI Femme sottement prétentieuse et impertinente. ➤ **péronnelle, pimbêche.** *«La stupide pécore, impertinente par surcroît»* R. ROLLAND.

PÉCORINO ou **PECORINO** [pekɔʀino] **n. m.** – date inconnue ◊ italien *pecorino*, de *pecora* «mouton, brebis» ▪ Fromage de brebis italien, voisin du parmesan, servant à assaisonner les pâtes. *Des pécorinos, des pecorini.*

PECTEN [pɛktɛn] **n. m.** – 1710 ◊ mot latin ▪ ZOOL. Mollusque *(lamellibranches)* appelé couramment *peigne. La coquille Saint-Jacques est un pecten.*

PECTINE [pɛktin] **n. f.** – 1827 ◊ du grec *pêktos* «coagulé, figé» ▪ BIOCHIM. Substance mucilagineuse contenue dans de nombreux végétaux (mélange d'acides pectiques* et d'autres substances glucidiques). *Gélifiant pour confitures à base de pectine.*

PECTINÉ, ÉE [pɛktine] **n. m.** et **adj.** – v. 1370 ◊ latin *pectinatus* «disposé en forme de peigne» ▪ **1** ANAT. *Le pectiné,* ou **adj.** *le muscle pectiné* (1793) : muscle adducteur, fléchisseur et rotateur externe de la cuisse. ▪ **2** (1803) DIDACT. En forme de peigne. — SYLVIC. *Feuille pectinée. Sapin pectiné.*

PECTIQUE [pɛktik] **adj.** – 1825 ◊ de *pectine* ▪ BIOCHIM. *Acides pectiques :* acides organiques présents dans les fruits mûrs, issus de la transformation de la pectine* par une enzyme.

PECTORAL, ALE, AUX [pɛktɔʀal, o] **adj.** et **n. m.** – 1355 ◊ latin *pectoralis*, de *pectus* «poitrine»

I Placé sur la poitrine. ▪ **1** Qui décore la poitrine. — LITURG. *Croix* pectorale d'un évêque.* ▪ **2** **n. m.** Ornement appliqué sur l'aube d'un prêtre. ✦ (1546) HIST. Ornement porté sur la poitrine par divers personnages (pharaons, grands prêtres). ✦ ANTIQ. ROM. Partie d'armure qui protégeait la poitrine.

II De la poitrine. ▪ **1** (1478) ANAT. Qui appartient à la poitrine. *La région pectorale. Muscles pectoraux* et **n. m. pl.** *les pectoraux.* ABRÉV. FAM. **PECS** [pɛk]. *Muscler ses pecs.* Au sing. *Le pec droit.* ✦ ZOOL. De la face ventrale. *Nageoires pectorales* et *nageoires dorsales.* ▪ **2** (XVIe) Qui combat les affections des poumons, des bronches. *Sirop pectoral. Pâtes pectorales* (en boules, pastilles). *Infusion de fleurs pectorales.*

PÉCULAT [pekyla] **n. m.** – 1530 ◊ latin *peculatus*, de *peculari*, radical *peculium* ▪ ADMIN. Détournement des deniers publics. ➤ **concussion.**

PÉCULE [pekyl] **n. m.** – v. 1300 ◊ latin *peculium* ▪ **1** ANTIQ. ROM. Économies qu'un esclave amassait pour acheter sa liberté. ▪ **2** (1611) COUR. Somme d'argent économisée peu à peu. *Se constituer un petit pécule. «Si le paysan sait amasser un pécule, il trouve de la terre à vendre, il peut l'acheter, il est son maître !»* BALZAC. ✦ SPÉCIALT (1877) Argent qu'on acquiert par son travail, mais dont on ne peut disposer que dans certaines conditions. *Pécule d'un détenu, d'un militaire.* ▪ **3** (Belgique) *Pécule de vacances :* prime de vacances octroyée par l'employeur.

PÉCUNIAIRE [pekynjɛʀ] **adj.** – 1308 ; n. m. XIIIe ◊ latin *pecuniarius*, de *pecunia* «argent» ▪ **1** Qui a rapport à l'argent. ➤ **financier.** *Ils «supputaient à un sou près [...] quelle allait être la situation pécuniaire des mariés»* ZOLA. ▪ **2** Qui consiste en argent. *Avantage pécuniaire. Peine pécuniaire.* ➤ **amende.** *Avantages pécuniaires.* — **adv. PÉCUNIAIREMENT,** 1495.

PÉDAGOGIE [pedagɔʒi] **n. f.** – 1495, répandu XIXe ◊ grec *paidagôgia* → 1 péd(o)- ▪ **1** Science de l'éducation des enfants, ET PAR EXT. de la formation intellectuelle des adultes. *La pédagogie moderne utilise les données de la psychologie et de la physiologie enfantines.* ➤ **psychopédagogie.** ✦ SPÉCIALT Méthode d'enseignement. *Pédagogie des langues vivantes.* ➤ **didactique.** ▪ **2** (XXe) Qualité du bon pédagogue* ; sens pédagogique. *Il manque de pédagogie.*

PÉDAGOGIQUE [pedagɔʒik] **adj.** – 1610 ◊ grec *paidagôgikos* ▪ Qui a rapport à la pédagogie. ➤ **éducatif.** *Certificat d'aptitude pédagogique (C. A. P.) :* diplôme permettant d'enseigner dans les classes primaires. *Formules, méthodes pédagogiques nouvelles. «Inspectrice de l'enseignement, et pleine de vues pédagogiques fort sensées»* HENRIOT. *Théories pédagogiques de Rabelais, Montaigne, Rousseau, Freinet. — Conseiller pédagogique.* ✦ SPÉCIALT Conforme aux règles de la pédagogie, qui est d'un bon pédagogue. *Instituteur qui manque de sens pédagogique.* — **adv. PÉDAGOGIQUEMENT,** 1801.

PÉDAGOGUE [pedagɔg] **n.** et **adj.** – *pedagoge* 1370 ◊ latin *paedagogus*, grec *paidagôgos* «qui conduit les enfants» ▪ **1 n. m.** VX Maître, précepteur. ➤ **éducateur.** — PÉJ. Pédant. ▪ **2** (XIXe) Personne qui s'occupe de pédagogie. *Les grands pédagogues allemands du XIXe siècle.* ✦ Personne qui a le sens de l'enseignement. *Bonne, mauvaise pédagogue.* — **adj.** *Professeur peu pédagogue.* ▪ CONTR. Disciple.

PÉDALE [pedal] **n. f.** – 1560 «pédale d'orgue» ◊ italien *pedale*, latin populaire °*pedale*, de *pes, pedis* «pied» ▪ **1** Touche d'un instrument de musique actionnée au pied. *Clavier à pédales de l'orgue.* ➤ **pédalier.** *Les sept pédales de la harpe. — Pédales de piano. Pédale forte. Pédale douce.* ➤ **sourdine.** — *Pédale wah-wah*.* — LOC. FAM. *Mettre la pédale douce :* agir en douceur. ✦ *Note de pédale,* et ELLIPT *une pédale :* son tenu et prolongé dans une partie de basse. ▪ **2** Organe commandé au pied. — (Transformant un mouvement alternatif en mouvement circulaire). *Pédale d'une machine à coudre, d'une meule de rémouleur, d'un tour. Petite voiture à pédales.* — (Transmettant un mouvement déjà circulaire). *Les deux pédales d'une bicyclette.* ➤ **pédalier.** *Appuyer sur les pédales* (➤ **pédaler**). *«La côte était ardue. Chaque pédale, tour à tour, semblait aussi résistante qu'une marche d'escalier»* ROMAINS. *Lâcher les pédales.* — LOC. FAM. (1944) *Perdre les pédales :* perdre ses moyens, patauger dans une explication. *S'emmêler* les pédales.* — PAR MÉTON. (emploi limité par le sens 3°) Le cyclisme. *Un fervent de la pédale.* ✦ Pièce d'un mécanisme commandant le déclenchement de certains effets mécaniques. *Poubelle à pédale. — Pédale d'accélérateur, d'embrayage, de frein.* ▪ **3** (1935) PÉJ. et FAM. Homosexuel. — LOC. VIEILLI *Être de la pédale :* être homosexuel (cf. Être de la jaquette*).

PÉDALER [pedale] **v. intr.** ⟨1⟩ – 1892 ◊ de *pédale* ▪ **1** Actionner une pédale. — SPÉCIALT Actionner les pédales d'une bicyclette ; rouler à bicyclette. *Pédaler debout, en danseuse*. Rouler sans pédaler,* en roue libre. — **n. m.** (1901) **PÉDALAGE.** ▪ **2** FIG. et FAM. Marcher très vite, courir. ➤ **cavaler, foncer, galoper.** *«pour signifier qu'il avait marché vite, il disait : "Vous pensez si on a pédalé"»* PROUST. — PAR EXT. Se dépêcher. *Il a fallu pédaler pour terminer ce travail dans les délais.* ▪ **3** LOC. FAM. *Pédaler dans la choucroute (ou dans la semoule, le couscous, la purée, le yaourt), pédaler à vide :* faire des efforts désordonnés et vains, se dépenser en pure perte.

PÉDALEUR, EUSE [pedalœʀ, øz] **n.** – 1893 ◊ de *pédaler* ▪ Cycliste considéré(e) dans sa manière de pédaler. *Un pédaleur infatigable.* ➤ **rouleur.**

PÉDALIER [pedalje] **n. m.** – 1868 ◊ de *pédale* ▪ **1** Clavier inférieur de l'orgue, qui comprend deux octaves et quatre notes, de do à fa, et est actionné par le talon ou la pointe du pied. — Pédales du piano. ▪ **2** (1892) COUR. Ensemble constitué par les pédales, les manivelles, l'axe et le plateau (d'une bicyclette). *«elle penche tellement son vélomoteur dans les virages que le pédalier racle le sol»* LE CLÉZIO.

PÉDALO [pedalo] **n. m.** – 1936 ◊ marque déposée, de *pédale* ▪ Petite embarcation à flotteurs mue par une roue à pales actionnée par des pédales. *Louer des pédalos.*

PÉDANT, ANTE [pedɑ̃, ɑ̃t] **n. et adj.** – *pedante* 1560 ◊ italien *pedante*, du grec *paideuin* «éduquer, enseigner» ■ **1 n. m.** VX (souvent péj.) Celui qui enseigne aux enfants. *«M. Joubert, morne pédant montagnard [...] qui me montrait le latin»* STENDHAL. ➤ **pédagogue.** ■ **2** MOD. Personne qui fait étalage d'une érudition affectée et livresque. ➤ **cuistre.** *«pédant hérissé de grec»* FÉNELON. *Quelle pédante !* ➤ **bas-bleu.** *«Un pédant est un homme qui digère mal intellectuellement»* RENARD. ■ **3 adj.** Qui manifeste prétentieusement une affectation de savoir, d'érudition. *Il est un peu pédant. — Professeur qui parle sur un ton pédant.* ➤ **docte, magistral, solennel.** *L'École normale «a engendré un type d'humour, un peu pédant mais très divertissant : le canular»* MAUROIS. *Un air pédant.* ➤ **prétentieux, suffisant.**

PÉDANTERIE [pedɑ̃tʀi] **n. f.** – 1560 ◊ de *pédant* ■ LITTÉR. Manière d'agir du pédant ; affectation prétentieuse de savoir. ➤ **cuistrerie, pédantisme.** ♦ *Une pédanterie* : parole ou acte pédant.

PÉDANTESQUE [pedɑ̃tɛsk] **adj.** – 1580 ; «magistral» 1558 ◊ italien *pedantesco*, de *pedante* → pédant ■ LITTÉR. Propre au pédant. ➤ **doctoral, emphatique.** *«la voix mystérieuse des livres ne nous parlait qu'un langage froid et pédantesque»* VIGNY.

PÉDANTISME [pedɑ̃tism] **n. m.** – 1580 «état de professeur» ◊ de *pédant* ■ VIEILLI Affectation propre au pédant. ➤ **pédanterie.** MOD. Caractère de ce qui est pédant. *«Un livre plein d'un pédantisme dégoûtant»* VOLTAIRE.

-PÈDE ■ Élément, du latin *pes, pedis* «pied» : *quadrupède.*

PÉDÉ [pede] **n. m.** – 1836 ◊ abrév. de *pédéraste* ■ FAM. (souvent injurieux) Homosexuel. ➤ 1 **homo, pédéraste.** *Des pédés. — Pédé comme un phoque* (calembour sur *foc* ; idée de «vent arrière»). — ABRÉV. (1972) **PÈD(E)** [pɛd].

PÉDÉGÈRE [pedeʒɛʀ] **n. f.** – 1986 ◊ de *P. D. G.* ; création mal formée car le mot *P. D. G.* n'est pas comparable avec le mot *boulanger* ■ FAM. Femme qui exerce les fonctions de P. D. G.

PÉDÉRASTE [pedeʀast] **n. m.** – 1584 ◊ grec *paiderastês* → pédérastie ■ VIEILLI ■ **1** Homme qui a des relations sexuelles avec de jeunes garçons. ➤ **pédophile.** ■ **2** PAR EXT. Homme qui a des relations sexuelles avec d'autres hommes. ➤ **homosexuel,** FAM. **pédé.**

PÉDÉRASTIE [pedeʀasti] **n. f.** – 1580 ◊ grec *paiderasteia*, de *paidos* «enfant» et *erân* «aimer» ■ VIEILLI ■ **1** Relations sexuelles entre un homme et un jeune garçon. ➤ **pédophilie.** ■ **2** PAR EXT. Toute pratique homosexuelle masculine. ➤ **homosexualité, sodomie.** — adj. **PÉDÉRASTIQUE,** 1843.

PÉDESTRE [pedɛstʀ] **adj.** – 1529 ; «soldat à pied» n. m. 1470 ◊ latin *pedestris* ■ **1** RARE *Statue pédestre*, qui représente un personnage à pied (opposé à *équestre*). ■ **2** (1754) Qui se fait à pied. *Randonnée pédestre.*

PÉDESTREMENT [pedɛstʀəmɑ̃] **adv.** – 1762 ◊ de *pédestre* ■ RARE. À pied. *«il regagna pédestrement, à travers la cour des Tuileries, le fiacre»* BALZAC.

PÉDI- ■ Élément, du latin *pes, pedis* «pied».

PÉDIATRE [pedjatʀ] **n.** – 1882 ◊ de *pédiatrie* ■ Médecin spécialiste des maladies infantiles. *Amener un nourrisson chez le pédiatre.*

PÉDIATRIE [pedjatʀi] **n. f.** – 1872 ◊ de 1 *péd(o)-* et *-iatrie* ■ DIDACT. Spécialité médicale qui traite des maladies des enfants.

PÉDIATRIQUE [pedjatʀik] **adj.** – XXe ◊ de *pédiatrie* ■ De la pédiatrie. *Service pédiatrique d'un hôpital.*

PEDIBUS [pedibys] **adv.** /PÉDIBUS/ – v. 1904 ◊ abrév. de *pedibus cum jambis*, du latin *pedibus* «à pied» et du latin macaronique *cum jambis* «avec les jambes» ■ FAM. À pied. *On ira pedibus.*

PÉDICELLAIRE [pediselɛʀ] **n. m.** – 1809 ◊ de *pédicelle* ■ ZOOL. Pince minuscule des échinodermes (astéries et oursins).

PÉDICELLE [pedisɛl] **n. m.** – 1789 ◊ latin *pedicellus*, diminutif de *pes, pedis* «pied» ■ **1** BOT. Ramification du pédoncule se terminant par une fleur. ■ **2** ZOOL. Deuxième article de l'antenne de certains insectes.

PÉDICELLÉ, ÉE [pedisele] **adj.** – 1812 ◊ de *pédicelle* ■ BOT. Qui est porté par un pédicelle ; muni d'un pédicelle. *Fleur pédicellée.*

PÉDICULAIRE [pedikylɛʀ] **n. f. et adj.** – XVe ◊ latin *pedicularius*, de *pediculus* «pou» ■ **1** Plante *(scrofulariacées)* dont une variété, la *pédiculaire des marais* (ou *herbe aux poux*), passait pour donner des poux aux bestiaux. ■ **2 adj.** (1519) MÉD. Relatif aux poux, aux lésions cutanées qu'ils provoquent. ➤ **phtiriase.** *Mélanodermie pédiculaire.*

PÉDICULE [pedikyl] **n. m.** – 1520 ◊ latin *pediculus* «petit pied» ■ DIDACT. ■ **1** BOT. Support allongé et grêle. ➤ 1 **queue, tige.** *Pédicule d'un champignon.* ➤ **pied, stipe.** — (1749) ZOOL. Mince attache entre deux organes. ➤ **pédoncule.** *Pédicule de l'abdomen d'une fourmi.* ♦ ANAT. Ensemble formé par des vaisseaux et des nerfs qui relient un organe à d'autres structures de l'organisme et assurent son fonctionnement. ➤ **pédoncule.** *Pédicule hépatique, rénal. Pédicules pulmonaires.* — PATHOL. *Pédicule d'une tumeur.* ■ **2** (1874) ARCHIT. Petit pilier court supportant des fonts baptismaux, un bénitier.

PÉDICULÉ, ÉE [pedikyle] **adj.** – 1763 ◊ de *pédicule* ■ ANAT., ZOOL. Pourvu d'un pédicule. — PATHOL. *Fibrome pédiculé.*

PÉDICULOSE [pedikyloz] **n. f.** – 1909 ◊ du latin *pediculus* «pou» ■ MÉD. Lésion de la peau due aux poux. ➤ **phtiriase, plique.**

PÉDICURE [pedikyʀ] **n.** – 1781 ◊ de *pédi-* et du latin *curare* «soigner» ■ **1** Personne qui soigne les affections épidermiques et unguéales du pied. ■ **2 n. f.** Ensemble des soins esthétiques des pieds. *Pédicure et manucure.*

PÉDICURIE [pedikyʀi] **n. f.** – milieu XXe ◊ de *pédicure* ■ TECHN. Technique, soins du pédicure.

PÉDIEUX, IEUSE [pedjø, jøz] **adj.** – 1574 ◊ du latin *pes, pedis* «pied» ■ DIDACT. Qui a rapport ou appartient au pied. *Artère pédieuse. La glande pédieuse des gastéropodes.*

PEDIGREE ou **PÉDIGRÉE** [pedigʀe] **n. m.** – 1828 ◊ anglais *pedigree*, de l'ancien français *pié de grue* «marque formée de trois traits» ■ **1** Extrait du livre généalogique d'un animal de race pure. *Établir le pedigree d'un chien de luxe.* ■ **2** (PERSONNES) IRON. Généalogie. *Il est très fier de son pedigree et de sa particule.* — Curriculum, renseignements biographiques sur une personne, SPÉCIALT passé judiciaire. *«port d'arme illégal, trois ans à Fresnes, deux ans d'interdiction de séjour. C'était le pedigree du loueur»* PENNAC.

PÉDILUVE [pedilyv] **n. m.** – 1747 ◊ du latin *pediluvium* «bain de pied» ■ Bac destiné au lavage des pieds (dans les piscines publiques en particulier).

PÉDIMENT [pedimɑ̃] **n. m.** – 1937 ◊ anglais *pediment* «fronton» ■ GÉOL. Glacis d'érosion développé sur une roche dure, typique des régions désertiques. *Aplanissement formé par des pédiments contigus* (ou *pédiplaine* **n. f.**).

PÉDIPALPE [pedipalp] **n. m.** – 1810 ◊ de *pédi-* et *palpe* ■ ZOOL. Appendice de préhension des arachnides, situé en arrière des chélicères, développé en pince chez les scorpions.

1 **PÉD(O)-** ■ Élément, du grec *pais, paidos* «enfant, jeune garçon» ou de *paideuein* «élever, instruire».

2 **PÉD(O)-** ■ Élément, du grec *pedon* «sol» : *pédogenèse.*

PÉDOCRIMINALITÉ [pedokʀiminalite] **n. f.** – 2000 ◊ de 1 *pédo-* et *criminalité* ■ DIDACT. Criminalité à caractère sexuel à l'encontre des enfants. ➤ **pédophilie.** — **adj.** et **n. PÉDOCRIMINEL, ELLE** (2000). *Enfant victime d'un pédocriminel.*

PÉDODONTIE [pedɔdɔ̃si] **n. f.** – 1972 ◊ de 1 *péd(o)-* et du grec *odous, odontos* «dent» ■ DIDACT. Soins dentaires aux enfants.

PÉDOGENÈSE [pedoʒənɛz] **n. f.** – 1878 ◊ de 2 *pédo-* et *-genèse* ■ GÉOL. Étude des processus de formation et d'évolution des sols.

1 **PÉDOLOGIE** [pedɔlɔʒi] **n. f.** – v. 1900 ◊ de 1 *pédo-* et *-logie* ■ DIDACT. Étude physiologique et psychologique de l'enfant. *Pédologie et pédiatrie.* — On trouve parfois *paidologie* [pɛdɔlɔʒi] (pour distinguer le mot de 2 *pédologie*).

2 **PÉDOLOGIE** [pedɔlɔʒi] **n. f.** – 1899 ◊ de 2 *pédo-* et *-logie* ■ Branche de la géologie appliquée qui étudie les caractères chimiques, physiques et biologiques, l'évolution (➤ **pédogenèse**) et la répartition des sols. — **adj. PÉDOLOGIQUE.**

PÉDOLOGUE [pedɔlɔg] **n.** – 1955 ◊ de 2 *pédologie* ■ SC. Spécialiste de l'étude des sols. *Une pédologue agronome.*

PÉDONCULAIRE [pedɔ̃kylɛʀ] **adj.** – 1800 ◊ de *pédoncule* ■ DIDACT. Qui concerne un pédoncule.

PÉDONCULE [pedɔ̃kyl] **n. m.** – 1748 ◊ latin *pedunculus*, diminutif de *pes, pedis* «pied» ■ **1** ANAT. Structure allongée et étroite reliant deux organes ou deux parties d'un organe. ➤ **pédicule.** *Pédoncules cérébraux.* ■ **2** (1778) BOT. Queue d'une fleur ; axe supportant les pédicelles*. *«des pavots à fleurs roses pendant au bout d'un pédoncule incliné, d'un vert pâle»* CHATEAUBRIAND. ➤ 1 **queue, tige.** ♦ Queue d'un fruit. ■ **3** ZOOL. ➤ **pédicule.**

PÉDONCULÉ, ÉE [pedɔ̃kyle] adj. – *pédunculé* 1778 ◊ de *pédoncule* ▪ DIDACT. Qui est pourvu d'un pédoncule ou porté par un pédoncule. *Abdomen pédonculé des fourmis. Chêne pédonculé*, dont les glands sont portés par un long pédoncule. ▪ CONTR. Sessile.

PÉDOPHILE [pedɔfil] adj. et n. – fin XIXe ◊ de 1*pédo*- et *-phile* ▪ **1** DIDACT. Qui ressent une attirance sexuelle pour les enfants. ♦ SPÉCIALT n. m. Pédéraste (1°). ▪ **2** Qui recherche et pratique des relations sexuelles avec des enfants. — n. *Réseau de pédophiles.* ➤ **pédocriminel** (cf. Prédateur* sexuel).

PÉDOPHILIE [pedɔfili] n. f. – 1969 ◊ de *pédophile* ▪ DIDACT. ▪ **1** Attraction sexuelle pour les enfants. ▪ **2** SPÉCIALT ➤ **pédérastie** (1°). ▪ **3** Activité du pédophile (2°). ➤ **pédocriminalité.** *Lutte contre la pédophilie sur Internet* (➤ **pédopornographie**). *Mise en examen pour pédophilie.*

PÉDOPORNOGRAPHIE [pedopɔʀnɔgʀafi] n. f. – 1992 ◊ de 1*pédo*- et *pornographie* ▪ DIDACT. Pornographie mettant en scène des mineurs. — adj. (1998) **PÉDOPORNOGRAPHIQUE.** « *vous êtes en état d'arrestation pour consultation et détention d'images à caractère pédopornographique* » A. POSTEL.

PÉDOPSYCHIATRE [pedopsikjatʀ] n. – 1973 ◊ de 1*pédo*- et *psychiatre* ▪ Médecin spécialiste de pédopsychiatrie.

PÉDOPSYCHIATRIE [pedopsikjatʀi] n. f. – v. 1920 ◊ de 1*pédo*- et *psychiatrie* ▪ Psychiatrie de l'enfant et de l'adolescent.

PÉDUM [pedɔm] n. m. – 1839 ◊ latin *pedum* « houlette » ▪ **1** ANTIQ. Bâton en forme de crosse, attribut de plusieurs divinités champêtres. ▪ **2** ZOOL. Variété de mollusques lamellibranches des mers chaudes, appelée aussi *houlette.*

PEDZOUILLE [pɛdzuj] n. – 1886 ; *pézouille* « rustre » 1800 ◊ origine inconnue ▪ FAM. et PÉJ. Paysan. ➤ **péquenaud, plouc.** « *c'est le vrai pedzouille* [...] *il pue, il parle mal son gros patois de plouk* » SARRAZIN. — PAR EXT. Personne naïve et ignorante des usages de la ville.

PEELING [piliŋ] n. m. – v. 1935 ◊ mot anglais, de *to peel* « peler » ▪ ANGLIC. Opération esthétique qui consiste à faire desquamer l'épiderme du visage pour en atténuer les défauts. ➤ **exfoliation.**

PEEP-SHOW [pipʃo] n. m. /PEEPSHOW/ – v. 1980 ◊ mot anglais « spectacle osé, risqué » ▪ Établissement qui propose la location de cabines individuelles où l'on peut voir, à travers une vitre, un spectacle pornographique. ➤ **mirodrome.** *Des peep-shows.*

PÉGASE [pegɑz] n. m. – 1788 ; n. pr., cheval ailé de la mythologie grecque 1690 ◊ latin *Pegasus*, du grec *pêgasos* ▪ ZOOL. Petit poisson de l'océan Indien *(pégasiformes)* à deux nageoires pectorales en forme d'ailes. « *des pégases volants à museau allongé* » J. VERNE.

P. E. G. C. [peøʒese] n. m. – 1969 ◊ sigle ▪ Professeur d'enseignement général de collège.

PEGMATITE [pɛgmatit] n. f. – 1807 ◊ du grec *pêgma, pêgmatos* « conglomération » ▪ MINÉR. Roche magmatique dont les cristaux granitoïdes de grande taille peuvent contenir des éléments rares (lithium, uranium). « *la terre de bruyère, maigre et sèche,* [...] *ouverte jusqu'à la pegmatite blanche du socle, comme de l'os* » BERGOUNIOUX.

PÈGRE [pɛgʀ] n. f. – 1836 ; *paigre* n. m. « voleur » 1797 ◊ p.-ê. de l'argot marseillais *pego* « voleur des quais » ▪ Monde des voleurs, des escrocs formant une sorte d'association, de classe. ➤ **canaille.** *La pègre d'un port. La pègre et le milieu. Appartenir à la pègre.*

PÉGUER [pege] v. ⟨6⟩ – 1802 ◊ de l'occitan *pegar* « enduire de poix », famille du latin *pix, picis* → poix ▪ RÉGION. (Provence, Languedoc) ▪ **1** v. tr. Coller, enduire d'une substance collante, visqueuse. *Bonbon qui pègue les mains.* ▪ **2** v. intr. Être collant, poisseux. « *Tu pègues ! va te laver les mains* » M. ROUANET.

PÉGUEUX, EUSE [pegø, øz] adj. – 1931 ◊ de l'occitan *pegous* ▪ RÉGION. (Provence, Languedoc) Collant, poisseux. *Une sucette pégueuse.*

PEHLVI [pɛlvi] n. m. – 1771 ; 1763 *pahlevi* ◊ de *pahlavik* « des Parthes », mot de cette langue ▪ LING. Langue parlée en Perse sous les Sassanides, moyen iranien occidental dont le parsi est une des branches. — On dit aussi **PAHLAVI** [palavi].

PEIGNAGE [pɛɲaʒ] n. m. – 1765 ◊ de *peigner* ▪ TECHN. Action de peigner (des fibres textiles). — Opération par laquelle les fibres textiles sont épurées et triées avant la filature. ♦ Atelier où se fait le peignage.

PEIGNE [pɛɲ] n. m. – v. 1175 ◊ réfection, d'après *peigner*, de l'ancien français *pigne*, latin *pecten, inis* ▪ **1** Instrument à dents fines et serrées qui sert à démêler et à lisser la chevelure. *Peigne de corne, d'ébonite, d'écaille, en plastique. Peigne à manche. Peigne fin, gros peigne.* ➤ **démêloir.** « *elle peignait avec un vieux peigne cassé ses beaux cheveux* » HUGO. *Se donner un coup de peigne* : remettre rapidement de l'ordre dans sa coiffure. ♦ LOC. FIG. *Passer au peigne fin* : examiner qqch. sans en omettre un détail. *Passer un quartier au peigne fin pour retrouver un évadé.* — *Sale comme un peigne* : très sale. ▪ **2** Instrument analogue servant à retenir les cheveux des femmes. *Coiffure maintenue par des peignes et des barrettes.* ▪ **3** TECHN. Instrument pour peigner les fibres textiles (lin, chanvre, laine) dans le filage à la main. ♦ Râteau horizontal où passent les fils de chaîne d'un métier. ♦ Instrument que le peintre décorateur emploie pour imiter les veines du bois. ♦ *Peigne à myrtilles*, que l'on passe sur les plantes pour récolter les baies. ▪ **4** ZOOL. Rangée de poils sur la face externe des pattes des insectes. *Peigne à pollen de l'abeille.* — Ensemble des appendices abdominaux des scorpions. ♦ Lame pigmentée et plissée du corps vitré de l'œil des oiseaux. ♦ Mollusque. ➤ **pecten.** ▪ **5** BOT. *Peigne de Vénus* : plante *(ombellifères)* au fruit en forme de bec très allongé.

PEIGNÉ, ÉE [peɲe] adj. et n. m. – 1671 ◊ de *peigner*
I ▪ **1** Dont les fibres allongées et parallèles donnent au fil un aspect lisse (laine). *Laine peignée et laine cardée.* ▪ **2** n. m. (1842 « laine peignée ») *Du peigné* : tissu de laine peignée.
II FIG. Trop soigné. « *un tableau achevé auquel il trouvait l'air trop peigné* » BALZAC.

PEIGNE-CUL [pɛɲky] n. m. – 1790 ◊ de *peigner* et *cul* ▪ TRÈS FAM. Individu mesquin, ennuyeux ; ou grossier, inculte. « *commander à une bande de peigne-culs* » PEREC. — On dit aussi *peigne-zizi, des peigne-zizis.*

PEIGNÉE [peɲe] n. f. – 1797 ◊ de *peigner* ▪ **1** FAM. Coups. ➤ **raclée, rossée, volée.** *Donner, flanquer, recevoir une peignée.* ▪ **2** (1846) TECHN. Quantité de fibres textiles que l'on passe au peigne dans le filage à la main.

PEIGNER [peɲe] v. tr. ⟨1⟩ – *peignier* 1165 ◊ latin *pectinare*, de *pecten* « peigne »
I ▪ **1** Démêler, lisser (les cheveux) avec un peigne. ➤ aussi **coiffer.** *Brosser et peigner ses cheveux.* — *Peigner qqn.* — PAR ANAL. *Peigner un chien, la crinière d'un cheval.* — *Faire ça ou peigner la girafe** ! ▪ **2** Démêler (des fibres textiles). *Peigner la laine, le chanvre.* ➤ **peigné.** ▪ **3** FIG. (VX sauf au pass. et au p. p. ➤ **peigné**). Soigner à l'excès. ➤ **fignoler, lécher.** « *ce normalien dont la barbe était peignée, soignée comme le style* » MAURIAC.
II **SE PEIGNER** v. pron. (réfl.) « *La pucelle doucement se peigne au soleil* » VALÉRY. ♦ (1640) (RÉCIPR.) FIG. VX Se battre (➤ **peignée**).
▪ CONTR. Déranger, ébouriffer, écheveler. ▪ HOM. Peignier ; *peignons* : peignons (peindre).

PEIGNEUR, EUSE [pɛɲœʀ, øz] n. – 1467 ; *pinerece* fém. 1243 ◊ de *peigner* ▪ TECHN. ▪ **1** Personne qui peigne des fibres textiles, travaille sur une peigneuse. ▪ **2** n. f. (1800) Machine employée au peignage.

PEIGNIER [peɲe] n. m. – *pignier* 1260 ◊ du latin *pectinarius*, d'après *peigner* ▪ TECHN. Ouvrier, artisan qui façonne à la main des peignes de corne ou d'écaille. ▪ HOM. Peigner.

PEIGNOIR [pɛɲwaʀ] n. m. – 1534 ; *peignouer* « trousse à peignes » 1416 ◊ de *peigner* ▪ **1** VX Vêtement dont on s'enveloppe pour se peigner. ♦ MOD. Ample vêtement de protection, à manches, en usage chez les coiffeurs et dans les instituts de beauté. ▪ **2** (1814) MOD. Vêtement en tissu éponge, long, à manches, que l'on met en sortant du bain. ➤ **sortie** (de bain). *Peignoir de bain. Peignoir de bébé.* ➤ **burnous.** *Se sécher dans son peignoir.* — PAR ANAL. Vêtement semblable porté par certains sportifs. *Boxeurs qui ôtent leur peignoir avant le match.* ▪ **3** (1846) Vêtement léger d'intérieur porté par les femmes. ➤ **déshabillé,** 1 **négligé, saut-de-lit.** *Peignoir japonais.* ➤ **kimono.** « *Elle était à demi vêtue, dans un peignoir qu'elle serrait autour de sa taille, les bras nus dans les larges manches* » R. ROLLAND.

PEIGNURES [pɛɲyʀ] n. f. pl. – 1664 ◊ de *peigner* ▪ RARE Cheveux qui tombent de la tête quand on se peigne. ➤ **démêlures.**

PEILLE [pɛj] n. f. – 1174 ◊ provençal *pelha*, latin *pilleus, a* « feutre » ▪ TECHN. (surtout plur.) Chiffon utilisé dans la fabrication du papier. ▪ HOM. Paye.

PEINARD, ARDE [pɛnaʀ, aʀd] adj. – 1866 *peinard* « vieillard » ; *pénard* 1793 ; *vieux pénard* « vieillard libertin » 1549 ◊ de *peine* ▪ FAM. Paisible, qui se tient à l'écart des risques, des ennuis.

➤ **tranquille.** « *Je me tiens peinard, imite-moi* » MAC ORLAN. *On va être peinards ici.* — (CHOSES) *Un boulot peinard.* ➤ **pépère.** — (1883) *Père peinard* : homme tranquille. — On écrit aussi *pénard, arde* [penaʀ, aʀd].

PEINARDEMENT [pɛnaʀdəmɑ̃] adv. – 1918 ◊ de *peinard* ■ FAM. Tranquillement.

PEINDRE [pɛ̃dʀ] v. tr. ‹52› – 1080 *peinz* p. p. ◊ latin *pingere*

I ■ **1** Couvrir, colorer avec de la peinture. *Peindre un mur au badigeon* (➤ **badigeonner**), *au ripolin* (➤ **ripoliner**), *à la laque* (➤ **laquer**). *Peindre à la chaux. Peindre en noir, en bleu. Peindre de plusieurs couleurs.* ➤ **barioler, peinturlurer.** *Peindre une façade à neuf.* ➤ **ravaler, repeindre.** *Faire peindre son appartement.* ➤ RÉGION. **peinturer.** « *il essaya de peindre le grenier avec un reste de couleur que les peintres avaient laissé* » FLAUBERT. — ABSOLT *Peindre au rouleau, au pistolet, à la bombe* (➤ 1 **bomber**). ◆ Décorer par une peinture. « *pourquoi s'irriter de penser que les grands Italiens peignaient des coffres de mariage ?* » MALRAUX. — *Le plafond de l'Opéra a été peint par Chagall.* ■ **2** VIEILLI ou PÉJ. Farder, maquiller. *Se peindre les paupières.* « *cet éclat emprunté Dont elle eut soin de peindre et d'orner son visage* » RACINE. — *Peindre ses ongles.* ➤ **vernir.**

II ■ **1** Figurer au moyen de peinture, de couleurs. *Peindre un numéro, une flèche sur une plaque.* — ABSOLT *Peindre sur porcelaine, sur soie, sur bois.* ■ **2** Représenter, reproduire par l'art de la peinture. *Peindre des paysages.* « *comme ces femmes qui veulent, en se faisant peindre, des portraits qui ne sont point elles* » MOLIÈRE. ◆ ABSOLT Faire de la peinture. *Peindre au pinceau, à la brosse* (➤ **brosser**). *Peindre à l'huile, à l'eau. Peindre à fresque**. *Peindre d'après nature.* « *L'art de peindre n'est que l'art d'exprimer l'invisible par le visible* » FROMENTIN. ◆ Exécuter au moyen de la peinture, de couleurs. *Peindre des décors, des trompe-l'œil.* — Faire (une peinture). *Peindre un tableau, une toile. Peindre une composition abstraite.*

III FIG. (1500) ■ **1** Représenter par le discours, en s'adressant plus spécialement à l'imagination. ➤ **décrire*, dépeindre, montrer, représenter.** *Peindre la société.* « *Corneille peint les hommes comme ils devraient être* » LA BRUYÈRE. « *Je les peignis puissants, riches, séditieux* » RACINE. « *Tu peindras le vin, l'amour, les femmes* [...] *à condition, mon bonhomme, que tu ne seras ni ivrogne, ni amant, ni mari* » FLAUBERT. (Sujet chose) « *Ces malheurs que les romans se gardent bien de peindre, et d'ailleurs qu'ils ne peuvent pas peindre* » STENDHAL. — PRONOM. (RÉFL.) « *Le sot projet qu'il* [Montaigne] *a de se peindre !* » PASCAL. ■ **2** PRONOM. Revêtir une forme sensible ; se manifester à la vue. ➤ **apparaître, se refléter.** « *La pauvreté de cette petite maison* [...] *se peignait à elle sous des couleurs ravissantes* » STENDHAL. « *La consternation se peint sur les figures* » LOTI.

■ **HOM.** *Peignons* : peignons (peigner).

PEINE [pɛn] n. f. – fin XIe, au sens de « souffrance morale » (II, 1°) ◊ du latin *poena* « réparation, vengeance, punition » puis « souffrance morale, affliction ». → pénal, pénible

I PUNITION ■ **1** (fin XIIe) Sanction appliquée à titre de punition ou de réparation pour une action jugée répréhensible. ➤ **châtiment, condamnation, pénalité, pénitence.** *Peine sévère, juste.* « *où est la balance humaine qui pèserait comme il faut les récompenses et les peines ?* » BERGSON. ◆ (début XIIe) RELIG. *Peines éternelles, peines de l'enfer.* ➤ **damnation.** ■ **2** DR. PÉN. Sanction édictée par le législateur et appliquée par les juridictions répressives, criminelles, correctionnelles, et de police, à la fois dans un but d'exemplarité et de réadaptation du délinquant à la vie sociale (➤ **pénal**). *Peine principale, peine complémentaire, peine accessoire, de police, correctionnelle, criminelle. Peine afflictive, peine infamante. Peine politique. Peines disciplinaires**. ➤ **blâme, réprimande.** *Peines pécuniaires.* ➤ **amende, confiscation.** (XIIIe) *Peine capitale, peine de mort* (➤ **exécution**). « *La seconde raison pour laquelle on doit anéantir la peine de mort, c'est qu'elle n'a jamais réprimé le crime* » SADE. *Peines privatives de liberté.* ➤ **emprisonnement, réclusion.** *Peines privatives de droits* (dégradation civique). *Longue peine* : peine d'emprisonnement d'une durée comprise entre cinq et dix ans. *Détenu (de) longue peine. Peines de substitution. Peine de sûreté**. *Double peine* : condamnation prononcée à l'encontre d'un étranger qui a commis une infraction pénale, assortie d'une mesure d'interdiction du territoire ou d'expulsion. FIG. « *C'était déjà dur d'être malade, alors pourquoi s'infliger une double peine avec ce liquide improbable ?* » D. FOENKINOS. *Être passible d'une peine. Encourir une peine. Prononcer, infliger une peine.* ➤ **condamner, pénaliser.** *Juge** *de l'application des peines. Purger sa peine en prison. Bénéficier d'une remise de peine.* ■ **3** LOC. (1541) **SOUS PEINE DE :** en encourant la peine de. *Défense d'afficher sous peine d'amende. Sous peine de mort.* — (Avec l'inf.) Si l'on ne veut pas courir le risque de. *Il fallait rouler doucement sous peine de glisser.* « *La marche devient impossible sous peine de s'égarer* » DAUDET.

II SOUFFRANCE ■ **1** (fin XIe) **UNE PEINE, DES PEINES :** souffrance morale. ➤ 2 **chagrin, douleur,** 3 **mal, malheur,** 1 **souci, souffrance, tourment, tracas.** *Les joies et les peines.* « *Les peines doivent produire sur l'âme de l'homme les mêmes ravages que l'extrême douleur cause dans son corps* » BALZAC. — LOC. *Peine de cœur* : chagrin d'amour. ■ **2 LA PEINE :** état psychologique fait d'un sentiment de tristesse et de dépression dont la cause est connue. ➤ **abattement, désolation, détresse, douleur, misère, tristesse.** *Avoir de la peine.* « *L'ennui, avec nous autres poètes, c'est que lorsqu'on a de la peine, au lieu de la chasser, on lui cherche un titre* » F. DARD. *Consoler un ami dans la peine. Je partage votre peine* (➤ **condoléances, sympathie**). — **FAIRE DE LA PEINE** à qqn. ➤ **affliger, attrister, blesser, peiner.** *Ce que vous me dites me fait de la peine, beaucoup de peine. Je ne voulais pas vous faire de peine.* — (CHOSES) *Une remarque qui fait de la peine.* (1601) *Cela faisait peine à voir,* faisait pitié. ■ **3** loc. adj. ou adv. *Être comme une âme en peine,* très triste. *Errer comme une âme en peine,* seul et tristement. *Être en peine de...* ➤ **inquiet.**

III EFFORT, DIFFICULTÉ ■ **1** (début XIIe) Activité qui coûte, qui fatigue. ➤ **effort.** « *La peine est une loi naturelle à laquelle nul de nous ne peut se soustraire sans tomber dans le mal* » SAND. *Travail qui demande de la peine. Être récompensé de sa peine.* LOC. PROV. *À chaque jour suffit sa peine* : n'anticipons pas les peines à venir. *Toute peine mérite salaire.* — *Elle s'est donné beaucoup de peine à classer tous ces dossiers.* ➤ 3 **mal ;** se **démener, peiner ;** FAM. se **décarcasser.** *Il n'a pas ménagé sa peine. Pour peu qu'on s'en donne la peine.* « *Travaillez, prenez de la peine* » LA FONTAINE. *Il a pris la peine de m'écrire lui-même,* il a fait cet effort. *Ne vous mettez pas en peine pour moi.* — (Formule de politesse) *Donnez-vous, veuillez vous donner la peine d'entrer.* — LOC. (1581) *N'être pas au bout de ses peines* : avoir encore des difficultés à surmonter, du travail pénible. PROV. *Qui voit ses veines** *voit ses peines.* — *Être à la peine* : être dans une situation difficile. *Le candidat de la majorité est à la peine.* — (fin XVe) *Pour votre peine, pour la peine* : en compensation, en dédommagement. — (1690) *Homme de peine,* qui effectue des travaux de force. « *des hommes de peine arrivaient avec des seaux et des brosses pour nettoyer les locaux* » SIMENON. — *Valoir** *la peine.* — *C'est la peine de* (et l'inf.), *que* (et le subj.). *Ce n'est pas la peine de crier, je ne suis pas sourd. Est-ce la peine que j'y aille ? C'était bien la peine de se donner tout ce mal* : le résultat (mauvais, nul) ne valait pas tant de travail. — (fin XIIe) *Perdre sa peine* : se fatiguer, travailler en vain. *On perd sa peine avec lui, il n'écoute rien.* ➤ **temps.** (milieu XIIIe) *C'est peine perdue.* ➤ **inutile, vain.** — *En être pour sa peine* : ne pas recueillir le fruit de ses efforts (cf. En être pour ses frais*). ■ **2** (milieu XVIe) Difficulté qui gêne pour faire qqch. ➤ **embarras,** 3 **mal.** *Avoir de la peine à* (et inf.). ➤ RÉGION. **misère.** *Avoir de la peine à parler, à marcher. J'ai (de la) peine à le croire.* « *j'avais le cœur serré et toutes les peines du monde à retenir mes larmes* » DAUDET. ■ **3** loc. adv. *Avec peine, à grand-peine* : difficilement, péniblement. *Depuis sa maladie, il se déplace avec peine, à grand-peine.* — (début XIIe) *Sans peine.* ➤ **aisément, facilement.** *Je le crois sans peine. L'allemand sans peine. Il est arrivé non sans peine.* — **EN PEINE :** gêné, embarrassé. *J'étais bien en peine de lui répondre. Il n'est pas en peine pour se trouver des amis.* ■ **4** loc. adv. (fin XIIe) **À PEINE** VX Péniblement. ◆ (XIVe) MOD. Presque pas, très peu. *Sentier à peine tracé. Il y avait à peine de quoi manger* (cf. Tout juste). *Pouvoir à peine marcher.* « *Tout ce qui n'existe qu'à peine, à grand-peine, et réclame d'exister par nous* » H. THOMAS. — (Avec un numéral) Tout au plus. *Ça fait à peine dix euros. Il y a à peine huit jours* (cf. Même pas). ◆ Sens temporel Depuis très peu de temps. ➤ **juste.** *J'ai à peine commencé, je commence à peine.* Dans une proposition subordonnée, coordonnée ou juxtaposée « *Elle était à peine remise de la frayeur que Swann lui avait causée quand un obstacle fit faire un écart au cheval* » PROUST. *J'étais à peine sorti qu'il commença à pleuvoir.* — (En tête de phrase, avec inversion du sujet) « *À peine suis-je dans la rue, voilà un violent orage qui éclate* » DAUDET. — (Avec une proposition participiale) *À peine endormi, il se mit à ronfler.* (Avec ellipse du verbe) « *À peine dans la voiture, notre héros s'endormit profondément* » STENDHAL.

■ **CONTR.** Compensation, consolation, récompense. Amusement, béatitude, bonheur, 1 calme, félicité, joie, 1 plaisir. ■ **HOM.** Pêne, 1 penne.

PEINER [pene] v. ‹1› – XIIIe ; *pener* v. 980 sens II ◊ de *peine*

I **v. intr.** Se donner de la peine, du mal. ➤ **s'appliquer, s'efforcer, s'évertuer,** se **fatiguer ;** FAM. **baver** (3°), **galérer,** 1 **ramer.** *« J'avais peiné comme Sisyphe Et comme Hercule travaillé »* VERLAINE. *Elle a peiné toute sa vie.* ➤ FAM. **trimer.** *Il peinait pour s'exprimer. J'étais là « peinant sur cette composition latine »* LOTI. — *La voiture peine dans les montées.* ➤ **fatiguer.**

II **v. tr.** ■ **1** (1671) Faire de la peine à (qqn). ➤ **affliger, attrister,** 1 **chagriner, déplaire, désobliger, fâcher, navrer.** *« la crainte de peiner est une des formes de la lâcheté »* GIDE. *Cette nouvelle m'a beaucoup peiné. Ça me peine qu'il parte déjà.* — **p. p. adj.** *« J'ai été vraiment peinée de la douleur de ma respectable amie »* LACLOS. ■ **2** VX Fatiguer, coûter de la peine à (qqn).

■ **CONTR.** Consoler. 1 Reposer (se). ■ **HOM.** 2 Penne, penné.

PEINT, PEINTE [pɛ̃, pɛ̃t] **adj.** – 1080 ◊ de *peindre* ■ **1** Couvert, orné de peinture. *Bois sculpté et peint. « Presque toutes les statues de l'Orient étaient peintes »* MALRAUX. *Soie peinte.* ➤ **batik.** *Meubles peints.* — *Papier* peint,* imprimé ou uni, pour tapisser. ■ **2** VIEILLI ou PÉJ. Très, trop fardé. *« Il avait attendu une très jeune femme, très peinte »* ARAGON. — MOD. *Ongles peints.* ■ **HOM.** Pain, pin ; pinte.

PEINTRE [pɛ̃tʀ] **n.** – *paintre* 1260 ◊ latin populaire °*pinctor,* latin classique *pictor,* d'après *pingere* ■ **1** Ouvrier ou artisan qui applique de la peinture (III) sur une surface, un objet. *Peintre en bâtiment(s),* qui fait les peintures d'une maison, colle les papiers. *Outils de peintre :* brosse, pinceau, pistolet, rouleau. *Peintre décorateur ornemaniste*.* ■ **2** Personne, artiste qui fait de la peinture. ➤ **rapin.** *Atelier ; brosse, couteau, palette, pinceaux, spatule, chevalet de peintre. Les tableaux, les toiles d'un peintre. La palette, les couleurs d'un peintre* (➤ **coloriste**). *Le peintre et son modèle.* ➤ **animalier, paysagiste, portraitiste.** APPOS. *Des artistes peintres. Mauvais peintre.* ➤ **barbouilleur.** *Peintre amateur. Peintre du dimanche*. Peintre figuratif ; peintre abstrait. Peintre académique. La peintre Rosa Bonheur.* — *Peintres primitifs, modernes, cubistes. « les vrais peintres se laissent guider par cette conscience que l'on nomme le sentiment. [...] Aussi la toile a peur du bon peintre et non le peintre de la toile »* VAN GOGH. *« un peintre n'est pas d'abord un homme qui aime les figures et les paysages : c'est d'abord un homme qui aime les tableaux »* MALRAUX. ■ **3** (XVIe) LITTÉR. Écrivain, orateur qui peint (III) par le discours. *Peintre du cœur humain, d'une époque. « Même lorsqu'il eut quitté la peinture, [...] il resta peintre avec sa plume »* SAINTE-BEUVE.

PEINTURE [pɛ̃tyʀ] **n. f.** – début XIIe, au sens de « description imagée » (I, 3°) ◊ du latin populaire *pinctura,* de *pictura,* famille de *pingere* → peindre

I **ACTION, ART DE PEINDRE** ■ **1** Opération qui consiste à couvrir de couleur une surface. *Peinture en bâtiment. Mise en peinture. Peinture au pistolet, au rouleau, à la brosse, au pinceau, au pochoir. Peinture sur bois, sur métal, sur porcelaine.* ■ **2** VX *Faire la peinture de qqn,* le peindre. ♦ MOD. **EN PEINTURE :** en portrait peint, en effigie (XVe). *« il n'a rien pour lui. Je ne le voudrais pas dans ma chambre en peinture »* ZOLA. — LOC. FAM. (1868) *Je ne peux pas le voir en peinture :* je ne peux absolument pas le supporter. ➤ **détester** (cf. Ne pas pouvoir encadrer* qqn). ■ **3** FIG. (début XIIe) Description qui parle à l'imagination. ➤ **portrait.** *La peinture de la société, des passions. Peinture fidèle, complaisante, cruelle. « Je ne retiens que ce qui est peinture du cœur humain »* STENDHAL.

II **CE QUI EST PEINT A. LA PEINTURE** (milieu XIIe) Représentation, suggestion du monde visible ou imaginaire sur une surface plane au moyen de couleurs ; organisation d'une surface par la couleur. Ensemble des œuvres qui en résultent. *La peinture, art de la surface et de la couleur. « La peinture est une chose beaucoup trop difficile et beaucoup trop complexe pour qu'on n'y consacre pas tout son temps »* MATISSE. *« La peinture tend bien moins à voir le monde qu'à en créer un autre »* MALRAUX. *La photographie et la peinture. Propre à la peinture.* ➤ **pictural.** *Faire de la peinture. Peinture à l'huile* (de lin, de noix, d'œillette), *à l'essence* (minérale, de térébenthine), *à l'eau* (➤ **aquarelle,** 1 **détrempe, fresque, gouache, lavis**), *peinture à l'œuf. Peinture à l'acrylique.* — *De la mauvaise peinture.* ➤ **barbouillage, gribouillage.** *Peinture figurative* (➤ **modèle, motif, représentation,** 3 **sujet**) ; *peinture non-figurative, abstraite. Peinture anecdotique, de genre, de paysage, de portraits,* etc. *Sujets de peinture :* académie, allégorie, caricature, intérieur, marine, nature morte, nu, panorama, paysage, portrait, sous-bois, vue. ➤ **iconographie.** *Écoles de peinture, styles de peinture* (au XIXe et au XXe s.) : cubisme, dadaïsme, divisionnisme, expressionnisme, fauvisme, futurisme, impressionnisme, modern style, naturalisme, pointillisme, préraphaélisme, réalisme, surréalisme, tachisme. — *La peinture flamande, italienne. Exposition, galerie de peinture* (➤ **salon, vernissage ; cimaise**). *Musée de peinture* (➤ **pinacothèque**). — *Vivre de sa peinture.* — VX *Morceau de peinture :* tableau.

B. UNE PEINTURE ■ **1** Surface peinte. *Lessiver les peintures. Refaire les peintures d'un appartement.* ■ **2** Ouvrage de peinture. ➤ **tableau, toile.** *Peintures pariétales, rupestres. « Les préhistoriens donnent d'habitude aux peintures des cavernes le sens d'une opération magique »* G. BATAILLE. *Peintures murales.* ➤ **fresque ;** aussi **plafond.** *Peinture d'autel.* ➤ **retable.** *Peinture composée de plusieurs volets.* ➤ **diptyque, triptyque.** *Peinture japonaise sur rouleau. Peinture anonyme. Mauvaise peinture.* ➤ **croûte.** *Encadrer une peinture. Maroufler, rentoiler, restaurer une peinture. Les peintures d'une collection.*

III **MATIÈRE COLORÉE** ■ **1** Couche de couleur dont une chose est peinte. *Peinture d'une carrosserie d'automobile. Faire un raccord de peinture. Peinture qui cloque, s'écaille.* ■ **2** (1671) Couleur préparée avec un solvant pour pouvoir être étendue. *Peinture mate, satinée, brillante. Peinture laquée.* ➤ **laque.** *Peinture glycérophtalique, acrylique ; à l'huile, à l'eau. Peinture contre la rouille.* ➤ **minium.** *Appliquer la peinture, plusieurs couches de peinture.* ➤ **peindre.** *Peinture fraîche,* qui vient d'être posée. *Tube, pot de peinture.* — LOC. FAM. *Un pot de peinture,* une femme trop fardée.

PEINTURER [pɛ̃tyʀe] **v. tr.** ‹1› – 1150 « décorer de peintures » ; p. p. début XIIe ◊ de *peinture* ■ **1** VX ou RÉGION. (Belgique, Canada, Louisiane, Antilles) Couvrir de couleur, peindre. *Faire peinturer sa voiture. « les balustrades, je vois ça peinturé en bleu »* J. ROUMAIN. ■ **2** MOD. Peindre d'une façon grossière et maladroite. ➤ **barbouiller, peinturlurer.** — *Saint Mathurin et « saint Yves, complètement neufs et peinturés des couleurs les plus éclatantes »* NERVAL.

PEINTURLURER [pɛ̃tyʀlyʀe] **v. tr.** ‹1› – 1743 ; p. p. 1628 ◊ de *peinturer* ■ FAM. Peindre avec des couleurs criardes, peu harmonieuses. ➤ **barbouiller.** *« Tout est peinturluré, doré, candélabré. C'est pompeux et mastoc »* FLAUBERT.

PÉJORATIF, IVE [peʒɔʀatif, iv] **adj.** – 1834 ; n. m. 1784 ◊ du bas latin *pejorare* « rendre pire » ■ Se dit d'un mot, d'une expression, d'un élément, d'une acception qui comporte une idée négative, déprécie la chose ou la personne désignée. ➤ **défavorable.** *Adjectif, mot péjoratif. Épithète péjorative. Les suffixes* -aille *et* -ailler *sont péjoratifs. Sens péjoratif.* — SUBST. *« Pleurnichard », « bellâtre » sont des péjoratifs.* ➤ **dépréciatif.** ■ **CONTR.** Mélioratif.

PÉJORATION [peʒɔʀasjɔ̃] **n. f.** – 1838 ◊ de *péjoratif* ■ DIDACT. Action d'ajouter une valeur péjorative à un mot ; fait de prendre une connotation* défavorable.

PÉJORATIVEMENT [peʒɔʀativmɑ̃] **adv.** – 1902 ◊ de *péjoratif* ■ D'une manière péjorative, dans un sens péjoratif. *Employer un mot péjorativement.*

PÉKAN [pekɑ̃] **n. m.** – 1744 ◊ mot algonquin ■ Martre du Canada *(Mustela pennanti),* dont la fourrure est très recherchée ; cette fourrure. ■ **HOM.** Pécan, peccant.

PÉKET ➤ **PÉQUET**

1 **PÉKIN** [pekɛ̃] **n. m.** – 1564 ◊ de *Pékin,* n. de la capitale de la Chine ■ ANCIENNT Étoffe de soie ornée de fleurs ou présentant des bandes alternativement mates et brillantes. ➤ **pékiné.** *« Un habit de pékin bleu de France »* NERVAL.

2 **PÉKIN** [pekɛ̃] **n. m.** – 1797 ◊ d'un radical *pekk-* « petit » ; cf. provençal *pequin* « malingre », italien *piccolo,* espagnol *pequeño* ■ **1** ARG. MILIT. (PÉJ.) Le civil. *Se mettre, s'habiller en pékin. Deux militaires et un pékin.* ■ **2** (1819) FAM. Homme quelconque. ➤ **clampin, mec, quidam, type.** — On écrit parfois *péquin. « y'aura pas un péquin dehors »* GAVALDA. ■ **CONTR.** Militaire.

PÉKINÉ, ÉE [pekine] **adj.** et **n. m.** – 1907 ◊ de 1 *pékin* ■ *Tissu pékiné,* ELLIPT *du pékiné :* tissu présentant des rayures alternativement brillantes et mates. ➤ 1 **pékin.**

PÉKINOIS, OISE [pekinwa, waz] **adj.** et **n.** – avant 1874 ◊ de *Pékin,* n. d'une ville de Chine ■ **1** De Pékin. **n. m.** *Le pékinois,* dialecte mandarin parlé dans le nord de la Chine et choisi pour devenir la langue nationale du pays. ■ **2** **n. m.** (1923) Petit chien de compagnie à tête ronde, face camuse, oreilles pendantes, poil long.

PÉKINOLOGUE [pekinɔlɔg] **n.** – 1972 ◊ de *Pékin* et *-logue* ■ POLIT. Spécialiste de la politique chinoise.

PEKOE ou **PÉKOE** [peko] **n. m.** – 1834 ◊ mot chinois ■ Thé noir de qualité supérieure, fourni par les jeunes feuilles du bourgeon terminal.

PEL [peœl ; pɛl] **n. m. inv.** – 1974 ◊ sigle ■ **1** Plan d'épargne*-logement. ■ **2** Prêt d'épargne*-logement. ■ HOM. Pelle.

PELADE [pəlad] **n. f.** – 1545 ◊ de *peler* ■ Chute des cheveux laissant des plaques arrondies de cuir chevelu blanc, lisse, sans pellicules ni inflammation, entourées de zones de cheveux intactes. ➤ **alopécie, teigne.** *On remarque « cette vilaine place nette et livide de mon cuir chevelu, et j'ai l'air d'avoir la pelade »* APOLLINAIRE.

1 **PELAGE** [pəlaʒ] **n. m.** – 1469 ◊ de *pel* → poil ■ Ensemble des poils d'un mammifère, considéré du point de vue de son aspect extérieur (couleur, finesse, douceur au toucher, épaisseur, etc.). ➤ **fourrure, livrée, manteau, poil, robe, toison.** *Pelage de la chèvre, du léopard. Le pelage des mammifères et le plumage des oiseaux.*

2 **PELAGE** [pəlaʒ] **n. m.** – 1846 ; « droit perçu sur les peaux » 1732 ◊ de *peler* ■ **1** TECHN. Opération qui consiste à ôter les poils (des peaux). ■ **2** Opération qui consiste à éliminer la peau (des fruits, des légumes).

1 **PÉLAGIEN, IENNE** [pelaʒjɛ̃, jɛn] **adj. et n.** – XVIIe ◊ de *Pélage,* n. d'un moine breton du Ve s. ■ RELIG. Relatif à la doctrine de Pélage (le *pélagianisme*), minimisant le rôle de la grâce divine et insistant sur celui du libre arbitre. *L'hérésie pélagienne.* **n.** *Les pélagiens.*

2 **PÉLAGIEN, IENNE** [pelaʒjɛ̃, jɛn] **adj.** – XVIIIe ◊ du grec *pelagos* « pleine mer » ■ VX ➤ **pélagique.**

PÉLAGIQUE [pelaʒik] **adj.** – 1802 ◊ du grec *pelagos* ■ BIOL. Relatif à la haute mer ; qui vit dans les parties les plus profondes de la mer (➤ **abyssal, hadal**). *Courants, terrains pélagiques. Faune, vie pélagique.* — GÉOL. *Sédiments, dépôts pélagiques :* dépôts des fonds marins.

PÉLAGOS ou **PELAGOS** [pelagɔs ; -gos] **n. m.** – v. 1965 ◊ grec *pelagos* « haute mer » ■ BIOL. Ensemble des organismes marins (faune pélagique*) vivant en pleine eau loin du fond (contrairement au benthos) et n'en dépendant pas pour leur subsistance. ➤ **plancton.**

PÉLAMIDE [pelamid] **n. f.** – 1552 ◊ latin *pelamis, idis,* grec *pêlamus* ■ ZOOL. ■ **1** Poisson marin voisin du thon, couramment appelé *bonite.* ■ **2** (1823) Serpent venimeux des mers tropicales *(hydrophiidés).* — On écrit aussi *pélamyde.*

PELANT, ANTE [pəlɑ̃, ɑ̃t] **adj.** – 1946 en France ◊ de *peler* (3°) ■ (Belgique) FAM. Ennuyeux, lassant. ➤ **tannant.** *Un film pelant.*

PELARD [pəlaʀ] **adj. et n. m.** – 1611 ◊ de *peler* ■ TECHN. *Bois pelard :* bois qu'on a dépouillé de son écorce afin d'en extraire du tan. — **n. m.** *Du pelard.*

PÉLARDON [pelaʀdɔ̃] **n. m.** – 1756 ◊ origine inconnue ■ Petit fromage de chèvre, produit dans les Cévennes.

PÉLARGONIUM [pelaʀgɔnjɔm] **n. m.** – 1850 ; *pélargons* plur. 1808 ◊ du grec *pelargos* « cigogne », à cause de la forme du fruit, allongé en bec de cigogne ■ **1** BOT. Plante *(géraniacées)* d'origine exotique, acclimatée et cultivée en Europe à cause de la beauté de ses fleurs, et appelée couramment *géranium.* ■ **2** COUR. Une des espèces de *pélargonium,* ornementale (qui n'est pas appelée *géranium*).

PELÉ, ÉE [pəle] **adj. et n.** – 1080 « dépouillé de sa peau » ◊ de *peler*

I ■ **1** Qui a perdu ses poils, ses cheveux. *Des ânes pelés. Une fourrure toute pelée.* — **n.** *« Ce pelé, ce galeux, d'où venait tout le mal »* LA FONTAINE. LOC. FAM. (1798) *Il y avait trois* (parfois *quatre*) *pelés et un tondu,* très peu de monde (dans une assemblée). — PAR EXT. *Un vêtement pelé.* ➤ 2 **râpé.** ■ **2** Dépourvu de végétation. *Un terrain pelé. La montagne Pelée,* volcan de la Martinique (➤ **péléen**).

II **n. m.** (Belgique) Partie du gîte à la noix, parfois appelée en France *gousse d'ail.*

PÉLÉEN, ENNE [peleɛ̃, ɛn] **adj.** – 1906 ◊ du n. de la *montagne Pelée* ■ GÉOGR. Se dit d'un volcan du même type que la montagne Pelée, dont la lave se solidifie en constituant une aiguille rocheuse.

PÊLE-MÊLE [pɛlmɛl] **adv. et n. m. inv.** /**PÊLEMÊLE adv. et n. m.**/ – *pesle-mesle* 1175 ◊ de l'ancien français *mesle-mesle,* forme redoublée de l'impératif de *mêler* ■ **1** Dans une grande confusion, dans un désordre complet. *Jeter des objets pêle-mêle.* ➤ **çà** (et là). *Marchandise présentée pêle-mêle* (cf. En vrac). *« Tout ce monde couchait dans la bergerie [...] pêle-mêle sur la paille »* ZOLA. ■ **2** **n. m. inv.** Objets en désordre. ➤ **capharnaüm, fatras, fouillis.** *« un pêle-mêle sans nom d'assiettes, de coupes en carton doré, de vieux parapluies rouges, de cruches italiennes, de pendules de tous les styles »* ZOLA. ♦ (1923) Cadre où l'on peut disposer plusieurs photographies.

PELER [pəle] **v.** ⟨5⟩ – 1080 ◊ latin *pilare,* avec influence de l'ancien français *pel* « peau » ■ **1** **v. tr.** VX ou TECHN. Dépouiller (une peau) de son poil, (un arbre, une branche) de son écorce. COUR. Dépouiller (un fruit) de sa peau. *Peler un fruit, des oignons.* ➤ **éplucher.** PRONOM. *La pêche se pèle facilement.* ■ **2** **v. intr.** (1260) Perdre son épiderme par parcelles. ➤ **desquamer.** *Cet enfant a pris un coup de soleil, il pèle. « la langue me fait mal à force d'avoir parlé ; elle me brûle et me pèle à force d'avoir fumé »* VALLÈS. ♦ FIG. et FAM. *Peler de froid,* ou ABSOLT *peler :* avoir très froid. ➤ **cailler.** *On pèle ici !* ■ **3** **v. tr.** (Belgique) FAM. Remplir (qqn) d'ennui. ➤ **barber, raser.** *Il nous a pelés pendant une heure avec ses histoires.* — PRONOM. *On se pelait pendant son discours.*

PÈLERIN, INE [pɛlʀɛ̃, in] **n.** – 1080 ; fém. v. 1210 ; « étranger » 1050 ◊ latin ecclésiastique *pelegrinus* « étranger, voyageur » ■ **1** Personne qui fait un pèlerinage. REM. Le fém. PÈLERINE est inus. à cause de l'homonyme. *Les pèlerins de Lourdes. Pèlerins musulmans qui vont à La Mecque.* ➤ **hadji.** — LOC. *Prendre son bâton de pèlerin :* partir en pèlerinage ; FIG. faire une tournée pour défendre une idée, un projet. ■ **2** **n. m.** VX Voyageur. ■ **3** **n. m.** Faucon commun *(Falco peregrinus).* APPOS. *Faucon pèlerin.* ♦ Grand requin des eaux froides, inoffensif, aux très nombreuses petites dents. *Le pèlerin est le plus grand des requins.* APPOS. *Des requins pèlerins.* ♦ Criquet migrateur. APPOS. *Criquet pèlerin.*

PÈLERINAGE [pɛlʀinaʒ] **n. m.** – 1131 ◊ de *pèlerin* ■ **1** Voyage, individuel ou collectif, qu'un fidèle fait à un lieu saint pour des motifs religieux et dans un esprit de dévotion. *Aller en pèlerinage. Faire un pèlerinage. Pèlerinage à Lourdes, à Rome ; à La Mecque* (➤ **hadji, omra**), *à Jérusalem.* ■ **2** (1718) Le lieu qui est le but de ce voyage. *Saint-Jacques-de-Compostelle, pèlerinage très fréquenté au Moyen Âge.* ■ **3** (1835) Voyage fait avec l'intention de rendre hommage à un lieu, à une personne qu'on vénère. *Faire un pèlerinage sur les lieux de son enfance. Pèlerinage historique, sentimental. « Cet homme rare avait fait un pèlerinage à Ferney pour voir Voltaire et en avait été reçu avec distinction »* STENDHAL.

PÈLERINE [pɛlʀin] **n. f.** – 1806 ; « sorte de fichu » 1765 ◊ de *pèlerin* ■ **1** Vêtement de femme en forme de grand collet rabattu sur les épaules et la poitrine. ■ **2** Manteau sans manches, ample, souvent muni d'un capuchon. ➤ **cape.** *Pèlerine portée par les enfants, par les gardiens de la paix. « Une courte pèlerine de laine noire protégeait ses épaules du froid et lui donnait un faux air d'ecclésiastique en camail »* GREEN.

PÉLIADE [peljad] **n. f.** – 1868 ◊ du grec *pelios* « noirâtre » ■ Vipère à museau arrondi, commune dans certaines régions de France.

PÉLICAN [pelikɑ̃] **n. m.** – 1210 ◊ latin *pelicanus, pelecanus,* grec *pelekan* ■ Oiseau palmipède *(pélécanidés),* au bec très long, muni à la mandibule inférieure d'une poche membraneuse dilatable, où il emmagasine la nourriture de ses petits. *Le pélican blanc. — Le pélican, symbole de l'amour paternel. « Lorsque le pélican, lassé d'un long voyage »* MUSSET.

PELISSE [pəlis] **n. f.** – *pelice* v. 1119 ◊ bas latin *pellicia,* classique *pellicius,* de *pellis* « peau » ■ Vêtement orné ou doublé d'une peau garnie de ses poils. — Pardessus d'homme, manteau de femme, garni, doublé de fourrure. *« une pelisse, ou plus exactement un long pardessus de drap noir à col de loutre, car il ne semblait pas que tout le dedans en fût doublé de fourrure »* ROMAINS.

PELLAGRE [pelagʀ] **n. f.** – 1810 ◊ du latin *pellis* « peau » et grec *agra* « prise », d'après *podagre* ■ Maladie due à une carence en vitamine PP, caractérisée par des lésions eczémateuses de la peau des parties découvertes (mains, face), l'inflammation des muqueuses de la bouche, des troubles digestifs et nerveux. *La pellagre atteint surtout les populations qui ne se nourrissent que de maïs.*

PELLAGREUX, EUSE [pelagʀø, øz] **adj. et n.** – 1832 ◊ de *pellagre* ■ MÉD. Relatif à la pellagre. *Symptômes pellagreux.* ♦ Atteint de la pellagre. — **n.** *Un pellagreux, une pellagreuse.*

PELLE [pɛl] **n. f.** – XIIIe ; *pele* XIe ◊ latin *pala* ■ **1** Outil composé d'une plaque mince de métal ajustée à un manche. *Creuser un trou avec une pelle. « Fauchelevent, qui ne quittait pas des* *yeux le fossoyeur, le vit se pencher et empoigner sa pelle, qui était enfoncée droit dans le tas de terre»* HUGO. *Contenu d'une pelle.* ➤ **pelletée.** *Pelle en métal, en plastique. Chargement, déchargement à la pelle. Pelle de jardinier* (➤ aussi **bêche**). *Pelle de boulanger pour enfourner les pains. Pelle et seau d'enfant pour jouer dans le sable. Pelle à charbon, pelle à ordures, à poussière. — Pelle à tarte. — Rond* comme une queue de pelle.* — (1697) **À LA PELLE :** en grande quantité. *On en ramasse à la pelle,* en abondance. *Remuer l'argent à la pelle :* être très riche. ♦ *Pelle mécanique :* machine qui sert à exécuter les gros travaux de terrassement. ➤ **excavateur, pelleteuse.** ▪ **2** MAR. Extrémité large et plate d'un aviron. ➤ 1 **pale.** ▪ **3** LOC. FAM. *Ramasser, se prendre une pelle :* tomber* (➤ 2 **bûche, gadin, gamelle**) ; FIG. échouer (cf. Prendre une veste*). ▪ **4** FAM. Baiser langue en bouche. ➤ 2 **galoche, palot, patin.** *Rouler une pelle à qqn.*

PELLE-PIOCHE [pɛlpjɔʃ] n. f. – 1932 ◇ de *pelle* et *pioche* ▪ TECHN. Outil muni d'un fer en forme de pioche d'un côté et de houe de l'autre. *Des pelles-pioches.*

PELLER [pele] v. tr. ‹1› – 1864 ◇ de *pelle* ▪ RÉGION. (Franche-Comté ; Suisse) ➤ **pelleter.**

PELLET [pelɛ] n. m. – 1952 ◇ mot anglais «pilule» ▪ ANGLIC. ▪ **1** MÉD. Comprimé médicamenteux (surtout d'hormone) destiné à être introduit sous la peau et dont la résorption lente assure un effet prolongé. ➤ **implant.** ▪ **2** MÉTALL. Petite boule de minerai de fer destinée à améliorer la teneur en fer d'un minerai et à faciliter sa réduction en haut-fourneau. *Préparation du fer en pellets* (**PELLETISATION** n. f.). ▪ **3** Granulé de sciure de bois compactée, servant de combustible. *Chaudière, poêle à pellets.*

PELLETAGE [pɛltaʒ] n. m. – 1842 ◇ de *pelleter* ▪ Opération qui consiste à déplacer, à remuer avec la pelle. *Pelletage du blé.*

PELLETÉE [pɛlte] n. f. – 1680 ; *paletée* 1408 ◇ de *pelle* ▪ Quantité (de matière) qu'on peut prendre d'un seul coup de pelle. *Une pelletée de sable, de charbon. «La première pelletée de terre tomba sur le cercueil à l'instant où sonnaient deux heures»* COURTELINE. ♦ FIG. et FAM. *Recevoir des pelletées d'injures :* être copieusement injurié. ▪ HOM. Pelleter, pelté.

PELLETER [pɛlte] v. tr. ‹4 /5/› – 1845 ; *peltrer* 1776 ◇ de *pelle* ▪ Déplacer, remuer avec la pelle. ➤ RÉGION. **peller.** *Pelleter le blé, le grain pour l'aérer* (➤ **pelletage**). *Pelleter du charbon, des gravats.* — (1797) (Canada) Déneiger à l'aide d'une pelle. *Pelleter la galerie.* ▪ HOM. Pelletée, pelté.

PELLETERIE [pɛltʀi ; pelɛtʀi] n. f. – v. 1150 ◇ de *pelletier* ▪ **1** *Une, des pelleteries :* peau destinée à être transformée en fourrure. — Fourrure préparée par le pelletier* (➤ **fourrure**). ▪ **2** (1611) *La pelleterie :* action de préparer les peaux munies de leurs poils pour en faire des fourrures. ♦ Commerce des fourrures (➤ **fourreur, pelletier**).

PELLETEUR [pɛltœʀ] n. m. – 1836 ◇ de *pelle* ▪ **1** Ouvrier qui travaille avec la pelle. ▪ **2** Machine qui effectue le travail d'une pelle. *Pelleteur mécanique.*

PELLETEUSE [pɛltøz] n. f. – 1936 ◇ de *pelle* ▪ Pelle mécanique pour charger, déplacer des matériaux.

PELLETIER, IÈRE [pɛltje, jɛʀ] n. – 1534 ; *peletier* 1170 ◇ de l'ancien français *pel* «peau», latin *pellis* ▪ VX ou TECHN. Personne qui achète des peaux (➤ **pelleterie**) et qui les prépare, qui fait le commerce des fourrures. ➤ **fourreur.**

PELLICULAGE [pelikylaʒ] n. m. – 1903 ◇ de *pellicule* ▪ PHOTOGR. Opération par laquelle on sépare de son support la couche sensible d'une pellicule photographique. ♦ TECHN. Application d'une pellicule transparente autour d'un produit.

PELLICULAIRE [pelikylɛʀ] adj. – 1826 ◇ de *pellicule* ▪ SC. Qui forme une pellicule, une fine membrane ou lamelle.

PELLICULE [pelikyl] n. f. – 1503 (fruits) ◇ latin *pellicula,* diminutif de *pellis* «peau» ▪ **1** Petite peau ; fine membrane organique. *Pellicule extérieure d'une feuille* (cuticule). — SPÉCIALT Enveloppe du grain de raisin (➤ **peau**). ▪ **2** COUR. Petite écaille qui se détache du cuir chevelu. *Avoir des pellicules. Lotion, shampoing traitant contre les pellicules* (➤ **antipelliculaire**). *Des «vieillards, chevelus, barbus, les épaules saupoudrées de pellicules»* ROMAINS. ▪ **3** (1835) Couche fine à la surface d'un liquide, sur un solide. ➤ **film.** *Pellicule qui recouvre l'étain en fusion. Mince pellicule de boue séchée.* ▪ **4** (1891) Feuille mince formant un support souple à la couche sensible (en photo et cinéma). ➤ FAM. **pelloche.** *Pellicule photographique, cinématographique.* ➤ **film ;** 1 **bande.** *Pellicule vierge,* non impressionnée. *Pellicule couleur, noir et blanc. Acheter un rouleau de pellicule. Gâcher de la pellicule.*

PELLICULÉ, ÉE [pelikyle] adj. – 1875 ◇ de *pellicule* ▪ Revêtu d'une mince pellicule de protection transparente. *Couverture pelliculée* (d'un livre). *Pochette de disque pelliculée.*

PELLOCHE ou **PÉLOCHE** [pelɔʃ] n. f. – 1958, Truffaut ◇ de *pellicule* 4° et *-oche* ▪ FAM. Pellicule cinématographique (parfois photographique).

PELLUCIDE [pelysid] adj. – XVIe ◇ latin *pellucidus* → lucide ▪ RARE Translucide. — BIOL. *Membrane* (ou *zone*) *pellucide,* qui entoure l'ovule. — LITTÉR. *«un brouillard léger, vivant, pellucide»* DUHAMEL.

PÉLOBATE [pelɔbat] n. m. – 1847 ◇ du grec *pêlos* «boue, glaise» et *-bate* ▪ ZOOL. Batracien anoure, du groupe des crapauds, qui peut s'enfoncer dans les sols meubles.

PÉLODYTE [pelɔdit] n. m. – 1847 ◇ du grec *pêlos* et *dutes* «plongeur» ▪ ZOOL. Batracien anoure, du groupe des crapauds, qui creuse des galeries dans le sol, et qui peut s'enfoncer dans les sols meubles.

PELOTAGE [p(ə)lɔtaʒ] n. m. – début XVIIIe «amusement» ◇ de *peloter* ▪ **1** (1868) RARE Action de mettre en pelote. *Le pelotage d'un écheveau.* ▪ **2** (1866) FAM. Caresses indiscrètes et sensuelles, le plus souvent à la faveur d'un prétexte innocent.

PELOTARI [p(ə)lɔtaʀi] n. m. – 1893 ◇ mot basque, du radical de *peloter* ▪ Joueur de pelote basque. *«ils entrent dans l'arène, les pelotaris, les six champions»* LOTI.

PELOTE [p(ə)lɔt] n. f. – fin XIIIe ; «boule de métal» v. 1140 ◇ latin populaire °*pilotta,* diminutif de *pila* «balle» ▪ **1** Boule formée de fils, ficelles, cordes roulés sur eux-mêmes. *Le chat joue avec une pelote de laine.* ➤ RÉGION. 1 **boule.** *Petite pelote.* ➤ **peloton.** *Pelote de ficelle. Laine en pelote, en écheveau.* — LOC. FIG. *Avoir les nerfs en pelote :* être très énervé (cf. Avoir les nerfs en boule*). — *Faire sa pelote :* arrondir ou constituer sa fortune en amassant patiemment des profits. *«Zoé triomphait, maîtresse de l'hôtel, faisant sa pelote»* ZOLA. ▪ **2** (1588) Coussinet sur lequel on peut planter des épingles, des aiguilles. *Pelote à épingles, d'épingles.* FIG. *C'est une vraie pelote d'épingles,* une personne désagréable. ➤ **hérisson.** ♦ CHIR. Coussinet de charpie destiné à faire pression (dans un pansement). *Pelote herniaire.* ▪ **3** ANCIENNT Balle de jeu de paume. MOD. Balle du jeu de pelote basque. — **PELOTE** ou **PELOTE BASQUE :** jeu, sport basque où les joueurs (➤ **pelotari**), divisés en deux équipes, envoient alternativement la balle rebondir contre un mur, à main nue ou à l'aide de la chistéra*. ➤ **fronton,** 2 **trinquet.** ▪ **4** (de *peloton*) ARG. MILIT. LOC. *Faire la pelote :* être dans un peloton de punition. — FAM. *Envoyer qqn aux pelotes,* l'envoyer promener.

PELOTER [p(ə)lɔte] v. ‹1› – *peluter* «rouler en pelote» 1280 ◇ de *pelote* ▪ **1** v. tr. VX Mettre, rouler en pelote, en boule. *Peloter du fil.* ▪ **2** v. intr. (1489) VX Jouer à la paume, et SPÉCIALT Se renvoyer la balle sans engager une partie. *«La maison du chat qui pelote»,* de Balzac. ▪ **3** v. tr. (1780) FAM. Caresser, palper, toucher indiscrètement et sensuellement (le corps de qqn ; qqn). ➤ **tripoter.** *«un éditeur bedonnant qui lui pelote discrètement le cul»* L. BINET. *Se faire peloter dans la foule.* PRONOM. (RÉCIPR.) *Des ados qui se pelotent.* ♦ FIG. et VIEILLI Flatter. *«Les ministres qui vous pelotent pour que le "journal de doctrine" ne les abîme pas trop»* ROMAINS.

PELOTEUR, EUSE [p(ə)lɔtœʀ, øz] n. et adj. – 1803 ◇ de *peloter* ▪ **1** VX Joueur de pelote. ▪ **2** TECHN. Personne qui met les fils en pelote. ♦ n. f. (1800) Machine à mettre les fils en pelote. ▪ **3** (1874) FAM. Personne qui aime caresser, peloter. ➤ aussi **frôleur.** — adj. *Des gestes peloteurs.*

PELOTON [p(ə)lɔtɔ̃] n. m. – 1417 ◇ de *pelote*

I ▪ **1** Petite pelote de fils roulés. *Dévider un peloton de laine, de ficelle.* ▪ **2** SC. NAT. Amas plus ou moins sphérique. *Peloton d'abeilles, de chenilles.* — ANAT. *Pelotons adipeux.*

II (1578) Groupe de personnes. ▪ **1** ANCIENNT Groupe de soldats en armes, troupe en opérations. — MOD. *Pelotons de sapeurs-pompiers. Peloton de punition, de discipline.* ➤ **pelote** (4°). *Peloton d'instruction. Suivre les pelotons* (formation des gradés). *Feu de peloton :* tir en groupe. — *Peloton d'exécution :* groupe chargé de fusiller un condamné. ♦ Subdivision de la compagnie, dans la gendarmerie ; de l'escadron, dans la cavalerie, les blindés. ▪ **2** (1872) Groupe formé par le gros des chevaux, dans une course. Groupe compact de coureurs cyclistes ou motocyclistes. *Peloton de tête. Le gros du peloton. Coureur cycliste qui se détache du peloton, prend la* *tête du peloton.* — LOC. FIG. *Être dans le peloton de tête, de queue,* dans les premiers, les derniers (dans une compétition, un concours).

PELOTONNEMENT [p(ə)lɔtɔnmɑ̃] **n. m.** – 1845 ◊ de *pelotonner* ■ Action de pelotonner, de se pelotonner.

PELOTONNER [p(ə)lɔtɔne] **v. tr.** ‹1› – 1617 ◊ de *peloton*
I **v. tr.** Mettre en peloton. *Pelotonner du fil, de la ficelle.*
II **v. pron. (réfl.)** **SE PELOTONNER** (1784) COUR. Se ramasser en boule, en tas. ➤ se **blottir,** se **ramasser,** se **recroqueviller.** *Enfant qui se pelotonne contre sa mère.* — **p. p. adj.** *Chat pelotonné sur un coussin.*
■ CONTR. Étirer (s') ; étendre (s').

PELOUSE [p(ə)luz] **n. f.** – v. 1582 ; de l'adj. *pelous* «poilu» (XIIIe) ◊ latin *pilosus* «couvert de poils» ■ Terrain couvert d'une herbe courte et serrée. «*une pelouse de gazon entourée de grands arbres*» VIGNY. ➤ **gazon.** *Les pelouses d'un jardin, d'un parc.* ➤ RÉGION. **parterre.** *Tondre une pelouse. Pelouse interdite* (aux passants). ◆ SPÉCIALT Partie d'un champ de courses, généralement gazonnée, ouverte au public. *La pelouse et le pesage.*

PELTA [pɛlta] ou **PELTE** [pɛlt] **n. f.** – 1875, -1732 ◊ latin *pelta,* du grec *peltê* ■ ARCHÉOL. Petit bouclier en forme de croissant, dans l'Antiquité grecque.

PELTASTE [pɛltast] **n. m.** – 1778 ◊ de *pelta* ■ HIST. (ANTIQ. GR.) Soldat de l'infanterie légère armé de la pelta.

PELTÉ, ÉE [pɛlte] **adj.** – 1812 ◊ de *pelta* ■ BOT. Se dit d'une feuille dont le pétiole est fixé au milieu du limbe. *La capucine a des feuilles peltées.* ■ HOM. Pelletée, pelleter.

PELUCHE [p(ə)lyʃ] **n. f.** – 1591 ◊ de l'ancien français *peluchier* (→ éplucher), bas latin *pilucare,* de *pilare* «épiler» ■ **1** Tissu à armure façonnée, à poils moins serrés et plus longs que ceux du velours. *Peluche de laine, de coton, de soie. Chapeau de peluche.* ◆ *Animal, ours en peluche. — Une peluche :* un animal en peluche. *Enfant qui collectionne les peluches.* ■ **2** Flocon de poussière (➤ **mouton**) ; poil détaché d'une étoffe. ➤ **bouloche.** *Pull qui fait des peluches.* ➤ **boulocher, peluchet.** ■ HOM. Pluches.

PELUCHÉ, ÉE [p(ə)lyʃe] **adj.** – 1762 ◊ de *peluche* ■ Qui a de longs poils, ressemble à de la peluche. *Étoffe peluchée.* — On écrit parfois *pluché, ée* [plyʃe].

PELUCHER [p(ə)lyʃe] **v. intr.** ‹1› – 1798 ◊ de *peluche* ■ Devenir poilu comme la peluche (en parlant d'une étoffe dont l'usure relève les poils). ➤ **boulocher.** — On écrit parfois *plucher* [plyʃe] (1868).

PELUCHEUX, EUSE [p(ə)lyʃø, øz] **adj.** – 1822 ◊ de *peluche* ■ Qui donne au toucher la sensation de la peluche ; qui peluche. *Étoffe pelucheuse.* — On écrit parfois *plucheux, euse* [plyʃø, øz] (1834).

PELURE [p(ə)lyʀ] **n. f.** – XIIIe ; *peleüre* «dépouille, butin» 1156 ◊ de *peler* ■ **1** (1260) Peau d'un fruit, d'un légume qu'on a pelé. ➤ **épluchure.** *Foin «des rognures, des pelures de truffe !»* COLETTE. SPÉCIALT *Pelure d'oignon**. ■ **2** (1725) FIG. et FAM. Habit, vêtement. *Dites-moi «quelle pelure dois-je mettre ?»* QUENEAU. SPÉCIALT Manteau. *Je vais enlever ma pelure.* ■ **3** (1857) APPOS. INV. *Papier pelure,* très fin et légèrement translucide. *Une bible sur papier pelure. — Une pelure :* un feuillet de papier pelure.

PELVIEN, IENNE [pɛlvjɛ̃, jɛn] **adj.** – 1805 ◊ de *pelvis* ■ ANAT. Relatif au pelvis, au bassin. *Cavité pelvienne. Ceinture pelvienne,* formée par les deux os iliaques* qui attachent les membres inférieurs au tronc par l'intermédiaire du sacrum. *Plancher pelvien.* ➤ **périnée.** ◆ ZOOL. *Nageoires pelviennes :* nageoires paires, ventrales, des poissons (en arrière des pectorales*).

PELVIGRAPHIE [pɛlvigʀafi] **n. f.** – 1959 ◊ de *pelvis* et *-graphie* ■ MÉD. Radiographie du petit bassin après injection d'une substance de contraste permettant de préciser les contours des ovaires.

PELVIMÉTRIE [pɛlvimetʀi] **n. f.** – 1868 ◊ de *pelvis* et *-métrie* ■ MÉD. Mesure des diamètres du bassin de la femme enceinte.

PELVIPÉRITONITE [pɛlvipeʀitɔnit] **n. f.** – 1878 ◊ de *pelvis* et *péritonite* ■ MÉD. Inflammation du péritoine du bassin, souvent liée à une infection des ovaires ou des trompes.

PELVIS [pɛlvis] **n. m.** – 1666 ◊ mot latin ■ ANAT. Bassin.

PEMBINA ➤ **PIMBINA**

PEMMICAN [pemikɑ̃ ; pɛmmikɑ̃] **n. m.** – 1832 ◊ mot anglais, de l'algonquin *pimikkân,* de *pimû* «graisse» ■ Préparation de viande concentrée et séchée (utilisée notamment par les explorateurs, les chasseurs, etc.).

PEMPHIGOÏDE [pɛ̃figɔid] **n. f.** – 1880 ◊ de *pemphigus* et *-oïde* ■ PATHOL. Dermatose auto-immune caractérisée par la présence de bulles sous-épidermiques emplies de sérosité. *Pemphigoïde bulleuse du sujet âgé.*

PEMPHIGUS [pɛ̃figys] **n. m.** – 1786 ◊ mot du latin des médecins (1763), du grec *pemphix, pemphigos* «pustule» ■ PATHOL. Dermatose caractérisée par la présence de bulles cutanées emplies de sérosité.

PÉNAL, ALE, AUX [penal, o] **adj.** – XVIe ; *poinal liu* «lieu pénal, purgatoire» 1190 ◊ latin *poenalis,* de *poena* → peine ■ Relatif aux peines, aux infractions qui entraînent des peines. *Droit* pénal et droit civil. Le code pénal* (ANCIENNT code d'instruction criminelle) : ensemble des textes qui prévoient les infractions (crimes, délits, contraventions) et qui déterminent les sanctions applicables. *Procédure pénale. Responsabilité pénale. Tribunal pénal international (TPI),* compétent pour juger les auteurs présumés de violations graves du droit international humanitaire. — DR. CIV. *Clause pénale,* qui fixe le montant des dommages-intérêts à payer en cas d'inexécution d'un contrat. ◆ **n. m.** *Le pénal :* la juridiction pénale. *Il sera poursuivi au pénal.*

PÉNALEMENT [penalmɑ̃] **adv.** – *penallement* 1570 ◊ de *pénal* ■ DR. En matière pénale, en droit pénal. *Délit pénalement sanctionné.* «*Nul n'est responsable pénalement que de son propre fait*» (CODE PÉNAL).

PÉNALISANT, ANTE [penalizɑ̃, ɑ̃t] **adj.** – 1969 ◊ de *pénaliser* ■ Qui pénalise, cause un désavantage.

PÉNALISATION [penalizasjɔ̃] **n. f.** – fin XIXe ◊ anglais *penalization* ■ Dans un match, Désavantage infligé à un concurrent qui a contrevenu à une règle. *Au football, le coup franc, le pénalty sont des pénalisations.* — PAR EXT. Désavantage infligé à un individu, à une collectivité.

PÉNALISER [penalize] **v. tr.** ‹1› – 1898 au p. p. ◊ anglais *to penalize,* de même origine que *pénal* ■ **1** Infliger une pénalisation à (un sportif). *Pénaliser un joueur, une équipe.* ■ **2** Infliger une peine, une punition à. — Frapper d'une pénalité (fiscale). *Être pénalisé pour excès de vitesse.* ■ **3** (Sujet chose) Mettre dans une situation désavantageuse. ➤ **désavantager.** *Cette mesure, cette réforme risque de pénaliser les bons conducteurs.* ➤ **pénalisant.**

PÉNALISTE [penalist] **n.** – v. 1975 ◊ de *pénal* ■ DR. Spécialiste du droit pénal. ➤ **criminaliste.** — **adj.** *Avocat pénaliste.*

PÉNALITÉ [penalite] **n. f.** – 1803 ; «souffrance» 1319 ◊ de *pénal* ■ **1** DR. Caractère de ce qui est pénal ; application d'une peine. ■ **2** COUR. Peine ; SPÉCIALT Sanction pécuniaire appliquée par l'administration. *Pénalité pour retard de paiement de l'impôt.* ◆ SPORT *Pénalités appliquées par l'arbitre.* ➤ **pénalisation.** *Coup de pied de pénalité* (au rugby).

PÉNALTY ou **PENALTY** [penalti] **n. m.** – 1898 ◊ anglais *penalty* «pénalisation», même racine que *pénal* ■ SPORT Faute grave commise par un footballeur dans la surface de réparation* de son camp. *L'arbitre a sifflé le pénalty. Il y a pénalty.* ◆ Pénalité sanctionnant cette faute, coup de pied tiré de l'intérieur de cette surface directement au but, en face du seul gardien (cf. aussi Coup franc*). Recomm. offic. *tir de réparation**. *Tirer, réussir un pénalty.* «*j'ai — dans des conditions tenant du hasard ou du miracle — bloqué un pénalty*» J. RÉDA. *Des pénaltys, des penalties.*

PÉNARD ➤ **PEINARD**

PÉNATES [penat] **n. m. pl.** – 1488 ◊ latin *penates,* de *penus* «provisions de bouche, comestibles» ■ **1** Dieux domestiques protecteurs de la cité ou du foyer, chez les anciens Romains. *Les pénates, qui personnifiaient le foyer, étaient associés aux lares.* — Statuettes de ces dieux. ◆ PAR MÉTAPH. «*Des objets, meubles, photos* [...] *Ce sont leurs pénates. Ils* [les Américains] *les traînent partout, comme Énée*» SARTRE. *Porter, emporter ses pénates dans un endroit :* s'y installer. ■ **2** (1678) FIG. et PLAIS. Demeure. ➤ **domicile, foyer, habitation, maison.** *Regagner ses pénates.*

PENAUD, AUDE [pəno, od] **adj.** – 1534 ◊ de *peine* ■ Honteux à la suite d'une maladresse ; interdit à la suite d'une déception. *Se sentir penaud, tout penaud.* «*il écoutait d'un air* [...] *penaud les remontrances de sa mère*» BALZAC. ➤ **confus, contrit, déconfit, embarrassé.** ■ CONTR. Fier.

PENCE ➤ **PENNY**

PENCHANT [pɑ̃ʃɑ̃] **n. m.** – 1538 ; « mur qui penche » 1532 ◇ de *pencher* ■ **1** VX ou LITTÉR. Versant, pente. « *la ville, bâtie sur le penchant d'une montagne* » NERVAL. ■ **2** (1642) MOD. et COUR. Inclination naturelle vers un objet ou une fin. ➤ **faible, goût, propension, tendance.** *Mauvais penchants* (➤ **défaut, vice**). *Avoir un penchant à la paresse,* y être enclin. *Avoir un penchant pour l'alcool.* « *vous aviez un fâcheux penchant à vous jeter étourdiment dans les entretiens sérieux comme un chien dans un jeu de quilles* » FRANCE. ■ **3** LITTÉR. Mouvement qui porte à aimer une personne, à prendre parti pour elle. ➤ **sympathie.** *Avoir un penchant pour qqn.* « *Ils suivaient sans remords leur penchant amoureux* » RACINE. ➤ **affection, amour, passion.** ■ CONTR. Antipathie, aversion, répugnance.

PENCHÉ, ÉE [pɑ̃ʃe] **adj.** – XVIIe ◇ de *pencher* ■ Qui se penche ou a été penché. ➤ **pencher.** ■ **1** (PERSONNES) « *ce petit garçon chétif que j'étais, penché sur ses dictionnaires* » MAURIAC. ♦ LOC. (souvent iron.) *Avoir, prendre un air penché, des airs penchés,* un air pensif, rêveur. ■ **2** (CHOSES) *Une écriture penchée. La tour penchée de Pise.*

PENCHER [pɑ̃ʃe] **v.** ‹1› – 1530 ; *pengier* « être hors de son aplomb » 1256 ◇ latin populaire °*pendicare,* latin classique *pendere* « pendre »

I **v. intr.** ■ **1** Être ou devenir oblique, cesser d'être vertical en prenant un équilibre instable ou une position anormale. *Mur qui penche dangereusement. Le tableau penche un peu de côté. Son écriture penche à droite.* ■ **2** Être, devenir oblique par rapport à l'horizontale, aller en s'abaissant. « *Le toit penche, le mur s'effrite* » GAUTIER. *Pencher vers le sol.* — LOC. FIG. *Faire pencher la balance :* emporter la décision. ■ **3** (1283) ABSTRAIT **PENCHER VERS** (VIEILLI), **POUR :** être porté, avoir une tendance à choisir, à préférer qqch., qqn (➤ **inclination, penchant**). « *la raison ne peut pencher plutôt vers l'une que vers l'autre* [religion] » PASCAL. « *Osmin a vu l'armée ; elle penche pour vous* » RACINE. « *Il pencha pour la deuxième hypothèse* » ROMAINS. ➤ **préférer.**

II **v. tr.** (1530) Rendre oblique (par rapport à la verticale ou à l'horizontale) ; faire aller vers le bas. ➤ **abaisser, baisser,** 1 **coucher, incliner, renverser.** *Pencher une carafe pour verser de l'eau.* — *Pencher la tête.* ➤ **courber, incliner.**

III **SE PENCHER v. pron.** ■ **1** S'incliner. *Défense de se pencher par la portière.* « *ils se penchent en avant jusqu'à toucher le sol avec le front* » MAUPASSANT. *Se pencher sur un livre, vers qqn. Se pencher en arrière.* « *il monta dans la voiture qui se pencha un peu et reprit son aplomb pendant qu'il s'installait* » CHARDONNE. ■ **2** FIG. **SE PENCHER SUR... :** s'occuper de qqn avec sollicitude ; s'intéresser à (qqn, qqch.) avec curiosité. *Se pencher sur le sort de qqn. Se pencher sur un problème, une question.* ➤ **étudier, examiner.** « *Nous a-t-on assez dit qu'il* [le réaliste] *"se penchait" sur les milieux qu'il voulait décrire. Il se penchait ! Où était-il donc ? En l'air ?* » SARTRE.

PENDABLE [pɑ̃dabl] **adj.** – XVe ; *pendavle* 1283 « qui mérite d'être pendu » ◇ de *pendre* ■ VX (en parlant d'un crime) Dont l'auteur est passible de la pendaison. « *Sa peccadille fut jugée un cas pendable* » LA FONTAINE. — MOD. LOC. *Jouer un tour pendable à qqn,* un méchant tour.

PENDAGE [pɑ̃daʒ] **n. m.** – 1776 ◇ de *pendre* ■ TECHN. Inclinaison d'un filon dans une mine, d'une couche sédimentaire.

PENDAISON [pɑ̃dɛzɔ̃] **n. f.** – 1644 ; *pendezon* XIVe ◇ de *pendre* ■ **1** Action de pendre qqn. *Pendaison d'un criminel. Le supplice de la pendaison.* — Ce supplice. *Risquer la pendaison.* ➤ **corde, gibet, potence.** ♦ Action de se pendre (suicide). *Mort par pendaison.* ■ **2** RARE Action de pendre (qqch.). (1837) LOC. COUR. *Pendaison de crémaillère*.*

1 **PENDANT, ANTE** [pɑ̃dɑ̃, ɑ̃t] **adj.** – 1138 ◇ de *pendre* ■ **1** Qui pend. *Les jambes pendantes, les bras pendants.* ➤ **ballant.** *Les chiens halètent, la langue pendante. Oreilles pendantes d'un animal.* ➤ **tombant.** — ARCHIT. *Clef pendante :* clef* de voûte ornée. ♦ DR. *Fruits pendants,* non récoltés. ■ **2** (1265) DR. En instance, qui n'est pas encore jugé. *Procès pendant. Cause pendante.* — COUR. *Affaire, question pendante,* qui n'a pas reçu de solution.

2 **PENDANT** [pɑ̃dɑ̃] **n. m.** – *pendanz* « cordons qui servent à attacher » 1105 ◇ de *pendre* ■ **1** ARCHÉOL. Pièce du baudrier, du ceinturon qui pend au côté et sert à soutenir l'épée. ■ **2** (XIVe) COUR. *Pendants d'oreilles :* paire de bijoux suspendus à l'oreille par une boucle. ➤ **girandole, pendeloque.** « *elle dansait, non pas avec des boucles, mais avec des pendants d'oreilles, j'oserais presque dire des lustres* » BAUDELAIRE. *Un pendant d'oreille.* ■ **3 LE PENDANT DE..., DES PENDANTS :** chacun des deux objets d'art formant la paire et destinés à être disposés symétriquement. *Cette estampe est le pendant de l'autre.* ♦ Chose qui est comparable, égale à une autre ou symétrique. ➤ **contrepartie ; semblable.** *Le pendant d'un chandelier.* « *On a souvent comparé Eugène Delacroix à Victor Hugo. Cette nécessité de trouver à tout prix des pendants et des analogues dans les différents arts amène souvent d'étranges bévues* » BAUDELAIRE. ♦ **FAIRE PENDANT À ; SE FAIRE PENDANT :** être symétrique. *Deux dressoirs* « *se faisaient pendants d'un côté de la salle à l'autre* » GAUTIER. « *Ces deux déclarations se font pendant* » GIDE. ➤ **se correspondre.**

3 **PENDANT** [pɑ̃dɑ̃] **prép.** – XIVe ◇ de 1 *pendant* sur le modèle du latin juridique *pendens : le siège pendant, le temps pendant* ■ **1** Exprime la simultanéité (avec un terme qui désigne l'espace de temps où l'action, le fait a lieu). *Médicament à prendre pendant les repas. Pendant l'hiver.* ➤ **durant,** 1 **en** (cf. Au cours* de, au milieu de). *Il n'a rien fait pendant toute cette journée.* ➤ 1 **de.** *Pendant ce temps.* ➤ **cependant** (I°). *Pendant plusieurs jours. Pendant un bon quart d'heure. Pendant longtemps.* « *Pendant les quatre mois qu'ils furent enfermés ensemble, elle ne cessa de quereller son compagnon* » FRANCE. *Pendant la période où il était là.* ♦ (Avec un nom exprimant un état ou un fait) *Pendant le voyage.* « *Pendant sa convalescence, elle s'occupa beaucoup à chercher un nom pour sa fille* » FLAUBERT. — ELLIPT (valeur adv.) *Avant, pendant et après.* ■ **2** loc. conj. **PENDANT QUE :** dans le même temps que ; dans tout le temps que. ➤ **cependant** (que), **lorsque.** — (Simultanéité) « *Pendant qu'il sommeillait, Ruth, une Moabite, S'était couchée aux pieds de Booz* » HUGO. « *amusons-nous pendant que nous sommes jeunes, n'est-ce pas, Caoudal ?* » DAUDET. — (Valeur proche de *puisque*) *Pendant que j'y pense. Pendant que j'y suis.* IRON. « *Est-ce fini ? [...] te faut-il ma veste, veux-tu ma casquette ? Ne te gêne pas pendant que tu y es* » DUMAS. ♦ (Idée d'opposition ajoutée à la simultanéité) ➤ **alors** (que), **tandis que.** *Ne rien fiche* « *depuis le jour de l'an jusqu'à la Saint-Sylvestre, pendant que les copains triment à votre place* » COURTELINE.

PENDARD, ARDE [pɑ̃daʀ, aʀd] **n.** – 1549 ; adj. 1513 ; *pendart* « bourreau » 1380 ◇ de *pendre* ■ VX Coquin, fripon. « *Parle bas, pendarde* » MOLIÈRE.

PENDELOQUE [pɑ̃d(ə)lɔk] **n. f.** – 1640 ◇ altération d'après *breloque,* de *pendeloche* (XIIIe), de l'ancien verbe *pendeler* « pendiller », de *pendre* ■ **1** Bijou suspendu à une boucle d'oreille. ➤ **girandole,** 2 **pendant.** « *Les oreilles étaient ornées de pendeloques en or travaillé* » BALZAC. ■ **2** Ornement suspendu à un lustre. *Pendeloques de cristal.*

PENDENTIF [pɑ̃dɑ̃tif] **n. m.** – 1561 ◇ du latin *pendens, entis,* de *pendere* « pendre » ■ **1** ARCHIT. Triangle sphérique entre les grands arcs qui supportent une coupole. *Les pendentifs permettent de passer du plan carré au plan circulaire. Coupole à pendentifs ou à trompes.* ■ **2** (1907) COUR. Bijou qu'on porte suspendu au cou par une chaînette, un collier. ➤ **sautoir.** *Porter un médaillon en pendentif.*

PENDERIE [pɑ̃dʀi] **n. f.** – 1893 ; « hangar où on sèche les peaux » 1802 ; « pendaison » 1525 ◇ de *pendre* ■ Placard ou partie d'une armoire où l'on suspend des vêtements. ➤ **garde-robe ; dressing-room.** *Tringle, cintres d'une penderie. Ranger son manteau dans la penderie. Armoire-penderie.*

PENDILLER [pɑ̃dije] **v. intr.** ‹1› – 1225 ◇ de *pendre* ■ Être suspendu (➤ **pendre,** I) en se balançant, en s'agitant en l'air. ➤ **pendouiller.**

PENDILLON [pɑ̃dijɔ̃] **n. m.** – XVIIe ◇ de *pendiller* ■ **1** TECHN. Tige qui transmet le mouvement au pendule d'une horloge. ➤ **fourchette.** ■ **2** THÉÂTRE Pièce de tissu que l'on met de chaque côté de la scène pour la réduire. — En ce sens, on dit aussi *pendrillon* [pɑ̃dʀijɔ̃].

PENDOIR [pɑ̃dwaʀ] **n. m.** – *pendouer* XIIIe autre sens ◇ de *pendre* ■ Corde ou crochet pour suspendre la viande dans une boucherie.

PENDOUILLER [pɑ̃duje] **v. intr.** ‹1› – 1932 ◇ de *pendre* ■ FAM. Pendre d'une manière ridicule, mollement. *Avoir une mèche qui pendouille devant les yeux.* ➤ **pendiller.**

PENDRE [pɑ̃dʀ] **v.** ‹41› – v. 1000 « être suspendu » ◇ latin populaire °*pendere* (deuxième *e* bref), latin classique *pendere* (deuxième *e* long)

I ~ **v. intr.** (CHOSES) ■ **1** Être fixé, suspendu par le haut, la partie inférieure restant libre. *Morceau de viande qui pend à un crochet.* « *De pâles boucles à l'anglaise pendaient le long de ses joues* » FRANCE. ➤ **retomber,** 1 **tomber.** — *Laisser pendre ses bras, ses jambes.* ■ **2** Descendre plus bas qu'il ne faudrait (➤ FAM. **pendouiller**), s'affaisser. *Jupe qui pend par-derrière. Son* *manteau pend jusqu'à terre.* ➤ **traîner.** — Être flasque, mou, et retomber mollement. *Avoir les joues qui pendent.* ▪ **3** VX Surplomber (avec une idée d'instabilité, de menace). *«D'immenses rochers pendaient en ruines au-dessus de ma tête»* ROUSSEAU. ◆ FAM. *Ça lui pend au nez (comme un sifflet de deux sous),* se dit d'un désagrément, d'un malheur dont qqn est menacé.

II ~ v. tr. ▪ **1** (980) Fixer (qqch.) par le haut de manière que la partie inférieure reste libre. ➤ **suspendre.** *Pendre sa veste au portemanteau, à un cintre.* ➤ **accrocher ; penderie.** *Pendre un jambon au plafond, du linge pour le faire sécher. «un gros chaudron pendu à la crémaillère»* GIONO. *Pendre la crémaillère*.* ▪ **2** (XIIe) Mettre à mort (qqn) par strangulation, en suspendant au moyen d'une corde passée autour du cou (➤ **pendaison**). *Pendre un condamné à un gibet, à une potence. Pendre qqn haut et court,* avec une corde courte, difficile à détacher. *Pendre qqn en effigie.* ◆ LOC. *Il ne vaut pas la corde pour le pendre :* rien ne pourra l'améliorer, le racheter. — *Dire pis que pendre de qqn,* plus qu'il n'en faudrait pour le faire pendre. ➤ **médire.** — FAM. *Qu'il aille se faire pendre ailleurs,* se dit de qqn dont on a à se plaindre et qu'on ne veut plus voir. — *Je veux (bien) être pendu si... :* je suis absolument sûr que cela n'arrivera pas. *«Que voulez-vous dire, mon oncle, je veux être pendu si je comprends un seul mot»* BALZAC.

III ~ v. pron. SE PENDRE (1690 fig. ; *se pendre à* «pencher, être favorable» 1260) ▪ **1** Se tenir en laissant pendre (I) ses jambes. *Se pendre par les mains à une barre fixe, à la branche d'un arbre.* ➤ **se suspendre.** ◆ FAM. et PAR EXAGÉR. *Se pendre au cou* de qqn.* ◆ Au p. p. **ÊTRE PENDU À :** ne pas quitter, ne pas laisser. *«pendu au bras droit de son grand frère»* DIDEROT. *Être pendu aux basques* de qqn. Il est tout le temps pendu au téléphone.* — *Être pendu aux lèvres* de qqn,* suspendu. ▪ **2** ABSOLT Se suicider par pendaison. *Il s'est pendu par désespoir. Le détenu s'est pendu dans sa cellule.*

PENDRILLON ➤ **PENDILLON**

PENDU, UE [pɑ̃dy] **adj.** et **n.** – XIIIe ◇ de *pendre* ▪ **1** (CHOSES) Accroché, suspendu. *Des rangées de saucissons pendus.* — LOC. *Avoir la langue* bien pendue.* ▪ **2** (PERSONNES) Mort par pendaison. *Pendu pour trahison.* ◆ **n.** *«La Ballade des pendus»,* de Villon. *Il ne faut pas parler de corde* dans la maison d'un pendu.* — **n. m.** Jeu de devinettes où chaque erreur contribue au dessin d'une potence. *Jouer au pendu.* ▪ **3** FAM. *Être pendu,* à court d'argent. ➤ **fauché.**

PENDULAIRE [pɑ̃dylɛʀ] **adj.** – 1867 ◇ de 1*pendule* ▪ **1** Relatif au pendule. *Mouvement pendulaire :* mouvement d'un point qui oscille sur une droite de part et d'autre d'un point d'équilibre. — *Train pendulaire,* équipé d'une caisse articulée pouvant s'incliner par rapport au plan des rails pour compenser la force centrifuge dans les courbes. ▪ **2** SOCIOL. *Migration pendulaire :* aller et retour entre le domicile et le lieu de travail. ◆ RÉGION. (Suisse) *Travailleur pendulaire :* qui fait la navette régulièrement de son domicile à son lieu de travail. ➤ RÉGION. **navetteur.** — **n.** *Les pendulaires.*

1 **PENDULE** [pɑ̃dyl] **n. m.** – 1658, Huyghens ◇ latin *pendulus,* de *pendere* «prendre» ▪ **1** SC. Système oscillant de fréquence constante. *Pendule simple* ou *Pendule :* masse ponctuelle suspendue à un point fixe par un fil tendu, de masse négligeable, et soumise à l'action de la pesanteur. *Pendule composé :* solide mobile autour d'un axe horizontal (ses oscillations peuvent se ramener à celles d'un pendule). — *Pendule circulaire, conique, cycloïdal.* — *Pendule balistique, compensateur. Oscillations, fréquence, période d'un pendule. Pendule battant la seconde,* faisant une demi-oscillation par seconde. *Pendule de Foucault,* démontrant la rotation de la Terre. ◆ *Pendule d'une horloge.* ➤ **balancier.** ◆ Mouvement pendulaire (volontaire ou involontaire) d'un alpiniste. *Faire un pendule* (➤ **penduler**). ▪ **2** *Pendule de sourcier,* destiné, comme la baguette, à localiser les points d'eau. *Pendule du radiesthésiste,* utilisé pour déceler des radiations.

2 **PENDULE** [pɑ̃dyl] **n. f.** – 1664 ◇ de 1*pendule,* à cause du *pendule* qui sert de régulateur du mouvement de cet appareil ▪ Petite horloge, souvent munie d'une sonnerie (➤ 2 **réveil**), qu'on pose ou qu'on applique. ➤ **pendulette.** *Pendule murale. Aiguilles, balancier, cadran, rouages, roues, timbre d'une pendule. Tic-tac, carillon, sonnerie d'une pendule. Remonter, régler une pendule. Pendule qui avance, retarde.* — LOC. *Remettre les pendules à l'heure :* remettre les choses au point. *«J'avais juste haussé le ton. Pour remettre les pendules à l'heure»* IZZO. FAM. *En faire,* VULG. *en chier une pendule :* accorder trop d'importance à qqch. (cf. En faire un fromage, un plat). *«vous feriez bien de ne pas m'en chier une pendule pour une demi-douzaine de grenades, colonel»* M. G. DANTEC. — *Pendule électrique, à quartz. Pendule à affichage numérique, digital.* ◆ *Pendule astronomique :* instrument qui sert à établir les étalons de temps, à effectuer des mesures astronomiques.

PENDULER [pɑ̃dyle] **v. intr.** ⟨1⟩ – 1912 ◇ de 1*pendule* (1°) ▪ SPORT En alpinisme, en spéléologie, Basculer ou osciller comme un pendule. *«son corps pendule et vient se plaquer sur un rocher»* FRISON-ROCHE.

PENDULETTE [pɑ̃dylɛt] **n. f.** – 1893 ◇ de 2*pendule* ▪ Petite pendule portative. *Pendulette de bureau, de voyage. Pendulette électronique, à affichage numérique.*

PÊNE [pɛn] **n. m.** – 1680 ; *pesne* 1288 ◇ altération de *pêle, pesle* (XIIe) ; latin *pessulus* «verrou», d'origine grecque ▪ Pièce mobile d'une serrure, qui s'engage dans la gâche et tient fermé l'élément (porte, fenêtre) auquel la serrure est adaptée. *Pêne dormant,* commandé par la clé. *Pêne demi-tour,* commandé par la poignée. *Serrure à plusieurs pênes* (➤ **multipoint**). *Il «referma sa porte si doucement, qu'on n'entendit pas le pêne glisser dans la gâche»* ZOLA. ▪ HOM. Peine, 1 penne.

PÉNÉPLAINE [peneplɛn] **n. f.** – 1895 ◇ du latin *paene* «presque» et *plaine,* d'après l'anglais *peneplain* (1889) ▪ GÉOGR. Surface faiblement onduleuse portant des sols résiduels. *La pénéplaine est l'avant-dernier stade de l'érosion.*

PÉNÉTRABILITÉ [penetʀabilite] **n. f.** – 1510 ◇ de *pénétrable* ▪ LITTÉR. Caractère de ce qui est pénétrable. ▪ CONTR. Impénétrabilité.

PÉNÉTRABLE [penetʀabl] **adj.** – 1370 ◇ latin *penetrabilis,* de *penetrare* «pénétrer» ▪ **1** Où il est possible de pénétrer. *Pénétrable à l'eau, à la lumière.* ➤ **perméable.** ▪ **2** (1690) Qu'on peut comprendre. *Mystère, secret difficilement pénétrable.* ➤ **compréhensible.** ▪ CONTR. Impénétrable ; insondable.

PÉNÉTRANCE [penetʀɑ̃s] **n. f.** – milieu XXe ◇ de *pénétrer* ▪ GÉNÉT. Fréquence avec laquelle un gène produit son effet spécifique parmi ses porteurs, dans une population ; fréquence d'expression du phénotype chez les individus possédant un génotype donné.

PÉNÉTRANT, ANTE [penetʀɑ̃, ɑ̃t] **adj.** – 1314 *plaie pénétrante* ◇ de *pénétrer* ▪ **1** (XVe) Qui pénètre. *Rayonnement pénétrant* (dans la matière). — COUR. Qui transperce les vêtements, contre quoi on ne peut se protéger. *«l'air vif, pénétrant, glacé»* GAUTIER. *Froid pénétrant.* ➤ **mordant,** 1 **piquant.** *Pluie fine et pénétrante.* ▪ **2** MÉD. *Plaie pénétrante,* qui va jusqu'à une cavité viscérale. ▪ **3** (XVIe) FIG. Qui procure une sensation, une impression puissante. ➤ 1 **fort.** *Odeur pénétrante. «Je fais souvent ce rêve étrange et pénétrant»* VERLAINE. *Œil, regard pénétrant.* ➤ **perçant.** ▪ **4** (XVIIe) Qui pénètre dans la compréhension des choses. ➤ **aigu, clairvoyant, perspicace, profond.** *Esprit pénétrant.* ➤ **sagace.** *Des vues, des remarques pénétrantes sur un sujet.* — (PERSONNES) *«Un homme moins pénétrant que lui ne s'en fût peut-être pas aperçu»* Mme DE LA FAYETTE. ▪ CONTR. Borné, obtus.

PÉNÉTRANTE [penetʀɑ̃t] **n. f.** – 1953 ◇ de *pénétrer* ▪ Grande voie de circulation (autoroute) allant de la périphérie au cœur d'un important centre urbain. *«la pénétrante avait subi de sérieux dégâts, sa partie suspendue effondrée aux deux tiers»* ECHENOZ.

PÉNÉTRATION [penetʀasjɔ̃] **n. f.** – 1370 ◇ latin *penetratio* ▪ **1** Mouvement par lequel un corps matériel pénètre dans un autre. *Pénétration par osmose. Pénétration dans le corps d'un germe infectieux.* ➤ **introduction, intromission.** — *Force de pénétration d'un projectile.* — TECHNOL. *Coefficient de pénétration d'un mobile dans l'air* (SYMB. Cx). ◆ SPÉCIALT *Pénétration du pénis dans le vagin,* et ABSOLT *la pénétration. Relations sexuelles sans pénétration. Pénétration anale. Pénétration contre la volonté de qqn.* ➤ **viol.** ◆ LITTÉR. (choses abstraites) *Pénétration d'une idée dans l'esprit, d'un sentiment dans le cœur.* ▪ **2** Action de s'introduire dans un lieu, de pénétrer dans un territoire. — MILIT. *Pénétration (des défenses) :* franchissement du système de défenses. *Pénétration d'un missile dans un espace aérien.* — ÉCON. *Taux de pénétration :* pourcentage d'une population donnée qui possède un produit, utilise un service, reçoit un message publicitaire. ▪ **3** (1650) Qualité de l'esprit, facilité à comprendre, à connaître. ➤ **acuité, clairvoyance, finesse, intelligence, lucidité, perspicacité, sagacité.** *«"Marcel Proust, c'est le Diable" avait dit un jour Alphonse Daudet, à cause de sa pénétration inquiétante et surhumaine des mobiles des autres»* MAUROIS.

PÉNÉTRÉ, ÉE [penetʀe] adj. – 1674 ◊ de *pénétrer* ■ **1** Imprégné. ■ **2** (ABSTRAIT) Rempli, imprégné profondément (d'un sentiment, d'une conviction). ➤ **plein.** *Orateur pénétré de son sujet.* ◆ (1798) Souvent iron. *Air, ton pénétré.* ➤ **convaincu.** ■ **3** PÉJ. ➤ **imbu.** *Pénétré de son importance. «lisez dans ses yeux* [...] *combien il est content et pénétré de soi-même»* LA BRUYÈRE. ➤ **orgueilleux, vaniteux.**

PÉNÉTRER [penetʀe] v. ‹6› – 1314 ◊ latin *penetrare*

I ~ **v. intr.** ■ **1** (CHOSES) Entrer profondément en passant à travers ce qui fait obstacle. ➤ **s'enfoncer, entrer, s'insinuer.** *Pénétrer dans, à l'intérieur de... Faire pénétrer :* enfoncer, introduire. *Liquide qui pénètre à travers une membrane.* ➤ **filtrer, s'infiltrer.** *Masser pour faire pénétrer la crème. Faire pénétrer de l'air, un liquide, dans une cavité :* injecter, insuffler. *«Le soleil se promène tout autour de ma cellule sans y pénétrer jamais»* FROMENTIN. *Terre, matière poreuse qui laisse pénétrer l'eau* (➤ **perméable**). ■ **2** (ÊTRES VIVANTS) Entrer. *Pénétrer dans une maison, une pièce.* ➤ **s'engager, entrer, s'introduire.** *«je l'attendrai, et elle pourra pénétrer ici sans être vue de personne»* MUSSET. *Pénétrer chez qqn à l'improviste, de force :* forcer la porte, violer le domicile. *Ennemis qui pénètrent dans un pays.* ➤ **envahir, investir.** — *Pénétrer dans (un milieu),* s'y introduire, s'y faire admettre. ■ **3** (XVIIe) (ABSTRAIT) *Habitude qui pénètre dans les mœurs. Faire pénétrer des principes, une opinion.* ➤ **inculquer.** ■ **4** (PERSONNES) *Pénétrer dans :* entrer dans la connaissance, la compréhension (de qqch.). *Pénétrer plus avant dans la connaissance d'une science.* ➤ **approfondir.**

II ~ **v. tr.** (1530) ■ **1** Passer à travers, entrer profondément dans. ➤ **transpercer, traverser.** *La pluie pénétrait nos vêtements.* ➤ **tremper.** *Liquide qui pénètre une substance.* ➤ **imbiber, imprégner.** *«L'eau verte pénétra ma coque de sapin»* RIMBAUD. ◆ MILIT. *Pénétrer un espace aérien, les défenses ennemies* (➤ **percée**). ◆ ÉCON. *Pénétrer un marché.* ◆ SPÉCIALT *Pénétrer (une personne),* la posséder sexuellement. ➤ **prendre ; pénétration*.** ■ **2** Procurer une sensation forte, intense (froid, humidité, etc.) à. ➤ **transpercer.** *«Le ciel versait avec la neige fondue une froide humeur dont on était pénétré jusqu'aux os»* FRANCE. ◆ (ABSTRAIT) *«Quelle est cette langueur qui pénètre mon cœur ?»* VERLAINE. ➤ **envahir.** *Votre bonté «me pénètre d'admiration, de respect et de reconnaissance»* MUSSET. ➤ **remplir.** ■ **3** Parvenir à connaître, à comprendre* d'une manière poussée. ➤ **approfondir, percevoir, saisir.** *Pénétrer un mystère. Pénétrer les secrets de la nature, de la vie.* ➤ **percer.** *«Tu as tes procédés d'information que je ne pénètre point»* MAUPASSANT. *Pénétrer les intentions, les arrière-pensées de qqn.* ➤ **deviner, sonder.**

III ~ **v. pron. SE PÉNÉTRER** ■ **1** (1843) (RÉFL.) *Se pénétrer de :* s'imprégner (d'une idée), se convaincre (de qqch.). ➤ **pénétré** (2°). *Pénétrez-vous bien de cette idée.* ■ **2** (RÉCIPR.) Se combiner, se mêler. *«la perception et le souvenir se pénètrent toujours»* BERGSON. ➤ **s'interpénétrer.**

■ CONTR. Affleurer, effleurer. 1 Partir ; retirer (se), 1 sortir.

PÉNÉTROMÈTRE [penetʀɔmɛtʀ] n. m. – milieu XXe ◊ de *pénétrer* et *-mètre* ■ TECHN. Instrument qui mesure, par pénétration, la dureté d'un corps. *Pénétromètre à bitume.*

PÉNIBILITÉ [penibilite] n. f. – 1952 ◊ de *pénible* ■ DIDACT. Caractère de ce qui est (plus ou moins) pénible ; quantité d'effort pénible à fournir. *La pénibilité d'un travail. Le coefficient de pénibilité d'un processus de transport.*

PÉNIBLE [penibl] adj. – 1580 «qui affecte l'âme» ; *peinible* «qui donne de la peine, fatigue» 1112 ◊ de *peine* ■ **1** Qui se fait avec peine, fatigue. ➤ **ardu, astreignant, contraignant, difficile*, éreintant, fatigant, harassant, tuant.** *Travail pénible. Voyage pénible. — Route pénible.* ◆ PAR EXT. Qui se fait avec difficulté. *Respiration pénible.* ■ **2** Qui cause de la peine, de la douleur, ou de l'ennui ; qui est moralement difficile. ➤ **désagréable*, douloureux ; affligeant, angoissant, cruel, déplorable, dur, ennuyeux, triste*.** *Sensation pénible. Vie pénible* (cf. Vie de chien*, de galérien*). *Événement pénible :* calamité, malheur, misère. *Souvenir pénible. Traverser des moments pénibles. Vivre des heures pénibles. «votre père vous a été enlevé dans des circonstances particulièrement pénibles»* GREEN. *«un sujet pénible dont il ne fallait plus parler»* MAUROIS. *Il m'est pénible de vous voir dans cet état. Spectacle pénible à voir.* ➤ **affligeant, éprouvant.** — *C'est pénible de voir ça !* ◆ (PERSONNES) FAM. Difficile à supporter. *Il a un caractère pénible, il est pénible.* ➤ **agaçant,** FAM. **chiant, énervant.** *Ce gosse est vraiment pénible !* ➤ **difficile, insupportable.** *Elle est pénible avec ses histoires.* ■ CONTR. Agréable, aisé, doux, facile, joyeux.

PÉNIBLEMENT [peniblәmɑ̃] adv. – 1541 ◊ de *pénible* ■ **1** Avec peine, fatigue ou difficulté. *Elle lit péniblement.* ➤ **difficilement,** 2 **mal.** *«Il s'était avancé péniblement, les jambes molles»* ZOLA. ◆ Avec douleur, souffrance. *Il en a été péniblement affecté.* ➤ **cruellement.** ■ **2** À peine, tout juste. *Il en a tiré péniblement mille euros.* ■ CONTR. Aisément, facilement.

PÉNICHE [peniʃ] n. f. – 1804 ◊ de l'anglais *pinnace* (emprunté au français *pinasse*) ■ **1** VX Canot léger ; petite chaloupe pontée. ■ **2** MOD. Bateau fluvial, à fond plat. ➤ 1 **chaland.** *Train de péniches remorquées. Péniche automotrice. Habiter une péniche.* ◆ Bâtiment militaire à fond plat. *Péniches de débarquement.* ■ **3** FAM. Gros godillot.

PÉNICHETTE [peniʃɛt] n. f. – 1987 ◊ marque déposée, de *péniche* ■ Petite péniche de tourisme fluvial. *«une pénichette remplie de touristes qui filait le long du quai»* DAENINCKX.

PÉNICILLÉ, ÉE [penisile] adj. – 1798 ◊ du latin *penicillum* ■ SC. NAT. Qui est en forme de pinceau.

PÉNICILLINE [penisilin] n. f. – 1943 ◊ anglais *penicillin* (1929) ■ Antibiotique produit par une moisissure du genre pénicillium *(Penicillium notatum)* et doué d'une grande activité antibactérienne. *La pénicilline a été découverte par sir Alexander Fleming en 1928 et introduite en thérapeutique en 1941. Pénicilline synthétique. Injection de pénicilline. Germe résistant à la pénicilline.* ➤ **pénicillorésistant.**

PÉNICILLIUM [penisiljɔm] n. m. – 1860 ; «partie disposée en manière de pinceau» 1836 ; *penicillion* 1817 ◊ latin *penicillum* «pinceau» ■ BOT. Champignon *(périsporiacées)* qui forme une moisissure verdâtre sur certaines matières exposées à l'humidité. *Les moisissures du roquefort sont des pénicilliums.* — On écrit aussi *penicillium.*

PÉNICILLORÉSISTANT, ANTE [penisilоʀezistɑ̃, ɑ̃t] adj. – 1952 ; *pénicillino-résistant* 1945 ◊ de *pénicilline* et *résistant* ■ MÉD. Se dit d'un germe qui n'est pas détruit par la pénicilline, qui a acquis une résistance envers cet antibiotique (➤ **antibiogramme**).

PÉNIEN, IENNE [penjɛ̃, jɛn] adj. – 1836 ◊ de *pénis* ■ ANAT. Du pénis. *Artère pénienne.* ◆ ETHNOL. *Étui pénien :* gaine (protection, parure) entourant le pénis chez certains peuples d'Afrique et d'Amérique du Sud.

PÉNIL [penil] n. m. – 1201 ◊ du latin populaire °*pectiniculum,* de *pecten* «peigne» ■ ANAT. VIEILLI Saillie du pubis de la femme, qui se couvre de poils au moment de la puberté (SYN. **mont de Vénus**).

PÉNINSULAIRE [penɛ̃sylɛʀ] adj. – 1556, rare avant 1836 ◊ de *péninsule* ■ Relatif à une péninsule, à ses habitants.

PÉNINSULE [penɛ̃syl] n. f. – 1518 ◊ latin *paeninsula* «presqu'île», de *paene* «presque» et *insula* «île» ■ Grande presqu'île ; région ou pays qu'entoure la mer de tous côtés sauf un. *La péninsule italienne. La péninsule Ibérique,* ABSOLT *la Péninsule :* l'Espagne et le Portugal.

PÉNIS [penis] n. m. – 1618 ◊ latin *penis,* d'abord «queue des quadrupèdes» ■ ANAT. Organe de la miction et de la copulation, chez l'homme. ➤ **membre** (viril), **verge,** VX **vit ;** FAM. OU ARG. **biroute, bistouquette, bite, braquemart,** 2 **kiki, pine,** 1 **queue, zguègue, zigouigoui, zob ;** RÉGION. 2 **chichi.** *Pénis en érection.* ➤ **phallus.** *Pénis du jeune garçon.* ➤ FAM. **moineau, oiseau, quéquette, quiquette, robinet, zigounette,** 2 **zizi.**

PÉNITENCE [penitɑ̃s] n. f. – 1050 ◊ latin *poenitentia,* de *poenitere* «se repentir» ■ **1** Profond regret, remords d'avoir offensé Dieu, accompagné de l'intention de réparer ses fautes et de ne plus y retomber. ➤ **contrition, repentir.** *Faire pénitence :* se repentir. ◆ Rite sacramentel, par lequel le prêtre donne l'absolution. ➤ **confession.** *«Le vieux clerc se défiait un peu de ces âmes tourmentées, scrupuleuses, qui ont de la pénitence un besoin maladif»* DUHAMEL. ■ **2** RELIG. *Une pénitence :* peine que le confesseur impose au pénitent. ◆ Pratique pénible que l'on s'impose pour expier ses péchés. ➤ **mortification.** *Les ascètes se défendaient «au moyen du jeûne, de la pénitence et des macérations»* FRANCE. ■ **3** PAR EXT. (v. 1220) *Une pénitence :* châtiment, punition. *Pénitence infligée à un coupable.* — VIEILLI Aux jeux de société, Sanction légère dont on frappe les joueurs qui ont perdu ou qui ont contrevenu à la règle du jeu. ➤ **gage.** ◆ LOC. *Par pénitence :* pour se punir. *Pour ta pénitence, tu copieras cent lignes. Mettre un enfant en pénitence. Tout seul dans son coin et comme en pénitence.* ■ CONTR. Endurcissement, impénitence.

PÉNITENCERIE [penitɑ̃sʀi] **n. f.** – 1578 ; «maison de pénitence» XVe ◊ de 1*pénitencier* ■ RELIG. CATHOL. Tribunal ecclésiastique qui siège à Rome pour donner l'absolution en cas de péchés que le pape seul a le pouvoir d'absoudre. ♦ Dignité, charge de pénitencier.

1 **PÉNITENCIER** [penitɑ̃sje] **n. m.** – 1530 ; «prêtre autorisé à confesser» XIIIe ◊ latin *poenitentiarius* ■ RELIG. CATHOL. Prêtre qui tient d'un évêque le pouvoir d'absoudre certains cas réservés. — *Grand pénitencier* : cardinal qui préside la Pénitencerie apostolique.

2 **PÉNITENCIER** [penitɑ̃sje] **n. m.** – 1842 ; *maison pénitencière* «où l'on fait pénitence» XVe ◊ de *pénitence* ■ **1** Établissement où se subit une peine de réclusion (ANCIENNT de travaux forcés). ➤ **bagne, centrale, prison** (cf. Maison d'arrêt*). *Pénitencier militaire.* ■ **2** ANCIENNT Maison de correction, colonie pénitentiaire.

PÉNITENT, ENTE [penitɑ̃, ɑ̃t] **n.** – XVe, repris en 1606 ; adj. 1370 ◊ latin *poenitens*, p. prés. de *poenitere* ■ **1** HIST. RELIG. Personne momentanément exclue de la société des fidèles à cause de ses péchés. ■ **2** Membre d'une confrérie s'imposant volontairement des pratiques de pénitence et des œuvres de charité. ➤ **ascète.** *Les pénitents blancs.* ■ **3** (1636) Personne qui confesse ses péchés. — **adj.** *Pécheur pénitent.* ➤ **repentant.** ■ **4** **n. m.** GÉOL. *Pénitent de neige* : lame de neige sèche, verticale, qui se développe le long d'un névé. ■ CONTR. Impénitent.

PÉNITENTIAIRE [penitɑ̃sjɛʀ] **adj.** – 1835 ; «bagne» n. m. 1806 ◊ de *pénitence* ■ Qui concerne les prisons. *Régime, système pénitentiaire* (➤ **carcéral**). *Colonie, établissement pénitentiaire.* ➤ 2 **pénitencier, prison.** *Administration pénitentiaire. Personnel pénitentiaire.*

PÉNITENTIAL, IALE, IAUX [penitɑ̃sjal, jo] **adj.** – 1535 ; *pénitencial* «pénitentiel» 1374 ◊ latin ecclésiastique *poenitentialis* ■ RELIG. *Psaumes pénitentiaux* : les sept psaumes de la pénitence.

PÉNITENTIEL, IELLE [penitɑ̃sjɛl] **adj.** et **n. m.** – 1580 ◊ latin ecclésiastique *poenitentialis* ■ RELIG. ■ **1** Relatif à la pénitence. *Célébration pénitentielle. Œuvres pénitentielles.* ■ **2** **n. m.** (1690) Rituel de la pénitence, à l'usage des confesseurs.

PENNAGE [penaʒ] **n. m.** – 1525 ◊ de 1*penne* ■ FAUCONN. Plumage des oiseaux de proie, qui se renouvelle par des mues régulières. *Faucon de second pennage.*

1 **PENNE** [pɛn] **n. f.** – 1120 ; «aile, plume» 1050 ◊ latin *penna* → 1 panne
I ZOOL. Chacune des grandes plumes des ailes (➤ **rémige**) et de la queue (plumes rectrices*) des oiseaux.
II FIG. ■ **1** (1685) MAR. Extrémité supérieure d'une antenne. ■ **2** (1573) ARCHÉOL. Empennage, aileron d'une flèche.
■ HOM. Peine, pêne.

2 **PENNE** [pene] **n. f.** – 1987 ◊ mot italien, plur. de *penna* «plume» ■ AU PLUR. Pâtes alimentaires creuses, striées et coupées en biseau. *Des pennes au saumon.* ■ HOM. Peiner, penné.

PENNÉ, ÉE [pene] **adj.** – 1805 ; *pinné* 1774 ◊ latin *pennatus* ■ BOT. *Feuille pennée*, dont les folioles sont disposées de part et d'autre d'un axe central, comme les barbes d'une plume. *Feuilles pennées du frêne, de l'acacia.* ➤ **bipenné, imparipenné, paripenné.** ■ HOM. Peiner, 2 penne.

PENNIFORME [penifɔʀm] **adj.** – 1770 ◊ de 1*penne* et *-forme* ■ BOT. *Feuille penniforme*, au limbe en forme de plume.

PENNON [penɔ̃] **n. m.** – v. 1360 ; *penon* v. 1130 ◊ de 1*penne* ■ ARCHÉOL. Drapeau triangulaire à longue pointe, que les chevaliers du Moyen Âge portaient au bout de leur lance. ♦ BLAS. *Pennon* (ou *penon*) *généalogique* : écu dont les différents quartiers indiquent les alliances ou les degrés généalogiques.

PENN-TI **n. m. inv.** ou **PENTY** [penti] **n. m.** – 1896 ◊ du breton *pennti* «maison» ■ RÉGION. (Basse-Bretagne) Petite maison bretonne traditionnelle à toit d'ardoise. *«C'est un penn-ti d'une seule pièce et un couloir, une porte et une fenêtre»* P. J. HÉLIAS. *«le penty de grand-père Levenec où il faisait humide et froid»* C. CUSSET. — On écrit aussi *pen-ty* (inv.).

PENNY [peni] **n. m.** – v. 1450 ◊ mot anglais ■ *Un penny, des pence* [pɛns]. Monnaie anglaise, autrefois le douzième du shilling ; depuis l'adoption du système décimal, le centième de la livre. ♦ *Un penny, des pennies.* Pièce de bronze de cette valeur.

PÉNOMBRE [penɔ̃bʀ] **n. f.** – 1666 ; n. m. 1651 ◊ du latin *paene* «presque» et *umbra* «ombre» ■ **1** COUR. Lumière faible, tamisée. ➤ **demi-jour ; clair-obscur.** *La pénombre d'un couloir mal éclairé.* ■ **2** PHYS. Zone d'ombre partielle créée par un corps opaque qui intercepte une partie des rayons d'une source lumineuse étendue.

PENON [pənɔ̃] **n. m.** – 1773 ◊ de 1*penne* ■ MAR. Petite girouette ou banderole en étamine pour indiquer la direction du vent. ♦ BLAS. ➤ **pennon.**

PENSABLE [pɑ̃sabl] **adj.** – 1612, répandu milieu XXe ◊ de 1*penser*, d'après *impensable* ■ Qu'on peut admettre, imaginer (surtout en emploi négatif). ➤ **concevable, envisageable, imaginable, possible.** *Ce n'est pas pensable, c'est à peine pensable.* ➤ **croyable.** ■ CONTR. Impensable.

PENSANT, ANTE [pɑ̃sɑ̃, ɑ̃t] **adj.** – XVIIe ; «pensif» XIIIe ◊ de 1*penser* ■ **1** Qui a la faculté de penser. ➤ **intelligent.** *Un être pensant. L'homme «est un roseau pensant»* PASCAL. ■ **2** Qui exerce, en fait, sa faculté de penser. *«Son salon était le centre naturel de l'Europe pensante»* MICHELET. — *Tête pensante* : personne qui occupe une place centrale dans une organisation, un projet. *Il «était la tête pensante de la révolte»* DRUON. ■ **3** Qui pense (bien ou mal). *Des gens bien pensants.* ➤ **bien-pensant.** *Personne mal pensante*, qui a des idées subversives.

PENSE-BÊTE [pɑ̃sbɛt] **n. m.** – 1900 ◊ de 1*penser* et *bête* ■ Chose, marque destinée à rappeler ce que l'on a projeté de faire. *Des pense-bêtes.*

1 **PENSÉE** [pɑ̃se] **n. f.** – début XIIe ◊ de 1*penser*
I LA PENSÉE A. CE QUI AFFECTE LA CONSCIENCE ■ **1** PHILOS. VX Tout phénomène psychique conscient. *«J'appelle pensée tout ce que l'âme éprouve, soit par des impressions étrangères, soit par l'usage qu'elle fait de la réflexion»* CONDILLAC. ■ **2** MOD. *La pensée de qqn*, ce qu'il pense, sent, veut. *Deviner la pensée de qqn. Transmission de pensée* (➤ **télépathie**). ♦ L'esprit. *«un autre objet a chassé Elvire de ma pensée»* MOLIÈRE. *Dans la pensée de qqn* : dans son esprit (SPÉCIALT opposé à *la réalité*). *Il l'a fait dans la pensée d'être utile.* ➤ **idée.** *«L'avenir est ce qui n'existe que dans notre pensée»* PROUST. *En pensée, par la pensée* : en esprit (et non réellement). *Je serai avec vous par la pensée. Se transporter quelque part par la pensée*, par l'imagination.
B. ACTIVITÉ PSYCHIQUE, FACULTÉ AYANT POUR OBJET LA CONNAISSANCE ■ **1** (1636) **LA PENSÉE.** L'activité de l'esprit. ➤ **esprit, intelligence, raison ; entendement.** *«La parole, signe de la pensée»* DESCARTES. *«L'apparition de la pensée a marqué un nouveau et prodigieux progrès de la vie»* BROGLIE. *Objet de la pensée abstraite* : concept, notion (➤ aussi **noème**). *Théories matérialistes, spiritualistes de la pensée. Expression de la pensée* : langage, parole. *Démarches, opérations de la pensée.* ➤ **abstraction, généralisation, raisonnement.** ■ **2** **LA PENSÉE DE qqn,** sa réflexion, sa façon de penser ; sa capacité intellectuelle. ♦ Façon de penser, de juger. *Je partage votre pensée là-dessus.* ➤ **opinion, point de vue.** *«Voilà, je vous ai dit à peu près ma pensée»* HUGO. *Les mots ont trahi, ont dépassé ma pensée. Il m'a parlé franchement, sans déguiser sa pensée. Aller jusqu'au bout de sa pensée* : ne pas craindre de penser (de dire) tout ce qu'implique une idée, un jugement. — Position intellectuelle (d'un penseur). ➤ **philosophie.** *La pensée de Gandhi, de Sartre.*
C. (QUALIFIÉ) ■ **1** (début XIIIe) Manière de penser. *Pensée claire, obscure, originale, banale. «Plus la pensée est profonde, plus l'expression est vivante»* HUGO. *Pensée généreuse, engagée. La libre* pensée.* ■ **2** Ensemble d'idées, de doctrines communes à plusieurs. *La pensée marxiste. Les grands courants de la pensée contemporaine. La pensée politique. La pensée unique.*
II UNE PENSÉE, DES PENSÉES ■ **1** (Sens large) Tout ensemble de représentations, d'images, dans la conscience. ➤ **idée, image, sentiment.** *Souvenir qui hante les pensées de qqn. «Le moment où une pensée arrive à notre conscience est une phase avancée de son développement»* AMIEL. — (XIVe) (Affectif) *Avoir une pensée émue pour qqn. Ayez une petite pensée pour moi. Recevez nos plus affectueuses pensées.* ■ **2** (XIIIe) Phénomène psychique à caractère représentatif et objectif. ➤ **idée.** *Cette pensée ne m'a jamais effleuré. «conduire par ordre mes pensées»* DESCARTES. *Perdre le fil de ses pensées. Pensées banales* (cf. Lieu* commun), *profondes, vagues. Être tout à ses pensées, perdu dans ses pensées. Il «reste absorbé dans ses pensées comme un somnambule»* LAUTRÉAMONT. ➤ **méditation, réflexion, rêverie.** *«Le gouffre de tes yeux, plein d'horribles pensées»* BAUDELAIRE. *Mauvaises pensées.* ■ **3** PAR EXT. (1669) Expression brève d'une idée. ➤ **aphorisme, maxime, sentence ; 1 adage, dicton, proverbe.** *Les «Pensées», de Pascal.*
III LA PENSÉE DE (qqn, qqch.) Action de penser à (qqn, qqch.). *«la pensée constante d'Odette donnait aux moments où il était loin d'elle le même charme particulier qu'à ceux où*

elle était là» PROUST. «à la seule pensée de monter avec lui sur la charrette des criminels, je sens un frisson de mort dans mes veines» BALZAC. Loin de moi la pensée de le critiquer. — **LA PENSÉE QUE :** le fait de penser, de savoir que. *La seule pensée qu'il était en vacances le réconforta.*
■ HOM. Panser, penser.

2 **PENSÉE** [pɑ̃se] **n. f.** – 1460 ◊ de 1*pensée*, la fleur étant considérée comme l'emblème du souvenir ■ Plante *(violacées)* cultivée dans les jardins pour ses fleurs veloutées très colorées. *Bordure de pensées violettes, jaunes. — Pensée sauvage à petites fleurs.*

1 **PENSER** [pɑ̃se] **v.** ‹ 1 › – fin Xe ◊ du latin *pensare* «peser», «apprécier», qui a aussi donné *peser. Penser*, au sens ancien de «s'occuper de, prendre soin de» (XIIe) a abouti à *panser* «soigner»

I ~ v. intr. ■ **1** Appliquer l'activité de son esprit aux éléments fournis par la connaissance ; former, combiner des idées et des jugements. ➤ **1 juger, raisonner, réfléchir, spéculer.** *La faculté de penser. «Penser, c'est juger»* (trad. de KANT). *«Penser c'est oser»* ALAIN. *«Avant donc que d'écrire apprenez à penser»* BOILEAU. *Un maître* à penser. «L'homme n'est pas fait pour penser toujours. Quand il pense trop, il devient fou»* SAND. ♦ Exercer effectivement son intelligence. — (1558) *Une chose qui donne, qui laisse à penser,* qui fait réfléchir. ➤ **méditer.** ♦ (Caractères de la pensée) *Penser juste. «L'homme est visiblement fait pour penser ; c'est toute sa dignité ; [...] et tout son devoir est de penser comme il faut»* PASCAL. *«Enfin je tâche de bien penser pour bien écrire»* FLAUBERT. *Façon de penser* : opinion personnelle. *Je leur montrerai, je leur dirai ma façon de penser !* ➤ **voir.** *Ils «appelaient traîtres, ceux qui ne pensaient pas comme eux»* R. ROLLAND. ■ **2** Exercer son esprit, son activité consciente (d'une manière globale : sentir, vouloir, réfléchir). *«Je pense, donc je suis» (Cogito, ergo sum)* DESCARTES. (1798) *Penser tout haut,* dire ce qu'on a en tête. *«Enfin, dit-elle, voilà un homme qui dit tout haut ce que je pense tout bas»* H.-P. ROCHÉ. *Penser dans une langue,* avec les structures de cette langue. ♦ Avoir un esprit, être capable d'une pensée abstraite. ➤ **pensant.** *Les animaux pensent-ils ?*

II ~ v. tr. ind. PENSER À ■ **1** Appliquer sa réflexion, son attention à. ➤ **réfléchir, songer.** *Penser vaguement à qqch.* ➤ **rêver.** *À quoi pensez-vous ? N'y pensons plus* : oublions cela. *Faire une chose sans y penser,* machinalement. *«Je pense comme je respire, sans y penser»* AYMÉ. *Pensez à ce que vous faites. «Je pensais à comment j'écrirais, c'est-à-dire que je n'écrivais pas»* M. LINDON. ■ **2** (fin XIIe) Évoquer par la mémoire ou l'imagination. ➤ **imaginer,** se **rappeler,** se **souvenir.** *Je «m'efforçais de ne plus penser à Marthe, et par cela même, ne pensais qu'à elle»* RADIGUET. *Je penserai à vous.* — **FAIRE PENSER À.** ➤ **évoquer, suggérer.** *«Sa voix doucement musicale faisait penser à la plainte poétique d'une fée»* PROUST. *Elle me fait penser à qqn.* ➤ **rappeler.** ■ **3** S'intéresser à. ➤ **s'occuper** (de). *Pense un peu aux autres ! «malgré sa passion pour moi, au fond, elle ne pensait qu'à elle»* (QUENEAU et H. MILLS, «Monsieur Ripois», film). *Penser à l'avenir, au lendemain* : être prévoyant. *Elle ne pense qu'à s'amuser. — Penser à qqn (pour un poste),* le lui réserver. ■ **4** (fin XIIIe) Avoir dans l'esprit, en tête. *«"Vous êtes content ?" demanda la vieille. Il dit que oui, mais il pensait à autre chose»* CAMUS (cf. Il est ailleurs*). — *Sans penser à mal* : innocemment. *Il ne pensait pas à mal en disant cela. Ne penser à rien* : avoir l'esprit complètement libre. *Essayez de vous détendre et de ne plus penser à rien.* — LOC. FAM. *Avoir (bien) autre chose à penser* (cf. Avoir d'autres chats* à fouetter). — *Ne penser qu'à ça,* qu'au sexe. — Garder en mémoire. *J'essaierai d'y penser. Mais j'y pense, c'est aujourd'hui son anniversaire !* ➤ se **souvenir.** ♦ (début XIVe) Considérer (qqch.) en prévision d'une action. *J'ai pensé à tout.* ➤ **prévoir.** *Je n'avais pas pensé à cela* (cf. Faire attention*, prendre garde* à). *C'est simple, mais il fallait y penser. Pendant que j'y pense, il faudrait racheter du pain. — Pensez à fermer les fenêtres en partant. Faites-moi penser à poster ma lettre.* ➤ **rappeler.**

III ~ v. tr. A. AVOIR POUR IDÉE, POUR PENSÉE (début XIIIe) ■ **1** Avoir pour opinion, pour conviction. ➤ **estimer.** *«Je ne pus m'empêcher de lui dire tout ce que je pensais»* LESAGE. *«Penser une chose, en écrire une autre, cela arrive tous les jours»* GAUTIER. *Laisser, donner à penser qqch. Cela laisse à penser ce qu'il est capable de faire.* ➤ **imaginer, 1 juger.** ♦ (1863) *Penser du bien, du mal de qqn, de qqch. Honni* soit qui mal y pense. Qu'en pensez-vous ?* (cf. Qu'en dites-vous ?). *Que faut-il en penser ? Il ne sait (plus) que penser. «Quand on me demande ce que je pense sur les jeunes de vingt ans, je réponds qu'ils ne manquent pas d'audace»* DJIAN. (fin XIVe) *Il ne dit rien mais il n'en pense pas moins* : il garde pour lui son opinion ou ce qu'il sait *Que va-t-on penser de nous ?* ■ **2** (Dans un sens affaibli et moins affirmatif) Avoir l'idée de. ➤ **admettre, croire, imaginer, présumer, soupçonner, supposer.** *Contrairement à ce que j'avais pensé. Jamais je n'aurais pu penser cela !,* m'en douter. *Il n'est pas si désintéressé qu'on le pense. «Le plus âne des trois n'est pas celui qu'on pense»* LA FONTAINE. *Qu'est-ce qui vous fait penser cela ?* ♦ EXCLAM. (FAM.) *Tu penses !* (cf. Tu parles* !). *«Vous pensez si j'étais rouge et si j'avais peur !»* DAUDET. (1935) *Penses-tu ! pensez-vous !,* mais non, pas du tout. *«Ils ne vont pas se battre ici, au moins ? – Pensez-vous, maman : ils sont pas fous»* SARTRE. *Vous n'y pensez pas !,* c'est inconcevable, irréalisable. — FAM. *Quand je pense qu'il a failli accepter !* (étonnement, indignation). ♦ (VIEILLI) *«Je pense mes raisons meilleures que les vôtres»* MOLIÈRE. ➤ **croire, 1 juger.** ♦ En incise *Il aurait, pensait-il, l'appui de sa famille. Ce ne sera pas, je pense, la première fois.* ■ **3** (milieu XIIe) **PENSER QUE :** croire*, avoir l'idée, la conviction que. *Vous pensez bien que je n'aurais jamais accepté ! «Pensez-vous qu'Hermione, à Sparte inexorable, Vous prépare en Épire un sort plus favorable ?»* RACINE. *Pensez-vous qu'il puisse refuser ? Je ne pense pas qu'il puisse ; je pense qu'il peut. De là à penser qu'il va vous trahir ! Tu te trompes si tu penses qu'elle te suivra partout. «J'ai pensé que tu avais peut-être besoin de compagnie»* SARTRE. *Ne penses-tu pas que tu devrais intervenir ?* ♦ FAM. **PENSER SI, COMME, COMBIEN.** *«Alors tu penses comme on va te laisser entrer ici sans regarder tes poches»* SARTRE. *Tu penses si on a dû se dépêcher pour arriver à temps !* ♦ (Suivi de l'inf.) *Nous pensons avoir résolu ces problèmes.* ➤ **espérer.** — PAR EXT. VIEILLI ou LITTÉR. ➤ **faillir, manquer.** *Elle pensa se trouver mal.*

B. AVOIR DANS L'ESPRIT (COMME IDÉE, PENSÉE, IMAGE, SENTIMENT) ■ **1** Concevoir (une idée, une image). *Dire ce que l'on pense,* ce qui passe* par la tête. *«Car s'il disait que la noblesse était peu de chose, qu'il considérait ses collègues comme des égaux, il n'en pensait pas un mot»* PROUST. — PAR EUPHÉMISME *Il a marché dans ce que je pense,* dans la crotte. *Il lui a flanqué un coup de pied où je pense,* au derrière (cf. Quelque part*). — (Employé et construit comme *dire*) *«Vous dites "vérité" et vous pensez "authenticité"»* MARTIN DU GARD. ♦ (En incise) *«Il est dur, pensait-il, d'être un juge»* SAINT-EXUPÉRY. *«Je me demande – pensa tout haut M. Teste – en quoi la "destinée" [...] de l'homme m'intéresse ?»* VALÉRY. ♦ **PENSER QUE :** imaginer. ➤ se **représenter.** *«Je n'ai jamais vu un enfant sans penser qu'il deviendrait vieillard»* FLAUBERT. *Pensez qu'elle n'a que vingt ans !* (cf. Rendez-vous compte). ■ **2 PENSER** (et l'inf.) : avoir l'intention, avoir en vue de. ➤ **compter, projeter.** *Que pensez-vous faire à présent ?* — Avoir la conviction, croire. *Il pense avoir réussi son examen.*

C. CONSIDÉRER DANS SA TOTALITÉ, EMBRASSER PAR LA PENSÉE ➤ **concevoir.** *«ma vraie devise d'homme : me penser moi-même le moins possible, et penser toutes choses»* ALAIN. ♦ Concevoir la réalisation matérielle (d'objets concrets). *«les murs ayant été pensés par un maître maçon, comme la charpente par un maître charpentier»* AYMÉ. — *Voilà qui est pensé !* ➤ **senti.** *Un roman bien pensé. Un équipement (bien) pensé,* intelligemment conçu, pratique.
■ CONTR. Oublier ; désintéresser (se). ■ HOM. Panser, pensée.

2 **PENSER** [pɑ̃se] **n. m.** – 1155 ◊ subst. de 1*penser* ■ **1** VX Faculté de penser ; esprit, imagination. ■ **2** VX Façon de penser. *«Ce penser mâle des âmes fortes»* ROUSSEAU. ■ **3** LITTÉR. *«Sur des pensers nouveaux faisons des vers antiques»* A. CHÉNIER.

PENSEUR, EUSE [pɑ̃sœʀ, øz] **n.** – XIIIe, répandu XVIIIe ; adj. «qui réfléchit» 1180 ◊ de *penser* ■ **1** (XIIIe, répandu XVIIIe) Personne qui s'occupe, s'applique à penser. *«Le Penseur», statue de Rodin. «elle est fascinée, la penseuse médusée par son maître»* KRISTEVA. — **adj.** VX ➤ **méditatif, pensif.** *«car la jeune femme demeura les yeux penseurs, mais vagues, sans rien dire jusqu'à l'hôtel»* BALZAC. ■ **2** (1762) Personne qui a des pensées neuves et personnelles sur les problèmes généraux. ➤ **philosophe.** *Un grand penseur. «C'est Voltaire, c'est Rousseau, c'est Montesquieu, c'est toute une grande école de penseurs qui s'empare puissamment du siècle, le façonne et crée l'avenir»* RENAN. ■ **3** *Libre* penseur.* ■ HOM. Panseur.

PENSIF, IVE [pɑ̃sif, iv] **adj.** – 1050 ◊ de 1*penser* ■ Qui est absorbé dans ses pensées. ➤ **songeur.** *«L'homme pensif est souvent l'homme passif»* HUGO. — PAR EXT. (v. 1300) *Air pensif.* ➤ **absent, méditatif, préoccupé, rêveur, soucieux.**

PENSION [pɑ̃sjɔ̃] **n. f.** – *pensiun* «paiement, récompense» 1225 ◊ latin *pensio* «pesée, paiement», de *pendere* «peser, payer» ■ **1** Allocation périodique versée régulièrement à une personne. ➤ **allocation, dotation.** *Pension de retraite.* ➤ **1 retraite.** *Bénéfi-*

ciaire d'une pension. ➤ **pensionné.** *Pension viagère. Pension de guerre. Pension d'invalidité. Pension réversible, de réversion,* versée au conjoint survivant d'une personne décédée qui aurait bénéficié d'une pension. *Pension de veuve de guerre. Pension accordée à un étudiant.* ➤ 1 **bourse.** *Avoir droit à une pension. Verser, toucher une pension.* — DR. CIV. *Pension alimentaire**. ▪ **2** (Belgique, Luxembourg) Retraite. *Partir à la pension. Demander une pension anticipée.* ➤ **prépension.** ▪ **3** (1535) Dans des expr. Fait d'être nourri et logé, ou nourri seulement, d'une manière régulière chez qqn. *Prendre pension chez un particulier, dans un hôtel.* ➤ **pensionnaire.** *Prendre qqn chez soi en pension.* ◆ *Pension (complète) :* forfait hôtelier comprenant l'hébergement, le petit-déjeuner et les deux repas. ➤ aussi **demi-pension.** ▪ **4** (1602) Somme versée pour être logé et nourri. *Payer sa pension, la pension d'un élève.* ▪ **5** Établissement où l'on est logé et nourri pour une durée et une somme convenues. — **PENSION DE FAMILLE :** établissement hôtelier où les conditions d'hébergement, de nourriture, ont un aspect familial. « *derrière une façade à portiques, [...] une pension de famille correcte et même luxueuse l'attendait* » ROMAINS. ▪ **6** Établissement scolaire assurant l'hébergement et la nourriture des élèves. ➤ **école, institution, internat, pensionnat.** *Envoyer un enfant en pension. Pension religieuse. Une enfance* « *livrée à la règle sévère de la pension, apprentissage de la solitude, du quant-à-soi et de l'interdit sentimental* » A.-M. GARAT. — Ensemble des élèves d'une pension. *Toute la pension était en promenade.*

PENSIONNAIRE [pɑ̃sjɔnɛʀ] n. – 1323 ◊ de *pension* ▪ **1** VX Personne qui reçoit une pension. ➤ **pensionné.** (1835) MOD. Comédien, comédienne qui reçoit un traitement fixe. *Les pensionnaires et les sociétaires de la Comédie-Française.* ◆ Étudiant(e) ou jeune artiste qui bénéficie d'un séjour dans une fondation, une école. *Les pensionnaires de la Villa Médicis.* ▪ **2** (1596) Personne qui prend pension chez un particulier, dans un hôtel. ➤ RÉGION. **chambreur.** « *une compatriote, Mme Kergaran, qui prenait des pensionnaires* » MAUPASSANT. — *Les pensionnaires d'une prison, d'une maison de retraite.* ▪ **3** (1680) Élève logé(e) et nourri(e) dans l'établissement scolaire fréquenté. ➤ **interne.** *Les pensionnaires, les demi-pensionnaires et les externes.* ◆ n. f. VIEILLI Jeune fille ignorante, naïve. « *Elle s'extasiait, comme une pensionnaire, sur la veste blanche du barman* » RADIGUET.

PENSIONNAT [pɑ̃sjɔna] n. m. – 1788 ◊ de *pension* ▪ École, maison d'éducation privée où les élèves sont logés et nourris. ➤ **internat, pension.** *Dortoir, réfectoire d'un pensionnat. Pensionnat tenu par des religieuses.* ➤ **couvent.** ◆ Les élèves de cet établissement.

PENSIONNÉ, ÉE [pɑ̃sjɔne] adj. et n. – 1764 ◊ de *pensionner* ▪ Qui bénéficie d'une pension ; retraité. — n. *Les pensionnés titulaires de la carte de combattant.*

PENSIONNER [pɑ̃sjɔne] v. tr. ⟨1⟩ – 1340, rare avant XVIIIe ◊ de *pension* ▪ Pourvoir (qqn) d'une pension. « *on pensionnera des artistes, des savants et des gens de lettres* » L. BERTRAND. ➤ aussi **subventionner.**

PENSIVEMENT [pɑ̃sivmɑ̃] adv. – XIVe ◊ de *pensif* ▪ D'une manière pensive, d'un air pensif. *Elle* « *dit pensivement : [...] nous avons fait une folie* » ALAIN-FOURNIER.

PENSUM [pɛ̃sɔm] n. m. – 1740 ◊ mot latin « tâche, travail », dans la langue des collèges ▪ VIEILLI Travail supplémentaire imposé à un élève par punition. *Les pensums et les retenues.* « *Le pensum, punition dont le genre varie selon les coutumes de chaque collège, consistait à Vendôme en un certain nombre de lignes copiées pendant les heures de récréation* » BALZAC. PAR COMPAR. « *je travaille, mais sans enthousiasme et comme on fait un pensum* » FLAUBERT. ◆ FIG. Travail ennuyeux. *Quel pensum !* ➤ **corvée.**

PENT(A)- ▪ Élément, du grec *pente* « cinq ».

PENTACLE [pɛ̃takl] n. m. – avant 1555 ◊ latin médiéval *pentaculum* ▪ DIDACT. Étoile à cinq branches (en occultisme).

PENTACRINE [pɛ̃takʀin] n. m. – 1842 ; *pentacrinite* 1775 ; *pentacrinos* « sorte de pierre » 1765 ◊ latin savant, du grec *krinon* « lis » ▪ ZOOL. Échinoderme des profondeurs abyssales *(crinoïdes).*

PENTADACTYLE [pɛ̃tadaktil] adj. – 1775 ◊ grec *pentadaktulos* ▪ DIDACT. Qui a cinq doigts.

PENTAÈDRE [pɛ̃taɛdʀ] n. m. et adj. – 1803 ◊ de *penta-* et *-èdre* ▪ GÉOM. Polyèdre à cinq faces.

PENTAGONAL, ALE, AUX [pɛ̃tagɔnal, o] adj. – *penthagonal* 1520 ◊ de *pentagone* ▪ GÉOM. En forme de pentagone ; relatif au pentagone. *Salle pentagonale.*

PENTAGONE [pɛ̃tagɔn ; -gon] n. m. – XIIIe ; adj. 1520 ◊ latin d'origine grecque *pentagonum* ▪ **1** GÉOM. Polygone qui a cinq angles et cinq côtés. *Pentagone régulier.* ▪ **2** (1952) *Le Pentagone :* l'état-major des armées des États-Unis, dont le siège à Washington est un bâtiment pentagonal.

PENTAMÈRE [pɛ̃tamɛʀ] adj. et n. m. – 1806 n. m. pl. ◊ grec *pentamerês* ▪ ZOOL. Se dit d'un insecte qui a cinq articles à tous les tarses. — n. m. pl. *Les pentamères :* ancien sous-ordre de coléoptères. Au sing. *Un pentamère.*

PENTAMÈTRE [pɛ̃tamɛtʀ] adj. et n. m. – *penthamètre* 1491 ◊ latin *pentameter,* grec *pentametros* ▪ DIDACT. *Vers pentamètre :* en métrique grecque et latine, Vers composé de cinq pieds qui, joint à un hexamètre, forme un distique élégiaque. ◆ n. m. (1611) *Un pentamètre.*

PENTANE [pɛ̃tan] n. m. – 1874 ◊ de *penta-* ▪ CHIM. Hydrocarbure saturé (C_5H_{12}), cinquième terme de la série des alcanes.

PENTANOL [pɛ̃tanɔl] n. m. – 1932 ◊ de *pentane* ▪ CHIM. Alcool saturé à cinq atomes de carbone, dont il existe plusieurs isomères (➤ **amylique**).

PENTARCHIE [pɛ̃taʀʃi] n. f. – 1372, repris 1796 ◊ grec *pentarkhiai* ▪ HIST. ANTIQ. Gouvernement de cinq chefs. HIST. MOD. *La pentarchie du Directoire.*

PENTATHLON [pɛ̃tatlɔ̃] n. m. – 1750 ; *pentathle* 1581 ◊ latin *pentathlum,* du grec *pentathlon,* de *athlon* « combat » ▪ ANTIQ. Sport pratiqué par les athlètes grecs et romains et qui comprenait cinq exercices. ◆ (1906) MOD. *Pentathlon classique* (courses de deux cents et de quinze cents mètres, saut en longueur, lancement du disque et du javelot). *Pentathlon moderne* (tir au revolver ou au pistolet, natation, escrime à l'épée, équitation, cross). — n. **PENTATHLONIEN, IENNE.**

PENTATOME [pɛ̃tatɔm ; -tom] n. m. ou f. – 1789 ◊ latin scientifique, du grec ▪ ZOOL. Insecte à odeur forte et désagréable, appelé couramment *punaise des bois.*

PENTATONIQUE [pɛ̃tatɔnik] adj. – fin XIXe ; *pentatonon* n. m. 1732 ◊ de *penta-* et du grec *tonos* « ton » ▪ MUS. Qui est formé de cinq tons. *Échelle, gamme pentatonique.*

PENTAVALENT, ENTE [pɛ̃tavalɑ̃, ɑ̃t] adj. – 1903 ◊ de *penta-* et *-valent* ▪ **1** CHIM. Qui possède la valence cinq ou le degré d'oxydation +5. ▪ **2** *Vaccin pentavalent,* qui protège contre cinq maladies.

PENTE [pɑ̃t] n. f. – milieu XIVe ◊ du latin populaire *pendita,* de *pendere* → pendre

I DISPOSITION OBLIQUE, PENCHÉE ▪ **1** Inclinaison (d'un terrain, d'une surface) par rapport au plan de l'horizon. ➤ **déclivité.** *Pente douce, raide, rapide, abrupte. Pente transversale d'une route,* pour faciliter l'écoulement des eaux. *Pente de comble :* inclinaison de chacun des longs plans d'un toit. ◆ (1868) SC. *Pente d'une droite,* angle qu'elle fait avec sa projection orthogonale*. *Échelle de pente d'une droite,* sa projection orthogonale cotée*. *Pente de quatre pour mille, de dix pour cent. Pente de la courbe d'un graphique. Rupture* de pente.* ▪ **2** Direction de l'inclinaison selon laquelle une chose est entraînée. *Suivre la pente du terrain.* ▪ **3** FIG. (fin XVIe) VX ou LITTÉR. *Avoir une pente à faire qqch.* ➤ **inclination, penchant, propension.** « *Peut-être y a-t-il en Don Alvaro une certaine pente à contredire* » MONTHERLANT. — MOD. *Suivre sa pente,* son penchant dominant, son goût. « *Il est bon de suivre sa pente, pourvu que ce soit en montant* » GIDE. ▪ **4 EN PENTE :** qui n'est pas horizontal. *Toit en pente.* ➤ **pentu.** *Terrain en pente.* ➤ 1 **talus.** « *C'est un dimanche à Montmartre, et comme c'est presque la campagne, il n'y a personne dans les rues en pente* » P. MICHON. ◆ FIG. et FAM. *Avoir la dalle* en pente.*

II SURFACE OBLIQUE ▪ **1** (1796) Surface inclinée, plan oblique par rapport à l'horizontale. *Descendre, monter, gravir une pente.* ➤ **côte, descente, grimpette, montée, raidillon.** *Terrain présentant des pentes* (➤ **accidenté**). *En haut, au bas de la pente.* — *Les pentes d'une colline.* ➤ **côté, penchant, versant.** *Pente d'une piste de ski* alpin* (➤ **remonte-pente**). — Route qui descend, (opposé à *côte,* II). ➤ **descente.** *Dévaler une pente. Freiner dans une pente.* ◆ TECHN. *Pente d'eau :* partie d'un canal légèrement en pente, pourvue de portes et destinée à faire franchir aux bateaux une dénivellation (différent de l'écluse). ▪ **2** FIG. (1588) LITTÉR. Ce qui incline la vie vers le bas, dans le sens de la facilité, du mal. « *une pente inévitable* *nous entraîne et nous perd»* ROUSSEAU. LOC. COUR. *Être sur une, la mauvaise pente, une pente dangereuse ;* FAM. *être sur une pente savonneuse :* commencer une évolution fâcheuse, éloignée des conventions sociales et morales. *«Il était sur une pente, la fameuse pente, [...] Chacun sait que cette pente-là on ne la remonte jamais»* CH. GAILLY. *Remonter la pente :* rétablir, au prix d'un effort, une situation compromise. *Équipe qui remonte la pente.*

III CE QUI PEND (1497) ANCIENNT *Pente de lit, de fenêtre :* bande d'étoffe autour d'un ciel de lit, au-dessus des rideaux. *Un lit «garni de rideaux [...] et de pentes à grandes dents ourlées de galons»* GAUTIER.

■ HOM. Pante.

PENTECÔTE [pɑ̃tkot] n. f. – 1671 ; *pentecostem* 980 ◊ latin ecclésiastique *pentecoste*, du grec *pentêkostê* «cinquantième (jour après Pâques)» ■ **1** Fête chrétienne célébrée le septième dimanche après Pâques pour commémorer la descente du Saint-Esprit sur les apôtres. *Dimanche, lundi de Pentecôte. Congé de Pentecôte.* ■ **2** (1534) Fête juive (fête du don de la Torah) célébrée sept semaines après le second jour de Pâque.

PENTECÔTISME [pɑ̃tkotism] n. m. – 1963 ◊ de *Pentecôte* ■ RELIG. Mouvement religieux protestant apparu aux États-Unis au début du XXe siècle qui accorde une large place au Saint-Esprit et aux charismes. — adj. et n. **PENTECÔTISTE.** ➤ **charismatique.**

PENTHIOBARBITAL [pɛ̃tjobaʀbital] n. m. – milieu XXe ◊ de *pent-*, *thio-* (grec *theion* «soufre») et *barbital* ■ Barbiturique qui, administré par voie intraveineuse, plonge le sujet dans un état de narcose liminaire et est utilisé en narcoanalyse. ➤ **penthotal.** *Des penthiobarbitals.*

PENTHODE ➤ **PENTODE**

PENTHOTAL [pɛ̃tɔtal] n. m. – 1948 ◊ *pentothal*, nom déposé d'une spécialité pharmaceutique ■ Penthiobarbital, appelé aussi *sérum* de vérité. Piqûre de penthotal. Des penthotals.*

PENTHOUSE [pɛntaus] n. m. – 1947 ◊ mot anglais ■ ANGLIC. En Amérique du Nord, Appartement luxueux édifié sur le toit d'un immeuble. *«Son penthouse sur le toit de la tour Jefferson dominait Central Park»* R. JAUFFRET.

PENTHRITE ➤ **PENTRITE**

PENTODE [pɛ̃tɔd] n. f. – 1940 ◊ mot formé sur le grec *pente* «cinq» (→ pent[a]-) et *-ode*, d'après l'anglais (1919) ■ ÉLECTRON. Tube électronique comprenant cinq électrodes. *La pentode est une tétrode avec une grille d'arrêt.* — On rencontre aussi la graphie *penthode.*

PENTOSE [pɛ̃toz] n. m. – 1890 ◊ de *pent-* et 1 *-ose* ■ BIOCHIM. Ose à cinq atomes de carbone. *Le ribose est un pentose.*

PENTRITE [pɛ̃tʀit] n. f. – 1947 ◊ de *pent-* et *(éry)thrite*, du grec *eruthros* «rouge» ■ Explosif constitué par un ester nitrique très puissant et très sensible. — On écrit aussi *penthrite.*

PENTU, UE [pɑ̃ty] adj. – 1941 ◊ de *pente* ■ En pente, incliné. *«Il évite tout ce qui est pentu, vertical»* FRISON-ROCHE.

PENTURE [pɑ̃tyʀ] n. f. – 1294 ◊ du latin populaire °*penditura* ■ **1** Bande de fer (souvent décorative) fixée à plat sur le battant d'une porte ou d'un volet de manière à le soutenir sur le gond. ➤ **ferrure, 1 paumelle.** *«des bahuts à pentures de métal»* HUYSMANS. ■ **2** (1721) MAR. Ferrures d'un gouvernail, d'un mantelet de sabord.

PENTY ➤ **PENN-TI**

PÉNULTIÈME [penyltjɛm] adj. et n. f. – *penultime* 1268 ◊ latin *paenultimus*, de *paene* «presque» et *ultimus* «dernier» ■ DIDACT. Avant-dernier. ♦ n. f. LING. Avant-dernière syllabe. *Mot grec qui porte l'accent tonique sur la pénultième.* ➤ **paroxyton.** *La pénultième et l'antépénultième.*

PÉNURIE [penyʀi] n. f. – 1468 «embarras d'argent» ; rare avant XVIIIe ◊ latin *penuria* ■ Manque de ce qui est nécessaire à une collectivité. *Situation, période de pénurie. Pénurie de blé, de pétrole.* ➤ **carence, défaut, 2 manque ; disette, rareté.** *Pénurie de médicaments.* ♦ PAR EXT. *Pénurie de devises.* ■ CONTR. Abondance, surabondance.

PÉON [peɔ̃] n. m. – 1836 ◊ espagnol *peón*, latin *pedo, onis* «qui a de grands pieds» → 1 pion ■ **1** Paysan pauvre (qui n'a pas de cheval), journalier, manœuvre agricole, pâtre indien en Amérique du Sud. *«Des harnachements décorés [...] à l'usage des planteurs et des péons de la brousse»* LÉVI-STRAUSS. ■ **2** (1926) TAUROM. L'un des aides du matador.

PEOPLE [pipœl] adj. inv. et n. m. – 1988 ◊ mot anglais, de *people journalism*, genre journalistique ■ ANGLIC. ■ **1** *Presse, magazine people*, qui traite des vedettes, des personnalités (notamment de leur vie privée). *«il lui semblait avoir vu la photo, il y a longtemps, dans les pages people d'un magazine»* ECHENOZ. ■ **2** n. m. pl. Célébrités dont il est question dans ces médias. *La vie des people* (parfois *des peoples*). *«Les acteurs ne s'appelaient pas encore des people, bons à pourchasser»* POIROT-DELPECH. — Parfois au sing : *un people.* — On trouve aussi les variantes plaisantes *pipeule, pipole.*

PÉOTTE [peɔt] n. f. – 1683 ◊ vénitien *peota* ■ ANCIENNT Grande gondole de l'Adriatique.

PEP ➤ **PEPS**

PÉPÉ [pepe] n. m. – 1855 ◊ redoublement de la première syllabe de *père* ■ FAM. (ENFANTIN) Grand-père. ➤ **papi, pépère ;** RÉGION. **papé.** *Oui, pépé. Mon pépé et ma mémé.* ♦ PAR EXT. FAM. Homme âgé. *Un vieux pépé.* — PÉJ. *Alors pépé, on roupille !* ■ HOM. Pépée.

PÉPÉE [pepe] n. f. – 1867 ◊ de *poupée* ■ **1** (ENFANTIN) Poupée. ■ **2** (1879) FAM. VIEILLI Femme, jeune fille, au physique généralement plaisant. ➤ **nana.** *Une jolie pépée.* ■ HOM. Pépé.

PÉPÈRE [pepɛʀ] n. m. et adj. – 1909 ; «père» 1833 ◊ redoublement de *père* ■ **1** (ENFANTIN) Grand-père. ➤ **pépé.** ■ **2** FIG. et FAM. Gros homme, gros enfant paisible, tranquille. *Un gros pépère. «Un bébé joli, un gros pépère potelé»* MORDILLAT. ■ **3** adj. (1910) FAM. Agréable, tranquille. *Des vacances pépères. Un petit coin pépère.* — Exempt de difficultés. *Vie, boulot pépère.* ➤ **peinard.** — ADVT *«on roule pépère, dit Laura. Le paysage qui défile, c'est pas super captivant»* P. BAILLY.

PÉPERIN [pepʀɛ̃] ou **PÈPERIN** [pɛpʀɛ̃] n. m. – 1694 ◊ italien *peperino*, bas latin *piperinus*, de *piper* «poivre» ■ GÉOL. Tuf volcanique employé comme pierre à bâtir, commun dans la région romaine.

PÉPÈTES [pepɛt] n. f. pl. – 1867 «pièce de monnaie» ◊ p.-ê. de *pépites* ■ FAM. et VIEILLI Argent*. ➤ **fric.**

PÉPIE [pepi] n. f. – 1279 ◊ latin populaire °*pippita*, de °*pittita*, latin classique *pituita* → pituite ■ **1** ZOOL. Induration de la muqueuse de la langue chez certains oiseaux. ■ **2** FIG. (1580) *Avoir la pépie :* avoir très soif. *«tout le monde tirait la langue ; on avait la pépie»* BALZAC.

PÉPIEMENT [pepimɑ̃] n. m. – 1611 ◊ de *pépier* ■ Action de pépier ; petit cri des jeunes oiseaux. ➤ **cuicui.** — SPÉCIALT Cri du moineau, du poussin.

PÉPIER [pepje] v. intr. ⟨7⟩ – 1550 ; *pipier* XIVe ◊ radical onomatopéique *pepp-*, altération de °*pipp-* → piper ■ Pousser de petits cris brefs et aigus (en parlant des jeunes oiseaux). ➤ **crier.** *Le pinson et le canari «Pépiaient gaiement»* VERLAINE.

1 **PÉPIN** [pepɛ̃] n. m. – v. 1175 ◊ d'un radical expressif °*pep-* «petit» ■ **1** BOT. Graine de certaines baies (lorsqu'il y en a plusieurs). *Les grains de café, de poivre sont des pépins.* ♦ COUR. Pépin (au sens bot.) et toutes les petites graines relativement molles. *Pépins de citron, de pomme, de melon. Huile de pépins de raisin. Fruits à pépins et fruits à noyaux. Ôter les pépins.* ➤ **épépiner.** *Mandarine, raisin sans pépins* (de variétés hybrides stériles). ■ **2** FIG. (1889) VX *Avoir un pépin pour qqn.* ➤ **béguin.** ♦ MOD. FAM. Ennui* imprévu, complication, difficulté. ➤ **ennui, tuile.** *Il nous arrive un pépin.*

2 **PÉPIN** [pepɛ̃] n. m. – 1847 ◊ du nom d'un personnage de vaudeville (1807) ■ FAM. Parapluie. ➤ **pébroc.**

PÉPINIÈRE [pepinjɛʀ] n. f. – 1333 ◊ de 1 *pépin* ■ **1** Terrain où l'on fait pousser de jeunes arbres destinés à être repiqués ou à servir de porte-greffes ; ensemble des arbres qui poussent sur un tel terrain. *Semer en pépinière. Pépinière forestière. Pépinière d'ornement.* ■ **2** (XVIe-XVIIe) FIG. Établissement, lieu qui fournit un grand nombre de personnes propres à une profession, un état. ➤ **vivier.** *«Le petit séminaire de Paris n'avait été jusque-là [...] que la pépinière des prêtres de Paris»* RENAN. *«La province est une pépinière d'ambitieux»* MAURIAC. ■ **3** *Pépinière d'entreprises :* structure proposant des aides pratiques (secrétariat, salles de réunions...), des conseils pour aider les jeunes entreprises. *Incubateurs et pépinières.*

PÉPINIÉRISTE [pepinjeʀist] n. – 1610 ◊ de *pépinière* ■ Jardinier qui cultive une pépinière, s'occupe de plants d'arbres en pépinière ou en serre, et souvent en fait commerce. ➤ **arboriculteur.** *Acheter des thuyas chez le pépiniériste.* APPOS. *Horticulteurs pépiniéristes.*

PÉPITE [pepit] n. f. – 1714 ; *pepitas* 1648 ◊ espagnol *pepita* «pépin» ▪ Morceau d'or natif sans gangue. *Pépites et paillettes. «Les plus riches mines du monde. Les plus grosses pépites. C'est le filon»* CENDRARS. *Pépites d'or.* — PAR EXT. *Pépites de cuivre, de platine. Pépite alluvionnaire. — Pépites de chocolat dans une glace.* ♦ FIG. Morceau de choix, élément précieux. *La pépite d'un catalogue, d'un disque.*

PÉPLUM [peplɔm] n. m. – 1606 ; *peple* 1551 ◊ latin *peplum*, grec *peplon* «tunique» ▪ **1** ANTIQ. GR. Vêtement de femme, sans manches, qui s'agrafait sur l'épaule. ▪ **2** FAM. Film à grand spectacle ayant pour sujet un épisode réel ou fictif de l'Antiquité. *«Les trois salles locales ne passaient que de vieux westerns ou des péplums»* COURCHAY.

PÉPONIDE [pepɔnid] n. f. – 1868 ◊ latin *pepo, onis* «courge» ▪ BOT. Baie à écorce épaisse et parfois ligneuse, à loge unique. *Les fruits des cucurbitacées sont des péponides.*

PEPPERMINT [pepɛʀmɛ̃t ; pepœʀmint] n. m. – 1891 ◊ mot anglais, de *pepper* «poivre» et *mint* «menthe» ▪ ANGLIC. Liqueur titrant 18°, à base de menthe poivrée. *Boire un peppermint.* — On trouve aussi **PIPPERMINT** [pipœʀmint] (1888 ◊ marque déposée), et, au Canada, *paparmane, pepparmane.*

PEPPERONI [pepeʀɔni] n. m. /PEPPÉRONI/ – 1981, au Québec ◊ mot italien des États-Unis (1921), de l'italien *peperoni*, plur. de *peperone* «poivron», de *pepe* «poivre», du latin *piper* ▪ ANGLIC. (cour. au Canada) Saucisse de porc et de bœuf pimentée utilisée notamment comme garniture de pizza. *Des pepperonis.*

PEPS [pɛps] n. m. – 1926 ◊ mot anglais, de *pepper* «poivre» ▪ FAM. Dynamisme, allant. *Elle a du peps.* ➤ 2 **punch, tonus.** *Un remontant qui donne du peps. Ça manque de peps.* — On dit parfois *pep* [pɛp].

PEPSINE [pɛpsin] n. f. – 1839 ◊ du grec *pepsis* «digestion» ▪ BIOCHIM. Enzyme du suc gastrique qui décompose les protéines alimentaires en peptides.

PEPTIDE [pɛptid] n. m. – 1907 ◊ mot anglais 1906 ▪ BIOCHIM. Enchaînement formé par un nombre restreint d'acides aminés (contrairement aux polypeptides et aux protéines). ➤ **oligopeptide.** — adj. **PEPTIDIQUE.** *Liaison peptidique.*

PEPTIQUE [pɛptik] adj. – 1752 ; n. 1694 «ce qui opère la coction des humeurs» ◊ de *pepsine* ▪ DIDACT. (BIOCHIM., MÉD.). Relatif à la pepsine. *Digestion peptique,* qui se fait dans l'estomac sous l'effet de la pepsine. — PAR EXT. Qui a trait à la digestion, qui en résulte. *Troubles peptiques.*

PEPTONE [pɛptɔn] n. f. – 1857 ◊ allemand *Pepton*, du grec *peptein* «digérer» ▪ BIOCHIM. Produit de dégradation des protéines (viande par ex.) par des enzymes protéolytiques (pepsine, pancréatine, papaïne). *Milieu de culture à la peptone. Administration thérapeutique de peptone pour désensibiliser des allergiques.*

PEPTONISATION [pɛptɔnizasjɔ̃] n. f. – 1882 ◊ de *peptone* ▪ BIOCHIM. Dégradation des protéines en peptone.

PÉQUENAUD, AUDE [pɛkno, od] n. /PÈQUENAUD, AUDE/ – 1936 ; *péquenot* 1905 ◊ d'un radical *pekk* «petit, chétif» → 2 pékin ▪ FAM. et PÉJ. Paysan, rustre. ➤ **bouseux, plouc.** *Des péquenauds.* adj. *Ce qu'il est péquenaud !* — On écrit aussi *péquenot, otte,* n. /*pèquenot, otte*/.

PÉQUET [pekɛ] n. m. – 1837 ◊ mot wallon «genévrier» et «eau-de-vie de genièvre», du latin populaire *pekkare* «piquer» (le genévrier ayant des feuilles acérées), ou du radical *pikk-* «petit» ▪ RÉGION. (Ardennes ; Wallonie) Eau-de-vie de grain, aromatisée aux baies de genévrier. ➤ **genièvre, schiedam.** *«ce Langlois, quand on l'a quitté, il aurait pu nous proposer un verre de péquet !»* M. BLANCPAIN. — On écrit aussi *péket.*

PÉQUIN ➤ 2 **PÉKIN**

PÉQUISTE [pekist] n. et adj. – 1968 ◊ de *P(arti) q(uébécois)* ▪ Se dit des membres et de la politique du Parti québécois*.

PER- ▪ Préfixe exprimant un excès de la quantité normale d'un élément dans un composé chimique : *peracide, peroxyde, persulfate,* etc.

PERACIDE [peʀasid] n. m. – 1932 ◊ de *per-* et *acide* ▪ CHIM. ▪ **1** Acide minéral contenant de l'oxygène et un élément au degré d'oxydation +7 (ex. acide permanganique). ▪ **2** Acide organique contenant une liaison —O—O— (ex. acide perbenzoïque).

PÉRAIL [peʀaj] n. m. – 1970 ◊ mot rouergat, d'origine inconnue ▪ Fromage à pâte molle, au lait de brebis, élaboré en Aveyron. *Des pérails affinés.*

PÉRAMÈLE [peʀamɛl] n. m. – 1804 ◊ latin *perameles* ▪ ZOOL. Mammifère d'Australie *(marsupiaux)* à museau allongé, de la taille d'un lapin.

PERBORATE [pɛʀbɔʀat] n. m. – 1880 ◊ de *per-* et *borate* ▪ CHIM. Sel contenant plus d'oxygène que le borate. *Perborate de sodium,* ou ABSOLT *perborate,* utilisé comme désinfectant et produit de blanchiment.

PERÇAGE [pɛʀsaʒ] n. m. – 1828 ◊ de *percer* ▪ **1** Opération par laquelle on perce (une matière). *Perçage du bois, des métaux. Perçage et taraudage.* ▪ **2** (Canada) Piercing. *Se faire faire un perçage au nombril.*

PERCALE [pɛʀkal] n. f. – 1701 ; *percallen* XVIIe ◊ du persan *pargâla* «toile, lambeau de toile» ▪ Tissu de coton, fin et serré. *Percale pour doublures. Percale glacée.* ➤ **chintz.** *«des cols et des manchettes de percale»* ZOLA.

PERCALINE [pɛʀkalin] n. f. – 1823 ◊ de *percale* ▪ Toile de coton lustrée, souvent utilisée en doublures. *«Pauline était là, modestement vêtue d'une robe de percaline»* BALZAC.

PERÇANT, ANTE [pɛʀsɑ̃, ɑ̃t] adj. – 1342 ◊ de *percer* ▪ **1** Qui voit au loin. *Vue perçante ; regard perçant* (cf. Des yeux de lynx*, un regard d'aigle*). ➤ **pénétrant.** — *Yeux perçants,* vifs, brillants. ▪ **2** Aigu et fort (son). *Des cris perçants.* ➤ **déchirant, strident.** *Voix perçante.* ➤ **criard, éclatant.** *Le paon «se mettait à crier de sa voix perçante, enrouée»* FROMENTIN. ▪ CONTR. Doux. ▪ HOM. Persan.

PERCE [pɛʀs] n. f. – 1493 *mettre à perce* ◊ de *percer* ▪ **1** LOC. *Mettre en perce :* faire une ouverture à (un tonneau) pour en tirer le vin. *«On buvait aussi Et de temps à autre une cloche Annonçait qu'un nouveau tonneau Allait être mis en perce»* APOLLINAIRE. — PAR MÉTON. *Mettre du vin en perce.* ▪ **2** (1494) TECHN. Outil pour percer (➤ **percerette, perceuse**). ▪ **3** (1812) MUS. Forme du canal d'un instrument à vent. *La perce cylindrique d'une clarinette.* ▪ HOM. Perse.

PERCÉE [pɛʀse] n. f. – 1750 techn. ◊ de *percer* ▪ **1** (1763) Ouverture qui ménage un passage ou donne un point de vue. *Ouvrir une percée dans une forêt.* ➤ **chemin, trouée.** *Faire une percée dans un mur, dans un toit.* ▪ **2** (1845 ; «passage à travers des obstacles» 1798) MILIT. Action de percer, de rompre les défenses de l'ennemi. *Tenter, faire une percée.* — SPORT Action de percer à travers la défense de l'équipe adverse. ▪ **3** FIG. Développement, réussite spectaculaire malgré un obstacle. *Percée technologique, sociale, politique.* ▪ CONTR. Clôture, fermeture ; recul.

PERCEMENT [pɛʀsəmɑ̃] n. m. – 1500 ◊ de *percer* ▪ Action de percer, de pratiquer (une ouverture, un passage). *Percement d'une rue. Le percement du tunnel sous la Manche.*

PERCE-MURAILLE [pɛʀs(ə)myʀaj] n. f. – 1768 ◊ de *percer* et *muraille* ▪ COUR. Pariétaire. *Des perce-murailles.*

PERCE-NEIGE [pɛʀsənɛʒ] n. m. ou f. – 1660 ◊ de *percer* et *neige* ▪ Plante *(amaryllidées)* à fleurs blanches qui s'épanouissent en hiver. *Des perce-neige* (inv.) ou *des perce-neiges.*

PERCE-OREILLE [pɛʀsɔʀɛj] n. m. – *persoreille* 1530 ◊ de *percer* et *oreille* ▪ COUR. Forficule. *Des perce-oreilles.*

PERCE-PIERRE [pɛʀsəpjɛʀ] n. f. – 1545 ◊ de *percer* et *pierre* ▪ COUR. Plante vivant sur les rochers ou les murs, telle que la saxifrage et la criste-marine, appelée aussi *passe-pierre. Des perce-pierres.*

PERCEPT [pɛʀsɛpt] n. m. – 1878 ◊ latin *perceptum*, d'après *concept* ▪ PHILOS. Objet de la perception, sans référence à une chose en soi (opposé à *concept*).

PERCEPTEUR, TRICE [pɛʀsɛptœʀ, tʀis] n. et adj. – 1432, rare avant 1789 ◊ du latin *perceptus*, de *percipere* «recueillir»

I n. Fonctionnaire chargé(e) de la perception et du recouvrement des impôts directs, amendes et condamnations pécuniaires et du paiement de nombreuses dépenses publiques. ➤ **collecteur** (d'impôts), **comptable** (public). *Recevoir un avertissement de son percepteur. Le percepteur et le trésorier*-payeur général.*

II adj. DIDACT. Qui perçoit. *Les facultés perceptrices.*

PERCEPTIBILITÉ [pɛʀsɛptibilite] n. f. – 1760 ◊ de *perceptible* ▪ DIDACT. Caractère de ce qui peut être perçu. ▪ CONTR. Imperceptibilité.

PERCEPTIBLE [pɛʀsɛptibl] adj. – 1372 ◊ latin *perceptibilis*, de *percipere*

I ▪ **1** Qui peut être perçu par les organes des sens ; qui peut déterminer une perception. ➤ **visible ; audible ; appré-**

ciable, discernable, saisissable, sensible. *Perceptible à l'œil, à l'oreille. «Le son trop aigu n'est plus perceptible à l'oreille ; l'émotion trop aiguë n'est plus perceptible à l'intelligence»* HUGO. *Différences peu perceptibles.* ■ **2** (ABSTRAIT) Qui peut être compris, saisi par l'esprit. *«Bien entendu, ces roublardises n'étaient perceptibles que pour un confrère. Le public ne s'apercevrait de rien»* ROMAINS.

II (1611) RARE Qui peut être perçu, en parlant d'un impôt. ➤ **percevable, recouvrable.**

■ CONTR. Imperceptible, insensible. — Irrécouvrable.

PERCEPTIBLEMENT [pɛʀsɛptibləmɑ̃] **adv.** – 1484 ◊ de *perceptible* ■ RARE D'une manière perceptible. ➤ **sensiblement, visiblement.**

■ CONTR. Imperceptiblement.

PERCEPTIF, IVE [pɛʀsɛptif, iv] **adj.** – 1754 ; «qui perçoit» 1482 ◊ du latin *perceptum* ■ PSYCHOL. Relatif à la perception. *Interprétation perceptive de la sensation. Structures perceptives.*

PERCEPTION [pɛʀsɛpsjɔ̃] **n. f.** – 1370 ; «action de recevoir (le Saint-Esprit ; l'Eucharistie)» v. 1170 ◊ latin *perceptio*

I (1468) ■ **1** Opération par laquelle l'Administration recouvre les impôts directs. ➤ 1 **recouvrement ; collecte, levée, rentrée.** ♦ PAR EXT. Impôt, taxe, redevance. *Perception excessive.* ➤ **trop-perçu.** ■ **2** (XIXe) Emploi, bureau du percepteur. ➤ **recette.** *«La vacance probable d'une des vingt-quatre perceptions de Paris cause une émeute d'ambitions à la Chambre des députés !»* BALZAC.

II (1611) DIDACT. OU LITTÉR. ■ **1** VIEILLI Acte, opération de l'intelligence, représentation intellectuelle. ➤ **idée, image.** *«Une perception claire et distincte»* DESCARTES. *«Nos sensations sont purement passives, au lieu que toutes nos perceptions ou idées naissent d'un principe actif qui juge»* ROUSSEAU. ♦ Le fait de subir une action, d'y réagir. ➤ **affection.** *Perceptions et aperceptions chez Leibniz.* ■ **2** MOD. Fonction par laquelle l'esprit se représente les objets ; acte par lequel s'exerce cette fonction ; son résultat. *Perception et sensation.* ➤ 1 **sens, sensation.** *Localisation des perceptions. Théories sensualistes, associationnistes, génétiques de la perception. «Phénoménologie de la perception», de Merleau-Ponty. Le daltonisme est un trouble de la perception des couleurs. Perception et imagination. «Quand je dis : "l'objet que je perçois est un cube," je fais une hypothèse que le cours ultérieur de mes perceptions peut m'obliger d'abandonner. [...] Dans la perception, un savoir se forme lentement»* SARTRE. — GRAMM. *Verbes de perception* (ex. regarder, écouter, voir, entendre, sentir). ■ **3** LITTÉR. *Perception de qqch.* : prise de connaissance, sensation, intuition. ➤ **impression.** *Perception du bien et du mal* : sens moral. *«Pendant qu'il marchait ainsi, les yeux hagards, avait-il une perception distincte de ce qui pourrait résulter pour lui de cette aventure à Digne ?»* HUGO.

PERCEPTIONNISME [pɛʀsɛpsjɔnism] **n. m.** – 1882 ◊ anglais *perceptionism* ■ HIST. PHILOS. Doctrine d'après laquelle l'esprit, dans la perception, a une conscience immédiate de la réalité extérieure.

PERCER [pɛʀse] **v.** ‹3› – fin XIe ◊ du latin populaire *pertusiare*, de *pertundere* «percer». → pertuis, pertuisane

I ~ v. tr. A. CREUSER, TRAVERSER ■ **1** Faire un trou dans (un objet solide). ➤ **perforer, trouer.** *Percer une planche, une paroi, un mur à l'aide d'un outil.* ➤ **forer, poinçonner.** *Instruments pour percer* : drille, foret, mèche, perceuse, perforatrice, perforeuse, poinçon, 1 pointeau, trépan, vilebrequin, vrille. *Percer un pneu.* ➤ **crever.** (milieu XIIIe) *Percer un tonneau* (➤ **perce**). *Percer de part en part.* ➤ **transpercer.** — **p. p. adj.** *Souliers percés. Poche percée. Panier* percé. Chaise* percée.* ♦ Traverser, trouer (une partie du corps). *Se faire percer les oreilles, la langue* (➤ **piercing**) *pour y mettre des anneaux. Percer un abcès.* ➤ **crever, inciser, ouvrir.** — FIG. *Les os lui percent la peau* : il est très maigre. ■ **2** VIEILLI Blesser (qqn) à l'aide d'une arme pointue. ➤ **blesser, tuer.** *Percer de coups.* ➤ **cribler, larder.** *Percer qqn de part en part* (avec une épée, une fourche). ➤ **embrocher, empaler, enferrer, enfourcher.** *Dessiner un cœur percé d'une flèche* (symbole de l'amour). — LOC. FIG. (milieu XIIIe) *Percer le cœur* : affliger, faire souffrir. *«Le Malheur a percé mon vieux cœur de sa lance»* VERLAINE. ■ **3** Pratiquer dans (qqch.) une ouverture pouvant servir de passage. *Percer un rocher pour pratiquer un tunnel. Percer un coffre-fort. «des petites fenêtres, dont les maisons sont percées, sortaient les têtes de quelques habitants»* Mme DE STAËL. ■ **4** (1606) Traverser (une protection, un milieu intermédiaire). *Averse qui perce les vêtements.* ➤ **transpercer.** *Le soleil perce les nuages.* ♦ *Son qui perce le silence.* ➤ **déchirer.** *Hurlements qui percent le tympan* (➤ **perçant**). ♦ (début XIIIe) (PERSONNES) Se frayer un passage dans. *Troupes qui percent le front des armées ennemies. Percer la foule.* ■ **5** VIEILLI *Percer qqn de son regard.* ➤ **transpercer ; perçant.** ♦ FIG. (1666) LITTÉR. Parvenir à découvrir (un secret, un mystère). ➤ **déceler, pénétrer.** *Le mystère a été percé. «Sa ruse fut vite percée par la servante mise en défiance»* MAUPASSANT. — LOC. *Percer à jour* : parvenir à connaître (ce qui était tenu caché, secret). *Percer qqn à jour* (cf. Voir clair dans son jeu*).

B. PRATIQUER, FAIRE (UN TROU, UNE OUVERTURE) *Percer un trou, un tunnel, un chemin* (➤ **percement**). *Percer une rue, une avenue. Percer une porte, une fenêtre.* — **p. p. adj.** *«Les cinq croisées percées à chaque étage ont de petits carreaux»* BALZAC.

II ~ v. intr. ■ **1** Se frayer un passage en faisant une ouverture, un trou. ♦ (1680) (CHOSES) *Le bébé a une dent qui perce.* ➤ **pousser.** *Abcès qui perce.* ➤ **crever.** *Le soleil commence à percer* (à travers les nuages). ♦ (PERSONNES) *Les ennemis n'ont pas pu percer* (➤ **percée**). — SPORT *L'avant-centre perce.* ■ **2** FIG. (1572) Se déceler, se manifester, se montrer. *Rien n'a percé de leur entretien.* ➤ **filtrer, transpirer.** *«une âme énergique, qui ne laisse percer à l'extérieur aucun des sentiments qu'elle renferme»* MÉRIMÉE. ➤ **transparaître.** *«Déjà Napoléon perçait sous Bonaparte»* HUGO. ■ **3** (1756) Acquérir la notoriété. ➤ **réussir.** *«Vous avez l'étoffe de trois poètes ; mais, avant d'avoir percé, vous avez six fois le temps de mourir de faim»* BALZAC. *Comédien qui a du mal à percer.*

■ CONTR. 1 Boucher, clore, fermer, obstruer.

PERCERETTE [pɛʀsəʀɛt] **n. f.** – 1671 ◊ de *percer* ■ Petit foret, petite vrille. — On dit aussi **PERCETTE.**

PERCEUR, EUSE [pɛʀsœʀ, øz] **n.** – XVe ◊ de *percer* ■ **1** Personne qui perce à l'aide d'un outil. *Perceur de murailles. Perceur de coffres-forts. Aléseur-perceur, perceur-taraudeur.* ■ **2 n. f.** (1884) **PERCEUSE :** machine-outil utilisée pour le perçage de trous, l'usinage de pièces métalliques, la finition de pièces. ➤ **foreuse.** — Outil portatif servant à percer des trous de petit diamètre. *«Une perceuse, d'ordinaire, on n'y recourt qu'une fois pour suspendre un tableau, deux pour assujettir une tringle à rideaux»* ECHENOZ. *Mandrin, foret d'une perceuse. Perceuse portative.* ➤ **chignole.** *Perceuse à percussion*.*

PERCEVABLE [pɛʀsəvabl] **adj.** – 1413 ◊ de *percevoir* ■ **1** RARE Perceptible (I). ■ **2** (1671) Qui peut être perçu (argent). ➤ **recouvrable.** *Taxe, impôt percevable.*

PERCEVOIR [pɛʀsəvwaʀ] **v. tr.** ‹28› – v. 1200 «comprendre, saisir par l'esprit» ; *parceivre* «apercevoir» 1120 ◊ latin *percipere* «saisir par les sens»

I Saisir par la perception. ■ **1** Comprendre, parvenir à connaître. ➤ **apercevoir, discerner, distinguer, saisir, sentir.** *Percevoir une différence, une nuance. Une difficulté qu'il perçoit confusément.* ♦ SPÉCIALT Avoir conscience de (une sensation). ➤ **éprouver.** *Percevoir une lueur indécise.* ➤ **apercevoir.** *Les chiens perçoivent les ultrasons.* ➤ **entendre.** *«elle perçut le frémissement de la rampe sous sa main»* GREEN. ■ **2** (1798) PHILOS., PSYCHOL. Constituer et reconnaître comme objet par l'acte de la perception. *Percevoir l'étendue. Pour Berkeley, l'existence des «choses» consiste à être perçues* («esse est percipi»), *celle des esprits à percevoir* («esse est percipere»).

II (1282) Recevoir (une somme d'argent, un produit, un revenu). ➤ **empocher, encaisser.** *Percevoir des intérêts, un loyer.* ➤ 1 **toucher.** *«Quant au casuel épiscopal [...] l'évêque le percevait sur les riches»* HUGO. ♦ SPÉCIALT Recueillir le montant de (un impôt, une taxe). ➤ 1 **lever, recouvrer.** *Percevoir des droits de douane. Fonctionnaire qui perçoit les impôts.* ➤ **percepteur.**

■ CONTR. (de II) Payer, verser.

PERCHAUDE [pɛʀʃod] **n. f.** – 1884 au Canada ◊ mot de l'Ouest (1520 dans le Poitou), de 1 *perche* ■ RÉGION. (Anjou ; Canada) Perche commune.

1 **PERCHE** [pɛʀʃ] **n. f.** – XIIe ◊ latin *perca*, grec *perkê* ■ Poisson carnassier *(percidés)* d'eau douce, dont certaines espèces sont très estimées pour leur chair. ➤ RÉGION. **perchaude.** *Elle «apercevait le dos vert sombre d'une perche, rayé de noir»* P. BENOIT. *Perche goujonnière.* ➤ **grémille.** *Perche noire.* ➤ RÉGION. **achigan, black-bass.** *Perche arc-en-ciel. Perche du Nil.* ♦ PAR ANAL. *Perche de mer.* ➤ **serran.**

2 **PERCHE** [pɛʀʃ] **n. f.** – XIIe ◊ latin *pertica*

I ■ **1** Pièce de bois, de métal, longue et mince, de section circulaire. ➤ **gaule.** *«Il tenait à la main une longue perche garnie de lanternes»* ALAIN-FOURNIER. *Perche utilisée comme tuteur.* ➤ 2 **rame.** *Perche à houblon. Perches d'un téléski* (➤ **perchiste**). *Perche d'échafaudage.* ➤ **écoperche, étamperche.** — AUDIOVIS. *Perche à son*, qui supporte le micro. ➤ **girafe.** ♦ SPORT

Saut à la perche : saut en hauteur en prenant appui sur une longue tige souple et résistante (➤ **perchiste**). ◆ TECHN. Tige métallique adaptée au toit d'un véhicule (locomotive, trolleybus, tramway) et destinée à capter le courant. ➤ **trolley, caténaire.** ▪ **2** LOC. (1867) *Tendre la perche à qqn,* lui fournir une occasion de se tirer d'embarras (➤ **aider**) ; lui faire une proposition à mots couverts. *Saisir la perche que l'on vous tend.* « *qui vingt fois a jeté la perche à un fou qui veut se noyer, peut être forcé un jour ou l'autre de l'abandonner ou de périr avec lui* » MUSSET. ▪ **3** (1640) FAM. PÉJ. Personne grande et maigre. ➤ **échalas.** *Quelle grande perche, celui-là, celle-là !* ▪ **4** VÉN. Tige principale du bois du cerf, du daim et du chevreuil, à laquelle les andouillers sont attachés. ➤ **merrain.**

II (1294 *perque*) MÉTROL. Ancienne unité de mesure de longueur, qui valait de 18 à 22 pieds. ◆ Ancienne unité de mesure de superficie agraire qui valait la centième partie de l'arpent. *Une perche de vigne.*

PERCHÉ, ÉE [pɛʀʃe] **adj. et n. m.** – XVIe ◇ de *percher* ▪ **1** Placé sur un endroit élevé. SPÉCIALT *Jouer à chat* perché.* GÉOL. *Bloc perché* ou *roche perchée :* bloc surélevé par rapport au niveau du sol après avoir protégé de l'érosion la partie du sol où il repose. ◆ **n. m.** (1798) *Tirer les faisans au perché,* au moment où ils sont perchés. ▪ **2** *Une voix haut perchée,* aiguë. ▪ **3** FAM. Fou. *Elle est un peu perchée. Un film perché.*

PERCHÉE [pɛʀʃe] **n. f.** – 1836 ◇ de 2*perche* ▪ Petite tranchée entre deux billons où l'on plante les ceps de vigne.
▪ HOM. Perché, percher.

PERCHER [pɛʀʃe] **v.** ‹1› – 1314 « se dresser debout » ◇ de 2*perche*

I **v. intr.** ▪ **1** Se mettre, se tenir au-dessus du sol, sur une branche, un perchoir (en parlant d'un oiseau). ➤ **aussi percheur.** ▪ **2** FAM. (PERSONNES) Loger (à un étage élevé). *Il perche au sixième.* — PAR EXT. ➤ **demeurer, habiter, loger ;** FAM. **crécher, nicher.** « *Clémentine dit au comte : Où perche donc le capitaine ?* » BALZAC.

II **v. tr.** (1831) FAM. Placer à un endroit élevé. *Quelle idée d'avoir été percher ce vase sur l'armoire !* ➤ **jucher.**

III **v. pron. SE PERCHER :** se mettre, se tenir sur un endroit élevé. ➤ **jucher.** *Les oiseaux se perchent sur les fils télégraphiques* « *Maître corbeau sur un arbre perché* » LA FONTAINE. — FAM. (PERSONNES) « *Tarrou s'était levé pour se percher sur le parapet de la terrasse* » CAMUS. ➤ **grimper, monter.** PAR EXT. *Femme perchée sur de hauts talons.*
▪ HOM. Perchée.

PERCHERON, ONNE [pɛʀʃəʀɔ̃, ɔn] **adj. et n.** – 1837 ; « du Perche » 1599 ◇ de *Perche,* nom d'une région de France ▪ *Cheval percheron :* grand et fort cheval de trait, de labour. *Une jument percheronne.* ELLIPT **n.** *Un percheron.*

PERCHEUR, EUSE [pɛʀʃœʀ, øz] **adj.** – 1821 ◇ de *percher* ▪ Qui a l'habitude de se percher. *Un oiseau percheur.*

PERCHIS [pɛʀʃi] **n. m.** – 1701 ◇ de 2*perche* ▪ TECHN. ▪ **1** Clôture faite de perches. « *la carcasse de soutien* [des murs], *faite d'une sorte de perchis noir* » AYMÉ. ▪ **2** (1828) Futaie dont les arbres de dix à vingt ans fournissent un bois de taille convenable pour faire des perches.

PERCHISTE [pɛʀʃist] **n.** – fin XIXe ◇ de 2*perche* ▪ **1** (1943) SPORT Athlète spécialiste du saut à la perche (sauteur à la perche). ▪ **2** (1973) AUDIOVIS. Personne qui tient la perche à son au-dessus de la personne qui parle (**recomm. offic. pour** *perchman*). ▪ **3** Personne qui vérifie le paiement et tend les perches d'un remonte-pente aux skieurs.

PERCHLORATE [pɛʀklɔʀat] **n. m.** – 1845 ◇ de *per-* et *chlorate* ▪ CHIM. Sel ou ion issu de l'acide perchlorique. *Le perchlorate de potassium* ($KClO_4$), *explosif utilisé en pyrotechnie.*

PERCHLORIQUE [pɛʀklɔʀik] **adj.** – 1845 ◇ de *per-* et *chlorique* ▪ CHIM. Se dit d'un anhydride (Cl_2O_7), d'un acide ($HClO_4$) du chlore, dans lesquels le chlore a son degré d'oxydation le plus élevé.

PERCHOIR [pɛʀʃwaʀ] **n. m.** – 1583 ; *percheur* « étagère » 1401 ◇ de *percher* ▪ **1** Endroit où viennent se percher les oiseaux domestiques, les volailles ; bâton qui leur sert d'appui. ➤ **juchoir.** *Perchoir du perroquet.* ▪ **2** FAM. Siège élevé ; endroit où l'on est perché, juché. *Descends de ton perchoir !* — SPÉCIALT Tribune élevée réservée au président de l'Assemblée nationale ; PAR MÉTON. La fonction de président. *Briguer le perchoir.*

PERCLUS, USE [pɛʀkly, yz] **adj.** – 1240 ◇ latin *perclusus* « obstrué » ▪ **1** Privé, complètement ou partiellement, de la faculté de se mouvoir ; qui a de la peine à se mouvoir. ➤ **impotent.** « *une tante à demi percluse, qui ne bougeait jamais de son fauteuil* » MUSSET. *Être perclus de rhumatismes.* « *des vieilles, percluses de douleurs* » E. LE ROY. — PAR EXT. *Bras perclus.* ➤ **inerte.** ▪ **2** (XVIe) FIG. Paralysé. *Être perclus de froid, de peur, de gêne. Ce* « *grand jeune homme noir et myope, perclus de timidité* » MAURIAC.

PERCNOPTÈRE [pɛʀknɔptɛʀ] **n. m.** – 1770 ◇ grec *perknopteros,* de *perknos* « noirâtre » et *pteron* « aile » ▪ ZOOL. Rapace diurne, sorte de vautour *(falconidés),* de taille moyenne, qui vit dans les régions méditerranéennes.

PERÇOIR [pɛʀswaʀ] **n. m.** – 1200 ◇ de *percer* ▪ TECHN. Outil pour percer.

PERCOLATEUR [pɛʀkɔlatœʀ] **n. m.** – 1872 ◇ du latin *percolare* « filtrer » ▪ Appareil qui sert à faire du café par percolation ou lixiviation. *Installer un percolateur dans un café. Préparer des express avec un percolateur.* — ABRÉV. FAM. **PERCO** [pɛʀko].

PERCOLATION [pɛʀkɔlasjɔ̃] **n. f.** – 1903 ◇ de *percolateur* ▪ Circulation d'un fluide à travers une substance, sous l'effet de la pression (➤ **lixiviation**). ◆ PHYS. *Transition de percolation* ou *percolation :* transformation structurelle d'un mélange lorsque la proportion de l'un des constituants atteint un seuil critique. *Transition de percolation d'un sol en gel.*

PERÇU, UE [pɛʀsy] **adj. et n. m.** – hapax XIIIe « découvert » ◇ de *percevoir* ▪ **1** Saisi, appréhendé par la perception. *Mouvement à peine perçu.* ◆ **n. m.** PHILOS. **LE PERÇU :** le réel en tant qu'il est perçu par un sujet. ▪ **2** *Être bien, mal perçu* (dans un milieu, par qqn), jugé favorablement ou non. *Ses intentions sont mal perçues,* mal comprises. ▪ **3** Recueilli (somme d'argent). *Droits perçus* (➤ **trop-perçu**).

PERCUSSION [pɛʀkysjɔ̃] **n. f.** – XIIIe « malheur » ; *percution* XIIe ◇ latin *percussio* → percuter ▪ **1** (1374) TECHN. ou LITTÉR. Action de frapper ; choc d'un corps contre un autre. ➤ **choc*, coup.** *Perceuse à percussion,* dont le foret subit des chocs répétés pour faciliter sa pénétration. — SC. Force appliquée sur un corps pendant un temps très court. *Lois de la percussion des corps.* — *Arme à percussion :* arme à feu dans laquelle la mise à feu s'effectue par le choc d'une pièce métallique (➤ **percuteur**) contre une capsule détonante. ▪ **2** (XVIIe) MUS. *Instrument à (de) percussion,* dont on joue en le frappant (avec la main, une baguette, un maillet, etc.) et dont le rôle est surtout rythmique. *Principaux instruments à percussion :* bongo, caisse, castagnettes, cymbales, glockenspiel, gong, tambour, tambourin, timbale, triangle, vibraphone, xylophone. *Percussions brésiliennes.* ➤ **batucada.** — *La percussion :* l'ensemble des instruments à percussion d'un orchestre. ➤ **batterie.** « *Concerto pour deux pianos et percussion* », *de Bartók. Dans un orchestre de jazz, un groupe de rock, la percussion est un élément de la section rythmique.* ▪ **3** (1770) MÉD. Mode d'exploration clinique qui consiste à frapper une région du corps avec les doigts ou un appareil spécial afin de connaître l'état des parties sous-jacentes d'après le bruit produit.

PERCUSSIONNISTE [pɛʀkysjɔnist] **n.** – 1966 ◇ de *percussion* (2°) ▪ Musicien(ne) qui joue d'un ou de plusieurs instruments de percussion. *Percussionniste de jazz.* ➤ **batteur, drummeur.**

PERCUTANÉ, ÉE [pɛʀkytane] **adj.** – 1953 ◇ du latin *per* « à travers » et de *cutané* ▪ MÉD. Qui se fait par absorption à travers la peau. *Médicament administré par voie percutanée* (➤ **patch**).

PERCUTANT, ANTE [pɛʀkytɑ̃, ɑ̃t] **adj.** – 1872 ◇ de *percuter* ▪ **1** DIDACT. Qui donne un choc. — ARTILL. *Un obus, un projectile percutant,* ou **n. m.** *un percutant,* qui éclate lors de l'impact. *Le bombardement avait* « *commencé par des percutants et des fusants* » ROMAINS. ▪ **2** FIG. et COUR. Qui frappe par sa netteté brutale, qui produit un choc psychologique. ➤ **frappant, saisissant.** *Un article, un discours percutant. Une formule percutante* (cf. Une formule-choc*).

PERCUTER [pɛʀkyte] **v.** ‹1› – 1610, rare avant 1825 ; « détruire » v. 980 ◇ latin *percutere* « frapper violemment »

I **v. tr.** ▪ **1** (1838) Frapper, heurter (qqch.). MÉCAN. *Mobile qui percute un autre corps.* — SPÉCIALT *Pièce du fusil qui percute l'amorce* (➤ **percuteur**). — COUR. Heurter violemment. *Sa voiture a percuté un camion.* ➤ **emboutir, rentrer** (dans), **tamponner, télescoper.** ▪ **2** MÉD. Explorer (une partie du corps) par le procédé de la percussion (3°). *Percuter le dos.*

II **v. intr.** ▪ **1** Heurter en explosant. *Obus qui vient percuter contre le sol, un mur.* ◆ PAR EXT. Heurter violemment un obstacle, un véhicule. *La voiture est allée percuter contre un arbre.* ▪ **2** FAM. Comprendre. *Il n'a pas percuté.*

PERCUTEUR [pɛʀkytœʀ] **n. m.** – 1859 ◇ de *percuter* ▪ **1** Pièce métallique qui, dans une arme à feu, est destinée à frapper l'amorce et à la faire détoner. « *les amorces portaient la trace* *du percuteur, mais les balles n'étaient pas parties» MALRAUX.* ■ **2** PRÉHIST. Outil servant à frapper un bloc de matière dure pour en tirer des éclats.

PERCUTIRÉACTION [pɛʀkytiʀeaksjɔ̃] **n. f.** – 1908 ◊ du latin *per* «à travers», *cutis* «peau» et de *réaction* ■ MÉD. Réaction cutanée locale qui se produit (en cas de réaction positive) à l'endroit où l'on a fait pénétrer par voie percutanée de la tuberculine concentrée (cf. Timbre tuberculinique*).

PERDANT, ANTE [pɛʀdɑ̃, ɑ̃t] **n. et adj.** – 1288 ◊ de *perdre*

I ■ **1** Personne qui perd au jeu, dans une affaire, une compétition. ➤ **battu, vaincu.** *Match nul, où il n'y a ni perdant ni gagnant. Un gage pour le perdant. Être bon, mauvais perdant* : accepter sa défaite avec bonne ou mauvaise grâce. *Il a été le gros perdant dans cette affaire. C'est un perdant, il échoue souvent.* ➤ **loser.** ■ **2** adj. Qui perd. *Les numéros perdants.* DR. *La partie perdante.* — (PERSONNES) *À ce petit jeu, vous êtes perdant. «Une seule chose importante : apprendre à être perdant» CIORAN. — Jouer perdant* : être désavantagé au départ ou sans espoir de gagner. *Il ne faut pas partir perdant !*

II n. m. MAR. Marée descendante. ➤ **jusant, reflux.**

■ CONTR. Gagnant.

PERDITION [pɛʀdisjɔ̃] **n. f.** – *perdiciun* 1080 ◊ latin ecclésiastique *perditio* ■ **1** THÉOL. Éloignement de l'Église et des voies du salut ; ruine de l'âme par le péché. *État de perdition.* — LOC. COUR. *Lieu de perdition* : lieu de plaisir, de débauche. *«ce théâtre, un abîme de perditions» ARAGON.* ■ **2** (XIIIe) VX État de ce qui se perd, se dissipe. ➤ **dissipation, perte.** ◆ (1787) MOD. *Navire en perdition,* en danger de faire naufrage. ➤ **danger, détresse.** — FIG. *Une entreprise en perdition,* qui va à la ruine, court à sa perte. ■ CONTR. Salut.

PERDRE [pɛʀdʀ] **v. tr.** ⟨41⟩ – fin IXe, au sens I, 3° *(perdre sa virginité)* ◊ du latin *perdere*

I NE PLUS AVOIR A. ÊTRE PRIVÉ DE LA POSSESSION OU DE LA DISPOSITION DE (QQCH.), DE LA COMPAGNIE DE (QQN) ■ **1** (fin XIe) Ne plus avoir (un bien). *Perdre une somme d'argent. Perdre sa fortune, ses biens* (détruits, pris ou acquis par d'autres). *Perdre sa maison dans un incendie.* SANS COMPL. *«On hasarde de perdre en voulant trop gagner» LA FONTAINE. Perdre au jeu.* ◆ (ABSTRAIT) *Perdre un avantage. «on perdait sa situation, on perdait de l'argent à la Bourse, on perdait le goût du travail» AYMÉ. Perdre son travail.* PROV. *Qui va à la chasse perd sa place. — Perdre la confiance, l'amitié de qqn. «si vous ne voulez pas perdre mon estime après avoir perdu mon amitié» BALZAC. Perdre son prestige, ses droits, ses illusions.* ◆ LOC. *N'avoir rien à perdre mais tout à gagner.* (1623) *Tu ne perds rien pour attendre* : tu n'échapperas pas à ma revanche (formule de menace). *Perdre au change*. Perdre des plumes*.* — FAM. *Tu n'as rien perdu en ne venant pas à cette conférence,* ce n'était pas intéressant. ■ **2** (fin XIe) Être séparé de (qqn) par la mort (cf. Être en deuil* de). *«Jadis, à l'âge de vingt-cinq ans, elle avait perdu, en un seul mois, son père, son mari et son enfant nouveau-né» MAUPASSANT. Perdre des soldats dans la bataille.* ◆ (milieu XIIe) Ne plus avoir (un compagnon, un ami, etc.). *Il a perdu son meilleur ami. Nous perdons là un précieux collaborateur. «je ne sais pas lequel est le plus cruel, de perdre tout à coup la femme qu'on aime, par son inconstance ou par sa mort» MUSSET.* ■ **3** (fin IXe) Cesser d'avoir (une partie de soi ; un caractère inhérent). *Perdre un bras, un œil, ses dents, ses cheveux. Le chat perd ses poils. Les arbres perdent leurs feuilles. — Perdre du poids, des kilos* : maigrir. *Perdre le souffle* : être essoufflé. *À perdre haleine*. Perdre l'appétit, ses forces, le sommeil. Perdre ses moyens. Perdre la vue. Perdre la vie* : mourir. ◆ *Perdre l'esprit, la raison, la tête,* (FAM.) *la boule* : devenir fou. *Perdre la mémoire. Perdre connaissance* : s'évanouir. *Perdre courage* : se décourager. *Perdre espoir* : désespérer. *Perdre son sang-froid. Perdre patience* : s'impatienter. *Perdre son calme* : s'énerver. *Perdre une habitude,* s'en défaire. *Perdre la face*. Perdre confiance. Perdre la foi.* ◆ (1678) (CHOSES) *Le mot a perdu son sens initial. Perdre de la vitesse* : ralentir. *L'avion perd de l'altitude. Ça perd de son intérêt. Le tableau a perdu une partie de sa valeur.* ■ **4** Ne plus avoir en sa possession (ce qui n'est ni détruit ni pris). ➤ **égarer,** FAM. **paumer.** *Perdre ses lunettes, ses clés, sa carte de crédit. Il est terrible, il perd tout ! «Parmi tant de gens dont j'avais perdu les noms, les coutumes, les adresses» CÉLINE.* FAM. *Les touristes ont perdu leur guide.* ■ **5** Laisser s'échapper. *Il perd son pantalon. Le blessé perd son sang.* ➤ se **vider.** — *Perdre les pédales*.* — (1797) ABSOLT *Tonneau qui perd.* ➤ **fuir.** ■ **6** (fin XIIe) Cesser de percevoir. *«Malgré son embarras, Jeanne écoutait, sans perdre une syllabe, ni une inflexion» ROMAINS. Il ne veut pas en perdre une bouchée, une miette*.* — LOC. (1538) *Perdre* (qqn, qqch.) *de vue* : ne plus voir ; (milieu XVIIe, Bossuet) FIG. ne plus fréquenter qqn, ne plus s'intéresser à lui. *«Quoique éloigné de vous, je ne vous perdrai pas de vue» E. SUE. Il ne faut pas perdre de vue que la situation a changé.* ➤ **oublier.** PRONOM. *Nous nous sommes perdus de vue depuis le lycée.* ◆ MAR. *Perdre terre,* ne plus la voir. ■ **7** (début XIIIe) Ne plus pouvoir suivre, contrôler. *Perdre son chemin, sa route. Perdre le fil*. Y perdre son latin*. Perdre pied*. Perdre l'équilibre. Perdre le nord*, la boussole*.* ■ **8** (fin XIe) Ne pas profiter de (qqch.), en faire mauvais usage. ➤ **dissiper, gâcher, gaspiller.** *Perdre sa peine*, sa salive*. Perdre une belle occasion de se taire*.* ◆ (fin XIIe) (Temps) *Tu perds ton temps à essayer de le convaincre. — Perdre du temps* : laisser passer un temps qu'on devrait pleinement utiliser. *Vite ! On perd du temps. Sans perdre une minute. Il n'y a pas un instant à perdre.* IRON. *Avoir du temps à perdre,* le gaspiller pour rien. *Cet élève a vraiment perdu son année. «Oisive jeunesse À tout asservie, Par délicatesse J'ai perdu ma vie» RIMBAUD.* ■ **9** (fin XIe) Ne pas obtenir ou ne pas garder (un avantage dans une compétition). *Perdre l'avantage.* ◆ Ne pas remporter. *Perdre la partie.* ALLUS. HIST. *«La France a perdu une bataille ! Mais la France n'a pas perdu la guerre !» DE GAULLE. Perdre un procès, un pari.* — Être le perdant. *Il a perdu. Il n'aime pas perdre.* (1797) *Jouer à qui perd gagne.* ◆ *Perdre du terrain* : aller moins vite que son adversaire. — FIG. (fin XVIIIe) *La devise a perdu du terrain.* ➤ **reculer.**

B. INTRANS. (1859) MAR. *La marée perd,* le coefficient de marée va décroissant. *Le voilier perd au vent,* il se retrouve sous le vent (de la route la plus directe).

II PRIVER (QQN) DE LA POSSESSION OU DE LA DISPOSITION DE BIENS, D'AVANTAGES ■ **1** (1546) (Sujet personne) VIEILLI Ruiner totalement. ➤ **déconsidérer, déshonorer.** *«Il n'y a personne qu'on ne puisse perdre en interprétant ses paroles» VOLTAIRE.* ■ **2** (Sujet chose) Priver de sa réputation, de son crédit (auprès de qqn) ; priver de sa situation. *Son orgueil le perdra. «Ces propos de tout le monde me perdront dans l'âme d'Alfred» STENDHAL.* — Faire condamner. *Le témoignage de sa femme l'a perdu.* ■ **3** VX ou LITTÉR. Corrompre ; rendre mauvais. *«Ce sont le fer et le blé qui ont civilisé les hommes et perdu le genre humain» ROUSSEAU.* — RELIG. Damner (➤ **perdition**). ■ **4** (1680) Mettre hors du bon chemin pour se débarrasser de. ➤ **égarer.** *Le Petit Poucet fut perdu dans la forêt par ses parents.*

III SE PERDRE v. pron. ■ **1** (fin XVe) (CHOSES) Être réduit à rien ; cesser d'être. *Rien ne se perd, rien ne se crée.* ◆ (milieu XIVe) Être perdu ; cesser de se manifester, d'exister. *Les traditions se perdent peu à peu.* ➤ **disparaître.** *Le sens de ce mot s'est perdu. «C'était un garçon [...] qui avait le goût de la vraie musique militaire. C'est une chose qui se perd de nos jours» VIALATTE.* ■ **2** Être mal utilisé, ne servir à rien. *«Il est absurde que cette énorme somme d'énergie s'évapore ainsi, se perde dans l'espace» DUHAMEL.* (Avec ellipse de *se*) *Il finit les plats, il ne veut rien laisser perdre. Laisser perdre une occasion.* LOC. FAM. *Il y a des coups de pied au derrière, des fessées qui se perdent,* se dit lorsque qqn aurait mérité une correction. ■ **3** (1560) (Aliments) Se gâter, s'avarier. *Il faut manger ces pêches, elles vont se perdre.* ➤ **s'abîmer.** ■ **4** (1677, Racine) Cesser d'être perceptible. ➤ **disparaître.** *Silhouettes qui se perdent dans la nuit. «Le temps d'arrêter le bateau qui était en pleine vitesse et le corps s'était perdu» DURAS.* ➤ **sombrer.** *«Elle gémit en vain ; sa plainte au vent se perd» LA FONTAINE.* (1538) *Les origines de la vie se perdent dans la nuit des temps. Rivière qui va se perdre sous terre.* ➤ s'**enfoncer,** s'**engloutir,** s'**engouffrer.** *«Les vertus se perdent dans l'intérêt comme les fleuves se perdent dans la mer» LA ROCHEFOUCAULD.* ■ **5** (XIIIe) (PERSONNES) S'égarer, ne plus retrouver son chemin. ➤ se **fourvoyer,** FAM. se **paumer.** *Se perdre dans un labyrinthe, en forêt, dans une ville inconnue.* ➤ RÉGION. **s'écarter.** *Un enfant qui s'est perdu.* ◆ FIG. *Se perdre dans les détails.* ➤ s'**embrouiller,** se **noyer.** *Se perdre en conjectures*.* ◆ (1546) Être incapable de comprendre, ne voir plus clair dans. *L'intrigue est trop compliquée, on s'y perd.* ■ **6** Appliquer entièrement son esprit à (un objet) au point de n'avoir conscience de rien d'autre. ➤ s'**absorber,** se **plonger.** *Se perdre dans la contemplation de qqch. Se perdre dans une rêverie, dans ses pensées.* ➤ **s'abîmer.** ■ **7** (fin XIIe) Causer sa ruine. *«tu te perdras par le bonheur comme d'autres se perdent par le malheur» BALZAC.* — VIEILLI Devenir mauvais, corrompu. *«Il se perdait avec une femme mariée» FLAUBERT.*

■ CONTR. Acquérir, 1 avoir, conquérir, conserver, détenir, emparer (s'), gagner, garder, obtenir, posséder, récupérer, regagner, retrouver, sauver, trouver. Suivre, voir. Bénéficier, profiter, utiliser.

PERDREAU [pɛʀdʀo] **n. m.** – XVIe ; *perdriel* 1377 ◊ ancien provençal *perdigal* → perdrix ■ **1** Jeune perdrix de l'année. *Une compagnie de perdreaux.* ◆ LOC. FAM. *Ne pas être un perdreau de l'année :*

avoir un certain âge ; avoir de l'expérience. *«les enfants de chœur, les perdreaux de l'année, les candides et les imbéciles»* V. DESPENTES. ▪ **2** ARG. FAM. VIEILLI Policier. ➤ **poulet.**

PERDRIX [pɛʀdʀi] **n. f.** – *perdriz* 1170 ◊ latin *perdix, icis* ▪ **1** Oiseau *(galliformes)* de taille moyenne, au plumage roux cendré (*perdrix rouge* ➤ **bartavelle**), ou gris cendré *(perdrix commune, grise)* qui est très apprécié comme gibier. *La perdrix cacabe. Jeune perdrix.* ➤ **perdreau.** ▪ **2** (D'autres oiseaux) *Perdrix blanche, perdrix des neiges* : lagopède. *Perdrix de mer* : glaréole.

PERDU, UE [pɛʀdy] **adj.** – milieu XIIIe ◊ de *perdre*

I QUI A ÉTÉ PERDU, QUE L'ON N'A PLUS ▪ **1** Dont on n'a plus la possession, la disposition, la jouissance. *Argent perdu au jeu. — Tout est perdu* : il n'y a plus d'espoir, plus de remède (cf. FAM. C'est fichu, foutu, râpé). ALLUS. HIST. *Tout est perdu, fors* l'honneur.* (milieu XVIe) *Il n'y a rien de perdu* : la situation peut encore être rétablie. *Perdu pour perdu, autant tout essayer !*, aussi désespérée qu'est la situation. — *Un de perdu, dix de retrouvés*.* ▪ **2** (fin XVIIIe) Égaré. *Objets perdus. Chien perdu.* ➤ 2 **errant.** *Enfant perdu.* ◆ (fin XIVe) (D'un lieu) Qui est loin des grandes agglomérations, des points de référence habituels de la personne qui parle, qui est peu habité. ➤ 2 **écarté ; éloigné, isolé.** *Pays perdu. Un coin perdu.* ➤ FAM. **paumé.** *«Dans le centre de l'Afrique, ou enfin dans quelque endroit perdu de ce genre»* ARAGON. ▪ **3** Mal contrôlé, abandonné au hasard. *Balle perdue,* qui a manqué son but et peut en atteindre un autre par hasard. — (1559) TECHN. *Ouvrage à pierre(s) perdue(s)* : construction qu'on établit dans l'eau en y jetant de gros quartiers de roc. LOC. *À corps* perdu.* ▪ **4** (milieu XIIIe) Qui a été mal utilisé ou ne peut plus être utilisé. *Moule à cire* perdue. Pain* perdu. Emballage, verre perdu* (opposé à *consigné*), qui ne sert qu'une fois. *Peine* perdue. Salle des pas* perdus. Comble perdu,* non habitable. *Occasion perdue.* ➤ **manqué.** *Perdu pour qqn,* dont cette personne ne tire pas profit. *Ce n'est pas perdu pour tout le monde* : certains en ont profité. ◆ *Temps perdu,* inutilement employé. *Ces réunions, quel temps perdu ! «La plus perdue de toutes les journées est celle où l'on n'a pas ri»* CHAMFORT. — *Moments perdus* : heures, moments de loisir. *«La plupart des locataires de notre hôtel faisaient un peu de fausse monnaie, à moments perdus. C'était leur violon d'Ingres»* H. CALET. *À ses moments perdus,* quand il en a le temps. *À temps perdu* : dans les moments où l'on a du temps à perdre. ▪ **5** (1660) Où on a eu le dessous. *Bataille perdue. L'avocat des causes perdues.*

II QUI EST ATTEINT SANS REMÈDE ▪ **1** (1538) (PERSONNES) Atteint dans sa santé. *Le malade est perdu,* il ne se rétablira pas, sa mort est certaine. ➤ **condamné, incurable ;** FAM. 2 **fichu, foutu.** — (1538) Atteint dans sa fortune, sa situation, son avenir... *C'est un homme perdu.* ➤ **fini ;** FAM. **cuit, flambé.** *«Avant que de combattre, ils s'estiment perdus»* CORNEILLE. ➤ **battu.** — *Être perdu auprès de qqn. Perdu de réputation.* ◆ (1606) VIEILLI Sans moralité. ➤ **corrompu, débauché.** *Fille perdue* (SPÉCIALT prostituée). ▪ **2** (1823) (CHOSES) Abîmé, endommagé. *«Les robes de ces dames se trouvaient perdues, éclaboussées du haut en bas»* ZOLA. — *Ces fruits sont perdus,* gâtés.

III QUI SE PERD, QUI S'EST PERDU ▪ **1** (1723, Rousseau) Qui est devenu invisible, qui disparaît. *Ciel «perdu [...] dans une grisaille brumeuse»* COURTELINE. *«Perdu dans la nuit qui le voile»* HUGO. ▪ **2** (milieu XIVe) Qui s'est égaré. ➤ FAM. **paumé.** *J'étais perdu.* PAR EXT. *«Elle ne répondit point, les regards en l'air, perdus dans le ciel»* ZOLA. ◆ FIG. (1744) *Se sentir perdu.* ➤ **désemparé.** *«Un homme de trente-cinq ans, et qui était aussi perdu dans la vie qu'un enfant»* COSSERY. *Je suis perdu, je ne m'y retrouve plus* (cf. Ne plus suivre). — SUBST. Personne qui a perdu la tête. ➤ **fou.** LOC. *Crier, courir, rire comme un perdu.* ▪ **3** (milieu XVIIIe) Absorbé, plongé (dans). *Perdu dans ses pensées, ses rêveries, dans sa douleur,* plongé. *«Elle ne le voyait point, perdue dans sa méditation»* MAUPASSANT.

PERDURABLE [pɛʀdyʀabl] **adj.** – *pardurable* v. 1120 ◊ latin *perdurabilis* → durable ▪ **1** DIDACT. et VX Éternel. ▪ **2** LITTÉR. Qui dure longtemps. *«des rancunes perdurables»* DUHAMEL.

PERDURER [pɛʀdyʀe] **v. intr.** ‹1› – XIIIe ; *pardurer* 1120 ◊ du latin *perdurare* ▪ **1** VX Durer toujours (jusqu'à la fin). — LITTÉR. Se perpétuer. *Si la situation perdurait.* ▪ **2** (Belgique) Persister, se prolonger. *La grève risque de perdurer.*

PÈRE [pɛʀ] **n. m.** – fin Xe, au sens I, A, 5° ◊ du latin *pater, patris* → 1 pater ; parrain, 1 patron, patrie, patrimoine

I PARENT MÂLE A. AU SENS BIOLOGIQUE ▪ **1** (fin XIe) Homme qui a engendré, qui a donné naissance à un ou plusieurs enfants. *Devenir, être père. Être (le) père de deux enfants. «Allons donc, et que les Cieux prospères Nous donnent des enfants dont nous soyons les pères»* MOLIÈRE. *Père biologique*.* — *Le père de qqn.* ➤ PLAISANT **géniteur ;** ARG. OU FAM. 1 **dab, daron, paternel, vieux.** *Le père, la mère* (les parents) *et leurs enfants.* ➤ **famille.** *Tes père et mère honoreras* (l'un des dix commandements*). *«Mon père, ce héros au sourire si doux»* HUGO. *Enfant né de père inconnu. Autorité du père* (➤ **paternel**). *Traiter qqn comme un père traite ses enfants.* ➤ **paternellement.** *Nouveau père* : père qui s'occupe beaucoup de ses enfants et prend part aux soins du ménage. *Mauvais père.* ➤ **parâtre.** *Meurtre du père.* ➤ 2 **parricide.** LOC. *Tuer père et mère* : commettre les pires méfaits. *Il faut (faudrait) avoir tué père et mère pour...* : être dans une situation désespérée. PSYCHOL. *Image* du père.* ➤ **imago.** *Tuer* le père.* LOC. PROV. *Tel père, tel fils.* — *Tradition transmise de père en fils. Dans la famille, ils sont magistrats de père en fils. Alexandre Dumas père. Entreprise Dupont père et fils. «une maison fondée en 1794, et dont l'antique, ferme et proverbiale honorabilité embellissait la ville de père en fils»* MIRBEAU. — *Je vous présente mon père. Monsieur votre père.* — Appellatif ➤ **papa.** *«Dis donc, père (elle appelait son mari "père" dans la maison)»* MAUPASSANT. ◆ (fin XIIIe) DR. Ascendant mâle au premier degré. *Père naturel et père légal. Père putatif*. «L'enfant conçu ou né pendant le mariage a pour père le mari»* (CODE CIVIL). — *Père du père ou de la mère* (➤ **grand-père**), *du conjoint* (➤ **beau-père**). ▪ **2** (fin XVe) **PÈRE DE FAMILLE,** qui a un ou plusieurs enfants qu'il élève. ➤ **chef** (de famille), **pater familias.** *Les responsabilités du père de famille.* — ANC. DR. *En bon père de famille* : sagement. *«Ils occupaient les lieux en bons pères de famille, selon la lettre et l'esprit de leurs baux»* AYMÉ. — FIG. *Placements, valeurs de père de famille,* qui garantissent un profit régulier, avec un minimum de risques. ▪ **3** (1973) (Afrique noire) Oncle paternel. ▪ **4** Le parent mâle (de tout être vivant sexué). *Le père de ce poulain était un pur-sang.* ▪ **5** (1535) PLUR. LITTÉR. Les ancêtres. ➤ **aïeul,** 2 **ascendant.** *L'héritage de nos pères. «Nos pères sur ce point étaient gens bien sensés»* MOLIÈRE. ▪ **6** (fin Xe) La première personne de la sainte Trinité. *Dieu* le Père. Au nom du Père, du Fils et du Saint-Esprit,* formule qui accompagne le signe de la croix. *«Notre Père qui êtes aux cieux»* (prière). — SUBST. *Dire un Notre Père.* ➤ 1 **pater.**

B. AU SENS SYMBOLIQUE (début XIIe) Celui qui se comporte comme un père, est considéré comme un père. *Père adoptif* (➤ **adoption**). *Père nourricier*. Il a été un vrai père pour sa filleule.* ◆ RELIG. *Père spirituel.* ➤ **directeur** (de conscience).

II CRÉATEUR, INVENTEUR, FONDATEUR (1519) *Le père de qqch.* ➤ **fondateur.** *Louis Lumière, père du cinéma. «Le travail est souvent le père du plaisir»* VOLTAIRE. *Le «Journal des savants» est le père de tous les ouvrages de ce genre.* ➤ **ancêtre.**

III HOMME D'UN CERTAIN ÂGE OU QUI INSPIRE LE RESPECT ▪ **1** (1776) *Père noble* : personnage âgé et solennel, au théâtre. *Jouer les pères nobles,* les nobles vieillards (IRON.). ▪ **2** ANTIQ. ROM. *Les pères conscrits*.* ▪ **3** (Afrique noire) Homme de la génération du père, à qui l'on doit le respect. ➤ **vieux.** ▪ **4** (fin XIIe) (Titre de respect) RELIG. *Père abbé* : religieux assurant la direction d'un couvent, d'une communauté. COUR. *Les pères de l'Oratoire. Les Pères blancs. Le père Bourdaloue. Le révérend père Untel.* FAM. *Les bons pères* : les religieux. *Il a été élevé chez les (bons) pères.* — (milieu XIVe) *Le Saint-Père.* ➤ **pape.** *Les Pères de l'Église* : les docteurs de l'Église (du Ier au VIe siècle). ➤ aussi **patrologie.** — *Les Pères du concile,* les évêques qui y sont présents. ◆ (Appellatif) *Mon père,* se dit en s'adressant à certains religieux. ▪ **5** (XVIIe) Avant le nom de famille Désignant un homme mûr et de condition modeste, ou avec condescendance. *«Le Père Goriot», roman de Balzac. Le père Ubu, personnage de Jarry.* LOC. *Père la pudeur, la morale* : personne pudibonde, moralisatrice, qui se pose en gardienne de la décence, de la morale. *Jouer les pères la pudeur. Le coup du père François* : un coup mortel sur la nuque. — *Le père Fouettard*. Le père Noël*. Un père tranquille* : un homme qui aime la tranquillité. *En père tranquille* : tranquillement. *«il avait fait ce métier comme un autre, en père tranquille, que le démon de l'ambition n'a jamais troublé»* TOURNIER. *En père peinard* : tranquillement, en évitant les soucis. ◆ LOC. (1825) *Un gros père* : un gros bonhomme placide. ➤ **bonhomme, pépère.** — (1824, Balzac) FAM. *Alors, mon petit père, comment ça va !*

▪ HOM. Pair, paire, pers.

PÉRÉGRINATION [peʀegʀinasjɔ̃] **n. f.** – 1546 ; «vie terrestre» 1120 ◊ latin *peregrinatio* ; cf. ancien français *pérégrin* «pèlerin» ▪ **1** VX Voyage en pays lointain. ▪ **2** MOD. PLUR. *Pérégrinations* : déplacements incessants en de nombreux endroits. *«J'ignore si tu prendras grand intérêt aux pérégrinations d'un touriste parti de Paris en plein novembre»* NERVAL.

PÉREMPTION [peʀɑ̃psjɔ̃] **n. f.** – 1546 ◊ latin juridique *peremptio*, de *perimere* → se périmer ▪ **1** DR. Anéantissement des actes de procédure antérieurement accomplis lorsqu'un certain délai s'est écoulé sans qu'aucun acte ait été fait. *La péremption peut être invoquée au bout de trois ans.* ▪ **2** (1968) COUR. *Date de péremption* : date figurant sur un produit commercialisé, au-delà de laquelle il n'est plus consommable. *Vérifier la date de péremption d'un médicament, d'un yaourt, d'une conserve.*

PÉREMPTOIRE [peʀɑ̃ptwaʀ] **adj.** – 1279 *perhemptoire* ◊ latin *peremptorius* ▪ **1** DR. Relatif à la péremption. *Exception péremptoire.* ▪ **2** (1477 ; *perentoire* 1354) COUR. Qui détruit d'avance toute objection ; contre quoi on ne peut rien répliquer. ➤ **décisif, tranchant.** *Argument péremptoire. «Il s'appuie sur des raisons si péremptoires qu'il n'y a pas moyen d'aller contre»* BALZAC. *Ton péremptoire. — Il a été péremptoire.* ➤ **catégorique.** — **adv. PÉREMPTOIREMENT.** ▪ CONTR. Hésitant, 1 incertain ; discutable.

PÉRENNANT, ANTE [peʀenɑ̃, ɑ̃t] **adj.** – 1913 ◊ de *pérenne* ▪ BOT. Qui subsiste plusieurs années, en résistant aux chocs climatiques. *Organes pérennants d'une plante* (racines, rhizomes, bulbes).

PÉRENNE [peʀɛn] **adj.** – 1588 ◊ latin *perennis* «qui dure un an» ▪ **1** GÉOGR. *Rivière, source pérenne*, qui dure toute l'année. ➤ **permanent.** ▪ **2** COUR. Qui dure longtemps, depuis longtemps. *Institution pérenne. Solution pérenne.* ➤ **durable.** *Bénéfices pérennes.* ➤ **stable.** *Culture pérenne*, qui a une durée de vie de plusieurs années et donne plusieurs fructifications (ex. vigne).

PÉRENNISER [peʀenize] **v. tr.** ‹1› – 1572 ; *paranniser* 1553 ◊ de *pérenne* ▪ DIDACT. Rendre durable, éternel. *Pérenniser une institution.* — **n. f. PÉRENNISATION.**

PÉRENNITÉ [peʀenite] **n. f.** – 1784 ; *perhennité* 1175 ◊ latin *perennitas*, de *perennis* «qui dure toute l'année» ▪ État, caractère de ce qui dure toujours (➤ **continuité, éternité, immortalité, perpétuité**) ou très longtemps (➤ **durable, durée**). *La pérennité de l'espèce, des traditions. «Et elle, qui avait cru à la solidité, à la pérennité des choses, [...] quel espoir mettre à présent dans la vie ?»* GREEN. ▪ CONTR. Brièveté.

PÉRÉQUATION [peʀekwasjɔ̃] **n. f.** – 1611 ; *perequacion* «répartition équitable de l'impôt» 1442 ◊ latin juridique *peraequatio*, de *peraequare* «égaliser» ▪ DR., ADMIN. Rajustement des traitements, pensions, impôts, destiné à les adapter au coût de la vie ou à établir entre eux certaines proportions déterminées. ➤ **répartition.** — Égalité dans la répartition. ♦ ÉCON. Rajustement de ressources ou de charges afin de réduire certains déséquilibres. *Péréquation sectorielle.* — FIN. Opération visant à compenser des soldes, des différences. *Péréquation des soldes bancaires des filiales d'un même groupe. Péréquation des prix, des charges, destinée à diminuer les inégalités entre les entreprises.*

PERESTROÏKA ou **PÉRESTROÏKA** [peʀɛstʀɔika] **n. f.** – 1986 ◊ mot russe «reconstruction» ▪ HIST. En URSS, Réorganisation du système socioéconomique et modification des mentalités dans le sens de l'efficacité et d'une meilleure circulation de l'information. *La perestroïka fut préconisée par M. Gorbatchev. Glasnost* et perestroïka.*

PERFECTIBILITÉ [pɛʀfɛktibilite] **n. f.** – 1750 ◊ de *perfectible* ▪ LITTÉR. Caractère de ce qui est perfectible. *«Mon Dieu ! que c'est une sotte chose que cette prétendue perfectibilité du genre humain dont on nous rebat les oreilles !»* GAUTIER.

PERFECTIBLE [pɛʀfɛktibl] **adj.** – 1756 ◊ du latin *perfectus* «parfait» ▪ Qui est susceptible d'être amélioré. *«La science est perfectible, l'art, non»* HUGO. *«L'optimisme serait une erreur, si l'homme n'était point perfectible»* RENAN. ▪ CONTR. Imperfectible.

PERFECTIF, IVE [pɛʀfɛktif, iv] **n. m. et adj.** – 1875 ; philos. v. 1840 ; «parfait» 1485 ◊ du latin *perfectus* ▪ LING. «Aspect d'une action envisagée comme aboutissant à un terme» (Marouzeau). ➤ **accompli, parfait.** — **adj.** *Aspect* perfectif d'un verbe. Verbes perfectifs et verbes imperfectifs.* ▪ CONTR. Imperfectif.

PERFECTION [pɛʀfɛksjɔ̃] **n. f.** – v. 1150 ◊ latin *perfectio, onis* «complet achèvement»

I Degré le plus haut dans une échelle de valeurs. ▪ **1** État, qualité de ce qui est parfait, SPÉCIALT dans le domaine moral (bien) et esthétique (beau). *«C'est à la perfection de sa forme que Baudelaire doit sa survie»* GIDE. *«Sous prétexte que la perfection n'est pas de ce monde, ne gardez pas, soigneusement, tous vos défauts»* RENARD. *Désir, souci de la perfection.* ➤ **perfectionnisme.** ▪ **2** ABSOLT ; RELIG., PHILOS. Réunion de toutes les qualités portées à leur degré le plus haut. ➤ **absolu, 2 idéal.** *«là où il n'y a point de bornes, c'est-à-dire en Dieu, la perfection est absolument infinie»* LEIBNIZ. ▪ **3** Excellence, grande qualité. *Le sommet de la perfection. Un modèle de perfection. Degré de perfection.* ♦ **loc. adv.** VX **EN PERFECTION ; DANS LA PERFECTION ;** MOD. **À LA PERFECTION :** d'une manière parfaite, excellente. ➤ **parfaitement.** *«Tu joues du violon en perfection»* MAUPASSANT. *Elle chante à la perfection.* ▪ **4 UNE PERFECTION :** une qualité remarquable. *«les amoureux découvrent de singulières perfections chez la personne qu'ils aiment»* STENDHAL. ♦ Personne, chose parfaite. *«C'est une perfection de femme de chambre»* BARBEY. ➤ **perle.** *Cette machine est une petite perfection.* ➤ **merveille.**

II (XIVe) VX ou LITTÉR. État de ce qui est poussé à son terme, de ce qui correspond pleinement à un concept, à un type (bon ou mauvais). ➤ **achèvement.** *La perfection des formes, des lignes. La perfection de l'exécution* (travail, mouvement, musique, etc.). *«Ils semblaient entièrement terrifiés par la soudaineté et la perfection de leur déconfiture»* BAUDELAIRE.

▪ CONTR. Imperfection. Défaut, faute ; défectuosité, difformité ; médiocrité. Approximation.

PERFECTIONNÉ, ÉE [pɛʀfɛksjɔne] **adj.** – 1454 ◊ de *perfectionner* ▪ Qui a reçu des perfectionnements. *«Les mœurs sont l'hypocrisie des nations ; l'hypocrisie est plus ou moins perfectionnée»* BALZAC. — Muni de perfectionnements ; qui a subi des améliorations techniques. *Machine très perfectionnée, ultra-perfectionnée. Par les moyens les plus perfectionnés.*

PERFECTIONNEMENT [pɛʀfɛksjɔnmɑ̃] **n. m.** – 1713 ◊ de *perfectionner* ▪ **1** Action de perfectionner, de rendre meilleur. ➤ **avancement, progrès.** *«Le perfectionnement [...] des moyens de production»* CAMUS. ♦ Action de se perfectionner. *Stage de perfectionnement suivant un stage d'initiation. Classes de perfectionnement.* ▪ **2** Procédé par lequel on perfectionne qqch. ; amélioration qui en résulte. *Une voiture «à laquelle il avait appliqué de si nombreux perfectionnements qu'elle ne marchait plus du tout»* MAUROIS. *«La poursuite des perfectionnements exclut la recherche de la perfection»* VALÉRY. ▪ CONTR. Corruption, détérioration. Ébauche.

PERFECTIONNER [pɛʀfɛksjɔne] **v. tr.** ‹1› – 1610 ◊ de *perfection*

I ▪ **1** Rendre meilleur, plus proche de la perfection. ➤ **améliorer, parfaire.** *«L'homme n'est ni bon ni méchant [...] la Société, loin de le dépraver, comme l'a prétendu Rousseau, le perfectionne, le rend meilleur»* BALZAC. ➤ **affiner.** *Perfectionner un ouvrage, son style.* ➤ **châtier, épurer, polir.** *«Revoir [...], perfectionner, polir le travail nocturne»* GAUTIER. ▪ **2** Améliorer, sur le plan technique. ➤ **optimiser.** *Perfectionner un procédé, une méthode, une machine, un dispositif.*

II SE PERFECTIONNER **v. pron.** Acquérir plus de qualités, de valeur. *«Ma connaissance s'augmente et se perfectionne peu à peu»* DESCARTES. *«La beauté de toute chose ici-bas, c'est de pouvoir se perfectionner»* HUGO. — S'améliorer sur le plan technique. *Les machines se perfectionnent.* ♦ (PERSONNES) Faire des progrès. *Se perfectionner en anglais.*

▪ CONTR. Abîmer, avilir, corrompre, détériorer.

PERFECTIONNISME [pɛʀfɛksjɔnism] **n. m.** – 1955 ◊ de *perfection* ▪ Tendance excessive à rechercher la perfection. *C'est du perfectionnisme !*

PERFECTIONNISTE [pɛʀfɛksjɔnist] **n. et adj.** – 1845 ◊ de *perfection* ▪ **1** DIDACT. Personne qui cherche le progrès illimité, la perfection. **adj.** *Secte chrétienne perfectionniste des États-Unis.* ▪ **2** COUR. Personne qui recherche la perfection dans ce qu'elle fait, qui fignole (à l'excès) son travail. — **adj.** *Il ne sait pas s'arrêter, il est trop perfectionniste.*

PERFECTO [pɛʀfɛkto] **n. m.** – attesté 1982 ◊ marque déposée ; mot anglais américain, nom du modèle de blouson créé en 1928 par Irving Schott d'après le nom d'un cigare, espagnol «parfait» ▪ Blouson court, en cuir, ceinturé, muni de fermetures éclair, destiné à l'origine aux motocyclistes. *Des perfectos.* — ABRÉV. FAM. **PERF** [pɛʀf].

PERFIDE [pɛʀfid] adj. et n. – Xe n. m. ; rare jusqu'en 1606 adj. ◊ latin *perfidus* «qui viole sa foi» ■ **1** LITTÉR. Qui manque à sa parole, trahit celui qui lui faisait confiance. ➤ **déloyal.** *Femme perfide,* infidèle. — LOC. PÉJ. OU PLAIS. *La perfide Albion* : l'Angleterre. «*En fait, l'opinion se montrait très irritée de la mauvaise foi de l'Angleterre ; celle-ci redevenait "la perfide Albion"*» MADELIN. ♦ n. VX ➤ **fourbe, scélérat, traître.** SPÉCIALT (dans les relations amoureuses) «*Ah ! que vous savez bien ici, contre moi-même, Perfide, vous servir de ma faiblesse extrême*» MOLIÈRE. ■ **2** (CHOSES) LITTÉR. Dangereux, nuisible sans qu'il y paraisse. *Perfide comme l'onde.* «*On fabriquait secrètement une arme perfide et terrible, des fourches dont le dos était une scie*» MICHELET. — *De perfides promesses.* ➤ **fallacieux.** *Propos, trait, insinuation perfide.* ➤ **empoisonné, fielleux, méchant, sournois, venimeux.** ■ CONTR. Loyal.

PERFIDEMENT [pɛʀfidmɑ̃] adv. – 1613 ◊ de *perfide* ■ LITTÉR. D'une manière perfide, avec perfidie. ➤ **déloyalement.** *Il en a profité perfidement.*

PERFIDIE [pɛʀfidi] n. f. – v. 1510 ◊ latin *perfidia* «mauvaise foi» ■ LITTÉR. ■ **1** *Une, des perfidies.* Action, parole perfide. ➤ **méchanceté, trahison.** *On le sentait capable de toutes les perfidies.* «*Et souvent la perfidie Retourne sur son auteur*» LA FONTAINE. ■ **2** (1580) *La perfidie.* Caractère perfide, défaut des êtres perfides. ➤ **déloyauté, fourberie, machiavélisme, malignité** (cf. Mauvaise foi*). *Dire, insinuer qqch. avec perfidie.* «*Je ne sais ce qui doit le plus surprendre, de la perfidie des princes ou de la stupidité des peuples*» MARAT. «*La perfidie, si je l'ose dire, est un mensonge de toute la personne*» LA BRUYÈRE. — *Perfidie d'une promesse, d'un compliment.* ■ CONTR. Fidélité, loyauté.

PERFOLIÉ, IÉE [pɛʀfɔlje] adj. – 1755 ◊ du latin *per* et *folium* «feuille» ■ BOT. *Feuille perfoliée,* qui semble traversée par le rameau qui la porte, tant elle l'enveloppe.

PERFORAGE [pɛʀfɔʀaʒ] n. m. – 1876 ◊ de *perforer* ■ TECHN. Action de perforer.

PERFORANT, ANTE [pɛʀfɔʀɑ̃, ɑ̃t] adj. – 1765 ◊ de *perforer* ■ **1** ANAT. *Artères perforantes,* qui traversent des espaces interosseux, des muscles. ■ **2** TECHN. *Instrument perforant.* ➤ **perforateur.** *Balle, obus perforant,* destinés à percer les blindages.

PERFORATEUR, TRICE [pɛʀfɔʀatœʀ, tʀis] adj. et n. – 1813 ; adj. hapax 1552 ◊ du radical de *perforer* ■ **1** Qui perfore. *Marteau perforateur.* ■ **2** n. m. (1832 chir.) Instrument servant à perforer un os. ■ **3** n. f. (1862) **PERFORATRICE** : machine-outil destinée à percer profondément les roches, le sol (pour le percement de tunnels, de trous de mines). *Perforatrice à air comprimé.* ♦ ANCIENNT Machine destinée à établir des cartes, des bandes perforées. ➤ **perforeuse.** *(Pince) perforatrice,* pour perforer les titres de transport. ➤ 1 **composteur, poinçonneuse.** — n. Personne faisant fonctionner une perforatrice. ABRÉV. FAM. **PERFO** (v. 1965) [pɛʀfo]. *Des perfos. Elle est perforatrice vérificatrice.*

PERFORATION [pɛʀfɔʀasjɔ̃] n. f. – 1398 ◊ latin *perforatio* ■ **1** CHIR. (VX en emploi cour.) Action de perforer, d'ouvrir un organe. ➤ **térébration.** ■ **2** État de ce qui est perforé. — MÉD. Ouverture accidentelle ou pathologique dans un organe. *Perforation intestinale. Perforation du tympan.* ■ **3** Chacun des petits trous d'une carte, d'une bande perforée*.

PERFORÉ, ÉE [pɛʀfɔʀe] adj. – 1130 ◊ de *perforer* ■ **1** Percé. *Intestin perforé.* ■ **2** TECHN. Qui présente des petits trous réguliers, en vue d'un usage mécanique. *Bords perforés d'une pellicule photo.* ANCIENNT *Carte, bande perforée,* comportant des perforations codant des caractères alphanumériques.

PERFORER [pɛʀfɔʀe] v. tr. ⟨1⟩ – 1130 ◊ latin des médecins *perforare* → forer ■ **1** Traverser en faisant un ou plusieurs petits trous. ➤ **percer, trouer.** *La balle lui a perforé le poumon.* ■ **2** TECHN. Traverser de petits trous réguliers. *Perforer des cartons, des cartes, des bandes* (➤ **perforé**). ABSOLT *Machine à perforer* : composteur, poinçonneuse ; perforatrice.

PERFOREUSE [pɛʀfɔʀøz] n. f. – 1910 ◊ de *perforer* ■ MÉCANOGR. Machine à perforer. ➤ **perforatrice.** — (1955) Personne faisant fonctionner une perforatrice. ➤ **perforateur** (plus cour.).

PERFORMANCE [pɛʀfɔʀmɑ̃s] n. f. – 1839 ◊ mot anglais, de *to perform* «réaliser», de l'ancien français *parformer* «parfaire», altération de *parfournir,* de *fournir* ■ **1** Résultat chiffré obtenu dans une compétition (par un cheval, un athlète). *Les performances d'un champion. Performance homologuée. Une médiocre performance.* — *Voiture classée première à l'indice de performance,* selon sa cylindrée. — *Les performances d'un cadre, d'un vendeur. Les performances d'une usine, d'un produit.* ♦ PSYCHOL. *Test de performance* : test non verbal d'appréciation des facultés intellectuelles. — (1966) LING. Réalisation d'un acte de parole par une personne (encodage ou décodage). *Compétence et performance.* ■ **2** Résultat optimal qu'une machine peut obtenir. *Les performances d'un ordinateur, d'un avion, d'un système.* ♦ FIG. Exploit, succès. ➤ **prouesse.** *Le travail a été exécuté en moins de temps qu'il n'était prévu, c'est une belle performance !* «*Le capitaine-adjoint ne fut pourtant pas ébloui par cette performance*» DORGELÈS. ■ **3** (de l'anglais *performance art*) Courant artistique, né dans les années 1970, consistant à présenter l'œuvre en cours de réalisation ; ce spectacle, SPÉCIALT lorsque l'artiste (➤ **performeur**) utilise son corps comme moyen d'expression. ➤ **body art.** *Le happening est une performance.* «*Un objet, c'est plus facile à stocker et à revendre qu'une installation, ou qu'une performance*» HOUELLEBECQ. ♦ Prestation artistique.

PERFORMANT, ANTE [pɛʀfɔʀmɑ̃, ɑ̃t] adj. – 1968 ◊ de *performance* ■ Capable de hautes performances. *Une voiture performante. Un ordinateur performant. Une entreprise performante.* ➤ **compétitif.** *Un cadre, un vendeur performant.*

PERFORMATIF [pɛʀfɔʀmatif] n. m. – 1962, Austin ◊ de l'anglais *performative* ■ LING. Énoncé qui constitue simultanément l'acte auquel il se réfère (ex. *Je vous autorise à partir,* qui est une autorisation). — adj. *Un* «*monde dans lequel les souhaits ont un pouvoir performatif*» A. DESARTHE.

PERFORMEUR, EUSE [pɛʀfɔʀmœʀ, øz] n. – 1985 ; 1984 au Québec ◊ faux anglic., de *performance* avec infl. de l'anglais *performer* «artiste, acteur», de *to perform* «se produire» ■ **1** Artiste qui réalise une performance. «*ce danseur, chorégraphe, auteur et performeur, reste en mémoire comme une référence vibrante*» (Libération, 2008). ■ **2** Sportif (spécialt athlète) qui a obtenu un résultat exceptionnel dans une compétition. *La meilleure performeuse de l'année.*

PERFUSER [pɛʀfyze] v. tr. ⟨1⟩ – 1960 ◊ de *perfusum,* supin de *perfundere* «verser sur» ■ MÉD. Pratiquer une perfusion sur. *Perfuser un malade. Perfuser un organe.*

PERFUSION [pɛʀfyzjɔ̃] n. f. – 1912 ; «action de répandre, d'asperger» 1374 ◊ de *per,* d'après *transfusion* ■ MÉD. Injection lente et continue de sérum. *Être sous perfusion* ; FIG. être dans une situation d'assistance financière totale. *Pays sous perfusion. Maintenir une entreprise sous perfusion.* ABRÉV. FAM. (1975) **PERF** [pɛʀf]. «*Pas de péridurale, juste une perf plantée dans le bras*» J. BONNIE. *Pied de, à perfusion* ; ABRÉV. *pied de, à perf.* — *Perfusion sanguine* : transfusion continue. ➤ **goutte-à-goutte.**

PERGÉLISOL [pɛʀʒelisɔl] n. m. – 1956 ◊ de *per(manent), géli-* et *sol,* d'après l'anglais (K. Bryan, 1946) ■ GÉOL. Sol gelé en permanence et absolument imperméable des régions arctiques. ➤ **merzlota, permafrost.**

PERGOLA [pɛʀgɔla] n. f. – 1924 ; *pergole* plur. 1839 ◊ mot italien ; latin *pergula* «tonnelle» ■ Petite construction de jardin, faite de poutres horizontales en forme de toiture, soutenues par des colonnes, qui sert de support à des plantes grimpantes. «*la pergola italienne* [...] *brandit sur ses poutrelles équarries le rosier grimpant, la passiflore*» COLETTE.

1 **PÉRI** [peʀi] n. f. – 1697 ◊ persan *perî* «ailé» ■ Génie ou fée, dans la mythologie arabo-persane. «*Le Paradis et la Péri*», *oratorio de Schumann.* ■ HOM. Paierie, pairie.

2 **PÉRI, IE** [peʀi] adj. – 1581 ◊ de *périr* ■ BLAS. Se dit d'un meuble de petites dimensions placé au centre de l'écu.

PÉRI- ■ Élément, du grec *peri* «autour (de)». ➤ **circum-.**

PÉRIANTHE [peʀjɑ̃t] n. m. – 1749 ◊ latin des botanistes *perianthum* ■ BOT. Ensemble des enveloppes protégeant les organes reproducteurs de la fleur (➤ **calice, corolle**).

PÉRIARTHRITE [peʀiaʀtʀit] n. f. – 1871 ; *périartérite* 1878 ◊ de *péri-* et *arthrite* ■ MÉD. Altération des tissus qui entourent une articulation (bourses* séreuses, tendons, ligaments) accompagnée de douleurs et d'une limitation des mouvements. *Périarthrite scapulohumérale,* qui atteint l'articulation de l'épaule.

PÉRIASTRE [peʀiastʀ] n. m. – avant 1962 ◊ de *péri-* et *astre* ■ ASTRON. Point de l'orbite d'un corps céleste le plus proche de l'astre autour duquel il gravite (➤ **périgée, périhélie**). ■ CONTR. Apoastre.

PÉRIBOLE [peʀibɔl] n. m. – 1752 ; «parapet» 1690 ◊ latin *peribolus* ; grec *peribolos* ■ ARCHÉOL. Espace clos généralement orné d'arbres, de monuments votifs, autour des temples grecs.

PÉRICARDE [peʀikaʀd] **n. m.** – 1560 ; *pericade* v. 1370 ◇ du grec *perikardion* «autour du cœur» ■ ANAT. Membrane formée d'un feuillet fibreux et d'un feuillet séreux, qui enveloppe le cœur et l'origine des gros vaisseaux. — **adj. PÉRICARDIQUE,** 1611.

PÉRICARDITE [peʀikaʀdit] **n. f.** – 1806 ◇ de *péricarde* et *-ite* ■ MÉD. Inflammation du péricarde.

PÉRICARPE [peʀikaʀp] **n. m.** – 1556 ◇ du grec *perikarpion* ■ DIDACT. Partie du fruit qui enveloppe la graine (ou les graines). ➤ **endocarpe, épicarpe, mésocarpe.** *Péricarpe mou* (pulpe, chair), *à endocarpe lignifié* (noyau), *dur* (akène, capsule). *Le zeste, péricarpe des agrumes.*

PÉRICHONDRE [peʀikɔ̃dʀ] **n. m.** – 1765 ◇ grec *perikhondrion,* de *khondros* «cartilage» ■ ANAT. Membrane de tissu conjonctif qui enveloppe un cartilage non articulaire.

PÉRICLITER [peʀiklite] **v. intr.** ‹1› – 1694 ; «périr, faire naufrage» 1320 ◇ latin *periclitari,* de *periculum* → péril ■ Aller à sa ruine, à sa fin. *Une affaire, un commerce qui périclite.* ➤ **décliner, dépérir.** *«rien ne leur y avait réussi, tout périclitait entre leurs mains* [...] *et ils désespéraient d'avoir jamais deux sous à eux»* ZOLA. ■ CONTR. Prospérer, réussir.

PÉRICYCLE [peʀisikl] **n. m.** – 1882 ◇ de *péri-* et du grec *kuklos* «cercle» ■ BOT. Assise de cellules de la tige et des racines située entre l'endoderme, d'une part, le bois et le liber d'autre part.

PÉRIDOT [peʀido] **n. m.** – 1634 ; *péritot* 1220 ◇ origine inconnue ■ MINÉR. Pierre semi-précieuse de couleur vert clair, silicate de magnésium et de fer (➤ **olivine**).

PÉRIDURAL, ALE, AUX [peʀidyʀal, o] **adj.** et **n. f.** – 1960 ◇ de *péri-* et *dural* ■ *Anesthésie péridurale :* anesthésie locorégionale par injection d'anesthésique entre les vertèbres et la dure-mère, dans la région cervicale, dorsale, lombaire ou sacrée, selon la zone à insensibiliser. **n. f.** *Péridurale et rachianesthésie. Accoucher sous péridurale.*

PÉRIGÉE [peʀiʒe] **n. m.** – 1557 ◇ grec *perigeios* ■ ASTRON. Apside inférieure d'une planète par rapport à la Terre ; point de l'orbite d'un astre (ou d'un satellite artificiel) le plus proche de la Terre. *Le périgée d'un satellite. La Lune est dans, à son périgée.* ■ CONTR. Apogée.

PÉRIGLACIAIRE [peʀiglasjɛʀ] **adj.** – 1953 ◇ de *péri-* et *glaciaire* ■ GÉOGR. *Zone périglaciaire,* proche des régions de glaciers et caractérisée par l'importance du gel dans l'évolution du relief. *Terrasses périglaciaires.*

PÉRIGUEUX [peʀigø] **n. m.** – 1676 ; *pierigot* 1590 ◇ de *Périgueux,* n. de ville ■ TECHN. Pierre noire très dure employée par les émailleurs et les verriers pour polir.

PÉRIHÉLIE [peʀieli] **n. m.** – 1690 ◇ de *péri-* et *-hélie* ■ ASTRON. Apside inférieure d'une planète, d'une comète, par rapport au Soleil ; point de son orbite où la distance au Soleil est la plus courte. *Avance au périhélie de Mercure.* ■ CONTR. Aphélie.

PÉRI-INFORMATIQUE [peʀiɛ̃fɔʀmatik] **n. f.** et **adj.** /PÉRIINFORMATIQUE/ – v. 1970 ◇ de *péri-* et *informatique* ■ TECHN. Ensemble des activités et des matériels liés aux périphériques* d'ordinateurs. — **adj.** *Équipements péri-informatiques.*

PÉRIL [peʀil] **n. m.** – v. 950 ◇ latin *periculum* «expérience ; danger» ■ **1** LITTÉR. État, situation où l'on court de grands risques ; ce qui menace la sûreté, l'existence. ➤ **danger.** *«Que serait le courage loin du péril et la pitié sans la douleur ?»* FRANCE. — *Il y a péril à...* (et l'inf.). *«de grosses vérités qu'il y a péril à méconnaître»* GIDE. — *Il y a péril, il n'y a pas péril en la demeure**. — *«À vaincre sans péril, on triomphe sans gloire»* CORNEILLE. — *Courir un péril, des périls. Affronter, braver les périls. Mettre en péril qqn ou qqch. Chefs-d'œuvre en péril. Sauver d'un péril.* LOC. *Au péril de sa vie :* en risquant sa vie. *Faire qqch. à ses risques et périls,* en acceptant d'en subir toutes les conséquences. ■ **2** Risque qu'une chose fait courir. *«Les périls d'une situation qui, si belle, n'en était que plus dangereuse»* MADELIN. *Péril aviaire**. VX *Périls de mer :* naufrages, etc. — LOC. VIEILLI *Le péril jaune :* la menace asiatique (d'abord démographique, puis économique). ■ CONTR. Sûreté.

PÉRILLEUSEMENT [peʀijøzmɑ̃] **adv.** – v. 1265 ; *perillosement* v. 1196 ◇ de *périlleux* ■ LITTÉR. D'une manière périlleuse, avec danger. ➤ **dangereusement.**

PÉRILLEUX, EUSE [peʀijø, øz] **adj.** – v. 1360 ; *perillus* XIIe ◇ latin *periculosus* ■ **1** LITTÉR. Où il y a des risques, du danger. ➤ **dangereux, difficile, hasardeux.** *Se lancer dans une entreprise périlleuse. La Révolution «dans sa périlleuse route»* MICHELET. *Vous abordez là un sujet périlleux.* ➤ **brûlant, délicat.** *Il serait périlleux de poursuivre.* ➤ **risqué.** ■ **2** COUR. *Saut périlleux,* où le corps fait un tour complet sur lui-même, dans un plan vertical. ➤ **salto.** ■ CONTR. Sûr.

PÉRIMÉ, ÉE [peʀime] **adj.** – 1804 ◇ de *se périmer* ■ **1** Qui n'a plus cours. ➤ **ancien, caduc, démodé, dépassé, désuet, obsolète** (cf. D'un autre temps*). *Un règlement périmé.* ■ **2** Dont le délai de validité est expiré. *Passeport, billet périmé.* ■ **3** Dont la date limite de consommation est dépassée (➤ **péremption**). *Yaourts périmés.* ■ CONTR. Actuel, valide.

PÉRIMER (SE) [peʀime] **v. pron.** ‹1› – XIXe ; *perimir* «se détruire» 1464 ◇ latin juridique *perimere,* proprt «détruire» → péremption ■ DR. Se dit d'une instance qui s'annule, faute d'avoir été poursuivie avant l'expiration du délai fixé. — (Avec ellipse de *se*) *Laisser périmer une instance.* ◆ PAR EXT. COUR. Cesser d'être valable. *Laisser périmer un billet de chemin de fer* (➤ **périmé**).

PÉRIMÈTRE [peʀimɛtʀ] **n. m.** – 1538 ◇ grec *perimetros* ■ **1** GÉOM. Ligne qui délimite le contour d'une figure plane. *La circonférence, périmètre du cercle.* ◆ Longueur de cette ligne. *Périmètre d'un polygone,* la somme des longueurs des côtés de ce polygone. ■ **2** (1847) Zone, surface quelconque. *Mise en valeur des périmètres irrigués. Périmètre de sécurité. Dans un périmètre de 5 km,* dans la surface délimitée par ce périmètre. ■ **3** ÉCON. Étendue du secteur d'activité (d'une entreprise) ; ensemble des actifs (d'un groupe). ◆ PAR EXT. Domaine (où s'exerce une action). ➤ **champ, sphère.** *Dans le périmètre de ma mission.* ■ **4** PHYSIOL. Appareil permettant de mesurer le champ visuel.

PÉRINATAL, ALE [peʀinatal] **adj.** – 1952 ◇ de *péri-* et *natal* ■ MÉD. Qui précède et suit immédiatement la naissance. *Période périnatale,* qui s'étend de la vingt-huitième semaine de gestation au septième jour après la naissance. ➤ **périnatalité.** *Médecine périnatale.* ➤ **périnatalogie.** *Examens périnatals.*

PÉRINATALITÉ [peʀinatalite] **n. f.** – 1970 ◇ de *périnatal* ■ MÉD. Période périnatale*, comprenant la fin de la grossesse et les premiers jours de la vie.

PÉRINATALOGIE [peʀinatalɔʒi] **n. f.** – 1969, aussi *périnatologie* ◇ de *périnatal* ■ MÉD. Partie de la médecine consacrée à l'étude de la physiologie et de la pathologie périnatales de la mère et de l'enfant. ➤ **néonatologie.**

PÉRINÉAL, ALE, AUX [peʀineal, o] **adj.** – 1803 ◇ de *périnée* ■ DIDACT. Relatif au périnée. *Hernie périnéale.*

PÉRINÉE [peʀine] **n. m.** – 1534 ◇ grec *perineos* ■ ANAT. Partie inférieure, plancher du petit bassin, qui s'étend entre l'anus et les parties génitales. *Incision du périnée.* ➤ **épisiotomie.**

PÉRIODE [peʀjɔd] **n. f.** et **m.** – 1422 ; *peryode* 1369 ◇ latin *periodus,* du grec *periodos* «circuit»

I ~ **n. f. A.** ESPACE DE TEMPS ■ **1** Espace de temps plus ou moins long. ➤ **durée.** *Une période d'un an. Être dans une bonne, une mauvaise période* (cf. Être dans une bonne, une mauvaise passe*). *Une période de crise. En période de récession économique. Une période de froid. La période des champignons.* ➤ **saison.** *La période des fêtes, des vacances. En période scolaire. Par périodes :* de temps en temps. — *Période bleue, blanche, rouge :* plages de temps déterminant différents tarifs (transports). *Période de pointe.* ◆ SPÉCIALT Division du temps marquée par des évènements importants. ➤ **époque.** *La période mérovingienne, révolutionnaire, de l'entre-deux-guerres. La période classique, romantique. La plus belle période de l'art égyptien.* ◆ ARTS Caractérisation de la manière d'un peintre à un certain moment. *La période bleue de Picasso. La période bretonne de Gauguin.* ■ **2** DIDACT. Espace de temps, généralement de durée bien déterminée, caractérisé par un certain phénomène. ➤ **étape, fenêtre, moment, phase, stade ; périodisation.** — PHYSIOL. *La période de l'ovulation. Période menstruelle :* menstrues. *Période d'incubation d'une maladie.* — GÉOL. Division d'une ère, correspondant à un système (de terrains). *Période carbonifère de l'ère primaire, crétacée de l'ère secondaire.* ■ **3** DR. Durée pendant laquelle on peut ou on doit accomplir des actes juridiques. *Période d'essai* (droit du travail). *Période de sûreté** (droit pénal). *Période suspecte,* qui précède le jugement déclaratif de faillite, et pendant laquelle les actes du failli sont nuls ou annulables (droit comm.). — *Période électorale,* qui précède le jour du scrutin. ♦ MILIT. *Période d'instruction* ou *période,* pendant laquelle les réservistes sont remis à la disposition de l'autorité militaire pour actualiser leur instruction militaire. *Faire une période.* ▪ **4** NUCL. *Période d'un nucléide radioactif* ou *période radioactive :* intervalle de temps au bout duquel la moitié des atomes du nucléide s'est désintégrée (➤ **demi-vie**). ▪ **5** SC., PHYS. Grandeur inverse de la fréquence, temps constant écoulé entre deux passages successifs d'un système oscillant dans la même position et dans le même sens. *Période d'un pendule. Période d'une onde :* intervalle entre deux maximums successifs en un point donné. *Période d'un courant alternatif. Un courant de cinquante périodes par seconde. Une période de vingt millisecondes.* ♦ ASTRON. Temps de révolution d'une planète, d'un satellite. ➤ 1 **cycle.** *La période de Mars est de 687 jours. Période de Neptune autour du Soleil. Période de révolution :* temps nécessaire pour effectuer une orbite. *Période de rotation :* temps nécessaire pour que l'astre effectue un tour sur lui-même. ▪ **6** SPORT Mi-temps d'un match. *Première, seconde période.*

B. QUANTITÉ, SÉRIE ▪ **1** MATH. Quantité fixe la plus petite possible qui peut s'ajouter à la variable sans changer la valeur d'une fonction périodique*. ♦ *Période d'une fraction :* groupe de chiffres se répétant dans la partie décimale d'une fraction écrite en notation décimale. ▪ **2** CHIM. Série d'atomes occupant la même ligne dans la classification* périodique (table de Mendeleiev).

C. PHRASE (1596) Phrase dont l'assemblage des éléments, si variés qu'ils soient, est harmonieux. *Période oratoire. Une période de Cicéron.* — MUS. *Période musicale* ou *période.* « *La période est une portion de mélodie formant un tout* » A. CŒUROY.

II ~ **n. m.** (1478) VX *Au plus haut, au dernier période :* au plus haut degré. ➤ **maximum, paroxysme.** « *Ce jeune garçon qui était vigoureux et sain lors de son arrestation, est aujourd'hui au dernier période de la phtisie* » FRANCE.

PÉRIODICITÉ [peʀjɔdisite] **n. f.** – 1665 ◊ de *périodique* ▪ Caractère de ce qui est périodique, retour d'un fait à des intervalles plus ou moins réguliers. *Périodicité des marées. Périodicité d'une publication.* ➤ **fréquence.** *Périodicité annuelle.*

PERIODIQUE [pɛʀjɔdik] **adj.** – 1836 ◊ de *per-* et *iodique* ▪ CHIM. *Acide periodique :* acide de formule H_5IO_6, se présentant sous la forme d'un solide cristallin blanc. ▪ HOM. poss. Périodique.

PÉRIODIQUE [peʀjɔdik] **adj.** – 1398 méd. ◊ latin *periodicus,* du grec ▪ **1** (1749) Qui se reproduit à des époques déterminées, à des intervalles réguliers. *Phases périodiques de prospérité et de marasme.* ➤ **alternatif, cyclique.** « *Les fêtes et les cérémonies périodiques sont un élément primordial de la vie sociale* » G. BOUTHOUL. *Le retour périodique des temps forts et des temps faibles dans un vers constitue le rythme*.* — (1910) *Garnitures, serviettes, tampons* périodiques,* dont les femmes se servent pendant leurs règles. ➤ **hygiénique.** — PSYCHIATR. *Psychose périodique :* psychose maniaque* dépressive. ♦ (1721) COUR. *Un écrit, un journal, une publication périodique. Presse périodique.* — **n. m.** (1752) **UN PÉRIODIQUE.** ➤ **journal, magazine, publication, revue.** ▪ **2** MATH. *Fonction périodique,* qui reprend la même valeur lorsqu'on ajoute à la variable une quantité fixe, dite *période* (I, B), par exemple les fonctions trigonométriques. — *Fraction* périodique.* ♦ PHYS. *Phénomène périodique,* qui peut être représenté par une fonction périodique. ➤ **oscillatoire.** *Mouvement périodique d'un pendule.* ➤ **ondulatoire, pendulaire.** *Répétition périodique du motif d'un cristal.* ▪ **3** CHIM., PHYS. *Classification* périodique des éléments.* ▪ **4** (1671) DIDACT. et VX *Phrase, style périodique,* qui a les caractères d'une période* (I, C). ▪ HOM. poss. Periodique.

PÉRIODIQUEMENT [peʀjɔdikmɑ̃] **adv.** – 1611 ◊ de *périodique* ▪ D'une manière périodique. *Phénomène qui se reproduit périodiquement. Retourner périodiquement dans un lieu.*

PÉRIODISATION [peʀjɔdizasjɔ̃] **n. f.** – 1964 ◊ de *période* ▪ Division d'une longue durée en périodes qui se distinguent par certaines caractéristiques. *Périodisation de l'âge du bronze. Proposer une périodisation de l'histoire de la mode.*

PÉRIOSTE [peʀjɔst] **n. m.** – 1575 ; *perioston* 1538 ◊ du grec *periosteon* ▪ ANAT. Membrane conjonctive et fibreuse qui constitue l'enveloppe des os. *Le périoste joue un rôle déterminant dans la formation du tissu osseux, la réparation des fractures.*

PÉRIOSTITE [peʀjɔstit] **n. f.** – 1823 ◊ de *périoste* et *-ite* ▪ MÉD. Inflammation aiguë ou chronique du périoste. *Périostite tuberculeuse.*

PÉRIPATÉTICIEN, IENNE [peʀipatetisjɛ̃, jɛn] **n. et adj.** – *perypatheticien* 1370 ◊ de *péripatétique* ▪ **1** (XVIIe) PHILOS. Partisan de la doctrine d'Aristote. ➤ **aristotélicien.** ▪ **2** **n. f.** (1860 ◊ par allus. plaisante au sens du grec *peripatein* « se promener ») LITTÉR. Prostituée, femme qui racole dans la rue.

PÉRIPATÉTIQUE [peʀipatetik] **adj.** – 1372 ◊ latin *peripateticus,* d'origine grecque, de *peripatein* « se promener », à cause de l'habitude qu'avait Aristote d'enseigner en se promenant ▪ PHILOS. (VX) Aristotélicien. ➤ **péripatéticien.**

PÉRIPÉTIE [peʀipesi] **n. f.** – 1605 ◊ grec *peripeteia* « évènement imprévu » ▪ **1** (1740) DIDACT. Changement subit de situation dans une action dramatique, un récit. — SPÉCIALT L'évènement qui amène la crise d'où sort le dénouement. ➤ **nœud.** « *De pareils dénouements sont toujours froids* [...] *parce qu'ils n'ont point ce qu'on appelle la péripétie* » VOLTAIRE. ▪ **2** (1762) COUR. Évènement imprévu (cf. Coup de théâtre*). ➤ **épisode,** 1 **incident.** *Les péripéties d'un voyage. Après bien des péripéties.*

PÉRIPHÉRIE [peʀifeʀi] **n. f.** – 1544 ; *peryfere* 1369 ◊ bas latin *peripheria,* mot grec « circonférence » ▪ **1** Ligne qui délimite une figure curviligne, une surface. ➤ **bord, contour, pourtour.** *Périphérie d'un cercle.* ♦ Surface extérieure d'un volume. ▪ **2** (1913) Les quartiers éloignés du centre d'une ville. « *Il est de règle, aux États-Unis, que les beaux quartiers glissent du centre à la périphérie* » SARTRE. *S'établir à la périphérie d'une grande ville.* ➤ aussi **banlieue, faubourg.** ▪ CONTR. Centre.

PÉRIPHÉRIQUE [peʀifeʀik] **adj.** et **n. m.** – 1834 ◊ de *périphérie* ▪ **1** Qui est situé à la périphérie. *Quartiers périphériques. Le boulevard périphérique, à Paris.* **n. m.** *Le périphérique intérieur, extérieur. Le périphérique de Bruxelles.* ➤ 2 **ring.** ABRÉV. FAM. (1976) **PÉRIF** ou **PÉRIPH** [peʀif]. *Accident sur le périf.* ♦ *Poste, station* (de radiodiffusion) *périphérique,* dont les émetteurs sont situés hors de France, dans des pays limitrophes. *Europe 1, R. T. L., grandes stations périphériques.* ♦ ANAT. Qui est situé dans les régions externes du corps ou d'un organe. *Système nerveux périphérique.* ▪ **2** **n. m.** Élément de matériel distinct de l'unité de traitement d'un ordinateur (mémoire de masse, imprimante, modem, terminal). ➤ **péri-informatique.** *Périphérique intelligent,* qui possède une unité de traitement propre et qui peut ainsi se gérer de manière autonome. *Pilote de périphérique :* recomm. offic. pour *driver* (➤ **driveur,** II, 2°). ▪ CONTR. Axial, central.

PÉRIPHLÉBITE [peʀiflebit] **n. f.** – 1873 ◊ de *péri-* et *phlébite* ▪ MÉD. Inflammation du tissu conjonctif qui entoure une veine.

PÉRIPHRASE [peʀifʀɑz] **n. f.** – 1529 ◊ latin *periphrasis,* mot grec, de *periphrazein* « parler par circonlocutions » ▪ Figure qui consiste à exprimer une notion, qu'un seul mot pourrait désigner, par un groupe de plusieurs mots. ➤ **circonlocution, détour.** « *"Le prince des critiques" était en ce temps, et l'est encore, une périphrase courante comprise de tout le monde pour désigner Jules Janin* » GAUTIER. *User de périphrases pour toucher à un sujet délicat.* ➤ **euphémisme.** *Parler par périphrases* (ou **PÉRIPHRASER** ‹1›). ♦ LING. Groupe de mots synonyme d'un seul mot (ex. femelle du cheval pour jument). *La définition est une périphrase.* ➤ **paraphrase.**

PÉRIPHRASTIQUE [peʀifʀastik] **adj.** – 1842 ; *periphrastic* 1555 ◊ de *périphrase* ▪ DIDACT. Qui abonde en périphrases. *Style périphrastique.* ♦ Qui constitue une périphrase. *Expression, tournure périphrastique.*

PÉRIPLE [peʀipl] **n. m.** – 1629 ◊ latin *periplus,* grec *periplous,* de *plein* « naviguer » ▪ **1** DIDACT. Voyage d'exploration maritime autour d'une mer, d'un continent. ➤ **circumnavigation.** ♦ PAR EXT. Grand voyage par mer. *Le périple de Magellan autour du monde.* ▪ **2** (1898) COUR. (sens critiqué) Voyage, randonnée par voie de terre, circulaire ou non. ➤ 3 **tour, tournée, voyage.** « *Les deux autos effectuant encore une fois le même périple* » CÉLINE. *Au cours de son périple.*

PÉRIPTÈRE [peʀiptɛʀ] **adj.** et **n. m.** – 1547 ◊ grec *peripteros ;* cf. *péri-* et *-ptère* ▪ ARCHIT. Se dit d'un temple grec, d'un édifice entouré d'un rang de colonnes isolées du mur. *Un édifice périptère.* **n. m.** *La Madeleine, à Paris, est un périptère.*

PÉRIR [peʀiʀ] **v. intr.** ‹2› – 1050 ◊ latin *perire* « aller à travers » ▪ LITTÉR. ▪ **1** Mourir* (avec une idée de mort violente ou prématurée). *Périr sur l'échafaud. Périr à la guerre.* ➤ 1 **tomber.** « *Chilpéric périt bientôt, assassiné* » MICHELET. *Faire périr :* tuer. *Périr noyé.* — **p. p. adj.** *Péri en mer.* SUBST. *Prier pour les péris en mer.* ♦ PAR EXT. (plus cour.) *Périr d'ennui. S'ennuyer à périr.* ▪ **2** (CHOSES) Disparaître. ➤ **s'anéantir, crouler, s'écrouler, finir.** « *Ta mémoire, ton nom, ta gloire vont périr* » MUSSET. *Navire qui périt* corps et biens, qui fait naufrage. « Depuis quarante ans, tous les gouvernements n'ont péri en France que par leur faute » CHATEAUBRIAND. — ALLUS. HIST. « Périssent les colonies plutôt qu'un principe » ROBESPIERRE (à propos de l'émancipation des esclaves). ■ 3 RÉGION. (Centre-Ouest, Languedoc, Midi-Pyrénées) Se gâter, s'abîmer (plantes, fruits). — Faire périr (un objet), l'abîmer.

PÉRISCOLAIRE [periskɔlɛʀ] adj. – 1957 ◊ de *péri-* et *scolaire* ■ Complémentaire de l'enseignement scolaire. *Activités périscolaires.*

PÉRISCOPE [peʀiskɔp] n. m. – 1899 ; zool. 1874 ◊ grec *periskopein* « regarder autour » ■ Instrument d'optique formé de lentilles et de prismes permettant à un observateur de voir par-dessus un obstacle. *Périscopes des sous-marins, des chars d'assaut* (➤ **épiscope**). « *Des officiers circulent, munis de périscopes et de longues-vues* » BARBUSSE.

PÉRISCOPIQUE [peʀiskɔpik] adj. – 1814 ◊ du grec *periskopein* → périscope ■ DIDACT. (OPT.) *Verres périscopiques* : verres d'optique à grand champ visuel. — Relatif au périscope. *Tube périscopique d'un sous-marin.*

PÉRISPERME [peʀispɛʀm] n. m. – 1789 ◊ de *péri-* et *-sperme* ■ BOT. Tégument extérieur qui constitue un tissu de réserve dans certaines graines (nénuphar, poivre).

PÉRISPLÉNITE [peʀisplenit] n. f. – 1877 ◊ du grec *peri-* et *splên, splênos* « rate » ■ MÉD. Péritonite localisée à la rate.

PÉRISSABLE [peʀisabl] adj. – 1416 ; « qui fait périr » v. 1380 ◊ de *périr* ■ 1 LITTÉR. Qui est sujet à périr, qui n'est pas durable. ➤ 1 **court, éphémère, fragile, fugace.** *Un monde « Où tout est fugitif, périssable, incertain »* LAMARTINE. « *des monuments périssables et déjà plus qu'à demi détruits* » CAILLOIS. — SUBST. « *Cette folie qui nous porte à sacrifier l'éternel au périssable* » MAURIAC. ■ 2 COUR. *Les fruits, le poisson, la viande sont des denrées périssables,* qui se conservent difficilement à l'état naturel. ■ CONTR. Durable, éternel, immortel, impérissable, incorruptible.

PÉRISSODACTYLES [peʀisodaktil] n. m. pl. – 1848 ◊ du grec *perissos* « surnuméraire, impair » et *daktulos* « doigt » ■ ZOOL. Ordre de mammifères placentaires ongulés qui comprend des animaux reposant sur le sol par un nombre impair de doigts *(imparidigités)* dont le médian est le plus développé. *Le rhinocéros, le tapir sont des périssodactyles.* — Au sing. *Un périssodactyle.*

PÉRISSOIRE [peʀiswaʀ] n. f. – 1867 ◊ de *périr,* « embarcation qui périt, chavire facilement » ■ Embarcation longue et étroite qui se manœuvre à la pagaie ou à l'aviron. ➤ **canot.**

PÉRISSOLOGIE [peʀisɔlɔʒi] n. f. – 1710 ◊ grec *perissologia,* de *perissos* « superflu » ■ DIDACT. Pléonasme fautif (ex. descendre en bas). ➤ **pléonasme, tautologie.** RHÉT. Procédé d'insistance par répétition.

PÉRISTALTIQUE [peʀistaltik] adj. – 1618 ◊ grec *peristaltikos,* de *peristellein* « envelopper, comprimer » ■ PHYSIOL. Relatif au péristaltisme. *Onde péristaltique.* ■ CONTR. Antipéristaltique.

PÉRISTALTISME [peʀistaltism] n. m. – 1877 ◊ de *péristaltique* ■ PHYSIOL. Ondes de contractions musculaires d'un organe tubulaire, en particulier de l'intestin, se propageant de proche en proche et faisant avancer le contenu de l'organe.

PÉRISTOME [peʀistɔm ; peʀistom] n. m. – 1803 ◊ de *péri-* et du grec *stoma* « bouche » ■ BOT. Couronne dentelée selon laquelle l'opercule se détache de l'urne (chez les mousses). ◆ ZOOL. Région qui entoure la bouche de certains animaux inférieurs. — SPÉCIALT Sillon garni de cils vibratiles dans lequel s'ouvre l'orifice buccal des protozoaires.

PÉRISTYLE [peʀistil] n. m. – 1546 ◊ latin *peristylum,* grec *peristulon* ■ Colonnade entourant la cour intérieure d'un édifice ou disposée autour d'un édifice. *Péristyle du Parthénon.* ◆ PAR EXT. Colonnade qui décore la façade d'un édifice. *Le péristyle du Panthéon.*

PÉRITEL [peʀitɛl] adj. inv. – 1983 ◊ marque déposée ; de *péri-* et *tél(évision)* ■ *Prise péritel* : prise normalisée qui permet de brancher certains appareils sur un téléviseur. *Prise péritel utilisée pour connecter un micro-ordinateur, un magnétoscope. Des prises péritel.*

PÉRITÉLÉPHONIE [peʀitelefɔni] n. f. – 1982 ◊ de *péri-* et *téléphonie* ■ TECHN. Ensemble des techniques utilisant un poste téléphonique en vue d'applications complémentaires aux simples communications. *La radiotéléphonie, la télécopie sont des applications de la péritéléphonie.*

PÉRITEXTE [peʀitɛkst] n. m. – 1987 ◊ de *péri-* et *texte* ■ DIDACT. Ensemble des textes qui complètent le texte principal d'un ouvrage dont ils font partie (préface, notes, glossaire...).

PÉRITHÈCE [peʀitɛs] n. m. – *périthécion* 1834 ◊ du grec *peri-* et *thêkê* « boîte, étui » ■ BOT. Ensemble des organes de fructification, producteurs des asques, chez les champignons ascomycètes.

PÉRITOINE [peʀitwan] n. m. – 1520 ; *peritoneum* v. 1370 ◊ latin *peritonaeum,* grec des médecins *peritonaion* « ce qui est tendu autour » ■ ANAT. Membrane séreuse qui tapisse les parois intérieures de la cavité abdominale et pelvienne *(péritoine pariétal)* et qui recouvre les organes contenus dans ces cavités *(péritoine viscéral),* à l'exception de l'ovaire. *Replis du péritoine viscéral* (ligaments, mésentère). *Inflammation du péritoine.* ➤ **péritonite.**

PÉRITONÉAL, ALE, AUX [peʀitɔneal, o] adj. – 1805 ◊ de *péritoine* ■ ANAT. Relatif au péritoine. *Ligaments péritonéaux.*

PÉRITONITE [peʀitɔnit] n. f. – 1802 ◊ latin des médecins *peritonitis* (1795, en français) ■ Inflammation du péritoine. ➤ **périsplénite, pérityphlite.** *La péritonite peut compliquer une appendicite.*

PÉRITYPHLITE [peʀitiflit] n. f. – 1867 ◊ du grec *peri-* et *tuphlos* « cæcum » ■ MÉD. Inflammation du péritoine qui entoure le cæcum. ➤ **péritonite.**

PÉRIURBAIN, AINE [peʀiyʀbɛ̃, ɛn] adj. – 1966 ◊ de *péri-* et *urbain* ■ Situé aux abords immédiats d'une ville. ➤ **périphérique.** *Zones urbaines et périurbaines.* « *l'embrouillamini de pavillons et d'entrepôts propre à certains paysages périurbains* » P. LAPEYRE.

PERLANT [pɛʀlɑ̃] adj. m. et n. m. – 1963 ◊ de *perler* ■ Se dit d'un vin qui forme de petites bulles lorsqu'on le verse. *Un vin rouge perlant.*

PERLE [pɛʀl] n. f. – 1140 ◊ italien *perla,* altération du latin *perna* « jambe » ■ 1 Concrétion dure et brillante, précieuse, le plus souvent sphérique, formée de couches concentriques de nacre sécrétées par l'épithélium du manteau chez certains mollusques (huître, etc.) pour enrober et isoler un corps étranger. « *Un petit écrin contenant trois perles, trois perles du plus bel orient – un parangon et deux princesses* » CENDRARS. *L'eau* d'une perle. Pêcheurs de perles,* d'huîtres perlières*. *Collier, rang de perles. Perle fine. Perles naturelles ; perles de culture,* obtenues par l'introduction d'un grain de nacre dans une coquille d'huître d'élevage. *Fausses perles,* d'imitation. — LOC. (d'origine biblique) *Jeter des perles aux pourceaux, aux cochons* : accorder à qqn une chose dont il est incapable d'apprécier la valeur (cf. De la confiture aux cochons*). *Enfiler* des perles.* — APPOS. INV. *Gris perle. Des assiettes gris perle.* ■ 2 PAR EXT. Petite boule percée d'un trou. *Perle d'ambre, de buis d'un chapelet.* ➤ **grain.** « *des rideaux de perles de bois dansaient devant les portes* » J. RÉDA. *Perle de verre, de métal.* ■ 3 (par anal. du 1°) *Les perles de rosée.* ➤ 1 **goutte.** « *Le sang apparut en petites perles* » MAC ORLAN. ➤ **perler.** ◆ ARCHIT. Ornement en forme de grain, taillé dans les moulures dites baguettes. ◆ POÉT. (VX) Dent. *Le rire « Qui montre en même temps des âmes et des perles »* HUGO. ■ 4 (1532) Personne de grand mérite. *Leur nounou est une perle. Une perle rare* : une personne très compétente, parfaite en son genre, difficile à trouver. ◆ Chose de grande valeur. *Cet ouvrage est la perle de sa collection.* « *Cette île, perle de la Méditerranée* » MAUPASSANT. ■ 5 (1935) PAR ANTIPHR. Erreur grossière et ridicule. *Perles relevées dans des copies d'élèves, recueillies dans un sottisier.* ■ HOM. Pairle.

PERLÉ, ÉE [pɛʀle] adj. – 1360 ◊ de *perle* ■ 1 Orné de perles. *Broderie perlée. Robe perlée.* — BLAS. *Croix perlée.* ■ 2 En forme de perle. *Gouttelettes perlées.* — TECHN. *Orge*, riz perlé. Sucre perlé,* qui atteint le degré de cuisson où se forment à sa surface de petites perles rondes. — MÉD. *Crachats perlés,* par lesquels se termine une crise d'asthme. ■ 3 Qui a des reflets nacrés comme ceux des perles. *Coton perlé.* ■ 4 (1694) MUS. Exécuté avec soin ou en détachant. « *La grâce minaudière de ce si bémol ainsi perlé* » GIDE. ◆ PAR ANAL. « *les cascades du rire perlé des belles filles* » ALLAIS. ■ 5 (1868) FIG. Fait à la perfection. *Ouvrage perlé.* « *Vous travaillez dans la perfection* [...] *Voilà un bonnet qui est perlé* » ZOLA. ■ 6 (1911) *Grève perlée,* qui interrompt l'activité d'une entreprise par des arrêts ou des ralentissements de travail à une phase, à un stade de la production.

PERLÈCHE [pɛʀlɛʃ] **n. f.** – 1855 ◊ de *perlécher,* variante dialectale de *pourlécher* ■ MÉD. Infection de la commissure des lèvres par des streptocoques, avec formation de fissures et de croûtes humides. — On dit parfois *pourlèche.*

PERLER [pɛʀle] **v.** ‹1› – 1554 «orner de perles» ◊ de *perle*

I v. tr. LITTÉR. Exécuter avec un soin minutieux. *«En faisant cela avec subtilité, en perlant le détail»* SAINTE-BEUVE. ◆ MUS. Exécuter (un morceau, un passage) en détachant très délicatement chaque note. ➤ **perlé.**

II v. intr. (1844) Former de petites gouttes arrondies (liquide). ➤ **suinter ; perle.** *«Quelques gouttes de sueur perlaient sur son front, mais il ne les essuyait pas»* CAMUS.

PERLIER, IÈRE [pɛʀlje, jɛʀ] **adj.** – *barque perlière* 1686 ◊ de *perle* ■ Qui a rapport aux perles. *Industrie perlière.* — (1771) *Huître perlière,* appartenant à l'une des espèces (méléagrine, pintadine) qui peuvent sécréter des perles.

PERLIMPINPIN [pɛʀlɛ̃pɛ̃pɛ̃] **n. m.** – 1690 ◊ onomat. ■ *Poudre* de perlimpinpin.*

PERLINGUAL, ALE, AUX [pɛʀlɛ̃gwal, o] **adj.** – 1924 ◊ du latin *per* «à travers» et *lingual* ■ MÉD. Qui se résorbe par la langue. — *Médicament administré par voie perlinguale.*

PERLITE [pɛʀlit] **n. f.** – 1812 ◊ de *perle* ■ **1** MINÉR. Silicate naturel, pauvre en eau, de la famille des feldspaths. ■ **2** (v. 1960) TECHN. Constituant microscopique des alliages ferreux. *Fonte à perlite.*

1 **PERLON** [pɛʀlɔ̃] **n. m.** – 1554 ◊ de *perle* ■ Requin de la Méditerranée. ➤ **grondin.**

2 **PERLON** [pɛʀlɔ̃] **n. m.** – v. 1940 ◊ nom déposé ; mot allemand, d'après *(ny)lon* ■ COMM. Fibre textile obtenue par polycondensation ; tissu constitué d'une telle fibre. ➤ **polyamide.**

1 **PERLOT** [pɛʀlo] **n. m.** – 1878 ◊ de *semperlot,* p.-ê. de *semper virens* «chèvrefeuille» ■ POP. VX Tabac.

2 **PERLOT** [pɛʀlo] **n. m.** – 1877 ◊ de *perle* ■ Petite huître pêchée sur les côtes de la Manche.

PERLOUZE ou **PERLOUSE** [pɛʀluz] **n. f.** – 1920 ◊ de *perle* et suffixe argotique *-ouse* ■ ARG. Perle. *«Trois kilos de diam's, de la perlouz' et puis du jonc»* VIAN.

PERMACULTURE [pɛʀmakyltyʀ] **n. f.** – 1986 ◊ calque de l'anglais *permaculture* (1978), mot-valise, de *perma(nent)* et *(agri)culture* ■ Mode d'aménagement écologique du territoire, visant à concevoir des systèmes stables et autosuffisants et à produire de la nourriture en renforçant l'écosystème.

PERMAFROST [pɛʀmafʀɔst] **n. m.** – 1956 ◊ mot anglais américain (1943), de *perma(nent)* et *frost* «gel» ■ GÉOGR. Sol perpétuellement gelé des régions arctiques. ➤ **merzlota, pergélisol.**

PERMALIEN [pɛʀmaljɛ̃] **n. m.** – 2006 ◊ calque de l'anglais *permalink,* mot-valise, de *permanent* et *link* «lien» ■ INFORM. Adresse universelle permanente correspondant à un contenu spécifique, notamment dans les archives d'un blog, sur le Web, le rendant toujours accessible.

PERMALLOY [pɛʀmalɔj ; pɛʀmalwa] **n. m.** – 1925 ◊ mot anglais, de *perm(eable)* et *alloy* «alliage» ■ TECHN. Alliage de fer et de nickel (à 78 % de nickel) d'une très grande perméabilité magnétique.

PERMANENCE [pɛʀmanɑ̃s] **n. f.** – 1370 ◊ latin médiéval *permanentia* ■ **1** Caractère de ce qui est durable ; longue durée de qqch. ➤ **continuité, stabilité.** *«le sentiment écrasant de la permanence de la nature»* BALZAC. ➤ **constance, identité.** ■ **2** (1875) Service chargé d'assurer le fonctionnement ininterrompu d'un organisme. ➤ aussi **astreinte.** *Les bureaux sont fermés le samedi mais il y a une permanence. Assurer, tenir une permanence* (➤ **permanencier**). *Être de permanence* (➤ aussi **service**). — PAR MÉTON. Local où fonctionne ce service. *Permanence d'un commissariat de police. Permanence électorale.* ◆ ABSOLT Salle d'études où est constamment assurée la surveillance d'élèves qui, pour quelque raison, ne sont pas en classe. ABRÉV. FAM. perm [pɛʀm]. *«Le jeudi et le dimanche, pour éviter la promenade, je me glissais à la Permanence»* GIRAUDOUX. ■ **3** loc. adv. **EN PERMANENCE :** sans interruption. ➤ **constamment, continûment, toujours.** *Assemblée qui siège en permanence. «La révolution en permanence ou la guerre en permanence»* CAMUS. *Il s'est installé en permanence à la campagne* (cf. À demeure). — PAR EXT. Très souvent, sans laisser de répit. *Elle le taquine en permanence.* ■ CONTR. Impermanence. Altération, conversion, évolution, interruption, modification. 2 Devenir. Fuite, instabilité. Intermittence.

PERMANENCIER, IÈRE [pɛʀmanɑ̃sje, jɛʀ] **n.** – v. 1960 ◊ de *permanence* ■ Personne qui assure une permanence. *Les permanenciers du SAMU.*

PERMANENT, ENTE [pɛʀmanɑ̃, ɑ̃t] **adj.** et **n.** – 1370 ; *permegnant* «stable» 1120 ◊ latin *permanens,* p. prés. de *permanere* «demeurer jusqu'au bout» ■ **1** Qui dure, demeure sans discontinuer ni changer. ➤ **constant, pérenne, stable.** *L'essence permanente des choses.* — SPÉCIALT *Spectacle permanent. Cinéma permanent de 14 h à 24 h,* où le même film est projeté plusieurs fois de suite. ■ **2** (Opposé à *provisoire*) Qui ne cesse pas, qui ne se relâche pas. ➤ **continu.** *Établir une liaison permanente entre des services. «il faut distinguer les erreurs transitoires et passagères des erreurs permanentes»* D'ALEMBERT. — PHYS. *Aimantation permanente.* ➤ **rémanence.** ■ **3** (1949) *Ondulation permanente,* et **n. f. UNE PERMANENTE :** traitement appliqué aux cheveux pour les friser de manière plus ou moins durable. ➤ **indéfrisable, minivague.** *«mes tristes cheveux alternativement trop raides ou trop frisés par de mauvaises permanentes»* ANOUILH. ■ **4** Qui exerce une activité permanente. *«Un comité permanent est nommé pour veiller, nuit et jour, à l'ordre public»* MICHELET. — (Opposé à *spécial, extraordinaire*) *Le représentant permanent de la France à l'ONU.* — **n.** *Les permanents d'un syndicat, d'un parti :* les membres rémunérés pour se consacrer à l'administration de cette organisation. *Les permanents et les bénévoles.* ■ CONTR. Éphémère, fugace, fugitif, passager, transitoire. Intermittent.

PERMANENTER [pɛʀmanɑ̃te] **v. tr.** ‹1› – v. 1970 ◊ de *permanente* ■ Soumettre (les cheveux) à une permanente (3°). — **p. p. adj.** *Cheveux permanentés secs et fragiles.*

PERMANGANATE [pɛʀmɑ̃ganat] **n. m.** – 1848 ◊ de *permanganique* ■ CHIM. Sel ou ion de l'acide permanganique, inconnu à l'état libre. *Permanganate de potassium* ($KMnO_4$). *Les permanganates de potassium et de calcium ont des propriétés antiseptiques.* — COUR. Permanganate de potassium, utilisé pour désinfecter l'eau à laquelle il donne une couleur violacée.

PERMANGANIQUE [pɛʀmɑ̃ganik] **adj.** – 1848 ◊ de *per-* et *manganique* ■ CHIM. *Acide permanganique :* acide non isolé ($HMnO_4$) qui correspond à l'*anhydride permanganique* (Mn_2O_7).

PERMÉABILITÉ [pɛʀmeabilite] **n. f.** – 1743 ; «qualité de ce qui coule facilement» 1625 ◊ de *perméable* ■ **1** Propriété des corps perméables. *La perméabilité du sol. Perméabilité à l'eau, à l'air.* — BIOL. *Perméabilité sélective des cellules vivantes,* grâce à laquelle se font les échanges (4°) intercellulaires. *Perméabilité d'un canal, d'un conduit organique.* ◆ (1887) PHYS. *Perméabilité magnétique :* propriété d'un corps de se laisser traverser par un flux magnétique. Constante caractéristique d'un milieu, mesurant par rapport au vide l'accroissement de l'induction magnétique. ■ **2** FIG. *Perméabilité aux influences.* ➤ **porosité.** ■ CONTR. Imperméabilité.

PERMÉABLE [pɛʀmeabl] **adj.** – 1743 ; «où le liquide peut pénétrer» 1556 ◊ bas latin *permeabilis,* de *permeare* «passer à travers» ■ **1** Qui se laisse traverser ou pénétrer par un fluide, et SPÉCIALT par l'eau. ➤ **pénétrable ; poreux.** *Roches, terrains perméables,* que les eaux d'infiltration traversent. ■ **2** PAR ANAL. *Perméable à qqch. Corps perméable à la lumière* (➤ **translucide ; transparent**). BIOL. CELL. *Les membranes cellulaires sont perméables aux lipides.* ■ **3** FIG. Qui se laisse atteindre, toucher par (qqch.). *Être perméable aux suggestions.* ➤ **ouvert, sensible.** *Un homme perméable à toutes les influences.* ➤ **influençable.** ■ CONTR. Étanche, imperméable. Réfractaire.

PERMÉASE [pɛʀmeaz] **n. f.** – 1956 ◊ de *perméable* et *-ase* ■ BIOCHIM. Protéine de la membrane cellulaire qui assure le tranfert (➤ **transporteur**) d'une molécule dans ou hors de la cellule. *Les perméases présentent la cinétique d'une enzyme.*

PERMETTRE [pɛʀmɛtʀ] **v. tr.** ‹56› – *permetre* 980 ; rare avant 1410 ◊ latin *permittere,* sous l'influence de *mettre*

I ■ **1** Laisser faire (qqch.), ne pas empêcher. ➤ **autoriser, tolérer.** *«La liberté est le droit de faire tout ce que les lois permettent»* MONTESQUIEU. — **PERMETTRE QUE** (et subj.). ➤ **admettre, approuver, consentir ;** 1 **vouloir** (bien). *«maman, d'ordinaire intraitable sur les questions d'heure [...], permettait que je prolongeasse la veillée»* GIDE. — **PERMETTRE QQCH. à QQN.** ➤ **accorder, autoriser.** *Vous permettez tout à cet enfant.* ➤ **passer.** *Les sorties ne sont pas permises.* FAM. *Le médecin lui permet un peu de vin.* — (PASS.) *Ne te gare pas ici, ce n'est pas permis. Il croit que tout lui est permis,* qu'il a le droit de faire, de dire n'importe quoi. ELLIPT *Il se croit tout permis.* — **PERMETTRE DE** (et inf.) : donner le droit, le pouvoir de. ➤ **laisser.** *«Elle me* *permit plusieurs fois de lui donner un baiser»* ROUSSEAU. *Son patron lui a permis de ne pas venir travailler ce matin.* ➤ **dispenser.** — (Impers.) *Il vous est permis de penser tout autrement.* ➤ **loisible.** ■ **2** (Sujet chose) Rendre (qqch.) possible, faire que (qqch.) soit possible. *Attitude qui permet tous les soupçons.* ➤ **autoriser.** *Sa santé ne lui permet aucun excès. Il se hâtait «aussi vite que sa jambe torse le lui permettait»* HUGO. — **PERMETTRE DE** (et inf.) : donner le moyen, l'occasion, la possibilité de. *«La nuit ne permit pas De voir de quel côté se dirigeaient ses pas»* MUSSET. *«Mes moyens ne me permettant pas de prendre un cabriolet et mes goûts un omnibus»* FLAUBERT. — (PASS. IMPERS.) *Autant qu'il est permis d'en juger.* ➤ **possible.** ■ **3** *Permettez ! Vous permettez ? Tu permets ?* formules pour contredire qqn, protester ou imposer sa volonté avec une apparence de courtoisie. *Permettez ! Je ne suis pas de votre avis. Je passe devant vous, vous permettez ? — Permettez-moi de vous présenter M. X,* acceptez* que je vous le présente.

II SE PERMETTRE (1159) — REM. Le pronom étant indirect, le participe passé ne s'accorde jamais avec le sujet *(elle s'est permis d'intervenir).* Il s'accorde avec le complément si celui-ci est placé avant *(les plaisanteries qu'il s'est permises).* ■ **1** S'accorder (qqch.). *Se permettre quelques petites douceurs.* ◆ Faire, dire (qqch. qui dépasse les limites de la bienséance, de la morale, de la discrétion...). *Elle s'est permis des remarques désobligeantes.* ■ **2 SE PERMETTRE DE** (et inf.). Prendre la liberté de. ➤ **s'aviser, oser.** *Je ne me permettrai pas de juger.* ➤ **s'enhardir** (jusqu'à). ■ **3** (Par politesse) ➤ **oser.** *Puis-je me permettre de vous offrir une cigarette ? «Je me permettrai de venir vous voir demain à 5 heures»* MONTHERLANT.

■ CONTR. Défendre, empêcher, interdire, prohiber. Consigner. Brider, contraindre, forcer.

PERMIEN, IENNE [pɛʀmjɛ̃, jɛn] adj. et n. m. – 1842 ◇ de *Perm,* ville russe ■ GÉOL. De la dernière période de l'ère primaire, faisant suite au carbonifère. *Terrain permien, formation permienne.* — n. m. *Le permien.*

PERMIS [pɛʀmi] n. m. – 1721 ◇ de *permettre* ■ Autorisation officielle écrite. *Permis de construire, de démolir. Journaliste muni d'un permis de circuler.* ➤ **laissez-passer, sauf-conduit.** *Permis de chasse, de pêche.* ➤ **licence.** *Permis d'inhumer. Permis de séjour pour les étrangers. — Permis de transport* (exigé pour certains produits). ➤ **passavant.** ◆ (1905) **PERMIS DE CONDUIRE :** certificat de capacité, nécessaire pour la conduite des automobiles, des camions, des motos. ELLIPT *Permis tourisme, permis poids lourds, permis transports en commun. Permis à points :* système dans lequel le permis de conduire comporte un certain nombre de points qui peuvent être retirés en nombre variable selon la gravité de l'infraction commise, la perte de la totalité des points entraînant l'annulation du permis. *Permis probatoire. Suspension, retrait de permis.* — PAR EXT. Examen du permis de conduire. *Passer son permis (de conduire). Avoir son permis ; être reçu au permis.*

PERMISSIF, IVE [pɛʀmisif, iv] adj. – 1970 ◇ de l'anglais *permissive* «qui permet» ■ Caractérisé par l'absence d'interdiction, de sanctions. *Attitude, société permissive. Parents trop permissifs.*

PERMISSION [pɛʀmisjɔ̃] n. f. – 1404 ; *par la Dieu permission* «par la volonté de Dieu» 1180 ◇ latin *permissio* ■ **1** Action de permettre ; son résultat. ➤ **autorisation.** *Demander, obtenir, donner la permission de faire qqch.* ➤ **acquiescement, consentement.** *Agir avec, sans la permission de qqn.* ➤ **approbation.** — FAM. *Avoir la permission de minuit,* de sortir jusqu'à minuit. — *Avec votre permission* (formule de politesse) : si vous le permettez (cf. Sauf* votre respect). DR. *Permission de voirie, de stationnement.* ■ **2** (1836) Congé accordé à un militaire (ABRÉV. FAM. *perm(e)* [pɛʀm]). *Soldat en permission.* ➤ **permissionnaire.** *Le «restaurant où j'avais dîné avec Saint-Loup, un soir de perme»* PROUST. — PAR EXT. *Détenu en permission.* ◆ PAR EXT. Temps de ce congé. *Se marier pendant sa permission.* ◆ Titre de permission. *Le sous-officier remplit «une permission restée en blanc»* COURTELINE. ■ CONTR. 1 Défense, empêchement, interdiction.

PERMISSIONNAIRE [pɛʀmisjɔnɛʀ] n. – 1836 ; autre sens (relig.) 1680 ◇ de *permission* ■ **1** n. m. Militaire en permission. *«ces permissionnaires qui nous arrivaient chargés de musettes»* BERNANOS. *Train de permissionnaires.* — adj. *Officier permissionnaire.* ■ **2** ADMIN. Personne bénéficiaire d'un permis (de construire, de chasse, etc.).

PERMISSIVITÉ [pɛʀmisivite] n. f. – 1967 ◇ anglais *permissiveness* ■ Fait d'être permissif ; disposition à permettre sans condition.

PERMITTIVITÉ [pɛʀmitivite] n. f. – 1955 ◇ anglais *permittivity,* de *to permit* «permettre» ■ PHYS. *Permittivité absolue :* propriété physique d'un diélectrique, quotient de l'induction électrique par le champ électrique (en farad par mètre). — *Permittivité relative :* constante diélectrique, rapport entre la permittivité absolue de ce matériau et celle du vide.

PERMUTABLE [pɛʀmytabl] adj. – 1520 ◇ de *permuter* ■ Qui peut être déplacé par rapport à une autre personne ou chose par une permutation*. *Éléments, groupes permutables.* — n. f. **PERMUTABILITÉ,** 1832.

PERMUTANT, ANTE [pɛʀmytɑ̃, ɑ̃t] n. – 1516 ◇ de *permuter* ■ ADMIN. Personne qui change d'emploi avec une autre. *«Qu'est-ce que c'est, un permutant ? – Quelqu'un qui change sa place pour la mienne»* PAGNOL.

PERMUTATION [pɛʀmytasjɔ̃] n. f. – 1474 ; «échange, troc» 1261 ; *permutacion* «changement de résidence» v. 1180 ◇ latin *permutatio* ■ **1** Échange d'un emploi, d'un poste contre un autre. *Permutation de deux officiers, de deux fonctionnaires* (➤ **permutant**). — PAR EXT. Changement réciproque de deux choses (ou de plusieurs choses deux à deux). *La contrepèterie consiste en permutations de lettres ou de syllabes.* — CHIM. *Permutation d'atomes dans une réaction chimique* (➤ **substitution**). SPÉCIALT Remplacement du calcium par le sodium dans une eau naturelle, à l'aide d'une résine échangeuse d'ions. — LING. *Permutation* (changement de place réciproque dans la phrase) *et commutation**. ■ **2** (1762) MATH., LOG. Chacun des arrangements que peut prendre un nombre défini d'objets différents. *Le nombre des permutations de* n *objets est égal à* n ! (factorielle* *n*). ➤ **combinatoire.** — L'opération permettant de passer d'une permutation à une autre.

PERMUTER [pɛʀmyte] v. ⟨1⟩ – *permuer* «changer, échanger» 1337 ◇ latin *permutare* «changer», de *mutare* → muer, 2 muter

I v. tr. ■ **1** (XVIe) VIEILLI Changer, échanger (un emploi, une charge). ■ **2** Mettre une chose à la place d'une autre (et réciproquement). *Permuter deux mots dans la phrase.* ➤ **intervertir.** — CHIM. *Eau permutée,* dont les ions calcium ont été remplacés par des ions sodium. ■ **3** v. pron. (pass.) SC. Effectuer les différentes permutations d'une série. *12 objets se permutent de 479 001 600 manières.*

II v. intr. Changer de place réciproquement. ◆ (1835) Faire une permutation avec qqn. *Ces deux officiers veulent permuter.*

PERNICIEUX, IEUSE [pɛʀnisjø, jøz] adj. – 1314 méd. ◇ latin *perniciosus,* de *pernicies* «ruine», de *nex, necis* «mort violente» ■ **1** VX (ÊTRES VIVANTS) Qui cause du mal. ➤ **dangereux, malfaisant, nocif, nuisible.** *«Jetez cet animal traître et pernicieux. Ce serpent»* LA FONTAINE. ■ **2** MÉD. Se dit d'une affection dont l'évolution est très grave. *Accès pernicieux de paludisme.* ■ **3** (ABSTRAIT) LITTÉR. Nuisible moralement. ➤ **mauvais, nocif.** *Exercer une influence pernicieuse. Théories très pernicieuses.* ➤ **diabolique.** *«ces chants moqueurs, aussi pernicieux pour leurs enfants qu'insultants»* BARRÈS. VX *«des relations pernicieuses au salut de votre âme»* VIGNY. — adv. **PERNICIEUSEMENT.** ■ CONTR. Avantageux, bienfaisant, 1 bon, salutaire.

PERNICIOSITÉ [pɛʀnisjozite] n. f. – 1544 ◇ de *pernicieux* ■ LITTÉR. Caractère pernicieux. — MÉD. Caractère des maladies pernicieuses.

PÉRONÉ [peʀɔne] n. m. – 1522 ◇ grec *peronê* «cheville», de *peirein* «percer, transpercer» ■ Os long et grêle, situé en dehors du tibia avec lequel il forme l'ossature de la jambe. ➤ **fibula.** *Tête, col du péroné. Fracture du péroné.*

PÉRONIER, IÈRE [peʀɔnje, jɛʀ] n. m. et adj. – 1687 n. ◇ de *péroné* ■ ANAT. *Péronier antérieur :* muscle qui fléchit le pied et le porte en abduction et en rotation en dehors. ◆ adj. (1749) Relatif au péroné. ➤ **fibulaire.** *Artère péronière.*

PÉRONNELLE [peʀɔnɛl] n. f. – 1651 ◇ n. pr. (héroïne d'une chanson du XVe) ; diminutif de *Perronne,* fém. de *Perron,* de *Pierre,* ou forme populaire de *Pétronille* ■ FAM. VIEILLI Jeune femme, jeune fille sotte et bavarde. *«Taisez-vous, péronnelle»* MOLIÈRE.

PÉRONOSPORACÉES [peʀɔnɔspɔʀase] n. f. pl. – 1924 ; *péronosporées* 1890 ◇ racine grecque *peronê* «agrafe» et *spora* «semence» ■ BOT. Famille de champignons parasites de plantes phanérogames (betterave, luzerne, pomme de terre, vigne) principaux agents des mildious et dont les principaux types sont le *plasmopara* et le *peronospora.* — Au sing. *Une péronosporacée.*

PÉRORAISON [peʀɔʀɛzɔ̃] n. f. – 1671 ; *peroration* 1512 ♦ latin *peroratio*, d'après *oraison* ■ **1** DIDACT. Conclusion d'un développement oratoire. *La péroraison d'un plaidoyer.* ■ **2** Dernière partie. *« Mais la péroraison de l'hymne éclata. Et il y eut soudain un silence stupide »* ROMAINS. ■ CONTR. Exorde ; commencement.

PÉRORER [peʀɔʀe] v. intr. ‹1› – 1380 ♦ latin *perorare* « plaider, exposer jusqu'au bout », de *orare* ■ Discourir, parler d'une manière prétentieuse, avec emphase. ➤ **pontifier.** *« En se voyant écoutée avec extase, elle s'habitua par degrés à s'écouter aussi, prit plaisir à pérorer »* BALZAC.

PÉROREUR, EUSE [peʀɔʀœʀ, øz] n. et adj. – 1775 ♦ de *pérorer* ■ RARE Personne qui pérore. *« un des plus inutiles péroreurs »* GIDE.

PÉROT [peʀo] n. m. – 1546 ♦ de *père* ■ SYLV. Arbre, baliveau qui a deux fois l'âge de la coupe.

PEROXYDASE [peʀɔksidaz] n. f. – 1898 ♦ de *peroxyde* et *-ase* ■ BIOCHIM. Enzyme catalysant l'oxydoréduction de l'eau oxygénée (H_2O_2) en eau (H_2O). *L'eau oxygénée est un substrat de la peroxydase.*

PEROXYDE [peʀɔksid] n. m. – 1827 ♦ de *per-* et *oxyde* ■ CHIM. Composé contenant le groupe covalent –O–O– ou l'ion $O_2^{\,2-}$. ➤ **oxyde.** *Peroxyde d'hydrogène* (H_2O_2) : eau oxygénée.

PEROXYDÉ, ÉE [peʀɔkside] adj. – 1993 ♦ de *peroxyde* ■ Décoloré au peroxyde d'hydrogène (eau oxygénée). *« Ses cheveux étaient sa véritable fierté. Soigneusement peroxydés, ils s'étageaient en boucles »* A. DESARTHE. — PAR EXT. *Une blonde peroxydée.*

PEROXYDER [peʀɔkside] v. tr. ‹1› – 1872 ; *peroxydé* 1834 ♦ de *per-* et *oxyder* ■ CHIM. Oxyder au plus haut degré possible. — n. f. **PEROXYDATION,** 1963.

PERPENDICULAIRE [pɛʀpɑ̃dikylɛʀ] adj. et n. f. – 1520 ; *perpendiculer* 1380 ♦ latin *perpendicularis*, de *perpendiculum* « fil à plomb » ■ **1** VX ou LITTÉR. Vertical, d'aplomb. SPÉCIALT *Écriture perpendiculaire,* à caractères verticaux. ♦ PAR EXT. Qui se trouve à la verticale, au zénith. *« Le soleil était déjà presque perpendiculaire »* FROMENTIN. ■ **2** (1637) *Perpendiculaire à* : qui fait un angle droit avec (une droite ou un plan). ➤ **orthogonal.** *Droite perpendiculaire à un plan. Droites perpendiculaires* (entre elles). *Rues perpendiculaires.* — n. f. *Tirer une perpendiculaire. Perpendiculaire abaissée du centre d'un polygone sur un de ses côtés* (➤ **apothème**), *du sommet d'un triangle au côté opposé* (➤ **hauteur, pied, podaire**). *Perpendiculaire menée du milieu du côté d'un triangle.* ➤ **médiatrice.** *Perpendiculaire à la tangente d'une courbe.* ➤ **normal.** *Abaisser d'un point, d'un côté la perpendiculaire à l'autre côté d'un angle,* pour déterminer le sinus, le cosinus, la tangente... ■ **3** ARCHIT. *Style perpendiculaire* : style gothique qui apparaît en Angleterre au XIVe s., caractérisé par l'abondance des lignes verticales et horizontales (remplaçant les remplages du style flamboyant).

PERPENDICULAIREMENT [pɛʀpɑ̃dikylɛʀmɑ̃] adv. – 1509 ♦ de *perpendiculaire* ■ **1** VX Verticalement. *« un grand rideau de poudre* [poussière] *grise perpendiculairement étalé »* FLAUBERT. ■ **2** (1542) MOD. À angle droit. ➤ **orthogonalement.** *« le passage qui s'allongeait* [...] *perpendiculairement à la rue »* ROMAINS.

PERPÈTE (À) [apɛʀpɛt] loc. adv. – 1852 *perpette* ; n. f. « travaux forcés à perpétuité » 1836 ♦ de *perpétuité* ■ FAM. ■ **1** À perpétuité, pour toujours. *Être condamné à perpète. Je ne vais pas l'attendre jusqu'à perpète,* très longtemps. ♦ SUBST. FÉM. Prison à perpétuité. LOC. *Prendre perpète. « Tu crois que tu vas me faire prendre perpète parce que j'ai buté un clébard ? »* É. CHERRIÈRE. ■ **2** VIEILLI Très loin. *Il habite à perpète.* — On écrit aussi *à perpette.*

PERPÉTRATION [pɛʀpetʀasjɔ̃] n. f. – 1532, repris 1829 ♦ latin chrétien *perpetratio* ■ DR. ou LITTÉR. Accomplissement (d'un crime, d'un forfait). *La perpétration du délit.*

PERPÉTRER [pɛʀpetʀe] v. tr. ‹6› – 1360 ; *parpreter* 1232 ♦ latin *perpetrare* « accomplir » ■ DR. ou LITTÉR. Faire, exécuter (un acte criminel). ➤ **commettre, consommer.** *« les détails du crime dont je vais vous parler n'ont pas été connus au-delà du Département où il fut perpétré »* BALZAC. *Les « massacres perpétrés pour cause de religion »* VOLTAIRE. PRONOM. *Des murs « indifférents à ce qui pouvait bien se perpétrer à leur base »* GIDE.

PERPÉTUATION [pɛʀpetɥasjɔ̃] n. f. – 1422 ♦ de *perpétuer* ■ LITTÉR. Action de perpétuer ; son résultat. ➤ **continuité, durée.** *La perpétuation de l'espèce par la reproduction des individus.*

PERPÉTUEL, ELLE [pɛʀpetɥɛl] adj. – *perpétual* 1160 ♦ latin *perpetualis*, de *perpetuus* ■ **1** Qui dure toujours, infiniment ou indéfiniment ; qui ne comporte pas d'interruption. ➤ **continu, continuel, éternel, incessant, indéfini, infini.** *« La guerre, disait-il, n'échappe pas aux lois de notre vieil Hegel. Elle est en état de perpétuel devenir »* PROUST. — *Principes perpétuels.* ➤ **impérissable, inaltérable.** *La révolte « est un confrontement perpétuel de l'homme et de sa propre obscurité »* CAMUS. ♦ SPÉCIALT *Mouvement perpétuel,* qui, une fois déclenché, continuerait éternellement sans apport d'énergie. FIG. *Chercher le mouvement perpétuel,* une chose impossible (cf. La quadrature* du cercle). — PHYS. *Moteur perpétuel de première espèce,* qui fournirait indéfiniment un travail mécanique sans emprunter d'énergie à l'extérieur (système contraire au premier principe de la thermodynamique). *Moteur perpétuel de deuxième espèce,* qui fournirait indéfiniment un travail mécanique en échangeant de la chaleur avec une seule source extérieure (système contraire au deuxième principe de la thermodynamique). — MUS. *Mouvement perpétuel* : pièce instrumentale où un dessin mélodique rapide se poursuit du début à la fin. ♦ *Calendrier* perpétuel.* ♦ DR. *Rente* perpétuelle.* ■ **2** Qui dure, doit durer toute la vie. *« Une certaine tension de l'esprit entretient une perpétuelle jeunesse »* CHARDONNE. ➤ **éternel.** ♦ *Dignité, fonction perpétuelle,* conférée à vie. — *« Sommes-nous assez heureux pour que M. d'Alembert soit notre secrétaire perpétuel ? »* VOLTAIRE. ■ **3** Qui ne s'arrête, ne s'interrompt pas. ➤ **continuel, incessant.** *Un perpétuel chantier. « Cette pensée ne le quittait pas. C'était une obsession, une angoisse perpétuelle »* DAUDET. — *C'est un perpétuel insatisfait.* ■ **4** PAR EXT. (AU PLUR.) Qui se renouvellent souvent. ➤ **continuel, sempiternel.** *De perpétuelles migraines. Jérémiades perpétuelles. « ce sont les perpétuelles réformes qui font que l'on a besoin de réforme »* MONTESQUIEU. ■ CONTR. 1 Court, éphémère, momentané, passager, temporaire. Changeant, discontinu, sporadique.

PERPÉTUELLEMENT [pɛʀpetɥɛlmɑ̃] adv. – XIIIe ; *perpetualment* XIIe ♦ de *perpétuel* ■ D'une manière perpétuelle. ■ **1** Toujours, éternellement. *« Toutes les choses de la vie sont perpétuellement en fuite devant nous »* HUGO. ■ **2** Sans cesse. *Il est perpétuellement fatigué.* ■ **3** (1665) Fréquemment, souvent. *Il arrive perpétuellement en retard.* ■ CONTR. Momentanément.

PERPÉTUER [pɛʀpetɥe] v. tr. ‹1› – 1374 ♦ latin *perpetuare*, de *perpetuus*

I Faire durer constamment, toujours ou très longtemps. ➤ **continuer, éterniser.** *Monument qui perpétue le souvenir de qqn.* ➤ **immortaliser.** *« bâtissons des choses éternelles, perpétuons notre mémoire »* MICHELET. *Perpétuer une tradition, un abus.* ➤ **maintenir.** *« J'ai donc un fils, enfin quelque chose qui porte mon nom et qui peut le perpétuer »* BALZAC. ➤ **transmettre.**

II SE PERPÉTUER v. pron. (1549) Se continuer. ➤ **durer.** *Les espèces se perpétuent.* ➤ **se reproduire.** *Se perpétuer dans ses enfants, dans son œuvre.* ➤ **se survivre.** *« Le malheur qui se perpétue produit sur l'âme l'effet de la vieillesse sur le corps »* CHATEAUBRIAND. ➤ **perdurer.**

■ CONTR. Changer ; cesser, finir.

PERPÉTUITÉ [pɛʀpetɥite] n. f. – 1236 ♦ latin *perpetuitas*, de *perpetuus* ■ **1** LITTÉR. Durée infinie ou indéfinie, et PAR EXT. très longue. ➤ **pérennité ; perpétuel.** *Contribuer à la perpétuité de l'espèce humaine.* ➤ **perpétuation.** *« le mariage du fils intéresse la perpétuité de la famille »* FUSTEL DE COULANGES. ■ **2** COUR. loc. adv. **À PERPÉTUITÉ :** pour toujours. *Concession, fondation à perpétuité,* accordée pour une durée illimitée. ♦ SPÉCIALT *Cette affaire « le ferait passible des travaux forcés à perpétuité »* HUGO. *Être condamné à perpétuité, à la réclusion à perpétuité.* ➤ FAM. **perpète (à).** ■ CONTR. 2 Instant. Brièveté.

PERPLEXE [pɛʀplɛks] adj. – 1355 ; variante *perplex* jusqu'au XVIIe ♦ latin *perplexus* « embrouillé », de *plectere* « tisser » ■ Qui hésite, ne sait que penser, que faire dans une situation embarrassante. ➤ **inquiet ; embarrassé, hésitant, indécis.** *Cette demande me rend perplexe, m'a laissé perplexe. « Les tendances les plus opposées n'ont jamais réussi à faire de moi un être tourmenté ; mais perplexe »* GIDE. — PAR EXT. *Un air perplexe.* ■ CONTR. Assuré, convaincu, décidé, résolu.

PERPLEXITÉ [pɛʀplɛksite] n. f. – 1370 ; « confusion » 1330 ♦ bas latin *perplexitas* ■ État d'une personne perplexe. ➤ **doute, embarras, incertitude, indécision, indétermination, irrésolution.** *Être dans la plus profonde perplexité. Sa déclaration me plonge dans la perplexité, dans un abîme de perplexité.* ■ CONTR. Assurance, certitude, décision, résolution.

PERQUISITEUR [pɛʀkizitœʀ] n. m. – 1829 ; « celui qui fait des recherches » 1370 ♦ de *perquisition* ■ RARE Celui qui fait des perquisitions.

PERQUISITION [pɛʀkizisjɔ̃] n. f. – 1473 *parquisition* « recherche judiciaire » ◊ bas latin *perquisitio* « recherche » ▪ **1** (XVIIe) Recherche matérielle opérée par la police généralement au domicile d'une personne poursuivie ou soupçonnée, dans le cadre d'une enquête (cf. Visite domiciliaire). *Faire une perquisition.* ➤ **perquisitionner.** *La perquisition doit être, en principe, faite de jour en présence du prévenu. Mandat de perquisition. Procès-verbal de perquisition.* « *Au matin, ils sont venus à quatre. Ils ont fait ouvrir la porte, au nom de la loi. D'ailleurs, ils m'avaient pris les clés. Ce qu'on appelle une perquisition* » DUHAMEL. ♦ PAR EXT. Toute recherche de caractère policier au domicile de qqn. ▪ **2** FIG. et LITTÉR. ➤ **inquisition, investigation.** « *ces perquisitions morales, outrageantes et minutieuses* » DAUDET.

PERQUISITIONNER [pɛʀkizisjɔne] v. intr. ⟨1⟩ – 1836 ◊ de *perquisition* ▪ Faire une perquisition. *La police a perquisitionné chez lui, à son domicile.* ➤ **fouiller.** « *Ils ont fouiné partout, perquisitionné comme ils disent* » GENEVOIX. ♦ TRANS. (Emploi critiqué) *Perquisitionner un local.*

PERRÉ [peʀe] n. m. – 1767 ; « gué pavé, empierré » 1553 ; adj. « de pierre » 1180 ◊ de *pierre* ▪ TECHN. Mur de soutènement, revêtement en pierres sèches sur un talus pour maintenir la terre. *Perrés des talus d'un pont.*

PERRIÈRE [pɛʀjɛʀ] n. f. – *perere* 1130 ◊ de *pierre* ▪ ARCHÉOL. Machine de guerre à bascule et à contrepoids lançant des projectiles, au Moyen Âge.

PERRON [peʀɔ̃] n. m. – 1200 ; *perrun* « bloc de pierre » 1080 ◊ de *pierre* ▪ Petit escalier extérieur se terminant par une plateforme de plain-pied avec l'entrée principale d'une habitation, d'un monument. « *ce genre de maison de banlieue* [...] *Avec son perron à encorbellement et sa marquise en forme de coquille* » GREEN. — Cette plateforme. *Il nous a accueillis sur le perron. Le perron de l'Élysée.*

PERROQUET [peʀɔkɛ] n. m. – 1537 ; *paroquet* 1395 ◊ diminutif de *Perrot*, lui-même diminutif du prénom *Pierre* (cf. *pierrot*)

I ▪ **1** Oiseau grimpeur *(psittaciformes)* au plumage vivement coloré, à gros bec très recourbé, capable d'imiter la parole humaine. *Perroquet d'Afrique* (➤ **jacquot**), *d'Amérique* (➤ **ara, papegai**), *d'Australie* (➤ **lori**). *Le cacatoès, oiseau voisin des perroquets.* « *il n'y a d'exotique, dans leur entourage, qu'un beau perroquet royal du Brésil, un "loro" rouge feu, à qui elles apprennent à parler* » LARBAUD. *Perroquet apprivoisé. La psittacose*, maladie des perroquets et des perruches.* — *Bâton de perroquet :* perchoir traversé d'échelons, fixé à un plateau de bois. ♦ APPOS. INV. *Vert perroquet,* très vif. — PAR COMPAR. *Répéter, réciter comme un perroquet,* sans comprendre (➤ **psittacisme**). PAR MÉTAPH. « *On avait réussi, vers quatorze ou quinze ans, à faire assez bien de moi un bon perroquet cornélien* » R. ROLLAND. ▪ **2** PAR ANAL. *Perroquet de mer.* ➤ **macareux.** — *Poisson-perroquet.* ➤ **scare.** ♦ MÉD. *Bec de perroquet :* ostéophyte vertébral. « *cette calcification intense qui soudait les vertèbres hérissées de becs de perroquet* » VAN CAUWELAERT. ▪ **3** (1866 ◊ par anal. de couleur) Mélange de pastis et de sirop de menthe.

II ▪ **1** (1525 ◊ par anal. de forme avec le *bâton de perroquet*) MAR. Mât gréé sur une hune. Voile carrée supérieure au hunier. *Grand, petit perroquet.* — PAR EXT. L'ensemble de la voile, du mât et du gréement. ➤ aussi 2 **fougue.** ▪ **2** Porte-manteau sur pied, à patères courbes.

PERRUCHE [peʀyʃ] n. f. – 1732 ◊ de *perrique* « petit perroquet », espagnol *perico*, de *Perico*, diminutif de *Pero* « Pierre » ▪ **1** Oiseau grimpeur *(psittaciformes),* de petite taille, au plumage vivement coloré, à longue queue, qui a les mœurs du perroquet mais ne parle pas. *Couple de perruches en cage.* « *des perruches, vertes comme des émeraudes* » BERNARDIN DE SAINT-PIERRE. ▪ **2** FIG. Femme bavarde qui fatigue par des propos sans intérêt. *Faites taire ces deux perruches !* ▪ **3** VX Perroquet femelle. ▪ **4** (d'après *perroquet*, II) MAR. Voile placée sur le mât d'artimon au-dessus du perroquet de fougue.

PERRUQUE [peʀyk] n. f. – XVIe ; « chevelure » XVe ◊ italien *parruca* ▪ **1** Coiffure de faux cheveux, chevelure postiche. *Perruque d'homme, de femme. Perruque en cheveux naturels, en fibres synthétiques. Perruque à boudins, à catogan*, poudrée. Porter une perruque. Porter perruque* (habituellement). *Ménalque* « *passe sous un lustre où sa perruque s'accroche* » LA BRUYÈRE. « *Elle cachait ses cheveux gris sous une perruque frisée dite à l'enfant* » HUGO. « *La perruque noire était tombée. Un crâne poli comme une tête de mort rendit à cet homme sa vraie physionomie* » BALZAC. ➤ FAM. **moumoute.** ▪ **2** PÊCHE Enchevêtrement d'une ligne. ♦ BIJOUT. Outil de bijoutier, masse de fil de fer sur laquelle on soude les métaux. ▪ **3** FIG. et VX Personne âgée attachée à des goûts démodés, des opinions, des préjugés ridicules. « *M. Marc Ribert m'enseignait que Racine était une perruque et une vieille savate* » FRANCE. ▪ **4** FAM. Travail effectué par un ouvrier, un technicien, pendant ses heures de travail et pour son usage personnel, avec les matériaux et l'outillage de l'entreprise. *Faire des perruques.* — PAR EXT. Détournement de matériaux ou d'outils appartenant à l'employeur. *Faire de la perruque.*

PERRUQUIER, IÈRE [peʀykje, jɛʀ] n. – 1564 ◊ de *perruque* ▪ **1** n. m. ANCIENNT Artisan qui confectionnait les perruques, coiffait et faisait la barbe. ➤ **coiffeur.** ▪ **2** MOD. Fabricant(e) de perruques et de postiches.

PERS [pɛʀ] adj. m. – 1080 « livide » ◊ bas latin *persus*, classique *persicus* « persan » ▪ LITTÉR. D'une couleur où le bleu domine (surtout en parlant des yeux). *La déesse aux yeux pers :* Athéna. ▪ HOM. Pair, paire, père.

PERSAN, ANE [pɛʀsɑ̃, an] adj. et n. – 1512 ◊ de *Perse* ; cf. ancien français *Persien* (XIVe) ▪ **1** (PERSONNES) De Perse (depuis la conquête arabe jusqu'au XXe s.). ➤ **iranien,** 1 **perse.** *Roi persan.* ➤ **shah.** ALLUS. LITTÉR. « *Ah ! ah ! Monsieur est Persan ! C'est une chose bien extraordinaire ! Comment peut-on être Persan ?* » MONTESQUIEU. n. *Un Persan, une Persane.* ▪ **2** n. m. (1616) LING. *Le persan,* langue iranienne principale, notée en caractères arabes, et très proche du parsi tardif. ➤ **parsi.** ▪ **3** Venant de Perse ou concernant la Perse. ➤ **iranien.** *Chat persan,* à longs poils soyeux et à face camuse. *Cheval persan. Art persan. Tapis persan. Miniatures persanes.* — « *Les Lettres persanes* », *de Montesquieu.* ▪ HOM. Perçant.

1 **PERSE** [pɛʀs] adj. et n. – avant XVIe ; *pers* 1080 ◊ bas latin *persus* ▪ HIST. De l'ancienne Perse (antérieurement à la conquête arabe, VIIe s.). *Les Mèdes et les Perses. Gouvernement perse.* ➤ **satrape, satrapie.** *Zoroastre* (Zarathoustra), *fondateur de la religion perse.* ➤ **manichéisme, mazdéisme, parsisme, zoroastrisme ; guèbre, parsi.** *Écriture perse cunéiforme.* — ARCHIT. *Chapiteau perse,* à deux têtes de taureaux opposées. — (1874) LING. *Langues perses.* ➤ **iranien, parsi, persan.** ▪ HOM. Perce.

2 **PERSE** [pɛʀs] n. f. – 1730 ◊ de 1 *perse* ▪ Tissu d'ameublement à décor floral, toile peinte originaire de l'Inde (que l'on croyait être de Perse). *Rideaux de, en perse.*

PERSÉCUTÉ, ÉE [pɛʀsekyte] adj. et n. – 1694 ◊ de *persécuter* ▪ **1** En butte à une persécution. *Peuple persécuté. Jean-Jacques Rousseau* « *persécuté ou croyant l'être, entouré d'imaginaires ennemis, d'autres réels* » HENRIOT. ▪ **2** n. Victime d'une persécution. *Les persécutés et les opprimés. Jouer les persécutés.* ♦ PSYCHOL. Personne atteinte d'un délire de persécution*. ➤ aussi **paranoïaque.**

PERSÉCUTER [pɛʀsekyte] v. tr. ⟨1⟩ – fin Xe relig. ◊ du latin *persequi*, d'après les dérivés *persécuteur, persécution* ▪ **1** Tourmenter* sans relâche par des traitements injustes et cruels. ➤ **martyriser, opprimer.** *Cet* « *édit qui ordonnait de persécuter les chrétiens plus violemment que jamais* » BOSSUET. « *En France, on laisse en repos ceux qui mettent le feu, et on persécute ceux qui sonnent le tocsin* » CHAMFORT. ♦ VIEILLI Attaquer (une œuvre). « *Voici une comédie* [...] *qui a été longtemps persécutée* » MOLIÈRE. ▪ **2** (1611) Poursuivre en importunant. ➤ **s'acharner** (contre), **harceler, importuner, molester, presser, tyranniser.** *Ses créanciers le persécutent. Journalistes qui persécutent une vedette. Cessez de me persécuter avec cette histoire.* ▪ CONTR. Favoriser, protéger.

PERSÉCUTEUR, TRICE [pɛʀsekytœʀ, tʀis] n. et adj. – XIVe relig. ; *persecutur* 1190 ◊ latin ecclésiastique *persecutor* « persécuteur des chrétiens », de *persequi* ▪ **1** Personne qui persécute. *Un persécuteur cruel. Il s'est vengé de ses persécuteurs.* ➤ **bourreau.** ♦ adj. (XVIIe) « *dieu persécuteur, effroi du genre humain* » VOLTAIRE. ▪ **2** adj. PSYCHOPATHOL. *Persécuté persécuteur :* persécuté qui cherche à se faire justice en persécutant ses ennemis (réels ou imaginaires).

PERSÉCUTION [pɛʀsekysjɔ̃] n. f. – 1155 ◊ latin ecclésiastique *persecutio*, appliqué aux chrétiens ▪ **1** Traitement injuste et cruel infligé avec acharnement. *Les persécutions des premiers chrétiens* (➤ **martyr**). *Persécutions subies par les Juifs.* ♦ (1680) Mauvais traitement dont on est la victime. ➤ **maltraitance.** *Être en butte aux persécutions de qqn.* ▪ **2** LOC. (1852) *Manie, folie de persécution* (VX), *délire de persécution :* délire systématisé d'une personne qui se croit persécutée. « *Rousseau se crut visé, prit feu et flamme, alluma là son délire de la persécution* » THIBAUDET. ▪ CONTR. Protection.

PERSÉIDES [pɛʀseid] **n. f. pl.** – 1875 ◇ de *Persée*, nom d'une constellation, et *-ide* ■ ASTRON. Étoiles filantes qui semblent venir de la constellation de Persée.

PERSEL [pɛʀsɛl] **n. m.** – 1913 ◇ de *per-* et *sel* ■ CHIM. Sel dérivant d'un peracide. *Le perborate de sodium est un persel.*

PERSÉVÉRANCE [pɛʀseveʀɑ̃s] **n. f.** – fin XVe ; 1160 «continuité d'un état de choses» ◇ latin *perseverantia* ■ Action de persévérer, qualité, conduite d'une personne qui persévère. ➤ **constance, entêtement, insistance, obstination, opiniâtreté,** 1**patience, ténacité, volonté.** *Il faut de la persévérance pour réussir. Travailler avec persévérance. Persévérance dans la lutte, dans la recherche.* ➤ **acharnement.** «*Il en conçut le légitime orgueil d'un monsieur qui a su, par sa persévérance* [...], *atteindre le but qu'il a laborieusement visé*» COURTELINE (cf. Esprit de suite*, suite* dans les idées). ◆ RELIG. *Catéchisme de persévérance,* dont les enfants catholiques suivent l'enseignement, après leur communion solennelle. ■ CONTR. Abandon, abjuration, caprice, changement, désistement, inconstance, versatilité.

PERSÉVÉRANT, ANTE [pɛʀseveʀɑ̃, ɑ̃t] **adj.** – *parsevrant* «qui persiste, dure» 1180 ◇ de *persévérer* ■ Qui persévère ; qui a de la persévérance. *Un chercheur persévérant.* ➤ **constant, entêté, fidèle, obstiné, opiniâtre, patient.** «*l'art infatigable du plus habile et du plus persévérant ouvrier*» FAGUET. *Soyez persévérant dans votre travail, vos efforts seront récompensés.* ■ CONTR. Capricieux, changeant, inconstant, versatile.

PERSÉVÉRATION [pɛʀseveʀasjɔ̃] **n. f.** – 1903 ◇ de *persévérer* ■ PSYCHOPATHOL. Persistance d'un trouble entretenu consciemment ou inconsciemment par un malade, alors qu'il n'est plus motivé par une cause physiologique ou mécanique.

PERSÉVÉRER [pɛʀsevere] **v. intr.** ‹6› – XIIe ◇ latin *perseverare*, de *severus* «dur» → sévère ■ **1** (PERSONNES) Continuer de faire, d'être ce qu'on a résolu, par un acte de volonté renouvelé. ➤ **insister, s'obstiner, s'opiniâtrer, persister, poursuivre.** *Persévérer dans l'effort.* ➤ **s'acharner, soutenir** (son effort). «*Il avait glissé, roulé, grimpé, cherché, marché, persévéré, voilà tout. Secret de tous les triomphes*» HUGO. LITTÉR. *Persévérer à* (et inf.). *Je persévère à penser qu'il s'est trompé.* ■ **2** (CHOSES) VX Continuer, durer. ➤ **persister.** ■ CONTR. Abandonner, abjurer, capituler, cesser, désister (se), renoncer.

PERSICAIRE [pɛʀsikɛʀ] **n. f.** – XIIIe ◇ latin médiéval *persicaria*, de *persicus* «pêcher» ■ Renouée* *(polygonacées)* dont certaines variétés, à fleurs roses, rouges ou blanches, sont cultivées comme plantes d'ornement.

PERSIENNE [pɛʀsjɛn] **n. f.** – 1732 ◇ fém. de l'ancien adj. *persien* (XIVe), de *Perse*, nom de pays ■ Châssis de bois extérieur et mobile, muni d'un panneau à claire-voie, qui sert à protéger une fenêtre du soleil et de la pluie tout en permettant à l'air de passer. ➤ **contrevent, jalousie, volet.** «*sans ouvrir les persiennes j'ai regardé par les fentes*» CÉLINE. — PAR EXT. Panneaux métalliques articulés destinés au même usage.

PERSIFLAGE ou **PERSIFFLAGE** [pɛʀsiflaʒ] **n. m.** – 1735 ◇ de *persifler* ■ Action de persifler ; propos d'une personne qui persifle. ➤ **ironie, moquerie, raillerie** (cf. Mise en boîte*). «*C'était un âpre persiflage, tourner chaque mot que je disais en dérision*» MONTHERLANT. *Des persiflages insolents.* — La graphie *persifflage* avec 2 *f*, d'après *siffler*, est régulière.

PERSIFLER ou **PERSIFFLER** [pɛʀsifle] **v. tr.** ‹1› – 1735 ◇ de *per-* et *siffler* ■ LITTÉR. Tourner (qqn) en ridicule en employant un ton de plaisanterie ironique ou en feignant de le louer, de lui témoigner de la sympathie, de l'intérêt. ➤ **se moquer, railler.** «*C'est de l'usage de tout dire sur le même ton qu'est venu celui de persifler les gens sans qu'ils le sentent*» ROUSSEAU. — La graphie *persiffler* avec 2 *f*, d'après *siffler*, est régulière.

PERSIFLEUR, EUSE ou **PERSIFFLEUR, EUSE** [pɛʀsiflœʀ, øz] **n. et adj.** – 1744 ◇ de *persifler* ■ VIEILLI Personne qui aime à persifler, qui a l'habitude de persifler. — **adj.** (1761) *Il est très persifleur.* ➤ **moqueur.** — (CHOSES) **plus cour.** «*ce ton moitié persifleur dont ils s'étaient servis pour masquer l'embarras du début*» LOTI. — La graphie *persiffleur, euse* avec 2 *f*, d'après *siffler*, est régulière.

PERSIL [pɛʀsi] **n. m.** – XIIIe ; *perresil* XIIe ◇ latin populaire °*petrosilium*, latin classique *petroselinum* ■ **1** Plante potagère *(ombellifères)* très aromatique, utilisée comme condiment. *Persil plat, frisé. Le persil est riche en fer. Bouquet de persil. Hacher de l'ail et du persil* (➤ **persillade**). «*elle m'apprit que le persil était employé dans les ragoûts et servait d'assaisonnement aux viandes grillées*» FRANCE. — *Persil tubéreux,* cultivé pour sa racine. ■ **2** PAR ANAL. *Persil arabe.* ➤ **coriandre.**

PERSILLADE [pɛʀsijad] **n. f.** – 1690 ◇ de *persil* ■ CUIS. Assaisonnement à base de persil et d'ail hachés. ◆ Mets composé de tranches de bœuf froid servies avec cet assaisonnement.

PERSILLÉ, ÉE [pɛʀsije] **adj.** – 1694 ◇ de *persil* ■ **1** *Fromage à pâte persillée,* à moisissures internes. ➤ **bleu.** — *Le roquefort est un fromage persillé.* ◆ *Viande persillée,* parsemée de minces filets de graisse (indice de qualité). «*Les côtes de bœuf atterrissent sur le gril. Cinq kilos de viande persillée comme l'aime le père de Claire*» É. CHERRIÈRE. *Une entrecôte persillée.* ■ **2** (1830) Accompagné de persil haché. *Sauce persillée.* «*persillées, salées, poivrées* [...] *les plus délicieuses carottes râpées*» SARRAUTE.

PERSILLÈRE [pɛʀsijɛʀ] **n. f.** – 1868 ◇ de *persil* ■ Récipient, pot percé de trous, dans lequel on fait pousser du persil en toutes saisons.

PERSISTANCE [pɛʀsistɑ̃s] **n. f.** – 1495 ; *persistence* 1460 ◇ de *persister* ■ **1** Action de persister. ➤ **constance, fermeté.** *Affirmer qqch. avec persistance.* ➤ **entêtement, obstination, opiniâtreté.** *Persistance dans l'erreur, dans une attitude.* ■ **2** Caractère de ce qui est durable, de ce qui persiste ; le fait de persister. ➤ **continuité, durée.** *La persistance du mauvais temps. Persistance d'un courant de pensée à travers les âges.* ◆ *La persistance des images rétiniennes.* ➤ **rémanence.** *Persistance d'un trouble qui n'a plus de cause.* ➤ **persévération.** ■ CONTR. Abandon, cessation, changement.

PERSISTANT, ANTE [pɛʀsistɑ̃, ɑ̃t] **adj.** – 1321 ◇ de *persister* ■ Qui persiste, qui se maintient sans faiblir ou qui dure malgré les obstacles. ➤ **constant, continu, durable,** 1**fixe.** *Fièvre, fatigue persistante. Une toux persistante.* ➤ **incessant, permanent, rebelle.** *Une odeur persistante.* ➤ **tenace ; résiduel.** — *Neige persistante,* qui ne fond jamais. ➤ **éternel.** ◆ SPÉCIALT *Feuilles persistantes,* qui ne tombent pas en hiver (opposé à *caduc*). «*des arbres à feuillages persistants, cèdres, pins, thuyas, buis, houx, chênes verts*» GAUTIER. ➤ **sempervirent.**

PERSISTER [pɛʀsiste] **v. intr.** ‹1› – 1321 ◇ latin *persistere* ■ **1** Demeurer inébranlable (dans ses résolutions, ses sentiments, ses opinions). ➤ **s'obstiner, persévérer.** *Je persiste dans mon opinion. Persister à* (et inf.). *Le suspect persiste à nier.* ◆ ABSOLT «*tout le monde me condamna, et je persistai*» VOLTAIRE. — LOC. DR. *Le témoin persiste et signe.* FIG. *Je persiste et (je) signe :* je maintiens fermement ce qui a été dit, écrit ou fait. ■ **2** (1829 ; *parsister* v. 1500) (CHOSES) Durer, rester malgré tout. ➤ **continuer, subsister.** *Si la douleur persiste, consultez votre médecin.* «*les instincts nationaux persistent sous l'empire de la mode étrangère*» TAINE. ◆ IMPERS. «*Il persiste chez lui un restant de professeur faisant sa classe*» GONCOURT. ➤ **rester.** ■ CONTR. Faiblir, flancher, renoncer. Cesser, évanouir (s').

PERSO [pɛʀso] **adj. et adv.** – 1977 ◇ abrév. de *personnel*

I **adj.** FAM. Personnel. *Des coups de fil persos* ou *perso* (inv.). *Il a une page perso sur Internet.*

II **adv.** FAM. ■ **1** D'une manière trop personnelle. — LOC. *Jouer perso :* agir pour soi sans tenir compte des autres. «*Faut que tout le monde reste uni si on veut avoir une chance de s'en sortir. Faut pas qu'il y en ait qui la jouent perso*» MORDILLAT. ■ **2** Personnellement. *Perso, ça m'est égal.* «*que c'est bon... Perso, je ne m'en lasserai jamais !*» GAVALDA.

PERSONA GRATA [pɛʀsɔnagʀata] **n. f. inv.** – 1890 ◇ mots latins «personne bienvenue» ■ DIPLOM. (en attribut) Représentant d'un État lorsqu'il est agréé par un autre État (inversement le représentant jugé indésirable est qualifié de *persona non grata* [pɛʀsɔnanɔngʀata]). — PAR ANAL. Personne qui a ses entrées dans un milieu officiel ou très fermé. «*Williams était personna* [sic] *grata à Washington. Les pétroliers de là-bas avaient grande confiance en lui*» ARAGON.

PERSONNAGE [pɛʀsɔnaʒ] **n. m.** – 1250 «dignitaire ecclésiastique» ◇ de 1*personne* ■ **1** (1515) Personne qui joue un rôle social important et en vue. ➤ **cacique, dignitaire, notable, notabilité, personnalité ;** FAM. **bonze, huile, manitou,** 2**ponte** (cf. Gros bonnet*, grosse légume*). *Personnage haut placé, influent, important* (➤ **V. I. P.**). *Personnage riche et puissant.* ➤ **ploutocrate, potentat.** *Personnage éminent.* ➤ **pontife, sommité.** «*Avant la Révolution, quand un grand personnage* [...] *traversait une ville de Bourgogne ou de Champagne, le corps de ville venait le haranguer*» HUGO. *Personnage connu.* ➤ **célébrité, figure ; vedette.** *Personnage historique.* — «*Se croire un personnage est fort commun en France*» LA FONTAINE (cf. Ne pas se moucher* du coude, se croire quelqu'un, ne pas se prendre pour une merde*). ■ **2** (1403) Chacune des personnes qui figure dans une œuvre théâtrale et qui doit être incarnée par un acteur, une actrice. ➤ **rôle.** *Personnage principal, central**. ➤ **héros, protagoniste.** *L'arlequin, le paillasse, personnages de la comédie italienne. Les personnages de Molière.* — LOC. *Se mettre, entrer dans la peau de son personnage,* l'incarner avec conviction, vérité. *Le personnage de Hamlet. «Six personnages en quête d'auteur», pièce de Pirandello.* ◆ PAR ANAL. *Personnages d'un poème, d'un roman, de roman. «Voulez-vous que vos personnages vivent ? Faites qu'ils soient libres»* SARTRE. ▪ **3** Personne, considérée quant à son comportement. *«Le Personnage est l'homme que les autres imaginent que nous sommes, ou avons été. Il peut être multiple»* MAUROIS. *Inquiétant personnage.* ➤ **individu.** *Un drôle de personnage.* ➤ **citoyen, 3coco, paroissien, type.** ▪ **4** Rôle que l'on joue dans la vie. *Soutenir un personnage difficile. «Il était alors de ces gens qui semblent moins vivre leur vie que jouer leur propre personnage»* DUHAMEL. ▪ **5** (1422) Être humain représenté (dans une œuvre d'art). *Principal personnage d'un tableau. Personnage allégorique. Fresque, tapisserie à personnages.*

PERSONNALISATION [pɛʀsɔnalizasjɔ̃] **n. f.** – 1845 ◇ de *personnaliser* ▪ **1** DIDACT. OU COMM. Action de personnaliser (2°). ◆ PHILOS. *Personnalisation des valeurs.* ▪ **2** COMM. Fait de personnaliser un objet de série. — Recomm. offic. pour *customisation, tuning.* ▪ CONTR. Dépersonnalisation.

PERSONNALISER [pɛʀsɔnalize] **v. tr.** ⟨1⟩ – 1704 ◇ du latin *personalis* ▪ **1** VX Personnifier (une abstraction). ▪ **2** (XXe) Rendre personnel. *Personnaliser l'impôt. Personnaliser un contrat, des primes d'assurance,* les adapter à chaque client (➤ **individualiser**). **p. p. adj.** *Crédit personnalisé.* ◆ Donner une note personnelle à (un objet de série). *Personnaliser une voiture* (➤ **tuning**), *un appartement. Personnaliser un plat cuisiné déjà préparé, en y ajoutant de la crème, des herbes. Un modèle de série personnalisé* (➤ **custom**). — Recomm. offic. pour *customiser.* ▪ **3** DR. Donner la qualité de personne morale à. — *Une association personnalisée.* ▪ CONTR. Dépersonnaliser.

PERSONNALISME [pɛʀsɔnalism] **n. m.** – 1903 «égoïsme» 1737 ◇ de 1*personne* ▪ PHILOS. Système philosophique pour lequel la personne est la valeur suprême. *Le personnalisme de Renouvier, d'E. Mounier* (opposé à *individualisme*).

PERSONNALISTE [pɛʀsɔnalist] **adj. et n.** – 1894 n. ; «relatif à la doctrine de ceux qui admettent un Dieu personnel» 1887 ◇ de *personnalisme* ▪ Relatif au personnalisme. *«Révolution personnaliste et communautaire», ouvrage d'E. Mounier.* — **n.** *Les personnalistes chrétiens.*

PERSONNALITÉ [pɛʀsɔnalite] **n. f.** – *personalité* 1495 ◇ latin *personalitas,* de *personalis* «personnel»

I LA PERSONNALITÉ. ▪ **1** Ce qui fait l'individualité d'une personne morale. ➤ **2être, moi.** — PSYCHOL. Fonction par laquelle un individu conscient se saisit comme un *moi,* comme un sujet unique et permanent. *«notre mémoire, en retenant le fil de notre personnalité identique»* PROUST. *Troubles de la personnalité :* perturbations sévères de la personnalité et des comportements *(personnalité paranoïaque, schizoïde, anxieuse, dépendante...). Dédoublement** *de la personnalité. Tests** *de personnalité.* ◆ SOCIOL. *Personnalité de base :* configuration psychologique propre aux membres d'une société donnée et qui se manifeste par un certain style de vie. ▪ **2** Apparence d'une personne (➤ **personnage**) ; aspect sous lequel une personne se considère. *«notre personnalité sociale est une création de la pensée des autres»* PROUST. — Ce qui différencie une personne de toutes les autres. *Affirmer, développer sa personnalité. Avoir une forte, une puissante personnalité* (cf. ci-dessous, II, 2°). *Être une personnalité.* ABSOLT ➤ **caractère, originalité.** *Avoir de la personnalité. Perdre sa personnalité.* ➤ **se dépersonnaliser.** *Un être banal, sans personnalité.* — PAR EXT. *«le peuple arabe a gardé sa personnalité qui n'est pas réductible à la nôtre»* CAMUS. *Personnalité ethnique.* ▪ **3** DR. *Personnalité juridique :* aptitude à être sujet de droit. ➤ **1personne.** *Personnalité civile, morale, juridique d'un groupement, d'un établissement, d'une association* (qui constitue une personne morale). ▪ **4** (1697) AU PLUR. VX Désignation de la personne visée par une allusion blessante, une critique, un blâme, présenté sous une forme générale. *Je ne veux pas faire de personnalités* (cf. Je ne veux nommer* personne). *«ma franchise n'est point satirique ; toutes personnalités odieuses sont bannies de ma bouche et de mes écrits»* ROUSSEAU. ▪ **5** Caractère de ce qui s'applique aux personnes, de ce qui est personnel. *Personnalité de l'impôt. Personnalité des peines en droit français.*

II (1867) **UNE, DES PERSONNALITÉS.** ▪ **1** RARE Personne morale considérée comme réalisant plus ou moins les qualités supérieures par lesquelles la personne se distingue du simple individu biologique. *Une remarquable personnalité.* ➤ **caractère, individualité, nature.** ▪ **2** (1867) COUR. Personne en vue, remarquable par sa situation sociale, son activité. ➤ **notabilité, personnage, V. I. P.** *La foule se presse sur le passage des personnalités. «Joseph parle comme les journaux. Il appelle les personnes des personnalités»* DUHAMEL. *Une personnalité politique.* ➤ **cacique, hiérarque.** ▪ **3** (adaptation du russe) *Culte de la personnalité :* attitude politique privilégiant l'image du chef.

▪ CONTR. Impersonnalité.

1**PERSONNE** [pɛʀsɔn] **n. f.** – fin XIIe ◇ du latin *persona,* d'abord «masque d'acteur» puis «rôle» et «caractère», enfin «individu», d'origine étrusque

I INDIVIDU EN GÉNÉRAL ▪ **1** Individu de l'espèce humaine. ➤ **2être, homme, individu, mortel.** *Les personnes et les choses. Relatif à une personne.* ➤ **individuel, personnel.** *Une personne.* ➤ **quelqu'un ; on ; particulier, quidam.** *Des personnes.* ➤ **1gens.** *Quelques, plusieurs personnes. Chaque, toute personne qui...* ➤ **chacun, quiconque.** *Certaines, de nombreuses personnes disent que...* ➤ **beaucoup, certain, tel.** *La personne qui...* ➤ **celui.** *Les personnes qui nous entourent.* ➤ **prochain, semblable.** *Groupe de personnes.* ➤ **association, classe, corps, société.** *Relations entre personnes* (➤ **interpersonnel**). *Prix par personne.* ➤ **tête** (cf. Par tête de pipe*). *Passer par une tierce* personne, par personne interposée*. Sans acception* de personne.* ▪ **2** (fin XIIe) Être humain, en particulier lorsqu'on ne peut ou ne veut préciser l'âge, le sexe (➤ **femme, homme**), l'apparence (➤ **1dame, monsieur**), etc. *Une personne de connaissance.* ➤ **visage.** *Les personnes âgées. «C'était une personne – nous n'osons dire une femme – calme, austère»* HUGO. ▪ **3** (1640) **GRANDE PERSONNE :** adulte, dans le langage des enfants. *«Toutes les grandes personnes ont d'abord été des enfants»* SAINT-EXUPÉRY. ▪ **4** VIEILLI (XVIIe) Femme ou jeune fille. *Une jeune personne. «Une de ces jolies personnes qui vont trottant menu, [...] et tortillant un peu des hanches»* BEAUMARCHAIS.

II INDIVIDU PARTICULIER ▪ **1** (fin XIIe) Être humain considéré dans son individualité, sa spécificité. *La personne de qqn,* la personnalité, le moi. *Être content de sa personne, de sa petite personne. Répondre de la personne de qqn,* se porter garant de lui. *Payer* de sa personne.* — *La personne et l'œuvre* (d'un écrivain, d'un artiste). ▪ **2** (fin XIIe) Le corps, l'apparence extérieure. *Il est bien de sa personne. «je me suis si bien incarné à votre cœur que mon âme est ici quand ma personne est à Paris»* BALZAC. — *Exposer sa personne,* sa vie. *La personne d'un souverain. Je m'adresse à la personne* (distincte de sa fonction). ▪ **3** (milieu XVe) **EN PERSONNE :** soi-même, lui-même (cf. En chair* et en os). *Le ministre en personne.* — FIG. Incarné. *«Il est impassible, il se moque de tout, c'est vraiment le calme en personne»* HENRIOT. ➤ **personnifié.** ◆ **LA PERSONNE DE :** la personne même. *Elle s'en est prise à la (propre) personne de l'orateur.* ▪ **4** Individu qui a une conscience claire de lui-même et qui agit en conséquence. ➤ **âme, moi, 3sujet ;** et aussi **personnalité.** *Le respect dû à la personne humaine.* ◆ THÉOL. CHRÉT. *Les trois personnes de la Trinité.* ➤ **hypostase.** *Personne divine.*

III SENS JURIDIQUE ▪ **1** (1495) Individu ou groupe auquel est reconnue la capacité d'être sujet de droit. *Personne civile.* — (Au point de vue physique) *Identité, signalement d'une personne.* — *Personnes à (la) charge*. Erreur sur la personne. La personne, sujet de droits civiques, politiques.* ➤ **citoyen.** ▪ **2 PERSONNE MORALE :** groupement de personnes ou établissement titulaire d'un patrimoine collectif et doté de droits et d'obligations, mais n'ayant pas d'existence corporelle. *Personne morale et personne physique. Les associations, les syndicats sont des personnes morales.*

IV SENS GRAMMATICAL (XIVe) Indication du rôle que tient la personne qui est en cause dans l'énoncé, suivant qu'elle parle en son nom (*première personne* ➤ **je, nous**), qu'on s'adresse à elle (*deuxième personne* ➤ **tu, vous**) ou qu'on parle d'elle (*troisième personne* ➤ **il[s], elle[s]**). *La désinence du verbe exprime la personne, le nombre, le mode et le temps. Roman écrit à la première, à la troisième personne.*

2**PERSONNE** [pɛʀsɔn] **pron. (n.inal) indéf.** – *ne... persone* «nul» v. 1288 ◇ de 1*personne* ▪ **1** (Style soutenu) Quelqu'un (dans une subordonnée dépendant d'une principale négative). *«Ne vous figurez pas que vous choquerez personne»* ROMAINS. *«Mourir ? Il n'est pas question que personne meure»* J.-R. BLOCH. — *Il sortit sans que personne s'en aperçût.* — COUR. (en phrase compar.) *Vous le savez mieux que personne.* ➤ **quiconque.** ▪ **2** (v. 1288) (Avec *ne*) Aucun être humain (négation de *quelqu'un*). *Personne ne le sait.*

➤ **aucun, nul.** *Que personne ne bouge ! « D'où vient que personne en la vie N'est satisfait de son état ? »* LA FONTAINE. *Rien ni personne ne m'en empêchera. Ce n'est la faute de personne. Je n'accuse, je ne nomme personne. Je n'y suis pour personne. — Il n'y avait personne* (cf. Pas un chat), *presque personne* (cf. Trois pelés* et un tondu). ➤ RÉGION. **dégun.** *« Jacques, ne craignez personne, puisque vous n'êtes comparable à personne »* FRANCE. *Je ne vois personne qui puisse le remplacer. —* FAM. *Toujours prêt à s'amuser ; mais quand il s'agit de travailler, il n'y a plus personne ! —* (Sans *ne*) *Avoir de l'esprit comme personne,* comme personne n'en a, beaucoup. *« Qui vient ? qui m'appelle ? – Personne »* MUSSET. ◆ *Personne de* (suivi d'un adj. ou d'un part. au masc.). *« Personne d'autre que Frantz n'avait vu la jeune fille »* ALAIN-FOURNIER. *« Vous n'avez personne de sérieux à me recommander ? »* ROMAINS. *Je ne connais personne d'aussi intelligent qu'elle.* LITTÉR. (sans *de*) *« Personne autre que moi-même »* LOUŸS. ➤ **nul.** ■ CONTR. Quelqu'un ; monde (tout le monde).

PERSONNEL, ELLE [pɛʀsɔnɛl] adj. et n. m. – XIIIe dr. ; *personel* 1190 gramm. ◇ bas latin *personalis*

I ~ adj. ■ **1** (1455) Qui concerne une personne, lui appartient en propre. ➤ **individuel, particulier.** *Seul compte son intérêt personnel.* ➤ **propre.** *Fortune personnelle. Objets personnels. Souvenirs personnels.* ➤ **intime.** *Une affaire strictement personnelle. Une remarque très personnelle* (cf. De son cru). *Il a un style tout à fait personnel, bien à lui.* ➤ **caractéristique,** 2 **original.** *« la littérature, où rien ne vaut que ce qui est personnel »* GIDE. *— Site personnel,* site Internet créé par un particulier. ◆ Qui s'adresse personnellement à qqn. *Lettre personnelle. Conversation personnelle.* ➤ **confidentiel, privé ;** FAM. **perso.** *C'est personnel. Allusion, attaque, critique personnelle* (➤ **personnalité,** I, 4°). ■ **2** (XVIIIe) VX Qui s'occupe de sa propre personne. ➤ **égocentrique, égoïste.** ◆ MOD. *Joueur trop personnel,* qui manque d'esprit d'équipe. ➤ **individualiste.** — LOC. FAM. *Jouer perso :* agir pour soi sans tenir compte des autres. ■ **3** Qui concerne les personnes, la personne en général. *La pensée est personnelle. Morale personnelle et universelle. — Libertés personnelles* (ou *individuelles*). ◆ DR. *Droit personnel* (opposé à *réel*). *Impôt personnel,* qui tient compte de l'ensemble des ressources et des charges du contribuable (opposé à *impôt réel*). *Taxe, contribution personnelle.* ■ **4** RELIG. Qui constitue une personne. *Dieu personnel.* ■ **5** GRAMM. Se dit des formes du verbe, lorsqu'elles caractérisent une personne réelle (opposé à *impersonnel*). *« Il chante » est personnel et « il neige » impersonnel.* ◆ Qui prend l'indication de la personne grammaticale. *Modes personnels* (indicatif, subjonctif) *et impersonnels* (infinitif, gérondif). ◆ Qui désigne un être en marquant la personne grammaticale. *Pronom personnel* et n. m. *un personnel* (cf. Je, me, moi, tu, te, toi, il, 2 le, elle, lui, eux, 1 leur, nous, vous, se, soi, 2 en, 2 y).

II ~ n. m. LE PERSONNEL ■ **1** (1834) Ensemble des personnes employées dans une maison, une entreprise, un service et PAR EXT. une catégorie d'activités. *Personnel d'un hôtel.* ➤ **domesticité.** *Personnel d'un atelier, d'une usine.* ➤ **main-d'œuvre.** *Personnel d'une entreprise.* ➤ 2 **effectif** (cf. Ressources* humaines). *Personnel d'encadrement. Petit personnel,* occupant des emplois subalternes. *Chef du personnel. Réduction du personnel* (➤ **dégraissage, licenciement**). *Manquer de personnel. Délégués du personnel.* ■ **2** PAR EXT. L'ensemble des personnes qui exercent la même profession. *« le personnel littéraire se recrute en gros dans le même milieu que le personnel politique »* SARTRE. *Le personnel de maison :* les domestiques. *— Le personnel enseignant. Le personnel navigant** (➤ **équipage**) *et le personnel au sol d'une compagnie aérienne.* ◆ AU PLUR. (emploi critiqué) *Les personnels de direction, de santé.*

■ CONTR. Impersonnel. Collectif, commun, 1 général. Universel. — Matériel.

PERSONNELLEMENT [pɛʀsɔnɛlmɑ̃] adv. – 1333 ; *personnament* 1250 ◇ de *personnel* ■ **1** En personne, soi-même. *Je vais m'en occuper personnellement.* ■ **2** D'une manière personnelle, en tant que personne. *Se sentir personnellement visé.* ■ **3** Pour sa part (à soi), quant à soi. *Personnellement, je n'y vois pas d'inconvénient.* ➤ FAM. **perso.**

PERSONNIFICATION [pɛʀsɔnifikasjɔ̃] n. f. – 1758 ◇ de *personnifier* ■ **1** Action de personnifier, de représenter sous les traits d'une personne. *La personnification des péchés capitaux dans la sculpture romane.* ■ **2** *Une, des personnifications.* Le personnage qui représente, évoque une chose abstraite ou inanimée. ➤ **allégorie, incarnation.** *Les figures, les personnifications de la mort.* ■ **3** (Personne réelle) *Néron fut la personnification de la cruauté.* ➤ **incarnation, type.** *La Maharanie « en son costume national, semble une attachante personnification de l'Inde »* LOTI.

PERSONNIFIÉ, IÉE [pɛʀsɔnifje] adj. – XVIIIe ◇ de *personnifier* ■ **1** Représenté sous la forme d'un être humain. *Les vices et les vertus personnifiés.* ■ **2** *C'est l'honnêteté personnifiée :* c'est l'honnêteté même (cf. En personne).

PERSONNIFIER [pɛʀsɔnifje] v. tr. ‹7› – 1674 ◇ de 1 *personne* ■ **1** Évoquer, représenter (une chose abstraite ou inanimée) sous les traits d'une personne. *Dans son besoin « de personnifier ses craintes, l'imagination populaire a pu créer le monstre initial et tout-puissant auquel elle a dressé des temples »* HENRIOT. *Les dessins animés personnifient des objets* (➤ **anthropomorphisme**). *— Harpagon personnifie l'avarice.* ➤ **symboliser.** ■ **2** (1851) Réaliser dans sa personne (un caractère), d'une manière exemplaire. *Il personnifie le Français moyen.* — PAR EXT. *Personnifier un pays, une époque, une chose.* ➤ **incarner.** *« dernier survivant de la grande Renaissance, il* [Michel-Ange] *la personnifiait, il était à lui seul un siècle de gloire »* R. ROLLAND.

PERSPECTIF, IVE [pɛʀspɛktif, iv] adj. – 1545 peint. ; « qui se propose qqch. » 1480 ◇ bas latin *perspectivus* ■ DIDACT. Qui représente un objet ou un groupe d'objets en perspective. *Dessin, plan perspectif.*

PERSPECTIVE [pɛʀspɛktiv] n. f. – 1547 ; « réfraction » 1369 ◇ bas latin *perspectiva (ars),* de *perspectus,* p. p. de *perspicere* « apercevoir » ; cf. italien *prospettiva* **A.** (CONCRET) ■ **1** Art de représenter les objets sur une surface plane, de telle sorte que leur représentation coïncide avec la perception visuelle qu'on peut en avoir, compte tenu de leur position dans l'espace par rapport à l'œil de l'observateur. *Dessiner une maison en perspective* (opposé à *en plan*). *Il y a une erreur de perspective dans ce croquis, le point de fuite* est mal placé. Artifices de perspective.* ➤ **trompe-l'œil.** *— Perspective cavalière :* perspective de convention (l'œil de l'observateur étant supposé situé à l'infini) permettant de montrer l'agencement des diverses parties de l'objet. — *Perspective aérienne* (PEINT.), qui indique les éloignements au moyen de différences de valeurs, de dégradés de couleurs. — LOC. FIG. *Mettre qqch. en perspective,* en exposer toutes les dimensions et présenter l'arrière-plan, le contexte. ■ **2** Aspect (surtout esthétique) que présente un ensemble architectural, un paysage vu d'une certaine distance. *« l'une des plus tristes perspectives qu'on puisse avoir devant les yeux : l'étroite cour d'une longue maison »* MUSSET. ➤ **vue.** — SPÉCIALT (du russe *prospekt*) *La perspective Nevski, à Saint-Pétersbourg :* grande avenue rectiligne.

B. (XVIIe) (ABSTRAIT) ■ **1** Évènement ou succession d'évènements qui se présente comme probable ou possible. ➤ **expectative ; éventualité, hypothèse.** *Dans cette perspective, il nous faudrait intervenir. Dans la perspective où... « rien que la perspective d'y passer une nuit me serre le cœur »* LOTI. ➤ **idée.** ◆ Domaine qui s'ouvre à la pensée, à l'activité de qqn. ➤ **horizon.** *Des perspectives d'avenir. « vous avez ouvert dans ma vie des perspectives toutes nouvelles. Je vous dois de connaître l'amour »* GAUTIER. ◆ **EN PERSPECTIVE :** dans l'avenir ; en projet, en vue. *Il a un bel avenir en perspective.* ■ **2** Aspect sous lequel une chose se présente ; manière de considérer qqch. ➤ **angle, côté, éclairage, optique, point de vue.** *« je vais te dire une bonne chose : l'"honneur" est une question de perspective historique »* PENNAC.

PERSPECTIVISME [pɛʀspɛktivism] n. m. – 1913 ◇ allemand *Perspektivismus,* Nietzsche ; cf. *perspective* ■ PHILOS. Le fait que toute connaissance est relative aux besoins vitaux de l'être qui connaît, est « perspective ».

PERSPICACE [pɛʀspikas] adj. – 1495, rare avant 1788 ◇ latin *perspicax* ■ Doué d'un esprit pénétrant, subtil ; capable d'apercevoir ce qui échappe à la plupart des gens. ➤ **intelligent, sagace.** *C'est un observateur lucide et perspicace. « il est des rapports subtils et délicats qui ne peuvent être sentis, saisis et dévoilés que par des esprits plus perspicaces »* C. BERNARD. ➤ **clairvoyant,** 2 **fin, lucide, pénétrant.** *Perspicace, elle a compris tout de suite ce qui me contrariait.* ➤ **psychologue** (2°).

PERSPICACITÉ [pɛʀspikasite] n. f. – 1444 ◇ bas latin *perspicacitas* ■ Qualité d'une personne perspicace. ➤ **clairvoyance, finesse, intelligence, lucidité, sagacité.** *Faire preuve de perspicacité* (cf. Avoir du flair, le nez fin*, voir loin*). *Manquer de perspicacité* (cf. Avoir la vue basse, courte). *Juger (qqn, qqch.) avec perspicacité.* ■ CONTR. Aveuglement.

PERSPIRATION [pɛʀspiʀasjɔ̃] n. f. – 1539 ◇ latin *perspiratio* ■ PHYSIOL. Ensemble des échanges respiratoires qui se font par la peau. *La perspiration est importante chez certains animaux* (batraciens). *Perspiration insensible :* élimination de vapeur d'eau par l'expiration ou par évaporation cutanée (sans sudation apparente). *Perspiration sensible :* évaporation de la sueur éliminée par la peau. ➤ **transpiration.**

PERSUADER [pɛʀsɥade] v. tr. ‹1› – 1370 ◊ latin *persuadere*

I ▪ **1** *Persuader (qqn de qqch.) :* amener (qqn) à croire, à penser, à vouloir, à faire (qqch.), par une adhésion complète (sentimentale autant qu'intellectuelle). ➤ **convaincre.** « *On peut convaincre les autres par ses propres raisons ; mais on ne les persuade que par les leurs* » JOUBERT. *Il m'a persuadé de la sincérité de ses intentions.* (Avec l'inf.) *Il faut les persuader d'accepter.* ➤ **décider, déterminer, entraîner.** (Avec *que*) « *il a fini par persuader beaucoup de gens qu'il était un homme impassible* » HENRIOT. — **p. p. adj.** *J'en suis persuadé* (➤ **convaincu ; certain ;** cf. J'en mettrais ma main au feu*). ◆ ABSOLT « *il parle avec un air de vérité qui persuade* » STENDHAL. ▪ **2** VX *Persuader (qqch.) à qqn :* faire admettre (qqch.) à qqn par la persuasion. « *toutes les sottises qu'un* [...] *parleur insinuant pourrait persuader au peuple de Paris* » ROUSSEAU. ➤ **insinuer, suggérer.** — VIEILLI ou LITTÉR. *Persuader à qqn de* (et inf.). « *aucun argument ne pouvait lui persuader de manquer à cet engagement* » R. ROLLAND.

II SE PERSUADER v. pron. ▪ **1** (1546) (RÉFL.) Se rendre certain. *Se persuader d'une chose.* — COUR. *Se persuader que* (et indic.) : se mettre dans la tête. « *le marquis d'Aiglemont finit par se persuader à lui-même qu'il était un des hommes les plus remarquables de la cour* » BALZAC. REM. L'accord du participe est facultatif : *elle s'est persuadé(e) que...* ▪ **2** (PASS.) VX « *La religion se persuade et ne se commande point* » FLÉCHIER. ▪ **3** (RÉCIPR.) *Ils se sont persuadés l'un l'autre.*

▪ CONTR. Dissuader.

PERSUASIF, IVE [pɛʀsɥazif, iv] adj. – 1376 ◊ latin scolastique *persuasivus* ▪ **1** (CHOSES) Qui a le pouvoir de persuader. *Ton persuasif.* ➤ **éloquent.** « *une éloquence douce et persuasive* » SAINTE-BEUVE. ▪ **2** (XVIIe) (PERSONNES) Qui sait persuader. *Un vendeur persuasif.* ➤ **convaincant.** — adv. **PERSUASIVEMENT,** 1565.

▪ CONTR. Dissuasif.

PERSUASION [pɛʀsɥazjɔ̃] n. f. – 1315 ◊ latin *persuasio* ▪ **1** Action de persuader. *Il vaut mieux agir par la persuasion que par la force. Cet orateur a un grand pouvoir de persuasion.* — (Sujet chose) *Dans un livre, la beauté « agit par persuasion, comme le charme d'une voix* [...], *elle ne contraint pas, elle incline sans qu'on s'en doute* » SARTRE. ▪ **2** (1549) Fait d'être persuadé. ➤ **assurance, conviction, croyance.** « *rien n'éloigne plus sûrement l'amour que la persuasion de ne le pouvoir inspirer* » MAURIAC.

▪ CONTR. Force ; dissuasion. Doute.

PERSULFATE [pɛʀsylfat] n. m. – 1898 ◊ de *per-* et *sulfate* ▪ CHIM. Persel obtenu par électrolyse d'un sulfate.

PERSULFURE [pɛʀsylfyʀ] n. m. – 1834 ◊ de *per-* et *sulfure* ▪ CHIM. VIEILLI ➤ **polysulfure.**

PERSULFURÉ, ÉE [pɛʀsylfyʀe] adj. – 1845 ◊ de *persulfure* ▪ CHIM. VX À l'état de persulfure.

PERTE [pɛʀt] n. f. – fin XIe ◊ du latin populaire *perdita,* de *perdere* → perdre

I FAIT DE PERDRE, DE CESSER D'AVOIR (QQN, QQCH.) ▪ **1** Fait de perdre une personne, d'en être séparé par l'éloignement ou par la mort ; la privation, le vide qui en résulte. *La plus violente douleur « est la perte d'un enfant pour une mère »* MAUPASSANT. ➤ **1 mort.** *C'est une perte pour l'humanité.* — (Dans un faire-part) *La famille X a la douleur de vous faire part de la perte cruelle qu'elle vient d'éprouver.* ➤ **malheur.** — (1807) PLUR. Personnes tuées au cours d'une opération militaire, d'une guerre. *Infliger des pertes sévères à l'ennemi. Ce pays a éprouvé des pertes civiles et militaires très élevées pendant la guerre* (➤ **hémorragie,** FIG.). « *nos militaires confondent sous le même vocable de "pertes," à la fois les morts et les blessés* » LÉVI-STRAUSS. ◆ IRON. *Ma vieille voiture est partie à la casse, ce n'est pas une (grosse) perte.* ◆ LOC. FAM. *Être mis à la porte avec perte et fracas*.* ▪ **2** (fin XIIe) Fait d'être privé d'une chose dont on avait la propriété ou la jouissance ; fait de subir un dommage. ➤ **privation.** *Faire subir une perte à qqn.* ➤ **préjudice.** *La perte d'un bien, d'un avantage. Perte d'un droit.* ➤ **déchéance** (DR.). ▪ **3** (fin XVe) Fait de perdre de l'argent ; la somme perdue. *Essuyer une perte considérable* (cf. Boire un bouillon* ; laisser des plumes*). *Subir de grosses pertes au jeu.* — COMM. Excédent des dépenses sur les recettes. ➤ **déficit.** *Société qui enregistre de lourdes pertes.* — COMPTAB. *Compte de pertes et profits :* document comptable regroupant les résultats d'exploitation de l'exercice et d'opérations étrangères à l'activité courante de l'entreprise (remplacé par le compte de résultat*). LOC. *Passer une chose par profits et pertes* (ou *par pertes et profits*), la considérer comme perdue, en faire son deuil. « *cette enfance passée par profits et pertes qui ne laissait ni un chiffon, ni un jouet, ni un livre pour se la rappeler* » P. CONSTANT. — *Perte sèche,* qui n'est compensée par aucun bénéfice. — *Vendre à perte,* à un prix inférieur au prix d'achat ou de revient. ➤ **dumping.** ▪ **4** (1572) Fait d'être privé d'une faculté pour une durée plus ou moins longue. *Perte de connaissance.* ➤ **évanouissement, syncope.** *Perte de mémoire.* ➤ **amnésie.** ▪ **5** Fait d'égarer, de perdre qqch. *La perte de son stylo le contrarie. Déclaration de perte ou de vol.* ▪ **6** loc. adv. (1546) **À PERTE DE VUE :** si loin que la vue ne peut plus distinguer les objets. « *des allées de colonnes qui se croisent et s'allongent à perte de vue* » GAUTIER. — (1611) *Discourir, raisonner à perte de vue,* interminablement. ▪ **7** (fin XIIIe) Fait de laisser échapper ce qu'on pourrait saisir ; ce qui est ainsi perdu, gaspillé. ➤ **coulage, gâchage, gaspillage.** *Perte dans la coupe d'une moquette.* ➤ **déchet ;** aussi **chute.** « *Énervement, dépossession de moi-même. Perte de forces et de temps* » GIDE. — loc. adv. **EN PURE PERTE :** inutilement, sans aucun profit. *Se donner du mal en pure perte,* pour rien. ▪ **8** (1821) Quantité (d'énergie, de chaleur) qui se dissipe inutilement. *Perte de lumière, de chaleur.* ➤ **déperdition.** (1888) *Perte de charge :* diminution de la pression d'un fluide qui s'écoule. *Perte à la terre :* fuite à la terre de courant électrique. *Pertes par effet Joule :* transformation irréversible d'énergie électrique en chaleur lors du passage d'un courant dans un circuit. — *Perte de vitesse*.* ▪ **9** (1669) PLUR. *Pertes (blanches) :* leucorrhée. — *Pertes séminales :* émission involontaire de sperme. ➤ **pollution.** ▪ **10** (1549) Fait de perdre (I, A, 9°), d'être vaincu. ➤ **insuccès.** *La perte d'une bataille* (➤ **défaite**), *d'un procès.*

II FAIT DE PÉRIR, DE SE PERDRE (fin XIe) Mort, ou PAR EXT. Dommage grave, ruine. *Courir à sa perte. Décider, jurer la perte de qqn.* — RELIG. *La perte de l'âme.* ➤ **damnation.** — (CHOSES) *L'anarchie cause la perte des États.* ➤ **anéantissement, dépérissement, extinction, ruine.** *Des causes qui ont mis « le genre humain à deux doigts de sa perte »* MONTESQUIEU. ➤ **1 fin.**

III EN GÉOLOGIE (1768) *Perte d'un cours d'eau :* lieu où disparaît un cours d'eau, qui réapparaît plus loin. *La perte du Rhône, près de Bellegarde.*

▪ CONTR. Accroissement, avantage, bénéfice, conquête, conservation, excédent, gain, profit.

PERTINEMMENT [pɛʀtinamɑ̃] adv. – 1499 ; *pertinement* 1366 ◊ de *pertinent* ▪ LITTÉR. D'une manière pertinente ; raisonnablement, avec compétence. ➤ **justement** (cf. En connaissance* de cause). « *Il parle, ce me semble, assez pertinemment* » RACINE. — LOC. COUR. *Savoir pertinemment qqch.,* en être informé exactement. *Je sais pertinemment qu'il a menti.*

PERTINENCE [pɛʀtinɑ̃s] n. f. – XVIe ; « présomption » 1320 ◊ de *pertinent* ▪ **1** DR. Caractère de ce qui est pertinent* (1°). ◆ LITTÉR. Qualité de ce qui convient à l'objet dont il s'agit, et PAR EXT. de ce qui est conforme à la raison, au bon sens. ➤ **à-propos, bien-fondé, convenance.** *La pertinence d'un choix. Parler avec pertinence.* ▪ **2** DIDACT. Caractère d'un élément pertinent* (3°).

PERTINENT, ENTE [pɛʀtinɑ̃, ɑ̃t] adj. – 1300 « qui a rapport à » ◊ latin *pertinens,* p. prés. de *pertinere* « concerner » ; cf. *impertinent* ▪ **1** DR. Qui a rapport à la question, qui se rapporte au fond même de la cause. *Moyens pertinents et admissibles, faits et articles pertinents.* ▪ **2** COUR. Qui convient exactement à l'objet dont il s'agit (➤ **approprié,** VX **congru, convenable**). *Une réflexion, une remarque pertinente.* — PAR EXT. Qui dénote du bon sens, de la compétence. ➤ **judicieux.** *Une analyse, une étude pertinente.* ▪ **3** LING. Se dit d'un fait linguistique qui est doué d'une fonction dans l'élaboration d'un message, qui fait l'objet d'un choix. *Oppositions pertinentes* (permettant de dégager des éléments fonctionnels). — *Élément pertinent. Trait* (II, 3°) *pertinent.* ➤ **distinctif.**

PERTUIS [pɛʀtɥi] n. m. – 1150 ◊ de l'ancien verbe *pertuiser,* autre forme de *percer* ▪ **1** VX ou RÉGION. ➤ **ouverture, trou.** ▪ **2** MOD. TECHN. Ouverture qui permet de retenir l'eau d'une écluse ou de la laisser passer. ◆ GÉOGR. Étranglement d'un fleuve. *Les pertuis de la Seine.* — Sur les côtes de l'ouest de la France, Détroit entre deux îles, entre une île et la terre. *Le pertuis d'Antioche, entre l'île de Ré et l'île d'Oléron.*

PERTUISANE [pɛʀtɥizan] n. f. – 1564 ; *partisanne* XVe ◊ de l'italien *partigiana,* d'après *pertuis* ▪ ARCHÉOL. Ancienne arme d'hast (XVe-XVIIe s.) munie d'un long fer triangulaire, souvent garni à sa base de deux orillons symétriques. ➤ **hallebarde, lance.**

PERTUISANIER [pɛʀtɥizanje] n. m. – 1680 ◊ de *pertuisane* ▪ HIST. Soldat armé de la pertuisane.

PERTURBANT, ANTE [pɛʀtyʀbɑ̃, ɑ̃t] **adj.** – 1899 ◇ de *perturber* ■ Qui perturbe, trouble (qqn). *Une situation très perturbante pour les enfants.*

PERTURBATEUR, TRICE [pɛʀtyʀbatœʀ, tʀis] **n. et adj.** – 1418 ; fém. 1618 ; *perturbeor* 1283 ◇ bas latin *perturbator, trix* ■ **1** Personne qui trouble, met du désordre. — SPÉCIALT *Faire expulser les perturbateurs au cours d'une réunion publique.* ➤ **agitateur, trublion.** ♦ **adj.** *Éléments perturbateurs.* — (CHOSES) *L'action perturbatrice de la concurrence.* ■ **2 n. m.** *Perturbateur endocrinien, hormonal* : substance étrangère à l'organisme susceptible d'interférer avec le fonctionnement du système hormonal, chez l'être humain et l'animal. *Le bisphénol A, le D. D. T., les dioxines sont des perturbateurs endocriniens.*

PERTURBATION [pɛʀtyʀbasjɔ̃] **n. f.** – 1295 « trouble, angoisse » ◇ latin *perturbatio* ■ **1** Irrégularité dans le fonctionnement d'un système. ➤ **dérangement, dérèglement, déséquilibre,** 2 **trouble.** *La grève a provoqué des perturbations dans le métro.* ♦ ASTRON. *Perturbations d'une planète,* déviations par rapport à l'orbite qu'elle suivrait si elle était soumise à la seule action du Soleil. — (1860) *Perturbation (atmosphérique)* : modification de l'état d'équilibre d'une région de l'atmosphère ; SPÉCIALT dégradation du temps au cours de l'évolution d'une dépression, pouvant aller jusqu'à la tempête. *Arrivée d'une perturbation.* ♦ PHYS. Bruit* affectant aléatoirement la régularité d'un signal. ➤ **parasite.** ■ **2** Bouleversement (dans la vie sociale). *Perturbations politiques, sociales.* ➤ **agitation, crise.** *Semer la perturbation dans un service, dans une réunion. Le 2 décembre fut « la plus grande perturbation peut-être qu'il y eut dans l'histoire du dix-neuvième siècle français »* PÉGUY. ♦ (Dans la vie individuelle). *« les perturbations et les soucis qu'entraîne* [...] *l'amour »* MONTHERLANT. ■ CONTR. 1 Calme.

PERTURBER [pɛʀtyʀbe] **v. tr.** ⟨1⟩ – 1130, rare avant XIXe, sauf au p. p. ◇ latin *perturbare* ■ Empêcher de fonctionner normalement. ➤ **déranger, gêner.** *Planète qui perturbe le mouvement d'une autre planète. Perturber une assemblée par des cris et des sifflets.* ➤ **troubler.** *Grève qui perturbe les services publics, les transports.* ➤ **désorganiser.** — *Trafic perturbé.* ♦ Troubler profondément. ➤ **bouleverser, déstabiliser.** *« Laissez-le ! laissez-le ! vous lui perturbez le moral avec votre mysticisme ! »* FLAUBERT. *Les changements perturbent cet enfant.* — FAM. *Il avait l'air tout perturbé.*

PERVENCHE [pɛʀvɑ̃ʃ] **n. f.** – XIIIe ◇ latin *pervinca* ■ **1** Plante vivace *(apocynacées)* à fleurs d'un bleu mauve, qui croît dans les lieux ombragés, les sous-bois. *« les pervenches si chères à Rousseau, ouvrant leurs corolles bleues »* NERVAL. ■ **2** Couleur d'un bleu clair tirant sur le mauve. ♦ ADJT INV. *Des yeux pervenche.* — APPOS. INV. *« Elle portait une robe bleue, bleu pervenche »* DORGELÈS. ■ **3** (à cause de la couleur de l'uniforme) FAM. Contractuelle de la police parisienne. *Les pervenches étaient autrefois appelées aubergines*.*

PERVERS, ERSE [pɛʀvɛʀ, ɛʀs] **adj. et n.** – *purvers* 1120 ◇ latin *perversus,* p. p. de *pervertere* → pervertir ■ **1** LITTÉR. Qui est enclin au mal, se plaît à faire le mal ou à l'encourager. ➤ **corrompu, dépravé, méchant, vicieux.** *Âme perverse. « un petit nombre d'hommes, qu'une nature perverse que rien ne peut corriger entraîne au vice »* DIDEROT. ♦ PAR EXT. Dit ou fait par perversité*. *Une machination perverse.* ➤ **diabolique.** *Conseils pervers.* ■ **2** (sens étymologique) **EFFET PERVERS,** détourné de sa fin, non conforme au résultat escompté. *Les effets pervers d'une loi.* ■ **3** (XXe) Qui témoigne de perversité ou de perversion. *Goûts pervers, tendances perverses. Il est un peu pervers.* ■ **4 n.** Personne qui présente une déviation des instincts élémentaires, qui accomplit des actes immoraux, antisociaux. *Pervers sexuel.* ➤ **déviant.** *Pervers polymorphe, narcissique.* ■ CONTR. 1 Bon, vertueux.

PERVERSEMENT [pɛʀvɛʀsəmɑ̃] **adv.** – fin XIIIe ; « à contresens » 1200 ◇ de *pervers* ■ LITTÉR. Avec perversité.

PERVERSION [pɛʀvɛʀsjɔ̃] **n. f.** – 1444 ◇ latin *perversio* ■ **1** LITTÉR. Action de pervertir ; changement en mal. ➤ **dépravation.** *Perversion des mœurs, des coutumes.* ➤ **corruption, dérèglement.** *Perversion du goût artistique.* ➤ **altération.** ■ **2** PSYCHOL. Déviation des tendances, des instincts, due à des troubles psychiques. *Perversions du goût* (➤ **pica**). ♦ COUR. *Perversion sexuelle* : tout comportement qui tend à rechercher habituellement la satisfaction sexuelle autrement que par l'acte sexuel considéré comme normal (bestialité, exhibitionnisme, fétichisme, gérontophilie, masochisme, nécrophilie, ondinisme, pédophilie, sadisme, urolagnie, voyeurisme, zoophilie, etc.). ➤ **déviance, paraphilie.** ■ CONTR. Amélioration.

PERVERSITÉ [pɛʀvɛʀsite] **n. f.** – 1190 ◇ latin *perversitas* ■ **1** Goût pour le mal, recherche du mal. ➤ **malignité, méchanceté.** *Perversité des mœurs.* ➤ **corruption, dépravation.** *« la perversité naturelle, qui fait que l'homme est sans cesse et à la fois homicide et suicide, assassin et bourreau »* BAUDELAIRE. — SPÉCIALT Caractère d'une personne qui cherche à nuire. ➤ **perfidie.** ■ **2** PSYCHOL. Tendance pathologique à accomplir des actes immoraux, agressifs ; malveillance systématique. *La perversité d'un enfant cruel envers les animaux.* ♦ ABUSIVEMENT Perversion (2°). ■ CONTR. Bonté, vertu. Bienveillance.

PERVERTIR [pɛʀvɛʀtiʀ] **v. tr.** ⟨2⟩ – *purvertir* 1115 ◇ latin *pervertere* « renverser, retourner », de *per* et *vertere* « tourner » ■ **1** Faire changer en mal, rendre mauvais. ➤ **corrompre.** *Pervertir qqn.* ➤ **débaucher, dépraver, dévoyer.** *Livre, théorie qui pervertit la jeunesse.* ➤ **empoisonner.** *« La souffrance et le malheur peuvent pervertir la plus belle âme »* P. BOREL. ➤ **gâter.** — **p. p. adj.** *« Le Paysan perverti », œuvre de Restif de La Bretonne.* — SUBST. *Un(e) perverti(e).* ■ **2** Modifier en dérangeant ou en détournant de sa fin, de son sens. ➤ **altérer, dénaturer.** *L'argent pervertit le sport. « il pervertit l'ordre de la nature, Et fait du jour la nuit »* MOLIÈRE. ➤ **fausser. p. p. adj.** *Langage « surchargé d'adjectifs pervertis et employés hors d'eux-mêmes »* VALÉRY. — PRONOM. **SE PERVERTIR.** *Pensée qui s'est pervertie en se politisant.* ➤ **dégénérer.** ■ CONTR. Améliorer, amender, convertir, corriger, édifier, élever, épurer.

PERVERTISSEMENT [pɛʀvɛʀtismɑ̃] **n. m.** – 1453 ◇ de *pervertir* ■ LITTÉR. Fait d'être perverti. *Le pervertissement de la jeunesse.*

PERVERTISSEUR, EUSE [pɛʀvɛʀtisœʀ, øz] **n. et adj.** – 1534 ◇ de *pervertir* ■ RARE Personne qui pervertit (1°). — **adj.** *« les livres médiocres ou pervertisseurs »* GIDE.

PERVIBRER [pɛʀvibʀe] **v. tr.** ⟨1⟩ – XXe ◇ de *per-* et *vibrer* ■ TRAV. PUBL. Vibrer (le béton) en pleine masse. ➤ **vibrer** (B). — **n. m. PERVIBRAGE.**

PESADE [pəzad] **n. f.** – 1611 ; *posade* 1579 ◇ italien *posata* « action de se poser » ■ ÉQUIT. Parade du cheval qui se dresse sur les pieds de derrière.

PESAGE [pəzaʒ] **n. m.** – 1236 « droit payé par les marchandises pesées » ◇ de *peser* ■ **1** Détermination, mesure des poids. ➤ **pesée.** *Appareils de pesage.* ➤ **bascule ;** 1 **balance, peson.** ■ **2** (1854) TURF Action de peser les jockeys avant une course. ♦ PAR EXT. Endroit où s'effectue le pesage. Enceinte autour de cet endroit. *Les jockeys sont au pesage.*

PESAMMENT [pəzamɑ̃] **adv.** – XIIIe ◇ de *pesant* ■ **1** Avec un grand poids. ➤ **lourdement.** *Sa perruque « dont les boucles ruisselaient pesamment sur ses épaules »* R. ROLLAND. ■ **2** D'une manière lourde, lente, pénible. *Marcher pesamment. Danser pesamment,* sans grâce. ■ CONTR. Légèrement. Agilement, vivement.

PESANT, ANTE [pəzɑ̃, ɑ̃t] **adj.** – 1080 ◇ p. prés. de *peser* ■ **1** Qui pèse lourd. *Un fardeau pesant.* ♦ SC. Qui est soumis à la pesanteur. *Les corps pesants.* ♦ **n. m.** Poids. *Valoir* son pesant d'or, de cacahouètes, de moutarde.* ■ **2** FIG. (1080) Pénible à supporter. ➤ **lourd** (FIG.). *« la garde de deux filles est une charge un peu trop pesante pour un homme de mon âge »* MOLIÈRE. ➤ **assujettissant, astreignant.** *« que le temps me semble pesant depuis que vous êtes partie ! »* STENDHAL. *Un joug pesant.* ➤ **tyrannique.** *Une présence pesante,* importune. ➤ aussi **encombrant.** ♦ SPÉCIALT Qui procure une gêne par une impression de poids. *« il se mit au lit accablé de fatigue et de chagrin, et il dormit d'un pesant sommeil »* MAUPASSANT. ■ **3** Qui donne une impression de lourdeur. *Architecture pesante et massive. Allure, marche pesante. « Ils entendirent dans l'escalier le pas pesant du vicaire »* BERNANOS. ■ **4** Qui manque de vivacité. *Esprit pesant.* ➤ **lourd ; engourdi.** *« le ton de la conversation y est coulant et naturel ; il n'est ni pesant ni frivole »* ROUSSEAU. ■ CONTR. Léger. Agréable, gracieux. Agile, dispos, éveillé, prompt, vif.

PESANTEUR [pəzɑ̃tœʀ] **n. f.** – 1538 ; *pesantur* 1170 ◇ de *pesant* ■ **1** Caractère de ce qui pèse lourd, de ce qui a un grand poids. *La pesanteur d'une charge.* ♦ PHYS. Caractère de ce qui a un poids ; application de la force d'attraction de la Terre à un corps. *Pesanteur de l'air.* — ABSOLT **LA PESANTEUR :** force qui entraîne les corps vers le centre de la Terre. ➤ **attraction, gravitation, gravité.** *Un corps qui tombe dans le vide et n'est soumis qu'à l'action de la pesanteur a un mouvement uniformément accéléré* (loi de la chute des corps). *L'accélération de la pesanteur.* ➤ 2 **g.** *L'effet, les lois de la pesanteur. Absence de pesanteur.* ➤ **apesanteur, impesanteur.** ■ **2** (Canada) Poids. *Un cheval d'une pesanteur de mille livres.* ■ **3** PAR EXT. Caractère de ce qui paraît lourd, pesant (3°, 4°). *Il a la pesanteur d'un bœuf. « Elle n'avait pas dans ses mouvements la pesanteur des* *femmes trop grasses»* MARIVAUX. ♦ Manque de vivacité. *«cette lenteur à comprendre, cette pesanteur d'imagination»* MOLIÈRE. ■ **4** *Une pesanteur :* sensation pénible de poids. *Des pesanteurs d'estomac.* ➤ **lourdeur.** ♦ Inertie, forces qui freinent un processus. *Les pesanteurs du système, de la bureaucratie.* ■ CONTR. Légèreté. Vivacité.

PÈSE-ACIDE [pɛzasid] **n. m.** – 1838 ◇ de *peser* et *acide* ■ TECHN. Aréomètre pour mesurer la densité d'une solution acide. ➤ **acidimètre.** *Des pèse-acides.*

PÈSE-ALCOOL [pɛzalkɔl] **n. m.** – 1850 ◇ de *peser* et *alcool* ■ TECHN. Alcoomètre. *Des pèse-alcools.*

PÈSE-BÉBÉ [pɛzbebe] **n. m.** – 1875 ◇ de *peser* et *bébé* ■ Balance comportant un plateau hémicylindrique où l'on place le nourrisson. *Des pèse-bébés.*

PESÉE [pəze] **n. f.** – 1331 ◇ de *peser* ■ **1** Quantité pesée en une fois. ■ **2** (1586) Opération par laquelle on détermine le poids de qqch. *Effectuer une pesée à l'aide d'un peson, d'une bascule.* — Mesure de la masse de qqch. *Procédé de la double pesée.* ♦ LOC. *La pesée des âmes,* dans la religion égyptienne, dans l'art chrétien (symbole du Jugement dernier). ■ **3** (1721) Pression exercée sur un objet pour le déplacer. *«Quelquefois le vitrage semblait près de ployer et de s'ouvrir, comme si l'on eût fait une pesée à l'extérieur»* GAUTIER.

PÈSE-ESPRIT [pɛzɛspʀi] **n. m.** – 1838 ◇ de *peser* et *esprit* ■ VIEILLI Aréomètre (cf. Pèse-alcool) pour mesurer la densité des spiritueux. *Des pèse-esprits.*

PÈSE-LAIT [pɛzlɛ] **n. m.** – 1838 ◇ de *peser* et *lait* ■ TECHN. Aréomètre pour déterminer la densité du lait. *Des pèse-laits.*

PÈSE-LETTRE [pɛzlɛtʀ] **n. m.** – 1873 ◇ de *peser* et *lettre* ■ Balance ou peson* pour déterminer le poids d'une lettre et le montant de l'affranchissement. *Des pèse-lettres.*

PÈSE-MOÛT [pɛzmu] **n. m.** /PÈSE-MOUT/ – 1838 ◇ de *peser* et *moût* ■ TECHN. Glucomètre. *Des pèse-moûts.*

PÈSE-PERSONNE [pɛzpɛʀsɔn] **n. m.** – 1937 ◇ de *peser* et 1 *personne* ■ Balance plate à cadran gradué. *Des pèse-personnes.* — *Un pèse-personne électronique.*

PESER [pəze] **v.** ‹5› – fin XIe *ce poise moi* «ça m'est pénible» ◇ latin populaire °*pesare,* classique *pensare* (→ 1 penser), de *pendere* «peser»

I ~ v. tr. (v. 1165) ■ **1** Déterminer le poids, la masse de (qqch.) par comparaison avec des poids, des masses connus. *Peser un objet avec une balance, sur une bascule. Peser une lettre* (➤ **pèse-lettre**), *un bébé* (➤ **pèse-bébé**). *Peser dans sa main.* ➤ **soupeser.** *Qui peut, ne peut pas être pesé* (➤ **pondérable ; impondérable**). — PRONOM. (RÉFL.) *«Il monta sur la balance automatique et se pesa pour voir s'il n'avait pas engraissé»* SARTRE (➤ **pèse-personne**). — LOC. FAM. *Emballez* (ou *enlevez*), *c'est pesé ! :* l'affaire est faite, c'est fini, c'est d'accord, c'est tout ! ■ **2** (v. 1190) Apprécier, examiner avec attention. ➤ **considérer, estimer, jauger,** 1 **juger.** *Je me suis amusé «à peser chaque chose à la balance de la raison»* ROUSSEAU. *Peser ses chances de réussite.* ➤ **apprécier, calculer, évaluer.** *Peser le pour et le contre*.* ➤ **comparer** (cf. Mettre en balance*). ABSOLT *«Lecteur sensé, pesez, décidez ; pour moi, je me tais»* ROUSSEAU. *«écrivains et gens du monde s'appliquent à peser chaque mot et chaque locution pour en fixer le sens, pour en mesurer la force et la portée»* TAINE. *Peser ses mots :* faire attention à ce qu'on dit. — LOC. *Tout bien pesé :* après mûre réflexion.

II ~ v. intr. A. CONCRET (v. 1165) ■ **1** Avoir tel poids. ➤ 1 **faire.** *«Il pesait cent deux kilos, et ça paraissait à peine»* ARAGON. *Les cent kilos qu'il a pesé autrefois. Qui pèse peu* (➤ **léger**), *lourd* (➤ **lourd, pesant**). *Elle ne pèse rien, pas plus qu'une plume*.* ♦ FAM. Représenter telle valeur. *Patron, groupe qui pèse 30 milliards de chiffre d'affaires.* ➤ **valoir.** ♦ ABSOLT Avoir un poids, subir les effets de la pesanteur. ■ **2 PESER SUR, CONTRE :** exercer une poussée, une pression. ➤ **appuyer, pousser, presser.** *Peser sur un levier* (➤ **pesée**). *Peser de tout son poids sur, contre une porte pour l'ouvrir. Fardeau, charge qui pèse sur les épaules.* — PAR EXT. *Aliment indigeste qui pèse sur l'estomac. «Le ciel lourd d'un soir d'été pesait sur la ville»* MAUPASSANT. ABSOLT *«L'homme est fragile et le génie pèse»* CHATEAUBRIAND. ♦ (Canada) Appuyer (sans idée de force). *Peser sur le piton.*

B. ABSTRAIT ■ **1** (1050) **PESER À :** être pénible, difficile à supporter. ➤ **coûter, ennuyer, fatiguer, importuner.** *Cette démarche me pèse. La solitude lui pèse.* ■ **2 PESER SUR :** constituer une charge pénible. ➤ **accabler, opprimer.** *Peser sur le cœur. Remords qui pèse sur la conscience. Menace qui pèse sur qqn, sur la tête de qqn. Les charges qui pèsent sur lui sont accablantes.* — *Une responsabilité écrasante pèse sur vous, sur vos épaules.* ➤ **incomber, retomber.** *«cinquante francs, pour des gens comme nous, ça commence à peser»* SAND. ■ **3** Exercer une pression morale. *«j'ai horreur de peser sur la décision d'autrui»* ROMAINS. ➤ **influer.** *Élément qui pèse le plus dans un choix* (➤ **prépondérant**). — LOC. *Peser dans la balance*. Ne pas peser lourd :* avoir peu de poids, d'importance. *Cet argument, son avis ne pèse pas lourd. «Je suis sûre qu'il me préfère à toute autre ; mais absente, je ne pèse pas lourd»* MAURIAC.

PÈSE-SEL [pɛzsɛl] **n. m.** – 1838 ◇ de *peser* et *sel* ■ TECHN. Aréomètre pour déterminer la densité et la concentration des solutions salines. *Des pèse-sels.*

PÈSE-SIROP [pɛzsiʀo] **n. m.** – 1829 ◇ de *peser* et *sirop* ■ TECHN. Aréomètre pour mesurer la densité et la concentration des solutions de sucre. *Des pèse-sirops.*

PESETA [pezeta ; peseta] **n. f.** /PÉSÉTA/ – 1787 ◇ mot espagnol ; de *peso* ■ Ancienne unité monétaire espagnole. *Des pesetas.*

PESETTE [pəzɛt] **n. f.** – 1569 ◇ de *peser* ■ Petite balance de précision pour les monnaies.

PESEUR, EUSE [pəzœʀ, øz] **n.** – *peseor* 1252 ◇ de *peser* ■ RARE Personne chargée de vérifier des pesées. *Peseur juré,* exerçant sur les marchés.

PÈSE-VIN [pɛzvɛ̃] **n. m.** – 1838 ◇ de *peser* et *vin* ■ TECHN. Appareil utilisé pour mesurer le degré d'alcool du vin. *Des pèse-vins.*

PESHMERGA [pɛʃmɛʀga] **n.** – 1968 ◇ kurde *pêshmerge* «qui affronte la mort», de *pêsh* «devant» et *merge* «mort» ■ Combattant, combattante kurde d'Irak. *Les peshmergas.*

PESO [pezo ; peso] **n. m.** /PÉSO/ – 1839 ; hapax 1787 ◇ mot espagnol (XVIe) «poids» (d'or) ■ Unité monétaire de plusieurs pays d'Amérique latine. *Des pesos.* ■ HOM. poss. Paisseau.

PESON [pəzɔ̃] **n. m.** – 1676 ; «poids qui fait tourner le fuseau» 1243 ◇ de *peser* ■ Balance à levier coudé, dont les indications sont données par un index se déplaçant devant un cadran ou une fiche graduée. *Le manque de fiabilité du peson a fait proscrire son utilisation dans le commerce.* ♦ SPÉCIALT Appareil indiquant le poids au crochet d'un appareil de forage.

PESSAIRE [pesɛʀ] **n. m.** – XIIIe «médicament pour la matrice» ◇ bas latin *pessarium,* de *pessum,* grec *pessos* «tampon de charpie» ■ **1** (1765) MÉD. Dispositif introduit dans le vagin, destiné à remédier aux déviations de l'utérus. ■ **2** ANCIENNT Préservatif mécanique pour la femme. ➤ **diaphragme.**

PESSE [pɛs] **n. f.** – 1784 ; «épicéa» XVIe ◇ latin *picea* «arbre à résine», de *pix* «poix» ■ BOT. *Pesse (d'eau) :* herbe aquatique *(haloragacées)* des régions tempérées, à tige grêle et à feuilles verticillées, parfois appelée *pessereau* ([pɛsʀo] **n. m.**).

PESSIMISME [pesimism] **n. m.** – 1759 ◇ du latin *pessimus,* superlatif de *malus* «mauvais» ■ **1** Disposition d'esprit qui porte à prendre les choses du mauvais côté, à être persuadé qu'elles tourneront mal. *Pessimisme foncier. «Elle a le pessimisme sans merci des esprits lucides qui voient net et osent conclure»* HENRIOT. *«La Bourse suivit le mouvement général de pessimisme. Les fonds d'État tombèrent»* MADELIN. ➤ **alarmisme, catastrophisme, déclinisme, défaitisme.** ■ **2** (1819 en allemand, Schopenhauer) PHILOS. Doctrine d'après laquelle le mal l'emporte sur le bien dans un monde qui est l'œuvre d'une volonté indifférente au bien et au mal. ■ CONTR. Optimisme.

PESSIMISTE [pesimist] **adj.** et **n.** – 1789 ◇ du latin *pessimus* → pessimisme ■ **1** Qui est porté à être mécontent du présent et inquiet pour l'avenir. ➤ **bilieux, maussade, mélancolique.** *Ses malheurs l'ont rendu pessimiste.* — PAR EXT. Qui pense que les choses vont mal tourner. ➤ **alarmiste, défaitiste.** *Le médecin est très pessimiste.* — **n.** *«c'est la grande erreur des pessimistes de n'être jamais certains que du pire, et de toujours mettre le meilleur en doute»* HENRIOT. — (CHOSES) Qui traduit le pessimisme. ➤ **sombre.** *Certains «lui reprochaient* [à Mauriac] *cette vue pessimiste du monde»* MAUROIS. ■ **2** (1834) PHILOS. Relatif au pessimisme ou à ses partisans. *Doctrine, philosophie pessimiste.* ■ CONTR. Optimiste.

PESTE [pɛst] **n. f.** – 1475 ◇ latin *pestis* «épidémie, fléau»

I ■ **1** VX Toute épidémie caractérisée par une très forte mortalité. *«Un mal qui répand la terreur* [...] *La peste (puisqu'il faut l'appeler par son nom)»* LA FONTAINE. ■ **2** MOD. Très grave maladie infectieuse, contagieuse et épidémique, due au bacille de Yersin. *Peste bubonique, pneumonique, septicémique. Peste noire* (➤ **pétéchie**). *Atteint de la peste.* ➤ **pesteux, pestiféré.** *La peste se transmet par la puce du rat. «La Peste», roman de Camus.* — Épidémie de cette maladie. *«La grande* *peste du Moyen Âge, la peste noire, c'est vingt-cinq millions de morts qu'il faut rapporter à la démographie»* P. DEVILLE. *La peste de Londres* (1655). ◆ LOC. FAM. *Fuir, craindre qqch., qqn comme la peste. Se garder, se méfier de qqch., de qqn comme de la peste,* extrêmement, au plus haut point. ■ **3** *Peste bovine, porcine, aviaire,* maladies infectieuses et contagieuses des ruminants, des porcs, des poules. ■ **4** PAR MÉTAPH. Fléau menaçant. *La peste de la haine, de la corruption. La peste brune**. ■ **5** FIG. (imprécation) VX *La peste t'étouffe ! «la peste soit de l'avarice et des avaricieux !»* MOLIÈRE. ➤ **pester.** ◆ VIEILLI Interjection marquant l'étonnement. *«On te rappellera bientôt. Peste ! un homme comme toi ne se remplace pas aisément»* DIDEROT.

II (XVe) FIG. Personne ou chose nuisible, funeste, pernicieuse. *Néron, «cette peste de cour»* RACINE. — SPÉCIALT Femme, fillette insupportable, méchante. ➤ **choléra, gale, poison.** *Quelle petite peste !* — ADJT *Elle est «généreuse et égoïste, douce et peste»* PH. JAENADA.

PESTER [pɛste] v. intr. ⟨1⟩ – 1639 ; *pester qqn* «le traiter de *peste*» 1617 ◇ de *peste* ■ Manifester son mécontentement, sa colère, par des paroles. ➤ **fulminer, grogner, jurer, maugréer.** *Pester contre le mauvais temps, contre qqn.* — ABSOLT *Il pestait, grommelait.* ➤ FAM. **râler, rouspéter.**

PESTEUX, EUSE [pɛstø, øz] adj. – XVIe ◇ de *peste* ■ **1** DIDACT. De la peste. *Bubon, bacille pesteux.* ■ **2** COUR. Atteint de la peste. *Rat pesteux.* — n. *Les pesteux.* ➤ **pestiféré.**

PESTICIDE [pɛstisid] n. m. et adj. – v. 1960 ◇ mot anglais, de *pest* «insecte, plante nuisible» et *-cide* ■ ANGLIC. Produit chimique employé contre les parasites animaux et végétaux des cultures. ➤ **biocide, débroussaillant, désherbant, fongicide, herbicide, insecticide, raticide ; glyphosate.** — adj. *Produits pesticides.*

PESTIFÉRÉ, ÉE [pɛstifeʀe] adj. et n. – 1503 ; *pestifere* 1350 ◇ latin *pestifer* «qui porte (cf. *-fère*) la peste» ■ Infecté ou atteint de la peste. *Navire pestiféré en quarantaine. Enfant pestiféré.* ◆ n. *Les pestiférés. «la monstrueuse mésalliance, qui* [...] *l'isola comme un pestiféré»* BARBEY. LOC. *Fuir qqn comme un pestiféré,* l'éviter à tout prix.

PESTILENCE [pɛstilɑ̃s] n. f. – 1120 «tentation, occasion de pécher» ◇ latin *pestilentia,* de *pestis* «épidémie» ■ **1** (1170) VX Maladie épidémique caractérisée par une forte mortalité. SPÉCIALT La peste. ■ **2** (1256) MOD. Odeur infecte, miasme putride. ➤ **infection.** *Pestilence qui se dégage d'un tas d'ordures.*

PESTILENTIEL, IELLE [pɛstilɑ̃sjɛl] adj. – XVe ; *pestilenciel* 1390 ◇ de *pestilence* ■ **1** DIDACT. Qui tient de la peste, ou de toute autre maladie particulièrement contagieuse et meurtrière. — VX *Maladies pestilentielles :* maladies quarantenaires*. ■ **2** Qui répand une odeur infecte. ➤ **fétide, puant ; méphitique.** *Les rues soulèvent «le cœur par leurs pestilentielles émanations»* MAUPASSANT.

PESTO [pɛsto] n. m. – 1993 ; 1990 au Québec ◇ mot italien, de *pestare* «piler», latin *pistare* → pistou ■ Sauce italienne à base de basilic, d'ail, de pignons, de parmesan et d'huile d'olive. *Riz, minestrone au pesto. Des pestos.*

1 **PET** [pɛ] n. m. – v. 1260 ◇ latin *peditum*

I FAM. Gaz intestinal qui s'échappe de l'anus avec bruit. ➤ **flatuosité, vent ; prout.** *Pet sans bruit.* ➤ **vesse.** *Lâcher, faire un pet.* ➤ **péter.** *Pet foireux,* entraînant des excréments. ◆ LOC. FAM. *Avoir (toujours) un pet de travers :* être mal disposé, de mauvaise humeur ; souffrir d'un malaise physique peu grave. — *Ça ne vaut pas un pet de lapin :* cela n'a aucune valeur. *«pour ce qui est des choses de la maison* [...] *elle ne vaut pas un pet de lapin»* GIONO. — *Comme un pet (sur une toile cirée),* rapidement. *Il est parti comme un pet.*

II (1837) ARG. ■ **1** Éclat, tapage fait autour d'une affaire. *Il va y avoir du pet,* du scandale, du bruit. — LOC. *Porter le pet :* porter plainte en justice, auprès des autorités. *«Mais c'est pas eux qui vont porter le pet. Ils ont bien trop peur des flics»* Y. QUEFFÉLEC. ■ **2** *Faire le pet :* faire le guet pour prévenir du danger un complice. — interj. *Pet !* attention !

■ HOM. Paie, paix.

2 **PET** [peəte] n. m. – 1983 ◇ probablt de l'anglais *PET* (1966), sigle de *p oly é thylène t éréphtalate* ■ CHIM. Polymère de l'éthylène glycol et de l'acide téréphtalique. *Bouteilles d'eau minérale en PET. Recyclage du PET.*

PETA- ou **PÉTA-** ■ MÉTROL. Préfixe du système international (SYMB. P), déformation du grec *penta* «cinq», qui indique la multiplication par 10^{15} de l'unité dont il précède le nom. ◆ INFORM. Élément qui multiplie par 2^{50} l'unité d'information dont il précède le nom : *petabit, petaoctet.*

PÉTAINISTE [petenist] adj. et n. – 1943 *pétiniste* ◇ de *Pétain* ■ Relatif au maréchal Pétain, à ses opinions, ou qui s'en inspire. *«Ta morale chrétienne, tes valeurs pétainistes, épargne-les moi»* K. TUIL. ◆ Partisan du maréchal Pétain, de son attitude politique pendant l'Occupation. ➤ **vichyste.**

PÉTALE [petal] n. m. – 1718 ◇ latin des botanistes *petalum,* grec *petalon* «feuille» ■ Chacun des organes foliacés qui composent la corolle d'une fleur. *Limbe, onglet d'un pétale. Pétale supérieur d'une orchidée.* ➤ **labelle.** *Pétales des papilionacées.* ➤ **étendard.** *Rose qui perd ses pétales,* qui s'effeuille. *Fleur sans pétale* (➤ **apétale**). *Pétales libres* (➤ **dialypétale**), *soudés* (➤ **gamopétale**). ◆ *Col pétale,* fait d'arrondis de tissu en corolle.

PÉTALOÏDE [petalɔid] adj. – 1765 ◇ de *pétale* et *-oïde* ■ BOT. Qui ressemble à un pétale. *Sépales pétaloïdes.*

PÉTANQUE [petɑ̃k] n. f. – v. 1930 ◇ du provençal *pé* «pied» et *tanco* «pieu pour fixer qqch.», d'où *jouer à pétanque,* déformé en *jouer à la pétanque* ■ Variante provençale du jeu de boules. *Boules de pétanque. Joueur de pétanque.* ➤ **bouliste.** *Pointeurs et tireurs à la pétanque.*

PÉTANT, ANTE [petɑ̃, ɑ̃t] adj. – 1942 ◇ de *péter* ■ FAM. Exact (heure). *Il part à six heures pétantes.* ➤ **sonnant, tapant.** *À midi pétant.*

PÉTARADANT, ANTE [petaʀadɑ̃, ɑ̃t] adj. – fin XIXe ◇ de *pétarader* ■ Qui pétarade. *Vacarme des motos pétaradantes.*

PÉTARADE [petaʀad] n. f. – 1649 ; *petarrade* XVe ◇ provençal *petarrada,* de 1 *pet* ■ **1** Série de pets que laissent échapper certains animaux (chevaux, ânes) en ruant. ■ **2** Suite de détonations. *Pétarades d'un feu d'artifice, d'une motocyclette.*

PÉTARADER [petaʀade] v. intr. ⟨1⟩ – *petarrader* 1560 ; repris début XXe ◇ de *pétarade* ■ Faire entendre une pétarade. *«le lourd camion à gazogène s'ébranlait en pétaradant»* CARCO.

PÉTARD [petaʀ] n. m. – 1584 ; *petart* 1495 ◇ de 1 *pet* ■ **1** Charge d'explosif placée dans une enveloppe, qu'on utilise pour détruire des obstacles, comme dispositif de signalisation acoustique ou en pyrotechnie. *Les pétards du 14 Juillet. Allumer un pétard. Enfants qui font claquer des pétards. «tout est pavoisé et on tire des pétards en l'honneur de la France»* LOTI. — LOC. *Être coiffé avec un pétard, avoir les cheveux en pétard :* avoir les cheveux en bataille, hirsutes. *«des cheveux en pétard taillés à la cisaille»* Y. HAENEL. ◆ (1884) FIG. et FAM. Nouvelle sensationnelle dont on espère un grand retentissement. ➤ 1 **bombe.** *«après avoir lancé aussi quelques pétards dans sa jeunesse, il en est venu à une sérénité olympienne»* ROMAINS. *Un pétard mouillé :* révélation qui ne produit pas l'effet escompté (cf. Faire long feu). ■ **2** (1869) FAM. Bruit, tapage. *Qu'est-ce qu'ils font comme pétard ! Il va y avoir du pétard* (cf. Ça va barder !). ◆ *Être en pétard,* en colère. *«Il se balance. Il est en pétard en lui-même»* CÉLINE. ■ **3** (1859 ◇ par méton.) ARG. Révolver. *Lâche ton pétard. «Il a reçu un coup de pétard dans le buffet»* QUENEAU. ■ **4** (1859) FAM. Derrière. ➤ **cul*.** *«Ces femmes moutonnantes, avec leurs pétards plantureux»* MONTHERLANT. ■ **5** FAM. Cigarette de haschich. ➤ 3 **joint.** *Fumer un pétard.* ■ **6** APPOS. (précédé d'un nom de couleur) FAM. Très vif, criard. *Des chaussures bleu pétard.*

PÉTASE [petɑz] n. m. – XVIe ◇ latin *petasus ;* grec *petasos* ■ ANTIQ. GR. Chapeau à larges bords pour s'abriter de la pluie et du soleil. *Le pétase ailé d'Hermès.*

PÉTASSE [petas] n. f. – v. 1748 ◇ de *péter* et suffixe *-asse* ■ VULG. Prostituée. ➤ **pouffiasse, radasse, roulure.** — Fille, jeune femme provocante par son allure et son attitude, à la tenue aguichante. ➤ **grognasse ;** RÉGION. **cagole.** *Quelle pétasse ! «Elles s'y croyaient à mort, les pétasses, avec leurs croupions rouleurs»* Y. QUEFFÉLEC.

PÉTAUDIÈRE [petodjɛʀ] n. f. – 1694 ◇ de *Pétaud,* personnage légendaire du XVIe, probablt dérivé de 1 *pet* ■ Assemblée où, faute de discipline, règnent la confusion et le désordre. *«une ingouvernable pétaudière de cinq ou six cents États»* BLOY.

PÉTAURISTE [petɔʀist] n. m. – 1624 ◇ grec *petauristein* «danser sur la corde» ■ **1** ANTIQ. GR. Danseur, sauteur de corde. ■ **2** (1827) ZOOL. Écureuil volant d'Australie.

PET-DE-NONNE [pɛd(ə)nɔn] n. m. – 1743 ; *pet d'Espaigne* 1393 ◇ de 1 *pet* et *nonne* ■ Beignet soufflé fait avec de la pâte à choux. *Des pets-de-nonne.*

PÈTE [pɛt] n. m. – 1977 ◇ de *péter* ■ FAM. Marque de coup (sur qqch.). *« ils avaient eu un pète à la voiture »* A. ERNAUX. — LOC. *Avoir un pète au casque* : être un peu fou.

PÉTÉ, ÉE [pete] adj. – milieu XXe ◇ de *péter* « casser » ■ FAM. ■ 1 Fou*. ■ 2 Ivre ; abruti par la drogue. *Il était complètement pété.*

PÉTÉCHIAL, IALE, IAUX [peteʃjal, jo] adj. – 1704 ◇ de *pétéchie* ■ MÉD. Accompagné de pétéchies, qui se manifeste par des pétéchies. *Typhus pétéchial.* ➤ **exanthématique.**

PÉTÉCHIE [peteʃi] n. f. – *pétèche* 1564 ◇ italien *petecchia,* d'origine inconnue ■ MÉD. Petite tache apparaissant sur la peau à la suite d'une hémorragie cutanée. ➤ **purpura.** *Pétéchies de la peste noire, du typhus exanthématique. Des pestiférés sans bubons « sans délire et sans pétéchies »* ARTAUD.

PET-EN-L'AIR [pɛtɑ̃lɛʀ] n. m. inv. – 1726 ◇ de 1*pet* et *en l'air* ■ VX Court veston d'intérieur qui s'arrête au bas des reins. ➤ **rase-pet, trousse-pet.** *« Un paletot pour l'hiver, un pet-en-l'air pour la demi-saison »* QUENEAU.

PÉTER [pete] v. ‹6› – 1380 ◇ de 1*pet* ; a remplacé l'ancien français *poire* (XIIIe) ; latin *pedere*

I v. intr. FAM. ■ 1 Faire un pet, lâcher des vents. *« Le marquis de Lescous, à la fin des repas, rote et pète comme un sapeur-pompier »* ROMAINS. — LOC. *Envoyer* péter qqn.* — *Péter dans la soie* : avoir des vêtements luxueux ; FIG. vivre dans le luxe. *(Vouloir) péter plus haut que son cul, plus haut que son derrière* : être prétentieux ; avoir des prétentions qui dépassent ses moyens. *« il ne voulait pas péter plus haut qu'il n'avait le derrière »* QUENEAU. *Ne plus se sentir péter* : crâner, triompher. ■ 2 (1819) Éclater avec bruit. ➤ **exploser.** *« Au tir, cela pétait ferme »* ARAGON. *Des obus pétaient dans tous les coins.* ◆ PAR EXT. Se rompre brusquement, se casser. *« la capote trop étroite fait des plis circulaires, tous les boutons prêts à péter »* DORGELÈS. ➤ **sauter.** *Ma télé est pétée.* — LOC. *Manger à s'en faire péter la sous-ventrière, la panse,* avec excès. *Se faire péter les neurones* (cf. Se casser* la tête). *Il faut que ça pète ou que ça dise pourquoi* : il faut que cela finisse, coûte que coûte. — *Si vous hésitez plus longtemps, l'affaire va vous péter dans la main, dans les mains.* ➤ **échouer, rater.** *Ça va péter* : il va y avoir du grabuge. — **PÉTER DE :** déborder de. *Péter de santé.* ➤ **crever.**

II v. tr. FAM. ■ 1 (Par anal. avec *cracher, jeter*) *Péter le feu (du feu, des flammes)* : déborder d'entrain, de vitalité. *« D'un seul coup, il a retrouvé toute son énergie, il pétait les flammes »* O. ROLIN. *« Il pète du feu, mais il se calmera »* MORAND. *Ça va péter (le feu)* : ça va barder. ■ 2 Briser, casser (qqch.). *« vous n'auriez pas un lacet de soulier par hasard, je viens de péter le mien »* QUENEAU. — *Péter la gueule à qqn,* lui donner des coups. ➤ **casser.** *Se péter la gueule* : tomber. — *Se péter (la gueule)* : s'enivrer (➤ **pété**). *Il « avait commencé à se péter la gueule dès l'arrivée des premiers invités »* HOUELLEBECQ. ◆ LOC. *Péter les plombs (un plomb, une durite, les boulons, un boulon, un câble, un fusible, les fusibles)* : perdre le contrôle de soi ; devenir fou. ➤ **disjoncter.** *« Le tango, la nostalgie, il valait mieux arrêter. Je pouvais péter les plombs, avec ça, et j'avais besoin de toute ma tête »* IZZO. *« Ma vie est difficile en ce moment. Je suis en train de péter un câble »* CH. ANGOT. — *Se la péter* : crâner, chercher à impressionner. ➤ **frimer** (cf. Se la jouer). *« Il a une tante qui a fait des études, elle se la pète parce qu'elle est devenue prof en fac »* V. DESPENTES. ■ 3 (Belgique) Recaler à un examen, faire échouer. ➤ **buser, mofler.**

PÈTE-SEC [pɛtsɛk] n. inv. et adj. inv. /PÈTESEC n. et adj./ – 1866 ◇ de *péter* et *sec* ■ FAM. Personne autoritaire au ton hargneux et cassant. *Quels pète-sec ! Une institutrice tyrannique et pète-sec. Un air pète-sec.*

PÉTEUR, EUSE [petœʀ, øz] n. – 1380 ◇ de *péter* ■ RARE Personne qui a l'habitude de laisser échapper des vents. ■ HOM. Péteuse (péteux).

PÉTEUX, EUSE [petø, øz] n. et adj. – 1790 ◇ forme populaire de *péteur* ■ FAM. ■ 1 Peureux, froussard. ➤ **trouillard.** *Il a filé comme un péteux.* — adj. Honteux, qui se sent fautif. *Il était tout péteux. Air péteux.* ■ 2 Personne insignifiante et prétentieuse. *Un petit péteux.* ➤ **morveux.** ■ HOM. Péteuse (péteur).

PÉTILLANT, ANTE [petijɑ̃, ɑ̃t] adj. – 1480 (yeux) ◇ de *pétiller* ■ 1 Qui pétille. *Eau minérale pétillante* (opposé à *eau plate*). ➤ **gazeux.** *L'eau « est plus pétillante que ça quand elle sort de la source »* ROMAINS. *Vin pétillant* (➤ **mousseux**), *à peine pétillant* (➤ **perlant**). ■ 2 Qui brille d'un vif éclat. *Avoir l'œil, le regard pétillant de malice. Une brune pétillante.* — FIG. *« Il fut pétillant de saillies, et sut mettre en train tous les convives »* BALZAC.

PÉTILLEMENT [petijmɑ̃] n. m. – 1636 ; « chatouillement » XVe ◇ de *pétiller* ■ 1 Fait de pétiller (1o) ; bruit de ce qui pétille. *« un feu de sarments tout en pétillements et en clarté »* DAUDET. *Le pétillement du champagne.* ■ 2 Effet de ce qui jette de vifs éclats. *Un pétillement de lumière.* ➤ **scintillement.** — PAR EXT. *Pétillement malicieux du regard.*

PÉTILLER [petije] v. intr. ‹1› – 1453 ◇ de 1*pet* ■ 1 Éclater avec de petits bruits secs et répétés. ➤ **crépiter.** *« Quand déjà pétillait et flambait le bûcher »* VERLAINE. ■ 2 Produire de nombreuses bulles en bruissant. *« la mousse de vin de champagne qui pétille et s'évapore »* GAUTIER. ■ 3 LITTÉR. Briller d'un éclat très vif. ➤ **chatoyer, scintiller.** *« des plaques de métal qui pétillaient au soleil et faisaient à son front une couronne d'étoiles »* HUGO. ◆ (XVIe) *La malice pétille dans ses yeux.* ➤ **éclater.** ■ 4 FIG. VX *Pétiller de* : être bouillant de. *« Il pétille d'impatience »* FURETIÈRE. ◆ VIEILLI ou LITTÉR. *Pétiller d'esprit* : manifester un esprit vif, plein de verve. *« vous l'allez voir tout à l'heure [...] pétiller d'esprit, de verve et de grâce »* GAUTIER.

PÉTIOLE [pesjɔl] n. m. – 1749 ◇ latin *petiolus* ■ BOT. Base étroite de certaines feuilles, unissant le limbe à la tige. ➤ 1**queue.** *Feuille sans pétiole* (➤ **acaule, sessile**). *Pétiole commun des feuilles composées.*

PÉTIOLÉ, ÉE [pesjɔle] adj. – 1766 ◇ de *pétiole* ■ BOT. Qui est pourvu d'un pétiole. *Feuille pétiolée.* ■ CONTR. Sessile.

PETIOT, IOTE [pətjo, jɔt] adj. et n. – 1379 ◇ de *petit* ■ FAM. Petit, tout petit. *« J'étais petiote à son départ, mais je le remets bien »* BAZIN. ◆ n. (1803) Petit enfant. — RURAL T. d'affection *Mon p'tiot, ma p'tiote.*

PETIT, ITE [p(ə)ti, it] adj., n. et adv. – fin Xe, au sens de « jeune » (I, A, 2o) ◇ d'un type gallo-roman *pettittus,* apparenté au radical *pitš-* (→ pitchoun) exprimant la petitesse

I EXPRIME UNE QUANTITÉ (MESURABLE) A. ~ adj. ■ 1 (fin XIe) (Êtres vivants) Dont la hauteur, la taille est inférieure à la moyenne. *Un homme très petit, tout petit.* ➤ **minuscule** (cf. Haut* comme trois pommes). *Une petite femme. Une petite brune. Petit et chétif.* ➤ **rabougri.** *Un petit vieux. Rendre plus petit.* ➤ **rapetisser.** *Le Petit Caporal* (surnom de Napoléon Ier). *« Il est un peu petit, et c'est pour excuser sa taille qu'il rappelle à tout propos son grade de lieutenant dans la cavalerie de réserve »* LARBAUD. *Il est plus petit que son frère.* — *Se faire tout petit* : s'efforcer de réduire sa taille en se ratatinant ; FIG. éviter de se faire remarquer. *« pas d'embrouille. Faites-vous petit, vous saisissez ! »* F. VARGAS. — *Ce cheval est petit pour sa race, pour son âge. Cet arbre est plutôt petit. Petites fleurs.* ■ 2 (fin Xe) Qui n'a pas encore atteint toute sa taille. ➤ **jeune.** *Tu es encore trop petit pour sortir seul. Quand vous étiez petit. Petit frère, petite sœur* : frère, sœur plus jeune. *Un petit chat.* ➤ 2**chaton.** — *Parler petit-nègre*. Petit poisson* deviendra grand.* ◆ *Petite fille*. Petit garçon*. Une petite jeune fille. Le petit dernier*. Un petit bonhomme de 5 ans. C'est un petit polisson, un petit diable ; un petit ange.* ■ 3 (1538) (Hypocoristique) *« dis tes petites pensées à ton petit papa mignon »* MOLIÈRE. — FAM. *Comment va cette petite santé ? Un petit coup de rouge. « Un p'tit fromage ? Un p'tit dessert ? Un p'tit café ? »* PH. DELERM. *« Leur rêve est de se retirer, après une bonne petite vie, dans un petit coin tranquille [...] avec une petite femme qui [...] leur mitonnera de bons petits plats et saura à l'occasion recevoir gentiment les amis pour faire une petite belote »* DANINOS. *Une petite robe noire.* ◆ (1666) (Condescendant, méprisant ou exprimant la familiarité) *Qu'est-ce qu'elle veut la petite dame ? Une petite bonne. Il n'y a que sa petite personne qui compte. Petit misérable. Quelle petite garce ! Petit con !* ◆ (Affectueux ; après un possessif) *Mon petit mari. Ma petite maman. Mon petit chéri. Mon petit poulet. « Ma petite Lisbeth [...] – Je ne suis ni Lisbeth, ni votre petite, je vous prie d'être convenable »* COCTEAU. ◆ **PETIT AMI, PETITE AMIE :** flirt, amant, maîtresse. ■ 4 Dont les dimensions (longueur, surface) sont inférieures à la moyenne. *« il avait de petites mains, de petits pieds, des jambes courtes – le front bien fait. Près de lui [...] on prenait honte d'être trop grand »* GIDE. *Personne de petite taille* (➤ **nain**). *Marcher à petits pas. Petite promenade, petit tour. Un appartement trop petit.* ➤ **exigu.** — *Petites phrases*. Petits mots. Petit moment.* ➤ 1**bref.** ◆ PAR EUPHÉMISME *Le petit endroit*, le petit coin*.* ◆ LOC. *Le monde est petit* (quand on rencontre qqn inopinément). ◆ Se dit d'une lettre minuscule (dans une énumération ou une notation algébrique). *Petit a, petit b* (a, b). ■ 5 Dont le volume, l'ensemble des dimensions est inférieur à la moyenne. *Une petite maison. Une petite colline. Un petit village. Extrêmement petit.* ➤ **imperceptible, invisible, lilliputien, microscopique, minuscule.** — n. m. *L'infiniment* *petit.* ➤ aussi **micro-**. — *Il lui a offert un bouquet tout petit.* ➤ **riquiqui.** *Couper en petits morceaux.* ➤ 1 **menu.** PROV. *Les petits ruisseaux* font les grandes rivières.* ◆ (Désignant, avant le nom, une catégorie particulière de la chose) *Le petit doigt*. Au petit pied*. — Petit salé*. Petits fours* (➤ **petit-four**). *Petits-pois*. Petits-suisses.* ▪ **6** (début XIIe) (Mesures et évaluations) *Petit volume. Petite quantité.* ➤ **faible, infime, infinitésimal.** — *La plus petite quantité.* ➤ **minimum.** *Petite vitesse. Aller son petit bonhomme* de chemin. Je vous demande une petite minute. Un petit moment.* ➤ 1 **court.** — *À la petite semaine*.* ▪ **7** (fin XIe) Dont l'abondance, l'importance, l'intensité est faible. *Petites sommes.* ➤ 1 **maigre.** *Un très petit bénéfice.* ➤ **dérisoire, modique.** *Petite troupe. En petit comité*. Les petites et moyennes entreprises (PME). — Petite lumière.* ➤ **faible.** *Au petit jour*. À petit feu*. Petits cris. Au petit trot. Un petit verre. Petite santé.* ➤ **délicat.** « *Desglands donna sa parole d'honneur qu'il ne jouerait plus.* [...] *Ni gros ni petit jeu* » DIDEROT.

B. ~ n. UN PETIT, UNE PETITE (des sens A, 2° et 3°) ▪ **1** (1548) Enfant ou être humain jeune. *Il est mignon, ce petit ! Les tout-petits.* ➤ **bébé.** — SPÉCIALT Le plus jeune de plusieurs, dans une famille. « *Dans la famille, on appelait toujours Jean "le petit," bien qu'il fût beaucoup plus grand que Pierre* » MAUPASSANT. ◆ RÉGION. *Une petite* : jeune fille. *Une jolie petite.* ◆ *Pour (les) petits et (les) grands* : pour tout public. *Spectacle pour petits et grands.* ▪ **2** Élève jeune. *La cour des petits et celle des grands.* ▪ **3** (fin XIVe) Jeune animal. *Les petits d'une chienne.* ➤ **progéniture.** *La chatte a fait ses petits, a mis bas quatre petits. Le petit du lion est le lionceau.* ◆ FIG. *Son argent a fait des petits*, a rapporté, fructifié. ▪ **4** Enfant (d'une personne). « *Quand j'ai vu vos petites* [...] *j'ai dit : voilà une bonne mère* » HUGO. *Les petites Durand* : les filles Durand. ▪ **5** (Appellatif) *Comment vas-tu, mon petit ? Hep ! petit, va porter ça à ta mère.* ◆ (Répété, pour appeler de jeunes animaux, des oiseaux, des volailles, etc.) « *venez donc voir s'il est pas par là. Petit petit petit* » QUENEAU.

II EXPRIME UNE QUALITÉ (NON MESURABLE) ▪ **1** (au sens le plus général) De peu d'importance. ➤ **mince, minime.** *Ce n'est pas une petite affaire. C'est une bien petite chose* (➤ **bagatelle, broutille, plaisanterie**). *Petits détails. La petite histoire*. Petits inconvénients. Les petites misères de la vie. Encore un petit effort ! Les petits métiers. Un petit boulot. Le petit commerce. Une petite annonce.* — FAM. *Le petit nom de qqn.* ➤ **prénom.** — *Petite vérole*.* « *Cet immense événement fut à peine remarqué ; après la Révolution française, tout était petit* » CHATEAUBRIAND. ◆ En raccourci, en miniature. *Jouer au petit soldat*, à la petite guerre*.* ▪ **2** (milieu XIIe) (PERSONNES) Qui a une condition, une situation peu importante. *Petit fonctionnaire. Petit personnage.* ➤ **insignifiant.** *Petit artisan. Petit commerçant. Petit-bourgeois* (➤ **petit-bourgeois**). *Les petites gens. Le petit peuple. — Petit chef*.* — SPÉCIALT *Petites sœurs des pauvres.* ◆ n. m. « *Et nous, les petits, les obscurs, les sans-grades* » ROSTAND. *C'est toujours le petit qui trinque.* ➤ **lampiste.** — PAR EXT. *Petite origine.* ➤ **modeste.** — *Petite tenue*.* — *Petite situation.* ➤ **médiocre.** ▪ **3** (1580) Qui a peu de valeur (quant au mérite, aux qualités intellectuelles ou morales). « *il n'y a que les petits hommes qui redoutent les petits écrits* » BEAUMARCHAIS. *Les petits esprits. — Petit poète, peintre.* ➤ 1 **mineur.** ◆ (fin XIVe) PAR EXT. (CHOSES) ➤ 1 **bas, étriqué, étroit, mesquin, piètre, vil.** « *Que ce milieu du dix-huitième siècle est sot et petit !* » VOLTAIRE. « *Mais laissons ce petit homme à ses petites craintes* » STENDHAL. ▪ **4** Qui a un caractère de minutie, de recherche attentive du détail (avec une valeur méliorative ; cf. I, A, 3°). *Il a toujours de petites attentions* (➤ **prévenance**). *Être aux petits soins* pour qqn.*

III ~ adv. ▪ **1** (fin Xe) VX Peu (cf. Gagne-petit ; aussi un petit peu*). « *Qu'avez-vous ? Vous grondez, ce me semble, un petit ?* » MOLIÈRE. ◆ MOD. *Voir petit* : avoir des ambitions modestes, mesquines. ▪ **2** (fin XIIe) MOD. **PETIT À PETIT** [p(ə)titap(ə)ti] : peu à peu. ➤ **graduellement, progressivement.** *Les choses changent petit à petit.* PROV. *Petit à petit l'oiseau fait son nid*.* ▪ **3** (1654) **EN PETIT :** sur une petite échelle. *C'est, en petit, le même château. Je voudrais le même modèle mais en petit, en plus petit.* ➤ 1 **réduit.**

▪ CONTR. Grand. Colossal, géant, gigantesque, immense ; âgé, adulte ; ample, étendu, large, long ; gros ; abondant, copieux, nombreux ; considérable, important ; digne, généreux ; grandiose, magnifique.

PETIT-BEURRE [p(ə)tibœʀ] n. m. – 1909 ◇ de *petit* et *beurre* ▪ Gâteau sec de forme rectangulaire fait au beurre. *Un paquet de petits-beurre* ou *de petits-beurres.* — On écrit aussi *petit beurre.*

PETIT-BOIS [p(ə)tibwa] n. m. – 1765 ◇ de *petit* et *bois* ▪ TECHN. Montant et traverse d'une fenêtre maintenant les vitres. « *le rectangle de la fenêtre où la lumière du ciel dessinait le quadrillage des petits-bois* » LE CLÉZIO.

PETIT-BOURGEOIS, PETITE-BOURGEOISE [p(ə)tibuʀʒwa, p(ə)titbuʀʒwaz] n. et adj. – 1657 ◇ de *petit* et *bourgeois* ▪ **1** Personne qui appartient à la partie la moins aisée de la bourgeoisie *(petite bourgeoisie)* et qui en possède les défauts traditionnels. *Appartement de petits-bourgeois.* ▪ **2** adj. PÉJ. Propre à un petit-bourgeois. *Attitude, réaction petite-bourgeoise.* ➤ FAM. **beauf.** *Esprit petit-bourgeois*, mesquin, terre à terre.

1 **PETIT-DÉJEUNER** [p(ə)tideʒœne] n. m. – 1866 ◇ de *petit* et 2 *déjeuner* ▪ Repas du matin, le premier de la journée. ➤ RÉGION. 2 **déjeuner.** *Prendre son petit-déjeuner.* ➤ 2 **petit-déjeuner.** *Les croissants du petit-déjeuner. Petit-déjeuner continental, anglo-saxon* (➤ **breakfast**). *Petit-déjeuner tenant lieu de déjeuner.* ➤ **brunch.** *Des petits-déjeuners.* — ABRÉV. FAM. (1976) *Petit-déj'* [p(ə)tidɛʒ].

2 **PETIT-DÉJEUNER** [p(ə)tideʒœne] v. intr. ⟨1⟩ – 1952 ◇ de 1 *petit-déjeuner* ▪ FAM. Prendre le petit-déjeuner. « *Il remontait se confectionner du café et petitdéjeunait* [sic] *seul* » QUENEAU.

PETITE-FILLE [p(ə)titfij] n. f. – XIIIe ◇ de *petit* et *fille* ▪ Fille d'un fils ou d'une fille par rapport à un grand-père ou à une grand-mère. *Il a trois petites-filles et un petit-fils.*

PETITEMENT [pətitmɑ̃] adv. – 1270 ◇ de *petit* ▪ **1** *Être logé petitement*, à l'étroit. ▪ **2** FIG. ➤ **chichement, mesquinement.** « *Il vivait petitement et fort serré de son salaire de député* » MICHELET. *Se venger petitement*, avec bassesse. ▪ CONTR. Grandement. Généreusement.

PETITE-NIÈCE [p(ə)titnjɛs] n. f. – 1598 ◇ de *petit* et *nièce* ▪ Fille d'un neveu ou d'une nièce. ➤ **petit-neveu.** *Elle a deux petites-nièces.*

PETITESSE [p(ə)titɛs] n. f. – *petitece* 1170 ◇ de *petit* ▪ **1** Caractère de ce qui est de petite dimension. ➤ **exiguïté.** *Des fourmis* « *s'acharnant sur une besogne démesurée, géante à côté de leur petitesse* » ZOLA. « *La finesse des attaches, la petitesse des mains et des pieds* » GAUTIER. *La petitesse de ses revenus, d'un don.* ➤ **modicité.** ▪ **2** Caractère mesquin, sans grandeur. « *J'eus honte pour lui de sa petitesse au milieu de tant de grandeur* » BALZAC. « *Rome, née dans la petitesse pour arriver à la grandeur* » MONTESQUIEU. *La petitesse d'une existence bourgeoise.* ➤ **médiocrité.** — *Petitesse d'un homme.* ➤ **bassesse, faiblesse.** *Petitesse d'esprit, de cœur.* ➤ **étroitesse, mesquinerie.** *La petitesse de ses procédés.* ▪ **3** Trait, action dénotant un esprit petit, étroit ou sans noblesse. ➤ **défaut, faiblesse.** « *Les petitesses d'un grand homme paraissent plus petites par leur disproportion avec le reste* » HUGO. ▪ CONTR. Grandeur, hauteur. Ampleur, immensité. Générosité.

PETIT-FILS [p(ə)tifis] n. m. – XIIIe ◇ de *petit* et *fils* ▪ Fils d'un fils ou d'une fille par rapport à un grand-père ou à une grand-mère. ➤ **petite-fille.** *Louis XVI était le petit-fils de Louis XV. Elle a trois petits-fils.*

PETIT-FOUR [p(ə)tifuʀ] n. m. – 1807 ; « gâteau » XVe ◇ de *petit* et *(pièce de) four* ▪ Petit gâteau très délicat, de la taille d'une bouchée. *Petits-fours secs* (sablés, tuiles, cigarettes, meringues), *frais* (gâteaux de pâtissier en réduction). *Assiette de petits-fours. Petits-fours d'un buffet.* — On écrit aussi *petit four.*

PETIT-GRIS [p(ə)tigʀi] n. m. – 1621 ◇ de *petit* et *gris* ▪ **1** Écureuil de Russie, de Sibérie ; fourrure très douce de cet animal, gris ardoisé. ➤ **vair.** *Manteau en petit-gris.* ▪ **2** Escargot à coquille brunâtre chagrinée. *Des petits-gris.*

PÉTITION [petisjɔ̃] n. f. – XIIIe ; *peticiun* « demande, requête » au sens général 1120 ◇ latin *petitio*, de *petere* « chercher à atteindre » ▪ **1** DR. Requête, réclamation faite en justice. ▪ **2** (1661) **PÉTITION DE PRINCIPE :** faute logique par laquelle on tient pour admis, sous une forme un peu différente, ce qu'il s'agit de démontrer. ▪ **3** (1704 ◇ anglais *petition*) Écrit adressé aux pouvoirs publics, par lequel toute personne (seule ou avec d'autres) exprime son opinion sur ce qui la concerne ou sur une question d'intérêt général. *Faire signer une pétition pour la paix. Recueillir des signatures pour une pétition.* — PAR EXT. Demande, protestation, plainte collective que l'on fait parvenir à qqn. *Pétition de locataires à leur propriétaire, d'employés à leur chef.*

PÉTITIONNAIRE [petisjɔnɛʀ] **n.** – 1784 ; «représentant du roi dans un pays» 1603 ◊ de *pétition* ■ **1** DR. Personne qui fait, signe une pétition. — DR. ADMIN. Personne physique ou morale au nom de laquelle est déposée une demande d'autorisation (permis de construire, de démolir...). ■ **2** Signataire d'une pétition (3°).

PÉTITIONNER [petisjɔne] **v. intr.** ‹1› – 1697, repris v. 1784 ◊ de *pétition* ■ RARE Faire une pétition ; demander, protester par une pétition.

PETIT-LAIT [p(ə)tilɛ] **n. m.** – XIIe ◊ de *petit* et *lait* ■ Liquide séreux qui reste après la coagulation du lait, contenant du lactose et des sels minéraux. ➤ **babeurre, lactosérum.** *Fromage en faisselle* vendu avec le petit lait. Des petits-laits.* ◆ LOC. *Cela se boit comme du petit-lait,* facilement, en abondance tant c'est agréable. — *Boire du petit-lait :* éprouver une vive satisfaction d'amour-propre.

PETIT-MAÎTRE, PETITE-MAÎTRESSE [p(ə)timɛtʀ, p(ə)titmɛtʀɛs] **n.** /PETIT-MAITRE, PETITE-MAITRESSE/ – 1617 ; fém. 1747 ◊ de *petit* et *maître, maîtresse* ■ VX Jeune élégant ou élégante à l'allure maniérée et prétentieuse. ➤ **dandy, muscadin.** *Des petits-maîtres.*

PETIT-NÈGRE ➤ **NÈGRE**

PETIT-NEVEU [p(ə)tin(ə)vø] **n. m.** – 1598 ◊ de *petit* et *neveu* ■ Fils d'un neveu ou d'une nièce par rapport à un grand-oncle ou à une grand-tante. ➤ **petite-nièce.** *Des petits-neveux.*

PÉTITOIRE [petitwaʀ] **n. m. et adj.** – XIVe ◊ latin *petitorius,* de *petere* «demander» ■ DR. « Action qui a pour objet la reconnaissance, la protection et le libre exercice d'un droit réel immobilier » (Capitant). *Le cumul du pétitoire et du possessoire n'est pas autorisé.* — **adj.** *Action pétitoire.*

PETIT-POIS [p(ə)tipwa] **n. m.** – début XVIe ◊ de *petit* et *pois* ■ Graine verte du pois potager. *Des petits-pois frais, en conserve (fins, très fins, extrafins). Pigeon aux petits-pois.* — On écrit aussi *petit pois.*

PETITS-ENFANTS [p(ə)tizɑ̃fɑ̃] **n. m. pl.** – v. 1555 ◊ de *petit* et *enfant* ■ Enfants d'un fils ou d'une fille, par rapport aux grands-parents. ➤ **petite-fille, petit-fils.**

PETIT-SUISSE [p(ə)tisɥis] **n. m.** – 1902 ; *suisse* 1872 ◊ de *petit* et *suisse* ■ Fromage frais non salé, à pâte lissée, en forme de petit cylindre, qui se mange généralement avec du sucre. *Des petits-suisses. «Petits-suisses, mous et blanchâtres cylindres dressés sur des soucoupes»* P. CAUVIN.

PÉTOCHARD, ARDE [petɔʃaʀ, aʀd] **n.** – 1947 ◊ de *pétoche* ■ FAM. Personne qui a peur. ➤ **froussard, trouillard.**

PÉTOCHE [petɔʃ] **n. f.** – 1918 ◊ de *péter* ■ FAM. Peur. *Avoir la pétoche.*

PÉTOIRE [petwaʀ] **n. f.** – *canne-pétoire* 1743 ◊ de *péter* ■ **1** Branche de sureau vidée de sa moelle et servant de sarbacane. ■ **2** Mauvais fusil. ■ **3** Véhicule pétaradant. *«Ces pétoires à pétrole qui grimpent partout»* G. CHEVALLIER.

PETON [pətɔ̃] **n. m.** – 1532 ◊ de *pied* ■ FAM. Petit pied. *Nana trotta, «ses petons nus effleurant à peine le carreau»* ZOLA.

PÉTONCLE [petɔ̃kl] **n. m.** – 1552 ◊ latin *pectunculus,* de *pecten* «peigne» ■ **1** Mollusque lamellibranche *(anisomyaires),* coquillage comestible à coquille presque circulaire, brune et striée. ■ **2** (Canada) Pétoncle géant appelé aussi *Saint-Jacques du Canada.*

PÉTRARQUISER [petʀaʀkize] **v. intr.** ‹1› – 1550 ◊ de *Pétrarque,* n. d'un poète italien du XIVe s. ■ **1** VX Aimer platoniquement (comme Pétrarque aimait Laure). ■ **2** HIST. LITTÉR. Imiter Pétrarque (comme le faisaient les poètes de la Pléiade) ; chanter les perfections de la femme aimée par des comparaisons outrées ou précieuses qui sentent l'artifice. *«J'ai oublié l'art de Pétrarquiser, Je veux d'Amour franchement deviser»* DU BELLAY. — **adj. PÉTRARQUISANT, ANTE.** *Les poètes pétrarquisants.*

PÉTRARQUISME [petʀaʀkism] **n. m.** – 1842 ◊ de *Pétrarque* → pétrarquiser ■ HIST. LITTÉR. Imitation de Pétrarque en poésie. — **n. et adj. PÉTRARQUISTE,** 1558.

PÉTRÉ, ÉE [petʀe] **adj.** – *Arabie pétrée* 1690 ; «qui naît sur les pierres» 1545 ◊ latin *petraeus,* de *petra* «pierre» ■ RARE Qui ressemble à la pierre. — Couvert de pierres. ➤ **pierreux.** *«des promontoires pétrés»* DUHAMEL. VX ou GÉOGR. *L'Arabie pétrée.*

PÉTREL [petʀɛl] **n. m.** – 1699 ◊ de l'anglais *pitteral* (1676), p.-ê. de *Peter,* par allus. à la marche sur les eaux de saint Pierre ■ Oiseau marin migrateur *(procellariiformes),* palmipède qui vole au ras de l'eau. ➤ **cul-blanc.** *«Le grand pétrel est aussi gros que l'albatros commun»* BAUDELAIRE.

PÉTREUX, EUSE [petʀø, øz] **adj.** – *os petreus* 1314 ◊ latin *petrosus,* de *petra* «pierre» ■ ANAT. Qui a rapport au rocher* de l'os temporal. *Nerf pétreux.*

PÉTRIFIANT, IANTE [petʀifjɑ̃, jɑ̃t] **adj.** – 1580 ◊ de *pétrifier* ■ **1** LITTÉR., RARE Qui pétrifie, change en pierre. *Le regard pétrifiant de Méduse.* — (1819) FIG. Qui frappe de stupeur. *Une scène pétrifiante.* ■ **2** (1783) Qui a la faculté de pétrifier (en parlant des eaux). *«Le sommeil est une fontaine Pétrifiante»* COCTEAU.

PÉTRIFICATION [petʀifikasjɔ̃] **n. f.** – 1503 ◊ de *pétrifier* ■ DIDACT. ou LITTÉR. ■ **1** Transformation (de structures organiques) par imprégnation de composés minéraux (silice, carbonate de calcium). *La pétrification de certains organismes permet leur fossilisation.* ■ **2** Formation d'une couche pierreuse par incrustation de carbonate de calcium sur des corps séjournant dans l'eau calcaire. ◆ *Une pétrification :* un corps, un objet entouré d'une couche pierreuse. ■ **3** FIG. Durcissement et immobilisation. *«la pétrification du cœur, propre au bourreau, et la pétrification de l'esprit, propre au mandarin»* HUGO.

PÉTRIFIER [petʀifje] **v. tr.** ‹7› – 1515 ◊ du latin *petra* «pierre» ■ **1** Changer en pierre. ◆ SPÉCIALT Rendre minérale (une structure organique). ➤ **lapidifier.** *La silice pétrifie le bois.* ➤ **fossiliser.** — **p. p. adj.** *Fossile pétrifié.* — PAR COMPAR. *«Fouan avait repris connaissance [...], mais il ne remua pas la tête, il semblait pétrifié»* ZOLA. ■ **2** Recouvrir d'une couche minérale (carbonate de calcium). *Les eaux calcaires pétrifient les corps.* ➤ **incruster ; entartrer.** ■ **3** (1747) FIG. Immobiliser (qqn) par une émotion violente. ➤ **glacer, méduser, paralyser, transir.** *Ce refus «pétrifia cette vieille mère qui tomba sur un fauteuil»* BALZAC. *«À l'immobilité d'Isabelle, pétrifiée et médusée de terreur, l'enfant l'avait crue endormie»* GAUTIER (cf. Cloué* sur place). ◆ Immobiliser, figer (une chose en mouvement). *«les religions sont pétrifiées et les mœurs se modifient sans cesse»* RENAN. ■ **4 SE PÉTRIFIER v. pron.** Devenir minéral. ◆ FIG. S'immobiliser définitivement. *Leurs idées «se flétrissaient et se pétrifiaient»* Mme DE STAËL.

PÉTRIN [petʀɛ̃] **n. m.** – 1688 ; *pestrin* 1170 ◊ latin *pistrinum* «moulin à blé, boulangerie» ■ **1** Coffre dans lequel on pétrit le pain. ➤ **huche, maie.** *Pétrin mécanique.* ■ **2** (1790) FAM. Situation embarrassante d'où il semble impossible de sortir. *Il est dans un sale pétrin. «Tu verras qu'il ne me laissera pas dans le pétrin»* SARTRE. *Quel pétrin !*

PÉTRIR [petʀiʀ] **v. tr.** ‹2› – *pestrir* XIIe ; variante *paitrir* ◊ bas latin *pistrire,* de *pistrix,* de *pistor* «boulanger» ; cf. *pétrin* ■ **1** Presser, remuer fortement et en tous sens (une pâte consistante). ➤ **travailler.** *«Ses bras emmanchés de toile blanche disaient qu'elle venait de pétrir la pâte à galette»* COLETTE. PAR EXT. *Pétrir le pain.* ◆ PAR EXT. *Pétrir la pâte à papier.* ➤ 1 **brasser, malaxer.** — *Pétrir de l'argile, de la cire.* ➤ **façonner, manier, manipuler, modeler.** ■ **2** Palper fortement en tous sens. *«Il pétrissait entre ses doigts la main de la jeune fille»* MARTIN DU GARD. *Pétrir nerveusement sa serviette.* ■ **3** (1226) FIG. Donner une forme à, façonner. *«Nous avons tous été pétris et repétris par ceux qui nous ont aimés»* MAURIAC. ◆ LITTÉR. **(surtout au pass. et p. p.) PÉTRIR DE :** former, faire avec. *«L'homme est pétri du limon de la terre»* DANIEL-ROPS. *«elle avait un teint pétri de lait et de lumière»* BARBEY. — FIG. *Être pétri d'orgueil,* très orgueilleux. ➤ **plein.** *«il pardonnait beaucoup aux paysans, même en les trouvant pétris d'ignorance et de défauts»* FROMENTIN.

PÉTRISSAGE [petʀisaʒ] **n. m.** – 1767 ; *pétrissement* XVe ◊ de *pétrir* ■ **1** Action de pétrir. *Pétrissage à main, mécanique* (en boulangerie). *Pétrissage d'une pâte, d'un mélange, d'une matière.* ■ **2** Mode de massage qui consiste à presser, comprimer profondément les tissus.

PÉTRISSEUR, EUSE [petʀisœʀ, øz] **n.** – 1538 ; *pestriseur* 1260 ◊ de *pétrir* ■ **1** Ouvrier boulanger qui pétrit la pâte. PAR MÉTAPH. *«Machiavel a eu de nombreux disciples, non pas seulement parmi les pétrisseurs de pâte politique»* SIEGFRIED. ■ **2 n. m.** (1868) Pétrin mécanique. ◆ Appareil de massage utilisé pour le pétrissage des tissus. ■ **3 n. f.** (1907) Machine à pétrir.

PÉTRO- ■ Élément, du grec *petros* «pierre».

PÉTROCHIMIE [petʀoʃimi] **n. f.** – 1959 ◊ de *pétro(le)* et *chimie* ■ Branche de la chimie industrielle qui étudie les dérivés du pétrole. *Essor de la pétrochimie après la Seconde Guerre* *mondiale. Polymères, fibres synthétiques, élastomères, produits de la pétrochimie.* — **n.** (1963) **PÉTROCHIMISTE.**

PÉTROCHIMIQUE [petʀoʃimik] **adj.** – *pétro-chimique* 1959 ◊ de *pétrochimie* ■ Relatif à la pétrochimie. *L'industrie pétrochimique. Un complexe pétrochimique. Dérivés pétrochimiques.*

PÉTRODOLLARS [petʀodɔlaʀ] **n. m. pl.** – 1966 ◊ de *pétro(le)* et *dollar* ■ Devises en dollars provenant de la vente du pétrole par les pays producteurs. *La manne des pétrodollars.* — **Au sing.** *La domination du pétrodollar.*

PÉTROGALE [petʀɔgal] **n. m.** – 1847 ◊ du latin scientifique (1837), formé avec *pétro-* et le grec *galê* «belette» ■ ZOOL. Petit mammifère *(marsupiaux macropodidés)* qui vit en Australie.

PÉTROGLYPHE [petʀɔglif] **n. m.** – 1878 ◊ de *pétro-* et *glyphe* ■ ARCHÉOL. Dessin gravé dans la pierre. *Les pétroglyphes préhistoriques.*

PÉTROGRAPHIE [petʀɔgʀafi] **n. f.** – 1842 ◊ de *pétro-* et *-graphie* ■ DIDACT. Science qui décrit les roches et étudie leur structure et leur composition. ➤ **minéralogie.** — **n.** (1907) **PÉTROGRAPHE.**

PÉTROGRAPHIQUE [petʀɔgʀafik] **adj.** – 1795 ◊ de *pétrographie* ■ DIDACT. Relatif à la pétrographie. *Classification pétrographique. Accident pétrographique.*

PÉTROLE [petʀɔl] **n. m.** – 1611 ; hapax XIIIe ◊ latin médiéval *petroleum*, de *petra* «pierre» et *oleum* «huile», proprt «huile de pierre» ■ **1** Huile minérale naturelle (bitume liquide) accumulée en gisements et utilisée comme source d'énergie (cf. Or* noir). *Les réserves de pétrole. Le pétrole, mélange d'hydrocarbures, provient de vases organiques transformées par l'action de fermentations anaérobies. Gisements de pétrole du Texas, du Venezuela, du Moyen-Orient, de la mer du Nord* (➤ **brent**). *Les pétroles roumains, sahariens. Monarchies exportatrices de pétrole.* ➤ **pétromonarchie.** *L'Organisation des pays exportateurs de pétrole (O. P. E. P.). Prospection et exploitation du pétrole :* forages (derrick, trépan) ; transport (oléoduc, pipeline, pétrolier, tanker, wagon-citerne). *Exploitation du pétrole offshore. Puits de pétrole. Pétrole naturel* ou *brut.* ➤ **naphte.** *Raffinage, distillation du pétrole. Produits dérivés du pétrole :* gazoline, benzine ; *pétrole lampant* (kérosène) ; essence*, gazole, huiles légères, lourdes, de graissage, paraffine ; résidus (fioul, mazout ; vaseline ; bitume ; brai). ➤ aussi **white-spirit.** *Gaz de pétrole liquéfié (GPL). Éther* de pétrole. Chimie du pétrole.* ➤ **pétrochimie.** *Prix du baril de pétrole. Industrie du pétrole. Les magnats du pétrole. Le roi* du pétrole.* — PAR MÉTAPH. *Le pétrole vert :* les ressources agroalimentaires. ■ **2** Une des fractions de la distillation du pétrole. *Lampe à pétrole. Poêle, réchaud à pétrole. Éclairage au pétrole.* ■ **3** APPOS. INV. *Bleu, vert pétrole :* nuance où entrent du bleu, du gris et du vert. *Des gants bleu pétrole.*

PÉTROLETTE [petʀɔlɛt] **n. f.** – 1895 ◊ de *pétrole* ■ FAM. ■ **1** VX Petite automobile. ■ **2** MOD. Petite moto, cyclomoteur. *Une pétrolette pétaradante. «les virées en mobylette — on disait pétrolette»* É. LOUIS.

PÉTROLEUSE [petʀɔløz] **n. f.** – 1871 ◊ de *pétrole* ■ **1** HIST. Femme qui, pendant la Commune, allumait des incendies avec du pétrole. ■ **2** PAR EXT. Femme qui agit, manifeste plus ou moins violemment ses opinions. ◆ Femme au caractère impétueux.

PÉTROLIER, IÈRE [petʀɔlje, jɛʀ] **n. m. et adj.** – 1889 *navire pétrolier* ◊ de *pétrole* ■ **1** Bateau-citerne conçu pour le transport en vrac du pétrole (recomm. offic.). ➤ **tanker** (ANGLIC.). *Un pétrolier a fait naufrage* (cf. Marée* noire). *Pétrolier géant.* ➤ **supertanker.** **adj.** *Navire pétrolier.* ■ **2** **adj.** (1903) Relatif au pétrole. *Gisements pétroliers. Compagnie, société pétrolière. Industrie et commerce pétroliers.* ANCIENNT *Taxe intérieure sur les produits pétroliers (TIPP). Pays pétroliers. Choc pétrolier :* augmentation subite, concertée et générale des prix du pétrole, en 1973 et en 1979, de la part des pays exportateurs. *Le premier, le second choc pétrolier.* ◆ (PERSONNES) Spécialisé dans la prospection pétrolière. *Géologue pétrolier.* ■ **3** Financier, industriel qui a de gros capitaux dans les sociétés pétrolières.

PÉTROLIFÈRE [petʀɔlifɛʀ] **adj.** – 1867 ◊ de *pétrole* et *-fère* ■ Qui contient, fournit du pétrole. *Champ pétrolifère. Gisement pétrolifère.*

PÉTROLOGIE [petʀɔlɔʒi] **n. f.** – v. 1960 ◊ de *pétro-* et *-logie* ■ Partie de la géologie qui étudie la formation des roches.

PÉTROMONARCHIE [petʀomɔnaʀʃi] **n. f.** – 1982 ◊ mot-valise, de *pétro(le)* et *monarchie* ■ État monarchique du golfe Persique, dont l'économie repose sur la production de pétrole.

PÉTULANCE [petylɑ̃s] **n. f.** – 1694 ; «insolence» 1527 ; hapax 1372 ◊ latin *petulantia* ■ Ardeur exubérante, brusque et désordonnée. ➤ 1 **fougue, turbulence, vitalité, vivacité.** *La pétulance des jeunes gens. Parler de qqn avec pétulance.* — PAR EXT. *«il jette çà et là des coups de brosse d'une pétulance et d'une brutalité incroyables»* GAUTIER. ■ CONTR. Mollesse, nonchalance, réserve.

PÉTULANT, ANTE [petylɑ̃, ɑ̃t] **adj.** – 1694 ; «imprudent» 1330 ◊ latin *petulans*, de *petere* «se jeter sur» ■ Qui manifeste une ardeur exubérante. ➤ **fougueux, impétueux, turbulent, vif.** *Un enfant pétulant. «des airs de maîtresse de maison animée, presque pétulante»* ROMAINS. — PAR EXT. *Un style pétulant. «Leur joie pétulante, leurs cris, leurs éclats de rire m'excitèrent bientôt»* BALZAC. ■ CONTR. 1 Mou, nonchalant, réservé.

PÉTUN [petœ̃] **n. m.** – 1572 ◊ du tupi *petyn, petyma.* REM. En 1556, le mot est tupi dans un texte français ■ VX Tabac.

PÉTUNER [petyne] **v. intr.** ‹1› – 1603 ◊ de *pétun* ■ VX OU PLAISANT Fumer, priser du tabac.

PÉTUNIA [petynja] **n. m.** – *pétunie* 1828 ◊ de *pétun* «tabac» ■ Plante dicotylédone *(solanacées)* herbacée, ornementale à fleurs violettes, roses, blanches ou panachées. ➤ RÉGION. **saint-joseph.** *Pots de pétunias sur un balcon.*

PEU [pø] **adv.** – fin XIe, comme adverbe ◊ du latin populaire *paucum*, de *paucus* «peu nombreux» et «peu abondant»

I (EN FONCTION DE NOM) **QUANTITÉ FAIBLE OU INSUFFISANTE** ■ **1** (fin XIIe) Précédé d'un déterminant *Le peu que, de... «Le peu de cas que l'on faisait de ma personne»* MÉRIMÉE. *«Je ne puis m'empêcher de rire, malgré le peu d'envie que j'en ai»* MUSSET. *Excusez* du peu !* (Parfois suivi du subj.) *«Le peu de jour qui restât faiblissait»* PROUST. — REM. L'accord du verbe, du p. p. avec le compl. de *peu* se fait si l'on veut insister sur le contenu positif du compl. *(le peu de cheveux qu'il a sont blancs).* L'accord ne se fait pas si l'on veut insister sur l'idée de manque *(le peu de cheveux qu'il a est blanc). — Ce peu d'argent qui lui reste. Son peu de fortune.* ■ **2** (fin XIe) **UN PEU DE.** ➤ **brin,** FAM. **chouïa, grain, miette.** *Un peu de sel. Un peu de patience.* — FAM. *Un petit peu, un tout petit peu, rien qu'un peu de cognac.* ➤ 1 **goutte, larme.** *Un peu de lait dans le thé.* ➤ **nuage, soupçon.** *Encore un peu de fraises ?* ➤ **quelque.** ◆ loc. adv. (XIIe) **POUR UN PEU** (avec un v. au conditionnel) : il aurait suffi de peu de chose pour que (cf. Un peu plus, et...). *«Pour un peu il eût dit à cette dame trop fardée des choses désagréables»* ROMAINS. ■ **3** (Employé seul, sans compl.) *Exiger beaucoup pour obtenir peu.* LOC. *Ce n'est pas peu dire :* c'est dire beaucoup, sans exagération. — (1718) *Se contenter de peu. Vivre de peu. Il est de peu mon aîné. On a évité l'accident de peu* (cf. De justesse). *Il s'en est fallu de peu. — À peu près*.* — LOC. FAM. *Très peu pour moi,* formule de refus. *«Si c'est ça la vie, merci, très peu pour moi !»* MORDILLAT. *Un goût de trop peu :* un goût agréable, un plaisir qui laisse un sentiment de frustration, d'insatisfaction. — (XVe) *Peu s'en faut, il s'en faut de peu.* ➤ **falloir.** ◆ (fin XIIe) **PEU,** en fonction d'attribut. — VX *«Suis-je trop peu pour vous ?»* CORNEILLE. — VX *Homme de peu,* de basse condition. — MOD. *C'est peu :* ce n'est pas grand-chose. *Nous avons deux jours pour terminer, c'est trop peu,* ce n'est pas assez. ◆ (XIIIe) **PEU À PEU :** en progressant par petites quantités, par petites étapes. ➤ **doucement, graduellement, insensiblement, progressivement.** *«Peu à peu, avec une lenteur désespérante, le jour s'échappe du ciel»* BARBUSSE. ■ **4** (fin XIe) **PEU DE** (suivi d'un compl.). *En peu de temps. Cela a peu d'importance. «Peu de sang versé, peu d'honneur conquis* [...] *telle fut cette guerre»* HUGO. — (début XIIIe) **PEU DE CHOSE :** une petite chose, qqch. d'insignifiant. ➤ **bagatelle, misère, rien.** *«Qu'il fallait peu de chose à ma rêverie !»* CHATEAUBRIAND. *Compter pour peu de chose. On est peu de chose ! À peu de chose près :* presque exactement. *«Le chef-d'œuvre du style, c'est d'exprimer* [...] *une grande chose avec peu de chose»* LÉAUTAUD. ◆ (Compl. au plur.) *En peu de jours. Cet écrivain dit beaucoup en peu de mots.* ➤ **brièvement, succinctement.** *À peu de frais*. «Peu de gens savent être vieux»* LA ROCHEFOUCAULD. ■ **5** (milieu XVIIe) ELLIPT Peu de temps. (1671) *Dans peu, sous peu, avant peu :* dans un temps court, dans un proche avenir. ➤ **bientôt.** FAM. *Incessamment sous peu. Depuis peu. Il y a peu. D'ici peu.* ◆ Un petit nombre (des choses ou des gens dont il est question). *«Bien peu suivaient Christophe dans l'audace de ses dernières compositions»* R. ROLLAND. *Je ne vais pas me décourager pour si peu !*

II ~ adv. ■ **1** (fin XIe) (Avec un v.) En petite quantité, dans une faible mesure seulement. ➤ **médiocrement, modérément** (cf. À peine). *Cette lampe éclaire peu.* ➤ **faiblement,** 2 **mal.** *Peu importe.* LITTÉR. *Peu me chaut.* ➤ **chaloir.** *C'est trop ou trop peu. Nous sortons peu le soir.* ➤ **rarement.** — *Peu ou prou*. «Parlons peu, mais parlons bien, lui dit-il. Tu es une vieille crapule»*

FRANCE. ◆ (Avec un adj.) Pas très. ➤ guère. *C'est peu intéressant. Une personne fort peu recommandable. Un public peu nombreux. «Il était trop peu délicat sur le choix des moyens en les trouvant tous bons»* BALZAC. *Il n'était pas peu fier :* il était très fier. *«Devant moi, pas peu embarrassé, il afficha un air contraint»* A. JARDIN. ◆ (1606) (Avec un adv.) *Peu souvent. Ils se voient trop peu souvent.* ◆ (1549) **SI PEU QUE** (et subj.). *«Si peu que j'aie causé avec lui, il a trouvé le temps de me dire [...]»* GIDE. *Si peu que ce soit :* en quelque petite quantité que ce soit, en si faible mesure que ce soit. — (fin XIVe) **(UN) TANT SOIT PEU.** *Une personne tant soit peu consciencieuse y aurait pensé. «Tu me parais un tant soit peu misanthrope»* MUSSET. ◆ loc. conj. (fin XIe) **POUR PEU QUE** (et subj.) : si peu que ce soit, pourvu que. *Pour peu qu'on veuille l'admettre. «Pour peu qu'on encourage une amante passionnée, elle est intrépide»* VOLTAIRE. ▪ **2 UN PEU :** dans une mesure faible mais non négligeable (s'oppose à la fois à *beaucoup* et à *pas du tout*). *Elle zézayait un peu. Il est un peu artiste. «"Un peu... Beaucoup... Passionnément..." comme si elle effeuillait la marguerite»* DORGELÈS. — *Il est un peu triste, un peu en colère.* — *Un peu partout. Un peu plus ou un peu moins. Un peu trop. Il va un peu mieux. «il faut être un peu trop bon pour l'être assez»* MARIVAUX. — (1558) **UN PETIT PEU.** ➤ légèrement. *Elle est un petit peu intimidée.* — (1530) **QUELQUE PEU** (LITTÉR.) : assez. *«Il se sentait quelque peu étourdi, comme un homme qui descend d'un vaisseau»* FLAUBERT. ◆ (fin XVe) (Emplois stylistiques) Pour atténuer un ordre ou souligner une remarque. *Je vous demande un peu ! «Lâche ! Feignant ! sors donc un peu, que je te démolisse !»* ZOLA. ◆ POLI ou IRON. Bien trop. *N'êtes-vous pas un peu sévère, un peu injuste ? «Ah ! non ! c'est un peu court, jeune homme !»* ROSTAND. *C'est un peu jeune ! C'est un peu fort ! Il exagère un peu. C'est un peu tiré par les cheveux*.* (1578) IRON. *Un peu beaucoup :* vraiment beaucoup ; trop. *«Mais, mon oncle, il me semble que vous vous jouez un peu beaucoup de mon père»* MOLIÈRE. ◆ (1717) Pour accentuer une affirmation. *«Tu ferais ça ? – Un peu !»* (cf. Et comment ! ; je veux !). POP. *Un peu, mon neveu ! «Mais j'suis là... – j'suis même un peu là, comme on dit»* BARBUSSE.

▪ CONTR. Beaucoup, 2 fort ; amplement, 1 bien, grandement, très. ▪ HOM. Peuh.

PEUCÉDAN [pøsedɑ̃] n. m. – 1795 ; *peucedane* 1549 ; *phecedan* 1213 ◇ latin *peucedanum*, grec *peukedanon*, même radical que *peukê* «pin» ▪ Plante dicotylédone, herbacée, vivace *(ombellifères)*, qui pousse dans les prés. *Peucédan de Paris, peucédan des marais.*

PEUCHÈRE [pøʃɛʀ] interj. – *pechère* 1855 ◇ forme francisée de *pécaïre* ▪ RÉGION. Exclamation exprimant une commisération affectueuse ou ironique. — On dit aussi *pechère*. *«Nous vous demandons ça, mais ça n'est pas pour le savoir, pechère ! ça ne nous regarde pas»* J. AICARD.

PEUH [pø] interj. – 1831 ◇ onomat. ▪ Interjection exprimant le mépris, le dédain ou l'indifférence. ➤ bof. *«Sire, peut-on pendre aussi celui-là ? – Peuh ! répondit négligemment le roi. Je n'y vois pas d'inconvénients»* HUGO. ▪ HOM. Peu.

PEUL, PEULE ou **PEUHL, PEUHLE** [pøl] adj. et n. – 1847 ◇ mot africain *Pullo*, plur. *Ful'be* ▪ Relatif aux Peuls (peuple d'Afrique occidentale). *«souplesse de la hanche, feu du regard : des femmes peuhles»* A. SADJI. — n. m. (1913) *Le peul :* langue du groupe atlantique occidental parlée par les Peuls, en Afrique de l'Ouest.

PEULVEN [pølvɛn] n. m. – 1833 ; *peulvan* 1807 ◇ mot breton ▪ RARE Mégalithe dressé. ➤ menhir. *«un bloc de granite isolé s'appelle un peulven»* STENDHAL.

PEUPLADE [pœplad] n. f. – 1550 ◇ de *peupler*, d'après l'espagnol *poblado* ▪ **1** VX Groupe de personnes allant peupler un territoire ou s'y installant. ◆ (1636) VX Action de peupler. ➤ peuplement. ▪ **2** (1613) MOD. Groupement humain de faible ou de moyenne importance, dans une société dite primitive. ➤ horde, tribu. *Peuplade nomade, guerrière.*

PEUPLE [pœpl] n. m. – milieu IXe ◇ du latin *populus*

I UN PEUPLE, DES PEUPLES ▪ **1** Ensemble d'êtres humains vivant en société, habitant un territoire défini et ayant en commun un certain nombre de coutumes, d'institutions. ➤ ethnie, nation, 1 pays, population, société. *Le droit des peuples à disposer d'eux-mêmes.* — *Les coutumes, les mœurs d'un peuple. Peuple commerçant, guerrier, marin. Peuple nomade, sédentaire. La langue, la littérature, l'art d'un peuple. Le peuple français, américain, espagnol.* — *Un peuple libre, opprimé, soumis. «un homme passe, mais un peuple se renouvelle»* VIGNY. *L'amitié entre les peuples.* ◆ Communauté. *Le peuple élu :* le peuple juif. ▪ **2** (fin Xe) VX Population. *Le peuple d'un bourg, d'un village.*

II LE PEUPLE A. LE CORPS DE LA NATION ▪ **1** Ensemble des personnes soumises aux mêmes lois. *Relatif au peuple.* ➤ populaire. *«Le mot* peuple *[...] désigne tantôt la totalité indistincte et jamais présente nulle part ; tantôt le plus grand nombre, opposé au nombre restreint des individus plus fortunés ou plus cultivés»* VALÉRY. ◆ *Le peuple, sujet de droits politiques. Souveraineté du peuple. «Allez dire à votre maître que nous sommes ici par la puissance du peuple et qu'on ne nous en arrachera que par la puissance des baïonnettes»* MIRABEAU. *«Jamais on ne corrompt le peuple, mais souvent on le trompe»* ROUSSEAU. *«Son principe* [de la République française] *est : gouvernement du peuple, par le peuple et pour le peuple»* (CONSTITUTION de 1958). ➤ démocratie. — *Les députés, les élus du peuple.* (ANCIENNT) *Commissaire du peuple :* ministre, en Union soviétique. ▪ **2** Ensemble des personnes, des citoyens qui constituent une communauté. *Gagner la faveur du peuple.* ➤ popularité. *La voix du peuple. «La religion [...] est l'opium du peuple»* (trad. de MARX). *Flatter le peuple* (➤ démagogie). *Le peuple* (la nation) *en armes. «Le peuple donne son sang et son argent, moyennant quoi on le mène»* HUGO. ◆ SPÉCIALT (milieu IXe) *Le prince, le roi et son peuple,* ses sujets.

B. LA MASSE ▪ **1** Le plus grand nombre (opposé aux classes supérieures, dirigeantes [sur le plan social] ou aux éléments les plus cultivés de la société). ➤ foule, 1 masse, multitude ; PÉJ. et VX canaille, plèbe, populace, populo. *«La masse... le peuple... expressions méprisantes dans la bouche des bourgeois. Expressions terriblement idéalisées dans la bouche du prolétaire»* H. LABORIT. *Que demande le peuple ?,* formule exprimant la satisfaction. *Le peuple et la bourgeoisie.* ➤ prolétariat. *Le peuple des villes et le peuple des campagnes.* ➤ ouvrier, paysan. *Le peuple de Paris.* — *Être, sortir du peuple. Fils du peuple. Homme, femme, gens du peuple,* de modeste condition. *Mettre à la portée du peuple.* ➤ populariser, vulgariser. *Qui plaît* (➤ populaire), *déplaît* (➤ impopulaire) *au peuple.* ▪ **2** PÉJ. Ceux qui, à quelque classe qu'ils appartiennent, ont des goûts vulgaires. *«J'appelle peuple, ajoute-t-elle, tout ce qui pense bassement et communément : la Cour en est remplie»* SAINTE-BEUVE. ◆ LOC. *Le petit peuple :* les couches les plus modestes de la société. *«Nos prêtres ne sont pas ce qu'un vain peuple pense»* VOLTAIRE. ▪ **3** adj. inv. (XVIIe) Qui révèle des origines populaires. *«Ce Péguy qui est resté si peuple»* HYVERNAUD. *Ça fait peuple.*

III FOULE, GRAND NOMBRE ▪ **1** VIEILLI Foule, multitude de personnes assemblées. *«À la nuit, tout un peuple se massait devant la pagode»* CÉLINE. ◆ FAM. *Il y a du peuple,* du monde. ▪ **2** VX Le public. *«Il s'endort à un spectacle, et il ne se réveille que longtemps après qu'il est fini et que le peuple s'est retiré»* LA BRUYÈRE. — LOC. FAM. *Se moquer, se ficher, se foutre du peuple,* du monde, des gens. ▪ **3** (XVIIe) LITTÉR. *Un peuple de... :* un grand nombre de... *Madame de Guiche «suivie d'un peuple d'adorateurs»* CHATEAUBRIAND. — FIG. *Un peuple d'oiseaux. «Tout le peuple gothique des sommets d'églises que dominait la flèche aiguë de la cathédrale»* MAUPASSANT.

PEUPLÉ, ÉE [pœple] adj. – v. 1380 ; *pueplé* 1188 ◇ de *peupler* ▪ Où il y a une population, des habitants. ➤ habité. *Une ville très peuplée.* ➤ populeux. *Un pays, une région trop peuplés pour leurs ressources.* ➤ surpeuplé. *Une campagne de moins en moins peuplée.* ➤ sous-peuplé. *«Paris est une solitude peuplée»* MAURIAC. ▪ CONTR. Dépeuplé, 1 désert.

PEUPLEMENT [pœpləmɑ̃] n. m. – 1539 *peuplement de vigne* ◇ de *peupler* ▪ **1** Processus démographique par lequel un territoire reçoit sa population. *Le peuplement des terres vierges.* — *Colonie de peuplement,* destinée à recevoir une population d'immigrants. ▪ **2** Action de peupler d'animaux. *Peuplement d'une bassecour, d'un étang.* — PAR EXT. *Peuplement d'une forêt.* ➤ plantation. ▪ **3** État d'un territoire peuplé. ➤ sous-peuplement, surpeuplement. *Évolution du peuplement. Un peuplement dense, dispersé.* ▪ **4** ÉCOL. Ensemble des organismes animaux et végétaux vivant dans un même milieu biogéographique. ➤ biocénose, biote, 2 faune, flore. *Peuplement forestier* (➤ sous-étage). ▪ CONTR. Dépeuplement.

PEUPLER [pœple] v. tr. ⟨1⟩ – XIIIe ; *puepler* 1155 ◇ de *peuple*

I ▪ **1** Pourvoir (un pays, une contrée) d'une population. *Peupler une région, une île déserte en y envoyant des colons.* — *Peupler un pays de gibier. Peupler un étang.* ◆ PAR EXT. *Peupler un bois, une forêt, une vigne,* y mettre du nouveau plant. ➤ planter. ▪ **2** LITTÉR. Emplir, remplir. *«Le Salomon des Francs, comme celui des Juifs, peuple ses palais de belles femmes»* MICHELET. ◆ (ABSTRAIT) *«Je peuplais les coteaux et les nuages de figures divines»* NERVAL. *«Qui ne sait pas peupler sa solitude, ne sait pas non plus être seul dans une foule affairée»* BAUDE-

LAIRE.
II ▪ 1 (XVIe) Habiter, occuper (une contrée, un pays). *Les êtres qui peuplent la terre. Une région peuplée d'immigrants.* — (Animaux) *Alevins destinés à peupler un étang.* ▪ 2 Habiter ou occuper (un lieu). *« Les étudiants qui peuplent cette maison de famille étaient partis en vacances »* MAURIAC. — (ABSTRAIT) LITTÉR. ➤ **hanter.** *Les cauchemars qui peuplent son sommeil.* ▪ **3 SE PEUPLER** v. pron. Se remplir d'habitants. *La ville s'est peuplée au XVIIIe s.* FIG. *« la rade se peuple de navires de plaisance »* HUGO.
▪ CONTR. Dépeupler, vider. — Déserter.

PEUPLERAIE [pøplәʀɛ] n. f. – v. 1600 ◊ de *peuplier* ▪ Plantation de peupliers.

PEUPLIER [pøplije] n. m. – XIVe ; *poplier* 1275 ◊ de l'ancien français *peuple* « peuplier », du latin *populus* ▪ Arbre élancé, de haute taille, des endroits frais et humides des régions tempérées *(salicacées)*, à petites feuilles. *Peuplier blanc, peuplier de Hollande.* ➤ RÉGION. **ypréau ; grisard.** *Peuplier tremble.* ➤ **tremble.** *Peuplier noir, peuplier deltoïde* (➤ 2 **liard**) ; *peuplier d'Italie, peuplier pyramidal. La croissance du peuplier est rapide.* — COUR. Le peuplier blanc à feuilles argentées *(Populus alba)*. *Route, rivière bordée de peupliers. Une haie, un rideau, une allée de peupliers. Plantation de peupliers.* ➤ **peupleraie.** — *Droit, grand, mince, élancé comme un peuplier. « Cette brune jeune fille, à la taille de peuplier »* BALZAC. ◆ Bois de peuplier (bois blanc). *Utilisation du peuplier dans la fabrication des cageots, des allumettes.*

PEUR [pœʀ] n. f. – fin Xe, *avoir peur* (III, 2°) ◊ du latin *pavor*
I SENS FORT ▪ **1 LA PEUR** Phénomène psychologique à caractère affectif marqué, qui accompagne la prise de conscience d'un danger réel ou imaginé, d'une menace. ➤ **affolement, alarme, angoisse, appréhension, crainte, effroi, épouvante, frayeur, inquiétude, panique, terreur,** RÉGION. **venette ;** FAM. **frousse, trouille.** *Avoir les traits bouleversés par la peur. Lire la peur dans les yeux de qqn. Être en proie à la peur.* ➤ **apeuré.** *Être inaccessible à la peur.* ➤ **impavide.** *Inspirer de la peur à qqn. La peur s'empare de lui, l'étreint. « La peur qui serra, saisit et glaça si fort le cœur d'un gentilhomme, qu'il en tomba raide mort »* MONTAIGNE. *« La peur [...] c'est quelque chose d'effroyable, une sensation atroce, comme une décomposition de l'âme, un spasme affreux de la pensée et du cœur, dont le souvenir seul donne des frissons d'angoisse »* MAUPASSANT. — *Être blanc, blême, transi, vert de peur,* à cause de la peur. *Claquer des dents, trembler de peur. Être mort de peur* (cf. Être plus mort* que vif). — LOC. *Bayard, le chevalier sans peur et sans reproche. Avoir la peur au ventre. En être quitte* pour la peur.* PROV. *Il y a plus de peur que de mal. La peur n'évite pas le danger.* ◆ **LA PEUR DE** (suivi du nom de la personne ou de l'animal qui éprouve la peur) *La peur du gibier devant le chasseur. La peur de qqn, sa peur. Il cherche à cacher sa peur. Dominer, vaincre sa peur.* — (Suivi du nom de l'être ou de l'objet qui inspire la peur, ou d'un v.) *« Plus je m'approche de la mort et plus la peur de la mort s'atténue »* GIDE. ➤ **hantise.** *La peur du gendarme*. La peur du changement, du lendemain. La peur de mourir.* — *Peur morbide des araignées.* ➤ **aversion, phobie, répulsion.** ▪ **2 UNE PEUR** (et adj.) : l'émotion de peur qui saisit qqn dans une occasion précise. *Une peur bleue,* intense. *Avoir, éprouver une peur irraisonnée, panique.* FAM. *Il m'a fait une de ces peurs !* (j'ai eu peur de lui ou pour lui). — *Se rappeler des peurs d'enfance.* — HIST. *La grande peur,* qui précéda la nuit du 4 août 1789. ▪ **3** (1918) LOC. (Canada) *Conter, raconter des peurs,* des histoires effrayantes, faire peur. *Arrêtez de vous raconter des peurs !*
II SENS AFFAIBLI LA PEUR DE (suivi d'un nom ou de l'inf.) (milieu XIIe) Souci, désir d'éviter une chose considérée comme désagréable. *La peur du ridicule. La peur de gêner, de manquer* (d'argent). ◆ *La peur que. « À me voir si sage (ou si léger) la peur la prenait que je ne l'aimasse moins »* RADIGUET.
III DANS DES LOCUTIONS ▪ **1 PRENDRE PEUR :** paniquer. *Le cheval prit peur et se cabra.* ▪ **2** loc. verb. (fin Xe) **AVOIR PEUR.** ➤ **s'alarmer, s'effrayer, s'inquiéter ;** FAM. **angoisser, baliser, 2 flipper, fouetter,** POP. **mouiller, psychoter, stresser,** RÉGION. **trouiller** (cf. FAM. Avoir les chocottes, les foies, la frousse, les grelots, les jetons, la pétoche, le trac, la trouille ; les avoir à zéro ; faire dans sa culotte*, dans son froc ; serrer les fesses ; claquer* des dents ; avoir le trouillomètre à zéro). *N'ayez pas peur, n'aie pas peur,* formule pour rassurer. *« Tous les hommes ont peur. Tous. Celui qui n'a pas peur n'est pas normal ; ça n'a rien à voir avec le courage »* SARTRE. *« Avoir peur, c'est penser continuellement à soi et ne pouvoir imaginer un cours objectif des choses »* CIORAN. — *Avoir peur pour qqn :* craindre, trembler pour qqn. — *Avoir peur de qqch.* ➤ **redouter.** *« Je ne l'ai pas dénoncé parce que j'avais peur de sa vengeance »* GREEN. *N'avoir peur de rien. N'avoir pas peur des mots :* parler avec franchise, précision. — (Renforcé) *Avoir grand'peur* (VX), *grand-peur. « J'avais grand'peur d'être grondé »* DAUDET. ABUSIVEMENT *Avoir très peur.* — (1534) (Sens atténué) Craindre. *N'ayez pas peur d'insister sur ce point. J'ai peur qu'il ne s'en sorte pas.* ▪ **3** (début XIIIe) **FAIRE PEUR :** donner de la peur. — LOC. (1666) *Être (laid) à faire peur,* horrible. *« Elle se releva, s'approcha de la coiffeuse. "Je suis à faire peur..." »* I. NÉMIROVSKY. — *Faire peur à qqn.* ➤ **effrayer, épeurer, épouvanter, intimider, menacer, terroriser.** *« Ah ! vous me faites peur et tout mon sang se fige »* MOLIÈRE. *« Un songe, un rien, tout lui fait peur »* LA FONTAINE. — *Se faire peur :* éviter de peu un accident, un désagrément ; prendre consciemment des risques. *À 200 à l'heure, il s'est fait peur sur sa moto.* — (Sens atténué) *Les longs ouvrages me font peur. Le travail ne lui fait pas peur,* il est courageux. *« L'ébénisterie... la serrurerie... rien ne lui faisait peur »* CÉLINE. ▪ **4 PAR PEUR DE ; DE PEUR DE ;** (VX) *Peur de. « Je me presse de rire de tout, de peur d'être obligé d'en pleurer »* BEAUMARCHAIS. — *De, par peur que* (et subj.). *« Elle me renvoyait par peur que je la fatigue »* PROUST. *Il la retenait de peur qu'elle ne s'en aille.*
▪ CONTR. Audace, bravoure, courage, intrépidité.

PEUREUSEMENT [pøʀøzmɑ̃] adv. – *pauereusement* XIIe ◊ de *peureux* ▪ D'une manière qui dénote de la peur. ➤ **craintivement.** *Se blottir, se cacher peureusement.* ▪ CONTR. Bravement, courageusement.

PEUREUX, EUSE [pøʀø, øz] adj. – 1370 ; *peoros* 1160 ◊ de *peur* ▪ Sujet, enclin à la peur. ➤ **couard, craintif, lâche, poltron, pusillanime, timoré ;** FAM. **capon, dégonflé, foireux, froussard, péteux, pétochard, trouillard.** *Un enfant peureux. « Peureux comme un lièvre, il court moins bien »* JOUHANDEAU. — SUBST. *C'est un peureux.* ◆ Qui est sous l'empire de la peur. ➤ **apeuré.** *Il alla se cacher dans un coin, tout peureux. « Je dus avoir une expression bien bestiale, car je la vis peureuse, cherchant des yeux le signal d'alarme »* RADIGUET. — PAR EXT. *Regards peureux.* ➤ **apeuré.** *Il est d'un naturel peureux.* ▪ CONTR. Audacieux, brave, courageux, déterminé.

PEUT-ÊTRE [pøtɛtʀ] adv. – 1680 ; *puet estre* XIIe ◊ ellipse de *puet cel estre* « cela peut être » 1120 ▪ **1** Adverbe de modalité marquant le doute, indiquant que l'idée exprimée par la proposition ou une partie de la proposition est une simple possibilité. *Ils ne viendront peut-être pas. « Il y a peut-être dans mon cas un peu de lâcheté ? C'est possible »* ROMAINS. ➤ RÉGION. **possiblement.** *Il est peut-être triste. Elle veut être médecin, chirurgien peut-être.* — *Peut-être bien,* marquant une probabilité, une vraisemblance. *« Il venait le diable sait d'où ; peut-être bien de Hongrie »* DUHAMEL. ◆ ELLIPT (dans un dialogue ou après une interrogation) *« Il a dit ça ? – Peut-être pas, mais c'est ce qu'il voulait dire. » « – Ho ! Monsieur, j'entrerai. – Peut-être. – J'en suis sûre »* RACINE. — *Peut-être..., mais...* (cf. Sans doute*). *« Ne pas monter bien haut, peut-être, mais tout seul »* ROSTAND. *« Pensa-t-elle qu'Olivier l'avait réellement trompée ? Peut-être. Mais qu'importe ? »* R. ROLLAND. ◆ *Peut-être,* en tête d'une proposition, avec le plus souvent inversion du sujet. *« Peut-être il obtiendra la guérison commune »* LA FONTAINE. *« Qui sait ? Peut-être avons-nous encore des sensations après notre mort »* STENDHAL. ◆ *Peut-être* (en fin de phrase) exprimant le défi, l'ironie. *« Vous n'êtes pas exempt de politesse, peut-être ? »* BEAUMARCHAIS. *« Et nous ne l'étions pas, peut-être, fatigués »* ROSTAND. ▪ **2** (1640 ; *peut estre que* v. 1450) **PEUT-ÊTRE QUE.** *Peut-être bien que oui, peut-être bien que non* (cf. Réponse de Normand*). — RURAL ou PLAISANT *P'têt' ben qu'oui, p'têt' ben qu'non* [ptɛtbɛ̃kwi ptɛtbɛ̃knɔ̃]. *« Peut-être bien aussi que je m'étais mis dans la tête de ne pas céder ? »* GIDE. *« Peut-être que les petites filles sont toutes comme cela ? »* GIRAUDOUX. ▪ **3** SUBST. (1643) LITTÉR. *« Qui connaît le destin ? qui sonda le peut-être ? »* HUGO. *« Ainsi, dans trois jours, à cette même heure, je saurai à quoi m'en tenir sur le grand peut-être »* STENDHAL. ▪ CONTR. Assurément, forcément.

PEYOTL [pɛjɔtl] n. m. – 1880 ◊ mot indien du Mexique (nahuatl), par l'espagnol ▪ Plante du Mexique *(cactacées)*, dont on extrait un hallucinogène puissant, la mescaline*. *« Le peyotl qui nous fait passer outre notre code des perspectives et des couleurs »* COCTEAU.

PÈZE [pɛz] n. m. – 1813 ◊ p.-ê. de l'occitan *pese* « pois », du latin *pisum* ▪ ARG. Argent*. ➤ **blé, fric.** *« T'as bouffé... ? – Non, j'ai pas d'pèze »* CARCO.

PÉZIZE [peziz] n. f. – *pézise* 1803 ◊ grec *pezis* ▪ Genre de champignons ascomycètes, comestibles, sans pied, en forme de coupe. *Pézize oreille d'âne. Pézize orangée.*

PFENNIG [pfenig] **n. m.** – 1880 ; *pfenning* 1812 ◊ mot allemand ■ Ancienne monnaie divisionnaire allemande qui valait la centième partie du mark. *Une pièce de dix pfennigs.*

PFF(T) [pf(t)], **PFUT...** [pfyt] **interj.** – *pfff* 1832 ◊ onomat. ■ Interjection exprimant l'indifférence, le mépris. *Pfft... ! il en est bien incapable.*

P. G. C. D. [peʒesede] **n. m.** – 1962 ◊ sigle ■ ARITHM. Plus grand commun diviseur*. *Calculer le P. G. C. D. de deux nombres.*

ph Symb. du phot*.

pH [peaʃ] **n. m. inv.** – 1909 ◊ abrév. de *potentiel d'Hydrogène* ■ Indice exprimant l'activité (ou la concentration) de l'ion hydrogène dans une solution, à l'aide d'une échelle logarithmique. *Si le pH est inférieur à 7, la solution est acide ; s'il est supérieur, elle est basique. Calculer le pH sanguin, urinaire.* ➤ **acidité.** *Un savon de pH 7,* neutre. *Mesure du pH à l'aide d'un pH-mètre*.*

PHACOCHÈRE [fakɔʃɛʀ] **n. m.** – 1817 *phaco-choeres* plur. ◊ du grec *phakos* « lentille » et *khoiros* « petit cochon » ■ Mammifère ongulé *(suidés)* d'Afrique, voisin du sanglier. *Défenses recourbées du phacochère.*

PHACOMÈTRE [fakɔmɛtʀ] **n. m.** – 1898 ◊ du grec *phakos* « lentille » et *-mètre* ■ OPT. Instrument permettant de connaître par lecture directe l'indice de réfraction et par conséquent le nombre de dioptries d'un verre optique.

PHAÉTON [faetɔ̃] **n. m.** – 1636 ◊ de *Phaéton,* n. du fils du Soleil ■ **1** VX et PLAISANT Charretier, cocher. « *Le Phaéton d'une voiture à foin Vit son char embourbé* » LA FONTAINE. ■ **2** (1789) Petite voiture à quatre places, légère et découverte, très haute sur roues. ◆ (1892) Ancien modèle de voiture automobile découverte à deux ou quatre places. ■ **3** (1781) Oiseau marin *(phaétonidés)* de grande taille, à bec pointu, à longue queue prolongée par deux plumes médianes minces, presque sans barbes, qui ont fait donner à cet oiseau des tropiques le nom courant de *paille-en-cul, paille-en-queue.*

PHAGE [faʒ] **n. m.** – 1955 ◊ aphérèse de *bactériophage* ■ VIROL. Bactériophage*.

-PHAGE, -PHAGIE, -PHAGIQUE ■ Éléments, du grec *-phagos* et *-phagia,* de *phagein* « manger » (➤ **-vore**) : *aérophagie ; anthropophage, hippophagique ; nécrophage.*

PHAGÉDÉNIQUE [faʒedenik] **adj.** – 1548 ◊ latin *phagedaenicus,* grec *phagêdainikos,* de *phagêdaina* « ulcère rongeur » ■ MÉD. Qui a tendance à s'étendre en rongeant les tissus. *Chancre, ulcère phagédénique.*

PHAGÉDÉNISME [faʒedenism] **n. m.** – 1858 ◊ de *phagédénique* ■ MÉD. Extension continue d'une ulcération, d'un chancre, d'un ulcère. *Phagédénisme mutilant des lésions de la syphilis tertiaire.*

PHAGOCYTAIRE [fagɔsitɛʀ] **adj.** – 1887 ◊ de *phagocyte* ■ BIOL. CELL. Relatif ou propre aux phagocytes, à la phagocytose. *Fonction phagocytaire des leucocytes.*

PHAGOCYTE [fagɔsit] **n. m.** – 1887 ◊ du grec *phagein* « manger » et *kutos* « cellule » ; cf. *-cyte* ■ BIOL. CELL. Cellule possédant la propriété d'englober et de détruire, en les digérant, diverses particules étrangères, en particulier des micro-organismes pathogènes. *Les phagocytes sont impliqués dans la réaction immunitaire.* ➤ **macrophage, neutrophile.**

PHAGOCYTER [fagɔsite] **v. tr.** ⟨1⟩ – 1887 au p. p. ◊ de *phagocyte* ■ BIOL. CELL. Détruire par phagocytose. *Les leucocytes phagocytent des microbes.* ◆ FIG. Absorber et détruire (comme par phagocytose). ➤ **cannibaliser.** *Parti politique qui tente d'en phagocyter un autre.*

PHAGOCYTOSE [fagɔsitoz] **n. f.** – 1887 ◊ de *phagocyte* ■ BIOL. CELL. Processus d'englobement et de digestion de particules étrangères (débris de cellules nécrosées, micro-organismes, particules nutritives) par certaines cellules (➤ **phagocyte**) d'organismes pluricellulaires (surtout les leucocytes) ou unicellulaires (amibes). *La phagocytose, moyen de défense de l'organisme.* ➤ **endocytose.** ◆ FIG. Processus de destruction par absorption, intégration (➤ **phagocyter**). *Groupe, association menacés de phagocytose.*

PHALANGE [falɑ̃ʒ] **n. f.** – 1213 ◊ latin *phalanx, phalangis,* mot grec (aux sens I et II)

I ■ **1** HIST. Formation de combat dans l'armée grecque. « *Au milieu se hérissait la phalange [...] cette horrible masse quadrangulaire remuait d'une seule pièce, semblait vivre comme une bête et fonctionner comme une machine* » FLAUBERT. *La sarisse*, lance de la phalange macédonienne.* ◆ (1635) LITTÉR. Armée, corps de troupes. « *De nos honteux soldats les phalanges errantes* » VOLTAIRE. *Les phalanges célestes,* les anges. ◆ (1937) MOD. Organisation politique espagnole inspirée du fascisme italien. — Formation paramilitaire de caractère politique. *Les phalanges libanaises.* ➤ **phalangiste.** ■ **2** FIG. (1808) LITTÉR. Groupe dont les membres sont étroitement unis. *Une phalange d'artistes, de savants.* — SPÉCIALT Communauté de travailleurs, imaginée par Fourier (➤ **phalanstère**).

II (1603) ANAT. Chacun des os qui forment le squelette d'un doigt ou d'un orteil (deux phalanges pour le pouce et le gros orteil, trois phalanges pour les autres doigts). *Première phalange,* à la racine du doigt. *Deuxième phalange.* ➤ **phalangine.** *Troisième phalange.* ➤ **phalangette.** ◆ COUR. Chacun des segments articulés (os et parties molles qui l'entourent) qui forment un doigt ou un orteil. « *De longues mains dont la peau tachetée de brun se ridait sur les phalanges* » GREEN. *Écraser les phalanges de qqn en lui serrant la main.*

PHALANGER [falɑ̃ʒe] **n. m.** – 1776 ◊ de *phalange,* « parce qu'il a les phalanges singulièrement conformées » (Buffon) ■ Mammifère océanien *(marsupiaux)* végétarien et arboricole, dont la taille varie de celle d'un gros chat à celle d'une marmotte. ➤ 2 **couscous.**

PHALANGETTE [falɑ̃ʒɛt] **n. f.** – 1810 ◊ de *phalange* ■ ANAT. Dernière phalange des doigts et des orteils. *Les phalangettes portent les ongles.*

PHALANGIEN, IENNE [falɑ̃ʒjɛ̃, jɛn] **adj.** – 1814 ◊ de *phalange* ■ ANAT. Propre aux phalanges. *Articulations phalangiennes.*

PHALANGINE [falɑ̃ʒin] **n. f.** – 1810 ◊ de *phalange* ■ ANAT. Seconde phalange des doigts autres que le pouce et le gros orteil. *Le pouce n'a pas de phalangine.*

PHALANGISTE [falɑ̃ʒist] **n.** – v. 1930 ; « soldat de la phalange grecque » 1752 ◊ de *phalange* ■ Membre d'une phalange. *Milices phalangistes.* — Membre de la phalange espagnole. *Les phalangistes et les républicains.* **adj.** *Parti phalangiste.*

PHALANSTÈRE [falɑ̃stɛʀ] **n. m.** – 1822 ◊ de *phalange* « groupement » et *(mona)stère* ■ DIDACT. Dans le système de Fourier, Communauté, association de travailleurs ; domaine où vit et travaille cette communauté (appelée aussi *phalange*). ◆ FIG. Groupe qui vit en communauté ; endroit où il vit.

PHALANSTÉRIEN, IENNE [falɑ̃steʀjɛ̃, jɛn] **n. et adj.** – 1832 ◊ de *phalanstère* ■ DIDACT. ■ **1** Adepte du système de Fourier. ■ **2 adj.** (1842) Qui a rapport ou appartient au fouriérisme. *Système phalanstérien.* ➤ **fouriériste.** *Communauté phalanstérienne.*

PHALÈNE [falɛn] **n. f.** ou **m.** – 1568 ◊ grec *phalaina* ■ Grand papillon nocturne ou crépusculaire *(géométridés),* aux ailes délicates, à l'abdomen mince. *Chenilles des phalènes* (➤ **arpenteuse, géomètre**). « *Le phalène doré, dans sa course légère, Traverse les prés embaumés* » MUSSET.

PHALLIQUE [falik] **adj.** – 1819 ; 1721 n. f. ◊ latin *phallicus* ■ **1** ANTIQ. Qui a rapport au phallus, au culte du phallus. ➤ aussi **ithyphallique.** *Symboles, chants, danses phalliques.* — **n. f.** (1721) *Les phalliques :* fêtes religieuses en l'honneur de Dionysos, Bacchus. ➤ **bacchanale.** ■ **2** (1819) Qui se rapporte au phallus en tant que symbole. PSYCHAN. *Stade phallique :* stade de la libido qui succède au stade anal, et pendant lequel l'intérêt de l'enfant se porte sur son anatomie génitale.

PHALLOCENTRIQUE [falosɑ̃tʀik] **adj.** – v. 1965 ◊ de *phallus* et *centre,* d'après *égocentrique,* etc. ■ Qui rapporte tout au phallus, considère la symbolique du phallus comme caractéristique de toute l'espèce humaine ; qui privilégie l'homme par opposition à la femme. *Une vision phallocentrique du monde* (➤ aussi **phallocrate**).

PHALLOCENTRISME [falosɑ̃tʀism] **n. m.** – 1957 ◊ de *phallocentrique* ■ Tendance à tout ramener à la symbolique du phallus. ➤ **machisme.**

PHALLOCRATE [falɔkʀat] **adj.** et **n.** – 1972 ◊ de *phallus* et *-crate* ■ Partisan de la phallocratie*. ➤ **machiste.** *Un directeur phallocrate.* — **n.** *Les phallocrates.* ◆ Empreint de phallocratie. *Propos phallocrates. Une société phallocrate.*

PHALLOCRATIE [falɔkʀasi] **n. f.** – v. 1965 ◊ de *phallus* et *-cratie* ■ Domination des hommes (et de la symbolique du phallus) sur les femmes. *La phallocratie des machos*.* ➤ **machisme, phallocentrisme, sexisme.** — **adj. PHALLOCRATIQUE.** *Valeurs phallocratiques.*

PHALLOÏDE [falɔid] adj. – 1823 ◊ de *phallus* ■ DIDACT. Qui a la forme d'un phallus. BOT. *Amanite phalloïde* (le plus vénéneux de tous les champignons).

PHALLUS [falys] n. m. – 1615 ; *fallot* 1570 ◊ mot latin, du grec *phallos* ■ **1** Membre viril en érection, emblème mythologique de la fécondité et de la puissance reproductrice de la Nature. ♦ PHYSIOL. Pénis en érection (➤ **ithyphallique, phallique**). *Phallus artificiel.* ➤ **godemiché.** ■ **2** (1791) BOT. Variété de champignons qui ont la forme d'un pénis en érection *(basidiomycètes). Phallus impudique* (ou « satyre puant »). *Phallus de chien.*

-PHANE, -PHANIE ■ Éléments, du grec *-phanes* et *-phaneia,* de *phainein* « paraître » : *cellophane, lithophanie ; diaphane, épiphanie.*

PHANÈRE [fanɛʀ] n. m. – 1822 ◊ grec *phaneros* « apparent » ■ DIDACT. Production épidermique apparente (poils, plumes, écailles, griffes, ongles, dents).

PHANÉROGAME [faneʀɔgam] adj. et n. f. – 1791 ◊ du grec *phaneros* « apparent » et *-game* ■ BOT. Se dit des plantes qui ont les organes de fructification apparents dans la fleur. ♦ n. f. pl. (1813) **LES PHANÉROGAMES :** embranchement qui comprend les plantes qui portent des fleurs à un moment donné de leur développement, et se reproduisent par graine (sous-embranchements : ➤ **angiosperme, gymnosperme ;** classes : ➤ **dicotylédone, monocotylédone**). ➤ **spermaphytes.** *Les phanérogames et les cryptogames.*

PHANIE [fani] n. f. – 1943 ◊ mot anglais ; radical du grec *phanos* « lumineux » ■ DIDACT. Intensité lumineuse perçue, étudiée par rapport à l'intensité objective. *Les variations individuelles de la phanie sont importantes.*

PHANTASME ➤ **FANTASME**

PHARAMINEUX ➤ **FARAMINEUX**

PHARAON [faʀaɔ̃] n. m. – 1190 ◊ latin *pharao, onis,* grec *pharaô,* de l'égyptien

I Ancien souverain égyptien. *Momies, tombeaux des pharaons. Pharaon coiffé du pschent*. Le pharaon, roi de Haute et de Basse-Égypte. Les pharaons Aménophis IV, Ramsès II.* REM. Le fém. *pharaonne* [faʀaɔn] est rare.

II (1691 ◊ du nom du roi de cœur dans certains jeux) VX Jeu de cartes de hasard et d'argent.

PHARAONIQUE [faʀaɔnik] adj. – 1535 ◊ de *pharaon* ■ **1** Relatif aux pharaons, à leur époque. *L'architecture, la civilisation pharaonique.* « *L'Égypte pharaonique était un État supérieurement bureaucratique* » DANIEL-ROPS. — On dit parfois *pharaonien, ienne.* ■ **2** FIG. Digne des pharaons par sa démesure. *Un projet pharaonique. Budget pharaonique.* ➤ **colossal.**

PHARE [faʀ] n. m. – 1546 ◊ latin *pharus,* grec *Pharos,* île voisine d'Alexandrie, où fut édifié, au IIIe s. av. J.-C., un *phare* classé parmi les sept merveilles du monde ■ **1** Haute tour élevée sur une côte ou un îlot, munie à son sommet d'un fanal qui guide la marche des navires pendant la nuit. *Phare qui signale des parages dangereux, l'entrée d'une rade, d'un port. Phare à feu fixe, tournant. Gardien de phare. Pinceau lumineux d'un phare. Puissance, portée, hauteur d'un phare.* — PAR ANAL. *Phare d'un aéroport.* ♦ FIG. Ce qui peut guider, éclairer (➤ **flambeau**). — « *Les Phares* », *poème de Baudelaire.* — APPOS. *Secteur phare de l'industrie. Les produits phares d'une marque.* ■ **2** (1906 ; *phares ambulants* 1858) Projecteur placé à l'avant d'un véhicule, d'une voiture automobile. *Automobiliste qui allume, règle, éteint ses phares. Phares blancs, jaunes* (selon les pays). *Appels de phares,* pour signaler sa présence. *Mettre ses phares en veilleuse* (➤ **lanterne**), *en code*. Phares à iode. Phares halogènes. Phares antibrouillards.* ♦ SPÉCIALT Position où le phare éclaire le plus (opposé à *code*). *Être, se mettre en phares.* — PAR ANAL. *Phares de recul,* qui s'allument, à l'arrière de certains véhicules lorsque l'on passe la marche arrière. ■ **3** (1832) MAR. *Phare de l'avant :* le mât de misaine, avec ses vergues, ses voiles, son gréement. — *Phare de l'arrière,* le grand mât. ■ HOM. Far, fard.

PHARILLON [faʀijɔ̃] n. m. – 1771 ; *farillon* 1755 ◊ de *phare* ■ PÊCHE Petit réchaud suspendu à l'avant d'un bateau de pêche et dans lequel les pêcheurs allument un feu vif pour attirer le poisson. *Pêche au pharillon* (dite aussi « pêche au feu »). ➤ **lamparo.**

PHARISAÏQUE [faʀizaik] adj. – 1541 ◊ latin ecclésiastique *pharisaicus* ■ HIST. RELIG. Qui appartient aux mœurs, au caractère des pharisiens tels que les Évangiles les dépeignent. *Orgueil, affectation pharisaïque.* ♦ FIG. et LITTÉR. ➤ **hypocrite.**

PHARISAÏSME [faʀizaism] n. m. – 1541 ◊ de *pharisaïque* ■ Mœurs, caractère des pharisiens. ♦ FIG. Ostentation de la dévotion, de la piété, de la vertu. Comportement de pharisien. ➤ **hypocrisie.**

PHARISIEN, IENNE [faʀizjɛ̃, jɛn] n. – *phariseu* 1190 ◊ latin ecclésiastique *pharisaeus,* grec *pharisaios,* de l'hébreu *perûshîm* « les séparés, ceux qui sont à part » ■ **1** ANTIQ. *Les pharisiens :* juifs qui vivaient dans la stricte observance de la Loi écrite (Torah) et de la tradition orale (Talmud), et que les Évangiles accusent de formalisme et d'hypocrisie. *Pharisiens et publicains des Évangiles.* ■ **2** (XVIIe) VIEILLI Personne qui n'a que l'ostentation de la piété, de la vertu ; faux dévot. adj. *Piété pharisienne.* ■ **3** MOD. Personne qui croit incarner la perfection et la vérité, du moment qu'elle observe strictement un dogme, des rites, et qui juge sévèrement autrui, condamne sa conduite sous couleur de lui rendre service. « *Le Pharisien est un homme qui croit en Dieu, et qui croit que Dieu est content de lui* [; il] *fait voir cette union incroyable de la religion ingénue et de l'admiration de soi* » ALAIN. « *La Pharisienne* », *roman de Mauriac.*

PHARMACEUTIQUE [faʀmasøtik] n. f. et adj. – 1547 ◊ latin *pharmaceuticus,* grec *pharmakeutikos* ■ **1** VX Science de la composition et de l'emploi des médicaments. ➤ **pharmacologie.** ■ **2** adj. (1752) MOD. Relatif à la pharmacie. *Préparation, produit, spécialité pharmaceutique. Recueil de formules pharmaceutiques.* ➤ **codex.** *Laboratoire pharmaceutique.*

PHARMACIE [faʀmasi] n. f. – 1575 ; *farmacie* « remède » 1314 ◊ bas latin *pharmacia,* grec *pharmakeia,* de *pharmakon* « poison, remède » ■ **1** Science des remèdes et des médicaments, art de les préparer et de les contrôler. *Pharmacie chimique* (étudiant les produits définis) ; *pharmacie galénique*. Pharmacie et pharmacologie*. Étudiant en pharmacie. Préparateur en pharmacie. Docteur en pharmacie. Laboratoire de pharmacie.* ➤ **pharmaceutique.** ♦ Études préparant au diplôme de pharmacien. *Deuxième année de pharmacie.* ■ **2** (1732) Local où l'on vend les médicaments (spécialités ou préparations), des substances à usage thérapeutique, des produits, objets et instruments destinés aux soins du corps (hygiène, toilette), éventuellement de l'herboristerie et de la parfumerie. ➤ **officine.** *Laboratoire et boutique d'une pharmacie. Médicament vendu en pharmacie sur ordonnance, ou en vente libre. Pharmacie de garde. Pharmacie mutualiste.* ♦ PAR EXT. Local où sont préparés, rangés les médicaments dans un hôpital, un hospice. ♦ (début XXe) Au Canada, Établissement commercial comprenant une pharmacie, et où l'on vend des produits de beauté et de menus articles. ➤ **drugstore.** ■ **3** PAR EXT. (1781) Assortiment de produits pharmaceutiques usuels que l'on garde chez soi, qu'on emporte avec soi. *Pharmacie portative.* « *Ce sont des cachets, des sirops, des gouttes, des pilules, toute une pharmacie qu'il faut* [...] *mettre sur la table* » MIRBEAU. ♦ COLLECT. Produits pharmaceutiques. ➤ aussi **dermopharmacie, parapharmacie.** *Acheter de la pharmacie. Armoire à pharmacie, de pharmacie.* — PAR EXT. L'armoire elle-même. ■ **4** VX Médicament. MOD. *Pots à pharmacie.*

PHARMACIEN, IENNE [faʀmasjɛ̃, jɛn] n. – 1620 ; fém. 1834 ◊ de *pharmacie* ■ Professionnel(le) de la santé spécialiste du médicament, titulaire d'un diplôme en pharmacie (1°). ➤ VX **apothicaire,** FAM. **potard.** *Diplôme de pharmacien. Ordre des pharmaciens. Le pharmacien et le préparateur. Pharmacienne qui exécute une ordonnance. Pharmacien qui exerce dans une officine, un hôpital, un laboratoire.*

PHARMACO- ■ Élément, du grec *pharmakon* « remède ».

PHARMACOCINÉTIQUE [faʀmakosinetik] n. f. et adj. – 1972 ◊ de *pharmaco-* et *cinétique* ■ DIDACT. Étude du devenir des médicaments dans l'organisme. — adj. *Paramètres pharmacocinétiques d'un médicament.*

PHARMACODÉPENDANCE [faʀmakodepɑ̃dɑ̃s] n. f. – v. 1950 ◊ de *pharmaco-* et *dépendance* ■ Dépendance toxicomaniaque à une substance médicamenteuse. — adj. **PHARMACODÉPENDANT, ANTE.**

PHARMACODYNAMIE [faʀmakodinami] n. f. – 1850 ◊ de *pharmaco-* et *-dynamie* ■ DIDACT. Partie de la pharmacologie qui a pour objet l'étude de l'action exercée par les médicaments sur l'organisme sain. — adj. **PHARMACODYNAMIQUE,** 1855.

PHARMACOGÉNÉTIQUE [faʀmakoʒenetik] n. f. – 1972 ◊ de *pharmaco-* et *génétique* ■ GÉNÉT. Étude du rôle des facteurs génétiques dans la réaction de l'organisme aux médicaments. *Pharmacogénétique et variabilité interindividuelle de la réponse thérapeutique.*

PHARMACOGNOSIE [farmakognozi] **n. f.** – 1903 ◊ de *pharmaco-* et *-gnosie* ■ DIDACT. Étude des médicaments d'origine animale et végétale.

PHARMACOLOGIE [farmakɔlɔʒi] **n. f.** – 1738 ; on disait *la pharmaceutique* ◊ de *pharmaco-* et *-logie* ■ DIDACT. Étude des médicaments, de leur action (propriétés thérapeutiques, etc.) et de leur emploi. ➤ **pharmacie, pharmacocinétique, pharmacodynamie, pharmacothérapie ; psychopharmacologie. — adj. PHARMACOLOGIQUE,** 1803.

PHARMACOLOGUE [farmakɔlɔg] **n.** – 1836 ; *pharmacologiste* 1799 ◊ de *pharmaco-* et *-logue* ■ DIDACT. Spécialiste de pharmacologie.

PHARMACOMANIE [farmakɔmani] **n. f.** – milieu XXe ◊ de *pharmaco-* et *-manie* ■ MÉD. Toxicomanie qui s'applique aux médicaments. — PAR EXT. Habitude excessive des médicaments.

PHARMACOPÉE [farmakɔpe] **n. f.** – 1680 ; «préparation des remèdes» 1571 ◊ grec *pharmakopoiia* ■ DIDACT. ■ **1** Recueil officiel national des médicaments, donnant leur constitution, leur activité et leur mode de préparation. *Pharmacopée internationale,* élaborée par l'Organisation mondiale de la santé et proposée comme référence et moyen de contrôle de la qualité des produits pharmaceutiques. ■ **2** Liste des médicaments. ➤ **codex.** ◆ Ensemble de médicaments. *Pharmacopée traditionnelle.*

PHARMACOTHÉRAPIE [farmakoterapi] **n. f.** – 1904 ◊ de *pharmaco-* et *-thérapie* ■ DIDACT. Emploi thérapeutique des médicaments. — Branche de la pharmacologie qui étudie l'action des médicaments sur l'organisme malade.

PHARMACOVIGILANCE [farmakoviʒilɑ̃s] **n. f.** – 1969 ◊ de *pharmaco-* et *vigilance* ■ DIDACT. Surveillance des réactions résultant de l'utilisation des médicaments. *Centre hospitalier de pharmacovigilance.*

PHARYNGAL, ALE, AUX [farɛ̃gal, o] **adj.** et **n. f.** – 1930 ◊ de *pharynx* ■ PHONÉT. *Consonne pharyngale,* ou **n. f.** *une pharyngale :* consonne articulée avec la racine de la langue fortement repoussée vers l'arrière et se rapprochant de la paroi postérieure du pharynx. — PAR EXT. *Une articulation pharyngale.*

PHARYNGÉ, ÉE [farɛ̃ʒe] **adj.** – 1765 n. f. «artère pharyngée» ◊ du radical grec de *pharynx* ■ MÉD. Relatif au pharynx, qui appartient au pharynx. ➤ **pharyngien, rhinopharyngé.** *Toux pharyngée, réflexe pharyngé. Artère pharyngée.*

PHARYNGIEN, IENNE [farɛ̃ʒjɛ̃, jɛn] **adj.** – 1745 ◊ du radical grec de *pharynx* ■ ANAT. Qui appartient au pharynx, qui s'y rapporte. ➤ **pharyngé.** *Amygdale pharyngienne, plexus pharyngien.*

PHARYNGITE [farɛ̃ʒit] **n. f.** – 1801 ◊ du radical grec de *pharynx* et *-ite* ■ MÉD. Inflammation du pharynx, angine pharyngienne. ➤ **rhinopharyngite.** *Pharyngite chronique.*

PHARYNGOLARYNGITE [farɛ̃golarɛ̃ʒit] **n. f.** – 1868 ◊ du radical de *pharynx* et *laryngite* ■ MÉD. Inflammation simultanée du pharynx et du larynx.

PHARYNX [farɛ̃ks] **n. m.** – 1538 ; *faringa* fin XVe ◊ grec *pharugx, pharuggos* «gorge» ■ Conduit musculo-membraneux qui constitue un carrefour des voies digestives et respiratoires, entre la bouche et l'œsophage d'une part, les fosses nasales et le larynx d'autre part. *Partie supérieure, nasale, du pharynx.* ➤ **rhinopharynx.** *Partie moyenne, buccale, du pharynx.* ➤ **oropharynx.** *Muscles constricteurs et élévateurs du pharynx. Inflammation du pharynx.* ➤ **angine, pharyngite.**

PHASCOLOME [faskɔlɔm] **n. m.** – 1802 ◊ du grec *phaskôlos* «poche» et *mus* «rat» ■ ZOOL. Petit mammifère australien *(marsupiaux),* à membres courts, aux pattes fouisseuses. ➤ **wombat.**

PHASE [fɑz] **n. f.** – 1661 astron. ; hapax 1544 fig. ; répandu au XIXe ◊ grec *phasis* «lever d'une étoile» ■ **1** ASTRON. Chacun des aspects que présentent la Lune et les planètes à un observateur terrestre, selon leur éclairement par le Soleil. ➤ **apparence.** *Les phases de la Lune, de Vénus, de Mars.* ■ **2** (1850) PHYS. Constante angulaire caractéristique d'un mouvement périodique. *Le déphasage, différence de phase entre deux mouvements de même période. Mouvements de même période en phase* (débutant en même temps, leurs fonctions ayant leurs maximums et leurs minimums pour des valeurs identiques de leurs variables), *en opposition de phase* (avec un *angle de phase* de 180°), *en quadrature retard ou avance,* déphasés d'un quart de période. *Courant électrique constitué de plusieurs composantes sinusoïdales présentant des différences de phase.* ➤ **polyphasé ; biphasé, triphasé.** — LOC. *Être en phase :* être en accord, en harmonie. *Écrivain en phase avec son époque. Être en phase avec qqn,* partager les mêmes idées. ◆ ÉLECTROTECHN. Enroulement, dans un dispositif polyphasé, reliant une borne au point neutre*. *La phase, le neutre et la terre.* ■ **3** CHIM. Dans un système chimique, chacune des différentes parties homogènes, mais physiquement distinctes, qui ont leur situation propre dans l'espace et sont limitées par des surfaces de séparation. ➤ **état** (I, 5o). *Phase solide, liquide, gazeuse. La glace, l'eau liquide et la vapeur d'eau sont trois phases distinctes d'un même composé chimique, l'eau. Phases fluides* (liquide, gaz), *condensées* (liquide, solide). *Lois des phases,* liant le nombre de phases (d'un constituant) à la pression et à la température. *Changement, transition de phase :* transformation d'un corps sous une pression et à une température déterminée, d'une phase à une autre. ■ **4** (1810) COUR. Chacun des états successifs d'une chose en évolution. ➤ **période.** «*Nous sommes dans la phase de la passion contenue*» FRANCE. *Les phases d'une opération. Les phases d'une maladie.* ➤ **épisode, stade.** *Phase critique* (d'une maladie). ➤ **crise.** *Malade en phase terminale. Maniacodépressif dans sa phase maniaque. Les trois phases du cycle ovarien (folliculaire, ovulatoire, lutéale).*

PHASEMÈTRE [fɑzmɛtr] **n. m.** – 1893 ◊ de *phase* et *-mètre* ■ MÉTROL. Dispositif permettant de mesurer la différence de phase entre deux grandeurs sinusoïdales de même fréquence.

PHASIANIDÉS [fazjanide] **n. m. pl.** – 1842 ◊ du latin *phasianus* «faisan» ■ ZOOL. Famille d'oiseaux *(galliformes),* essentiellement terrestres (ex. argus, caille, coq, faisan, paon, perdrix, pintade, poule). — Au sing. *Un phasianidé.*

PHASME [fasm] **n. m.** – 1801 ◊ grec *phasma* «fantôme» ■ ZOOL. Insecte *(phasmidés)* au corps allongé et frêle imitant la forme des tiges sur lesquelles il séjourne. ➤ **bacille** (2o).

PHASMIDÉS [fasmide] **n. m. pl.** – 1896 ; *phasmiens* 1845 ◊ de *phasme* ■ ZOOL. Famille d'insectes orthoptères marcheurs, des régions tropicales, présentant des cas de mimétisme.

PHATIQUE [fatik] **adj.** – milieu XXe ◊ du grec *phatis* «parole» ■ DIDACT. *Fonction phatique :* fonction du langage, lorsqu'il est utilisé uniquement pour établir une communication, sans apport d'information. «*Euh*», «*allo*» *ont une fonction phatique.*

PHELLODERME [felɔdɛrm] **n. m.** – 1890 ◊ du grec *phellos* «liège» et *-derme* ■ BOT. Écorce secondaire qui se forme sur la face interne d'une tige, d'une racine, à partir de l'assise phellogène.

PHELLOGÈNE [felɔʒɛn] **adj.** – 1890 ◊ du grec *phellos* «liège» et *-gène* ■ BOT. Qui produit le liège, en parlant d'un tissu végétal. *Assise phellogène d'un tronc d'arbre.*

PHÉNAKISTISCOPE [fenakistiskɔp] **n. m.** – 1842 ◊ du grec *phenakizein* «tromper» et *-scope* ■ DIDACT. Appareil formé de deux disques, qui donne l'illusion du mouvement par la persistance des images rétiniennes. ➤ **praxinoscope.** *Le phénakistiscope, ancêtre du cinéma.* — On dit aussi **PHÉNAKISTICOPE** (1833 ; mot mal formé).

PHÉNANTHRÈNE [fenɑ̃trɛn] **n. m.** – 1890 ◊ de *phénol* et du grec *anthrax* «charbon» ■ CHIM. Hydrocarbure cyclique ($C_{14}H_{10}$) isomère de l'anthracène, produit de la distillation du goudron de houille, utilisé pour fabriquer le noir de fumée et des matières colorantes.

PHÉNICIEN, IENNE [fenisjɛ̃, jɛn] **adj.** et **n.** – 1557 ◊ de *Phénicie,* pays côtier d'Asie Mineure, dans l'Antiq. ■ De la Phénicie. *Colonies phéniciennes d'Afrique.* ➤ **punique. — n.** *Les Phéniciens furent des navigateurs et des commerçants.* ◆ **n. m.** (1713) LING. *Le phénicien :* langue sémitique ancienne qui appartient au groupe cananéen et dont l'alphabet a été emprunté et transformé par les Grecs.

PHÉNICOPTÈRES [fenikɔptɛr] **n. m. pl.** – 1520 ◊ grec *phoinikopteros,* de *phoinix* «pourpre» et *pteron* «aile» ■ ZOOL. Ordre d'échassiers. ➤ **flamant.**

PHÉNIQUÉ, ÉE [fenike] **adj.** – 1866 ◊ de *phénique,* de *phénol* ■ Qui contient du phénol. *Eau phéniquée.*

PHÉNIX [feniks] **n. m.** – *fénix* 1121 ◊ latin *phoenix,* grec *phoinix* ■ **1** MYTH. Animal fabuleux, oiseau unique de son espèce, qui vivait plusieurs siècles et qui, brûlé, renaissait de ses cendres. ■ **2** (1544) Personne unique en son genre, supérieure par ses dons, ses brillantes qualités. ➤ **aigle** (cf. Oiseau* rare). *Ce n'est pas un phénix !* «*Vous êtes le phénix des hôtes de ces bois*» LA FONTAINE. «*comment trouver un gendre qui convînt également au père et à la fille ! Un pareil homme était le phénix des gendres*» BALZAC. ■ **3** (1903) *Coq phénix :* variété de coq domestique du Japon, remarquable par la longueur des plumes de sa queue. ◆ (1874) BOT. ➤ **phœnix.** ■ HOM. Phœnix.

PHÉN(O)- ■ Élément, du grec *phainein* « briller, éclairer ».

PHÉNOBARBITAL [fenɔbaʀbital] **n. m.** – milieu XXe ◇ de *phén(o)-*, *barbit(urique)* et *-al* ■ PHARM. Médicament barbiturique (acide phényl-éthyl-barbiturique). ➤ **gardénal.** *Des phénobarbitals.*

PHÉNOCOPIE [fenɔkɔpi] **n. f.** – v. 1960 ◇ de *phéno(type)* et *copie* ■ GÉNÉT. Modification phénotypique non héréditaire et réversible, due à des conditions particulières de milieu, au phénotype semblable à celui dû à une mutation génétique.

PHÉNOL [fenɔl] **n. m.** – 1843 ◇ de *phén(o)-* et *-ol* ■ Corps composé (C_6H_5OH), solide cristallisé blanc, soluble dans l'eau, corrosif et toxique, à odeur caractéristique, qu'on obtient par distillation du goudron de houille ou par synthèse à partir du benzène, et qui est le premier terme et le plus simple de la série des *phénols. Le phénol est un antiseptique employé en pharmacie* (cf. Eau phéniquée). *Le phénol est utilisé dans la fabrication de matières plastiques et de colorants.* ➤ **bisphénol, indophénol.** ◆ CHIM. *Les phénols :* série de composés ayant au moins une *fonction phénol* (groupe –OH fixé sur un cycle benzénique). — *Un phénol :* corps de la série des phénols. ➤ **crésol, eugénol, naphtol, picrique** (acide picrique), **pyrogallol, résorcinol, thymol ; diphénol, polyphénol.** — adj. **PHÉNOLIQUE,** 1900.

PHÉNOLATE [fenɔlat] **n. m.** – 1904 ◇ de *phénol* et *-ate* désignant un sel ■ CHIM. Sel du phénol. *Phénolate de sodium.*

PHÉNOLOGIE [fenɔlɔʒi] **n. f.** – 1907 ◇ p.-ê. d'après l'anglais *phenology* (1875), du grec *pheno(menon)* et *-logy* ■ DIDACT. Étude des variations, en fonction du climat, des phénomènes périodiques de la vie végétale et animale. ➤ **bioclimatologie.**

PHÉNOLPHTALÉINE [fenɔlftalein] **n. f.** – v. 1960 ◇ de *phénol* et *phtaléine* ■ CHIM. Colorant indicateur, rouge en milieu alcalin, incolore en milieu acide, utilisé en acidimétrie et en alcalimétrie.

PHÉNOMÉNAL, ALE, AUX [fenɔmenal, o] **adj.** – 1803 ◇ de *phénomène* ■ **1** DIDACT. De la nature du phénomène, du fait sensible. — (Chez Kant) *Monde phénoménal et monde nouménal.* ■ **2** (1827) Qui sort de l'ordinaire. ➤ **étonnant, extraordinaire, monstrueux, surprenant.** « *Un prodigieux, un phénoménal, un hyperbolique* [...] *chapeau* » GAUTIER. *Une intelligence, une mémoire phénoménale.*

PHÉNOMÉNALEMENT [fenɔmenalmɑ̃] **adv.** – 1845 ◇ de *phénoménal* ■ **1** DIDACT. Relativement au phénomène. ■ **2** COUR. Prodigieusement, étonnamment.

PHÉNOMÉNALISME [fenɔmenalism] **n. m.** – 1823 ◇ de *phénoménal* ■ PHILOS. Doctrine selon laquelle l'on ne peut connaître que les phénomènes et non les choses en soi (sans nier qu'elles existent). *Le positivisme de Comte est un phénoménalisme.*

PHÉNOMÉNALITÉ [fenɔmenalite] **n. f.** – 1833 ◇ de *phénoménal* ■ PHILOS. Caractère, nature du phénomène.

PHÉNOMÈNE [fenɔmɛn] **n. m.** – 1554 astron. ◇ grec *phainomena* « phénomènes célestes », de *phainesthai* « apparaître » ■ **1** (XVIIe) Tout ce qui se manifeste à la conscience, que ce soit par l'intermédiaire des sens *(phénomènes extérieurs, physiques, sensibles)* ou non *(phénomènes psychologiques, affectifs).* ➤ 2 **fait.** *Phénomène naturel. Phénomènes et essence des choses.* ➤ **apparence.** *Relations entre les phénomènes :* lois du déterminisme. *Phénomène* (cause) *qui en produit un autre* (effet). « *Bouvard doutait des causes. – De ce qu'un phénomène succède à un phénomène, on conclut qu'il en dérive. Prouvez-le* » FLAUBERT. *Phénomène accessoire.* ➤ **épiphénomène.** — *Phénomène normal, inquiétant, inexpliqué. Il s'est produit un phénomène étrange, un curieux phénomène.* — *Phénomènes électriques, magnétiques, physiologiques, psychiques.* ➤ aussi **expérience, observation.** *Phénomènes nerveux.* ➤ **manifestation.** *Phénomènes économiques, sociaux, moraux.* — PHILOS. Chez Kant, Tout ce qui est objet d'expérience possible, qui apparaît dans l'espace et dans le temps (opposé à *noumène*). ■ **2** (XVIIIe) Fait, évènement anormal ou surprenant ; chose ou personne rare, extraordinaire. ➤ **merveille.** « *Toutes les femmes regardaient Lucien comme un phénomène* » BALZAC. ◆ Individu anormal. *Phénomène qu'on montre dans les foires.* ➤ **monstre.** — FAM. Individu, personne bizarre. ➤ **excentrique,** 2 **original.** *Un drôle de phénomène. Quel phénomène !*

PHÉNOMÉNISME [fenɔmenism] **n. m.** – 1844 ◇ de *phénomène* ■ PHILOS. Doctrine d'après laquelle il n'existe que des phénomènes (au sens kantien).

PHÉNOMÉNOLOGIE [fenɔmenɔlɔʒi] **n. f.** – 1819, répandu XXe ◇ de *phénomène* et *-logie* ■ **1** VX Description des phénomènes. ■ **2** PHILOS. « *La Phénoménologie de l'esprit* », *de Hegel* (1807). — MOD. Chez Husserl, Méthode philosophique qui se propose, par la description des choses elles-mêmes, en dehors de toute construction conceptuelle, de découvrir les structures transcendantes de la conscience (idéalisme transcendantal) et les essences. PAR EXT. Philosophie qui s'inspire de cette méthode.

PHÉNOMÉNOLOGIQUE [fenɔmenɔlɔʒik] **adj.** – 1835 ◇ de *phénoménologie* ■ Relatif à la phénoménologie. « *L'Être et le Néant* », *essai d'ontologie phénoménologique de Sartre.*

PHÉNOMÉNOLOGUE [fenɔmenɔlɔg] **n.** – 1859 ◇ de *phénoménologie* ■ PHILOS. Philosophe qui emploie la méthode phénoménologique.

PHÉNOPLASTE [fenɔplast] **n. m.** – 1953 ◇ de *phénol* et *plastique* ■ TECHN. Matière plastique à base de phénol. *La bakélite est un phénoplaste.*

PHÉNOTYPAGE [fenɔtipaʒ] **n. m.** – 1966 ◇ de *phénotype* ■ BIOL. Détermination du phénotype (d'un organisme). *Phénotypage sanguin,* permettant de déterminer le groupe sanguin.

PHÉNOTYPE [fenɔtip] **n. m.** – 1921 ◇ de *phéno-* et *-type* ■ GÉNÉT. Ensemble des caractères individuels correspondant à l'expression du génotype, en fonction de certaines conditions du milieu. ➤ **hérédité ; phénocopie.** « *L'histoire d'un être est dominée par son génotype et constituée par son phénotype* » H. WALLON. *Phénotype biochimique, psychologique.* — adj. **PHÉNOTYPIQUE,** 1923.

PHÉNYL- ■ Élément, de *phényle,* indiquant la présence du radical phényle dans un composé chimique : *phénylacétique ; phénylamine.*

PHÉNYLALANINE [fenilalanin] **n. f.** – 1897 ◇ de *phényl-* et *alanine* ■ BIOCHIM. Acide aminé essentiel, l'un des vingt constituants des protéines.

PHÉNYLCÉTONURIE [fenilsetɔnyʀi] **n. f.** – 1969 ◇ de *phényl-*, *cétone* et *-urie* ■ MÉD. Trouble héréditaire du métabolisme de la phénylalanine caractérisé par l'élimination dans les urines d'acide phénylpyruvique, souvent associé à une déficience mentale (➤ **oligophrénie**).

PHÉNYLE [fenil] **n. m.** – 1837 ◇ de *phén(ol)* et *-yle* ■ CHIM. Radical dérivé du phénol ou du benzène (C_6H_5). ➤ **phényl-.**

PHÉNYLPYRUVIQUE [fenilpiʀyvik] **adj.** – 1947 ◇ de *phényl-* et *pyruvique* ■ BIOCHIM. *Acide phénylpyruvique :* acide toxique résultant de l'absence héréditaire de l'enzyme convertissant la phénylalanine en tyrosine, chez les malades atteints d'un certain type d'oligophrénie* dite *idiotie phénylpyruvique.*

PHÉOPHYCÉES [feɔfise] **n. f. pl.** – v. 1900 ◇ du grec *phaios* « brun » et *phukos* « algue » ■ BOT. Ordre d'algues contenant un pigment jaune brun masquant les autres pigments. *Les phéophycées sont appelées « algues brunes ».*

PHÉROMONE [feʀɔmɔn ; feʀomon] **n. f.** – 1969 ; *phérormone* 1968 ◇ du grec *pherein* « porter » et *(hor)mone* ■ BIOL. Signal chimique émis par un organisme, qui stimule une réponse physiologique ou comportementale chez un autre membre de la même espèce. « *les truies fertiles qui ont à leur tour perçu sa présence* [du verrat] *et les phéromones de son haleine lourde* » DEL AMO.

PHI [fi] **n. m. inv.** – 1655 ◇ mot grec ■ Vingt et unième lettre de l'alphabet grec (Φ, φ), correspondant à un *p* aspiré en grec ancien, à un *f* en grec moderne. ■ HOM. Fi.

PHILANTHE [filɑ̃t] **n. m.** /PHILANTE/ – 1802 ◇ du latin scientifique *philanthus* (Fabricius, 1790) ; cf. *phil(o)-* et *-anthe* ■ ZOOL. Insecte hyménoptère à abdomen noir et jaune. ■ HOM. Filante (filant).

PHILANTHROPE [filɑ̃tʀɔp] **n.** – hapax 1370, rare avant XVIIe ◇ grec *philanthrôpos,* de *philos* « ami » et *anthrôpos* « homme » ■ **1** VX Personne qui est portée à aimer l'humanité. ■ **2** (1834) VIEILLI Personne qui s'emploie à améliorer le sort matériel et moral de ses semblables. ➤ **humanitariste.** ◆ MOD. Personne qui a une conduite désintéressée, ne cherche aucun profit. *Je suis un commerçant, je ne suis pas un philanthrope !* ■ CONTR. Misanthrope. Égoïste.

PHILANTHROPIE [filɑ̃tʀɔpi] **n. f.** – 1551, rare avant XVIIe ◇ grec *philanthrôpia* ■ VIEILLI ■ **1** Amour de l'humanité ; caractère, vertu du philanthrope. ➤ **charité.** « *l'humanitarisme, fils aîné* *de défunte Philanthropie»* BALZAC. ▪ **2** PAR EXT. Désintéressement. *Il a agi par pure philanthropie.* ▪ CONTR. Misanthropie. Égoïsme.

PHILANTHROPIQUE [filɑ̃tʀɔpik] adj. – 1780 ◇ grec *philanthrôpikos* ▪ VIEILLI Relatif à la philanthropie ; inspiré par la philanthropie. ➤ **humanitaire.** *«Comme il se méfiait de toute charité officielle, et qu'il ne savait que penser des associations philanthropiques, il faisait la charité seul»* R. ROLLAND.

PHILATÉLIE [filateli] n. f. – 1864 ◇ de *phil(o)-* et du grec *ateleia* «exemption d'impôts», pour «affranchissement», de *telos* «charge, impôt» ▪ Connaissance des timbres-poste ; art de les collectionner.

PHILATÉLIQUE [filatelik] adj. – 1865 ◇ de *philatélie* ▪ Relatif à la philatélie. *Journal, rubrique philatélique.*

PHILATÉLISTE [filatelist] n. – 1864 ◇ de *philatélie* ▪ Collectionneur de timbres-poste.

-PHILE, -PHILIE ▪ Éléments, du grec *philos* «ami» : *anglophile, xénophilie ; bibliophile ; hémophile, hémophilie, hydrophile.* ➤ **phil(o)-.**

PHILHARMONIE [filaʀmɔni] n. f. – 1845 ◇ de *philharmonique* ▪ VX Amour de la musique. ♦ MOD. Société philharmonique locale. *La philharmonie donne un concert public.* — Orchestre philharmonique.

PHILHARMONIQUE [filaʀmɔnik] adj. – 1797 ; n. m. 1739 ◇ de *phil(o)-* et *harmonia,* d'après l'italien *filarmonica* ▪ **1** VX Qui aime la musique. ▪ **2** (1805) MOD. Se dit d'une société d'amateurs de musique, de certaines formations musicales locales (➤ **philharmonie**) et de certains grands orchestres de musique classique. *Société, chœur philharmonique. Orchestre philharmonique.* ➤ **symphonique.**

PHILHELLÈNE [filelɛn] n. et adj. – 1823 ◇ grec *philhellên,* de *hellên* «grec» ▪ HIST. Partisan de l'indépendance grecque. — adj. *Mouvements, sociétés philhellènes* (ou **PHILHELLÉNIQUES**). ♦ Ami de la Grèce. *Les Français sont traditionnellement philhellènes.* — n. m. **PHILHELLÉNISME,** 1838.

PHILIPPINE [filipin] n. f. – 1869 ◇ altération, sous l'influence de *Philippe,* de l'allemand *Vielliebchen* «bien-aimé» ▪ Jeu où deux personnes, après s'être partagé deux amandes jumelles, conviennent que la première qui dira à l'autre *Bonjour Philippine,* après un délai convenu, sera la gagnante. *Faire philippine avec qqn.* ♦ adj. *Amandes philippines,* jumelles.

PHILIPPIQUE [filipik] n. f. – 1557 ; «discours de Démosthène», puis «satire politique» XVIᵉ ◇ grec *philippikos (logos)* «discours (de Démosthène) contre *Philippe*», roi de Macédoine ▪ LITTÉR. Discours violent contre une personne. ▪ CONTR. Apologie.

PHILISTIN [filistɛ̃] n. m. et adj. m. – 1828 ◇ de l'allemand *philister* «celui qui n'a pas fréquenté les universités», dans l'argot des étudiants, du nom du peuple combattu par Samson, dans la Bible ▪ Personne de goût vulgaire, fermée aux arts et aux lettres, aux nouveautés. ➤ **béotien.** *«une Vierge d'André del Sarto, d'une beauté à donner des frissons au bourgeois le moins connaisseur, au philistin le plus cuirassé de prosaïsme»* GAUTIER. — adj. m. *Il est un peu philistin.*

PHILISTINISME [filistinism] n. m. – 1851 ◇ de *philistin* ▪ LITTÉR. Caractère du philistin ; manque de goût, incompréhension. *Le «philistinisme en face des mathématiques supérieures. On ne comprend pas, alors on accuse»* ARAGON.

PHILO [filo] n. f. – 1888 ◇ abrév. de *philosophie* ▪ FAM. Philosophie. *Élève, prof de philo. Dissertation de philo.* ▪ HOM. Filo.

PHIL(O)- ▪ Élément, du grec *philos* «ami», ou *philein* «aimer». ➤ aussi **-phile.**

PHILODENDRON [filɔdɛ̃dʀɔ̃] n. m. – 1874 ◇ grec *philodendros,* de *philos* «ami» et *dendron* «arbre» ▪ Arbuste des pays tropicaux d'Amérique *(aracées),* à rhizome rampant, à feuilles coriaces, à fleurs en spadice, souvent très odorantes, dont certaines variétés sont cultivées comme ornementales ; cette fleur.

PHILOLOGIE [filɔlɔʒi] n. f. – 1690 ; «amour des lettres, érudition» XIVᵉ ◇ latin *philologia,* mot grec ▪ **1** Connaissance des belles-lettres ; étude historique des textes. ▪ **2** (1800) Étude d'une langue par l'analyse critique des textes. *Philologie romane, germanique. Certificats de grammaire et philologie.* ➤ aussi **linguistique.** ♦ SPÉCIALT Étude formelle des textes dans les différents manuscrits qui nous ont été transmis (➤ **épigraphie, manuscriptologie, paléographie**).

PHILOLOGIQUE [filɔlɔʒik] adj. – 1836 ; «relatif aux belles-lettres» 1666 ◇ de *philologie* ▪ Relatif à la philologie, à l'étude des textes. *Étude philologique* (grammaticale et linguistique) *et littéraire d'un texte.* ♦ SPÉCIALT *Étude philologique d'un texte ancien ou médiéval,* étude de ses différents manuscrits, de leur transmission, des variantes. — adv. **PHILOLOGIQUEMENT,** 1665.

PHILOLOGUE [filɔlɔg] n. – 1816 ; *philologe* «celui qui aime les belles-lettres» 1534 ◇ latin *philologus,* grec *philologos* ▪ **1** Spécialiste de l'étude grammaticale, linguistique des textes. ➤ **grammairien, linguiste.** ▪ **2** Spécialiste de l'étude des textes et de leur transmission.

PHILOSOPHALE [filɔzɔfal] adj. f. – *corps philosophal* XIVᵉ ◇ de *philosophe* ▪ (XVᵉ) *Pierre philosophale :* substance longtemps recherchée par les alchimistes, et qui devait posséder des propriétés merveilleuses, notamment celle de transmuer les métaux en or. — FIG. *«l'art, cette pierre philosophale du XIXᵉ siècle !»* A. BERTRAND.

PHILOSOPHE [filɔzɔf] n. et adj. – 1160 ◇ latin *philosophus,* grec *philosophos* «ami de la sagesse»

I n. ▪ **1** ANCIENNT Personne qui s'adonne à l'étude rationnelle de la nature et de la morale. *«Le philosophe est l'amateur de la sagesse et de la vérité»* VOLTAIRE. — SPÉCIALT ➤ **alchimiste.** *La pierre des philosophes :* la pierre philosophale*. ▪ **2** HIST. Personne qui s'appuie sur la raison, et récuse la révélation, la foi. *«Tout philosophe est cousin d'un athée»* MUSSET. ♦ (XVIIIᵉ) Personne qui, par le culte de la raison appliquée aux sciences naturelles et humaines, par l'honnêteté morale mise au service de l'humanité, cherchait à répandre le libre examen et les lumières. ➤ aussi **encyclopédiste.** *«La raison est à l'égard du philosophe ce que la grâce est à l'égard du chrétien. La grâce détermine le chrétien à agir ; la raison détermine le philosophe»* DIDEROT. ▪ **3** MOD. Personne qui élabore une doctrine ou des éléments de doctrine philosophique. ➤ **penseur.** *Philosophe idéaliste, matérialiste. Les nouveaux philosophes.* ▪ **4** (v. 1660) COUR. Personne qui pratique la sagesse, conforme sa vie à ses principes. ➤ **sage.** *Je «ne trouvais rien de si doux que de vivre à Paris, en* philosophe, *[...] au moyen des cent cinquante francs par mois que mon père me donnait»* STENDHAL. ♦ SPÉCIALT Sage de l'Antiquité. *«La nécessité de mourir faisait toute la constance des philosophes»* LA ROCHEFOUCAULD.

II adj. ▪ **1** (1534) VIEILLI Relatif à la philosophie, aux philosophes. ➤ **philosophique.** *Un ton philosophe.* ▪ **2** (XVIIᵉ) MOD. Qui montre de la sagesse, de la fermeté d'âme, du détachement. *«Que c'est donc bête, vieux, de vous tourmenter comme ça ! [...] mais vous n'êtes guère philosophe, ah ! non !»* ZOLA.

PHILOSOPHER [filɔzɔfe] v. intr. ⟨1⟩ – 1380 ◇ latin *philosophari* ▪ **1** Penser, raisonner sur des questions, des problèmes philosophiques. *«Cicéron dit que philosopher ce n'est autre chose que s'apprêter à la mort»* MONTAIGNE. *«Se moquer de la philosophie, c'est vraiment philosopher»* PASCAL. *«On dit : vivre d'abord, ensuite philosopher ; c'est le peuple qui parle ainsi ; mais le sage dit : philosopher d'abord, et vivre ensuite si l'on peut»* DIDEROT. ▪ **2** (XVIIᵉ) Raisonner, discuter sur quelque sujet que ce soit (en particulier d'une manière savante, compliquée, pédante, oiseuse).

PHILOSOPHIE [filɔzɔfi] n. f. – 1160 ◇ latin *philosophia,* mot grec

I LA PHILOSOPHIE ▪ **1** ANCIENNT Toute connaissance par la raison (opposé à *histoire* et à *poésie*). ➤ **science.** *La philosophie comprenait l'étude rationnelle de la nature* (sciences de la nature) *et la théorie de l'action humaine* (sciences humaines). *Philosophie et foi, au XVIᵉ siècle* (➤ **humanisme**). *«La philosophie n'est autre chose que l'application de la raison aux différents objets sur lesquels elle peut s'exercer»* D'ALEMBERT. *Philosophie expérimentale.* ▪ **2** (XVIIIᵉ) HIST. Attitude rationnelle et libérale des philosophes (2ᵒ). *«La superstition met le monde en flammes ; la philosophie les éteint»* VOLTAIRE. ▪ **3** MOD. Ensemble des études, des recherches visant à saisir les causes premières, la réalité absolue ainsi que les fondements des valeurs humaines, et envisageant les problèmes à leur plus haut degré de généralité. *Divisions traditionnelles de la philosophie.* ➤ **esthétique, éthique, 1 logique, 1 métaphysique, morale, ontologie, téléologie.** *Philosophie et psychologie. «La philosophie est cette tête commune, cette région centrale du grand faisceau de la connaissance humaine, où tous les rayons se touchent dans une lumière identique»* RENAN. *«Il n'y aurait pas place pour deux manières de connaître, philosophie et science, si l'expérience ne se présentait à nous sous deux aspects différents»* BERGSON. ▪ **4** (XVIIIᵉ) Ensemble de considérations tendant à ramener une branche de connaissances ou d'activité humaine à un petit nombre de principes généraux. *Philosophie de l'histoire, du droit, des beaux-arts, des sciences* (➤ **épistémologie, méthodologie**). Principe général sur lequel se fondent la réalisation, le fonctionnement d'un système, d'un mécanisme. ▪ **5** Enseignement dispensé dans les classes terminales des lycées et dans les facultés (logique, morale, métaphysique et psychologie). *Dissertation, devoir de philosophie. Licence, agrégation, doctorat de philosophie. « En France, la philosophie est à la fois une matière d'enseignement et un objet de méditation pour l'honnête homme »* LAVELLE.

III UNE PHILOSOPHIE ▪ **1** Ensemble de conceptions (ou d'attitudes) philosophiques. ➤ **doctrine, système, théorie.** *Philosophies occidentales modernes* : cartésianisme, hégélianisme, kantisme, marxisme. — (Doctrines caractérisées par leurs éléments remarquables) : déterminisme, empirisme, existentialisme, humanisme, idéalisme, matérialisme, nihilisme, panthéisme, phénoménologie, positivisme, pragmatisme, réalisme, spiritualisme. *« À mon avis,* toute Philosophie est une affaire de forme. *Elle est la forme la plus compréhensive qu'un certain individu puisse donner à l'ensemble de ses expériences internes ou autres »* VALÉRY. — PAR EXT. Ensemble des conceptions philosophiques communes à un groupe social. *La philosophie grecque, allemande. Philosophie occidentale et philosophie orientale.* ➤ 1 **pensée.** *« En fait il y a des philosophies ou plutôt* [...] *en certaines circonstances bien définies une philosophie se constitue pour donner son expression au mouvement général de la société »* SARTRE. ▪ **2** PAR EXT. Conception générale, vision plus ou moins méthodique du monde et des problèmes de la vie. *« une de ces philosophies personnelles »* HUGO. — SPÉCIALT (d'un écrivain) *La philosophie de Vigny, de Hugo,* leurs idées.

IIII SENS COURANT Élévation d'esprit, fermeté d'âme. ➤ 1 **calme, équanimité, raison, sagesse.** *Supporter les revers de fortune avec philosophie.* ➤ **résignation.** *Prendre les choses avec philosophie.* ➤ **détachement.**

PHILOSOPHIQUE [filɔzɔfik] adj. – 1380 ◊ latin *philosophicus,* grec *philosophikos* ▪ **1** Relatif à la philosophie. *Spéculation philosophique. — École, mouvement philosophique. « La faculté maîtresse de M. Taine* [...] *est assurément l'esprit philosophique »* BOURGET. ◆ (XVIIIe) *Le parti, le mouvement philosophique.* ➤ **philosophe.** ◆ PAR EXT. Qui touche à des problèmes de philosophie. ➤ **didactique, intellectuel.** *« L'art philosophique n'est pas aussi étranger à la nature française qu'on le croirait »* BAUDELAIRE. ▪ **2** Qui dénote de la sagesse, de la résignation. *Un mépris philosophique de l'argent.*

PHILOSOPHIQUEMENT [filɔzɔfikmɑ̃] adv. – 1487 ; *philosophiement* 1380 ◊ de *philosophique* ▪ **1** D'une manière philosophique, en philosophe. ▪ **2** (XVIIe) Avec sagesse, résignation, calme. *Accepter philosophiquement son sort.*

PHILOSOPHISME [filɔzɔfism] n. m. – 1809 ; « fausse sagesse » 1777 ; autre sens 1377 ◊ de *philosophie* ▪ PÉJ. et VX Manie, abus de la philosophie. *« mes idées qui, pendant un temps, avaient été fort tournées au philosophisme* [...] *du XVIIIe siècle, se sont beaucoup modifiées »* SAINTE-BEUVE.

PHILTRE [filtʀ] n. m. – *filtre* 1381 ◊ latin *philtrum,* grec *philtron* ▪ Breuvage magique destiné à inspirer l'amour. *Le philtre de Tristan et Iseut.* ➤ 2 **charme.** — FIG. *« Tes baisers sont un philtre »* BAUDELAIRE. ▪ HOM. Filtre.

PHIMOSIS [fimozis] n. m. – 1560 ◊ grec *phimôsis* « resserrement » ▪ MÉD. Étroitesse anormale du prépuce, empêchant de découvrir le gland. *Phimosis congénital.*

PHLÉBITE [flebit] n. f. – 1818 ◊ de *phléb(o)-* et *-ite* ▪ Inflammation d'une veine.

PHLÉB(O)- ▪ Élément, du grec *phleps, phlebos* « veine ».

PHLÉBOGRAPHIE [flebɔgʀafi] n. f. – 1953 ; « description des veines » 1808 ◊ de *phlébo-* et *-graphie* ▪ MÉD. Radiographie des veines après injection d'un produit opaque aux rayons X.

PHLÉBOLITHE ou **PHLÉBOLITE** [flebɔlit] n. m. – 1820, -1836 ◊ de *phlébo-* et *-lithe* ▪ MÉD. Concrétion calcaire infiltrant la paroi des veines.

PHLÉBOLOGIE [flebɔlɔʒi] n. f. – 1795, repris 1878 ◊ de *phlébo-* et *-logie* ▪ MÉD. Étude des veines et de leurs maladies. ➤ **angiologie.**

PHLÉBOLOGUE [flebɔlɔg] n. – 1964 ◊ de *phlébologie* ▪ Médecin spécialiste en phlébologie.

PHLÉBORRAGIE [flebɔʀaʒi] n. f. – 1822 ; *phléborrhagie* 1820 ◊ de *phlébo-* et *-rragie* ▪ MÉD. Hémorragie veineuse.

PHLÉBOTOME [flebɔtɔm ; flebotom] n. m. – 1598 ; *flebotome* 1533 ◊ latin *phlebotomus,* grec *phlebotomos* ▪ **1** MÉD. Lancette utilisée pour les phlébotomies. ▪ **2** (XXe) ZOOL. Genre d'insectes diptères dont quelques-uns peuvent transmettre des maladies infectieuses (dengue, leishmaniose, etc.).

PHLÉBOTOMIE [flebɔtɔmi] n. f. – 1549 ; *flebothomie* 1314 ◊ latin d'origine grecque *phlebotomia* ▪ MÉD. Incision d'une veine pour provoquer la saignée.

PHLEGMON ou **FLEGMON** [flɛgmɔ̃] n. m. – *flegmon* 1538 ; *fleugmon* 1314 ◊ latin des médecins *phlegmon(e),* du grec *phlegein* « brûler » ▪ MÉD. Inflammation purulente du tissu sous-cutané ou du tissu conjonctif de soutien d'un organe. ➤ **abcès, anthrax, furoncle.** *Phlegmon circonscrit, diffus. Phlegmon des doigts.* ➤ **panaris, tourniole.** — adj. **PHLEGMONEUX, EUSE** ou **FLEGMONEUX, EUSE.**

PHLÉOLE ➤ **FLÉOLE**

PHLOÈME [flɔɛm] n. m. – 1960 ◊ formé sur le grec *phloios* « écorce, enveloppe », d'après l'anglais *phloem* (1875) ▪ BOT. Tissu vasculaire servant à la distribution des éléments nutritifs chez les plantes. ➤ **liber.**

PHLOGISTIQUE [flɔʒistik] n. m. – 1747 ◊ latin moderne *phlogisticum,* du grec *phlogistos* « inflammable » ▪ HIST. DES SC. Feu, considéré comme un des matériaux ou principes de la composition des corps (doctrine ruinée par Lavoisier, à la fin du XVIIIe s.).

PHLOX [flɔks] n. m. – 1794 ◊ mot grec « flamme » ▪ Plante herbacée *(polémoniacées),* cultivée pour ses fleurs de couleurs vives. *« L'odeur sucrée des phlox »* BEAUVOIR.

PHLYCTÈNE [flikten] n. f. – 1586 ◊ grec *phluktaina,* de *phluzein* « être gonflé de sève ; bouillonner » ▪ MÉD. Bulle cutanée remplie de sérosité transparente. ➤ COUR. **ampoule, cloque.**

PH-MÈTRE [peaʃmɛtʀ] n. m. – 1963 ◊ de *pH* et *-mètre* ▪ TECHN. Appareil servant à mesurer le pH d'une solution. *Des pH-mètres.*

PHÔ [fø] n. m. – 1996 ◊ vietnamien *phở* ▪ Soupe vietnamienne à base de nouilles de riz et, le plus souvent, de lamelles de bœuf cuites dans un bouillon parfumé. — APPOS. *Soupe phô.* ▪ HOM. Feu.

-PHOBE, -PHOBIE ▪ Éléments, des composés grecs en *-phobos* (adj.) et *-phobia* (n.), du radical *phobos* « crainte », désignant la peur morbide *(agoraphobie)* ou l'aversion, l'hostilité *(homophobie, xénophobie).*

PHOBIE [fɔbi] n. f. – 1880 ◊ isolé des composés savants en *-phobie* ▪ **1** PSYCHOL. Crainte excessive, maladive et irraisonnée de certains objets, actes, situations ou idées. ➤ **acrophobie, agoraphobie, arachnophobie, claustrophobie, éreuthophobie, hydrophobie, photophobie, zoophobie.** *Obsessions et phobies. Les phobies, manifestations des névroses. — Phobie scolaire* : trouble du comportement affectant certains enfants ou adolescents, qui se manifeste par un refus anxieux de l'école. ▪ **2** COUR. Peur ou aversion instinctive. ➤ **dégoût, haine, horreur.** *Flaubert et « sa phobie des pronoms relatifs »* THIBAUDET.

PHOBIQUE [fɔbik] adj. et n. – 1903 ◊ de *phobie* ▪ PSYCHOL. Relatif à la phobie. *Névrose phobique.* ◆ Atteint de phobie. — n. *Les phobiques et les obsédés.*

PHOCÉEN, ENNE [fɔseɛ̃, ɛn] adj. et n. – 1713 ; *phocean* 1584 ◊ latin *Phocaeenses,* pl. grec *Phôkaiees,* n. de peuple ▪ **1** HIST. ANC. De Phocée ou de la Phocide (dans ce cas on dit plutôt **PHOCIDIEN, IENNE** [fɔsidjɛ̃, jɛn]), ville et région de la Grèce. *Marseille fut fondée par une colonie phocéenne.* — n. *Les Phocéens.* ▪ **2** MOD. et LITTÉR. De Marseille. ➤ **marseillais, massaliote.** *La cité phocéenne* : Marseille.

PHOCOMÈLE [fɔkɔmɛl] adj. et n. – 1836 ◊ du grec *phôkê* « phoque » et *mélos* « membre » ▪ MÉD. Dont les membres sont réduits à leur seule extrémité (pieds et mains reliés au tronc). *Enfant phocomèle.* — n. *Les phocomèles sont viables.* — n. f. (1846) **PHOCOMÉLIE.**

PHŒNIX ou **PHÉNIX** [feniks] n. m. – 1690 ◊ grec *phoiniks* « palmier » ▪ BOT. Variété de palmier comprenant plusieurs espèces. *Phœnix des Canaries,* palmier ornemental. *Le palmier-dattier est un phœnix.* ▪ HOM. Phénix.

PHOLADE [fɔlad] n. f. – 1555 ◊ grec *phôlas, phôlados* « qui vit dans des trous » ▪ ZOOL. Mollusque marin comestible *(lamellibranches).*

PHOLIOTE [fɔljɔt] n. f. – v. 1905 ◊ latin des botanistes *pholiota,* du grec *pholis* « écaille de reptile » ▪ BOT. Champignon *(agaricacées)* croissant par touffes à la base des arbres.

PHONATEUR, TRICE [fɔnatœʀ, tʀis] adj. – 1836 ◊ de *phon(ation)* ■ DIDACT. Qui concourt à la phonation. ➤ **phonatoire.**

PHONATION [fɔnasjɔ̃] n. f. – 1834 ◊ du grec *phônê* «voix, son» ■ DIDACT. Ensemble des phénomènes qui concourent à la production de la voix et du langage articulé. ➤ **articulation** (II), **parole,** 2 **phonie.** *Troubles de la phonation.* ➤ **dysphonie ; phoniatrie.**

PHONATOIRE [fɔnatwaʀ] adj. – XXe ◊ de *phon(ation)* ■ DIDACT. Relatif à la phonation. ➤ **phonateur.** *Appareil phonatoire* : ensemble d'organes qui permettent la production du langage humain (appareil respiratoire, larynx, cavités de résonance). *Spasme phonatoire.*

PHONE [fɔn] n. m. – 1949 ◊ du grec *phônê* «voix, son» ■ MÉTROL. Unité de mesure (sans dimension) de l'intensité acoustique physiologique d'une onde sonore, correspondant au volume d'un son de 1 décibel à une fréquence de 1 000 hertz.

-PHONE ➤ **PHON(O)-**

PHONÉMATIQUE [fɔnematik] adj. et n. f. – 1931 ; n. m. 1929 ◊ de l'anglais, dérivé de *phoneme* ■ LING. Relatif au plan du phonème, en tant qu'unité distinctive. ➤ **phonologique.** — n. f. RARE *La phonématique.* ➤ **phonologie.**

PHONÈME [fɔnɛm] n. m. – 1873 ◊ grec *phônêma* «son de voix» ■ **1** LING. La plus petite unité de langage parlé, dont la fonction est de constituer les signifiants et de les distinguer entre eux. *Phonème vocalique, consonantique. Phonème oral, nasal, sourd, sonore. Le français comprend 36 phonèmes (16 voyelles et 20 consonnes).* — adj. **PHONÉMIQUE.** ■ **2** PATHOL. Hallucination auditive dans laquelle le sujet entend des voix.

PHONÉTICIEN, IENNE [fɔnetisjɛ̃, jɛn] n. – 1894 ◊ de *phonétique* ■ Linguiste spécialisé(e) dans la phonétique.

PHONÉTIQUE [fɔnetik] adj. et n. f. – 1822 ◊ grec *phônêtikos* ■ **1** LING. Qui a rapport aux sons du langage. *Aspects phonétiques et graphiques du mot. Alphabet* de l'Association phonétique internationale (A. P. I.). Transcription, notation phonétique.* ♦ *Orthographe phonétique,* dont chaque lettre note un son (ex. pilori). *Écriture phonétique de l'espagnol.* ■ **2** n. f. (1869) Branche de la linguistique qui étudie les sons des langues naturelles. *Phonétique générale (acoustique* et *physiologique),* qui étudie le fonctionnement de l'appareil phonatoire humain, analyse les modes articulatoires et les particularités des sons émis, au moyen d'appareils acoustiques. *Phonétique descriptive* : étude des particularités phonétiques d'une langue. *Phonétique évolutive* ou *historique* : étude des changements phonétiques d'une langue. *Phonétique normative,* qui prescrit les règles de la bonne prononciation d'une langue. — *Phonétique expérimentale. Phonétique fonctionnelle.* ➤ **phonologie.**

PHONÉTIQUEMENT [fɔnetikmɑ̃] adv. – 1822 ◊ de *phonétique* ■ Au point de vue phonétique, d'une manière phonétique. *Texte transcrit phonétiquement.*

PHONIATRIE [fɔnjatʀi] n. f. – v. 1945 ◊ du grec *phônê* «voix, son» et *-iatrie* ■ DIDACT. Branche de la médecine qui s'occupe de tous les phénomènes pathologiques de la phonation, des troubles de la parole. — n. **PHONIATRE.**

1 **PHONIE** [fɔni] n. f. – 1949 ◊ de *(télé)phonie* ■ TÉLÉCOMM. Transmission de messages parlés dans la téléphonie sans fil. *Envoyer un message en phonie.*

2 **PHONIE** [fɔni] n. f. – 1970 ◊ du grec *phônê* «son, voix» ■ Phonation. *Correspondance graphie-phonie dans les écritures phonétiques.*

-PHONIE ➤ **PHON(O)-**

PHONIQUE [fɔnik] adj. – 1751 ◊ du latin scientifique *phonicus* (Kircher, 1650), formé sur le grec *phônê* «voix, son» ■ DIDACT. Qui a rapport à la voix ou aux sons en général. *Isolation phonique.* ➤ **insonorisation.**

PHONO [fono] n. m. – v. 1900 ◊ abrév. de *phonographe* ■ ANCIENNT et FAM. Phonographe ; PAR EXT. Électrophone. *Un vieux phono à pavillon. Des phonos.*

PHON(O)-, -PHONE, -PHONIE ■ Éléments, du grec *phônê* «voix, son», ou des comp. grec en *-phônos* et *-phônia* : *aphone, cacophonie, phonographe, saxophone.*

PHONOCAPTEUR, TRICE [fonokaptœʀ, tʀis] adj. et n. m. – milieu XXe ◊ de *phono-* et *capteur* ■ AUDIOVIS. Capable de lire la gravure d'un disque phonographique. *Cellule phonocaptrice.* — n. m. Capteur utilisé pour la lecture des disques phonographiques.

PHONOGÉNIE [fɔnɔʒeni ; fono-] n. f. – 1929 ◊ de *phono-* et *-génie* ■ DIDACT. Aptitude d'une voix ou d'un instrument à être l'objet d'un enregistrement et d'une reproduction de qualité. — adj. **PHONOGÉNIQUE.** *Voix phonogénique.*

PHONOGRAMME [fɔnɔgʀam] n. m. – 1887 ◊ de *phono-* et *-gramme* ■ DIDACT. ■ **1** Tracé enregistrant les vibrations produites par la voix, dans la parole (➤ **formant, sonagramme**). ■ **2** (1890) Signe graphique représentant un son (opposé à *idéogramme*).

PHONOGRAPHE [fɔnɔgʀaf] n. m. – 1877 ◊ de *phono-* et *-graphe* ■ **1** ANCIENNT Appareil constitué d'un récepteur, d'un enregistreur et d'un reproducteur des sons ou de la voix. *Phonographes à cylindre, à pavillon.* ■ **2** (début XXe) Appareil acoustique reproduisant les sons d'un disque*. ➤ **électrophone, gramophone.** *«parmi les phonographes, il y en a qui reproduisent en grinçant et en nasillant, d'autres qui, au contraire, imitent merveilleusement les voix»* ALAIN. ➤ **phono.**

PHONOGRAPHIQUE [fɔnɔgʀafik] adj. – 1862 ◊ de *phonographe* ■ DIDACT. Propre au phonographe, destiné ou enregistré au phonographe (et PAR EXT. enregistré sur disque). *Disque phonographique. Œuvres phonographiques.*

PHONOLITHE ou **PHONOLITE** [fɔnɔlit] n. f. ou m. – 1823 ; *phonolite* 1807 ◊ de *phono-* et *-lithe* «pierre qui résonne» ■ MINÉR. Roche volcanique, parfois sonore sous le choc. *La phonolithe contient moins de silice (55%) que le trachyte.* — adj. **PHONOLITHIQUE** ou **PHONOLITIQUE** (1834).

PHONOLOGIE [fɔnɔlɔʒi] n. f. – v. 1925 ; «traité des sons» 1845 ◊ de *phono-* et *-logie,* d'après le latin moderne *phonologia* (Kircher, 1678) ■ LING. Science qui étudie la fonction des sons dans les langues naturelles et dégage ainsi les phonèmes*. *La phonologie est une phonétique fonctionnelle.* ➤ **phonématique.**

PHONOLOGIQUE [fɔnɔlɔʒik] adj. – v. 1929 ; «des sons» 1846 ◊ de *phonologie* ■ LING. Propre, relatif à la phonologie. *Système phonologique d'une langue.*

PHONOLOGUE [fɔnɔlɔg] n. – 1933 ; *phonologiste* «phonéticien» 1916 ◊ de *phonologie* ■ LING. Spécialiste de la phonologie.

PHONOMÉTRIE [fɔnɔmetʀi] n. f. – 1842 ◊ de *phono-* et *-métrie* ■ PHYS. Mesure de l'intensité des sons.

PHONON [fɔnɔ̃] n. m. – v. 1965 ◊ de *phon(o)-,* d'après *photon* ■ PHYS. Quantum d'oscillation d'une particule dans un réseau cristallin.

PHONOTHÈQUE [fɔnɔtɛk] n. f. – 1928 ◊ de *phono-* et *-thèque* ■ Établissement destiné à réunir et conserver les documents sonores enregistrés sur tous supports constituant les «archives de la parole» (*discothèque**, plus cour., se dit surtout des disques de musique). ➤ **sonothèque.** *La phonothèque de la Maison de la radio, à Paris.*

PHOQUE [fɔk] n. m. – 1573 n. f. ; *focque* 1532 ◊ latin *phoca,* grec *phôkê* ■ **1** Mammifère marin amphibie *(pinnipèdes),* au corps fusiforme pourvu de membres antérieurs petits et palmés, au cou très court, aux oreilles dépourvues de pavillon, et au pelage ras. *Phoques des mers arctiques : phoque barbu, phoque à capuchon, veau marin, phoque gris. Phoque moine, en Méditerranée. Phoques de l'Antarctique : phoque crabier, phoque de Ross. Phoques et éléphants* de mer. Huile de phoque. «tout est bon dans le phoque, c'est un peu l'équivalent polaire du porc»* ECHENOZ. — *Bébé phoque* : jeune phoque, dont la fourrure est très recherchée. ➤ RÉGION. **blanchon.** *Militer contre le massacre des bébés phoques.* ♦ LOC. *Souffler comme un phoque* : respirer avec effort, avec bruit. FAM. *Pédé* comme un phoque.* ■ **2** Fourrure de phoque ou d'otarie. *Bottes en phoque.* ■ HOM. Foc.

-PHORE ■ Élément, du grec *pherein* «porter» (comp. grec en *-phoros*) : *doryphore, métaphore, phosphore, sémaphore.*

PHORMION [fɔʀmjɔ̃] n. m. – 1812 ◊ latin *phormium* «natte», grec *phormion* ■ BOT. Plante *(liliacées)* vivace, à rhizome épais, appelée aussi *chanvre* ou *lin de la Nouvelle-Zélande.* ➤ **crin** (végétal). — On dit aussi **PHORMIUM** [fɔʀmjɔm], 1804.

PHOSGÈNE [fɔsʒɛn] n. m. – 1823 ◊ du grec *phôs* «lumière» et *-gène* ■ CHIM. Gaz incolore, très toxique, obtenu par la combinaison du chlore et de l'oxyde de carbone ($COCl_2$).

PHOSPHATAGE [fɔsfataʒ] n. m. – fin XIXe ◊ de *phosphate* ■ AGRIC. Opération qui consiste à répandre des phosphates de calcium sur une terre pour la fertiliser.

PHOSPHATASE [fɔsfataz] **n. f.** – avant 1949 ◊ de *phosphate* et *-ase* ■ BIOCHIM. Enzyme qui catalyse la libération d'un groupement phosphate d'une molécule.

PHOSPHATATION [fɔsfatasjɔ̃] **n. f.** – 1963 ◊ de *phosphater* ■ MATÉR. Traitement de surface des pièces métalliques, par formation de phosphates ferriques. ➤ **bondérisation, parkérisation.**

PHOSPHATE [fɔsfat] **n. m.** – 1782 ◊ de *phosphore* ■ Sel ou ion issu de l'acide phosphorique. *Les engrais phosphorés contiennent des phosphates acides. Phosphate utilisé comme additif alimentaire (stabilisant). Lessive, jambon sans phosphates.* ➤ **polyphosphate.** — GÉOL. *Phosphates naturels :* apatite, phosphorite, monazite. ◆ COUR. Phosphate de calcium (engrais). ➤ **superphosphate.**

PHOSPHATÉ, ÉE [fɔsfate] **adj.** – 1803 ◊ de *phosphate* ■ Qui contient du phosphate de calcium ; qui est à l'état de phosphate. *Composé, engrais phosphaté. — Aliments phosphatés.*

PHOSPHATER [fɔsfate] **v. tr.** ‹1› – 1905 ◊ de *phosphate* ■ **1** AGRIC. Fertiliser en répandant du phosphate de calcium comme engrais. *Phosphater un champ, une terre.* ■ **2** Réaliser la phosphatation de (une surface métallique).

PHOSPHATURIE [fɔsfatyʀi] **n. f.** – 1877 ◊ de *phosphate* et *-urie* ■ MÉD. Élimination d'un excès de phosphates (de calcium, magnésium, ammonium) par les urines.

PHOSPHÈNE [fɔsfɛn] **n. m.** – 1838 ◊ du grec *phôs* «lumière» et *phainein* «briller» ■ MÉD. Sensation lumineuse qui résulte de l'excitation des récepteurs rétiniens par un agent autre que la lumière (choc, compression externe ou interne du globe oculaire, excitation électrique). *«sous ses paupières closes la pression fait naître des myriades de phosphènes aux tons vifs, des étoiles éclatées, des croix stroboscopiques et des croissants pyrotechniques sur fond d'escaliers et damiers»* ECHENOZ.

PHOSPHINE [fɔsfin] **n. f.** – 1874 ◊ de *phosphore* ■ CHIM. ■ **1** *Les phosphines :* classe de composés organiques qui dérivent de l'hydrogène phosphoré gazeux (PH_3) par substitution de radicaux alcoyle à un ou plusieurs atomes d'hydrogène. ■ **2** (1959) Hydrogène phosphoré liquide (phosphure* d'hydrogène).

PHOSPHITE [fɔsfit] **n. m.** – 1787 ◊ de *phosphore* ■ CHIM. Sel ou ester de l'acide phosphoreux.

PHOSPHOLIPIDE [fɔsfolipid] **n. m.** – 1928 ◊ de *phospho(re)* et *lipide* ■ BIOCHIM. Lipide composé de deux acides gras combinés à un glycérol et un groupement phosphate sous forme estérifiée. *Les phospholipides, constituants importants des membranes cellulaires animales et végétales. La lécithine est un phospholipide.* — **adj. PHOSPHOLIPIDIQUE.**

PHOSPHOPROTÉINE [fɔsfopʀɔtein] **n. f.** – 1949 ◊ de *phospho(re)* et *protéine* ■ BIOCHIM. Protéine combinée à un groupement phosphate.

PHOSPHORE [fɔsfɔʀ] **n. m.** – 1677 ◊ grec *phôsphoros* «lumineux», de *phôs* «lumière» ■ **1** VX Toute substance capable de devenir lumineuse dans l'obscurité. ■ **2** (dès 1677) MOD. Élément atomique (P ; n° at. 15 ; m. at. 30,97), dont on connaît six isotopes radioactifs et qui existe sous plusieurs formes allotropiques. *Phosphore blanc :* solide fusible à 44 °C, très facilement inflammable, luminescent dans l'obscurité (➤ **phosphorescence**) et très toxique (➤ **phosphorisme**). *Phosphore rouge,* ne s'enflammant qu'au-dessus de 250 °C et non toxique. — *Anciennes allumettes au phosphore.* — *Le phosphore sert à la préparation de l'acide phosphorique, de dérivés halogénés* (pour la fabrication d'insecticides, d'anticryptogamiques). *Bombes au phosphore. Teneur du sang en phosphore.* ➤ **phosphorémie.** ■ **3** LITTÉR. **(en parlant de choses qui brillent, de lueurs)** *Des yeux de phosphore. «De grands éclairs [...] semblaient courir au ras du sol, en larges sillons de phosphore»* ZOLA.

PHOSPHORÉ, ÉE [fɔsfɔʀe] **adj.** – 1789 ◊ de *phosphore* ■ Qui contient du phosphore, qui est enduit de phosphore. *Pâte phosphorée :* préparation toxique qui était employée pour la destruction des animaux nuisibles. *Engrais phosphorés. — Hydrogène phosphoré :* phosphure* d'hydrogène.

PHOSPHORÉMIE [fɔsfɔʀemi] **n. f.** – 1935 ◊ de *phosphore* et *-émie* ■ PHYSIOL. Teneur du sang en phosphore.

PHOSPHORER [fɔsfɔʀe] **v. intr.** ‹1› – 1944 ; «briller avec éclat» 1891 ◊ de *phosphore* (qui stimulerait l'activité intellectuelle) ■ FAM. Travailler intellectuellement. *«il travaille. Mieux ! il phosphore, il rupine à bloc»* QUENEAU.

PHOSPHORESCENCE [fɔsfɔʀesɑ̃s] **n. f.** – 1784 ◊ de *phosphore* ■ **1** COUR. Luminescence du phosphore (➤ **chimioluminescence**). ■ **2** (1861) PHYS., BIOL. Propriété qu'ont certains corps d'émettre, sous l'excitation d'un rayonnement (visible ou non) et sans dégagement sensible de chaleur, un rayonnement de plus grande longueur d'onde (photoluminescence), même après suppression de l'excitation (cf. Fluorescence). ◆ Particularité de certains organismes animaux ou végétaux d'émettre de la lumière dans l'obscurité. *La phosphorescence des vers luisants.*

PHOSPHORESCENT, ENTE [fɔsfɔʀesɑ̃, ɑ̃t] **adj.** – 1789 ◊ de *phosphorescence* ■ **1** Doué de phosphorescence **(au sens courant).** ➤ **fluorescent, luminescent,** VX **photogène.** *Corps phosphorescent. Animal phosphorescent* (➤ **luisant**). *Mer phosphorescente. «L'azur phosphorescent de la mer des Tropiques»* HEREDIA. ■ **2** Qui a rapport ou ressemble à la lumière émise par un corps doué de phosphorescence. *Lueur phosphorescente.* ■ **3** PHYS. De la phosphorescence (2°).

PHOSPHOREUX, EUSE [fɔsfɔʀø, øz] **adj.** – 1787 ◊ de *phosphore* ■ Qui contient du phosphore. *Alliage, bronze phosphoreux.* — CHIM. Se dit de l'anhydride et des acides où le phosphore est au degré d'oxydation +3. *Acides phosphoreux* (H_3PO_3 *et les acides hypophosphoreux,* H_3PO_2 ; *pyrophosphoreux,* $H_4P_2O_5$; *métaphosphoreux,* HPO_2). — *Anhydride phosphoreux* (P_2O_3).

PHOSPHORIQUE [fɔsfɔʀik] **adj.** – 1753 ◊ de *phosphore* ■ Qui brille à la manière du phosphore. — Qui contient du phosphore. *Allumettes phosphoriques.* ◆ (1782) CHIM. Se dit des anhydrides et acides où le phosphore est au degré d'oxydation +5. *Acides phosphoriques : orthophosphorique* (H_3PO_4), *pyrophosphorique* ($H_4P_2O_7$), *métaphosphorique* (HPO_3). SPÉCIALT L'acide orthophosphorique. — *Anhydride phosphorique* (P_2O_5), formé par combustion vive du phosphore.

PHOSPHORISATION [fɔsfɔʀizasjɔ̃] **n. f.** – 1824 ◊ de *phosphore* ■ PHYSIOL. Action ou formation du phosphate de calcium dans l'organisme animal.

PHOSPHORISME [fɔsfɔʀism] **n. m.** – 1869 ; «phosphorescence» 1788 ◊ de *phosphore* ■ MÉD. Intoxication par le phosphore blanc. *Phosphorisme aigu, chronique.*

PHOSPHORITE [fɔsfɔʀit] **n. f.** – 1842 ◊ de *phosphore* ■ GÉOL. Phosphate naturel de calcium (➤ **apatite**).

PHOSPHORYLASE [fɔsfɔʀilɑz] **n. f.** – 1949 ◊ de *phosphoryle* et *-ase* ■ BIOCHIM. Enzyme dégradant le glycogène dans le muscle et dans le foie.

PHOSPHORYLATION [fɔsfɔʀilasjɔ̃] **n. f.** – 1938 ◊ de *phosphoryle* ■ BIOCHIM. Réaction chimique ou enzymatique au cours de laquelle un groupement phosphate (PO_3H_2) se fixe sur un composé organique. *L'ATP peut être formée par phosphorylation. Enzymes activées par phosphorylation.*

PHOSPHORYLE [fɔsfɔʀil] **n. m.** – 1949 ◊ de *phosphore* ■ BIOCHIM. Radical PO_3, existant à l'état d'esters phosphoriques.

PHOSPHURE [fɔsfyʀ] **n. m.** – 1787 ◊ de *phosphore* ■ CHIM. Combinaison du phosphore avec un ou des éléments chimiques peu électronégatifs. *Phosphures d'hydrogène* (ou *hydrogènes phosphorés*). ➤ **phosphine.**

PHOT [fɔt] **n. m.** – 1903 ◊ grec *phôs, phôtos* «lumière» ■ MÉTROL. Unité C. G. S. de mesure d'éclairement lumineux (SYMB. ph), valant 10^4 lux.

-PHOTE ■ Élément, du grec *phôs, phôtos* «lumière». ➤ **photo-.**

PHOTO [foto] **n. f.** et **adj.** – 1864 ◊ abrév. de *photographie* et de *photographique*

I **n. f.** ■ **1** Photographie (1°). *Appareil de photo. Matériel de photo.* — LOC. FIG. (de la photo servant à déterminer le gagnant à l'arrivée d'une course très serrée) *Il n'y a pas photo :* aucun doute, aucune hésitation n'est possible. ■ **2** La technique, l'art de prendre des images photographiques (➤ **photographe**). *Aimer la photo, faire de la photo. Photo argentique, numérique. «la photo rapporte si peu, il faut absolument qu'elle trouve un autre boulot»* C. CUSSET. ■ **3** Image (SPÉCIALT le cliché positif) obtenue par le procédé de la photographie. ➤ **cliché, diapositive, épreuve.** *Prendre, faire une photo, des photos. «dans les rues à prendre sur le vif des photos comme des flagrants délits»* CARTIER-BRESSON. *Photo surexposée, sous-exposée. Photo ratée, floue. Tirage d'une photo sur papier. Imprimer une photo. Agrandir, retoucher une photo. Photo truquée. Photo d'art, de mode. Photos de vacances. Photo de famille ;* FIG. photo d'ensemble des membres d'un groupe, des participants à une manifestation. *La photo de famille du nouveau gouvernement. Photo de mariage. Album de photos. Photo en couleur, noir et blanc. Montage de photos.* ➤ **photomontage.** — Portrait photographique. *Photo d'identité. Photo anthropométrique. Photo dédicacée.* LOC. FAM. *Tu veux ma photo ?,* se dit quand on se sent observé avec insistance. ◆ **EN PHOTO.** *Prendre en photo :* photographier. *Il est mieux en photo qu'au naturel* (➤ **photogénique**). ◆ Image, reproduction photographique. ➤ **gravure, illustration.** *Découper une photo dans un journal, un livre. Il a sa photo en première page. — Roman-photo.* ➤ 1 **roman** (II, 2°). *Magazine photo,* contenant de nombreuses photos. — *Séance photo.* ➤ ANGLIC. **shooting.** — ➤ aussi **safari-photo.**

II adj. Photographique. *Appareil photo.* ➤ **autofocus,** 3 **bridge, polaroïd, réflex.** *Des appareils photos. Boîtier, diaphragme, objectifs, filtres, flash d'un appareil photo. Des pellicules photos de 200 ASA. Crédit photo.*

PHOTO- ▪ Élément, du grec *phôs, phôtos* « lumière » (➤ **-phote**).

PHOTOBIOLOGIE [fɔtobjɔlɔʒi] n. f. – v. 1960 ◊ de *photo-* et *biologie* ▪ DIDACT. Partie de la biologie qui étudie l'action de la lumière sur les êtres vivants, notamment les végétaux.

PHOTOCATHODE [fɔtokatɔd] n. f. – 1948 ◊ de *photo-* et *cathode* ▪ ÉLECTRON. Cathode d'une cellule photoélectrique.

PHOTOCHIMIE [fɔtoʃimi] n. f. – 1865 ◊ de *photo-* et *chimie* ▪ SC. Étude des réactions chimiques en relation avec l'énergie rayonnante (et SPÉCIALT des transformations de la matière sous l'influence du spectre compris entre l'ultraviolet extrême et le début de l'infrarouge).

PHOTOCHIMIQUE [fɔtoʃimik] adj. – 1859 ◊ de *photochimie* ▪ SC. De la photochimie. *La photosynthèse est une réaction photochimique. Gravure* photochimique* (photogravure).

PHOTOCHROMIQUE [fɔtɔkʀɔmik ; fotokʀomik] adj. – 1877 ◊ de *photo-* et *chromique* ▪ OPT. Dont la transmission optique varie avec l'intensité du rayonnement lumineux. *Verres de lunettes photochromiques.*

PHOTOCOMPOSEUSE [fɔtokɔ̃pozøz] n. f. – avant 1966 ◊ de *photocomposition* ▪ TECHN. Machine pour la photocomposition. *Photocomposeuse à composition classique* (le métal coulé étant remplacé par des caractères transparents photographiés). *Photocomposeuse électronique.*

PHOTOCOMPOSITEUR [fɔtokɔ̃pozitœʀ] n. m. – v. 1970 ◊ de *photocomposition,* d'après *compositeur* ▪ Personne spécialisée dans la photocomposition. — On dit aussi **PHOTOCOMPOSEUR.**

PHOTOCOMPOSITION [fɔtokɔ̃pozisjɔ̃] n. f. – 1963 ◊ de *photo* et *composition* ▪ TECHN. (IMPRIM.) Composition photographique ; ensemble des méthodes de composition par photographie, donnant, par contact ou projection, des textes sur film.

PHOTOCONDUCTEUR, TRICE [fɔtokɔ̃dyktœʀ, tʀis] adj. – 1953 ◊ de *photo-* et *conducteur* ▪ PHYS., ÉLECTRON. Caractérisé par la photoconductivité. *Effet photoconducteur.*

PHOTOCONDUCTIVITÉ [fɔtokɔ̃dyktivite] n. f. – 1963 ◊ de *photo-* et *conductivité* ▪ ÉLECTRON. Augmentation de la conductivité électrique d'un matériau semi-conducteur sous l'action d'un rayonnement électromagnétique.

PHOTOCOPIE [fɔtɔkɔpi] n. f. – fin XIXe « épreuve positive » ◊ de *photo-* et *copie* ▪ Reproduction photographique d'un document. ➤ **copie.** *Faire une photocopie. L'original et la photocopie. Reproduction par photocopie.* ➤ **reprographie.** *Photocopie à échelle réduite.* ➤ **microcopie.**

PHOTOCOPIER [fɔtɔkɔpje] v. tr. ⟨7⟩ – 1907 ◊ de *photocopie* ▪ Reproduire (un document) par la photographie. *Photocopier un contrat, un diplôme.* ABSOLT *Machine à photocopier.* ➤ **photocopieur.**

PHOTOCOPIEUR [fɔtɔkɔpjœʀ] n. m. et **PHOTOCOPIEUSE** [fɔtɔkɔpjøz] n. f. – 1964 ◊ de *photocopier* ▪ Machine à photocopier (➤ **copieur**).

PHOTOCOPILLAGE [fɔtɔkɔpijaʒ] n. m. – 1993 ◊ de *photocopie* et *pillage* ▪ Action de photocopier des documents, des livres pour un usage collectif, afin d'en économiser l'achat.

PHOTODIODE [fɔtodjɔd] n. f. – milieu XXe ◊ de *photo-* et *diode* ▪ ÉLECTRON. Diode semi-conductrice dont la conductivité varie avec l'intensité du rayonnement lumineux incident.

PHOTODISSOCIATION [fɔtodisɔsjasjɔ̃] n. f. – v. 1960 ◊ de *photo-* et *dissociation* ▪ CHIM. Dissociation (d'une molécule) sous l'effet d'un rayonnement de photons.

PHOTOÉLASTICIMÉTRIE [fɔtoelastisimetʀi] n. f. – 1949 ◊ de *photo-, élasticité* et *-métrie* ▪ TECHN. Étude optique des contraintes dans la masse d'une pièce métallique.

PHOTOÉLECTRICITÉ [fɔtoelɛktʀisite] n. f. – 1877 *photo-électricité* ◊ de *photo-* et *électricité* ▪ PHYS. Ensemble des phénomènes caractérisés par la libération de charges électriques sous l'action d'un rayonnement électromagnétique.

PHOTOÉLECTRIQUE [fɔtoelɛktʀik] adj. – 1844 ◊ de *photo-* et *électrique* ▪ PHYS. *Effet photoélectrique :* phénomène d'émission d'électrons sous l'influence d'un rayonnement électromagnétique. — COUR. *Cellule photoélectrique* (ou **PHOTOCELLULE** n. f., 1938) : instrument utilisant l'effet photoélectrique pour mesurer, sous forme de courant, l'intensité lumineuse qu'il reçoit. *Cellule photoélectrique commandant la porte d'un parking.* ➤ **œil** (électrique), **photopile.**

PHOTOÉMETTEUR, TRICE [fɔtoemetœʀ, tʀis] adj. – milieu XXe ◊ de *photo-* et *émetteur* ▪ PHYS. Qui émet des électrons par effet photoélectrique.

PHOTO-FINISH [fɔtofiniʃ] n. f. /PHOTOFINISH/ – milieu XXe ◊ de *photo(graphie)* et anglais *finish* « arrivée » ▪ ANGLIC. Enregistrement photographique de l'arrivée d'une course ; appareil qui l'effectue. *Des photos-finish. Arrivée contrôlée par photo-finish.* — Recomm. offic. *photographie d'arrivée.*

PHOTOGÈNE [fɔtɔʒɛn] adj. – 1878 ; n. m. « huile d'éclairage » 1836 ◊ de *photo-* et *-gène* ▪ VX Luminescent.

PHOTOGÉNIE [fɔtɔʒeni] n. f. – 1920 ; « production de lumière » 1851 ◊ de *photo-* et *-génie* ▪ Qualité de ce qui est photogénique. « *La photogénie, c'est l'accord du cinéma et de la photographie* » L. DELLUC.

PHOTOGÉNIQUE [fɔtɔʒenik] adj. – 1858 ; « qui produit de la lumière » 1839 ◊ de *photo-* et *-génique,* d'après l'anglais *photogenic* ▪ **1** Qui donne une image nette, bien contrastée, en photographie. « *La clarté photogénique qu'a seule la peau anglaise* » GONCOURT. ▪ **2** (1932) COUR. Qui produit, au cinéma, en photographie, un effet supérieur à l'effet produit au naturel. *Un visage, un acteur photogénique. Elle est très photogénique.*

PHOTOGRAMME [fɔtɔgʀam] n. m. – 1866 ◊ de *photo-* et *-gramme* ▪ **1** VX Épreuve photographique positive. ▪ **2** (1945) MOD. TECHN. Chaque image photographique d'un film.

PHOTOGRAMMÉTRIE [fɔtɔgʀa(m)metʀi] n. f. – 1876 ◊ de *photogramme* et *-métrie* ▪ SC., TECHN. Détermination de la dimension des objets, au moyen de mesures faites sur des perspectives photographiques de ces objets.

PHOTOGRAPHE [fɔtɔgʀaf] n. – 1841 « daguerréotype » ◊ de *photographie* ▪ **1** Personne qui prend des photographies. ➤ **opérateur.** *Photographe amateur, professionnel.* APPOS. *Reporteurs photographes d'un journal.* ➤ aussi **paparazzi.** « *chez les photographes, il y a l'aspect voleur, l'aspect voyeur : on prend* » R. DEPARDON. *Photographe de mode. — Photographe d'art* (se chargeant souvent du développement des clichés). *Atelier, studio de photographe.* ▪ **2** Professionnel(le), commerçant(e) qui se charge du développement, du tirage des clichés (et généralement de la vente d'appareils, d'accessoires).

PHOTOGRAPHIE [fɔtɔgʀafi] n. f. – 1834, d'après l'anglais *photograph* ◊ de *photo-* et *-graphie* ▪ **1** Procédé, technique permettant d'obtenir l'image durable des objets, par l'action de la lumière sur une surface sensible (film, capteur). ➤ **macrophotographie, microphotographie.** *Invention, débuts de la photographie.* ➤ **daguerréotype.** *Photographie en couleurs. Photographie argentique, numérique.* ◆ SC. Obtention d'image par l'action de toutes radiations (infrarouges, ultraviolettes, etc.). *Photographie photochimique,* utilisant une surface sensible (➤ **émulsion**). *Photographie électrostatique,* utilisant une surface photoconductrice (➤ **xérographie**). *Applications de la photographie aux mesures physiques* (➤ **photogrammétrie**), *à l'étude des mouvements* (➤ **chronophotographie**), *à la cartographie (photographie aérienne).* ◆ PAR EXT. La technique, l'art de prendre des images photographiques. ➤ **photo.** *Photographie automatique.* ➤ **photomaton.** ▪ **2** (1858) VIEILLI *Une photographie.* ➤ **photo.** « *Les photographies ne sont jamais des témoignages objectifs. Avec le temps, elles se chargent du pouvoir évocateur des petites fleurs séchées que l'on retrouve entre les pages d'un livre* » DOISNEAU. — *Photographie d'arrivée :* recomm. offic. pour *photo-finish.* ▪ **3** *Photographie de... :* reproduction exacte, fidèle. « *la photographie banale de la vie* » MAUPASSANT.

PHOTOGRAPHIER [fɔtɔɡʀafje] **v. tr.** ⟨7⟩ – 1834 ◊ de *photographie* ■ **1** Obtenir l'image de (qqn, qqch.) par les procédés de la photographie (cf. Prendre en photo*). « *On ne regarde pas le monument, on le photographie* » E. MORIN. *Photographier qqn.* ➤ RÉGION. **poser.** *Se faire photographier. Photographier des documents.* ➤ **photocopier.** ■ **2** FIG. Imprimer dans sa mémoire l'image de (une personne, une chose). ◆ Représenter, décrire ou peindre avec une exactitude minutieuse.

PHOTOGRAPHIQUE [fɔtɔɡʀafik] **adj.** – 1839 ◊ de *photographie* ■ **1** Relatif à la photographie ; qui sert à faire de la photographie ; obtenu par la photographie. *Art, technique photographique. Papier, plaque, pellicule photographique ; appareil photographique.* ➤ **photo** (II). *Épreuve, image, impression photographique. Archives photographiques.* ➤ **photothèque.** ■ **2** Qui est aussi fidèle, aussi exact que la photographie. « *Le réalisme de Ver Meer est si poussé qu'on pourrait croire d'abord qu'il est photographique* » SARTRE.

PHOTOGRAPHIQUEMENT [fɔtɔɡʀafikmɑ̃] **adv.** – 1855 ◊ de *photographie* ■ À l'aide de la technique photographique. Avec une exactitude photographique.

PHOTOGRAVEUR, EUSE [fɔtɔɡʀavœʀ, øz] **n.** – 1901 ◊ de *photo-* et *graveur* ■ Professionnel(le) spécialiste de la photogravure.

PHOTOGRAVURE [fɔtɔɡʀavyʀ] **n. f.** – 1867 ◊ de *photo-* et *gravure* ■ **1** Procédés de gravure photochimique en relief, utilisant des clichés métalliques (zinc, cuivre), parfois sur support neutre. *Photogravure au trait, sur zinc,* où la morsure est précédée d'un encrage. *Photogravure en demi-teintes* (➤ **simili-gravure**), *en creux* (➤ **héliogravure**). ■ **2** La planche gravée, le cliché métallique. *Tirage des photogravures.* — PAR EXT. La gravure, après tirage.

PHOTO-INTERPRÉTATION [fɔtoɛ̃tɛʀpʀetasjɔ̃] **n. f.** – avant 1966 ◊ de *photo* et *interprétation* ■ TECHN. Analyse des photographies aériennes servant à établir les éléments de base d'une carte. *Des photo-interprétations.*

PHOTOJOURNALISME [fɔtoʒuʀnalism] **n. m.** – 1983 ◊ de *photo* et *journalisme* ■ Genre journalistique du reportage photographique (➤ **photoreportage**). — **n.** (1985) **PHOTOJOURNALISTE.**

PHOTOLECTURE [fɔtolɛktyʀ] **n. f.** – milieu XXe ◊ de *photo-* et *lecture* ■ TECHN. Technique de lecture automatique par des moyens optiques.

PHOTOLITHOGRAPHIE [fɔtolitɔɡʀafi] **n. f.** – 1858 ◊ de *photo-* et *lithographie* ■ TECHN. Procédé de gravure photochimique à plat dans lequel l'épreuve photographique était reportée sur une pierre lithographique.

PHOTOLUMINESCENCE [fɔtolyminesɑ̃s] **n. f.** – 1906 ◊ de *photo-* et *luminescence* ■ SC. Ensemble des phénomènes d'émission, dans toutes les directions, d'un rayonnement visible ou invisible dont la longueur d'onde est plus grande que celle du rayonnement excitateur. ➤ **fluorescence ; phosphorescence.**

PHOTOLYSE [fɔtɔliz] **n. f.** – milieu XXe ◊ de *photo-* et *-lyse* ■ CHIM., BIOL. Décomposition chimique par la lumière. *Photolyse de l'eau lors de la photosynthèse.*

PHOTOMACROGRAPHIE ➤ **MACROPHOTOGRAPHIE**

PHOTOMAGNÉTIQUE [fɔtomaɲetik] **adj.** – 1842 ◊ de *photo-* et *magnétique* ■ SC. Qui concerne l'action de la lumière sur la susceptibilité magnétique, la conductibilité.

PHOTOMATON [fɔtɔmatɔ̃] **n. m.** – v. 1930 ◊ marque déposée ; de *photo, (au)tomat(ique)* et suffixe pseudo-scientifique *-on* ■ Appareil qui prend, développe et tire automatiquement des photographies ; lieu où fonctionne un tel appareil. *Faire des photos d'identité dans un photomaton.* ◆ PAR EXT. La photographie elle-même. — Parfois au fém. « *c'est une photomaton d'un inconnu que j'ai trouvée par terre* » F. VARGAS.

PHOTOMÉCANIQUE [fɔtomekanik] **adj.** – 1878 ◊ de *photo-* et *mécanique* ■ TECHN. Se dit de tous les procédés de reproduction utilisant des clichés (matrices, planches) photographiques.

PHOTOMÈTRE [fɔtɔmɛtʀ] **n. m.** – 1792 ◊ de *photo-* et *-mètre* ■ SC. Appareil servant à mesurer les intensités lumineuses. — MÉD. *Photomètre visuel,* servant à la mesure de l'acuité visuelle par détermination de la plus faible intensité de lumière à laquelle un objet devient visible.

PHOTOMÉTRIE [fɔtɔmetʀi] **n. f.** – v. 1729 ◊ de *photo-* et *-métrie* ■ ANCIENNT Mesure des rayonnements lumineux par impression visuelle. — MÉTROL. Mesure des grandeurs relatives au rayonnement électromagnétique. *Photométrie énergétique, visuelle.* — **adj. PHOTOMÉTRIQUE,** 1825. *Unités photométriques* (candela, lumen, lux).

PHOTOMICROGRAPHIE ➤ **MICROPHOTOGRAPHIE**

PHOTOMONTAGE [fɔtomɔ̃taʒ] **n. m.** – 1927 ◊ de *photo* et *montage* ■ Montage de photographies.

PHOTOMULTIPLICATEUR [fɔtomyltiplikatœʀ] **n. m.** – 1957 ◊ de *photo-* et *multiplicateur* ■ PHYS. Dispositif détecteur de photons utilisant l'émission secondaire d'électrodes auxiliaires pour accroître le gain en courant.

PHOTON [fɔtɔ̃] **n. m.** – v. 1923 ◊ du grec *phôs, phôtos* « lumière » et *-on,* par l'anglais ■ PHYS. Particule fondamentale portée par la lumière, quantum du champ électromagnétique. *Énergie, longueur d'onde d'un photon.*

PHOTONIQUE [fɔtɔnik] **adj.** – 1942 ◊ de *photon* ■ PHYS. Relatif au photon. *Microscope photonique. Cristal photonique.*

PHOTOPÉRIODE [fɔtopeʀjɔd] **n. f.** – milieu XXe ◊ de *photo-* et *période* ■ BIOL. Alternance régulière, dans la journée, entre la durée de la phase diurne et celle de la phase d'obscurité.

PHOTOPÉRIODIQUE [fɔtopeʀjɔdik] **adj.** – 1951 ◊ de *photo-* et *périodique* ■ BOT. Relatif à la succession de lumière et d'obscurité dans la vie des plantes (ou **PHOTOPÉRIODISME n. m.**).

PHOTOPHOBIE [fɔtɔfɔbi] **n. f.** – 1812 ◊ de *photo-* et *-phobie* ■ MÉD. Crainte morbide de la lumière. Sensibilité excessive des yeux dans certaines maladies oculaires ou infectieuses (méningite).

PHOTOPHORE [fɔtɔfɔʀ] **n. m.** – 1803 ◊ de *photo-* et *-phore* ■ **1** TECHN. Lampe munie d'un réflecteur. *Mineur portant un photophore à son casque.* ■ **2** Coupe décorative en verre, destinée à recevoir une bougie ou une veilleuse. ■ **3** ANAT. Organe lumineux des animaux luminescents, qui contient un tissu réflecteur.

PHOTOPHOSPHORYLATION [fɔtofɔsfɔʀilasjɔ̃] **n. f.** – milieu XXe ◊ de *photo-* et *phosphorylation* ■ BIOCHIM. Synthèse d'ATP utilisant l'énergie lumineuse. *Photophosphorylation lors de la photosynthèse.*

PHOTOPILE [fɔtopil] **n. f.** – milieu XXe ◊ de *photo-* et *pile* ■ TECHN. Appareil transformant la lumière en courant électrique, utilisé notamment en photographie (cellule photoélectrique*) et dans les véhicules spatiaux (batterie solaire).

PHOTORÉCEPTEUR [fɔtoʀesɛptœʀ] **n. m.** – v. 1965 ◊ de *photo-* et *récepteur* ■ BIOL. CELL. Cellule nerveuse (cône ou bâtonnet) de la rétine, sensible aux stimulus lumineux.

PHOTOREPORTAGE [fɔtoʀ(ə)pɔʀtaʒ] **n. m.** – 1913 ◊ de *photo* et *reportage* ■ Reportage photographique.

PHOTOREPORTEUR, TRICE [fɔtoʀ(ə)pɔʀtœʀ, tʀis] **n.** ou **PHOTOREPORTER** [fɔtoʀ(ə)pɔʀtɛʀ ; fɔtoʀ(ə)pɔʀtœʀ] **n. m.** – 1913 ◊ de *photo* et *reporteur* ■ Journaliste qui réalise un reportage photographique.

PHOTO-ROBOT ➤ **ROBOT**

PHOTOROMAN ➤ **1 ROMAN** (II, 2°)

PHOTOSENSIBILISANT, ANTE [fɔtosɑ̃sibilizɑ̃, ɑ̃t] **adj.** et **n. m.** – 1961 ◊ de *photo-* et *sensibiliser* ■ MÉD. Qui accroît la sensibilité de la peau aux rayons solaires. *Médicaments photosensibilisants. Substance photosensibilisante.* — **n. m.** *Un photosensibilisant.*

PHOTOSENSIBILISATION [fɔtosɑ̃sibilizasjɔ̃] **n. f.** – 1953 ◊ de *photo-* et *sensibilisation* ■ MÉD. État anormalement sensible de la peau qui réagit à la lumière solaire par des manifestations allergiques. *Photosensibilisation médicamenteuse.*

PHOTOSENSIBLE [fɔtosɑ̃sibl] **adj.** – v. 1930 ◊ de *photo-* et *sensible* ■ SC. Sensible à la lumière. *Surface photosensible.* — **n. f. PHOTOSENSIBILITÉ.**

PHOTOSPHÈRE [fɔtɔsfɛʀ] **n. f.** – 1834 ◊ de *photo-* et *sphère* ■ ASTRON. Ensemble des couches du Soleil qui émettent le rayonnement visible reçu par la Terre.

PHOTOSTYLE [fɔtɔstil] **n. m.** – 1972 ◊ de *photo-* et latin *stilus* → style ■ INFORM. Dispositif en forme de crayon, muni d'un détecteur photoélectrique sensible au balayage de l'écran d'une console, et permettant de transmettre des informations à un ordinateur directement en pointant une zone de l'écran. ➤ **crayon** (optique).

PHOTOSYNTHÈSE [fɔtosɛ̃tɛz] **n. f.** – 1902 ◊ de *photo-* et *synthèse* ■ BIOL. Production de glucides par les végétaux, les algues et certaines bactéries à partir de l'eau et du gaz carbonique de l'air qu'elles peuvent fixer grâce à la chlorophylle ou à d'autres pigments, en employant comme source d'énergie la lumière solaire. — **adj. PHOTOSYNTHÉTIQUE,** (1902).

PHOTOSYSTÈME [fɔtosistɛm] n. m. – 1978 ◊ de *photo-* et *système* ■ BIOCHIM. Complexe moléculaire responsable de la conversion de l'énergie lumineuse en énergie chimique au cours de la photosynthèse.

PHOTOTAXIE [fɔtotaksi] n. f. – 1907 ◊ de *photo-* et *-taxie* ■ BIOL. Mouvement d'un organisme, déclenché par la lumière, vers la source lumineuse *(phototaxie positive)* ou dans la direction opposée *(phototaxie négative).* ➤ **tropisme.**

PHOTOTHÈQUE [fɔtɔtɛk] n. f. – 1939 ◊ de *photo* et *-thèque* ■ DIDACT. Collection d'archives photographiques.

PHOTOTHÉRAPIE [fɔtoteʀapi] n. f. – 1899 ◊ de *photo-* et *-thérapie* ■ MÉD. Traitement par la lumière ou par un rayonnement du spectre solaire (y compris les rayons ultraviolets). *Psoriasis traité par photothérapie.*

PHOTOTRANSISTOR [fɔtotʀɑ̃zistɔʀ] n. m. – 1963 ◊ de *photo-* et *transistor* ■ ÉLECTRON. Transistor pour lequel la grandeur de commande, outre le courant de base de polarisation, est un flux lumineux.

PHOTOTROPHE [fɔtɔtʀɔf] adj. – 1963 ◊ de *photo-* et grec *trophê* «nourriture» ■ BIOL. Qui peut utiliser la lumière comme source d'énergie, en parlant d'un organisme.

PHOTOTROPISME [fɔtɔtʀɔpism] n. m. – fin XIXe ◊ de *photo-* et *tropisme* ■ DIDACT. Tropisme déterminé par l'action de la lumière. ➤ **héliotropisme.** *Le phototropisme de la fleur de tournesol.*

PHOTOTYPE [fɔtɔtip] n. m. – 1896 ◊ de *photo-* et *-type* ■ **1** RARE Image photographique directe. ➤ **cliché, négatif.** ■ **2** Type de peau caractérisé par sa couleur et sa sensibilité au soleil.

PHOTOTYPIE [fɔtɔtipi] n. f. – 1843 ◊ de *photo-* et *-typie* ■ TECHN. Procédé de reproduction, de gravure photochimique à plat dans lequel les négatifs sont reportés sur verre. *La phototypie, technique d'imprimerie lithographique voisine de la photolithographie, de l'offset.*

PHOTOVOLTAÏQUE [fɔtovɔltaik] adj. – 1937 ◊ de *photo-* et *voltaïque* ■ ÉLECTRON. Qui effectue directement la conversion d'une énergie lumineuse en énergie électrique (➤ **photopile**). *Cellule photovoltaïque,* qui produit du courant électrique à partir du rayonnement solaire (effet photoélectrique). — PAR MÉTON. *Ferme, centrale photovoltaïque.*

PHRAGMITE [fʀagmit] n. m. – 1818 ◊ grec *phragmitês* «qui sert à faire une haie» ■ **1** BOT. Plante herbacée *(graminées)* qui croît dans les marais, les fossés, et dont le type le plus connu est le roseau. ■ **2** (fin XIXe) ZOOL. Fauvette des marais.

PHRASE [fʀɑz] n. f. – 1546 ◊ latin *phrasis,* mot grec «élocution» ■ **1** VX Tour, expression. *«Les synonymes sont plusieurs dictions* [façons de dire] *ou plusieurs phrases différentes qui signifient une même chose»* LA BRUYÈRE. ■ **2** MOD., PLUR. *Faire des phrases :* parler de manière recherchée ou prétentieuse (➤ **phraseur**). *«je ne sais pas faire de phrases, moi, je dis ce que je pense»* M. ARLAND. — *Phrase toute faite :* formule conventionnelle. ➤ **cliché.** — *Sans phrases :* sans commentaire, sans détour. ALLUS. HIST. *«La mort, sans phrases»* (attribué à SIEYÈS, pour condamner Louis XVI). ■ **3** (XVIIIe) Tout assemblage linguistique d'unités qui fait sens (mots et morphèmes grammaticaux) et que l'émetteur et le récepteur considèrent comme un énoncé complet ; unité minimale de communication. *Analyse* logique d'une phrase en plusieurs propositions. Phrase simple,* constituée d'une seule proposition ; *phrase complexe,* composée de plusieurs propositions. *Suite de phrases.* ➤ **discours, texte.** *Phrase nominale* et phrase verbale*. Structure de la phrase.* ➤ **syntaxe.** *Phrase incorrecte, mal formée, agrammaticale, asémantique, inachevée. Accent de mot et accent de phrase. Ponctuation* de la phrase. Constituants*, thème, prédicat d'une phrase. Phrase d'un seul mot* (ex. Viens !). *Phrase célèbre. Première phrase d'un roman* (➤ **incipit**). *«Une phrase, c'est comme un vêtement. Il ne faut pas qu'elle gratte dans le dos, qu'elle gêne aux emmanchures ni qu'on s'y sente endimanché, ou tarte»* M. NIMIER. — *Dire, prononcer une phrase. Échanger quelques phrases.* ➤ **propos.** — LOC. *Petite phrase,* extraite des propos d'un personnage politique et abondamment commentée par les médias. *«une "petite phrase" à laquelle on n'aurait d'ailleurs pas fait attention si les journalistes* [...] *ne l'avaient mise triomphalement en circulation»* A. ERNAUX. ◆ COLLECT. *Mouvement, rythme de la phrase. «J'aime par-dessus tout la phrase nerveuse, substantielle, claire»* FLAUBERT. *La phrase de Saint-Simon, de Proust.* ➤ **style.** ■ **4** (1742) MUS. Succession ordonnée de périodes aboutissant à une cadence (musique classique) ou constituant un tout complet. *Phrase mélodique, harmonique. «Le pianiste jouait, pour eux deux, la petite phrase de Vinteuil qui était comme l'air national de leur amour»* PROUST.

PHRASÉ [fʀɑze] n. m. – avant 1778 ◊ de *phraser* ■ Manière, art d'articuler le discours musical. *Le phrasé d'un chanteur, d'un pianiste. Un beau phrasé.*

PHRASÉOLOGIE [fʀazeɔlɔʒi] n. f. – 1778 ◊ anglais *phraseology* (1664) ■ **1** DIDACT. Ensemble des expressions (terminologie et particularités syntaxiques) propres à un usage, un milieu, une époque, un écrivain. *La phraséologie marxiste, administrative.* ➤ 1 **jargon, style.** *«la phraséologie particulière aux amoureux»* BALZAC. ■ **2** LITTÉR. Emploi de phrases, de grands mots vides de sens. ➤ **bavardage, verbiage.** *«Rien de senti. Une phraséologie apprise par cœur, une rhétorique d'écolier»* R. ROLLAND. ■ **3** LING. Ensemble des expressions, locutions, collocations et phrases codées dans la langue générale.

PHRASÉOLOGIQUE [fʀazeɔlɔʒik] adj. – 1839 ◊ de *phraséologie* ■ **1** LITTÉR. Empreint de phraséologie (2o). ■ **2** LING. Qui concerne les locutions et les collocations les plus fréquentes. *Dictionnaire phraséologique.*

PHRASER [fʀɑze] v. tr. ⟨1⟩ – 1755 v. intr. ◊ de *phrase* ■ **1** MUS. Délimiter par le mode d'exécution (musique instrumentale) ou ponctuer par des respirations (musique vocale) les périodes successives de (un morceau de musique). *Pianiste, chanteur qui phrase bien un air, un passage.* — ABSOLT *«Ô jeune fille à la voix perlée ! – tu ne sais pas* phraser *comme au Conservatoire»* NERVAL. ■ **2** VX Articuler en détachant les phrases, les membres de phrase ; débiter à la façon d'un acteur. *«au moment où il allait phraser un compliment»* BALZAC.

PHRASEUR, EUSE [fʀɑzœʀ, øz] n. – 1788 ; *phrasier* 1736 ◊ de *phraser* ■ Faiseur de phrases, de vains discours. ➤ **bavard, rhéteur.** *«le phraseur qui fait les beaux discours destinés à abuser les niais»* LÉAUTAUD. ◆ adj. *Il est un peu phraseur.*

PHRASTIQUE [fʀastik] adj. – 1933 ◊ de *phrase,* d'après le grec *phrasticos* adj. ■ LING. De la phrase, relatif à la phrase. *Structure phrastique.*

PHRATRIE [fʀatʀi] n. f. – 1831 ; *phratriarque* «chef d'une phratrie» XVIIIe ◊ grec *phratria* ■ **1** ANTIQ. GR. Division de la tribu chez les Athéniens. ■ **2** SOCIOL. Groupe de clans, dans une tribu ou un groupe de tribus. *Les phratries sont généralement exogames.* ■ HOM. Fratrie.

PHRÉATIQUE [fʀeatik] adj. – 1887 ◊ du grec *phrear, atos* «puits» ■ DIDACT. *Nappe phréatique :* nappe d'eau souterraine qui alimente des sources, des puits.

PHRÉNIQUE [fʀenik] adj. – 1654 ◊ du grec *phrên, phrenos* «diaphragme» ■ ANAT. Relatif au diaphragme. *Nerf phrénique,* ou ELLIPT n. m. *le phrénique,* nerf provenant du plexus nerveux cervical et qui fournit l'innervation motrice du diaphragme.

PHRÉNOLOGIE [fʀenɔlɔʒi] n. f. – 1810 ◊ du grec *phrên* «intelligence» et *-logie* ■ HIST. DES SC. Étude du caractère, des facultés dominantes d'un individu, d'après la forme de son crâne.

PHRÉNOLOGIQUE [fʀenɔlɔʒik] adj. – 1828 ◊ de *phrénologie* ■ HIST. DES SC. Relatif à la phrénologie. *«lui tâter la tête, pour en examiner les bosses phrénologiques»* NERVAL.

PHRYGANE [fʀigan] n. f. – 1552 ◊ latin *phryganius,* grec *phruganion* «petit bois sec» ■ ZOOL. Insecte névroptère, dont les larves aquatiques au corps mou sont enfermées dans des fourreaux (➤ **indusie**). *La phrygane adulte a l'aspect de certains papillons de nuit.*

PHRYGIEN, IENNE [fʀiʒjɛ̃, jɛn] adj. et n. – 1546 ◊ latin *Phrygius,* grec *Phrugios,* de *Phrugia* «Phrygie», nom d'une région d'Asie Mineure ■ ANTIQ. GR. Qui appartient à la Phrygie. MUS. *Mode phrygien,* intermédiaire entre le mode dorien et le mode lydien. ◆ COUR. *Bonnet phrygien* (semblable à celui que portaient les anciens Phrygiens) : bonnet rouge porté par les révolutionnaires de 1789. *Marianne, femme coiffée du bonnet phrygien, emblème de la République française.*

PHTALATE [ftalat] n. m. – 1844 ◊ de *phtal(ique)* et suffixe chimique *-ate* servant à former le nom d'esters ■ CHIM. Ester de l'acide phtalique, utilisé surtout comme plastifiant. *Décret relatif à la limitation de l'emploi de certains phtalates dans les jouets et les articles de puériculture.*

PHTALÉINE [ftalein] **n. f.** – 1874 ◊ de *(na)phtal(ène)* ▪ CHIM. Composé obtenu par l'union de l'anhydride phtalique et de deux molécules de phénol et qui, en milieu basique, prend des colorations vives (➤ **phénolphtaléine**).

PHTALIQUE [ftalik] **adj.** – 1869 ◊ de *(na)phtal(ène)* ▪ CHIM. Se dit de certains dérivés issus de la dégradation oxydante du naphtalène. *Ester de l'acide phtalique.* ➤ **phtalate.** *Anhydride phtalique.*

PHTIRIASE [ftiʀjɑz] **n. f.** – 1584 ; *phtiriasis* n. m. 1552 ◊ latin *phtiriasis*, d'origine grecque, de *phteir* « pou » ▪ MÉD. Pédiculose provoquée par les poux du pubis.

PHTISIE [ftizi] **n. f.** – 1545 ; *ptisie, tisie* en ancien français ◊ latin *phthisis*, mot grec « consomption » ▪ **1** VX Toute forme de consomption. ➤ **étisie.** ▪ **2** (XVIIe) VX Tuberculose pulmonaire. *Deux frères « emportés au moment de l'adolescence par la phtisie »* MAURIAC. *Phtisie galopante* : tuberculose pulmonaire à évolution très rapide et fatale.

PHTISIOLOGIE [ftizjɔlɔʒi] **n. f.** – 1715 ◊ de *phtisie* et *-logie* ▪ MÉD. Partie de la médecine qui étudie la tuberculose pulmonaire.

PHTISIOLOGUE [ftizjɔlɔg] **n.** – 1924 ◊ de *phtisiologie* ▪ Médecin spécialiste en phtisiologie.

PHTISIQUE [ftizik] **adj.** et **n.** – 1478 ; *ptisique* v. 1370 ◊ latin *phthisicus*, grec *phthisikos* ▪ VIEILLI Atteint de phtisie. ➤ **poitrinaire, tuberculeux.** — **n.** *Un, une phtisique.*

PHYCO- ▪ Élément, du grec *phukos* « algue ».

PHYCOÉRYTHRINE [fikoeʀitʀin] **n. f.** – 1869 ◊ de *phyco-* et *érythrine* ▪ BIOCHIM. Pigment rouge présent dans les algues rouges.

PHYCOLOGIE [fikɔlɔʒi] **n. f.** – 1841 ◊ de *phyco-* et *-logie* ▪ DIDACT. Science qui a pour objet l'étude des algues. ➤ 1 **algologie.**

PHYCOMYCÈTES [fikomisɛt] **n. m. pl.** – *phycomyce* 1828 ◊ de *phyco-* et *-mycète* ▪ BOT. Siphomycètes (champignons).

PHYLACTÈRE [filaktɛʀ] **n. m.** – 1553 ; *filatiere, philatere* XIIIe ; *filatire* XIIe ◊ latin ecclésiastique *phylacterium*, grec *phulaktêrion*, traduction de l'hébreu *tephîlîn* ▪ **1** ANTIQ. GR. Amulette, talisman. — RELIG. Petite boîte carrée, renfermant des bandes de parchemin ou de vélin sur lesquelles sont inscrits des versets de la Bible, que les juifs orthodoxes portent au bras gauche et sur la tête pendant la prière du matin ➤ **téphillin.** ▪ **2** ARCHÉOL. Banderole à extrémités enroulées portant le texte des paroles prononcées par les personnages d'une œuvre d'art du Moyen Âge et de la Renaissance. ♦ DIDACT. Bulle dans les bandes dessinées.

PHYLARQUE [filaʀk] **n. m.** – 1732 ◊ latin d'origine grecque *phylarchus* ▪ ANTIQ. GR. Président d'une tribu, à Athènes ; commandant d'un corps de cavalerie fourni par une tribu.

PHYLÉTIQUE [filetik] **adj.** – 1874 ◊ de l'allemand → phylum ▪ PHYLOG. Relatif au mode de formation et aux relations phylogénétiques des espèces. *Relations phylétiques des espèces.* ➤ **monophylétique, paraphylétique.** *Rameaux, séries phylétiques.*

PHYLLADE [filad] **n. m.** – 1823 ◊ grec *phullas, phullados* « feuillage, lit de feuilles » ▪ MINÉR. Schiste dur et luisant, d'aspect soyeux. *Certaines ardoises sont des variétés de phyllades.*

-PHYLLE ▪ Élément, du grec *phullon* « feuille ».

PHYLLIE [fili] **n. f.** – 1812 ◊ latin scientifique *phyllium* ▪ ZOOL. Insecte orthoptère marcheur, au corps aplati, aux larges élytres semblables à des feuilles.

PHYLLO ➤ **FILO**

PHYLLOPODES [fil(l)ɔpɔd] **n. m. pl.** – 1823 ◊ du grec *phullon* « feuille » et *-pode* ▪ ZOOL. Ordre de crustacés branchiopodes*. — Sing. *Un phyllopode.*

PHYLLOXÉRA [filɔksera] **n. m.** – 1870 ◊ latin scientifique *phylloxera*, du grec *phullon* « feuille » et *xeros* « sec » ▪ **1** ZOOL. Insecte hémiptère, puceron parasite qui provoque des galles sur les feuilles et des nodosités sur les racines de la vigne, entraînant en quelques années la mort du cep. ▪ **2** (1874) COUR. Maladie de la vigne due à cet insecte. *Le phylloxéra détruisit les vignes françaises.*

PHYLLOXÉRÉ, ÉE [filɔksere] **adj.** – 1873 ◊ de *phylloxéra* ▪ Atteint par le phylloxéra. *Sulfatage des vignes phylloxérées.*

PHYLLOXÉRIEN, IENNE [filɔkseʀjɛ̃, jɛn] **adj.** – 1871 ◊ de *phylloxéra* ▪ DIDACT. Propre ou dû au phylloxéra. — On dit aussi **PHYLLOXÉRIQUE**, 1875.

PHYLOGENÈSE [filoʒənɛz] **n. f.** – 1874 ◊ d'après l'allemand, du grec *phulon* « race » et *-genèse* ▪ BIOL. Description de l'histoire évolutive des êtres vivants, des lignées et des groupes d'organismes. *Étude de la phylogenèse.* ➤ **phylogénie.**

PHYLOGÉNÉTIQUE [filoʒenetik] **adj.** et **n. f.** – 1897 ; *phylogénique* 1874 ◊ de *phylogenèse* ▪ BIOL. Relatif à la phylogenèse. *Arbre phylogénétique*, représentant les relations de parenté entre organismes vivants. — On trouve aussi *arbre phylogénique.* ♦ **n. f.** GÉNÉT. Branche de la génétique traitant de la filiation de gènes dérivés d'un gène ancestral commun.

PHYLOGÉNIE [filɔʒeni] **n. f.** – 1874 ◊ du grec *phulon* « race, tribu » et *-génie* ▪ BIOL. Étude de l'histoire évolutive des êtres vivants (➤ **phylogenèse**), ou de certains d'entre eux, qui donne lieu à une classification représentée sous forme d'arbres (➤ **dendrogramme**). *Phylogénie moléculaire.*

PHYLUM [filɔm] **n. m.** – 1874 ◊ d'après l'allemand ; latinisation moderne du grec *phulon* « race, tribu » ▪ PHYLOG. Souche primitive d'où est issue une série généalogique d'espèces vivantes ; ensemble constitué par une espèce et les formes revêtues par ses descendants (➤ **phylétique**). *Des phylums.* On emploie parfois le pluriel latin *des phyla* [fila]. — ZOOL. Embranchement de la classification des êtres vivants.

PHYSALIE [fizali] **n. f.** – 1803 ◊ grec *phusaleos* « gonflé » ▪ ZOOL. Animal pélagique ➤ **siphonophore** formé d'un pneumatophore et de longs filaments urticants, appelé aussi *vessie de mer.*

PHYSALIS [fizalis] **n. m.** – 1823 ◊ grec *phusalis*, de *phusan* « gonfler » ▪ BOT. Plante vivace *(solanacées)*, appelée aussi *amour en cage*, dont le calice renflé contenant le fruit à maturité est très décoratif. ➤ **alkékenge, coqueret.**

-PHYSE ▪ Élément, du grec *phusis* « croissance, production » : *apophyse, diaphyse, hypophyse.*

PHYSIATRE [fizjatʀ] **n.** – 1988 ◊ de *physiatrie* ▪ (Canada) Médecin spécialiste de physiatrie.

PHYSIATRIE [fizjatʀi] **n. f.** – 1986 ◊ d'après l'anglais *physiatrics* (1858), de l'allemand *Physiatrik*, du grec *physis* et *iatros* → physio- et -iatrie ▪ (Canada) Branche de la médecine qui étudie et traite les affections de l'appareil locomoteur.

PHYSICALISME [fizikalism] **n. m.** – 1934 ◊ de l'allemand *Physikalismus* (1931), formé sur le latin *physicalis*, de *physica* → 2 physique ▪ PHILOS. Doctrine épistémologique empiriste, selon laquelle les sciences humaines doivent s'exprimer dans le vocabulaire des sciences physiques et s'inspirer de leur méthodologie.

PHYSICIEN, IENNE [fizisjɛ̃, jɛn] **n.** – *fisicien* « médecin » XIIe ◊ de 2 *physique* ▪ **1 n. m.** (1532) VX Celui « qui connaît et qui étudie la Nature, qui rend raison de ses effets » (Diderot) : savant, médecin, etc. ▪ **2** MOD. Spécialiste de physique (astrophysicien, électricien, électronicien, hydraulicien, mécanicien, opticien, thermodynamicien, etc.). *Les physiciens et les chimistes. Physiciens de l'atome, des particules.* ➤ **atomiste.**

PHYSICO- ▪ Élément, de 2 *physique.*

PHYSICOCHIMIE [fizikoʃimi] **n. f.** – 1845 ◊ de *physico-* et *chimie* ▪ SC. Domaine de la science à la limite de la physique et de la chimie. — **n. PHYSICOCHIMISTE.**

PHYSICOCHIMIQUE [fizikoʃimik] **adj.** – 1750 ◊ de *physico-* et *chimique* ▪ SC. Qui participe à la fois de la physique et de la chimie. *Les phénomènes biologiques et leurs conditions physicochimiques. « les conditions des manifestations physico-chimiques »* C. BERNARD.

PHYSICOMATHÉMATIQUE [fizikomatematik] **n. f.** – 1749 n. ; 1630 adj. ◊ de *physico-* et *mathématique* ▪ HIST. DES SC. « Partie de la physique où l'on réunit l'observation et l'expérience au calcul mathématique » (Diderot). — **adj.** *Sciences physicomathématiques.* ♦ MOD. Mathématiques appliquées à la physique, physique mathématique.

PHYSICOTHÉOLOGIQUE [fizikoteɔlɔʒik] **adj.** – 1857 ◊ de *physico-* et *théologique* ▪ THÉOL. *Preuve physicothéologique de l'existence de Dieu*, par laquelle on montre l'ordre, l'unité, la finalité du monde en refusant de l'attribuer au hasard.

PHYSIO- ▪ Élément, du grec *phusis* « nature ».

PHYSIOCRATE [fizjɔkʀat] **n. m.** – 1758 ◊ de *physio-* et *-crate* ▪ HIST. Économiste, philosophe adepte de la physiocratie. *Le libéralisme des physiocrates.*

PHYSIOCRATIE [fizjɔkʀasi] n. f. – 1758 ◇ de *physio-* et *-cratie* ■ ÉCON. Doctrine de certains économistes du XVIIIe s. (physiocrates) fondée sur la connaissance et le respect des « lois naturelles » et donnant la prépondérance à l'agriculture (opposé à *mercantilisme*). — adj. **PHYSIOCRATIQUE.**

PHYSIOGNOMONIE [fizjɔgnɔmɔni] n. f. – 1562 ◇ latin scientifique *physiognomonia,* mot grec ■ VIEILLI Science qui a pour objet la connaissance du caractère d'une personne d'après sa physionomie (➤ **morphopsychologie**). *Adepte de la physiognomonie* (**PHYSIOGNOMONISTE** n.). ♦ Ouvrage qui traite de cette science. *La physiognomonie de Lavater.*

PHYSIOGNOMONIQUE [fizjɔgnɔmɔnik] adj. – 1721 ◇ de *physiognomonie* ■ VIEILLI Relatif à la physiognomonie. « *Les signes physiognomoniques* » BAUDELAIRE.

PHYSIOLOGIE [fizjɔlɔʒi] n. f. – 1611 ; « étude de la nature » 1547 ◇ latin *physiologia,* mot grec ■ **1** BIOL. Science qui étudie les fonctions et les propriétés des organes et des tissus des êtres vivants. *Physiologie générale :* étude des phénomènes généraux de la vie. *Physiologie végétale* (➤ **phytobiologie**), *animale. Physiologie humaine,* qui étudie les fonctions (généralement les fonctions normales) de l'organisme humain (nutrition, motricité, sensibilité, régulations, etc.). *La physiologie fait partie des études de médecine. Physiologie pathologique.* ➤ **physiopathologie.** *Physiologie psychique.* ➤ **psychophysiologie.** ♦ PAR EXT. *Physiologie d'un organe.* ➤ **fonctionnement.** *Physiologie du cœur, du foie. Physiologie cellulaire.* « *Physiologie du goût* », *de Brillat-Savarin.* ■ **2** HIST. LITTÉR. Ouvrage décrivant une réalité humaine d'une manière objective (à la mode au début du XIXe s.). « *La Physiologie du mariage* », œuvre de Balzac.

PHYSIOLOGIQUE [fizjɔlɔʒik] adj. – 1751 ; « qui étudie la nature » 1547 ◇ latin *physiologicus,* grec *phusiologikos* ■ **1** Relatif à la physiologie ; qui concerne le fonctionnement d'un organisme vivant, d'un organe, d'une cellule. *Aspect physicochimique des faits physiologiques.* ■ **2** Qui concerne la vie, les activités de l'organisme humain (par oppos. à *psychique*). ➤ 1 **physique, somatique.** *Besoin physiologique.* ♦ Relatif aux troubles fonctionnels qui ne sont pas d'ordre pathologique. *Albuminurie physiologique,* qui se produit après un effort physique. *Astigmatisme physiologique :* astigmatisme des sujets jeunes, qui disparaît ensuite. *Tremblement physiologique,* déclenché par le froid, l'émotion. ■ **3** Qui convient, est adapté au bon fonctionnement de l'organisme. *Sérum* physiologique. Tétine physiologique.*

PHYSIOLOGIQUEMENT [fizjɔlɔʒikmɑ̃] adv. – 1787 ◇ de *physiologique* ■ D'une manière, d'un point de vue physiologique.

PHYSIOLOGISTE [fizjɔlɔʒist] n. – 1757 ; « naturaliste » 1669 ◇ de *physiologie* ■ Spécialiste en physiologie. adj. *Un chimiste physiologiste.*

PHYSIONOMIE [fizjɔnɔmi] n. f. – *phisanomie* XIIIe ◇ latin *physiognomia,* altération de *physiognomonia* ■ **1** Ensemble des traits, aspect du visage (surtout d'après leur expression). ➤ **face, faciès,** 1 **physique ; visage ;** 2 **air, expression,** 1 **mine.** *Une physionomie expressive.* « *La physionomie est l'expression du caractère et celle du tempérament* [...] ; *mais il ne faut jamais juger sur la physionomie* » VAUVENARGUES. *Sa physionomie se rembrunit, s'anime, s'illumine. Jeux de physionomie :* mimique. ♦ SPÉCIALT, VIEILLI Caractère original et expressif d'un visage, indépendamment de la beauté. *Ces beautés qui* « *sont plus dans la physionomie que dans les traits* » ROUSSEAU. ■ **2** Aspect particulier propre à une chose, un lieu, un objet. ➤ **apparence, aspect, face.** « *on procéda à de nombreux échanges de territoires. La physionomie de l'Europe en fut transformée* » BAINVILLE.

PHYSIONOMIQUE [fizjɔnɔmik] adj. – 1549 ◇ de *physionomie* ■ VIEILLI Relatif à la physionomie.

PHYSIONOMISTE [fizjɔnɔmist] n. et adj. – 1537 ◇ de *physionomie* ■ **1** VIEILLI Personne qui sait juger du caractère de qqn d'après sa physionomie. ■ **2** adj. MOD. Qui est capable de reconnaître au premier coup d'œil une personne déjà rencontrée. *Être physionomiste.* ♦ n. Personne chargée de surveiller la clientèle d'un lieu public, d'un commerce, en vue de filtrer l'accès, de contrôler les agissements. *Physionomiste d'un casino, d'une boîte de nuit.* « *chaque postulant espérait convaincre la physionomiste de lui donner sa chance* » DUTEURTRE. — ABRÉV. FAM. **PHYSIO.** « *elle a repris sa place de physio* [...], *cerbère sexy et intraitable* » KERANGAL.

PHYSIOPATHOLOGIE [fizjopatɔlɔʒi] n. f. – 1898 ◇ de *physio-* et *pathologie* ■ DIDACT. Physiologie pathologique, étude des troubles qui surviennent dans le fonctionnement des organes au cours d'une maladie.

PHYSIOTHÉRAPIE [fizjoteʀapi] n. f. – 1903 ◇ de *physio-* et *-thérapie* ■ MÉD. Thérapeutique qui utilise les agents naturels : air, eau, lumière, électrothérapie, massages, etc. *Spécialiste de physiothérapie* (**PHYSIOTHÉRAPEUTE** [fizjoteʀapøt] n.).

1 **PHYSIQUE** [fizik] adj. et n. m. – 1651 ; « naturel » 1487 ◇ latin *physicus,* grec *phusikos*

I adj. ■ **1** Qui se rapporte à la nature (II), au monde concret. ➤ **matériel.** *Le monde physique. Géographie physique. Mesure des grandeurs physiques. Unités physiques. Certitude physique.* ➤ **réel.** ♦ SPÉCIALT (opposé à *numérique, virtuel, en ligne*) Qui a une existence matérielle. *Librairie physique.* ■ **2** Qui concerne le corps humain (opposé à *moral, mental, psychologique, psychique*). ➤ **corporel, matériel.** *L'anthropologie classe les humains d'après leurs caractères physiques. Force, vigueur physique. Effort physique. Éducation, culture physique :* gymnastique, sport. *Exercices physiques. État physique.* ➤ **santé.** *Troubles physiques.* ➤ **organique, physiologique, somatique.** *Handicap physique.* ➤ **moteur.** *Douleur, souffrance physique.* « *Il n'y a pas qu'un plaisir spirituel à écrire. Également un plaisir physique* » LÉAUTAUD. — SPÉCIALT *Dégoût, peur, horreur physique,* que la volonté ne contrôle pas, qui est de l'ordre du réflexe. « *je n'éprouvais nulle honte, mais une répulsion physique* » BLONDIN. FAM. *Je ne peux pas supporter ça, c'est physique.* ♦ DR. *Personne* physique* (opposé à *personne morale*). ■ **3** Qui concerne le corps (en parlant des relations amoureuses, sexuelles). ➤ **charnel, sexuel.** *Amour physique. Attirance physique. Plaisir physique.* ■ **4** Qui se rapporte à la nature, à l'exclusion des êtres vivants. *Sciences physiques :* la physique et la chimie. ■ **5** Qui concerne la physique (2) au sens restreint (opposé à *chimique*). *Phénomènes physiques. Propriétés physiques et chimiques d'un corps.*

II n. m. ■ **1** L'aspect extérieur, l'ensemble des caractères morphologiques d'un individu. « *L'amour, c'est le physique, c'est l'attrait charnel* » LÉAUTAUD. — **AU PHYSIQUE :** en ce qui concerne le physique, le corps. ➤ **physiquement.** *Trois choses* « *m'importunent, tant au moral qu'au physique, au sens figuré comme au sens propre : le bruit, le vent et la fumée* » CHAMFORT. ■ **2** Aspect général (de qqn). ➤ **physionomie.** *Un physique agréable, avantageux, avenant. Avoir un physique de jeune premier*. Avoir le physique de l'emploi*.*

■ CONTR. Mental, moral.

2 **PHYSIQUE** [fizik] n. f. – 1487 ; « médecine ; science de la nature » XIIe ◇ latin *physica,* grec *phusikê* ■ **1** VX Science des causes naturelles. ■ **2** (1708) Science qui étudie les propriétés générales de la matière et établit des lois qui rendent compte des phénomènes matériels (distingué de *la physiologie,* des *sciences naturelles*). *Physique et chimie* (➤ **physicochimie**). *Physique expérimentale, théorique et physique mathématique* (➤ **physicomathématique**). *Physique stellaire.* ➤ **astrophysique.** *Physique classique,* qui n'étudie pas les phénomènes à l'échelle des atomes et des noyaux. *Physique atomique, nucléaire :* science qui étudie la constitution intime de la matière, l'atome, le noyau. *Physique quantique. Physique microscopique.* ➤ **microphysique.** *Physique relativiste.* ➤ **relativité.** *Expérience de physique. Parties de la physique :* acoustique, aérologie, astrophysique, biophysique, calorimétrie, cryophysique, dioptrique, électricité, électronique, hydraulique, magnétisme, mécanique (cinématique, dynamique, statique, mécanique ondulatoire), optique, optométrie, thermodynamique... *Applications de la physique.* ➤ **technique, technologie.** — *Étudier la physique. Cours, travaux pratiques de physique.* ♦ Livre de physique. ♦ PAR EXT. Étude physique d'un problème. VIEILLI *Physique du globe.* ➤ **géophysique.** *Physique des basses températures, des états condensés.*

PHYSIQUEMENT [fizikmɑ̃] adv. – 1488 ◇ de 1 *physique* ■ D'une manière physique, d'un point de vue physique. ■ **1** Matériellement. *Chose physiquement impossible.* ■ **2** En ce qui concerne le corps humain, son état général. ➤ **corporellement.** *Il est très diminué physiquement. Une souffrance physiquement supportable.* — SPÉCIALT Sexuellement. « *Il n'avait plus envie d'elle physiquement* » MONTHERLANT. ■ **3** Au physique, en ce qui concerne l'apparence extérieure d'une personne. *Décrire qqn physiquement. Ils se ressemblent physiquement.* « *Physiquement, il est très mal, disait-elle. Moralement, il est parfait* » GIRAUDOUX. ■ CONTR. Moralement.

PHYSISORPTION [fizisɔʀpsjɔ̃] **n. f.** – 1968 ◊ de 2*physi(que)* et *(ad)sorption* ■ CHIM. Adsorption sans formation de liaison chimique.

PHYSOSTIGMA [fizɔstigma] **n. m.** – 1873 ◊ du grec *phusa* «vésicule» et *stigma* «stigmate» ■ BOT. Plante *(légumineuses papilionacées)* exotique, herbacée, communément appelée *fève de Calabar,* dont les graines renferment un alcaloïde vénéneux, la *physostigmine* (➤ **ésérine**).

PHYSOSTOME [fizɔstɔm] **n. m.** – 1890 ◊ du grec *phusa* «vessie» et *stoma* «bouche» ■ ZOOL. Poisson dont la vessie natatoire communique avec le tube digestif.

PHYTÉLÉPHAS [fitelefɑs] **n. m.** – 1846 ◊ de *phyt(o)-* et du grec *elephas* «ivoire» ■ BOT. Palmier dont le fruit est une agglomération de drupes, et dont la graine fournit le corozo.

PHYTHORMONE ➤ **PHYTOHORMONE**

PHYT(O)-, -PHYTE ■ Éléments, du grec *phuton* «plante» : *thallophytes.*

PHYTOBIOLOGIE [fitobjɔlɔʒi] **n. f.** – 1830 ◊ de *phyto-* et *biologie* ■ BOT. Biologie végétale.

PHYTOÉCOLOGIE [fitoekɔlɔʒi] **n. f.** – v. 1960 ; *phytœcologie* 1932 ◊ de *phyto-* et *écologie* ■ DIDACT. Étude du milieu (climat, sol, faune) dans ses rapports avec la végétation.

PHYTOGÉOGRAPHIE [fitoʒeɔgʀafi] **n. f.** – 1834 ◊ de *phyto-* et *géographie* ■ BOT., GÉOGR. Géographie botanique, partie de la biogéographie qui étudie la distribution des plantes sur le globe terrestre.

PHYTOHORMONE [fitoɔʀmɔn ; -mon] **n. f.** – 1953 ; *phythormone* avant 1949 ◊ de *phyto-* et *hormone* ■ BIOL. Hormone* végétale. — On dit aussi *phythormone* [fitɔʀmɔn ; -mon].

PHYTOPATHOLOGIE [fitopatɔlɔʒi] **n. f.** – 1858 ◊ de *phyto-* et *pathologie* ■ BOT. Pathologie végétale, partie de la botanique qui étudie les maladies des plantes.

PHYTOPHAGE [fitɔfaʒ] **adj.** et **n.** – 1808 ◊ de *phyto-* et *-phage* ■ ZOOL. Qui se nourrit de matières végétales (plus général que *herbivore*). *Un insecte phytophage.*

PHYTOPHARMACIE [fitofaʀmasi] **n. f.** – 1949 ◊ de *phyto-* et *pharmacie* ■ SC., TECHN. Étude et fabrication des produits qui luttent contre les ennemis des plantes (animaux, maladies, mauvaises herbes).

PHYTOPHTHORA [fitɔftɔʀa] **n. m.** – début XXe ◊ de *phyto-* et du grec *phthorios* «destructeur» ■ BOT. Champignon parasite des végétaux, une des espèces responsables du mildiou*. *Des phytophthoras.*

PHYTOPLANCTON [fitoplɑ̃ktɔ̃] **n. m.** – 1905 ◊ de *phyto-* et *plancton* ■ BIOL. Plancton végétal. *Le phytoplancton et le zooplancton.*

PHYTOSANITAIRE [fitosanitɛʀ] **adj.** – 1949 ◊ de *phyto-* et *sanitaire* ■ Relatif aux soins à donner aux végétaux. *Produits phytosanitaires.* — SUBST. *Les engrais et le phytosanitaire.*

PHYTOSOCIOLOGIE [fitosɔsjɔlɔʒi] **n. f.** – 1936 ; *phytosociologique* 1920 ◊ de *phyto-* et *sociologie* ■ BOT. Étude des associations végétales.

PHYTOTHÉRAPIE [fitoteʀapi] **n. f.** – 1924 ◊ de *phyto-* et *-thérapie* ■ DIDACT. Traitement des maladies par les plantes. — **n. PHYTOTHÉRAPEUTE.**

PHYTOTRON [fitɔtʀɔ̃] **n. m.** – 1950 ◊ de *phyto-* et *(cyclo)tron,* d'après l'anglais ■ BOT. Laboratoire de biologie végétale dans lequel le contrôle de l'environnement (lumière, température, humidité) permet l'étude de la croissance des végétaux.

PHYTOZOAIRE [fitɔzɔɛʀ] **n. m.** – 1828 ◊ de *phyto-* et du grec *zôon* «animal» ■ ZOOL. Animal métazoaire à symétrie rayonnée, lui donnant une apparence de plante (méduse, polype, échinoderme). ➤ **zoophyte.**

PI [pi] **n. m. inv.** – 1655 ◊ mot grec ■ **1** Seizième lettre de l'alphabet grec (Π, π), correspondant au *p* français. ■ **2** (1835) MATH. Abrév. du grec *periphereia,* symb. du nombre qui représente le rapport constant de la circonférence d'un cercle à son diamètre. *Pi* (noté π), *nombre transcendant** (3,1415926...). ■ **3** CHIM. *Électron* pi,* faisant partie d'une *liaison* pi.* ■ HOM. Pie, pis.

PIACULAIRE [pjakylɛʀ] **adj.** – 1752 ◊ latin *piacularis* ■ RARE Relatif à une expiation. ➤ **expiatoire.** «*la souffrance piaculaire,* [...] *la douleur réparatrice*» HUYSMANS.

PIAF [pjaf] **n. m.** – 1896 ◊ origine inconnue, p.-ê. variante de *piaffe* → piaffer ■ FAM. Moineau.

PIAFFANT, ANTE [pjafɑ̃, ɑ̃t] **adj.** – avant 1618 ◊ de *piaffer* ■ Qui piaffe. *Une jument piaffante.*

PIAFFEMENT [pjafmɑ̃] **n. m.** – 1842 ◊ de *piaffer* ■ Mouvement du cheval qui piaffe ; bruit qu'il fait en piaffant.

PIAFFER [pjafe] **v. intr.** ‹1› – 1677 ; «faire de l'embarras» 1578 ◊ origine inconnue, p.-ê. onomatopée ■ **1** Se dit d'un cheval qui, sans avancer, frappe le sol en levant et en abaissant alternativement chacun des antérieurs. ■ **2** (1865) (PERSONNES) Frapper du pied, piétiner. *Piaffer d'impatience.* ➤ **trépigner.** «*Il vit la fillette en chapeau rond, mâchonnant son ombrelle et piaffant avec une impatience de jeune cheval*» FRANCE.

PIAFFEUR, EUSE [pjafœʀ, øz] **adj.** – 1678 ; *piaffeuse* «coquette» 1584 ◊ de *piaffer* ■ Qui a l'habitude de piaffer. *Cheval piaffeur. Jument piaffeuse.*

PIAILLARD, ARDE [pjɑjaʀ, aʀd] **adj.** – 1746 ◊ de *piailler* ■ FAM. Qui piaille, crie. ➤ **piailleur.** «*le peuple piaillard des oiseaux d'eau*» MAUPASSANT.

PIAILLEMENT [pjɑjmɑ̃] **n. m.** – 1782 ◊ de *piailler* ■ Action, fait de piailler. ➤ **piaillerie, piaulement.** *Le piaillement des oiseaux.* ♦ Cri poussé en piaillant. *Des oies qui* «*poussaient des piaillements rauques*» GAUTIER. ♦ FIG. *Les piaillements d'une bande d'enfants.*

PIAILLER [pjɑje] **v. intr.** ‹1› – 1607 ◊ probablt onomat. ; cf. *piauler* ■ **1** Pousser de petits cris aigus (oiseau). ➤ **pépier.** ■ **2** FAM. (PERSONNES) *Enfant, marmot qui piaille.* ➤ **crier,** FAM. **piauler.** FIG. Criailler, protester. «*Les paysans piaillent, voilà tout. Mais quant à passer de la criaillerie au fait*» BALZAC.

PIAILLERIE [pjɑjʀi] **n. f.** – 1642 ◊ de *piailler* ■ FAM. Action, fait de piailler. ➤ **piaillement.** *Piaillerie des oiseaux.* ♦ *Piailleries des enfants. Cessez vos piailleries !*

PIAILLEUR, EUSE [pjɑjœʀ, øz] **n. et adj.** – 1611 ◊ de *piailler* ■ FAM. Personne qui a l'habitude de piailler. ➤ **piaillard.** — **adj.** *Un oiseau piailleur.* «*trois mioches piailleurs, sales, dans un logement mesquin*» ARAGON.

PIAN [pjɑ̃] **n. m.** – *pians* 1558 ◊ tupi *pia(n)* ■ MÉD. Maladie infectieuse chronique non vénérienne des pays tropicaux, provoquée par un tréponème. *L'évolution du pian se fait en trois stades comme dans la syphilis, mais sans atteinte des organes profonds.*

PIANE-PIANE [pjanpjan] **adv.** – 1565 ◊ italien *piano* «doucement», avec conservation de l'accent tonique sur la première syllabe ■ FAM. Tout doucement. ➤ 2**piano.** *Il salue Marcel* «*et piane-piane, arrive rue Bichat*» DABIT.

PIANISSIMO [pjanisimo] **adv.** – 1775 ◊ superlatif italien → 2piano ■ **1** MUS. Tout doucement (indication de mouvement). *Jouer pianissimo.* — **n. m.** *Passage qui s'achève par un pianissimo. Des pianissimos,* parfois *des pianissimi* (plur. it.). «*les pianissimos ou les points d'orgue de cette musique*» TOURNIER. ■ **2** FAM. Très doucement, très lentement. ➤ **piane-piane.** ■ CONTR. Fortissimo.

PIANISTE [pjanist] **n.** – 1807 ◊ de 1*piano* ■ Musicien, musicienne, qui joue du piano. *Pianiste de concert, de jazz.* — Personne qui joue du piano en amateur, mais avec talent. *Elle est très bonne pianiste.* ♦ LOC. FAM. *Ne tirez pas sur le pianiste,* se dit pour réclamer l'indulgence à l'égard d'une personne pleine de bonne volonté. *Une ville du Texas, avec* «*ses lieux de plaisir, où on lit sur une pancarte : Prière de ne pas tirer sur le pianiste qui fait de son mieux*» GONCOURT.

PIANISTIQUE [pjanistik] **adj.** – 1895 ◊ de *pianiste* ■ MUS. Relatif au piano ; fait pour le piano (spécialement en parlant d'œuvres susceptibles de mettre en valeur les qualités de l'instrument).

1**PIANO** [pjano] **n. m.** – 1774 ◊ abrév. de *piano-forte,* de *piano et forte* adv. (1766), cet instrument, à la différence du clavecin, permettant de jouer à volonté «doucement» ou «fort» ■ **1** Instrument de musique à clavier, dont les cordes sont frappées par des marteaux (et non pas pincées comme celles du clavecin). *Des pianos. Clavier, touches, pédales d'un piano. Tabouret de piano.* — *Piano droit,* à table d'harmonie verticale. *Piano à queue,* à table d'harmonie horizontale (plus grand). *Piano demi-queue, quart de queue, piano crapaud,* de format plus réduit. *Piano de concert. Érard, Gaveau, Pleyel, Steinway, célèbres facteurs de pianos. Accorder un piano* (➤ **accordeur**). *Mauvais piano.* ➤ **casserole, chaudron.** *Se mettre, être au piano. Jouer du piano. Tapoter, toucher du piano.* ➤ **pianoter.** *Musique, sonate pour piano et violon.* — *Piano préparé,* entre les cordes duquel on introduit des objets divers afin de modifier la sonorité. — *Piano massacre :* piano désaccordé pour l'interprétation de morceaux de ragtime, etc. ◆ *Piano mécanique,* dont les marteaux sont actionnés par un mécanisme (bande perforée, etc.). ➤ **pianola.** ◆ PAR ANAL. FAM. *Piano à bretelles, piano du pauvre :* accordéon. ▪ **2** PAR MÉTON. Technique, art du piano. *Étudier le piano. Professeur, cours de piano.* ▪ **3** TECHN. Grand fourneau professionnel dans les cuisines d'un restaurant. *Le chef est au piano.*

2 **PIANO** [pjano] **adv.** – 1740 ◇ mot italien «doucement» → 1 piano ▪ **1** MUS. Doucement (indication de mouvement). *Ce passage doit être joué piano, puis forte.* ➤ **forte-piano.** — **n. m.** *Un piano suivi d'un forte. Des pianos.* ▪ **2** FAM. Doucement, lentement. *Allez-y piano !* ➤ **mollo, piane-piane.** ▪ CONTR. Forte.

PIANO-BAR [pjanobaʀ] **n. m.** – 1983 ◇ de 1 *piano* et *bar* ▪ Bar dans lequel l'ambiance musicale est assurée par un pianiste. *Des rengaines de piano-bar. Des pianos-bars.*

PIANO-FORTE [pjanofɔʀte] **n. m.** – 1771 ◇ de *piano* et *forte* (1766), de l'italien (→ 2 piano, forte), cet instrument permettant de jouer fort ou doucement ▪ HIST. MUS. Piano de la fin du XVIIIe s. et du début du XIXe s. ➤ **forte-piano.** *Des pianos-forte. «un piano-forte, qui est un instrument de chaudronnier en comparaison du clavecin»* VOLTAIRE. — On écrit aussi *pianoforte.*

PIANOLA [pjanɔla] **n. m.** – 1904 ◇ marque déposée ; de l'anglais ▪ Piano mécanique. *«les hoquets du pianola»* ARAGON.

PIANOTAGE [pjanɔtaʒ] **n. m.** – 1866 ◇ de *pianoter* ▪ Action de pianoter.

PIANOTER [pjanɔte] **v. intr.** ⟨1⟩ – 1841 ; *pianotiser* 1837 ◇ de 1 *piano* ▪ **1** Jouer du piano maladroitement, sans talent, comme un débutant. ▪ **2** Tapoter sur qqch. avec le bout des doigts en imitant le geste du pianiste sur le clavier. *Il «pianota de la main droite sur sa table»* ROMAINS. — PAR EXT. *Pianoter sur son clavier, sur son portable.* ➤ RÉGION. **pitonner.**

PIASSAVA [pjasava] **n. m.** – 1869 ◇ portugais *piassaba,* du tupi ▪ Palmier de l'Amérique du Sud dont on extrait une fibre textile. ◆ PAR MÉTON. Cette fibre. *Brosse, câble, paillasson en piassava.*

PIASTRE [pjastʀ] **n. f.** – 1595 ◇ italien *piastra* ▪ Ancienne monnaie de divers pays. *La piastre indochinoise, égyptienne.* ◆ SPÉCIALT (de la *piastre espagnole*) (Canada) FAM. Dollar. *«Deux piastres et demie de profit en trois semaines. C'est dégoûtant !»* LEMELIN. *Piastre canadienne et piastre américaine.* — Billet, pièce de un dollar. *«Elle a pris ma piastre comme une avance»* R. DUCHARME. — PAR EXT. Symbole de l'argent. *«Non, il ne serait pas un vil amoureux de la "piastre"»* M.-C. BLAIS. LOC. *Un baise-la-piastre :* un avare.

PIAULE [pjol] **n. f.** – 1835 ; *piolle* «cabaret» 1628 ◇ p.-ê. de l'ancien français *pier* «engloutir, boire» ▪ FAM. Chambre, logement. *Louer une piaule.*

PIAULEMENT [pjolmɑ̃] **n. m.** – 1842 ; *piolement* 1570 ◇ de *piauler* ▪ Cri aigu et plaintif des petits poulets et de certains oiseaux. ➤ **piaillement.** ◆ PAR ANAL. *«L'aigre piaulement d'une vielle»* CARCO.

PIAULER [pjole] **v. intr.** ⟨1⟩ – 1606 ; *pioler* 1540 ◇ onomat. ▪ **1** Crier (petits oiseaux). ▪ **2** FAM. Crier en pleurnichant. ➤ **piailler.** *Enfant qui piaule.* ◆ (CHOSES) Produire un grincement aigu. *«les poulies grinçaient, piaulaient, sifflaient»* GAUTIER.

PIAZZA [pjadza] **n. f.** – 1977 ◇ mot italien «place» ▪ Vaste espace libre aménagé pour les piétons dans un ensemble urbain.

P. I. B. [peibe] **n. m.** – 1974 ◇ sigle de *produit intérieur brut* ▪ ÉCON. Agrégat* mesurant la valeur de la production de biens et de services sur le territoire national pendant une année.

PIBALE [pibal] **n. f.** – 1554 ◇ poitevin *pibole* «chalumeau, pipeau» ▪ RÉGION. (Côte atlantique) Jeune anguille. ➤ **civelle, leptocéphale.**

PIBLE (À) [apibl] **loc. adj.** – 1842 ◇ de l'ancien français *pible* «peuplier», du latin *populus* ▪ MAR. *Mât à pible :* mât formé d'une seule pièce, ou assemblé de manière à former un tout continu de la base au sommet.

1 **PIC** [pik] **n. m.** – fin XIVe ; ancien occitan XIIe ◇ latin populaire °*piccus,* classique *picus,* masculin de *pica* → 1 pie ▪ Oiseau grimpeur de la taille du pigeon *(piciformes),* nichant dans des trous d'arbres et se nourrissant surtout de vers, de larves qu'il fait sortir des écorces en y frappant à coups répétés de son bec conique. ➤ **pic-bois.** *Pic-vert.* ➤ **pivert.** *Pic épeiche, pic rouge, pic-varié,* appelé aussi *cul-rouge. Pic noir* ou *pic de montagne.* ▪ HOM. Pique.

2 **PIC** [pik] **n. m.** – XIIe ◇ probablt sens fig. de 1 *pic,* avec influence de *piquer* ▪ Outil composé d'un fer pointu et d'un manche, servant à creuser, casser, détacher une matière dure (roc, ardoise, houille, glace, etc.). *Pic de mineur à deux têtes* (➤ **rivelaine**). *Attaquer une veine de charbon au pic. Pic de maçon* (➤ **picot**), *de démolisseur* (➤ **pioche**), *d'alpiniste* (➤ **piolet**). *Pic à glace.*

3 **PIC** [pik] **n. m.** – XVIIe ; sens fig. de l'ancien français *pic* «coup de pointe» (1397) ◇ de *piquer* ▪ VIEILLI Se dit au jeu de piquet, quand le premier à jouer, totalisant 30 points à son compte avant que le second joueur en ait marqué un seul, gagne alors le droit de doubler son avantage et d'annoncer 60 points. *Faire pic, repic et capot.*

4 **PIC** [pik] **n. m.** – 1350 ◇ probablt espagnol *pico,* d'un préroman °*pikk,* de formation analogue à celle des dérivés de °*pikkare* → piquer ▪ Montagne dont le sommet dessine une pointe aiguë. *Le pic du Midi de Bigorre. Le pic de Ténériffe.* — SPÉCIALT La cime elle-même. ➤ **aiguille, dent.** *Les pics enneigés des Alpes.* ◆ PAR MÉTAPH. (DIDACT.) Partie aiguë d'une courbe enregistrée, correspondant à un maximum. *Les pics d'une courbe de température.* — Ce maximum. *Des pics de pollution sont à craindre. «C'était l'heure de la sieste. Le pic de chaleur de la journée. La rue était vide»* G. FAYE.

5 **PIC (À)** [apik] **loc. adv.** – 1611 ◇ p.-ê. de *pic* (région.) «outil à fer tranchant, bêche» (cf. 2 *pic*), relevé en Normandie *côte à pic, en pic* (en parlant des falaises) ▪ **1** Verticalement. *Rochers qui s'élèvent à pic au-dessus de la mer. Route qui dévale à pic.* — **adj.** *Montagne à pic.* ➤ **escarpé.** *«Autour des bords à pic d'un gouffre circulaire»* FARGUE. — **n. m.** ➤ **à-pic.** — *Bateau, noyé qui coule à pic,* en allant droit au fond de l'eau. ▪ **2** FIG. et FAM. À point nommé, à propos. *Vous arrivez à pic.* ➤ 3 **pile.** *Cette prime tombe à pic.* ➤ **opportunément.**

PICA [pika] **n. m.** – XVIe ◇ mot latin «pie», par allus. à la voracité de cet oiseau ▪ MÉD. Trouble de l'alimentation caractérisé par un goût morbide pour des substances non comestibles.

PICADOR [pikadɔʀ] **n. m.** – 1776 ◇ mot espagnol, de *picar* «piquer» ▪ Cavalier qui, dans les corridas, fatigue le taureau avec une pique. *Des picadors.*

PICAGE [pikaʒ] **n. m.** – 1895 ◇ du latin *pica* «pie» ▪ VÉTÉR. Maladie propre aux oiseaux domestiques, qui les porte à s'arracher les plumes entre eux. ▪ HOM. Piquage.

PICAILLON [pikajɔ̃] **n. m.** – 1750 ◇ de *picaillons* «argent» (Lyon, 1643), de l'ancien français *piquar* «sonner, tinter» ; du latin populaire °*pikkare* ▪ FAM. VIEILLI Argent* (II, 2°). *«le besoin de picaillons se fait beaucoup sentir !»* NERVAL. *Plus un picaillon !* ➤ **sou.**

PICARD, ARDE [pikaʀ, aʀd] **adj. et n.** – 1295 ◇ de *Picardie,* nom d'une région du nord de la France ▪ De Picardie. *Les plages picardes.* ◆ **n.** *Les Picards.* — **n. m.** Langue romane parlée en Picardie, dans le Nord-Pas-de-Calais et en Belgique (Hainaut, Borinage) et appartenant au groupe des langues d'oïl. ➤ **chtimi, rouchi.** *Le normand et le picard.*

PICARDAN ou **PICARDANT** [pikaʀdɑ̃] **n. m.** – 1544 ◇ de *piquer* (au goût) et *ardant* «ardent» ▪ Cépage blanc du Bas-Languedoc fournissant un vin muscat ; ce vin.

PICAREL [pikaʀɛl] **n. m.** – 1558 ◇ de *piquer,* probablt parce qu'on embroche ce poisson pour le faire sécher ▪ Poisson de la Méditerranée, à chair médiocre, voisin de la mendole.

PICARESQUE [pikaʀɛsk] **adj.** – 1835 ◇ espagnol *picaresco,* de *picaro* «aventurier» ▪ HIST. LITTÉR. Relatif ou propre aux *picaros,* aventuriers espagnols (type littéraire du XVIe au XVIIIe s.). *Aventures, mœurs picaresques.* ◆ Qui met en scène des *picaros. Roman picaresque.*

PIC-BOIS **n. m.** ou **PIQUE-BOIS** [pikbwa] **n. m. inv.** – 1818 ◇ de 1 *pic* et *bois,* sur le modèle de *pic-vert* → pivert ▪ RARE OU RÉGION. (Canada, Louisiane) Oiseau de la famille du pic *(piciformes),* comme le pic, le pic épeiche, le pivert. *Des pics-bois, des pique-bois.*

PICCALILLI [pikalili] **n. m.** – 1877 ◇ mot anglais, p.-ê. de *pickle* «saumure» et *chili* «piment» ▪ Pickles de légumes conservés dans la moutarde douce. *Des piccalillis.*

PICCOLO [pikɔlo] **n. m.** – 1828 ◇ mot italien «petit»

I MUS. Petite flûte en ré qui donne l'octave aiguë de la grande flûte. *Des piccolos.*

II (1876) **PICOLO** OU **PICCOLO** FAM. et VIEILLI Petit vin de pays, léger et clairet. — PAR EXT. Vin rouge ordinaire. ➤ **pinard ; picoler.** *Un coup de picolo.*

PICHENETTE [piʃnɛt] **n. f.** – 1820 ◊ p.-ê. altération du provençal *pichouneto* «petite» ■ Chiquenaude. «*il lui appliquait des pichenettes sur le nez, pour le garantir des mouches, disait-il*» ZOLA. — VAR. (Canada) **PICHENOTTE** (1904). «*Il expédie son mégot à cinq pieds d'une pichenotte précise*» M. LABERGE.

PICHET [piʃɛ] **n. m.** – XIIIe ◊ ancien français *pichier*, altération des anciens dialectal *bichier, bichié* ; bas latin *becarius*, du grec *bikos* «amphore pour le vin» ■ Petit broc rétréci au collet, servant de récipient pour la boisson. *Pichet en grès, en verre. Pichet d'étain pour le vin.* ➤ RÉGION. **channe.** (Au restaurant) *Vin en pichet* (opposé à *en bouteille*). — PAR MÉTON. Contenu de ce récipient. *Boire un pichet de cidre.*

PICHOLINE [pikɔlin] **n. f.** – 1723 ◊ provençal *pichoulino*, de *pichon, pitchoun* «petit» ■ AGRIC. Petite olive verte, à bout pointu, qui se consomme marinée, confite. — **adj.** (1835) *Des olives picholines.*

PICKLES [pikœls] **n. m. pl.** – 1823 ◊ mot anglais, de *pickle* «saumure» ■ ANGLIC. Condiment composé de légumes, fruits et épices macérés et conservés dans du vinaigre. ➤ **achards, piccalilli** ; RÉGION. **marinade.** *Bocal de pickles.*

PICKPOCKET [pikpɔkɛt] **n.** – 1765 ◊ mot anglais, de *to pick* «enlever, cueillir» et *pocket* «poche» ■ ANGLIC. Voleur, voleuse à la tire. *Les pickpockets du métro.*

PICKUP n. m. ou **PICK-UP** [pikœp] **n. m. inv.** – 1928 ◊ mot anglais (1867), de *to pick up* «ramasser, recueillir» ■ ANGLIC. ■ **1** TECHN. Dispositif servant à recueillir et transformer en courant variable des vibrations sonores enregistrées sur disques. ➤ **lecteur.** COUR. *Bras, tête de pickup.* ■ **2** VIEILLI Électrophone. ➤ **tourne-disque.** *Des pickups, des pick-up.* ■ **3** Petite camionnette à plateau découvert. ■ **4** TECHN. Dispositif de ramassage automatique du fourrage, de la paille. Recomm. offic. *ramasseur.*

PICO- ■ MÉTROL. Préfixe du système international (SYMB. p), de l'espagnol *pico* «petite somme», qui indique la division par un million de millions (10^{-12}) de l'unité dont il précède le nom : *picoseconde (ps), picofarad.*

PICODON [pikɔdɔ̃] **n. m.** – 1851 ; *picaudon* 1793 ◊ de l'occitan *picooudou*, de *piquer* «être piquant au goût» ■ Petit fromage de chèvre produit dans la Drôme et dans l'Ardèche.

PICOLE [pikɔl] **n. f.** – 1968 ◊ de *picoler* ■ FAM. Fait de boire de l'alcool. *Il est porté sur la picole.* ◆ PAR MÉTON. *La picole* : l'alcool. «*j'vais pas avec toi, tu sens la picole et j'tiens à ma vie*» KERANGAL.

PICOLER [pikɔle] **v. intr.** ‹1› – 1901 ◊ de *pi(c)colo* ■ FAM. Boire* du vin, de l'alcool. *Papa «s'était mis à picoler. Qu'est-ce qu'il descendait comme litrons»* QUENEAU.

PICOLEUR, EUSE [pikɔlœʀ, øz] **n.** – 1953 ◊ de *picoler* ■ FAM. Personne qui picole. ➤ **ivrogne, alcoolo.**

PICOLO ➤ **PICCOLO** (II)

PICORER [pikɔʀe] **v.** ‹1› – XVIe «marauder, butiner» (abeilles) ◊ de *piquer* «voler au passage» ■ **1 v. intr.** Chercher sa nourriture (oiseaux). *Dindons, poules qui picorent sur le fumier.* ◆ (PERSONNES) Manger* peu. ➤ **grignoter.** ■ **2 v. tr.** Piquer, prendre de-ci de-là avec le bec. ➤ 1 **becqueter, picoter** ; RÉGION. **picosser.** «*des poussins, qui viennent picorer, sur le seuil, des miettes de pain*» FLAUBERT.

PICOSSER [pikɔse] **v. tr.** ‹1› – 1896 ◊ mot de l'Ouest (Anjou, Poitou), de *piquer* ■ (Canada) FAM. ■ **1** Picorer, becqueter. ■ **2** Agacer. ➤ FAM. **asticoter.** **n. m. PICOSSAGE.**

PICOT [piko] **n. m.** – 1330 «pointe ferrée» ; XIVe «pointe» ◊ du radical de *piquer* ■ **1** VX Petite pointe en saillie sur du bois qui n'a pas été coupé net. ■ **2** Bord d'une dentelle, d'un passement, formé de petites dents aiguës. ➤ 3 **croquet.** *Lingerie bordée d'un picot.* ■ **3** Petite pointe de caoutchouc qui fait saillie sur une surface. *Picots d'une raquette de ping-pong. Mocassins à picots* (sur la semelle). ■ **4** TECHN. Marteau pointu du carrier. — Pic utilisé pour dégrader les joints de maçonnerie. ■ **5** (par allus. à la coutume qu'ont les pêcheurs de «piquer» ou d'agiter le fond aux environs de ces filets) AU PLUR. PÊCHE Filet en usage sur les côtes normandes pour la capture des poissons plats. ■ **6** Variété de paille fine employée dans la confection des chapeaux.

PICOTEMENT [pikɔtmɑ̃] **n. m.** – 1552 ◊ de *picoter* ■ Sensation de légères piqûres répétées (sur la peau, les muqueuses). *Avoir, éprouver des picotements dans le nez avant d'éternuer, dans la gorge* (➤ **chatouillement**), *dans les jambes* (➤ **fourmi, fourmillement**).

PICOTER [pikɔte] **v. tr.** ‹1› – 1414 ; *piquoter* «donner des coups de pic» fin XIVe ◊ de *piquer* ■ **1** Piquer légèrement et à petits coups répétés. *Picoter une feuille de papier avec une aiguille.* — SPÉCIALT (oiseaux) ➤ 1 **becqueter.** «*Une poule sur un mur Qui picote du pain dur*» (comptine). ➤ **picorer.** ■ **2** Irriter comme par de légères piqûres répétées ; faire éprouver des picotements à. *Fumée qui picote les yeux.* «*j'irai dans les sentiers, Picoté par les blés, fouler l'herbe menue*» RIMBAUD.

PICOTIN [pikɔtɛ̃] **n. m.** – XIIIe ◊ origine inconnue, p.-ê. de *picoter* «butiner, becqueter» ■ **1** Mesure de capacité pour la ration d'avoine d'un cheval. *Le picotin vaut le quart du boisseau.* ■ **2** Ration d'avoine. *Musette contenant le picotin d'un âne.* ◆ Portion (de nourriture) donnée à une bête de somme, à un cheval. «*La soupe à mes chiens, un picotin d'avoine à mon cheval*» GAUTIER.

PICPOUL ou **PIQUEPOUL** [pikpul] **n. m.** – 1871 *piquepoul* ; 1600 *pique-poule* ◊ origine inconnue, p.-ê. de *piquer* ; cf. *picardan* ■ Cépage du Languedoc et de Provence. Vin obtenu avec ce raisin.

PICRATE [pikʀat] **n. m.** – 1836 ◊ de *picr(o)-* et suffixe chimique *-ate* ■ **1** CHIM. Sel de l'acide picrique. *Le picrate d'ammonium est un explosif.* ■ **2** (1916 ; nom d'un café 1882) FAM. Vin rouge de mauvaise qualité.

PICRIQUE [pikʀik] **adj.** – 1836 ◊ de *picr(o)-* et *-ique* ■ CHIM. *Acide picrique* : dérivé nitré du phénol, solide cristallisé d'un jaune brillant, toxique, fusible à 122 °C et détonant quand il est chauffé brusquement (➤ **mélinite**).

PICRIS [pikʀis] **n. m.** – 1842 ◊ grec *pikris* ■ BOT. Plante dicotylédone *(composées)*, dont une espèce à fleurs jaunes est communément appelée *fausse épervière.*

PICR(O)- ■ Élément, du grec *pikros* «amer».

PICROCHOLIN, INE [pikʀɔkɔlɛ̃, in] **adj.** – date inconnue ; *mer picrocholine* (1534, Rabelais) ◊ de *Picrochole*, roi de Lerné, dans *Gargantua* de Rabelais ■ LITTÉR. *Guerre picrocholine*, qui oppose Picrochole à Grandgousier pour un échange de raisins contre des fouaces et, PAR EXT., menée pour des motifs obscurs, dérisoires ou futiles. — *Conflit picrocholin.*

PICTOGRAMME [piktɔgʀam] **n. m.** – 1924 ◊ de *pictographie*, d'après *idéogramme* ■ DIDACT. Dessin figuratif stylisé qui fonctionne comme un signe d'une langue écrite et qui ne transcrit pas la langue orale. — PAR EXT. SÉMIOL. *Le panneau routier «chaussée glissante» est un pictogramme.*

PICTOGRAPHIE [piktɔgʀafi] **n. f.** – 1860 ◊ du latin *pictus* «peint» et *-graphie* ■ DIDACT. Système primitif de communication graphique utilisant des pictogrammes.

PICTOGRAPHIQUE [piktɔgʀafik] **adj.** – 1860 ◊ de *pictographie* ■ Qui utilise la pictographie. *Écriture pictographique.*

PICTURAL, ALE, AUX [piktyʀal, o] **adj.** – v. 1840 ◊ du latin *pictura* «peinture» ■ Qui a rapport ou appartient à la peinture. *Art pictural. Œuvre picturale.* — SPÉCIALT *J'essaierai de distinguer «ce qui est proprement "plastique" (domaine de la forme), de ce qui est "pictural" (domaine des effets appartenant exclusivement à la matière)»* R. HUYGHE.

PIC-VERT ➤ **PIVERT**

PIDGIN [pidʒin] **n. m.** – 1924 ; *pudgin* 1902 ; *pidjin English* 1875 ◊ mot anglais (1851), altération du mot *business* prononcé par les Chinois ■ LING. Langue seconde composite née du contact commercial entre l'anglais et les langues d'Extrême-Orient, qui ne remplit pas toutes les fonctions d'une langue ordinaire. *Sabir, pidgin, créole.* Le *pidgin-english* [pidʒiningliʃ] ou *pidgin*, composé d'un vocabulaire anglais et d'une base grammaticale chinoise, se distingue du *pidgin mélanésien* (➤ **bichlamar**) qui comporte un vocabulaire mixte, anglais et malais.

1 **PIE** [pi] **n. f.** – XIIIe ◊ latin *pica*, fém. de *picus* → 1 pic

I n. f. ■ **1** Oiseau *(corvidés)* à plumage noir et blanc, ou bleu et blanc, à longue queue. ➤ RÉGION. **agace ; aussi pie-grièche.** *La pie jacasse, jase. «Les pies tous les matins [...] chantaient comme des castagnettes»* M. ROUANET. *La pie vole les objets brillants qu'elle emporte dans son nid. «La Pie voleuse», opéra de Rossini.* ◆ LOC. FAM. *Être bavard, bavarde comme une pie (borgne). C'est une vraie pie,* une personne très bavarde. — *Trouver la pie au nid :* faire une découverte d'importance, une trouvaille. ■ **2** (1680) *Fromage à la pie :* fromage blanc mélangé de fines herbes, rappelant les couleurs de la pie. ■ **3** (1868) MAR. *Nid-de-pie :* (VX) sac en filet où les ouvriers qui travaillaient au gréement ou le long de la coque rangeaient leurs outils. MOD. (➤ **nid**).

II ADJT INV. (1549 ◊ par anal. avec le plumage noir et blanc de l'oiseau) *Cheval, jument pie,* à robe noire et blanche, ou fauve et blanche. *Troupeau de vaches pie. Bétail rouge-pie* ou *pie-rouge* (selon que la couleur domine ou non par rapport au blanc). ♦ *Voitures pie de la police,* à carrosserie blanche et noire.

■ HOM. Pi, pis.

2 **PIE** [pi] **adj. f.** – XIIe «pieux», aussi prénom ◊ latin *pius* «pieux» ■ LOC. (1544) *Œuvre pie.* ➤ **pieux.** «*un pauvre prêtre viendra vous demander quarante mille francs pour une œuvre pie*» BALZAC.

■ CONTR. Impie.

PIÈCE [pjɛs] **n. f.** – fin XIe ◊ du latin du IXe *petia* «petit morceau d'or battu», du gaulois *pettia*

I PARTIE SÉPARÉE (BRISÉE, DÉCHIRÉE) D'UN TOUT «*un cristal, jeté violemment sur le sol et qui y volait en mille pièces*» BARBEY. ➤ **fragment.** — *En pièces :* en morceaux. *Mettre en pièces qqch.,* le briser, le casser, le déchirer. (fin XVe) *Mettre qqn en pièces,* le tuer, le massacrer. — *L'ennemi fut taillé en pièces,* entièrement massacré, anéanti. — VX *Emporter* la pièce.*

II CHAQUE OBJET, CHAQUE ÉLÉMENT OU UNITÉ D'UN ENSEMBLE ■ **1** (début XIIIe) Objet faisant partie d'un ensemble. *Marchandises vendues en gros ou à la pièce. Fruits vendus à la pièce.* ➤ **unité.** *Verres valant trois euros pièce.* ➤ **chacun.** — (1840) *Travail à la pièce, aux pièces,* rémunéré selon le nombre des pièces exécutées par l'ouvrier, et non selon le temps passé. ➤ **tâche.** LOC. FAM. *On n'est pas aux pièces !,* ce travail n'est pas pressé ; rien ne presse. — *Les pièces d'un jeu d'échecs, d'un puzzle. C'est une pièce de musée,* un objet de valeur digne de figurer dans un musée. *Une pièce de collection. Une pièce rare, unique.* — (fin XIIIe) BLAS. *Les pièces et les meubles de l'écu.* **PIÈCE HONORABLE :** figure qui charge le blason, couvrant une partie importante de l'écu (ex. chef, champagne, chevron, flanc, pal, fasce, croix, bande, barre, sautoir, etc.). *Modifications des pièces honorables.* — (1924) *Un costume trois pièces* (veston, pantalon, gilet). *Maillot de bain* (de femme) *une pièce, deux pièces.* ➤ **deux-pièces.** — *Service de table de cinquante-six pièces.* ■ **2** Quantité déterminée d'une substance formant un tout. *Une pièce de bœuf. Une pièce de drap, de soie. Pièce de bois :* planche, poutre servant de matière première pour un travail de menuiserie. ■ **3** (début XIVe) (Devant un sing. collectif désignant des animaux) Individu (de telle espèce). *Une pièce de bétail.* ➤ **tête.** *Pièces de gibier.* — *Une grosse, une belle pièce.*

III DANS DES EMPLOIS SPÉCIAUX (OÙ *PIÈCE* EST QUALIFIÉ) ■ **1** (fin XIIe) **PIÈCE DE TERRE :** espace de terre cultivable. ➤ 1 **champ.** — *Une pièce de blé,* de terre plantée en blé. «*On jouait à chat perché dans une pièce de canne, derrière l'église*» J. ZOBEL. ♦ (1694) **PIÈCE D'EAU :** grand bassin ou petit étang dans un jardin, un parc. ■ **2** (milieu XIIIe) *Pièce de vin :* quantité déterminée de vin en fût ; le fût lui-même. ➤ **barrique, tonneau.** — Mesure de capacité valant environ deux cent vingt litres. ■ **3** (1694) *Pièce de pâtisserie,* ouvrage de pâtisserie. (1807) **PIÈCE MONTÉE :** grand ouvrage de pâtisserie et de confiserie, aux formes architecturales et très décoratif. ➤ **croquembouche.** «*la pièce montée géante, chef-d'œuvre d'architecture pâtissière*» TOURNIER. ■ **4** (fin XIIIe) **PIÈCE DE MONNAIE,** ou **PIÈCE :** morceau de métal, plat et généralement circulaire, revêtu d'une empreinte distinctive et servant de valeur d'échange. *Pièces d'or, d'argent, de nickel.* ➤ **espèces.** *Pièce de deux euros, de dix cents, de dix centimes. Pièces et billets. Pièces jaunes :* petite monnaie. — LOC. *Donner la pièce à qqn,* lui donner un pourboire. LOC. *Rendre à qqn la monnaie* de sa pièce.* ■ **5** (fin XVe) **PIÈCE (D'ARTILLERIE) :** bouche à feu avec son affût. «*Sur quinze servants d'une pièce d'artillerie, dix tombent*» GIDE. ➤ 1 **canon.** — *Pièces de campagne, de D. C. A.* — Unité élémentaire d'une batterie d'artillerie (ou subdivision de la section d'infanterie). *Chef de pièce.*

IV ÉCRIT ■ **1** (1535) Tout écrit servant à établir un droit, à faire la preuve d'un fait. ➤ 1 **acte, certificat, diplôme, document, titre.** *Pièces justificatives. Pièces d'identité.* ➤ **papier.** ♦ DR. *Les pièces d'un procès :* les documents versés aux débats par les parties. *Pièces à conviction*.* — LOC. *Juger, décider sur pièces, avec pièces à l'appui.* ■ **2** (1580) Ouvrage littéraire ou musical. *Une pièce de vers,* un petit poème. — MUS. Morceau. *Pièce vocale, instrumentale.* ■ **3 PIÈCE DE THÉÂTRE,** et ABSOLT (1598) **PIÈCE :** ouvrage dramatique. ➤ **comédie, drame, tragédie.** *Pièce en trois actes. Les pièces de Molière.* «*L'usage véritable d'une pièce de théâtre est d'y réchauffer son corps et son cœur*» JOUVET. — LOC. **FAIRE PIÈCE À :** s'opposer, faire échec à. «*Cette éducation était dirigée comme pour faire pièce à la logique*» STENDHAL.

V DANS UNE HABITATION ■ **1** (1694) Chaque partie isolée, entourée de cloisons, ou nettement séparée (à l'exclusion des entrées, couloirs, galeries, parties communes, cuisines, toilettes et salles de bains). ➤ RÉGION. **place ; chambre, salle** (à manger), **salon, séjour.** *Appartement, logement d'une seule pièce.* ➤ **studio.** *Appartement de deux, trois pièces..., F2, F3... Pièce à vivre :* séjour. ➤ **living-room** (ANGLIC.). — *Un deux-pièces cuisine.*

VI PARTIE, ÉLÉMENT D'UN TOUT ■ **1** (fin XVe) Chacun des éléments dont l'agencement, l'assemblage forme un tout organisé. *Pièces d'un mécanisme, d'une machine. Garantie pièces et main-d'œuvre. Pièces de charpente. Pièces jumelles.* ➤ 1 **jumelle.** *Démonter, remonter les pièces d'un moteur. Pièces de rechange, pièces détachées* (d'une machine, d'un moteur). *Pièces d'assemblage :* boulons, écrous, vis, chevilles. *La fabrication, l'usinage, la finition d'une pièce.* — COUT. *Pièce rapportée :* découpe, empiècement ; (1580, Montaigne) FIG. et FAM. membre par alliance d'une famille. «*Nous gendres, nous beaux-frères, on nous appelle pièces rapportées, et nous demeurons toujours ces pièces non intégrées de ces étranges rouages*» D. FOENKINOS. ♦ ANAT. *Les pièces osseuses du squelette. Les pièces buccales d'un insecte.* «*l'armure du crustacé à pièces articulées, perfection de la défense, et terriblement offensive*» MICHELET. — BOT. *Pièces florales.* ■ **2** (fin XIIIe) Élément destiné à réparer une déchirure, une coupure. *Mettre une pièce à un vêtement.* ➤ RÉGION. **rapponse,** 1 **tacon ; rapiécer.** *Coller une pièce sur une chambre à air.* ➤ **rustine.** ■ **3** LOC. (fin XIIe) *Être fait d'une seule pièce, tout d'une pièce :* être d'un seul tenant, d'un seul bloc ; (milieu XVIIe) FIG. franc, entier et direct, ou sans finesse, sans souplesse. «*On lui avait dit plusieurs fois déjà qu'elle était* [...] *tout d'une pièce dans ses actes comme dans ses pensées*» J. AMILA. — (1690) *Fait de pièces et de morceaux,* d'éléments hétéroclites (cf. De bric* et de broc). «*Le manteau d'Arlequin était fait de pièces et de morceaux*» DUHAMEL. ➤ aussi **patchwork.** — *Créer, forger, fabriquer, inventer de toutes pièces,* entièrement, sans rien emprunter à la réalité. «*Si l'auteur d'un livre créait de toutes pièces l'histoire qu'il raconte, elle n'aurait de sens pour personne d'autre*» QUIGNARD. ♦ (1553) *Pièce à pièce :* progressivement, morceau par morceau. «*il voyait s'écrouler pièce à pièce tout son échafaudage de gloire*» HUGO.

■ CONTR. 2 Ensemble, tout.

PIÉCETTE [pjesɛt] **n. f.** – 1710 ; «petit morceau» XIIe ◊ de *pièce* ■ Petite pièce de monnaie. «*une piécette de temps à autre facilite les relations*» GREEN. ♦ ARCHIT. AU PLUR. Ornement formé d'un chapelet de petits disques.

PIED [pje] **n. m.** – fin Xe ◊ du latin *pes, pedis*

I PARTIE DU CORPS A. CHEZ L'ÊTRE HUMAIN ■ **1** Partie inférieure articulée à l'extrémité de la jambe, pouvant reposer à plat sur le sol et permettant la station verticale et la marche. ➤ POP. **arpion, nougat,** 2 **panard, paturon, pinceau, ripaton ; pédi-.** *Parties du pied.* ➤ **cou-de-pied,** 1 **plante, talon.** *Doigts de pied.* ➤ **orteil.** *Ongles de pied.* «*les deux plus adorables pieds du monde, des pieds trop petits pour une femme*» GAUTIER. ➤ **peton.** — *Médecine du pied.* ➤ **podologie ;** RÉGION. **podiatrie.** *Malformations du pied : pied bot,* (1550) *pied plat. Pied d'athlète*. Cal, callosités du pied.* ➤ 2 **cor, durillon, œil-de-perdrix, oignon.** *Avoir mal aux pieds. Se faire soigner les pieds chez un pédicure. Se fouler, se tordre le pied.* ➤ **entorse.** *Boiter du pied droit, gauche. Avoir chaud, froid aux pieds.* — *Sentir, puer des pieds. Prendre un bain de pieds* (➤ **pédiluve**). — (fin XVe) *Passer une rivière à pied sec,* sans se mouiller les pieds. *Être pieds nus, nu-pieds. Pieds chaussés de bottes, de pantoufles.* — *Marcher sur la pointe des pieds. Taper du pied.* «*Les prostituées tapaient du pied dans la grande allée pour se réchauffer*» H. THOMAS. *Taper des pieds d'impatience, de colère* (➤ **trépigner**), *pour protester en public ; en dansant* (➤ **taconéos**). *Traîner les pieds :* avancer comme à regret ; FIG. renâcler à faire qqch. «*Ils ont trouvé tous les prétextes pour traîner les pieds, remettre à plus tard*» P. ASSOULINE. — *Foncer pied au plancher*. Lever le pied :* cesser d'accélérer, en voiture ; FIG. ralentir ; s'interrompre, s'arrêter (cf. aussi ci-dessous). *En avoir sous le pied :* avoir encore de l'énergie, des ressources en réserve. «*Il avait besoin de savoir. Savoir si j'en avais sous le pied.* [...] *Si j'avais reçu des informations à son sujet*» PH. BESSON. ■ **2 COUP DE PIED :** coup donné avec le pied (cf. Coup de latte*). *Recevoir un coup de pied quelque part, au derrière,* FAM. *au cul. Des coups de pied.* — SPORT Coup frappé dans le ballon avec le pied. ➤ **shoot.** *Coup de pied touché, de pénalité. Coup de pied de coin :* recomm. offic. pour 2 *corner.* ■ **3** LOC. *Trouver chaussure* à son pied. Avoir, rester les deux pieds dans le même sabot,* (Canada) *dans la même bottine :* être embarrassé, peu débrouillard. (1545) *Des pieds à la tête ; de la tête aux pieds :*

complètement. *Être trempé des pieds à la tête. De pied en cap*. Ôter à qqn une épine* du pied.* — FAM. *Avoir les pieds nickelés*. Être bête* comme ses pieds. Faire qqch. comme un pied,* très mal. *Écrire, filmer avec les pieds,* très mal. (Au football) *Avoir les pieds carrés :* être maladroit, jouer mal. — *Marcher sur les pieds de qqn ;* FIG. lui manquer d'égards, chercher à l'évincer. *Il ne se laisse pas marcher sur les pieds. Il me casse* les pieds. Faire les pieds à qqn,* lui donner une bonne leçon, lui apprendre à vivre. ➤ **dresser.** *« Il eut envie de la faire souffrir un peu, pour lui faire les pieds »* SARTRE. *C'est bien fait pour ses pieds.* — (Belgique) *Jouer avec les pieds de qqn,* abuser de sa patience, de sa crédulité, de sa gentillesse. — (1660) *Avoir un pied dans la fosse, dans la tombe :* être très vieux ou moribond. (1903) *Mettre les pieds dans le plat,* (Canada) *dans les plats :* aborder une question délicate avec une franchise brutale ; commettre une gaffe. — *Faire du pied à qqn,* poser le pied sur le sien (pour l'avertir, signifier une attirance, etc.). *Appel du pied :* invite. — *Ne pas se moucher* du pied.* — (fin XIIe) *Mettre pied à terre :* descendre d'une monture, d'un véhicule. *Avoir les pieds sur terre*. Avoir le pied à l'étrier*.* — (1538) *Mettre les pieds quelque part :* y aller. *Je n'y ai jamais mis les pieds. Je ne remettrai jamais les pieds chez lui. Mettre le pied dehors,* sortir. *Il ne peut plus mettre un pied devant l'autre :* il ne peut plus marcher. *Se lever du pied gauche*, du mauvais pied. Se tirer une balle* dans le pied.* — (1500) *Pieds et poings liés :* sans pouvoir agir d'aucune façon. — *Fouler* aux pieds. Couper l'herbe* sous le pied à qqn.* (milieu XVe) *Partir les pieds devant :* mourir. *« On disait qu'elle ne sortirait plus de sa chambre que les pieds en avant »* ZOLA. — *Faire des pieds et des mains :* se démener, employer tous les moyens (cf. Remuer* ciel et terre). *Il a fait des pieds et des mains pour obtenir un rendez-vous.* — *Attendre qqn de pied ferme*.* — (1799) *Lever le pied,* se dit d'un dépositaire de fonds qui s'enfuit en emportant l'argent dont il avait la garde. (1549) *Au pied levé :* sans préparation. *La doublure a remplacé la vedette malade au pied levé.* — (Afrique) *Prendre son pied la route :* partir. *« Le voyage noir commençait. J'allais prendre* mon pied la route [...], *ce qui signifie partir »* A. LONDRES. ♦ (avec *sur, à, en*) **SUR LES PIEDS, SUR UN PIED.** ➤ **debout.** *Retomber sur ses pieds :* se recevoir adroitement ; FIG. (1685) se tirer à son avantage d'une situation difficile, par adresse ou par chance. *Ne pas savoir sur quel pied danser*.* — **SUR PIED.** *Dès cinq heures il est sur pied,* debout, levé. *Le malade sera sur pied dans quelques jours.* ➤ **guéri, rétabli.** *Que la population « fût tenue toujours sur pied, toujours en émoi »* MICHELET (cf. En éveil). — *Mettre sur pied une affaire, une entreprise,* la monter, la mettre en état de commencer son activité. ➤ **constituer, organiser.** — (fin XIe) **À PIED :** en marchant. ➤ **pédestrement,** FAM. **pedibus** (cf. À pattes, à pinces). *Faire la route à pied. Allons-y à pied. Faire de la marche à pied. Promenade, randonnée à pied.* ➤ **pédestre.** *« Un voyage à pied a toujours été un de mes rêves »* TH. MONOD. *Pêche à pied. Une auberge où on logeait à pied et à cheval,* les voyageurs à pied et à cheval. LOC. POP. *Je t'emmerde, à pied, à cheval et en voiture,* de toutes les façons (cf. En long, en large* et en travers). — SPORT *Course à pied* (opposé à *course cycliste, automobile*). — (1898) *Il a été mis à pied,* suspendu dans ses fonctions. *Mise à pied disciplinaire.* — **À PIEDS JOINTS :** en gardant les pieds rapprochés (pour sauter). LOC. *Sauter à pieds joints sur une occasion,* sans hésiter. — **DE PIED.** (milieu XIIe) VX *Les gens de pied :* les fantassins. *Valet* de pied.* — (1777) **EN PIED :** représenté debout, des pieds à la tête. *Un portrait en pied.* — VIEILLI En titre. *« Je suis l'amant en pied de la dame rose »* GAUTIER. — **AUX PIEDS DE** qqn, devant lui (en étant baissé, prosterné). *Se jeter aux pieds de qqn,* pour le supplier. *« le chien s'étendait sur un pouf aux pieds de sa maîtresse »* GREEN. *Madame, je dépose mes hommages à vos pieds. Hercule aux pieds d'Omphale.* — *Au pied !,* ordre donné à un chien de venir près de son maître. ■ **4** (Après un verbe et sans article) Contact avec le sol, assise. (1671) *Avoir pied :* pouvoir, en touchant du pied le fond, avoir la tête hors de l'eau. *« La pente était très douce, j'avais encore pied à cent mètres du rivage »* HOUELLEBECQ. *Perdre pied ;* FIG. être perdu, ne plus avoir de repère, de ligne de conduite. *« Que signifie perdre pied ? Cela signifie que l'on ne sait plus ce que l'on fait et que cela n'a plus d'importance »* GREEN. — (début XIVe) *Prendre pied :* se trouver sur le sol ferme ; FIG. s'établir solidement sur un territoire. — (milieu XVIIe) *Lâcher pied :* ne plus tenir contre l'adversaire ; céder, reculer ; FIG. flancher. ■ **5** Manière de se tenir, de marcher. *Achille au pied léger. Avoir le pied marin*. Avoir bon pied bon œil*.* ♦ Pas. *S'en aller du même pied. Pied à pied :* en ne cédant que très peu, et seulement lorsqu'on est forcé ; en se défendant à outrance. *« Depuis 1919 j'ai lutté pied à pied, avec tout le monde, avec mes amis »* GIONO. ■ **6** PAR ANALOGIE *Pieds d'une statue. Colosse aux pieds d'argile*.* ♦ **PIED DE FER,** *de fonte :* enclume en forme de pied où le cordonnier pose les chaussures qu'il répare. ♦ **PIED DE BAS :** partie du bas qui recouvre le pied. *Marcher en pieds de chaussettes,* sans chaussures. ■ **7** Chacune des deux chaussures qui composent une paire. *Le pied gauche me serre un peu.* ♦ Prolongement d'une jambe de pantalon couvrant le pied. *Pyjama à pieds,* pour les enfants. ■ **8** Emplacement des pieds. *Le pied et la tête d'un lit.*

B. CHEZ L'ANIMAL ■ **1** (fin XIIe) Extrémité inférieure de la jambe (des équidés), de la patte (de quelques mammifères et des oiseaux) ou organe permettant à certains mollusques de se déplacer. ➤ 1 **patte ; -pède, -pode.** *Pieds de devant, de derrière. Les bœufs « creusaient la terre de leurs larges pieds fourchus »* SAND. *Pieds palmés des canards. Pied de la moule.* ➤ **byssus.** LOC. *Le coup de pied de l'âne*. Faire le pied de grue*.* — *Pieds de veau, de porc* (vendus en boucherie). *Pieds panés. Pieds (et) paquets*.* ♦ *Cheval qui galope sur le pied droit* (quand l'antérieur droit se pose en avant de l'antérieur gauche, le postérieur droit en avant du postérieur gauche), *sur le pied gauche. Le cheval est parti du bon pied* (ex. sur le pied droit s'il doit aller à droite). *Cheval qui change de pied,* qui passe du galop à droite au galop à gauche, ou inversement, sans temps d'arrêt. ■ **2** VÉN. Trace de pas (d'un cerf, etc.).

II BASE, SUPPORT ■ **1** (milieu XIIe) Partie par laquelle un objet repose sur le sol, touche le sol. ➤ 1 **bas, base.** *Au pied d'une falaise. Une villa les pieds dans l'eau,* au bord de l'eau. *Caler le pied d'une échelle. Le pied d'un escalier, d'un mur.* LOC. *C'est au pied du mur qu'on voit le maçon :* c'est face à la difficulté qu'on reconnaît le spécialiste. *Mettre qqn au pied du mur*. À pied d'œuvre*.* — *Pied d'une perpendiculaire*,* point d'intersection de celle-ci avec la surface ou la ligne sur laquelle elle est abaissée. ➤ **podaire.** — *Pied de col* (d'une chemise). — *Pied de page.* ➤ 1 **bas.** ♦ (début XIIIe) (Végétaux) *Le pied et le chapeau d'un champignon. « Il coupe une branche, et non le pied de l'arbre »* VOLTAIRE. ➤ **collet, souche.** *Arbre franc* de pied.* — **SUR PIED.** *« Laisser les arbres sécher sur pied »* BUFFON. FIG. *Sécher* sur pied. Fruits vendus sur pied,* avant la récolte. — PAR EXT. (1563) Chaque individu, chaque plant (de certains végétaux cultivés). *Pied de vigne.* ➤ **cep.** *Pied de salade.* ■ **2** (fin XIIe) Partie d'un objet servant de support. *Casser le pied d'un verre. Un verre à pied. Un pied de lampe. Les pieds d'un meuble. « Une desserte haute sur pied »* COLETTE. *Des pieds à roulettes. Le pied d'un appareil photo.* ➤ **trépied.** *Un pied à perfusion.* ➤ **potence.** *« Un pied à sérum restait à demeure dans la pièce. Il [...] y suspendit le flacon de perfusion »* J.-CH. RUFIN. FIG. *Nez en pied de marmite*.*

III UNITÉ DE MESURE ■ **1** (fin XIe) MÉTROL. Ancienne unité de mesure de longueur divisée en douze pouces, et valant 0,3248 mètre. *« la mère avait ses cinq pieds cinq pouces, c'était la plus belle femme du pays »* MUSSET. LOC. (fin XVe) *Souhaiter être (à) cent pieds sous terre :* avoir envie de se cacher (par honte). *Faire un pied de nez*.* ♦ Unité anglo-saxonne de mesure de longueur (SYMB. ft ou ′) valant 0,3048 mètre, unité internationale de mesure d'altitude utilisée en aéronautique. *Un pied vaut douze pouces, la verge vaut trois pieds. « Nous étions en patrouille au nord de X..., à 21 000 pieds »* CENDRARS. *Mesurer cinq pieds, sept pouces,* 1,70 m. *Règle graduée en pieds.* ➤ **pied-de-roi.** — *Pied carré,* unité de mesure de superficie. *« Son apothéose* [un tableau] *: cent pieds carrés de flaques bleues dégoulinant de tous côtés vers un point jaune »* R. DUCHARME. ■ **2** FIG. (1609) VX Mesure (en loc.). *« Est-ce au pied du savoir qu'on mesure les hommes ? »* BOILEAU. ♦ (1585) MOD. **AU PETIT PIED :** en petit, en raccourci. *« Cette espèce de famille royale au petit pied »* BALZAC. — **AU PIED DE LA LETTRE*.** — (1753, Voltaire) **SUR (le, un) PIED.** *Être traité, reçu sur le pied de...,* comme..., au rang de... *Être sur un pied d'égalité avec qqn :* être son égal. *Mettre sur le même pied,* sur le même plan. — *Vivre sur le pied de vingt mille euros par an,* sur la base de, avec un train de vie de vingt mille. (1869) *Vivre sur un grand pied,* en dépensant beaucoup. *« vivant sur un petit pied, ils n'en renonçaient pas moins au sentiment de constituer l'aristocratie locale »* DUTEURTRE. — *Sur le pied de guerre :* équipé et prêt à combattre, à agir, à partir. ■ **3** ARG. ANC. Part de butin. *Prendre son pied,* sa part. (1881) *En avoir son pied,* en avoir assez. — (1899 argot ; répandu v. 1968) MOD. et FAM. Plaisir sexuel ; PAR EXT. Plaisir quelconque. (1926) **PRENDRE SON PIED.** ➤ **jouir ; s'éclater.** *« Même qu'on aurait pu prendre un foutu pied, si on avait eu le temps. Et le pied, elle l'aurait pris avec nous »* B. BLIER. *Un voyage en roulotte, c'est le pied !* ➤ 2 **panard.** *Quel pied ! C'est pas le pied :* ce n'est pas agréable, ça ne va pas.

▪ **4 PIED À COULISSE :** instrument pour mesurer les épaisseurs et les diamètres.

IV UNITÉ RYTHMIQUE (1549 ; «syllabe» fin XIVe) Unité rythmique constituée par un groupement de syllabes d'une valeur déterminée (quantité, accentuation). *Les pieds employés dans la métrique ancienne.* ➤ **anapeste, dactyle, iambe, spondée,** 1**trochée.** — ABUSIVEMENT Syllabe (dans un vers français). *L'alexandrin, vers de douze pieds.*

▪ **CONTR.** Chevet, sommet, tête.

PIED-À-TERRE [pjetatɛʀ] **n. m. inv.** – 1732 ; «sonnerie de trompette» 1636 ◊ de *pied, à* et *terre* ▪ Logement qu'on occupe en passant, occasionnellement. *Avoir un pied-à-terre à Paris* (➤ **garçonnière**).

PIED-D'ALOUETTE [pjedalwɛt] **n. m.** – 1550 ◊ de *pied, de* et *alouette* ▪ COUR. Delphinium annuel. *Un bouquet de pieds-d'alouette.*

PIED-DE-BICHE [pjed(ə)biʃ] **n. m.** – 1720 ◊ de *pied, de* et *biche* ▪ **1** Pied de meuble galbé (autrefois terminé en sabot de biche), caractéristique du style Louis XV. *Table à pieds-de-biche.* ♦ (1833) Poignée de heurtoir, de sonnette figurant un pied de biche. ▪ **2** (1798) TECHN. Levier à tête fendue servant notamment à arracher des clous (➤ **pied-de-chèvre**), à soulever des fardeaux. ♦ Dans une machine à coudre, Pièce qui maintient l'étoffe et entre les branches de laquelle passe l'aiguille.

PIED-DE-CHEVAL [pjed(ə)ʃəval] **n. m.** – 1824 ◊ de *pied, de* et *cheval* ▪ RARE Grande huître commune (gryphée). *Une douzaine de pieds-de-cheval.*

PIED-DE-CHÈVRE [pjed(ə)ʃɛvʀ] **n. m.** – 1691 ; «pince à bec courbé» 1368 ◊ de *pied, de* et *chèvre* ▪ TECHN. Semelle soutenant les montants de l'engin de levage dit *chèvre.* ♦ Pied-de-biche. *Des pieds-de-chèvre.*

PIED-DE-COQ [pjed(ə)kɔk] **n. m.** et **adj.** – XXe ◊ de *pied, de* et *coq* ▪ Tissu d'armure croisé dont le dessin est plus grand que celui du pied-de-poule. *Des pieds-de-coq.*

PIED-DE-LOUP [pjed(ə)lu] **n. m.** – 1611 ◊ de *pied, de* et *loup* ▪ COUR. Lycopode. *Des pieds-de-loup.*

PIED-DE-MOUTON [pjed(ə)mutɔ̃] **n. m.** – *pie d'mouton* attesté fin XIXe ◊ de *pied, de* et *mouton* ▪ COUR. Hydne sinué (champignon). *Ramasser des pieds-de-mouton.*

PIED-DE-POULE [pjed(ə)pul] **n. m.** et **adj.** – 1909 ◊ de *pied de poule* ▪ Tissu d'armure croisée formant une sorte de petit damier empiétant. ➤ **pied-de-coq.** *Les pieds-de-poule sont à la mode.* — **adj.** *Un lainage pied-de-poule.*

PIED-DE-ROI [pjed(ə)ʀwa] **n. m.** – 1829 ; «mesure de 12 pouces» XVe-1878 ◊ de *pied, de* et *roi* ▪ Au Canada, Règle pliante graduée en pieds, en pouces et en lignes, mesurant habituellement deux pieds. *Il «a ouvert un pied de roi et s'est mis à mesurer de bas en haut les pierres du mur»* HUGO. *Des pieds-de-roi.*

▪ **HOM.** Piédroit.

PIED-DE-VEAU [pjed(ə)vo] **n. m.** – XVe ◊ de *pied de veau* ▪ COUR. Arum tacheté. ➤ **gouet.** *Les baies rouges des pieds-de-veau.*

PIED-D'OISEAU [pjedwazo] **n. m.** – 1615 ◊ de *pied, de* et *oiseau* ▪ Plante fourragère *(papilionacées). Des pieds-d'oiseau.*

PIED-DROIT ➤ **PIÉDROIT**

PIÉDESTAL, AUX [pjedɛstal, o] **n. m.** – 1545 ; *pedestal* v. 1530 ◊ italien *piedestallo,* de *piede* «pied» et *stallo* «support», ce dernier d'origine germanique ▪ Support assez élevé sur lequel se dresse une colonne, une statue ou un élément décoratif (vase, candélabre, etc.). ➤ **piédouche, socle.** *Base, dé, corniche d'un piédestal. «douze piédestaux de cuivre portaient chacun une grosse boule de verre»* FLAUBERT. ♦ FIG. Ce qui élève, présente à l'admiration de tous. *«le magnifique piédestal que le Théâtre fait à une femme»* BALZAC. LOC. *Mettre, placer qqn sur un piédestal,* lui vouer une grande admiration, l'idéaliser (cf. Porter qqn au pinacle*). *Tomber, descendre, dégringoler de son piédestal :* perdre tout son prestige.

PIED-FORT ➤ **PIÉFORT**

PIEDMONT ➤ **PIÉMONT**

PIED-NOIR [pjenwaʀ] **n.** – 1955 ; «Arabe d'Algérie» 1917 ; «chauffeur de bateau autochtone» 1901 ◊ de *pied* et *noir* ▪ FAM. Français d'Algérie. *Les pieds-noirs rapatriés. Une pied-noir. «Un rapatrié d'Algérie, oui. On dit pied-noir aussi»* A. BEGAG. *«Alors vous aussi, vous pensez que les pieds-noirs sont tous des colons qui faisaient suer le burnous, hein !»* V. OLMI. — **adj.** *L'accent pied-noir. Des familles pieds-noirs.* On écrit aussi *une pied-noire, elles sont pieds-noires.*

PIÉDOUCHE [pjeduʃ] **n. m.** – 1678 ◊ italien *pieduccio,* diminutif de *piede* «pied» ▪ Petit piédestal, à base circulaire ou carrée. *«sur des piédouches, des vases de bronze contenaient des touffes de fleurs»* FLAUBERT. *Buste en piédouche,* dont la base circulaire repose sur un pied.

PIED-PLAT [pjepla] **n. m.** – XVIIe ◊ de *pied* et *plat,* à cause des gens du peuple qui portaient des souliers sans hauts talons ▪ VX Personne grossière, inculte, ou servile. *«Mais je hais les pieds-plats, je hais la convoitise»* MUSSET.

PIÉDROIT [pjedʀwa] **n. m.** – *piez drois* 1408 ◊ de *pied* et *droit* ▪ ARCHIT. Jambage d'une baie, d'une cheminée. ♦ (1615) Montant vertical sur lequel retombent les voussures d'une arcade, d'une voûte. *L'arc et les piédroits.* — On écrit aussi *pied-droit, les pieds-droits.* ▪ **HOM.** Pied-de-roi.

PIÉFORT [pjefɔʀ] **n. m.** – 1690 ◊ de *pied* et *fort* ▪ TECHN. Pièce de monnaie épaisse frappée pour servir de modèle. *Des piéforts.* — On écrit aussi *pied-fort, des pieds-forts.*

PIÈGE [pjɛʒ] **n. m.** – 1155 ◊ latin *pedica* «lien aux pieds», de *pes, pedis* «pied» ▪ **1** Dispositif, engin destiné à prendre morts ou vifs les animaux terrestres ou les oiseaux, ou à les attirer à proximité du chasseur. ➤ **appeau, chausse-trape, collet,** 3**filet, gluau, lacet, lacs, miroir** (à alouettes), **mésangette, nasse, panneau, ratière, souricière, tapette,** 1**trappe, traquenard, trébuchet.** *Dresser, tendre un piège. Prendre au piège.* ➤ **piéger.** *Animal pris au piège.* ♦ PAR ANAL. TECHNOL. Dispositif destiné à capter des éléments dans un flux. *Piège à bulles, à ions.* ▪ **2** FIG. Artifice qu'on emploie pour mettre qqn dans une situation périlleuse ou désavantageuse ; danger caché où l'on risque de tomber par ignorance ou par imprudence. ➤ **chausse-trape, embûche, embuscade, guêpier, guet-apens, souricière, traquenard.** *C'était un piège.* ➤ **feinte, leurre, ruse.** *«Avec une perfide et admirable adresse il avait conduit son adversaire dans le piège qu'il lui avait tendu»* CHÊNEDOLLÉ. *Donner, tomber dans un piège.* ➤ **panneau** (cf. Mordre à l'hameçon*). *Il a été pris à son propre piège.* ➤ **s'enferrer.** *Piège grossier.* ➤ **attrape-nigaud.** FAM. *C'est un piège à cons.* ♦ Difficulté cachée, insidieuse. *«Les pièges et les énigmes systématiques de l'algèbre»* VALÉRY. *Une dictée pleine de pièges.* ➤ **complication, danger, écueil, embûche ; piégeux.** APPOS. *Des questions pièges.*

PIÉGEAGE [pjeʒaʒ] **n. m.** – 1894 ◊ de *piéger* ▪ Chasse au moyen de pièges. ♦ Action de piéger une mine, un engin.

PIÉGER [pjeʒe] **v. tr.** ⟨3 et 6⟩ – 1220, repris 1875 ◊ de *piège* ▪ **1** Chasser, prendre au moyen de pièges. — FIG. (1964) Prendre (qqn) au piège, le mettre dans une situation sans issue. *Se faire piéger par la police. Il s'est laissé piéger.* ▪ **2** (1962) Munir (une mine, un engin) d'un dispositif spécial qui déclenche l'explosion au premier contact. — **p. p. adj.** *Engins piégés. Colis piégé. Attentat à la voiture piégée.*

PIÉGEUR, EUSE [pjeʒœʀ, øz] **n.** – 1908 ◊ de *piéger* ▪ Personne qui chasse les animaux (surtout nuisibles), au moyen de pièges. ▪ **HOM.** Piégeuse (piégeux).

PIÉGEUX, EUSE [pjeʒø, øz] **adj.** – 1987 ◊ de *piège* ▪ Qui constitue un piège, présente un piège. *Match piégeux. — Question piégeuse.* ▪ **HOM.** Piégeuse (piégeur).

PIE-GRIÈCHE [pigʀijɛʃ] **n. f.** – 1553 ◊ de 1*pie* et fém. de l'ancien français *griois* «grec» ▪ **1** Petit passereau des bois et des haies se nourrissant d'insectes et de petits rongeurs. ▪ **2** VIEILLI Femme acariâtre et querelleuse. *Ce sont des pies-grièches, des harpies.*

PIE-MÈRE [pimɛʀ] **n. f.** – XIIIe ◊ latin médiéval *pia mater* «pieuse mère», calque de l'arabe ▪ ANAT. La plus profonde des méninges, mince et transparente, qui enveloppe directement le cerveau et la moelle épinière. *Les pies-mères crânienne, rachidienne.*

PIÉMONT [pjemɔ̃] **n. m.** – 1908 ◊ de *pied* et *mont,* d'après l'anglais *piedmont-glacier* (1891) ▪ GÉOGR. ▪ **1** *Glacier de piémont,* formé par la réunion de plusieurs glaciers débouchant dans une plaine, où ils présentent une surface presque horizontale. REM. La forme anglaise PIEDMONT est employée par les géographes. ▪ **2** Glacis alluvial incliné assez uniformément et situé au pied d'un ensemble montagneux.

PIÉMONTAIS, AISE [pjemɔ̃tɛ, ɛz] **adj.** et **n.** – 1565 ◊ de *Piémont,* italien *Piemonte,* nom de région ▪ Du Piémont, région de l'Italie du Nord. ♦ **n.** *Les Piémontais.* — **n. m.** Dialecte italien parlé au Piémont. *Le piémontais et le lombard.*

PIERCING [piʀsiŋ] **n. m.** – 1991 ◊ mot anglais, de *body piercing* «perforation du corps» ▪ ANGLIC. Pratique consistant à percer un organe, une partie du corps, pour y introduire un anneau, un bijou ; ce bijou. ➤ RÉGION. **perçage.** *Porter un piercing au nombril.* «*un joli visage* [...], *avec un piercing sous la bouche*» Y. HAENEL.

PIÉRIDE [pjeʀid] **n. f.** – 1810 ◊ de *Piérides*, nom donné aux Muses ▪ Papillon blanc ou jaunâtre dont les chenilles dévorent les feuilles des crucifères. *La piéride du chou.*

PIERRADE [pjeʀad] **n. f.** – v. 1995 ◊ marque déposée ; de *pierre*, d'après *carbonade* ▪ **1** Mode de cuisson des aliments par contact sur une plaque (pierre) chaude. ▪ **2** Plaque de cuisson permettant de réaliser des grillades à table. ♦ Repas organisé autour de cet appareil, au cours duquel chaque convive fait griller ses aliments.

PIERRAILLE [pjeʀɑj] **n. f.** – XIVe ◊ de *pierre* ▪ Petites pierres ; éclats de pierre. *La pierraille d'un chemin.* — Étendue de pierres. ➤ **caillasse.**

PIERRE [pjɛʀ] **n. f.** – fin Xe, au sens II, 3° ◊ du latin *petra* «roche, rocher, roc» (→ pétrifier, pétrole, salpêtre), mot d'origine grecque

I LA PIERRE (fin XIe) ▪ **1** Matière minérale solide, dure, qui se rencontre à l'intérieur ou à la surface de l'écorce terrestre en masses compactes. ➤ **roche ; lith(o)-, -lithe ; lapidifier, pétrifier.** *Bloc de pierre. Éclat, morceau de pierre. Dur comme la pierre.* — Cette matière servant à construire (cf. II, 3°). *Cheminée en pierre.* — (fin XIIIe) *Être, rester de pierre*, insensible, impassible (cf. De glace*). «*Ses traits s'étaient faits de pierre*» MONTHERLANT. *Un cœur de pierre*, dur, froid et impitoyable. ♦ *Maladie de l'homme de pierre* : maladie congénitale caractérisée par un durcissement des masses musculaires (➤ **myosite**) allant jusqu'à l'ossification. ♦ (1861) *Âge de (la) pierre* : période de la préhistoire caractérisée par la fabrication et l'utilisation d'outils de pierre. *Âge de la pierre taillée* (➤ **paléolithique**), *de la pierre polie* (➤ **néolithique**). ▪ **2** Variété particulière de cette matière. ➤ **roche.** *Étude des pierres.* ➤ **minéralogie, pétrographie.** — *Pierre calcaire, meulière, ollaire. Pierre à bâtir. Pierre ponce**. (début XIVe) VIEILLI *Pierre d'aigle* (aétite), *de lard* (stéatite), *de liais**. *Pierre à chaux, à plâtre.* ➤ **gypse.**

II UNE PIERRE ▪ **1** Bloc rocheux. ➤ **boulder, roc, 1 rocher.** *Pierre branlante* : rocher isolé qui repose sur le sol par une très petite surface. ♦ (fin Xe) Fragment de cette matière qu'on peut déplacer ou jeter. ➤ **caillou, galet.** «*les pierres* [...] *deviennent plus grosses et montrent l'ambition d'être des rochers*» GAUTIER. *Amas, tas de pierres. Pierres servant au revêtement des routes.* ➤ **empierrement.** *Casseur de pierres.* LOC. (1791) *Être malheureux comme les pierres*, très malheureux et seul. *Pierre d'achoppement**. — *Lancer des pierres* (➤ **lance-pierre**). *Guerre des pierres.* ➤ **intifada.** *À un jet* de pierre.* LOC. (1574) *Faire d'une pierre deux coups* : obtenir deux résultats par la même action (cf. Faire coup double*). *Geler* à pierre fendre.* — *Poursuivre, tuer qqn à coups de pierres.* ➤ **lapider.** ALLUS. BIBL. (Évangile, saint Jean) «*Que celui d'entre vous qui est sans péché, lui jette la première pierre*», paroles adressées par Jésus à ceux qui s'apprêtaient à lapider la femme adultère. LOC. *Jeter la pierre à qqn*, l'accuser, le blâmer. *Il n'est pas responsable, il ne faut pas lui jeter la pierre. C'est une pierre dans son jardin**. *C'est un jour à marquer d'une pierre blanche*, un jour important dont il faut se souvenir. PROV. *Pierre qui roule n'amasse pas mousse**. ▪ **2** (Qualifié) Fragment d'une variété de cette matière servant à un usage particulier. *Une pierre à aiguiser. Une pierre à feu, à fusil* : un silex donnant des étincelles. «*il y avait dans le tiroir du cabinet des pierres à fusil que mon père ramassait et taillait pour s'en servir au besoin*» E. LE ROY. *Goût de pierre à fusil* : goût sec et minéral de certains vins blancs. *Pierre lithographique.* — **PIERRE DE TOUCHE** : fragment de jaspe utilisé pour essayer l'or et l'argent. ➤ **touchau.** FIG. (1549) Ce qui sert à reconnaître la valeur d'une personne ou d'une chose. ➤ **critère, épreuve, 2 test.** ▪ **3** (fin Xe) Bloc de roche employé pour la construction, la maçonnerie. ➤ **moellon.** *Extraire, appareiller, tailler les pierres. Tailleur de pierres.* (fin XIIIe) **PIERRE DE TAILLE**, qui a été taillée. ➤ **boutisse, claveau, parpaing, voussoir.** *Immeuble en pierres de taille. Poser, déliter, enlier les pierres. Muret de pierres sèches*, de forme irrégulière, qui tiennent ensemble sans mortier. *Couverture en pierres plates.* ➤ **lauze.** *Ne pas laisser pierre sur pierre* : détruire de fond en comble, raser (allusion biblique). — *Les vieilles pierres* : l'architecture ancienne. *Un amateur de vieilles pierres.* — *Pierre à pierre* : une pierre après l'autre ; FIG. progressivement. *La première pierre d'un édifice*, qui porte des inscriptions commémoratives et qui est posée solennellement. «*La première pierre fut scellée par la reine*» ALAIN. FIG. *Poser la première pierre de qqch.* : être le fondateur, l'initiateur d'une œuvre. LOC. *Apporter sa pierre à l'édifice**. *La pierre angulaire**. — COLLECTIF *La pierre* : l'immobilier. *Investir, placer son argent dans la pierre. Le prix de la pierre.* «*La pierre ! Y a que ça de vrai. Voilà un placement qui reste et qui rapporte*» É. CHERRIÈRE. ▪ **4** (fin Xe) Bloc constituant un monument. ➤ **mégalithe, monolithe, stèle.** *Pierres druidiques.* (1605) *Pierres levées.* ➤ **cromlech, dolmen, menhir.** *C'est* «*à une religion qu'il faut attribuer toutes ces pierres levées*» STENDHAL. *Inscription gravée sur une pierre.* ➤ **1 dalle, stèle.** «*Les pierres tombales, en Turquie, sont des espèces de bornes, coiffées de turbans ou de fleurs*» LOTI. — *La Pierre noire* : relique sacrée des musulmans, scellée dans la Kaaba.

III PIERRE PRÉCIEUSE, PIERRE (début XIIe) Minéral auquel sa rareté, son éclat, sa dureté confèrent une grande valeur ; fragment de ce minéral (brut ou travaillé). ➤ **gemme, pierreries ; gemmologie ; lapidaire.** *Pierres de couleur. Principales pierres* : aigue-marine, alabandite, améthyste, aventurine, béryl, calcédoine, chrysolithe, chrysoprase, corindon, diamant, émeraude, escarboucle, girasol, grenat, hématite, hyacinthe, jargon, lapis, opale, outremer, péridot, quartz, rubis, sanguine, saphir, spinelle, topaze, tourmaline, turquoise, zircon. — *Pierres précieuses* : diamant, émeraude, rubis, saphir. *Défaut dans une pierre précieuse* : crapaud, glace, givrure, jardinage, loupe. *Tailler, monter, sertir une pierre précieuse.* — *Pierres fines, semi-précieuses* : toutes les autres gemmes naturelles (cf. **ci-dessus**), ainsi que certaines pierres dont on fait des objets d'art (dites *pierres dures* : agate, cristal de roche, cornaline, jade, jaspe, labrador, malachite, obsidienne, onyx, sardoine, etc.). — *Pierre synthétique, artificielle.* — *Pierre gravée.* ➤ **camaïeu, camée, intaille ; glyptique.**

IV SUBSTANCE, CONCRÉTION (début XIIIe) ▪ **1** Substance naturelle ou fabriquée, employée à divers usages. *Pierre bleue*, servant à passer le linge au bleu. *Pierre à briquet* (ferrocérium). (1765) *Pierre infernale* (nitrate d'argent). ♦ (1575) *Pierre philosophale**. ▪ **2** (début XIIe) VIEILLI Concrétion qui se forme dans les reins, la vessie ou la vésicule biliaire. ➤ **2 calcul, gravelle, gravier, lithiase.** ▪ **3** (1690) Concrétion dure qui se forme dans certains fruits. *Poire pleine de pierres.* ➤ **graveleux, pierreux.**

PIERRÉE [pjeʀe] **n. f.** – 1669 ◊ de *pierre* ▪ TECHN. Conduit de pierres sèches qui sert à l'écoulement des eaux.

PIERRERIES [pjɛʀʀi] **n. f. pl.** – 1380 ◊ de *pierre* ▪ Pierres précieuses travaillées, employées comme ornement. ➤ **joyau.** «*les superbes étoffes chamarrées d'or et de pierreries*» TAINE.

PIERREUX, EUSE [pjeʀø, øz] **adj.** et **n. f.** – 1530 ; *pierous* 1190 ◊ de *pierre* ▪ **1** Couvert de pierres. ➤ **caillouteux, rocailleux.** *Le ruisseau* «*avait un lit pierreux*» P. BENOIT. ♦ Graveleux. *Une poire pierreuse.* ▪ **2** Qui est de la nature de la pierre, ressemble à de la pierre. *Concrétion pierreuse. La portion pierreuse du temporal.* ➤ **1 rocher.** ▪ **3 n. f.** (1807 ◊ des *pierres* des chantiers de construction) VX Prostituée traînant sur les chantiers, racolant dans la rue. «*Elle marchait avec un léger déhanchement de pierreuse*» AYMÉ.

PIERRIER [pjeʀje] **n. m.** – XVIIe ; *perrier* XIIIe ◊ de *pierre* ▪ **1** ANCIENNT Machine de guerre, bouche à feu qui lançait des pierres, des boulets. — Ancien mortier de marine. *Aucun canot ne pouvait en approcher* «*sans s'exposer immédiatement au feu de nos pierriers*» BAUDELAIRE. ▪ **2** RÉGION. (Savoie, Suisse) Endroit où le sol est recouvert de pierres. «*La forêt* [...] *doit désormais disputer le terrain à des versants rocheux, parfois de véritables pierriers*» V. MESSAGE.

PIERROT [pjeʀo] **n. m.** – 1678 ◊ diminutif de *Pierre*, prénom ▪ **1** Moineau. ➤ FAM. **piaf.** «*il vient d'arriver un tas de pierrots dans le jardin. Des oiseaux, pas des masques*» HUGO. ▪ **2** (1845 ; nom du personnage 1721) Personne travestie en Pierrot, personnage de la pantomime, rêveur et poète, vêtu de blanc et le visage enfariné. «*un grand pierrot blafard, aux manches trop longues* [...] *coiffé d'un bonnet noir*» ALAIN-FOURNIER. *Un pierrot lunaire.* ▪ **3** (1865) ARG. MILIT. VX Bleu, ou soldat de seconde année.

PIETÀ [pjeta] **n. f. inv.** /PIÉTA **n. f.**/ – XVIIe, plus souvent *Notre-Dame de pitié*, ou *pitié* ; répandu milieu XIXe ◊ mot italien «pitié» ▪ Statue ou tableau représentant la Vierge tenant sur ses genoux le corps du Christ détaché de la croix. ➤ **mater dolorosa.** *Les pietà de Michel-Ange. La pietà d'Avignon.* «*cette pietà, où la* *majestueuse reine des douleurs tient sur ses genoux le corps de son enfant mort»* BAUDELAIRE.

PIÉTAILLE [pjetaj] **n. f.** – XIIe ◇ latin populaire °*peditalia*, de *pedes, peditis* «fantassin» ■ VX L'infanterie (➤ **piéton**). ◆ FIG. Les petits, les subalternes. *C'est assez bon pour la piétaille.*

PIÉTÉ [pjete] **n. f.** – 1552 ; «pitié» fin Xe ◇ latin *pietas* ■ **1** Fervent attachement au service de Dieu, aux devoirs et aux pratiques de la religion. ➤ **dévotion, ferveur.** *«Racine persévère dans la piété... Rien ne compte que le salut»* MAURIAC. *Livres, images, objets, articles de piété.* ➤ PÉJ. **bondieuserie.** ■ **2** LITTÉR. Attachement fait de tendresse et de respect. ➤ **affection, amour, culte.** *Piété filiale. Ils «pensent avec piété au relèvement de leur patrie»* DUHAMEL. *«la piété de l'ouvrage bien fait»* THARAUD. ➤ **religion.** ■ CONTR. Impiété. ■ HOM. Piéter.

PIÈTEMENT [pjɛtmɑ̃] **n. m.** – 1888 ◇ de *pied* ■ Ensemble des pieds et traverses d'un meuble. *Le piètement d'une table.*

PIÉTER [pjete] **v. intr.** ⟨6⟩ – XVIIIe ; «marcher» début XIIIe ◇ bas latin *peditare* «aller à pied» ■ **1** CHASSE Avancer en courant au lieu de voler (gibier à plumes). *«des compagnies de* [perdrix] *rouges qui piétaient par une raie, dans un chaume»* GENEVOIX. ■ **2 v. pron.** (fin XVIIIe) LITTÉR. Se planter, se raidir sur ses pieds. *Le cheval «s'était piété dur de ses sabots de derrière»* GIONO. ◆ FIG. Se raidir en résistant. *Il «se piétait contre la douleur dans une solitude sévère»* DUHAMEL. ■ HOM. Piété.

PIÉTIN [pjetɛ̃] **n. m.** – 1770 ◇ de *pied* ■ **1** Maladie du pied du mouton. ■ **2** (1868) Maladie cryptogamique des céréales, entraînant notamment la verse ou l'échaudage.

PIÉTINANT, ANTE [pjetinɑ̃, ɑ̃t] **adj.** – 1892 ◇ de *piétiner* ■ Qui piétine. *Foule piétinante.* ◆ FIG. Qui n'avance pas, ne fait pas de progrès. *Enquête piétinante.*

PIÉTINEMENT [pjetinmɑ̃] **n. m.** – 1770 ◇ de *piétiner* ■ Action de piétiner. *«le piétinement auquel nous oblige une foule»* BALZAC. — (1832) Bruit d'une multitude qui piétine. *«Le piétinement sourd des légions en marche»* HEREDIA. ◆ FIG. Absence de progrès notable, stagnation. *Le piétinement des recherches.*

PIÉTINER [pjetine] **v.** ⟨1⟩ – 1621 ◇ de *piéter*

I v. intr. ■ **1** S'agiter sur place en frappant vivement du pied contre le sol. *Enfant qui piétine de colère.* ➤ **trépigner.** *«quatre messieurs qui piétinaient pour s'échauffer les pieds»* MAUPASSANT. — Plus cour. Remuer les pieds sans avancer ou en avançant péniblement (cf. Marquer* le pas). *Piétiner dans une file d'attente.* ◆ FIG. Avancer bien peu, ne pas progresser (cf. Faire du surplace*). *«Edmond a l'impression de piétiner, de perdre son temps, de ne pas avancer»* MAUROIS. *L'enquête, la négociation piétine.* ➤ 2 **patiner, stagner.** ■ **2** (Foule, troupeau) Marcher ou courir en martelant le sol avec un bruit sourd.

II v. tr. (XVIIIe) ■ **1** Frapper avec les pieds de façon répétée, fouler aux pieds. *Ils «piétinent le sol en cadence»* THARAUD. *Le taureau «fit voler en l'air l'innocente étoffe qu'il piétina avec rage»* GAUTIER. *Il a été piétiné par un cheval.* ➤ **écraser.** ■ **2** FIG. Ne pas respecter, malmener. *Piétiner qqn, la mémoire de qqn. «en piétinant leurs convictions religieuses»* ROMAINS. ➤ **fouler** (aux pieds).

■ CONTR. Avancer, progresser.

PIÉTISME [pjetism] **n. m.** – 1694 ◇ de *piétiste* ■ HIST. RELIG. Doctrine, mouvement piétiste.

PIÉTISTE [pjetist] **n.** – 1694 adj. ◇ allemand *Pietist*, du latin *pietas* «piété» ■ HIST. RELIG. Membre d'une secte luthérienne qui insistait sur la nécessité de la piété personnelle et du sentiment religieux plus que sur la stricte orthodoxie doctrinale. — **adj.** (1699) *L'influence piétiste sur le protestantisme. «La ville piétiste, cette Bâle rigoriste»* J.-R. BLOCH.

PIÉTON, ONNE [pjetɔ̃, ɔn] **n. et adj.** – début XIVe ◇ de *piéter* ■ **1** VX Fantassin. ■ **2** (1538) MOD. (rare au fém.) Personne qui circule à pied. *Passage pour piétons* (➤ **clou**). ■ **3 adj.** À l'usage exclusif des piétons. *Entrée piétonne. «un portail à trois portes,* [...] *la porte cochère, très grande, au milieu ;* [...] *à gauche, la porte piétonne, petite»* HUGO. *Passerelle piétonne. Rue piétonne.* ➤ **piétonnier.** *Quartier piéton.*

PIÉTONNIER, IÈRE [pjetɔnje, jɛʀ] **adj.** – 1960 ◇ de *piéton* ■ Réservé à l'usage des piétons. ➤ **piéton.** *Des rues piétonnières. Quartier piétonnier. «C'est piétonnier et sans aucune voiture, le Forum des Halles»* R. FORLANI. — **n. m.** (Belgique) Rue, zone réservée aux piétons. *Aménagement d'un piétonnier.*

PIÉTONNISATION [pjetɔnizasjɔ̃] **n. f.** – 1977 ◇ de *piétonnier* ■ Action de rendre piétonnier. *Piétonnisation d'un quartier. Piétonnisation des voies sur berges* (à Paris).

PIÈTRE [pjɛtʀ] **adj.** – XVe ; *peestre* XIIIe ◇ latin *pedester* «qui va à pied», souvent péj. ■ LITTÉR. (toujours devant le nom) Très médiocre. ➤ **dérisoire, minable, miteux, triste.** *Dans un piètre état.* ➤ **piteux.** *Avoir piètre allure. Faire piètre figure :* ne pas se montrer à son avantage, à la hauteur. *«Je suis un piètre convive* [...], *je ne prends que du lait»* MARTIN DU GARD.

PIÈTREMENT [pjɛtʀəmɑ̃] **adv.** – 1566 ; *peestrement* XIIIe ◇ de *piètre* ■ RARE Médiocrement.

1 **PIEU** [pjø] **n. m.** – 1287 ; début XIIIe *pius* ; v. 1140 *pel*, plur. *pels* puis *peus* ◇ latin *palus* ■ Pièce de bois droite et rigide, dont l'un des bouts est pointu et destiné à être fiché en terre. ➤ **échalas, épieu,** 1 **pal, palis,** 1 **pilot,** 1 **piquet, poteau,** 2 **rame.** *«Huit rangs de petits fossés dont le fond était hérissé de pieux»* MICHELET. *Barrière faite de pieux.* ◆ *Pieu de fondation :* longue pièce de métal ou de béton armé, que l'on enfonce ou coule dans le sol où l'on veut bâtir. *Venise est bâtie sur des pieux.*

■ HOM. Pieux.

2 **PIEU** [pjø] **n. m.** – fin XVIIIe ◇ forme picarde de *peau* (sur laquelle on dormait) ■ FAM. Lit. *Aller, se mettre au pieu.* ➤ **se pieuter.**

PIEUSEMENT [pjøzmɑ̃] **adv.** – fin XVIe ; *piament* Xe ◇ de *pieux* ■ **1** Avec piété. ➤ **dévotement, religieusement.** *Mourir pieusement,* avec les sacrements de l'Église. ■ **2** Avec un pieux respect. *«Elle serra pieusement dans la commode sa belle toilette»* FLAUBERT.

PIEUTER (SE) [pjøte] **v. pron.** ⟨1⟩ – 1888 ◇ de 2 *pieu* ■ POP. Se mettre au lit. *Aller se pieuter. On les a surpris pieutés ensemble.*

PIEUVRE [pjœvʀ] **n. f.** – 1866 ◇ mot normand ; latin *polypus* ■ **1** Mollusque marin *(céphalopodes)* à la tête très développée entourée de bras (➤ **tentacule**) munis de ventouses. ➤ **poulpe.** *Jet d'encre émis par une pieuvre.* ◆ FIG. Personne insatiable dans ses exigences, qui ne lâche jamais sa proie. ■ **2** Tendeur à plusieurs branches. ■ **3** (de l'italien *piovra*) *La Pieuvre :* la mafia italienne. *«s'interroger sur les liens des ministres promus avec la pieuvre»* DAENINCKX.

PIEUX, PIEUSE [pjø, pjøz] **adj.** – XIVe ◇ réfection de l'ancien français *piu, pieu*, latin *pius* ■ **1** Qui est animé ou inspiré par des sentiments de piété. ➤ **dévot, édifiant, religieux.** *Une âme pieuse. «Vous l'avez vue fort pieuse ;* [...] *sa vie n'est qu'une prière continuelle»* STENDHAL. *«De pieuses images bordées de dentelles de papier»* R. ROLLAND. *Croyance pieuse,* que la piété recommande, mais qui n'est pas article* de foi. *Livres pieux,* que la piété recommande. — *Un pieux mensonge*. Un vœu* pieux.* ■ **2** LITTÉR. Plein d'une respectueuse affection. *«quelque parent pieux et dévoué»* SAINTE-BEUVE. *Pieux souvenir.*

■ CONTR. Impie. ■ HOM. Pieu.

PIÈZE [pjɛz] **n. f.** – 1920 ◇ du grec *piezein* «presser» ■ MÉTROL. Ancienne unité de mesure de pression (SYMB. pz), valant 10^3 pascals.

PIÉZO- ■ Élément, du grec *piezein* «presser».

PIÉZOÉLECTRICITÉ [pjezoelɛktʀisite] **n. f.** – 1890 ◇ de *piézo-* et *électricité* ■ PHYS. Production d'une polarisation électrique sur certains cristaux soumis à des tensions mécaniques. *La piézoélectricité du quartz* (➤ **piézoélectrique**).

PIÉZOÉLECTRIQUE [pjezoelɛktʀik] **adj.** – 1890 ◇ de *piézo-* et *électrique* ■ Propre à la piézoélectricité, doué de piézoélectricité. *Effet piézoélectrique inverse :* déformation d'un cristal sous l'effet d'un champ électrique. *Quartz piézoélectrique. Lecteur piézoélectrique d'une platine tourne-disque.*

PIÉZOGRAPHE [pjezɔgʀaf] **n. m.** – 1948 ◇ de *piézo-* et *-graphe* ■ PHYS. Appareil destiné à mesurer de très faibles pressions à l'aide du quartz piézoélectrique. — **n. f. PIÉZOGRAPHIE.**

PIÉZOMÈTRE [pjezɔmɛtʀ] **n. m.** – 1821 ◇ de *piézo-* et *-mètre* ■ PHYS. Instrument servant à mesurer la compressibilité des liquides.

1 **PIF** [pif] **interj.** – 1718 ◇ onomat. ■ Onomatopée, souvent redoublée ou suivie de *paf*, exprimant un bruit sec (détonation, explosion, etc.). *«Quand j'ai entendu d'abord pif ! pif ! je me suis dit : Sacrebleu ! Ils escofient* [tuent] *mon lieutenant»* MÉRIMÉE.

2 **PIF** [pif] **n. m.** – 1821 ◇ radical populaire *piff-* ; cf. *empiffrer* ■ FAM. Gros nez, et PAR EXT. Toute sorte de nez. *Il a un drôle de pif.* ◆ LOC. FIG. *Avoir qqn dans le pif,* le détester. *Avoir du pif,* du flair. *Faire qqch. au pif,* approximativement, à vue de nez. ➤ **pifomètre.**

3 **PIF** [pif] **n. m.** – 1883 ◊ altération de *pive* (1866), abréviation de *pivois* (1562), p.-ê. du radical de l'ancien français *pier* «boire» ■ FAM. Vin. *Une bouteille de pif.*

PIFER [pife] **v. tr.** ‹1 ; surtout à l'inf.› – 1846 ◊ de 2 *pif* ■ POP. VIEILLI (négatif) Sentir, supporter. ➤ **blairer.** *Je ne peux pas le pifer, ce type-là !* — On écrit aussi *piffer.* On dit aussi **PIFFRER** [pifʀe].

PIFOMÈTRE [pifɔmɛtʀ] **n. m.** – 1928 ◊ formation plaisante, de 2 *pif* et *-mètre* ■ FAM. Simple flair (sans calcul). **loc. adv.** *Au pifomètre :* avec son intuition, sans calcul (cf. À vue de nez*, au pif*). *Choisir au pifomètre.*

1 **PIGE** [piʒ] **n. f.** – 1852 ◊ de 1 *piger* ■ **1** TECHN. Longueur conventionnelle prise pour étalon ; mesure. ■ **2** (1866) ARG. TYPOGR. Quantité de travail qu'un typographe doit exécuter dans un temps donné, et qui sert de base à sa paye. ♦ (1908) Mode de rémunération d'un journaliste, d'un rédacteur rétribué à la ligne, à l'article. *Travailler, être payé à la pige.* ➤ **pigiste.** — Travail ainsi rémunéré. *Faire des piges dans un journal.*

2 **PIGE** [piʒ] **n. f.** – 1808 ◊ de 2 *piger* ■ LOC. FAM. *Faire la pige à qqn,* faire mieux que lui, le dépasser, le surpasser. «*j'ai vu bien des loqueteux ici, mais comme celui-là, pas deux. Pour le haillon et la crasse, il leur faisait la pige à tous*» BOURGET.

3 **PIGE** [piʒ] **n. f.** – 1836 ◊ de 1 *piger* → 1 pige ■ ARG. FAM. Année d'âge. *Il a cinquante-deux piges.* ➤ **balai,** 2 **berge.**

PIGEON [piʒɔ̃] **n. m.** – 1530 ; *pijon* XIIIe ◊ bas latin *pipio, onis* «pigeonneau» ■ **1** Oiseau au bec grêle, aux ailes courtes *(columbiformes),* de couleur très variée selon les espèces (➤ **biset, colombe,** 1 **colombin, palombe, ramier, tourterelle**) ; SPÉCIALT le mâle adulte. *Le pigeon, la pigeonne et les pigeonneaux.* «*Des pigeons roucoulaient sur le mur*» LAMARTINE. «*Les reflets qui bougent sur la gorge des pigeons*» COLETTE. ➤ **gorge-de-pigeon.** *Fiente de pigeon* (➤ 2 **colombin**). *Élimination des pigeons des villes.* ➤ **dépigeonnage.** *Pigeon de volière, de colombier. Pigeon voyageur,* doué d'un excellent sens de l'orientation et dressé pour porter des messages entre deux lieux éloignés. *Élevage des pigeons voyageurs* (➤ **colombophile**). ♦ Chair comestible de cet oiseau. *Pigeons rôtis, aux petits-pois.* ■ **2** PAR COMPAR. (DANSE) *Ailes de pigeon :* saut en hauteur où les jambes imitent un battement d'ailes. — *Cœur*-de-pigeon.* — *Pigeon d'argile :* disque d'argile servant de cible au balltrap. *Tir au pigeon.* — *Pigeon vole ! :* jeu d'enfants, dans lequel un joueur lance rapidement le mot *vole* précédé d'un nom d'objet susceptible ou non de voler, les autres joueurs ne devant lever le doigt que si la chose en question peut en effet voler. *Jouer à pigeon vole.* ♦ *Mon pigeon, mon petit pigeon,* terme d'affection. ➤ **colombe.** ■ **3** FIG. (1490) FAM. Personne qu'on attire dans quelque affaire pour la dépouiller, la rouler. ➤ **dupe,** 2 **gogo ; pigeonner.** *Elle a été le pigeon dans l'affaire.* ➤ **dindon.** ■ **4** (1694) TECHN. Poignée de plâtre pétri. — Morceau de pierre dans la chaux. — Petit morceau de bois qu'on place dans l'onglet d'un cadre.

PIGEONNANT, ANTE [piʒɔnɑ̃, ɑ̃t] **adj.** – v. 1950 ◊ de *pigeon,* par métaph. ■ Se dit d'une poitrine haute et ronde, et du soutien-gorge qui donne aux seins cet aspect (➤ **balconnet**).

PIGEONNE [piʒɔn] **n. f.** – XVIe ◊ de *pigeon* ■ RARE Femelle du pigeon.

PIGEONNEAU [piʒɔno] **n. m.** – 1534 ◊ de *pigeon* ■ **1** Jeune pigeon. *Pigeonneaux rôtis.* ■ **2** (par compar. avec les pattes de l'oiseau) MÉD. Ulcération cutanée douloureuse des doigts (notamment chez les teinturiers en peau qui utilisent des sels de chrome). ➤ **rossignol** (des tanneurs).

PIGEONNER [piʒɔne] **v. tr.** ‹1› – 1553 ◊ de *pigeon* ■ **1** FAM. Duper*, rouler. *Se faire pigeonner.* ➤ **posséder.** ■ **2** (1680) TECHN. Plâtrer, construire par pigeons (4°).

PIGEONNIER [piʒɔnje] **n. m.** – 1479 ◊ de *pigeon* ■ Petit bâtiment où l'on élève des pigeons domestiques. ➤ 1 **colombier.** *Les boulins d'un pigeonnier.* ♦ FIG. Petit logement situé aux étages supérieurs. *Venez me voir dans mon pigeonnier.*

1 **PIGER** [piʒe] **v. tr.** ‹3› – 1808 «contester l'avantage au jeu» ◊ latin populaire °*pinsiare,* classique *pinsere* «piler, broyer» ■ **1** TECHN. Mesurer avec une pige (1). ■ **2** (début XXe) JOURNAL. Payer à la pige.

2 **PIGER** [piʒe] **v. tr.** ‹3› – 1807 ◊ latin populaire °*pedicus* «qui prend les pieds, qui prend au piège» ■ FAM. ■ **1** VX Prendre, attraper. «*Vous ne voulez donc pas nous dire où vous pigez tant de monnaie ?*» BALZAC. — (Canada) Tirer au sort, prendre au hasard. *Piger une carte.* «*un sac de croustilles dans lequel chacun eut le droit de piger*» Y. BEAUCHEMIN. ➤ **piocher, puiser.** ■ **2** (1835) MOD. Saisir, comprendre*. ➤ 2 **entraver.** «*Ils ont tout tenté pour comprendre... et ils n'y ont rien pigé*» CARCO. ABSOLT *Tu piges ?*

PIGISTE [piʒist] **n.** – 1952 ◊ de 1 *pige* ■ Compositeur, rédacteur, journaliste payé à la pige.

PIGMENT [pigmɑ̃] **n. m.** – 1813 ; «épice» 1130 ◊ latin *pigmentum ;* cf. *piment* ■ **1** BIOCHIM. Molécule, de structure variée, présente dans divers tissus et organes végétaux ou animaux auxquels elle donne une coloration particulière. *Pigments végétaux.* ➤ **carotène, chlorophylle, fucoxanthine, phycoérythrine, xanthophylle ; chromoplaste.** *Pigments animaux.* ➤ **bilirubine, biliverdine, hématine, hème, hémoglobine, mélanine, urobiline.** *Pigments biliaires, urinaires.* — COUR. La substance qui donne à la peau sa coloration particulière (➤ **mélanine, pigmentation**). *Absence de pigment.* ➤ **albinisme.** ■ **2** (1881) Substance colorée (d'origine minérale, organique ou métallique), généralement insoluble, qui colore la surface sur laquelle on l'applique, sans pénétrer dans les fibres (au contraire des teintures). *Utilisation des pigments dans la préparation des peintures et des enduits. Pigments minéraux.*

PIGMENTAIRE [pigmɑ̃tɛʀ] **adj.** – 1842 ◊ latin *pigmentarius* ■ BIOCHIM. Relatif aux pigments. *Cellules pigmentaires,* contenant du pigment. *Troubles pigmentaires.* ➤ **mélanisme, mélanose, vitiligo.** *Tumeurs pigmentaires.* ➤ **mélanique.**

PIGMENTATION [pigmɑ̃tasjɔ̃] **n. f.** – 1865 ◊ du bas latin *pigmentatus* ■ **1** BIOL. Formation et accumulation, normale ou pathologique (➤ **nævus**), de pigments en certains points de l'organisme. *La pigmentation de l'iris.* — COUR. Coloration de la peau par la mélanine (peau plus ou moins claire, foncée). ■ **2** TECHN. Coloration par des pigments.

PIGMENTER [pigmɑ̃te] **v. tr.** ‹1› – 1928 ; au p. p. 1871 ◊ de *pigment* ■ Colorer avec un pigment. *Le soleil pigmente la peau.* — **p. p. adj.** *Peau foncée, fortement pigmentée.*

PIGNADA [piɲada] **n. f.** – 1679 ◊ forme gasconne de *pinède* ■ RÉGION. (Sud-Ouest) Pinède.

PIGNE [piɲ] **n. f.** – XVe ◊ provençal *pinha,* latin *(nux) pinea* «(pomme) de pin» ■ **1** RÉGION. Pomme de pin. «*un grand feu de pignes brûlait*» P. BENOIT. ■ **2** Amande comestible de la graine du pin pignon, employée en pâtisserie et en cuisine. ➤ 3 **pignon.**

PIGNOCHER [piɲɔʃe] **v. intr.** ‹1› – 1630 ◊ altération de *épinocher* (fin XVIe), de *e(s)pinoche* «petit morceau, bagatelle» (XVe) ■ **1** Manger* sans appétit, du bout des dents, en ne prenant que de petits morceaux. ➤ **chipoter.** «*Madame pignoche dans les plats avec* [...] *des moues dédaigneuses*» MIRBEAU. ■ **2** (1857) Peindre à petits coups de pinceaux, en employant une facture minutieuse et soignée. — TRANS. *Pignocher un tableau.* ➤ **lécher.**

1 **PIGNON** [piɲɔ̃] **n. m.** – XIIe ◊ latin populaire °*pinnio, onis,* classique *pinna* «créneau» ■ Couronnement triangulaire d'un mur dont le sommet porte le bout du faîtage d'un comble. ➤ **fronton, gable.** *Anciennes maisons à pignons. Cette place* «*a conservé ses pignons ouvragés, découpés*» NERVAL. ♦ LOC. *Avoir pignon sur rue :* VX être propriétaire d'une maison de ville dont la façade à pignon donnait sur la rue. MOD. Avoir un magasin, un domicile connu et être solvable ; PAR EXT. avoir une situation, une fortune assise.

2 **PIGNON** [piɲɔ̃] **n. m.** – 1437 ; *paignon* v. 1380 ◊ de *peigne* ■ Roue dentée, la plus petite des deux roues d'un engrenage (➤ **tympan**) ; PAR EXT. Toute roue d'engrenage. *Pignons d'un changement de vitesse. Pignon d'une bicyclette,* situé sur le moyeu de la roue arrière. *Changer de pignon* (➤ **dérailleur**). *Pignon de renvoi,* transmettant le mouvement à une partie relativement éloignée du mécanisme. *Vélo à pignon fixe.* ➤ **fixie** (ANGLIC.).

3 **PIGNON** [piɲɔ̃] **n. m.** – 1350 ◊ ancien provençal *pinhon,* de *pinha* → pigne ■ RÉGION. ■ **1** Graine de la pomme de pin. ➤ **pigne.** ■ **2** (1836) *Pin pignon,* ou ELLIPT *pignon :* pin dont les cônes contiennent des pignons (1°). ➤ **parasol** (pin parasol).

PIGNORATIF, IVE [pignɔʀatif, iv] **adj.** – 1567 ◊ du latin *pignorare* «engager», de *pignus* «gage» ■ DR. Qui a trait au contrat de gage. *Contrat pignoratif :* prêt fait sous la forme d'une vente à réméré.

PIGNOUF, E [piɲuf] **n.** – 1858 ◊ du dialectal *pigner* «crier, geindre» (XIIIe) ■ FAM. Personne mal élevée, sans aucune délicatesse. ➤ **butor, goujat, rustre.** «*pour qu'un pignouf vienne démolir mon rêve*» FLAUBERT. *Quelle pignoufe !*

PILAF [pilaf] **n. m.** – 1833 ; *pilau* 1654 ◊ mot turc, du persan *pilaou* ▪ Riz au gras, servi fortement épicé, avec des morceaux de mouton, de volaille, de poisson, ou des coquillages. PAR APPOS. *Riz pilaf et riz créole**.

PILAGE [pilaʒ] **n. m.** – 1755 ◊ de *piler* ▪ Action de piler. *Le pilage du mil.*

PILAIRE [pilɛʀ] **adj.** – 1835 ◊ du latin *pilus* «poil» ▪ MÉD. Relatif aux cheveux ou aux poils. ➤ **pileux.** *Acné pilaire. Atrophie pilaire.*

PILASTRE [pilastʀ] **n. m.** – 1545 ; «pilier» XIIIe ◊ italien *pilastro*, du latin *pila* → 1 pile ▪ **1** Pilier engagé, colonne plate engagée dans un mur ou un support et formant une légère saillie. ➤ **ante.** *Pilastre cannelé. Pilastre en gaine,* plus étroit à la base qu'au sommet. *Les nervures de la voûte «qui retombent trois à trois sur les pilastres des murailles latérales»* BERNANOS. ♦ Ornement de boiseries, de mobilier, figurant un pilastre architectural. ▪ **2** (1694) Montant à jour, placé de distance en distance dans les travées d'une grille, d'un balcon. ♦ Premier barreau d'une rampe d'escalier monumental. ▪ **3** (1752) Montant d'un lambris.

PILATES [pilat] **n. m.** – 1997 ◊ marque déposée ; de *méthode Pilates,* du nom de son inventeur *Joseph Pilates* ▪ Ensemble d'exercices physiques visant au renforcement des muscles centraux (abdominaux, fessiers, lombaires) et au bon équilibre du corps. *Faire du pilates. «consacrer les premières heures de sa journée à quelques kilomètres de crawl et à une heure de Pilates»* DJIAN.

PILCHARD [pilʃaʀ] **n. m.** – 1803 ◊ mot anglais d'origine inconnue ▪ Sardine de la Manche. *«On pêche encore, dans de certains creux, des plies et des pilchards»* HUGO. *Une boîte de pilchards à la tomate et à l'huile.*

1 **PILE** [pil] **n. f.** – 1287 ◊ latin *pila* «colonne»

I ▪ **1** Pilier de maçonnerie soutenant les arches (d'un pont). *«des lourdes piles du pont Marie aux arches légères du nouveau pont»* ZOLA. ▪ **2** Tas plus haut que large d'objets de même espèce entassés les uns sur les autres. *«des dossiers dont il se hâta de caler* [...] *la pile énorme et vacillante»* COURTELINE. *Une pile d'assiettes, de linge, de pièces.* ➤ **amoncellement, entassement, tas.** *Mettre en pile.* ➤ **empiler.** ▪ **3** INFORM. Structure où l'information n'est accessible que par une des extrémités de la liste, gérée selon le mode du dernier entré, premier sorti.

II (1809 ; *pile de Volta* 1803 ◊ italien *pila,* l'appareil créé par Volta étant fait de disques de métal empilés) Appareil transformant en énergie électrique l'énergie dégagée par une réaction chimique. ➤ **générateur.** *Électrodes, pôles, électrolyte d'une pile. Pile à combustible,* fonctionnant grâce à l'oxydation d'un combustible réducteur (hydrogène par ex.) sur une électrode et à la réduction d'un oxydant (oxygène de l'air par ex.) sur l'autre. *Pile solaire.* ➤ **photopile.** *Pile rechargeable.* ➤ **accumulateur.** — *Pile sèche :* petite pile à électrolyte pâteux. — ABSOLT et COUR. Pile sèche. *La pile d'une lampe de poche. Radio qui fonctionne à piles et sur secteur. Pile au mercure, au lithium ; pile alcaline, saline. «La pendule électrique est arrêtée ; sans doute la pile qui est usée»* LE CLÉZIO. *Les piles sont mortes. Changer la, les piles. Pile plate, ronde. Pile bouton.* ♦ PAR EXT. Générateur n'utilisant pas d'électrolyse. *Piles thermoélectriques*, photoélectriques.* — *Pile atomique :* réacteur* nucléaire.

2 **PILE** [pil] **n. f.** – 1821 ; *mettre à la pile* «maltraiter» fin XIVe ◊ de 1 *piler* ▪ FAM. Volée* de coups. ➤ **raclée, rossée.** *Bouilhet a «foutu ce qui s'appelle une pile à un porteur d'eau»* FLAUBERT. ♦ Défaite écrasante. *«quand leur invincible armée reçoit une pile, ils se persuadent que tout est foutu»* SARTRE. ➤ **branlée,** 2 **piquette, raclée.**

3 **PILE** [pil] **n. f.** et **adv.** – milieu XIIIe ; *pille* 1155 ; désigne aussi en ancien français le coin inférieur du marteau qui frappe la monnaie ◊ origine inconnue ▪ **1** Côté d'une médaille, d'une monnaie qui porte l'écusson et le chiffre (opposé à *face*). ➤ **revers.** APPOS. *Le côté pile.* LOC. **PILE OU FACE** (sans article) : jeu de hasard consistant à jeter une pièce en l'air après avoir parié sur quel côté elle tombera. *Jouer qqch. à pile ou face. «il décida de jouer son départ à pile ou face* [...] *il prit la pièce de quarante sous, pile je pars»* SARTRE. PLAIS. *Pile je gagne, face tu perds.* ▪ **2** **adv.** (1866) VX *Tomber pile,* sur le dos. — (1906) MOD. *S'arrêter pile,* net, brusquement. *«Rouge. Les voitures s'arrêtent pile aux clous»* FALLET. *«ce geste l'arrêta pile»* ARAGON. *Freiner pile,* sec. ➤ 2 **piler.** *Ça tombe pile,* à point nommé, juste comme il faut (cf. À pic*). *Rendez-vous à trois heures pile,* à trois heures précises. ➤ **juste, tapant.** — LOC. FAM. (de *au poil*) *Pile-poil :* exactement, précisément. *Votre coup de téléphone «calculé pile-poil ! Minuté comme à la guerre !»* PENNAC. ▪ **3** (1690) BLAS. Pièce honorable de l'écu, en forme de coin dont la pointe est tournée vers le bas. ▪ CONTR. Face.

4 **PILE** [pil] **n. f.** – 1723 ; «mortier à piler» XIIIe ◊ latin *pila* «mortier» ▪ TECHN. Bac où est traitée la pâte à papier pendant le raffinage.

1 **PILER** [pile] **v. tr.** ⟨1⟩ – 1165 ◊ bas latin *pilare* ▪ **1** Réduire en menus fragments, en poudre, en pâte, par des coups répétés. ➤ **broyer, écraser, triturer.** *Piler de l'ail dans un mortier. Piler le mil.* ▪ **2** RÉGION. (Gironde, Ouest ; Canada) Écraser, fouler. — *Piler sur les pieds de qqn,* marcher dessus. ▪ **3** FAM. Flanquer une pile à (qqn). ➤ **battre*.** *«Tu crois que je ne t'ai pas vu* [...] *piler à coups de talon celui-là !»* R. ROLLAND. *Notre équipe s'est fait piler,* écraser.

2 **PILER** [pile] **v. intr.** ⟨1⟩ – milieu XXe ◊ de 3 *pile* ▪ FAM. Freiner brutalement, s'arrêter net. *La voiture a pilé au feu rouge.*

PILET [pilɛ] **n. m.** – 1752 ◊ de l'ancien français *pilet* «javelot», à cause de sa queue pointue ▪ Canard sauvage au long cou qui vole avec un sifflement des ailes.

PILEUX, EUSE [pilø, øz] **adj.** – 1801 ; «poilu» XVe ◊ latin *pilosus* ▪ Qui a rapport aux poils (➤ **pilaire**), qui contient des poils, qui en est couvert. *Les follicules pileux. Nævus pileux. Le système pileux :* l'ensemble des poils couvrant le corps.

PILIER [pilje] **n. m.** – 1155 ; *piler* XIe ◊ latin populaire °*pilare,* de *pila* → 1 pile ▪ **1** Massif de maçonnerie, formant un support vertical isolé dans une construction. ➤ **colonne, piédroit.** *«quatre-vingt-huit piliers gros comme des tours* [...] *soutiennent la masse énorme de l'édifice»* GAUTIER. ♦ Poteau de bois, pylône métallique servant de support. *Le métro aérien de Chicago «soutenu par de gros piliers de fer»* SARTRE. ▪ **2** PAR ANAL. Dans une mine, Masse de pierre ou de minerai laissée de place en place pour soutenir le toit pendant l'extraction. *Fretter les piliers.* ♦ ANAT. *Piliers du voile du palais :* replis muqueux joignant la luette aux parties latérales du voile. — *Pilier interne, externe du canal inguinal. Piliers du diaphragme. Piliers postérieurs du trigone cérébral.* ♦ FAM. Jambe massive, épaisse. ➤ **poteau.** ▪ **3** FIG. (XVe) Ce qui assure la solidité, la stabilité. ➤ 2 **étai, soutien, support.** *Faire «de leur monopole un pilier intangible de la patrie»* ROMAINS. *Les cinq piliers de l'islam*.* — Chacun des trois ensembles qui forment l'architecture de l'Union européenne, depuis le traité de Maastricht (1992). *Le premier pilier,* regroupant les trois communautés originelles ; *le deuxième pilier :* la politique extérieure et de sécurité commune ; *le troisième pilier :* la coopération policière et judiciaire en matière pénale. ▪ **4** (PERSONNES) Défenseur, soutien. *«le sénateur Perchot, un des piliers du radicalisme»* ARAGON. ♦ (1508) FAM. PÉJ. Personne qui fréquente assidûment un lieu. ➤ **habitué.** *Un pilier de bar. «Imré, un des piliers du Club* [d'échecs], *affirmait que Sartre jouait comme une patate»* J.-M. GUENASSIA. ♦ RUGBY Chacun des deux avants de première ligne qui encadrent et soutiennent le talonneur.

PILIFÈRE [pilifɛʀ] **adj.** – 1821 ◊ du latin *pilus* «poil» et *-fère* ▪ BOT. Qui porte des poils. *Assise pilifère des racines.*

PILIFORME [pilifɔʀm] **adj.** – 1660 ◊ du latin *pilus* «poil» et *-forme* ▪ En forme de poil ou de cheveu.

PILI-PILI [pilipili] **n. m. inv.** /PILIPILI **n. m.**/ – 1957 ◊ swahili *pilipili* «piment, poivre» ▪ Piment rouge très fort. — Sauce préparée avec ce piment.

PILLAGE [pijaʒ] **n. m.** – début XIVe ◊ de *piller* ▪ **1** Action de piller ; vols et dégâts commis par ceux qui pillent. ➤ **déprédation, dévastation, razzia,** 2 **sac, saccage.** *Scènes de pillage. «Jaffa fut livré au pillage et à toutes les horreurs de la guerre»* CHATEAUBRIAND. *«Turenne était adoré de ses soldats parce qu'il tolérait le pillage»* HUGO. *Pillage de magasins.* ▪ **2** PAR EXT. Détournement, concussion. *Les finances publiques étaient mises au pillage.* ♦ SPÉCIALT *Pillage d'une ruche,* son invasion par des abeilles étrangères qui s'emparent du miel. ▪ **3** FIG. Plagiat. *Pillage d'une œuvre, d'un auteur.*

PILLARD, ARDE [pijaʀ, aʀd] **n.** et **adj.** – 1360 ◊ de *piller* ▪ **1** Personne qui pille. ➤ **brigand, écumeur, maraudeur, pirate, voleur.** *«cette bande de pillards qui couraient la France, gens sans travail, affamés, mendiants devenus voleurs»* MICHELET. ▪ **2** **adj.** Qui pille, a l'habitude de piller. *Des soldats pillards.* ♦ (Animaux) *Les abeilles pillardes,* qui se livrent au pillage d'une ruche. *«la pierraille colorée qu'on trouve dans les nids des oiseaux pillards»* COLETTE.

PILLER [pije] **v. tr.** ‹1› – début XIVe ; *pillier* 1280 ◊ de l'ancien français *p(e)ille* « chiffon », latin *pilleum* « bonnet » ■ **1** Dépouiller (une ville, un local) des biens qu'on trouve, d'une façon violente, désordonnée et destructrice. ➤ **dévaster, écumer, ravager, razzier, saccager** (cf. Mettre à sac*). *Piller et incendier un château.* « *Empêcher ses soldats de piller la ville* » BALZAC. — *Magasin pillé lors d'une émeute.* ABSOLT « *Quatre soldats rôdant pour piller* » STENDHAL. — PAR ANAL. *Les singes « pillant les jardins »* LOTI. ◆ PAR EXAGÉR. Dévaliser. *Sa boutique a été pillée,* vidée à la suite d'achats massifs. ■ **2** Voler* (un bien) dans un pillage (cf. Faire main* basse sur). *Piller les objets de culte dans une église. — Objets pillés dans un magasin.* ■ **3** Dépouiller par des concussions, des vols, des détournements. « *Serviteurs qui pillez la maison* » HUGO. ■ **4** FIG. Plagier (qqn) sans respect de la propriété littéraire. « *Lorsque les historiens sont contemporains, il est difficile* [...] *de savoir qui est celui qui a pillé l'autre* » VOLTAIRE. ■ **5** S'attribuer (un texte) d'un auteur qu'on plagie. *Les passages qu'il a pillés chez Plaute. Piller des informations.* ➤ FAM. **pomper.**

PILLEUR, EUSE [pijœR, øz] **n.** – 1345 ◊ de *piller* ■ Personne qui pille. « *ce pilleur d'épaves* » MAURIAC. *Pilleurs de magasins qui brisent les vitrines.*

PILOCARPE [pilɔkaRp] **n. m.** – 1803 ◊ latin des botanistes *pilocarpus,* grec *pilos* « feutre » et *karpos* « fruit » ■ BOT. Jaborandi.

PILOCARPINE [pilɔkaRpin] **n. f.** – 1875 ◊ de *pilocarpe* ■ Alcaloïde extrait des feuilles de jaborandi, utilisé pour son effet myotique. « *de faibles doses de pilocarpine provoquaient* [...] *un ralentissement du cœur* » ROMAINS.

PILON [pilɔ̃] **n. m.** – XIIe ◊ de 1*piler* ■ **1** Instrument de bois, cylindrique, à base convexe, servant à piler. « *le bruit régulier et lent d'un pilon dans un mortier* » ZOLA. *Pilon à légumes,* pour faire les purées. ◆ Instrument utilisé pour écraser ou tasser. ➤ **bourroir, broyeur,** 1**dame.** « *des pilons naguère utilisés pour broyer le chanvre* » HUYSMANS. — LOC. *Mettre un livre au pilon,* le détruire (en mettant les exemplaires dans la cuve où le pilon broie la pâte à papier). ■ **2** (1847) ANCIENNT Extrémité d'une jambe de bois ; cette jambe de bois. ◆ (1603) Partie inférieure d'une cuisse de poulet.

PILONNAGE [pilɔnaʒ] **n. m.** – 1803 ◊ de *pilonner* ■ **1** Action d'écraser avec un pilon ; son résultat. ■ **2** Bombardement intensif. « *C'était un pilonnage régulier, inexorable, où les obus se suivaient sans répit* » DORGELÈS.

PILONNER [pilɔne] **v. tr.** ‹1› – 1700 ◊ de *pilon* ■ **1** Écraser, tasser avec un pilon. ■ **2** (1916) Écraser sous les obus, les bombes. « *une batterie lourde anglaise se mit à pilonner la ligne allemande* » MAUROIS.

PILORI [pilɔRi] **n. m.** – *pellori* 1165 ◊ latin médiéval *pilorium,* probablt de *pila* « pilier » ■ ANCIENNT Poteau ou pilier à plateforme portant une roue sur laquelle on attachait le condamné à l'exposition publique. ➤ 1**carcan.** *Mettre au pilori.* « *Ficelé à cordes et à courroies sur la roue du pilori* » HUGO. ◆ La peine infamante ainsi infligée. *Être condamné au pilori.* « *La roue, le gibet ou le pilori* » HUGO. ◆ LOC. FIG. VIEILLI *Mettre, clouer qqn au pilori,* le signaler à l'indignation, au mépris publics (cf. Vouer qqn aux gémonies*).

PILOSÉBACÉ, ÉE [pilosebase] **adj.** – 1878 ◊ du latin *pilum* « poil » et *sébacé* ■ ANAT. Relatif au poil et à sa glande sébacée. *Follicules pilosébacés.*

PILOSELLE [pilozɛl] **n. f.** – 1300 ◊ du latin *pilosus* « poilu » ■ Épervière.

PILOSISME [pilozism] **n. m.** – 1855 ◊ du latin *pilosus* « poilu » ■ MÉD. Développement exagéré et localisé des poils, ou apparition de poils en un endroit où il n'en existe pas normalement. ➤ **hirsutisme.**

PILOSITÉ [pilozite] **n. f.** – XVe, repris 1834 ◊ du latin *pilosus* « poilu » ■ ANAT. Ensemble des poils, leur distribution sur la peau. *Pilosité normale, excessive. Pilosité pubienne.*

1**PILOT** [pilo] **n. m.** – XIVe ◊ de 1*pile* ■ TECHN. Gros pieu pointu, ferré et cerclé, employé à faire un pilotis.

2**PILOT** [pilo] **n. m.** – XIIIe ◊ de l'ancien français *p(e)ille* (→ piller) ou de *piloter* « broyer » ■ TECHN. Chiffons utilisés dans la fabrication du papier.

1**PILOTAGE** [pilɔtaʒ] **n. m.** – 1491 ◊ de 1*piloter* ■ RARE Construction, ouvrage de pilotis.

2**PILOTAGE** [pilɔtaʒ] **n. m.** – 1483 ◊ de 2*piloter* ■ **1** VX Art de diriger un navire. ◆ MOD. Manœuvre, art du pilote (dans un port, un canal). ➤ **lamanage.** *Le pilotage des navires dans le canal de Suez. Droits de pilotage :* sommes dues aux pilotes par les capitaines de navire. ■ **2** Action de diriger un aéronef (avion, hélicoptère, engin) ; technique de conduite des appareils volants. *Poste, cabine de pilotage. Pilotage sans visibilité, manuel, automatique, téléguidé.* — LOC. FIG. *En pilotage automatique :* en se laissant guider par les automatismes, la routine. *Une entreprise qui fonctionne en pilotage automatique.* « *une vie sur pilotage automatique. Tout à fait quotidienne et routinière* » O. ADAM. ◆ PAR MÉTAPH. *Le pilotage d'un projet. Comité de pilotage.*

PILOTE [pilɔt] **n.** – 1484 ; *pilot* 1339 ◊ italien *piloto,* grec byzantin *pêdôtês,* de *pêdon* « gouvernail »

I ■ **1** VX Personne qui dirige un navire. ◆ MOD. Marin autorisé à assister les capitaines dans la manœuvre et la conduite des navires, à l'intérieur des ports ou dans les parages difficiles. *Les pilotes du canal de Suez.* « *On débarque le pilote* [...] *il salue de la main le navire affranchi* » CLAUDEL. ➤ **lamaneur.** — (Élément de composés) *Bateau*-pilote.* ■ **2** (1911) Personne qui conduit un avion, un aéronef. ➤ **aviateur.** *Pilote de ligne,* sur les lignes commerciales. *Pilote de chasse,* d'un avion de chasse. *Pilote d'essai :* spécialiste de l'essai en vol des nouveaux appareils. *Second pilote d'un appareil.* ➤ **copilote.** *Brevet, licence de pilote. La célèbre pilote Hélène Boucher.* — **n. m.** *Pilote automatique :* dispositif assurant le pilotage sans intervention de l'équipage. — PAR ANAL. *Le pilote d'un char, d'une voiture de course, d'un char à voile,* le conducteur. *Engin sans pilote* (➤ **autopropulsé**). — PAR EXT. **n. m.** Organe comportant les circuits de commande, dans un système automatique. ■ **3** FIG. Personne qui en guide une autre. ➤ **cicérone, guide.** *Je te servirai de pilote* (➤ 2**piloter,** 2°). ■ **4 n. m.** (1671) *Pilote,* ou plus cour. *poisson-pilote :* poisson osseux des mers chaudes et tempérées, qui accompagne les navires et les requins qu'il semble guider. ➤ **rémora.** *Des poissons-pilotes.* « *J'étais comme le poisson-pilote à côté du grand requin blanc* » KERSAUSON. ■ **5 n. m.** Prototype d'une émission de télévision. *Série, jeu qui ne dépasse pas le stade du pilote.* ■ **6 n. m.** INFORM. Logiciel permettant de contrôler un périphérique. ➤ **driveur.** *Pilote d'imprimante. Pilote de périphérique :* recomm. offic. pour *driver* (➤ **driveur,** II, 2°).

II (d'après *bateau-pilote*) EN APPOS. Qui ouvre la voie, peut servir d'exemple, qui utilise de nouvelles méthodes et constitue un champ d'expérimentation. *Classe pilote. Ferme pilote.* ➤ **expérimental, modèle.** *Des industries pilotes. — Jouer un rôle pilote.*

1**PILOTER** [pilɔte] **v. tr.** ‹1› – 1321 ◊ de 1*pilot* ■ RARE Garnir (un terrain) de pilots, d'un pilotis.

2**PILOTER** [pilɔte] **v. tr.** ‹1› – 1484 ◊ de *pilote* ■ **1** Conduire en qualité de pilote (un navire, un avion). « *Il n'a pas piloté un avion* [...] *de chasse depuis son départ de l'armée italienne* » MALRAUX. *Piloter à vue. Être plusieurs à piloter.* ➤ **copiloter.** — Agir sur les circuits de commande (en parlant d'un système automatique, d'un dispositif d'asservissement). ◆ Conduire (une voiture de compétition, et PAR EXT. toute automobile). *Piloter une formule 1.* ■ **2** FIG. Servir de guide à (qqn). ➤ **guider.** « *J'ai jadis piloté à Londres* [...] *un chef arabe* » MAUROIS. ■ **3** Diriger, prendre le commandement de (une opération, une entreprise). *Le préfet souhaite piloter le projet.*

PILOTIN [pilɔtɛ̃] **n. m.** – 1771 ◊ de *pilote* ■ VX Élève timonier. ◆ MOD. Élève officier non diplômé, dans la marine marchande.

PILOTIS [pilɔti] **n. m.** – 1499 ; picard *pilotich* 1365 ◊ de 1*pilot* ■ Ensemble de pieux (➤ 1**pilot**) enfoncés en terre pour asseoir les fondations d'une construction sur l'eau ou en terrain meuble ; chacun de ces pilots. « *Les maisons sont en bois* [...] *bâties sur pilotis pour éviter l'humidité* » SARTRE. « *les pilotis qui la soutenaient* [la maison] *sur le devant baignaient déjà dans l'eau* » CAMUS. PAR EXT. « *la route, en haut des pilotis de béton* » LE CLÉZIO.

PILOU [pilu] **n. m.** – 1894 ◊ ancien français et dialectal *peloux* « poilu », latin *pilosus* ■ Tissu de coton pelucheux. *Pyjama en pilou.*

PILPIL [pilpil] **n. m.** – 1977 ◊ marque déposée (1976) ; peut-être réduplication d'une forme de *piler,* par analogie avec *couscous* ■ Blé complet précuit, séché et concassé. ➤ **boulgour.**

PILS [pils] **n. f.** – 1982 ◊ du nom d'une marque de bière, de *Pilsen,* nom allemand de *Plzen,* ville de République tchèque ■ (Belgique) Bière blonde de qualité ordinaire (par opposition aux bières dites *spéciales :* trappistes, etc.).

PILULAIRE [pilylɛʀ] **adj. et n. m.** – 1803 ◊ de *pilule* ■ **1** PHARM. Propre aux pilules. — *Masse pilulaire :* pâte préparée pour être roulée en pilules. — *La loi pilulaire du 28 décembre 1967,* relative à la pilule anticonceptionnelle. ■ **2 n. m.** (1868) VÉTÉR. Instrument servant à administrer des pilules aux animaux.

PILULE [pilyl] **n. f.** – 1314 ◊ latin *pilula,* diminutif de *pila* « boule » ■ **1** Médicament façonné en petite boule et destiné à être avalé. ➤ **globule, grain, granule.** *Un tube de pilules. Boîte à pilules.* ♦ FIG. *Dorer* la pilule à qqn. Avaler* la pilule.* ■ **2** (1957, répandu v. 1970) SPÉCIALT *Pilule contraceptive* (ou *anticonceptionnelle*) et COUR. *la pilule :* ensemble des comprimés à base d'hormones, pris quotidiennement par une femme pendant tout ou partie du cycle menstruel et dont le rôle est généralement d'inhiber l'ovulation ; chacun de ces comprimés. « *les pilules bloquent l'ovulation en apportant des hormones en quantité constante,* donc en simulant une grossesse... » M. WINCKLER. ➤ **micropilule, minipilule.** *Elle prend la pilule. Être sous pilule.* — Méthode anticonceptionnelle (contraception orale) utilisant ce produit. « *On sentait bien qu'avec la pilule la vie serait bouleversée, tellement libre de son corps que c'en était effrayant. Aussi libre qu'un homme* » A. ERNAUX. — *Pilule du lendemain :* contraception d'urgence qui se prend après un rapport sexuel non protégé. *Pilule abortive.*

PILULIER [pilylje] **n. m.** – 1694 ◊ de *pilule* ■ **1** PHARM. Instrument servant à faire les pilules. ■ **2** Petite boîte où l'on met les pilules, cachets, gélules à prendre dans la journée.

PILUM [pilɔm] **n. m.** – 1763 ; *pile* 1580 ◊ mot latin ■ ARCHÉOL. Lourd javelot utilisé par les légionnaires romains.

PIMBÊCHE [pɛ̃bɛʃ] **n. f.** – milieu XVIe ◊ origine inconnue ■ Femme, petite fille aux manières affectées, prétentieuse et hautaine. ➤ **chipie, mijaurée, pécore.** *C'est une petite pimbêche. Quelle pimbêche !* — **adj.** *Elle est un peu pimbêche.* ➤ **bêcheur.**

PIMBINA [pɛ̃bina] **n. m.** – avant 1760 ◊ de l'algonquin *nipimina* « graines ou fruits amers » ■ (Canada) Fruit de l'obier ou viorne. *Elle réclame « du pimbina et de la gelée d'atoca »* A. HÉBERT. — On a écrit aussi *pembina.*

PIMENT [pimɑ̃] **n. m.** – 1664 ; « baume, épice » Xe ◊ de l'espagnol *pimiento,* du bas latin *pigmentum* « aromates, épices » → pigment ■ **1** Plante potagère herbacée *(solanacées),* originaire des régions chaudes, cultivée pour ses fruits ; fruit de cette plante. *Piment doux.* ➤ **poivron ; piquillo.** — *Piment rouge* ou *piment :* petit condiment de forme allongée, à saveur très forte, qui brûle la bouche. *Piment d'Espelette. Piment en poudre.* ➤ **paprika, poivre** (de Cayenne). — *Sauce au piment.* ➤ **chili, harissa, pili-pili, tabasco.** *Beurre de piment,* auquel on a incorporé du piment en poudre. ♦ (Canada) Poivron. ■ **2** FIG. Ce qui relève, donne du piquant. ➤ **saveur, sel.** « *Il y avait là un long moment d'angoisse : c'était le piment de l'opération* » VIALATTE. « *On raconte qu'elle a du piment, qu'elle a du chien* » COLETTE. ➤ 1 **piquant.**

PIMENTER [pimɑ̃te] **v. tr.** ‹1› – 1825 au p. p. ◊ de *piment* ■ **1** Assaisonner de piment, épicer fortement. *Pimenter un plat.* — **p. p. adj.** *Une cuisine très pimentée.* ➤ 1 **relevé.** ■ **2** FIG. Relever, rendre piquant. « *L'ironie pimente agréablement la tisane morale* » R. DE GOURMONT. *Détail qui pimente un récit, un spectacle.* ■ CONTR. Affadir.

PIMPANT, ANTE [pɛ̃pɑ̃, ɑ̃t] **adj.** – v. 1500 ◊ radical *pimp- ;* cf. moyen français *pimpe,* ancien occitan *pimpar* « parer » (XIIIe) ■ Qui a un air de fraîcheur et d'élégance. ➤ 1 **frais, fringant, gracieux.** « *à son réveil, le maître me trouve pimpante comme une matinée de printemps* » BALZAC. ♦ Coquet, élégant. *Une petite ville pimpante.*

PIMPRENELLE [pɛ̃pʀənɛl] **n. f.** – XVe ; *piprenelle* XIIe ◊ latin médiéval *pipinella,* p.-ê. de *piper* « poivre » ■ Plante herbacée *(rosacées),* à fleurs généralement rouges, dont les jeunes feuilles servent à relever les salades. ➤ **sanguisorbe.**

PIN [pɛ̃] **n. m.** – 1080 ◊ latin *pinus* ■ Arbre résineux *(conifères)* à feuilles persistantes (aiguilles), dont les fruits sont des cônes*. *Pin sylvestre, pin maritime* ou *pin des Landes* (➤ **pinastre**), *pin pignon* ou *pin parasol. Pin montagnard.* ➤ RÉGION. **arole.** « *le pin d'Italie à écorce rouge avec son majestueux parasol* » BALZAC. *Pomme* de pin. La résine des pins.* ➤ **gemme ; colophane, térébenthine.** *Forêt de pins.* ➤ **pinède.** *Le pin, victime des incendies de forêt dans le Midi. Poteau en bois de pin.* ♦ Bois clair fourni par cet arbre. *Meubles en pin.* ➤ aussi **pitchpin.** ■ HOM. Pain, peint.

PINACLE [pinakl] **n. m.** – 1261 ◊ latin ecclésiastique *pinnaculum,* de *pinna* → 1 pignon ■ **1** Faîte d'un édifice (spécialement du Temple de Jérusalem). ♦ Dans l'architecture gothique, Petite pyramide ajourée ornée de fleurons servant de couronnement à un contrefort. ➤ **amortissement.** ■ **2** (XVIIe) FIG. et LITTÉR. Haut degré d'honneurs, de faveurs. « *il se croit sur le pinacle* » BALZAC. COUR. *Au pinacle.* « *Suivant la chance, au pinacle ou dans les bas-fonds* » CHARDONNE. *Porter qqn au pinacle,* le couvrir de louanges (cf. Porter aux nues*).

PINACOTHÈQUE [pinakɔtɛk] **n. f.** – 1830 ; « galerie de tableaux » 1547 ◊ latin d'origine grecque *pinacotheca* ■ Musée ou galerie de peinture. *Les deux pinacothèques de Munich.*

PINAILLAGE [pinɑjaʒ] **n. m.** – 1934 ◊ de *pinailler* ■ FAM. Fait d'ergoter sur des détails infimes (cf. Enculage de mouches*).

PINAILLER [pinɑje] **v. intr.** ‹1› – 1934 ◊ origine inconnue ; probablt obscène → pine ■ FAM. Ergoter sur des vétilles, se perdre dans les subtilités (cf. Chercher la petite bête* ; couper les cheveux* en quatre ; enculer les mouches*).

PINAILLEUR, EUSE [pinɑjœʀ, øz] **n.** – 1934 ◊ de *pinailler* ■ FAM. Personne qui a l'habitude de pinailler (cf. Coupeur de cheveux* en quatre, enculeur de mouches*). — **adj.** *Il est trop pinailleur.*

PINARD [pinaʀ] **n. m.** – 1616, popularisé fin XIXe, argot des militaires ◊ variante populaire de *pineau* ■ FAM. Vin rouge ordinaire. « *Il avait demandé du pinard, on lui avait servi du vin blanc* » SARTRE. ♦ Vin. *Un excellent pinard.*

PINARDIER [pinaʀdje] **n. m.** – 1951 ◊ de *pinard* ■ FAM. ■ **1** Navire-citerne à vin. ■ **2** (1953) Marchand de vin en gros.

PINASSE [pinas] **n. f.** – 1596 ; *espinace* 1476 ◊ espagnol *pinaza,* proprt « bateau en bois de pin *(pino)* » ■ ANCIENNT Petit vaisseau long et léger. ♦ MOD. RÉGION. Embarcation longue et étroite, dépourvue de quille, utilisée notamment pour la pêche sur le littoral de la Gironde. ➤ **barcasse, barque.** *Les pinasses du bassin d'Arcachon.*

PINASTRE [pinastʀ] **n. m.** – 1562 ◊ latin *pinaster* ■ RÉGION. Pin maritime.

PINATA [pinata] ou **PIÑATA** [piɲata] **n. f.** – 1997 ; 1955, en référence au Mexique ◊ hispano-américain *piñata,* de l'italien *pignatta* « pot » ■ Récipient en papier mâché que les enfants doivent frapper avec un bâton, les yeux bandés, afin de le casser et d'attraper son contenu (friandises, petits cadeaux). — Jeu collectif ainsi pratiqué. *Organiser une pinata.*

PINÇAGE [pɛ̃saʒ] **n. m.** – 1845 ◊ de *pincer* ■ **1** AGRIC. Pincement* (des rameaux, bourgeons). ■ **2** TECHN. Blocage d'un dispositif mécanique à l'aide d'un dispositif à pinces. ■ **3** COUR. Action de pincer. *Pinçage de fesses.*

PINÇARD, ARDE [pɛ̃saʀ, aʀd] **adj.** – 1772 ◊ de *pince* ■ HIPPOL. *Cheval pinçard,* qui s'appuie sur la pince en marchant.

PINCE [pɛ̃s] **n. f.** – 1375 ◊ de *pincer* ■ **1** (Souvent au plur., s'il s'agit d'un outil de grandes dimensions) Outil, instrument généralement composé de deux leviers articulés, servant à saisir et à serrer. ➤ **pincette, tenaille.** *Les branches, les mâchoires, les mors d'une pince. Pince coupante, plate. Pince universelle,* servant à couper, cisailler, serrer. *Pince-étau.* — *Pinces de forgeron.* « *Quand la barre fut blanche, il la saisit avec les pinces* » ZOLA. *Pinces de chirurgien (pince à dissection, hémostatique,* etc.). — *Pince à épiler. Pince à cheveux. Pince à sucre.* — *Pinces de cycliste,* pour tenir les bas de pantalons. — *Pince crocodile*.* — *Pince à linge.* ➤ **épingle.** *Pince à jupe.* ➤ **pince-jupe.** *Pince à ongles.* ➤ **coupe-ongle.** ♦ TECHN. Levier permettant de soulever, de déplacer. *Pince de carrier, de paveur.* — *Pince-monseigneur.* ➤ **monseigneur.** ■ **2** Extrémité antérieure du pied (des mammifères ongulés). *Les cerfs « se cabraient contre le tronc* [...] *Leurs pinces glissaient en éraflant l'écorce »* GENEVOIX. — SPÉCIALT Partie antérieure du sabot du cheval ; partie du fer qui y correspond. ♦ Incisive des herbivores (SPÉCIALT du cheval). ♦ Plus cour. Partie antérieure des grosses pattes de certains arthropodes, crustacés et arachnides (➤ **chélicère**), qui leur permet de prendre, de pincer. *Les pinces d'un scorpion, d'un homard, d'un crabe.* « *Une écrevisse, qui lui avait pris le petit doigt entre ses pinces* » ZOLA. ♦ FAM. *Serrer la pince à qqn,* la main. ➤ **cuillère,** 2 **louche.** ♦ *Les pinces :* les jambes. ➤ **pinceau,** 4°. LOC. *Aller à pinces,* à pied. ➤ 1 **patte.** ■ **3** Pli terminé en pointe, cousu sur l'envers de l'étoffe et destiné à diminuer l'ampleur. *Pantalon à pinces. Faire des pinces à une veste de tailleur. Pinces de poitrine.*

PINCÉ, ÉE [pɛ̃se] adj. – fin XVIIe ◊ de *pincer* ■ **1** Qui a qqch. de contraint, de prétentieux ou de mécontent. *« Pincé dans la conversation, ricaneur »* VOLTAIRE. — *Sourire pincé. « Elles avaient la dignité pincée, aigre-douce »* BALZAC. ■ **2** (CONCRET) Mince, serré. *Bouche pincée. Son nez « pincé des narines »* BALZAC.

PINCEAU [pɛ̃so] n. m. – XVe ; *pincel* XIIe ◊ latin populaire °*penicellus*, classique *penicillus*, de *penis* « queue » ■ **1** Objet composé d'un faisceau de poils (blaireau, martre, putois,...), ou de fibres, fixé à l'extrémité d'un manche, servant à appliquer des couleurs, du vernis, de la colle, etc. ➤ **blaireau, brosse, 1 queue.** *Pinceau de peintre en bâtiment. Pinceaux et brosses d'un artiste peintre. Pinceau à aquarelle. « l'étrange vieillard touchait à toutes les parties du tableau : ici deux coups de pinceau, là un seul »* BALZAC. ◆ *Le pinceau* : la peinture. *« Par le pinceau ou le ciseau »* BAUDELAIRE. — *Le pinceau d'un artiste*, sa technique. *« D'une mollesse de pinceau qui fait pitié »* DIDEROT. LOC. *Avoir un bon coup de pinceau* : bien peindre. ■ **2** PAR COMPAR. Touffes (de poils). *« Autour de la bouche, des pinceaux de poils blancs »* HUGO. ■ **3** (1691 ◊ par anal.) Faisceau lumineux de rayons émis par une source ponctuelle et passant par une ouverture étroite. *Un pinceau de lumière. Les taxis « repartaient dans la nuit dans un ballet ralenti de pinceaux de phares »* J.-PH. TOUSSAINT. ◆ GÉOM. *Pinceau harmonique**. ■ **4** (1859 ◊ dérivé plaisant de *pince*) POP. Pied. *« Les soldats disent quelquefois, lors des marches forcées : "J'ai les pinceaux en fleurs" »* GENET. *S'emmêler* les pinceaux.*

PINCÉE [pɛ̃se] n. f. – 1642 ◊ de *pincer* ■ Quantité (d'une substance en poudre, en grains) que l'on peut prendre entre le bout des doigts. *Une pincée de sel.* — FIG. *Une pincée d'humour.* ➤ **note, pointe, zeste.**

PINCE-FESSES [pɛ̃sfɛs] n. m. inv. /PINCE-FESSE n. m./ – 1949 ; « fait de pincer les fesses d'une femme » 1931 ◊ de *pincer* et *fesse* ■ FAM. Bal, réception, réunion mondaine. ➤ **raout.**

PINCE-JUPE [pɛ̃sʒyp] n. m. – milieu XXe ◊ de *pincer* et *jupe* ■ Sorte de cintre qui permet de pincer une jupe ou un pantalon entre deux branches articulées. ➤ **porte-jupe.** *Des pince-jupes.*

PINCELIER [pɛ̃səlje] n. m. – 1621 ◊ de *pincel, pinceau* ■ TECHN. Petit récipient à deux godets dont l'un contient l'huile pour mêler les couleurs, et l'autre l'essence pour nettoyer les pinceaux.

PINCEMENT [pɛ̃smɑ̃] n. m. – 1554 ◊ de *pincer* ■ **1** VX Morsure (de l'envie, de la critique). ◆ MOD. *Pincement au cœur* : sensation brève de douleur et d'angoisse. ➤ **serrement.** ■ **2** Action de pincer ; son résultat. ➤ **pinçage.** *Pincement de la peau.* ◆ Action de pincer (les cordes d'un instrument). ◆ ARBOR. Opération qui consiste à couper l'extrémité d'un jeune rameau, afin de faire refluer la sève dans les parties que l'on veut développer. ➤ **pinçage.** *Pratiquer le pincement sur la vigne, les arbres fruitiers.* ■ **3** AUTOM. *Pincement des roues avant* : angle formé par le plan des roues avant et l'axe longitudinal (d'un véhicule). ■ **4** MÉD. Rapprochement de deux surfaces articulaires. *Pincement discal.*

PINCE-MONSEIGNEUR ➤ **MONSEIGNEUR**

PINCE-NEZ [pɛ̃sne] n. m. inv. – 1841 ◊ de *pincer* et *nez* ■ **1** Lorgnon qu'un ressort pince sur le nez. ■ **2** Petite pince qui s'adapte sur le nez pour empêcher l'eau d'entrer dans les narines (des nageurs, des plongeurs).

PINCE-OREILLE [pɛ̃sɔʀɛj] n. m. – 1808 ◊ de *pincer* et *oreille* ■ Forficule. ➤ **perce-oreille** (plus cour.). *Des pince-oreilles.*

PINCER [pɛ̃se] v. tr. ⟨3⟩ – *pincier* 1175 ◊ d'un radical expressif *pints-* ■ **1** Serrer (surtout une partie de la peau, du corps), entre les extrémités des doigts, entre les branches d'une pince ou d'un objet analogue. *Il l'a pincé jusqu'au sang* (➤ **pinçon**). *« ils pouvaient la pincer partout sans jamais rencontrer un os »* ZOLA. *« il choisissait un poil de sa barbe, le pinçait entre deux ongles, l'arrachait brusquement »* ROMAINS. *Il s'est pincé le doigt dans la porte.* LOC. *Pince-moi, je rêve !* ce n'est pas croyable. — *Pincer les fesses à qqn.* — PRONOM. *Il s'est pincé en fermant la porte.* — *Pincer les cordes d'un instrument*, les faire vibrer en les saisissant avec les doigts, un objet dur. *Pincer les cordes du violon* (➤ **pizzicato**). *Instruments à cordes* pincées.* — PAR EXT. LITTÉR. *Ils « pinçaient sur leurs lyres des accords presque étouffés »* FLAUBERT. ◆ Affecter désagréablement, en produisant une sorte de pincement. ➤ **mordre, piquer.** *Le froid nous pinçait au visage.* ABSOLT, FAM. *Ça pince dur, ce matin ! Ça pince.* ■ **2** Serrer fortement de manière à rapprocher, à rendre plus étroit, plus mince. *Pincer la bouche, le bec*, par affectation, pruderie, dépit, etc. *Se pincer le nez*, pour ne rien sentir. — *« Une redingote de voyage [...] lui pinçait la taille »* BALZAC. ◆ COUT. *Il faudra pincer un peu plus cette veste*, y faire des pinces. *Sa « mère avait eu le temps de pincer la capote aux épaules et de raccourcir les manches »* ECHENOZ. TECHN. *Le relieur a pincé les nerfs du volume*, les a serrés en les faisant saillir. ■ **3** ARBOR. Pratiquer le pincement de (un végétal). *Pincer la vigne.* ■ **4** VX Prendre une pincée de (quelque substance). *Il en a pincé* : il y a goûté. ◆ MOD. FAM. **EN PINCER POUR QQN :** être amoureux. *« Mais c'est pour Lilith que j'en pince »* TOULET. ■ **5** FAM. Arrêter*, prendre (un malfaiteur). ➤ **coincer.** *« je le ferais pincer par les gendarmes si je ne craignais d'être emballée avec lui ! »* ZOLA. ◆ Prendre en faute, sur le fait. ➤ **surprendre.** *« L'illustre poète se fera pincer en flagrant délit* [d'adultère] *»* HENRIOT. — *Être pincé, se faire pincer* : être attrapé, se laisser attraper (par qqn, par une maladie, par l'amour). *Il commençait « à sentir en lui cette présence constante de l'absente [...] Et il se disait : "Je crois bien que je suis pincé" »* MAUPASSANT. ➤ **mordu.**

PINCE-SANS-RIRE [pɛ̃ssɑ̃ʀiʀ] n. inv. et adj. inv. – 1730 ◊ de *je te pince sans rire* (XVIe), jeu où l'on devait sans rire pincer qqn avec des doigts barbouillés ■ Personne qui pratique l'humour, l'ironie à froid. *Il a l'air sinistre, mais c'est un pince-sans-rire.* — adj. inv. *Un air, un ton pince-sans-rire.*

PINCETTE [pɛ̃sɛt] n. f. – 1321 ◊ de *pince* ■ **1** Petite pince. *Pincette d'horloger.* ➤ **brucelles.** ■ **2** (1560) PLUR. **PINCETTES :** longue pince à deux branches pour attiser le feu, déplacer les bûches, les braises. *La pelle et les pincettes.* ◆ LOC. *Il n'est pas à prendre avec des pincettes* : il est très sale, FIG. de très mauvaise humeur, inabordable. *Un être « désagréable, insociable [...] à ne pas prendre avec des pincettes »* LABICHE. — *Il faut prendre ces révélations avec des pincettes*, avec prudence, circonspection.

PINCHARD, ARDE [pɛ̃ʃaʀ, aʀd] adj. – 1856 ◊ variante dialectale du normand *pêchard*, proprt « de la couleur de la fleur du pêcher », de *pêche* ■ RÉGION. *Cheval pinchard*, à la robe gris fer. ➤ **aubère.**

PINÇON [pɛ̃sɔ̃] n. m. – 1640 ; « onglée » fin XVe ◊ de *pincer* ■ Marque qui reste sur la peau qui a été pincée. ■ HOM. Pinson.

PINÇURE [pɛ̃syʀ] n. f. – 1530 ◊ de *pincer* ■ RARE Sensation, douleur de qqn qui est pincé.

PINDARIQUE [pɛ̃daʀik] adj. – milieu XVIe ◊ latin *pindaricus*, du grec *Pindaros* « Pindare » ■ DIDACT. Qui est dans la manière lyrique du poète grec Pindare. *L'ode pindarique.*

PINDARISER [pɛ̃daʀize] v. intr. ⟨1⟩ – v. 1494 ◊ du radical de *pindarique* ■ VX (surtout XVIe) Imiter le style pindarique ; pratiquer un lyrisme prétentieux.

PINDARISME [pɛ̃daʀism] n. m. – 1578 ◊ de *pindarique* ■ VX (surtout XVIe) Style pindarique ; lyrisme obscur et ampoulé.

PINE [pin] n. f. – v. 1265 ◊ origine inconnue ; p.-ê. de *pine* « pomme de pin », latin *pinea*, ou du dialectal *pine* « flûtiau » ■ VULG. Membre viril. ■ HOM. Pinne.

PINÉAL, ALE, AUX [pineal, o] adj. – 1503 ◊ du latin *pinea* « pomme de pin » ■ ANAT. VX *Glande pinéale, corps pinéal* : épiphyse (2°). ◆ MOD. Cet organe, chez les reptiles. *La glande pinéale se trouve au-dessus du diencéphale.*

PINEAU [pino] n. m. – 1829 ; « vin du cépage dit *pinot* » fin XVe ◊ de *pinot* ■ Vin de liqueur charentais, préparé avec du cognac et du moût de raisin frais. *Pineau des Charentes.* ■ HOM. Pinot.

PINÈDE [pinɛd] n. f. – 1838 ◊ provençal *pinedo*, latin populaire °*pineta*, latin classique *pinetum* ■ Bois, plantation de pins. ➤ **pineraie, pinière ;** RÉGION. **pignada.** *« Dans la chaude paix de la pinède, les genêts [...] mêlent à l'odeur des sèves résineuses leur arôme »* GENEVOIX.

PINERAIE [pinʀɛ] n. f. – 1873 ◊ de *pin* ■ RARE Pinède.

PINGOUIN [pɛ̃gwɛ̃] n. m. – *pinguyn* 1598 ◊ mot néerlandais d'origine inconnue ■ **1** Oiseau marin palmipède *(charadriiformes)*, à plumage blanc et noir, piscivore, commun dans l'Atlantique Nord. *Le pingouin peut voler.* ◆ COUR. Tout oiseau de la famille des alcidés : pingouins proprement dits, guillemots, et ABUSIVEMENT manchots*. — LOC. FAM. *En pingouin* : en smoking ou en habit. ■ **2** ARG. FAM. Personnage quelconque. ➤ **type, zèbre.**

PING-PONG [piŋpɔ̃g] n. m. inv. /PINGPONG n. m./ – 1901 ; en anglais, 1900 ◊ n. déposé, onomatopée ■ Tennis de table. *Joueur de ping-pong.* ➤ **pongiste.** *Table, raquette, balle de ping-pong.* — Table, matériel utilisé à ce jeu. *Acheter un ping-pong.* ◆ FIG.

Échange de points de vue. *«cet aimable ping-pong idéologique par-dessus l'Atlantique»* REVEL. — LOC. *Faire le, du ping-pong,* de nombreux allers-retours.

PINGRE [pɛ̃gʀ] **n. et adj.** – milieu XVIIIe ; n. pr. 1406 ◊ origine inconnue, p.-ê. var. de *épingle* ■ Avare particulièrement mesquin. *C'est un vieux pingre.* — **adj.** *Il, elle est un peu pingre.*

PINGRERIE [pɛ̃gʀəʀi] **n. f.** – 1808 ◊ de *pingre* ■ Avarice mesquine. ➤ **radinerie.** *«les petites économies de la pingrerie»* GONCOURT.

PINIÈRE [pinjɛʀ] **n. f.** – 1569 ◊ de *pin* ■ RARE Pinède.

PINNE [pin] **n. f.** – 1688 ◊ latin *pin(n)a*, mot grec ■ *Pinne marine :* grand mollusque *(lamellibranches)* à coquille triangulaire, appelé communément *jambonneau,* dont le byssus soyeux peut être tissé. ■ **HOM.** Pine.

PINNIPÈDES [pinipɛd] **n. m. pl.** – 1823 ◊ du latin *pinna* «nageoire» et *-pède* ■ ZOOL. Ordre de mammifères adaptés à la vie aquatique, à corps fusiforme protégé du froid par une épaisse couche de graisse. ➤ 1 **morse, otarie, phoque.** — **Au sing.** *Un pinnipède.*

PINNOTHÈRE [pinɔtɛʀ] **n. m.** – 1579 *pinothere* ◊ latin *pinoteres,* grec *pinnotêrês,* proprt «qui garde la *pinne marine*» ■ ZOOL. Petit crabe commensal de certains mollusques (moules) et ascidies.

PINNULE [pinyl] **n. f.** – 1528 ◊ latin *pinnula* «petite aile» ■ TECHN. Chacune des plaques dressées perpendiculairement aux extrémités d'une alidade et percées de trous servant aux visées topographiques. *«visant par les deux pinnules»* HUGO.

PINOCYTOSE [pinositoz] **n. f.** – 1931 ◊ du grec *pinein* «boire» et *-cytose,* d'après *phagocytose* ■ BIOL. CELL. Processus d'incorporation de petites molécules extracellulaires dans des vésicules cellulaires où elles sont digérées. ➤ **endocytose.**

PINOT [pino] **n. m.** – 1398 ◊ de *pin,* par anal. de forme entre la grappe et la pomme de pin ■ Cépage répandu, cultivé notamment en Bourgogne, en Champagne. *Pinot noir, blanc. Pinot chardonnay* (blanc ; en Bourgogne). ➤ **chardonnay.** *Pinot meunier* (Champagne). — *Pinot gris :* cépage d'Alsace (➤ **tokay**). ♦ *Pinot noir :* vin alsacien rouge ou rosé fait avec le cépage pinot noir. ■ **HOM.** Pineau.

PINOTTE [pinɔt] **n. f.** – 1968 ◊ francisation de l'anglais *peanut* «cacahouète», de *pea* «pois» et *nut* «noix» ■ (Canada) ANGLIC., FAM. Graine d'arachide, cacahouète. *Du beurre de pinotte(s).*

PIN-PON [pɛ̃pɔ̃] **interj.** – 1955 ◊ onomatopée, avec influence de *pompier* ■ Onomatopée qui exprime le bruit des avertisseurs à deux tons des voitures de pompiers. — **n. m. inv.** *Des pin-pon. «quelque véhicule à croix rouge tente de se frayer un chemin à coups de pin-pon, appels de phares»* NOURISSIER.

PIN'S [pins] **n. m.** – 1989 *pins* plur. ◊ anglais *pin* «épingle» ■ FAUX ANGLIC. Petit insigne décoratif qui se pique (sur le vêtement, la coiffure). *Collectionner les pin's. Un pin's.* — **Recomm. offic.** *épinglette.*

PINSON [pɛ̃sɔ̃] **n. m.** – *pinçun* fin XIIe ◊ latin populaire °*pincio, onis,* probablt d'origine onomatopéique ■ Petit oiseau passereau *(passériformes),* à plumage bleu verdâtre coupé de noir et de roux, à bec conique, bon chanteur. *«Sa démarche aussi, un peu gauche et balancée, car le pinson ne sautille pas»* ALAIN. *Le pinson chante, ramage.* — LOC. *Gai comme un pinson :* très gai. ■ **HOM.** Pinçon.

PINTADE [pɛ̃tad] **n. f.** – *poule pintade* 1643 ; *pintarde* 1637 ◊ portugais *pintada* «tachetée», de *pintar* «peindre» ■ Oiseau *(galliformes),* originaire d'Afrique, de la taille de la poule, au plumage sombre semé de taches claires. *La pintade criaille. Petit de la pintade.* ➤ **pintadeau.** — *Salmis de pintade.*

PINTADEAU [pɛ̃tado] **n. m.** – 1771 ◊ de *pintade* ■ Petit de la pintade ; jeune pintade. *Pintadeau rôti.*

PINTADINE [pɛ̃tadin] **n. f.** – 1819 ; *pintade* 1776 ◊ → pintade ■ Huître perlière. ➤ **méléagrine.**

PINTE [pɛ̃t] **n. f.** – 1200 «contenu de la mesure» ◊ latin populaire °*pincta* «(mesure) peinte», c.-à-d. «marquée» ; classique *picta,* de *pingere* → peindre ■ **1** MÉTROL. Ancienne unité de mesure de capacité, valant 0,93 litre. ➤ 1 **quarte, setier.** ■ **2** PAR EXT. Récipient contenant une pinte ; son contenu. *«on irait boire une pinte de vin au prochain cabaret»* SAND. — LOC. *Se payer une pinte de bon sang :* bien s'amuser (cf. S'en payer une tranche*). ■ **3** MÉTROL. Unité anglo-saxonne de mesure de capacité, valant en Grande-Bretagne, 0,57 litre. *Une pinte de bière.* Au Canada, 1,136 litre (2 chopines* ou un quart de gallon*). *Une pinte de lait.* ■ **4** (Suisse) Café, bistrot. *«il a tout cassé dans la pinte»* RAMUZ. ■ **HOM.** Peinte (peint).

PINTER [pɛ̃te] **v.** ‹1› – 1270 ◊ de *pinte* ■ POP. ■ **1 v. intr.** Boire* beaucoup. ➤ **picoler.** *Il pinte sec. «celui qui pinte, il est fichu»* A. ERNAUX. ■ **2 v. pron. SE PINTER :** s'enivrer. *Se pinter au whisky.* — **p. p. adj.** *Il est complètement pinté.* ➤ **ivre.**

PIN-UP ou **PIN UP** [pinœp] **n. f. inv.** – 1944 ; *pin up girl* 1945 ◊ anglais américain *pin-up (girl),* de *to pin up* «épingler au mur» ■ ANGLIC. VIEILLI Photo de jolie fille peu vêtue. *«Ne confondons pas les pin up avec les nus de la Grèce»* MALRAUX. — Jolie fille séduisante, au physique avantageux de mannequin ou de star de cinéma. — On écrit aussi *une pinup, des pinups.*

PINYIN [pinjin] **n. m. et adj.** – v. 1970 ◊ mot chinois «épellation» ■ LING. Système de transcription alphabétique et phonétique des idéogrammes chinois, adopté en Chine. — **adj.** *Transcription pinyin.*

PIOCHAGE [pjɔʃaʒ] **n. m.** – 1752 ◊ de *piocher* ■ **1** Travail à la pioche. ■ **2** FIG. Travail acharné.

PIOCHE [pjɔʃ] **n. f.** – *pioiche* 1363 ◊ de 2 *pic* [pi] ■ **1** Outil de terrassier ou de cultivateur, composé d'un fer à pointe (ou deux pointes) et à houe, assemblé à un manche par son milieu. ➤ **houe,** 2 **pic.** *Manier le pic et la pioche.* — LOC. FAM. (1877) *Une tête de pioche :* une personne entêtée, qui a la tête dure. ■ **2** (1881) JEU Tas de cartes, de dominos où l'on pioche (3°). ➤ **talon.** *Bonne, mauvaise pioche,* qui procure ou non la carte, le domino qui convient ; FIG. FAM. le sort est favorable (ou non).

PIOCHER [pjɔʃe] **v. tr.** ‹1› – 1429 ◊ de *pioche* ■ **1** Creuser, remuer avec une pioche. *«Il piocha la terre, la pelleta, [...] l'égalisa»* MAC ORLAN. ■ **2** (1788) FIG. et FAM. Étudier avec ardeur. ➤ 2 **bûcher.** *«Je me mettais à piocher ma géométrie»* MARTIN DU GARD. — ABSOLT *«Darcet pioche comme un enragé pour le concours»* FLAUBERT. ■ **3** (1867) INTRANS. Prendre un domino (ou une carte) dans le tas de ceux qui restent sur la table (jusqu'à ce qu'on trouve celui qui convient). ♦ Fouiller (dans un tas) pour saisir qqch. *Piocher un bonbon.* — *Piocher dans ses réserves, dans ses économies.* ➤ **puiser.**

PIOCHEUR, EUSE [pjɔʃœʀ, øz] **n.** – 1534 ◊ de *piocher* ■ **1** Terrassier. ■ **2 n. f.** (1860) **PIOCHEUSE.** AGRIC. Scarificateur. ■ **3** (1832) FAM., VIEILLI Travailleur assidu, étudiant qui a l'habitude de piocher. — **adj.** *Une élève piocheuse.* ➤ **bûcheur.**

PIOLET [pjɔlɛ] **n. m.** – 1868 ◊ mot de la Vallée d'Aoste, du piémontais *piola* «petite hache» ■ Bâton d'alpiniste, ferré à l'une de ses extrémités et garni à l'autre d'un petit fer de pioche. *«Le piolet, l'alpenstock, un sac sur le dos, un paquet de cordes en sautoir»* DAUDET.

1 **PION, PIONNE** [pjɔ̃, pjɔn] **n.** – 1470 ; *peon* fin XIIe ◊ bas latin *pedo, pedonis* ■ **1 n. m.** VX Fantassin. ➤ **pionnier,** 1°. ♦ (XVe) Pauvre hère. ■ **2** (1835) MOD. FAM. Surveillant dans un lycée, un collège, maître d'internat. *«Je pris possession de l'étude des moyens* [les élèves moyens] *J'étais pour eux l'ennemi, le pion»* DAUDET. ■ **3 n. m.** FIG. et VX Homme de lettres, intellectuel pédant et autoritaire. *«Il est le Pion, [...] le moniteur et le répétiteur de la conquérante médiocrité»* BLOY.

2 **PION** [pjɔ̃] **n. m.** – *poon* fin XIIe ◊ de 1 *pion* ■ Aux échecs, Chacun des huit éléments que chaque joueur place en première ligne au début de la partie. *Le pion du roi, de la reine.* ♦ Chacune des pièces au jeu de dames, et à divers autres jeux. *Déplacer ses pions. Pion qui va à dame.* — LOC. *N'être qu'un pion sur l'échiquier :* être manœuvré. *Damer* le pion à qqn. Pousser, avancer ses pions :* manœuvrer, agir stratégiquement. *«Faire connaissance, tourner autour du pot, avancer patiemment tes pions»* TOURNIER.

3 **PION** [pjɔ̃] **n. m.** – 1957 ◊ de *pi* et *-on* de *électron* ■ PHYS. Méson* π (pi).

PIONCER [pjɔ̃se] **v. intr.** ‹3› – 1827 ◊ p.-ê. nasalisation de *piausser,* d'un dialectal *piau* → 2 pieu ■ FAM. Dormir.

PIONNIER, IÈRE [pjɔnje, jɛʀ] **n. et adj.** – 1382 ; «fantassin» début XIIe ◊ de 1 *pion* ■ **1 n. m.** Soldat employé aux travaux de terrassement. ➤ **sapeur.** — Soldat du génie, ou d'une unité auxiliaire du génie. ■ **2** (1828 ◊ d'après l'anglais *pioneer,* d'origine française) Colon qui s'installe sur des terres inhabitées pour les défricher. ➤ **défricheur.** *Les pionniers américains.* ♦ FIG. Personne qui est la première à se lancer dans une entreprise, qui fraye le chemin. ➤ **bâtisseur, créateur, promoteur.** *Les pionniers de l'aviation. Elle fut une pionnière dans ce domaine.* — **adj.** *Une expérience pionnière.* ■ **3** Scout âgé de 14 à 18 ans.

PIOUPIOU [pjupju] **n. m.** – 1838 ◇ d'une onomat. enfantine désignant les poussins (1578) ■ FAM. VX Jeune fantassin ; soldat. *Des pioupious.*

PIPA [pipa] **n. m.** – 1734 ◇ mot indigène de la Guyane hollandaise ■ Gros crapaud d'Amérique tropicale. *Le pipa du Suriname.*

PIPE [pip] **n. f.** – début XIIIe ◇ de *piper* ■ **1** VX Pipeau. — Chalumeau, tuyau. ■ **2** Ancienne mesure de capacité. ◆ RÉGION. Grande futaille, de capacité variable. ■ **3** (XVe) VX Gosier. — (1791 ; «crever de rage» 1649) MOD. LOC. *Casser sa pipe* : mourir. — (Au sens de «gueule») *Se fendre la pipe* : rire. (1979) LOC. (Canada) FAM. *Tirer la pipe à qqn,* l'agacer. (Belgique) FAM. *Se casser la pipe* : tomber. ■ **4** (1620) COUR. Tuyau terminé par un petit fourneau qu'on bourre de tabac (ou d'une autre substance fumable). ➤ **bouffarde, brûle-gueule, calumet, chibouque.** *Pipe en terre, en porcelaine, en racine de bruyère. «tous les instruments qu'il faut pour bourrer, débourrer, ramoner, écurer les pipes»* DUHAMEL. *«Une superbe pipe en écume admirablement culottée»* MAUPASSANT. *Fumer la pipe.* — *Pipe à eau* : pipe orientale dont la fumée, après avoir traversé un vase rempli d'eau, est aspirée par un tuyau flexible. ➤ **chicha, houka, narguilé.** — *Tête de pipe,* le fourneau lorsqu'il représente une tête. FIG. et FAM. *Par tête de pipe* : par personne. *«Ça fait onze par tête de pipe»* SARTRE. — *Nom d'une pipe !* juron familier. ◆ Contenu d'une pipe. ➤ 2 **pipée.** *«Je lui hachais du tabac pour fumer cinq ou six pipes»* LESAGE. ■ **5** (1900) FAM. Cigarette. ➤ **clope, sèche.** ■ **6** (1924 électr. ◇ anglais *pipe,* du français) TECHN. *Pipe d'alimentation, d'aération* : tube ou tuyau d'adduction d'un combustible, de l'air. ➤ **pipeline.** ■ **7** VULG. Fellation. ➤ FAM. 2 **turlutte.** *Faire, tailler une pipe (à un homme).* ➤ **sucer.**

PIPEAU [pipo] **n. m.** – 1559 ◇ de *pipe* ■ **1** Flûte champêtre (symbole de la poésie pastorale). ➤ **chalumeau.** ■ **2** Appeau (1°). *Attirer les oiseaux avec un pipeau.* ➤ 1 **pipée.** — LOC. FAM. *C'est du pipeau* : ce n'est pas sérieux (cf. C'est du blabla, de la blague, du flan). *«Ses faits d'armes, sa bravoure à la guerre et le nombre de ses combats — tout aurait été sacrément gonflé, sinon inventé total pipeau»* G. LEROY. ◆ AU PLUR. Gluaux. *Oiseau pris aux pipeaux.* ■ HOM. Pipo.

PIPEAUTER ou **PIPOTER** [pipɔte] **v. tr.** ‹1› – 2001 ◇ de *pipeau* dans *c'est du pipeau* ■ FAM. ■ **1** *Pipeauter qqn,* essayer de l'abuser. ➤ **baratiner.** *«Et lui se fout de ma gueule, il éclate de rire et il dit : "Mais tu ne vois pas que je te pipeaute"»* Y. QUEFFÉLEC. — ABSOLT Raconter des histoires, mentir. *Pipeauter pour s'en sortir.* ■ **2** Truquer, falsifier. *Pipeauter des comptes, son CV.* — **p. p. adj.** *Résultats pipeautés.*

1 **PIPÉE** [pipe] **n. f.** – 1280 ◇ de *piper* ■ Chasse dans laquelle on prend les oiseaux aux pipeaux après les avoir attirés en imitant le cri de la chouette et d'autres oiseaux (➤ **piper,** I, 1°). *«le plus fameux chasseur à la pipée que j'aie connu»* MISTRAL.

2 **PIPÉE** [pipe] **n. f.** – 1890 ◇ de *pipe* ■ RARE Quantité de tabac, d'opium, etc., qu'on peut mettre dans le fourneau d'une pipe. ➤ **pipe.** *«Donne-moi donc une pipée de tabac»* CONSTANTIN-WEYER.

PIPELET, ETTE [piplɛ, ɛt] **n.** – 1870 ◇ de *Pipelet,* n. d'un ménage de portiers dans *Les Mystères de Paris,* d'Eugène Sue ■ VIEILLI ■ **1** POP. Concierge. *Il est bavard comme une pipelette.* ■ **2** **n. f.** FAM. Personne bavarde. ➤ RÉGION. **barjaque.** *C'est une vraie pipelette* (d'une femme ou d'un homme).

PIPELINE [piplin ; pajplajn] **n. m.** – *pipe-line* 1885 ◇ mot anglais, de *pipe* «tuyau» et *line* «ligne» ■ Tuyau d'assez fort diamètre, servant au transport à grande distance de certains fluides (carburants liquides, gaz naturel, air comprimé, etc.) ainsi que de certaines substances pulvérisées. ➤ **feeder, sea-line.** *Transport du gaz, du pétrole par des pipelines.* ➤ **gazoduc, oléoduc.** *Pipeline immergé* : recomm. offic. pour *sea-line.* ◆ INFORM. LOC. *Faire du pipeline* : envoyer les données les unes à la suite des autres dans un même bloc et recueillir le résultat en sortie.

PIPER [pipe] **v.** ‹1› – v. 1180 ◇ latin populaire °*pippare,* latin classique *pipare* «glousser»

I **v. intr.** ■ **1** VX Frouer ; chasser à la pipée. ■ **2** MOD. *Ne pas piper* : ne pas souffler mot. *«Le curé tiquait bien un peu sur ces plaisanteries mais [...] il ne pipait pas»* CÉLINE.

II **v. tr.** ■ **1** Attirer, prendre à la pipée (les oiseaux). *«leur cabane de ramée, d'où ils pipaient les grives»* A. BERTRAND. ◆ FIG. VIEILLI Attraper, tromper. *«Un minois à piper les plus fins»* LESAGE. ■ **2** MOD. *Piper des dés,* les truquer. — FIG. *Les dés sont pipés* : la partie est faussée, il y a tricherie. *Ils «tentent de faire croire qu'en sport comme en toute autre chose les dés ne sont pas pipés, qu'il reste une place pour la vaillance, la solidarité, le panache»* O. ADAM.

PIPÉRADE ou **PIPERADE** [piperad] **n. f.** – 1926 ; *piparade* 1899 ◇ ancien mot dialectal, de *piper* «poivron» en béarnais, du latin *piper* «poivre» ■ Plat basque composé d'œufs battus assaisonnés de tomates et de poivrons.

PIPER-CUB [pipœrkœb] **n. m.** – v. 1945 ◇ mots anglais américain, du nom de la *Piper* [pajpə] *Aircraft Corporation* et *cub* «petit d'un animal» ■ Petit avion d'observation. *Des piper-cubs.*

PIPERIE [pipri] **n. f.** – 1455 «tricherie au jeu» ◇ de *piper* ■ LITTÉR. Tromperie, leurre. *«une amoureuse cède aux plus grossières piperies»* MAURIAC.

PIPÉRINE [piperin] **n. f.** et **PIPÉRIN** [piperɛ̃] **n. m.** – 1821 ◇ du latin *piper* «poivre» ■ BIOCHIM. Alcaloïde contenu dans le poivre noir.

PIPÉRONAL [piperɔnal] **n. m.** – 1874 ◇ mot allemand, contraction de *aldéhyde pipéronylique,* du radical de *pipérine* ■ CHIM. Héliotropine. *Des pipéronals. Le pipéronal est utilisé en parfumerie.*

PIPETTE [pipɛt] **n. f.** – 1688 ; «petit tuyau» XIIIe ◇ de *pipe* ■ **1** RARE Petite pipe. *«il fumait une pipette de genièvre»* GIDE. ■ **2** (1824) COUR. Petit tube généralement gradué, dont on se sert en laboratoire pour prélever une petite quantité de liquide. *«Pasteur se penchait, pour aspirer, dans sa pipette, quelques gouttes de la bave virulente»* MONDOR. ■ **3** (Belgique) Embout muni d'une valve (d'une chambre à air, d'un ballon...).

PIPEULE ➤ **PEOPLE**

PIPI [pipi] **n. m.** – 1692 ◇ réduplication enfantine de la première syllabe de *pisser* ■ FAM. ou LANG. ENFANTIN ■ **1** **FAIRE PIPI** : uriner. *Faire pipi au lit, dans sa culotte* (➤ **énurésie, incontinence**). *Les bonnes «menaient les enfants et les chiens de leurs maîtres faire pipi»* LARBAUD. LOC. *C'est à faire pipi (dans sa culotte)* : c'est d'une drôlerie irrésistible. *«On riait [...] c'en était à faire pipi»* ARAGON. ■ **2** Urine. *Cela sent le pipi de chat.* ◆ FIG. *Du pipi de chat* : une boisson fade ; une chose sans intérêt. (Dans une comparaison) *À côté de ce qu'ils ont enduré, c'est du pipi de chat,* c'est peu de chose. ■ **3** Parties génitales. ➤ 2 **zizi.** *Jouer à touche-pipi.* ➤ **touche-pipi.** ■ **4** (1950 *la Madame Pipi*) *Dame pipi,* chargée de la surveillance et de la propreté des toilettes dans un lieu public (➤ **pipi-room**). *Des dames pipi. «une dame pipi dans son antre, assise et tricotante»* SAN-ANTONIO.

PIPIER, IÈRE [pipje, jɛr] **n. et adj.** – 1703 ◇ de *pipe* ■ TECHN. Ouvrier, ouvrière procédant au tournage et au façonnage des pipes. ◆ **adj.** Qui concerne la fabrication des pipes. *L'industrie pipière.*

PIPI-ROOM [pipirum] **n. m.** – milieu XXe ◇ formation plaisante, de *pipi* et anglais *room,* d'après *living-room* ■ PLAISANT Toilettes (notamment d'un lieu public). *Aller au pipi-room. Où sont les pipi-rooms ?*

PIPISTRELLE [pipistrɛl] **n. f.** – 1760 ◇ italien *pipistrello,* altération de *vipistrello,* latin *vespertilio* → vespertilion ■ Petite chauve-souris à oreilles pointues. *«Suspendues aux poutres de charpente du fenil, des pipistrelles se drapent en tremblant dans leurs ailes fragiles»* DEL AMO.

PIPIT [pipit] **n. m.** – 1764 ◇ onomatopée, d'après le cri de cet oiseau ■ Petit passereau *(passériformes)* à plumage brun. ➤ **farlouse.**

PIPO [pipo] **n. m.** – 1860 ◇ origine inconnue, p.-ê. de *Polyt(echnique)* ; cf. *Pipo* pour *Hippolyte,* en Suisse ■ ARG. SCOL. ■ **1** VX L'École polytechnique (cf. L'X). ■ **2** (1875) Polytechnicien ; candidat à Polytechnique. *Taupins et pipos.* ■ HOM. Pipeau.

PIPOLE ➤ **PEOPLE**

PIPOLISATION [pipɔlizasjɔ̃] **n. f.** – 2002 ; *peopolisation* 2001 ◇ de *pipole,* var. de *people* ■ FAM. Médiatisation de la vie privée des personnalités publiques. *La pipolisation de la vie politique.*

PIPPERMINT ➤ **PEPPERMINT**

PIQUAGE [pikaʒ] **n. m.** – 1803 ◇ de *piquer* ■ TECHN. Opération consistant à piquer, à percer. *Piquage des cartes pour le tissage. Exercices de piquage* : tracés de dessins exécutés par les enfants en perçant un papier de petits trous. ◆ *Piquage à la machine* (de tissus, tiges de chaussures, etc.). *Le piquage d'une couette, d'un couvre-pied maintient le garnissage.* ■ HOM. Picage.

1 **PIQUANT, ANTE** [pikɑ̃, ɑ̃t] **adj.** – 1398 ◇ de *piquer* ■ **1** Qui présente une ou plusieurs pointes acérées capables de piquer, de percer. ➤ **pointu.** *Les feuilles piquantes du houx.* ■ **2** Qui donne une sensation de piqûre. *«Le moment où une*

barbe piquante me hérisserait le menton» FRANCE. — *Air vif et piquant.* — (Au goût) *Chorizo piquant. Moutarde piquante,* extraforte*. *Sauce piquante :* sauce cuite, à la moutarde, au vinaigre et aux cornichons. *Côtes de porc (à la) sauce piquante.* ■ **3** Qui blesse, pique au vif. *Des mots, des traits piquants.* ➤ **aigre, 1 caustique, mordant, satirique.** — (PERSONNES) *Le comte avait été «plus piquant, plus acerbe [...] qu'à l'ordinaire»* BALZAC. ■ **4** LITTÉR. Qui stimule agréablement l'intérêt, l'attention. *Un détail piquant.* ➤ **croustillant.** *«Quelle grâce piquante dans la toilette et le sourire !»* TAINE. *«Une petite brune vive et piquante»* ROUSSEAU. *Une formule piquante. «C'est dans cet entourage [...] qu'il est piquant de connaître un auteur»* SAINTE-BEUVE. ➤ **amusant, intéressant.** — **n. m.** ➤ **piment, sel.** *Le piquant de l'aventure, de la situation. Avoir du piquant. Cela ne manque pas de piquant.* ■ CONTR. Fade. Doux.

2 **PIQUANT** [pikɑ̃] **n. m.** – début XVe ◊ de *piquer* ■ Chacune des excroissances dures et acérées que présentent certains végétaux et animaux. ➤ **aiguillon, épine.** *Les piquants des chardons, des oursins. Cactus hérissé de piquants.*

1 **PIQUE** [pik] **n. f.** et **m.** – 1360 ◊ néerlandais *pike* ■ **1 n. f.** Arme (d'hast) formée d'une hampe garnie d'un fer plat et pointu. ➤ **hallebarde, lance.** *«Des bandes armées de piques poussent des cris de mort»* FRANCE. — TAUROM. *Taureau qui reçoit, prend la pique du picador.* — Coup de pique. *«Le taureau prenait une pique»* MONTHERLANT. ■ **2 n. m.** (1552) Aux cartes, Une des couleurs représentée par un fer de pique noir stylisé. *«La Dame de pique», de Pouchkine. As* de pique. Couper à pique.* ♦ Carte de cette couleur. *J'ai défaussé deux piques. «tu renverras petit pique»* COURTELINE. — Au bridge, Nombre déterminé de levées à cette couleur. *Quatre piques contrés.* ■ HOM. Pic.

2 **PIQUE** [pik] **n. f.** – v. 1500 ◊ de *piquer* ■ **1** VIEILLI Brouille légère due à l'amour-propre blessé. *«C'est notre pique avec son père qui trouble tant ta femme»* MAUROIS. ■ **2** (XXe) MOD. Parole ou allusion blessante. *Envoyer, lancer des piques à qqn.* ➤ **méchanceté, pointe.**

1 **PIQUÉ, ÉE** [pike] **adj.** – XVIe ◊ de *piquer* ■ **1** Cousu par un point de piqûre. — SPÉCIALT Traversé et maintenu par des piqûres formant des dessins réguliers. *Dessus-de-lit piqué* (couette, courtepointe). ■ **2** Marqué de petites taches sombres, de moisissures. *Ce livre est très piqué. Glace ancienne piquée.* ♦ Altéré et rendu acide par la présence d'un mycoderme. *Vin blanc piqué.* ■ **3** MUS. *Note piquée* (indiquée par un point au-dessus), qui se joue en frappant la touche et en la lâchant aussitôt (opposé à *note tenue*). ➤ **détaché.** — *Un passage joué piqué.* ➤ **staccato.** ■ **4** (1899) FIG. FAM. (PERSONNES) Un peu fou*. ➤ **timbré, toqué.** *«Je me demande si cette enfant n'est pas un peu piquée !»* COLETTE. — SUBST. *Une vieille piquée.*

2 **PIQUÉ** [pike] **n. m.** – 1806 ◊ de *piquer* ■ **1** Tissu façonné (de coton, soie, nylon, etc.), dont le tissage forme des côtes ou des dessins géométriques. *Une robe en piqué de coton. «un gilet de piqué»* NERVAL. ■ **2** (1919) DANSE Suite de pas caractérisée par des alternances d'équilibre sur demi-pointes et d'élévations de jambes accompagnant la station d'un pied à plat. ■ **3** (XXe) Mouvement par lequel un avion se laisse tomber presque à la verticale et se redresse brusquement à l'approche du sol. *Faire un piqué.* — *Aviateurs virtuoses «n'hésitant pas à descendre en piqué vers leur but, presque à la verticale et sans ménager le moindre palier de décompression»* ECHENOZ. *Bombardement, attaque en piqué.* ■ **4** PHOTOGR. Capacité (d'un objectif) à reproduire les détails fins d'une image. *Plus le piqué est élevé, plus la photo est nette. Ce n'était «pas une vidéo prise avec un téléphone portable : le piqué était excellent, et on avait rajouté un effet de ralenti»* HOUELLEBECQ.

PIQUE-ASSIETTE [pikasjɛt] **n.** – 1807 ◊ de *piquer* et *assiette* ■ Personne qui se fait partout inviter, qui s'impose à l'heure du repas. *«d'invité perpétuel, Pons arriva [...] à l'état de pique-assiette»* BALZAC. ➤ **écornifleur, parasite.** *C'est une sacrée pique-assiette. Des pique-assiettes.*

PIQUE-BŒUF, plur. **PIQUE-BŒUFS** [pikbœf, pikbø] **n. m.** – 1775 ; «piqueur de bœufs» XVIe ◊ de *piquer* et *bœuf* ■ Oiseau (SPÉCIALT petit échassier blanc) qui se perche sur les bœufs pour y chercher les parasites.

PIQUE-BOIS ➤ **PIC-BOIS**

PIQUE-FEU [pikfø] **n. m.** – 1877 ◊ de *piquer* et 1 *feu* ■ Tisonnier. *«un petit amas de cendres qu'elle remua du bout d'un pique-feu»* GUILLOUX. *Des pique-feux* ou *des pique-feu* (inv.).

PIQUE-FLEUR [pikflœʀ] **n. m.** – 1957 ◊ de *piquer* et *fleur* ■ Accessoire placé au fond d'un vase pour maintenir les fleurs d'un bouquet dans une position choisie. *Des pique-fleurs.* — On écrit aussi *un pique-fleurs* (inv.).

PIQUENIQUE ou **PIQUE-NIQUE** [piknik] **n. m.** – 1740 ; *repas à pique-nique* 1694 ◊ de *piquer* et *nique* au sens ancien de «petite chose sans valeur» ■ **1** VX Repas où chacun apporte son plat, paie son écot. ■ **2** MOD. Repas en plein air à la campagne, en forêt. *Faire un piquenique. Des piqueniques, des pique-niques sur l'herbe.*

PIQUENIQUER ou **PIQUE-NIQUER** [piknike] **v. intr.** ⟨1⟩ – 1874 ◊ de *piquenique* ■ Faire un piquenique. ➤ FAM. **saucissonner.**

PIQUENIQUEUR, EUSE ou **PIQUE-NIQUEUR, EUSE** [piknikœʀ, øz] **n.** – 1874 ◊ de *piqueniquer* ■ Personne qui prend part à un piquenique. *Des piqueniqueurs, des pique-niqueurs.*

PIQUE-NOTE [piknɔt] **n. m.** – 1870 ◊ de *piquer* et *note* ■ Objet de bureau, petit crochet où l'on enfile des notes, des feuilles volantes. *Des pique-notes.*

PIQUEPOUL ➤ **PICPOUL**

PIQUER [pike] **v.** ⟨1⟩ – début XIVe ◊ du latin populaire *pikkare*, d'un radical onomatopéique *pikk-* exprimant le bruit d'un coup sec porté par un objet pointu

I ~ v. tr. A. PERCER AVEC UNE POINTE ■ **1** Entamer légèrement ou percer avec une pointe. *Un bouvier «armé d'un aiguillon, pique ses deux bœufs bossus»* DE CROISSET. ➤ **aiguillonner.** *«il piqua son cheval et s'élança»* MAUPASSANT. ➤ **éperonner.** — (1688) *Piquer des deux* (éperons) : éperonner vivement son cheval ; partir au galop. ♦ (1671) Faire une piqûre à (qqn). *«Dites-donc, vous commencez à avoir des hématomes partout, je me demande où je vais vous piquer»* É. GILLE. FAM. *On l'a piqué contre le tétanos,* on l'a vacciné. *Il a dû faire piquer son vieux chien,* lui faire faire une piqûre entraînant la mort. ➤ **euthanasier.** ♦ (1541) Percer en enfonçant un dard, un stylet, un crochet à venin. *Être piqué par un moustique. Se faire piquer par une guêpe. Quelle mouche* le pique ?* ■ **2** (Compl. chose) Percer pour prendre, pour attraper. *Piquer sa viande avec sa fourchette. Piquer des olives. «Pierre mangeait des flageolets et les piquait un à un avec une pointe de sa fourchette»* MAUPASSANT. ♦ (1660) CUIS. Percer de trous pour garnir, pour larder, ailler. *Piquer un oignon avec un clou de girofle.* — *Un rôti piqué d'ail.* ♦ Fixer en traversant avec une pointe, une aiguille. *Piquer une photo au mur.* ➤ **punaiser.** *Piquer des papillons.* ➤ **épingler.** ♦ Coudre à la machine. *Bâtir une robe avant de la piquer.* ♦ TECHN. Percer de petits trous selon un dessin. *Piquer des cartes pour métiers à tisser.* PAR EXT. *Piquer un dessin,* le marquer par de petits trous. ■ **3** (fin XVe) Parsemer de petits trous. ➤ **trouer.** *Les vers, les insectes ont piqué ce meuble.* — *Meuble ancien piqué des vers.* ➤ **vermoulu ;** RÉGION. **cussonné.** — LOC. FAM. (1832) *N'être pas piqué des hannetons, des vers :* être remarquable en son genre. *«un petit froid qui n'est pas piqué des hannetons»* ARAGON. ♦ (Surtout p. p.) Semer de points, de petites taches. ➤ **moucheter, piqueter, tacheter.** *«Les mains toutes piquées de taches de rousseur»* HUGO. ♦ LOC. FAM. (1858) *Se piquer le nez, la ruche :* s'enivrer. *«Il se piquerait la ruche avec un rien de clos de Gamot – le meilleur des vins de Cahors»* J. VAUTRIN. ■ **4** Frapper vivement. *«Le mulet, piquant le sable de durs coups de sabot»* GENEVOIX. — (1835) Au billard, *Piquer la bille,* la frapper en tenant la queue presque verticalement. — MUS. *Piquer une note,* la marquer en la détachant. — (1596) *Piquer une cloche,* la frapper avec son battant d'un seul côté (opposé à *sonner à toute volée*) pour sonner l'heure (ou [1636] *piquer l'heure*). MAR. *«La cloche du vaisseau-amiral piqua deux coups doubles»* FARRÈRE. ■ **5** (fin XIVe) Donner la sensation d'entamer avec une pointe. ➤ **brûler, cuire, picoter.** *Les orties lui ont piqué les jambes. Le froid pique les joues.* ➤ **pincer.** *La fumée pique les yeux.* ➤ **irriter.** *Plat épicé qui pique la langue.* ➤ **brûler, emporter.** FAM. *Ça pique.* — *Une barbe qui pique,* dure au contact. FAM. (ENFANTS) *De l'eau qui pique :* de l'eau gazeuse, pétillante. ♦ FIG. *Piquer (les yeux) :* être désagréable, provoquer un sentiment négatif. *Une tenue qui pique les yeux. Des fautes d'orthographe qui piquent. Se lever à quatre heures du matin, ça pique !* ■ **6** FIG. VIEILLI Blesser, irriter vivement. ➤ **agacer, froisser, vexer.** *«Je fus piqué de la froideur avec laquelle il m'en parlait»* MOLIÈRE. — MOD. **PIQUER AU VIF :** irriter l'amour-propre de. *Cette remarque ironique l'a piquée au vif.* ♦ (Compl. abstrait) Faire une vive impression sur. ➤ **éveiller, exciter.** *«Rastignac voulait piquer ma curiosité»* BALZAC. *Ils «n'ont pas besoin d'effets violents et imprévus qui piquent leur attention»* TAINE. ■ **7** (fin XIVe) FAM. Prendre, voler*. ➤ **chiper, faucher.** *On lui a piqué toutes* *ses affaires. Se faire piquer ses idées.* ➤ **piller, pomper.** *« Je les ai déjà vus qui piquaient des alliances en douce aux macabs »* R. MERLE. ◆ Arrêter*, pincer (qqn). *La police l'a piqué à la sortie du métro.* ▪ **8** (1840) FAM. Prendre, faire, avoir brusquement. *Piquer un galop, un cent mètres. Il « plongea la tête comme on pique un plongeon »* CH.-L. PHILIPPE. *Piquer un somme, un roupillon.* ➤ 1**faire.** *Piquer une colère, une crise. Piquer sa crise :* se mettre en colère. *Piquer un fard, un soleil :* rougir brusquement.

B. ENFONCER PAR LA POINTE *Piquer des épingles dans une pelote.* ◆ (1842) *Piquer une tête :* se jeter la tête la première. *Une embardée « lui fit piquer une tête contre la porte »* BAUDELAIRE. *Piquer une tête dans l'eau :* plonger.

II ~ **v. intr.** ▪ **1** (fin XVe) VIEILLI S'élancer à cheval. — S'élancer rapidement, directement. *« nos deux ivrognes piquèrent tête baissée dans la porte, l'enfoncèrent »* BAUDELAIRE. ▪ **2** Tomber, descendre brusquement. *Hirondelles qui piquent vers le sol.* — SANS COMPL. *Un avion qui pique,* qui descend en piqué. — LOC. *Piquer du nez :* tomber le nez en avant. *« Il piqua du nez et s'abattit sur les marches »* SARTRE. *Le navire piquait de l'avant.*

III ~ **v. pron. SE PIQUER** ▪ **1** Être légèrement blessé, entamé par une pointe, un piquant. *Elle s'est piquée avec une aiguille.* PROV. *Qui s'y frotte s'y pique :* qui se risque à attaquer, à se mesurer à (qqn) en subit les conséquences. ◆ Se faire une piqûre, et SPÉCIALT S'injecter un stupéfiant. ➤ **se shooter** (ANGLIC.) ; **piquerie.** *« Elle va se piquer à la morphine, à l'héroïne et avec plusieurs autres drogues dans une espèce d'arrière-boutique assez sordide »* VIALATTE. ▪ **2** Se couvrir de petites taches, de moisissures. *Les livres exposés à l'humidité se piquent. Vin qui se pique,* s'aigrit. ▪ **3** FIG. (1590) LITTÉR. Se froisser, se vexer. ➤ **se formaliser.** ◆ *Se piquer au jeu**. ◆ (1623) **SE PIQUER DE (qqch.).** Prétendre avoir et mettre son point d'honneur à posséder (une qualité, un avantage). ➤ **se prévaloir.** *Elle se pique d'art contemporain.* — **(Avec un inf.)** Avoir la prétention de, se targuer, se vanter de. *« À mon retour de vacances, je me piquais d'être musicien et composais de médiocres romances »* R. MILLET.

PIQUERIE [pikʀi] **n. f.** – 1987 ◊ de *piquer,* sur le modèle de *fumerie* ▪ Au Canada, Lieu d'accueil où les toxicomanes peuvent venir s'injecter leur dose (cf. Salle de consommation*). *Tenancier de piquerie.*

1**PIQUET** [pikɛ] **n. m.** – XVIe ; *pichet* 1380 ◊ de *piquer* ▪ **1** Petit pieu destiné à être fiché en terre. *Piquets de tente.* ➤ FAM. **sardine.** *Chevaux qu'on attache, met au piquet.* — LOC. *(Être) planté comme un piquet :* droit et raide, immobile (d'une personne). *Raide comme un piquet.* ▪ **2** VX Groupe de cavaliers prêts à partir au premier signal (leurs bêtes étant simplement attachées au piquet). — Détachement de soldats qui doivent se tenir prêts. ◆ MOD. *Piquet d'incendie :* soldats désignés pour le service de protection contre les incendies. — *Piquet de grève :* grévistes veillant sur place à l'exécution des ordres de grève (➤ RÉGION. **piqueteur**). ▪ **3** (1842) Punition infligée à un élève, consistant à le mettre au coin, debout et immobile face au mur. *Mettre un enfant au piquet. Aller au piquet. « Il m'est arrivé de passer ici quelques heures, le nez au mur et les bras croisés [...] Le* Piquet *de jadis avait pourtant ses vertus »* VALÉRY.

2**PIQUET** [pikɛ] **n. m.** – 1622 ◊ origine inconnue, probablt du radical de *piquer* ▪ Jeu de cartes où le joueur doit réunir le plus de cartes de même couleur, ainsi que certaines figures ou séquences. *Jouer au piquet. Faire une partie de piquet.*

1**PIQUETAGE** [pik(ə)taʒ] **n. m.** – 1871 ◊ de *piqueter* ▪ TECHN. Disposition de points de repère pour marquer un alignement.

2**PIQUETAGE** [pik(ə)taʒ] **n. m.** – 1955 ◊ de 1*piquet (de grève)* ▪ **(Québec)** Manifestation de grévistes aux abords de leur lieu de travail. *Faire du piquetage. Ligne de piquetage.*

PIQUETER [pik(ə)te] **v. tr.** ⟨4 /5/⟩ – *picter* 1628 ◊ de 1*piquet* ▪ **1** Tracer à l'aide de piquets, de bâtons d'alignement. *Piqueter une allée.* ➤ **jalonner.** ▪ **2** (1780 ◊ de *piquer*) Parsemer de points, de petites taches. ➤ **moucheter.** *« Le ciel est piqueté d'avions »* SARTRE. ▪ **3** (1970 ; calque de l'anglais *to picket*) **(Québec)** Empêcher (une activité) de se dérouler. *Piqueter les cours.* — ABSOLT Prendre part à un piquet de grève, faire du piquetage.

PIQUETEUR, EUSE [pik(ə)tœʀ, øz] **n.** – 1930 ◊ de *piqueter* (3°) ou de l'anglais *picketer* ▪ **(Québec)** Personne qui fait du piquetage (2).

1**PIQUETTE** [pikɛt] **n. f.** – 1583 ◊ de *piquer* ▪ Boisson obtenue par la fermentation de marcs de raisin frais (ou autres fruits) avec de l'eau sans addition de sucre. *« Il buvait de bon cœur la piquette dans un cabaret de campagne »* MUSSET. ◆ (1660) Vin acide, médiocre. *Une infâme piquette.* — LOC. FIG. *C'est de la piquette,* sans valeur.

2**PIQUETTE** [pikɛt] **n. f.** – 1894 ◊ probablt du dialectal *pique* « correction », de l'expression *passer les piques* (XVIe), punition consistant à passer entre deux rangs de soldats qui frappaient le coupable du bois de leurs piques ▪ FAM. Raclée, défaite écrasante. ➤ 2**pile.** *« C'est lui qui vous a fait prendre la piquette »* MAC ORLAN.

1**PIQUEUR, EUSE** [pikœʀ, øz] **n.** – 1559 ◊ de *piquer* ▪ **1** (de *piquer* « éperonner, aiguillonner ») VX Écuyer de manège. — MOD. Employé(e) chargé(e) de la surveillance des écuries dans un élevage. ◆ (1572) Valet de chiens qui poursuit la bête à cheval. ➤ **piqueux.** *« Ce premier piqueur était accompagné de deux grands chiens courants de race »* BALZAC. ▪ **2** (1842) TECHN. Ouvrier, ouvrière qui pique à la machine (les tissus, les cuirs), qui perce les cartes pour métiers, ou qui agrafe les cartonnages, etc. ▪ **3** (de *piquer* « marquer, pointer [les ouvriers] » XVe) TECHN. Agent technique assistant le conducteur de travaux publics ; agent des chemins de fer surveillant les travaux sur la voie. ▪ **4** APPOS. *Marteau-piqueur* **(voir ce mot).** — **adj.** *Insectes piqueurs,* qui piquent.

2**PIQUEUR** [pikœʀ] **n. m.** – 1360 ◊ de *piquer* « creuser à coups de pique » XIIIe, de 2*pic* ▪ Mineur travaillant au pic. — Ouvrier utilisant un marteau pneumatique. *Piqueur de chaudières,* chargé de détacher au marteau les incrustations des chaudières.

PIQUEUX [pikø] **n. m.** – 1763 ◊ var. de *piqueur* ▪ CHASSE Piqueur.

PIQUIER [pikje] **n. m.** – 1480 ◊ de 1*pique* ▪ ANCIENNT Soldat armé d'une pique.

PIQUILLO [pikijo] **n. m.** – 1991 ◊ mot espagnol, diminutif de *pico* « bec », à cause de la forme du piment, latin *beccus* ▪ Piment doux d'une variété produite dans le Pays basque espagnol. *Piquillos farcis à la morue.*

PIQUOIR [pikwaʀ] **n. m.** – 1842 ; *piquois(e)* 1765 ◊ de *piquer* ▪ TECHN. Aiguille emmanchée servant à piquer un dessin.

PIQÛRE [pikyʀ] **n. f.** /PIQURE/ – 1380 ◊ de *piquer* ▪ **1** Petite blessure faite par ce qui pique. *Ma mère « se pâme pour une piqûre d'épingle qu'elle se fait »* JOUHANDEAU. *Piqûre d'insecte. « Des nuages de moustiques [...] dont les piqûres ne s'arrêtaient ni jour ni nuit »* FLAUBERT. ◆ Sensation produite par qqch. d'urticant. *Piqûre d'ortie.* ◆ FIG. *« Des piqûres d'amour-propre »* TAINE. ▪ **2** (1586) Série de points exécutée pour assembler, orner. *Point de piqûre :* point avant combiné avec un point arrière exécuté dans le trou du point précédent (de façon que le fil forme une ligne continue à l'endroit comme à l'envers). *Piqûres à la main, à la machine. Un chapeau mou « avec deux rangs de piqûres sur le bord »* ROMAINS. ➤ **surpiqûre.** ▪ **3** (1690) Petit trou. *Piqûre de ver, de taret.* ➤ **vermoulure.** — *Souliers à piqûres,* à bout perforé. ◆ Petite tache. *« une piqûre de rouille à l'éperon »* COURTELINE. — SPÉCIALT Tache roussâtre sur le papier, le linge, due à l'humidité. ➤ **rousseur.** ▪ **4** (1909) Introduction d'une aiguille creuse dans une partie du corps pour en retirer un liquide organique (ponction, prise de sang) ou pour y injecter un liquide médicamenteux (injection). *Piqûre intramusculaire, intraveineuse, sous-cutanée* (ELLIPT *une intramusculaire,* etc.). *Piqûre de rappel**. *Piqûre d'héroïne.* ➤ ARG. 2**fixe, shoot.** *Faire une piqûre.* VAR. FAM. (1923) **PIQUOUSE** [pikuz].

PIRANHA [piʀana] **n. m.** – 1795 ◊ mot portugais, d'origine tupie ▪ Petit poisson carnassier des fleuves de l'Amérique du Sud *(cypriniformes),* d'une extrême voracité.

PIRATAGE [piʀataʒ] **n. m.** – v. 1979 ◊ de *pirater* ▪ Fait de pirater. *Le piratage des disques, des logiciels. Piratage sur Internet* (➤ **cyberattaque**). *Dispositif contre le piratage* (➤ **antipiratage**).

PIRATE [piʀat] **n.** – 1213 ◊ latin *pirata,* grec *peiratês,* de *peira* « tentative » ▪ **1 n. m.** ANCIENNT Aventurier qui courait les mers pour piller les navires de commerce. ➤ **boucanier, corsaire, écumeur, flibustier, forban.** *« purger les mers des pirates qui les infestaient »* BOSSUET. *« La tête de mort est l'emblème bien connu des pirates »* BAUDELAIRE. — MOD. **n.** Personne qui attaque un bateau pour le piller. *Des pirates ont attaqué les boat people.* ◆ APPOS. *Bateau pirate,* ou *pirate :* navire monté par des pirates. *Des bateaux pirates.* ▪ **2** (1969) *Pirate de l'air :* individu armé qui prend en otage l'équipage et les passagers d'un avion. ▪ **3** FIG. Individu sans scrupules, qui s'enrichit aux dépens d'autrui, dans la spéculation. ➤ **bandit, escroc, filou, voleur.** ◆ *Pirate informatique,* qui pirate les logiciels ou s'introduit dans un système informatique par défi ou pour en tirer profit. ➤ **crackeur, hackeur** (ANGLIC.). ▪ **4** (v. 1966) APPOS. Clandestin, illicite. *Radio pirate,* qui émet sans autorisation. *Les radios pirates. Enregistrement, édition pirate :* copie non autorisée.

PIRATER [pirate] v. ‹1› – fin XVIe ◇ de *pirate*
I v. intr. Se livrer à la piraterie.
II v. tr. ▪ **1** Reproduire (une œuvre) sans payer de droits d'auteur. *Pirater un disque, un logiciel. — Édition piratée.* ▪ **2** Voler. *Se faire pirater ses idées.* ▪ **3** *Pirater un ordinateur, un système informatique :* piller les données qu'il contient ou le détourner de son utilisation normale. ➤ **craquer** (II, 2°), **hacker** (ANGLIC.). *La messagerie a été piratée.*

PIRATERIE [piratri] n. f. – 1659 ◇ de *pirate* ▪ **1** Acte de pirate, attentat contre un autre navire. ◆ Activité des pirates. ➤ **flibuste.** ◆ (1968) *Piraterie aérienne :* détournement d'avions par des pirates de l'air. ▪ **2** FIG. Escroquerie, spéculation honteuse. « *De quelle spoliation, de quelle piraterie provenait une fortune estimée à plusieurs millions* » BALZAC. ◆ *Piraterie audiovisuelle :* copie frauduleuse de disques, de films, etc. ➤ **piratage.** — *Piraterie commerciale :* imitation frauduleuse de produits de grandes marques.

PIRE [pir] adj. – XIIe ◇ latin *pejor,* comparatif de *malus* « mauvais »
I (Compar. synthétique pouvant remplacer *plus mauvais,* quand cet adj. n'est pas employé au sens de « défectueux ») Plus mauvais, plus nuisible, plus pénible. *Les femmes « sont meilleures ou pires que les hommes »* LA BRUYÈRE. *Le remède est pire que le mal. La situation est bien pire, encore pire que je ne croyais.* — (Épithète) *Je ne connais pas de pire désagrément.* LITTÉR. (après le nom) « *Partout ailleurs, il traînerait une détresse pire* » MARTIN DU GARD. — PROV. *Il n'est pire eau que l'eau qui dort** (4°). *Il n'est pire sourd que celui qui ne veut pas entendre.* ◆ Pis. « *Rien ne peut arriver de pire que cette indifférence* » MAURIAC. « *Il y a quelque chose de pire* » TAINE. *C'est pire que tout. C'est encore pire, cent fois pire. C'est de pire en pire.* ◆ loc. adv. (1882) (Canada) FAM. *Pas pire, pas trop pire :* pas mal, assez bien. *Ça roule pas pire. Pas si pire :* pas si mal.
II (Superl.) **LE PIRE, LA PIRE, LES PIRES.** ▪ **1** Le plus mauvais. « *Les pires gredins* » GIDE. *Un voyou de la pire espèce. Les pires soupçons.* « *Le travail est la meilleure et la pire des choses* » ALAIN. *C'est la pire chose qui puisse lui arriver, la pire de toutes.* — ELLIPT *C'est le pire, la pire* (parmi d'autres). ▪ **2** n. m. Ce qu'il y a de plus mauvais (en qqch.). ➤ 2 **pis.** « *Le pire de tout est d'adorer l'opportunisme* » ALAIN. — ABSOLT Les choses les plus mauvaises, les plus dangereuses. *Se marier pour le meilleur et pour le pire. Craindre, envisager le pire.* « *Je m'attends à tout, et au pire* » GIDE. *Ils « m'avaient préparé au pire, à savoir un lymphome »* H. GUIBERT. « *Le pire n'est pas arrivé* » ROMAINS. *En mettant les choses au pire. La politique du pire,* qui consiste à escompter, et même à rechercher le pire pour en tirer parti.
▪ CONTR. Meilleur, mieux.

PIRIFORME [pirifɔrm] adj. – 1687 ◇ latin *pirum* « poire » et *-forme* ▪ En forme de poire. « *Elle avait une tête piriforme* » HUYSMANS. « *Son ventre piriforme et proéminent* » BALZAC.

PIROGUE [pirɔg] n. f. – avant 1627 ◇ espagnol *piragua,* mot caraïbe ▪ Longue barque étroite et plate, mue à la pagaie ou à la voile, utilisée notamment en Afrique, en Océanie. *Pirogue en écorce. Pirogue à balancier.* « *Sur la plage sont les pirogues des pêcheurs, alignées sur le sable, certaines avec l'étrave déjà dans l'eau* » LE CLÉZIO.

PIROGUIER [pirɔgje] n. m. – 1845 ◇ de *pirogue* ▪ Conducteur d'une pirogue.

PIROJKI [pirɔʃki] n. m. – 1938 ; *piroguis* 1839 ◇ mot russe, plur. de *pirojok* ▪ CUIS. Petit pâté chaud farci de viande, de poisson, de légumes, etc., servi en hors-d'œuvre ou en entrée. *Des pirojkis.*

PIROLE [pirɔl] n. f. – 1567 ◇ latin *pirola,* de *pirus* « poirier » ▪ Petite plante herbacée *(monotropacées),* à feuilles vertes ressemblant à celles du poirier, et qui pousse dans les lieux humides. ▪ HOM. Pyrrol.

PIROPLASMOSE [piroplasmoz] n. f. – 1887 ◇ de *piroplasme,* nom d'un parasite, de *piro-,* du latin *pirum* « poire » et *-plasme,* et 2 *-ose* ▪ MÉD., VÉTÉR. Parasitose due à un protozoaire transmis par la morsure d'une tique infestée, provoquant l'éclatement des globules rouges de l'hôte.

PIROUETTE [pirwɛt] n. f. – 1596 ; « toupie » 1451 ; *pirouelle* 1364 ◇ du radical *pir-* « cheville », d'origine grecque (cf. grec *p(e)irô* « je transperce ») et de *rouelle* « petite roue », d'après *girouette* ▪ **1** Tour ou demi-tour qu'on fait sur soi-même, sans changer de place, en se tenant sur la pointe ou le talon d'un seul pied. « *Il fit une pirouette et disparut* » BALZAC. — LOC. FAM. *Répondre par une pirouette :* éluder une question sérieuse par des plaisanteries. ➤ **dérobade.** ◆ CHORÉGR. Un ou plusieurs tours exécutés sur une seule jambe. ◆ Bond acrobatique où le corps tourne sur lui-même (parfois combiné avec le saut périlleux). ABUSIVEMENT Culbute. ◆ Volte qu'un cheval exécute sur place en pivotant sur l'un de ses pieds postérieurs. ▪ **2** FIG. Brusque revirement. ➤ **volte-face.** *Ses pirouettes n'étonnent plus personne.*

PIROUETTEMENT [pirwɛtmɑ̃] n. m. – 1585 ◇ de *pirouetter* ▪ RARE Suite de pirouettes.

PIROUETTER [pirwete] v. intr. ‹1› – 1546 ◇ de *pirouette* ▪ **1** Faire une, plusieurs pirouettes. *Clowns, danseurs qui pirouettent. Pirouetter sur ses talons.* ➤ **pivoter, virevolter.** ▪ **2** (CHOSES) Tourner rapidement. « *Le vaste lit des eaux* [...] *bouillonnant, pirouettant en gigantesques tourbillons* » BAUDELAIRE.

1 **PIS** [pi] n. m. – v. 1180 ; *p(e)iz* « poitrine » X^e ◇ latin *pectus* ▪ Mamelle d'une femelle en lactation, et spécialement d'une bête laitière. *Les pis d'une vache, d'une chèvre, d'une brebis. Pis gonflé de lait.* « *Il examinait de près la vache,* [...] *s'assura de la longueur des pis et de l'élasticité des trayons* » ZOLA. ▪ HOM. Pi, pie.

2 **PIS** [pi] adv. – XIIe ; *peis* fin X^e ◇ latin *pejus,* neutre de *pejor* → pire
I (Compar. synthétique pouvant en certains cas remplacer *plus mal* ou *plus mauvais*) ▪ **1** adv. VX ou LITTÉR. Plus mal. *Cela ne va ni mieux ni pis qu'avant.* — COUR. *Tant* pis.* *Les choses vont de mal en pis,* elles empirent (cf. Tomber* de Charybde en Scylla). ▪ **2** adj. neutre LITTÉR. (cf. Pire, COUR.) Plus mauvais, plus fâcheux. « *On dit que c'est bien pis en Italie* » VOLTAIRE. « *C'est pis que si j'étais au couvent* » LACLOS. — *Qui pis est* [kipizɛ] : ce qui est plus grave. « *Je ne sens plus en elle qu'incompréhension ou, qui pis est, indifférence* » GIDE. ▪ **3** (Nominal) Une chose pire. *Il y a bien pis, pis encore.* « *Il y a là pis que les écueils, pis que la tempête* » MICHELET. COUR. LOC. *Dire pis que pendre de qqn,* répandre sur lui les pires médisances ou calomnies. ◆ (EN APPOS.) *Je suis « sans honneur, sans courage, sans ami, et, pis que cela ! sous le coup de lettres de change »* BALZAC.
II (Superl.) LITTÉR. **LE PIS :** la pire chose, ce qu'il y a de plus mauvais (cf. Le pire*). « *Le pis, pour les jeunes filles, c'est de pleurer sans savoir pourquoi* » MICHELET. ◆ loc. adv. **AU PIS :** dans l'hypothèse la plus défavorable (cf. Au pire*). *Mettre les choses au pis,* les envisager sous l'aspect le plus fâcheux, dans l'hypothèse la plus défavorable. ◆ loc. adv. (XIVe) **AU PIS ALLER** [opizale] : en supposant que les choses aillent le plus mal possible, en prenant l'hypothèse la plus défavorable. ➤ **pis-aller.**
▪ CONTR. Meilleur, mieux.

PIS-ALLER [pizale] n. m. inv. – 1626 ◇ de la loc. *au pis aller* ▪ Personne, solution, moyen à quoi on a recours faute de mieux. « *En s'offrant si légèrement à moi, comme une remplaçante, comme un pis-aller* » LARBAUD.

PISCI- ▪ Élément, du latin *piscis* « poisson ».

PISCICOLE [pisikɔl] adj. – 1876 ; n. f. « petite sangsue » 1828 ◇ de *pisci-* et *-cole* ▪ Qui appartient à la pisciculture. *Production piscicole.*

PISCICULTEUR, TRICE [pisikyltœr, tris] n. – 1857 ◇ d'après *pisciculture* ▪ Personne qui s'occupe de pisciculture, élève des poissons. ➤ **aquaculteur.**

PISCICULTURE [pisikyltyr] n. f. – 1850 ◇ de *pisci-* et *culture* ▪ Ensemble des techniques de production et d'élevage des poissons. ➤ **alevinage, aquaculture.** *Truite, saumon de pisciculture.* ➤ **salmoniculture, truiticulture.**

PISCIFORME [pisifɔrm] adj. – 1776 ◇ de *pisci-* et *-forme* ▪ DIDACT. Qui a la forme d'un poisson. ➤ **ichtyoïde.** *Les cétacés sont des mammifères pisciformes.*

PISCINE [pisin] n. f. – 1190 ◇ latin *piscina,* de *piscis* « poisson » ▪ **1** HIST., RELIG. Bassin pour les rites purificatoires. *La piscine probatique de Jérusalem.* « *Bethsaïda, la piscine des cinq galeries* » RIMBAUD. ◆ LITURG. Petite cuve destinée à recevoir l'eau qui a servi aux baptêmes, à la purification des objets sacrés. ▪ **2** (1555, repris fin XIXe) COUR. Grand bassin de natation, et ensemble des installations qui l'entourent. *Piscine publique, municipale, privée. Piscine en plein air, couverte.*

Piscine enterrée, hors sol. Piscine à débordement. Piscine à vagues.* ➤ **jacuzzi.** *Piscine olympique. Aller à la piscine. Nager en piscine. Faire dix longueurs de piscine.* ▪ **3** FAM. (leur siège étant situé en face de la piscine des Tourelles à Paris) *La piscine :* les services secrets français. ▪ **4** Bassin rempli d'eau, dans lequel est stocké le combustible nucléaire usagé. *La piscine de refroidissement d'un réacteur.*

PISCIVORE [pisivɔʀ] **adj.** – 1772 ◊ de *pisci-* et *-vore* ▪ ÉCOL. Qui se nourrit ordinairement de poissons. ➤ **ichtyophage.** *Oiseau piscivore.* — SUBST. *Un piscivore* (animal).

PISÉ [pize] **n. m.** – 1562 ◊ de *piser* mot lyonnais «broyer» ▪ Matériau de construction fait de terre argileuse, délayée avec des cailloux, de la paille, et comprimée. ➤ **torchis.** *Un mur de pisé. «Des villages terreux, bâtis en pisé, la plupart en ruines»* GAUTIER. *Moule à pisé.* ➤ **banche.**

PISIFORME [pizifɔʀm] **adj. m.** – 1765 ◊ du latin *pisum* «pois» et *-forme* ▪ ANAT. *Os pisiforme,* **ou n. m.** *le pisiforme :* os de la rangée supérieure du carpe, du côté cubital du poignet.

PISOLITHE ou **PISOLITE** [pizɔlit] **n. f.** – 1765 ◊ du grec *pisos* «pois» et *-lithe* ▪ GÉOL. Corps analogue aux oolithes, mais de plus grande dimension et de forme irrégulière. — **adj. PISOLITHIQUE** ou **PISOLITIQUE** 1812.

PISSALADIÈRE [pisaladjɛʀ] **n. f.** – 1897 ◊ provençal *pissaladiera* (Nice), de *pissalat* «purée d'anchois», du latin *piscis* «poisson» et *sal* «sel» ▪ Mets niçois, fait de pâte à pain garnie d'oignons cuits, d'anchois et d'olives noires (➤ aussi **pizza**).

PISSAT [pisa] **n. m.** – XIIIe ; d'abord «urine d'homme» ◊ de *pisser* ▪ Urine (de certains animaux). *Du pissat d'âne, de cheval, de vache.*

PISSE [pis] **n. f.** – *pice* 1809 ; *chaude pisse* XIIIe ◊ de *pisser* ▪ VULG. Urine. *Ça sent la pisse.* ➤ FAM. **pipi.** *Pisse d'âne :* boisson fade.

PISSE-COPIE [piskɔpi] **n.** – 1892 ◊ de *pisser* et *copie* ▪ PÉJ. Rédacteur, journaliste payé à la tâche. ➤ **pisseur** (de copie). *Des pisse-copies.*

PISSE-FROID **n. m. inv.** ou **PISSEFROID** [pisfʀwa] **n. m.** – 1609 ◊ de *pisser* et *froid* ▪ FAM. Personne froide et morose, ennuyeuse. ➤ **pisse-vinaigre.** *Quel pisse-froid ! Des pisse-froid, des pissefroids.* — **adj.** *Elle est plutôt pisse-froid.*

PISSEMENT [pismɑ̃] **n. m.** – 1565 ◊ de *pisser* ▪ RARE Action de pisser. — *Pissement de sang :* hématurie.

PISSENLIT [pisɑ̃li] **n. m.** – 1536 ◊ de *pisser, en* et *lit,* par allus. aux vertus diurétiques de la plante ▪ Plante herbacée, vivace *(composées),* à feuilles longues et dentées, à fleurs jaunes, à akènes pourvus d'une aigrette. ➤ **dent-de-lion.** *Salade de pissenlit,* de feuilles de pissenlit. ◆ LOC. FIG. et FAM. *Manger les pissenlits par la racine :* être mort.

PISSER [pise] **v.** ‹1› – fin XIIe ◊ formation expressive, latin populaire °*pissiare* ▪ FAM. ▪ **1 v. intr.** Uriner (cf. Faire pipi*). *Avoir envie de pisser. Gosse qui pisse au lit* (➤ **énurésie**). *Pisser contre un mur. Chien qui pisse contre un réverbère* (cf. Lever* la patte). ◆ LOC. *Il pleut comme vache qui pisse,* à verse. *C'est comme si on pissait dans un violon :* c'est sans effet (d'une action, d'une démarche). (1867) *Laisser pisser (le mérinos) :* attendre, laisser aller les choses. *C'est à pisser de rire, à pisser dans sa culotte,* très drôle. *Ne plus se sentir pisser :* être trop fier de soi. *Ça ne pisse pas loin :* ça ne vaut pas grand-chose. ◆ *Pisser sur qqn, sur qqch.,* lui témoigner du mépris. ➤ **compisser.** VULG. *Je te pisse à la raie* (injure). ▪ **2 v. tr.** (XIIIe) Évacuer avec l'urine. *Pisser du sang.* ◆ Laisser s'écouler (un liquide). *Son nez pisse le sang.* ABSOLT *Ce réservoir pisse de tous les côtés,* fuit. — FIG. *Pisser de la copie :* rédiger abondamment et médiocrement (cf. Pisseur* de copie). *«des cuistres, ivres de l'antique, [...] qui pissent du Plutarque jour et nuit»* BERNANOS.

PISSETTE [pisɛt] **n. f.** – 1838 ◊ de *pisser* ▪ Appareil de laboratoire produisant un petit jet liquide.

PISSEUR, EUSE [pisœʀ, øz] **n.** – 1464 ◊ de *pisser* ▪ FAM. ▪ **1** VIEILLI Personne qui pisse souvent. ◆ FIG. *Pisseur de copie,* mauvais auteur, mauvais journaliste qui écrit beaucoup et mal. ➤ **pisse-copie.** ▪ **2 n. f.** (XVIe) **PISSEUSE :** petite fille, femme (injure sexiste). ▪ HOM. Pisseuse (pisseux).

PISSEUX, EUSE [pisø, øz] **adj.** – 1562 ◊ de *pisser* ▪ FAM. ▪ **1** Qui est imprégné d'urine, qui sent l'urine. *«Des maisons où sèche un linge pisseux et pauvre»* ARAGON. *«Au fond de leurs escaliers pisseux»* CÉLINE. ▪ **2** (1829) D'une couleur passée, jaunie. *«Recouvertes de velours [...] que les années et l'usage rendaient d'un roux pisseux»* GAUTIER. ▪ HOM. Pisseuse (pisseur).

PISSE-VINAIGRE [pisvinɛgʀ] **n.** – 1628 ◊ de *pisser* et *vinaigre* ▪ FAM. Personne d'humeur morose. ➤ **pisse-froid.** *Des pisse-vinaigres.*

PISSOIR [piswaʀ] **n. m.** – 1546 ; «pot de chambre» 1489 ◊ de *pisser* ▪ RÉGION. (Nord) Édifice public où les hommes vont uriner. ➤ **pissotière.**

PISSOTIÈRE [pisɔtjɛʀ] **n. f.** – 1611, aussi «trou d'un cuvier à lessive» ; «vessie» 1564 ◊ de *pisser* ▪ FAM. Édifice public où les hommes vont uriner. ➤ **sanisette, urinoir, vespasienne.**

PISTACHE [pistaʃ] **n. f.** – 1546 ◊ italien *pistaccio, pistace* (XIIIe) ; latin d'origine grecque *pistacium* ▪ RARE Fruit du pistachier. ◆ COUR. Graine de ce fruit, amande verdâtre qu'on utilise en cuisine et en confiserie. *Pistaches salées, servies à l'apéritif. Nougat aux amandes et aux pistaches. Glace à la pistache,* parfumée avec une essence extraite de la pistache. ◆ APPOS. INV. *Couleur pistache, vert pistache,* vert clair. ADJT INV. *«De tendres plafonds pistache relevés de stuc blanc»* MORAND.

PISTACHIER [pistaʃje] **n. m.** – *pistacher* 1611 ◊ de *pistache* ▪ Arbre résineux des régions chaudes *(anacardiacées),* au feuillage luisant, à petites fleurs en grappes et dont le fruit contient la pistache. ➤ **lentisque, térébinthe.**

PISTAGE [pistaʒ] **n. m.** – 1900 ◊ de *pister* ▪ Action de pister.

PISTARD, ARDE [pistaʀ, aʀd] **n.** – 1907 ◊ de *piste* ▪ SPORT Cycliste spécialiste des épreuves sur piste. *Routiers et pistards.*

PISTE [pist] **n. f.** – 1559 ◊ ancien italien *pista,* variante de *pesta,* de *pestare* «broyer», bas latin *pistare,* latin classique *pinsare* ▪ **1** Trace que laisse un animal sur le sol où il a marché. ➤ **foulée, voie.** *Après avoir «dévoyé de sa piste le flair des plus redoutables limiers»* PERGAUD. ➤ 2 **dépister.** *Piste de troupeaux.* ➤ 2 **draille.** — Trace (de qqn). *Suivre qqn à la piste* (cf. À la trace). *«Grâce au téléphone, elle suivait mon père à la piste à travers la ville»* SIMENON. ◆ FIG. Chemin qui conduit à qqn ou à qqch. ; ce qui guide dans une recherche. *Brouiller les pistes :* rendre les recherches difficiles, faire perdre sa trace. — *Il «prit d'abord une fausse piste, suivit trois dames qu'il ne fallait pas»* LOTI. *Sur la piste. La police est sur sa piste. Cela m'a mis sur la (bonne) piste,* m'a aidé à trouver. *Jeu de piste,* consistant à suivre l'organisateur du jeu qui a laissé des indices plus ou moins clairs (➤ **rallye**). ▪ **2** (XVIe) Traces des chevaux dans un manège ; partie du manège où ils marchent. ◆ (milieu XIXe) Terrain tracé et aménagé pour les chevaux de course ou de concours. *Piste gazonnée, sablée.* ◆ Grand ovale ou anneau de cendrée, de bois, de ciment, etc., où se disputent des courses. *Piste cendrée.* ➤ aussi 2 **tartan.** *La piste d'un vélodrome, d'un stade. Épreuves sur piste* (opposé à *sur route* en cyclisme). ▪ **3** Emplacement souvent circulaire, disposé pour certaines activités (spectacles, sports). *La piste d'un cirque. Entrer en piste. Tous en piste ! Piste de danse, de patinage.* — Plateau à rebord servant à lancer les dés. ▪ **4** (1874) Chemin non revêtu (notamment en pays peu développé). *«Après un virage finissait la route bitumée. On entrait dans la piste»* KOUROUMA. *Piste de brousse. Pistes sahariennes.* ◆ *Piste pour cavaliers,* en forêt (cf. Allée cavalière*). ◆ *Piste de ski :* parcours aménagé sur le flanc d'une montagne, pour le passage des skieurs. *Pistes balisées. Les pistes d'une station. Piste bleue, rouge, noire. Damer les pistes. Skier hors piste* (➤ **hors-piste**). *Ski de piste et ski de fond.* — *Piste de ski de fond.* ◆ Partie d'un terrain d'aviation aménagée pour que les avions y roulent. *Piste d'envol, d'atterrissage.* — *Piste cyclable :* chaussée réservée aux cycles. ▪ **5** TECHN. Ligne fictive d'un support magnétique (disque, bande, tambour) sur laquelle sont enregistrées des informations. *Une cartouche huit pistes.* — *Piste sonore :* zone d'un film réservée à l'enregistrement du son. — TECHN. Dépôt métallique, sur l'isolant d'un circuit imprimé, constituant un conducteur.

PISTER [piste] **v. tr.** ‹1› – 1859 ◊ de *piste* ▪ Suivre la piste de. *Pister un animal. Attention, on nous piste !* ➤ **filer, suivre.**

1 **PISTEUR, EUSE** [pistœʀ, øz] **n.** – 1921 ◊ de *pister* ▪ (Afrique noire) Chasseur qui piste le gibier. — PAR EXT. Guide de chasse ; guide dans une réserve naturelle, un parc national.

2 **PISTEUR, EUSE** [pistœʀ, øz] **n.** – 1969 ◊ de *piste* ▪ Personne chargée d'entretenir et de surveiller les pistes de ski. *Pisteur secouriste.*

PISTIL [pistil] **n. m.** – 1690 ; *pistille* 1685 ◊ latin *pistillus* «pilon» ▪ Organe femelle des plantes à fleurs. ➤ **gynécée.** *Parties du pistil.* ➤ **carpelle, ovaire, stigmate, style.** *Étamines et pistil.*

PISTOLE [pistɔl] **n. f.** – 1574 ; «petite arquebuse» 1544 ◊ allemand *Pistole*, tchèque *pichtal* «arme à feu» → pistolet ■ **1** Ancienne monnaie d'or battue en Espagne, en Italie, ayant même poids que le louis. — Monnaie de compte qui valait dix livres. ■ **2** (1828) VX Régime de faveur dans une prison (qui, à l'origine, s'obtenait moyennant une pistole par mois) ; quartier de la prison où l'on en bénéficiait. *«Les prévenus qui ont des ressources se nourrissent "à la pistole"»* H. CALET.

PISTOLÉRO ou **PISTOLERO** [pistɔleʀo] **n. m.** – 1973 ◊ espagnol *pistolero* ■ Homme de main ; combattant, franc-tireur (dans une lutte politique). *Des pistoléros, des pistoleros.*

PISTOLET [pistɔlɛ] **n. m.** – 1546 ◊ de *pistole* ■ **1** Arme à feu courte et portative. *«Il entra chez l'armurier [...] il voulait une paire de pistolets»* STENDHAL. *Pistolet d'arçon*, que le cavalier plaçait à l'arçon de la selle. *Pistolets automatiques à chargeur.* ➤ aussi **révolver ; browning, colt, mauser, parabellum ;** FAM. et ARG. **calibre,** 1 **feu, pétard, rigolo, soufflant.** *Duel au pistolet. Tir au pistolet. Un coup de pistolet. Armer, décharger un pistolet.* ◆ Instrument analogue. *Pistolet à impulsion électrique.* ➤ **taser.** *Pistolet à air comprimé. Pistolet de starter. Pistolet d'alarme. Pistolet d'abattage* ou *pistolet à projectile captif*, pour l'étourdissement des animaux de boucherie. ➤ **matador.** ◆ *Pistolet à bouchon, à eau* (jouets). *Pistolet à balles de caoutchouc* (➤ **flash-ball**), *à billes* (➤ **paintball**). ◆ Pulvérisateur de peinture, de vernis. ➤ **aérographe.** *Vernissage, peinture au pistolet. Peintre au pistolet.* ➤ **pistoleur.** ◆ *Pistolet inséminateur**. ■ **2** (1838 ◊ par anal. de forme) Petit pain au lait (de forme variable selon les régions). — En Belgique, Petit pain de forme ronde ou oblongue. *Ils «plongent des spéculoos ou des pistolets dans leurs petits cafés serrés»* G. DELACOURT. ◆ Mince planchette servant à tracer diverses courbes. ◆ MAR. Bossoir courbe servant à hisser ou à amener les embarcations. ◆ Urinal. ■ **3** FIG. VIEILLI Individu bizarre. *Un drôle de pistolet.*

PISTOLET-MITRAILLEUR [pistɔlɛmitʀajœʀ] **n. m.** – 1938 ◊ de *pistolet* et *mitrailleur* ■ Arme automatique individuelle pour le combat rapproché des fantassins et parachutistes. ➤ **mitraillette ;** aussi **kalachnikov.** ABRÉV. **P.-M.** [peɛm]. *Des pistolets-mitrailleurs.*

PISTOLEUR [pistɔlœʀ] **n. m.** – v. 1960 ◊ de *pistolet* ■ TECHN. Peintre travaillant au pistolet.

PISTON [pistɔ̃] **n. m.** – 1648 ; «pilon» 1534 ◊ italien *pistone*, de *pestare* → piste ■ **1** Pièce cylindrique qui se meut dans un tube (corps de pompe, cylindre* de machine, de moteur), où elle reçoit et transmet une pression exercée par un fluide. *Course, mouvement rectiligne alternatif du piston. Le piston d'une seringue. Piston de machine à vapeur, de moteur à explosion. Corps, tige, garnitures du piston. Couvercle*, jupe*, fond*, segments* d'un piston.* ■ **2** (1845) Pièce mobile réglant le passage de l'air (et par conséquent la hauteur du son), dans certains instruments à vent (cuivres). *Cornet, trombone à pistons.* — Cornet à pistons. *Jouer du piston.* ■ **3** FIG. (1857 ◊ comme le *piston* pousse la bielle) FAM. Appui, protection, recommandation qui décide d'une nomination, d'un avancement (➤ **pistonner ; clientélisme, népotisme ;** RÉGION. **couloir**). *«On ne connaît pas de capitaine d'équipe qui le soit par piston»* MONTHERLANT. ■ **4** (1874 ◊ de l'insigne du calot) ARG. SCOL. Élève préparant l'École centrale, élève de l'École centrale ; cette école.

PISTONNER [pistɔne] **v. tr.** ⟨1⟩ – 1867 ◊ de *piston* (3°) ■ FAM. Appuyer, protéger (un candidat à une place). *Se faire pistonner. Il est pistonné par le ministre.*

PISTOU [pistu] **n. m.** – 1886 ◊ mot provençal (Marseille, Nice), de *pestar, pistar* «broyer, piler» ; latin *pistare* → piste, piston ■ RÉGION. Basilic broyé utilisé dans certaines préparations culinaires d'origine provençale. *Soupe au pistou :* soupe de légumes au basilic. *Pâtes au pistou.* ➤ **pesto.** — *Un pistou :* plat de légumes bouillis, à la provençale, au basilic.

PITA [pita] **n. f.** – 1975 ◊ grec *pitta* «fouace» ■ Petit pain sans levain, rond et creux, dont on garnit l'intérieur de viande, de légumes. APPOS. *«Elle croque dans le pain pita de la barquette»* R. DUCHARME.

PITANCE [pitɑ̃s] **n. f.** – fin XIIe ◊ du latin médiéval *pietantia* (début XIIe), famille de *pietas* (→ pitié et piété), la distribution de victuailles étant souvent assurée par les œuvres pieuses ■ **1** VX Ration, nourriture servie dans un couvent. *Rancé «se contentait de la pitance commune»* CHATEAUBRIAND. ■ **2** (XVIIe) PÉJ. et VIEILLI Nourriture. *Avaler sa maigre pitance. Ce roquet «ne jappait d'ailleurs que pour réclamer sa pitance»* MAUPASSANT. ➤ **pâtée.**

PITBULL [pitbul ; pitbyl] **n. m.** – 1987 ◊ anglais *pit bull*, de *pit* «arène» et *bull* «taureau» ■ Chien de combat issu du croisement de bouledogue et de divers terriers. *Les pitbulls ont la réputation d'être agressifs.* — On écrit aussi *pit-bull, des pit-bulls.*

PITCH [pitʃ] **n. m.** – 1994 ◊ mot anglais, de *to pitch* «promouvoir (un produit)» ■ ANGLIC. Bref résumé du scénario d'un film. — COMM. Présentation succincte. ➤ **argumentaire, démonstration.** *Un bon pitch. Des pitchs.* — **Recomm. offic. (selon contexte)** ***résumé, condensé, abrégé, argument, présentation.***

PITCHOUN, OUNE [pitʃun] **n.** – 1848 ◊ mot provençal «petit» ■ RÉGION. **(Provence)** FAM. Jeune enfant. ➤ **gamin.** *Qu'elle est mignonne, la pitchoune !* **(Aussi** *pitchounet, pitchounette,* **affectueux.)**

PITCHPIN [pitʃpɛ̃] **n. m.** – 1875 ◊ anglais *pitchpine* «pin à résine» ■ Bois de plusieurs espèces de pins d'Amérique du Nord, de couleur rouge-brun, utilisé en menuiserie.

PITE [pit] **n. f.** – 1599 ◊ espagnol *pita*, mot péruvien ■ RARE Agave d'Amérique ; matière textile tirée des fibres de cette plante.

PITEUSEMENT [pitøzmɑ̃] **adv.** – *pitusement* XIIe ◊ de *piteux* ■ D'une manière piteuse ; d'un air piteux. *S'en aller piteusement. Échouer piteusement.* ➤ **lamentablement.**

PITEUX, EUSE [pitø, øz] **adj.** – XIIe ◊ latin médiéval *pietosus*, de *pietas* → pitié ■ **1** VX Miséricordieux. ◆ Digne de pitié, malheureux. ■ **2** (XVIIe) MOD. IRON. Qui excite une pitié mêlée de mépris par son caractère misérable, dérisoire. ➤ **pitoyable ; minable, miteux.** *Les résultats sont piteux.* — *En piteux état :* en mauvais état. ➤ **piètre, triste.** ◆ Triste, confus. *Il se sentait tout piteux. Faire piteuse mine. «L'homme gardait une mine piteuse et contrite»* ROMAINS. ■ CONTR. Heureux. Triomphant.

PITHÉCANTHROPE [pitekɑ̃tʀɔp] **n. m.** – 1895 ◊ latin scientifique *pithecanthropus (erectus)* → anthropopithèque ■ ANTHROP. Mammifère primate fossile *(Homo erectus)*, un des plus anciens représentants du genre *homo*. *Les pithécanthropes ont vécu il y a plus de 500 000 ans.* ◆ FIG. Homme brutal, primitif **(parfois injure plais.).**

PITHIATIQUE [pitjatik] **adj.** – 1901 ◊ de *pithiatisme* ■ PSYCHIATR. Se dit d'un trouble non organique qui peut être guéri ou reproduit par la suggestion. — RARE Hystérique.

PITHIATISME [pitjatism] **n. m.** – 1901 ◊ du radical grec *pith-* (de *peithein* «persuader») et *iatos* «guérissable» ■ PSYCHIATR. Ensemble des désordres à caractère pithiatique, considérés comme partie intégrante de l'hystérie*.

PITHIVIERS [pitivje] **n. m.** – fin XIXe ◊ n. d'une ville du Loiret ■ **1** Petit pâté d'alouette. ■ **2** Gâteau feuilleté à la frangipane.

PITHOVIRUS [pitoviʀys] **n. m.** – 2014 ◊ du latin scientifique *Pithovirus sibericum*, du grec *pithos* «grande amphore», par analogie de forme, et *virus* ■ VIROL. Virus géant à ADN, d'une taille exceptionnelle.

PITIÉ [pitje] **n. f.** – 1080 *pitet ;* v. 1000 *pieted* ◊ latin *pietas* ■ **1** Sympathie qui naît de la connaissance des souffrances d'autrui et fait souhaiter qu'elles soient soulagées. ➤ **attendrissement, commisération, compassion, miséricorde.** *«La pitié est un luxe bizarre, que seul le plus perfide et le plus féroce des êtres pouvait inventer»* CIORAN. *«Le Chagrin et la Pitié», film de Marcel Ophuls.* — *Inspirer, exciter la pitié.* — *Faire pitié à qqn*, lui inspirer, être propre à lui inspirer la pitié. *Ces malheureux qui «n'ont presque plus figure humaine, [...] font peur plus que pitié»* MICHELET. *Il ne fait pas pitié :* il n'est pas maigre. PROV. *Il vaut mieux faire envie que pitié.* — *Avoir pitié de qqn*, ressentir de la pitié envers lui. ➤ **compatir, plaindre.** *«Les gens ont pitié des autres dans la mesure où ils auraient pitié d'eux-mêmes»* GIRAUDOUX. *Éprouver de la pitié. Prendre (qqn) en pitié*, avoir pitié de lui. *«On n'a pas d'amitié, on a de la pitié pour un pauvre»* GIDE. — *Par pitié :* je vous en prie, de grâce. *Pitié !* grâce ! — *Pas de pitié pour les traîtres.* — *Être sans pitié.* ➤ **impitoyable.** *«Cet âge [l'enfance] est sans pitié»* LA FONTAINE. *«Les hommes ont été de tout temps [...] violents, avares et sans pitié»* FRANCE. ◆ VIEILLI *C'est pitié :* c'est une chose pitoyable, triste. *«Si chétive et fluette que c'était pitié»* SAND. *«C'était pitié de voir la vie s'en aller de notre maison»* DAUDET. ■ **2** Sentiment de commisération accompagné d'appréciation défavorable ou de mépris. *«Quelle pitié notre provincial ne va-t-il pas inspirer aux jeunes lycéens de Paris !»* STENDHAL. *Un sourire de pitié*, condescendant. *Ça fait pitié.* ➤ **piteux, pitoyable** (3°). ◆ *Quelle pitié !* quelle chose pitoyable, dérisoire ! ■ CONTR. Cruauté. Inhumanité.

PITON [pitɔ̃] **n. m.** – 1382 ◊ d'un radical roman *pitt-* «pointe», à rapprocher de *pikk(are)* → piquer ■ **1** Clou, vis dont la tête forme un anneau ou un crochet. *Piton (à) bascule,* avec une tête basculante pour fixer à un faux plafond. — SPÉCIALT Morceau de métal long, plat et pointu, que les alpinistes enfoncent à coups de marteau dans les fissures des rochers, pour servir de point d'appui. *Pitons à expansion. Piton d'assurance.* ■ **2** (1918) RÉGION. **(Canada)** FAM. Bouton, touche (commandant un appareil, actionnant un mécanisme). *Piton de sonnette. Les pitons d'un ordinateur. «juste le temps de me lever pour aller tourner le piton : la partie de hockey commence»* R. DUCHARME. *Télécommande à pitons.* ■ **3** (1640) Éminence isolée en forme de pointe. ➤ **4 pic.** *«Plus loin, un autre piton se détachait dans le ciel»* MAC ORLAN. *Piton volcanique.* ■ **HOM.** Python.

PITONNAGE [pitɔnaʒ] **n. m.** – 1936 ◊ de *pitonner* ■ **1** ALPIN. Action de pitonner, d'enfoncer des pitons dans le rocher. ■ **2** **(Canada)** Action de pitonner (2°). — SPÉCIALT ➤ **zapping.**

PITONNER [pitɔne] **v. intr.** ‹1› – 1936 ◊ de *piton* ■ **1** ALPIN. Enfoncer des pitons dans le rocher. *On ne peut pas franchir ce passage sans pitonner.* ■ **2** (1976) **(Canada)** FAM. Tapoter sur des touches. ➤ **pianoter.** *Pitonner sur l'ordinateur.* — SPÉCIALT Actionner les touches d'une télécommande de télévision. ➤ **zapper.** *«J'allume la télé et je pitonne à la recherche d'un bulletin d'informations»* M. WINCKLER. — TRANS. *Pitonner un numéro de téléphone,* le composer en appuyant sur des touches.

PITOUNE [pitun] **n. f.** – 1908 ◊ origine inconnue ■ **(Canada)** FAM. Bille de bois, rondin d'une longueur réglementaire. *Flottage des pitounes.*

PITOYABLE [pitwajabl] **adj.** – fin XVᵉ ; *piteable* 1240 ◊ de *pitié* ■ **1** VIEILLI Qui est enclin, accessible à la pitié. ➤ **humain.** *Fanny, «plus pitoyable que les hommes, n'ayant point encore le cœur et la peau durcis»* ZOLA. ■ **2** MOD. Digne de pitié, qui inspire la pitié. ➤ **déplorable, malheureux, misérable, navrant.** *Une détresse pitoyable. Dans un état pitoyable.* ■ **3** Qui inspire, mérite une pitié méprisante. ➤ **pathétique, piteux ; lamentable, minable.** *Son attitude a été pitoyable.* ■ **CONTR.** Cruel, impitoyable. Enviable. Excellent.

PITOYABLEMENT [pitwajabləmɑ̃] **adv.** – 1559 ; *piteiablement* 1262 ◊ de *pitoyable* ■ D'une manière pitoyable (2° ou 3°).

PITRE [pitʀ] **n. m.** – 1790 ; *bon pitre* «brave homme» 1661 ◊ mot franc-comtois, variante dialectale de *piètre* ■ **1** VIEILLI Bouffon chargé d'attirer le public à un spectacle de foire ou de cirque. *«Il avait été pitre chez Bobèche et paillasse chez Bobino»* HUGO. ■ **2** Personne qui fait rire par ses facéties. *Cet élève est le pitre de la classe. Faire le pitre.* ➤ **clown, guignol, zouave.**

PITRERIE [pitʀəʀi] **n. f.** – 1876 ◊ de *pitre* ■ Plaisanterie, facétie de pitre. ➤ **clownerie.** *Faire des pitreries.*

PITTORESQUE [pitɔʀɛsk] **adj. et n. m.** – 1719 ; *à la pittoresque* «à la manière des peintres» 1658 ◊ italien *pittoresco,* de *pittore* «peintre» ■ **1** Qui est digne d'être peint, attire l'attention, charme ou amuse par un aspect original. *Une rue, un village pittoresque. «Clemenceau ? un personnage pittoresque»* ROMAINS. ■ **2** Qui dépeint bien, d'une manière colorée, imagée, piquante. *«La tragédie demande [...] moins d'expressions pittoresques que l'ode»* VOLTAIRE. *«Sa langue, vigoureuse et pittoresque»* BAUDELAIRE. *Des détails pittoresques et savoureux.* ■ **3** **n. m.** Caractère pittoresque, expressif. ➤ **couleur.** *«Une énergie singulière, un pittoresque effrayant»* HUGO. ■ **CONTR.** Banal, incolore, 1 plat.

PITTORESQUEMENT [pitɔʀɛskəmɑ̃] **adv.** – 1708 ◊ de *pittoresque* ■ LITTÉR. D'une manière pittoresque, originale.

PITTOSPORUM [pitɔspɔʀɔm] **n. m.** – 1803 ◊ latin des botanistes *pittosporum,* du grec *pitta* «poix» et *spora* ■ BOT. Arbuste ornemental originaire des régions tropicales, à feuilles persistantes et à corymbes de fleurs très odorantes.

PITUITAIRE [pitɥitɛʀ] **adj.** – 1575 ◊ de *pituite* ■ VX Relatif à la pituite. — MOD. ANAT. *La membrane, la muqueuse pituitaire* ou **n. f.** *la pituitaire :* membrane qui tapisse les fosses nasales et les sinus de la face. — *Glande pituitaire.* ➤ **hypophyse.**

PITUITE [pitɥit] **n. f.** – 1541 ◊ latin *pituita* ■ **1** MÉD. ANC. Flegme. ■ **2** MOD. MÉD. Liquide glaireux que certains malades (alcooliques) rejettent le matin à jeun ; vomissement habituel de ce liquide.

PITYRIASIS [pitiʀjazis] **n. m.** – 1843 ; *pityriase* 1808 ◊ grec *pituriasis,* de *pituron* «son (de blé)» ■ MÉD. Dermatose caractérisée par une fine desquamation. ➤ **dartre.** *«Depuis ma puberté, chaque printemps, j'étais défiguré. Pityriasis versicolore, ça s'appelait»* VAN CAUWELAERT. *Pityriasis du cuir chevelu.*

PIVE [piv] **n. f.** – 1611 ◊ du latin *pipa* «flûte» ■ **(Suisse)** Fruit des conifères. *Pives de pin.* — LOC. FIG. *Envoyer qqn aux pives,* l'envoyer promener. *Va aux pives !*

PIVERT [pivɛʀ] **n. m.** – 1488 ◊ de 1*pic* et *vert* ■ Grand pic à plumage jaune et vert. — On écrit aussi **PIC-VERT.** ➤ **1 pic.**

PIVOINE [pivwan] **n. f.** – v. 1393 ; *peone* 1180 ◊ latin *paeonia,* grec *paiônia* ■ Plante vivace *(renonculacées),* cultivée pour ses larges fleurs roses, blanches ou rouges ; fleur de cette plante. *Pivoine de Chine. Pivoine arbustive. Bouquet de pivoines. «Elle avait un beau visage rond [...], et pâle aussi malgré le rose aux joues qui lui donnait des allures de pivoine»* PH. CLAUDEL. — *Rouge* comme une pivoine.*

PIVOT [pivo] **n. m.** – v. 1170 ◊ origine inconnue, p.-ê. de l'italique °*pūga* «pointe» ; cf. latin *pungere* «piquer» ■ **1** Extrémité amincie (ou pièce rapportée à l'extrémité) d'un arbre tournant vertical. ➤ **axe, crapaudine, palier, tourillon.** *L'aiguille de la boussole repose sur un pivot. Fauteuil monté sur pivot.* ◆ FIG. Ce sur quoi repose et tourne un ensemble d'éléments. ➤ **base, centre.** *«L'entrepreneur est le pivot de tout le mécanisme économique»* CH. GIDE. FIN. *Cours, taux pivot,* taux de change fixé pour chaque monnaie participant au système monétaire européen avec la monnaie unique européenne. *Détermination du cours pivot de la couronne suédoise par rapport à l'euro.* ■ **2** BOT. Racine principale qui apparaît la première et s'enfonce verticalement dans le sol. ■ **3** Support d'une dent artificielle, enfoncé dans la racine. *Dent sur, à pivot.* ➤ **tenon.** ■ **4** MILIT. Point autour duquel une troupe exécute un changement de direction ; militaires situés à ce point. ◆ SPORT Basketteur placé à proximité du panier et pivotant sur un pied pour passer ou tirer.

PIVOTANT, ANTE [pivɔtɑ̃, ɑ̃t] **adj.** – 1550 ◊ de *pivoter* ■ **1** Qui pivote. *Fauteuil pivotant. Glace pivotante.* ■ **2** BOT. *Racine pivotante,* dont le pivot est gros et long **(opposé à** *racine fasciculée***).** *La racine pivotante de la carotte.*

PIVOTER [pivɔte] **v. intr.** ‹1› – 1812 ; «mettre sur pivot» 1611 ◊ de *pivot* ■ **1** Tourner sur un pivot, comme autour d'un pivot. *Écran qui pivote. Lucas «fit un salut réglementaire et pivota sur ses talons»* MAC ORLAN. ➤ **pirouetter.** ■ **2** MILIT. Opérer un mouvement de conversion. *«Sur ce solide 4ᵉ Corps, l'armée "pivoterait"»* MADELIN. ■ **3** BOT. S'enfoncer verticalement en terre (racine). ■ **4** FIG. Tourner autour de, avoir pour point central. *«Les divers monopoles sur lesquels pivote l'économie publique»* PROUDHON.

PIXEL [piksɛl] **n. m.** – 1978 ◊ mot anglais américain, de *pix,* pour *pictures* «images», et *el(ement)* ■ TECHN. La plus petite surface homogène constitutive d'une image enregistrée par un système informatique et pouvant être transmise. *Une image comporte des milliers de pixels.*

PIXÉLISER [pikselize] **v. tr.** ‹1› – 1990 ◊ de *pixel* ■ TECHN. Rendre apparents les pixels de (une image numérique). — **p. p. adj.** *Photo pixélisée.* — **n. f. PIXÉLISATION.**

PIZZA [pidza] **n. f.** – 1868 ◊ mot italien ■ Préparation de pâte à pain garnie de tomates, anchois, olives, mozzarella, etc., originaire de Naples (➤ **aussi pissaladière**). *Pizza napolitaine. Pizza en forme de chausson.* ➤ **calzone.** *Pizza blanche,* sans tomates (souvent remplacées par de la crème). *Four à pizzas.*

PIZZAÏOLO [pidzajɔlo] **n.** – *pizzaïole* 1980 ; 1844, Dumas, comme mot étranger ◊ mot italien «vendeur de pizzas» ■ Personne qui confectionne les pizzas dans une pizzéria. *Des pizzaïolos.* — REM. Pour parler d'une femme, on trouve aussi la forme *pizzaïola* [pidzajɔla].

PIZZÉRIA [pidzeʀja] **n. f.** – 1954 ◊ italien *pizzeria,* de *pizza* ■ Restaurant qui prépare et sert des pizzas. *Des pizzérias.* — On écrit aussi *pizzeria.*

PIZZICATO [pidzikato] **n. m.** – 1767 ◊ mot italien «pincé» ■ MUS. Manière de jouer en pinçant les cordes, sans les faire vibrer avec l'archet. *Des pizzicatos* ou **plur. it.** *des pizzicati. Jouer en pizzicato.*

P. J. [peʒi] **n. f.** – 1934 ◊ sigle ■ FAM. Police judiciaire. *Un commissaire de la P. J. Les couloirs de la P. J.*

PLACAGE [plakaʒ] **n. m.** – 1676 ; «plâtrage de torchis» 1392 ◊ de *plaquer* ■ **1** (1676) Application sur une matière d'une plaque de matière plus précieuse ; cette plaque. ➤ **revêtement.** *Placage d'une feuille d'or sur du cuivre. Placage d'acajou.* ■ **2** (1751) Morceau d'une œuvre qui semble ajouté après coup, qui ne fait pas corps avec le reste de l'ouvrage. ■ **3** RUGBY ➤ **plaquage.** ■ **HOM.** Plaquage.

PLACARD [plakaʀ] n. m. – 1444 ; *plackart* «enduit» 1410 ◇ de *plaquer*

I ▪ **1** Écrit qu'on affiche sur un mur, un panneau, pour donner un avis au public. ➤ **affiche, écriteau, pancarte.** «*De grands placards couvrent les murs de Tunis. On y fait savoir à la population que* [...]» GIDE. ◆ SPÉCIALT et VX Écrit injurieux ou séditieux qu'on affichait dans les rues ou qu'on faisait circuler dans le public. — HIST. *L'affaire des Placards* (18 octobre 1534). ◆ (milieu XXᵉ) *Placard de publicité :* annonce publicitaire d'une certaine étendue, dans un journal, un périodique. «*Cette émission marchait bien et permettait de vendre des placards publicitaires*» M. DUGAIN. ▪ **2** (1828) IMPRIM. *Épreuves en placard,* tirées sur le recto seulement, sans pagination et avec de grandes marges (pour les corrections). PAR EXT. *Corriger les placards.* ▪ **3** FAM. Plaque, couche épaisse. — MÉD. *Placard d'eczéma. Lésions cutanées en placards.* ▪ **4** MAR. Pièce de toile de renfort cousue à l'endroit où une voile est usée. — Poulie plate.

II ▪ **1** (1572) TECHN. Revêtement, pièces de bois qui garnissent et ornent le panneau d'une porte. *Porte à placard double.* ▪ **2** (v. 1748) COUR. Enfoncement, recoin de mur, de cloison, fermé par une porte et constituant une armoire fixe. PAR EXT. Assemblage de menuiserie fixé à un mur et destiné au même usage. ➤ VX **armoire.** *Mettre des vêtements dans un placard. Placard-penderie. Placard de cuisine.* — LOC. FIG. *Mettre* (qqn, qqch.) *au placard :* mettre à l'écart, abandonner. ➤ **placardiser,** RÉGION. **tabletter.** «*Papa venait d'être mis au placard, dépassé par des jeunes types de vingt-cinq ans, tout juste sortis de Sciences Po, de l'ESSEC, ou de HEC*» O. ADAM. *Un placard doré :* une situation où l'on est mis à l'écart, avec des avantages matériels. — LOC. FAM. (de l'anglais) *Avoir un cadavre, un squelette dans le placard,* une affaire peu avouable dans son passé, que l'on ne tient pas à divulguer. *Sortir du placard :* révéler son homosexualité (➤ ANGLIC. **coming out**). ▪ **3** ARG. Prison. *Vingt ans de placard.* «*ils se connaissent, ils ont déjà fait du placard ensemble*» BEIGBEDER.

PLACARDER [plakaʀde] v. tr. ‹1› – 1611 ; «publier dans un libelle» 1586 ◇ de *placard* (I) ▪ **1** Afficher. *Placarder un avis, une affiche.* ▪ **2** Couvrir d'affiches, de placards. *Placarder un mur d'avis.* ▪ **3** VIEILLI Publier un placard, un texte injurieux sur (qqn). *Il s'est fait placarder par la presse régionale.*

PLACARDISER [plakaʀdize] v. tr. ‹1› – 1984 ◇ de *placard,* II, 2° ▪ Reléguer, mettre au placard* (qqn). ➤ RÉGION. **tabletter.** — n. f. **PLACARDISATION,** 1987.

PLACE [plas] n. f. – fin XIᵉ, au sens d'«endroit» (II, 1°) ◇ d'une forme latine *plattea,* influencée par le latin populaire *plattus* (→ 1 plat), de *platea* «rue large» et «espace ouvert»

I ESPACE AFFECTÉ À UN USAGE, UNE ACTIVITÉ ▪ **1** (fin XIIᵉ) Lieu public, espace découvert, généralement entouré de constructions. ➤ **esplanade, rond-point ; piazza.** *Petite place.* ➤ **placette.** *Place d'une ville grecque* (➤ **agora**), *romaine* (➤ **forum**). «*Une place méridionale avec des platanes tout autour*» ARAGON. *Habiter place Victor-Hugo. La place de l'église, de la mairie. La place principale, la grand-place. Monument, fontaine d'une place.* — *La place publique.* LOC. *Sur la place publique :* en public, aux yeux de tous. *Étaler, porter une affaire sur la place publique.* ▪ **2** (début XVᵉ) **PLACE FORTE,** *place de guerre,* ou **PLACE.** ➤ **forteresse.** *Camp retranché entouré de places fortes. La place de Verdun. Commandant d'armes d'une place.* — Locaux où sont installés les services du commandement d'une place. *Aller faire viser sa permission à la place.* — LOC. *Avoir des intelligences, des complicités dans la place,* dans un groupe plus ou moins adverse. *Être maître de la place :* agir en maître, faire ce qu'on veut. «*En l'absence de ses parents, Victor se sait maître de la place*» GIDE. ◆ (XVIIᵉ) **PLACE D'ARMES :** partie élargie du chemin couvert (fortification protégée par des bastions) ; tranchée, ouvrage où l'on rassemblait les troupes avant une attaque. ▪ **3** (1694) COMM., FIN. Ville où se font des opérations de banque, de commerce ; ensemble des banquiers, des commerçants, des négociants qui y exercent leur activité. *Avoir du crédit sur la place,* dans la ville où l'on exerce son activité. *Les grandes places financières internationales. Places boursières.* — LOC. *Sur la place de* (telle ville) : dans (telle ville). «*C'était le modeleur le plus réputé sur la place de Paris*» QUENEAU. — *Faire la place :* aller chez les divers commerçants d'une ville pour leur proposer des marchandises. ➤ **placier.** ▪ **4** VIEILLI *Place de voiture :* lieu où stationnent les voitures de louage. — (1790) MOD. LOC. *Voiture de place :* voiture de location, taxi (cf. De grande remise*). ▪ **5** RÉGION. (Nord ; Belgique) Pièce (V). *Logement de quatre places.* — (Canada, Louisiane) Endroit, localité. *C'est une jolie, une belle place.* — (Canada ; anglic. critiqué) Tour, complexe administratif, centre commercial.

II ESPACE OCCUPÉ PAR UNE CHOSE, UNE PERSONNE ▪ **1** (fin XIᵉ) Partie d'un espace ou d'un lieu (surtout dans des constructions avec une prép. de lieu). ➤ **emplacement, endroit,** 1 **lieu.** *À la même place.* — (1769) *De place en place :* ici et là. «*la montagne qu'on n'aperçoit que de place en place vers le nord*» RAMUZ. *Par places :* par endroits. ◆ Endroit où l'on se trouve. *Rester, demeurer à la même place.* — **EN PLACE.** *Rester en place.* (1705) *Ne pas rester, ne pas tenir en place :* être toujours en mouvement, bouger sans cesse. *Depuis qu'elle a appris son arrivée, elle ne tient plus en place.* — (1774) **SUR PLACE.** *Rester sur place,* immobile. *Être cloué sur place.* SUBSTANT. *Faire du surplace* (écrit aussi *du sur-place*) : SPORT rester immobile, en équilibre, sur sa bicyclette ; COUR. ne pas avancer. *Voiture qui fait du surplace dans un embouteillage.* — *Sur place :* à l'endroit où un évènement a eu lieu (cf. Sur les lieux). *Être, se rendre sur place. Faire une enquête sur place. Pizzas à consommer sur place ou à emporter.* ▪ **2** (fin XIᵉ) Portion d'espace, endroit, position qu'une personne occupe, qu'elle peut ou doit occuper. *Serrez-vous un peu pour me faire une petite place. Tu prends trop de place, toute la place.* ◆ Dans un lieu collectif ou un groupe, Emplacement ou position attribué, assigné. *Place des élèves en classe.* — (À table) *La place d'honneur,* à droite de la maîtresse de maison. — *Aller s'asseoir à sa place. Chacun à sa place ! Gagner, reprendre sa place. Prendre, perdre sa place dans une file d'attente. Prendre la place de qqn. Abandonner, quitter sa place.* — *À vos places ! en place !,* allez, retournez chacun à la place que vous devez occuper. ◆ LOC. (fin XIVᵉ) *Prendre place :* se placer. (1539) *Faire place à qqn :* se ranger pour permettre à qqn de passer. — (1652) VIEILLI *Place !,* faites place ! ▪ **3** (1530) Siège ou partie d'un siège qu'occupe ou que peut occuper une personne (dans une salle de spectacle, un véhicule, etc.). *Place vide, libre, occupée. Louer, retenir, réserver sa place dans un train, un avion. Service à la place :* service des repas à la place du voyageur, dans les trains. *Place de cinéma, de théâtre, de concert. Place de parterre, à l'orchestre.* ➤ **fauteuil.** *L'ouvreuse conduit les spectateurs à leurs places. Voiture à deux* (➤ **biplace**), *à quatre, cinq places.* ELLIPT *Une quatre places. Places avant, arrière.* FAM. *La place du mort* (réputée dangereuse), à côté du conducteur. *Avion, voiture à une seule place* (➤ **monoplace**). — *Lit à une, deux places. Canapé à trois places.* — Espace d'un lieu public que peut occuper une personne. «*Je m'empressais de céder ma place dans le métro ; on me remerciait*» A. JARDIN. *Place assise,* où l'on peut s'asseoir, où l'on est assis. *Places assises et places debout dans le métro. Places réservées.* ◆ Droit d'occuper une place, prix qu'on paye pour pouvoir occuper une place (dans une salle de spectacle, un véhicule, etc.). *Payer demi-place, place entière. Avoir des places pour un spectacle.* ➤ **entrée.** — LOC. FIG. *Les places sont chères :* la concurrence est rude. ▪ **4** Espace libre où l'on peut mettre qqch. *(de la place)* ; portion d'espace qu'une chose occupe *(une place, la place de...).* ➤ 1 **espace.** *Faire, gagner de la place en se débarrassant des objets inutiles. Économie, gain de place. Objet qui tient, qui occupe beaucoup de place, une grande place. Ne mange pas trop, garde une place pour le dessert.* — LOC. *Faire place nette*. Il y a la place de mettre une table. Il n'y a plus de place dans l'armoire. Avoir de la place pour se retourner.* — *Place de voiture. Trouver une place pour se garer. Place de garage, de parking, de stationnement.* ▪ **5** Endroit, position qu'une chose occupe, peut ou doit occuper dans un lieu, un ensemble. ➤ **emplacement, position.** *Changer la place des meubles. Mettre* (➤ 1 **placer**), *remettre un objet à sa place* (➤ 1 **ranger, replacer**). *Les clés ne sont plus à leur place.* — *La place des mots dans la phrase.* ➤ **disposition, ordre.** «*Mettez les mots à leur place : c'est le cimetière quotidien de la Parole*» CIORAN. — **EN PLACE :** à sa place. *S'assurer si, que tout est en ordre, en place. Laisser, mettre, remettre en place.* — **MISE EN PLACE :** arrangement, installation. *La mise en place des marchandises dans les rayons d'une grande surface.* ARTS Opération qui consiste à tracer les grandes lignes, à répartir les masses, les volumes d'une composition picturale ou architecturale.

III SITUATION, CONDITION (DE QQN) ▪ **1** (1539) Fait d'être admis dans un groupe, un ensemble, d'être classé dans une catégorie ; condition, situation dans laquelle on se trouve. *Cet homme d'État aura sa place dans l'histoire. Avoir, se faire sa place au soleil :* profiter des mêmes avantages que les autres. «*j'allais devoir un jour creuser mon trou d'homme et me faire une place au soleil*» BENOZIGLIO. *Avoir une place dans la vie, dans l'estime de qqn.* — *Place à... ! Place aux jeunes !* — *Tenir sa place :* figurer honorablement, bien tenir son rang. *Il ne donnerait pas sa place pour un empire, pour tout* *l'or du monde,* il ne la céderait pour rien au monde. — PROV. *Qui va à la chasse perd sa place.* — FIG. **À LA PLACE DE qqn,** *à sa place,* dans sa situation. *Se mettre à la place de qqn,* imaginer, supposer qu'on est soi-même dans la situation où il est (cf. Dans la peau de qqn). *Enfin, mettez-vous à ma place ! Je voudrais bien vous voir à ma place !* (cf. FAM. Vous y voir). *« Lorsque quelqu'un vous propose de se mettre à sa place, c'est qu'elle n'est pas fameuse »* CALAFERTE. *À votre place, je refuserais,* si j'étais vous. — *Avoir, prendre, trouver (sa) place* (cf. aussi Avoir lieu). — *Avoir, tenir une grande place (dans) :* avoir une grande importance. *Ses amis tiennent une grande place dans sa vie. « Il n'y a pas de place pour la passion dans un tel univers »* CAMUS. ▪ **2** (1563) Position, rang dans une hiérarchie. *Avoir, tenir, occuper la première, la dernière place. « César avait raison de préférer la première place dans un village à la seconde à Rome »* YOURCENAR. *Figurer en bonne place.* ➤ **position.** ◆ (1680) Rang qu'obtient un élève à une composition, un candidat à un concours. ➤ **classement.** *Avoir une bonne place en histoire. Être reçu à un concours dans les premières places* (cf. Dans les premiers). ◆ Rang (d'un sportif, d'une équipe) dans une course, une compétition. — Classement du cheval qui arrive parmi les placés. ◆ (1611) VX Situation sociale importante. *« Noblesse, fortune, un rang, des places, tout cela rend si fier ! »* BEAUMARCHAIS. ➤ **charge, dignité, fonction,** 3 **poste.** MOD. *Être en place :* jouir d'un emploi, d'une charge qui confère à son titulaire de l'autorité, de la considération. *Les gens en place.* ➤ 2 **établi ; establishment.** — MOD. Emploi (généralement modeste). *Une place d'employé de bureau. Perdre sa place, chercher une place. « Actuellement, il est manutentionnaire : une place qui lui permet tout juste de gagner sa vie »* DABIT. ▪ **3** Pour exprimer l'idée de remplacement. *S'installer, se mettre à la place, prendre la place de qqn. « D'ici deux ou trois ans, je serai chef de la rédaction à la place du rédacteur en chef »* A. JARDIN. *Occuper, tenir la place de qqn.* ➤ **remplacer,** se **substituer.** *Laisser la place à qqn.* — *Faire place à (qqch.) :* être remplacé par. *« Le ciel toujours redevient pur Toute nuit fait place au matin »* ARAGON. — *Au lieu* et place de.* — LOC. **À LA PLACE DE :** au lieu de. ➤ **pour.** *Employer un mot à la place d'un autre. Je voyais « une mosquée à la place d'une usine »* RIMBAUD. — SANS COMPL. *À la place. « Mettez une pierre à la place. Elle vous vaudra tout autant »* LA FONTAINE. ▪ **4** *La place de qqn,* celle qui lui convient. *Sa place n'est pas ici. Être à sa place :* être fait pour la fonction qu'on occupe ; être adapté à son milieu, aux circonstances. *Il n'est pas à sa place, à ce poste. Se tenir, rester à sa place :* se conduire comme l'exige sa condition, son état, avec modestie. *Tenir sa place :* remplir les obligations de ses fonctions. — LOC. *Remettre qqn à sa place,* le rappeler à l'ordre, aux convenances. ➤ **reprendre, réprimander.** *« Il se promettait bien de le remettre à sa place, et de lui donner une leçon un jour ou l'autre »* MAUPASSANT.

PLACÉ, ÉE [plase] adj. – XVIIe ◇ de 1placer ▪ **1** Mis à une place. *Bien, mal placé.* ▪ **2** Qui est dans telle situation. *Personnage haut placé.* ◆ *Être bien placé pour :* être en situation de, en bonne position* pour. *Je suis bien placé pour le savoir, pour en parler.* — *C'est de la fierté mal placée,* hors de propos. ▪ **3** (1854) *Cheval placé,* qui se classe dans les deux premiers d'une course, s'il y a de quatre à sept partants, et dans les trois premiers, s'il y a plus de sept partants. *Jouer un cheval gagnant et placé.* — ELLIPT *Jouer placé.* — SUBST. M. Somme que rapporte un cheval placé. *Toucher un placé.* ▪ **4** *Enfant placé,* placé hors de sa famille, dans une institution ou une famille d'accueil.

PLACEAU ➤ **PLACETTE,** 2°

PLACÉBO [plasebo] n. m. – 1954 ◇ latin *placebo* « je plairai », par l'anglais ▪ PHARM. Substance neutre dépourvue d'activité pharmacologique, utilisée dans un contexte thérapeutique. *Tester l'efficacité d'un médicament par la méthode du placébo* (cf. Double-aveugle*). *Des placébos.* APPOS. *Effet placébo :* effet thérapeutique constaté après administration d'un placébo. — On écrit aussi *placebo.*

PLACEMENT [plasmɑ̃] n. m. – 1616 ◇ de *placer* ▪ **1** Action de placer qqn. *Le placement des convives autour d'une table.* ➤ **disposition.** *Placement libre.* ◆ (Belgique) Mise en place, pose (de qqch.). *Le placement du chauffage.* ➤ **installation.** ▪ **2** (1755) Action, fait de placer de l'argent. ➤ **investissement.** *Vous avez fait un bon placement. Placement de père* de famille. Fonds* commun de placement. Placement à long, à court terme.* ◆ L'argent ainsi placé, le capital investi. *Revenus d'un placement.* ▪ **3** (1834) Action de procurer un emploi, une place à qqn. *École professionnelle qui assure le placement de ses élèves.* VIEILLI *Agence, bureau de placement,* qui se charge de répartir les offres et les demandes d'emploi (des employés de maison, notamment). — MÉD. *Placement d'enfants dans un établissement sanitaire ou social. Placement d'un malade mental dans un service psychiatrique.* ➤ **internement.** *Placement libre, volontaire, d'office.*

PLACENTA [plasɛ̃ta] n. m. – 1642 ; *placente* « gâteau, galette » 1540 ◇ mot latin ▪ **1** Masse charnue et spongieuse richement vascularisée, qui adhère à l'utérus par un grand nombre de prolongements et communique avec le fœtus par le cordon ombilical. *Chez les mammifères placentaires, le placenta représente l'annexe fœtale par laquelle se font les échanges entre le fœtus et le sang maternel. Expulsion du placenta.* ➤ **délivrance.** ▪ **2** (1694) BOT. Partie d'un carpelle où sont insérés les ovules. *La graine est attachée au placenta par le funicule.*

PLACENTAIRE [plasɛ̃tɛʀ] adj. et n. m. – 1817 ◇ de *placenta* ▪ **1** Du placenta. *Membranes, vaisseaux placentaires.* ▪ **2** n. m. pl. Mammifères dont l'embryon se développe associé à un placenta. ➤ **euthériens.** — Au sing. *Un placentaire.*

PLACENTATION [plasɛ̃tasjɔ̃] n. f. – 1817 en bot. ◇ de *placenta* ▪ **1** EMBRYOL. Formation du placenta ; manière dont il est disposé selon les espèces. *Placentation diffuse, discoïde.* ▪ **2** BOT. Manière dont les graines sont disposées sur le carpelle. *Placentation axile, centrale, pariétale.*

1 **PLACER** [plase] v. tr. ‹3› – 1564 ◇ de *place*

I ~ v. tr. **A. METTRE À UNE PLACE** ▪ **1** Mettre (qqn) à une certaine place, en un lieu déterminé ; conduire à sa place. ➤ **installer ;** FAM. **caser.** *Placer qqn à table. Personne qui place les spectateurs dans une salle de cinéma, un théâtre.* ➤ 2 **ouvreur, placeur** (2°). *« il avait suffi de placer des sentinelles aux quatre portes d'entrée »* CAMUS. ➤ 1 **poster.** ▪ **2** (1564) Mettre (qqch.) à une certaine place, en un certain lieu ; disposer d'une certaine façon. *Placer une pendule sur une cheminée.* ➤ **mettre, poser.** *Placer un vaisseau spatial en orbite, sur orbite. Placer une chose contre une autre* (➤ **adosser, appliquer, coller**), *au-dessus d'une autre* (➤ **couvrir**). *Placer plus bas* (➤ **baisser**), *plus haut* (➤ **élever, monter**), *verticalement* (➤ **dresser, ériger, planter**), *plus près* (➤ **approcher, rapprocher**), *plus loin* (➤ **éloigner, séparer**), *à plat* (➤ 1 **coucher, étendre**), *entre* (➤ **interposer**), *ensemble* (➤ **joindre**), *en face* (➤ **opposer**). *Placer les choses bien en ordre.* ➤ **arranger, classer, disposer, ordonner,** 1 **ranger.** — FIG. (1910) *Placer sa voix,* la poser dans son registre le plus naturel. — (milieu XVIIe) *Placer la balle,* la lancer de manière qu'elle touche un point déterminé. BOXE *Placer un direct, son gauche :* lancer un coup qui atteint son but. ▪ **3** (Belgique) Poser, mettre en place (un équipement, un appareil). ➤ **installer.** *Placer les tentures.*

B. METTRE DANS UNE SITUATION ▪ **1** (1582) Mettre (qqn) dans une situation déterminée. ➤ **mettre.** *Placer un employé sous l'autorité d'un supérieur.* ◆ (1676) *Placer qqn,* lui procurer une place, un emploi. *Placer un apprenti chez un boucher.* — *Placer un enfant,* le retirer à sa famille pour le mettre dans une institution ou une famille d'accueil. *Le juge a placé l'enfant.* ▪ **2** Mettre (qqch.) dans une situation, à une place ; faire consister en. *Placer ses espérances en qqn.* ➤ **fonder.** ▪ **3** (1719) Faire se passer en un lieu (un récit). ➤ **localiser, situer.** *Les lieux où Rousseau a placé la Nouvelle Héloïse.* ◆ Situer (un évènement) en un point du temps. *L'auteur a placé l'action au XVIe siècle.* ▪ **4** Introduire dans un récit, une conversation. *Placer une anecdote, une histoire. Il n'a pas pu placer un seul mot,* (FAM.) *il n'a pas pu en placer une :* il n'a rien pu dire, on l'a empêché de parler. ▪ **5** (1755) S'occuper de vendre. *Démarcheur qui place des valeurs financières, des encyclopédies. « Comme je suis natif du Roussillon, je place quelquefois du vin dans mon quartier. Cela me rapporte »* MAC ORLAN. ▪ **6** (1680) Employer (un capital) afin d'en tirer un profit, une plus-value ou d'en conserver la valeur. ➤ **investir.** *Placer son argent à la caisse d'épargne, chez un agent de change. Placer ses économies.*

II ~ v. pron. **SE PLACER** ▪ **1** (RÉFL.) Se mettre à une place. — (PERSONNES) ➤ **s'installer.** *Je vous laisse vous placer. « Les autres convives se placèrent à leur goût »* ZOLA. — PASSIF (CHOSES) Être placé. *Ce fauteuil se place devant la cheminée.* ➤ se **mettre.** ▪ **2** (RÉFL.) Se mettre (dans un état, une situation). *Se placer sous la protection de qqn. Se placer dans la situation la plus favorable. Cela dépend du point de vue où l'on se place.* — LOC. *Chercher à se placer :* se faire valoir auprès de qqn. ▪ **3** Prendre une place, un emploi (apprenti, employé de maison). *Elle s'est placée comme cuisinière.*

▪ CONTR. Déplacer, déranger.

2 **PLACER** [plasɛʀ] **n. m.** – 1846 ◇ mot espagnol «banc de sable» ▪ Gisement d'or. *Les placers de Californie, d'Australie.*

PLACET [plasɛ] **n. m.** – 1479 ; *lettre de placet* «assignation à comparaître» 1365 ◇ mot latin «il plaît, il est jugé bon» ▪ **1** VX Écrit adressé à un souverain, à un ministre pour demander justice, se faire accorder une grâce, une faveur. ➤ **demande, pétition, requête.** ▪ **2** MOD. DR. Copie de l'assignation contenant les prétentions du demandeur, remise par l'une des parties au greffe du tribunal pour que l'affaire soit mise au rôle. *Référé sur placet* (SYN. **réquisition d'audience**).

PLACETTE [plasɛt] **n. f.** – 1356, repris XIXe ◇ de *place* ▪ **1** RARE Petite place. «*La placette de l'église*» GIONO. ▪ **2** SYLV. Petite parcelle de forêt réservée aux expérimentations (on dit parfois *placeau* n. m.).

PLACEUR, EUSE [plasœʀ, øz] **n.** – 1765 ◇ de 1*placer* ▪ **1** TECHN. Ouvrier qui met en place, qui pose (une pièce, un objet déterminé). *Placeur de portes, de poulies* (dans une mine). ▪ **2** (1845) COUR. Personne qui, dans une salle de spectacle, conduit chaque spectateur à sa place ou qui, dans une cérémonie, une réception, indique à chacun la place qu'il doit occuper. REM. Au fém., on emploie plutôt *ouvreuse.* ▪ **3** Personne qui tient un bureau de placement, qui procure des places aux personnes sans emploi, notamment aux gens de maison. ▪ **4** RARE Personne qui place des marchandises, des billets de loterie. ➤ **placier.** *Placeur de vin.* «*placeuse en publicité*» R. GARY. — SPÉCIALT **n. m.** Établissement professionnel qui intervient dans le placement des valeurs mobilières.

PLACIDE [plasid] **adj.** – 1495 ◇ latin *placidus,* de *placere* «plaire», avec influence de *pax* «paix» ▪ (PERSONNES) Qui est doux et calme*. ➤ **paisible.** *Il restait placide sous les injures.* ➤ **flegmatique, imperturbable.** — PAR EXT. *Un sourire placide.* — **adv. PLACIDEMENT,** 1611. ▪ CONTR. Anxieux, emporté, nerveux.

PLACIDITÉ [plasidite] **n. f.** – XVIe, repris début XIXe ◇ latin *placiditas* ▪ Caractère placide. ➤ 1 **calme, douceur, flegme, sérénité, tranquillité.** *Sa placidité naturelle calmait les plus excités. Répondre avec placidité à une accusation.* «*la placidité de la croyance absolue, la paix de l'âme conservée dans le cloître*» TAINE. ▪ CONTR. Angoisse, émoi, énervement.

PLACIER, IÈRE [plasje, jɛʀ] **n.** – 1690 ◇ de *place* ▪ **1** COMM. Personne qui prend à ferme les places d'un marché public pour les sous-louer aux marchands. ▪ **2** (1840) Agent qui fait la place (I, 3°), vend qqch. pour une maison de commerce. ➤ **courtier, représentant, V. R. P.** *Placier en librairie, chez un libraire. Un petit employé,* «*livreur clandestin ou placier en quatrième main*» AYMÉ. — *Prospecteur-placier.* ➤ **prospecteur.**

PLACOPLATRE [plakoplɑtʀ] **n. m.** – 1968 ◇ marque enregistrée en 1946 ; de *plaque* et *plâtre* ▪ TECHN. Matériau se présentant sous forme de plaques de plâtre coulé entre deux feuilles de carton, qui sert de revêtement, d'isolant, appelé aussi **PLACO** (1977 ; marque enregistrée en 1978).

PLACOTER [plakɔte] **v. intr.** ‹1› – 1900 ◇ de *placoter* «patauger» et «s'amuser à des riens», métathèse de *clapoter* ▪ (Canada) FAM. Bavarder. ➤ 2 **causer, converser, papoter ;** RÉGION. **jaser.** *Elle* «*placote avec bonheur, elle parle de tout ce qui se passe*» M. LABERGE. ◆ Cancaner. ➤ RÉGION. **mémérer.** «*On a tellement placoté sur son compte dans la famille*» Y. BEAUCHEMIN. — **n. m.** (1909) **PLACOTAGE.**

PLACOTEUX, EUSE [plakɔtø, øz] ou **PLACOTEUR, EUSE** [plakɔtœʀ, øz] **n.** et **adj.** – 1951, –1908 ◇ de *placoter* ▪ (Canada) FAM. Bavard. «*– Leur as-tu dit ?* [...] *– Es-tu fou ?* [...] *J'suis pas un placoteux*» LEMELIN.

PLAFOND [plafɔ̃] **n. m.** – *platfons* 1546 ◇ de *plat* et *fond*

I ▪ **1** Surface horizontale qui limite intérieurement une salle dans sa partie supérieure. *Hauteur de plafond, sous plafond. Chambre basse de plafond. Faux plafond :* cloison au-dessous du vrai plafond servant à diminuer la hauteur de la pièce. *Plafond à solives, à poutres apparentes. Plafond à compartiments, à caissons.* ➤ **soffite.** *Plafond de plâtre, orné de moulures. Du sol au plafond* (cf. De fond en comble*). — FIG. *Plafond de verre*.* ◆ LOC. FAM. *Avoir une araignée au plafond, dans le plafond :* être fou. *Être bas de plafond,* d'une intelligence limitée. «*des êtres bas de plafond, sans âme ni conscience*» M. DUGAIN. — *Sauter* au plafond.* ▪ **2** Paroi supérieure horizontale. *Le plafond d'un wagon, d'une automobile.* — Paroi rocheuse supérieure, lorsqu'elle est horizontale. *Le plafond d'une galerie, d'une carrière* (➤ **ciel**), *d'une caverne.* ◆ (1916) MÉTÉOR. Couche de nuages la plus basse, limite supérieure de visibilité lorsqu'on est au sol. «*Je navigue à sept cent cinquante mètres d'altitude sous le plafond de lourds nuages*» SAINT-EXUPÉRY. ▪ **3** (1916) Limite supérieure d'altitude à laquelle peut voler un avion. ➤ **niveau.** ▪ **4** FIG. Maximum qu'on ne peut dépasser. *Ce chiffre est un plafond.* APPOS. INV. *Prix plafond* (opposé à *prix plancher*). — SPÉCIALT *Plafond de la Sécurité sociale :* revenu au-delà duquel certaines cotisations sociales ne sont plus proportionnelles au salaire. *Supprimer le plafond des cotisations* (➤ **déplafonner**). — ÉCON. Limite d'émission des billets d'une banque. *Plafond de réescompte auprès de la Banque de France.* LOC. *Crever le plafond :* dépasser la limite maximum. ◆ (1922) APPOS. INV. *Bridge plafond,* ou ELLIPT *Plafond :* variété du jeu de bridge (opposé à *bridge contrat*). — *Âge plafond.*

II (par un retour à l'étym.) Fond plat, surface plane et horizontale. — ARCHIT. Dessous d'un membre d'architecture, en platebande. *Plafond de corniche, de larmier.* — GÉOGR. *Plafond d'une vallée, d'un fleuve.*

PLAFONNAGE [plafɔnaʒ] **n. m.** – 1835 ◇ de *plafonner* ▪ TECHN. Action de plafonner (I, 1°) ; son résultat. *Le plafonnage d'une chambre.*

PLAFONNEMENT [plafɔnmɑ̃] **n. m.** – 1922 ; bx-arts 1874 ◇ de *plafonner* ▪ Action de plafonner (II, 3°). *Le plafonnement des bénéfices, de l'endettement.*

PLAFONNER [plafɔne] **v.** ‹1› – 1669 au p. p. ◇ de *plafond*

I v. tr. ▪ **1** Garnir (une pièce) d'un plafond en plâtre. *Faire plafonner un grenier.* — «*Aucune des deux pièces n'est plafonnée*» BALZAC. ▪ **2** FIG. Imposer un plafond (I, 4°) à, limiter. *Plafonner la hausse des loyers.* — **p. p. adj.** *Honoraires libres non plafonnés.*

II v. intr. ▪ **1** (1733) VX PEINT. Être peint en trompe-l'œil sur un plafond. ▪ **2** (1916) MOD. Atteindre son altitude maximum, en parlant d'un avion (➤ **culminer**). ▪ **3** FIG. Atteindre un plafond (I, 4°), un maximum. *La production industrielle plafonne. Salaires qui plafonnent à tel échelon.* ◆ **p. p. adj.** *Salaire plafonné :* fraction maximum d'un salaire soumise aux cotisations de la Sécurité sociale.

PLAFONNEUR [plafɔnœʀ] **n. m.** – 1785 ◇ de *plafonner* ▪ TECHN. Plâtrier qui exécute les plafonds.

PLAFONNIER [plafɔnje] **n. m.** – 1906 pour une automobile ◇ de *plafond* ▪ Appareil d'éclairage fixé au plafond sans être suspendu (à la différence du lustre). *Plafonnier d'un vestibule.* ◆ Lampe d'éclairage intérieur au plafond d'une automobile.

PLAGAL, ALE, AUX [plagal, o] **adj.** – 1598 ◇ latin ecclésiastique *plaga,* du grec *plagios* «oblique» ▪ MUS. *Mode plagal :* mode du plain-chant où la quinte est à l'aigu et la quarte au grave (opposé à *mode authentique*). PAR EXT. *Cadence plagale.*

1 **PLAGE** [plaʒ] **n. f.** – 1290 ; variante *plaie* ◇ latin *plaga* ▪ LITTÉR. et VX Étendue de terre. «*des plages sablonneuses, labourées par les pluies de l'hiver, brûlées par les feux de l'été*» CHATEAUBRIAND. — PAR EXT. *Plage de mer :* étendue de mer.

2 **PLAGE** [plaʒ] **n. f.** – 1456 ; *plaje* 1298 ◇ italien *piaggia* «pente douce», du grec *plagios* «oblique» ; cf. *plagiaire* ▪ **1** VX MAR. Rivage en pente douce dont les navires peuvent difficilement approcher. ▪ **2** (répandu début XIXe ; on disait *marine*) MOD. Endroit plat et bas d'un rivage où les vagues déferlent, et qui est constitué de débris minéraux plus ou moins fins (limon, sable, galets). ➤ 1 **grève.** *Les plages d'une côte plate. Plage de sable, de galets. Plage d'une station balnéaire. Aller à la plage et se baigner. Se faire bronzer sur la plage. Plage polluée. Plage publique. Plage d'un hôtel. Plage payante* (➤ **plagiste**). *Sac de plage.* — PAR EXT. Lieu, ville où une plage est fréquentée par les baigneurs. *Les casinos des plages à la mode.* ◆ PAR EXT. Rive sableuse d'un lac, d'une rivière, où l'on peut se baigner. *Les plages de la Seine, de la Loire.* ◆ APPOS. Désigne une ville, un quartier où se trouve une plage. *Berck-Plage.* «*Balbec-le-vieux, Balbec-en-terre* [...] *n'était ni une plage ni un port* [...] *Cette mer* [...] *était à plus de cinq lieues de distance, à Balbec-plage*» PROUST. PAR EXT. *Paris-Plage :* Le Touquet. ▪ **3** MAR. Pont uni horizontal à l'avant ou à l'arrière de certains navires de guerre. PAR EXT. Plateforme, derrière la tourelle d'un char d'assaut. ◆ *Plage arrière d'une automobile :* endroit plat sous la vitre arrière. *Poser son parapluie sur la plage arrière.* ▪ **4** SC. *Plage d'équilibre :* surface représentant les positions d'équilibre dans les cas de frottement. — OPT. *Plage lumineuse :* surface éclairée de brillance égale. ▪ **5** TECHN. Chacun des espaces gravés d'un disque phonographique séparés par un intervalle. ▪ **6** Laps de temps, durée limitée. *Des plages musicales d'une heure, à la radio. Plage horaire.* ➤ **tranche.** ◆ Écart entre deux mesures ou possibilités. *Plage des prix, des choix.*

PLAGIAIRE [plaʒjɛʀ] **n.** – *plagiere* 1584 ◊ latin *plagiarius* «celui qui vole les esclaves d'autrui», du grec *plagios* «oblique, fourbe» ■ Personne qui pille ou démarque les ouvrages des auteurs. ➤ **contrefacteur, copiste, imitateur.** *«Des compilateurs à foison, des ressasseurs, des plagiaires de plagiats et des critiques de critiques»* BAUDELAIRE. *Se faire traiter de plagiaire.*

PLAGIAT [plaʒja] **n. m.** – 1697 ◊ du radical de *plagiaire* ■ Action du plagiaire, vol littéraire. ➤ **copie, emprunt, imitation.** *Ce chapitre est un plagiat. Accusation de plagiat. Être condamné pour plagiat. «Le plagiat est la base de toutes les littératures, excepté de la première, qui d'ailleurs est inconnue»* GIRAUDOUX. ■ CONTR. Création.

PLAGIER [plaʒje] **v. tr.** ⟨7⟩ – 1801 ◊ de *plagiat* ■ **1** Copier (un auteur) en s'attribuant indûment des passages de son œuvre. ➤ **imiter, piller.** — PAR EXT. *Plagier une œuvre.* ➤ **calquer, démarquer.** *Cette histoire est plagiée :* c'est un plagiat. ■ **2** FIG. et LITTÉR. Imiter. *L'amour «avait commencé par plagier la mystique»* BERGSON.

PLAGIOCLASE [plaʒjoklɑz] **n. m.** – 1899 ◊ du grec *plagios* «oblique» et *clasis* «cassure» ■ MINÉR. Feldspath contenant du calcium et du sodium, cristallisant dans le système triclinique.

PLAGISTE [plaʒist] **n.** – 1964 ◊ de 2*plage* (2°) ■ Personne qui exploite une plage payante (en louant des emplacements, des cabines, etc.).

1 **PLAID** [plɛ] **n. m.** – 842 «convention, accord» ◊ latin *placitum,* p. p. de *placere* «plaire» ■ VX ■ **1** Tribunal féodal, assemblée judiciaire ou politique du haut Moyen Âge ; audience que tenait le tribunal. Son jugement, sa décision. ■ **2** Querelle, discussion. — Procès. ■ HOM. Plaie.

2 **PLAID** [plɛd] **n. m.** – 1667 ◊ mot anglais, de l'écossais *plaide,* mot gaélique «couverture» ■ **1** ANCIENNT Vêtement des montagnards écossais, couverture de laine à carreaux drapée pour servir de manteau (➤ aussi 1 **tartan**). *«les Écossais aux genoux nus et aux plaids quadrillés»* HUGO. ■ **2** (1827) VX Ample manteau de voyage d'homme ou de femme. ■ **3** (1869 ◊ sens étymologique) MOD. Couverture de voyage en lainage écossais. *S'envelopper les jambes dans un plaid.*

PLAIDABLE [plɛdabl] **adj.** – 1294 ◊ de *plaider* ■ DR. Qui peut être plaidé. *Sa cause n'est pas plaidable.*

PLAIDANT, ANTE [plɛdɑ̃, ɑ̃t] **adj.** – 1278 ◊ de *plaider* ■ DR. Qui plaide. *Les parties plaidantes. Avocat plaidant* (opposé à *consultant, conseil*).

PLAIDER [plede] **v.** ⟨1⟩ – 1226 ; *plaidier* 1080 ◊ de 1*plaid*

I **v. intr.** ■ **1** Soutenir ou contester qqch. en justice. *Personne qui plaide.* ➤ **plaideur.** *Plaider contre qqn,* lui intenter un procès. ■ **2** Défendre une cause devant les juges. *Droit de plaider et consulter des avocats. Avocat qui plaide pour son client, contre la partie adverse.* ➤ **plaidoirie.** ◆ FIG. **PLAIDER POUR, EN FAVEUR DE :** défendre par des arguments justificatifs ou par des excuses. *Il a plaidé en sa faveur auprès de ses parents. Parlementaire qui plaide pour son programme. Tout révolté «plaide donc pour la vie, s'engage à lutter contre la servitude»* CAMUS. — *Ses mérites passés, sa sincérité plaident pour lui, plaident en sa faveur,* jouent en sa faveur. *Son attitude ne plaide pas en sa faveur.*

II **v. tr.** ■ **1** Défendre (une cause) en justice. *Avocat qui plaide la cause d'un accusé.* **p. p. adj.** *Cause mal plaidée.* — (1690) FIG. *Plaider la cause de qqn,* parler pour lui, en sa faveur. *Plaider sa propre cause :* se défendre. *«on y apprend à plaider avec art la cause du mensonge»* ROUSSEAU. ■ **2** Soutenir, faire valoir dans une plaidoirie. *L'avocat a plaidé l'irresponsabilité de son client, la légitime défense.* — ELLIPT *Plaider coupable, non coupable*.* PAR EXT. (en parlant de l'accusé lui-même) *Accusé, plaidez-vous coupable ou non coupable ?* ◆ LOC. *Plaider le faux pour savoir le vrai :* déguiser sa pensée pour amener qqn à dire la vérité, à se découvrir.

PLAIDER-COUPABLE [pledekupabl] **n. m.** – 2003 ◊ de *plaider* et *coupable* ■ DR. Procédure dans laquelle le procureur propose une peine maximale de un an d'emprisonnement au comparant qui reconnaît les faits qui lui sont reprochés (punis d'une peine allant jusqu'à cinq ans d'emprisonnement) (cf. Comparution* sur reconnaissance préalable de culpabilité). *Des plaider-coupables.*

PLAIDEUR, EUSE [plɛdœʀ, øz] **n.** – 1538 ; *plaideor* «avocat» 1210 ◊ de *plaider* ■ Personne qui plaide en justice. ➤ **contestant, plaidant ; partie.** *Plaideurs d'un procès.* ➤ **défendeur, demandeur.** *«Un juge siège comme arbitre dans un procès au civil. Il ne veut pas savoir si l'un des plaideurs est riche et l'autre pauvre»* ALAIN. ◆ SPÉCIALT (1230 *pledeor*) VX Personne qui a la manie de plaider, qui est toujours en procès. ➤ **chicaneur.** *«Les Plaideurs», comédie de Racine.* — (1680) *Une plaideuse.*

PLAIDOIRIE [plɛdwaʀi] **n. f.** – *plaidoierie* 1318 ◊ de l'ancien verbe *plaidoyer* → plaidoyer ■ **1** DR. Action de plaider, exposition orale des faits d'un procès et des prétentions du plaideur, faite par lui-même ou plus souvent par un avocat. ➤ 1 **défense, plaidoyer.** *Plaidoiries des avocats. Une belle, une longue plaidoirie. La plaidoirie et le réquisitoire.* — FIG. Défense orale ou écrite rappelant celle de la plaidoirie en justice. ■ **2** RARE Art de plaider, profession d'avocat. *Cet avocat est meilleur pour la consultation que pour la plaidoirie.* ■ CONTR. Accusation, réquisitoire.

PLAIDOYER [plɛdwaje] **n. m.** – v. 1360 ; *plédoié* 1283 ◊ substantivation de l'ancien verbe *plaidoyer* «plaider» ; de 1*plaid* ■ **1** VIEILLI Discours prononcé à l'audience pour défendre le droit d'une partie. ➤ **plaidoirie.** *Avocat qui prononce, fait un habile plaidoyer. «le plaidoyer que j'avais préparé en faveur de l'accusé»* VIGNY. ■ **2** (XVIe) MOD. Défense passionnée (d'une ou plusieurs personnes, d'une idée), dans une grave affaire publique. *Les plaidoyers des Girondins à l'Assemblée.* «Les Misérables [de Hugo] *sont* [...] *un plaidoyer pour les misérables»* BAUDELAIRE. — PAR EXT. ➤ **apologie,** 1 **défense, éloge, justification.** *Un plaidoyer en faveur de la paix. Plaidoyer pro* domo. «un plaidoyer contre le célibat des prêtres»* LAMARTINE. ■ CONTR. Accusation, réquisitoire.

PLAIE [plɛ] **n. f.** – 1080 ◊ latin *plaga* «blessure, plaie» ■ **1** Ouverture dans les chairs, dans les tissus, due à une cause externe (traumatisme, intervention chirurgicale) et présentant une solution de continuité des téguments, parfois une perte de substance. ➤ **blessure, lésion ; brûlure, coupure, déchirure, écorchure, entaille, incision, morsure, taillade.** *Plaie profonde, large, béante. Plaie superficielle. «Ginevra frissonna en voyant la longue et large plaie faite par la lame d'un sabre sur l'avant-bras du jeune homme»* BALZAC. *Laver, nettoyer, sonder, désinfecter une plaie. Plaie infectée. Bander, panser, cautériser une plaie. Suturer les lèvres d'une plaie. Plaie qui se cicatrise, se ferme. Trace d'une ancienne plaie.* ➤ **balafre, cicatrice.** — LOC. (1598) *Ne demander, ne rêver que plaies et bosses :* chercher toutes les occasions de se battre, d'affronter des dangers physiques. ◆ LITTÉR. Entaille, déchirure apparente. *Le gemmage «les balafre* [les arbres] *de longues plaies»* GENEVOIX. ■ **2** (1226 «ce qui porte préjudice») FIG. Blessure, déchirement. *Les plaies de l'âme, du cœur.* ➤ **douleur, meurtrissure, peine.** *«Il est peu de plaies morales que la solitude ne guérisse»* BALZAC. *Les plaies de la guerre.* ◆ LOC. *Rouvrir une plaie :* raviver une ancienne douleur. — *Retourner, remuer le couteau (le poignard, le fer) dans la plaie :* faire souffrir en attisant une cause de douleur morale. — *Mettre le doigt sur la plaie :* trouver la cause du mal. — PROV. *Plaie d'argent* n'est pas mortelle.* ■ **3** VX Fléau. LOC. *Les dix plaies d'Égypte.* — MOD. Chose très pénible, aux conséquences graves. *«Cette malheureuse guerre d'Espagne a été une véritable plaie, la cause première des malheurs de la France»* CHATEAUBRIAND. FAM. *C'est une vraie plaie, quelle plaie !* c'est une chose, une personne insupportable. ■ HOM. 1 Plaid.

PLAIGNANT, ANTE [plɛɲɑ̃, ɑ̃t] **adj.** et **n.** – v. 1225 ◊ de *plaindre* ■ **1** DR. Qui dépose une plainte en justice. *La partie plaignante, dans un procès.* — **n.** *Le plaignant, la plaignante.* ■ **2** **n.** COUR. Personne qui se plaint, réclame justice. — DR. ➤ **demandeur.**

PLAIGNARD, ARDE [plɛɲaʀ, aʀd] **adj.** – 1859 ◊ de *se plaindre,* sur le modèle de *geignard* ■ VIEILLI ou RÉGION. (Canada) PÉJ. Qui se plaint constamment. ➤ **geignard.**

1 **PLAIN, PLAINE** [plɛ̃, plɛn] **adj.** – 1155 ; v. 1120 *a plain* «sans obstacles» ◊ latin *planus* ■ **1** VX Plat, uni, égal. *«des lieux plains et sablonneux»* ROUSSEAU. — (Belgique, Luxembourg) *Tapis plain :* moquette. ■ **2** **n. m.** VX *Le plain de l'eau :* la haute mer. — MOD. MAR. Niveau le plus haut de la marée. *Aller au plain :* s'échouer à marée haute. ■ **3** (1611 *à plain pied*) LOC. COUR. **DE PLAIN-PIED :** au même niveau. *Pièces de plain-pied, ouvertes de plain-pied sur une terrasse. «Les dalles de la terrasse, de plain-pied avec la chambre où je couche»* GIDE. *Pavillon, maison de plain-pied,* qui n'a qu'un seul niveau. ◆ FIG. *De plain-pied :* sans difficulté d'accès. *«il passa de plain-pied, avec une parfaite aisance, de ses mysticités aux préoccupations les plus plates»* BARRÈS. — LOC. *Être de plain-pied avec qqn,* être sur le même plan, en relations aisées et naturelles avec lui (cf. Être sur la même longueur d'onde*). *«les paysans nous aiment, ils se sentent de plain-pied avec nous»* MAURIAC. ■ CONTR. Accidenté, inégal. ■ HOM. Plein ; plaine.

2 **PLAIN** [plɛ̃] **n. m.** – 1585 ; contraction de *pelain* (XIIe-XIIIe) ◇ de *peler* ■ TECHN. Cuve contenant un lait de chaux, dans lequel on fait tremper les peaux à dépiler.

PLAIN-CHANT [plɛ̃ʃɑ̃] **n. m.** – XIIe ◇ de 1 *plain* et *chant* ■ Musique vocale rituelle, monodique, de la liturgie catholique romaine. *Le plain-chant date des premiers temps de l'Église ; son répertoire* (hymnes, psaumes, répons...) *fut codifié à l'époque de saint Ambroise* (chant ambrosien, IVe s.) *puis de saint Grégoire le Grand* (chant romain, appelé au IXe s. *grégorien**). *Des plains-chants.*

PLAINDRE [plɛ̃dʀ] **v. tr.** ‹52› – fin XIe ◇ latin *plangere*

I ~ **v. tr.** ■ **1** Considérer (qqn) avec un sentiment de pitié, de compassion ; témoigner de la compassion à (qqn). ➤ **s'apitoyer,** s'**attendrir, compatir.** « *Plains-moi !... sinon, je te maudis !* » BAUDELAIRE. « *Ne rien haïr, mon enfant, tout aimer, Ou tout plaindre !* » HUGO. *Plaindre qqn sans l'excuser. Je ne le plains pas, il a bien mérité ce qui lui arrive.* « *Je te plains de tomber dans ses mains redoutables* » RACINE. — *Se faire plaindre.* — *Être à plaindre* : mériter d'être plaint. *Il est plus à plaindre qu'à blâmer. Il n'est vraiment pas à plaindre* : il est dans une situation avantageuse. ◆ PAR EXT. (compl. chose) VIEILLI Témoigner sa pitié, sa compassion pour. *Plaindre le sort de qqn.* « *Pour plaindre le mal d'autrui, sans doute il faut le connaître, mais il ne faut pas le sentir* » ROUSSEAU. ■ **2** VX Déplorer (un évènement, une chose pénible ou odieuse). « *Je révoque des lois dont j'ai plaint la rigueur* » RACINE. ■ **3** (XIIIe) Employer, donner, dépenser à regret, avec parcimonie. ➤ **mesurer.** *Plaindre l'argent qu'on dépense* (cf. Pleurer* le pain qu'on mange). *Tu n'as pas plaint le beurre.* « *Vous pourrez vous renseigner. Je plains pas les calottes !* » CALAFERTE. ◆ FIG. VX *Plaindre son temps, sa peine.* ➤ **pleurer.** — MOD. LOC. *Il, elle ne plaint pas sa peine* : il, elle travaille avec zèle, sans se ménager.

II ~ **v. pron. réfl. SE PLAINDRE** (1080) ■ **1** Exprimer sa peine ou sa souffrance par des manifestations extérieures (pleurs, gémissements, paroles). ➤ **crier,** 1 **geindre, gémir,** se **lamenter, pleurer.** *Souffrir sans se plaindre. Elles se sont plaintes.* « *Il ne se plaignait jamais quoiqu'il eût de perpétuels sujets de plaintes* » FRANCE. — *Se plaindre de douleurs, de maux de tête.* ■ **2 SE PLAINDRE DE.** Exprimer son mécontentement au sujet de (qqn, qqch.). *Se plaindre de qqn,* lui reprocher son attitude. « *Quand j'ai à me plaindre de quelqu'un* [...] *je me venge* » LACLOS. *Se plaindre de son sort, de sa vie, de sa situation.* « *De quoi vous plaignez-vous, Madame ? On vous révère* » RACINE. — ABSOLT Récriminer. *Il se plaint sans cesse.* ➤ **criailler, grommeler, maugréer, pleurnicher, protester ;** FAM. **râler, rouspéter ;** RÉGION. **brailler, chialer.** *Il n'a pas à se plaindre, ses affaires marchent bien. Sa santé s'améliore, il ne faut pas se plaindre. Tu es prévenu, ne viens pas te plaindre.* — *Se plaindre à qqn,* protester, récriminer auprès de lui, au sujet d'une personne ou d'une chose. *J'irai me plaindre au directeur ! Se plaindre à qui de droit*.* ➤ **réclamer.** *Se plaindre de... auprès de qqn.* ◆ *Se plaindre de* (et l'inf.). « *Voit-on celui qui se sauve du naufrage se plaindre de n'avoir pas eu le choix des moyens ?* » LACLOS. ■ **3 SE PLAINDRE QUE.** (Et subj.) *Il se plaint qu'on l'ait calomnié* (on ne sait si sa plainte était ou non justifiée) ; *il s'en est plaint à moi.* — (Et l'indic. ; soulignant la réalité de la plainte) « *Mes maîtres se plaignaient que j'oubliais tout mon latin* » STENDHAL. « *Élodie se plaignit que la gorge lui grattait* » FRANCE. *Se plaindre que la mariée* est trop belle.* ◆ **SE PLAINDRE DE CE QUE** (et l'indic. ou le subj.). « *la femme de ménage se plaint doucement de ce qu'elle ait à nettoyer cette ordure* » GIDE.

■ **CONTR.** Envier. — Contenter (se), féliciter (se), satisfaire (se).

PLAINE [plɛn] **n. f.** – XIIe ; *pleine* 1080 ◇ latin populaire °*planea*, de *planus* → 1 plain, 1 plan ■ **1** Étendue de pays plat ou faiblement ondulé, généralement assez vaste, et moins élevée que les pays environnants. *La plaine de la Beauce. Pays de plaines. Plaine entourée de montagnes formant dépression.* ➤ **bassin.** *Plaine alluviale ; plaine d'érosion.* ➤ aussi **pénéplaine.** *Plaine steppique* (➤ **steppe ; pampa**), *glacée* (➤ **toundra**). « *C'est la plaine, la plaine blême, Interminablement, toujours la même* » VERHAEREN. « *Waterloo ! Waterloo ! Waterloo ! morne plaine !* » HUGO. — COLLECT. *La plaine et la montagne. Culture de plaine.* ■ **2** (1792) FIG. HIST. Le centre de l'assemblée conventionnelle, où siégeaient les modérés (Girondins), opposé à la Montagne (on disait aussi *le Marais*). ■ **3** BLAS. Moitié de la champagne, sixième inférieur de l'écu. ■ **HOM.** Plaine (1 plain), pleine (plein).

PLAINTE [plɛ̃t] **n. f.** – v. 1100 dr. ◇ de *plaindre* ■ **1** (*plaint* v. 1160) Expression vocale de la douleur (par des paroles ou des cris, des gémissements). ➤ **geignement, gémissement, hurlement, lamentation, pleur, soupir.** *Exhaler, pousser des plaintes déchirantes. Souffrir sans une plainte.* « *quelques plaintes mêlées de beaucoup de sanglots* » MOLIÈRE. ◆ FIG. Chant, cri ou son qui évoque la plainte ou que l'on compare à une plainte. *La plainte du vent, d'une source.* ■ **2** (1538) Expression du mécontentement que l'on éprouve. ➤ **blâme, doléance, grief, murmure, protestation, réclamation, reproche.** « *de justes plaintes et des revendications trop bien fondées* » FRANCE. *Plaintes continuelles, injustifiées.* ➤ **criaillerie, jérémiade, récrimination.** *Adresser une plainte collective à la direction. Sujet, motif de plainte.* ■ **3** (v. 1100) Dénonciation en justice d'une infraction par la personne qui affirme en être la victime. *Plainte en faux. Déposer une plainte contre un agresseur, contre X.* ➤ **accuser, dénoncer ; plaignant.** *Retirer sa plainte.* — LOC. *Porter plainte contre qqn, contre X.* ■ **HOM.** Plinthe.

PLAINTIF, IVE [plɛ̃tif, iv] **adj.** – 1130 ◇ de *plaindre* ■ **1** Qui a l'accent, la sonorité d'une plainte (généralement douce, faible). ➤ **dolent, gémissant.** *Cris, gémissements plaintifs. Ton plaintif, voix plaintive.* ➤ PÉJ. **geignard, pleurard, pleurnichard.** FIG. Qui évoque une plainte. « *une tourterelle éleva sa voix plaintive* » FRANCE. ■ **2** (1606) VX Qui se plaint. — PAR MÉTAPH. « *La plaintive élégie en longs habits de deuil* » BOILEAU. ◆ FIG. et LITTÉR. (CHOSES) « *ces girouettes encore plaintives contre le ciel de la vieille rue* » FARGUE.

PLAINTIVEMENT [plɛ̃tivmɑ̃] **adv.** – 1588 ◇ de *plaintif* ■ D'une manière plaintive ; avec un ton plaintif. « *Je voudrais boire un peu de vin – elle réclama plaintivement* » DURAS.

PLAIRE [plɛʀ] **v. tr.** ‹54 ; p. p. inv.› – fin XIe, comme formule de souhait (C) ◇ du latin *placere* (→ placébo, placet, 1 plaid), également à l'origine de *plaisir*, ancien infinitif de *plaire* → 1 plaisir

I ~ **v. tr. ind. PROCURER DU PLAISIR, DE LA SATISFACTION À (QQN) A. (PERSONNES)** ■ **1 PLAIRE À (qqn) :** être agréable à (qqn), convenir à ses goûts. ➤ **agréer, attirer, captiver, charmer,** 2 **fasciner, séduire ; contenter, satisfaire.** *Chercher à plaire à quelqu'un d'important.* ➤ **cultiver, flatter** (cf. Faire sa cour*). *Ce garçon ne me plaît /plait/ pas du tout.* ➤ **revenir.** *On ne peut pas plaire à tout le monde.* — FAM. PAR ANTIPHRASE *Il commence à me plaire, celui-là,* à m'énerver. ■ **2** Éveiller l'amour, le désir de qqn (cf. FAM. Taper* dans l'œil, tourner* la tête). *Homme qui plaît aux femmes. Je crois que tu lui plais* (cf. FAM. Avoir un ticket*, faire une touche*). « *Que tu me plais dans cette robe !* » GAUTIER. ■ **3** (sans objet précisé) *Il plaît* : il est aimable, charmant. « *Le plaisir de plaire est légitime* » JOUBERT. « *Ne jamais parler de soi aux autres et leur parler toujours d'eux-mêmes, c'est tout l'art de plaire* » GONCOURT. ◆ (milieu XIIe) SPÉCIALT (en amour) Être aimé (cf. ci-dessus, 2°). *Elle aime plaire. Il a tout pour plaire* (parfois iron.). *Souci, désir de plaire* (➤ **coquetterie**).

B. (CHOSES) ■ **1** Être agréable à. ➤ **convenir.** *Cette situation lui plaît,* il s'en trouve bien. *Ce spectacle m'a beaucoup plu.* ➤ **enchanter, ravir, réjouir.** *Ce projet me plaît.* ➤ 1 **sourire.** — *Cela vous plaît ?* ➤ 1 **aller,** FAM. **botter.** *Ça me plairait de le connaître.* ➤ **tenter.** *Ça te plairait d'aller au restaurant ? Ça ne me plaît pas. Il ne travaille que quand ça lui plaît* (➤ **chanter,** 1 **dire**). *Il ne fait que ce qui lui plaît* (cf. En faire à sa guise*). *Si ça ne te plaît pas, c'est pareil, c'est le même prix.* LITTÉR. *Cela vous plaît à dire** (mais je n'en crois rien). ■ **2** (1633) SANS COMPL. « *L'iniquité ne plaît qu'autant qu'on en profite* » ROUSSEAU. *La pièce a plu.* ➤ **réussir.** *Ce modèle plaît beaucoup.*

C. ~ **v. impers.** (fin XIe) ■ **1** LITTÉR. **IL... PLAÎT À (qqn) :** il est agréable. *Il ne me plaît pas qu'on fouille dans mes affaires.* ➤ **aimer.** « *Il m'a toujours plu d'obéir, de me plier aux règles* » GIDE. ◆ (Sans inf. compl.) *Prenez-en tant qu'il vous plaira,* tant que vous voudrez. « *Comme il vous plaira* », *titre français d'une comédie de Shakespeare.* LOC. PROV. *En mai, fais ce qu'il te plaît.* REM. Distinguer la construction personnelle : *ce qu'il vous plaît* (ce que vous voudrez) et la construction impersonnelle *ce qui vous plaît* (ce que vous aimez). ■ **2** (fin XIIe) LOC. **S'IL VOUS PLAÎT, S'IL TE PLAÎT :** formules de politesse, dans une demande, un conseil, un ordre (cf. Je vous prie). ABRÉV. **S. V. P.** [ɛsvepe], **S. T. P.** [ɛstepe]. *Comment dites-vous cela, s'il vous plaît ? S'il te plaît, passe-moi le sucre.* — RÉGION. (Nord, Belgique, Luxembourg) *S'il vous plaît, s'il te plaît* : voici, voilà (en présentant qqch.) ; pardon, plaît-il ? (pour faire répéter). ◆ (Pour souligner un avertissement) « *C'est à vous, s'il vous plaît, que ce discours s'adresse* » MOLIÈRE. ◆ FAM. (Pour attirer l'attention sur ce qu'on vient de dire, de nommer) *Il voyage en première, s'il vous plaît.* « *un brevet d'héroïsme, signé par l'un de nos grands généraux, s'il vous plaît* » CÉLINE. ■ **3** (fin XVe) VIEILLI **PLAÎT-IL ?,** formule parfois employée pour faire répéter ce qu'on a mal entendu ou compris (ou qu'on feint d'avoir mal entendu). ➤ **comment, pardon** (cf. Vous dites ?). ■ **4** (milieu XIIe) LITTÉR. **PLAISE... ; PLÛT...** (en tête de phrase).

Plaise, plût à Dieu, aux dieux, au ciel que..., formules de souhait. *«Plût à Dieu que ma petite Gisèle trouvât celui qui la sauverait»* MAURIAC. — *À Dieu ne plaise que...*, se dit pour marquer qu'on repousse une supposition ou une éventualité qu'on ne veut pas envisager. *«À Dieu ne plaise que je vous déplaise, monsieur le baron»* MUSSET. — DR. *Plaise...*, formule employée devant les tribunaux pour la rédaction des conclusions. *Plaise à la Cour déclarer...*

II ~ v. pron. SE PLAIRE ▪ **1** (fin XIIIe) (RÉFL.) Plaire à soi-même, être content de soi. *Je me plais (mieux, plus) avec les cheveux longs (que courts).* ▪ **2** (RÉCIPR.) S'apprécier mutuellement. *«Les hommes, nés pour vivre ensemble, sont nés aussi pour se plaire»* MONTESQUIEU. — *Ils se plaisent* (pour parler d'attirance physique ou d'amour). *Ils se sont plu, ils se sont mariés.* ▪ **3** (1560) **SE PLAIRE À :** prendre plaisir à. ➤ **aimer, s'intéresser.** *Il se plaît au travail, à l'étude. «Il faut prendre beaucoup de peine pour se plaire à la géométrie, au dessin, à la musique»* ALAIN. — (Avec l'inf.) *Se plaire à faire, à dire, à penser. Il se plaît à dire qu'il n'a jamais été malade. «Il se plaisait quelquefois à n'être servi que par un seul domestique»* VIGNY. ▪ **4** (fin XVIe) Trouver du plaisir, de l'agrément à être dans (un lieu, une compagnie, un milieu). *Il, elle se plaît beaucoup à la campagne*, il, elle s'y trouve bien. *«Pour qu'on se plaise quelque part, il faut qu'on y vive depuis longtemps»* FLAUBERT. *Elle se plaît dans la solitude.* ➤ **apprécier,** se **complaire,** se **délecter.** *Se plaire avec qqn.* ◆ (Animaux, plantes) Se trouver de préférence ; prospérer. *Le lierre se plaît au nord.*

▪ CONTR. Déplaire. Blaser, dégoûter, désobliger, ennuyer, fâcher, mécontenter, offusquer. ▪ HOM. *Plu* : plu (pleuvoir).

PLAISAMMENT [plɛzamɑ̃] **adv.** – XIIIe ◊ de *plaisant* ▪ **1** LITTÉR. D'une manière agréable. *Causer plaisamment et agréablement. Appartement plaisamment meublé.* ▪ **2** D'une manière comique. *Une colère plaisamment simulée.* ➤ **drôlement.** ▪ **3** VIEILLI Ridiculement. *Être plaisamment accoutré, équipé.*

▪ CONTR. Sérieusement ; gravement.

PLAISANCE [plɛzɑ̃s] **n. f.** – 1265 ◊ de *plaisant* ▪ **1** VX ou LITTÉR. Plaisir, agrément ; caractère plaisant. *«il était occupé de faire prévaloir son opinion ou sa plaisance sur la vôtre»* GIDE. ▪ **2** loc. adj. (XVe) **DE PLAISANCE :** qui ne sert qu'au plaisir, à l'agrément. *Une exploitation «tenant de la ferme et de la maison de plaisance»* GAUTIER. ◆ SPÉCIALT, COUR. *Bateau de plaisance. Coche de plaisance :* recomm. offic. pour *house-boat. Navigation de plaisance*, pratiquée pour l'agrément ou le sport (yachts, canots automobiles, canoës, etc.). ELLIPT *La plaisance.* ➤ 2**voile, yachting.** *Ils «apprenaient les rudiments de la plaisance»* O. ADAM.

PLAISANCIER, IÈRE [plɛzɑ̃sje, jɛʀ] **n.** – 1950 ; «bateau de plaisance» 1893 ◊ de *(navigation de) plaisance* ▪ Personne qui pratique la navigation de plaisance. *«la petite cale réservée aux plaisanciers»* P. GOMBERT.

PLAISANT, ANTE [plɛzɑ̃, ɑ̃t] **adj. et n. m.** – 1164 ◊ de *plaire*

I adj. ▪ **1** Qui plaît, procure du plaisir. ➤ **agréable, attrayant.** *Une maison très plaisante.* ➤ **aimable, gai.** *«Ces maroquins sont si plaisants à l'œil»* FRANCE. *Décor, mobilier, séjour, site plaisant. Ce n'est guère plaisant.* ➤ **engageant, excitant.** *«il voulait que la circonstance fût agréable, fournît la matière d'un plaisant souvenir»* ROMAINS. — (PERSONNES) Agréable, charmant. *Des hommes «que toute femme plaisante, aisément désarme»* SUARÈS. ▪ **2** (1538) Qui plaît en amusant, en faisant rire. ➤ **amusant, divertissant, drôle*.** *Une histoire, une anecdote assez plaisante.* ▪ **3** IRON. et VIEILLI (en épithète devant le nom ou en attribut) Qui fait rire à ses dépens. ➤ **bizarre, comique, ridicule, risible.** *«Plaisante justice qu'une rivière borne !»* PASCAL. — MOD. *C'est assez plaisant !*

II n. m. ▪ **1** LITTÉR. *Le plaisant* : ce qui plaît, ce qui amuse. ➤ **agréable.** *Un sujet «Où je pusse mêler le plaisant à l'utile»* LA FONTAINE. — *Le plaisant de la chose*, le côté plaisant. ➤ 1**piquant.** ▪ **2** (1532) VX Personne qui cherche à divertir, à faire rire. ➤ **bouffon, farceur, loustic.** *«il était la victime d'un plaisant de Paris»* BALZAC. ◆ (1680) MOD. **MAUVAIS PLAISANT :** personne qui fait des plaisanteries de mauvais goût. ➤ **impertinent, plaisantin.** *«C'est un mauvais plaisant, satirique, moqueur, ne cherchant qu'à embarrasser les gens»* STENDHAL.

▪ CONTR. Antipathique, déplaisant, désagréable, fastidieux ; grave, sévère.

PLAISANTER [plɛzɑ̃te] **v.** ‹1› – 1531 ◊ de *plaisant*

I v. intr. ▪ **1** Faire ou (le plus souvent) dire des choses plaisantes pour faire rire ou amuser. ➤ **s'amuser, badiner,** VX **bouffonner,** se **gausser,** 1**rire ;** FAM. **blaguer, déconner, rigoler ; plaisanterie.** *Aimer à plaisanter. N'être pas d'humeur à plaisanter. Plaisanter sur, à propos de qqn, de qqch. «Il y a des choses dont il ne faut pourtant point plaisanter»* SAND. *«Il est allé vers les journalistes, a serré des mains. Ils ont plaisanté, ri et avaient l'air tout à fait à leur aise»* CAMUS. ▪ **2** (1690) Dire ou faire qqch. par jeu, sans penser être pris au sérieux. ➤ RÉGION. **galéjer.** *Vous plaisantez, j'espère !* vous ne parlez pas sérieusement ? *Tu veux plaisanter. Je plaisante, c'était pour rire.* — *C'est quelqu'un qui ne plaisante pas*, qui prend tout au sérieux. *Il ne plaisante pas là-dessus* : c'est un point sur lequel il est intransigeant, intraitable. *On ne plaisante pas avec (sur) ces choses-là* : ce sont des choses qu'il ne faut pas prendre à la légère. ➤ **jouer.**

II v. tr. (1718) (Compl. personne) Railler légèrement, sans méchanceté. ➤ 2**chiner, taquiner ;** FAM. **blaguer, charrier.** *«L'on plaisante les poètes qui tiennent que la forme et le fond, c'est tout un»* PAULHAN.

PLAISANTERIE [plɛzɑ̃tʀi] **n. f.** – 1538 ; *plesanterie* hapax 1279 ◊ de *plaisant* ▪ **1** Propos destinés à faire rire, à s'amuser. ➤ **blague, boutade, calembredaine, facétie, galéjade,** FAM. 2**vanne.** *Plaisanterie fine, piquante, légère.* ➤ **badinage.** *Plaisanterie lourde, de mauvais goût. Des plaisanteries lestes, de corps de garde*.* ➤ **gaudriole, gauloiserie.** *«des plaisanteries fines, aiguës et, sous une apparence paradoxale, d'une justesse et d'une vigueur extrêmes»* GAUTIER. *Il «se donna l'air de l'homme qui comprend, avec une seconde de retard, une plaisanterie spirituelle»* ROMAINS. *Des plaisanteries éculées. Plaisanterie de vantard.* ➤ **hâblerie.** — COLLECT. *Savoir manier la plaisanterie* (➤ **gaieté, humour**). — (EXCLAM.) *Trêve* de plaisanterie.* ▪ **2** Propos ou actes visant à railler, à se moquer (➤ **plaisanter,** II). *Plaisanteries à l'adresse de qqn.* ➤ **lazzi, moquerie, quolibet, raillerie, satire, taquinerie.** *Être l'objet des plaisanteries, en butte aux plaisanteries* (cf. Être le souffre*-douleur, la tête* de Turc). *«ils sortirent ainsi tous les trois, au milieu des plaisanteries et des huées de la salle»* ZOLA. *Pousser trop loin la plaisanterie.* — *Être victime d'une plaisanterie.* ➤ **attrape, blague, canular,** 2**farce, mystification ; bizutage** (cf. Poisson d'avril*). *C'est une mauvaise plaisanterie. Plaisanterie qui tourne mal. Plaisanterie cruelle, macabre. Imaginer une plaisanterie* (cf. Monter un bateau*). LOC. *Les plaisanteries les plus courtes sont (toujours) les meilleures.* ◆ *La plaisanterie* : la raillerie. *Il prend bien la plaisanterie. Il ne comprend pas la plaisanterie. Il pousse trop loin la plaisanterie.* ◆ ETHNOL. *Parenté à plaisanterie.* ▪ **3** Action de plaisanter (I, 2o) ; chose dite ou faite en plaisantant. *Dire une chose par plaisanterie, par manière de plaisanterie*, sans parler sérieusement. — *Ça a l'air d'une plaisanterie* : ça n'a pas l'air d'une chose sérieuse. ▪ **4** PAR EXT. Chose si peu sérieuse qu'elle en est dérisoire. ➤ **bêtise* ; bobard.** *«Voir renaître sur la grande route les traditions chevaleresques ! La bonne plaisanterie»* DUHAMEL. ➤ **blague.** ▪ **5** Chose très facile. ➤ **bagatelle.** *Ce sera pour lui une plaisanterie de battre ce record* (cf. Un jeu d'enfant*).

PLAISANTIN [plɛzɑ̃tɛ̃] **n. m. et adj. m.** – 1530, repris 1838 ◊ de *plaisant* ▪ **1** Personne qui fait des plaisanteries d'un goût douteux. ➤ **blagueur, farceur.** *C'est un plaisantin, mais il n'est pas méchant.* ◆ **adj.** *Il «affecte avec moi un ton plaisantin, parfois même égrillard»* GIDE. ➤ 1**badin, facétieux.** ▪ **2** Personne qui ne fait rien sérieusement. ➤ **fantaisiste, fumiste.** *Vous êtes un petit plaisantin !*

1**PLAISIR** [pleziʀ] **n. m.** – fin XIe ◊ de l'ancien infinitif de *plaire*, du latin *placere*

I CE QU'IL PLAÎT À QQN DE FAIRE, D'ORDONNER (VX, sauf dans des expressions) *Si c'est votre plaisir, si c'est votre bon plaisir.* (1638) *Car tel est notre (bon) plaisir*, formule des anciens édits, qui marquait la volonté du roi. *«il y avait le droit écrit, et par-dessus tout il y avait le bon plaisir, la raison du plus fort»* ZOLA. ◆ **À PLAISIR :** VIEILLI comme il plaît, autant qu'on veut. *«Et c'est un vieux mensonge à plaisir inventé»* MUSSET. — (début XVIIe) En obéissant à un caprice, sans justification raisonnable, comme si on y prenait plaisir (cf. Sans raison*, pour rien*). *Il complique tout à plaisir.*

II SENSATION AGRÉABLE ▪ **1** (milieu XIVe) **LE PLAISIR.** Sensation ou émotion agréable, liée à la satisfaction d'une tendance, d'un besoin, à l'exercice harmonieux des activités vitales. *Le plaisir est l'un des deux pôles de la vie affective. Le plaisir et la douleur. États empreints de plaisir.* ➤ **bien-être, contentement, délectation, euphorie, satisfaction.** *Le plaisir et le bonheur, et la joie. Le plaisir physique, des sens ; le plaisir des yeux ; le plaisir esthétique, intellectuel, moral. «Concept obscur, sentiment lumineux, le plaisir doit être conçu à la fois comme état et acte, un affect qui ne peut être dissocié du comportement qui lui a donné naissance»* J.-D. VINCENT. *Principe* de plaisir. La recherche du plaisir.* ➤ **désir ; libido.** *«la* *recherche du plaisir n'est-elle pas la loi fondamentale qui gouverne les processus vivants ?»* H. LABORIT. *Morales du plaisir :* épicurisme, hédonisme. — *Éprouver, avoir du plaisir.* ➤ FAM. **s'éclater.** *Faire durer le plaisir :* prolonger qqch. ; IRON. d'une chose déplaisante ou douloureuse. ➤ **savourer.** *Causer, donner du plaisir :* charmer, plaire, ravir, réjouir. *Rougir de plaisir. Cela me fait un grand plaisir, ne me fait aucun plaisir. Sa joie fait plaisir à voir.* — *Je vous souhaite bien du plaisir,* formule de politesse ironique. ◆ (milieu XVe) **FAIRE PLAISIR (À qqn) :** être agréable (à qqn), en rendant service, etc. *Je ne demande pas mieux que de vous faire plaisir. Il ne cherche qu'à faire plaisir.* ➤ **obliger.** *Vous me ferez plaisir de :* vous m'obligerez en... *Voulez-vous me faire le plaisir de dîner avec moi ?* (1869) (Ordre) *«Tais-toi donc ! murmura-t-il. Hein ? fais-moi le plaisir de te taire !»* ZOLA. *Se faire plaisir :* se laisser tenter, se faire un cadeau. *Je me suis fait plaisir, j'ai craqué pour cette robe.* ◆ *Le plaisir de qqn,* le plaisir qu'il éprouve. *Chacun prend son plaisir où il le trouve. Cet incident nous a gâté, gâché notre plaisir. Bouder* son plaisir.* LOC. FAM. *C'est le plaisir des dieux,* un plaisir raffiné. ▪ **2** (1658) SANS COMPL. **LE PLAISIR :** le plaisir sexuel. ➤ **jouissance, volupté.** *Paroxysme du plaisir.* ➤ **orgasme.** *Prendre du, son plaisir. Avoir du plaisir.* ➤ **jouir** (cf. S'envoyer* en l'air, prendre son pied*). *Donner, recevoir du plaisir. — Plaisir solitaire*. — Marchande* de plaisir.* ▪ **3** (1563) **UN PLAISIR, DES PLAISIRS.** Émotion, sentiment agréable (correspondant à des circonstances particulières). *Éprouver, goûter un plaisir, des plaisirs. Plaisirs innocents ; plaisirs défendus. Les plaisirs des sens, de l'esprit. «il n'y a point de plaisir qui ne perde à être connu»* MARIVAUX. *Les plaisirs de l'alpinisme. Un de mes plaisirs favoris est de faire la grasse matinée. Jouir d'un plaisir. — Procurer un petit plaisir à qqn.* ▪ **4** (La cause, la source du plaisir étant désignée) **LE PLAISIR DE :** le plaisir causé par (une chose, un objet, ou une espèce d'objets). *«Plaisir d'amour ne dure qu'un moment»* FLORIAN. *Le plaisir du devoir accompli. — Le plaisir de posséder, de commander. «Qui n'a pas vécu dans les années voisines de 1789 ne sait pas ce que c'est que le plaisir de vivre»* TALLEYRAND. ▪ **5** LOC. *Avoir du plaisir, beaucoup de plaisir à* (et l'inf.) : être ravi de. (milieu XVe) *Prendre (du, beaucoup de) plaisir à une chose, à faire qqch. «Si* Peau-d'âne *m'était conté, j'y prendrais un plaisir extrême»* LA FONTAINE. *Éprouver, trouver du plaisir à* (et inf.). *Il trouve du plaisir à faire la cuisine.* — (Au sens affaibli d'agrément) *J'espère que nous aurons bientôt le plaisir de vous voir.* ➤ **avantage.** *M. et Mme X ont le plaisir de vous faire part de...* ◆ LOC. PROV. *Où il y a de la gêne*, il n'y a pas de plaisir.* ◆ *C'est, ce sera un plaisir de les voir, que de les voir. Je me ferai un plaisir de vous rendre ce service.* ➤ **se complaire,** se **plaire.** *Se faire, prendre un malin plaisir à... Il prend un malin plaisir à la contrarier.* (1837) *Au plaisir de vous revoir,* formule aimable d'adieu. ELLIPT POP. *Au plaisir ! «Les formules de politesse, au plaisir ! Assoyez-vous, vous ne paierez pas plus cher»* A. ERNAUX. — *Tout le plaisir est pour moi !* ◆ **POUR LE PLAISIR ;** (1524) **POUR SON PLAISIR ; PAR PLAISIR :** sans autre raison que le plaisir qu'on y trouve. *Il ment pour le plaisir, par plaisir. «ne faisant plus la médecine que pour son plaisir personnel, qui, d'ailleurs, était grand»* BARBEY. ◆ (1869) **AVEC... PLAISIR :** en y trouvant du plaisir. *Accepter, accorder, donner avec plaisir,* de bon cœur, bien volontiers. *Avec plaisir,* formule aimable pour acquiescer à une demande. *Pouvez-vous nous accompagner ? – Avec grand plaisir.* ◆ **SANS PLAISIR.** *«Le soir, sur les planches, elle vend sa salade, sans défaillance comme sans plaisir»* COLETTE.

III CE QUI PROCURE UNE SENSATION AGRÉABLE, UNE SATISFACTION ▪ **1** (fin XVe) Ce qui peut donner à qqn une émotion ou une sensation agréable ; objet ou action qui en est la source ou l'occasion. ➤ **agrément, amusement, délice, distraction, divertissement, réjouissance.** *«Chaque âge a ses plaisirs, son esprit et ses mœurs»* BOILEAU. *«Je nie absolument que chaque âge ait ses plaisirs, la Jeunesse gardant tout pour elle»* COURTELINE. *Les plaisirs de la vie. Les plaisirs de la table.* — (1547) ANCIENNT *Les Menus Plaisirs :* les divertissements royaux (fêtes, spectacles, cérémonies de la cour). *L'Intendant des Menus Plaisirs.* — MOD. *Réserver une part de son budget pour ses menus plaisirs,* pour les amusements. — *Un plaisir coûteux.* ▪ **2** (1678) **LES PLAISIRS.** Les plaisirs sensuels, les distractions et les amusements qui en procurent. *Mener une vie de plaisirs.* ◆ (SING. COLLECTIF) *Homme de plaisir,* porté aux plaisirs de l'amour. *«lieux de plaisir, cabarets artistiques, restaurants de nuit où l'on compose de la joie avec du champagne»* MAURIAC. *Partie* de plaisir.*

▪ CONTR. Affliction, 2 chagrin, déplaisir, douleur, peine, tristesse ; désagrément, ennui.

2 **PLAISIR** [plezir] n. m. – 1829 ◇ de 1*plaisir* ▪ VX Oublie. *Voilà le plaisir !* cri des marchands d'oublies.

1 **PLAN, PLANE** [plɑ̃, plan] adj. – 1520 ◇ latin *planus* ▪ **1** Sans aspérité ni inégalité, qui ne présente de courbure en aucun de ses points (surface). ➤ 1 **plat, uni ;** 2 **plan, planéité.** *Rendre plan :* aplanir, niveler. *Miroir plan. On définit «la surface plane, celle à laquelle une ligne droite se peut appliquer en tout sens»* D'ALEMBERT. MATH. *Courbe plane,* tracée dans un plan. ▪ **2** *Géométrie plane,* qui étudie les figures planes (opposé à *dans l'espace*). ▪ CONTR. Courbe, gauche. ▪ HOM. Plant ; plane.

2 **PLAN** [plɑ̃] n. m. – 1553 ◇ de 1*plan, plane*

I SURFACE PLANE ▪ **1** Surface plane (dans quelques emplois). *Toit en plan incliné.* — (1637, Descartes) MÉCAN. *Plan incliné :* machine simple servant d'appareil de levage. — (1935) *Plan d'eau :* surface d'eau abritée, calme, susceptible d'être utilisée pour les sports nautiques. — *Plan de travail :* dans une cuisine, surface plane utilisable pour diverses opérations. ➤ RÉGION. **comptoir.** — *Plan de cuisson :* plaque encastrée dans un élément de cuisine, supportant des brûleurs à gaz ou des résistances électriques. — *Plan de sustentation d'un avion :* aile(s), voilure (➤ **biplan, monoplan**). ▪ **2** GÉOM. Surface contenant entièrement toute droite joignant deux de ses points. *Plans sécants, tangents*. Plans parallèles, perpendiculaires. Plan de symétrie. «il y a des corps qui n'ont pas de "plan de symétrie." Coupez une main par un plan quelconque, jamais vous ne laisserez à droite ce qui sera à gauche»* PASTEUR. *Dans la géométrie descriptive, la position d'un point est déterminée par sa projection orthogonale sur un plan de référence horizontal et sur un plan perpendiculaire au premier (plan vertical, frontal, de front). Plan méridien*,* passant par l'axe de révolution d'une surface de révolution. *Plan tangent* en un point à une surface :* l'ensemble des tangentes à cette surface, formant un plan. ◆ (1869) SC., TECHN. *Plan de l'équateur et plan de l'écliptique,* qui passe par l'équateur, l'écliptique. — *Plan de tir :* plan vertical passant par la ligne de tir.

II CE QUI EXPRIME LA PROFONDEUR DANS UNE PERSPECTIVE ▪ **1** (1678) Chacune des surfaces planes, perpendiculaires à la direction du regard (généralement verticales), représentant les profondeurs, les éloignements dans une scène réelle ou figurée en perspective (dessin, peinture, photo). *Premiers plans* (situés près de l'observateur). *Au premier plan :* à peu de distance. ➤ RÉGION. **avant-plan.** *Seconds plans, plans éloignés* (➤ **arrière-plan, fond, lointain**). ◆ (1803) THÉÂTRE Chacune des divisions de la scène en profondeur. FIG. *Mettre (qqch.) au premier plan,* lui accorder une importance primordiale, essentielle. *Mettre, reléguer au second plan.* (1901) *Mettre sur le même plan,* sur la même ligne, au même niveau. — (1835, Stendhal) *De premier, de second plan.* ➤ **importance, ordre.** *Un acteur de second plan.* — *Sur le plan de* (et un subst.), *sur le plan* (et un adj. abstrait) : au point de vue (de), dans le domaine. *Sur le plan de l'efficacité. Sur le plan logique, moral. «le clonage humain comme méthode de reproduction est inacceptable sur le plan philosophique»* A. KAHN. — *Au plan de* (et un subst.), *au plan* (et un adj. abstrait). *Au plan régional, financier.* ▪ **2** Image (photo), succession d'images (cinéma) définie par l'éloignement de l'objectif et de la scène à photographier, et par le contenu de cette image (dimension des objets). (1928) *Gros plan :* prise de vue rapprochée. *Photo d'un objet en gros plan. Gros plan de visage, dans un film. Un très gros plan.* — (1919) TECHN. *Plan rapproché, plan serré* (personnages cadrés à la hauteur des épaules). (1944) *Plan américain* (personnages coupés à mi-corps) ; (1946) *plan moyen* (personnages en pied) ; *plan général, d'ensemble,* etc. *Tourner une scène en plan fixe,* sans déplacer l'objectif. *Plan de coupe :* plan autonome inséré entre deux séquences. *Plan d'archives :* images provenant de documents d'archives. — LOC. FIG. *Gros plan sur...* (dans un journal, une émission...). ➤ **focus, zoom.** ▪ **3** CIN. Prise de vue effectuée sans interruption ; les images qui en résultent (et ce qui en reste après les coupures techniques). *«De toute sa carrière, Hitchcock n'a jamais tourné un seul plan gratuit. Les plus anodins [...] servent toujours à l'intrigue»* GODARD. *Montage en plans alternés. Plan-séquence :* plan très long, constituant à lui seul une séquence.

3 **PLAN** [plɑ̃] n. m. – 1545 ◇ de *planter*

I REPRÉSENTATION D'UNE STRUCTURE GÉNÉRALE ▪ **1** Représentation (d'une construction ou d'un ensemble de constructions, d'un terrain, d'un jardin, etc.) en projection horizontale. *Le plan d'un bâtiment. Plan d'architecte. L'échelle d'un plan. Acheter un appartement sur plan.* (1680) *Lever, dresser, tracer un plan* (➤ **levé**). — *Plan de masse :*

document graphique donnant la position de bâtiments et de volumes construits. — Agencement particulier (visible sur le plan) d'un édifice, d'une agglomération... *Plan centré, carré, tréflé. Plan en croix latine. Ville sur plan orthogonal* (ou *en échiquier*). — *Plan en relief (plan-relief).* — MILIT. *Plan directeur* : carte très détaillée utilisée notamment par l'artillerie. ▪ **2** Carte à grande échelle d'une ville, d'un réseau de communications. *Acheter un plan de Paris, du métro.* ▪ **3** Reproduction à une certaine échelle, généralement en projection orthogonale (d'une machine). ➤ **diagramme, épure, schéma.** *Plan et élévation. Plans et maquettes d'un prototype d'avion.* — *Plan de montage d'un meuble en kit, d'une cuisine.*

II ÉLABORATION DE LA STRUCTURE D'UN PROJET, DANS SES GRANDES LIGNES ▪ **1** (1627) Projet élaboré, comportant une suite ordonnée d'opérations, de moyens, destinée à atteindre un but. ➤ **combinaison, dessein, projet.** *Élaboration d'un plan. Plan d'action.* « *Les ennemis de la patrie n'agissent que d'après un plan d'opération profondément médité* » MARAT. *Avoir, exécuter un plan. Déranger les plans de qqn. Plan irréalisable.* ➤ **utopie.** « *On leur attribuait une préméditation, un plan, un calcul, qui leur étaient étrangers* » MICHELET. *Plan de carrière**. — *Tirer des plans sur la comète**. — RÉGION. (nord de la France ; Belgique, R. D. du Congo, Rwanda) FAM. *Tirer son plan* : se débrouiller ; se tirer d'affaire. « *Tire ton plan, ma fille !... Cela ne me regarde pas...* » SIMENON. ◆ (au propre et au fig.) *Plans de bataille, plan de campagne. Plan stratégique. Plan B* : MILIT. alternative au plan principal ; COUR. solution de rechange. AVIAT. *Plan de vol* : document établi par le pilote avant le vol et où figurent divers renseignements sur celui-ci (durée, itinéraire, etc.). ▪ **2** (1670) *Plan d'une œuvre, d'un ouvrage* : disposition, organisation de ses parties, considérée après coup (abrégé, résumé) ou élaborée avant la composition. ➤ **cadre, canevas, charpente, ébauche.** *Plan d'une comédie, d'un roman. Le plan d'une dissertation. Plan de devoir donné comme modèle.* ➤ **corrigé.** « *On ne peut travailler à un ouvrage qu'après en avoir fait le plan, et un plan ne peut être bien fait qu'après que toutes les parties de l'ouvrage sont achevées* » CONSTANT. ▪ **3** BIOL. *Plan d'organisation* : organisation des structures d'un être vivant, principalement autour des axes antéropostérieur et dorsoventral. ▪ **4** (1875) Ensemble des dispositions arrêtées en vue de l'exécution d'un projet. ➤ **planification, programme.** *Plan économique, financier ; plan quinquennal. Plan à court, moyen, long terme. Plans de stabilisation, de redressement, de relance, d'austérité.* (En France) *Le Commissariat général du Plan. Plan local d'urbanisme** (ANCIENNT *plan d'occupation des sols*). *Plan comptable**. (1967) *Plan-calcul,* concernant le développement de l'informatique. *Plan de travail, dans une entreprise* : organisation du travail. ➤ **planning.** *Plan social** *(d'accompagnement). Plan de licenciement, de restructuration.* ◆ PSYCHOL. *Plan d'échantillonnage* : sélection et estimation des échantillons. ◆ (traduction de l'anglais *media planning*) PUBLIC. *Plan médias* : programme de publicité selon les supports. ◆ (En France) *Plan ORSEC* (abrév. de *organisation des secours*), déclenché par le préfet en cas de catastrophe. *Plan blanc, plan rouge,* qui permettent de mobiliser d'importants moyens (dans les hôpitaux, sur le lieu d'une catastrophe). *Plan Vigipirate,* de lutte contre le terrorisme. « *les détritus s'entassent dessus-dessous les poubelles scellées pour cause de plan Vigipirate* » BOURGEADE. ◆ *Plan d'épargne* : système d'épargne dans lequel le souscripteur s'engage à verser régulièrement certaines sommes. ▪ **5** FAM. Projet de sortie, de distraction. *Pour samedi soir, j'ai un plan d'enfer !* — *Plan drague* : tentative de séduction. *Plan cul* : relation sexuelle sans suite. *Il voulait « me montrer que je n'étais pas un plan cul pour lui »* C. LAURENS. *Plan d'un soir.* ➤ **coup.** — PAR EXT. Idée. *Laisse tomber, c'est pas un bon plan !*

III EN PLAN LOC. FAM. *Laisser qqn en plan,* sur place, sans s'en occuper. ➤ **abandonner, planter** (là). *Tous les projets sont restés en plan,* inachevés (cf. En suspens).

PLANAGE [planaʒ] n. m. – 1847 ◇ de 1*planer* ▪ TECHN. Opération qui consiste à planer (1), à aplanir. — (1932) Action de rendre plane (une tôle déformée).

PLANAIRE [planɛʀ] n. f. – 1803 ◇ latin moderne *planarius,* de *planus* → 1 plan ▪ ZOOL. Ver plat d'eau douce *(turbellariés)* carnivore.

PLANANT, ANTE [planɑ̃, ɑ̃t] adj. – 1971 ◇ de 2*planer* ▪ FAM. Qui fait planer. *Musique planante.*

PLANCHA [plɑ̃(t)ʃa] n. f. – 1993 ◇ espagnol *a la plancha* « au gril », de *plancha* « plaque » ▪ Plaque métallique chauffante pour faire griller des aliments. *Calamars à la plancha.*

PLANCHE [plɑ̃ʃ] n. f. – fin XIIe ◇ du latin *planca,* qui remonte au grec *phalanx, phalangos* « formation de combat » et « bille de bois ». → phalange

I PIÈCE DE BOIS ▪ **1** Pièce de bois plane, plus longue que large et généralement peu épaisse. ➤ **ais, chanlatte,** 1 **latte, palplanche, planchette.** *Scier des planches dans un tronc d'arbre* (➤ **refendre**). *Planche de sapin* (➤ **sapine**), *de chêne. Planche couverte d'écorce* (➤ **dosse**), *non équarrie. Aplanir, raboter une planche. Planche très mince.* ➤ **feuillet.** *Planches utilisées pour la couverture, le cloisonnage.* ➤ 1 **bardeau, volige.** *Planche à tonneau.* ➤ 1 **douve.** *Planches assemblées* (➤ **alèse, languette, onglet**), *clouées ; jointives. Caisse, barrière en planches. Maisonnette en planches.* ➤ **baraque, cabane, chalet.** *Sol en planches.* ➤ 1 **plancher.** *La planche d'un plongeoir.* « *Il y avait des planches fort longues et fort élastiques qui servaient de ponts sur les plus larges de ces fossés* » STENDHAL. « *Des planches, en guise de table, ont été posées sur des tréteaux* » ALAIN-FOURNIER. *Les planches d'une armoire, d'un placard* (➤ 2 **rayon**) ; *servant d'étagère* (➤ **tablette**). ◆ MAR. Pièce de bois servant à monter à bord, au chargement et au déchargement des marchandises. *Retirer la planche. Jours de planche,* de chargement et de déchargement (➤ **starie**). ◆ (1873) *Planche à dessin* : panneau de bois parfaitement plan sur lequel on fixe une feuille de papier à dessin (notamment en dessin industriel et d'architecture). — *Planche à laver,* sur laquelle on foule, on brosse le linge. — *Planche à repasser**. *Planche à découper.* — PAR MÉTON. *Planche de charcuterie* : assortiment de charcuterie servi sur une planche, dans un restaurant, un bar. *Planche de fromages. Planche mixte* (fromage et charcuterie). *Commander, partager une planche.* — *Planche à pain,* sur laquelle on pose le pain pour le couper. LOC. FIG. *Avoir du pain sur la planche* : avoir beaucoup de travail devant soi. FAM. PÉJ. *Une planche à pain* : une femme qui n'a pas beaucoup de poitrine. « *Laura elle en a dans le soutif, alors que Charlotte c'est une planche à pain* » P. BAILLY. ◆ LOC. *Être (cloué) entre quatre planches,* mort et enfermé dans un cercueil. « *Elle dit à peu près : "Je n'aurai la paix que dans mes quatre planches"* » H. CALET. — (1822) *Planche de salut* : ultime ressource, dernier moyen. — *Planche pourrie* : personne dont l'appui ou l'aide est incertain et dangereux. — *Savonner** *la planche à qqn.* — (1794) *Faire la planche* : flotter sur le dos. « *elle fit la planche, les bras croisés, les yeux ouverts dans le bleu du ciel* » MAUPASSANT. ▪ **2** (1761) **LES PLANCHES** : le plancher de la scène, au théâtre. ➤ **scène, théâtre** (cf. Les tréteaux). LOC. *Monter sur les planches* : faire du théâtre. *Brûler les planches* : jouer avec une fougue communicative. ◆ Le théâtre. « *J'ai eu dans mon enfance et ma jeunesse un amour effréné des planches. J'aurais été peut-être un grand acteur* » FLAUBERT. ▪ **3** (1585) Pièce de bois plate et mince ; plaque, feuille de métal poli, destinée à la gravure et à la reproduction par une impression. *Les caractères mobiles ont remplacé les planches d'imprimerie.* — ABUSIVEMENT Composition d'imprimerie. ◆ SPÉCIALT (1837) *Planche à billets,* servant au tirage des billets de banque. LOC. *Faire marcher la planche à billets* : mener une politique inflationniste. ▪ **4** PAR MÉTON. (1575) Estampe tirée sur une planche gravée. ➤ **gravure ;** 2 **estampe.** *Planches en hors-texte.* ◆ Feuille ornée d'une gravure. *Les planches de l'Encyclopédie.* — PAR EXT. *Planche illustrée, encyclopédique, thématique* (dans un ouvrage de référence). *La planche des champignons.* ◆ PHOTOGR. *Planche-contact* n. f. : tirage sur une seule feuille sensible de l'ensemble des vues d'un film photographique. *Des planches-contacts.* ▪ **5** (1807) TECHN. Lingot de laiton. ◆ Bloc d'ardoise brut. ◆ CUIS. Grand et long morceau de lard. ▪ **6** (1932) AVIAT. *Planche de bord* : panneau où se trouvent les instruments de bord. ➤ **tableau.** ▪ **7** SPORT *Planche d'appel**. — (1933) FAM. Ski. *Farter ses planches.* ▪ **8** (1977) *Planche (à voile)* : planche munie d'une dérive, d'un mât central et d'une voile que l'on fait avancer sur l'eau ; sport ainsi pratiqué. ➤ aussi **funboard, kitesurf, windsurf.** *Faire de la planche* (➤ **planchiste, véliplanchiste**). — *Planche de surf**. — (1977) *Planche (à roulettes)* : petite planche montée sur roulettes ; sport consistant à se déplacer sur cette planche. ➤ **skate-board.** *Planche à roulettes à voile.* ➤ **speed-sail.** ▪ **9** (1929 ; *planche noire* « tableau » 1870) ARG. SCOL. Interrogation au tableau. *Il a fait une bonne planche* (➤ 2 **plancher**). ◆ Travail de recherche présenté en loge maçonnique. *Planche de passage.*

II BANDE DE TERRE (fin XIIIe) Espace de terre cultivée, plus long que large, dans un jardin. *Les planches d'un potager.* ➤ **couche** (II). *Semer une planche de radis.* — *Labour en planches,* par bandes larges et planes ou légèrement bombées.

PLANCHÉIAGE [plɑ̃ʃejaʒ] n. m. – 1846 ◇ de *planchéier* ▪ Pose d'un plancher, d'une garniture de planches ; cette garniture.

PLANCHÉIER [plɑ̃ʃeje] v. tr. ‹7› – *planchoier* 1335 ◊ de *planché* «1plancher», de *planche* ■ Garnir (le sol, et PAR EXT. les parois intérieures d'une construction) d'un assemblage de planches (➤ 1plancher). — *«une chambre haute toute planchéiée intérieurement»* GAUTIER.

1**PLANCHER** [plɑ̃ʃe] n. m. – *planchier* 1165 ◊ de *planche* ■ **1** Ouvrage qui, dans une construction, constitue une plateforme horizontale au rez-de-chaussée, ou une séparation entre deux étages. *Plancher de charpente, formé de grosses poutres sur lesquelles se fixent les lambourdes* supportant un assemblage de planches. Plancher métallique,* à solives et entretoises métalliques. *Plancher à coffrage ; en béton armé ; mixte* (béton et métal). ■ **2** VX Partie inférieure du plancher, appelée de nos jours *plafond. Sauter au plancher. «sous les solives d'un plancher»* ROUSSEAU. ■ **3** Partie supérieure d'un plancher (1°), sol de la pièce constitué d'un assemblage de bois assez rudimentaire (à la différence du parquet). *Lattes, lames de plancher. Plancher de chêne, de sapin.* ♦ Sol (d'un véhicule, etc.). *Plancher d'un ascenseur, d'une voiture.* — LOC. FAM. *Avoir le pied au plancher :* appuyer à fond sur la pédale d'accélérateur d'une automobile. ♦ LOC. FAM. (1843) *Débarrasser le plancher :* sortir, être chassé. *«débarrassez-moi le plancher»* SARTRE. — FIG. (1552 ; d'abord dans le langage des marins puis des aviateurs) FAM. *Le plancher des vaches :* la terre ferme. ■ **4** (1812) SC. Paroi inférieure. — ANAT. *Plancher buccal :* les parties molles de la bouche situées entre le maxillaire inférieur et l'os hyoïde. ♦ GÉOGR. *Le plancher d'une caverne, d'une grotte.* — Sol dur sur lequel repose une dune. ■ **5** Niveau minimal, seuil inférieur. *Le plancher des cotisations.* APPOS. INV. *Prix plancher,* minimal (opposé à *plafond*). *Des peines plancher.*

2**PLANCHER** [plɑ̃ʃe] v. intr. ‹1› – 1905 ◊ de *planche* «tableau» ■ FAM. *Plancher sur qqch. :* travailler à qqch., étudier avec ardeur. *Plancher sur un dossier.* — ABSOLT *Des élèves qui planchent dur.*

PLANCHETTE [plɑ̃ʃɛt] n. f. – *planchete* XIIIe ◊ de *planche* ■ **1** Petite planche (surtout servant de support). ➤ **tablette.** ■ **2** (1762) TECHN. Petite plateforme montée sur un pied, munie d'une alidade ou d'une lunette, servant à lever des plans.

PLANCHISTE [plɑ̃ʃist] n. – 1978 ◊ de *planche (à voile)* ■ Personne qui pratique la planche à voile. ➤ **véliplanchiste.**

PLANÇON [plɑ̃sɔ̃] n. m. – début XIIe ◊ latin populaire *°plantio, onis,* de *planta* «plant» ■ **1** AGRIC. Branche utilisée comme bouture (surtout bouture d'osier, de saule). ➤ **plantard.** ■ **2** (1771) TECHN. Tronc d'arbre refendu. ➤ **madrier.**

PLAN-CONCAVE [plɑ̃kɔ̃kav] adj. – 1765 ◊ de 1*plan* et *concave* ■ OPT. Qui présente une face plane et une face concave. *Lentilles plan-concaves.*

PLAN-CONVEXE [plɑ̃kɔ̃vɛks] adj. – 1691 ◊ de 1*plan* et *convexe* ■ Qui présente une face plane et une face convexe. *Lentilles plan-convexes.*

PLANCTON [plɑ̃ktɔ̃] n. m. – 1893 ◊ allemand *Plankton* (1887), du grec *plagkton,* neutre de *plagktos* «errant» ■ Ensemble des organismes (en général de très petite taille) qui vivent en suspension dans l'eau de mer. ➤ **pélagos.** *Le benthos, le necton et le plancton. Plancton végétal* (➤ **phytoplancton**), *animal* (➤ **zooplancton**). *Animaux qui se nourrissent de plancton.* — adj. **PLANCTONIQUE** [plɑ̃ktɔnik].

PLANE [plan] n. f. – XIVe ; *plaine* XIIe ◊ réfection, d'après le verbe *planer,* de l'ancien français *plaine,* bas latin *plana* ■ TECHN. Outil formé d'une lame tranchante et de deux poignées, appelé aussi *couteau à deux manches,* qui sert à aplanir, à dégrossir une surface de bois. ■ HOM. Plane (1plan).

PLANÉ, ÉE [plane] adj. – XIIe ◊ de 2*planer* ■ LOC. (1869) **VOL PLANÉ,** d'un oiseau qui plane ; (1907) d'un avion dont les moteurs sont arrêtés. ♦ FIG. FAM. *Faire un vol plané,* une chute.

PLANÉITÉ [planeite] n. f. – 1794 ◊ de 1*plan* ■ DIDACT. Caractère plan (de qqch.). *La planéité du champ d'un objectif anastigmat.*

1**PLANER** [plane] v. tr. ‹1› – 1165 ◊ bas latin *planare,* de *planus* → 1plan, 1plain ■ TECHN. Rendre plan, aplanir, en enlevant les aspérités. ➤ **dresser.** *Planer une douve, une planche. Planer du métal au marteau. Machine à planer les tôles.*

2**PLANER** [plane] v. intr. ‹1› – v. 1200 ◊ du latin *planus* → 1plan, 1plain ■ **1** Se soutenir en l'air sans remuer (ou sans paraître remuer) les ailes (en parlant des oiseaux). ➤ 1**voler.** *«Des buses, ou peut-être des faucons, volaient, puis planaient, suspendus par les vents et des battements d'aile impalpables»* NIZAN. — Voler, le moteur coupé ou à puissance réduite, comme un planeur* (en parlant d'un avion). ■ **2** (1770) VIEILLI OU LITTÉR. Considérer de haut, dominer du regard. *L'œil plane sur la ville entière. Une terrasse «d'où la vue planait sur le pays»* BALZAC. ■ **3** (1769) Dominer par la pensée. *Planer au-dessus des querelles, des dissensions,* les dominer. ➤ **survoler.** *«il avait l'impression de se détacher de soi, de planer comme un juge abstrait au-dessus d'un grouillement impur»* SARTRE. — Rêver, être perdu dans l'abstraction. *«Quand on opère sur les choses réelles, on n'est pas tenté de planer dans le monde imaginaire»* TAINE. *Il a toujours l'air de planer.* ■ **4** (CHOSES) Flotter en l'air. *Une vapeur épaisse planait.* ■ **5** (fin XVIIIe «menacer, comme l'oiseau sa proie») FIG. Constituer une présence menaçante. *Laisser planer un mystère, un doute. «la douleur et le deuil qui planaient sur cette maison»* BALZAC. ■ **6** FAM. Être dans un état de bien-être et d'indifférence au réel, après absorption de drogue (opposé à *2 flipper*). — PAR EXT. Éprouver un vif plaisir (➤ **planant**).

PLANÉTAIRE [planetɛʀ] adj. – 1553 ◊ de *planète* ■ **1** Relatif aux planètes. *Système planétaire. Orbite, mouvement planétaire.* ■ **2** SC., TECHN. *Électrons planétaires,* qui entourent le noyau de l'atome dans le modèle de Bohr. — *Mouvement planétaire dans un mécanisme.* ♦ n. m. (fin XIXe) **UN PLANÉTAIRE :** engrenage conique solidaire de l'arbre des roues, dans un différentiel d'automobile. *Les satellites transmettent le mouvement d'un planétaire à l'autre.* ■ **3** (1906, repris milieu XXe) Relatif à toute la planète Terre. ➤ **mondial.** *Expansion planétaire d'un conflit. Le village* planétaire.* — n. f. **PLANÉTARISATION.**

PLANÉTAIREMENT [planetɛʀmɑ̃] adv. – v. 1965 ◊ de *planétaire* ■ À l'échelle de la planète. ➤ **mondialement.** *«Avec la presse, les voyages, la télévision, bientôt la mondovision, on vit planétairement»* BEAUVOIR.

PLANÉTARIUM [planetaʀjɔm] n. m. – 1932 ; *planétaire* 1740 ◊ de *planète* ■ Représentation de la voûte céleste, des astres... sur une voûte. *Le planétarium du palais de la Découverte, à Paris.*

PLANÈTE [planɛt] n. f. – 1119 ◊ bas latin *planeta,* grec *planêtês* «errant» → aplanétique ■ **1** VX Astre errant, étoile errante (opposé à *étoile fixe*). *On comptait sept planètes :* le Soleil, la Lune, Mercure, Vénus, Mars, Jupiter, Saturne (les cinq dernières sont des planètes au sens mod.). ♦ MOD. ASTROL. *Les planètes, considérées par l'astrologie comme ayant une influence sur la destinée humaine.* ➤ **horoscope.** *Place d'une planète dans le ciel.* ➤ **maison, zodiaque.** *Être né sous une bonne, une heureuse planète.* ■ **2** (1686) MOD. Corps céleste du système solaire, sans lumière propre, décrivant autour du Soleil une orbite elliptique peu allongée dans un plan voisin de l'écliptique et ayant éliminé tout corps susceptible de se déplacer sur une orbite proche. *Planètes et comètes, et exoplanètes. Orbite, trajectoire d'une planète. Temps de révolution, période d'une planète.* — *Planètes inférieures* (Mercure, Vénus) ; *Terre ; planètes supérieures* (Mars, Jupiter, Saturne, Uranus et Neptune). *Petites planètes, planètes télescopiques,* situées notamment entre Mars et Jupiter (Vesta, Junon, Pallas). *Planète naine :* corps céleste en orbite autour du Soleil, sphérique, n'ayant pas fait place nette dans son voisinage (Pluton, Cérès, Eris). ➤ **astéroïde, planétoïde.** *Planètes gazeuses*, telluriques. Étude des planètes.* ➤ **planétologie.** *Espace entre les planètes.* ➤ **interplanétaire.** *La planète bleue :* la Terre (les océans couvrant près des trois quarts de sa surface). *Les «baleines survivant sur la planète bleue»* O. ROLIN. *La planète rouge :* Mars. — *La planète Terre. Notre planète. «il pourra, sans danger de dépaysement, voyager par toute la planète»* MAUROIS. ♦ PAR ANAL. Corps céleste que l'on suppose devoir graviter autour de certaines étoiles. ■ **3** FIG. Milieu particulier. *La planète mode, la planète sport.* ➤ **monde, univers.** *La planète financière.*

PLANÉTOÏDE [planetɔid] n. m. – 1877 ◊ de *planète* et *-oïde* ■ ASTRON. Petite planète. ➤ **astéroïde.** — Satellite* artificiel.

PLANÉTOLOGIE [planetɔlɔʒi] n. f. – 1974 ◊ de *planète* et *-logie* ■ DIDACT. Étude scientifique des planètes (➤ **astronomie, astrophysique** [des planètes]). *La planétologie martienne.* — n. (1974) **PLANÉTOLOGUE.**

1**PLANEUR, EUSE** [planœʀ, øz] n. m. et f. – 1680 ◊ de 1*planer* ■ TECHN. ■ **1** n. m. Ouvrier qui plane, dresse les métaux. ■ **2** n. f. (1904) Machine à planer.

2**PLANEUR** [planœʀ] n. m. – 1923 ; 1866 «oiseau qui plane» ; 1863 *ailes planeuses* ◊ de 2*planer* ■ Appareil semblable à l'avion mais ne comportant pas de moteur, et destiné à planer. *Lancement d'un planeur au treuil, au sandow, par remorquage. Pilotage des planeurs :* vol* à voile.

PLANÈZE [planɛz] **n. f.** – 1839 ◊ mot dialectal, du radical latin de *planus* ■ GÉOGR. OU RÉGION. Plateau de basalte volcanique limité par des vallées convergentes.

PLANI- ■ Élément, du latin *planus* « plan, plat, égal ».

PLANIFICATEUR, TRICE [planifikatœʀ, tʀis] **n.** – v. 1943 ◊ de *planifier* ■ Personne qui organise selon un plan (3). — Spécialiste de la planification. ➤ **planiste.** ♦ **adj.** *Mesures planificatrices.*

PLANIFICATION [planifikasjɔ̃] **n. f.** – 1935 ◊ de *planifier* ■ ÉCON. Organisation selon un plan (➤ **planisme, planiste**). *La planification consiste à déterminer des objectifs précis et à mettre en œuvre les moyens propres à les atteindre dans les délais prévus* (par une organisation administrative, technique, etc.). *Planification en régime capitaliste* (➤ **dirigisme**), *en régime socialiste ; étatique. — Planification du travail. — Planification des naissances.* ➤ **planning** (familial).

PLANIFIER [planifje] **v. tr.** ‹7› – 1938 ◊ de 3*plan*, d'après les verbes en *-fier* ■ Organiser suivant un plan. *Planifier l'économie d'une région, d'un pays ; la recherche scientifique.* — **p. p. adj.** *Économie planifiée et économie de marché.* ♦ PAR EXT. *Planifier une réunion.* ➤ **prévoir, programmer.**

PLANIMÈTRE [planimɛtʀ] **n. m.** – 1812 ◊ de *plani-* et *-mètre* ■ SC., TECHN. Instrument servant à mesurer les aires planes (en suivant les contours de la surface considérée).

PLANIMÉTRIE [planimetʀi] **n. f.** – 1520 ◊ de *plani-* et *-métrie* ■ SC. Partie de la géométrie appliquée qui concerne la mesure des aires planes. — Détermination des projections orthogonales des points matériels sur une surface de référence (pratiquement, un plan ; théoriquement, un ellipsoïde) ; mesure des distances de ces projections. *La planimétrie et le nivellement permettent d'établir la représentation complète du terrain* (levé d'un plan). ➤ **géodésie, topographie.** — **adj.** **PLANIMÉTRIQUE,** 1842.

PLANISME [planism] **n. m.** – 1935 ◊ de 3*plan* ■ ÉCON. Théorie des partisans de la planification.

PLANISPHÈRE [planisfɛʀ] **n. m.** – 1555 ◊ de *plani-* et *sphère* ■ Carte où l'ensemble du globe terrestre est représenté en projection plane. ➤ **mappemonde.** *Planisphère en projection de Mercator.* — PAR EXT. *Planisphère céleste.*

PLANISTE [planist] **n.** – 1941 ◊ de 2*plan* ■ ÉCON. Partisan ou spécialiste de la planification, du planisme.

PLANNING [planiŋ] **n. m.** – 1940 ◊ mot anglais, de *to plan* « prévoir » ■ ANGLIC. ■ **1** Programme organisé d'opérations à réaliser dans un temps déterminé ou pour une tâche précise. ➤ **calendrier, planification, programme.** *Le planning d'une tournée. Planning de production.* ➤ **ordonnancement ; rétroplanning.** *Planning journalier, annuel. Respecter le planning.* ♦ Représentation graphique de l'organisation d'opérations (de différente nature) dans une entreprise (➤ aussi **organigramme**). « *accroché au mur, un planning résumait la vie de l'exploitation, les emblavages, les projets* » PEREC. ■ **2** (1959) *Planning familial* : planification des naissances choisie par le couple. ➤ **orthogénie ; contraception, I. V. G.** *Centre de planning familial.*

PLANOIR [planwaʀ] **n. m.** – 1765 ◊ de 1*planer* ■ TECHN. Ciseau à bout aplati.

PLANORBE [planɔʀb] **n. f.** – 1776 ; *plan-orbis* 1765 ◊ du latin *planus* « uni, égal » et *orbis* « boule » ■ ZOOL. Mollusque gastéropode pulmoné, à coquille en spirale, qui vit dans les étangs, les marais.

PLAN-PLAN [plɑ̃plɑ̃] **adv.** et **adj. inv.** – 1560 en Dauphiné ◊ redoublement de l'ancien provençal *plan* « doucement » ; du latin *planus* ■ FAM. ■ **1** Tout doucement, tranquillement, sans se presser. *Il est arrivé tout plan-plan.* ➤ **piane-piane.** ■ **2** **adj. inv.** Tranquille, lent. *Une allure plan-plan.* ➤ **pépère.** ♦ Sans surprise, routinier. *Une vie plan-plan.* ➤ 1**calme, paisible.**

PLANQUE [plɑ̃k] **n. f.** – 1829 ◊ de *planquer* ■ FAM. ■ **1** Lieu où l'on cache qqch. ou qqn. ➤ **cachette.** ♦ ARG. POLICIER *Être en planque* : se cacher pour épier, surveiller. ➤ **planquer.** ■ **2** (1918) FIG. Place abritée, peu exposée ; place où le travail est facile. ➤ **combine, filon.** *Ce boulot, c'est la planque !*

PLANQUÉ, ÉE [plɑ̃ke] **adj.** et **n.** – de *planquer* ■ FAM. ■ **1** Qui est dans une bonne planque (1° et 2°). *Un magot bien planqué.* — **n.** (1922) « *Il avait honteusement tremblé à songer qu'il pouvait mourir à l'arrière, au milieu des planqués qu'il méprise* » MONTHERLANT. ➤ **embusqué.** ■ **2** Qui occupe un poste privilégié et peu astreignant. — **n.** *Un boulot de planqué.*

PLANQUER [plɑ̃ke] **v.** ‹1› – 1821 ; « jeter » 1790 ◊ variante de *planter*, d'après *plaquer* ■ **1** **v. tr.** FAM. Cacher, mettre à l'abri. *Planquer son fric.* « *elle planquait un soldat allemand* » GENET. ♦ **v. pron.** (1843) **SE PLANQUER :** se cacher pour échapper à un danger, PAR EXT. à une situation fâcheuse. *Planquez-vous, les flics arrivent.* ■ **2** **v. intr.** ARG. POLICIER Se cacher pour surveiller, épier (cf. Être en planque). *Ils planquaient depuis deux jours.*

PLANSICHTER [plɑ̃siʃtɛʀ] **n. m.** – 1903 ◊ allemand *Plan* « plan » et *Sichter* « blutoir » ■ TECHN. Blutoir mécanique, formé de plusieurs tamis animés de mouvements oscillatoires et circulaires.

PLANT [plɑ̃] **n. m.** – XIVe « action de planter » ◊ de *planter* ■ **1** TECHN. Ensemble de végétaux de même espèce plantés dans un même terrain ; le terrain ainsi planté. ➤ **pépinière, planche, plantation.** *Un plant d'arbres, de rosiers. Acheter des plants chez un pépiniériste.* ■ **2** COUR. Végétal au début de sa croissance, destiné à être repiqué ou qui vient de l'être. ➤ RÉGION. 2**planton.** *Plant issu de graine* (➤ **semis**), *de bouture* (➤ **plançon**). *Plant de vigne* (➤ **cépage**), *de pétunia, de laitue...* (➤ **pied**). ♦ SPÉCIALT Cépage. « *Il fallait repiquer avec du plant américain* » ARAGON. ■ HOM. Plan.

PLANTAGE [plɑ̃taʒ] **n. m.** – 1427 ◊ de *planter* ■ **1** VX Plantation. ■ **2** (XXe) FAM. Fait de se planter (III, 4°). ➤ **erreur.** *Le plantage d'un film à sa sortie.* ➤ **échec, four ;** FAM. **bide.** *Le plantage de l'ordinateur.*

1**PLANTAIN** [plɑ̃tɛ̃] **n. m.** – XIIIe ◊ latin *plantago* ■ Plante herbacée *(plantaginacées)* très commune, dont la semence sert à nourrir les oiseaux en cage. *Grand plantain. Plantain d'eau.* ➤ **alisma.**

2**PLANTAIN** [plɑ̃tɛ̃] **n. m.** – 1803 ; *plantin* 1617 ◊ de l'espagnol *platano*, abandonné au profit de *banana* ■ Variété de bananier des forêts tropicales. — APPOS. *Bananes* plantains.*

PLANTAIRE [plɑ̃tɛʀ] **adj.** – fin XVIe n. ◊ latin *plantaris*, de *planta* « plante des pieds » ■ ANAT. Qui appartient à la plante du pied. *Voûte* plantaire. Verrue plantaire.*

PLANTARD [plɑ̃taʀ] **n. m.** – *plantars* 1573 ◊ latin *plantare* ■ AGRIC. ➤ **plançon.**

PLANTATION [plɑ̃tasjɔ̃] **n. f.** – XIVe, rare avant XVIe ; *planteson* 1190 ◊ latin *plantatio*

I ■ **1** Action, manière de planter. *Plantation à la bêche, au plantoir. Faire des plantations dans un jardin. La plantation d'un arbre. Plantation en ligne, en carré, en quinconce* (d'arbres). ■ **2** PAR ANAL. Action d'enfoncer, de mettre en position verticale. *La plantation d'un poteau.* ♦ SPÉCIALT *Plantation de décors* : installation des décors sur une scène. ■ **3** *La plantation des cheveux* : manière dont les cheveux sont plantés. ➤ **implantation.** *Une belle plantation de cheveux.*

II Ce qui est planté. ■ **1** (1798) Ensemble de végétaux plantés (généralt au plur.). *Couvrir un domaine de plantations. L'orage a saccagé les plantations.* ➤ 1**culture.** ■ **2** COUR. Terrain, champ planté. ➤ 1**champ, exploitation** (agricole). *Plantation de légumes* (➤ **potager**) ; *d'arbres fruitiers* (➤ **verger**) ; *de jeunes végétaux* (➤ **pépinière**). « *cette plantation merveilleuse où tous les arbres du monde se trouvaient réunis* » DAUDET. *Plantations d'espèces particulières* : amandaie, bananeraie, boulaie, caféière, cerisaie, charmille, châtaigneraie, chênaie, coudraie, frênaie, hêtraie, noiseraie, olivaie (ou oliveraie), orangerie (ou orangeraie), ormaie, oseraie, palmeraie, peupleraie, pinède, poivrière, roseraie, sapinière, tremblaie, vigne, vignoble, etc. ■ **3** (1664 ◊ anglais de l'île de la Barbade) Exploitation agricole dans les pays tropicaux, tenue à l'origine par des colons (➤ **planteur**). *Les esclaves des plantations. Plantation de coton, de canne à sucre.* ➤ RÉGION. **habitation.** — ÉCON. *Économie de plantation.*

1**PLANTE** [plɑ̃t] **n. f.** – 1170 ◊ latin *planta* ■ VIEILLI Face inférieure du pied. « *J'ai usé mes plantes pendant trois heures sur la route* » ZOLA. — Plus cour. (à cause de 2 *plante*) *La plante du pied, des pieds.*

2**PLANTE** [plɑ̃t] **n. f.** – 1511 ◊ latin *planta* « plant », p.-ê. de *plantare* ■ **1** Végétal multicellulaire. ➤ **végétal ; cryptogame, phanérogame, spermaphytes.** *Les plantes* : le règne végétal (arbres, arbustes, herbes, etc.). *Les animaux et les plantes.* « *Comme on veut absolument que tout être vivant soit un animal ou une plante, on croirait n'avoir pas bien connu un être organisé, si on ne le rapportait à l'un ou l'autre de ces noms généraux* » BUFFON. *Étude des plantes.* ➤ **botanique.** *Les plantes d'un lieu, d'un pays.* ➤ **flore, végétation.** *Parties d'une plante.* ➤ **feuille, fleur,** 1**fruit, graine, racine, tige.** *Plantes chlorophylliennes, plantes sans chlorophylle. Plantes vasculaires, cellulaires.*

Plantes ligneuses, herbacées. Réaction d'orientation des plantes. ➤ **tropisme.** *Reproduction asexuée* (multiplication végétative), *sexuée* (par graines, spores) *des plantes. Forme, port, ramification d'une plante. Plante arborescente, grimpante, naine, rampante, couvre-sol. Plantes grasses, succulentes.* ➤ **cactées.** *Plante annuelle, bisannuelle, vivace. Plante épiphyte, parasite. Plantes carnivores. Plante sauvage, cultivée.* ➤ 1 **culture.** *Jardin des plantes. Collection de plantes.* ➤ **herbier.** *« J'ai beaucoup botanisé [...] J'aime les plantes ; les plus humbles me sont chères »* BOSCO. *Plante qui germe, sort de terre, lève, grandit, croît, pousse, vient bien. Croissance de la plante :* bourgeonnement, croissance, floraison, fructification, germination, pousse, venue. *Plante qui dépérit, se fane. Plantes ornementales,* cultivées pour la beauté de leurs fleurs, de leurs feuilles, de leurs fruits. *Plantes d'intérieur, plantes vertes :* plantes décoratives, à feuilles persistantes, qui peuvent croître dans une maison. ABSOLT *Offrir une plante en pot.* — *Plantes potagères* (➤ **légume**), *aromatiques* (➤ **aromate, épice**), *fourragères* (➤ 1 **fourrage**). *Plantes sucrières, oléagineuses. Plantes officinales, médicinales.* ➤ **simple ; phytothérapie.** *Plantes textiles, tinctoriales.* ◆ PLUS COUR. Végétal complexe (à racine, tige et feuilles) de petite taille (opposé à *arbre ; mousse...*). *« En s'accrochant aux branches, aux plantes même »* VIGNY. ▪ **2** PAR MÉTAPH. Chose vivante, être qui se développe (comparé à une plante). *« Tant est vivace la plante militaire française »* DE GAULLE. ◆ LOC. *Une plante de serre :* une personne délicate, qui nécessite beaucoup de soins. *« Samuel était une plante de serre chaude, impossible à transporter là-bas »* LOTI. — FAM. *C'est une belle plante,* une belle fille (cf. Un beau brin* de fille).

PLANTÉ, ÉE [plɑ̃te] adj. – 1665 « fiché en terre » ◇ de *planter* ▪ (PERSONNES) ▪ **1** (fin XVIIe) *Bien planté :* droit et ferme sur ses jambes, bien bâti, vigoureux. *Un garçon bien planté. Bien planté sur ses jambes.* ➤ **campé.** ▪ **2** *Planté (quelque part) :* debout et immobile. *Ne restez pas planté là à me regarder.* LOC. FAM. *Rester planté comme un poireau*. « Il faut que je reste là cloué sur une chaise ou debout, planté comme un piquet, sans remuer ni pied ni patte »* ROUSSEAU.

PLANTER [plɑ̃te] v. ‹1› – avant 1150 ◇ latin *plantare*

I ~ **v. tr.** ▪ **1** Mettre, fixer (un plant) en terre. *Planter des arbres, un rosier. Planter des salades.* ➤ **repiquer.** *Planter ses choux*.* — ABSOLT *Outil, machine à planter.* ➤ **plantoir ; planteuse, repiqueuse.** ◆ PAR EXT. (1570) Mettre en terre (des graines, bulbes, tubercules). ➤ **semer.** *Planter des tulipes.* ▪ **2** Garnir de végétaux qu'on plante par plants ou semences. *Planter un lieu d'arbres.* ➤ **boiser, peupler, reboiser.** *Planter une région en vignes, des terres en blé.* ➤ **ensemencer.** — *Avenue plantée d'arbres. Champ planté en seigle, en maïs.* ▪ **3** (1432) Enfoncer l'extrémité de (un objet pointu) en terre ; et PAR EXT. en tout autre endroit. ➤ **enfoncer,** 1 **ficher.** *Planter un pieu, un piquet. Planter des clous. Chien qui plante ses crocs dans la chair. Se planter une épine dans le pied. On lui a planté un couteau dans le dos.* — FAM. *Planter qqn,* le poignarder. *« Je n'aurais jamais assez de force [...] pour le planter avec ce coupe-papier »* T. BENACQUISTA. ◆ PAR MÉTON. *Planter un bâtiment,* planter des piquets pour en fixer le tracé. ◆ **p. p. adj.** (en parlant des cheveux, des poils de barbe, des dents) ➤ **plantation.** *Des cheveux plantés dru. Elle « souriait bouche fermée parce que ses dents n'étaient pas bien plantées »* A. ERNAUX. ▪ **4** (1552) Mettre, placer debout, droit. ➤ **dresser.** *Planter un drapeau, une enseigne sur les tours d'un bâtiment.* ➤ **arborer.** *Planter une échelle.* ➤ **poser.** *Planter sa tente. Planter les décors,* les disposer sur scène. *Il « s'empara d'un fauteuil libre, alla le planter devant la table [...] et s'y installa confortablement »* COSSERY. ◆ FIG. *Planter un personnage.* ➤ **camper.** ▪ **5** (1250) Appliquer directement et brusquement. *Elle planta son regard dans le mien. « Il lui planta un rude baiser sur la nuque »* ZOLA. ▪ **6** (XVe) FAM. **PLANTER LÀ qqn, qqch.,** le quitter, l'abandonner brusquement. ➤ FAM. **plaquer** (cf. Laisser en plan*, laisser tomber). *Il l'a planté là et s'est enfui en courant. « Elle est décidée à tout planter là, à sortir de ce paradis pour aller vivre dans votre mansarde »* BALZAC. ▪ **7** FAM. Causer l'échec de. *Planter un projet.* ▪ **8** (Sujet chose) FAM. Entraîner une panne, l'arrêt du fonctionnement de (un logiciel, un ordinateur). *Virus qui plante les ordinateurs.*

II ~ **v. intr.** FAM. Cesser de fonctionner à la suite d'un plantage. *Ordinateur qui plante.* ➤ **boguer.**

III ~ **v. pron. SE PLANTER A.** PASSIF Être planté. *Les arbres se plantent en hiver.*

B. RÉFLÉCHI ▪ **1** S'enfoncer. *Flèche qui vient se planter dans une cible.* ▪ **2** (1512) Se tenir debout et immobile (par rapport à qqch.). ➤ **s'arrêter,** se **poster.** *Venir se planter devant qqn, en face de qqn.* ▪ **3** (v. 1970) FAM. Sortir de la route, en parlant d'un véhicule, d'un conducteur. *Voiture qui se plante à la sortie d'un virage. Se planter à moto.* ➤ FAM. se **vautrer.** ▪ **4** FIG. FAM. Échouer. *Elle s'est plantée à son examen.* ➤ FAM. se **bananer** — Se tromper, faire une erreur. ➤ se **gourer ; plantage.** *Se planter dans ses prévisions.* — *Ordinateur qui se plante,* cesse de fonctionner à cause d'une panne logicielle. *L'ordinateur est planté.*

▪ CONTR. Arracher, déraciner. 1 Coucher.

PLANTEUR, EUSE [plɑ̃tœʀ, øz] n. – 1427 ; *plantierres* « celui qui fonde qqch. » v. 1280 ◇ de *planter*

I RARE Personne qui plante (un végétal).

II (1723 ◇ anglais *planter.* Relevé déjà en 1667, le mot vient alors du néerlandais *planter*) Agriculteur, arboriculteur qui possède et exploite une plantation (II, 3°) dans les pays tropicaux. *Riche planteur. Les grands planteurs békés des Antilles. « Le mineur, le planteur exterminèrent un monde, le repeuplant sans cesse aux dépens du sang noir »* MICHELET.

III n. m. (du sens II) Cocktail à base de rhum blanc, de jus de fruit et de sirop de canne (➤ 1 **punch**).

PLANTEUSE [plɑ̃tøz] n. f. – 1907 ◇ de *planter* ▪ TECHN. Machine agricole servant à planter les pommes de terre.

PLANTIGRADE [plɑ̃tigʀad] adj. et n. m. – *les plantigrades* 1795 ◇ de 1 *plante* et *-grade* ▪ Qui marche sur la plante des pieds (opposé à *digitigrade*). *L'ours est un animal plantigrade.* — n. m. pl. Ancienne division des mammifères carnassiers.

PLANTOIR [plɑ̃twaʀ] n. m. – 1640 ◇ de *planter* ▪ Outil agricole, piquet à pointe métallique servant à pratiquer des trous dans la terre pour y mettre des plants, parfois des graines. *Enfoncer le plantoir.* — *Plantoir à bulbes.*

1 **PLANTON** [plɑ̃tɔ̃] n. m. – 1790 ; « jeune plant » 1584 ◇ de *planter* ▪ **1** Soldat de service se tenant à la disposition d'un officier supérieur pour porter ses ordres. *Le planton du colonel.* ◆ Sentinelle fixe. *Planton qui monte la garde.* ▪ **2** PAR EXT. Service du planton. *Être de planton. Mettre un soldat de planton.* ◆ FIG. et FAM. *Faire le planton :* attendre debout. ➤ **poireauter** (cf. Prendre racine, faire le poireau).

2 **PLANTON** [plɑ̃tɔ̃] n. m. – 1584 ◇ de *plant* ▪ RÉGION. (Doubs, Haut-Jura, Haute-Savoie ; Suisse) Jeune plant à repiquer.

PLANTULE [plɑ̃tyl] n. f. – 1700 ◇ bas latin *plantula* « petite plante » ▪ BOT. Jeune plante phanérogame, du début de la germination jusqu'au moment où elle peut vivre par ses propres moyens. *Les cotylédons, la gemmule, la tigelle, la radicule de la plantule.*

PLANTUREUSEMENT [plɑ̃tyʀøzmɑ̃] adv. – *planteureusement* XIIIe ◇ de *plantureux* ▪ LITTÉR. D'une manière plantureuse. ➤ **copieusement.** *Boire, manger plantureusement.*

PLANTUREUX, EUSE [plɑ̃tyʀø, øz] adj. – XIIIe ; *planteuros* 1165 ◇ de l'ancien français *plenteïveus,* modifié en *planteureus,* d'après *heureux,* de l'ancien français *plenté,* du latin *plenitas, atis* « abondance » ▪ **1** Très abondant (en parlant de la nourriture). *Repas plantureux et bien arrosé.* ➤ **abondant, copieux.** ▪ **2** *Femme plantureuse,* grande et bien en chair. *Une poitrine plantureuse,* grosse. ➤ **généreux.** ▪ **3** Qui produit des fruits abondants. ➤ **fécond, fertile, riche.** *« cent arpents de vignes, qui, dans les années plantureuses, lui donnaient sept à huit cents poinçons de vin »* BALZAC. ▪ CONTR. Frugal. 1 Maigre.

PLAQUAGE [plakaʒ] n. m. – 1864 ◇ de *plaquer* ▪ **1** FAM. Abandon (➤ **plaquer,** I, 5°). ▪ **2** SPORT Action de plaquer un adversaire, au rugby. ▪ HOM. Placage.

PLAQUE [plak] n. f. – 1562 ; « monnaie » XVe ◇ de *plaquer* ▪ **1** Matériau, élément de matière rigide, plat et peu épais. ➤ **feuille.** *Petite plaque.* ➤ **plaquette.** *Plaque d'ardoise, de verre* (➤ **carreau**), *de carton. Plaque de métal, de plastique utilisée en chirurgie pour la réduction des fractures. Plaques de plâtre, servant de matériau de construction.* ➤ **panneau ; placoplatre.** — *Une plaque de verglas. Plaque à vent :* couche de neige instable formée sous l'action du vent. ◆ Préparation alimentaire, moulée, de forme aplatie. *Une plaque de chocolat* (➤ **tablette**), *de beurre. Épinards surgelés vendus en plaques.* ▪ **2** Objet rigide, plat, peu épais, généralement rectangulaire. *Plaque de protection* (➤ **crapaudine**). *Plaque de propreté,* placée sur une porte au niveau des poignées. — *Plaque d'égout. Plaque de cheminée.* ➤ 2 **contrecœur.** ◆ *Les plaques électriques, chauffantes d'une cuisinière.* ➤ **foyer.** PAR EXT. Table de cuisson. ➤ 2 **plan** (de cuisson). *Une plaque en vitrocéramique.* ◆ (JEUX) Grand jeton rectangulaire. *Edmond jouait, « les poches pleines de jetons et de plaques »* ARAGON. ◆ PHOTOGR. *Plaque sen-*

sible : support rigide couvert d'une émulsion sensible. *Appareil à plaques* (opposé à *film, pellicule*). ◆ SC. Électrode d'un accumulateur. — ANCIENNT Anode* d'un tube électronique. ◆ VX *Plaque de tir.* ➤ **cible.** — MOD. LOC. FAM. *Mettre à côté de la plaque :* manquer le but. *Être à côté de la plaque :* se tromper, être à côté de la question. « *avec nos coups à la Robin des bois, on était complètement à côté de la plaque, même on allait à contre-courant, à contresens, pleins gaz vers le passé, à fond dans les chimères* » O. ROLIN. ◆ (1857) **PLAQUE TOURNANTE :** TECHN. plateforme tournante, servant au changement de direction des trains ; FIG. et COUR. centre, lieu d'échanges. ➤ **carrefour.** Recomm. offic. pour *hub* (2°). « *La capitale était la plaque tournante de la France* » SARTRE. *La Colombie, plaque tournante de la drogue.* ■ **3** SPÉCIALT Plaque portant une inscription. *Plaque commémorative. Plaque d'un avocat, d'un médecin,* placée sur la façade et mentionnant certains renseignements (nom, diplômes, heures de consultation, etc.). *Plaque de rue.* « *à chaque coin de rue, sur les plaques bleues* » TOURNIER. — *Plaque minéralogique*, d'immatriculation,* portant le numéro du véhicule. *La plaque d'identité d'un chien.* ➤ **médaille.** « *O'Rourke ne portait pas sa plaque de sheriff et n'avait pas de revolver* » SIMENON. ➤ 2 **insigne.** ◆ Insigne de certains dignitaires (➤ **décoration**). *Plaque de grand officier de la Légion d'honneur.* ■ **4** PAR EXT. EMBRYOL. *Plaque neurale :* épaississement de l'ectoblaste qui se développe et donne la corde dorsale. — ANAT. *Plaque neuromusculaire :* lieu de jonction entre les fibres musculaires et les terminaisons nerveuses. ◆ PATHOL. Lésion à surface bien délimitée. *Des plaques d'eczéma. Plaques muqueuses :* lésions de la muqueuse génitale ou buccale, caractéristiques de la syphilis. — *Sclérose* en plaques.* — *Plaque dentaire.* ➤ **tartre.** ■ **5** GÉOL. Fraction de l'écorce terrestre qui se déplace sur l'asthénosphère. *Zone d'activité sismique intense entre les plaques. La tectonique* des plaques. Plaque eurasienne, américaine.*

PLAQUÉ [plake] n. m. – 1798 ◇ de *plaquer* ■ **1** Métal recouvert d'un autre plus précieux. ➤ **doublé.** *Du plaqué or, argent* (opposé à *or, argent massif*). — ABSOLT *Un collier en plaqué. C'est du plaqué.* ■ **2** Bois ordinaire recouvert d'une feuille de métal ou de bois d'ébénisterie (➤ **placage**).

PLAQUEMINE [plakmin] n. f. – 1719 ◇ algonquin *piakimin* ■ Fruit du plaqueminier. ➤ 1 **kaki.**

PLAQUEMINIER [plakminje] n. m. – 1719 ◇ de *plaquemine* ■ Arbre *(ébénacées)* à bois très dur. *Plaqueminier de l'Inde,* fournissant l'ébène. ➤ **ébénier.** *Plaqueminier du Japon,* cultivé pour ses fruits. ➤ 1 **kaki.**

PLAQUER [plake] v. tr. ‹1› – *plaquier* « appliquer qqch. sur » XIIIe ◇ moyen néerlandais *placken* « rapiécer »

I ■ **1** Appliquer (une plaque) sur qqch. *Plaquer une feuille de métal sur du bois* (➤ **coller**), *de l'or sur un bijou.* — Faire un placage* de bois précieux sur (du bois ordinaire). — p. p. adj. FIG. Surajouté de façon peu naturelle. « *La partie historique est plaquée et superficielle* » SAINTE-BEUVE. ■ **2** Mettre (qqch.) à plat. *Plaquer ses cheveux sur les tempes, se plaquer les cheveux.* ➤ **s'aplatir.** p. p. adj. *Cheveux plaqués.* — INTRANS. (RARE) Être plaqué. ➤ **coller.** « *La chemise plaquant sur les seins* » ZOLA. ■ **3** *Plaquer un accord,* en maintenir les notes ensemble avec force. — p. p. adj. *Accord plaqué* (opposé à *arpégé*). SUBST. *Un plaqué.* ■ **4** *Plaquer qqn, qqch. contre, sur qqch.,* l'y appuyer avec force. *Plaquer sa main sur la bouche de qqn.* PRONOM. *Se plaquer au sol, contre un mur.* ◆ RUGBY Faire tomber (le rugbyman porteur du ballon) en le saisissant par les jambes (➤ **plaquage,** 2°). ABSOLT « *Défendu pourtant de plaquer quand on n'a pas la balle* » R. GUÉRIN. ■ **5** (XVIe) FAM. Abandonner (qqn, qqch.). ➤ **quitter ;** FAM. **larguer, planter** (cf. Laisser tomber). *Elle a plaqué son mari. Il a tout plaqué pour elle.* ➤ 1 **lâcher.** *Se faire plaquer par qqn.* « *ce que ça faisait d'être plaqué, de retrouver une maison déserte* » DJIAN.

II Couvrir (qqch.) d'une couche plate (de métal, etc.). *Plaquer des bijoux d'or, d'argent. Plaquer un panneau de chêne* (➤ **placage**). — *Bijoux plaqués.* ➤ **plaqué.**

PLAQUETTE [plakɛt] n. f. – 1521 ◇ de *plaque* ■ **1** Petite plaque. *Plaquette de marbre.* — SPÉCIALT Petit bas-relief frappé en souvenir de qqch. ◆ Petite plaque recouverte d'une coque en plastique formant des alvéoles dans lesquelles sont isolées des pilules ou des gélules. *Plaquette de pilules contraceptives.* ◆ *Plaquette de frein :* élément de frein à disque constitué d'une plaque métallique recouverte d'un matériau à fort coefficient de frottement. ABSOLT *Changer les plaquettes.* ■ **2** (1835) COUR. Petit livre très mince. *Plaquette de vers. Plaquette publicitaire.* ■ **3** MÉD. Cellule sanguine sans noyau qui joue un rôle dans la coagulation. ➤ **thrombocyte.** adj. **PLAQUETTAIRE.**

PLAQUEUR, EUSE [plakœr, øz] n. – 1803 ; « maçon » 1239 ◇ de *plaquer* ■ TECHN. *Plaqueur sur métaux :* ouvrier qui lamine à chaud les feuilles de métal pour obtenir le plaqué (bijouterie). — *Plaqueur en ébénisterie.*

PLAQUISTE [plakist] n. – 1992 ◇ de *plaque* ■ Ouvrier du bâtiment qui pose des panneaux préfabriqués (cloisonnement, doublage, isolation, aménagement intérieur...). *C. A. P. de plâtrier-plaquiste.*

-PLASIE ■ Élément, du grec *plasis.* ➤ **-plaste.**

PLASMA [plasma] n. m. – 1845 ; *plasme* « calcédoine verte » 1752 ◇ mot grec « chose façonnée » ■ **1** *Plasma sanguin,* ou ABSOLT *plasma :* partie liquide du sang contenant les éléments figurés* en suspension. ➤ **sérum ; plasmaphérèse.** *Plasma lyophilisé.* ■ **2** (1962) État de la matière portée à très haute température, où les atomes sont en majorité ionisés. *La matière des étoiles est à l'état de plasma. Transformer un gaz en plasma.* ➤ **plasmifier.** *Jet de plasma.* — *Écran à plasma,* ELLIPT *écran plasma,* dont l'affichage utilise la lumière produite par l'excitation électrique d'un mélange gazeux. *La technologie plasma est adaptée aux écrans plats.* ■ **3** *Plasma primordial* ou *plasma de quarks et de gluons :* état éphémère de la matière, avant le confinement des quarks et des gluons dans les hadrons.

PLASMAGÈNE [plasmaʒɛn] n. m. et adj. – 1963 ◇ de *plasma* et *-gène* ■ **1** BIOL. CELL. Particule cytoplasmique capable de s'autorépliquer, déterminant certains caractères héréditaires selon un mode non mendélien. ■ **2** adj. PHYS. Qui engendre un plasma* (2°).

PLASMAPHÉRÈSE [plasmaferɛz] n. f. – 1965 ◇ de *plasm(a)* et du grec *aphairesis* « action d'enlever » ■ BIOL., MÉD. Séparation du sang en ses différents constituants, en vue de leur utilisation thérapeutique.

PLASMATIQUE [plasmatik] adj. – 1858 ◇ de *plasma* ■ PHYSIOL. Relatif au plasma sanguin. *Protéines plasmatiques.*

PLASMIDE [plasmid] n. m. – 1959 ◇ de *plasm(a)* et *-ide* ■ BIOL. CELL. ADN circulaire, indépendant des chromosomes, dont la réplication est autonome. *Plasmides des bactéries. Plasmide de résistance. Plasmide utilisé comme vecteur de clonage.* — adj. **PLASMIDIQUE** [plasmidik].

PLASMIFIER [plasmifje] v. tr. ‹7› – 1968 ◇ de *plasma* ■ PHYS. Transformer (un gaz) en plasma* (2°).

PLASMINE [plasmin] n. f. – 1878 ◇ de *plasma* ■ BIOCHIM. Enzyme protéolytique qui dégrade la fibrine des caillots sanguins.

PLASMIQUE [plasmik] adj. – 1903 ◇ de *plasma* ou de l'anglais *plasmic* ■ BIOL. CELL. Cytoplasmique. *Membrane plasmique :* membrane lipidique cellulaire.

PLASMO-, -PLASME ■ Éléments, du grec *plasma* « chose façonnée » *(cataplasme)* ou de *plasma* (1°).

PLASMOCYTE [plasmɔsit] n. m. – 1897 ◇ de *plasmo-* et *-cyte* ■ BIOL. CELL. Cellule dérivée des lymphocytes B, assurant la production d'anticorps destinés à neutraliser les antigènes avec lesquels ils ont été en contact.

PLASMODE [plasmɔd] n. m. – 1869 ◇ du latin scientifique *plasmodium,* de *plasm(o)-* et du grec *eidos ;* cf. *-oïde* ■ BIOL. CELL. Cellule à plusieurs noyaux formée par la division du noyau, sans division du cytoplasme. *Certains organismes unicellulaires (comme les myxomycètes) se présentent sous forme de plasmodes.*

PLASMODIUM [plasmɔdjɔm] n. m. – 1922 ◇ latin savant ■ BIOL. Sporozoaire responsable du paludisme.

PLASMOLYSE [plasmɔliz] n. f. – 1884 ◇ de *plasmo-* et *-lyse* ■ BIOL. CELL. Réaction par laquelle une cellule se contracte et perd son eau par osmose, lorsqu'elle est plongée dans un milieu hypertonique (cellule *plasmolysée*).

PLASTE [plast] n. m. – 1912 ◇ du grec *plassein* « modeler » ■ BOT., BIOL. CELL. Organite cytoplasmique des cellules des végétaux eucaryotes. *Plastes impliqués dans la photosynthèse* (➤ **chloroplaste**), *le stockage de glucides* (➤ **amyloplaste**), *la pigmentation des cellules* (➤ **chromoplaste**).

-PLASTE, -PLASTIE ■ Éléments, du grec *plassein* « modeler » : *chloroplaste, rhinoplastie.*

PLASTIC [plastik] **n. m.** – 1943 ◊ mot anglais ■ Explosif pâteux, formé par incorporation d'un explosif solide (T. N. T., hexogène) dans un plastifiant, ce qui le rend insensible aux chocs. *Attentat au plastic.* ➤ **plasticage.** *Pain de plastic. Une charge de trois kilos de plastic.* ■ **HOM.** Plastique.

PLASTICAGE [plastikaʒ] **n. m.** – 1964 ◊ de *plastiquer* ■ Attentat au plastic. *Le plasticage d'un véhicule.*

PLASTICIEN, IENNE [plastisjɛ̃, jɛn] **n.** – 1860, répandu milieu XXe ◊ de *plastique* ■ **1** Artiste spécialisé(e) dans les recherches en arts plastiques. ■ **2** TECHN. Technicien(ne) ou ouvrier, ouvrière spécialiste des matières plastiques*. ■ **3** CHIR. Spécialiste de la chirurgie plastique. *Chirurgien plasticien.*

PLASTICINE [plastisin] **n. f.** – date inconnue ◊ marque déposée ; probablt de l'anglais *plasticity* «plasticité» et *-in* ■ (Belgique, Québec, Maurice) Pâte à modeler.

PLASTICITÉ [plastisite] **n. f.** – 1785 ◊ de *plastique* ■ **1** Qualité de ce qui est plastique (II). ➤ **flexibilité, malléabilité.** *La plasticité de la cire.* ■ **2** FIG. Souplesse. *La plasticité du caractère de l'enfant.* ➤ **élasticité.** *Plasticité du cerveau.* «*La notion de plasticité cérébrale nous apprend que l'âge optimise ce qu'il a déjà appris et compense en sélectionnant les activités où il réalise encore de bonnes performances*» B. CYRULNIK. — PSYCHOL. *Plasticité de l'humeur :* instabilité affective et émotionnelle. ■ **3** PHYSIOL. Propriété des tissus de se reformer après avoir été lésés. *Plasticité neuronale.*

PLASTIE [plasti] **n. f.** – 1958 ◊ du grec *plassein* «façonner» ■ CHIR. Réfection d'un organe ou d'une partie du corps par chirurgie réparatrice (➤ 2 **greffe**) ou esthétique. *Plastie tubaire. Plastie abdominale, mammaire* (➤ **mammoplastie**).

PLASTIFIANT, IANTE [plastifjɑ̃, jɑ̃t] **n. m.** et **adj.** – 1929 ◊ de *plastifier* ■ CHIM., TECHN. Substance (camphre ou polyester) capable de rendre souple une matière plastique. *Émulsion de résine dans un plastifiant.* ➤ **plastisol ; phtalate.** — **adj.** *Une substance plastifiante.*

PLASTIFIER [plastifje] **v. tr.** ⟨7⟩ – v. 1930 ◊ de *plastique* ■ **1** Traiter avec un plastifiant. ■ **2** Recouvrir de matière plastique (souvent transparente). — **p. p. adj.** *Fils plastifiés. Carte, photo plastifiée.*

PLASTIQUE [plastik] **adj.** et **n.** – 1553 ◊ latin *plasticus*, grec *plastikos* «relatif au modelage».

I ■ **1** DIDACT. Qui a le pouvoir de donner la forme. — *Chirurgie plastique :* chirurgie qui modifie les formes extérieures du corps, du visage (cf. Chirurgie esthétique*). *Chirurgie plastique et réparatrice.* ➤ **plastie ; plasticien.** ■ **2** Relatif à l'art de donner une forme esthétique à des substances solides. *Le génie plastique des Grecs.* ■ **3** Relatif aux arts dont le but est l'élaboration des formes, des volumes. *Arts plastiques :* sculpture, architecture, dessin, peinture ; et aussi arts décoratifs, chorégraphie. *Qualité, beauté plastique d'une œuvre.* ◆ **n. f.** (1765) «*Les règles de la plastique*» R. HUYGHE. ■ **4** Beau, quant à la forme. «*De beaux gestes plastiques*» LOTI. ◆ **n. f.** (1865) Beauté des formes du corps. *Avoir une belle plastique.* «*soucieuse uniquement de sa plastique et de son maillot de soie framboise*» COLETTE.

II (1834) ■ **1** Qui est susceptible de se déformer sous l'action d'une force extérieure et de conserver sa nouvelle forme lorsque la force a cessé d'agir. ➤ **flexible, malléable,** 1 **mou.** *L'argile, le mastic sont plastiques.* ■ **2** (1913) **MATIÈRE PLASTIQUE,** ELLIPT **n. m.** (1941) **LE PLASTIQUE :** matière synthétique, constituée de macromolécules obtenues par polymérisation ou polycondensation et qui peut être moulée ou modelée (mais qui est souvent rigide après fabrication). ➤ **bakélite, cellulose, galalithe, nylon,** 2 **PET, plexiglas, polyacrylique, polyamide, polycarbonate, polyester, polyéthylène, polypropylène, polystyrène, polyuréthane, P. V. C., résine, silicone, stratifié, téflon.** *La chimie des matières plastiques.* «*les tissus de nylon se tordaient sur eux-mêmes, les cellophanes fondaient, les matières plastiques bouillonnaient. Tout était en train de brûler*» LE CLÉZIO. *Plastique thermodurcissable, thermorésistant* (➤ **plasturgie**). *Plastique biodégradable.* ➤ **bioplastique.** *Le continent* de plastique. C'est du plastique. Bouteille, cuvette, chaussures en plastique. Des sacs en plastique,* ELLIPT *des sacs plastique.* — VAR. FAM. (1980) **PLASTOC** (souvent péj.). *C'est pas solide, c'est du plastoc.* ◆ SPÉCIALT Feuille, film de plastique. *Viande sous plastique.* FAM. Sachet en plastique. *Mettre ses courses dans un plastique.*

■ **CONTR.** (du II, 1°) Rigide. ■ **HOM.** Plastic.

PLASTIQUEMENT [plastikmɑ̃] **adv.** – 1846 ◊ de *plastique* ■ Quant à la plastique, aux formes, à leur beauté.

PLASTIQUER [plastike] **v. tr.** ⟨1⟩ – 1961 ◊ de *plastic* ■ Faire exploser au plastic. *Terroristes qui plastiquent une maison.* — **n. PLASTIQUEUR, EUSE.**

PLASTISOL [plastisɔl] **n. m.** – 1961 ◊ de *plasti(que)* et 3 *sol* ■ CHIM. Émulsion de résine (chlorure de polyvinyle) dans un plastifiant liquide.

PLASTRON [plastʀɔ̃] **n. m.** – XVIIe ; «armure» 1492 ◊ italien *piastrone* «haubert» ■ **1** Pièce d'armure protégeant la poitrine. *Plastron de cuirasse.* — (XVIIIe) Pièce de cuir rembourrée que les escrimeurs portent sur la poitrine. — Vêtement de protection, au hockey, au baseball. *Plastron de receveur.* ◆ ZOOL. Partie ventrale du bouclier tégumentaire des tortues. ■ **2** Partie (fixe ou amovible) de certains vêtements, qui recouvre la poitrine. *Plastron de chemise.* ■ **3** MILIT. Petit groupe d'hommes qui représentent symboliquement l'ennemi, dans une manœuvre.

PLASTRONNER [plastʀɔne] **v.** ⟨1⟩ – 1611 ◊ de *plastron* ■ **1 v. tr.** Protéger par un plastron. — FIG. Protéger. ■ **2 v. intr.** Bomber le torse. — FIG. ➤ **parader, poser ;** FAM. **frimer.** *Plastronner pour la galerie.*

PLASTURGIE [plastyʀʒi] **n. f.** – 1960 ◊ de *plast(ique)* et *-urgie* ■ TECHN. Science et technique ayant trait à la transformation des matières plastiques et à leur utilisation. — **n. PLASTURGISTE.**

1 **PLAT, PLATE** [pla, plat] **adj.** et **n. m.** – fin XIe, au sens I, A, 3° ◊ du latin populaire *plattus*, du grec *platus* «large», «étendu» et «plat». → place

I ~ **adj. A. (CONCRET)** ■ **1** (début XIIe) Qui présente une surface plane ou à peu près plane et horizontale. *Les Anciens croyaient que la Terre était plate.* (1843) *Bateau à fond plat.* ➤ 1 **plate.** *Télévision à écran plat. Terrain plat. Pays plat :* plaine, plateau. «*Le plat pays qui est le mien*» BREL. — GÉOM. *Angle plat,* de 180°. «*Qu'est-ce qu'un angle plat ? Un angle, sans doute, écrasé jusqu'à n'être plus qu'un trait*» AUDIBERTI. — (fin XVe) *Mer plate,* sans vagues. *Calme* plat.* — COUT. *Pli plat. Couture plate.* FIG. *Battre qqn à plate couture*.* ■ **2** Dont le fond est plat ou peu profond. *Casquette plate. Assiette plate* (opposé à *creuse*). ■ **3** (fin XIe) Qui ne forme pas ou qui forme peu de saillie (en parlant du corps, d'une partie du corps). *Avoir le ventre plat. Pied plat,* dont la voûte plantaire est très peu marquée. — (D'une femme) *Poitrine plate* (cf. Œufs* sur le plat). PAR EXT. FAM. *Elle est plate comme une limande*, comme une planche* à pain.* «*Mademoiselle Grandjean était une personne maigre* [...] *plate par devant comme une planche à repasser*» RAMUZ. — *Cheveux plats,* lisses et plaqués. — *Talons plats,* peu élevés (opposé à *haut*). PAR EXT. «*Cotillon simple et souliers plats*» LA FONTAINE. ■ **4** (milieu XIIIe) De peu d'épaisseur. ➤ **aplati, mince.** *Gâteau plat.* ➤ **galette.** *Produits plats en sidérurgie* (cf. ci-dessous II, 4°). *Montre plate, extraplate.* ➤ **ultraplat.** *Poissons plats* (sole, limande, etc.). *Nœud plat,* faisant peu de saillie. (1611) *Avoir la bourse plate,* vide. ■ **5 loc. adv.** (1767) **À PLAT VENTRE :** étendu, couché sur le ventre, la face contre terre. *Se coucher, se mettre à plat ventre,* sur le ventre. — FIG. (1828) Se montrer servile (cf. S'aplatir comme une carpette*). «*Ils se mirent à plat ventre, rampèrent devant l'Assemblée*» MICHELET. — *À plat dos :* sur le dos. *Dormir à plat dos.* «*Je m'étendais à plat dos dans les herbages et je fixais le ciel jusqu'à ne plus voir qu'un éclat informe de lumière*» M. SACHS. ■ **6 loc. adv.** (1796) **À PLAT :** horizontalement, sur la surface plate. *Poser, mettre qqch. à plat.* ➤ **plaquer.** *Faire sécher un pull bien à plat.* ◆ (1927) SPÉCIALT *Pneu à plat.* ➤ **crevé, dégonflé.** — FAM. «*C'est à vous la bécane ? – Oui, mais je suis à plat*» QUENEAU. — *Batterie d'accumulateurs à plat,* déchargée. — FIG. (1878) (PERSONNES) FAM. *Être à plat,* déprimé, épuisé. *Sa maladie l'a mis à plat* (➤ **claquer**). — *Mettre, remettre à plat* (une question, un problème), en réexaminer dans le détail tous les éléments. ➤ **analyser.** *Il faut tout remettre à plat. Remise à plat.* — LOC. (1738) *Tomber à plat :* être un échec complet. *Ses plaisanteries tombent toujours à plat.* ■ **7** FIG. (1835) *Teinte plate,* étalée de manière uniforme (qui donne l'impression d'une surface plane). ■ **8** (fin XVe) *Rimes plates,* où deux vers à rime masculine alternent avec deux vers à rime féminine (disposition la plus simple).

B. (ABSTRAIT) ■ **1** (1588) PÉJ. Sans caractère saillant ni qualité frappante. ➤ **banal, médiocre.** *Un style plat. Description terne et plate.* «*son rire était d'autant plus généreux que ses farces étaient plates*» V.-L. BEAULIEU. ➤ **académique, fade.** — *Conversation plate. Préoccupations plates et mesquines.* ➤ **petit.** (1798) VIEILLI *C'est un plat personnage,* sans personnalité ou méprisable. ■ **2** COUR. ➤ **obséquieux.** *Il est toujours très plat devant ses* *supérieurs. Plat comme une punaise**. — PAR EXT. *De plates excuses,* exprimées avec une humilité servile. ▪ **3** (1640) Dépourvu de force. ➤ **fade.** *Vin plat.* ▪ **4** (1964, de l'eau) Non gazeux. *De l'eau plate. « la pure eau plate, qui nettoie le cerveau comme le rouleau d'une vague »* BELLEFROID.

II **~ n. m.** ▪ **1** (début XIIe) La partie plate de qqch. *Le plat de la main :* la paume et les doigts non repliés (opposé à *dos*). *Le plat de l'épée,* la partie plate de sa lame (opposé à *tranchant*). BOUCH. **PLAT DE CÔTES*.** ◆ *Plongeur qui fait un plat,* qui entre dans l'eau le corps trop horizontal. *« son ventre rougi à cause des plats »* A. JENNI. ◆ (fin XIVe) Terrain plat. *Cycliste qui roule sur du plat. Course de plat. « Paris est une ville toute en faux plats et côtes abruptes, une ville qui "monte" »* MORDILLAT. ▪ **2** LOC. FAM. (1883) *Faire du plat à qqn,* le flatter* platement ; chercher à séduire. ➤ **courtiser ; baratiner.** *« ils venaient me faire du plat dans mon bureau, à plat ventre, pour des petites faveurs »* BELLEFROID. *Il lui fait du plat* (cf. Faire du gringue*). ▪ **3** (1881) RELIURE Chacun des deux côtés de la reliure d'un livre. *Plat supérieur, inférieur. « Un assez gros volume avec des clous de cuivre aux plats »* FRANCE. — PAR EXT. Chacun des deux feuillets de la couverture d'un livre broché. ▪ **4** (1963) TECHN. Produit sidérurgique de faible épaisseur.

▪ **CONTR.** Accidenté, montagneux ; bombé, gonflé, saillant. Creux, profond. Remarquable. ▪ **HOM.** Plate.

2**PLAT** [pla] **n. m.** – 1328 ◇ de 1*plat* ▪ Récipient à fond plat. ▪ **1 PLAT À BARBE :** bassin ovale, échancré. ▪ **2** VIEILLI Plateau. *Présenter une lettre sur un plat.* — MOD. LOC. *Apporter, servir qqch. à qqn sur un plat (d'argent),* lui donner ce qu'il désire, immédiatement (cf. Sur un plateau). ▪ **3** COUR. Pièce de vaisselle plus grande que l'assiette, dans laquelle on sert les mets à table. *Plat à légumes* (➤ **légumier**), *à poisson, à tarte. Plat à gratin. Plat brunisseur*. Plat allant au four, plat de cuisson. Plat creux, long, rond, ovale. Dresser sur un plat. Plat de porcelaine, d'argent, d'étain. Plat en grès, en pyrex. Accessoires d'un plat.* ➤ **chauffe-plat, dessous-de-plat.** *Manger à même le plat.* ◆ *Œufs au plat, sur le plat,* qu'on fait cuire dans la poêle sans les brouiller ; FIG. cf. Œuf (I, 3°). ◆ LOC. FIG. *Mettre les pieds* dans le plat. Mettre les petits plats dans les grands :* se mettre en frais pour qqn. ▪ **4** Le plat et son contenu. ➤ 1**platée.** *Apporter les plats à table.* LOC. *Renverser un plat.* — LOC. FIG. *L'Histoire repasse les plats,* se répète. *« la vie, qui souvent repasse les plats, t'offrit dix ans plus tard une étonnante revanche »* VAN CAUWELAERT. ▪ **5** (1530) Mets (d'un repas). *Plat de viande, de légumes, de poisson. Plats régionaux, exotiques.* ➤ **spécialité.** *Plat chaud. Plat cuisiné, surgelé. — Plat garni,* composé de viande ou de poisson et de légumes. *Plat du jour :* au restaurant, plat principal qui varie selon les jours. *Plat de résistance :* plat principal. *Faire honneur* à un plat. Faire, cuisiner de bons petits plats.* ◆ *Plat d'épinards*. Plat de nouilles*. — La vengeance* est un plat qui se mange froid.* — LOC. FAM. (1628 « médire de qqn ») *Faire tout un plat de qqch. :* accorder trop d'importance à un évènement insignifiant (cf. En faire toute une histoire*, tout un fromage*).

PLATANE [platan] **n. m.** – 1535 ◇ latin *platanus,* grec *platanos* ▪ **1** Arbre élevé au feuillage épais *(platanacées),* à écorce lisse se détachant par plaques irrégulières. *Un cours planté de platanes. Rangée, avenue de platanes.* — FAM. *Rentrer dans un platane :* heurter un arbre (en voiture). ▪ **2 FAUX PLATANE :** érable sycomore*.

PLAT-BORD [plabɔʀ] **n. m.** – 1573 ◇ de 1*plat* et *bord* ▪ MAR. Ceinture en bois entourant les ponts et limitant les bordages en bois. *Des plats-bords.*

1**PLATE** [plat] **n. f.** – 1170 ◇ de 1*plat* ▪ **1** ARCHÉOL. Plaque de métal appliquée sur le haubert ; chacune des plaques qui constituent une armure rigide. *Armures de plates,* d'écailles d'acier. ▪ **2** (1694) MAR. Embarcation à fond plat servant aux travaux de calfatage et de nettoyage d'un navire. ▪ **HOM.** Plate (1 plat).

2**PLATE** [plat] **adj.** – 1875 *plat* ◇ de 1*plat* ▪ (Canada) FAM. Ennuyeux, sans intérêt. ➤ **ennuyant.** *Un film plate. Un conférencier plate.* ◆ LOC. *C'est plate :* c'est dommage, regrettable. *« C'est surtout plate que tu t'en fasses autant pour une vieille histoire qui mérite rien d'autre qu'un petit soupir »* M. LABERGE.

PLATEAU [plato] **n. m.** – XIIIe « grand plat » ; *platel* « écuelle » fin XIIe ◇ de 1*plat.*

I SUPPORT ▪ **1** Support plat servant à poser et à transporter des objets. *Plateau de bois, d'argent. Plateau de garçon de café, de serveur. Servir le déjeuner, le café sur un plateau.* — LOC. *Apporter, servir qqch. à qqn sur un plateau,* lui donner immédiatement ce qu'il désire, sans qu'il ait d'effort à faire. ➤ 2**plat.** *« Qu'un homme offre son cœur sur un plateau, c'est son affaire »* Z. OLDENBOURG. ◆ *Plateau à fromage(s).* PAR EXT. *Un plateau de fromages :* un assortiment de fromages présenté sur un plateau. — *Un plateau de fruits de mer.* — **PLATEAU-REPAS :** repas complet servi sur un plateau (avion, train, hôpital, etc.). *Commander des plateaux-repas chez le traiteur.* PAR EXT. *Plateau-télé.* ◆ Cagette présentant les fruits, les légumes sur une seule couche. *Un plateau de pêches.* ➤ **cageot.** — *Plateaux de chirurgien, de dentiste* (pour poser les instruments). — SPÉCIALT *Les deux plateaux d'une balance.* PAR MÉTAPH. *Dans le plateau, dans les plateaux de la balance :* dans la balance* (II, 1°). ▪ **2** Plateforme servant de support. *Plateau de chargement :* plancher mobile utilisé pour rassembler des marchandises. AUTOM. *Plateau d'embrayage,* servant d'appui au disque d'embrayage. — *Plateau de pédalier :* roue dentée qui entraîne la chaîne d'une bicyclette. — Wagon plat à marchandises. ◆ *Le plateau d'un tourne-disque :* plateau tournant où l'on pose les disques (vinyles). ➤ 1**platine.** — *Plateau tournant d'un four à micro-ondes.* — *Jeu de plateau :* jeu de société se déroulant autour d'un espace plat défini (dames, échecs, jeu de l'Oie, scrabble... mais pas les jeux de cartes). ◆ Partie supérieure plate et épaisse (d'un meuble). *Un plateau de table. Plateau en bois massif. Commode à plateau de marbre.* ▪ **3** ETHNOL. Disque de matière dure sur lequel est étirée et fixée la lèvre inférieure des femmes (dans certaines ethnies d'Afrique). *« je regardais furibond, les femmes à plateaux. Plutôt, ce n'étaient pas des plateaux. Un gros morceau de quartz bouchant un trou déformait la lèvre inférieure »* A. LONDRES.

II TERRAIN ▪ **1** (1694) Étendue de pays assez plate dominant les environs où les cours d'eau coulent au fond de vallées encaissées. *Plateau calcaire.* ➤ **causse.** *Région de hauts plateaux. « Pays plat, aride, dénudé, plateau calcaire présenté au ciel »* LE CLÉZIO. ▪ **2** *Plateau sous-marin.* ➤ **haut-fond.** *Plateau continental :* partie relativement plate et surélevée des fonds marins. ➤ **plateforme.** ▪ **3** FIG. *Plateau d'un graphique,* sa partie horizontale la plus élevée. — MÉD. *Fièvre en plateau,* qui demeure élevée pendant toute la durée de la maladie.

III PLATEFORME ▪ **1** (1901) Plateforme où est présenté un spectacle, etc. *Plateau d'un théâtre :* les planches, la scène. — *Le plateau d'un studio de cinéma, de télévision,* où sont plantés les décors. *L'invité d'un journaliste sur le plateau d'une émission.* — Ensemble des invités d'une émission de télévision, de radio. *Réunir un beau plateau.* — Ensemble des installations, du personnel nécessaires à la prise de vue en studio. *Frais de plateau.* ▪ **2** MÉD. *Plateau technique :* ensemble des équipements techniques et dispositifs médicaux dont dispose une clinique, un service hospitalier.

PLATEBANDE [platbɑ̃d] **n. f.** – XIIIe ◇ de 1*plat* et *bande* ▪ On écrit aussi *une plate-bande, des plates-bandes.* ▪ **1** ARCHIT. Moulure plate, unie et peu saillante. ➤ **bandeau.** — Linteau ou architrave formant une bande horizontale sans ornements. ▪ **2** (1680) COUR. Bande de terre cultivée, dans un jardin. *Des platebandes. « Des fleurs de toute sorte [...] garnissaient les plates-bandes »* GAUTIER. — LOC. FAM. *Marcher sur les platebandes de qqn,* empiéter sur son domaine. *« Si je vous retrouve dans mes plates-bandes, j'irai vous dire un mot »* AYMÉ.

1**PLATÉE** [plate] **n. f.** – 1798 ◇ de 2*plat* ▪ Contenu d'un plat (généralement simple), servi abondamment. *Une platée de purée.*

2**PLATÉE** [plate] **n. f.** – 1694 ◇ latin *platea,* grec *plateia* ▪ TECHN. Massif de fondation d'un édifice. ◆ Maçonnerie recouvrant les fondations.

PLATEFORME [platfɔʀm] **n. f.** – XVe ◇ de 1*plat* et *forme.* ▪ On écrit aussi *une plate-forme, des plates-formes.*

I ▪ **1** Terre-plein, surface plane, horizontale, plus ou moins surélevée (ex. balcon, belvédère, estrade, étage, mezzanine, palier). *Toit en plateforme.* ➤ **terrasse.** *Des plateformes, des plates-formes. Plateforme de quai. Plateforme de maçonnerie. « les plateformes crématoires de Bénarès »* M. DARRIEUSSECQ. ▪ **2** MILIT. Ouvrage plat supportant du matériel ou des hommes. *Plateforme de tir.* ➤ **banquette.** *Plateforme d'artillerie,* supportant une pièce. ▪ **3** Partie ouverte d'un véhicule public. *La plateforme d'un autobus.* ▪ **4** TECHN. La partie de la voie préparée pour recevoir le ballast et les rails. ▪ **5** GÉOGR. Étendue plane située à la base d'une montagne ou d'un continent. *Plateforme d'abrasion. Plateforme continentale.* ➤ **plateau.** ▪ **6** *Plateforme de forage,* servant à exploiter les gisements pétrolifères sous-marins. *Plateforme fixe, mobile, semi-submersible.* ▪ **7** *Chaussure à plateforme,* surélevée par une semelle épaisse. ▪ **8** INFORM. Serveur de données permettant la diffusion de contenus numériques. *Plateforme de musique en ligne.*

II (1855, repris v. 1967 ◊ anglais *platform*, du français) Ensemble d'idées, sur lesquelles on s'appuie pour présenter une politique commune. ➤ **base.** *La plateforme électorale d'un parti. Plateforme revendicative.*

PLATELONGE [platlɔ̃ʒ] **n. f.** – 1690 ◊ de 1*plat* et 2*longe* ▪ TECHN. Longe servant à maintenir les chevaux que l'on ferre. — Pièce du harnais des chevaux attelés, qui les empêche de ruer. *Des platelonges.* — On écrit aussi *une plate-longe, des plates-longes.*

PLATEMENT [platmɑ̃] **adv.** – 1763 ; « sans détour » 1485 ◊ de 1*plat* ▪ **1** D'une manière plate, banalement. « *ils écrivent platement et sans plaisir* » ALAIN. ▪ **2** D'une manière servile. *S'excuser platement.* ▪ CONTR. Spirituellement.

PLATERESQUE [platʀɛsk] **adj.** – 1877 ◊ espagnol *plateresco*, de *plata* « argent » ▪ DIDACT. Se dit d'un style d'architecture et de décoration de la Renaissance espagnole caractérisé par des ornements baroques (comme le manuélin* portugais).

PLATHELMINTHES [platɛlmɛ̃t] **n. m. pl.** – 1878 ◊ du grec *platus* « large » et *helmins* « ver » ▪ ZOOL. Embranchement de la classification qui contient les vers plats, non segmentés, hermaphrodites, libres ou parasites (turbellariés, trématodes, cestodes). — **Au sing.** *Un plathelminthe.*

PLATIER [platje] **n. m.** – 1969 ; « terrain plat » 1470 ◊ de 1*plat* ▪ GÉOGR. Haut-fond ou estran rocheux qui possède une plage.

PLATINAGE [platinaʒ] **n. m.** – 1838 ◊ de 2*platine* ▪ TECHN. Opération par laquelle on recouvre (une surface) d'une couche de platine ; cette couche.

1**PLATINE** [platin] **n. f.** – 1220 « plat » ◊ de 1*plat* ▪ **1** TECHN. Pièce plate, support plat. ♦ (XVIIe) Pièce soutenant les éléments d'un mouvement d'horlogerie. *La platine d'une montre, d'une pendule.* ♦ Pièce des anciennes armes à feu portatives sur laquelle l'amorce était mise à feu. *Platine à silex* (➤ **fusil**). ♦ IMPRIM. Partie de la presse à bras qui s'abaisse sur le tympan. ♦ Plaque métallique qui protège le mécanisme d'une serrure. ♦ Pièce de la machine à coudre qui laisse passer l'aiguille. ♦ Plateau d'une machine pneumatique. ♦ Mince lame ou feuille utilisée comme support dans divers appareils scientifiques. *Platine de microscope.* ➤ **porte-objet.** ♦ (Belgique) Plaque ronde en tôle, pour la cuisson des tartes. ▪ **2** (1963) Plateau* d'un électrophone muni d'un dispositif d'entraînement et d'un bras mobile. ♦ PAR MÉTON. Élément d'une chaîne de reproduction sonore servant à la lecture des disques, et PAR EXT. des cassettes, ou à la réception des ondes de modulation de fréquence. ➤ **lecteur.** *Platine radio* (➤ **syntoniseur, tuner**), *double-cassettes* (➤ **magnétophone**). *Platine disques, disques compacts.* — *Platine laser.* ▪ **3** (du *plat* de la langue) VX *Avoir une bonne, une fameuse platine.* ➤ **langue** (I, 2°). — PAR EXT. ➤ **bagou, baratin.** « *Il avait gardé la platine de son ancien métier* » BALZAC.

2**PLATINE** [platin] **n. m.** – 1787 ; n. f. 1752 ◊ espagnol *platina*, de *plata* « argent » ▪ **1** Élément (Pt ; n° at. 78 ; m. at. 195,078), métal précieux, blanc grisâtre. *Mine de platine* : alliage naturel de platine et de métaux voisins. *Platine iridié, rhodié* (alliages). *Éponge, mousse* de platine.* ♦ *Le platine, métal précieux utilisé en bijouterie, en joaillerie. Bracelet, alliance en platine.* ▪ **2** APPOS. INV. De la couleur du platine. *Blond platine.* ADJT INV. *Des cheveux platine.* ➤ **platiné.**

PLATINÉ, ÉE [platine] **adj.** – 1900 ◊ de *platiner* ▪ **1 VIS PLATINÉES :** pièces de contact du rupteur d'allumage d'un moteur à explosion (actuellement en tungstène, elles ne comportent plus de platine) (cf. Grain* de contact). ▪ **2** Teint en couleur platine (blond presque blanc). *Cheveux platinés, blond platiné.* PAR EXT. *Une blonde platinée.*

PLATINER [platine] **v. tr.** ‹1› – 1801 ◊ de 2*platine* ▪ TECHN. Recouvrir (un métal, du verre) d'une mince couche de platine. *Platiner du cuivre* (➤ **platinage**).

PLATINIFÈRE [platinifɛʀ] **adj.** – 1823 ◊ de 2*platine* et *-fère* ▪ DIDACT. Qui contient du platine. *Minerais platinifères.*

PLATINITE [platinit] **n. f.** – 1920 ◊ de 2*platine* ▪ TECHN. Alliage de fer et de nickel, utilisé à la place du platine (grâce à son coefficient de dilatation) dans la soudure du verre.

PLATINOTYPIE [platinɔtipi] **n. f.** – 1890 ◊ de 2*platine* et *-typie* ▪ TECHN. Procédé de photographie utilisant les sels de platine.

PLATITUDE [platityd] **n. f.** – 1694 ◊ de 1*plat* ▪ **1** Caractère de ce qui est plat, sans originalité. ➤ **médiocrité.** *Le monde « est voué sans appel à la platitude, à la médiocrité »* RENAN. ♦ **UNE PLATITUDE.** ➤ **banalité, fadaise.** *Débiter des platitudes.* « *une espèce de salon de province* [...] ; *ses platitudes suivaient le torrent du siècle* » BALZAC. « *Emma retrouvait dans l'adultère toutes les platitudes du mariage* » FLAUBERT. ▪ **2** VIEILLI Caractère d'une personne sans élévation morale, qui s'abaisse avec servilité. ➤ **avilissement, bassesse, obséquiosité.** — Acte qui témoigne de servilité. « *Si vous croyez que je vais revenir et vous faire des platitudes, vous vous trompez* » HUGO. ▪ **3** (XIXe) RARE État de ce qui est plat, plan. « *À perte de vue la platitude fabuleuse et soyeuse du Delta* » DURAS. ▪ CONTR. Esprit, saveur. Dignité, fierté, noblesse.

PLATONICIEN, IENNE [platɔnisjɛ̃, jɛn] **adj.** – 1486 ◊ de *Platon* ▪ Qui s'inspire de la philosophie de Platon. *Philosophes platoniciens*, et SUBST. *les platoniciens.* ♦ Relatif au platonisme. « *Le mysticisme platonicien* » CONSTANT. ➤ **platonique,** et aussi **néoplatonicien.**

PLATONIQUE [platɔnik] **adj.** – XIVe ◊ de *Platon* ▪ **1** VX Relatif à la philosophie de Platon. ➤ **platonicien.** « *Notions hermétiques et platoniques* » DIDEROT. ▪ **2** (XVIIIe) MOD. Qui a un caractère purement idéal, sans rien de matériel, de charnel. *Amour platonique*, chaste. ➤ **éthéré, pur.** « *La tendresse de ces parfaits amants* [...] *est toute platonique* » GAUTIER. — PAR EXT. *Des amants platoniques.* ▪ **3** Qui a un caractère théorique, sans effet concret. *Protestation, lutte platonique.* « *Cet essai resterait donc platonique et bancal s'il n'aboutissait pas à des conclusions dans le domaine de l'action* » J. HAMBURGER. ▪ CONTR. Charnel, matériel.

PLATONIQUEMENT [platɔnikmɑ̃] **adv.** – 1748 ◊ de *platonique* ▪ D'une manière platonique. *Aimer platoniquement.*

PLATONISME [platɔnism] **n. m.** – 1672 ◊ de *Platon* ▪ **1** Philosophie de Platon et de ses disciples, caractérisée par la conception métaphysique de la beauté et de l'amour. *Le platonisme est un idéalisme* (➤ **idée**), *un essentialisme.* ▪ **2** RARE Caractère de l'amour platonique, chaste, idéal.

PLÂTRAGE [plɑtʀaʒ] **n. m.** – 1718 ◊ de *plâtrer* ▪ **1** Action de plâtrer. *Le plâtrage d'un mur.* ♦ RARE Ouvrage de plâtre. *Refaire le plâtrage d'une pièce.* ▪ **2** AGRIC. VX Amendement des terres au moyen de plâtre. — *Plâtrage des moûts, du vin*, pour activer la fermentation. ▪ **3** MÉD. Traitement de l'acidité gastrique par une substance basique. *Plâtrage gastrique.*

PLÂTRAS [plɑtʀɑ] **n. m.** – 1371 ◊ de *plâtre* ▪ **1** Débris de plâtrage ; morceau d'un ouvrage en plâtre détaché. ➤ **débris, gravats.** *Les plâtras d'un chantier de démolition.* ▪ **2** Mauvais matériaux de construction. « *Le plâtras qui avait dû boucher ce vide était absent* » HUGO.

PLÂTRE [plɑtʀ] **n. m.** – *plastre* 1268 ◊ de *emplastre* → emplâtre ▪ **1** Gypse. *Carrière de plâtre. Utilisation du plâtre pour l'amendement des prairies.* ➤ **plâtrer.** ▪ **2** Poudre blanche, tirée du gypse, que l'on gâche pour obtenir une pâte qui durcit en séchant. *Pierre à plâtre* : gypse. *Fleur de plâtre* : plâtre très fin. *Sac de plâtre. Plâtre à mouler. Compositions à base de plâtre.* ➤ 1**staff, stuc.** *Le plâtre et le mortier sont des liants.* « *J'aime le plâtre. C'est une matière friable, poreuse, sensible à la moindre humidité* » TOURNIER. — LOC. *Battre qqn comme plâtre*, avec violence (comme le plâtre qu'on pulvérisait en le battant). ♦ Pâte obtenue en gâchant cette poudre. *Plâtre qui commence à prendre. Enduit au plâtre.* — *Carreau, plaque de plâtre* : matériau de plâtre moulé, utilisé en construction (cloison, etc.). ➤ **placoplatre.** — *Buste en plâtre.* « *L'art de mouler, de ciseler le plâtre* » GAUTIER. ▪ **3** *Les plâtres* : les revêtements, les ouvrages de plâtre. *Refaire les plâtres. Essuyer* les plâtres.* ▪ **4** *Un plâtre* : objet moulé en plâtre. *Un plâtre antique. Salle décorée de plâtres*, de statues, de moulages. ♦ Appareil de contention, formé de pièces de tarlatane imprégnées de plâtre, utilisé notamment pour le traitement des fractures. *Un plâtre de marche. Faire un plâtre à qqn*, lui mettre un membre, une partie du corps dans le plâtre. ➤ **plâtrer.** *Avoir la jambe dans le plâtre.* ▪ **5** FAM. *Ce camembert n'est pas fait ; c'est du plâtre !* (➤ **plâtreux**).

PLÂTRER [plɑtʀe] **v. tr.** ‹1› – 1160 ◊ de *plâtre* ▪ **1** Couvrir de plâtre ; sceller avec du plâtre. « *La muraille tournée vers la route était plâtrée d'un crépi à la chaux* » GAUTIER. ▪ **2** AGRIC. Amender (une prairie) en y répandant du plâtre. — (1860) Acidifier (un vin, un moût) à l'aide de plâtre. ▪ **3** Mettre (un membre, une partie du corps) dans un plâtre. — **p. p. adj.** *Jambe plâtrée.* — PAR EXT. *Plâtrer qqn.* « *Plâtré du genou à la* *hanche»* BOSCO. ■ **4** FIG. *«des joues plâtrées de fard»* (HUYSMANS), exagérément fardées de blanc.

PLÂTRERIE [plɑtʀəʀi] n. f. – 1858 ; «ouvrage en plâtre» XIVᵉ ◇ de *plâtre* ■ **1** Entreprise, usine où l'on fabrique le plâtre. ➤ **plâtrière.** ■ **2** Travail du plâtrier. ➤ **bâtiment, maçonnerie.** *Frais de plâtrerie.*

PLÂTREUX, EUSE [plɑtʀø, øz] adj. – 1564 ◇ de *plâtre* ■ **1** VX Qui contient du gypse. *Carrières plâtreuses.* ■ **2** MOD. Couvert de plâtre. *Un mur plâtreux.* ■ **3** Qui a la consistance du plâtre. *Fromage plâtreux,* insuffisamment fait. *Bouillie plâtreuse.*

PLÂTRIER [plɑtʀije] n. m. – 1260 ◇ de *plâtre* ■ **1** VIEILLI Ouvrier qui prépare le plâtre. ➤ **gâcheur.** ♦ Celui qui fait le commerce des plâtres. ■ **2** MOD. Ouvrier qui utilise le plâtre gâché pour le revêtement et divers ouvrages de plâtre. *Plâtrier peintre.*

PLÂTRIÈRE [plɑtʀijɛʀ] n. f. – 1282 ◇ de *plâtre* ■ **1** Carrière de gypse, de plâtre. ■ **2** Four à plâtre. — Plâtrerie (1°).

PLATYRHINIENS [platiʀinjɛ̃] n. m. pl. – 1827 ◇ du grec *platurrhin* «au large nez», de *platus* «large» et *rhis, rhinos* «nez» ■ ZOOL. Infra-ordre de primates *(simiens)* d'Amérique, appelés aussi *singes du Nouveau Monde,* à narines écartées, ouvertes sur le côté, à plus de 32 dents et à queue préhensile (ex. ouistiti, capucin, singe hurleur).

PLAUSIBILITÉ [plozibilite] n. f. – 1684 ◇ de *plausible* ■ DIDACT. Caractère de ce qui est plausible. ➤ **vraisemblance.** *La faible plausibilité d'une nouvelle.* ♦ INFORM. Caractère de ce qui peut être admis comme étant sans erreur. *Contrôle de plausibilité.*

PLAUSIBLE [plozibl] adj. – 1552 ◇ latin *plausibilis* «digne d'être applaudi» ■ Qui semble devoir être admis. ➤ **admissible, vraisemblable.** *Caractère plausible d'un évènement. Cause, raison très plausible.* ➤ **probable.** *«Ce motif n'était pas le véritable, quoiqu'il pût sembler plausible»* GAUTIER. *Ce n'est pas très plausible.* — adv. **PLAUSIBLEMENT,** 1558. ■ CONTR. Invraisemblable.

PLAY-BACK n. m. inv. ou **PLAYBACK** [plɛbak] n. m. – 1930 ◇ mot anglais «jeu en retour» ■ ANGLIC. Interprétation ou diffusion mimée (par un acteur, un chanteur) d'un enregistrement sonore antérieur. *Chanter en play-back. C'est du play-back* (opposé à *direct*). *Des play-back, des playbacks.* — Recomm. offic. *présonorisation**.

PLAY-BOY ou **PLAYBOY** [plɛbɔj] n. m. – 1936 ◇ mot anglais américain ■ ANGLIC. VIEILLI Jeune homme élégant et riche, séducteur, menant une vie oisive et facile. ➤ VIEILLI **viveur.** *Un physique avantageux de play-boy. Des play-boys, des playboys.*

PLAYLIST ou **PLAYLISTE** [plɛlist] n. f. – 1984 ◇ anglais *playlist,* de *to play* «jouer» et *list* «liste» ■ ANGLIC. Liste de morceaux de musique. *Programmer des playlists sur sa tablette.* — On écrit aussi *play-list. Des play-lists.* — Recomm. offic. *sélection.*

PLÈBE [plɛb] n. f. – 1255 ◇ latin *plebs* ■ **1** ANTIQ. Second ordre du peuple romain, dépourvu des privilèges du patriciat (➤ **plébéien**). ■ **2** (fin XVIIIᵉ) PÉJ. et VX Le peuple. ➤ **populace, racaille.**

PLÉBÉIEN, IENNE [plebejɛ̃, jɛn] n. et adj. – 1355 ◇ du latin *plebeius* ■ **1** ANTIQ. Romain, Romaine de la plèbe. *«L'histoire de Rome est pleine de la lutte entre les patriciens et les plébéiens»* FUSTEL DE COULANGES. ♦ adj. *Famille plébéienne.* ■ **2** VIEILLI Homme, femme du peuple. *«Un homme bien né, qui tient son rang comme moi, est haï de tous les plébéiens»* STENDHAL. ♦ adj. Du peuple (quant à l'origine, à l'aspect, aux mœurs, aux manières). *Des goûts plébéiens.* ➤ **populaire.** ■ CONTR. Patricien. Aristocrate, aristocratique.

PLÉBISCITAIRE [plebisitɛʀ] adj. – 1870 ◇ de *plébiscite* ■ Qui a rapport au plébiscite. *Consulter les électeurs par voie plébiscitaire.*

PLÉBISCITE [plebisit] n. m. – 1355 ◇ latin *plebiscitum,* proprt «décision du peuple» ■ **1** ANTIQ. Décision, loi votée par l'assemblée de la plèbe. ■ **2** VIEILLI Vote direct du corps électoral par oui ou par non, sur une question qu'on lui soumet. ➤ **référendum.** *Recourir au plébiscite,* à la consultation* populaire. *Élection par plébiscite.* ♦ MOD. Vote direct du corps électoral par oui ou par non sur la confiance qu'il accorde à la personne qui a pris le pouvoir. *Il ne faut pas «assimiler le référendum du Général de Gaulle au plébiscite de Bonaparte»* DE GAULLE. ♦ FIG. *«L'existence d'une nation est un plébiscite de tous les jours»* RENAN. ■ **3** DR. INTERNAT. «Vote d'une population sur la question de son statut international» (Capitant).

PLÉBISCITER [plebisite] v. tr. ⟨1⟩ – 1894 ◇ de *plébiscite* ■ **1** Voter (qqch.), désigner (qqn) par plébiscite. *Les Français plébiscitèrent Louis-Napoléon Bonaparte.* ■ **2** Élire (qqn) ou approuver (qqch.) à une majorité écrasante. *Cette politique a été largement plébiscitée.*

PLECTRE [plɛktʀ] n. m. – XIVᵉ ◇ latin *plectrum,* grec *plektron,* racine *plêssein* «frapper» ■ MUS. ANTIQ. Petite baguette de bois, d'ivoire, servant à gratter, à pincer les cordes de la lyre, de la cithare. — MOD. Médiator. *Le plectre d'une mandoline.*

-PLÉGIE ■ Groupe suffixal, du grec *plêssein* «frapper» : *hémiplégie, paraplégie.*

PLÉIADE [plejad] n. f. – *pliades* plur. 1230 ◇ grec *pleias, ados* «constellation de sept étoiles» ■ **1** ASTRON. (avec la majuscule) Chacune des étoiles visibles à l'œil nu (les Anciens en comptaient sept) qui forment un groupe de cinq cents étoiles dans la constellation du Taureau. *«les sept feux des Pléiades, dont notre père nous avait fait apprendre par cœur les noms»* LE CLÉZIO. ♦ *La Pléiade* : le groupe des Pléiades. ■ **2** (1556) HIST. LITTÉR. Nom donné à sept poètes anciens d'Alexandrie, qui vivaient au IIIᵉ s. av. J.-C. ♦ Groupe de sept grands poètes français de la Renaissance (d'ab. appelés au XVIᵉ s. la *Brigade*). *Ronsard, du Bellay, grands poètes de la Pléiade.* ■ **3** (1867) Groupe de personnes jugées remarquables. *Une pléiade d'artistes.*

PLEIN, PLEINE [plɛ̃, plɛn] adj. et n. m. – fin XIᵉ, *plein de* «empli» (I, A, 7°) ◇ du latin *plenus* «plein», «enceinte», «rassasié» et «entier, complet» → plénum et plénipotentiaire

I (EXPRIME LA QUALITÉ) **A.** QUI CONTIENT TOUTE LA QUANTITÉ POSSIBLE ■ **1** (fin XIᵉ) (CHOSES) *Une boîte pleine, presque pleine.* ➤ 1 **rempli.** *La valise n'est pas pleine. Verre plein à ras bord. Sac trop plein, à moitié plein. Rendre plein.* ➤ **emplir, remplir** (cf. V, A, 4° Faire le plein). *Des crabes bien pleins. Plein comme un œuf, comme une huître,* rempli ; FAM. ivre (cf. Bourré). *Plein à craquer**. — LOC. FAM. *N'en jetez plus, la cour est pleine !,* en voilà assez sur ce sujet. — *Avoir les mains pleines.* ALLUS. BIBL. *Aux innocents les mains pleines.* — *Avoir le nez plein,* bouché. *Parler la bouche pleine. Avoir le ventre plein. «L'estomac plein ressemble à une conscience satisfaite»* HUGO. ♦ **PLEIN DE :** rempli de. *Le sac est plein de farine* (cf. infra II). ■ **2** (début XIIIᵉ) (PERSONNES) LOC. FAM. *Être plein comme une bourrique, une barrique,* complètement ivre. — (1640) FAM. *Il est plein,* ivre. ➤ **soûl ;** FAM. **bourré,** RÉGION. **paqueté.** ♦ FIG. et FAM. *Un gros plein de soupe**. ■ **3** (fin XIIIᵉ) Se dit d'une femelle animale en gestation. ➤ **gravide, gros.** *Jument pleine.* ■ **4** (fin XIᵉ) (Avant le nom) *Un plein panier de légumes,* le contenu d'un panier rempli (*un panier plein de* : le panier rempli). *Une pleine valise de livres.* ♦ (Précédé de *à*) *À pleine main :* avec la main pleine. *Pétrir à pleines mains. «Le général soulève son képi et gratte son crâne rose à pleins doigts»* GIONO. *Saisir à pleins bras. Embrasser qqn à pleine bouche. «il bâilla franchement, à pleine bouche»* ZOLA. *Respirer à pleins poumons. Chose qui sent, qui pue à plein nez.* — *Crier, chanter à plein gosier.* — FAM. *À pleins tubes**. ■ **5** (fin XIIᵉ) Qui contient autant de personnes qu'il est possible. *Les cafés étaient pleins.* ➤ **bondé.** *La salle est pleine.* ➤ 2 **comble.** *Les autobus sont pleins aux heures de pointe.* ■ **6** (1810) (Temps) *Une journée pleine,* bien occupée. *«Telle était leur vie, vie uniforme, mais pleine»* BALZAC. ■ **7** (ABSTRAIT) Qui est rempli (de connaissances, d'idées). *«Mieux vaut une tête bien faite que bien pleine»* MONTAIGNE. ♦ (fin XIᵉ) (PERSONNES) **PLEIN DE...** ➤ **pénétré** (de). *Être plein de son sujet.* — *Être plein de qqn,* en être exclusivement occupé. *«Plein de Machiavel, entêté de Boccace»* LA FONTAINE. *«J'ouvre comme un trésor mon cœur tout plein de vous»* MUSSET. — **PLEIN DE SOI :** occupé et content de soi-même. ➤ **imbu, infatué.** *«Si enivré de son œuvre et si plein de lui-même»* SAINTE-BEUVE. ■ **8** LOC. FAM. (1901) **PLEIN AUX AS :** très riche.

B. QUI EST ENTIÈREMENT REMPLI DE SA SUBSTANCE ■ **1** Dont la matière occupe tout le volume (opposé à *creux*). *Une sphère pleine.* ➤ **massif.** *Une porte pleine,* toute d'une pièce, dépourvue de vitre. *Roue pleine et roue à rayons. Pneu* plein et pneu gonflable.* ■ **2** (début XIIᵉ) Rond (formes humaines). ➤ **dodu, potelé, rebondi.** *Des joues pleines. Visage plein.* ■ **3** *Un son plein,* riche en harmoniques. *«Elle se mit à rire du bon rire plein de sa jeunesse»* BALZAC.

C. QUI EST AU SOMMET DE SON DÉVELOPPEMENT ■ **1** (milieu XIIᵉ) Qui est entier, à son maximum. *La pleine lune. La mer est pleine :* la marée est haute. *Arc en plein cintre**. *Reliure pleine peau,* entièrement en peau. *Cuir pleine fleur.* ♦ *Un jour plein,* de 24 heures. *Une année pleine,* de date à date. loc. adv. **À PLEIN TEMPS :** engagé pour faire une journée légale de travail. *Travailler à plein temps, à temps plein.* — SUBST. *Faire un* *temps plein, un plein temps,* travailler à plein temps. PAR EXT. ➤ **plein-emploi.** — *Moteur qui tourne à plein régime.* «*Les Douglas* [avions], *pleins gaz, filèrent*» MALRAUX. ▪ **2** (fin XIe) Qui a sa plus grande force. ➤ **total.** *Plein succès. Donner pleine satisfaction.* ➤ **tout.** «*Clairvoyant et dans la pleine possession de son génie*» SUARÈS. *De leur plein gré**. (début XIIIe) *Pleins pouvoirs* (➤ **plénipotentiaire**). *Une confiance pleine et entière,* totale, absolue. *Avoir la pleine propriété d'un bien.* — *De plein droit**. *Être en pleine forme**. — (Après le nom) *Le sens plein d'un mot,* le plus fort. *Dans le sens plein du mot.* ▪ **3** loc. adv. (début XIIe) **À PLEIN ; EN PLEIN.** ➤ **pleinement, totalement.** *Argument qui porte à plein. Effet qui joue à plein.* «*J'use en plein de mon franc-parler*» DIDEROT. ▪ **4** (fin XIIe) **EN PLEIN, EN PLEINE,** suivi d'un subst. : au milieu de (espace). *Vivre en plein air* [plɛnɛʀ]. ➤ **dehors.** *Fleurs plantées en pleine terre.* — *En plein vent. Arbres de plein vent**. — *En pleine mer :* au large. — *En pleine rue. En pleine nature. En plein soleil, en plein jour.* — Exactement (dans, sur). *Visez en plein milieu* (cf. Au beau* milieu). *Chambre exposée (en) plein nord.* «*Il se leva brusquement et le frappa en pleine poitrine*» SARTRE. — (début XIIIe) (Temps) *En plein jour. Se réveiller en pleine nuit.* — (En parlant d'un état ou d'une action qui a une certaine durée) *En pleine croissance.* «*L'oiseau, foudroyé en plein vol, sembla se précipiter*» FROMENTIN. *Être en plein travail. Arriver en plein drame.* ◆ loc. adv. **EN PLEIN SUR ; EN PLEIN DANS** (FAM.) : juste, exactement. *La bombe est tombée en plein sur la gare. En plein dans le mille. En plein dedans, en plein dessus.* ▪ **5** PAR EXT. *La pleine mer :* le large. *Le plein air :* l'extérieur. *Jeux de plein air. Peinture de plein air* (opposé à *peinture d'atelier*). *Le plein jour.* ➤ **grand.**

II (EXPRIME LA QUANTITÉ) ▪ **1 PLEIN DE :** qui contient, qui a beaucoup de. *Être plein de...* ➤ **abonder, regorger.** *Pré plein de fleurs. Les yeux pleins de larmes. Pantalon plein de taches.* ➤ 2 **couvert.** *Meuble plein de poussière. Les mains pleines de cambouis,* couvertes de cambouis. «*La Californie est un pays plein d'or, de perles et de diamants*» CENDRARS. *Rues pleines de monde. Texte plein de fautes.* ◆ (ABSTRAIT) «*Plus on voit ce monde, et plus on le voit plein de contradictions*» VOLTAIRE. ◆ (PERSONNES) *Être plein de santé, de vie.* ➤ **débordant.** *Être plein d'admiration, de reconnaissance.* ➤ **pénétré, pétri.** *Être plein d'égards pour qqn.* ▪ **2** SANS COMPL. (FAM.) *Il y en a plein, tout plein,* beaucoup.

III VX **OU EN LOC.** (confondu avec *plain*) Plat. ➤ 1 **plain.** BLAS. *Écu plein,* dont l'émail est uni. — *Terre-plein* (voir ce mot). — LOC. *Tir de plein fouet,* horizontal. FIG. *Se heurter de plein fouet :* se jeter en ligne droite l'un contre l'autre. *Les deux véhicules se sont percutés de plein fouet.*

IV ~ inv. (adv. et prép.) ▪ **1** (début XIIe) (En prép.) En grande quantité dans. *Des champignons plein un panier :* un plein (cf. supra I, A, 4°) panier de champignons. *Avoir de l'argent plein les poches,* en avoir beaucoup. — *En avoir plein la bouche** (de qqch.). FAM. *En avoir plein le dos, les bottes, le cul :* en avoir assez. *En mettre plein la vue**. FAM. *S'en mettre plein la lampe**. ◆ FAM. Partout sur. «*Il avait du poil plein les joues*» ARAGON. *Des taches plein sa robe.* ▪ **2** adv. *Sonner plein,* avec un son plein (opposé à *sonner creux*). ◆ FAM. **TOUT PLEIN.** ➤ **très.** «*C'est mignon tout plein chez vous, mes enfants*» SARRAUTE. ◆ loc. prép. FAM. **PLEIN DE.** ➤ **beaucoup.** *Avoir plein d'argent. Il y avait plein de monde. J'ai reçu plein de lettres, tout plein de lettres.*

V ~ n. m. **A. LE PLEIN (DE)** ▪ **1** (fin XIIe) État de ce qui est plein. *Le plein de la Lune,* la phase où elle apparaît éclairée tout entière. «*La Lune était en son plein*» CYRANO. — (1849 ; hapax XVIIe) *Le plein de l'eau, de la mer :* la marée haute, le gros* de l'eau. ▪ **2** (1849) **BATTRE SON PLEIN,** se dit de la mer étale à marée haute, qui bat le rivage. «*La mer battant son plein, il se remit à grimper*» FLAUBERT. — FIG. (1851) Être à son point culminant. *La fête bat son plein,* est à son comble. «*il était sûr que son amour n'avait pas baissé ; qu'il* y battait son plein *comme cette mer qu'il voyait à ses pieds battre le sien sur la grève sonore*» BARBEY. ▪ **3** FIG. La plénitude, le maximum. *Donner son plein :* donner toute sa mesure. «*Oui, il ne peut que se féliciter du temps passé. Il a atteint le plein de sa vie*» NIMIER. ▪ **4** (1863) **FAIRE LE PLEIN DE :** emplir totalement un réservoir de. *Faire le plein d'eau, d'essence.* «*On faisait le plein des soutes à vin*» LOTI. — *Faire le plein* (de carburant). — *Le plein :* le contenu total du réservoir. *Il a fallu deux pleins pour aller à Paris.* ◆ FIG. Atteindre le maximum, totaliser. *Le candidat a fait le plein de ses voix.* ▪ **5** (1873) FIN. «Somme maxima que la société d'assurances peut, aux termes de ses statuts, assurer sur un seul risque, sans réassurance» (Capitant).

B. UN PLEIN ▪ **1** Endroit rempli, plein (d'une chose). *Les pleins et les vides.* ◆ Partie massive d'une construction. ▪ **2** (1680) Trait épais, dans l'écriture calligraphiée. *Pleins et déliés d'une lettre, d'un chiffre.* «*Les pleins dodus et les maigres déliés*» COURTELINE.

▪ CONTR. Vide, 1 désert, inoccupé, libre. Ajouré, creux. Incomplet. — Exempt, sans. — Vide (n. m.). ▪ HOM. Plain ; plaine.

PLEINEMENT [plɛnmɑ̃] adv. – v. 1050 ◇ de *plein* ▪ D'une manière pleine, totale. ➤ **entièrement, totalement.** *Vivre pleinement sa retraite. Être pleinement satisfait. Pleinement responsable.* ➤ **parfaitement.** ▪ CONTR. Insuffisamment, partiellement.

PLEIN-EMPLOI ou **PLEIN EMPLOI** [plɛnɑ̃plwa] n. m. – 1949 ; d'après l'anglais *full employment* ◇ de *plein* et *emploi* ▪ ÉCON. Emploi de la totalité des travailleurs. *Période, politique de plein-emploi.* ▪ CONTR. Chômage, sous-emploi.

PLÉIOTROPIE [plejotʀɔpi] n. f. – 1963 ◇ du grec *pleiôn* «plus nombreux» et *-tropie* ▪ GÉNÉT. Propriété que possède un gène (dit *gène pléiotrope*) d'agir sur plusieurs caractères.

PLÉISTOCÈNE [pleistɔsɛn] adj. et n. m. – 1839 ◇ du grec *pleistos* «beaucoup» et *kainos* «nouveau» ▪ GÉOL. Se dit du début de l'ère quaternaire, période correspondant au paléolithique. — n. m. *Le pléistocène, époque glaciaire.*

PLÉNIER, IÈRE [plenje, jɛʀ] adj. – 1080 ◇ bas latin *plenarius,* de *plenus* «plein» ▪ **1** VX Plein (I, C). ➤ 1 **complet, entier, total.** — MOD. *Assemblée, réunion, séance plénière,* où siègent tous les membres d'un corps, d'une juridiction. ➤ **plénum.** ▪ **2** THÉOL. *Indulgence plénière :* rémission pleine et entière de toutes les peines dues aux péchés.

PLÉNIPOTENTIAIRE [plenipɔtɑ̃sjɛʀ] n. – 1643 ◇ du latin *plenus* «plein» et *potentia* «puissance, pouvoir» ▪ Agent diplomatique qui a pleins pouvoirs pour l'accomplissement d'une mission. ➤ **ambassadeur, envoyé.** «*Les plénipotentiaires des Turcs et des trois puissances alliées négocieront*» CHATEAUBRIAND. ◆ adj. *Ministre plénipotentiaire :* titre immédiatement inférieur à celui d'ambassadeur.

PLÉNITUDE [plenityd] n. f. – 1300 ◇ latin *plenitudo,* de *plenus* «plein» ▪ **1** VX ou MÉD. État de ce qui est plein, qui donne une sensation de pesanteur, de lourdeur. *Plénitude gastrique.* ➤ **réplétion.** ▪ **2** LITTÉR. Ampleur, épanouissement. *La plénitude des formes.* ◆ PAR ANAL. *La plénitude d'un son.* «*la plénitude presque chaude de ses intonations*» BARBEY. ▪ **3** (ABSTRAIT) VIEILLI Abondance, profusion. «*cette plénitude de vie*» ROUSSEAU. «*une plénitude de recueillement*» HUYSMANS. *Une impression de plénitude.* ▪ **4** MOD. LITTÉR. État de ce qui est complet, dans toute sa force. «*La plénitude de l'être*» BOSSUET. «*un être jeune, dans toute la plénitude de sa beauté et de son intelligence*» FLAUBERT. — *La plénitude d'un droit.* ➤ **intégrité, totalité.** «*Il jouissait dans leur plénitude de tous les pouvoirs*» BAINVILLE. ▪ CONTR. Vide.

PLÉNUM [plenɔm] n. m. – 1810 *plenum ;* à propos de la Suède 1770 ◇ latin *plenum,* repris du russe ▪ POLIT., HIST. Réunion plénière d'une assemblée, d'un organisme (notamment le Comité central du parti communiste des ex-pays socialistes). *Des plénums.* — On écrit aussi *un plenum, des plenums.*

PLÉONASME [pleɔnasm] n. m. – 1610 ; «mot augmenté d'une lettre ou d'une syllabe» 1571 ◇ grec *pleonasmos* ▪ DIDACT. Terme ou expression qui ne fait qu'ajouter une répétition à ce qui vient d'être énoncé. ➤ **redondance, tautologie.** *Pléonasme fautif* (ex. prévoir à l'avance ; monter en haut). «*une maisonnée de fous ou de poètes (ce qui est presque un pléonasme)*» GAUTIER.

PLÉONASTIQUE [pleɔnastik] adj. – 1842 ; *pléonasmique* 1546 ◇ grec *pleonastikos* ▪ GRAMM. Qui est relatif au pléonasme, forme un pléonasme. — *Tour pléonastique. Emploi pléonastique des pronoms* en, y (ex. «Oui, de ta suite, ô roi ! de ta suite ! J'en suis !» [Hugo]).

PLÉSIOMORPHE [plezjɔmɔʀf] adj. – 1963 cristallogr. ◇ du grec *plêsios* «voisin» et *-morphe* ▪ PHYLOG. Ancestral. *État plésiomorphe d'un caractère.* ▪ CONTR. Apomorphe.

PLÉSIOSAURE [plezjɔzɔʀ] n. m. – 1826 ◇ du grec *plêsios* «voisin» et *-saure* ▪ PALÉONT. Grand reptile marin, saurien fossile de l'ère secondaire à long cou et à membres aplatis en palettes natatoires.

PLÉTHORE [pletɔʀ] n. f. – 1537 ; *plectorie* 1370 ◇ grec *plêthôrê* «plénitude» ▪ **1** MÉD. ANC. Surabondance des humeurs dans l'organisme. «*pléthore obturante*» MOLIÈRE. — MÉD. MOD. Surabondance, excès de sang (surtout de globules rouges). ➤ **pléthorique.** ▪ **2** (1791) MOD. Abondance, excès. *La pléthore d'un produit sur le marché. Il y a pléthore de candidats.* ▪ CONTR. Anémie. Pénurie.

PLÉTHORIQUE [pletɔʀik] **adj.** – *plectorique* 1314 ◊ grec *plêthôrikos* ▪ **1** MÉD. ANC. Qui est caractérisé par la pléthore (1°). — MÉD. MOD. Relatif à un excès de sang, de globules rouges du sang. ▪ **2** MOD. PÉJ. Abondant, surchargé. *Des classes pléthoriques,* où il y a trop d'élèves. *Une documentation pléthorique.* ➤ **excessif, surabondant.**

PLEUR [plœʀ] **n. m.** – *pleurs* XVIe ; *plurs* 1120 ◊ de *pleurer* ▪ **1** PLUR., VIEILLI ou LITTÉR. Fait de pleurer (➤ **larme**) ; cris, plaintes dus à une vive douleur (➤ **gémissement, lamentation**). *Répandre, verser des pleurs.* ➤ **pleurer.** *Fondre en pleurs :* se mettre soudain à pleurer très fort. *Arracher des pleurs. « Ses yeux étaient noyés de pleurs »* MUSSET. *Pleurs convulsifs.* ➤ **sanglot.** *« Ses pleurs vite apaisés »* HUGO. — *Pleurs d'attendrissement, de joie.* ALLUS. BIBL. *Il y aura des pleurs et des grincements de dents.* FAM. *Le bureau* des pleurs.* ♦ **EN PLEURS.** *Elle était tout en pleurs.* ➤ **éploré.** ▪ **2** SING. VX *« Ce pleur éternel »* BOSSUET. — MOD. LOC. *Verser un pleur sur qqn, qqch.* (IRON.). *« la mère Sturel a versé un pleur en pensant à son cher fils »* SARTRE. ▪ **3** FIG. Écoulement de sève qui apparaît au printemps sur certaines plantes.

PLEURAGE [plœʀaʒ] **n. m.** – 1962 ◊ de *pleurer* ▪ TECHN. Déformation du son qui est produit par un appareil électroacoustique (baisse de hauteur), due à une variation ou à une diminution de la vitesse de défilement du support.

PLEURAL, ALE, AUX [plœʀal, o] **adj.** – 1845 ◊ du grec *pleura* → plèvre ▪ ANAT. Qui concerne la plèvre. *Épanchement pleural.*

PLEURANT, ANTE [plœʀɑ̃, ɑ̃t] **adj.** et **n. m.** – 1538 ◊ de *pleurer* ▪ **1** VX Qui pleure. *« Que la veuve d'Hector pleurante à vos genoux »* RACINE. ▪ **2 n. m.** MOD., ARTS Statue représentant un personnage en costume de deuil en train de pleurer, et qui fait partie d'un tombeau monumental.

PLEURARD, ARDE [plœʀaʀ, aʀd] **adj.** et **n.** – 1552 ◊ de *pleurer* ▪ **1** FAM. et PÉJ. Qui pleure à tout propos. *Un gamin pleurard.* ➤ **chialeur, pleurnicheur.** — **n.** *« je hais les pleurards »* MUSSET. ▪ **2** PAR EXT. *Air, ton pleurard.* ➤ **geignard, plaintif, pleurnichard.**

PLEURE-MISÈRE [plœʀmizɛʀ] **n.** – 1798 ◊ de *pleurer* et *misère* ▪ VIEILLI Avare, personne qui va pleurer misère, qui se plaint sans cesse d'être dans le besoin. *Des pleure-misère* (inv.) ou *des pleure-misères.*

PLEURER [plœʀe] **v.** ‹1› – milieu Xe ◊ du latin *plorare* « crier », « se lamenter », « pleurer en gémissant » et « déplorer ». → implorer, éploré

I ~ v. intr. A. VERSER DES LARMES ▪ **1** Répandre des larmes, sous l'effet d'une émotion. ➤ **pleurnicher, sangloter ;** FAM. **chialer ;** RÉGION. et FAM. **braire, tchouler.** *Avoir envie de pleurer. Se retenir de pleurer. « Il n'y a pas de honte à pleurer mon grand. Les larmes sont ce que nous avons de plus noble »* Y. KHADRA. *Être sur le point de pleurer* (cf. Être au bord* des larmes). *Elle pleurait à fendre l'âme, à chaudes larmes. « Je pleurais comme un enfant »* ROUSSEAU. *Pleurer comme une Madeleine*, comme une fontaine, comme une vache, comme un veau* (FAM.). *Il pleure facilement, pour un rien.* ➤ **pleurard.** *Il n'y a pas de quoi pleurer, essuie tes larmes. « Je cherche le silence et la nuit pour pleurer »* CORNEILLE. *« Gémir, pleurer, prier est également lâche »* VIGNY. *« Vive le mélodrame où Margot a pleuré ! »* MUSSET. LOC. *Faire pleurer Margot :* attendrir son public. *Faire pleurer dans les chaumières*.* — *Pleurer d'attendrissement, de joie, de rire, de honte, de rage.* ♦ (Nourrissons) Crier. ➤ FAM. **brailler.** *Bébé qui pleure parce qu'il a faim.* ▪ **2** LOC. *C'est Jean qui pleure et Jean qui rit,* se dit de qqn qui passe facilement de la tristesse à la gaieté. *« Il pleure d'un œil et rit de l'autre »* LA BRUYÈRE. *N'avoir plus que les yeux pour pleurer :* avoir tout perdu. — PROV. *Tel qui rit vendredi, dimanche pleurera :* les circonstances changent vite. ▪ **3 loc. adv. À (FAIRE) PLEURER :** au point de pleurer, de faire pleurer. *Une chanson triste à faire pleurer.* — *C'est bête, c'est triste à pleurer,* extrêmement bête, triste. *C'est à pleurer.* ➤ **lamentable.** FIG. *C'est à faire pleurer les pierres,* très triste, révoltant. ▪ **4** LITTÉR. Produire un son plaintif. *« Les sombres adagios pleurent au milieu des Symphonies »* R. ROLLAND. *« Une sirène pleurait »* MAURIAC. ▪ **5** Répandre des larmes pour une cause physiologique (sans douleur). *La fumée, l'oignon font pleurer. Avoir les yeux qui pleurent.* ▪ **6** Laisser couler de la sève. *La vigne pleure au printemps.*

B. ÊTRE OU AVOIR L'AIR AFFLIGÉ ▪ **1** Être dans un état d'affliction. *Consoler ceux qui pleurent,* les affligés. ♦ **PLEURER SUR :** s'affliger à propos de (qqn, qqch.). *« En pleurant sur les malheureux, on ne supprime pas leur misère »* GIDE. *Pleurer sur son sort.* ➤ **s'apitoyer, gémir,** se **lamenter.** *« j'ai pleuré sur moi, sur tout, surtout sur moi au fur et à mesure que le niveau d'une bouteille descendait »* DJIAN. — SANS COMPL. Se plaindre. *Il faut arrêter de pleurer.* ♦ VX **PLEURER DE...** *Pleurer de la mort de ses parents.* — MOD. *En pleurer. « Je me presse de rire de tout, de peur d'être obligé d'en pleurer »* BEAUMARCHAIS. LOC. *Il vaut mieux en rire qu'en pleurer.* ▪ **2** Présenter une demande d'une manière plaintive et pressante. *Aller pleurer auprès de qqn pour obtenir qqch.* ➤ **implorer.** — LOC. FAM. *Aller pleurer dans le gilet de qqn.* FAM. *Pleurer après qqch. :* réclamer avec insistance.

II ~ v. tr. ▪ **1** Regretter en pleurant, se lamenter sur. *« Il faut pleurer les hommes à leur naissance et non à leur mort »* MONTESQUIEU. *« Je pleure la mort de mon père »* MOLIÈRE. — *Pleurer sa jeunesse enfuie,* la regretter. — FAM. *Pleurer misère*.* ▪ **2** (XIIIe) FAM. et RÉGION. (Velay, Drôme, Ardèche) Accorder, dépenser à regret (➤ FAM. **plaindre**). *Il ne pleure pas sa peine.* ➤ **épargner.** *Pleurer le pain qu'on mange :* être avare. ▪ **3** Laisser couler (des larmes, des pleurs). ➤ **répandre, verser.** *Pleurer des larmes de joie.* LOC. *Pleurer toutes les larmes de son corps,* abondamment. — (CHOSES) *« Leur tige* [des figuiers] *pleure du lait »* GIDE.

▪ CONTR. 1 Rire ; réjouir (se).

PLEURÉSIE [plœʀezi] **n. f.** – *pleurisie* XIIIe ◊ latin médiéval *pleuresis,* grec *pleuritis* ▪ Inflammation aiguë ou chronique de la plèvre avec ou sans épanchement. *Pleurésie purulente. Pleurésie sèche.* ➤ **pleurite.**

PLEURÉTIQUE [plœʀetik] **adj.** – 1240 ◊ latin médiéval *pleurecticus* ▪ **1** MÉD. Relatif à la pleurésie. *Point (de côté) pleurétique :* douleur vive déclenchée par la respiration, à l'endroit d'une pleurésie. — *Souffle pleurétique,* qui révèle un épanchement pleural. ▪ **2** Qui souffre de pleurésie. — **n.** *Un, une pleurétique.*

PLEUREUR, EUSE [plœʀœʀ, øz] **n.** et **adj.** – *ploureur* 1414 ; *plurus* adj. fin XIe ◊ de *pleurer* ▪ **1** VIEILLI Personne qui pleure facilement. *« Je suis une pleureuse »* Mme DE SÉVIGNÉ. — **adj.** *Enfant pleureur.* — PAR EXT. *Air, ton pleureur.* ➤ **pleurard, pleurnicheur.** ▪ **2 adj.** (1771) Dont les branches s'inclinent vers le sol (arbre). *Frêne pleureur.* COUR. *Saule* pleureur.*

PLEUREUSE [plœʀøz] **n. f.** – 1575 ; *ploreresse* XIIIe ◊ de *pleureur* ▪ Femme payée pour pleurer aux funérailles. *Chant funèbre des pleureuses corses.* ➤ **vocératrice.** *« les hurlements disgracieux des pleureuses au visage barbouillé de suie, aux cheveux ébouriffés, aux joues griffées jusqu'au sang »* A. MAALOUF. *Le chœur des pleureuses ;* FIG. groupe de personnes qui se lamentent.

PLEURITE [plœʀit] **n. f.** et **m.** – 1817 ◊ latin des médecins *pleuritis* → pleurésie ▪ **1 n. f.** MÉD. Pleurésie localisée et sans épanchement. ▪ **2 n. m.** ZOOL. Partie latérale membraneuse d'un insecte.

PLEURNICHARD, ARDE [plœʀniʃaʀ, aʀd] **adj.** – 1878 ◊ de *pleurnicher* ▪ Qui pleurniche. *Gamine pleurnicharde.* ➤ **pleurnicheur.** — *Air, ton pleurnichard.* ➤ **geignard, larmoyant, pleurard.**

PLEURNICHER [plœʀniʃe] **v. intr.** ‹1› – 1739 ◊ de *pleurer* et région. *nich-* « morve » ▪ Pleurer, se plaindre sur un ton geignard. ➤ 1 **geindre, larmoyer ;** RÉGION. **chouiner.** *Se mettre à pleurnicher.* — **n. m. PLEURNICHEMENT,** 1789.

PLEURNICHERIE [plœʀniʃʀi] **n. f.** – 1797 ◊ de *pleurnicher* ▪ Fait de pleurnicher. *Assez de pleurnicheries !*

PLEURNICHEUR, EUSE [plœʀniʃœʀ, øz] **n.** et **adj.** – 1774 ◊ de *pleurnicher* ▪ Personne qui pleurniche, geint à tout propos. ➤ RÉGION. **plaignard ;** aussi **geignard.** — **adj.** *Un enfant maussade et pleurnicheur.* ➤ **criard, grognon.** — PAR EXT. *Air, ton pleurnicheur.* ➤ **pleurnichard.**

PLEURO- ▪ Élément, du grec *pleuron* « côté ». ➤ **plèvre.**

PLEUROBRANCHE [plœʀobʀɑ̃ʃ] **n. m.** – *pleuro-branches* 1804 ◊ de *pleuro-* et *branches* « branchies » ▪ ZOOL. Mollusque gastéropode *(opisthobranches),* à vie pélagique, qui possède une branchie sur le côté droit.

PLEURODYNIE [plœʀɔdini] **n. f.** – 1810 ◊ de *pleuro-* et *-dynie,* du grec *odunê* « douleur » ▪ MÉD. Point de côté lié à une inflammation des muscles intercostaux (rhumatisme, infection virale).

PLEURONECTES [plœʀɔnɛkt] **n. m. pl.** – 1798 ◊ de *pleuro-* et du grec *nêktos* « nageant » ▪ ZOOL. Famille de poissons téléostéens au corps aplati, appelés couramment « poissons plats » (ex. flétan, limande, sole, turbot). Sing. *Un pleuronecte.*

PLEUROPNEUMONIE [plœʀopnømɔni] **n. f.** – XVIe ◊ de *pleuro-* et *pneumonie* ▪ MÉD. Inflammation simultanée de la plèvre (pleurésie) et des poumons (pneumonie).

PLEUROTE [plœʀɔt] **n. m.** – 1873 ◊ de *pleuro-* et du grec *ous, otos* «oreille» ■ Champignon *(agaricacées),* à pied inséré sur le côté, qui pousse ordinairement sur le bois. *Pleurote du chêne, de l'orme. Omelette aux pleurotes.*

PLEUROTOMIE [plœʀɔtɔmi] **n. f.** – 1876 ◊ de *pleuro-* et *-tomie* ■ MÉD. Ouverture chirurgicale de la plèvre.

PLEUTRE [pløtʀ] **n. et adj.** – 1750 ◊ flamand *pleute* «chiffon», et fig. comme injure ■ LITTÉR. Personne sans courage. ➤ **lâche, poltron.** *«L'œuvre qui représente un héros vaut mieux que celle qui représente un pleutre»* TAINE. — **adj.** *Il, elle est très pleutre.* ■ CONTR. Courageux.

PLEUTRERIE [pløtʀəʀi] **n. f.** – 1879 ◊ de *pleutre* ■ LITTÉR. Caractère de pleutre. ➤ **lâcheté.** — *Une pleutrerie :* une lâcheté. ■ CONTR. Courage.

PLEUVASSER [pløvase] **v. impers.** ⟨1⟩ – attesté XXe ◊ forme dialectale de *pleuvoir* ■ Pleuvoir légèrement, par petites averses ; bruiner. ➤ **pleuviner, pleuvioter ;** RÉGION. **mouillasser.**

PLEUVINER [pløvine] **v. impers.** ⟨1⟩ – 1874 ; *ploviner* XIIe ◊ de *pleuvoir* ■ Bruiner, faire du crachin. ➤ **pleuvasser, pleuvioter ;** RÉGION. **mouillasser.** — On dit aussi **PLUVINER.** *«Il pluvine, il neigeotte»* VERLAINE.

PLEUVIOTER [pløvjɔte] **v. impers.** ⟨1⟩ – 1916 *pleuvoter* ◊ dérivé dialectal de *pleuvoir* ■ Pleuvoir légèrement. ➤ **pleuvasser ;** RÉGION. **mouillasser.** — On dit aussi *pleuvoter.*

PLEUVOIR [pløvwaʀ] **v. impers. et intr.** ⟨23⟩ – *pluveir* 1160 ◊ bas latin *plovere,* latin classique *pluere*

I **v. impers.** ■ **1** Tomber, en parlant de l'eau de pluie. ➤ FAM. 2**flotter, vaser ;** RÉGION. **mouiller.** *Pleuvoir légèrement, à peine.* ➤ **bruiner, pleuvasser, pleuviner, pleuvioter ;** RÉGION. **mouillasser.** *«Il pleut, il pleut, bergère»* (FABRE D'ÉGLANTINE, chans.). *Il pleuvait à verse, à flots, à seaux, à torrents,* (Canada) *à boire debout.* ➤ RÉGION. **doucher, dracher.** LOC. FAM. *Pleuvoir comme vache qui pisse**. POP. *Ça pleut :* il pleut. *«Ça pleut pourtant fort»* PROUST. — *Il sort par tous les temps, qu'il pleuve, qu'il vente. «Il pleure dans mon cœur Comme il pleut sur la ville»* VERLAINE. ■ **2** (Avec un sujet réel) Tomber. *Il pleut de grosses gouttes. Il pleut des cordes*, des hallebardes. «Je ne sais pas ce qu'il va pleuvoir»* ZOLA. ◆ LOC. FAM. *Comme s'il en pleuvait,* en grande quantité. ➤ **beaucoup.**

II **v. intr. A.** Tomber. ■ **1** S'abattre, en parlant de ce que l'on compare à l'eau de pluie. *«Le sang continuait à pleuvoir goutte à goutte»* HUGO. ➤ **couler.** *«Les boulets pleuvaient»* HUGO. ➤ 1**tomber.** ◆ PAR MÉTAPH. *Faire pleuvoir les coups (sur qqn). «La raillerie pleut, drue comme mitraille»* BAUDELAIRE. ■ **2** Affluer, arriver en abondance. *«Ici, pleuvent les nouvelles vraies ou fausses»* MICHELET.

B. LITTÉR. Faire pleuvoir, faire tomber la pluie. *«Le ciel pleuvait»* MAURIAC. *«Un gros nuage pleuvait sur le Rhin»* HUGO.

■ HOM. *Plu :* plu (plaire).

PLEUVOTER ➤ **PLEUVIOTER**

PLÈVRE [plɛvʀ] **n. f.** – 1552 ◊ grec *pleura* «côté» → pleuro- ■ ANAT. Membrane séreuse située à l'intérieur de la cavité thoracique, constituée d'un feuillet pariétal qui tapisse les parois internes de la cavité thoracique, et d'un feuillet viscéral appliqué sur la surface des poumons (➤ **pleural**). *Inflammation de la plèvre.* ➤ **empyème, pleurésie, pleuropneumonie.** *Insufflation d'air dans les plèvres* (➤ **pneumothorax**).

PLEXIGLAS [plɛksiglas] **n. m.** – 1935 ◊ nom déposé ; du latin *plexus* «tressé» et de l'allemand *Glas* «verre» ■ Verre de sécurité, matière plastique transparente et dure (polyméthacrylate de méthyle). ➤ aussi **altuglas.** *Cadre, présentoir en plexiglas.* — ABRÉV. FAM. **PLEXI.**

PLEXUS [plɛksys] **n. m.** – 1541 ◊ mot latin «entrelacement», de *plectere* «tresser» ■ ANAT. Réseau de nerfs ou de vaisseaux, constitué par de nombreuses anastomoses. *Plexus cervical, lombaire ; plexus sacré ; plexus et ganglions du sympathique. Névralgie du plexus brachial.* — COUR. *Plexus solaire,* au creux de l'estomac. ABSOLT *Un coup au plexus.*

1**PLI** [pli] **n. m.** – 1265 ; *ploi* 1190 ◊ de *plier* ■ **1** Partie d'une matière souple rabattue sur elle-même et formant une double épaisseur. *Les plis d'une feuille de papier, d'une étoffe. Jupe à plis.* ➤ **plissé.** *Marquer des plis en repassant.* ➤ **plisser.** *Enlever les plis.* ➤ **déplisser.** — *Plis d'un dépliant, d'une carte routière :* chaque volet. *Plis d'un éventail, d'un soufflet d'accordéon* (cf. En accordéon). ◆ COUT. *Pli couché,* couché d'un seul côté de la pliure. *Pli creux,* formé de deux plis couchés affrontés de chaque côté de la pliure formant entre eux un creux (considéré dans l'autre sens, il forme un *pli plat*). *Pli rond,* semblable au pli plat mais non repassé. ■ **2** Ondulation (d'un tissu flottant). *Les plis d'un drapé.* ◆ Mouvement (de terrain) qui forme une ondulation. *«Un clocher au loin émergeait d'un pli de terrain»* ZOLA. — GÉOL. Chaque élément d'un plissement, formé de deux flancs et d'une charnière. *Pli convexe* (➤ **anticlinal**), *concave* (➤ **synclinal**). *Système de plis.* ➤ **plissement.** ■ **3** Marque qui reste à ce qui a été plié. ➤ **pliure.** *Le pli d'un ourlet. Faire le pli d'un pantalon,* le repasser. *Une carte «élimée et transparente aux plis»* BARBUSSE. — *Linge dans son pli, dans ses plis :* linge neuf, qui n'a pas été lavé. ■ **4** **FAUX PLI,** ou **PLI :** endroit froissé ou mal ajusté ; pliure qui ne devrait pas exister. *Faux pli d'un col de chemise. Cette veste fait un pli dans le dos* (➤ **godailler, goder, grigner**). *Nappe qui fait des plis.* LOC. FAM. *Cela ne fait (ne fera) pas un pli :* cela ne fait pas de difficulté ou de doute. *«Ça ne fit quand même pas un pli. Trois mois plus tard ils étaient mariés»* QUENEAU. ■ **5** **MISE EN PLIS :** opération qui consiste à donner aux cheveux mouillés la forme, la frisure qu'ils garderont une fois secs. *Se faire une mise en plis. Shampoing-mise en plis* (chez le coiffeur). ■ **6** **LE PLI :** la forme que prend naturellement une chose souple. *Le pli d'un vêtement,* la manière dont il tombe, forme des plis. *Mes cheveux ont pris un mauvais pli pendant la nuit.* ◆ LOC. *Prendre un pli :* acquérir une habitude. *«Le pli était pris»* BALZAC. *Elle a pris un mauvais pli. Prendre le pli de faire qqch.* ■ **7** **SOUS PLI :** dans un papier replié formant enveloppe. *Mettre une lettre sous pli. Envoyer un message, une lettre sous pli cacheté.* — PAR EXT. Message, lettre. *Recevoir un pli.* ■ **8** Endroit de la peau qui forme une sorte de repli ou qui porte une marque semblable ; cette marque. *«sous son menton penché regorgeaient en boudins trois plis»* GAUTIER. *Pli du cou* (➤ **fanon**). *Pli de l'aine. Plis du front d'une personne qui fronce les sourcils. Plis et rides du visage.* ■ **9** (CARTES) Levée (3°). *Faire tous les plis.* ■ HOM. Plie.

2**PLI** [pli] **n. m.** – 1950 ◊ anglais *ply* «couche» ■ TECHN. Couche très mince de bois dont l'assemblage et le collage avec plusieurs autres (➤ **contreplacage**) forme le contreplaqué.

PLIABLE [plijabl] **adj.** – 1559 ◊ de *plier* ■ Qui peut être plié aisément. ➤ **flexible, souple.** *Un carton pliable.*

PLIAGE [plijaʒ] **n. m.** – 1611 ◊ de *plier* ■ **1** Action de plier (➤ **pliement**) ; manière dont une chose est pliée. *Pliage et rangement du linge repassé. Pliage du papier.* ➤ **pliure.** *Le pliage d'un parachute.* ◆ IMPRIM. Opération par laquelle on plie la feuille pour obtenir le format voulu. *Pliage de prospectus à la machine.* ■ **2** *Un, des pliages :* feuille de papier pliée de manière à obtenir différentes formes (➤ **origami**). ■ CONTR. Dépliage.

PLIANT, PLIANTE [plijɑ̃, plijɑ̃t] **adj. et n. m.** – 1507 ; *ployant* 1420 ◊ de *plier* ■ **1** Articulé de manière à pouvoir se plier. *Mètre pliant. Chaise pliante ; lit pliant. Vélo pliant.* ■ **2** **n. m.** (1658) Siège de toile sans dossier ni bras, à pieds articulés en X. *Pêcheur, peintre sur son pliant.*

PLIE [pli] **n. f.** – 1530 ; *plais* XIIe ◊ bas latin *platessa* ■ Poisson plat comestible *(pleuronectidés)* dont les yeux sont placés à droite (sur sa face supérieure). *Plie franche.* ➤ **carrelet.** ■ HOM. Pli.

PLIÉ [plije] **n. m.** – début XIXe ◊ de *plier* ■ CHORÉGR. Mouvement qui consiste à plier les genoux. *Grands pliés.*

PLIEMENT [plimɑ̃] **n. m.** – 1538 ◊ de *plier* ■ RARE Action de plier (➤ **pliage**), de se plier ou de plier (intr.).

PLIER [plije] **v.** ⟨7⟩ – XVe *plier* (et *ployer*) ; v. 900 *pleier* ◊ latin *plicare* → ployer

I **v. tr.** ■ **1** Rabattre (une chose souple) sur elle-même, mettre en double une ou plusieurs fois (➤ **replier**). *Plier sa serviette. Plier un journal. «Elle entendait son père plier et déplier les grandes feuilles épaisses du* Temps» GREEN. — *Plier le coin d'une feuille.* ➤ 1**corner.** — **p. p. adj.** *Chose pliée en deux, en trois. «Vu d'en haut, ce chemin ressemble à un ruban plié et replié»* CHATEAUBRIAND. — *Plier la tente* (après l'avoir démontée). — LOC. FIG. ET FAM. *C'est plié,* l'affaire est entendue, c'est réglé. *«à cinq heures, c'est plié, le jour est fini»* A. JENNI. — *Plier bagage**. ■ **2** RÉGION. Ranger, rassembler. *Plier ses affaires, ses livres.* ◆ (Sud de la France) Envelopper, empaqueter. *Plier un rôti dans un papier d'aluminium.* ■ **3** Courber (une chose flexible). ➤ **ployer, recourber.** *Plier une tige en arc* (➤ **arquer**), *en coude* (➤ **couder**). ◆ PAR EXT. *Plier le cou, la nuque.* ➤ **incliner.** — *Plier l'échine*.* — *Être plié en deux par l'âge, la maladie.* ➤ **cassé, courbé.** FAM. *Être plié (en deux),* par le rire. *Être plié de rire.* ■ **4** FAM. Casser, rendre inutilisable (un véhicule) accidentellement. *Il a plié sa voiture.* ▪ **5** Rabattre l'une sur l'autre (les parties d'un ensemble articulé); fermer (cet ensemble). ➤ **replier.** *Plier une chaise longue.* PRONOM. *Siège qui se plie.* ➤ **pliant.** — *Plier le bras, la jambe. Plier le genou, les genoux.* ▪ **6** (ABSTRAIT) Forcer à s'adapter. *Plier qqn à une discipline, à une habitude, à un exercice* (➤ **accoutumer, exercer**). «*Un vil séducteur peut plier ses projets aux circonstances*» LACLOS. ➤ **assujettir.** «*C'est la coutume qui plie la machine*» PASCAL. ▪ **7 SE PLIER** v. pron. Suivre, s'adapter par force. ➤ **céder,** se **soumettre.** *Se plier aux volontés de qqn.* ➤ **obéir.** «*Augustine s'efforça de se plier aux caprices, aux fantaisies de son mari*» BALZAC. *Se plier à une discipline, aux circonstances.*

II v. intr. ▪ **1** Se courber, fléchir. ➤ **céder.** *Branche qui plie.* «*Je plie, et ne romps pas* [dit le roseau]» LA FONTAINE. — *L'arbre plie sous le poids des fruits.* ➤ **s'affaisser.** FIG. «*Il plie sous le poids de son bonheur*» LA BRUYÈRE. ▪ **2** (PERSONNES) Céder, faiblir. *Rien ne le fera plier.* ➤ **mollir.** «*Le génie d'un peuple a beau plier sous une influence étrangère, il se redresse*» TAINE.

▪ CONTR. Déplier, déployer, 1 étaler, étendre, ouvrir. Résister.

PLIEUR, PLIEUSE [plijœʀ, plijøz] n. – XVIe ◊ de *plier* ▪ **1** Ouvrier, ouvrière qui plie une matière souple. *Plieur à la main, à la machine. Plieuse de parachutes.* ▪ **2** n. f. Machine à plier le papier. ♦ Machine-outil destinée à plier les tôles.

PLINTHE [plɛ̃t] n. f. – 1544 ; *plinte* avant 1537 ◊ latin *plinthus,* grec *plinthos* «brique» ▪ **1** ARCHIT. Moulure plate qui se place sous une colonne, une statue, ou au-dessus d'un chapiteau. «*Ce bas-relief était surmonté d'une plinthe saillante*» BALZAC. ▪ **2** Bande, saillie plate (➤ **platebande**) au bas d'un mur. *Saillie d'une plinthe.* ♦ (XVIIe) COUR. Bande plate de menuiserie au bas d'une cloison, d'un lambris. ➤ **antibois.** «*La salle à manger avec sa haute plinthe en chêne relevé d'or*» FLAUBERT.

▪ HOM. Plainte.

PLIOCÈNE [plijɔsɛn] adj. et n. m. – 1834 ◊ anglais *pliocene ;* grec *pleion* «plus» et *kainos* «récent» ▪ GÉOL. Se dit de l'étage supérieur (partie la plus récente) du tertiaire, qui succède au miocène. *Terrain ; époque pliocène.* — n. m. *Le pliocène. Les grands mammifères se répandirent au pliocène.*

PLIOIR [plijwaʀ] n. m. – 1660 ; *pleyoir* 1627 ◊ de *plier* ▪ **1** Instrument servant à plier. — SPÉCIALT Petite lame servant à plier une feuille de papier suivant une ligne droite et à la couper. ➤ **coupe-papier.** ▪ **2** Petite planchette sur laquelle on enroule une ligne de pêche.

PLIQUE [plik] n. f. – 1682 ◊ latin des médecins *plica,* de *plicare* «plier, enchevêtrer» ▪ MÉD. Enchevêtrement des cheveux, formant un casque, dû à la crasse, aux poux et aux croûtes de sécrétions sébacées agglutinées. ➤ **trichoma.**

PLISSAGE [plisaʒ] n. m. – 1836 ◊ de *plisser* ▪ **1** Action de plisser, de marquer les plis d'un plissé au repassage. *Le plissage d'une jupe.* ▪ **2** IMPRIM. Formation de petits plis pendant l'impression.

PLISSÉ, ÉE [plise] adj. et n. m. – 1636 ◊ de *plisser* ▪ **1** Où l'on a fait des plis ; à plis. *Jupe plissée.* ▪ **2** Qui forme des plis, des ondulations. *Peau toute plissée.* ♦ GÉOL. *Relief plissé, chaîne plissée.* ➤ **plissement.** ▪ **3** n. m. Ensemble, aspect des plis de ce qu'on a plissé. *Le plissé d'une jupe. Plissé soleil,* dont les plis vont s'élargissant (image des rayons du soleil). *Plissé lampion,* comparable aux plis d'une lanterne vénitienne. «*l'endroit où la mer, en se retirant, laisse imprimé sur le sable le beau plissé de la trace des vagues*» M. SIZUN.

PLISSEMENT [plismɑ̃] n. m. – 1636 ◊ de *plisser* ▪ **1** Action de plisser (la peau de). ➤ **froncement.** «*Le plissement douloureux de son front*» GIDE. *Plissement d'yeux.* ▪ **2** (1907) Déformation des couches géologiques par pression latérale produisant un ensemble de plis ; cet ensemble. *Plissement libre, entravé. Montagnes formées par plissement. Le plissement hercynien, alpin.*

PLISSER [plise] v. ⟨1⟩ – 1538 ◊ de *pli*

I v. tr. Couvrir de plis. ▪ **1** Modifier (une surface souple) en y faisant un arrangement de plis. *Plisser du papier en accordéon,* en le pliant plusieurs fois alternativement d'un côté, puis de l'autre. *Plisser une jupe.* ♦ Déformer par des faux plis. *Plisser ses vêtements en dormant tout habillé.* ➤ **froisser ; chiffonner.** — PRONOM. «*Le tissu de soie mal appliqué se plissait en quelques endroits*» BALZAC. ▪ **2** Former des ondulations sur. *Les forces qui plissent l'écorce terrestre.* ➤ 1 **pli, plissement.** ▪ **3** Contracter les muscles de... en formant un pli. ➤ **froncer.** *Plisser le front. Plisser les yeux,* les fermer à demi, de sorte que la peau se plisse autour d'eux. — PRONOM. «*sa bouche se plissait*» GAUTIER. — *Le front plissé d'inquiétude.*

II v. intr. Faire des plis. *Chaussettes, pantalons qui plissent.*

PLISSEUR, EUSE [plisœʀ, øz] n. – 1625 ◊ de *plisser* ▪ **1** Personne qui effectue le plissage. *Plisseur d'étoffes* (calandreur). ▪ **2** n. f. (XIXe) Machine à plisser les étoffes.

PLISSURE [plisyʀ] n. f. – fin XVIe «ride» ◊ de *plisser* ▪ RARE Ensemble, arrangement de plis. ➤ **plissé.** «*Des plissures de soie*» LOTI.

PLIURE [plijyʀ] n. f. – XVIe ; *plieure* «jointure» 1314 ◊ de *plier* ▪ **1** Action de plier les feuilles de papier (en imprimerie, brochage, reliure). ➤ **pliage.** ▪ **2** Endroit où se forme un pli, où une partie se replie sur elle-même. *À la pliure du bras, du genou* (➤ **creux**). — Marque formée par un pli. *La pliure d'un ourlet.*

PLOC [plɔk] interj. – 1845 ◊ onomat. ▪ S'emploie pour évoquer un bruit de chute, de heurt dans l'eau. ➤ **floc, plouf.**

PLOIEMENT [plwamɑ̃] n. m. – *ployement* XVe ◊ de *ployer* ▪ **1** Action de ployer, de plier qqch. ; fait de se ployer, d'être ployé. «*Le ploiement des jambes*» GONCOURT. ▪ **2** MILIT. Évolution d'une troupe qui passe de l'ordre de bataille à l'ordre de route. ▪ CONTR. Déploiement.

PLOMB [plɔ̃] n. m. – XVe ; v. 1130 *plum* ◊ latin *plumbum*

I LE PLOMB, DU PLOMB ▪ **1** Métal très dense d'un gris bleuâtre (Pb ; n° at. 82 ; m. at. 207,2), mou, facilement fusible, se laissant bien travailler et laminer. *Gisement de plomb* (➤ **plombifère**). *Plomb argentifère, natif. La galène est un des minerais de plomb. Protoxyde, bioxyde de plomb. Sels de plomb* (➤ **minium ; céruse**). — Additif antidétonant *(plomb tétraéthyle)* qui était incorporé aux carburants pour améliorer l'indice d'octane (mais polluant). *Essence sans plomb* (opposé à *plombée*) et ellipt *du sans plomb.* — MÉD. *Coliques de plomb,* dues aux sels de plomb. ➤ **saturnisme ; plombémie.** — *Chambres de plomb, pour la fabrication de l'acide sulfurique. Écran de plomb, verre au plomb* (protection contre divers rayonnements). *Mine de plomb.* ➤ 2 **mine.** *Gouttière, tuyau de plomb* (➤ **plomberie, plombier**). *Semelle de plomb,* servant de lest aux scaphandriers ; FIG. obstacle qui ralentit. — **SOLDATS DE PLOMB :** figurines représentant des soldats (à l'origine, en plomb). ♦ LOC. FIG. *Avoir du plomb dans l'estomac,* un poids sur l'estomac. *N'avoir pas de plomb dans la cervelle, dans la tête :* être léger, étourdi. *Cela lui mettra du plomb dans la tête :* cela le fera réfléchir. «*six ans de service militaire lui mettront du plomb dans la tête*» BALZAC. ▪ **2** FIG. **DE PLOMB ; EN PLOMB,** exprimant l'idée de poids (au pr. et au fig.). *Avoir, se sentir des jambes de plomb, en plomb,* très lourdes. *Sommeil de plomb,* très profond. *Ciel de plomb,* gris sombre (➤ **plombé**). *Un soleil de plomb,* très chaud (➤ **plombant**). *Langue de plomb :* discours fuyant, abscons, s'exprimant par des stéréotypes. (calque de l'allemand, titre d'un film) *Les années de plomb :* les années 1970-1980 marquées par le terrorisme en Europe occidentale (Allemagne, Italie, France). ▪ **3** COLLECT. **DU PLOMB :** des plombs de chasse (cf. ci-dessous, II, 2°). *Du gros plomb* (➤ **chevrotine**), *du petit plomb* (➤ **cendrée, dragée, grenaille**). FIG. *Avoir du plomb dans l'aile*.* ▪ **4** IMPRIM. Ensemble des caractères d'imprimerie en alliage au plomb (➤ 1 **fonte**). *Typographie, composition au plomb.*

II UN PLOMB, LES PLOMBS ▪ **1** *Plomb (de sonde) :* masse de plomb attachée à l'extrémité d'une corde de manière à constituer une sonde. «*On sondait avec un plomb la hauteur des eaux*» LOTI. *Fil* à plomb.* ♦ loc. adv. **À PLOMB.** *Mettre à plomb un mur,* le disposer verticalement (➤ **aplomb**). «*Le soleil tombe à plomb*» Mme DE STAËL. ➤ **perpendiculairement.** — FIG. et VIEILLI À propos (cf. À pic*). «*L'observation sur les villageois tombe à plomb*» BALZAC. ▪ **2** Chacun des grains sphériques qui garnissent une cartouche de chasse. *Des plombs de chasse.* ▪ **3** Chacun des grains de plomb qui lestent un bas de ligne, un filet ; ces grains. ➤ **plombée.** «*Je pêchais sans flotteur et sans plomb*» GIDE. ♦ VIEILLI Chacune des petites rondelles de plomb qu'on cousait dans l'ourlet au bas d'un vêtement, d'un rideau pour le faire tomber droit. ▪ **4** Petit disque de plomb portant une marque, qui sert à sceller un colis, à garantir la fermeture d'une porte, etc. ➤ **sceau.** *Mettre un plomb à la porte d'un wagon.* ➤ **plomber.** *Le plomb d'un compteur d'électricité.* ▪ **5** Baguette de plomb qui maintient les verres d'un vitrail. ▪ **6** ANCIENNT, PLUR. Cuvette qui servait à l'évacuation des eaux sales. «*un escalier suffocant où plombs et latrines répandaient leurs épouvantables exhalaisons*» BLOY. ▪ **7** (1897) Fusible. — *Les plombs :* dispositif qui contient les fusibles. ➤ **coupe-circuit.** *Les plombs ont sauté.* LOC. FIG. et FAM. *Péter* les plombs* (parfois *un plomb*).

PLOMBAGE [plɔ̃baʒ] n. m. – *plommage* 1427 ◊ de *plomber* ■ **1** Opération qui consiste à garnir de plomb. ■ **2** Action de sceller avec un sceau de plomb. *Le plombage d'un colis.* ■ **3** Action de plomber (une dent). ➤ **obturation.** — Alliage, amalgame utilisé pour boucher le trou d'une dent. *Mon plombage est parti.*

PLOMBAGINE [plɔ̃baʒin] n. f. – 1559 ; *plombage* 1556 ◊ latin *plumbago, inis,* de *plumbum* ■ Graphite. ➤ 2 **mine** (de plomb).

PLOMBANT, ANTE [plɔ̃bɑ̃, ɑ̃t] adj. – XIXe ◊ de *plomber* ■ **1** *Soleil plombant,* très chaud (cf. Soleil de plomb*). ■ **2** FAM. Qui a un effet négatif sur le moral. *Des nouvelles plombantes.*

PLOMBE [plɔ̃b] n. f. – 1811 ◊ de l'argot *plomber* « sonner » ■ ARG. Heure. *Attendre pendant des plombes.*

PLOMBÉ, ÉE [plɔ̃be] adj. – XIVe ; *plomé* XIIIe ◊ de *plomber* ■ **1** Garni de plomb. *Canne plombée.* — Qui contient du plomb. *Essence plombée* (opposé à *sans plomb*). ◆ Obturé. *Dent plombée.* ■ **2** Scellé avec des plombs. *Colis, wagon plombé. Ces images « projetteront aux yeux des incrédules les portes de wagons plombés, le brouillard de gares dont on ne revient pas »* PH. GRIMBERT. ◆ INFORM. *Logiciel plombé,* protégé contre la copie illicite. ■ **3** D'une teinte grisâtre, bleuâtre. ➤ **livide.** *Ciel plombé. « le teint plombé d'un radiologue qui ne prend pas de vacances »* D. BOULANGER.

PLOMBÉE [plɔ̃be] n. f. – 1445 « massue de plomb » ◊ de *plommée* (1155), refait sur *plomber* ■ **1** ARCHÉOL. Arme du Moyen Âge, masse garnie de plomb. ◆ Dard lesté de plomb. ➤ **plommée.** ■ **2** PÊCHE Ensemble des plombs qui lestent un bas de ligne, un filet.

PLOMBÉMIE [plɔ̃bemi] n. f. – 1938 ◊ de *plomb* et *-émie* ■ MÉD. Présence de plomb dans le sang ; taux qui la mesure.

PLOMBER [plɔ̃be] v. tr. ⟨1⟩ – 1490 ; *plomer* 1105 ◊ de *plomb* ■ **1** Garnir de plomb. *Plomber une canne, une ligne.* ■ **2** Donner à (qqch.) une teinte livide qui rappelle celle du plomb. *« C'est la ville que le jour plombe »* VERHAEREN. — PRONOM. *« Sa peau se plombait »* HUGO. ■ **3** TECHN. Vernir avec de la mine de plomb. *Plomber une poterie.* ■ **4** Sceller avec un sceau de plomb. *Plomber un colis, un wagon. Faire plomber des marchandises à la douane.* ■ **5** TECHN. Vérifier avec un fil à plomb la verticalité de. *Plomber un mur.* ■ **6** AGRIC. Tasser la couche superficielle de (un terrain) pour le rendre plus ferme. ■ **7** Obturer (une dent) avec un plombage. ■ **8** ARG. Contaminer (qqn) par une maladie sexuellement transmissible (syphilis surtout). ■ **9** FAM. Avoir un effet négatif sur, compromettre. *La crise a plombé la croissance. Plomber l'ambiance* (➤ **plombant**). — *« Plombé par ses échecs et cette guigne perpétuelle »* P. LAPEYRE.

PLOMBERIE [plɔ̃bʀi] n. f. – v. 1400 ; *plommerie* 1304 ◊ de *plomb* ■ **1** Industrie de la fabrication des objets de plomb. ◆ Atelier où l'on travaille le plomb. ■ **2** Travail du plombier, pose des couvertures en plomb, en zinc, des conduites et des appareils de distribution d'eau, de gaz d'un édifice. *Entrepreneur de plomberie.* ■ **3** Ces installations, ces canalisations. *La plomberie est en mauvais état.*

PLOMBEUR [plɔ̃bœʀ] n. m. – 1721 ; « ouvrier qui travaille le plomb » 1458 ◊ de *plomber* ■ **1** Celui qui appose un sceau de plomb sur des marchandises. ■ **2** Rouleau lourd qui sert à plomber la terre. — adj. (1860) *Rouleau plombeur.*

PLOMBIER, IÈRE [plɔ̃bje, jɛʀ] n. – 1508 ; *plunmier* 1266 ◊ de *plomb* ■ **1** Personne (ouvrier, entrepreneur) qui exécute des travaux de plomberie. *Plombier-couvreur. Plombier-zingueur. Le plombier a réparé la fuite.* ■ **2** FAM. Agent secret qui pose des dispositifs d'écoute (en se faisant passer pour le plombier). *« une équipe de "plombiers" a monté une opération dans le laboratoire photographique de la Préfecture »* DAENINCKX.

PLOMBIÈRES [plɔ̃bjɛʀ] n. f. – 1815 ◊ nom de la ville ■ Glace à la vanille garnie de fruits confits. ➤ **cassate.**

PLOMBIFÈRE [plɔ̃bifɛʀ] adj. – 1834 ◊ de *plomb* et *-fère* ■ DIDACT. Qui renferme du plomb, ou des composés du plomb. *Gisement plombifère. Vapeurs plombifères.* ◆ Se dit d'un émail translucide qui contient du plomb.

PLOMBOIR [plɔ̃bwaʀ] n. m. – 1812 ◊ de *plomber* ■ TECHN. Instrument de dentiste qui sert au plombage des dents. ➤ **fouloir.**

PLOMBURE [plɔ̃byʀ] n. f. – 1903 ; *plommeure* « ouvrage en plomb » 1409 ◊ de *plomb* ■ TECHN. Armature de plomb d'un vitrail.

PLOMMÉE [plɔme] n. f. – *plomée* 1155 ◊ de *plomber* → plombée ■ ARCHÉOL. Arme employée au Moyen Âge, maillet de plomb, généralement garni de pointes de fer. — *Plommée à chaîne :* fléau d'armes. ◆ Ancienne épée à lame courte et très lourde.

PLONGE [plɔ̃ʒ] n. f. – fin XIXe ; *plunge* « plongée » fin XIIe ◊ de *plonger* ■ FAM. Travail des plongeurs, lavage de la vaisselle (dans un restaurant, un café). *Faire la plonge.* ➤ **vaisselle.**

PLONGEANT, ANTE [plɔ̃ʒɑ̃, ɑ̃t] adj. – 1798 ◊ de *plonger* ■ Qui est dirigé vers le bas (dans quelques expr.). *Vue plongeante,* dominante. *Tir plongeant,* faisant un angle assez ouvert avec le plan de l'objectif. — *Décolleté plongeant,* très profond.

PLONGÉE [plɔ̃ʒe] n. f. – 1493 *à grandes plongées,* en parlant des vagues ◊ de *plonger*

I ■ **1** Action de plonger et de séjourner sous l'eau. *La plongée d'un pêcheur d'éponges. Plongée en apnée*. Faire de la plongée sous-marine. Combinaison de plongée.* ◆ Manœuvre par laquelle un submersible s'enfonce sous l'eau ; navigation sous-marine. *Sous-marin en plongée.* ■ **2** Vue plongeante. SPÉCIALT Prise de vue effectuée de haut en bas. *Plongée et contre-plongée.*

II ■ **1** FORTIF. Talus supérieur d'un parapet. ■ **2** HYDROGR. Dans le relief sous-marin, Brusque abaissement du fond de la mer.

PLONGEMENT [plɔ̃ʒmɑ̃] n. m. – 1606 ; *plingement* XIVe ◊ de *plonger* ■ Action de plonger une chose dans un liquide.

PLONGEOIR [plɔ̃ʒwaʀ] n. m. – 1924 ; « châssis à aiguille » 1867 ◊ de *plonger* ■ Tremplin ou ensemble de tremplins au-dessus de l'eau, permettant de plonger. *Sauter du deuxième plongeoir.*

1 **PLONGEON** [plɔ̃ʒɔ̃] n. m. – XIIe ◊ bas latin *plumbio, onis* (Ve), de *plumbum* ■ Oiseau palmipède *(gaviiformes),* de la taille du canard, nichant près de la mer. ➤ RÉGION. **huard.**

2 **PLONGEON** [plɔ̃ʒɔ̃] n. m. – XVIe ◊ de *plonger* ■ **1** Action de plonger (II, 2°). *Faire un plongeon* (cf. FAM. Piquer* une tête). *Plongeon de départ d'une course de natation. Plongeon acrobatique,* où l'on effectue divers mouvements. *Plongeon de haut vol ; plongeon (en) avant, (en) arrière. Épreuves de plongeon.* ◆ Action de se jeter ou de tomber dans l'eau. FIG. *« J'ai envie de faire un plongeon dans la misère »* HUGO. LOC. FAM. *Faire le plongeon :* perdre beaucoup d'argent et être en difficulté (cf. Boire un bouillon*, la tasse). ◆ Chute brutale. *Le plongeon du cours du pétrole.* ■ **2** FAM. Salut plongeant, révérence. ■ **3** FOOTBALL Détente, saut (horizontal ou plongeant) du gardien de but pour saisir ou détourner le ballon.

PLONGER [plɔ̃ʒe] v. ⟨3⟩ – 1120 ◊ latin populaire °*plumbicare,* de *plumbum* « plomb »

I ~ v. tr. ■ **1** Faire entrer (qqch., qqn) dans un liquide, entièrement (➤ **immerger,** 1 **noyer**) ou en partie (➤ **baigner, tremper**). *Plonger les mains dans l'eau. « Il versa de l'eau et plongea sa tête dans la cuvette »* ARAGON. *Plonger la louche dans le potage. Plonger des beignets dans la friture.* ◆ PRONOM. *Se plonger dans l'eau, dans la mer,* y entrer tout entier. ■ **2** PAR EXT. LITTÉR. Enfoncer (une arme). *Plonger un poignard dans le cœur de qqn.* ◆ PAR ANAL. Enfoncer dans un milieu creux ou mou. *Plante qui plonge ses racines dans le sol.* ■ **3** Mettre, enfoncer (une partie du corps) dans une chose creuse ou molle. ➤ **enfouir.** *Plonger la main dans sa poche. « Fabien plongeait sa tête dans la carlingue »* SAINT-EXUPÉRY. *« Elle plongea sa main dans ses cheveux »* HUGO. ■ **4** SPÉCIALT *Plonger ses yeux, son regard dans qqch. :* regarder au fond de. *« Il plongea son regard clair dans les yeux de sa femme »* BALZAC. ■ **5** FIG. Mettre d'une manière brusque et complète (dans une situation). ➤ **précipiter.** (PERSONNES) *Vous me plongez dans l'embarras ! « La fatigue les plongea dans un découragement plus lourd »* FLAUBERT. — (CHOSES) *« un subit hiver venait de plonger la campagne dans la plus profonde stérilité »* J. VERNE. *Salle plongée dans l'obscurité. Plonger un pays dans le chaos.* ◆ PRONOM. *Se plonger dans une lecture.* ➤ **s'abîmer, s'absorber.** *« Plongez-vous dans de longues études »* FLAUBERT. — PAR EXT. *Se plonger dans un roman, un auteur.* FAM. *Elle est plongée dans son dossier.* ◆ Au p. p. Abîmé dans, absorbé par. *Plongé dans sa douleur, dans ses pensées.*

II ~ v. intr. (XIIIe) ■ **1** S'enfoncer tout entier dans l'eau, descendre au fond de l'eau (➤ **plongeur**). *Pêcheur de perles, scaphandrier qui plonge. Plonger en apnée. « Si l'on plonge dans la mer à une certaine profondeur, on perd bientôt la lumière »* MICHELET. — PAR ANAL. *Oiseaux, poissons qui plongent. « Les baleines ne plongent pas obliquement, comme font les marsouins et les dauphins, mais se précipitent vers le fond à la verticale »* COUSTEAU. ◆ S'immerger pour naviguer en plongée (en parlant d'un sous-marin). ◆ MAR. Tanguer avec violence.

▪ 2 SPÉCIALT Se jeter dans l'eau la tête et les bras en avant ; faire un plongeon (cf. Piquer* une tête). *Apprendre à plonger. Plonger du bord de la piscine, du plongeoir, d'un bateau.* — *Une grenouille plongea dans la mare.* ▪ 3 S'enfoncer ou se jeter (dans, sur). *« Comme un vautour qui plonge sur sa proie »* LAMARTINE. ➤ **fondre** (sur). *« Un remous fit plonger l'avion »* SAINT-EXUPÉRY. ➤ **piquer.** ◆ (1927) SPORT Sauter en avant ou de côté, pour saisir le ballon, au football (➤ 2 **plongeon**). *Le gardien de but plonge.* ▪ 4 FIG. ARG. Être condamné à une peine de prison. ◆ Échouer, faire faillite (cf. Boire un bouillon*, la tasse*, faire le plongeon*). — Chuter brutalement. *L'action a plongé à l'ouverture.* ▪ 5 (ABSTRAIT) S'enfoncer profondément. *Plonger dans ses pensées, dans ses réflexions. « Je plonge dans un sommeil profond. Je dors »* GIDE. — *Plonger dans la dépression* et ABSOLT *plonger.* ➤ **couler, sombrer.** *« J'ai souvent pensé qu'écrire des bouquins était ce qui m'avait évité de plonger après la mort de Betty »* DJIAN. ▪ 6 S'enfoncer au loin, vers le bas (en parlant du regard). *« Dans l'abîme sans fond mon regard a plongé »* LAMARTINE. *« L'œil plongeait sur Rognes entier »* ZOLA. *Point de vue d'où le regard plonge.* ➤ **plongeant.** — FAM. Voir aisément d'un lieu plus élevé. *De cette fenêtre, on plonge chez les voisins.* ▪ 7 (CHOSES) S'enfoncer ; pendre. *« On ne voyait pas son menton qui plongeait dans sa cravate »* HUGO. *Jupe qui plonge par-derrière.*

PLONGEUR, EUSE [plɔ̃ʒœʀ, øz] n. – 1606 ; *plongeour* 1300 ◇ de *plonger* ▪ 1 Personne qui plonge (II, 1°) sous l'eau. *Plongeur qui pêche des perles* (➤ **pêcheur**), *qui sonde. Cloche à plongeur.* — SPÉCIALT Scaphandrier. *Plongeur sauveteur. Plongeur démineur. Plongeur de combat.* ➤ **homme-grenouille.** ◆ (1861) Personne qui plonge, se jette dans l'eau la tête la première. — Athlète spécialiste du plongeon. ▪ 2 n. m. Oiseau aquatique qui plonge bien. ➤ 1 **plongeon.** ▪ 3 TECHN. Ouvrier, ouvrière qui plonge les pièces cuites dans la bouillie d'émail (➤ aussi **trempeur**). — Ouvrier papetier qui plonge les formes dans la cuve. ◆ (1867) COUR. Personne chargée de laver la vaisselle (dans un restaurant, un café). ➤ **plonge.**

PLOT [plo] n. m. – 1890 ; techn. 1765 ; « billot » 1290 ◇ croisement du latin *plautus* « plat » avec le germanique *blok* ▪ 1 Pièce métallique permettant d'établir un contact, une connexion électrique. *Les plots d'un commutateur, d'un billard électrique.* ◆ TÉLÉDÉTECT. Information numérique sur un écran radar permettant d'identifier la cible. ▪ 2 SPORT *Plot de départ* : petite élévation carrée, sur le bord d'une piscine, d'où plonge le nageur au départ d'une épreuve. *« il montait sur les plots de départ, il se penchait, tremblait, regardait l'eau très longtemps »* A. JENNI. ▪ 3 RÉGION. (Est ; Suisse) Billot, tronc pour fendre du bois. FIG. *Dormir comme un plot* (cf. Comme une bûche). — *Plot de boucherie.* ➤ **billot.** ◆ Grosse brique de ciment. ➤ **parpaing.** — LOC. FIG. *Se miner le plot* (cf. Se casser la tête).

PLOUC [pluk] n. et adj. – 1936 ; en Bretagne 1880 ◇ apocope des noms de communes bretonnes en *plouc* et *ploug* ▪ FAM. et PÉJ. Paysan. ➤ **pedzouille, péquenaud.** *« Me mouiller pour des ploucs semblables ! »* CÉLINE. — adj. (inv. en genre) *Elles sont vraiment ploucs !* ➤ RÉGION. **quétaine.** ◆ PAR EXT. Personne insignifiante ou ridicule.

PLOUF [pluf] interj. – 1793 ◇ onomat. ▪ Onomatopée évoquant le bruit d'une chute dans l'eau. ➤ **ploc.** — SUBST. *On entendit un plouf.*

PLOUTO- ▪ Élément, du grec *ploutos* « richesse ».

PLOUTOCRATE [plutɔkʀat] n. m. – 1865 ◇ de *plouto-* et *-crate*, par l'anglais ▪ DIDACT. Personnage très riche qui exerce par son argent une influence politique.

PLOUTOCRATIE [plutɔkʀasi] n. f. – 1843 ◇ de *plouto-* et *-cratie*, par l'anglais ▪ DIDACT. Gouvernement par les plus fortunés. *« J'appelle ploutocratie un état de société où la richesse est le nerf principal des choses »* RENAN. ◆ Pays, régime ploutocratique.

PLOUTOCRATIQUE [plutɔkʀatik] adj. – 1874 ◇ de *ploutocratie* ▪ DIDACT. Relatif à la ploutocratie.

PLOYABLE [plwajabl] adj. – XIVe ◇ de *ployer* ▪ RARE Qui peut être ployé.

PLOYER [plwaje] v. ‹8› – Xe *pleier* ; variante de *plier* ◇ latin *plicare*
I v. tr. ▪ 1 VX Plier (I, 1°). *« Ces nues ployant et déployant leurs voiles »* CHATEAUBRIAND. ▪ 2 LITTÉR. Plier (I, 2°), tordre en abaissant. ➤ **plier ; courber.** *« Le vent ploie comme un jonc ce mât de quatre cents pieds de haut »* HUGO. — *Ployer les genoux*, les plier, étant debout. ➤ **fléchir.** FIG. et LITTÉR. Céder, s'humilier.
II v. intr. ▪ 1 Se courber, se déformer sous une force. ➤ **céder, fléchir.** *Poutre surchargée, plancher qui ploie. Faire ployer :* courber, tordre ; affaisser. *Ployer sous la charge, sous le faix. « Ses jambes ployèrent sous lui »* GAUTIER. ➤ **faiblir.** ▪ 2 FIG. et LITTÉR. Céder à une force. ➤ **fléchir.** *Ployer sous le joug.*
▪ CONTR. Déployer, étendre ; résister.

PLUCHER ; PLUCHEUX ➤ **PELUCHER ; PELUCHEUX**

PLUCHES [plyʃ] n. f. pl. – 1908 ◇ de *éplucher* ▪ 1 ARG. MILIT. ou FAM. Épluchage des légumes. *Corvée de pluches. Aux pluches !* ▪ 2 Extrémités ciselées des feuilles de certaines herbes aromatiques. *Pluches de cerfeuil, d'aneth, de persil.*
▪ HOM. Peluche.

PLUIE [plɥi] n. f. – 1080 ◇ latin populaire °*ploia*, classique *pluvia* ▪ 1 Eau qui tombe en gouttes des nuages sur la terre. ➤ FAM. 3 **flotte.** *La pluie tombe, tombe à seaux, à torrents, à verse.* ➤ **pleuvoir.** *Gouttes de pluie. Pluie fine.* ➤ **bruine, crachin.** *« Une de ces pluies humides qui déposent d'imperceptibles gouttelettes »* MAUPASSANT. — *Grosse pluie*, à grosses gouttes. *Pluie diluvienne.* ➤ 1 **cataracte.** *Pluie battante** (➤ RÉGION. **drache**), *torrentielle. « Ô bruit doux de la pluie Par terre et sur les toits »* VERLAINE. *Recevoir la pluie*, en être mouillé (cf. FAM. Se faire asperger*, doucher*, saucer*). *S'abriter, se protéger de la pluie avec un parapluie, un imperméable.* ◆ Phénomène météorologique, action de pleuvoir. *Le temps est à la pluie* : il va pleuvoir. *Jour de pluie.* ➤ **pluvieux.** *L'eau de pluie.* ◆ LOC. *Ennuyeux comme la pluie* : très ennuyeux. — **LA PLUIE ET LE BEAU TEMPS.** PROV. *Après la pluie, le beau temps* : après la tristesse, vient la joie. *Faire la pluie et le beau temps* : être très influent. *Parler de la pluie et du beau temps* : dire des banalités. — *Ne pas être né, tombé de la dernière pluie* : être averti. ▪ 2 **UNE PLUIE :** chute d'eau sous forme de pluie. ➤ **averse, déluge, ondée,** FAM. **saucée ; giboulée, grain.** *Une pluie d'abat*. Une forte pluie. « Les lourdes pluies d'orage »* LOTI. *Petite pluie*, brève et légère. — PROV. *Petite pluie abat* grand vent. Régime des pluies.* ➤ **pluvial, pluviomètre, pluviosité.** *« À la saison des pluies, pendant des semaines, on ne voyait pas le ciel, il était pris dans un brouillard uniforme »* DURAS. *Pluies de mousson.* ◆ *Pluies acides* : pluies chargées d'ions acides d'origine industrielle, nuisibles à la végétation. ▪ 3 **EN PLUIE :** en gouttes dispersées. *Vapeur qui retombe en pluie.* — *Versez la farine en pluie*, en la faisant couler progressivement. ▪ 4 Ce qui tombe d'en haut, comme une pluie. *Une pluie de cendres, de lapilli. S'enfuir sous une pluie de pierres, de projectiles. Pluie d'étoiles* (filantes). ◆ FIG. Ce qui est dispensé en grande quantité. ➤ **abondance, avalanche, déluge.** *Une pluie de baisers, de coups, d'injures. « Une pluie de faveurs »* BALZAC.

PLUMAGE [plymaʒ] n. m. – 1265 ◇ de 1 *plume* ▪ 1 Ensemble des plumes recouvrant le corps d'un oiseau, souvent considéré quant à sa couleur, son apparence. ➤ **livrée, manteau ; pennage.** *Le plumage noir du corbeau. Plumage éclatant. Changer de plumage.* ➤ **muer.** — PAR ANAL. *« Les acacias balançaient leur opulent plumage doré »* DUHAMEL. ▪ 2 (1611) Action de plumer (un oiseau). ➤ **plumaison, plumée.**

PLUMAISON [plymɛzɔ̃] n. f. – 1847 ◇ de *plumer* ▪ RARE Action de plumer (un oiseau). ➤ **plumage, plumée.**

PLUMARD [plymaʀ] n. m. – 1881 ; « plumeau » 1636 ; « plumet » 1480 ◇ de 1 *plume* ▪ FAM. Lit. ➤ **paddock,** 2 **pageot,** 2 **pieu.** *« Les femmes, pour toi, c'est cuisine, ménage... et plumard »* IZZO. — ABRÉV. **PLUME.** *Aller au plume.*

PLUMASSERIE [plymasʀi] n. f. – 1617 ◇ de *plumassier* ▪ TECHN. Métier, commerce du plumassier.

PLUMASSIER, IÈRE [plymasje, jɛʀ] n. et adj. – 1480 ◇ de *plumas*, ancien dérivé de 1 *plume* ▪ TECHN. ▪ 1 Personne qui fabrique, prépare les garnitures de plumes. *« les brodeuses, les plumassières, les matelassières* [...] *du quartier Saint-Martin »* CENDRARS. ◆ Commerçant(e) qui vend ces objets de plumes. ▪ 2 adj. *Industrie plumassière.*

PLUM-CAKE ou **PLUMCAKE** [plumkɛk] n. m. – 1848 ; *plumb cake* 1824 ◇ mot anglais, de *plum* « raisin sec » et *cake* ▪ VIEILLI ➤ **cake.** *Des plum-cakes, des plumcakes.*

1 **PLUME** [plym] n. f. – 1175 ◇ latin *pluma* « duvet »
I CHEZ LES OISEAUX ▪ 1 Chacun des appendices tégumentaires (➤ **phanère**) qui recouvrent la peau des oiseaux, formé d'un axe (tuyau) et de barbes* latérales, accrochées entre elles par des barbules*. *Gibier à plume et gibier à poil. Grandes plumes* (➤ 1 **penne**) *des ailes* (➤ **rémige ; cerceau**) *et de la queue. Plumes du dos. Petites plumes du duvet.* ➤ **plumette, plumule.** *Aigrette, huppe, panache de plumes. Plumes tachetées* (➤ **ocelle**). *L'oiseau lisse ses plumes, les hérisse. Oiseau qui perd*

ses plumes, se recouvrir de plumes. ➤ **se déplumer, se remplumer ; muer.** *Arracher les plumes* (➤ **plumer ; plumage, plumaison, plumée**). — LOC. FAM. *Voler dans les plumes* (à qqn), se jeter sur lui, l'attaquer. *(Y) laisser des plumes :* essuyer une perte. — *Se parer des plumes du paon*.* — (Idée de légèreté, opposé à *plomb*) *Léger comme une plume.* FIG. *Se sentir léger comme une plume,* allègre. *« Une femme souvent N'est qu'une plume au vent ! »* HUGO. — *Soulever qqn, qqch. comme une plume,* très facilement. — **POIDS* PLUME,** se dit d'une catégorie de boxeurs légers. *Les poids plumes.* ▪ **2** Plume façonnée, préparée pour servir à divers usages. *Ornements, parures de plumes.* ➤ **aigrette, panache, plumet.** *Plumes d'autruche, de paon. Chapeau à plumes. La parure de plumes d'un chef indien.* — *Lit de plumes.* ➤ RÉGION. 1**couette.** *Oreiller, édredon de plumes* et COLLECTIVT *de plume.* — FAM. *Les plumes :* le lit. *Se mettre dans les plumes,* dans son lit. ➤ **plumard.**

II INSTRUMENT POUR ÉCRIRE (1487) ▪ **1** ANCIENNT Grande plume de certains oiseaux, dont le tuyau taillé en pointe servait à écrire. *Plume d'oie. Tremper sa plume dans l'encrier. « Ses plumes me paraissent bien taillées, il ne demande qu'à les exercer »* Mme DE SÉVIGNÉ. ▪ **2** (fin XVIIIe) Petite lame de métal, terminée en pointe, adaptée à un porteplume, un stylo, et qui, enduite d'encre, sert à écrire. *Stylo à plume et stylo à bille. Plume qui crache, qui accroche, gratte. « Une bonne plume est pour moitié dans le plaisir que je prends à écrire »* GIDE. ♦ *Plume de dessinateur* (plume d'oie, métallique, roseau). *Dessin à la plume.* ▪ **3** DIDACT. Pointe qui réalise le tracé dans un appareil pour enregistrement graphique (électrocardiographie, électroencéphalographie). ▪ **4** Instrument dont se sert la personne qui s'exprime par écrit, l'écrivain. *« Je ne peux penser le style que la plume à la main »* FLAUBERT. *Idées qui se pressent sous la plume. Sous la plume d'un écrivain,* écrit par lui. *Supprimer qqch. d'un trait de plume. « Il faut écrire au courant de la plume ; sans chercher les mots »* SARTRE. — LOC. *Prendre sa plume, sa plus belle plume :* écrire solennellement. — VIEILLI *Tremper sa plume dans le fiel, le poison :* écrire avec haine, amertume, contre qqn. — *Vivre de sa plume :* faire métier d'écrire. *« Vivre de sa plume, n'est-ce pas créer ? »* BALZAC. — VX *Homme de plume :* écrivain (cf. Homme de lettres*). ➤ PÉJ. **plumitif.** ♦ (PAR MÉTAPHORE) MOD. *La plume de (qqn) :* personne qui écrit des textes pour qqn, SPÉCIALT pour une célébrité. ➤ **nègre** (2o), **prête-plume.** *« On sonna. Launay attendait sa plume, pour préparer son discours du lendemain »* M. DUGAIN. ♦ FIG. et LITTÉR. La manière d'écrire. *« Je n'ai pas la plume facile »* DE GAULLE. *La plume est serve mais la parole est libre* (principe du droit pénal français).

III OBJET LÉGER ▪ **1** Mince flotteur d'une ligne de pêche. ▪ **2** ZOOL. Pièce chitineuse formant la coquille interne des calmars.

2**PLUME** n. m. ➤ **PLUMARD**

PLUMEAU [plymo] n. m. – 1640 ◇ de 1*plume* ▪ **1** Ustensile de ménage formé d'un manche court auquel sont fixées des plumes ou une matière souple analogue, et qui sert à épousseter. ➤ **houssoir ; balai.** *Donner un coup de plumeau à, sur...* ▪ **2** Touffe de plumes, de poils. ➤ **plumet.** *« Le plumeau blanc de sa queue* [d'un épagneul] *avait cessé de frétiller »* P. BENOIT.

PLUMÉE [plyme] n. f. – 1845 ◇ de *plumer* ▪ RARE Action de plumer (un oiseau). ➤ **plumage, plumaison.** — Ce qu'un oiseau plumé fournit de plumes.

PLUMER [plyme] v. ‹1› – 1150 « arracher la barbe, les poils » ◇ de 1*plume*

I v. tr. ▪ **1** (1180) Dépouiller (un oiseau) de ses plumes en les arrachant ; SPÉCIALT quand il est tué, pour le faire cuire. *Plumer un poulet, un faisan.* — *Volaille plumée et vidée.* ▪ **2** FIG. (XIIIe) FAM. Dépouiller, voler* (généralt en trompant). *Il s'est fait plumer par des escrocs.* ▪ **3** PAR ANAL., RÉGION. Éplucher. *« J'ai encore à plumer mes asperges »* PROUST.

II v. intr. MAR. Friser l'eau en ramenant l'aviron en arrière.

PLUMER (SE) [plyme] v. pron. ‹1› – 1883 ◇ de 2*plume* → plumard ▪ FAM. et VIEILLI Se mettre au lit, au plumard. ➤ **se coucher.** *« Tu vas te plumer ? »* SARTRE.

PLUMET [plymɛ] n. m. – 1618 ◇ de 1*plume* ▪ Grande plume ou touffe de plumes garnissant une coiffure, et SPÉCIALT une coiffure militaire. ➤ **aigrette, casoar, panache.** *Plumet au cimier d'un casque.* ♦ Bouquet de plumes servant d'ornement. *« La mule est enjolivée de plumets, de pompons, de houppes »* GAUTIER.

PLUMETÉ, ÉE [plym(ə)te] adj. – 1364 ◇ de *plumet* ▪ ANCIENNT Qui imite la plume (en parlant d'un ornement). — BLAS. Parsemé de mouchetures rappelant des barbes de plumes.

PLUMETIS [plym(ə)ti] n. m. – 1495 « broderie à la main » ◇ de *plumet* ▪ **1** Point de broderie en relief qui se fait sur un bourrage. *Broderie au plumetis. Plumetis de coton, de soie.* ▪ **2** Étoffe de coton brodée au plumetis.

PLUMETTE [plymɛt] n. f. – *plumete* v. 1354 ◇ de 1*plume* ▪ COMM. Petite plume à tige souple des oiseaux. *Plumettes de poulet. Couette de duvet et plumettes.*

PLUMEUR, EUSE [plymœʀ, øz] n. – 1609 ◇ de *plumer* ▪ ANCIENNT Personne qui plumait des volailles au marché. ♦ n. f. Machine à plumer les volailles. ▪ HOM. Plumeuse (plumeux).

PLUMEUX, EUSE [plymø, øz] adj. – XVIIIe ; « couvert de plumes » 1190 ◇ de 1*plume* ▪ Qui ressemble aux plumes, aux barbes de plume. *« Le feuillage plumeux »* MARTIN DU GARD. — ZOOL. *Antennes plumeuses.* ▪ HOM. Plumeuse (plumeur).

PLUMIER [plymje] n. m. – 1872 ◇ de 1*plume* ▪ Boîte oblongue qui servait à l'origine à ranger les plumes et les porteplumes. *Plumier d'écolier. Ranger ses stylos dans un plumier.*

PLUMITIF [plymitif] n. m. – *plumetif* XVIe ◇ altération de *plumetis,* de *plumeter* « écrire au brouillon », par croisement avec *primitif* « texte original » ▪ **1** RARE Registre sur lequel le greffier d'audience mentionne les principaux faits de l'audience. ▪ **2** (1765 ◇ d'après *plume*) COUR. Commis aux écritures. PAR EXT. Bureaucrate. ➤ **gratte-papier.** ♦ PÉJ. Mauvais auteur, mauvais écrivain.

PLUM-PUDDING [plumpudiŋ] n. m. /PLUMPOUDING/ – 1745 ◇ anglais *plum pudding* (1711), de *plum* « raisin sec » et *pudding* ▪ Pudding*. *Des plum-puddings.* — ABRÉV. FAM. **PLUM.** *Des plums.*

PLUMULE [plymyl] n. f. – 1764 ◇ de 1*plume* ▪ **1** BOT. Partie de l'embryon végétal qui constitue le rudiment des parties aériennes de la plante. ➤ **gemmule.** ▪ **2** Petite plume du duvet.

PLUPART (LA) [laplypaʀ] n. f. – XVe ◇ de *plus* et 1*part* ▪ **1 LA PLUPART DE** (suivi d'un sing.). VX La plus grande part de. *« Tout se passe comme si la plupart de ce qui est n'existait pas »* VALÉRY. — La plus grande partie de. *Elle consacre la plupart de son temps à la musique.* — MOD. **LA PLUPART DU TEMPS :** le plus souvent, presque toujours. ➤ **ordinairement.** — **LA PLUPART DE** (suivi d'un plur.) : le plus grand nombre de. ➤ **généralité, majorité.** *La plupart des hommes, des femmes. La plupart d'entre nous. La plupart des électeurs sont indécis.* — *Dans la plupart des cas :* presque toujours. ♦ loc. adv. *Pour la plupart* et ELLIPT *la plupart :* quant à la majorité (de ce dont on parle). *Les convives étaient, pour la plupart, des parents. « Les hommes la plupart sont étrangement faits ! »* MOLIÈRE. ▪ **2** pron. indéf. **LA PLUPART :** beaucoup, le plus grand nombre (généralt suivi du plur.). *La plupart s'en vont,* (LITTÉR.) *s'en va. Le nécessaire manquait à la plupart.* ▪ CONTR. Aucun ; peu.

PLURAL, ALE, AUX [plyʀal, o] adj. – 1874 ◇ latin *pluralis* ▪ DIDACT. Qui contient plusieurs unités, plusieurs éléments. *Vote plural :* système de vote où certains votants ont plusieurs voix.

PLURALISME [plyʀalism] n. m. – 1895 ◇ du latin *pluralis* ▪ **1** Philosophie, doctrine suivant laquelle les êtres sont multiples, individuels et ne dépendent pas (en tant que modes ou phénomènes) d'une réalité absolue. ▪ **2** Système admettant l'existence d'opinions politiques et religieuses, de comportements culturels et sociaux différents, au sein d'un groupe organisé ; la coexistence de ces courants. *Le pluralisme de la presse. Pluralisme culturel, linguistique ; syndical.* ▪ CONTR. Dualisme, monisme.

PLURALISTE [plyʀalist] adj. – 1865 ◇ de *pluralisme* ▪ Relatif au pluralisme.

PLURALITÉ [plyʀalite] n. f. – fin XIIIe ◇ latin *pluralitas,* de *pluralis* ▪ **1** DIDACT. Le fait d'exister en grand nombre, de n'être pas unique. ➤ **multiplicité ; diversité.** *« la pluralité des philosophies et des esthétiques qui coexistent* [...] *dans la même tête »* VALÉRY. *« Entretiens sur la pluralité des mondes »,* de Fontenelle. — *La pluralité est marquée dans la langue par le pluriel.* ▪ **2** (1511) VX Le plus grand nombre. ➤ **majorité.** *« Tout s'y décide à la pluralité des voix »* RESTIF. ▪ CONTR. Singularité, unicité, unité. Minorité.

PLURI- ▪ Élément, du latin *plures* « plusieurs ». ➤ aussi **multi-,** 1**poly-.** ▪ CONTR. Uni-.

PLURIANNUEL, ELLE [plyʀianɥɛl] **adj.** – 1932 ◇ de *pluri-* et *annuel* ■ **1** BOT. Qui ne fleurit qu'après plusieurs années de vie (opposé à *annuel, bisannuel*). *Plantes pluriannuelles* (➤ 1 **vivace**). ■ **2** (1960) Qui dure plusieurs années. *Contrat, plan pluriannuel.*

PLURICELLULAIRE [plyʀiselylɛʀ] **adj.** – 1890 ◇ de *pluri-* et *cellulaire* ■ BIOL. Composé de plusieurs cellules. *Organisme, animal, plante pluricellulaire.* ➤ **multicellulaire.** ■ CONTR. Monocellulaire, unicellulaire.

PLURICULTUREL, ELLE [plyʀikyltyʀɛl] **adj.** – 1973 ◇ de *pluri-* et *culturel* ■ Composé de plusieurs cultures. ➤ **multiculturel.**

PLURIDISCIPLINAIRE [plyʀidisiplinɛʀ] **adj.** – 1966 ◇ de *pluri-* et *disciplinaire* ■ Qui concerne plusieurs disciplines ou domaines de recherche. ➤ **multidisciplinaire ; aussi interdisciplinaire.** *Enseignement pluridisciplinaire.*

PLURIDISCIPLINARITÉ [plyʀidisiplinaʀite] **n. f.** – 1969 ◇ de *pluridisciplinaire* ■ DIDACT. Caractère pluridisciplinaire (d'un enseignement, de recherches). ➤ **aussi interdisciplinarité.**

PLURIEL, IELLE [plyʀjɛl] **n. m.** et **adj.** – fin XIVe ; d'abord *plurel* (fin XIIe) puis *plurier* (début XIIIe), d'après *singulier* ◇ latin *pluralis* ■ **1** *Le pluriel* : catégorie grammaticale (➤ **nombre**) comprenant les mots (noms, pronoms) qui désignent une collection d'objets, lorsqu'ils peuvent être envisagés un à un, et les mots qui s'accordent avec eux. — Catégorie comprenant tous les mots affectés de la marque morphologique du pluriel (déterminants, adjectifs, verbes). *Mot au pluriel. Pluriel de majesté* (ou, *de modestie*) : emploi de *nous** en place de *je** (ex. Le roi dit : nous voulons). *La marque normale du pluriel en français est le* s, *sauf pour les mots en* -s, -x *et* -z *qui sont invariables. Pluriel des mots en* -al (-aux *généralement*), *en* -au, -eau, -eu (-aux, -eaux, -eux), *en* -ail (-ails *le plus souvent*, -aux *parfois*). ■ **2 adj.** (1372) RARE Qui indique le pluriel. *La première personne plurielle du futur.* ■ **3 adj.** (1866) LITTÉR. Dont le contenu est formé d'éléments multiples non perçus immédiatement. *Lecture plurielle. Texte pluriel.* ♦ (1997) En France, *La gauche plurielle, la majorité plurielle* (formée d'éléments divers : parti socialiste, parti communiste, écologistes...). ■ CONTR. Singulier.

PLURIETHNIQUE [plyʀiɛtnik] **adj.** – 1968 ◇ de *pluri-* et *ethnique* ■ Qui comporte plusieurs ethnies. *Société pluriethnique.* ➤ **multiethnique.**

PLURILATÉRAL, ALE, AUX [plyʀilateʀal, o] **adj.** – 1932 ◇ de *pluri-* et *latéral* ■ DR. Qui engage plusieurs parties. ➤ **multilatéral.** *Accord plurilatéral.* ■ CONTR. Unilatéral.

PLURILINGUE [plyʀilɛ̃g] **adj.** et **n.** – 1956 ◇ de *pluri-* et du latin *lingua* « langue », d'après *bilingue* ■ **1** DIDACT. (PERSONNES) Qui utilise plusieurs langues. ➤ **multilingue.** **n.** *Les unilingues et les plurilingues.* — (D'une communauté) Où plusieurs langues sont utilisées. ■ **2** Qui est rédigé en plusieurs langues. *Dictionnaire plurilingue* (SPÉCIALT à l'exception des bilingues). ■ CONTR. Monolingue, unilingue.

PLURILINGUISME [plyʀilɛ̃gɥism] **n. m.** – 1956 ◇ de *plurilingue*, d'après *bilinguisme* ■ DIDACT. Situation d'une personne, d'une communauté plurilingue.

PLURINATIONAL, ALE, AUX [plyʀinasjɔnal, o] **adj.** – 1931 ◇ de *pluri-* et *national* ■ POLIT. Qui concerne plusieurs nations ou pays. ➤ **multinational.**

PLURIPARTISME [plyʀipaʀtism] **n. m.** – 1962 ◇ de *pluri-* et *parti* ■ POLIT. Coexistence de plusieurs partis dans un système politique. ➤ **multipartisme.** — **adj. PLURIPARTITE.**

PLURIVALENT, ENTE [plyʀivalɑ̃, ɑ̃t] **adj.** – 1907 ◇ de *pluri-*, d'après *polyvalent* ■ **1** CHIM. Qui a plusieurs valences. ➤ **polyvalent.** ■ **2** PHILOS. Qui peut prendre plusieurs formes, produire plusieurs effets. ■ **3** *Logique plurivalente*, qui admet plus de deux valeurs de vérité (opposé à *bivalente*). ■ CONTR. Monovalent.

PLURIVOQUE [plyʀivɔk] **adj.** – 1917 ◇ de *pluri-* et *(uni)voque* ■ LOG., MATH., LING. Qui a plusieurs valeurs (opposé à *univoque, biunivoque*), plusieurs sens. *Mot à contenu plurivoque.* ➤ **polysémique.** — **n. f. PLURIVOCITÉ** [plyʀivɔsite].

PLUS [plys] **adv.** – fin Xe, en fonction de nom (I, B, 1°) ◇ mot latin « une plus grande quantité », « plus »
Mot servant de comparatif à *beaucoup* et entrant dans la formation des comparatifs de supériorité et dans celle du superlatif relatif de supériorité.

I COMPARATIF DE SUPÉRIORITÉ (fin XIe) **A. (ADVERBIAL)** REM. *Plus* se prononce [ply] devant consonne, [plyz] devant voyelle ou *h* muet et [plys] en finale. ■ **1** D'une manière plus forte, plus grande. ➤ **davantage.** *Plus grand, plus beau. « Il est impossible d'imaginer quelque chose de plus noir, de plus enfumé »* GAUTIER. *Plus tard, plus tôt. Plus vite, plus fort. Y voir plus clair. De plus près.* ♦ **EN PLUS** (suivi d'un adj.). *« un homme charmant qui ressemble à Karl Marx en plus maigre »* VIALATTE. ■ **2** (fin XIe) **PLUS... QUE.** *Plus royaliste* que le roi. Aimer qqch. plus que tout. Ce qui lui importe plus que tout.* ➤ **principalement,** 1 **surtout.** *Plus* [ply(s)] *que jamais*. Plus que de coutume. Plus souvent qu'à son tour*.* ♦ (Avec une proposition comparative) *« Sa malice fut plus piquante qu'elle n'avait jamais été »* MARMONTEL. *« L'exemple touche plus que ne fait la menace »* CORNEILLE. *Plus qu'il ne faudrait.* ➤ **trop.** — *Elle est plus mère qu'épouse.* ➤ **plutôt.** *Il paraissait plus végéter que vivre. Plus mort* que vif.* — *Plus que,* modifiant un adj., p. p. ou adv. *Résultat plus qu'honorable. « Un ancien avoué, homme plus qu'habile »* BALZAC. ♦ (début XIIIe) **PLUS,** précédé d'un adv. ou d'un numéral. *Beaucoup plus, bien plus, autrement plus, infiniment plus. Encore plus. Tellement plus. Un peu plus. Deux, trois fois plus grand.* — (Modifié par un numéral marquant une différence) *Une heure, deux ans plus tôt, plus tard.* ■ **3** (fin XIIe) (En corrélation avec *plus* ou *moins*) *« Plus on juge, moins on aime »* BALZAC. *« C'est vicelard comme tout la cliente, plus c'est huppée mieux c'est voleuse »* CÉLINE. *Cet article est d'autant plus cher qu'on en produit moins.* ➤ **autant.** ♦ PROV. *Plus on est de fous* plus on rit.* ■ **4 PLUS OU MOINS** [plyzumwɛ̃] : à des degrés différents et dans une mesure variable selon les cas. *Réussir plus ou moins bien,* bien ou médiocrement, avec des résultats incertains. — **NI PLUS NI MOINS** [niplynimwɛ̃] : exactement tel. *C'est du vol, ni plus ni moins. « L'admission d'un fait sans cause n'est ni plus ni moins que la négation de la science »* C. BERNARD. — (En comparaison) De même que. ➤ **comme.** *« Nous sommes traités ni plus ni moins que des chiens »* BALZAC. — (fin XIIIe) **DE PLUS EN PLUS** [dəplyzɑ̃ply] : toujours davantage. *Le bateau penche de plus en plus.* ➤ **graduellement, progressivement.** *Aller de plus en plus vite.* — LITTÉR. **ON NE PEUT PLUS :** au plus haut point (devant l'adj. ou l'adv.). ➤ **extrêmement.** *« Je suis on ne peut plus heureux de vous rencontrer »* DUMAS FILS.

B. (NOMINAL) ([ply] devant consonne, [plyz] devant voyelle ou *h* muet, [plys] en finale) Une chose plus grande ou plus importante, une quantité supérieure. ➤ **davantage.** ■ **1** (fin Xe) *Demander plus. Ne dépensez pas plus. Gagner plus que qqn. « Et je vous ai plus dit que je ne voulais dire »* MOLIÈRE. *Plus de la moitié. Il était plus de minuit.* ➤ 2 **passé.** *Enfants de plus de dix ans.* ➤ **dessus** (au-dessus). ELLIPT FAM. *Les plus de dix-huit ans.* — ELLIPT *Dix mille euros et plus.* ➤ **delà** (au-delà). *Plus d'une fois.* ➤ **plusieurs.** *Pour plus d'une raison.* ➤ **beaucoup,** 1 **bien.** *« Plus d'une parmi elles sont sorties du monastère »* (MUSSET), *est sortie du monastère.* ■ **2 PLUS DE,** avec un compl. partitif. *« J'ai plus de souvenirs que si j'avais mille ans »* BAUDELAIRE. *« Elle avait plus d'aigreur que de hauteur »* RETZ. *Il y a beaucoup plus de monde qu'hier.* ■ **3 ... DE PLUS,** marquant un excédent par rapport à l'autre terme de comparaison. *Elle a deux ans de plus. Une fois de plus.* ➤ **encore.** *Rien de plus.* ➤ **autre.** *« Où trois lignes suffisent, je n'en mettrai pas une de plus »* GIDE. *Que faut-il de plus ? Raison* de plus. « Une minute de plus, l'homme épuisé se laissait tomber dans l'abîme »* HUGO. — **DE PLUS ;** (milieu XVe) **QUI PLUS EST :** en outre. ■ **4 EN PLUS.** ➤ **aussi, avec, également** (cf. Par-dessus le marché*). *« Avec l'odeur de la machine en plus »* CÉLINE. *En plus, elle est intelligente.* — **loc. prép.** *En plus de.* ➤ 2 **outre, sus** (en sus de). *En plus de son travail, il suit des cours.* ♦ (fin XIIe) **SANS PLUS :** sans rien de plus. *« Il la trouvait gentille, mais sans plus »* QUENEAU.

C. ~ n. LE PLUS (1588) *Qui peut le plus peut le moins. « Qui a le plus a, dit-on, le moins »* VAUVENARGUES.

D. ~ conj. (se prononce [plys]) ■ **1** En ajoutant. ➤ **et.** *Deux plus trois font, égalent cinq* (2 + 3 = 5). ■ **2** À quoi s'ajoute. *Adjugé trois cents euros, plus les frais.*

E. SIGNE ALGÉBRIQUE (1613) [plys] Symbole (noté +) de l'addition ; du caractère positif d'une quantité algébrique. *Plus cinq* (+5), *plus l'infini* (+∞), *a plus b* (a + b). *Le signe plus* (+).

II SUPERLATIF LE, LA, LES PLUS — REM. *Plus* se prononce [ply] devant consonne, [plyz] devant voyelle ou *h* muet, [plys] en finale. ■ **1** (fin XIe) Adverbial *Ce qui me frappe le plus. La plus grande partie.* ➤ **majeur.** *Le plus grand nombre.* ➤ **majorité.** *Le plus dur est fait. C'est le plus important.* ➤ **principal.** *Venez au plus tôt. Il se dépêche le plus qu'il peut, le plus possible.* — (Avec un possessif) *C'est son plus grand mérite.* — **CE QUE... DE PLUS.** *« Un tiroir où je renferme ce que j'ai de plus précieux au monde »* DAUDET. — FAM. *C'est tout ce qu'il y a de plus comique !* ♦ (fin XIe) **DES PLUS :** parmi les plus. *Il n'est pas des plus malins. « c'était* *quelqu'un dont le commerce était des plus aimables»* CLIFF. — Extrêmement (adj. souvent au sing.). *La situation est des plus embarrassante.* ➤ **très.** ▪ **2** (milieu XIIe) (Nominal) **LE PLUS DE :** la plus grande quantité. ➤ **maximum.** *«Ce ne sont pas du tout les "méchants" qui font le plus de mal en ce monde»* VALÉRY. — (fin XIIe) **AU PLUS ;** (1538) **TOUT AU PLUS :** au maximum. *«Voilà seulement huit jours, tout au plus, que je commence à être tranquille»* FLAUBERT. ▪ **3** n. m. *Un plus* [œplys] : un élément positif supplémentaire (lang. public.). ➤ **avantage, supplément.** *Son expérience est un plus. Un plus produit* (lang. marketing). *Les plus qui font la différence. «Une marque de voiture annonce un plus, une carte de crédit dispose d'un plus, une lessive vante son plus. C'est à qui n'aura pas son plus»* DANINOS.

III PAS, NON, NE... PLUS (sens négatif) REM. *Plus* est ici comparatif. ▪ **1** (Précédé d'une négation) toujours [ply] **PAS PLUS QUE.** *Pas plus haut qu'une botte. «L'on n'est pas plus maître de toujours aimer qu'on ne l'a été de ne pas aimer»* LA BRUYÈRE. *Pas plus qu'on ne doit faire cela, on ne doit faire ceci.* ➤ **même** (de même que..., de même). ◆ **NON PLUS :** pas plus que telle autre personne ou chose dont il est question (remplace *aussi,* en proposition négative). *Tu n'attends pas ? Moi non plus.* PLAIS. *«Je t'aime. Moi non plus»* GAINSBOURG. ▪ **2** (fin XIe) **NE... PLUS** (*plus* ayant ici un sens négatif) : désormais... ne pas. *On ne comprend plus. «Je baissai la tête pour ne plus la voir»* FRANCE. *Il n'a plus dit un mot de toute la soirée. Il n'y a plus de saisons. Elle n'est plus très jeune. Ne plus être, n'avoir plus cours* : être fini, cesser. *Depuis qu'elle n'est plus.* ➤ **disparaître, mourir.** *On n'y voit presque plus. Médecin qui n'exerce plus beaucoup, plus du tout. — N'en jetez* plus ! — Il n'y a plus personne. Il n'y a plus que lui* : il est désormais le seul. *Je ne sens plus aucune douleur. Je ne le ferai jamais plus, plus jamais. Plus jamais cela !* ◆ **SANS PLUS.** *Sans plus se soucier de rien.* ◆ **NON PLUS.** *Des prix non plus en francs mais en euros.* ◆ **PLUS DE..., PLUS UN... :** il n'y a (avait) plus de. *«Paris était mort, plus d'autos, plus de passants»* SARTRE. *«plus* [...] *un seul lieu public qui ne fût transformé en hôpital»* CAMUS. — SPÉCIALT (optatif, impératif) Qu'il n'y ait plus de. *«Plus de guerres, plus de sang !»* BAUDELAIRE. *Plus d'hésitation ! Plus un mot !*

▪ CONTR. Moins.

PLUSIEURS [plyzjœʀ] adj. et n.inal indéf. pl. – 1325 ; *plusurs* 1080 ◇ latin populaire °*plusiores,* de *pluriores,* classique *plures* «plus nombreux» ▪ **1** adj. Plus d'un, un certain nombre. ➤ **quelques.** *Une ou plusieurs personnes. Plusieurs fois. À plusieurs reprises.* ➤ **maint.** *En plusieurs endroits.* ➤ **différent, divers.** *Pendant plusieurs jours.* ▪ **2** Nominal (avec un compl. partitif) *Plusieurs d'entre eux. «Ce jargon ridicule dont plusieurs de nos pièces modernes sont si cruellement infectées»* D'ALEMBERT. *Nous en avons plusieurs.* — (Désignant les choses dont on parle, sans répéter le subst.) *«Ces accidents se manifestent non pas sur un point de l'organisme, mais sur plusieurs»* BOURGET. ◆ (Indéterminé) Plusieurs personnes. ➤ **certains, quelques-uns** (cf. D'aucuns). *«D'autres dormaient dans des coins ; plusieurs mangeaient»* FLAUBERT. *«L'on n'a guère vu jusqu'à présent un chef-d'œuvre d'esprit qui soit l'ouvrage de plusieurs»* LA BRUYÈRE. *Ils s'y sont mis à plusieurs.* ▪ CONTR. Un.

PLUS-QUE-PARFAIT [plyskəpaʀfɛ] n. m. – 1550 ; *temps passé plus que parfait* 1521 ◇ latin des grammairiens *plus quam perfectum* ▪ GRAMM. *Plus-que-parfait de l'indicatif* : temps corrélatif de l'imparfait (auxiliaire à l'imparfait et participe passé) exprimant généralement une action accomplie et antérieure à une autre action passée (ex. quand il *avait dîné,* il nous quittait ; si *j'avais pu,* je vous aurais aidé). — *Plus-que-parfait surcomposé* (surtout langue parlée), marquant l'achèvement complet de l'action (ex. «Les pêcheurs *avaient eu* vite *épuisé* toute la surprise de l'aventure» [Vercel]). ◆ *Plus-que-parfait du subjonctif* : temps employé surtout dans la langue littéraire (auxiliaire à l'imparfait du subj. et participe passé), exprimant, en subordonnée, l'antériorité par rapport à un fait passé ou une corrélation avec le conditionnel (ex. Il fallait, il faudrait qu'il *eût accepté,* que nous *eussions accepté ;* nous ne le laissâmes pas partir avant qu'il *eût avoué*). — Employé pour le conditionnel passé (ex. «Rodrigue, qui l'*eût cru* ? – Chimène, qui l'*eût dit* ?» [Corneille]).

PLUS-VALUE [plyvaly] n. f. – 1457 ◇ de *plus* et ancien français *value,* de *valoir* ▪ **1** ÉCON. Augmentation de la valeur d'un bien qui n'a subi aucune transformation. *Plus-value foncière, boursière.* ◆ SPÉCIALT FIN. *Plus-value (comptable)* : différence entre la valeur vénale* d'un bien et sa valeur comptable nette. *Plus-value à court terme, à long terme.* ◆ (Marxisme) Différence entre la valeur des biens produits et le prix des salaires, dont bénéficient les capitalistes. *Taux de plus-value* : taux d'exploitation. ▪ **2** PAR EXT. Augmentation de valeur, valeur supplémentaire. *Plus-value en capital. Plus-value immobilière* : augmentation de la valeur du bien (capital, immeuble, etc.) entre la date d'acquisition et la date de revente. ➤ aussi **bénéfice, profit.** *Réaliser des plus-values. Impôt sur la plus-value. — Apporter une plus-value.* ➤ **survaleur** (cf. Valeur* ajoutée). — Augmentation du prix de travaux liée à des difficultés imprévues. ▪ CONTR. Diminution, moins-value.

PLUTON [plytɔ̃] n. m. – v. 1930 ◇ allemand *Pluton* (1928), de *plutonisch* «plutonique» ▪ GÉOL. Masse de magma profond consolidé en roche plutonique. *Le pluton granitique.*

PLUTONIEN, IENNE [plytɔnjɛ̃, jɛn] adj. et n. – 1816 ◇ de *Pluton,* dieu des Enfers ▪ **1** Relatif à Pluton. ▪ **2** GÉOL. VX ➤ **plutonique.** ◆ Partisan du plutonisme (1°). — n. *Les plutoniens.*

PLUTONIGÈNE [plytɔniʒɛn] adj. – v. 1960 ◇ de *plutonium* et *-gène* ▪ PHYS. Qui produit du plutonium. *Réacteur plutonigène.*

PLUTONIQUE [plytɔnik] adj. – 1834 ; 1505 «de l'enfer» ◇ de *Pluton,* dieu des Enfers ▪ GÉOL. Se dit des roches formées par cristallisation lente du magma, à de grandes profondeurs. *Roches plutoniques et roches volcaniques* (➤ **magmatique**). *Structure grenue des roches plutoniques.*

PLUTONISME [plytɔnism] n. m. – 1829 ◇ de *Pluton* ▪ **1** HIST. SC. Théorie du XVIIIe s. attribuant la formation de la croûte terrestre à l'action du «feu intérieur». ▪ **2** (milieu XXe ◇ anglais *plutonism* [1942]) GÉOL. Formation de roches plutoniques.

PLUTONIUM [plytɔnjɔm] n. m. – 1948 ; «baryum» 1816 ◇ de *Pluton* ▪ CHIM. Élément atomique transuranien (Pu ; n° at. 94 ; m. at. 244), de la série des actinides, peu abondant à l'état naturel. *L'isotope fissile 239 du plutonium est produit dans les réacteurs nucléaires, à partir de l'uranium 238. Bombes* (atomiques) *au plutonium.*

PLUTÔT [plyto] adv. – XVIIe ; *plus tost* XIIIe ◇ de *plus* et *tôt*

I VX Plus tôt. *«Édouard n'eut pas plutôt proféré ces paroles qu'il en sentit l'inconvenance»* GIDE.

II De préférence. ▪ **1** (Appliqué à une action) *Les grandes misères frappent plutôt les faibles. «Pourquoi celle-là plutôt qu'une autre ?»* MUSSET. *«Tout plutôt que l'abdication de la raison»* MARTIN DU GARD. LOC. FAM. *Plutôt deux fois qu'une* : très volontiers. (Appliqué à une chose) *Plutôt thé ou café ?* ◆ LITTÉR. (introduisant une proposition avec un verbe au subj.) *«J'aime mieux tous les malheurs, plutôt que vous souffriez par ma faute»* R. ROLLAND. REM. Avec un verbe de la principale suivi de *que,* contraction des deux *que* : *Je préfère qu'il accepte plutôt qu'il refuse ;* ou mieux : *plutôt que de le voir refuser, plutôt que s'il refusait.* ◆ (Avec un v. à l'inf.) *«Plutôt que de me mépriser, ils feraient mieux de se regarder en face»* DUHAMEL. *«Il se ferait plutôt hacher que de céder»* ZOLA. *Plutôt mourir !* ▪ **2** (Appliqué à une appréciation plus juste) ➤ **plus.** *Plutôt moins que trop. Ça a plutôt l'air d'une caserne que d'un hôtel. Pas méchant, plutôt grincheux* (ou *grincheux, plutôt*). — (Suivi du *ne* explétif) *«Je remplissais un devoir plutôt que je ne jouissais d'un plaisir»* CHATEAUBRIAND. ◆ **OU PLUTÔT :** pour être plus précis. *«C'était se livrer à leurs juges, ou plutôt à leurs bourreaux»* MICHELET. ◆ **MAIS PLUTÔT.** *Il ne dormait pas, mais plutôt sommeillait.* — **BIEN PLUTÔT.** *Ce n'est pas lui, mais bien plutôt elle qui en porte la responsabilité.* ▪ **3** PAR EXT. (fin XIXe) Assez. *La vie est plutôt monotone.* ➤ **passablement.** *Elle est plutôt sympathique. Je serais plutôt pour.* ◆ (PAR EUPHÉM.) FAM. Très. *Il est plutôt barbant, celui-là ! «Ça la fout mal, hein ? – Oui, plutôt»* MARTIN DU GARD.

▪ HOM. Plus tôt.

PLUVIAL, IALE, IAUX [plyvjal, jo] adj. – 1530 ; n. m. «manteau liturgique» v. 1170 ◇ latin *pluvialis* ▪ **1** Qui a rapport à la pluie. *Eau pluviale* : eau de pluie. *Réservoir pluvial. Ruissellement, écoulement pluvial. Régime pluvial* (d'un fleuve), dépendant des pluies (et non de la fonte des neiges, etc.). ▪ **2** *Riz pluvial,* qui pousse en rizière sèche.

PLUVIAN [plyvjɑ̃] n. m. – 1781 ◇ d'après *pluvier* ▪ Oiseau charadriiforme *(glaréolidés)* d'Afrique tropicale appelé *ami du crocodile* parce qu'il va chercher sa nourriture jusque dans sa gueule.

PLUVIER [plyvje] n. m. – XVIe ; *plovier* 1165 ◇ refait sur *pluvia* ; latin populaire °*plovarius,* de *plovere* «pleuvoir» ▪ Oiseau échassier *(charadriidés)* au bec court, migrateur, vivant au bord de l'eau, hivernant dans les régions chaudes et qui arrive en Europe occidentale au moment des pluies, en automne et au printemps. *Pluvier doré. Pluvier des Alpes. Pluvier gris.*

PLUVIEUX, IEUSE [plyvjø, jøz] adj. – 1213 ; *pluius* 1155 ◊ latin *pluviosus,* de *pluvia* «pluie» ■ Caractérisé par la pluie. *Temps, climat pluvieux. «Ainsi durant les jours pluvieux de novembre»* BAUDELAIRE. ◆ PAR EXT. (emploi critiqué) Où il pleut beaucoup. *Pays pluvieux.* ■ CONTR. Sec.

PLUVINER ➤ **PLEUVINER**

PLUVIO- ■ Élément, du latin *pluvia* «pluie».

PLUVIOMÈTRE [plyvjɔmɛtʀ] n. m. – 1788 ◊ de *pluvio-* et *-mètre* ■ Instrument qui sert à mesurer la quantité de pluie tombée dans un lieu, en un temps donné. — adj. **PLUVIOMÉTRIQUE,** 1832. *Courbe pluviométrique.*

PLUVIOMÉTRIE [plyvjɔmetʀi] n. f. – 1851 ◊ de *pluviomètre* ■ Mesure de la quantité de pluie tombée ; étude de la répartition des pluies à la surface du globe.

PLUVIONIVAL, ALE, AUX [pluvjonival, o] adj. – milieu XXe ◊ de *pluvio-* et *nival* ■ GÉOGR. Se dit d'un régime caractérisé par la prédominance des pluies sur les neiges. *Régime pluvionival d'un cours d'eau* (opposé à *nivoglaciaire*).

PLUVIÔSE [plyvjoz] n. m. – 1793 ◊ latin *pluviosus* «pluvieux» ■ HIST. Cinquième mois du calendrier républicain (du 20 ou 21 janvier au 18 ou 19 février). *«Pluviôse,* [...] *De son urne à grands flots verse un froid ténébreux»* BAUDELAIRE.

PLUVIOSITÉ [plyvjozite] n. f. – 1909 ◊ de *pluvieux* ■ Caractère pluvieux. — Régime pluvial, coefficient pluviométrique.

P. L. V. [peɛlve] n. f. inv. – 1972 ◊ sigle de *publicité sur le lieu de vente* ■ Promotion dans les points de vente à l'aide d'un matériel approprié (affiches, présentoirs...) ; ce matériel.

P. M. [peɛm ; piɛm] loc. adv. – 1930 ◊ sigle anglais de la loc. *post meridiem* ■ Après-midi (opposé à *a. m.*) (dans les pays où les heures sont comptées jusqu'à douze). *Trois heures p. m.* ou *P. M.* : quinze heures.

1 **P. M. A.** [peɛmɑ] n. m. pl. – 1964 ◊ sigle ■ Pays les moins avancés (parmi les pays en voie de développement). ➤ **quart-monde.**

2 **P. M. A.** ou **PMA** [peɛmɑ] n. f. inv. – 1989 ◊ sigle ■ Procréation médicalement assistée. *Techniques de P. M. A.* : fécondation in vivo (➤ **insémination**), in vitro (➤ **fivète**), don d'ovule, d'ovocyte, d'embryon...

P. M. E. [peɛmø] n. f. inv. – milieu XXe ◊ sigle de *Petites et Moyennes Entreprises* ■ En France, Entreprise de petite ou de moyenne importance (comptant, selon l'I. N. S. E. E., moins de 500 employés). *Une P. M. E. Les P. M. E.*

P. M. U. [peɛmy] n. m. inv. – 1862 ◊ marque déposée ; sigle de *Pari Mutuel Urbain* ■ En France, Forme de pari sur les courses de chevaux dans lequel le montant des enjeux est soumis à un prélèvement fixé par la loi avant d'être réparti entre les gagnants, proportionnellement à leurs mises. ➤ **couplé, quarté, quinté, tiercé, trio.** *Les pronostics, les résultats du P. M. U.* ◆ Lieu où l'on enregistre ces paris. *Un bar-P. M. U.*

P. N. B. [peɛnbe] n. m. – v. 1955 ◊ sigle de *Produit National Brut* ■ ÉCON. Agrégat* mesurant la production nationale d'une année. *«Ce mystérieux instrument de mesure de la croissance qu'on appelle P. N. B.»* SAUVY.

PNEU [pnø] n. m. – 1891 ◊ abrév. de *pneumatique* ■ **1** Bandage en creux d'une roue, formé d'une carcasse de fils de coton, d'acier, enduite de caoutchouc, contenant de l'air (dans une chambre à air ou non). *Les pneus d'une voiture ; d'un vélo de course* (➤ **boyau**). *Train de pneus* : ensemble des pneus indispensables à un véhicule. *Pneus avant, pneus arrière. Flanc et bande d'un pneu* (➤ **chape**). *Gonfler un pneu. Pneu ballon* : pneu de bicyclette très gros et très confortable. *Adhérence des pneus. Pneu antidérapant. Pneu à clous, clouté ; pneu hiver, pneu neige. Pneu dégonflé, crevé, à plat*. Pneu qui éclate. Pneus lisses.* ➤ FAM. **savonnette.** ABUSIVEMENT *Pneus pleins,* qui ne se gonflent pas. *Bicyclette, tricycle à pneus pleins.* ■ **2** (1923) ANCIENNT Pneumatique (II, 2°). *Écrire, envoyer un pneu. «cet appel pressant par pneu»* ARAGON.

PNEUMALLERGÈNE [pnømalɛʀʒɛn] n. m. – 1957 ◊ de *pneum(o)-* et *allergène* ■ Substance antigénique dont l'inhalation peut déterminer des troubles allergiques des voies respiratoires (asthme, bronchospasme, rhume des foins...). *Les principaux pneumallergènes sont les poussières de maison (présence d'acariens), les pollens, les plumes, les poils d'animaux domestiques.*

PNEUMATIQUE [pnømatik] adj. et n. – 1520 «subtil» ◊ latin *pneumaticus,* grec *pneumatikos,* racine *pneuma* «souffle»

I n. f. PHILOS. VX Science des choses de l'esprit (aussi *pneumatologie,* 1751).

II ■ **1** adj. (1547) PHYS. Relatif à l'air, et aux autres gaz. *Machine pneumatique* : machine qui sert à faire le vide dans une cloche, utilisée dans les démonstrations de laboratoire. — ANCIENNT *Chimie pneumatique,* ou n. f. *la pneumatique* : science des propriétés physiques de l'air, des gaz. ◆ Qui fonctionne à l'air comprimé. *Marteau pneumatique.* ➤ **électropneumatique.** ANCIENNT *Tube pneumatique* : tube contenant une missive, expédiée par canalisation souterraine de bureau à bureau, au moyen d'air comprimé. ◆ Qui se gonfle à l'air comprimé. ➤ **gonflable.** *Canot pneumatique.* ➤ **dinghy, raft.** *Bandage pneumatique,* et n. m. (1891) *un pneumatique.* ➤ **pneu** (1°). ■ **2** n. m. (1907) ANCIENNT Missive roulée dans un tube pneumatique. *Envoyer un pneumatique.* ➤ **pneu** (2°). *«Vous aurez ma réponse dès lundi matin, au besoin par pneumatique»* ROMAINS. *Pneumatique et télégramme.*

PNEUMAT(O)- ■ Élément, du grec *pneuma, pneumatos* «souffle».

PNEUMATOPHORE [pnømatɔfɔʀ] n. m. – 1846 ◊ de *pneumato-* et *-phore* ■ **1** BOT. Excroissance des racines de quelques arbres qui croissent dans l'eau (palétuvier, etc.) permettant la respiration des racines. *Les pneumatophores du cyprès chauve.* ■ **2** ZOOL. Appareil flotteur des siphonophores qui leur permet de se tenir en équilibre à une profondeur donnée.

PNEUM(O)- ■ Élément, du grec *pneumôn* «poumon». (REM. Certains mots sont formés avec *pneumo-* pris abusivt au sens de *pneumato-*.)

PNEUMOCONIOSE [pnømokɔnjoz] n. f. – 1874 ◊ de *pneumo-*, grec *konis* «poussière» et 2-*ose* ■ MÉD. Maladie pulmonaire le plus souvent professionnelle, causée par l'inhalation prolongée de poussières (minérales, métalliques ou végétales). ➤ **anthracose, asbestose, bérylliose, byssinose, sidérose, silicose.**

PNEUMOCOQUE [pnømɔkɔk] n. m. – 1890 ◊ de *pneumo-* et *-coque* ■ MÉD., BACTÉRIOL. Bactérie (streptocoque) responsable d'infections (ou *pneumococcies* n. f.), notamment d'infections des voies respiratoires (sinusite, pneumonie...). *Méningite à pneumocoque(s).*

PNEUMOCYSTOSE [pnømosistoz] n. f. – 1957 ◊ de *Pneumocystis,* nom d'un protozoaire, et 2-*ose* ■ MÉD. Infection pulmonaire opportuniste grave, complication possible du sida.

PNEUMOGASTRIQUE [pnømogastʀik] adj. et n. m. – 1820 ◊ de *pneumo-* et *gastrique* ■ ANAT. Se dit des deux nerfs crâniens sensitivo-moteurs (dixième paire), provenant du bulbe rachidien, qui appartiennent essentiellement au système parasympathique et innervent des organes du cou, du thorax et de la partie supérieure de l'abdomen. — n. m. *Le pneumogastrique est aussi appelé* nerf vague.

PNEUMOGRAPHIE [pnømɔgʀafi] n. f. – 1803 ◊ de *pneumo-* et *-graphie* ■ MÉD. ■ **1** Radiographie (d'un organe) après injection d'air destinée à rendre visibles les contours, les cavités. *Pneumographie cérébrale.* ➤ **encéphalographie** (gazeuse). ■ **2** RARE Enregistrement des mouvements thoraciques au cours de la respiration.

PNEUMOLOGIE [pnømɔlɔʒi] n. f. – 1803 ◊ de *pneumo-* et *-logie* ■ MÉD. Spécialité médicale qui traite du poumon, des bronches, de la plèvre, et de leurs maladies (➤ aussi **phtisiologie**).

PNEUMOLOGUE [pnømɔlɔg] n. – avant 1959 ◊ de *pneumo-* et *-logue* ■ DIDACT. Médecin spécialiste des poumons (➤ aussi **phtisiologue**).

PNEUMOMÉDIASTIN [pnømomedjastɛ̃] n. m. – 1953 ◊ de *pneumo-* et *médiastin* ■ MÉD. Épanchement gazeux dans le médiastin. *Pneumomédiastin spontané, traumatique, provoqué* (pour faciliter les explorations radiologiques ou endoscopiques du thorax).

PNEUMONECTOMIE [pnømɔnɛktɔmi] n. f. – 1932 ◊ de *pneumo-* et *-ectomie* ■ CHIR. Ablation d'un poumon (surtout en cas de cancer).

PNEUMONIE [pnømɔni] n. f. – 1785 ; *péripneumonie* 1707 ◊ grec *pneumonia* ■ Inflammation aiguë du poumon, maladie infectieuse due au pneumocoque. ➤ **fluxion** (de poitrine). *Pneumonie double, compliquée* (➤ **bronchopneumonie, pleuropneumonie**). *Pneumonie des légionnaires*.* ➤ **légionellose.**

PNEUMONIQUE [pnømɔnik] adj. et n. – 1694 ◊ grec *pneumonikos* ▪ **1** VX Se disait des remèdes propres aux maladies des poumons. ▪ **2** (1812) MOD. MÉD. Relatif à la pneumonie. *Crachat pneumonique.* ♦ Atteint de pneumonie. — n. *Un, une pneumonique.*

PNEUMOPATHIE [pnømɔpati] n. f. – 1912 ◊ de *pneumo-* et *-pathie* ▪ MÉD. Affection pulmonaire. *Pneumopathie bactérienne, virale* (➤ **SRAS**), *tuberculeuse.*

PNEUMOPÉRITOINE [pnømopeʀitwan] n. m. – 1927 ◊ de *pneumo-*, pour *pneumato-*, et *péritoine* ▪ MÉD. Épanchement gazeux dans la cavité péritonéale. — Introduction de gaz (oxygène, air) dans cette cavité pour l'examen radiologique des viscères, ou dans un but thérapeutique.

PNEUMOTHORAX [pnømotɔʀaks] n. m. – 1803 ◊ de *pneumo-*, pour *pneumato-*, et *thorax* ▪ MÉD. ▪ **1** Présence d'air dans la cavité pleurale, généralement par perforation de la plèvre en communication avec le poumon. ▪ **2** (1910) *Pneumothorax (artificiel)* : insufflation d'air, d'azote dans la cavité pleurale d'un tuberculeux, qui était pratiquée pour provoquer mécaniquement l'affaissement du poumon, afin de permettre la cicatrisation des cavernes. — ABRÉV. COUR. (1948) **PNEUMO.** *On lui a fait un pneumo. Des pneumos.*

POCHADE [pɔʃad] n. f. – 1828 ◊ de *pocher* ▪ Croquis en couleur exécuté en quelques coups de pinceau. *À la différence de l'esquisse, la pochade constitue par elle-même un tableau.* ♦ Œuvre littéraire écrite rapidement (souvent sur un ton burlesque).

POCHARD, ARDE [pɔʃaʀ, aʀd] n. et adj. – 1732 ◊ de 1*poche* ; cf. *sac à vin* ▪ FAM. Ivrogne misérable, sans tenue. ➤ **pochetron, poivrot.**

POCHARDER (SE) [pɔʃaʀde] v. pron. ⟨1⟩ – 1850 ◊ de *pochard* ▪ FAM. et VIEILLI S'enivrer. « *Je veux me pocharder ce soir* » MAUPASSANT.

1**POCHE** [pɔʃ] n. f. – fin XIIe ◊ du francique *pokka* « sac, bourse »

I CONTENANT A. SAC, COMPARTIMENT ▪ **1** VX Sac. — FIG. *Acheter chat en poche,* sans examiner ce que l'on achète. ♦ (milieu XIVe) MOD. RÉGION. (Ouest) Grand sac de toile pour le blé, l'avoine. (Canada) *Une poche de farine. Une poche de hockey :* sac de sport. — Petit sac en papier, en matière plastique. ➤ **pochette, sachet.** « *une poche de croissants sous un bras* » M. DUGAIN. *Demander une poche à la caissière. Poche en plastique.* ➤ RÉGION. 1**pochon.** — (Luxembourg) Sac à main (de dame). ➤ **sacoche.** ♦ Contenant souple. *Poche de sang* (pour les transfusions). « *assise sur son lit, reliée à sa poche de glucose parce qu'elle n'a pas touché au moindre aliment* » O. ADAM. *Poche à douille**. — MÉD. Sac collecteur. *Poche à urine. Poche de stomie.* ▪ **2** Partie, compartiment (d'une besace, d'un cartable, d'un portefeuille). *Poche à fermeture éclair. Poche extérieure d'une valise.* ▪ **3** Partie d'un filet traînant où les poissons viennent s'accumuler. *La poche d'un chalut.* ▪ **4** (fin XIVe, à nouveau 1694) Petite cavité de l'organisme, naturelle ou pathologique, en forme de sac. *Poches musculo-membraneuses. Poche des eaux :* cavité amniotique ; pôle inférieur des membranes de l'œuf. ♦ BOT. *Poche sécrétrice :* ensemble de cellules sécrétrices réunies autour d'une cavité dans laquelle celles-ci déversent leur suc. *Les poches de l'écorce d'orange.*

B. PARTIE D'UN VÊTEMENT (1573) ▪ **1** Partie d'un vêtement formant contenant et où on peut mettre les objets qu'on porte sur soi. ➤ POP. **fouille,** ARG. **profonde.** *Poche coupée,* placée sur le côté non apparent de l'étoffe et qui s'ouvre sur une fente de l'étoffe. *Poche appliquée* ou *plaquée,* cousue sur la face apparente de l'étoffe. *Poche intérieure,* sur la doublure du vêtement. *Les poches d'un veston, d'un pantalon. Petite poche de gilet.* ➤ **gousset.** *Poche de poitrine.* **POCHE-RÉVOLVER** (écrit aussi *poche-revolver*) *d'un pantalon,* placée derrière, sous la ceinture. *Des poches-révolvers.* « *Je m'en allais, les poings dans mes poches crevées* » RIMBAUD. *Mettre qqch. dans sa poche, dans ses poches.* ➤ **empocher.** *Avoir vingt euros en poche.* (1874) *Argent de poche,* destiné aux menues dépenses personnelles. *Il donne un peu d'argent de poche à ses enfants. Chercher, fouiller dans sa poche, dans la poche de qqn. Retourner, vider ses poches.* LOC. FAM. (1952) *Faire les poches à qqn,* lui prendre ce qui s'y trouve, ou en faire l'inventaire. *Elle lui a fait les poches.* — (1869) « *Rien dans les mains, rien dans les poches* », formule indiquant qu'on ne dissimule rien (comme le prestidigitateur), qu'on joue franc jeu. — LOC. (1690) *Les mains dans les poches :* sans rien faire (ou sans effort). ▪ **2** (1690) **DE POCHE :** de dimensions restreintes, qui peut tenir dans une poche. *Couteau, lampe de poche.* — *Livre de poche,* et FAM. n. m. (parfois inv.) *un poche. Acheter des poche, des poches. Roman paru en poche. Librairie de livres de poche.* ➤ **pochothèque.** — (1644) PAR EXT., en parlant d'un objet plus petit que ceux de la même catégorie *Théâtre de poche. Calculatrice, ordinateur de poche.* ▪ **3** LOC. *Se remplir les poches, s'en mettre plein les poches :* s'enrichir rapidement et sans s'embarrasser de scrupules. (1798) *Payer de sa poche,* avec son argent. FAM. *Mettre la main à la poche :* donner de l'argent, payer. *Les « lecteurs invités à mettre la main à la poche pour sauver leur journal »* FOTTORINO. *Avoir les poches vides :* être sans argent. *En être de sa poche :* essuyer une perte. « *il allait en être de sa poche. D'un million de dollars. Et sa poche détestait ça* » M. G. DANTEC. (fin XVIIIe) *Connaître* (qqch., qqn) *comme sa poche :* connaître à fond, en détail, dans les moindres recoins. « *Je me connais comme ma poche* » CALAFERTE. (début XIXe) FAM. *N'avoir pas sa langue dans sa poche :* parler avec facilité. *Ne pas avoir les yeux dans sa poche :* regarder avec curiosité ; PÉJ. avec une curiosité indiscrète. (1859) *Mettre son amour-propre dans sa poche,* y renoncer. FAM. *Mettre sa fierté dans sa poche, avec son mouchoir par-dessus.* « *J'ai décidé de mettre ma créativité au fond de ma poche, mon mouchoir dessus, et puis mes clefs, et puis mon poing* » GODBOUT. (1862) *Mettre qqn dans sa poche,* le dominer pour le neutraliser, l'utiliser, en disposer. « *Et moi je mets le fossoyeur dans ma poche* » HUGO. (1935) FAM. *C'est dans la poche :* c'est une affaire faite, c'est facile.

II CE QUI FAIT PENSER À UNE POCHE ▪ **1** (1694) Déformation de ce qui est détendu, mal tendu. *Ce pantalon fait des poches aux genoux.* — (1903, Colette) *Poches sous les yeux,* formées par la peau distendue (vieillesse, fatigue). ➤ **cerne,** FAM. **valise.** ▪ **2** (1764) Repli abdominal (des femelles des marsupiaux) où les petits achèvent leur développement embryonnaire. *Poche ventrale des marsupiaux* ou *poche marsupiale.* ♦ Jabot des oiseaux. ▪ **3** (1869) Amas (d'une substance) logé dans une cavité ; cette cavité. *Poche d'eau, de gaz naturel, de pétrole, de calcaire* (dans le sol). *Poche de pus* (dans l'organisme). ▪ **4** (1920) MILIT. Enfoncement dans une ligne de défense. *La poche de Falaise.* ▪ **5** (v. 1967) ABSTRAIT Secteur, domaine limité où se manifeste un phénomène politique ou économique. *Poches de chômage, de résistance.* — « *une poche de silence* » SIMENON.

2**POCHE** [pɔʃ] n. f. – XVe ; *poje* XIe ◊ du bas latin *popia* « cuillère en bois » ▪ (Suisse) Cuillère à pot, louche. ➤ 2**pochon.** *Poche à écrémer.*

POCHÉ, ÉE [pɔʃe] adj. – 1223 *œuf pochié* ◊ de *pocher* ▪ **1** *Œil poché :* ecchymose et enflure des chairs autour de l'œil, après un coup (cf. Œil au beurre* noir). ♦ *Yeux pochés,* d'une personne qui a des poches* (6°) sous les yeux. ▪ **2** Qu'on a cuit en pochant. *Des œufs pochés.*

POCHER [pɔʃe] v. ⟨1⟩ – XIIe ◊ de 1*poche*

I v. tr. ▪ **1** *Pocher un œil à qqn,* lui meurtrir l'œil par un coup violent. « *Le malandrin me pocha les deux yeux* » BAUDELAIRE. ▪ **2** *Pocher des œufs,* les faire cuire sans leur coquille en les plongeant dans un liquide bouillant. ♦ Plonger dans un liquide très chaud. *Pocher un poisson dans un court-bouillon.* ▪ **3** (1587) PEINT. Exécuter rapidement, à la manière d'une pochade*. ➤ **esquisser.**

II v. intr. Se dit d'un tissu, d'un vêtement qui se déforme, fait des poches (6°). *Pantalon qui poche aux genoux.*

POCHETÉE [pɔʃte] n. f. – 1888 fig. ◊ de 1*poche* ▪ **1** VX ou RÉGION. Contenu d'une poche. ▪ **2** FAM. Imbécile, maladroit. « *Ah ! pochetée, dit le petit gars avec pitié* » SARTRE.

POCHETRON, ONNE [pɔʃtʀɔ̃, ɔn] n. – 1982, P. Perret ◊ p.-ê. de *pochard* et *litron,* influencé par le sens péjoratif de *pochetée* ▪ ARG. FAM. Ivrogne. ➤ **pochard, poivrot.** « *Une pochetronne. Voilà ce que tu es* » M. NDIAYE.

POCHETTE [pɔʃɛt] n. f. – *puchette* « bourse » XIIe ◊ de *poche* ▪ **1** Petite enveloppe, d'étoffe, de papier, ou en matière plastique. *Pochette d'allumettes. Classeur avec pochettes perforées. La pochette d'une serviette de table. Pochette de disque.* ➤ RÉGION. **fourre.** — *Pochette-surprise,* qu'on achète ou qu'on gagne sans en connaître le contenu. *Des pochettes-surprises.* LOC. FAM. *Il a eu son permis dans une pochette-surprise,* se dit d'une personne qui conduit mal. ▪ **2** Trousse d'écolier, plate. ▪ **3** VX Petite poche d'un vêtement. ♦ PAR MÉTON. Petit mouchoir fin qu'on peut disposer dans la poche de poitrine pour l'orner. ▪ **4** ANCIENNT Petit violon. ▪ **5** Petit sac à main sans poignée ni bandoulière. ➤ **minaudière.**

POCHOIR [pɔʃwaʀ] n. m. – 1874 ◇ de *pocher* ■ Plaque de carton, de métal découpée sur laquelle on passe une brosse ou un pinceau pour peindre des dessins, des inscriptions. ➤ RÉGION. **chablon.** *Dessin au pochoir.*

1**POCHON** [pɔʃɔ̃] n. m. – 1585 ◇ de 1*poche* ■ RÉGION. (Ouest) Sac, sachet. ➤ 1**poche.** « *Ils les achètent* [les mandarines] *par pleins pochons* » J.-R. BLOCH.

2**POCHON** [pɔʃɔ̃] n. m. – 1877 ; *pochonne* 1371 ◇ de 2*poche* ■ TECHN. OU RÉGION. Grande louche. ➤ 2**poche.**

POCHOTHÈQUE [pɔʃɔtɛk] n. f. – 1964 ◇ de 1*poche* et *-thèque*, d'après *bibliothèque* ■ Librairie, rayon de librairie où l'on vend des livres de poche*.

POCHOUSE ou **PAUCHOUSE** [pɔʃuz] n. f. – 1646 ◇ mot bourguignon, famille de *pêcheur*, littéralement *pêcheuse* ■ RÉGION. Matelote de poissons de rivière au vin blanc.

PODAGRE [pɔdagʀ] n. et adj. – 1215 ◇ latin *podagra* et *podager*, du grec ■ **1** n. f. VX Goutte* (2) aux pieds. ■ **2** adj. VX Qui est atteint de la goutte aux pieds, PAR EXT. aux mains. ➤ **impotent.** « *M. de Gauffecourt, âgé de plus de soixante ans, podagre, impotent* » ROUSSEAU. — n. « *ces podagres tourbillonnants, raidis par l'arthrose* » SAN-ANTONIO.

PODAIRE [pɔdɛʀ] n. f. – 1875 ◇ dérivé savant du grec *pous, podos* « pied » ■ MATH. Courbe, lieu des pieds des perpendiculaires menées d'un point fixe sur les tangentes à une courbe donnée.

PODCAST [pɔdkast] n. m. – 2004 ◇ mot-valise anglais américain, de *(i)Pod* (marque déposée), appareil permettant de lire des fichiers MP3, et *(broad)cast* « diffusion » ■ ANGLIC. Fichier audio ou vidéo diffusé par Internet, destiné à être téléchargé automatiquement grâce à un fil RSS. *Des podcasts.* — Ce mode de diffusion. *Émission disponible en podcast.* ➤ **baladodiffusion.** Recomm. offic. *diffusion pour baladeur.*

PODCASTER [pɔdkaste] v. tr. ‹1› – 2005 ◇ de *podcast* ■ INFORM. Télécharger (des fichiers audios ou vidéos diffusés sur Internet) sur un appareil portable. *Podcaster de la musique sur son baladeur.*

-PODE ■ Élément, du grec *pous, podos* « pied », employé au sens général d'organe de locomotion (pied, patte, membre, etc.) : *apode, myriapode, pseudopode, tétrapode.* ➤ **-pède.**

PODESTAT [pɔdɛsta] n. m. – *potestat* 1240 ◇ italien *podestà*, du latin *potestas, atis* ■ HIST. Titre donné parfois au Moyen Âge au premier magistrat de certaines villes d'Italie et du midi de la France. « *la moindre ville de France ou d'Italie, soumise au pire podestat* » SUARÈS.

PODIATRE [pɔdjatʀ] n. – 1988 ◇ d'après l'anglais *podiatrist* (1929), de *podiatry* → podiatrie ■ (Canada) Médecin spécialiste de podiatrie. ➤ **podologue.**

PODIATRIE [pɔdjatʀi] n. f. – 1989 ◇ d'après l'anglais *podiatry* (1929), du grec *pous, podos* « pied » ■ (Canada) Branche de la médecine qui traite les affections du pied. ➤ **podologie.**

PODIUM [pɔdjɔm] n. m. – 1765 ◇ mot latin, du grec ■ **1** DIDACT. Dans un amphithéâtre, un cirque antique, Gros mur qui entourait l'arène et dont le sommet, formant plateforme, supportait les places d'honneur. — ARCHIT. ANC. Petit soubassement à l'intérieur d'un édifice, sur lequel on pouvait placer des objets. ■ **2** (v. 1910) COUR. Plateforme, estrade, à trois places (celle du centre étant plus élevée) sur laquelle on fait monter les vainqueurs après une épreuve sportive. *Monter sur le podium* : être le vainqueur, devenir champion. — FIG. L'une des trois premières places d'une compétition. « *Pas un seul cheval gagnant, ni placé, même pas un podium* » J.-P. DUBOIS. ◆ PAR EXT. Plancher surélevé servant de scène. ➤ 2**estrade.** *Installer un podium pour une kermesse. Mannequins qui défilent sur un podium.*

PODOLOGIE [pɔdɔlɔʒi] n. f. – 1836 ◇ du grec *pous, podos* « pied » et *-logie* ■ MÉD. Étude du pied et de ses affections. ➤ RÉGION. **podiatrie.** — adj. **PODOLOGIQUE,** 1842.

PODOLOGUE [pɔdɔlɔg] n. – 1979 ◇ du grec *pous, podos* et *-logue* ■ Spécialiste en podologie. ➤ RÉGION. **podiatre.** — APPOS. *Des pédicures podologues.*

PODOMÈTRE [pɔdɔmɛtʀ] n. m. – 1690 ◇ du grec *pous, podos* et *-mètre* ■ Appareil qui compte le nombre de pas effectués par un marcheur et permet ainsi d'évaluer la distance parcourue. ➤ **compte-pas, odomètre.**

PODOTACTILE [pɔdotaktil] adj. – 1997 ◇ de *podo-* et *tactile* ■ Dont la surface présente des aspérités servant de repères au sol pour les malvoyants. *Bande podotactile en bordure d'un quai. Dalles podotactiles.*

PODZOL [pɔdzɔl] n. m. – 1902 ◇ mot russe, littéralt « qui ressemble à de la cendre *(zola)* » ■ GÉOGR. Sol cendreux, très délavé, des climats humides et froids. *Le podzol, riche en fer, se trouve dans les zones forestières à conifères. Les podzols des régions boréales.* — adj. **PODZOLIQUE,** 1953.

PODZOLISER [pɔdzɔlize] v. tr. ‹1› – 1946 ◇ de *podzol* ■ GÉOL. Transformer (un sol) en podzol* par un processus d'acidification et de lessivage. — *Sol podzolisé.* — n. f. **PODZOLISATION.**

PŒCILE ou **PÉCILE** [pesil] n. m. – 1765 ◇ grec *poikilê* « peint de couleurs variées » (d'un portique) ■ ARCHÉOL. Portique grec orné de peintures. *Le pœcile de l'Agora, à Athènes.*

PŒCILOTHERME ➤ **POÏKILOTHERME**

1**POÊLE** [pwal] n. m. – XVIe ; *paile, poile* XIIIe ◇ latin *pallium* ■ **1** VX Drap recouvrant le cercueil, pendant les funérailles. ➤ **drap.** — MOD. *Tenir les cordons du poêle* (qui pendent aux quatre coins). « *Quatre personnages en toge rouge tenaient gravement les cordons du poêle* » HENRIOT. ■ **2** (v. 1250) ANCIENNT Voile tenu au-dessus de la tête des mariés, dans la liturgie catholique. « *après avoir été à genoux coude à coude sous le poêle de moire blanche* » HUGO. ■ HOM. Poil.

2**POÊLE** [pwal] n. m. – 1545 ; *poile* 1351 ◇ latin *pe(n)silis* « suspendu », de *pendere* → pendre ■ **1** VX Chambre chauffée. « *je demeurais tout le jour enfermé seul dans un poêle* » DESCARTES. ■ **2** MOD. Appareil de chauffage clos, où brûle un combustible. ➤ **fourneau, insert, salamandre.** *Poêle à charbon, à bois, à mazout. Poêle en fonte. Tuyau* de poêle. Foyer, grille du poêle.* « *le poêle donne son ronflement par sa petite porte ouverte comme une bouche rouge* » RENARD. ■ **3** (Canada ; critiqué) Cuisinière. *Poêle à gaz, poêle électrique.*

3**POÊLE** [pwal] n. f. – 1636 ; *paele* « chaudron » 1170 ◇ latin *patella* → patelle ■ Ustensile de cuisine en métal, plat, généralement rond, à bords bas, et muni d'une longue queue (➤ aussi **poêlon**). *Poêle à frire. Poêle à crêpes. Poêle antiadhésive. Passer, faire revenir, sauter des légumes à la poêle.* ➤ aussi **wok.** — *Poêle à marrons*, à fond percé de trous. *Poêle à paella*, munie de poignées. — LOC. *Tenir la queue de la poêle* : avoir la direction d'une affaire (cf. Tenir les commandes). ◆ (par anal. de forme) FAM. *Poêle à frire* : appareil de détection d'objets métalliques, de mines.

POÊLÉE [pwale] n. f. – *paelée* 1260 ◇ de 3*poêle* ■ Contenu d'une poêle. *Une poêlée de champignons.* ■ HOM. Poêler, poiler.

POÊLER [pwale] v. tr. ‹1› – 1874 au p. p. ◇ de 3*poêle* ■ RARE Cuire, passer à la poêle. p. p. adj. *Œufs poêlés.* ◆ PAR EXT. Cuire dans une casserole fermée, avec un corps gras et des condiments. *Poêler une pièce de viande, une volaille.* ■ HOM. Poêlée, poiler.

POÊLIER, IÈRE [pwalje, jɛʀ] n. – *paelier* 1412 ◇ de 2*poêle* ■ Personne qui fabrique ou installe des poêles, des cheminées et appareils de chauffage. *Poêlier fumiste.*

POÊLON [pwalɔ̃] n. m. – *paalon* 1329 ◇ de 3*poêle* ■ **1** Épaisse casserole de métal ou de terre, à manche creux, dans laquelle on fait revenir et mijoter. ➤ **sauteuse.** *Un poêlon à fondue.* ➤ **caquelon.** ■ **2** (Belgique) Casserole de métal, à manche court et fond plat, utilisée pour faire bouillir, chauffer un liquide. *Le lait a débordé du poêlon.*

POÈME [pɔɛm] n. m. – 1213 ◇ latin *poema*, du grec *poiema* ■ **1** Ouvrage de poésie en vers. ➤ **poésie.** *Faire, composer un poème. Poème à forme** (I, 4°) *fixe, à forme libre.* ➤ **ballade, élégie, épigramme, épopée, fable ; hymne,** 2**lai, madrigal, ode, sonnet, stance.** *Strophes, stances, distiques, quatrains d'un poème. Recueil de poèmes. Le haïku, bref poème japonais.* « *Les poètes sont ainsi. Leur plus beau poème est celui qu'ils n'ont pas écrit* » GAUTIER. ■ **2** *Poème en prose*, ne revêtant pas la forme versifiée. ■ **3** FIG. et LITTÉR. Ce qui a de la poésie (I, 4°). *Les œuvres de Delacroix sont* « *de grands poèmes* » BAUDELAIRE. « *que ta vie soit un poème aussi beau que ceux qu'a rêvés ton intelligence* » SAND. *Poème symphonique**. ■ **4** LOC. FAM. *C'est tout un poème*, se dit de qqn, d'une réalité humaine qui semble extraordinaire ou bizarre. « *Ce vieux-là, mon cher, est tout un poème* » BALZAC.

POÉSIE [pɔezi] n. f. – 1511 ; « art de la fiction littéraire » 1350 ◇ latin *poesis*, du grec *poiêsis* « création » ■ **1** Art du langage, visant à exprimer ou à suggérer par le rythme (surtout le vers), l'harmonie et l'image. *«La poésie se trouve ainsi par nature, le département des Lettres le plus proche des arts»* CAILLOIS. *Victor Hugo a su «exprimer par la poésie [...] le mystère de la vie»* BAUDELAIRE. *La poésie doit «réfléchir par les couleurs, les sons et les rythmes, toutes les beautés de l'univers»* Mme DE STAËL. *Le vers* (➤ **mètre, pied**), *la rime* (➤ **prosodie, versification**), *le rythme en poésie* (➤ **enjambement, 2 rejet**). *Poésie lyrique, épique, didactique, satirique.* ▪ **2** Manière propre à un poète, une école, de pratiquer cet art ; l'ensemble des œuvres où se reconnaît cette manière. *Poésie classique, romantique, symboliste, surréaliste.* ▪ **3** (début XVe) Poème (généralement assez court). *Les poésies de Musset. Dire une poésie. Slameur qui déclame des poésies sur scène. Choix de poésies.* ➤ **anthologie.** ▪ **4** Propriétés poétiques qui peuvent se manifester dans toute œuvre d'art (➤ **1 poétique**). *Poésie du style ; d'un roman, d'un film. Tableau, andante plein de poésie.* ▪ **5** Qualité d'émotion esthétique (que peut éveiller un spectacle, un lieu, une situation). *La poésie des ruines. Un moment plein de poésie* (➤ **romantique**). *«Je sais qu'il y a de la poésie dans ce gratte-ciel. Tout le monde admire l'arrivée à New York»* VALÉRY. ▪ **6** Aptitude (d'une personne) à éprouver l'état, l'émotion poétique. *«Il y a pourtant de la poésie dans tous les êtres capables d'affections vives et profondes»* Mme DE STAËL. *Il manque de poésie :* il est terre à terre. — PAR EXT. (d'une situation) *Ça manque de poésie !* c'est banal, trivial, vulgaire. ■ CONTR. Prose ; prosaïsme.

POÈTE [pɔɛt] n. – XIIe ◊ latin *poeta*, du grec *poiêtês* ▪ **1** Écrivain qui compose de la poésie. *Le poète inspiré par les Muses. «Poète, prends ton luth»* MUSSET. *«Un poète est un monde enfermé dans un homme»* HUGO. *Poètes chanteurs de l'Antiquité, du Moyen Âge.* ➤ **aède, ménestrel, rhapsode, troubadour, trouvère.** *Poète africain.* ➤ **griot.** *Inspiration, mission, métier du poète. «Le poète est celui qui inspire bien plus que celui qui est inspiré»* ÉLUARD. *«Le poète se consacre et se consume donc à définir et à construire un langage dans le langage»* VALÉRY. *«Le poète serait un transfuge odieux du réel si dans sa fuite il n'emportait pas son malheur»* CIORAN. *Un poète de l'amour.* ➤ **chantre.** *Poète lyrique. Poètes romantiques. «Les Poètes maudits», œuvre de Verlaine.* — (En parlant d'une femme) *«Ils avaient composé une ronde qu'une jeune poète blanche a traduite»* CHATEAUBRIAND. *«Mme de Noailles était donc un grand poète»* COLETTE. ➤ **poétesse.** ◆ *Œillet* de poète.* ▪ **2** adj. attribut *«J'aurais été soldat, si je n'étais poète»* HUGO. *«L'art ne fait que des vers, le cœur seul est poète»* A. CHÉNIER. *«La femme sera poète, elle aussi»* RIMBAUD. ▪ **3** Auteur dont l'œuvre est pénétrée de poésie. *«M. Michelet est un poète, un poète de la grande espèce»* TAINE. ▪ **4** Personne douée de poésie (6°). *«L'homme d'action est avant tout un poète»* MAUROIS. ➤ **rêveur.** ■ CONTR. Prosateur.

POÉTEREAU [pɔetʀo] n. m. /POÈTEREAU/ – 1639 ◊ de *poète* ▪ VIEILLI Mauvais poète, poète mineur.

POÉTESSE [pɔetɛs] n. f. – 1570 ; *poétisse* XVe ◊ de *poète* ▪ Femme poète. — REM. *Poétesse* est considéré comme péj. On dira plutôt : *Cette femme est une grande poète,* parfois *un grand poète.*

1 **POÉTIQUE** [pɔetik] adj. – 1402 ; «propre aux fonctions des poètes» 1375 ◊ latin *poeticus* ; grec *poiêtikos* ▪ **1** Relatif, propre à la poésie. *Style, expression, image poétique. «Je me flattai d'inventer un verbe poétique accessible, un jour ou l'autre, à tous les sens»* RIMBAUD. *Inspiration poétique. Licence poétique. Art poétique.* ➤ **2 poétique.** ▪ **2** Empreint de poésie. ➤ **lyrique.** *«Une prose poétique, musicale, sans rythme et sans rime, assez souple et assez heurtée pour s'adapter aux mouvements lyriques de l'âme»* BAUDELAIRE. ▪ **3** Qui présente un caractère de poésie (5°), qui émeut par la beauté, le charme, la délicatesse. *Paysage, scène, moment poétique.* ➤ **romantique.** *Vision poétique de la vie.* ▪ **4** LING. (d'après Jakobson) *Fonction poétique du langage,* caractérisée par le fait que l'accent est mis sur le message* en tant que tel et sur les signes dont il est constitué (et non sur l'information véhiculée). ■ CONTR. Prosaïque. Antipoétique.

2 **POÉTIQUE** [pɔetik] n. f. – 1637 ◊ latin *poetica*, grec *poiêtikê (tekhnê)* ▪ **1** Recueil de règles, conventions et préceptes relatifs à la composition des poèmes et à la construction des vers. *La poétique de Boileau. «Il y a cent poétiques contre un poème»* VOLTAIRE. ▪ **2** PAR EXT. Théorie générale de la nature et du destin de la poésie. *La poétique de Mallarmé.* — Théorie de la création littéraire, de la littérarité. *«Questions de poétique», ouvrage de R. Jakobson.*

POÉTIQUEMENT [pɔetikmɑ̃] adv. – v. 1450 ◊ de 1 *poétique* ▪ Au point de vue de la poésie. *«Cet ouvrage n'a poétiquement aucun sens»* VALÉRY. ◆ D'une manière poétique. *Décrire poétiquement un paysage.*

POÉTISATION [pɔetizasjɔ̃] n. f. – 1852 ◊ de *poétiser* ▪ Action de poétiser (qqch.) ; son résultat. *La poétisation de la réalité.*

POÉTISER [pɔetize] v. tr. ⟨1⟩ – 1551 ; «faire des vers» 1361 ◊ de *poète* ▪ Rendre poétique, embellir, idéaliser. *«une auréole de luxe qui poétise leur vulgarité»* MAUPASSANT. — ABSOLT *«désireux de rectifier les apparences, nous poétisons»* ÉLUARD. — p. p. adj. *Des souvenirs poétisés.* ■ CONTR. Dépoétiser.

POGNE [pɔɲ] n. f. – 1807 ◊ de *poigne* ▪ FAM., VIEILLI Main. *Serrer la pogne à qqn.* ➤ **paluche.** *«de grosses pognes capables de mettre des gifles»* A. JENNI.

POGNÉ, ÉE [pɔɲe] adj. et n. – 1944 ◊ de *pogner* ▪ (Canada) FAM. ▪ **1** Pris, coincé. *Être pogné dans une tempête.* ▪ **2** Complexé, timide. *Être pogné, avoir l'air pogné,* gêné. — n. (1971) *«Il y avait les pognés et ceux qui ne l'étaient pas. Le lot des complexés, évidemment, était immense»* C. JASMIN. ■ CONTR. Dégêné.

POGNER [pɔɲe] v. ⟨1⟩ – 1890 ◊ var. région. de l'ancien v. *poigner* «empoigner, saisir», de *poing.*
▪ RÉGION. (Canada) FAM. ➤ **prendre.**

I v. tr. ▪ **1** Empoigner, saisir (qqn, qqch.). *Pogner un objet à pleine main. Pogner un ballon au vol.* ➤ **intercepter.** *Pogner qqch. des mains de qqn.* ➤ **arracher, enlever.** *Pogner qqn par le bras.* ➤ **agripper, attraper.** — SPÉCIALT Caresser indiscrètement. *Pogner les fesses.* ➤ **palper,** FAM. **peloter.** — LOC. *Se pogner le derrière :* perdre son temps, ne rien faire. ➤ RÉGION. **gosser, taponner.** ▪ **2** Comprendre, saisir par l'esprit. *Pogner une blague. Je n'ai pas pogné un seul mot.* ➤ **saisir.** ▪ **3** Recevoir. *Pogner une contravention.* ➤ **attraper.** ▪ **4** Obtenir. *Pogner une bonne note. Il a pogné le gros lot.* ▪ **5** Attraper, capturer. *Pogner un poisson. Se faire pogner par la police.* ➤ **appréhender, arrêter.** ▪ **6** *Pogner qqn à* (et l'inf.), le prendre sur le fait. *Pogner qqn à tricher* ➤ **surprendre.** ▪ **7** LOC. *Se faire pogner (par qqn) :* se faire avoir. *Je me suis fait pogner en achetant cette maison.* ▪ **8** Être la victime de. *Ils se sont fait pogner par la pluie. Pogner un rhume.* ▪ **9** Saisir (qqn), faire sentir à (qqn). *La migraine m'a pogné brusquement.* ➤ **atteindre.** — (Impers.) *Il me pogne une envie de sucre.* — LOC. FIG. *Pogner les nerfs :* s'énerver. ▪ **10** Monter à bord de (un véhicule). *Pogner l'autobus. Il a pogné son avion de justesse,* il l'a eu de justesse. ▪ **11** S'engager dans. *Pogner l'autoroute.* ➤ **emprunter.** — *La voiture a pogné le champ,* elle a quitté la route.

II v. intr. ▪ **1** Durcir, épaissir (substances). *Ciment qui pogne.* ➤ **prendre,** se **solidifier.** — Attacher, coller (aliment). *Les pâtes ont pogné au fond de la casserole.* ▪ **2** LOC. *Être, rester pogné dans (qqch.), avec (qqn, qqch.) :* demeurer, continuer à être (dans une situation, un état). *Ils sont restés pognés dans un banc de neige. Il est pogné avec un visiteur.* ▪ **3** Commencer. *Le feu a pogné dans la grange.* ➤ **naître, prendre.** *La chicane a pogné avec les voisins.* ➤ **éclater.** ▪ **4** Avoir du succès. *Un film, un disque qui pogne.* ➤ **marcher, réussir ;** FAM. **cartonner.** — SPÉCIALT Plaire. *Une fille qui pogne.*

III v. pron. ▪ **1** S'accrocher, se cramponner. *Elle s'est pognée à la rampe pour ne pas tomber.* ▪ **2** Être retenu, se prendre dans. *Sa robe s'est pognée dans la portière.* ▪ **3** (RÉCIPR.) Se quereller. *Il s'est pogné avec la serveuse.* — LOC. *Se pogner aux cheveux :* en venir aux mains.

POGNON [pɔɲɔ̃] n. m. – 1840 *poignon* ◊ du verbe populaire *poigner* «empoigner», de *poing* ▪ FAM. Argent. ➤ **fric.** *«Quand on parle pognon, à partir d'un certain chiffre tout le monde écoute»* (M. AUDIARD, «Le Pacha», film).

POGO [pogo] n. m. – 1978 ◊ mot anglais (1977), nom déposé d'une échasse à ressort (1921), du n. de ses créateurs allemands *Pohlig* et *Gottschall* ▪ Danse répandue dans les concerts punks, qui consiste à sauter et à se bousculer frénétiquement. *«J'étais tout devant à danser le pogo, je pouvais toucher la scène, il y avait des filles qui s'évanouissaient, c'était du délire»* M. DARRIEUSSECQ. — v. intr. ⟨1⟩ **POGOTER** [pɔgɔte] (1986).

POGONOPHORES [pɔgɔnɔfɔʀ] n. m. pl. – 1964 ; autre sens 1823 ◊ du grec *pôgôn* «barbe» et *-phore* ▪ ZOOL. Embranchement comprenant de petits invertébrés marins vermiformes, couronnés de tentacules, qui vivent sur les hauts-fonds, et qui, sans tube digestif, absorbent directement leur nourriture par la peau et les tentacules. Au sing. *Un pogonophore.*

POGROM ou **POGROME** [pɔgʀɔm ; pogʀom] n. m. – 1903 ◊ mot russe, de *po-* «entièrement» et *gromit'* «détruire» ▪ Agression oppressive et meurtrière d'un groupe de personnes contre les Juifs d'un ghetto, tolérée ou soutenue par le pouvoir. *L'amour «n'a empêché ni les guerres et leurs tueries, ni les bûchers de l'Inquisition, ni les pogromes»* A. COHEN.

POIDS [pwa] **n. m.** – fin XIIe ◊ du latin *pensum* «poids de laine qu'un esclave devait filer par jour», d'où «tâche quotidienne» (→ pensum), de *pensare* «peser» → 1 penser. Jusqu'au XVIe s., le mot s'écrivait *pois ;* le *-d* a été ajouté par rapprochement avec le latin *pondus* «poids»

I LE POIDS. Force due à l'application de la pesanteur sur les corps matériels ; mesure de cette force. ▪ **1** COUR. Masse. *Déterminer le poids.* ➤ **peser ; pondérable ; 1 balance ; barymétrie.** *Unités de poids.* ➤ **masse.** *D'un poids faible* (➤ **léger**), *d'un grand poids* (➤ **lourd, pesant**). ♦ SC. Force exercée sur un corps matériel, proportionnelle à sa masse et à l'intensité de la pesanteur au point où se trouve ce corps. *«les poids sont proportionnels aux masses»* LAPLACE. *Le poids d'un même objet diminue légèrement du pôle à l'équateur. La masse d'un objet est constante et son poids varie selon l'endroit où il se trouve. Le poids est une force et s'exprime en newtons.* — *Poids spécifique*, poids volumique*.* ➤ **densité.** *Poids atomique* ; poids moléculaire*.* — *Poids de l'atmosphère.* ➤ **pression.** ▪ **2** Caractère, effet de ce qui pèse. ➤ **lourdeur, pesanteur.** *Le poids d'un fardeau. Sentir le poids d'un objet dans sa main.* ➤ **soupeser.** *«le poids du seau tendait et roidissait ses bras maigres»* HUGO. *«l'énorme colonne trapue supportant tout le poids de l'immense muraille de marbre»* GAUTIER. *Peser de tout son poids sur,* en pesant le plus possible. *Être courbé, plier sous le poids d'un sac.* ▪ **3** Mesure du poids (de la masse). *Marchandise qui se vend au poids ou à la pièce. Deux kilos, bon poids,* plus de deux kilos. *Vendre au poids de l'or,* très cher. — *Poids brut, poids total,* emballage et déchets compris ; *poids net,* de la marchandise seule. — *Poids utile,* que peut transporter un véhicule. *Poids total autorisé en charge (P. T. A. C.) :* somme de la masse à vide et de la charge utile d'un véhicule. — **POIDS MORT :** poids d'une machine, etc., qui diminue son rendement théorique. FIG. Chose, personne inutile, inactive et qui gêne. *Ce joueur est un poids mort dans l'équipe.* ♦ (D'une personne) *Surveiller son poids.* ➤ **ligne.** *Prendre, perdre du poids :* grossir, maigrir. *Excédent de poids.* ➤ **surpoids ; obésité** (cf. Surcharge pondérale). ▪ **4** (1872) Catégorie d'athlètes (haltérophiles...), de boxeurs professionnels d'après leurs poids. *Des poids mouches, poids coqs, poids plumes, poids légers, mi-moyens, poids moyens, mi-lourds, lourds, super-lourds.* ♦ PAR EXT. *Un poids plume :* un boxeur de cette catégorie. FIG. *Un poids lourd :* une personne grande et forte ; *un poids plume,* mince et légère. ♦ (Non qualifié) *Faire le poids,* le poids imposé pour concourir dans sa catégorie. LOC. *Ne pas faire le poids :* ne pas avoir les capacités requises pour faire face à qqch., à qqn ; ne pas pouvoir soutenir la comparaison avec (qqn, qqch.) (cf. Ne pas être de taille*). *«aucun mouvement insurrectionnel ne peut espérer faire le poids si le gouvernement se décide vraiment à faire intervenir l'armée»* HOUELLEBECQ.

II UN POIDS, DES POIDS. Objet, corps ayant un certain poids. ▪ **1** Corps matériel pesant. ➤ **1 masse ; charge, faix, fardeau.** *Un poids de cent kilos. Poids qui en contrebalance un autre.* ➤ **contrepoids.** — *Les poids d'une horloge ; horloge à poids.* ▪ **2** (fin XIIIe) Objet de masse déterminée servant à peser (I°). *Poids en fonte, en laiton, en platine. Boîte de poids. Étalonner, vérifier un poids.* — *Mettre, jeter un poids dans la balance*. Avoir deux poids, deux mesures*.* ♦ **POIDS ET MESURES :** administration chargée du contrôle et de la vérification des poids ; bureau de cette administration. *Bureau international des poids et mesures (BIPM). Vérificateur des poids et mesures.* ▪ **3** (1896) Masse de métal d'un poids déterminé, utilisée dans certains sports. *Poids et haltères.* — *Lancement du poids. Lancer le poids.* ▪ **4** (1896) **POIDS LOURD :** véhicule automobile de fort tonnage, destiné au transport des marchandises (➤ **1 camion, semi-remorque ;** FAM. **gros-cul**) ou des personnes (➤ **autobus, autocar**). *«Parfois il y a un poids lourd qui peine le long de la côte, et l'auto le double sans difficulté»* LE CLÉZIO. — FIG. Personnage, groupe important dans son domaine. *Les poids lourds de l'informatique.* ▪ **5** Sensation d'un corps pesant. LOC. *Avoir un poids sur l'estomac.*

III SENS FIGURÉS ▪ **1** (fin XIIe) Charge pénible. *«Courbé comme un vieillard sous le poids des années»* HUGO. *Le poids de l'impôt.* ♦ PAR EXT. Souci, remords. *Cela m'ôte un poids de la conscience. «je marchais légèrement, allégé de ce poids»* ROUSSEAU. ▪ **2** (fin XIVe) Force, influence qu'une chose exerce. ➤ **importance, influence.** *Le poids d'un argument. Donner du poids à une démarche. Il «parle, tout en passant fréquemment sa grosse main sur sa bouche, geste qui donne du poids à ses paroles»* LARBAUD. — *Une personne de poids,* influente. ▪ **3** MATH. Coefficient pondérateur*. *Affecter un poids à une variable.* ➤ **pondération.**

▪ CONTR. Futilité, légèreté. ▪ HOM. Pois, poix, pouah.

POIGNANT, ANTE [pwaɲɑ̃, ɑ̃t] **adj.** – XIIIe ; «piquant» 1119 ◊ de *poindre* «piquer», avec influence de *empoigner, poigne* ▪ Qui cause une impression très vive et pénible ; qui serre, déchire le cœur. ➤ **déchirant.** *Une scène poignante.* ➤ **bouleversant, pathétique.** *«le souvenir poignant et vague de nos rêves»* PROUST.

POIGNARD [pwaɲaʀ] **n. m.** – *pougnart* 1512 ◊ ancien français *poignal,* latin *pugnalis,* de *pugnus* «poing» ▪ Arme blanche à lame courte et assez large, pointue du bout. ➤ **couteau, kandjar, kriss ; surin.** *Frapper qqn d'un coup de poignard, à coups de poignard. Plonger, planter un poignard dans le cœur de qqn.*

POIGNARDER [pwaɲaʀde] **v. tr.** ‹1› – 1556 ◊ de *poignard* ▪ **1** Frapper, blesser ou tuer avec un poignard, un couteau. ➤ FAM. **planter.** — *César, Henri IV, sont morts poignardés.* ▪ **2** FIG. Causer une douleur très vive à. *«La jalousie le poignardait»* SAINT-SIMON. ♦ LOC. *Poignarder qqn dans le dos,* lui nuire traîtreusement.

POIGNE [pwaɲ] **n. f.** – XIVe ◊ forme fém. de *poing* ▪ **1** La force du poing, de la main, pour empoigner, tenir. *Avoir de la poigne.* ♦ PAR EXT. La main, le poing. *«il lui prit la main, [...] la serra dans sa poigne de fer»* ZOLA. ▪ **2** FIG. Énergie, fermeté (pour commander, punir). *Un homme, une femme, un gouvernement à poigne.* ➤ **autoritaire, musclé.** *Avoir de la poigne* (cf. Une main* de fer).

POIGNÉE [pwaɲe] **n. f.** – v. 1180 ; *puinnie* v. 1170 ◊ de *puing* «poing» ▪ **1** Quantité (d'une chose) que peut contenir une main fermée. *Une poignée de farine, de riz. Arracher une poignée de cheveux.* ♦ *À poignées, par poignées :* à pleines mains, et FIG. en abondance. *«il jette l'or à poignées comme un semeur le grain»* GAUTIER. ▪ **2** FIG. Petit nombre (de personnes). *«Le maréchal, qui n'avait qu'une poignée d'hommes»* CHATEAUBRIAND. *Une poignée de mécontents.* ➤ **1 quarteron.** — ABSOLT *Nous n'étions qu'une poignée.* ▪ **3** (XVIe ; *puignie* XIVe) Partie (d'un objet : arme, ustensile) spécialement disposée pour être tenue avec la main serrée. *Poignée d'épée, de sabre,* munie d'une garde, d'un pommeau. *Poignée de couvercle, de tiroir, de valise. Poignée de porte* (➤ **bec-de-cane, béquille**), *de fenêtre* (➤ **crémone, espagnolette**). *Tourner la poignée.* ➤ RÉGION. **clenche.** — *Poignée de frein, de guidon* (➤ aussi **grip**). *La poignée des gaz d'une moto, d'une mobylette. Poignée mobile, articulée, servant à commander un mécanisme.* ➤ **manette.** *Poignée d'outils.* ➤ **manicle.** ♦ Pièce de protection pour saisir un objet chaud (par le manche, l'anse, le bord, la poignée). *Poignée de fer à repasser.* ▪ **4 POIGNÉE DE MAIN :** geste par lequel on serre la main de qqn, pour saluer amicalement. *Donner une poignée de main à qqn* (cf. Serrer la main). *Poignées de mains chaleureuses, cordiales.* ▪ **5** FAM. *Poignées d'amour :* amas adipeux sur les hanches.

POIGNET [pwaɲɛ] **n. m.** – *puignet* 1488 ; «pièce d'étoffe» 1315 ; *pugnet* «mesure de grain» 1209 ◊ de *puing* «poing» ▪ **1** Articulation qui réunit l'avant-bras à la main. *Poignets et chevilles.* ➤ **attache.** *Se fouler le poignet. Porter un bracelet-montre au poignet. Tâter le pouls au poignet. Le coup de poignet du pêcheur,* mouvement vif de la main fermée (pour ferrer le poisson). ♦ FAM. *À la force du poignet, des poignets :* en se hissant à la force des bras ; FIG. par ses seuls moyens, et en faisant de grands efforts. *Fortune acquise à la force du poignet.* — *La veuve* poignet.* ▪ **2** (1315) Partie d'un vêtement qui recouvre le poignet ; extrémité de la manche. ➤ **manchette.** *Poignets de chemise : poignets simples, droits ; poignets mousquetaire*. Elle choisit «une blouse plissée, empesée au col et aux poignets»* GREEN. — *Poignet de force*.*

POÏKILOTHERME [pɔikilɔtɛʀm] ou **PŒCILOTHERME** [pesilɔtɛʀm] **adj.** /PÉCILOTHERME/ – 1905, -XXe ◊ du grec *poikilos* «variable» et *-therme* ▪ PHYSIOL. Se dit des animaux dont le sang a une température variable (reptiles, poissons, etc.) (SYN. COUR. à sang* froid). — **n. f. POÏKILOTHERMIE.** ▪ CONTR. Homéotherme.

POIL [pwal] **n. m.** – fin XIe, chez l'être humain ◊ du latin *pilus* «poil» et au figuré «un cheveu, un rien». → horripiler, pelouse

I CHEZ L'ANIMAL ▪ **1** (fin XIIIe) Chacune des productions filiformes qui naissent du tégument de certains animaux, et SPÉCIALT de la peau des mammifères. *Tige, racine du poil* (➤ **2 bulbe**). *Poils des ovidés* (➤ **laine**), *du porc* (➤ **1 soie**), *de la tête et de la queue du cheval* (➤ **crin**). *Touffe de poils. Chat, chien qui perd ses poils* (➤ **pelé**). *Poils tactiles*.* ♦ Ces productions utilisées dans la confection d'objets. *Les poils d'une brosse, d'un pinceau, d'un blaireau,* etc. ▪ **2** (fin XIIe) **LE POIL :** l'ensemble des poils. ➤ **1 pelage ; fourrure.** *Gibier à poil* (opposé

à gibier à plumes). *Chien à poil dur. Poil ras, court, long. Poil lisse, frisé, laineux. Poil soyeux et fin, luisant, lustré. Un beau poil. Dans le sens du poil,* celui dans lequel il est couché (opposé à *à contre-poil, à rebrousse-poil*). *Caresser un animal dans le sens du poil.* FIG. *Caresser qqn dans le sens du poil,* chercher à lui plaire, le flatter. *Couper le poil.* ➤ **tondre.** *Brosser, peigner le poil d'un chat.* — VX *Monter un cheval à poil,* sans selle, à cru. ◆ PAR EXT. Peau d'animal garnie de ses poils (et ne méritant pas le nom de fourrure), utilisée dans l'habillement, etc. *« ils y plantent leurs tentes, qui sont faites de poil de chèvre »* BUFFON. *Bonnet à poil,* garni de poil. — *Manteau en poil de chameau**.

II CHEZ L'ÊTRE HUMAIN ▪ **1** Cette production chez l'être humain, SPÉCIALT lorsqu'elle n'est ni un cheveu, ni un cil, ni un sourcil. *Les poils du visage* (➤ 1 **barbe, moustache**), *des aisselles, du pubis.* FAM. *Les poils du cul. « ses bras, couverts de poils aussi bien que sa poitrine, [...] annonçaient une force extraordinaire »* BALZAC. *Poils follets.* ➤ **duvet.** *Érection des poils.* ➤ **horripilation.** *Chute des poils.* ➤ **alopécie ; dépilation.** — FAM. *Ne pas avoir un poil sur le caillou**. *Ne plus avoir un poil de sec :* être trempé de sueur (sous l'effet de la chaleur, de la peur). — VIEILLI *Brave à trois poils :* fanfaron, matamore. ◆ (fin XIe) **LE POIL, DU POIL :** l'ensemble des poils. ➤ **pilosité** (cf. Système pileux*). *Avoir du poil sur tout le corps* (➤ 1 **poilu, velu**), *du poil au menton* (➤ **barbu**). *Ça me hérisse le poil.* ▪ **2** LOC. FIG. (1808) *Avoir un poil dans la main :* être très paresseux. — *Tomber sur le poil* (à qqn) : se jeter brutalement sur qqn pour l'attaquer ; l'aborder d'une manière importune (cf. Tomber sur le paletot*). — *Reprendre du poil de la bête :* se ressaisir (cf. Reprendre le dessus*). — (1671) *De tout poil, de tous poils :* de toute espèce, en parlant des gens. *« des socialisants de tous poils »* MARTIN DU GARD. ◆ (1858) FAM. **À POIL :** tout nu. *Se mettre à poil :* se déshabiller. FIG. *Se retrouver à poil,* sans argent, démuni. ◆ *Un poil :* un peu, légèrement. *C'est un poil trop salé. « on aime tout ce qui est un poil nouveau dans ce milieu »* DJIAN. *À un poil près :* à très peu de chose près. ➤ **cheveu.** *Il s'en est fallu d'un poil,* de très peu. — *Pas un poil :* pas du tout. *« Je ne suis pas superstitieux un poil »* CÉLINE. ◆ **loc. adv.** (1907) FAM. **AU POIL :** exactement. — *Ça marche au poil,* très bien. — *Au petit poil, au quart de poil :* tout juste (cf. Pile*-poil). *« Malgré l'excitation tout y fonctionnait au petit quart de poil »* P. CHAMOISEAU. — **loc. adj.** (1915) FAM. *Être au poil :* très bien, très satisfaisant. — EXCLAM. *Au poil !,* parfait ! ◆ (1833) FAM. *Être de bon, de mauvais poil,* de bonne, de mauvaise humeur. *« Vous êtes toujours d'aussi bon poil à une heure du matin et devant un gâchis pareil ! »* PENNAC.

III PLANTES (XVe) Chacun des filaments très fins qui apparaissent sur les organes (de certaines plantes). *Plante couverte de poils* (➤ **pubescent ; cilié, hispide, velu ; villeux**). *Poils urticants. Poils du fond d'artichaut.* ➤ 1 **foin.** *Poils de graines utilisés comme fibres végétales.* ➤ **coton, kapok.** BOT. *Poils absorbants :* poils fins de la racine par lesquels la plante se nourrit. — **POIL À GRATTER :** bourre piquante des fruits du rosier (➤ **gratte-cul**) ; matière analogue faisant partie des farces et attrapes ; FIG. personne abordant des sujets qui dérangent. *Le poil à gratter de la majorité.* ➤ **trublion.**

IV CHOSES ▪ **1** Partie velue d'un tissu. *Les poils d'un tapis.* ▪ **2** TECHN. Se dit de différentes qualités d'ardoises. *Poil noir, roux.*

▪ HOM. Poêle.

POILANT, ANTE [pwalɑ̃, ɑ̃t] **adj.** – 1892 ◇ de *se poiler* ▪ FAM. Très drôle*. *« C'était poilant, surtout »* DORGELÈS.

POILER (SE) [pwale] **v. pron.** ⟨1⟩ – 1893 ◇ de *éboeler* (région.) « éventrer », d'après *poil* ▪ FAM. Rire aux éclats. ➤ **se bidonner,** se **gondoler,** se **marrer.** ▪ HOM. Poêlée, poêler.

1 **POILU, UE** [pwaly] **adj.** – 1530 ; *pelu* XIIe ◇ de *poil* ▪ **1** Qui a des poils. ▪ **2** Qui a des poils très apparents. ➤ **hirsute, velu.** *Jambes, mains poilues ; bras poilus. Un homme à torse poilu. Femme trop poilue. Poilu comme un singe.* ▪ CONTR. Glabre, 1 lisse.

2 **POILU** [pwaly] **n. m.** – v. 1915 ; « gars qui n'a pas froid aux yeux » milit. 1897 ◇ → 1 poilu ▪ **1** Soldat combattant de la guerre de 1914-1918, dans le langage des civils. *« On dirait bientôt : les soldats de 38 – comme on disait : les soldats de l'an II, les poilus de 14 »* SARTRE. ▪ **2** (Algérie) Islamiste intégriste. ➤ **barbu.**

POINÇON [pwɛ̃sɔ̃] **n. m.** – *poinsson* fin XIVe ; *poinchon* 1220 ◇ latin *punctio, onis* « piqûre »

I ▪ **1** Instrument métallique terminé en pointe, qui sert à percer, à entamer les matières dures. ➤ 1 **pointeau.** *Poinçon de cordonnier, de sellier.* ➤ **alène.** *Poinçon de brodeuse. Poinçon de forge* (➤ **mandrin**), *de menuisier* (➤ **ciseau**), *de sculpteur.* — *Poinçon pour écrire.* ➤ **style.** — *Poinçon d'une machine-outil.* ➤ **poinçonneuse.** ▪ **2** (1569) Sorte de tige d'acier trempé terminée par une face gravée, servant à marquer certains objets soumis à un contrôle. ▪ **3** La marque gravée par cet outil. ➤ **estampille.** — Marque apposée aux pièces d'orfèvrerie pour en contrôler le titre, comme signature du maître ou comme garantie. *Poinçon de titre et de garantie. Poinçon d'un bijou contrôlé. Poinçon à tête de Minerve, au coq. Marquer, frapper d'un poinçon.* ➤ **insculper.** *Apposer un poinçon.* ▪ **4** Original (d'une médaille, d'une monnaie), qui sert à fabriquer le moule. ➤ **coin, matrice.** ◆ (1547) Original (d'un caractère d'imprimerie) avec lequel on frappait les matrices destinées à en fondre d'autres.

II (v. 1300) CHARPENT. Pièce verticale d'une ferme* reliant l'entrait au faîtage, sur laquelle s'appuient les arbalétriers.

POINÇONNAGE [pwɛ̃sɔnaʒ] **n. m.** – 1807 ; *poinchenage* 1402 ◇ de *poinçonner* ▪ **1** Action de poinçonner (1°). *Poinçonnage d'une marchandise ; de l'argent.* ▪ **2** Opération par laquelle on perfore un dessin de broderie sur carton ; par laquelle on forme une suite de petits trous dans les papiers à détacher (timbres, mandats, etc.). — Découpage de tôles à la poinçonneuse. ▪ **3** Action de poinçonner un billet. *« La préposée au poinçonnage, dont j'interrompis la lecture, toisa mes bagages d'un air accablé »* BLONDIN. — On dit aussi **POINÇONNEMENT,** 1842.

POINÇONNER [pwɛ̃sɔne] **v. tr.** ⟨1⟩ – 1556 ; *ponchonner* « dessiner au poinçon » 1324 ◇ de *poinçon* ▪ **1** Marquer d'un poinçon une marchandise (➤ **estampiller**), un poids, une pièce d'orfèvrerie (➤ **insculper**). ▪ **2** Découper (une tôle) avec une poinçonneuse. ▪ **3** (XXe) Perforer avec une pince (un billet de chemin de fer, de métro). ➤ aussi 2 **composter.** *Contrôleur qui poinçonne les billets dans les trains. — Billet poinçonné.*

POINÇONNEUR, EUSE [pwɛ̃sɔnœʀ, øz] **n.** – 1919 ◇ de *poinçonner* ▪ **1** TECHN. Ouvrier, ouvrière qui travaille sur une poinçonneuse. *Poinçonneur de tôles.* ▪ **2** Employé(e) qui poinçonnait les billets de chemin de fer, de métro, à l'accès des quais. *« Le Poinçonneur des Lilas », chanson de Gainsbourg. Des composteurs automatiques ont remplacé les poinçonneurs.*

POINÇONNEUSE [pwɛ̃sɔnøz] **n. f.** – 1878 ◇ de *poinçonner* ▪ Machine-outil pour perforer ou découper, munie d'un poinçon.

POINDRE [pwɛ̃dʀ] **v.** ⟨49 ; surtout à l'inf., aux troisièmes pers. du prés. et de l'imp. et au p. prés.⟩ – XIIe *point* ; 1080 *puindre* ◇ latin *pungere*

I **v. tr.** ▪ **1** VX Piquer. ▪ **2** (XIIe) FIG. et LITTÉR. Blesser (FIG.), faire souffrir. *« Une grande tristesse le poignait »* ZOLA. — (influence de *empoigner*) *L'amour « l'étreignit, le poignit et le pénétra »* AYMÉ. ➤ **poignant.**

II **v. intr.** ▪ **1** (XIIIe) Apparaître. ➤ 2 **pointer** (II, 2°). *Vous verrez poindre les jacinthes.* ➤ 1 **sortir.** *« la verdure ne fait que de poindre »* ROUSSEAU. ▪ **2** Commencer à paraître (d'une chose petite ou éloignée). ➤ **apparaître, naître.** *« l'aube commencera à poindre »* GAUTIER. ➤ **percer.** — FIG. *« Quand ils virent poindre ce beau jour de la liberté »* MICHELET.

▪ CONTR. (de II) Disparaître.

POING [pwɛ̃] **n. m.** – fin XIe *puing* ◇ latin *pugnus* ▪ **1** Main fermée. *Gros comme le poing. Les poings sur les hanches**. *Arme** *de poing. Révolver au poing,* dans la main serrée. *Serrer le poing.* — LOC. *Il faut serrer les poings,* rassembler son énergie ; supporter en silence. *Dormir à poings fermés,* très profondément. *Pieds** *et poings liés.* ◆ *Donner, asséner un coup de poing.* ➤ FAM. **bourre-pif.** *Lutte à coups de poing.* ➤ **pugilat ; boxe.** *Tu veux mon poing dans la figure ! — LOC. Faire le coup de poing :* se battre dans une rixe. EN APPOS. *Opération coup de poing,* de grande portée, destinée à produire un effet. *Opération coup de poing de la police. — Taper du poing, des poings :* donner des coups de poing. *« Le blessé tapait des poings sur la vitre à demi-brisée »* MALRAUX. *Taper du poing sur la table,* en signe de mécontentement, FIG. faire preuve d'autorité. — LOC. *Taper du poing :* manifester son mécontentement. ◆ (1680) *Tendre, montrer le poing,* en signe de menace. *Salut à poing levé :* signe de fraternité dans une lutte. *« il lève le poing pour le salut du Front populaire »* MALRAUX. ▪ **2** **n. m.** **COUP DE POING.** ➤ **coup-de-poing.** ▪ HOM. Point.

POINSETTIA [pwɛ̃setja] **n. m.** – milieu XIXe ; *poinsettie* 1836 ◇ de *Poinsett,* n. d'un botaniste américain ▪ Plante ornementale *(euphorbiacées)* à bractées rouges, roses ou blanches en bouquets, appelée aussi *étoile de Noël.*

1 **POINT** [pwɛ̃] **n. m.** – fin XIIe ◇ du latin *punctum* « piqûre », « point, espace infime » et « point (sur un dé) », famille de *pungere* → poindre

I PORTION NON ÉTENDUE (DE L'ESPACE OU DU TEMPS)
A. PORTION DE L'ESPACE DÉTERMINÉE AVEC PRÉCISION ▪ **1** Endroit, lieu. *En divers, en plusieurs points. « il relevait la tête et fixait son regard sur un point quelconque de la muraille »* HUGO. *Viser un point précis.* — **POINT DE MIRE*. POINT DE REPÈRE*.** — *De tous les points de l'horizon* : de tous côtés. *Aller d'un point à un autre. Point de départ*, d'arrivée. Point de chute*. Point de rencontre. Point d'impact*. Point de non-retour*. — Point d'attache d'un muscle. — Points de vente d'une chaîne commerciale. Point relais*.* (1812) **POINT D'APPUI :** emplacement organisé pour la défense. — *Point d'amure*.* — **POINT D'EAU :** endroit où l'on trouve de l'eau (source, puits). — **POINT CULMINANT :** crête, sommet. — *Chercher le point faible, sensible, vulnérable* (cf. Le défaut* de la cuirasse, le talon* d'Achille). *C'est son point faible*, sa faiblesse. *Point sensible, névralgique.* — (1680) **POINT DE CÔTÉ :** douleur vive dans une partie du thorax. ➤ **pleurodynie.** *Il « fut hospitalisé avec un point de pleurésie »* TOURNIER. — *Point G* : zone fortement érogène qui serait située sur la face antérieure du vagin. — (1966) **POINT NOIR :** endroit où la circulation routière est dangereuse ou difficile. *On signale plusieurs points noirs à l'entrée des grandes villes* (cf. infra V, 2°). ♦ (1968 ◊ calque de l'anglais *hot point*) **POINT CHAUD :** (MILIT.) zone dangereuse où ont lieu des combats. *Les points chauds du globe.* PAR EXT. (1967) Lieu propice à l'éclatement ou à l'aggravation d'un conflit (social, politique). *« Peita, l'université de Pékin, qui était l'un des points chauds de la ville »* P.-J. REMY. — Lieu où il se passe qqch., centre d'intérêt. *Points chauds de l'actualité.* — GÉOL. Endroit du globe terrestre où un phénomène volcanique se produit au sein d'une plaque lithosphérique (et non en bordure). *L'Islande est un point chaud.* ▪ **2** (fin XIIIe) DIDACT. Portion de l'espace dont toutes les dimensions linéaires sont nulles. ♦ ASTRON. *Point gamma*. Point équinoxial*. Point culminant d'un astre. Points caractéristiques d'une orbite* : apogée, apside, nœud, périgée ; aphélie, périhélie. ♦ GÉOD. *Point astronomique fondamental*, où sont déterminés la latitude, la longitude et un azimut de départ. ♦ COUR. **LES POINTS CARDINAUX*.** ♦ **POINT GÉOMÉTRIQUE :** concept théorique fondamental de la géométrie, désignant la plus petite portion concevable d'espace. *Les points sont généralement représentés par des lettres (le point A, le point M'). Point qui décrit une ligne. Points limites* (extrémités) *d'un segment. Point d'intersection. Point de contact, de tangence* entre deux courbes.* ♦ MÉCAN. *Point matériel* : point possédant une masse finie ; corps matériel considéré comme un point. ♦ MATH. (théorie des ensembles) *Point d'un espace* : chaque élément de cet ensemble. ♦ PHYS. *Localisation d'un corpuscule en un point. Point-source, point-image, en optique.* ▪ **3** (1529) MAR. *Le point* : la position d'un navire en mer. *« On a fait le point : il y a tant de lieues gagnées en bonne route »* CHATEAUBRIAND. *Porter le point sur la carte.* — AVIAT. *Donner, recevoir le point par radio.* — FIG. (1931) COUR. **FAIRE LE POINT :** préciser la situation où l'on se trouve, l'état d'une question, en analysant ses éléments. *« Tu as besoin de faire le point [...], de te retourner sur toi-même »* HOUELLEBECQ. — SPÉCIALT (JOURNAL.) *Le point sur la crise de l'énergie* : l'analyse de la situation. *Point (de) presse* : brève conférence de presse. ▪ **4** (1862) **POINT MORT :** position des éléments d'une machine où les forces se font équilibre. — (1928) Position du levier de changement de vitesse, de l'embrayage, où l'effort du moteur n'est plus transmis aux organes de propulsion. *Être au point mort* (opposé à *en prise*). — FIG. (1899) *L'affaire est au point mort*, n'évolue plus. — COMM. Seuil de rentabilité (d'une opération, d'une activité), où les charges propres sont couvertes par les recettes. *Abaisser le point mort.* ♦ AÉRONAUT. *Point fixe* : opération qui consiste à faire tourner au régime maximum les moteurs d'un avion avant son décollage. ▪ **5** (1869 ◊ de *point*, employé en optique) **AU POINT :** de façon que l'image se forme à l'endroit convenable. *Mettre une lunette, un appareil photo au point* (➤ **autofocus**). *Mise au point* : réglage précis. *Faire sa mise au point sur qqn, qqch.* ♦ **METTRE AU POINT :** régler (un mécanisme). *Mettre un moteur au point. Metteur au point.* — FIG. *Ce projet demande une mise au point*, des remaniements, des retouches. *« Je m'occupe à revoir et mettre au point le brouillon de mes Mémoires »* GIDE. — *Mettre qqch. au point pour qqn, avec qqn*, lui donner tous les éclaircissements nécessaires. *Mettre les choses au point. Nous avons eu une mise au point*, une explication. ♦ *Être au point*, en état de fonctionner. *Ce prototype n'est pas encore au point.*
B. PARTIE PRÉCISE ET DÉFINIE D'UNE DURÉE (fin XIIe) ▪ **1** LOC. (fin XIIIe) **À POINT ;** (1547) **À POINT NOMMÉ :** au moment opportun (cf. À propos*). *Venir, arriver à point.* — PROV. *Tout vient à point (à) qui sait attendre*. « Rien ne sert de courir, il faut partir à point »* LA FONTAINE. ▪ **2** LOC. (milieu XIIIe) **SUR LE POINT DE** (et l'inf.) : au moment de, prêt à. *Être sur le point de*, prêt à. ➤ **faillir, manquer, 1 penser.** *Le gouvernement est sur le point de prendre des mesures* (cf. À la veille). *Nous sommes sur le point de partir.*

II DEGRÉ, ÉTAT D'UNE CHOSE QUI CHANGE ▪ **1 À POINT ; AU POINT :** dans tel état, telle situation. *Se trouver au même point que la veille. Au point où nous en sommes.* — **loc. adv.** (milieu XIIIe) **À POINT :** dans l'état convenable. *« tirez de la broche cet oison, il est à point ! »* GAUTIER. — ELLIPT *Un steak à point*, cuit moyennement (entre *saignant* et *bien cuit*). ♦ **loc. adv. EN POINT.** VX *Bien en point* ; (fin XIIe) *en bon point* (➤ **embonpoint**). (fin XVe) MOD. *Mal en point* : en mauvais état, malade. *« Voilà mon loup par terre Mal en point, sanglant et gâté »* LA FONTAINE. ▪ **2** Degré* particulier d'une échelle (qualitativement). *Le plus haut point, le point culminant.* ➤ **apogée, 1 comble, sommet, summum.** — (Après *à, au*) *Au plus haut point.* ➤ **éminemment, extrêmement.** *Ils se détestent au plus haut point. Au dernier point. « à ce point de haine, quelle paix sera possible ici ? »* MALRAUX. — (fin XVe) *À ce point* (et adj.) : aussi, tellement. *Il ne s'est jamais senti à ce point concerné.* — *À quel point* : combien. *« Vous voyez à quel point sa haine m'est cruelle »* CORNEILLE. — *À tel point* : tellement, autant. *Je ne me suis jamais senti seul à tel point, à un point tel.* — *À un certain point, jusqu'à un certain point* : dans une certaine mesure. ➤ **relativement.** — *À un point* : à un degré qu'on a du mal à imaginer. *Elle est pingre, mais à un point ! — C'est sérieux à ce point-là ? Je ne pensais pas qu'il était malade à ce point.* ♦ *Au point de* (et l'inf.) (cf. Jusqu'à). *L'absence « relâche certains liens très solides, [...] les éprouve au point de les briser »* FROMENTIN. ♦ *À ce point, au point, à tel point que* : si bien que, tellement que. *« Ils sont à ce point installés dans la guerre qu'ils ne sauraient plus comment en sortir »* ROMAINS. ▪ **3** (XIXe) PHYS., CHIM. Degré d'intensité d'une variable définissant les conditions auxquelles un phénomène se produit. *Point critique*, point de rosée*, de saturation. Point de congélation*, d'ébullition*, de fusion*, d'eutexie*. Point triple* : condition (de température et de pression) où les trois phases (solide, liquide, gaz) d'un corps pur coexistent en équilibre. *Le point triple de l'eau est à 0,01 °C et 611 pascals et sert de référence à l'échelle des températures* (➤ **kelvin**).

III ACTION DE POINDRE ; ÉTAT DE CE QUI POINT, PIQUE ▪ **1** (fin XIIe) **LE POINT DU JOUR :** le moment où le jour point. ➤ **1 aube.** *« Elle était la première levée le matin, déjà prête au point du jour »* C. SIMON. ▪ **2** (début XIIIe) Chaque longueur de fil entre deux piqûres de l'aiguille. *Bâtir à grands points. Points d'une tapisserie. Points de tricot.* ➤ **1 maille.** — COLLECT. *Faire un point à un vêtement*, le réparer sommairement. ♦ PAR EXT. (milieu XIVe) Manière d'exécuter une suite de points. *Point de devant, point arrière, point de feston, d'ourlet. Point mousse, point de jersey. Point à l'envers, à l'endroit. Point de croix, point de tige. Collerette en point d'Alençon* (➤ **dentelle**). *« une lourde portière, en tapisserie au petit point »* BALZAC. — CHIR. *Point de suture*. On a dû lui faire trois points.* ▪ **3** *Points d'acuponcture* : endroits de la peau où l'on plante les aiguilles.

IV MARQUE, SIGNE, OBJET VISIBLE EXTRÊMEMENT PETIT ▪ **1** Objet visible aux contours imperceptibles. *Un point à l'horizon, dans le lointain. Point brillant, lumineux.* — SPÉCIALT (1836) *Point noir* (sur la peau) : comédon. *Dent qui a un point de carie.* ▪ **2** (fin XIIe) L'un des signes d'un dé à jouer. *Amener deux, cinq points.* ♦ (1661) Chaque unité attribuée à un joueur (aux jeux, en sport). *Une partie de ping-pong en 21 points.* — *Compter* les points* (aux cartes, au billard, au tennis). — *Annoncer les points. — Marquer les points*, les noter. LOC. FIG. *Marquer un point, des points* : prendre un avantage. — (1845) *Rendre des points à son adversaire*, lui concéder un avantage avant la partie ; FIG. se considérer comme plus fort. — *Victoire aux points*, accordée à un boxeur après décompte des points (opposé à *par K.-O., par abandon*). *Battre son adversaire aux points, vainqueur aux points.* ♦ *Permis* à points.* ♦ *Points de retraite.* ▪ **3** (1690) Chaque unité d'une note attribuée à un élève. *Il lui manque deux points pour être reçu à son examen. Enlever un point par faute, dans une dictée.* — *Bon point, mauvais point* : marque (favorable ou défavorable) donnée à un écolier. FIG. *C'est un bon point pour lui*, une qualité, un avantage qui le fait juger favorablement. ▪ **4** (1925) Chaque unité d'une échelle de grandeurs ou d'un indice*. *Indice qui gagne deux points. Homme politique qui perd dix points, selon un sondage.* ♦ (1737) MÉTROL. Ancienne unité de mesure de longueur, qui valait 1/12 de ligne, soit 0,188 millimètre. — TYPOGR. *Point typographique.* ➤ **cicéro ; typomètre.** *Point Didot*, valant 1/6 de ligne. *Point pica*, valant 1/72 de pouce. ▪ **5** (1540)

Signe ponctuel ou comportant un point. — Signe (.) servant à marquer la séparation des phrases. ➤ **ponctuation.** *Les points et les virgules. Point final d'une dictée. Mettre le point final* à qqch. Point à la ligne ;* FIG. en voilà assez sur ce sujet, parlons d'autre chose. (1922) *Un point c'est tout :* voilà tout. *«Elle sait qu'elle doit se taire et apprendre ses leçons, un point c'est tout»* I. NÉMIROVSKY. *Point(-)barre :* ça suffit. *«pour tous, Nathan avait eu un accident et point barre. Pour tous sauf pour moi»* O. ADAM. — *Points de suspension** (...). *Les deux-points** (:). (1869) *Point-virgule* (;). *«ces points déguisés que sont les points-virgules»* Y. BERGER. *Point d'une abréviation* (ex., géogr.). — *Point médian* ou *point milieu,* employé en écriture inclusive (ex. les salarié·es ou les salarié·e·s ; un·e apprenti·e). ♦ *Les trois points,* symbole de la franc-maçonnerie (∴). *Les frères trois-points :* les francs-maçons. ♦ PAR EXT. Signe comportant un point. (1765) *Point d'exclamation* (!). — (1550) *Point d'interrogation* (?). FIG. et PAR MÉTAPH. Interrogation. *Qui sera élu ? c'est le point d'interrogation.* — *Point en haut* [pwɛ̃tɑ̃o] : signe correspondant en grec au point-virgule. ♦ (1636) Petit signe qui surmonte les lettres i et j minuscules. *«Le point sur l'i est ancien. Il est attesté au XIe siècle»* QUIGNARD. LOC. *Mettre les points sur les i*.* — *Points-voyelles :* signes diacritiques représentant les voyelles, dans certaines écritures sémitiques. ♦ MUS. Signe placé après une note ou un silence, pour en augmenter la valeur temporelle de la moitié (➤ **pointé**). *Points de reprise :* deux-points (:) signalant un da capo. — *Point d'orgue*.* ♦ *Points et traits du morse.* ♦ Signe par lequel on sépare la partie décimale de la partie entière d'un nombre dans les pays anglo-saxons et dans les traitements informatiques. ▪ **6** BLAS. Chacun des petits carrés, des petites divisions de l'écu échiqueté, componé. — Position dans l'écu.

V FIG. UN DES ÉLÉMENTS D'UN ENSEMBLE, MIS EN VALEUR (fin XIIe) ▪ **1** (début XIVe) Chaque partie (d'un discours, d'un texte). *Les différents points d'une dissertation, d'un exposé* (➤ **chef**), *d'une loi* (➤ **article, disposition**). *Plan en trois points.* ▪ **2** PAR EXT. Question. *«bien des points de science et d'application seraient demeurés obscurs»* PASTEUR. *Point capital, essentiel, litigieux. Point de désaccord. Soulever un point intéressant. Traiter un point. C'est un point acquis. Un point de détail :* une chose sans importance. — (1830) **POINT NOIR :** question obscure, source de difficultés. *Il y a un point noir dans cette affaire* (cf. Il y a une ombre* au tableau). *Les points noirs de la rentrée scolaire* (cf. supra I, A, 1°). — *Quel a été le point de départ de votre discussion ? — C'est un point commun entre eux,* un caractère commun. — *Point d'honneur*.* ♦ (1585) DR. *Point de droit :* partie des motifs d'un jugement où sont énoncés les moyens invoqués par chacune des parties. *Point de fait :* «où sont énoncés les noms et domiciles des parties et les faits de la cause» (Capitant). — (milieu XVIIe, Pascal) COUR. *Point de fait :* question concrète. *«Toutes les puissances du monde ne peuvent par autorité persuader un point de fait, non plus que le changer»* PASCAL. ♦ *Sur un point. «sur ce point, je ne partage pas votre opinion»* AYMÉ. — *Sur tous les points* (cf. Sur toute la ligne*). *En tout point :* absolument. *J'approuve son action en tout point.* — *De point en point :* à la lettre. *Exécuter des ordres de point en point.* ➤ **entièrement, exactement.** — *Point par point. Il a suivi les consignes point par point.*

▪ HOM. Poing.

2 **POINT** [pwɛ̃] adv. – milieu XIe ◊ de 1 *point* «petite parcelle de» ▪ **1** VX ou LITTÉR. Deuxième élément de la négation, employé normalement avec *ne.* ➤ 2 **pas.** *«Va, je ne te hais point»* CORNEILLE. *«ce qui est histoire et ce qui ne l'est point»* VALÉRY. *«Ne forçons point notre talent»* LA FONTAINE. *«Point n'est besoin de se donner beaucoup de mal»* CAILLOIS. ♦ Sans *ne* (RURAL) *Elle est point bête. Des cerises, y en a point.* ▪ **2** (Employé seul) LITTÉR. *Point du tout.* ➤ **nullement,** 2 **pas.** *«L'amour peut être aveugle ; l'amitié point»* GIDE. *«L'hiver, point de chaleur, point de lumière, point de midi, le soir touche au matin»* HUGO. *«Peu ou point de piano»* GIDE. *«Julien était silencieux et point trop troublé»* STENDHAL. *Des gestes «non point doux, mais assurés»* COLETTE.

POINTAGE [pwɛ̃taʒ] n. m. – 1628 ◊ de 1 *pointer* ▪ **1** Action de pointer, de marquer d'un point. MAR. *Pointage de la carte.* ▪ **2** Opération qui consiste à faire une marque, sur une liste, en vue d'un contrôle. *Pointage des articles en comptabilité. «Si on ne procède pas au pointage des voix, il y aura demain des protestations»* SIMENON. — SPÉCIALT *Pointage du personnel à l'entrée d'une usine* (➤ 1 **pointer**). *«sous un auvent les cadrans du pointage s'alignaient»* NIZAN. *Pointage automatique.* ▪ **3** RÉGION. (Canada) Résultat sportif. ➤ **score.** *Le pointage de l'équipe.* ▪ **4** Fait de pointer, de diriger (une arme à feu). *Pointage direct, indirect.* ➤ **tir.** *Appareils de pointage d'un canon. Pointage par télécommande.* ➤ **télépointage.** — Manière dont une arme est pointée. *Pointage défectueux.* — PAR EXT. *Pointage d'une lunette, d'un télescope.*

POINTAL, AUX [pwɛ̃tal, o] n. m. – 1676 «pointe de lance» ; hapax XIIIe ◊ de *pointe* ▪ TECHN. Pièce de charpente posée verticalement pour servir d'étai. ▪ HOM. Pointeau.

POINT DE VUE [pwɛ̃d(ə)vy] n. m. – 1651 ◊ de *point* et *vue* ▪ **1** Endroit où l'on doit se placer pour voir un objet le mieux possible. *Dessinateur qui choisit un point de vue pour mettre une scène en perspective. «il me fallait chercher un point de vue, je ne pouvais pas aller directement sur la piste car la photo aurait été prise de trop près»* W. RONIS. — Endroit d'où l'on jouit d'une vue étendue, pittoresque. *Un beau point de vue. Point de vue sur la mer.* ➤ **panorama, vue.** ▪ **2** (1670) (ABSTRAIT) Manière particulière dont une question peut être considérée. ➤ **aspect, côté, optique, perspective.** *Adopter, choisir un point de vue. Multiplier les points de vue.* — **DU POINT DE VUE.** *Envisager qqch. d'un certain point de vue. D'un autre point de vue... De ce point de vue, vous avez raison* (cf. À cet égard, sous cet angle). *«Du point de vue de la politique»* MAURIAC. — (Suivi d'un adj.) *«un pays jusqu'ici très peu fréquenté du point de vue thermal»* ROMAINS. ♦ **AU POINT DE VUE.** *«Au point de vue de la théorie»* LAMENNAIS. *«Au point de vue social»* CH. BRUNEAU. *Satisfaisant à tout point de vue.* — Critiqué (suivi d'un nom, sans *de*) *Au point de vue santé, confort* (cf. Au niveau). ♦ VX *«examinée sous ce point de vue, la question se rétrécissait»* MUSSET. ▪ **3** Opinion particulière. *Je partage votre point de vue :* je suis d'accord avec vous. *«les milieux militaires continuèrent à maintenir leur point de vue»* CAMUS. *Donner son point de vue sur une question.* ▪ **4** VX Endroit où une chose, un objet doit être placé pour être bien vu ; ensemble d'objets, spectacle sur lequel la vue s'arrête. *Contempler un point de vue.*

POINTE [pwɛ̃t] n. f. – milieu XIIe ◊ du latin *puncta* «estocade», famille de *pungere* → poindre

I EXTRÉMITÉ POINTUE ▪ **1** Extrémité allongée (d'un objet qui se termine par un angle très aigu) servant à piquer, percer, tracer finement. *Pointe d'une aiguille, d'un clou, d'un couteau, d'une épingle. Compas à pointes sèches,* dont les deux branches se terminent par une extrémité très fine. *Aiguiser la pointe émoussée d'un outil.* ➤ 2 **appointer,** 2 **pointer.** — ESCR. ➤ **estoc.** *Frapper, parer de la pointe. Donner un coup de pointe.* ➤ 3 **botte.** — LOC. (1668) *À la pointe de l'épée, des baïonnettes :* par la force. *Sur des pointes d'aiguille*.* ▪ **2** (fin XVe) Extrémité aiguë ou plus fine (➤ aussi **aiguille, bec,** 1 **flèche**). *Pointe d'un paratonnerre.* — PHYS. *Pouvoir des pointes :* propriété qu'ont les pointes des objets métalliques de présenter une densité électrique élevée. — *Pointe de diamant*. Les pointes d'un col de chemise, d'un fichu.* — *Pointes des seins.* — *La pointe des cheveux. Pointes fourchues. Couper les pointes.* — (1585) **EN POINTE.** *Crayon, bâton taillé en pointe. Menton en pointe* (➤ **pointu**). *«Avec ma barbe en pointe et mes cheveux en brosse»* VERLAINE. *Décolleté en pointe,* en V. — ANAT. *Pointe du cœur :* partie inférieure, conique du cœur. ♦ Extrémité, sommet d'une branche, d'un arbre (➤ **cime**), d'une herbe. *Pointe d'asperge.* ▪ **3** (1400) Partie extrême qui s'avance. Bande de terre, partie d'un territoire qui s'avance dans la mer. ➤ **cap.** *La pointe du Raz.* — (1554) *La pointe d'une armée,* son extrémité. ♦ FIG. *Être à la pointe du combat, du progrès.* ➤ **avant-garde.** — **DE POINTE.** *Industries, recherches de pointe. Technologie, médecine de pointe.* ▪ **4** (1581) BLAS. Partie inférieure de l'écu. — Triangle isocèle allongé dont l'angle aigu est placé en chef. ▪ **5 LA POINTE DES PIEDS :** l'extrémité des pieds. *Se dresser, se hausser sur la pointe des pieds.* (1669) *Marcher sur la pointe des pieds,* pour éviter de faire du bruit. LOC. *Sur la pointe des pieds :* très discrètement ; en prenant des précautions. *C'est une affaire délicate, allez-y sur la pointe des pieds.* — (1834) CHORÉGR. *Faire des pointes :* se tenir sur la pointe du pied, les orteils bien tendus verticalement. ➤ aussi **demi-pointe.** *Chaussons à pointes,* ELLIPT *pointes :* chaussons de danse à bout rigide, pour faire les pointes.

II OBJET POINTU ▪ **1** (1562) Objet en forme d'aiguille, de lame. *Aiguillon muni d'une pointe de fer. Casque à pointe. Pointes de fer d'une grille ; d'un mur.* ➤ **chardon.** *Pointe d'une boucle.* ➤ **ardillon.** — *Pointes d'une plante.* ➤ **cuspide, épine, mucron.** *Pointes du hérisson, de l'oursin.* ➤ 2 **piquant.** *Cactus «aux écailles soulevées et hérissées de pointes»* MAUPASSANT. ♦ (1680) Clou sans tête. *Pointes de vitrier.* ♦ SPORT Crampon métallique d'une chaussure de sport. ▪ **2** (1538) Outil servant à gratter, percer, tracer, etc. ➤ **poinçon,** 1 **pointeau.** *Pointe à sertir* (bijouterie), *de sculpteur.* ♦ Outil de graveur qui sert à tracer les traits sur le vernis dans l'eau-forte. ➤ 2 échoppe. — (1765) **POINTE SÈCHE** ou **POINTE** : outil qui sert à graver les traits fins sur le cuivre nu. ➤ burin, ciseau. *Gravure à la pointe sèche.* — PAR EXT. Ce procédé de gravure. — PAR MÉTON. *Pointe sèche* : estampe, gravure obtenue au moyen de cet outil. *Livre illustré de pointes sèches.* ▪ **3** (1812) **POINTES DE FEU** : petites brûlures faites avec un cautère ; traitement médical qui utilise ces cautérisations (➤ thermocautère). *Le dentiste lui a fait des pointes de feu.* ▪ **4** (1520) Pièce d'étoffe en forme de triangle. — Petite écharpe triangulaire. ➤ châle, 1 fichu. — Linge en forme de triangle qui servait de couche pour les bébés. ▪ **5** MAR. Chacune des trente-deux divisions du compas (indiquée par une pointe aiguë dessinée sur le cadran). ➤ aussi rhumb.

III FIG. **ACTION D'ALLER EN AVANT ; FAIT DE POINDRE OU DE PIQUER** ▪ **1** (1835) Opération qui consiste à avancer en territoire ennemi, loin de sa base d'opération ou du gros de l'armée. *Détachement de blindés qui pousse une pointe en direction d'une ville.* — *Faire, pousser une pointe jusqu'à* : prolonger son chemin jusqu'à. ▪ **2** (fin XIIe) LITTÉR. *La pointe du jour.* ➤ 1 point (III, 1°). *« la maison muette, éclairée à peine par la pointe de l'aube »* ZOLA. ▪ **3** (1604) Allusion ironique, parole blessante. ➤ moquerie, raillerie. *Lancer, décocher des pointes à qqn.* ➤ 1 flèche, 2 pique.

IV **DOSE INFIME** ▪ **1** (1570) Petite quantité d'une chose piquante ou forte. ➤ soupçon. *« C'est la pointe d'ail qui relève la saveur »* ROMAINS. ▪ **2** FIG. (1645) *Une pointe d'ironie, de jalousie, de malice. Une pointe d'accent.*

V **MOMENT** ▪ **1** Moment où une activité, un phénomène atteint un maximum d'intensité. *Coureur cycliste qui pousse une pointe de vitesse.* ➤ sprint. *Pousser une pointe à 150 km/h.* — **DE POINTE** : maximum. *Vitesse de pointe d'une automobile.* ▪ **2** (1911) Période de consommation maximale de gaz, d'électricité, etc. ; période où le nombre des voyageurs utilisant un moyen de transport est le plus élevé (cf. Heures d'affluence). *Heures de pointe* (opposé à *heures creuses**). *« Quand vous parlez des heures de pointe, vous ne pensez plus à la danse ! Les gens ne rentrent pas dans le métro, à certaines heures, sur la pointe des pieds ! »* BELLEFROID.

POINTÉ, ÉE [pwɛ̃te] adj. – *pointié* 1414 ◊ de *pointer* ▪ **1** Marqué d'un point. ▪ **2** MUS. *Note pointée,* dont la durée est augmentée de moitié. *Une noire pointée.* ▪ **3** *Zéro pointé,* éliminatoire à un examen.

1 **POINTEAU** [pwɛ̃to] n. m. – 1765 ; *poincteau* « construction de pieux » en moyen français ◊ de *pointe* ▪ TECHN. ▪ **1** Outil servant à tracer, à percer. ➤ poinçon. *Pointeau d'horloger. Pointeau à contremarque des couteliers.* ▪ **2** Tige à extrémité conique, servant à régler le débit d'un fluide. *Pointeau d'un carburateur. Robinet à pointeau.* ▪ HOM. Pointaux (pointal).

2 **POINTEAU** [pwɛ̃to] n. m. – 1888 ◊ de 1 *pointer* ▪ TECHN. Employé chargé d'enregistrer les temps de travail du personnel dans une usine. ➤ 1 pointeur. *« Les pointeaux ajustaient leurs additions pendant que les ouvriers s'agaçaient dans l'attente »* HAMP.

1 **POINTER** [pwɛ̃te] v. tr. ‹1› – XIIIe ◊ de 1 *point*

I ▪ **1** Marquer d'un point (qqch.) pour faire un contrôle. ➤ pointage (2°). *Pointer des noms sur une liste.* ➤ 2 cocher. ♦ SPÉCIALT Contrôler les entrées et les sorties (des employés d'une entreprise). *Pointer le personnel.* ABSOLT *Machine à pointer.* ➤ pointeuse. — INTRANS. Enregistrer son heure d'arrivée ou de départ sur une pointeuse. *Elle pointe tous les matins à huit heures.* PAR EXT. Être au travail à (telle heure). — *Pointer au chômage.* ▪ **2** **SE POINTER.** v. pron. réfl. (1898 argot des militaires « se poster ») FAM. Arriver. ➤ s'amener. *Il s'est pointé à trois heures.* ▪ **3** MAR. Matérialiser la position du navire par un point sur (la carte). ▪ **4** TECHN. Rapporter sur un panneau (les cotes qu'on a préalablement relevées sur une épure). ▪ **5** COUT. Faire quelques points d'aiguilles à (une étoffe) afin de maintenir les plis en place. ▪ **6** TECHN. Marquer l'emplacement de (un trou) au moyen d'un pointeau. ABSOLT *Machine à pointer.* ➤ aléseuse, perceuse.

II ▪ **1** Diriger. *Il pointait son index vers moi.* ▪ **2** SPÉCIALT Diriger (une arme à feu) pour que le projectile atteigne un objectif donné. ➤ braquer, 1 viser. *Le chef de pièce « se mit à pointer le canon »* HUGO. — ABSOLT Aux boules, à la pétanque, Lancer la boule le plus près du cochonnet (opposé à *tirer*, IV). ▪ **3** (influence de l'anglais *to point at*) *Pointer (du doigt)* : désigner précisément, attirer l'attention sur. *Pointer un risque. Les syndicats pointent du doigt les conditions de travail.* ➤ dénoncer. ▪ **4** INFORM. Placer le pointeur de (la souris) sur un élément.

2 **POINTER** [pwɛ̃te] v. ‹1› – 1380 ◊ de *pointe*

I v. tr. ▪ **1** (1464) VX Frapper de la pointe d'une arme. ♦ BOUCH. *Pointer un bœuf,* le tuer en l'égorgeant. ▪ **2** Piquer avec (une arme). *« Il lui pointa sa lance sous les fanons »* FLAUBERT. ▪ **3** TECHN. Aiguiser, façonner en pointe. *Pointer des aiguilles.* ➤ 2 appointer. ▪ **4** Dresser en pointe. *Cheval qui pointe les oreilles.*

II v. intr. ▪ **1** (1658) Pousser une pointe. *Les alouettes « pointaient en ligne droite et volaient haut »* FROMENTIN. ▪ **2** (par substitution à *poindre*) Commencer d'apparaître. *« Une perle claire, parfois pointait aux cils de Thérèse »* DUHAMEL. ▪ **3** S'élever en formant une pointe. *Des cyprès qui pointent vers le ciel.* — Faire saillie. *Ses seins pointent sous son pull. « sous sa robe ses os pointaient »* CH.-L. PHILIPPE.

3 **POINTER** [pwɛ̃tɛʀ ; -œʀ] n. m. /POINTEUR/ – 1868 ; *spanish pointer* 1834 ◊ anglais *pointer* ▪ Race de chien d'arrêt d'origine anglaise. ▪ HOM. Pointeur.

1 **POINTEUR, EUSE** [pwɛ̃tœʀ, øz] n. – *poincteur* 1499 ◊ de 1 *pointer*

I ▪ **1** Personne qui fait une opération de pointage. *Pointeur qui enregistre les temps de travail du personnel.* ➤ 2 pointeau. ♦ SPORT Personne qui enregistre les résultats obtenus au cours d'une épreuve sportive. ♦ n. f. *Pointeuse* : machine à pointer les employés d'une entreprise. ▪ **2** Personne qui procède au pointage d'une bouche à feu. ➤ artilleur. ▪ **3** Joueur chargé de pointer, aux boules, à la pétanque (opposé à *tireur*).

II n. m. INFORM. ▪ **1** Élément graphique (trait, flèche...) qui reproduit à l'écran les déplacements de la souris et permet de sélectionner un élément. ➤ curseur. ▪ **2** Donnée contenant l'adresse d'une variable. *Pointeur de pile,* qui renvoie à l'élément situé en haut de la pile.

▪ HOM. 3 Pointer.

2 **POINTEUR, EUSE** [pwɛ̃tœʀ, øz] n. – 1842 ◊ de 2 *pointer* ▪ TECHN. Ouvrier, ouvrière qui façonne un objet en pointe (➤ 2 pointer) ; qui confectionne les pointes de certains objets. *Pointeuse en faux cols.*

3 **POINTEUR** ➤ 3 POINTER

POINTILLAGE [pwɛ̃tijaʒ] n. m. – 1694 ◊ de *pointiller* ▪ **1** ARTS Opération qui consiste à pointiller ; son résultat. ➤ pointillé. ▪ **2** MÉD. Massage par tapotements légers exercés avec le bout des doigts.

POINTILLÉ [pwɛ̃tije] n. m. – 1765 ◊ de *pointiller* ▪ **1** Procédé qui consiste à dessiner, à graver au moyen de points (➤ pointiller). *Dessin, gravure au pointillé.* — Gravure obtenue par ce procédé. ▪ **2** COUR. Trait discontinu formé d'une succession de points. *Ligne en pointillé.* — FIG. *En pointillé* : de façon discrète, peu explicite. *C'est en pointillé dans son discours.* ▪ **3** Trait formé de petites perforations qui permet de détacher une feuille de papier. *Détachez suivant le pointillé.*

POINTILLER [pwɛ̃tije] v. ‹1› – 1608 ; *pointillé* adj. 1414 ◊ de *point*

I v. tr. ▪ **1** RARE Tracer au moyen de points alignés. *Pointiller une ligne.* ▪ **2** Parsemer de points d'une couleur différente de celle du fond. ➤ piquer, piqueter, tacheter.

II v. intr. Dessiner, graver, peindre en utilisant des points. ➤ pointillage, pointillé ; pointillisme.

POINTILLEUX, EUSE [pwɛ̃tijø, øz] adj. – 1587 ◊ de *po(i)ntille* « point de détail », de l'italien *puntiglio* ▪ Qui est d'une minutie excessive, dans ses exigences. ➤ minutieux, pinailleur, sourcilleux, tatillon, vétilleux. *Il est très pointilleux sur le protocole.* ➤ formaliste (cf. Être à cheval* sur).

POINTILLISME [pwɛ̃tijism] n. m. – 1867 ◊ de *pointiller* ▪ HIST. DE L'ART Façon de peindre par petites touches, par points de ton pur juxtaposés. ➤ tachisme. *Le pointillisme, aboutissement du divisionnisme, est caractéristique du néo-impressionnisme.*

POINTILLISTE [pwɛ̃tijist] n. et adj. – 1867 ◊ de *pointiller* ▪ HIST. DE L'ART Adepte du pointillisme. — adj. *Peintre pointilliste.*

POINTU, UE [pwɛ̃ty] adj. et n. m. – 1361 ◊ de *pointe*

I adj. ▪ **1** Qui se termine en une ou plusieurs pointes. ➤ aigu. *Clocher, clou pointu. Chapeau pointu. Toit pointu d'une tour.* — *« La dame au nez pointu »* LA FONTAINE. *Menton pointu. Dents pointues. Feuille pointue.* ➤ acuminé, subulé. ♦ Qui présente des pointes. *Écriture pointue.* ▪ **2** FIG. VIEILLI Très pointilleux, susceptible. *Esprit, caractère pointu. « Ne prenez pas cet air pointu »* TOULET. ▪ **3** VIEILLI Qui a un timbre aigu, désagréable (son, voix). *Un petit homme « au nez et à la voix pointus »* VALLÈS. — MOD. *Accent pointu,* se dit dans le Midi de l'accent parisien. adv. *« elle avait bien assez de peine à dissimuler son accent en parlant pointu »* ARAGON. ▪ **4** D'une grande

précision, d'une grande technicité. *Question, recherche pointue. Annonce pointue pour recruter un professionnel.*
II n. m. Petite barque de pêche à la proue et à la poupe pointues, utilisée sur les côtes de Provence. *«les voiliers et les pointus qui revenaient de la pêche, les cargos de Corse qui se dirigeaient vers la rade de Villefranche»* LE CLÉZIO.
■ CONTR. Arrondi.

POINTURE [pwɛ̃tyʀ] **n. f.** – 1190 «piqûre» ◊ latin *punctura* ■ **1** IMPRIM. Petite pointe en saillie, qui sert à fixer les feuilles. ➤ 1 **pointer** (I, 6°). — Trou de la feuille où entre cette pointe. ■ **2** (1824) COUR. Nombre qui indique la dimension des chaussures, des coiffures, des gants. ➤ aussi 2 **taille.** *Quelle est votre pointure de gants ? Quelle pointure chaussez-vous ? La pointure 42,* ELLIPT *du 42.* ■ **3** FIG. et FAM. *Une grosse pointure, une pointure :* un personnage important, compétent et reconnu dans son domaine. ➤ RÉGION. **calure.**

POIRE [pwaʀ] **n. f.** – XIIe ◊ latin populaire *pira* n. f., pl. du classique *pirum* ■ **1** Fruit du poirier, charnu, à pépins, de forme oblongue. *Poires à couteau. Poires cuites. Poire à cidre* (➤ **poiré**). *Poire fondante, pierreuse. Poire mûre, blette ; poire tapée. Variétés de poires.* ➤ 2 **beurré, comice, conférence, doyenné, duchesse,** 2 **guyot, louise-bonne, passe-crassane, williams.** *En forme de poire.* ➤ **piriforme.** *Tarte aux poires. Poires au vin. Poire Belle-Hélène :* coupe glacée composée d'une poire au sirop, de glace à la vanille, nappées de chocolat chaud. ◆ LOC. *Entre la poire et le fromage*.* *Garder une poire pour la soif,* des moyens, des ressources pour une utilisation future. *Couper la poire en deux :* transiger, partager les profits et les risques ; faire des concessions égales. — VIEILLI *La poire est mûre :* l'occasion est bonne. *«le moment n'est pas encore venu :* la poire n'est pas mûre*»* MADELIN. ◆ Alcool de poire. *Un verre de poire.* ■ **2** Objet de forme analogue. **EN POIRE.** *Figure en poire. Perle en poire.* — (1393) **POIRE D'ANGOISSE :** bâillon perfectionné, instrument de torture. ◆ *Poire en caoutchouc, à injections, à lavement.* ◆ *Poire électrique :* commutateur de forme oblongue et renflée, muni d'un bouton (➤ **olive**). ◆ Morceau de viande de bœuf très tendre situé dans les muscles cruraux internes. *Un bifteck dans la poire.* ■ **3** (1872) FAM. Face, figure. *«Il a pris un obus en pleine poire»* CÉLINE. *Se sucer la poire :* s'embrasser. ■ **4** (1896) FAM. Personne qui se laisse tromper facilement, se laisse faire. ➤ 1 **naïf.** *Une bonne poire. Quelle poire, ce type !* ➤ **imbécile, sot.** — **adj.** *«Tiens, tu me ressembles, tu es aussi poire que moi»* SARTRE.

POIRÉ [pwaʀe] **n. m.** – 1529 ; *peré* 1220 ◊ de *poire* ■ Boisson fermentée faite avec du jus de poire. ■ HOM. Poirée.

POIREAU [pwaʀo] **n. m.** – 1268 ◊ altération de *porreau,* d'après *poire ;* latin *porrum* ■ **1** Plante *(liliacées),* variété d'ail bisannuelle, à bulbe peu développé, cultivée pour son pied ; ce pied que l'on consomme comme légume. *Botte de poireaux. Blanc* (le pied), *vert de poireau. Soupe aux poireaux. Tourte aux poireaux.* ➤ **flamiche.** *Poireaux (en) vinaigrette. «les poireaux sont les asperges du pauvre»* FRANCE. ■ **2** FAM. et VIEILLI Verrue. ■ **3** LOC. FAM. (1877) *Rester planté comme un poireau, faire le poireau :* attendre (cf. Faire le planton*). ➤ **poireauter.** — PAR EXT. *Un poireau :* une personne qui attend.

POIREAUTER [pwaʀote] **v. intr.** ‹1› – 1880 ◊ de *poireau* ■ FAM. Attendre. *Ça fait une heure que je poireaute !*

POIRÉE [pwaʀe] **n. f.** – 1549 ; *porée* «potage» 1195 ◊ de *poireau* ■ Plante potagère dont on consomme les cardes blanches. ➤ **bette.** ■ HOM. Poiré.

POIRIER [pwaʀje] **n. m.** – *perier* 1268 ◊ de *poire* ■ **1** Arbre de taille moyenne *(rosacées),* cultivé pour ses fruits, les poires. *Poirier sauvage, cultivé. Poirier en espalier.* ■ **2** Bois de cet arbre, rose clair, utilisé en ébénisterie. *Meubles en poirier.* ■ **3** FIG. *Faire le poirier* (ou *l'arbre fourchu*) : se tenir en équilibre la tête au sol. *Figure du poirier,* en yoga.

POIS [pwa] **n. m.** – *peis, pois* XIIe ◊ latin *pisum* ■ **1** Plante *(légumineuses papilionées)* dont certaines variétés potagères sont cultivées pour leurs graines. *Pois cultivé, pois des champs. Les pois sont des herbes à feuilles pennées, à fleurs solitaires ou en grappes, à gousses. Pois grimpants, nains. Ramer les pois. — La fleur* des pois.* ◆ PAR EXT. (1791) **POIS DE SENTEUR :** plante légumineuse grimpante cultivée pour ses belles fleurs très odorantes. ➤ **gesse** (odorante). *Des pois de senteur.* ■ **2** Le fruit (gousse, cosse) de ces plantes ; chacune des graines rondes, farineuses, enfermées dans cette gousse. *Écosser des pois.* ◆ *Pois verts, pois à écosser, petit pois* ou *PETIT-POIS* (voir ce mot). — *Pois cassés :* pois verts secs divisés en deux. *Purée, soupe de pois cassés.* LOC. *Purée* de pois.* — *Pois goulus, gourmands, pois mange-tout,* qui se mangent avec la cosse. — RÉGION. (Canada) Pois secs jaunes. *Soupe aux pois.* ■ **3** (*pois cice* 1542) **POIS CHICHE :** plante *(légumineuses)* à fleurs blanches, à gousses, cultivée surtout pour ses graines ; grosse graine jaunâtre, comestible, de cette plante. *Pois chiches à l'orientale.* ➤ aussi **falafel, houmous.** *Farine de pois chiche.* ➤ aussi **panisse.** — FIG. Verrue. *«son nez grenu, et dessus ce pois chiche»* GENEVOIX. ■ **4** LOC. FAM. *Avoir un pois chiche, un petit pois dans la tête :* être stupide. *«La belle Sonia avait des rêves plein la cervelle, mais un petit pois à la place de celle-ci»* TH. JONQUET. ■ **5** Petit cercle, pastille (sur une étoffe). *Robe, jupe, cravate à pois.* ■ HOM. Poids, poix, pouah.

POISCAILLE [pwaskaj] **n. f.** ou **m.** – 1935 ◊ de l'ancien français *pescaille* (XIIIe) «poisson pêché» ■ FAM. Poisson ; (COLLECT.) poissons. *Ça sent la poiscaille.*

POISE [pwaz] **n. f.** – 1931 ◊ de *Poiseuille,* n. pr. ■ MÉTROL. Unité C. G. S. de mesure de viscosité dynamique (SYMB. P), valant 0,1 pascal seconde.

POISEUILLE [pwazœj] **n. m.** – 1961 ◊ de *Poiseuille,* n. pr. ■ MÉTROL. Unité de mesure de viscosité dynamique du système M. K. S. A. (SYMB. Pl), valant 1 pascal seconde. *Le poiseuille vaut dix poises.*

POISON [pwazɔ̃] **n. m.** – XVIIe ; 1155 n. f. ◊ latin *potio, onis* ■ **1** Substance capable de troubler gravement ou d'interrompre les fonctions vitales d'un organisme, utilisée pour donner la mort. *Poison mêlé aux aliments, à un breuvage* (cf. Bouillon* d'onze heures). *Boire du poison. Poison mortel, violent, foudroyant. Fiole de poison. Tuer qqn, l'assassiner par le poison.* ➤ **empoisonnement ; empoisonner.** *«dans tous les temps les soupçons de poison sont plus communs que le poison même»* VOLTAIRE. *L'affaire des Poisons.* — PAR EXT. Substance dangereuse pour l'organisme ou une de ses parties. ➤ **toxique, vireux.** *Poisons minéraux* (ex. arsenic, cyanure de potassium, acide sulfurique, mort-aux-rats). *Poisons végétaux* (ex. belladone, ciguë, opium). *Poisons organiques* (ex. nicotine, strychnine ; venins de serpents, de scorpions, d'abeilles). *Poisons microbiens.* ➤ **toxine ;** et aussi **microbe, virus.** — *Effets des poisons.* ➤ **empoisonnement, intoxication.** *Immunité à l'égard des poisons* (➤ **mithridatisation**). *Neutralisation des poisons.* ➤ **antidote, contrepoison.** *Poisons qui créent une accoutumance.* ➤ **stupéfiant.** — COLLECT. *Ne mange pas ça, c'est du poison.* — PAR MÉTAPH. Aliment, boisson nuisible. *«Qu'on aime ou qu'on déteste le poison qu'on boit, rien n'en change l'effet»* FLAUBERT. ◆ CHIM. *Poison d'un catalyseur :* substance qui abaisse l'action d'un catalyseur. *L'arsenic, poison du platine.* — PHYS. *Poison neutronique, nucléaire :* substance qui contrarie la réaction de fission en chaîne, par absorption de neutrons émis dans le combustible. ■ **2** FIG. et LITTÉR. Ce qui est pernicieux, dangereux. *«je sentis le poison qui corrompt mes sens et ma raison»* ROUSSEAU. *«quand on sait se préserver du poison mortel de l'ennui»* VOLTAIRE. *«Qui dit pamphlet, dit un écrit tout plein de poison»* P.-L. COURIER. ➤ **venin.** ■ **3** (1830) FAM. *Un, une poison :* personne acariâtre ou insupportable. *Cet enfant est un petit poison.* ➤ **peste.** ◆ **n. m.** Chose ennuyeuse. *Quel poison d'y aller !*

1 **POISSARD, ARDE** [pwasaʀ, aʀd] **n. et adj.** – 1531 «voleur» ◊ de *poix* ■ **1 n. f.** (1640) VIEILLI et PÉJ. Femme de la halle ; femme du bas peuple, au langage grossier. ➤ **harengère.** *«des poissardes et des brigands extraits de la lie parisienne»* RIVAROL. ◆ SPÉCIALT (par attraction de *poisson*) Marchande de poisson, aux halles. *«un groupe de poissardes et d'écaillères qui se disputaient et jetaient de grands cris»* VIGNY. ■ **2 adj.** (1743) HIST. LITTÉR. Qui emploie ou imite le langage du bas peuple (SPÉCIALT au XVIIIe s.). *Genre, style poissard. Un argot poissard.* ➤ **grossier, populacier, trivial.** — **n. m.** Le genre poissard. *J'ai parlé «du poissard au XVIIIe siècle. C'était une forme affectée à un grand nombre de "genres"»* BRUNOT.

2 **POISSARD, ARDE** [pwasaʀ, aʀd] **adj.** et **n.** – 1927 ◊ de *poisse* ■ FAM. Qui a la poisse. ➤ **malchanceux.**

POISSE [pwas] **n. f.** – 1878 le «milieu» ◊ de *poisser* ■ **1** VIEILLI Gêne, misère. *«Maintenant c'est la grande faim, c'est la grande poisse, la grande mouise»* DUHAMEL. ■ **2** (1908) MOD. FAM. Malchance. ➤ **ennui,** 2 **guigne.** *Quelle poisse ! Encore une panne, c'est la poisse ! Porter la poisse :* porter malheur.

POISSER [pwase] **v. tr.** ‹1› – 1538 ◊ de *poix* ■ **1** Enduire, de poix ou d'une matière analogue (➤ **engluer**). *Poisser du fil.* — VIEILLI Mêler de poix, de résine. **p. p. adj.** *Vin poissé.* ➤ **résiné.** ■ **2** COUR. Salir avec une matière gluante, collante. *Se poisser les* *mains. Chiffon poissé de colle.* — INTRANS. *Ça poisse.* ▪ **3** (1872 ; «voler» 1800) FAM. Arrêter, attraper, prendre. «*des endroits où on risque encore de se faire poisser*» ROMAINS.

POISSEUX, EUSE [pwasø, øz] **adj.** – 1575 ◊ de *poix* ▪ Gluant, collant (comme de la poix). ➤ RÉGION. **pégueux.** *Des papiers de bonbons poisseux.* — Sali par une matière poisseuse. *Mains poisseuses.*

POISSON [pwasɔ̃] **n. m.** – fin xe ◊ de l'ancien français *peis, pois,* du latin *piscis.* → piscine

I ANIMAL ▪ **1 UN POISSON.** Animal vertébré inférieur, vivant dans l'eau et muni de nageoires. ➤ **ichty(o)-, pisci-.** *Poissons cartilagineux* (➤ **chondrichtyens, sélaciens**) *et poissons osseux* (➤ **ostéichtyens, téléostéens**). *Tête, museau ; barbes, barbillons, écailles, arêtes de certains poissons. Vessie natatoire ; appareil respiratoire des poissons* (branchie, opercule, ouïe). *Reproduction des poissons* (➤ 1 **frai, laitance**). *Œufs de poisson. Les poissons sont des animaux poïkilothermes*.* — *Être à buste de femme et queue de poisson.* ➤ **sirène.** ♦ (Élément de composés, dans des noms d'espèces ou de groupes particuliers) **POISSON-CHAT :** poisson à longs barbillons. ➤ **silure.** «*un poisson-chat lisse et noir dressant, de chaque côté de sa tête moustachue, deux petits glaives translucides*» GENEVOIX. *Des poissons-chats.* — *Poisson-clown,* vivement coloré. — *Poisson-lune*.* ➤ 3 **môle.** *Poisson coffre.* ➤ **tétrodon.** — *Poisson-hérisson, poisson-porc-épic.* ➤ **diodon.** *Poisson-perroquet.* ➤ **scare.** — *Poisson-pilote*.* ➤ **rémora.** — *Poisson électrique.* ➤ **gymnote, torpille.** — *Poisson-scie*. Poisson-épée.* ➤ **espadon.** *Des poissons-épées.* — (1690) **POISSON VOLANT,** capable de bondir hors de l'eau et de planer un instant. ➤ **exocet.** — (1764) **POISSON ROUGE :** le carassin ou cyprin doré, présent dans les aquariums, les bassins. LOC. *Avoir une mémoire de poisson rouge,* très mauvaise. — **POISSONS PLATS,** à corps aplati et dont les deux yeux sont situés sur la face supérieure (sole, turbot, limande...). ➤ **pleuronectes.** — *Poissons blancs,* dont la chair blanche a un goût délicat et peu prononcé. *Il* «*ramassait les poissons bleus, maquereaux, anchois et sardines*» FOTTORINO. *Poisson toxique du Japon.* ➤ **fugu.** «*Des animaux aussi cruels que les poissons combattants de Thaïlande*» J. RUFFIÉ. ♦ *Poissons d'eau douce, de rivière ; de mer. Gros poissons. Jeunes poissons.* ➤ **alevin.** *Élevage des poissons.* ➤ **aquariophilie, pisciculture.** *Prendre, attraper des poissons.* ➤ 2 **pêcher ;** 2 **pêche.** *Écailler, ouvrir, vider, faire cuire un poisson. Rivière riche en poissons.* ➤ **poissonneux.** ▪ **2** (milieu xiie) COLLECT. **DU, LE POISSON.** ➤ FAM. **poiscaille.** *Pêcher, prendre du poisson. Vente du poisson à la criée. Arrivée du poisson aux halles.* ➤ **marée.** «*le panier où le poisson capturé par les trois hommes palpitait vaguement encore, avec un bruit doux d'écailles gluantes et de nageoires soulevées*» MAUPASSANT. *L'odeur du poisson.* ➤ **fraîchin.** *Marchand de poisson.* ➤ **mareyeur, poissonnier ; poissonnerie.** *Manger du poisson. Couverts à poisson. Plat à poisson.* ➤ **turbotière.** *Restaurant de poisson,* où l'on mange du poisson, des fruits de mer,... *Conserves de poisson. Poisson frais, salé, séché, fumé. Poisson cru dans la cuisine japonaise.* ➤ 2 **maki, sashimi, sushi.** *Pâte à base de poisson.* ➤ **surimi.** *Soupe de poisson(s).* ➤ **bouillabaisse, bourride, chaudrée, cotriade, pochouse, ttoro.** *Friture de poisson. Filets de poisson. Poisson au court-bouillon, poché, meunière, en matelote ; en papillote. Poisson cru mariné.* ➤ **ceviche.** ▪ **3** LOC. FIG. (1679) *Être (heureux) comme un poisson dans l'eau :* être à l'aise, dans son élément. *Nager comme un poisson,* à la perfection. *Il boirait la mer* et les poissons.* — FAM. *Engueuler* qqn comme du poisson pourri.* — *Noyer* le poisson. La sauce* fait passer le poisson.* — *Un gros poisson :* un personnage éminent. «*je te préviens, ce sont de très gros poissons, on n'a jamais réussi à prouver quoi que ce soit*» DAENINCKX. — LOC. PROV. «*Petit poisson deviendra grand*» LA FONTAINE. *C'est par la tête que le poisson pourrit,* la dégradation, la décadence de la société vient d'en haut. ♦ **QUEUE DE POISSON.** (1833) *Finir en queue de poisson,* se dit d'une chose qui tourne court, se termine sans conclusion satisfaisante. «*Une guerre qui finit en queue de poisson*» SARTRE. — (1926) *Automobiliste qui fait une queue de poisson à un autre conducteur,* qui se rabat brusquement devant lui après l'avoir dépassé. ♦ *N'être ni chair*, ni poisson.* ♦ *Poisson d'avril*.*

II CE QUI REPRÉSENTE UN POISSON, FAIT PENSER À UN POISSON ▪ **1** *Poissons en chocolat.* — (1903) *Poisson artificiel servant d'appât.* ➤ **dévon, leurre.** ♦ (1680) ASTRON. *Les Poissons :* constellation zodiacale de l'hémisphère boréal. — ASTROL. Douzième signe du zodiaque (19 février-20 mars). ELLIPT *Elle est Poissons,* née sous le signe des Poissons. — (1691) *Poisson austral, Poisson volant :* constellations de l'hémisphère austral. ▪ **2** *Poisson d'argent* (insecte). ➤ **lépisme.**

POISSONNERIE [pwasɔnʀi] **n. f.** – 1285 ◊ de *poisson* ▪ **1** Marché, halle au poisson (d'une ville, d'un port). ▪ **2** Commerce du poisson et des produits animaux de la mer et des rivières. — Boutique du poissonnier. *Acheter des moules à la poissonnerie.*

POISSONNEUX, EUSE [pwasɔnø, øz] **adj.** – 1550 ◊ de *poisson* ▪ Qui contient de nombreux poissons. *Étang, lac poissonneux. Rivière poissonneuse.*

POISSONNIER, IÈRE [pwasɔnje, jɛʀ] **n.** – fin xiie ◊ de *poisson* ▪ **1** Personne qui fait le commerce de détail des poissons, des fruits de mer. ▪ **2** **n. f.** (1600) Récipient oblong servant à faire cuire le poisson. ➤ **turbotière.** ▪ **3** **n. m.** (1842) MAR. ANC. Chasse-marée qui achète le poisson aux bateaux de pêche.

POITEVIN, INE [pwat(ə)vɛ̃, in] **n. et adj.** – xiie ◊ de *Poitou,* nom d'une région française ▪ Du Poitou, de Poitiers. *Le marais poitevin. L'art roman poitevin.* ♦ **n.** *Les Poitevins.* — **n. m.** *Le poitevin :* dialecte de langue d'oïl parlé en Poitou.

POITRAIL [pwatʀaj] **n. m.** – xiiie ; *peitrail* 1210, par changement de suffixe ; *peitral* «harnais» 1160 ◊ latin *pectorale* «cuirasse» ▪ **1** ANCIENNT Partie du harnais, couvrant la poitrine du cheval. ➤ **bricole, poitrinière.** ▪ **2** MOD. Devant du corps du cheval et de quelques animaux domestiques, entre l'encolure et les membres antérieurs. *Des poitrails. Des chevaux* «*au poitrail large et musculeux*» BILLY. *Poitrail d'âne, d'éléphant.* ♦ PAR PLAIS. Poitrine humaine. «*le poitrail avantageux de Léa*» COLETTE. ▪ **3** TECHN. Grosse poutre de bois, de métal, servant de linteau à une grande baie.

POITRINAIRE [pwatʀinɛʀ] **adj. et n.** – 1743 ◊ de *poitrine* ▪ VIEILLI Atteint de tuberculose pulmonaire. ➤ **phtisique, tuberculeux.** «*Elle ne vivra pas longtemps, elle est poitrinaire*» BALZAC. — **n.** «*il avait cette séduction de certains poitrinaires : des traits fins, une peau transparente, des lèvres sensuelles*» SIMENON.

POITRINE [pwatʀin] **n. f.** – 1280 *poiterine* ; fin xie *peitrine* ◊ latin populaire °*pectorina,* du classique *pectus, pectoris* ▪ **1** Partie du corps humain qui s'étend des épaules à l'abdomen et qui contient le cœur et les poumons. ➤ **thorax ; buste, torse ;** FAM. **caisse, coffre.** *Tour de poitrine :* mesure de la poitrine à l'endroit le plus large. — *Respirer à pleine poitrine :* inspirer fortement (cf. À pleins poumons*). «*Il gonflait sa poitrine pour dissimuler son estomac*» MAUPASSANT. *Un cri jaillit de sa poitrine.* — *Voix de poitrine :* partie la plus grave du registre d'une voix (opposé à *voix de tête**). ♦ VX Poumons (malades). *Partir, s'en aller de la poitrine.* ➤ FAM. **caisse.** «*Elle est morte de la poitrine*» NERVAL. ➤ **poitrinaire.** VIEILLI *Fluxion de poitrine.* ➤ **pneumonie.** ♦ *Angine* de poitrine.* ▪ **2** Partie antérieure du thorax. *La poitrine, les côtés et le dos. Large poitrine.* ➤ FAM. **poitrail.** *Poitrine velue. Bomber la poitrine. Poche de poitrine. Châle épinglé, croisé sur la poitrine. Tenir, étreindre, serrer, presser, bercer qqn contre sa poitrine.* ➤ **cœur.** *Douleurs dans la poitrine. Angine* de poitrine. Tué d'une balle dans la poitrine. Se frapper la poitrine :* manifester son repentir (cf. Battre sa coulpe*, faire son mea*-culpa). ♦ Région antérieure du corps de certains animaux, entre le cou et le ventre. *Poitrine de cheval.* ➤ **poitrail.** *Lévriers larges de poitrine.* ♦ (1412) BOUCH. Partie inférieure des parois thoraciques du bœuf, du veau, du mouton, du porc, correspondant à peu près au devant des sept premières côtes. *Poitrine de bœuf fumé.* ➤ **pastrami.** *La poitrine de bœuf sert à faire le pot-au-feu. Poitrine* (de porc) *fumée.* ➤ **lard,** RÉGION. **ventrèche.** ▪ **3** (1835) Seins de femme. ➤ **gorge.** *Une forte poitrine. Belle poitrine. Poitrine plate* (cf. Œufs sur le plat*). *Poitrine refaite, siliconée* (chirurgie esthétique). ♦ *Elle a de la poitrine, beaucoup de poitrine,* des seins développés (cf. FAM. Il y a du monde au balcon*). *Elle n'a pas de poitrine* (cf. Plate comme une limande*, planche* à pain). — COUT. *Pinces de poitrine.*

POITRINIÈRE [pwatʀinjɛʀ] **n. f.** – 1829 ; «cuirasse» 1413 ◊ de *poitrine* ▪ TECHN. ▪ **1** Pièce de harnais, courroie qui passe sur le poitrail du cheval. ▪ **2** Pièce protégeant la poitrine de certains artisans. ▪ **3** Pièce du métier à tisser, barre transversale sur laquelle passe le tissu.

POIVRADE [pwavʀad] **n. f.** – 1505 ◊ de *poivre* ▪ **1** *À la poivrade,* avec du sel et du poivre. *Des artichauts à la poivrade ;* EN APPOS. *des artichauts poivrades* (artichauts nouveaux mangés crus). ▪ **2** Sauce vinaigrette au poivre. — Sauce brune fortement poivrée.

POIVRE [pwavʀ] **n. m.** – *peivre* xiie ◊ latin *piper* ▪ **1** Épice à saveur très forte, piquante, faite des fruits du poivrier séchés. *Grain de poivre. Poivre en grains ; poivre concassé.* ➤ **mignonnette.** *Poivre moulu, en poudre. Poivre gris, noir,* dont les grains ont encore leur enveloppe. *Poivre blanc*, à grains décortiqués, moins piquant. *Poivre vert*, cueilli avant maturité. *Alcaloïde du poivre*. ➤ **pipérine.** *Moulin à poivre. Mettre le sel et le poivre* (➤ **poivrier**) *sur la table. Steak au poivre*, couvert de poivre concassé. ▪ **2** loc. adj. **POIVRE ET SEL,** se dit de cheveux bruns mêlés de blancs. ➤ **gris, grisonnant.** *Des cheveux poivre et sel.* ▪ **3** Fruit séché d'une autre plante, utilisé comme épice. *Poivre de Cayenne, poivre long.* ➤ **piment.** *Poivre de Guinée* (ou graine de paradis). ➤ **maniguette.** *Petit poivre, poivre sauvage. Poivre rose. Poivre du Sichuan. — Arbre au poivre ; poivre des moines.* ➤ **agnus-castus, gattilier.** ◆ Herbe, feuille à l'odeur, à la saveur piquante. *Poivre des murailles* : sedum âcre. RÉGION. *Poivre d'âne* : sarriette.

POIVRÉ, ÉE [pwavʀe] adj. – 1579 ◇ de *poivrer* ▪ **1** Assaisonné de poivre. *Un mets trop poivré qui brûle la langue.* PAR EXT. Qui évoque l'odeur, le goût du poivre. *Lactaire poivré. Menthe poivrée. Le goût poivré de la cardamome. Parfum poivré. « L'odeur poivrée des œillets »* HUGO. ▪ **2** (1761) FIG. Grossier ou licencieux. ➤ **épicé, 1 salé.** *Plaisanterie poivrée.* ▪ CONTR. Fade.

POIVRER [pwavʀe] v. tr. ⟨1⟩ – *pevrer* XIIIe ◇ de *poivre* ▪ **1** Assaisonner de poivre. *Saler et poivrer une sauce.* ◆ FIG. Rendre piquant. *« Son bavardage, poivré d'un accent un peu rauque »* BLONDIN. ▪ **2** v. pron. (1895) FAM. **SE POIVRER :** s'enivrer (➤ **poivrot**). *Il est complètement poivré.* ➤ **ivre.**

POIVRIER [pwavʀije] n. m. – 1562 ◇ de *poivre* ▪ **1** Arbuste grimpant *(pipéracées)*, à petites baies rouges à maturité, qui pousse dans les régions tropicales. *Poivrier noir*, dont les baies sont consommées comme épice (➤ **poivre**). *Poivrier de Polynésie.* ➤ **kava.** *Poivrier bétel.* — PAR EXT. *Faux poivrier.* ➤ **agnus-castus.** ▪ **2** (1621) RARE Boîte à poivre. ◆ Petit ustensile de table, à bouchon perforé, dans lequel on met le poivre moulu. *Le poivrier et la salière.* ➤ **poivrière.**

POIVRIÈRE [pwavʀijɛʀ] n. f. – 1718 ◇ de *poivre* ▪ **1** Boîte à poivre cylindrique à couvercle conique percé d'un trou. ➤ **poivrier.** ▪ **2** Guérite de maçonnerie à toit conique placée en encorbellement à l'angle d'un bastion. ➤ **échauguette.** *En poivrière* : de forme conique, ou surmonté d'un toit conique. *« le château m'apparut [...] avec ses tours en poivrière »* FRANCE. ▪ **3** Plantation de poivriers. *« on ne va plus ni dans la forêt ni dans les villages des poivrières »* DURAS.

POIVRON [pwavʀɔ̃] n. m. – 1785 ◇ de *poivre* ▪ **1** Fruit du piment* doux de grande taille. *Poivron vert, rouge, jaune. Poivron tomate*, de forme arrondie. *Poivrons farcis.* ▪ **2** Plant qui produit les poivrons. *Faire pousser des poivrons.*

POIVROT, OTE [pwavʀo, ɔt] n. – 1837 ◇ de *poivre* « eau-de-vie » ; cf. *se poivrer* (2°) ▪ FAM. Ivrogne. ➤ **pochard, pochetron.** *« l'innocent poivrot qui vient de boire sa paie de la semaine »* BERNANOS. *Une vieille poivrote.*

POIX [pwa] n. f. – *peiz* 1080 ◇ latin *pix, picis* ▪ Matière visqueuse à base de résine ou de goudron de bois. *Poix blanche. Poix-résine*, utilisée dans l'encollage des papiers. *« L'assiégé, hélas, fait arme de tout. [...] la poix bouillante n'a pas déshonoré Bayard »* HUGO. ▪ HOM. Poids, pois, pouah.

POKER [pɔkɛʀ] n. m. – 1855 ◇ mot anglais, p.-ê. de *poquer*

I ▪ **1** Jeu de cartes dans lequel chaque joueur, disposant de cinq cartes, peut gagner l'argent misé s'il possède la combinaison de cartes la plus forte ou s'il parvient à le faire croire à ses adversaires. *Jouer au poker, au poker menteur. Avoir cinq cartes de même couleur au poker.* ➤ **flush.** — Partie de poker. *Faire un poker.* ▪ **2** À ce jeu, Carré, ou quatre cartes de même valeur. *Poker de dames, poker d'as.* ➤ **full.** ▪ **3** FIG. *Partie de poker* : affrontement serré entre adversaires qui bluffent. — *Coup de poker* : tentative audacieuse et hasardeuse, basée sur le bluff.

II POKER D'AS [pɔkɛʀdas] (corruption de l'anglais *poker dice*, plur. de *die* « dé à jouer ») Jeu de dés rappelant le jeu de poker. *Le poker d'as se joue avec cinq dés.*

POLACK ➤ **POLAQUE,** 2°

POLACRE [pɔlakʀ] n. f. – 1600 ◇ italien *polacca* ou espagnol *polacra* ▪ MAR. ANC. Navire de commerce, voilier de la Méditerranée à voiles carrées.

POLAIRE [pɔlɛʀ] adj. et n. f. – 1555 ◇ bas latin *polaris* → pôle ▪ **1** Relatif aux pôles célestes, terrestres ; situé près d'un pôle. *L'étoile Polaire*, ou n. f. *la Polaire*, qui indique la direction du nord. — *Régions, zones polaires*, situées près du pôle (arctique ou antarctique). *Cercle polaire* : petit cercle de la sphère terrestre (parallèle) à distance angulaire des pôles égale à l'obliquité de l'écliptique (23° 27′). ◆ COUR. Propre aux régions polaires, froides et désertes. *Climat polaire. Les glaces polaires. Ours polaire.* — PAR EXT. *Expédition polaire*, au pôle. *« le magasinier des baraquements polaires »* SAINT-JOHN PERSE. — PAR EXT. *Un froid polaire*, intense. — *Pain* polaire.* ▪ **2** *Laine, fibre polaire* : fibre de polyester très isolante pour la confection de vêtements chauds. ◆ n. m. Ce tissu. *Coupe-vent en polaire.* — PAR EXT. Vêtement fait dans ce tissu. *Le rayon des polaires d'un magasin de sport.* ▪ **3** (1874) MATH. Relatif à un pôle*, à une représentation par rayons vecteurs et par angles. *Coordonnées polaires.* ◆ *Droite, plan polaire* ou n. f. *polaire d'un point par rapport à une conique* (ou *une quadrique*), droite (ou plan), lieu des points conjugués du point par rapport à cette conique (ou quadrique). ▪ **4** (1729 opt.) Relatif aux pôles magnétiques, électriques. — *Molécule polaire*, qui possède un moment électrique dipolaire*. ▪ **5** ANAT., MÉD. Qui se rapporte au pôle d'une cellule, d'une structure anatomique, d'un organe. *Artères polaires du rein. Globule polaire*, résultant de la première division de l'œuf. *Cataracte polaire.* ◆ GÉNÉT. *Mutation polaire* : mutation non-sens de l'ADN d'un opéron, entraînant l'arrêt de la transcription. ➤ **polarité.**

POLAQUE [pɔlak] n. m. – 1512 ◇ polonais *polak* « polonais » ▪ **1** HIST. Cavalier polonais, mercenaire des armées françaises. ▪ **2** FAM. et PÉJ. Polonais (on écrit aussi *polack*).

1 POLAR [pɔlaʀ] n. – 1952 ◇ de *polarisé* ▪ ARG. SCOL. Personne complètement absorbée par ses études. — On écrit aussi **POLARD, ARDE** [pɔlaʀ, aʀd]. *Une petite polarde studieuse.*

2 POLAR [pɔlaʀ] n. m. – v. 1968 ◇ de *(roman) policier* et suffixe argotique ▪ ARG. FAM. Roman policier. *Lire un bon polar.* — Film policier.

POLARI- ▪ Élément, du grec *polein* « tourner ».

POLARIMÉTRIE [pɔlaʀimetʀi] n. f. – 1851 ◇ de *polari-* et *-métrie* ▪ PHYS. Mesure du pouvoir rotatoire* d'une substance en solution (à l'aide d'un *polarimètre*), en vue de déterminer sa concentration.

POLARISABLE [pɔlaʀizabl] adj. – 1837 ◇ de *polariser* ▪ PHYS. Qui peut être polarisé. *Lumière polarisable.*

POLARISANT, ANTE [pɔlaʀizɑ̃, ɑ̃t] adj. – 1803 ◇ de *polariser* ▪ PHYS. Qui polarise la lumière. *Microscope polarisant. Verres (solaires) polarisants*, qui filtrent les rayons lumineux et éliminent les reflets dus à la réverbération du soleil. ▪ CONTR. Dépolarisant.

POLARISATION [pɔlaʀizasjɔ̃] n. f. – 1810 ◇ de *polariser* ▪ **1** PHYS. Phénomène qui se traduit par l'introduction d'une dissymétrie par rapport à la direction de propagation (d'un rayonnement). *Polarisation de la lumière. Polarisation linéaire, circulaire. Plan de polarisation*, perpendiculaire à la vibration lumineuse, et contenant le rayon polarisé. ▪ **2** ÉLECTR. Séparation des charges électriques positive et négative, dans un corps, sous l'influence d'un champ électrique ; différence de potentiel qui en résulte. *Charge, énergie de polarisation. Polarisation d'un diélectrique*. Polarisation induite, magnétique.* — Dans l'électrolyse, Formation, dans le voisinage des électrodes, de produits qui modifient l'intensité du courant. ▪ **3** PHYSIOL. Mécanisme par lequel sont créés deux pôles fonctionnellement différents dans une structure vivante. *Polarisation d'une cellule nerveuse.* ➤ **polarité.** ▪ **4** FIG. Action de concentrer en un point (des forces, des influences). ➤ **attraction ; polariser** (2°). *« l'espèce de polarisation qui est la loi de l'amour et qui nous fait rechercher nos contraires »* RENAN. ▪ CONTR. Dépolarisation.

POLARISCOPE [pɔlaʀiskɔp] n. m. – 1844 ◇ de *polari-* et *-scope* ▪ PHYS. Appareil d'optique permettant de distinguer les rayons lumineux polarisés. *Le polariscope d'Arago.*

POLARISER [pɔlaʀize] v. tr. ⟨1⟩ – 1810 ◇ du grec *polein* « tourner », d'après *polaire* ▪ **1** PHYS. Soumettre au phénomène de la polarisation. *Polariser un rayon lumineux.* — p. p. adj. *Lumière polarisée. Verres polarisés.* ➤ **polarisant.** ◆ ÉLECTR. *Polariser les électrodes d'un voltamètre, une pile.* — p. p. adj. *Composant polarisé*, qui possède des pôles positif et négatif imposés. *Condensateur polarisé.* ▪ **2** FIG. Attirer, concentrer en un point. *Polariser l'attention, les regards. Polariser le débat sur un sujet.* ➤ **focaliser.** — PRONOM. **SE POLARISER.** FAM. Se fixer, se concentrer sur un sujet unique. *Se polariser sur son travail* (➤ **1 polar**). *Ne vous polarisez pas sur cette idée.* ▪ CONTR. Dépolariser.

POLARISEUR [pɔlaʀizœʀ] adj. et n. m. – 1836 ◊ de *polariser* ■ PHYS. Qui polarise la lumière. *Prisme polariseur. Filtre polariseur.* ➤ **nicol, polaroïd.** ♦ SPÉCIALT n. m. Miroir, cristal biréfringent capable de polariser la lumière.

POLARITÉ [pɔlaʀite] n. f. – 1765 « propriété qu'a l'aimant de se diriger vers les pôles » ◊ de *polaire* ■ SC. ■ **1** MATH., PHYS. État d'un système dont deux points quelconques présentent des caractéristiques différentes (opposées ou distinctes). ■ **2** BIOL. Particularité d'une cellule, d'une structure vivante, de posséder deux pôles qui diffèrent du point de vue de leurs potentialités ou de leurs fonctions. ➤ **polarisation.** *Axe de polarité de la cellule pancréatique. Polarité des neurones, de l'œuf fécondé, de l'embryon.* — (v. 1961) GÉNÉT. Effet d'une mutation dans un gène qui se manifeste en influençant l'expression de gènes consécutifs dans la même unité de transcription.

POLAROÏD [pɔlaʀɔid] n. m. – 1951 ◊ nom déposé ; mot anglais américain, de *to polarize* « polariser » et suffixe *-oïd ;* cf. *-oïde* ■ **1** OPT. Feuille transparente de résine synthétique capable de polariser la lumière. *Lunettes de soleil, parebrise en polaroïd.* ■ **2** (1963) Appareil photographique de la marque de ce nom utilisant le procédé et permettant d'obtenir très vite une épreuve positive, dans l'appareil même. — ABUSIVEMENT Tout appareil photographique de ce type. ♦ Photo obtenue à l'aide de cet appareil.

POLATOUCHE [pɔlatuʃ] n. m. – 1761 ◊ polonais *polatucha* ■ Mammifère rongeur auquel une membrane tendue entre les pattes permet de planer. ➤ **écureuil** (volant). *Polatouche de Sibérie, de Malaisie.*

POLDER [pɔldɛʀ] n. m. – 1824 ; *polre* XIIIe ; *poldre* 1643 ◊ mot néerlandais ■ Marais littoral endigué, asséché et mis en valeur (d'abord en parlant des Pays-Bas). *Drainage d'un polder. Polders du Zuiderzee, de la baie du Mont-Saint-Michel.*

-POLE ➤ **POLI-**

PÔLE [pol] n. m. – 1230 ◊ latin *polus,* grec *polos,* de *polein* « tourner » ■ **1** ASTRON. Chacun des deux points de la sphère céleste formant les extrémités de l'axe autour duquel elle semble tourner. *« Le ciel paraît tourner sur deux points fixes, nommés par cette raison pôles du monde »* LAPLACE. — *Mouvement des pôles célestes sur la sphère céleste,* correspondant aux variations de l'axe de rotation de la Terre. ➤ **précession.** ■ **2** (fin XVe) COUR. Chacun des deux points de la surface terrestre formant les extrémités de l'axe de rotation de la Terre. *Pôle arctique, boréal* (plus cour. *pôle Nord*) *; antarctique, austral* (plus cour. *pôle Sud*). *Demi-cercle joignant les pôles.* ➤ **méridien.** ♦ PAR EXT. Région géographique située près d'un pôle, entre le cercle polaire et le pôle. ➤ **antarctique, arctique.** *Aplatissement de la Terre aux pôles. « depuis les pôles jusqu'à l'équateur »* MAUPASSANT. *« les solitudes glacées des pôles »* J. VERNE. *Expédition scientifique au pôle Sud.* ■ **3** (XVIIe « ce qui guide comme l'étoile Polaire ») Se dit de deux points principaux et opposés. *« Est-ce que l'homme a, comme le globe, deux pôles ? »* HUGO. « Pelléas et Mélisande *est à l'un des pôles de notre art,* Carmen, *à l'autre pôle »* R. ROLLAND. ■ **4** (1647) GÉOM. Extrémités de l'axe d'un solide de révolution. — *Pôle d'une droite* (*ou d'un plan*) *par rapport à une conique* (*ou une quadrique*), point ayant pour polaire* cette droite (ou ce plan). — Point fixe jouant un rôle particulier dans une transformation. *Pôle d'inversion.* — *Coordonnées d'un point par rapport à un, à deux pôles* (➤ **polaire ; bipolaire**). ♦ MATH. Singularité d'une fonction analytique, zéro de la fonction inverse. ■ **5** (1647) PHYS. Chacun des « deux points de l'aimant qui correspondent aux pôles du monde, dont l'un regarde le nord et l'autre le sud » (Diderot). *Pôles de l'aiguille aimantée d'une boussole. Pôles d'un aimant.* ♦ GÉOGR. *Pôles magnétiques, pôles d'inclinaison :* régions du globe où l'inclinaison magnétique est maximum (90°). *« les pôles magnétiques tournent autour des pôles géographiques »* HUGO. ■ **6** ÉLECTR. Chacune des deux extrémités d'un circuit électrique (➤ **électrode**), chargée l'une d'électricité positive (*pôle positif, pôle +* ➤ **anode**), l'autre d'électricité négative (*pôle négatif, pôle –* ➤ **cathode**). *Pôles d'un générateur d'électricité, d'une pile.* ➤ **borne.** *À deux* (➤ **bipolaire**), *plusieurs pôles* (➤ **multipolaire ; quadripôle**). ■ **7** (1904) ANAT., EMBRYOL. Partie la plus saillante, aux deux côtés opposés d'une structure anatomique. *Pôles antérieur et postérieur du cristallin. Pôles animal et végétatif de l'œuf fécondé,* dont proviennent respectivement l'embryon et le vitellus. ♦ (1897) BIOL. *Pôles du fuseau constitué lors de la division cellulaire.* ■ **8** FIG. Ce qui attire, entraîne ; centre d'activité, d'intérêt. *Pôle d'attraction. Pôle de croissance, de développement.* ➤ aussi **technopôle.** *Pôle (d'échanges) :* recomm. offic. pour *hub* (2°).

POLÉMARQUE [pɔlemaʀk] n. m. – 1738 ◊ grec *polemarkhos,* de *polemos* « guerre » et *arkhein* « commander » ■ ANTIQ. GR. Dans la Grèce antique, Officier, magistrat chargé de l'administration de la guerre. — adj. *L'archonte polémarque.*

POLÉMIQUE [pɔlemik] adj. et n. f. – 1584 ; *chanson polémique* « chanson guerrière » 1578 ◊ grec *polemikos* « relatif à la guerre » ■ **1** Qui suppose une attitude critique ; qui vise à une discussion vive ou agressive. *« quelques écrits polémiques faits de temps à autre pour ma défense »* ROUSSEAU. ■ **2** n. f. Débat par écrit, vif ou agressif. ➤ **controverse, débat, discussion.** *Engager, entretenir une polémique avec qqn. Polémique à propos, au sujet de l'euthanasie. « Une grande polémique s'engage à ce sujet dans la presse, deux duels philosophiques »* MICHELET.

POLÉMIQUER [pɔlemike] v. intr. ‹1› – fin XIXe ; *polémiser* 1845 ◊ de *polémique* ■ Faire de la polémique. *Polémiquer contre qqn. Ce n'est pas le moment de polémiquer.*

POLÉMISTE [pɔlemist] n. – 1845 ◊ de *polémique* ■ Personne qui pratique, aime la polémique. ➤ **pamphlétaire.** *Cette journaliste est une redoutable polémiste.*

POLÉMOLOGIE [pɔlemɔlɔʒi] n. f. – 1946 ◊ du grec *polemos* « guerre » et *-logie* ■ DIDACT. Étude scientifique, sociologique de la guerre. *« Les Guerres, éléments de polémologie », ouvrage de G. Bouthoul.* — adj. **POLÉMOLOGIQUE ;** n. **POLÉMOLOGUE.**

POLENTA [pɔlɛnta] n. f. – 1557 ◊ mot italien ; latin *polenta* « farine d'orge », de *pollen* « fine farine » ■ Préparation culinaire épaisse à base de farine de maïs en Italie, de farine de châtaignes en Corse.

POLE POSITION [polpozisjɔ̃] n. f. – 1973 ◊ mots anglais « position en flèche » ■ ANGLIC. SPORT AUTOM. Première position sur la grille de départ qu'occupe le pilote de formule 1 qui a réussi le meilleur temps aux essais. FIG. Meilleure place. *Des pole positions.*

1 **POLI, IE** [pɔli] adj. – 1580 « cultivé » ; fin XIIe « élégant » ◊ de *polir* fig., avec influence du latin classique *politus* ■ **1** VX Cultivé et mondain. ♦ (XVIIe) Policé, civilisé. ■ **2** (XVIIe) MOD. Dont le comportement, le langage sont conformes aux règles de la politesse. ➤ **civil, courtois.** *Enfant poli,* bien élevé. *« Les Anglais sont occupés ; ils n'ont pas le temps d'être polis »* MONTESQUIEU. *Il a été tout juste poli avec moi* (➤ **correct**). *Dites donc, soyez poli !* PLAISANT et FAM. *Sois poli si t'es pas joli.* — LOC. PROV. *Trop poli pour être honnête,* se dit de qqn dont les manières trop affables font supposer des intentions malhonnêtes. ♦ (CHOSES) *« ces petites façons de grand seigneur, si polies, mais si impertinentes pour qui les comprend »* STENDHAL. *Refus poli,* qui s'accompagne des formes de la politesse. — *« Les visites traditionnelles qu'il est poli et bien naturel de rendre »* LECOMTE. ➤ **bienséant.** *Il est plus poli que vous lui écriviez.* ■ CONTR. Grossier, impertinent, impoli, incivil, incorrect, insolent, malappris, malotru, malpoli.

2 **POLI, IE** [pɔli] adj. – XIIe ◊ de *polir* ■ Lisse et brillant. *Caillou poli. Âge de la pierre polie.* ➤ **néolithique.** *« ce bras dur et poli et doré comme une belle chose d'ivoire »* MONTHERLANT. ■ CONTR. 2 Mat, rugueux.

3 **POLI** [pɔli] n. m. – 1576 ◊ de *polir* ■ Aspect d'une chose lisse et brillante. *Le poli d'un galet. Poli d'un objet d'or ou d'argent.* ➤ **brunissure.** *Le poli d'une casserole.* ➤ **éclat,** 2 **lustre.** ■ CONTR. Matité.

POLI-, -POLE, -POLITE ■ Éléments, du grec *polis* « ville » : *métropole, nécropole, policlinique.*

1 **POLICE** [pɔlis] n. f. – 1606 ; *pollice* 1250 ; *policie* 1361 ◊ latin *politia,* grec *politeia,* de *polis* « cité » ■ **1** VX Gouvernement, organisation. *« tout cela n'était qu'une maxime de police sociale »* ROUSSEAU. ■ **2** (1584) MOD. DR. (COUR. dans quelques expr.) Ensemble des règles imposées aux citoyens afin de faire régner l'ordre et la sécurité. *Les pouvoirs de police appartiennent aux autorités administrative et judiciaire. Police administrative et police judiciaire.* — *Police municipale, rurale. Police de la circulation. Police de proximité.* — *Règlement* de police.* ♦ DR. PÉN. *Peines de police, de simple police,* correspondant aux contraventions. *Peines de police correctionnelle,* correspondant aux délits. — PAR EXT. La juridiction. *Je n'ai pas l'envie « de risquer la police correctionnelle ou le revolver »* HUYSMANS. ♦ *Salle de police,* où l'on fait subir de courtes détentions aux soldats. *Bonnet de police.* ➤ 1 **calot.** ■ **3** (1684) COUR. Ensemble d'organes et d'institutions assurant le maintien et le rétablissement de l'ordre public *(police administrative)* et permettant de

réprimer les infractions (*police judiciaire* ➤ **P. J.**). ➤ **sûreté.** *Être de la police, dans la police* (cf. La Grande Maison, ARG. la rousse). *Les forces de police :* la police et la gendarmerie. — *Police secrète* (cf. FAM. La secrète) : policiers en civil dépendant de la Sûreté nationale (surveillance des jeux, brigade financière, renseignements généraux, etc.). *Polices parallèles :* services secrets plus ou moins occultes. ➤ FAM. **barbouze ; milice.** — ANCIENNT *Police mondaine*, police des mœurs*. Police aux frontières*. Police montée canadienne.* — *Police scientifique et technique,* qui analyse les indices et les preuves matérielles d'une infraction ou d'un crime. — *Personnel de la police, fonctionnaires de police.* ➤ **policier.** *Agents* de police* (cf. Gardien* de la paix, sergent* de ville). *Commissaires de police. Officiers de police : lieutenant, capitaine, commandant de police.* — *Officiers, agents de police judiciaire.* — *Polices spéciales,* intervenant dans des domaines particuliers (Eaux et Forêts, douanes, etc.). — *Police secours :* organisation de police chargée de porter secours dans les cas d'urgence. — *Préfecture*, commissariat, antenne de police. Poste de police. Car, voiture de police* (cf. Panier* à salade). — *Contrôle de police :* contrôle d'identité (papiers, passeports) effectué par la police. *Descente, interrogatoire, rapport de police. Avertir, appeler la police. Mais que fait la police ? Dénoncer qqn à la police. Être recherché, poursuivi par toutes les polices d'Europe. Avoir la police à ses trousses.* ➤ FAM. et PÉJ. **flicaille.** *Intervention de la police.* — *La police des polices :* les membres de l'I. G. P. N. (Inspection générale de la Police nationale) et de l'I. G. S. (Inspection générale des services). ♦ PAR EXT. Organisation privée spécialisée dans les enquêtes, les recherches criminelles, la surveillance. *Policier d'une police privée.* ➤ **détective ;** 2 **vigile.** ■ **4** Organisation de l'ordre. *Police de l'audience d'un tribunal, d'un groupe, d'un lycée.* ➤ **discipline.** *Professeur obligé de faire la police.* « *Ce troupeau était arrivé à faire lui-même sa police* » LARBAUD (➤ **autodiscipline**). ■ **5** (Canada) FAM. emploi critiqué *Une police :* un policier, une policière. *Se faire arrêter par une police.*

2 **POLICE** [pɔlis] n. f. – 1371 « certificat » ; XVIe « contrat » ◊ italien *polizza ;* grec byzantin *apodeixis* « quittance, reçu » → apodictique ■ **1** (1673) DR. Écrit rédigé pour prouver la conclusion et les conditions d'un contrat d'assurance. COUR. *Souscrire une police d'assurance,* une assurance. *Avenant* d'une police.* ■ **2** TYPOGR. *Police de caractères :* assortiment complet des caractères de même famille (même forme). ➤ 1 **fonte.** *Choisir une police.*

POLICÉ, ÉE [pɔlise] adj. – 1601 ◊ de *policer* ■ Dont les mœurs sont adoucies par la civilisation. ➤ **civilisé, raffiné.** « *la persistance de l'animal humain, dans les sociétés les plus policées, en apparence* » JALOUX. ■ CONTR. Primitif, sauvage.

POLICEMAN [pɔlisman] n. m. – 1834 ◊ mot anglais, de *police* et *man* « homme » ■ Agent de police, en Grande-Bretagne et dans les pays britanniques. *Des policemans.* On dit aussi *des policemen* [pɔlismɛn] (plur. angl.).

POLICER [pɔlise] v. tr. ⟨3⟩ – fin XVIIIe ; « gouverner » 1461 ◊ de *police* ■ VIEILLI ou LITTÉR. Civiliser, adoucir les mœurs de, par des institutions, par la culture. « *Les maîtres, au lieu de nous policer, nous ont rendus barbares* » BABEUF. ■ HOM. *Police :* polissent (polir).

POLICHINELLE [pɔliʃinɛl] n. m. – 1654 ; *polichinel* 1649 ◊ napolitain *Pulecenella,* personnage des farces napolitaines, italien *Pulcinella* ■ **1** Personnage bossu de la commedia dell'arte et du théâtre de marionnettes. ➤ **fantoche.** *Le long nez, le menton en galoche du polichinelle.* — LOC. *C'est un* (ou *le*) *secret de Polichinelle,* un faux secret bien vite connu de tous. ♦ Jouet, pantin représentant ce personnage. « *le polichinelle plat, mû par un seul fil* » BAUDELAIRE. ♦ LOC. FAM. et VULG. *Avoir un polichinelle dans le tiroir :* être enceinte. ■ **2** FIG. VIEILLI Personnage ridicule, laid ou difforme. ➤ **guignol.** « *Qui est-ce qui m'a bâti un polichinelle pareil !* » COURTELINE. — LOC. *Faire le polichinelle :* s'agiter d'une manière ridicule (cf. Faire le clown, le pitre). ■ **3** Personne inconstante, qui se dédit. ➤ **girouette, marionnette, pantin.** « *Est-ce qu'on me prend pour un polichinelle, à dire blanc et à dire noir !* » ZOLA.

POLICIER, IÈRE [pɔlisje, jɛʀ] adj. et n. – 1611 ◊ de 1 *police*

I adj. ■ **1** Relatif à la police (2°) ; concernant la police ou appartenant à la police (3°). *Mesures policières. Enquête, bavure policière. Chien policier :* berger allemand, parfois labrador ou malinois, dressé pour aider la police dans ses missions. *État, régime policier,* où la police (politique) a une grande importance. ■ **2** Se dit des formes de littérature, de spectacle qui concernent des activités criminelles plus ou moins mystérieuses qui font l'objet d'une enquête. *Scénario, film policier. Intrigue policière. Roman policier,* ou ELLIPT n. m. *un policier.* ➤ 2 **polar,** 1 **roman** (noir). « *Le roman policier est un récit où le raisonnement crée l'effroi qu'il est chargé d'apaiser* » NARCEJAC.

II n. (v. 1750) Personne qui appartient à un service de police (agent de police, commissaire, etc.). ➤ **gardien** (de la paix) ; FAM. et ARG. **bleu, flic, flicard, keuf, poulet ;** VIEILLI **argousin,** 3 **bourre, cogne, condé, perdreau,** 2 **roussin, vache.** *Les policiers sont sur une piste, ont arrêté le coupable.* « *on peut avouer qu'on aime les gardes, on avoue moins légèrement qu'on aime les policiers* » NIZAN. *Policier en civil, en uniforme, en tenue. Policier de quartier.* ➤ **îlotier.** *Policier national, municipal. Elle est policier* ou *elle est policière. Une policière.*

POLICLINIQUE [pɔliklinik] n. f. – 1855 ◊ du grec *polis* « ville » et *clinique* ■ Établissement, parfois annexé à un hôpital, où l'on donne des soins à des malades qui ne sont pas hospitalisés, et où se tiennent également des cours d'enseignement médical ayant trait aux malades qui viennent en consultation. ■ HOM. Polyclinique.

POLIMENT [pɔlimɑ̃] adv. – 1544 ; *poliement* « d'une façon élégante » v. 1390 ◊ de 1 *poli* ■ D'une manière polie, avec courtoisie. ➤ **civilement, courtoisement.** « *Lucas salua poliment et sans familiarité* » MAC ORLAN. *Écouter, refuser poliment.* ■ CONTR. Impoliment.

POLIO [pɔljo] n. – 1962 ◊ abrév. ■ FAM. ■ **1** n. f. Poliomyélite. *Vaccin contre la polio.* ■ **2** Poliomyélitique. *Des polios.*

POLIOMYÉLITE [pɔljɔmjelit] n. f. – 1892 ◊ du grec *polio* « gris » et *muelos* « moelle » ■ MÉD. Inflammation ou atteinte dégénérative de la substance grise de la moelle épinière. — SPÉCIALT, COUR. Maladie infectieuse et contagieuse d'origine virale qui atteint les cornes antérieures de la moelle épinière et se manifeste essentiellement par des paralysies progressives pouvant atteindre les centres respiratoires du bulbe. ➤ FAM. **polio.** *Séquelles d'une poliomyélite. Vaccin contre la poliomyélite.* ➤ **antipoliomyélitique.**

POLIOMYÉLITIQUE [pɔljɔmjelitik] adj. et n. – 1925 ◊ de *poliomyélite* ■ Relatif à la poliomyélite. ♦ Atteint de poliomyélite. — n. *Un, une poliomyélitique.* ➤ FAM. **polio.**

POLIORCÉTIQUE [pɔljɔʀsetik] adj. et n. f. – 1842 ◊ grec *poliorkêtikos* ■ ANTIQ. Relatif à l'art d'assiéger les villes. ♦ n. f. Technique du siège des villes. « *jamais les Romains n'avaient montré une poliorcétique aussi savante* » RENAN.

POLIR [pɔliʀ] v. tr. ⟨2⟩ – v. 1180 ◊ latin *polire* ■ **1** Rendre lisse, uni et luisant (une substance dure) par frottement. ➤ **brunir, doucir, égriser, gréser, limer, poncer.** *Substances utilisées pour polir :* papier émeri, papier de verre, pierre ponce, potée* d'étain. ➤ **abrasif.** « *Chacun se mettait à la petite poulie, au petit objet* [...] *et le polissait avec sollicitude* » LOTI. ➤ **astiquer, fourbir.** *Polir l'argenterie, le marbre. Se polir les ongles.* ♦ PRONOM. *Le diamant se polit par le diamant.* — FIG. S'affiner. *Cette première rudesse « se polira vite dans le monde et à la cour »* SAINTE-BEUVE. ■ **2** (XVIe) VIEILLI ou LITTÉR. Initier aux usages du monde. ➤ **apprivoiser, civiliser ;** 1 **poli.** « *elle se l'attacha en s'attachant à lui, en polissant elle-même ce caractère à demi sauvage* » BALZAC. ■ **3** (XVIIe) Parachever (un ouvrage) avec soin. ➤ **lécher, parfaire, peaufiner, perfectionner ;** FAM. **fignoler.** « *Il avait médité sa phrase, il l'avait arrondie, polie, rythmée* » FLAUBERT. ■ CONTR. Dépolir, ternir. ■ HOM. *Polissent :* police (policer).

POLISSABLE [pɔlisabl] adj. – XVe-XVIe ◊ de *polir* ■ Susceptible d'être poli. *Métal, matière polissable.*

POLISSAGE [pɔlisaʒ] n. m. – 1749 ◊ de *polir* ■ Opération qui consiste à polir une surface. *Polissage à la meule* (éclaircissage, grésage), *à la lime. Polissage de l'argent, de l'or en bijouterie et en orfèvrerie.* ➤ **brunissage.** *Polissage du bois, du marbre.* ➤ **ponçage.** — *Polissage des cuivres, des casseroles. Polissage des ongles.*

POLISSEUR, EUSE [pɔlisœʀ, øz] n. – 1389 ◊ de *polir* ■ TECHN. ■ **1** Ouvrier, ouvrière qui polit une substance, un objet. *Polisseur en bijouterie (brunisseur-polisseur). Polisseur sur métaux.* « *ces infatigables polisseurs dont la lime lèche les porphyres les plus durs* » BALZAC. ■ **2** n. f. Machine à tête rotative mobile, qui sert à polir le marbre, la pierre.

POLISSOIR [pɔliswaʀ] n. m. – 1524 ◊ de *polir* ■ TECHN. Outil ou machine qui sert à polir. *Polissoir à deux meules. Polissoir de bijoutier* (➤ **brunissoir**), *de coutelier* (➤ **polissoire**). — SPÉCIALT Instrument dont le dessous recouvert de peau sert à polir les ongles par un mouvement de va-et-vient. *Polissoir en ivoire.* ♦ PRÉHIST. Fragment de roche qui, à l'âge de pierre, servait à polir les instruments de silex. ■ HOM. Polissoire.

POLISSOIRE [pɔliswaʀ] n. f. – 1611 ; *polissouere* «brosse de jonc pour polir» 1411 ◊ de *polir* ■ TECHN. ■ **1** Meule de bois qui sert à polir les couteaux. ➤ **polissoir.** ♦ Variété de brosse à chaussures très douce. ■ **2** Atelier où s'effectue le polissage des épingles. ■ HOM. Polissoir.

POLISSON, ONNE [pɔlisɔ̃, ɔn] n. et adj. – 1616 «gueux, vagabond» (qui revend les vêtements qu'il a mendiés) ◊ de l'ancien argot *polir* «vendre» ■ **1** VIEILLI Enfant mal élevé(e) qui traîne dans les rues. ➤ **chenapan, galopin, gamin, garnement.** «*Les polissons de la ville étaient devenus mes plus chers amis*» CHATEAUBRIAND. ■ **2** MOD. Enfant espiègle, désobéissant(e). ➤ **coquin.** *Je t'y prends, petit polisson !* — adj. *Elle est polissonne, cette mioche !* ■ **3** RARE Personne portée à la licence dans ses manières, ses propos. ♦ adj. (1685) (CHOSES) Un peu grivois, licencieux. ➤ **canaille, coquin, égrillard, leste, osé.** *Conte polisson.* — Plus cour. *Des yeux, des regards polissons.* ➤ **lubrique, salace.**

POLISSONNER [pɔlisɔne] v. intr. ⟨1⟩ – 1718 ◊ de *polisson* ■ **1** VX Badiner. — VIEILLI Se livrer à des actes, à des propos plus ou moins licencieux. ■ **2** VIEILLI Se comporter en polisson (en parlant d'un enfant).

POLISSONNERIE [pɔlisɔnʀi] n. f. – 1695 ◊ de *polisson* ■ **1** Action d'un enfant espiègle, turbulent. ➤ **espièglerie.** ■ **2** VX Badinage. ♦ (1738) VIEILLI Acte ou propos plus ou moins licencieux. *Des «polissonneries à double sens qui faisaient un peu rougir la mariée»* MAUPASSANT.

POLISTE [pɔlist] n. f. ou m. – 1801 ◊ grec *polistês* «bâtisseur de ville» ■ ZOOL. Guêpe qui vit dans un nid de plein air formé d'un seul rayon de cellules fixé à une branche ou sous une pierre. ■ HOM. poss. Pauliste.

-POLITE ➤ **POLI-**

POLITESSE [pɔlitɛs] n. f. – 1659 ; «propreté» 1578 ◊ ancien italien *politezza*, de *polito* → 1 poli ■ **1** (XVIIe) VX Délicatesse, bon goût. «*La politesse de l'esprit consiste à penser des choses honnêtes et délicates*» LA ROCHEFOUCAULD. ■ **2** (1655) Ensemble des usages, des règles qui régissent le comportement, le langage, considérés comme les meilleurs dans une société (➤ **bienséance**) ; le fait et la manière d'observer ces usages (➤ **affabilité, civilité, courtoisie, éducation, savoir-vivre, urbanité, usage**). *Politesse exquise, raffinée.* «*La politesse, cher enfant, consiste à paraître s'oublier pour les autres*» BALZAC. «*la politesse n'exprime plus un état de l'âme, une conception de la vie. Elle tend à devenir un ensemble de rites, dont le sens originel échappe*» BERNANOS. *Faire une visite de politesse à qqn. Politesse excessive.* ➤ **obséquiosité.** *Il aurait pu avoir la politesse de nous remercier.* (Menace) *Je vais vous apprendre la politesse !* — *Formules de politesse*, employées dans la conversation, dans une lettre (ex. S'il vous plaît. Veuillez agréer mes salutations distinguées, etc.). — GRAMM. *Pluriel de politesse* (➤ **vouvoyer**). *Conditionnel, futur, imparfait de politesse* (ex. je voudrais pour je veux). — *Dire, faire qqch. par politesse.* «*J'avais l'air de ne la détromper que par politesse*» RADIGUET. ♦ LOC. *Brûler, griller la politesse à qqn :* devancer, passer devant qqn ; VIEILLI partir brusquement, sans prendre congé (cf. Fausser* compagnie). — ALLUS. HIST. *L'exactitude* est la politesse des rois.* ■ **3** (1737) *Une, des politesses.* Action, parole exigée par les usages. *Échange de politesses. Se faire des politesses. Politesses exagérées.* ➤ **courbette, manières, salamalec.** LOC. *Rendre la politesse à qqn*, lui rendre la pareille (cf. Renvoyer l'ascenseur*). ■ CONTR. Grossièreté, impertinence, impolitesse, incorrection.

POLITICAILLERIE [pɔlitikajʀi] n. f. – 1907 ; *politiquaillerie* 1877 ◊ de *politique* et suffixe péj. *-aillerie* ■ FAM. Basse politique, pratique du politicard.

POLITICARD, ARDE [pɔlitikaʀ, aʀd] n. et adj. – 1898 ; *politiquard* 1881 ◊ de *politic(ien)* et *-ard* ■ Politicien(ne) arriviste, sans scrupule. *Politicards intrigants.* — adj. *Calculs politicards.*

POLITICIEN, IENNE [pɔlitisjɛ̃, jɛn] n. et adj. – 1779, repris 1865 ◊ anglais *politician*, de *politics*, du français *politique* ■ **1** Personne qui exerce une action politique dans le gouvernement ou dans l'opposition. ➤ 1 **politique,** II (cf. Homme, femme d'État*). *Elle excelle à «débrouiller en politicienne accomplie le dessous compliqué des affaires»* HENRIOT. *Politicien de droite, de gauche.* ♦ (Souvent péj.) *Politicien retors.* ➤ **politicard.** *Politicien véreux.* ■ **2** adj. (1899) PÉJ. Digne d'un politicien. *Une manœuvre politicienne en vue des élections.* «*La Kabylie réclame le contraire d'une politique politicienne, c'est-à-dire une politique clairvoyante et généreuse*» CAMUS.

POLITICO- ■ Élément, du grec *politikos* «politique» : *politico-économique, politico-financier, politico-social,* etc.

1 **POLITIQUE** [pɔlitik] adj. et n. – fin XIVe ◊ du latin *politicus* «relatif au gouvernement» et «d'un homme d'État», de la famille du grec *polis* «cité»

I ~ adj. **A.** RELATIF À LA CITÉ, AU GOUVERNEMENT DE L'ÉTAT ■ **1** VX Relatif à la société organisée. ➤ **civil** (opposé à *naturel*), **public** (opposé à *privé*). *En Angleterre, «les intérêts politiques sont le principal objet des méditations»* Mme DE STAËL. — MOD. *Économie* politique.* ■ **2** Relatif à l'organisation et à l'exercice du pouvoir dans une société organisée, au gouvernement d'un État. *Pouvoir politique :* pouvoir de gouverner. *Décisions politiques.* «*Le principe de la vie politique est dans l'autorité souveraine*» ROUSSEAU. *Rapports entre la structure économique, sociale et le régime politique* (capitalisme, socialisme, libéralisme). ➤ **aristocratie** (1°), **démocratie, dictature, monarchie, république.** *Institutions politiques d'une civilisation, d'un État.* ➤ **constitution** (II). *Réformes politiques et réformes sociales.* — (1789) (En ce qui concerne la souveraineté par le peuple) *Droits civils et droits politiques des personnes. Consultation politique.* ➤ **élection, plébiscite, référendum, vote.** — (En parlant de ceux qui détiennent le pouvoir, qui jouent un rôle dans les affaires publiques) *Les assemblées politiques. Les milieux politiques.* — **HOMME, FEMME POLITIQUE,** professionnel(le) de la politique, qu'il ou elle soit au pouvoir (ministre, président) ou y aspire, en général à l'intérieur d'un parti. ➤ **politicien ; député, élu, sénateur...** (cf. Homme, femme d'État*). «*L'homme politique s'exprime d'abord par ses actes ; c'est d'eux dont il est comptable*» MITTERRAND. *Indice de popularité d'un homme politique.* — PAR EXT. *La vie politique de Chateaubriand. Faire une carrière politique.* ■ **3** Relatif à la théorie du gouvernement, du pouvoir. *La pensée politique de Rousseau. Histoire des idées politiques. Grandes doctrines politiques :* absolutisme, anarchisme, communisme, étatisme, fascisme, libéralisme, marxisme, monarchisme, royalisme, socialisme, totalitarisme. — *Essai, étude politique.* ♦ Relatif à la connaissance scientifique des faits politiques. *Institut d'études politiques* (ANCIENNT *École des sciences politiques,* ABRÉV. FAM. *Sciences Po*). *Académie des sciences morales et politiques. Science politique.* ➤ **politologie.** ■ **4** Relatif aux rapports du gouvernement et de son opposition ; au pouvoir et à la lutte autour du pouvoir. *Participer à la vie politique française. L'échiquier politique. Climat politique. L'actualité politique. La journée, la semaine politique.* — *Situation politique d'un pays. Crise politique. Revendications politiques et professionnelles des syndicats.* (1815) DR. PÉN. *Délits, crimes politiques. Procès politiques.* PAR EXT. (1848) *Détenu, prisonnier politique* (opposé à *prisonnier de droit* commun*), ou ELLIPT n. *un politique.* «*On essaye de savoir ce qu'ils vont faire de leurs prisonniers : s'ils vont hâter la déportation des politiques en Allemagne ou s'ils vont les fusiller*» DURAS. *Réfugié* politique.* — *Parti* politique. Marketing* politique. Facteurs politiques et économiques. L'opinion publique «est souvent une force politique»* SAUVY. ♦ (En parlant des opinions sur le pouvoir) (1794) *Opinions politiques. Tendances, attitudes, positions politiques.* ➤ **conservateur, droite, extrémisme, extrémiste, gauche, gouvernemental, opportunisme, opposition, progressisme, progressiste, radical, radicalisme, réaction, réactionnaire.** *Sympathies politiques. Adversaires, opposants, amis politiques. Débat politique. Combat politique.* (1734) *Journal politique.* — *Scénario d'anticipation politique.* ➤ **politique-fiction.** ■ **5** Relatif à un État, aux États et à leurs rapports. *Unité politique. Communauté politique.* ➤ **nation.** *Frontières politiques et frontières naturelles. Histoire politique de l'Orient. Géographie politique :* partie de la géographie humaine. ➤ **géopolitique.** *Carte politique du monde.* «*l'univers politique a bien changé*» VALÉRY.

B. HABILE (1636) VX ou LITTÉR. *Ce n'est pas très politique.* ➤ **diplomatique.** *Il jugeait «politique de manifester son admiration pour l'antiquité grecque»* A. HERMANT. — (PERSONNES) «*Je n'ai pas osé le lui dire. Il faut être politique parfois*» BEN JELLOUN. ➤ **avisé.**

II ~ n. ■ **1** (début XVIIe) LITTÉR. Personne qui gouverne, qui exerce des responsabilités politiques. «*Le roi Bouagui était un fin politique. Il savait recevoir largement les étrangers et rendre leur séjour agréable*» HAMPATÉ BÂ. — COUR. Homme, femme politique. ♦ (1933) Personne qui fait prévaloir les considérations politiques. *C'est un politique, pas un militaire.* ♦ FIG. Personne qui sait gouverner autrui. «*Il était trop franc et trop mauvais politique pour déguiser ce qu'il pensait*» R. ROLLAND. ■ **2** n. m. (1927) DIDACT. Ce qui est politique (aux sens I, A, 2°, 4°). *Le politique et le social.* «*L'âge actuel est proprement l'âge du politique*» BENDA.

2 **POLITIQUE** [pɔlitik] n. f. – 1265, rare avant XVIIe ◊ même étymologie que 1*politique* ■ **1** Art et pratique du gouvernement des sociétés humaines (État, nation). « *La politique, art de tromper les hommes* » D'ALEMBERT. « *Quant à la politique ? [...] – Ah ! c'est l'art de créer des faits, de dominer, en se jouant, les événements et les hommes* » BEAUMARCHAIS. « *La politique consiste dans la volonté de conquête et de conservation du pouvoir* » VALÉRY. ♦ SPÉCIALT, RARE Les sciences politiques ; l'étude des phénomènes concernant l'État, le pouvoir, le gouvernement. « *ceux qui voudront traiter séparément la politique et la morale n'entendront jamais rien à aucune des deux* » ROUSSEAU. ■ **2** Manière de gouverner un État (*politique intérieure*) ou de mener les relations avec les autres États (*politique extérieure* ou *politique étrangère*). *Politique conservatrice, libérale, de droite, de gauche. Politique étrangère pragmatique.* ➤ **réalpolitique.** *Politique de coexistence pacifique.* ➤ **pacifisme.** *Politique de neutralité, de non-intervention* (➤ **neutralisme**), *d'intervention* (➤ **interventionnisme**), *d'agression. Politique expansionniste* (➤ **expansionnisme**), *colonialiste* (➤ **colonialisme**). *Politique fondée sur la primauté de la nation.* ➤ **nationalisme.** — *La politique d'un président, d'un ministre.* « *Tout parti vit de sa mystique et meurt de sa politique* » PÉGUY. *La politique européenne de la France.* — *Politique d'austérité. Politique des petits pas**, *de la chaise** *vide, de la main** *tendue.* ♦ Dispositions prises dans certains domaines par le gouvernement. *Politique culturelle, sociale, agricole. Politique de l'emploi, des prix. Politique économique, financière, fiscale. Politique douanière, commerciale.* ➤ **libre-échange, protectionnisme.** ■ **3** (1652) Ensemble des affaires publiques. « *La tolérance est aussi nécessaire en politique qu'en religion* » VOLTAIRE. *S'occuper, se mêler de politique. Faire de la politique. Parler politique.* ♦ La carrière politique. *Se destiner à la politique.* ■ **4** (XVIIe) Manière concertée de conduire une affaire. *Une bonne, une mauvaise politique.* ➤ **stratégie, tactique.** *Politique commerciale d'une entreprise. Pratiquer la politique de l'autruche**, *du moindre effort**, *du pire**. ABSOLT *C'est une politique,* une façon d'envisager les choses. ♦ VIEILLI Calcul intéressé. « *sans nulle politique à l'égard de son mari, elle laissait échapper les plus belles occasions de se faire acheter de beaux chapeaux* » STENDHAL.

POLITIQUE-FICTION [pɔlitikfiksjɔ̃] n. f. – v. 1965 ◊ de 2*politique* et *fiction,* d'après *science-fiction* ■ Récit, scénario imaginant l'évolution d'une situation politique. *Des politiques-fictions.*

POLITIQUEMENT [pɔlitikmɑ̃] adv. – 1405 ◊ de 1*politique* ■ **1** En ce qui concerne le pouvoir politique. *Pays unifié politiquement.* ♦ D'un point de vue politique. *Politiquement, il est à droite.* « *des milliers d'hommes commençaient à penser [...] politiquement* » NIZAN. — *Politiquement correct**. « *Le politiquement "comme il faut" fait des ravages. Imposer une façon de penser me dégoûte. Notre époque devient celle du conformisme intégral* » GREEN. ■ **2** LITTÉR. Avec habileté.

POLITIQUER [pɔlitike] v. intr. ⟨1⟩ – 1689 ◊ de 2*politique* ■ VX et FAM. Parler politique. « *Les uns se mirent à causer, [...] plusieurs à politiquer et à boire* » DIDEROT.

POLITISATION [pɔlitizasjɔ̃] n. f. – 1929 ◊ de *politiser* ■ Action de politiser ; son résultat. *Politisation des syndicats ; des élections municipales, des grèves.* ■ CONTR. Dépolitisation.

POLITISER [pɔlitize] v. tr. ⟨1⟩ – 1934 au p. p. ◊ de 1*politique* ■ Donner un caractère, un rôle politique à. *Politiser des élections syndicales.* — p. p. adj. *Littérature engagée et politisée. Des étudiants politisés.* — PRONOM. *Ce conflit social se politise.* ■ CONTR. Dépolitiser.

POLITOLOGIE [pɔlitɔlɔʒi] n. f. – 1954 ; *politicologie* 1813 ◊ du radical de *politique* et *-logie* ■ DIDACT. Science politique.

POLITOLOGUE [pɔlitɔlɔg] n. – 1959 ; autre sens, 1938 ◊ de *politologie* ■ DIDACT. Spécialiste de politologie. *L'analyse des politologues.* — On dit aussi *politiste,* 1985.

POLJÉ [pɔlje] n. m. – 1896 ◊ mot slave « plaine » ■ GÉOGR. Grande dépression entourée de rebords rocheux, à fond plat et alluvial. *Des poljés.*

POLKA [pɔlka] n. f. – 1842 ◊ emprunté à l'allemand, du tchèque *půlka* « demi-pas » ■ **1** Danse à deux temps, à l'allure vive et très rythmée. *Danser la polka.* — Air sur lequel on la danse. *Jouer des polkas.* — *Polka piquée,* jouée en notes piquées et dansée d'une façon sautillante. ■ **2** PAR APPOS. *Pain polka* : pain dont la croûte est quadrillée de bandes formant des carrés ou des losanges. « *Des pains polkas pareils à des écus ronds* » APOLLINAIRE.

POLLAKIURIE [pɔlakiyʀi ; pɔlakjyʀi] n. f. – 1890 ◊ grec *pollakis* « souvent » et *-urie* ■ MÉD. Fréquence anormalement élevée de mictions peu abondantes.

POLLEN [pɔlɛn] n. m. – 1766 ◊ latin des botanistes « farine, poussière fine » ■ Poussière très fine constituée de grains microscopiques produits et libérés par les anthères des plantes. *Le pollen jaune des lis. Le grain de pollen, agent mâle de la fécondation chez les phanérogames* (➤ **pollinisation**). *Étude des pollens* (➤ **palynologie**), *des pollens fossiles* (➤ **paléobotanique**). *Le pollen peut provoquer des allergies.* ➤ **pollinose.**

POLLICITATION [pɔlisitasjɔ̃] n. f. – 1731 ; « promesse » 1480 ◊ latin juridique *pollicitatio,* de *polliceri* « offrir, promettre » ■ DR. Offre exprimée, mais non encore acceptée.

POLLINIE [pɔlini] n. f. – 1832 ◊ de *pollen* ■ BOT. Masse formée par les grains de pollen agglomérés, chez certaines plantes (asclépiadacées, orchidées).

POLLINIQUE [pɔlinik] adj. – 1832 ◊ de *pollen* ■ BOT. Relatif au pollen. *Chambre, loge, sac pollinique* : partie de l'anthère où se forme le grain de pollen. *Tube pollinique* : prolongement émis par le grain de pollen jusqu'à l'ovule. — *Spectre, diagramme pollinique.* ♦ MÉD. *Asthme pollinique,* causé par le pollen (➤ **pollinose**).

POLLINISATEUR, TRICE [pɔlinizatœʀ, tʀis] adj. et n. – 1937 ◊ de *pollinisation* ■ Qui assure la pollinisation. *Insecte pollinisateur.* — n. *L'abeille est une pollinisatrice.*

POLLINISATION [pɔlinizasjɔ̃] n. f. – 1875 ; *pollination* 1812 ◊ de *pollen* ■ SC. NAT. Processus par lequel le pollen est transporté des anthères jusqu'aux stigmates du pistil de la même fleur (*pollinisation directe* ou *autopollinisation*) ou d'une autre fleur de la même espèce (*pollinisation indirecte* ou *croisée*). *Pollinisation par le vent* (plantes anémophiles*), *par les insectes* (plantes entomophiles* ; ➤ **pollinisateur**). *Pollinisation artificielle du vanillier.*

POLLINISER [pɔlinize] v. tr. ⟨1⟩ – 1874 ◊ de *pollen* ■ Répandre du pollen dans (un lieu), sur (qqch.). « *polliniser les fleurs au pinceau pour compenser la disparition des abeilles* » J. TESTART. — Au p. p. « *Une petite chenille noire à poils beiges pollinisés* » CIXOUS.

POLLINOSE [pɔlinoz] n. f. – 1962 ◊ de *pollen* et 2*-ose* ■ MÉD. Ensemble de manifestations allergiques (rhinite, conjonctivite, asthme, urticaire...) provoquées par les pollens. *Pollinose due aux graminées* (cf. Rhume des foins*).

POLLUANT, ANTE [pɔlyɑ̃, ɑ̃t] adj. et n. m. – v. 1970 ◊ de *polluer* ■ Qui pollue, rend l'environnement malsain. *Produits polluants. Industrie polluante.* ➤ **pollueur.** « *Construire une usine non polluante* » SAUVY. ♦ n. m. Agent (physique, chimique ou biologique) provoquant une dégradation dans un milieu donné. *Polluants atmosphériques.* ➤ **pluie** (acide). *Polluant organique persistant (POP)* : molécule toxique résistant aux dégradations biologiques naturelles, qui peut s'accumuler dans les tissus vivants et se propager sur de longues distances. *Les dioxines, les furanes sont des polluants organiques persistants.* ■ CONTR. Dépolluant. Propre.

POLLUER [pɔlɥe] v. tr. ⟨1⟩ – 1290 ◊ latin *polluere* « souiller » ■ **1** VX ou LITTÉR. Salir, souiller ; FIG. profaner. ■ **2** (1958) MOD. Salir en rendant malsain, dangereux. *Gaz qui polluent l'atmosphère des villes.* ➤ **infecter, infester.** *Eau polluée par les nitrates* (➤ **dystrophisation, eutrophisation**). *Air pollué,* vicié (opposé à *pur*). — *Pétroliers qui polluent les côtes.* ♦ PAR EXT. ABSOLT Dégrader l'environnement, de quelque manière que ce soit. « *Un nouveau slogan "Qui pollue paie." Cette parafiscalité a été créée pour les riverains des aérodromes d'Orly et de Roissy* » (Science et Vie, 1974). ■ **3** FIG. Détériorer, dénaturer. *La polémique a pollué le cours de l'instruction.* ■ CONTR. Décontaminer, dépolluer, épurer.

POLLUEUR, EUSE [pɔlɥœʀ, øz] adj. et n. – 1969 ◊ de *polluer* ■ Qui pollue, est responsable d'une pollution. *Agents pollueurs.* — n. « *S'il n'y avait aucun pollueur, il n'y aurait aucune dégradation* » SAUVY. *Principe du pollueur payeur,* selon lequel le responsable d'une pollution doit financer la réparation des dégâts environnementaux. « *les usines de pâte à papier, grandes pollueuses* » SAUVY.

POLLUTION [pɔlysjɔ̃] n. f. – XIIe ◊ latin ecclésiastique *pollutio* ■ **1** VX Action de polluer, fait d'être pollué. ➤ **souillure.** ♦ (1314) MOD. *Pollutions nocturnes* : éjaculations involontaires, pendant le sommeil. ■ **2** (v. 1960) Dégradation d'un milieu par l'introduction d'un polluant*. *Pollution des eaux d'une rivière.*

➤ **contamination, dystrophisation, eutrophisation.** *Pollution marine par les hydrocarbures.* ➤ **marée** (noire). *Pollution atmosphérique. Pics de pollution. Lutte contre la pollution.* ➤ **antipollution ; dépollution, éco-industrie.** *Étude de l'environnement et des facteurs de pollution* (➤ **écologie**). *Science des pollutions.* ➤ **molysmologie.** — PAR EXT. Dégradation des conditions de vie, nuisance quelconque (bruit, etc.). *Pollution sonore.* ■ CONTR. Dépollution, épuration.

POLO [pɔlo] **n. m.** – 1872 ◇ mot anglais, du tibétain ■ **1** Sport collectif dans lequel des cavaliers, divisés en deux équipes, essaient de pousser une boule de bois dans le but adverse avec un maillet à long manche. *Joueur de polo.* ➤ **poloïste.** *Match de polo.* ■ **2** (1897 «coiffure des joueurs de polo») VX Coiffure de femme, sans bords. *«une fille aux yeux brillants [...] sous un "polo" noir, enfoncé sur sa tête»* PROUST. ■ **3** (1913) MOD. Chemise de sport en maille, à col ouvert. *Des polos.*

POLOCHON [pɔlɔʃɔ̃] **n. m.** – 1849 ◇ p.-ê. de l'ancien français *pouloucel* «petit oiseau», latin *pullus* ■ **1** FAM. Traversin. *Faire une bataille de polochons.* ■ **2** *Sac polochon :* sac de voyage cylindrique et souple.

POLOÏSTE [pɔlɔist] **n.** – 1899 ◇ de *polo* ■ Joueur, joueuse de polo. ♦ Joueur, joueuse de waterpolo.

POLONAIS, AISE [pɔlɔnɛ, ɛz] **adj.** et **n.** – 1588 ; *poulenoys* 1442 ◇ polonais *poljane*, du radical de *pole* «champ» ■ De Pologne. *La mazurka, la polka, danses polonaises.* ♦ **n.** *Les Polonais.* ➤ FAM. **polaque.** — **n. m.** Langue du groupe slave occidental.

POLONAISE [pɔlɔnɛz] **n. f.** – 1774 ◇ de *polonais* ■ **1** Danse nationale des Polonais. — Musique sur laquelle on exécute cette danse. *Les polonaises de Chopin. «En Russie, les bals de la cour s'ouvrent par ce qu'on appelle une polonaise»* GAUTIER. ■ **2** Gâteau meringué, dont l'intérieur, fait de pâte briochée imbibée de kirsch, contient des fruits confits.

POLONIUM [pɔlɔnjɔm] **n. m.** – 1898 ◇ de *Pologne*, pays d'origine de Marie Curie ■ CHIM., PHYS. Élément atomique (Po ; n° at. 84 ; m. at. [27 isotopes] 192 à 218) dont tous les isotopes sont radioactifs. *Le polonium, produit de désintégration du radium.*

POLTRON, ONNE [pɔltʀɔ̃, ɔn] **adj.** et **n.** – 1509 ◇ italien *poltrone* «poulain» ■ Qui manque de courage physique. ➤ **couard, lâche, pusillanime ;** FAM. **dégonflé, froussard, trouillard.** — **n.** *Une poltronne.* ➤ **pleutre.** *«Les courageux s'armèrent, les poltrons se cachèrent»* HUGO. ■ CONTR. Brave, courageux.

POLTRONNERIE [pɔltʀɔnʀi] **n. f.** – 1574 ; *poltronie* 1566 ◇ de *poltron* ■ Caractère du poltron. ➤ **couardise, lâcheté.** *«La parfaite valeur et la poltronnerie complète sont deux extrémités où l'on arrive rarement»* LA ROCHEFOUCAULD. ■ CONTR. Bravoure, courage.

1**POLY-** ■ Élément, du grec *polus* «nombreux ; abondant» (➤ **multi-, pluri-**). ■ CONTR. Mon(o)-, uni-.

2**POLY-** ■ Élément, tiré de *polymère : polyacrylique, polycarbonate, polyester.*

POLYACIDE [pɔliasid] **n. m.** – 1869 ◇ de 1*poly-* et *acide* ■ CHIM. Acide susceptible de céder plusieurs atomes d'hydrogène.

POLYACRYLIQUE [pɔliakʀilik] **adj.** – 1945 ◇ de 2*poly-* et *acrylique* ■ CHIM. Qui est obtenu par polymérisation de molécules de la série acrylique. *Résine polyacrylique.*

POLYADDITION [pɔliadisjɔ̃] **n. f.** – 1953 ◇ calque de l'allemand *Polyaddition* (Bayer, 1947), cf. 2*poly-* et *addition* ■ CHIM. Polymérisation s'effectuant par succession de réactions d'addition de monomères. *La polyaddition du styrène.*

POLYAKÈNE [pɔliakɛn] **n. m.** – 1855 ; *polakène* 1834 ◇ de 1*poly-* et *akène* ■ BOT. Fruit indéhiscent possédant plus de quatre méricarpes.

POLYALCOOL [pɔlialkɔl] **n. m.** – 1903 ◇ de 1*poly-* et *alcool* ■ CHIM. Molécule organique possédant plusieurs fonctions alcool. ➤ **polyol ; aldol, dialcool, trialcool.**

POLYAMIDE [pɔliamid] **n. m.** – 1913 ◇ de 2*poly-* et *amide* ■ CHIM. Corps résultant de la réaction d'un polyacide sur une polyamine. ➤ **aramide, kevlar, lycra, nylon, plastique, protéine.** *Utilisation des polyamides dans la fabrication de fibres textiles. Tube en polyamide.*

POLYAMINE [pɔliamin] **n. f.** – 1898 ◇ de 1*poly-* et *amine* ■ CHIM., BIOL. Substance aliphatique linéaire possédant plusieurs fonctions amine. *La spermine est une polyamine.*

POLYANDRE [pɔljɑ̃dʀ ; pɔliɑ̃dʀ] **adj.** – 1809 bot. ◇ de 1*poly-* et *-andre* ■ DIDACT. ■ **1** Qui a plusieurs maris simultanément. *Femme polyandre* (➤ **polygame**). — PAR EXT. (animaux) Qui s'accouple, vit avec plusieurs mâles. ■ **2** BOT. VIEILLI Qui a plusieurs étamines. ■ CONTR. (du 1°) Monogame.

POLYANDRIE [pɔliɑ̃dʀi ; pɔljɑ̃dʀi] **n. f.** – 1765 ◇ de 1*poly-* et *-andrie* ■ DIDACT. ■ **1** Le fait pour une femme d'avoir simultanément plusieurs maris. ➤ **bigamie, polygamie.** — PAR EXT. (animaux) Situation d'une femelle qui s'accouple, vit avec plusieurs mâles. ■ **2** (1787) BOT. VIEILLI Caractère d'une plante polyandre. ■ CONTR. (du 1°) Monogamie.

POLYARTHRITE [pɔliaʀtʀit] **n. f.** – 1868 ◇ de 1*poly-* et *arthrite* ■ MÉD. Inflammation simultanée de plusieurs articulations. *Polyarthrite chronique évolutive* ou *rhumatoïde**.

POLYCARBONATE [pɔlikaʀbɔnat] **n. m.** – 1976 ◇ de 2*poly-* et *carbonate ;* cf. en anglais (1930) ■ Polymère synthétique de la famille des polyesters, matière plastique transparente, légère et résistante. *Verres de lunettes en polycarbonate.*

POLYCENTRIQUE [pɔlisɑ̃tʀik] **adj.** – 1897 biol. ◇ de 1*poly-* et *centre* ■ **1** ARCHIT. Se dit du plan d'un bâtiment qui a plusieurs centres. ■ **2** POLIT. Qui a plusieurs centres de direction. *Parti polycentrique.*

POLYCENTRISME [pɔlisɑ̃tʀism] **n. m.** – v. 1960 ◇ de 1*poly-* et *centre* ■ POLIT. Système d'organisation permettant la multiplication des centres de décision ou de direction.

POLYCÉPHALE [pɔlisefal] **adj.** – 1808 ◇ grec *polukephalos ;* cf. 1*poly-* et *-céphale* ■ DIDACT. Qui a plusieurs têtes. *L'hydre, monstre polycéphale.* ♦ FIG. *Une direction polycéphale.*

POLYCHÈTES [pɔlikɛt] **n. m. pl.** – 1842 ◇ de 1*poly-* et grec *khaitê* «soie» ■ ZOOL. Classe de vers marins segmentés aux nombreuses soies (néréide, etc.). — SING. *Un polychète.*

POLYCHLORURE [pɔliklɔʀyʀ] **n. m.** – 1958 ◇ de 2*poly-* et *chlorure* ■ *Polychlorure de vinyle.* ➤ **P. V. C.** — *Polychlorure d'aluminium,* utilisé comme coagulant dans le traitement de l'eau.

POLYCHROME [pɔlikʀom] **adj.** – 1788 ◇ grec *polukhrômos ;* cf. 1*poly-* et *-chrome* ■ Qui est de plusieurs couleurs ; décoré de plusieurs couleurs. *Statue polychrome. «Nous nous étonnons aujourd'hui de l'architecture polychrome des Grecs»* GIDE. ■ CONTR. Monochrome.

POLYCHROMIE [pɔlikʀɔmi] **n. f.** – 1834 ◇ de *polychrome* ■ État de ce qui a diverses couleurs. — SPÉCIALT Application de la couleur à la statuaire, à l'architecture. ■ CONTR. Monochromie.

POLYCLINIQUE [pɔliklinik] **n. f.** – 1864 ◇ de 1*poly-* et *clinique* ■ Établissement hospitalier comprenant plusieurs services spécialisés pour le traitement de maladies diverses. ■ HOM. Policlinique.

POLYCONDENSAT [pɔlikɔ̃dɑ̃sa] **n. m.** – milieu XXe (cf. *superpolycondensat* 1948) ◇ de *polycondensé* «soumis à une *polycondensation*» (1909) ■ CHIM. Résultat d'une polycondensation.

POLYCONDENSATION [pɔlikɔ̃dɑ̃sasjɔ̃] **n. f.** – 1948 ◇ de 2*poly-* et *condensation*, p.-ê. d'après l'allemand *Polykondensation* (1932) ■ CHIM. Réaction entre deux molécules identiques ou différentes, conduisant à leur réunion et à une élimination d'eau simultanée. *Matières plastiques (polycarbonate, polyamide...) obtenues par polycondensation.*

POLYCOPIE [pɔlikɔpi] **n. f.** – 1890 ◇ de 1*poly-* et *copie* ■ Procédé de reproduction graphique par report (décalque) sur une pâte, un mastic à la gélatine (formant cliché) ou sur un stencil, encrage et tirage (➤ **ronéo**). *Bulletin tiré à la polycopie.* — PAR EXT. Reproduction ainsi obtenue. ➤ **polycopié.**

POLYCOPIÉ, IÉE [pɔlikɔpje] **adj.** et **n. m.** – 1920 ◇ de *polycopier* ■ Reproduit en polycopie. *Cours polycopiés.* — **n. m.** (1962) *Un polycopié :* texte, et SPÉCIALT cours universitaire polycopié. ABRÉV. FAM. **POLY.** *Des polys de maths.*

POLYCOPIER [pɔlikɔpje] **v. tr.** ⟨7⟩ – 1920 ◇ de 1*poly-* et *copier* ■ Reproduire en polycopie. *Stencil, encre à polycopier.*

POLYCULTURE [pɔlikyltyʀ] **n. f.** – 1908 ◇ de 1*poly-* et 1*culture* ■ Culture simultanée de différents produits sur un même domaine, dans une même région. ■ CONTR. Monoculture.

POLYCYCLIQUE [pɔlisiklik] **adj.** – 1906 ◇ de 1*poly-* et *cyclique* ■ ÉLECTR. Qui touche plusieurs phénomènes périodiques de fréquence différente. ♦ CHIM. Qui comporte plusieurs noyaux cycliques dans sa molécule. ■ CONTR. Monocyclique.

POLYDACTYLIE [pɔlidaktili] **n. f.** – 1820 ◇ de 1*poly-* et du grec *daktulos* «doigt» ■ PATHOL. Malformation caractérisée par la présence de doigts ou d'orteils surnuméraires. — **adj. POLYDACTYLE,** 1814.

POLYÈDRE [pɔljɛdʀ ; pɔliɛdʀ] n. m. et adj. – 1690 ◊ grec *poluedros* ; cf. 1*poly-* et *-èdre* ▪ GÉOM. Solide limité par un nombre fini de polygones plans ou faces. *Polyèdre convexe. Polyèdre régulier.* ➤ **cube, parallélépipède, pyramide.** *Polyèdre* (concave) *à faces étoilées.* — **adj.** *Angle polyèdre,* formé par les faces d'un polyèdre.

POLYÉDRIQUE [pɔljedʀik ; pɔliedʀik] adj. – 1832 ◊ de *polyèdre* ▪ GÉOM. Relatif à un polyèdre, qui constitue un polyèdre ou en fait partie. — VIROL. *Virus polyédrique.*

POLYEMBRYONIE [pɔliɑ̃bʀijɔni] n. f. – 1874 ◊ de 1*poly-* et *embryon* ; cf. anglais *polyembryony* bot. (1849) ▪ EMBRYOL. Formation de plusieurs individus par division d'un œuf unique (➤ **monozygote**).

POLYESTER [pɔliɛstɛʀ] n. m. – 1957 ◊ de 2*poly-* et 2*ester* ▪ Polymère formé par estérification d'un diacide et d'un dialcool. *Fibres synthétiques de polyester.* ➤ **dacron, tergal.** *Coque en polyester.*

POLYÉTHER [pɔlietɛʀ] n. m. – *poly-éther* 1949 ◊ de 2*poly-* et *éther* ▪ CHIM. Tout polymère contenant plusieurs fonctions éther. *Les polyéthers sont utilisés sous forme de mousses synthétiques, résines époxy.*

POLYÉTHYLÈNE [pɔlietilɛn] n. m. – 1946 ◊ de 2*poly-* et *éthylène* ▪ Matière plastique obtenue par polymérisation de l'éthylène, solide translucide, thermoplastique. ➤ **polythène.** *Propriétés isolantes du polyéthylène.*

POLYGALA [pɔligala] n. m. – 1562 ◊ de 1*poly-* et du grec *gala* «lait», cette plante étant autrefois réputée pour favoriser la production du lait chez les vaches ▪ BOT. Plante herbacée, vivace *(polygalacées)* aux grappes de petites fleurs bleu-violet. — On dit aussi **POLYGALE,** 1669.

POLYGAME [pɔligam] n. et adj. – 1580 ◊ grec *polugamos* ▪ DIDACT. ▪ **1** Homme uni à plusieurs femmes ➤ **coépouse,** femme unie à plusieurs hommes (➤ **polyandre**) à la fois, en vertu de liens légitimes. *Un, une polygame.* — **adj.** *Musulman, mormon polygame. Tibétaine polygame.* ▪ **2** adj. BOT. VIEILLI Dicline. ▪ CONTR. (du 1°) Monogame.

POLYGAMIE [pɔligami] n. f. – 1558 ◊ latin *polygamia,* du grec ▪ **1** Situation d'une personne polygame (➤ aussi **bigamie, polyandrie ; coépouse**) ; organisation sociale reconnaissant les unions légitimes multiples et simultanées. *En France, la polygamie est punie par le Code pénal.* ▪ **2** (fin XVIIIe) BOT. VIEILLI Caractère d'une plante polygame. ▪ CONTR. Monogamie.

POLYGÉNIQUE [pɔliʒenik] adj. – 1870 ◊ de 1*poly-* et du grec *genikos,* de *genos* → *-gène* ▪ **1** MINÉR. Se dit d'une roche formée d'éléments de nature différente. ▪ **2** GÉOL. Dont la formation s'est déroulée dans des conditions différentes. ▪ **3** (1965 ◊ de *génique*) GÉNÉT. Qui implique plusieurs gènes. *Le diabète est une maladie polygénique.* ➤ **multigénique.** ▪ CONTR. Monogénique.

POLYGÉNISME [pɔliʒenism] n. m. – 1865 ◊ de 1*poly-* et *-génie* ▪ DIDACT. Doctrine suivant laquelle l'espèce humaine proviendrait de plusieurs souches différentes. *L'Église rejette les thèses du polygénisme.* — adj. et n. **POLYGÉNISTE,** 1861. ▪ CONTR. Monogénisme.

POLYGLOBULIE [pɔliglɔbyli] n. f. – 1904 ◊ de 1*poly-* et *globule* ▪ MÉD. Excès pathologique de globules rouges.

POLYGLOTTE [pɔliglɔt] adj. et n. – 1639 ◊ grec *puglôttos,* de *glôtta* «langue» ▪ **1** (1690) Écrit, rédigé en plusieurs langues. *Dictionnaire polyglotte.* ➤ **plurilingue.** ▪ **2** COUR. Qui parle plusieurs langues. ➤ **multilingue, plurilingue.** *Interprète polyglotte.* ➤ **bilingue, trilingue,** etc. — n. *Un, une polyglotte.*

POLYGONACÉES [pɔligɔnase] n. f. pl. – 1841 ◊ du grec *polugonaton,* de *gonu* «genou» ▪ BOT. Famille de plantes phanérogames *(dicotylédones apétales)* comprenant l'oseille, la renouée, la rhubarbe, le sarrasin.

POLYGONAL, ALE, AUX [pɔligɔnal, o] adj. – 1560 ◊ de *polygone* ▪ Qui a plusieurs angles et plusieurs côtés. *Champ, terrain polygonal, de forme polygonale.* — MATH. *Ligne polygonale :* suite finie de segments coplanaires joints bout à bout. ➤ **polygone.** ◆ Dont la base est un polygone. *Pyramide polygonale.*

POLYGONATION [pɔligɔnasjɔ̃] n. f. – milieu XXe ◊ de *polygone* ▪ TECHN. Méthode topographique par une suite de mesures angulaires. ➤ **cheminement.**

POLYGONE [pɔligɔn ; pɔligon] n. m. – 1567 ◊ latin *polygonus,* grec *polugônos* ▪ **1** Figure plane formée par une ligne polygonale* fermée. ➤ **quadrilatère, triangle ;** 1 **-gone.** *Côtés, sommets, diagonales d'un polygone. Polygone convexe, concave,* situé ou non tout entier du même côté de la droite dont fait partie un quelconque de ses côtés. *Polygone régulier,* à côtés et angles égaux. *Centre, rayon, apothème d'un polygone régulier.* ◆ MÉCAN. *Polygone de forces,* formé de vecteurs représentant les forces d'un système en équilibre. — *Polygone de sustentation*.* ▪ **2** (1640) Polygone formant le tracé d'une place de guerre, d'une fortification. — *Polygone de tir :* champ de tir pour l'artillerie. «*des soldats qui faisaient du tir réduit dans le polygone*» ALAIN.

POLYGRAPHE [pɔligʀaf] n. – 1536 ◊ grec *polugraphos* ▪ DIDACT., VIEILLI Auteur non spécialiste qui écrit sur des domaines variés. *Diderot se fit polygraphe pour rédiger son Encyclopédie.*

POLYHANDICAPÉ, ÉE [pɔliɑ̃dikape] adj. et n. – 1983 ◊ de 1*poly-* et *handicapé* ▪ Qui présente une atteinte motrice associée à une déficience intellectuelle. *Enfant polyhandicapé.* — n. *La prise en charge des polyhandicapés.* — n. m. **POLYHANDICAP.**

POLYINSATURÉ, ÉE [pɔliɛ̃satyʀe] adj. – 1949 ◊ de 1*poly-* et *insaturé* ▪ CHIM. Doté de plusieurs doubles liaisons entre atomes de carbone. *Acides gras polyinsaturés.*

POLYMÉRASE [pɔlimeʀɑz] n. f. – 1960 ◊ de *polymère* et *-ase* ▪ BIOCHIM. Enzyme catalysant la synthèse de l'ADN ou de l'ARN.

POLYMÈRE [pɔlimɛʀ] n. m. – 1842 ◊ de 1*poly-* et *-mère* ▪ CHIM. Molécule formée de l'association de plusieurs molécules de plus petite masse (➤ **copolymère, monomère, oligomère, protomère**), identiques ou non. *Polymères naturels :* amidon, cellulose, protéines. *Polymères synthétiques (plastiques) :* bakélite, caoutchouc, goretex, lycra, nylon, PET, polyamide, polyester, polyéthylène, PVC, téflon. BIOCHIM. *L'ADN, les protéines, le glycogène, l'amidon sont des polymères.*

POLYMÉRIE [pɔlimeʀi] n. f. – 1827 ◊ de *polymère* ▪ **1** CHIM. Cas particulier d'isomérie où l'un des composés *(polymère)* a une masse moléculaire multiple de l'autre. ▪ **2** GÉNÉT. Hérédité où chaque caractère est déterminé par l'action de plusieurs gènes.

POLYMÉRIQUE [pɔlimeʀik] adj. – 1834 biol. ◊ de *polymère* ▪ BIOCHIM. Se dit d'une molécule formée de polymères, identiques ou différents.

POLYMÉRISATION [pɔlimeʀizasjɔ̃] n. f. – 1869 ◊ de *polymériser* ▪ CHIM. Union de plusieurs molécules d'un composé pour former une grosse molécule. ➤ **polyaddition, polycondensation.** *Résines de polymérisation.* ➤ **macromolécule, plastique.**

POLYMÉRISER [pɔlimeʀize] v. tr. ⟨1⟩ – 1869 ◊ de *polymère* ▪ CHIM. Transformer en polymère. — adj. **POLYMÉRISABLE,** 1931.

POLYMORPHE [pɔlimɔʀf] adj. – 1824 ◊ de 1*poly-* et *-morphe* ▪ DIDACT. ou LITTÉR. Qui peut se présenter sous des formes différentes. ◆ CHIM. Se dit d'un corps qui peut se présenter sous plusieurs formes cristallines (ex. le carbone : diamant ou graphite). ◆ GÉNÉT. *Gène polymorphe,* présent sous plusieurs formes alléliques dans une population, sans prédominance de l'une sur l'autre.

POLYMORPHISME [pɔlimɔʀfism] n. m. – 1836 ◊ de 1*poly-* et *morphisme* ▪ DIDACT. Caractère de ce qui est polymorphe. *Polymorphisme des fourmis et des abeilles (reine, soldat, bourdon, etc.).* ◆ SPÉCIALT Hétérogénéité génétiquement déterminée de protéines. *Polymorphisme protéique.* — GÉNÉT. Existence parmi les individus d'une même espèce de variations non pathologiques d'un caractère génétique. *Polymorphisme génétique. Polymorphisme d'un seul nucléotide.* — On a dit *polymorphie* n. f., 1864.

POLYNÉVRITE [pɔlinevʀit] n. f. – 1889 ◊ de 1*poly-* et *névrite* ▪ MÉD. Névrite périphérique infectieuse ou toxique, qui atteint plusieurs nerfs. *Polynévrite diabétique, alcoolique.*

POLYNÔME [pɔlinom] n. m. – 1691 ◊ de 1*poly-* et *-nôme,* d'après *binôme* ▪ Expression algébrique constituée par une somme algébrique de monômes (séparés par les signes + et –). ➤ **binôme, trinôme.** *Degré d'un polynôme en* x : degré de la plus haute puissance de *x.*

POLYNUCLÉAIRE [pɔlinykleɛʀ] adj. – 1889 ◊ de 1*poly-* et *nucléaire* ▪ BIOL. CELL. Se dit d'une cellule possédant plusieurs noyaux. *Leucocyte polynucléaire,* ELLIPT n. m. *un polynucléaire :* globule blanc à noyau segmenté ou irrégulier, paraissant multiple lors de son observation au microscope. ➤ **granulocyte.**

POLYOL [pɔljɔl ; pɔliɔl] n. m. – XXe ◊ de 1*poly-* et *(alco)ol* ■ CHIM. Polyalcool. — SPÉCIALT Substitut du saccharose ne favorisant pas le développement des caries dentaires. *Chewing-gum aux polyols.*

POLYOSIDE [pɔliozid] n. m. – 1963 ◊ de 2*poly-* et *oside* ■ BIOCHIM. ➤ **polysaccharide.**

POLYPE [pɔlip] n. m. – *polipe* 1265 ◊ latin *polypus,* grec *polupous,* de *pous* «pied» ■ **1** (1550) ZOOL. Stade sessile de certains cnidaires (➤ **hydraire**), caractérisé par un corps vésiculaire ouvert vers l'extérieur par une bouche entourée de tentacules. — L'animal lui-même (hydre, méduse). *Une colonie de polypes.* ➤ **polypier.** ■ **2** (v. 1370) PATHOL. Tumeur, excroissance fibreuse ou muqueuse, implantée par un pédicule. *Polype de la vessie, du côlon. Polype du col utérin.*

POLYPEPTIDE [pɔlipɛptid] n. m. – 1903 ◊ de 2*poly-* et *peptide* ■ BIOCHIM. Substance constituée par la combinaison de plusieurs acides aminés, en nombre supérieur à quatre. *Polypeptides naturels, synthétiques. Polypeptides résultant de la digestion des protéines.* — adj. **POLYPEPTIDIQUE,** 1941.

POLYPÉTALE [pɔlipetal] adj. – 1732 ◊ de 1*poly-* et *pétale* ■ BOT. Qui a plusieurs pétales libres. ➤ **dialypétale.**

POLYPEUX, EUSE [pɔlipø, øz] adj. – 1552 ◊ de *polype* ■ PATHOL. Qui constitue un polype (2°), qui est caractérisé par la présence de polypes. *Colite polypeuse.*

POLYPHASÉ, ÉE [pɔlifɑze] adj. – 1891 ◊ de 1*poly-* et *phase* ■ Qui a plusieurs phases. *Courants polyphasés :* courants alternatifs à plusieurs phases. ➤ **biphasé, triphasé.** ♦ Alimenté en courants polyphasés. *Alternateur polyphasé.*

POLYPHÉNOL [pɔlifenɔl] n. m. – 1945 ◊ de 2*poly-* et *phénol* ■ BIOCHIM. Composé contenant plusieurs fonctions phénol, d'origine végétale, aux propriétés antioxydantes. ➤ **flavonoïde.** *Les polyphénols du vin, du thé, du chocolat.*

POLYPHONIE [pɔlifɔni] n. f. – 1875 ; ling. 1869 ◊ grec *poluphônia* ■ **1** Combinaison de plusieurs voix, de plusieurs parties dans une composition. ➤ **contrepoint.** *Polyphonie instrumentale, vocale.* — Chant à plusieurs voix. *Les polyphonies du XVIe siècle.* ■ **2** Pluralité de niveaux, dans une narration, un raisonnement, une œuvre. ■ CONTR. Homophonie.

POLYPHONIQUE [pɔlifɔnik] adj. – 1876 ◊ de *polyphonie* ■ **1** MUS. Qui constitue une polyphonie ; qui est à plusieurs voix. *Pièce polyphonique vocale.* ♦ Qui exécute des polyphonies. *Un ensemble polyphonique.* ■ **2** (➤ **polyphonie,** 2°) *Récit, film polyphonique. L'œuvre polyphonique de Rabelais, de James Joyce.*

POLYPHONISTE [pɔlifɔnist] adj. et n. – 1885 ◊ de *polyphonie* ■ MUS. Compositeur, compositrice de polyphonies.

POLYPHOSPHATE [pɔlifɔsfat] n. m. – 1959 ◊ de 1*poly-* et *phosphate* ; cf. en anglais (1908) ■ (Surtout au plur.) Ion négatif $(PO_3^-)_n$ issu de la polycondensation de l'acide phosphorique ; sel contenant cet ion. *Lessive contenant des polyphosphates participant à l'eutrophisation* du milieu aquatique. Polyphosphate de sodium, de potassium,* utilisés comme additifs alimentaires. ➤ **phosphate.**

POLYPIER [pɔlipje] n. m. – 1752 ◊ de *polype* ■ ZOOL. Squelette calcaire des cnidaires *(coralliaires)* vivant en colonies de polypes ; groupe d'animaux présentant cette formation calcaire. ➤ 1**corail, gorgone** (2°), **madrépore, millépore.** — FIG. «*ce polypier humain que l'on appelle une ville*» GAUTIER.

POLYPLOÏDE [pɔliplɔid] adj. – 1931 ◊ de 1*poly-,* d'après *diploïde* ■ BIOL. Dont le nombre de chromosomes des cellules somatiques égale trois fois (ou plus) celui des cellules haploïdes. *Espèces de blé polyploïdes.*

POLYPLOÏDIE [pɔliplɔidi] n. f. – 1931 ◊ de *polyploïde* ■ BIOL. État d'un noyau (d'une cellule), d'un organisme polyploïde.

POLYPNÉE [pɔlipne] n. f. – 1903 ◊ de 1*poly-* et *-pnée,* élément tiré du grec *pnein* «respirer», sur le modèle de *apnée, dyspnée* ■ MÉD. Respiration rapide. ■ CONTR. Bradypnée.

POLYPODE [pɔlipɔd] n. m. – *polipode* XIIIe ◊ latin *polypodium,* grec *polupodion* ■ BOT. Fougère *(polypodiacées)* à rhizome rampant, à feuilles lobées, croissant en milieu humide, dont il existe de nombreuses espèces.

POLYPORE [pɔlipɔʀ] n. m. – 1827 ◊ de 1*poly-* et *pore* ■ BOT. Champignon basidiomycète *(polyporées)* charnu, se développant sur les arbres (frêne, chêne, etc.).

POLYPOSE [pɔlipoz] n. f. – 1911 ◊ de *polype* et 2*-ose* ■ MÉD. Affection caractérisée par la présence de plusieurs polypes se développant généralement sur une muqueuse. *Polypose nasale, colique.*

POLYPROPYLÈNE [pɔlipʀɔpilɛn] n. m. – milieu XXe ◊ de 2*poly-* et *propylène* ■ Matière plastique obtenue par polymérisation du propylène. *Tissu, corde en polypropylène.*

POLYPTÈRE [pɔliptɛʀ] n. m. – 1802 ◊ grec *polupteros* ■ ZOOL. Poisson des rivières tropicales *(ostéichtyens)* caractérisé par la segmentation de sa nageoire dorsale.

POLYPTYQUE [pɔliptik] n. m. – 1721 adj. ◊ latin *polyptychon,* grec *poluptukhos,* de *ptux, ptukhos* «pli» ■ ARTS Tableau d'autel, peinture à plusieurs volets. ➤ **diptyque, triptyque.**

POLYRIBOSOME [pɔliʀibozom] n. m. – 1972 ◊ mot anglais 1962, cf. 1*poly-* et *ribosome* ■ BIOCHIM. Association fonctionnelle de plusieurs ribosomes liés à une molécule d'ARN messager et réalisant la synthèse protéique. ➤ **polysome.**

POLYSACCHARIDE [pɔlisakaʀid] n. m. /POLYSACCARIDE/ – 1884 ◊ de 2*poly-* et *saccharide* ■ BIOCHIM. Glucide naturel, végétal ou animal, formé par la polymérisation de plusieurs sucres simples en C_6 (oses). ➤ **polyoside.** *L'amidon, le glycogène, la cellulose sont des polysaccharides.*

POLYSÉMIE [pɔlisemi] n. f. – 1897 ◊ de 1*poly-* et grec *semaînen* → sémantique ■ LING. Caractère d'un signe qui possède plusieurs contenus, plusieurs sens. «*La polysémie nous permet d'exploiter rationnellement le potentiel des mots* [...] *Le prix de cette rationalisation est le risque d'ambiguïté*» S. ULLMANN. *Polysémie* (ex. *pompe* «appareil» et *pompe* «chaussure» [POP.]) *et homonymie* (ex. 2*pompe* «appareil» et 1*pompe* «faste, éclat»). *Traitement de la polysémie dans les dictionnaires.* ■ CONTR. Monosémie.

POLYSÉMIQUE [pɔlisemik] adj. – 1932 ◊ de *polysémie* ■ LING. Qui présente plusieurs sens, en parlant d'un signe ; relatif à la polysémie. ■ CONTR. Monosémique.

POLYSOC [pɔlisɔk] n. m. – 1846 ◊ de 1*poly-* et *soc* ■ TECHN. *Charrue polysoc,* ou ELLIPT *un polysoc :* charrue formée de plusieurs corps (soc, coutre) montés sur un même bâti.

POLYSOME [pɔlizom] n. m. – 1965 ◊ mot anglais 1962, abrév. de *polyribosome* ■ BIOCHIM. ➤ **polyribosome.**

POLYSTYLE [pɔlistil] adj. – 1812 ◊ grec *polustulos* ■ ARCHIT. Qui a de nombreuses colonnes. *Temple, salle polystyle.*

POLYSTYRÈNE [pɔlistiʀɛn] n. m. – 1936 ◊ de 2*poly-* et *styrène* ■ Matière plastique obtenue par polymérisation du styrène. *Panneau isolant en polystyrène expansé.* ➤ RÉGION. **frigolite.**

POLYSULFURE [pɔlisylfyʀ] n. m. – 1834 ◊ de 1*poly-* et *sulfure* ■ CHIM. Ion formé de chaînes d'atomes de soufre, porteur d'une charge négative à chaque extrémité ; sel contenant cet ion.

POLYSYLLABE [pɔlisi(l)lab] adj. – 1530 ◊ grec *polusullabos* ■ LING. Qui est composé de plusieurs syllabes. — n. m. *Un polysyllabe :* mot polysyllabe. — On dit aussi **POLYSYLLABIQUE,** 1550. ■ CONTR. Monosyllabe.

POLYSYNTHÉTIQUE [pɔlisɛ̃tetik] adj. – 1846 ◊ de 1*poly-* et *synthétique* ■ LING. Se dit des langues agglutinantes où les éléments d'une phrase sont assemblés de sorte qu'on ne distingue plus le mot de la phrase. ➤ **holophrastique.**

POLYTECHNICIEN, IENNE [pɔlitɛknisjɛ̃, jɛn] n. et adj. – 1840 ◊ de *polytechnique* ■ Élève, ancien, ancienne élève de Polytechnique. ➤ FAM. **pipo,** 2 **X.** *Polytechnicien qui sort dans la botte.* ➤ **corpsard.** — adj. De l'École polytechnique. *L'enseignement polytechnicien.*

POLYTECHNIQUE [pɔlitɛknik] adj. et n. f. – 1795 ◊ de 1*poly-* et *technique* ■ **1** VX Qui embrasse plusieurs sciences. ■ **2** MOD. *L'École polytechnique,* ou n. f. *Polytechnique :* école qui forme les ingénieurs des divers services de l'État et les officiers de certaines armes. ➤ FAM. **pipo,** 2 **X.** *Entrer à Polytechnique, sortir de Polytechnique. Elle a fait Polytechnique.*

POLYTHÉISME [pɔliteism] n. m. – 1580 ◊ grec *polutheos,* de *theos* «dieu» ■ Doctrine qui admet l'existence de plusieurs dieux. *Le polythéisme égyptien, grec. Polythéisme et mythologie.* «*Au fond du polythéisme est le sentiment de la nature vivante, immortelle, créatrice*» TAINE. ■ CONTR. Monothéisme.

POLYTHÉISTE [pɔliteist] adj. et n. – 1725 ◊ de *polythéisme* ■ **1** Qui croit en plusieurs dieux, adepte du polythéisme. *Peuple polythéiste.* — n. *Les polythéistes.* ■ **2** Relatif au polythéisme. *Religion polythéiste.* ■ CONTR. Monothéiste.

POLYTHÈNE [pɔlitɛn] **n. m.** – 1953 ◊ nom déposé ; de 2*poly-* et *éthylène* ■ CHIM. ➤ **polyéthylène.**

POLYTONAL, ALE, AUX ou **ALS** [pɔlitɔnal, o] **adj.** – 1908 ◊ de 1*poly-* et *tonal* ■ MUS. Qui admet ou comporte l'existence simultanée de plusieurs tons. ➤ **tonal.** *La musique polytonale de Prokofiev, de Stravinski. Des accords polytonaux.* — **n. f.** **POLYTONALITÉ,** 1922.

POLYTOXICOMANIE [pɔlitɔksikɔmani] **n. f.** – 1974 ◊ de 1*poly-* et *toxicomanie* ■ Conduite toxicomaniaque caractérisée par la consommation simultanée ou consécutive de plusieurs substances (drogue, médicaments, alcool...). — **adj.** et **n. POLYTOXICOMANE.**

POLYTRANSFUSÉ, ÉE [pɔlitʀɑ̃sfyze] **adj.** et **n.** – attesté 1983 ◊ de 1*poly-* et *transfuser* ■ MÉD. Qui a subi plusieurs transfusions sanguines. *Hémophiles polytransfusés.* — **n.** *Les polytransfusés.*

POLYTRAUMATISÉ, ÉE [pɔlitʀomatize] **adj.** et **n.** – v. 1950 ◊ de 1*poly-* et *traumatisé* ■ MÉD. Qui présente plusieurs lésions graves, survenues au cours d'un même accident. *Blessés polytraumatisés.* — **n.** *Les polytraumatisés de la route.*

POLYTRIC [pɔlitʀik] **n. m.** – 1611 ; *politric* XVe ◊ latin des botanistes *polytrichum*, du grec *thrix* «cheveu» ■ BOT. Plante cryptogame cellulaire, mousse à tige dressée.

POLYURÉTHANE [pɔliyʀetan ; pɔljyʀetan] **n. m.** – 1960 ◊ de 2*poly-* et *uréthane* ■ Polymère renfermant de nombreuses fonctions uréthane. *Mousse de polyuréthane.* — On écrit aussi *polyuréthanne.*

POLYURIE [pɔliyʀi ; pɔljyʀi] **n. f.** – 1817 ◊ de 1*poly-* et du grec *ouron* «urine» ■ MÉD. Sécrétion excessive d'urine. *Polyurie causée par le diabète.* — **adj. POLYURIQUE,** 1810. ■ CONTR. Anurie.

POLYVALENCE [pɔlivalɑ̃s] **n. f.** – 1912 ◊ de *polyvalent* ■ **1** CHIM. Caractère d'un corps polyvalent. ■ **2** (1946) Caractère de ce qui offre plusieurs possibilités. *La polyvalence d'une formation.* ■ **3** Qualité d'une personne qui a des capacités, des fonctions diverses. *La polyvalence des éducateurs.*

POLYVALENT, ENTE [pɔlivalɑ̃, ɑ̃t] **adj.** – 1902 ◊ de 1*poly-* et du latin *valens* ■ **1** MÉD. Se dit d'un sérum ou d'un vaccin qui protège contre plusieurs micro-organismes pathogènes. ■ **2** CHIM. Qui possède plusieurs valences. ➤ **plurivalent.** *Radical polyvalent.* ■ **3** (CHOSES) Qui peut avoir différents usages. *Salle polyvalente.* ◆ Qui concerne différents domaines. *Un enseignement polyvalent.* — SPÉCIALT Au Québec, *École polyvalente* ou **n. f.** *une polyvalente* : école secondaire dispensant l'enseignement général et l'enseignement professionnel. ➤ **lycée.** ■ **4** (PERSONNES) Capable d'exécuter différentes tâches, d'occuper différentes fonctions. *Professeur polyvalent. Une secrétaire polyvalente.* — SPÉCIALT **n.** Agent des contributions chargé de vérifier les comptes des entreprises. *«si les polyvalents lui tombaient sur la coloquinte, il aurait des tracasseries»* SAN-ANTONIO.

POLYVINYLE [pɔlivinil] **n. m.** – 1944 ◊ de 2*poly-* et *vinyle* ■ Polymère des composés vinyliques. *Chlorure de polyvinyle.* ➤ **P. V. C.** *Acétate de polyvinyle,* entrant dans la composition d'adhésifs, de peintures.

POLYVINYLIQUE [pɔlivinilik] **adj.** – 1944 ◊ de 2*poly-* et *vinyle* ■ Se dit des polymères comportant des radicaux vinyle (polyéthylène, chlorure de polyvinyle, polystyrène).

POMÉLO [pɔmelo] **n. m.** – 1912 ◊ anglais américain *pomelo*, latin moderne *pomum melo* «pomme melon» ■ **1** Arbre exotique *(rutacées)*, hybride de pamplemoussier et d'oranger, aux fruits jaune rosé, de la taille d'un melon. — PAR EXT. Fruit de cet arbre. ➤ **grapefruit.** *Des pomélos.* ■ **2** ABUSIVEMENT Pamplemousse.

POMERIUM ou **POMÉRIUM** [pɔmeʀjɔm] **n. m.** – 1878 *pomerium* ◊ mot latin, de *post* «après» et *murus* «mur» ■ ANTIQ. ROM. Espace libre réservé au culte, ménagé autour des villes latines, sur lequel il était interdit de bâtir. — On écrit aussi *pomœrium.*

POMEROL [pɔmʀɔl] **n. m.** – XIXe ◊ nom d'une commune de l'arrondissement de Libourne ■ Vin rouge du Bordelais caractérisé par une onctuosité veloutée. *Des pomerols.*

POMI- ➤ **POMO-**

POMICULTURE [pɔmikyltyʀ] **n. f.** – 1915 ◊ de *pomi-* et *culture* ■ DIDACT. Culture des pommiers. — **n.** (1869) **POMICULTEUR, TRICE.**

POMMADE [pɔmad] **n. f.** – 1598 ◊ italien *pomata* «onguent aux pommes ou aux fruits», de *pomo* «fruit» ■ **1** VX Composition molle, grasse et parfumée. ➤ **crème, onguent.** — MOD. *Pommade rosat* pour les lèvres.* LOC. FIG. *Passer de la pommade à qqn,* le flatter* grossièrement. ■ **2** MOD. Médicament à usage externe, formé de corps gras et d'une ou de plusieurs substances actives. *Pommade à l'arnica. Pommade antibiotique, désinfectante. Appliquer, étendre de la pommade sur la peau. Pot, tube de pommade.* — PAR ANAL. *Beurre en pommade,* ramolli.

POMMADER [pɔmade] **v. tr.** ‹1› – 1581 ◊ de *pommade* ■ Enduire de pommade (1°). *Pommader ses cheveux, se pommader les cheveux.* ➤ **se gominer.** — **p. p. adj.** *Cheveux pommadés.* ◆ **v. pron. réfl.** *Se pommader* : faire une toilette raffinée. ➤ **se pomponner.** — **p. p. adj.** *Un type gominé et pommadé.*

POMMARD [pɔmaʀ] **n. m.** – 1719 *pomar* ◊ de *Pommard*, nom d'une commune au sud de Beaune ■ Bourgogne rouge, très estimé.

1**POMME** [pɔm] **n. f.** – *pome* 1155 ; *pume* 1080 ◊ latin *poma*, de *pomum* «fruit»

I FRUIT ■ **1** Fruit du pommier, rond, à pulpe ferme et juteuse, à cinq loges cartilagineuses contenant les pépins. *Variétés de pommes.* ➤ **boskoop, canada, clochard, cox, elstar,** 2**gala, golden, granny smith, jonagold, rambour, reinette, starking.** *Pomme d'api*. Pomme de reinette*. Pomme rouge, jaune, verte, grise. Quartier de pomme.* — *Pommes à couteau,* bonnes à être consommées comme fruit. *Pommes à cuire. Pommes à cidre.* — *Peler, croquer une pomme. Trognon de pomme.* — *Jus de pommes naturel ; fermenté.* ➤ **cidre, halbi.** *Eau-de-vie de pommes.* ➤ **calvados.** — *Pommes cuites. Pommes au four. Boudin aux pommes* (dites aussi *pommes en l'air, pommes fruits,* pour les distinguer de *pommes de terre*). *Compote, gelée de pommes. Chausson, tarte aux pommes. Pomme d'amour,* enrobée de caramel et fixée au bout d'un bâton de sucette (cf. infra 3°). — *La pomme de Newton,* qui, dit-on, en tombant de l'arbre, lui aurait fait découvrir le principe de l'attraction universelle. — *La pomme de Guillaume Tell.* *«prépare-toi à tirer une pomme sur la tête de ton fils»* Mme DE STAËL. ◆ (identifié traditionnellement au fruit du pommier ; le texte bibl. évoque le sens général de «fruit») *La pomme* : le fruit défendu du paradis terrestre. *Adam croqua la pomme.* — MYTH. *Pomme attribuée par le berger Pâris à la plus belle des trois déesses.* FIG. *Pomme de discorde*.* ◆ LOC. *Haut** (I, A, 1°) *comme trois pommes. Être ridé comme une vieille pomme,* très ridé. — APPOS. INV. **VERT POMME,** vif et assez clair. *Des chaussettes vert pomme.* — (1827) FAM. **AUX POMMES :** très bien, très beau (cf. Aux petits oignons*, au poil). — (1889) *Tomber* **DANS LES POMMES :** s'évanouir. — (1970) (Canada) *Chanter la pomme à qqn,* chercher à plaire, flatter ; SPÉCIALT courtiser une femme. ■ **2** FIG. (1640) **POMME D'ADAM :** saillie plus ou moins apparente à la partie antérieure du cou des hommes, formée par le cartilage thyroïde* du larynx. *«un grand cou de poule tout déformé par une formidable pomme d'Adam qui montait et descendait»* GIONO. ■ **3** PAR EXT. (du sens ancien «fruit») Se dit de fruits plus ou moins ronds. *Pomme cannelle.* ➤ **anone.** *Acajou à pommes.* ➤ **anacardier.** *Pomme de merveille.* ➤ **momordique.** *Pomme épineuse.* ➤ **stramoine. POMME D'AMOUR :** tomate ; fruit de la morelle faux piment. ◆ **POMME DE PIN :** cône du pin, formé d'écailles ligneuses qui protègent les graines. ➤ **cône ;** RÉGION. 3**cocotte, pive.** *Graines de la pomme de pin.* ➤ **pigne,** 3**pignon.** ◆ **POMME DE TERRE.** ➤ 2**pomme, pomme de terre.**

II CE QUI A UNE FORME RONDE ■ **1** (PERSONNES) FAM. Tête, figure. — *Ma, sa pomme* : moi, lui. *Il «achète des sucettes, trois dont une pour sa pomme»* QUENEAU. — LOC. FAM. *Se sucer la pomme* : s'embrasser. ◆ Personne crédule, naïve. ➤ **poire.** *Et l'autre pomme qui croit tout ce qu'on lui dit ! Il, elle est bonne pomme.* ■ **2** Cœur de chou, de laitue (➤ **pommé**). *La pomme blanche du chou-fleur.* ■ **3 POMME D'ARROSOIR :** partie arrondie percée de petits trous qui s'ajuste au bec et permet de verser l'eau en pluie. ➤ **aspersoir.** *Des pommes d'arrosoir.* — **POMME DE DOUCHE.** ➤ **pommeau.** ■ **4** Objet, ustensile, ornement de forme arrondie (en bois, métal...). *Pommes de lit. Pomme de canne.* ◆ MAR. *Pomme de mât* : petite pièce lenticulaire placée en haut d'un mât.

2**POMME** [pɔm] **n. f.** – 1834 ◊ ellipt de *pomme de terre* ■ Pomme de terre (t. de restaurant et de gastronomie). *Un steak aux pommes ; un steak pommes frites* (➤ **frite**). *Pommes noisettes*, pommes allumettes*, pommes paille*, pommes paillasson*. Pommes chips*. Pommes vapeur. Pommes mousseline* (purée). *Pommes boulangère*. Pommes dauphine*, pommes duchesse*.*

POMMÉ, ÉE [pɔme] **adj.** – 1393 ◊ p. p. de *pommer* ■ **1** Qui a un cœur rond et compact, en parlant d'un légume. *Chou pommé.* ➤ **cabus.** *Laitue pommée.* ■ **2** FAM. VIEILLI Achevé, complet. *« Je fais parfois des bêtises, mais pas de si pommées »* FLAUBERT. ■ **HOM.** poss. Paumé, paumer.

POMMEAU [pɔmo] **n. m.** – *pomel* 1160 ◊ de l'ancien français *pom,* masc. de *pomme* ■ **1** Tête arrondie de la poignée (d'un sabre, d'une épée). — Boule à l'extrémité d'une canne, d'un parapluie. *Canne à pommeau d'ivoire.* — Extrémité renflée (des pistolets anciens). ■ **2** Partie arrondie, arcade antérieure de l'arçon (d'une selle). ■ **3** Extrémité percée (d'un système de douche) par laquelle l'eau s'écoule en pluie. ➤ 1 **pomme** (II, 3°).

POMME DE TERRE [pɔmdətɛʀ] **n. f.** – 1716 ; « fruit de terre », traduction de *malum terrae* XVe ; « topinambour » 1655 ◊ de *pomme* et *terre* ■ **1** Tubercule comestible d'une solanacée. ➤ 2 **pomme ;** FAM. **patate ; belle de Fontenay, bintje, charlotte, ratte, roseval, vitelotte.** *La pomme de terre fut répandue en France au XVIIIe siècle par Parmentier. Pommes de terre nouvelles. Éplucher des pommes de terre. Sac de pommes de terre.* — *Pommes de terre à l'eau, en robe des champs, bouillies, au four ; sautées. Purée*, gratin de pommes de terre. Pommes de terre frites.* ➤ **frite.** — *Fécule de pomme de terre.* ◆ PLAISANT *Nez en pomme de terre,* rond. — PÉJ. *C'est un sac de pommes de terre,* une personne grosse et mal faite. ■ **2** Plante, morelle tubéreuse, cultivée pour ses tubercules, les *pommes de terre. Champ, culture, plant de pommes de terre. Cultiver des pommes de terre.*

POMMELÉ, ÉE [pɔm(ə)le] **adj.** – 1160 ◊ p. p. de *pommeler* ■ **1** Couvert ou formé de petits nuages ronds. ➤ **moutonné.** *De « petites nues pommelées d'un rose sombre »* COLETTE. *Ciel pommelé.* ■ **2** Couvert de taches rondes grises ou blanches, en parlant d'un cheval. *Cheval pommelé, gris pommelé.*

POMMELER (SE) [pɔm(ə)le] **v. pron.** ‹4 /5/› – 1611 ◊ de 1*pomme* « fruit rond » ■ **1** Se couvrir de petits nuages ronds. ➤ **moutonner.** ■ **2** Prendre une forme ronde (fruits, choux, etc.). *« un carré où se pommelaient quelques choux »* GAUTIER. ➤ **pommer.**

POMMELLE [pɔmɛl] **n. f.** – 1560 ◊ de 1*pomme* (II) ■ TECHN. Plaque métallique percée de trous, qu'on met à l'ouverture d'un tuyau pour empêcher que les détritus ne l'obstruent. ■ **HOM.** poss. Paumelle.

POMMER [pɔme] **v. intr.** ‹1› – 1545 ◊ de 1*pomme* ■ Se dit de certains légumes dont les feuilles poussent serrées en forme de boule. *Les choux commencent à pommer.* ■ **HOM.** poss. Paumé, paumer.

POMMERAIE [pɔm(ə)ʀɛ] **n. f.** – *pomeroie* XIIIe ◊ de *pommier* ■ RARE Plantation, champ de pommiers.

POMMETÉ, ÉE [pɔm(ə)te] **adj.** – XVe ◊ de *pommette* ■ BLAS. Orné de pommettes. *Croix pommetée.*

POMMETTE [pɔmɛt] **n. f.** – 1138 « petite pomme » ◊ diminutif de 1*pomme* ■ **1** BLAS. Ornement en petite pomme. *Croix à pommettes.* ➤ **pommeté.** ■ **2** Partie arrondie de la crosse (d'un pistolet). ➤ **pommeau.** ■ **3** (XVe, répandu XXe) COUR. Partie arrondie plus ou moins saillante (de la joue), au-dessous de l'angle extérieur de l'œil. *Pommettes saillantes, couperosées. « Elle avait les joues encore fraîches, colorées aux pommettes comme celles d'une poupée »* BALZAC.

POMMIER [pɔmje] **n. m.** – *pumier* 1080 ◊ de 1*pomme* ■ **1** Arbre de taille moyenne *(rosacées)* dont le fruit est la pomme. *Pommier commun ; pommier à cidre. Pommier porte-greffe.* ➤ **doucin, paradis.** *Les pommiers en fleurs. Plantation de pommiers.* ➤ **pommeraie.** — *Pommier du Japon, de Chine :* arbre d'ornement cultivé pour ses fleurs roses. ■ **2** *Pommier de Cythère :* spondias. — *Pommier d'amour :* morelle faux piment. *« les ombres des pommiers canneliers »* DURAS. ■ **HOM.** poss. Paumier.

POMO-, POMI- ■ Éléments, du latin *pomum* « fruit ».

POMOCULTURE [pɔmɔkyltyʀ ; pomo-] **n. f.** – 1949 ◊ de *pomo-* et 1*culture* ■ DIDACT. Culture des arbres donnant des fruits à pépins (➤ **pomiculture**). — **n. POMOCULTEUR, TRICE.**

POMŒRIUM ➤ **POMERIUM**

POMOLOGIE [pɔmɔlɔʒi] **n. f.** – 1828 ◊ de *pomo-* et *-logie* ■ DIDACT. Partie de l'arboriculture concernant les fruits comestibles. — **adj. POMOLOGIQUE,** 1842.

POMOLOGUE [pɔmɔlɔg] **n.** – 1828 ◊ de *pomo-* et *-logue* ■ DIDACT. Personne qui s'occupe de pomologie. — On dit aussi **POMOLOGISTE,** 1858.

POMPAGE [pɔ̃paʒ] **n. m.** – 1920 ◊ de *pomper* ■ Action de pomper ; aspiration d'un liquide ou d'un gaz. *Stations de pompage d'un oléoduc.* ◆ TECHN. Action d'obtenir, volontairement ou non, un phénomène oscillant entretenu. *Pompage optique :* technique pour obtenir l'émission stimulée de lumière (effet laser*).

1 **POMPE** [pɔ̃p] **n. f.** – XIIIe « gloire, luxe, éclat » ◊ latin *pompa,* grec *pompê* ■ **1** VX ou LITTÉR. Déploiement de faste dans un cérémonial. ➤ **appareil, cérémonie ; apparat, luxe, magnificence, splendeur.** *La pompe des solennités. « Un thé d'adieu pour lequel nous déploierons le plus de pompe possible »* LOTI. — *Le mépris des pompes et des parades.* ◆ SPÉCIALT *La pompe funèbre.* — (1552) MOD. **LES POMPES FUNÈBRES*.** ◆ MOD. (souvent iron.) **EN GRANDE POMPE :** avec une solennité exagérée. *Arriver en grande pompe.* ■ **2** (XVIIe) VX Noblesse du style. — (fin XVIIIe) PÉJ. Emphase (➤ **pompeux**). ■ **3** RELIG. Les vanités du monde. *Renoncer* à Satan, à ses pompes et à ses œuvres.*

2 **POMPE** [pɔ̃p] **n. f.** – 1440 mar. ◊ origine inconnue, p.-ê. du radical latin *pupp-* (« sucer, téter ») ; cf. *poupée*

I APPAREIL ■ **1** DIDACT. Appareil destiné à déplacer les fluides (liquides et gaz). ➤ **aspirateur, compresseur, siphon, ventilateur,** etc. *Pompe d'un orgue.* ➤ **soufflerie.** ■ **2** COUR. Appareil destiné à déplacer, et le plus souvent à élever, un fluide en l'aspirant ou en le refoulant, au moyen d'un mécanisme. *Pompe aspirante, foulante. Mécanisme, tuyau, réservoir d'une pompe. Pompe à eau* (cf. infra 3°). *Actionner une pompe. Corps de pompe.* ➤ **cylindre.** *Pompe à piston. Pompe centrifuge. Pompe à bras, à levier, à roue ; pompe à moteur* (➤ **motopompe**), *pompe électrique.* — *Pompe de bicyclette, pompe à vélo,* refoulant l'air pour gonfler les pneus. *Pompe à incendie,* qui envoie un jet d'eau continu (➤ 1 **pompier**). — PHYSIOL. *Pompe cardiaque.* ◆ Pièce comportant une pompe (dans une machine, un moteur, un appareil). *Pompe à huile, à gazole. Pompe à injection d'un moteur diesel.* — MÉD. *Pompe à insuline, à morphine,* qui délivre le produit à doses programmées. *« une pompe à morphine pour calmer la douleur »* R. JAUFFRET. ◆ PHYS. *Pompe à vide,* pour abaisser la pression dans une enceinte. ■ **3** SPÉCIALT Pompe amenant l'eau d'une nappe souterraine. *Aller chercher de l'eau à la pompe. Amorcer une pompe. « le grincement de la pompe qu'une main rageuse faisait marcher »* R. ROLLAND. — PLAISANT *Château-la-Pompe :* eau du robinet. ■ **4** SPÉCIALT **POMPE (À ESSENCE),** pour amener l'essence d'une cuve aux véhicules ; PAR EXT. distributeur d'essence. *Les pompes d'une station-service.* ➤ 3 **poste ; pompiste.** *La pompe de gazole. Augmentation du prix de l'essence à la pompe.* ■ **5** *Pompe à chaleur :* dispositif prélevant de l'énergie thermique dans un milieu extérieur pour la transporter au moyen d'un fluide (air, eau) vers l'enceinte à chauffer. ➤ **thermopompe.** ■ **6** BIOCHIM. Protéine utilisant une source d'énergie pour transporter activement les ions ou les petites molécules de part et d'autre de la membrane cellulaire. *Pompe à protons.* ■ **7** (1893) TECHN. *Serrure à pompe,* dans laquelle la clé doit pousser sur un ressort avant d'agir sur le pêne. *Clé à pompe.* — *Fusil à pompe :* fusil à répétition dont le mécanisme d'alimentation repose sur le va-et-vient d'un tube placé sous le canon. ■ **8** LOC. FAM. *Pompe à fric :* moyen de gagner beaucoup d'argent, de le « pomper ». *Le sport est devenu une pompe à fric.* ■ **9** ARG. de la drogue Seringue.

II SENS FIGURÉS ET FAMILIERS ■ **1** (*pompe aspirante* « botte percée » 1849) POP. Chaussure. ➤ **godasse.** *« Vise la belle paire de pompes ! »* DORGELÈS. ◆ LOC. FAM. *Être, marcher à côté de ses pompes :* être dans un état anormal (de rêve, d'inattention totale). *« Pourquoi ma mère est partout à côté de ses pompes ! Dépassée, c'est le mot »* C. ORBAN. — *Être à l'aise dans ses pompes :* être à l'aise, décontracté (cf. Être à l'aise dans ses baskets*). ■ **2** (1922) FAM. *Avoir le, un coup de pompe :* se sentir brusquement épuisé. ➤ **barre ;** et aussi **pomper.** *Des coups de pompe.* ■ **3** FAM. *Les pompes :* exercice de musculation qui consiste à alternativement abaisser et relever le corps (étendu dos droit face contre terre) en pliant puis tendant les bras. ➤ **traction.** *Faire des pompes.* ■ **4** FAM. **À TOUTE POMPE :** à toute vitesse. *« On filait à toute pompe »* QUENEAU. ◆ (v. 1950 ◊ jeu de mots sur « deuxième vitesse ») ARG. MILIT. *Soldat de deuxième pompe ;* ELLIPT *un deuxième pompe :* un simple soldat, un deuxième classe. *Des deuxième pompe.* ■ **5** (de *pomper,* 5°) ARG. SCOL. Papier contenant des informations que l'on cache pour l'utiliser frauduleusement lors d'une interrogation, d'un devoir. ➤ **antisèche,** RÉGION. **copion ; pomper.**

POMPER [pɔ̃pe] **v. tr.** ‹1› – 1558 absolt ◊ de 2*pompe* ■ **1** (1674) Déplacer (un fluide) à l'aide d'une pompe. *Pomper l'air avec une machine pneumatique, pour faire le vide. Pomper de l'eau,* en tirer à la pompe. ➤ aussi **puiser.** ♦ ABSOLT Manœuvrer une pompe. *Pomper pour tirer de l'eau.* ▪ **2** Aspirer (un liquide). *Moustiques qui pompent le sang.* ➤ **sucer.** ▪ **3** Absorber (un liquide) en grande quantité. ♦ FAM. (PERSONNES) Boire. « *On lui fait* pomper *quelques bouteilles du plus chenu bordeaux* » HÉBERT. *Il a trop pompé* (➤ **pompette**). — (Véhicules) *Une voiture qui pompe quinze litres aux cent.* ➤ **consommer.** ▪ **4** FIG. Attirer à soi, soutirer (qqch.) de qqn. « *La presse, cette machine géante, qui pompe sans relâche toute la sève intellectuelle de la société* » HUGO. *Les impôts pompent les faibles revenus.* — LOC. FAM. (XVIIIe) *Pomper l'air à qqn,* le fatiguer, l'ennuyer. *Il commence à nous pomper l'air !* ♦ PAR EXT., FAM. Épuiser. *Cet effort l'a pompé.* ➤ **claquer, crever.** *Je suis pompée* (cf. Avoir le coup de pompe*). ▪ **5** ARG. SCOL. Copier. *Pomper la solution sur son voisin, dans le dictionnaire.* — ABSOLT *Pomper à un examen.* ➤ **tricher.**

POMPETTE [pɔ̃pɛt] **adj.** – 1807 ◇ de *pompette* « pompon, ornement » (XVe), avec influence de *pomper* « boire » ▪ FAM. Un peu ivre. ➤ **éméché.**

POMPEUSEMENT [pɔ̃pøzmɑ̃] **adv.** – 1380 ◇ de *pompeux* ▪ **1** VX D'une manière pompeuse. ▪ **2** MOD. Avec emphase (du langage). « *la clinique municipale qu'on appelait pompeusement l'Hôpital* » ARAGON. ▪ CONTR. Simplement.

POMPEUX, EUSE [pɔ̃pø, øz] **adj.** – 1350 ◇ latin *pomposus,* de *pompa* → 1 pompe ▪ **1** VX Magnifique, somptueux. ➤ **imposant, majestueux.** « *Calchas, dit-on, prépare un pompeux sacrifice* » RACINE. ▪ **2** (XVIe) VIEILLI Qui est exprimé avec solennité. « *Tout cela méritait un éloge pompeux* » LA FONTAINE. ▪ **3** COUR. Qui affecte une solennité plus ou moins ridicule. « *Ce ton pompeux faisait mal à Thérèse* » MAURIAC. ➤ **déclamatoire, sentencieux.** *Un style pompeux.* ➤ **ampoulé, emphatique.** *Un titre pompeux.* ➤ **ronflant.** ▪ CONTR. Simple.

1 **POMPIER** [pɔ̃pje] **n. m.** – 1750 ; « fabricant de pompes » 1517 ◇ de 2 *pompe* ▪ **1** Personne appartenant au corps des sapeurs-pompiers, chargée de combattre incendies et sinistres, d'effectuer des opérations de sauvetage présentant un certain danger (cf. Soldat du feu*). « *Les escouades de pompiers, roulant et poussant leurs appareils, accoururent de tous côtés* » VILLIERS. *Pompier volontaire. Elle est pompier. Casque, uniforme de pompier. Échelle de pompiers. Avertisseur des voitures de pompiers.* ➤ **pin-pon.** — *Le pompier de service,* dans une salle de spectacle. — *Pompier du ciel,* chargé de larguer l'eau des réservoirs des canadairs pour éteindre les incendies de forêt. — LOC. FIG. *Fumer* comme un pompier. Pompier pyromane :* personne qui attise une querelle en voulant la calmer (cf. Jeter de l'huile* sur le feu). *Jouer le(s) pompier(s) de service :* intervenir pour sauver une situation compromise. ▪ **2** (1967) TECHN. Ouvrier qui assure le fonctionnement des pompes d'évacuation, des pompes à vide.

2 **POMPIER, IÈRE** [pɔ̃pje, jɛʀ] **adj. et n.** – 1880 ◇ de 1 *pompe* ▪ Emphatique et prétentieux. *Peintre, écrivain pompier.* « *ça doit faire terriblement pompier* » MAUROIS. ➤ 2 **ringard.** — SPÉCIALT Se dit des peintres ayant traité de manière conventionnelle des sujets artificiels et emphatiques (notamment au XIXe s.). *Les pompiers reviennent à la mode.*

POMPIÉRISME [pɔ̃pjeʀism] **n. m.** – 1888 ◇ de 2 *pompier* ▪ Manière des écrivains, des artistes pompiers ; emphase ridicule. « *sauver le mot "grandeur" du pompiérisme* » CIORAN.

POMPILE [pɔ̃pil] **n. m.** – 1808 ; nom de poisson 1562 ◇ latin *pompilus* ▪ Insecte *(hyménoptères)* porteur d'aiguillon, et qui fait son nid dans le bois pourri, le sol.

POMPISTE [pɔ̃pist] **n.** – 1933 ◇ de 2 *pompe* ▪ **1** COUR. Personne préposée à la distribution de l'essence. ▪ **2** TECHN. Ouvrier qui assure l'entretien, le fonctionnement des pompes, dans l'industrie pétrolière. *Un pompiste mécanicien.*

POM-POM GIRL [pɔmpɔmgœʀl] **n. f.** – 1955 ◇ mot anglais « fille *(girl)* à pompon *(pom-pom)* » ▪ ANGLIC. En Amérique du Nord, lors d'une rencontre sportive, Jeune fille qui défile dans une tenue aux couleurs de l'équipe qu'elle soutient, en agitant des pompons. *Une équipe de pom-pom girls.* « *ces pestes en costume de pom-pom girl dans les séries américaines* » O. ADAM.

POMPON [pɔ̃pɔ̃] **n. m.** – 1556 ; *pompe* v. 1480 ◇ d'un radical expressif *pomp-,* ou du radical latin *puppa* « sein » ; cf. *poupée, poupon* ▪ **1** Petite boule composée de fils de laine, de soie, servant d'ornement. ➤ **houppe ;** RÉGION. 2 **floche.** *Béret à pompon rouge des marins.* « *sa petite tête sèche toute harnachée de pompons, de nœuds, de grelots d'argent* » DAUDET. « *Les clairons et leurs instruments ornés de pompons rouges* » MAC ORLAN. — *Frange à pompons, dans l'ameublement.* ♦ APPOS. Se dit de fleurs en boules. *Roses pompons. Dahlia pompon.* ▪ **2** LOC. FAM. (souvent iron.) *Avoir, décrocher le pompon :* être le premier, l'emporter (cf. Décrocher la queue* du Mickey, la timbale*). « *Je voulais savoir quel était de nous deux le plus ignoble personnage ! mais à toi le pompon* » FLAUBERT. — *C'est le pompon !* c'est le comble (cf. C'est le bouquet). — *En avoir ras le pompon :* en avoir assez (cf. En avoir ras le bol). ▪ **3** (1888) LOC. VIEILLI *Avoir, tenir son pompon :* être un peu ivre (➤ **pompette**).

POMPONNER [pɔ̃pɔne] **v. tr.** ‹1› – 1757 p. p. ◇ de *pompon* ▪ Parer avec soin et coquetterie. ➤ **bichonner.** « *La plus jolie créature que jamais une mère ait lavée, brossée, peignée, pomponnée* » BALZAC. — **p. p. adj.** « *Elle était parée cette fois comme une châsse, pomponnée, attifée* » MÉRIMÉE. — PRONOM. *Se pomponner pendant des heures.*

PONANT [pɔnɑ̃] **n. m.** – 1549 ; *ponent* 1240 ◇ ancien provençal *ponen,* latin populaire *(sol) ponens* « (soleil) couchant » ▪ RÉGION. ou LITTÉR. Couchant (n. m.) (opposé à *levant*). ➤ **occident, ouest.** « *la tempête accourait du ponant* » R. ROUSSEL.

PONÇAGE [pɔ̃saʒ] **n. m.** – 1812 ◇ de *poncer* ▪ Opération qui consiste à poncer (1°) une surface ; son résultat ; la manière de l'exécuter. ➤ **polissage.** *Le ponçage du bois, de la pierre, du plâtre. Ponçage au papier de verre.*

PONCE [pɔ̃s] **n. f.** – 1248 ◇ bas latin *pomex, icis,* classique *pumex* ▪ **1** Roche magmatique très poreuse, de faible densité. *Pierre ponce :* fragment de cette roche servant au polissage, au nettoyage. ▪ **2** (1621) TECHN. Sachet d'étoffe peu serrée contenant une poudre colorante *(poudre à poncer) ;* morceau de feutre imprégné de cette poudre qu'on passe sur une feuille (➤ **poncif**) pour reproduire un dessin. ▪ **3** (1723) TECHN. Encre grasse utilisée pour poncer (3°).

1 **PONCEAU** [pɔ̃so] **n. m.** – 1409 ; *poncel* XIIe ◇ de *paon* ▪ **1** Pavot sauvage. ➤ **coquelicot.** ▪ **2** ADJT INV. De la couleur (rouge vif) du coquelicot. *Des tissus ponceau.* ♦ **n. m.** Colorant qui sert à teindre en rouge vif.

2 **PONCEAU** [pɔ̃so] **n. m.** – 1549 ; *poncel* « petit pont-levis » 1190 ◇ latin populaire *ponticellus* ▪ Petit pont* d'une seule travée. « *un ponceau de planches enjambant le fossé* » GENEVOIX.

PONCER [pɔ̃se] **v. tr.** ‹3› – XIVe ; fig. « rendre plus pur » v. 1280 ◇ de *ponce* ▪ **1** Décaper, polir (qqch., une surface) au moyen d'une substance abrasive (pierre ponce, toile émeri, etc.). ➤ **décaper, frotter, polir.** *Poncer un parquet avant de le vitrifier.* ▪ **2** (1622) Reproduire (un dessin) au moyen d'un poncif (1°). — **p. p. adj.** *Dessin poncé,* obtenu par ce moyen de reproduction. ▪ **3** (1723) TECHN. Marquer l'extrémité de (une pièce de toile) avec une encre spéciale (➤ **ponce**).

PONCEUR [pɔ̃sœʀ] **n. m.** – 1842 ◇ de *poncer* ▪ Ouvrier chargé d'un ponçage. *Ponceur de parquets.*

PONCEUSE [pɔ̃søz] **n. f.** – 1903 ◇ de *poncer* ▪ Machine servant à poncer, à polir les surfaces planes. *Ponceuse électrique. Ponceuse à bande. Ponceuse vibrante.* ▪ HOM. Ponceuse (ponceux).

PONCEUX, EUSE [pɔ̃sø, øz] **adj.** – 1815 ◇ de *ponce* ▪ MINÉR. Qui est de la nature, qui a la structure de la pierre ponce. *Roche ponceuse.* ▪ HOM. Ponceuse.

PONCH ➤ 1 **PUNCH**

PONCHO [pɔ̃(t)ʃo] **n. m.** – 1716 ◇ mot espagnol d'Amérique du Sud ▪ Manteau fait d'un grand rectangle de laine tissée, présentant une ouverture en son milieu pour le passage de la tête, porté en Amérique du Sud. *Les ponchos des gauchos. Un poncho en poil de vigogne.*

PONCIF [pɔ̃sif] **n. m.** – *ponsif* 1551 ◇ de *poncer* ▪ **1** TECHN. Feuille de papier portant un dessin piqué qu'on applique sur une autre feuille de papier, sur une étoffe, etc., et sur laquelle on passe une ponce* de manière à reproduire en pointillé le contour du dessin. *Reproduire un dessin avec un poncif.* ➤ **poncer** (2°). ▪ **2** (1828 « mauvais dessin fait de routine ») FIG. et COUR. Thème, expression littéraire ou artistique dénués d'originalité. ➤ **banalité, cliché,** 1 **lieu** (commun), **stéréotype.** *Les poncifs académiques, romantiques.*

PONCTION [pɔ̃ksjɔ̃] **n. f.** – *poncion* 1444 ; hapax XIIIe « action de piquer » ◇ latin *punctio* ▪ **1** Opération chirurgicale qui consiste à introduire un instrument pointu (habituellement une aiguille) dans une cavité normale ou pathologique, à travers les tissus qui la recouvrent, pour en retirer du liquide ou y introduire un médicament. ➤ **-centèse ; amniocentèse, paracentèse.** « *Je fais des ponctions dans des ventres* *pleins d'eau»* ARAGON. *Ponction lombaire :* prélèvement de liquide céphalorachidien pour analyse, ou injection d'un médicament ou d'un anesthésique (➤ **péridurale, rachianesthésie**). *Ponction-biopsie :* prélèvement par ponction d'un fragment de tissu, en vue d'un examen au microscope. ▪ **2** PAR MÉTAPH. (1945) Prélèvement (d'argent, etc.). *C'est une importante ponction dans son budget, sur sa fortune.*

PONCTIONNER [pɔ̃ksjɔne] **v. tr.** ‹1› – 1837 ◊ de *ponction* ▪ **1** MÉD. Traiter, vider par une ponction. *Ponctionner un épanchement pleural.* ▪ **2** FIG. et FAM. Prélever de l'argent à, sur le compte de (qqn). *Ponctionner le revenu des salariés.*

PONCTUALITÉ [pɔ̃ktɥalite] **n. f.** – 1627 ◊ de *ponctuel* ▪ **1** VIEILLI Soin, exactitude dans l'accomplissement de ses devoirs. *La ponctualité d'un employé, d'un étudiant.* ➤ **assiduité, scrupule.** ▪ **2** MOD. Qualité d'une personne qui est toujours à l'heure. ➤ **exactitude.** *Ponctualité dans les paiements.* ➤ **régularité.** *«Il accourait, à l'heure accoutumée, avec une ponctualité d'amoureux»* BALZAC. ▪ CONTR. Inexactitude, négligence.

PONCTUATION [pɔ̃ktɥasjɔ̃] **n. f.** – *punctuation* 1552 ◊ de *ponctuer* ▪ **1** Système de signes non alphabétiques servant à indiquer les divisions d'un texte, à noter certains rapports syntaxiques ou certaines nuances affectives. *Signes de ponctuation :* crochet, point d'exclamation, guillemet, point d'interrogation, parenthèse, point, deux-points, point-virgule, points de suspension, tiret, virgule. ♦ Fait, manière d'utiliser ces signes. *Mettre, oublier la ponctuation. «Il y a une ponctuation littéraire à côté de la ponctuation courante»* LARBAUD. ♦ PAR EXT. Arrêt de la voix plus ou moins marqué. ➤ **pause.** ♦ IMPRIM. Caractère typographique correspondant à un signe de ponctuation. ▪ **2** Fait, manière de ponctuer un morceau de musique. ▪ **3** BIOCHIM. *Codon de ponctuation :* séquence de trois nucléotides de l'ARN messager qui signale l'arrêt de sa traduction en protéine. ▪ **4** BOT. Petite dépression de la paroi d'une cellule permettant la communication avec les cellules voisines.

PONCTUEL, ELLE [pɔ̃ktɥɛl] **adj.** – *punctuel* v. 1390 ; rare avant XVIIe ◊ latin médiéval *punctualis,* de *punctum* «point» ▪ **1** VIEILLI Qui dénote ou qui a de la ponctualité. *Employé ponctuel.* ➤ **assidu, régulier.** ▪ **2** MOD. Qui est toujours à l'heure, qui fait en temps voulu ce qu'il a à faire. *Être ponctuel à un rendez-vous.* ➤ **exact.** *Il n'a jamais été très ponctuel.* ▪ **3** SC. Qui peut être assimilé à un point. *Source lumineuse ponctuelle.* ♦ TÉLÉV., CIN. *Projecteur ponctuel,* à lumière dirigée. ➤ **spot.** ▪ **4** (1945) FIG. et COUR. Qui ne concerne qu'un point, qu'un élément d'un ensemble. *Problèmes ponctuels. Critiques ponctuelles. Action, intervention, opération ponctuelle.* ➤ **sporadique.** ▪ CONTR. Inexact, négligent. 2 Chronique, 1 général, global, permanent, systématique.

PONCTUELLEMENT [pɔ̃ktɥɛlmɑ̃] **adv.** – *ponctualement* 1520 ◊ de *ponctuel* ▪ **1** VIEILLI D'une manière ponctuelle (1°). *Assister ponctuellement aux cours.* ➤ **assidûment.** ▪ **2** MOD. À l'heure prévue, avec exactitude. *Arriver ponctuellement à un rendez-vous. Payer ponctuellement.* ➤ **régulièrement ;** FAM. **recta.** ▪ **3** En se limitant à certains points. *Intervenir ponctuellement.* ➤ **localement.** *Elle le remplace ponctuellement.* ➤ **parfois.**

PONCTUER [pɔ̃ktɥe] **v. tr.** ‹1› – 1660 ; *punctuer* 1550 ; *poncter* «accentuer en lisant» XVe ◊ latin médiéval *punctuare,* de *punctum* «point» ▪ **1** Diviser (un texte) au moyen de la ponctuation (1°). *Ponctuer une lettre.* — **p. p. adj.** *Dictée mal ponctuée.* ▪ **2** MUS. Indiquer les repos, les divisions en périodes, en phrases dans (un morceau de musique). ▪ **3 PONCTUER... DE :** marquer (ses phrases) d'une exclamation, d'un geste, etc. *Ponctuer ses phrases de soupirs.*

-PONCTURE ou **-PUNCTURE** ▪ Élément, du latin *punctura* «piqûre».

PONDAISON [pɔ̃dɛzɔ̃] **n. f.** – 1834 ◊ de *pondre* ▪ ZOOL. Saison de la ponte des oiseaux.

PONDÉRABLE [pɔ̃deʀabl] **adj.** – 1782 ; «accablant» 1452 ◊ latin *ponderabilis,* de *ponderare* «juger, estimer» ▪ SC. Qui peut être pesé ; qui a un poids mesurable. *Matière pondérable.* ▪ CONTR. Impondérable.

PONDÉRAL, ALE, AUX [pɔ̃deʀal, o] **adj.** – 1842 ◊ latin *ponderalis* ▪ DIDACT. Relatif aux poids. *Analyse pondérale.* — Plus cour. *Surcharge pondérale :* excès de poids. ➤ **embonpoint, obésité, surpoids.**

PONDÉRATEUR, TRICE [pɔ̃deʀatœʀ, tʀis] **adj.** – 1845 ; «procurateur» n. m. 1522 ◊ latin *ponderator* ▪ Qui a un effet modérateur, qui maintient l'équilibre. *Influence pondératrice.* ♦ SC. *Coefficient pondérateur.* ➤ **poids** (III).

PONDÉRATION [pɔ̃deʀasjɔ̃] **n. f.** – 1676 ; «examen approfondi» 1440 ◊ latin *ponderatio* ▪ **1** DIDACT. Équilibre entre les masses, les groupes (dans une œuvre plastique, en architecture). ➤ **balancement, symétrie.** — *La pondération des masses sonores à l'orchestre.* ▪ **2** DIDACT. Équilibre des forces sociales et politiques. *Pondération des pouvoirs.* ➤ 1 **balance** (II, 2°). ▪ **3** (1868) COUR. Calme, équilibre et mesure dans les jugements. *Faire preuve de pondération.* ➤ **modération.** ▪ **4** (v. 1960) ÉCON. Valeur relative attribuée à une variable par référence à d'autres variables ou valeurs. *Coefficient de pondération des postes composant l'indice des prix à la consommation.* ▪ **5** MATH. Affectation d'un coefficient (➤ **poids**) à une variable, en vue de modifier son influence sur un résultat. *Coefficient de pondération.*

PONDÉRÉ, ÉE [pɔ̃deʀe] **adj.** – 1770 ◊ de *pondérer* ▪ **1** Calme*, équilibré. *Un esprit pondéré.* ➤ **modéré, raisonnable, réfléchi.** ▪ **2** Affecté d'un coefficient de pondération (4°). *Indice pondéré.* ▪ CONTR. (du 1°) Bouillant, déraisonnable, excessif, excité, impulsif.

PONDÉRER [pɔ̃deʀe] **v. tr.** ‹6› – XVIIIe ; «peser» 1361 ◊ latin *ponderare* ▪ **1** Équilibrer, balancer. *«Deux forces balancent l'homme et pondèrent sa volonté»* GONCOURT. ➤ **modérer.** *Pondérer des forces politiques par des dispositions législatives.* ▪ **2** (v. 1960) *Pondérer un indice, une variable.* ➤ **pondération** (4° et 5°) ; **pondéré** (2°).

PONDÉREUX, EUSE [pɔ̃deʀø, øz] **adj.** et **n. m.** – *ponderos* «pesant» 1350 ◊ latin *ponderosus* ▪ SC. et TECHN. Dont la densité est très élevée. *Marchandises pondéreuses.* — **n. m.** TECHN. *Les pondéreux :* marchandises pesant plus d'une tonne au mètre cube, transportées en vrac. *Le transport des pondéreux. «un tas pointu comme un stock de pondéreux sur un chantier»* A. JENNI.

PONDEUR, EUSE [pɔ̃dœʀ, øz] **n.** – 1580 ◊ de *pondre* ▪ **1 n. f.** Femelle d'oiseau qui pond beaucoup. *Cette poule est une bonne pondeuse.* **adj.** *Poule pondeuse.* ▪ **2 n. f.** FAM. Femme très féconde. *«Pondeuse catholique irlandaise traditionnelle, lui donne neuf enfants»* M. DUGAIN. ▪ **3** FIG. *Un pondeur de romans, d'articles* (➤ **pondre,** 3°).

PONDOIR [pɔ̃dwaʀ] **n. m.** – 1806 ◊ de *pondre* ▪ Panier, appareil disposé pour que les poules viennent y pondre.

PONDRE [pɔ̃dʀ] **v. tr.** ‹41› – v. 1130 *pundre* ◊ latin *ponere* ▪ **1** Déposer, faire (ses œufs), en parlant d'une femelle d'ovipare. *Les oiseaux, les reptiles, les batraciens, les poissons, les insectes pondent des œufs.* ABSOLT *Époque où les oiseaux pondent.* ➤ **pondaison,** 1 **ponte.** — **p. p. adj.** *Un œuf frais pondu.* ▪ **2** (1698) PÉJ. et FAM. Accoucher de, avoir (un enfant). *«Elle pondait un enfant tous les ans»* BARBUSSE. ▪ **3** (v. 1845) FIG. et FAM. (souvent péj.) Écrire, produire (une œuvre, un texte, etc.). *Pondre un article, un devoir. J'ai déjà pondu cent pages !*

PONEY [pɔnɛ] **n. m.** – 1828 ; *pooni* 1801 ◊ anglais *pony,* de l'ancien français *poulenet* «petit poulain» ▪ Cheval de petite taille à l'âge adulte. *Poney des îles Shetland. Enfants montés sur des poneys. Faire du poney. Femelle du poney* ou **PONETTE n. f.,** 1836.

PONGÉ [pɔ̃ʒe] **n. m.** – 1918 ; *pongée* 1883 ◊ anglais *pongee,* p.-ê. du chinois *pun-ki, pun-gi* «métier à tisser» ▪ Taffetas léger de soie ou de schappe (déchets de soie). *«Les femmes vêtues de mousseline, de pongés clairs»* MORAND. *Du pongé de soie.*

PONGIDÉS [pɔ̃ʒide] **n. m. pl.** – 1963 ◊ de *pongo,* nom d'un grand singe ▪ ZOOL. Famille de primates *(hominoïdes)* qui comprend l'orang-outan. — Au sing. *Un pongidé.*

PONGISTE [pɔ̃ʒist] **n.** – 1935 ◊ de *ping-pong* ▪ SPORT Joueur, joueuse de ping-pong.

PONT [pɔ̃] **n. m.** – fin XIe ◊ du latin *pons, pontis*

I CE QUI PERMET DE FRANCHIR UN OBSTACLE, DE FAIRE COMMUNIQUER A. OUVRAGE D'ART ▪ **1** Construction, ouvrage reliant deux points séparés par une dépression ou par un obstacle. *Pont franchissant une voie d'eau, un canal, une route, une voie ferrée. Le pont du Gard* (aqueduc romain). *«Fifres et tambourins se postaient sur le pont d'Avignon»* DAUDET. *Les ponts de Paris. «Sous le pont Mirabeau coule la Seine»* APOLLINAIRE. *Le pont des Soupirs, à Venise.* ♦ *Pont portant une route, une voie ferrée, un canal (pont-canal), une conduite d'eau.* ➤ **aqueduc, viaduc.** *Pont suspendu*. Pont à haubans. Pont en arc, en dos d'âne. Pont en bois. Pont métallique. Pont sur flotteurs pneumatiques, pour faire passer des troupes* (➤ **pontonnier**). *Pont de singe :* passerelle de corde. — *Parties d'un pont :* butée, culée ; pile, radier ; poutre ; tablier. *Pont pour les voitures, les piétons.* ➤ aussi **passerelle.** *Garde-corps, garde-fou, parapet d'un pont. Franchir, passer, traverser un pont. Pont à péage.* ♦ *Pont fixe.* (milieu XIVe) *Pont dormant :* petit pont fixe (sur un fossé). ➤ 2 **ponceau.** — *Ponts mobiles : basculant, levant, tournant, transbordeur.* ➤ **pont-levis.** — *Pont-bascule.* ➤ **bascule.** ♦ LOC. *Il est solide comme le Pont-Neuf,* très vigoureux. — *Dormir, coucher sous les ponts :* vivre à la rue. — (1640) *Il coulera (passera) de l'eau (beaucoup d'eau) sous les ponts :* il se passera un long temps. *Couper, brûler les ponts :* cesser, suspendre les relations ; s'interdire tout retour en arrière. *«Il aurait fallu pouvoir couper les ponts, se placer dans une situation matérielle ou physique telle que le retour lui soit à jamais interdit»* E. CARRÈRE. *Couper les ponts avec sa famille.* — (1614) *Faire un* **PONT D'OR** *à qqn,* lui offrir une forte somme, pour le décider à accepter (un poste, une offre). ♦ *Pont de graissage :* machine sur laquelle on soulève les automobiles pour les graisser. *Pont élévateur.* ♦ **TÊTE DE PONT :** point où une armée prend possession du territoire ennemi. ▪ **2** (1626) *Les* **PONTS ET CHAUSSÉES** [pɔ̃zeʃose] : service public chargé principalement de la construction et de l'entretien des voies publiques. *Inspecteur général, ingénieur des Ponts et Chaussées,* ou (ABRÉV.) *ingénieur des Ponts. École des ponts et chaussées.* ▪ **3** LOC. (1877) **PONT AUX ÂNES** [pɔ̃tozɑn] : démonstration du théorème de Pythagore. — FIG. (1584) Banalité connue de tous.

B. CE QUI MET EN RAPPORT ▪ **1** FIG. (fin XIIe) Ce qui sert de lien (entre deux choses). ➤ **intermédiaire.** *«Dans la peinture, il s'établit comme un pont mystérieux entre l'âme des personnages et celle du spectateur»* DELACROIX. ▪ **2** Dans une automobile, Ensemble des organes qui transmettent le mouvement moteur aux roues. *Pont arrière, avant. Pont flottant.* ▪ **3** (1818) Pièce d'étoffe qui se rabat. *Pantalon à pont des marins. Casquette à pont.* ▪ **4** *Pont roulant :* appareil de manutention, chemin métallique qui se déplace sur des rails. ▪ **5** (1867) **FAIRE LE PONT :** chômer entre deux jours fériés. *L'entreprise fait le pont.* — PAR EXT. *Le pont,* les jours ainsi chômés. *«Paris était presque désert à l'occasion d'un pont du 15 août qui allait durer trois jours»* P. BRUCKNER. *Le pont de l'Ascension. Pont exceptionnellement long.* ➤ FAM. **viaduc.** ▪ **6 PONT AÉRIEN*.** ▪ **7** ÉLECTR. Circuit formé par quatre composants disposés selon les arêtes d'un quadrilatère dans lequel l'entrée et la sortie se font aux extrémités des diagonales. *Pont de mesure. Pont de Wheatstone.* ▪ **8** CHIM. Atome assurant la liaison entre deux parties de molécules adjacentes. *Pont hydrogène :* liaison faible entre un atome d'hydrogène d'une molécule et un atome d'azote, d'oxygène ou de fluor d'une autre molécule. *Pont soufre.* ♦ ANAT. Partie du tronc cérébral située entre le bulbe et le mésencéphale. ▪ **9** (Canada) *Pont (dentaire) :* prothèse dentaire fixe maintenue par deux couronnes. ➤ 2 **bridge.** ▪ **10** SPORT (football) *Faire le petit pont :* lancer le ballon entre les jambes d'un adversaire. *Faire le grand pont :* glisser le ballon d'un côté de l'adversaire en le contournant et le récupérer de l'autre côté.

II SUR UN BATEAU (XVIIe) Ensemble des bordages recouvrant entièrement une rangée de barrots, sur un navire. *Pont principal. Pont supérieur. Navire à un, deux, trois ponts* (➤ **entrepont**). ELLIPT *Un trois-ponts.* — (1925) *Pont promenade d'un paquebot,* réservé aux passagers. — (1949) *Pont d'envol,* sur un porte-avion. *Le pont-garage d'un car-ferry.* ♦ (Non qualifié) Pont supérieur. *Tout le monde sur le pont !* (appel). LOC. FIG. *Être sur le pont,* prêt à agir, mobilisé ; en activité. *Les militants sont sur le pont.*

PONTAGE [pɔ̃taʒ] n. m. – 1269 «péage» ◇ de *pont* ▪ TECHN. ▪ **1** Opération par laquelle on jette un pont provisoire. ▪ **2** Construction d'un pont de navire ; manière dont un navire est ponté. ▪ **3** (1960) CHIR. Union de deux veines (ou artères) distantes l'une de l'autre, par greffage sur un troisième segment, en aval de la lésion, ou par greffage d'un tube en plastique. *Pontage coronarien.*

1 **PONTE** [pɔ̃t] n. f. – 1570 ◇ de *pondre* ▪ **1** Action (pour une femelle ovipare) de déposer ses œufs. ➤ **pondre.** *La ponte des poules, des tortues. Saison de la ponte.* ➤ **pondaison.** ♦ Les œufs pondus en une fois. *Les crocodiles «s'y livrent à la reproduction, ils y enfouissent leurs pontes»* S. AUDEGUY. ▪ **2** PHYSIOL. *Ponte ovulaire :* ovulation.

2 **PONTE** [pɔ̃t] n. m. – 1703 ◇ probablt de 2 *ponter* ▪ **1** Au baccara, à la roulette, à divers jeux de hasard, Chacun des joueurs qui jouent contre le banquier. *«Les grosses parties, ponctuées par le "banco" sonore ou enroué d'un ponte»* CARCO. ▪ **2** (1883 ◇ avec influence de *pontife*) FAM. *Un grand ponte, un ponte :* un personnage important, qui fait autorité. ➤ **pontife** (3°) ; **caïd, mandarin.** *Les (grands) pontes de la presse, de l'université.*

PONTÉ, ÉE [pɔ̃te] adj. – 1740 ◇ de 1 *ponter* ▪ Qui a un ou plusieurs ponts. *Barque pontée.*

PONTÉE [pɔ̃te] n. f. – 1876 ◇ de *pont* ▪ MAR. Ensemble des marchandises arrimées sur le pont. *Pontée d'un cargo.*

1 **PONTER** [pɔ̃te] v. tr. ⟨1⟩ – v. 1500 ◇ de *pont* ▪ **1** RARE Franchir par la construction d'un pont. *Ponter un fossé.* ▪ **2** (1558) Munir d'un pont (un navire en construction). *Ponter une barque, une embarcation.* ▪ **3** CHIR. Réaliser un pontage sur (qqn).

2 **PONTER** [pɔ̃te] v. ⟨1⟩ – 1718 ◇ de *pont, ponte,* p. p. de *pondre* «poser», latin *ponere* «mettre en jeu» → 2 ponte ▪ JEU ▪ **1** v. intr. Jouer contre la personne qui tient la banque ; être ponte, au baccara, à la roulette. ▪ **2** v. tr. Miser. *Ponter une somme. «Madame Grandet gagnait un lot de seize sous, le plus considérable qui eût jamais été ponté dans cette salle»* BALZAC.

PONTET [pɔ̃tɛ] n. m. – 1803 ; «petit pont» 1536 ◇ de *pont* ▪ TECHN. Partie de la sous-garde des armes à feu portatives, qui entoure la détente. *Pontet d'un fusil, d'une carabine.*

PONTIER [pɔ̃tje] n. m. – 1875 «garde écluse» ◇ de *pont* ▪ **1** TECHN. Personne qui est chargée de la manœuvre d'un pont mobile. ▪ **2** Personne qui conduit un pont roulant (manutention).

PONTIFE [pɔ̃tif] n. m. – 1538 ◇ latin *pontifex* «grand prêtre des juifs» ▪ **1** Ministre du culte, dans l'Antiquité romaine. *Le grand pontife présidait le collège des pontifes.* ▪ **2** Se dit des hauts dignitaires catholiques, évêques ou prélats. APPOS. *Le souverain pontife :* le pape. ▪ **3** (1611 «richard») FAM. (souvent iron.) Personnage qui fait autorité et qui est gonflé de son importance. *Les grands pontifes de la Faculté* (➤ **mandarin**), *de la critique, de la politique.* ➤ 2 **ponte.** *«Le langage familier nomme encore aujourd'hui pontifes ceux qui ont plutôt égard à l'opinion des hommes qu'à la vérité de la chose»* ALAIN. ➤ **pontifier.**

PONTIFIANT, IANTE [pɔ̃tifjɑ̃, jɑ̃t] adj. et n. – 1876 ◇ de *pontifier* ▪ Qui pontifie. *Un idéologue «rogue, pontifiant, orgueilleux à l'excès»* MADELIN. — PAR EXT. *Air, ton pontifiant.* ➤ **doctoral.**

PONTIFICAL, ALE, AUX [pɔ̃tifikal, o] adj. – 1269 ◇ latin *pontificalis* ▪ **1** Relatif aux pontifes romains. ▪ **2** Relatif au souverain pontife, au pape. ➤ **papal.** *Le trône pontifical. Messe pontificale. Gardes, zouaves pontificaux.* ANCIENNT *États pontificaux :* États de l'Église. ♦ SUBST., RELIG. *Le pontifical :* rituel de l'ordination et du ministère des évêques.

PONTIFICAT [pɔ̃tifika] n. m. – 1368 ◇ latin *pontificatus* ▪ **1** Dignité de grand pontife, dans la Rome antique. ▪ **2** Dignité de souverain pontife, dans l'Église catholique. *Cardinal élevé au pontificat.* ➤ **papauté.** ♦ Durée de l'exercice de cette dignité. *«P. de Laer, qui vivait à Rome sous le pontificat d'Urbain VIII»* BRUNOT.

PONTIFIER [pɔ̃tifje] v. intr. ⟨7⟩ – 1408 «élever à la dignité de pape» ◇ bas latin *pontificare* ▪ **1** (1859) RARE Officier en pontife (2°). ▪ **2** (1801) FIG. et COUR. Faire le pontife (3°), dispenser sa science, ses conseils avec prétention et emphase (➤ **pontifiant**). *«Il voyait avec plaisir ses disciples se presser autour de lui, et il pontifiait quelque peu»* PASCAL PIA.

PONTIL [pɔ̃til] n. m. – 1723 «pièce de fer en T» ◇ de *pont* ▪ TECHN. Petite glace arrondie avec laquelle on étend l'émeri sur les glaces pour les polir. ♦ Masse de verre à l'état de demi-fusion utilisée pour fixer deux éléments en verre.

PONT-L'ÉVÊQUE [pɔ̃levɛk] n. m. inv. – 1655 ◇ nom de ville ▪ Fromage fermenté à pâte molle, au lait de vache, fabriqué dans la région de Pont-l'Évêque (Calvados). *«Les neufchâtel,* [...] *les pont-l'évêque carrés»* ZOLA.

PONT-LEVIS [pɔ̃l(ə)vi] n. m. – *pont leveïz* 1200 ◇ de *pont* et *levis* «qui se lève» ▪ **1** Pont mobile qui se lève ou s'abaisse à volonté au-dessus du fossé d'un bâtiment fortifié. *«Un large perron remplaçait sur les fossés comblés l'ancien pont-levis»* CHATEAUBRIAND. *Des ponts-levis.* ▪ **2** FIG. (t. de manège) Action du cheval qui se cabre très haut à plusieurs reprises.

PONTON [pɔ̃tɔ̃] n. m. – XVIe ; «bac» 1245 ◇ latin *ponto, onis,* de *pons* → pont ▪ **1** Construction flottante formant plateforme. *Les pontons d'un pont flottant. Ponton d'accostage. «Ces débarcadères, tous du même modèle, consistaient en un ponton carré supportant deux chambres de bois»* GAUTIER. ♦ Chaland ponté servant aux gros travaux des ports. *Ponton d'abattage. Des pontons-grues.* — Vieux navire désarmé et à l'ancre, servant de dépôt de matériel, de caserne, de prison. *«Cette Circé, qu'on avait désarmée là pour servir de ponton dans le fleuve»*

LOTI. ■ 2 TECHN. Instrument métallique en forme de trapèze articulé, servant à cuber les tas de pierres.

PONTONNIER [pɔ̃tɔnje] n. m. – 1280 «batelier passeur» ◇ de *ponton* ■ 1 (XVIe) Soldat du génie chargé de la pose, du démontage, de l'entretien, etc., des ponts militaires. *L'héroïsme des pontonniers de la Grande Armée permit le passage de la Bérézina.* ■ 2 (XXe) TECHN. Pontier. *Pontonnier de laminoir.*

PONTUSEAU [pɔ̃tyzo] n. m. – 1776 ◇ probablt altération de *pontereau* «petit pont» ■ TECHN. Tige de métal traversant les vergeures dans les formes à papier et laissant une trace sur le papier. — PAR EXT. Cette trace. *Papier vergé dont on aperçoit les pontuseaux par transparence.*

POOL [pul] n. m. – 1887 ◇ mot anglais → 2 poule ■ ANGLIC. ■ 1 Groupement (de personnes physiques ou morales) assurant la gestion commune d'une opération, de ressources, de moyens. ➤ **coopération ; cartel, entente, groupe.** *Le pool charbon-acier* : la Communauté européenne du charbon et de l'acier. *Pool bancaire* : regroupement d'institutions financières en vue de réaliser une opération de crédit et d'en supporter conjointement les risques et les profits. ➤ **consortium, groupe.** *Pool financier,* concernant des valeurs mobilières. ➤ **syndicat** (financier). ■ 2 Ensemble de personnes effectuant le même travail dans une entreprise. *Pool de dactylos. — Pool de presse.* ➤ **équipe.** ■ 3 GÉNÉT. *Pool génétique* : ensemble des caractères génétiques communs à une population, considéré comme un fond génétique global. ■ HOM. Poule.

POP [pɔp] adj. inv. – 1955, diffusé à partir de 1965 ◇ mot anglais américain, de *popular* «populaire» → pop art ■ ANGLIC. ■ 1 Se dit d'une forme de musique populaire issue de divers genres en honneur dans les pays anglo-saxons (formes de jazz, folk, rock-and-roll). *Festival de musique pop* (on emploie aussi l'anglic. *pop music*). — *Chanteur, groupe pop.* — n. f. *Une idole de la pop.* ■ 2 Qui concerne le pop art. *Les artistes pop. La peinture pop.* ■ HOM. Pope.

POPAA [pɔpaa] n. et adj. – 1923 ◇ tahitien *popa'a* «Blanc» ■ (Polynésie) Étranger ; Blanc. *Les popaas et les demis.*

POP ART [pɔpaʀt] n. m. – v. 1955 ◇ mot anglais, de *popular art* «art populaire» ■ ANGLIC. Courant artistique qui s'est développé entre 1950 et 1970, d'abord aux États-Unis puis en Europe, caractérisé par la représentation plastique ou graphique d'objets industriels ou quotidiens à travers leur image dans la publicité, le cinéma et la télévision.

POPCORN ou **POP-CORN** [pɔpkɔʀn] n. m. – 1893, repris 1946 ◇ anglais américain *popcorn,* contraction de *popped corn,* de *popped* «éclaté» et *corn* «maïs» ■ ANGLIC. Grains de maïs soufflés, sucrés ou salés. *«une machine automatique fabriquait du pop-corn. Les grains de maïs éclaté bombardaient la vitre»* TROYAT. *Des popcorns, des pop-corns.*

POPE [pɔp] n. m. – 1656 ; *popi* 1606 ◇ grec *pappos* «grand-père», et russe *pop* ■ Prêtre de l'Église orthodoxe slave (➤ **papas**). *«Un pope ou moine d'aspect oriental chanta avec un acolyte une de ces belles mélodies du rite grec»* GAUTIER. ■ HOM. Pop.

POPELINE [pɔplin] n. f. – 1735 ◇ anglais *poplin,* du français *papeline,* 1667 ; de *Poperinge,* n. d'une ville flamande ■ Tissu à chaîne de soie, armure taffetas, dont la trame est en laine. *«De la popeline ? C'est une étoffe soie et laine, sèche»* COLETTE. — PAR EXT. Tissu de coton à armure taffetas. *Chemise d'homme en popeline.*

POPLITÉ, ÉE [pɔplite] adj. – 1560 ◇ latin *poples, poplitis* «jarret» ■ ANAT. Qui a rapport, appartient à la partie postérieure du genou. *Nerfs poplités. Creux poplité,* situé en arrière de l'articulation du genou. *Muscle poplité,* ou n. m. *le poplité* : muscle participant à la flexion de la jambe vers la cuisse.

POPOTE [pɔpɔt] n. f. – 1857 argot des militaires ◇ origine incertaine ■ 1 Table commune d'officiers. ➤ **mess ; cantine, gamelle.** — LOC. FAM. *Faire la tournée des popotes* : pour une personnalité civile ou militaire, faire une visite de propagande ou d'information auprès des officiers de diverses unités ; PAR EXT. effectuer une tournée d'inspection ; aller à la rencontre des électeurs, des militants. ■ 2 FAM. Soupe, cuisine. *Faire la popote.* ➤ **tambouille.** *«La popote, la famille, un bon chez-soi, nous étions heureux»* APOLLINAIRE. ■ 3 Ustensile de camping composé d'une gamelle avec couvercle pouvant servir de poêle. ■ 4 Rénovateur pour matériaux anciens (bois, bronze, vernis...) à base d'alcool, de térébenthine et d'huile de lin. *Popote des antiquaires.* ■ 5 adj. inv. (1877) FAM. Qui est trop exclusivement occupé par les travaux, les devoirs du foyer. ➤ **pot-au-feu.** *«Tu es encore plus popote que mon mari, ça n'était pas la peine de changer»* MAUPASSANT.

POPOTIN [pɔpɔtɛ̃] n. m. – 1917 ◇ redoublement de *pot* «postérieur» ■ FAM. Fesses, derrière. ➤ **cul*.** LOC. FAM. *Se manier le popotin* : se dépêcher.

POPOV [pɔpɔf] n. – 1955 ◇ nom russe très répandu ■ FAM. Russe. *Les popovs. «ils ont été chics, ces Popov-là»* IKOR.

POPULACE [pɔpylas] n. f. – 1572 ; n. m. 1555 ◇ italien *populaccio,* péj. de *popolo* «peuple» ■ PÉJ. Bas peuple. ➤ 1 **masse, plèbe,** FAM. **populo.** *«Par derrière se pressait une populace en haillons»* FLAUBERT. ■ CONTR. Élite, gratin.

POPULACIER, IÈRE [pɔpylasje, jɛʀ] adj. – 1571 ◇ de *populace* ■ PÉJ. Propre à la populace. ➤ **commun, vulgaire.** *Langage populacier.* ➤ 1 **poissard.** *Allure, air populaciers.* ➤ **canaille.** *«Un torrent d'injures populacières»* FLAUBERT.

POPULAGE [pɔpylaʒ] n. m. – 1755 ; *populago* 1752, du latin des botanistes ◇ de *populus* «peuplier» ■ BOT. Plante dicotylédone à fleurs jaunes *(renonculacées),* qui croît dans les endroits marécageux, communément appelée *souci d'eau.*

POPULAIRE [pɔpylɛʀ] adj. – *populeir* XIIe ◇ latin *popularis* ■ 1 Qui appartient au peuple, émane du peuple. *La volonté populaire. «Les politiques grecs qui vivaient dans le gouvernement populaire»* MONTESQUIEU. ➤ **démocratique.** *Démocraties populaires.* ➤ **socialiste.** *République populaire de Chine. Insurrection, manifestation populaire. Front populaire* : union des forces de gauche (communistes, socialistes, etc.). *Les masses populaires.* ■ 2 Propre au peuple. *Croyance, traditions populaires. Le bon sens populaire.* — LING. Qui est créé, employé par le peuple et n'est guère en usage dans la bourgeoisie et parmi les gens cultivés. *Mot, expression populaire. Étymologie* populaire.* — Qui était connu de tous. *Latin populaire* ➤ **vulgaire.** *Forme populaire et forme savante* (ex. *frêle* et *fragile*). ◆ À l'usage du peuple (et qui en émane ou non). *Roman, spectacle populaire. Chansons populaires. Art populaire.* ➤ **folklore.** ■ 3 (PERSONNES) Qui s'adresse au peuple. *«Vous ne devez pas avoir de succès comme orateur populaire»* MAUROIS. ◆ Qui se recrute dans le peuple, que fréquente le peuple. *Milieux, classes, couches populaires. «Ils ont trouvé une nouvelle formule : travailler pour une clientèle franchement populaire»* ROMAINS. *Origines populaires.* ➤ **plébéien.** *Quartier populaire. Bal populaire. Soupe* populaire.* ■ 4 (1559) Qui plaît au peuple, au plus grand nombre. *Henri IV était un roi populaire. Un chanteur très populaire. Mesure populaire. «Hoffmann est populaire en France, plus populaire qu'en Allemagne»* GAUTIER. ■ 5 SUBST., VX *Le populaire* : le peuple. ➤ **populo.** ■ CONTR. Savant. Impopulaire.

POPULAIREMENT [pɔpylɛʀmɑ̃] adv. – 1508 ◇ de *populaire* ■ D'une manière populaire, dans le langage populaire.

POPULARISER [pɔpylaʀize] v. tr. ⟨1⟩ – 1622 ◇ de *populaire* ■ 1 Faire connaître parmi le peuple, le grand nombre. *Les mots* enliser, pieuvre *ont été popularisés par V. Hugo.* ➤ **répandre.** *«l'Oncle Sam lui-même, popularisé par la caricature»* SIEGFRIED. ◆ VIEILLI Mettre à la portée du peuple. *Populariser la science.* ➤ **vulgariser.** PRONOM. *Ce sport se popularise.* ➤ **se démocratiser.** ■ 2 RARE Faire acquérir à (qqn) la popularité. *La guerre que «se faisaient la Mairie et le Presbytère, popularisa le magistrat»* BALZAC. — *Personnage popularisé par un feuilleton télévisé.* — n. f. **POPULARISATION,** 1846.

POPULARITÉ [pɔpylaʀite] n. f. – 1751 ; «gouvernement populaire» hapax 1568 ◇ latin *popularitas* ■ Le fait d'être connu et aimé du peuple, du plus grand nombre. *La popularité d'un chef d'État.* ➤ **célébrité, gloire, renommée.** *Acquérir une grande popularité, perdre de sa popularité. Cote* de popularité* (➤ **hit-parade**). ◆ Faveur. *«Brandelore, mon voisin d'hôpital, le sergent, jouissait [...] d'une persistante popularité parmi les infirmières»* CÉLINE. *Soigner sa popularité* : veiller à conserver la faveur générale. ■ CONTR. Impopularité.

POPULATION [pɔpylasjɔ̃] n. f. – *populacion* milieu XVIIIe ◇ de l'anglais, du latin *populatio,* famille de *populus* → peuple ■ 1 Ensemble des personnes qui habitent un espace, une terre. *La population du globe, de la France, d'une ville.* — *Dénombrement, recensement de la population. Région à population dense, faible.* — *Déplacement de population.* ◆ PAR EXT. Ensemble des personnes d'une catégorie particulière. *Population agricole, ouvrière. Population active*. La population scolaire,* les élèves, les étudiants. *Population à risque*. «le massacre des innocentes populations civiles»* MARTIN DU GARD. ■ 2 PAR ANAL. *La population d'une ruche. «Ce réseau de* *caves a bien toujours son immémoriale population de rongeurs»* HUGO. ▪ **3** (XXe) SC. Ensemble limité d'individus, d'unités de même espèce observés ensemble, sur lequel on fait des statistiques. *Surveillance de la population marine.* — GÉNÉT. *Population de pois. Population et lignée. Génétique des populations.*

POPULATIONNISTE [pɔpylasjɔnist] **adj.** et **n.** – 1959 ◊ de *population* ▪ DIDACT. Favorable à un accroissement important de la population. — **n.** *Les populationnistes.*

POPULÉUM [pɔpyleɔm] **n. m.** – *populeon* 1240 ◊ latin médiéval *populeum (unguentum)* «(onguent) de peuplier» ▪ PHARM. Onguent, pommade calmante à base de bourgeons de peupliers et de plantes narcotiques.

POPULEUX, EUSE [pɔpylø, øz] **adj.** – 1491 ◊ bas latin *populosus* ▪ Très peuplé. *Cité, villes populeuses.* ➤ **grouillant.** *Quartier populeux.* ▪ CONTR. 1 Désert.

POPULISME [pɔpylism] **n. m.** – 1912 ◊ du latin *populus* «peuple» ▪ **1** DIDACT. École littéraire qui cherche, dans les romans, à dépeindre avec réalisme la vie des gens du peuple. ▪ **2** POLIT. (souvent péj.) Discours politique qui s'adresse aux classes populaires, fondé sur la critique du système et de ses représentants, des élites. *Populisme de droite, de gauche. La démagogie, le traditionalisme, le conservatisme du populisme. «ses dirigeants sont dans la ligne du populisme antisémite et raciste»* M. DUGAIN.

POPULISTE [pɔpylist] **adj.** et **n.** – 1907 ◊ de *populisme* ▪ **1** Partisan du populisme ; inspiré par le populisme. *Roman populiste. Le Prix populiste.* ▪ **2** POLIT. *La droite populiste. Le poujadisme, mouvement populiste.* — **n.** *Les populistes.*

POPULO [pɔpylo] **n. m.** – 1867 ◊ de *populaire*, avec le suffixe familier *-o* ▪ FAM. Peuple, populace. *C'est encore le populo qui trinque.* ♦ Grand nombre de gens. ➤ **foule.** *Quel populo !* ➤ **monde.**

POP-UP [pɔpœp] **n. m. inv.** /POPUP **n. m.**/ – 1984 ◊ mot anglais, de *to pop up* «surgir» ▪ ANGLIC. ▪ **1** Système de pliage et d'assemblage de papier ou de carton permettant de créer des volumes ou des animations dans les pages d'un livre, les volets d'une carte, etc. — APPOS. *Livre pop-up* ou **n. m.** *un pop-up* : livre conçu avec ce système. SYN. livre animé. ▪ **2** (1999) INFORM. Fenêtre secondaire qui s'ouvre spontanément devant la fenêtre principale, sans avoir été sollicitée par l'internaute. *Les pop-up affichent souvent des messages publicitaires.* — Recomm. offic. *fenêtre intruse.*

POQUER [pɔke] **v.** ⟨1⟩ – 1544, *pocquer* ◊ flamand *pokken* ▪ **1** VX ou RÉGION. (Canada) FAM. Donner un coup à (qqn, qqch.). ♦ **P. p. adj.** *Une voiture toute poquée. Un visage poqué.* — FIG. *Être poqué* : être dans un état second après une nuit courte ou agitée. ▪ **2** (1731) VIEILLI Au jeu de boules, Jeter sa boule en l'air de manière qu'une fois retombée elle reste immobile.

POQUET [pɔkɛ] **n. m.** – 1849 ◊ de *poquer* ou de *poque* → 1 poche ▪ Petit trou dans lequel on sème plusieurs graines. *Le semis en poquet est utilisé pour les grosses graines.*

PORC [pɔʀ] **n. m.** – 1080 ◊ latin *porcus* ▪ **1** Mammifère ongulé omnivore *(artiodactyles)*, au corps épais, dont la tête est terminée par un groin, qui est domestiqué et élevé pour sa chair. SPÉCIALT Le mâle adulte. ➤ **cochon, pourceau ; verrat ;** RÉGION. **cayon.** *«Je peindrai ici l'image du Porc. C'est une bête solide et tout d'une pièce ; sans jointure et sans cou»* CLAUDEL. *Femelle du porc.* ➤ **truie.** *Jeune porc.* ➤ **cochonnet, goret, porcelet.** *Élevage des porcs.* ➤ **porcin.** *Étable à porcs.* ➤ **porcherie, soue.** *Lisier de porc. Porc utilisé pour la recherche des truffes. — Les poils du porc.* ➤ 1 **soie.** ♦ PAR EXT. *Porc sauvage.* ➤ **sanglier.** ▪ **2** PAR COMPAR. (1226 «homme sale») ➤ **cochon** (FIG. et FAM.). *Il est gras, sale comme un porc. Manger comme un porc*, très salement. ♦ Homme débauché, grossier. *Quel porc ! Espèce de porc ! «ce gros porc me touche je le tue»* V. RAVALEC. ▪ **3** Viande de cet animal. *L'islam interdit la consommation du porc. Porc frais, salé, fumé* (➤ aussi **charcuterie**). *Côte, rôti, travers* de porc. Graisse de porc.* ➤ **lard, saindoux.** *Pieds de porc panés. Saucisson pur porc.* ▪ **4** Peau tannée de cet animal. *Sac, valise en porc.* ▪ HOM. Pore, port.

PORCELAINE [pɔʀsəlɛn] **n. f.** – *pourcelaine* 1298 ◊ italien *porcellana* ▪ **1** Mollusque gastéropode *(cypréidés)*, coquillage univalve luisant et poli, aux couleurs vives, qui présente une ouverture en forme de fente étroite. *«porcelaines neigeuses [...], volutes ondulées, tout vit et se meut»* MICHELET. ▪ **2** (1298 ◊ par anal. d'aspect) COUR. *La porcelaine.* Matière translucide, imperméable, qu'on utilise en céramique fine. *Porcelaine tendre artificielle* ou *à fritte* ou *française*, composée de marne, craie, fritte (sans kaolin). *Porcelaine tendre naturelle*, ou *anglaise*, contenant du phosphate de calcium. *Porcelaine dure* ou *à pâte dure* ou *feldspathique*, à base de kaolin*, de feldspath et de quartz. *Porcelaine non émaillée.* ➤ **biscuit.** *Porcelaine caraque*, craquelée* (➤ **truité**), *réticulée. Porcelaine présentant des dessins par transparence* (➤ **lithophanie**). *Porcelaine de Chine, de Limoges, de Saxe, de Sèvres* (du Chine, du Limoges, etc.). *Porcelaine peinte à la main. «Des pots de porcelaine, de faïence, ou de terre vernie»* GAUTIER. *Vaisselle, pipe en porcelaine, de porcelaine. — Un éléphant* dans un magasin de porcelaine.* ▪ **3** *Une, des porcelaines.* Objet en porcelaine. *«les porcelaines de Frankenthal, que je collectionne depuis vingt ans»* BALZAC.

PORCELAINIER, IÈRE [pɔʀsəlenje, jɛʀ] **n.** et **adj.** – 1818 ◊ de *porcelaine* ▪ **1** Marchand de porcelaine ; industriel, ouvrier qui fabrique de la porcelaine. ▪ **2** **adj.** Qui est relatif à la porcelaine. *L'industrie porcelainière de Limoges.*

PORCELET [pɔʀsəlɛ] **n. m.** – 1210 ◊ de *porcel*, ancienne forme de *pourceau* ▪ Jeune porc. ➤ **cochonnet, goret.** *Manger du porcelet rôti*, du cochon de lait.

PORC-ÉPIC [pɔʀkepik] **n. m.** – *porc espic* 1508 ◊ de l'ancienne forme *porc espi* (ancien occitan), avec influence de *piquer*, de l'italien *porcospino* «porc épineux» ▪ Mammifère rongeur *(hystricidés)*, au corps recouvert de longs piquants, qui vit dans les contrées chaudes. *Dans le danger, le porc-épic se hérisse. Des porcs-épics* [pɔʀkepik]. ♦ *Ce type est un véritable porc-épic*, une personne irritable, peu sociable, qui se hérisse facilement.

PORCHAISON [pɔʀʃɛzɔ̃] **n. f.** – 1655 ; «chasse au sanglier» 1389 ◊ de *porc* ▪ CHASSE Saison pendant laquelle le sanglier est le plus gras. — État du sanglier pendant cette époque. *Un sanglier en porchaison.*

PORCHE [pɔʀʃ] **n. m.** – fin XIe ◊ latin *porticus* ▪ **1** Construction en saillie qui abrite la porte d'entrée d'un édifice. *«Ces maisons qui avaient déjà plusieurs siècles possédaient encore des porches, des bornes de pierre»* NIZAN. — SPÉCIALT *Porche d'une église, d'une cathédrale. Le porche et le narthex. Porche roman. Portail abrité sous un porche.* ▪ **2** Vestibule, hall d'entrée.

PORCHER, ÈRE [pɔʀʃe, ɛʀ] **n.** – 1530 ; *porker* v. 1138 ◊ bas latin *porcarius* ▪ **1** Gardien, gardienne de porcs ; ouvrier agricole qui s'occupe des porcs. ▪ **2** Éleveur de porcs. *Aviculteurs et porchers.*

PORCHERIE [pɔʀʃəʀi] **n. f.** – 1302 ; *porkerie* «troupeau de porcs» v. 1170 ◊ de *porcher* ▪ **1** Bâtiment où l'on élève, où l'on engraisse les porcs. ➤ RÉGION. **boiton.** *Cour, loges d'une porcherie.* ▪ **2** FIG. Local très sale. *Quelle porcherie, cette maison !*

PORCIN, INE [pɔʀsɛ̃, in] **adj.** et **n. m.** – 1393 ; XIIIe fig. «grossier» ; rare avant 1792 ◊ latin *porcinus* ▪ **1** Qui est relatif au porc. *Race porcine.* — **n. m.** *Les porcins.* ➤ **suidés.** ▪ **2** PAR EXT. Dont l'aspect rappelle celui du porc. *Yeux porcins.*

PORE [pɔʀ] **n. m.** – fin XIIIe ◊ latin *porus*, grec *poros* «passage» ▪ **1** Chacun des minuscules orifices de la peau où aboutissent les sécrétions des glandes sudoripares. — COUR. Orifice cutané d'une glande sudoripare ou de la glande sébacée d'un poil. *Pores dilatés ; bouchés, obstrués* (➤ **acné**). *«Une sueur froide sortit soudain de tous les pores de cette femme»* BALZAC. — LOC. *Par tous les pores* : de toute sa personne. *«on percevait par tous les pores l'harmonie qui se dégage de la douceur colossale des choses»* HUGO. ▪ **2** (1765) BOT. ➤ **stomate.** ▪ **3** (1444) PHYS. ANC. Interstice, espace vide dans une substance. ♦ MOD. GÉOL. Interstice d'une matière poreuse. ▪ HOM. Porc, port.

POREUX, EUSE [pɔʀø, øz] **adj.** – *porreux* 1314 ◊ de *pore* ▪ **1** Qui présente une multitude de petits trous (roche, matière minérale, terre cuite, etc.). *Pierre poreuse. Un vase en terre poreux* (➤ **alcarazas, gargoulette**). *Sol poreux.* ➤ **perméable.** ▪ **2** FIG. Qui présente des points de contact, de passage, permettant les échanges, les influences. *«Même s'ils ont renforcé les contrôles, la frontière est encore assez poreuse»* ECHENOZ. ▪ CONTR. Étanche.

PORION [pɔʀjɔ̃] **n. m.** – 1775 ◊ mot picard, probablt aphérèse de *caporion* «chef d'escouade» en français de Belgique, italien *caporione* «chef *(capo)* de quartier *(rione)*» ▪ Agent de maîtrise, contremaître dans les mines de charbon. ➤ 2 **mineur.** *Porion d'abattage, de roulage. Chef porion. «quand il ne redoutait pas la rencontre d'un porion, il montait sur la dernière berline»* ZOLA. ♦ Contremaître dans les puits de pétrole. *Porion d'huile*, qui organise le pompage.

PORNOGRAPHE [pɔʀnɔgʀaf] **n. m.** – 1769 ◊ du grec *pornê* «prostituée» et *-graphe* ■ **1** VX Auteur d'un traité sur la prostitution. ■ **2** Auteur spécialiste d'écrits obscènes. — PAR EXT. (d'un écrivain) *C'est un vulgaire pornographe.* **adj.** *Éditeur pornographe.*

PORNOGRAPHIE [pɔʀnɔgʀafi] **n. f.** – 1842 ; «traité de la prostitution» 1800 ◊ de *pornographe* ■ Représentation (par écrits, dessins, peintures, photos, images) de choses obscènes destinées à être communiquées au public. *Érotisme et pornographie. Pornographie infantile.* ➤ **pédopornographie.** *Pornographie sur Internet.* ➤ **cybersexe.** ◆ PAR EXT. Obscénité en littérature, dans les spectacles.

PORNOGRAPHIQUE [pɔʀnɔgʀafik] **adj.** – 1842 ◊ de *pornographe* ■ Relatif à la pornographie. *Revues pornographiques.* ➤ **cochon.** *Film à caractère pornographique.* ➤ **hard,** 2 **X.** — ABRÉV. FAM. **PORNO** [pɔʀno], avant 1893. *Boutique porno.* ➤ **sexe-shop.** *Films pornos. «le public des cinémas pornos... Les hommes seuls, gênés, lourds, obsédés»* SOLLERS.

POROSITÉ [pɔʀozite] **n. f.** – 1314 ◊ de *poreux* ■ **1** DIDACT. État de ce qui est poreux. *Porosité de la pierre ponce, du sable. Porosité ouverte d'une roche.* ➤ **perméabilité.** ■ **2** FIG. Perméabilité aux influences, aux échanges. *«cette porosité des idées entre droite et extrême droite»* (Le Monde, 1998).

PORPHYRE [pɔʀfiʀ] **n. m.** – XVIe ; *porfire* XIIe ◊ italien *porfiro,* latin *porphyrites,* grec *porphuritês (lithos)* «(pierre) pourpre» → pourpre ■ Roche magmatique (andésite) rouge foncé, compacte, mêlée de cristaux blancs. *Porphyre poli. Colonnes de porphyre. «des fleurs en mosaïque d'agate et de porphyre»* LOTI. ◆ PAR EXT. Molette en porphyre, pour broyer les couleurs.

PORPHYRIE [pɔʀfiʀi] **n. f.** – milieu XXe ◊ du radical de *porphyrine* ■ PATHOL. Anomalie du métabolisme caractérisée par la formation massive de porphyrines* dans l'organisme, leur élimination dans les urines et les selles et une sensibilisation cutanée anormale à la lumière.

PORPHYRINE [pɔʀfiʀin] **n. f.** – 1933 ◊ du grec *porphureos* «de couleur pourpre» ■ BIOCHIM. Groupe de dérivés du pyrrol, précurseurs de l'hème, de la chlorophylle.

PORPHYRIQUE [pɔʀfiʀik] **adj.** – 1804 ◊ de *porphyre* ■ Relatif au porphyre ; qui en contient. *Texture porphyrique. Roche porphyrique.*

PORPHYROGÉNÈTE [pɔʀfiʀɔʒenɛt] **adj.** – 1690 ◊ grec *porphurogenêtos* «né dans la pourpre» ■ ANTIQ. Se disait des enfants des empereurs d'Orient nés pendant le règne de leur père. *Constantin VII porphyrogénète.*

PORPHYROÏDE [pɔʀfiʀɔid] **adj.** – 1803 ◊ de *porphyre* et *-oïde* ■ DIDACT. Qui a l'apparence du porphyre. *Roche porphyroïde.*

PORQUE [pɔʀk] **n. f.** – 1382 ; aussi «femme malpropre» XVIIe ◊ italien *porca* «truie», latin *porcus* «porc» ■ MAR. Forte pièce courbe de construction, pour renforcer les parties de la carène.

PORRECTION [pɔʀɛksjɔ̃] **n. f.** – 1604 ◊ latin *porrectio,* de *porrigere* «tendre» ■ LITURG. CATHOL. Acte par lequel l'évêque présente un objet liturgique pour le faire toucher.

PORRIDGE [pɔʀidʒ] **n. m.** – 1852 ; *parache* 1738 ◊ mot anglais, corruption du français *potage* ■ ANGLIC. Bouillie de flocons d'avoine. ➤ RÉGION. **gruau.** *Le «porridge qu'on lui donnait le matin»* ARAGON.

1 **PORT** [pɔʀ] **n. m.** – 1050 ◊ latin *portus*

I ■ **1** Abri naturel ou artificiel aménagé pour recevoir les navires, pour l'embarquement et le débarquement de leur chargement. *«La vue du port donne une vigueur nouvelle aux matelots lassés d'une longue navigation»* LESAGE. *Port maritime, fluvial. Le Vieux-Port, à Marseille. Port de commerce, port de transit, port pétrolier ; port de pêche ; port militaire, de guerre. Port de plaisance. «des ports immenses avec des jetées de plusieurs kilomètres, des docks et des quais, des centaines de grues et de ponts roulants»* PEREC. *Digue, jetée, phare, débarcadère, embarcadère, quai, bassin d'un port. — Navire qui arrive au port, entre dans le port. Stationner, relâcher, faire escale* dans un port. Paquebot qui sort du port.* ➤ 1 **appareiller.** — *Port d'attache d'un bateau,* port où il est immatriculé. — *Port franc,* bénéficiant d'un statut administratif et fiscal spécial. — *Port autonome :* établissement ayant pour mission d'organiser et gérer les activités portuaires. *Le port autonome de Rouen. — Les dockers d'un port. Habiter sur le port. «je me suis promené dans le port. J'ai causé avec un douanier qui surveillait le déchargement d'un navire»* HUGO. ◆ LOC. *Arriver à bon port :* arriver sain et sauf, en bon état à son lieu de destination. ■ **2** LITTÉR. Lieu de repos ; abri. ➤ **havre, refuge.** *«un couvent était le port où venaient aborder les naufragés du monde»* GAUTIER. ■ **3** Ville qui possède un port. *Marseille, port de la Méditerranée. Habiter un port. Une femme dans chaque port* (réputation faite aux marins). ■ **4** *Port artificiel :* ensemble d'éléments préfabriqués amenés par mer sur une côte pour permettre le débarquement des troupes et le déchargement du matériel.

II (1080 ◊ ancien provençal) Col dans les Pyrénées. *Saint-Jean-Pied-de-Port. «Le por* [sic] *de Gavarnie, que vous voyez là-haut, ce passage tempétueux»* MICHELET. ➤ aussi **passeport.**

III (v. 1980 ◊ de l'anglais) INFORM. Prise d'un ordinateur permettant de connecter un périphérique (souris, modem, scanner, imprimante...). *Port série, parallèle* (selon le mode d'envoi des bits). *Port USB.*

■ **HOM.** Porc, pore.

2 **PORT** [pɔʀ] **n. m.** – 1265 «faveur, aide» ◊ de 1 *porter*

I Action de porter. ■ **1** Fait de porter sur soi. *Le port de l'uniforme. Port illégal de décorations.* ◆ (1636) *Port d'armes :* fait de porter sur soi une arme, des armes. *Port d'armes prohibées. «Cette république d'Italie* [Venise], *où le port des armes à feu est puni comme un crime capital»* MONTESQUIEU. *Permis de port d'armes.* ◆ DR. Fait de porter un nom, un titre. *Le port d'un nom patronyme.* ■ **2** (1468) Action de porter (une charge). MAR. *Port en lourd :* charge totale que peut prendre un navire. ■ **3** MILIT. **PORT D'ARMES :** fait pour un soldat de présenter son arme ; la position ainsi prise. *Soldat qui se met au port d'armes.* ■ **4** MUS. **PORT DE VOIX :** passage effectué insensiblement d'un son à un autre. *Chanteuse qui fait des ports de voix.*

II PAR EXT. Prix du transport d'une lettre, d'un colis. *Elle «réclama le port d'une vingtaine de lettres»* FLAUBERT. *Franc de port, de port et d'emballage. Envoi en port dû, en port payé.*

III (XIVe) Manière naturelle de se tenir. ■ **1** Allure, maintien. *Un port de déesse, de reine. «Son port décidé la faisait paraître plus grande que moi»* P. BENOIT. — *Un gracieux port de tête.* ■ **2** (1721) BOT. Forme générale naturelle à une plante. *Le port d'un arbre, du peuplier. Port en boule du noyer, en colonne du cyprès. Port dressé, fastigié.*

PORTABILITÉ [pɔʀtabilite] **n. f.** – 1849 ◊ de *portable* ■ **1** DR. Caractère de ce qui est portable (2°). ■ **2** (1973 ◊ anglais *portability*) INFORM. Caractère de ce qui est portable (4°). *Portabilité des progiciels.* ◆ TÉLÉCOMM. *Portabilité du numéro :* possibilité offerte à un usager de conserver un numéro d'appel en changeant d'opérateur téléphonique. Recomm. offic. *conservation du numéro.*

PORTABLE [pɔʀtabl] **adj.** – 1265 ◊ de 1 *porter* ■ **1** VX Facile à porter. — MOD. ANGLIC. Conçu pour être facile à transporter. ➤ **portatif.** *Machine à écrire, téléviseur portable. Un ordinateur portable,* ou **n. m.** *un portable. Un téléphone portable* ou **n. m.** *un portable,* qui fonctionne sans fil. ➤ **mobile ;** RÉGION. **cellulaire, GSM ; smartphone.** ■ **2** DR. (opposé à *quérable*). *Dette, redevance, rente portable,* qui doit être payée à un lieu fixé par la convention ou au domicile du créancier. ■ **3** Qu'on peut porter (vêtement). ➤ **mettable.** *Ce manteau est encore portable.* ■ **4** (1975) ANGLIC. INFORM. *Logiciel, programme portable,* pouvant fonctionner sur plusieurs systèmes informatiques.

PORTAGE [pɔʀtaʒ] **n. m.** – 1260 ◊ de *porter* ■ **1** VX Action de porter qqch. ou qqn, généralement pour le transporter. ◆ MOD. Transport sur le dos. *«Crise du portage. Nos porteurs veulent tous repartir»* GIDE. SPÉCIALT (COUR. au Canada) Action de porter une embarcation d'un cours d'eau à l'autre. *«Les portages dans l'eau jusqu'à la ceinture»* P. VILLENEUVE. ◆ Partie d'un fleuve où l'on ne peut plus naviguer (qui oblige à porter les embarcations). ◆ *Le portage des bébés. Portage sur le dos, à l'africaine. Écharpe de portage.* ■ **2** MAR. Endroit où une pièce frotte sur une autre. ■ **3** PRESSE Système de distribution des journaux à domicile. ■ **4** COMM. Opération par laquelle une grande entreprise met à la disposition d'une autre entreprise son réseau international d'exportation. ◆ FIN. Prise en charge de titres en vue de leur placement. ➤ **placeur.** — SPÉCIALT *Portage de valeurs mobilières :* vente de titres comportant pour le vendeur l'obligation de les racheter à une date et à un prix convenus. ➤ **réméré.** ■ **5** *Portage salarial :* mode de travail qui permet d'exercer une activité indépendante avec le statut de salarié. ■ **6** INFORM. Fait d'installer un programme, un système d'exploitation dans un environnement différent de celui d'origine. ■ **7** TÉLÉCOMM. Transfert de l'usage d'un numéro de téléphone d'un opérateur de téléphonie à un autre. *Bon de portage* (➤ **portabilité**).

PORTAGER [pɔʀtaʒe] **v. tr.** ‹3› – 1880 ◇ de *portage* ■ **(Canada)** ■ **1** Porter (une embarcation) quand la navigation est impossible. *Canot facile à portager.* — ABSOLT *Portager pendant des milles.* ■ **2** Franchir en faisant du portage. *Portager les rapides, un barrage.*

PORTAIL [pɔʀtaj] **n. m.** – XIIIe ; *portal* «grand panneau de bois qui sert de porte» v. 1200 ◇ de *porte* ■ **1** Grande porte, parfois de caractère monumental. *Portail du parc d'un château, d'une cour de ferme. Pylônes d'un portail.* ◆ *Portail d'une cathédrale, d'une église,* comprenant la porte, son ébrasement, son appareil architectural. *Le portail royal de Chartres. Les portails nord et sud. «Le portail méridional a des chapiteaux étranges et une grosse nervure-archivolte profondément fouillée»* HUGO. ■ **2** Porte commandant l'entrée principale d'une habitation particulière ou d'un immeuble. *Le portail d'un jardin.* ■ **3** (1998 ◇ anglais américain *portal*) INFORM. Site d'accès au réseau Internet, dont la page* d'accueil propose une gamme de services et permet d'accéder à d'autres sites.

PORTANCE [pɔʀtɑ̃s] **n. f.** – 1940 ; «action de porter» fin XIVe ◇ de *porter* ■ **1** TECHN. Force perpendiculaire à la direction de la vitesse qu'a un corps dans un fluide (➤ **sustentation**). *Portance des ailes d'un avion, de la quille d'un bateau.* AÉRONAUT. *Réducteur de portance :* **recomm. offic. pour** 1 *spoiler.* ■ **2** TRAV. PUBL. Capacité d'un sol à supporter une charge.

PORTANT, ANTE [pɔʀtɑ̃, ɑ̃t] **adj. et n.** – XIIe ◇ de *porter*

I adj. ■ **1** MAR. *Vent portant,* qui porte le navire dans la bonne direction (**opposé à** *vent debout**). *Allures portantes,* dans lesquelles un voilier marche avec un vent portant. ■ **2** Dont la fonction est de porter, de soutenir. *Parties portantes d'un édifice. Murs portants. Roues portantes d'une locomotive* (**opposé à** *roues motrices*). ■ **3** (1761 ◇ d'abord «de belle stature, qui a un beau *port*») **ÊTRE BIEN, MAL PORTANT :** en bonne, en mauvaise santé. ➤ se **porter.** *«Les gens bien portants sont des malades qui s'ignorent»* ROMAINS. — SUBST. *Les bien portants.*

II n. m. ■ **1** (1400) Anse d'un coffre, d'une malle, etc. ■ **2** TECHN. Pièce de fer qu'on place sous l'armure d'un aimant et à laquelle on suspend la charge à soulever. ■ **3** (milieu XIXe) Montant qui soutient un élément de décor, un appareil d'éclairage, au théâtre. — Cette partie de décor. *Songez «à nos décorations arriérées, à nos portants de coulisses, à nos files de quinquets»* NERVAL. ■ **4** Montant (d'une ouverture). *«Les croisées de la façade ont pour portants des muses arrangées en cariatides»* GAUTIER. ■ **5** MAR. Monture métallique qui déborde à l'extérieur d'une embarcation et qui sert d'appui aux avirons. ■ **6** Présentoir où sont accrochés les vêtements, dans un magasin.

PORTATIF, IVE [pɔʀtatif, iv] **adj.** – 1328 ◇ de *porter* ■ Qui peut être utilisé n'importe où, transporté facilement. ➤ **portable, transportable.** *Radio portative.*

1**PORTE** [pɔʀt] **n. f.** – fin Xe ◇ du latin *porta*

I EN PARLANT D'UNE VILLE, D'UNE PLACE FORTE ■ **1** Autrefois, Ouverture spécialement aménagée dans l'enceinte d'une ville pour permettre le passage. *«Les portes de la ville sont monumentales et surmontées de trophées dans le goût du dix-septième siècle»* NERVAL. — PAR EXT. (fin XIIe) *Porte d'un château, d'une forteresse.* — *Ouvrir, fermer les portes d'une ville, d'une place, à l'ennemi.* ◆ FIG. *L'ennemi est à nos portes,* à nos frontières, tout près. ■ **2** Monument en forme d'arc de triomphe, généralt situé sur l'emplacement des portes (de la ville). *La porte Saint-Denis, la porte Saint-Martin, à Paris.* ■ **3** (1658) Lieu où se trouvait autrefois une porte de l'enceinte d'une ville. *La porte Maillot, la porte Dauphine, à Paris.* — PAR EXT. Le quartier de cette porte. *Habiter (à la) porte de Saint-Cloud.*

II DANS UN ESPACE DÉLIMITÉ A. OUVERTURE ■ **1** (fin XIIe) Ouverture spécialement aménagée dans un mur, une clôture, etc., pour permettre le passage ; l'encadrement de cette ouverture. *Porte d'une maison* (➤ VX **huis**), *d'un jardin* (➤ **portail ;** RÉGION. **clédar**). *Porte cochère*, porte basse. Porte d'entrée, de service. Porte de sortie, de secours.* ➤ **issue.** *Chambranle, embrasure, encadrement, encoignure, linteau, montant, seuil d'une porte. «Une porte extrêmement petite, mais dont le chambranle gothique était doré avec magnificence»* STENDHAL. *Porte qui s'ouvre sur un couloir.* — *Entrer, passer, sortir par la porte. Franchir, passer la porte. Accompagner qqn jusqu'à la porte. «Pour lui couper la route, je me mis en travers de la porte»* LOTI. *Sonner à la porte. Prendre le frais devant sa porte, sur le pas de sa porte.* — *Payer un pas* de porte.* ■ **2** LOC. (fin XVe) *De porte en porte :* de maison en maison, d'appartement en appartement. — *Habiter, vivre porte à porte :* être voisins. *«Ces races qui vivaient porte à porte depuis des siècles n'avaient jamais eu la curiosité de se connaître, ni la décence de s'accepter»* YOURCENAR. *De chez moi à mon bureau, je mets une heure porte à porte,* d'un lieu à l'autre. — SUBST. *Faire du* **PORTE-À-PORTE** [pɔʀtapɔʀt], se dit d'un agent commercial, d'un quêteur, etc., qui passe de logement en logement. ➤ **démarchage.** *«ceux qui font du porte-à-porte dans l'espoir de vendre des brosses ou des aspirateurs»* SIMENON. ◆ *Cela s'est passé à ma porte,* tout près de chez moi. *Il a une station de métro à sa porte. Balayer* devant sa porte. Voir midi* à sa porte.* FAM. *La porte à côté :* tout près. *«elle habitait maintenant à une cinquantaine de kilomètres, c'était pas la porte à côté»* DJIAN. ◆ FIG. *Parler à qqn, recevoir qqn entre deux portes,* lui parler rapidement sans le faire entrer. *«ce que lui a confié leur mère, entre deux portes et à mi-voix»* E. CARRÈRE. ◆ (1690) *Mettre,* (FAM.) *fiche, flanquer, foutre qqn à la porte.* ➤ **chasser, congédier, renvoyer ;** FAM. **éjecter, lourder, virer.** *Mettre un élève à la porte d'un cours.* ➤ **exclure.** *Mettre un employé à la porte.* ➤ **licencier.** *«J'ai fait mettre à la porte un valet, j'ai fait chasser une servante»* DIDEROT. — ELLIPT *«On cria "À la porte !." Il se leva, et partit»* R. ROLLAND. — *Être à la porte :* ne pas pouvoir entrer chez soi, faute de clé. *Gagner, prendre la porte.* ➤ 1**partir,** 1**sortir.** *Défendre, garder, condamner*, interdire, refuser sa porte,* l'entrée chez soi. ◆ *Entrer, passer par la grande porte :* accéder directement à un haut poste. *Entrer par la petite porte :* débuter par un emploi modeste. *«ancien éducateur devenu magistrat sur le tard et par la petite porte»* E. CARRÈRE. — *Se ménager, se réserver une porte de sortie.* ➤ **échappatoire, issue.** ◆ (1694) (**D'un lieu par lequel on accède à un pays**) *«Alger est la porte* [...] *de cet étrange continent»* MAUPASSANT. ◆ LOC. (**Belgique**) **À LA PORTE.** Dehors, à l'extérieur. *Manger à la porte,* dans le jardin, sur le balcon.

B. PANNEAU MOBILE ■ **1** (milieu XIIe) Pièce, panneau mobile permettant d'obturer la baie d'une porte. ➤ FAM. **lourde.** *Porte à claire-voie, blindée, pleine, vitrée. Porte coupe-feu. Porte à deux battants. «C'était l'ouverture de la* porte de clôture, *effroyable planche de fer hérissée de verrous»* HUGO. *Gonds d'une porte. Bouton, poignée de porte.* — *Porte à tambour. Porte coulissante. Porte roulante, pliante, magnétique d'un garage.* — *Porte fermée, ouverte, grande ouverte, entrebâillée. Fermez la porte !* **ou** ELLIPT *La porte ! Claquer la porte.* LOC. PROV. *Il faut qu'une porte soit ouverte ou fermée :* il faut choisir, adopter un parti. *Fermer une porte à clé, à double tour. Trouver porte close,* (**Belgique**) *trouver porte de bois. Enfoncer, forcer une porte.* — *Frapper, cogner à la porte. Écouter aux portes,* derrière les portes. *Glisser une lettre sous la porte.* ■ **2** LOC. *Mettre la clé* sous la porte. Aimable comme une porte de prison*.* — *Enfoncer* une porte ouverte.* — *Frapper à la bonne, la mauvaise porte :* s'adresser au bon, au mauvais endroit, à la bonne, à la mauvaise personne. (1690) *Ouvrir, fermer sa porte à qqn,* accepter, refuser de l'admettre chez soi. *La porte est grande ouverte :* vous êtes bienvenu ; je ne vous retiens pas. — *Toutes les portes lui sont ouvertes :* il a de la considération partout. *«Il est brillant : toutes les portes s'ouvriront devant lui»* C. CUSSET. — ÉCON. *Régime de la porte ouverte,* qui supprime les barrières douanières. COUR. *C'est la porte ouverte à tous les abus. Laisser la porte ouverte aux négociations.* — *Journée, opération portes ouvertes,* pendant laquelle le public peut visiter librement une entreprise, une institution, un organisme. ■ **3** (1688) (**D'un véhicule**) *Portes d'un wagon, d'une voiture* (➤ 1**portière**), *d'un avion,* etc. *Voiture à deux portes.* ➤ 1**coupé.** SUBST. *Une quatre portes.* ➤ **berline, limousine.** — (**D'un meuble**) *Porte d'une armoire, d'un placard.* — (**D'un appareil**) *Porte de four, de congélateur ;* ABUSIVEMENT *mettre des bouteilles dans la porte du réfrigérateur.* ➤ **contre-porte.**

C. VX ou HIST. (1538) *La Porte, la Sublime Porte, la Porte ottomane :* la cour, le gouvernement des anciens sultans turcs (➤ **divan**) ; la Turquie elle-même. *«Les bureaux de la Porte»* GOBINEAU.

III POINT DE PASSAGE ■ **1** (1688) Passage étroit dans une région montagneuse. ➤ **défilé, gorge.** *Les Portes de Fer, sur le Danube.* ■ **2** (1572) TECHN. Anneau dans lequel on fait passer le crochet d'une agrafe. ■ **3** (1937) Espace compris entre deux piquets où le skieur doit passer, dans un slalom. *Skieur qui rate une porte.* ■ **4** ÉLECTRON. Circuit électronique qui réalise une fonction logique élémentaire (ET, OU...).

2**PORTE** [pɔʀt] **adj. f.** – 1314 ◇ de 1*porte,* «veine qui joue le rôle de porte, d'orifice» ■ ANAT. *Veine porte,* qui ramène au foie le sang des organes digestifs abdominaux.

PORTE-AÉRONEF n. m. ou PORTE-AÉRONEFS [pɔʀtaeʀɔnɛf] **n. m. inv.** – v. 1960 ◇ de 1*porter* et *aéronef,* d'après *porte-avion* ■ MILIT. Bâtiment de guerre aménagé pour recevoir des aéronefs, avions (➤ **porte-avion**), hélicoptères (➤ **porte-hélicoptère**). *Des porte-aéronefs.*

PORTE-À-FAUX [pɔʀtafo] n. m. inv. – 1836 ◊ de 1*porter* et *faux* ■ **1** Construction, objet hors d'aplomb. *Des porte-à-faux.* ■ **2** LOC. **EN PORTE-À-FAUX :** disposé hors d'aplomb (en parlant d'une construction, d'un assemblage). *Mur, poutre en porte-à-faux.* — FIG. Dans une situation instable, ambiguë. *Être en porte-à-faux. Cette loi mettrait la France en porte-à-faux avec le droit européen.* ■ CONTR. Aplomb, équilibre, stabilité.

PORTE-AFFICHE [pɔʀtafiʃ] n. m. – 1842 ◊ de 1*porter* et *affiche* ■ RARE Cadre dans lequel on appose des affiches. *Des porte-affiches grillagés.*

1 **PORTE-AIGUILLE** [pɔʀteguij] n. m. – 1741 ◊ de 1*porter* et *aiguille* ■ CHIR. Sorte de pince permettant de tenir une aiguille à suture. *Des porte-aiguilles. « Il ajuste un catgut sur un porte-aiguille et le glisse dans la plaie béante »* M. WINCKLER. ♦ Pince de tabletier.

2 **PORTE-AIGUILLE** n. m. ou **PORTE-AIGUILLES** [pɔʀteguij] n. m. inv. – 1827 ◊ de 1*porter* et *aiguille* ■ Étui, feuillets de tissu où l'on range les aiguilles à coudre. *Des porte-aiguilles.*

PORTE-ALLUMETTE n. m. ou **PORTE-ALLUMETTES** [pɔʀ talymɛt] n. m. inv. – 1829 ◊ de 1*porter* et *allumette* ■ Boîte à allumettes, munie d'un frottoir. *Des porte-allumettes.*

PORTE-AMARRE [pɔʀtamaʀ] n. m. – 1854 ◊ de 1*porter* et *amarre* ■ MAR. Appareil servant à lancer une amarre (à terre ou sur un bâtiment). *Des porte-amarres.* APPOS. *Canon porte-amarre. Des fusils porte-amarres.*

PORTE-À-PORTE ➤ 1 **PORTE**

PORTE-AVION n. m. ou **PORTE-AVIONS** [pɔʀtavjɔ̃] n. m. inv. – 1921 ◊ de 1*porter* et *avion* ■ Bâtiment de guerre dont le pont supérieur constitue une plateforme d'envol et d'atterrissage pour les avions. *Des porte-avions.*

PORTE-BAGAGE n. m. ou **PORTE-BAGAGES** [pɔʀt(ə)bagaʒ] n. m. inv. – 1892 ◊ de 1*porter* et *bagage* ■ Dispositif accessoire d'un véhicule, destiné à recevoir des bagages. *Le porte-bagage d'une bicyclette, d'une moto.* ♦ Filet, galerie métallique où l'on place les bagages dans un train, un car. *Des porte-bagages.*

1 **PORTE-BALAI** n. m. ou **PORTE-BALAIS** [pɔʀt(ə)balɛ] n. m. inv. – 1904 ◊ de 1*porter* et *balai* ■ TECHN. Gaine maintenant en position les balais d'une machine électrique. *Des porte-balais.*

2 **PORTE-BALAI** [pɔʀt(ə)balɛ] n. m. – 1945 ◊ de 1*porter* et *balai* ■ Support pour accrocher un ou des balais, notamment un balai de W. C. *Des porte-balais.*

PORTE-BANNIÈRE [pɔʀt(ə)banjɛʀ] n. – 1455 ◊ de 1*porter* et *bannière* ■ Personne qui porte une bannière. *Des porte-bannières.*

PORTE-BÉBÉ [pɔʀt(ə)bebe] n. m. – 1894 ◊ de 1*porter* et *bébé* ■ **1** Ce qui sert à transporter un bébé (couffin, siège sur un vélo ou dans une voiture...). ■ **2** Sac muni d'un harnais, dans lequel l'enfant est assis, et qu'on porte attaché sur le dos ou sur la poitrine en marchant (cf. Sac kangourou*). *Porte-bébé ventral. Des porte-bébés.*

PORTE-BILLET n. m. ou **PORTE-BILLETS** [pɔʀt(ə)bijɛ] n. m. inv. – 1828 ◊ de 1*porter* et *billet* ■ Petit portefeuille où l'on range uniquement les billets de banque. *Des porte-billets.*

PORTE-BONHEUR [pɔʀt(ə)bɔnœʀ] n. m. – 1706, repris 1842 ◊ de 1*porter* et *bonheur* ■ Objet que l'on considère comme porteur de chance. ➤ **amulette, fétiche.** *Le trèfle à quatre feuilles, le fer à cheval, sont des porte-bonheurs* ou *des porte-bonheur* (inv.). APPOS. *Breloque porte-bonheur.* ■ CONTR. Porte-malheur.

PORTE-BOUQUET [pɔʀt(ə)bukɛ] n. m. – 1869 ; « plateau » 1680 ◊ de 1*porter* et *bouquet* ■ Très petit vase à fleurs qu'on accroche. *Des porte-bouquets.*

PORTE-BOUTEILLE n. m. ou **PORTE-BOUTEILLES** [pɔʀt(ə)butɛj] n. m. inv. – 1874 ; « rond de feutre » 1790 ◊ de 1*porter* et *bouteille* ■ **1** Casier à rayons superposés dans lequel les bouteilles sont conservées couchées. *Des porte-bouteilles.* ■ **2** Égouttoir à bouteilles. ➤ **hérisson, if.** ■ **3** Panier à compartiments servant à transporter verticalement des bouteilles.

PORTE-BRANCARD [pɔʀt(ə)bʀɑ̃kaʀ] n. m. – 1907 ◊ de 1*porter* et *brancard* ■ TECHN. Harnais, sangle servant à porter, soutenir un brancard. *Des porte-brancards.*

PORTE-CARTE n. m. ou **PORTE-CARTES** [pɔʀt(ə)kaʀt] n. m. inv. – 1874 ; *porte-carte* 1863 ◊ de 1*porter* et *carte* ■ **1** Petit portefeuille à loges transparentes où l'on range papiers d'identité, cartes de transport, de crédit, photographies, etc. *Des porte-cartes. « Il y a dans mon porte-cartes plusieurs photos de mon amour »* APOLLINAIRE. ■ **2** (1914) Étui, support pour les cartes géographiques. *Porte-carte d'un officier.*

PORTE-CHAPEAU n. m. ou **PORTE-CHAPEAUX** [pɔʀt(ə)ʃapo] n. m. inv. – 1903 ; « paliure épineux » 1776 ◊ de 1*porter* et *chapeau* ■ Patère ou tablette pour accrocher, poser les chapeaux. *Des porte-chapeaux.*

PORTE-CHÉQUIER [pɔʀt(ə)ʃekje] n. m. – 1972 ◊ de 1*porter* et *chéquier* ■ Étui destiné à protéger un chéquier. *Des porte-chéquiers en cuir.*

PORTE-CIGARE n. m. ou **PORTE-CIGARES** [pɔʀt(ə)sigaʀ] n. m. inv. – 1837 ◊ de 1*porter* et *cigare* ■ Étui à cigares. *Des porte-cigares.*

PORTE-CIGARETTE n. m. ou **PORTE-CIGARETTES** [pɔʀt(ə)sigaʀɛt] n. m. inv. – 1887 ; « fume-cigarette » 1857 ◊ de 1*porter* et *cigarette* ■ Étui à cigarettes. *Des porte-cigarettes en argent, en cuir.*

PORTE-CLÉ ou **PORTECLÉ** [pɔʀtəkle] n. m. – 1835 ◊ de 1*porter* et *clé* ■ Anneau ou étui pour porter des clés. SPÉCIALT Anneau pour clés, orné d'une breloque. *Des porte-clés, des portéclés.* — On écrit aussi *un porte-clés* (inv.).

PORTE-CONTENEUR n. m. ou **PORTE-CONTENEURS** [pɔʀt(ə)kɔ̃t(ə)nœʀ] n. m. inv. – 1972 ; *porte-containers* 1967 ◊ de 1*porter* et *conteneur* ■ TECHN. Navire destiné à transporter des conteneurs. *Des porte-conteneurs.* ➤ **transconteneur.**

PORTE-COPIE [pɔʀt(ə)kɔpi] n. m. – 1948 ◊ de 1*porter* et *copie* ■ Support pour un texte à copier, à taper à la machine. *Des porte-copies.*

PORTE-COTON [pɔʀt(ə)kɔtɔ̃] n. m. – 1903 ◊ de 1*porter* et *coton* ■ Tige de bois ou de métal garnie de coton à son extrémité, que l'on introduit dans une cavité naturelle. *Des porte-cotons.*

PORTE-COUTEAU [pɔʀt(ə)kuto] n. m. – 1869 ; autre sens 1803 ◊ de 1*porter* et *couteau* ■ Ustensile de table sur lequel on pose l'extrémité du couteau. *Des porte-couteaux en verre, en argent.*

PORTE-CRAYON [pɔʀt(ə)kʀɛjɔ̃] n. m. /PORTECRAYON/ – 1609 ◊ de 1*porter* et *crayon* ■ Petit tube de métal dans lequel on enchâsse un crayon, un fusain. *Porte-crayon d'ardoise. Des porte-crayons.*

PORTE-CROIX [pɔʀtəkʀwa] n. m. inv. – 1578 ◊ de 1*porter* et *croix* ■ RELIG. Personne qui porte la croix (devant le pape, un archevêque, dans une procession).

PORTE-CROSSE [pɔʀtəkʀɔs] n. m. – 1680 ◊ de 1*porter* et *crosse* ■ RARE ■ **1** Celui qui porte la crosse d'un évêque. ■ **2** Fourreau supportant la crosse de l'arme à feu d'un cavalier. *Des porte-crosses.*

PORTE-DOCUMENT n. m. ou **PORTE-DOCUMENTS** [pɔʀt(ə)dɔkymɑ̃] n. m. inv. – 1954 ◊ de 1*porter* et *document* ■ Serviette très plate, sans soufflet. ➤ aussi **attaché-case.** *Des porte-documents.*

PORTE-DRAPEAU [pɔʀt(ə)dʀapo] n. – 1678 ◊ de 1*porter* et *drapeau* ■ **1** Soldat qui porte le drapeau d'un régiment. ➤ 2 **enseigne, porte-étendard.** *Des porte-drapeaux. « le drapeau n'était plus qu'une guenille aux mains du sergent Hornus, le vingt-troisième porte-drapeau de la journée »* DAUDET. APPOS. *Officiers porte-drapeaux.* — *Porte-drapeau d'une délégation d'athlètes aux Jeux olympiques.* ■ **2** FIG. Chef reconnu et actif. *« Elle était comme le porte-drapeau de l'insurrection féminine »* LOTI. *La porte-drapeau du mouvement, de la cause.*

PORTÉE [pɔʀte] n. f. – milieu XVe ◊ de 1*porter*

I CHARGE A. IDÉE DE POIDS ■ **1** Ensemble des petits qu'une femelle de mammifère porte et met bas en une fois. *La portée d'une chienne. Une portée de chatons. Lapins d'une même portée. « les chattes faisaient leur portée dans des trous de paille inconnus »* ZOLA. ■ **2** TECHN. Poids maximal que peut peser une balance. *Portée d'un pèse-personne.* ■ **3** Charge que supporte un membre d'architecture (poussée). *Portée d'une poutre, dans une charpente.* — PAR EXT. (1690) Partie d'un membre d'architecture qui porte sur un appui, un support. *Portée d'une poutre dans le mur.* ♦ (1887) MÉCAN. Partie d'une pièce servant d'appui à une autre. *La portée d'un arbre, d'un* *roulement.* ▪ **4** (1636) Distance entre les points d'appui (d'un arc, d'une voûte...) qui n'est soutenue que par quelques-unes de ses parties (et supporte une charge, une poussée). *La portée de l'arche d'un pont.*

B. EN MUSIQUE (1636, Mersenne) Ensemble des cinq lignes horizontales, parallèles et équidistantes qui portent la notation musicale. *Portées d'un cahier de musique, d'une partition musicale.*

II **DISTANCE À LAQUELLE PORTE UNE CHOSE** (XVIe)

A. CHOSES CONCRÈTES ▪ **1** (1543) Distance à laquelle peut être lancé un projectile ; amplitude du jet. *Portée d'un javelot, d'un fusil. Canon à longue portée. Missiles nucléaires à courte portée* (➤ **préstratégique**), *à moyenne portée.* (Pour définir une distance, avec un numér.) «*L'*Othello, *qui se trouvait alors à dix portées de fusil*» BALZAC. *La portée d'un radar,* la distance maximale à laquelle il peut détecter une cible. — (1690) *La portée d'une voix, d'un cri, du regard. Phares, téléphone longue portée.* ♦ (1679) LOC. **À (LA) PORTÉE (DE) :** à la distance convenable pour que ce dont il est question puisse porter. «*On était à portée de javelot, face à face*» FLAUBERT. *À portée de sa vue,* visible pour lui. — *À portée de la main :* qu'on peut atteindre sans se déplacer. *Il garde son arme à portée de (la) main.* — *À la portée de qqn,* se dit d'une chose accessible. *Mettre un verre à la portée d'un malade,* à son chevet. — «*Quand il fut à portée des personnages dont nous avons parlé, il ôta son chapeau*» VIGNY. — (1585) **HORS DE (LA) PORTÉE.** *Être hors de portée de fusil, de voix. Produit toxique à tenir hors de portée des enfants.* ➤ **atteinte.** ▪ **2** FIG. **À (LA) PORTÉE,** (1690) **HORS DE (LA) PORTÉE DE,** se dit de ce qui est ou n'est pas accessible. *Loisir à la portée de toutes les bourses,* bon marché. — (1672) (Non qualifié) LITTÉR. *Une chose à portée,* que l'on peut obtenir aisément. «*Où trouver une source de rire plus abondante, plus à portée*» RENAN.

B. CAPACITÉ DE L'ESPRIT ▪ **1** FIG. (1538) Aptitude (d'un esprit) à atteindre et comprendre des objets plus ou moins nombreux, complexes ; capacités intellectuelles. *Domaine et portée de notre intelligence. Ce qui passe la portée d'un esprit.* ➤ **étendue, force.** — **À LA PORTÉE.** *Question, explication à la portée des enfants, à la portée du premier venu.* ➤ **niveau.** «*Le tact qu'exige la société de se mettre à la portée des différents esprits*» Mme DE STAËL. ➤ **hauteur.** *Mettre une science à la portée de tous.* ➤ **vulgarisation.** ▪ **2** (1585) Aptitude à avoir des effets en atteignant (en parlant d'une idée, de la pensée). *Portée d'un argument, d'une critique.* (début XVIIe) *Portée d'un livre, d'un article.* ➤ **impact.** — *La portée d'un mot.* ➤ **force.** «*bien que la portée des injures échangées lui échappât*» MAURIAC. — (D'une action, d'un évènement) *Évènement de portée internationale.* ➤ **importance.** *Acte, mesure d'une portée incalculable, d'une portée limitée, sans portée pratique.* ➤ **effet.** «*croyez que je sens la portée de ma faute*» BALZAC.

PORTE-ENSEIGNE [pɔʀtɑ̃sɛɲ] **n. m.** – 1531 ◇ de 1*porter* et *enseigne* ▪ VX Porte-drapeau. *Des porte-enseignes.*

PORTE-ÉTENDARD [pɔʀtetɑ̃daʀ] **n.** – 1680 ◇ de 1*porter* et *étendard* ▪ **1 n. m.** ANCIENNT Celui qui portait l'étendard. *Des porte-étendards.* ♦ Pièce de cuir attachée à la selle du cavalier pour soutenir la hampe de l'étendard. ▪ **2** FIG. ➤ **porte-drapeau.** *La porte-étendard du mouvement.*

PORTE-ÉTRIER [pɔʀtetʀije] **n. m.** – *portes-trieux* 1611 ◇ de 1*porter* et *étrier* ▪ Courroie, sangle attachée à l'arrière de la selle pour relever l'étrier quand le cheval n'est pas monté. *Des porte-étriers.*

PORTE-ÉTRIVIÈRE [pɔʀtetʀivjɛʀ] **n. m.** – 1756 ◇ de 1*porter* et *étrivière* ▪ Chacun des deux anneaux de fer placés aux côtés de la selle. *Des porte-étrivières.*

PORTEFAIX [pɔʀtəfɛ] **n. m.** – *porte-faix* 1538 ; *portefays* 1270 ◇ de 1*porter* et *faix* ▪ ANCIENNT Celui qui faisait métier de porter des fardeaux. ➤ **porteur.** «*le va-et-vient des portefaix et des voyageurs*» A. MAALOUF.

PORTE-FANION [pɔʀt(ə)fanjɔ̃] **n.** – 1900 n. f. ◇ de 1*porter* et *fanion* ▪ Personne qui porte un fanion, et SPÉCIALT Gradé qui porte le fanion d'un officier général. *Des porte-fanions.*

PORTE-FENÊTRE [pɔʀt(ə)fənɛtʀ] **n. f.** – 1676 ◇ de 1*porte* et *fenêtre* ▪ Fenêtre qui descend jusqu'au niveau du sol, et qui s'ouvre de plain-pied sur un balcon, une terrasse, un jardin, faisant ainsi office de porte. *Des portes-fenêtres.* «*Elle ouvrit largement les deux battants vitrés de la porte-fenêtre*» COLETTE.

PORTEFEUILLE [pɔʀtəfœj] **n. m.** – 1544 ◇ de 1*porter* et *feuille* ▪ **1** VX Carton double pliant et servant à renfermer des papiers. ♦ VX Cartable, serviette. *Portefeuille de ministre.* ▪ **2** PAR EXT. (1749) MOD. Titre, fonctions de ministre. ➤ **ministère ; maroquin.** «*Il espérait bien réussir à décrocher le portefeuille des Affaires étrangères*» MAUPASSANT. *Ministre* sans portefeuille.* ▪ **3** (v. 1700) Ensemble des effets de commerce, des valeurs mobilières détenus par une personne physique ou morale. *Valeur, titre en portefeuille.* «*il n'hésita pas à féliciter mon père de la "composition" de son portefeuille*» PROUST. *Portefeuille obligataire*. Société de portefeuille,* qui détient des actions d'autres sociétés dont elle assure le contrôle. ➤ **holding, trust ; fonds** (commun de placement), **sicav.** SPÉCIALT *Effet de portefeuille :* réduction du risque financier par diversification des titres détenus. — PAR EXT. *Portefeuille de produits. Portefeuille d'assurance :* ensemble des contrats gérés par un assureur. ▪ **4** (XIXe) COUR. Étui qu'on porte sur soi, qui se plie et qui est muni de poches où l'on range billets de banque, papiers d'identité, etc. ➤ aussi **compagnon, porte-billet, porte-carte.** *Portefeuille de cuir.* «*Son portefeuille gonflé, boudiné dans sa poche intérieure*» SARTRE. *Avoir le portefeuille bien garni,* être riche. ➤ POP. **matelas.** LOC. *Mettre la main au portefeuille :* payer. — *Portefeuille électronique :* application qui permet de faire des transferts d'argent par voie électronique, des transactions en ligne. ▪ **5** *Faire un lit en portefeuille,* avec un seul drap plié d'un côté du lit (au lieu des deux). ♦ APPOS. *Jupe portefeuille,* se fermant sur le devant par la superposition des deux extrémités. *Des jupes portefeuilles.*

PORTE-FLINGUE [pɔʀt(ə)flɛ̃g] **n.** – 1983 ◇ de 1*porter* et *flingue* ▪ FAM. Garde du corps, homme de main (d'un gangster, d'une personnalité). *Des porte-flingues.* ♦ FIG. Personne qui s'acquitte des sales besognes. *La porte-flingue du gouvernement.*

PORTE-FORT [pɔʀtəfɔʀ] **n. m. inv.** /PORTEFORT **n. m.**/ – 1866 ◇ de *se porter fort* ▪ DR. Engagement par lequel une personne promet qu'un tiers accomplira tel acte juridique. *Promesse de porte-fort.*

PORTE-GLAIVE [pɔʀtəglɛv] **n. m.** – 1740 ◇ de 1*porter* et *glaive* ▪ **1** RARE Celui qui porte un glaive. *Des porte-glaives.* — SPÉCIALT *Chevaliers porte-glaives :* ordre militaire de chevaliers fondé en 1204. ▪ **2** COUR. Xiphophore, poisson d'ornement.

PORTE-GREFFE [pɔʀtəgʀɛf] **n. m.** – 1877 ◇ de 1*porter* et *greffe* ▪ ARBOR. Sujet sur lequel on fixe le greffon. *Le doucin, porte-greffe du pommier. Des porte-greffes.*

PORTE-HAUBAN [pɔʀtəobɑ̃] **n. m.** – 1611 ◇ de 1*porter* et *hauban* ▪ MAR. Pièce en saillie sur la muraille d'un bâtiment, destinée à donner aux haubans l'écartement suffisant. *Des porte-haubans.* — On écrit aussi *un porte-haubans* (inv.). «*Un violent coup d'équinoxe était survenu, qui avait endommagé le porte-haubans de misaine*» HUGO.

PORTE-HÉLICOPTÈRE n. m. ou **PORTE-HÉLICOPTÈRES** [pɔʀtelikɔptɛʀ] **n. m. inv.** – 1956 ◇ de 1*porter* et *hélicoptère,* d'après *porte-avion* ▪ Navire de guerre à pont d'envol pour hélicoptères. *Des porte-hélicoptères.*

PORTE-JARRETELLE n. m. ou **PORTE-JARRETELLES** [pɔʀt(ə)ʒaʀtɛl] **n. m. inv.** – 1935 ◇ de 1*porter* et *jarretelle* ▪ Petit sous-vêtement féminin qui s'ajuste autour des hanches et qui est muni de quatre jarretelles pour attacher les bas. *Des porte-jarretelles.*

PORTE-JUPE [pɔʀtəʒyp] **n. m.** – 1957 ; autre sens, 1948 ; *animal porte-jupes* «la femme» 1696 ◇ de 1*porter* et *jupe* ▪ Pince pour suspendre les jupes dans une armoire. ➤ **pince-jupe.** *Des porte-jupes.*

PORTE-LAME [pɔʀtəlam] **n. m.** – 1765 ◇ de 1*porter* et *lame* ▪ TECHN. Support fixe de la lame d'une faucheuse, d'une moissonneuse. *Des porte-lames.* — Support de lame (outils à lames interchangeables).

PORTE-MALHEUR [pɔʀt(ə)malœʀ] **n. m.** – 1604 ◇ de 1*porter* et *malheur* ▪ RARE Chose ou personne que l'on considère comme portant malheur. *Des porte-malheurs* ou *des porte-malheur* (inv.). — APPOS. *Oiseau porte-malheur* (cf. De mauvais augure*). ▪ CONTR. Porte-bonheur.

PORTEMANTEAU [pɔʀt(ə)mɑ̃to] **n. m.** – 1558 ; «valise» 1547 ◇ de 1*porter* et *manteau* ▪ REM. On a écrit *porte-manteau.* ▪ **1** VX Officier qui portait le manteau d'un grand personnage. ▪ **2** VX Malle penderie. — Enveloppe qui contenait le paquetage du cavalier. «*on vit descendre les porte-manteaux et les sacoches qui contenaient l'argent*» BALZAC. ▪ **3** MOD. Patère ; ensemble de patères pour suspendre les manteaux et PAR EXT. toute sorte de vêtements de dessus. *Accrocher, mettre, suspendre sa veste, son écharpe au portemanteau.* «*Le porte-manteau était* *chargé de pèlerines et de chapeaux de soleil»* MAURIAC. *Les portemanteaux d'un vestiaire.* ◆ (1827) Cintre. — LOC. FAM. *Épaules en portemanteau,* très carrées. ▪ **4** MAR. Arcboutant servant à hisser les embarcations le long des bordages d'un navire. — Dans ce sens, on écrit généralement *porte-manteau, des porte-manteaux.*

PORTEMENT [pɔʀtəmɑ̃] **n. m.** – XIIIe «manière d'être» ; «état de santé» XIVe jusqu'en 1663 ◇ de 1*porter* ▪ *Portement de croix :* scène de la Passion où le Christ est représenté portant sa croix. *« "Portement de croix" que tant d'artistes ont essayé de représenter par la pierre ou par l'huile»* DANIEL-ROPS.

PORTE-MENU [pɔʀt(ə)məny] **n. m.** – 1874 ◇ de 1*porter* et 2*menu* ▪ Cadre muni d'un manche ou d'un support dans lequel on met un menu. *Des porte-menus.*

PORTEMINE [pɔʀtəmin] **n. m.** – 1893 ◇ de 1*porter* et 2*mine* ▪ Instrument servant à écrire, à dessiner, dans lequel on place des mines de crayon très fines. ➤ **stylomine.** *Portemine en métal. Des portemines.*

PORTEMONNAIE ou **PORTE-MONNAIE** [pɔʀt(ə)mɔnɛ] **n. m.** – 1856 ◇ de 1*porter* et *monnaie* ▪ **1** Petit sac en matière souple muni d'une fermeture, de forme variable, où l'on met essentiellement les pièces de monnaie (➤ aussi 1 **bourse**). *Des portemonnaies, des porte-monnaies. Portemonnaie de cuir, d'étoffe.* PAR EXT. *Faire appel au portemonnaie de qqn,* à sa générosité. *Avoir le portemonnaie bien garni,* être riche. *Avoir des oursins* dans le portemonnaie.* ▪ **2** *Portemonnaie électronique :* carte à puce créditée par le titulaire, qui permet de régler les petits achats courants.

PORTE-MONTRE [pɔʀtəmɔ̃tʀ] **n. m.** – 1752 ◇ de 1*porter* et *montre* ▪ RARE ▪ **1** Support où l'on peut accrocher une montre. *Des porte-montres.* ▪ **2** COMM. Petit meuble où les horlogers exposent les montres.

PORTE-MORS [pɔʀtəmɔʀ] **n. m. inv.** – 1530 ◇ de 1*porter* et *mors* ▪ TECHN. Partie latérale de la bride qui va de la têtière au mors.

PORTE-MUSIQUE [pɔʀt(ə)myzik] **n. m.** – 1912 ◇ de 1*porter* et *musique* ▪ Serviette à soufflets échancrés qui peut se replier, pour transporter des partitions musicales. *Des porte-musiques* ou *des porte-musique* (inv.).

PORTE-OBJET [pɔʀtɔbʒɛ] **n. m.** – 1756 ◇ de 1*porter* et *objet* ▪ SC. Lame sur laquelle on place un objet à examiner au microscope. — PAR EXT. Platine sur laquelle on pose cette lame. *Des porte-objets.*

PORTE-OUTIL [pɔʀtuti] **n. m.** – 1763 ◇ de 1*porter* et *outil* ▪ TECHN. Pièce ou dispositif d'une machine-outil qui permet de fixer l'outil. *Des porte-outils.*

PORTE-PANIER [pɔʀt(ə)panje] **n. m.** – 1896 ; «marchand ambulant» en français de France du XVe au XVIIIe ◇ de 1*porter* et *panier* ▪ (Canada) Rapporteur (I°). ➤ **mouchard, panier** (percé). *Des porte-paniers.*

PORTE-PARAPLUIE [pɔʀt(ə)paʀaplɥi] **n. m.** – 1856 ◇ de 1*porter* et *parapluie* ▪ Ustensile disposé pour recevoir les parapluies, les cannes. *Porte-parapluie dans une entrée. Des porte-parapluies.*

PORTE-PAROLE [pɔʀt(ə)paʀɔl] **n.** – 1552 «messager» ◇ de 1*porter* et *parole* ▪ **1** Personne qui prend la parole au nom de qqn d'autre, d'une assemblée, d'un groupe. ➤ **interprète, représentant.** *Les porte-paroles* ou *les porte-parole* (inv.) *du personnel auprès de la direction. La porte-parole de la délégation.* — SPÉCIALT *Porte-parole du gouvernement :* personne chargée officiellement de présenter à la presse, à l'opinion publique, les décisions du gouvernement, du chef de l'État, etc. *La porte-parole de l'Élysée.* ▪ **2** **n. m.** Ce qui représente les idées (de qqn). ➤ **organe.** *«Le journal de Merle et d'Almereyda ! devenu, du jour au lendemain, le porte-parole du gouvernement Poincaré !»* MARTIN DU GARD. ➤ **interprète.**

PORTEPLUME ou **PORTE-PLUME** [pɔʀtəplym] **n. m.** – 1725 ◇ de 1*porter* et 1*plume* ▪ Instrument constitué d'une tige au bout de laquelle on fixait une plume à écrire. *Porteplume en bois, en métal. Encrier et porteplume. Des porteplumes, des porte-plumes.*

PORTE-POUSSIÈRE [pɔʀt(ə)pusjɛʀ] **n. m.** – 1899 ◇ de 1*porter* et *poussière* ▪ (Canada) Pelle à ordures, à poussière. *Des porte-poussières* ou *des porte-poussière* (inv.).

PORTE-QUEUE [pɔʀtəkø] **n. m.** – 1776 ; «caudataire» 1564 ◇ de 1*porter* et *queue* ▪ Papillon dont les ailes comportent de longs prolongements. ➤ **machaon.** *Des porte-queues.*

1**PORTER** [pɔʀte] **v. tr.** ‹1› – fin Xe au sens d'«attendre (un enfant)» ◇ du latin *portare* «porter», «transporter» et «avoir en soi»

I ~ **v. tr. dir. A. SUPPORTER LE POIDS DE** ▪ **1** (fin XIe) Soutenir, tenir (ce qui pèse). *Mère qui porte son enfant dans ses bras. Porter une valise à la main. Porter un sac en bandoulière, sur l'épaule. Il ne peut rien porter de lourd. Paniers, cabas pour porter les provisions. Porter le vainqueur en triomphe.* — FIG. *Porter sa croix*.* — (1812) MILIT. *Portez... arme !,* commandement d'avoir à soulever son arme dans le mouvement réglementaire. ▪ **2** (milieu XIIe) (ABSTRAIT) Supporter. *Porter tout le poids d'une affaire, le fardeau d'une maison, la responsabilité de ses fautes.* — VIEILLI *Porter son âge :* avoir l'apparence de son âge. ➤ 1 **faire, paraître.** ▪ **3** (Sujet chose) Soutenir. *«Mes jambes ne me portaient plus»* RADIGUET. (SANS COMPL.) *«La glace portait comme de la roche»* GIONO. ▪ **4** Produire en soi. — (fin Xe) (D'une femme, d'une femelle) *Porter un enfant.* ➤ **attendre.** *«Ce fils qu'une Amazone a porté dans son flanc»* RACINE. (SANS COMPL.) *La chatte porte soixante jours* (➤ **portée**). — FIG. (fin XVe) *«L'œuvre qu'on portait en soi paraît toujours plus belle que celle qu'on a faite»* DAUDET. ➤ **gestation.** ◆ (milieu XIIe) (Plantes, sol, terre) ➤ **produire.** *L'arbre porte de beaux fruits.* ➤ **fructifère.** — FIG. *Porter ses fruits*.* — LOC. *Le plus grand scélérat que la terre ait porté.* ➤ **engendrer.** ▪ **5** (1505) Avoir en soi, dans l'esprit, le cœur. *«Il portait en lui un trésor infini d'amour»* RENAN. LOC. *Je ne le porte pas dans mon cœur :* je ne l'aime pas, je lui en veux. ◆ (1538) PAR EXT. (CHOSES) *«il n'est pas une action humaine qui ne porte en elle un germe de rédemption»* FRANCE. ➤ **contenir, recéler.** ▪ **6** (fin XIVe) Avoir sur soi. *Le chameau porte deux bosses, le dromadaire une.* ➤ 1 **avoir.** *Porter des cornes*. Porter la barbe. «Ses cheveux qu'il portait longs»* COURTELINE. ◆ (fin XIe) *Porter un costume bleu. Elle ne porte pas de soutien-gorge. Porter la culotte*. Porter le deuil*. «Des mannequins portant bien la toilette»* FRANCE. — *Porter une bague, un insigne, une décoration.* — *Porter des lunettes. Porter une perruque.* — *Porter un plâtre ; un stimulateur.* — *Porter un révolver sur soi.* ◆ BLAS. PAR ELLIPSE Avoir dans ses armes. *Il porte d'azur au lion de sable.* ◆ FIG. *Porter les armes, la couronne, la robe, la livrée, la soutane, le froc,* être soldat, monarque, magistrat, domestique, prêtre, moine. FAM. *Porter le chapeau*.* — (fin XIIe) *Le nom que l'on porte. Elle ne porte pas le nom de son mari.* ▪ **7** Être revêtu de (une inscription, une marque). *Ce livre porte un beau titre. Médaillon portant des initiales. La lettre porte la date du 20 mai. «Les livres des Égyptiens portaient mention du nom de leur auteur»* QUIGNARD. *Arrêt portant renvoi à la cour d'assises.* — *Porter la marque d'un coup, une cicatrice.*

B. METTRE ▪ **1** (fin Xe) Prendre pour emporter, déposer. *Porter ses bagages à la consigne. Porter un mort en terre. Ils la portèrent sur le lit.* ➤ **mettre, transporter.** *«Tiens, porte ça au clou»* ZOLA. *Va lui porter ce paquet.* ➤ **apporter.** *Facteurs, messagers qui portent les lettres.* FIG. *Porter une chose à la connaissance de qqn.* ◆ PAR EXT. LITTÉR. Conduire, transporter. *«Un vaisseau la portait aux bords de Camarine»* A. CHÉNIER. *«L'adieu du chasseur [...] Et que le vent du nord porte de feuille en feuille»* VIGNY. — (SANS COMPL.) MAR. *Le vent porte,* pousse le bateau dans la bonne direction (➤ **portant**). ▪ **2** (fin XIe) (Gestes, attitudes) Orienter, diriger. *Porter le buste, le corps en avant. Porter beau*.* — VIEILLI *Ne savoir où porter ses pas,* où aller. — *Porter la main à son chapeau, à son épée. Porter une cuillère à sa bouche.* — *Porter la main sur qqn,* le toucher ou le frapper. ➤ 1 **lever.** — *Porter les yeux, son regard sur qqn, qqch. Porter son attention, son effort sur...* ➤ **orienter.** ▪ **3** PAR EXT. (1540) *Porter un coup à qqn.* ➤ **asséner, donner.** *Porter un toast*.* — FIG. (1604) *Porter atteinte à l'honneur, à la réputation de qqn.* ➤ **attenter** (à). *Porter préjudice*. Les «accusations énormes portées contre lui»* SAINT-SIMON. ➤ **imputer.** *Porter témoignage de ce que l'on a vu.* ➤ **attester, témoigner.** *Porter plainte contre qqn.* ▪ **4** (1675) Mettre par écrit. ➤ **inscrire.** *Porter une somme sur un registre, de l'argent au crédit, au débit d'un compte.* ➤ **créditer,** 2 **débiter.** — *Être porté disparu*.* (1918) *Se faire porter malade,* (1900) (FAM.) *pâle. Porter qqn sur son testament.* ➤ 1 **coucher.** ▪ **5** (1656) **PORTER À :** amener, faire arriver à (un état élevé, extrême). *Porter de l'eau à ébullition. Porter qqn au pouvoir. Porter qqn aux nues*, au pinacle. «Le français que Voiture et Balzac ont porté à sa perfection»* FRANCE. — (1899) Faire passer. *Porter un récit à l'écran.* ➤ **adapter.** ▪ **6** (fin Xe) Donner, apporter (un sentiment, une aide, etc., à qqn). *Porter intérêt à qqn. «L'amitié qu'il vous porte»* MOLIÈRE. *Porter assistance, secours à qqn. Porter ombrage. Porter chance, bonheur, malheur à qqn.* FAM. *Tu nous as porté la poisse, la guigne.* PROV. *La nuit porte conseil*.* ◆ *Porter un jugement sur* (qqn, qqch.), le formuler, l'émettre. ▪ **7** (XIVe) **PORTER À (qqch.) :** pousser, inciter qqn à. *«Nous les portons au mal par tant d'austérité»* MOLIÈRE. — (Avec l'inf.) *Tout porte à* *croire que c'est faux.* ➤ **inviter.** — (1604) **ÊTRE PORTÉ À** (et inf.) : être naturellement poussé à. ➤ **enclin.** *Nous sommes portés à faire confiance.* — (1866) **ÊTRE PORTÉ SUR** (qqch.) : avoir un goût marqué, un faible pour. ➤ **aimer.** *Être porté sur la boisson.* (1873) FAM. *Être porté sur la bagatelle, la chose :* aimer les plaisirs de l'amour physique.

II ~ v. tr. ind. ▪ **1 PORTER SUR :** peser, appuyer sur (qqch.). *Tout l'édifice porte sur ces colonnes.* ➤ 1 **reposer.** *Porter à faux**. *À bout* portant.* — FIG. (1762) *L'accent porte sur la dernière syllabe.* LOC. FAM. (1817) *Cela me porte sur les nerfs, sur le système,* m'agace, m'irrite, me rend nerveux. ➤ 2 **taper.** ◆ PAR EXT. (1594) Frapper, heurter. *« la tête avait porté sur le carrelage, il s'était évanoui »* Y. QUEFFÉLEC. ◆ FIG. (1671) Avoir pour objet, concerner. *La discussion a porté sur ce sujet. « Ces appréciations portent beaucoup plus sur la forme que sur le fond »* GAUTIER. ▪ **2** (fin XVe) (SANS COMPL.) Avoir une portée (tir, ondes). *Un canon qui porte loin.* ◆ (1585) Toucher le but. *Le coup a porté juste. Une voix qui porte,* qui s'entend loin. ◆ FIG. (1640) Avoir de l'effet. *Mots qui portent. Vos observations ont porté,* on en a tenu compte.

III ~ v. pron. SE PORTER ▪ **1** (fin XIVe) *Se porter (bien, mal) :* être en bonne, en mauvaise santé. ➤ 1 **aller.** *« Et Madame Jourdain, comment se porte-t-elle ? »* MOLIÈRE. *Je me porte mal, bien, beaucoup mieux, à merveille.* — LOC. *Se porter comme un charme*, comme le Pont-Neuf,* très bien. FAM. *Moins je le vois, mieux je me porte,* se dit à propos de qqn qu'on préfère éviter. ▪ **2** Être, devoir être porté, soutenu. *Ordinateur qui se porte par une poignée.* ▪ **3** (1857) (D'un vêtement, d'une parure) Être porté par qqn. *Les jupes se porteront plus courtes cette année.* — *Cela se porte encore, ne se porte plus :* c'est encore, ce n'est plus à la mode. — FIG. (1851) *Il n'est pas bien porté de :* il n'est pas de bon ton de. ▪ **4** (milieu XIVe) LITTÉR. Se diriger (vers). *Se porter en avant, à la rencontre de qqn.* ➤ 1 **aller, courir, s'élancer.** — FIG. *« Ces regards inquiets et curieux qui se portaient sur nous »* ROUSSEAU. *Les soupçons se portent sur lui.* ▪ **5** (1634) **SE PORTER À :** se laisser aller à. *Empêchez-le de se porter à cette extrémité.* ➤ **se livrer.** ▪ **6** FIG. (milieu XIVe) Se présenter (à, comme). *Il devrait se porter à la députation. Se porter partie civile*. Se porter fort*, se porter garant*, se porter caution** (➤ **répondre**). *Se porter volontaire.* ➤ **se déclarer.**

▪ CONTR. 1 Déposer, poser. Enlever, remporter, retirer.

2 **PORTER** [pɔʀtɛʀ] n. m. – 1726 ◇ mot anglais, de *porter's ale* « bière de portefaix », de *porter* « porteur » ▪ Bière brune d'origine anglaise, assez amère. *« du madère, du porter et de l'ale »* NERVAL.

PORTE-REVUE n. m. ou **PORTE-REVUES** [pɔʀt(ə)ʀəvy] n. m. inv. – 1936 ◇ de 1 *porter* et *revue* ▪ Accessoire de mobilier où l'on peut ranger des revues, journaux, etc. *Des porte-revues.*

PORTERIE [pɔʀtəʀi] n. f. – 1460 ◇ de *portier* ▪ Loge du portier, dans une communauté religieuse. — Loge de concierge à la porte d'une vaste propriété.

PORTE-SAVON [pɔʀt(ə)savɔ̃] n. m. – 1899 ◇ de 1 *porter* et *savon* ▪ Support ou emplacement destiné à recevoir le savon, sur une baignoire, un évier, un lavabo. *Des porte-savons.*

1 **PORTE-SERVIETTE** [pɔʀt(ə)sɛʀvjɛt] n. m. – 1868 ◇ de 1 *porter* et *serviette* ▪ Support pour les serviettes de toilette. *Des porte-serviettes.* — On écrit aussi *un porte-serviettes* (inv.).

2 **PORTE-SERVIETTE** [pɔʀt(ə)sɛʀvjɛt] n. m. – attesté 1962 ◇ de 1 *porter* et *serviette* ▪ Pochette pour ranger une serviette de table. *Des porte-serviettes.*

PORTEUR, EUSE [pɔʀtœʀ, øz] n. et adj. – XIIIe ; *porteour* v. 1120 ◇ de 1 *porter*

I ~ n. ▪ **1** Personne chargée de remettre des lettres, des messages, des colis à leurs destinataires. ➤ **commissionnaire,** 1 **facteur, messager.** *Je vous envoie ce pli par porteur.* ➤ 2 **coursier, cycliste.** *Envoi par porteur spécial,* en exprès*. *Porteur de dépêches, de télégrammes.* ➤ **télégraphiste.** *Porteur de journaux.* ➤ **livreur ;** RÉGION. **camelot.** — PAR EXT. Personne qui apporte des nouvelles. ➤ **messager.** ADJT *« J'arrivais porteur d'heureuses nouvelles »* GIDE. ▪ **2** (*porteur d'eau* 1393) Personne dont le métier est de transporter (des fardeaux). *Porteur de charbon. Porteur des Halles.* ➤ 3 **fort, portefaix.** — VIEILLI *Porteur, porteuse d'eau,* qui transporte de l'eau potable. *La porteuse de pain.* — ANCIENNT *Chaise* à porteurs.* — *Porteur de valises :* personne qui convoyait des fonds pour le F. L. N. pendant la guerre d'Algérie. ◆ n. m. ABSOLT Homme d'équipe chargé de porter les bagages des voyageurs, dans une gare, etc. *Appeler un porteur sur le quai d'une gare. Porteur !* — Homme qui porte les bagages, les équipements dans une expédition. *Guides et porteurs, en montagne.* ➤ aussi **sherpa.** *« Le porteur noir qui remonte le Niger sur mille kilomètres »* SARTRE. ▪ **3** Personne qui porte effectivement (un objet). *Le porteur du ballon. « Des porteurs de pancartes accueillirent les patrons »* D. BOULANGER. ▪ **4** Personne qui détient (certains papiers, titres). ➤ **détenteur.** *« Il prétendait être déserteur et porteur de faux papiers »* SARTRE. ◆ (1599) DR. COMM. Personne au profit de laquelle un effet de commerce, un chèque a été libellé ou endossé. *Porteur d'un titre de créance, d'un chèque, d'une lettre de change, d'une action, d'une obligation.* ➤ **titulaire ; actionnaire, obligataire.** *Les petits porteurs :* les petits actionnaires. — SPÉCIALT, COUR. **AU PORTEUR,** mention figurant sur des titres non nominatifs. *Billet, chèque, connaissement au porteur.* Le détenteur de ce titre. *Payable au porteur.* ▪ **5** (XIXe) MAR. (CHOSES) Allège pour transporter les matières draguées. ➤ **marie-salope.** — *Porteurs sur rails* (wagonnets, etc.). ◆ ÉLECTRON. *Porteur (de charges) :* électron ou trou* qui, dans un semi-conducteur, véhicule une charge électrique. ▪ **6** Personne ou chose qui apporte, transmet. *« des nuages ballonnés, porteurs de bénigne humidité »* COLETTE. *Porteur sain :* individu cliniquement sain infecté par un micro-organisme pathogène ; individu qui présente une maladie génétique dans son génome (➤ **vecteur**), sans en présenter les symptômes. *Porteur asymptomatique*. Le porteur d'une maladie contagieuse.*

II ~ adj. ▪ **1** Qui porte. *Fusée porteuse* (d'un appareil). *Avion gros porteur ;* SUBST. ➤ **gros-porteur, liner** (ANGLIC.). — *Mur* porteur.* — *Mère* porteuse* (cf. Gestation pour autrui). ◆ ÉLECTRON. *Courant porteur, onde porteuse :* courant (alternatif), onde électromagnétique que l'on module pour servir de support à une information. ▪ **2** Qui entraîne des effets importants. *Thème, sujet porteur,* promis à un grand succès. *« trouver des "thèmes porteurs", c'est-à-dire des promesses de nature à allécher les citoyens »* DUTOURD. *Secteur industriel porteur,* en plein développement et entraînant le développement d'autres branches. *Marché, créneau porteur.*

PORTE-VENT [pɔʀtəvɑ̃] n. m. – 1582 ◇ de 1 *porter* et *vent* ▪ Tuyau qui amène l'air soufflé jusqu'au sommier d'un orgue, jusqu'à un foyer. *Des porte-vents* ou *des porte-vent* (inv.). — APPOS. *Tuyaux porte-vents* ou *porte-vent* (inv.).

PORTE-VOIX n. m. inv. ou **PORTEVOIX** [pɔʀtəvwa] n. m. – 1672 ◇ de 1 *porter* et *voix* ▪ Tube ou cornet à pavillon évasé, destiné à amplifier la voix. ➤ **mégaphone ;** 2 **gueulard.** *Crier dans un porte-voix.* — *Il « improvisa avec ses deux mains un porte-voix autour de sa bouche »* HUGO. *Mettre ses mains en porte-voix,* en cornet autour de sa bouche. — FIG. *« la discussion publique, [...] qui n'est que le porte-voix de la calomnie »* BALZAC.

PORTFOLIO [pɔʀtfɔljo] n. m. – v. 1970 ◇ mot anglais « portefeuille » (1722) ; emprunté à l'italien *portafogli* ▪ **1** Ensemble de photographies ou de gravures, non reliées, présenté dans un coffret, une pochette. *Des portfolios.* ▪ **2** Dossier constitué par un professionnel des arts, de la mode en vue de présenter son travail. Recomm. offic. pour *book.* ▪ **3** Dossier constitué de documents variés, retraçant le parcours professionnel (de qqn). — *Portfolio numérique.*

PORTIER, IÈRE [pɔʀtje, jɛʀ] n. – début XIIe ◇ du bas latin *portarius,* de *porta* « porte » ▪ **1** LITTÉR. Personne qui garde une porte. ➤ **huissier.** *Saint Pierre, portier du paradis.* ▪ **2** VX Concierge (d'une maison particulière). ➤ **concierge, gardien.** *La loge du portier. « Le piéton causeur qui se plaint et converse avec la portière »* BALZAC. ◆ MOD. *Portier électronique :* système d'ouverture à distance d'une porte (d'immeuble, d'appartement) (digicode, interphone, etc.). ▪ **3** n. m. MOD. Personne qui surveille les entrées et les sorties à la porte principale (d'un établissement public). *Portier d'hôtel, de boîte de nuit.* ▪ **4** Dans une communauté religieuse, Personne qui a la garde de la porte. — APPOS. *Les sœurs portières.* ▪ **5** n. m. FIG. Clerc qui avait reçu le premier des quatre ordres mineurs. ▪ **6** n. m. SPORT Gardien de but.

1 **PORTIÈRE** [pɔʀtjɛʀ] n. f. – 1587 ◇ de *porte* ▪ **1** Tenture qui ferme l'ouverture d'une porte, ou en couvre le panneau. *« Les portières pendent à plis lourds sur le tapis »* FRANCE. *Portière de perles, de lanières, d'un magasin.* ▪ **2** Porte (d'une voiture, d'un train). *Abaisser, baisser la vitre d'une portière. Passer la tête à la portière. Défense de se pencher à la portière des trains en marche. « On fermait les portières, on sifflait, nous avons eu bien juste le temps de regagner notre voiture »* ZOLA. *Portières avant, arrière. Verrouillage des portières.*

2 **PORTIÈRE** [pɔʀtjɛʀ] adj. f. et n. f. – 1350 ◊ de 1*porter* ■ **1** AGRIC. Se dit d'une femelle qui porte ou est en âge de porter des petits. *Brebis portière.* ■ **2** n. f. TECHN. Assemblage de plusieurs bateaux formant une des travées d'un pont de bateaux. *Portière de pont.*

PORTILLON [pɔʀtijɔ̃] n. m. – 1556 «petite porte» ◊ de 1*porte* ■ Porte à battant plus ou moins bas. *Le portillon d'un bar, d'un escalier de cave. «Il traversa la voie en passant par le portillon, car la barrière était déjà fermée»* ZOLA. *Portillon automatique du métro.* — LOC. FAM. *Ça se bouscule au portillon :* il y a foule (de personnes qui veulent entrer) ; il, elle parle trop vite et s'embrouille, ne peut s'exprimer. *«Marthe s'embêtait. On ne se bousculait pas au portillon, dans sa vie intérieure»* FALLET.

PORTION [pɔʀsjɔ̃] n. f. – 1160 ◊ latin *portio* ■ **1** Part qui revient à qqn. ◆ SPÉCIALT Quantité de nourriture, partie d'un mets destinée à une personne. ➤ **ration.** *«Une tranche de pain et une "portion," dans une gamelle»* DUHAMEL. *Portion de gâteau.* ➤ 1 **part, tranche.** *Demi-portion pour un enfant.* FIG. et FAM. ➤ **demi-portion.** ◆ Part d'argent, de biens, attribuée à qqn. *Portion congrue**. *«sa portion de l'héritage paternel»* GREEN. ➤ **portionnaire.** ■ **2** Partie (d'un tout homogène qui n'est pas nombrable). *La portion éclairée de la lune.* ➤ **quartier.** *«Même en choisissant une petite portion du ciel, elle ne parvenait pas à en dénombrer les astres»* GREEN. *Portion de terrain cultivé.* ➤ **parcelle.** *La portion fixe de l'intestin grêle.* ➤ **segment.** — *Une portion de l'humanité. «L'histoire n'embrasse qu'une portion de la durée»* DIDEROT.

PORTIONNABLE [pɔʀsjɔnabl] adj. – 1996 ◊ de *portion* ■ Qui permet une consommation fractionnée. *Sauce surgelée portionnable. Conditionnement portionnable.*

PORTIONNAIRE [pɔʀsjɔnɛʀ] n. – 1829 ; adj. «qui reçoit une portion» 1442 ◊ de *portion* ■ DR. Personne qui a droit à une portion d'héritage.

PORTIQUE [pɔʀtik] n. m. – 1547 ◊ latin *porticus* ■ **1** Galerie ouverte soutenue par deux rangées de colonnes, ou par un mur et une rangée de colonnes. *Le portique et le péristyle du Parthénon. «J'ai longtemps habité sous de vastes portiques»* BAUDELAIRE. *Portique d'église.* ➤ **narthex.** ◆ HIST. PHILOS. *La doctrine du Portique,* ou *le Portique :* la philosophie des stoïciens (enseignée sous un portique d'Athènes). ■ **2** (1819) Poutre horizontale soutenue à ses extrémités par deux poteaux verticaux, et à laquelle on accroche des agrès. *Portique de balançoire.* ■ **3** TECHN. Appareil de levage en forme de pont, se déplaçant au sol sur des rails. — *Grue à portique. Portique automoteur.* ◆ *Portique à signaux :* support de signaux enjambant les voies ferrées. ◆ *Portique de lavage :* dispositif de lavage automatique pour les automobiles. ◆ *Portique détecteur* ou *de détection :* cadre muni d'un dispositif de détection magnétique utilisé dans les aéroports pour le contrôle des passagers (détection d'armes, d'explosifs). *Elle «traversa un portique de détection. Il sonna, un haut-parleur lui indiqua de retirer ses clefs»* J.-CH. RUFIN.

PORTLAND [pɔʀtlɑ̃d] n. m. – 1876 ; *ciment de Portland* 1868 ; *pierre de Portland* 1725 ◊ n. pr. anglais ■ TECHN. Ciment artificiel très résistant, obtenu par cuisson de calcaire et d'argile dont les produits sont finement pulvérisés. APPOS. *Du ciment Portland.*

PORTLANDIEN [pɔʀtlɑ̃djɛ̃] n. m. – 1903 ◊ anglais *portlandian* (1885) ; de *Portland,* presqu'île du Dorset ■ GÉOL. Étage terminal du jurassique.

PORTO [pɔʀto] n. m. – 1786 ; *vin de Porto* 1759 ◊ de *Porto,* ville du Portugal ■ Vin de liqueur portugais très estimé. *Porto rouge, blanc. «Un porto, ça ne se boit pas, ça se sirote. C'est l'épaisseur veloutée qui est en cause, mais aussi la parcimonie affectée»* PH. DELERM. *Des portos vieux* (➤ **vintage**). *Bouteille, verre de porto.* — *Verre à porto,* de capacité inférieure à celle du verre à vin.

PORTOR [pɔʀtɔʀ] n. m. – 1751 ; *portoro* 1676 ◊ italien *portoro,* de *porta oro* «porte or» ■ TECHN. Marbre noir veiné de jaune d'or. APPOS. *Du marbre portor.*

PORTRAIT [pɔʀtʀɛ] n. m. – *portret, pourtrait* 1175 ◊ p. p. de *portraire* «dessiner»

I ■ **1** Représentation (d'une personne réelle, SPÉCIALT de son visage), par le dessin, la peinture, la gravure. *Faire le portrait de qqn. Portrait en pied. Portrait de face, de profil, de trois-quarts. Portrait au crayon, au fusain, au pastel, à l'huile. Portrait d'un peintre par lui-même.* ➤ **autoportrait.** *Portraits d'ancêtres, portraits de famille. Portrait fidèle, ressemblant, chargé, caricatural, flatté. «Un portrait est un modèle compliqué d'un artiste»* BAUDELAIRE. — *Portrait-robot.* ➤ **robot.** ◆ PAR EXT. *Le portrait,* le genre du portrait. ■ **2** Photographie (d'une personne), SPÉCIALT Photographie posée, photographie de personnage officiel. *Portrait officiel du président de la République, dans une mairie.* FAM. et VIEILLI *Se faire tirer** *le portrait.* — SPÉCIALT Photographie du visage. ◆ TECHN. *Format portrait,* où la hauteur est plus importante que la largeur (par oppos. à *format paysage*). ■ **3** FIG. Image, réplique (d'une personne). *Virginie «était tout le portrait de sa mère»* BALZAC. *C'est tout son portrait* (cf. C'est lui tout craché*). ■ **4** FAM. Figure. *Se faire abîmer** *le portrait.*

II FIG. Description orale, écrite (d'une personne). ➤ **peinture.** *Portrait physique, moral d'une personne. Faire, tracer le portrait de qqn. «Nous ne prétendons pas que le portrait que nous faisons ici soit vraisemblable»* HUGO. *Le portrait du vaniteux, du bourgeois, du Français. «Portraits de femmes»,* de Sainte-Beuve. *Portrait-charge.* ➤ **charge.** ◆ *Le portrait,* genre littéraire du XVIIe s. — *Jeu des portraits,* où un joueur doit deviner le nom d'une personne ou d'une chose, en posant des questions auxquelles on ne répond que par oui ou par non. *Portrait chinois,* jeu de portrait à base de comparaisons, de métaphores, d'analogies. — RARE Description d'une chose. ➤ **peinture, tableau.** *«Il fit de la capitale un portrait si extravagant»* MUSSET.

PORTRAITISTE [pɔʀtʀetist] n. – 1693 ◊ de *portrait* ■ Peintre, dessinateur de portraits. *Les grands portraitistes flamands.*

PORTRAITURER [pɔʀtʀetyʀe] v. tr. ⟨1⟩ – 1852 ◊ de *portraiture* «portrait» ■ RARE Faire le portrait de. *Se faire portraiturer.* — FIG. Décrire (qqn). *«J'ai commencé par devenir celui-là même que je voulais portraiturer»* GIDE.

PORT-SALUT [pɔʀsaly] n. m. inv. – XIXe ◊ nom déposé, de *Port-du-Salut,* nom de l'abbaye d'Entrammes (Mayenne) où ce fromage fut d'abord fabriqué ■ Fromage affiné de lait de vache à pâte ferme et de saveur douce. *Des port-salut.*

PORTUAIRE [pɔʀtɥɛʀ] adj. – début XXe ◊ de 1*port,* d'après le latin *portus* ■ Qui appartient à un port. *Installations, équipements portuaires.*

PORTUGAIS, AISE [pɔʀtygɛ, ɛz] adj. et n. – *Les Portugoys* v. 1500 ◊ portugais *português* ■ **1** Du Portugal. ➤ **lusitanien ; luso-.** *Chant portugais.* ➤ **fado.** ◆ n. *Les Portugais.* — n. m. *Le portugais :* langue romane parlée au Portugal, au Brésil, en Afrique. ■ **2** n. f. (1890) Variété d'huître commune *(gryphées),* qui vit sur la côte atlantique, du Portugal à la Loire. *Des portugaises et des belons.* ◆ ARG. FAM. Oreille. LOC. *Avoir les portugaises ensablées :* être dur d'oreille.

PORTULAN [pɔʀtylɑ̃] n. m. – *portulant* 1578 ◊ italien *portolano* «pilote», de *porto* «port» ■ ANCIENNT Carte marine des premiers navigateurs (XIIIe-XVIe s.). — Livre contenant la description des ports et des côtes. *«Les systèmes d'étoiles vertes ou rouges enseignés par la carte et le portulan»* CLAUDEL.

PORTUNE [pɔʀtyn] n. m. – 1808 ◊ latin des zoologistes *portunus,* latin classique *Portunus* «dieu des ports» ■ ZOOL. Crabe aplati et comestible des mers froides et tempérées (➤ **étrille**).

P. O. S. Acronyme de *plan d'occupation des sols**.

POSADA [pɔsada ; pozada] n. f. – 1666 ◊ mot espagnol, de *posar* «placer» ■ Auberge, en Espagne. *«Au premier étage d'une petite posada, nous nous faisons servir»* GIDE. — REM. L'équivalent portugais est *pousada.*

POSE [poz] n. f. – 1694 ◊ de *poser* ■ **1** Action de poser, mise en place. *La pose d'une moquette, de rideaux, d'une serrure... par un ouvrier. Pose d'un vernis à ongles. Cérémonie de la pose de la première pierre* (d'un bâtiment). *Pose d'un rail, d'une voie ferrée* (*pose fixe* ou *volante*). *Pose d'une prothèse.* — JEU *À vous la pose,* le droit de poser le premier domino. ■ **2** (1792) Attitude que prend le modèle qui pose. *Garder la pose.* — Attitude fixée par le peintre. *«Vercingétorix avait une pose simple, mais belle»* ROMAINS. *Pose académique. Photographe qui prend plusieurs poses d'un enfant.* ◆ Attitude du corps. *Une pose nonchalante. La pose classique du joueur de golf.* ➤ **position.** *«Des poses variées pleines de grâce et d'élégance»* BALZAC. *Prendre une pose, essayer des poses.* ■ **3** (1835) FIG. Affectation dans le maintien, le comportement. ➤ **prétention, recherche, snobisme ; poseur.** *«elle reste au contraire parfaitement naturelle, dénuée de la moindre pose»* MONTHERLANT. ■ **4** (1874) Exposition de la surface sensible d'une pellicule à l'action des rayons, en photographie. *Temps de pose :* durée nécessaire à la formation d'une image correcte. *Déterminer le temps* *de pose à l'aide d'un posemètre*. Indice de pose :* valeur numérique permettant de déterminer les conditions d'une surface sensible. *Pellicule 24, 36 poses,* permettant de faire 24, 36 photos. ◆ SPÉCIALT Durée d'exposition du film relativement longue. ■ CONTR. Dépose. Simplicité. Instantané. ■ HOM. Pause.

POSÉ, ÉE [poze] **adj.** – XVIe ◇ de *poser* ■ **1** Calme*, pondéré. *Une personne posée.* ➤ **réfléchi.** *« Ces dames avaient l'air très posé, très comme il faut »* LOTI. ➤ **grave, sage.** ■ **2** *Voix bien, mal posée,* capable ou non d'émettre des sons fermes dans toute son étendue. ■ CONTR. Brusque, étourdi, fougueux. ■ HOM. Pauser.

POSÉMENT [pozemɑ̃] **adv.** – XVe ◇ de *posé* ■ Calmement. *Parler, lire posément.* ➤ **doucement, lentement.** *« Il devint calme, expliqua tout fort posément »* BALZAC. ■ CONTR. Brusquement, étourdiment, précipitamment.

POSEMÈTRE [pozmɛtʀ] **n. m.** – 1948 ◇ de *pose* et *-mètre* ■ Appareil servant à mesurer le temps d'exposition nécessaire pour prendre un cliché photographique. ➤ **cellule.**

POSER [poze] **v.** ‹ 1 › – fin XIIe ◇ du latin *pausare* « cesser, s'arrêter » et « reposer, être enterré »

I ~ v. tr. ■ **1** Mettre (une chose) en un endroit qui peut naturellement la recevoir et la porter. *Poser un objet sur une table. Poser qqch. à terre, par terre, sur le sol, aux pieds de qqn. Poser la main, le doigt, le pied sur qqch. Poser sa tête sur l'oreiller. « Je me suis assis sur une chaise pendant qu'elle posait une fesse sur le coin de la table »* DJIAN. — *Poser un objet droit, de travers, à plat.* ◆ PAR EXT. *« Elle posa sur moi son regard éteint »* MAURIAC. *« L'islam a posé son empreinte ici sur les choses »* LOTI. ➤ 1 **déposer.** ■ **2** Mettre en place à l'endroit approprié. ➤ **installer ; pose.** *Poser des rideaux, du papier peint. Faire poser une moquette. — Poser la première pierre*, la pierre angulaire*. Poser la base, les fondements de qqch.* ➤ **jeter.** *— Poser une voie ferrée. Poser des jalons. Poser une agrafe, une perfusion. Se faire poser un stérilet. — Poser des mines, une bombe.* ◆ (1654) Écrire (un chiffre) dans une opération. *Quatorze, je pose quatre et je retiens un. Poser une équation.* ◆ *Poser sa voix.* ➤ **posé.** ■ **3** FIG. (fin XIIIe) Admettre ou faire admettre a priori. ➤ **établir.** (1690) *Poser un principe,* en faire le fondement de qqch. *« Il pose des définitions exactes »* FONTENELLE. ➤ **énoncer.** *Dire cela, c'est poser que...* ➤ **affirmer.** *Ceci posé :* ceci étant admis. *« Ceci posé, ils se considèrent comme libres »* ARAGON. — PAR EXT. PHILOS. *La conscience pose qqch. comme objet, en tant qu'objet.* ■ **4** (1789) Formuler (une question, un problème, une devinette). *« Cette question ne paraît difficile à résoudre que parce qu'elle est mal posée »* ROUSSEAU. *Poser un problème.* ◆ Soulever. *Cela pose un problème, un grave problème. Poser problème*.* ◆ **POSER UNE QUESTION À qqn,** l'interroger, le questionner. *Poser des questions indiscrètes, embarrassantes. Vous me posez une colle ! — Se poser une question.* ➤ **s'interroger.** *Je me pose la question de sa responsabilité. Personne ne s'est posé la question.* ■ **5** (1862) *Poser sa candidature :* se déclarer officiellement candidat. — COUR. *Poser des congés, des vacances,* en faire la demande formelle (auprès de son employeur, de son supérieur hiérarchique). ■ **6** (Sujet chose) Mettre en valeur ; donner de l'importance à (qqn). *« Il n'y a rien qui pose un critique comme de parler d'un auteur étranger inconnu »* BALZAC. (SANS COMPL.) FAM. *Une maison comme ça, ça pose !* ■ **7** (fin XIIe) Abandonner, déposer. (1567) *Poser les armes.* ➤ **capituler,** se **rendre.** *Poser le masque*.* ➤ **baisser.** — LOC. FAM. (1878) *Poser culotte :* aller à la selle. ■ **8** FIG. et FAM. *Poser un lapin* à qqn.* ■ **9** (Belgique, Canada) *Poser un acte,* le commettre, l'accomplir. — (Canada ; critiqué) *Poser un geste :* agir de manière spectaculaire. — (Canada) FAM. Photographier. *Je vais vous poser. « M. Brown nous a posés hier soir, en champions »* LEMELIN.

II ~ v. intr. ■ **1** (1680) Être posé, appuyé (sur qqch.). ➤ 1 **porter,** 1 **reposer.** *Poutre qui pose sur une traverse.* — FIG. et LITTÉR. *« Notre crainte ne pouvant poser sur rien de certain »* MASSILLON. ■ **2** (1822) (D'un modèle) Rester immobile dans l'attitude voulue par le peintre, le photographe. *« On aurait dit qu'ils posaient, non pas pour une photo anthropométrique, mais pour celles que l'on prend à l'entrée d'une soirée »* MODIANO. *Poser pour des photos de mode. Poser pour un magazine.* ■ **3** FIG. (1883) *Poser pour la galerie,* et SANS COMPL. (1835) *poser :* prendre des attitudes étudiées pour se faire remarquer. ➤ **parader,** se **pavaner ; poseur.** ◆ FAM. **POSER À... :** tenter de se faire passer pour. ➤ **jouer.** *« ton affectation à poser au mauvais garçon »* Z. OLDENBOURG.

III ~ v. pron. SE POSER ■ **1** (RÉFL.) Se placer, s'arrêter doucement (quelque part), SPÉCIALT en descendant après un vol. *Oiseau, papillon qui se pose sur une branche. Une main s'est posée sur mon épaule. — Avion qui se pose.* ➤ **atterrir.** *On s'est posé à Montréal.* — PAR EXT. (fin XVIIIe) S'arrêter. *« J'ai quelques heures à tuer, et je ne sais pas où me poser »* IZZO. *Son regard se posa sur lui.* — FAM. S'asseoir. *Posez-vous cinq minutes.* ■ **2** (1835) Se donner (pour tel). *Se poser comme, en tant que... L'artiste dont le propre est « de se poser comme un être d'exception »* BENDA. (1839) *Se poser en... :* prétendre jouer le rôle de. ➤ **s'ériger.** *Se poser en victime.* — PHILOS. S'affirmer. *« Le moi se pose en s'opposant »* BOURGET. ■ **3** (PASS.) Être, devoir être posé. *Ce papier peint se pose facilement. « La mantille espagnole se pose à l'arrière de la tête »* GAUTIER. ➤ se **mettre.** ■ **4** Exister (question, problème). *« Le problème se posera dans tous les cas »* ROMAINS. *La question qui se pose, la seule question qui se pose,* qui mérite d'être posée. ■ **5** LOC. FAM. *Se poser (un peu) là,* se dit de qqn ou de qqch. qui dépasse la norme dans quelque domaine que ce soit. *Comme abruti, il se pose là !* ■ CONTR. 2 Déposer, enlever, 1 lever, ôter. — Envoler (s'). ■ HOM. Pauser.

POSEUR, EUSE [pozœʀ, øz] **n.** – 1641 ◇ de *poser* ■ **1** Personne chargée de la pose (de certains objets). *Poseur de pavés, de rails. Poseur de moquette, de parquets, de carrelages.* — ABSOLT, TECHN. Maçon chargé de la mise en place des pierres de taille. ■ **2** (1842) Personne qui prend une attitude affectée pour se faire valoir. ➤ **fat, pédant.** *« On s'accordait à me trouver poseur, voire insolent ! »* CÉLINE. — **adj.** *Elle est un peu poseuse.* ➤ **affecté, maniéré, prétentieux.** ■ CONTR. Naturel, simple.

POSIDONIE [pɔzidɔni] **n. f.** – 1823 ◇ du latin scientifique *posidonia,* du grec *poseidônos* « de Poséidon », nom du dieu de la mer ■ BOT. Plante aquatique de Méditerranée, à feuilles rubanées, à fleurs verdâtres ou jaunâtres, qui pousse sur les fonds marins en formant de vastes herbiers. *La posidonie est une espèce protégée.*

1 **POSITIF, IVE** [pozitif, iv] **adj.** et **n. m.** – 1265 « certain, réel » ◇ latin *positivus*

I EN DROIT ET EN PHILOSOPHIE ■ **1** (1361) DIDACT. Qui a été établi par institution divine ou humaine (opposé à *naturel*). *Droit positif :* ensemble des règles de droit en vigueur dans un pays à un moment donné (opposé à *droit naturel*). ■ **2** (XVIIIe) PHILOS. Qui est imposé à l'esprit par l'expérience. *Connaissance positive.* — Fondé sur la connaissance positive. *Sciences positives.* — SPÉCIALT (école saint-simonienne et A. Comte ➤ **positivisme**) *État positif* ou *scientifique :* l'un des trois états (opposé à *théologique* et *métaphysique*). *« L'étude de la philosophie positive [...] nous fournit le seul vrai moyen rationnel de mettre en évidence les lois logiques de l'esprit humain »* COMTE.

II IDÉE DE CERTITUDE, DE RÉALITÉ (XVIIe) ■ **1** Qui a un caractère de certitude. ➤ **certain, évident, sûr.** *« On m'a dit et fait voir des choses si positives »* MOLIÈRE. *Fait positif,* attesté. ➤ **authentique.** ◆ Assuré (opposé à *vague, imprécis*). *On en a parlé, mais il n'y a rien de positif.* ■ **2** Qui a un caractère d'utilité pratique. ➤ **utilitaire.** *Avantages positifs.* ➤ **concret,** 1 **effectif.** *« Les Anglais n'estiment que la politique positive, celle des intérêts »* CHATEAUBRIAND. ■ **3** (PERSONNES) Qui donne la préférence aux faits, aux réalités. *C'est un esprit positif. « Ces belles périodes de tranquillité pendant lesquelles nous avons le temps, nous autres gens positifs, d'amasser des fortunes »* STENDHAL. ■ **4** n. m. **LE POSITIF :** ce qui est rationnel (opposé à *surnaturel, imaginaire, affectif*). *Il lui faut du positif, du solide, du concret.*

III OPPOSÉ À *NÉGATIF* OU *NEUTRE* A. SENS COURANT ■ **1** (XVIIe) Qui affirme qqch. (opposé à *négatif*). ➤ **affirmatif.** *Réponse positive.* LOG. *Proposition positive.* ◆ PAR EXT. (emploi critiqué) Qui affirme du bien de qqn, qqch. ➤ **favorable.** *Jugement assez, très positif sur qqch., qqn. Discrimination* positive. La critique de ce film a été positive. Il a été très positif sur le sujet. — Esprit positif,* constructif (opposé à *critique, négateur*). ➤ **positiver.** ■ **2** GRAMM. Qui pose une qualité sans comparer. *Adjectif, adverbe positif* (opposé à *comparatif* et *superlatif*). ■ **3** Qui a un contenu réel, construit ou organisé. *« Idée positive de Dieu et idée négative du néant »* DESCARTES. *Action positive, constructive. « Il y a dans la douleur quelque chose de positif et d'actif »* BERGSON. ◆ MÉD. *Réaction positive,* effective, qui se produit. *Cutiréaction positive. Examen bactériologique positif,* qui révèle la présence effective des bactéries. *Test VIH positif* (➤ **séropositif**). — PAR MÉTON. Se dit d'une personne présentant une réaction positive à un examen bactériologique, un contrôle antidopage, etc. *Coureur positif.*

B. SCIENCES ET TECHNIQUES ■ **1** *Nombre positif :* nombre réel plus grand que zéro. *L'ensemble des nombres entiers positifs ou naturels. Le signe + (plus), symbole des nombres positifs. Grandeur, quantité positive* (opposé à *négatif*). ◆ *Bâtiment à énergie positive,* qui produit plus d'énergie qu'il n'en consomme. *Les bâtiments à énergie positive sont écologiques.* — ELLIPT *Maison positive.* ▪ **2** *Électricité positive* : nom donné au XVIIIe s. à l'électricité vitrée ou vitreuse (on croyait que l'électricité était en excès dans le verre). — *L'électricité positive provient du noyau de l'atome* (protons). — PAR EXT. *Charge électrique positive,* de signe contraire à celle de l'électron. *Ion positif.* ➤ **cation.** *Électrode positive.* ➤ **anode.** *Le pôle positif d'une batterie.* ▪ **3** COUR. *Épreuve positive* : image photographique dont les parties lumineuses et sombres correspondent aux parties éclairées et sombres du sujet. *Image positive.*

▪ CONTR. Naturel ; intuitif, mystique. — Chimérique, douteux, équivoque, évasif. Abstrait, 1 idéal. 2 Critique (esprit). Négatif.

2 **POSITIF** [pozitif] **n. m.** – 1680 ◊ de *orgue positif* « que l'on peut poser, fixer » ▪ ANCIENNT Petit orgue qui devait être posé par terre *(positif à pied)* ou sur un grand support *(positif de table).* — MOD. Clavier secondaire du grand orgue.

POSITION [pozisjɔ̃] **n. f.** – fin XIIIe ◊ du latin *positio,* famille de *ponere* → pondre

I DANS L'ESPACE ▪ **1** Manière dont une chose, une personne est posée, placée, située ; lieu où elle est placée. ➤ **disposition, emplacement.** *Position horizontale, verticale, inclinée* (➤ **inclinaison**). *Position stable* (➤ **équilibre**), *instable. Position haute, basse* (➤ 1 **bas, haut**). *Changement de position* : mouvement. — *La position d'une personne.* ➤ **place.** *Positions des joueurs sur un terrain de football. Coureur en première, en seconde position.* — *Position de tête d'une automobile dans une course.* ➤ **pole position** (ANGLIC.). ◆ *Astronomie de position,* géométrique, d'observation. ➤ **astrométrie.** ◆ GÉOD., GÉOGR. *Position d'un objet sur la surface terrestre, déterminée par les coordonnées terrestres.* ➤ 1 **point.** *Position d'un navire, d'un avion. Déterminer sa position.* ➤ **s'orienter.** *Indiquez votre position.* — (1906) **FEU DE POSITION,** signalant la position d'un navire, d'un avion. PAR EXT. *Les feux de position d'une automobile* : les feux de stationnement. ◆ PHYS. *Position des atomes dans la molécule. Position et mouvement* (des particules, à l'échelle atomique). ➤ **incertitude.** ◆ (1869) MATH. *Géométrie de position* (de situation). ➤ **topologie.** « *En quelque point de l'espace que l'on considère le mobile, on n'obtiendra qu'une position* » BERGSON. ◆ (1690) LING. Place relative (d'une syllabe, d'un phonème, d'un mot), dans un énoncé. *Voyelle en position forte, faible.* — (1743, Rousseau) MUS. Place relative (des sons qui forment un accord). ▪ **2** (1798) Emplacement de troupes, d'installations ou de constructions militaires. *Position stratégique. Position clé. Positions de défense. Attaquer, prendre une position.* — *Les positions ennemies. Se replier sur des positions déterminées à l'avance* (cf. Repli* stratégique). — *Guerre de positions* (opposé à *de mouvement*). ▪ **3** (1668, en peinture) Maintien du corps ou d'une partie du corps. ➤ **attitude, pose, posture, station.** *La position assise, couchée.* ➤ **décubitus.** *Position latérale de sécurité (PLS). Position du fœtus dans l'utérus.* ➤ **présentation.** *Rester dans une position inconfortable. Prendre une fausse, une mauvaise position* (qui engourdit, donne des crampes). *Positions successives d'un sportif, d'un escrimeur. La position des jambes du cycliste, des mains d'un pianiste.* ◆ MILIT. Attitude réglementaire. « *On me fit apprendre la position du soldat sans armes* » VIGNY. *Rectifier la position. Position du tireur debout, couché.* — **EN POSITION :** dans telle ou telle position. « *Des insectes en position de combat* » DUHAMEL. — *En position !* ◆ (1690) CHORÉGR. Manière de placer les pieds au sol l'un par rapport à l'autre. *Les cinq positions de la danse classique.* ◆ *Les positions* (des corps dans l'amour physique). *Les 32 positions. La position du missionnaire*.*

II ÉTAT ▪ **1** FIG. (1751) Ensemble des circonstances diverses où l'on se trouve. ➤ **état, situation.** *Position critique, délicate, difficile, fausse.* « *La position de Robespierre* [...] *n'en était pas moins devenue moralement assez mauvaise* » MICHELET. — LOC. (VX, PLAISANT ou RÉGION.) *Être dans une position intéressante* : être enceinte. — LOC. *Être en position de force*.* (1830) *Être en position de* (et inf.) : pouvoir. *Il est, il n'est pas en position de décider.* ◆ *Position dominante d'une entreprise, d'un groupe sur un marché.* ➤ aussi **monopole.** ▪ **2** (1774) Situation dans la société. ➤ **condition.** *Position sociale. Améliorer sa position.* ➤ **standing.** *Position en vue.* ◆ VIEILLI Haute position sociale. « *Il n'avait jamais cherché ni faveur ni place, ce qu'on appelle position* » SAINTE-BEUVE. ◆ DR. *Les positions de l'officier* d'active, du fonctionnaire public.* ▪ **3** (1841) (ABSTRAIT) Ensemble des idées qu'une personne soutient et qui la situe par rapport à d'autres personnes. ➤ **attitude.** *Quelle est sa position philosophique, politique ?* « *Il avait trop pris position politiquement pour rentrer dans l'administration* » ARAGON. *Une prise de position courageuse, hardie. Quelle est votre position sur ce problème ? Exposer sa position. Il a revu sa position,* modifié sa stratégie. LOC. *Rester, camper sur ses positions* : refuser toute concession. ▪ **4** (1930) Montant du solde (créditeur ou débiteur) d'un compte en banque, à une date donnée. *Demander sa position. Position de change* : solde entre les créances et les dettes libellées dans une même devise. ▪ **5** DOUANES Rubrique d'un tarif douanier. ➤ 2 **item, nomenclature.**

III FORMULATION (fin XIIIe) Le fait de poser comme une chose admise ou à débattre. *La position de la question, d'une thèse.* « *Positions et propositions* », œuvre de Claudel. — PAR EXT. *La position d'un problème.*

POSITIONNEL, ELLE [pozisjɔnɛl] **adj.** – 1940 ◊ de *position* ▪ Relatif à la position. *Vertige positionnel.*

POSITIONNEMENT [pozisjɔnmɑ̃] **n. m.** – 1968 ◊ de *positionner,* d'après l'anglais *positioning* sauf pour le sens 3° ▪ **Anglic. critiqué** ▪ **1** TECHN. Action de placer (une pièce, un appareil) dans une position précise en vue d'une fonction. *Positionnement de la tête de lecture d'un magnétoscope.* — *Positionnement avant, arrière d'un avion devant une aérogare.* ▪ **2** TECHN. Action de déterminer la position (d'un navire, d'un avion, d'un engin, etc.). ▪ **3** FIN. Action de positionner (un compte). ▪ **4** PUBLIC. Action de positionner (un produit). ▪ **5** FAM. Attitude, prise de position. *Positionnement politique.*

POSITIONNER [pozisjɔne] **v. tr.** ‹1› – 1929 sens 3° ◊ de *position,* d'après l'anglais *to position,* sauf pour le sens 3° ▪ **Anglic. critiqué** ▪ **1** TECHN. Mettre (une pièce, un appareil) dans une position déterminée. ▪ **2** TECHN. Déterminer la position géographique exacte de (un navire, un avion, un engin, etc.). ▪ **3** FIN. Calculer la position de (un compte en banque). ▪ **4** PUBLIC. Définir (un produit) quant à son marché, au type de clientèle qu'il intéresse. *Ce produit est mal positionné.* ▪ **5** PRONOM. **SE POSITIONNER :** acquérir une position, une localisation. — FAM. (PERSONNES) Se situer, se définir.

POSITIVEMENT [pozitivmɑ̃] **adv.** – 1441 ◊ de *positif* ▪ D'une manière positive. ▪ **1** D'une manière certaine, sûre. *Je ne le sais pas positivement.* — (XVIe) Exactement. « *La lettre que je t'écrirai à la fin de la semaine prochaine te dira positivement le jour de notre rendez-vous* » FLAUBERT. — **Plus cour.** Réellement, vraiment. « *Il nous fut positivement impossible de supporter plus longuement un pareil spectacle* » BAUDELAIRE. *Il est positivement idiot.* ➤ 1 **complètement.** ▪ **2** (XIXe) Avec de l'électricité positive. *Particules chargées positivement.* ▪ **3** (**Critiqué**) D'une manière positive (III, 1°), en acquiesçant. *Il a réagi positivement.*

POSITIVER [pozitive] **v.** ‹1› – v. 1970 ◊ de *positif* ▪ (**Critiqué**) ▪ **1 v. tr.** Rendre positif (III, 1°), améliorer. ▪ **2 v. intr.** Montrer sa confiance, son optimisme. *Essayez de positiver !*

POSITIVISME [pozitivism] **n. m.** – 1830 « caractère de rigueur scientifique » ◊ de *positif* ▪ PHILOS. Ensemble des doctrines positives (I, 2°) d'Auguste Comte. ◆ PAR EXT. Doctrine qui se réclame de la seule connaissance des faits, de l'expérience scientifique. ➤ **agnosticisme, relativisme.** *Le positivisme de Stuart Mill, de Spencer, de Renan.* « *Le Positivisme anglais* », œuvre de Taine ◆ *Positivisme logique.* ➤ **logicopositivisme** (appelé aussi *néopositivisme*).

POSITIVISTE [pozitivist] **adj. et n.** – 1834 ◊ de *positivisme* ▪ PHILOS. ▪ **1** Relatif au positivisme. *Le catéchisme positiviste d'Auguste Comte. L'ère positiviste.* ▪ **2** Partisan du positivisme. *Littré était positiviste.* — **n.** *Les positivistes.*

POSITIVITÉ [pozitivite] **n. f.** – 1834, au sens 2 ◊ de *positif* ▪ **1** PHILOS. Caractère de ce qui est positif (I, 2°), au sens donné à ce mot par Comte. ▪ **2** SC. Caractère d'une grandeur positive, de l'électricité positive. ▪ **3** Caractère positif d'une manifestation biologique, chimique. *Positivité d'un examen bactériologique.*

POSITRON [pozitʀɔ̃] ou **POSITON** [pozitɔ̃] **n. m.** – 1934, –1935 ◊ anglais *positron* (1932) ; de *positif* et *électron* ▪ PHYS. Antiparticule associée à l'électron, de même masse et de charge égale et opposée. *Le positron et l'électron peuvent former le positronium*. Caméra à positrons* : appareil permettant de déterminer quelles sont les zones du cerveau qui entrent en activité pour une fonction donnée.

POSITRONIUM [pozitʀɔnjɔm] ou **POSITONIUM** [pozitɔnjɔm] **n. m.** – 1968, –1962 ◊ de *positron* ou *positon* ▪ PHYS. Combinaison de très courte durée d'un électron et d'un positron.

POSOLOGIE [pozɔlɔʒi] **n. f.** – 1820 ◊ grec *poson* «combien» et *-logie* ■ DIDACT. (MÉD.) Indication de la quantité totale d'un médicament à administrer à un malade, en une ou plusieurs fois, estimée selon son âge et son poids.

POSSÉDANT, ANTE [pɔsedɑ̃, ɑ̃t] **adj. et n.** – 1900 ◊ de *posséder* ■ Qui possède des biens, des richesses, des capitaux. ➤ **capitaliste.** *Les classes possédantes.* — **n.** *Les possédants* : les personnes qui possèdent des capitaux, des richesses ; la classe qu'elles forment. *«ils n'étaient pas tous des possédants assoiffés de sang»* CAMUS.

POSSÉDÉ, ÉE [pɔsede] **adj. et n.** – XVe ◊ de *posséder* ■ **1** Se dit d'une personne dominée par une puissance occulte. *Être possédé du démon, du diable. «Cependant, Jacques, si vous étiez possédé... – Quel remède y aurait-il à cela ?»* DIDEROT. ■ **2 n.** (XVIIe) ➤ **démoniaque, énergumène.** *Exorciser un possédé. «Les Possédés», roman de Dostoïevski.* — LOC. (1709) *Se démener, se débattre, crier, jurer comme un possédé,* avec une violence incontrôlée. *Souffrir comme un possédé,* atrocement. ➤ **damné.**

POSSÉDER [pɔsede] **v. tr.** ‹6› – XIVe ; *pursedeir* v. 1120 ; *possider,* XIIIe ◊ latin *possidere* ■ **1** Avoir (qqch.) à sa disposition de façon effective et généralement exclusive (qu'on en soit ou non propriétaire). ➤ 1 **avoir, détenir.** *Posséder une maison, une voiture, une télé. Elle possède une grosse fortune* (cf. Être à la tête* de). *Posséder un bien à titre précaire, posséder pour autrui* (DR.). *«L'un ne possédait rien qui n'appartînt à l'autre»* LA FONTAINE. *«Celui-ci, sans mot dire, vend tout ce qu'il possède, linge, habits, machines, meubles, livres»* DIDEROT. *C'est lui qui possède ces documents,* ils sont entre ses mains*. — ABSOLT *Faim d'avoir et de posséder.* ➤ **convoiter.** *Ceux qui possèdent* (➤ **possédant**). ◆ PAR EXT. *Posséder le pouvoir. «Qui possédait la meilleure épée, possédait le droit»* FUSTEL DE COULANGES. ◆ (Sujet chose) *Pays qui possède de grandes richesses naturelles.* ➤ **abonder, renfermer.** *Ce musée possède des Picasso.* ■ **2** FIG. Avoir en propre (une chose abstraite). *«Il ne suffit pas de posséder une vérité, il faut que la vérité nous possède»* MAETERLINCK. ➤ **détenir.** *Posséder la preuve de qqch.* ◆ PAR EXT. Avoir (une qualité). *«Cet homme possédait en plus les plus beaux yeux du monde»* CÉLINE. *«Pour avoir du talent, il faut être convaincu qu'on en possède»* FLAUBERT. *Posséder une mémoire excellente, un grand courage.* ■ **3** Avoir une connaissance sûre de (qqch.). ➤ **connaître.** *Posséder un art, un métier. «Ceux qui possèdent Aristote et Horace»* MOLIÈRE. *«Je doute que l'on trouve beaucoup d'exemples de grands écrivains qui ne possèdent admirablement leur langue»* GIDE. ➤ **maîtriser.** *Elle possède à fond son sujet.* ■ **4** Obtenir les faveurs de (qqn). *«Autrefois on rêvait de posséder le cœur de la femme dont on était amoureux»* PROUST. ◆ (1655) *Posséder une femme, un homme* : accomplir avec elle, lui, l'acte sexuel. ➤ **connaître, prendre ;** FAM. OU VULG. 1 **baiser, défoncer, enfiler, fourrer,** 1 **foutre, niquer, tringler ;** s'envoyer, se **faire,** se **farcir,** se **payer,** se **taper,** **trousser.** *«En possédant cette femme, Eugène s'aperçut que jusqu'alors il ne l'avait que désirée»* BALZAC. ■ **5** (1910) FAM. Tromper, duper*. *Il nous a bien possédés !* ➤ 1 **avoir, feinter, rouler.** *Se faire posséder.* ■ **6** (XVIe) Dominer moralement. *La jalousie le possède,* le tient, le subjugue. ■ **7** VX OU LITTÉR. Maîtriser (ses propres états). *«Il semblait bien plus posséder son exaltation qu'être possédé par elle»* MALRAUX. — PRONOM. *Se posséder.* ➤ se **contenir,** se **dominer,** se **maîtriser.** *«Elle s'entêta, ne se possédant plus, inconsciente»* ZOLA. *Il ne se possède plus de joie* : il ne peut contenir sa joie (cf. FAM. Ne plus se sentir*). ■ **8** (XVIIe) S'emparer du corps et de l'esprit de (qqn), en parlant d'une force occulte. *«Un démon m'habitait. Il ne me posséda jamais plus impérieusement»* GIDE. ➤ **possédé.**

POSSESSEUR [pɔsesœʀ] **n.** – 1355 ; *possessor* 1284 ◊ latin *possessor,* de *possidere* → posséder ■ REM. Au féminin, on écrit aussi parfois *possesseuse* sur le modèle du français du Canada. ■ **1** Personne qui possède (un bien). *Le possesseur d'un bien peut en être propriétaire ou seulement détenteur. Le possesseur d'une créance, d'un titre. Elle est possesseur d'une immense fortune. L'heureuse possesseur du numéro gagnant.* ◆ DR. *Possesseur de bonne foi*. Possesseur à titre précaire** (➤ **détenteur**). *Le simple possesseur et le propriétaire.* ➤ **usufruitier.** ■ **2** Personne qui peut jouir (de qqch.). *Nous pourrions nous rendre «comme maîtres et possesseurs de la nature»* DESCARTES. *Les possesseurs d'un secret, de la vérité.* ➤ **dépositaire.**

POSSESSIF, IVE [pɔsesif, iv] **adj. et n. m.** – 1380 ◊ latin *possessivus,* de *possidere* → posséder

I GRAMM. ■ **1** Qui marque une relation d'appartenance, un rapport (de possession, de dépendance, etc.). *Adjectifs possessifs* (forme atone, faible). ➤ **mon** (ma, mes), 1 **ton** (ta, tes), 1 **son** (sa, ses), **notre** (nos), **votre** (vos), 2 **leur** (leurs). *Pronoms possessifs* (forme tonique, forte). ➤ **mien, tien, sien, nôtre, vôtre,** 2 **leur.** ■ **2 n. m.** *Un possessif. L'emploi du possessif. «Quand on dit mes élèves,* leurs *progrès,* vos *soucis, il est certain que le "possessif" ne marque là qu'une simple* relation de chose à personne*»* G. et R. LE BIDOIS.

II PSYCHOL. Qui s'exerce, agit dans un sens visant à l'appropriation. ➤ **captatif.** *Sentiment possessif.* ➤ **exclusif.** — (PERSONNES) Qui a des sentiments de possession, d'autorité absolue à l'égard d'autrui (dans le domaine affectif). ➤ **possessivité.** *Il est trop possessif avec ses amis, avec sa femme. Mère possessive* (➤ **abusif**), qui maintient son fils, sa fille dans des relations infantiles, l'empêche d'évoluer normalement.

POSSESSION [pɔsesjɔ̃] **n. f.** – 1120 ◊ latin *possessio,* de *possidere* → posséder

I LA POSSESSION (1190) Fait, action de posséder, d'être possédé. ■ **1** Faculté d'user d'un bien dont on dispose. *«L'usage seulement fait la possession»* LA FONTAINE. *Possession d'une fortune, d'immeubles, de terres. «La possession d'objets n'a pas grand-chose à voir avec le bonheur»* A. JACQUARD. *Possession en commun* : communauté. *S'assurer la possession de* : se procurer. ◆ **EN (LA, SA...) POSSESSION.** — (Sens actif) *Être en possession de.* ➤ 1 **avoir, détenir, posséder.** *Entrer en possession de.* ➤ **acquérir, prendre.** *Avoir en sa possession quantité de biens. Gardez-le en votre possession.* — (Sens pass.) *Être en la possession de qqn.* ➤ **appartenir,** 1 **être** (à). *Il ne faut pas que ce papier tombe en sa possession. Mettre qqn en possession de sa charge.* ◆ DR. Maîtrise de fait exercée sur une chose corporelle et correspondant, dans l'esprit du possesseur, à l'exercice d'un droit réel. ➤ **jouissance.** *Possession et usufruit. Vices de la possession* : discontinuité ; violence, clandestinité. *Présomption de propriété fondée sur la possession. «En fait de meubles, la possession vaut titre»* (CODE CIVIL). *Possession véritable et possession à titre précaire.* ➤ **détention.** *Délai de possession fondant la propriété.* ➤ **usucapion** (cf. Prescription* acquisitive). — *Envoi en possession* : droit à entrer en possession d'un héritage. *Possession d'état* : exercice des prérogatives attachées à un état donné. ◆ **PRENDRE POSSESSION DE (un lieu) :** s'en rendre possesseur. *Prendre possession d'une nouvelle maison.* ■ **2** (ABSTRAIT) ➤ **connaissance, maîtrise.** *La possession des biens véritables, du beau, de la vérité. «la possession de l'autre monde est faite du renoncement à celui-ci»* GIDE. ■ **3** (XVIIe) ABSOLT Jouissance d'un bien, d'un plaisir (opposé à *désir, envie, espérance*). *«la possession flétrit toutes choses»* PROUST. ■ **4** (XVIe) Le fait de posséder un partenaire amoureux (traditionnellement une femme). *«L'amour sensuel ne peut se passer de la possession, et s'éteint par elle»* ROUSSEAU. ■ **5** Maîtrise de ses facultés, de ses sentiments (pour une personne). *«Les couleurs naturelles lui revinrent, il avait complètement repris possession de lui-même»* GAUTIER. LOC. **EN POSSESSION DE...** *Être en possession de toutes ses facultés,* dans un état mental normal. *Être en pleine possession de ses moyens,* dans sa meilleure forme. ■ **6** (1694) RELIG. Phénomène par lequel un être humain est habité par un être surnaturel, en général maléfique (➤ **possédé**). *«Je subis le phénomène que les thaumaturges appelaient la possession»* SAND. — MOD. PSYCHIATR. Forme de délire dans lequel le malade se croit habité par un être surnaturel, ET SPÉCIALT un démon, avec sentiment de dédoublement et hallucinations. *Possession et transe.* ■ **7** (1732) GRAMM. Mode de relation exprimé par les possessifs (ex. mon livre, sa mère), les prépositions *à* et *de* (ex. le bureau de mon père ; c'est à mon père). ➤ **appartenance.**

II UNE POSSESSION, DES POSSESSIONS (1120) ■ **1** Chose possédée par qqn. ➤ 2 **avoir,** 2 **bien.** *Ses possessions se limitent à peu de choses.* — SPÉCIALT Les terres. ➤ **domaine ; propriété.** *Agrandir, étendre ses possessions.* ■ **2** Dépendance coloniale d'un État. ➤ **colonie, établissement, territoire.** *Les anciennes possessions d'un pays. Étendre, céder ses possessions.*

■ CONTR. Dépossession, privation.

POSSESSIONNEL, ELLE [pɔsesjɔnɛl] **adj.** – 1836 ◊ de *possession* ■ DR. Qui marque la possession. *Acte possessionnel.*

POSSESSIVITÉ [pɔsesivite] **n. f.** – 1946 ◊ de *possessif* ■ PSYCHOL. Fait d'être, de se montrer possessif.

POSSESSOIRE [pɔseswaʀ] **adj.** – 1399 ◊ latin *possessorius,* de *possidere* → posséder ■ DR. Relatif à la protection judiciaire de la possession (immobilière). *Actions possessoires.*

POSSIBILITÉ [pɔsibilite] **n. f.** – 1265 ◊ latin impérial *possibilitas* ■ **1** Caractère de ce qui peut se réaliser ; fait d'être possible. *Envisager la possibilité d'un conflit.* ➤ **éventualité.** *«Entre ce*

père et ce fils, aucun langage pour communiquer, aucune possibilité d'échanges» MAUROIS. *La possibilité d'un accord.* ➤ **chance.** ◆ LOG. Un des modes* de la logique modale. ■ **2** Chose possible, qui peut arriver, qu'on peut faire. *Envisager toutes les possibilités.* ➤ 1 **cas.** *Il n'y a que deux possibilités* (➤ 1 **alternative**). *Et si on refusait ? C'est une possibilité.* ■ **3** Capacité, pouvoir (de faire qqch.). ➤ **faculté,** 2 **moyen, occasion.** *Si j'ai la possibilité de vous rejoindre ; si j'en ai la possibilité. Donner, laisser à qqn la possibilité de* (et inf.). ■ **4** PLUR. Moyens dont on peut disposer ; ce qu'on peut attendre, tirer d'une personne ou d'une chose. *Dans la mesure de ses possibilités. Connaître ses possibilités.* ➤ **limite.** *Possibilités matérielles, financières ; intellectuelles. Chacun doit payer selon ses possibilités* (cf. Selon ses moyens). *C'est au-delà de mes possibilités,* trop cher pour moi. *«L'accumulation des victimes surpassa de beaucoup les possibilités que pouvait offrir notre [...] cimetière»* CAMUS. ◆ Performances réalisables (par un instrument, un véhicule, etc.). *Synthétiseur qui a de grandes possibilités.* ■ CONTR. Impossibilité, nécessité.

POSSIBLE [pɔsibl] adj. et n. m. – milieu XIIIe ◇ du latin *possibilis,* famille de *posse* «pouvoir»

I ~ **adj.** ■ **1** (Activités, réalités humaines) Qui peut exister, qu'on peut faire. ➤ **concevable, envisageable, faisable, réalisable.** *Nous avons fait tout ce qui est humainement possible pour le sauver,* tout ce qu'on pouvait faire (➤ 1 **pouvoir**). *Une hypothèse possible.* ➤ **admissible.** *Croire une chose possible. — C'est possible, très possible.* ➤ **facile, faisable.** *«Ce n'est pas possible, m'écrivez-vous ; cela n'est pas français»* NAPOLÉON. *Ce n'est pas possible autrement :* il n'y a pas d'autre moyen. — *Venez demain si c'est possible,* ELLIPT *si possible. «Je ne fréquente personne. Moins encore qu'avant si c'est possible»* ROMAINS. — IMPERS. *Il ne m'est pas possible de vous renseigner.* ◆ (Pour marquer l'étonnement). *Est-ce possible ! Ce n'est pas possible !* ➤ **croyable.** (1790) ELLIPT et FAM. *«Simone ponctuant ses silences de : "Non ! – Pas possible ! – Pas vrai !" qui coupaient votre récit, l'encourageaient et fournissaient les preuves d'une attention soutenue»* COCTEAU. — RURAL (Pour marquer l'indignation ou l'étonnement). *C'est-il (c'est-y) Dieu possible ! C'est pas Dieu possible !* (cf. Ce n'est pas vrai !). ◆ Qui, étant faisable, est en outre autorisé. ➤ **permis.** ■ **2** Qui constitue une limite, un maximum ou un minimum. *Il a fait toutes les sottises possibles et imaginables.* — IMPERS. *«Ils ont vu, senti, éprouvé, entendu tout ce qu'il est possible de voir, de sentir, d'éprouver et d'entendre»* GAUTIER. ◆ En compar., employé avec *que* *Aussitôt que possible, dès que possible. Faites aussi vite que possible. «Oui, je suis heureux autant qu'il est possible à un homme de l'être»* COURTELINE. — ELLIPT *«Je ne parle que des choses que je connais, autant que possible»* P. BENOIT (cf. Autant que faire se peut). ◆ En superl., avec *le plus, le moins,* etc. — (Avec un v., un adv.) *Il en fait le moins possible. Le plus vite, le plus tôt, le plus souvent, le mieux, le meilleur possible. Le moins mal possible. Le moins souvent possible.* — (Avec un adj. ; inv. ou accordé) *Achetez des huîtres, les plus grosses possible(s).* — (Avec un nom) *Le plus, le moins de... possible* (avec ou sans accord). *«Pour courir le moins de risques possible»* STENDHAL. *«nouer avec ces gens [...] le plus de liens possibles»* ROMAINS. *«le plus possible de gens de toutes sortes»* ACHARD. — (Avec *des,* toujours accordé) *«Le meilleur des mondes possibles»* VOLTAIRE. ■ **3** Qui peut se réaliser, être vrai ; qui peut être ou ne pas être (➤ **contingent, éventuel**). *Averses possibles en fin de journée. De possibles chutes de neige. Une aggravation possible de la maladie. Une rechute est toujours possible. Il n'y a plus aucun doute possible.* — (Dans une réponse) *Irez-vous à la mer cet été ? – Possible. C'est très possible, bien possible.* ➤ **probable, vraisemblable.** ◆ IMPERS. **IL EST POSSIBLE QUE** (et subj.) : il se peut que. *Il est possible qu'il fasse froid cette nuit.* — ELLIPT FAM. *Possible que :* peut-être que. *Possible qu'il ait oublié.* ■ **4** Qui est peut-être ou peut devenir (tel). ➤ **potentiel, virtuel** (cf. En puissance). *C'est un concurrent possible.* ➤ **éventuel.** ■ **5** (1859) (CHOSES ou PERSONNES) Acceptable, convenable, supportable. *Un endroit possible pour les vacances. «L'atmosphère de la maison n'était vraiment pas possible»* ARAGON. *Il ferait un mari possible.* ➤ **acceptable.** — FAM. **PAS POSSIBLE.** ➤ **inattendu, incroyable.** *Un succès pas possible. Un look pas possible,* extravagant. (PERSONNES) Difficile à vivre, imprévisible, déroutant. *Un type pas possible.*

II ~ **n. m.** ■ **1** (fin XVe) (Dans quelques emplois) Ce qui est possible ; ce qu'une personne peut. *Dans la mesure du possible :* autant qu'on le peut. *Faire tout son possible pour réussir. «je ferai tout mon possible pour que vous vous voyiez»* FLAUBERT. *C'est dans le domaine du possible :* c'est possible, faisable. ◆ loc. adv. (1559) **AU POSSIBLE :** autant qu'il est possible. ➤ **beaucoup, extrêmement.** *Il est désagréable au possible,* tout ce qu'il y a de plus désagréable. ■ **2** Ce qui est réalisable ; ce qui est conçu comme non contradictoire avec le réel. *L'idée du possible et celle du nécessaire. Le possible et le probable. «Le possible est donc le mirage du présent dans le passé»* BERGSON. *Les limites du possible. «nous avons peur de l'immensité du possible, n'étant pas préparés [...] à ce bien dangereux auquel nous aspirions et devant lequel nous reculons»* CIORAN. ◆ LOG. *Le possible, mode de la logique modale.* ■ **3** PLUR. Choses qu'on peut faire, qui peuvent arriver. *«la dette que nous ne finissons pas d'acquitter à l'enfance, [...] aux moments de l'innocence et des possibles dont nous nourrissons le regret»* PH. BESSON. *Envisager tous les possibles.* ➤ **possibilité.** ■ CONTR. Impossible, infaisable. 1 Effectif. Invraisemblable.

POSSIBLEMENT [pɔsibləmɑ̃] adv. – 1337 ◇ de *possible,* repris au XXe sous l'influence de l'anglais *possibly* ■ RARE ou RÉGION. (Canada) D'une manière possible. *Les personnes possiblement intéressées par cette offre.* ➤ **éventuellement.** *Des dégâts possiblement terribles.* ➤ **peut-être.**

POST [pɔst] n. m. – 2006 ◇ mot anglais, du français 2 *poste* ■ ANGLIC. Message, billet qu'un internaute publie sur un forum, un blog, les réseaux sociaux. ➤ **tweet.** *Post sponsorisé. Les «"meufs" qui likaient ses posts sur son mur»* C. LAURENS. ■ HOM. Poste.

POST- ■ Élément, du latin *post* «après», dans le temps *(postdater)* et dans l'espace *(postposer).* ■ CONTR. Pré-.

POSTAGE [pɔstaʒ] n. m. – 1874 ◇ de 2 *poster* ■ Action de poster (le courrier). *Postage publicitaire en nombre* (publipostage). — Expédition du courrier par paquebot.

POSTAL, ALE, AUX [pɔstal, o] adj. – 1832 ◇ de 2 *poste* ■ **1** Qui concerne la poste, l'administration des postes. *Service postal. Aviation postale.* ➤ **aéropostal.** *Franchise*, taxe postale. Convention postale,* relative aux liaisons postales internationales. *Régime postal* (intérieur, international). ■ **2** Qui concerne le fonctionnement de la poste. *Sac, colis postal. Centre de tri postal. Wagon postal. — Carte* postale. Code* postal. Numéro* postal d'acheminement.* ■ **3** Qui concerne un service assuré par la Poste. *Compte chèque postal (C. C. P.). — Boîte* postale.*

POSTAPOCALYPTIQUE [pɔstapɔkaliptik] adj. – 1949 ◇ de *post-* et *apocalyptique* ■ Qui, dans les récits d'anticipation, se situe après une catastrophe ayant dévasté la Terre. *Un univers postapocalyptique.*

POSTBAC [pɔstbak] adj. inv. – 1974 ◇ de *post-* et 2 *bac* ■ Qui a lieu après le baccalauréat. *Les formations postbac.*

POSTCOMBUSTION [pɔstkɔ̃bystjɔ̃] n. f. – 1955 ◇ de *post-* et *combustion* ■ TECHN. Dans les turboréacteurs, Combustion de carburant par l'oxygène contenu dans les gaz brûlés au cours de la combustion normale, et qui augmente le rendement.

POSTCOMMUNISME [pɔstkɔmynism] n. m. – 1989 ◇ de *post-* et *communisme* ■ Situation résultant de l'abandon du système communiste ou socialiste dans certains pays. — adj. et n. (1989) **POSTCOMMUNISTE.**

POSTCURE [pɔstkyʀ] n. f. – 1948 ◇ de *post-* et *cure* ■ Période qui suit une cure (en sanatorium ou en hôpital), pendant laquelle le malade reste sous surveillance médicale.

POSTDATE [pɔstdat] n. f. – 1536 ◇ de *post-* et *date* ■ ADMIN. Date portée sur un document et qui est postérieure à la date réelle. ■ CONTR. Antidate.

POSTDATER [pɔstdate] v. tr. ⟨1⟩ – 1752 ; *postidater* 1549 ◇ de *post-* et *dater* ■ Dater (un texte écrit) par une date postérieure à la date réelle. *Postdater un chèque constitue un délit. — Lettre postdatée.* ■ CONTR. Antidater.

POSTDOCTORAL, ALE, AUX [pɔstdɔktɔʀal, o] adj. – v. 1985 ◇ de *post-* et *doctoral* ■ Relatif à la période qui suit l'admission au grade de docteur. *Stagiaire postdoctoral.* — ABRÉV. FAM. INV. **POSTDOC.**

1 **POSTE** [pɔst] n. f. – XIIe ◇ subst. verbal de *pondre* «poser, établir», en ancien français ; latin *ponere* «poser» ■ **1** MAR. Position, place, dans l'expr. À POSTE : en place. *Mettre l'ancre à poste,* à sa place. ◆ ASTRONAUT. *Mise à poste d'un satellite géostationnaire :* envoi d'un satellite vers la position qui lui a été assignée. ■ **2** FIG. (1414 ; vx depuis le XVIIIe) *À la poste de qqn,* à sa convenance, à sa disposition. *«trouver sitôt un médecin à ma poste»* MOLIÈRE. ■ HOM. Post.

2 **POSTE** [pɔst] n. f. – fin XVe ◊ de l'italien *posta*, du latin *posita*, neutre pluriel, «place, position», famille de *ponere* «poser» (voir *poser*) ■ **1** ANCIENNT Relais de chevaux, placé sur les routes de distance en distance, afin d'assurer le transport des voyageurs et du courrier. (1496) *Chevaux de poste. Postillons d'une chaise de poste. «le maître de poste vint lui dire qu'il n'y avait pas de chevaux»* STENDHAL. ◆ PAR EXT. Distance d'un relais à l'autre. ➤ **étape.** *«Je dois faire aujourd'hui vingt postes sans manquer»* LA FONTAINE. — (1522) LOC. VX ou LITTÉR. *Courir la poste* : aller très rapidement. ■ **2** (XVIIe *poste aux lettres*) Service d'acheminement et de distribution du courrier. *Malle*-poste. «J'ai appris que la poste de Senlis avait mis dix-sept heures pour vous transmettre une lettre»* NERVAL. ◆ (1869) (depuis la IIIe République, en France) Service public placé sous l'autorité d'un ministre, assurant le transport du courrier, acheminant des colis postaux, des imprimés, proposant des services (activités bancaires, téléphonie mobile...). *Levée, tri, expédition, distribution du courrier par la poste. Bureau de poste. Receveur, employé de la poste.* ➤ 1 **facteur, postier, préposé.** *Poste aérienne. Poste aux armées* (➤ **vaguemestre**). *Envoyer, expédier un colis par la poste. Calendrier de la poste,* distribué chaque année par l'administration de la Poste. *Le cachet de la poste fait foi* (de la date). — (Élément de mots composés) *Paquet-poste. Timbre*-poste.* ■ **3** (1655) Bureau de poste. *Les guichets de la poste. La grande poste* : le bureau central. *Mettre une lettre à la poste,* dans la boîte du bureau, ou dans une boîte à lettres publique. — *Passer comme une lettre* à la poste.* — *Poste restante*.*

3 **POSTE** [pɔst] n. m. – 1636 ◊ de l'italien *posto*, du latin *positum* «placé, situé», famille de *ponere* «poser»

I **POSITION, PLACE ASSIGNÉE** ■ **1** Lieu où un soldat, un corps de troupes se trouve placé par ordre supérieur, en vue d'une opération militaire. *Occuper, garder, défendre, quitter, abandonner, déserter son poste. Être à son poste. Poste avancé, dangereux.* ➤ **avant-poste ; antenne.** *Poste de combat. Poste de commandement,* où se tient un chef pendant le combat. ➤ 1 **P. C.** (1879) *Poste d'observation.* ➤ **observatoire** (2°). *Poste de surveillance.* ◆ LOC. FIG. *Être, rester à son poste,* là où le devoir l'exige, PAR EXT. là où l'on est. *«le chat restait immobile à son poste, comme une sentinelle»* GAUTIER. — FAM. *Être fidèle*, solide* au poste.* ■ **2** PAR EXT. (1636) Groupe de soldats, corps de troupes placé en ce lieu. *«La légion rentrait après avoir installé quelques petits postes le long de l'oued»* MAC ORLAN. *Doubler, relever un poste. Chef de poste.* ◆ SPÉCIALT *Poste de police, de garde* : corps de garde à l'entrée d'une caserne, d'un camp. — Tout corps de garde ; local où il est installé. *Poste de gardiens de la paix, de douaniers* (ou *de douane*), *de pompiers* (➤ **caserne**). ■ **3** (1865) **POSTE (DE POLICE) :** corps de garde ou antenne d'un commissariat de police ; local où il est installé. *Conduire un manifestant au poste. Passer la nuit, coucher au poste.*

II **DANS LE CONTEXTE PROFESSIONNEL** ■ **1** (milieu XVIIe, Scarron) Emploi auquel on est nommé dans une hiérarchie ; lieu où l'on exerce. ➤ **charge, fonction, place.** *Poste qui se libère. Poste vacant. Confier, pourvoir un poste. Occuper un poste clé, à responsabilités.* — *Être nommé à un poste, au poste de directeur commercial. Rejoindre, quitter son poste. Être titulaire de son poste. Diplomate, journaliste en poste à Washington.* ■ **2** (1812) TECHN. Durée de travail pendant laquelle une équipe est en fonction ; cette équipe. ➤ 2 **quart.** *«Trois ouvriers y travaillent* [à une presse] *à raison de trois postes de huit heures par jour»* VAILLAND (cf. Travail posté*).

III **EMPLACEMENT PRÉCIS** ■ **1** Emplacement affecté à un usage particulier. *Poste de secours*. Poste de contrôle* (douane). ◆ n. m. **POSTE-FRONTIÈRE :** point de passage obligatoire, à la frontière de deux pays, où s'exerce le contrôle douanier. ➤ aussi **check-point** (ANGLIC.). *Des postes-frontières.* — MAR. *Poste de pêche.* ■ **2** (1923) Emplacement aménagé pour recevoir des appareils, des dispositifs, etc., destinés à un usage particulier. *Poste d'aiguillage, de pilotage, de ravitaillement.* MAR. *Poste d'équipage, de tir, de commandement.* ASTRONAUT. *Poste de lancement* : local protégé d'où sont dirigées les opérations relatives au lancement d'un véhicule spatial. — VIEILLI *Poste d'essence, à essence.* ➤ **distributeur,** 2 **pompe, station-service.** *Poste d'incendie. Poste d'eau.* ◆ Ensemble de ces appareils. *Réparer un poste d'incendie.* ■ **3 POSTE DE TRAVAIL :** emplacement où s'effectue une phase d'un travail ; équipement (appareils, instruments...) situé sur cet emplacement, nécessaire à l'accomplissement de ce travail. *Poste de travail informatique.* ➤ **station.**

IV **APPAREIL** *Poste émetteur** (radio). ◆ COUR. Appareil récepteur (de radio, de télévision). ➤ 2 **radio, télévision.** *Poste de radio, de télévision.* — *Ouvrir, fermer, allumer, éteindre le poste. Poste portatif.* FAM. *«J'en ai marre des chanteurs. Qu'est-ce que vous avez tous à chanter dans le poste !»* DESPROGES.

V **EN COMPTABILITÉ** ■ **1** (1812) Chacune des opérations inscrites dans un livre de comptabilité. *Postes de dépenses, de recettes.* ■ **2** (1962) Subdivision d'un titre, d'un chapitre dans un document comptable ou financier. *Poste budgétaire. Poste de la balance des paiements.* ■ **3** *Les postes de l'indice des prix.* ➤ 2 **item.**

POSTÉ, ÉE [pɔste] adj. – 1972 ◊ de 3 *poste* ■ **TRAVAIL POSTÉ,** dont l'horaire est organisé par tranches (➤ 3 **poste,** II, 2°), de façon à assurer la continuité de la production. — *Un travailleur posté, une ouvrière postée.* SUBST. *Les postés.*

POSTE-FRONTIÈRE ➤ 3 **POSTE** (III, 1°)

1 **POSTER** [pɔste] v. tr. ⟨1⟩ – début XVIe ◊ de 3 *poste* ■ **1** Placer (des soldats) à un poste déterminé. ➤ **établir.** *Poster des sentinelles.* — PAR EXT. Mettre (qqn) à une place déterminée qui lui permet de faire une action (➤ **aposté**). ■ **2 SE POSTER** v. pron. Se placer (quelque part) pour une action déterminée, SPÉCIALT pour observer, guetter. *«Gilberte va se poster dans l'embrasure de la fenêtre»* GIRAUDOUX. ◆ (Passif) *Il était posté à l'entrée du village.*

2 **POSTER** [pɔste] v. tr. ⟨1⟩ – fin XIXe ◊ de 2 *poste* ■ **1** Mettre à la poste (boîte aux lettres ou guichet). *Poster une lettre.* ■ **2** (anglais *to post*) Introduire (un article, une contribution ➤ **post**) sur un forum, un groupe de discussion... *Poster un billet sur un blog. «Elle poste sur des forums de mamans, des commentaires débiles sur les lectures de ses filles»* V. DESPENTES. Recomm. offic. *publier.*

3 **POSTER** [pɔstɛʀ] n. m. – 1967 ◊ mot anglais «affiche» ■ ANGLIC. Affiche décorative que l'on met chez soi. *Mettre un poster au mur. Un poster d'Elvis. Reproduire une œuvre en poster* (**POSTÉRISER** v. tr. ⟨1⟩).

POSTÉRIEUR, IEURE [pɔsteʀjœʀ] adj. et n. m. – 1480 ◊ latin *posterior*, comparatif de *posterus* «qui vient après» ■ **1** Qui vient après, dans le temps. *«Les poètes français postérieurs à Hugues Capet»* RENAN. — *Le document est très postérieur, de beaucoup postérieur à l'année 1800. Nous verrons cela à une date postérieure.* ➤ **futur, ultérieur.** ■ **2** DIDACT. Qui est derrière, dans l'espace. *Partie postérieure et partie antérieure.* ➤ aussi **antéropostérieur.** *Membres postérieurs du cheval.* — PHONÉT. Se dit d'une voyelle prononcée en arrière du palais. *Le a postérieur* [ɑ]. ■ **3** n. m. (1566) FAM. Arrière-train d'une personne. ➤ FAM. **cul*,** 2 **derrière.** *Tomber sur son postérieur.* ■ CONTR. Antérieur.

POSTÉRIEUREMENT [pɔsteʀjœʀmɑ̃] adv. – 1660 ◊ de *postérieur* ■ À une date postérieure. ➤ **après, ultérieurement.** *Acte établi postérieurement à un autre.* ■ CONTR. Antérieurement, 1 avant, précédemment.

POSTÉRIORI (À) ➤ **A POSTERIORI**

POSTÉRIORITÉ [pɔsteʀjɔʀite] n. f. – XVe ◊ de *postérieur* ■ DIDACT. Caractère de ce qui est postérieur à qqch. (dans le temps). *La postériorité d'un témoignage.* ■ CONTR. Antériorité.

POSTÉRITÉ [pɔsteʀite] n. f. – début XIVe ◊ latin *posteritas* ■ **1** LITTÉR. Suite de personnes descendant d'une même origine. ➤ **descendant, enfant, fils ; descendance, lignée.** *La postérité d'Abraham. Mourir sans postérité.* ◆ FIG. et COUR. *La postérité d'un écrivain, d'un artiste, d'une œuvre,* les personnes qui sont dans leur lignée. ➤ **disciple, épigone, héritier, successeur.** ■ **2** Suite des générations à venir, ou postérieures à une époque donnée. *Travailler pour la postérité.* ➤ 1 **avenir** (cf. Siècles futurs*). *Œuvre qui passe à la postérité,* qui vit dans la mémoire collective. ➤ **immortalité.** ■ CONTR. Ancêtres.

POSTFACE [pɔstfas] n. f. – 1736 ◊ de *post-*, d'après *préface* ■ Commentaire placé à la fin d'un livre. *Écrire la postface d'un livre* (*postfacer* v. tr. ⟨3⟩). ■ CONTR. Avant-propos, préambule, préface.

POSTGLACIAIRE [pɔstglasjɛʀ] adj. et n. m. – 1873 ◊ de *post-* et *glaciaire* ■ GÉOL. Qui fait suite à une période glaciaire, SPÉCIALT à la dernière glaciation en un lieu. — n. m. Période qui a suivi la dernière glaciation quaternaire (8 000 av. J.-C.).

POSTHITE [pɔstit] n. f. – 1823 ◊ grec *posthê* «prépuce» et *-ite* ■ MÉD. Inflammation du prépuce. ■ HOM. Post-it.

POSTHUME [pɔstym] **adj.** – *postume* 1491 ◊ bas latin *posthumus*, classique *postumus* «dernier», superlatif de *posterus* ■ **1** Qui est né après la mort de son père. *Enfant posthume.* ■ **2** (1680) Qui a vu le jour après la mort de son auteur. *Œuvres posthumes*, publiées après la mort de l'écrivain, du musicien. *Les «Mémoires d'outre-tombe», œuvre posthume de Chateaubriand.* ◆ Qui a lieu après la mort de qqn (en parlant de ce qui le concerne). ➤ **post mortem.** *Célébrité posthume. Décoration posthume*, donnée à un mort. *Être décoré à titre posthume.* «*ce travail lent de jalousie posthume grandissant à chaque seconde par tout ce qui rappelait l'autre*» MAUPASSANT.

POSTHYPOPHYSE [pɔstipɔfiz] **n. f.** – 1936 ◊ de *post-* et *hypophyse* ■ ANAT. Lobe postérieur de l'hypophyse, de structure nerveuse, qui sécrète deux hormones d'origine hypothalamique, l'ocytocine et la vasopressine.

POSTICHE [pɔstiʃ] **adj.** et **n. m.** – avant 1641 *postice* ◊ italien *posticcio*, du latin *ponere* «poser» ■ **1** Fait et ajouté après coup. ➤ **rapporté.** *Sa tête «semblait une tête postiche qu'on aurait plantée sur un moignon»* ROUSSEAU. *Épisode postiche d'une œuvre littéraire.* ■ **2** Que l'on porte pour remplacer artificiellement quelque chose de naturel (ne se dit pas des appareils de prothèse). ➤ **factice,** 1 **faux.** *Cheveux postiches* (➤ **moumoute, perruque**). *Chignon, natte postiche.* «*Il a déjà ôté son œil et sa moustache postiches*» LESAGE. *Cils postiches.* — **n. m.** (1685) Mèche ou touffe de cheveux naturels ou imités que l'on adapte à volonté à sa coiffure. ➤ **moumoute.** «*On lit sur sa devanture :* Postiches *en tous genres*» BALZAC. ■ **3** FIG. Faux, inventé. *Talents postiches.*

POSTIER, IÈRE [pɔstje, jɛʀ] **n.** – 1840 ◊ de 2 *poste* ■ Employé, employée du service de la poste. *Postier affecté au tri.* «*Postière, c'est un bon métier pour une fille, et à la ville en plus !*» C. GALLAY.

POSTILLON [pɔstijɔ̃] **n. m.** – 1540 ◊ italien *postiglione*, de *posta* «poste» ■ **1** ANCIENNT Conducteur d'une voiture des postes (➤ 1 **cocher**). *Postillon des messageries, de diligence. Chapeau à ruban, fouet du postillon.* ■ **2** (1859) Gouttelette de salive projetée en parlant. *Envoyer des postillons.* ➤ **postillonner.** «*Postillons : intempéries du langage*» RENARD.

POSTILLONNER [pɔstijɔne] **v. intr.** ‹1› – 1866 ◊ de *postillon* ■ Envoyer des postillons.

POST-IT [pɔstit] **n. m. inv.** – v. 1985 ◊ n. déposé ; mots anglais «pose-le» ■ Petit morceau de papier partiellement adhésif, repositionnable à volonté. *Bloc de post-it. Noter son mot de passe sur un post-it.* ➤ **pense-bête.** *Mettre des post-it sur les épreuves à corriger.* ➤ **béquet.** ◆ INFORM. Petite note virtuelle que l'on peut faire figurer à l'écran (plutôt que coller sur l'écran). — Recomm. offic. *papillon.* ■ HOM. Posthite.

POSTLUDE [pɔstlyd] **n. m.** – 1882 ◊ de *post-* et *(pré)lude* ■ MUS. Pièce musicale composée pour conclure une œuvre vocale ou instrumentale (opposé à *prélude*).

POSTMODERNE [pɔstmɔdɛʀn] **adj.** – 1979 ◊ anglais *post-modern* ■ Qui rejette le modernisme dans les arts plastiques et se caractérise par l'éclectisme, le kitsch, ou le dépassement par la technique, etc. *Architecture postmoderne.* — **n. m.** *Le postmoderne* (ou **POSTMODERNISME n. m.**).

POST MORTEM [pɔstmɔʀtɛm] **loc. adv.** et **loc. adj.** – attesté en 1882 ◊ locution latine, «après la mort» ■ Après la mort. *Examen post mortem* : autopsie.

POSTNATAL, ALE [pɔstnatal] **adj.** – 1970 ◊ de *post-* et *natal* ■ DIDACT. Relatif à la période qui suit immédiatement la naissance. *Examens médicaux postnatals. Dépression postnatale.* ➤ **babyblues.** *Allocation postnatale.* ■ CONTR. Anténatal, prénatal.

POSTOPÉRATOIRE [pɔstɔpeʀatwaʀ] **adj.** – 1889 ◊ de *post-* et *opératoire* ■ MÉD. Qui se produit ou se fait après une opération. *Transfusion, chimiothérapie postopératoire.*

POST-PARTUM **n. m. inv.** ou **POSTPARTUM** [pɔstpaʀtɔm] **n. m.** – 1925 ◊ loc. latine «après l'accouchement» ■ DIDACT. Période qui suit l'accouchement (➤ **postnatal**). *Des post-partum, des postpartums.* — APPOS. *Dépression post-partum.* ➤ **babyblues.**

POSTPOSER [pɔstpoze] **v. tr.** ‹1› – 1377 «placer après» ◊ de *post-* et *poser* ■ **1** GRAMM. Placer après un autre mot. — **p. p. adj.** *Adjectif postposé* (au nom). ■ **2** (Belgique) Remettre (qqch.) à plus tard. ➤ **ajourner,** 2 **différer, reporter.** ■ CONTR. Antéposer.

POSTPOSITION [pɔstpozisjɔ̃] **n. f.** – 1784 ◊ de *post-* et *position* ■ GRAMM. ■ **1** Position d'un mot après un autre, constituant une marque*, par rapport à l'ordre le plus fréquent (➤ **inversion**). ■ **2** (d'après *préposition*) Morphème grammatical placé après le mot qu'il régit. *En anglais, «*up*» dans «*to get up*» est une postposition.* ■ CONTR. Antéposition.

POSTPRANDIAL, IALE, IAUX [pɔstpʀɑ̃djal, jo] **adj.** – 1952 ◊ de *post-* et *prandial* «relatif aux repas», du latin *prandium* «repas» ■ MÉD. Qui se produit après les repas. *Hyperlipémie, somnolence postprandiale.*

POSTPRODUCTION [pɔstpʀɔdyksjɔ̃] **n. f.** – XXe ◊ de *post-* et *production* ■ CIN. Phase de la production (d'un film) postérieure à la fin du tournage (montage, postsynchronisation, etc.).

POSTSCOLAIRE [pɔstskɔlɛʀ] **adj.** – 1899 ◊ de *post-* et *scolaire* ■ Relatif à la période qui suit celle de la scolarité. *Enseignement postscolaire pour adultes.*

POST-SCRIPTUM [pɔstskʀiptɔm] **n. m. inv.** – 1701 ; *postscripte* v. 1512 ◊ loc. latine «écrit après» ■ Complément ajouté au bas d'une lettre par son auteur, après la signature (ABRÉV. P.-S. [peɛs]). ➤ **apostille.** *Dire, ajouter qqch. en post-scriptum.*

POSTSONORISATION [pɔstsɔnɔʀizasjɔ̃] **n. f.** – avant 1970 ◊ de *post-* et *sonorisation* ■ TECHN. Procédé consistant à adjoindre un son à des images enregistrées antérieurement. *Postsonorisation et play-back*.*

POSTSYNAPTIQUE [pɔstsinaptik] **adj.** – 1930 ◊ de *post-* et *synaptique* ■ NEUROL. Situé en aval de la synapse, selon le sens de propagation du signal nerveux. *Neurone, récepteur postsynaptique.* ■ CONTR. Présynaptique.

POSTSYNCHRONISATION [pɔstsɛ̃kʀɔnizasjɔ̃] **n. f.** – 1934 ◊ de *post-* et *synchronisation* ■ TECHN. Addition du son et de la parole après le tournage d'un film. *Le doublage* est un domaine particulier de la postsynchronisation.*

POSTSYNCHRONISER [pɔstsɛ̃kʀɔnize] **v. tr.** ‹1› – 1934 ◊ de *post-* et *synchroniser* ■ TECHN. Faire la postsynchronisation de (un film). — **p. p. adj.** *Film postsynchronisé.*

POST-TRAUMATIQUE [pɔsttʀomatik] **adj.** – 1858 ◊ de *post-* et *traumatique* ■ MÉD. Qui fait suite à un traumatisme. *Syndrome anxieux post-traumatique.*

POSTULANT, ANTE [pɔstylɑ̃, ɑ̃t] **n.** – 1495 ◊ de *postuler* ■ **1** Personne qui postule une place, un emploi. ➤ **candidat, prétendant.** *Il y a plus de postulants que d'emplois. Postulant à un emploi.* ■ **2** (XVIIe) Personne qui demande à entrer en religion. *Postulant, postulante qui devient novice.* «*La mère Angélique entra* [...] *avec trois de ses Religieuses et quatre postulantes*» RACINE.

POSTULAT [pɔstyla] **n. m.** – 1752 ◊ latin *postulatum* «demande» ■ MATH. Principe d'un système déductif qu'on ne peut prendre pour fondement d'une démonstration sans l'assentiment de l'auditeur. *Postulat d'Euclide.* ◆ LOG., SC. Principe indémontrable qui paraît légitime, incontestable. ➤ **axiome, hypothèse.** «*Ce passage du brut au vital qui reste l'un des postulats quasi nécessaires de la biologie*» J. ROSTAND. — *Partons du postulat qu'on parle pour dire quelque chose.*

POSTULATION [pɔstylasjɔ̃] **n. f.** – 1260 ◊ de *postuler* ■ **1** VX Supplication. ■ **2** (1499) DR. Action de postuler. *Postulation illicite.*

POSTULER [pɔstyle] **v.** ‹1› – XIIIe ◊ latin *postulare* «demander», de *poscere* «demander»

I **v. intr.** DR. Représenter en justice et faire les actes de la procédure. *L'avoué postulait mais ne plaidait pas. Postuler pour un client.* ➤ **occuper** (I, 6°).

II **v. tr.** ■ **1** (XIVe) Demander, solliciter (un emploi). *Postuler un emploi* (ou TR. IND. *postuler à, pour un emploi* ➤ **candidater**). «*Une loge de concierge se trouvait vacante, à Montmartre ; il la postula, l'obtint et, méthodiquement, s'avina*» H. CALET. — ABSOLT «*M. Ballanche postule à l'Académie ; mais Scribe lui sera préféré*» SAINTE-BEUVE. ■ **2** (1897) LOG. Poser (une proposition) comme postulat. ■ **3** (Sujet chose) Avoir pour condition d'existence, de succès. *Ce travail postule de gros efforts de sa part.* ➤ **présupposer, requérir.**

POSTURAL, ALE, AUX [pɔstyʀal, o] **adj.** – 1945 ◊ de *posture* ■ DIDACT. Relatif à l'attitude. PHYSIOL. *Sensibilité posturale* ou *sens des attitudes.* MÉD. *Drainage postural* : évacuation d'un liquide (des bronches, des sinus) facilitée par une position déclive du patient.

POSTURE [pɔstyʀ] n. f. – 1566 ◇ italien *postura* ■ **1** DIDACT. Attitude particulière du corps. ➤ **position.** ♦ COUR. Attitude peu naturelle ou peu convenable. *Dans une posture comique. Changer de posture.* « *Quand il était las de cette posture, il se levait* » DIDEROT. ■ **2** FIG. ; VIEILLI ou LITTÉR. Situation d'une personne. ➤ **condition, position, situation.** (Avec l'inf.) *Être en posture de l'emporter.* — LOC. *Être, se trouver en bonne, en mauvaise, en fâcheuse posture,* dans une situation favorable, défavorable. *La chute du gouvernement l'a mis en mauvaise posture.* ■ **3** FIG. Attitude qu'on se donne ; prise de position. *Prendre une posture arrogante.*

POST-VÉRITÉ [pɔstveʀite] n. f. – 2004, répandu 2016 ◇ calque de l'anglais *post-truth* ; de *post-* et *vérité* ■ DIDACT. *Ère (de la) post-vérité,* dans laquelle les discours démagogiques et les fausses informations influencent davantage l'opinion que les faits objectifs. — « *La post-vérité, creuset des négationnismes* » (Le Monde, 2017).

POT [po] n. m. – milieu XIIe ◇ du latin du VIe *potus* « action de boire », « boisson » et « vase », famille de *bibere* → 1 boire

I RÉCIPIENT ■ **1** Récipient de ménage, destiné surtout à contenir liquides et aliments. *Pot de cuivre, d'étain ; de faïence, de grès, de porcelaine, de terre.* « *un de ces charmants pots d'argile poreuse qui font l'eau si fraîche* » GAUTIER. ➤ **alcarazas.** *Anse, couvercle d'un pot.* — (fin XIIIe) **POT À...,** destiné à contenir telle ou telle chose. *Pot à épices. Pot à lait. Pot au lait* [potolɛ]. « *Perrette sur sa tête ayant un pot au lait* » LA FONTAINE. *Pot à eau* [potao] : récipient à anse et à bec servant autrefois à la toilette ; récipient servant à verser l'eau à table (➤ **cruche, dame-jeanne, jaquelin, pichet**). *Cuvette et pot à eau. Pot à bière :* verre épais ou pot en terre avec une anse, dans lequel on boit la bière. ➤ **chope.** (1751) *Pot à tabac,* où le fumeur garde son tabac ; FIG. personne petite et grosse. — (fin XIIe) **POT DE...,** contenant ou destiné à contenir telle ou telle chose. *Pot de moutarde. Pot de crème, de yaourt. Pot de confiture(s). Pot de colle*. Pot de peinture*.* — *Petit pot :* conserve alimentaire conditionnée en pot de verre, pour enfant en bas âge. ♦ *Pot de fleurs,* et (1625) *Pot :* récipient de terre, de plastique dans lequel on fait pousser des plantes ornementales. ➤ 1 **bac,** 1 **godet,** 1 **jarre.** *Fleurs en pots. Pot recouvert d'un cache-pot.* ■ **2** LOC. FIG. *C'est la lutte du pot de terre contre le pot de fer,* une lutte inégale. — (début XIVe) *Découvrir le pot aux roses* [potoʀoz], le secret d'une affaire, d'une intrigue (cf. Éventer la mèche*). « "*Un beau jour,*" *le* "*mari bafoué*" *découvre* "*le pot aux roses.*" *Il n'y a que dans les journaux que l'on voit ce pot aux roses qui n'apparaît plus dans le langage courant depuis bientôt cent ans* » DUTOURD. — FAM. *Faire le pot de fleurs :* être de garde devant un bâtiment (pour un gendarme, un policier) ; rester à un endroit sans bouger. — **POT AU NOIR** [potonwaʀ] : région de brumes opaques redoutée des navigateurs, des aviateurs ; situation inextricable et dangereuse. — (1609) *Payer les pots cassés :* réparer les dommages qui ont été faits. *Je ne veux pas payer les pots cassés,* faire les frais d'une situation compromise. — LOC. PROV. *C'est dans les vieux pots qu'on fait les bonnes soupes :* les gens âgés, les vieilles choses ont des qualités précieuses. — (début XVIIIe) *Être sourd comme un pot,* très sourd. ■ **3** (XIIIe, *en pot* « bouilli », opposé à « rôti ») VX Marmite servant à faire cuire les aliments. *Mettre le pot au feu.* ➤ **pot-au-feu.** — VX Aliments préparés dans le « pot ». « *On ne sait comme va mon pot, dont j'ai besoin* » MOLIÈRE. — MOD. *Poule au pot,* bouillie. *Cuillère à pot.* ➤ 2 **louche,** 2 **pochon.** — *En deux coups de cuillère* à pot.* — *À la fortune* du pot.* — (1538) *Tourner autour du pot :* parler avec des circonlocutions, ne pas se décider à dire ce que l'on veut dire. ■ **4** (1668) Contenu d'un pot. *Manger tout un pot de miel. Boire, prendre un pot* (de bière), PAR EXT. une consommation. ➤ **verre.** « *On va prendre un pot tous ensemble dans une petite boîte, au Quartier latin* » TROYAT. ♦ (1906) FAM. Réunion autour d'une boisson, notamment dans une collectivité professionnelle. ➤ **cocktail.** *Inviter qqn à un pot. Faire un pot d'adieu.* ■ **5** *Pot belge :* mélange de stimulants et de stupéfiants (amphétamines, caféine, cocaïne...) utilisé comme dopant. ■ **6** (1542) **POT DE CHAMBRE :** vase* de nuit. — ELLIPT Récipient dans lequel les enfants font leurs besoins. *Mettre un enfant sur le pot.* ■ **7** (1892) **POT D'ÉCHAPPEMENT :** tuyau muni de chicanes qui à l'arrière d'un véhicule motorisé laisse échapper les gaz brûlés après leur détente en amortissant le bruit. ➤ **silencieux.** « *Le moteur avait continué à tourner, avec de la vapeur qui sortait du pot d'échappement* » SIMENON. *Pot catalytique*.* — LOC. FAM. *Plein pot :* en donnant toute la puissance (d'un engin motorisé). *Conduire plein pot* (cf. À pleins gaz*, à fond la caisse*). FIG. *Payer plein pot,* plein tarif. *Un billet plein pot.* ■ **8** L'enjeu, dans certains jeux d'argent (poker). *Ramasser le pot.* — LOC. FIG. *Mettre au pot* (de l'argent) : investir.

II VULG. ANUS (1896) Postérieur, derrière. ➤ **popotin.** *Se manier* le pot.*

III FAM. CHANCE, VEINE (1925) *Avoir du pot.* ➤ 1 **bol,** 2 **fion.** « *Dis donc, j'ai eu du pot : du premier coup j'ai trouvé une chambre* » SARTRE. *Un coup de pot. Manque de pot !,* pas de chance. (1928) *Pas de pot !*

■ CONTR. 2 Guigne ; déveine. ■ HOM. Peau.

POTABLE [pɔtabl] adj. – 1270 ; t. d'alchim. avant le XVIIe ◇ latin *potabilis,* de *potare* « boire » ■ **1** Qui peut être bu sans danger pour la santé. *Eau non potable.* ♦ (1701) VX Qui, sans être excellent, peut se boire. *Ce vin est potable.* ■ **2** (1756) FAM. Qui passe à la rigueur, qui est assez bon. ➤ **acceptable, passable.** *Il est incapable de faire un travail potable. C'est tout juste potable.*

POTACHE [pɔtaʃ] n. m. et adj. – v. 1840 ◇ p.-ê. de *pot-à-chien* « chapeau de soie porté dans les collèges », puis « cancre, élève » ■ FAM. Collégien, lycéen. « *Cet infantilisme d'esprit lui donnait la sorte de sottise qu'a un potache de seize ans* » MONTHERLANT. *Une blague de potache.* ♦ adj. Qui a l'esprit, le goût de la plaisanterie propre aux adolescents. *Elle est très potache.* — *Un film potache.* — *Humour potache.*

POTAGE [pɔtaʒ] n. m. – XIIIe « légumes cuits au pot » ◇ de *pot* ■ **1** (XVIe) Bouillon dans lequel on a fait cuire des aliments solides, le plus souvent coupés menu ou passés. ➤ **soupe.** *Servir le potage dans une soupière, avec une louche.* « *son grand régal était un certain potage, du vermicelle cuit à l'eau, très épais, où il versait la moitié d'une bouteille d'huile* » ZOLA. — *Potage aux légumes* (➤ 1 **julienne**), *aux écrevisses* (➤ **bisque**). *Potage qui se sert froid.* ➤ **gaspacho.** *Potage lyophilisé, déshydraté, en sachet.* ♦ LOC. FAM. *Être dans le potage :* être dans une situation confuse, dont on ne sait comment sortir ; être hagard, mal réveillé. ■ **2** (fin XIIIe « pitance ») VX ou LITTÉR. *Pour tout potage :* pour toute nourriture. FIG. En tout et pour tout. « *des femmes dont les maris ont six mille francs d'appointements pour tout potage* » BALZAC.

POTAGER, ÈRE [pɔtaʒe, ɛʀ] adj. et n. m. – 1562 ◇ de *potage* « légumes pour le pot »

I adj. ■ **1** Se dit des plantes herbacées dont certaines parties peuvent être utilisées dans l'alimentation humaine, à l'exclusion des céréales. ➤ **légume.** *Plantes, racines potagères. Betterave potagère* (opposé à *fourragère*). ■ **2** Où l'on cultive des plantes potagères pour la consommation. *Jardin potager et jardin d'agrément.* — Relatif aux légumes. *Culture potagère.*

II n. m. (1570) Jardin destiné à la culture des légumes (et de certains fruits) pour la consommation. *Planches, allées d'un potager.* « *elle passait souvent ses matinées dans le potager ; elle savait manier à propos la serpe, le râteau, l'arrosoir* » MUSSET.

III n. m. (1680) (Suisse) VIEILLI Fourneau de cuisine traditionnellement chauffé au bois. — MOD. Cuisinière (électrique ou à gaz).

POTAMOCHÈRE [pɔtamɔʃɛʀ] n. m. – 1903 ◇ du grec *potamos* « fleuve » et *khoiros* « petit cochon » ■ ZOOL. Mammifère ongulé *(suidés),* voisin du sanglier, qui vit dans les marécages, en Afrique.

POTAMOLOGIE [pɔtamɔlɔʒi] n. f. – 1875 ◇ du grec *potamos* « fleuve » et *-logie* ■ DIDACT. Science qui étudie les cours d'eau, divisée en deux branches : l'hydrologie* fluviale et la dynamique fluviale (➤ **hydraulique**).

POTAMOT [pɔtamo] n. m. – 1793 ; *potamogeton* 1559 ◇ du grec *potamos* « fleuve » et *geitôn* « voisin » ■ BOT. Plante monocotylédone *(potamogétonacées),* herbacée, vivace, aquatique, à feuilles en partie flottantes, en partie submergées (appelée *épi d'eau*). — On dit aussi **POTAMOGÉTON** [pɔtamɔʒetɔ̃].

POTARD [pɔtaʀ] n. m. – 1867 ◇ de *pot* ■ FAM. et VIEILLI Pharmacien.

POTASSE [pɔtas] n. f. – 1690 ; *pottas* n. m. 1577 à Liège ◇ néerlandais *potasch* « cendre du pot » ■ **1** Hydroxyde de potassium anhydre (KOH), solide blanc déliquescent, soluble dans l'eau, susceptible de former des hydrates. *La potasse hydratée, fortement alcaline, est utilisée dans la fabrication des sels de potassium, de certains savons, de détergents, etc. La potasse, très caustique, attaque la peau et ronge les chairs.* ■ **2** Carbonate de potassium impur.

POTASSER [pɔtase] v. tr. ⟨1⟩ – avant 1838 argot de Saint-Cyr ; aussi « s'impatienter, bouillir » ◇ p.-ê. de *potasse,* ou de *pot* ■ FAM. Étudier avec acharnement. *Potasser ses bouquins, le programme.*

— PAR EXT. Préparer par un travail assidu. ➤ 2**bûcher, chiader, piocher ;** RÉGION. 2**bloquer.** *Potasser un examen.*

POTASSIQUE [pɔtasik] adj. – 1826 ◊ de *potasse* ■ CHIM. Se dit des composés du potassium. *Sels potassiques. Engrais potassiques.*

POTASSIUM [pɔtasjɔm] n. m. – 1808 ◊ latin moderne *potassium*, de l'anglais *potass* ou *potash*, du néerlandais → potasse ■ Élément atomique, appelé autrefois *kalium* (SYMB. K ; n° at. 19 ; m. at. 39,0983), quatrième de la série des alcalins, métal mou, blanc d'argent, très réactif et oxydable. ➤ VX **kalium.** *Les sels de potassium constituent un élément essentiel à la vie des plantes. Bromure de potassium :* sel cristallisé, utilisé dans les émulsions photographiques, en lithographie. *Chlorure de potassium,* utilisé comme engrais. *Cyanure de potassium,* poison violent.

POT-AU-FEU [pɔtofø] n. m. – 1673, dans les loc. *avoir, mettre le pot-au-feu* ◊ de *pot* et 1*feu* ■ **1** Mets composé de viande de bœuf bouillie avec des carottes, des poireaux, des navets, des oignons, du céleri, et souvent un os à moelle. ➤ **potée.** *Le bouillon du pot-au-feu. — Manger du pot-au-feu.* ➤ **bouilli.** *Des pots-au-feu* [pɔtofø] ou *des pot-au-feu.* ■ **2** ADJT INV. FAM. et VIEILLI *Être pot-au-feu :* aimer avant tout le calme et le confort du foyer. ➤ **casanier, pantouflard, popote.**

POT-BOUILLE [pobuj] n. f. – 1797 ◊ de *pot* et *bouille*, déverbal de *bouillir* ■ VX Popote, ordinaire du ménage. *« Pot-Bouille », roman de Zola.*

POT-DE-VIN [pod(ə)vɛ̃] n. m. – 1483 ◊ de *pot* et *vin* ■ Somme d'argent, cadeau offerts clandestinement pour obtenir illégalement un avantage. ➤ **arrosage, bakchich, dessous-de-table, enveloppe,** RÉGION. **matabiche.** *Pot-de-vin perçu par un fonctionnaire. « Je la connais votre affaire. Elle s'appelle : combines, trucs, pots-de-vin »* COLETTE.

POTE [pɔt] n. – 1898 ◊ de *poteau* (II) «ami» ■ FAM. Camarade, ami. *C'est un bon, un vieux pote.* ➤ **poteau** (II). *« T'es mon pote, pas vrai Starace, c'est mon petit pote, on s'aime, nous deux »* SARTRE. *Sa grande pote. —* LOC. (1985) *Touche pas à mon pote* (slogan antiraciste).

POTEAU [pɔto] n. m. – 1538 ; *postel* XIIe-XIIIe ◊ ancien français *post*, latin *postis* «jambage, poteau»

I ■ **1** Pièce de charpente dressée verticalement pour servir de support. ➤ **pilier.** *Poteau de bois, de béton, de pierre, de métal. — Poteau cornier**. *« Les halles, c'est-à-dire un toit de tuiles supporté par une vingtaine de poteaux »* FLAUBERT. — LOC. *Avoir des jambes comme des poteaux,* grosses et informes. *Elle a de ces poteaux !* ♦ Pièce verticale d'une potence. ■ **2** Pièce de bois, de pierre, de métal, haute et assez grosse, dressée verticalement. *Poteau portant un écriteau, un panneau.* (1837) *Poteau indicateur,* portant un panneau donnant des renseignements (noms de lieux, direction des routes...). *Poteau-frontière,* marquant l'emplacement d'une frontière. *Petit poteau.* ➤ **potelet.** — (1849) *Poteau télégraphique, poteau électrique,* portant les fils et leurs isolateurs. *« Sur le flanc du remblai se dressaient les poteaux télégraphiques : deux bignes jointes par le haut et des godets de porcelaine blanche »* BOSCO. — *Poteau servant à attacher une barque, un animal.* — SPORT Montants de bois ou de métal qui supportent le filet médian ou la barre des buts. *Poteau de but, au rugby. Poteau de basketball, de volleyball, de tennis.* ♦ (Dans une course) *Poteau de départ, d'arrivée,* pieu marquant les termes de la distance à courir. — LOC. *Coiffer (un concurrent) sur le poteau,* le battre de justesse. ■ **3** SPÉCIALT *Poteau (d'exécution),* où l'on attache ceux que l'on va fusiller. LOC. *Mettre, envoyer au poteau :* condamner à la fusillade. *« Les types comme lui on les foutrait au poteau en cas de guerre »* ARAGON.

II (1400) FAM. et VIEILLI Ami fidèle (sur lequel on peut s'appuyer). ➤ **pote.** *« de vrais camarades ceux-là, des solides, des sûrs, des poteaux »* GENEVOIX.

■ HOM. Potto.

POTÉE [pɔte] n. f. – XIIe ◊ de *pot*

I ■ **1** RARE Contenu d'un pot. *Les « potées de lait destinées à faire le beurre »* BALZAC. ■ **2** Plat (analogue au pot-au-feu*) composé de viande de porc ou de bœuf bouillie et de légumes variés. *Potée auvergnate, champenoise, lorraine. Potée aux choux. « ces potées où se mêlent toutes les viandes de la ferme, tous les légumes des jardins »* DUHAMEL.

II (1562) TECHN. **POTÉE DE...,** se dit de diverses préparations (poudres, mélanges) utilisées dans les industries. *Potée d'étain,* qui sert à polir le verre, les métaux, les pierres précieuses, à la préparation des émaux. *Potée d'émeri.*

POTELÉ, ÉE [pɔt(ə)le] adj. – XIIIe ◊ de l'ancien français *pote* «gros», probablt latin populaire °*pauta* ■ Qui a des formes rondes et pleines. ➤ **dodu, grassouillet, rebondi.** *Enfant, bébé potelé. « La beauté d'un bras est d'être rond et* potelé *»* FURETIÈRE.

POTELET [pɔt(ə)lɛ] n. m. – 1407, *postielet* «pièce de charpente» ◊ de *poteau* ■ Petit poteau, SPÉCIALT fixé sur un trottoir ou sur la chaussée pour empêcher le stationnement des véhicules. *« les potelets en ligne au bord des trottoirs »* A. JENNI.

POTENCE [pɔtɑ̃s] n. f. – 1170 «béquille» ; 1120 «puissance» ◊ latin *potentia* «puissance», latin médiéval «béquille, appui» ■ **1** (XIVe) Pièce d'appui constituée par un montant vertical (poteau) et une traverse placée en équerre, souvent soutenue par une pièce oblique. *Potence de bois,* dans une charpente. — *Lanterne en potence,* soutenue par une potence. *« Cette enseigne, projetée hors de la façade, par une sorte de potence en serrurerie »* GAUTIER. — Support du matériel servant aux perfusions. *« Une potence* [...] *avec une grosse poche transparente de sérum physiologique suspendue à sa branche »* SAN-ANTONIO. — LOC. FIG. *En potence :* en équerre, en T (➤ **potencé**). *Table en potence.* ■ **2** (XVe) Instrument de supplice (pour l'estrapade, la pendaison), formé d'une potence soutenant une corde. ➤ **gibet.** *« Les chouettes sinistres volaient en rond autour des potences de pierre »* NERVAL. *Dresser une potence, la potence. Gibier* de potence.* ♦ Le supplice lui-même. *Mériter la potence.* ➤ **corde, pendaison.**

POTENCÉ, ÉE [pɔtɑ̃se] adj. – 1459 ◊ de *potence* ■ BLAS. Terminé en potence, dont chaque branche a la forme d'un T. *Croix potencée.*

POTENTAT [pɔtɑ̃ta] n. m. – 1554 ; «souveraineté» 1370 ◊ bas latin *potentatus* «pouvoir souverain», de *potens* «puissant» ■ **1** Personne qui a la souveraineté absolue dans un grand État. ➤ **monarque, souverain, tyran.** *« La même ambition allume une guerre entre deux Potentats »* CYRANO. ■ **2** Personne qui possède un pouvoir excessif, absolu. *« Ces petits potentats de province dont la cupidité, l'inconscience et l'avarice décimaient des générations de femmes et d'enfants »* BERNANOS. *Elle est devenue un potentat local.*

POTENTIALISATION [pɔtɑ̃sjalizasjɔ̃] n. f. – 1903 ◊ anglais *potentialization* ■ PHARM. Augmentation de l'action d'un médicament par l'absorption d'un second.

POTENTIALISER [pɔtɑ̃sjalize] v. tr. ⟨1⟩ – milieu XXe ◊ de l'anglais *to potentialize* ■ **1** PHARM. Augmenter (l'action, l'effet d'un médicament, d'une drogue...). ■ **2** PAR EXT. Accentuer l'effet de. *Potentialiser le travail.* — adj. **POTENTIALISATEUR, TRICE.**

POTENTIALITÉ [pɔtɑ̃sjalite] n. f. – 1869 ◊ de *potentiel* ■ **1** Caractère de ce qui est potentiel. *Le subjonctif peut exprimer la potentialité.* ■ **2** *Une, des potentialités.* Qualité, chose potentielle. ➤ **possibilité, virtualité.** *Potentialités héréditaires. « Chaque vieillard est entouré* [...] *de toutes ses potentialités avortées »* CARREL.

POTENTIEL, IELLE [pɔtɑ̃sjɛl] adj. et n. m. – 1534 ; °*potenciel* XVe ◊ latin didactique *potentialis*, de *potentia* «puissance»

I adj. ■ **1** PHILOS. ou DIDACT. Qui existe en puissance (opposé à *actuel*). ➤ **virtuel.** — COUR. *Ressources potentielles. Capacités potentielles de production. Concurrent, client, marché potentiel.* ■ **2** GRAMM. Qui exprime une possibilité. — *Mode potentiel,* ou n. m. *le potentiel,* qui exprime ce qui est possible, ce qui peut arriver sous certaines conditions (ex. s'il me payait, je m'en irais). — LING. Qui est possible et conforme au système, bien que non réalisé. ➤ **virtuel.** *Forme féminine potentielle.* ■ **3** PHYS. *Énergie potentielle,* que possède un système du fait de sa position dans l'espace. *Énergie potentielle élastique* (d'un ressort comprimé), *gravitationnelle* (d'un corps situé à une certaine altitude).

II n. m. (1869) ■ **1** MATH., PHYS. *Potentiel d'un champ de vecteurs :* fonction dont le gradient* est égal à l'opposé de ce champ. *Champ de forces dérivant d'un potentiel.* — ÉLECTR. *Potentiel électrique :* grandeur, exprimée en volts, caractérisant l'état électrique en un point d'un circuit. *Différence de potentiel (d. d. p.) entre deux points d'un circuit.* ➤ **tension.** *Chute de potentiel. Barrière de potentiel :* effet de répulsion de charges électriques dû aux champs électrostatiques qu'elles créent. ♦ *Potentiel nucléaire :* énergie potentielle d'une particule, fonction de sa position dans le champ du noyau. ♦ *Potentiel chimique :* dérivée partielle de l'enthalpie libre d'un corps par rapport à son nombre de moles. *Potentiel hydrogène.* ➤ **pH.** ■ **2** BIOL. CELL. *Potentiel de membrane* ou *potentiel de repos :* différence de potentiel existant entre les faces internes et externes de la membrane cellulaire. *Potentiel d'action des* *neurones :* inversion faible et de forte amplitude du potentiel de repos, due à des mouvements ioniques rapides. ▪ **3** (1931) COUR. Capacité d'action, de production. ➤ **puissance.** *« Les nations sont séparées, aujourd'hui, par des différences de potentiel économique et militaire »* SARTRE. *Potentiel de croissance, de développement. Potentiel industriel d'une région, d'un pays. « L'accumulation d'un tel potentiel de guerre lui parut non seulement dirigé contre l'humanité, mais presque contre sa propre sécurité »* COSSERY. *« Chaque humain devait posséder un potentiel érotique fabuleux, mais rares étaient ceux capables de le trouver »* D. FOENKINOS. — *Cadres à haut, à fort potentiel,* de haut niveau. *Enfant, élève à haut potentiel* (intellectuel) *[HP].* ➤ **surdoué.**

POTENTIELLEMENT [pɔtɑ̃sjɛlmɑ̃] **adv.** – *potenciellement* 1488 ◊ de *potentiel* ▪ DIDACT. D'une manière potentielle, en puissance. ➤ **virtuellement.**

POTENTILLE [pɔtɑ̃tij] **n. f.** – 1605 ◊ latin des botanistes *potentilla* « petite vertu », de *potentia* ▪ Plante dicotylédone *(rosacées)* des terrains incultes. ➤ **tormentille.** *Potentille rampante.* ➤ **quintefeuille.**

POTENTIOMÈTRE [pɔtɑ̃sjɔmɛtʀ] **n. m.** – 1873 ◊ de *potentiel* et *-mètre* ▪ TECHNOL. Résistance variable utilisée pour effectuer un réglage. ➤ 1 **balance, rhéostat.**

POTERIE [pɔtʀi] **n. f.** – 1260 ◊ de *pot* ▪ **1** Fabrication des récipients de ménage, en pâte argileuse traitée et cuite ; art du potier*. *Atelier de poterie. Poterie d'art.* ♦ (XIVe) *Une poterie,* objet ainsi fabriqué. *Poteries à vitrification partielle* ou *poteries à pâte compacte* (biscuits, porcelaines) ; *poteries émaillées mais non vitrifiées* (faïences, majoliques, terres cuites vernies), *poteries non émaillées (poteries brutes).* ▪ **2** PLUS COUR. Fabrication des objets en céramique non vitrifiée, faits d'une pâte rougeâtre vernissée ou non. — Objet ainsi fabriqué ; matière dont ils sont faits. ➤ **terre** (cuite). *Façonner une poterie au tour. Poteries étrusques, grecques, romaines. Poteries de Vallauris. Vase en poterie.* ▪ **3** Atelier de poterie. *Visiter une poterie.* ▪ **4** (1765) TECHN. *Poterie de... :* vaisselle, objets faits d'une seule pièce en métal ; leur fabrication. *Poterie d'étain, de fer-blanc, de cuivre.*

POTERNE [pɔtɛʀn] **n. f.** – *posterne* v. 1130 ◊ altération de *posterle,* bas latin *posterula* « (porte) de derrière », de *posterus* ▪ **1** Porte dérobée dans la muraille d'enceinte d'un château, de fortifications. *« En cherchant de tous les côtés, on découvre une poterne qui donnait sur la Moskowa »* CHATEAUBRIAND. ▪ **2** (1845) Voûte, passage voûté sous un quai.

POTESTATIF, IVE [pɔtɛstatif, iv] **adj.** – 1802 ; « capable de » XVIe ◊ latin *potestativus,* de *potestas* « puissance » ▪ DR. Qui dépend de la volonté d'une des parties contractantes. *Condition, clause potestative.*

POTEUR ➤ **PUTTER**

POTICHE [pɔtiʃ] **n. f.** – v. 1830 ; « pot à saindoux » 1740 ◊ de *pot* ▪ **1** Grand vase de porcelaine d'Extrême-Orient. *Son atelier orné « de potiches chinoises, de plats japonais »* GAUTIER. ▪ **2** FIG. Personnage relégué à une place honorifique, sans aucun rôle actif. *Jouer les potiches.* ➤ **figurant.**

POTIER, IÈRE [pɔtje, jɛʀ] **n.** – 1120 ◊ de *pot* ▪ **1** Personne qui fabrique et vend des objets en céramique, des poteries (1°). ➤ **céramiste, faïencier, porcelainier.** ▪ **2** SPÉCIALT Personne qui fabrique et vend des poteries (2°). *Tour, four de potier.*

POTIMARRON [pɔtimaʀɔ̃] **n. m.** – 1984 ◊ de *potiron* et 1 *marron* ▪ Petite courge orange, à chair farineuse au goût de châtaigne.

POTIN [pɔtɛ̃] **n. m.** – 1655 dialectal ◊ de *potiner* « bavarder », de *potine* « chaufferette », dérivé de *pot* ▪ VIEILLI ▪ **1** Surtout au plur. Bavardage, commérage, souvent malveillant. ➤ 1 **cancan, commérage*.** *Faire des potins sur qqn.* ➤ **potiner.** *Ce ne sont que des potins.* ▪ **2** (1875) FAM. Bruit, tapage, vacarme*. ➤ 2 **boucan, pétard.** *Faire du potin, un potin du diable.*

POTINER [pɔtine] **v. intr.** ‹1› – 1867 ◊ de *potin* ▪ VX Faire des potins, des commérages. ➤ **cancaner, médire, papoter.** *Potiner sur qqn.*

POTINIÈRE [pɔtinjɛʀ] **n. f.** – 1890 ◊ de *potin* ▪ VX Endroit où l'on potine. *« les meilleures potinières du dernier siècle »* MAUPASSANT. *Le théâtre de la Potinière, à Paris.*

POTION [posjɔ̃] **n. f.** – XVIe ; « boisson » XIIe ◊ latin *potio* ▪ VIEILLI Médicament liquide, le plus souvent préparé sur ordonnance, et destiné à être bu. *« Une cuillerée à café de potion »* BOSCO. *Cette potion a un goût infect.* — MOD. LOC. *Potion magique :* remède miracle.

POTIQUET [pɔtikɛ] **n. m.** – date inconnue ◊ wallon *potikèt* ▪ (Belgique) Petit pot, récipient.

POTIRON [pɔtiʀɔ̃] **n. m.** – XVIIe ; « gros champignon » v. 1500 ◊ p.-ê. du syriaque *pâtûrtâ* « morille » ▪ Grosse courge (variété plus grosse que la citrouille). *Soupe au potiron.*

POTLATCH [pɔtlatʃ] **n. m.** – 1936 ◊ mot anglais (1861), d'une langue amérindienne ▪ ETHNOL. Don ou destruction à caractère sacré, constituant un défi de faire un don équivalent, pour le donataire. *Des potlatchs.*

POTOMANIE [pɔtɔmani] **n. f.** – v. 1920 ◊ du grec *potos* « boisson » et *-manie* ▪ PATHOL. Habitude de boire souvent de grandes quantités de liquide de toute nature (➤ **dipsomanie**).

POTOMÈTRE [pɔtɔmɛtʀ] **n. m.** – milieu XXe ◊ du grec *potos* « boisson » et *-mètre* ▪ TECHN. Appareil servant à mesurer la quantité d'eau qu'absorbe une plante.

POTOROU [pɔtɔʀu] **n. m.** – 1827 ; *poto-roo* 1792 ◊ mot d'une langue australienne ▪ ZOOL. Mammifère *(marsupiaux)* de petite taille, communément appelé *kangourou-rat.*

POT-POURRI [popuʀi] **n. m.** /POTPOURRI/ – 1564 ◊ de *pot* et *pourri ;* cf. *olla-podrida* ▪ **1** VX Ragoût comprenant plusieurs sortes de viandes et de légumes. ▪ **2** (1587) FIG. et VX Mélange hétéroclite (de choses concrètes, de textes littéraires). ▪ **3** (1605) MOD. Pièce de musique légère faite de thèmes empruntés à diverses sources. *« un pot-pourri de bribes de chorales, de lieder sentimentaux, de marches belliqueuses et de chansons à boire »* R. ROLLAND. ♦ Ensemble d'extraits de différentes chansons interprétés à la suite. *Un pot-pourri de ses plus grands succès.* ➤ ANGLIC. **medley.** ▪ **4** Mélange odorant à base de pétales de fleurs séchées. *Des pots-pourris à l'ancienne, à l'anglaise.*

POTRON-MINET [pɔtʀɔ̃minɛ] **n. m. sing.** – 1835 ; *dès le potron-minette* 1790 ◊ de *poitron, poistron* « derrière, cul » (XIIIe-XIVe) (latin *posterio*) et *minet* « chat » ▪ LITTÉR. Le point du jour, l'aube (surtout dans *dès potron-minet*). *« dès le potron-minet, j'étais assis, seul et libre, sur le talus, au bord de l'étang »* DUHAMEL.

POTTO [pɔto] **n. m.** – 1896 ; *poto* 1766 (Buffon) « kinkajou de la Jamaïque » ◊ anglais *potto* (1705), d'une langue de Guinée ▪ Lémurien d'Afrique, voisin du loris, arboricole et nocturne. *Des pottos.* ▪ HOM. Poteau.

POU [pu] **n. m.** – XVIe ; *peoil, pouil* XIIIe ; du plur. *pous, pouz* ◊ latin populaire °*peduculus,* classique *pediculus* ▪ **1** Insecte *(anoploures)* qui vit en parasite sur l'être humain. *Pou de la tête,* qui vit dans les cheveux. ➤ FAM. **toto.** *Pou du corps,* qui se cache dans le linge et les vêtements. *Le typhus exanthématique est transmis par les poux. Être couvert de poux.* ➤ **pédiculose ; pouilleux.** *Chercher, tuer les poux.* ➤ **épouiller.** *« Les Chercheuses de poux », poème de Rimbaud. Pou du pubis.* ➤ FAM. **morpion ; phtiriase.** *Œuf de pou.* ➤ **lente.** ♦ *Herbe aux poux.* ➤ **pédiculaire, staphisaigre.** ♦ LOC. FAM. *Être laid, moche, vilain, sale, excité comme un pou,* très laid, très sale, très excité. *Râler comme un pou.* — *Chercher des poux (dans la tête) à qqn,* le chicaner, lui chercher querelle à tout propos. *Elle lui cherche des poux (dans la tête).* ♦ (par confusion, de *pouil* « jeune coq », bas latin *pullius*) LOC. FAM. *Être fier, orgueilleux comme un pou,* très orgueilleux. *Être vexé comme un pou,* atteint dans son amour-propre. *Bicher comme un pou :* se rengorger. ▪ **2** Parasite de certains animaux. *Pou de mouton* (➤ **mélophage**), *de chien* (➤ **tique**), etc. — *Pou des écorces. Pou de San José :* insecte, originaire d'Amérique, qui attaque les arbres fruitiers. *Pou de bois* (➤ **psoque**). ▪ HOM. Pouls.

POUAH [pwa] **interj.** – *pouac* XVIe ◊ onomat. ▪ VIEILLI Interjection qui exprime le dégoût, le mépris. ➤ **berk,** RÉGION. **ouache.** ▪ HOM. Poids, pois, poix.

POUBELLE [pubɛl] **n. f.** – 1886 ◊ de *boîtes Poubelle,* du nom du préfet de la Seine qui les imposa en 1884 ▪ **1** Récipient destiné aux ordures ménagères (d'un immeuble, d'une maison). *Poubelles et vide-ordures. Les poubelles sont vidées par les éboueurs. Ramasser, rentrer les poubelles.* — LOC. FAM. *Faire les poubelles,* y fouiller à la recherche de nourriture, d'objets récupérables. ▪ **2** Récipient, de moindre contenance, destiné à recevoir les déchets domestiques (d'un appartement, d'une pièce). *Poubelle à pédale. Poubelle de salle de bains. Descendre la poubelle,* pour en vider le contenu dans la poubelle de l'immeuble. — *Poubelle de table,* pour les menus déchets des assiettes. — *Mettre qqch. à, dans la pou-*

belle. Jeter qqch. à la poubelle (➤ RÉGION. **cheni**) ; FIG. et FAM. rejeter avec mépris (cf. Mettre au rebut*). — FIG. et FAM. *Jeter un fichier à la poubelle* (d'un ordinateur). ➤ **corbeille.** ◆ APPOS. *Sac poubelle* : poche de plastique souple dont on garnit l'intérieur d'une poubelle et que l'on jette une fois remplie. *Des sacs poubelles.* FAM. *Voiture poubelles,* ELLIPT *les poubelles* : benne* à ordures. ▪ **3** FIG. ➤ **dépotoir.** *Plage qui est la poubelle d'une ville.* APPOS. *Les classes poubelle,* où l'on relègue les élèves en difficulté. *«la chaîne* [de télévision] *poubelle qui favorise les plus bas instincts»* (Le Monde, 1993). *«un monstre engendré par la presse poubelle»* LIBERATI. — *La, les poubelles de l'histoire* : ensemble des évènements passés que la collectivité rejette, s'efforce d'oublier. ▪ **4** FIG. et FAM. Voiture en très mauvais état. *Tu l'avances ta poubelle !*

POUCE [pus] **n. m.** – v. 1150 mesure de longueur ◇ latin *pollicem,* accusatif de *pollex* ▪ **1** (XIIIe) Le premier doigt de la main de l'être humain, le plus gros, formé de deux phalanges, opposable aux autres doigts. *Enfant qui suce son pouce. Saisir entre le pouce et l'index. «le pouce dont la faculté de s'opposer aux autres doigts semble si fondamentale et si nouvelle dans l'évolution des espèces»* TOURNIER. ◆ LOC. (1829) *Mettre les pouces* : s'avouer vaincu, céder (cf. infra l'interj. Pouce !). — FAM. *Manger un morceau sur le pouce,* sans assiette et debout. PAR EXT. Manger à la hâte. — FAM. *Se tourner, se rouler les pouces* : rester sans rien faire, être oisif. *«Tu ne me feras pas croire qu'on vous paie uniquement pour que vous vous tourniez les pouces !»* COURTELINE. — **COUP DE POUCE.** *Donner le coup de pouce,* la dernière main à un ouvrage. *«Un jour viendra où il n'y aura plus qu'un coup de pouce à donner»* ARAGON. *Donner un coup de pouce à l'histoire* : déformer légèrement la réalité. *Donner un coup de pouce à qqn,* favoriser son avancement. ➤ **aider,** FAM. **pistonner.** — *Y mettre les quatre doigts* et le pouce.* — (1957) (Canada) FAM. *Faire du pouce,* de l'autostop. *Voyager, venir sur le pouce.* ➤ **poucer.** *«Nous y étions allés depuis l'île Perrot, sur le pouce»* GODBOUT. ◆ *Pouce !* interjection qu'emploient les enfants (en tenant la main fermée et le pouce levé) pour indiquer qu'ils se mettent momentanément hors du jeu, pour demander une trêve. *«Quand elle disait "pouce" le jeu s'arrêtait aussitôt»* AYMÉ. FIG. *«Je voudrais pouvoir crier : "pouce !" à la vie»* GIDE. — *Pouce cassé !* le jeu reprend. ▪ **2** (1690) Le gros orteil. *«L'un de ses bas était troué et l'on voyait son pouce»* MAC ORLAN. ▪ **3** (v. 1150) MÉTROL. Ancienne unité de mesure de longueur divisée en douze lignes et équivalant à 2,7 centimètres. — (au Canada, après 1760) Unité de mesure de longueur (SYMB. po), douzième partie du pied*, subdivisée en huit lignes*, soit 2,54 centimètres. *Mesurer cinq pieds six pouces. La taille des écrans est donnée en pouces, et correspond à la mesure de la diagonale.* ◆ LOC. *Ne pas reculer, bouger, avancer d'un pouce* : rester immobile. *«Nous ne céderons ni un pouce de notre territoire, ni une pierre de nos forteresses»* J. FAVRE. ▪ **4** (1813) FAM. *Et le pouce* : encore plus, avec quelque chose en plus. *«La location devait bien coûter cent francs par mois et le pouce»* TRIOLET. ▪ HOM. Pousse.

POUCE-PIED [puspje] **n. m.** /POUCEPIED/ – 1558 *poussepié* ◇ de *pouce* et *pied* à cause de sa forme ▪ RÉGION. Crustacé proche de l'anatife, dont le pédoncule charnu est comestible. *Des pouces-pieds.* — On rencontre parfois la graphie *pousse-pied, des pousse-pieds.*

POUCER [puse] **v. intr.** ‹3› – 1957 ◇ de *pouce* ▪ (Canada) FAM. Faire du pouce, de l'autostop. ▪ HOM. Pousser.

POUCETTES [pusɛt] **n. f. pl.** – 1823 ◇ de *pouce* ▪ ANCIENNT Anneau double, chaînette à cadenas qui servait à attacher ensemble les pouces d'un prisonnier (➤ **menottes**). *«Brigadier, mettez les poucettes à ce petit gars, dit Corentin au gendarme»* BALZAC. ▪ HOM. Poussette.

POUCIER [pusje] **n. m.** – 1530 ◇ de *pouce* ▪ TECHN. ▪ **1** Doigtier pour se protéger le pouce. ▪ **2** Pièce du loquet d'une porte qui sert à soulever la clenche. ▪ HOM. Poussier.

POU-DE-SOIE ou **POULT-DE-SOIE** [pud(ə)swa] **n. m.** – 1394 *poul de soie* ; 1389 *pout de soye* ◇ de *pou(lt),* d'origine inconnue, et *soie* ▪ Étoffe de soie, sans lustre et unie. *«Une culotte en pou-de-soie»* BALZAC. *Des pous-de-soie, des poults-de-soie.* — On écrit aussi *pou de soie. «son ample robe de pou de soie à fleurs»* MUSSET.

POUDING ➤ **PUDDING**

POUDINGUE [pudɛ̃g] **n. m.** – 1753 ◇ francisation de l'anglais *pudding-stone* «pierre pudding» ▪ GÉOL. Roche détritique constituée par des cailloux roulés, liés entre eux par un ciment naturel. ➤ **conglomérat.**

POUDRAGE [pudʀaʒ] **n. m.** – 1932 ; «péage pour l'entretien des routes» 1250 ◇ de *poudrer* ▪ Action de poudrer. *Traitement chimique par poudrage ou pulvérisation.*

POUDRE [pudʀ] **n. f.** – 1080 *puldre* ◇ latin *pulvis, pulveris* «poussière» ▪ **1** VX (ou fig. du sens 2°) Terre desséchée et pulvérisée. ➤ **poussière.** *Le convoi de camions «soulève à mesure, en passant, l'épais tapis de poudre blanche qui ouate le sol»* BARBUSSE. ◆ LOC. *Jeter de la poudre aux yeux* : chercher à éblouir, souvent par de fausses apparences. ➤ FAM. **frimer.** *«Il aimait jeter de la poudre aux yeux et confondait volontiers "être" avec "paraître"»* R. ROLLAND. ▪ **2** Substance solide divisée en très petites particules homogènes (surtout de façon mécanique). *Poudre fine. Réduire en poudre.* ➤ **broyer, moudre, pulvériser.** *Chocolat, sucre en poudre. Lait, œufs en poudre. Poudre à lever*.* — *Poudre de cocaïne, d'héroïne.* ABSOLT *La poudre* : l'héroïne. — *Poudre insecticide.* — *Produit d'entretien, lessive en poudre. Poudre à récurer, à laver.* — ANCIENNT *Poudre à sécher,* servant à sécher l'encre fraîche sur le papier. — TECHN. *Poudre de diamant* (➤ **égrisée**), *de bronze. Poudre à mouler* : matière plastique pulvérisée. — *Poudre d'or* : or natif en grains très fins. *Paillettes et poudre d'or.* ◆ LOC. *Poudre de perlimpinpin,* que les charlatans vendaient en la donnant pour une panacée*. — *Prendre la poudre d'escampette*.* ▪ **3** (XIVe) Substance pulvérulente utilisée sur la peau comme fard (et autrefois sur les cheveux). *Poudre de riz* (VIEILLI), ou ABSOLT *poudre* (MOD.). *Poudre libre, compacte. Boîte* (➤ **poudrier**), *houppe, houppette à poudre. Se mettre de la poudre, un nuage de poudre.* ➤ se **poudrer.** — *Fard poudre,* en poudre compacte, pour les joues, les paupières (opposé à *fard crème*). ▪ **4** (1417) Mélange explosif pulvérulent. ➤ 2 **explosif.** *«depuis l'invention de la poudre il n'y a plus de places imprenables»* MONTESQUIEU. *Poudre noire,* utilisée autrefois dans les armes à feu. *Poudre à canon* : poudre noire pour l'artillerie. *Poudre de chasse,* plus fine. *Poudre à tirer des artificiers.* — *Poudre blanche,* pour la chasse, au chlorate. *Poudre à la nitroglycérine* (➤ aussi **dynamite**), *à la nitrocellulose* (sans fumée). — *Fabrique de poudre* (➤ 2 **poudrerie**). *Société nationale des poudres et explosifs. Tonneau, baril de poudre. Poire* à poudre.* — *Faire détoner, exploser de la poudre. «Ami, dit l'enfant grec* [...] *Je veux de la poudre et des balles»* HUGO. ◆ LOC. *Mettre le feu aux poudres* : déclencher une catastrophe, des sentiments violents. *C'est l'étincelle* qui a mis le feu aux poudres.* — *Se répandre comme une traînée* de poudre.* ◆ *La poudre,* symbolisant les combats, la guerre. *«Il adorait la poudre, les coups de fusil lui semblaient drôles»* ZOLA. *L'odeur de la poudre.* LOC. VIEILLI *Faire parler la poudre* : se battre avec des armes à feu. — *Cela sent la poudre* : il y a des menaces de conflit. — FAM. *Il n'a pas inventé* la poudre (à canon).*

POUDRER [pudʀe] **v.** ‹1› – XIVe «pulvériser» ; 1210, intr. «poudroyer» ◇ de *poudre.*

I **v. tr.** ▪ **1** (1398) Couvrir légèrement de poudre. ➤ **saupoudrer.** — PAR ANAL. *«La route est sans ombre, et tout ce qui l'avoisine est poudré à blanc»* FROMENTIN. ▪ **2** (1636) Couvrir (ses cheveux, sa peau) d'une fine couche de poudre. *La maquilleuse lui poudre le visage.* ANCIENNT *Poudrer sa perruque. Être poudré à frimas*.* — PRONOM. *Se poudrer.* ◆ **p. p. adj.** *Cheveux poudrés, perruques poudrées du XVIIIe siècle.* — (PERSONNES) VX Aux cheveux poudrés. *«le père Goriot parut la première fois sans être poudré»* BALZAC. — MOD. Au visage poudré. *«cette femme qui se montrait partout fardée, poudrée»* GREEN.

II **v. impers.** (1841) (Canada) *Il poudre,* il y a de la poudrerie (1). *Qu'il neige, qu'il vente, qu'il poudre. Ça va poudrer ce soir.*

1 **POUDRERIE** [pudʀəʀi] **n. f.** – 1695 ◇ ancien français *pouldrerie,* de *poudre* ▪ (Canada) Neige chassée par le vent (souvent en rafales ; cf. Blizzard). *La météo annonce de la poudrerie pour demain.* ➤ **poudrer** (II). *«Luttant ferme contre la "poudrerie" qui lui cinglait la figure»* L. FRÉCHETTE.

2 **POUDRERIE** [pudʀəʀi] **n. f.** – 1732 ; «marchandise en poudre» XVe ◇ de *poudre* ▪ Fabrique de poudre (➤ **poudrière**).

POUDRETTE [pudʀɛt] **n. f.** – 1690 ◇ de *poudre* ▪ AGRIC. Engrais provenant du traitement des vidanges ; déchets de caoutchouc broyés en vue de la régénération. *«Des usines de poudrettes, de produits chimiques et de parfums»* ROMAINS.

POUDREUSE [pudʀøz] **n. f.** – 1923 ◇ de *poudre* ▪ **1** Meuble qui servait à la toilette féminine. ➤ **coiffeuse.** ▪ **2** Sucrier à couvercle perforé, pour le sucre en poudre. ▪ **3** (1930) AGRIC. Instrument servant à répandre par poudrage une substance pulvérulente sur les plantes. *Poudreuse à dos,* munie de sangles pour la porter sur le dos. — Soufreuse à vigne.

POUDREUX, EUSE [pudʀø, øz] **adj.** – XIIIe ; *puldrus* 1080 ◇ de *poudre* ▪ **1** VX ou LITTÉR. Couvert de poussière. ➤ **poussiéreux.** *«une statue de la République, poudreuse et sale»* CAMUS. ▪ **2** (1924 ; au Canada 1909) MOD. Qui a la consistance d'une poudre. *Neige* *poudreuse,* et SUBST. *de la poudreuse :* neige fraîche, de consistance très fine. *Skier dans la poudreuse.*

POUDRIER [pudʀije] **n. m.** – 1570 «boîte pour la poudre à sécher l'encre» ; XIIe «tourbillon de poussière» ◊ de *poudre* ▪ **1** Boîte à poudre ; petit récipient plat contenant de la poudre pour maquillage et certains accessoires (houppette, miroir). *«Mathieu lui tendit le sac ; elle en tira un poudrier où elle mira son visage avec dégoût»* SARTRE. ▪ **2** Ouvrier travaillant à la fabrication des poudres et explosifs (➤ 2 **poudrerie**).

POUDRIÈRE [pudʀijɛʀ] **n. f.** – XVIe, rare jusqu'au XIXe ◊ de *poudre* ▪ Magasin à poudre, à explosifs. *Poudrière qui explose, saute.* — FIG. Région, lieu où règne une effervescence permanente susceptible d'engendrer des incidents violents. *La poudrière du Proche-Orient.*

POUDRIN [pudʀɛ̃] **n. m.** – 1665 ◊ de *poudre* ▪ MAR. Embruns marins. — Pluie fine et glacée, à Terre-Neuve.

POUDROIEMENT [pudʀwamɑ̃] **n. m.** – v. 1860 ; «action de couvrir de poussière» 1606 ◊ de *poudroyer* ▪ Effet produit par la poussière soulevée et éclairée ou par la lumière éclairant les grains d'une poudre. *«D'un fin poudroiement d'or ses cheveux l'ont nimbé»* SAMAIN.

POUDROYER [pudʀwaje] **v. intr.** ‹8› – 1550 ; *pouldroyer* «couvrir de poussière, saupoudrer» 1377 ◊ de *poudre* ▪ **1** Produire de la poussière ; s'élever en poussière. *Route qui poudroie au passage d'une voiture.* ▪ **2** Avoir une apparence de poudre brillante, sous l'effet d'un éclairage vif. *«le bois verdoie ou roussit, poudroie ou s'assombrit, suivant l'heure et la saison»* BAUDELAIRE. ▪ **3** Faire briller les grains de poussière en suspension (en parlant du soleil, de la lumière). *«Je ne vois rien que le Soleil qui poudroie, et l'herbe qui verdoie»* PERRAULT.

POUET [pwɛt] **interj.** – 1929 ◊ onomat. ▪ Onomatopée (souvent répétée) évoquant un bruit de trompe, de klaxon, le couinement d'un jouet. *Pouet, pouet ! Poussez-vous !*

1 **POUF** [puf] **interj.** et **n. m.** – 1458 ◊ onomatopée

I **interj.** Exclamation exprimant un bruit sourd de chute. *Et pouf ! le voilà par terre.* — LOC. (LANG. ENFANTIN) *Faire pouf :* tomber.

II (Évoquant l'enflure ; cf. Bouffer, bouffi.) **n. m.** ▪ **1** (1829) Siège bas, gros coussin capitonné, généralement cylindrique, posé à même le sol. ▪ **2** (1872) ANCIENNT Sorte de tournure qui faisait bouffer la jupe ou la robe par-derrière. *«le petit corsage et la tunique* [...] *relevés derrière les reins en un pouf énorme»* ZOLA.

2 **POUF** [puf] **n. m.** – *pouff* 1723 ◊ origine inconnue, p.-ê. onomat. ▪ (Belgique) LOC. FAM. **À POUF :** au hasard, au petit bonheur. *Taper à pouf :* deviner.

POUFFER [pufe] **v. intr.** ‹1› – 1733 ; «souffler (du vent)» 1530 ◊ de *pouf* ▪ *Pouffer (de rire) :* éclater de rire malgré soi. ➤ **s'esclaffer,** 1 **rire.** *«un ton qui m'eût fait pouffer de rire dans des circonstances moins lugubres»* VOLTAIRE. *Elle s'est mise à pouffer.*

POUFFIASSE [pufjas] **n. f.** – *pouffiace* 1859 ◊ de 1 *pouf* ▪ VULG. ▪ **1** VIEILLI Prostituée. ▪ **2** PÉJ. Femme, fille que l'on trouve vulgaire ou ridicule. *Regarde un peu cette pouffiasse.* — T. d'injure *Va donc, eh, pouffiasse !* ➤ **pétasse, radasse.** *Une grosse pouffiasse.* — ABRÉV. **POUFFE.** — On écrit aussi *poufiasse. «Que moi on me traite comme une poufiasse !...»* CÉLINE.

POUILLARD [pujaʀ] **n. m.** – 1867 ◊ de l'ancien français *pouil* «coq», bas latin *pullius* ▪ RÉGION. Jeune perdreau ou jeune faisan.

POUILLÉ [puje] **n. m.** – *pouillier* 1624 ◊ de l'ancien français *pouille, pueille* «rente ; registre de compte», du plur. latin *polyptycha* → polyptyque ▪ HIST. Sous l'Ancien Régime, Registre des biens et des bénéfices ecclésiastiques dans une région. *Le pouillé d'un diocèse.*

POUILLERIE [pujʀi] **n. f.** – 1606 ; *poueillerie* «gens pleins de poux» 1375 ◊ de *pouil* → pou ▪ Pauvreté sordide ; lieu, chose misérable. *«délabrement, désordre et pouillerie»* LOTI.

POUILLES [puj] **n. f. pl.** – 1574 ◊ de *pouiller* «injurier» (1636), d'abord «s'épouiller», de *pouil* «pou» ▪ VX Injures, reproches. ◆ LOC. LITTÉR. *Chanter pouilles à qqn,* l'accabler d'injures, de reproches. *«je me fis chanter pouilles par les deux autres»* GIDE.

POUILLEUX, EUSE [pujø, øz] **adj.** et **n.** – XIIe ◊ de *pouil,* forme ancienne de *pou* ▪ **1** Couvert de poux, de vermine. *Un vieux mendiant pouilleux.* — **n.** *Un pouilleux.* ▪ **2** VIEILLI Qui est dans une extrême misère. — **n.** *Un pouilleux, une pouilleuse.* ➤ **gueux, misérable, pauvre.** ▪ **3** (CHOSES) Misérable, sordide. *Quartier, hôtel pouilleux.* ▪ **4** GÉOGR. (après un nom de région) *La Champagne pouilleuse,* stérile. ▪ **5** **n. m.** *Le pouilleux :* le valet de pique. ➤ **mistigri.**

POUILLOT [pujo] **n. m.** – 1778 ; *poillot* «petit d'un oiseau» v. 1190 ◊ de l'ancien français *pouil* «coq», bas latin *pullius* ▪ Oiseau *(passériformes)* proche de la fauvette. *Le pouillot siffleur.*

POUILLY [puji] **n. m.** – 1818 ◊ nom de communes françaises ▪ Vin blanc sec de la Nièvre. *Pouilly fumé. Des pouillys.* — (1903) *Pouilly* ou *pouilly-fuissé :* vin blanc sec de Saône-et-Loire.

POUJADISME [puʒadism] **n. m.** – 1956 ◊ de *Pierre Poujade,* fondateur de l'Union de défense des commerçants et artisans de France ▪ Mouvement et parti politique populaire de droite, à la fin de la IVe République, soutenu surtout par les petits commerçants. ◆ Attitude fondée sur des revendications corporatistes et sur le refus d'une évolution socioéconomique. — **adj.** et **n.** **POUJADISTE,** 1956.

POULAILLER [pulaje] **n. m.** – 1389 ; *polailler* 1261 ◊ de *poulaille,* de *poule* ▪ **1** Abri où on loge, élève des poules (ou d'autres volailles). *Le poulailler d'une bassecour.* ◆ Ensemble des poules qui logent dans un poulailler. ▪ **2** (1803) FAM. Galerie supérieure d'un théâtre. ➤ **paradis.** *«les habitués de l'amphithéâtre suprême, vulgairement dit* poulailler*»* NERVAL. *Prendre une place au poulailler.*

POULAIN [pulɛ̃] **n. m.** – *pulain* 1125 ◊ bas latin *pullamen,* de *pullus* ▪ **1** Petit du cheval, mâle ou femelle (jusqu'à trente mois). *Les juments «restaient paisibles* [...] *tandis que leurs poulains se reposaient à leur ombre»* FLAUBERT. *Poulain entraîné pour la course.* ➤ **yearling.** — *«J'étais actif et gai comme un jeune poulain»* CENDRARS. ▪ **2** (1898) Débutant prometteur (sportif, étudiant, écrivain), considéré par rapport à la personne qui le soutient (son entraîneur, son professeur, son éditeur). *C'est le poulain du professeur X, il réussira. «les poulains de chez Grasset et de la NRF»* CENDRARS. ▪ **3** TECHN. *Poulain de chargement* ou ABSOLT *poulain :* assemblage en forme d'échelle, formé de madriers réunis par des barres de fer cintrées, qui sert à décharger des tonneaux d'un camion, etc. — MAR. *Poulain de charge :* assemblage de madriers, de planches servant à protéger les flancs d'un navire.

POULAINE [pulɛn] **n. f.** – XIVe ◊ fém. de l'ancien adj. *poulain* «polonais» ▪ **1** *Souliers à la poulaine :* chaussures à l'extrémité allongée en pointe, généralement relevée, portées à la fin du Moyen Âge. ▪ **2** (XVIIe) MAR. ANC. Construction triangulaire en saillie, à l'avant du navire.

POULAMON [pulamɔ̃] **n. m.** – v. 1965 ; 1864 *poulamont,* Acadie ◊ variante de *pounamou* (1609), du micmac *ponamo* ▪ (Canada) Petit poisson des côtes de l'Amérique du Nord *(gadiformes),* qui remonte les cours d'eau couverts de glace pour frayer. *Le poulamon atlantique est appelé aussi* petit poisson des chenaux, petite morue.

POULARDE [pulaʀd] **n. f.** – 1660 ; *pollarde* 1562 ◊ de *poule* ▪ Jeune poule de cinq, six mois qui n'a jamais pondu et qui a subi un engraissement intensif. *Poularde de Bresse, du Mans.*

POULBOT [pulbo] **n. m.** – v. 1930 ◊ de *Poulbot,* nom du dessinateur qui créa ce type ▪ Enfant pauvre de Montmartre (type comparable au gavroche*). *«trois garçonnets avec des chandails chinés et des bérets, ressemblant à l'image traditionnelle des petits poulbots»* PEREC.

1 **POULE** [pul] **n. f.** – v. 1340 *poulle* ; XIIIe *poule* ◊ fém. de *poul* «coq», du latin *pullus* «petit d'un animal»

I ▪ **1** Femelle du coq, oiseau de bassecour *(gallinacés),* à ailes courtes et arrondies, à queue courte, à petite crête dentelée. ➤ **poularde, poulet, poulette ;** 1 **cocotte.** *Poule de Bresse, de Houdan. Poule qui picore. La poule caquète, glousse. Poule pondeuse. Œuf de poule. Les poules couvent. La poule et ses poussins. «Une grosse poule gloussante promenait un bataillon de poussins»* MAUPASSANT. — *«Honteux comme un renard qu'une poule aurait pris»* LA FONTAINE. — *Bouillon de poule. Poule au riz.* — ALLUS. HIST. *«Je veux qu'il n'y ait si pauvre paysan en mon royaume qu'il n'ait tous les dimanches sa poule au pot»,* phrase attribuée à HENRI IV. ▪ **2** LOC. *Quand les poules auront des dents :* jamais. *Tuer la poule aux œufs d'or :* détruire par avidité ou impatience la source d'un profit important. — *Être comme une poule qui a trouvé un couteau,* très embarrassé, très étonné. — *C'est comme l'œuf* et la poule. Une poule n'y retrouverait* pas ses poussins.* — *Se coucher, se lever comme (avec) les poules,* très tôt. ◆ APPOS. **MÈRE POULE :** mère qui «couve» ses enfants. *De vraies mères poules.* **PÈRE POULE, PAPA POULE :** père affectueux et protecteur. — **POULE MOUILLÉE :** personne poltronne, timorée. **adj.**

Il est un peu poule mouillée. ◆ *Cage* à poules. Nid*-de-poule.* — *Chair* de poule.* — *Bouche en cul de poule.* ➤ **cul-de-poule** (en). *Lait* de poule.* ▪ **3** (1555) Femelle de certains gallinacés. *Poule faisane.* ◆ Mâle ou femelle de diverses espèces d'oiseaux. *Poule des bois, des coudriers* : gélinotte. — *Poule d'Afrique, de Barbarie, de Guinée, de Numidie, de Pharaon* : pintade. — **POULE D'EAU :** oiseau *(échassiers)* de la taille d'un pigeon, appelé aussi *gallinule.* — *Poule sultane,* appelée aussi *porphyrion.*

II ▪ **1** FAM. T. d'affection *Viens, ma poule.* ➤ 1**cocotte, poulet, poulette.** VAR. FAM. **POUPOULE.** — PLAIS. *Ça roule ma poule !* ▪ **2** (1890) FAM. et PÉJ. Fille de mœurs légères. ➤ 1**cocotte.** *Une poule de luxe.* — VIEILLI Maîtresse d'un homme. *C'est sa poule.* « *Cet homme grave, ce protestant qui entretient une poule* » ARAGON.

▪ HOM. Pool.

2**POULE** [pul] **n. f.** – 1665 aux cartes, puis au billard, etc. ◇ argot des joueurs, p.-ê. de 1*poule* ; l'anglais *pool* semble emprunté au français ▪ **1** Enjeu déposé au début de la partie ; somme constituée par le total des mises qui revient au gagnant. *Mettre à la poule. Gagner la poule.* « *C'est la poule au billard, il en gagne trois ou quatre tous les jours* » BALZAC. ▪ **2** (1856 ◇ repris à l'anglais *pool*) TURF *Poule d'essai* : épreuve où les jeunes chevaux de trois ans courent pour la première fois de l'année sur une distance de 1 600 m. — Compétition sportive où chaque concurrent est successivement opposé à chacun de ses adversaires. *Poule à l'épée, au pistolet.* — RUGBY Groupe d'équipes de rugby destinées à se rencontrer, dans la première phase du championnat. *Poule A, poule B.*

POULET [pulɛ] **n. m.** – 1228 ◇ de *poule* **A.** ▪ **1** Petit de la poule, de trois à dix mois, de sexe mâle ou femelle. *Poussin* qui devient poulet. Une poule et ses poulets.* ▪ **2** Poule ou coq jeune, destiné à l'alimentation. ➤ **chapon, poularde.** *Jeune poulet.* ➤ **coquelet.** *Poulet de grain ; poulet fermier* (élevé dans une ferme). FAM. *Poulet aux hormones* (produit d'élevage forcé, accéléré). *Poulet qui court,* élevé dehors. — *Grippe* du poulet.* — *Couper le cou à un poulet. Égorger, vider, trousser un poulet. Mettre un poulet à la broche. Poulet rôti, sauté, à l'estragon. Poulet basquaise*. Poulet froid. Bouillon de poulet. Découper un poulet. Abattis, aile, blanc, cuisse, croupion, sot-l'y-laisse de poulet. Carcasse, os de poulet.* « *un rôtisseur qui débite par jour cinq cents poulets en doit conserver les abatis* [sic], *les cœurs et les foies* » NERVAL. — *Du poulet* : de la viande de poulet. *Manger du poulet.* ▪ **3** *Mon poulet, mon petit poulet,* t. d'affection. ➤ 1**poule, poulette.**

B. FIG. et FAM. ▪ **1** (XVIe) VIEILLI Billet doux. « *il porte les poulets, il abouche les jeunes cœurs* » GAUTIER. — IRON. Lettre. « *Philippe m'écrivait des poulets de cette espèce trois ou quatre fois par semaine* » SARTRE. ▪ **2** (1911) Policier. ➤ **flic.** « *Jamais je ne donnerai un homme aux poulets* » SARTRE [cf. ARG. La poulague, la maison Poulaga (v. 1950)].

POULETTE [pulɛt] **n. f.** – *polete* 1240 ◇ de *poule* ▪ **1** VIEILLI Jeune poule ; poulet femelle. ▪ **2** (1679) FAM. Jeune fille ou jeune femme. « *On t'en donnera, des poulettes, pour ton sale cuir !* » ZOLA. — T. d'affection. ➤ **poulet.** *Oui, ma poulette.* ▪ **3** *Sauce (à la) poulette,* qui contient du beurre, du jaune d'œuf et un peu de vinaigre ou de jus de citron.

POULICHE [puliʃ] **n. f.** – 1555 ◇ mot normanno-picard, du latin *pullinum,* de *pullus* ▪ Jument qui n'est pas encore adulte (mais qui n'est plus un poulain). *Pouliche de courses.*

POULIE [puli] **n. f.** – 1150 ◇ grec tardif °*polidion,* de *polos* «pivot» ▪ Petite roue qui porte sur sa jante une corde, une courroie et sert à soulever des fardeaux, à transmettre un mouvement. *Croc, gorge, mâchoire, réa, rouet d'une poulie. Caisse* ou *chape de poulie* : assemblage formé de deux plaques (ou *joues*) qui enveloppe le réa et porte son axe. *Poulie fixe,* solidaire de son axe. *Poulie folle,* qui tourne librement sur son axe. *Poulie simple,* à un seul réa ; *poulie double, triple. Poulie qui grince.*

POULINER [puline] **v. intr.** ⟨1⟩ – 1340 ◇ latin *pullinum,* de *pullus* ▪ VÉTÉR. Mettre bas (en parlant d'une jument).

POULINIÈRE [pulinjɛʀ] **adj. f.** – 1651 ◇ du latin *pullinum,* de *pullus* ▪ *Jument* poulinière,* destinée à la reproduction. — **n. f.** *Une poulinière.* « *les cultivateurs qui ont une poulinière s'en servent pour aller aux foires et faire leurs courses* » É. GUILLAUMIN.

1**POULIOT** [puljo] **n. m.** – 1538 ◇ de l'ancien français *poliol, puliol, puliel,* latin *puleium* ▪ Variété de menthe *(herbe de Saint-Laurent)* utilisée comme antispasmodique et stimulant.

2**POULIOT** [puljo] **n. m.** – 1723 «petite poulie» ; 1382 «rouet d'une poulie» ◇ de *poulie* ▪ (1907) AGRIC. Petit treuil fixé à l'arrière d'une charrette, sur lequel on enroule la corde qui maintient le chargement.

POULPE [pulp] **n. m.** – 1546 ; *poupe* «polype du nez» 1538 ◇ du latin *polypus* ; cf. *pieuvre, polype* ▪ Mollusque *(céphalopodes),* à longs bras armés de ventouses. ➤ **pieuvre.** *Tentacules du poulpe.*

POULS [pu] **n. m.** – 1549 ; *pous* XIIIe ; *pulz* 1155 ◇ latin *pulsus (venarum)* «battement (des artères)» ▪ Battement d'un vaisseau sanguin (surtout d'une artère), produit par l'augmentation périodique de la pression sanguine en rapport avec chaque contraction cardiaque, perceptible au toucher, SPÉCIALT sur la face interne du poignet (MÉD. *pouls radial*). *Pouls artériel, veineux, jugulaire. Pouls rapide, lent ; pouls fort, faible, imperceptible, filant, filiforme ; pouls inégal, irrégulier, dicrote.* « *le pouls n'est pas mauvais, il n'y a presque plus de fièvre* » DIDEROT. *Accélération, élévation du pouls. Le pouls normal a environ 72 pulsations par minute. Prendre le pouls,* en compter les pulsations. ◆ PAR EXT. L'endroit où l'on sent le pouls. *Chercher, toucher, tâter le pouls.* — LOC. *Prendre, tâter le pouls de qqch.* : s'informer de la façon dont une situation se présente, évolue (cf. Prendre la température*). *Prendre le pouls de l'économie, de l'électorat.* ▪ HOM. Pou.

POULT-DE-SOIE ➤ **POU-DE-SOIE**

POUMON [pumɔ̃] **n. m.** – XIIe ; *pulmun* 1080 ◇ latin *pulmo, onis* ▪ **1** VX Viscère formé par les deux poumons ou « lobes ». « *C'est du poumon que vous êtes malade* » MOLIÈRE. ▪ **2** MOD. Chacun des deux viscères logés symétriquement dans la cage thoracique, organes de la respiration où se font les échanges gazeux (➤ **expiration, inspiration ; pneum(o)-**). *Poumon droit, gauche. Ramification des bronches dans les poumons* : arbre bronchique. *Structure du poumon* (➤ **alvéole, lobe, lobule**). *Enveloppe des poumons.* ➤ **plèvre.** — *Maladies du poumon.* ➤ **atélectasie, bronchopneumonie, congestion** (pulmonaire), **pneumoconiose, pneumocystose, pneumonie, pneumopathie, tuberculose.** *Lésion au poumon, cavernes du poumon.* ➤ 2**pulmonaire.** *Cancer du poumon.* — LOC. FAM. *Cracher ses poumons,* se dit des tuberculeux pulmonaires qui expectorent abondamment ; tousser, expectorer abondamment. — *Radiographie, radioscopie, tomographie des poumons. Insufflation d'air dans les poumons.* ➤ **pneumothorax.** *Chirurgie du poumon.* ➤ **pneumonectomie, thoracoplastie.** ◆ *Remplir ses poumons d'air, dilater ses poumons. Aspirer, respirer à pleins poumons,* profondément. *Chanter, crier à pleins poumons.* ➤ **s'époumoner.** *Avoir de bons poumons,* et ABSOLT *des poumons,* une voix puissante ; du souffle. — *Poumons des mammifères, des oiseaux.* ◆ *Poumons des animaux de boucherie.* ➤ 2**mou.** ▪ **3 POUMON D'ACIER** (v. 1935) **ou POUMON ARTIFICIEL :** appareil qui permet d'entretenir artificiellement la ventilation pulmonaire d'un malade atteint de paralysie des muscles respiratoires. *Mettre un malade dans le poumon d'acier* (cf. MOD. Sous respiration* assistée). *Cœur-poumon artificiel.* ➤ **cœur** (I, A, 1°). ▪ **4** FIG. Ce qui fournit de l'oxygène (2°). *Ce parc est le poumon, le poumon vert de la ville. Région qui est le poumon économique d'un pays.*

POUPARD [pupaʀ] **n. m. et adj.** – 1220 ◇ du latin populaire °*puppa,* de *pupa* → poupée ▪ **1** VIEILLI Bébé gros et joufflu. ➤ **poupon.** « *Et de me caresser la tête, et de me bercer comme poupard* » C. MARTINEZ. — **adj.** RARE *Visage poupard.* ➤ **poupin.** ▪ **2** VX Poupée représentant un bébé. ➤ **baigneur.** ▪ HOM. Poupart.

POUPART [pupaʀ] **n. m.** – 1752 ◇ origine inconnue ▪ RÉGION. Tourteau. ▪ HOM. Poupard.

POUPE [pup] **n. f.** – XIVe ; *pope* 1246 ◇ provençal *poppa,* du latin *puppis* ▪ Arrière d'un navire. *La poupe et la proue. Avoir le vent en poupe ;* FIG. être poussé vers le succès, favorisé par les circonstances. « *L'assurance d'un homme qui a le vent en poupe* » MARTIN DU GARD.

POUPÉE [pupe] **n. f.** – 1265 ◇ latin populaire °*puppa,* de *pupa,* probablt «mamelle, sein» d'où «tétine» et «poupée de chiffon» ; cf. *pouper* «téter», et aussi 2*pompe* ▪ **1** Figurine humaine servant de jouet d'enfant. *Poupée de bois, de carton, de celluloïd, de chiffon, de cire, de matière plastique, de porcelaine, de son.* « *On a trouvé dans des tombeaux égyptiens* [...] *des poupées en terre cuite, en os, en ivoire, avec des articulations mobiles* » GAUTIER. *Poupée qui parle, poupée articulée. Poupée mannequin,* au corps d'adulte. *Poupée représentant un bébé.* ➤ **baigneur, poupon.** *Jouer à la poupée. Vêtements, mobilier de poupée.* — *Avoir un visage de poupée* (➤ **poupin**). ◆ PAR EXT. Figurine humaine servant d'ornement. *Collection de poupées en costume régional. De poupée,* se dit de ce qui est très petit. *Un appartement de poupée. «Maison de poupée», pièce d'Ibsen.* ◆ *Poupées russes* ou *poupées gigognes* : figurines en bois très colorées, de forme semblable, s'emboîtant les unes dans les autres. ➤ **matriochka.** ■ **2** FIG. Se dit d'une femme jolie et futile. *«je suis une faible femme, mais du moins je n'ai pas été égarée comme une poupée par les avantages extérieurs»* STENDHAL. — (1833) FAM. Jeune femme, jeune fille. ➤ **pépée.** *Une belle, une chouette poupée.* ■ **3** Figurine servant de but au tir. *«Il n'avait pas encore abattu vingt poupées sur vingt-deux dans un tir»* BALZAC. ◆ *Poupée gonflable* : simulacre féminin (en plastique gonflable), utilisé à des fins érotiques. *«Une poupée gonflable grandeur nature, aux formes élastiques»* TOURNIER. ■ **4** Doigt malade, entouré d'un pansement ; le pansement. ◆ TECHN. Dispositif pour maintenir la ou les pièces à travailler. *Poupée fixe, mobile d'une machine-outil.* ■ **5** TECHN. Partie intérieure d'un cigare, constituée de la tripe* et de la première enveloppe. *La cape est enroulée autour de la poupée.*

POUPIN, INE [pupɛ̃, in] **adj.** – 1530 ◇ du latin populaire °*puppa*, de *pupa* «poupée» ■ Qui a les traits d'une poupée. *Figure poupine. «il tâchait de donner un air mâle à son visage débonnaire et poupin»* GIDE. ➤ **poupard.**

POUPON [pupɔ̃] **n. m.** – 1534 ◇ du latin populaire °*puppa*, de *pupa* «poupée» ■ Bébé, très jeune enfant. ➤ **poupard.** *Un joli poupon rose.* ◆ Poupée représentant un bébé. ➤ **baigneur.**

POUPONNER [pupɔne] **v. intr.** ⟨1⟩ – 1906 ◇ de *poupon* ■ Dorloter maternellement des bébés. *Passer ses journées à pouponner.*

POUPONNIÈRE [pupɔnjɛʀ] **n. f.** – 1851 ◇ de *poupon* ■ **1** Lieu où l'on garde les jeunes enfants jour et nuit. *La pouponnière de la maternité.* ➤ **nurserie.** ■ **2** Employée d'une pouponnière. ■ **3** *Pouponnière (d'entreprises)* : incubateur (3°).

POUR [puʀ] **prép. et n. m. inv.** – milieu IXe «en faveur de» (II, 3°) ◇ du latin *pro*, et, tardivement, *por*

I (ÉCHANGE, ÉQUIVALENCE, CORRESPONDANCE, RÉCIPROCITÉ) ■ **1** (fin IXe) En échange de ; à la place de. *Acheter, acquérir, vendre qqch. pour telle somme.* ➤ **contre, moyennant.** *Je l'ai eu, acheté pour une bouchée de pain, pour rien, pour trois fois rien. Un prêté* pour un rendu. Pas pour un empire*. Pour tout l'or* du monde. — En avoir, en vouloir pour son argent*.* IRON. *Il en a été pour son argent, pour ses frais* : il n'a rien eu en échange. — (début XIIIe) **(Idée de proportion)** *Pour cinq élèves filles, nous avons trois garçons. Tant pour cent. Cinq, dix... pour cent* (%), *pour mille* (‰). ◆ LOC. *Prendre, dire un mot pour un autre,* au lieu de. — (fin XIIIe) **(Avec le même subst. avant et après)** *Œil* pour œil, dent pour dent. — Il y a un an jour pour jour. Trait pour trait. Mot pour mot. Rendre coup pour coup. Risquer le tout* pour le tout.* ■ **2** (fin XIIe) **(Avec un terme redoublé marquant la possibilité d'un choix entre deux choses)** *«J'ignorais que servitude pour servitude, il vaut encore mieux être asservi par son cœur que l'esclave de ses sens»* RADIGUET. ■ **3** (milieu XIIe) **(Exprimant un rapport d'équivalence entre deux termes)** ➤ **comme.** *«L'amour pour principe, l'ordre pour base et le progrès pour but»* COMTE. *Avoir pour effet, pour conséquence. — Pour tout..., pour tous avantages* : en fait d'avantages, en guise d'avantages. — *Avoir pour maître, pour élève, pour ami. — Prendre pour femme. — Se le tenir pour dit. Laisser pour mort. Laissé pour compte. — Compter pour rien, pour du beurre* (FAM.). — *Pour le moins* : au moins, au minimum. — *Passer* pour. Vous me prenez pour un idiot ? Pour qui me prenez-vous ?* ◆ LOC. *Pour de bon* : d'une façon authentique. — FAM. *Pour de vrai* : vraiment. *«– C'est une chatte pour de vrai, la petite chatte Timie ? – Oui, pour de vrai, mais elle est morte»* A. COHEN. — *Pour sûr*.* ■ **4** (fin XIe) En prenant la place de. *Payer, agir pour qqn. Signe pour moi. — Pour le directeur, pour le chef de service,* mention précédant la signature du subordonné qui remplace ces personnes. ■ **5** En ce qui concerne. *«On est pour les livres à peu près comme pour les hommes»* Mme DE STAËL. *«Et zut pour la monnaie»* ZOLA. *En tout et pour tout* : seulement, uniquement. — Par rapport à. *Il fait froid pour la saison. Elle n'est pas mal pour son âge. Pour un si jeune enfant, il est dégourdi.* ◆ (fin XIIe) **(Servant à mettre en valeur sujet, attribut ou objet)** *Pour moi, je pense que...* ➤ **quant à.** *Pour ma part. «Quel beau temps, pour un 3 novembre»* P. BENOIT. — (1676) LITTÉR. **(avec un adj.)** *«Pour jolie, elle l'avait toujours été comme personne»* LOTI. — COUR. **(avec un nom)** *«Pour une Fête aux Escargots réussie, c'était une Fête aux Escargots réussie»* FALLET. *Pour une surprise, c'est une surprise ! — Pour ce qui est de* : en ce qui concerne. — FAM. *«On a bonne mine, les gars. Pour ça, on a bonne mine»* SARTRE. — *«Pour me soigner, elle m'a soigné !»* VIALAR. ■ **6** (1640) En ce qui concerne une personne en tant que sujet, dans sa conscience. *«entre ce que j'étais pour moi, et ce que j'étais pour les autres, il n'y avait aucun rapport»* BEAUVOIR. *Ce n'est un mystère, un secret pour personne.* — PHILOS. *Le pour-soi.* ➤ **soi.**

II (DIRECTION, DESTINATION, RÉSULTAT, INTENTION) ■ **1** (fin XIe) Marquant la direction, le but dans l'espace. *Partir pour une destination, une ville, un pays. «ce petit yacht, faisant* [...] *voile pour Porto-Vecchio»* DUMAS. *Les voyageurs pour Lyon, en voiture ! «Je ne songe plus qu'au départ, mais pour où ?»* GIDE. *Partir pour l'armée.* ■ **2** (1606) Marquant le terme dans la durée, dans le temps. *«Vous partez ? – Oui ! c'est pour ce soir»* APOLLINAIRE. *Viendrez-vous pour les vacances ?* — PAR EXT. (début XVe) *Pour six mois, pour deux ans* : pendant six mois, deux ans à partir de maintenant. *Réserver une chambre pour une nuit. Le studio est disponible pour la semaine. Pour le moment* : momentanément. *Pour l'heure*. — Pour longtemps, pour toujours. C'est tout pour aujourd'hui. — Pour quand ? «On s'est pris des petits pulls pour quand la fraîcheur viendrait»* DJIAN. *— Pour dans huit jours ; pour après. «ce qu'il désirait pour après sa mort»* PROUST. — *Pour une fois, pour cette fois. Pour une fois qu'il vient, tu pourrais être aimable. Pour la première, la dernière fois. Pour le coup* : cette fois-ci. ■ **3** (fin XIe) **(Marquant la destination figurée, le but...)** Destiné à (qqn, qqch.). *Voici une lettre pour lui. C'est pour qui ? Il n'y en aura pas pour tout le monde. Elle «avait tout pour elle : la fortune, la beauté, l'intelligence»* J. STERNBERG. — *Tailleur pour hommes. Film pour adultes. Journaux pour enfants. Crème pour les mains. — «Les aurores étaient faites pour rendre joyeux les réveils, les jours pour mûrir les moissons»* MAUPASSANT. *«On ne se marie pas pour être heureuse»* (CARNÉ et PRÉVERT, «Drôle de drame», film). ELLIPT FAM. *C'est fait, c'est prévu pour,* exprès, à cette intention. FAM. *«C'est étudié pour»* F. RAYNAUD. ◆ Destiné à combattre. ➤ **contre.** *Sirop pour la toux.* ◆ En vue de. *Pour son plaisir, pour le plaisir. Pour leur intérêt.* ➤ **dans.** *C'est pour son bien. — C'est mauvais pour la santé. — Pour le meilleur* et pour le pire. Pour le cas où* : dans le, au cas où. *Il s'est sacrifié, et pour quoi ? Pour rien.* — LOC. *Faire qqch. pour la forme*. Parler, poser pour la galerie. Pour la gloire, pour l'honneur. — L'art* pour l'art.* ◆ (fin XIe) À l'égard de. ➤ 1 **envers.** *Passion pour, haine pour... Avoir un faible pour qqn. «Mon cousin* [...] *pour qui je ressentais déjà une sympathie des plus vives»* GIDE. *Par égard pour lui. — Tant mieux, tant pis pour lui. C'est bien fait pour elle ! — Elle a du goût pour les belles choses.* ◆ (milieu IXe) En faveur de, pour l'intérêt, le bien de... *Former des vœux, prier pour qqn. Gala pour la recherche* (cf. Au profit* de). — LOC. PROV. *Chacun pour soi et Dieu pour tous. — Parier, opter pour... Voter pour qqn. Prendre parti pour qqn.* — LOC. FAM. **(en parlant aux enfants)** À l'intention de. *«Une cuiller pour maman, une pour bonne-maman»* BEAUVOIR. — (fin XIVe) **ÊTRE POUR... :** être partisan de. *«Quiconque n'est pas pour lui est contre lui»* MAURIAC. *Je suis pour que tout le monde vienne.* — ELLIPT *Je suis pour. «nous lui demandâmes de but en blanc ce qu'il pensait de la guerre, s'il était pour ou s'il était contre»* PEREC. ■ **4** (fin XIe) **POUR** (et l'inf.) : afin de pouvoir (cf. En vue* de). *«Pour réparer des ans l'irréparable outrage»* RACINE. *Il faut manger pour vivre. Faire l'impossible, tout tenter pour le sauver. Faire un régime pour maigrir. Voilà vingt euros pour boire à ma santé.* ➤ **pourboire.** *As-tu un moment pour passer chez moi ? Pour quoi faire ?,* dans quel but ? — *«Nous sommes revenus par le chemin de Saint-Malo, pour ne pas le rencontrer»* MAUPASSANT. ◆ **(Avec une valeur finale très atténuée)** *On s'accorde pour dire* : on est d'accord en disant. — *Pour ainsi dire*, pour mieux dire, pour tout dire. Ce n'est pas, c'est pas pour dire, mais il a du culot,* il a vraiment du culot. — *Je l'ai dit pour rire, pour plaisanter. C'est pour rire** (cf. Histoire* de rire). ◆ **(Les faits étant considérés comme voulus par la nature, le hasard, la providence)** *«Une mouche éphémère naît à neuf heures du matin* [...] *pour mourir à cinq heures du soir»* STENDHAL. ◆ (milieu XVe) **ÊTRE POUR** (et l'inf.) : être sur le point de. *Il «répond à la devinette au moment où tout le monde est pour donner sa langue au chat»* LEIRIS. ■ **5** (milieu XIIIe) **POUR QUE :** afin que. *«Pour que Dieu nous réponde, adressons-nous à lui»* MUSSET. — IRON. *C'est ça ! laisse ton manteau dans la voiture, pour qu'on te le vole !* — **POUR QUE... NE PAS.** *«Des persiennes toujours tirées, pour que la clarté trop vive ne mangeât pas le bleu tendre du reps»* ZOLA. — FAM. (sans *ne*) *«C'était pour pas qu'on insiste»* CÉLINE.

III (CONSÉQUENCE) ■ **1** En ayant pour résultat (qqch.). *Pour son malheur. «N'ai-je donc tant vécu que pour cette infamie ?»* CORNEILLE. *«Chaque fois que j'ai repris Vauvenargues, ç'a été pour ma déception»* GIDE. — (début XIIIe) **(Suivi de l'inf.)** Afin de. *«Les moissons pour mûrir ont besoin de rosée»* MUSSET. *«il n'y* *a que les imbéciles et les ambitieux pour faire des révolutions»* FRANCE. ◆ (fin XIᵉ) (Forme négative) *Ce n'est pas pour me déplaire.* — *Assez, pas assez, suffisamment pour... Trop poli pour être honnête. C'est trop beau pour être vrai :* c'est impossible. ■ **2 POUR QUE** (avec une subordonnée de conséquence). *«Je suis bien jeune... pour qu'on veuille m'écouter»* STENDHAL. *Assez, pas assez, trop... pour que... Il faut, il suffit... pour que...* — *«Qu'aviez-vous donc contre elle pour la maltraiter ainsi ?»* GREEN.

IV (CAUSE) ■ **1** (fin Xᵉ) À cause de. *«elle voulait être épousée pour sa fausse laideur et ses prétendus défauts»* BALZAC. *Être puni pour ses crimes. Merci pour tout.* — LOC. *Pour un oui, pour un non :* à toute occasion. *Pour sa peine :* en considération de. — *Merci pour votre cadeau, pour votre compréhension. Remercier pour qqch.* (ou *de qqch.*). *Pour quelle raison ?* ➤ **pourquoi.** — (fin Xᵉ) LITTÉR. *Pour ce que.* ➤ **parce que.** *«Il me plaisanta pour ce que je n'avais pas su poser mon dernier mot»* GIDE. — *Pour le motif, la raison que...* — *Le magasin est fermé pour cause d'inventaire.* — *Et pour cause !,* pour une raison trop évidente. — *Pour un peu*.* ■ **2** (fin XIᵉ) VX (suivi de l'inf.) ➤ **parce que.** *«Pour être plus qu'un roi, tu te crois quelque chose !»* CORNEILLE. — (1664, Molière) MOD. (suivi d'un inf. passé ou pass.) *«Pour avoir oublié ces choses, l'apprenti sorcier a perdu la tête»* MAUROIS.

V (OPPOSITION OU CONCESSION) ■ **1** (fin XIIᵉ) LITTÉR. **POUR... QUE** (avec indic. ou subj.). ➤ **aussi, 1 si.** *Pour invisible qu'il fût.* ➤ **quelque.** *«Pour grands que soient les rois, ils sont ce que nous sommes»* CORNEILLE. ◆ COUR. *Pour peu* que.* — *Pour autant que :* dans la mesure où. *Pour autant que je sache.* — *Pour autant :* même pour cela. ➤ **pourtant.** *Il a tout raté, il n'en est pas découragé pour autant.* — *Pour si peu. Ne t'en fais pas pour si peu !* — FAM. *«Pour ce qu'on en profite !»* ROMAINS. ■ **2** Suivi de l'inf. prés., avec une principale négative ou interrogative contenant un comparatif *«Ah ! pour être dévot, je n'en suis pas moins homme»* MOLIÈRE. *«Es-tu moins esclave, pour être aimé et flatté de ton maître ?»* PASCAL. ■ **3** (1599) LITTÉR. **POUR SI... QUE,** introduisant une proposition concessive. *«pour si précieux qu'il le tînt, Bonaparte entendait ne pas le mettre au pinacle»* MADELIN. ◆ **POUR PLUS, POUR MOINS... QUE.** *«Les hommes, pour plus généreux qu'ils soient, doivent être fortement individuels»* PROUST.

VI LE POUR n. m. (milieu XVIIᵉ) Le bon côté. *Le pour et le contre*.*

POUR- ■ Élément, du latin *pro : poursuivre, pourvoir,* etc.

POURBOIRE [puʀbwaʀ] n. m. – 1740 ; *avoir pourboire* 1683 ◇ de *pour* et *boire* ■ Somme d'argent remise, à titre de gratification, de récompense, par le client à un travailleur salarié. ➤ RÉGION. **dringuelle, matabiche.** VAR. FAM. **POURLICHE** [puʀliʃ]. *«On n'évite jamais le pourboire des cochers, des garçons de café, de restaurant»* BALZAC. *Donner un petit pourboire* (cf. Donner la pièce*). *Donner un pourboire à l'ouvreuse, au pompiste, au taxi, au guide* (➤ **bakchich**). *Quatre euros, pourboire compris* (➤ **service**).

POURCEAU [puʀso] n. m. – XVᵉ ; *purcel* v. 1200 ◇ latin *porcellus,* de *porcus* → porc, porcelet ■ **1** VX OU LITTÉR. ➤ **cochon, porc.** — ALLUS. BIBL. *Jeter des perles* aux pourceaux.* ◆ LOC. *Être sale comme un pourceau.* ➤ **porc.** ■ **2** LITTÉR. et VIEILLI Homme qui s'adonne aux plaisirs des sens. *Pourceau d'Épicure.* ➤ **épicurien, jouisseur.** *«Saluez-moi, pourceaux qui vous vautrez sur ces tapis comme sur du fumier !»* BALZAC.

POURCENTAGE [puʀsɑ̃taʒ] n. m. – 1872 «fixation du pour-cent» ◇ de *pour-cent* (1845), de *pour* et *cent* ■ **1** Taux d'un intérêt, d'une commission, calculé sur un capital de cent unités. *Pourcentage de bénéfices. Avoir, toucher un pourcentage sur le chiffre d'affaires. «associés, intéressés aux affaires, touchant un pourcentage sur la recette»* ARAGON. ■ **2** Proportion pour cent. *Le pourcentage des ménages possédant une voiture. Un gros, un fort pourcentage de réussite.* — *Travailler, être payé au pourcentage,* sans salaire fixe mais selon les ventes.

POURCHASSER [puʀʃase] v. tr. ⟨1⟩ – *porchacier* 1080 ◇ de *por* «pour» et *chacier* «chasser» ■ Poursuivre, rechercher (qqn) avec obstination. ➤ **chasser, poursuivre.** *Être pourchassé par des créanciers, des importuns. «Pourchassé de rue en rue par des policiers imaginaires»* GREEN. *Gazelle pourchassée par un tigre.* — PRONOM. (RÉCIPR.) *Les «partis Bleus ou Chouans qui se pourchassaient les uns les autres»* BALZAC. ◆ Poursuivre (qqch.). *L'argent «qu'on pourchasse est celui de la servitude»* ROUSSEAU. — (ABSTRAIT) *Les souvenirs qui le pourchassaient.*

POURFENDEUR, EUSE [puʀfɑ̃dœʀ, øz] n. – 1798 «fanfaron» ◇ de *pourfendre* ■ VX OU LITTÉR. (souvent plais.) Personne qui pourfend, tue, met à mal, ou critique vigoureusement. *«Si j'étais un pourfendeur d'enfants»* VILLIERS. *Une fervente pourfendeuse de la mondialisation.*

POURFENDRE [puʀfɑ̃dʀ] v. tr. ⟨41⟩ – XIIᵉ ◇ de *pour-* et *fendre* ■ **1** VX Fendre complètement, couper. ■ **2** FIG. ; LITTÉR. OU PLAIS. Mettre à mal. *Don Quichotte voulait pourfendre les méchants.* — *Pourfendre les préjugés.*

POURLÈCHE ➤ **PERLÈCHE**

POURLÉCHER [puʀleʃe] v. tr. ⟨6⟩ – 1767 ; *se pourlecquer* XVᵉ ◇ de *pour-* et *lécher* ■ **1** VX Lécher tout autour de. ◆ FIG. et VX ➤ **lécher, parfaire.** *«Bixiou eut la patience de pourlécher un chef-d'œuvre»* BALZAC. ■ **2** MOD. **SE POURLÉCHER :** se passer la langue sur les lèvres (en signe de contentement avant ou après un bon repas). *Le chat se pourlèche. Se pourlécher les babines* (cf. S'en lécher les babines*).

POURPARLER [puʀpaʀle] n. m. – 1465 ; du v. *pourparler* «tramer, comploter, discuter» ◇ de *pour-* et *parler* ■ (Surtout plur.) Conversation entre plusieurs parties pour arriver à un accord. ➤ **négociation, tractation.** *De longs pourparlers. Entrer, être en pourparlers. Entamer des pourparlers de paix avec l'ennemi. Engager, rompre, reprendre les pourparlers.*

POURPIER [puʀpje] n. m. – 1538 ; *porpié* XIIIᵉ ◇ altération de *poulpié ;* latin populaire *pulli pes* «pied de poulet» ■ Plante *(portulacées)* à petites feuilles charnues (comestibles dans une espèce), à fleurs rouges. — PAR EXT. *Pourpier sauvage. Pourpier des mers :* arroche* apte à fixer les dunes.

POURPOINT [puʀpwɛ̃] n. m. – XIIIᵉ ; *porpoint* v. 1200 ◇ de l'ancien français *pourpoindre,* de *pour-* et *poindre* «piquer» ■ ANCIENNT Partie du vêtement d'homme qui couvrait le torse jusqu'au-dessous de la ceinture (➤ **justaucorps**). *Collet, devant, basque d'un pourpoint. Pourpoint brodé. «Un beau pourpoint bien long et fermé comme il faut»* MOLIÈRE. *«un pourpoint de drap de Hollande [...] le couvrait du cou à la ceinture»* VIGNY.

POURPRE [puʀpʀ] n. et adj. – *porpre* n. f. XIIᵉ ; *purpre* adj. 1170 ; *purpure* «vêtement» Xᵉ ◇ latin *purpura,* grec *porphura* → porphyre

I n. f. ■ **1** (1538) Matière colorante d'un rouge vif, extraite d'un mollusque (➤ **murex**) et utilisée par les Phéniciens, les Grecs et les Romains. ■ **2** (XVᵉ) HIST. OU LITTÉR. Étoffe teinte de pourpre (chez les Anciens), d'un rouge vif, symbole de richesse ou d'une haute dignité sociale. *«la pourpre tyrienne deux fois teinte, d'un éclat merveilleux»* FÉNELON. *Manteau de pourpre. La tunique romaine à bande de pourpre.* ◆ Dignité de consul, à Rome. *«sans doute, Clovis reçut la pourpre consulaire : en fut-il moins roi des Francs ?»* LARBAUD. — Dignité souveraine. *La pourpre royale. Être né dans la pourpre.* ➤ **porphyrogénète.** *La pourpre romaine, cardinalice,* et ABSOLT *la pourpre :* la dignité de cardinal. *«nous concevons les répugnances de Sa Sainteté à couvrir ce mendiant de la pourpre romaine»* VIGNY. ■ **3** (XVIIIᵉ) LITTÉR. Couleur rouge vif. *«I, pourpres, sang craché, rire des lèvres belles»* RIMBAUD. — Rougissement. *«Une pourpre de honte, un éclair de colère enflammait ses yeux ou ses joues»* HUGO.

II n. m. ■ **1** (XIVᵉ) COUR. Couleur rouge foncé, tirant sur le violet (➤ aussi **amarante**). *«Par endroits, on distinguait des foyers plus intenses, des gerbes d'un pourpre vif»* ZOLA. ◆ ANAT. *Pourpre rétinien :* pigment photosensible porté par les bâtonnets de la rétine, association d'une protéine (➤ **opsine**) et d'un pigment rouge (➤ **rétinal**). ➤ **rhodopsine.** *Décomposé par la lumière, le pourpre rétinien est régénéré à l'obscurité.* ◆ BLAS. Couleur rouge, représentée en héraldique par des traits en diagonale, montant de gauche à droite. ■ **2** Mollusque gastéropode prosobranche *(monotocardes),* dont la coquille ovoïde porte un siphon très court. *Le pourpre sécrète un liquide violacé qui devient rouge foncé* (pourpre) *à l'air.*

III adj. COUR. D'une couleur rouge foncé. *Velours pourpre. Roses pourpres. Son visage devint pourpre.* ➤ **s'empourprer.** — *Hêtre, érable pourpre,* à feuillage rougeâtre.

POURPRÉ, ÉE [puʀpʀe] adj. – 1552 ◇ de *pourpre* ■ **1** LITTÉR. Coloré de pourpre. ➤ **purpurin.** *«Les plis de sa robe pourprée* [de la rose]*»* RONSARD. *«sa coupe d'or ruisselante d'un vin pourpré»* NERVAL. ■ **2** VX *Fièvre pourprée.* ➤ **urticaire.**

POURQUOI [puʀkwa] adv., conj. et n. m. inv. – fin XIIᵉ ; *pourquei* XIᵉ ◇ de *pour* et *quoi*

I adv. et conj. ■ **1** (Interrog. dir.) Pour quelle raison, dans quelle intention ? *«Pourquoi existons-nous ? pourquoi y a-t-il quelque chose ?»* VOLTAIRE. *«Pourquoi ? Il faut que vous me le*

disiez. Pourquoi ?» CAMUS. *Pourquoi faut-il que... ? Pourquoi veux-tu donc que... ?* — FAM. *«Pourquoi est-ce que vous saluez cette Cambremer ?»* PROUST. ♦ (Suivi de l'inf.) À quoi bon ? *«Pourquoi les avoir abandonnés, la paix conclue ?»* FLAUBERT. *«Pourquoi ne pas l'avouer ? Il avait peur»* STENDHAL. ♦ (Le verbe «interrogatif» ayant été exprimé dans le contexte précédent) *«Pourquoi j'en parlais ? Pour éclairer cette idée de témoignage»* ROMAINS. — (Verbe sous-entendu) *Pourquoi ces questions ? «Pourquoi ces choses et non pas d'autres ?»* BEAUMARCHAIS. ♦ ABSOLT *Pourquoi ? Et pourquoi donc ? Mais pourquoi ? Pourquoi non ? Pourquoi pas ? Pourquoi pas ici ? Pourquoi pas chez moi ? Pourquoi lui et pas moi ?* ♦ Interrogeant sur la raison de la question. *Vous partez ? – Oui, pourquoi ?* ▪ **2** (Interrog. ind.) Pour quelle cause, dans quelle intention. *Je ne comprenais pas pourquoi je devais me taire,* en vertu de quoi ; à cause de quoi. *«Je voudrais bien savoir... pourquoi il ne fait point jour la nuit»* MOLIÈRE. *Je vous demande pourquoi vous riez.* — (En fin de phrase) *«Elle pleurait sans pouvoir s'arrêter, en ne sachant même pas pourquoi»* ZOLA. *Sans savoir pourquoi. Sans que je sache pourquoi. Ne me demandez pas pourquoi. Dis-moi pourquoi. Expliquer pourquoi.* ♦ LOC. FAM. *Vous ferez cela ou vous direz pourquoi,* formule de commandement, de menace. *Il faut que ça marche ou que ça dise pourquoi :* il faut absolument que... *«Quant aux chevaux [...] il faut qu'ils crèvent ou qu'ils disent pourquoi»* GAUTIER. ▪ **3** VIEILLI Pour lequel, pour laquelle (cf. Pour quoi*). *«Une des raisons pourquoi j'ai eu quelquefois du plaisir à la guerre»* MONTHERLANT. — MOD. *Voilà, voici pourquoi telle chose a eu lieu. — C'est pourquoi... :* c'est pour cela que.

II n. m. inv. ▪ **1** Cause, motif, raison. *«il demandait le pourquoi de toute chose»* BALZAC. *Le pourquoi et le comment*.* ▪ **2** Question par laquelle on demande la raison d'une chose. *Les pourquoi des enfants. «la science s'élève, par une suite de* pourquoi *sans cesse résolus et sans cesse renaissants»* M. BERTHELOT.

▪ HOM. Pour quoi.

POURRI, IE [puʀi] adj. et n. – XIIe ◇ de *pourrir* ▪ **1** Corrompu ou altéré par la décomposition. *Arbre, bois, tronc pourri. Planche pourrie. — Feuilles à moitié pourries. Fruits pourris.* — (Aliments) Avarié. *Œufs pourris, viandes pourries.* ➤ **corrompu.** *Engueuler* qqn comme du poisson pourri.* — Décomposé. *Cadavres pourris.* ▪ **2** (1864) Désagrégé. *Roche, pierre pourrie* (humide et effritée). *Glace, neige pourrie,* à demi fondue. *Ce câble est complètement pourri.* ▪ **3** Humide et mou. *Temps pourri. Climat pourri.* ➤ **malsain.** *Un été pourri,* très pluvieux. *«Un hiver pourri, [...] humide et tiède»* MAUPASSANT. ▪ **4** FIG. (PERSONNES) Moralement corrompu. *«Il a voulu se voir comme un produit typique d'une société tout entière pourrie»* SARTRE. *Politiciens pourris. Flic pourri.* ➤ **ripou.** *Pourri jusqu'à la moelle.* — (enfant) Trop gâté. *Un caprice d'enfant pourri, d'enfant pourri gâté.* ALLUS. LITTÉR. *«Il y a quelque chose de pourri dans le royaume de Danemark»* (trad. de SHAKESPEARE, «Hamlet»), se dit pour dénoncer les scandales, les abus. ♦ **n.** FAM. T. d'injure *Vendu ! Pourri ! Bande de pourris ! «Tous dans le même sac, je vous dis... Des pourris»* ARAGON. ▪ **5** FAM. Très mauvais, insupportable. ➤ **dégueulasse, infect.** *Quelle boîte pourrie ! Un bled pourri.* — En mauvais état. *Bagnole pourrie.* ▪ **6** FAM. **POURRI DE :** rempli de, qui a beaucoup de. *Il est pourri de fric. Pourri de talent.* ▪ **7** n. m. Ce qui est pourri. *Une odeur de pourri* (➤ **putride**).

POURRIDIÉ [puʀidje] n. m. – 1874 ◇ de *pourrir* ▪ AGRIC. Maladie cryptogamique de la vigne et de certains arbres fruitiers ; champignon qui en est la cause. *Le pourridié des racines.*

POURRIEL [puʀjɛl] n. m. – 1997 ◇ mot-valise, de *poubelle* et *courriel* ▪ (Canada) Courrier électronique importun, envoyé à un grand nombre d'internautes. ➤ **spam.**

POURRIR [puʀiʀ] v. ⟨2⟩ – 1265 ; *purir* XIe ◇ latin populaire °*putrire,* classique *putrescere*

I v. intr. ▪ **1** Se décomposer, en parlant d'une matière organique. ➤ se **corrompre,** se **détériorer,** se **putréfier ; pourriture, putréfaction.** *«Quelques fruits étaient tombés sous les arbres et pourrissaient sans qu'on les récoltât»* BALZAC. *Pourrir dans l'eau, à l'humidité.* — SPÉCIALT (d'un cadavre) *«Pourrir sous du marbre, pourrir sous de la terre, c'est toujours pourrir»* DIDEROT. ▪ **2** FIG. Rester dans une situation où l'on se dégrade. *Pourrir dans l'ignorance* (➤ **croupir**), *dans la misère.* (CHOSES) *Les patrons sont décidés à laisser pourrir la grève. Laisser pourrir la situation* (➤ **pourrissement**). — SPÉCIALT *Pourrir en prison. Je ne vais pas pourrir ici.* ➤ **moisir.**

II v. tr. (XIIIe) ▪ **1** Attaquer, corrompre en faisant pourrir. ➤ **gâter.** *L'humidité, l'eau, la pluie pourrit les végétaux, le bois. «Le fruit pourri ne pourrit pas l'arbre. Il tombe»* R. ROLLAND. ▪ **2** FIG. VIEILLI Contaminer (maladies sexuellement transmissibles). *«Qui sait combien elle en avait pourri, des jeunes gens ?»* ARAGON. — Corrompre, gâter. ➤ **gangréner, vicier.** *L'argent l'a pourri.* LOC. *Pourrir la vie,* la gâcher. *«C'est injuste qu'une minute suffise à pourrir toute une vie»* SARTRE. ▪ **3** FAM. Gâter extrêmement (un enfant). *Sa mère finira par le pourrir.* ▪ **4** FAM. Dire du mal de (qqn) ; l'invectiver. *«je ne me gênerai pas pour vous pourrir auprès d'elle»* F. AUBENAS.

POURRISSAGE [puʀisaʒ] n. m. – 1680 ◇ de *pourrir* ▪ TECHN. ▪ **1** Opération qui consistait à faire macérer des chiffons dans l'eau pour en faire de la pâte à papier. ▪ **2** (1877) Traitement de l'argile à céramique par exposition à l'humidité.

POURRISSANT, ANTE [puʀisɑ̃, ɑ̃t] adj. – XIIe ◇ de *pourrir* ▪ Qui est en train de pourrir. *«Les carcasses, Pourrissantes, de vieux navires»* VERHAEREN. *«L'Enchanteur pourrissant»,* d'Apollinaire.

POURRISSEMENT [puʀismɑ̃] n. m. – 1459, repris milieu XXe ◇ de *pourrir* ▪ Dégradation progressive d'une situation. ➤ **pourrir** (II, 2°). *Le pourrissement d'une grève ; des relations avec un pays.*

POURRISSOIR [puʀiswaʀ] n. m. – fin XVIIe ◇ de *pourrir* ▪ TECHN. Local où se faisait le pourrissage des chiffons. ♦ LITTÉR. Lieu où qqch. pourrit. *«des marais, des pourrissoirs grouillant de toutes les vermines»* AYMÉ.

POURRITURE [puʀityʀ] n. f. – v. 1380 ; *purreture* XIIe ◇ de *pourrir* ▪ **1** Altération profonde, décomposition des tissus organiques (➤ **putréfaction**) ; état de ce qui est pourri. *«on voyait de grandes taches indiquant la pourriture avancée du bois»* ZOLA. *Ôter la pourriture d'un fruit. Tomber en pourriture. Odeur de pourriture,* de matières organiques en décomposition. ▪ **2** Ce qui est complètement pourri. *«Dans tous les coins saignants de cette pourriture»* BAUDELAIRE. ▪ **3** Se dit de maladies cryptogamiques ou bactériennes. *Pourriture molle de la carotte. Pourriture grise de la vigne. «Les vignerons du Bordelais parlent, pour le raisin, de la pourriture noble»* DUHAMEL. ➤ **botrytis.** ▪ **4** (ABSTRAIT) État de grande corruption morale. ➤ **gangrène.** *«La joie amère qu'il avait à voir la société ennemie s'enfoncer ainsi dans sa pourriture»* PÉGUY. ▪ **5** Personne corrompue, ignoble (t. d'injure violente). ➤ **ordure, pourri.** *Quelle pourriture ce type !*

POUR-SOI ➤ **SOI** (I, C, 2°).

POURSUITE [puʀsɥit] n. f. – 1259 dr. ; *poursieute* 1247 ◇ de *poursuivre,* d'après *suite*

I Action de poursuivre. ▪ **1** (XIVe) Action de suivre (qqn, un animal) pour le rattraper, l'atteindre, s'en saisir. *«Les soldats commencèrent [...] la poursuite des fuyards»* HUGO. *Policiers à la poursuite des malfaiteurs. Scènes de poursuite d'un film d'aventures. Poursuite en voiture, à moto. Être, se mettre, se lancer, se jeter à la poursuite de qqn. «la lenteur de ses jambes ne lui eût pas permis une poursuite dans l'escalier»* GREEN. *Jeux de poursuite :* jeux d'enfants qui courent les uns après les autres. — SPORT *Double poursuite.* ➤ **skiathlon.** APPOS. *Course poursuite* ou *poursuite :* épreuve de cyclisme sur piste. *Des courses poursuites. Championnat de poursuite* (➤ **poursuiteur**). ▪ **2** PLUR. VX Démarches pressantes, assiduités amoureuses. *Il faut «cesser toutes vos poursuites auprès d'une personne que je prétends pour moi»* MOLIÈRE. ▪ **3** FIG. Effort pour atteindre (une chose qui semble inaccessible). ➤ **recherche.** *La poursuite de la vérité, d'un idéal.* ▪ **4** Pouvoir appartenant au ministère public de faire comparaître devant la juridiction pénale toute personne susceptible d'avoir commis une infraction. *Poursuite judiciaire pour diffamation. Poursuites contre qqn.* ➤ **accusation.** *Engager des poursuites. Cessation des poursuites. Décision judiciaire arrêtant une poursuite.* ➤ **non-lieu.** ▪ **5** ARG. du théâtre, du cirque Projecteur qui suit un protagoniste dans ses évolutions. *«La dernière répétition eut lieu dans les conditions réelles du défilé, parmi les lumières ambrées des poursuites»* J.-PH. TOUSSAINT.

II *La poursuite de* (qqch.). Action de continuer sans relâche. ➤ **continuation.** *La poursuite d'un travail, des efforts, des négociations.*

▪ CONTR. Arrêt, cessation.

POURSUITEUR, EUSE [puʀsɥitœʀ, øz] n. – 1932 ◇ de *poursuite* ▪ SPORT Cycliste spécialiste de la poursuite.

POURSUIVANT, ANTE [puʀsɥivɑ̃, ɑ̃t] n. – 1424 ; *porsivant* adj. 1266 ◇ p. prés. subst. de *poursuivre* ▪ **1** ANCIENNT *Poursuivant d'armes :* gentilhomme qui était le second du héraut d'armes. ▪ **2** (1457) DR. Personne qui exerce des poursuites judiciaires. ➤ **demandeur.** — adj. *La partie poursuivante.* ▪ **3** Personne qui poursuit qqn. *Le fuyard a échappé à ses poursuivants.*

POURSUIVRE [puʀsɥivʀ] **v. tr.** ‹40› – XVIe ; *porsuivir* XIIIe ; *pursivre* XIIe ◇ latin *prosequi*, d'après *por, pour* et *suivre* ; cf. ancien français *persuir*, du latin *persequi*

I SUIVRE POUR ATTEINDRE ▪ **1** Suivre de près pour rejoindre (ce qui fuit, cherche à s'échapper). *Poursuivre qqn.* ➤ **courir** (après), **pourchasser.** *Poursuivre une personne de très près.* ➤ **talonner** (cf. Serrer* de près). *Poursuivre les fugitifs, les fuyards, les ennemis, des malfaiteurs.* ➤ **traquer.** *Motards qui poursuivent une voiture.* — *Lièvre poursuivi par un chien.* ➤ FAM. **courser.** ◆ PRONOM. (RÉCIPR.) Se suivre l'un l'autre pour s'atteindre. *Jouer à se poursuivre.* ▪ **2** Tenter d'atteindre, de rejoindre (qqn qui se dérobe). ➤ **presser, relancer.** *Être poursuivi par ses créanciers. Star poursuivie par les photographes.* ▪ **3** (XIIIe) Tenter d'obtenir les faveurs amoureuses de (qqn) (cf. FAM. Courir* après). « *Je ne la suis plus, cette Rosine, que vous avez tant poursuivie !* » BEAUMARCHAIS. *Il la poursuit de ses assiduités.* ▪ **4** FIG. *Poursuivre qqn de...* : s'acharner contre lui par... ➤ **harceler.** *Elle le poursuivait de sa colère, de ses menaces.* « *Poursuivi par la haine d'un père, je n'ai tenté aucun geste de défense* » MAURIAC. — VIEILLI *Poursuivre l'innocence.* ➤ **persécuter.** « *La vertu dans le monde est toujours poursuivie* » MOLIÈRE. ◆ (CHOSES) Hanter, obséder. *Ces images lugubres me poursuivirent longtemps.* ➤ **tourmenter.** « *Jusque dans son sommeil cette idée le poursuivait* » DAUDET. ▪ **5** (1255) Engager contre (qqn) une action pénale (et accessoirement civile). ➤ **accuser** (cf. Engager des poursuites* contre). *Poursuivre qqn en justice, devant les tribunaux. Poursuivre qqn au civil*, civilement ; au pénal.* « *si l'on nous poursuit, nous saurons nous défendre* » RACINE. ▪ **6** (XIVe) Chercher à obtenir (qqch.). ➤ **rechercher.** *Nous poursuivons l'idéal sans jamais l'atteindre. Poursuivre un but, un objectif.* « *Poursuivre le réel, c'est chercher l'introuvable* » HUGO.

II CONTINUER, NE PAS ARRÊTER (v. 1250) Continuer sans relâche. *Poursuivre sa marche, son voyage, son chemin.* « *Chacun de nos concitoyens avait poursuivi ses occupations* » CAMUS. *Poursuivre un travail, ses études. Poursuivre une expérience jusqu'au bout. Poursuivre des recherches.* ➤ **conduire, mener, pousser.** — ABSOLT *Il faut poursuivre.* ➤ **persévérer** (cf. Soutenir* l'effort). ◆ SPÉCIALT *Poursuivre un récit, une conversation,* continuer ou reprendre son discours. « *Elle sentait bien qu'il eût aimé de poursuivre sur ce sujet* » MONTHERLANT. — ABSOLT *Poursuivez, cela m'intéresse !* ➤ **continuer.** — (En incise) *Je ne suis pas, poursuivit-il, la personne qui vous convient.* ◆ PRONOM. (RÉFL.) Se continuer sans interruption. « *Un drame incompréhensible pour lui se poursuivait entre ces deux personnages* » DUHAMEL. *La discussion se poursuivit tard dans la nuit.* ➤ **se prolonger.**

▪ CONTR. Fuir, éviter. — Commencer, inaugurer. Abandonner, arrêter, cesser.

POURTANT [puʀtɑ̃] **adv.** – fin XIIe ◇ de *pour* et *tant* ▪ Adverbe marquant l'opposition entre deux choses liées, deux aspects contradictoires d'une même chose. ➤ **cependant, mais, néanmoins, toutefois.** « *Oh ! argent que j'ai tant méprisé* [...] *tu as pourtant ton mérite* » CHATEAUBRIAND. *Il faut pourtant avancer. C'est pourtant bien simple. C'est pourtant vrai. Je te l'avais pourtant bien dit.* Quoique « *les fiefs fussent amovibles, ils ne se donnaient pourtant ni ne s'ôtaient d'une manière capricieuse* » MONTESQUIEU. — (Après le mot qu'il met en relief) « *triste, découragée, souriante pourtant* » PROUST. ◆ *Et pourtant,* unissant deux mots, deux propositions tout en les opposant. « *c'est une note grave, douce et pourtant pénétrante* » GAUTIER. « *Et pourtant elle tourne* [la Terre] » (mot prêté à GALILÉE après sa rétractation). — *Mais pourtant,* introduisant une opposition atténuée. « *caractère efféminé, mais pourtant indomptable* » ROUSSEAU.

POURTOUR [puʀtuʀ] **n. m.** – 1400 ◇ de *pour-* et 3 *tour* ▪ **1** Ligne formant le tour d'un objet, d'une surface. *Tant de mètres de pourtour.* ➤ **circonférence, circuit, périmètre.** ▪ **2** Partie qui fait le tour (d'un lieu), qui forme les bords (d'une chose). ➤ **périphérie.** *Le pourtour méditerranéen. Pourtour du chœur.* ➤ **déambulatoire.** « *une petite place dont le pourtour seul était pavé* » ROMAINS. ▪ CONTR. Centre.

POURVOI [puʀvwa] **n. m.** – 1804 ; « prévoyance » XIVe ◇ de *pourvoir* ▪ DR. Action par laquelle on attaque devant une juridiction supérieure la décision d'un tribunal inférieur. ➤ **appel.** *Pourvoi devant la Cour de cassation. Pourvoi en cassation. Pourvoi (en grâce).* ➤ **recours.** « *l'exécution du criminel, dont le pourvoi fut, deux mois après, rejeté par la Cour suprême* » BALZAC. — DR. FISC. ➤ **requête.** *Examiner la recevabilité d'un pourvoi. Pourvoi rejeté.*

POURVOIR [puʀvwaʀ] **v. tr.** ‹25› – XIIe ; *soi porveoir de* 1120, « examiner », puis « prévoir » ◇ latin *providere*, d'après *pour-* et *voir*

I v. tr. ind. POURVOIR À qqch. Faire ou fournir le nécessaire pour. *Pourvoir à l'entretien de la famille.* ➤ **assurer.** *Pourvoir aux besoins de qqn* (➤ **subvenir**), *aux besoins du ménage* (cf. Faire bouillir la marmite*), *à ses propres besoins* (➤ **se suffire**). « *Bougainville a renvoyé Aotourou, après avoir pourvu aux frais et à la sûreté de son retour* » DIDEROT. *Dieu y pourvoira.*

II v. tr. dir. ▪ **1** Mettre (qqn) en possession (de ce qui est nécessaire). ➤ **donner** (à), **munir, nantir.** *Pourvoir qqn d'une recommandation, d'un titre* (➤ **gratifier**), *d'un emploi* (➤ **procurer**). *Son père* « *se fit pourvoir d'une charge de conseiller au Parlement de Bretagne* » VALÉRY. — VX Établir par un mariage, un emploi. *Pourvoir un jeune homme.* ◆ PRONOM. (XVIe) **SE POURVOIR DE (qqch.)** : faire en sorte de posséder, d'avoir (une chose nécessaire). ➤ **se munir.** *Se pourvoir d'aliments, de provisions pour une semaine.* ➤ **s'approvisionner.** « *Si vous voulez des chevaux de labour* [...] *il faudra se pourvoir ailleurs* » BALZAC. ▪ **2** Munir (une chose). *Pourvoir une place de munitions.* ➤ **alimenter, approvisionner, fournir.** *Pourvoir une maison du confort moderne.* ➤ **équiper.** ◆ SPÉCIALT *Pourvoir un poste,* y affecter une personne. *Il reste des postes à pourvoir.* ▪ **3** (Sujet chose) *La nature l'a pourvu de grandes qualités.* ➤ **doter, douer.** ▪ **4** (Pass. et p. p.) **ÊTRE POURVU, UE :** avoir, posséder. *Il est pourvu de tout le nécessaire.* « *De grâces et d'attraits je vois qu'elle est pourvue* » MOLIÈRE. ◆ SPÉCIALT *Bien pourvu, pourvu,* riche. SUBST. *Les pourvus :* les nantis. ▪ **5 SE POURVOIR v. pron.** (1680) DR. Recourir à une juridiction supérieure ; former un pourvoi. *Les parties intéressées pourront se pourvoir devant le tribunal de première instance.*

▪ CONTR. Démunir, déposséder. — (du p. p.) Dénué, dépourvu, pauvre.

POURVOIRIE [puʀvwaʀi] **n. f.** – 1980 ; « office du pourvoyeur » du XIVe au XVIIIe s. ◇ de *pourvoir* ▪ (Canada) Établissement qui propose des services (hébergement, matériel, guides) aux personnes désirant pratiquer des activités (notamment la pêche et la chasse) en pleine nature.

POURVOYEUR, EUSE [puʀvwajœʀ, øz] **n.** – 1380 ; *porveour* 1248 ◇ de *pourvoir* ▪ **1** *Pourvoyeur de...* : personne, chose qui fournit (qqch.). « *Un déjeuner dont j'étais le pourvoyeur* » ROUSSEAU. *Pourvoyeur de drogue.* ➤ **dealeur, revendeur.** — FIG. « *Non ! je ne me ferai jamais le pourvoyeur de l'échafaud* » BALZAC. ▪ **2 n. m.** (1869) Soldat, artilleur chargé de l'approvisionnement d'une pièce. ➤ **servant.** *Tireur, chargeur et pourvoyeur d'une mitrailleuse, d'un mortier.* ▪ **3** (1968) (Canada) Personne qui exploite une pourvoirie. *Licence de pourvoyeur.*

POURVU, UE ➤ **POURVOIR** (II, 4°)

POURVU QUE [puʀvykə] **loc. conj.** – 1396 ◇ p. p. de *pourvoir* « étant donné, assuré que » ▪ Introduit une propos. au subj. ▪ **1** (Servant à présenter une condition comme étant à la fois nécessaire et suffisante pour que le fait de la principale se réalise) À condition de, si (cf. Il suffit* que). « *Petit poisson deviendra grand Pourvu que Dieu lui prête vie* » LA FONTAINE. « *Je permets à chacun de penser à sa manière, pourvu qu'on me laisse penser à la mienne* » DIDEROT. « *Qu'importe le flacon, pourvu qu'on ait l'ivresse* » MUSSET. — Du moment que, dès lors que. *Moi, pourvu que je mange à ma faim...* (s.-ent. cela me suffit, le reste m'indiffère). « *Pourvu qu'en somme je vive* » LA FONTAINE. ▪ **2** (En tête d'une phrase indépendante ; exprimant le souhait qu'une chose soit ou non, lorsqu'on redoute la possibilité contraire) Espérons que... *Pourvu que ça dure !* si cela pouvait durer ! *Pourvu qu'il fasse beau dimanche !* « *Notre paquet est parti il n'y a pas quinze jours* [...] *Pourvu qu'on ne l'ait pas saisi !* » FLAUBERT. « *Oh ! pourvu que je tienne jusqu'à l'aube* » DAUDET.

POUSADA ➤ **POSADA**

POUSSAGE [pusaʒ] **n. m.** – 1957 ◇ de *pousser* ▪ TECHN. Procédé de navigation fluviale par convois de barges métalliques rectangulaires amarrées de façon rigide et poussées (➤ **pousseur**). ▪ CONTR. Remorquage, touage.

POUSSAH [pusa] **n. m.** – 1852 ; *poussa* 1782 ; *pussa* 1670 ◇ chinois *pu-sa* « image de Bouddha assis les jambes croisées » ▪ **1** Jouet composé d'un buste de magot porté par une demi-sphère lestée qui le ramène à la position verticale lorsqu'on le bascule. ▪ **2** (avec infl. prob. de *poussif*) Gros homme petit et ventru. *Un gros poussah. Des poussahs.*

POUSSE [pus] **n. f.** – XVe ◇ de *pousser* ▪ **1** Action de pousser ; développement de ce qui pousse. *La pousse des feuilles.* ➤ **poussée.** *Pousse de printemps. Seconde pousse,* qui se produit en été. *La pousse des dents. Lotion pour activer la pousse des cheveux.* ▪ **2** Ce qui pousse à un certain stade de la végétation ; SPÉCIALT Bourgeon naissant, jet de l'arbre, germe de la graine. *Les jeunes pousses.* «*Les pousses vertes, sous la clarté horizontale, blondoyaient à l'infini*» GENEVOIX. *Pousses d'asperge, de bambou.* ➤ **turion.** *Pousses de houblon.* ➤ 1 **jet.** *Salade de pousses d'épinards, de jeunes pousses.* ▪ **3** FIG. *Jeune pousse* : recomm. offic. pour *start-up.* — (Personnes) Jeune promis à un bel avenir professionnel. ➤ **espoir.** ▪ **4** VÉTÉR. Maladie du cheval, dyspnée due à l'emphysème pulmonaire ou à la rigidité de la cage thoracique. *Ce cheval a la pousse.* ➤ **poussif.** ▪ **5** TECHN. Tourne du vin, caractérisée par une fermentation et un dégagement de gaz carbonique. ◆ Gonflement de la pâte lors de la fermentation. *Temps de pousse.* ▪ CONTR. Chute, défeuillaison. ▪ HOM. Pouce.

POUSSE-AU-CRIME [pusokʀim] n. m. inv. – 1916 «alcool fort» ◇ de *pousser* et *crime* ▪ FAM. et VIEILLI Alcool, eau-de-vie. ◆ Ce qui incite à mal agir, qui est tentant, provocateur. — **adj. inv.** *Des propos pousse-au-crime.*

POUSSE-CAFÉ [puskafe] n. m. – 1833 ◇ de *pousser* et *café* ▪ Petit verre d'alcool que l'on prend après le café. ➤ **rincette.** *Café, pousse-café et cigare. Des pousse-cafés.*

POUSSÉE [puse] n. f. – 1562 ; *poulcée* 1530 ◇ de *pousser* ▪ **1** Action d'une force qui pousse ; son résultat. ➤ **pression.** *La poussée de la foule. La porte a cédé sous la poussée. — Une poussée* : action de pousser qqn (pour l'écarter, le faire reculer). ➤ aussi **bourrade.** «*bien que le vent continuât de nous envoyer sa poussée furieuse*» LOTI. SPÉCIALT *Résister aux poussées de l'ennemi.* ➤ **attaque, offensive.** ◆ Force horizontale exercée par un élément pesant (arc, voûte, etc.) sur ses supports, et qui tend à les renverser. ➤ **charge, pesée, poids.** *Les arcboutants sont destinés à contrebuter une poussée.* ◆ PHYS. Pression exercée par un corps pesant sur un autre et tendant à le déplacer. *Poussée horizontale, verticale.* — Résultante des forces de pression exercée par un fluide. *La poussée d'Archimède. Centre de poussée* : point d'application de cette résultante sur une paroi, un objet immergé. — Force propulsive d'un moteur à réaction, d'une fusée. *La poussée du booster. Inverseur de poussée* (aide au freinage). ▪ **2** FIG. Manifestation brutale, irrésistible. *La poussée de l'instinct, de l'élan vital.* ➤ **impulsion, pulsion.** *Une poussée de violence.* ➤ **flambée.** — *La poussée de l'opposition aux élections,* sa progression. ▪ **3** Manifestation subite d'un mal. ➤ **accès, crise, paroxysme.** *Poussée de fièvre. Une poussée d'arthrose. Poussée évolutive.* — SPÉCIALT Brusque éruption cutanée. *Une poussée d'herpès.*

POUSSE-PIED [puspje] n. m. – 1558 ◇ de *pousser* et *pied* ▪ **1** ZOOL. ➤ **pouce-pied.** ▪ **2** MAR. Petit bateau léger, à fond plat, qu'on fait glisser en le poussant avec le pied. *Des pousse-pieds.*

POUSSE-POUSSE [puspus] n. m. inv. /POUSSEPOUSSE n. m./ – 1889 ◇ de *pousser* ▪ **1** Voiture monoplace légère à deux roues, tirée par un homme et en usage en Extrême-Orient. ➤ aussi **cyclopousse, rickshaw, touk-touk, vélopousse.** — ABRÉV. **POUSSE.** «*cette Indochine où jadis les "pousse" n'étaient concurrencés, strictement, que par les palanquins*» FARRÈRE. ▪ **2** (1903) (Suisse, Canada) Petite voiture d'enfant. ➤ **poussette** (3°).

POUSSER [puse] v. ⟨1⟩ – fin XIIe, comme verbe intransitif (II, A, 1°) ◇ du latin *pulsare* «heurter», «pousser», «frapper» → pouls. Le verbe apparaît en français déjà au milieu du XIIe s. au sens de «respirer difficilement». Ce sens disparaît au XVIIe s., en laissant *pousse* (3°) et *poussif*

I ~ v. tr. **A.** FAIRE CHANGER DE PLACE OU D'ÉTAT ▪ **1** (fin XIVe) Soumettre (qqch., qqn) à une force agissant par pression ou par choc et permettant de mettre en mouvement, et de déplacer dans une direction. ◆ (COMPL. PERSONNE) *Pousser qqn dehors, par les épaules. Il m'a poussée.* ➤ **bousculer.** «*il pousse sa compagne, lui fait perdre l'équilibre et la jette à terre*» DIDEROT. *Pousser qqn dans le vide. Pousser les gens pour entrer, pour se frayer un passage.* — SPÉCIALT (1611) *Pousser qqn du coude, du genou,* pour l'avertir ou en signe de connivence. — LOC. *Il va comme on le pousse,* sans choisir sa direction ; FIG. il est faible, influençable. **loc. adv.** (1917) FAM. *À la va comme je te pousse* : n'importe comment. *Ce travail a été fait à la va comme je te pousse.* — (COMPL. CHOSE) *Pousser du pied un objet. Pousser une voiture en panne d'essence.* «*nous n'avons plus qu'à nous barricader en poussant nos lits contre cette porte*» DIDEROT. *Pousser une porte,* pour l'ouvrir ou la fermer. *Pousser les volets. — Pousser le verrou.* ▪ **2** (1538) Faire aller (un être vivant) devant soi, dans une direction déterminée, par une action continue. «*Le vieux meunier poussant devant lui son âne*» DAUDET. *Chien qui pousse un troupeau. Pousser des troupes,* les faire avancer. FAM. *Pousser au cul.* ▪ **3** FIG. Entraîner (en parlant d'une force). *La passion pousse le joueur.* ➤ **emporter.** «*des grands chefs que l'ambition pousse et que la gloire attire*» ALAIN. «*je ne sais quelle force encore m'a poussé vers vous !*» FLAUBERT. ◆ FIG. (1538) **POUSSER (qqn) À (qqch.)** : inciter. ➤ **conduire, engager, entraîner, inciter, inviter,** 1 **porter, solliciter, stimuler.** *Pousser qqn à faire qqch. Quel mobile l'a poussé à agir ainsi ? Il l'a poussée à divorcer.* «*Quelqu'un voudrait-il donc me pousser au suicide ?*» ROBBE-GRILLET. — *Vendeur qui pousse à la dépense, à la consommation* (➤ aussi **pousse-au-crime**). ◆ (1661) Aider (qqn) à atteindre une position meilleure ; faciliter la réussite de (qqn). ➤ **favoriser ;** FAM. **pistonner.** «*cette passion de protéger, de guider, de* pousser, *propre à tant de femmes du monde*» MADELIN. (1798) *Pousser un élève,* le faire travailler. ◆ (1651) *Pousser qqn à bout,* l'acculer, l'exaspérer. — *Pousser qqn dans ses derniers retranchements**. ▪ **4** (fin XVIe) Faire avancer (qqch.). *Pousser une brouette, un landeau, sa bicyclette. Pousser un rabot. Pousser ses pions sur l'échiquier. — Pousser l'aiguille* : coudre. — «*le nuage qui change de forme et de route, selon le vent qui le pousse*» HUGO. ➤ **chasser.**

B. FAIRE ÉVOLUER ▪ **1** FIG. (1580) *Pousser à, jusqu'à, vers, loin,* etc. Faire aller jusqu'à un certain point, un certain degré, une limite (une activité, un travail, etc.). *Pousser jusqu'au bout une action, une aventure, une œuvre.* ➤ **terminer.** — *Pousser qqch. à la perfection, à l'extrême. Pousser trop loin la logique, la plaisanterie.* ➤ **exagérer.** *La plaisanterie est un peu poussée.* ➤ 1 **fort.** «*au lieu de pousser plus loin l'étude de cette langue japonaise, je l'ai négligée*» LOTI. «*cette fin de scène peut et doit être poussée jusqu'aux limites de la décence*» GIDE. *Pousser les choses au noir, pousser au noir*. Pousser le bouchon* trop loin.* — SPÉCIALT (1690) *Pousser les enchères.* ➤ **enchérir.** ◆ *Pousser jusqu'à* (avec un inf. marquant le point extrême). *Elle a poussé la gentillesse jusqu'à nous accompagner.* — (Avec un subst. marquant qu'à ce point extrême la chose devient autre) «*J'ai poussé la vertu jusques à la rudesse*» RACINE. *Amour maternel poussé jusqu'au sacrifice.* ▪ **2** (Sans compl. ind.) Faire parvenir à un degré supérieur de développement, d'intensité. *Pousser les travaux* (cf. Faire avancer). — (1656) *Pousser une affaire,* la mener activement. «*Jean avait eu l'idée de pousser ses affaires, auprès de Lise, en se déclarant*» ZOLA. *Pousser ses études, une discussion, une enquête.* ➤ **poursuivre, prolonger.** *Faire des études poussées.* ➤ **approfondi.** — (fin XVIIIe) *Pousser le feu,* en activer la combustion. ➤ **attiser.** *Pousse un peu le chauffage.* ➤ **activer, augmenter, monter.** — MAR. *Pousser les feux**. — (1929) *Pousser un moteur, une voiture,* chercher à lui faire rendre le maximum. ➤ **gonfler. p. p. adj.** *Moteur poussé,* dont les performances ont été améliorées. ▪ **3** (1580 cf. ci-dessous, II, C) RARE Faire naître, croître. ➤ **produire ; pousse.** «*Les platanes de la Halle aux vins poussaient leur jeune feuillage*» DUHAMEL.

C. PRODUIRE (UN SON) (1568) Produire avec force ou laisser échapper avec effort par la bouche (un son). ➤ **émettre, proférer.** *Pousser des cris.* ➤ **crier.** *Pousser son premier cri**. *Pousser un hurlement, un gémissement. Pousser un juron, une gueulante. Pousser un soupir, des soupirs.* ➤ **exhaler.** *Pousser un ouf de soulagement.* — FAM. ➤ **chanter.** (1885) *En pousser une* (chanson). (1866) *Pousser la romance, la chansonnette.*

II ~ v. intr. **A.** FAIRE UN EFFORT ▪ **1** (fin XIIe) Faire effort en poussant qqch. ou qqn, en exerçant une poussée, une pesée, une pression. *Ne poussez pas !* FAM. *Poussez pas, y en aura pour tout le monde !* «*Je veux pousser aussi, dit Pablo. Sarah s'arcbouta contre la voiture et poussa de toutes ses forces*» SARTRE. — *Pousser à la roue**. ▪ **2** Faire un effort pour expulser de son organisme. «*Elle poussait de toutes ses forces en silence, sans respirer*» GIONO.

B. DÉPASSER UNE LIMITE ▪ **1** *Pousser plus loin, jusqu'à...* : aller (plus loin). ➤ **avancer.** «*nous quittions Levallois et poussions jusqu'aux cimetières, Auteuil, Montmartre et même le Père-Lachaise*» ORSENNA. ➤ **continuer, poursuivre.** ▪ **2** FIG. et FAM. Aller trop loin, dépasser la mesure. ➤ **exagérer ;** FAM. **attiger, charrier.** *Tu pousses un peu !* LOC. (1962) *Faut pas pousser !*

C. DÉPASSER UNE TAILLE, UNE DIMENSION (1660 ◇ de *pousser,* I, B, 3°) ▪ **1** (Végétation) Croître, se développer, grandir. *Plantes, arbres qui poussent. Les premiers bourgeons poussent.* ➤ 2 **pointer,** 1 **sortir.** *Ces graines poussent vite.* ➤ 1 **lever.** *Une bonne terre où tout pousse.* ➤ **venir.** *Faire pousser des salades.* ➤ **cultiver.** «*Il faut que l'herbe pousse et que les enfants meurent*» HUGO. ◆ *Les cheveux poussent lentement. Laisser pousser sa barbe. Ses dents ont poussé.* ➤ **percer,** 1 **sortir.** *Les gosses poussent bien.* ➤ **grandir.** «*Quatorze ans, les seins qui poussent sous la robe étroite d'écolière*» I. NÉMIROVSKY. — LOC. *Se sentir pousser des ailes**. ◆ FIG. S'accroître, se développer (en parlant de villes, de constructions). *Pousser comme un champignon**, *du chiendent**. ▪ **2** (1508) TECHN. *Le vin pousse,* fermente. *La pâte pousse,* lève, gonfle sous l'effet de la fermentation.

III ~ **v. pron. SE POUSSER** ▪ **1** (RÉFL.) Avancer en poussant les autres. ◆ FIG. (1580) Conquérir une position meilleure ; se mettre en vue (cf. Jouer des coudes*). « *Il est fort désireux de se pousser dans le monde* » MAURIAC. — FAM. *Se pousser du col**. ◆ (1661) Se retirer, s'écarter pour laisser la place. ➤ RÉGION. **se tasser.** *Pousse-toi, laisse-moi passer.* LOC. FAM. *Pousse-toi de là que je m'y mette.* ➤ **ôter.** ▪ **2** (RÉCIPR.) Se bousculer. *Les enfants se poussent dans l'escalier.*

▪ CONTR. Haler, immobiliser, tirer ; détourner, dissuader, empêcher.
▪ HOM. Poucer.

POUSSETTE [pusɛt] **n. f.** – 1718 « jeu d'enfants » ◇ de *pousser* ▪ **1** (1873) Tricherie au jeu, consistant à pousser une mise sur le tableau ou le numéro que l'on voit gagner. ▪ **2** (1925) SPORT FAM. Action d'aider un coureur cycliste en le poussant dans une côte. — Action de pousser en course une autre voiture. ▪ **3** (1903) Petite voiture d'enfant, généralement pliante, constituée d'un siège suspendu à un châssis sur roulettes. ➤ RÉGION. **carrosse, pousse-pousse.** *Poussette-canne :* poussette pliante à deux montants parallèles en forme de canne. — (1896) **(Suisse)** Voiture d'enfant couverte. ➤ **landau** (2°). ▪ **4** Châssis métallique léger, monté sur roues et muni d'un manche ou guidon, pour transporter un sac à provisions, de petits fardeaux. ➤ 2 **caddie, chariot.** ▪ HOM. Poucettes.

POUSSEUR [pusœʀ] **n. m.** – 1959 ◇ de *pousser* ▪ TECHN. Bateau à moteur qui assure le poussage*. ▪ CONTR. Remorqueur, toueur.

POUSSIER [pusje] **n. m.** – *pulsier* « poussière » XIVe ◇ forme masc. de *poussière* ▪ Poussière de charbon, utilisée notamment pour faire des agglomérés. « *Son familier lui apporta un peu de poussier, afin qu'elle renouvelât les cendres de sa chaufferette* » BALZAC. — *Coup de poussier :* déflagration brusque des poussières de charbon, dans une mine, un dépôt de charbon. ◆ Débris pulvérulents. *Poussier de paille, de foin.* ▪ HOM. Poucier.

POUSSIÈRE [pusjɛʀ] **n. f.** – 1549 ; *posiere* 1190 ◇ de l'ancien français *pous,* du latin populaire °*pulvus,* classique *pulvis* ▪ **1** Terre desséchée réduite en particules très fines, très légères ; mélange pulvérulent de corpuscules assez ténus pour pouvoir se maintenir en suspension dans l'air. ➤ VX **poudre.** *Poussière fine. La poussière des routes, des chemins. Faire de la poussière.* « *On soulève, en marchant, une épaisse poussière blanchâtre qui prend à la gorge* » GIDE. *Nuage, tourbillon de poussière.* « *Je l'ai vu, tout couvert de sang et de poussière* » CORNEILLE. — Ces particules qui se déposent. ➤ RÉGION. **cheni.** *Poussière d'un appartement, sur les meubles, le plancher* (➤ **mouton**), *les livres. Couche de poussière. Ces rideaux sont un vrai nid à poussière. Ôter, enlever la poussière avec un plumeau, un balai, un aspirateur.* ➤ **balayer, dépoussiérer, épousseter, essuyer.** *Pas un grain de poussière. Chiffon*, pelle à poussière* (➤ RÉGION. **porte-poussière, ramasse-poussière**). *Sac à poussière de l'aspirateur.* POP. *Faire la poussière, les poussières :* épousseter. ◆ LOC. *Réduire en poussière :* pulvériser ; FIG. anéantir, détruire. *Tomber en poussière :* se désagréger. ➤ **brésiller.** — *Mordre* la poussière.* — *La poussière,* signe de l'état d'abandon d'une chose. *La poussière des bibliothèques ; du passé.* ◆ PAR EXT. LITTÉR. Les restes du corps humain, après la mort. ➤ **cendres, débris, dépouille, restes.** « *Ont-ils rendu l'esprit, ce n'est plus que poussière* » MALHERBE. ◆ *Une poussière :* un grain de poussière. *Avoir une poussière dans l'œil.* FIG. et FAM. Une chose infime, un rien. *Cela m'a coûté trente euros et des poussières,* et un peu plus. ➤ **broutille.** ◆ *Une poussière de :* un grand nombre, une multiplicité (d'éléments). *La Voie lactée est une poussière d'étoiles. Archipel formé d'une poussière d'îles.* ▪ **2** Matière réduite en fines particules (➤ **poudre**) ; ces particules. *La fine poussière de froment. Poussière de charbon.* ➤ **poussier.** *Poussières volcaniques. — Les poussières qui polluent l'atmosphère des villes. Poussières radioactives.* — (anglais *angel dust*) *Poussière* (ou *poudre*) *d'ange :* drogue hallucinogène. — ZOOL. Poudre fine recouvrant l'aile des papillons. — ASTRON. *Poussière cosmique* (matière très diluée qu'on trouve dans l'espace galactique), *interplanétaire, interstellaire.*

POUSSIÉREUX, EUSE [pusjeʀø, øz] **adj.** – 1786, repris 1801 ◇ de *poussière* ▪ **1** Couvert, rempli de poussière. *Route poussiéreuse.* ➤ **poudreux.** *Livres poussiéreux.* ◆ Chargé de poussière. « *Vers midi, dans la plaine où l'air poussiéreux brûle* » LECONTE DE LISLE. ▪ **2** FIG. Vieux, à l'abandon. « *tout ce monde poussiéreux, rance, moisi, fétide, [...] de l'astrologie judiciaire* » GAUTIER. *Des idées poussiéreuses.* ➤ **dépassé, périmé, rétrograde.**

POUSSIF, IVE [pusif, iv] **adj.** – *poussis* XIIIe ◇ de *pousser* ▪ **1** VÉTÉR. Se dit du cheval qui a la pousse* (3°). ▪ **2** COUR. (PERSONNES) Qui respire difficilement, manque de souffle. « *un homme gros, vieilli, déjà poussif* » ARAGON. ◆ (CHOSES) Qui marche mal, par à-coups. *Un moteur poussif. Une voiture poussive,* qui n'avance pas. ▪ **3** FIG. Qui manque d'inspiration. *Un scénario poussif.*

POUSSIN [pusɛ̃] **n. m.** – 1389 ; *pulcin* « petit d'un oiseau » v. 1120 ◇ latin populaire °*pullicinus,* bas latin *pullicenus,* de *pullus* → 1 poule ▪ Jeune poulet (PAR EXT. jeune oiseau) nouvellement sorti de l'œuf, encore couvert de duvet. « *Une grosse poule gloussante promenait un bataillon de poussins, vêtus de duvet jaune, léger comme de la ouate* » MAUPASSANT. *Poussins qui piaillent, piaulent.* CUIS. *Poussin rôti.* — APPOS. INV. *Jaune poussin.* — *Une poule n'y retrouverait* pas ses poussins.* ◆ FAM. T. d'affection *Mon poussin.* ◆ SPORT Jeune sportif âgé de moins de onze ans appartenant à la catégorie précédant celle des benjamins. *L'équipe des poussins.* — Au fém. *Une poussine.* ◆ ARG. Élève de première année dans certaines écoles (Air, Aéronautique).

POUSSINIÈRE [pusinjɛʀ] **n. f.** – 1562 ; *(geline) pociniere* « mère poule » 1196 ◇ de *poussin* ▪ AGRIC. Cage dans laquelle on enferme les poussins. ◆ Couveuse, éleveuse artificielle.

POUSSIVEMENT [pusivmɑ̃] **adv.** – 1898 ◇ de *poussif* ▪ D'une manière poussive, en s'essoufflant ou avec difficulté.

POUSSOIR [puswaʀ] **n. m.** – 1752 ; *pousoir* « engin de pêche que l'on pousse devant soi » 1258 ◇ de *pousser* ▪ Pièce destinée à transmettre une poussée, une pression. SPÉCIALT Bouton sur lequel on appuie pour déclencher un mécanisme, etc. ➤ **bouton-poussoir.** *Poussoir d'une montre.* ◆ CHIR. Instrument servant à chasser de l'œsophage un corps étranger.

POUTARGUE [putaʀg] ou **BOUTARGUE** [butaʀg] **n. f.** – 1751, -1534 ◇ provençal *boutargo,* arabe *boutharka* ▪ Masse d'œufs de mulet pressés, salés, enrobés de cire. *Faire du tarama avec de la poutargue.*

POUTINE [putin] **n. f.** – 1978 ◇ p.-ê. dérivé de l'ancien français *pou* « bouillie de farine (d'avoine, de maïs) », du latin *puls* « bouillie » ▪ Plat composé de frites garnies de fromage en grains, nappé de sauce brune, populaire au Québec.

POUTOU [putu] **n. m.** – 1784 ◇ mot occitan, d'un radical *pott-* « grosse lèvre » ▪ RÉGION. **(Sud-Ouest)** FAM. Baiser affectueux. *Gros poutous.*

POUTRAGE [putʀaʒ] **n. m.** – 1863 ◇ de *poutre* ▪ TECHN. Assemblage de poutres. ➤ **charpente.**

POUTRE [putʀ] **n. f.** – 1318 ; métaph. de l'ancien français *poutre* « pouliche » (cf. *chevalet*) ◇ latin populaire °*pullitra* d'après *pulletrus,* classique *pullus* « petit d'un animal » ▪ **1** Grosse pièce de bois équarrie servant de support (dans une construction, une charpente). ➤ **madrier.** *Poutres d'une charpente, d'un chevalement, d'un comble* (➤ **arbalétrier, chevron, entrait, faîte, poinçon...**). « *C'était une assez longue poutre, en cœur de chêne, saine et robuste, pouvant servir d'engin d'attaque et de point d'appui* » HUGO. *Poutres soutenant un plancher.* ➤ **lambourde, solive.** *Portée d'une poutre.* ➤ **travée.** *Plafond aux poutres apparentes. Maîtresse poutre,* la poutre principale. *Poutre vermoulue, mangée par les termites.* — LOC. PROV. **(d'apr. l'Évangile)** *Il voit la paille dans l'œil du voisin et ne voit pas la poutre dans le sien :* il voit et critique les moindres défauts d'autrui et ne se rend pas compte qu'il en a de plus graves. *C'est la paille et la poutre,* se dit d'une personne qui critique chez une autre un défaut qu'elle a encore plus. ▪ **2** Élément de construction allongé (en fer, en ciment armé, etc.). *Poutres en béton, en béton armé. Poutres métalliques d'un pont.* ➤ **longeron ; poutrelle.** *Poutres pleines ou en treillis.* ▪ **3** SPORT Longue pièce de bois disposée horizontalement au-dessus du sol servant à des exercices de gymnastique. — PAR MÉTON. Les exercices d'équilibre ainsi pratiqués.

POUTRELLE [putʀɛl] **n. f.** – 1489 ◇ de *poutre* ▪ Petite poutre. ◆ Barre d'acier allongée entrant dans la construction d'une charpente métallique.

POUTSER ou **POUTZER** [putse] **v. tr.** ‹1› – 1867 ◇ de l'allemand *putzen* ▪ **(Suisse)** FAM. Nettoyer, astiquer.

POUTURE [putyʀ] **n. f.** – XIIIe « légume » ◇ du latin *puls, pultis* « bouillie de céréales » ; cf. ancien français *pou* « bouillie » ▪ (1782) AGRIC. Engraissement du bétail à l'étable, principalement au moyen de farineux.

1 **POUVOIR** [puvwaʀ] **v. tr.** ‹33 ; p. p. inv. *pu* ; REM. *je puis* est vieilli, sauf dans l'interrogation directe où il est obligatoire : *puis-je ?*› – milieu IXe ◇ du latin populaire *potere,* refait sur *posse,* d'après les formes conjuguées comme *potest* « il peut »

II (LE COMPLÉMENT EST UN INFINITIF) « Auxiliaire d'aspect », servant à exprimer la modalité du possible, l'hypothèse, le souhait, etc. **A.** CAPACITÉ Avoir la possibilité de (faire qqch.) (cf. Être capable, susceptible de, en état, à même, en mesure de). ▪ **1** (SUJET PERSONNE) *Elle peut marcher. Ils peuvent payer. Je ne peux pas le porter toute seule. Ne pas pouvoir,* ou (LITTÉR.) *ne pouvoir parler. On ne peut pas tout avoir. On ne peut pas ne pas y penser :* on est obligé d'y penser. *On ne peut rien te cacher. Pouvoir parfaitement faire qqch. Qui peut savoir ?* LOC. PROV. *La plus belle fille du monde ne peut donner que ce qu'elle a. « Je ne puis méditer qu'en marchant »* ROUSSEAU. *Dire qu'il a pu faire une chose pareille !* ➤ **oser.** ◆ (SANS COMPL.) *Comment a-t-il pu ? « Il faut, autant qu'on peut, obliger tout le monde »* LA FONTAINE. *Si vous pouvez ; dès que vous pourrez. Ils se débrouillent comme ils peuvent. « Devine, si tu peux, et choisis, si tu l'oses »* CORNEILLE. — **loc. adv. et adj.** (fin XVe) *On ne peut mieux :* le mieux possible. *On ne peut plus :* beaucoup, extrêmement. *Il est on ne peut plus serviable. On ne peut moins :* très peu. ▪ **2** (SUJET CHOSE) *Force qui peut lever un poids. Ça peut toujours servir. « notre condition faible et mortelle, et si misérable, que rien ne peut nous consoler »* PASCAL. *Qu'est-ce que ça peut bien lui faire ?*

B. DROIT, PERMISSION Avoir le droit, la permission de (faire qqch.). ▪ **1** (Selon le droit) *« La liberté consiste à pouvoir faire tout ce qui ne nuit pas à autrui »* (DÉCLARATION DES DROITS DE L'HOMME). ▪ **2** (Selon la morale) *« Une femme d'honneur peut avouer sans honte »* CORNEILLE. *On ne peut pas l'abandonner dans cet état.* ▪ **3** (fin XIe) (Selon la raison) Avoir raisonnablement la possibilité de. *« On ne peut affirmer. On peut tout supposer »* ROMAINS. *C'est le moins qu'on puisse dire. Si je puis dire, si l'on peut dire* (cf. Pour ainsi dire). *On ne peut que s'en réjouir. « Comment peut-on être Persan ? »* MONTESQUIEU. ▪ **4** (Selon une règle) *On peut, on ne peut pas dire... Peut-on dire « des œufs de canard » ou doit-on dire « des œufs de cane » ?* ▪ **5** Avoir l'autorisation de. *Les élèves internes pourront sortir jusqu'à telle heure. Puis-je vous emprunter ce crayon ?* ▪ **6** Avoir beau. *On peut bien rire de moi, ça m'est égal. Tu peux me raconter ce que tu veux, je ne te crois pas. Il peut bien venir me voir, je ne lui parlerai pas :* ... même s'il vient.

C. HYPOTHÈSE, SOUHAIT ▪ **1** (De ce qui est éventuel, a des probabilités de se produire) *« Je puis échouer, les armes sont journalières, mais je puis réussir aussi »* BONAPARTE. *Les malheurs qui peuvent nous arriver.* ➤ **risquer.** *Ça pourrait mal tourner. Un train peut en cacher un autre.* — (Belgique) *Ne pouvoir mal de :* ne pas risquer de. *Je ne peux mal de l'oublier.* ▪ **2** (fin Xe) LITTÉR. (subj. optatif : exprime le souhait) *Puissiez-vous dire vrai ! « Puissions-nous chanter sous les ombrages Des arbres ! »* LA FONTAINE. *Puissé-je /puissé-je/* ou *pussé-je /pussè-je/ vous revoir ! « Puissé-je vivre assez pour voir tous nos espoirs ressurgir ! »* GIDE.

D. IMPERSONNEL **IL PEUT, IL SE PEUT** ▪ **1 IL PEUT, POURRA, POUVAIT** (et l'inf.). ➤ **peut-être ; possible.** *Il peut y avoir..., il ne peut pas y avoir d'erreur. Il peut arriver que. Il pourrait bien pleuvoir demain :* il est vraisemblable qu'il pleuvra demain. *Il pouvait être minuit :* il était environ minuit. *Il peut se faire que ce soit la vérité. — Advienne* que pourra.* ▪ **2** PRONOMINAL **IL SE PEUT.** LOC. *Autant que faire se peut, se pourrait :* autant que cela est, serait possible. *Il se peut faire, il se peut :* il est possible. ◆ *Il se peut que* (et subj.). *Il se peut que je sois un peu en retard. « Il se peut que tu aimes la marine française... mais la marine française te dit merde »* (PAGNOL, « Marius », film). — *Cela ne se peut pas :* c'est impossible. FAM. *Ça se peut, je ne dis pas le contraire. Ça se pourrait bien.*

III (LE COMPLÉMENT EST UN PRONOM NEUTRE, UN INDÉFINI) ▪ **1** (Avec un pron. neutre) *Résistez, si vous le pouvez,* si vous pouvez résister. *Dès qu'il le put.* ▪ **2** Être capable, être en mesure de faire (qqch.). *Je fais ce que je peux, j'ai fait ce que j'ai pu.* LOC. FAM. *On fait ce qu'on peut, on n'est pas des bœufs. Qu'y puis-je ? On n'y peut rien.* (Belgique) *N'en pouvoir rien :* n'y rien pouvoir, ne pas être responsable. *« Je n'en peux rien... Je ne suis bien nulle part... »* SIMENON. *Qu'est-ce que je peux pour vous ? Que puis-je pour vous ? — Vous pouvez beaucoup. « Que ne peut l'amitié conduite par l'amour ? »* RACINE. *« L'homme avec l'or fait ce qu'il peut. Dieu avec le vent fait ce qu'il veut »* HUGO. PROV. *Qui peut le plus peut le moins :* la réussite d'une chose difficile implique celle de ce qui est plus facile. ◆ *Pouvoir* (qqch.) *sur... :* avoir de l'autorité, de l'influence sur. *« Tout ce que peut l'amour sur le cœur d'Alexandre »* RACINE. ◆ (SANS COMPL.) *Savoir, vouloir et pouvoir. « C'est être malheureux que de vouloir et ne pouvoir »* PASCAL. LOC. PROV. *Si jeunesse savait, si vieillesse pouvait.* ▪ **3** LOC. (milieu XIIe) *N'en pouvoir mais*.* (XIVe) **N'EN POUVOIR PLUS :** être dans un état d'extrême fatigue, de souffrance ou de nervosité. *J'ai trop marché, je n'en peux plus. « Je n'en peux plus de fatigue, adieu »* FLAUBERT. — Ne pas supporter un excès de plaisir. *On se tordait de rire, on n'en pouvait plus.*

▪ HOM. *Pus :* pue (puer).

2 POUVOIR [puvwaʀ] n. m. – milieu IXe ◊ de 1 *pouvoir*

I POSSIBILITÉ D'AGIR ▪ **1** Le fait de pouvoir, de disposer de moyens naturels ou occasionnels qui permettent une action. ➤ **faculté, possibilité.** *Le pouvoir de parler, de saisir la réalité. Le pouvoir de connaître l'avenir.* ➤ 1 **don.** *Elle « avait gardé le pouvoir de jeter un enchantement sur ce pays »* LOTI. *Si j'en avais le pouvoir. À cause, en vertu du pouvoir de... « La France possède un grand pouvoir d'assimilation »* DUHAMEL. *« Il y a dans toute musique un pouvoir d'ivresse »* R. ROLLAND. — (1921) *Pouvoir d'achat :* quantité de biens et services qu'il est possible de se procurer avec une somme d'argent déterminée. *Baisse du pouvoir d'achat.* ➤ **niveau** (de vie). *Pouvoir libératoire d'une monnaie. — Cela n'est pas en mon pouvoir,* parmi les choses que je peux faire. *« Il n'est plus en pouvoir de me faire du mal »* MOLIÈRE. *Cela dépasse son pouvoir,* ses possibilités. — PLUR. *Des pouvoirs surnaturels, extraordinaires.* ▪ **2** (milieu XIIe) Capacité légale (de faire une chose). ➤ 3 **droit.** *Un interdit n'a pas pouvoir de tester. Pouvoir d'un tuteur, d'un mandataire. Il m'a donné pouvoir de...* ➤ **commission, délégation, mandat, mission.** *Avoir tous pouvoirs, pleins pouvoirs* (cf. FIG. Avoir carte* blanche). ➤ **plénipotentiaire.** — *Fondé de pouvoir* (d'une société). ➤ **fondé de pouvoir.** ◆ SPÉCIALT Acte écrit permettant à une personne d'exercer les droits d'une autre personne et d'agir en son nom. ➤ **procuration.** *Bon pour pouvoir,* formule par laquelle on donne pouvoir à qqn. *Avoir un pouvoir par-devant notaire. Pouvoir en bonne forme. Vérification des pouvoirs.* ◆ DR. CAN. *Les pouvoirs,* ceux que confère l'évêque au prêtre. ▪ **3** (début XIVe) (Qualifié) Propriété physique d'une substance placée dans des conditions déterminées. ➤ **capacité.** *Pouvoir calorifique :* quantité de chaleur produite par la combustion complète de l'unité de masse d'une substance. *Pouvoir absorbant*. Pouvoir émissif*. Pouvoir réflecteur :* rapport de l'énergie rayonnante réfléchie sous une incidence normale à l'énergie rayonnante incidente. — *Pouvoir séparateur d'un système optique* (objectif, microscope, spectrographe) : capacité de produire des images distinctes discernables d'objets rapprochés ; mesure de cette capacité. *Pouvoir rotatoire*.* — PHYSIOL. *Pouvoir d'accommodation* de l'œil.* — CHIM. *Pouvoir ferment :* proportion de sucre transformée, relativement à la levure produite pendant cette transformation. — TECHN. *Pouvoir couvrant d'une couleur, d'un vernis :* surface qui peut être couverte utilement avec un kilo de couleur. ▪ **4** (début XIIIe) Possibilité d'agir sur qqn, qqch. ➤ **autorité, empire, puissance.** *« Son pouvoir n'est fondé que sur votre faiblesse »* MOLIÈRE. *« Il fallait employer le pouvoir que cette princesse avait sur lui »* Mme DE LA FAYETTE. ➤ 2 **ascendant, influence.** *Un pouvoir diabolique, magique, irrésistible. Pouvoir de séduction. — Vous êtes en notre pouvoir,* à notre merci, entre nos mains. *« Il n'y a rien qui soit entièrement en notre pouvoir que nos pensées »* DESCARTES. — *Tomber au pouvoir de qqn,* sous sa domination. ➤ **dépendance.** — *Le pouvoir des sens. Malherbe, « D'un mot mis en sa place enseigna le pouvoir »* BOILEAU. ➤ **efficacité.** *Le mystérieux pouvoir des nombres. « Le pouvoir de la poésie est grand sur le peuple »* HUGO.

II GOUVERNEMENT ▪ **1** (fin XVe) Situation de ceux qui dirigent ; puissance politique à laquelle est soumis le citoyen. *Le pouvoir du roi, de César. Pouvoir suprême, souverain.* ➤ **souveraineté.** *Pouvoir supérieur.* ➤ **hégémonie.** *Pouvoir absolu.* ➤ **omnipotence, toute-puissance.** *Pouvoir autocratique, oppresseur, tyrannique. Pouvoir faible, chancelant. Les bornes, les limites du pouvoir. Pouvoir et contre-pouvoirs. Lutte pour le pouvoir, luttes de pouvoir. Prendre, saisir le pouvoir, s'emparer du pouvoir.* ➤ **pronunciamiento, putsch** (cf. Coup d'État*). *Avoir, détenir, exercer le pouvoir. Parvenir, être, se maintenir au pouvoir. « Conquérir le pouvoir, le garder, l'exercer, c'est un seul et même acte, et cela ne se fait pas innocemment »* TOURNIER. *Homme, femme de pouvoir. La majorité au pouvoir* (en démocratie). *Vacance* du pouvoir. Les attraits, les prérogatives, les privilèges du pouvoir. « Il faut un don particulier pour exercer le pouvoir »* MITTERRAND. — AU PLUR. *Accorder les pleins pouvoirs au gouvernement par un vote.* ◆ VIEILLI ➤ **gouvernement,** 1 **régime.** *Pouvoir monarchique, aristocratique, oligarchique, démocratique.* ▪ **2** (Le pouvoir considéré dans ses fonctions et manifestations) Droit et possibilité d'action codifiée, dans un domaine précis. *Organe, organisme exerçant un pouvoir, des pouvoirs* (institutions politiques). *Pouvoir constituant.* (1734) *Pouvoir législatif,* chargé d'élaborer la constitution, la loi. *Pouvoir*

exécutif, chargé du gouvernement et de l'administration. *« on ne saurait avoir une meilleure constitution que celle où le pouvoir exécutif est joint au législatif »* ROUSSEAU. *Pouvoir judiciaire,* chargé de la fonction de juger. ➤ **justice.** *Confusion des pouvoirs :* régime où les trois pouvoirs (exécutif, législatif, judiciaire) sont entre les mêmes mains (monarchie, dictature). *Division, séparation des pouvoirs :* régime où les trois pouvoirs sont indépendants les uns des autres (régime parlementaire, présidentiel). — LOC. *Le quatrième pouvoir :* la presse, les médias. — *Pouvoir temporel et pouvoir spirituel.* — DR. *Pouvoir disciplinaire,* du supérieur hiérarchique, d'un conseil. ➤ **discipline.** — *Pouvoir discrétionnaire* (DR. PUBL.), permettant à une autorité d'agir librement. *Pouvoir réglementaire. Les pouvoirs d'un ministre, d'un préfet.* ➤ **attribution.** *En vertu des pouvoirs qui me sont conférés.* — *Abus* de pouvoir. Excès* de pouvoir.* ♦ Organes, personnes dans lesquels s'incarne le pouvoir. *Le pouvoir central. Pouvoir municipal. Les pouvoirs publics :* ensemble des autorités pouvant imposer des règles aux citoyens. — *Les pouvoirs, les pouvoirs constitués.* — *L'opinion et le pouvoir. « Si le pouvoir n'est pas résolu à forcer l'obéissance, il n'y a plus de pouvoir »* ALAIN.
■ CONTR. Impossibilité, impuissance.

POUZZOLANE [pudzɔlan] **n. f.** – 1670 ◊ italien *pozzolana,* de *Pozzuoli* « Pouzzoles », nom d'une ville près de Naples ■ Roche siliceuse d'origine volcanique, formée de scories restées à l'état meuble et qui, mélangée à la chaux, entre dans la composition de certains ciments.

P. P. C. M. [pepeseɛm] **n. m.** – 1962 ◊ sigle ■ MATH. Plus petit commun multiple.

P. Q. [peky] **n. m.** – *pécu* 1977 ◊ abrév. plaisante de *papier cul* ■ FAM. Papier hygiénique. *Un rouleau de P. Q.*

PRACRIT ➤ **PRAKRIT**

PRACTICE [pʀaktis] **n. m.** – milieu XXe ◊ mot anglais « pratique » ■ ANGLIC. Au golf, Terrain, salle réservés à l'entraînement. — **Recomm. offic.** ***terrain d'entraînement.***

PRÆSIDIUM ➤ **PRÉSIDIUM**

PRAGMATIQUE [pʀagmatik] **adj.** et **n. f.** – *pragmatique sanction* 1438 ◊ latin juridique *pragmatica sanctio,* grec *pragmatikos* « relatif à l'action *(pragma)* » ■ **1** HIST. *Pragmatique sanction :* édit promulgué autrefois par les souverains territoriaux en vue de régler définitivement une affaire importante. — SUBST. (1461) *La Pragmatique de Bourges.* ■ **2** (1842 ; math. début XVIIe) DIDACT. Qui est adapté à l'action sur le réel, qui est susceptible d'applications pratiques, qui concerne la vie courante. ➤ 2 **pratique.** *Une décision pragmatique. Activité pragmatique.* — Qui accorde la première place à l'action, à la pratique. *« la vérité pragmatique a remplacé la vérité révélée »* SARTRE. *Une personne pragmatique.* ➤ 1 **efficace.** ♦ (1851) PHILOS. Qui s'inspire des principes ou de l'esprit du pragmatisme, qui est relatif au pragmatisme. ■ **3** **n. f.** SÉMIOL. Étude des signes en situation. *L'énonciation fait partie de la pragmatique. Syntaxe, sémantique et pragmatique.* ➤ **pragmatisme.**

PRAGMATISME [pʀagmatism] **n. m.** – 1877 ◊ allemand *Pragmatismus,* du grec *pragmatikos* ■ PHILOS. ■ **1** Doctrine qui donne la valeur pratique comme critère de la vérité (d'une idée). *Pragmatisme en politique étrangère* (➤ **réalpolitique**). ■ **2** (1907) Doctrine selon laquelle l'idée que nous avons d'un phénomène, d'un objet n'est que la somme des idées que nous pouvons avoir au sujet des conséquences pratiques de ce phénomène, des actions possibles sur cet objet. *Le pragmatisme de W. James.*

PRAGMATISTE [pʀagmatist] **adj.** et **n.** – 1909 ◊ de *pragmatisme* ■ PHILOS. Relatif au pragmatisme. *Philosophie pragmatiste.* ♦ Partisan du pragmatisme. **n.** *Un pragmatiste.*

PRAIRE [pʀɛʀ] **n. f.** – 1873 ◊ mot provençal « prêtre » ■ Mollusque bivalve comestible, coquillage vivant dans le sable littoral. ➤ **vénus.** *Praires, coques et palourdes. Praires farcies.*

PRAIRIAL [pʀɛʀjal] **n. m.** – 1793 ◊ de *prairie* ■ HIST. Neuvième mois du calendrier républicain (du 20 mai au 18 juin). *Le coup d'État du 30 prairial (an VII). « Par une douce nuit de prairial »* FRANCE. *Des prairials.*

PRAIRIE [pʀeʀi] **n. f.** – *praiere* 1150 ◊ de *pré* ■ Surface couverte de plantes herbacées (graminées et légumineuses) qui fournit du fourrage au bétail. *Prairie naturelle ou permanente,* non ensemencée. ➤ **pré ; embouche, herbage,** 1 **noue, pâturage.** *Faucher une prairie. Prairie d'élevage. « Une prairie à l'herbe à la fois rase et drue dévalait à nos pieds »* GIDE. (1600) *Prairie artificielle,* qui entre dans la succession de l'assolement. ♦ *La Prairie :* vastes steppes d'Amérique du Nord. *Les Prairies,* nom de trois provinces canadiennes.

PRAKRIT ou **PRACRIT** [pʀakʀi] **n. m.** – 1842 ◊ sanskrit *prâkr(i)ta* « dénué d'apprêt, usuel », opposé à *samskr(i)ta* « parfait » ■ LING. Ensemble des langues et dialectes de l'Inde ancienne issus du sanskrit ou développés parallèlement à lui. — On écrit aussi *prâkrit, prâcrit.*

PRALIN [pʀalɛ̃] **n. m.** – 1869 ◊ de *praliner* ■ TECHN. ■ **1** Mélange utilisé pour le pralinage* des végétaux. ■ **2** Préparation à base de pralines, d'amandes et de sucre, utilisée en pâtisserie, en confiserie. ➤ **praliné.**

PRALINAGE [pʀalinaʒ] **n. m.** – 1869 ◊ de *praliner* ■ TECHN. ■ **1** Opération qui consiste à enrober les racines d'une plante ou les graines qu'on va mettre en terre d'un mélange de terre et de bouse de vache. ■ **2** (1875) Fabrication des pralines.

PRALINE [pʀalin] **n. f.** – 1662 ◊ du nom du comte du *Plessis-Praslin* ■ **1** Bonbon fait d'une amande rissolée dans du sucre bouillant. *Croquer des pralines.* — **(Belgique, Luxembourg)** Bonbon au chocolat, généralement fourré. *Un ballotin de pralines.* ♦ LOC. FAM. INV. *Cucul la praline :* niais, un peu ridicule. ➤ **bébête, cucul.** *Tous ses films sont cucul la praline.* ■ **2** FAM. Balle d'arme à feu. ➤ **dragée.**

PRALINÉ, ÉE [pʀaline] **adj.** – 1748 ◊ de *praliner* ■ Rissolé dans du sucre. *Amandes pralinées. Feuilleté praliné.* ♦ Mélangé de pralines, d'amandes ou de noisettes pilées. *Du chocolat praliné,* ou ELLIPT *du praliné.* — *Crème, glace pralinée.*

PRALINER [pʀaline] **v. tr.** ⟨1⟩ – 1715 ◊ de *praline* ■ **1** Préparer à la manière des pralines. ■ **2** AGRIC. **(par compar. des grumeaux de terre à des** ***pralines*****)** Procéder au pralinage des racines, des graines de (une plante). *Praliner un rosier.*

PRAME [pʀam] **n. f.** – 1702 ◊ néerlandais *praam* ■ MAR. ANC. Navire à fond plat, à voiles ou à rames, pouvant porter une artillerie puissante et qui était utilisé pour la défense des côtes. ♦ MOD. Bateau annexe à fond plat, souvent manœuvré à la godille.

PRAO [pʀao] **n. m.** – v. 1525 ◊ portugais *parao, paró,* du malais ■ Voilier à balancier utilisé en Malaisie. — PAR EXT. Multicoque construit selon ce modèle. *Trimarans et praos.*

PRASÉODYME [pʀazeɔdim] **n. m.** – 1895 ◊ *praseodynium* 1890, mot allemand (1886), du grec *prasinos* « d'un vert de poireau » et *didumos* « double » ■ CHIM. Élément du groupe des lanthanides (Pr ; n° at. 59 ; m. at. 140,92), métal jaune clair, extrait de la monazite, donnant des sels d'un beau vert.

PRATICABILITÉ [pʀatikabilite] **n. f.** – avant 1836 ; *pratiquabilité* 1719 ◊ de *praticable* ■ RARE État, caractère de ce qui est praticable. *Praticabilité d'un sentier.*

PRATICABLE [pʀatikabl] **adj.** et **n. m.** – 1555 ◊ de *pratiquer* **A.** **adj.** ■ **1** Qu'on peut mettre à exécution. ➤ **possible.** *Projet praticable.* ➤ **applicable, réalisable.** *Il ne trouvait plus « ses projets aussi praticables ou plutôt agréables à pratiquer que cela lui avait semblé »* GOBINEAU. ■ **2** (1694) Où l'on peut passer sans danger, sans difficulté. *Chemin praticable pour les voitures.* ➤ **carrossable.** *« Les sentiers possibles, praticables même pour un renard »* STENDHAL. ■ **3** ARCHIT. *Arcade praticable,* réelle (opposé à *en trompe-l'œil*). ♦ THÉÂTRE *Porte, fenêtre praticable,* par laquelle on peut passer. *Décors praticables et décors figurés.*
B. **n. m.** ■ **1** THÉÂTRE (1835) Décor où l'on peut se mouvoir. ♦ CIN., TÉLÉV. Élément supportant des projecteurs, des caméras et le personnel qui s'en occupe. *« un échafaud de praticables où jucher l'appareil, l'opérateur et ses aides »* COCTEAU. ■ **2** SPORT Terrain ou espace où se pratiquent l'entraînement et certaines épreuves. *Praticable de gymnastique au sol.* ■ CONTR. Impraticable.

PRATICIEN, IENNE [pʀatisjɛ̃, jɛn] **n.** – 1314 sens 2° ; fém. 1719 ◊ de *pratique* ■ **1** Personne qui connaît la pratique d'un art, d'une technique. *Théoriciens et praticiens.* ♦ ARTS Personne qui exécute un travail sur les indications de l'artiste (➤ **exécutant**), qui dégrossit le marbre pour ébaucher une sculpture. ■ **2** Médecin qui exerce, soigne les malades **(opposé à** ***chercheur, théoricien*****).** ➤ **clinicien ; chirurgien ; omnipraticien.** *« un médecin de l'école de Molière, grand praticien et ami des anciennes formules »* BALZAC. *Praticien libéral, hospitalier.* — Personne qui donne des soins médicaux. *La sage-femme est une praticienne.*

PRATICITÉ [pʀatisite] **n. f.** – 1894 ◊ de *pratique* ■ RARE Caractère de ce qui est pratique. *La praticité d'un emballage.* ➤ **commodité.**

PRATIQUANT, ANTE [pratikɑ̃, ɑ̃t] adj. et n. – 1868 ; «utilisateur» n. m. 1360 ◇ de *pratiquer* ■ Qui observe les pratiques de sa religion. *Les catholiques pratiquants. Elle est croyante mais peu pratiquante.* — n. *Un pratiquant, une pratiquante.*

1**PRATIQUE** [pratik] n. f. – 1256 ◇ latin *practice*, grec *praktikos*
I LA PRATIQUE ■ **1** Activités volontaires visant des résultats concrets (opposé à *théorie*). *Connaissance obtenue par la pratique.* ➤ **empirique, expérimental, pragmatique.** *«La pratique les a prémunis contre les chimères des théoriciens»* TAINE. — *Dans la pratique, dans la pratique de chaque jour :* dans la vie, le quotidien. *En pratique :* dans l'exécution. ➤ **concrètement** (cf. En fait*, en réalité*). *«Des dispositions belles en théorie, mais peu exécutables en pratique»* CHATEAUBRIAND. ■ **2** (Qualifié) Manière concrète d'exercer une activité (opposé à *règle, principe*). *La pratique d'un art, d'une science, d'une technique. La pratique d'une profession.* ➤ **exercice.** *«nous n'avons ni la pratique militaire ni la compétence stratégique»* HUGO. *La pratique de la navigation, d'un sport. La pratique d'une langue.* ➤ **usage.** *Manquer de pratique.* ➤ **expérience.** *Plusieurs années de pratique.* LOC. *Mettre en pratique.* ➤ **appliquer, concrétiser, exécuter, réaliser.** *Mettre en pratique une idée, un projet, une décision. Mise en pratique d'un principe.* ■ **3** (XIVe) DR. Procédure. *Termes, style de pratique.* ■ **4** LITTÉR. Le fait de suivre une règle d'action (sur le plan moral ou social). *Pratique de la dévotion, des commandements.* ➤ **observance.** *La pratique du bien.* — SPÉCIALT *La pratique religieuse* (➤ **pratiquer**). *«la pratique religieuse, de plus en plus exclusivement féminine»* BOURDIEU. ■ **5** (XVIIe) *Les pratiques :* les exercices extérieurs de la piété. ➤ **observance ; culte.** *«Une religion chargée de beaucoup de pratiques attache plus à elle qu'une autre qui l'est moins»* MONTESQUIEU.
II UNE PRATIQUE, DES PRATIQUES Manière habituelle d'agir (propre à une personne, un groupe). ➤ **agissements, conduite, procédé.** *Une pratique courante, générale, répandue, universelle.* ➤ **coutume,** 1**mode, usage.** *«Tout argument tiré d'une pratique ancienne et commune est faible»* ALAIN. — (anglais *best pratice*) *Bonne pratique :* démarche, action efficace face à une situation, un problème, facilement généralisable dans le même secteur d'activité. *Recommandations, normes de bonne pratique. Bonne pratique de l'hygiène dans les restaurants.*
III SENS ANCIENS ■ **1** VX *La pratique de (qqn),* sa fréquentation habituelle. *«Évite avec grand soin la pratique des femmes»* CORNEILLE. *La pratique du monde.* ■ **2** (XVIe) VIEILLI Clientèle. *«La blanchisseuse soignait d'une façon particulière sa pratique de la rue des Portes-Blanches»* ZOLA. — Client, cliente. *Les pratiques d'une boutique, d'un magasin.*
IV SENS TECHNIQUES ■ **1** MAR. *Libre pratique :* liberté de communiquer avec un port, pour les gens de mer qui ont fait une quarantaine. ■ **2** (1731) VX Petit instrument utilisé par les montreurs de marionnettes pour changer leur voix. *«un gazouillement joyeux produit à l'aide d'une* pratique *cachée dans sa bouche»* NERVAL.
■ CONTR. Spéculation, théorie.

2**PRATIQUE** [pratik] adj. – 1361 ◇ bas latin *practicus* ■ **1** Qui concerne l'action, la transformation de la réalité extérieure par la volonté humaine. *«Au lieu de cette philosophie spéculative qu'on enseigne dans les écoles, on en peut trouver une pratique»* DESCARTES. ➤ **pragmatique.** *«prendre pour mes jugements pratiques le contre-pied exact de mes jugements théoriques»* RENAN. ◆ *Exercices, travaux pratiques (T. P.* [tepe]) : exercices d'application qui complètent l'enseignement théorique d'une matière. *Travaux pratiques de chimie au labo.* ■ **2** Qui concerne la vie matérielle, concrète ; utilitaire. *Conseils pratiques. Les détails pratiques du fonctionnement. «la poursuite des biens proprement spirituels, des valeurs non pratiques ou désintéressées»* BENDA. ■ **3** PHILOS. Qui détermine la conduite ; normatif. *«Critique de la raison pratique»,* de Kant. ■ **4** Qui concerne le sens des réalités, l'aptitude à s'adapter aux situations concrètes et à défendre ses intérêts matériels. *Intelligence pratique. Manquer, être dénué de tout sens pratique.* ◆ (XIXe) (PERSONNES) Qui a le sens du réel, de ses intérêts pratiques. *Un homme, une femme pratique.* ➤ 1**positif.** ■ **5** (fin XIXe) (CHOSES) plus cour. Ingénieux et efficace, bien adapté à son but. ➤ 1**commode, fonctionnel.** *Instrument, outil pratique. C'est pratique, très pratique. Cette boîte n'est pas pratique à ouvrir. Le métro est pratique pour se déplacer.* ■ CONTR. Théorique ; abstrait, spéculatif. Idéaliste, sentimental. Incommode, malcommode.

PRATIQUEMENT [pratikmɑ̃] adv. – 1610 ◇ de 2*pratique* ■ **1** Dans la pratique, d'une manière pratique. *Pratiquement et théoriquement. Comment procède-t-on, pratiquement ?* ➤ **concrètement.** ■ **2** En fait. «pratiquement, *je connais les hommes et je les reconnais à leur conduite»* CAMUS. ◆ Pour ainsi dire, à peu de chose près. ➤ **presque, quasiment.** *Il est pratiquement guéri. C'est pratiquement fini.*

PRATIQUER [pratike] v. tr. ⟨1⟩ – 1370 ◇ de 1*pratique* ■ **1** Mettre en application (une prescription, une règle). ➤ **observer.** *Pratiquer le respect de la différence. Pratiquer une religion.* ◆ ABSOLT Observer les pratiques de sa religion. *«il ne pratiquait plus que par secousses, aux heures où la terreur de l'enfer le reprenait»* ZOLA. ■ **2** Mettre en action (une théorie, une méthode). ➤ **appliquer.** *Adopter et pratiquer une méthode, une philosophie.* ◆ (1534) COUR. Exercer régulièrement (une activité). *Pratiquer un métier, une profession. Connaître et pratiquer une technique, un art. Pratiquer régulièrement un sport. Pratiquer la natation.* — *Pratiquer une langue :* avoir l'occasion de l'utiliser. *Pratiquer un instrument, le piano.* (Canada) critiqué S'entraîner, s'exercer, répéter. — ABSOLT *Le docteur X ne pratique plus,* n'exerce plus. ■ **3** Employer (un moyen, un procédé), avoir (une activité, un comportement), d'une manière habituelle. *Pratiquer le chantage, l'usure. Pratiquer un genre de vie. «Avec Malherbe, la littérature française pratique la recherche du bien-dire»* BENDA. — *Ce magasin pratique des prix élevés. Prix pratiqués par un établissement.* — PRONOM. (PASS.) *C'est illégal, mais ça se pratique couramment.* ➤ **se faire.** ■ **4** Exécuter (une opération manuelle) selon les règles prescrites. ➤ **opérer.** *Pratiquer une intervention chirurgicale, une néphrectomie.* ■ **5** (XVIe) Ménager (une ouverture, un abri, etc.). *Pratiquer une fenêtre dans un mur. «Au-dessous étaient pratiquées les écuries»* GAUTIER. *Pratiquer une baie, un tunnel.* ➤ **ouvrir, percer.** — Frayer. *«Napoléon y avait fait pratiquer trois cents lieues de routes»* STENDHAL. ■ **6** (fin XVe) VX Fréquenter (qqn). *«pour connaître les hommes, il faut les pratiquer»* STENDHAL. MOD. *Pratiquer un auteur, un livre.* ◆ RARE Aller régulièrement dans (un lieu). *«depuis quelque cinquante ans qu'il pratiquait la montagne»* BOSCO. ■ CONTR. Abstenir (s') ; ignorer.

PRAXIE [praksi] n. f. – 1930 ◇ du grec *praxis* «mouvement» ■ MÉD. Adaptation des mouvements aux buts visés.

PRAXINOSCOPE [praksinɔskɔp] n. m. – 1877 ◇ du grec *praxis* «mouvement» et *-scope* ■ ANCIENNT Phénakistiscope* perfectionné, où les images, reflétées sur de petits miroirs disposés en prisme, donnent l'illusion du mouvement.

PRAXIS [praksis] n. f. – 1934 ◇ allemand *Praxis,* la forme existe dès le XVIe en anglais, du latin médiéval *praxis ;* mot grec «action» ■ DIDACT. Activité en vue d'un résultat, opposée à la connaissance d'une part, à l'être d'autre part. *Le langage en tant que praxis.*

PRÉ [pre] n. m. – *pred* 1080 ◇ latin *pratum* ■ **1** Terrain produisant de l'herbe qui sert à la nourriture du bétail. ➤ **prairie.** *Mener les vaches au pré.* ➤ **pâturage.** *Mettre un cheval au pré,* au vert. *Faucher un pré.* ➤ 1**foin.** ◆ Étendue d'herbe à la campagne (cf. les n. pr. Pré-Catelan, Pré-Saint-Gervais, Saint-Germain-des-Prés). *Plantes des prés et des bois. Trèfle des prés. Fléole des prés. «le pré semblait s'être fleuri soudain de nappes neigeuses de pâquerettes»* ZOLA. *Reine-des-prés* (voir ce mot). ◆ *Pré carré :* possession, domaine d'influence. *«La France avait maintenu l'Afrique dans son champ, un pré carré où nulle autre puissance étrangère ne devait se sentir chez elle»* FOTTORINO. ■ **2** (XVIe) VIEILLI *Sur le pré :* sur le terrain du duel. *Aller sur le pré :* se battre en duel.

PRÉ- ■ Élément, du latin *prae* «devant, en avant», marquant l'antériorité dans le temps *(préavis, préconçu, préhistoire, préscolaire),* ou dans l'espace *(préoral, Préalpes).* ■ CONTR. Post-.

PRÉACCENTUATION [preaksɑ̃tɥasjɔ̃] n. f. – 1966 ◇ de *pré-* et *accentuation* ■ ÉLECTRON. Augmentation des amplitudes relatives des composantes d'un signal en vue d'en faciliter l'enregistrement ou la transmission. ■ CONTR. Désaccentuation.

PRÉADAMISME [preadamism] n. m. – 1842 ◇ de *préadamite* ■ HIST. RELIG. Doctrine en faveur au XVIIe s., selon laquelle Adam n'aurait pas été le premier être de la création, mais seulement l'ancêtre du peuple juif.

PRÉADAMITE [preadamit] n. et adj. – 1656 ◇ de *pré-* et *Adam* ■ HIST. RELIG. ■ **1** *Les préadamites :* les êtres humains qui, d'après le préadamisme, auraient été créés par Dieu antérieurement à Adam. ◆ adj. Antérieur à Adam. ■ **2** Sectateur du préadamisme. ◆ adj. *Hérésie préadamite.*

PRÉADOLESCENT, ENTE [pʀeadɔlesɑ̃, ɑ̃t] **n.** – 1959 ◇ de *pré-* et *adolescent* ■ Jeune garçon, fillette qui atteint l'âge situé entre l'enfance et l'adolescence. ➤ **prépubère.** — On écrit aussi *pré-adolescent, ente. Les pré-adolescents.* — ABRÉV. FAM. (1975) **PRÉADO** [pʀeado]. *L'idole des préados. « Le pré-ado se crée une nouvelle famille avec les chanteurs qu'il idolâtre »* BEIGBEDER. — **n. f. PRÉADOLESCENCE,** écrit aussi *pré-adolescence.*

PRÉALABLE [pʀealabl] **adj.** et **n. m.** – XVe ◇ de *pré-* et *allable,* ancien adj. de 1*aller*

I adj. ■ **1** Qui a lieu, est examiné, se fait ou se dit avant autre chose, dans une suite de faits liés entre eux. *Sans avis préalable* (➤ **préavis**). *Entente* préalable. « L'amour exige certaines préparations* [...], *une rêverie préalable »* CHARDONNE. — *Étude de marché préalable au lancement d'un nouveau produit.* ■ **2** Qui doit précéder (qqch.). ➤ **préliminaire.** *Expérience préalable exigée.* DR. CONSTIT. *Question* préalable.*

II n. m. ■ **1** VIEILLI Préparation. *« Il me demanda ensuite, sans aucun préalable, si* [...] *»* RETZ. ♦ MOD. Condition ou ensemble de conditions sine qua non auxquelles est subordonnée l'ouverture de négociations. *Poser un préalable au dialogue. « le préalable de l'indépendance n'est rien d'autre que le refus de toute négociation »* CAMUS. ■ **2** Au Canada, Cours qu'un élève, un étudiant doit avoir suivi dans un programme d'études. ➤ **prérequis.** ■ **3** loc. adv. **AU PRÉALABLE :** avant toute chose, dans un premier temps. ➤ **auparavant,** 1**avant, préalablement** (cf. D'abord). *« Fallait-il au préalable faire place nette ? »* TAINE.

■ CONTR. Successif ; postérieur.

PRÉALABLEMENT [pʀealabləmɑ̃] **adv.** – 1400 ◇ de *préalable* ■ De manière préalable ; au préalable. ➤ **auparavant.** *Vous ne ferez rien sans m'avoir préalablement averti. Préalablement à toute décision.*

PRÉALPIN, INE [pʀealpɛ̃, in] **adj.** – 1893 ◇ de *Préalpes,* nom d'un massif montagneux ■ GÉOGR. De la zone des Alpes qui forme transition entre les massifs montagneux et les plaines du pourtour. *Relief préalpin. Cimes, vallées préalpines.*

PRÉAMBULE [pʀeɑ̃byl] **n. m.** – 1314 ◇ latin *praeambulus,* de *praeambulare* « marcher devant » ■ **1** DR. Ce dont on fait précéder un texte de loi pour en exposer les motifs, les buts. *Préambule de la Constitution. « Les préambules des édits de Louis XIV furent plus insupportables aux peuples que les édits mêmes »* MONTESQUIEU. ♦ Exposé d'intentions préalable à un discours, à un écrit. ➤ **avant-propos, exorde.** *« Au lieu d'en venir au fait, il errait, s'embarrassait dans un interminable préambule »* MICHELET. ■ **2** (avant 1430) Paroles, démarches qui ne sont qu'une entrée en matière. *Assez de préambules ! Sans préambule :* à brûle-pourpoint (cf. D'entrée* de jeu, tout de go*, tout à trac*). *« Il me demanda avec brusquerie, sans préambule, comme le fruit d'un problème longtemps médité en silence »* SAINT-EXUPÉRY. ♦ FIG. Ce qui fait présager qqch. ➤ **prélude.** *La situation va empirer, ce n'est qu'un préambule.*

■ CONTR. Conclusion, péroraison.

PRÉAMPLIFICATEUR [pʀeɑ̃plifikatœʀ] **n. m.** – 1948 ◇ de *pré-* et *amplificateur* ■ Amplificateur de tension placé entre la source (détecteur, micro, tête de lecture) et l'amplificateur de puissance. — ABRÉV. COUR. (1955) **PRÉAMPLI.**

PRÉAU [pʀeo] **n. m.** – 1234 ; *prael* XIIe « petit pré » ◇ de *pré* ■ Cour intérieure (d'un cloître, d'une prison, d'un hôpital). *« Ce parloir tire son jour du préau, le lieu de promenade intérieure où les accusés respirent au grand air »* BALZAC. ♦ (1845) Partie couverte d'une cour d'école. *Jouer sous le préau.*

PRÉAVIS [pʀeavi] **n. m.** – fin XIVe ◇ de *pré-* et *avis* ■ **1** Avertissement préalable. *« Jamais un mot quand les autres, ainsi, sans préavis, passent à l'attaque »* SARRAUTE. ■ **2** DR. Avertissement que la partie qui prend l'initiative d'une rupture de contrat est tenue de donner à l'autre dans un délai et des conditions déterminés ; ce délai. *Préavis que le locataire d'une habitation doit donner au propriétaire, l'assuré à l'assureur,* etc. ♦ DR. TRAV. Délai ou avertissement légal prévu par les conventions collectives que doit observer l'employeur en cas de licenciement *(préavis de licenciement)* ou le salarié en cas de démission ➤ **délai** (délai-congé). *Licenciement avec, sans préavis. Préavis d'un mois. — Le syndicat a déposé un préavis de grève.*

PRÉAVISER [pʀeavize] **v. tr.** ‹1› – 1870 ; « avertir d'avance » XVIe ◇ de *préavis* ■ DR. Donner un préavis à (qqn).

PRÉBENDE [pʀebɑ̃d] **n. f.** – 1398 ; *prevende* XIIIe ◇ latin ecclésiastique *praebenda* « ce qui doit être fourni », de *praebere* « fournir » ■ Revenu fixe accordé à un ecclésiastique (dignitaire d'une cathédrale, chanoine). *« Un de ces hommes dorés, armoriés, rentés, qui ont de grosses prébendes »* HUGO. ♦ Le titre qui donne droit à la prébende. *Recevoir une prébende.* ♦ FIG. Profit tiré d'une charge, et PAR EXT. cette charge. *Accepter une prébende.* ➤ **sinécure.**

PRÉBENDÉ, ÉE [pʀebɑ̃de] **adj.** – XIVe ◇ de *prébende* ■ RELIG. Qui possède, reçoit une prébende. ➤ **prébendier.**

PRÉBENDIER [pʀebɑ̃dje] **n. m.** – 1468 ◇ de *prébende* ■ **1** RELIG. Titulaire d'une prébende. — (1694) Ecclésiastique servant au chœur au-dessous des chanoines. ■ **2** LITTÉR. Personne qui profite d'une charge. ➤ **profiteur.** *« Tous les régimes ont leurs sinécures et leurs prébendiers »* DUHAMEL.

PRÉBIOTIQUE [pʀebjɔtik] **adj.** et **n. m.** – 1970 ◇ de *pré-* et *biotique,* d'après l'anglais *prebiotic* (1958) ■ DIDACT. ■ **1** Qui précède l'apparition de la vie sur la Terre. *Atmosphère prébiotique. Soupe* prébiotique. — Chimie prébiotique,* qui étudie les réactions complexes à l'origine de la vie. ■ **2 n. m.** Substance non digestible qui sert de substrat à la flore colique. *Probiotiques et prébiotiques.*

PRÉCAIRE [pʀekɛʀ] **adj.** – milieu XVIe ; *precoire* 1336 ◇ latin juridique *precarius* « obtenu par prière » ■ **1** DR. Qui ne s'exerce que grâce à une autorisation révocable. *Possession précaire, à titre précaire* (➤ **détention**). — PAR EXT. *Détenteur précaire.* ■ **2** (début XVIIe) COUR. Dont l'avenir, la durée, ne sont pas assurés. ➤ 1**incertain, instable.** *Bonheur, tranquillité précaire.* ➤ 1**court, éphémère, fugace, fugitif, passager.** *Sa santé est précaire.* ➤ **fragile.** *Être dans une position, une situation précaire* (cf. Comme l'oiseau sur la branche*). — *Travail, emploi précaire,* sans garantie de durée (➤ **précariser ;** cf. Contrat à durée* déterminée). *Les travailleurs précaires,* SUBST *les précaires.* ♦ SUBST. M. Ce qui est précaire. *« C'est le pays de l'écroulement, de l'inconsistant, du précaire »* THARAUD. ♦ (Choses matérielles) *« Quatre, cinq huttes précaires, quelques engins de pêche »* CLAUDEL. ■ CONTR. Assuré, durable, éternel, pérenne, permanent, solide, stable.

PRÉCAIREMENT [pʀekɛʀmɑ̃] **adv.** – 1611 ◇ de *précaire* ■ DR. ou LITTÉR. D'une manière précaire, à titre précaire.

PRÉCAMBRIEN, IENNE [pʀekɑ̃bʀijɛ̃, ijɛn] **adj.** et **n. m.** – 1886 ◇ de *pré-* et *cambrien* ■ GÉOL. Se dit des terrains antérieurs au cambrien, de la période qui y correspond. ➤ **archéen.** ♦ **n. m.** *Le précambrien.*

PRÉCARISATION [pʀekaʀizasjɔ̃] **n. f.** – 1981 ◇ de *précariser* ■ Action de précariser. *Précarisation de l'emploi.*

PRÉCARISER [pʀekaʀize] **v. tr.** ‹1› – v. 1980 ◇ de *précaire* ■ Rendre précaire, peu durable, peu stable. *Précariser l'emploi, un statut.* — PRONOM. *L'emploi se précarise.* — **p. p. adj.** *Population précarisée,* aux conditions de vie précaires. ■ CONTR. Stabiliser.

PRÉCARITÉ [pʀekaʀite] **n. f.** – 1823 ◇ de *précaire* ■ **1** LITTÉR. Caractère ou état de ce qui est précaire. ➤ **fragilité, instabilité.** *Précarité de l'emploi. « Une trêve dont j'avais d'abord craint la précarité, mais qui s'attestait durable »* M. PRÉVOST. ♦ ABSOLT Conditions de vie précaires. *« des couches sociales de plus en plus étendues basculèrent dans la précarité et le chômage »* HOUELLEBECQ. *Précarité énergétique :* difficulté de certains foyers à faire face aux dépenses énergétiques. ■ **2** DR. Caractère de la possession précaire ; le fait de détenir à titre précaire. ■ CONTR. Pérennité, stabilité.

PRÉCAUTION [pʀekosjɔ̃] **n. f.** – milieu XVIe ◇ latin *praecautio,* de *praecavere* « prendre garde » ■ **1** Disposition prise pour éviter un mal ou en atténuer l'effet. ➤ **garantie, mesure, prévention, protection.** *Précautions contre les maladies. Ce serait une excellente, une sage précaution de vous faire vacciner ; de réserver vos places. Prendre des précautions.* ➤ **se précautionner** (cf. Marcher sur des œufs*). *« Pour qu'un scandale n'éclatât pas, il nous fallait prendre des précautions de voleurs »* RADIGUET. *S'entourer de précautions.* PROV. *Deux précautions valent mieux qu'une. Trop de précautions nuit :* il ne faut pas être trop prudent. ♦ LOC. FAM. (EUPHÉM.) *Prendre ses précautions :* aller aux toilettes en prévision de situations qui ne le permettront pas. — *Prendre des précautions :* éviter de concevoir (femmes), de faire concevoir une femme (hommes). ➤ **préservatif.** REM. Ne se dit pas de la contraception. *« elle a un petit copain. Je peux vous l'envoyer pour que* [...] *vous lui expliquiez qu'il* faut absolument *qu'elle prenne des précautions ! »* M. WINCKLER. ■ **2** Manière d'agir prudente, circonspecte. ➤ **attention, circonspection, prévoyance.** — (Surtout dans *avec, sans précaution*). *Objet fragile, produit dangereux à manier avec précaution* (➤ **précautionneusement**). *Dire qqch. avec précaution.* ➤ **diplo-**

matie, ménagement. *Il lui a annoncé la nouvelle sans aucune précaution,* brutalement, sans préambule*. *«Vers le petit jour, il vint frapper avec précaution à la porte de sa chambre»* ROMAINS. — *Principe de précaution,* selon lequel l'absence de certitudes scientifiques ne doit pas amener un décideur à différer l'adoption de mesures visant à prévenir un risque sanitaire ou environnemental potentiel. *«Le principe de précaution est tout simplement l'introduction d'une réflexion sur le long terme dans une logique qui se contente trop facilement du court terme»* A. JACQUARD. ▪ **3** (1798) *Précautions oratoires**.

PRÉCAUTIONNER [prekosjɔne] **v. tr.** ‹1› – 1671 ; p. p. 1640 ◊ de *précaution* ▪ VX Mettre en garde (qqn) contre qqch. ♦ **v. pron.** (1671) VIEILLI ou LITTÉR. *Se précautionner contre :* prendre ses précautions. ➤ **s'assurer, se prémunir, prévenir.** — *Se précautionner de :* se munir de. *«Il avait dû se précautionner d'une équipe de moissonneurs»* ZOLA. ♦ **p. p. adj.** Qui prend des précautions. ➤ **précautionneux, prudent.** *«beaucoup de dociles et de précautionnés»* HAMP.

PRÉCAUTIONNEUSEMENT [prekosjɔnøzmɑ̃] **adv.** – 1834 ◊ de *précautionneux* ▪ Avec précaution. *Avancer précautionneusement. «Tout sujet qui me tenait à cœur devait être précautionneusement évité»* GIDE. ▪ CONTR. Imprudemment.

PRÉCAUTIONNEUX, EUSE [prekosjɔnø, øz] **adj.** – 1788 ◊ de *précaution* ▪ Qui a l'habitude de prendre des précautions. ➤ **prudent.** *«Dans la vie dite réelle, je reste le plus souvent prudent et précautionneux»* GIDE. *Les plus précautionneux épargnent.* ➤ **avisé.** ▪ CONTR. Étourdi, imprudent, irréfléchi, malavisé.

PRÉCÉDEMMENT [presedamɑ̃] **adv.** – 1555 ; *precedentement* 1439 ◊ de *précédent* ▪ Antérieurement, auparavant, avant. *Comme nous l'avons dit précédemment.* ▪ CONTR. Après, postérieurement.

PRÉCÉDENT, ENTE [presedɑ̃, ɑ̃t] **adj.** et **n. m.** – XIIIe ◊ latin *praecedens, entis*

I **adj.** Qui précède, s'est produit antérieurement, vient avant. *Dans un précédent ouvrage.* ➤ **antérieur.** *Le jour précédent :* la veille.

II **n. m.** (1824) ▪ **1** *Un, des précédents.* Fait antérieur qui permet de comprendre un fait analogue ; décision, manière d'agir dont on peut s'autoriser ensuite dans un cas semblable. *Cette décision crée un dangereux précédent.* ▪ **2** **loc. adj.** (1869) **SANS PRÉCÉDENT :** unique en son genre, jamais vu. *Crise sans précédent. Un succès, une mobilisation sans précédent.* ➤ **exemple** (sans exemple).

▪ CONTR. Subséquent, 1 suivant. ▪ HOM. Précédant (précéder).

PRÉCÉDER [presede] **v. tr.** ‹6› – 1353 ◊ latin *praecedere* «marcher devant»

I (CHOSES surtout) ▪ **1** Exister, se produire avant, dans le temps (➤ **antériorité, priorité ; pré-**). *La cause précède l'effet. «Les sourds mugissements qui précèdent l'orage»* ROUSSEAU (➤ **avant-coureur, précurseur**). *Symptômes qui précèdent une maladie* (➤ **prodrome**). *Le vélocipède a précédé la bicyclette* (➤ **ancêtre, prototype**). *«l'existence précède l'essence»* SARTRE. *Ceux qui nous ont précédés* ➤ **prédécesseur.** ABSOLT *Hier, ou dans les jours qui ont précédé.* ➤ **précédent.** ▪ **2** Être avant, selon l'ordre logique ou spatial. *«cette sorte d'atrium de branches qui précède toutes les maisons de ce pays»* LOTI. *«Descartes fait précéder ses trois Essais d'une Préface»* L. BRUNSCHVICG. ABSOLT *Dans tout ce qui précède...* ▪ **3** Être perçu avant l'arrivée de. *Sa mauvaise réputation l'avait précédé. — La voiture arrivait, précédée d'un bruit de ferraille* (➤ **annoncer**).

II (PERSONNES) **A.** ▪ **1** (1534) Être, marcher devant (qqn, qqch.). *Précéder qqn pour lui montrer le chemin.* ➤ **passer** (devant). — *Le convoi était précédé de deux motards. Précéder le peloton.* ➤ **mener.** — ABSOLT *«Dans les choses d'apparat, le respect est de précéder»* HUGO (➤ **préséance**). ▪ **2** Arriver à un endroit avant (qqn, qqch.). *Il ne m'a précédé que de cinq minutes.*

B. (1485) (ABSTRAIT) Devancer (qqn). *Précéder qqn dans la voie d'une découverte.* ➤ **précurseur.** *Ils furent précédés dans cette recherche par les Américains.*

▪ CONTR. Suivre. ▪ HOM. *Précédant :* précédent.

PRÉCEINTE [presɛ̃t] **n. f.** – 1638 ◊ adaptation d'après *ceindre,* du latin *praecinctus,* de *praecingere* «ceindre, entourer» ▪ MAR. Ensemble de bordages plus épais que les autres et qui forment une ceinture autour du navire pour renforcer la muraille.

PRÉCELLENCE [preselɑ̃s] **n. f.** – 1420 ◊ latin *praecellere* «exceller» ▪ VX ou LITTÉR. Excellence au-dessus de toute comparaison. ➤ **prééxcellence.** *«la précellence de la belle prose»* GIDE. *«De la précellence du langage français»,* ouvrage de H. Estienne (1579).

PRÉCEPTE [presɛpt] **n. m.** – *precept* «commandement, ordre» 1119 ◊ latin *praeceptum* ▪ Formule qui exprime un enseignement, une règle, une recette (art, science, morale, etc.). ➤ **leçon, maxime, prescription, principe.** *«Les vieillards aiment à donner de bons préceptes»* LA ROCHEFOUCAULD. *Préceptes moraux et juridiques. Suivre, observer un précepte.* ♦ Commandement religieux. *Les préceptes du Décalogue, de l'Évangile.*

PRÉCEPTEUR, TRICE [presɛptœr, tris] **n.** – XVe ◊ latin *praeceptor* «maître qui enseigne» ▪ **1** Personne chargée de l'éducation, de l'instruction d'un enfant (de famille noble, riche...) qui ne fréquente pas un établissement scolaire. ➤ **éducateur, pédagogue ; préceptorat.** *Bossuet fut précepteur du Dauphin. «madame Graslin jugea nécessaire de donner un précepteur à son fils, qui avait onze ans»* BALZAC. ▪ **2** (XVIe) VX Professeur. *«Mon précepteur en langue arabique»* RABELAIS. — MOD. Guide. *«il a consenti à être mon précepteur en politique»* BALZAC.

PRÉCEPTORAT [presɛptɔra] **n. m.** – 1688 ◊ de *précepteur* ▪ Emploi de précepteur ; temps pendant lequel on l'exerce. *«les économies réalisées dans ce préceptorat me permettraient [...] de préparer mon agrégation à Paris»* BOURGET.

PRÉCESSION [presesjɔ̃] **n. f.** – 1690 ◊ latin tardif *praecessio* ▪ Mouvement de rotation autour d'un axe fixe, de l'axe d'un gyroscope. ♦ Mouvement analogue de l'axe de rotation terrestre autour d'une position moyenne de cet axe. *Vitesse de précession :* vitesse angulaire de ce mouvement de rotation. *Les trois angles de précession, de nutation* et de rotation propre servent à déterminer la position d'un solide mobile autour d'un point fixe.* ♦ ASTRON. *Précession des équinoxes :* mouvement rétrograde des points équinoxiaux.

PRÉCHAMBRE [preʃɑ̃br] **n. f.** – milieu XXe ◊ de *pré-* et *chambre* ▪ TECHN. Cavité supérieure des cylindres de certains moteurs diesels, où se produisent l'injection et le début de la combustion.

PRÉCHAUFFAGE [preʃofaʒ] **n. m.** – 1949 ◊ de *pré-* et *chauffage* ▪ **1** TECHN. Traitement par la chaleur (d'un corps, d'un produit) précédant une autre opération. *Préchauffage des goudrons. Préchauffage des conserves avant fermeture.* ▪ **2** Action de préchauffer (un appareil) avant utilisation. *Préchauffage d'un four.*

PRÉCHAUFFER [preʃofe] **v. tr.** ‹1› – milieu XXe ◊ de *pré-* et *chauffer* ▪ **1** TECHN. Chauffer (un corps, un produit) avant de le soumettre à une autre opération. ▪ **2** Amener (un appareil) à la température voulue. *Préchauffer un four.*

PRÊCHE [prɛʃ] **n. m.** – 1547 ◊ de *prêcher* ▪ **1** Discours religieux prononcé par un ministre protestant. *«Pour celui qui dit que je vais au prêche des Calvinistes, c'est bien une calomnie»* DESCARTES. ♦ Sermon prononcé par un prêtre catholique. ▪ **2** FAM. VIEILLI Discours moralisateur et ennuyeux. ➤ **prône, sermon.**

PRÊCHER [preʃe] **v.** ‹1› – v. 1220 ; *prediat* Xe «il prêche» ◊ latin ecclésiastique *praedicare* «annoncer, publier»

I **v. tr.** ▪ **1** Enseigner (la révélation religieuse). *Prêcher l'Évangile.* — PAR EXT. *«C'est ainsi que Jésus veut être prêché»* BOSSUET. ▪ **2** *Prêcher l'avent, le carême, une retraite :* prononcer une série de sermons à cette occasion. ▪ **3** Conseiller, vanter (qqch.) par des paroles, des écrits. ➤ **exhorter** (à). *Prêcher une croisade. «L'instituteur divin du christianisme [...] prêcha le pardon des outrages»* VOLTAIRE. ♦ PAR EXT. ➤ 1 **conseiller, préconiser, prôner, recommander.** *Prêcher la haine, l'indulgence. «Elle trouva son salon rempli de dames libérales qui prêchaient l'union des partis»* STENDHAL.

II **v. intr.** (fin Xe) ▪ **1** Prononcer un sermon ou une série de sermons. *Prêcher à une cérémonie. «Quand le Père Bourdaloue prêchait à Rouen, il y causait bien du désordre»* CHAMFORT. ▪ **2** Faire des discours solennels et ennuyeux. ➤ **moraliser.** ▪ **3** LOC. *Prêcher dans le désert*. — Prêcher pour son saint, pour sa paroisse :* avoir en vue son intérêt personnel en faisant l'éloge de qqn, en préconisant une solution. — *Prêcher d'exemple, par l'exemple :* encourager par son exemple qqn à faire qqch.

III **v. tr.** **PRÊCHER QQN,** lui enseigner la parole de Dieu. ➤ **évangéliser.** *Prêcher les infidèles.* ♦ FAM. Essayer de convaincre, de persuader qqn, lui faire la morale, des remontrances. ➤ **sermonner.** *Prêcher un converti*.*

PRÊCHEUR, EUSE [prɛʃœr, øz] **n.** et **adj.** – *prescheur* XVe ; *preecheor* 1175 ◊ de *prêcher* ▪ **1** VX Prédicateur. ♦ **adj.** MOD. *Les frères prêcheurs :* les Dominicains. ▪ **2** VIEILLI Personne qui aime à faire la morale aux autres. *«Moi, je ne suis qu'une vieille prêcheuse»* SAND. **adj.** *Il est trop prêcheur.* ➤ **moralisateur.**

PRÊCHI-PRÊCHA [pʀeʃipʀeʃa] **n. m. inv.** /**PRÊCHIPRÊCHA n. m.**/ – *prêchi, prêcha* 1808 ◊ redoublement plaisant de *prêcher* ■ FAM. Discours moralisateur. ➤ **morale, prêche, prône, sermon.** *Il nous ennuie avec son prêchi-prêcha !*

PRÉCIEUSEMENT [pʀesjøzmɑ̃] **adv.** – 1636 ; autre sens 1265 ◊ de *précieux* ■ **1** Comme il convient pour une chose précieuse ; avec grand soin. *Conserver précieusement des lettres.* ➤ **soigneusement.** ■ **2** Avec préciosité. *S'exprimer précieusement.*
■ CONTR. Simplement.

PRÉCIEUX, IEUSE [pʀesjø, jøz] **adj.** et **n. f.** – v. 1261 ; *precios* XIIe ◊ latin *pretiosus*, de *pretium* «prix»

I adj. ■ **1** De grand prix, d'une grande valeur. *Bijou, joyaux précieux. Objets précieux. «Je lui ai donné tout ce que je possédais de précieux»* FRANCE. — *Pierres* précieuses. Métaux précieux* (or, argent, platine). *Bois précieux.* ■ **2** Auquel on attache une grande valeur (pour des raisons sentimentales, intellectuelles, morales). *Les droits les plus précieux. Précieuses qualités. «Le repos, trésor si précieux»* LA FONTAINE. *Temps, moments, instants précieux.* IRON. *Une minute de votre précieux temps.* ♦ RELIG. CATHOL. *Le précieux sang, le précieux corps de Notre-Seigneur,* reçus dans le sacrement de l'Eucharistie. ♦ SPÉCIALT Particulièrement cher (à qqn). *«Je pleure tout ce que dans la vie je pouvais perdre de plus cher et de plus précieux»* MOLIÈRE. — Particulièrement utile. *Un précieux collaborateur. Merci pour vos précieux conseils. Votre aide m'est précieuse. Rien de plus précieux que la santé.*

II ■ **1 n. f.** (1654) HIST. LITTÉR. *Les précieuses :* au XVIIe s., femmes qui adoptèrent une attitude nouvelle et raffinée envers les sentiments et un langage recherché. *«Les Précieuses ridicules»,* de Molière. *«Les véritables précieuses auraient tort de se piquer lorsqu'on joue les ridicules qui les imitent mal»* MOLIÈRE. *Les ruelles des précieuses.* ♦ **adj.** (après le n.) Relatif, propre aux précieuses du XVIIe s. *Salons, cercles précieux. Littérature précieuse. Écrivains précieux. Le mouvement précieux.* ➤ **préciosité.** ■ **2** LITTÉR. Propre à la préciosité (sens large). *En France, le courant précieux apparaît déjà dans la littérature courtoise du Moyen Âge. Style précieux* (➤ **affecté, recherché**). *Marivaux, Mallarmé, Giraudoux, qualifiés d'écrivains précieux.*
■ CONTR. Commun ; naturel, simple.

PRÉCIOSITÉ [pʀesjozite] **n. f.** – 1664 ; «grande valeur» v. 1300 ◊ de *précieux* ■ **1** HIST. LITTÉR. Ensemble des traits qui caractérisent les précieuses et l'esprit précieux du XVIIe s. *«la préciosité la plus exquise pousse à droite et à gauche ses vrilles capricieuses»* GAUTIER. — Le mouvement précieux. *Histoire de la Préciosité.* ♦ Recherche stylistique analogue. ➤ **cultisme, euphuisme, gongorisme, marinisme.** *Préciosité de la littérature courtoise, de Pétrarque.* ■ **2** COUR. Caractère affecté, recherché du langage, du style. ➤ **2 affectation, maniérisme, recherche.** *«ce souci d'élégance et de préciosité, qui fit son art s'écarter si délibérément de la vie»* GIDE. ♦ RARE Expression précieuse. *«Ses archaïsmes prétentieux et ses préciosités»* MAUPASSANT. ■ CONTR. Simplicité.

PRÉCIPICE [pʀesipis] **n. m.** – 1554 ◊ latin *praecipitium* → précipiter ■ **1** Vallée ou anfractuosité du sol très profonde, aux flancs abrupts. ➤ **abîme, gouffre.** *Route en corniche au bord d'un précipice. Tomber dans un précipice.* ■ **2** PAR MÉTAPH. Danger dans lequel on risque de tomber (➤ **abîme**) ; désastre, malheur. *«Vois-je l'État penchant au bord du précipice ?»* RACINE. *«Ah ! qu'on a bien raison de dire qu'une première faute mène à un précipice !»* MUSSET.

PRÉCIPITAMMENT [pʀesipitamɑ̃] **adv.** – 1508 ◊ de *précipitant*, p. prés. de *précipiter* ■ En grande hâte ; avec précipitation. *S'enfuir, partir précipitamment.* ➤ **brusquement,** FAM. **dare-dare.**
■ CONTR. Lentement, posément.

PRÉCIPITATION [pʀesipitasjɔ̃] **n. f.** – 1471 ; *precipitacion* «renversement» méd. 1429 ◊ latin *praecipitatio* → précipiter

I ■ **1** Grande hâte. ➤ **empressement.** *Avec précipitation.* ➤ **précipitamment.** *Il «prit le soir même la diligence de Bruxelles avec la précipitation d'un banqueroutier las du commerce des hommes»* GAUTIER. ■ **2** Hâte excessive apportée à une action. ➤ **irréflexion ; impatience.** *Désordre et précipitation.* ➤ **bousculade, pagaille.** *Ne confondez pas vitesse et précipitation. «Évitez soigneusement la précipitation et la prévention»* DESCARTES. *Précipitation à conclure une affaire.* ♦ Caractère hâtif et improvisé. *Dans la précipitation du départ, il a oublié son passeport.*

II ■ **1** (1672) CHIM. Phénomène physique ou chimique à la suite duquel un corps solide insoluble (➤ **2 précipité**) prend naissance dans une phase liquide. ➤ **floculation.** ■ **2** (1868) AU PLUR. *Précipitations atmosphériques,* ou ABSOLT *précipitations :* chute d'eau provenant de l'atmosphère sous forme de *précipitations liquides* (pluie, brouillard), *solides* (neige, grêle). *Abondance des précipitations.* ➤ **pluviométrie.** ■ **3** MÉD. ➤ **défenestration.**
■ CONTR. Lenteur. — Dissolution.

1 **PRÉCIPITÉ, ÉE** [pʀesipite] **adj.** – 1531 sens 2° ◊ p. p. de *précipiter* ■ **1** (1587) Très rapide dans son allure, son rythme. ➤ **pressé, rapide.** *«La vie si précipitée dans sa course»* BOSSUET. *Respiration précipitée.* ➤ **haletant.** *Pas précipités.* ■ **2** Qui a un caractère de précipitation (2°). *Départ précipité. Tout cela est bien précipité.* ➤ **hâtif.** *Une décision précipitée.* ♦ (PERSONNES) *Il est trop précipité dans ses décisions.* ■ CONTR. Lent, posé.

2 **PRÉCIPITÉ** [pʀesipite] **n. m.** – avant 1690 ; «oxyde mercurique» 1553 ◊ de *précipiter* ■ CHIM. Dépôt obtenu quand se produit la précipitation. *Précipité blanc, jaune.*

PRÉCIPITER [pʀesipite] **v. tr.** ‹1› – 1442 ◊ latin *praecipitare,* de *praeceps, praecipitis* «qui tombe la tête *(caput)* en avant *(prae)*»

I ~ v. tr. ■ **1** Jeter ou faire tomber d'un lieu élevé dans un lieu bas ou profond. *Les anciens Romains précipitaient certains criminels du haut de la roche Tarpéienne.* ➤ **pousser.** *Ils ont été précipités dans le vide.* ♦ FIG. Faire tomber d'une situation élevée ou avantageuse dans une situation inférieure et mauvaise. *«La crise imprévue et terrible des malheurs où elle m'a précipité»* ROUSSEAU. ➤ **plonger.** — VX ➤ **anéantir, ruiner.** *Les causes générales «qui agissent dans chaque monarchie, l'élèvent, la maintiennent ou la précipitent»* MONTESQUIEU. ■ **2** (1636) CHIM. Faire tomber, faire déposer (un corps en solution dans un liquide) par précipitation. *Précipiter une solution en la chauffant.* — ABSOLT Subir la précipitation. *Mélange qui précipite.* ■ **3** Pousser, entraîner avec violence. *Le choc l'a précipité contre le parebrise. «cette aimantation entre deux êtres qui les précipite l'un vers l'autre...»* BLONDIN. ■ **4** PAR EXT. Faire aller plus vite. ➤ **accélérer, hâter.** *Précipiter son départ.* ➤ **avancer, brusquer.** *«Il était descendu au plus tôt qu'il avait pu, précipitant sa toilette»* GIDE. *La crise pétrolière a précipité la ruine de l'entreprise, la chute du dictateur. Précipiter le mouvement.* ➤ **presser.** *Il ne faut rien précipiter :* il faut avoir de la patience, laisser évoluer la situation.

II ~ v. pron. SE PRÉCIPITER (1556) ■ **1** (PERSONNES ou CHOSES) Se jeter de haut dans un lieu bas et profond. ➤ **1 tomber.** *Ruisseau, source qui se précipite du haut d'un rocher en cascade. «Puis soudain dans le Tibre, il s'est précipité»* CORNEILLE. ➤ **se jeter.** *Se précipiter par-dessus bord.* ■ **2** CHIM. Se déposer par précipitation. ■ **3** (1653) (PERSONNES) S'élancer brusquement, impétueusement. ➤ **foncer, fondre, se lancer, se ruer ;** RÉGION. **se garrocher.** *Précipitez-vous sur les places encore libres ! Se précipiter vers la sortie, vers le buffet. «Elle se leva, courut à la fenêtre, l'ouvrit, et se précipita sur le balcon»* HUGO. *Se précipiter au-devant de qqn.* ➤ **accourir, courir.** *Se précipiter dans les bras, au cou de qqn.* ➤ **se jeter.** ♦ ABSOLT ➤ **s'agiter, se dépêcher, s'empresser, se hâter.** *Inutile de tant se précipiter !* ♦ FIG. *Cette jeunesse «qui se précipite* [...] *dans les directions de l'art»* HUGO. — VX *Se précipiter de :* être très pressé de. *«Vous vous êtes précipitée* [...] *d'aller à Grignan sans votre mari»* Mme DE SÉVIGNÉ. ■ **4** (CHOSES) Prendre un rythme accéléré. ➤ **s'accélérer.** *Les battements de son cœur se précipitaient. Les évènements se précipitent.*
■ CONTR. 2 Différer, ralentir, retarder. — Attendre.

PRÉCIPUT [pʀesipy(t)] **n. m.** – 1481 ◊ latin juridique *praecipuum,* de *praecipuus* «pris en premier», de *capere* «prendre» ; attraction de *caput* «capital» ■ DR. Droit reconnu à une personne (notamment à l'un des époux en cas de décès du conjoint) de prélever, avant tout partage, une somme d'argent sur certains biens de la masse à partager. — **adj. PRÉCIPUTAIRE,** 1836.

1 **PRÉCIS, ISE** [pʀesi, iz] **adj.** – 1361 ◊ latin *praecisus,* p. p. de *praecidere* «couper ras, retrancher» ■ **1** Qui ne laisse place à aucune indécision dans l'esprit. ➤ **clair, défini.** *Sens précis, signification précise. Idées, notions précises.* ➤ **distinct.** *Règles, renseignements, données, indications, signalements, témoignages précis.* ➤ **détaillé, explicite, formel.** *Définir, renseigner de façon précise. Sans raison précise.* ➤ **particulier.** *Ne penser à rien de précis.* ➤ **déterminé.** *Des faits précis.* — *Mots, termes, vocabulaire précis. «la langue claire, précise, pragmatique du XVIIIe siècle, celle de Montesquieu et de Voltaire»* THIBAUDET. *Style précis.* ➤ **concis.** PAR EXT. *Écrivain précis. «Il est habituellement bref, précis et clair»* BAUDELAIRE. ■ **2** Perçu nettement. ➤ **2 net.** *«Ce bruit, d'abord faible, puis précis, puis lourd et sonore, s'approchait lentement»* HUGO. *Contours précis.* ♦ Déterminé avec exactitude. *Point précis. Avoir mal à un endroit précis.* ■ **3** Qui est exécuté ou qui opère d'une façon sûre. *Un*

dessin, un trait précis. Geste précis. Tir précis. Esprit précis : clair, net ; concret, objectif. ➤ **rigoureux.** *Une personne précise,* qui agit avec précision. ▪ **4** (Grandeurs, mesures) Qui, à la limite, est exact : qui est exactement calculé. ➤ **exact.** «*Est* précise *la mesure approchée qui diffère peu de la mesure exacte*» LALANDE. *Calcul précis. Résultats assez précis. Au moment précis où... Midi, minuit précis. Je vous attends à dix heures très précises.* ➤ **juste,** 3 **pile, sonnant, tapant ;** FAM. **pétant.** ■ CONTR. Ambigu, imprécis, 1 incertain, indécis, indéterminé, 3 vague. Diffus, flou, fumeux, obscur. Approchant, approximatif.

2 **PRÉCIS** [presi] n. m. – v. 1660 ◊ de 1 *précis* ■ Exposé précis et succinct. ➤ **abrégé.** *Composer un précis des évènements,* un bref historique. «*Ce précis rapide, qui, développé savamment, aurait fourni tout un tableau de mœurs*» BALZAC. ♦ Petit manuel. ➤ **abrégé, aide-mémoire, mémento.** *Précis de grammaire.*

PRÉCISÉMENT [presizemɑ̃] adv. – 1314 ◊ de 1 *précis* **A.** ▪ **1** D'une façon précise, avec précision. *M. Vincent d'Indy «a très précisément décrit le canon, cette pièce polyphonique»* HERRIOT. ➤ **rigoureusement.** *C'est en Normandie, plus précisément à Rouen.* ▪ **2** ELLIPT (dans une réponse) Oui, c'est cela même, tout juste. *C'est lui qui vous en a parlé ? – Précisément.* ➤ **exactement, justement.** ▪ **3** (Dans des expr. négatives) «*Je ne pris pas précisément la résolution de me faire catholique*» ROUSSEAU. — PAR EUPHÉM. Pas du tout. ➤ **vraiment** (pas vraiment). *Ma vie «n'est pas précisément folichonne»* FLAUBERT.

B. (XVIIIe) Sens affaibli S'emploie pour souligner une concordance entre deux séries de faits ou d'idées distinctes. ➤ **justement.** *On y jouait précisément la «Symphonie pastorale».* ♦ SPÉCIALT (pour introduire une réplique, une nouvelle proposition qui tire argument de ce qui vient d'être invoqué) «*elle avait demandé avant mon arrivée une potion que je venais précisément de lui conseiller*» BARBEY. *C'est précisément pour cela que je viens vous voir.* «*Mais précisément à cause de cela,* ça ne marche pas» FLAUBERT. ■ CONTR. Ambigument, confusément, vaguement. Approximativement, environ.

PRÉCISER [presize] v. tr. ⟨1⟩ – XIVe, rare avant 1788 ◊ de 1 *précis* ▪ **1** Exprimer, présenter de façon précise, plus précise. *Préciser une intention, ses idées. Préciser certaines données.* ➤ **déterminer, établir.** *Préciser une date.* ➤ **fixer.** «*On se bornait à me faire préciser certains points de mes déclarations précédentes*» CAMUS. ♦ (Avec *que* et l'indic.) Dire de façon plus précise pour clarifier. ➤ **souligner, spécifier.** *Le ministre des Finances a précisé qu'il n'était pas question de dévaluer. Je tiens à préciser que...* ▪ **2** Rendre plus net, plus sûr (sans exprimer). *Préciser un sentiment vague.* ♦ PRONOM. (PASS.) Devenir plus précis, plus net. ➤ se **dessiner.** *Le danger se précise.* «*Les faits pourtant se précisaient*» ZOLA. ▪ **3** ABSOLT Apporter des précisions (en parlant, en écrivant), éviter le vague, l'allusion. «*Précisez, monsieur, j'exige que vous précisiez !*» BECQUE. ■ CONTR. Estomper.

PRÉCISION [presizjɔ̃] n. f. – 1520 ; «action de rogner» v. 1380 ◊ latin *praecisio* → 1 précis

I *La précision.* ▪ **1** Caractère de ce qui est précis (1°). ➤ **clarté, rigueur.** *La précision de certains récits.* «*Concision dans le style, précision dans la pensée, décision dans la vie*» HUGO. *Renseignements d'une grande précision. Indiquer avec précision.* «*La précision des détails* [...] *n'est qu'une apparence d'exactitude*» SEIGNOBOS. ▪ **2** Netteté de ce qui est précis (2°). «*Ses descriptions, aidées par l'œil exercé de l'artiste, ont une précision caractéristique des plus rares*» GAUTIER. *Il revoyait la scène avec une grande précision.* ▪ **3** Façon précise (3°) d'agir, d'opérer. ➤ **sûreté.** *Précision de gestes chez le chirurgien.* ➤ 2 **adresse, dextérité, doigté.** «*La manière de tuer de Montès* [un matador] *est remarquable par la précision, la sûreté et l'aisance de ses coups*» GAUTIER. *Une précision mathématique. Précision d'un tir.* ➤ **justesse.** ▪ **4** Qualité de ce qui est calculé d'une manière précise (4°). ➤ **exactitude.** *Précision d'un calcul, d'une mesure. Déterminer avec précision un point, un moment.* — *Instruments de précision,* très exacts et d'une grande fidélité de fonctionnement. *Balance de précision. Mécanique de précision.*

II (fin XVIIe) *Une, des précisions.* Détail, fait précis, explication précise permettant une information sûre. ➤ **développement, éclaircissement.** *Fournir, apporter des précisions supplémentaires. Demander des précisions sur tel ou tel point. Je voudrais une ou deux précisions. Pas d'autres précisions ?* ■ CONTR. Ambiguïté, confusion, imprécision, incertitude, indécision, 3 vague. Approximation. Généralité.

PRÉCITÉ, ÉE [presite] adj. – 1797 ◊ de *pré-* et *citer* ■ DIDACT. Qui a déjà été cité ; dont on a parlé précédemment. «*Pour lui toutes les maladies précitées proviennent d'un encrassement des organes*» ROMAINS.

PRÉCLASSIQUE [preklasik] adj. – v. 1870 ◊ de *pré-* et *classique* ■ HIST. (LITTÉR., ARTS) Qui précède la période classique. *Littérature préclassique.*

PRÉCOCE [prekɔs] adj. – 1651 ◊ latin *praecox,* de *praecoquere* «hâter la maturité, faire mûrir complètement» ▪ **1** Qui est mûr avant le temps normal (végétaux). ➤ **hâtif.** *Fruits précoces. Variétés précoces et variétés tardives d'une même espèce. Asperges, petits-pois précoces* (➤ **primeur**). — Qui produit, porte (des fruits, des fleurs) avant la pleine saison. *Fraisier, rosier précoce.* ♦ Dont la croissance est très rapide (animaux). *Races précoces. Élevage d'ovins précoces.* ▪ **2** Qui survient, se développe plus tôt que d'habitude. *Printemps précoce. La cuisine «se trouvait déjà glacée par les gelées précoces de novembre»* ZOLA. *Rides précoces.* ➤ **prématuré.** ♦ MÉD. *Sénilité précoce :* gérontisme. *Démence** (3°) *précoce. Éjaculation* précoce.* ▪ **3** MÉD. Qui se fait au stade initial de la maladie. *Diagnostic précoce. Traitement précoce.* ▪ **4** Qui se produit, se fait plus tôt qu'il n'est d'usage ou que ne l'exigerait la raison, la prudence. *Mariage précoce.* ♦ (Vie psychique) *Enfant qui fait preuve d'une maturité précoce.* «*ce petit bonhomme m'étonna quelquefois par des crises singulières de tristesse précoce*» BAUDELAIRE. «*des yeux rieurs, où flambaient les vices précoces*» ZOLA. ▪ **5** (v. 1750) (PERSONNES) Dont le développement intellectuel est très rapide. «*le petit Ludovic, était un enfant précoce* [...] *et montrait les dispositions les plus étonnantes pour son âge*» GAUTIER. ➤ **avancé ; prodige, surdoué.** ♦ Chez qui l'instinct sexuel s'est éveillé très tôt. «*Son enfant me paraissait très avancée, très précoce*» BERNANOS. ■ CONTR. Tardif. Arriéré, attardé, retardé.

PRÉCOCEMENT [prekɔsmɑ̃] adv. – 1839 ◊ de *précoce* ■ LITTÉR. D'une manière précoce, de bonne heure. *Fleur précocement éclose.* «*il fut presque offensé de n'avoir pas été sinon pressenti, du moins précocement avisé*» DUHAMEL. ■ CONTR. Tardivement.

PRÉCOCITÉ [prekɔsite] n. f. – 1690 ◊ de *précoce* ■ Caractère de ce qui est précoce. *Précocité d'une variété de fruits.* ♦ *Enfant d'une étonnante précocité d'esprit.* — *Précocité sexuelle. Il était «complice de mon premier amour. Il l'encourageait plutôt, ravi que ma précocité s'affirmât d'une façon ou d'une autre»* RADIGUET.

PRÉCOGNITION [prekɔgnisjɔ̃] n. f. – milieu XXe ◊ de *pré-* et *cognition* ■ DIDACT. Phénomène parapsychologique qui consisterait à connaître ce qui va arriver. ➤ **prémonition, prescience.**

PRÉCOLOMBIEN, IENNE [prekɔlɔ̃bjɛ̃, jɛn] adj. – 1876 ◊ de *pré-* et *Colomb* ■ Relatif à l'Amérique, à son histoire, à ses civilisations avant la venue de Christophe Colomb. *Arts, vestiges précolombiens du Mexique, des Andes. — L'Amérique précolombienne.*

PRÉCOMBUSTION [prekɔ̃bystjɔ̃] n. f. – milieu XXe ◊ de *pré-* et *combustion* ■ TECHN. Phase du cycle d'un moteur diesel précédant immédiatement l'entrée en combustion du combustible.

PRÉCOMPTE [prekɔ̃t] n. m. – 1499 ◊ de *précompter* ■ COMM. Estimation préalable de sommes à porter en déduction. ♦ Retenue opérée sur une rémunération.

PRÉCOMPTER [prekɔ̃te] v. tr. ⟨1⟩ – 1437 ◊ de *pré-* et *compter* ■ COMM. Estimer, calculer par avance (les sommes à déduire d'un règlement entre créancier et débiteur). ♦ (XXe) Déduire d'une rémunération, à titre de retenue préalable. ➤ **retenir.** *Le montant de la cotisation à la Sécurité sociale est précompté par l'employeur sur le salaire de l'employé.*

PRÉCONCEPTION [prekɔ̃sɛpsjɔ̃] n. f. – 1823 ◊ de *pré-* et *conception* ■ DIDACT. Idée qu'on se fait par avance (de qqch.). ➤ COUR. **préjugé.**

PRÉCONÇU, UE [prekɔ̃sy] adj. – 1640 ◊ de *préconcevoir,* de *pré-* et *concevoir* ▪ **1** Imaginé par avance. *Plan préconçu.* ➤ **préétabli.** «*Commencer sans plan préconçu. Sans trop savoir d'avance ce que je veux dire*» GIDE. ▪ **2** PÉJ. (plus cour.) *Idée, opinion préconçue,* élaborée sans jugement critique ni expérience. ➤ **préjugé** (cf. Idée* toute faite, parti* pris). «*l'homme le plus dénué de toute idée préconçue, de toute prévention dans l'ordre de la pensée*» SAINTE-BEUVE.

PRÉCONISATEUR, TRICE [prekɔnizatœr, tris] n. – 1680 ; «crieur public» 1467 ◊ de *préconiser* ▪ **1** RELIG. Celui qui préconise un évêque (pape ou cardinal). ▪ **2** RARE Personne qui préconise

(3°) (qqch.). *Il fut le préconisateur du rapprochement entre les deux pays. Les préconisatrices de la contraception.*

PRÉCONISATION [pʀekɔnizasjɔ̃] **n. f.** – 1321 ◊ de *préconiser* ▪ **1** RELIG. Acte solennel par lequel le pape ou un cardinal préconise (1°) en consistoire un ecclésiastique appelé aux fonctions épiscopales par un chef d'État. ▪ **2** (1833) Action de préconiser (3°) (qqch.). *La préconisation d'un régime, d'un traitement ; d'une politique.* ➤ **recommandation.**

PRÉCONISER [pʀekɔnize] **v. tr.** ‹1› – *préconizer* «proclamer» 1321 ◊ bas latin *praeconizare* «publier», de *praeco, onis* «crieur public» ▪ **1** RELIG. CATHOL. Proclamer (un ecclésiastique) apte à remplir les fonctions épiscopales. ➤ **préconisation.** *Préconiser un évêque.* ▪ **2** (1660) VX Louer, vanter (qqn, qqch.). *Un coiffeur «le préconisait comme l'arbitre souverain en fait de modes et d'élégance»* BALZAC. ▪ **3** MOD. Recommander avec insistance (une chose dont on célèbre les mérites, dont on vante la valeur, l'efficacité). ➤ **prescrire, prôner, recommander.** *L'Église préconise la pauvreté. Les arguments «les moins faits pour attirer et affectionner les esprits à la cause qu'il préconisait»* SAINTE-BEUVE. *Diplomate qui préconise une entente. Il lui a préconisé de faire de l'exercice. La solution qu'il préconise me paraît bonne.* ▪ CONTR. Blâmer, critiquer, dénigrer, dénoncer.

PRÉCONTRAINT, AINTE [pʀekɔ̃tʀɛ̃, ɛ̃t] **adj.** et **n. m.** – 1928 ◊ de *pré-* et *contraint,* p. p. de *contraindre* ▪ TECHN. Qui a subi une précontrainte. *Béton armé précontraint.* — **n. m.** Béton précontraint. *Pont en précontraint.*

PRÉCONTRAINTE [pʀekɔ̃tʀɛ̃t] **n. f.** – 1928 ◊ de *pré-* et *contrainte,* phys. ▪ TECHN. Compression préalable du béton afin d'en augmenter la résistance.

PRÉCORDIAL, IALE, IAUX [pʀekɔʀdjal, jo] **adj.** – v. 1363 ◊ latin *praecordia* «diaphragme» ▪ MÉD. Qui a rapport à la région thoracique située en avant du cœur, qui a son siège dans cette région. *Région précordiale. Douleur précordiale* (**PRÉCORDIALGIE n. f.**).

PRÉCUIT, ITE [pʀekɥi, it] **adj.** – milieu XXe ◊ de *pré-* et *cuit* ▪ Soumis à une cuisson préalable. *Légumes précuits.*

PRÉCURSEUR [pʀekyʀsœʀ] **n.** et **adj.** – 1415 ◊ latin *praecursor* «éclaireur», de *praecurrere* «courir en avant» ▪ REM. Au féminin, on écrit aussi parfois *précurseure* sur le modèle du français du Canada. ▪ **1** Personne qui annonce, prépare la venue d'une autre. *Saint Jean Baptiste, précurseur du Christ.* ♦ Personne dont la doctrine, les œuvres ont frayé la voie à un grand personnage, à un mouvement. *«Le glorieux précurseur de Buffon, de Cuvier»* BALZAC. *«le poète d'Eloa et le romancier de Cinq-Mars pouvait à bon droit se considérer comme le précurseur et l'initiateur»* HENRIOT. *Elle est saluée comme une audacieuse précurseur.* ▪ **2 adj.** (v. 1750) Qui annonce en précédant. ➤ **annonciateur, avant-coureur.** *Signes précurseurs de l'orage. «Après un éclair précurseur, un coup de tonnerre a retenti»* BAUDELAIRE. ♦ MILIT. *Détachement précurseur,* qui précède une unité pour préparer son cantonnement. ♦ MÉD. ➤ **prodromique.** ▪ **3 n. m.** BIOCHIM. Forme immature d'un composé biologique (protéine, enzyme...), dont la transformation conduit à un produit endogène actif ou à un métabolite essentiel. *La noradrénaline est le précurseur de l'adrénaline. Précurseur de l'insuline, des hormones thyroïdiennes.*

PRÉDATEUR, TRICE [pʀedatœʀ, tʀis] **n.** et **adj.** – 1547 ◊ latin *praedator,* de *praeda* «proie» ▪ **1** VX Pillard, personne qui vit de rapines, de butin. ▪ **2** (1913) Animal qui se nourrit de proies, et PAR EXT. Végétal qui se développe aux dépens d'un autre. *L'araignée, une habile prédatrice. Les parasites et les prédateurs.* — **adj.** *Insectes prédateurs. Espèces prédatrices.* ▪ **3** PRÉHIST. Individu vivant de chasse et de cueillette. *Les prédateurs du paléolithique ont fait place aux producteurs au néolithique.* ▪ **4** (1987) Personne, groupe qui attaque la concurrence pour accroître sa puissance. ➤ **raider, requin.** ▪ **5** Personne avide de conquêtes, dotée d'un fort appétit sexuel. *«la première pensée du prédateur qui la voit et perçoit son trouble est de la posséder»* K. TUIL. *Une prédatrice en quête d'aventures.* — *Prédateur sexuel :* personne qui cherche à commettre des agressions sexuelles, notamment sur des enfants ou de jeunes mineurs. ➤ **pédophile.** *Prédateur qui piège ses victimes sur Internet.*

PRÉDATION [pʀedasjɔ̃] **n. f.** – milieu XXe ◊ latin *praedatio,* et de *prédateur* ▪ DIDACT. Activité des animaux (et en général des organismes) prédateurs*.

PRÉDÉCESSEUR [pʀedesesœʀ] **n.** – 1281 ◊ bas latin *praedecessor* ▪ **1** Personne qui a précédé qqn dans une fonction, une charge... ➤ **devancier.** *Ministre qui poursuit les réformes entreprises par son prédécesseur. «Presque tous les princes savent bien l'histoire de leurs prédécesseurs»* MÉRIMÉE. *Édith Cresson était la prédécesseur de Bérégovoy.* ▪ **2** PLUR. Les personnes qui ont précédé qqn. ➤ **ancêtre, précurseur.** *L'homme «tire avantage non seulement de sa propre expérience, mais encore de celle de ses prédécesseurs»* PASCAL. — REM. Au féminin, on écrit aussi parfois *prédécesseure* sur le modèle du français du Canada. ▪ CONTR. Successeur.

PRÉDÉCOUPÉ, ÉE [pʀedekupe] **adj.** – 1966 ◊ de *pré-* et *découpé* ▪ Qui est vendu déjà découpé ou prêt à être découpé. ➤ aussi **prétranché.** *Coton hydrophile prédécoupé.*

PRÉDÉFINIR [pʀedefiniʀ] **v. tr.** ‹2› – 1625 ◊ de *pré-* et *définir* ▪ Définir préalablement. *Prédéfinir ses objectifs.* — **Au p. p.** *Un programme prédéfini.*

PRÉDELLE [pʀedɛl] **n. f.** – 1873 ◊ italien *predella* ▪ ARTS Partie inférieure d'un tableau d'autel, généralement divisée en petits panneaux représentant une série de sujets. *La prédelle d'un retable.*

PRÉDESTINATION [pʀedɛstinasjɔ̃] **n. f.** – 1190 ◊ latin *praedestinatio* ▪ **1** DIDACT. (RELIG.) Intention qui aurait animé Dieu quand il a, de toute éternité, déterminé le destin de l'humanité et l'avenir du monde, pour les chrétiens et les musulmans (cf. Prédétermination). *«Le dogme de la prédestination absolue et de la fatalité, qui semble aujourd'hui caractériser le mahométisme»* VOLTAIRE. ♦ Doctrine du calvinisme, selon laquelle Dieu aurait, par avance, élu certaines de ses créatures pour les conduire au salut par la seule force de sa grâce et voué les autres à la damnation éternelle, sans considération de leur foi ni de leurs œuvres. *Le jansénisme a soutenu aussi la thèse de la prédestination.* ▪ **2** (XVIe) LITTÉR. Détermination préalable d'évènements ayant un caractère de fatalité. *«une sorte de prédestination domine toutes les circonstances d'une vie»* MAETERLINCK. — Destinée. *«En voyant de telles prédestinations, il est impossible de ne pas croire à une autre vie»* BALZAC.

PRÉDESTINÉ, ÉE [pʀedɛstine] **adj.** – v. 1190 ◊ p. p. de *prédestiner* ▪ **1** Que Dieu a élu pour être sauvé. — SUBST. *Selon les Jansénistes, le Christ n'est mort que pour les Prédestinés.* ▪ **2** (XVIe) *Prédestiné à... :* voué à (un destin particulier). *Il était prédestiné à cette carrière.* ABSOLT *Un être prédestiné,* voué à un destin exceptionnel. *«Je suis prédestiné ! j'ai une mission»* HUGO. — SUBST. *Les grands prédestinés.* ♦ Fixé d'avance. *Vie prédestinée.*

PRÉDESTINER [pʀedɛstine] **v. tr.** ‹1› – 1190 ◊ latin ecclésiastique *praedestinare* ▪ **1** RELIG. Destiner, de toute éternité et de manière inéluctable, à la damnation ou au salut. ▪ **2** PAR EXT. Vouer d'avance à l'accomplissement de grandes choses, à un destin particulier (surtout au pass.). *Rien ne le prédestinait à jouer un rôle aussi important.* ➤ **destiner, prédisposer.** ♦ Disposer par avance à un usage, un emploi particulier. *Climat qui prédestine un pays à l'agriculture.*

PRÉDÉTERMINATION [pʀedetɛʀminasjɔ̃] **n. f.** – 1636 ◊ de *prédéterminer* ▪ **1** RELIG. Acte par lequel Dieu prédétermine la volonté humaine (cf. Prédestination). ▪ **2** PHILOS. Détermination d'un fait, d'un acte par des causes antérieures au moment qui le précède immédiatement.

PRÉDÉTERMINER [pʀedetɛʀmine] **v. tr.** ‹1› – 1530 ◊ latin ecclésiastique *praedeterminare* ▪ **1** PHILOS., PSYCHOL. Déterminer d'avance par des causes ou des raisons immédiatement antérieures à la décision, à l'acte. ▪ **2** (XVIIe) RELIG. *Dieu prédétermine la volonté humaine,* intervient de manière que l'être humain se détermine de tel ou tel côté sans rien perdre de sa liberté de décision.

PRÉDÉTERMINISME [pʀedetɛʀminism] **n. m.** – début XXe ◊ de *prédéterminer,* d'après l'allemand *Praedeterminism* (Kant) ▪ HIST. PHILOS. Système où les évènements sont considérés comme prévus par Dieu.

PRÉDICABLE [pʀedikabl] **adj.** et **n.** – 1503 ◊ latin *praedicabilis,* de *praedicare* «proclamer, déclarer» ▪ DIDACT. Applicable (à un sujet). — **n.** *Les prédicables :* les classes de prédicats* des scolastiques (genre, espèce, différence, qualités propres et accident).

PRÉDICANT [pʀedikɑ̃] **n. m.** – 1523 ◊ latin *praedicans,* de *praedicare* «prêcher» ▪ **1** VX Celui qui fait des sermons. ♦ MOD. Ministre du culte protestant dont la fonction essentielle est la prédication. ▪ **2** adj. LITTÉR. Moralisateur. *« l'âge l'a rendu un peu grognon, un peu prédicant »* HENRIOT.

PRÉDICAT [pʀedika] n. m. – 1370 ◊ latin *praedicatum* ▪ **1** LOG. Second terme d'une énonciation où il est possible de distinguer ce dont on parle et ce qu'on en affirme ou nie ; attribut (du sujet). *Quantification* du prédicat.* ▪ **2** LING. Ce qui, dans un énoncé, est affirmé à propos d'un autre terme (sujet ou thème). *Le prédicat et l'expansion.* — SPÉCIALT Le verbe et l'attribut qui dépendent d'un nom.

PRÉDICATEUR, TRICE [pʀedikatœʀ, tʀis] n. – 1239 ◊ latin ecclésiastique *praedicator,* de *praedicare* « prêcher » ▪ **1** Personne qui prêche (➤ **prêcheur**). *Prédicateur qui monte en chaire. « des prédicateurs qui colportent de place en place la parole divine »* TOCQUEVILLE. ♦ n. m. Ecclésiastique qui a pour fonction habituelle de prononcer des sermons. ➤ **orateur.** *Les grands prédicateurs du XVIIe siècle* (Bossuet, Bourdaloue, Massillon...). ▪ **2** RARE Personne qui prêche, tente de propager une religion, une doctrine. ➤ **apôtre.** *« Les prédicateurs du réalisme politique »* BENDA.

PRÉDICATIF, IVE [pʀedikatif, iv] adj. – 1842 ; « qui affirme » 1466 ◊ de *prédicat* ▪ DIDACT. ▪ **1** Qui affirme un prédicat d'un sujet. *Proposition prédicative.* ➤ **attributif.** — Du prédicat. *Fonction prédicative.* ▪ **2** ÉPISTÉM. Qui affirme d'une façon absolue et définitive. ➤ **apodictique, catégorique.** *Connaissance prédicative.*

1 **PRÉDICATION** [pʀedikasjɔ̃] n. f. – 1119 ◊ latin ecclésiastique *praedicatio,* de *praedicare* « prêcher » ▪ **1** Action de prêcher. *La prédication des apôtres. La prédication de l'Évangile.* — Toute propagande par le discours. *« Il faut méditer sur la prodigieuse ambition du marxisme, évaluer sa prédication démesurée »* CAMUS. ▪ **2** LITTÉR. Sermon. ➤ **homélie.**

2 **PRÉDICATION** [pʀedikasjɔ̃] n. f. – 1892 ; *sujet de prédication* avant 1607 ◊ de *prédiquer* ou de *prédicat* ▪ DIDACT. ▪ **1** LOG. Action d'affirmer ou de nier un prédicat d'un sujet. ▪ **2** (1929) LING. Formation du prédicat. *Modalités de la prédication :* affirmation, interrogation, exclamation. *Auxiliaires de prédication.*

PRÉDICTIBLE [pʀediktibl] adj. – 1947 ◊ anglais *predictable* ▪ Dont on peut prédire l'apparition ou l'évolution. ➤ **prévisible.** *Un phénomène prédictible.* — n. f. **PRÉDICTIBILITÉ,** 1949. ▪ CONTR. Imprédictible.

PRÉDICTIF, IVE [pʀediktif, iv] adj. – 1968 ◊ anglais *predictive* ▪ SC. ▪ **1** Qui permet de prévoir autre chose à partir d'éléments donnés. *Valeur prédictive d'une série d'observations. Médecine prédictive,* qui détermine les prédispositions à certaines maladies. — (1972) LING. *Règles prédictives de la dérivation.* ▪ **2** Se dit d'un modèle mathématique utilisé pour décrire l'évolution d'une population animale ou d'un écosystème.

PRÉDICTION [pʀediksjɔ̃] n. f. – 1549 ◊ latin *praedictio* → prédire ▪ Action de prédire ; paroles par lesquelles on prédit. *Faire des prédictions. Prédictions de la sibylle* (➤ **divination, vaticination**), *des prophètes* (➤ **prophétie**). *Prédictions des astrologues* (➤ **horoscope**), *des cartomanciennes, des chiromanciens* (➤ aussi **numérologie**). *« ce jour était favorable pour des prédictions sur notre destinée »* LOTI. ♦ Ce qui est prédit. *Voir s'accomplir, se réaliser une prédiction. « Vous riez d'une prédiction sinistre et invraisemblable ; vous rirez moins si cette prédiction s'accomplit en partie »* ALAIN.

PRÉDIGÉRÉ, ÉE [pʀediʒeʀe] adj. – 1948 ◊ de *pré-* et *digérer* ▪ **1** TECHN. Qui a été soumis à une digestion chimique préalable. *Lait prédigéré pour nourrissons prématurés.* ▪ **2** FIG. et FAM. Dont on a simplifié, condensé le contenu. *Des informations prédigérées.*

PRÉDILECTION [pʀedilɛksjɔ̃] n. f. – XVe ◊ de *pré-* et *dilection* ▪ Préférence marquée (pour qqn, qqch.). *Prédilection d'une mère pour un de ses enfants. Avoir une certaine prédilection pour qqch.* (cf. Avoir un faible*). *Par prédilection :* de préférence. — loc. adj. **DE PRÉDILECTION.** ➤ **favori, préféré.** *Lieu de prédilection. Sa lecture de prédilection :* son livre de chevet*. *Son menu de prédilection. Ce lieu « avait encore pour moi un attrait de prédilection »* ROUSSEAU. ▪ CONTR. Antipathie, aversion.

PRÉDIQUER [pʀedike] v. tr. ‹1› – 1960 ; log. 1923 ◊ adaptation du latin *praedicare,* avec influence de l'anglais *to predicate* ▪ LING. Dire (qqch. d'un sujet) au moyen d'un prédicat (➤ 2 **prédication**). *Prédiquer de la licorne que c'est un animal imaginaire.*

PRÉDIRE [pʀediʀ] v. tr. ‹37 ; sauf *vous prédisez* et (impér.) *prédisez*› – v. 1430 ; « ordonner » v. 1170 ◊ de *dire,* d'après le latin *praedicere* ▪ **1** Annoncer comme devant être ou se produire (un évènement qui n'a pas une forte probabilité). ➤ **prédiction.** *Prophète qui prédit la venue du Messie. Il avait « le talent de prédire l'avenir par la cartomancie, la chiromancie, et les nombres pythagoriques »* NERVAL. — *Ils me prédirent que je mourrais à trente-deux ans.* ▪ **2** (1529) Annoncer (une chose probable) comme devant se produire, par conjecture, raisonnement, intuition, etc. *On lui prédisait le plus brillant avenir. « Pour prédire la guerre, ou la révolution, les prophètes de malheur n'ont jamais manqué »* MARTIN DU GARD. *Il ira loin, je vous le prédis. Je vous l'avais prédit !* — *Je vous prédis qu'il va réussir.*

PRÉDISPOSER [pʀedispoze] v. tr. ‹1› – XVe au p. p. ◊ de *pré-* et *disposer* ▪ **1** Disposer d'avance (qqn à qqch.), mettre dans une disposition favorable. ➤ **incliner, préparer.** *« ce que j'avais entendu n'était pas de nature à me prédisposer à la tendresse »* GAUTIER. *Son éducation le prédisposait à réagir ainsi.* — *Être prédisposé à.* ➤ **enclin.** *« Je crois que l'on naît prédisposé à la foi ou au doute »* MARTIN DU GARD. ▪ **2** ABSOLT Mettre d'avance dans certaines dispositions, influencer. *« le jugement d'autrui nous prédispose »* GIDE.

PRÉDISPOSITION [pʀedispozisjɔ̃] n. f. – 1798 ◊ de *prédisposer* ▪ **1** Tendance naturelle (de qqn) à (un type d'activité). ➤ **aptitude, inclination, penchant.** *Avoir des prédispositions artistiques. Elle a des prédispositions pour la musique, à faire de la musique.* ▪ **2** (1818) MÉD. État physique ou mental, particulier à un sujet, qui le rend davantage apte à contracter certaines maladies. ➤ **réceptivité, susceptibilité, terrain.** *Prédisposition constitutionnelle, innée, héréditaire, génétique. Une prédisposition aux allergies, à être allergique.*

PRÉDOMINANCE [pʀedɔminɑ̃s] n. f. – XVIe ◊ de *prédominant* ▪ Caractère prédominant, état de ce qui prédomine, a la première place. *Prédominance d'un pays, d'un groupe social.* ➤ **prééminence, prépondérance, primauté, supériorité, suprématie.** *« une descendance caractérisée par une prédominance considérable de l'un des deux sexes »* J. ROSTAND. *Une toile très colorée avec prédominance du bleu* (sur les autres couleurs).

PRÉDOMINANT, ANTE [pʀedɔminɑ̃, ɑ̃t] adj. – v. 1370 ◊ de *prédominer* ▪ Qui prédomine. ➤ **primordial, principal.** *Mon souci prédominant est de trouver du travail.* ➤ **dominant, majeur, premier.** *Le poète cherche « des idées pour ses mots et ses rythmes prédominants »* VALÉRY.

PRÉDOMINER [pʀedɔmine] v. intr. ‹1› – XIVe « exercer une forte influence » ◊ de *pré-* et *dominer* ▪ (CHOSES) Être le plus important, avoir l'avantage. ➤ **emporter** (l'emporter), **prévaloir.** *Ce qui prédomine dans son œuvre, c'est l'humanisme. La thèse qui prédomine actuellement en physique. Son avis prédomine toujours.* ➤ 1 **primer.** *« cette discipline qu'on exerce sur soi-même et qui fait prédominer la volonté sur les autres facultés »* FUSTEL DE COULANGES.

PRÉÉLECTORAL, ALE, AUX [pʀeelɛktɔʀal, o] adj. – 1951 ◊ de *pré-* et *électoral* ▪ Qui précède des élections. *La période préélectorale.*

PRÉEMBALLÉ, ÉE [pʀeɑ̃bale] adj. – 1966 ◊ de *pré-* et *emballer* ▪ Se dit d'un produit alimentaire frais vendu emballé avec mention de son poids et de son prix. *Viande préemballée.*

PRÉÉMINENCE [pʀeeminɑ̃s] n. f. – 1373 ◊ latin *praeeminentia* → éminence ▪ **1** VX Dignité, privilège du rang. ▪ **2** MOD. (LITTÉR.) Supériorité absolue de ce qui est au premier rang, au premier plan. *« Il en concluait à la prééminence poétique du christianisme »* SAINTE-BEUVE. ➤ **primauté ; suprématie.** *Donner la prééminence à qqch. :* placer au-dessus. ▪ CONTR. Infériorité.

PRÉÉMINENT, ENTE [pʀeeminɑ̃, ɑ̃t] adj. – v. 1453 ◊ latin *praeeminens* ▪ LITTÉR. Qui a la prééminence. ➤ **supérieur.** *Rang prééminent. Vertu prééminente.* ▪ CONTR. Inférieur.

PRÉEMPTER [pʀeɑ̃pte] v. tr. ‹1› – 1836 ◊ d'après *préemption* ▪ **1** DR. Faire jouer un droit de préemption pour acquérir (qqch.). *Préempter un terrain. Œuvre d'art préemptée par les musées nationaux.* ▪ **2** PAR EXT. Prendre, retenir qqch. au détriment d'autrui. ➤ **accaparer, s'approprier, monopoliser.** *Préempter un marché. Préempter un débat.*

PRÉEMPTION [pʀeɑ̃psjɔ̃] n. f. – XVIe, repris 1765 ◊ de *pré-* et du latin *emptio* « achat » ▪ DR. Action d'acheter avant un autre. *Droit de préemption :* priorité dont jouit un acheteur, soit par la loi, soit par convention des parties. *« Il a, sur cette terre, un droit de préemption, s'il arrive qu'elle soit mise en vente »*

DE GAULLE. *Exercer son droit de préemption sur les actions d'une société* (➤ **préempter**). *Droit de préemption des musées nationaux* (dans les ventes aux enchères). ♦ DR. FISC. Droit reconnu à la douane d'acheter au prix déclaré une marchandise sous-évaluée.

PRÉENCOLLÉ, ÉE [preɑ̃kɔle] adj. – 1971 ◇ de *pré-* et *encoller* ■ Se dit d'un matériau enduit sur son envers d'un produit que l'eau transforme en colle. *Papier peint préencollé.*

PRÉENREGISTRER [preɑ̃r(ə)ʒistre] v. tr. ‹1› – 1955 au p. p. ◇ de *pré-* et *enregistrer* ■ Enregistrer préalablement. *Préenregistrer une émission.* — Au p. p. *«une série télé avec des rires préenregistrés»* P. LAPEYRE (cf. Rires* en boîte).

PRÉÉTABLIR [preetabliʀ] v. tr. ‹2› – 1609 ◇ de *pré-* et *établir* ■ RARE Établir d'avance (une chose abstraite). — p. p. adj. *Préétabli* : établi à l'avance, une fois pour toutes. *Réaliser un plan préétabli.* — PHILOS. *L'harmonie* préétablie de Leibniz.*

PRÉEXCELLENCE [preɛkselɑ̃s] n. f. – 1839 ◇ de *pré-* et *excellence* ■ LITTÉR. Primauté de ce qui est excellent. ➤ **précellence.**

PRÉEXISTANT, ANTE [preɛgzistɑ̃, ɑ̃t] adj. – XVe ◇ de *préexister* ■ LITTÉR. Qui existe avant, qui existait déjà. ➤ **antécédent.** *Les institutions préexistantes. Maladie préexistante à la grossesse.*

PRÉEXISTENCE [preɛgzistɑ̃s] n. f. – 1551 ◇ de *pré-* et *existence* ■ LITTÉR. Existence (d'une chose) antérieure à celle d'une autre chose. ➤ **antériorité.** *L'expérience «implique la préexistence de la raison»* BENDA. ■ CONTR. Postériorité.

PRÉEXISTER [preɛgziste] v. intr. ‹1› – 1482, rare avant XVIIIe ◇ latin scolastique *praeexistere* → exister ■ Exister antérieurement (à qqch.). *«L'homme que j'étais, l'homme qui préexistait au médecin»* MARTIN DU GARD.

PRÉFABRICATION [prefabʀikasjɔ̃] n. f. – 1945 ◇ d'après *préfabriqué* ■ TECHN. Fabrication d'éléments de construction (maison, navires) assemblés ultérieurement sur place.

PRÉFABRIQUÉ, ÉE [prefabʀike] adj. – 1932 ◇ de *pré-* et *fabriqué* ■ Se dit d'une maison montée avec des éléments faits industriellement au préalable. *Élément préfabriqué* : chacun des panneaux dont l'assemblage forme un mur, une construction. — n. m. (1963) *Le préfabriqué* : les éléments de construction préfabriquée. *Maison construite en préfabriqué. C'est du préfabriqué.* ♦ FIG. *«ce petit sourire préfabriqué que sa mère [...] pose sur son visage et retire aussitôt»* SARRAUTE.

PRÉFACE [prefas] n. f. – *prefaice* fin XIIe ◇ latin *praefatio*, de *praefari* «dire d'avance» ■ **1** Texte placé en tête d'un livre qui est de l'auteur ou d'une autre personne, et qui sert à le présenter au lecteur. ➤ **avant-propos, avertissement, avis, introduction, notice, préambule, prolégomènes.** *La préface de «Cromwell», de Hugo. La préface de Gide à l'«Armance» de Stendhal* (➤ **préfacier**). *«Une mauvaise préface allonge considérablement un mauvais livre»* VAUVENARGUES. *«Depuis bien longtemps l'on se récrie sur l'inutilité des préfaces – et pourtant l'on fait toujours des préfaces»* GAUTIER. *Il s'en explique dans sa préface. Demander une préface à qqn. Préface et postface.* ■ **2** LITURG. Prologue solennel d'action de grâces qui précède le canon. ■ CONTR. Conclusion.

PRÉFACER [prefase] v. tr. ‹3› – 1898 ; «préluder à un discours» 1784 ◇ de *préface* ■ Présenter par une préface. *Écrivain qui préface le roman d'un jeune auteur.* — *Ouvrage préfacé par X.*

PRÉFACIER, IÈRE [prefasje, jɛʀ] n. – 1833 ◇ de *préface* ■ Auteur d'une préface, spécialement lorsqu'il n'est pas l'auteur du livre. *Elle est la préfacière de ce recueil.*

PRÉFECTORAL, ALE, AUX [prefɛktɔʀal, o] adj. – 1815 ◇ de *préfet*, d'après le latin *praefectus* ■ Relatif au préfet, à l'administration par les préfets. *Administration, institution préfectorale. Le corps préfectoral* : l'ensemble des cadres supérieurs des préfectures et sous-préfectures (FAM. *la préfectorale*). — *Arrêté préfectoral. Par mesure préfectorale.*

PRÉFECTURE [prefɛktyʀ] n. f. – XIVe ◇ latin *praefectura* ■ **1** HIST. Charge de préfet, dans l'Empire romain. ♦ Territoire administré par l'un des préfets du prétoire. ■ **2** (1800) Charge de préfet. *Son père «avait occupé jusqu'à sa mort une préfecture»* ZOLA. *Obtenir, refuser la préfecture du Var.* ♦ Durée des fonctions d'un préfet. ♦ Ensemble des services de l'administration préfectorale. *La préfecture, le conseil départemental et les directions départementales interministérielles administrent le département. Les bureaux de la préfecture.* ♦ Local où sont installés les services de la préfecture. *«La préfecture ressemblait à un château dans la campagne»* NIZAN. ■ **3** Ville où siège la préfecture (➤ **chef-lieu**). *Versailles est la préfecture des Yvelines.* — Circonscription administrée par la préfecture (➤ **département**). ■ **4** *Préfecture maritime* : port de guerre, chef-lieu d'une région maritime. ■ **5** *Préfecture de police* : à Paris, services de direction de la police municipale, judiciaire, économique ; locaux où sont installés ces services. ABSOLT *La Préfecture.*

PRÉFÉRABLE [prefeʀabl] adj. – 1516 ◇ de *préférer* ■ Qui mérite d'être préféré, choisi. *Pour un tel voyage, le train paraît préférable, bien préférable. «Le solide bonheur est préférable aux vains plaisirs qui le détruisent»* ROUSSEAU. *«Ailleurs semble toujours préférable à Ici»* HUGO. *Il est préférable que..., de...* : il vaut mieux. *Il est préférable de faire ceci, plutôt que de faire cela. Il serait préférable qu'elle s'en aille.*

PRÉFÉRABLEMENT [prefeʀabləmɑ̃] adv. – 1654 ◇ de *préférable* ■ RARE De préférence. *Préférablement à autre chose.* ➤ **plutôt** (que).

PRÉFÉRÉ, ÉE [prefeʀe] adj. et n. – 1360 n. ◇ de *préférer* ■ **1** Jugé meilleur. *C'est son disque préféré. «Mozart est le compagnon préféré des cœurs qui ont aimé»* R. ROLLAND. ■ **2** n. Personne qui est préférée, mieux aimée. *«Je m'étais cru le préféré»* BALZAC. ➤ **favori ;** FAM. 1 **chouchou.**

PRÉFÉRENCE [prefeʀɑ̃s] n. f. – *preferance* v. 1458 ◇ de *préférer* ■ **1** Jugement ou sentiment par lequel on place une personne, une chose au-dessus des autres ; jugement plus favorable. *Les préférences de chacun. «Sur quelque préférence une estime se fonde»* MOLIÈRE. VX *«La noblesse est la préférence de l'honneur à l'intérêt»* VAUVENARGUES. — *Avoir une préférence marquée pour qqn, qqch.* ➤ **faiblesse, prédilection ; affectionner, préférer.** *Témoigner une préférence à, pour qqn. Un père «ne doit point avoir de préférence dans la famille que Dieu lui donne»* ROUSSEAU. — *Je n'ai pas de préférence* : cela m'est égal. — *Accorder, donner la préférence à qqn, qqch.* : donner l'avantage dans une comparaison, un choix. ➤ **préférer.** ♦ loc. adv. **DE PRÉFÉRENCE ;** (VIEILLI) **PAR PRÉFÉRENCE.** ➤ **plutôt.** *Choisir de préférence... Venez le matin de préférence.* — *Par ordre de préférence* : en classant chaque chose selon ses préférences. — loc. prép. *De préférence à, par préférence à.* ➤ 1 **avant, plutôt** (que). *Prendre une chose de préférence à une autre.* ■ **2** Le fait d'être préféré. *Avoir, obtenir la préférence sur qqn* : passer avant lui. *«C'est un p'tit cordonnier qu'a eu la préférence»* (chans.). ■ **3** Avantage consenti à une personne plutôt qu'aux autres. ➤ **privilège.** *«Rancé ne s'accorda aucune des préférences de ses devanciers»* CHATEAUBRIAND. *Je ne veux pas faire de préférences.* ♦ ÉCON. Réglementation du commerce extérieur plus favorable que le droit commun accordé aux produits provenant de certains pays ou groupes de pays. *Préférence communautaire*.* ♦ DR. *Droit de préférence*, qui permet à un créancier d'appréhender par préférence les biens de son débiteur et de s'en faire attribuer le prix.

PRÉFÉRENTIEL, IELLE [prefeʀɑ̃sjɛl] adj. – 1903 ◇ de *préférence* d'après l'anglais *preferential (tariff, treatment)* ■ Qui établit une préférence. *Tarif préférentiel. Traitement préférentiel. Régime de douanes préférentiel accordé par l'Union européenne à certains pays tiers.* ♦ DR. PUBL. *Vote préférentiel*, dans lequel un signe distinctif marquant certains candidats détermine le classement des membres de la liste.

PRÉFÉRENTIELLEMENT [prefeʀɑ̃sjɛlmɑ̃] adv. – 1946 ◇ de *préférentiel* ■ DIDACT. D'une manière préférentielle (cf. De préférence).

PRÉFÉRER [prefeʀe] v. tr. ‹6› – 1355 ◇ latin *praeferre* «porter *(ferre)* en avant *(prae)*» ■ Considérer comme meilleure, supérieure, plus importante (une chose, une personne parmi plusieurs) par un jugement, un goût ; se déterminer en sa faveur. ➤ **aimer** (mieux), **incliner, pencher** (pour) ; **adopter, choisir, élire.** *«On n'aime qu'après avoir jugé, on ne préfère qu'après avoir comparé»* ROUSSEAU. *Préférer une chose, une personne à une autre. «Toute femme préfère à rien un bonheur dont elle sait la brièveté»* MONTHERLANT. *Préférer à tout* : aimer par-dessus tout. — *Si tu préfères, si vous préférez*, si vous aimez mieux ; si vous pensez que le mot convient mieux. ♦ *Préférer* (et inf.). *Préférer faire qqch.* : aimer mieux. *«Plutôt que de recourir à ce que vous appelez la violence, je préfère mourir»* DUHAMEL. — ABSOLT *Faites comme vous préférez*, comme vous voudrez, comme vous l'entendez*. — LITTÉR. *Nous «avons préféré d'attendre et de vous faire attendre plutôt que de risquer inconsidérément la vie de nos soldats»* GIDE. — COUR. *«Elle préférait souffrir que d'être dupe»* RADIGUET. LITTÉR. *«Il préférait souffrir à ne pas aimer»* TRIOLET. ♦ *Préférer que* (et subj.). *Je préfère qu'il* *vienne seul.* ◆ FIG. (CHOSES) *L'hortensia préfère les terrains acides.* ◆ **SE PRÉFÉRER** v. pron. (réfl.) *«Il n'y a si vil praticien qui [...] ne se préfère au laboureur»* LA BRUYÈRE. ■ CONTR. Haïr, rejeter.

PRÉFET, PRÉFÈTE [pʀefɛ, pʀefɛt] n. – v. 1170 ◇ latin *praefectus* «préposé», de *prae-* et *facere* «faire» ■ **1** n. m. HIST. L'un des hauts magistrats chargés de l'administration de Rome. ◆ L'un des préfets du prétoire qui étaient à la tête d'un département de l'Empire (préfecture). *Le préfet des Gaules.* ■ **2** n. m. (XVIIe) RELIG. *Préfet des brefs :* le chef de la section des brefs de la secrétairerie du pape. ◆ (1622) Prêtre chargé de la discipline dans certains collèges religieux. *Préfet des études.* APPOS. *Le père préfet d'un collège.* ■ **3** (1793) COUR. Fonctionnaire placé(e) à la tête d'un département ou d'une région, représentant(e) du pouvoir central et du département. *Madame le Préfet* ou *la Préfète. Cabinet du préfet* (➤ **préfecture**). *Arrêté du préfet.* ➤ **préfectoral.** ◆ (1800) *Préfet de police,* placé à la tête de la préfecture de police (à Paris et dans certaines grandes villes). ■ **4** n. f. (1811) VIEILLI Femme d'un préfet. *Madame la Préfète. «une foule de personnalités nancéiennes autour du préfet et de la préfète»* O. ROLIN. ■ **5** *Préfet maritime :* l'officier général placé à la tête d'un arrondissement maritime. ■ **6** (1958) En Belgique, Directeur, directrice d'athénée* (2°), de lycée. ■ **7** En Suisse, Magistrat(e) qui représente le pouvoir exécutif dans le district d'un canton. ■ **8** Au Québec, Élu(e) qui dirige une municipalité régionale de comté.

PRÉFIGURATION [pʀefigyʀasjɔ̃] n. f. – v. 1485, repris XVIIIe ◇ latin *praefiguratio* ■ LITTÉR. Ce qui présente tous les caractères d'un être, d'une chose à venir. *«n'était-ce pas déjà, dans sa vie – comme une préfiguration de ce qui devait arriver après sa mort»* PROUST. *Une préfiguration des cités futures.* ➤ **anticipation.**

PRÉFIGURER [pʀefigyʀe] v. tr. ‹1› – 1220 ◇ latin *praefigurare* ■ Avoir tous les caractères de (une chose à venir). *«Et ce cimetière de vivants préfigurait celui où ils finiraient par se rejoindre tous»* MAURIAC. *Système qui préfigure l'organisation sociale des prochaines décennies.* ➤ **annoncer.**

PRÉFINANCEMENT [pʀefinɑ̃smɑ̃] n. m. – 1965 ◇ de *pré-* et *financement* ■ Affectation provisoire de ressources financières à un projet dans l'attente de la mise en place d'un financement durable. *Crédit de préfinancement.*

PRÉFIX, IXE [pʀefiks] adj. – XIVe ◇ latin *praefixus* ■ DR. VX Déterminé, fixé d'avance. *Au jour et au lieu préfix, au terme préfix* (➤ **préfixion**). ■ HOM. Préfixe.

PRÉFIXAL, ALE, AUX [pʀefiksal, o] adj. – 1927 ◇ de *préfixe* ■ LING. Relatif aux préfixes. *Dérivation préfixale* (ex. faire → refaire).

PRÉFIXATION [pʀefiksasjɔ̃] n. f. – 1876 ◇ de *préfixer* ■ LING. Formation de dérivés par adjonction de préfixes ; emploi d'un élément comme préfixe. *Mot formé par préfixation.*

PRÉFIXE [pʀefiks] n. m. – 1751 ; n. f. «particule en hébreu» 1681 ◇ latin *prae-* et *fixus* «fixé» ■ **1** Élément de formation de mots ; affixe qui précède le radical (opposé à *suffixe*). ■ **2** MÉTROL. *Préfixes du système international,* qui multiplient par des puissances de 10 l'unité dont ils précèdent le nom pour former les multiples et sous-multiples. ➤ **yocto-, zepto-, atto-, femto-, pico-, nano-, micro-, milli-, centi-, déci- ; déca-, hect(o)-, kilo-, méga-, giga-, téra-, peta-, exa-, zetta-, yotta-.** ■ **3** *Préfixe téléphonique,* les premiers chiffres placés devant le numéro personnel. ➤ **indicatif.** ■ HOM. Préfix.

1 **PRÉFIXER** [pʀefikse] v. tr. ‹1› – 1367 ◇ du latin *praefixus* → préfix ■ DR. Fixer à l'avance. *Préfixer un délai. — Hausses préfixées. Intérêt préfixé.*

2 **PRÉFIXER** [pʀefikse] v. tr. ‹1› – 1836 au p. p. ◇ de *préfixe* ■ LING. Joindre (un élément) comme préfixe ; dériver avec un préfixe. *Préfixer une particule à un mot. Préfixer un radical. — Élément préfixé.*

PRÉFIXION [pʀefiksjɔ̃] n. f. – 1372 «détermination (d'un temps, etc.)» ◇ de 1 *préfixer* ■ DR. Fixation d'un délai ; délai fixé. *Une préfixion de trois mois.*

PRÉFLORAISON [pʀeflɔʀɛzɔ̃] n. f. – 1834 ; *préfleuraison* 1803 ◇ de *pré-* et *floraison* ■ BOT. Disposition des pièces du périanthe, dans le bouton floral. ➤ **estivation.**

PRÉFOLIATION [pʀefɔljasjɔ̃] n. f. – 1834 ; n. m. pl. 1816 ◇ de *pré-* et *foliation* ■ BOT. Disposition des feuilles dans le bourgeon. ➤ **vernation.**

PRÉFORMAGE [pʀefɔʀmaʒ] n. m. – milieu XXe ◇ de *préformer* ■ Opération qui consiste à donner à une matière une forme (préalablement à l'opération suivante).

PRÉFORMATION [pʀefɔʀmasjɔ̃] n. f. – 1710 ◇ de *pré-* et *formation* ■ HIST. SC. L'une des deux théories biologiques en lutte aux XVIIe et XVIIIe s., selon laquelle l'organisme vivant est complètement constitué dans le germe. *«La préformation entraînait logiquement une conséquence plus que paradoxale, à savoir que toutes les générations devaient être réalisées d'avance»* M. CAULLERY. — On dit aussi **PRÉFORMATIONNISME** n. m. et **PRÉFORMISME** n. m.

PRÉFORMER [pʀefɔʀme] v. tr. ‹1› – 1710 ◇ de *pré-* et *former* ■ DIDACT. Former d'avance. ◆ HIST. SC. *Animal, être préformé dans le germe* (➤ **préformation**). ◆ *Soutien-gorge préformé,* à bonnets galbés.

PRÉFOURRIÈRE [pʀefuʀjɛʀ] n. f. – milieu XXe ◇ de *pré-* et *fourrière* ■ Lieu où l'on dépose provisoirement les voitures avant de les amener à la fourrière*.

PRÉFRONTAL, ALE, AUX [pʀefʀɔ̃tal, o] adj. – milieu XXe ◇ de *pré-* et *frontal* ■ ANAT. De la région antérieure du front. *Zone préfrontale du cerveau.*

PRÉGLACIAIRE [pʀeglasjɛʀ] adj. – 1873 ◇ de *pré-* et *glaciaire* ■ GÉOGR. Qui précède une période glaciaire, ou l'action des glaciers (en un lieu). *La période préglaciaire du quaternaire.*

PRÉGNANCE [pʀegnɑ̃s] n. f. – 1945 ◇ de *prégnant* ■ **1** PSYCHOL. «Force, et par suite stabilité et fréquence d'une organisation psychologique privilégiée, parmi toutes celles qui sont possibles» (P. Guillaume). ■ **2** ANGLIC. État de ce qui est prégnant.

PRÉGNANT, ANTE [pʀegnɑ̃, ɑ̃t] adj. – v. 1570 ◇ de l'ancien français *preindre* «presser», latin *premere* ■ **1** LITTÉR. Qui s'impose à l'esprit. — (1962) PSYCHOL. *Structure prégnante.* ➤ **prégnance.** ■ **2** ANGLIC. Qui contient de nombreuses possibilités, virtualités.

PRÉHELLÉNIQUE [pʀeelenik ; pʀeɛllenik] adj. – 1884 ◇ de *pré-* et *hellénique* ■ HIST. Relatif aux époques précédant l'invasion dorienne (XIIe s. av. J.-C.), en Grèce et dans les régions avoisinantes.

PRÉHENSEUR [pʀeɑ̃sœʀ] adj. m. – 1842 ◇ de *préhension* ■ DIDACT. Qui sert à prendre, à saisir. *Robot préhenseur. Organe préhenseur.* ➤ **préhensile.**

PRÉHENSILE [pʀeɑ̃sil] adj. – 1758 ◇ de *préhension* ■ DIDACT. Qui peut prendre, saisir (d'un organe qui ne sert pas uniquement à la préhension). *Queue, pince préhensile.* ➤ **préhenseur.**

PRÉHENSION [pʀeɑ̃sjɔ̃] n. f. – 1559, repris 1793 ; *prehencion* «compréhension» XVe ◇ latin *prehensio,* de *prehendere* «saisir» ■ **1** DIDACT. Action de saisir, de prendre. ◆ Faculté de saisir avec un organe approprié. *Les mains «étaient moyennement courtes, faites pour la préhension»* MICHELET. ■ **2** (1510 «arrestation») ANC. DR. *Droit de préhension,* de réquisition.

PRÉHISTOIRE [pʀeistwaʀ] n. f. – 1872 ◇ de *pré-* et *histoire* ■ **1** Ensemble des faits et évènements concernant l'humanité avant l'apparition de l'écriture, de la première métallurgie ; étude de ces évènements. *Divisions de la préhistoire d'après le climat, la géologie, la paléontologie humaine, l'anthropologie. Préhistoire et protohistoire*. Les âges* de la préhistoire.* ◆ PAR ANAL. *La préhistoire d'un domaine,* ce qui a précédé son apparition. *«la lente et passionnante préhistoire de la photographie et du cinéma»* J.-C. BAILLY. ◆ LOC. *C'est (de) la préhistoire :* c'est très ancien. ■ **2** Science qui étudie ces faits et évènements. ➤ **histoire ; anthropologie, archéologie, ethnologie.**

PRÉHISTORIEN, IENNE [pʀeistɔʀjɛ̃, jɛn] n. – 1874 ◇ de *préhistoire* ■ DIDACT. Historien(ne) spécialiste de la préhistoire.

PRÉHISTORIQUE [pʀeistɔʀik] adj. – 1865 ◇ de *pré-* et *historique* ■ **1** Antérieur à l'apparition des témoignages écrits ou à l'usage des métaux (➤ **préhistoire**). *Les âges, les temps préhistoriques.* ◆ Relatif à la préhistoire. *L'homme préhistorique. Site, grotte, monument préhistorique ; ossements, outils préhistoriques. Animaux préhistoriques.* ■ **2** Très ancien, suranné, démodé (➤ **antédiluvien**). *«quand il faisait allusion à l'affaire Dreyfus,* [il] *disait : "Dans ces temps préhistoriques"»* PROUST. *Une machine, une voiture préhistorique.*

PRÉHOMINIENS [pʀeɔminjɛ̃] n. m. pl. – v. 1955 ◇ de *pré-* et *hominien* ■ SC. Groupe d'hominiens les plus proches des hominidés et qui comprend le pithécanthrope, le ramapithèque et le sinanthrope.

PRÉIMPLANTATOIRE [pʀeɛ̃plɑ̃tatwaʀ] **adj.** – 1989 ◇ de *pré-* et *implantation* ■ MÉD., GÉNÉT. *Diagnostic préimplantatoire (DPI),* effectué sur un embryon obtenu par fécondation in vitro avant de le placer dans l'utérus.

PRÉJUDICE [pʀeʒydis] **n. m.** – 1265 ◇ latin *praejudicium* «jugement anticipé», de *praejudicare* «préjuger» ■ **1** Perte d'un bien, d'un avantage par le fait d'autrui ; acte ou évènement nuisible aux intérêts de qqn et le plus souvent contraire au droit, à la justice. *Causer un préjudice à qqn. Porter préjudice à qqn,* lui causer du tort. *Subir un préjudice.* ➤ **dommage.** *Préjudice matériel, moral, esthétique, d'agrément, de jouissance.* ♦ (fin XIVe) **AU PRÉJUDICE** *de qqn.* ➤ **dam, désavantage, détriment.** «*Une injustice vient d'être commise à son profit, à mon préjudice*» DUHAMEL. ■ **2** Ce qui est nuisible pour, ce qui va contre (qqch.). *Causer un grave préjudice à une cause, à la justice. Au préjudice de l'honneur, de la vérité.* ➤ **contre, malgré.** LITTÉR. *Sans préjudice de :* sans porter atteinte. *Sans préjudice des questions qui pourront être soulevées plus tard :* sans parler de, sans tenir compte de. ➤ **sauf.** ■ CONTR. Avantage, bénéfice, 2 bien ; 1 aide, assistance, bienfait.

PRÉJUDICIABLE [pʀeʒydisjabl] **adj.** – 1266 ◇ latin *praejudiciabilis,* de *praejudicium* «préjudice» ■ Qui porte, peut porter préjudice (à qqn, à qqch.). ➤ **attentatoire, dommageable, nocif, nuisible.** *Préjudiciable à qqn. Préjudiciable au progrès, à la paix. Des excès préjudiciables à la santé.* ■ CONTR. Salutaire.

PRÉJUDICIAUX [pʀeʒydisjo] **adj. m. pl.** – XVIe ; *préjudicial* «préjudiciable» 1299 ◇ latin *praejudicialis* ■ DR. *Frais préjudiciaux,* qu'on doit acquitter avant de pouvoir faire appel.

PRÉJUDICIEL, IELLE [pʀeʒydisjɛl] **adj.** – 1752 ; «préjudiciable» XIIIe ◇ latin *praejudicialis* ■ DR. Qui doit précéder le jugement. *Action, question préjudicielle,* «qui doit être tranchée par une juridiction autre que celle saisie de l'action principale et préalablement à celle-ci» (Capitant).

PRÉJUDICIER [pʀeʒydisje] **v. intr.** ‹7› – 1344 ◇ latin *praejudicare* ■ VX Porter préjudice, faire tort. ➤ **blesser, nuire.** *Préjudicier à qqn.* — (CHOSES) Être préjudiciable. «*Leur doctrine ne préjudicie pas au salut*» BOSSUET.

PRÉJUGÉ [pʀeʒyʒe] **n. m.** – 1579 «opinion qu'on se forme au sujet d'un évènement futur» ◇ de *préjuger* ■ **1** Indice qui permet de se faire une opinion provisoire (➤ **préjuger**). *Elle bénéficie d'un préjugé favorable.* ■ **2** Croyance, opinion préconçue souvent imposée par le milieu, l'époque, l'éducation ; parti pris, idée toute faite. *Des préjugés petits-bourgeois. Préjugé indéracinable, tenace.* «*Ses préjugés d'enfance s'opposèrent à la complète émancipation de son intelligence*» BALZAC. *Des préjugés contre qqn, qqch. Combattre, braver les préjugés. Attitude qui heurte les préjugés. Galilée fut victime des préjugés de son époque.*

PRÉJUGER [pʀeʒyʒe] **v. tr.** ‹3› – XVe «juger qqn par conjecture» ◇ latin *praejudicare*

I ■ **1** VX OU LITTÉR. Porter un jugement prématuré sur (qqch.). *Je ne veux point préjuger la question.* — Prévoir au moyen des indices dont on dispose. *Autant qu'on peut le préjuger.* ■ **2** DR. Prendre une décision provisoire sur (qqch.), en laissant prévoir le jugement définitif.

II **v. tr. ind.** (plus cour.) **PRÉJUGER DE :** porter un jugement prématuré sur (qqch.) ; considérer comme résolue une question qui ne l'est pas. *Sans préjuger de votre réponse. À ce qu'on en peut préjuger.*

PRÉLART [pʀelaʀ] **n. m.** – 1670 ◇ origine inconnue ■ **1** MAR., TECHN. Grosse toile imperméabilisée servant à protéger marchandises, chargement d'une voiture, embarcations d'un navire. ➤ **bâche.** *Ils* «*se pelotonnèrent [...] sous les prélarts*» HUGO. ■ **2** (1906) RÉGION. (Canada) Linoléum. «*la cuisine au prélart fraîchement ciré*» M. LABERGE.

PRÉLASSER (SE) [pʀelɑse] **v. pron.** ‹1› – 1532 ◇ de *prélat,* p.-ê. d'après *lasser* ■ **1** VX Prendre un air important, une attitude, une démarche nonchalante et satisfaite. «*L'âne, se prélassant, marche seul devant eux*» LA FONTAINE. ■ **2** MOD. S'abandonner nonchalamment, avec paresse. *Se prélasser dans un hamac, dans un fauteuil. Aide-moi, au lieu de te prélasser.*

PRÉLAT [pʀela] **n. m.** – 1155 ◇ latin médiéval *praelatus* «porté en avant, préféré» ■ Haut dignitaire ecclésiastique (cardinal, archevêque, etc.) ayant reçu la prélature à titre personnel. *Prélats domestiques,* certains clercs de la maison du pape. *Caudataire, coadjuteur d'un prélat.* «*C'est l'auditeur de Sa Sainteté, [...] un des prélats palatins*» ROMAINS.

PRÉLATIN, INE [pʀelatɛ̃, in] **adj.** – début XXe ◇ de *pré-* et *latin* ■ DIDACT. Antérieur à la civilisation latine, au latin (langue), dans son domaine. *Mot d'origine prélatine* (étrusque, etc.).

PRÉLATURE [pʀelatyʀ] **n. f.** – v. 1380 ◇ latin *praelatura* ■ DIDACT. Distinction honorifique accordée par le Saint-Siège à un prélat. «*Il n'aspirait à la prélature que pour se hisser plus haut*» MADELIN. ♦ Corps des prélats de la cour de Rome.

PRÉLAVAGE [pʀelavaʒ] **n. m.** – v. 1960 ◇ de *pré-* et *lavage* ■ Lavage préalable. — SPÉCIALT Premier cycle du lavage dans un lave-linge.

PRÊLE [pʀɛl] **n. f.** – 1539 ◇ altération de *asprele* (XIIIe) ; latin populaire °*asperella,* de *asper* «âpre» ■ Plante cryptogame vasculaire *(équisétinées),* à tige creuse et à épis terminaux, qui croît dans des endroits humides, appelée aussi *queue-de-cheval, queue-de-rat.* «*Les joncs, les prêles, depuis deux jours inclinés par sa force* [du ruisseau] *se redressaient*» GENEVOIX. — On écrit aussi *prêle.*

PRÉLEGS [pʀelɛ(g)] **n. m.** – 1690 ◇ de *pré-* et *legs* ■ DR. Legs particulier qui doit être pris sur la masse de l'héritage, avant le partage.

PRÉLÈVEMENT [pʀelɛvmɑ̃] **n. m.** – 1767 ◇ de *prélever* ■ **1** L'action de prélever ; la quantité qu'on prélève. *Prélèvement d'un échantillon d'une marchandise* (pour en vérifier la nature, la qualité). *Prélèvement sanguin.* ABSOLT *Faire un prélèvement* (d'organe, de tissu, etc.), en vue d'une analyse (➤ **biopsie**), d'une transplantation. — (ABSTRAIT) «*Un effroyable prélèvement d'intérêts*» BALZAC. ➤ **ponction, saignée.** *Prélèvement automatique sur un compte bancaire. Avis, autorisation de prélèvement. Prélèvement obligatoire :* impôt ou cotisation sociale. *Prélèvement libératoire, forfaitaire* (sur les revenus des obligations). *Prélèvement à la source (de l'impôt sur le revenu).* ■ **2** DR. Bien qu'une personne, copropriétaire de certaines possessions, prend avant le partage. *Prélèvement mobilier, immobilier.* ➤ **distraction** (I°).

PRÉLEVER [pʀel(ə)ve] **v. tr.** ‹5› – 1629 «lever un impôt» ◇ bas latin *praelevare* ■ **1** (1690) Prendre (une partie d'un ensemble, d'un total). ➤ **enlever, extraire, ôter, retenir, retrancher.** *Prélever un échantillon. Prélever un tissu, un organe, un greffon.* ■ **2** DR. Prendre (une part d'un total, d'une masse) avant un partage. ➤ **prélèvement.** — COUR. Prendre (une somme) d'un total. *Prélever deux mille euros sur son compte bancaire, sur ses économies.* «*Si, sur vos grands biens, vous prélevez pour la doter ces trois millions d'or du Mexique*» BEAUMARCHAIS. ♦ RARE *Prélever un impôt, un tribut sur qqn.* ➤ **1 lever.**

PRÉLIMINAIRE [pʀeliminɛʀ] **n. m. et adj.** – attesté 1671 ; après 1648 (Traité de Westphalie) ◇ bas latin *praeliminaris*

I **n. m.** ■ **1** AU PLUR. Ensemble des négociations qui précèdent et préparent un armistice, un traité de paix. «*Les préliminaires de la paix entre la France et l'Angleterre*» CHATEAUBRIAND. — COUR. Ce qui prépare un acte, un évènement plus important. ➤ **commencement, prélude.** *Les préliminaires d'un procès.* SPÉCIALT *Les préliminaires* (à l'acte sexuel), faisant monter l'excitation des partenaires. *Abréger les préliminaires.* ■ **2** DR. *Préliminaire de conciliation.*

II **adj.** (1671) Qui précède, prépare une autre chose considérée comme plus importante. ➤ **préalable, préparatoire.** *Accords préliminaires. Enquête préliminaire :* enquête de police ayant pour but de recueillir les informations permettant à la justice d'établir ou non l'existence d'une infraction pénale. *Remarques préliminaires. Discours préliminaire :* introduction, préambule, préface, prologue. ■ CONTR. Conclusion.

PRÉLIMINAIREMENT [pʀeliminɛʀmɑ̃] **adv.** – 1757 ◇ de *préliminaire* ■ RARE Préalablement.

PRÉLOGIQUE [pʀelɔʒik] **adj.** – 1910 ◇ de *pré-* et 2 *logique* ■ VIEILLI SOCIOL. *Mentalité prélogique,* propre aux sociétés «primitives», caractérisée par le fait qu'elle ne répugne pas à la contradiction (➤ **alogique**). ♦ PSYCHOL. *Stade prélogique,* pendant lequel l'esprit de l'enfant ne respecte pas encore les règles de la logique.

PRÉLUDE [pʀelyd] **n. m.** – 1530 ◇ bas latin *praeludium* ■ **1** Suite de notes qu'on chante ou qu'on joue pour se mettre dans le ton. ■ **2** Pièce instrumentale ou orchestrale de forme libre qui sert à introduire une autre pièce ou qui constitue un tout par elle-même. *Préludes et fugues de J.-S. Bach. Préludes de Chopin.* — Introduction symphonique d'un opéra. ■ **3** (1532) FIG. Ce qui précède, annonce (qqch.) ; ce qui constitue le début (d'une œuvre, du déroulement d'évènements, d'un fait). ➤ **annonce, commencement, préliminaire, prologue.** *Le prélude à une prise de conscience. «Prélude à l'après-midi d'un faune», poème symphonique de Debussy.*

PRÉLUDER [pRelyde] **v.** ‹1› – 1657 ◊ latin *praeludere* «se préparer à jouer» ■ **1 v. intr.** Essayer sa voix ou son instrument par un prélude. *«Avant que de chanter, il faut que je prélude un peu»* MOLIÈRE. — *Préluder par :* chanter, jouer (tel morceau) pour commencer. *«Elle préludait doucement par de vagues mélodies»* MUSSET. ■ **2 v. tr. ind.** (1690) **PRÉLUDER À.** LITTÉR. (PERSONNES) S'exercer préalablement, s'essayer à faire qqch. *«Il essayait leur valeur* [des soldats] *et préludait à des victoires»* FONTENELLE. ◆ (CHOSES) Se produire dans l'attente d'autre chose, constituer les préliminaires de qqch. ➤ **annoncer.** *«Il s'interrompit. Un temps interminable préluda à ce qui allait suivre»* COURTELINE. ■ **CONTR.** Conclure.

PRÉMATURÉ, ÉE [prematyRe] **adj.** – 1632 ◊ latin *praematurus* «mûr avant» ■ **1** Qu'il n'est pas encore temps d'entreprendre. *Je crains que ce ne soit une démarche prématurée. Il est prématuré de...* (cf. Il est trop tôt pour). *Il serait prématuré d'en tirer des conclusions.* ◆ Qui a été fait trop tôt. *«Tu fis sagement* [...], *bien que ta retraite ait été prématurée»* GAUTIER. — *Une nouvelle prématurée,* annoncée avant sa réalisation. ■ **2** Qui arrive avant le temps normal. ➤ **précoce.** *Une vieillesse prématurée. «Une mort prématurée est irréparable»* CAMUS. — *Accouchement prématuré,* avant terme. ■ **3** PAR EXT. *Un enfant prématuré,* né viable avant terme (gestation inférieure à 37 semaines). ➤ **prématurité.** — SUBST. (1901) *Placer des prématurés en couveuse.* ■ **CONTR.** Tardif.

PRÉMATURÉMENT [prematyRemɑ̃] **adv.** – *prematurement* 1576 ◊ de *prématuré* ■ Avant le temps habituel ou convenable. *Mort prématurément dans sa vingtième année. La faim avait «vieilli prématurément son visage»* BAUDELAIRE.

PRÉMATURITÉ [prematyRite] **n. f.** – 1953 ; «caractère de ce qui est prématuré» 1762 ◊ de *pré-* et *maturité* ■ DIDACT. État d'un enfant prématuré.

PRÉMÉDICATION [pRemedikasjɔ̃] **n. f.** – 1959 ◊ de *pré-* et *médication* ■ MÉD. Traitement médicamenteux administré avant une anesthésie ou un examen difficilement toléré. *La prémédication est destinée à détendre le malade et à renforcer les effets de l'anesthésique.*

PRÉMÉDITATION [premeditasjɔ̃] **n. f.** – 1361 ◊ latin *praemeditatio* ■ Dessein réfléchi d'accomplir une action (surtout une action mauvaise, un délit ou un crime). *La préméditation, circonstance aggravante en matière d'homicide. Ce serait «une chose digne de vous, que de faire écarter la préméditation, vous sauveriez la vie à ce malheureux»* BALZAC. *Meurtre avec préméditation, sans préméditation.*

PRÉMÉDITER [premedite] **v. tr.** ‹1› – 1474 ; *se préméditer* «se concerter» 1395 ◊ latin *praemeditari* ■ Décider, préparer avec calcul. ➤ **calculer.** *Préméditer un crime. «Le pharmacien avait patiemment prémédité la rupture de son ménage»* ROMAINS. — **p. p. adj.** (1491) ➤ **intentionnel.** *Réponse, réaction préméditée.* ➤ **concerté.** *«Mon crime est atroce, et il fut* prémédité*»* STENDHAL. ◆ TR. IND. *Préméditer de* (et inf.). ➤ **projeter.** *Il avait prémédité de s'enfuir.*

PRÉMENSTRUEL, ELLE [pRemɑ̃stRyɛl] **adj.** – 1908 ◊ de *pré-* et *menstruel* ■ MÉD. Qui précède l'époque des règles. *Syndrome prémenstruel.*

PRÉMICES [pRemis] **n. f. pl.** – *primices* 1120 ◊ latin *primitiae* ■ **1** HIST. Premiers fruits de la terre, premiers animaux nés du troupeau, qu'on offrait à la divinité, chez les Grecs, les Romains, les Hébreux, etc. ■ **2** VX ou LITTÉR. Commencement, début. *Les prémices de la vie. Les prémices de l'hiver. Les prémices d'une crise. «Toujours la tyrannie a d'heureuses prémices»* RACINE. ■ **HOM.** Prémisse.

PREMIER, IÈRE [pRəmje, jɛR] **adj.** et **n.** – fin Xe ◊ du latin *primarius,* qui a aussi donné *primaire,* famille de *primus* → 1 prime

I QUI VIENT AVANT LES AUTRES, DANS UN ORDRE (le plus souvent avant le nom, en épithète) **A. DANS LE TEMPS OU DANS L'ESPACE** ■ **1** Qui est le plus ancien ou parmi les plus anciens dans le temps ; qui s'est produit, apparaît, doit apparaître avant. ➤ **initial.** *Le premier jour du mois.* — SUBST. *Le 1er avril* [pRəmjeRavRil]. *Le Premier de l'an. Le 1er Mai. «La paye est là tous les premiers du mois»* J. VAUTRIN. — LOC. *À la première heure*. Le premier âge*, la première enfance, la première jeunesse*.* ➤ 1 **prime.** *«cette teinte légère et nacrée pareille au ciel du premier matin»* LE CLÉZIO. *Les premiers pas d'un enfant. Premier amour. «C'était le jour béni de ton premier baiser»* MALLARMÉ. *Premier rendez-vous. Premier bal. Première langue :* première langue étrangère qu'apprend un élève. *«l'intérêt à choisir l'anglais première langue et l'espagnol deuxième»* P. CAUVIN. — *Faire sa première communion*. Faire ses premières armes** (➤ **apprentissage**). *Premier mariage. Avoir son premier enfant. Enfants du premier lit.* — *Se soucier, se moquer d'une chose comme de sa première chemise*, comme de sa première culotte*.* — (milieu XVIIe, Pascal) *Les premiers temps. Les premiers hommes. Le Premier Empire. La Première Guerre mondiale.* — *La première fois.* ➤ **primo-.** *Au premier, du premier coup :* à la première tentative, au premier essai. *Première esquisse, version. Faire les premiers pas*. Il n'y a que le premier pas qui coûte*.* — *Au premier abord*, à première vue :* tout d'abord. — *Au premier chef*. «Ma première impression, à son aspect, ne fut ni la surprise, ni l'étonnement»* BALZAC. *Première nouvelle !,* je ne savais pas. — LOC. *Du premier jet*. La première pierre*. Première épreuve* (TYPOGR.). *De première main*.* — *Première édition* (➤ 2 **original, princeps**). — *Le premier quartier de la lune. Les premiers bourgeons, les premières feuilles.* — *Attendre le premier métro. Premier service. Premier round. Première manche. Être en première année de droit. Étudiant de première année.* ➤ **bizut ;** ARG. **melon, poussin.** *Enseignement du premier degré.* ➤ **primaire.** *Être à la recherche d'un premier emploi.* — *Premiers soins, premiers secours.* — *Équation du premier degré*.* ◆ (Attribut) *Arriver premier,* avant les autres, en tête. *Ils sont bons premiers,* bien avant les autres. ◆ SUBST. (fin XVe) *Parler, arriver le premier. «Il faut que je sois la première couchée et la première levée»* DIDEROT. *Être le premier informé. Il est parmi les premiers, les tout premiers.* — ALLUS. HIST. *Messieurs les Anglais, tirez* les premiers.* ◆ (1585) Qui est le plus ancien dans une lignée (écrit en chiffres). *Lothaire II, fils de Lothaire Ier. Élisabeth Ire.* ■ **2** Le premier à venir (dans le futur). ➤ **prochain.** (1616) *À la première occasion.* — SUBST. (1561) *Le premier venu :* n'importe qui. *«Ce n'est pas comme si tu me trompais avec la première venue»* ZOLA. *«le premier qui approche je le crève»* O. ROLIN. ■ **3** (début XIIe) Qui se présente avant (dans une série, un ordre conventionnel). *Le premier numéro, le premier nom d'une liste. En premier lieu*. Le premier point. Article 1er. Chapitre premier.* ➤ **un.** ◆ *La première personne du singulier, du pluriel. Verbes du premier groupe* (en -er). — *Première partie.* ➤ **commencement, début.** *De la première ligne à la dernière. Le premier et le dernier mot.* **n. m.** *Mon premier... :* premier terme d'une charade. ■ **4** (1567) Qui est dans l'état de son origine, de son début (généralement après le nom). ➤ 2 **original, originel, primitif.** *«Il ne devait plus jamais ressentir la ferveur première»* FRANCE. *Matières* premières.* ◆ (Pour éviter *primitif*) *Les arts premiers :* les arts des civilisations préindustrielles, notamment d'Afrique, d'Amérique précolombienne et du Pacifique. ■ **5** (fin XIe) Qui se présente d'abord (dans l'espace) par rapport à un observateur, un point de repère. *Arrière-plan et premiers plans*. La première porte après l'escalier. Prenez la première (rue) à droite.* — *Au premier rang, à la première place.* — *Le premier étage.* **n. m.** (1726) *Il habite au premier. Les premières loges*.* ◆ SUBST. *Marcher, passer, sortir le premier,* devant les autres (➤ **précéder**). *Premier de cordée*.* — (1564) En avant. *Il tomba la tête la première.*

B. DANS UNE HIÉRARCHIE ■ **1** (fin XIIe) Qui vient en tête pour l'importance, la valeur, est plus remarquable que les autres. ➤ **dominant, meilleur.** *Première place, premier rang.* — LOC. *Soldat de première classe* (ELLIPT *Un première classe*). — *Première qualité. De premier ordre.* (1855) *Premier choix.* — SPÉCIALT (BOUCH.) *Côte, côtelette première :* une des quatre côtelettes le plus près de la selle. — *De première force :* très fort. ■ **2** Qui doit être considéré, satisfait d'abord. ➤ **primordial, principal.** *«Penser est de première nécessité»* HUGO. *Satisfaire aux premiers besoins* (➤ **indispensable, nécessaire**). *L'objectif premier.* ➤ 1 **capital.** — *Le premier rôle.* — *Premier prix, premier accessit. Première classe, dans un moyen de transport.* ➤ **première** (A, 5°). ■ **3** (PERSONNES) Qui prévaut par sa fonction, son efficacité. *Le premier personnage de l'État, d'un parti. «C'était le premier escrimeur, le premier tireur, le premier sauteur de son temps»* STENDHAL. *Équipe première d'un club sportif.* — SUBST. *«les premiers seront les derniers»* (ÉVANGILE, saint Matthieu). — (1694) (Dignités, titres) *Premier président. Premier consul. Le Premier ministre.* **n. m.** (milieu XXe ◊ anglais *Premier*) ANGLIC. Premier ministre de Grande-Bretagne (abusivt pour d'autres pays). — (Fonctions) *Premier président de la Cour de cassation. Premier secrétaire. Premier clerc. Premier violon. Premier danseur* de l'Opéra.* **n.** (1820) **JEUNE PREMIER, JEUNE PREMIÈRE :** comédien, comédienne qui joue les premiers rôles d'amoureux. *Un physique de jeune premier,* de séducteur. ■ **4** (Attribut) Qui vient avant les autres, dans un classement sériel. *Être premier de sa classe. Sortir premier d'une école. Arriver premier d'une course, bon premier.* — SUBST. **LE PREMIER** *de la classe. « Tous brillants normaliens, étudiants de Sciences-Po : les premiers de la classe »* J. SEMPRUN. LOC. *Avoir une tête* (ou FAM. *une gueule*) *de premier de la classe. Premier de la promotion.* ➤ **major.** *Premier au concours de Normale.* ➤ **cacique.** *« les plus brillants élèves perdent un peu de cette inhumanité que donne l'habitude d'être le premier partout »* AYMÉ. *Les dix premiers.* ▪ **5** DIDACT. (après le nom) Qui n'est pas déduit, qui n'est pas défini au moyen d'autre chose (terme ou proposition). *Terme premier, proposition première d'un système logique, déductif.* — COUR. Qui s'impose à l'esprit. *Principe premier, vérité* première.* ◆ PSYCHOL. Ce qui est au départ de la formation d'un jugement, etc. *Les formes considérées comme des données premières.* ◆ (1390) MATH. *Nombre premier* : entier naturel qui n'a d'autre diviseur que lui-même et l'unité. ▪ **6** (1585) PHILOS. (après le nom) Qui contient en soi la raison d'être des autres réalités. *Cause première.*

III EN PREMIER loc. adv. (début XIIe) D'abord. *Arriver en premier,* au premier rang, en avant. — (1820) En tête pour l'importance, etc. *Capitaine en premier, en second.*

▪ CONTR. Dernier, extrême, suprême, ultime ; inférieur. — Après, 1 derrière.

PREMIÈRE [pʀəmjɛʀ] n. f. – 1200 ◊ de *premier* **A.** ▪ **1** Première représentation d'une pièce ou projection d'un film. *La couturière, la générale et la première. Être invité à une première.* ◆ Première course d'une série. *Jouer placé dans la première.* ◆ Premier parcours d'un itinéraire, en alpinisme. — Première réalisation d'un exploit sportif. — Chose réalisée pour la première fois. *Opération difficile qui est une grande première. « les pionniers, [...] compétiteurs médiatiques qui se disputaient les premières »* KERANGAL. *Cette réalisation technique est une première.* ▪ **2** Mince semelle de cuir à l'intérieur de la chaussure (la première à être placée). *Première cuir. Première de propreté.* ▪ **3** LOC. FAM. *De première !* de première qualité ; remarquable, exceptionnel. *Il a fait un travail de première. Un coup de pied de première.* ▪ **4** (1617) Classe qui précède les classes terminales des études secondaires. ➤ ANCIENNT **rhétorique.** *Entrer en première. Première supérieure :* classe préparant aux concours des grandes écoles littéraires. ➤ ARG. SCOL. **khâgne.** ▪ **5** (1867) Première classe dans un moyen de transport. *« Prends des premières, prends des cabines de luxe »* SARTRE. *Il ne voyage qu'en première.* ▪ **6** Première vitesse d'une automobile. *Monter un raidillon en première. « il met le moteur en marche, il passe en première, il avance »* LE CLÉZIO. ▪ **7** *Première de couverture*.*

B. (1874 « directrice de rayon ») Couturière qui assure la direction d'un atelier dans une maison de couture ; PAR EXT. Couturière spécialisée. *« une première traversait le salon avec sa pelote d'épingles attachée au poignet »* V. LEDUC.

PREMIÈREMENT [pʀəmjɛʀmɑ̃] adv. – XIe ◊ de *premier* ▪ D'abord, en premier lieu (en chiffres : 1°). ➤ **primo.** *« Je vous ai dit premièrement : or, dire un premièrement, c'est annoncer au moins un secondement »* DIDEROT. ▪ CONTR. Ensuite.

PREMIER-MAÎTRE [pʀəmjemɛtʀ] n. m. /PREMIER-MAITRE/ – XXe ◊ de *premier* et *maître* ▪ Officier marinier dont le grade est supérieur à celui de maître. *Des premiers-maîtres.*

PREMIER-NÉ [pʀəmjene], **PREMIÈRE-NÉE** [pʀəmjɛʀne] adj. et n. – XIIIe ◊ de *premier* et *né* ▪ Enfant né(e) en premier (opposé à *dernier-né*). ➤ **aîné.** *Les premiers-nés. « Il n'y a peut-être pas de joie comparable à celle de la mère qui voit son premier-né »* DIDEROT.

PRÉMILITAIRE [pʀemilitɛʀ] adj. – 1935 ◊ de *pré-* et *militaire* ; cf. *paramilitaire* ▪ Qui précède le service militaire légal. *Formation, instruction prémilitaire.*

PRÉMISSE [pʀemis] n. f. – 1310 ◊ latin *praemissa (sententia)* « (proposition) mise en avant » ▪ **1** LOG. Chacune des deux propositions placées normalement au début d'un raisonnement et dont on tire la conclusion. *Axiome constituant l'une des prémisses d'un raisonnement.* ▪ **2** COUR. Fait d'où découle une conséquence, affirmation dont on tire une conclusion ; commencement d'un exposé, d'une démonstration. *Ces deux faits « devaient être les prémisses de l'attentat actuel »* BALZAC. ▪ CONTR. Conclusion, conséquence. ▪ HOM. Prémices.

1 **PREMIUM** n. m. inv. ou **PRÉMIUM** [pʀemjɔm] n. m. – XXe ◊ latin *praemium* « ce que l'on prend *(emere)* avant les autres, butin » ▪ FIN. Prime versée pour une opération sur un marché à terme. ➤ **option.** *Des premium, des prémiums.*

2 **PREMIUM** adj. inv. ou **PRÉMIUM** [pʀemjɔm] adj. – 1992 ◊ mot anglais → 1 premium ▪ ANGLIC. De qualité supérieure, haut de gamme (recomm. offic.). *Version premium d'un produit. Offre premium,* la plus complète. — *Client premium,* bénéficiaire d'une offre premium.

PRÉMOLAIRE [pʀemɔlɛʀ] n. f. – 1859 ◊ de *pré-* et *molaire* ▪ Chacune des dents situées entre la canine et les molaires. *L'adulte a huit prémolaires.*

PRÉMONITION [pʀemɔnisjɔ̃] n. f. – 1842, repris XXe ; *premonicion* XIIIe ◊ de *pré-* et du latin *monere* « avertir » ▪ Avertissement inexplicable qui s'impose à la conscience et fait connaître un évènement à l'avance ou à distance. ➤ **intuition, pressentiment ; précognition.** *Avoir la prémonition de qqch. « Je ne suis pas grand amateur de prémonitions ; je résiste à croire à ces attractions mystérieuses »* VALÉRY.

PRÉMONITOIRE [pʀemɔnitwaʀ] adj. – 1853 ◊ de *pré-* et latin *monere* « avertir » ▪ **1** MÉD. Se dit de symptômes qui précèdent la phase aiguë d'une maladie infectieuse et permettent de l'identifier précocement. COUR. *Signe prémonitoire,* avant-coureur. ▪ **2** Qui a rapport à la prémonition, constitue une prémonition. *« Je n'attachais pas alors une valeur prémonitoire aux rêves »* BOSCO. *Rêve prémonitoire.*

PRÉMONTRÉ, ÉE [pʀemɔ̃tʀe] n. – *prémonstré* 1611 ◊ nom de lieu ▪ Religieux, religieuse d'un ordre de chanoines réguliers fondé au XIIe s. par saint Norbert. *L'abbaye des Prémontrés.*

PRÉMUNIR [pʀemyniʀ] v. tr. ⟨2⟩ – 1376 « munir par précaution » ◊ latin *praemunire* « protéger » ▪ LITTÉR. Protéger (qqn), mettre en garde contre qqch. *« Je ne suis pas fâché, mon fils, de me trouver seul avec vous, pour vous prémunir [...] contre un grand danger »* FRANCE. *Prémunir contre le sida.* ◆ PRONOM. (1671) **SE PRÉMUNIR.** ➤ **s'armer, s'assurer,** se **garantir.** *« Je dois pourtant me prémunir contre la curiosité naturelle à leur sexe »* DUHAMEL. — *« Sans être prémunis contre la contagion »* CARREL.

PRÉMUNITION [pʀemynisjɔ̃] n. f. – 1924 ; « protection » 1576 ◊ de *prémunir* ▪ MÉD. État de résistance à toute réinfection d'un organisme précédemment infecté. *La prémunition est à distinguer de l'immunité* vraie, où la résistance persiste après la disparition de l'agent infectieux.*

PRENABLE [pʀənabl] adj. – 1155 ◊ de *prendre* ▪ RARE Qui peut être pris. *Cette forteresse est prenable. Il a pris tout ce qui était prenable.* ▪ CONTR. Imprenable ; inexpugnable.

PRENANT, ANTE [pʀənɑ̃, ɑ̃t] adj. – 1160 ◊ de *prendre* ▪ Qui prend. ▪ **1** DR. Qui reçoit de l'argent. *Partie prenante.* — FIG. Qui est intéressé par une offre. — COUR. *Les parties prenantes :* les parties concernées, engagées. ▪ **2** Préhensile. *Queue prenante des singes. « Un long bras avide aux doigts prenants »* SARRAUTE. ▪ **3** VX Qui commence. *Carême-prenant* (voir ce mot). ▪ **4** COUR. Qui captive en émouvant, en intéressant profondément. ➤ 2 **touchant.** *Un récit prenant.* ➤ **captivant.** — Qui prend beaucoup de temps et occupe l'esprit. *Un travail très prenant.*

PRÉNATAL, ALE [pʀenatal] adj. – 1901 ◊ de *pré-* et *natal* ▪ Qui précède la naissance. *Diagnostics prénatals.*

PRENDRE [pʀɑ̃dʀ] v. ⟨58⟩ – milieu IXe ◊ du latin *prendere,* de *prehendere*

I ~ v. tr. A. METTRE AVEC SOI OU FAIRE SIEN ▪ **1** Mettre dans sa main (pour avoir avec soi, pour faire passer d'un lieu dans un autre, pour être en état d'utiliser, pour tenir). *Prendre un objet à pleine main, entre ses doigts, du bout des doigts.* ➤ **saisir.** *Prendre une poignée, une pincée de poudre. « Il y a des meubles, derrière la caserne [...] il n'y a qu'à se baisser pour les prendre »* SARTRE. *Prendre au passage.* ➤ **intercepter.** *Je te défends de prendre ce livre.* ➤ 1 **toucher** (à). — *Prendre qqch. des mains de qqn.* ➤ **arracher, enlever.** *Prendre son chéquier dans son sac.* ➤ 1 **sortir, tirer.** — LOC. FIG. (1658) *Prendre une affaire en main. Prendre son courage* à deux mains.* — *Prendre la main, le bras, la taille de qqn. Prendre qqn par le bras. Prendre qqn à bras-le-corps. Prendre qqn à la gorge*, au collet,* le serrer agressivement. FIG. et FAM. *Ça prend la tête*.* — *Prendre le taureau par les cornes*.* ◆ PAR EXT. *Prendre qqch. avec la bouche, les dents.* — (Animaux) *Prendre avec les pinces, la gueule, le bec.* — *Prendre de la terre avec une pelle.* LOC. FIG. *N'être pas à prendre avec des pincettes*.* ▪ **2** (fin XIe) Mettre avec soi, amener à soi. *Prendre un parapluie pour sortir.* ➤ **emporter.** *« Prenez ce qu'il vous faut pour un voyage de quinze jours, et suivez-moi »* DUMAS. ➤ se **munir,** se **pourvoir.** *Prendre de l'essence. N'oublie pas de prendre le pain !* ➤ **acheter.** *Prendre de l'argent à la banque.* ➤ **prélever, retirer.** *Prendre ses cliques* et ses claques.* ◆ (COMPL.

PERSONNE) *Prendre qqn sur ses genoux. « Nous allons le ramener, le prendre avec nous »* HUGO. ➤ **accueillir, recueillir.** *Prendre qqn à part**. Le médecin ne peut pas vous prendre aujourd'hui.* ➤ **recevoir.** — *Prendre en croupe, sur son cheval. Taxi qui prend un client.* ➤ **charger, emmener.** *Passer prendre qqn.* ➤ **chercher.** *Prendre qqn en chasse**. Prendre qqn sous sa protection.* ▪ **3** FIG. (début XIIIe) **PRENDRE qqch. SUR SOI,** en porter volontairement la responsabilité. ➤ **assumer.** *« Nous prenons volontiers sur nous certaines fautes »* DUHAMEL. *Prendre sur son compte* : garder toute la responsabilité de qqch. — **PRENDRE SUR SOI DE.** ➤ **s'efforcer.** *« Il prit sur lui de ne pas lui parler »* STENDHAL. — (SANS COMPL.) *Il faut prendre sur soi,* supporter les choses pénibles. ▪ **4** FIG. (début XIIe) Aborder, se mettre à considérer (qqch., qqn) de telle façon. *Prendre une chose de front,* l'attaquer directement. *Prendre à l'endroit, à l'envers. « Prenez-moi votre sujet tantôt en travers, tantôt par la queue »* BALZAC. *Prendre la vie du bon côté. On ne sait par où le prendre,* il est hargneux, susceptible. — *Prendre une expression à la lettre, au pied de la lettre.* ◆ (Sans compl. de manière) ➤ **considérer.** *Prenons cet exemple. « Si l'on prend deux œuvres qui sont au début ou à la fin de sa carrière »* CAMUS. — (1608) **À TOUT PRENDRE :** somme toute. *« À tout prendre, il vaut mieux, pour son bonheur dans ce monde, être un honnête homme »* DIDEROT. ◆ (XVIe) **PRENDRE BIEN (ou MAL)** *ce qui vous arrive,* l'accepter (ou en souffrir). — *Prendre la chose avec philosophie. Prendre les choses comme elles viennent. Prendre qqch. au sérieux, à cœur, au tragique ; à la légère, en riant, à la blague. Prendre en bonne, en mauvaise part. Le prendre de haut. Si vous le prenez ainsi* : si vous vous fâchez. *« Il en convenait et prenait bien la plaisanterie »* CHATEAUBRIAND. *Il l'a mal pris.* (Canada) LOC. *Ne pas le prendre* : ne pas l'accepter, le prendre mal. ◆ (1220) **PRENDRE EN... :** se mettre à avoir en. *Prendre qqn en amitié, en charge**, en pitié, en haine, en grippe**. Prendre qqch. en horreur. Prendre en considération**. Prendre son mal en patience.* ▪ **5** (fin XIIe) Faire sien (une chose abstraite) ; connaître (qqch.). *Il a pris un pseudonyme. J'ai pris mes renseignements. Prenez son avis, prenez conseil auprès de lui* : consultez-le. *Prendre des ordres. Prendre date**. Prendre (un) rendez-vous.* — (1697) *Prendre une bonne habitude.* ➤ **acquérir.** ▪ **6** (1690) Évaluer, définir (pour connaître). *Prendre les dimensions, les mesures.* ➤ **mesurer.** *Prenez votre température. Prendre le pouls d'un malade.* ▪ **7** (1606) Inscrire ou reproduire. *Prendre des notes, une photo. « Le chef s'excusa de devoir prendre nos noms et nos adresses »* B. BECK. *Prendre des empreintes.* ▪ **8** (fin XIe) S'adjoindre (une personne). *Prendre une femme.* ➤ **épouser.** *« Quand les Orientaux prennent femme, ils ne voient qu'après la noce le visage de leur fiancée »* MUSSET. *Prendre un amant, une maîtresse. Prendre qqn à son service.* ➤ **employer, engager.** *On ne prend plus personne à l'usine.* ➤ **embaucher.** — (fin XIIe) *Prendre pour, comme, à, en* : s'adjoindre, se servir de (qqn) en tant que... *Consentez-vous à prendre Monsieur X pour époux ? Prendre pour associé. Il l'a prise comme secrétaire. Prendre à témoin**, à partie**. « Je ne crains pas de vous prendre pour juge ; qu'ai-je donc fait ? »* LACLOS. ▪ **9** (fin XIVe) **PRENDRE POUR :** croire qu'une personne, une chose est (autre ou autrement). *Prendre une personne pour une autre. « Que de fois il nous est arrivé de prendre Jules* [de Goncourt] *pour Edmond »* GAUTIER. ➤ **confondre.** *Je le prenais pour un ami.* ➤ **regarder** (comme). *Pour qui me prenez-vous ? « Elle commença par dire qu'on la prenait pour ce qu'elle n'était pas »* NIZAN. *« Il ne faut pas prendre les gens pour des cons. Il y a déjà assez de cons qu'on prend pour des gens »* BEDOS. LOC. PROV. *Prendre des vessies pour des lanternes**. Prendre ses désirs pour des réalités* (cf. FAM. Croire que c'est arrivé). *Prendre une chose pour argent** comptant.* — (1875) *Prendre le Pirée pour un homme* : se tromper grossièrement. ▪ **10** (milieu XIVe) Absorber, mettre en soi. *Prendre de la nourriture, un repas.* ➤ 1 **manger*.** *Prendre son café. Prendre un verre, un pot.* ➤ 1 **boire*, consommer.** *« Entrez donc... Vous prendrez bien quelque chose »* ARAGON. *Prendre ses médicaments.* ➤ **absorber, avaler.** — FIG. *Prendre la poudre d'escampette* : s'enfuir. *Faire prendre.* ➤ **administrer.** *Prendre l'air**, le frais, le soleil.* — PAR EXT. (1673) *Prendre un bain.*

B. AGIR DE FAÇON À AVOIR, À POSSÉDER (QQCH., QQN) ▪ **1** (fin XIIIe) Se mettre en possession de ; se rendre maître de (en prenant matériellement [cf. ci-dessus, A, 2°], ou non). ➤ **s'approprier.** *C'est à prendre ou à laisser**. — Prendre son pied** (III, 3°). — *Prendre qqch. par force, par ruse.* (SANS COMPL.) *« Prends ! Et ne t'avise pas de refuser »* COLETTE. ▪ **2** (1585) Demander, exiger. *« Combien me prendriez-vous pour mon logement, ma nourriture et vos soins ? »* DIDEROT. *Combien prend-il ?,* quel est son prix ? — FAM. *Médecin qui prend cher,* qui pratique des prix élevés. ◆ Exiger, employer (du temps). *Ce travail me prend tout mon temps.* ➤ **absorber, dévorer.** *Il est très pris par ses activités.* — *Ce meuble prend trop de place.* ▪ **3** FAM. Recevoir, supporter. *Prendre des coups, une raclée. Qu'est-ce qu'il a pris ! Il a pris le ballon en pleine figure. En prendre pour son grade**. — En prendre plein la gueule**. — *Se prendre un poteau, une beigne.* ELLIPT *Tu vas t'en prendre une !* ▪ **4** (fin XIe) Se rendre maître par force ; conquérir. *Prendre d'assaut**.* ➤ **enlever, forcer.** *Prendre une forteresse, une place fortifiée, une ville.* ➤ **s'emparer** (de). *Prendre le pouvoir.* — FIG. et FAM. *C'est toujours ça de pris* : c'est toujours ça de gagné. *« dans ces bals, elles s'y amusaient, c'était toujours ça de pris, la vie n'était pas si gaie »* DURAS. *C'est autant de pris,* se dit d'un petit avantage dont on est assuré. ◆ (fin XVe) Pénétrer (une femme). (1812) *Prendre une femme de force.* ➤ **violer.** ▪ **5** (fin XIe) **PRENDRE qqch. À qqn :** s'emparer de (ce qui appartient à qqn). ➤ **dérober, ravir,** 2 **voler*.** *« C'est mon trésor que l'on m'a pris »* LA FONTAINE. *Il lui a pris sa femme. Prendre une idée, une phrase à un auteur.* ➤ **plagier.** *Prendre la place de qqn.* ➤ **chasser, supplanter.** — PAR EXT. (milieu XVIIe) *Prendre un baiser* : embrasser qqn sans sa permission. ▪ **6** (milieu XIIe) Se saisir de (ce qui fuit, se dérobe : animal, personne). *« Pourquoi, après avoir échappé à la glu de la mare, [...] s'être fait prendre et finir ainsi ! »* PERGAUD. (1536) *Prendre au piège. Prenez-le vivant !* ➤ **attraper, capturer.** *Prendre au lasso. Ça ne mord pas, je n'ai rien pris.* — *Prendre la mouche**. PROV. *On ne prend pas les mouches avec du vinaigre**. — (fin Xe) Se saisir de (qqn qu'on poursuit, qu'on recherche). *Se laisser, se faire prendre. « Ils nous tueraient, les nazis, s'ils nous prenaient ! »* SARTRE. *La police l'a pris.* ➤ **arrêter* ; appréhender,** 1 **avoir ;** FAM. **agrafer, alpaguer, choper, coincer, cueillir, gauler, pincer, piquer.** ◆ (PASS.) *Être pris.* ➤ 1 **fait.** *Pas vu, pas pris !,* ce qui est fait secrètement reste impuni (cf. Ni vu ni connu*). — FIG. Être attrapé dans. *« Brunet est pris dans un remous énorme »* SARTRE. LOC. *Être pris dans l'engrenage.* — *Se prendre (une partie du corps) dans qqch. Elle s'est pris le doigt dans la porte.* ▪ **7** Amener (qqn) à ses vues, à faire ce qu'on veut. (1697) *Savoir prendre qqn,* agir envers lui avec diplomatie pour en obtenir ce qu'on veut. *« Que tel est pris, qui croyait prendre »* LA FONTAINE. *Prendre qqn par la douceur,* l'amener à ses vues en le traitant doucement. *On ne m'y prendra plus !,* je ne serai plus dupe. — *Prendre qqn par son point faible,* lui faire faire ce qu'on veut en flattant ses faiblesses. *Prendre qqn par les sentiments. Être pris, se laisser prendre.* ▪ **8 PRENDRE qqn** *(en tel état, de telle ou telle manière).* ➤ **surprendre.** *Prendre qqn en faute, sur le fait**, en flagrant délit, la main dans le sac**. « ce n'est pas facile de prendre les femmes en défaut »* HOUELLEBECQ. — (1674) *Prendre au dépourvu, de court**. Prendre qqn au mot**. On l'a pris à voler. « "Je vous y prends à conspirer !" s'écria-t-il en riant »* MADELIN. *Prendre en traître**.* ▪ **9** (fin XIe) Saisir (qqn), faire sentir à (qqn). *La fatigue me prend. « L'épouvante le prit »* MARTIN DU GARD. *Les douleurs la prirent l'après-midi. Ça l'a pris brusquement, sans prévenir.* — FAM. *Ça l'a pris comme une envie de pisser.* ◆ FAM. *Qu'est-ce qui vous prend ? Ça vous prend souvent ?,* se dit à une personne dont l'attitude est inattendue ou déplacée (cf. Quelle mouche* vous pique ?). LOC. *Ça le prend aussi souvent que ça le quitte,* ça ne durera pas. ◆ (PASS.) *Être pris de vertige.* ◆ IMPERS. (début XIIe) *Il m'a pris l'envie d'aller le voir.* ▪ **10** (fin XVe) **BIEN, MAL** *(lui, vous,* etc.) **PREND DE :** cela a de bonnes, de fâcheuses conséquences. *« Bien nous prit de n'avoir rencontré sur notre route personne de contrariant »* BARBEY. *Mal lui en a pris.*

C. SE METTRE À UTILISER, À AVOIR, À ÊTRE (SANS IDÉE D'APPROPRIATION) ▪ **1** (1561) Commencer à mettre sur soi, à utiliser. ➤ **employer, mettre, utiliser.** *Prendre un gilet.* FIG. *Prendre des gants**. Prendre le voile, l'habit* : entrer au couvent. — PAR EXT. (1611) *Prendre le deuil* : mettre des vêtements de deuil. — (1536) *Prendre la plume* : écrire. *Prendre le volant* : conduire un véhicule. — *Prendre un siège, prendre place.* — (fin XVe) *Prendre les armes.* — *Prendre la clé** des champs. Prendre les rênes.* — (1606) MAR. *Prendre le vent* : présenter les voiles au vent de manière à en utiliser la force. ◆ (1690) Faire usage de (un véhicule). *Prendre sa voiture, un taxi. Prendre l'avion, le train, le métro.* ◆ (fin XVe) S'engager dans. *Prendre un chemin, le chemin de.* ➤ **emprunter.** *« Dès le boulevard traversé, il avait pris la rue Championnet »* ROMAINS. *Prendre la route. Prendre un virage. Prendre la porte* : sortir. *Prendre la direction de* (cf. ci-dessous II, 6°). — *Prendre la mer.* ➤ **s'embarquer.** *Prendre le large.* ◆ User à son gré de. *Prendre le temps de, prendre son temps.* (fin XVe) *Prendre du bon temps.* ➤ **s'amuser.** (fin XIe) *Prendre congé. Prendre le droit de. « Il y avait un flatteur qui prit la liberté de lui parler à l'oreille »* FÉNELON. ➤ **se permettre.** — *En prendre à son aise**.* ▪ **2** (fin XIe) Se mettre à avoir, se donner. *Prendre un air, une voix, un ton. Prendre une attitude, une pose. « Face au miroir, elle prenait des poses et regardait ses pieds chaussés de neuf »* Y. QUEFFÉLEC. *Prendre le contrepied**.*

Prendre appui. Prendre son élan, son essor, son vol. Prendre la fuite. Prendre du repos. — *Prendre la parole* : commencer un discours, se mettre à parler. — *Prendre ses distances**, du recul. Prendre les devants*. Prendre le dessus, l'avantage. Prendre sa retraite. Il «vient de la ville voisine prendre ses vacances dans son village»* CINGRIA. *Prendre la garde, la relève, la succession,* commencer à l'assurer. *Prendre possession de. Prendre position* : choisir. *Prendre parti*, le parti de. Prendre la défense de. Prendre part à. Prendre des risques* : se mettre dans une situation qui peut devenir dangereuse. *Prendre l'engagement de, l'initiative de, une décision. «Ma résolution était prise et rien ne pouvait plus m'en faire changer»* FRANCE. *Prendre des dispositions, des mesures, des précautions.* ◆ (fin XVe) *Prendre du plaisir. Prendre patience. Prendre soin de qqch., du soin à faire qqch.* ➤ **apporter.** *Prendre garde. Prenez la peine d'entrer, de vous asseoir* : veuillez entrer, vous asseoir. ▪ **3** (1538) Commencer à avoir (un mode d'être). (1798) *Prendre forme. Prendre une bonne, une mauvaise tournure. «L'affaire prend un tour romanesque»* AYMÉ. *Prendre une couleur. Prendre un mauvais goût.* ◆ (PERSONNES ; désignant une action involontaire) *Prendre du poids ; du ventre. «il prend cinq centimètres en un an, et à dix-huit ans, il mesure un mètre quatre-vingts»* MALLET-JORIS. (1869) *Prendre de l'âge* : vieillir. *Prendre du retard, de l'avance. Prendre de l'assurance. Prendre goût à qqch. Prendre peur, ombrage.* ◆ *Prendre son origine, sa source* ; (1540) *prendre naissance* : commencer. ▪ **4** (milieu XIIe) Subir l'effet de. (1669) *Prendre feu* : s'enflammer. *Prendre mal, froid ; prendre du mal.* ◆ *Chaussures qui prennent l'eau,* qui l'absorbent.

II ~ **v. intr.** ▪ **1** (milieu XIIe) Durcir, épaissir (en parlant de certaines substances). *Mayonnaise, crème, gelée qui prend. Plâtre, ciment qui prend.* ◆ SPÉCIALT ➤ **geler.** *«La Tamise prit, ce qui n'arrive pas une fois par siècle»* HUGO. ▪ **2** Attacher, coller (en parlant d'une substance). *Aliment qui a pris au fond de la casserole.* ▪ **3** (1559) (Végétaux) Pousser des racines, continuer sa croissance après transplantation. *La bouture a pris.* ▪ **4** (fin XIIe) (Du feu) Se mettre à consumer une substance. *Le feu s'éteint, ne prend pas. Le feu prit à la grange.* ▪ **5** FIG. (1538) Produire son effet, l'effet recherché. ➤ **réussir.** *Vaccin qui prend. La teinture de ce tissu a bien pris. C'est une mode qui ne prendra pas.* ◆ SPÉCIALT Être cru, accepté. *«mais avec nous, vous savez, des trucs pareils, ça ne prend pas !»* HERGÉ. ▪ **6** (1606) Se mettre à suivre une direction, un chemin (cf. ci-dessus, I, C, 1° : prendre une route). *Prendre à gauche, sur la gauche. «Je pris par les petites rues derrière Chiaia»* NERVAL. ▪ **7** (fin XVe) Commencer (en parlant de ce qui suit une direction). *«L'escalier prenait à gauche»* ROMAINS. ▪ **8** Dans certains jeux de cartes, Décider de l'atout de la partie. *Prendre à cœur, à sans atout.*

III ~ **v. pron. SE PRENDRE A.** (PASS.) Être mis en main. *Cela se prend par le milieu.* ◆ Être absorbé. *Médicament qui se prend avant les repas.* ◆ (1666) Être attrapé. *Poisson qui se prend au filet.* ◆ (1671) Être considéré ou employé. *Mot qui se prend dans tel ou tel sens.*

B. (RÉFL.) ▪ **1** FIG. et FAM. *Se prendre par la main** : s'entraîner soi-même à faire qqch. *«Chaque jour je me prends par les épaules et me force à une promenade»* GIDE. ▪ **2** Se laisser attraper. *Moucheron qui se prend dans une toile d'araignée.* — FIG. *«Il se prenait lui-même à son jeu»* MARTIN DU GARD. — *Sa robe s'est prise dans la portière.* ▪ **3** FIG. et LITTÉR. S'intéresser vivement à. *«Je ne pouvais me prendre à rien»* BALZAC. ▪ **4** (1739) **S'EN PRENDRE À :** s'attaquer à, en rendant responsable. ➤ **incriminer** (cf. Prendre à partie). *Il s'en est pris à moi qui n'y étais pour rien. Il ne peut s'en prendre qu'à lui-même* : il est responsable de ses propres malheurs. ▪ **5 SE PRENDRE DE :** se mettre à avoir. *Se prendre d'amitié, d'affection pour qqn.* ➤ **concevoir, éprouver.** ▪ **6** LITTÉR. **SE PRENDRE À :** se mettre à (généralement de façon inopinée). *Se prendre à espérer. «Il se prit à penser que sa piété allait bien à sa paresse»* ARAGON. ▪ **7 S'Y PRENDRE :** agir d'une certaine manière en vue d'obtenir un résultat. *«D'abord il s'y prit mal, puis un peu mieux, puis bien»* LA FONTAINE. ➤ **procéder.** *Comment s'y prend-on ?* (➤ 1 **faire**). *S'y prendre à deux, à plusieurs fois* : recommencer, tâtonner. *Savoir s'y prendre* (cf. RÉGION. Avoir le tour). ◆ (1580) (Avec une précision de temps) Se mettre à s'occuper de. *Il faudra s'y prendre à l'avance, s'y prendre à temps. Tu t'y es pris trop tard.* ▪ **8** Se considérer. *Se prendre au sérieux.* — (début XVIIe) **SE PRENDRE POUR :** estimer qu'on est... ➤ **se croire.** *Se prendre pour un héros, un génie. Se prendre pour qqn, pour un autre*. «Jojo se prenait pour Voltaire Et Pierre pour Casanova Et moi, moi qui étais le plus fier Moi, moi je me prenais pour moi»* BREL. — PÉJ. *Pour qui se prend-il ?* — FAM. *Il ne se prend pas pour n'importe qui, pour une merde* : il a une très haute opinion de lui-même. ▪ **9** (fin XIVe) VIEILLI Devenir dur (substance). *«Semblable à ces roches granitiques qui se sont prises»* RENAN. — SPÉCIALT (1623) Geler. *La mer de Norvège se prit.*

C. (RÉCIPR.) ▪ **1** Se tenir l'un l'autre. *Se prendre par la main, le bras, le cou.* — SPÉCIALT *Se prendre aux cheveux* : se quereller. ▪ **2** S'ôter l'un à l'autre. *Joueurs qui cherchent à se prendre le ballon.* ▪ **3** S'unir sexuellement.

▪ **CONTR.** 1 Lâcher ; jeter. Abandonner, 1 écarter, laisser, quitter, rejeter, renvoyer. Donner, offrir. Perdre. ▪ **HOM.** *Pris* : prie (prier).

PRENEUR, EUSE [pʀənœʀ, øz] **n.** – *prendeor* XIIe ◊ de *prendre* ▪ **1** RARE Personne, chose qui prend (dans des expr.). *«Quelques preneurs de notes envoyés par les grands journaux»* BLOY. COUR. **PRENEUR, EUSE DE SON :** technicien(ne) chargé(e) des enregistrements sonores. — *Preneur d'otages.* ◆ **adj.** *Benne preneuse.* ▪ **2** DR. COMM. Personne qui prend à bail, à ferme, à loyer. *Le bailleur et le preneur.* ➤ **locataire.** — Personne qui prend un effet de commerce. *L'émetteur et le preneur.* ▪ **3** COUR. Personne qui achète un bien. ➤ **acheteur, acquéreur.** *Je suis preneur à tel prix. Trouver preneur.* ◆ PAR EXT. *Si tu n'en veux plus, je suis preneuse. Là, je ne suis pas preneur,* ça ne me convient pas.

PRÉNOM [pʀenɔ̃] **n. m.** – 1694 ; hapax 1556 ◊ latin *praenomen* ▪ Nom particulier joint au nom patronymique et servant à distinguer les différentes personnes d'une même famille. ➤ **nom** (petit nom, nom de baptême). *Le prénom usuel,* donné à une personne dans la vie courante. *Appeler qqn par son prénom. Premier, second prénom. Prénom de fille, de garçon. Diminutif d'un prénom. Prénom et surnom.* — LOC. FIG. *Se faire un prénom* : devenir célèbre (dans le même domaine qu'une personne de sa famille). ➤ **aussi fils** (de).

PRÉNOMMÉ, ÉE [pʀenɔme] **n.** – 1570 ◊ de *pré-* et *nommer* ▪ DR. Personne qui a été précédemment nommée dans un acte, un document. ➤ **susnommé.**

PRÉNOMMER [pʀenɔme] **v. tr.** ⟨1⟩ – 1845 ◊ de *prénom* ▪ Appeler d'un prénom. *On a prénommé l'enfant comme son grand-père. On l'a prénommé Jean.* PRONOM. *Il se prénomme Jean.* ◆ **p. p. adj.** *Le prénommé Jules* : un homme nommé, dénommé Jules.

PRÉNOTION [pʀenosjɔ̃] **n. f.** – 1587 ◊ latin *praenotio* ▪ PHILOS. ▪ **1** Chez les épicuriens et les stoïciens, Notion naturelle et pragmatique du général. ➤ **anticipation, prolepse.** ▪ **2** (1842) Idée conçue antérieurement à l'étude scientifique des faits.

PRÉNUPTIAL, IALE, IAUX [pʀenypsjal, jo] **adj.** – 1932 ◊ de *pré-* et *nuptial* ▪ Qui précède le mariage. *Cohabitation prénuptiale. Certificat prénuptial. Examen prénuptial* : visite médicale à laquelle les futurs époux devaient se soumettre.

PRÉOCCUPANT, ANTE [pʀeɔkypɑ̃, ɑ̃t] **adj.** – 1860 ◊ de *préoccuper* ▪ Qui préoccupe, inquiète. *La situation est très préoccupante.* ➤ **alarmant, inquiétant.**

PRÉOCCUPATION [pʀeɔkypasjɔ̃] **n. f.** – 1486 ◊ latin *praeoccupatio* → préoccuper ▪ **1** Souci, inquiétude qui occupe l'esprit. ➤ 1 **souci.** *Leur préoccupation majeure. Des préoccupations d'avenir. Avoir de graves préoccupations. «La comtesse de Champcenais avait des préoccupations de maîtresse de maison»* ROMAINS. ▪ **2** (XVIe) VX Idée fixe. ➤ **obsession.** *«La préoccupation d'éviter de ressembler au Titien [...] lui troubla la cervelle et le jeta dans les extravagances»* GAUTIER.

PRÉOCCUPÉ, ÉE [pʀeɔkype] **adj.** – 1797 ◊ de *préoccuper* ▪ Qui est sous l'empire d'une préoccupation. ➤ **absorbé, anxieux, inquiet.** *Préoccupé, tendu et irritable.* — *Préoccupé de qqch., de faire qqch.* ➤ **attentif** (à), **soucieux.** *«Il arrivait, l'esprit plein de petits soucis nouveaux, préoccupé de la coupe d'une jaquette, de la forme d'un chapeau»* MAUPASSANT. — *Un air préoccupé.* ➤ **contrarié, pensif, songeur.** ▪ **CONTR.** Indifférent, insouciant.

PRÉOCCUPER [pʀeɔkype] **v. tr.** ⟨1⟩ – 1352 ; «saisir prématurément» XIIIe ◊ latin *praeoccupare* «occuper avant un autre» ▪ **1** Inquiéter fortement. ➤ **tourmenter, tracasser, travailler ;** RÉGION. **chipoter.** *Son avenir me préoccupe. Il est préoccupé par la santé de sa femme.* ▪ **2** (XVIIe) VIEILLI Occuper exclusivement (l'esprit, l'attention). ➤ **absorber, obséder.** *Cette idée le préoccupe.* ▪ **3 v. pron. SE PRÉOCCUPER :** s'occuper (de qqch.) en y attachant un vif intérêt mêlé d'inquiétude. ➤ **s'inquiéter, s'intéresser** (à), 1 **penser** (à), **se soucier.** *Il ne s'en préoccupait guère.* ➤ **s'embarrasser.** *Se préoccuper de faire qqch. Les amis véritables «flairent les chagrins de leurs amis, ils en devinent les causes, ils s'en préoccupent»* BALZAC. ▪ **CONTR.** Désintéresser (se), moquer (se).

PRÉŒDIPIEN, IENNE [preedipjɛ̃, jɛn] **adj.** – 1926 ◊ de *pré-* et *œdipien* ▪ PSYCHAN. Antérieur au développement du complexe d'Œdipe. *La phase préœdipienne.*

PRÉOLYMPIQUE [preɔlɛ̃pik] **adj.** – milieu XXe ◊ de *pré-* et *olympique* ▪ Qui concerne la préparation à des Jeux olympiques. *Entraînements préolympiques.*

PRÉOPÉRATOIRE [preɔperatwar] **adj.** – 1892 ◊ de *pré-* et *opératoire* ▪ **1** MÉD. Qui précède une intervention chirurgicale. *Analyses, examens préopératoires. Anesthésie préopératoire.* ▪ **2** DIDACT. Antérieur à l'établissement des structures opératoires de la pensée. *Niveau préopératoire de la pensée.*

PRÉORAL, ALE, AUX [preɔral, o] **adj.** – 1897 ◊ de *pré-* et *oral* ▪ ZOOL. Situé en avant de la bouche.

PRÉPAIEMENT [prepɛmɑ̃] **n. m.** – milieu XXe ◊ de *pré-* et *paiement* ▪ Paiement d'un service à l'avance. *Teinturier qui demande un prépaiement. Carte de téléphone à prépaiement.*

PRÉPARATEUR, TRICE [preparatœr, tris] **n.** – 1534 ◊ latin *praeparator* ▪ **1** LITTÉR. Personne qui prépare qqch. *Il fut le préparateur de ce profond changement.* ▪ **2** (1834) MOD. Assistant(e) d'un chercheur (physicien, chimiste, biologiste, etc.), d'un professeur de sciences. *« Monsieur Postel, ceint d'un tablier de préparateur, une cornue à la main, examinait un produit chimique »* BALZAC. ♦ *Préparateur, préparatrice en pharmacie* : employé(e) d'une officine ou d'un laboratoire industriel, sous la responsabilité d'un pharmacien, chargé(e) de certaines préparations et de divers travaux. ▪ **3** (1971) *Préparateur physique* : personne qui accompagne un sportif dans l'entretien de sa condition physique.

PRÉPARATIF [preparatif] **n. m.** – 1361 ◊ de *préparer* ▪ **Généralt au plur.** Dispositions prises en vue de préparer qqch. ➤ **apprêt, arrangement, disposition.** *Préparatifs de guerre, de voyage, de départ. Passer une semaine en préparatifs. Achever les préparatifs d'une fête, d'une cérémonie.*

PRÉPARATION [preparasjɔ̃] **n. f.** – 1314 ◊ latin *praeparatio*

I ▪ **1** Action de préparer (qqch.), de mettre (qqch.) en état d'être utilisé. *Préparation des repas, d'un plat. Plat qui exige une longue préparation. Préparation des peaux, des laines. Préparation d'un sol en vue de plantations.* ♦ (1765) Chose préparée. ➤ **composition.** *« Elle réserve pour le dimanche les préparations de longue haleine, celles qui exigent des cuissons lentes à feu doux »* ROMAINS. *Préparations culinaires. Préparation (pharmaceutique)* : mélange préparé en officine. *Préparation chimique* : mélange de diverses substances préparées en laboratoire en vue d'une expérience. — *Préparation sur lamelle, pour le microscope.* ▪ **2** Arrangement, organisation ayant pour effet de préparer, de rendre possible. *Préparation d'une attaque, d'un attentat, d'une évasion.* — *Préparation d'un voyage, d'une fête. Avoir un roman en préparation.* ♦ TECHN. *Préparation du travail* : organisation méthodique d'un travail industriel. *Temps de préparation* : temps de mise en œuvre (d'un outil, d'une machine) avant le fonctionnement. ♦ SPÉCIALT *Préparation latine, française* : travail préparatoire à l'explication d'un texte qui sera étudié en classe. ♦ PEINT. Ébauche d'un pastel. *Les préparations de La Tour.* ▪ **3** Manière de préparer, d'amener en rendant naturel. *Savante préparation d'un dénouement. « En fait d'art dramatique, tout est dans la préparation »* DUMAS. — MUS. *Préparation d'une dissonance.*

II Action de préparer (qqn) ou de se préparer. *Préparation des élèves au baccalauréat ; aux concours des grandes écoles. Période de préparation.* ➤ **formation, initiation, stage.** *Préparation d'un sportif.* ➤ **entraînement.** — *Préparation militaire (P. M.)* : stage de 10 à 20 jours ouvert aux jeunes gens qui veulent découvrir la vie militaire dans l'armée de Terre ; ANCIENNT enseignement militaire donné, avant le service, aux jeunes gens destinés à être sous-officiers ou officiers de réserve. *Préparation militaire supérieure* (FAM. *P. M. S.*). — *Préparation à l'accouchement.* ♦ SPÉCIALT (à une nouvelle fâcheuse) *On lui a annoncé cet accident tragique sans préparation.* ➤ **préambule, précaution.**

▪ CONTR. Accomplissement.

PRÉPARATOIRE [preparatwar] **adj.** – 1322 ◊ de *préparer*, d'après latin *praeparatorius* ▪ **1** Qui prépare (qqch. ou qqn). *Travail préparatoire. Réunion préparatoire au congrès.* DR. *Jugement préparatoire*, qui, sans préjuger le fond du débat, ordonne des mesures d'instruction. *Instruction préparatoire.* — *Réunion préparatoire* : recomm. offic. pour *briefing.* ▪ **2** SPÉCIALT *Cours préparatoire* (*C. P.* [sepe]) : premier cours de l'enseignement primaire élémentaire. — *École préparatoire de médecine et pharmacie.* ♦ *Classe préparatoire (aux grandes écoles, CPGE)* ou **n. f.** *préparatoire.* ➤ ARG. SCOL. **cube, hypokhâgne, hypotaupe, khâgne, 2taupe ; 2corniche.** ABRÉV. FAM. **PRÉPA adj.** et **n. f.** *Classes prépas. Être en prépa. « après ses trois ans de prépa et avant de commencer son école d'ingénieur »* GAVALDA.

PRÉPARER [prepare] **v. tr.** ⟨1⟩ – fin XIVe ◊ du latin *praeparare*, famille de *parare* « apprêter » → 1parer

I PRÉPARER qqch. ▪ **1** Mettre, par un travail préalable, en état d'être utilisé, de remplir sa destination. ➤ **apprêter, arranger, disposer.** *Préparer une chambre pour qqn. Préparer ses affaires pour partir. « Le milieu du cirque était une arène préparée pour les combattants »* FÉNELON. *Préparer la table* (➤ **dresser, mettre**). — **p. p. adj.** *Tout préparé.* ➤ **1prêt.** — *Préparer la route, la voie.* ➤ **frayer, ouvrir.** *Préparer le terrain*.* ♦ *Préparer la viande, le poisson, le gibier. Préparer le thé, le café. Préparer le repas. Se préparer un sandwich.* **p. p. adj.** *Plat (tout) préparé* : plat que l'on achète déjà cuisiné. — *Préparer des médicaments, des potions* (➤ **préparation**). ♦ *Préparer la terre*, pour semer, planter. ♦ (SANS COMPL.) (Afrique) Faire la cuisine. *Elle sait bien préparer.* ▪ **2** (début XVe) Faire tout ce qu'il faut en vue d'une opération à réaliser, d'une œuvre à accomplir, etc. ➤ **organiser, prévoir.** *Préparer un plan, un projet.* ➤ **combiner, ébaucher, échafauder, élaborer, étudier, former, mûrir.** *Préparer soigneusement un voyage. Préparer un attentat. Je ne sais pas ce qu'ils préparent.* ➤ **manigancer, tramer ;** FAM. **mijoter.** *Un coup préparé de longue date.* ➤ **machiner, monter.** *Préparer son évasion.* ♦ Travailler (à). *« Il préparait, disait-il, des discours importants sur les questions agricoles »* ZOLA. *Professeur qui prépare son cours. Préparer l'édition d'une œuvre.* ➤ **éditer.** — PAR EXT. *Préparer un examen.* — *Préparer une grande école*, le concours d'entrée à cette école. ▪ **3** Rendre possible, par son action. *Préparer l'avenir. « la gloire de l'auteur d'une découverte éclipse celle des savants qui l'ont préparée »* CONDORCET. *Préparer sa succession.* ♦ *Préparer qqch. à qqn*, faire que la chose lui arrive. ➤ **réserver.** *On lui a préparé une surprise. Le sort qu'on vous prépare. Tu te prépares bien des ennuis.* IRON. *Elle se prépare un bel avenir !* ♦ (SUJET CHOSE) Rendre possible ou probable. ➤ **produire, provoquer.** *Une haine patiente « a préparé cette ruine et l'a consommée »* SUARÈS. — *« Nous ne savons pas ce que le retour de ton frère nous prépare »* MAETERLINCK. ▪ **4** (Dans une œuvre, etc.) Rendre possible ou naturel en enlevant le caractère arbitraire. ➤ **1amener.** *Le dénouement est mal préparé. Préparer ses effets.*

II PRÉPARER qqn À ▪ **1** (fin XVe) Rendre (qqn) capable de, prêt à, par une action préalable et concertée. *Préparer un élève à un examen.* ➤ **entraîner.** *Candidat, sportif mal préparé. Préparer le pays à soutenir une guerre. Préparez-vous à sauter, à atterrir.* — *L'État doit préparer plus d'ingénieurs et de savants.* ➤ **former, instruire.** — *Préparer un malade* (à une intervention, un examen). ♦ Mettre dans les dispositions d'esprit requises. *Il était déjà préparé à accepter cet échec.* — *Préparer l'auditoire, le public, l'opinion.* — *« Quelque chose de nouveau, à quoi rien ou à peu près rien, dans le passé, ne nous préparait »* SIEGFRIED. *Préparer qqn à une nouvelle*, la lui annoncer avec ménagement et peu à peu. ▪ **2** Mettre en situation d'être exposé à. *« On prépare la France [...] à toutes les fureurs de l'anarchie »* J. CAMBON.

III SE PRÉPARER v. pron. ▪ **1** (RÉFL.) (fin XVe) Se mettre en état, en mesure de faire. *Se préparer à un examen.* — *Se préparer à la mort, à mourir.* — *Se préparer pour un voyage.* ♦ Faire sa toilette, s'habiller. *Je me prépare et j'arrive.* ♦ (1604) (Sens faible) Se mettre en situation de. ➤ **s'apprêter,** se **disposer.** *On se prépare encore à perdre du temps.* ▪ **2** (PASS.) Être préparé. *« La chaumine où se prépare la cuisine »* BAUDELAIRE. *Une expédition, ça se prépare.* ♦ (1639) Être en voie de se produire. *Je crois qu'un orage se prépare.* ➤ **imminent.** *« Il y a peut-être une tragédie qui se prépare, toute une vie gâchée »* BERGSON. IMPERS. *Il se prépare qqch. de louche.* ➤ se **tramer.**

▪ CONTR. Accomplir, réaliser. Improviser.

PRÉPAYER [prepeje] **v. tr.** ⟨8⟩ – avant 1973 ◊ de *pré-* et *payer*, d'après l'anglais *prepaid* « payé d'avance » ▪ Payer d'avance (**surtout au p. p.**). *Billet d'avion prépayé. Carte téléphonique prépayée* (➤ **prépaiement**).

PRÉPENSION [prepɑ̃sjɔ̃] **n. f.** – 1977 ◊ de *pré-* et *pension* ▪ (**Belgique, Luxembourg**) ▪ **1** Préretraite. *Partir à la prépension à 55 ans.* ▪ **2** Allocation versée à la personne qui bénéficie d'une préretraite. *Toucher la prépension.*

PRÉPENSIONNÉ, ÉE [prepɑ̃sjɔne] **adj.** et **n.** – 1980 ◊ de *prépensionner* ▪ (**Belgique, Luxembourg**) Qui bénéficie d'une prépension. — **n.** *Les prépensionnés.*

PRÉPENSIONNER [prepɑ̃sjɔne] **v. tr.** ‹ 1 › – 1983 ◇ de *pré-* et *pensionner* ■ (Belgique, Luxembourg) Mettre en préretraite. *Conditions requises pour prépensionner un salarié.*

PRÉPONDÉRANCE [prepɔ̃derɑ̃s] **n. f.** – 1752 ◇ de *prépondérant* ■ Qualité de ce qui est prépondérant. ➤ **primauté, supériorité.** *Prépondérance d'une nation.* ➤ **hégémonie.** *Prépondérance d'une chose sur une autre, par rapport à une autre. Avoir la prépondérance (sur qqch.). Perdre sa prépondérance.*

PRÉPONDÉRANT, ANTE [prepɔ̃derɑ̃, ɑ̃t] **adj.** – 1723 ◇ latin *praeponderans,* de *praeponderare* «peser plus, l'emporter» ■ Qui a plus de poids, qui l'emporte en autorité, en influence. ➤ **dominant, supérieur.** *Rôle prépondérant. La voix du président est prépondérante,* décisive en cas de partage des voix.

PRÉPOSÉ, ÉE [prepoze] **n.** – 1619 ◇ p. p. subst. de *préposer* ■ **1** Personne qui accomplit un acte ou une fonction déterminée sous la direction ou le contrôle d'une autre (➤ **commettant**). ◆ SPÉCIALT Agent* d'exécution subalterne. ➤ **commis, employé.** *Les préposés des douanes. La préposée au vestiaire.* ■ **2** ADMIN. Facteur, factrice de la poste. *La préposée a déposé le courrier.*

PRÉPOSER [prepoze] **v. tr.** ‹ 1 › – 1407 ◇ adaptation, d'après *poser,* du latin *praeponere* ■ Charger (qqn) d'assurer un service, une fonction. ➤ **charger, employer.** *«Je vous prépose, Jeanne, à la confection du dessert»* FRANCE. — *«Les charpentiers, les armuriers [...] furent préposés aux machines»* FLAUBERT.

PRÉPOSITIF, IVE [prepozitif, iv] **adj.** – 1607 ; «qui est devant» XIVe ◇ bas latin *praepositivus* → préposition ■ LING. Qui est de la nature de la préposition. ➤ **prépositionnel.** *Locution prépositive :* groupe de mots faisant office de préposition (ex. à cause de, à côté de, à force de). — **adv. PRÉPOSITIVEMENT,** 1846.

PRÉPOSITION [prepozisjɔ̃] **n. f.** – fin XIIIe ◇ latin des grammairiens *praepositio* ■ Mot grammatical, invariable, introduisant un complément (d'un substantif, d'un verbe, d'un adjectif, d'un adverbe) en marquant le rapport qui unit ce complément au mot complété. *«La préposition est un instrument de détermination et de liaison»* DAUZAT. *Principales prépositions :* à, après, avant, avec, chez, contre, dans, de, depuis, derrière, dès, devant, en, entre, envers, hors, jusque, malgré, outre, par, parmi, passé, pour, proche, sans, sauf, selon, sous, sur, vers... *Anciens participes devenus prépositions :* attendu, durant, excepté, hormis, moyennant, nonobstant, pendant, suivant, touchant, vu.

PRÉPOSITIONNEL, ELLE [prepozisjɔnɛl] **adj.** – 1819 ◇ de *préposition* ■ LING. Relatif à une préposition. *Locution prépositionnelle.* ➤ **prépositif.** — Introduit par une préposition. *Syntagme prépositionnel.*

PRÉPOTENCE [prepɔtɑ̃s] **n. f.** – 1450 ◇ latin *praepotentia* ■ VX Toute-puissance, pouvoir absolu. ➤ **autorité, domination,** 2 **pouvoir, puissance.**

PRÉPRESSE [prepʀɛs] **n. m.** – 1989 ◇ de *pré-* et *presse* ■ TECHN. Partie de la chaîne graphique qui se situe entre la création et l'impression (informatique éditoriale, photocomposition, photogravure, mise en pages...). — On écrit aussi *pré-presse.*

PRÉPUBÈRE [prepybɛʀ] **adj. et n.** – 1946 ◇ de *pré-* et *pubère* ■ *Enfant prépubère,* qui a atteint le stade physiologique précédant immédiatement la puberté. — **n.** *Les prépubères.* ➤ **préadolescent.**

PRÉPUCE [prepys] **n. m.** – fin XIIe ◇ latin *praeputium* ■ Repli tégumentaire qui entoure le gland de la verge. *Excision du prépuce.* ➤ **circoncision.** *Étroitesse du prépuce.* ➤ **phimosis.**

PRÉQUEL n. m. ou **PRÉQUELLE n. f.** [prekɛl] – vers 1980 ◇ anglais *prequel* (1972), de *pre-* (→ pré-) et de *(se)quel* «suite» ■ ANGLIC. Épisode d'une œuvre dont l'action se situe avant celle des épisodes précédents. ➤ RÉGION. **antépisode.** *Tourner le préquel* ou *la préquelle d'un film à succès.* — **Recomm. offic.** *présuite* **n. f.**

PRÉRAPHAÉLISME [prerafaelism] **n. m.** – 1858 ◇ de *préraphaélite* ■ ARTS Doctrine esthétique des préraphaélites.

PRÉRAPHAÉLITE [prerafaelit] **n. m. et adj.** – 1855 ◇ de *pré-* et *Raphaël,* n. pr., d'après l'anglais *pre-raphaelite* ■ ARTS Se dit des peintres anglais (Rossetti, Burne-Jones, etc.) du milieu du XIXe s. qui voulurent renouveler la peinture par l'imitation des peintres italiens antérieurs à Raphaël. ◆ **adj.** *Les sujets préraphaélites.*

PRÉRÉGLER [preʀegle] **v. tr.** ‹ 6 › – v. 1960 ◇ de *pré-* et *régler* ■ TECHN. (ÉLECTR., RADIO) Effectuer la présélection* de (un appareil). — **p. p. adj.** *Récepteur, circuit préréglé.* — **n. m. PRÉRÉGLAGE ; adj. PRÉRÉGLABLE.**

PRÉRENTRÉE [preʀɑ̃tʀe] **n. f.** – vers 1970 ◇ de *pré-* et *rentrée* ■ Rentrée des enseignants, précédant celle des élèves et destinée à la préparer.

PRÉREQUIS [preʀ(ə)ki] **n. m.** – 1982 ◇ de *pré-* et *requis,* d'après l'anglais *prerequisite* ■ Condition à remplir, acquis exigé pour suivre un enseignement, une formation. ➤ RÉGION. **préalable.**

PRÉRETRAITE [preʀ(ə)tʀɛt] **n. f.** – 1964 ◇ de *pré-* et *retraite* ■ Retraite anticipée ; allocation versée avant l'âge normal de la retraite. ➤ RÉGION. **prépension.** *Partir en préretraite.* — **adj. et n. PRÉRETRAITÉ, ÉE.**

PRÉROGATIVE [preʀɔgativ] **n. f.** – v. 1235 ◇ latin juridique *praerogativa* «(centurie) qui vote la première» ■ Avantage dû à une fonction, un état. ➤ **honneur,** 2 **pouvoir, privilège.** *Les prérogatives des parlementaires. «L'antique prérogative féodale qui autorisait le seigneur à chasser partout»* ZOLA. ◆ Avantage, don, faculté dont jouissent exclusivement les êtres d'une certaine espèce. ➤ **attribut.** *«Cette prérogative que les Poètes font valoir de notre stature droite»* MONTAIGNE.

PRÉROMANTIQUE [preʀɔmɑ̃tik] **adj.** – 1909 ◇ de *pré-* et *romantique* ■ HIST. LITTÉR. Qui précède la période romantique. *Les écrivains préromantiques.* — SUBST. *Les préromantiques.*

PRÉROMANTISME [preʀɔmɑ̃tism] **n. m.** – 1923 ◇ de *préromantique* ■ HIST. LITTÉR. Période littéraire antérieure au romantisme.

PRÈS [pʀɛ] **adv.** – fin XIe, comme locution prépositive (I, C) ◇ du latin *presse,* famille de *premere* «presser»

I (MARQUANT LA PROXIMITÉ, INDIQUANT UNE PETITE DISTANCE)

A. À UNE DISTANCE (D'UN OBSERVATEUR OU D'UN POINT D'ORIGINE) CONSIDÉRÉE COMME PETITE (fin XIe) *Il habite tout près* (cf. À deux pas*, à proximité*). *C'est plus près par là. «Le coup passa si près que le chapeau tomba»* HUGO. — FAM. *Ce n'est pas tout près :* c'est loin.

B. DE PRÈS loc. adv. ■ **1** (fin XIIe) (Dans l'espace) *Considérer, voir, regarder de près, de trop près, de tout près. Lunettes pour voir de près. — Se raser de près,* au ras des poils. ◆ FIG. *Voir la mort de près.* VIEILLI *Connaître qqn de près,* très bien. — *Examiner, surveiller qqch. de près,* attentivement. *Cela le touche, cela le concerne de près,* très directement, de façon intime. — LOC. (1671) *Ne pas y regarder de si près, de trop près :* passer sur les détails, les inconvénients, ne pas être trop regardant. ■ **2** (Dans le temps) *Les deux évènements se suivent de près.*

C. PRÈS DE loc. prép. (fin XIe) ■ **1** (Dans l'espace) À petite distance de (➤ **proche, voisin**). *Sa maison est située tout près de la mienne.* ➤ **contre.** *Près d'ici, tout près d'ici,* non loin. *Tout près de Paris,* aux abords de, à la porte de. *S'asseoir près de qqn,* auprès de lui, à ses côtés. *«Pour me sentir plus près d'elle, je me blottissais sous cape»* RADIGUET. *«Ils étaient l'un près de l'autre, debout, dans l'embrasure de la croisée»* FLAUBERT. *Ils habitent tout près l'un de l'autre. — Vêtement (coupé) près du corps,* ajusté, moulant. — Dans l'entourage. *Vivre près de qqn.* ➤ **auprès.** — FAM. *Avoir la tête près du bonnet*.* ◆ (1718) MAR. *Naviguer près du vent, au plus près du vent,* ELLIPT *Au plus près,* dans la direction la plus rapprochée de celle du vent. *Au près. Au près serré. «Le Zeta navigue au plus près, et la toile blanche ondule en claquant»* LE CLÉZIO. — SUBST. *Le près et le largue.* ◆ VX Auprès de. *Frédéric «s'enquit près du cocher s'il n'y avait point quelque part [...] un certain café Alexandre»* FLAUBERT. — En comparaison de, à côté de. *«Mais combien les phrases, hélas ! devenaient pâles près des actes !»* GIDE. ◆ LOC. FAM. (1935) *Être près de ses sous :* être avare. — (ABSTRAIT) *On est passé près de la catastrophe* (cf. À deux doigts* de). — (début XIIIe) Un peu moins de. *Près de la moitié.* ■ **2** (fin XIIe) (Dans le temps) *Il était près de dix heures.* ➤ **presque.** *Être près de la retraite.* — (Avec l'inf.) *Quand le jour est près de paraître.* ➤ **imminent, prochain.** *«Les démarches étaient près d'aboutir»* FRANCE. *Nous ne sommes pas près de nous laisser faire.* (Ne pas confondre avec *prêt à*).

D. PRÈS, suivi d'un nom. VIEILLI, RÉGION. ou DR. *«Sœur Perpétue était une forte religieuse, de Marines, près Pontoise»* HUGO. ➤ **lez.** — *Notre ambassadeur près le roi de...,* délégué auprès de. *Expert près les tribunaux.*

II (EXPRIMANT L'IDÉE D'UNE DIFFÉRENCE, DANS DES LOC.) ■ **1** (fin XVe) **À PEU PRÈS,** indiquant l'approximation. ➤ **presque.** *La salle était à peu près vide. À peu près comme. — À très peu près.* ◆ Approximativement. ➤ **environ.** *À peu près six mille* *hommes. Il y a à peu près vingt minutes qu'il est sorti.* ◆ SUBST. *Un à-peu-près* (voir ce mot). ■ **2** (1670) **À PEU DE CHOSE(S) PRÈS.** ➤ **presque.** *« Le fils du Grand Turc ressemble à ce Cléonte, à peu de choses près »* MOLIÈRE. *Il y en a mille, à peu de choses près.* ■ **3** VX **À BEAUCOUP PRÈS :** avec de grandes différences (cf. Il s'en faut* de beaucoup). *« Tu ne parais pas ton âge, même à beaucoup près »* DUHAMEL. ■ **4 À CELA PRÈS, À CECI PRÈS QUE :** cela étant mis à part. ➤ 1 **excepté, sauf.** *« Reçu dans le meilleur monde, où il se tenait bien, à cela près qu'il faisait des jeux de mots »* FRANCE. ■ **5** (1611) **À (qqch.) PRÈS,** indiquant le degré de précision d'une évaluation, l'écart, la différence qui sépare le résultat d'une mesure de la valeur réelle de la grandeur mesurée. *J'aime « les choses classées au millimètre près, cela me donne une autorité géométrique »* D. ROLIN. *Il a échoué à deux points près.* FAM. *À un cheveu près, à un poil près.* — (Avec l'idée que la différence en plus ou en moins est sans conséquence) *Il n'est pas à dix euros près. « Moi, Legrain, je n'en suis pas à une femme près »* DUHAMEL. (1718) *Il n'en est pas à cela près,* ça ne compte pas pour lui.

■ CONTR. Loin. ■ HOM. Prêt.

PRÉSAGE [pʀezaʒ] n. m. – *presaige* 1390 ◊ latin *praesagium* ■ **1** Signe d'après lequel on croit prévoir l'avenir. ➤ 1 **augure, auspices.** *Croire aux présages. Bon, mauvais présage. « Il jeta par trois fois, dans l'air, des pièces de monnaie. Toutes les fois, le présage fut heureux »* FLAUBERT. ◆ Ce qui est annoncé, prédit d'après ce signe. *Présages tirés du vol des oiseaux* (➤ 2 **augure, auspices**), *de l'examen des entrailles des bêtes sacrifiées* (➤ **aruspice**). ■ **2** Ce qui annonce (un, des évènements à venir). ➤ **signe.** *« Les tristes présages que me donnait votre lettre [...] ne se sont que trop vérifiés »* P.-L. COURIER. *Succès qui sont les présages d'une brillante carrière. Présages d'une crise. « Une brume légère flottait, présage de chaleur »* MAUPASSANT.

PRÉSAGER [pʀezaʒe] v. tr. ⟨3⟩ – *presagier* 1539 ◊ de *présage* ■ LITTÉR. ■ **1** Indiquer (une chose à venir) ; être le présage de. ➤ **annoncer.** *« Que présage, Mathan, ce prodige incroyable ? »* RACINE. ◆ COUR. Faire présumer, supposer. ➤ **augurer.** *Cela ne présage rien de bon.* ■ **2** Prévoir. *« Jamais on n'aurait pu présager qu'il se laisserait brûler si fort à la chandelle »* SAND. *Maladie qui laisse présager une issue fatale.*

PRÉSALAIRE [pʀesalɛʀ] n. m. – 1949 ◊ de *pré-* et *salaire* ■ Allocations perçues par certains étudiants au cours de leurs études.

PRÉ-SALÉ [pʀesale] n. m. – 1732 ◊ de *pré* et *salé* ■ Mouton engraissé dans des pâturages côtiers périodiquement inondés par la mer. *La viande des prés-salés est très recherchée.* ◆ Cette viande. *Gigot de pré-salé.*

PRESBYACOUSIE [pʀɛsbiakuzi] n. f. – 1908 ◊ du grec *presbus* « âgé » et *akousis* « fait d'entendre » ■ MÉD. Affaiblissement de l'ouïe lié à l'âge.

PRESBYTE [pʀɛsbit] n. et adj. – 1690 ◊ grec *presbutês* « vieillard » ■ Personne atteinte de presbytie, qui distingue mal les objets rapprochés. ➤ **hypermétrope.** — adj. *« Il était presbyte, et ne lisait qu'avec des grimaces »* GREEN. ■ CONTR. Myope.

PRESBYTÉRAL, ALE, AUX [pʀɛsbiteʀal, o] adj. – v. 1355 ◊ latin ecclésiastique *presbyteralis* ■ DIDACT. Qui a rapport aux prêtres. *Bénéfices presbytéraux.* ◆ SPÉCIALT (1962) *Conseil presbytéral :* conseil qui administre la paroisse avec le pasteur, dans le presbytérianisme ; (1968) conseil créé dans plusieurs diocèses pour assister l'évêque.

PRESBYTÈRE [pʀɛsbitɛʀ] n. m. – *presbitaire* 1460 ; *presbiterie* 1170 ◊ latin ecclésiastique *presbyterium,* radical *presbyter* « prêtre » ■ Habitation du curé dans une paroisse. ➤ 2 **cure.** *« Il est établi dans son presbytère, comme une garde avancée aux frontières de la vie »* CHATEAUBRIAND. *Jardin, enclos du presbytère.*

PRESBYTÉRIANISME [pʀɛsbiteʀjanism] n. m. – 1704 ◊ anglais *presbyterianism,* de *presbyterian,* du latin *presbyterium* → presbytère ■ Organisation de l'Église réformée, directement issue de la doctrine calviniste, qui a pour base l'église locale gouvernée par le conseil presbytéral*.

PRESBYTÉRIEN, IENNE [pʀɛsbiteʀjɛ̃, jɛn] n. et adj. – 1649 ◊ emprunté à l'anglais *presbyterian,* du latin *presbyterium* → presbytère ■ **1** Protestant adepte du presbytérianisme. — adj. *Un ministre presbytérien.* ■ **2** adj. Qui a rapport ou appartient au presbytérianisme. *« La constitution ecclésiastique de Genève est purement presbytérienne »* D'ALEMBERT.

PRESBYTIE [pʀɛsbisi] n. f. – 1820 ; *presbyopie* 1793 ◊ de *presbyte* ■ Anomalie de la vision, défaut d'un œil qui distingue mal les objets rapprochés, par suite d'une diminution de l'élasticité du cristallin et de son pouvoir d'accommodation, ou du relâchement du muscle ciliaire qui assure les modifications de courbure du cristallin. ➤ **hypermétropie.** *La presbytie est liée au vieillissement de l'œil.*

PRESCIENCE [pʀesjɑ̃s] n. f. – XIIe ◊ latin ecclésiastique *praescientia* ■ **1** THÉOL. Connaissance infaillible que Dieu a de l'avenir de l'humanité dans son ensemble et ses moindres détails. *La prescience divine.* ■ **2** COUR. Faculté ou action de prévoir des évènements à venir. *« Il en est, parmi nous, qui sont doués d'une sorte de prescience »* MARTIN DU GARD. *« Nous pensons pouvoir déduire de la connaissance du passé quelque prescience du futur »* VALÉRY. ➤ **prévision.** ◆ *Une prescience.* ➤ **prémonition, pressentiment.** *Avoir la prescience d'un danger.*

PRÉSCIENTIFIQUE [pʀesjɑ̃tifik] adj. – 1907 ◊ de *pré-* et *scientifique* ■ DIDACT. Antérieur à la constitution de la connaissance scientifique. *« Les phases préscientifiques de nos disciplines »* PIAGET.

PRÉSCOLAIRE [pʀeskɔlɛʀ] adj. – 1910 ◊ de *pré-* et *scolaire* ■ Relatif à la période qui précède celle de la scolarité obligatoire (6 à 16 ans en France). *Âge préscolaire. Enseignement, édition préscolaire.*

PRESCRIPTEUR, TRICE [pʀɛskʀiptœʀ, tʀis] n. – 1968 ◊ de *prescrire* ■ **1** Personne qui prescrit. — APPOS. *Médecins prescripteurs.* ■ **2** n. m. Personne ou groupe ayant une influence sur le choix des produits, des services. *Les enseignants, prescripteurs de manuels scolaires.*

PRESCRIPTIBLE [pʀɛskʀiptibl] adj. – 1374 ◊ de *prescrire* ■ DR. Qui peut être prescrit ; qui peut faire l'objet d'une prescription. *Biens, droits prescriptibles.* ■ CONTR. Imprescriptible.

PRESCRIPTION [pʀɛskʀipsjɔ̃] n. f. – 1260 ◊ latin *praescriptio,* de *praescribere* « écrire en tête » ■ **1** DR. *Prescription extinctive :* « mode d'extinction d'un droit résultant de l'inaction de son titulaire pendant un certain laps de temps » (Code civil). *Opposer la prescription.* ◆ DR. CIV. *Prescription acquisitive :* mode d'acquisition de la propriété et des autres droits réels, par une possession non interrompue (30 ans). ➤ **usucapion.** *Prescription extinctive :* mode de libération des obligations. ◆ *Prescription pénale :* mode de prescription extinctive applicable à la poursuite et à la répression d'une infraction. *Il y a prescription.* ■ **2** (XVIe) COUR. Ordre expressément formulé, avec toutes les précisions utiles. ➤ **instruction ; précepte.** *« Vint le début du ramadan, et Moktar observa les prescriptions »* DUHAMEL. ➤ **commandement.** *Qui constitue une prescription (prescriptif, ive* adj.). ◆ (1750) *Prescriptions d'un médecin :* recommandations faites au malade, verbalement ou par écrit (sous forme d'ordonnance). *Médicament délivré sur prescription médicale.* — RÉGION. (Canada ; critiqué) Ordonnance. *Renouveler sa prescription.* ◆ Action de recommander un produit en vente. *Prescription de manuels scolaires par les enseignants.* ■ CONTR. Interdiction.

PRESCRIRE [pʀɛskʀiʀ] v. tr. ⟨39⟩ – XIIe « condamner » ◊ latin *praescribere* ■ **1** (1355) DR. Soumettre à la prescription. ◆ Acquérir par la prescription. *Prescrire la propriété d'un immeuble.* ◆ Faire ou laisser éteindre par la prescription. *Condamné dont la peine est prescrite.* PRONOM. (1549) Être abrogé par la prescription. *Les arrérages de rentes se prescrivent par cinq ans.* ◆ Exercer un droit de prescription. *On ne prescrit pas contre les interdits.* ■ **2** (1544) COUR. Ordonner ou recommander expressément ; indiquer avec précision (ce qu'on exige, ce qu'on impose). *Prescrire que* (et subj.). ➤ 1 **vouloir.** *Prescrire de faire qqch.* ➤ **préconiser, recommander.** *« Il en coûte peu de prescrire l'impossible quand on se dispense de le pratiquer »* ROUSSEAU. *Selon les formes que la loi a prescrites.* ➤ **fixer.** — FIG. *Ce que l'honneur prescrit.* ➤ **demander.** ◆ SPÉCIALT (XVIIIe) Recommander, conseiller formellement. *Le médecin « prescrivit une infusion de quinquina pur »* HUGO. — PRONOM. (PASS.) *Les antibiotiques se prescrivent en cas d'infection.* ◆ *Prescrire un dictionnaire de latin.* ■ **3** (CHOSES) Rendre indispensable. *Ce que les circonstances prescrivent.* ➤ **réclamer.** ■ CONTR. Interdire. Observer, subir.

PRESCRIT, ITE [pʀɛskʀi, it] adj. – 1486 ◊ de *prescrire* ■ Qui est imposé, fixé. *« Je fus le seul qui fut prêt au terme prescrit »* ROUSSEAU. — *Ne pas dépasser la dose prescrite.*

PRÉSÉANCE [pʀeseɑ̃s] n. f. – *précéance* 1562 ◊ de *pré-* et *séance* ■ Droit de précéder (qqn) dans une hiérarchie protocolaire. *Ordre des préséances dans une assemblée, un cortège. Avoir la préséance sur qqn. « Il y a eu souvent des disputes entre les duchesses et les princesses étrangères pour la préséance »* SAINT-SIMON. ◆ Prérogative du rang. *« Thérèse s'étonnait qu'ils crussent encore aux préséances »* MAURIAC.

PRÉSÉLECTEUR [preselɛktœʀ] **n. m.** – 1934 ◊ de *pré(sélection)* et *sélecteur* ■ TECHN. Dispositif de présélection.

PRÉSÉLECTION [preselɛksjɔ̃] **n. f.** – 1932 ◊ de *pré-* et *sélection* ■ Premier tri dans un choix. *Candidats admis en présélection. Présélection de manuscrits.* ◆ TECHN. Sélection fixée préalablement. *Récepteur radio muni d'une touche de présélection* (➤ **prérégler**).

PRÉSÉLECTIONNER [preselɛksjɔne] **v. tr.** ⟨1⟩ – 1963 ◊ de *pré-* et *sélectionner* ■ **1** Admettre en présélection. *Présélectionner des athlètes en vue d'une compétition. — Candidat présélectionné.* ■ **2** Sélectionner par présélection. *Présélectionner des fréquences.*

PRÉSENCE [prezɑ̃s] **n. f.** – début XIIe, au sens religieux (I, 3°) ◊ du latin *praesentia,* famille de *praesens* → 1 présent

I (PERSONNES, ANIMAUX) ■ **1** (fin XIIe) Le fait d'être dans le lieu dont on parle. *La présence de qqn, dans, à, chez... — Fuir, éviter la présence de qqn,* le fuir. *Prouver sa présence en un lieu* (➤ **alibi**). «*elle viendrait apporter le rayonnement de sa présence dans ce vieux logis aimé*» LOTI. *Agir hors de la présence de qqn,* en son absence. *Sa présence me rassure. Ta présence à la réunion est indispensable. On a remarqué la présence de X à cette soirée.* — (Formule d'invitation) *Vous êtes prié d'honorer de votre présence...* ◆ *Présence au lieu de travail.* ➤ **assiduité.** *Faire de la présence, faire acte de présence :* être présent, sans s'impliquer dans l'activité en cours. *Signer la feuille de présence,* la feuille qui atteste la présence effective (à une réunion, etc.). «*Sans compter les heures de présence. Et il n'y avait ni samedi ni dimanche*» DJIAN. — *Droit de présence :* somme allouée à chacun des membres d'une association, en rémunération de sa présence à l'assemblée. — *Jeton* de présence.* ◆ DR. Existence d'une personne au lieu de son domicile légal. ■ **2** *Une présence :* personne, animal auprès de qqn. *Son chat est une présence pour lui, dans sa solitude.* ➤ **compagnie.** *Sentir une présence. Une présence amie. Une présence importune, rassurante.* ■ **3** (début XIIe) RELIG. «*La présence d'un Dieu qui se cache*» PASCAL. — (1575) *La présence réelle :* le fait que le Christ soit réellement présent dans l'Eucharistie, sous les espèces du pain et du vin ; le dogme qui affirme cette présence. ■ **4** PHILOS. *Présence au monde, dans le monde :* fait d'être dans le monde, d'y agir. ■ **5** (Valeur abstraite) Le fait d'être mêlé, de participer à. *La présence des femmes en politique.* ◆ (1948) Le fait, pour un pays, de jouer un rôle (politique, économique, intellectuel...) sur un territoire. *La présence de la France, la présence française en Afrique. Présence militaire.* ◆ (1936) Caractère encore vivant, efficacité et prestige. *Présence de Shakespeare, de l'art roman, de la Grèce antique.* ■ **6** (1945) Qualité qui consiste, pour un acteur, à manifester avec force sa personnalité. *Cette comédienne a de la présence, manque de présence.* «*Mauvais comédien, d'après ses profs... jolie gueule mais pas de présence*» PENNAC. «*Y a des gens qui ont comme une aura, une vibration, une intensité, une présence, une profondeur*» O. ADAM.

II (CHOSES) (milieu XIIIe) Le fait qu'une chose soit dans le lieu où l'on est ou dont on parle. «*quelle fable il inventerait pour expliquer la présence de la malle dans son arrière-boutique*» ROMAINS. *Présence de vapeur d'eau dans l'atmosphère de Mars. Présence de charbon, de pétrole dans le sol. Présence de sang dans les urines. Présence d'arsenic à l'autopsie.* ◆ (1656) *Présence d'esprit :* capacité de répondre, de réagir avec à-propos. *Avoir de la présence d'esprit.*

III **EN... PRÉSENCE** ■ **1** (fin XIIe) VX **EN LA PRÉSENCE DE.** «*L'on détourne son visage pour rire comme pour pleurer en la présence des grands*» LA BRUYÈRE. ■ **2** (fin XIIe) MOD. **EN PRÉSENCE DE :** en face de ; devant. *Dresser un acte en présence de témoins. Je ne parlerai qu'en présence de mon avocat.* «*Son père lui fit une admonestation en présence de son nouveau maître*» SAND. *En ma (ta, sa...) présence. En ma présence, il n'ose rien dire. — Être, mettre qqn en présence de* (qqn, qqch.). «*Je suis tombé de surprise quand je me suis trouvé en présence de cette langue si simple*» RENAN. ■ **3** **EN PRÉSENCE :** face à face, en opposition l'un vis-à-vis de l'autre. *Les deux équipes en présence. Mettre, laisser deux personnes en présence.* — FIG. *Les parties en présence* (dans un procès). *Il y avait deux thèses en présence dans la discussion.*

■ CONTR. Absence. Carence, faute, 2 manque.

1 **PRÉSENT, ENTE** [prezɑ̃, ɑ̃t] **adj. et n. m.** – début XIIe ◊ du latin *praesens, praesentis,* de *praeesse* «être en avant»

I ~ **adj. A.** (OPPOSÉ À *ABSENT*) ■ **1** (début XIIe) Qui est dans le lieu, le groupe où se trouve la personne qui parle ou de laquelle on parle. «*Présente, je vous fuis ; absente, je vous trouve*» RACINE. *Être présent dans, à un endroit, chez qqn. Mme X., ici présente, dit que... Elle était présente quand l'accident s'est produit.* ➤ **témoin.** — *Être présent à qqch.* ➤ **assister.** *Untel étant présent,* ou ELLIPT *Untel présent* (cf. En présence de). ◆ SPÉCIALT (dans un groupe organisé, où la présence est soumise à un contrôle) *Élève présent au cours. Soldat présent au rapport, à l'appel. Monsieur X... Présent ! Répondre présent à l'appel de son nom.* — FIG. *Répondre présent :* être disposé, volontaire. «*Je répondais présent quelle que fût la situation. C'est ce que j'appelle la fidélité*» BEN JELLOUN. — *Huit personnes présentes et deux représentées.* (début XIIIe) SUBST. *Les présents.* — PAR EXT. *Être présent en pensée, par le cœur.* ◆ (1645) RELIG. *Dieu est présent partout.* ➤ **omniprésent.** *Le Christ présent dans l'Eucharistie.* ➤ **présence** (réelle). ■ **2** (CHOSES) *L'argon est présent dans l'air en proportion infinitésimale.* ➤ se **trouver.** *Sucre présent dans les urines.* — (ABSTRAIT) *Une remarque où l'ironie était présente.* ■ **3** **PRÉSENT À.** Dont on est conscient, auquel on pense à un moment donné. «*Ces moments me seront toujours présents quand je vivrais cent mille ans*» ROUSSEAU. *Avoir une chose présente à l'esprit.* «*J'ai présent à la mémoire, comme si je le voyais encore, le spectacle dont je fus témoin*» CHATEAUBRIAND. ■ **4** Qui est disponible pour une activité. *Être présent à la conversation,* la suivre attentivement.

B. (OPPOSÉ À *FUTUR* OU À *PASSÉ*) ■ **1** (fin XIIe) Qui existe, se produit au moment, à l'époque où l'on parle ou dont on parle. *Les circonstances présentes. L'usage, l'état présent de la langue.* ➤ **actuel.** ◆ (fin XIIe) (Avec un nom désignant une division du temps) *Le temps, le moment, l'âge, le siècle présent. Vivre dans l'instant présent.* ■ **2** (début XIIIe) (Devant le nom) Dont il est actuellement question, qu'on fait en ce moment même. ➤ 1 **ce.** *Au moment où s'ouvre le présent récit. La présente loi. La présente lettre.* SUBST. (milieu XIVe) COMM. *Par les présentes, par la présente :* par cette lettre, ce texte. ■ **3** (1550) Qui exprime le temps présent. *Participe, infinitif présent* (cf. ci-dessous, II, 2°).

II ~ **n. m. LE PRÉSENT** ■ **1** (fin XIIIe) Partie du temps, durée distincte opposable au passé et au futur (instant fictif ou partie du temps dont on parle, où l'on se place par l'imagination [opposable à un passé, un avenir relatif]). *Dans le présent. Vivre dans le présent,* sans se préoccuper du passé ni de l'avenir. «*Sans doute il y a un présent idéal, purement conçu, limite indivisible qui séparerait le passé de l'avenir. Mais le présent réel, concret, vécu* [...] *occupe nécessairement une durée*» BERGSON. — Ce qui existe dans cette partie du temps. *Jouir du présent,* des avantages, des plaisirs, etc., que donne le temps présent. ■ **2** (fin XIIe) Cette partie de la durée, en tant qu'on y situe une action ou un état exprimé par un verbe ; le verbe, considéré comme indiquant cette durée, indépendamment de la forme qu'il peut avoir (passé, «présent», futur) ; ensemble de formes verbales, du temps du verbe qui sert essentiellement à exprimer cette durée. *Conjuguer, mettre un verbe au présent. Présent de l'indicatif, du conditionnel, du subjonctif, de l'impératif. Indicatif, subjonctif présent. Présent de narration, de vérité générale.* «*Le passé peut aussi s'exprimer par le présent. Dans les récits, c'est un usage fréquent qu'on désigne du nom de présent historique*» VENDRYES.

III LOC. **À PRÉSENT** ■ **1** loc. adv. (milieu XIIe) **À PRÉSENT :** au moment où l'on parle ; au moment dont on parle. ➤ **aujourd'hui, maintenant.** «*Ses cheveux, encore gris le mois dernier, devenaient tout blancs à présent*» MAUPASSANT. — *Jusqu'à présent. Dès à présent.* — loc. adj. (1666) **D'À PRÉSENT :** actuel. «*Les femmes d'à présent sont bien loin de ces mœurs*» MOLIÈRE. ■ **2** loc. conj. (1580) **À PRÉSENT QUE :** maintenant que. «*À présent que ses yeux étaient clos, plus rien ne restait, dans l'expression de ses traits*» GIDE.

■ CONTR. Absent. Abstrait. Ancien. — 1 Avenir, futur ; 1 passé.

2 **PRÉSENT** [prezɑ̃] **n. m.** – v. 1140 ◊ de *présenter* ■ LITTÉR. Action de donner qqch. à qqn ; ce qui est donné. ➤ **cadeau,** 1 **don, offrande.** *Faire un présent à qqn.* «*Les présents du ciel*» LA FONTAINE. ➤ **bienfait.** — *Faire présent de qqch. à qqn.* — DR. *Présents d'usage :* dons offerts pour certaines fêtes (jour de l'an, anniversaire...) et qui sont dispensés du rapport successoral.

PRÉSENTABLE [prezɑ̃tabl] **adj.** – 1530 ; «présent» v. 1190 ◊ de *présenter* ■ **1** (CHOSES) Qui est digne d'être présenté, donné. *Ce plat n'est pas présentable.* ■ **2** (PERSONNES) Qui peut paraître en public. *Si elle s'était «habituée à porter chaque nouvelle mode, elle eût été présentable et acceptable»* BALZAC. ➤ 2 **sortable.**

PRÉSENTATEUR, TRICE [prezɑ̃tatœr, tris] **n.** – 1483 ◇ de *présenter* ■ **1** HIST. Personne qui représentait qqn à un bénéfice ecclésiastique. ■ **2** (1773) RARE Personne qui présente qqn en société. ■ **3** COMM. Personne qui présente un effet de commerce. ■ **4** Personne qui présente qqch. au public, pour la vente. ➤ **animateur, annonceur.** ◆ Personne qui présente une émission, un spectacle, à la radio ou à la télévision. ➤ RÉGION. **annonceur.** *La présentatrice vedette du journal télévisé. Le présentateur d'une émission matinale.* ➤ **matinalier.**

PRÉSENTATION [prezɑ̃tasjɔ̃] **n. f.** – v. 1175 ◇ de *présenter* ■ **1** Action de présenter qqn à un emploi. *Liste de présentation. — Droit de présentation :* droit que possèdent certains officiers ministériels de présenter leur successeur à l'agrément des pouvoirs publics. ■ **2** (XVIe) Action de présenter une personne à une autre, de l'introduire dans une famille, un cercle, etc. *Faire les présentations. Elle fit « les solennelles présentations du vicomte au chevalier, du chevalier au vicomte »* BALZAC. ■ **3** RELIG. JUD. Cérémonie au cours de laquelle le premier-né était présenté au Temple de Jérusalem, pour être consacré à Dieu. ■ **4** FAM. Apparence d'une personne en société. *Avoir une bonne, une mauvaise présentation* (➤ **présentable,** 2° ; **présenter,** II). ■ **5** Action de présenter (qqch.) à qqn. *Présentation d'une pièce d'identité, d'un billet de train (à un agent, au contrôleur),* etc. *Entrée gratuite sur présentation de cette carte. — Présentation d'un rapport devant une commission.* — TÉLÉCOMM. *Présentation du numéro :* service permettant à l'abonné de visualiser le numéro téléphonique de la ligne d'où provient l'appel. — DR. COMM. *Effet payable à présentation,* à vue. FIN. Demande de paiement d'un effet de commerce, d'un chèque ou d'acceptation d'une lettre de change. *Présentation d'un chèque à l'encaissement.* ■ **6** Manifestation au cours de laquelle on présente qqch. au public. *Présentation des fauves dans un cirque.* ➤ **exhibition.** *Présentation de la collection de printemps chez un grand couturier. Assister à une présentation de mode. — Présentation d'un nouveau roman.* ■ **7** Manière dont une chose est présentée, aspect qu'on donne à ce qu'on fait. *Présentation originale des tableaux dans un musée, des marchandises dans un magasin. Présentation d'un produit en tube, en boîte* (➤ **conditionnement**). *Étudier la présentation d'un parfum.* ➤ **packaging** (ANGLIC.). *Tout est dans la présentation !* ■ **8** Manière de présenter une thèse, ses idées, etc. ➤ **présenter.** *La présentation des arguments de sa thèse est confuse.* ■ **9** MÉD. Manière particulière dont le fœtus se présente au niveau du détroit supérieur du bassin. *Présentation normale par la tête, l'occiput (présentation du sommet). Présentation de la face, du siège. « Je ne peux rien dire tant que je n'aurai pas déterminé la présentation »* ZOLA. ■ **10** IMMUNOL. *Présentation antigénique :* processus par lequel l'information concernant la structure de fragments antigéniques est communiquée aux lymphocytes chargés de la réponse immunitaire.

PRÉSENTE ➤ 1 **PRÉSENT** (I, B, 2°)

PRÉSENTEMENT [prezɑ̃tmɑ̃] **adv.** – v. 1155 ◇ de *présent* ■ VX OU RÉGION. **(Canada, Afrique)** Au moment, à l'époque où l'on est, au moment où l'on parle. ➤ **actuellement, maintenant.** *« Il faut, lui dit-elle, que tu ailles tout présentement chez le père Landriani »* STENDHAL.

PRÉSENTER [prezɑ̃te] **v.** ‹1› – fin IXe ◇ du latin *praesentare,* de *praesens* → 1 présent

I ~ **v. tr. A.** FAIRE CONNAÎTRE QQN ■ **1** *Présenter une personne à une autre,* l'amener en sa présence pour la faire connaître. *« Je me sentais un peu vieux dans le rôle du fiancé qu'on présente à la famille »* HOUELLEBECQ. — SPÉCIALT Faire connaître (une personne) à une autre en énonçant son nom, ses titres, etc., selon les usages de la politesse. ➤ **présentation.** *J'ai l'honneur, le plaisir, permettez-moi de vous présenter M. X. M. X., que l'on ne présente plus* (tant il est connu). *Cette personne ne m'a pas été présentée. — Être présenté au chef de l'État. — Être présenté dans un cercle,* y être introduit. ◆ Faire connaître (une personne, un groupe) au public. *Présenter un conférencier, un écrivain, un musicien,* etc. ■ **2** (1599) *Présenter qqn pour un emploi,* le proposer. ◆ (1857) Faire inscrire à un examen, à un concours, à une élection. *Présenter des candidats au concours général. Liste présentée par un parti aux élections.*

B. MONTRER ■ **1** (fin XIe) Mettre (qqch.) à la portée, sous les yeux de qqn. *Présenter un fauteuil, un plat à qqn. Présenter son billet au contrôleur.* ➤ **montrer.** *Veuillez présenter vos papiers.* ◆ FIG. (1749) (SUJET CHOSE) *La baie de Rio présente un spectacle splendide.* ➤ **offrir.** *La vie « s'amuse à nous présenter le bonheur et à nous le retirer aussitôt »* LÉAUTAUD. ◆ (1753) *Présenter les armes :* rendre les honneurs en restant au garde-à-vous et en tenant les armes d'une certaine manière ; exécuter le mouvement par lequel on se met dans cette position. (1847) *Présentez armes !,* commandement militaire. — PAR EXT. (1538) ➤ **diriger, tourner** (vers). *Présenter son bon profil au photographe.* ■ **2** (1561, rare avant le XIXe) Faire connaître au public par une action spécialement organisée. *Couturier qui présente sa collection. Présenter un nouveau film. Présenter une émission de radio, de télévision,* en annoncer le titre, les auteurs, le thème, etc. ➤ **présentateur.** *Présenter un spectacle.* ➤ **animateur.** *Représentant qui présente un produit à ses clients.* ■ **3** (1567, rare avant le XXe) Disposer (ce qu'on expose à la vue du public). *Présenter un objet, des marchandises en vitrine* (➤ **présentoir**). *Présenter un bijou dans un écrin.* — **p. p. adj.** *Un mets bien présenté.* ■ **4** (fin XIIe) Remettre (qqch.) à qqn en vue d'un examen, d'une vérification, d'un jugement, etc. *Présenter la note. Présenter un devis, un projet. Présenter (une) requête à qqn. — Présenter sa candidature à un poste. — Je vous présente ma démission :* je démissionne. ◆ Choisir (une matière) dans un examen. *Présenter le grec au baccalauréat.* ■ **5** (début XIIIe) Exprimer, faire l'exposé de. *Présenter sa défense. Présenter en détail une théorie, une doctrine.* ➤ **développer.** *Savoir présenter ses idées.* ➤ **exposer.** — SPÉCIALT *Présenter ses condoléances, ses félicitations, ses hommages, ses remerciements, ses respects à qqn. Présenter des excuses.* ■ **6** (fin XIIe) Montrer, rendre présent à l'esprit. *« Il ne faut présenter au monde que ce qui est beau »* CHATEAUBRIAND. ◆ (1588) Montrer, décrire, définir, comme étant tel ou tel. *Présenter qqn comme un escroc. Il l'a présenté sous un jour favorable. « Notre tort est de présenter les choses telles qu'elles sont »* PROUST. ■ **7** (1580) Avoir telle apparence, tel caractère. *Le chemin présentait de nombreux détours.* ➤ **dessiner, former.** — Avoir, comporter. *Présenter des différences, des analogies avec qqch. Présenter des avantages, un danger, des inconvénients. — La jeune fille « présentait tous les symptômes de la peste pulmonaire »* CAMUS.

II ~ **v. intr.** (1922) FAM. OU LANG. COMM. (critiqué) *Présenter bien (mal) :* faire bonne (mauvaise) impression par son physique, son allure, sa tenue ; avoir une bonne, une mauvaise présentation* (4°). *« C'est un travail d'hôtesse. Ils voulaient quelqu'un qui présente bien... »* J. VAUTRIN.

III ~ **v. pron. SE PRÉSENTER** ■ **1** (fin XIe) Arriver en un lieu, paraître (devant qqn). *Il pensa « qu'il était encore trop matin pour se présenter chez sa protectrice »* MUSSET. *Se présenter à un rendez-vous. Se présenter quelque part les mains vides.* — (Dans une annonce) *Ne pas écrire, se présenter,* venir. IMPERS. *Il ne s'est présenté personne. Une secrétaire, s'il s'en présente.* — (fin XIIIe) *Se présenter à l'audience, devant la justice.* ➤ **comparaître.** ■ **2** (1874) Se faire connaître à qqn, en énonçant son nom selon les usages de la politesse. *Permettez que je me présente. « Je me présente : je m'appelle X. » Professeur qui se présente à ses élèves.* ■ **3** (fin XIIe) Venir se proposer au choix, à l'appréciation de qqn. *Un candidat s'était présenté.* SPÉCIALT (1690) *Se présenter pour un emploi, un poste.* ➤ **postuler, se proposer.** — (1867) Être candidat (et le plus souvent subir les épreuves). *Se présenter au bac, à un concours.* — (1818) Être candidat (à une élection). ➤ **se porter.** *Se présenter aux élections législatives. Se présenter contre qqn. « Sans savoir encore s'il se présenterait comme républicain de gauche ou comme radical »* ROMAINS. ■ **4** (1538) (SUJET CHOSE) Apparaître (à la vue, à la pensée). ➤ **venir.** *Deux noms se présentent aussitôt à l'esprit. Ce fut la seule issue qui se présenta à elle.* ◆ *Profiter des occasions qui se présentent.* ➤ **s'offrir, survenir.** *Il lit tout ce qui se présente. Je ne dis pas non si ça se présente.* ■ **5** (1567) Apparaître sous un certain aspect ; être disposé d'une certaine manière. *Médicament qui se présente sous (la) forme de comprimés. Cette affaire se présente plutôt mal. Enfant qui se présente par le siège* (➤ **présentation,** 9°).

■ CONTR. Conclure.

PRÉSENTIEL, IELLE [prezɑ̃sjɛl] **adj. et n. m.** – 1985 ; autre sens 1865 ◇ de *présent* ■ Qui a lieu en présence des personnes concernées (par oppos. à *à distance*). *Enseignement présentiel.* — **n. m.** *Formation en présentiel. Vote en présentiel.*

PRÉSENTOIR [prezɑ̃twar] **n. m.** – 1955 ; « pelle à gâteau, à poisson » 1898 ◇ de *présenter* ■ Dispositif pour présenter des marchandises. *Les « mouches collées sur des présentoirs à gâteaux »* LÉVI-STRAUSS. *Présentoir d'un magasin à libre-service.* ➤ **gondole.**

PRÉSÉRIE [preseri] **n. f.** – v. 1960 ◇ de *pré-* et *série* ■ TECHN., COMM. Série de contrôle, produite avant la série destinée à la vente. *Voiture de présérie. Prototypes et préséries.*

PRÉSERVATEUR, TRICE [prezɛrvatœr, tris] **adj.** – 1514 ◊ de *préserver* ■ VX Qui préserve, sert à préserver d'une maladie, d'un danger. « *Une potion cordiale et préservatrice* » MOLIÈRE. ♦ **n. m.** MOD. (DIDACT.) Agent chimique ajouté à un produit pour en empêcher l'altération. *Préservateurs et conservateurs.*

PRÉSERVATIF, IVE [prezɛrvatif, iv] **adj.** et **n. m.** – 1314 ; 1539 n. ◊ de *préserver* ■ **1** VX Qui préserve des maladies. — **n. m.** FIG. « *La liberté est le seul préservatif contre la disette* » TURGOT. ➤ **remède.** ■ **2 n. m.** (1857) Étui fin en caoutchouc (latex), en plastique, qui s'adapte au pénis, employé comme moyen de protection contre les infections sexuellement transmissibles ou comme contraceptif. ➤ **condom ;** FAM. **capote.** *Préservatif parfumé, lubrifié. Mettre, enfiler un préservatif. — Préservatif féminin* : gaine de polyuréthane, munie d'un anneau à chaque extrémité, qui se glisse dans le vagin (➤ aussi **diaphragme**).

PRÉSERVATION [prezɛrvasjɔ̃] **n. f.** – 1314 ◊ de *préserver* ■ Action, moyen de préserver, de se garantir. ➤ **protection,** 1 **sauvegarde.** *Préservation des droits, des intérêts, du patrimoine d'une personne.* « *Pendant les grandes pestes du Midi, les médecins revêtaient des étoffes huilées, pour leur propre préservation* » CAMUS. *Préservation des sites, de l'environnement.*

PRÉSERVER [prezɛrve] **v. tr.** ‹1› – fin XVe ; « réserver » 1398 ◊ latin *praeservare* ■ **1** Garantir, mettre à l'abri ou sauver (d'un danger, d'un mal). ➤ **protéger.** *Préserver qqn des dangers, des ennuis, du malheur, d'une maladie.* ➤ **épargner** (à). « *Ce moyen ne réussit qu'à les préserver d'une chute de cheval* » SAND. « *Une sorte de coupé garni d'un mantelet* [...] *préservant les voyageurs du vent et de la pluie* » GAUTIER. ➤ **abriter.** — *Dieu, le ciel me préserve, nous préserve de... ; le ciel m'en préserve !* ➤ **garder.** — PAR EXT. *Préserver des livres de l'humidité.* ■ **2** Garantir de la destruction, de l'oubli. ➤ **conserver, garder.** *Préserver la nature, la forêt. Préserver un site. Produit qui préserve la couche d'ozone. Les moyens de préserver son patrimoine. Préserver les droits des minorités.* ♦ **v. pron.** Se garder. « *Quand on sait se préserver du poison mortel de l'ennui* » VOLTAIRE. ■ **CONTR.** Contaminer, gâter.

PRÉSIDE [prezid] **n. m.** – 1556 ◊ espagnol *presidio* ■ HIST. Poste fortifié espagnol, place forte servant de bagne. *Les présides d'Afrique, des Indes.*

PRÉSIDENCE [prezidɑ̃s] **n. f.** – 1372 ◊ de *président* ■ **1** Fonction, titre de président. *Présidence d'une assemblée, d'un congrès, d'une chambre, d'un tribunal.* — Action de présider. *La présidence d'une séance. Cérémonie sous la présidence effective de monsieur le Ministre.* ♦ *La présidence de la République* : la fonction de président. ■ **2** (XVIIIe) Durée des fonctions d'un président. « *L'aube d'une nouvelle présidence* » ARAGON. ■ **3** (1875) Résidence, bureau(x) d'un président. *Aller à la présidence.*

PRÉSIDENT, ENTE [prezidɑ̃, ɑ̃t] **n.** – 1296 ◊ latin *praesidens* ■ **1** Personne qui préside (une assemblée, une réunion ou tout groupement organisé en vue d'une action collective), pour (en) diriger les travaux. ➤ **directeur.** *Président d'une société scientifique. Présidente d'un jury de concours. — Président d'un conseil d'administration. Président-directeur général.* ➤ **P. D. G.** *La présidente-directrice générale. — Président de l'Assemblée nationale, du Sénat. Président d'université.* ➤ 1 **recteur.** — *Président d'un organisme international.* ♦ **PRÉSIDENT DU CONSEIL :** sous les IIIe et IVe Républiques, le chef du gouvernement. ♦ Magistrat(e) qui préside un tribunal, une cour. *Premier président de la cour d'appel. La présidente du tribunal. Président du jury.* « *Ce pauvre président des assises* [...] *avait la larme à l'œil en me condamnant* » STENDHAL. ■ **2** SPÉCIALT Le chef de l'État dans une république. *Le président de la République française. Sous la Ve République, le président de la République nomme le Premier ministre, préside le Conseil des ministres, promulgue les lois,* etc. *La présidente de la République finlandaise. — Président des États-Unis.* — HIST. *Le prince-président* : Louis-Napoléon Bonaparte, le futur Napoléon III. « *On accusait le prince-président de vouloir se faire nommer empereur* » ZOLA. ♦ En Suisse (cantons de Neuchâtel et du Valais), Premier magistrat (d'une ville, d'une commune). ➤ RÉGION. **syndic.** ■ **3 n. f.** (1617) VX Femme d'un président. « *Vous connaissez la Présidente Tourvel* » LACLOS.

PRÉSIDENTIABLE [prezidɑ̃sjabl] **adj.** et **n.** – 1913 *présidentable* n. ◊ de *président* et *-able,* d'après *présidentiel* ■ Qui est susceptible de devenir président, SPÉCIALT président de la République. — **n.** *Manœuvres des présidentiables.*

PRÉSIDENTIALISME [prezidɑ̃sjalism] **n. m.** – 1945 ◊ de *président* ■ Système présidentiel*. *Présidentialisme et parlementarisme.*

PRÉSIDENTIEL, IELLE [prezidɑ̃sjɛl] **adj.** – 1791 ◊ de *président ;* cf. anglais *presidential* (1603) et latin médiéval *praesidentialis* ■ Relatif au président, à la présidence. *L'élection présidentielle,* ou ELLIPT *la présidentielle. La présidentielle et les législatives. Régime présidentiel,* dans lequel le pouvoir exécutif est entre les mains du président de la République. — ABUSIVEMENT Du président. *La voiture présidentielle.*

PRÉSIDER [prezide] **v. tr.** ‹1› – 1388 ◊ latin *praesidere,* de *prae* « avant, devant » et *sedere* « s'asseoir »

I **v. tr. ind. PRÉSIDER À.** ■ **1** VIEILLI Occuper le premier rang dans une assemblée, une société, en vue d'y maintenir l'ordre, de diriger les débats, proclamer les décisions. *Le magistrat qui préside à une cérémonie.* ■ **2** Avoir la direction, le soin, la surveillance de qqch. ; y veiller. « *Le Fils de l'homme, assis à la droite de Dieu, présidera à cet état définitif du monde* » RENAN. — *Règles qui président à qqch.* ➤ **diriger, organiser.**

II **v. tr. dir.** (1671) ■ **1** Diriger les débats de ; être le président de. *Présider une assemblée, un tribunal ; un débat. Présider un conseil d'administration.* ♦ ABSOLT Siéger au fauteuil présidentiel. ■ **2** Occuper la place d'honneur dans (une manifestation). *Présider un dîner.*

PRÉSIDIAL, IALE, IAUX [prezidjal, jo] **n. m.** et **adj.** – 1585 ; 1435 adj. ◊ latin *praesidialis,* de *praeses, praesidis* « gouverneur de province » ■ HIST. Tribunal d'appel des bailliages ordinaires, érigés en 1552 dans les bailliages les plus importants, et s'occupant des affaires de modeste importance. ♦ **adj.** *Cas présidiaux,* relevant des présidiaux. *Sentences présidiales.*

PRÉSIDIUM [prezidjɔm] **n. m.** – *Présidium* 1918 ◊ mot russe, du latin ■ ANCIENNT Organisme directeur du Conseil Suprême des Soviets (ou Soviet Suprême). *Le Présidium du Soviet Suprême. Membre du présidium. Des présidiums.* — On écrit parfois *præsidium.*

PRÉSOMPTIF, IVE [prezɔ̃ptif, iv] **adj.** – 1406 ◊ latin *praesumptivus,* de *praesumere* « présumer » ■ *Héritier présomptif, héritière présomptive* : personne qui, du vivant de qqn, a vocation de lui succéder. « *Voici mon fils Étienne, mon premier-né, mon héritier présomptif* » BALZAC. — *L'héritier présomptif de la couronne, du trône* : le Prince héritier.

PRÉSOMPTION [prezɔ̃psjɔ̃] **n. f.** – *presumpsion* « conjecture » 1180 ◊ latin *praesumptio,* de *praesumere* ■ **1** Opinion fondée seulement sur des signes de vraisemblance (apparences, commencement de preuves). ➤ **conjecture, supposition ; hypothèse.** *Ce n'est qu'une présomption mais elle est forte. Vous n'avez contre lui que des présomptions mais aucune preuve. La présomption qu'il était informé.* ♦ DR. Induction par laquelle on remonte d'un fait connu à un fait contesté. *Présomption de fait,* que le juge induit d'un fait sans y être obligé. *Présomption légale,* établie par la loi et constituant une dispense de preuve. *Présomption d'innocence* : principe juridique qui consiste à présumer innocente toute personne mise en cause par la justice, tant que sa culpabilité n'est pas établie. « *Chacun a droit au respect de la présomption d'innocence* » (CODE CIVIL). *Présomption de paternité, de maltraitance.* « *Les présomptions les plus graves pèsent sur vous* » HUGO. *Être condamné sur de simples présomptions.* ■ **2** (XIIIe) Opinion trop avantageuse que l'on a de soi-même. ➤ **arrogance, audace, confiance** (en soi), **outrecuidance, prétention, suffisance ; présomptueux.** « *Intelligence claire et vive, sûre d'elle-même jusqu'à la présomption* » MADELIN. « *la belle présomption de l'adolescence* » R. ROLLAND. ■ **CONTR.** Modestie.

PRÉSOMPTUEUSEMENT [prezɔ̃ptɥøzmɑ̃] **adv.** – XIVe ; *presumpcieusement* hapax XIIIe ◊ de *présomptueux* ■ LITTÉR. Avec présomption.

PRÉSOMPTUEUX, EUSE [prezɔ̃ptɥø, øz] **adj.** – *presuntueux* XIIe ◊ latin *praesumptuosus* ■ Qui présume trop de soi, fait preuve de présomption. ➤ **arrogant, audacieux, content** (de soi), **prétentieux, vain, vaniteux.** « *Nous sommes si présomptueux que nous voudrions être connus de toute la terre* » PASCAL. — **n.** « *Jeune présomptueux !* » CORNEILLE. ♦ PAR EXT. Qui dénote de la présomption. *Air présomptueux.* ■ **CONTR.** Modeste, prudent.

PRÉSONORISATION [presɔnɔrizasjɔ̃] **n. f.** – 1973 ◊ de *pré-* et *sonorisation* ■ TECHN. Recomm. offic. pour *play-back.*

PRESQUE [pʀɛsk] **adv.** – *pres que* XIIIe ; *à pres que* « à peu près » XIIe ♦ de *près* et *que* ■ **1** À peu près. ➤ 1 **quasi, quasiment** (cf. Peu s'en faut*, à peu de chose près*). *Elle est très petite, presque naine. C'est presque certain. Elle pleurait presque, elle a presque pleuré. Cela fait presque dix kilomètres,* un peu moins de, pas loin de. « *On pourrait presque dire que toute mode est risible* » BERGSON. — *Presque toujours, presque jamais, presque autant, presque aussitôt.* « *Nous savons presque toujours que nous ne sommes pas aimés* » MAURIAC. — *Presque tous ; presque tout, presque tout le monde. Presque personne. Presque rien. Presque pas, presque plus :* très peu, à peine. — ELLIPT « *Certains écrivains ignorés ou presque* » LÉAUTAUD. ♦ LITTÉR. (placé apr. l'adj. qu'il modifie) « *Lamartine marchait tranquille, indifférent presque* » GAUTIER. ♦ (Avec un compl. introduit par une prép.) « *L'espèce de gêne, et presque d'effroi* » ROMAINS. « *Madame de Winphen fit presque à elle seule les frais d'une conversation* » BALZAC. — (Avec un terme de quantité : *tout, chaque, aucun*) *À presque toutes... Presque à chaque pas.* « *C'était le gagne-pain de presque tous ces hommes* » ALAIN-FOURNIER. ■ **2** LITTÉR. (modifiant un subst. abstrait) ➤ 1 **quasi.** « *J'ai la presque certitude de ce que je vous ai dit* » BALZAC. « *Ce n'était qu'une lueur dans la presque obscurité* » PROUST. « *La presque totalité des affaires humaines* » CAILLOIS.
■ CONTR. Absolument, 1 complètement, tout (tout à fait).

PRESQU'ÎLE [pʀɛskil] **n. f.** /PRESQU'ILE/ – 1546 ♦ de *presque* et *île* ■ Partie saillante d'une côte, rattachée à la terre par un isthme, une langue de terre. *La presqu'île de Quiberon. Grande presqu'île.* ➤ **péninsule.** *Des presqu'îles.*

PRESSAGE [pʀesaʒ] **n. m.** – 1803 ♦ de *presser* ■ Opération par laquelle on comprime ou l'on marque d'une empreinte, avec une presse. *Pressage des fourrages. Pressage des disques à partir d'une matrice.*

PRESSANT, ANTE [pʀesɑ̃, ɑ̃t] **adj.** – 1538 ♦ de *presser* ■ **1** Qui sollicite avec insistance (➤ **presser**). *Insister d'une manière pressante. Ordres pressants.* ➤ **impératif.** *Demandes, prières, sollicitations pressantes.* « *Je viens de recevoir une invitation fort pressante de la comtesse de B**** » LACLOS. ♦ (PERSONNES) *Il s'est montré pressant :* il a beaucoup insisté. ■ **2** Qui contraint, oblige ou incite à agir sans délai. « *Un besoin pressant de pardonner !* » BEAUMARCHAIS. *Pressant désir.* ➤ **ardent.** *Les plus pressantes inquiétudes.* ♦ Urgent. *Une nécessité pressante.* « *Le péril est pressant plus que vous ne pensez* » RACINE. « *Devant une situation aussi pressante, il s'agit de faire vite* » CAMUS. — FAM. (PAR EUPHÉM.) *Un besoin pressant :* besoin naturel urgent.

PRESS-BOOK [pʀɛsbuk] **n. m.** /PRESSBOOK/ – milieu XXe ♦ de l'anglais *press* « presse » et *book* « livre » ■ ANGLIC. Album de coupures de presse (concernant une personne, un produit commercial, un évènement). *Press-book, dossier d'un mannequin. Des press-books.* — ABRÉV. FAM. **BOOK.** Recomm. offic. *portfolio.*

PRESSE [pʀɛs] **n. f.** – fin XIe ♦ de *presser*

I FOULE (1050) VX ou LITTÉR. Multitude de personnes assemblées dans un petit espace. ➤ **foule.** « *Elle trouva un courage surnaturel pour fendre la presse* » BALZAC.

II MACHINE, APPAREIL ■ **1** (fin XIe) Dispositif, mécanisme destiné à exercer une pression sur un solide pour le comprimer ou y laisser une impression. *Presse à levier, à coin, à vis. Presse mécanique à plateaux, presse à cylindres* (➤ **laminoir**). *Presse à bras, à moteur. Presse hydraulique :* dispositif par lequel une force appliquée par un piston sur une petite surface est transmise par un liquide à un autre piston de grande surface, et ainsi multipliée. — *Presse à comprimer.* — *Presse de relieur. Mise en presse des feuilles pour le brochage. Châssis-presse de photographe.* ➤ **châssis.** *Presse à coller, à découper, à emboutir. Presse à balles,* destinée à la mise en balles de déchets. *Ramasseuse*-presse.* — *Presse à disques.* — *Presse monétaire,* destinée à la frappe des médailles et des monnaies. — *Passer sous la presse :* presser. ♦ TENNIS Presse-raquette. ■ **2** (fin XVe) Machine destinée à l'impression typographique. *Presse à bras, anciennement en bois et à vis. Presse mécanique à cylindre. Presse à retiration, presse offset. Presse rotative.* ➤ **rotative.** — (1550) **SOUS PRESSE.** *Mettre sous presse :* donner à imprimer ou commencer à imprimer. *À l'heure où nous mettons sous presse. Ouvrage sous presse,* à l'impression.

III LA PRESSE. Ce que la presse typographique imprime. ■ **1** Impression de textes. (1738) *Liberté de la presse :* liberté d'imprimer et de diffuser. « *Y a-t-il rien de plus tyrannique, par exemple, que d'ôter la liberté de la presse ?* » VOLTAIRE. *Lois sur la presse. Délits de presse :* fausses nouvelles, diffamation, etc. ■ **2** Publications. **PRESSE PÉRIODIQUE,** ou **PRESSE :** l'ensemble des publications périodiques et des organismes qui s'y rattachent. « *La polémique fait la puissance de la presse et détermine son utilité* » NERVAL. *Agence de presse,* chargée de fournir des informations aux journaux. *L'agence France-Presse (A. F. P.). Agencier de presse. Attaché* de presse. Service* de presse. Argus* de la presse.* — *Acheter, lire la presse. Point presse* (chez un commerçant). *Maison de la presse.* — *Presse écrite* (journaux), *presse parlée* (radio), *presse télévisée* (télévision). ➤ **média.** *Presse d'information, d'opinion ; presse politique. La grande presse :* la presse à grand tirage (les grands quotidiens d'information). *La presse quotidienne nationale (PQN), régionale (PQR). Presse hebdomadaire. La presse à sensation.* VIEILLI *La presse du cœur :* les magazines sentimentaux. *La presse féminine. La presse people. Presse gratuite.* — *Presse indépendante. Un groupe de presse.* — *Campagne* de presse.* — *Coupures de presse. Revue* de presse.* — PAR MÉTON. Les journalistes. *Convoquer la presse. Conférence* de presse. Point de presse.* ➤ 1 **point.** ♦ LOC. (1884) *Avoir bonne, mauvaise presse :* avoir des commentaires flatteurs ou défavorables dans la presse. *Ce film a eu une presse exécrable.* « *il n'a pas eu de presse, il n'a jamais obtenu de prix* » D. ROLIN. FIG. Avoir bonne, mauvaise réputation. « *Les pigeons de Paris n'avaient pas bonne presse* » FALLET.

IV ACTIVITÉ INTENSE (1869) Se dit, dans le commerce et l'industrie, des activités plus intenses dans certaines périodes (cf. Coup de feu*). « *Dans les moments de presse, aux grandes foires, Mme Charlet va donner là-bas un coup de main à sa fille* » ZOLA.

PRESSÉ, ÉE [pʀese] **adj.** – XVIe « qui serre fortement » ♦ de *presser* ■ **1** ➤ **presser.** ■ **2** Qui a de la hâte. *Il est bien pressé.* « *Nous sommes des gens pressés. Nous avons hâte de nous connaître* » SARTRE. *Il est pressé d'en finir.* — *Elle avait l'air pressée.* ■ **3** Urgent, pressant. *Une lettre pressée. Il n'eut rien de plus pressé que de...* « *Est-ce que c'était pressé d'annoncer au monde qu'il y avait un mort dans le logement ?* » ZOLA. ♦ SUBST. *Aller, parer au plus pressé,* à ce qui est le plus urgent, le plus important. « *Il faut aviser au plus pressé* » PROUST.

PRESSE-AGRUME [pʀɛsagʀym] **n. m.** – v. 1969 ♦ de *presser* et *agrume* ■ Appareil ménager qui permet d'extraire le jus des citrons, oranges, etc. ➤ **presse-citron.** *Presse-agrume électrique. Des presse-agrumes.* — On écrit aussi *un presse-agrumes* (inv.).

PRESSE-BOUTON [pʀɛsbutɔ̃] **adj.** – 1954 ♦ de *presser* et *bouton,* adaptation de l'anglais américain *push button* ■ *Guerre presse-bouton,* dont les destructions seront commandées par des appareils de précision. ♦ Qui est entièrement automatique, s'effectue seulement en manœuvrant des commandes, en appuyant sur un bouton. ➤ **automatisé.** *Cuisine presse-bouton. Des usines presse-boutons.* — FIG. *La traduction presse-bouton,* par la « machine à traduire ».

PRESSE-CITRON [pʀɛssitʀɔ̃] **n. m.** – 1877 ♦ de *presser* et 1 *citron* ■ Ustensile servant à presser les citrons, les oranges pour en extraire le jus. ➤ **presse-agrume.** *Des presse-citrons.* FIG. et FAM. *On lui a fait le coup du presse-citron :* on s'est servi de lui au maximum, puis on l'a rejeté (cf. Presser* l'orange et jeter l'écorce, presser* qqn comme un citron).

PRESSÉE [pʀese] **n. f.** – 1793 ♦ de *presser* ■ AGRIC. Masse (de fruits...) soumise en une fois à l'action du pressoir. — Suc ainsi obtenu.

PRESSE-ÉTOUPE [pʀɛsetup] **n. m.** – 1865 ♦ de *presser* et *étoupe* ■ TECHN. Dispositif empêchant la vapeur de s'échapper par l'entrée de la tige du piston, dans une machine à vapeur. *Des presse-étoupe* (inv.) ou *des presse-étoupes.* — MAR. Dispositif constitué d'une boîte remplie d'étoupe graissée, destiné à s'opposer à l'entrée de l'eau par l'arbre d'hélice d'un navire.

PRESSE-FRUIT [pʀɛsfʀɥi] **n. m.** – 1935 ♦ de *presser* et *fruit* ■ Ustensile pour extraire le jus des fruits. ➤ **presse-agrume, presse-citron ; centrifugeuse.** *Des presse-fruits.*

PRESSENTIMENT [pʀesɑ̃timɑ̃] **n. m.** – 1559 ♦ de *pressentir* ■ Phénomène subjectif interprété comme la connaissance intuitive et vague d'un évènement qui ne peut être connu par un moyen naturel. « *Les femmes ont des pressentiments dont la justesse tient du prodige* » BALZAC. « *Les vrais pressentiments se forment à des profondeurs que notre esprit ne visite pas* » RADIGUET. ➤ **intuition, prémonition.** *J'ai le vague, l'obscur pressentiment d'un danger. J'ai le pressentiment qu'il ne viendra pas, qu'il lui est arrivé malheur.*

PRESSENTIR [presɑ̃tiʀ] **v. tr.** ‹16› – 1552 ◇ latin *praesentire,* de *sentire* «sentir» et *prae* «avant» ▪ **1** Prévoir vaguement. ➤ **deviner, prévoir, sentir.** «*Qu'on dise après cela qu'on ne pressent point les malheurs qui nous menacent !*» LESAGE. *Cela me laisse pressentir une catastrophe.* ➤ **annoncer, augurer, présager.** *Je pressens qu'il va y avoir du nouveau.* — PAR EXT. Avoir conscience de (un objet de connaissance présent). ➤ **entrevoir ; deviner, soupçonner.** «*Le curé lui-même parut pressentir un instant les secrets abîmes de cette âme*» TOULET. ▪ **2** Sonder (qqn), d'une manière plus ou moins détournée, sur ses intentions. «*Il fut presque offensé de n'avoir pas été sinon pressenti, du moins précocement avisé*» DUHAMEL. *On l'a pressenti comme ministre. On l'a pressenti pour ce poste.* — (PASS.) *Il a été pressenti pour être ministre.* — *Les personnalités pressenties.* ▪ HOM. *Pressens :* pressant (presser).

PRESSE-PAPIER **n. m.** ou **PRESSE-PAPIERS** [prɛspapje] **n. m. inv.** – 1839 ◇ de *presser* et *papier* ▪ **1** Objet lourd qu'on pose sur des papiers pour les maintenir. *Des presse-papiers en bronze.* ▪ **2** INFORM. Zone de la mémoire vive d'un ordinateur où sont stockées provisoirement des données sélectionnées pour être insérées ailleurs.

PRESSE-PURÉE [prɛspyʀe] **n. m.** – 1855 ◇ de *presser* et *purée* ▪ Ustensile de cuisine pour réduire les légumes en purée. *Des presse-purées.*

PRESSER [prese] **v.** ‹1› – milieu XIIe, au sens de «tourmenter» (B, 1°) ◇ du latin *pressare,* famille de *premere* «presser»

I ~ **v. tr. EXERCER UNE PRESSION SUR A. (CONCRET)** ▪ **1** (fin XIIe) Serrer de manière à extraire un liquide. *Presser des raisins* (➤ **pressoir**). *Presser un fruit* (➤ **presse-fruit**), *un citron* (➤ **presse-agrume, presse-citron**). — **p. p. adj.** *Citron pressé, orange pressée.* — LOC. FIG. *On presse l'orange et on jette l'écorce :* on rejette (qqn) après s'en être servi au maximum (cf. Faire le coup du presse-citron*). *Presser qqn comme un citron,* l'exploiter complètement. *Se presser le citron :* réfléchir intensément (cf. Se creuser* la tête). — *Presser une éponge. Presser les pis d'une vache.* ▪ **2** Serrer de manière à comprimer, à déformer, à marquer d'une empreinte. ➤ **serrer, tasser.** *Presser dans un étau.* — *Presser un disque :* fabriquer une série de disques à partir d'une matrice. ▪ **3** (1540) Appliquer avec force contre, sur qqch. ➤ **appuyer.** *Presser un cachet, une marque sur de la cire.* ➤ **imprimer.** *Les bras qui la pressaient.* ➤ **embrasser, étreindre.** «*Il m'entraînait en me pressant le bras*» DUHAMEL. — *Presser* (qqn) *entre, dans ses bras.* ➤ **serrer.** *Presser qqn sur son cœur.* — **p. p. adj.** *Tous «pressés les uns contre les autres afin de se tenir chaud»* BALZAC. ▪ **4** Exercer une pression, une poussée sur. ➤ **appuyer.** *Presser un bouton* (➤ **presse-bouton**).

B. (ABSTRAIT) ▪ **1** (milieu XIIe) Tourmenter, accabler. «*La révolution est une forme de phénomène immanent qui nous presse de toutes parts*» HUGO. ➤ **contraindre.** ▪ **2** (début XIVe) VX Attaquer avec vigueur. «*Nous les pressons sur l'eau, nous les pressons sur terre*» CORNEILLE. ◆ MOD. ➤ **assaillir, harceler, persécuter.** *Presser ses débiteurs. Presser qqn de questions.* ▪ **3** (début XIVe) **PRESSER qqn DE** (et l'inf.) : pousser vivement (qqn) à faire qqch. ➤ **engager, insister** (auprès). *Presser ses amis d'agir.* ▪ **4** (1563) Inciter, obliger (qqn) à se hâter. ➤ **bousculer, brusquer.** «*Rien ne me pressait plus maintenant*» MAURIAC. ◆ *Presser une affaire, les évènements.* ➤ **accélérer, activer, hâter.** «*Presser la marche du temps*» CAMUS. — *Presser le pas :* marcher plus vite. *Presser l'allure, la cadence. Presser le mouvement*.*

II ~ **v. pron. SE PRESSER** ▪ **1** *Se presser contre qqn, contre sa poitrine.* ➤ se **blottir.** ◆ Être en foule compacte. ➤ **s'entasser.** *Se presser à l'entrée d'un stade. Les fans se pressent autour de leur idole.* «*Les filles se pressèrent un peu plus pour lui faire une place*» COSSERY. ➤ se **serrer.** — FIG. *Les mots, les paroles se pressent dans sa bouche.* ▪ **2** (1640) Se hâter. ➤ **courir,** se **dépêcher** (cf. Aller vite*, presser le mouvement*). *Elle s'est pressée pour arriver à l'heure. Pressez-vous. Sans se presser :* en prenant son temps. — *Se presser de faire qqch.* «*Je me presse de rire de tout, de peur d'être obligé d'en pleurer*» BEAUMARCHAIS. — FAM. (ellipse de *se*) *Allons, pressons !*

III ~ **v. intr.** (1557) Être urgent ; ne laisser aucun délai. ➤ FAM. **urger.** *La chose presse beaucoup.* «*Le temps presse, le péril grandit*» FRANCE. *Rien ne presse.*

▪ CONTR. 1 Écarter ; effleurer. Attendre ; atermoyer. ▪ HOM. *Pressant :* pressent (pressentir).

PRESSE-RAQUETTE [prɛsʀakɛt] **n. m.** – 1914 ◇ de *presser* et *raquette* ▪ Appareil servant à maintenir en forme les raquettes de tennis en bois. ➤ **presse.** *Des presse-raquettes.*

PRESSEUR, EUSE [presœʀ, øz] **n. et adj.** – 1384, repris 1699 ◇ de *presser* ▪ TECHN. ▪ **1** Ouvrier, ouvrière qui travaille à une presse. *Presseur de fourrage, d'étoffes, de vêtements* (➤ **calandreur**). *Presseur de forge. Presseur de pâte* (céramique ; à papier). ▪ **2** **adj.** (1858) Qui exerce une pression. *Cylindre presseur.*

PRESSIER [presje] **n. m.** – 1625 ◇ de *presse* ▪ TECHN. Ouvrier imprimeur qui travaille à une presse à bras. «*Séchard était un ancien compagnon pressier*» BALZAC.

PRESSING [presiŋ] **n. m.** – v. 1935 ◇ formation française sur l'anglais *to press* «presser» ▪ ANGLIC. ▪ **1** Établissement où l'on nettoie les vêtements et où on les repasse à la vapeur. ➤ **teinturerie ;** RÉGION. **nettoyeur.** ▪ **2** (1949) Repassage à la vapeur. APPOS. *Fer pressing* ou *pressing :* fer à repasser relié à un bloc qui l'alimente en eau et en électricité.

PRESSION [presjɔ̃] **n. f.** – 1647, Pascal ◇ du latin *pressio,* famille de *premere* «presser»

I **(CONCRET) A. FORCE** ▪ **1** Force qui agit sur une surface donnée ; mesure de la force qui agit par unité de surface. *Unités de mesure de pression :* 2 pascal (unité SI) ; 3 bar, barye, pièze, torr. *Pression exercée par un solide sur un autre. Pression et frottement.* — *Pression des fluides contenus dans un récipient,* s'exerçant perpendiculairement aux surfaces des parois. *Pression des gaz. Pression osmotique.* ◆ SPÉCIALT (1845) Pression de vapeur (dans une machine, etc.). *Manomètre indiquant la pression. Diminuer la pression.* «*La vraie qualité d'un mécanicien* [...] *consistait à marcher d'une façon régulière, sans secousse, à la plus haute pression possible*» ZOLA. *Machine à haute, à basse pression.* LOC. FIG. *Faire monter la pression :* rendre l'atmosphère plus tendue. — **SOUS PRESSION.** *Chaudière, locomotive sous pression,* où la vapeur, à une pression supérieure à la pression atmosphérique, est capable d'assurer le fonctionnement. *Gaz sous pression.* ➤ **comprimé.** *Cocotte sous pression.* ➤ **autocuiseur.** — LOC. FIG. *Être sous pression :* être énervé, tendu. ◆ SPÉCIALT *Pression atmosphérique,* exercée par l'atmosphère terrestre en un point. *Unités pratiques de mesure de la pression atmosphérique* (hectopascal ; atmosphère, millimètre* de mercure, millibar). — ABSOLT *Hautes, basses pressions.* ➤ **anticyclone, cyclone.** — *Régler la pression d'une cabine d'avion, d'un véhicule spatial* (➤ **pressuriser**). *Barotraumatisme provoqué par l'élévation rapide de la pression. Chute de pression* (➤ **dépressurisation**). ◆ PHYS. *Pression de radiation,* exercée par un rayonnement électromagnétique. ▪ **2** (1746) COUR. Action de presser ; force (de ce qui presse). *Huile d'olive obtenue par première pression à froid. Pression de la main.* «*La pression plus ou moins vive de ses doigts*» BALZAC. *Faire pression sur.* ➤ **peser, presser.** *Massage par pression.* ▪ **3** *Bière à la pression,* ELLIPT *bière pression,* mise sous pression en récipients et tirée directement dans les verres, au café. *Deux demis pression.* ▪ **4** (Cour. en Suisse, au Canada) *Pression artérielle :* pression du sang sur la paroi des artères. ➤ **tension.**

B. BOUTON-PRESSION (1926) *Robe fermée par des pressions.* ➤ **pressionné.**

II **(ABSTRAIT)** ▪ **1** (1789) Influence, action insistante qui tend à contraindre. ➤ **contrainte.** *La pression des évènements. Pression sociale. Exercer une pression sur qqn.* «*Chacune de ces habitudes d'obéir exerce une pression sur notre volonté*» BERGSON. — *Moyen de pression. Faire pression sur qqn,* chercher à le convaincre. ➤ **forcer ; forcing** (ANGLIC.). — (v. 1990 en sports) *Mettre la pression sur qqn :* exiger de lui des résultats rapides, des performances immédiates. *La direction* «*a mis sans cesse la pression : il y avait super urgence, il fallait se décider tout de suite*» MORDILLAT. ◆ FIN. *Pression fiscale :* mesure de la contrainte exercée par les impôts. *Augmentation, diminution de la pression fiscale.* ▪ **2** (traduction de l'anglais) *Groupe de pression :* groupement qui, par une action concertée, cherche à exercer une pression sur l'État, l'opinion publique, etc. pour défendre les intérêts de ses membres ou des positions morales, idéologiques. ➤ **lobby.**

PRESSIONNÉ, ÉE [presjɔne] **adj.** – 1975 ◇ de *pression* ▪ Se dit d'un vêtement fermant au moyen de boutons-pressions. *Robe pressionnée dans le dos.*

PRESSOIR [preswaʀ] **n. m.** – 1190 ◇ bas latin *pressorium,* de *premere* «presser» ▪ **1** Machine servant à extraire le liquide de certains fruits ou graines, par pression. ➤ **presser** (I, A, 1°). *Pressoir à cidre, à pommes. Pressoir à huile, à olives* (➤ **maillotin**). — SPÉCIALT Pressoir à vin. *Pressoir à vis, à main.* «*urgence de mener au pressoir, en un seul jour, raisin mûr et verjus ensemble*» COLETTE. ▪ **2** (XVIe) Bâtiment, emplacement où est le pressoir. «*Les pressoirs seuls restaient ouverts pour donner de l'air au plancher des treuils*» FROMENTIN.

PRESSOSTAT [pʀesɔsta] n. m. – milieu XXe ◊ du radical de *pression* et *-stat* ■ TECHNOL. Appareil à fonctionnement automatique qui permet de maintenir constante la pression d'un fluide dans une enceinte, un circuit. ➤ **manostat.**

PRESSURAGE [pʀesyʀaʒ] n. m. – 1549 ; *pressoerage* 1342 ; «droit féodal» 1296 ◊ de *pressurer* ■ TECHN. Opération par laquelle on presse (une substance) au moyen du pressoir. ➤ 1 **serre.** *Vin de pressurage. Pressurage de certains fromages.*

PRESSURER [pʀesyʀe] v. tr. ⟨1⟩ – XIVe ; *pressoirer* 1283 ◊ de *pressoir* ■ **1** Presser (des fruits, des graines) pour en extraire un liquide. ➤ **pressoir, pressurage.** — VIEILLI Presser (les fromages). ■ **2** (XVe) FIG. Tirer de (qqn, qqch.) tout ce qu'on peut (cf. Presser* qqn comme un citron). *Pressurer le peuple.* ➤ **exploiter.** «*Un homme qui pressurait le monde par des moyens violents*» BALZAC. ◆ Extorquer l'argent, les biens de (qqn) (cf. Saigner* à blanc). *Pressurer les contribuables.* ◆ LOC. FAM. *Se pressurer le cerveau :* se torturer (cf. FAM. Se casser* la tête, se creuser les méninges*). *Se pressurer le cerveau pour trouver une solution.*

PRESSUREUR, EUSE [pʀesyʀœʀ, øz] n. – 1680 ; *presseureur* 1291 ◊ de *pressurer* ■ **1** TECHN. Ouvrier, ouvrière qui assure le fonctionnement d'un pressoir. ■ **2** (1875) FIG. Personne qui pressure autrui. ➤ **exploiteur.**

PRESSURISATION [pʀesyʀizasjɔ̃] n. f. – 1949 ◊ de *pressuriser*, d'après l'anglais *pressurization* ■ ANGLIC. Mise en pression, sous pression normale. *Système de pressurisation d'un avion.* ■ CONTR. Dépressurisation.

PRESSURISER [pʀesyʀize] v. tr. ⟨1⟩ – 1949 ◊ anglais *to pressurize*, de *pressure* «pression» ■ ANGLIC. Maintenir à une pression normale (un avion, un véhicule spatial). — p. p. adj. *Cabine pressurisée.* ■ CONTR. Dépressuriser.

PRESTANCE [pʀestɑ̃s] n. f. – 1540 ; «excellence» XVe ◊ latin *praestantia* «supériorité» ■ Aspect imposant (d'une personne) ; physique, maintien et contenance imposants. *Avoir de la prestance* (cf. Porter beau*, avoir de l'allure*). *Belle mine, noble prestance. De belle prestance.* «*Le bel uniforme rehaussait encore sa prestance*» BALZAC.

PRESTANT [pʀestɑ̃] n. m. – 1636 ◊ italien *prestante* «excellent» ■ MUS. Jeu de montre de l'orgue, principal sur lequel on accorde les autres jeux.

PRESTATAIRE [pʀestatɛʀ] n. – 1845 ◊ de *prestation* ■ **1** DR. VIEILLI Contribuable assujetti à la prestation en nature. ■ **2** Personne qui bénéficie d'une prestation (sociale). ➤ **allocataire.** ■ **3** *Prestataire de services :* personne, entreprise qui fournit des services* contre paiement.

PRESTATION [pʀestasjɔ̃] n. f. – 1270 ◊ latin juridique *praestatio*, de *praestare* «fournir»

I Action de fournir. ■ **1** DR. Objet d'une obligation ; ce qui est dû par le débiteur. — *Prestations locatives :* charges incombant au locataire, dont le propriétaire peut demander le remboursement. — SPÉCIALT *Prestation compensatoire :* capital ou rente attribués à l'un des conjoints lors d'un divorce. — COMM. Action de fournir un bien ou un service contre paiement. *Prestation de services financiers, juridiques.* PAR EXT. Le bien, le service ainsi fourni. *Des prestations de qualité.* ■ **2** DR. FÉOD. Redevance due au seigneur par son sujet. ➤ 1 **aide.** ■ **3** Allocation donnée aux militaires. *Prestation en espèces ; en nature.* — Tribut en nature qu'un pays vaincu doit au pays vainqueur. ■ **4** (v. 1930) *Prestations (sociales) :* allocation attribuée à une personne (assuré social) par les administrations ou les entreprises afin de compenser une perte de revenu ou de leur permettre d'accéder à certains services. ➤ **allocation, indemnité.** *Prestations de maladie, maternité, décès, invalidité. Prestations familiales :* allocations familiales, prime de déménagement, allocation de rentrée scolaire, de logement, de parent isolé, de soutien familial, etc. *Prestations vieillesse.* ➤ **pension,** 1 **retraite.** ■ **5** (1943 ; emploi critiqué) SPORT, SPECTACLES Ce qu'un athlète ou un artiste offre au public en se produisant. *Bonne prestation d'ensemble des joueurs français. La prestation télévisée d'un homme politique.*

II (1480) HIST. ou DR. Action de prêter (serment). *Prestation de foi et hommage du vassal. Prestation de serment d'un avocat.*

PRESTE [pʀest] adj. – attesté 1460 ◊ italien *presto* «prompt» ■ Style soutenu Prompt et agile. *Avoir la main preste,* adroite. «*Des écuyers prestes tournèrent sur la piste*» MAURIAC. ■ CONTR. Lent, maladroit.

PRESTEMENT [pʀestəmɑ̃] adv. – v. 1195 ◊ de *preste* ■ Style soutenu D'une manière preste ; vivement. «*La Marocaine les fit prestement disparaître*» MAC ORLAN. ■ CONTR. Lentement.

PRESTER [pʀeste] v. tr. ⟨1⟩ – 1911 ◊ de *prestation* (I, 1°) ■ (Belgique, Luxembourg) ADMIN. Accomplir (une tâche, un service) contre rémunération, dans le secteur tertiaire. *Prester des heures supplémentaires.*

PRESTESSE [pʀestɛs] n. f. – 1690 ; *prestezze* «rapidité» fin XVIe ◊ italien *prestezza* → preste ■ LITTÉR. Promptitude et agilité. *Sauter avec prestesse.* ➤ **prestement.** ■ CONTR. Lenteur, maladresse.

PRESTIDIGITATEUR, TRICE [pʀestidiʒitatœʀ, tʀis] n. – 1823 ◊ de *preste* et du latin *digitus* «doigt» ■ Artiste qui, par l'adresse de ses mains, produit des illusions en faisant disparaître, apparaître, changer de place ou d'aspect des objets. ➤ **escamoteur, illusionniste.** *Tour de prestidigitateur.* «*Au-dessus de la tête du prestidigitateur, ces choses commençaient à voltiger, se suivant, s'alternant, se croisant sans se rencontrer*» GONCOURT. ◆ FIG. Personne qui fait des tours d'adresse. «*Un intellectuel habile est un prestidigitateur de la pensée*» R. ROLLAND.

PRESTIDIGITATION [pʀestidiʒitasjɔ̃] n. f. – 1823 ◊ de *prestidigitateur* ■ Technique, art du prestidigitateur. *Tours, trucs de prestidigitation.* ➤ **escamotage, illusion, passe-passe.** *Numéro de prestidigitation. Faire de la prestidigitation.* ◆ FIG. *C'est de la prestidigitation !* se dit d'une illusion, d'une apparence incompréhensible.

PRESTIGE [pʀestiʒ] n. m. – 1518 ◊ latin *praestigium* «artifice, illusion» ■ **1** VX ou LITTÉR. Illusion dont les causes sont surnaturelles, magiques. «*Fascinez-le par de doux prestiges*» NERVAL. ■ **2** VX ou LITTÉR. Artifice séducteur. «*Tous les prestiges que nécessite une mise en scène compliquée*» GAUTIER. ➤ **magie.** ■ **3** (v. 1750) MOD. Le fait de frapper l'imagination, d'imposer le respect, l'admiration. ➤ 2 **ascendant, importance, séduction.** «*Le prestige* [...] *du fabuleux, du libéral et inépuisable Lauzun*» SAINTE-BEUVE. *Avoir du prestige. Jouir d'un grand prestige. Manquer de prestige. Garder, sauvegarder son prestige* (cf. Sauver la face*). *Perdre de son prestige. Il a perdu tout son prestige à mes yeux. Faire qqch. uniquement pour le prestige. Le prestige de l'uniforme. Prestige de la beauté, de la jeunesse.* ➤ **attrait.** *Le «prestige qu'ont gardé toujours à mes yeux les traditions de la famille Fondaudège»* MAURIAC. — LOC. *Politique de prestige,* qui vise à acquérir du prestige par des opérations, des réalisations spectaculaires. *Une opération de prestige.*

PRESTIGIEUX, IEUSE [pʀestiʒjø, jøz] adj. – 1550 ◊ latin *praestigiosus* ■ **1** LITTÉR. Qui tient du prestige (1°). ➤ **étonnant, prodigieux.** — PAR EXT. Magnifique. «*Les rives prestigieuses de la Loire*» BALZAC. ■ **2** COUR. Qui a du prestige (3°). *Un métier prestigieux. Des vins prestigieux.* — *Un chef d'orchestre prestigieux.* — adv. (1931) **PRESTIGIEUSEMENT.**

PRESTISSIMO [pʀestisimo] adv. – 1762 ◊ mot italien, superlatif de *presto* ■ MUS. Très vite (indication de mouvement). ➤ **presto.** ADJT INV. *Un final prestissimo.* — n. m. *Des prestissimos.*

PRESTO [pʀesto] adv. – 1762 ; fam. «vite» 1683 ◊ mot italien ■ **1** MUS. Vite (indication de mouvement). ADJT INV. *Mouvement presto.* — n. m. *Des prestos.* ■ **2** FAM. Rapidement, vite. «*De façon à le payer presto*» MONTHERLANT. *Illico* presto. Subito* presto.*

PRÉSTRATÉGIQUE [pʀestʀateʒik] adj. – 1983 ◊ de *pré-* et *stratégique* ■ Se dit d'une arme nucléaire à courte portée devant servir d'arme dissuasive dans un éventuel conflit. ➤ **tactique.** *Missile nucléaire préstratégique.*

PRÉSUMABLE [pʀezymabl] adj. – 1599 ◊ de *présumer* ■ RARE Qui peut être présumé. *Bénéfices présumables.*

PRÉSUMÉ, ÉE [pʀezyme] adj. – 1835 ◊ de *présumer* ■ Que l'on croit tel par hypothèse. ➤ **supposé.** *Son fils présumé.* ➤ **putatif.** *Ses intentions présumées. Présumé innocent. Innocent ou présumé tel.*

PRÉSUMER [pʀezyme] v. tr. ⟨1⟩ – 1190 ◊ latin *praesumere* «prendre d'avance», fig. «conjecturer» ■ **1** Donner comme probable. ➤ **augurer, conjecturer, supposer ; présomption.** *Présumer une issue heureuse.* — *Toute personne est présumée innocente si elle n'a pas été déclarée coupable.* ➤ **censé, supposé.** «*Les décisions des assemblées* [...] *sont présumées être l'expression de la volonté générale*» JAURÈS. ◆ **PRÉSUMER QUE.** ➤ 1 **penser.** «*Je présume que c'est un bon médecin*» MONTHERLANT. «*Il présumait bien qu'il fallait faire part de son chagrin à la Fadette*» SAND. ELLIPT *Il va arriver, je présume.* ■ **2** v. tr. ind. **PRÉSUMER DE :** avoir trop bonne opinion de, compter trop sur. «*Il n'est jamais trop tard pour apprendre* [...] *à moins présumer de soi*» ROUSSEAU

(➤ **présomptueux**). *Il a trop présumé de ses forces.* — RARE *Vous présumez trop de votre ami, de votre fils.* ➤ **attendre.**

PRÉSUPPOSÉ, ÉE [pʀesypoze] adj. et n. m. – v. 1960 ◇ de *présupposer* ■ **1** LITTÉR. Supposé d'avance. ■ **2** n. m. Ce qui est supposé et non exposé dans un énoncé. ➤ **implication, présupposition.** *Les présupposés d'un dialogue.*

PRÉSUPPOSER [pʀesypoze] v. tr. ‹1› – 1361 ◇ de *pré-* et *supposer* ■ Supposer préalablement. *« Les passions présupposent une âme capable de les ressentir »* PASCAL. *Ceci présuppose qu'il accepte. La phrase « J'enlève mon manteau » présuppose qu'on porte un manteau.* ➤ **impliquer.**

PRÉSUPPOSITION [pʀesypozisjɔ̃] n. f. – 1306 ◇ de *présupposer* ■ Supposition préalable. ➤ **présupposé** (2°). *« le contexte ou ensemble des présuppositions communes aux lecteurs et à l'auteur »* SARTRE.

PRÉSURE [pʀezyʀ] n. f. – *prisure* 1190 ◇ latin populaire °*pre(n)sura*, de *prendere* « prendre » ■ Substance extraite de la caillette des jeunes ruminants, contenant une enzyme qui fait cailler le lait. *Utilisation de la présure dans la fabrication des fromages. — Caséine*-présure.*

PRÉSURER [pʀezyʀe] v. tr. ‹1› – 1600 ◇ de *présure* ■ TECHN. Cailler (du lait) avec de la présure (➤ **emprésurer**).

PRÉSYNAPTIQUE [pʀesinaptik] adj. – 1948 ◇ de *pré-* et *synaptique* ■ NEUROL. Situé en amont de la synapse, selon le sens de propagation du signal nerveux. *Neurone, récepteur présynaptique.* ■ CONTR. Postsynaptique.

1 **PRÊT, PRÊTE** [pʀɛ, pʀɛt] adj. – fin XIe *prest* ◇ bas latin *praestus* « disponible » ■ **1** Qui est en état, est rendu capable, grâce à une préparation matérielle (➤ **préparé**) ou morale (➤ **décidé, disposé**). ◆ **PRÊT À :** préparé pour. *Prêt à partir.* — Disposé à, susceptible de. *Il est prêt à toutes les compromissions. Prêt à tout* : disposé à n'importe quel acte pour arriver à ses fins, ou décidé à tout supporter. *« Je suis prête à le suivre et lasse de l'attendre »* CORNEILLE. *Tenez-vous prêts à agir quand le moment sera venu.* ◆ **PRÊT POUR.** *Prêt pour l'action, pour faire qqch.* ◆ ABSOLT *Il est prêt, fin prêt. « Toujours prêt ! »* devise scoute. *« À vos marques. Prêts ? Partez ! »* (formule de départ des courses à pied). *« Je fus le seul qui fut prêt au terme prescrit »* ROUSSEAU. *Tenez-vous prêt.* ◆ SPÉCIALT Habillé, paré (pour sortir, paraître en société). *Tu n'es pas encore prête ?* ■ **2** (CHOSES) Mis dans l'état convenable (pour qqch., pour faire qqch.). *Canons prêts à tirer. — Tout est prêt pour... —* ABSOLT *La cérémonie est prête.* ◆ SPÉCIALT Préparé. *Le café, le déjeuner, le dîner est prêt.* ◆ *Prêt-à-* (et inf., sur le modèle de *prêt-à-porter**, sert à former des adj. et n.). *Le prêt-à-peindre. Le prêt-à-monter* (recomm. offic. pour *kit*). *Des prêts-à-monter. « les platitudes du prêt-à-penser médiatique »* (Le Monde, 1999). — *Aliments prêts à consommer,* à être consommés. ■ **3** VIEILLI ou LITTÉR. Qui est sur le point de. ➤ **près.** *« Regarde quel orage est tout prêt à tomber »* RACINE. *« Ainsi, prêt à quitter l'horizon de la vie »* LAMARTINE. — VX *« Je suis prêt de mourir »* MAUPASSANT. ■ HOM. Près.

2 **PRÊT** [pʀɛ] n. m. – *prest* 1175 ◇ de *prêter* ■ **1** Action de prêter qqch. *Le studieux vieillard « vivait des petits profits que lui rapportait le prêt de ses volumes »* RENAN. — DR. Contrat par lequel une chose est livrée à charge de restitution. *Prêt de consommation* : prêt d'une chose consomptible (dont l'équivalent devra être restitué). *Prêt à usage,* d'une chose qui doit être restituée. ➤ **commodat.** — COUR. Contrat par lequel une somme d'argent est mise à la disposition d'une personne morale ou physique (l'emprunteur), à charge pour elle de la rembourser selon des modalités déterminées. ➤ **avance, crédit ;** 2 **découvert.** *Faire un prêt à qqn. Prêt usuraire. « Cette usure de ruisseau nommée le prêt à la petite semaine »* BALZAC. *Demander un prêt* (➤ **emprunt**). *Capital et intérêt d'un prêt. Remboursement d'un prêt à échéance. Prêt à court, moyen, long terme. Prêt bancaire. Prêt sur gage, sur garantie. Prêt hypothécaire*. Prêt relais*. Prêt épargne*-logement. Prêt étudiant. — Prêt conventionné, prêt aidé pour l'accession à la propriété (P. A. P.). Prêt à la construction. Prêt à taux zéro (PTZ), à taux variable, fixe. — Prêt en eurodevises.* ➤ **eurocrédit.** ■ **2** (1330) Somme allouée par l'État pour la subsistance et l'entretien d'un soldat, d'un sous-officier. *Toucher le prêt. Prêt franc,* versé dans son intégralité. — Avance sur salaire.

PRÉTANTAINE ; PRETANTAINE ➤ **PRÉTENTAINE**

PRÊT-À-PORTER [pʀɛtapɔʀte] n. m. – 1951 ◇ de *prêt, à* et 1 *porter*, calque de l'anglais américain *ready-to-wear* ■ COLLECT. Vêtements fabriqués en série, de qualité supérieure, généralement conçus par un styliste de mode (opposé à *sur mesure*). ➤ VIEILLI confection. *S'habiller en prêt-à-porter. Le Salon du prêt-à-porter. La haute couture et le prêt-à-porter. Magasin, boutique de prêt-à-porter. Des prêts-à-porter.*

PRÊTÉ, ÉE [pʀete] adj. et n. m. – de *prêter* ■ Qui a été prêté. *Argent prêté.* — n. m. (1690 *un prêté rendu*) *C'est un prêté pour un rendu,* des représailles, une vengeance proportionnées, justes.

PRÉTENDANT, ANTE [pʀetɑ̃dɑ̃, ɑ̃t] n. – v. 1500 ◇ de *prétendre* ■ **1** RARE Personne qui prétend à qqch. *Prétendant à un poste.* ➤ **postulant.** ■ **2** Personne qui prétend au pouvoir souverain (➤ **candidat**), SPÉCIALT à un trône occupé par un autre. *Le prétendant à la couronne. — Prince prétendant.* ■ **3** n. m. Celui qui aspire à la main d'une femme. *« Je dois t'avouer que les prétendants ne font pas foule autour de toi »* GIRAUDOUX. *Ulysse et les prétendants* (de Pénélope). ◆ PAR EXT. n. Personne qui cherche à en séduire une autre. *Il a de nombreuses prétendantes.*

PRÉTENDRE [pʀetɑ̃dʀ] v. tr. ‹41› – 1320 ◇ latin *praetendere* « tendre en avant, présenter » ■ **1** VX ou LITTÉR. ➤ **demander, revendiquer.** *« Sans vous demander rien, sans oser rien prétendre »* RACINE. ■ **2** (début XVe) VX Poursuivre (ce que l'on réclame comme un droit). MOD. et LITTÉR. **PRÉTENDRE À :** aspirer ouvertement à (ce que l'on considère comme un droit, un dû). *« Personne ne peut mieux prétendre aux grandes places que ceux qui ont les talents »* VAUVENARGUES. *Prétendre à un titre, à une responsabilité, à un salaire supérieur,* les revendiquer. — (Avec l'inf.) VIEILLI *« Sans prétendre à vous obtenir, je m'occupai de vous mériter »* LACLOS. ■ **3** COUR. Avoir la ferme intention de (avec la conscience d'en avoir le droit, le pouvoir). — (Avec l'inf.) ➤ 1 **vouloir.** *Je prétends être obéi* (cf. Se flatter* de). *Que prétendez-vous faire ? « Je prétendais courir une aventure qu'aucun autre encore n'eût courue »* GIDE. — *Je ne prétends pas avoir raison à tout prix,* je n'en ai pas la prétention. *« Je ne prétends point me défendre »* MOLIÈRE. — VIEILLI *Prétendre que. « Tu prétends [...] que j'endure éternellement tes insolences ? »* MOLIÈRE. ■ **4** (1380) Affirmer avec force ; oser donner pour certain (sans nécessairement convaincre autrui). ➤ **déclarer, soutenir.** *Il prétend m'avoir prévenu, qu'il m'a prévenu. « Tu prétends être fort habile »* LA FONTAINE. *« Vous venez prétendre ensuite que vous ne m'avez pas questionné ! »* COURTELINE. *En prétendant que* (cf. Sous prétexte que). — *Est-ce vrai, ce qu'on prétend ? À ce qu'il prétend...* : à ce qu'il dit (mais je n'en crois rien). ➤ **soi-disant.** — (Suivi du subj. avec négation ou interrog.) *Je ne prétends pas qu'il l'ait dit. « Sera-t-on fondé à prétendre que Racine n'ait pas su caractériser les hommes ? »* VAUVENARGUES. ■ **5** PRONOM. **SE PRÉTENDRE :** affirmer que l'on est. *Il se prétend lésé dans ce partage. Ma fille « qui s'est faite abbesse et qui se prétend l'épouse de Jésus-Christ »* (J. AURENCHE et B. TAVERNIER, « Que la fête commence », film). ◆ (1930) (Canada) Être prétentieux. *Il se prétend celui-là.*

PRÉTENDU, UE [pʀetɑ̃dy] adj. et n. – 1604 ◇ de *prétendre* ■ **1** Que l'on prétend à tort être tel ; qui passe pour ce qu'il n'est pas. ➤ **soi-disant, supposé.** *Manon Lescaut et son prétendu frère. « l'injustice de la Fronde, qui élève sa prétendue justice contre la force »* PASCAL. *« Il se trouva aux Invalides six cents prétendus soldats qui n'étaient point blessés »* CHAMFORT. *Toi et tes prétendues maladies !* ■ **2** n. RÉGION. Personne que l'on doit épouser. *Le prétendu, la prétendue de qqn.* ➤ **fiancé, promis.** *« faire la cour à sa prétendue »* BALZAC. ■ CONTR. Authentique, vrai.

PRÉTENDUMENT [pʀetɑ̃dymɑ̃] adv. – 1769 ◇ de *prétendre* ■ Faussement, d'une manière prétendue. ➤ **soi-disant,** RÉGION. **supposément.** *Prétendument mariés.* ■ CONTR. Vraiment.

PRÊTE-NOM [pʀɛtnɔ̃] n. m. – 1718 ◇ de *prêter* et *nom* ■ Personne qui assume personnellement les charges, les responsabilités d'une affaire, d'un contrat, à la place du principal intéressé. ➤ **mandataire** (cf. PÉJ. Homme de paille*). *Des prête-noms.*

PRÉTENTAINE [pʀetɑ̃tɛn] n. f. – *pretentaine* 1605 ; *pretantaine* 1604 ◇ p.-ê. normand *pertintaille* « ornement de robe » et *-taine* (cf. les refrains *tontaine, dondaine*) ■ LOC. VIEILLI *Courir la prétentaine* : faire sans cesse des escapades. REM. On a dit aussi *pretantaine, pretentaine* [pʀətɑ̃tɛn]. *« Il chérit Poil de Carotte, mais ne s'en occupe jamais, toujours courant la pretentaine »* RENARD. — SPÉCIALT Avoir de nombreuses aventures galantes (cf. Courir le guilledou*, le jupon, RÉGION. la galipote*).

PRÉTENTIARD, IARDE [pʀetɑ̃sjaʀ, jaʀd] adj. et n. – 1929 ◇ de *prétentieux* ■ FAM. et PÉJ. Prétentieux. *C'est moins l'idée « qui me chiffonne, que le débagoulage prétentiard [...] qu'il a répandu autour »* ROMAINS.

PRÉTENTIEUSEMENT [pretɑ̃sjøzmɑ̃] **adv.** – 1834 ◇ de *prétentieux* ■ D'une manière prétentieuse. « *Sa toque de velours marron, prétentieusement posée sur le côté droit* » FLAUBERT.

PRÉTENTIEUX, IEUSE [pretɑ̃sjø, jøz] **adj.** – 1789 ◇ de *prétention* ■ Qui estime avoir de nombreuses qualités, des mérites, qui affiche des prétentions excessives. ➤ **infatué, présomptueux, vaniteux ;** FAM. **bêcheur, chochotte, crâneur, frimeur, ramenard.** *Il est très prétentieux.* ➤ **fier ;** RÉGION. **fendant** (cf. Le roi n'est pas son cousin* ; se croire sorti de la cuisse* de Jupiter ; ne pas se prendre pour une merde* ; avoir la grosse tête*, les chevilles* qui enflent ; choper le melon*). « *Un de ces prétentieux gaillards qui se croient des merveilles d'intelligence* » DUHAMEL. — SUBST. *C'est un petit prétentieux et un insolent.* ➤ **m'as-tu-vu, paltoquet ;** FAM. **morveux, péteux.** ◆ Qui dénote de la prétention. *Air, ton prétentieux.* ➤ **affecté, arrogant, faraud, maniéré,** FAM. **prétentiard.** *Style prétentieux* (➤ **jargonneux ;** cf. À effet*). « *Écoutez avec quelle solennité prétentieuse* [...] *Roland introduit son mémoire* » JAURÈS. — *Maison, villa prétentieuse* (opposé à *sans prétention*). ■ CONTR. Modeste.

PRÉTENTION [pretɑ̃sjɔ̃] **n. f.** – 1489 ◇ du latin *praetentus,* p. p. de *praetendere* ■ **1** Le fait de revendiquer qqch. en vertu d'un droit que l'on affirme, d'un privilège que l'on réclame. ➤ **exigence, revendication.** « *Toute guerre naît d'une prétention commune à la même propriété* » DIDEROT. *Prétention légitime. Démordre, rabattre de ses prétentions* (cf. Mettre de l'eau* dans son vin). ◆ SPÉCIALT, AU PLUR. Exigence dans un contrat, un marché. ➤ **condition.** *Les prétentions du vendeur.* — Souhait en matière de salaire, au moment de l'embauche. *Quelles sont vos prétentions ?* ■ **2** Le fait de revendiquer pour soi une qualité, un avantage, ou de se flatter d'obtenir un résultat. ➤ **ambition, visée.** « *Les hommes ont de grandes prétentions et de petits projets* » VAUVENARGUES. *Prétention à l'élégance, au dandysme.* — *Avoir la prétention de.* ➤ **se piquer, prétendre.** *Je n'ai pas la prétention de tout connaître.* — *Avoir des prétentions :* avoir une attitude vaniteuse ; prétendre obtenir des avantages que l'on ne mérite pas. *Afficher des prétentions excessives, ridicules.* — *Sans prétention(s), sans aucune prétention :* très simple. *Il est sans prétention. Une maison coquette, mais sans prétention* (opposé à *prétentieux*). ■ **3** Estime trop grande de soi-même qui pousse à des ambitions, des visées excessives. ➤ **arrogance, fatuité, présomption, vanité.** *S'exprimer, parler, écrire avec prétention,* prétentieusement. « *il ajoutait la prétention à la sottise* » HENRIOT. ■ CONTR. Modestie, simplicité.

PRÊTE-PLUME [prɛtplym] **n.** – 1880 ◇ de *prêter* et 1*plume* ■ Personne chargée d'écrire anonymement un ouvrage signé par qqn d'autre. ➤ VIEILLI **nègre** (cf. Écrivain fantôme*). *Des prête-plumes.*

PRÊTER [prete] **v.** ⟨1⟩ – *prester* 1138 ◇ latin *praestare* « mettre à la disposition », bas latin « fournir sous forme de prêt »

I ~ **v. tr.** ■ **1** Mettre (qqch.) à la disposition de qqn pour un temps déterminé. ➤ **donner, fournir, procurer.** « *Pourvu que Dieu lui prête vie* » LA FONTAINE. « *Dieu nous prête un moment les prés et les fontaines* » HUGO. *Prêter son aide, son appui, son assistance, son concours.* — (Compl. abstrait, sans art.) *Prêter assistance, secours :* aider, secourir. *Prêter main-forte*. Prêter asile. Prêter attention :* porter son attention à. *Prêter serment :* jurer. — LOC. *Prêter la main, les mains à qqch. :* participer à qqch. ; *à qqn :* aider. *Prêter sa voix à :* parler pour ; doubler (un acteur). *Prêter l'oreille :* essayer d'entendre, écouter. ➤ **dresser,** 1**tendre.** *Prêter une oreille attentive à qqch. :* écouter avec attention, intérêt. — *Prêter le flanc* à.* ◆ PRONOM. **SE PRÊTER À :** consentir à, supporter. « *Jacques s'était prêté à cette espièglerie* » DIDEROT. LOC. *Se prêter au jeu :* accepter de faire ce qui est attendu. — Convenir, pouvoir s'adapter à. *Terre qui se prête à la culture des céréales. Texte poétique qui se prête mal à la traduction.* « *La véritable grâce est élastique. Elle se prête à toutes les circonstances* » BALZAC. ■ **2** (1250) Fournir (une chose) à la condition qu'elle sera rendue. *Prêter des livres à qqn. Prêter sa voiture. Prêter de l'argent à qqn.* « *Le bon enfant est un homme qui a de la largeur, qui prête quelques écus par-ci, par-là sans les redemander* » BALZAC. ➤ **avancer.** FIG. « *Je rends au public ce qu'il m'a prêté* » LA BRUYÈRE. — ABSOLT « *On leur prête, parce qu'ils rendent, et passent pour exacts* » P.-L. COURIER. *Prêter sur gage(s)*. Prêter à la petite semaine* (➤ 2**prêt**). *Prêter à fonds* perdu.* PROV. *On ne prête qu'aux riches,* à ceux qui peuvent rendre ; FIG. les caractères, les actions que l'on attribue à qqn sont fondés sur sa réputation. ■ **3** (XVIe) Attribuer ou proposer d'attribuer (un caractère, un acte) à qqn. ➤ **donner, supposer.** « *Je lui prêtais, à la fois, cette simplicité et cette force d'attachement qui ne sont pas rares dans le peuple* » MAURIAC. *On me prête des propos que je n'ai jamais tenus.* ➤ **attribuer.** — *Prêter de l'importance, une signification à qqch.* ➤ **accorder.** ■ **4 v. tr. ind. PRÊTER À :** donner matière à. *Prêter aux commentaires, à la critique.* — *Prêter à confusion. Prêter au ridicule.* — *Prêter à rire.* « *Une simplicité qui prête parfois à sourire* » FRANCE.

II ~ **v. intr.** (1611) Pouvoir s'étirer, s'étendre (se dit d'un tissu, d'une peau non élastique). *Étoffe, tissu qui prête à l'usage.* ➤ **donner.** *Cuir, fourrure qui prête.*

■ CONTR. Emprunter. Rendre, restituer.

PRÉTÉRIT [preterit] **n. m.** – fin XIIe ◇ latin *praeteritum,* de *praeterire* « aller *(ire)* au-delà *(praeter)* » ■ LING. Forme temporelle du passé. SPÉCIALT Passé simple. — *Le prétérit anglais,* correspondant à l'imparfait et au passé simple français.

PRÉTÉRITER [preterite] **v. tr.** ⟨1⟩ – 1864 ◇ p.-ê. du. moyen français *preterir* « omettre (un héritier) », du latin *praeterire* « omettre » ■ RÉGION. (Suisse) Léser, porter préjudice à. *Cette loi va prétériter les plus démunis.*

PRÉTÉRITION [preterisjɔ̃] **n. f.** – 1609 ; en dr. 1314 ◇ latin *praeteritio* « omission », de *praeterire* ■ RHÉT. Figure par laquelle on attire l'attention sur une chose en déclarant n'en pas parler (ex. Je ne dirai rien de son dévouement, qui... ; pour ne pas parler de... ; Dupont, pour ne pas le nommer). *Parler d'une chose par prétérition.*

PRÉTEUR [pretœr] **n. m.** – *pretor* 1213 ◇ latin *praetor* ■ HIST. ROM. Magistrat judiciaire qui avait pouvoir de faire exécuter et d'interpréter la loi. ➤ **prétorien, préture.** *Le préteur était spécialisé dans l'administration de la justice.* — Sous l'Empire, Gouverneur de province, choisi parmi les anciens préteurs (➤ **propréteur**). ■ HOM. poss. Prêteur.

PRÊTEUR, EUSE [prɛtœr, øz] **n. et adj.** – *presteour* 1265 ◇ de *prêter* ■ **1** Personne qui prête de l'argent, consent un prêt. — SPÉCIALT Personne qui fait métier de prêter à intérêt. *Prêteur sur gages. Prêteur à intérêt usuraire.* ➤ **usurier.** ■ **2 adj.** (attribut) Qui prête volontiers ce qu'il possède. « *La fourmi n'est pas prêteuse* » LA FONTAINE. ■ CONTR. Emprunteur. ■ HOM. poss. Préteur.

1**PRÉTEXTE** [pretɛkst] **n. f. et adj.** – 1355 ◇ latin *praetexta (toga)* « (toge) bordée (de pourpre) », de *praetexere* « border » ■ ANTIQ. ROM. Toge blanche bordée d'une bande de pourpre que portaient les jeunes patriciens et certains hauts magistrats. — **adj.** *Robe, toge prétexte.*

2**PRÉTEXTE** [pretɛkst] **n. m.** – 1530 ◇ latin *praetextus* ■ **1** Raison alléguée pour dissimuler le véritable motif d'une action. ➤ **allégation, échappatoire, excuse, faux-fuyant, raison, subterfuge.** *Mauvais prétexte.* « *Trouvez quelque prétexte plausible* » BALZAC. *Il* « *donnait pour prétexte ses études* » HUGO. *Tout prétexte est bon quand on veut se débarrasser de qqn* (cf. Qui veut noyer son chien* l'accuse de la rage). *Ce n'est qu'un prétexte. Saisir un prétexte. Elle ne m'a fourni aucun prétexte à, pour son absence. Servir de prétexte à qqch. Chercher, prendre, trouver un prétexte à qqch., pour faire qqch. Prendre, tirer prétexte d'un malaise pour pouvoir partir* (➤ **prétexter**). ◆ **SOUS... PRÉTEXTE.** *Sous quel prétexte irait-il là-bas ? Sous un prétexte quelconque, fallacieux. Ne sortez sous aucun prétexte,* en aucun cas. « *Sous le prétexte de quelque affaire de famille à régler* » BOURGET. « *Sous prétexte d'aider son frère, Alissa avait appris avec moi le latin* » GIDE. *Elle ne sort plus, sous prétexte qu'il fait trop froid.* « *sous prétexte que vous puissiez bavarder* [...] *un peu plus librement* » ROMAINS. ■ **2** Ce qui permet de faire qqch. ; occasion. « *La Nature ne lui fournit* [à l'artiste] *qu'un prétexte et un départ* » R. HUYGHE.

PRÉTEXTER [pretɛkste] **v. tr.** ⟨1⟩ – 1566 ◇ de *prétexte* ■ Alléguer, prendre pour prétexte. ➤ **objecter.** « *Allory, prétextant sa maladie, puis sa convalescence, avait refusé toutes les invitations* » ROMAINS. — *Prétexter que* (et l'indic.). *Il a prétexté qu'il avait un voyage d'affaires.*

PRETINTAILLE [prətɛ̃taj] **n. f.** – 1702 ◇ normand *pertintaille* « collier de cheval, muni de grelots » → prétentaine ■ VX Découpures qui servaient d'ornements sur les vêtements féminins, au XVIIIe s. ◆ FIG. et VX Futilité. « *Les Neuchâtelois, qui n'aiment que la pretintaille et le clinquant* » ROUSSEAU.

PRETIUM DOLORIS [presjɔmdɔlɔris] **n. m. inv.** – date inconnue ◇ loc. latine « prix de la douleur » ■ DR. Dommages et intérêts accordés par un tribunal à la victime d'un fait dommageable, en compensation des souffrances physiques endurées par elle.

PRÉTOIRE [pretwar] **n. m.** – XIIe ◇ latin *praetorium*

I ANTIQ. ROM. ■ **1** Tente du général dans un camp. — Habitation, palais du préteur. Tribunal où le préteur rendait la

justice. ■ **2** Caserne des prétoriens ; la garde prétorienne elle-même. *Préfet du prétoire* : chef de la garde prétorienne.
II (1523) ■ **1** LITTÉR. Salle d'audience (d'un tribunal). *Les joutes du prétoire.* ■ **2** Commission de discipline (d'une prison), dirigée par le personnel pénitentiaire.

PRÉTORIAL, IALE, IAUX [pretɔʀjal, jo] **adj.** – 1355 ◊ du latin *praetorium* ■ DIDACT. Du prétoire. *Droit prétorial. Palais prétorial.* ➤ **prétorien.**

PRÉTORIEN, IENNE [pretɔʀjɛ̃, jɛn] **adj.** et **n. m.** – 1213 ◊ latin *praetorianus*
I ANTIQ. ROM. ■ **1** Relatif au préteur. *La dignité prétorienne.* — MOD. *Droit prétorien,* élaboré par le juge. ■ **2** Relatif au général, au commandant en chef. *Cohorte prétorienne.* ♦ *Garde prétorienne* : garde personnelle d'un empereur romain. ➤ **prétoire.** *Les soldats prétoriens,* ou SUBST. *les prétoriens.*
II FIG. (1791) Se dit des éléments militaires qui constituent la garde personnelle d'un chef d'État autoritaire ou qui interviennent par la force dans la vie de la nation. *Garde prétorienne d'un dictateur.* — **n. m.** *« Des occasions saisies par de riches familles pour y produire leurs héritières aux yeux des prétoriens de Napoléon »* BALZAC.

PRÉTRAITÉ, ÉE [pretrete] **adj.** – 1967 ◊ de *pré-* et *traiter* ■ Qui a subi un traitement préalable à son utilisation. *Riz prétraité.*

PRÉTRANCHÉ, ÉE [pretrɑ̃ʃe] **adj.** – v. 1980 ◊ de *pré-* et *trancher* ■ Tranché à l'avance, vendu en tranches. *Cake prétranché. Saumon prétranché.* ➤ aussi **prédécoupé.**

PRÊTRE [pʀɛtʀ] **n. m.** – *prestre* 1138 ◊ latin chrétien *presbyter,* grec *presbuteros* « ancien » ; cf. *presbytère* ■ **1** Celui qui a reçu le troisième ordre majeur de la religion catholique. ➤ **abbé, archiprêtre, aumônier, chanoine, chapelain, coadjuteur, curé, doyen,** 1 **recteur, vicaire ;** FAM. **corbeau,** POP. **ratichon ; presbytéral** (cf. Le bon berger). *Clerc, diacre ordonné prêtre.* ➤ **ordinand.** *Prêtre qui donne la bénédiction, célèbre la messe.* ➤ **consacrant.** *« Le prêtre, ayant salué le saint sacrement d'une génuflexion sur le pavé, montait à l'autel »* ZOLA. *Prêtre qui lit son bréviaire. Prêtre qui porte le viatique aux malades, assiste un mourant. Appeler, courir chercher un prêtre pour faire administrer les derniers sacrements à un malade. Se confesser à un prêtre.* ➤ **confesseur.** *« Historiquement, le prêtre est haïssable. Socialement, il est nécessaire »* HUGO. *Prêtre libre,* ne dépendant pas d'une circonscription ecclésiastique déterminée. *Prêtre missionnaire.* (1948) *Prêtre-ouvrier,* qui partage la vie des travailleurs afin d'évangéliser les milieux ouvriers déchristianisés. *Les prêtres-ouvriers.* — HIST. Sous la Révolution française, *Prêtre assermenté*, réfractaire**. ♦ COUR. Membre du clergé séculier (opposé à *laïc*). ➤ **ecclésiastique ;** FAM. **curé.** *Se faire prêtre. Célibat des prêtres. « Il y a un mystère du prêtre aux yeux de l'indifférent en matière de religion »* VALÉRY. *Les prêtres* : le clergé (cf. FAM. et PÉJ. La calotte, la soutane). ♦ **adj.** VX *Ils « reprochaient unanimement à Julien l'air* prêtre *»* STENDHAL. ■ **2** Dans les églises chrétiennes d'Orient ➤ **papas, pope.** *Prêtre arménien.* ■ **3** (1213) Ministre d'une religion antique (grecque, latine, etc.). *Prêtres grecs.* ➤ **hiérophante, mystagogue.** *Prêtre d'Orphée, d'Apollon. Prêtre de Cybèle.* ➤ **corybante.** *Prêtres romains.* ➤ **aruspice,** 1 **augure, épulon, flamine.** *Le prêtre et la prêtresse. Collège de prêtres. Prêtres d'Égypte* (➤ **hiérogrammate**), *d'Assyrie, de Perse.* ➤ 1 **mage.** *« Il avait à l'épaule le manteau des prêtres de Moloch »* FLAUBERT. *Prêtres gaulois.* ➤ **druide, eubage.** — (Dans le judaïsme ancien) *Les prêtres et les lévites.* SPÉCIALT (1553) *Le grand prêtre* ou *le grand-prêtre* : chez les Hébreux, prêtre de premier rang. ■ **4** RARE Ministre du culte ; homme exerçant des fonctions religieuses, dans une société quelconque. REM. Pour ce sens, le féminin serait *une prêtre.* — REM. Ne se dit pas quand il existe un mot spécial : *ministres, pasteurs* protestants, *rabbins* juifs, *bonzes, lamas,* etc.

PRÊTRESSE [pʀɛtʀɛs] **n. f.** – XVIIe ; *prestresse,* v. 1130 ◊ de *prêtre* ■ **1** Dans les religions païennes, Femme ou jeune fille attachée au culte d'une divinité. *Prêtresses grecques, romaines.* ➤ 1 **bacchante, pythie, vestale.** *Prêtresse de Diane.* ■ **2** FIG. *Grande prêtresse* : femme chef de file. ➤ **papesse.** *La grande prêtresse de la mode.*

PRÊTRISE [pʀɛtʀiz] **n. f.** – *prestrise* 1310 ◊ de *prêtre* ■ Fonction, dignité de prêtre catholique ; le troisième ordre majeur ; le sacrement qui fait accéder à cet ordre. *Recevoir la prêtrise. Renoncer à la prêtrise.*

PRÉTURE [pʀetyʀ] **n. f.** – v. 1500 ◊ latin *praetura* ■ HIST. Dignité, magistrature du préteur. — Durée de cette fonction.

PREUVE [pʀœv] **n. f.** – fin XIIe ◊ de *prouver*
I CE QUI PROUVE QQCH. ■ **1** Ce qui sert à établir qu'une chose est vraie. *On prouve par des preuves, on démontre par des arguments* (➤ **démonstration**). *Preuve d'une vérité* (➤ **établissement**) *et réfutation d'une erreur. « Les preuves ne convainquent que l'esprit »* PASCAL. *Donner qqch. comme preuve* (➤ **alléguer, attester**). *Avoir, apporter, fournir des preuves. Faire la preuve de qqch. Démontrer preuve en main,* par une preuve matérielle. *Accuser, juger sans preuves. Manquer de preuves. Je n'en veux pour preuve que... Croire une chose jusqu'à preuve du contraire,* jusqu'à ce qu'on ait la preuve qu'il faut croire le contraire. *Charles de Valois « de qui la postérité mâle s'est éteinte, jusqu'à preuve contraire »* BALZAC. *Preuve matérielle, tangible, formelle, convaincante, évidente, indéniable, irrécusable, irréfragable. Preuve d'achat. Preuve par l'absurde. Preuves de l'existence de Dieu ; preuve ontologique*, physico-théologique.* — *Preuve de ce qu'on avance.* ➤ **justification.** ♦ (1580) Acte, chose, réalité qui atteste un sentiment, une intention. *« Il n'y a pas d'amour, Hélène, il n'y a que des preuves d'amour »* (COCTEAU, « Les Dames du bois de Boulogne », film). ➤ 1 **marque, signe.** *Preuve d'attachement, d'intérêt, de bonne volonté.* ➤ **assurance, gage, témoignage.** *L'obstination est la plus sûre preuve de bêtise.* — FAM. **À PREUVE... ; LA PREUVE... :** en voici la preuve. *« L'histoire démontre que l'amateur tombe souvent le professionnel. À preuve Pasteur, qui n'était même pas médecin et qui les a tous matés »* DUHAMEL. *Il se sent coupable, la preuve, il a rougi.* ♦ **LA PREUVE QUE** (et l'indic.). *Avoir, faire la preuve que. C'est la preuve que* : j'en infère que. — *La preuve en est que.* — *À preuve que* (cf. À telle enseigne que...). *« Mais je ne me cache pas ! [...] à preuve que je viens de frapper chez elle »* ESTAUNIÉ. ♦ (fin XIIIe) **FAIRE PREUVE DE.** ➤ **manifester, montrer.** *Faire preuve de tolérance. Le courage dont il a fait preuve.* — **FAIRE SES PREUVES :** montrer sa valeur, ses capacités. *« À cette heure où chacun d'entre nous doit tendre l'arc pour refaire ses preuves »* CAMUS. *Ce vaccin n'a pas encore fait ses preuves.* ■ **2** Personne qui sert de preuve, d'illustration d'une thèse. *J'en suis la preuve. « Vous êtes la preuve vivante qu'il n'est pas vrai qu'il faille plier ou briser »* MIRABEAU. ■ **3** *Preuve d'une opération* : opération autre, avec les mêmes données, et qui en vérifie le résultat. *Preuve par neuf* : démonstration de l'exactitude d'une multiplication ; FIG. preuve irréfutable. *Faire la preuve par neuf.* ■ **4** RHÉT. Partie du discours (dite aussi *confirmation* ou *réfutation*) où est établie la véracité d'une assertion antérieure. *Preuves oratoires.* ■ **5** (1875) TECHN. Essai par lequel on vérifie la richesse d'un liquide en alcool.
II EN DROIT ■ **1** (milieu XIIIe) DR. FÉOD. Épreuve judiciaire. *Preuve par jugement de Dieu* (➤ **ordalie**), *par le combat singulier.* ■ **2** DR. « Démonstration de l'existence d'un fait matériel ou d'un acte juridique dans les formes admises par la loi » (Capitant). *Faire la preuve de la fausseté d'un acte par l'inscription de faux. Sur la seule preuve de son identité. Preuve par témoins ; par présomption.* — *Charge de la preuve,* (COUR. en Suisse et au Canada) *fardeau de la preuve* : obligation faite au demandeur d'apporter la preuve de ce qu'il avance. ♦ Moyen employé pour faire la preuve. *Preuve matérielle* (cf. Pièce à conviction*). *« Des preuves matérielles qui démentent les dénégations de l'accusé »* HUGO. *Preuve par écrit. Preuve par tous moyens. Le flagrant délit, preuve admise contre le prévenu. « Quelle preuve a-t-on ? Pas un témoin, pas une pièce à conviction »* BERNANOS.

PREUX [pʀø] **adj. m.** et **n. m.** – *preu* XIIe ; *prod* 1080 ◊ bas latin *prode,* de *prodesse* « être utile » ■ VX (langue de la chevalerie) Brave, vaillant. *« Roland est preux et Olivier sage »* (BÉDIER ; trad. « Chanson de Roland »). *Un preux chevalier.* — **n. m.** *Charlemagne et ses preux.* ■ CONTR. Lâche.

PRÉVALENCE [pʀevalɑ̃s] **n. f.** – 1966 ◊ anglais *prevalence* ■ MÉD. Nombre de cas d'une maladie, ou de tout autre évènement médical, enregistré dans une population déterminée à un moment donné, et englobant aussi bien les cas nouveaux que les cas anciens (opposé à *incidence* et à *fréquence*).

PRÉVALENT, ENTE [pʀevalɑ̃, ɑ̃t] **adj.** – 1710, à nouveau fin XVIIIe ◊ de *prévaloir,* d'après le latin *praevalens*
I ■ **1** Prédominant. *Doctrine, idéologie prévalente. « Il est grand temps que le souci d'éthique, de justice, d'équilibre durable devienne prévalent »* S. HESSEL. ■ **2** (1973) PSYCHOL. *Idée prévalente* : idée de base erronée qui prend une place exagérée chez un sujet.
II (de *prévalence*) DÉMOGR. *Morbidité* prévalente.*

PRÉVALOIR [pʀevalwaʀ] **v. intr.** ‹ 29 ; sauf subj. prés. *que je prévale, que tu prévales, qu'ils prévalent* › – 1420 ◊ latin *praevalere* ■ **1** VX (PERSONNES) Avoir le dessus, prendre l'avantage, se montrer supérieur (cf. L'emporter* sur). *«Octave ne prévalut contre lui qu'en se déclarant l'homme de la patrie»* MICHELET. ▪ **2** MOD. et LITTÉR. (CHOSES) L'emporter. *«Ne faisons pas prévaloir la matière sur l'idée»* HUGO. *«La meilleure éducation du monde ne prévalait pas contre les mauvais instincts»* GIDE. — ABSOLT *«Il n'eût pas admis qu'une autre volonté que la sienne prévalût dans la conclusion du traité»* MADELIN. *Les vieux préjugés prévalaient encore.* ➤ **prédominer.** *C'est finalement la dernière solution qui prévalut. Faire prévaloir ses droits.* ▪ **3 SE PRÉVALOIR DE...** v. pron. (1564) Tirer avantage ou parti (de qqch.), faire valoir (qqch.). *«Les observations fines sont la science des femmes ; l'habileté de s'en prévaloir est leur talent»* ROUSSEAU. ♦ Tirer vanité, faire grand cas (de qqch.). ➤ **s'enorgueillir, se flatter.** *C'est une personne modeste, qui ne se prévaut jamais de ses titres.* ➤ **se targuer.**

PRÉVARICATEUR, TRICE [prevaʀikatœʀ, tʀis] adj. – 1370 ; fém. XVIIIe ◊ latin *praevaricator* ▪ LITTÉR. ou DR. Qui se rend coupable de prévarication. *Fonctionnaires, magistrats prévaricateurs.* ♦ n. (1380) *«Un prévaricateur, moi ! un ministre qui se serait vendu !»* ZOLA. ▪ CONTR. Fidèle, intègre.

PRÉVARICATION [prevaʀikasjɔ̃] n. f. – 1380 ; «abandon de la loi divine» 1120 ◊ latin *praevaricatio* ▪ LITTÉR. ou DR. Acte de mauvaise foi commis dans une gestion. — SPÉCIALT Grave manquement d'un fonctionnaire, d'un homme, d'une femme d'État aux devoirs de sa charge. ➤ **malversation ; forfaiture.** *«les deux ministres accusés si bruyamment de prévarication»* ZOLA.

PRÉVARIQUER [prevaʀike] v. intr. ‹ 1 › – *prévaricant* 1398 ; *prévarier* «transgresser la loi divine» 1120 ◊ latin juridique *praevaricari* «entrer en collusion avec la partie adverse» ▪ DR. Se rendre coupable de prévarication, trahir les devoirs de sa charge, de son mandat.

PRÉVENANCE [prev(ə)nɑ̃s] n. f. – 1732 ◊ de *prévenant* ▪ **1** Disposition à se montrer prévenant (2°) ; attitude d'une personne qui va au-devant des désirs d'autrui. *Avoir de la prévenance, faire preuve de prévenance, manquer de prévenance à l'égard de qqn, pour qqn.* ▪ **2** *Une, des prévenances.* Action, parole par lesquelles on cherche à prévenir les désirs de qqn. *Entourer qqn de prévenances.* ➤ **attention, délicatesse, gentillesse.** *Être plein de prévenances et d'égards pour sa femme* (cf. Être aux petits soins*). *«Elle avait des prévenances inimaginables, des attentions délicieuses, des gentillesses infinies»* MAUPASSANT. ➤ **amabilité.**

PRÉVENANT, ANTE [prev(ə)nɑ̃, ɑ̃t] adj. – 1514 ◊ p. prés. de *prévenir* ▪ **1** THÉOL. Qui prévient (I, 2°), agit par avance. *Grâce prévenante,* qui devance la volonté et l'aide à se déterminer au bien. ▪ **2** (1718) COUR. (PERSONNES) Qui va au-devant des désirs d'autrui, cherche à faire plaisir. ➤ **attentionné, complaisant, obligeant.** *«elle continuait à se montrer prévenante, en faisant un visible effort pour corriger sa rudesse ordinaire»* ZOLA. *Être prévenant envers, pour qqn.* — (CHOSES) *«Des manières naturelles et pourtant prévenantes»* ROUSSEAU. ▪ CONTR. Désagréable, hostile, indifférent.

PRÉVENIR [prev(ə)niʀ] v. tr. ‹ 22 ; auxil. *avoir* › – 1467 «citer en justice» ◊ latin *praevenire* «venir devant, en avant»

I PRÉCÉDER, DEVANCER ▪ **1** VX Devancer (qqn) dans l'accomplissement d'une chose, agir avant (un autre). *«Celui-ci l'avait prévenu en se réfugiant de lui-même au monastère de Cluny»* MICHELET. ▪ **2** (1561) Aller au-devant de (qqch.), pour hâter l'accomplissement. ➤ **devancer.** *Prévenir les besoins de qqn,* y pourvoir à l'avance (➤ **prévenant**). *«Prévenir toujours les désirs n'est pas l'art de les contenter, mais de les éteindre»* ROUSSEAU. ▪ **3** (1608) Aller au-devant de (qqch.), pour faire obstacle ; empêcher par ses précautions (une chose fâcheuse ou considérée comme telle) d'arriver, de nuire. ➤ **éviter.** *«des escaliers aux cages tendues de filets, "pour prévenir les tentatives de suicide"»* TOURNIER. *Moyens de prévenir les maladies* (➤ **préventif ; prophylaxie**). Sans compl. PROV. *Mieux vaut prévenir que guérir.* — *«Persuadé que tous les penchants naturels sont bons [...], il ne s'agit que d'en prévenir l'abus»* ROUSSEAU. ♦ Éviter (une chose considérée comme gênante) en prenant les devants. *Prévenir des questions, des curiosités indiscrètes,* y répondre par avance. *Elle «prévenait les questions sur sa santé par de pudiques mensonges»* BALZAC. *Prévenir une objection,* la réfuter avant qu'elle ait été formulée (➤ **prolepse**).

II ORIENTER L'AVIS (XVIIe) *Prévenir en faveur de, contre :* mettre par avance (qqn) dans une disposition d'esprit favorable ou défavorable à l'égard de qqn, de qqch. ➤ **influencer.** *Des mauvaises langues vous ont prévenus contre lui* (cf. Monter* contre). — (CHOSES) *«Mon air triste et languissant qui le prévenait en faveur de ma fidélité»* LESAGE.

III AVERTIR, INFORMER ▪ **1** (1709) COUR. Mettre (qqn) au courant (d'une chose, d'un fait à venir) par la parole ou un signal. ➤ **avertir.** *Je l'ai prévenu de votre visite. Prévenez-le que nous arriverons demain. Ne fais rien sans me prévenir.* ➤ 2 **aviser.** — Sans compl. *Partir sans prévenir. Tu pourrais prévenir ! Le conducteur doit prévenir lorsqu'il change de file.* ➤ **signaler.** — (PASS.) *Te voilà prévenu, à toi de faire attention. Ils «étaient prévenus qu'on ne les payerait pas, s'ils lui servaient des consommations à crédit»* ZOLA. ▪ **2** Annoncer (à qqn), sur un ton de menace (ce qui risque de lui arriver dans tel ou tel cas). *Je te préviens que si tu recommences, je te quitte. Je vous aurai prévenus !* ▪ **3** Mettre (qqn) au courant d'une chose présente ou passée. ➤ **informer, instruire.** *«"Prévenez-moi si vous avez d'autres cas," dit Rieux»* CAMUS. — SPÉCIALT Informer (qqn) d'une chose fâcheuse ou illégale pour qu'il y remédie ou essaie d'y mettre fin. *Prévenir la police, les pompiers. «Les gendarmes sont prévenus. Ils vont vous arrêter»* GREEN. *Prévenez vite le médecin !*
▪ CONTR. Tarder. Exciter, provoquer. — Taire (se).

PRÉVENTIF, IVE [prevɑ̃tif, iv] adj. – 1819 ◊ du latin *praeventus,* de *praevenire* ▪ **1** Qui tend à empêcher (une chose fâcheuse) de se produire. *Prendre des mesures préventives contre les accidents de la route, les incendies... — Médecine préventive :* moyens mis en œuvre pour prévenir le développement des maladies, la propagation des épidémies. ➤ **prophylactique.** *Traitement préventif. Prendre un médicament à titre préventif.* ▪ **2** (1835) DR. Qui a rapport, qui est appliqué aux prévenus. ANCIENNT *Détention préventive.*

PRÉVENTION [prevɑ̃sjɔ̃] n. f. – 1637 ; «action de devancer» 1374 ◊ latin *praeventio* ▪ **1** Opinion, sentiment irraisonné d'attirance ou de répulsion antérieur à tout examen (➤ 1 **parti** [pris], **préjugé**). *Examiner les choses sans prévention ni précipitation. «Un juge doit écarter toute prévention»* D'ALEMBERT. *Avoir des préventions contre qqn. «Je suis arrivé au milieu de toutes les préventions suscitées contre moi, et j'ai tout vaincu»* CHATEAUBRIAND. ♦ SPÉCIALT Disposition d'esprit hostile. *«Constantinople justifie toutes mes préventions»* GIDE. ▪ **2** (1792) DR. Situation d'un prévenu (3°). — ANCIENNT Détention préventive (remplacée par la *détention provisoire*). *Faire six mois de prévention.* ▪ **3** LITTÉR. Accusation. *«Une vivacité d'innocent qui se débat contre une prévention honteuse»* MAUPASSANT. ▪ **4** (1883) COUR. Ensemble de mesures préventives contre certains risques ; organisation chargée de les appliquer. *Prévention des accidents du travail. Prévention routière. Prévention médicale.* ➤ **prophylaxie.**

PRÉVENTIVEMENT [prevɑ̃tivmɑ̃] adv. – 1834 ◊ de *préventif* ▪ **1** D'une manière préventive. *Se soigner préventivement.* ▪ **2** DR. ANCIENNT En qualité de prévenu.

PRÉVENTORIUM [prevɑ̃tɔʀjɔm] n. m. – 1907 ◊ du latin *praeventus,* d'après *sanatorium* ▪ Établissement de cure, où étaient admis des sujets menacés de tuberculose, avant la découverte des antibiotiques. ➤ **aérium.** *Des préventoriums.*

PRÉVENU, UE [prev(ə)ny] adj. et n. – 1611 ◊ p. p. de *prévenir* ▪ **1** Qui a de la prévention, des préventions (en faveur de ou contre qqn, qqch.). *«Tout prévenu que j'étais en ta faveur»* LESAGE. *«On ne pouvait guère choisir de gens plus prévenus contre les jansénistes»* RACINE. ▪ **2** DR. Qui répond d'un délit. *Être prévenu d'un délit.* ▪ **3** n. (1604) Personne traduite devant un tribunal correctionnel pour répondre d'un délit. *Citer un prévenu devant le tribunal. Mandat de dépôt décerné contre un prévenu. Prévenus et suspects.*

PRÉVERBE [prevɛʀb] n. m. – milieu XXe ◊ de *pré-* et *verbe* ▪ LING. Préfixe apposé à une forme verbale (ex. *dé-* dans *défaire*).

PRÉVISIBILITÉ [previzibilite] n. f. – 1932 ◊ de *prévisible* ▪ Caractère de ce qui est prévisible. *La prévisibilité d'un phénomène.* ➤ **prédictibilité.** ▪ CONTR. Imprévisibilité.

PRÉVISIBLE [previzibl] adj. – 1844 ◊ de *prévoir,* d'après *visible* ▪ Qui peut être prévu. *La chose était prévisible, difficilement prévisible. Phénomène prévisible.* ➤ **prédictible.** ▪ CONTR. Imprévisible.

PRÉVISION [previzjɔ̃] n. f. – 1270 ◊ bas latin *praevisio* → prévoir ▪ **1** Action de prévoir, connaissance de l'avenir. *«En général, les découvertes sont faites sans aucune prévision de leurs conséquences»* CARREL. *Prévision des recettes et des dépenses dans l'établissement d'un budget.* — SC. *Théorie générale des prévisions* (➤ **prospective**). — ÉCON. Étude relative à une période future, chiffrée ou non, d'un phénomène, d'une grandeur, ou d'un ensemble de grandeurs. ➤ **anticipation.** *Spécialiste de la prévision.* ➤ **prévisionniste.** PAR EXT. Le résultat de cette étude. *Prévision à court* (➤ **projection**), *moyen* (➤ **programmation**) *ou long terme* (➤ **prospective**). *Modèle, méthode de prévision. Prévision budgétaire,* pour l'élaboration du budget de l'État. *Prévision boursière, financière.* ◆ **loc. prép. EN PRÉVISION DE :** en pensant que telle chose sera, arrivera. *Prendre un parapluie en prévision d'une averse.* « *Un jour, qu'en prévision de son départ, elle faisait des rangements* » FLAUBERT. ■ **2** Opinion formée par le raisonnement sur les choses futures (rare au sing.). ➤ **conjecture, pronostic.** *Selon mes prévisions, il devrait être là vers midi. Prévisions optimistes, pessimistes. Se tromper dans ses prévisions. Les chiffres confirment nos prévisions.* ➤ **attente, espérance.** — *Prévisions météorologiques :* indications données sur l'état probable de l'atmosphère du jour, de la semaine, etc., à venir. ■ **3** ADMIN. Cas prévu par un texte. *Les prévisions des règlements.* ■ CONTR. Imprévision.

PRÉVISIONNEL, ELLE [previzjɔnɛl] **adj.** – 1845 ◇ de *prévision* ■ ADMIN. Qui est en prévision de qqch. *Budget prévisionnel.* ◆ DIDACT. Qui fait l'objet d'une étude ou qui constitue une étude destinée à prévoir qqch. *Étude prévisionnelle.*

PRÉVISIONNISTE [previzjɔnist] **n.** – 1943 ◇ de *prévision* ■ ÉCON. Spécialiste de la prévision économique. ◆ MÉTÉOROL. Spécialiste de la prévision météorologique.

PRÉVOIR [prevwar] **v. tr.** ‹24› – XIIIe ◇ latin *praevidere,* d'après *voir* ■ **1** Considérer comme probable ; imaginer (un évènement futur). ➤ **anticiper, pressentir.** « *Il prévoyait l'avenir par la profonde sagesse qui lui faisait connaître les hommes* » FÉNELON. *Prévoir le pire. On ne saurait tout prévoir. C'est bien ce que j'avais prévu.* — ABSOLT Connaître l'avenir. « *Prévoir est à la fois l'origine et le moyen de toutes les entreprises, grandes ou petites* » VALÉRY. ◆ **PRÉVOIR QUE.** *Il était facile de prévoir qu'il échouerait.* ➤ **pronostiquer.** *Il est à prévoir que... Tout laisse prévoir qu'il sera réélu.* ■ **2** Envisager (des possibilités). *Prévoir toutes les réponses, toutes les solutions.* — *Les crimes prévus par un article de loi. Ce cas n'est pas prévu* (cf. Vide juridique*). ■ **3** Organiser d'avance, décider pour l'avenir. ➤ **planifier, programmer.** *L'État a prévu la construction de 100 000 logements. J'ai tout prévu :* j'ai pris les mesures, les précautions nécessaires. — « *Tout est prévu dans ta vie : tu n'as ni à espérer, ni à craindre, ni à souffrir* » BALZAC. — ELLIPT *Tout s'est passé comme prévu. Il est arrivé plus tôt que prévu. Une marée plus forte que prévu.* — *Être prévu pour :* être fait pour, destiné à. *Repas prévu pour dix personnes. Un beau paquebot « prévu à la fois pour l'émigration et pour une clientèle de luxe »* ROMAINS.

PRÉVÔT [prevo] **n. m.** – *prevost* XIIe ◇ latin *praepositus* « préposé » ■ **1** HIST. Nom donné à divers officiers et magistrats, d'ordre civil ou judiciaire, royaux ou seigneuriaux. *Prévôt de l'Hôtel* ou *grand prévôt de France.* (XIVe) *Prévôt des marchands,* à la tête de l'administration municipale de Paris. ■ **2** MOD. Officier de gendarmerie dont la juridiction s'exerce lorsqu'une armée est en territoire étranger. *Prévôts d'armée.* ◆ *Prévôt d'armes :* second d'un maître d'armes. *Prévôt d'escrime :* sous-officier enseignant l'escrime. ■ **3** RELIG. Nom donné au supérieur de certains ordres religieux. *Le Père prévôt.* ■ **4** (1828) Surveillant (de prison) choisi parmi les détenus ; détenu chef de chambrée.

PRÉVÔTAL, ALE, AUX [prevotal, o] **adj.** – 1514 ◇ de *prévôt* ■ DIDACT. (HIST.) Relatif au prévôt, de sa compétence. *Sentence prévôtale. Cas prévôtaux. Cours prévôtales,* de 1813 à 1830.

PRÉVÔTÉ [prevote] **n. f.** – milieu XIIe ◇ de *prévôt* ■ ANCIENNT Fonction, juridiction du prévôt ; circonscription où elle s'exerçait, siège de cette juridiction. ◆ MOD. ADMIN. Juridiction des prévôts, service de gendarmerie aux armées (cf. Police militaire*).

PRÉVOYANCE [prevwajɑ̃s] **n. f.** – 1410 ◇ de l'ancien français *pourvoyance,* d'après *prévoir* ■ **1** VIEILLI Faculté ou action de prévoir. ➤ **prévision.** « *La prévoyance a toujours gâté chez moi la jouissance* » ROUSSEAU. ■ **2** Attitude d'une personne qui prend les dispositions nécessaires pour faire face à telle ou telle situation qu'elle prévoit. « *Des qualités qu'il avait perdues, la prévoyance lui restait seule* » MUSSET. *Faire preuve de prévoyance. Manquer de prévoyance* (cf. Ne pas voir plus loin que le bout de son nez*). — *Société de prévoyance :* société privée de secours mutuel. *Caisse de prévoyance.* ■ CONTR. Insouciance ; imprévoyance.

PRÉVOYANT, ANTE [prevwajɑ̃, ɑ̃t] **adj.** – XVIe ◇ de *prévoir* ■ **1** Qui prévoit avec perspicacité. *C'est un esprit prévoyant.* « *Le rôle de l'homme prévoyant est triste : il afflige ses amis, en leur annonçant les malheurs auxquels les expose leur imprudence* » CHAMFORT. ■ **2** Qui prend des dispositions en vue de ce qui doit ou peut arriver. ➤ **prudent.** *Parents prévoyants.* « *Tout père prévoyant ménage à ses cadets un évêché, une abbaye* » MICHELET. — *Des mesures prévoyantes.* ■ CONTR. Imprévoyant ; insouciant.

PRÉVU, UE ➤ **PRÉVOIR**

PRIAPÉE [prijape] **n. f.** – 1509 ◇ latin *priapeium (metrum)* ; grec *priapeion (metron)* ; de *Priape,* n. du dieu des jardins ■ **1** ANTIQ. Chant, fête en l'honneur de Priape. ■ **2** LITTÉR. Poème, peinture, scène ou spectacle obscène. « *Le latin seul peut exposer des priapées ou des bacchanales* » TAINE.

PRIAPISME [prijapism] **n. m.** – 1495 ◇ latin des médecins *priapismus* ; grec *priapismos* ■ MÉD. État pathologique caractérisé par des érections prolongées, souvent douloureuses, apparaissant sans excitation sexuelle.

PRIE-DIEU [pridjø] **n. m. inv.** – 1603 ◇ de *prier* et *Dieu* ■ Siège bas, au dossier terminé en accoudoir, sur lequel on s'agenouille pour prier. « *Il s'échappait se prosterner sur les prie-Dieu de paille* » ARAGON.

PRIER [prije] **v.** ‹7› – v. 900 *preier* ◇ bas latin *precare,* classique *precari*

I S'adresser à Dieu, à un être surnaturel. ■ **1 v. intr.** Élever son âme à Dieu par la prière. « *Veillez et priez, afin que vous n'entriez point en tentation* » (BIBLE). « *Il faut premièrement faire ce qu'on doit, et puis prier quand on le peut* » ROUSSEAU. *Prier sur la tombe de qqn.* ◆ *Prier pour la paix, pour une guérison. Prier pour qqn* (qui est malade, en danger, etc.). *Prier pour les morts.* ■ **2 v. tr.** S'adresser à (Dieu, un être surnaturel) par une prière instante. ➤ **supplier.** « *Mais priez Dieu que tous nous veuille absoudre* » VILLON. *Prier le ciel qu'il nous aide, de nous aider.* « *Mon Dieu, je vous prie de me pardonner mes péchés* » BOSSUET. *Prier la Vierge, les saints d'intercéder pour nous.* ➤ **invoquer.**

II v. tr. ■ **1** Demander par grâce, avec humilité ou déférence. ➤ **adjurer, conjurer, implorer, solliciter, supplier.** *Il le priait de passer chez lui.* « *Je le prie seulement qu'on fasse une liasse de toutes nos requêtes* » VOLTAIRE. — ABSOLT « *J'eus beau la prier ; elle ne voulut point me dire ce qu'elle faisait* » MAUPASSANT. ◆ *Se faire prier :* n'accorder qqch. qu'après avoir opposé résistance aux prières. « *Emma accepta mon invitation après s'être fait un peu prier* » MAUPASSANT. *Il aime bien se faire prier. Elle ne s'est pas fait prier :* elle l'a fait volontiers, elle a saisi l'occasion (cf. Elle ne se l'est pas fait dire deux fois*). *Sans se faire prier :* sans difficulté, de plein gré. ■ **2** (Sens faible ; terme de politesse) Demander. « *vous le destituerez en priant ses protecteurs de l'employer chez eux* » BALZAC. — (PASS.) *Les voyageurs sont priés de se présenter au guichet B.* ◆ (En s'adressant à qqn) *Je vous prie de me suivre* (cf. Veuillez). *Je te prie de croire qu'il n'a pas insisté,* je t'assure, je te garantis. *Je te prie, je vous prie, je vous en prie,* formules de politesse. — ELLIPT (après une interrog.) *Je te prie, je vous prie* (de me dire, de faire...). *Croyez-vous, je vous prie, que je puisse...* (Dans une réponse) « *Je peux entrer ? – Je vous en prie* » (cf. Faites* donc). (Pour éluder poliment des remerciements) *Mais je vous en prie, ce n'est rien.* ◆ (EUPHÉM.) Demander avec fermeté, exiger. *Je vous prie de ne pas insister, de m'épargner les détails.* — IRON. *Ah non, je t'en prie, ça suffit !* ■ **3** LITTÉR. Inviter. VIEILLI « *Il fut prié pour une partie de chasse chez madame Duval* » MUSSET. *Prier à déjeuner.* — (Dans une formule de politesse) *Monsieur et Madame X prient Monsieur Y de leur faire l'honneur de... Vous êtes prié d'assister aux obsèques de... Je vous prie d'agréer l'expression de...* (dans une lettre).

■ HOM. *Prie :* pris (prendre).

PRIÈRE [prijɛr] **n. f.** – XIIe ◇ latin médiéval *precaria,* fém. de *precarius,* latin classique *preces,* plur. ■ **1** Mouvement de l'âme tendant à une communication spirituelle avec Dieu, par l'élévation vers lui des sentiments (amour, reconnaissance), des méditations. *Prière d'adoration, d'action de grâces, de demande. Prière exaucée. Être en prière.* ➤ **prier.** « *Je sais parfaitement que le désir de la prière est déjà une prière* » BERNANOS. *Lieu de prière.* ➤ **église, mosquée, synagogue, temple.** ■ **2** Suite de formules exprimant ce mouvement de l'âme et consacrées par le culte et la liturgie. *Faire, réciter, marmonner, dire sa prière, ses prières. Nous allons dire la prière en commun. Faire des prières pour qqn, qqch. Prières chrétiennes* (Ave, confiteor, credo, pater, etc.). *Prières de la messe*. Prière* *des morts. Livres de prières.* ➤ **bréviaire, missel.** — RELIG. JUD. *Le rabbin a prononcé la prière des morts* (➤ **kaddish**). — (RELIG. MUSULMANE) *Tapis de prière. « le muezzin est monté chanter l'appel à la prière »* GIDE. — *Moulin* à prières.* — FAM. *Fais ta prière ; tu peux faire ta prière,* avertissement donné à qqn qui va mourir ou être châtié sévèrement. *« Faites votre prière, mon gentilhomme »* DUMAS. ◆ Office ou suite d'offices où l'on récite les prières. *Aller, se rendre à la prière.* ■ **3** Action de prier (II) qqn ; demande instante. ➤ **adjuration, requête, supplication.** *Faire, adresser une prière, des prières à qqn. Entendre, écouter la prière, céder à la prière de qqn. « il demeura sourd à mes prières »* CHATEAUBRIAND. *C'est une prière que j'ai à vous faire.* ◆ **À LA PRIÈRE DE QQN,** sur sa demande. *« On l'avait gratifié, à la prière du docteur, de deux béquilles neuves »* DUHAMEL. — ELLIPT **PRIÈRE DE :** vous êtes prié de. *Prière de répondre par retour du courrier. — Prière de ne pas se pencher à la portière. Prière d'insérer*.*

PRIEUR, EURE [pʀijœʀ] n. – XIIe ; fém. 1390 ◇ latin *prior* « premier de deux, supérieur », spécialisé en latin ecclésiastique ■ Supérieur, supérieure de certains couvents (dits *prieurés*). *La prieure et les moniales.* APPOS. *Mère prieure. Les pères prieurs.*

PRIEURÉ [pʀijœʀe] n. m. – *prioret* 1190 ◇ de *prieur* ■ **1** Monastère dépendant généralement d'une abbaye et dirigé par un prieur, une prieure. *« Ce prieuré était desservi par sept ou huit religieux »* CHATEAUBRIAND. ◆ Église de ce couvent ; maison du prieur. ■ **2** RARE Dignité de prieur.

PRIMA DONNA [pʀimadɔna] n. f. – 1823 ◇ mots italiens « première dame » ■ Cantatrice tenant le premier rôle (de soprano, en général) dans un opéra. *« des applaudissements à faire crouler la salle accueillirent l'entrée en scène de la* prima donna*»* BALZAC. *Des prime donne* [pʀimedɔne] (plur. it.) ou *des prima donna.*

PRIMAGE [pʀimaʒ] n. m. – 1890 ◇ mot anglais, de *to prime* « projeter » ■ TECHN. Entraînement de gouttelettes d'eau par la vapeur, dans un bouilleur, un appareil de distillation.

PRIMAIRE [pʀimɛʀ] adj. – 1789 *assemblée primaire* ◇ latin *primarius*

I ■ **1** Qui est du premier degré, en commençant. — (En France, aux États-Unis) *Élections primaires,* ou n. f. *les primaires,* qui désignent le candidat de chaque tendance politique à une élection (notamment à l'élection présidentielle). *La primaire des démocrates. Je veux « que nous organisions des primaires. Il faut donner l'image d'un parti qui ne désigne pas son candidat à la présidentielle par les sondages mais par un vrai vote démocratique des militants »* M. DUGAIN. ◆ (1791) *Enseignement primaire :* enseignement du premier degré, des petites classes à la 6e. *École primaire. Certificat d'études primaires.* SUBST. *Le primaire :* l'enseignement primaire. — *Inspecteur primaire*.* ■ **2** PÉJ. Simpliste, borné. *Un brave garçon un peu primaire.* — (CHOSES) Grossier, caricatural. *Anticléricalisme, anticommunisme primaire.* ■ **3** DR. *Délinquant primaire,* qui n'a pas subi de condamnation antérieure. — n. *Les primaires et les récidivistes.*

II Qui vient en premier. ■ **1** Qui est, qui vient en premier dans l'ordre temporel ou sériel. — *Ère primaire,* et n. m. *le primaire :* ère géologique (environ 300 millions d'années) qui succède au précambrien et comprend le cambrien, le silurien, le dévonien, le carbonifère et le permien. ➤ **paléozoïque.** — Qui appartient à cette époque. *Grès primaires.* ◆ CHIM. *Alcool, amine primaire,* dont la fonction alcool ou amine est fixée sur un atome de carbone qui n'est lié qu'à un seul autre atome de carbone. ◆ ÉLECTR. Se dit du circuit d'entrée, dans une bobine d'induction, un transformateur. *Enroulement primaire.* ◆ *Couleurs primaires,* fondamentales. ◆ MÉD. *Accidents* (ou *lésions*) *primaires,* qui apparaissent en premier lieu dans certaines maladies. ◆ PSYCHOL. *État primaire :* la sensation. — CARACTÉROL. Se dit du premier retentissement des représentations. *Fonction primaire de la représentation.* — PAR EXT. Se dit des personnes qui réagissent au premier degré, chez qui la fonction primaire est dominante. SUBST. *Le nerveux est un primaire.* ◆ *Caisse primaire de Sécurité sociale, d'assurance maladie :* administration locale de la Sécurité sociale à laquelle s'adresse directement le public. ■ **2** ÉCON. *Secteur primaire :* domaine des activités productrices de matières non transformées : agriculture, pêche, etc. (opposé à *secondaire* et à *tertiaire*). ■ **3** TECHN. *Peinture, couche primaire,* appliquée sur le support nu (opposée à *de finition*). — n. f. *Une primaire d'accrochage.*

■ CONTR. Secondaire.

PRIMAL, ALE, AUX [pʀimal, o] adj. – 1975 ◇ anglais *primal,* du latin *primalis* ■ PSYCHOL. *Cri primal, thérapie primale :* psychothérapie qui se propose de faire revivre au patient névrosé, notamment au moyen de pleurs et de cris, la souffrance issue d'un traumatisme ancien et de l'évacuer.

PRIMARITÉ [pʀimaʀite] n. f. – 1945 ◇ de *primaire* ■ CARACTÉROL. Caractère de la fonction primaire, de ceux chez qui elle domine.

1 **PRIMAT** [pʀima] n. m. – 1155 ◇ latin ecclésiastique *primas, atis* « qui est au premier rang », de *primus* « premier » ■ Prélat ayant la prééminence sur plusieurs archevêchés et évêchés. *L'archevêque de Lyon est primat des Gaules lyonnaises. Dignité de primat* (*primatie* [pʀimasi] n. f.).

2 **PRIMAT** [pʀima] n. m. – 1893 ◇ mot allemand ■ DIDACT. (PHILOS.) Primauté.

PRIMATE [pʀimat] n. m. – 1823 ◇ latin *primas, atis* « qui est au premier rang » ■ **1** ZOOL. Animal de l'ordre des mammifères placentaires plantigrades, caractérisés par la position des yeux en avant de la face, des membres à cinq doigts pourvus d'ongles et à main préhensile. *L'ordre des primates comprend les prosimiens et les simiens.* ■ **2** FIG., FAM. Personne grossière, inintelligente (comparée à un singe).

PRIMATIAL, IALE, IAUX [pʀimasjal, jo] adj. et n. f. – 1445 ◇ de 1 *primat* ■ RELIG. Qui appartient ou a rapport à un primat. *Sièges primatiaux. Église primatiale.* — n. f. *La primatiale Saint-Jean de Lyon.*

PRIMATOLOGIE [pʀimatɔlɔʒi] n. f. – v. 1960 ◇ de *primate* et *-logie* ■ DIDACT. Science qui étudie les primates. — n. **PRIMATOLOGUE.**

PRIMATURE [pʀimatyʀ] n. f. – 1970 ◇ mot créé par L. S. Senghor sur le latin *primas, primatis* « qui est au premier rang » (→ 1 primat), d'après *magistrature, nonciature...* ■ RÉGION. (Haïti, Maghreb, Afrique noire, Djibouti, Madagascar ; souvent écrit avec une majuscule) ■ **1** Fonction de Premier ministre. ■ **2** Services dépendant du Premier ministre ; bâtiments abritant ces services.

PRIMAUTÉ [pʀimote] n. f. – 1564 ◇ latin *primus* « premier », d'après *royauté* ■ Caractère, situation de ce qui est premier. ➤ **prédominance, prééminence, prépondérance, supériorité, suprématie.** *Laissons-lui la primauté de cette initiative. « dans la poésie, l'élan créateur ou la puissance mythique doit avoir la primauté »* SENGHOR. *Donner la primauté à une idée* (➤ 2 **primat**). ◆ SPÉCIALT Autorité suprême, en matière religieuse, spirituelle. *Primauté du pape.* — Recomm. offic. pour *leadership.*

1 **PRIME** [pʀim] adj. et n. f. – *prime lune* 1119 ◇ latin *primus* « premier »

I adj. ■ **1** VX ou LITTÉR. Premier. *« Tu mérites la prime place en ce mien livre »* VERLAINE. — LITTÉR. *Prime jeunesse*.* — (début XVIIe) *De prime abord*.* ■ **2** (XIXe) MATH. Se dit d'un symbole (lettre) qui est affecté d'un seul signe en forme d'accent. *A, A prime (A'). — f' (f prime) est la dérivée de f.*

II n. f. (XIIe) ■ **1** Première heure canoniale (6 heures du matin). *Chanter, dire prime.* ■ **2** ESCR. Première position en escrime. *Garde de prime, ligne d'engagement de prime.*

2 **PRIME** [pʀim] n. f. – 1620 « police d'assurance » ◇ du latin *praemium* « prix, récompense » ■ **1** Somme que l'assuré doit payer à l'assureur. *Réduction, augmentation de la prime d'assurance.* ➤ **bonus, malus.** ■ **2** Somme d'argent allouée à titre d'encouragement, d'aide ou de récompense. *Donner, octroyer une prime à qqn. Chasseur* de primes.* — Sommes allouées par l'État, les collectivités publiques (pour encourager une activité). ➤ **subvention.** *Prime à l'exportation, à la construction. Prime à la casse*. Prime d'aménagement du territoire.* ◆ Forme de rémunération destinée à couvrir des frais ou à récompenser le personnel (*prime d'entreprise,* etc.). *Prime de transport.* ➤ **indemnité.** *Prime de rendement, de recherche. « ses deux mille huit cents francs de chauffeur, tant pour les primes que pour le fixe »* ZOLA. ■ **3** Objet remis à titre gratuit ou remise faite à un acheteur. *Donner un objet publicitaire en prime à tout acheteur.* ➤ **cadeau.** ■ **4** FIG. Ce qui est donné en plus. *« Des primes d'encouragement à l'intolérance religieuse et à la fainéantise »* BALZAC. *En prime :* en plus. *Et en prime, il faudrait dire merci !* (cf. Par-dessus le marché*). ■ **5** BOURSE Somme payée par une partie en cas de résiliation d'un marché. ➤ 1 **premium.** *Marché* à prime, à option*.* ◆ Somme à payer en plus du capital nominal d'une action que l'on souscrit. *Prime d'émission. Prime de remboursement :* somme payée en plus du capital fourni (différence entre la valeur nominale et le prix d'émission). ◆ LOC. VIEILLI *Faire prime :* prendre l'avantage, l'emporter. ➤ 1 **primer.** *« c'est toujours le faux qui fait prime et prend le pas sur la vérité »* GIDE.

3 **PRIME** [pʀim] n. f. – XVIIe ; *presme* XIVe ◊ var. de *prisme* ■ MINÉR. Cristal de roche coloré qui ressemble à une pierre précieuse. *Prime d'émeraude* (vert), *de topaze* (jaune), *de rubis* (rouge).

1 **PRIMER** [pʀime] v. intr. ⟨1⟩ – XVIe « goûter le premier à » ; hapax XIIe ◊ de 1*prime* ■ **1** VIEILLI Occuper la première place, le premier rang ; avoir l'avantage sur les autres. ➤ **dominer.** « *Quiconque prime en quelque chose est toujours sûr d'être recherché* » ROUSSEAU. ■ **2** MOD. (ABSTRAIT) L'emporter. « *En eux l'intelligence prime plutôt que l'action* » SIEGFRIED. *La qualité prime sur la quantité.* — TRANS. *Il estime que la force prime le droit.*

2 **PRIMER** [pʀime] v. tr. ⟨1⟩ – 1853 ; de l'ancien français *premier* « récompenser » ◊ de 2*prime* ■ Gratifier d'une prime. — *Construction primée,* bénéficiant de primes. ♦ Récompenser par une prime, un prix. — p. p. adj. Plus cour. **PRIMÉ, ÉE.** *Animaux primés à un concours agricole. Film primé au festival de Cannes.*

PRIMEROSE [pʀimʀoz] n. f. – XIIe ◊ de *prime* (fém. de *prin* « mince, fin ») et *rose* ■ Rose trémière. ➤ **passerose.**

PRIMESAUTIER, IÈRE [pʀimsotje, jɛʀ] adj. – 1756 ◊ réfection de *prinsaltier, prinsautier* (1160) ; de *primesaut* « action spontanée », de 1*prime* et *saut* ■ LITTÉR. Qui se détermine, agit, parle spontanément. ➤ **impulsif, spontané.** « *son petit cœur primesautier, inégal, oublieux par instant* » LOTI. — PAR EXT. Vif, alerte. *Réponse franche et primesautière. Humeur, conversation primesautière.*

PRIME TIME [pʀajmtajm] n. m. – 1987 ◊ mots anglais « première heure » ■ ANGLIC. AUDIOVIS. Partie de la grille* du programme télévisuel correspondant à l'heure de plus forte écoute. *Des prime times.* — Recomm. offic. *heure de grande écoute.*

PRIMEUR [pʀimœʀ] n. f. – *en, dans la primeur, sa primeur* 1670 ; *primor* « commencement » 1200 ◊ de 1*prime* ■ **1** VX ou LITTÉR. Caractère de ce qui est tout nouveau. *Vin dans sa primeur,* tout jeune. *Des légumes, des fruits dans la primeur, dans leur primeur,* tout au début de leur récolte normale. — *Fruits et légumes de primeur. Vin (de) primeur :* vin de l'année qui subit une très courte vinification et doit être consommé dans les mois qui suivent la mise en bouteille. *Beaujolais primeur.* ➤ **nouveau.** ♦ LOC. *Avoir la primeur de (qqch.) :* être le premier à connaître qqch. ou à en jouir. ➤ **étrenne.** *Donner, réserver à qqn la primeur d'une nouvelle.* ■ **2** (1749) Fruit, légume qui est à maturité avant ceux de son espèce. *Une primeur.* ♦ COUR. PLUR. Fruits, légumes consommables avant la saison normale. « *Aquilina le régalait de primeurs, de raretés gastronomiques* » BALZAC. *Les primeurs de Bretagne. Marchand de primeurs* (➤ **primeuriste**) ; PAR EXT. marchand de fruits et légumes. ■ **3** FIG. et LITTÉR. Chose nouvelle. « *la culture générale refuse les primeurs et les nouveautés* » ALAIN.

PRIMEURISTE [pʀimœʀist] n. – 1872 ◊ de *primeur* ■ AGRIC., COMM. Cultivateur de primeurs. ➤ **horticulteur.** — Personne qui fait le commerce des primeurs.

PRIMEVÈRE [pʀimvɛʀ] n. f. – 1573 ; *primevoire* XIIe ; sens fig. du n. m. *primevoire (-vère)* « printemps » ◊ latin populaire *prima vera* « premier printemps », classique *primum ver* ■ Plante herbacée *(primulacées)* à fleurs ornementales de teintes variées (surtout jaune, violet, blanc) qui fleurissent au début du printemps. *Massif de primevères.* ♦ *Primevère sauvage.* ➤ **coucou.**

PRIMIDI [pʀimidi] n. m. – 1793 ◊ du latin *primus* « premier » et finale de *lundi, mardi,* etc. ■ HIST. Premier jour de la décade* républicaine.

PRIMIGESTE [pʀimiʒɛst] adj. et n. f. – 1979 ◊ du latin *primus* « premier » et *-geste,* élément tiré du latin *gestus,* de *gerere* « porter » (→ multigeste) ■ PHYSIOL. Dont la première grossesse est en cours. ➤ aussi **primipare.** *Femme primigeste* ou n. f. *une primigeste.*

PRIMIPARE [pʀimipaʀ] adj. et n. f. – 1814 ◊ latin *primipara,* de *parere* « enfanter » ■ DIDACT. Qui accouche pour la première fois, qui a un petit, un enfant vivant (en parlant d'une femelle de mammifère). ➤ aussi **primigeste.** *Brebis, génisse, jument primipare. Une primipare.* — SPÉCIALT *Femme primipare* (opposé à *nullipare* et à *multipare*).

PRIMITIF, IVE [pʀimitif, iv] adj. et n. – 1310 *primitive yglise* (église) ◊ latin *primitivus* « qui naît le premier *(primus)* »

I ~ adj. ■ **1** (v. 1330) Qui est à son origine ou près de son origine. *L'Église primitive, la primitive Église. Le monde primitif,* tel qu'il était à l'origine. *L'être primitif,* tel qu'il était à l'apparition de l'espèce humaine. *Art primitif* (cf. ci-dessous, II, 2°). ■ **2** Qui est le premier, le plus ancien. *Forme primitive, état primitif d'une chose.* ➤ **initial, originaire,** 2**original, originel, premier.** *Étoffe qui a perdu sa couleur primitive. Texte primitif d'un manuscrit.* ♦ GÉOL., VX *Terrains primitifs,* les plus anciens que l'on connaisse. ♦ (Phénomènes psychiques) « *l'amour de soi : passion primitive, innée, antérieure à toute autre* » ROUSSEAU. ■ **3** (Dans des emplois scientifiques) Qui est la source, l'origine (d'une autre chose de même nature). ♦ LOG. *Proposition primitive,* posée et non déduite (➤ **principe**). *Concept primitif* ou n. m. *un primitif :* concept indéfinissable ; mot trop général pour lui trouver un hyperonyme définitoire. ♦ MATH. *Fonction primitive et fonction dérivée.* — n. f. *Primitive d'une fonction f :* fonction F dont *f* est la dérivée. *Différence des valeurs d'une primitive sur un intervalle.* ➤ **intégrale.** *Calcul de primitives* (➤ **intégration,** 1°). ♦ INFORM. Fonction de base utilisée dans un langage de programmation. ♦ *Couleurs primitives :* les sept couleurs du spectre, dont les autres sont formées. ➤ **fondamental.** ♦ MÉD. Se dit d'une lésion, d'un trouble qui peut provoquer d'autres manifestations qui lui succèdent ; qui existe en soi, de cause inconnue. ➤ **essentiel.** *Myopathie primitive. Cancer primitif du foie, du rein.* ♦ PSYCHAN. *Scène* primitive.* ■ **4** (v. 1800) Se dit des groupes humains qui ignorent l'écriture, les formes sociales et les techniques des sociétés dites évoluées. *Société primitive.* « *Un peuple primitif n'est pas un peuple arriéré ou attardé.* [...] *Un peuple primitif n'est pas davantage un peuple sans histoire* » LÉVI-STRAUSS. — Relatif à ces peuples. « *La Mentalité primitive* », *ouvrage de Lévy-Bruhl. Les arts primitifs :* arts premiers. ■ **5** COUR., PÉJ. Qui a les caractères de simplicité ou de rudesse qu'on attribue aux êtres dits *primitifs.* ➤ **fruste, grossier, inculte, primaire.** « *Dans sa tête primitive et simple, les choses avaient du mal à se former* » ARAGON. *Une technique assez primitive.* ➤ **élémentaire, rudimentaire, sommaire.**

II ~ n. (1907) ■ **1** Être humain appartenant à un groupe social « primitif » (I, 4°). *Les primitifs d'Australie.* ➤ **aborigène.** ■ **2** Artiste d'une période antérieure à celle où l'art qu'il cultive atteignit sa maturité. *Les primitifs de la sculpture grecque.* — SPÉCIALT Artiste (surtout peintre) antérieur à la Renaissance, en Europe occidentale ; son œuvre. *Primitifs flamands, italiens.* « *Aimez-vous les primitifs, les formes maigres et naïves et la peinture lisse ?* » M. BASHKIRTSEFF.

■ CONTR. Moderne, récent ; civilisé, évolué.

PRIMITIVEMENT [pʀimitivmɑ̃] adv. – 1461 ◊ de *primitif* ■ À l'origine, initialement. ➤ **originairement, originellement.**

PRIMITIVISME [pʀimitivism] n. m. – avant 1904 ◊ de *primitif* ■ **1** DIDACT. Caractère, état des sociétés primitives. « *Le problème du primitivisme d'une société est généralement posé par le contraste qu'elle offre avec ses voisins* » LÉVI-STRAUSS. ■ **2** ARTS Caractère de ce qui a des affinités avec un art ou des arts primitifs.

PRIMO [pʀimo] adv. – 1322 ◊ mot latin ■ D'abord, en premier lieu. ➤ **premièrement.** *Ils veulent persuader « primo qu'ils ont beaucoup d'argent, secundo qu'ils jouissent de la plus haute considération, tertio qu'ils ont beaucoup d'esprit »* STENDHAL.

PRIMO- ■ Premier élément de mots composés, du latin *primus* « premier ».

PRIMOACCÉDANT, ANTE [pʀimoaksedɑ̃, ɑ̃t] n. et adj. – 1991 ◊ de *primo-* et *accédant* ■ Personne qui accède pour la première fois à la propriété de son logement. *Prêt immobilier réservé aux primoaccédants.* — adj. *Acheteur primoaccédant.*

PRIMOARRIVANT, ANTE [pʀimoaʀivɑ̃, ɑ̃t] n. et adj. – 1958 ◊ de *primo-* et *arrivant* ■ DIDACT. Personne qui arrive quelque part pour la première fois. *Les primoarrivants à l'université.* ♦ SPÉCIALT Étranger en situation régulière qui arrive sur un territoire pour la première fois afin de s'y installer. — adj. *Élèves primoarrivants.*

PRIMODÉLINQUANT, ANTE [pʀimodelɛ̃kɑ̃, ɑ̃t] n. et adj. – 1956 ◊ de *primo-* et *délinquant* ■ Personne qui commet un délit pour la première fois (cf. Délinquant* primaire). *Les primodélinquants et les récidivistes.* — adj. *Mineurs primodélinquants.*

PRIMOGÉNITURE [pʀimoʒenityʀ] n. f. – fin XVe ◊ du latin *primogenitus* « premier-né, aîné » ■ DR. Antériorité, priorité de naissance entraînant certains droits. *Succession par ordre de primogéniture.*

PRIMO-INFECTION [pʀimoɛ̃fɛksjɔ̃] n. f. – 1920 ◊ de *primo-* et *infection* ■ Infection qui se produit pour la première fois (SPÉCIALT pour la tuberculose). *La primo-infection se traduit par une cutiréaction positive. Primo-infection de l'organisme par le virus du sida. Des primo-infections.*

PRIMORDIAL, IALE, IAUX [pʀimɔʀdjal, jo] **adj.** – 1480 ◊ latin *primordialis*, de *primordium* «commencement» ▪ **1** Qui est le plus ancien et sert d'origine. ➤ **premier.** *Instincts primordiaux.* ▪ **2** Qui est de première importance. ➤ 1 **capital, essentiel, fondamental, principal.** *C'est d'une importance primordiale. Elle a joué un rôle primordial dans cette négociation.* — IMPERS. *Il est primordial de* (et inf.).

PRINCE [pʀɛ̃s] **n. m.** – 1120 ◊ latin *princeps* «premier» et «chef, empereur»

I SOUVERAIN ▪ **1** DIDACT. ou LITTÉR. Celui qui possède une souveraineté (à titre personnel et héréditaire) ; celui qui règne. ➤ **monarque, roi, souverain.** *Prince de droit divin. La cour, les courtisans d'un prince.* — HIST. *Princes feudataires :* vassaux d'un roi, d'un empereur et souverains sur leur fief. *Prince turc* (➤ **sultan**), *indien* (➤ **maharadja**). ◆ PAR EXT. Le souverain, celui qui exerce le pouvoir réel. «*Le Prince*», *traité de Machiavel* (1513). — PAR EXT., LOC. *Le fait du prince :* acte d'autorité émanant du pouvoir, qui contraint à l'obéissance (surtout mesures arbitraires). *Le bon vouloir du prince. Les (ces) princes qui nous gouvernent :* les détenteurs du pouvoir. ▪ **2** Celui qui appartient à une famille souveraine, sans régner lui-même ; titre porté par les membres de la famille royale, en France. *Princes du sang :* les proches parents du souverain. *Titres donnés aux princes du sang.* ➤ **altesse, monseigneur.** *Monsieur le Prince.* ➤ **monsieur** (1°, SPÉCIALT). — *Prince prétendant**. *Prince puîné.* ➤ **infant.** *Prince consort**. — *Prince héritier de France.* ➤ 2 **dauphin.** — *Le prince de Galles,* fils aîné du souverain britannique. ▪ **3** Celui qui possède un titre, attaché ou non à la possession d'une terre, conféré par un souverain. *Princes d'Empire* (créés par Napoléon Ier). — MOD. (En France) Titulaire du plus haut titre de noblesse. «*bien qu'il eût le choix entre quatre ou cinq titres de prince, il a gardé celui de baron de Charlus, par protestation*» PROUST. — *En Italie, les neveux des papes portaient le titre de prince. Prince russe* (titre moins élevé qu'en France). ▪ **4** Personnage princier, grand seigneur. «*les contes où le prince épouse la bergère*» MALRAUX. *Le prince charmant.* «*à vingt-deux ans il est temps de cesser d'attendre le prince charmant*» C. CUSSET. — «*Le Petit Prince*», *récit de Saint-Exupéry.* «*La ville dont le prince est un enfant*», *pièce de Montherlant.* ▪ **5** Souverain régnant sur un État portant le nom de principauté. *Le Prince de Monaco.* ▪ **6** LOC. (XVIIe) *Être habillé, vêtu comme un prince,* richement, princièrement. *Vivre comme un prince.* ◆ (XIXe) **ÊTRE BON PRINCE :** faire preuve de générosité, de bienveillance, de tolérance. ➤ **accommodant.** «*Le gouvernement, bon prince, laisse courir les suspects*» MARTIN DU GARD.

II PERSONNAGE IMPORTANT ▪ **1** *Prince de... :* principal personnage (d'un groupe). *Le prince des apôtres :* saint Pierre. *Les princes de l'Église :* les cardinaux, archevêques et évêques. — *Le prince des démons, des ténèbres :* Satan. ◆ HIST. Premier personnage d'une confrérie de «fous», de «sots», au Moyen Âge. *Prince des sots.* — *Le prince des poètes.* ▪ **2** *Les princes de la terre :* les grands de ce monde. «*Le prince du bric-à-brac*» BALZAC. ➤ **roi.**

PRINCE DE GALLES [pʀɛ̃sdəgal] **n. m. inv.** – 1951 ◊ de *prince de Galles,* n. pr. ▪ Tissu de laine, à lignes fines croisées, de teinte uniforme sur fond clair. *Costume en prince de galles.* — EN APPOS. *Des tissus prince de galles.*

PRINCEPS [pʀɛ̃sɛps] **adj.** – 1802 ◊ mot latin ▪ DIDACT. ▪ **1** *Édition princeps :* première édition (d'un ouvrage ancien et rare). ➤ 2 **original.** «*les investigateurs patients rencontrent parmi beaucoup de fatras un incunable, une édition princeps*» GAUTIER. ▪ **2** *Médicament princeps,* commercialisé sous son nom de marque original, par le laboratoire qui en a déposé le brevet (opposé à *générique*). ➤ **de référence.**

PRINCESSE [pʀɛ̃sɛs] **n. f.** – v. 1160 ◊ de *prince* ▪ **1** Fille ou femme d'un prince (I, 2° et 3°), fille d'un souverain (➤ **prince,** I, 1°). *La princesse Palatine.* «*La Princesse de Clèves*», *de Mme de La Fayette. La princesse lointaine**. ◆ RARE Souveraine régnante, reine. ▪ **2** LOC. FAM. (XVIIIe) *Faire sa princesse, prendre des airs de princesse :* être affectée, prétentieuse. «*aussi la régisseuse* [...] *se donnait-elle des airs de princesse*» BALZAC. «*Désormais, Madame se leva à neuf heures comme une princesse*» ARAGON. *Être habillée comme une princesse.* ◆ *Robe princesse,* resserrée sous la poitrine. *Découpe princesse,* soulignant le buste. ◆ LOC. (1877) *Aux frais de la princesse,* de l'État, d'une collectivité ; PAR EXT. gratuitement. «*il aura fait un voyage en Allemagne aux frais de la princesse*» DUTOURD. ▪ **3** **adj.** *Haricots princesse(s),* à longue cosse. *Amandes princesse(s),* à coque tendre.

PRINCIER, IÈRE [pʀɛ̃sje, jɛʀ] **adj.** – 1714 ; *(denier) princier* fin XVIe ◊ de *prince* ▪ **1** De prince (I, 2° et 3°), de princesse. *Titre princier. Famille princière, mariage princier.* ◆ Qui est prince. «*fille du prince de Parme, elle avait épousé un cousin également princier*» PROUST. ▪ **2** De grand seigneur. «*Le grand-duc, avec un sans-façon princier*» R. ROLLAND. ▪ **3** (1842) Digne d'un prince. ➤ **luxueux, somptueux.** «*Tout ce luxe, dit princier par des gens qui ne savent plus ce qu'est un vrai prince*» BALZAC.

PRINCIÈREMENT [pʀɛ̃sjɛʀmɑ̃] **adv.** – 1875 ◊ de *princier* ▪ D'une façon princière, en grand seigneur. *Il nous a reçus princièrement.* ➤ **royalement.**

PRINCIPAL, ALE, AUX [pʀɛ̃sipal, o] **adj.** et **n.** – 1119 ; «princier» 1080 ◊ latin *principalis* «principal, du prince», de *princeps*

I adj. ▪ **1** Qui est le plus important, le premier parmi plusieurs. ➤ 1 **capital, essentiel, fondamental, primordial.** «*Un jour on apprit* [...] *diverses choses dont la principale était qu'il était trépassé*» HUGO. «*La principale règle est de plaire et de toucher*» RACINE. *Cause, raison principale.* ➤ **décisif, dominant.** *Les principales puissances du monde.* ➤ **grand, premier.** *Rôle principal dans un film. Bâtiment principal. Entrée principale d'un immeuble.* — *Plat principal :* plat de résistance, qui constitue l'essentiel du repas. ◆ DR. *Résidence, habitation principale* (opposé à *secondaire*). *Demande** *principale* ou *originaire.* ▪ **2** *Proposition principale,* et SUBST. *la principale :* la proposition, dans une phrase dont les autres (les subordonnées qui précisent et complètent son sens) dépendent. ▪ **3** (PERSONNES) Qui joue le premier rôle, a le plus d'importance. *Le personnage principal d'un roman. Mes principaux collaborateurs.* «*Ce témoignage de la principale intéressée servira très utilement*» HENRIOT. — DR. *Demandeur principal. Locataire principal.* ◆ *Clerc principal,* et SUBST. *le principal :* premier clerc de notaire. — *Commissaire, inspecteur principal. Ingénieur principal. Professeur principal d'une classe.*

II n. ▪ **1** **n. m.** (1283) DR. Ce qui fait l'objet essentiel d'une action, son fond. *L'accessoire suit le principal.* — Somme constituant une dette. ➤ 1 **capital.** «*Je vous paierai, lui dit-elle* [...] *Intérêt et principal*» LA FONTAINE. ◆ DR. FISC. Montant originaire de l'impôt (sans les décimes ou centimes additionnels). ▪ **2** **n. m.** (XVe) COUR. Ce qu'il y a de plus important, de plus grave, de plus considérable. ➤ **essentiel.** *Le principal est de... Le principal est fait. Il se sent mieux, c'est le principal.* ▪ **3** (1549) ANCIENNT Celui qui dirige un collège. ➤ **directeur.** — MOD. **n.** Titre des chefs d'établissement des collèges du second degré. *Monsieur le Principal. Une principale.* ▪ **4** **n. m.** MUS. Jeu d'orgue, formant la base des jeux de fonds, constitué par de gros tuyaux de métal, de 2 à 16 pieds. ➤ **prestant.**

▪ CONTR. Accessoire, secondaire.

PRINCIPALEMENT [pʀɛ̃sipalmɑ̃] **adv.** – 1190 ◊ de *principal* ▪ Avant les autres choses, par-dessus tout. ➤ 1 **surtout.** *Il faut remarquer principalement...* ➤ **particulièrement, spécialement.** «*Fâchée contre le monde entier, elle en voulait principalement à son mari*» MAUPASSANT.

PRINCIPAT [pʀɛ̃sipa] **n. m.** – 1300 «terre» ◊ latin *principatus,* de *princeps* ▪ HIST. Dignité de prince. ➤ **principauté.** ◆ HIST. ROM. Dignité impériale. *Le principat d'Auguste.* — Règne d'un empereur romain. *Sous le principat de Trajan.*

PRINCIPAUTÉ [pʀɛ̃sipote] **n. f.** – *principalte* 1362 ◊ du latin *princeps, ipis,* d'après *royauté* ▪ **1** Terre à laquelle est attaché le titre de prince. ◆ Petit État indépendant dont le souverain porte le titre de prince. *La principauté de Monaco, de Liechtenstein.* ▪ **2** (XVIe) Dignité de prince. ▪ **3** PLUR., RELIG. *Les Principautés :* le troisième chœur des anges.

PRINCIPE [pʀɛ̃sip] **n. m.** – fin XIIe, au sens de «commencement, début», disparu au XVIIe ◊ du latin *principium* «commencement», «origine, fondement» et, au pluriel, «les principes», famille de *princeps* «(le) premier» → prince et princeps

I CAUSE, ORIGINE OU ÉLÉMENT CONSTITUANT ▪ **1** (fin XIIIe) Cause première active, primitive et originelle. «*il faut commencer par la recherche de ces premières causes, c'est-à-dire des principes*» DESCARTES. *La nature, principe universel.* — *Dieu, principe de l'univers.* ➤ **auteur, créateur.** *Le principe de la vie ; le principe unique, suprême. Le principe du Mal et le principe du Bien, dans le manichéisme.* ▪ **2** DIDACT. Cause agissante d'une chose (surtout en parlant des causes naturelles). ➤ 1 **agent, fondement, origine, source.** *Principe et effet, et conséquence.* «*le principe corporel des mouvements*» DESCARTES. «*Le principe de toute action est dans la volonté d'un être libre*» ROUSSEAU. «*Le fruit, dès ses premiers jours, porte en lui le principe de sa pourriture*» RENAN. — «*Le courage civil et le courage* *militaire procèdent du même principe»* BALZAC. ▪ **3** (1636) Élément matériel qui entre dans la composition, la constitution ou l'élaboration de qqch., de par son action propre. *Principes constituants. Principes nécessaires à la nutrition. Principes actifs de certaines plantes. L'excipient et le principe actif d'un médicament.*

II PROPOSITION ▪ **1** (fin XIVe) LOG. Proposition première, posée et non déduite (dans un système déductif donné). ➤ **axiome, hypothèse, postulat, prémisse.** *Principe posé a priori. Pétition* de principe. «Les principes se sentent, les propositions se concluent»* PASCAL. *Déduction, démonstration qui repose sur tel principe. «Quand une loi a reçu une confirmation suffisante de l'expérience* [...] *on peut l'ériger en principe»* POINCARÉ. ▪ **2** (milieu XIIIe) Proposition, notion importante à laquelle est subordonné le développement d'un ordre de connaissance. ➤ **science.** *«J'ai posé les principes, et j'ai vu les cas particuliers s'y plier»* MONTESQUIEU. *Découler d'un principe.* — PHYS. Énoncé d'une loi générale non démontrée, mais vérifiée dans ses conséquences. *Principe d'Archimède* : loi de la pesanteur spécifique des corps. *Principe de l'équivalence en thermodynamique.* — PHILOS. *Principes rationnels* : les vérités fondamentales sur lesquelles s'appuie tout raisonnement. — PSYCHAN. *Principe de plaisir et principe de réalité,* régissant, selon Freud, le fonctionnement mental de l'individu. ▪ **3** PLUR. Connaissances élémentaires. ➤ **ABC, rudiment.** *«N'avez-vous point quelques principes, quelques commencements des sciences ?»* MOLIÈRE.

III RÈGLE ▪ **1** (1590) Règle d'action s'appuyant sur un jugement de valeur et constituant un modèle, une règle ou un but. ➤ 1 **loi, norme, précepte.** *«selon les principes de la raison, la conduite des hommes est tout à fait déraisonnable»* PASCAL. — *Ériger, poser en principe que... «J'ai toujours eu pour principe de ne faire jamais par autrui ce que je pouvais faire par moi-même»* MONTESQUIEU. *Partons du principe qu'il a raison. Si l'on part du principe que...* — LOC. **POUR LE PRINCIPE :** pour une raison absolue et théorique (et non par intérêt, etc.). *Réprimander qqn pour le principe.* — SPÉCIALT *Principes (politiques). Les principes républicains. Déclaration de principes. «Il y a des chefs de parti qui sont prêts à sacrifier le pays à une doctrine ou à des principes»* MAUROIS. — *Principe de précaution*.* ▪ **2** PLUR. (1688) Les règles morales (corps de doctrine ou règles vagues) auxquelles une personne, un groupe est attaché. ➤ **morale.** *Inculquer les valeurs et les principes républicains. «Vous savez qu'il n'est pas dans mes principes de faire languir»* LACLOS. ◆ (1742) **(Non qualifié)** Les bons principes. *Avoir des principes. «un bandit sympathique parce qu'il avait des principes. Oui alors, de grands principes»* KOUROUMA. *Entorse aux principes. Être à cheval* sur les principes.*

IV LOCUTIONS ▪ **1 PAR PRINCIPE :** par une décision, une détermination a priori. *«la sagesse remet en question les choses connues et reçues, et doute par principe»* ALAIN. ▪ **2** (1789) **DE PRINCIPE :** a priori. *Hostilité de principe. Donner son accord de principe.* ▪ **3** (1792) **EN PRINCIPE :** théoriquement, d'après les principes. *Il avait raison en principe.* — PAR EXT. **(opposé à *en fait*)** *«"En principe" Victor ne fume pas encore. Toutefois quelques cigarettes»* GIDE. *Vous devriez en principe arriver vers dix heures.* ➤ **logiquement, normalement, théoriquement.**

▪ CONTR. Conséquence, 1 fin. — Exception.

PRINTANIER, IÈRE [pʀɛ̃tanje, jɛʀ] **adj.** – 1503 ◇ de *printemps* ▪ Du printemps. *«On a dans la tête toutes sortes de floraisons printanières»* FLAUBERT. *Temps, soleil printanier. Senteurs printanières.* — *Potage printanier, salade printanière,* aux légumes de printemps. **n. f.** *Printanière de légumes.* ➤ **jardinière.** — *Étoffe, tenue printanière,* légère, claire, fleurie. FAM. *Vous êtes bien printanière, avec cette robe !*

PRINTEMPS [pʀɛ̃tɑ̃] **n. m.** – *prinstans* XIIe ◇ latin *primus tempus* «premier temps» ▪ **1** La première des quatre saisons qui va du 21 mars au 21 juin dans l'hémisphère nord. *Équinoxe de printemps* (➤ **vernal**). *Au printemps dernier.* — Saison qui succède à l'hiver, dans les climats tempérés, où la température s'adoucit, la végétation renaît. *«l'exubérant, l'éphémère, l'irrésistible printemps du Midi, gras, frais, jailli en verdures profondes, en herbe haute»* COLETTE. *Printemps précoce, tardif. Bourgeons, boutons qui éclosent au printemps.* — LOC. PROV. *Une hirondelle* ne fait pas le printemps.* — *«Le Printemps»,* peinture allégorique de Botticelli. *«Le Sacre du printemps»,* ballet de Stravinski. ◆ Température et végétation printanières. *«Un printemps de septembre refleurit la capucine grimpante, la rose»* COLETTE. ▪ **2** FIG. LITTÉR. Jeune âge, temps du jeune âge. *«Sur le printemps de ma jeunesse folle»* MAROT. *Être au printemps de sa vie,* en pleine jeunesse. ◆ (1968) Période pendant laquelle des espoirs de libéralisation semblent sur le point de se réaliser. *Le printemps de Prague* (1968). *Le printemps arabe* (2011). *Le printemps (d')érable* (Québec, 2012). ▪ **3** VIEILLI OU LITTÉR. Année (d'une personne jeune). *Elle avait quinze printemps.* PAR PLAIS. *Ses quatre-vingts printemps.* ▪ CONTR. Automne ; arrière-saison.

PRIODONTE [pʀijɔdɔ̃t] **n. m.** – 1822 ◇ du grec *priein* «scier» et *odous* «dent» ▪ ZOOL. Mammifère édenté, tatou géant.

PRION [pʀijɔ̃] **n. m.** – 1982 ◇ mot anglais, pour *Protein Infectious particle*, la finale *-on* signifiant «particule» ▪ BIOL. Particule protéique infectieuse, agent de l'encéphalopathie* spongiforme. *Les prions se propagent dans les tissus nerveux et lymphoïdes.*

PRIORAT [pʀijɔʀa] **n. m.** – 1688 ◇ de *prieur* ▪ DIDACT. (RELIG.) Fonction de prieur, de prieure ; sa durée.

PRIORI (À) ➤ **A PRIORI**

PRIORISER [pʀijɔʀize] **v. tr.** ‹1› – 1984 ◇ de *priorité* ▪ **1** Donner la priorité à. *Prioriser la qualité.* ▪ **2** Définir les priorités de. *Prioriser ses tâches.* — ABSOLT *Il faut savoir prioriser.* — **n. f. PRIORISATION** (1988).

PRIORITAIRE [pʀijɔʀitɛʀ] **adj.** – v. 1930 ◇ de *priorité* ▪ **1** Qui a la priorité. *Le véhicule venant de la droite est prioritaire. Personne prioritaire.* SUBST. *Un, une prioritaire.* — *Voie prioritaire,* où l'on a la priorité. ▪ **2** Qui vient en premier par ordre d'importance, d'urgence. *Secteur économique prioritaire. Objectif prioritaire.* — **adv. PRIORITAIREMENT.**

PRIORITÉ [pʀijɔʀite] **n. f.** – 1361 ◇ latin scolastique *prioritas* ▪ **1** Qualité de ce qui vient, passe en premier, dans le temps. *Donner la priorité absolue à qqch. Nous discuterons ce point en priorité,* en premier lieu. *Zone à urbaniser en priorité (ZUP).* — FIN. *Actions de priorité,* qui donnent certains avantages à leurs titulaires. ◆ Droit de passer le premier. VIEILLI *Orateur qui demande la priorité.* — SPÉCIALT, COUR. *Véhicule qui a priorité sur un autre à un croisement. Priorité à droite. Signal de priorité. Laisser, refuser la priorité à une voiture. «Priorité, bon Dieu ! – Et la droite, qu'est-ce que c'est ?»* COLETTE. — *Carte de priorité,* accordée à certaines personnes, pour leur permettre de passer avant les autres dans les files d'attente. ▪ **2** FIG. RARE Primauté. *«Cent habitudes de langage qui consacrent la priorité du blanc sur le noir»* SARTRE. ▪ **3** Ce qui est prioritaire. *Il y a des priorités à respecter. Définir les priorités.* ➤ **prioriser.** *Le chômage sera l'une des priorités du nouveau gouvernement.*

PRIS, PRISE [pʀi, pʀiz] **adj.** – v. 1150 «solidifié» ◇ p. p. de *prendre* ▪ **1** Occupé. *«Cette place est-elle prise ? – Non, elle est libre.» Tout est pris. Avoir les mains prises,* occupées à tenir qqch. *«Il avait sa journée prise, des tas de rendez-vous importants»* SARTRE. — **(PERSONNES)** Qui a des occupations. *«Pas possible ce soir, mon chéri, je suis prise»* ZOLA. *Il est très pris cette semaine.* ➤ **occupé.** ▪ **2 PRIS DE... :** subitement affecté de. *Pris de fièvre, de peur, de fou rire. Pris de boisson* : ivre. *«il était presque toujours pris de vin»* ROUSSEAU. ▪ **3** Atteint d'une affection. *Avoir le nez pris, la gorge prise,* le nez, la gorge enflammés. — *«Le père a été pris par les jambes, une paralysie assez fréquente»* ZOLA. ▪ **4** VIEILLI **BIEN PRIS :** bien fait, mince. *«Il est de taille bien prise et de démarche très assurée»* GIDE. ▪ **5** (1917) RÉGION. **(Nord ; Belgique, Canada) MAL PRIS :** dans une situation délicate, en mauvaise posture. *Le gouvernement est mal pris. «Ça vient nous voir quand c'est mal pris»* LEMELIN. ▪ **6** Durci, coagulé. *Crème, mayonnaise bien prise.* ➤ **dur.** SPÉCIALT Gelé. *«Les flaques d'eau étaient prises»* GAUTIER. ▪ **7** LOC. FAM. *C'est autant de pris, c'est toujours ça de pris (sur l'ennemi),* s'emploie à propos d'un avantage, d'un gain peu important, mais dont on est assuré. ▪ CONTR. Libre. ▪ HOM. Prix.

PRISE [pʀiz] **n. f.** – fin XIIe ◇ de *prendre*

I ACTION DE PRENDRE A. POUR TENIR ▪ **1** LITTÉR. Action, manière de prendre qqch. pour tenir. ➤ **préhension.** *L'énergie de sa prise.* — SPÉCIALT (1548) COUR. Manière de saisir et d'immobiliser l'adversaire. *Prise de catch, de judo. Il «va essayer de m'attirer à lui, de me faire une prise pour me déséquilibrer»* J. SEMPRUN. ◆ FIG. (1842) **PRISE DE BEC :** altercation, dispute*. *«toutes les occasions étaient bonnes pour des prises de bec»* CH. ROCHEFORT. *Avoir une prise de bec avec qqn.* ◆ (1672) **ÊTRE AUX PRISES AVEC :** se battre avec. *Être aux prises avec qqn.* — FIG. (1580) Être en lutte contre. *Se trouver aux prises avec des difficultés* (cf. Être en butte* à). — FAM. (CONCRET) *Il est aux prises avec l'imprimante.* — *Mettre aux prises* : faire s'affronter. *«il était très saisi de se sentir aux prises avec cette* *chose mystérieuse qui est le* souvenir» Loti. ♦ (1587) **LÂCHER PRISE :** cesser de tenir, de serrer. *«Serrez bien, dirent-ils ; gardez de lâcher prise»* La Fontaine. *Faire lâcher prise à qqn.* — FIG. Abandonner (➤ **lâcher-prise**). *«enfin elle lâchait prise et [...] elle se laissait sombrer au plus profond d'elle-même avec délectation»* É. Reinhardt. ♦ *Prise de tête**. ▪ **2** (1567) Endroit, moyen par lequel une chose, une personne peut être prise. *Je n'ai pas de prise pour attraper, tenir cet outil. «Ça glisse un peu entre les doigts, ça manque de prise»* Pennac. — (ABSTRAIT) *«Qu'importe de paraître avoir moins de faiblesses qu'un autre, et donner aux hommes moins de prises sur vous !»* Chamfort. ♦ SPÉCIALT (1889) Endroit d'un rocher, d'une paroi où l'on peut se tenir, prendre un point d'appui. *Chercher une prise. Bonne prise.* ♦ LOC. (1614) **DONNER PRISE À.** *«ces bâtisses excessives donnaient de toute part prise à la bourrasque»* Hugo. — FIG. *«Je donne assez de prise à la malignité des hommes par mes récits»* Rousseau. ♦ (1632) **AVOIR PRISE SUR :** avoir un moyen d'agir sur. *«Les gens qui n'eurent point de faiblesses sont terribles : on n'a point de prise sur eux»* France. *N'avoir aucune prise sur les évènements.* ➤ **influence.**

B. POUR POSSÉDER (➤ **prendre,** I, B) ▪ **1** (fin XIIe) Action de s'emparer. *La prise de la Bastille. La prise de Constantinople.* ➤ **conquête.** — *Prise d'otages.* ➤ **enlèvement.** — *La prise d'une pièce, d'un pion aux échecs, au jeu de dames. Mettre (une pièce) en prise* (aux échecs), dans une position où elle peut être prise par l'adversaire. ♦ (fin XIVe) DR. MAR. *Prise de navire, de cargaison :* saisie d'un navire ou d'une cargaison. ➤ **capture.** ♦ (fin XIIIe) DR. *Prise de corps :* le fait pour la justice de s'assurer de la personne d'un accusé. *Ordonnance de prise de corps.* ▪ **2** (début XIIe) Ce qui est pris (chasse, pêche, vol, confiscation). ➤ **butin.** *Venez voir ma prise ! Les douaniers ont fait une belle prise.*

II DANS DES LOCUTIONS : PRISE DE..., EN PRISE A. ACTION DE COMMENCER À UTILISER, DE PRENDRE (I, C). ▪ **1** (1834) **PRISE D'ARMES :** parade militaire en présence de soldats en armes pour une revue, une cérémonie. ▪ **2** (1680) **PRISE D'HABIT,** (1862) **DE VOILE :** cérémonie par laquelle un (une) novice prend l'habit, le voile. ▪ **3** (1897) **PRISE DE VUE(S) :** tournage d'un plan, entre le déclenchement de la caméra et son arrêt. *Opérateur de prises de vue(s).* — (Non qualifié) *«Quand c'est possible, je ne fais qu'une seule prise»* J. Renoir. — PAR EXT. *Prise de vue(s) photographique.* ➤ ANGLIC. **shooting.** ♦ **PRISE DE SON :** opération qui traduit le son en signaux électriques, pour le transmettre ou l'enregistrer. *Prise de son d'un film pendant le tournage.* ▪ **4 PRISE DE SANG :** prélèvement de sang pour l'analyse, la transfusion. ▪ **5** (1904) **PRISE DIRECTE :** position du changement de vitesse dans laquelle la transmission du mouvement moteur est directe. *Mettre la prise directe.* — **EN PRISE.** *Voiture qui a sa troisième vitesse en prise. Être en prise* (opposé à *être au point mort*). ♦ FIG. (1955) *Être en prise (directe) sur la réalité, sur son temps,* en contact direct et actif. *L'art «est désormais un contact en prise directe»* Aymé.

B. DISPOSITIF QUI «PREND» ▪ **1** (1600) **PRISE D'EAU :** robinet, tuyau, vanne où l'on peut prendre de l'eau. *«Près d'elle, une prise d'eau, mal fermée, ruisselait et entretenait une mare»* Zola. *Barrage* de prise.* ♦ (1898) *Prise d'air.* ▪ **2** (1902) **PRISE DE COURANT** ou **PRISE** *(électrique) :* contacteur électrique ; chacune des deux parties du dispositif (bouton isolant portant deux fiches ou *prise mâle ;* socle isolant muni de deux douilles ou *prise femelle*). *Brancher une lampe sur la prise. Prise d'antenne, de terre*. Prise péritel*. Prise multiple :* prise femelle à plusieurs douilles. ➤ **multiprise ;** RÉGION. **domino.** — *Prise de téléphone.* ➤ **conjoncteur.**

C. DOSE Quantité de médicament administrée en une seule fois ; dose, pincée (de tabac) que l'on aspire par le nez (➤ 2**priser**). *«Parfois, maman aspirait une petite prise de tabac»* Duhamel.

III FIG. ACTION DE SE METTRE À AVOIR, DE PRENDRE (I, C) ▪ **1** (XVIe) **PRISE DE.** (1918) *Prise de conscience.* (1560) *Prise de possession. Prise de position sur une question. Prise de contact avec qqn. Prise de participation d'un groupe financier dans une société.* ▪ **2** (1957) **PRISE EN CHARGE :** action de prendre en charge qqn, d'assurer son entretien, ses dépenses. *Prise en charge d'un parent âgé. Prise en charge d'un assuré par la Sécurité sociale.* — Prix forfaitaire minimal de départ, au compteur d'un taxi. ▪ **3** (1599) DR. **PRISE À PARTIE :** poursuite contre un juge, voie de recours extraordinaire portée devant une cour d'appel ou la Cour de cassation.

IV LE FAIT DE DURCIR (1783) Le fait de prendre (II, 1°). *Ciment à prise rapide.*

PRISÉE [prize] **n. f.** – *prisie* XIIIe ◊ de 1*priser* ▪ VX ou DR. Action de priser (1). ➤ **évaluation.** ♦ Estimation d'objets mobiliers par un commissaire-priseur ou un greffier de justice de paix. *Prisée d'un inventaire de succession. Prisée de vente aux enchères.*

1**PRISER** [prize] **v. tr.** ‹1› – *preiser* 1080 ◊ bas latin *pretiare* «apprécier», de *pretium* «prix» ▪ **1** VX Mettre un prix à. ➤ **estimer, évaluer ; commissaire-priseur.** *Priser un héritage.* ▪ **2** FIG. et LITTÉR. Donner du prix à. ➤ **estimer.** *Priser un avantage. Ils prisent la nourriture saine.* ➤ **apprécier.** — **p. p. adj.** *Une marchandise, une qualité très prisée.* ▪ **CONTR.** Discréditer, mépriser.

2**PRISER** [prize] **v. tr.** ‹1› – 1807 ◊ de *prise* (II, C) ▪ Prendre, aspirer (du tabac) par le nez. *Tabac à priser.* — PAR EXT. *Priser de la cocaïne.* ➤ **renifler, snifer.**

PRISEUR, EUSE [prizœr, øz] **n.** – 1807 ◊ de 2*priser* ▪ Personne qui prise (du tabac). *Les priseurs et les fumeurs.*

PRISMATIQUE [prismatik] **adj.** – 1647 ◊ de *prisme* ▪ **1** Du prisme. *Surface prismatique.* — Qui a la forme d'un prisme. *Cristal prismatique.* ▪ **2** Qui est muni d'un prisme optique. *Jumelles prismatiques.* ▪ **3** Se dit des couleurs aperçues à travers le prisme optique. *Couleurs prismatiques.* ➤ **spectral.**

PRISME [prism] **n. m.** – 1609 ◊ grec *prisma, prismatos,* de *prizein* «scier» ▪ **1** GÉOM. Polyèdre ayant deux bases égales et parallèles et dont les faces latérales sont des parallélogrammes. *Prisme triangulaire. Prisme régulier,* qui a pour bases des polygones réguliers. *Prisme droit, oblique,* dont les bases sont perpendiculaires ou non aux autres faces. *Le volume du prisme est égal au produit de la surface de base par la hauteur.* ▪ **2** Forme d'un cristal qui a plusieurs faces parallèles à une même droite. *«les prismes irisés de la neige»* Nerval. ▪ **3** (1637) COUR. Prisme à section triangulaire, quadrangulaire, etc., en matière transparente, qui a la propriété de dévier et de décomposer les rayons lumineux (➤ **spectre**). *Prisme de verre. Prisme à réflexion totale. Prisme de Nicol.* ➤ **nicol.** *Jumelles à prisme.* ➤ **prismatique.** ♦ FIG. *Voir à travers un prisme :* voir la réalité déformée. *«elle voyait les objets extérieurs à travers le prisme de la passion»* Gautier.

PRISON [prizɔ̃] **n. f.** – XIIe ; *prisun, prisum* «prise, capture» 1080 ◊ latin populaire °*prensio, onis,* latin classique *prehensio, onis,* de *prehendere* «prendre»

I Lieu de détention. ▪ **1** Établissement clos aménagé pour recevoir des délinquants condamnés à une peine privative de liberté ou des prévenus en instance de jugement. *«La prison est un lieu où on simule la vie. C'est une absence»* Ben Jelloun. *Prison d'État,* où sont subies les peines de longue durée. ➤ 2**pénitencier ; maison** (centrale, d'arrêt, de correction). *Prison départementale. Prison cellulaire. Prison centrale*. Prisons de l'Antiquité.* ➤ **ergastule, latomies.** *La Bastille, le Châtelet, la Conciergerie, prisons de l'Ancien Régime.* ➤ VX **cachot, geôle.** *Prison de femmes. Barreaux, murs d'une prison. Cellules, parloir, préau, cour, prétoire, mitard d'une prison. Gardien de prison.* ➤ **geôlier,** ARG. **maton.** *Visiteur de prison. De la prison.* ➤ **carcéral.** — LOC. FIG. et FAM. *Aimable, gracieux comme une porte de prison :* très désagréable. *Triste comme une porte de prison.* — **EN PRISON.** *Être en prison* (cf. FAM. Au bloc, en cabane, au gnouf, à l'ombre, au placard, en taule, au trou, derrière les barreaux). *«Un séjour en prison de près de quatre mois vous fait oublier un peu les usages»* Aymé. *Mettre qqn en prison.* ➤ **emprisonner, incarcérer.** — *Sortie de prison.* ➤ 3**quille.** *S'évader d'une prison.* ♦ PAR EXT. Tout local clos où l'on garde des individus enfermés. ➤ **dépôt,** FAM. **violon** (cf. Salle de police). — Local disciplinaire où sont détenus des soldats coupables de fautes graves contre la discipline. — Lieu où qqn est retenu prisonnier, est séquestré. LOC. *Vivre dans une prison dorée,* richement mais privé de liberté. ➤ **cage.** — Bâtiment, local, dont l'aspect sinistre évoque une prison (➤ **caserne**). *Ces H. L. M. sont de véritables prisons.* ▪ **2** FIG. et LITTÉR. Ce qui tient enfermé étroitement. *Le papillon, le bourgeon sort de sa prison. «La prison des soucis et des tâches médiocres»* R. Rolland.

II Peine privative de liberté subie dans une prison. ➤ **détention, emprisonnement, réclusion.** *Risquer la prison. Peine de prison. Faire de la prison. «vous avez été condamné à cinq ans de prison pour avoir tué un homme, dans une querelle»* Zola. *Condamné à la prison à vie. Prison pour dettes* (ANCIENNT). ♦ *Soldat puni de prison.*

▪ **CONTR.** Liberté.

PRISONNIER, IÈRE [pʀizɔnje, jɛʀ] **n. et adj.** – 1190 ◊ de *prison* ■ **1** Personne tombée aux mains de l'ennemi au cours d'une guerre, d'un conflit armé. *Prisonniers gardés comme otages. Échange de prisonniers. Camp de prisonniers en Allemagne* (➤ **oflag, stalag**), *en U. R. S. S.* (➤ **goulag**). *Prisonnier de retour de captivité. — Prisonnier de guerre. — Faire qqn prisonnier. Il a été fait prisonnier. Les rebelles ne font pas de prisonniers,* tuent ceux qu'ils prennent. ♦ **adj.** « *On lui apprit que les officiers supérieurs prisonniers se plaignaient d'être laissés sans abri ; même sans nourriture* » DORGELÈS. ■ **2** Personne qui est détenue dans une prison. ➤ **détenu,** ARG. **taulard.** *Écrouer un prisonnier. Mettre un prisonnier au secret. Libérer, relâcher, relaxer un prisonnier. Prisonnier qui s'évade. Prisonnier de droit commun et prisonnier politique. Compagnon de cellule d'un prisonnier.* ➤ **codétenu.** ♦ Soldat puni de prison. *Corvées des prisonniers.* ■ **3** Personne qui est prise, qui se fait prendre par la police. *Faire prisonnier.* ➤ **arrêter.** *Se constituer prisonnier.* ➤ se **livrer.** *Gendarmes qui passent les menottes à un prisonnier.* ■ **4 adj.** Enfermé ou maintenu dans un endroit, une position où l'on perd toute liberté d'action, de mouvement. « *il entendit la porte se refermer derrière lui, la clef tourna. Il était prisonnier* » APOLLINAIRE. *Bateau qui demeure prisonnier des glaces.* — **n.** « *La Prisonnière* », *roman de Marcel Proust.* ■ **5 adj.** FIG. **PRISONNIER DE... :** esclave. *Il est prisonnier de son succès, de ses habitudes, de ses principes.* ■ CONTR. Libre ; évadé.

PRIVAT-DOCENT [pʀivadɔsɑ̃] **n.** /PRIVATDOCENT/ – 1805 ◊ allemand *Privat-dozent*, calqué sur l'italien *libero docente* « enseignant libre » ■ DIDACT. Enseignant(e) qui offre un cours libre dans une université allemande, autrichienne ou suisse. *Des privat-docents.* — On écrit aussi *privat-dozent* [pʀivadɔzɑ̃] /privatdozent/, *des privat-dozents.*

PRIVATIF, IVE [pʀivatif, iv] **adj.** – 1514 ◊ latin *privativus*, de *privare* « mettre à part » ■ **1** DR. Qui est exclusif. *Disposition privative. Droit privatif.* — COUR. Se dit de bâtiments, de terrains en copropriété dont on a la jouissance exclusive mais non la propriété. *Jardin privatif.* ■ **2** (1557) GRAMM. Qui marque la privation, l'absence d'un caractère donné. *Particules privatives, préfixes privatifs* (➤ 2 **a- ; dé- ;** 1 **in- ; non, sans**). — **n. m.** (1690) *Les privatifs, préfixes marquant la négation.* ■ **3** Qui entraîne la privation de. *Peine privative de liberté.*

PRIVATION [pʀivasjɔ̃] **n. f.** – 1290 ◊ latin *privatio*, de *privare* « mettre à part » ■ **1** Absence ou suppression (de qqch.). « *L'ignorance consiste proprement dans la privation de l'idée d'une chose* » DIDEROT. ■ **2** Action de priver (d'une chose dont l'absence entraîne un dommage) ; le fait d'être privé ou de se priver. ➤ **défaut,** 1 **manque.** « *C'est un grand sacrifice pour moi que la privation de ce voyage et de ce séjour* » SAINTE-BEUVE. « *Les seuls biens dont la privation coûte sont ceux auxquels on croit avoir droit* » ROUSSEAU. *Endurer une privation.* ♦ DR. *Privation des droits civils, civiques* (➤ **interdiction**). — *Lieux de privation de liberté* (prisons, centres de rétention, hôpitaux psychiatriques...). ■ **3** (Souvent plur.) Le fait d'être privé de choses nécessaires par les circonstances ou volontairement ; ensemble des choses dont on est ainsi privé. *Souffrir de privations.* ➤ **pâtir.** *Privations prescrites par l'Église en carême* (➤ **abstinence, jeûne**). *S'imposer des privations, une vie de privations.* ➤ **restriction, sacrifice.** ■ CONTR. Jouissance.

PRIVATIQUE [pʀivatik] **n. f.** – 1979 ◊ de *privé*, sur le modèle de *télématique* ■ Ensemble des supports de communication audiovisuelle autonomes qui ne sont pas tributaires d'un réseau (comme le magnétoscope).

PRIVATISATION [pʀivatizasjɔ̃] **n. f.** – v. 1965 ◊ de *privatiser* ■ Action de privatiser ; son résultat. ➤ **dénationalisation.** ■ CONTR. Étatisation, nationalisation.

PRIVATISER [pʀivatize] **v. tr.** ‹1› – v. 1960 ◊ de *privé*, d'après *étatiser* ■ **1** Transférer au secteur privé (une activité relevant jusqu'alors du secteur public). *Privatiser un secteur de l'économie.* — SPÉCIALT Transférer à des actionnaires privés la propriété des participations majoritaires détenues par l'État dans le capital d'une entreprise (➤ **O. P. V.**). *Privatiser une entreprise nationalisée.* ➤ **dénationaliser, désétatiser.** — *Société privatisée.* ■ **2** Réserver (un espace public : musée, restaurant...) pour un usage privé. « *on allait dans un petit restaurant du village voisin, qu'on privatisait pour l'occasion* » HOUELLEBECQ. — **adj. PRIVATISABLE.** ■ CONTR. Étatiser, nationaliser.

PRIVAUTÉ [pʀivote] **n. f.** – *privité, priveté* 1170 ◊ de *privé*, d'après *royauté* ■ **Surtout plur.** Familiarité, liberté. *Prendre des privautés.* « *Ces privautés de langage la déconcertèrent* » GREEN. ♦ SPÉCIALT *Avoir, se permettre des privautés avec une femme.*

PRIVÉ, ÉE [pʀive] **adj.** – 1138 ◊ latin *privatus* ■ **1** Où le public n'a pas accès, n'est pas admis. *Voie privée. Chemin, passage privé. Piscine privée. Appartements privés d'un souverain. Propriété privée, entrée interdite. — Club privé. Séance privée. — Communion privée,* à laquelle n'assistent que les intimes (opposé à *solennelle*). ♦ Qui se tient, se déroule à part. *Entretiens privés. Audience privée.* ♦ **loc. adv. EN PRIVÉ :** seul à seul. *Puis-je vous parler en privé ?* ■ **2** Individuel, particulier (opposé à *collectif, commun, public*). *Initiative privée. Intérêts privés. La propriété privée. Domaine privé.* « *Celui qui, de son autorité privée, enfreint une mauvaise loi, autorise tout autre à enfreindre les bonnes* » DIDEROT. *Collection privée.* ■ **3** Personnel. ➤ **intime.** *Vie professionnelle et vie privée.* « *Chacun a droit au respect de sa vie privée* » (CODE CIVIL). « *Il n'est point de roi qui se soit montré aussi simple que lui dans sa vie privée* » Mme DE STAËL. *Correspondance de caractère privé.* ➤ **particulier.** ♦ **n. m.** *Ils se tutoient dans le privé.* ➤ **intimité.** ■ **4** Qui n'a aucune part aux affaires publiques. *En tant que personne privée :* en tant que simple citoyen. ➤ **particulier.** — (Opposé à *officiel*) *Souverain qui séjourne à titre privé dans un pays étranger. De source privée, on apprend que...* ➤ **officieux.** — (Opposé à *public, politique, social*) *Condition privée et fonction publique. — Droit privé. Acte sous seing* privé.* ■ **5** (Opposé à *public, national*) Qui n'est pas d'État, ne dépend pas de l'État. *École privée ; enseignement privé.* ➤ **libre.** *Police privée.* ➤ **milice.** *Le secteur privé. Banque, entreprise privée. Investissements, capitaux privés.* « *Tous les journaux vont être obligés tôt ou tard d'accepter des subsides privés* » BEAUVOIR. *Clientèle privée* (d'un médecin qui exerce également dans un service hospitalier public). *Clinique privée.* ♦ **n. m.** FAM. *Le privé :* le secteur privé. *Travailler dans le privé. L'administration et le privé. — Mettre ses enfants dans le privé,* dans une école privée. ♦ *Détective privé,* ou **n. m.** *un privé :* policier, enquêteur travaillant hors des organismes officiels. ■ CONTR. Public. Authentique. ■ HOM. Priver.

PRIVER [pʀive] **v. tr.** ‹1› – 1307 ◊ latin *privare* ■ **1** Empêcher (qqn) de jouir d'un bien, d'un avantage présent ou futur ; lui ôter ce qu'il a, lui refuser ce qu'il espère. ➤ **déposséder, frustrer, sevrer, spolier.** *Priver un héritier de ses droits.* ➤ **déshériter.** *Être privé de sommeil. Civils privés de nourriture et de médicaments.* « *Je suis très fâchée, ma belle, et d'être privée du plaisir de vous voir, et de la cause de cette privation* » LACLOS. — (Sujet chose) *La peur le prive de tous ses moyens.* ➤ **enlever.** *La panne a privé la ville d'électricité.* — (PASS.) « *L'amour est privé de son plus grand charme quand l'honnêteté l'abandonne* » ROUSSEAU. *Plante privée d'eau.* ♦ Enlever à (qqn) par châtiment, punition. *Priver qqn de ses droits civiques, de sa nationalité.* ➤ **déchoir.** « *Je continue à ne pas voir pourquoi on priverait un être humain de liberté* » BRETON. *Tu seras privé de télévision.* ♦ Enlever à. « *le duel est affreux, surtout lorsqu'il [...] prive la société d'un de ces hommes rares* » CHATEAUBRIAND. ■ **2 SE PRIVER v. pron. réfl.** Renoncer à qqch. volontairement. ➤ se **refuser.** *Il se prive de tout. Se priver de nourriture* (cf. Se serrer la ceinture*). — (Négatif) *Elle ne se prive pas de vous dénigrer :* elle vous dénigre souvent. — ABSOLT S'imposer des privations. *Il n'aime pas se priver.* « *Ils essayaient de se priver ; mais ils ne savaient pas* » R. ROLLAND. ■ CONTR. Donner, fournir, gratifier, nantir. ■ HOM. Privé.

PRIVILÈGE [pʀivilɛʒ] **n. m.** – 1190 ; variantes *privilegie, privilège* ◊ latin juridique *privilegium* « loi concernant un particulier » ■ **1** Droit, avantage particulier accordé à un seul individu ou à une catégorie, en dehors de la loi commune. ➤ **apanage.** *Concéder, donner, retirer un privilège. Avoir, obtenir un privilège. Bénéficier d'un privilège. Les privilèges dont les uns jouissent au préjudice des autres.* ➤ **passe-droit.** — HIST. *Les privilèges :* droits et avantages que possédaient certaines personnes en raison de leur naissance (nobles), de leurs fonctions (clercs, magistrats), etc. ➤ **prérogative.** *Abolition des privilèges et des droits seigneuriaux dans la nuit du 4 août 1789.* « *Je trouve impertinents les privilèges de la noblesse. Je quitte une patrie où ces privilèges m'offensent* » STENDHAL. ♦ DR. CIV. *Privilège de juridiction. — Privilège d'une créance :* « Droit que la qualité d'une créance donne à son bénéficiaire d'être préféré aux autres créanciers même hypothécaires » (Capitant). *Privilège des bouilleurs de cru. — Privilège exclusif.* ➤ **monopole.** *Privilège d'émission de la Banque de France.* ♦ ANCIENNT *Privilège du Roi,* ou ELLIPT *Privilège :* autorisation exclusive d'imprimer un ouvrage après examen de la censure. ■ **2** DR. Acte authentifiant la concession d'un privilège. *Dresser, enregistrer, sceller un privilège.* ■ **3** Avantage, faveur que donne qqch. *Le privilège de la naissance, de la fortune, de l'âge.* « *Les privilèges de la beauté sont immenses* » COCTEAU. ■ **4** Apanage naturel apprécié (d'un être, d'une chose). *La pensée est le privilège de l'espèce humaine. Avoir le privilège de connaître qqn. — Le privilège de l'immortalité.* ➤ 1 **don.** — PÉJ. OU IRON. *« Rire des gens d'esprit, c'est le privilège des sots »* LA BRUYÈRE. ♦ LOC. *Avoir le triste privilège de :* détenir un caractère, un record dont il n'y a pas lieu de se prévaloir.

PRIVILÉGIÉ, IÉE [pʀivileʒje] **adj.** et **n.** – 1265 ◊ p. p. de *privilégier* ■ **1** Qui bénéficie d'un privilège, qui a des privilèges. *Les deux ordres privilégiés de l'Ancien Régime.* — **n.** *« Le roi n'est lui-même que le plus privilégié des privilégiés »* TAINE. ♦ DR. *Créance privilégiée* (➤ **privilège**). *Créancier privilégié* (opposé à *chirographaire*). — FIN. *Actions privilégiées* (cf. De priorité*). ■ **2** COUR. Qui jouit d'avantages matériels considérables. *Les classes privilégiées.* ➤ **favorisé, fortuné.** — **n.** *« Les privilégiés n'ont pas d'oreille du côté des déshérités »* HUGO. ➤ **nanti.** ♦ Qui a de la chance, jouit d'un avantage quelconque. *Nous avons été privilégiés, nous avons joui d'un temps splendide.* — **n.** *Quelques privilégiés ont pu assister à la cérémonie.* ➤ **happy few** (ANGLIC.). ■ **3** LITTÉR. Qui a des dons exceptionnels, une nature d'élite. *Un être absolument privilégié.* ♦ (CHOSES) Qui convient mieux que tout autre à telle personne, à telle chose. *« pour les âmes d'élite, il y a des situations privilégiées »* GIDE. *Lieu privilégié,* de prédilection*. *Le génie, dont « le chef-d'œuvre* [est] *l'expression privilégiée »* MALRAUX. — *Relations privilégiées entre deux chefs d'État.* ■ CONTR. Défavorisé, déshérité, malheureux.

PRIVILÉGIER [pʀiviləʒje] **v. tr.** ⟨7⟩ – XIIIe ; sens religieux v. 1260 ; *se privilégier* XVIe ; repris XXe ◊ de *privilège* ■ Doter d'un privilège ; accorder une situation privilégiée, une importance particulière à (qqn ou qqch.). ➤ **avantager, favoriser.** *Privilégier les facteurs économiques en histoire. Ne vouloir privilégier personne.* ■ CONTR. Désavantager, défavoriser.

PRIX [pʀi] **n. m.** – fin XIe ◊ du latin *pretium.* → précieux, 1 priser « estimer », mépriser

I VALEUR DE QQCH. A. VALEUR MARCHANDE ■ **1** Rapport de valeur d'un bien à un autre bien ; rapport d'échange entre un bien ou un service et la monnaie. ➤ **coût, valeur.** *« L'argent est le prix des marchandises ou denrées. Mais comment se fixera ce prix ? »* MONTESQUIEU. — (1538) COUR. Valeur marchande, en argent, d'un bien ou d'un service. ➤ **aussi tarif.** *Prix d'une marchandise, d'un article, d'un service. Prix agricoles, industriels. Prix à l'unité* (ou *prix unitaire*) ; *prix au kilo, à la tonne. Prix à la journée, à la semaine, au mois. Prix d'un travail.* ➤ **honoraires, rémunération, salaire.** *Le prix de la journée :* le salaire. *Prix de location.* ➤ **loyer.** *Prix de transport* (➤ **factage, fret, 2 port**). *Prix des marchandises, des matières premières, des valeurs... en Bourse.* ➤ **cote, cours.** *Prix d'une devise, d'une monnaie.* ➤ **change, cours.** — *À quel prix est ce manteau ? quel est son prix ?,* combien coûte-t-il, vaut-il ? *Demander le prix de qqch.* (➤ **combien**). *S'entendre sur le prix. Débattre un prix.* ➤ **marchander.** *Fixer le prix. Convenir d'un prix.* ➤ **négocier.** *Conditions* de prix. Comparer les prix. Acheter, vendre à tel prix. Payer le prix de qqch. « La principale obligation de l'acheteur est de payer le prix »* (CODE CIVIL). (1860) *Y mettre le prix :* payer ce qu'il faut, ne pas regarder à la dépense. *Rapport qualité-prix. Quel prix voulez-vous mettre ? — Quel est votre prix ? Votre prix sera le mien.* (1863, Labiche) *Être dans les prix de qqn,* abordable pour qqn. *Ce n'est pas dans mes prix.* — *Hausse, baisse, chute des prix. Gonfler les prix. Bloquer* les prix. Les prix montent, augmentent, grimpent. Les prix baissent, descendent. Baisser un prix, les prix. Rabattre d'un prix* (➤ **rabais, réduction, remise**). *Vendre à bas, à vil prix. Casser* les prix.* ➤ **brader ; dumping.** *Vendre à prix cassés. Vendre au-dessous du prix,* à perte. — *Dernier prix,* celui qui n'est plus modifié, dans un marchandage. *C'est mon dernier prix* (cf. Mon dernier mot). — *Éventail des prix. Fourchette* de prix. Prix normal. Prix élevé, excessif, exorbitant, prohibitif* (cf. FAM. Coup de bambou*, de barre*). *Prix dissuasif. Au prix fort :* très cher, sans rabais. *Payer le prix fort,* un prix élevé ; FIG. subir de lourdes conséquences (cf. Payer très cher). *C'est le prix à payer ;* FIG. les conséquences à assumer. *« ne jamais mentir, quel que soit le prix à payer »* A. FERNEY. *Coûter* un prix fou,* excessif (cf. Les yeux de la tête). *Augmentation de prix.* ➤ **majoration.** — *Prix modéré, modique. Prix abordable, raisonnable, avantageux. Petit prix. Premier prix :* le plus bas de l'éventail. *Les champagnes premiers prix,* les produits d'entrée de gamme. *Prix d'appel*. Prix réduit. Prix d'ami,* consenti par faveur (plus bas). *Prix défiant toute concurrence. Pour un prix dérisoire. À bon prix. À bas prix.* ➤ **low cost** (ANGLIC.). *À moitié prix.* FAM. *Avoir des prix :* bénéficier de prix réduits. *Je vous fais un prix,* une réduction. ■ **2** En économie. *Équilibre, stabilité des prix. Flambée des prix.* ➤ **inflation.** *Théorie des prix. « L'offre et la demande sont les deux facteurs qui déterminent la formation des prix sur le marché »* R. BARRE. *Prix d'équilibre du marché.* ➤ **concurrence.** *Prix de monopole.* — *Indice* des prix. Politique des prix. Mesures de lutte contre la hausse des prix* (➤ **anti-inflationniste**) : blocage, contrôle, gel, surveillance des prix. *Politique contractuelle des prix,* résultant d'un accord entre les pouvoirs publics, les industriels et les commerçants. *Libération des prix. Prix garanti :* minimum garanti au producteur par les pouvoirs publics. — *La guerre des prix :* la concurrence commerciale. — (Grandeur mesurée) *à prix courants :* valeur en monnaie sur la base des prix de l'année considérée (➤ **nominal**) ; ... *à prix constants,* en éliminant de la valeur considérée les effets de variation de prix (➤ **réel**). ■ **3** Dans le commerce. *Comité, service des prix. Prix commerciaux. Prix de gros** (III), *de détail. Prix de fabrique** ou *d'usine. Prix coûtant*. Prix toutes taxes comprises* (ou *prix T. T. C.*) ; *prix hors taxes* (ou *prix H. T.*). *Prix clés* en main.* — *Prix courant,* habituellement pratiqué. *Prix ferme et définitif.* (1831) *Prix fixe,* fixé d'avance et ne donnant lieu à aucun marchandage. *Menu à prix fixe. Prix net,* service compris. *Prix marqué, affiché. Prix plafond* ; prix plancher*.* — *Prix libre,* fixé librement par le vendeur ou débattu librement. *Prix imposé,* par les autorités publiques. *Prix indicatif,* souhaité par les autorités publiques. *Prix conseillé,* suggéré par le producteur au distributeur. — (1838) *Prix de revient :* somme des coûts d'achat, de production et de distribution du bien ou du service proposé à la vente. *Si on me procure « le moyen de baisser mes prix de revient, c'est-à-dire de diminuer mes charges fiscales et de réduire les salaires »* NIZAN. *Prix d'achat,* auquel la marchandise a été achetée. *Prix de vente :* prix de revient augmenté de la marge bénéficiaire. *Prix net,* déduction faite des éléments considérés comme non indispensables à la production. ■ **4** Dans des locutions (milieu XIIe) **DE PRIX :** qui coûte cher. *Bijou de prix* (cf. De valeur). — *Hors de prix :* extrêmement coûteux. ➤ **inabordable.** *« On ne peut payer une chose inestimable que par une offrande qui soit aussi hors de prix »* BALZAC. — (1671) *N'avoir pas de prix, être sans prix :* être de très grande valeur. *« quatre ou cinq meubles sans prix parmi lesquels un gros canapé disgracieux »* ECHENOZ. ♦ (1538) **À PRIX.** *Mettre à prix :* proposer en vente. SPÉCIALT *Mise à prix :* prix initial dans une vente aux enchères. FIG. (1671) *Mettre à prix la tête de qqn,* promettre une récompense en argent à qui le capturera, le tuera. *« Les Allemands mirent à prix quelques têtes, deux cent mille francs chacune »* B. BECK. — *À prix d'argent :* pour de l'argent. (1829) *À prix d'or :* contre une forte somme. ♦ LOC. FAM. *Au prix où est le beurre :* compte tenu du coût de la vie. (1886, Courteline) *C'est le même prix :* c'est pareil ; c'est égal. *Qu'il soit d'accord ou pas, c'est le même prix* (cf. C'est le même tarif*). ■ **5** Étiquette, marque indiquant le prix (1°). *Enlevez le prix, c'est pour faire un cadeau.*

B. VALEUR ACCORDÉE À QQCH. (XIIe) ■ **1** Ce qu'il en coûte pour obtenir qqch. *Le prix de la gloire.* ➤ **rançon.** *« le risque professionnel existe, il faut accepter d'en payer le prix »* M. SERRES. — *Attacher, donner plus ou moins de prix à.* ➤ **importance.** *Apprécier, estimer à son prix, à son juste prix. « ce bien sans prix : une santé robuste »* SUARÈS. *« Toutes choses ont un prix, sauf ce qui est sans prix »* R. PEYREFITTE. *Mettre une chose à son vrai prix.* — *Donner du prix à,* de la valeur. *« La rareté du fait donnait prix à la chose »* LA FONTAINE. ■ **2 À... PRIX.** *Acheter, obtenir ; mettre à tel prix, à ce prix :* accepter tel sacrifice pour avoir. *« L'ingrate, qui mettait son cœur à si haut prix »* RACINE. — *À aucun prix :* quelles que puissent être les compensations. ➤ **jamais** (cf. Pour rien au monde*, pour tout l'or* du monde). — (1683) *À tout prix, à n'importe quel prix :* quoi qu'il puisse en coûter (cf. Coûte que coûte ; à toute force). ➤ **impérativement.** *« l'homme est enclin, pour sortir à tout prix de la confusion, à accepter une doctrine toute faite »* MARTIN DU GARD. ■ **3** (1588) **AU PRIX DE.** En échange de (tel ou tel sacrifice). ➤ **contre, moyennant.** *« Je voulais votre fille, et ne pars qu'à ce prix »* RACINE. *Au prix de longues discussions.*

II RÉCOMPENSE ■ **1** (fin XVe) VIEILLI Récompense. *« pour prix de ses soins, il recevait moins de remerciements que de rebuffades »* GIDE. ■ **2** (fin XIIe) MOD. Récompense destinée à honorer la personne, l'animal ou la chose qui l'emporte dans une compétition. ➤ **diplôme, médaille.** *Prix d'athlétisme, de gymnastique.* — *Prix littéraires. Attribuer le prix Goncourt* (➤ **goncourable**). *La saison des prix. « le prix déshonorant est celui qui se contente d'être honorifique »* C. M. CLUNY. — *Recevoir un prix scientifique. Le prix Nobel de physique* (➤ **nobélisable, nobéliser**). — *Le premier grand prix de Rome. Les prix du Conservatoire de musique, d'art dramatique. Prix d'interprétation*

féminine. Premier prix ex æquo. — Avoir, emporter, remporter le premier prix. ➤ **gagner.** *Décerner, remettre un prix.* ➤ 2 **primer.** ◆ (1690) Récompenses décernées aux premiers, dans chaque discipline, dans une école, un lycée. « *Philibert avait remporté tous les prix au collège* » STENDHAL. *Prix de calcul, de camaraderie. Prix et accessits. Prix d'excellence**, *d'honneur. Distribution, remise des prix. Livre de prix,* donné en prix. ◆ La récompense (objet matériel ou somme d'argent). *Un prix de 15 000 euros. Concours doté de nombreux prix.* — PAR EXT. Ce qu'on gagne à un jeu, un concours publicitaire. *Un million de prix, dont un voyage en Asie.* ▪ **3** Personne lauréate d'un prix. *Elle « n'avait rien du prix de beauté, mais elle était jeune »* J. AMILA. — L'œuvre qui a reçu un prix. *Avez-vous lu le dernier prix Goncourt ?* ▪ **4** (1867) Épreuve à l'issue de laquelle est décerné un prix. *Cheval qui court le Grand Prix. Grand prix automobile.*
▪ HOM. Pris.

PRO [pRo] **n. et adj.** – 1881 ◇ abrév. de *professionnel* ▪ FAM. ▪ **1** SPORT Professionnel. *Les amateurs et les pros.* ▪ **2** PAR EXT. (1960) Personne qualifiée dans son métier. *C'est une pro de l'immobilier. Un travail de pro. C'est un vrai pro !* il est très habile. — **adj.** *Ce n'est pas très pro. Des installateurs très pros.* ▪ **3 adj.** *Bac pro :* baccalauréat professionnel.

PRO- ▪ Élément, du grec ou du latin *pro* « en avant » *(projeter, progrès, pronom)* et « qui est pour, partisan de » *(pro-français, pro-communiste, pro-gouvernemental),* par opposition à *anti-*.

PROACTIF, IVE [pRoaktif, iv] **adj.** – 1993 ◇ anglais *proactive* (1971), de *pro-* et *reactive* « réactif » ▪ Qui anticipe les attentes, prend l'initiative de l'action. *Démarche, stratégie proactive. Candidat proactif et motivé.*

PROBABILISME [pRɔbabilism] **n. m.** – 1697 ◇ du latin *probabilis* ▪ DIDACT. ▪ **1** Doctrine selon laquelle on peut, en morale, suivre l'opinion la moins sûre, si elle est probable. ▪ **2** PHILOS. Doctrine selon laquelle l'esprit humain ne peut parvenir qu'à des propositions probables, non à la certitude.

PROBABILISTE [pRɔbabilist] **n. et adj.** – 1694 ◇ de *probabilisme* ▪ DIDACT. ▪ **1** Partisan du probabilisme (1° et 2°). — **adj.** Qui est relatif au probabilisme. *Doctrine probabiliste.* ▪ **2** (1962) Mathématicien(ne) spécialiste du calcul des probabilités. ◆ **adj.** (1947) Qui utilise la théorie des probabilités. *Calcul, statistique probabiliste.*

PROBABILITÉ [pRɔbabilite] **n. f.** – 1361 ◇ latin *probabilitas* ▪ **1** Caractère de ce qui est probable. *Probabilité d'une hypothèse.* ➤ **vraisemblance.** *Grande, forte probabilité d'un évènement.* ➤ **chance.** — *Selon toute probabilité :* vraisemblablement. ▪ **2** Grandeur par laquelle on mesure le caractère aléatoire (possible et non certain) d'un évènement, d'un phénomène par l'évaluation du nombre de chances d'en obtenir la réalisation. « *La probabilité d'un événement est le rapport du nombre de cas favorables à cet événement au nombre total des possibilités* » POINCARÉ. *Probabilité forte ; faible ; nulle* (impossibilité). *Évènements qui ont la même probabilité* (➤ **équiprobable**). — *Calcul, théorie des probabilités,* ou ELLIPT *les probabilités* (appliqué à la physique, l'économie, etc.). ABRÉV. FAM. **PROBAS.** *Importance de la loi des grands nombres dans le calcul des probabilités.* « *seules les probabilités des divers phénomènes possibles sont accessibles à nos calculs* » BROGLIE. ➤ **fréquence.** *Mathématicien spécialiste du calcul des probabilités.* ➤ **probabiliste.** *Probabilités au jeu* (➤ **martingale**). ▪ **3** (1738) Surtout au plur. Apparence, indice qui laisse à penser qu'une chose est probable. *Opinion fondée sur de simples probabilités.* ➤ **conjecture, présomption.** *Examiner, évaluer les probabilités.* « *il massa les preuves, les semi-preuves, les probabilités avec un talent que stimulait la récompense certaine de son zèle* » BALZAC. ▪ CONTR. Certitude, impossibilité, improbabilité.

PROBABLE [pRɔbabl] **adj.** – 1380 ; *proubable* « qu'on peut prouver » 1285 ◇ latin *probabilis*

I ▪ **1** VX RELIG. *Opinion probable :* opinion fondée sur des raisons sérieuses quoique non décisives. ➤ **probabilisme** (1°). ▪ **2** MOD. Qui, sans être absolument certain, peut ou doit être tenu pour vrai plutôt que pour faux. ➤ **admissible, plausible, possible.** « *Une autre condition essentielle de l'hypothèse c'est qu'elle soit aussi probable que possible* » C. BERNARD.

II (En parlant des évènements, des choses) ▪ **1** (1786) Dont on peut penser que l'existence, la réalisation a eu, a ou aura lieu ; qu'il est raisonnable de conjecturer, de présumer, de prévoir. *Son échec n'est pas certain mais il est probable.* ➤ **vraisemblable.** ◆ **adv.** FAM. Probablement. « *Elles sont donc à Paris ? – Probable* » DAUDET. ➤ **possible.** « *Ceux-là, probable qu'ils iront pas chercher ailleurs* » DURAS. ◆ *Il était probable qu'il allait devoir déménager. — Il est probable que nous irons. Il n'est pas probable, il est peu probable que cela se soit passé ainsi.* ◆ SUBST. *Le probable :* ce qui est probable. ▪ **2** Dont la réalisation, l'existence peut être affirmée plus (ou moins) facilement que celle d'autre chose. *Dans cette situation, un échec est plus probable qu'un succès. Il aura raté son train, c'est beaucoup plus probable.*

III ABUSIVEMENT Qu'on peut supposer être ou devenir. *Les candidats probables aux élections.*
▪ CONTR. Certain, douteux, improbable, invraisemblable.

PROBABLEMENT [pRɔbabləmɑ̃] **adv.** – 1370 ◇ de *probable* ▪ Vraisemblablement (cf. Sans doute*). « *Cette position qui va probablement devenir très difficile* » DUHAMEL. ◆ « *Viendra-t-il ? – Probablement.* » « *Probablement qu'il y a dans toi quelque chose du sauvage* » ARAGON. ➤ FAM. **probable.**

PROBANT, ANTE [pRɔbɑ̃, ɑ̃t] **adj.** – 1566 ◇ latin *probans,* p. prés. de *probare* « prouver » ▪ **1** DR. *En forme probante :* en forme authentique. *Pièce probante,* qui constitue une preuve. ▪ **2** (1787) COUR. Qui prouve sérieusement. *Argument, résultat probant.* ➤ **concluant, convaincant, décisif, éloquent.** *Rien de très probant.*

PROBATION [pRɔbasjɔ̃] **n. f.** – 1549 ; « épreuve » 1350 ◇ latin *probatio,* de *probare* « prouver » ▪ **1** RELIG. Temps du noviciat religieux. *Année de probation.* — Temps d'épreuve qui précède le noviciat. ▪ **2** DR. PÉN. Mise à l'épreuve des délinquants sous le contrôle d'un comité les aidant à se reclasser. *Période de probation. Peine de probation,* effectuée en milieu ouvert. *Conseiller d'insertion et de probation.*

PROBATIQUE [pRɔbatik] **adj. f.** – XIIIe ◇ latin *probaticus,* du grec *probatikos* « relatif au bétail » ▪ ANTIQ. JUD. *Piscine probatique :* bassin établi près du Temple de Jérusalem et dans lequel les prêtres purifiaient les animaux destinés aux sacrifices.

PROBATOIRE [pRɔbatwaR] **adj.** – *acte probatoire* 1707 ; *(forme) probatoire* « authentique » 1594 ◇ latin *probatorius,* de *probare* « prouver » ▪ *Examen probatoire,* qu'on fait passer à un élève pour s'assurer de son niveau. *Épreuve probatoire. — Stage probatoire. — Permis probatoire :* permis de conduire délivré avec un nombre réduit de points pour une période probatoire de trois ans. ◆ DR. PÉN. *Délai probatoire. Période probatoire.* ➤ **probation.**

PROBE [pRɔb] **adj.** – XVIe, repris en 1788 ◇ latin *probus* ▪ LITTÉR. Qui fait preuve de probité dans sa conduite. ➤ 1 **droit, honnête, incorruptible, intègre.** « *Tel était le dédale effroyable où les passions engageaient un des hommes les plus probes jusqu'alors* » BALZAC. *Employé, serviteur probe.* ➤ **fidèle** (I, A, 1°). ◆ « *Cette conscience droite, claire, sincère, probe* » HUGO. ▪ CONTR. Dépravé, malhonnête.

PROBIOTIQUE [pRɔbjɔtik] **adj. et n. m.** – 1987 ◇ calque de l'anglais *probiotics* (1965) ▪ Qui contient des micro-organismes vivants (bactéries, levures...) qui exercent un effet bénéfique sur l'organisme qui les ingère. *Le yaourt est un aliment probiotique.* — **n. m.** *Probiotiques et prébiotiques.*

PROBITÉ [pRɔbite] **n. f.** – 1420 ◇ latin *probitas* ▪ Vertu qui consiste à observer scrupuleusement les règles de la morale sociale, les devoirs imposés par l'honnêteté et la justice. ➤ **droiture, honnêteté, intégrité, rectitude.** *Agir avec probité. Probité professionnelle, intellectuelle. Doutez-vous de ma probité ? Personne d'une grande probité ; sans probité.* « *Vêtu de probité candide et de lin blanc* » HUGO. ◆ PAR EXT. *Tout,* « *la probité de langage, la probité de pensée, la justice et l'harmonie* [...] *recule de jour en jour* » PÉGUY. ▪ CONTR. Déloyauté, fourberie, malhonnêteté.

PROBLÉMATIQUE [pRɔblematik] **adj. et n. f.** – *probleumaticque* 1450 ◇ bas latin *problematicus*

I adj. ▪ **1** Dont l'existence, la vérité, la réussite est douteuse ; qui fait problème. ➤ **aléatoire, hasardeux, hypothétique.** « *Si la gloire de César* [...] *n'était fondée que sur la guerre des Gaules, elle serait problématique* » STENDHAL. *Le sens de la phrase est problématique.* ➤ **équivoque.** — PHILOS. *Jugement problématique :* chez Kant, proposition qui exprime une simple possibilité. ▪ **2** Qui pose un problème, est difficile à faire, à obtenir. *Son licenciement est problématique.* — **adv. PROBLÉMATIQUEMENT,** 1548.

II n. f. (1936) *La problématique :* art, science de poser les problèmes. ➤ **questionnement.** — Ensemble de problèmes dont les éléments sont liés. *La problématique du sens.*

PROBLÉMATISER [pʀɔblematize] v. tr. ‹1› – 1832 ◊ de *problématique* ▪ DIDACT. Présenter (qqch.) sous forme d'un ensemble de problèmes. *Problématiser un sujet d'actualité. « L'Histoire rend les réponses fluctuantes et incertaines, problématisant les certitudes les mieux fondées »* M. MEYER. — n. f. (1907) **PROBLÉMATISATION.**

PROBLÈME [pʀɔblɛm] n. m. – 1382 ◊ latin *problema*, du grec *problêma* ▪ **1** Question à résoudre qui prête à discussion, dans une science. *Problèmes philosophiques, moraux, métaphysiques. Le problème du mal. Soulever un problème. C'est là la clé, le nœud du problème. Le problème est mal posé. Aborder, traiter, résoudre un problème. « Nous espérions y trouver quelques données pour la solution de ce problème historique »* BALZAC. *Problème insoluble. — Faux problème :* problème mal posé, qui ne correspond pas aux vraies difficultés. LOC. *Tout le problème est là :* c'est toute la question. ◆ Question à résoudre, portant soit sur un résultat inconnu (numérique ou non) à trouver à partir de certaines données, soit sur la détermination de la méthode à suivre pour obtenir un résultat supposé connu. *Problèmes de géométrie, d'algèbre. Les données d'un problème. Résoudre un problème. Problème qui comporte deux, trois solutions. Faire un problème. Problème de robinets*. « Je me souviens très bien de ce problème. Il s'agissait d'un bassin, dont on indiquait les dimensions, et d'un tuyau à débit donné »* RAMUZ. — *Problème d'échecs, de bridge.* — PAR EXT. *Problème de mots croisés.* ▪ **2** (1753) Difficulté qu'il faut résoudre pour obtenir un certain résultat ; situation instable ou dangereuse exigeant une décision. ➤ **difficulté*, ennui.** *Régler un problème. Problèmes pratiques, techniques. Les problèmes de la circulation, du stationnement. Un problème se pose. Un problème difficile* (➤ **casse-tête**), *insoluble* (cf. La quadrature* du cercle). *Je ne vois pas où est le problème. « Je sais que le problème est ailleurs. Je ne sais pas où il est. Je sais seulement qu'il n'est pas là où les femmes croient »* DURAS. — **À PROBLÈMES :** qui pose, qui suscite des problèmes. *Des familles à problèmes.* ◆ LOC. (CHOSES) *Faire, poser problème :* présenter des difficultés. — *Poser des problèmes :* susciter des difficultés qu'il faudra résoudre. *Cet enfant me pose des problèmes. Ça pose de nombreux problèmes.* ◆ FAM. *Il n'y a pas de problème :* c'est une chose simple, évidente. *« Tu peux venir demain ? – Pas de problème ! »* certainement. — *Sans problème :* facilement. *C'est sans problème.* — FAM. *Il y a un problème,* une difficulté. ➤ FAM. **blème, hic, os.** — ANGLIC. *C'est mon (ton, son...) problème :* cela me (te, le...) concerne, c'est mon (ton, son...) affaire. ◆ *Problèmes politiques, économiques, financiers. Un problème de société. — « Un important facteur du problème de l'alcoolisme »* GIDE. *Le problème du logement, du chômage.* ◆ (1954) *Avoir des problèmes familiaux, professionnels, sexuels. De gros problèmes de santé. Problèmes d'argent. Problèmes psychologiques,* ou ABSOLT *Problèmes :* conflit affectif, difficulté à trouver un bon équilibre psychologique. *Adolescent qui a des problèmes. Une fille à problèmes.* ▪ **3** Chose, personne qui pose des problèmes. *Son attitude est un problème.* ➤ **énigme.** — *Cet élève est un problème.*

PROBOSCIDIENS [pʀɔbɔsidjɛ̃] n. m. pl. – 1817 ◊ de *proboscide* « trompe (d'éléphant) » 1544 ; latin *proboscis, idis,* grec *proboskis* ▪ ZOOL. Ordre de mammifères ongulés de très grande taille, qui possèdent une trompe utilisée pour la préhension. *Les proboscidiens sont représentés aujourd'hui par les éléphants.* — Sing. *Le dinothérium, proboscidien fossile.*

PROCAÏNE [pʀɔkain] n. f. – milieu XXe ◊ de *pro-* et *(co)caïne* ▪ PHARM. Anesthésique local de synthèse. ➤ **novocaïne.**

PROCARYOTE [pʀɔkaʀjɔt] adj. et n. m. – v. 1930 ◊ de *pro-* et *(eu)caryote* ▪ BIOL. Dont la cellule est dépourvue d'un noyau figuré (opposé à *eucaryote*). *Végétal procaryote.* — n. m. *Les bactéries et les archées sont des procaryotes.*

PROCÉDÉ [pʀɔsede] n. m. – 1540 ◊ p. p. subst. de *procéder* ▪ **1** LITTÉR. Façon d'agir à l'égard d'autrui. ➤ **comportement, conduite.** *« Je lui dis qu'il me rappelait à la vie par son procédé généreux »* LESAGE. — Plus cour. au plur. *Procédés corrects, blessants, indélicats, malhonnêtes, inqualifiables.* ➤ **agissements.** — LOC. *Échange de bons procédés :* services rendus réciproquement. *« Une haine acide se manifestant par un constant échange de mauvais procédés »* MADELIN. ▪ **2** (1627) Méthode employée pour parvenir à un certain résultat. ➤ 2 **moyen, système.** *Procédé technique, industriel. Procédé de fabrication. Imaginer, appliquer un nouveau procédé. — Ingénieur (de) procédé,* chargé de la conception, du développement ou de la mise en œuvre de procédés. — (ABSTRAIT) *Procédés syntaxiques. Procédé oratoire.* — PÉJ. Recette stéréotypée, qui sent l'artifice. *Cela sent le procédé.* ➤ **artifice.** ▪ **3** DIDACT. Forme particulière que revêt le déroulement d'un processus. *« Ce procédé de bipartition cellulaire »* J. ROSTAND. ▪ **4** (1842) BILLARD Rondelle de cuir appliquée au petit bout d'une queue de billard et que l'on frotte de craie. *Queue à procédé.*

PROCÉDER [pʀɔsede] v. ‹6› – 1372 ◊ latin *procedere* « aller en avant » **I** v. intr. **A. PROCÉDER DE.** ▪ **1** THÉOL. Être uni aux deux autres personnes de la Trinité, en émanant d'elles. *Le Saint-Esprit procède du Père et du Fils* (➤ **procession,** II). ▪ **2** LITTÉR. Tenir de. *Le mal « procède du bien et participe des mérites attachés au bien »* FRANCE. *Cela procède du même principe.* ➤ **participer.** ◆ Tirer son origine de. ➤ **découler,** 1 **dépendre,** 1 **dériver, émaner, venir.** *« les passions qui procèdent du cerveau survivront* [...] *toujours aux passions émanées du cœur »* BALZAC.

B. Agir (de telle manière, selon telle méthode, dans tel but). *Procéder avec méthode. Voilà comment il faut procéder. Manière de procéder.* ➤ **modus operandi.** *« nous ne pouvons qu'errer, indécis, et procéder par tâtonnement »* COLETTE. *Procéder par élimination, par déduction.* LOC. *Procédons par ordre !* prenons les choses l'une après l'autre et dans leur ordre.

II v. tr. ind. **PROCÉDER À.** ▪ **1** DR. Exécuter (tel acte juridique). *Officier d'état civil qui procède au mariage.* ➤ **célébrer.** *Procéder à une perquisition, une arrestation.* — (PASS. IMPERS.) *Il sera procédé à une enquête.* ▪ **2** COUR. Faire, exécuter (un travail complexe, une opération). ➤ **effectuer, exécuter.** *Faire procéder à une étude géologique. Il fallut procéder à une autopsie.*

PROCÉDURAL, ALE, AUX [pʀɔsedyʀal, o] adj. – 1877 ◊ de *procédure* ▪ **1** DR. Relatif à la procédure judiciaire. *Formalités procédurales. Bataille procédurale.* ▪ **2** INFORM. *Langage procédural* (opposé à *déclaratif*), qui permet de décomposer un programme en modules, en procédures.

PROCÉDURE [pʀɔsedyʀ] n. f. – 1344 ◊ de *procéder* ▪ **1** VX Manière de procéder pour aboutir à un résultat. ▪ **2** Manière de procéder juridiquement ; série de formalités qui doivent être remplies. *Procédure judiciaire. Quelle est la procédure à suivre pour se faire naturaliser ? — Procédure administrative, financière. Procédure électorale.* ◆ Ensemble des règles, des formalités, qui doivent être observées, des actes qui doivent être accomplis pour parvenir à une solution juridictionnelle (➤ 1 **action, instance, instruction, poursuite, procès ; tribunal**). *Engager, intenter, introduire* (3°) *une procédure. Actes, pièces, dossier de procédure. Procédure de divorce. Procédure dilatoire. Procédure inquisitoire*. Procédure expéditive. Incident* de procédure. Vice de procédure.* ▪ **3** Branche du droit qui détermine ou étudie les règles d'organisation judiciaire, de compétence, d'instruction des procès, d'exécution des décisions de justice. ➤ 1 **pratique.** *Code de procédure civile, de procédure pénale. Procédure contentieuse.* ▪ **4** (avant 1959 ◊ d'après l'anglais *procedure* « procès, processus ») TECHN. Ensemble des procédés utilisés dans la conduite d'une opération complexe. *Une procédure très compliquée. Procédure d'atterrissage d'un avion. Par quelle procédure définissez-vous les mots ?* ◆ (1968) INFORM. Ensemble de commandes qui effectue un certain nombre de commandes système ou de tâches répétitives. *Procédure de sauvegarde.*

PROCÉDURIER, IÈRE [pʀɔsedyʀje, jɛʀ] adj. et n. – 1842 ; « qui connaît la procédure » 1819 ◊ de *procédure* ▪ **1** Qui est enclin à la procédure, à la chicane. *Elle est très procédurière.* ➤ **chicaneur,** 1 **processif.** *Humeur procédurière.* — Qui multiplie les formalités. *Les astuces procédurières.* ◆ n. Personne qui aime la chicane, recourt volontiers à la procédure (➤ **plaideur**). *Un redoutable procédurier.* ▪ **2** n. Policier, policière chargé(e) de recueillir des indices sur une scène de crime et de consigner toutes les étapes de l'enquête. *Les « techniciens de la police scientifique et* [le] *procédurier, qui débarquaient avec leurs valises »* F. THILLIEZ.

PROCÈS [pʀɔsɛ] n. m. – 1324 ; « marche, développement » 1250 ◊ latin *processus,* de *procedere* « aller en avant, s'avancer »

I ▪ **1** VX ou LITTÉR. Développement, marche. — MOD. DIDACT. Processus. ◆ (1927) LING. Contenu sémantique du prédicat ; ce que le verbe peut affirmer du sujet (état, devenir, action). ▪ **2** ANAT. Prolongement d'une partie principale. *Procès (replis) ciliaires*.* ➤ **processus** (I).

II (1324) MOD. ▪ **1** Litige soumis, par les parties, à une juridiction. ➤ **affaire, instance, procédure.** *Procès civil. Procès criminel, politique. Procès en diffamation. Matière à procès.* ➤ **conflit, contestation, différend.** *Soutenir un procès.* ➤ 1 **ester, plaider.** *Avoir un procès, des procès. Aimer les procès* (➤ **chicanier, procédurier,** 1 **processif**). *Entreprendre, engager un procès ;*

ouvrir un procès contre qqn. ➤ **attaquer, poursuivre ; 1 action, plainte, poursuite.** *Faire, intenter un procès à qqn. Être en procès avec, contre qqn.* ➤ **adversaire ; défendeur, demandeur.** *Le fond du procès. Les pièces, le dossier d'un procès. « Ce procès traînait dans les délais, dans le lacis inextricable de la procédure »* BALZAC. *Instruire un procès. « un procès monstre, dont l'instruction demanda dix-huit mois »* ZOLA. *Gagner, perdre un procès. Casser, réviser un procès.* — LOC. (1638) *Faire un mauvais procès à qqn,* l'incriminer à tort. ■ **2** LOC. *Faire le procès de qqn, qqch. :* attaquer, critiquer systématiquement. ➤ **accuser, attaquer, condamner.** *Faire le procès de l'avortement.* — *Procès d'intention*. Procès de tendance*. Faux procès :* accusation infondée, critique de mauvaise foi. ■ **3** LOC. (1609) *Sans autre forme de procès :* sans formalité, sans plus de façon. *On l'a renvoyé sans autre forme de procès.*

PROCESSEUR [pʀɔsesœʀ] **n. m.** – 1957 ◊ anglais *processor* ■ INFORM. Dans un ordinateur, Organe destiné à interpréter et exécuter les instructions. ➤ **coprocesseur, microprocesseur, multiprocesseur.** *Processeur graphique. Vitesse de traitement d'un processeur.* ➤ **MIPS.**

1 **PROCESSIF, IVE** [pʀɔsesif, iv] **adj.** – 1511 « relatif aux procès » ◊ de *procès* ■ **1** VX ➤ **procédurier.** *« il était difficultueux et processif en affaires »* BALZAC. ■ **2** (1902) PSYCHIATR. Qui présente une constitution paranoïaque marquée par la tendance à se lancer continuellement dans des revendications, des réclamations. ➤ **revendicateur ; quérulence.** — **n.** *Un processif.*

2 **PROCESSIF, IVE** [pʀɔsesif, iv] **adj.** – 1966 ◊ anglais *processive* ■ ANGLIC. ÉCON. POLIT. Qui est facteur de progrès social. *Progrès processif.*

PROCESSION [pʀɔsesjɔ̃] **n. f.** – 1150 ◊ latin *processio* « action de s'avancer », de *procedere* « s'avancer »

I ■ **1** Cortège, défilé religieux plus ou moins solennel qui s'effectue en chantant et en priant. *Procession des Rameaux, de la Fête-Dieu. Suivre une procession. « Des processions composées de tous nos infirmes [...] passent en chantant sous les arbres, avec le Saint-Sacrement, la croix et la bannière »* CHATEAUBRIAND. ◆ PAR EXT. Le fait de défiler, de se dérouler (en parlant d'une procession). *Pendant la procession les cloches sonnaient.* ■ **2** Tout cortège religieux. *La procession des panathénées.* ■ **3** Longue suite de personnes qui marchent à la file ou en colonne (➤ **file, 1 queue**). *Marcher en procession. « La procession se déroulait dans le chemin creux [...] Les jeunes mariés venaient d'abord, puis les parents, puis les invités, puis les pauvres du pays »* MAUPASSANT. ◆ FIG. Suite de personnes qui se succèdent à brefs intervalles. *Une procession de solliciteurs. « il dépeignit l'ininterrompu défilé des lésés et des mécontents [...] Une procession, je vous dis ! Une véritable procession ! »* COURTELINE.

II (1690 ◊ d'après *procéder,* I, 1°) THÉOL. *Procession du Saint-Esprit :* le fait de procéder (I, 1°) du Père et du Fils.

PROCESSIONNAIRE [pʀɔsesjɔnɛʀ] **adj.** et **n. f.** – 1734 ◊ de *procession* ■ ZOOL. *Chenilles processionnaires :* larves de lépidoptères qui se déplacent en file serrée le long d'un fil de soie sécrété par la chenille de tête. — **n. f.** *Pins envahis de processionnaires.*

PROCESSIONNEL, ELLE [pʀɔsesjɔnɛl] **adj.** – 1542 ◊ de *procession* ■ Relatif aux processions. *Cortège processionnel.* — **adv. PROCESSIONNELLEMENT,** fin XVe.

PROCESSUS [pʀɔsesys] **n. m.** – 1541 ◊ latin *processus* « progrès »

I ANAT. Prolongement d'un organe. ➤ **diverticule, procès** (I), **saillie.** *Processus ethmoïdal du sphénoïde.*

II ■ **1** (1865) DIDACT. Ensemble de phénomènes, conçu comme actif et organisé dans le temps. ➤ **évolution.** *Processus biologique, physiologique, pathologique* (ou *morbide*). *Processus de croissance, de développement, d'extension.* ➤ **développement, 2 marche, mécanisme** (FIG.). *Processus irréversible. Processus social, politique, économique. Processus inflationniste* (➤ **spirale**). — *Processus physique, géologique.* ■ **2** COUR. Ensemble de phénomènes se déroulant dans le même ordre ; façon de procéder. *Selon le processus habituel, il y aura d'abord une enquête.* ■ **3** Suite ordonnée d'opérations aboutissant à un résultat. ➤ **procédure.** *Processus de fabrication. Suivre un processus.*

PROCÈS-VERBAL, AUX [pʀɔsɛvɛʀbal, o] **n. m.** – v. 1290 ◊ de *procès* et *verbal* ■ **1** Acte dressé par une autorité compétente, et qui constate un fait entraînant des conséquences juridiques. *Procès-verbal du juge, du notaire, de l'huissier* (➤ **constat**). *Procès-verbal de carence, d'interrogatoire, de perquisition, de contravention, d'audition. « L'huissier, avec deux témoins, se présenta chez elle pour faire le procès-verbal de la saisie »* FLAUBERT. ◆ SPÉCIALT, COUR. Procès-verbal de contravention. *Avoir un procès-verbal pour excès de vitesse.* ➤ **amende, contravention,** FAM. **p.-v.** *Dresser (un) procès-verbal.* ➤ **verbaliser.** ■ **2** (1718) Relation officielle écrite de ce qui a été dit ou fait dans une réunion, une assemblée, etc. ➤ **compte rendu, recès.** *Procès-verbal de séance. Lire, approuver le procès-verbal.*

PROCHAIN, AINE [pʀɔʃɛ̃, ɛn] **adj.** et **n.** – 1155 ; *prucein* 1120 ◊ latin populaire °*propeanus,* du latin classique *prope* « près de »

I **adj.** Très rapproché, le plus rapproché. ➤ **proche.** ■ **1** (Dans l'espace) VX ou LITTÉR. ➤ **voisin.** *« On porta le vieillard au prochain cimetière »* HUGO. *« Que ce soit aux rives prochaines »* LA FONTAINE. ◆ Qui vient juste après le lieu où l'on se trouve (dans un mouvement). *Le prochain arrêt. La prochaine station.* ELLIPT *Vous descendez à la prochaine ?* ■ **2** COUR. Qui est près de se produire. *« je n'augure pas bien de l'avenir prochain »* RENAN. *La mort, la fin prochaine. La menace d'une guerre prochaine.* ➤ **imminent.** *Un jour prochain :* bientôt. — GRAMM. *Futur prochain,* formé avec un auxiliaire (ex. Je vais ouvrir). ◆ SPÉCIALT Qui suit chronologiquement (une autre date). *La semaine prochaine, le mois prochain, l'été prochain. Lundi prochain. Le 10 mai prochain.* — **Antéposé (d'un évènement)** *La prochaine rencontre. Le prochain train.* — *La prochaine fois, la fois prochaine :* la première fois que la chose se reproduira. *La prochaine fois, tu feras attention ! À la prochaine fois.* ELLIPT et FAM. *À la prochaine !* formule de départ, de séparation (cf. Au revoir*). — *À la prochaine occasion.* ■ **3** (Antéposé) Qui viendra immédiatement après (dans une série). *Ma prochaine voiture. Le prochain candidat.* ➤ **1 suivant.** ■ **4** DIDACT. *Genre prochain :* « le plus faible, en extension, de ceux qui comprennent une espèce donnée » (Lalande). *Définition par genre prochain et différence* spécifique. Cause prochaine,* celle qui précède immédiatement l'effet. ➤ **1 direct, immédiat.** *Pouvoir prochain.*

II **n. m.** (XIIIe ; *prucein* XIe) Personne, être humain considéré comme un semblable. ➤ **semblable.** *« Tu aimeras ton prochain comme toi-même »* (LÉVITIQUE et ÉVANGILE, saint Matthieu). *L'amour du prochain.* ➤ **charité.** *« Le système de l'amour du prochain est une chimère que nous devons au christianisme et non pas à la Nature »* SADE. *« En vérité, il y a deux amours, le vrai pour les bien-aimés et le faux pour les autres, l'amour dit du prochain »* A. COHEN. *Dire du mal, du bien de son prochain.* ➤ **autrui.**

■ CONTR. Lointain ; dernier, 3 passé.

PROCHAINEMENT [pʀɔʃɛnmɑ̃] **adv.** – 1130 ◊ de *prochain* ■ Dans un proche avenir, dans peu de temps. ➤ **bientôt, incessamment** (cf. Sous peu*). *Je reviendrai prochainement, très prochainement. Prochainement sur les écrans* (pour annoncer un film programmé ultérieurement).

PROCHE [pʀɔʃ] **adv., prép.** et **adj.** – 1259, rare avant XVIe ◊ dérivé régressif de *prochain*

I ■ **1** **adv.** VX Près. *« Il demeure ici proche »* (ACADÉMIE). ◆ MOD. LOC. **DE PROCHE EN PROCHE :** en avançant par degrés, peu à peu. *« Des épidémies d'esprit qui gagnaient les hommes de proche en proche comme une espèce de contagion »* ROUSSEAU. ■ **2** **prép.** VX ou RÉGION. Près de. *Le « Collège qui se trouvait alors proche le Palais »* DUHAMEL. *« Les bonnes gens, proche des cimetières, ont peur des revenants »* RESTIF. ◆ LOC. PRÉP. (Canada, Louisiane) *Proche de :* près de. — *Passer proche de* (et inf.) : faillir. *Il a passé proche de tout perdre.*

II **adj.** (1587) Qui est à peu de distance. ■ **1** Voisin, contigu (dans l'espace). ➤ **attenant, avoisinant, environnant.** *Lieu proche, tout proche. « Les cimes espagnoles ou les cimes françaises étaient là, toutes également proches »* LOTI. *Le Proche-Orient.* — (PERSONNES) *Les plus proches voisins.* — *« Trois étoiles que séparent des abîmes paraissent proches les unes des autres »* MAURIAC. ➤ **rapproché.** ■ **2** (1636) LITTÉR. Qui va bientôt arriver ; qui est arrivé il y a peu de temps. *L'heure est proche.* ➤ **imminent.** *Ces années me paraissent toutes proches. « La nuit est déjà proche à qui passe midi »* MALHERBE. — *Des évènements tout proches de nous.* ➤ **récent.** ■ **3** FIG. Qui est peu différent. ➤ **approchant, semblable, similaire.** *Termes de sens proche.* ➤ **voisin.** *« La poésie nouvelle basée sur un débit plus proche de la modulation orale que de la déclamation »* TZARA. — *Couleurs assez proches l'une de l'autre.* ◆ (PERSONNES) Qui a des affinités (sentimentales, intellectuelles) avec (qqn, un groupe). *Un ami très proche, qui m'est très proche.* ➤ **intime.** *Écrivain proche du mouvement surréaliste.* — **n.** Ami intime. *Se confier à des proches.* ■ **4** (1549) Dont les liens de parenté sont étroits. *Proche parent. Un cousin très proche. Mammifères proches des singes.* ◆ **n.** AU PLUR. Parents, membres de la proche famille. ➤ **parentèle.** *Protéger ses proches. Le patient et ses proches.*

■ CONTR. Lointain ; éloigné ; différent.

PROCIDENCE [prɔsidɑ̃s] **n. f.** – 1560 ◊ latin *procidentia* «chute d'un organe», de *procidere* «tomber *(cadere)* en avant» ■ ANAT. Prolapsus* d'un organe ou d'une partie anatomique. *Procidence du cordon ombilical.*

PROCLAMATION [prɔklamasjɔ̃] **n. f.** – 1370 ◊ latin *proclamatio* ■ **1** Action de proclamer. — VX *Proclamation d'un roi, d'un empereur.* — MOD. (CHOSES) *La proclamation de la république. Proclamation des résultats d'un examen.* ■ **2** Discours ou écrit public contenant ce qu'on proclame. ➤ **avis, communiqué, déclaration.** *Rédiger, lire, afficher une proclamation. Proclamations violentes, incendiaires.*

PROCLAMER [prɔklame] **v. tr.** ‹1› – XIVe ◊ latin *proclamare* ■ **1** Publier ou reconnaître solennellement, par un acte officiel. *Proclamer un roi. Proclamer la république, la dictature, l'indépendance d'un pays. Proclamer l'état de siège. Proclamer le résultat d'un scrutin, d'un concours.* «*Le décret de l'Assemblée, imprimé et affiché, sera, de plus, à tous les carrefours, proclamé à son de trompe*» MICHELET. — *Le Sénat proclama Napoléon empereur des Français.* ■ **2** Annoncer ou déclarer hautement auprès d'un vaste public. ➤ **claironner, clamer, crier.** *Proclamer haut et fort. Proclamer son innocence, sa conviction.* «*Un principe antiphilosophique et antiscientifique, quoiqu'il ait été proclamé par une école philosophique*» C. BERNARD. — *Il* «*proclama le vin bon*» GAUTIER. — *Proclamer que* (et l'indic.). ➤ **affirmer.** «*Kant proclame que le devoir suprême de l'homme envers l'homme, c'est de le traiter comme une fin*» JAURÈS. «*Le chef de bataillon proclama d'une voix résolue : – Il fallait tout oser, pour empêcher la guerre, tout !*» DORGELÈS. — **p. p. adj.** «*La recherche proclamée du bien-être*» J. TESTART. ◆ (Sujet chose) Manifester ou exprimer de la manière la plus nette. «*cet intérieur à la fois comique et sinistre, où tout proclamait la petitesse d'une existence bourgeoise*» GREEN. — **n. PROCLAMATEUR, TRICE.** ➤ **héraut.** ■ CONTR. Celer, taire.

PROCLITIQUE [prɔklitik] **adj.** – 1812 ◊ du grec *proklinein* «incliner en avant», sur le modèle de *enclitique* ■ LING. Se dit d'un mot qui, s'appuyant sur le mot suivant avec lequel il forme une unité phonétique, est dépourvu d'accent tonique. *En français, les articles, les pronoms personnels relatifs, les prépositions monosyllabiques sont des mots proclitiques,* **n. m.** *des proclitiques.* ■ CONTR. Enclitique.

PROCONSUL [prokɔ̃syl] **n. m.** – 1140 ◊ latin *proconsul* ■ HIST. ROM. Nom donné, après Sylla, aux anciens consuls qui recevaient le gouvernement d'une province et possédaient les pouvoirs militaire, civil et judiciaire. ➤ **gouverneur, magistrat.** ◆ FIG. «*Être journaliste, c'est passer proconsul dans la république des lettres*» BALZAC. — **n. m. PROCONSULAT,** 1552.

PROCONSULAIRE [prokɔ̃sylɛr] **adj.** – 1512 ◊ latin *proconsularis* ■ **1** HIST. ROM. Qui appartient, qui est propre au proconsul. *Le pouvoir proconsulaire. Province proconsulaire,* gouvernée par un proconsul. ■ **2** (1896 ◊ allus. au cou épais du buste du proconsul Vitellius) MÉD. *Cou proconsulaire :* tuméfaction qui efface la délimitation du cou et de la mâchoire.

PROCORDÉS [prɔkɔrde] **n. m. pl.** – 1898 *prochordés* ◊ de *pro-* et *corde* ■ ZOOL. Embranchement d'animaux métazoaires marins, à cavité générale *(cœlomates)* et symétrie bilatérale, qui possèdent une corde dorsale, un système nerveux dorsal, mais ni colonne vertébrale ni crâne. *L'amphioxus, les tuniciers (ascidies) sont des procordés.* — Au sing. *Un procordé.*

PROCRASTINATEUR, TRICE [prɔkrastinatœr] **n.** – 1800 ◊ de *procrastination* ■ LITTÉR. OU PLAIS. Personne qui procrastine, qui remet tout au lendemain. «*C'est un mou (...). Un velléitaire. Un procrastinateur.*» A. DE LIBERA. — On dit aussi *procrastineur, euse.*

PROCRASTINATION [prɔkrastinasjɔ̃] **n. f.** – XVIe ◊ du latin *procrastinatio,* de *pro-* et *crastinus* «du lendemain» ■ LITTÉR. Tendance à tout remettre au lendemain, à ajourner, à temporiser. «*Mon indécision, ma "procrastination," comme disait Saint-Loup*» PROUST.

PROCRASTINER [prɔkrastine] **v. intr.** ‹1› – XVIe ◊ du latin *procrastinare* «remettre une affaire au lendemain», de *pro-* et *crastinus* «du lendemain» ■ LITTÉR. OU PLAIS. Avoir tendance à remettre au lendemain.

PROCRÉATEUR, TRICE [prɔkreatœr, tris] **adj. et n.** – 1540 n. ◊ de *procréer,* par le latin *procreator* ■ LITTÉR. Qui procrée. *Pouvoir procréateur.* ◆ **n.** «*elle n'était qu'une épouse clandestine, une procréatrice de second ordre*» BEN JELLOUN. — VIEILLI OU PLAIS. *Les procréateurs.* ➤ **géniteur.**

PROCRÉATIF, IVE [prɔkreatif, iv] **adj.** – 1860 ◊ de *procréer* ■ Qui a trait à la procréation. *Médecine procréative.*

PROCRÉATION [prɔkreasjɔ̃] **n. f.** – 1213 ◊ latin *procreatio* → procréer ■ LITTÉR. Action de procréer. ➤ **génération.** ◆ *Procréation naturelle. Procréation artificielle. Procréation médicalement* (ou *médicale*) *assistée (P. M. A.)* ou *assistance* (ou *aide*) *médicale à la procréation (A. M. P.).* ➤ **F. I. V., fivète.**

PROCRÉATIQUE [prɔkreatik] **n. f.** – 1985 ◊ de *procréat(ion)* et *-ique* ■ Science de la procréation artificielle.

PROCRÉER [prɔkree] **v. tr.** ‹1› – v. 1300 ◊ latin *procreare,* de *creare* ■ LITTÉR. Engendrer (en parlant de l'espèce humaine). ➤ **enfanter.** «*Procréer des enfants bien conditionnés et de corps et d'esprit*» MOLIÈRE. *Capacité à procréer. Être inapte à procréer.* ➤ **stérile.**

PROCTALGIE [prɔktalʒi] **n. f.** – 1795 ◊ de *proct(o)-* et *-algie* ■ MÉD. Douleur vive à l'anus et à la partie inférieure du rectum.

PROCTITE [prɔktit] **n. f.** – 1814 ◊ de *proct(o)-* et *-ite* ■ MÉD. Inflammation de l'anus. ➤ **rectite.**

PROCT(O)- ■ Élément, du grec *prôktos* «anus».

PROCTOLOGIE [prɔktɔlɔʒi] **n. f.** – milieu XXe ◊ de *procto-* et *-logie* ■ MÉD. Spécialité médicale traitant des maladies de l'anus et du rectum. — **n. PROCTOLOGUE.**

PROCTORRHÉE [prɔktɔre] **n. f.** – 1836 ◊ de *procto-* et *-rrhée* ■ MÉD. Écoulement muqueux par l'anus.

PROCURATEUR [prɔkyratœr] **n. m.** – 1680 ; *procuratour* «qui agit par procuration» XIIe ◊ latin *procurator* ■ HIST. ROM. Sous l'Empire, Intendant des domaines impériaux dans les provinces, parfois investi de pouvoirs politiques. ➤ **gouverneur.** *Ponce Pilate était procurateur de Judée.* ◆ HIST. MOD. Titre d'un des principaux magistrats des républiques de Venise et de Gênes. — *Grand procurateur de la nation :* l'un des deux députés soutenant les accusations devant la Haute Cour, sous la Ire République.

PROCURATIE [prɔkyrasi] **n. f.** – 1687 ◊ de *procurateur* ■ HIST. AU PLUR. À Venise, Palais des procurateurs. ◆ PAR EXT. (1802) Dignité, fonctions de procurateur.

PROCURATION [prɔkyrasjɔ̃] **n. f.** – 1219 ◊ latin *procuratio* ■ **1** DR. Mandat. ➤ 2 **pouvoir.** *Procuration générale, spéciale. Donner procuration, sa procuration. Chargé, fondé de procuration.* ➤ **mandant.** *Agir en vertu d'une procuration, par procuration. Voter par procuration.* ■ **2** COUR. Écrit par lequel une personne donne pouvoir à une autre d'agir en son nom dans une circonstance déterminée. *Rédiger, dresser, signer une procuration. Avoir la procuration sur le compte en banque de qqn* (➤ **signature**). «*Avez-vous eu sa procuration ? Vous pourriez avoir acheté, vendu des immeubles, placé des fonds !*» BALZAC. ■ **3** FIG. *Par procuration :* en remettant à un autre le soin d'agir, de parler... à sa place. «*Je ne vis que par autrui ; par procuration, pourrais-je dire*» GIDE.

PROCURATRICE [prɔkyratris] **n. f.** – 1529 ◊ fém. de *procurateur* ■ DR. Femme qui a pouvoir d'agir pour qqn en vertu d'une procuration (➤ **procureur,** 1°).

PROCURE [prɔkyr] **n. f.** – 1743 ; «procuration» 1265 ◊ de *procurer* ■ RELIG. ■ **1** Office de procureur dans certaines maisons et communautés religieuses. *Adjoint à procure.* ◆ Bureaux, logement du procureur d'un couvent. ■ **2** Magasin d'objets de piété.

PROCURER [prɔkyre] **v. tr.** ‹1› – XIIe «prendre soin» ◊ latin *procurare,* radical *cura* «soin» ■ **1** VX Obtenir (un résultat) par ses soins. — MOD. DIDACT. *Procurer une édition,* apporter tous ses soins à sa préparation et à sa publication. ■ **2** (XVe) COUR. Faire obtenir à qqn (qqch. d'utile ou d'agréable) par ses soins. ➤ **donner, fournir, nantir, pourvoir.** «*Dumouchel leur procura des billets pour une séance de l'Académie*» FLAUBERT. *Procurer un emploi, du travail à qqn.* ➤ **trouver.** — «*Une excellente cuisinière que me procura mon oncle*» BALZAC. ◆ **SE PROCURER** *qqch.* : faire en sorte d'avoir en sa possession, à sa disposition. ➤ **acquérir, obtenir.** *Il me faut plusieurs jours pour me procurer cet argent.* — «*Les efforts de l'homme pour se procurer de la joie sont parfois dignes de l'attention du philosophe*» HUGO. ■ **3** (Sujet chose) Être la cause ou l'occasion de (pour qqn qui en retire l'avantage ou en subit la conséquence). ➤ 1 **causer, occasionner.** *Son travail lui procure des satisfactions, un bon salaire.* ➤ **offrir.** *Le* «*plaisir que me procurait alors toute chose excessive*» FRANCE.

PROCUREUR [pʀɔkyʀœʀ] **n.** – 1213 «intercesseur» ◊ de *procurer* ■ **1** DR. «Celui qui a le pouvoir de gérer les affaires d'une autre personne ou de la représenter en justice» (Capitant). ➤ **procuratrice.** *Agir par procureur.* ➤ **procuration.** ◆ **n. m.** HIST. (sous l'Ancien Régime) «Officier établi pour agir en justice au nom de ceux qui plaident en quelque juridiction» (Académie, 1762). «*Je lui avais dit dans nos démêlés qu'il ne lui fallait pas un secrétaire, mais un clerc de procureur*» ROUSSEAU. ■ **2 n. m.** HIST. **PROCUREUR DU ROI, PROCUREUR GÉNÉRAL :** officier chargé des intérêts du roi et du public dans le ressort d'un parlement. — *Procureur impérial.* ◆ **n.** (depuis 1875) MOD. **PROCUREUR DE LA RÉPUBLIQUE :** magistrat(e) représentant(e) du ministère public et chef du parquet près du tribunal de grande instance. *Procureur général :* représentant(e) du ministère public et chef du parquet près la Cour de cassation, la Cour des comptes et les cours d'appel. *Substitut du procureur général,* qui le représente à l'instance. *La procureur est chargée de l'accusation, du réquisitoire.* — REM. Au féminin, on trouve aussi *procureure* sur le modèle du français du Canada. «*Ni la juge ni la procureure ni l'avocat* [...] *n'en ont eu connaissance*» R. JAUFFRET. — ABRÉV. FAM. **PROC.** «*la proc est intervenue pour demander l'application de la loi*» V. RAVALEC. ◆ Au Canada, *Procureur de la Couronne :* ministère public. En Suisse, *Procureur fédéral ;* en Belgique, *Procureur du Roi.* ■ **3 n. m.** Religieux chargé des intérêts de tout l'ordre. *Le procureur général des bénédictins.* ◆ Religieux chargé des intérêts temporels d'une maison religieuse (➤ **procure**). *Le père procureur.*

PRODIGALITÉ [pʀɔdigalite] **n. f.** – v. 1212 ◊ bas latin *prodigalitas* ■ **1** Caractère, défaut d'une personne prodigue. «*La prodigalité des millionnaires ne peut se comparer qu'à leur avidité pour le gain*» BALZAC. ➤ **générosité, largesse.** *Donner avec prodigalité.* ■ **2** (Souvent au plur.) Dépense excessive. *Il s'est ruiné par ses prodigalités.* ■ **3** FIG. et LITTÉR. ➤ **excès, profusion, surabondance.** «*Il y a* PRODIGALITÉ DE FORMES *dans la Nature, comme prodigalité de semences*» GIDE. ■ CONTR. Avarice, cupidité, économie ; rareté.

PRODIGE [pʀɔdiʒ] **n. m.** – 1355 ◊ latin *prodigium* ■ **1** Évènement extraordinaire, de caractère magique ou surnaturel. ➤ **miracle.** «*Ces trente mille ans étaient remplis d'autant de prodiges que la chronologie égyptienne*» VOLTAIRE. ◆ Signe divin annonçant un évènement important, une catastrophe. «*Le monde redoutable des prodiges qui ont toujours tenu une place importante dans la vie religieuse du Romain*» R. BLOCH. ◆ LOC. *Tenir du prodige,* se dit d'une chose extraordinaire dans son genre, inexplicable. ➤ **prodigieux.** «*une vigueur et une souplesse qui tenaient du prodige*» BARBEY. ■ **2** Acte, action extraordinaire. ➤ **merveille.** *Médicament qui fait des prodiges.* — *Un, des prodiges de,* se dit pour marquer le degré extrême d'une qualité, d'un défaut. *Des histoires* «*où l'on voit de jeunes princesses, persécutées par les génies, accomplir des prodiges de fidélité et de courage*» LOTI. *Déployer des prodiges d'ingéniosité.* ■ **3** (1639) Personne extraordinaire par ses talents, ses vertus, ses vices. ➤ **phénomène.** «*Supposons ce prodige* [un bon gouverneur] *trouvé*» ROUSSEAU. — SPÉCIALT Enfant exceptionnellement précoce et brillant. *C'est un petit prodige.* APPOS. *Les enfants prodiges.* ◆ Être dont l'existence, la nature est une énigme. «*Quelle chimère est-ce donc que l'homme ?* [...] *quel chaos,* [...] *quel prodige !*» PASCAL.

PRODIGIEUSEMENT [pʀɔdiʒjøzmɑ̃] **adv.** – 1549 ◊ de *prodigieux* ■ D'une manière surprenante, prodigieuse ; à un degré extrême. *Un roman prodigieusement ennuyeux.* ➤ **excessivement, extrêmement.** «*Un spectacle prodigieusement captivant*» VALÉRY.

PRODIGIEUX, IEUSE [pʀɔdiʒjø, jøz] **adj.** – XIVe ◊ latin *prodigiosus* ■ **1** RARE Qui a le caractère fabuleux du prodige (1°). «*Les choses prodigieuses et improbables*» VOLTAIRE. ■ **2** COUR. Extraordinaire. ➤ **étonnant, extraordinaire, stupéfiant, surprenant.** *Quantité, multitude prodigieuse.* ➤ **considérable.** *Une foule prodigieuse.* ➤ **monstre** (II). «*Sa force était prodigieuse. On dit que d'un coup d'épée, il fendait un cavalier de la tête à la selle*» MICHELET. *C'est prodigieux !* ou ELLIPT *Prodigieux !* — *Inconscience, bêtise prodigieuse.* ➤ **faramineux, inouï, monumental, phénoménal.** *Ce prodigieux génie. Un comédien prodigieux.* ◆ SUBST. Caractère extraordinaire. *Le prodigieux et le sublime.*

PRODIGUE [pʀɔdig] **adj.** et **n.** – 1265 ◊ latin *prodigus* ■ **1** Qui fait des dépenses excessives ; qui dilapide son bien. ➤ **dépensier ; prodigalité.** «*L'héritier prodigue paye de superbes funérailles, et dévore le reste*» LA BRUYÈRE. — *Il se montre prodigue avec ses amis dans le besoin.* ➤ **désintéressé, généreux, libéral.** — ALLUS. BIBL. *L'enfant, le fils prodigue,* que l'on accueille avec joie à son retour au foyer qu'il avait quitté depuis longtemps. ◆ **n.** (1701) Dilapidateur, dissipateur (cf. FAM. Panier* percé). *Placer un prodigue sous le régime de la curatelle. Les prodigues et les faibles d'esprit.* ■ **2** FIG. *Prodigue de :* qui distribue, donne abondamment (qqch.). *Être prodigue de paroles, de compliments* (➤ **prodiguer**). «*Mais ces mêmes héros, prodigues de leur vie*» RACINE. ■ CONTR. Avare, avide, économe ; 1 chiche, parcimonieux.

PRODIGUER [pʀɔdige] **v. tr.** ⟨1⟩ – 1552 ◊ de *prodigue* ■ **1** Dépenser avec prodigalité (ses biens ou ceux d'autrui). ➤ **dilapider, dissiper.** ◆ (ABSTRAIT) Accorder trop facilement. ➤ **gaspiller.** *Prodiguer son estime.* «*La providence est ménagère de ses grands hommes. Elle ne les prodigue pas*» HUGO. ■ **2** Accorder, distribuer généreusement, employer sans parcimonie. *Prodiguer les millions.* — *Prodiguer son énergie, son talent* (➤ **dépenser, déployer**). *Prodiguer des conseils.* «*Les soins que vous m'avez prodigués avec tant d'amitié*» RENAN. ■ **3 SE PRODIGUER v. pron.** Se dépenser sans compter. ➤ **se dévouer.** «*S'il faut agir, prodigue-toi ; s'il faut parler, ménage-toi*» JOUBERT. — SPÉCIALT Se montrer trop, chercher à paraître. «*La considération de l'homme le plus célèbre tient au soin qu'il a de ne pas se prodiguer*» CHAMFORT. ■ CONTR. Accumuler, économiser, 1 ménager, mesurer.

PRO DOMO [pʀodomo] **loc. adv.** et **adj. inv.** – XIXe ◊ mots latins «pour (sa) maison», d'après un discours de Cicéron ■ DIDACT. *Plaider pro domo,* pour sa propre cause. *Avocat pro domo,* qui défend sa propre cause. — COUR. *Un plaidoyer pro domo.*

PRODROME [pʀodʀom] **n. m.** – XVe «précurseur» ◊ latin *prodromus,* du grec *prodromos* «avant-coureur» ■ LITTÉR. Ce qui annonce un évènement. ➤ **préambule.** «*Il voyait venir la rupture avec la Russie, prodrome de la grande crise qu'il attendait*» MADELIN. ◆ (1765) MÉD. Symptôme avant-coureur d'une maladie.

PRODROMIQUE [pʀɔdʀɔmik] **adj.** – 1850 ◊ de *prodrome* ■ MÉD. Relatif à un prodrome. ➤ **avant-coureur, précurseur.** *Signes prodromiques.*

PRODUCTEUR, TRICE [pʀɔdyktœʀ, tʀis] **adj.** et **n.** – 1442, rare avant XVIIIe ◊ du latin *productus* → produire ■ **1** VIEILLI Qui produit, provoque un évènement, un phénomène, qui crée qqch. ■ **2 n.** (opposé à *consommateur*) Personne (physique ou morale) qui produit des biens ou assure des services. ➤ **entrepreneur ; prestataire** (de services). *Directement du producteur au consommateur :* sans intermédiaire (en parlant d'une vente). *Groupement de producteurs.* ➤ **cartel, consortium, pool, trust ; groupe.** *Petit, gros producteur. Producteur exclusif,* qui détient le monopole pour un produit. INFORM. *Producteur de banques de données,* qui les crée et les met à jour. ◆ **adj.** *Les pays producteurs de pétrole. Activités productrices.* ■ **3** (1908 ◊ d'après l'anglais *producer*) Personne ou société qui assure le financement d'un film, d'un enregistrement, d'un spectacle. ➤ **production.** *Producteur de cinéma. La productrice et le réalisateur d'un long métrage.* — **adj.** *Société productrice (de films).* ◆ PAR EXT. Personne qui conçoit une émission et favorise sa réalisation en fonction des moyens financiers et techniques qui lui sont alloués. *Producteur de radio, de télévision.* ■ CONTR. Destructeur. Consommateur, intermédiaire.

PRODUCTIBLE [pʀɔdyktibl] **adj.** – 1771 ◊ du radical latin de *production* ■ Qui peut être produit, obtenu. *Marchandise productible à peu de frais.*

PRODUCTIF, IVE [pʀɔdyktif, iv] **adj.** – 1470 ◊ du latin *productus* ■ Qui produit, crée ; qui est d'un bon rapport. *Activité productive, plus ou moins productive* (➤ **productivité**). *Sol productif.* ➤ 1 **bon, fécond, fertile.** ◆ ÉCON. Qui est directement lié à l'activité productrice. *Investissements productifs.* ➤ **lucratif, rentable.** *Personnel productif* (opposé à *personnel d'encadrement*). *Capital productif d'intérêts.* ◆ DR. Qui produit tel effet juridique. *Le contrat est productif d'obligations.* ◆ LING. Qui produit, qui fournit des mots nouveaux. *Radical, élément lexical productif.* — PHILOS. *Cause productive* (d'effet). ◆ PATHOL. Se dit d'une lésion caractérisée par une prolifération de tissus. *Ostéite productive. Toux productive,* qui s'accompagne de crachats abondants. ■ CONTR. Aride, improductif ; contre-productif.

PRODUCTION [pʀɔdyksjɔ̃] **n. f.** – *producion* 1283 ◊ du latin *productus*

I SENS JURIDIQUE, ADMINISTRATIF ■ **1** Document, pièce qu'on présente. ■ **2** Le fait, l'action de présenter un document, une pièce, etc. (➤ **présentation**). *Production de pièces à un procès.* — *Production de témoins.*

II SENS COURANT ▪ **1** Action de provoquer, de produire (un phénomène) ; le fait ou la manière de se produire. *Étude de la production du son.* ▪ **2** (1546) Ouvrage produit par (une personne, une faculté intellectuelle). ➤ **œuvre, ouvrage, produit.** *Les productions de l'esprit.* ➤ 1 **fruit.** *« Un cercle choisi s'entretenait avec intérêt de chaque production nouvelle des arts »* Mme DE STAËL. *Les plus belles productions d'un écrivain.* ➤ 1 **écrit.** ♦ Ensemble des œuvres (d'un auteur, d'un artiste, d'un genre ou d'une époque). *La production dramatique du XVIIe siècle.* ▪ **3** Le fait de produire, de créer par l'esprit. *Production d'idées nouvelles.* ➤ **apparition, enfantement, genèse.** — *« L'infaillibilité dans la production poétique »* BAUDELAIRE. ➤ **création.** ▪ **4** Le fait ou la manière de se former ; le fait de produire (qqch.). ➤ **formation.** *Production de gaz carbonique au cours d'une réaction.* ➤ **dégagement, émission.** *Production de gaz toxiques.* ➤ **émanation.** ♦ Ce qui se forme naturellement. *Production pathologique* (tumeur, pus, épanchement). ▪ **5** (Opposé à *consommation*) Le fait de créer ou de transformer des biens, ou d'assurer des services. ➤ **offre.** *Facteurs de production :* travail, biens d'équipement, ressources naturelles nécessaires au processus de production. ➤ **input, intrant.** *Moyens de production :* terre, instruments, machines... *Capacité de production.* ➤ **potentiel.** *Coût de production, prix à la production,* au stade où l'on produit. ➤ aussi **prix** (de revient). — Le résultat de cette activité économique (pour une entreprise, un pays). ➤ **produit** (II). *Production intérieure brute (P. I. B.) :* ancien agrégat* de la comptabilité nationale mesurant l'ensemble des biens et services marchands créés sur le territoire national. *Production industrielle, agricole. Production annuelle d'acier, de matières premières, de biens de consommation, de blé. Production élevée, médiocre d'une mine, d'une exploitation.* ➤ **rendement.** *Production trop élevée.* ➤ **surproduction.** *Évolution, croissance, baisse, chute de la production nationale, mondiale.* ♦ SPÉCIALT (opposé à *service*) Le fait de produire des biens matériels. ➤ **fabrication ; industrie.** *Entreprise, coopérative de production. Biens de production :* machines-outils, équipements utilisés dans les processus de fabrication. *Production assistée par ordinateur (P. A. O.)* (➤ **productique**). *Directeur, responsable de la production.* ▪ **6** (d'après l'anglais) Le fait de produire (un film, un enregistrement musical, un spectacle, une émission). ➤ aussi **autoproduction.** *La société X a assuré la production de ce film* (➤ **producteur,** 3°). — *Directeur de production,* choisi par le producteur pour coordonner l'ensemble des opérations nécessaires à la réalisation d'un film, d'une émission. *Assistant de production.* ABRÉV. FAM. **PROD** [pʀɔd]. — *Société de production.* ♦ PAR EXT. Le film lui-même. *Une production américaine, italienne* (➤ **coproduction**). *Production coûteuse, à grand spectacle.* ➤ **superproduction.** ♦ PAR EXT. Émission radiophonique ou télévisée.

▪ CONTR. Destruction. Consommation, distribution.

PRODUCTIQUE [pʀɔdyktik] n. f. – 1980 ◇ de *production,* d'après *informatique* ▪ Application de l'automatique et de l'informatique aux processus de production industrielle. ➤ **mécatronique, robotique** (cf. Conception assistée* par ordinateur).

PRODUCTIVISME [pʀɔdyktivism] n. m. – début XXe ◇ de *productif* ▪ DIDACT. PÉJ. Système d'organisation de la vie économique dans lequel la production, la productivité sont données comme l'objectif essentiel.

PRODUCTIVISTE [pʀɔdyktivist] adj. – 1902 ◇ de *productivisme* ▪ DIDACT. Qui se rapporte au productivisme.

PRODUCTIVITÉ [pʀɔdyktivite] n. f. – 1766 ◇ de *productif* ▪ **1** Caractère productif (d'une chose, d'une activité). *La productivité d'une terre.* ▪ **2** Rapport de la quantité produite à un ou plusieurs facteurs de production (travail, capital physique, énergie, etc.). ➤ **rendement.** *Normes de productivité. Productivité globale,* calculée par rapport à l'ensemble des facteurs. *Productivité du travail.* ABSOLT *Accroissement, baisse de la productivité.* ♦ ABSOLT Ce rapport considéré comme élevé ou devant être accru. *Investissement de productivité. Recherche, objectif de productivité. Culte de la productivité.* ➤ **productivisme.**

PRODUIRE [pʀɔdɥiʀ] v. tr. ⟨38⟩ – 1340 ◇ du latin *producere* « faire avancer », « produire » et « présenter », sur le modèle des verbes français en *-duire (conduire, déduire),* famille du latin *ducere*

I FAIRE APPARAÎTRE, FAIRE CONNAÎTRE (CE QUI EXISTE DÉJÀ) ▪ **1** DR., ADMIN. Présenter (une pièce, un document, etc.). *Produire un certificat.* ➤ 1 **déposer, fournir.** *Produire une pièce d'identité.* ➤ **présenter.** *Produire des preuves.* — (SANS COMPL.) *Sommation de produire.* ♦ *Produire des témoins,* les faire témoigner en justice. ▪ **2** (fin XVe) VX Faire connaître (qqn ou qqch.) à une personne, au public.

II FAIRE EXISTER (CE QUI N'EXISTE PAS ENCORE) ➤ **créer.** ▪ **1** (fin XIVe) Causer, provoquer (un phénomène, un évènement), avoir pour conséquence, pour résultat, être la source de. *Force qui produit un mouvement. Effet produit par une cause. « Tout changement matériel produit un changement moral puisque les mœurs dépendent du milieu »* FRANCE. ➤ 1 **amener, apporter, créer, engendrer, entraîner, générer, occasionner, provoquer** (cf. Faire naître*). *Produire une vive impression, un grand effet.* ➤ **exercer,** 1 **faire.** *Lotion qui produit une agréable sensation de fraîcheur.* ➤ **procurer.** ▪ **2** (1549, Ronsard) Composer (une œuvre). *« Accordez-moi la grâce de produire quelques beaux vers »* BAUDELAIRE. ➤ **écrire.** — (SANS COMPL.) *« Goya a beaucoup produit ; il a fait des sujets de sainteté, des fresques, des portraits, des scènes de mœurs »* GAUTIER. ▪ **3** (fin XVe) Former naturellement (➤ **production ; produit**). *Cet arbre produit de beaux fruits.* ➤ **donner,** 1 **porter.** *« ces contrées sablonneuses, où la terre ne produit que des sapins et des bruyères »* Mme DE STAËL. *Réaction chimique qui produit beaucoup de fumée.* ➤ **dégager.** — (SANS COMPL.) *Mettre une terre en état de produire.* ♦ (Animaux) Donner naissance à (un être vivant). ➤ **procréer.** *« Un cheval naturellement hargneux, ombrageux, rétif* [...] *produit des poulains qui ont le même naturel »* BUFFON. ♦ Être le lieu, le temps de naissance de. *« deux années (1768-1769) avaient produit tout à la fois Bonaparte, Hoche, Marceau et Joubert »* MICHELET. ▪ **4** (1555) Faire exister, par une activité économique (➤ **producteur, production, productivité**). *Produire des richesses, des marchandises, des services. Cultivateur qui produit du blé dans son champ.* ➤ 1 **faire.** *Pays qui produit dix millions de tonnes d'acier par an. La France produit beaucoup de vin. Usine qui produit des automobiles.* ➤ **fabriquer.** — (SANS COMPL.) *« L'agriculture remplaça la guerre ; le travail qui produit remplaça le travail qui détruit »* FUSTEL DE COULANGES. ▪ **5** (1690) (SANS COMPL.) Procurer (un profit). ➤ **rapporter.** *Cette terre ne produit plus.* ➤ **rendre.** *Faire produire son capital, son argent.* ➤ **fructifier, travailler.** ▪ **6** (1906) Assurer la réalisation matérielle de (un film, un enregistrement musical, une émission, un spectacle), par le financement et l'organisation (➤ **producteur** [3°], **production** [II, 6°]). *S'associer pour produire une émission.* ➤ **coproduire.** — *Film produit par une grande société de production américaine.*

III SE PRODUIRE v. pron. ▪ **1** (1580) (PERSONNES) VX Se montrer, apparaître. *« Quoi ! vous osez, dit-elle, à mes yeux vous produire »* LA FONTAINE. ➤ **se présenter.** — Se mettre en valeur, se donner en spectacle. *Se produire dans le monde.* ♦ MOD. (d'un comédien, d'un chanteur) Jouer, paraître en public au cours d'une représentation (➤ **prestation**). *Ce chanteur se produit à l'Olympia.* ▪ **2** (1552) (CHOSES) COUR. Advenir, arriver, survenir. ➤ **se passer.** *Cela peut se produire* (cf. Avoir lieu*). *Une chose incroyable s'est produite. Un grand changement s'est produit.* ➤ **s'opérer.** — IMPERS. (1784) *Que s'est-il produit ?*

▪ CONTR. Cacher. Détruire ; consommer.

PRODUIT [pʀɔdɥi] n. m. – 1554 ◇ de *produire*

I LE PRODUIT (DE) : résultat. ▪ **1** Nombre qui est le résultat d'une multiplication. *Produit de plusieurs facteurs. Produit d'un nombre multiplié par lui-même.* ➤ **carré.** *L'espace parcouru est égal au produit du temps par la vitesse.* ♦ Résultat de diverses opérations mathématiques. *Produit scalaire* ; vectoriel* (résultat d'opérations sur les vecteurs). *Produit de deux ensembles :* ensemble des couples associant un élément du premier à un du second. *Produit logique :* opération d'intersection*, de conjonction* (de symbole ∧), cumulant les propriétés des facteurs. ➤ **et** (III). ▪ **2** (1690) DR. *Acte de produit :* acte qu'on fait signifier pour déclarer qu'on a déposé sa production (I, 1°) au greffe. ▪ **3** (1690) COUR. Ce que rapporte une charge, une propriété foncière, un patrimoine ; profit, bénéfice qu'on retire d'une activité. ➤ **gain ; rapport, recette, revenu.** *Vivre du produit de sa terre, de ses biens, de son travail.* — *Le produit de l'impôt :* les recettes fiscales. — *Le produit des ventes.* ➤ **chiffre** (d'affaires), **recette.** *Produit net,* après déduction des amortissements. *Produit financier :* revenu des placements ; plus-value sur valeurs mobilières. — (1755) ÉCON. Résultat de l'activité de production. ➤ **output.** *Produit intérieur brut* (➤ **P. I. B.**). *Produit national brut* (➤ **P. N. B.**). *Le produit agricole.*

II UN PRODUIT, DES PRODUITS : ce qui est produit par la nature ou fabriqué. ▪ **1** (1781) Substance, fait ou être qui résulte d'un processus naturel, d'une opération humaine. *Produits de la terre, du sol.* ➤ 1 **fruit, production, récolte.** *Les produits et les sous-produits de la distillation du pétrole.* — CHIM. *Produit de substitution :* composé qui est obtenu si on rem-

place, dans une molécule, un atome ou un groupe d'atomes par un autre atome ou un autre groupe. ♦ FIG. (1754) *C'est le produit de ton imagination.* ➤ 1 **fruit.** — *Pur produit :* personne, chose parfaitement représentative. *Un pur produit du capitalisme.* ■ **2** (v. 1760) Animal considéré du point de vue de l'hérédité. ■ **3** (1762) Substance, mélange chimique (opposé à *corps simple*). *« Ce produit est mou, d'une couleur verte foncée »* BAUDELAIRE. — *Produits de synthèse.* ♦ BIOCHIM. *Produit organique,* fabriqué par un tissu ou un organe, mais qui ne fait pas partie intégrante et permanente de l'organisme, étant éliminé ou transformé en d'autres substances. *Les hormones, les enzymes, l'urine sont des produits organiques.* ♦ PHYS. *Produits radioactifs.* ■ **4** (1734) Productions de l'agriculture ou de l'industrie, en tant qu'elles constituent des marchandises, des biens ayant une valeur. *« Nous avons des* produits, *nous n'avons plus* d'œuvres *»* BALZAC. *Produits agricoles, industriels. Produits de base, produits bruts :* matières premières non élaborées. *Produits manufacturés. Produits semi-finis, finis,* après ouvraison, transformation. *Produits de luxe.* ➤ **article.** *Produit de consommation courante, de grande consommation. Produit de première nécessité. Produit de remplacement.* ➤ **succédané ; ersatz.** *Produit promotionnel, pilote. Produit d'appel*. — Produits alimentaires. Produits surgelés. Produits frais. Produits laitiers. Produits de la mer. Produits diététiques, de régime. Produits allégés. — Produits pharmaceutiques. Produits de beauté. Produits solaires. Produits chimiques*. Produits d'entretien*. — Produits blancs*, bruns*. — Produits explosifs, toxiques.* ♦ COMM. *Lancement d'un nouveau produit. Produits dérivés*.* — (Non qualifié) *Étude de produit,* cherchant l'adéquation du produit à son marché (➤ **positionnement**). *Chef de produit :* responsable de la fabrication et de la commercialisation d'un produit, d'une gamme de produits dans une entreprise.
■ CONTR. 2 Facteur. Auteur, cause.

PROÉMINENCE [pʀɔeminɑ̃s] **n. f.** – 1560 ◊ de *proéminent* ■ LITTÉR. ■ **1** État de ce qui est proéminent. *La proéminence du nez.* ■ **2** Partie proéminente. *Une proéminence.* ➤ **protubérance, saillie.**

PROÉMINENT, ENTE [pʀɔeminɑ̃, ɑ̃t] **adj.** – 1556 ◊ bas latin *proeminens,* p. p. de *proeminere,* latin classique *prominere* ■ Qui dépasse en relief ce qui l'entoure, forme une avancée. ➤ **saillant.** *Nez proéminent et busqué. « Son front arrondi, proéminent comme celui de la Joconde, paraissait plein d'idées »* BALZAC. ➤ **bombé.** *Ventre proéminent.* — ANAT. *Vertèbre proéminente :* septième vertèbre cervicale à apophyse saillante. ■ CONTR. Creux, rentrant.

PROF [pʀɔf] **n.** – 1890 ◊ abrév. de *professeur* ■ FAM. Professeur. *Le, la prof de maths. C'est un bon prof. Des profs de fac.*

PROFANATEUR, TRICE [pʀɔfanatœʀ, tʀis] **n. et adj.** – 1566 ; fém. 1829 ◊ latin ecclésiastique *profanator* ■ LITTÉR. Personne qui profane. *Profanateur d'un objet sacré ; d'une sépulture* (➤ **violateur**). — **adj.** *Une main profanatrice et impie.*

PROFANATION [pʀɔfanasjɔ̃] **n. f.** – *prophanation* 1460 ◊ latin *profanatio* ■ **1** Action de profaner (les choses sacrées, les lieux saints). *Profanation des choses saintes. — Profanation de l'hostie. Profanation des églises* (➤ **violation**). *Profanation de sépulture.* ■ **2** FIG. Mauvais usage ou irrespect des choses précieuses, irremplaçables. ➤ **avilissement,** 1 **dégradation.** *Ce village d'Etchézar « à l'abri des curiosités, des profanations étrangères »* LOTI. ■ CONTR. Respect.

PROFANE [pʀɔfan] **adj. et n.** – 1553 ; *prophane* 1228 ◊ latin *profanus* « hors du temple »

I ■ **1** DIDACT. ou LITTÉR. Qui est étranger à la religion (opposé à *religieux, sacré*). *Le monde profane. « Des thés et autres divertissements profanes »* TOULET. *Annibal, César, prénoms profanes. Fête profane. Littératures profanes et religieuses. Art profane. Musique profane.* — PAR EXT. *Auteur profane,* dont les œuvres sont profanes. ■ **2** **n. m.** Ce qui est étranger à la religion. *« Quoique j'aie évité soigneusement de mêler le profane avec le sacré »* RACINE. ■ **3** **n.** Personne qui n'est pas initiée à une religion. *« Le concierge* [de la synagogue] *louait des chapeaux à l'usage des profanes non avertis »* GIDE.

II (1690) COUR. ■ **1** Qui n'est pas initié à un art, une science, une technique, un mode de vie, etc. ➤ **béotien, ignorant.** *Expliquez-moi, je suis profane en la matière.* ■ **2** **n.** ➤ **non-initié.** *Un, une profane en peinture. « Le léger agacement du technicien devant le profane »* MAUROIS. *Les profanes et les initiés, et les spécialistes.* — **n. m.** COLLECT. *Le profane :* les gens profanes. *Aux yeux du profane.*
■ CONTR. 1 Sacré ; connaisseur, initié.

PROFANER [pʀɔfane] **v. tr.** ⟨1⟩ – 1538 ; *prophaner* 1328 ◊ latin *profanare* ■ **1** Traiter sans respect, avec mépris (une chose sacrée, un objet, un lieu du culte), en violant le caractère sacré. *Profaner un temple, un autel. « Jérusalem pleura de se voir profanée »* RACINE. ■ **2** FIG. Faire un usage indigne, mauvais de (qqch.), en violant le respect qui est dû. ➤ **avilir,** 1 **dégrader, souiller, violer.** *Profaner une institution. Profaner un grand sentiment. Profaner un nom. « Il est cependant des paroles qui ne devraient servir qu'une fois ; on les profane en les répétant »* CHATEAUBRIAND. ■ CONTR. Consacrer, respecter.

PROFECTIF, IVE [pʀɔfɛktif, iv] **adj.** – 1567 ◊ du latin *profectus* « qui vient de » ■ DR. Qui vient des ascendants. *Biens profectifs d'un héritage.*

PROFÉRER [pʀɔfeʀe] **v. tr.** ⟨6⟩ – 1265 ◊ latin *proferre* « porter en avant » ■ Articuler à voix haute. ➤ **prononcer.** *Il n'ose proférer un mot, une parole.* ➤ 1 **dire.** — *Proférer des injures.* ➤ **cracher, vomir.** *Proférer des menaces.*

PROFÈS, ESSE [pʀɔfɛ, ɛs] **adj.** – XIIe ◊ latin ecclésiastique *professus* « qui déclare » ■ RELIG. Qui a prononcé ses vœux dans un ordre religieux. *Religieuses professes.* — **n.** *Un profès, une professe.*

PROFESSER [pʀɔfese] **v. tr.** ⟨1⟩ – 1584 ◊ de *profession* (I) ■ **1** LITTÉR. Déclarer hautement avoir (un sentiment, une croyance). *Professer une opinion, une théorie. « Le marquis professait une haine vigoureuse pour les lumières »* STENDHAL. *« Quoiqu'il professât pour la mémoire de son père une vénération toute filiale »* GAUTIER. — *Professer que* (et l'indic.). ➤ **proclamer.** *« elle professait que pour exprimer fortement une passion, il faut l'éprouver »* FRANCE. ■ **2** (1738 ◊ d'après *professeur*) VIEILLI Enseigner en qualité de professeur. *« Le pensionnat où sa femme professait la musique »* BALZAC. ➤ **enseigner.** — ABSOLT, MOD. *Il professe à la Sorbonne.*

PROFESSEUR [pʀɔfesœʀ] **n.** – 1337 ; en parlant d'une femme 1846 ◊ latin *professor,* de *profiteri* « enseigner en public » ■ REM. Au féminin, on écrit aussi *professeure* sur le modèle du français du Canada. Personne qui enseigne une discipline, un art, une technique ou des connaissances, d'une manière habituelle et le plus souvent organisée. *« On n'apprend pas à dessiner en regardant un professeur qui dessine très bien »* ALAIN. ➤ **maître.** *Professeur de mathématiques, d'anglais, de gymnastique.* ➤ FAM. **prof.** *Professeur de lycée, de collège* (➤ **P. E. G. C.,** RÉGION. **régent**). *Professeur de seconde. Professeur agrégé, certifié*. Elle est professeur.* ➤ **enseignant.** *La nouvelle professeur. Je l'ai eu comme professeur. Salle des professeurs.* ♦ *Professeur des écoles :* dénomination de certains instituteurs depuis 1990. ♦ Personne titulaire d'une chaire d'enseignement supérieur, d'un titre spécifique (opposé, en France, à *assistant, maître-assistant, chargé de cours, maître de conférences*). ➤ **chaire.** *Professeur d'université** (FAM. *prof de fac*). *M*[me] *X, Professeur à la Sorbonne, à Paris VIII. Professeur émérite*.* — Au Canada, *Professeur agrégé,* rattaché au personnel permanent d'une université. — REM. Le titre *M. le Professeur* ne se donne qu'aux professeurs de l'Académie de médecine.

PROFESSION [pʀɔfesjɔ̃] **n. f.** – 1155 ◊ latin *professio*

I ■ **1** (Dans la loc. *faire profession de*) Déclaration ouverte, publique (d'une croyance, d'une opinion, d'un comportement). *Faire profession d'une religion. Faire profession de libéralisme. Faire profession de mépriser l'argent.* ➤ **se piquer,** se **targuer, se vanter.** — **PROFESSION DE FOI*** (II, 3°). ■ **2** RELIG. Acte par lequel un religieux, une religieuse prononce ses vœux. *Novice qui vient de faire sa profession* (➤ **profès**).

II (XVe) ■ **1** Occupation déterminée dont on peut tirer ses moyens d'existence (➤ **métier ; fonction ; état**). *Quelle est votre profession ? Nom, adresse et profession. Annuaire par professions. Groupement de professions.* ➤ **interprofession.** *« Sans prétendre rabaisser ici l'illustre profession de savetier »* GAUTIER. *Député sans profession.* — FIG. *« La profession d'hypocrite a de merveilleux avantages »* MOLIÈRE. ■ **2** COUR. Métier qui a un certain prestige social ou intellectuel. *La profession d'avocat, de professeur. Professions libérales. « La profession épineuse de journaliste »* D'ALEMBERT. ➤ 2 **carrière.** *Profession militaire. Exercer une profession* (➤ **situation**). *Choix d'une profession. « Votre profession* [de chirurgien] *est l'une des plus entières qui soient »* VALÉRY. ♦ *La profession :* l'ensemble des personnes qui exercent un même métier. *Il est bien connu dans la profession. Toute la profession est touchée par ces mesures.* ■ **3** LOC. *Faire profession de :* avoir comme activité rétribuée. *Faire profession d'informer les touristes. La musique dont elle faisait profession.* ■ **4 DE PROFESSION.** ➤ **professionnel.** *« Une ballerine de profession n'eût pu mieux faire »* GAUTIER. ♦ Par comportement habituel. *« Un chicaneur de profession, un effronté »* LA BRUYÈRE.

PROFESSIONNALISANT, ANTE [pRɔfesjɔnalizɑ̃, ɑ̃t] **adj.** – 1976 ◊ de *professionnaliser* ■ Qui rend professionnel ; qui prépare à l'exercice d'une profession. *Formation professionnalisante.*

PROFESSIONNALISATION [pRɔfesjɔnalizasjɔ̃] **n. f.** – 1946 ◊ de *professionnaliser* ■ DIDACT. Action de se professionnaliser (en parlant d'une activité, d'une personne). *Professionnalisation de la recherche. Professionnalisation de l'armée* (militaires de carrière). — (1984) *Professionnalisation des études universitaires,* le fait de leur donner une finalité professionnelle.

PROFESSIONNALISER [pRɔfesjɔnalize] **v. tr.** ‹1› – 1898 sport ◊ de *professionnel,* d'après l'anglais ■ **1** Donner à (une activité) le caractère d'une profession. *Les circonstances qui ont professionnalisé certains sports. Institut universitaire professionnalisé (IUP).* — PRONOM. *Le sport se professionnalise.* ■ **2** Rendre (qqn) professionnel. *Club sportif qui professionnalise certains de ses membres. Peu de chercheurs sont professionnalisés.* — PRONOM. Devenir professionnel. *Sportif qui se professionnalise.*

PROFESSIONNALISME [pRɔfesjɔnalism] **n. m.** – 1934 ◊ de *professionnel* ■ **1** Caractère professionnel d'une activité. *Le professionnalisme dans les sports* (opposé à *amateurisme*). ■ **2** Qualité d'une personne qui exerce une activité, un métier en tant que professionnel expérimenté. *Faire preuve, manquer de professionnalisme.*

PROFESSIONNEL, ELLE [pRɔfesjɔnɛl] **adj.** et **n.** – 1842 ◊ de *profession*

I **adj.** ■ **1** Relatif à la profession, au métier. *Vie professionnelle. Milieu professionnel. Activités professionnelles. Orientation*, formation* professionnelle. Certificat d'aptitude professionnelle (C. A. P.). Déformation* professionnelle. Conscience*, honnêteté professionnelle. Secret* professionnel. Faute professionnelle. Épuisement* professionnel. — Taxe* professionnelle. — Groupement, association professionnels.* ➤ **corporation, interprofession, syndicat.** — En France, *Enseignement professionnel :* enseignement du second degré, qui prépare à la vie active (industrie, services). *Lycée professionnel. Bac professionnel* (FAM. *bac pro*). ■ **2** Qui est tel par profession, de profession. *Écrivain professionnel. Pianiste professionnel. Ouvrier professionnel* (OP1, OP2). ➤ **qualifié.** — SPÉCIALT (d'après l'anglais *professional*) *Sportif professionnel,* régulièrement salarié pour des activités sportives (opposé à *amateur*). *Équipes professionnelles de football.* PAR EXT. *Tennis professionnel.* ◆ FIG. Qui est tel par comportement habituel (cf. De profession). *Des instituteurs « libres penseurs professionnels »* PÉGUY. FAM. *Un emmerdeur professionnel.* ➤ **patenté.** ■ **3** Qui dénote la conscience professionnelle. *Il est très professionnel. Son attitude n'est pas très professionnelle.*

II **n.** ■ **1** Personne de métier, spécialiste (opposé à *amateur*). ➤ FAM. **pro.** *Les professionnels du tourisme. Un travail de professionnel. Une excellente professionnelle. « ils se chargent, en professionnels, du troupeau de chameaux de l'oasis »* TOURNIER. — SPÉCIALT, SPORT *Match de professionnels. Passer professionnel* (➤ **se professionnaliser**). ◆ FIG. *Ce crime n'est pas l'œuvre d'un professionnel.* ■ **2** **n. f.** FAM. Prostituée.

■ CONTR. Amateur, dilettante.

PROFESSIONNELLEMENT [pRɔfesjɔnɛlmɑ̃] **adv.** – 1845 ◊ de *professionnel* ■ De façon professionnelle. *Sport pratiqué professionnellement.* — Du point de vue de la profession. *Elle est professionnellement très compétente.*

PROFESSORAL, ALE, AUX [pRɔfesɔRal, o] **adj.** – 1686 ◊ latin *professor* ■ Qui appartient aux professeurs. *Le corps professoral. « Il pouvait exercer encore son éloquence professorale »* ARAGON. ◆ PÉJ. *Un ton professoral.* ➤ **doctoral, pontifiant.**

PROFESSORAT [pRɔfesɔRa] **n. m.** – 1685 ◊ du latin *professor* ■ État de professeur. *« L'immobilité de fonctions du professorat »* JOUBERT. *Choisir le professorat.* ➤ **enseignement.** *Professorat d'éducation physique.*

PROFIL [pRɔfil] **n. m.** – 1621 ◊ italien *profilo,* de *profilare* « dessiner les contours », de *pro-* et *filo* « contour », du latin *filum* → fil. *Profil* a remplacé *porfil* employé aux XVIe et XVIIe s. ■ **1** Aspect d'un visage vu par un de ses côtés. ➤ **contour.** *Dessiner le profil de qqn. « Sa figure semblait tout en profil, à cause du nez qui descendait très bas »* FLAUBERT. *Profil grec*. Profil de médaille*.* — *Profil perdu :* aspect, représentation d'un visage vu de côté et aux trois quarts caché par l'arrière de la tête. *« cette espèce de profil, appelé profil perdu, que les grands maîtres, et surtout Raphaël, affectionnent particulièrement »* GAUTIER. ◆ LOC. *Montrer son meilleur profil :* se montrer à son avantage. — (1970 ◊ anglais *low profile*) ANGLIC. *Adopter un profil bas :* se montrer discret, ne pas se faire remarquer (pour des raisons stratégiques). ■ **2** **DE PROFIL :** en étant vu par le côté (en parlant d'un visage, d'un corps). *Voir, dessiner, peindre qqn de profil. De face, de profil, de dos.* ■ **3** Représentation, vue latérale, ou aspect d'une chose dont les traits, le contour se détachent. ➤ **silhouette.** *« Les profils des dômes [...] découpaient vigoureusement leurs dentelures [...] sur le bleu intense du ciel »* LAUTRÉAMONT. ◆ SPÉCIALT Coupe perpendiculaire (d'un bâtiment ou d'une de ses parties). *Profil d'une corniche, d'une moulure.* ◆ Coupe géologique. *Profil d'un lit de rivière, d'un sol. Profil longitudinal* (d'un cours d'eau). *Profil transversal* (d'une vallée). *Profil d'équilibre,* stable par équilibre entre érosion et dépôts. ◆ *Profils d'une route, d'une voie de chemin de fer,* montrant les rampes (pentes), les paliers (➤ **profilographe**). — *Profil d'une aile d'avion, d'une pièce métallurgique.* ◆ GÉOM. *Plan de profil,* perpendiculaire à la fois au plan frontal et au plan horizontal. *Droite de profil,* située dans le plan de profil. ■ **4** FIG. *Profil psychologique :* courbe dont les éléments proviennent des résultats de tests, et donnent la « physionomie mentale » d'une personne. ➤ aussi **2 profilage ; profileur.** *Profil médical :* ensemble des caractéristiques psychiques, anatomiques et physiologiques établies sur la base de tests et de mensurations, en vue de déterminer l'aptitude d'un candidat à une formation militaire, au concours de sapeur-pompier. — *Profil génétique*.* ◆ PAR EXT. (1967) Esquisse psychologique d'un individu quant aux aptitudes professionnelles. *Un profil de gestionnaire. « ton profil et l'étendue de ton savoir les ont impressionnés »* C. CUSSET. *Candidat qui n'a pas le profil recherché. — « Leur profil de petits délinquants bagarreurs les rendait plutôt sympathiques »* M. DUGAIN. ◆ Ensemble de renseignements (informations personnelles, photo, centres d'intérêt) fournis par un internaute qui s'inscrit sur un site (réseau social...). *Créer son profil. « On avait laissé un mauvais commentaire sur mon profil »* GAVALDA.

1 **PROFILAGE** [pRɔfilaʒ] **n. m.** – 1878 ◊ de *profiler* ■ TECHN. Opération qui confère un profil déterminé à une pièce (➤ **profilé**) ; profil ainsi obtenu. — SPÉCIALT (1951) Forme de carrosserie présentant un maximum d'aérodynamisme.

2 **PROFILAGE** [pRɔfilaʒ] **n. m.** – 1998 ◊ calque de l'anglais *profiling* ■ Établissement du profil psychologique d'un criminel recherché, à partir des indices fournis par l'enquête policière (➤ **profileur**).

PROFILÉ, ÉE [pRɔfile] **adj.** et **n. m.** – 1875 ◊ de *profiler* ■ Auquel on a donné un profil précis. *Aile profilée. Acier profilé,* laminé suivant un profil déterminé. ◆ **n. m.** (1927) Pièce fabriquée suivant un profil déterminé. *Profilés métalliques :* cornières, poutres, fer en T, en L..., rails, etc.

PROFILER [pRɔfile] **v. tr.** ‹1› – 1615 « dessiner les contours » ◊ de *profil*

I ■ **1** TECHN. Représenter en profil. *Profiler un édifice.* ■ **2** COUR. (CHOSES) Présenter (ses contours) avec netteté. *« Trois temples superbes profilent, vus d'en bas, leurs grandes silhouettes de pierre sur le ciel bleu »* MAUPASSANT. ■ **3** TECHN. Tracer et exécuter le profil de (un ouvrage de menuiserie) ; établir en projet ou en exécution le profil de (➤ **profilé**). *Profiler une carlingue, une aile, la carrosserie d'un nouveau modèle d'automobile.* ➤ **caréner.** ■ **4** Établir le profil de (qqn, un criminel) (➤ **2 profilage**). *« une liste de gens qu'il faudrait retrouver et profiler »* J.-CH. RUFIN.

II **SE PROFILER** **v. pron.** ■ **1** TECHN. Avoir un profil déterminé. *Ornements d'architecture qui se profilent en saillie.* ■ **2** (1780) COUR. Se présenter de profil, se montrer en silhouette, avec des contours précis. ➤ **se découper, se dessiner, 1 se détacher.** *« L'ombre d'un homme et d'un cheval au galop se profile sur le mur »* APOLLINAIRE. — FIG. *Des ennuis se profilent à l'horizon !*

PROFILEUR, EUSE [pRɔfilœR, øz] **n.** – 1998 ◊ calque de l'anglais *profiler* ■ Spécialiste du profilage (2). *Une profileuse du FBI.*

PROFILOGRAPHE [pRɔfilɔgRaf] **n. m.** – 1890 ◊ de *profil* et *-graphe* ■ TECHN. Appareil au moyen duquel on relève graphiquement, à échelle réduite, les profils d'une route ou d'une voie de chemin de fer.

PROFIT [pRɔfi] **n. m.** – 1120 ◊ variante de l'ancien français *proufit, pourfit,* du latin *profectus,* de *proficere* « progresser » ■ **1** Augmentation des biens que l'on possède ou amélioration de situation qui résulte d'une activité. ➤ **avantage, bénéfice.** *Profit matériel ; intellectuel, moral.* ➤ **enrichissement.** *Profit inattendu, inespéré.* ➤ **aubaine, chance.** *Il ne cherche que son profit. Source de profit* (cf. FAM. Vache* à lait). *« Il ne peut y avoir que* *profit dans une entente, que préjudice dans un conflit»* GIDE. *Il a redoublé sa classe sans aucun profit.* ◆ LOC. *Il y a (du) profit à* (telle chose, faire telle chose). PROV. *Quand on en a l'honneur on en a aussi le profit* (à propos d'une calomnie). — **FAIRE SON PROFIT DE (qqch.)**, l'utiliser, l'employer à son avantage. *«Cette fois, il fit son profit de ce qu'il entendait»* SAND. — **TIRER PROFIT DE (qqch.)**, en faire résulter qqch. de bon pour soi. ➤ **exploiter, profiter, utiliser** (cf. Tirer parti*, faire valoir*). *«Le bon maître tire profit des leçons qu'il donne»* DUHAMEL. *Tirer profit de ses lectures.* — **METTRE À PROFIT :** utiliser de manière à tirer tous les avantages possibles. *«Mets à profit ta jeunesse pour apprendre»* STENDHAL. *Elle pourra mettre à profit ses connaissances dans son nouveau métier.* ◆ **AU PROFIT DE (qqn, qqch.) :** de sorte que la chose en question profite à. *Gala donné au profit de la recherche médicale* (cf. À l'intention, au bénéfice de). — En agissant pour le bien, l'intérêt de qqn. *Trahir qqn au profit d'un ami.* — FIG. *Au profit de la démocratie.* ◆ FAM. *Faire du profit, beaucoup de profit :* être d'un usage économique. ➤ **durer, servir** (cf. RÉGION. Faire de l'abonde). *On peut dire que ce manteau t'aura fait du profit !* ■ **2** COUR. *Un, des profits.* Gain, avantage pécuniaire que l'on retire d'une chose ou d'une activité. ➤ **bénéfice.** *Profits illicites. Faire de petits profits.* ➤ FAM. **gratte** (cf. Faire sa pelote*). LOC. *Il n'y a pas de petits profits* (d'une personne mesquinement intéressée). — *Profits tirés d'un capital, d'une terre.* ➤ **intérêt.** *Profits usuraires.* ◆ COMPTAB. Excédent des recettes sur les charges. ➤ **bénéfice.** *Compte de pertes et profits.* ➤ **résultat.** LOC. *Passer qqch. par profits et pertes*.* — *Être à profit :* laisser un profit. ■ **3** ÉCON. **LE PROFIT :** ce que rapporte une activité économique, en plus du salaire du travail (rémunération du risque, revenu de l'exploitation, etc.). ➤ **plus-value.** *«Le profit* [selon Marx], *c'est une quantité de travail non payé»* CH. GIDE. — *Un, des profits. Réaliser d'importants profits.* ■ CONTR. Désavantage, détriment, dommage, perte, préjudice.

PROFITABLE [pʀɔfitabl] adj. – 1155 ◇ de *profiter* ■ **1** Qui apporte, donne un avantage. ➤ **avantageux, payant, productif, salutaire, utile.** *Il ne s'agit pas «de savoir si une action est légale ou immorale, mais si elle est profitable»* BALZAC. — *Profitable à qqn. Cette leçon lui sera peut-être profitable.* ■ **2** ÉCON. Qui génère un profit, un bénéfice. *Investissement, placement profitable.* ➤ **rentable.** — n. f. ÉCON. **PROFITABILITÉ.** ■ CONTR. Dommageable, néfaste.

PROFITABLEMENT [pʀɔfitabləmɑ̃] adv. – 1280 ; *profetablement* 1266 ◇ de *profitable* ■ D'une manière profitable. ➤ **fructueusement.** — MOD. ➤ **utilement.** *S'occuper profitablement au lieu de perdre son temps.*

PROFITER [pʀɔfite] v. tr. ind. ⟨1⟩ – 1307 ; *prufiter* «réussir» 1120 ◇ de *profit* ■ **1 PROFITER DE :** tirer profit, avantage de. ➤ **bénéficier.** *Profiter d'une largesse, d'une libéralité,* la recevoir. *Profiter d'un avantage, d'une chance, d'un privilège,* être en mesure d'en tirer parti. *«La sagesse de Rome a consisté* [...] *à profiter des circonstances favorables qu'elle rencontrait»* FUSTEL DE COULANGES. *Profiter de la situation. Profiter d'une occasion, de l'occasion.* ➤ **saisir.** — *Il faut savoir en profiter. Profiter de la vie. «Tu as vingt ans, lui dis-je, et tu n'en profites pas»* JOUHANDEAU. ABSOLT *«Je lui dis profite, jardine, sors»* O. ADAM. ◆ **PROFITER DE (qqch.) POUR... :** prendre prétexte de, saisir l'occasion pour. *Voulez-vous profiter de ma voiture pour rentrer ? Il en a profité pour s'esquiver.* — *Il profita de ce qu'on ne le voyait pas pour faire une bêtise. «Pourquoi ne pas profiter de ce que vous êtes riches ?»* HUGO. — POP. (fautif) *«Elle profita que nous demeurions loin»* CÉLINE. ◆ **PROFITER DE (qqn),** abuser de sa bonne volonté, l'exploiter. *Tout le monde profite de lui.* ■ **2** VIEILLI **PROFITER DANS, EN, À... (qqch.) :** avoir un enrichissement (surtout moral), une amélioration ; gagner à. *Profiter en sagesse :* faire des progrès. ➤ **avancer.** ■ **3** (1532) FAM. OU RÉGION. (sud d'une ligne allant de la Bretagne au Doubs ; Canada, Louisiane) Se développer, se fortifier. *Cet enfant profite bien, a bien profité.* ➤ **grandir, grossir.** *«Elle a besoin de profiter, avec sa mine de papier mâché»* A.-M. GARAT. ■ **4** (CHOSES) **PROFITER À (qqn, qqch.) :** apporter du profit ; constituer un profit pour. *«L'association de cet homme et de ce loup profitait aux foires, aux fêtes de paroisse»* HUGO. *Chercher à qui profite le crime.* ◆ (D'un aliment) *Profiter à qqn :* être assimilable. *Tout ce qu'elle mange lui profite.* ◆ PAR EXT. VIEILLI Être utile (à). ➤ **servir.** *«Vous nous donnez une version à votre manière, c'est-à-dire bonne pour ce qui vous profite»* BEAUMARCHAIS. ABSOLT. PROV. *Bien mal acquis ne profite jamais,* ne donne pas un vrai profit. ■ **5** FAM. OU RÉGION. (sud d'une ligne allant de la Bretagne au Doubs ; Canada, Louisiane) Être d'un usage avantageux, économique. *Ce plat profite* (**PROFITANT, ANTE** adj.). ■ CONTR. Gâcher, négliger, perdre, rater.

PROFITEROLE [pʀɔfitʀɔl] n. f. – XVIe «petit profit», puis «pâte cuite sous la cendre» ◇ diminutif de *profit* ■ Petit chou rempli d'une préparation sucrée (crème, glace, etc.) ou salée (fromage). — (1935) AU PLUR. *Profiteroles (au chocolat),* fourrées de glace à la vanille et nappées d'une sauce au chocolat chaude.

PROFITEUR, EUSE [pʀɔfitœʀ, øz] n. – 1636 ◇ de *profiter* ■ Personne qui tire des profits malhonnêtes ou immoraux de qqch. *Profiteurs de guerre.*

PROFOND, ONDE [pʀɔfɔ̃, ɔ̃d] adj. et n. – fin XIIIe, comme adverbe ◇ du latin *profundus*

I QUI EST OU VA LOIN DU BORD, DE LA SURFACE A. DONT LE FOND EST ÉLOIGNÉ ■ **1** (1476) Dont le fond est très bas par rapport à l'orifice, aux bords. *Trou, bassin, puits profond. Une gorge profonde. Un sac profond. «C'était une étroite cuve naturelle* [...] *profonde d'environ deux pieds»* HUGO. ◆ (fin XIVe) Dont le fond est très loin de la surface (en parlant des eaux naturelles). *Eaux peu profondes. Un lac très profond. Plonger dans un endroit profond,* où il y a du fond. ■ **2** (1580) Qui est loin au-dessous de la surface (du sol, de l'eau...). ➤ 1 **bas, inférieur.** *«Nous arrivâmes à une crypte profonde»* BAUDELAIRE. *Couches profondes de l'épiderme.* — *Racines profondes,* qui descendent bas dans le sol. — *À l'endroit le plus profond de,* et ELLIPT *au plus profond de :* tout au fond de. ■ **3** (1492) Dont le fond est loin de l'orifice, des bords, dans quelque direction que ce soit. *Grottes profondes,* grandes, longues. *Placard profond. Plaie, blessure profonde. Forêt profonde,* dont le cœur est très éloigné de l'orée. *Baie, rade profonde,* où la mer pénètre loin dans les terres. ◆ (Sièges) Dont le bord du siège est éloigné du dossier. *Un canapé profond.* ◆ *Décolleté profond. Poches profondes.* ■ **4** Très marqué (en parlant d'une trace, empreinte, etc.). *Ride profonde. «Il avait sur le front* [...] *une petite cicatrice assez profonde»* VIGNY.

B. QUI ÉVOQUE LA PROFONDEUR (1535) *Des yeux profonds. «Quant au noir artificiel qui cerne l'œil* [...] *ce cadre noir rend le regard plus profond»* BAUDELAIRE. — *Nuit profonde.* ➤ **épais, obscur.** *«C'était pendant l'horreur d'une profonde nuit»* RACINE. — *Noir, brun, bleu, vert profond,* foncé, intense. — *Tomber dans un profond sommeil,* dans un sommeil intense, d'où le dormeur ne semble pas devoir sortir facilement.

C. QUI VA LOIN ■ **1** (1548) Qui descend très bas ou pénètre très avant (mouvement, opération). *Forage, sondage profond. Pénétration, percée profonde. Baiser profond.* ◆ *Profonde révérence, profond salut,* où l'on s'incline très bas. ■ **2** (1548) Qui va au fond ou vient du fond des poumons. *Aspiration profonde. Soupir profond.* ➤ **gros.** — *Voix profonde.* ➤ **grave.**

II (ABSTRAIT) ■ **1** (fin XVe) Qui va au fond des choses (en parlant de l'esprit, de ses activités). *Un esprit profond.* ➤ **pénétrant.** *Le fruit de profondes réflexions. «un des textes les plus profonds que nous ait légués l'Antiquité»* QUIGNARD. *C'est trop profond pour moi !* ➤ 1 **fort.** ◆ (PERSONNES) Qui a des pensées, des vues profondes. *Écrivain profond. «Paraître profond quand on n'est, comme on dit, que vide et creux»* BEAUMARCHAIS. ■ **2** (1727) Intérieur, difficile à atteindre. ➤ **impénétrable, viscéral.** *Un malaise profond. La signification profonde d'une œuvre. L'être profond. Nos tendances profondes. «Je l'entends maintenant, au plus profond de moi, je l'emporte partout où je vais»* LE CLÉZIO. — *La France profonde :* la partie de la population qui représente la réalité la plus permanente de la culture française. *«La vraie France, qu'on a tort d'appeler "profonde" alors qu'elle l'est si peu»* NOURISSIER. ◆ LING. Qui correspond aux hypothèses d'une théorie quant à la genèse syntactique et (ou) sémantique des formes superficielles du discours. *Structure profonde.* ◆ COUR. Intense et durable (sentiments). *Un sentiment secret et profond. Foi profonde.* ➤ **ardent.** ■ **3** (1668) Très grand, extrême en son genre. ➤ **grand, intense.** *Silence profond.* ➤ **absolu.** *Transformation, modification, influence profonde. Différence profonde. Profonde ignorance. Un profond mépris. Un profond respect. «La marquise était douée d'une profonde indifférence pour tout ce qui n'était pas elle»* BALZAC. ➤ 1 **complet, total.** *Profond ennui. Joie, tristesse profonde.* ◆ PSYCHOL. *Débile profond,* dont le quotient intellectuel se situe entre 20 et 50. *Arriéré profond,* dont le quotient intellectuel est inférieur à 20.

III ~ n. ■ **1** n. m. (1535) FIG. Profondeur. *«Du profond de son être»* MAURIAC. ■ **2** n. f. (1790) ARG. VIEILLI Poche. *«Combien le pantre avait-il dans ses profondes ?»* HUGO.

IV ~ adv. (fin XIIIe) Profondément ; bas. *Creuser très profond. «je tombe dans le trou* [...], *par chance, je ne suis pas tombé profond»* P. BRUCKNER.

■ CONTR. Petit, 1 plat, superficiel. Faible, léger, médiocre. — Surface. — Superficiellement.

PROFONDÉMENT [pʀɔfɔ̃demɑ̃] **adv.** – début XIIIe ◇ de *profond* ■ D'une manière profonde. ■ **1** (CONCRET) Loin de la surface. *Pénétrer profondément. Profondément enfoui.* — PAR MÉTAPH. *Idée profondément ancrée, enracinée.* ■ **2** *Dormir profondément,* intensément (cf. À poings* fermés). *Saluer profondément,* en s'inclinant. *Respirer profondément,* à fond. ■ **3** (ABSTRAIT) En allant au fond des choses. *Réfléchir profondément.* ■ **4** D'une manière intérieure. *Être profondément convaincu de qqch.* ➤ **intimement, viscéralement.** — De façon intense et durable. *Aimer profondément. « Obscur se fait nécessairement celui qui ressent très profondément les choses »* VALÉRY. ➤ **vivement.** ■ **5** Extrêmement. *C'est profondément différent.* ➤ 1 **bien, foncièrement.** *Être profondément vexé, ému, touché.* ■ CONTR. Peine (à), superficiellement. Légèrement, peu.

PROFONDEUR [pʀɔfɔ̃dœʀ] **n. f.** – début XIVe, au sens II, 4° ◇ de *profond*

I CARACTÈRE DE CE QUI EST OU VA LOIN DU BORD, DE LA SURFACE A. CARACTÈRE DE CE QUI A LE FOND ÉLOIGNÉ ■ **1** (fin XIVe) Qualité, caractère de ce qui est profond (I, A), qui s'étend vers le bas par rapport à l'orifice, aux bords. *« La profondeur du fossé qui s'est trouvé fort à propos sous les pas de l'ennemi »* JARRY. *Profondeur d'une mer, d'un océan.* ◆ (1553) **LES PROFONDEURS :** endroit profond, très au-dessous de la surface de la terre, de l'eau. *Les profondeurs du métro. « Simon laissa le tenancier disparaître dans les profondeurs de sa cave »* CARCO. *Les grandes profondeurs océaniques.* ➤ **abysse, fond, fosse.** *L'« ivresse des grandes profondeurs »* COUSTEAU. — PAR MÉTAPH. *« Des profondeurs de la vie, je ne sais quelle chaleur monte »* MICHELET. ■ **2** Caractère de ce qui a le fond éloigné des bords, de l'orifice, de la surface. *La profondeur d'une forêt.* ➤ **épaisseur.** *Grotte sans profondeur. Profondeur d'une plaie. Détergent, crème qui agit en profondeur.* ◆ AU PLUR. Endroit situé loin des bords, de l'orifice, de la surface. *Les profondeurs d'une forêt.* ➤ **fond.** *« Les lourdes draperies qu'une main invisible attire des profondeurs de l'Orient »* BAUDELAIRE. ■ **3** (fin XIVe) Dimension verticale d'un corps, d'un espace à trois dimensions, mesurée de haut en bas (➤ **hauteur**). *Longueur, largeur et profondeur. Profondeur d'une boîte.* ◆ Distance au-dessous de la surface (du sol, de l'eau). *Creuser en profondeur. À mille mètres de profondeur.* ➤ **fond.** *Mesure de la profondeur des mers.* ➤ **bathymétrie ; sonde ; sonder.** *Gouvernail* de profondeur.* — Épaisseur verticale. *« Une terre noire et grasse d'une profondeur de cinquante pieds »* BALZAC. ■ **4** (1538) Dimension horizontale perpendiculaire à la face qui se présente de front, au plan de l'orifice. *Base, hauteur et profondeur d'un cube. Profondeur d'un placard, d'un tiroir. « un fauteuil dont la mollesse et la profondeur invitaient au repos »* MARIVAUX. — *Profondeur du champ d'un instrument d'optique.* — **PROFONDEUR DE CHAMP** *d'un objectif photographique, d'une caméra,* dans les limites duquel les images sont nettes. ➤ 1 **champ** (III, 1°).

B. (1754, Condillac) **DANS LA PEINTURE, LES ARTS GRAPHIQUES** Suggestion d'un espace à trois dimensions sur un support qui n'en a que deux. *Profondeur rendue par la perspective, le trompe-l'œil, par la couleur.* ➤ **perspective.** *Profondeur d'un paysage.* ◆ *Profondeur des yeux, du regard.*

C. IMPLIQUANT UNE IDÉE DE MOUVEMENT (➤ **profond,** I, C) Caractère de ce qui s'enfonce. *Profondeur d'un forage.* — *« Il poussa quelques soupirs d'une profondeur insoupçonnée »* COSSERY.

II (ABSTRAIT) ■ **1** (1553) Qualité de ce qui va au fond des choses, au-delà des apparences (➤ **profond,** II, 1°). *Esprit vif mais sans profondeur. Profondeur de vues. « Et beaucoup croient encore à la profondeur de la philosophie »* CIORAN. ◆ (1580) (PERSONNES) Qualité de qui a un esprit profond. ➤ **force, pénétration.** *Il a de la profondeur. « La profondeur, chez les Italiens, n'est pas du tout ennemie de la vivacité ni de la verve »* VALÉRY. — *Profondeur d'une œuvre.* ■ **2** Caractère de ce qui est durable, fort (de la vie intérieure). *La profondeur d'un sentiment.* — **EN PROFONDEUR :** par-delà les apparences superficielles. *Modification en profondeur. « Je conçois que l'œuvre d'art doive exprimer en profondeur le monde à une époque donnée »* MAURIAC. ■ **3** (1769) Partie la plus intérieure et la plus difficile à pénétrer. *Les profondeurs intimes, secrètes de l'être.* ➤ **tréfonds.** *« Je renfonçais ce souci dans les obscures profondeurs de mon âme »* FRANCE. *La psychologie des profondeurs, de l'inconscient :* la psychanalyse. ■ **4** (début XIVe) VX ou LITTÉR. Caractère extrême, intense. *La profondeur et l'étendue du désastre.*

■ CONTR. Superficie, surface ; facilité, légèreté.

PRO FORMA [pʀofɔʀma] **loc. adj. inv.** – 1549 ◇ mots latins « pour la forme » ■ COMPTAB. *Facture pro forma :* facture anticipée établie dans les règles, et n'entraînant aucune conséquence juridique pour le client. *Des factures pro forma.*

PROFUS, USE [pʀɔfy, yz] **adj.** – 1478 ◇ latin *profusus,* de *fundere* « répandre » ■ LITTÉR. Qui se répand en abondance (fluides). ➤ **abondant.** *Transpiration profuse* (sudation). *« Lumière profuse ; splendeur. L'été s'impose et contraint toute âme au bonheur »* GIDE. — FIG. *« Salavin fit, de Lanoue, des louanges profuses »* DUHAMEL. — **adv. PROFUSÉMENT.** *Galerie profusément éclairée.*

PROFUSION [pʀɔfyzjɔ̃] **n. f.** – 1495 ◇ latin *profusio,* de *profundere* « répandre » ■ **1** COUR. Grande abondance de choses répandues, distribuées. *Une profusion de cadeaux. Profusion de vins, de nourriture, dans un repas.* ◆ Grande abondance. ➤ **étalage, excès, surabondance.** *« Une profusion de pendants d'oreilles, d'anneaux de jambes, de bracelets »* FROMENTIN. *Profusion de couleurs, de lumières.* ➤ **débauche, orgie** (FIG.). — FIG. *« Une profusion de détails surprenants »* MAUPASSANT. ◆ **loc. adv. À PROFUSION :** en abondance. ➤ **abondamment, beaucoup.** *« Tous les fruits de la saison à profusion »* BALZAC. *Avoir tout à profusion* (cf. À gogo). *Donner à profusion,* sans compter. ■ **2** VX ou LITTÉR. Action ou habitude de dépenser avec excès. ➤ **prodigalité.** ■ CONTR. Dénuement, rareté. Avarice, économie, parcimonie.

PROGÉNITURE [pʀɔʒenityʀ] **n. f.** – 1481 ◇ du latin *genitura* « génération », d'après latin *progenies* « race, lignée », de *gignere* « engendrer » ■ LITTÉR. Les êtres engendrés par un être humain, un animal. ➤ **descendance, enfant, petit.** *« Elle contemple Monique [...] comme sa progéniture, le fruit de sa chair, son enfant »* DUHAMEL. — *La progéniture d'une chatte, d'une chienne.* ◆ PLAISANT *Promener sa progéniture,* sa famille, ses enfants (cf. Sa petite famille*).

PROGÉNOTE [pʀɔʒenɔt] **n. m.** – 1986 ◇ du latin *progenies* « souche, famille », par l'anglais *progenote* (1981) ■ PHYLOG. Ancêtre commun hypothétique des trois groupes d'êtres vivants, les archéobactéries, les eubactéries et les eucaryotes.

PROGESTATIF, IVE [pʀɔʒɛstatif, iv] **adj.** – milieu XXe ◇ de *pro-* et du latin *gestare* « porter » ■ **1** ANAT. *Corps progestatif :* corps jaune*. ➤ **lutéal.** ■ **2** BIOL. Se dit des substances qui favorisent les processus de la grossesse (ou produisent des effets similaires sur l'organisme). *Hormones progestatives.* — **n. m.** *La progestérone est un progestatif naturel. Micropilule à base de progestatifs.*

PROGESTÉRONE [pʀɔʒɛsteʀɔn] **n. f.** – 1941 ◇ de *pro-,* latin *gestare* et *(horm)one* ■ BIOCHIM. Hormone sécrétée par le corps jaune* (après l'ovulation et pendant la grossesse), ainsi que par le placenta. ➤ VX **lutéine.** *La progestérone prépare la muqueuse utérine à l'implantation de l'œuf et assure le maintien de la grossesse.*

PROGICIEL [pʀɔʒisjɛl] **n. m.** – 1962 ◇ de *pro(duit)* et *(lo)giciel* ■ INFORM. Ensemble de programmes informatiques munis d'une documentation, commercialisés en vue d'une même application (recomm. offic.). ➤ **package** (ANGLIC.). *Progiciel de traitement de texte, de gestion de base de données.*

PROGLOTTIS [pʀɔglɔtis] **n. m.** – 1843 ◇ latin savant, du grec *pro-* et *glottis* « langue », à cause de sa forme ■ ZOOL. Anneau d'un ver cestode (ténia, etc.). ➤ **strobile.** *Les proglottis sont placés en arrière du scolex.*

PROGNATHE [pʀɔgnat] **adj.** – 1849 ◇ de *pro-* et du grec *gnathos* « mâchoire » ■ DIDACT. Qui a les maxillaires proéminents (en parlant des humains). *Visage prognathe.*

PROGNATHISME [pʀɔgnatism] **n. m.** – 1849 ◇ de *prognathe* ■ DIDACT. Saillie en avant de la partie inférieure de la face (mâchoire inférieure ou les deux mâchoires). — On dit aussi **PROGNATHIE** [pʀɔgnati] **n. f.**

PROGRAMMABLE [pʀɔgʀamabl] **adj.** – v. 1960 ◇ de *programmer* ■ Que l'on peut programmer ; dont on peut régler à l'avance la mise en route. *Magnétoscope programmable.*

PROGRAMMATEUR, TRICE [pʀɔgʀamatœʀ, tʀis] **n.** et **adj.** – 1936 ◇ de *programmer* ■ **1** Personne chargée de la programmation de spectacles (cinéma, radio, télévision, théâtre). ■ **2 n. m.** Appareil dont les signaux de sortie commandent l'exécution d'un programme (4°). ➤ **séquenceur.** — **adj.** Qui élabore un programme (4°). ■ **3 n. m.** Système qui commande le déroulement d'une série d'opérations simples. *Programmateur d'un lave-linge.*

PROGRAMMATHÈQUE [pʀɔgʀamatɛk] n. f. – 1969 ◊ de *programme*, d'après *bibliothèque* ■ INFORM. Ensemble organisé de programmes informatiques accompagnés de la documentation permettant leur utilisation. — Lieu où sont conservés ces programmes.

PROGRAMMATION [pʀɔgʀamasjɔ̃] n. f. – 1924 ◊ de *programmer* ■ **1** Établissement, organisation des programmes (de cinéma, radio, télévision). ■ **2** Élaboration et codification de la suite d'opérations formant un programme (4°). ➤ aussi **microprogrammation.** *Programmation de calculs. Programmation d'une machine électronique, d'une calculatrice* (➤ **programmeur**). — *Langage* de programmation. Programmation structurée.* ■ **3** FAM. Action de prévoir et d'organiser (qqch.). *Programmation des vacances. Programmation des naissances.* ➤ **planification.**

PROGRAMMATIQUE [pʀɔgʀamatik] adj. – 1780, repris v. 1970 ◊ du grec *programma* → programme ■ DIDACT. Relatif à un programme, SPÉCIALT à un programme électoral. *Texte programmatique.*

PROGRAMME [pʀɔgʀam] n. m. – 1677 ◊ du grec *programma* «ordre du jour»

I ANNONCE DE CE QUE L'ON VA FAIRE, DE CE QUI VA AVOIR LIEU ■ **1** (1765) Écrit annonçant et décrivant les diverses parties d'une cérémonie, d'un spectacle, etc. *Programme d'une cérémonie officielle, d'un spectacle. Demandez le programme ! Morceau, pièce du programme, hors programme. Programme radiophonique, de télévision. Inscrire une émission au programme* (➤ **programmer**) ; *la supprimer du programme* (➤ **déprogrammer**). — FIG. et FAM. *Le programme des réjouissances* : le détail de ce qui est organisé, prévu. ➤ 2 **menu.** ◆ (1677) Ce qui est annoncé, décrit par un programme ; ensemble des spectacles, émissions, conférences... donnés quelque part à un moment déterminé. *Un beau programme. Il y a un programme intéressant à la télévision ce soir. Bouquet* de programmes.* ■ **2** Annonce des matières (d'un cours), du sujet (d'un concours, d'un prix) ; ces matières. ◆ (1863) Ensemble des connaissances, des matières qui sont enseignées dans un cycle d'études ou qui forment les sujets (d'un examen, d'un concours). ➤ aussi **curriculum.** *Programmes scolaires. Le programme de sixième ; du baccalauréat ; de l'agrégation. Œuvres inscrites au programme.* «*des mots* [...] *dont le sens est au programme d'une autre classe*» A. JENNI. *Suivre, finir le programme. Poser une question hors programme.*

II ENSEMBLE D'ACTIONS ■ **1** Suite d'actions que l'on se propose d'accomplir pour arriver à un résultat. ➤ **dessein, projet.** *Réaliser un programme. C'est tout un programme*, se dit d'une annonce, un titre qui suffit à faire prévoir la suite. «*Une pièce à thèse, et le titre en était tout un programme*» ARAGON. *Vaste programme !* (allus. à une réplique du général de Gaulle). ◆ (1789) Exposé général des intentions, des projets d'une personne, d'un groupe (parti, etc.). *Programme électoral.* ➤ aussi **plateforme.** *Programme de réformes. Programme à court, à long terme*.* ➤ 2 **objectif.** — ÉCON. *Programme et plan*.* ◆ Ensemble de conditions à remplir dans l'exécution d'un travail. *Programme architectural,* proposé à l'architecte. *Programme d'avancement* (des travaux sur un chantier). — MUS. *Musique à programme,* qui se propose d'illustrer un thème précis. ■ **2** FIG. Ensemble des activités prévues pour une période déterminée. *Quel est le programme de la soirée ? Changement de programme, nous passons le week-end à la campagne. J'ai un programme chargé cette semaine.* ➤ **emploi** (du temps).

III ENSEMBLE D'OPÉRATIONS ■ **1** (1954) AUTOMAT. Ensemble ordonné d'opérations effectuées par un système automatique *(programmateur*). Les programmes d'un lave-linge.* ■ **2** (1959) INFORM. Ensemble des instructions, rédigé dans un langage de programmation, permettant à un système informatique d'exécuter une tâche donnée. ➤ **logiciel, progiciel.** *Programme en langage machine, en langage évolué. Programme source*, objet. Programme principal,* exécutant une tâche en appelant des éléments de programme spécialisés (➤ **sous-programme**). *Concepteur d'un programme* (➤ **programmeur ; analyste ;** aussi **développeur**). ◆ GÉNÉT. *Programme génétique.* «*la biologie moléculaire a emprunté à la théorie de l'information le concept et le terme de programme pour désigner l'information génétique d'un organisme*» F. JACOB.

PROGRAMMER [pʀɔgʀame] v. tr. ⟨1⟩ – 1917 ◊ de *programme,* d'après l'anglais *to program* ■ **1** Inclure dans un programme (cinéma, radio, télévision). *Programmer une émission pour les enfants. — Émission programmée à une heure de grande écoute.* ■ **2** (v. 1960) Assigner un programme à (une machine, un appareil). *Programmer un ordinateur, une imprimante.* ➤ **configurer, paramétrer.** «*après avoir programmé la sonnerie de son téléphone portable en mode "réveil"*» F. THILLIEZ. *Programmer un temps de cuisson* (➤ **minuteur, programmateur**). ◆ INTRANS. Élaborer un programme. — p. p. adj. *Enseignement* programmé.* ■ **3** Prévoir et organiser. ➤ **planifier.** *Programmer ses vacances, son temps. Programmer un achat. Il avait programmé de partir en juin.* — p. p. adj. *Obsolescence* programmée.*

PROGRAMMEUR, EUSE [pʀɔgʀamœʀ, øz] n. – v. 1960 ◊ de *programme* ■ Spécialiste qui établit le programme (4°) d'un calculateur électronique, d'un ordinateur. APPOS. *Analystes programmeurs.*

PROGRÈS [pʀɔgʀɛ] n. m. – 1611 ; «développement» 1532 ◊ latin *progressus* «action d'avancer», de *progredi* «aller en avant» ■ **1** VX Mouvement en avant ; action d'avancer. ◆ MOD. Avance (d'une troupe, d'une armée). «*Il marque, avec de petits drapeaux, les admirables progrès des Russes*» GIDE. ➤ **progression.** ◆ Le fait de se répandre, de s'étendre dans l'espace, de gagner du terrain. ➤ **propagation.** *Les progrès de l'incendie, de l'inondation, d'une épidémie.* ■ **2** LITTÉR. Développement, progression dans le temps. ➤ **évolution.** «*La vie est le progrès continu d'un être qui vieillit sans cesse*» BERGSON. ■ **3** COUR. Changement d'état qui consiste en un passage à un degré supérieur. ➤ **augmentation, développement.** «*La marquise lui faisait remarquer le progrès de ses sentiments*» DIDEROT. *Faire des progrès* : progresser. *Le progrès du mal, les progrès de la maladie.* ➤ **aggravation.** *Les inquiétants progrès de la criminalité.* «*Il n'y a point de vrai progrès de raison dans l'espèce humaine parce que tout ce qu'on gagne d'un côté on le perd de l'autre*» ROUSSEAU. *Les progrès de l'espèce humaine.* ➤ **ascension.** «*Je crois aux progrès de l'homme sur lui-même*» BALZAC. ■ **4** SPÉCIALT Développement en bien. ➤ **amélioration.** *Progrès résultant d'une évolution, de réformes, d'une révolution. Faire des progrès* : avancer, progresser. *Cet élève ne fait aucun progrès. — Progrès social. Progrès technique. Les progrès de la médecine.* ◆ Changement en mieux par lequel on approche d'un but, d'un résultat. *Un grand progrès, un progrès sensible vers...* ➤ 1 **pas** (cf. Bond* en avant). — FAM. *Il y a du progrès* : cela va mieux. — *Il, elle est en progrès.* ■ **5** (1757 ; parfois avec une majuscule) ABSOLT L'évolution de l'humanité, de la civilisation (vers un terme idéal). «*La notion classique de progrès* [...] *suppose une ascension qui rapproche indéfiniment d'un terme idéal*» SARTRE. «*L'ordre pour base et le progrès pour but*» COMTE. — *Croire au progrès, nier le progrès.* «*Le pas collectif du genre humain s'appelle le Progrès. Le progrès marche*» HUGO. — POLIT. *Parti du progrès.* ➤ **progressiste.** — LOC. FAM. (souvent iron.) *On n'arrête pas le progrès !* (pour commenter une innovation, un objet nouveau, une pratique nouvelle). ■ CONTR. Arrêt, immobilité. Recul ; régression ; décadence.

PROGRESSER [pʀɔgʀese] v. intr. ⟨1⟩ – 1834 ◊ de *progrès* ■ **1** Se développer, s'étendre par un progrès. *Idée qui progresse.* «*Le siècle progresse ! Quel joli mot qui rime avec graisse !*» STENDHAL. *Le mal progresse.* ➤ **s'aggraver, empirer.** *Progresser vite, à grands pas, insensiblement.* ◆ (PERSONNES) Faire des progrès (4°), être dans un état meilleur, plus avancé. *Cet élève a beaucoup progressé depuis l'année dernière.* ➤ **s'améliorer.** *Il a progressé en français.* «*Quand tous les individus s'appliqueront à progresser, alors* [...] *l'humanité sera en progrès*» BAUDELAIRE. — *La recherche médicale a beaucoup progressé. Les négociations progressent.* ➤ **avancer.** ■ **2** (1914) Avancer, gagner du terrain. ➤ **progrès** (1°). *L'ennemi progresse.* — FIG. *Il a progressé dans sa lecture.* ◆ Avancer, avec difficulté ou régularité. «*Le visiteur risque deux ou trois pas. Il progressait un peu de biais*» DUHAMEL. *Alpinistes qui progressent sur la face nord.* ■ CONTR. Arrêter (s'), décliner, décroître, reculer, rétrograder.

PROGRESSIF, IVE [pʀɔgʀesif, iv] adj. – 1372 ◊ latin *progressus* ■ **1** VX Qui porte à avancer, à mouvoir. *Faculté progressive.* ■ **2** MOD. et LITTÉR. Qui s'accroît, se développe, progresse. «*Il est impossible d'admettre un Dieu progressif*» BALZAC. ■ **3** VX Qui participe du progrès (4°). «*Notre époque essentiellement progressive*» BALZAC. ➤ **progressiste.** ■ **4** Qui suit une progression, un mouvement par degrés. *Impôt progressif.* ■ **5** COUR. Qui s'effectue d'une manière régulière et continue. ➤ 2 **graduel.** *Développement progressif. Changement progressif. Amélioration progressive. Problèmes de difficulté progressive.* ➤ **gradué.** *Méthode progressive,* où les difficultés sont progressives. — *Paralysie* générale progressive.* «*Les amnésies progressives sont celles qui* [...] *conduisent à l'abolition complète de la* mémoire» RIBOT. ♦ LING. Qui exprime une progression, une évolution graduelle et constante. *Forme progressive* (ex. -ing dans l'angl. I am coming). ■ 6 *Verres progressifs* : verres de lunettes dont la puissance optique varie progressivement entre la partie supérieure du verre (vision de loin) et la partie inférieure (vision de près). ■ CONTR. Dégressif, rétrograde. Stationnaire. Brusque.

PROGRESSION [pRɔgResjɔ̃] n. f. – XIIIe math. ◇ latin *progressio* ■ 1 Suite de nombres dans laquelle chaque terme est déduit du précédent par une loi constante. *Progression arithmétique*, géométrique**. ♦ MUS. Succession de sons suivant une loi déterminée. *Progression mélodique, harmonique* : marche* d'harmonie. ■ 2 (XIVe) Suite ininterrompue, graduelle (➤ **progressif**) correspondant à un développement. *«Une progression d'effets à l'infini»* CONDILLAC. ➤ **gradation.** ■ 3 (XVIIe) Avance élaborée, organisée. ➤ 2 **marche.** *Progression d'un groupe d'explorateurs dans la forêt vierge, d'une expédition dans l'Antarctique. Progression d'un alpiniste.* — (CHOSES) *La progression d'un véhicule. La progression insensible des glaces, des glaciers.* ➤ **avancée.** ♦ Suite d'opérations de guerre par lesquelles une armée avance, progresse. *Suivre la progression d'une armée.* ➤ **avance,** 2 **marche.** ■ 4 Développement par degrés, régulier et continu. ➤ **acheminement, progrès.** *Progression du mal.* ➤ **aggravation.** *Le chômage est en progression. «L'Histoire, qui ne nous retrace qu'une suite de catastrophes et des progressions toujours suivies de régressions»* FRANCE. ■ CONTR. Rétrogradation, recul, régression. Interruption.

PROGRESSISME [pRɔgResism] n. m. – 1845 ◇ de *progressiste* ■ Doctrine politique progressiste. ■ CONTR. Conservatisme.

PROGRESSISTE [pRɔgResist] adj. et n. – 1841 ◇ de *progrès* ■ Qui est partisan du progrès politique, social, économique ; qui tend à la modification de la société vers un idéal, par des réformes ou des moyens violents. *Parti progressiste. Idées progressistes.* — MOD. Qui est partisan d'une politique d'extrême gauche. *Chrétiens progressistes.* — n. *Un progressiste.* ■ CONTR. Conservateur, réactionnaire.

PROGRESSIVEMENT [pRɔgResivmɑ̃] adv. – 1753 ◇ de *progressif* ■ D'une manière progressive, par degrés ; petit à petit. ➤ **graduellement.** *Augmenter, diminuer progressivement. «Rien ne dure que ce qui vient progressivement»* Mme DE STAËL. ■ CONTR. Brusquement, instantanément.

PROGRESSIVITÉ [pRɔgResivite] n. f. – 1833 «progressivité du génie humain» ◇ de *progressif* ■ Caractère de ce qui est progressif. ♦ *Progressivité de l'impôt sur le revenu,* dont le montant s'élève en même temps que celui de la matière imposable.

PROHIBÉ, ÉE [pRɔibe] adj. – 1488 ◇ de *prohiber* ■ Défendu par la loi. ➤ **illégal, illicite.** *Activités prohibées.* ♦ DR. *Degré prohibé* : degré de parenté qui constitue un obstacle à la célébration d'un mariage. — *Temps prohibé* : période pendant laquelle certaines activités (pêche, chasse) sont interdites. ♦ *Marchandises prohibées à l'importation, à l'exportation. Commerce prohibé. Armes prohibées* (dont l'usage, le port sont interdits). ■ CONTR. Autorisé ; permis.

PROHIBER [pRɔibe] v. tr. ⟨1⟩ – 1377 ◇ latin *prohibere* «tenir à distance» ■ Défendre, interdire par une mesure légale. ➤ **condamner, défendre, empêcher, interdire ; prohibé.** *Prohiber certaines importations, la vente de l'alcool.* — ABSOLT *«Ils ont fait de la Justice une chose négative qui défend, prohibe, exclut»* MICHELET. ■ CONTR. Autoriser, permettre.

PROHIBITIF, IVE [pRɔibitif, iv] adj. – 1503 ◇ de *prohiber* ■ 1 DR. Qui défend, interdit légalement. *«les lois restrictives et prohibitives, la censure»* BALZAC. ♦ Relatif à la prohibition. *Régime, système prohibitif.* ■ 2 (1760) *Droits, tarifs douaniers prohibitifs,* si élevés qu'ils équivalent à la prohibition d'une marchandise. ♦ (1927) *Prix prohibitif,* trop élevé, excessif.

PROHIBITION [pRɔibisjɔ̃] n. f. – 1237 ◇ latin *prohibitio* ■ 1 Défense, interdiction légale. ➤ **condamnation,** 1 **défense, interdiction.** *Prohibition du port d'armes. La prohibition de l'inceste.* ■ 2 Interdiction d'importer, de fabriquer, de vendre certaines marchandises, certaines denrées (pour répondre à des préoccupations stratégiques, de santé morale ou physique, etc.). DOUANES *Marchandises frappées de prohibition de sortie,* dont l'exportation est subordonnée à la production d'une licence. *«un droit de prohibition sur les blés étrangers»* ZOLA. ♦ (1890) ABSOLT **LA PROHIBITION :** la prohibition de l'alcool, aux États-Unis (de 1919 à 1933). *«La prohibition appartient à la même série législative que la défense d'enseigner l'évolution»* SIEGFRIED. *Les speakeasys de la prohibition.* ■ CONTR. Autorisation, permission.

PROHIBITIONNISME [pRɔibisjɔnism] n. m. – 1878 ◇ de *prohibition* ■ ADMIN. Système de protection douanière par prohibition. ♦ (1927) Système des partisans de la prohibition de l'alcool, aux États-Unis.

PROHIBITIONNISTE [pRɔibisjɔnist] adj. et n. – 1833 ◇ de *prohibition* ■ Partisan de la prohibition de la vente de certains produits (SPÉCIALT de l'alcool, aux États-Unis).

PROIE [pRwa] n. f. – *preie* 1120 ◇ latin *praeda* ■ 1 Être vivant dont un prédateur* s'empare pour le dévorer. *Attendre, épier, guetter la proie, être à l'affût d'une proie. Chasser, poursuivre, saisir sa proie. «Alors soudain la bête a bondi sur sa proie»* SAMAIN. *Fondre sur sa proie. Manger, dévorer, déchirer une proie.* — **DE PROIE :** qui se nourrit surtout de proies vivantes. ➤ **prédateur.** *Oiseau de proie.* ➤ **rapace.** *L'aigle, l'épervier, l'autour sont des oiseaux de proie. «il y a des insectes de proie, des reptiles de proie, des oiseaux de proie et des quadrupèdes de proie»* J. DE MAISTRE. ♦ *Lâcher la proie pour l'ombre**. ■ 2 (1380) Tout ce dont on s'empare par force, avec violence et avidité. *Sa fortune fut la proie des créanciers. Proie du vainqueur.* ➤ **butin, prise.** ♦ Personne dont on s'est emparé, ou que l'on persécute pour s'en emparer. ➤ **victime.** *Être une proie facile, tentante pour qqn. «Ils furent la proie des hommes de loi et des hommes d'affaires»* FRANCE. ♦ PAR MÉTAPH. *«C'est Vénus tout entière à sa proie attachée»* RACINE. *«C'est le destin. Il faut une proie au trépas»* HUGO. ■ 3 **ÊTRE LA PROIE...** — (PERSONNES) Être absorbé, pris par (un sentiment, une force hostile). *Être la proie des remords. «elle était la proie de n'importe quelles pensées, de n'importe quels rêves»* GREEN. ♦ (CHOSES) Être livré, exposé à, détruit par. *La forêt fut en un instant la proie des flammes.* ■ 4 **EN PROIE (À)...** Tourmenté par (un mal, un sentiment, une pensée). *Être en proie à la maladie. Être en proie au doute, à de vives inquiétudes, à une obsession. «En proie à ses idées fixes, Rousseau, à cette date, ne s'appartenait plus»* SAINTE-BEUVE. *«Madame de Rênal était en proie à toutes les horreurs de la jalousie»* STENDHAL. — (CHOSES) *Maison en proie aux flammes.*

PROJECTEUR [pRɔʒɛktœR] n. m. – 1882 ◇ du latin *projectus,* de *projicere* «jeter en avant» ■ 1 Appareil d'optique dans lequel les rayons d'une source lumineuse intense sont réfléchis et projetés en un faisceau parallèle. *Source lumineuse, réflecteur, système optique d'un projecteur.* — COUR. Un tel appareil, orientable et autonome. *Signaux par projecteurs.* — AUTOM. Phare. *Projecteurs à halogène.* ♦ *Projecteurs de théâtre, de cinéma.* ➤ **spot, sunlight.** *«la lumière des projecteurs tombait sur la piste, comme un monstrueux clair de lune»* SARTRE. *Les feux des projecteurs.* ABRÉV. FAM. (1955) **PROJO** [pRoʒo]. *«Prends une caméra équipée d'un projo»* DAENINCKX. *Des projos.* FIG. *Être sous les projecteurs (de l'actualité)* : occuper pour un temps le devant de la scène (dans les médias). *Les projecteurs sont braqués sur lui.* ■ 2 Appareil de projection pour projeter des images sur un écran. *Projecteur de cinéma. Projecteur vidéo.* ➤ **vidéoprojecteur.** *Projecteur sonore. Projecteur de diapositives* (➤ **passe-vue**).

PROJECTIF, IVE [pRɔʒɛktif, iv] adj. – 1822 ◇ du latin *projectus* ■ 1 GÉOM. Relatif à la projection (2°) ; qui concerne une projection, résulte d'une projection. *Propriétés projectives d'une figure,* que toute projection plane de cette figure conserve. *Espace projectif,* comprenant des éléments à l'infini, dont les éléments sont définis par des coordonnées homogènes. ■ 2 (1939 ◇ de l'anglais américain → projection, 4°) PSYCHOTECHN., PSYCHAN. Qui projette des états intérieurs, suscite cette projection. *Test* projectif. Psychologie projective.* ■ CONTR. Affine.

PROJECTILE [pRɔʒɛktil] n. m. – 1749 ◇ du latin *projectus* ■ 1 MÉCAN. Corps lancé ou projeté (➤ **balistique**). *Vitesse initiale d'un projectile.* ■ 2 COUR. Corps lancé par une arme ou à la main contre qqn, qqch. *Lancer, jeter, envoyer des projectiles. Des projectiles d'armes à feu, d'artillerie.* ➤ 1 **balle,** 1 **bombe, obus.** *Projectile plein, creux. Projectile percutant. Grêle, pluie de projectiles. «L'obus fend l'air [...] ; on sent un projectile plus bedonnant, plus énorme que les autres»* BARBUSSE. — *«les traversins de crin, durs comme des bûches, servaient de projectiles»* NERVAL.

PROJECTION [pRɔʒɛksjɔ̃] n. f. – 1314 ◇ latin *projectio,* de *projectus,* p. p. de *projicere* ■ 1 Action de jeter, de lancer en avant (➤ 1 **jet ; projeter,** I). *Projection de liquide, de vapeur.* — Lancement, jet (de projectiles). *Projection de pierres, d'obus. Angle de projection,* de tir. — GÉOL. *Projection de cendres par un volcan.* ♦ Matières projetées (surtout au plur.). *Les projections incandescentes d'un volcan.* ➤ **déjection ; pyroclastique.** — *Projections de boue. Projections de graisse d'une friture.* ■ 2 (XVIIe) GÉOM.

Opération par laquelle on fait correspondre à un point ou à un ensemble de points de l'espace, un point ou un ensemble de points d'une droite (axe), d'une surface (*projection plane,* si cette surface est un plan), suivant un procédé géométrique défini ; le point ou l'ensemble de points ainsi définis. *La projection d'un point sur un plan est le point d'intersection de ce plan et d'une droite menée par le point. Projection orthogonale, oblique.* ◆ CARTOGR. Méthode de représentation de la surface terrestre sur une surface (plan, sphère) ; image obtenue par une telle méthode. ▪ **3** (1897) OPT. Action de projeter un rayonnement, des rayons lumineux (en parlant d'un foyer) ; ces rayons. *Projection d'une ombre.* — MÉD. Plan de prise d'une radiographie. — PAR EXT. Ombre portée. ◆ SPÉCIALT, COUR. Action de projeter une image sur un écran. *Appareil de projection* (➤ **projecteur**). *Projection de diapositives* (➤ **diaporama**). *Conférence avec projection. — Projection d'un film. Salle, cabine de projection* (cinéma). ▪ **4** FIG. et DIDACT. Image projetée. *« C'était, dans l'obscurité voulue de sa retraite, la brusque projection de tout un monde qu'il avait cru oublier »* MARTIN DU GARD. *« L'art ne vaut à mes yeux que s'il est la projection d'une morale »* COCTEAU. ◆ PSYCHOL. Localisation externe d'impressions ressenties. ◆ (1914) PSYCHAN. Mécanisme de défense par lequel le sujet voit chez autrui des idées, des affects (désagréables ou méconnus) qui lui sont propres (opposé à *introjection*). *Projection et identification**. ▪ **5** Fait de projeter dans l'avenir. *Projections économiques. — Projections démographiques :* prévisions pour l'évolution future, hypothétique, d'une population, sur la base de calculs statistiques.

PROJECTIONNISTE [pʀɔʒɛksjɔnist] **n.** – 1907 ◇ de *projection* ▪ Technicien(ne) chargé(e) de la projection des films. ➤ **opérateur.**

PROJECTURE [pʀɔʒɛktyʀ] **n. f.** – 1545 ◇ latin *projectura* ▪ ARCHIT. Saillie.

PROJET [pʀɔʒɛ] **n. m.** – 1549 ; *pourget* 1470 ◇ de *projeter* ▪ **1** Image d'une situation, d'un état que l'on pense atteindre. ➤ **dessein, idée, intention,** 3 **plan, programme, résolution, vue.** *Faire des projets au lieu d'agir. « Et le chemin est long du projet à la chose »* MOLIÈRE. *Ébaucher, faire, concevoir un projet.* ➤ **projeter.** *Caresser, mûrir, nourrir un projet. Dévoiler ses projets. Projets d'avenir. Projet chimérique, irréalisable* (cf. Châteaux* en Espagne). *Projets criminels* (➤ **préméditation**). *— Projet de livre, de travail, de voyage. Projet de mariage. Former le projet de faire qqch.* — Ce que l'on se propose de faire, à un moment donné. *Quels sont vos projets pour cet été ?* ◆ *Présenter un projet. Donner suite à un projet. « l'être dit* libre *est celui qui peut* réaliser *ses projets »* SARTRE. *Exécuter, réaliser un projet. Responsable de projet.* ◆ *Projets de grands travaux. Projets administratifs, économiques, politiques* (➤ 3 **plan, programme**). ◆ PHILOS. Tout ce par quoi l'être humain tend à modifier le monde ou lui-même, dans un sens donné. *« L'homme est un projet qui décide de lui-même »* SARTRE. ▪ **2** Travail, rédaction préparatoire ; premier état. *Ébaucher, élaborer un projet. Laisser à l'état de projet. — En projet :* à l'étude. ◆ *Rédiger un projet de roman, de thèse.* ➤ **canevas, ébauche, esquisse, schéma.** *— Voter, accepter, rejeter un projet de loi**. ◆ Dessin d'un édifice à construire. ➤ **épure.** *Dresser un projet sommaire de constructions...* ◆ Description, dessin, modèle antérieur à la réalisation. ➤ **avant-projet, rough** (ANGLIC.). *Étude d'un projet.* ▪ CONTR. Exécution, réalisation.

PROJETER [pʀɔʒ(ə)te] **v. tr.** ⟨4⟩ – 1452 ; *porjeter* « jeter dehors, à terre » XIIe ◇ de *por* et *jeter* ; cf. bas latin *projectare*

I (➤ **projection**) ▪ **1** Jeter en avant et avec force. ➤ **éjecter, envoyer, jeter,** 1 **lancer.** *Volcan qui projette des scories.* ➤ **cracher.** *La voiture a été projetée contre un mur.* ➤ **catapulter.** *Cavalier projeté à terre. La déflagration les a projetés à terre.* — FIG. Pousser violemment. *« un subit élan de foi, [...] un fougueux besoin de convaincre et d'entraîner, le projetaient à la tribune d'un meeting »* MARTIN DU GARD. ◆ (Sujet chose) Avoir comme prolongement, dans une direction. *« Cet arbre aimé du soleil projette au-dessus du mur ses branches »* NERVAL. ▪ **2** GÉOM. Figurer, tracer en projection ; déterminer la projection de. *Projeter une surface courbe sur un plan.* ➤ **développer.** ▪ **3** Envoyer sur une surface (des rayons lumineux, une image). *Projeter une lueur, un reflet. — Projeter une ombre.* — PRONOM. *« l'ombre du palais, avec ses terrasses superposées, se projetait sur les jardins »* FLAUBERT. ➤ **se profiler.** *— Silhouettes projetées sur le mur.* ◆ *Projeter des photos, un film.* ➤ **passer ; projection.** ▪ **4** PSYCHOL. *Projeter un état, une perception, un sentiment hors de soi.* ➤ **projection** (4°). *— Projeter un sentiment sur qqn,* lui attribuer un sentiment, un état affectif qu'on éprouve soi-même. *« en étant amoureux d'une femme nous projetons simplement en elle un état de notre âme »* PROUST. *« c'est sa propre peur qu'il projette »* SARRAUTE. *Moi, fâché ? Tu projettes.* — PRONOM. *Elle se projette sur ses enfants.*

II (XIVe *pourjeter une embusque* « préparer une embuscade ») Former l'idée de (ce que l'on veut faire et des moyens pour y parvenir). ➤ **projet.** *Projeter un voyage, une entreprise.* ➤ **envisager, préparer.** *Projeter d'aller, de faire.* ➤ **préméditer.** *Ils projetèrent de monter une affaire ensemble.* ➤ **se proposer.** *« Nous n'avons ni la force ni les occasions d'exécuter tout le bien et tout le mal que nous projetons »* VAUVENARGUES. — ABSOLT *« on travaille, on projette, on arrange d'un côté ; la fortune accomplit de l'autre »* BEAUMARCHAIS.

PROJETEUR, EUSE [pʀɔʒ(ə)tœʀ, øz] **n.** – 1972 ◇ de *projeter* ▪ TECHN. ▪ **1** Technicien(ne) qui établit des projets. *Concepteur***-projeteur.* ▪ **2** Dessinateur, dessinatrice industriel(le) chargé(e) de la conduite d'un projet.

PROLACTINE [pʀolaktin] **n. f.** – 1933 ◇ de *pro-* et du latin *lactus* « lait » ▪ PHYSIOL., BIOCHIM. Hormone sécrétée par l'hypophyse et qui déclenche la lactation.

PROLAMINE [pʀɔlamin] **n. f.** – 1953 ◇ de *pro(téine), l* et *amine* ▪ BIOCHIM. Holoprotéine extraite de diverses graines (maïs, froment, seigle, orge, riz).

PROLAPSUS [pʀolapsys] **n. m.** – 1800 ◇ latin moderne, de *pro-* et *labi* « tomber » ▪ PATHOL. Glissement vers le bas, descente (d'un organe ou d'une partie d'organe). ➤ **hernie, procidence, ptose.** *Prolapsus de l'utérus, du rectum.*

PROLÉGOMÈNES [pʀɔlegɔmɛn] **n. m. pl.** – 1578 ◇ grec *prolegomena* ▪ Ample préface contenant les notions préliminaires nécessaires à l'intelligence d'un livre. ➤ **introduction, préface.** *« Voilà les prolégomènes qui me semblaient nécessaires à l'intelligence du* Mémoire *qui suit »* CHATEAUBRIAND. ◆ Notions, principes préliminaires à l'étude d'une question. *« Prolégomènes à toute métaphysique future », de Kant.*

PROLEPSE [pʀɔlɛps] **n. f.** – 1701 ; *prolepsis* XVIe ◇ latin *prolepsis,* du grec ▪ DIDACT. ▪ **1** Figure de rhétorique par laquelle on prévient une objection, en la réfutant d'avance. ▪ **2** Dans une narration, Récit anticipé d'évènements qui se produiront dans le futur. *Prolepse et analepse.*

PROLÉTAIRE [pʀɔletɛʀ] **n.** – 1748 ; *prolectaire* 1375 ◇ latin *proletarius,* de *proles* « lignée » ▪ **1** ANTIQ. Citoyen de la dernière classe du peuple, exempt d'impôt, et ne pouvant être utile à l'État que par sa descendance. ▪ **2** (début XIXe) MOD. Personne qui ne possède pour vivre que les revenus de son travail (salaire), qui exerce un métier manuel ou mécanique et a un niveau de vie relativement bas dans l'ensemble du groupe social (opposé à *capitaliste, bourgeois*). ➤ FAM. **prolo.** *Prolétaires des villes et des campagnes.* ➤ **ouvrier, paysan** (non propriétaire) ; **prolétariat.** *« Prolétaires de tous les pays, unissez-vous »* (Manifeste communiste, 1847). — SPÉCIALT Travailleur manuel de la grande industrie. *« Les prolétaires* [dit le médecin Benassis] *me semblent les mineurs d'une nation et doivent toujours rester en tutelle »* BALZAC. — **adj.** *Les classes prolétaires.* ➤ **prolétarien.** *Le milieu prolétaire.* ▪ CONTR. Riche. Bourgeois, capitaliste, 1 patron ; aristocrate, gentilhomme, noble.

PROLÉTARIAT [pʀɔletaʀja] **n. m.** – 1832 ◇ de *prolétaire* ▪ **1** VIEILLI Condition du prolétaire. *« La dégradation de l'homme par le prolétariat »* HUGO. ▪ **2** MOD. Classe sociale des prolétaires. ➤ **peuple.** *Le prolétariat moderne s'est développé avec la grande industrie du XIXe siècle. Le prolétariat urbain, ouvrier ; rural. La fraction la plus défavorisée du prolétariat.* ➤ **sous-prolétariat.** *— Dictature* du prolétariat.* ▪ CONTR. Aristocratie, bourgeoisie, 2 capital.

PROLÉTARIEN, IENNE [pʀɔletaʀjɛ̃, jɛn] **adj.** – 1871 ◇ de *prolétaire* ▪ Relatif au prolétariat moderne ; formé par le prolétariat. *Classe prolétarienne. Parti socialiste et prolétarien. Révolution prolétarienne.*

PROLÉTARISATION [pʀɔletaʀizasjɔ̃] **n. f.** – 1904 ◇ de *prolétariser* ▪ Le fait d'être prolétarisé. *Prolétarisation des artisans.*

PROLÉTARISER [pʀɔletaʀize] **v. tr.** ⟨1⟩ – 1904 ◇ de *prolétaire* ▪ Réduire à la condition de prolétaire. *Petits propriétaires ruraux paupérisés et prolétarisés.*

PROLIFÉRATION [pʀɔlifeʀasjɔ̃] **n. f.** – 1834 ◇ de *prolifère* ▪ **1** BOT. Apparition d'une production surnuméraire sur un organe prolifère. ◆ (1869) BIOL. Multiplication des cellules vivantes. *Prolifération d'organismes unicellulaires. Prolifération micro-*

bienne. Prolifération pathologique de cellules, de tissus. ➤ **cancer, néoplasme, tumeur.** ▪ **2** COUR. Multiplication rapide. *Prolifération d'algues, de pucerons, de fourmis.* ◆ FIG. *La prolifération des doctrines, des théories, des écoles.* ➤ **foisonnement.** — *Menace de prolifération des armes nucléaires* (➤ **non-prolifération**).

PROLIFÈRE [pʀɔlifɛʀ] **adj.** – 1766 ◇ du latin *proles* «descendance» et *-fère* ▪ BOT. *Fleur prolifère,* dont l'axe, après traversée de toutes les pièces florales, poursuit sa croissance en tige feuillée.

PROLIFÉRER [pʀɔlifeʀe] **v. intr.** ‹6› – 1859 ◇ de *prolifère* ▪ **1** Se multiplier, se reproduire (cellules vivantes) ; engendrer, produire un organe, un tissu par des divisions cellulaires. ▪ **2** Se multiplier en abondance, rapidement. *Plantes, animaux qui prolifèrent.* ◆ FIG. ➤ **foisonner.** *«Le crime prolifère comme la raison elle-même, il prend toutes les figures du syllogisme»* CAMUS.

PROLIFICITÉ [pʀɔlifisite] **n. f.** – 1903 ◇ de *prolifique* ▪ LITTÉR. ou SC. Fécondité (plus ou moins grande) d'un être vivant, d'une espèce. *«Malgré sa faible prolificité, l'espèce humaine ne laisse pas d'être passablement envahissante»* J. ROSTAND.

PROLIFIQUE [pʀɔlifik] **adj.** – 1520 ◇ du latin *proles,* d'après les adj. en *-fique* ▪ **1** VX Qui a, donne la faculté d'engendrer. ▪ **2** (1770) MOD. Qui se multiplie rapidement. *Espèces plus, moins prolifiques. Les lapins sont prolifiques.* ➤ **fécond.** ▪ **3** Qui produit beaucoup. *Un romancier prolifique.* ▪ CONTR. Stérile.

PROLIGÈRE [pʀɔliʒɛʀ] **adj.** – 1821 ◇ du latin *proles* «descendance» et *gerere* «porter» ▪ BIOL. Qui porte un germe. *Disque proligère.*

PROLINE [pʀɔlin] **n. f.** – 1905 ◇ calque de l'allemand *Prolin* (1901), de *acide (α-) p (yr) rol (id) ine (-carbonique)* ▪ BIOCHIM. Acide aminé possédant une fonction amine secondaire. *La proline entre dans la composition du collagène.*

PROLIXE [pʀɔliks] **adj.** – 1314 ; *prolipse* 1225 ◇ latin *prolixus* «allongé» ▪ Qui est trop long, qui a tendance à délayer dans ses écrits ou ses discours. ➤ **bavard, diffus, verbeux.** *Orateur, écrivain prolixe. «Les plus prolixes sont ceux qui ont le moins à dire»* GIDE. ◆ Abondant, copieux. *Discours, style prolixe.* — **adv. PROLIXEMENT,** v. 1225. ▪ CONTR. Concis, 1 court, laconique ; cursif.

PROLIXITÉ [pʀɔliksite] **n. f.** – XIIIe ◇ bas latin *prolixitas* ▪ Défaut d'une personne qui est prolixe, de ce qui est prolixe. ➤ **loquacité, faconde.** *«la prolixité de nos grands prosateurs ne sera que de l'ennui pour 1880»* STENDHAL. ▪ CONTR. Brièveté, laconisme, sobriété.

PROLO [pʀolo] **n.** – 1883 ◇ abrév. de *prolétaire* ▪ FAM. Prolétaire. *Une prolo. Les prolos.* — **adj.** *Ça fait prolo.*

PROLOG [pʀɔlɔg] **n. m.** – 1975 ◇ acronyme de *Programmation en logique* ▪ INFORM. Langage évolué orienté vers les expressions symboliques, en particulier en intelligence artificielle. ▪ HOM. Prologue.

PROLOGUE [pʀɔlɔg] **n. m.** – XIIIe ; *prologe* XIIe ◇ latin *prologus,* grec *prologos* ▪ **1** HIST. LITTÉR. Partie (d'un drame antique) qui précède l'entrée du chœur. *Les prologues de la tragédie grecque.* ◆ (1611) LITTÉR. Discours qui introduit une pièce de théâtre. *Prologues d'Esther* (Racine), *d'Amphitryon, du Malade imaginaire* (Molière). ◆ MUS. Partie préliminaire de certains opéras anciens. ▪ **2** Texte introductif. ➤ **introduction, préface.** *«Les prologues de* Gargantua *et du* Tiers Livre*», de Rabelais. Prologue en vers.* ◆ FIG. Préliminaire, prélude. *Quelques assassinats «comme une sorte de prologue à la sanglante comédie de la Fronde»* VIGNY. ▪ **3** (1828) Première partie (d'un roman, d'une pièce, d'un film) présentant des évènements antérieurs à l'action proprement dite. ▪ **4** En cyclisme, Première épreuve d'une course à étapes. *Le prologue du Tour de France.* ▪ CONTR. Épilogue. ▪ HOM. Prolog.

PROLONGATEUR [pʀɔlɔ̃gatœʀ] **n. m.** – milieu XXe ◇ du radical de *prolongation* ▪ ÉLECTR. Ensemble (fil et prises) destiné à relier un appareil électrique à une prise de courant. ➤ **rallonge.** — **adj.** *Cordon, fil prolongateur.*

PROLONGATION [pʀɔlɔ̃gasjɔ̃] **n. f.** – 1265 ◇ de *prolonger* ▪ **1** Action de prolonger dans le temps ; résultat de cette action. ➤ **allongement, augmentation, prorogation.** *Prolongation d'une trêve, d'un congé, d'un contrat. Prolongation de peine.* MUS. *Prolongation d'une note,* action de la tenir plus longtemps en la prolongeant sur les accords suivants. ▪ **2** ABSOLT Temps accordé en plus. ➤ **délai.** ◆ SPORT Chacune des deux périodes supplémentaires qui prolongent un match de football ou de rugby, en vue de départager deux équipes à égalité. *«l'Argentine et les Pays-Bas n'avaient pas pu se départager au terme de la prolongation et on s'apprêtait à procéder à la séance de tirs au but»* J.-PH. TOUSSAINT. *Jouer les prolongations ;* FIG. faire durer (une situation, etc.) au-delà des limites prévues, acceptées. ▪ CONTR. Diminution, cessation. Raccourcissement.

PROLONGE [pʀɔlɔ̃ʒ] **n. f.** – 1752 ; *prolongue* XIVe ◇ de *prolonger* ▪ TECHN., ARTILL. Voiture servant au transport des munitions, du matériel militaire. *«des canons étaient montés sur des prolonges»* J.-CH. RUFIN. *Prolonge d'artillerie.* ◆ CH. DE FER Long cordage (pour assujettir les bâches, manœuvrer les freins, etc.).

PROLONGÉ, ÉE [pʀɔlɔ̃ʒe] **adj.** – de *prolonger* ▪ **1** Qu'on prolonge, qui se prolonge (dans le temps). *«Ces hurlements prolongés que l'habitant des campagnes regarde comme un présage sinistre»* BALZAC. *Rire, cri prolongé.* — FAM. VIEILLI *Une jeune fille prolongée,* non mariée à un âge où elle pourrait l'être. ▪ **2** (Dans l'espace) *Rue prolongée.*

PROLONGEMENT [pʀɔlɔ̃ʒmɑ̃] **n. m.** – XIIe ◇ de *prolonger* ▪ **1** Action de prolonger dans l'espace ; augmentation de longueur. ➤ **allongement, extension.** *Décider le prolongement d'une autoroute.* ▪ **2** Ce par quoi on prolonge (ou se prolonge) une chose ; ce qui prolonge la partie principale d'une chose, d'un corps. *«l'inculte prolongement des jardins de l'hôtel»* GIDE. ◆ Appendice. *La cellule nerveuse et ses prolongements* (axone, dendrite). ◆ FIG. *«Les lois sont le prolongement des mœurs»* HUGO. *Cette décision est le prolongement des mesures déjà prises.* ▪ **3** loc. prép. *Dans le prolongement de ; en prolongement :* dans la direction qui prolonge qqch. *Tendre le bras dans le prolongement du corps. Dans le prolongement de ce que je vous disais ce matin...* ▪ **4** Ce par quoi un évènement, une activité, une situation se prolonge (dans le temps). ➤ **continuation.** *Les prolongements d'une affaire, d'un évènement politique.* ➤ **développement, répercussion, séquelle, suite.** ▪ CONTR. Contraction, raccourcissement.

PROLONGER [pʀɔlɔ̃ʒe] **v. tr.** ‹3› – XIIIe ; *prolonger,* d'après *allonger ; prolonguer* 1265 ◇ bas latin *prolongare* ▪ Faire aller au-delà d'une limite antérieurement fixée. ▪ **1** Faire durer plus longtemps ; accroître, augmenter la durée de (➤ **prolongation**). *Prolonger la vie de qqn. Prolonger une séance, un débat. Prolonger un délai.* ➤ **proroger.** *Faire prolonger un visa. Nous ne pouvons prolonger notre séjour.* ◆ Venir à la suite de. *«Un froid noir prolongeait le dur hiver, sans pitié des misérables»* ZOLA. ◆ PRONOM. Durer plus longtemps que prévu. ➤ **continuer.** *La réunion s'est prolongée jusqu'à minuit.* ▪ **2** Faire aller plus loin dans le sens de la longueur. ➤ **allonger.** *Prolonger des lignes de métro au-delà de Paris.* ◆ PRONOM. Aller plus loin. ➤ **continuer, s'étendre.** *Le chemin se prolonge à travers bois.* — FIG. *Se prolonger dans ses enfants.* ➤ **se perpétuer.** *«Ce désir de se prolonger dans autrui qu'est l'amour»* MAURIAC. ▪ **3** (CHOSES) Être le prolongement de. *Les bâtiments qui prolongent les ailes du château.* ▪ CONTR. Abréger, diminuer, raccourcir.

PROMENADE [pʀɔm(ə)nad] **n. f.** – 1557 *pourmenade* ◇ de *promener* ▪ **1** Action de se promener ; trajet que l'on fait en se promenant. ➤ **excursion, 3 tour ;** FAM. **baguenaude, balade, 2 vadrouille, virée.** *Faire une promenade. Promenade à la campagne, en montagne* (➤ **course**), *en mer. Promenade dans les magasins.* ➤ **chalandage, lèche-vitrine, shopping.** *Promenade à pied* (➤ **2 marche**), *à cheval* (➤ **chevauchée**). *Promenade en voiture. Aller, être en promenade. Longue promenade.* ➤ **randonnée ; échappée, équipée.** *Promenade solitaire. «Absorbé dans ma douce rêverie je prolongeai fort avant dans la nuit ma promenade, sans m'apercevoir que j'étais las»* ROUSSEAU. — *Promenade hygiénique, de santé. Promenade des prisonniers dans la cour de la prison.* ◆ FIG. *«La charmante promenade qu'il m'a été donné d'accomplir à travers la réalité»* RENAN. ▪ **2** (1599) Lieu aménagé dans une ville pour les promeneurs. ➤ **avenue, boulevard, cours, 1 mail, parc.** *La promenade des Anglais, à Nice.*

PROMENER [pʀɔm(ə)ne] **v.** ‹5› – XVIe ; *pourmener* XIIIe ◇ de *mener*
I **v. tr.** ▪ **1** Faire aller dans plusieurs endroits, pour le plaisir. *Promener un ami étranger à travers Paris. «Il nous promena pendant près d'une heure»* LARBAUD. *Promener son chien.* — FAM. *Cela vous promènera :* cela vous fera faire une promenade (en parlant d'une course à faire). ◆ Faire se déplacer (qqn) inutilement. *On nous a promenés de guichet en guichet.* ◆ (Compl. chose) *Promener dans les rues une pancarte, une statue.* ▪ **2** Déplacer, faire aller et venir (qqch.). *Promener un archet sur les cordes. Promener ses doigts, sa main sur qqch.* ➤ **caresser, passer.** — *«Je promène au hasard mes regards sur la plaine»* LAMARTINE. ◆ PAR EXT. *Promener partout son*

ennui, sa tristesse.

II v. pron. (1485) **SE PROMENER** ▪ **1** Aller d'un lieu à un autre pour se détendre, prendre l'air, etc. ➤ **déambuler, voyager ;** FAM. se **baguenauder,** se **balader, vadrouiller.** *Se promener à pied. Se promener en voiture, en bateau. Se promener dans sa chambre, de long en large.* ➤ **marcher.** *Je vais me promener.* ➤ 1 **sortir.** «*Au troisième rendez-vous, ils se promenèrent bras dessus bras dessous*» CH.-L. PHILIPPE. ◆ LOC. VIEILLI «*Allez vous promener. – Va-t'en te faire pendre*» MOLIÈRE. ◆ (Avec ellipse du réfléchi se) «*Quelquefois il la menait promener*» FRANCE. *Mener promener son chien.* ▪ **2** LOC. FAM. *Envoyer* promener qqch., qqn,* repousser sans ménagement (cf. Envoyer dinguer, balader, paître, péter [VULG.], valser). «*Comme je me suis retenu pour ne pas t'envoyer promener de la façon la plus brutale !*» FLAUBERT. *Envoyer* tout promener.* ➤ **abandonner, renoncer.**

III v. intr. VX ou RÉGION. Se promener. «*J'étais allé promener dans le parc*» DORGELÈS.

PROMENEUR, EUSE [pʀɔm(ə)nœʀ, øz] n. – 1583 ◇ de *promener* ▪ **1** Personne qui se promène (en particulier à pied, dans les rues et les promenades publiques). ➤ **flâneur, passant.** *Promeneurs attardés.* «*la population pacifique des promeneurs du dimanche, rassemblée par groupes, en familles*» MICHELET. «*Rêveries du promeneur solitaire*», *de J.-J. Rousseau.* ▪ **2** (1808) Personne chargée de promener (qqn, un chien).

PROMENOIR [pʀɔm(ə)nwaʀ] n. m. – 1538 ◇ de *promener* ▪ **1** Lieu destiné à la promenade dans l'enceinte d'un édifice clos (couvent, collège, hôpital, prison, etc.). «*ces larges cours carrées dont les arcades font un promenoir semblable à celui des couvents italiens*» TAINE. ▪ **2** Partie d'un théâtre, de certaines salles de spectacle où les spectateurs, à l'origine, se tenaient debout et pouvaient circuler. *Un homme assis* «*sur une banquette du promenoir*» VALÉRY.

PROMESSE [pʀɔmɛs] n. f. – v. 1131 ◇ latin *promissa*, p. p. de *promittere* → promettre ▪ **1** Action de promettre, fait de s'engager à faire qqch. ➤ **engagement.** *Faire des promesses, de grandes promesses. Tenir sa promesse, être fidèle à sa promesse. Manquer à sa promesse.* «*Dès qu'un intérêt fait promettre, un intérêt plus grand peut faire violer la promesse*» ROUSSEAU. *Dégager, délier qqn de sa promesse :* rendre sa parole à qqn. *J'ai votre promesse, je compte sur votre promesse. Arracher une promesse à qqn.* — (Souvent au plur.) Paroles prononcées pour promettre qqch. ➤ **parole** (d'honneur), **serment.** *Promesse solennelle, sincère. Promesse sur parole.* ➤ **gentleman's agreement.** «*de vraies promesses, pas des promesses de Gascon, des promesses d'ivrognes ou des promesses en l'air*» PICOULY. *Tromper par des promesses.* «*Ah ! certes, on n'est pas avare de promesses, chacun les prodigue*» ZOLA. — *Des promesses de soutien électoral. La promesse de* (et inf.), *que* (et futur, condit.). «*La promesse que Mme Grosgeorge lui avait faite de réfléchir à son cas*» GREEN. «*Rapporter la promesse que l'Allemagne soutiendrait* [...] *son alliée*» MARTIN DU GARD. ◆ DR. «Engagement de contracter une obligation ou d'accomplir un acte» (Capitant). ➤ **contrat, convention, engagement.** *Exécuter une promesse. Promesse d'achat, de bail, de vente :* engagement d'acheter, de louer, de vendre à des conditions déterminées, par contrat (➤ **acompte, arrhes, dédit**). — *Promesse de mariage* (➤ aussi **fiançailles**). — *Promesse d'action* ou *promesse :* valeur mobilière ne donnant pas encore les mêmes droits qu'une action. ▪ **2** (XVIIe) LITTÉR. Espérance donnée par un évènement, une chose. «*Et les fruits passeront la promesse des fleurs*» MALHERBE. «*Les jeunes gens ne sont-ils pas tous disposés à se fier aux promesses d'un joli visage !*» BALZAC. «*La beauté n'est que la promesse du bonheur*» STENDHAL. ➤ **annonce, signe.** «*un beau ciel propre et pâle plein de promesses de chaleur et de lumière*» MAUPASSANT. — (CHOSES) LOC. *Tenir ses promesses :* être à la hauteur de ce qu'on attend ou espère. *Ce film ne tient pas ses promesses,* il est décevant.

PROMÉTHÉEN, ENNE [pʀɔmeteɛ̃, ɛn] adj. – 1554 *promethean* ◇ de *Prométhée* ▪ DIDACT. Relatif à Prométhée. *Le mythe prométhéen.* ◆ LITTÉR. Caractérisé par le goût de l'action, la foi en l'humanité. «*L'esprit prométhéen, plus encore* [...] *que l'apollinien, était privilège de l'Europe*» ROMAINS.

PROMÉTHÉUM [pʀɔmeteɔm] n. m. – 1964 ; *promethium* 1953 ◇ de *Prométhée* ▪ CHIM. Élément atomique artificiel (Pm ; n° at. 61 ; m. at. [isotope de plus longue période] 145) du groupe des lanthanides. *Tous les isotopes connus du prométhéum sont radioactifs.* — On dit aussi *prométhium* [pʀɔmetjɔm].

PROMETTEUR, EUSE [pʀɔmetœʀ, øz] n. et adj. – XIIIe ◇ de *promettre* ▪ **1** RARE Personne qui promet facilement sans tenir toujours. «*les agents théâtraux, ces prometteurs d'engagements*» CÉLINE. ▪ **2** adj. (XIXe) Plein de promesses (2°), qui augure bien de la suite. *Regard, sourire prometteur.* ➤ **engageant.** *Des* «*réclames prometteuses et pustulentes*» CÉLINE. *Acteur qui fait des débuts prometteurs.* ➤ **encourageant.**

PROMETTRE [pʀɔmɛtʀ] v. tr. ‹56› – fin Xe ◇ latin *promittere*, d'après *mettre*

I ▪ **1** S'engager envers qqn à faire (qqch.). *Il lui a promis son aide.* «*je n'ose rien projeter ni promettre*» GIDE. — *Promettre* (à qqn) *de* (et l'inf.). *Il a promis de faire l'impossible pour venir. La femme* «*promit ses grands dieux de se taire*» LA FONTAINE. ➤ **jurer.** FAM. *C'est promis juré.* — *Promettre que... Il m'a promis qu'il viendrait.* ABSOLT. PROV. *Promettre et tenir sont deux.* ◆ PAR EXT. Affirmer, assurer. *Tu ne riras pas toujours, je te le promets ! Je te promets que ça vaut le coup.* — FAM. (suivi d'un présent ou d'un passé) *Je vous promets qu'elles sont d'origine.* ➤ **assurer, garantir, jurer.** ▪ **2** S'engager envers qqn à donner (qqch.). *Promettre une récompense, un poste à qqn. Il m'a promis le secret.* «*Il est plus facile de promettre un grand bonheur que de le donner*» FRANCE. *Promettre la lune*. Promettre monts* et merveilles.* ▪ **3** Annoncer, prédire. *Je vous promets du beau temps pour demain.* ▪ **4** (XIIIe) Faire espérer (un développement, des évènements). *La soirée promettait une belle nuit.* «*Il était impossible de rencontrer un lieu qui promît au voyageur une halte plus agréable*» MÉRIMÉE. *Cela ne nous promet rien de bon.* ➤ **présager.** «*Elle* [une petite fille] *promettait d'être bien faite*» BALZAC. ◆ ABSOLT Donner de grandes espérances. *C'est un enfant qui promet.* — FAM. *De la neige en septembre, ça promet pour cet hiver ! Ça promet !* les choses vont devenir mauvaises, pires.

II **SE PROMETTRE** v. pron. ▪ **1** (RÉFL. DIR.) Promettre sa propre personne. «*Les unes se vendaient* [...] *celles-là se promettaient seulement*» MAUPASSANT. ▪ **2** (1538) (RÉFL. IND.) Espérer, compter sur. *Les joies qu'il s'était promises. Se promettre du plaisir.* «*Je me promettais beaucoup de joie d'un peu de temps passé seul avec elle*» GIDE. — *Se promettre de* (et inf.) : faire le projet de. ➤ se **jurer.** «*Il se promit de tirer parti de cette visite in extremis*» BALZAC. ▪ **3** (RÉCIPR.) Se promettre (qqch.) l'un à l'autre. *Elles se sont promis de garder le secret.*

PROMIS, ISE [pʀɔmi, iz] adj. et n. – 1080 ◇ de *promettre* ▪ **1** Qui a été promis. LOC. PROV. (1694) *Chose promise, chose due :* on doit faire, donner ce qu'on a promis. ◆ (XVe) **LA TERRE PROMISE :** la terre de Canaan que Dieu avait promise au peuple hébreu. — FIG. Pays riche et fertile ; milieu dont on rêve. «*La terre promise vous entoure : vous ne le savez pas*» MONTHERLANT. ▪ **2** FIG. **PROMIS À :** destiné à, voué à. *Jeune homme promis à un brillant avenir.* ▪ **3** n. (1538) VX ou RÉGION. Fiancé, fiancée. «*une promise ayant dansé avec un cavalier autre que son promis, celui-ci en prit occasion de rompre le mariage*» STENDHAL.

PROMISCUITÉ [pʀɔmiskɥite] n. f. – 1731 ◇ du latin *promiscuus* «mêlé» ▪ **1** Assemblage d'individus très différents, dont la réunion a un caractère disparate ou contraire aux bienséances (➤ **mélange**). *La promiscuité des taudis. Vivre dans la promiscuité.* ▪ **2** Situation d'une personne soumise à des voisinages nombreux et désagréables ; ces voisinages *(une, des promiscuités).* «*Depuis que sa nature s'affinait, il se trouvait blessé davantage par les promiscuités du coron*» ZOLA. *Les promiscuités de l'hôpital, du métro.*

PROMO ➤ **PROMOTION**

PROMONTOIRE [pʀɔmɔ̃twaʀ] n. m. – 1213 ◇ latin *promontorium* ▪ **1** Pointe de relief élevé s'avançant en saillie au-dessus de la mer (opposé à *baie*). «*le haut promontoire qui dresse au-dessus de Rabat une puissante masse en trois couleurs*» THARAUD. ➤ **cap.** ▪ **2** (1805) ANAT. Petite saillie osseuse de la paroi interne de la caisse du tympan.

PROMOTEUR, TRICE [pʀɔmɔtœʀ, tʀis] n. – 1350 ; fém. XVIe ◇ bas latin *promotor* ▪ **1** LITTÉR. Personne qui donne la première impulsion (à qqch.), qui en provoque la création, la réalisation. ➤ **animateur, créateur, initiateur, pionnier.** *Les promoteurs du monde moderne. Il a été le promoteur de ce complot* (➤ **auteur**), *de ce mouvement* (➤ **instigateur**). ◆ PAR EXT. Cause. «*Toute imbécillité* [faiblesse], *selon Aristote, est promotrice de l'avarice*» MONTAIGNE. ▪ **2** n. m. CHIM. Substance qui, ajoutée en faible quantité à un catalyseur, en augmente beaucoup l'activité. ◆ (1977) GÉNÉT. Séquence d'ADN qui détermine le point d'initiation de la transcription et à laquelle se lie l'ARN polymérase. ▪ **3** n. m. (fin XVIe) DR. CAN. Procureur d'office, tenant le rôle du ministère public auprès des juridictions ecclésiastiques. ▪ **4** (milieu XXe) COUR. *Promoteur immobilier :* homme, femme d'affaires qui se charge du plan de financement et de la réalisation d'un programme de constructions individuelles ou collectives. — ABSOLT *Le promoteur et les architectes.* ▪ **5** *Promoteur de ventes :* employé chargé de la promotion des ventes dans une entreprise. ▪ CONTR. Continuateur.

PROMOTION [pʀɔmosjɔ̃] **n. f.** – 1350 ◊ bas latin *promotio,* de *promovere* ▪ **1** Accession, nomination (d'une ou plusieurs personnes) à un grade, une dignité, un emploi supérieur. ➤ **avancement.** *Bénéficier d'une promotion. Avoir une promotion. Arroser, fêter sa promotion. «Cette promotion rêvée, désirée à tout moment, devait apporter six mille francs d'appointements»* BALZAC. *Promotion dans l'ordre de la Légion d'honneur.* ◆ *Promotion sociale :* accession à un niveau de vie supérieur. ▪ **2** (XVIIe) RARE Élévation simultanée (de plusieurs personnes) à un même grade, une même dignité, un même poste. *Promotion de généraux.* Ensemble des bénéficiaires de cette promotion. *Officiers de la même promotion.* ◆ COUR. Ensemble des candidats admis la même année à certaines grandes écoles. ABRÉV. FAM. **PROMO** [pʀɔmo], 1850. *Camarades de promotion, de promo.* ➤ RÉGION. **volée.** *Le major de sa promotion.* ▪ **3** (traduction de l'anglais *sales promotion ;* emploi critiqué) *Promotion des ventes :* développement des ventes par la publicité, les efforts de vente exceptionnels (expositions, démonstration, baisse des prix) ; ensemble des techniques, des services chargés de ce développement. ➤ **marchandisage, marchéage.** — *Cet article est en promotion,* vendu moins cher que la normale pour inciter les clients à l'acheter. ➤ **promotionnel** (cf. VIEILLI En réclame). — *Notre promotion du mois :* notre article en promotion. ▪ **4** *Promotion immobilière :* activité du promoteur* immobilier.

PROMOTIONNEL, ELLE [pʀɔmosjɔnɛl] **adj.** – 1962 ◊ anglais *promotional* ▪ Qui constitue une promotion (3°). *Vente promotionnelle,* à prix réduit. *Tarifs promotionnels.* ➤ **avantageux.** *Article promotionnel* (cf. VIEILLI En réclame). *Emplacement promotionnel :* recomm. offic. pour 2 *corner* (2°). — ABRÉV. FAM. **PROMO** [pʀɔmo]. *Code promo.*

PROMOTIONNER [pʀɔmosjɔne] **v. tr.** ‹1› – 1967 ◊ de *promotion* ▪ Faire la promotion de (un produit). ➤ **promouvoir.** *«une bande-annonce, pour promotionner leur précieux gadget et le vendre dans le monde»* V. DESPENTES.

PROMOUVOIR [pʀɔmuvwaʀ] **v. tr.** ‹27 ; rare, sauf inf. et p. p.› – 1200 ◊ du latin *promovere* «pousser en avant, faire avancer», d'après *mouvoir* ▪ **1** Élever à une dignité, un grade supérieur. *Être promu officier. Wazemmes «qu'il était peut-être bien imprudent de promouvoir à une responsabilité aussi haute»* ROMAINS. ▪ **2** (XVe) Encourager, favoriser, soutenir (qqch.), provoquer la création, l'essor, le succès de. ➤ **animer.** *Promouvoir la recherche scientifique. Promouvoir une politique de concertation.* ▪ **3** Mettre (un produit) en promotion, chercher à attirer l'attention des clients sur (un produit). *Promouvoir un article.* ➤ 1 **lancer, promotionner.**

PROMPT, PROMPTE [pʀɔ̃(pt), pʀɔ̃(p)t] **adj.** – 1540 ; «prêt, disposé à» 1205 ◊ latin *promptus*

I Qui agit ou se produit tôt. ▪ **1** Qui agit, fait (qqch.) sans tarder. — **PROMPT À** [pʀɔ̃a]. *«Il était violent, généreux, prompt à l'injure, prompt aux excuses»* DUHAMEL. (Suivi de l'inf.) *«il est vaillant et prompt à dégainer»* GAUTIER. FIG. *«Toutes les passions les plus dangereuses, les plus promptes à fermenter»* ROUSSEAU. — ABSOLT *Avoir la main prompte* (à frapper). ➤ **leste.** *Avoir le geste prompt :* être rapide à agir (donner de l'argent, etc.). ▪ **2** (CHOSES) Qui ne tarde pas à se produire, qui survient rapidement. *Je vous souhaite un prompt rétablissement. De prompts secours.* ➤ **immédiat.** *Avoir la répartie prompte.* — *Un changement si prompt.* ➤ **brusque, instantané, soudain.**

II LITTÉR. Qui agit ou se produit vite. ▪ **1** (PERSONNES) VIEILLI Qui met peu de temps à ce qu'il fait. ➤ **rapide.** *Serviteur prompt et zélé.* ➤ **diligent, empressé.** ◆ *«un coup d'œil prompt qui saisit les choses»* DIDEROT. ▪ **2** Qui est exécuté, s'accomplit en peu de temps ; qui demande peu de temps. ➤ **rapide.** *«C'est un mets sain, savoureux, appétissant, de prompte confection»* BRILLAT-SAVARIN. ▪ **3** Qui se meut avec rapidité. *Prompt comme l'éclair, comme la foudre :* très rapide, instantané. ◆ LOC. *«l'esprit est prompt, et la chair infirme»* (PASCAL) **:** l'esprit est ardent au bien, mais la chair est sans force pour en suivre les aspirations. ▪ **4** VX Qui passe ou se passe très vite. ➤ 1 **bref.** *«Nous rappelons le passé pour l'arrêter comme trop prompt»* PASCAL. *Sa joie fut prompte,* de courte durée.

▪ CONTR. Appesanti, lent, pesant. Patient.

PROMPTEMENT [pʀɔ̃ptəmɑ̃ ; pʀɔ̃tmɑ̃] **adv.** – v. 1300 ◊ de *prompt* ▪ LITTÉR. D'une manière prompte, en peu de temps. ➤ **rapidement, vite.** *«le désir d'arriver plus promptement [...] à cette célébrité»* BALZAC. ➤ **tôt.** *Expédier promptement son travail.* ➤ **rondement.** *«éloignons-nous promptement, il y a du péril à passer par ici»* LESAGE. ▪ CONTR. Doucement.

PROMPTEUR [pʀɔ̃ptœʀ] **n. m.** – 1975 ◊ abrév. française et adaptation de l'anglais américain *TelePrompter,* de l'anglais *prompter* «souffleur de théâtre» ▪ ANGLIC. Appareil qui fait défiler au-dessus de la caméra de télévision le texte que doit dire la personne visible sur l'écran.

PROMPTITUDE [pʀɔ̃(p)tityd] **n. f.** – 1490 *promptitude d'entendement* «vivacité d'esprit» ◊ bas latin *promptitudo,* de *promptus* ▪ LITTÉR. ▪ **1** (début XVIe) Manière d'agir, réaction d'une personne qui n'attend pas. ➤ **célérité, rapidité.** *Agir, obéir avec promptitude. La promptitude des pompiers.* — *Promptitude à... «La promptitude à croire le mal»* LA ROCHEFOUCAULD. — *«j'admirais avec quelle promptitude son esprit saisissait l'aliment intellectuel que j'approchais d'elle»* GIDE. ◆ PAR MÉTON. *Promptitude des gestes. La promptitude de ses réactions, de son jugement. «La sagacité extraordinaire de la justice [...], la promptitude de son coup d'œil»* RENAN. ▪ **2** Caractère de ce qui est prompt (II), se fait en peu de temps. ➤ **vitesse.** *La promptitude de sa guérison, des secours. La promptitude de la riposte le déconcerta.* ◆ Caractère de ce qui est vif, rapide. ➤ **vivacité.** *La promptitude des doigts du prestidigitateur.* ▪ CONTR. Retard. Lenteur.

PROMU, UE [pʀɔmy] **adj.** et **n.** – v. 1360 ◊ de *promouvoir* ▪ Qui vient d'avoir une promotion. *Les élèves promus.* — **n.** *Les nouveaux promus.*

PROMULGATION [pʀɔmylgasjɔ̃] **n. f.** – v. 1300, rare avant XVIIIe ◊ latin *promulgatio* ▪ **1** Action de promulguer ; décret par lequel le chef de l'exécutif atteste officiellement l'existence d'une nouvelle loi votée par le corps législatif et en ordonne la mise en application. *Décret de promulgation.* ▪ **2** Publication. *«La promulgation des doctrines pastoriennes»* CARREL. ▪ CONTR. Abrogation.

PROMULGUER [pʀɔmylge] **v. tr.** ‹1› – *promulger* v. 1355 ◊ latin *promulgare* ▪ **1** Rendre (une loi) exécutoire en attestant officiellement et formellement son existence. *Promulguer des édits, des textes de loi, des décrets, des ordonnances.* ➤ **édicter, publier.** ◆ PAR ANAL. *«l'utile reconnaissance [...] du dogme promulgué en cour de Rome, trois années plus tôt»* ZOLA. ▪ **2** LITTÉR. Publier. *Une impatience «louable entraîne les gens de bien à promulguer les vérités qui les frappent»* MIRABEAU. ▪ CONTR. Abroger.

PRONAOS [pʀɔnaos ; pʀɔnaɔs] **n. m.** – 1683 ◊ mot grec ▪ ARCHIT. Partie antérieure d'un temple antique précédant le naos. *«Le temple de Minerve [...] était un simple parallélogramme allongé, orné d'un péristyle, d'un pronaos ou portique»* CHATEAUBRIAND.

PRONATEUR, TRICE [pʀɔnatœʀ, tʀis] **adj.** et **n.** – 1550 ◊ bas latin *pronator,* de *pronus* «penché en avant» ▪ ANAT. Se dit d'un muscle qui détermine la pronation (opposé à *supinateur*). *Muscle rond pronateur, muscle carré pronateur,* situés à la partie antérieure de l'avant-bras. — SUBST. *Les pronateurs de l'avant-bras.*

PRONATION [pʀɔnasjɔ̃] **n. f.** – 1654 ◊ bas latin *pronatio* ▪ PHYSIOL. Mouvement de rotation que la main et l'avant-bras exécutent de dehors en dedans sous l'action des muscles pronateurs ; position de l'avant-bras et de la main, quand celle-ci se présente avec la paume en dessous et le pouce à l'intérieur (opposé à *supination*). PAR EXT. *Pronation du pied :* mouvement par lequel le pied se tourne, la plante étant dirigée vers le côté externe.

PRÔNE [pʀon] **n. m.** – 1420 ; *prosne* «grille séparant le chœur de la nef» 1175 ◊ latin populaire °*protinum,* classique *protirum ;* grec *prothura* «couloir» ▪ RELIG. Discours de piété qu'un prêtre fait à la messe paroissiale du dimanche. ➤ **homélie, prêche, sermon.** ◆ FAM. Discours moralisateur, long et ennuyeux. ➤ **prêchi-prêcha.**

PRÔNER [pʀone] **v. tr.** ‹1› – 1664 ◊ de *prône* ▪ Louer sans réserve et avec insistance. ➤ **vanter.** *Prôner les qualités, les vertus de qqch. «Platon et Jean-Jacques Rousseau qui prônèrent le bon vin sans en boire»* DIDEROT. ➤ **célébrer.** — *Prôner une méthode, un remède. Prôner la modération.* ➤ **prêcher, préconiser.** *«des idées, qu'il trouvait maintenant prônées par ces Parisiens»* R. ROLLAND. ▪ CONTR. Décrier, dénigrer, déprécier.

PRONOM [pʀɔnɔ̃] **n. m.** – fin XIIIe ◊ latin *pronomen,* de *pro* «à la place de» et *nomen* «nom» ▪ Mot grammatical qui sert à représenter un nom de sens précis déjà employé à un autre endroit du contexte ou qui joue le rôle d'un nom absent, généralement avec une nuance d'indétermination. *Pronom qui remplace un nom. Pronoms démonstratifs, indéfinis, interrogatifs, personnels, possessifs, relatifs. Pronoms personnels réfléchis. Les pronoms (démonstratifs, possessifs...) se distinguent des adjectifs correspondants en ce qu'ils n'accompagnent pas un substantif.*

PRONOMINAL, ALE, AUX [pRɔnɔminal, o] **adj.** – 1714 ◇ bas latin *pronominalis* ■ GRAMM. Qui est relatif au pronom, qui est de la nature du pronom. *«En» et «y» sont appelés quelquefois adverbes pronominaux.* ◆ COUR. *Un verbe pronominal,* ou **n. m.** *un pronominal :* verbe précédé de *se* à l'infinitif, qui se conjugue avec les pronoms personnels réfléchis (ex. *je* me *promène, tu* te *promènes,* etc.). *Verbes essentiellement pronominaux,* qui ne s'emploient jamais à la forme simple (se repentir). *Verbe pronominal réfléchi* (je me baigne), *réciproque* (elles se sont fâchées), *à sens passif* (ce plat se mange froid). — *Mettre un verbe à la forme* (ou *voix*) *pronominale.*

PRONOMINALEMENT [pRɔnɔminalmɑ̃] **adv.** – 1829 ◇ de *pronominal* ■ En fonction de pronom ou comme verbe pronominal. *Mot, verbe employé pronominalement.*

PRONONÇABLE [pRɔnɔ̃sabl] **adj.** – 1611 ; *pronuncible* v. 1501 ◇ de *prononcer* ■ Qu'on peut prononcer. *Ce mot n'est pas prononçable.* ■ CONTR. Imprononçable.

PRONONCÉ, ÉE [pRɔnɔ̃se] **adj.** et **n. m.** – 1312 ◇ de *prononcer* ■ **1** Déclaré, dit. *Le jugement prononcé,* rendu. — **n. m.** DR. *Le prononcé de l'arrêt, de la sentence :* le texte de la décision tel qu'il est lu par le juge à la fin de l'audience. ➤ **minute.** *«ce prononcé [...] publié à l'occasion d'une querelle»* DIDEROT. ■ **2** (1667) Dont les contours sont marqués, dessinés avec fermeté. *Ombre peu prononcée.* ◆ COUR. Très marqué, très visible. ➤ **accentué.** *Avoir les traits du visage très prononcés.* ■ **3** Très perceptible. ➤ 1 **fort, marqué.** *Ce gâteau a un parfum de vanille prononcé. «Ceux qui sans aucune éducation, manifestent un talent prononcé pour la musique, la peinture, etc.»* COMTE. ■ CONTR. Imperceptible, indécis, insensible ; faible.

PRONONCER [pRɔnɔ̃se] **v.** ⟨3⟩ – début XIIe ◇ du latin *pronuntiare,* famille de *nuntius* «messager» → nonce

I ~ **v. tr.** DIRE ■ **1** Rendre ou lire (un jugement), prendre ou faire connaître (une décision), en vertu d'un pouvoir. *Prononcer un arrêt, une sentence.* ➤ **rendre.** *Prononcer la clôture des débats. Prononcer le huis clos de l'audience. Prononcer une condamnation, une peine contre qqn.* ➤ **infliger.** — *Prononcer une expulsion, une expropriation.* — DR. CAN. *Prononcer un anathème, une excommunication.* ➤ **fulminer.** — Contenir (une décision). *«Un jugement qui annulera son acte de décès et prononcera la dissolution de son mariage»* BALZAC. ■ **2** Dire (un mot, une phrase). ➤ **proférer.** *«Elle pleurait, elle ne pouvait prononcer un mot»* ZOLA. ➤ **articuler.** *C'est un nom qu'on ne peut prononcer sans émotion. Prononcer un souhait, un vœu.* ➤ **émettre, énoncer, exprimer, formuler.** — *Prononcer ses vœux*.* — **p. p. adj.** *Des mots prononcés tout bas,* chuchotés, murmurés. *«un "mon petit papa mignon" prononcé tendrement sera assez pour vous toucher»* MOLIÈRE. ■ **3** (début XIIIe) Articuler d'une certaine manière (les sons du langage). ➤ **prononciation.** *Il prononce les* o *très ouverts. Prononcer les mots en faisant les liaisons, en détachant les syllabes. Prononcer correctement, exactement un mot. Prononcer mal une langue étrangère.* ➤ **écorcher.** *«Ne prononcez pas Jean, mais* Djinn. *Je suis américaine»* ROBBE-GRILLET. ◆ Articuler, émettre (tel son, tel mot) ; produire oralement. *Les enfants ont du mal à prononcer le* r. *C'est un mot impossible à prononcer.* ➤ **imprononçable.** — (SANS COMPL.) *Prononcer de manière indistincte, en avalant ses mots :* bafouiller, bégayer, zézayer. ◆ Émettre (le son qui correspond à une lettre). *On prononce le* l *final dans* profil, *mais pas dans* fusil. ■ **4** Faire entendre, dire ou lire publiquement (un texte). ➤ 1 **débiter.** *Prononcer un plaidoyer, une harangue, une allocution, un discours, un sermon.* ■ **5** (1667) VX Marquer, dessiner avec fermeté (des contours) (➤ **prononcé,** 2°).

II ~ **v. intr.** JUGER ■ **1** DR. Rendre un arrêt, un jugement. ➤ 1 **juger.** *Ces juges ne peuvent prononcer qu'en première instance. Le même jugement prononcera sur la disjonction.* — *Le tribunal n'a pas encore prononcé.* ■ **2** (1585) VX ou LITTÉR. Prendre une décision, formuler son opinion de manière autoritaire. *Prononcer en faveur de, pour, contre qqn.* ➤ **choisir.** — *«la philosophie rationnelle pèse les possibilités, prononce et s'arrête tout court»* DIDEROT.

III ~ **v. pron. SE PRONONCER A.** PASSIF ■ **1** Être dit. *«Le mot d'impérialisme se prononçait beaucoup»* ROMAINS. ■ **2** (1569) Être articulé. *Ce mot s'écrit comme il se prononce* (cf. Écriture phonétique*). *«Le nom s'écrit et se prononce à l'anglaise [...] comme ceci, Djack»* DAUDET. — *Dans* somptueux, *le* p *intérieur se prononce, mais il reste muet dans* baptême.

B. RÉFLÉCHI ■ **1** (1795) Se décider, se déterminer. *«les écrivains sont invités à se prononcer sur des problèmes ou des conjonctures dont ils ne savent presque rien»* DUHAMEL. *Les électeurs se sont prononcés en faveur du oui, pour le oui au référendum.* — *«La crise de juin 91 devait décider Condorcet, elle l'appelait à se prononcer»* MICHELET. ■ **2** MÉD. Donner un diagnostic. *Les médecins ne peuvent encore se prononcer.*

PRONONCIATION [pRɔnɔ̃sjasjɔ̃] **n. f.** – 1281 ◇ latin *pronuntiatio* «déclaration» ■ **1** DR. VX Jugement, arrêt. ◆ MOD. Action de lire le prononcé du jugement. *Assister à la prononciation de l'arrêt.* ■ **2** (XVe) COUR. La manière dont les sons des langues sont articulés, dont un mot est prononcé (➤ **articulation**) ; la manière d'oraliser un signe écrit, lettre ou groupe de lettres. *La prononciation du* c *devant* e, i *et* y *est* [s] *en français. Les faits de prononciation relèvent de la phonétique. Prononciation des voyelles*. Mots qui ont la même prononciation.* ➤ **homonyme, homophone.** *Prononciation correcte, usuelle d'un mot.* ◆ Manière d'articuler, de prononcer (propre à une personne, un milieu, une région, une époque). *Avoir une bonne, une mauvaise prononciation. Défauts de prononciation :* bégaiement, blèsement, chuintement, iotacisme, lallation, lambdacisme, nasillement, rhotacisme, zézaiement. ➤ **dysphonie, dystomie.** *Spécialiste qui corrige la prononciation.* ➤ **orthophoniste.** *La prononciation populaire, régionale.* ➤ **accent.** *La prononciation du XVIe siècle. «la vieille prononciation si légère et si coulante et qui de nos jours s'alourdit»* FRANCE. ◆ L'art, la manière de prononcer les mots d'une langue conformément aux règles, à l'usage. ➤ **phonétique** (normative). *Manuel, traité de prononciation. Les règles de la prononciation française.* ◆ Le fait d'être effectivement prononcé (d'une lettre qui peut ou non être muette). *La prononciation du* r *final dans* tiroir, courir, *a été rétablie au XVIIIe siècle. Prononciation du* e *caduc.*

PRONOSTIC [pRɔnɔstik] **n. m.** – 1314 ; *pronostique* 1250 ◇ bas latin *prognosticus,* grec *prognôstika,* de *progignôskein* «connaître à l'avance» ■ **1** MÉD. Jugement que porte un médecin, après le diagnostic, sur la durée, le déroulement et l'issue d'une maladie. *Réserver son pronostic. «nonobstant pronostics et diagnostics, la nature s'était amusée à sauver le malade à la barbe du médecin»* HUGO. *Le pronostic vital est engagé* ou *réservé :* la survie du patient est incertaine. *«les médecins, s'ils avaient du mal à cacher que le pronostic vital était engagé, se voulaient confiants»* O. ADAM. — Manière de porter ce jugement. *Il avait un pronostic infaillible.* ■ **2** (XIVe) COUR. (souvent plur.) Conjecture sur ce qui doit arriver, sur l'issue d'une affaire, etc. ➤ **prévision.** *Son pronostic s'est vérifié. Se tromper dans ses pronostics. Faire des pronostics.* ➤ **pronostiquer.** — *Pronostic qui donne un cheval gagnant. Concours de pronostics.*

PRONOSTIQUE [pRɔnɔstik] **adj.** – v. 1553 *signes pronostiques* ◇ → pronostic ■ DIDACT. (MÉD.) Relatif au pronostic.

PRONOSTIQUER [pRɔnɔstike] **v. tr.** ⟨1⟩ – *pronostiquier* 1314 ◇ de *pronostic* ■ **1** DIDACT. Émettre au sujet de l'évolution d'une maladie, de sa gravité, le pronostic de. *«Les médecins lui pronostiquèrent une meilleure santé»* BALZAC. ◆ COUR. Émettre un pronostic sur (ce qui doit arriver). ➤ **annoncer, prévoir.** *«Il est vrai que si je [...] pronostiquais l'avenir d'après ses paroles [...] je ne doutais pas qu'elle restât toujours auprès de moi»* PROUST. *Pronostiquer la victoire d'un boxeur.* — *Pronostiquer qqch. à qqn.* ■ **2** (1611) (Sujet chose) Constituer le signe avant-coureur de (un évènement, un phénomène). *Ces gros nuages noirs pronostiquent la pluie.*

PRONOSTIQUEUR, EUSE [pRɔnɔstikœR, øz] **n.** – avant 1350 «devin» ◇ de *pronostiquer* ■ Personne qui fait des pronostics, qui se prétend bien informée de ce qui va se passer. ◆ Personne qui établit les pronostics sportifs.

PRONUCLÉUS [pRonykleys] **n. m.** – 1875 ◇ de *pro-* et *nucléus* ■ BIOL. CELL. Noyau haploïde d'un œuf fécondé, avant fusion des noyaux. *Pronucléus mâle, femelle. Fusion des pronucléus.* ➤ **caryogamie.**

PRONUNCIAMIENTO [pRɔnunsjamjɛnto] **n. m.** – 1864 ◇ mot hispano-américain «déclaration» ■ Dans les pays hispaniques, Acte par lequel un chef militaire ou un groupe d'officiers déclare son refus d'obéir au gouvernement ; manifeste rédigé à cette occasion. *Des pronunciamientos.* ◆ Tout coup d'État organisé ou favorisé par l'armée. ➤ **putsch.** — On dit parfois *pronunciamento* [pʀɔnunsjamɛnto]. «*le besoin ne se fait pas sentir d'un général de pronunciamento*» PROUST.

PROPAGANDE [pʀɔpagɑ̃d] **n. f.** – 1792 ; *congrégation de la propagande* 1689 ◇ traduction du latin *congregatio de propaganda fide* «pour propager la foi» ■ **1** RELIG. Institution pour la propagation de la foi chrétienne. *Propagandes catholiques, évangéliques. Propagande qui envoie des missionnaires.* ■ **2** (1790) COUR. Action exercée sur l'opinion pour l'amener à avoir certaines idées politiques et sociales, à soutenir une politique, un gouvernement, un représentant. *Propagande d'un parti politique. Propagande électorale. Instruments, moyens de propagande* (discours, journaux, cinéma, télévision). «*la propagande assenée par les journaux et les ondes*» COLETTE. *Thème de propagande. Propagande nazie. Se laisser endoctriner par la propagande. — C'est de la propagande !* des nouvelles fausses, faites pour influencer l'opinion. ➤ **intoxication** (intox). — *Film, revue, tract de propagande.* ◆ PAR EXT. Action de vanter les mérites d'une théorie, d'une idée, d'une personne..., pour recueillir une adhésion, un soutien. ➤ aussi **prosélytisme.** *Il fait de la propagande pour ce livre auprès de tous ses amis.*

PROPAGANDISTE [pʀɔpagɑ̃dist] **n. et adj.** – 1792 ◇ de *propagande* ■ Personne, partisan qui fait de la propagande. *De zélés propagandistes.* — **adj.** *La Révolution «dès la première heure, s'était faite, on le sait, propagandiste à outrance»* MADELIN. *Militant propagandiste.*

PROPAGATEUR, TRICE [pʀɔpagatœʀ, tʀis] **n.** – 1495 ◇ latin *propagator, trix* ■ Personne qui propage (une religion ; une opinion, une coutume). *Les missionnaires, propagateurs de la foi. Les Phéniciens «ont été les propagateurs de cette méthode nouvelle»* DANIEL-ROPS. ➤ **diffuseur.**

PROPAGATION [pʀɔpagasjɔ̃] **n. f.** – hapax XIIIᵉ «descendant» ◇ latin *propagatio*, de *propagare* ■ **1** (1380) Multiplication par voie de génération. *La propagation de l'espèce.* ➤ **reproduction.** «*l'Église, qui ne voit dans le mariage que la propagation de l'humanité*» BALZAC. ■ **2** (1688) RELIG. Le fait de propager (une croyance, une doctrine). *Association pour la propagation de la foi.* ➤ **apostolat ; propagande.** ■ **3** (1690) COUR. Progression par expansion, communication dans un milieu. *Propagation d'une sensation douloureuse.* ◆ (CONCRET) Le fait de s'étendre. *La propagation de l'incendie, de l'épidémie.* ➤ **extension, progrès.** *Propagation d'un processus morbide dans l'organisme.* ➤ **dissémination.** *Propagation d'une technique.* ➤ **développement, diffusion.** — (1690) PHYS. Déplacement d'énergie sous forme d'ondes mécaniques ou électromagnétiques. *Vitesse de propagation d'une onde. Propagation du son dans l'air ; de la lumière dans le vide* (➤ **rayonnement**). *Propagation de la chaleur. Propagation guidée des ondes hertziennes* (➤ **guide** [d'ondes]). — CHIM. Étape intermédiaire (d'une réaction en chaîne) au cours de laquelle un radical et une molécule produisent un autre radical. ◆ (ABSTRAIT) *La propagation des fausses nouvelles.*

PROPAGER [pʀɔpaʒe] **v. tr.** ⟨3⟩ – 1480 *estre propagié de* «dériver de» ◇ latin *propagare* «perpétuer» ■ **1** (1762) Multiplier par reproduction. *Propager des espèces.* — PRONOM. Proliférer. «*Une très mauvaise plante qui germe, résiste et se propage malgré les privations d'eau*» LOTI. ■ **2** (1752) Répandre, faire accepter, faire connaître à de nombreuses personnes, en de nombreux endroits. *Propager la foi* (➤ **propagande, propagateur**). — *Propager une nouvelle* (➤ **ébruiter**), *un bruit.* ➤ **colporter** (cf. Faire courir*, crier sur les toits*, se faire l'écho* de). *Propager une idée, une science, une technique.* ➤ **diffuser, divulguer, enseigner.** ◆ (CHOSES) *Son livre a propagé cette théorie. C'est la presse féminine qui a propagé cette mode.* ■ **3 v. pron.** (v. 1771) Se répandre. «*Les maladies seules sont contagieuses, et rien d'exquis ne se propage par contact*» GIDE. *Le désordre, l'incendie se propage.* ➤ **augmenter, s'étendre, gagner.** «*la rapidité plus que télégraphique avec laquelle les nouvelles se propagent dans les campagnes*» BALZAC. *Idées, théories qui se propagent.* ◆ PHYS. Se déplacer en s'éloignant de sa source (phénomène vibratoire). *La lumière se propage par ondes. Le son ne se propage pas dans le vide.* ■ CONTR. Borner, limiter, restreindre. Détrôner.

PROPAGULE [pʀɔpagyl] **n. f.** – 1815 ◇ latin moderne *propagulum*, de *propago* «bouture», de *propagare* «propager» ■ BOT. Petit amas pluricellulaire chlorophyllien, élaboré par certaines bryophytes. *Les propagules assurent la reproduction végétative des mousses.*

PROPANE [pʀɔpan] **n. m.** – 1870 ◇ de *(acide) propionique* (1847), de *pro-*, grec *piôn* «gras» («premier acide gras») et *-ane* ■ Hydrocarbure saturé (C_3H_8), gaz inflammable, un des constituants du pétrole, dont il est extrait.

PROPANIER [pʀɔpanje] **n. m.** – 1968 ◇ de *propane*, sur le modèle des noms de navires en *-ier* ■ TECHN. Navire spécialisé dans le transport du propane (➤ **pétrolier**).

PROPAROXYTON [pʀɔpaʀɔksitɔ̃] **adj. m. et n. m.** – 1847 ◇ de *pro-* et *paroxyton* ■ LING. Se dit d'un mot qui a l'accent sur l'antépénultième syllabe.

PROPÉDEUTIQUE [pʀɔpedøtik] **n. f.** – 1872 ◇ allemand *Propädeutik*, du grec *paideuein* «enseigner» ■ **1** DIDACT. Enseignement préparatoire en vue d'études plus approfondies. ■ **2** (1948) ANCIENNT Cours préparatoire obligatoire donné à l'université pour préparer les bacheliers à l'enseignement supérieur. *Être en propédeutique. Faire (sa) propédeutique,* suivre ce cours. ABRÉV. FAM. **PROPÉ** [pʀɔpe].

PROPÈNE [pʀɔpɛn] **n. m.** – 1932 ◇ de *prop(ane)* et *-ène*, d'après l'anglais *propene* (1866) ■ CHIM. Hydrocarbure gazeux de la série des hydrocarbures éthyléniques (C_3H_6) correspondant au propane dans la série des paraffines. *Le propène est utilisé dans un grand nombre de synthèses industrielles* (glycérine, détergents, essences, fibres et caoutchoucs de synthèse). — On dit aussi **PROPYLÈNE** [pʀɔpilɛn].

PROPENSION [pʀɔpɑ̃sjɔ̃] **n. f.** – 1528 ◇ latin *propensio*, de *propendere* «pencher» ■ Tendance naturelle. ➤ **disposition, inclination, penchant, tendance. PROPENSION À** (suivi d'un nom, d'un inf.). *Propension à un sentiment, à la bienveillance, à critiquer autrui.* «*sa propension malheureuse à chercher la vérité dans le détail*» BAUDELAIRE. «*Je ne suis pas crédule, j'ai au contraire une propension merveilleuse au doute*» FRANCE. — *Propension d'une population à consommer, à épargner.*

PROPERGOL [pʀɔpɛʀgɔl] **n. m.** – 1946 ◇ mot allemand ; de *prop(ulsion)* et *ergol* ■ CHIM. Substance, ou ensemble de substances (ergols), dont la décomposition ou la combustion est génératrice de l'énergie utilisée pour l'autopropulsion des fusées. ➤ aussi **catergol, diergol.** *Fusées à propergol liquide.*

PROPFAN [pʀɔpfan] **n. m.** – 1979 ◇ mot anglais, abrév. de *propeller fan*, de *propeller* «hélice» et *fan* «ventilateur» ■ ANGLIC. TECHN. Hélice d'avion capable de fonctionner à des vitesses transsoniques.

PROPHARMACIEN, IENNE [pʀofaʀmasjɛ̃, jɛn] **n.** – 1902 ◇ de *pro-* et *pharmacien* ■ Médecin autorisé à délivrer des médicaments dans les localités où il n'y a pas de pharmacien. APPOS. *Médecins propharmaciens.*

PROPHASE [pʀofɑz] **n. f.** – 1887 ◇ de *pro-* et *phase* ■ BIOL. CELL. Première phase de la division cellulaire (méiose ou mitose) où les chromosomes s'individualisent en filaments fissurés longitudinalement, et se disposent par paires de chromosomes homologues.

PROPHÈTE, PROPHÉTESSE [pʀɔfɛt, pʀɔfetɛs] **n.** – 980 ; fém. XIVᵉ ◇ latin ecclésiastique *propheta*, grec *prophêtês* «interprète d'un dieu» ■ **1** Personne qui prétend révéler des vérités cachées au nom d'un dieu dont elle se dit inspirée (➤ **prophétiser**). *Les prophètes juifs de la bible hébraïque. Les premiers prophètes hébreux :* les patriarches (Abraham, Moïse), Samuel. *Les grands prophètes bibliques* (Ézéchiel, Isaïe, Jérémie). «*Dieu envoie la loi et les miracles de Moïse, les prophètes qui prophétisent des choses particulières*» PASCAL. *David, le Roi-prophète. Les prophétesses de Delphes, d'Apollon.* ➤ **pythie, pythonisse, sibylle.** *Mahomet, le grand prophète de la religion musulmane.* ABSOLT *Le tombeau du Prophète, à Médine.* ◆ LOC. *Faux prophète :* imposteur. — *La loi* et les prophètes.* — LOC. PROV. *Nul n'est prophète dans, en son pays :* il est plus difficile d'être cru de ses proches que des autres. ■ **2** Augure, devin. «*Il peut arriver aussi que deux prophètes, sans se connaître, vous annoncent la même chose*» ALAIN. *Pas besoin d'être prophète pour savoir que... :* tout le monde peut savoir que. — *Prophète de malheur :* personne qui annonce, prédit des évènements fâcheux. ➤ **cassandre.**

PROPHÉTIE [pʀɔfesi] **n. f.** – *prophécie* 1119 ◇ latin ecclésiastique *prophetia* ■ **1** Action de prophétiser ; ce qui est prédit par un prophète inspiré. ➤ **prédiction.** *Don de prophétie.* «*Les prophéties ont un sens caché, le spirituel* [...] *sous le charnel*» PASCAL. *Les prophéties de la pythie, de la sibylle.* ➤ **oracle.** ■ **2** Ce qui est annoncé par des personnes qui prétendent lire l'avenir, qui pratiquent la divination. *Prophéties d'une cartomancienne.* «*Ce qui d'ailleurs restait commun à toutes les* *prophéties est qu'elles étaient finalement rassurantes»* CAMUS. ▪ **3** Expression d'une conjecture sur des évènements à venir. *«Tu avais raison, ma chère Sophie ; tes prophéties réussissent mieux que tes conseils»* LACLOS.

PROPHÉTIQUE [pʀɔfetik] **adj.** – 1450 ◊ latin *propheticus*, de *propheta* → prophète ▪ **1** Qui a rapport ou qui appartient au prophète, à la prophétie. *Inspiration, don prophétique. «une espèce de sens prophétique qui rend par moments le Sémite merveilleusement apte à voir les grandes lignes de l'avenir»* RENAN. ▪ **2** Qui a le caractère de la prophétie, qui annonce, prédit. *«Si jamais rêve d'un homme éveillé eut l'air d'une vision prophétique, ce fut assurément celui-là»* ROUSSEAU. *«Et je croyais ouïr de ces bruits prophétiques Qui précédaient la mort des paladins antiques»* VIGNY. — **adv. PROPHÉTIQUEMENT,** XVe.

PROPHÉTISER [pʀɔfetize] **v. tr.** ⟨1⟩ – 1155 ◊ latin ecclésiastique *prophetizare*, de *propheta* → prophète ▪ **1** Prédire, en se proclamant inspiré de Dieu. *Prophétiser la venue du Messie.* ▪ **2** Prédire par divination. *Prophétiser l'avenir. Elle a prophétisé que l'année 2000 serait excellente.* ▪ **3** Deviner par pressentiment ou par conjecture et annoncer (ce qui va arriver). *«prophétiser l'abondance ou la pénurie des récoltes»* BALZAC. — ABSOLT *«il est facile de prophétiser après l'événement ; mais je peux vous jurer que je m'y attendais»* LACLOS.

PROPHYLACTIQUE [pʀɔfilaktik] **adj.** – 1537 ◊ grec des médecins *prophulaktikos*, de *prophulassein* «veiller sur» ▪ Qui prévient une maladie. *Mesures prophylactiques. Traitement, méthode prophylactique.* ➤ **préventif.**

PROPHYLAXIE [pʀɔfilaksi] **n. f.** – 1793 ◊ grec *prophulaxis* ▪ Méthode visant à protéger contre une maladie, à prévenir une maladie. ➤ **prévention ; préventif.** *Prophylaxie des infections* (➤ **antisepsie, asepsie**), *des épidémies* (➤ **vaccination**). *Prophylaxie antipaludéenne. «pour arrêter cette maladie [...] il fallait appliquer les graves mesures de prophylaxie prévues par la loi»* CAMUS.

PROPICE [pʀɔpis] **adj.** – 1190 ◊ latin *propitius* ▪ **1** LITTÉR. (en parlant de puissances surnaturelles, le plus souvent) *Propice à qqn,* bien disposé à son égard, prêt à assurer son succès. ➤ **favorable.** *Dieu nous soit propice !* — VX ou PLAISANT *Prêtez-nous une oreille propice.* ▪ **2** (CHOSES) *Propice à qqn, qqch. :* qui se prête tout particulièrement à. ➤ 1 **bon.** *«un rêve propice à tous les enchantements»* GENEVOIX. *Cherchons un endroit plus propice pour discuter.* ➤ **convenable.** — (Sans compl. ind.) *«et vous, heures propices, Suspendez votre cours !»* LAMARTINE. ➤ **ami** (II). *L'occasion était propice. Choisir le moment propice.* ➤ **opportun.** ▪ CONTR. Adverse, contraire, défavorable, néfaste ; désastreux, fâcheux.

PROPITIATION [pʀɔpisjasjɔ̃] **n. f.** – XVIe ; «faveur accordée par Dieu ; pardon» fin XIIe ◊ latin ecclésiastique *propitiatio*, de *propitius* ▪ RELIG. *Sacrifice, victime de propitiation,* qu'on offre à Dieu pour se le rendre propice, obtenir son pardon (➤ **propitiatoire**). *Acte de propitiation.*

PROPITIATOIRE [pʀɔpisjatwaʀ] **n. m. et adj.** – 1170 *propiciatorie* ◊ latin *propitiatorium* ▪ **1** HIST. RELIG. Table d'or posée au-dessus de l'Arche d'Alliance. ▪ **2** **adj.** (XVIe ◊ latin *propitiatorius*) LITTÉR. Qui a pour but de rendre (Dieu) propice. *Offrande, victime propitiatoire. «Cette coutume barbare passait pour le plus efficace des rites propitiatoires»* DANIEL-ROPS.

PROPOLIS [pʀɔpɔlis] **n. f.** – 1555 ◊ mot latin ; grec *propolis* «entrée d'une ville» ▪ TECHN. Gomme rougeâtre que les abeilles recueillent sur les écailles des bourgeons de marronniers, de saules et utilisent pour obturer les fentes des ruches, fixer les gâteaux de cire.

PROPORTION [pʀɔpɔʀsjɔ̃] **n. f.** – fin XIIIe ◊ du latin *proportio*, famille de *portio* → portion

I RAPPORT DE GRANDEUR, DE QUANTITÉ ▪ **1** Rapport de grandeur entre les parties d'une chose, entre une des parties et le tout, défini par référence à un idéal esthétique ; PLUR. Combinaison des différents rapports ; dimensions relatives des parties et du tout. *«Au Musée de Cluny, par exemple, vous êtes étreint par des murs dont les proportions étaient nécessitées par la vie du Moyen Âge»* MATISSE. *Échelle de proportion. Proportions harmoniques. Proportion de la hauteur et de la largeur, de la hauteur à la largeur, entre la hauteur et la largeur d'une façade. Juste, exacte proportion, proportion idéale, dans un style.* ➤ **équilibre, harmonie.** *Règles, canon de proportions, divine proportion* (cf. Nombre* d'or). — *Proportions du corps, des parties du corps, des traits du visage. Manque de proportion entre les jambes et le buste. «Telle proportion entre la grandeur de la tête et la grandeur de l'ensemble fait le corps florentin ou romain»* TAINE. *Élégance des proportions.* ◆ SPÉCIALT Proportion harmonieuse, correcte. *La proportion des parties.* ◆ (Non qualifié) VIEILLI Beauté, harmonie des proportions, des dimensions relatives des parties et du tout. *«La proportion produit l'idée de force et de solidité»* DIDEROT. ▪ **2** SC. Rapport entre les différentes dimensions (d'une figure, d'un objet). *L'homothétie conserve les proportions.* ◆ (fin XIVe) MATH. Égalité de deux rapports. *Dans la proportion a/b = c/d, le produit des extrêmes (ad) est égal à celui des moyens (bc). Termes d'une proportion.* — GÉOM. *Compas* de proportion.* ◆ (1875) CHIM. *Loi des proportions définies* (loi de Proust). *Loi des proportions multiples.* ▪ **3** Rapport quantitatif (entre deux ou plusieurs choses). *Une proportion égale de réussites et d'échecs. Proportion de décès normale, élevée, faible* (par rapport à la population). ➤ **pourcentage, taux.** *Dans, selon une proportion, la proportion de 10 %, de cent contre un. Dans la même proportion (que...). Dans la proportion, l'exacte proportion où...* ➤ **mesure.** *Accorder qqch. selon une proportion équitable, une juste proportion* (➤ **proportionnellement**). *En proportion insuffisante. Proportion d'or dans un alliage.* ➤ **titre.** *Proportion de farine entrant dans la composition d'un gâteau.* ▪ **4** FIG. et VIEILLI Relation que l'on établit entre deux choses que l'on compare. ➤ **analogie, correspondance.** *«Il faut quelque proportion dans une alliance»* BALZAC.

II DANS DES LOCUTIONS ▪ **1** (1636) LITTÉR. **À PROPORTION DE... :** suivant l'importance, la grandeur relative de. ➤ **proportionnellement.** *Chose qui augmente à proportion de,* en raison directe de. — (1649) **À PROPORTION QUE... :** à mesure que ; dans la mesure où. *«Nous ne souffrons qu'à proportion que le vice, qui nous est naturel, résiste à la grâce surnaturelle»* PASCAL. — **loc. adv.** (1651) **À PROPORTION :** suivant la même proportion. ▪ **2 EN PROPORTION DE.** ➤ **selon,** 2 **suivant** (cf. En raison de). *«Les héroïnes raciniennes prennent corps, prennent vie en proportion de l'obstacle contre lequel leur passion se précipite»* MAURIAC. *Le travail était payé en proportion des risques. C'est peu de chose, en proportion du service qu'il vous avait rendu,* en comparaison de. ➤ **relativement** (à). — **EN PROPORTION AVEC...** — **loc. adv. EN PROPORTION :** suivant la même proportion. *«Il était fabuleusement gros, et grand en proportion»* R. ROLLAND. ▪ **3 HORS DE PROPORTION,** (1830) *hors de toute proportion :* sans commune mesure avec (généralement beaucoup trop grand). ➤ **disproportionné.** *La punition est hors de proportion avec la faute.* ▪ **4 SANS PROPORTION.** *Sa colère est sans proportion avec leur dispute.* ▪ **5** *Toute(s) proportion(s) gardée(s)*.*

III LES PROPORTIONS. IMPORTANCE RELATIVE (1690) Dimensions (par référence implicite à une échelle, une mesure). *«De grands poêles aux proportions monumentales»* GAUTIER. *Cette affaire a pris des proportions démesurées. Ramener un évènement à de plus justes proportions* (➤ **relativiser**). *«Ces deux phases, Waterloo et Sainte-Hélène, réduites aux proportions bourgeoises, tout homme ruiné les traverse»* HUGO.
▪ CONTR. Discordance, disproportion.

PROPORTIONNALITÉ [pʀɔpɔʀsjɔnalite] **n. f.** – v. 1380 ◊ latin *proportionalitas* ▪ DIDACT. ▪ **1** Caractère des grandeurs qui sont ou restent proportionnelles entre elles. *La proportionnalité de la circonférence et du rayon d'un cercle. Coefficient de proportionnalité.* ▪ **2** Le fait de répartir (qqch.) selon une juste proportion. *Proportionnalité de l'impôt. «La règle de proportionnalité serait strictement respectée pour l'élection»* CAMUS.

PROPORTIONNÉ, ÉE [pʀɔpɔʀsjɔne] **adj.** – *proportionné à* «adapté» 1314 ◊ p. p. de *proportionner* ▪ **1** *Proportionné à :* qui est dans une proportion normale avec (qqch.) ; qui forme avec (qqch.) une proportion. *«Ces impôts devaient être proportionnés à la fortune de chacun»* Mme DE STAËL. ▪ **2** (1540) Qui a telles proportions. *Corps bien proportionné, femme bien proportionnée.* ➤ 1 **beau, harmonieux** (cf. FAM. Bien fait, bien fichu, bien foutu, bien roulé). — ABSOLT Bien proportionné. *«L'architecture grecque est bien plus simple [...] On n'y voit rien que de grand, de proportionné»* FÉNELON. ▪ CONTR. Disproportionné.

PROPORTIONNEL, ELLE [pʀɔpɔʀsjɔnɛl] **adj.** – 1487 ; *proporcional* XIVe ◊ latin *proportionalis* ▪ **1** SC. Se dit de grandeurs mesurables qui sont ou dont les mesures sont et restent dans des rapports égaux (formant une *proportion,* 2°). *Grandeurs proportionnelles, directement proportionnelles, proportionnelles entre elles. L'attraction exercée par un corps sur un autre est proportionnelle au produit de leurs masses.* — *Inversement proportionnel à :* proportionnel à l'inverse de. *L'attraction exercée par un corps sur un autre est inversement propor-*

tionnelle au carré de la distance qui les sépare. — *Moyenne* proportionnelle* (ou *géométrique*). *Quatrième proportionnelle* : le quatrième terme d'une proportion, à déterminer en connaissant les trois autres. ▪ **2** Qui est, reste en rapport avec, varie dans le même sens que (qqch.). *Traitement proportionnel à l'ancienneté* (cf. Au prorata de). — ABSOLT Déterminé par une proportion. *Retraite proportionnelle. Impôt proportionnel*, à taux invariable (opposé à *progressif*). ◆ SPÉCIALT *Scrutin proportionnel, représentation proportionnelle.* **n. f.** *La proportionnelle* : système électoral où les élus de chaque parti sont en nombre proportionnel à celui des voix obtenues par leur parti. « *les élections à l'intérieur du village se feront au scrutin proportionnel* » CAMUS. *Élection à la proportionnelle. Partisan de la représentation proportionnelle* (**PROPORTIONNALISTE** n.). ▪ CONTR. Absolu ; indépendant. Progressif ; majoritaire.

PROPORTIONNELLEMENT [pʀɔpɔʀsjɔnɛlmɑ̃] adv. – *proporcionalment* XIVe ◇ de *proportionnel* ▪ Suivant une proportion ; en formant, en conservant des rapports égaux. *Réduire, agrandir proportionnellement un dessin. Varier, augmenter, diminuer proportionnellement à qqch.*, d'une manière directement proportionnelle. — PAR EXT. (dans une compar., les deux termes étant rendus comparables par la réduction de leur différence) ➤ **comparativement, relativement.** « *Un petit État est proportionnellement plus fort qu'un grand* » ROUSSEAU.

PROPORTIONNER [pʀɔpɔʀsjɔne] v. tr. ⟨1⟩ – 1483 ; « préparer, mettre en état, etc. » 1314 ◇ latin *proportionare*, de *proportio* ▪ Rendre (une chose) proportionnelle (à une autre) ; établir une égalité de rapports, un rapport convenable, normal entre (plusieurs choses). *Proportionner l'effort, le travail au but visé, aux résultats cherchés. Proportionner les récompenses aux services, les récompenses et les services.* ◆ PRONOM. VX « *L'âme se proportionne insensiblement aux objets qui l'occupent* » ROUSSEAU.

PROPOS [pʀɔpo] n. m. – 1265 ; *purpos* 1180 ◇ de *proposer*, d'après le latin *propositum*

I ▪ **1** LITTÉR. Ce qu'on se propose ; ce qu'on se fixe pour but. ➤ **dessein, intention, résolution.** « *Je formais le propos de ne jamais chicaner* » DUHAMEL. *Être dans le propos de*, dans l'intention. *Il n'est pas dans mon propos de... Ce n'est pas mon propos aujourd'hui.* — RELIG. *Ferme propos* : résolution ferme (de ne plus commettre le péché). — *De propos délibéré**. ▪ **2** COUR. **À PROPOS DE** : au sujet de. « *Le programme ébauché il y a deux ans, à propos de la guerre balkanique* » MARTIN DU GARD. ➤ **concernant, relatif** (à). *À quel propos ? À propos de quoi ?* « *Comment deux hommes* [...] *pouvaient-ils s'attraper sans cesse à propos de la politique ?* » ZOLA. — *À propos d'un rien, de rien, de tout.* LOC. *À propos de tout et de rien* : sans motif. — *À tout propos* (cf. À tout bout* de champ ; à tout moment*). « *Une irritation incessante qui se manifestait à tout propos* » MAUPASSANT. — *À propos ; à ce propos*, sert à introduire dans la suite du discours une idée qui surgit brusquement à l'esprit (souvent formule de transition pour introduire une question). *Ah ! à propos, je voulais vous demander...* (cf. Au fait). — *Mal à propos* : sans raison sérieuse, de manière intempestive, inopportune. ◆ *À propos* : de la manière, au moment, à l'endroit convenable ; avec discernement. *Très à propos.* « *pour un solliciteur, il n'y a pas de plus grande éloquence que de savoir se taire à propos* » MUSSET. « *l'on peut dire que tu viens à propos* » FRANCE. *Voilà qui arrive, qui tombe à propos.* ➤ FAM. 3 **pile ; à-propos.** — *Il est à propos de* (et inf.). ➤ 1 **bon, convenable, opportun.** « *La geôle étant en mauvais état, M. le juge d'instruction trouve à propos de faire transférer Champmathieu* » HUGO. ◆ *Hors de propos* (cf. À contretemps). « *Don Jaime lui trouva l'air poli d'un vieux soldat qui veut faire le bon et sourit à tout propos et hors de propos* » STENDHAL. *Il serait hors de propos de...* ➤ **inopportun.**

II UN, DES PROPOS : paroles dites (PAR EXT. phrases écrites) au sujet de qqn, qqch., mots échangés, prononcés au cours d'une conversation. ➤ **discours, parole.** *Échanger des propos.* « *des propos en l'air, des on-dit, des ouï-dire* » HUGO. « *Toutes sortes de propos s'ensuivirent : calembours, anecdotes, vantardises, gageures, mensonges* [...], *assertions improbables, un tumulte de paroles* » FLAUBERT. *Tenir à qqn des propos inacceptables.* « *Ces dames faisaient les frais de la conversation et égayaient la compagnie de propos plus ou moins piquants* » MUSSET. *Propos blessants, injurieux, déplacés.*

PROPOSABLE [pʀɔpozabl] adj. – 1734 ◇ de *proposer* ▪ RARE Qu'on peut proposer.

PROPOSER [pʀɔpoze] v. ⟨1⟩ – v. 1120 ◇ latin *proponere* « poser devant », d'après *poser*

I ~ v. tr. ▪ **1** LITTÉR. *Proposer (qqch.) à* : mettre devant (le regard, la perception). ➤ **montrer, présenter.** « *Une sorte de lorgnette qui* [...] *propose au regard une toujours changeante rosace* » GIDE. — *Proposer qqch. à l'admiration, au respect de tous.* ▪ **2** COUR. Faire connaître à qqn, soumettre à son choix, à son adhésion, en laissant la liberté de rejet. *Proposer sa marchandise. Comme aspirateur, voici ce que je peux vous proposer.* ➤ 1 **conseiller.** *Comme dessert, je vous propose... On lui a proposé deux millions de sa villa.* ➤ **offrir.** *Proposer une solution, un plan.* « *Trouver à chaque projet qu'on propose des objections qui le rendent impraticable* » STENDHAL. ➤ **présenter, soumettre.** *Proposer un nom* (pour désigner une chose nouvelle), *une définition* (pour un mot), *une interprétation* (pour un texte). ➤ **suggérer.** *Proposer une loi* : faire une proposition* de loi. — *Il proposa que la motion fût mise aux voix immédiatement, de mettre aux voix la motion.* ▪ **3** Soumettre (un projet, une entreprise) en demandant d'y prendre part. *Proposer un arrangement, un travail, une bonne affaire à qqn.* — *Monsieur l'Évêque* « *me proposa d'entrer dans l'état ecclésiastique* » ABBÉ PRÉVOST. — (En incise) *Mettons-nous là, proposa-t-il.* ▪ **4** Demander à qqn d'accepter (ce qu'on veut lui donner, ce qu'on veut faire pour lui). *Il m'a proposé de l'argent, son aide.* ➤ **offrir.** — « *Je t'ai maintes fois proposé* [...] *d'aller au marché ou de faire le ménage à ta place* » GIDE. ▪ **5** Donner (un sujet, un thème) à un écrivain, à un artiste, à un chercheur, aux candidats à un examen. « *Frappé de cette grande question, je fus surpris que cette Académie eût osé la proposer* » ROUSSEAU. — *Quels sont les sujets proposés cette année ?* ▪ **6** Faire connaître, promettre de donner (ce qui sera le prix, la récompense du vainqueur). *Proposer un prix, une récompense.* ▪ **7** Désigner (qqn) comme candidat pour un emploi, une fonction, etc. ; désigner, soumettre au choix d'autrui. ➤ **présenter.** *Proposer un candidat. Être proposé pour tel poste, pour tel grade. Proposer qqn pour la Légion d'honneur.* « *Souffrez qu'on vous propose Un époux beau, bien fait* » LA FONTAINE.

II ~ v. intr. VX Former un dessein, un projet. — PROV. *L'homme propose et Dieu dispose.*

III ~ v. pron. **SE PROPOSER** ▪ **1** Se fixer comme but, avoir pour objet ; avoir en considération, en vue. « *Quand on se propose un but, le temps, au lieu d'augmenter, diminue* » RIVAROL. — *Se proposer de...* : avoir l'intention, former le projet de. ➤ 1 **penser, projeter.** *Elles se sont proposé de venir.* « *Se proposer de faire telle chose, l'annoncer bien haut ; puis ne point la faire* » GIDE. ▪ **2** Offrir ses services, poser sa candidature à un emploi, à une fonction, etc. ; se mettre sur les rangs pour une compétition. *Il s'est proposé pour garder le chat.* ➤ **s'offrir.** « *Il s'était proposé à l'abbé Petitjeannin comme moniteur pour le patronage* » ARAGON. *Elle s'est proposée pour ce poste.* ➤ **se présenter.**

PROPOSITION [pʀɔpozisjɔ̃] n. f. – v. 1120 *propositiun* « action de faire connaître ses intentions » ◇ latin *propositio* ▪ **1** L'action, le fait d'offrir, de suggérer qqch. à qqn ; ce qui est proposé. ➤ **offre.** *Proposition de paix. Faire des propositions avantageuses. Proposition malhonnête. J'ai une proposition à vous faire. Accepter, repousser une proposition.* « *Sa proposition avait été rejetée avec une violence qu'elle considérait comme regrettable* » CAMUS. *Proposition s'opposant à une autre.* ➤ **contreproposition.** *Elle a accepté sa proposition de venir.* SPÉCIALT *Faire des propositions à qqn*, lui proposer des relations sexuelles. — LOC. *Être force de proposition* : être capable de proposer des idées nouvelles, des solutions innovantes. ◆ *Proposition votée au cours d'un congrès, dans une assemblée.* ➤ **motion.** — DR. *Proposition de loi* : texte qu'un ou plusieurs parlementaires déposent sur le bureau de leur Assemblée pour qu'il soit adopté comme loi après un vote du Parlement. *Repousser une proposition de loi.* ◆ **SUR (LA) PROPOSITION DE.** ➤ **conseil, initiative.** « *L'assemblée déclara ensuite, sur la proposition de Mirabeau, que ses membres étaient inviolables* » MICHELET. *Être nommé à un poste sur la proposition de ses supérieurs.* ▪ **2** LOG. Jugement de réalité ou de valeur, considéré comme le contenu d'une phrase. ➤ **précepte.** *Argument qui vient appuyer une proposition.* ◆ Énoncé qui exprime une relation entre deux ou plusieurs termes. *Sujet, copule, attribut d'une proposition. Proposition catégorique*, complexe. Propositions contradictoires, contraires. Proposition évidente, claire et intelligible par elle-même* (➤ **axiome**), *posée comme principe* (➤ **postulat, principe**). *Démontrer une proposition.* ◆ MATH. Énoncé déclaratif dont on peut dire qu'il est vrai ou faux (➤ **propositionnel**). ▪ **3** (XVIIe) Unité psychologique et syntaxique (réduite parfois à un seul mot) qui constitue à elle seule une phrase simple ou qui entre comme élément dans la formation d'une phrase complexe. *Sujet, verbe, attribut, complément d'une proposition. Découpage d'un énoncé en propositions :* analyse logique. *Proposition principale*, subordonnée*, indépendante*. Propositions coordonnées*, juxtaposées*. Proposition affirmative, négative, interrogative, exclamative, impérative. Proposition relative*, conjonctive*. Propositions complétives, circonstancielles, finales, causales, comparatives, concessives,* etc. *« l'immense armée des* Propositions, *les Principales, les Subordonnées, les capricieuses Complétives, les Circonstancielles et les autres (s'il en est...) »* VALÉRY.

PROPOSITIONNEL, ELLE [pʀɔpozisjɔnɛl] **adj.** – 1928 ◇ de *proposition* ▪ LOG. Qui est relatif aux propositions de la logique. *Logique propositionnelle et logique fonctionnelle.* ♦ MATH. *Calcul propositionnel :* branche de la logique mathématique qui étudie les assemblages de propositions.

PROPRE [pʀɔpʀ] **adj.** et **n. m.** – milieu XIIe ◇ du latin *proprius* « qu'on ne partage pas avec d'autres », « spécifique » et « durable »

I (APPARTENANCE, PROPRIÉTÉ) A. APRÈS LE NOM OU EN ATTRIBUT ▪ **1** Qui appartient d'une manière exclusive ou particulière à une personne, une chose, un groupe. ➤ **distinctif, exclusif, personnel.** *Avoir des qualités propres. Remettre des papiers en mains* propres à leur destinataire.* ♦ ASTRON. *Mouvement propre d'un astre, d'une étoile,* son déplacement angulaire indépendamment des mouvements de la Terre et de l'aberration astronomique. ♦ *Fréquence propre d'un système oscillant :* fréquence à laquelle oscille ce système livré à lui-même. ♦ (1549) **NOM PROPRE** (opposé à *nom commun,* ainsi qu'aux autres mots de la langue) : nom qui s'applique à un individu, un objet unique, une réalité individuelle qu'il désigne (alors que le nom commun correspond à une classe, une idée générale, un sens). *Jean, Napoléon, Paris, ONU, France, Louvre sont des noms propres. Les noms propres prennent une majuscule. Dictionnaire de noms propres.* ♦ *Sens propre :* sens d'un mot considéré comme antérieur aux autres (logiquement ou historiquement). ➤ **littéral.** *Mot employé au sens propre. Au sens propre du mot. Sens propre et sens figuré.* ♦ DR. Qui est possédé en toute propriété (opposé à *commun*). *Biens propres,* dans le régime de la communauté. *Fonds* propres.* ▪ **2** (1562) **PROPRE À :** particulier à. ➤ **spécifique.** *Attribut, caractère propre à une chose, une personne, un ensemble. Traits propres à certains individus. « L'enfance a des manières de voir, de penser, de sentir qui lui sont propres »* ROUSSEAU. ▪ **3** VX **L'AMOUR PROPRE,** qu'on a pour soi. ➤ **amour-propre.** ▪ **4** (1538) Qui convient particulièrement. — (CHOSES) ➤ **approprié, convenable.** (fin XIIIe) *Le mot propre.* ➤ **exact, juste.** *« Les œufs gluants de grenouilles qui me faisaient horreur :* horreur *est le mot propre »* STENDHAL. ♦ **PROPRE À** (avec un nom) : fait pour. *Une obscurité propre au recueillement.* ➤ **propice.** *« un lieu propre à la rêverie et aux rendez-vous »* HENRIOT. *Rendre propre à qqch. :* faire servir à un but. — (Avec l'inf.) *Un ouvrage propre à former les esprits* (cf. De nature à). *Rien « n'était plus propre à me toucher que cette émotion contenue »* GIDE. ▪ **5** (fin XVe) (PERSONNES) **PROPRE À :** (VIEILLI) apte, capable par sa personnalité, ses capacités, ses connaissances. *« Propre à tout pour les autres, bon à rien pour moi : me voilà »* CHATEAUBRIAND. MOD. *Être propre à remplir un emploi.* ♦ SUBST. VIEILLI **PROPRE À RIEN :** personne qui ne sait rien faire ou ne veut rien faire, qui ne peut se rendre utile. ➤ **incapable, nul.** *« Elle le traitait de propre à rien, parce qu'il gagnait de l'argent sans rien faire »* MAUPASSANT. *Une propre à rien. Des propres à rien.*

B. AVANT LE NOM (Sens affaibli, employé avec un possessif) *« Voici ce que j'ai entendu de mes propres oreilles et vu de ma propre vue »* FRANCE. *De ses propres mains. De ses propres deniers. Par ses propres moyens. Dans leur propre intérêt. De sa propre initiative, de son propre chef*. De son propre cru*. Par sa propre faute. Il l'a soignée comme sa propre mère.* ♦ (Exprimant l'appartenance et placé devant le nom présenté comme étant l'être, la chose en question) ➤ **même.** *Ce sont ses propres mots. « C'était la propre maison de Pierre Ronsard »* GAUTIER. ➤ **véritable.**

II (PROPRETÉ) A. QUI N'EST PAS SALE, NE SALIT PAS ▪ **1** (fin XIIIe) VIEILLI Qui a l'aspect convenable, net. ➤ 1 **net.** *Une tenue propre.* ➤ **décent.** MOD. *Une copie propre.* ➤ **soigné.** SUBST. *Mettre, recopier au propre, au net* (opposé à *au brouillon*). *« Ma vie est un brouillon. L'ennui, c'est qu'on ne vit qu'une fois : je ne recopierai jamais au propre »* M. POLAC. ♦ PAR EXT. Fait convenablement. *Voilà du travail propre.* ➤ **correct.** *Pianiste qui a un jeu propre.* ▪ **2** (1640) COUR. Qui n'a aucune trace de saleté, de crasse, de poussière, de souillure. *Maison, appartement propre. Hôtel modeste mais propre. Tout était propre et net. Vaisselle, verres propres. Draps bien propres.* ➤ **impeccable.** *Avoir les mains propres.* FIG. *Opération mains propres,* visant à mettre de l'ordre dans un milieu corrompu. — SUBST., FAM. *Ça sent le propre.* ♦ PAR EXT. (d'une action, d'une occupation) *« elle aime ce métier* [la menuiserie] *parce qu'il est propre »* ROUSSEAU. *Ne mange pas avec les doigts, ce n'est pas propre.* ♦ (PERSONNES) Qui se lave souvent ; dont le corps et les vêtements sont débarrassés de toute impureté. *Propre comme un sou* neuf. Être propre sur soi ;* IRON. convenable, comme il faut. *« un homme aimable, gentil, propre sur lui, au physique un peu ridicule »* É.-E. SCHMITT. — LOC. FAM. (IRON.) *Un petit vieux bien propre.* ♦ FIG. (1793) PAR ANTIPHR. Dans une mauvaise situation. *Nous sommes propres, nous voilà propres !* ➤ 1 **frais** (cf. Dans de beaux draps*). ♦ Qui a le contrôle de ses fonctions naturelles. *Cet enfant a été propre à deux ans.* ♦ Qui ne pollue pas ou qui pollue peu. *Voitures propres. Usine propre. — Guerre* propre.*

B. CONFORME À LA MORALE ▪ **1** FIG. (avant 1875) Qui ne manque pas à l'honneur pour des raisons d'intérêt, dont la réputation est sans tache. *C'est une personne propre en qui l'on peut avoir confiance.* ♦ Qui est honnête, moral ; honnêtement gagné. *« ce n'était pas de l'argent assez propre pour qu'un honnête homme y touchât »* ZOLA. *Argent propre et argent blanchi*. Une affaire pas très propre.* ♦ **n. m.** (1791) PAR ANTIPHR. *C'est du propre !,* se dit d'une chose sale, et FIG. d'un comportement indécent, immoral. ▪ **2** SPÉCIALT Qui ne se drogue pas, ne se dope pas. ➤ FAM. **clean.** *Un cycliste propre. — Un sport propre et sain.*

III ~ n. m. ▪ **1 EN PROPRE :** possédé à l'exclusion de tout autre. *Avoir un bien en propre,* à soi (➤ **propriété**). *« Les universités possédaient des biens en propre, comme le clergé »* Mme DE STAËL. ▪ **2** (début XIIIe) DR. Biens de la femme ou du mari qui restent la propriété exclusive de chacun, dans le régime matrimonial de la communauté. *« les propres de madame Claës* [...] *devaient monter à une somme d'environ quinze cent mille francs »* BALZAC. *Annexe* de propre.* ▪ **3** (1718) LITURG. Élément de célébration qui est propre à un saint, un temps, un lieu, et ne fait partie ni de l'ordinaire ni du commun. ▪ **4** (1534) COUR. **LE PROPRE DE :** qualité distinctive qui appartient à une chose, à une personne. ➤ **apanage, particularité.** *« Pour ce que rire est le propre de l'homme »* RABELAIS. *« le propre d'un artiste n'est pas de proposer des réponses mais de poser les questions »* R. DEBRAY. ▪ **5 AU PROPRE :** au sens propre, littéral. *Se dit au propre et au figuré.*

▪ **CONTR.** Collectif, commun ; impropre, incapable. Malpropre ; crasseux, 2 négligé, sale, sali, souillé, taché ; polluant ; malhonnête ; immoral, indécent.

PROPREMENT [pʀɔpʀəmɑ̃] **adv.** – 1190 ◇ de *propre* ▪ **1** D'une manière spéciale à qqn ou à qqch. ; en propre. *« Il n'y a pas de comique en dehors de ce qui est proprement humain »* BERGSON. ▪ **2** Au sens propre du mot, à la lettre. ➤ **exactement, précisément, véritablement.** *C'est proprement scandaleux. « L'état relatif des puissances de l'Europe est proprement un état de guerre »* ROUSSEAU. *« Ce n'étaient point proprement des lettres d'amour »* GIDE. (1584) **À PROPREMENT PARLER :** en nommant les choses exactement, par le mot propre. *« la lettre de Broudier, qui à proprement parler était une épître, conçue dans le goût classique »* ROMAINS. **PROPREMENT DIT :** au sens exact et restreint, au sens propre. ➤ **stricto sensu.** *« Quand on y arrive enfin, on a devant soi le temple proprement dit »* LOTI. *À droite « s'ouvraient les salles proprement dites »* ARAGON. ▪ **3** (1538) VX De la manière qui convient, comme il faut. ➤ 1 **bien.** *« Ils parlent proprement et ennuyeusement »* LA BRUYÈRE. — Avec fermeté, dignité. *« si je meurs proprement, j'aurai prouvé que je ne suis pas un lâche »* SARTRE. — MOD. et IRON. (avant le v.) *Il lui a proprement rivé son clou. On l'a proprement ficelé et bâillonné.* ♦ Comme il faut, sans plus. ➤ **convenablement, correctement.** *Travail proprement exécuté.* ▪ **4** Avec soin. ➤ **soigneusement.** *Chambres proprement rangées.* ♦ (XVIe) Avec propreté. *« Il offrit une poignée de blé à l'âne qui la mangea proprement dans sa main »* BOSCO. *Proprement vêtu.* ▪ **5** FIG. et FAM. Moralement, avec honnêteté, décence. *Se conduire proprement. Faire les choses proprement.* ▪ **CONTR.** 2 Mal. Malproprement, salement.

PROPRET, ETTE [pʀɔpʀɛ, ɛt] **adj.** – v. 1500 « vêtu avec soin » ◇ de *propre* ▪ Bien propre (de ce qui est simple et gentil). *« Il y avait des ruelles proprettes, entre de petites maisons »* GIDE.

PROPRETÉ [pʀɔpʀəte] **n. f.** – 1538 ◇ de *propre* (I, B) ▪ **1** VX Manière convenable de s'habiller, de se meubler. *« J'aime le luxe, la propreté »* VOLTAIRE. ➤ **soin.** ♦ MOD. Façon correcte et précise d'exécuter qqch. (dans le domaine artistique). *Propreté d'exécution d'un morceau de musique, d'une peinture.* ➤ **netteté.** ▪ **2** (1671) COUR. État, qualité de ce qui est propre (I, B, 2°). *La propreté d'un logis, d'une ville. Propreté et blancheur du* *linge. Un air de propreté. «Depuis le plancher soigneusement ciré, jusqu'aux rideaux de toile à carreaux verts, tout brillait d'une propreté monastique»* BALZAC. *Règles de propreté.* ➤ **hygiène.** — *Plaque* de propreté.* ◆ Qualité d'une personne qui est propre sur elle, qui veille à ce que son intérieur, les objets dont elle se sert soient propres. *Être d'une propreté méticuleuse. D'une propreté douteuse*. La propreté suisse, flamande. Obsession de la propreté. Manger avec propreté.* ➤ **proprement.** *«elle n'avait qu'à se féliciter de mon travail, de ma propreté et de mon honnêteté»* R. GUÉRIN. ◆ Fait de contrôler ses fonctions naturelles. *Apprendre la propreté à un chiot.* ▪ **3** TECHN. Les finitions, en couture. ▪ CONTR. 2 Crasse, saleté. Malpropreté.

PROPRÉTEUR [pʀɔpʀetœʀ] n. m. – 1542 ◇ latin *propraetor* → préteur ▪ HIST. ROM. Ancien préteur à qui l'on confiait souvent le gouvernement d'une province (ou *propréture* n. f., 1845).

PROPRIÉTAIRE [pʀɔpʀijetɛʀ] n. – 1263 ◇ latin *proprietarius*, de *proprietas* «propriété» ▪ **1** Personne qui possède en propriété, exerce à son profit exclusif le droit de propriété. *Le possesseur d'un bien en est souvent le propriétaire. Propriétaire de biens meubles et immeubles. Le propriétaire d'une auto, d'un chien. Devenir propriétaire de qqch.* ➤ **acquérir.** *Remettre une chose à son propriétaire. Propriétaire de domaines, de forêts. Propriétaire d'actions.* ▪ **2** SPÉCIALT (sans compl.) Personne qui possède en propriété des biens immeubles. *Propriétaire foncier*. Propriétaire terrien*. Les grands, les petits propriétaires. Propriétaire exploitant, récoltant. «Ils étaient devenus propriétaires, un arpent, deux peut-être, achetés au seigneur dans l'embarras»* ZOLA. LOC. *Faire le tour du propriétaire :* visiter sa maison, son domaine. ▪ **3** SPÉCIALT Personne qui possède un immeuble en propriété et le loue. ➤ FAM. **proprio ; bailleur.** *Propriétaire et locataire*. Loyer dû au propriétaire. Réparation à la charge du propriétaire. «Elle la rencontra devant sa maison, jetée elle aussi sur le pavé par son propriétaire»* ZOLA. ▪ **4** APPOS. INFORM. *Logiciel* propriétaire* (opposé à *logiciel* libre*).

PROPRIÉTÉ [pʀɔpʀijete] n. f. – fin XIIe ◇ du latin *proprietas*, famille de *proprius* → propre

I POSSESSION A. DROIT DE POSSÉDER ▪ **1** Droit d'user, de jouir et de disposer d'une chose d'une manière exclusive et absolue sous les restrictions établies par la loi. — DR. *La propriété est un droit réel et perpétuel sur les biens corporels tangibles. Détention, possession et propriété. Acquisition de la propriété.* ➤ **appropriation.** *«La propriété des biens s'acquiert et se transmet par succession, par donation [...] et par l'effet des obligations»* (CODE CIVIL). *Accéder à la propriété. Bien accessible à la propriété. Transfert de propriété. Titre de propriété. Propriété immobilière, foncière, d'un bien-fonds. Propriété mobilière.* ➤ **possession.** *Propriété commerciale.* — COUR. *Le goût, l'amour de la propriété,* de la possession. *«Il y a dans le sentiment qui attache l'homme à la propriété autre chose que le plaisir d'avoir, et c'est le plaisir de faire»* ALAIN. *«La propriété c'est le vol»* PROUDHON. — *Propriété de l'État. Propriété capitaliste et propriété sociale. Propriété collective des moyens de production* (collectivisme, communisme, socialisme). *Propriété individuelle. Propriété collective d'une résidence de vacances* (➤ **multipropriété**). *En toute propriété* (opposé à *en copropriété*). *Pleine propriété. Avoir la propriété sans l'usufruit.* ➤ **nue-propriété.** ▪ **2** Monopole temporaire d'exploitation d'une œuvre, d'une invention par son auteur. *Propriété littéraire ; propriété artistique ; propriété intellectuelle :* droits que possèdent les créateurs sur leurs œuvres. — *Propriété industrielle :* droit exclusif à l'usage d'un nom commercial, d'une marque, d'un brevet, d'un dessin ou modèle de fabrique (➤ **brevet, licence, 1 marque**).

B. CE QUI EST POSSÉDÉ ▪ **1** (fin XIIe) Ce qu'on possède en propriété. *C'est ma propriété :* c'est à moi, cela m'appartient. *Ce domaine est la propriété de la famille X. Aliénation* d'une propriété.* ◆ Personne considérée comme un bien dont on dispose. ➤ **chose.** *«le véritable Figaro qui, tout en défendant Suzanne, sa propriété, se moque des projets de son maître»* BEAUMARCHAIS. ▪ **2** (fin XVe) Bien-fonds (terre, construction) possédé en propriété. ➤ **domaine, fonds, immeuble.** *Propriété d'agrément, de rapport. Revenu d'une propriété. Acquérir, vendre une propriété. «Il possédait par là une propriété qui appartenait à sa famille, depuis plusieurs générations»* JALOUX. *Propriété indivise. Limite, bornage de propriétés. Pancarte portant les mots «propriété privée».* ◆ SPÉCIALT Terres et exploitations agricoles. *Propriété cadastrée.* ➤ **parcelle.** *Donner une propriété à ferme.* ➤ **affermer.** *Petites et grandes propriétés. Propriété morcelée. Regroupement de petites propriétés.* ➤ **remembrement.** ◆ COLLECT. *La lutte «entre la grande propriété et la petite»* ZOLA. — PAR EXT. Les propriétaires de cette sorte de biens. *Loi qui mécontente la grande propriété.* ▪ **3** COUR. Riche maison d'habitation avec un jardin, un parc. *Passer ses vacances dans sa propriété. Une superbe propriété. «À la sortie du village s'étendaient des propriétés : derrière les grilles [...] il y avait des perspectives de pelouses»* NIZAN.

II QUALITÉ ▪ **1** (fin XIIIe) Qualité propre, caractère (surtout caractère de fonction) qui appartient à tous les individus d'une espèce sans toujours leur appartenir exclusivement. ➤ **propre** (III). *«la vie, dont la mort est une des propriétés caractéristiques»* VALÉRY. *Les propriétés de la matière. Définir un corps, un phénomène par ses propriétés. Produit qui a la propriété de résister à la chaleur. Propriétés constitutives.* ◆ CHIM. Ensemble de constantes, de caractères, de réactions d'une substance ; manière dont elle se comporte suivant les conditions dans lesquelles elle est placée. *Les propriétés physiques, chimiques et physiologiques de l'iode.* ◆ BIOL. *Propriétés vitales. L'excitabilité et la conductibilité, propriétés des nerfs. Propriétés des membranes cellulaires, de l'ADN, de l'ARN, des protéines.* ◆ MATH. *Propriétés des opérations naturelles.* — *Propriétés d'un ensemble.* ▪ **2** (1576) Qualité du mot propre (I, A, 4°). *La propriété d'un mot. «Mon cher lecteur, pardonnez-moi la propriété de cette expression»* DIDEROT. *Propriété des termes.* ▪ CONTR. Impropriété.

PROPRIO [pʀɔpʀijo] n. – 1878 ◇ de *propriétaire* ▪ FAM. Propriétaire d'un immeuble loué, par rapport au locataire. *C'est sa proprio. Les proprios habitent au-dessus. «l'argent manquait pour [...] le pain et le proprio»* AYMÉ.

PROPRIOCEPTIF, IVE [pʀɔpʀijosɛptif, iv] adj. – 1935 ◇ anglais *proprioceptive* (1927), de *(re)ceptive* ▪ PHYSIOL. *Sensibilité proprioceptive,* propre aux muscles, ligaments, os.

PROPULSER [pʀɔpylse] v. tr. ⟨1⟩ – 1863 ◇ de *propuls(ion)* ▪ **1** RARE Faire avancer au moyen d'un propulseur. COUR. (au p. p.) *Missile propulsé par une fusée à combustible liquide. Engin propulsé par ses propres moyens.* ➤ **autopropulsé.** ◆ PRONOM. FAM. (PERSONNES) *Se propulser* (quelque part), y aller. ▪ **2** PAR EXT. Projeter au loin, avec violence. *Dans l'accident, les passagers ont été propulsés hors de la voiture.* ▪ **3** FIG. et FAM. *Propulser qqn à un poste,* l'y mettre sans qu'il ait rien fait pour l'obtenir. ➤ **bombarder, catapulter, parachuter.** *Il a été propulsé directeur des ventes.*

PROPULSEUR [pʀɔpylsœʀ] adj. m. et n. m. – 1846 ◇ de *propuls(ion)*

I adj. m. Qui transmet le mouvement de propulsion. *Organe, mécanisme propulseur. Gaz propulseur d'une bombe aérosol. «La force motrice, ou principe propulseur»* BAUDELAIRE.

II n. m. ▪ **1** Engin de propulsion assurant le déplacement d'un bateau, d'un avion, d'une fusée. *Propulseur à hélice, à gaz* (➤ **turbopropulseur**), *à réaction* (➤ **statoréacteur, turboréacteur**). *Propulseur d'un engin spatial.* ➤ **moteur-fusée.** *Propulseur d'appoint d'une fusée.* ➤ **1 booster** (ANGLIC.), **pousseur.** ▪ **2** ETHNOL. Baguette, planchette attachée à une lance, un harpon, pour augmenter la force et la précision du lancer.

PROPULSIF, IVE [pʀɔpylsif, iv] adj. – 1846 ◇ de *propulsion* ▪ DIDACT. Qui produit un effet de propulsion. *Hélice, roue propulsive. «Le vent, pour le marin, est dynamique, musclé, propulsif»* KERSAUSON.

PROPULSION [pʀɔpylsjɔ̃] n. f. – 1640, rare avant 1834 ◇ du latin *propulsus*, p. p. de *propellere* «pousser devant soi» ▪ **1** Action de pousser en avant, de mettre en mouvement, en circulation. *Le cœur, organe de propulsion, qui projette le sang dans le système artériel.* ▪ **2** COUR. Production d'une force qui assure le déplacement d'un mobile. *Force de propulsion. Propulsion des bateaux par hélices* (➤ **propulseur**). *Propulsion électrique. Propulsion par jet de gaz, par réaction,* s'effectuant par projection de masses pesantes vers l'arrière. *Propulsion mécanique* (par turbopropulseurs, turboréacteurs), *thermique* (par statoréacteurs). — *Propulsion des fusées* (➤ **autopropulsion**). *Propulsion atomique. Sous-marin à propulsion nucléaire.*

PROPYLÉE [pʀɔpile] n. m. – 1752 ◇ grec *propulaion* «ce qui est devant la porte» ▪ HIST. GR. Vestibule d'un temple. — PLUR. Portique à colonnes qui formait l'entrée, la porte monumentale (d'un sanctuaire, d'une citadelle). SPÉCIALT *Les Propylées* (de l'Acropole d'Athènes).

PROPYLÈNE ➤ **PROPÈNE**

PRORATA [pʀɔʀata] n. m. inv. /n. m./ – 1541 ; *pro rata* adv. «proportionnellement» 1360 ◇ latin *pro rata (parte)* «selon (la part) calculée» ▪ **1** (1684) VX Quote-part. *Toucher, verser son prorata.* ▪ **2** loc. prép. **AU PRORATA DE :** en proportion de, proportionnellement à. *La participation aux bénéfices est généralement fixée au prorata des salaires. «Les hommes les couvrirent de bijoux au prorata de leur bilan»* DURAS.

PROROGATIF, IVE [pʀɔʀɔgatif, iv] **adj.** – 1800 ◊ latin *prorogativus* ▪ DIDACT. Qui a pour effet de proroger.

PROROGATION [pʀɔʀɔgasjɔ̃] **n. f.** – 1313 ◊ latin *prorogatio* ▪ **1** Action de proroger ; fixation d'un terme à une date postérieure à celle qui avait été primitivement fixée. ➤ **prolongation.** *Prorogation de délai, de terme. «Sa grande affaire du moment était d'obtenir de Malin une prorogation du bail de sa ferme»* BALZAC. ➤ **renouvellement.** ▪ **2** (1683 ◊ anglais *prorogation*) POLIT. Acte du pouvoir exécutif suspendant les séances d'une assemblée et en reportant la suite à une date ultérieure. ▪ CONTR. Dissolution.

PROROGER [pʀɔʀɔʒe] **v. tr.** ⟨3⟩ – *proroguer* 1330 ◊ latin *prorogare* ▪ **1** Renvoyer à une date ultérieure, accorder un délai à. *Proroger une échéance.* ◆ Faire durer au-delà de la date d'expiration fixée. ➤ **prolonger.** *Le délai a été prorogé.* ▪ **2** (1690 ◊ anglais *to prorogue*) POLIT. *Proroger une assemblée,* en décréter la prorogation. ◆ PRONOM. (RÉFL.) *Le parlement s'est prorogé jusqu'en octobre.*

PROSAÏQUE [pʀozaik] **adj.** – début XVe ◊ bas latin *prosaicus,* de *prosa* → prose ▪ **1** VX Qui tient trop de la prose, qui manque d'élévation. *«La composition est languissante [...], le vers lâche et prosaïque»* CHATEAUBRIAND. ▪ **2** (milieu XVIe) FIG. et MOD. Qui manque d'élégance, de distinction, de noblesse ; sans poésie. ➤ **commun, 1 plat, vulgaire.** *Vie prosaïque. Travaux prosaïques. «Un esprit ravalé et bourgeoisement prosaïque»* GAUTIER. ◆ (PERSONNES) Terre à terre. *«Tous les hommes me semblaient prosaïques et plats»* STENDHAL. *«il est d'ailleurs bien trop pot-au-feu, trop prosaïque pour avoir le sens du beau»* BALZAC. ▪ CONTR. Lyrique, 1 poétique. 1 Idéal, noble.

PROSAÏQUEMENT [pʀozaikmɑ̃] **adv.** – 1833 ; «en prose» 1539 ◊ de *prosaïque* ▪ **1** VX D'une manière, d'un style qui rappelle trop la prose. ▪ **2** MOD. D'une manière prosaïque (2°). ➤ **banalement, platement.** *«La Gilardière n'était pas La Gilardière, mais prosaïquement un sieur Manchon»* ESTAUNIÉ.

PROSAÏSME [pʀozaism] **n. m.** – 1785 ◊ de *prosaïque* ▪ **1** VX Caractère de ce qui est prosaïque (1°). *Le prosaïsme de ces vers.* ▪ **2** MOD. Caractère de ce qui est plat, sans noblesse. *Le prosaïsme du quotidien.* ➤ **monotonie.** *«Au souffle glacial du prosaïsme, j'ai perdu une à une toutes mes illusions»* GAUTIER.

PROSATEUR, TRICE [pʀozatœʀ, tʀis] **n.** – 1666, rare avant XVIIIe ◊ italien *prosatore,* latin *prosa* ▪ Auteur qui écrit en prose. ➤ **écrivain.** *Les premiers prosateurs grecs.* ➤ **logographe.** *«Je vous ai dit que Théophile de Viau était un grand poète, [...] c'était un non moins grand prosateur»* GAUTIER. *Les prosatrices du XVIIe siècle.*

PROSCENIUM [pʀɔsenjɔm] **n. m.** /PROSCÉNIUM/ – 1719 ◊ mot latin, grec *proskênion* ▪ ANTIQ. Corniche qui coupe le mur de fond et surplombe la scène d'un théâtre antique. — MOD. Avant-scène.

PROSCRIPTEUR [pʀɔskʀiptœʀ] **n. m.** – 1542, rare avant 1721 ◊ latin *proscriptor* ▪ DIDACT. Personne qui proscrit, pratique la proscription.

PROSCRIPTION [pʀɔskʀipsjɔ̃] **n. f.** – 1418 ◊ latin *proscriptio* «affichage pour une vente», par ext. «proscription» ; de *proscribere* ▪ **1** HIST. ROM. Mise hors la loi, condamnation prononcée sans jugement contre des adversaires politiques. *Les sanglantes proscriptions de Sylla.* ◆ (1525) COUR. Mesure de bannissement prise à l'encontre de certaines personnes, en période d'agitation civile ou de dictature (➤ **exil ; ostracisme**). *Proscriptions politiques, religieuses. «il avait vécu plus d'un an dans les derniers échelons de la misère de la proscription»* HUGO. ▪ **2** (1672) FIG. Action de proscrire qqch. ; son résultat. *La proscription de certains mots.* ➤ **condamnation.**

PROSCRIRE [pʀɔskʀiʀ] **v. tr.** ⟨39⟩ – 1175 ◊ francisation, d'après *écrire,* du latin *proscribere* «porter sur une liste de proscription» ▪ **1** HIST. ROM. Frapper de proscription. *«La malheureuse coutume de proscrire, introduite par Sylla, continua sous les empereurs»* MONTESQUIEU. — COUR. ➤ **bannir, exiler.** *«J'ai été chassé, traqué, poursuivi [...], maudit, proscrit»* HUGO. ◆ (1718) LITTÉR. Chasser, éloigner. *Proscrire qqn de la société.* ➤ **exclure, rejeter.** *«Leur tort n'a donc pas été de m'écarter de la société [...] mais de m'en proscrire»* ROUSSEAU. *Proscrire de son style les mots superflus.* ➤ **éliminer.** ▪ **2** (XVIIe) LITTÉR. Interdire formellement (une chose que l'on condamne). ➤ **condamner, interdire.** *Louis XIV avait proscrit le calvinisme. «– Madame !... lui dit-elle involontairement et avec respect en oubliant que ce titre était proscrit»* BALZAC. *«On ne dansait plus. Les bals étaient proscrits comme une perdition»* BARBEY. ◆ Interdire l'usage de. ➤ **prohiber.** *«Je sais que les hommes de ce pays [...] ont proscrit l'opium par des lois sévères»* FARRÈRE. ▪ CONTR. Autoriser.

PROSCRIT, ITE [pʀɔskʀi, it] **adj.** et **n.** – 1694 ; n. 1552 ◊ de *proscrire* ▪ Qui est frappé de proscription. ➤ **banni, exilé.** *«tous les propos de Buzot proscrit exhalent la violence douloureuse des haines»* JAURÈS. *«Persécuté, proscrit, chassé de son asile»* FLORIAN. ◆ **n.** *L'exil du proscrit. «Les Proscrits», roman de Balzac.*

PROSE [pʀoz] **n. f.** – 1265 ◊ latin *prosa,* de *prosa oratio* «discours qui va en droite ligne»

I ▪ **1** Forme du discours oral ou écrit, manière de s'exprimer qui n'est soumise à aucune des règles de la versification. *«tout ce qui n'est point prose est vers ; et tout ce qui n'est point vers est prose»* MOLIÈRE. *«Tout ce qu'il y a en français d'invention, de force, de passion, d'éloquence, de rêve, de verve [...] chez nous ne se trouve pas dans la poésie, mais dans la prose»* CLAUDEL. *Le langage parlé est de la prose. — Prose cadencée, mesurée, rythmée* (ou *rythmique*) ; *prose lyrique, poétique. «il y a une prose qui peut se rapprocher des vers»* JOUBERT. — *Écrire en prose* (➤ **prosateur**). *«Il se tue à rimer ; que n'écrit-il en prose !»* BOILEAU. *Comédie, tragédie en prose. Poème en prose.* ◆ LOC. (d'après une scène du *Bourgeois gentilhomme,* de Molière) *Faire de la prose sans le savoir :* faire naturellement une chose dont on ignore le nom, sans en avoir l'intention. *«M. Jourdain faisait de la prose pour demander ses pantoufles et Hitler pour déclarer la guerre à la Pologne»* SARTRE. ▪ **2** Manière propre à un auteur, une école, une époque, un pays... dans cette forme du discours ; l'ensemble des textes que caractérise cette manière. *«Buffon et Jean-Jacques* [Rousseau] *ont une prose noble, juste, vigoureuse, souple et brillante»* SAINTE-BEUVE. *La prose française.* ◆ FAM. (souvent iron.) Manière propre à une personne ou à certains milieux d'utiliser le langage écrit ; texte, lettre où se reconnaît cette manière. *«La belle prose administrative»* COURTELINE. *Quelle prose ! Je reconnais sa prose.* ➤ **style.** *J'ai lu votre prose,* votre lettre. *Plusieurs pages de sa prose.*

II (1340) RELIG. Hymne latine qui se chante aux messes solennelles, après le graduel. ➤ **séquence.** *Les cinq proses du Missel romain :* Dies iræ, Lauda Sion, Veni Sancte Spiritus, Stabat mater, Victimæ pascali.

▪ CONTR. Poésie, 2 vers.

PROSECCO [pʀɔseko] **n. m.** – 1845 ◊ mot italien, nom d'un ancien village près de Trévise ▪ Vin blanc effervescent italien. *Des proseccos.*

PROSECTEUR [pʀɔsɛktœʀ] **n. m.** – 1796 ◊ du latin *prosectus,* p. p. de *prosecare* «découper» ▪ ANCIENNT Médecin spécialisé dans les travaux pratiques d'anatomie, particulièrement dans les dissections.

PROSÉLYTE [pʀɔzelit] **n.** – 1553 ; *proselite* XIIIe ◊ latin ecclésiastique *proselytus,* grec *prosêlutos* «nouveau venu dans un pays» ▪ **1** HIST. HÉBR. Païen converti au judaïsme. *«ces convertis (prosélytes) étaient peu considérés et traités avec dédain»* RENAN. ▪ **2** (1611) COUR. Tout nouveau converti à une religion quelconque. *Prosélyte préparé au baptême.* ➤ **catéchumène.** *«Le martyre dans tous les temps a fait des prosélytes»* VOLTAIRE. ◆ (1746) FIG. Toute personne récemment gagnée à une doctrine, un parti, une nouveauté. ➤ **adepte, partisan.** *«Enfin convaincu, cet homme devint mon prosélyte»* BALZAC. *Faire de nombreux prosélytes* (➤ **prosélytisme**).

PROSÉLYTISME [pʀɔzelitism] **n. m.** – 1721 ◊ de *prosélyte* ▪ Zèle déployé pour répandre la foi, et PAR EXT. pour faire des prosélytes, recruter des adeptes (➤ **apostolat**). *Faire du prosélytisme. «Je trouve indigne de vouloir que les autres soient de notre avis. Le prosélytisme m'étonne»* VALÉRY.

PROSIMIENS [pʀosimjɛ̃] **n. m. pl.** – 1834 ◊ de *pro-* et *simien* ▪ ZOOL. Sous-ordre de primates comprenant les animaux qui ne sont pas des singes vrais (maki, aye-aye, loris). ➤ **lémurien.**

PROSOBRANCHES [pʀozobʀɑ̃ʃ] **n. m. pl.** – 1848 ◊ grec *proso-* «en avant» et *branches* «branchies» ▪ ZOOL. Ordre de mollusques gastéropodes dont les branchies et le système palléal sont situés à l'avant du corps.

PROSODIE [pʀɔzɔdi] **n. f.** – 1573 ; «bonne prononciation» 1562 ◊ grec *prosôdia* «accent, quantité, dans la prononciation» ▪ Caractères quantitatifs (durée) et mélodiques des sons en tant qu'ils interviennent dans la poésie (➤ **métrique, versification ; mètre** [I], **pied**) ; règles concernant ces caractères. ◆ Règles concernant les rapports de quantité, d'intensité, entre les temps de la mesure et les syllabes des paroles, dans la musique vocale. ♦ LING. Étude de l'accent et de la durée des phonèmes (d'une langue). *«En apprenant la prosodie d'une langue, on entre plus intimement dans l'esprit de la nation qui la parle»* Mme DE STAËL.

PROSODIQUE [pʀɔzɔdik] **adj.** – 1736 ◊ de *prosodie* ■ Relatif à la prosodie, aux caractères quantitatifs des syllabes. *Vers prosodique et vers syllabique.* ♦ PHONÉT. *Caractéristiques prosodiques d'une langue :* « les éléments phoniques (dynamique, mélodique, quantitatif, etc.) qui caractérisent telle ou telle tranche de la chaîne parlée, par ex. dans le mot, la syllabe » (Marouzeau).

PROSOPOPÉE [pʀɔzɔpɔpe] **n. f.** – fin XVe ◊ latin *prosopopeia,* mot grec, de *prosôpon* «personne» et *poïein* «faire» ■ RHÉT. Figure par laquelle on fait parler et agir une personne que l'on évoque, un absent, un mort, un animal, une chose personnifiée. ➤ **évocation.** ♦ FIG. et RARE Discours d'une véhémence emphatique. *«orateur qui porte sur les lèvres le salut de tout un peuple, noyant ses adversaires sous ses prosopopées»* FLAUBERT.

PROSPECT [pʀɔspɛ(kt)] **n. m.** – 1960 ◊ mot anglais «perspective» ■ ANGLIC. PUBLIC. Client potentiel d'une entreprise.

PROSPECTER [pʀɔspɛkte] **v. tr.** ⟨1⟩ – 1862 ◊ anglais *to prospect,* du latin *prospectus* ■ **1** Examiner, étudier (un terrain) pour rechercher les richesses naturelles. *Prospecter une région saharienne pour y chercher du pétrole.* ■ **2** Parcourir méthodiquement (une région), y mener une enquête pour identifier les moyens d'y développer une activité, d'y commercialiser un produit. *Prospecter le marché allemand.* — Rechercher par différents moyens de prospection. *Prospecter les clients potentiels.* ♦ FIG. Examiner soigneusement. *Prospecter un quartier pour trouver un appartement.* — ABSOLT *«leur regard, prospectant discrètement»* SARRAUTE.

PROSPECTEUR, TRICE [pʀɔspɛktœʀ, tʀis] **n.** – 1862 ◊ anglais *prospector,* de *to prospect* ■ **1** Personne qui prospecte un terrain, une région. *Le coup de pioche du prospecteur.* ■ **2** (1923) Personne qui explore, cherche à découvrir. *«Dostoïevsky n'est nullement un théoricien, c'est un prospecteur»* GIDE. ■ **3** Personne dont le métier est de trouver de nouveaux clients. *Prospecteur qui fait du démarchage par téléphone.* ➤ 2 **téléopérateur, téléprospecteur.** ♦ *Prospecteur placier :* personne chargée de rechercher des emplois pour des gens sans travail. *Elle est prospecteur placier* ou *prospectrice placière. Des prospecteurs placiers.*

PROSPECTIF, IVE [pʀɔspɛktif, iv] **adj.** – 1829 ; *science prospective* «optique» 1444 ◊ latin *prospectivus* «qui permet de voir loin» ■ **1** DIDACT. Qui concerne l'avenir. PHILOS. Qui concerne l'intelligence en tant qu'orientée vers l'avenir. *«L'on a donc inventé la critique d'avenir, la critique prospective»* GAUTIER. ■ **2** Qui concerne la prospective*. *Enquête prospective.* ➤ **prévisionnel.** ■ CONTR. Rétrospectif.

PROSPECTION [pʀɔspɛksjɔ̃] **n. f.** – 1861 ◊ de *prospecter,* d'après l'anglais *prospection* ■ **1** Recherche des gîtes minéraux. *Prospection par étude topographique, géologique, par sondages. Prospection pétrolière. — Prospection géophysique :* recherche sur la nature, les propriétés des sols et des sous-sols par des méthodes géophysiques. ■ **2** Le fait de rechercher les clients éventuels, de visiter la clientèle. *La prospection d'un marché. Prospection par téléphone* (➤ **démarchage, téléprospection**), *par courrier* (➤ **mailing, publipostage**). ♦ FIG. Exploration.

PROSPECTIVE [pʀɔspɛktiv] **n. f.** – 1957 ; «optique» XVIe ◊ de *prospectif* ■ Ensemble de recherches concernant l'évolution future de l'humanité et permettant de dégager des éléments de prévision. ➤ **futurologie ; anticipation.** *Études de prospective* (➤ **prospectif ; prévisionnel**). *Spécialiste de prospective* (**PROSPECTIVISTE n.**).

PROSPECTUS [pʀɔspɛktys] **n. m.** – 1723 «programme de librairie» ◊ mot latin «vue, aspect», de *prospicere* «regarder devant» ■ **1** ANCIENNT Annonce imprimée, brochure exposant le plan d'un ouvrage à paraître, d'une collection, d'une série d'ouvrages. ■ **2** (fin XVIIIe) MOD. Annonce publicitaire, le plus souvent imprimée (brochure ou simple feuille, dépliant), destinée à vanter auprès de la clientèle un établissement public, un commerce, une affaire... ➤ **publicité,** 2 **réclame ;** RÉGION. **circulaire.** *Le prospectus d'un hôtel, d'une station thermale... Prospectus annonçant un spectacle, un évènement.* ➤ **flyer.** *Distribuer des prospectus. Prospectus publicitaires et tracts politiques. Il n'y a que des prospectus dans la boîte à lettres.*

PROSPÈRE [pʀɔspɛʀ] **adj.** – 1355 ; *prospre* 1120 ◊ latin *prosperus* «favorable» ■ Qui est dans un état heureux de réussite, de succès, souvent avec une idée de belle apparence. ➤ **florissant, heureux.** *Santé prospère. Affaires, industrie prospères. «Une des plus importantes usines de Rouen, dont le commerce était encore prospère»* GIDE. — *Années, périodes prospères.* ■ CONTR. Malheureux, misérable, pauvre.

PROSPÉRER [pʀɔspeʀe] **v. intr.** ⟨6⟩ – v. 1355 ◊ latin *prosperare,* de *prosperus* → prospère ■ **1** Être favorisé par la fortune, le sort, quant à la santé, la situation matérielle ou morale ; devenir prospère. *«Au milieu de ce démolissement général, Coupeau prospérait. Ce sacré soiffard se portait comme un charme»* ZOLA. ♦ PAR ANAL. Croître en abondance, se développer, se multiplier (êtres vivants). *Les animaux, les plantes qui prospèrent dans ce climat* (➤ **croître**). ■ **2** Réussir, progresser dans la voie du succès, en parlant d'une entreprise, d'un domaine de la connaissance, d'une activité, d'une collectivité ; devenir plus important. ➤ se **développer, s'étendre, marcher, réussir.** *Entreprise, fonds de commerce qui prospère. La ville a prospéré au Moyen Âge.* ■ CONTR. Dépérir, échouer, péricliter.

PROSPÉRITÉ [pʀɔspeʀite] **n. f.** – *prosperitet* 1120 ◊ latin *prosperitas,* de *prosperus* ■ **1** État heureux, situation favorable d'une personne quant au physique (➤ **bien-être, santé**), à la fortune (➤ **fortune, richesse, succès**) et aux agréments qui en découlent (➤ **bonheur, félicité**). *«Édouard connut les effets d'une grande prospérité matérielle et morale»* DUHAMEL. *Jaloux de la prospérité d'autrui.* ♦ PLUR., VX ou LITTÉR. Moments, états de prospérité, jours heureux, fortunés. *«Les états médiocres sont aussi éloignés des grandes prospérités que des grandes infortunes»* RIVAROL. ■ **2** État d'abondance, augmentation des richesses (d'une collectivité, d'une entreprise), et SPÉCIALT Progrès dans le domaine économique. *Prospérité nationale. Époque de prospérité et de culture. La prospérité d'une firme, d'une ville, d'un pays. Affaires, économie, industrie en pleine prospérité.* ➤ **activité, développement, essor.** *«Pendant les périodes de prospérité les grandes entreprises écrasent les petites»* CHARDONNE. ■ CONTR. Infortune, malheur ; pauvreté. Crise, dépression, marasme, ruine.

PROSTAGLANDINE [pʀɔstaglɑ̃din] **n. f.** – 1971 ◊ de *prosta(te), gland(e)* et suffixe *-ine ;* on pensait, lors de la découverte de cette substance, en 1934, qu'elle était élaborée par la prostate ■ MÉD., BIOCHIM. Substance hormonale dérivée d'acides gras non saturés, présente dans la plupart des tissus animaux, exerçant des effets biologiques multiples. *Injection de prostaglandines pour déclencher l'accouchement. Rôle de la prostaglandine dans la réaction à l'inflammation et dans la coagulation du sang.*

PROSTATE [pʀɔstat] **n. f.** – 1555 *les prostates* «lobes de la prostate» ◊ grec *prostatês* «qui se tient en avant» ■ Glande à sécrétion externe et interne de l'appareil génital masculin, située autour de la partie initiale de l'urètre et en dessous de la vessie, et dont la sécrétion alcaline est concomitante à l'émission du sperme. *Maladies de la prostate.* ➤ **prostatite.** ♦ ABUSIVEMENT Affection de la prostate. *Il a été opéré de la prostate :* il a subi une prostatectomie.

PROSTATECTOMIE [pʀɔstatɛktɔmi] **n. f.** – 1890 ◊ de *prostate* et *-ectomie* ■ Ablation de la prostate ou, plus souvent, des adénomes prostatiques.

PROSTATIQUE [pʀɔstatik] **adj.** et **n. m.** – 1765 ◊ de *prostate* ■ Relatif à la prostate. *Loge, urètre prostatique. Calcul prostatique. Adénome* prostatique.* ♦ Atteint d'hypertrophie prostatique, dont les manifestations caractéristiques sont le besoin impérieux et fréquent d'uriner, la diminution du jet urinaire et des douleurs à la miction (**PROSTATISME n. m.**). — **n. m.** *Un prostatique.*

PROSTATITE [pʀɔstatit] **n. f.** – 1823 ◊ de *prostate* et *-ite* ■ MÉD. Inflammation de la prostate.

PROSTERNATION [pʀɔstɛʀnasjɔ̃] **n. f.** – 1568 ◊ de *prosterner* ■ LITTÉR. ■ **1** Action de se prosterner ; suite de gestes, de mouvements d'une personne qui se prosterne. ➤ **prostration** (1°), **prosternement.** *«Les bras collés au corps de la prosternation orientale»* MALRAUX. ■ **2** FIG. Abaissement, acte de servilité.

PROSTERNEMENT [pʀɔstɛʀnəmɑ̃] **n. m.** – 1580 ◊ de *prosterner* ■ **1** Attitude d'une personne qui est prosternée ; action de se prosterner. ➤ **prosternation.** *«Un prosternement complet à deux genoux, la tête à toucher terre»* LOTI. ■ **2** FIG. et LITTÉR. Abaissement, humiliation.

PROSTERNER [pʀɔstɛʀne] v. tr. ⟨1⟩ – 1329 «abattre» ◊ latin *prosternere* «étendre à terre ; jeter à terre» ■ **1** VX et LITTÉR. Courber. *«Le vent océanique les étête, les secoue, les prosterne* [ces arbres]*»* CHATEAUBRIAND. ■ **2** (1496) LITTÉR. Placer ou étendre à terre (devant qqn, à ses pieds) en signe d'hommage. *«Et le pauvre vieux bonhomme, comme s'écroulant, sous le désespoir, prosterna sa tête chauve»* HUGO. ■ **3 SE PROSTERNER** v. pron. (milieu XVe) COUR. S'abaisser, s'incliner en avant et très bas dans une attitude d'adoration, de supplication, d'extrême respect. *S'agenouiller et se prosterner devant l'autel. Se prosterner devant qqn, aux pieds de qqn.* ➤ **se jeter.** *«Quelques-uns même se prosternèrent, les coudes serrés au long du corps, le front dans la poudre»* GAUTIER. — Au p. p. *Prosterné devant qqn, devant Dieu.* ◆ FIG. *Se prosterner devant qqn :* faire preuve d'une grande humilité, de servilité envers lui. ➤ **s'humilier.** *«L'univers ne se prosterne que devant les statues»* VILLIERS.

PROSTHÈSE [pʀɔstɛz] n. f. – 1755 ; *prothèse* 1704 ◊ latin *prosthesis*, mot grec ■ LING. Adjonction, à l'initiale d'un mot, d'un élément (lettre, syllabe) non étymologique, sans modification sémantique ; l'élément ainsi ajouté (ex. le *l* de *lendemain*, le *g* de *grenouille*). ■ CONTR. Aphérèse.

PROSTHÉTIQUE [pʀɔstetik] adj. – 1898 ◊ de *prosthèse* ■ **1** LING. Qui constitue une prosthèse. *Le* l *de* lierre *est prosthétique.* ➤ **prothétique.** ■ **2** (1903 ; en allemand 1892) BIOCHIM. *Groupement prosthétique :* partie non protéique d'une molécule (hétéroprotéine), qui lui confère des propriétés particulières.

PROSTITUÉ, ÉE [pʀɔstitɥe] n. – 1596 n. f. ◊ de *prostituer* ■ **1** Personne qui se livre à la prostitution, qui a des rapports sexuels avec qqn qui la paie. ➤ **racoleur, tapin, tapineur.** *Une prostituée.* ➤ **péripatéticienne, professionnelle ;** FAM. **catin, morue, pétasse, pouffiasse, putain, pute, radasse, respectueuse, roulure, traînée ;** LITTÉR. **hétaïre ;** VX 1 **cocotte, courtisane, gaupe, gouine, pierreuse,** 1 **vadrouille ;** ARG. **gagneuse,** RÉGION. **guidoune** (cf. Femme de mauvaise vie, fille* de joie, fille des rues, fille perdue, fille publique, fille soumise). *Prostituée qui fait la retape, le tapin, le trottoir. Prostituée de bas étage* (➤ 1 **paillasse**), *de luxe* (➤ **call-girl, escort-girl**). *Prostituée qui travaille en voiture.* ➤ **amazone.** *Client d'une prostituée.* ➤ **micheton.** *«La prostituée est un bouc émissaire ; l'homme se délivre sur elle de sa turpitude et il la renie»* BEAUVOIR. *Prostituée en carte*, occasionnelle.* (v. 1930) *Un prostitué. Un prostitué travesti. Le client d'un prostitué mineur commet une infraction pénale.* ■ **2** n. f. *La prostituée de Babylone :* la Rome catholique, papiste (dans la polémique protestante).

PROSTITUER [pʀɔstitɥe] v. tr. ⟨1⟩ – 1361 «avilir» ◊ latin *prostituere* «exposer en public», de *pro-* «en avant» et *statuere* «placer» ■ **1** LITTÉR. Déshonorer ; avilir. ➤ 1 **dégrader.** *Prostituer son talent, sa plume,* l'abaisser à des besognes indignes, déshonorantes. — *Il prostitue son amitié au premier venu.* ◆ **SE PROSTITUER** v. pron. (XVIIe) S'abaisser, s'avilir, se dégrader. *«La gloire, c'est rester* un, *et se prostituer d'une manière particulière»* BAUDELAIRE. ■ **2** (1530) Livrer ou inciter (une personne) à se livrer aux désirs sexuels de qqn, pour un motif d'intérêt. *Prostituer des enfants.* ◆ Livrer (qqn) à la prostitution. ➤ **maquereauter.** *«Avant le jour où Mme Londe avait commencé à prostituer Angèle, le restaurant Londe végétait sans espoir»* GREEN. ◆ **SE PROSTITUER** v. pron. (1618) S'offrir pour des pratiques sexuelles à quiconque le demande et paie. ➤ **racoler, tapiner** (cf. FAM. Faire la pute, faire commerce* de ses charmes, faire le tapin*, le trottoir*, faire boutique mon cul*).

PROSTITUTION [pʀɔstitysjɔ̃] n. f. – XIIIe «impudicité, débauche» ◊ latin *prostitutio* ■ **1** (1611) Le fait de «livrer son corps aux plaisirs sexuels d'autrui, pour de l'argent» (Dalloz)et d'en faire métier ; l'exercice de ce métier ; le phénomène social qu'il représente. *Réglementation administrative, police de la prostitution. Le proxénétisme est un délit, mais pas la prostitution. Établissement, maison de prostitution.* ➤ **bordel, clandé, lupanar** (cf. Maison close*, de passe*, de tolérance*). *Personnes qui vivent de la prostitution.* ➤ **prostitué ; entremetteur, proxénète, souteneur ;** POP. 2 **maquereau.** *Se livrer à la prostitution* (cf. Le plus vieux métier* du monde). *«la plus sordide, la prostitution de rue qui exploite des filles sans papiers»* V. DESPENTES. *Personne en situation de prostitution. Prostitution féminine, masculine. Trafic de femmes en vue de la prostitution* (cf. Traite* des Blanches). ■ **2** (1580) FIG. et LITTÉR. Action de prostituer (1°), d'avilir ; son résultat. ➤ 1 **dégradation.** *«De là est venue cette immense prostitution du monde moderne»* PÉGUY.

PROSTRATION [pʀɔstʀasjɔ̃] n. f. – 1300 «prosternation» ◊ latin *prostratio*, de *prostratus* → prostré ■ **1** RELIG. Attitude liturgique qui consiste à s'étendre entièrement sur le sol, face contre terre, après s'être agenouillé. ➤ **prosternation.** ■ **2** (1743) MÉD. Abattement extrême, observé dans certaines maladies aiguës. ➤ **adynamie, apathie.** *Tirer qqn de sa prostration. Tomber dans une prostration profonde.* ◆ COUR. État d'abattement, de faiblesse et d'inactivité. ➤ **abattement, accablement.** *«La marquise y gagna une prostration maladive»* RADIGUET. ■ CONTR. Surexcitation.

PROSTRÉ, ÉE [pʀɔstʀe] adj. – 1850 ; «prosterné» XIIIe ◊ latin *prostratus*, p. p. de *prosternere* ■ MÉD. Qui est dans un état de prostration. *Malade prostré.* ◆ COUR. Très abattu, accablé. ➤ **effondré.** *Rester prostré sur son lit.* ◆ FIG. Dont l'aspect évoque celui d'une personne accablée. *«Qu'elle* [la France] *demeure prostrée jusqu'à la fin, c'en est fait* [...] *de son indépendance»* DE GAULLE.

PROSTYLE [pʀɔstil] adj. et n. m. – 1547 ◊ latin *prostylos*, grec *prostulos*, de *pro-* «devant» et *stulos* «colonne» ■ ARCHIT. Qui n'a de colonnes qu'à sa façade antérieure. *Temple, vestibule prostyle.* ◆ n. m. Rangée de colonnes formant portique, vestibule (devant un temple prostyle).

PROTACTINIUM [pʀɔtaktinjɔm] n. m. – v. 1918 ◊ de *prot(o)-* et *actinium* ■ CHIM. Élément radioactif (Pa ; n° at. 91 ; m. at. 231), de la série des actinides. *L'isotope de plus longue vie du protactinium a une période de 32 500 ans.*

PROTAGONISTE [pʀɔtagɔnist] n. – 1597 ◊ grec *prôtagônistês*, de *prôtos* «premier» et *agônizesthai* «combattre, concourir» ■ **1** n. m. HIST. LITTÉR. Acteur qui jouait le rôle principal dans une tragédie grecque. ■ **2** (fin XIXe) COUR. Personne qui joue le premier rôle dans une affaire. ➤ **acteur, héros.** *Les protagonistes d'un conflit social, d'une révolution, d'un débat. La protagoniste du film.*

PROTAMINE [pʀɔtamin] n. f. – 1890 ◊ de *prot(éine)* et *amine* ■ BIOCHIM. Protéine simple qui se trouve combinée à l'ADN dans les laitances de poisson. ◆ Protéine condensant l'ADN du spermatozoïde. *Les protamines sont remplacées par des histones lors de la fécondation.*

PROTANDRE [pʀɔtɑ̃dʀ] adj. – 1890 ◊ de *prot(o)-* et *-andre* ■ BIOL. ■ **1** Dont les organes mâles viennent à maturité avant les organes femelles. *Fleur protandre.* ➤ **dichogame.** ■ **2** Dont le sexe est d'abord masculin au cours de son développement ou de sa vie. ■ CONTR. Protogyne.

PROTANDRIE [pʀɔtɑ̃dʀi] n. f. – 1892 ◊ de *protandre* ■ **1** BIOL. Forme d'hermaphrodisme où les gamètes mâles sont mûrs avant les gamètes femelles. *Protandrie animale des ténias, des huîtres.* ■ **2** *Protandrie végétale,* des fleurs dont l'étamine est mûre avant le pistil. *Protandrie de la campanule.* (On dit aussi **PROTÉRANDRIE,** 1892.) ■ CONTR. Protogynie.

PROTASE [pʀɔtaz] n. f. – v. 1500 ◊ latin *protasis*, du grec ■ DIDACT. ■ **1** VIEILLI Partie d'une pièce de théâtre dans laquelle le sujet est exposé. ➤ **exposition.** *«La protase où se doit faire la proposition et l'ouverture du sujet»* CORNEILLE. ■ **2** GRAMM. Subordonnée conditionnelle placée avant la principale.

PROTE [pʀɔt] n. m. – 1710 ; *proto* 1649 ◊ grec *prôtos* «premier» ■ VIEILLI Contremaître dans un atelier d'imprimerie au plomb. *Le prote dirigeait les correcteurs d'épreuves* (cf. Chef correcteur*). *«Un autre maître Jacques qui pût être compositeur, correcteur et prote»* BALZAC.

PROTÉAGINEUX, EUSE [pʀɔteaʒinø, øz] n. m. et adj. – 1974 ◊ de *proté(ine)*, d'après *(olé)agineux* ■ Plante légumineuse qui contient une grande proportion de protéines. *Emploi des protéagineux dans l'alimentation du bétail.* — adj. *Pois protéagineux. Plante protéagineuse à forte teneur en huile.* ➤ **oléoprotéagineux.**

PROTÉASE [pʀɔteaz] n. f. – 1900 ◊ de *proté(ine)* et *-ase* ■ BIOCHIM. Enzyme hydrolysant les protéines et les polypeptides (cf. Enzyme protéolytique*). *Protéases digestives :* pepsine, trypsine. — On dit aussi **PROTÉINASE.**

PROTECTEUR, TRICE [pʀɔtɛktœʀ, tʀis] n. et adj. – 1234 ◊ latin tardif *protector*

I n. ■ **1** Personne qui protège, qui défend (les faibles, les pauvres, etc.). *Le protecteur de la veuve et de l'orphelin.* ➤ **défenseur.** — (CHOSES) *«Les lois qui sont les protectrices des intérêts, les gardiennes de la sécurité de chacun»* FUSTEL DE COULANGES. ◆ HIST. *Lord-protecteur de la république d'Angleterre, d'Écosse et d'Irlande,* ABSOLT *Le Protecteur :* titre sous lequel Cromwell exerça le pouvoir. *«Dans les traités, le protecteur d'Angleterre signait au-dessus du roi de France»* HUGO. ■ **2** Personne qui protège, qui patronne qqn. *«Chercher un protecteur puissant, prendre un patron»* ROSTAND. *«Je ne veux point* *vous sortir de votre état. C'est toujours une faute et un malheur pour le protecteur comme pour le protégé»* STENDHAL. ▪ **3** Personne qui favorise la naissance ou le développement (de qqch.). *«M. Turgot est le protecteur de tous les arts, et il l'est en connaissance de cause»* VOLTAIRE. ➤ **mécène.** ▪ **4** *Le protecteur d'une femme,* l'amant qui l'entretient. — FAM. et PAR EUPHÉM. *Le protecteur d'une prostituée,* son souteneur. ▪ **5** (1968) Au Québec, *Le Protecteur du citoyen :* fondé de pouvoir de l'Assemblée nationale, nommé pour un mandat de cinq ans, ayant pour fonction de défendre les droits du citoyen face à l'administration gouvernementale. ➤ **médiateur, ombudsman.**

II adj. ▪ **1** (1717) Qui remplit un rôle de protection à l'égard de qqn, qqch. *Couche, substance protectrice. Vernis protecteur. La Restauration «réclama des frontières protectrices»* CHATEAUBRIAND. *Société protectrice des animaux (S. P. A.* [ɛspea]). *Divinité protectrice.* ➤ **tutélaire.** *Le saint protecteur d'un village.* ◆ CHIM. *Action protectrice,* qui retarde ou supprime l'agrégation (floculation) des particules colloïdales. ◆ ÉCON. Qui vise à protéger (6°) les produits nationaux contre la concurrence des produits étrangers. *Régime, système protecteur.* ➤ **protectionnisme.** *Droits protecteurs.* ◆ COUR. Qui protège. *Crème protectrice pour le visage.* ▪ **2** (1770) Qui exprime une intention bienveillante et condescendante. ➤ **condescendant, dédaigneux.** *Air, ton protecteur.*

▪ CONTR. Agresseur, oppresseur, persécuteur, tyran. — Protégé.

PROTECTION [pʀɔtɛksjɔ̃] n. f. – v. 1200 ◇ bas latin *protectio* ▪ **1** L'action, le fait de protéger, de défendre qqn ou qqch. (contre un agresseur, un danger, etc.) ; le fait de se protéger ou d'être protégé. ➤ 1 **aide, assistance,** 1 **défense,** 1 **garde, secours.** *La protection du ciel, divine. «l'orgueil de la protection exercée à tout moment en faveur d'un être faible»* BALZAC. *Accorder sa protection à qqn. La protection des opprimés. Demander protection à qqn. Obtenir la protection de qqn* (➤ **protecteur, protégé**). — *Mesures de protection en faveur des minorités ethniques.* ➤ **garantie.** *Protection diplomatique. Protection judiciaire des mineurs délinquants.* — *Protection rapprochée :* moyens mis en œuvre pour protéger une personnalité contre une attaque éventuelle de ceux qui l'approchent de près (➤ 2 **garde** [**du corps**], FAM. **gorille**). — *Protection de l'environnement*. Protection des sites.* — *Protection civile :* aide aux populations en cas de sinistre. *Protection maternelle et infantile (P. M. I.* [peɛmi]) : service public de surveillance médicale des femmes enceintes et des enfants en bas âge. *Le système de protection sociale :* la Sécurité sociale, les allocations familiales, etc. *Loi du 23 juin 1989 relative à l'information et à la protection des consommateurs.* ◆ **SOUS LA PROTECTION DE.** *«La cité antique se plaçait sous la protection divine»* BENDA. *Prendre qqn sous sa protection* (cf. Sous son aile*). ◆ **PROTECTION CONTRE.** *Protection contre les maladies* (➤ **prévention, prophylaxie**), *contre les accidents du travail, contre l'incendie,* etc. ◆ **DE PROTECTION :** servant à protéger. *Écran, gaine, rideau de protection.* ▪ **2** Personne ou chose qui protège. *«Le Seigneur est notre protection et notre aide»* CALVIN. — *La protection, les protections d'un navire de guerre, d'un char d'assaut.* ➤ **blindage.** *Protection d'une machine.* ➤ **habillage.** *Protection matelassée pour les coudes* (➤ **coudière, protège-coude**), *les genoux* (➤ **genouillère, protège-genou**). *Travailler sans protection.* — *Protection féminine, périodique*.* — *Protection thermique.* ➤ **bouclier.** — *Protection (en écriture) d'un fichier informatique :* dispositif matériel ou logiciel interdisant l'écriture intempestive sur ce fichier. *Supprimer la protection d'un document* (➤ **déprotéger**). ▪ **3** L'action de protéger, de patronner qqn. *Le ministre qui le prit sous sa protection. «La protection du préfet s'était retirée du député sortant, pour se porter sur M. Rochefontaine»* ZOLA. — *Avoir de hautes protections.* — *Obtenir qqch. par protection,* grâce à la faveur de qqn. ➤ FAM. **piston.** ▪ **4** Action de favoriser la naissance ou le développement de qqch. ➤ **encouragement.** *«Une époque où les progrès des lettres sont encouragés par la protection des chefs de l'État»* Mme DE STAËL. ➤ **mécénat.** ▪ **5** (1664) ÉCON. Ensemble de règles et de mesures visant à contrôler ou limiter l'entrée de produits étrangers afin de protéger un ou plusieurs secteurs nationaux contre la concurrence étrangère (➤ **protectionnisme**). *«Moi, je suis pour la protection, il faut qu'on nous défende contre l'étranger»* ZOLA. ▪ **6** Comportement protecteur (2°). *Des amitiés «accompagnées de condescendance et de protection»* GIDE. *Un air, un ton, un sourire de protection.* ▪ CONTR. Agression, attaque, hostilité, oppression, tyrannie.

PROTECTIONNISME [pʀɔtɛksjɔnism] n. m. – 1845 ◇ de *protection* ▪ Politique économique qui vise à protéger l'économie nationale contre la concurrence étrangère par des mesures diverses (droits de douane, contingents, formalités administratives, normes, etc.). — Doctrine préconisant cette politique. *Protectionnisme tarifaire, administratif. «Le protectionnisme, c'est le socialisme des riches»* JAURÈS. *Protectionnisme et prohibition.* ▪ CONTR. Libre-échange.

PROTECTIONNISTE [pʀɔtɛksjɔnist] adj. et n. – 1845 ◇ de *protectionnisme* ▪ **1** Relatif au protectionnisme (opposé à *antiprotectionniste,* à *libre-échangiste*). *Système protectionniste. Mesures protectionnistes.* ▪ **2** Partisan du protectionnisme.

PROTECTORAT [pʀɔtɛktɔʀa] n. m. – 1751 ◇ du latin *protector* ▪ **1** HIST. Dignité de Protecteur d'Angleterre. *Le protectorat de Cromwell.* ▪ **2** (1809) HIST. Régime juridique établi par un traité international et selon lequel un État protecteur exerce un contrôle sur un autre (État protégé), spécialement en ce qui concerne ses relations extérieures et sa sécurité. *Pays placé sous protectorat français, anglais.* ◆ Le pays ainsi soumis au contrôle d'un autre. *Le Maroc, la Tunisie étaient des protectorats français. Protectorats et colonies.*

PROTÉE [pʀɔte] n. m. – *Prothé* 1555 ◇ latin *Proteus,* grec *Prôteus,* nom d'une divinité de la mer qui pouvait prendre des formes variées ▪ **1** LITTÉR. Personne qui change sans cesse d'opinions, joue toutes sortes de personnages (➤ **protéiforme**). *«Ce personnage changeant, ce Protée politique»* MADELIN. ▪ **2** (1805 ; «amibe» 1800) ZOOL. Amphibien *(urodèles)* à branchies persistantes, qui vit dans les eaux souterraines. *Blanc dans l'obscurité, le corps du protée se couvre à la lumière de taches brunes ou noires.*

PROTÉGÉ, ÉE [pʀɔteʒe] adj. et n. – milieu XVIIIe n. ◇ de *protéger* ▪ **1** Qui est protégé, mis à l'abri, préservé. *La nature protégée d'une vallée isolée. Site protégé,* sur lequel les constructions sont interdites. *Passage* protégé. Milieu protégé* (opposé à *ordinaire*), aménagé pour accueillir des personnes en situation de handicap. — *Rapport sexuel protégé,* avec usage de préservatif. ◆ DR. *État protégé.* ➤ **protectorat.** ▪ **2** n. Personne ou animal qu'on prend sous sa protection ; personne dont on facilite la réussite (➤ **poulain**). *C'est son petit protégé. «Mes canaris firent souche et* [...] *si grande que fût ma cage, mes protégés s'y bousculaient»* GIDE.

PROTÈGE-CAHIER [pʀɔtɛʒkaje] n. m. – 1962 ◇ de *protéger* et *cahier* ▪ Couverture en matière souple qui sert à protéger un cahier d'écolier. *Des protège-cahiers.*

PROTÈGE-COUDE [pʀɔtɛʒkud] n. m. – 1906 ◇ de *protéger* et *coude* ▪ Dispositif protégeant les coudes. ➤ **coudière.** *Mettre des protège-coudes pour faire du roller.*

PROTÈGE-DENTS [pʀɔtɛʒdɑ̃] n. m. inv. /PROTÈGE-DENT n. m./ – 1924 ◇ de *protéger* et *dent* ▪ Appareil de protection pour les dents, en forme de gouttière, utilisé dans certains sports (boxe, rugby, hockey...). *«Il n'est pas jusqu'à son protège-dents de caoutchouc qui, lui sortant à demi de la bouche, ne rappelle la langue pendante du taureau»* MONTHERLANT.

PROTÈGE-GENOU [pʀɔtɛʒ(ə)ʒənu] n. m. – attesté 1965 ◇ de *protéger* et *genou* ▪ Dispositif protégeant les genoux. ➤ **genouillère.** *Des protège-genoux.*

PROTÈGE-NEZ [pʀɔtɛʒne] n. m. inv. – 1900 ◇ de *protéger* et *nez* ▪ Dispositif qui se fixe aux lunettes, pour protéger le nez contre les coups de soleil. *Skieur portant un protège-nez. Des protège-nez.*

PROTÉGER [pʀɔteʒe] v. tr. ‹6 et 3› – 1395 ◇ latin *protegere* «couvrir en avant» ▪ **1** Aider (une personne, un animal) de manière à mettre à l'abri d'une attaque, des mauvais traitements, d'un danger. ➤ **défendre, secourir.** *Protéger les plus faibles* (cf. Prendre sous sa protection*). *Que Dieu vous protège !* formule de souhait (VIEILLI). ➤ **assister, garder.** — ABSOLT *«La joie de protéger, cette joie qui, de toutes, est la plus noble»* DUHAMEL. — PRONOM. *«Le désir de me protéger contre moi-même»* GIDE. — FIG. Se protéger, être protégé contre un danger moral. *«Nous connaissons assez bien l'illusion pour nous trouver protégés contre elle»* PAULHAN. ▪ **2** Rendre inefficaces les efforts pour compromettre, faire disparaître (qqch.), porter atteinte à (qqch.). ➤ **garantir, sauvegarder.** *Protéger la vie de qqn. Protéger les intérêts de qqn. L'État doit protéger les libertés individuelles. Protéger une invention par un brevet. Protéger la propriété littéraire et artistique.* ▪ **3** Couvrir de manière à intercepter ce qui peut nuire, à mettre à l'abri des chocs, des agents atmosphériques, du regard d'autrui. ➤ **abriter, défendre, garantir, préserver.** *Gants de caoutchouc qui* *protègent les mains.* — PRONOM. *Se protéger du soleil.* ABSOLT *Se protéger* : utiliser un préservatif lors d'un rapport sexuel (pour éviter une contamination). *«Et comment devons-nous dès maintenant avoir des rapports sexuels ? Est-il nécessaire de se protéger à chaque rapport ?»* M. WINCKLER. — *Jardin qu'un rideau d'arbres protège contre les regards indiscrets, des regards indiscrets. «Cette scène, peinte sur la paroi extérieure de l'église, est protégée par une sorte d'auvent»* GAUTIER. *Écran, enveloppe, housse servant à protéger qqch.* — *Protéger un programme informatique, un fichier,* les munir d'un dispositif, logiciel ou matériel, qui empêche certaines interventions. *Fichier protégé en écriture,* qui peut être lu seulement. ▪ **4** (1676) Aider (une personne) ; faciliter la carrière, la réussite de (qqn) par des recommandations, un appui matériel ou moral. ➤ 1 **patronner,** FAM. **pistonner, recommander.** *Les personnalités qui le protègent,* ses protecteurs*. ▪ **5** Favoriser la naissance ou le développement de (une activité). *Protéger les arts et les lettres.* ➤ **encourager, favoriser.** *«Soyez mon Mécène ! Protégez les arts !»* FLAUBERT. ▪ **6** (1788) Favoriser la production, la vente de (produits) en diminuant ou en supprimant la concurrence des produits étrangers par l'interdiction ou la limitation des importations, par l'établissement de droits de douane compensateurs, etc. (➤ **protectionnisme**). *«Les États-Unis protègent tout ce qu'ils fabriquent dès maintenant»* DUHAMEL. ▪ CONTR. Assaillir, attaquer, menacer, persécuter, tyranniser. Découvrir. Disgracier.

PROTÈGE-SLIP [pʀɔtɛʒslip] n. m. – 1978 ◊ de *protéger* et *slip* ▪ Petite bande de matière absorbante qui se fixe par un adhésif à l'intérieur d'un slip de femme. *Des protège-slips.*

PROTÈGE-TIBIA [pʀɔtɛʒtibja] n. m. – 1934 ◊ de *protéger* et *tibia* ▪ Appareil de protection du dessus de la jambe, porté par les joueurs de football, de rugby, de baseball, de hockey, etc. *Des protège-tibias.*

PROTÉIDE [pʀɔteid] n. m. – 1897 ◊ formé sur *protéine* par substitution de suffixe, d'après l'anglais *proteid* (1871) ▪ BIOCHIM. VIEILLI Protéine.

PROTÉIFORME [pʀɔteifɔʀm] adj. – 1761 ◊ de *Protée* et *-forme* ▪ LITTÉR. Qui peut prendre toutes les formes, se présente sous les aspects les plus divers. *Une œuvre protéiforme. Un créateur protéiforme.*

PROTÉINASE ➤ **PROTÉASE**

PROTÉINE [pʀɔtein] n. f. – 1838 ◊ grec *prôtos* «premier» et *-ine* ▪ Macromolécule organique azotée, constituant majeur des êtres vivants, de poids moléculaire élevé, polymère d'acides aminés dont elle présente une séquence spécifique. *Protéines exerçant le rôle de catalyseur spécifique des réactions biochimiques.* ➤ **enzyme.** — *Protéines proprement dites* (holoprotéines) : albumines, globulines, prolamines, protamines, scléroprotéines... *Protéines conjuguées* (hétéroprotéines) : molécules dans la constitution desquelles entre un groupement prosthétique* (ex. métalloprotéines [métal] ; phosphoprotéines [phosphore], nucléoprotéines*). *Protéines plasmatiques,* contenues dans le plasma sanguin ; *protéines sériques* (du sérum) (➤ **protéinogramme**). *Protéines fibreuses, globulaires, membranaires. Protéines de transport, de signalisation, de liaison, de structure. Protéines régulatrices.* — *Protéines contenues dans les aliments. Protéines animales, végétales* (➤ **protéagineux**). *Protéines de lait, de soja.*

PROTÉINÉ, ÉE [pʀɔteine] adj. – 1964 ◊ de *protéine* ▪ Enrichi en protéines. *Boisson, barre protéinée.* — *Diète protéinée* : régime amaigrissant basé sur un apport très élevé de protéines. *«il travaille au poids du corps, en suivant un régime protéiné strict»* V. DESPENTES.

PROTÉINOGRAMME [pʀɔteinɔgʀam] n. m. – milieu XXe ◊ de *protéine* et *-gramme* ▪ MÉD. Courbe à usage diagnostique, donnant la composition et la teneur relative des diverses protéines sériques.

PROTÉINURIE [pʀɔteinyʀi] n. f. – milieu XXe ◊ de *protéine* et *-urie* ▪ PATHOL. Présence de protéines dans l'urine. ➤ **albuminurie.**

PROTÉIQUE [pʀɔteik] adj. – 1841 ◊ de *protéine* ▪ BIOCHIM. Qui se rapporte aux protéines. *Substance protéique.*

PROTÈLE [pʀɔtɛl] n. m. – 1842 ◊ grec *pro* «avant, devant» et *teleîs* «accompli, parfait» ▪ ZOOL. Mammifère nocturne d'Afrique *(hyénidés),* au pelage rayé, appelé parfois *loup fouisseur. Le protèle se nourrit de termites.*

PROTÉOLYSE [pʀɔteɔliz] n. f. – 1898 ◊ de *proté(ide)* et *-lyse* ▪ BIOCHIM. Hydrolyse des protéines au cours des processus métaboliques sous l'effet d'enzymes (➤ **protéase**).

PROTÉOLYTIQUE [pʀɔteɔlitik] adj. – 1897 ◊ de *protéolyse* ▪ BIOCHIM. Qui hydrolyse les protéines. *Enzyme protéolytique.* ➤ **protéase.**

PROTÉOME [pʀɔteom] n. m. – 1998 ◊ de l'anglais *proteome* (Wilkins et Williams, 1994), mot-valise formé à partir de *prote(in)* et *(gen)ome* ▪ BIOL. MOL. Ensemble des protéines exprimées par le génome d'un organisme vivant, dans des conditions données.

PROTÉOMIQUE [pʀɔteɔmik] n. f. et adj. – 1998 ◊ de *protéome,* sur le modèle de *génomique* ▪ SC. Branche de la biologie étudiant l'ensemble des protéines d'un organisme, leurs fonctions et leurs interactions. — adj. *Étude, analyse protéomique.*

PROTÉRANDRIE ➤ **PROTANDRIE**

PROTÉROGYNE ; PROTÉROGYNIE ➤ **PROTOGYNE ; PROTOGYNIE**

PROTESTABLE [pʀɔtɛstabl] adj. – 1876 ◊ de *protester* ▪ DR. Que l'on peut protester (4°). *Effet protestable* (par protêt). *Facture protestable.*

PROTESTANT, ANTE [pʀɔtɛstɑ̃, ɑ̃t] n. et adj. – 1542 ◊ de *protester* (1°) «attester» ▪ Chrétien appartenant à l'un des groupements (Églises, sectes) issus, directement ou non, de la Réforme et qui rejettent l'autorité du pape (➤ **anglican, baptiste, calviniste, évangélique, évangéliste, luthérien, mennonite, méthodiste, piétiste, presbytérien, puritain, quaker, réformé...** et aussi HIST. **huguenot, religionnaire ;** PLAISANT. **parpaillot**). *Les protestants appelaient les catholiques «papistes». Protestants français réfugiés en Hollande, en Suisse, après la révocation de l'édit de Nantes. «L'Assemblée a traité les nobles comme Louis XIV a traité les protestants. Dans les deux cas, les opprimés étaient une élite»* TAINE. *Persécutions contre les protestants français, sous Louis XIV.* ➤ **dragonnade.** ♦ adj. *Religion protestante. Culte, temple protestant. Le pasteur, ministre du culte protestant. Églises protestantes d'organisation épiscopale* (anglicans, méthodistes), *synodale* (➤ **synode ; consistoire**), *congrégationalistes* (➤ **congrégation**). *Missions protestantes. L'Armée du Salut, organisation protestante.* — *Fédération protestante de France. Être protestant. Recevoir une éducation protestante.*

PROTESTANTISME [pʀɔtɛstɑ̃tism] n. m. – 1623 ◊ de *protestant* ▪ **1** La religion réformée, ses croyances (SPÉCIALT en ce qu'elles diffèrent des dogmes de l'Église catholique et romaine) ; l'ensemble des Églises protestantes (➤ **anglicanisme, calvinisme, méthodisme,** etc.). *Le protestantisme reconnaît une autorité souveraine à l'Écriture sainte. Importance de la prédestination dans le protestantisme.* ▪ **2** Ensemble des protestants (d'une région, d'un pays). *Le protestantisme français.*

PROTESTATAIRE [pʀɔtɛstatɛʀ] adj. – 1842 ◊ de *protester* ▪ **1** LITTÉR. Qui proteste (3°). ♦ SUBST. *Protestataires et contestataires*. «Les grands Protestataires – objecteurs et ligueurs, dissidents et rebelles»* SAINT-JOHN PERSE. ▪ **2** HIST. Qui protestait contre l'annexion de l'Alsace-Lorraine par l'Allemagne, en 1870. *Députés protestataires.*

PROTESTATION [pʀɔtɛstasjɔ̃] n. f. – *protestacion* v. 1265 ◊ latin *protestatio,* de *protestare* ▪ **1** Déclaration par laquelle on atteste ses bons sentiments, sa bonne volonté envers qqn. ➤ **assurance, démonstration.** *Des protestations d'amitié. «Après tant d'amour [...] de protestations ardentes et de serments»* MOLIÈRE. ▪ **2** (1283) Déclaration formelle par laquelle on s'élève contre ce qu'on déclare illégitime, injuste. *Protestation écrite, verbale. Rédiger, signer une protestation. Protestation de principe.* ▪ **3** (1304) Témoignage de désapprobation, d'opposition, de refus. *Protestation violente, bruyante. Protestation indignée, véhémente. Geste de protestation. «Il remuait lentement la tête de droite à gauche et de gauche à droite, sorte de protestation triste et muette dont il se contentait»* HUGO. — *Protestation collective de la foule. Mouvement de protestation contre le projet de loi. La mesure a soulevé une tempête de protestations. Être sourd aux protestations, repousser les protestations de qqn.* ▪ **4** DR. Le fait de dresser un protêt (➤ **protester,** 4°). ▪ CONTR. (des 2° et 3°) Résignation ; acceptation, acquiescement, approbation, assentiment.

PROTESTER [pʀɔtɛste] v. ⟨1⟩ – 1339 tr. ind. ◊ latin *protestari* ▪ **1** v. tr. VX Attester formellement et avec une certaine solennité. ➤ **affirmer, assurer.** *Cet intérêt «que les hommes protestent aux femmes»* DIDEROT. *«Elle protesta avec plus de sincérité, que de la vie elle n'avait eu tant de peur»* LACLOS. ♦ tr. ind. MOD. et LITTÉR. *Protester de son innocence, de sa loyauté, de ses sentiments. «Je protestais de ma foi en l'innocence de votre mère»* MAURIAC. *Protester de son innocence à qqn* (VX), *auprès de* *qqn.* ▪ **2** (fin XVe) VX ou DR. **PROTESTER DE... :** déclarer publiquement que l'on est victime de. *Protester de violence, de trahison.* — Déclarer publiquement que l'on récuse à cause de. *Protester d'incompétence, de nullité.* ▪ **3 v. intr.** (1650) COUR. Déclarer formellement son opposition, son hostilité, son refus. ➤ **s'élever** (contre), **s'opposer** (à). *« Ils protestent contre cette mesure de salut public »* ARAGON. ◆ PAR EXT. Exprimer, par des paroles, des écrits, des actes, son opposition à qqch. ➤ **s'indigner, murmurer,** se **plaindre,** se **récrier ;** FAM. **moufter, râler,** POP. **renauder, rouscailler, rouspéter.** *Protester contre une injustice. Protester avec force, indignation, énergie contre qqch.* ➤ se **gendarmer.** *« Il ne sut comment protester, comment crier très haut qu'il ne revendiquait pas l'amitié de cette énorme femme »* COLETTE. *Protester à grands cris* (cf. FAM. Faire du chambard, du foin, du raffut). *Protester d'un geste. Vous avez beau protester.* ➤ 1 **dire.** *« Nous savons que vous avez fait [...] une belle action. Ne protestez pas ! »* DUHAMEL. — (En incise) *« Mais non, protesta M. de Guermantes »* PROUST. ▪ **4 v. tr.** (1611) DR. Faire un protêt contre. *Protester un billet.* — PAR EXT. *« Jamais le comte n'aurait laissé protester sa signature »* ZOLA. ▪ **CONTR.** (du 3°) Accepter, acquiescer, admettre, approuver, consentir, croire, reconnaître, soutenir.

PROTÊT [pʀɔtɛ] **n. m.** – 1566 ; *protest* « protestation » 1451 ◇ de *protester* ▪ DR. COMM. Acte authentique par lequel le porteur d'un effet de commerce (lettre de change, billet à ordre) fait constater que cet effet n'a pas été accepté par le tiré *(protêt faute d'acceptation)* ou qu'il n'a pas été payé à l'échéance *(protêt faute de paiement). Délais de protêt. Protêt dressé par un huissier, un notaire. Frais de protêt.*

PROTHALLE [pʀɔtal] **n. m.** – 1845 ◇ de *pro-* et *thalle* ▪ BOT. Chez les fougères, Petite lame verte, produit de la germination de la spore, à la face inférieure de laquelle se développe la plante. *Prothalle mâle, porteur des anthéridies ; prothalle femelle, porteur des archégones.*

PROTHÈSE [pʀɔtɛz] **n. f.** – 1695 ◇ grec *prosthêsis* ▪ **1** Partie de la chirurgie relative au remplacement d'organes, de membres, par des appareils. ➤ aussi **orthèse, orthopédie.** *Appareil de prothèse. Étudier la prothèse.* — SPÉCIALT Partie de la dentisterie qui concerne la confection des appareils dentaires, le remplacement de dents manquantes. ◆ Appareil, dispositif servant à remplacer un membre, une partie de membre amputé, ou un organe gravement atteint ou détruit (➤ **prothésiste**). *Prothèse oculaire* (œil artificiel). *Prothèse dentaire fixe* (➤ 2 **bridge, couronne, inlay, onlay**), *mobile, totale* (➤ **dentier**). *Prothèse de (la) hanche. Prothèse en plastique.* — *Prothèse auditive :* appareil amplifiant les sons, à l'usage des malentendants. ➤ **contour** (d'oreille). *« fermer ses oreilles comme on coupe une prothèse auditive »* M. NDIAYE. ◆ Dispositif servant à modifier une partie du corps humain à des fins esthétiques. *Prothèses mammaires.* ➤ **implant ; mammoplastie.** ▪ **2** (1704) LING. VX Prosthèse*.

PROTHÉSISTE [pʀɔtezist] **n.** – 1965 ◇ de *prothèse* ▪ Technicien(ne) qui réalise des prothèses. *Prothésiste dentaire, auditif.* — ➤ aussi **audioprothésiste.**

PROTHÉTIQUE [pʀɔtetik] **adj.** – 1841 ◇ de *prothèse* ▪ DIDACT. ▪ **1** Relatif à la prothèse. *Plaque prothétique. Genou prothétique. « Certains athlètes avec des jambes prothétiques courent le cent mètres en moins de temps qu'il vous en faudrait pour en courir cinquante »* F. THILLIEZ. ▪ **2** LING. ➤ **prosthétique** (1°).

PROTHORAX [pʀotɔʀaks] **n. m.** – 1824 ◇ de *pro-* et *thorax* ▪ ZOOL. Segment antérieur du thorax (des insectes). *Prothorax des coléoptères, des hémiptères.* ➤ **corselet.**

PROTHROMBINE [pʀotʀɔ̃bin] **n. f.** – 1898 ◇ de *pro-* et *thrombine* ▪ BIOCHIM. Globuline, précurseur de la thrombine, qui participe à la coagulation du sang. *Taux de prothrombine.*

PROTIDE [pʀɔtid] **n. m.** – 1838 ◇ de *protéine,* avec changement de suffixe ▪ BIOCHIM. VX Substance azotée qui contient des acides aminés (les acides aminés eux-mêmes, les peptides* et les protéines*). — SPÉCIALT Protéine.

PROTIDIQUE [pʀɔtidik] **adj.** – 1942 ◇ de *protide* ▪ BIOCHIM. VX Relatif aux protides, qui en contient. ➤ **protéique.** *Métabolisme protidique. Constituants protidiques.*

PROTISTE [pʀɔtist] **n. m.** – 1873 ◇ mot allemand, du grec *prôtos* → prot(o)- ▪ BIOL. Organisme vivant unicellulaire. *Protistes chlorophylliens* (➤ **protophyte**), *dépourvus de chlorophylle* (➤ **protozoaire**).

PROT(O)– ▪ Élément, du grec *prôtos* « premier, primitif, rudimentaire » : *protagoniste, protéide, protozoaire.*

PROTOCELLULE [pʀotoselyl] **n. f.** – 1976 ◇ calque de l'anglais *protocell* (1965) ; cf. *proto-* et *cellule* ▪ BIOL. Assemblage de molécules, entouré d'une membrane rudimentaire (➤ **vésicule**), pouvant être considéré comme une forme primitive de la vie.

PROTOCOCCUS [pʀɔtɔkɔkys] **n. m.** – 1859 ◇ de *proto-* et du latin *coccus* ▪ BOT. Algue microscopique *(chlorophycées)* qui pousse sur le tronc des arbres.

PROTOCOLAIRE [pʀɔtɔkɔlɛʀ] **adj.** – 1904 ◇ de *protocole* ▪ **1** Relatif au protocole (3°), à l'étiquette. *Les questions protocolaires.* ▪ **2** Conforme au protocole. *« Ce ne serait pas protocolaire, ajouta-t-elle en usant d'un adjectif qu'elle aimait beaucoup »* PROUST. ▪ **3** Attaché au protocole ; qui témoigne d'un attachement au protocole. ➤ **cérémonieux, solennel.** *Ton, manières protocolaires.*

PROTOCOLE [pʀɔtɔkɔl] **n. m.** – *prothocole* « minute d'un acte » 1330 ◇ latin *protocollum,* du grec *kollaô* « coller » ▪ **1** HIST. Recueil des formules en usage pour les actes publics, la correspondance officielle. ➤ **formulaire.** *Protocole des notaires.* ▪ **2** (1834) Actes, registre portant les résolutions d'une assemblée, d'une conférence internationale ; document diplomatique constituant le procès-verbal d'une réunion, le texte d'un engagement. ➤ **convention, traité.** PAR EXT. Le contenu d'un protocole (résolutions, accord). *Un protocole international.* — *Protocole d'accord* (entre les représentants de deux parties). ▪ **3** (1859) Recueil de règles à observer en matière d'étiquette, de préséances, dans les cérémonies et les relations officielles. ➤ **cérémonial, étiquette.** ◆ Service chargé des questions d'étiquette. *Chef du protocole.* ◆ FIG. Formes, respect des formes, dans la vie en société. ➤ **bienséance.** *« Rien n'égale en énigmes le protocole des petites gens »* RADIGUET. ▪ **4** TYPOGR. Modèle de signes ; liste de conventions (utilisée pour la correction, comme mode d'emploi). ▪ **5** SC. Description précise des conditions et du déroulement d'une expérience, d'un test. *Protocoles expérimentaux, thérapeutiques.* — *Protocole compassionnel.* ◆ *Protocole opératoire :* descriptif écrit des étapes d'une intervention chirurgicale. ▪ **6** INFORM. Ensemble de règles et conventions régissant l'échange de données, la connexion d'un système informatique à un réseau, le dialogue entre deux ordinateurs. *Protocole de communication, de transfert.*

PROTOÉTOILE [pʀotoetwal] **n. f.** – 1973 ◇ de *proto-* et *étoile* ▪ ASTRON. Étoile en formation, nuage de matière stellaire en cours de condensation. *L'évolution d'une protoétoile vers une étoile dure environ un million d'années.*

PROTOGINE [pʀɔtɔʒin] **n. m.** ou **f.** – 1806 ◇ grec *prôtos* « premier » et *gi(g)nesthai* « naître » ; souvent écrit par erreur *protogyne* au XIXe ▪ DIDACT. ou RÉGION. Granit contenant du chlorite, qu'on rencontre notamment dans le massif du Mont-Blanc. ▪ **HOM.** Protogyne.

PROTOGYNE [pʀɔtɔʒin] **adj.** – début XXe ◇ de *proto-* et *-gyne* ▪ BIOL. Dont les organes femelles viennent à maturité avant les organes mâles. — On dit aussi **PROTÉROGYNE,** 1888. ▪ **CONTR.** Protandre. ▪ **HOM.** Protogine.

PROTOGYNIE [pʀɔtɔʒini] **n. f.** – 1931 ◇ de *protogyne* ▪ BIOL. Forme d'hermaphrodisme animal ou végétal où les gamètes femelles sont mûrs avant les gamètes mâles. *La protogynie, moins fréquente que la protandrie*, se rencontre chez les limaces, des échinodermes, des tuniciers, certaines plantes.* — On dit aussi **PROTÉROGYNIE.** ▪ **CONTR.** Protandrie.

PROTOHISTOIRE [pʀɔtoistwaʀ] **n. f.** – 1910 ◇ de *proto-* et *histoire* ▪ DIDACT. Événements concernant l'humanité, immédiatement antérieurs à l'apparition de l'écriture et contemporains de la première métallurgie (du 3e au 1er millénaire av. J.-C.). ➤ aussi **préhistoire.** *Civilisations mégalithiques de la protohistoire.* — adj. **PROTOHISTORIQUE,** 1877.

PROTOLYSE [pʀɔtɔliz] **n. f.** – 1906 ◇ de *proton* et *-lyse* ▪ CHIM. Réaction de transfert de protons entre un acide et une base. ➤ **neutralisation.**

PROTOMÈRE [pʀɔtɔmɛʀ] **n. m.** – 1970 ◇ de *proto-* et *-mère* ▪ BIOCHIM. Monomère protéique associé à d'autres monomères par des liaisons non covalentes, pour former un oligomère ou un polymère. *Association de protomères et allostérie.*

PROTON [pʀɔtɔ̃] **n. m.** – 1923 ◇ mot anglais (1919-1920), du grec *prôton,* de *prôtos* « premier » ▪ Particule constitutive du noyau atomique, de charge électrique positive égale numériquement à celle de l'électron, mais de masse 1840 fois plus grande (voisine de celle du neutron). CHIM. Atome d'hydrogène chargé positivement. *Le noyau de l'atome d'hydrogène est formé d'un seul proton. Proton hydraté.* ➤ **hydronium, oxonium.** *Le nombre de protons d'un noyau atomique* (numéro atomique) *est caractéristique de l'élément considéré* (le nombre de neutrons pouvant être variable ➤ **isotope**). *Synchrotron à protons. La protolyse est un transfert de proton.*

PROTONÉMA [pʀɔtɔnema] **n. m.** – *protonème* 1846 ◊ de *proto-* et grec *nêma* «fil, filament» ■ BOT. Chez les bryophytes, Filament issu de la spore et qui donne naissance à de nouvelles tiges.

PROTONIQUE [pʀɔtɔnik] **adj.** – 1928 ◊ de *proton* ■ PHYS. Relatif aux protons. *Masse protonique. Bombardement protonique. Résonance magnétique protonique.*

PROTONOTAIRE [pʀɔtɔnɔtɛʀ] **n.** – 1390 ◊ latin ecclésiastique *protonotarius,* de *proto-* et *notarius* → notaire ■ **1 n. m.** RELIG. Prélat de la cour romaine, du rang le plus élevé parmi ceux qui n'ont pas le caractère épiscopal. *Protonotaires apostoliques.* ■ **2** (1795) **(Canada)** Fonctionnaire chargé(e) de l'enregistrement des actes dans un bureau régional.

PROTOPHYTE [pʀɔtɔfit] **n. m.** ou **f.** – 1834 ◊ de *proto-* et *-phyte* ■ BOT. Organisme végétal unicellulaire ou à cellules peu différenciées (schizophytes, bacillariophytes, phycomycètes, etc.). ➤ **protiste.**

PROTOPLASME [pʀɔtɔplasm] **n. m.** – 1872 ; *protoplasma* 1846 ◊ mot allemand (1843) ; de *proto-* et grec *plasma* «chose façonnée» ■ BIOL. CELL. Substance organisée, composé chimique complexe et variable qui constitue la cellule vivante. *Le protoplasme du cytoplasme, du noyau, de la membrane cellulaire.* «*Qu'il s'agisse du cytoplasme ou du noyau, la substance essentielle des cellules vivantes est le* protoplasme, *gelée visqueuse et transparente, très riche en eau*» J. ROSTAND.

PROTOPLASMIQUE [pʀɔtɔplasmik] **adj.** – 1868 ◊ de *protoplasme* ■ BIOL. CELL. Relatif au protoplasme. *Liquide, milieu, vie protoplasmique. Prolongement protoplasmique.* ➤ **dendrite, pseudopode.**

PROTOPLASTE [pʀɔtɔplast] **n. m.** – 1904 ◊ de *proto-* et *-plaste* ■ BIOL. CELL. Cellule bactérienne ou végétale débarrassée de sa paroi cellulosique externe.

PROTOPTÈRE [pʀɔtɔptɛʀ] **n. m.** – v. 1905 ◊ de *proto-* et *-ptère,* à cause de ses nageoires en «ailes rudimentaires» ■ ZOOL. Poisson des marais africains *(dipneustes),* à branchies et poumons, qui passe la saison sèche dans la vase.

PROTOTYPE [pʀɔtɔtip] **n. m.** – 1552 ◊ latin *prototypus,* grec *prôtotupos* «qui est le premier type» ■ **1** DIDACT. Type, modèle premier (originel ou principal). ➤ **archétype, modèle, type.** *Prototype d'une œuvre d'art.* ➤ 1 **original.** «*Ne croirait-on pas* [...] *qu'il n'y a jamais eu qu'un premier animal, prototype de tous les animaux*» DIDEROT. ■ **2** (1904) COUR. Premier exemplaire d'un modèle (de mécanisme, de véhicule) construit avant la fabrication en série. *Le prototype d'un avion. Un prototype d'ordinateur. Essai, mise au point d'un prototype. Prototype secret.* — Appareil ou véhicule construit à très peu d'exemplaires, à titre expérimental, ou pour des compétitions. *Cette voiture* (➤ **concept car**), *ce bateau sont des prototypes.* ABRÉV. FAM. **PROTO.** — Première réalisation d'un projet destiné à former une série. *Prototype d'une émission de télévision.* ➤ **pilote.** *Prototype d'une publication* (numéro zéro).

PROTOXYDE [pʀɔtɔksid] **n. m.** – 1809 *protoxide* ◊ de *prot(o)-* et *oxyde* ■ CHIM. Oxyde (d'un élément) le moins riche en oxygène. *Protoxyde de baryum* (baryte), *protoxyde de calcium* (chaux). ◆ COUR. *Protoxyde d'azote* (N_2O) : gaz incolore utilisé comme anesthésique, appelé *oxyde azoteux* en chimie.

PROTOZOAIRE [pʀɔtɔzɔɛʀ] **n. m.** – 1834 ◊ de *proto-* et *-zoaire* ■ Être vivant unicellulaire. ➤ **protiste.** *Les protozoaires sont considérés comme un embranchement* (ou un sous-règne par opposition aux métazoaires) *du règne animal* (ex. amibe, amibiens ; foraminifères ; radiolaires ; sporozoaires ; infusoires ; ciliés). *Les protozoaires et les métazoaires.*

PROTRACTILE [pʀotʀaktil] **adj.** – 1805 ◊ de *pro-* et du latin *tractus,* de *trahere* ■ DIDACT. Qui peut être étiré, distendu vers l'avant. *Langue protractile du fourmilier.*

PROTUBÉRANCE [pʀɔtybeʀɑ̃s] **n. f.** – 1687 ◊ de *protubérant* ■ **1** Saillie à la surface d'un os (➤ **apophyse, éminence, tubérosité**), ou d'une autre structure anatomique. «*Les protubérances frontales fortement accusées*» GAUTIER. ◆ ANAT. *Protubérance annulaire* : segment intermédiaire du tronc cérébral, situé entre le bulbe rachidien et les pédoncules cérébraux. ➤ **pont.** ■ **2** COUR. Saillie. «*Les montagnes sont des protubérances de pierres calcaires*» CHATEAUBRIAND. «*La pèlerine qui lui tombait à mi-jambe paraissait cacher une bosse, une protubérance, quelque extraordinaire déformation*» COCTEAU. ■ **3** (1859) ASTRON. *Protubérances (solaires)* : immenses jets de gaz (plus de 100 000 km), qui s'élèvent de la chromosphère. ➤ **filament.** ■ CONTR. Cavité.

PROTUBÉRANT, ANTE [pʀɔtybeʀɑ̃, ɑ̃t] **adj.** – 1575 ◊ bas latin *protuberans,* p. prés. de *protuberare,* de *tuber* «excroissance, tumeur» ■ Qui forme saillie. *Une pomme d'Adam protubérante.* ➤ **proéminent, saillant.** *Des yeux protubérants.*

PROTUTEUR, TRICE [pʀotytœʀ, tʀis] **n.** – 1667 ◊ latin *protutor, trix* ■ DR. ANCIENNT Personne qui, sans avoir le titre de tuteur ou tutrice, est fondée à administrer les biens d'un mineur (notamment quand ces biens sont hors du pays où il est domicilié).

PROU (PEU OU) [pøupʀu] **loc. adv.** – v. 1600 ◊ de *peu* et de l'ancien français *proud* (980) «beaucoup», de *prou, preu* «profit» ; latin populaire *prode,* du classique *prodesse* «être utile» ■ LITTÉR. Plus ou moins. «*Ça sent toujours le voleur peu ou prou, comme on dit*» BOYLESVE.

PROUDHONIEN, IENNE [pʀudɔnjɛ̃, jɛn] **adj.** et **n.** – 1848 n. ◊ de *Proudhon,* philosophe et théoricien socialiste ■ Qui a rapport à Proudhon, à ses théories. *Le socialisme proudhonien, libertaire, opposé à la fois au capitalisme et au marxisme.* ◆ Partisan du système de Proudhon.

PROUE [pʀu] **n. f.** – *proe* 1246 ◊ italien dialectal *proa, prua,* du latin *prora* ■ Avant d'un navire **(opposé à *poupe*).** *Les vagues fouettaient la proue du paquebot. Être à la proue du navire. Figure* de proue.* «*Nous nous tenions debout ; le visage tourné vers la proue du vaisseau*» CHATEAUBRIAND. — «*Les maisons s'avancent comme des proues de galères*» FARGUE. LOC. RARE *S'avancer en proue* : faire saillie. ■ CONTR. 2 Arrière, poupe.

PROUESSE [pʀuɛs] **n. f.** – *proëce* 1080 ◊ de *preux* ■ **1** LITTÉR. Acte de courage, d'héroïsme. *Les prouesses d'un brave, d'un chevalier, d'un preux.* «*Leurs prouesses et glorieux faits d'armes*» RABELAIS. ◆ PAR EXT. COUR. Action d'éclat. ➤ **exploit.** *Les prouesses des pionniers de l'aviation. Accomplir des prouesses.* ■ **2** IRON. Action remarquable. «*Certains se sont levés avant l'aube* [...] *en guise de prouesse*» ROMAINS. *Se vanter de ses prouesses.* ■ CONTR. Crime, faute.

PROUT [pʀut] **interj.** et **n. m.** – 1782 ◊ onomat. ■ **1** LANG. ENFANTIN Bruit de pet. ◆ **n. m.** Pet. *Faire un prout.* ■ **2 loc. adj. inv.** (1934) *Prout ma chère, prout(-)prout* : collet monté, guindé. «*un cocker roux qui appartient à Diane Badoise, la fille de l'avocat très prout prout*» M. BARBERY.

PROUVABLE [pʀuvabl] **adj.** – *provable* 1263 ◊ de *prouver* ■ RARE Qu'il est possible de prouver. ➤ **démontrable.** ■ CONTR. Improuvable.

PROUVER [pʀuve] **v. tr.** ⟨1⟩ – v. 1260 ; v. 1120 *prover* «démontrer» ◊ latin *probare* ■ **1** Faire apparaître ou reconnaître (qqch.) comme vrai, réel, certain, au moyen de preuves. ➤ **démontrer, établir.** *Prouver une proposition par un raisonnement, des arguments pertinents.* LOC. *Prouver qqch. par a + b* (➤ 1 **a**). *Prouver la vérité, la fausseté d'un fait.* «*Je n'avance rien que je ne prouve*» PASCAL. *Cela n'est pas prouvé, cela reste à prouver. C'est mathématiquement prouvé.* «*Et qui nous prouvera que, cette fois-ci, vous voyez ce que vous dites ?*» SAND. LOC. FAM. *Avoir qqch. à prouver* : chercher à accomplir des exploits ou des choses remarquables, parce qu'on n'est pas sûr de soi. *Il n'a plus rien à prouver* (cf. Il a fait ses preuves*). «*Hermance n'a rien à prouver. Elle n'a besoin de rien. Elle a tout*» C. ACHACHE. — ABSOLT *Le désir de prouver.* — IMPERS. «*Il est prouvé que les attaques frontales ne donnent pas de résultats*» MAUROIS. ◆ *Prouver qqch. en justice.* «*Celui qui réclame l'exécution d'une obligation doit la prouver*» (CODE CIVIL) (cf. Charge de la preuve*). *L'infanticide a été prouvé.* «*J'ai dit et prouvé, que monsieur Goëzman était l'auteur des déclarations de le-Jay*» BEAUMARCHAIS. ■ **2** (Sens affaibli) Exprimer (une chose) par une attitude, des gestes, des paroles. ➤ **montrer.** *Comment vous prouver ma reconnaissance ?* (cf. Donner la preuve*, des preuves*, des marques* de...). «*Je vous prouverai, mille fois et de mille manières, que vous êtes, que vous serez toujours la véritable souveraine de mon cœur*» LACLOS. *Cet enfant prouve qu'il a le sens de l'humour.* ■ **3** (Sujet chose) Servir de preuve, être (le) signe de. ➤ **annoncer, indiquer, marquer, montrer, révéler, témoigner** (de). «*L'infécondité de huit reines, la mort prématurée de six rois, prouvent assez la dégénération de cette race*» MICHELET. *Cela ne prouve rien. Qu'est-ce que cela prouve ?* ■ **4 SE PROUVER v. pron. (pass.)** Être prouvé. «*Les choses de fait* *ne se prouvent que par les sens»* PASCAL. ♦ (RÉFL.) *L'humaniste «tâche de se prouver à lui-même qu'il reste le maître de ses abandons»* MAURIAC. — (Au sens 2°) *Il a voulu se prouver (à soi-même) son courage, qu'il était courageux.* ♦ (RÉCIPR.) *«Quand nous nous serons prouvé l'un à l'autre que je suis une coquette et vous un libertin»* MUSSET.

PROVÉDITEUR [pʀɔveditœʀ] n. m. – 1495 ◇ italien *provveditore*, du latin *providere* «pourvoir» ■ HIST. Officier public de l'ancienne république de Venise, chargé d'inspections ou du commandement d'une flotte, d'une place forte, d'une province. *Provéditeur de la mer, de la santé.*

PROVENANCE [pʀɔv(ə)nɑ̃s] n. f. – *prouvenanche* «cause» 1294 ; repris 1801 ◇ de *provenant*, p. prés. de *provenir* ■ (1828) Endroit d'où vient ou provient une chose, une personne. *J'ignore la provenance de cette lettre.* — *En provenance de... Avion, train, passagers en provenance de Marseille, de Bruxelles* (opposé à *en partance pour, à destination de*). ♦ (1845) Origine. *Des éléments de toutes provenances.* — COMM. *«Le moindre morceau de bois vermoulu qu'il achetait [...] avait toujours une provenance illustre»* GAUTIER. *«Cette liqueur qu'il croit de bonne provenance»* CHARDONNE. DOUANES *Pays de provenance*, celui d'où une marchandise est importée et qui peut être distinct du pays d'origine. — (1801) AU PLUR. VIEILLI *Les provenances :* les marchandises et produits importés.

PROVENÇAL, ALE, AUX [pʀɔvɑ̃sal, o] adj. et n. – *provencious, prouvencele* XIIIe ◇ de *Provence* ; latin *provincia (romana)* «province (romaine)» ■ **1** Qui appartient ou qui a rapport à la Provence. *Mas provençaux. Cuisine provençale à l'huile d'olive et à l'ail. Style roman provençal, en architecture. Tuile provençale* (ou *à la provençale*) : tuile creuse de forme tronconique. SYN. Tuile*(-canal), tuile romaine*. *«la villa de Manille, grande construction crépie de rose clair, au toit de tuiles à la provençale, aux volets bleus»* M. NDIAYE. ■ **2** n. Habitant ou natif de la Provence. *Une Provençale.* ♦ n. m. *Le provençal :* dialecte de la langue d'oc qui comprend plusieurs variétés (rhodanien qui est le dialecte de Mistral et des félibres, dialecte maritime, niçois, gavot ou *provençal alpin*). *«Le provençal donnait joyeusement aux conversations leur allure chantante»* ARAGON. ♦ ABUSIVEMENT La langue d'oc tout entière. ➤ **occitan.** ■ **3** loc. adv. **À LA PROVENÇALE :** cuisiné à la mode, à la manière de Provence (avec beaucoup d'ail et de persil). *Tomates à la provençale.* — Plus cour. (ELLIPT) *Tomates provençale*, ou adj. *tomates provençales.*

PROVENDE [pʀɔvɑ̃d] n. f. – XIIe ◇ latin *praebenda*, adapté d'après les mots en *pro-* ; cf. *prébende* ■ **1** VX ou LITTÉR. Provisions de bouche, vivres. *«Le souci de sa provende relâchait sa terrible étreinte»* GENEVOIX. ■ **2** (XIIe «avoine» ; repris 1606) AGRIC. Préparation de fourrage pour les moutons ; nourriture donnée aux bestiaux, chevaux ou animaux de bassecour.

PROVENIR [pʀɔv(ə)niʀ] v. intr. ⟨22⟩ – 1210 ◇ latin *provenire* «naître» ■ **1** (CHOSES) Venir (de). *D'où provient cette lettre, ce colis ? «Une collection de tableaux provenant des monastères abolis ou ruinés»* GAUTIER. (Rare au p. p.) *«On buvait là des vins provenus des meilleurs coteaux du duché de Bourgogne»* VILLIERS. REM. On dit plutôt *provenant de...* ■ **2** (CHOSES) Avoir son origine dans ; tirer son origine de. *Personne ne savait d'où provenait leur fortune. Huiles provenant de la distillation des goudrons.* ➤ 1 **dériver.** *L'erreur provient de ce que l'on oublie un paramètre.* ♦ (Sentiments, idées) Découler, émaner. *«Un cauchemar persistant [...] provient le plus souvent d'idées écartées par l'esprit»* MAUROIS. *«Cela provenait des lois particulières qui régissent l'optique des esprits orientaux»* GOBINEAU.

PROVERBE [pʀɔvɛʀb] n. m. – XIIe ◇ latin *proverbium* ■ Formule présentant des caractères formels stables, souvent métaphorique ou figurée et exprimant une vérité d'expérience ou un conseil de sagesse pratique et populaire, commun à tout un groupe social. ➤ 1 **adage, aphorisme, dicton, maxime,** 1 **pensée, sentence ; parémiologie.** *Le proverbe est populaire, il appartient à la «sagesse des nations». «Comme dit le proverbe : Ce qui tombe dans le fossé est pour le soldat»* VIGNY. *Proverbe arabe, allemand. Parler par proverbes. «J'aime peu les proverbes en général, parce que ce sont des selles à tous chevaux ; il n'en est pas un qui n'ait son contraire»* MUSSET. — LOC. *Passer en proverbe :* devenir proverbial ; être cité comme une vérité reçue ou comme un exemple typique. *Faire mentir le proverbe :* mettre en défaut la généralité d'un proverbe, par une situation particulière. ♦ *Le Livre des Proverbes :* livre de la Bible, recueil de proverbes et d'exhortations, attribué en partie au roi Salomon. ♦ PAR EXT. Petite comédie illustrant un proverbe. *«Comédies et Proverbes»*, de Musset. *Jouer un proverbe.*

PROVERBIAL, IALE, IAUX [pʀɔvɛʀbjal, jo] adj. – 1487 ◇ de *proverbe* ■ **1** Qui est de la nature du proverbe. *Phrase proverbiale.* — Qui tient du proverbe par la forme, l'emploi. *Expression, locution proverbiale.* ■ **2** (1803) Qui est aussi généralement connu et aussi frappant qu'un proverbe ; qui est cité comme type. *Sa bonté est proverbiale*, est citée comme modèle. *«La pauvreté proverbiale des Hidalgos»* BALZAC.

PROVERBIALEMENT [pʀɔvɛʀbjalmɑ̃] adv. – 1580 ◇ de *proverbial* ■ D'une manière proverbiale (1°). *On dit proverbialement... «Le renard sait beaucoup de choses, le hérisson n'en sait qu'une grande, disaient proverbialement les anciens»* BUFFON.

PROVIDENCE [pʀɔvidɑ̃s] n. f. – XIIIe ; «prévisions» v. 1165 ◇ latin *providentia*, de *providere* «pourvoir» ■ Sage gouvernement de Dieu sur la création, et PAR EXT. (avec la majuscule) Dieu gouvernant la création. *La divine providence. Les décrets, les desseins impénétrables, les conseils de la Providence.* ➤ aussi **destin.** *«Mais que la Providence ou bien que le destin Règle les affaires du monde»* LA FONTAINE. ♦ FIG. *Être la providence de qqn*, être la cause de son bonheur, combler ses désirs. *Il s'est fait la providence des malheureux.* ➤ **protecteur, secours.** *Vous êtes ma providence ! — La découverte de cette cabane fut une providence* (➤ **providentiel**). (traduction de l'anglais *welfare state*) FAM. *L'État providence.*

PROVIDENTIALISME [pʀɔvidɑ̃sjalism] n. m. – 1853 ◇ de *providence* ■ PHILOS. Finalisme de ceux qui croient à la providence.

PROVIDENTIEL, IELLE [pʀɔvidɑ̃sjɛl] adj. – avant 1793 ◇ de *providence*, probablt d'après l'anglais *providential* ■ **1** Qui se rapporte à la providence, est un effet heureux de la providence. *«Le développement graduel de l'égalité des conditions est [...] un fait providentiel»* TOCQUEVILLE. *«Que ce soit fatal ou providentiel, Gutenberg est le précurseur de Luther»* HUGO. ■ **2** (1840) COUR. Qui arrive opportunément, par un heureux hasard. *Une rencontre, une nouvelle providentielle. «Un ami providentiel et propre à le tirer d'affaire»* HENRIOT. *La personne providentielle*, celle qu'il faut dans une situation délicate ou désespérée (cf. Arriver comme le messie*). ■ CONTR. Malencontreux.

PROVIDENTIELLEMENT [pʀɔvidɑ̃sjɛlmɑ̃] adv. – 1836 ◇ de *providentiel* ■ **1** RELIG. D'une manière providentielle (1°). *Une âme providentiellement secourue.* ■ **2** COUR. Par bonheur, par une chance inespérée. *Il put providentiellement s'échapper. «Ce fortin, situé* providentiellement *comme diraient les bons écrivains de 1836»* STENDHAL.

PROVIGNAGE [pʀɔviɲaʒ] n. m. – 1611 ◇ de *provigner* ■ AGRIC. Marcottage* de la vigne. — On dit aussi **PROVIGNEMENT,** 1538.

PROVIGNER [pʀɔviɲe] v. ⟨1⟩ – v. 1393 ; *provainier* début XIIe ◇ de *provin* ■ AGRIC. ■ **1** v. tr. Marcotter (la vigne). *Provigner un cep pour obtenir un plant.* ■ **2** v. intr. (1690) Se multiplier par provins, par marcottes.

PROVIN [pʀɔvɛ̃] n. m. – XVIe ; *provain* XIIIe ◇ latin *propago, inis*, de *propagare* «propager» ■ AGRIC. Marcotte de vigne. *Provin qui prend racine. Il «le promena de provin en provin, de cep en cep, dans ses vignes»* BALZAC.

PROVINCE [pʀɔvɛ̃s] n. f. – 1170 «province ecclésiastique, métropole» ◇ latin *provincia*, p.-ê. de *vincere* «vaincre» ■ **1** (1213) HIST. ROM. Territoire conquis hors de l'Italie, assujetti aux lois romaines et administré par un gouverneur appelé *proconsul* ou *propréteur. César porta les provinces au nombre de dix-huit. La Gaule cisalpine, province romaine.* ■ **2** VX Pays, État. *«Je t'ai cherché moi-même au fond de tes provinces»* RACINE. ■ **3** (1867 [Acte de l'Amérique du Nord britannique]) MOD. Au Canada, État fédéré doté d'un gouvernement propre, souverain dans le domaine de ses compétences. *Les dix provinces canadiennes. Les provinces de l'Ouest, les Provinces maritimes.* VIEILLI *La Belle Province :* le Québec. ■ **4** (milieu XIIIe) Division d'un royaume, d'un État. — (1899) En Belgique, Division administrative dirigée par un conseil provincial élu au suffrage universel direct, et dont le collège provincial élu parmi ce conseil, constitue le pouvoir exécutif. *Les dix provinces de la Belgique.* ♦ HIST. En France, sous l'Ancien Régime, Circonscription (division militaire et fiscale). ♦ COUR. Région*, avec ses traditions et ses coutumes particulières. *La Bretagne, la Normandie, la Picardie, le Poitou, la Provence..., provinces françaises. «Depuis cette merveilleuse nuit, plus de classes des Français ; plus de provinces, une France !»* MICHELET. *«Utrecht envoya ses clefs, et capitula avec toute la province qui porte son nom»* VOLTAIRE. *Les Provinces-Unies, ancien nom de la Hollande.* ■ **5** (XVIIe) Partie d'un pays ayant un caractère propre, à l'exclusion de la capitale. *Une province. Les provinces et la capitale. Il arrive de sa province, du fond de sa* *province* (➤ **provincial**). *« Tout va lentement, tout se fait peu à peu dans les provinces, il y a plus de naturel »* STENDHAL. ▪ **6 LA PROVINCE.** En France, L'ensemble du pays (notamment les villes, les bourgs) à l'exclusion de la capitale. *« La France au dix-neuvième siècle est partagée en deux grandes zones : Paris et la province ; la province jalouse de Paris »* BALZAC. *La province et la campagne. Villes, petites villes de province. S'installer, vivre en province. « Scènes de la vie de province », suite de romans de Balzac.* — PÉJ. *« C'est un nigaud qui est frais émoulu de la province »* DANCOURT. ♦ (Dans d'autres pays d'Europe, lorsqu'une capitale peut y être opposée) *La province anglaise.* ♦ ADJT INV. (1883) FAM. Provincial. *Cela fait province. Ils sont restés très province.* ▪ CONTR. Capitale.

PROVINCIAL, IALE, IAUX [pʀɔvɛ̃sjal, jo] **adj. et n.** – XIIIe ◊ latin *provincialis* ▪ **1** HIST. RELIG. Qui appartient aux maisons du même ordre dans une province. *Pères provinciaux des Jésuites.* — SUBST. MASC. *Un provincial,* père provincial. ▪ **2** COUR. Qui appartient, est relatif à la province (5°) dans ce qu'on lui trouve de typique (*régional** a un autre sens). *La vie provinciale. Un accent provincial. « Ce n'était plus cette fille simple dont une éducation provinciale avait rétréci les idées »* VOLTAIRE. — PÉJ. *Avoir des manières provinciales,* un peu gauches, qui ne sont pas à la mode de Paris. *Un air provincial.* ♦ SUBST. *« Les Provinciales », désignation traditionnelle des « Lettres écrites à un provincial par un de ses amis », œuvre polémique de Pascal.* ▪ **3 n.** Personne qui vit en province. *Les provinciaux et les Parisiens. « Que peut comprendre de tout cela un jeune provincial frais débarqué ! »* ARAGON. *« Des provinciaux dont la principale occupation est de démontrer aux Parisiens l'existence, l'esprit et la sagesse de la province »* BALZAC. ▪ **4** (Canada, 1867) Qui concerne le gouvernement d'une province (3°) (opposé à *fédéral*). *Gouvernement provincial.* SUBST. *Le provincial.*

PROVINCIALAT [pʀɔvɛ̃sjala] **n. m.** – 1694 ◊ de *provincial* ▪ RELIG. Fonctions de provincial. Durée de ces fonctions.

PROVINCIALISME [pʀɔvɛ̃sjalism] **n. m.** – 1779 ◊ de *provincial* ▪ Prononciation, usage d'un mot, d'une locution particuliers à une province. ➤ **régionalisme.** ♦ PÉJ. Caractère de ce qui est provincial. — Mentalité provinciale.

PROVIRAL, ALE, AUX [pʀoviʀal, o] **adj.** – 1959 ◊ de *provirus* ▪ VIROL. Relatif au provirus. *ADN proviral* : ADN formé par rétrotranscription de l'ARN viral, qui s'intègre au génome de la cellule hôte.

PROVIRUS [pʀoviʀys] **n. m.** – 1939, J. Rostand ◊ de *pro-* et *virus* ▪ VIROL. Génome d'un rétrovirus intégré au matériel génétique d'une cellule infectée.

PROVISEUR [pʀɔvizœʀ] **n.** – 1802 ; « administrateur d'un lycée » 1657-59 ; « pourvoyeur » 1250 ◊ latin *provisor* « celui qui pourvoit » ▪ **1** Fonctionnaire de l'enseignement qui dirige un lycée. ➤ **directeur.** *Fonctions administratives du proviseur.* ➤ **provisorat.** *Madame le proviseur* ou *la proviseur.* ▪ **2** (Belgique) Fonctionnaire qui seconde le préfet ou la préfète dans les athénées et lycées d'une certaine importance. — REM. Au féminin, on écrit aussi *proviseure* sur le modèle du français du Canada.

PROVISION [pʀɔvizjɔ̃] **n. f.** – 1316 aussi « prévoyance, précaution » ◊ latin *provisio,* de *providere* → pourvoir

I COUR. ▪ **1** Réunion de choses utiles ou nécessaires à la subsistance, à l'entretien ou à la défense. ➤ **approvisionnement, réserve, stock.** *Provision de bois, de cartouches, de charbon, d'eau. Provisions de guerre et de bouche* (➤ VIEILLI **provende**). *Soute à provisions. Emporter une provision de livres pour les vacances.* — *Faire provision de qqch.,* s'en pourvoir en abondance. ▪ **2** (1553) AU PLUR. Achat de choses nécessaires à la vie (nourriture, produits d'entretien) ; les choses que l'on achète. ➤ **victuailles, 2 vivres.** *Ménagère qui fait des, ses provisions.* ➤ **commission, course.** *Avoir des provisions pour un mois. « nombre d'entre eux portaient déjà des provisions du marché »* CÉLINE. *Armoire, placard, filet, panier, sac à provisions.*

II DR. ▪ **1** (1549) VX **PAR PROVISION,** se disait d'un jugement préalable à la sentence définitive. FIG. *Par provision* : provisoire ou provisoirement. ▪ **2** (XIVe) MOD. Somme allouée par le juge à un créancier, en attendant le jugement (allocation). *Provision ad litem,* allouée à un plaideur pour lui permettre de faire face aux frais du procès. ♦ PAR EXT. Somme versée à titre d'acompte (à un avocat, un homme, une femme d'affaires...). ➤ **acompte, avance.** *« Me Mollard ne travaillait pas gracieusement et demanda tout de suite une petite provision »* DUHAMEL. ▪ **3** DR. COMM. Somme déposée chez un banquier par l'émetteur d'un titre, et destinée à assurer le paiement de ce titre (➤ **provisionner**). *Défaut de provision sur un compte en banque.* ➤ **2 découvert.** COUR. *Chèque sans provision,* tiré sur un compte insuffisamment approvisionné (cf. FAM. Chèque en bois*). ▪ **4** COMPTAB. Somme affectée par une entreprise à la couverture d'une charge ou d'une perte éventuelle. *Provision pour risques. Provision pour hausse des prix.*

PROVISIONNEL, ELLE [pʀɔvizjɔnɛl] **adj.** – 1578 « provisoire » ; *provisionnal* 1484 ◊ de *provision* ▪ **1** (1611) DR. Qui se fait par provision, en attendant un jugement, un règlement définitif. ▪ **2** (XXe) *Acompte provisionnel,* défini par rapport aux impôts de l'année précédente, et payé d'avance. *Tiers* provisionnel.*

PROVISIONNER [pʀɔvizjɔne] **v. tr.** ⟨1⟩ – 1869 au p. p. ◊ de *provision* ▪ **1** BANQUE Approvisionner (un compte). — *Chèque non provisionné* (cf. Sans provision). ▪ **2** COMPTAB. Affecter la provision nécessaire à la couverture de (une charge à venir, une perte éventuelle). *Provisionner les retraites.*

PROVISOIRE [pʀɔvizwaʀ] **adj.** – 1499 ◊ du latin *provisus,* p. p. de *providere* « pourvoir » ▪ **1** DR. Qui est rendu, prononcé ou auquel on procède avant un jugement définitif (➤ **provision,** II, 1°). *Arrêt, jugement, sentence provisoire. Détention* provisoire.* — SUBST. Jugement provisoire. *Il a gagné le provisoire.* ♦ COUR. *Mise en liberté provisoire.* ▪ **2** (1819) Qui existe, qui se fait en attendant autre chose, qui est destiné à être remplacé (opposé à *définitif*). ➤ **éphémère, passager, transitoire.** *Accord, solution provisoire. Un bonheur très provisoire. « Dis-toi bien que Dieu seul n'est pas provisoire »* GIDE. *À titre provisoire* : provisoirement. ♦ (PERSONNES) Qui exerce une fonction pour un temps (par intérim, etc.). ➤ **intérimaire, temporaire.** *« Gardant les anciens patrons comme gérants provisoires »* ROMAINS. — SPÉCIALT *Gouvernement provisoire,* destiné à gouverner pendant un intervalle, avant la constitution d'un régime stable. ♦ (Choses matérielles) *Construction, installation provisoire* (cf. De fortune*). ➤ **campement.** ▪ **3 n. m.** *Rester, s'installer dans le provisoire.* PLAIS. *Du provisoire qui dure. « Langlume fut donc un adjoint provisoire ; mais en France, le provisoire est éternel »* BALZAC. ▪ CONTR. Définitif, durable, permanent.

PROVISOIREMENT [pʀɔvizwaʀmɑ̃] **adv.** – 1694 ◊ de *provisoire* ▪ D'une manière provisoire, en attendant. ➤ **momentanément.** *Le musée est provisoirement fermé.* ▪ CONTR. Définitivement.

PROVISORAT [pʀɔvizɔʀa] **n. m.** – 1835 ◊ de *proviseur* ▪ ADMIN. Qualité, fonctions de proviseur ; durée de ces fonctions.

PROVITAMINE [pʀovitamin] **n. f.** – 1938 ◊ de *pro-* et *vitamine* ▪ BIOCHIM. Substance ingérée qui peut être transformée en vitamine dans l'organisme. *Le carotène est une provitamine A.*

PROVOCANT, ANTE [pʀɔvɔkɑ̃, ɑ̃t] **adj.** – *provoquant* 1775 ; n. m. 1461 ◊ de *provoquer* ▪ **1** Qui cherche ou tend à provoquer qqn à des sentiments ou à des actions violentes. *Attitude provocante.* ➤ **agressif.** *« Ils agissaient de la manière la plus provocante »* MICHELET. *Un luxe provocant.* — ABRÉV. FAM. **PROVOC.** *Déclaration un rien provoc.* ▪ **2** Qui incite au désir, au trouble des sens. ➤ **excitant.** *Une bouche provocante. « Elle était, par insolence de haute naissance, provocante et inabordable »* HUGO. *« Les jambes croisées, dans une pose abandonnée, un peu provocante »* MARTIN DU GARD. *Des airs provocants.* ➤ **aguichant.** *Décolleté provocant.* ▪ CONTR. Apaisant, calmant, 1 froid, réservé. ▪ HOM. Provoquant (provoquer).

PROVOCATEUR, TRICE [pʀɔvɔkatœʀ, tʀis] **n. et adj.** – 1501 ◊ latin *provocator* ▪ **1** (Rare au fém.) Personne qui provoque, incite à la violence, à l'émeute, aux troubles. ➤ **agitateur, agresseur, meneur ; pousse-au-crime.** — SPÉCIALT Personne qui incite une personne ou un groupe à la violence ou à une action illégale dans l'intérêt d'un parti opposant, de la police, etc. *Indicateurs et provocateurs. « Ils ne demanderaient que ça, que nous répondions par des morts et ils chercheront les occasions. Ça va être le temps des provocateurs »* NIZAN. ▪ **2 adj.** (1812) *Agent provocateur.* — *Geste provocateur.* ➤ **provocant.** — ABRÉV. FAM. **PROVOC.** *Message provoc.*

PROVOCATION [pʀɔvɔkasjɔ̃] **n. f.** – début XIIIe « appel » ◊ latin *provocatio* ▪ **1** Action de provoquer, d'inciter (qqn) à (qqch.). ➤ **appel.** *Provocation à la désobéissance, au meurtre.* ➤ **excitation, incitation.** *Provocation à se battre, au combat. Provocation en duel.* ➤ **cartel, défi.** *Mais c'est de la provocation ! Geste de provocation.* — ABRÉV. FAM. (1972) **PROVOC** [pʀɔvɔk]. *Il (elle) fait de la provoc ! Des provocs intolérables.* — DR. PÉN. Le fait d'inciter impérativement qqn à commettre une infraction. *Complicité par provocation.* — ABSOLT Défi. *« Il faut dire qu'elle y mettait de la provocation, en face de la maison même »* ZOLA. ▪ **2** Le fait d'être provoqué. *L'agression est une attaque sans* *provocation.* ▪ **3** Ce qui provoque (I) ; parole qui provoque. *Répondre à une provocation.* — RARE Ce qui excite le désir. *« la décence des figures tempérait les provocations du costume »* FLAUBERT. ▪ CONTR. Apaisement, 1 défense.

PROVOLONE [pʀɔvɔlɔne] n. m. – 1962 ◊ mot italien ▪ Fromage italien, salé, séché, fumé, en forme de cylindre ou de poire.

PROVOQUER [pʀɔvɔke] v. tr. ‹1› – 1120 ◊ latin *provocare* « appeler (*vocare*) dehors »

I PROVOQUER (qqn) À. ▪ **1** Inciter, pousser (qqn) à, par une sorte de défi ou d'appel. ➤ **1 amener, entraîner, inciter, pousser.** *Provoquer qqn à faire qqch. « Ce qui peut provoquer une femme à la hardiesse, c'est votre froideur »* ROMAINS. ▪ **2** Inciter (qqn à une violence) par une attitude agressive. *Provoquer qqn à la violence, au meurtre.* — *Provoquer qqn en duel.* ◆ ABSOLT *Provoquer qqn,* l'inciter à la violence. *C'est lui qui m'a provoqué. Ne me provoquez pas !* ➤ **attaquer, défier ;** RÉGION. **baver.** *Provoquer qqn du regard. « un Médicis ne se laisse point provoquer ainsi »* MUSSET. *Pays qui en provoque un autre,* qui cherche à l'amener à un conflit. ▪ **3** Exciter le désir de (qqn) par son attitude. *Femme qui provoque les hommes.* ➤ **exciter ; allumer ; provocant** (2°). ▪ **4** PRONOM. (RÉCIPR.) *Se provoquer* (mutuellement). *« Ils s'insultent copieusement d'un camp à l'autre, ils s'accusent et se provoquent »* DUHAMEL.

II PROVOQUER (qqch.). ▪ **1** (Sujet personne, acte) Être volontairement ou non la cause de (qqch.). ➤ **1 amener, 1 causer, occasionner, produire.** *Provoquer des aveux. « j'aime cette explication ; je la voulais et je l'ai provoquée »* VIGNY. ➤ **susciter.** *Provoquer la colère, la rage* (➤ **attirer, déchaîner**), *l'indignation* (➤ **soulever**), *le ressentiment de qqn. Provoquer des troubles. « Bonaparte se plaisait à réunir les savants, et provoquait leurs disputes »* CHATEAUBRIAND. ◆ *Provoquer une action,* en prendre l'initiative. *« Puis-je, à ce titre, provoquer son internement dans une maison de santé ? »* COURTELINE. ▪ **2** (Sujet chose) Être la cause de. *« Il y avait des cas où l'excès de malheur provoquait des réactions inattendues »* SARTRE. *Les bouleversements que provoque une invention.* ➤ **apporter.** *Sa venue a provoqué une émeute. La pluie provoque des accidents.*

▪ CONTR. Amortir, apaiser. Prévenir. Essuyer, subir. ▪ HOM. *Provoquant :* provocant.

PROXÉMIQUE [pʀɔksemik] n. f. – 1968 ◊ anglais *proxemics* ▪ DIDACT. Partie de la sémiotique qui étudie comment les êtres animés, et notamment l'être humain, utilisent l'espace.

PROXÈNE [pʀɔksɛn] n. m. – 1765 ◊ grec *proxenos,* de *xenos* « étranger » ▪ HIST. Dans l'Antiquité grecque, Officier chargé par le peuple d'accueillir les étrangers, les hôtes publics, et de régler, le cas échéant, leurs différends.

PROXÉNÈTE [pʀɔksenɛt] n. – 1521 « courtier » ◊ latin *proxeneta* « courtier », grec *proxenêtês* « médiateur », de *xenos* « hôte, étranger » ▪ **1** Personne qui s'entremet dans des intrigues galantes pour de l'argent. ➤ **entremetteur.** *« J'acceptais qu'il se fît proxénète ; mais qu'il fût malhonnête, non »* GIDE. ▪ **2** Personne qui tire des revenus de la prostitution d'autrui. ➤ **2 maquereau, maquerelle, souteneur.**

PROXÉNÉTISME [pʀɔksenetism] n. m. – 1841 ◊ de *proxénète* ▪ Le fait de tirer des revenus de la prostitution d'autrui (délit). *Être condamné pour proxénétisme. Proxénétisme hôtelier :* délit auquel se livre le gérant d'un hôtel en tirant profit de la prostitution qui s'y pratique. *Brigade de répression du proxénétisme* (cf. Les Mœurs, la Mondaine).

PROXIMAL, ALE, AUX [pʀɔksimal, o] adj. – 1887 ◊ du latin *proximus* « très près » ▪ DIDACT. Qui est le plus près du centre du corps, ou du point d'attache d'un membre. *Segment proximal d'un membre.* ▪ CONTR. Distal.

PROXIMITÉ [pʀɔksimite] n. f. – 1479 « parenté » ◊ latin *proximitas,* de *proximus* « très près » ▪ **1** (1543) LITTÉR. Situation d'une chose qui est à peu de distance d'une autre, de plusieurs choses qui sont proches. ➤ **contiguïté, voisinage ; près.** *« Trop de distance et trop de proximité empêche la vue »* PASCAL. *La proximité de la ville.* — **DE PROXIMITÉ.** TECHN. *Fusée de proximité,* qui se déclenche près de son objectif. *Commerce de proximité :* magasin de vente au détail situé près du domicile des clients. *Emplois de proximité* (garde d'enfants, de malades, ménages, etc.). Qui est proche des citoyens, leur est accessible. *Police, justice de proximité. Juge* de proximité.* ◆ loc. adv. (1835) COUR. **À PROXIMITÉ :** tout près. *Il y a un hôtel à proximité.* loc. prép. **À PROXIMITÉ DE :** à faible distance de. ➤ **auprès, près.** *Habiter à proximité du métro.* ▪ **2** FIG. et VIEILLI Caractère de ce qui est proche (par la parenté). *La proximité de parenté* (➤ **degré**). ▪ **3** Caractère de ce qui est rapproché dans le temps passé ou futur (➤ **imminence**). *« La proximité possible de la tempête »* LAUTRÉAMONT. ➤ **approche.** *La proximité du départ.* ▪ CONTR. Distance, éloignement.

PROXY [pʀɔksi] n. m. – 1996 ◊ mot anglais américain, de *proxy server* « serveur intermédiaire » ▪ ANGLIC. INFORM. *Proxy* ou *serveur proxy :* serveur relais qui permet à un fournisseur d'accès à Internet de stocker temporairement les pages les plus demandées par ses abonnés dans le but de les fournir plus rapidement. *Des proxys.* — Recomm. offic. ***serveur mandataire, mandataire.***

PROYER [pʀwaje] n. m. – 1555 ◊ var. *pruyer, preyer,* réfection de l'ancien français *praiere* « (oiseau) des prés » (1180) ▪ ZOOL. Bruant d'Eurasie, hivernant en Méditerranée.

PRUCHE [pʀyʃ] n. f. – 1534 ◊ mot canadien, probablt de *prusse* et *pérusse* « épicéa » ▪ (Canada) Conifère *(Tsuga canadensis)* apparenté au sapin.

PRUDE [pʀyd] adj. et n. – 1640 ; *prode femme* XIIe, fém. de *prodom* → prud'homme ◊ de *preux* ▪ **1** VIEILLI Vertueux et austère ; qui déteste, réprouve le relâchement des mœurs. ➤ **pudibond, puritain** (cf. Collet* monté). — n. *Un prude* (VX), *une prude. « N'en espérez aucun plaisir. En est-il avec les prudes ? j'entends celles de bonne foi »* LACLOS. ▪ **2** (1656) LITTÉR. Qui fait profession de vertu, de pudeur affectée et outrée. ➤ **bégueule ; pruderie.** *« je ne suis pas sottement prude, je puis tout écouter »* BALZAC. ◆ n. f. *Faire la prude, jouer les prudes.* ➤ **sainte nitouche.** ▪ CONTR. Dévergondé, léger. Grivois, obscène.

PRUDEMMENT [pʀydamɑ̃] adv. – 1538 ; *prudentement* 1370 ◊ de *prudent* ▪ Avec prudence, de manière prudente. *Conduire prudemment. Agir prudemment* (cf. Marcher sur des œufs*). ▪ CONTR. Imprudemment.

PRUDENCE [pʀydɑ̃s] n. f. – 1200 ◊ latin *prudentia* ▪ **1** VX RELIG. Sagesse ; conduite raisonnable (vertu cardinale). ➤ **sagesse.** *« Il est vrai que du ciel la prudence infinie [...] »* CORNEILLE. ▪ **2** (1596) MOD. Attitude d'esprit d'une personne qui, réfléchissant à la portée et aux conséquences de ses actes, prend ses dispositions pour éviter des erreurs, des malheurs possibles, s'abstient de tout ce qu'elle croit pouvoir être source de dommage. *Nous vous recommandons la plus grande prudence.* ➤ **circonspection.** *« Art, c'est Prudence. Quand on n'a rien ni à dire, ni à cacher, il n'y a pas lieu d'être prudent »* GIDE. *Avoir de la prudence. Faire preuve de prudence. Avoir la prudence de* (et l'inf.). *Manquer de prudence. Annoncez-lui la vérité avec beaucoup de prudence.* ➤ **ménagement, précaution** (cf. Avec des pincettes). *« la jeunesse en face de la maturité ; l'audace, le goût du risque en face de la prudence »* MARTIN DU GARD. — *Conseils de prudence aux automobilistes. Conduire avec prudence.* ➤ **prudemment.** *Se faire vacciner contre une maladie par prudence, par mesure de prudence.* ◆ PROV. *Prudence est mère de sûreté.* — ALLUS. BIBL. *Avoir la prudence du serpent,* son habileté rusée, pour tromper, etc. ➤ **cautèle.** *« Quand il s'agit de défendre sa bourse contre les artistes, il est d'une prudence de serpent »* R. ROLLAND. ▪ **3** (Surtout plur.) LITTÉR. Acte, manifestation de prudence. ➤ **précaution.** *« Le tout avec des prudences pour n'être pas vue, parce qu'on est en grand deuil »* MONTHERLANT. ▪ CONTR. Égarement, imprévoyance, imprudence, insouciance, légèreté. Témérité.

PRUDENT, ENTE [pʀydɑ̃, ɑ̃t] adj. – 1090 « sage, plein d'expérience » ◊ latin *prudens* ▪ **1** (1573) Qui a, montre de la prudence. ➤ **circonspect, prévoyant, réfléchi, sage.** *Ses déboires l'ont rendu prudent. Il est trop prudent pour brusquer les choses.* ➤ **averti, avisé.** *« Il tâchait à prévenir le mal ; il était prudent avec le plus grand mépris pour la prudence »* DIDEROT. *« Prudent jusqu'à la lâcheté »* RADIGUET. *Prudent à l'excès.* ➤ **pusillanime, timoré.** *Une personne prudente en affaires.* — SPÉCIALT (envers des dangers, des risques physiques) *Soyez prudents, ne roulez pas trop vite.* ◆ SUBST. Personne prudente. *« Ceux qui se défient, les prudents, les avertis »* R. ROLLAND. ▪ **2** (Choses, actes) Inspiré par la prudence, empreint de prudence. *Il se risqua hors de la maison à pas prudents. Prenez une assurance tous risques, c'est plus prudent.* ◆ IMPERS. *Il n'est pas prudent d'y aller seul.* — ELLIPT *« Le corbeau jugea prudent de se retirer »* GAUTIER. ▪ CONTR. Aventureux, imprévoyant, imprudent, insouciant, intrépide.

PRUDENTIEL, IELLE [pʀydɑ̃sjɛl] adj. – 1834 ◊ de *prudence* ▪ DIDACT. Relatif à la prudence ; qui est dicté par la prudence. *Principe prudentiel.* ◆ (1987) FIN. Qui vise à protéger d'un risque financier. *Réglementation prudentielle.* — *Autorité de contrôle prudentiel :* en France, autorité administrative indépendante qui surveille l'activité des banques et des assurances.

PRUDERIE [pʀydʀi] **n. f.** – 1666 ◇ de *prude* ▪ **1** LITTÉR. Affectation de réserve hautaine et outrée dans tout ce qui touche à la pudeur, à la décence. ➤ **pudibonderie ; prude.** *Il y a « une fausse sagesse qui est pruderie »* LA BRUYÈRE. *La pruderie d'une sainte nitouche.* ▪ **2** LITTÉR. et RARE *Une, des pruderies.* Attitude, acte qui a un caractère de pruderie. *« Après quelques hésitations et quelques pruderies »* BAUDELAIRE.

PRUD'HOMAL, ALE, AUX ou **PRUDHOMMAL, ALE, AUX** [pʀydɔmal, o] **adj.** – 1907 ◇ de *prud'homme* ▪ DR. Qui a rapport ou appartient aux prud'hommes, à leur juridiction. *Compétence prud'homale.* — La graphie soudée *prudhommal* avec 2 *m*, d'après *prudhomme, homme,* est régulière.

PRUD'HOMIE ou **PRUDHOMMIE** [pʀydɔmi] **n. f.** – 1872 ; *prodhommie* « loyauté » 1372 ◇ de *prud'homme* ▪ DR. Juridiction des prud'hommes. — La graphie soudée *prudhommie* avec 2 *m*, d'après *prudhomme, homme,* est régulière.

PRUD'HOMME ou **PRUDHOMME** [pʀydɔm] **n. m.** – 1534 ; *preudhomme* v. 1340 ; *prodomme* « homme de valeur » 1080 ◇ de *prod,* forme ancienne de *preux,* et *homme* ▪ DR. Magistrat(e) élu(e) de l'ordre judiciaire appartenant à un tribunal spécialisé dit *« conseil de prud'hommes »* statuant sur les litiges dérivant du contrat de travail. *Elle est prud'homme. Assigner qqn devant le conseil des prud'hommes.* ELLIPT *Attaquer, aller aux prud'hommes.* — PAR APPOS. *Conseillers prud'hommes.* ➤ **aussi départiteur.** — La graphie soudée *prudhomme* est régulière. ◆ REM. Au féminin, les Suisses recommandent la forme *prud'femme.*

PRUDHOMMERIE [pʀydɔmʀi] **n. f.** – 1835 ◇ de *Joseph Prudhomme,* personnage créé par l'écrivain H. Monnier ▪ LITTÉR. et RARE Caractère, attitude, manière de s'exprimer d'un individu prudhommesque*, médiocre et infatué de lui-même, qui débite des banalités et des niaiseries sur un ton sentencieux.

PRUDHOMMESQUE [pʀydɔmɛsk] **adj.** – 1853 ◇ de *Joseph Prudhomme,* n. pr. → prudhommerie ▪ LITTÉR. Qui a un caractère de banalité emphatique et ridicule. *Propos prudhommesques et insipides.*

PRUINE [pʀɥin] **n. f.** – 1834 ; « gelée blanche » 1120 ◇ latin *pruina* ▪ Fine pellicule cireuse à la surface de certains fruits (prune, raisin), des feuilles de choux, du chapeau de divers champignons. ➤ **efflorescence.**

PRUNE [pʀyn] **n. f.** et **adj. inv.** – 1265 ◇ latin *pruna,* de *prunum* ▪ **1** Fruit du prunier, de forme ronde ou allongée, à peau fine, de couleur variable, à chair juteuse, sucrée, agréable au goût. ➤ **mirabelle, quetsche, reine-claude ;** RÉGION. **damassine.** *La prune est une drupe à noyau. Prune d'Agen, prune de Monsieur, prune d'ente. Prune sauvage.* ➤ 1 **prunelle.** *Tarte aux prunes. Confiture de prunes. Prune séchée.* ➤ **pruneau.** *Prunes à l'eau-de-vie. — Eau-de-vie de prune.* ELLIPT *Une vieille prune. Un petit verre de prune.* ◆ LOC. FAM. **POUR DES PRUNES :** pour rien (en parlant d'une action, d'un travail inutile). *Je me suis dérangé pour des prunes. « Danton n'était pas éloquent pour des prunes »* CÉLINE. ▪ **2** ADJT INV. (v. 1780) D'une couleur violet foncé rappelant celle de certaines prunes. *Des coussins prune. « Une robe prune si foncée qu'elle paraissait noire »* HUYSMANS. ▪ **3** FAM. Contravention.

PRUNEAU [pʀyno] **n. m.** – avant 1512 ; plur. *proniaulx* 1507 ◇ de *prune* ▪ **1** Prune séchée (obtenue soit par passage à l'étuve ou à l'évaporateur, soit par dessiccation à l'air pendant quelques semaines). *Pruneaux d'Agen, de Brignoles. Pruneaux crus, cuits. Tarte, lapin aux pruneaux. « les pruneaux séchés au four sur des claies après la cuisson du pain »* PERGAUD. — LOC. FAM. *Être noir comme un pruneau :* avoir une peau foncée, un teint hâlé. *C'est un vrai pruneau.* ▪ **2** RÉGION. (Franche-Comté ; Suisse, Canada) Quetsche. — (Suisse) *Pruneau sec :* pruneau (1°). — (Franche-Comté ; Suisse) Eau-de-vie de quetsche. *Un verre de pruneau.* ▪ **3** (1830 ; *prune* 1650) POP. Projectile, balle de fusil. *« Je me charge d'ajuster le Tapissier, moi [...] Qué plaisir de loger un pruneau dans son bocal »* BALZAC.

PRUNELAIE [pʀynlɛ] **n. f.** – 1690 ; *pruneraie* 1636 ◇ de *prunier* ▪ AGRIC. Terrain planté de pruniers.

PRUNELIER ou **PRUNELLIER** [pʀynəlje] **n. m.** – 1549, -1694 ◇ de 1*prunelle* ▪ Arbrisseau épineux des haies *(rosacées),* qui porte les prunelles, appelé aussi *prunier épineux. Fleurs blanches des pruneliers. — Prunelier,* graphie d'origine avec un seul *l,* est conforme à la prononciation.

1**PRUNELLE** [pʀynɛl] **n. f.** – 1175 ◇ de *prune* ▪ Fruit du prunelier, petite prune globuleuse bleu ardoise, de saveur âpre. *Il allait « à la saison cueillir les prunelles sur les haies »* BARRÈS. ◆ *Eau-de-vie, liqueur de prunelle.* ELLIPT *Un carafon de prunelle.*

2**PRUNELLE** [pʀynɛl] **n. f.** – XIIe ◇ de 1*prunelle* ▪ **1** COUR. La pupille de l'œil, considérée surtout quant à son aspect. *« Des yeux très bleus, très vagues, où la prunelle est un point tout petit, mais infiniment tendre »* R. ROLLAND. ◆ LOC. (1535) *Tenir à qqch. comme à la prunelle de ses yeux,* y tenir beaucoup. *« Je crois que nous aurons le malheur de le perdre, quoique nous le soignions comme la prunelle de nos yeux »* BALZAC. ▪ **2** L'œil considéré quant à sa mobilité, son aspect, son expression, la couleur de l'iris. *« Elle fixa lentement sur Olivier l'émail bleu-noir de ses prunelles sans flamme »* FROMENTIN. *« Dans le plein jour, vos prunelles ont vraiment l'éclat de deux petites pierres bleues, deux saphirs clairs »* MARTIN DU GARD. ➤ **œil.** *Jouer* de la prunelle.*

PRUNELLIER ➤ **PRUNELIER**

PRUNIER [pʀynje] **n. m.** – *pruner* 1220 ◇ de *prune* ▪ Arbre rustique *(rosacées),* cultivé pour ses fruits comestibles, les prunes. *« un prunier [...] dont les prunes mûres avaient une délicate odeur de musc »* ZOLA. *Plantation de pruniers.* ➤ **prunelaie.** ◆ *Prunier épineux.* ➤ **prunelier.** ◆ *Prunier à feuillage pourpre du Japon,* espèce ornementale. ➤ **prunus.** ◆ LOC. FAM. (1874) *Secouer qqn comme un prunier,* très vigoureusement ; FIG. le tancer vertement. *« Je le secoue, et le secoue comme un vieux prunier »* MICHAUX.

PRUNUS [pʀynys] **n. m.** – fin XVIIe ◇ latin des botanistes « prunier » ▪ **1** BOT. Genre d'arbres et d'arbustes *(rosacées)* comprenant de nombreuses espèces sauvages (aubépine) ou non, cultivées pour leurs fruits (amandier, abricotier, cerisier, prunier), leur bois (merisier) ou leurs qualités ornementales (cerisier du Japon). ▪ **2** COUR. Prunier ornemental à feuilles pourpres.

PRURIGINEUX, EUSE [pʀyʀiʒinø, øz] **adj.** – avant 1478 ◇ du latin *prurigo* ▪ MÉD. Qui cause de la démangeaison. *Boutons prurigineux, dermatose prurigineuse.*

PRURIGO [pʀyʀigo] **n. m.** – 1810 ◇ mot latin « démangeaison » ▪ MÉD. Affection de la peau, caractérisée par des papules et des démangeaisons très violentes. *Des prurigos.*

PRURIT [pʀyʀit] **n. m.** – 1271 ◇ latin *pruritus,* de *prurire* « démanger » ▪ **1** Démangeaisons de la peau, en rapport avec une affection cutanée (eczéma, urticaire, prurigo, piqûres de parasites), une affection générale (jaunisse, urémie) ou sans cause physiologique décelable *(prurits psychosomatiques). « sa nervosité, née de son anémie, lui donnait un prurit aux poignets, aux gras des pouces »* MONTHERLANT. ▪ **2** FIG. et LITTÉR. Désir irrépressible. ➤ **démangeaison** (FIG.). *« un prurit de désirs à détruire par l'assouvissement »* BOURGET.

PRUSSIATE [pʀysjat] **n. m.** – 1787 ◇ de *Prussia* « Prusse », à cause du *bleu de Prusse* ▪ CHIM. VX Cyanure, ferrocyanure ou ferricyanure.

PRUSSIEN, IENNE [pʀysjɛ̃, jɛn] **adj.** et **n.** – 1540 ◇ de *Prusse* ▪ De la Prusse, et PAR EXT. Allemand (en 1870 et immédiatement après). *L'armée prussienne. Cheminée* prussienne.* ◆ LOC. *À la prussienne :* à la manière rigide, strictement disciplinée des soldats prussiens. ◆ **n.** (1871) *Les Prussiens* (SPÉCIALT en HIST. les soldats de la confédération allemande sous l'égide de la Prusse).

PRUSSIQUE [pʀysik] **adj.** – 1787 ◇ de *Prusse* ▪ CHIM. VX *Acide prussique :* acide cyanhydrique.

PRYTANE [pʀitan] **n. m.** – 1721 ◇ grec *prutanis* « chef, maître » ▪ HIST. GR. Un des premiers magistrats de certaines cités grecques. — À Athènes, L'un des cinquante sénateurs appartenant aux dix tribus et qui avaient successivement le droit de préséance au sénat.

PRYTANÉE [pʀitane] **n. m.** – 1579 ◇ grec *prutaneion* ▪ **1** HIST. GR. Édifice où s'assemblaient les prytanes, et qui servait à divers usages politiques et religieux. *Le prytanée d'Athènes.* ▪ **2** (1743) MOD. Établissement d'éducation gratuite pour les fils des militaires. *Le prytanée militaire de La Flèche.*

P.-S. Abrév. de *post-scriptum.*

PSALLETTE [psalɛt] **n. f.** – 1643 ◇ du grec *psallein* → psaume ▪ RELIG., MUS. École de musique faisant partie d'une église, et où sont instruits les enfants de chœur ; l'ensemble des chanteurs d'une psallette. ➤ **maîtrise, manécanterie.**

PSALLIOTE [psaljɔt] **n. f.** – 1846 ◇ du grec *psalis* « voûte, cintre » ▪ BOT. Champignon à lamelles basidiomycète *(agaricinées),* dont plusieurs espèces sont comestibles. *La psalliote champêtre* (➤ **agaric**) *est le champignon de couche, appelé couramment* champignon de Paris.

PSALMISTE [psalmist] n. m. – v. 1190 ; *psalmistre* v. 1175 ◇ latin chrétien *psalmista*, grec *psalmistês* → psaume ■ DIDACT. ■ **1** Auteur de psaumes. — ABSOLT *Le Psalmiste* : le roi David. ■ **2** (XVIe) Chantre de psaumes. « *les litanies et les hymnes étaient entonnées et chantées* [...] *par un psalmiste* » NERVAL.

PSALMODIE [psalmɔdi] n. f. – 1120 ◇ latin chrétien *psalmodia*, grec *psalmôdia*, de *psalmos* (→ psaume) et *ôdê* « chant » ■ **1** RELIG. Art, manière de chanter, de dire les psaumes. « *Les bénédictines-bernardines* [...] *chantent les offices sur une psalmodie grave, plain-chant pur, et toujours à pleine voix toute la durée de l'office* » HUGO. ■ **2** (1803) LITTÉR. Manière monotone de déclamer, de chanter.

PSALMODIER [psalmɔdje] v. ⟨7⟩ – 1406 ◇ de *psalmodie* ■ **1** v. intr. Dire ou chanter les psaumes. *Psalmodier avec une antienne.* — Dire les psaumes sur une seule note (recto tono), sans chanter, mais selon des règles musicales traditionnelles. ◆ TRANS. *Psalmodier les offices.* ■ **2** v. tr. et intr. Réciter ou chanter d'une manière rituelle et monotone (des chants, des textes religieux). *Psalmodier un verset du Coran.* « *Les religieux psalmodiant les prières des morts* » CHATEAUBRIAND. ■ **3** v. tr. (1674) COUR. Dire, réciter d'une façon monotone. ➤ 1 débiter. « *une voix métallique* [...] *psalmodia : "Il n'y a plus d'abonné au numéro que vous demandez"* » DUHAMEL.

PSALTÉRION [psalteʀjɔ̃] n. m. – 1240 ; *psalterium* XIIe ◇ latin *psalterium*, grec *psaltêrion* ■ HIST. MUS. Instrument de musique (cithare) à cordes pincées ou grattées, à caisse de résonance plate, de forme triangulaire ou trapézoïdale. *Le psaltérion était en usage chez les Hébreux, en Grèce, dans l'Europe médiévale.*

PSAMMITE [psamit] n. m. – 1807 ◇ du grec *psammos* « sable » ■ MINÉR. Grès argileux micacé.

PSAUME [psom] n. m. – *psalme* 1120 ◇ latin ecclésiastique *psalmum*, grec *psalmos* « air joué sur un instrument à cordes », de *psallein* ■ L'un des poèmes qui constituent un livre de la Bible (*le livre des Psaumes* ➤ **psautier**) attribués en partie au roi David, qui servent de prières et de chants religieux dans les liturgies juive et chrétienne (ABRÉV. Ps.). *Les cent cinquante psaumes sont des hymnes, des supplications (ou lamentations) ou des actions de grâce* (➤ **cantique**). *Versets d'un psaume. Psaumes pénitentiaux, de la pénitence* : sept psaumes (dont le De profundis) choisis par l'Église comme prières de pénitence, de contrition. — *Chanter, réciter des psaumes.* ➤ **psalmodier.** *Les psaumes de Complies, de Matines, des Laudes, des Vêpres.* ◆ HIST. LITTÉR. Poème traduisant ou paraphrasant un psaume. *Les psaumes de Marot, de Desportes.* ◆ MUS. Composition musicale (vocale), sur le texte d'un psaume. *Les psaumes de Lalande.*

PSAUTIER [psotje] n. m. – 1215 ; *psaltier* v. 1175 ◇ latin *psalterium*, francisé en *saltier*, *sautier* 1119 ■ RELIG., DIDACT. Le livre des Psaumes. Recueil des psaumes ; livre qui les contient. *Le psautier et l'antiphonaire*. Le psautier d'un bréviaire.* « *c'est une grande joie pour moi que de réciter le magnifique psautier Bénédictin* » HUYSMANS.

PSCHENT [pskɛnt] n. m. – 1822 ◇ égyptien démotique *skhent*, précédé de l'article *p* ■ HIST. ÉGYPT. Coiffure des pharaons, double couronne symbolisant la souveraineté sur la Basse et la Haute-Égypte. « *Une figure de couleur rougeâtre, à tête d'épervier et coiffée du pschent* » GAUTIER.

PSCHITT [pʃit] interj. et n. m. – 1840 *pchitt* ◇ onomat. ■ **1** Onomatopée évoquant le bruit d'un liquide qui fuse, qui jaillit. *Champagne qui fait pschitt.* — LOC. FIG. et FAM. *Faire pschitt* : ne pas aboutir, échouer. *Projet qui fait pschitt.* — VAR. *Pschit, pscht. Le* « pscht *cruel de la douche* » GONCOURT. ■ **2** n. m. FAM. Atomiseur.

PSEUDARTHROSE [psødaʀtʀoz] n. f. – 1824 ◇ de *pseud(o)-* et *arthrose* ■ MÉD. Fausse articulation formée au niveau d'une fracture mal consolidée.

PSEUD(O)- ■ Élément, du grec *pseudês* « trompeur ; faux » (➤ 1 faux) : *une pseudo-science* ; « *les pseudo-intellectuels* » Beauvoir.

PSEUDOBULBAIRE [psødobylbɛʀ] adj. – 1890 ◇ de *pseudo-* et *bulbaire* ■ MÉD. *Paralysie* (ou *syndrome*) *pseudobulbaire* : paralysie bilatérale des mouvements volontaires de la face, semblant résulter d'une atteinte du bulbe, mais causée par des lésions ischémiques multiples du cerveau.

PSEUDOHERMAPHRODISME [psødoɛʀmafʀɔdism] n. m. – 1846 ◇ de *pseudo-* et *hermaphrodisme* ■ État caractérisé par la présence de glandes sexuelles propres à un sexe et de caractères apparents typiques de l'autre sexe. ➤ **androgynie.**

PSEUDOMEMBRANE [psødomɑ̃bʀan] n. f. – 1846 ◇ de *pseudo-* et *membrane* ■ MÉD. Production pathologique inflammatoire à la surface d'une muqueuse, ressemblant à une membrane et formée par une accumulation de fibrine. — adj. **PSEUDOMEMBRANEUX, EUSE,** 1820. *Angine pseudomembraneuse* (dans la diphtérie). ➤ **couenneux.**

PSEUDOMONAS [psødɔmɔnɑs] n. m. – 1964 ◇ mot du latin des médecins, de *pseudo-* et latin d'origine grecque *monas* « unité » → trichomonas ■ BACTÉRIOL. Membre d'une famille de bactéries aérobies dont certaines provoquent des infections graves. *Septicémie à pseudomonas.*

PSEUDONYME [psødɔnim] adj. et n. m. – 1690 ◇ grec *pseudônumos* ■ **1** VX Qui écrit sous un faux nom. *Écrivain pseudonyme.* ■ **2** n. m. (1834) MOD. Dénomination choisie par une personne pour masquer son identité (cf. Nom de guerre*, faux nom). ➤ 1 **alias.** *Le pseudonyme et le surnom. Prendre un pseudonyme. Écrire sous un pseudonyme, sous le pseudonyme de X.* — ABRÉV. FAM. **PSEUDO,** 1935. *Signer d'un pseudo. Des pseudos.*

PSEUDOPÉRIODIQUE [psødopeʀjɔdik] adj. – 1953 ◇ de *pseudo-* et *périodique* ■ PHYS. Qui varie selon une loi sinusoïdale amortie. *Oscillations pseudopériodiques d'un pendule.*

PSEUDOPODE [psødɔpɔd] n. m. – 1859 ; « crustacé » 1801 ◇ de *pseudo-* et *-pode* ■ BIOL. CELL. Prolongement protoplasmique rétractile que peuvent émettre certaines cellules, certains micro-organismes et qui leur permet de se déplacer, de capturer d'autres organismes microscopiques. *Pseudopodes des amibes, des leucocytes, des protozoaires, des radiolaires.*

PSI [psi] n. m. inv. – 1655 ◇ mot grec ■ Vingt-troisième lettre de l'alphabet grec (Ψ, ψ), qui sert à noter le son [ps]. ■ HOM. Psy.

PSITT [psit] ou **PSST** [pst] interj. – 1785 *pst pst* ; 1537 *st st* ◇ onomatopée ■ FAM. Sorte de bref sifflement qui sert à appeler, à attirer l'attention, etc. ➤ **hé, hep.** *Psitt ! psitt ! venez donc un peu par ici.* — *Il ne fait pas* « *kss aux chiens ni psst aux taxis* » QUENEAU.

PSITTACIDÉS [psitaside] n. m. pl. – 1828 ; *psittacins* 1827 ◇ du latin *psittacus*, grec *psittakos* « perroquet » ■ ZOOL. Famille d'oiseaux grimpeurs exotiques, au plumage vivement coloré, au bec court et courbé, à langue épaisse et mobile. — Au sing. *Un psittacidé.* ➤ **cacatoès, perroquet, perruche.**

PSITTACISME [psitasism] n. m. – v. 1704 ◇ du latin *psittacus*, grec *psittakos* « perroquet » ■ PSYCHOL. Répétition mécanique (comme un perroquet) de mots, de phrases entendues, sans que le sujet les comprenne (phénomène normal chez les enfants, fréquent chez les déficients intellectuels). ➤ aussi **écholalie.**

PSITTACOSE [psitakoz] n. f. – fin XIXe ◇ du latin *psittacus*, grec *psittakos* « perroquet » et 2 *-ose* ■ MÉD. Maladie contagieuse des perroquets et des perruches, transmissible aux humains.

PSOAS [psɔɑs] n. m. – 1690 ◇ grec *psoa* « lombes » ■ ANAT. Chacun des deux muscles pairs appliqués sur la partie antérieure latérale de la douzième vertèbre dorsale et des quatre premières vertèbres lombaires. *Muscle psoas-iliaque* : masse musculaire comprenant le muscle *psoas* (ou *grand psoas*) et le muscle iliaque.

PSOQUE [psɔk] n. m. – 1796 ◇ du grec *psôkhein* « gratter, broyer » ■ ZOOL. Insecte minuscule *(archiptères)* qui vit en sociétés nombreuses dans les bois, caché sous les feuilles, et qui se nourrit de moisissures, appelé aussi *pou* de bois.*

PSORALÈNE [psɔʀalɛn] n. m. – 1975 ◇ du latin *psoralea*, n. d'une plante d'Asie, du grec *psôraleos* « galeux » ■ PHARM. Substance activant la pigmentation de la peau, employée dans le traitement de certaines dermatoses (vitiligo, psoriasis ➤ **puvathérapie**). *Crème à bronzer au psoralène.*

PSORIASIS [psɔʀjazis] n. m. – 1822 ◇ grec des médecins *psôriasis*, de *psôra* « gale » ■ MÉD. Maladie de la peau de cause inconnue, à évolution chronique, caractérisée par des taches rouges recouvertes de squames abondantes, blanchâtres, sèches et friables, localisées surtout aux coudes, aux genoux, au cuir chevelu. — adj. **PSORIASIQUE,** 1858.

PSST ➤ **PSITT**

PSY [psi] **adj. inv. et n.** – 1972 ◊ abrév. fam. de *psychiatre, psychiatrique, psychanalyste, psychologue, psychologique, psychothérapeute,* etc. ■ FAM. ■ **1** Psychologique. *Équilibre psy.* ■ **2** **n.** Professionnel(le) de la psychologie, de la psychiatrie, de la psychanalyse, de la psychothérapie. *Consulter un psy* (cf. Voir quelqu'un*). *Aller chez son psy toutes les semaines. Une psy. Des psys.* « *Ma mère l'avait convaincu d'aller voir un psy, il y est allé en haussant les épaules, des trucs de fille* » O. ADAM.
■ HOM. Psi.

PSYCHANALYSE [psikanaliz] **n. f.** – 1909 ; *psycho-analyse* 1896 ◊ allemand *Psychoanalyse* ; cf. *psycho-* et *analyse* ■ **1** Méthode de psychologie clinique, investigation des processus psychiques profonds ; ensemble des théories de Freud et de ses disciples concernant la vie psychique consciente et inconsciente. *Les découvertes de la psychanalyse.* « *la psychanalyse vous annonce que vous n'êtes plus le centre de vous-même, car il y avait en vous un autre sujet, l'inconscient* » LACAN. ■ **2** Traitement de troubles mentaux (surtout névroses) et psychosomatiques par cette méthode. ➤ **analyse, psychothérapie.** *Être en psychanalyse. Faire, suivre une psychanalyse.* ■ **3** Étude psychanalytique (d'une œuvre d'art, de thèmes...). « *La Psychanalyse du feu* », *ouvrage de Bachelard. Psychanalyse des textes littéraires.* ➤ **psychocritique.**

PSYCHANALYSER [psikanalize] **v. tr.** ⟨1⟩ – 1926 ◊ de *psychanalyse* ■ **1** Traiter par la psychanalyse. *Se faire psychanalyser.* ➤ **analyser ; analysant.** « *en somme, dans le fait d'être psychanalysé, il ne s'agit de rien d'autre que de connaître son histoire* » LACAN. ■ **2** Étudier, interpréter par la psychanalyse. « *cette mission nouvelle pour l'historien : psychanalyser les textes* » SARTRE.

PSYCHANALYSTE [psikanalist] **n.** – 1912 ; *psycho-analyste* 1910 ◊ de *psychanalyse* ■ Spécialiste de la psychanalyse. ♦ SPÉCIALT Personne qui exerce la thérapeutique par la psychanalyse. ➤ **analyste,** FAM. **psy.** *Psychanalyste freudien, lacanien.* « *Le psychanalyste n'est pas un explorateur de continents inconnus ou de grands fonds, c'est un linguiste : il apprend à déchiffrer l'écriture qui est là, sous ses yeux* » LACAN. *Le divan du psychanalyste,* où s'allonge le patient.

PSYCHANALYTIQUE [psikanalitik] **adj.** – 1909 ; *psycho-analytique* 1905 ◊ de *psychanalyse* ■ Propre ou relatif à la psychanalyse. *Théories, méthodes psychanalytiques. Cure, traitement psychanalytique.* ➤ **analytique.**

PSYCHASTHÉNIE [psikasteni] **n. f.** – 1893 ◊ de *psych(o)-* et *asthénie* ■ DIDACT. Névrose dont les principaux éléments sont l'angoisse, l'obsession, le doute, un certain nombre d'inhibitions et de phobies (troubles qui étaient souvent rapportés à la neurasthénie*). — **adj. et n. PSYCHASTHÉNIQUE,** 1893.

1 **PSYCHÉ** [psiʃe] **n. f.** – 1812 ◊ de *Psyché,* nom mythologique ■ Grande glace mobile montée sur un châssis à pivots grâce auxquels on peut l'incliner à volonté et se regarder en pied. ➤ **glace, miroir.** « *Une grande psyché faisait face à une toilette de marbre blanc* » ZOLA.

2 **PSYCHÉ** [psiʃe] **n. f.** – 1842 ◊ grec *psukhê* «âme» ■ PHILOS. L'ensemble des phénomènes psychiques, considérés comme formant l'unité personnelle.

PSYCHÉDÉLIQUE [psikedelik] **adj.** – 1967 ◊ anglais *psychedelic* ; du grec *psukhê* (cf. 2*psyché*) et *dêlos* «visible, manifeste», proprt «qui manifeste la psyché» ■ **1** PSYCHIATR. Qui résulte de l'absorption de drogues hallucinogènes (en parlant de l'état psychique). — Qui provoque un état psychédélique. *Drogues psychédéliques* (➤ **haschich, L. S. D.**). ■ **2** (repris à l'anglais américain) COUR. Qui évoque les visions de l'état psychédélique. *Dessins, éclairage, musique, spectacle psychédéliques.*

PSYCHÉDÉLISME [psikedelism] **n. m.** – 1966 ◊ de *psychédélique* ■ **1** PSYCHIATR. État provoqué par les drogues hallucinogènes. ■ **2** COUR. Ensemble des manifestations psychédéliques (2°).

PSYCHIATRE [psikjatʀ] **n.** – 1802 ◊ de *psych(o)-* et *-iatre* ■ Médecin spécialiste des maladies mentales, de psychiatrie*. ➤ VIEILLI **aliéniste,** FAM. **psy.** *Psychiatre expert près les tribunaux.*

PSYCHIATRIE [psikjatʀi] **n. f.** – 1842 ◊ de *psychiatre* ■ Partie de la médecine qui étudie et traite les maladies mentales, les troubles pathologiques de la vie psychique. ➤ **neurologie, neuropsychiatrie, pédopsychiatrie, psychopathologie, psychothérapie ; antipsychiatrie.**

PSYCHIATRIQUE [psikjatʀik] **adj.** – 1842 ◊ de *psychiatrie* ■ Relatif à la psychiatrie. *Hôpital psychiatrique (HP).*

PSYCHIATRISER [psikjatʀize] **v. tr.** ⟨1⟩ – v. 1970 ◊ de *psychiatrie* ■ DIDACT. Soumettre à un traitement psychiatrique. *Psychiatriser la société.* — Interpréter (un fait, une situation) en termes de psychiatrie. — **n. f.** (1971) **PSYCHIATRISATION.**

PSYCHIQUE [psiʃik] **adj.** – 1808 ◊ grec *psukhikos* ■ **1** Qui concerne l'esprit, la pensée. ➤ **mental, psychologique.** *Phénomènes psychiques. Troubles psychiques. Équilibre psychique.* « *Des maladies qui sont plus psychiques que physiques* » MAUROIS. ➤ **psychosomatique.** ■ **2** ABUSIVEMENT Métapsychique. ➤ **parapsychique.** ■ CONTR. Organique, 1 physique, somatique.

PSYCHIQUEMENT [psiʃikmɑ̃] **adv.** – 1822 ◊ de *psychique* ■ Quant à la vie psychique. « *il a fallu se résoudre à les déclarer morts. C'est un acte douloureux, mais psychiquement indispensable* » E. CARRÈRE.

PSYCHISME [psiʃism] **n. m.** – 1873 ; «métapsychique, spiritualisme» 1812 ◊ de *psychique* ■ DIDACT. La vie psychique. ➤ 2 **psyché.** — Ensemble particulier de faits psychiques. *Le psychisme animal. Psychisme morbide.*

PSYCH(O)- ■ Élément, du grec *psukhê* «l'âme sensitive».

PSYCHOACTIF, IVE [psikoaktif, iv] **adj.** – 1959 ◊ de *psycho-* et *actif* ■ DIDACT. Qui agit sur le système nerveux central et modifie le psychisme. ➤ **psychotrope.** *Médicaments psychoactifs. Les drogues sont des substances psychoactives.*

PSYCHOAFFECTIF, IVE [psikoafɛktif, iv] **adj.** – 1914 ◊ de *psycho-* et *affectif* ■ Se dit de tout processus mental faisant intervenir l'affectivité. *Processus cognitifs et processus psychoaffectifs.*

PSYCHOANALEPTIQUE [psikoanalɛptik] **adj. et n. m.** – milieu XXe ◊ de *psycho-* et *analeptique* ■ PHARM. Qui stimule l'activité mentale (en parlant d'un médicament, d'une substance). ➤ **psychostimulant, psychotonique.** *Psychotrope psychoanaleptique.* ➤ aussi **thymoanaleptique.** ■ CONTR. Psycholeptique.

PSYCHOBIOLOGIE [psikɔbjɔlɔʒi] **n. f.** – 1903 ◊ de *psycho-* et *biologie* ■ DIDACT. Science et méthode biologiques appliquées à l'étude de faits psychiques. *Psychobiologie et psychosociologie.* — **adj. PSYCHOBIOLOGIQUE,** 1901.

PSYCHOCHIRURGIE [psikoʃiʀyʀʒi] **n. f.** – 1936 ◊ de *psycho-* et *chirurgie* ■ DIDACT. Thérapeutique des troubles mentaux recourant à des interventions chirurgicales sur le cerveau (➤ **lobotomie**). — **n. PSYCHOCHIRURGIEN, IENNE,** v. 1970.

PSYCHOCRITIQUE [psikokʀitik] **n. et adj.** – v. 1950 ◊ de *psycho-* et *critique* ■ DIDACT. ■ **1** **n. f.** Méthode d'étude des textes littéraires par la mise en évidence des symptômes de l'inconscient de l'auteur. ➤ **psychanalyse** (3°). ■ **2** Critique littéraire utilisant cette méthode. ■ **3** **adj.** Relatif à la psychocritique.

PSYCHODRAMATIQUE [psikɔdʀamatik] **adj.** – 1951 ◊ de *psychodrame* ■ DIDACT. Qui concerne le psychodrame, la thérapie au moyen du psychodrame.

PSYCHODRAME [psikɔdʀam] **n. m.** – 1911 ◊ emprunté à l'anglais ; de *psycho-* et *drame* ■ **1** DIDACT. Psychothérapie de groupe consistant à faire participer les sujets à des représentations où ils jouent des rôles comportant des situations conflictuelles proches de leurs conflits. ➤ **sociodrame.** « *nous nous livrâmes à de sommaires psychodrames, chaque fois que nous avions à affronter des situations désagréables* » BEAUVOIR. ■ **2** COUR. Ambiance, situation qui rappellent ces représentations. *Querelle de famille qui dégénère en psychodrame.*

PSYCHODYSLEPTIQUE [psikodislɛptik] **adj. et n. m.** – 1957 ◊ de *psycho-, dys-* et *-leptique* ■ PHARM. Qui modifie l'activité mentale normale (en parlant d'un médicament, d'une substance). *La cocaïne est à la fois psychoanaleptique et psychodysleptique.* — **n. m.** *Effets hallucinogènes des psychodysleptiques.* ➤ **psychotonique.**

PSYCHOGÈNE [psikɔʒɛn] **adj.** – 1908 ◊ de *psycho-* et *-gène* ■ DIDACT. ■ **1** Qui agit comme cause purement psychique. « *Certaines de ces stérilités "énigmatiques" doivent avoir une origine psychogène* » J. TESTART. — Qui est un facteur psychique pathogène. ■ **2** Dont la cause est purement psychique, sans cause somatique. ➤ aussi **psychosomatique.** *Aphonie, douleur psychogène.*

PSYCHOGÉNÉALOGIE [psikoʒenealɔʒi] **n. f.** – 1985 ◊ de *psycho-* et *généalogie* ■ DIDACT. Discipline selon laquelle le mal-être d'un sujet trouverait son origine dans l'histoire familiale. « *Je ne me suis jamais vraiment intéressée à la psychogénéalogie ni aux phénomènes de répétition transmis d'une génération à une autre* » D. DE VIGAN. — **n. PSYCHOGÉNÉALOGISTE** (1996).

PSYCHOGENÈSE [psikoʒənɛz] **n. f.** – 1895 ◊ de *psycho-* et *-genèse* ■ DIDACT. ■ **1** Étude de l'origine et de l'évolution des fonctions psychiques. ■ **2** Étude des causes psychiques susceptibles d'expliquer un changement de comportement, un trouble psychiatrique, etc. « *établir la psychogenèse de votre névrose* » BERNANOS. — **adj. PSYCHOGÉNÉTIQUE** (1884).

PSYCHOKINÉSIE [psikokinezi] **n. f.** – 1971 ◊ de *psycho-* et grec *kinêsis* « mouvement » ■ PARAPSYCHOL. Faculté paranormale d'influencer les objets physiques ou les évènements par des processus mentaux. ➤ **télékinésie.** — **adj. PSYCHOKINÉTIQUE.**

PSYCHOLEPTIQUE [psikɔlɛptik] **adj. et n. m.** – 1951 ◊ de *psycho-* et *-leptique* ■ PHARM. Qui exerce un effet sédatif sur le psychisme (en parlant d'un médicament, d'une drogue). *Action psycholeptique des barbituriques.* — **n. m.** *Les psycholeptiques sont des psychotropes* (➤ **hypnotique, neuroleptique, tranquillisant**). ■ CONTR. Psychoanaleptique, psychostimulant, psychotonique.

PSYCHOLINGUISTE [psikolɛ̃gɥist] **n.** – 1971 ◊ de *psycho-* et *linguiste* ■ DIDACT. Spécialiste de psycholinguistique.

PSYCHOLINGUISTIQUE [psikolɛ̃gɥistik] **n. f. et adj.** – 1963 ; adj. 1929 ◊ de *psycho-* et *linguistique* ■ DIDACT. Étude scientifique des activités psychologiques qui permettent la production et la compréhension du langage. — **adj.** *Travaux psycholinguistiques.*

PSYCHOLOGIE [psikɔlɔʒi] **n. f.** – 1690 ; « science de l'apparition des esprits » 1588 ◊ latin savant *psychologia* (XVIe) ; cf. *psycho-* et *-logie*

I ■ **1** VX Connaissance de l'âme humaine, considérée comme une partie de la métaphysique. ■ **2** (1754) MOD. Étude scientifique des phénomènes de l'esprit, de la pensée, caractéristiques de certains êtres vivants (animaux supérieurs, humains) chez qui existe une connaissance de leur propre existence. *Psychologie subjective, introspective. Psychologies objectives, de réaction, du comportement**. ➤ **béhaviorisme.** *Psychologie expérimentale, quantitative.* ➤ **psychométrie, psychotechnique ; 2 test.** *Psychologie pathologique.* ➤ **psychopathologie.** *Psychologie comparée. Psychologie des caractères.* ➤ **caractérologie.** *Psychologie de l'enfant, de l'adolescent. Psychologie des profondeurs :* psychanalyse freudienne et post-freudienne ; *psychologie analytique, de Jung ; psychologie individuelle, d'Adler.* — *Psychologie économique :* étude des conduites des acteurs de la vie économique (consommateurs, investisseurs, etc.). *Psychologie sociale.* ➤ **psychosociologie.** — *Laboratoire, traité de psychologie. Licence de psychologie.* — ABRÉV. FAM. (1889) **PSYCHO** [psiko]. *Il fait de la psycho.*

II COUR. ■ **1** Connaissance empirique, spontanée des sentiments d'autrui ; aptitude à comprendre, à prévoir les comportements. ➤ **intuition.** *Faire preuve de psychologie.* « *Gaffe évidente. Manque de psychologie* » ROMAINS. ♦ Manière de présenter les sentiments, les états de conscience, propre à un auteur, à une œuvre. *La psychologie d'un romancier. La psychologie de ce film est enfantine.* ■ **2** Ensemble d'idées, d'états d'esprit. *La psychologie du Français. Comprendre la psychologie de l'adversaire.* ♦ FAM. Mentalité (d'une personne). « *la première chose à faire* [...] *c'est de changer ta psychologie* » AYMÉ.

PSYCHOLOGIQUE [psikɔlɔʒik] **adj.** – 1754 ◊ de *psychologie* ■ **1** Qui appartient, est relatif à la psychologie. *Méthodes, tests, théories psychologiques. Profil** *psychologique.* — *L'analyse psychologique. Roman, film psychologique,* où l'analyse des sentiments tient une place essentielle. — *Moment** *psychologique.* ■ **2** Étudié par la psychologie ; PAR EXT. Qui concerne les faits psychiques, la pensée. ➤ **mental, psychique.** *Faits, états psychologiques.* — *Avoir des problèmes psychologiques.* ■ **3** Qui agit sur les forces psychiques (de qqn). *Tension psychologique. Seuil psychologique.* ♦ Qui vise à agir sur le comportement (de qqn, d'un groupe). *Action psychologique déstabilisante. Prix psychologique,* que le consommateur est prêt à payer, qui déclenchera l'acte d'achat. — *Guerre psychologique :* utilisation systématique des moyens de propagande pour amoindrir le moral et la volonté de combattre de l'adversaire. ➤ **psychopolémologie** (cf. Guerre* des nerfs). ■ CONTR. 1 Physique, somatique.

PSYCHOLOGIQUEMENT [psikɔlɔʒikmɑ̃] **adv.** – 1815 ◊ de *psychologique* ■ **1** Du point de vue de la psychologie. ■ **2** (Opposé à *physiquement*) Mentalement, moralement. *Être psychologiquement fort. Il n'est psychologiquement pas prêt à l'affrontement.*

PSYCHOLOGISME [psikɔlɔʒism] **n. m.** – 1840 ◊ de *psychologie* ■ DIDACT. Tendance à faire prévaloir le point de vue de la psychologie sur celui d'une autre science, dans un domaine commun (opposé à *sociologisme*, etc.).

PSYCHOLOGUE [psikɔlɔg] **n.** – 1760 ◊ de *psychologie* ■ **1** Spécialiste de psychologie. — SPÉCIALT (1903) Personne qui exerce un des métiers de la psychologie appliquée. ➤ FAM. **psy.** — *Psychologue scolaire :* psychologue attaché(e) à un établissement d'enseignement. ■ **2** Personne qui a une connaissance (empirique, littéraire) de l'âme humaine. *C'est un fin psychologue.* « *Un psychologue à la Stendhal* » VALÉRY. — **adj.** *Vous n'êtes pas psychologue !* vous n'avez rien compris à son comportement.

PSYCHOMÉTRICIEN, IENNE [psikɔmetʀisjɛ̃, jɛn] **n.** – 1955 ◊ de *psychométrie* ■ DIDACT. Spécialiste de psychométrie ; psychologue qui effectue des mesures spécifiques (tests...).

PSYCHOMÉTRIE [psikɔmetʀi] **n. f.** – 1842, repris 1908 ◊ de *psychomètre* « instrument mesurant la valeur de l'âme » 1764, de *psycho-* et *-mètre* ■ SC. Procédés de mesure des phénomènes psychiques (intensité, durée, fréquence). — **adj. PSYCHOMÉTRIQUE,** 1806. *Tests psychométriques.*

PSYCHOMOTEUR, TRICE [psikɔmɔtœʀ, tʀis] **adj.** – 1877 ◊ de *psycho-* et *moteur* ■ PHYSIOL. Qui concerne à la fois les fonctions motrices et psychiques. *Aire* (corticale) *psychomotrice. Troubles psychomoteurs. Rééducation psychomotrice.*

PSYCHOMOTRICIEN, IENNE [psikɔmɔtʀisjɛ̃, jɛn] **n.** – avant 1975 ◊ de *psychomoteur* ■ DIDACT. Auxiliaire de santé spécialiste de la rééducation des personnes souffrant de troubles psychomoteurs.

PSYCHOMOTRICITÉ [psikɔmɔtʀisite] **n. f.** – 1952 ◊ de *psycho-* et *motricité* ■ DIDACT. Intégration des fonctions motrices et psychiques résultant de la maturation du système nerveux.

PSYCHONÉVROSE [psikonevʀoz] **n. f.** – 1896 ◊ de *psycho-* et *névrose* ■ MÉD. ■ **1** VIEILLI Névrose caractérisée par des troubles psychiques. ■ **2** MOD. Maladie mentale intermédiaire entre la névrose et la psychose. *Les psychonévroses de défense* (Freud), *de guerre* (H. Wallon). — **adj. PSYCHONÉVROTIQUE.**

PSYCHOPATHE [psikɔpat] **n.** – 1894 ◊ de *psycho-* et *-pathe* ■ VIEILLI Malade mental(e). ♦ MOD. Individu présentant une personnalité qui relève de la psychopathie. ➤ aussi **déséquilibré.** — **adj.** *Meurtrier psychopathe.*

PSYCHOPATHIE [psikɔpati] **n. f.** – 1877 ◊ de *psycho-* et *-pathie* ■ VIEILLI Maladie mentale. ♦ MOD. Trouble de la personnalité caractérisé essentiellement par l'impulsivité, l'instabilité, l'incapacité d'adaptation au milieu menant à des conduites antisociales (➤ **psychopathe**). *Psychopathie et névropathie**. — **adj. PSYCHOPATHIQUE,** 1877.

PSYCHOPATHOLOGIE [psikopatɔlɔʒi] **n. f.** – 1896 ◊ de *psycho-* et *pathologie* ■ DIDACT. Étude médicale des troubles mentaux, science de base de la psychiatrie*. *Psychopathologie de l'enfant.* — **adj. PSYCHOPATHOLOGIQUE.**

PSYCHOPÉDAGOGIE [psikopedagɔʒi] **n. f.** – 1906 ◊ de *psycho-* et *pédagogie* ■ DIDACT. Application de la psychologie expérimentale à la pédagogie. — **adj. PSYCHOPÉDAGOGIQUE,** 1952 ; **n. PSYCHOPÉDAGOGUE,** avant 1960.

PSYCHOPHARMACOLOGIE [psikofaʀmakɔlɔʒi] **n. f.** – 1956 ◊ de *psycho-* et *pharmacologie* ■ DIDACT. Étude des substances chimiques ayant un effet sur le psychisme humain. — **adj. PSYCHOPHARMACOLOGIQUE ; n. PSYCHOPHARMACOLOGUE.**

PSYCHOPHYSIOLOGIE [psikofizjɔlɔʒi] **n. f.** – 1877 ◊ de *psycho-* et *physiologie* ■ DIDACT. Étude scientifique des rapports entre l'activité physiologique et le psychisme. — **adj. PSYCHOPHYSIOLOGIQUE,** 1830 ; **n. PSYCHOPHYSIOLOGISTE,** 1891.

PSYCHOPHYSIQUE [psikofizik] **n. f. et adj.** – 1864 ; 1754 adj. ◊ de *psycho-* et 1 *physique* ■ DIDACT. Étude scientifique des rapports entre les faits physiques (stimulus) et les sensations qui en résultent. — **adj.** *Méthodes psychophysiques.* ➤ **sensorimétrie.**

PSYCHOPOLÉMOLOGIE [psikopɔlemɔlɔʒi] **n. f.** – 1975 ◊ de *psycho-* et *polémologie* ■ DIDACT. Science de la manipulation de l'inconscient collectif à des fins subversives.

PSYCHOPOMPE [psikopɔ̃p] **adj.** – 1842 ◊ grec *psukhopompos* ■ MYTH. Qui conduit les âmes des morts (épithète appliquée à Apollon, Charon, Hermès, Orphée, etc.).

PSYCHORIGIDE [psikoʀiʒid] **adj. et n.** – 1932 ◇ de *psycho-* et *rigide* ■ Qui fait preuve de psychorigidité. *« ces employés psychorigides qui appliquent le règlement à la lettre »* Y. HAENEL. — **n.** *Les psychorigides.*

PSYCHORIGIDITÉ [psikoʀiʒidite] **n. f.** – 1924 ◇ de *psycho-* et *rigidité* ■ PSYCHOL. Attitude d'une personne perfectionniste, incapable de s'adapter aux situations nouvelles, qui reste inébranlable dans ses convictions. *« ton approche binaire du monde, pour ne pas dire ta psychorigidité, ne favorise pas le dialogue »* M. DUGAIN. ■ CONTR. Empathie.

PSYCHOSE [psikoz] **n. f.** – 1859 ◇ de *psych(o)-*, d'après *névrose* ■ **1** PSYCHIATR. Maladie mentale affectant de manière essentielle le comportement, et dont le malade ne reconnaît pas le caractère morbide (à la différence des névroses). ➤ **délire, hallucination, paranoïa, schizophrénie.** *« Dans la psychose, qui est plus grave* [que la névrose], *le malade sort du monde réel »* MAUROIS. *Les formes délirantes de la manie et de la mélancolie sont des psychoses chroniques. Psychose maniacodépressive.* ➤ **bipolarité.** *Psychose réactionnelle*.* — *Personne atteinte de psychose.* ➤ **psychotique.** ■ **2** COUR. Obsession, idée fixe. *Psychose collective. « la psychose engendrée par la rumeur d'un accident dans une usine de produits chimiques »* LE CLÉZIO. *La psychose des attentats.*

PSYCHOSENSORIEL, IELLE [psikosɑ̃sɔʀjɛl] **adj.** – 1891 ◇ de *psycho-* et *sensoriel* ■ PSYCHOL. D'apparence sensorielle (en parlant de troubles psychiques). *L'hallucination est un phénomène psychosensoriel.*

PSYCHOSOCIAL, IALE, IAUX [psikosɔsjal, jo] **adj.** – 1901 ◇ de *psycho-* et *social* ■ DIDACT. Qui se rapporte à la psychologie humaine dans la vie sociale (➤ **psychosociologie**). *« L'équilibre psychosocial »* MOUNIER. *Risques psychosociaux :* risques professionnels mettant en jeu l'intégrité physique et la santé mentale des travailleurs. *« un psychiatre spécialisé dans la souffrance au travail et les risques psychosociaux »* D. DE VIGAN. *Organisation psychosociale d'un groupe de malades* (thérapeutique de groupe). ➤ **psychodrame, sociodrame.**

PSYCHOSOCIOLOGIE [psikosɔsjɔlɔʒi] **n. f.** – 1901 ◇ de *psycho-* et *sociologie* ■ DIDACT. Étude de la psychologie humaine en relation avec le groupe, appelée aussi *psychologie sociale.* — **n. PSYCHOSOCIOLOGUE,** 1918 ; **adj. PSYCHOSOCIOLOGIQUE,** 1906.

PSYCHOSOMATIQUE [psikosɔmatik] **adj.** – 1812 ◇ de *psycho-* et *somatique* ■ DIDACT. Relatif aux troubles organiques ou fonctionnels occasionnés, favorisés ou aggravés par des facteurs psychiques (émotionnels et affectifs). *Facteurs psychosomatiques déterminants de l'asthme, de l'eczéma.* — *Affections, manifestations psychosomatiques.* ➤ **psychogène ; somatisation.** ♦ *Médecine psychosomatique,* ou **n. f.** *la psychosomatique,* qui étudie et soigne les affections psychosomatiques. — **n. PSYCHOSOMATICIEN, IENNE,** 1927.

PSYCHOSTIMULANT, ANTE [psikostimylɑ̃, ɑ̃t] **adj. et n. m.** – attesté 1972 ◇ de *psycho-* et *stimulant* ■ Qui stimule l'activité mentale, la vigilance, l'attention. ➤ **psychotonique.** *Effet psychostimulant de la caféine, de la nicotine. Drogues psychostimulantes.* — **n. m.** *Les amphétamines sont des psychostimulants.*

PSYCHOTECHNIQUE [psikotɛknik] **n. f.** – 1928 ◇ de *psycho-* et *technique* ■ DIDACT. Ensemble des méthodes servant à évaluer (pour l'orientation professionnelle, l'organisation du travail) les réactions, les aptitudes mentales, sensorielles et psychomotrices d'un individu. — **adj.** *Examens, méthodes psychotechniques.* ➤ 2 **test.** — **n. PSYCHOTECHNICIEN, IENNE,** 1930.

PSYCHOTER [psikɔte] **v. intr.** ‹1› – 1995 ◇ de *psychose* ■ FAM. Avoir peur. ➤ **angoisser,** 2 **flipper, stresser.** *« J'ai peur Vic. – Arrête de psychoter, s'il te plaît »* F. THILLIEZ.

PSYCHOTHÉRAPEUTE [psikoteʀapøt] **n.** – 1902 ◇ de *psycho-* et *thérapeute* ■ DIDACT. Personne qui pratique la psychothérapie. ➤ **psychanalyste, psychiatre ; thérapeute ;** FAM. **psy.**

PSYCHOTHÉRAPIE [psikoteʀapi] **n. f.** – 1888 ◇ de *psycho-* et *-thérapie* ■ DIDACT. Thérapeutique (de troubles organiques ou psychiques) qui s'effectue par intervention psychologique sur le psychisme. *Utilisation de la psychothérapie en psychiatrie, en médecine psychosomatique. Psychothérapie analytique.* ➤ **psychanalyse.** *Psychothérapie familiale, de groupe.* ➤ **psychodrame, sociodrame** (cf. Analyse transactionnelle*). *Psychothérapie de soutien*.* — *Suivre, faire une psychothérapie.*

PSYCHOTHÉRAPIQUE [psikoteʀapik] **adj.** – 1894 ◇ de *psychothérapie* ■ DIDACT. De la psychothérapie.

PSYCHOTIQUE [psikɔtik] **adj. et n.** – 1877 ◇ de *psychose* ■ **1** DIDACT. Relatif aux psychoses. *Troubles psychotiques. Épisode psychotique.* ■ **2** PSYCHIATR. Atteint d'une psychose. *Un enfant psychotique.* — **n.** *Un, une psychotique.*

PSYCHOTONIQUE [psikɔtɔnik] **adj. et n. m.** – 1946 ◇ de *psycho-* et *tonique* ■ PHARM. Qui stimule l'activité cérébrale, combat la fatigue, le plus souvent par un effet euphorisant (en parlant d'un médicament, d'une substance). ➤ **psychoanaleptique, psychodysleptique, psychostimulant.** — **n. m.** *Les amphétamines sont des psychotoniques.* ➤ **énergisant, excitant.** ■ CONTR. Psycholeptique.

PSYCHOTROPE [psikɔtʀɔp] **adj. et n. m.** – 1951 ◇ de *psycho-* et *-trope* ■ DIDACT. (PSYCHOL., MÉD.) Qui agit chimiquement sur le psychisme (en parlant d'un médicament, d'une substance). ➤ **psychoactif.** — **n. m.** *Classification des psychotropes suivant leur action stimulante* (➤ **psychoanaleptique, psychostimulant, psychotonique, thymoanaleptique**), *calmante* (➤ **anxiolytique, hypnotique, neuroleptique, psycholeptique, somnifère, tranquillisant**), *ou génératrice de troubles* (➤ **psychodysleptique**).

PSYCHROMÈTRE [psikʀɔmɛtʀ] **n. m.** – 1732 ◇ du grec *psukhros* « froid » et *-mètre* ■ SC., TECHN. Instrument formé de deux thermomètres, l'un à réservoir sec, l'autre à réservoir humide, qui sert à mesurer l'humidité de l'air. ➤ **hygromètre.** — **n. f. PSYCHROMÉTRIE,** 1842.

PSYCHROPHILE [psikʀɔfil] **adj. et n. m.** – 1963 ◇ du grec *psukhros* « froid » et *-phile* ■ BIOL. Qui vit et se reproduit dans des conditions optimales, à des températures inférieures à 20 °C (en parlant d'un micro-organisme). — **n. m.** *Les psychrophiles.*

1 **PSYLLE** [psil] **n. m.** – 1743 ◇ latin *Psylli,* plur. grec *Psulloi,* peuple de la Cyrénaïque ■ DIDACT. Charmeur de serpents en Inde, en Orient.

2 **PSYLLE** [psil] **n. m. ou f.** – 1762 fém. ◇ grec *psulla* « puce » ■ Insecte hémiptère *(psyllidés),* très petite cigale dotée de pattes propres au saut. *Les psylles sont particulièrement nuisibles aux arbres fruitiers.*

PSYLLIUM [psiljɔm] **n. m.** – 1560 ; *psilium* 1256 ◇ latin *psillium,* grec *psullion,* proprt « herbe aux puces », de *psulla* « puce », à cause de l'aspect des graines ■ PHARM. Graines mucilagineuses de deux espèces de plantain du sud de l'Europe et d'Afrique du Nord.

PTÉRANODON [pteʀanɔdɔ̃] **n. m.** – fin XIXe ◇ de *ptér(o)-* et du grec *anodous, ontos* « édenté » ■ PALÉONT. Reptile volant et édenté du crétacé supérieur, d'Amérique du Nord.

-PTÈRE ■ Élément, du grec *-pteros,* de *pteron* « plume d'aile, ailé », et « aile, colonnade » (ARCHIT.). ➤ **ptér(o)-.**

PTÉRIDOPHYTES [pteʀidɔfit] **n. f. pl.** – 1898 ◇ du grec *pteris, pteridos* « fougère » et *-phyte* ■ BOT. Embranchement du règne végétal comprenant de nombreuses espèces fossiles et actuelles, appelées aussi *cryptogames vasculaires. Les fougères, les prèles, les sélaginelles sont des ptéridophytes.*

PTÉR(O)- ■ Élément, du grec *ptero-,* de *pteron* « aile ». ➤ **-ptère.**

PTÉRODACTYLE [pteʀɔdaktil] **adj. et n. m.** – 1809 ◇ de *ptéro-* et *-dactyle* ■ ZOOL. Qui a les doigts reliés par une membrane. — **n. m.** (1821) PALÉONT. Reptile fossile volant du jurassique supérieur *(ptérosauriens).*

PTÉROPODE [pteʀɔpɔd] **n. m.** – 1809 ◇ de *ptéro-* et *-pode* ■ ZOOL. Mollusque gastéropode muni de deux organes locomoteurs en forme de nageoires.

PTÉROSAURIENS [pteʀɔsɔʀjɛ̃] **n. m. pl.** – fin XIXe ◇ de *ptéro-* et *saurien* ■ PALÉONT. Ordre de reptiles fossiles du secondaire, qui étaient adaptés au vol grâce à des ailes membraneuses soutenues par un doigt (➤ **ptérodactyle**).

-PTÉRYGIEN ■ Élément, du grec *pterugion* « nageoire ».

PTÉRYGOÏDE [pteʀigɔid] **adj.** – 1690 ◇ grec *pterugoeidês* « en forme d'aile » ■ ANAT. *Apophyse ptérygoïde :* apophyse osseuse de la face inférieure du sphénoïde, formée de deux racines se prolongeant par l'aile interne et l'aile externe de l'apophyse.

PTÉRYGOÏDIEN, IENNE [pteʀigɔidjɛ̃, jɛn] **adj. et n. m.** – 1690 ◇ de *ptérygoïde* ■ ANAT. Relatif à l'apophyse ptérygoïde*. *Artères ptérygoïdiennes.* — *Muscles ptérygoïdiens* (interne et externe), ou **n. m.** *les ptérygoïdiens :* muscles masticateurs assurant les mouvements de la mandibule, et qui partent de l'apophyse ptérygoïde.

PTÉRYGOTE [pteʀigɔt] **n. m.** – 1932 ◇ du grec *pterugos*, de *pteron* «aile» ■ ZOOL. Tout insecte ailé.

PTOLÉMAÏQUE [ptɔlemaik] **adj.** – 1875 ◇ bas latin *ptolemaïcus*, de *Ptolemaeus*, grec *Ptolemaios* «Ptolémée» ■ DIDACT. Relatif à Ptolémée Sôter et à sa dynastie (Lagides), ainsi qu'à la civilisation hellénistique de cette période, en Égypte.

PTOMAÏNE [ptɔmain] **n. f.** – 1879 ◇ italien *ptomaina* (1875) ; du grec *ptôma* «cadavre» ■ BIOCHIM. Substance aminée toxique se formant au cours de la putréfaction des protéines animales sous l'effet de bactéries. *Conserves avariées contenant des ptomaïnes.*

PTOSE [ptoz] **n. f.** – 1895 ; bot. 1808 ◇ grec *ptôsis* «chute» ■ MÉD. Descente d'un organe par relâchement de ses moyens de soutien. ➤ **prolapsus.** *Ptose gastrique.* — PAR EXT. *Ptose mammaire.* «*La ptose abdominale qui débordait de son ceinturon*» M. DUGAIN. — On écrit aussi *ptôse.*

PTOSIS [ptozis] **n. m.** – 1904 ◇ du grec *ptôsis* «chute» → ptose ■ MÉD. Abaissement permanent de la paupière supérieure. *Ptosis congénital. Ptosis paralytique,* par paralysie du muscle releveur de la paupière.

PTYALINE [ptjalin] **n. f.** – 1842 ◇ du grec *ptualon* «salive» ■ BIOCHIM. Amylase salivaire.

PTYALISME [ptjalism] **n. m.** – 1723 ◇ grec *ptualismos* ■ MÉD. Salivation exagérée, qui s'observe dans diverses affections. ➤ **sialorrhée.**

PUANT, PUANTE [pɥɑ̃, pɥɑ̃t] **adj.** – 1191 ; *pudent* 980 ◇ de *puer* ■ **1** Qui pue, dégage une odeur forte et déplaisante. ➤ **fétide, infect, nauséabond, pestilentiel.** «*Des fossés croupissants, puants, pleins de sales herbes*» GIDE. *Boule puante,* qui, lorsqu'on la lance, se brise en répandant un liquide d'une odeur fétide ; FIG. révélation explosive visant à affaiblir un adversaire politique. — VÉN. *Bêtes puantes :* blaireaux, fouines, putois, etc., qui dégagent une odeur forte et désagréable. — (1881) (Canada) *Bête puante :* mouffette. ■ **2** FIG. (1660) Qui est odieux de prétention, de vanité. *Il est puant. Un discours puant.* ■ CONTR. (du 1°) Odoriférant, parfumé.

PUANTEUR [pɥɑ̃tœʀ] **n. f.** – XIVe ; *puantour* 1260 ◇ de *puant* ■ Odeur infecte. ➤ **fétidité, infection.** *Puanteur qui se dégage des carcasses d'animaux. Une puanteur pestilentielle.* ■ CONTR. Arôme.

1 **PUB** [pœb] **n. m.** – 1925 ◇ mot anglais (1865), abrév. de *public house* «auberge» ■ En Angleterre et dans certains pays anglosaxons, Établissement public où l'on sert de la bière et autres boissons alcoolisées. *Les pubs de Liverpool.* «*Les* pubs *avec leurs vitres dépolies, leurs horaires insolites, m'effarouchaient comme des maisons de tolérance*» GRACQ. — PAR EXT. En France, Bar, brasserie, café dans le style des pubs anglais.

2 **PUB** [pyb] **n. f.** – v. 1965 ◇ abrév. de *publicité* ■ FAM. Publicité (II). *Faire de la pub pour une marque. Les pubs à la télévision. Travailler dans la pub. Ça lui a fait de la pub.* — LOC. *Coup de pub :* acte accompli dans le but de se faire connaître (souvent péj.).

PUBALGIE [pybalʒi] **n. f.** – 1932 ◇ de *pub(is)* et *-algie* ■ MÉD. Inflammation des tendons qui s'insèrent dans la symphyse pubienne. *Pubalgie des sportifs.*

PUBÈRE [pybɛʀ] **adj.** – 1392 ◇ latin *puber* ■ Qui a atteint l'âge de la puberté. *Jeune fille pubère.* ➤ **formé, nubile ; réglé.** «*Lorsque les garçons sont pubères et les filles nubiles*» DIDEROT. ■ CONTR. Impubère.

PUBERTAIRE [pybɛʀtɛʀ] **adj.** – milieu XXe ◇ de *puberté* ■ DIDACT. De la puberté. *Âge pubertaire. Premiers signes pubertaires.*

PUBERTÉ [pybɛʀte] **n. f.** – v. 1362 ◇ latin *pubertas* ■ Passage de l'enfance à l'adolescence ; ensemble des modifications physiologiques s'accompagnant de modifications psychiques, qui font de l'enfant un être apte à procréer (apparition des caractères sexuels secondaires, des règles). ➤ **nubilité.** «*La puberté est un exil brutal, douloureux, et humiliant. Les petites filles sont expulsées hors de l'enfance au rythme de leur sang qui flue* [...], *les petits garçons au rythme de leur voix qui s'altère*» S. GERMAIN.

PUBESCENCE [pybesɑ̃s] **n. f.** – 1803 ◇ de *pubescent* ■ BOT. Caractère, état d'un organe pubescent.

PUBESCENT, ENTE [pybesɑ̃, ɑ̃t] **adj.** – 1516 ◇ latin *pubescens,* de *pubescere* «se couvrir de poils» ■ BIOL. Couvert de poils fins et courts, de duvet. *Feuille, tige pubescente.* — DIDACT. Se dit parfois d'un adolescent chez qui la pilosité commence à ressembler à celle de l'adulte ; PAR EXT. Qui est en période de puberté.

PUBIEN, IENNE [pybjɛ̃, jɛn] **adj.** – 1796 ◇ de *pubis* ■ ANAT. Qui appartient au pubis. *Symphyse pubienne. Pilosité pubienne.*

PUBIS [pybis] **n. m.** – 1478 ◇ mot latin, variante de *pubes* ■ **1** ANAT. *Pubis* ou *os pubis :* partie antérieure de chacun des os iliaques. ■ **2** Plus cour. Région triangulaire médiane du basventre, dont la partie saillante est le mont de Vénus (ou pénil*), et qui est limitée latéralement par les plis de l'aine. *Les poils du pubis. Poux du pubis.*

PUBLI- ■ Élément, de *publicité : publi-informations, publireportage, publiphile.*

PUBLIABLE [pyblijabl] **adj.** – 1639 ◇ de *publier* ■ Qui mérite, est en état d'être publié. *Ce texte est à peine publiable.* — Qu'on est autorisé à publier. *Compte rendu non publiable.* ■ CONTR. Impubliable.

PUBLIC, IQUE [pyblik] **adj.** et **n. m.** – milieu XIIIe ◇ du latin *publicus* → république

I ~ **adj. A. QUI CONCERNE L'ENSEMBLE D'UN PEUPLE** ■ **1** Qui concerne le peuple pris dans son ensemble ; qui appartient à la collectivité sociale, politique et en émane ; qui appartient à l'État ou à une personne administrative. *La chose* publique. Les affaires publiques.* ➤ 2 **politique.** *Association reconnue d'utilité* publique. L'intérêt, le bien, le salut* public.* ➤ **commun,** 1 **général.** *L'ordre* public. Un danger* public. Un ennemi* public. L'opinion, la rumeur publique. De notoriété* publique.* ■ **2** (1585) Relatif aux collectivités sociales juridiquement définies, et SPÉCIALT à l'État*. *Le droit public. Les pouvoirs publics. La force* publique. — Action publique, ministère public. — Administration, fonction* publique. Le secteur public. Entreprise publique* (➤ **national, nationalisé**). *Les Travaux* publics. — Acte public,* dressé par une autorité selon les formes légales. ➤ **authentique.** — *Les finances publiques. Le Trésor public. La dette* publique. Les charges* publiques. — Le domaine* public. Monument public,* qui fait partie du domaine public. *Établissement public. Assistance, santé publique. Instruction, école publique.* ➤ **laïque** (cf. Éducation nationale*). — *Les chaînes publiques de la télévision. — Service* public.*

B. QUI CONCERNE TOUT LE MONDE ■ **1** (1538) Accessible, ouvert à tous. *La voie publique. Téléphoner d'une cabine publique* (➤ **publiphone**). *Jardin public.* «*Les amoureux qui s'bécott'nt sur les bancs publics*» BRASSENS. «*le théâtre est un art public, n'est-ce pas ?*» J. VILAR. — *Vente publique. Réunion publique.* ◆ (fin XIVe) (PERSONNES) Dont l'activité s'exerce au profit de la collectivité. *Crieur*, écrivain* public. Officier* public.* — (1771) VX *Fille publique :* prostituée. ■ **2** Qui a lieu en présence de témoins, n'est pas secret. *Scrutin public.* «*Les députés des Communes avaient soumis leurs pouvoirs à une vérification publique*» MICHELET. — *Une déclaration publique.* ■ **3** Qui concerne la fonction plus ou moins officielle, qu'on remplit dans la société. *La vie publique et la vie privée.* ➤ **professionnel.** — (1549) *Une personne publique,* qui est investie d'une fonction officielle, joue un rôle important dans la vie de son pays. ■ **4** (début XIVe) Connu de tous. ➤ **notoire, officiel.** «*Son existence devient en fait publique, notoire*» RENAN. *Rendre public.* ➤ **publier.** ■ **5** ANGLIC. *Relations* publiques.*

II ~ **n. m. LE PUBLIC** ■ **1** (1559) VX L'État, la collectivité. ◆ MOD. La fonction publique, le secteur public. *Travailler dans le public.* ■ **2** (fin XIVe, à nouveau au début du XVIIe) MOD. Les gens, la masse de la population ; la foule. *Le public est avisé, informé des décisions du gouvernement.* «*Les éditions spéciales* [...] *entretiennent la fièvre du public*» GIDE. ◆ *Le musée n'est pas encore ouvert au public. Chantier interdit au public. — Service chargé des rapports avec le public* (cf. Relations* publiques). ➤ **communication.** ■ **3** (1671) Ensemble des personnes que touche une œuvre (littéraire, artistique, musicale), un spectacle, un média. ➤ **auditeur, lecteur, spectateur.** *Le public d'une chaîne de télévision. Roman apprécié, rejeté par le public. Écrivain qui s'adresse à un vaste, un large public ; à un public averti, un public d'initiés.* «*Là où on a tort, c'est de croire que le public est forcément une foule de dix millions de personnes. Certains artistes ont un public de dix personnes*» J. RENOIR. *Un film tous publics. — Le public de qqn,* celui qu'il touche ou veut toucher. *Ne pas décevoir son public.* ◆ LOC. *Le grand public :* l'essentiel, la majeure partie du public. *Ouvrage de vulgarisation qui s'adresse au grand public.* LOC. ADJ. *Un film grand public.* PAR EXT. *L'informatique grand public.*

◆ (1751) Ensemble de personnes qui assistent effectivement à un spectacle, à une réunion, à une manifestation. ➤ **assistance, auditoire.** *Les applaudissements du public. Les spectateurs « se transforment soudain en un être unique, sensible et généreux, qu'on appelle* le public*»* JOUVET. — Les personnes devant lesquelles on parle ou on se donne en spectacle. ➤ **galerie.** *« Les personnes qui parlent bien veulent un public »* BALZAC. — LOC. *Être bon public :* avoir l'admiration facile (pour une œuvre, etc.), être facile à convaincre, à séduire. ■ **4 loc. adv.** (début XIVe) **EN PUBLIC :** à la vue, en présence d'un certain nombre de personnes. ➤ **publiquement.** *En public, ils se vouvoient. Parler en public. — Concert enregistré en public.* ➤ **live** (ANGLIC.).

■ CONTR. Privé ; individuel, particulier. Clandestin, 1 secret. Domestique, intime.

PUBLICAIN [pyblikɛ̃] **n. m.** – 1190 ◊ latin *publicanus* ■ **1** Dans l'Antiquité, Riche chevalier romain qui prenait à ferme le recouvrement des impôts. — Employé subalterne de ces chevaliers. *Le pharisien et le publicain de l'Évangile.* ■ **2** VX Fermier général.

PUBLICATION [pyblikasjɔ̃] **n. f.** – 1290 ◊ de *publier,* d'après le latin *publicatio* ■ **1** DR. Action de publier ; procédure ayant pour objet de porter (un acte juridique) à la connaissance de tous. ➤ **promulgation.** *La publication d'une loi. Publication des bans,* formalité obligatoire avant la célébration du mariage. ➤ **affichage.** ■ **2** COUR. Action, manière de publier (un ouvrage, un écrit). ➤ **édition, impression, tirage.** *La publication de documents, de textes. Publication assistée par ordinateur (P. A. O.). Dès la publication de son dernier roman.* ➤ **apparition, parution, sortie.** *Souscrire à un ouvrage en cours de publication.* ◆ Écrit publié (brochures, périodiques). *« Une foule de publications éphémères »* VALÉRY. *Enregistrement des publications* (➤ **ISBN**). — *Directeur de la publication :* responsable juridique du contenu rédactionnel.

PUBLICISTE [pyblisist] **n.** – 1748 sens 2° ◊ de *public* ■ **1** (1789) VIEILLI Journaliste. ■ **2** Juriste spécialiste du droit public. ■ **3** (1906 ◊ anglais *publicist*) ABUSIVEMENT Agent de publicité. ➤ **publicitaire.**

PUBLICITAIRE [pyblisitɛʀ] **adj. et n.** – 1932 ◊ de *publicité* ■ **1** Qui sert à la publicité, présente un caractère de publicité. *Film, campagne publicitaire. Message publicitaire.* ➤ **publicité ; flash, spot ;** aussi **publireportage.** *Accroche publicitaire. Support, espace publicitaire. Vente publicitaire. Lancement publicitaire.* ◆ Qui concerne la publicité. *Budget publicitaire d'une entreprise. Recettes publicitaires des médias.* ■ **2** Qui s'occupe professionnellement de publicité. *Agence publicitaire. Rédacteur, dessinateur publicitaire.* — **n.** *Un, une publicitaire.*

PUBLICITÉ [pyblisite] **n. f.** – 1694 ◊ de *public*

I ■ **1** Caractère de ce qui est public, n'est pas tenu secret. *Publicité des débats en justice. « Cette belle machine législative [...] fonctionne à huis clos : Nulle publicité des séances »* MICHELET. ◆ Caractère de ce qui est public, connu. *Donner une regrettable publicité à une affaire privée.* ■ **2** DR. Fait de porter à la connaissance du public. *Publicité foncière.*

II COUR. ■ **1** (1829) Le fait d'exercer une action sur le public à des fins commerciales ; le fait de faire connaître (un produit, un type de produits) et d'inciter à l'acquérir (➤ FAM. 2 **pub**) ; ensemble des moyens qui concourent à cette action. *Faire de la publicité pour un produit.* ➤ 1 **lancer, promouvoir.** *Publicité massive, tapageuse.* ➤ **battage, matraquage** (cf. Bourrage* de crâne). *Publicité mensongère. Publicité sur les lieux de vente (P. L. V.). Publicité directe* (prospectus ; correspondance ➤ **publipostage**). *Publicité par les médias. — Agence, service de publicité. Budget de publicité d'une entreprise. Campagne de publicité. Encart, page de publicité. — Professionnel de la publicité* (➤ **publicitaire**). — *Publicité de lancement. Publicité de marque,* destinée à faire connaître une marque, à produire ou à entretenir une image* de marque. *Publicité collective,* destinée à promouvoir les produits ou services d'un secteur d'activité économique, et non une marque particulière. *Publicité par les affiches* (➤ **affichage**), *par la presse, le cinéma, la télévision. « Sauver l'Avenue des Champs-Élysées, réglementer la publicité lumineuse, les enseignes, les affiches »* DRIEU LA ROCHELLE. *Mouvement hostile à la publicité.* ➤ **antipub.** ◆ PAR EXT. *Faire de la publicité pour qqn, qqch.,* les faire connaître. ■ **2** Message publicitaire*. ➤ FAM. 2 **pub.** *Une publicité accrocheuse. Zapper pour éviter les publicités. Publicités sur Internet* (➤ **bandeau, bannière, pop-up**). *Bloqueur* de publicités. Publicité rédactionnelle,* affectant la forme d'un article normal. ➤ **publirédactionnel, publireportage.** (COLLECTIVT) *Il y a trente pages de publicité dans cette revue.*

PUBLIC-RELATIONS [pyblikʀəlasjɔ̃] **n. f. pl.** – 1951 ◊ mots anglais ■ ANGLIC. VIEILLI Relations publiques. ➤ **relation** (II, B, 4°).

PUBLIER [pyblije] **v. tr.** ⟨7⟩ – v. 1260 ; v. 1176 *puepleié* p. p. ◊ latin *publicare* ■ **1** VIEILLI Faire connaître au public, par la parole, par des écrits ; annoncer publiquement. ➤ **déclarer, divulguer, proclamer.** *« Trahir la confiance de l'amitié, [...] publier les secrets versés dans notre sein »* ROUSSEAU. — MOD. *Publier un texte officiel. « Les journaux publièrent des décrets »* CAMUS. *« Tant de jours pour publier les bans à l'église »* LOTI. ■ **2** COUR. Faire paraître en librairie, donner au public (un texte). *« Les deux livres terminés [...] je les publiai »* FROMENTIN. ABSOLT *« Qui publie s'expose à la critique »* LANSON. ➤ **écrire.** ◆ Éditer. *« En publiant le premier roman d'un auteur, un éditeur doit risquer seize cents francs »* BALZAC.

PUBLIPHONE [pyblifɔn] **n. m.** – 1978 ◊ marque déposée, de *publi(c)* et *(télé)phone* ■ Cabine téléphonique publique munie d'un appareil fonctionnant avec une télécarte.

PUBLIPOSTAGE [pyblipɔstaʒ] **n. m.** – 1973 ◊ de *publi(cité)* et *postage* ■ Prospection, démarchage ou vente par voie postale. — Recomm. offic. pour *mailing**.

PUBLIQUEMENT [pyblikmɑ̃] **adv.** – 1302 ◊ de *public* ■ En public, au grand jour. *« Ils témoignaient publiquement à Monsieur Grandet un si grand respect »* BALZAC. ■ CONTR. Secrètement.

PUBLIRÉDACTIONNEL [pybliʀedaksjɔnɛl] **n. m.** – 1987 adj. ◊ de *publi-* et *rédactionnel* ■ JOURNAL. Publicité* rédactionnelle. ➤ **publireportage.**

PUBLIREPORTAGE [pybliʀ(ə)pɔʀtaʒ] **n. m.** – attesté 1969 ◊ de *publi(cité)* et *reportage* ■ Message publicitaire dans un magazine, présenté sous la forme d'un reportage normal.

PUCCINIE [pyksini] **n. f.** ou **PUCCINIA** [pyksinja] **n. m.** – 1808, -fin XIXe ◊ de *Puccini,* n. d'un savant italien ■ BOT. Champignon parasite *(hétérobasidiomycètes),* agent de la rouille des blés.

PUCE [pys] **n. f.** – *pulce* 1170 ◊ latin *pulex, pulicis* ■ **1** Insecte sauteur *(siphonaptères),* de couleur brune, parasite de l'être humain et de quelques animaux. *Être piqué, mordu par une puce. « À Toulon, ce furent les puces [...] Toute la nuit, il se gratta »* GIDE. *Puce de parquet, de plancher,* parasite de l'être humain qui se reproduit dans les rainures des planchers. *Puces savantes d'un dresseur de puces.* — FAM. *Sac à puces :* VX lit (➤ **pucier**) ; MOD. chien, chat ; clochard (➤ **pouilleux**). LOC. *S'agiter, être excité comme une puce. — Mettre la puce à l'oreille :* intriguer, éveiller des doutes, des inquiétudes, des soupçons. *« Tu m'as mis la puce à l'oreille en m'écrivant que Du Camp s'était montré grossier »* FLAUBERT. — FAM. *Secouer ses puces :* s'étirer, s'ébrouer en se levant. *« On secouait ses puces dès trois heures du matin »* ZOLA. *Secouer les puces à qqn,* le réprimander*, l'inciter à l'action, à l'effort. — *Le marché aux puces,* et ELLIPT *les puces :* marché où l'on vend toutes sortes d'objets d'occasion (SPÉCIALT à Paris, porte de Saint-Ouen). *Les puces de Saint-Ouen, de Montreuil, de Vanves. « Un individu comme moi, [...] une cloche, pas sortable, habillé aux puces »* AYMÉ. ◆ FAM. Personne de très petite taille. — T. d'affection *Oui ma puce. « J'arrive puce. J'arrive, d'accord ! »* F. THILLIEZ. ◆ *Jeu de puce :* jeu d'enfant consistant à faire sauter dans une sébile des jetons en appuyant sur le bord. ■ **2** ADJT INV. Brun-rouge assez foncé (rappelant la couleur de la puce). *Des habits puce.* — **n. m.** *« Vêtue d'une robe sombre [...] entre le puce et le caca d'oie »* ZOLA. ■ **3** PAR ANAL. (petits animaux) *Puce d'eau.* ➤ **daphnie ; gammare.** *Puce de mer :* talitre. ■ **4** (1960) Petite surface d'un matériau semi-conducteur supportant la partie active d'un circuit intégré. ➤ **chip.** *Carte* à puce. Puce sous-cutanée* (➤ **pucer**). — *Puce à ADN.* ➤ **biopuce.**

PUCEAU [pyso] **n. m.** – 1530 ; *pucel* XIIIe ◊ de *pucelle* ■ FAM. Garçon, homme vierge. — **adj.** *« Je jurerais qu'il est puceau »* GIDE.

PUCELAGE [pys(ə)laʒ] **n. m.** – fin XIIe ◊ de *pucelle* ■ FAM. Virginité. *Perdre son pucelage.*

PUCELLE [pysɛl] **n. f.** – XIIe ; *pulcella* Xe ◊ latin populaire *°pullicella,* diminutif de *pullus* « petit d'un animal » ■ **1** VX ou PLAISANT Jeune fille. — LOC. *La pucelle d'Orléans :* Jeanne d'Arc. ■ **2** FAM. Femme vierge. *« certaines pucelles sexagénaires dont le cœur inoccupé s'est donné aux bêtes »* BAUDELAIRE. ◆ **adj.** *Elle est encore pucelle.*

PUCER [pyse] **v. tr.** ⟨3⟩ – 1999 ◊ de *puce* (4°) ■ Munir d'une puce électronique. *Faire pucer son chien, son chat,* lui faire implanter une puce électronique sous la peau pour l'identifier. — **n. m.** (1997) **PUÇAGE.** *Le puçage équin.*

PUCERON [pys(ə)ʀɔ̃] **n. m.** – 1636 ◊ de *puce* ■ Petit insecte *(hémiptères),* parasite des plantes. *Puceron du rosier, de la vigne, du chou* (➤ **aleurode**). *Les pucerons se reproduisent par parthénogenèse. Une colonie de pucerons.*

PUCIER [pysje] **n. m.** – 1611 ◊ de *puce* ■ ARG. VIEILLI Lit.

PUDDING ou **POUDING** [pudiŋ] **n. m.** – 1678, –1754 ◊ anglais *pudding,* de même origine que *boudin* ■ **1** Gâteau à base de farine, d'œufs, de graisse de bœuf et de raisins secs, souvent parfumé avec une eau-de-vie. ➤ **plum-pudding.** *Le pudding, gâteau traditionnel de Noël, en Angleterre. Des puddings.* ■ **2** Dessert à la texture dense et fondante. *Pudding au riz, au pain* (rassis). (Canada) *Pouding chômeur,* réalisé avec des ingrédients bon marché.

PUDDLER [pydle] **v. tr.** ‹1› – 1827 ◊ anglais *to puddle* «brasser» ■ TECHN. ANC. Affiner (la fonte) en la décarburant par brassage sous l'influence de scories ou d'oxydes. «*Devant le four à puddler* [...], *avec l'haleine affreuse du charbon et du feu sur sa figure*» ARAGON. — **n. m. PUDDLAGE,** 1842.

PUDEUR [pydœʀ] **n. f.** – 1542 ◊ latin *pudor* ■ **1** Sentiment de honte, de gêne qu'une personne éprouve à faire, à envisager ou à être témoin des choses de nature sexuelle, de la nudité ; disposition permanente à éprouver un tel sentiment. ➤ **décence,** VX **honnêteté, pudicité.** «*J'ai naturellement beaucoup de pudeur*» ROMAINS. ➤ **pudique.** *Pudeur déplacée. Fausse pudeur.* ➤ **pruderie, pudibonderie.** *Spectacle qui blesse, offense la pudeur.* DR. *Attentat, outrage public à la pudeur* (puni par la loi). — *Père* la pudeur.* ◆ *Une, des pudeurs :* réaction inspirée par ce sentiment. «*Ces réserves, ces pudeurs qui s'interposent dans les relations*» LAMARTINE. ■ **2** Gêne qu'éprouve une personne délicate devant ce que sa dignité semble lui interdire. ➤ **délicatesse, discrétion, réserve, retenue.** *Cacher son chagrin par pudeur. Sans aucune pudeur.* «*cette pudeur d'honnête homme qui a horreur de parler de soi*» STENDHAL. ➤ **modestie.** *Avoir la pudeur de* (et inf.). *Ayez au moins la pudeur de vous taire.* ■ CONTR. Impudeur, indécence ; cynisme.

PUDIBOND, ONDE [pydibɔ̃, ɔ̃d] **adj.** – 1671 ; *parties pudibundes* «organes génitaux (parties honteuses)» 1488 ◊ latin *pudibundus* ■ Qui a une pudeur exagérée jusqu'au ridicule. ➤ **prude.** «*les femmes vraiment honnêtes n'ont pas à se montrer trop pudibondes*» GIDE. — *Manières pudibondes.* ■ CONTR. Impudique.

PUDIBONDERIE [pydibɔ̃dʀi] **n. f.** – 1842 ◊ de *pudibond* ■ Caractère pudibond, affectation de pudeur*. ➤ **pruderie.** *Être d'une pudibonderie ridicule.*

PUDICITÉ [pydisite] **n. f.** – 1417 ◊ de *pudique,* d'après le latin *pudicitia* ■ LITTÉR. Pudeur, caractère pudique. *La pudicité de ses vêtements de nuit.* ■ CONTR. Impudicité.

PUDIQUE [pydik] **adj.** – XIVᵉ ◊ latin *pudicus* ■ **1** Qui a de la pudeur (1°). ➤ **chaste,** VX **honnête, modeste, sage.** «*Les hommes les moins pudiques aiment la pudeur dans l'objet aimé*» BAUDELAIRE. ◆ Qui marque de la pudeur. *Elle eut un geste pudique pour cacher sa nudité.* «*Un art presque immatériel à force de grâce pudique*» GAUTIER. ■ **2** Plein de discrétion, de réserve. *Un lyrisme pudique. Expression pudique,* qui ne dit pas les choses brutalement (➤ **euphémisme**). *Il a fait une allusion pudique à leurs différends.* ■ CONTR. Impudique, indécent ; 2 cru, cynique.

PUDIQUEMENT [pydikmɑ̃] **adv.** – 1380 ◊ de *pudique* ■ D'une manière pudique. *Détourner pudiquement son regard.* ◆ En termes pudiques (2°). «*La misère de ces personnes que l'on dit, pudiquement,* déplacées» DUHAMEL (cf. Par euphémisme). ■ CONTR. Crûment.

PUER [pɥe] **v.** ‹1› – fin XIIIᵉ, v. 1177 *puir,* employé jusqu'au XVIIᵉ ◊ latin populaire °*putire,* classique *putere* ■ **1 v. intr.** Sentir très mauvais, exhaler une odeur infecte. ➤ **empester*.** *Ça pue ici !* «*Il n'y a pas à discuter pourquoi le fumier pue* [...] *Je me bouche le nez et je m'en vais*» R. ROLLAND. FAM. *Puer des pieds. Puer de la gueule :* avoir mauvaise haleine. FIG. *Je pue de la gueule !* (se dit quand on se sent indésirable). ■ **2 v. tr.** Répandre une très mauvaise odeur de. *Ivrogne qui pue l'alcool.* ◆ FIG. Laisser apparaître (un caractère désagréable). *Un milieu qui pue l'argent.* «*Ce lieu sue la bêtise, pue la canaillerie*» MAUPASSANT. — ABSOLT *Une affaire qui pue,* malsaine. *Ça pue !* (cf. Ça sent* mauvais). ■ CONTR. Embaumer. ■ HOM. *Pue :* pus (1 pouvoir).

PUÉRICULTEUR, TRICE [pɥeʀikyltœʀ, tʀis] **n.** – 1906 ◊ de *puériculture* ■ Personne diplômée s'occupant des nouveau-nés et des enfants jusqu'à trois ans. *Les puéricultrices d'une maternité, d'une crèche.*

PUÉRICULTURE [pɥeʀikyltyʀ] **n. f.** – 1865 ◊ du latin *puer* «enfant» et *-culture* ■ Ensemble des méthodes propres à assurer la croissance et le plein épanouissement organique et psychique de l'enfant (jusqu'à l'âge de 3 ou 4 ans). *Puériculture et pédiatrie. École, institut de puériculture.*

PUÉRIL, ILE [pɥeʀil] **adj.** – 1414 ◊ latin *puerilis* ■ **1** VX Relatif à l'enfant, à l'enfance. «*La civilité puérile et honnête*», *ancien manuel de politesse à l'usage des enfants.* ◆ MOD. Qui évoque l'enfant, l'enfance. ➤ **infantile.** «*ce je ne sais quoi de puéril qui contraste avec sa maturité de femme*» MARTIN DU GARD. ■ **2** (XVIᵉ) COUR. Qui ne convient qu'à un enfant, n'est pas digne d'un adulte, manque de maturité. ➤ **enfantin ; frivole, futile.** *Une réaction puérile.* ➤ **immature.** *C'est puéril !* «*Reléguons cette idée puérile avec les contes de bonne femme*» LACLOS. ■ CONTR. Mûr, sérieux.

PUÉRILEMENT [pɥeʀilmɑ̃] **adv.** – 1510 ◊ de *puéril* ■ LITTÉR. D'une manière puérile. ■ CONTR. Sérieusement.

PUÉRILISME [pɥeʀilism] **n. m.** – 1901 ◊ de *puéril* ■ PSYCHOPATHOL. Syndrome caractérisé par une régression véritable de la personnalité psychique au stade de l'enfance, qui se traduit par des attitudes, une mimique, un langage, des occupations infantiles.

PUÉRILITÉ [pɥeʀilite] **n. f.** – 1394 ◊ latin *puerilitas* ■ **1** Caractère puéril, peu sérieux, peu mûr. ➤ **frivolité, futilité.** «*la puérilité de la plupart des dissentiments*» MAUROIS. «*regarder la vie en face, sans puérilité*» SIEGFRIED. *La puérilité d'un comportement.* ➤ **infantilisme.** ■ **2** LITTÉR. *Une puérilité :* action, parole, idée puérile. ➤ **enfantillage.** «*Les puérilités qui traversent la cervelle du plus grand génie*» CHATEAUBRIAND. ■ CONTR. Maturité, sérieux.

PUERPÉRAL, ALE, AUX [pɥɛʀpeʀal, o] **adj.** – 1782 ◊ du latin *puerpera* «accouchée», de *puer* «enfant» et *parere* «enfanter» ■ MÉD. Relatif à la période qui suit l'accouchement. *Accidents puerpéraux. Fièvre puerpérale,* due à une infection utérine.

PUFFIN [pyfɛ̃] **n. m.** – 1760 ◊ mot anglais, d'origine inconnue ■ Oiseau de mer migrateur *(procellariiformes),* voisin du pétrel.

PUGILAT [pyʒila] **n. m.** – 1570 ◊ latin *pugilatus* ■ **1** DIDACT. Dans l'Antiquité, Combat entre boxeurs aux poings gantés de cestes. ➤ **pancrace.** ■ **2** COUR. Bagarre à coups de poing. ➤ **rixe.** *Discussion qui se termine en pugilat.*

PUGILISTE [pyʒilist] **n. m.** – 1789 ◊ réfection, p.-ê. d'après l'anglais *pugilist,* de *pugile* (XVIᵉ-XVIIIᵉ), du latin *pugil,* même radical que *pugnus* → poing ■ **1** DIDACT. Dans l'Antiquité, Athlète spécialisé dans le pugilat. ■ **2** LITTÉR. Boxeur.

PUGILISTIQUE [pyʒilistik] **adj.** – 1866 ◊ de *pugiliste* ■ LITTÉR. Relatif au pugilat, à la boxe. «*Le public de Whitechapel fait fi de la science pugilistique et de l'adresse*» HÉMON.

PUGNACE [pygnas] **adj.** – 1842 ◊ latin *pugnax, acis* ■ LITTÉR. Qui aime le combat, la polémique. ➤ **combatif.** *Une nature pugnace.* ■ CONTR. Pacifique.

PUGNACITÉ [pygnasite] **n. f.** – 1820 ◊ latin *pugnacitas* ■ LITTÉR. Caractère pugnace, esprit combatif.

PUÎNÉ, ÉE [pɥine] **adj.** et **n.** /PUINÉ, ÉE/ – milieu XIIᵉ *puisné* ◊ de *puis* et *né* ■ VIEILLI Cadet. *Ma sœur puînée.* — **n.** *Son puîné.* «*Tu sais bien que, puîné, je n'ai point part à l'héritage*» GIDE. ■ CONTR. Aîné.

PUIS [pɥi] **adv.** – 1080 ◊ latin populaire °*postius,* classique *post* ou *postea* ■ **1** (Succession dans le temps) Après cela, dans le temps qui suit. ➤ **ensuite.** — (Actions successives) «*Des gens entraient, puis ressortaient*» GREEN. — (Sujets ou compl. successifs) «*La Fayette parla froidement, puis Lally Tollendal avec ses larmes faciles*» MICHELET. — «*Barca vit avancer un des miliciens, puis une dizaine, puis une longue file*» MALRAUX. — (Adj., adv. successifs) «*Il chantonne tout bas, puis moins bas, puis tout haut*» R. ROLLAND. ■ **2** (Succession dans l'espace aux yeux d'un observateur) Plus loin. ➤ **après.** «*À gauche, la halle aux blés, puis le marché à la volaille*» NERVAL. ■ **3 ET PUIS,** introduisant le dernier terme d'une énumération. ➤ **et, plus.** *On entendit deux coups, et puis plus rien.* — «*Il est brave, et puis c'est tout*» STENDHAL. ■ **4 ET PUIS,** servant à introduire une nouvelle raison (cf. D'ailleurs*, en outre*, du reste*). *Et puis après tout, cela ne me regarde pas.* «*Il avait peut-être une raison pour vous dire non* [...] *et puis ça peut n'être qu'une parole en l'air*» GREEN. — *Et puis ?* s'emploie pour demander quelle suite, quelle importance peut bien avoir la chose en question (cf. Et alors* ?). FAM. (dans le même sens) *Et puis quoi ? Et puis après ? — Et puis quoi encore ?* après une demande jugée déraisonnable. ■ HOM. Puits, puy.

PUISAGE [pɥizaʒ] n. m. – 1657 ; *puchage* 1466 ◇ de *puiser* ■ TECHN. Action de puiser. — DR. *Servitude de puisage,* donnant le droit de puiser de l'eau sur le fonds du voisin.

PUISARD [pɥizaʀ] n. m. – 1690 ◇ de *puits* ■ **1** Puits construit en pierres sèches, destiné à recevoir et absorber les eaux-vannes et résidus liquides. ➤ **bétoire, égout, puits** (perdu). — *Puisard d'aqueduc :* trou pratiqué dans la voûte d'un aqueduc (pour pouvoir le nettoyer, le réparer). ■ **2** MAR. Espace compris entre deux varangues et formant une caisse étanche où viennent s'accumuler les eaux de cale avant d'être aspirées par les pompes d'assèchement.

PUISATIER [pɥizatje] n. m. – 1845 ; a remplacé *puissier* (début XIVe) ◇ de *puits* ■ Ouvrier qui creuse des puits. *« Avant les compagnies de forages et de puits artésiens, les Arabes avaient des puisatiers »* GIDE. *« La Fille du puisatier », film de M. Pagnol.*

PUISER [pɥize] v. tr. ‹1› – v. 1220 ◇ de *puits* ■ **1** Prendre dans une masse liquide (une portion de liquide) à l'aide d'un récipient qu'on y plonge. *Puiser de l'eau, l'eau à une source, à une fontaine, au puits.* ➤ **tirer.** *Puiser un seau d'eau.* — ABSOLT *Puiser à la source.* ◆ **PUISER DANS :** prendre au fond de. *« Elle puisait dans un des sacs* [de confettis] *ce qu'elle jetait aux passants »* ARAGON. — ABSOLT *Puiser dans son portemonnaie* (de l'argent). PAR EXT. *Puiser dans les réserves, dans ses économies.* ■ **2** Emprunter, aller chercher. *Ils « puisent dans la tristesse même les forces pour agir »* MICHELET. *C'est « dans les propres souvenirs de ma vie,* [...] *que je puise toutes mes richesses »* FRANCE. *Puiser aux sources**. — (Sans compl. dir.) *« Le grand poète est celui qui peut puiser à pleines mains dans son réservoir d'images »* DUHAMEL.

PUISQUE [pɥisk(ə)] conj. – 1160 ◇ de *puis* et *que* ■ Conjonction de subordination à valeur causale. ■ **1** (Introduisant une cause, en faisant reconnaître comme logique et incontestable le rapport de cause à effet) (cf. Dès l'instant où, du moment que...) *« Au lieu de conclure qu'il n'y a point de vrais miracles* parce qu'*il y en a tant de faux, il faut dire au contraire qu'il y a certainement de vrais miracles* puisqu'*il y en a tant de faux »* PASCAL. ■ **2** (Servant à justifier une assertion) *« Les mondes meurent, puisqu'ils naissent »* FRANCE. ◆ (Introduisant la justification d'un terme employé précédemment) *Le gouvernement, puisqu'il est question du ministre... Son départ, puisque départ il y a...* ◆ (EXCLAM.) *Puisque je vous le dis ! Mais puisque c'est trop tard !* ■ **3** (Introduisant la cause qui justifie l'énonciation) *« Puisque vous désirez vous entretenir avec moi, nous serons mieux dans mon cabinet de travail »* ROMAINS.

PUISSAMMENT [pɥisamɑ̃] adv. – v. 1360 ; *puissantment* v. 1160 ◇ de *puissant* ■ **1** Avec des moyens puissants, par une action efficace. *Pays puissamment armé. « La chevalerie a puissamment contribué à sauver l'Europe »* CHATEAUBRIAND. ■ **2** Avec force, intensité. *« Ses hanches puissamment développées »* GAUTIER. IRON. *C'est puissamment raisonné,* fortement, intelligemment. ■ CONTR. Faiblement.

PUISSANCE [pɥisɑ̃s] n. f. – milieu XIIe, au sens II, 1° ◇ de *puissant*

I POSSIBILITÉ ■ **1** VX *Puissance de... :* moyen ou droit grâce auquel on peut (faire qqch.). ➤ **capacité.** *« La puissance de bien juger* [...] *est égale en tous les hommes »* DESCARTES. ■ **2** MOD. PHILOS. Virtualité, possibilité. *La puissance et l'acte.* ◆ loc. adj. (1639) **EN PUISSANCE :** qui existe sans se manifester, qui est susceptible de se développer et de se manifester dans l'avenir. ➤ **potentiel, virtuel.** *C'est un criminel en puissance.*

II LA PUISSANCE. POUVOIR, CAPACITÉ, FORCE ■ **1** (milieu XIIe) État d'une personne qui peut beaucoup, qui a une grande action sur les personnes, les choses ; domination qui en résulte. *« La puissance de Dieu est infinie »* BALZAC. ➤ **toute-puissance.** *Puissance spirituelle, temporelle.* — DR. ANC. *Puissance paternelle, maritale.* ➤ **autorité.** *Femme en puissance de mari,* sous la dépendance d'un mari (notion abandonnée en 1938). ◆ (traduction de Nietzsche) **VOLONTÉ DE PUISSANCE :** volonté d'agir sur le monde, d'être plus fort que l'individu moyen, au mépris de la morale. COUR. Besoin de dominer les gens et les choses. *« Il est vrai que la volonté de puissance est plus forte chez certains que n'importe quelle autre pulsion »* J. ALMIRA. ◆ (1585) Grand pouvoir de fait, qu'une personne, un groupe exerce dans la vie politique d'une collectivité. ➤ **autorité, souveraineté.** *La puissance d'une caste, d'un syndicat. « Lorsque le peuple en corps a la souveraine puissance »* MONTESQUIEU. *Asseoir sa puissance.* — Pouvoir d'un pays fort (cf. ci-dessous, III, 4°). *La puissance de Rome au Ier siècle. La puissance économique, politique, militaire d'un pays.* ■ **2** (fin XIIIe) Caractère de ce qui peut beaucoup, de ce qui produit de grands effets. ➤ **efficacité.** *La puissance des mots, de la parole, d'une image poétique ; d'un raisonnement. La puissance des médias. « La puissance de séduction qu'exercent sur nous les actions héroïques »* BALZAC. ◆ Force physique. *La puissance d'un athlète. — Puissance sexuelle.* ➤ **virilité.** ■ **3** PHYS. Quantité d'énergie fournie ou consommée par unité de temps. *Un variateur de puissance.* ➤ **énergie** (II). *Travail et puissance. Unités de mesure de puissance :* watt (unité SI) ; cheval-vapeur, 2 erg. *La puissance d'un aspirateur, d'un four* (exprimée en watts). COUR. *Puissance effective* ou *puissance au frein d'un moteur,* sa puissance utile mesurée à l'aide du frein. *Puissance administrative* (ou *fiscale*) *d'un moteur d'automobile,* évaluée en chevaux* fiscaux d'après la cylindrée. *Montée en puissance ;* FIG. progression spectaculaire. — ÉLECTR. *Puissance électrique réactive,* alternativement libérée et absorbée par un circuit réactif* excité par un courant sinusoïdal (en vars). *Puissance apparente :* produit des valeurs efficaces du courant et de la tension dans un circuit électrique (en voltampères). — *Puissance électrique moyenne,* ou *Puissance :* valeur moyenne d'une puissance instantanée. *Amplificateur d'une puissance de 100 watts.* ◆ SC. Pouvoir d'action (d'un appareil) ; intensité (d'un phénomène). *Puissance dispersive d'un prisme. Puissance d'un système optique,* exprimée en dioptries. ➤ **vergence.** — COUR. *Puissance d'une source lumineuse. Puissance du son d'un poste de radio.* ➤ **volume.** *Augmenter, diminuer la puissance de son poste.* — PAR EXT. *La puissance d'une voix.* ■ **4** (1580) MATH. *Puissance d'un nombre :* produit de plusieurs facteurs égaux à ce nombre, le nombre de facteurs étant indiqué par l'exposant*. *Élever un nombre à la puissance deux* (➤ **carré**), *trois* (➤ **cube**). *« 10^5 » se lit « dix puissance cinq ».* FAM. *À la énième puissance :* au plus haut degré. *« Ça sentait le chewing-gum à la puissance dix »* DJIAN. — *Fonction puissance,* où l'exposant peut être non entier. ➤ **exponentiel.** — Caractère lié au nombre d'éléments d'un ensemble (fini ou infini), ou à la densité d'un espace (➤ 2 **cardinal**). ◆ GÉOM. *Puissance d'un point P par rapport à un cercle, à une sphère de rayon r et de centre O :* le nombre réel PO^2-r^2.

III UNE PUISSANCE, DES PUISSANCES. CE QUI DÉTIENT DU POUVOIR ■ **1** VIEILLI Personne qui a un pouvoir social, politique. *« Pas une puissance qui n'ait son entourage ; pas une fortune qui n'ait sa cour »* HUGO. ◆ LITTÉR. Personnification d'un pouvoir occulte, religieux. *« le domaine des puissances du hasard, des dieux et du destin »* VALÉRY. — (fin XVe) RELIG. *Les Puissances :* anges du 2e chœur de la 2e hiérarchie. ■ **2** (1530) LITTÉR. Chose abstraite ou indéterminée qui a un grand pouvoir, produit de grands effets. *« Les puissances obscures qui agissent en nous »* TAINE. *« Trois puissances gouvernent les hommes : le fer, l'or, l'opinion »* CHAMFORT. ■ **3** Catégorie, groupement de personnes qui ont un grand pouvoir de fait dans la société. *La presse, redoutable puissance* (cf. Le quatrième pouvoir*). *Les puissances féodales. Un jeune homme « appuyé par les puissances du faubourg Saint-Germain »* BALZAC. ■ **4** (1660) État souverain (surtout quand il est puissant). ➤ **nation,** 1 **pays ; hyperpuissance, superpuissance.** *Les puissances étrangères. « Une véritable société internationale, où les grandes puissances n'auront pas de droits supérieurs aux petites et aux moyennes nations »* CAMUS.

■ CONTR. Impuissance. Faiblesse.

PUISSANT, ANTE [pɥisɑ̃, ɑ̃t] adj. et n. m. – 1080 ◇ ancien p. prés. de *pouvoir,* d'après les formes en *pois-, puis-* du verbe ; cf. *qu'il puisse* ■ **1** Qui a un grand pouvoir de fait, de la puissance. *Un personnage puissant.* ➤ **considérable, influent.** *Un parti, un syndicat puissant.* ➤ aussi **tout-puissant.** *« L'homme riche a des commensaux* [...], *l'homme puissant des courtisans »* MAUROIS. *« Selon que vous serez puissant ou misérable »* LA FONTAINE. ◆ n. m. (XIIIe) ➤ 1 **fort, grand.** *Les puissants de ce monde* (cf. Les maîtres* de la Terre). *« Les regards des puissants passent par-dessus les petits sans les voir »* GIDE. ◆ SPÉCIALT Qui a de grands moyens militaires. *Pays menacé par un puissant voisin.* ■ **2** Qui est très actif, produit de grands effets. — (CHOSES) *Un puissant remède.* ➤ 1 **efficace, énergique.** *« L'intuition est un moyen de connaissance puissant, mais dangereux »* CARREL. *« Poussée par un sentiment si puissant »* BALZAC. ➤ **profond, violent.** *Un raisonnement puissant.* ◆ (PERSONNES) Qui s'impose par sa force, son action. *Une puissante personnalité. « Dans l'ouverture de* Tannhäuser [...] *il ne s'est pas montré moins subtil ni moins puissant »* BAUDELAIRE. ■ **3** Qui a de la force physique (quand cette force semble permanente, potentielle). ➤ 1 **fort, vigoureux.** *« son dos arrondi faisait penser à celui d'une bête puissante »* GREEN. *« au-dessus des muscles puissants du cou »* LOTI. *« son bras musculeux, dont il suivait l'effort tranquille et puissant »* MAUPASSANT. ■ **4** Qui a de la puissance, de l'énergie (moteur, mécanisme). ➤ **surpuissant.** *Voiture puissante. Attention, freins puissants !* ▪ **5** Qui a une grande intensité. ➤ 1 **fort.** *Parler d'une voix puissante. Un éclairage puissant. « Leur arôme puissant et fin »* GENEVOIX. ▪ CONTR. Faible, petit.

PUITS [pɥi] n. m. – XVIe ; *puis* 1131 ◇ latin *puteus* ▪ **1** Cavité circulaire, profonde et étroite, à parois maçonnées, pratiquée dans le sol pour atteindre une nappe d'eau souterraine. *Bord, margelle d'un puits. Puiser, tirer de l'eau au puits. Curer un puits. Puits tari. — Puits artésien*. Puits perdu,* dont le fond perméable ne retient pas l'eau. ➤ **puisard.** ◆ LOC. PROV. *La vérité est au fond d'un puits,* elle est bien cachée, difficile à découvrir. LOC. *Un puits de science :* une personne très savante (cf. Une encyclopédie* vivante). *« Vous qui êtes ce qu'on appelle un puits d'érudition »* LESAGE. ◆ GÉOGR. *Puits naturel.* ➤ **aven, gouffre,** RÉGION. **igue.** ▪ **2** (1254) Excavation pratiquée dans le sol ou le sous-sol pour l'exploitation d'un gisement. *Puits de mine. Puits d'extraction, de descente, d'aérage. « On ne s'était pas contenté d'élargir le puits* [...] *et de le creuser jusqu'à sept cent huit mètres »* ZOLA. — (1904) **PUITS DE PÉTROLE :** galerie creusée pour aboutir à une nappe d'hydrocarbures. *Le forage d'un puits de pétrole* (➤ **derrick**). ▪ **3** TECHN. Excavation ou passage vertical. *Puits d'ascenseur, d'escalier.* ➤ **cage.** *Puits de fondation :* excavation étroite et profonde, remplie de béton, utilisée comme fondation. — *Puits de jour, de lumière :* couloir vertical laissant passer la lumière. ▪ **4** MAR. *Puits à chaîne :* compartiment à l'avant d'un bateau, logeant la chaîne de l'ancre. *Puits de dérive :* sur un dériveur, passage étanche renfermant la dérive lorsqu'elle est remontée. ▪ **5** (1735) *Puits d'amour :* gâteau de pâte feuilletée, creusé et garni en son centre de crème pâtissière. ▪ **6** ÉCOL. *Puits de carbone*.* ▪ **7** *Puits canadien* ou *puits provençal :* échangeur géothermique permettant de réchauffer ou de rafraîchir un bâtiment grâce à un système de canalisations profondément enfouies. ▪ HOM. Puis, puy.

PULICAIRE [pylikɛʀ] n. f. – 1784 ◇ latin *pulicaria (herba)* « (herbe) aux puces » ▪ Plante herbacée *(astéracées)* à fleurs jaunes, qui pousse dans les lieux humides.

PULL [pyl] n. m. – 1930 ◇ abrév. de *pull-over* ▪ Pull-over. *Un pull jacquard. Pull chaussette,* moulant, à côtes très serrées. *Pull à col roulé, à col en V. Des pulls ras* du cou. Pull de coton à manches courtes.* ➤ aussi **sous-pull.** *Pull et gilet.* ➤ **twin-set.**

PULLMAN [pulman] n. m. – 1884 ; *pullman-car* 1873 ◇ mot anglais américain, du nom de l'inventeur ▪ VIEILLI ▪ **1** Wagon de luxe aménagé de manière particulièrement confortable. ◆ APPOS. INV. *Des voitures pullman.* ▪ **2** Autocar très confortable. *Des pullmans.* ▪ **3** Fauteuil très confortable du type utilisé dans les wagons pullman.

PULLOROSE [pylɔʀoz] n. f. – 1948 ◇ du latin scientifique *(bacterium) pullorum* « (bactérie) des poulets » et 2-*ose* ▪ VÉTÉR. Grave maladie contagieuse et infectieuse des volailles, atteignant surtout les poussins.

PULL-OVER ou **PULLOVER** [pylɔvɛʀ ; pulɔvœʀ] n. m. – 1925 ◇ mot anglais, proprt « tirer par-dessus » ▪ Vêtement tricoté (généralement en laine, ou assimilé), couvrant le haut du corps et que l'on enfile en le faisant passer par-dessus la tête. ➤ **chandail, pull.** *Un gros pull-over. Des pull-overs, des pullovers.*

PULLULEMENT [pylylmɑ̃] n. m. – 1873 ; *pullulation* 1555 ◇ de *pulluler* ▪ **1** Fait de pulluler, de se multiplier. *Pullulement d'insectes. « Aucun pays d'Europe ne présente ce pullulement »* CAMUS. ▪ **2** Profusion, grouillement. ➤ **foisonnement.** *« ce pullulement d'expressions nouvelles »* PROUST.

PULLULER [pylyle] v. intr. ‹1› – v. 1516 ; 1466 « abonder » ◇ latin *pullulare* « faire des petits » ▪ **1** Se multiplier ; se reproduire, croître en grand nombre et très vite. *« Dans l'étang splendide où pullule Tout un monde mystérieux »* HUGO. ▪ **2** (Êtres vivants) Se manifester en très grand nombre. ➤ **fourmiller, grouiller.** *« Ruelles étroites où circule, s'agite, pullule la population la plus colorée »* MAUPASSANT. ◆ (CHOSES) Abonder, foisonner. *Fautes qui pullulent dans un texte. « Les œuvres de charité y pullulaient »* ZOLA.

1 **PULMONAIRE** [pylmɔnɛʀ] n. f. – XVe ◇ bas latin *pulmonaria (radicula)* « (racine) bonne pour le poumon » ▪ Plante herbacée *(borraginacées)* à fleurs roses, puis bleues à maturité. *« Des pulmonaires haussant leurs corolles bleu pourpré sur leurs feuilles aux taches livides »* GENEVOIX.

2 **PULMONAIRE** [pylmɔnɛʀ] adj. – 1572 ◇ latin *pulmonarius* ▪ Qui affecte, atteint le poumon. *Affection pulmonaire.* ➤ **pneumopathie.** *Lésion pulmonaire. Congestion pulmonaire. Tuberculose pulmonaire.* ◆ (1675) Qui appartient au poumon. *Artère pulmonaire. Alvéoles pulmonaires.*

PULMONÉS [pylmɔne] n. m. pl. – 1827 ◇ latin des zoologistes *pulmonata,* de *pulmo* « poumon » ▪ ZOOL. Sous-classe de mollusques gastéropodes, chez qui la cavité palléale* fonctionne comme un poumon. — Sing. *Un pulmoné.*

PULPAIRE [pylpɛʀ] adj. – 1932 ◇ de *pulpe* ▪ DIDACT. Qui appartient, a rapport à la pulpe dentaire. *La cavité pulpaire.*

PULPE [pylp] n. f. – 1503 ; *polpe* 1105 ◇ latin *pulpa* ▪ **1** VX Partie charnue, molle du corps. — (1834) MOD. *La pulpe des doigts,* extrémité charnue de leur face interne. *Pulpe dentaire :* tissu conjonctif situé à l'intérieur de la dent et renfermant des vaisseaux et des nerfs. ▪ **2** (1534) Tissu parenchymateux riche en sucs, qui constitue la plus grande partie des fruits charnus. ➤ **chair.** *La pulpe du raisin. Ôter la pulpe.* ➤ **dépulper.** *La pastèque, « cette pulpe rose dans cette écorce verte »* GAUTIER. ▪ **3** (1842) Résidu pâteux du traitement de certains végétaux dans les sucreries et distilleries. ➤ 1 **tourteau.** *Pulpes fraîches ou séchées de betteraves.*

PULPEUX, EUSE [pylpø, øz] adj. – *poulpeux* 1539 ◇ de *pulpe* ▪ LITTÉR. Fait de pulpe ; qui a le moelleux, l'aspect de la pulpe. *Des lèvres pulpeuses. « Sa peau, mate et pulpeuse comme une feuille de camélia »* GAUTIER. PAR EXT. *Une jeune créature pulpeuse,* aux formes pleines.

PULQUE ou **PULQUÉ** [pulke] n. m. – 1765 ◇ mot mexicain ▪ Boisson fermentée fabriquée au Mexique avec le suc de certains agaves.

PULSAR [pylsaʀ] n. m. – 1969 ◇ mot anglais, de *puls(ating) (st)ar* « étoile vibrante » ▪ ASTRON. Source de rayonnement électromagnétique, se manifestant par des émissions brèves à intervalles très réguliers. ➤ **étoile** (à neutrons). *Les pulsars.*

PULSATIF, IVE [pylsatif, iv] adj. – *pulsative* XIVe ◇ du radical de *pulsation* ▪ MÉD. Relatif à des pulsations. *Douleur pulsative :* battements douloureux perçus dans les régions enflammées (en rapport avec les pulsations artérielles).

PULSATION [pylsasjɔ̃] n. f. – *pulsacion* XIVe ◇ latin *pulsatio* ▪ **1** Battement (du cœur, des artères). *Pulsations cardiaques.* ➤ **pouls.** ABSOLT Pouls. *Ralentissement, accélération des pulsations.* ▪ **2** (1765) PHYS. *Pulsation d'un mouvement vibratoire, sinusoïdal :* forme d'onde de courte durée (relativement à l'échelle de temps adoptée) et dont les valeurs initiales et finales sont les mêmes. — *Pulsation d'un courant alternatif,* sa fréquence angulaire.

PULSÉ, ÉE [pylse] adj. – v. 1960 ◇ de l'anglais *to pulse,* du latin *pulsare* « pousser » ; cf. *pulsation* ▪ ANGLIC. *Air pulsé,* soufflé. *Massages à l'air pulsé. Chauffage par air pulsé,* dispensé à l'intérieur d'un édifice au moyen d'une soufflerie (cf. Bouche de chaleur*). ◆ *Lumière pulsée :* rayon lumineux de forte intensité, employé en médecine esthétique et réparatrice. *Épilation à la lumière pulsée.*

PULSER [pylse] v. ‹1› – 1966 ◇ de l'anglais *to pulse,* du latin *pulsare* « pousser » ; cf. *pulsation.*

I v. tr. TECHN. Envoyer (un fluide) par pression. *Pulser l'air à l'intérieur d'une pièce.*

II v. intr. ▪ **1** ARGOT MUS. Donner la sensation d'une pulsation rythmique puissante, qui invite à la danse. *Un « night-club où pulse un concert techno bien glauque »* Y. QUEFFÉLEC. ▪ **2** FAM. Être puissant ; produire un certain effet. *« le tout public, il aime bien aussi quand ça pulse »* P. CAUVIN.

PULSION [pylsjɔ̃] n. f. – 1910 ◇ de *impulsion,* pour traduire l'allemand *Trieb.* L'ancien sens de « poussée » (1572) vient du latin *pulsio,* de *pulsare* → pousser, pouls ▪ Tendance permanente et habituellement inconsciente, qui dirige l'activité d'un individu. *Pulsion conflictuelle. Pulsions sexuelles.* ➤ **libido.** *« obéissant à des pulsions que sa nature semble lui imposer sans qu'il puisse y résister »* K. TUIL. *Ensemble des pulsions.* ➤ 2 **ça.** *Refoulement, sublimation des pulsions. Libération des pulsions* (➤ **catharsis**).

PULSIONNEL, ELLE [pylsjɔnɛl] adj. – 1953 ◇ de *pulsion* ▪ PSYCHAN. Relatif aux pulsions. ➤ **instinctuel.** *L'énergie pulsionnelle.*

PULSORÉACTEUR [pylsoʀeaktœʀ] n. m. – v. 1945 ◇ du radical *puls(o)-,* du latin *pellere* « pousser », et *réacteur* ▪ AVIAT. Type de réacteur fonctionnant par combustion discontinue. *Le pulsoréacteur a été supplanté par le turboréacteur et le moteur-fusée.*

PULTACÉ, ÉE [pyltase] adj. – 1790 ◇ du latin *puls, pultis* « bouillie » ▪ MÉD. Qui a la consistance d'une bouillie. *Exsudat pultacé,* dans certaines angines (dites *angines pultacées*).

PULVÉRIN [pylveʀɛ̃] **n. m.** – 1540 ◊ italien *polverino*, de *polvere* «poudre», latin *pulvis* ■ TECHN. Poudre très fine, dont on se servait pour l'amorçage des armes à feu, utilisée aujourd'hui dans les compositions pyrotechniques.

PULVÉRISABLE [pylveʀizabl] **adj.** – 1390 ◊ de *pulvériser* ■ Qui peut être réduit en poudre. *Mélange pulvérisable.* ◆ Qui peut être projeté en fines gouttelettes. *Liquide pulvérisable.*

PULVÉRISATEUR [pylveʀizatœʀ] **n. m.** – 1862 ◊ du radical de *pulvérisation* ■ Appareil servant à projeter une poudre, un liquide pulvérisé. ➤ **vaporisateur.** *Pulvérisateur de peinture, à air comprimé.* ➤ **aérographe, pistolet.** ◆ SPÉCIALT Machine agricole projetant des insecticides, des fongicides. ➤ **poudreuse, sulfateuse.**

PULVÉRISATION [pylveʀizasjɔ̃] **n. f.** – 1390 ◊ de *pulvériser* ■ **1** TECHN. Action de réduire en poudre. *Pulvérisation par broyage, par trituration.* ■ **2** (1861) COUR. Projection d'une poudre (➤ **poudrage**) ou d'un liquide pulvérisé (➤ **vaporisation**). *Pulvérisations nasales. Pulvérisation d'insecticide.*

PULVÉRISER [pylveʀize] **v. tr.** ⟨1⟩ – fin XIVe ◊ bas latin *pulverizare*, de *pulvis, pulveris* «poudre» ■ **1** Réduire (un solide) en poudre. ➤ **broyer, égruger,** 1 **piler ; microniser.** *Pulvériser de la craie.* — **p. p. adj.** *Ardoise pulvérisée.* ◆ PAR EXT. Faire éclater en petits morceaux, mettre en miettes. *Choc qui pulvérise une vitre.* «*Tout était en ordre, sauf de petits objets pulvérisés sur place par les balles*» MALRAUX. ■ **2** (1867) Projeter (un liquide) en fines gouttelettes. ➤ **vaporiser.** *Pulvériser du parfum, un liquide insecticide* (➤ **pulvérisateur**). ■ **3** Traiter en projetant un liquide. *Pulvériser des cultures.* ■ **4** (1701) FIG. Détruire complètement, réduire à néant. ➤ **anéantir, écraser.** «*Enfoncer les carrés, pulvériser les régiments*» HUGO. — *Pulvériser une objection, un argument.* ◆ FAM. *Pulvériser un record,* le battre de beaucoup. ➤ **exploser.** ■ CONTR. Agglomérer.

PULVÉRISEUR [pylveʀizœʀ] **n. m.** – 1904 ◊ de *pulvériser* ■ TECHN. Machine agricole servant à ameublir un sol déjà labouré et à détruire les racines et les mauvaises herbes.

PULVÉRULENT, ENTE [pylveʀylɑ̃, ɑ̃t] **adj.** – 1773 ◊ latin *pulverulentus* ■ DIDACT. Qui est à l'état de poudre ou se réduit facilement en poudre. *Chaux pulvérulente.* — **n. f. PULVÉRULENCE,** 1823.

PUMA [pyma] **n. m.** – 1633 ◊ mot espagnol emprunté au quéchua ■ Mammifère carnassier d'Amérique *(félidés)*, arboricole, à pelage fauve et sans crinière. ➤ **couguar, eyra.** *Des pumas.*

PUNA [pyna] **n. f.** – 1732 ◊ mot espagnol emprunté au quéchua ■ **1** Troubles physiologiques liés à l'altitude (dans les Andes). ■ **2** GÉOGR. Haut plateau froid, au Pérou et en Bolivie. *Les Indiens de la puna.*

PUNAISE [pynɛz] **n. f.** – XIIIe ◊ de *punais* (vx) «qui sent mauvais» ; du latin populaire °*putinasius* ■ **1** Petit insecte hétéroptère à corps aplati, dégageant une odeur infecte quand on l'écrase. *Punaise de lit, des lits,* parasite de l'être humain. «*Les punaises empêchaient tout le monde de dormir*» CÉLINE. *Punaise des bois.* ➤ **gendarme, pentatome.** *Punaise rouge.* ➤ **pyrrhocoris.** — PAR ANAL. *Punaise d'eau.* ➤ **naucore, nèpe, ranatre.** LOC. FIG. *Plat comme une punaise :* d'une bassesse morale absolue. ◆ FIG. et PÉJ. Personne méprisable (surtout en parlant d'une femme). *Quelle punaise ! Punaise de sacristie**. ◆ **interj.** FAM. *Punaise !* exclamation de surprise, de dépit. ➤ **putain.** ■ **2** (1846) Petit clou à tête plate et ronde, à pointe courte, servant à fixer à la main des feuilles de papier sur une surface. *Affiche fixée par des punaises.*

PUNAISER [pyneze] **v. tr.** ⟨1⟩ – 1891 ◊ de *punaise* ■ Fixer avec des punaises. *Punaiser des cartes postales au mur.*

1 **PUNCH** [pɔ̃ʃ] **n. m.** /PONCH/ – 1674 ; *bolle-ponche* 1653 ◊ mot anglais, de l'hindi *panch* «cinq», à cause des cinq composants de la boisson ■ Boisson alcoolisée à base d'eau-de-vie (généralement du rhum) parfumée de citron et d'épices. *Punch chaud, glacé. Punch planteur**. *Punch flambé,* où l'on fait brûler l'eau-de-vie. *Boire un verre de punch, un punch, du punch.* «*le gin, les punchs bouillants ou glacés*» PEREC.

2 **PUNCH** [pœnʃ] **n. m.** – 1909 ◊ mot anglais «coup» ■ Aptitude d'un boxeur à porter des coups secs et décisifs. «*Ils ont le punch : l'utilisation correcte des muscles frappeurs, et la détente*» HÉMON. ◆ FIG. FAM. Efficacité, dynamisme. ➤ **mordant.** *Avoir du punch.* ➤ FAM. **frite,** 1 **pêche ;** 3 **battant.**

PUNCHEUR, EUSE [pœnʃœʀ, øz] **n.** – 1920 ◊ de 2 *punch* ■ SPORT Boxeur qui a le punch. — Sportif qui attaque avec vigueur.

PUNCHING-BALL [pœnʃiŋbol] **n. m.** – 1900 ◊ mot anglais, de *punching* «en frappant» et *ball* «ballon» ■ Ballon fixé par des attaches élastiques, servant à l'entraînement de boxeurs. *Des punching-balls.*

-PUNCTURE ➤ **-PONCTURE**

PUNIQUE [pynik] **adj.** – XIVe ◊ latin *punicus,* de *Poeni* «les Carthaginois» ■ HIST. Relatif, propre aux colonies phéniciennes d'Afrique, et SPÉCIALT à Carthage. *La langue punique :* le phénicien que l'on parlait à Carthage. *Les guerres puniques,* menées par Rome contre Carthage.

PUNIR [pyniʀ] **v. tr.** ⟨2⟩ – 1250 ◊ latin *punire* ■ **1** Frapper (qqn) d'une peine pour avoir commis un délit ou un crime. ➤ **châtier, condamner.** «*Il y a des criminels que le magistrat punit, d'autres qu'il corrige*» MONTESQUIEU. *Punir qqn d'un crime, pour un crime ; d'avoir fait qqch., pour avoir fait qqch. Être puni de mort, de réclusion.* ◆ Frapper d'une sanction pour un acte répréhensible. *Punir un enfant. Punir un élève en lui infligeant une retenue.* ➤ FAM. **coller.** FAM. *C'est le bon Dieu qui t'a puni.* — **p. p. adj.** *Les soldats punis.* SUBST. *Les punis.* ◆ ABSOLT Sévir. *La Loi «doit être la même pour tous, soit qu'elle protège, soit qu'elle punisse»* (DÉCLARATION DES DROITS DE L'HOMME). ■ **2** Sanctionner (une faute) par une peine, une punition. «*Les grandes rébellions qu'on punit par la mort*» LOTI. «*Celui des péchés capitaux que Dieu doit punir le moins sévèrement*» BALZAC. ■ **3** (Sujet chose) *Punir qqn de :* atteindre d'un mal constituant une sanction. *Cet échec le punira de son orgueil.* — Plus cour. (au pass., au p. p.) «*Je suis insociable, et m'en voilà cruellement puni*» STENDHAL. LOC. *Être puni par où l'on a péché :* trouver sa punition dans la faute ou l'erreur même qu'on a commise. ◆ Mal récompenser. *Il est puni de sa bonté.* «*Dans un temps* [...] *où la générosité est punie, – où la charité est punie*» MONTHERLANT. ■ CONTR. Épargner, récompenser.

PUNISSABLE [pynisabl] **adj.** – 1477 ◊ de *punir* ■ Qui entraîne ou peut entraîner une peine, une punition. ➤ **condamnable, répréhensible.** *Une infraction punissable d'emprisonnement.*

PUNITIF, IVE [pynitif, iv] **adj.** – 1370 ◊ du radical de *punition* ■ RARE Propre ou destiné à punir. *Force punitive et coercitive. Action préventive et action punitive.* — COUR. *Expédition punitive :* attaque violente conduite par un groupe (de soldats ou autres) en guise de représailles. *Faire une expédition punitive contre les rebelles.*

PUNITION [pynisjɔ̃] **n. f.** – 1250 ◊ latin *punitio* ■ **1** Action de punir. «*Les crimes dont la punition pouvait être prononcée par l'Église*» HUYSMANS. *En punition de ses péchés.* ■ **2** (1356) Ce que l'on fait subir à l'auteur d'une simple faute (non d'un crime ou délit grave). ➤ **châtiment, peine, pénalité, sanction.** *Infliger, donner une punition. Punition légère, sévère. Punitions corporelles.* ➤ **correction, fustigation ; fessée.** — *Punitions scolaires.* ➤ **coin, colle, ligne, retenue.** *Punition collective. Punitions pour faute contre la discipline militaire.* — *Être en punition dans sa chambre.* LOC. *Pour la punition de qqn,* pour le punir. «*pour votre punition, vous ne saurez rien du tout*» MOLIÈRE. ■ **3** Conséquence pénible (d'une faute, d'un défaut dont on semble puni). «*C'est bien fait ! Sa pénurie est la punition de sa prodigalité*» BAUDELAIRE. ■ CONTR. Récompense.

PUNK [pœ̃k ; pœnk] **n.** et **adj.** – 1973 ◊ mot anglais américain «vaurien ; pourri, délabré» ■ ANGLIC. ■ **1 n. m.** *Le punk :* mouvement de contestation regroupant des jeunes qui affichent divers signes extérieurs de provocation (coiffure, vêtement) par dérision envers l'ordre social. *Le grunge** *et le punk.* — **adj.** *La musique punk. Danse punk.* ➤ **pogo.** *Le mouvement punk. Des tenues punks.* ■ **2** *Un, une punk :* adepte du punk. *Les punks des années 80.* «*deux punks en cuir, lames de rasoir en pendentifs*» P. BRUCKNER. — On trouve parfois le fém. **PUNKETTE** (1984).

PUNTILLÉRO ou **PUNTILLERO** [puntijeʀo] **n. m.** – 1900 ◊ espagnol *puntillero,* de *puntilla* «poignard», diminutif de *punta,* latin *puncta* → pointe ■ TAUROM. Celui qui est chargé d'achever le taureau, si l'estocade n'a pas tué la bête. *Des puntilléros, des puntilleros.*

PUPAZZO, plur. **PUPAZZI** [pupadzo, pupadzi] **n. m.** – 1852 ◊ mot italien ; cf. *poupée* ■ DIDACT. Marionnette italienne à tête et bras de bois, montée sur une gaine où le montreur enfile sa main. ➤ **guignol.** *Des pupazzi* (parfois *des pupazzos*). *Spectacle de pupazzi.*

PUPE [pyp] **n. f.** – 1822 ◊ latin des zoologistes *pupa,* latin classique «poupée» ■ ZOOL. Stade larvaire des diptères durant lequel la chrysalide prend une forme de tonnelet et reste immobile dans son enveloppe chitineuse.

1 **PUPILLAIRE** [pypilɛʀ] adj. – 1409 ◊ latin *pupillaris* ■ DR. Propre ou relatif au pupille (1, 1°). *La gestion du patrimoine pupillaire.*

2 **PUPILLAIRE** [pypilɛʀ] adj. – 1727 ◊ de 2*pupille* ■ DIDACT. Qui appartient, a rapport à la pupille (2). *Réflexes pupillaires.*

PUPILLARITÉ [pypilaʀite] n. f. – 1398 ◊ de 1*pupillaire* ■ DR. État du pupille (1, 1°).

1 **PUPILLE** [pypij ; pypil] n. – 1334 ◊ latin *pupillus,* de *pupus* «petit garçon» ■ **1** Orphelin, orpheline mineur(e) en tutelle. *Patrimoine du pupille* (➤ 1 **pupillaire**). ■ **2** Enfant privé(e) de son soutien naturel et placé(e) sous le régime de la tutelle ou le contrôle des services de l'aide sociale à l'enfance. *Pupilles de l'État* (ANCIENNT *de l'Assistance publique*) : enfants dont la collectivité publique a la responsabilité totale. *Pupilles de la Nation* : enfants de victimes de guerre. *Pupilles de la Marine, de l'Air.* ■ **3** SPORT Membre d'une catégorie de jeunes sportifs de moins de 14 ans.

2 **PUPILLE** [pypij ; pypil] n. f. – 1314 ◊ latin *pupilla* ■ Orifice central de l'iris, par où passent les rayons lumineux. ➤ 2 **prunelle.** «*ses yeux noirs aux pupilles excessivement dilatées par l'horreur*» PERGAUD.

PUPINISATION [pypinizasjɔ̃] n. f. – 1922 ◊ du nom du physicien *Pupin* ■ TÉLÉCOMM. Introduction de bobines d'inductance, régulièrement espacées, dans les conducteurs d'une ligne de télécommunication.

PUPIPARE [pypipaʀ] adj. – 1819 ◊ de *pupe* et *-pare* ■ ZOOL. Se dit des insectes diptères dont les larves éclosent prêtes à se transformer en pupes.

PUPITRE [pypitʀ] n. m. – 1467 ; *pepistre* 1357 ◊ latin *pulpitum* «estrade» ■ **1** Petit meuble en forme de plan incliné, monté ou non sur un pied, sur lequel on pose, à hauteur de vue, un livre, du papier. *Pupitre de chœur.* ➤ **lutrin.** — *Pupitre de graveur,* sur lequel le graveur pose sa planche. *Pupitre à musique. Il «tira un cahier de musique, le mit sur le pupitre du piano»* R. ROLLAND. *Être au pupitre* : diriger l'orchestre. ◆ MUS. Groupe de musiciens jouant du même instrument, de choristes chantant la même voix. *Le pupitre des violons, des soprani. Répétition par pupitre. Chef de pupitre.* ■ **2** Petite table à couvercle incliné, servant à écrire. ➤ **bureau.** *Pupitres d'écoliers.* «*au commencement de la classe, il se faisait un grand tapage* [...] *les pupitres ouverts, fermés*» DAUDET. ■ **3** TECHN. Emplacement où sont disposés les commandes et les appareils de contrôle d'un système électronique complexe, notamment d'un ordinateur. ➤ **console.** *Pupitre de visualisation,* réunissant des informations télévisées. *Technicien au pupitre d'un ordinateur.* ➤ **pupitreur.**

PUPITREUR, EUSE [pypitʀœʀ, øz] n. – 1966 ◊ de *pupitre* ■ TECHN. Technicien(ne) chargé(e) de suivre au pupitre le fonctionnement d'un ordinateur.

PUR, PURE [pyʀ] adj. – v. 1000 *pura* ◊ latin *purus*

I ABSTRAIT **A. SANS MÉLANGE** ■ **1** Qui ne contient aucun élément de nature contraire ou différente. ➤ **absolu, parfait.** «*Il n'y a que le mal qui soit pur* [...] *Le bien est toujours mêlé de mal*» VIGNY. «*Il n'y a pas de race pure*» RENAN. ◆ PHILOS. Qui ne dépend pas de l'expérience, de la sensation (opposé à *pratique*). «*La Critique de la raison pure*», de Kant. — *Science pure* (opposé à *appliquée*). ➤ **théorique.** — *Pur esprit*.* ■ **2** Qui s'interdit toute préoccupation étrangère à sa nature spécifique. *Art pur. Musique pure* (opposé à *descriptive, lyrique...*). *Poésie pure.* ■ **3** (Devant le nom) Qui est seulement, complètement tel et rien d'autre. ➤ **simple.** *Ouvrage de pure fiction. Un pur hasard. Un pur miracle ! C'est la pure vérité.* ➤ **exact, strict.** *Pure folie. Pure méchanceté.* — LOC. *De pure forme. En pure perte*.* ◆ (Après le nom) *Tout pur. Pur et simple* : sans restriction. *Une interdiction pure et simple.* — LOC. *Pur et dur* : qui applique des principes très strictement ; sans concession. *Une politique pure et dure. Le rap pur et dur.* ➤ **authentique.** ■ **4** n. Personne rigoureusement fidèle à un parti, à une orthodoxie, sans concession. *C'est un pur.*

B. SANS DÉFAUT ■ **1** Sans défaut d'ordre moral, sans corruption, sans tache. ➤ **innocent, intègre.** «*les hommes irréprochables,* [...] *ceux qui se sentent purs*» MICHELET. ➤ **honnête, probe.** *Ses intentions sont pures,* bonnes et désintéressées. *Un cœur pur.* ➤ 1 **droit.** *Pur de tout soupçon* : à l'abri de tout soupçon. ➤ **exempt.** — n. «*Tout est pur chez les purs*» R. ROLLAND. ◆ Très chaste. ➤ **vertueux, vierge.** «*Vous* [...] *si pure ! – Si pure ! vous trouvez que je n'ai pas de sex-appeal*» AYMÉ. ■ **2** Sans défaut d'ordre esthétique. ➤ **impeccable, parfait.** «*son visage brun était d'un ovale ferme et pur*» FRANCE. ◆ D'une correction élégante (langue). ➤ **châtié.** «*un style plus pur,* [...] *plus littéraire*» GAUTIER.

II CONCRET ■ **1** (XIIe) Qui n'est pas mêlé avec autre chose, qui ne contient en soi aucun élément étranger. *Du vin pur,* sans eau. *Métal pur,* sans alliage. ➤ 2 **fin.** — *Couleur pure,* franche. *Son pur,* simple. *Rendre plus pur.* ➤ **affiner, dépurer, épurer, purifier.** — CHIM. *Corps* pur. Substance à l'état pur,* proche de l'état (théorique) de pureté absolue. FIG. *À l'état pur* : sans mélange. ➤ **absolu.** *Le plaisir, la bêtise à l'état pur.* — Qui ne contient que l'élément annoncé. *Pure laine vierge. Pur coton. Saucisson pur porc. Pur sucre, pur jus* ; FIG. et FAM. parfait, typique, authentique. *Des écolos pur sucre.* «*ce mec, c'est un intellectuel pur fruit*» SAN-ANTONIO. RÉGION. (Canada) FAM. *Des Québécois pure laine,* authentiques, de souche. ◆ *Sang pur. Cheval de pur sang.* ➤ **pur-sang.** PAR EXT. *Un méridional pur sang,* par toute son ascendance. ■ **2** Qui ne renferme aucun élément mauvais ou défectueux. *Eau pure,* bonne à boire. ➤ **clair, propre.** *Air pur,* qui n'est pas pollué. ➤ 1 **sain, salubre.** *Ciel pur,* sans nuages ni fumées. ➤ **limpide.**

■ CONTR. Impur. Composite. Altéré, corrompu, mauvais, vicié.

PUREAU [pyʀo] n. m. – 1676 ◊ de l'ancien français *purer* → purée ■ TECHN. Partie non recouverte d'une ardoise, d'une tuile, dans une couverture. ■ HOM. Purot.

PURÉE [pyʀe] n. f. – XIIIe ◊ de l'ancien français *purer* «purifier, cribler, passer» ; bas latin *purare* ■ **1** Mets fait de légumes cuits et écrasés. *Purée de pommes de terre, de brocolis, de céleri. Purée de marrons.* — *Purée de fruits crus.* ➤ **coulis.** ◆ ABSOLT Purée de pommes de terre. *Une assiette de purée. Purée en flocons. Purée à la tomme.* ➤ **aligot.** — APPOS. INV. *Pommes purée.* ➤ **mousseline.** ◆ LOC. (adaptation de l'anglais *peasoup*) *Purée de pois* : brouillard très épais. ■ **2** FAM. et VIEILLI Gêne financière, misère. *Être dans la purée.* ➤ **dèche, mouise, panade.** «*c'est bien triste, de voir un homme de cette valeur-là dans cette purée*» ALLAIS. ◆ (1895) EXCLAM. (POP.) *Purée !* misère ! ➤ **putain.** ■ **3** LOC. ARG. *Envoyer, lâcher, balancer la purée* : tirer (avec une arme à feu) ; VULG. éjaculer. «*il lâche la purée, brame tel un vieux cerf et s'affale sur le lit*» P. BAILLY. — FIG. Donner tout son potentiel.

PUREMENT [pyʀmɑ̃] adv. – XIe ◊ de *pur* ■ **1** RARE Avec pureté, honnêteté. ■ **2** COUR. Intégralement et exclusivement. *C'est purement scandaleux.* «*une trouvaille purement et spécifiquement bourgeoise*» MONTHERLANT. — Simplement, uniquement. «*Une bonne partie de leur amour était purement livresque*» R. ROLLAND. — LOC. *Purement et simplement* : sans condition ni réserve. «*Eugénie pourra renoncer purement et simplement à la succession*» BALZAC. ■ **3** (1669) VIEILLI Avec une correction élégante. «*il parlait purement et correctement*» BALZAC.

■ CONTR. Imparfaitement. Incorrectement.

PURETÉ [pyʀte] n. f. – 1324 ◊ réfection de *purté* XIIe ; latin *puritas*

I (ABSTRAIT) ■ **1** État de ce qui est pur, sans souillure morale. ➤ **candeur, honnêteté, innocence.** «*Aucune hypocrisie ne venait altérer la pureté de cette âme naïve*» STENDHAL. *La pureté de l'enfance.* ➤ **fraîcheur, ingénuité.** ◆ État de chasteté parfaite. ➤ **continence, virginité.** «*une mère de famille qui veille sur la pureté de ses filles*» ALAIN. ■ **2** État de ce qui est sans mélange. «*il avait gardé son ancien jargon briard dans toute sa pureté native*» GAUTIER. ■ **3** (XVIIe) État de ce qui se conforme avec élégance à des règles, à un type de perfection. ➤ **correction.** *Pureté de la langue* (➤ **purisme**). «*un écrivain qui se recommande* [...] *par la pureté et l'exactitude de son style*» AYMÉ. «*La pureté du dessin,* [...] *la finesse du modelé*» GAUTIER.

II (CONCRET) ■ **1** État d'une substance ne contenant, en principe, aucune trace d'une autre substance (en pratique, aucune impureté décelable) ; homogénéité parfaite. *Pureté chimique.* ■ **2** État de ce qui est sans défaut, sans altération. ➤ **limpidité, netteté.** *Diamant d'une grande pureté. La pureté d'une source, de l'air des montagnes.* «*la pureté cristalline de son timbre*» BOSCO.

■ CONTR. Impureté. Corruption ; immoralité. Mélange. Incorrection ; imperfection.

PURGATIF, IVE [pyʀgatif, iv] adj. et n. m. – début XIVe ◊ bas latin *purgativus* ■ Qui a la propriété de purger, de stimuler les évacuations intestinales. ➤ **cathartique, dépuratif, drastique, évacuant, laxatif.** *Plantes purgatives. Huiles purgatives.* ◆ n. m. (1669) *Un purgatif.*

PURGATION [pyʀgasjɔ̃] n. f. – hapax XIIe ◊ latin *purgatio* ■ **1** RELIG. VX Purification (du pécheur). ➤ **purgatoire.** ◆ (1370 ◊ traduction du grec *katharsis*) HIST. LITTÉR. *Purgation des passions,* action de les apaiser ou de les éliminer en les représentant au théâtre. ➤ **catharsis.** ■ **2** (XIIIe) VIEILLI Action de purger ; remède purgatif. ➤ **purge.** ◆ MOD. Évacuation de selles sous l'effet d'un purgatif.

PURGATOIRE [pyʀgatwaʀ] n. m. – fin XIIe ◊ latin médiéval *purgatorium*, bas latin *purgatorius* «qui purifie» ■ **1** D'après la théologie catholique, Lieu où les âmes des justes expient leurs péchés avant d'accéder à la félicité éternelle. *Les âmes du purgatoire* : l'Église souffrante. *Aller au purgatoire.* ■ **2** FIG. (1573) Lieu ou temps d'épreuve, d'expiation. LOC. *Faire son purgatoire sur terre.*

PURGE [pyʀʒ] n. f. – 1538 ; «justification» XIVe ◊ de *purger* ■ **1** Action de purger ; remède purgatif. ➤ **purgation.** *Prendre une purge.* ■ **2** (1752) VX Désinfection. ♦ (1860) MOD. TECHN. Nettoyage des fils textiles (qu'on débarrasse des duvets et parties défectueuses). — Évacuation d'un liquide, dont la présence dans une conduite nuit au bon fonctionnement d'un appareil. ➤ **vidange.** *Robinet de purge.* ➤ **purgeur.** ■ **3** (1842) DR. Opération destinée à libérer un bien ou un droit réel immobilier des charges qui le grèvent (hypothèques, privilèges). ■ **4** (1793, repris XXe) Élimination autoritaire d'individus politiquement indésirables. ➤ **épuration, lessive.** *Pratiquer une purge dans un parti* (cf. Faire le ménage*).

PURGEOIR [pyʀʒwaʀ] n. m. – 1752 ◊ de *purger* ■ TECHN. Bassin, réservoir où l'on filtre l'eau.

PURGER [pyʀʒe] v. tr. ⟨3⟩ – début XIIe ◊ latin *purgare* ■ **1** Débarrasser de ce qui altère, purifier. TECHN. *Purger le métal, les fils de soie.* — COUR. *Purger un radiateur,* en évacuer l'air pouvant gêner le fonctionnement. — Vider de son contenu (pour réparer, changer le liquide...). *Purger les conduites d'eau en temps de gel. Purger un réservoir.* ➤ **vidanger.** ■ **2** VX Purifier (son âme) ; expier (ses péchés). ■ **3** LITTÉR. Débarrasser d'une chose mauvaise, néfaste. *Le rire «me purge de mes dégoûts»* COCTEAU. ♦ Débarrasser d'êtres néfastes, dangereux. *«Purgez la terre des vaniteux, des niais»* VALÉRY. ■ **4** (XIVe) ANC. MÉD. Débarrasser (un organe, une humeur) d'impuretés dangereuses. ♦ MOD. Administrer un purgatif à (qqn). *Purger un malade.* PRONOM. *Se purger* : prendre un purgatif. ■ **5** (XIVe) Faire disparaître en subissant (une condamnation, une peine). *«Je veux purger ma peine, je n'ai pas besoin de votre protection»* SARTRE. ♦ (XVIe) DR. Débarrasser (un bien) des charges qui le grèvent (➤ **déshypothéquer**).

PURGEUR [pyʀʒœʀ] n. m. – 1869 ◊ de *purger* ■ Robinet ou dispositif automatique de purge (d'une tuyauterie, d'une machine). *«les purgeurs furent ouverts, la vapeur siffla au ras du sol»* ZOLA.

PURIFIANT, IANTE [pyʀifjɑ̃, jɑ̃t] adj. – 1470 ◊ de *purifier* ■ LITTÉR. Qui purifie, est propre à purifier. *«les souffles purifiants de la jeunesse»* PROUST.

PURIFICATEUR, TRICE [pyʀifikatœʀ, tʀis] n. et adj. – 1547 ◊ de *purification* ■ **1** RARE Personne chargée d'une purification. ■ **2** n. m. Appareil destiné à purifier un milieu physique. *Purificateur d'atmosphère.* ■ **3** adj. Purificatoire. *Ablutions purificatrices.*

PURIFICATION [pyʀifikasjɔ̃] n. f. – XIIe ◊ latin *purificatio* ■ **1** Cérémonie, rite par lequel on se purifie. ➤ **ablution.** *Purification par l'eau. Les purifications prescrites par la loi mosaïque, islamique.* — *Fête de la Purification de la Vierge* : fête catholique connue sous le nom de *Chandeleur.* ♦ LITURG. Action de nettoyer (les linges sacrés), d'essuyer (le calice, les doigts du prêtre). ■ **2** VX Opération par laquelle on sépare une substance de ses impuretés. ➤ **clarification, épuration.** ■ **3** (1992) *Purification ethnique**. ■ CONTR. Corruption.

PURIFICATOIRE [pyʀifikatwaʀ] n. m. et adj. – 1610 ◊ latin ecclésiastique *purificatorius* ■ **1** LITURG. Linge sacré destiné à la purification du calice, des doigts du prêtre. — Vase d'ablution où le prêtre lave ses doigts. ■ **2** adj. (1795) LITTÉR. Destiné à purifier, propre à la purification. ➤ **lustral, purificateur.** *Cérémonie purificatoire.*

PURIFIER [pyʀifje] v. tr. ⟨7⟩ – 1190 ◊ latin *purificare* ■ **1** LITTÉR. Rendre pur, débarrasser de la corruption, de la souillure morale. *«la honte coule sur leur crime comme un baume, la souffrance le purifie»* FRANCE. — PRONOM. *«Peut-être s'était-il purifié par un remords ?»* BALZAC. ♦ Laver, débarrasser de ce qui souille, en se conformant à certains rites religieux. *«Il faudra purifier l'église demain avec du feu !»* VILLIERS. ■ **2** (XIIIe) VIEILLI Débarrasser (une substance matérielle, spécialement un liquide) de ses impuretés. ➤ **clarifier, filtrer, rectifier.** — *Purifier l'air.* ➤ **assainir, désinfecter, fumiger.** ■ **3** Rendre plus pur, plus correct (la langue, le style). ➤ **épurer.** ■ CONTR. Corrompre, polluer, souiller.

PURIN [pyʀɛ̃] n. m. – 1842 ◊ mot dialectal, de l'ancien français *purer* «passer, égoutter» → purée ■ **1** Partie liquide du fumier, constituée par les urines et la décomposition des parties solides. *Fosse à purin.* ➤ **purot.** *«on arrosait la fumière avec la pompe à purin»* ZOLA. ■ **2** *Purin d'ortie(s)* : préparation à base de feuilles d'orties hachées macérées dans de l'eau, utilisée comme insecticide ou comme engrais.

PURINE [pyʀin] n. f. – 1904 ◊ allemand *Purin,* dérivé savant du radical du latin *purus* «pur» et de *urique* ■ BIOCHIM., GÉNÉT. Substance azotée basique dont la structure comporte deux chaînes fermées (l'une à 5, l'autre à 6 atomes). *L'adénine et la guanine sont des purines. Purines et pyrimidines composent l'ADN et l'ARN.*

PURIQUE [pyʀik] adj. – début XXe ◊ de *purine* ■ BIOCHIM. Dérivé de la purine. *Bases puriques* : adénine, guanine, xanthine..., constituants des acides nucléiques.

PURISME [pyʀism] n. m. – 1704 ◊ de *puriste* ■ **1** Souci excessif de la pureté du langage, de la correction grammaticale, par rapport à un modèle intangible et idéal. *«si l'enseignement scolaire s'est détourné du purisme, le public cultivé reste imprégné d'esprit puriste»* G. GOUGENHEIM. ■ **2** Souci de pureté, de conformité totale à un type idéal (art, idées, etc.). ■ CONTR. Laxisme.

PURISTE [pyʀist] n. et adj. – 1620 ; «puritain» 1586 ◊ de *pur* ■ Partisan du purisme. *«l'art n'a jamais été du côté des puristes»* SARTRE. *«la vertueuse indignation du puriste»* MARTINET. ♦ adj. Propre au purisme, imprégné de purisme. *Écrivain puriste. Une attitude puriste.* ■ CONTR. Laxiste.

PURITAIN, AINE [pyʀitɛ̃, ɛn] n. et adj. – 1562 ◊ anglais *puritan* (attesté v. 1570), de *purity* «pureté», ou du latin moderne *puritani,* de *puritas* «pureté» ■ **1** HIST. RELIG. Membre d'une secte de presbytériens rigoristes qui voulaient pratiquer un christianisme plus pur, et dont beaucoup, après les persécutions du XVIIe s., émigrèrent en Amérique (➤ **protestant**). — adj. Propre, relatif à cette secte. *Le régime puritain de la Nouvelle-Angleterre.* ■ **2** Membre d'une secte rigoriste. *Les «incorruptibles M'zabites, puritains mahométans»* MAUPASSANT. ■ **3** Personne qui montre ou affiche une pureté morale scrupuleuse, un respect rigoureux des principes. ➤ **rigoriste.** *«une puritaine élevée par une vieille fille dans l'hypocrisie victorienne»* MAUROIS. — adj. *«la forte éducation puritaine par quoi mes parents avaient façonné mon enfance»* GIDE. ➤ **austère, rigide.**

PURITANISME [pyʀitanism] n. m. – 1691 ◊ de *puritain* ■ **1** Doctrine, esprit, conduite des puritains. ■ **2** Rigorisme, austérité extrême (et souvent affectée). *Le puritanisme anglo-saxon. «certain puritanisme que l'on m'avait enseigné comme étant la morale du Christ»* GIDE.

PUROT [pyʀo] n. m. – 1842 ◊ de *purin* ■ AGRIC. Fosse à purin. ■ HOM. Pureau.

PUROTIN [pyʀɔtɛ̃] n. m. – 1878 ◊ de *purée* ■ FAM. VIEILLI Personne qui est dans la purée (2°), dans la misère. ➤ **fauché, pauvre.** *«il voulait pas qu'on croie qu'il nous avait régalés dans un truc pour purotins»* QUENEAU.

PURPURA [pyʀpyʀa] n. m. – 1837 ◊ mot latin «pourpre» ■ MÉD. Ensemble de taches cutanées, de couleur rouge foncé, dues à des hémorragies circonscrites au niveau de la peau (pétéchies). — PAR EXT. Maladie caractérisée essentiellement par de petites hémorragies disséminées de la peau. *Purpura infectieux.* — adj. **PURPURIQUE.**

PURPURIN, INE [pyʀpyʀɛ̃, in] adj. – début XIVe ◊ réfection de *pourprin,* d'après le latin *purpura* ■ POÉT. ou PLAISANT De couleur pourpre. ➤ **pourpré.** *Des lèvres purpurines.*

PURPURINE [pyʀpyʀin] n. f. – 1834 ; «poudre de bronze» 1731 ◊ de *purpurin* ■ TECHN. Une des matières colorantes extraites de la garance.

PUR-SANG [pyʀsɑ̃] n. m. – 1842 ; *cheval pur sang* v. 1830 ◊ de *pur* et *sang* ■ Cheval de course inscrit au stud-book, dont les ascendants appartiennent tous à la race créée au XVIIIe s. à partir de juments anglaises et d'étalons orientaux. ➤ **yearling.** *Pur-sang et demi-sang. Des pur-sang* (inv.) ou *des pursangs.*

PURULENCE [pyʀylɑ̃s] n. f. – 1555 ◊ latin ecclésiastique *purulentia* ■ MÉD. État purulent. ➤ **suppuration.** *Purulence d'une blessure.*

PURULENT, ENTE [pyʀylɑ̃, ɑ̃t] adj. – XIIe ◊ latin *purulentus* ■ **1** Qui contient ou produit du pus (➤ **suppurer**). *Lésion purulente de la peau.* ➤ **pustule.** *Pleurésie purulente.* ➤ **empyème.**

Méningite purulente. Écoulement purulent. ■ **2** FIG. et LITTÉR. Qui répand l'infection, la pourriture morale. ➤ **putride.**

PUS [py] **n. m.** – 1520 ◊ latin *pus, puris* ■ Production pathologique liquide ou relativement épaisse, le plus souvent jaunâtre, se produisant lors d'inflammations et contenant des leucocytes, des débris cellulaires et des micro-organismes (lorsqu'il s'agit d'une infection). ➤ **ichor,** VX **sanie ; py(o)-.** *Du pus s'est formé dans la plaie. Écoulement de pus.* ➤ **pyorrhée, suppuration ; purulent.**

PUSEYISME [pyzeism] **n. m.** – 1875 ◊ de *Pusey,* n. pr., par l'anglais *puseyism* (1838) ■ HIST. RELIG. Mouvement ritualiste, dû notamment à Pusey (1800-1882), qui rapprocha du catholicisme une partie de l'Église anglicane.

PUSH-PULL [puʃpul] **n. m. inv.** – 1928 ◊ mot anglais «pousse, tire» ■ ANGLIC. ÉLECTR. Montage amplificateur symétrique à deux éléments actifs* associés en opposition de phase. *Les push-pull sont utilisés comme étages de sortie dans les amplificateurs de puissance.*

PUSILLANIME [pyzi(l)lanim] **adj.** – 1265 ◊ bas latin *pusillanimis,* de *pusillus animus* «esprit mesquin» ■ LITTÉR. Qui manque d'audace, craint le risque, les responsabilités. ➤ **craintif, faible, frileux, timoré.** *«Comme tous les esprits pusillanimes, il ne se préoccupa que de rejeter sur d'autres la responsabilité de ses actions»* MÉRIMÉE. ■ CONTR. Audacieux, courageux, entreprenant.

PUSILLANIMITÉ [pyzi(l)lanimite] **n. f.** – 1279 ◊ bas latin *pusillanimitas* ■ LITTÉR. Caractère d'une personne pusillanime. ➤ **faiblesse, frilosité, timidité.** *«Il y aurait une grande pusillanimité à ne pas se faire juger, quand on est sûr d'être innocent»* STENDHAL. *Pusillanimité et lâcheté*. Agir avec pusillanimité.* ■ CONTR. Audace, hardiesse.

PUSTULE [pystyl] **n. f.** – 1314 ◊ latin *pustula* ■ **1** Petite tumeur inflammatoire et purulente à la surface de la peau. ➤ **bouton.** *Les pustules de la variole. — Pustule maligne :* le charbon* humain. ■ **2** Chacune des petites vésicules ou saillies qui couvrent le dos du crapaud, les feuilles ou les tiges de certaines plantes.

PUSTULEUX, EUSE [pystylø, øz] **adj.** – 1549 ◊ latin *pustulosus* ■ Caractérisé par la présence de pustules. *Acné pustuleuse.*

PUTAIN [pytɛ̃] **n. f.** – 1120 ◊ cas régime en *-ain* de l'ancien français *put* → pute ■ **1** PÉJ., VULG. Prostituée. ➤ **pute.** *Je rencontre «une petite putain, peinte et poudrée»* DUHAMEL. *«La Putain respectueuse», pièce de Sartre* (cf. Une respectueuse). ■ **2** PÉJ., VULG. Femme facile, qui a une vie sexuelle très libre. *Enfant de putain,* terme d'injure. ■ **3** FAM. Personne qui cherche à plaire à tout le monde. *Il fait la putain.* — **adj.** *«un gros bonhomme fort pacifique et très putain»* FLAUBERT. ■ **4 interj.** FAM. *Putain !* marquant l'étonnement, l'admiration, la colère, etc. ➤ **punaise, purée.** ♦ *Putain de* (et subst), marquant le mépris, l'exaspération. ➤ **satané.** *«la* putain *de pendule cognait»* GIONO. *Quel putain de temps !*

PUTASSIER, IÈRE [pytasje, jɛʀ] **adj.** – 1549 ◊ de l'ancien verbe *putasser* (XVe) «fréquenter les putains» ■ VULG. Relatif aux prostituées, digne d'une prostituée. *Langage putassier. — Un comportement putassier,* servile, obséquieux.

PUTATIF, IVE [pytatif, iv] **adj.** – fin XIVe ◊ latin ecclésiastique *putativus,* de *putare* «estimer, supposer» ■ DR. *Enfant, père putatif :* celui qui est supposé être l'enfant, le père de tel ou tel. ➤ **présomptif.** — *Mariage putatif,* qui, en dépit d'une décision le frappant de nullité, produit ses effets juridiques jusqu'à la date de cette décision. — COUR. *Candidat putatif à une élection,* qui ne s'est pas encore déclaré. ➤ **présumé, supposé.**

PUTE [pyt] **n. f. et adj.** – début XIIIe ◊ fém. subst. de l'ancien français *put* «mauvais, vil», 1080 ; latin *putidus* «puant» ■ PÉJ. et VULG. ➤ **putain.** ■ **1** Prostituée. *«On ne va plus aux putes depuis les années soixante !»* T. BENACQUISTA. — LOC. *Faire la pute :* se prostituer ; FIG. s'abaisser pour obtenir qqch. ■ **2** Femme facile, de mœurs dissolues. *Ni putes ni soumises* (mouvement pour la mixité fondée sur le respect). — INJURIEUX *Fils de pute !* ■ **3** (T. d'injure) Personne méprisable. ➤ **salaud, salope.** *Quelle pute, ce mec ! — Langue de pute :* personne médisante (cf. Langue de vipère). — *Coup de pute :* action perfide, déloyale. *«un de ces coups de pute qu'on se fait après le divorce»* O. ADAM. ■ **4 adj.** Qui n'hésite pas à s'abaisser pour arriver à ses fins. *«Si j'étais un peu plus pute, j'irais lui faire la comédie»* É. AJAR.

PUTIER [pytje] ou **PUTIET** [pytjɛ] **n. m.** – 1666, -1869 ◊ de l'ancien français *put* «mauvais, puant» → pute ■ RÉGION. Merisier à grappes.

PUTOIS [pytwa] **n. m.** – 1175 ◊ de l'ancien français *put* → pute, putier ■ **1** Petit mammifère carnivore *(mustélidés),* à pelage brun foncé ou jaunâtre, à odeur nauséabonde. — LOC. *Crier, gueuler comme un putois :* crier, protester très fort. ■ **2** Fourrure de cet animal. ➤ **kolinski.** *Porter un putois autour du cou.* ■ **3** TECHN. Pinceau de poils de putois dont se servent les peintres sur porcelaine.

PUTRÉFACTION [pytʀefaksjɔ̃] **n. f.** – 1398 ◊ bas latin *putrefactio* ■ Décomposition des matières organiques sous l'action de ferments microbiens. ➤ **altération, corruption, fermentation, pourriture.** *Cadavre en putréfaction, en état de putréfaction avancée. Tomber en putréfaction. Arrêter la putréfaction* (➤ **antiputride, antiseptique**).

PUTRÉFIABLE [pytʀefjabl] **adj.** – 1875 ◊ de *putréfier* ■ Putrescible. *Substance putréfiable.*

PUTRÉFIER [pytʀefje] **v. tr.** ‹7› – 1314 ◊ latin *putrefacere* ■ Pourrir, faire tomber en putréfaction. *La chaleur putréfie la viande.* — **p. p. adj.** *Cadavre putréfié.* ➤ **pourri.** ♦ PRONOM. RÉFL. Se décomposer, pourrir. ■ CONTR. Conserver.

PUTRESCENT, ENTE [pytʀesɑ̃, ɑ̃t] **adj.** – 1549 ◊ latin *putrescens,* p. prés. de *putrescere* «se putréfier» ■ DIDACT. Qui est en voie de putréfaction. ➤ **putride.** — **n. f. PUTRESCENCE,** 1801.

PUTRESCIBILITÉ [pytʀesibilite] **n. f.** – 1765 ◊ de *putrescible* ■ DIDACT. Caractère de ce qui est putrescible. ■ CONTR. Imputrescibilité.

PUTRESCIBLE [pytʀesibl] **adj.** – fin XIVe ◊ bas latin *putrescibilis* ■ DIDACT. Qui peut se putréfier. ➤ **corruptible, putréfiable ; biodégradable.** *Pasteur démontra «que le liquide le plus putrescible restait pur si on le tenait à l'abri des poussières de l'air»* MONDOR. ■ CONTR. Imputrescible, incorruptible.

PUTRESCINE [pytʀesin] **n. f.** – 1903 ◊ de *putrescent* ■ BIOCHIM. Polyamine d'odeur nauséabonde, formée lors de la putréfaction des cadavres sous l'action d'enzymes bactériennes.

PUTRIDE [pytʀid] **adj.** – 1256 ◊ latin *putridus* ■ **1** Qui est en putréfaction. ➤ **putrescent ; sapro-.** *«Les mouches bourdonnaient sur ce ventre putride»* BAUDELAIRE. — *Eau putride,* qui contient des matières organiques en décomposition. ■ **2** Qui est relatif au processus de la putréfaction ou qui en résulte. *La fermentation putride :* la putréfaction (généralement avec production d'odeurs nauséabondes). *«Elle exhale des miasmes putrides»* LAUTRÉAMONT. *Odeur putride.* ■ **3** FIG. et LITTÉR. Qui répand la pourriture morale. *«le désaveu formel d'une littérature putride»* LECOMTE. ➤ **malsain.**

PUTRIDITÉ [pytʀidite] **n. f.** – 1769 ◊ de *putride* ■ LITTÉR. Caractère de ce qui est putride.

PUTSCH [putʃ] **n. m.** – 1921 ◊ allemand *Putsch* «échauffourée» ■ Soulèvement, coup de main d'un groupe politique armé, en vue de prendre le pouvoir. ➤ **pronunciamiento** (cf. Coup d'État*). *Hitler «tenta un* putsch *avec l'aide de Ludendorff : ce fut la révolution manquée du 8 novembre 1923»* BAINVILLE. *Des putschs.*

PUTSCHISTE [putʃist] **n.** – 1920 ◊ de *putsch* ■ POLIT. Personne qui participe à un putsch* ou est partisane d'un putsch. — **adj.** *Des tentatives putschistes.*

PUTT [pœt] **n. m.** – 1907 ◊ mot anglais, de *to put(t)* ■ ANGLIC. GOLF Coup joué sur le green, avec le putter.

PUTTER [pœtœʀ] **n. m.** – 1899 ◊ mot anglais ■ GOLF Club à face verticale utilisé sur le green pour faire rouler la balle jusqu'au trou (➤ putt). On dit aussi **POTEUR** [pɔtœʀ].

PUTTO, plur. **PUTTI** [puto, puti] **n. m.** – attesté XXe (1644 en anglais) ◊ mot italien ■ DIDACT. (ARTS) Jeune garçon nu représentant l'Amour, dans la peinture italienne. ➤ **amour** (I). *Des putti* (plur. it.). Le pluriel francisé *des puttos* est admis.

PUVATHÉRAPIE [pyvateʀapi] **n. f.** – 1975 ◊ de *p(soralène), U. V. A.* et *thérapie* ■ MÉD. Traitement de certaines dermatoses (psoriasis, vitiligo, pelade, etc.) associant l'irradiation par ultraviolets et l'absorption d'un psoralène. ➤ aussi **actinothérapie.**

PUY [pɥi] **n. m.** – 1080 ◊ latin *podium* «socle, tertre» ■ **1** RÉGION. Hauteur, montagne. *Le Puy de Dôme.* ■ **2** (XIIIe ◊ ext. de sens obscure) HIST. LITTÉR. Société mi-littéraire, mi-religieuse qui, au Moyen Âge, organisait des concours de poésie. *Le puy d'Arras.* ■ HOM. Puis, puits.

PUZZLE [pœzl ; pœzœl] **n. m.** – 1909 ◊ mot anglais, de *to puzzle* «embarrasser» ■ **1** Jeu de patience composé d'éléments à assembler pour reconstituer un dessin. ➤ RÉGION. **casse-tête.**

Faire un puzzle. ■ **2** FIG. Multiplicité d'éléments qu'un raisonnement logique doit assembler pour reconstituer la réalité des faits. *Les pièces du puzzle commençaient à s'ordonner dans sa tête.*

P.-V. [peve] **n. m. inv.** – XXe ◊ abrév. de *procès-verbal* ■ FAM. Procès-verbal. *Rédiger le P.-V. d'une assemblée.* ♦ SPÉCIALT Contravention. *Attraper un P.-V., des P.-V.*

P. V. C. [pevese] **n. m. inv.** – 1972 ◊ sigle de l'anglais *PolyVinylChloride* ■ Matière plastique, polychlorure de vinyle, utilisée en minces épaisseurs. *Emballage, revêtement de sol en P. V. C.*

PYCNOMÈTRE [piknɔmɛtʀ] **n. m.** – 1923, mais antérieur (*pycnométrie* 1909) ◊ du grec *puknos* «dense» et *-mètre* ■ MÉTROL. Appareil servant à déterminer les densités et les masses volumiques des solides et des liquides.

PYCNOSE [piknoz] **n. f.** – 1904 ◊ du grec *puknôsis* «condensation» ■ PATHOL., BIOL. CELL. Altération du noyau de la cellule qui se présente sous la forme d'une masse condensée, homogène. *Pycnose du noyau lors de l'apoptose.* — **adj. PYCNOTIQUE,** 1930.

PYÉLITE [pjelit] **n. f.** – 1849 ◊ de *pyél(o)-* et *-ite* ■ MÉD. Inflammation aiguë ou chronique de la muqueuse du bassinet, habituellement associée à une inflammation du rein. ➤ **pyélonéphrite.**

PYÉL(O)- ■ Élément, du grec *puelos* «cavité, bassin».

PYÉLONÉPHRITE [pjelonefʀit] **n. f.** – 1878 ◊ de *pyélo-* et *néphrite* ■ MÉD. Inflammation du bassinet et du rein.

PYGARGUE [pigaʀg] **n. m.** – 1765 ; *pigart* XVe ◊ latin *pygargos*, mot grec «à derrière blanc» ■ Oiseau rapace diurne *(falconidés)*, brun, à tête et queue blanches, appelé aussi *aigle de mer.* ➤ **huard, orfraie.**

-PYGE, -PYGIE ■ Éléments, du grec *pugê* «fesse» : *callipyge, stéatopygie.*

PYGMALION [pigmaljɔ̃] **n. m.** – date inconnue ◊ de *Pygmalion,* d'après le mythe grec et la pièce de G. B. Shaw ■ LITTÉR. Homme qui instruit sa maîtresse. *Des pygmalions.* ♦ PAR EXT. Personne expérimentée qui sert de guide, de conseiller à qqn. ➤ **mentor.** *«son rude pygmalion de père»* PH. JAENADA.

PYGMÉE [pigme] **n.** – 1488 ; variantes *pymeau, pimain* XIIIe ◊ latin *pygmaeus,* grec *pugmaios* «grand comme le poing *(pugmê)*» ■ **1** ANTIQ. Individu appartenant à un peuple légendaire de nains de la région du Nil. *Hercule lutta contre les Pygmées.* ■ **2** (1756) MOD. Individu de très petite taille appartenant à certaines ethnies d'Afrique et d'Insulinde. *Campement de Pygmées.* — **adj.** *Langue pygmée.*

PYJAMA [piʒama] **n. m.** – *pyjaamah* 1837 ◊ anglais *pyjamas,* de l'hindoustani *pâê-jama* «vêtement de jambes» ■ **1** DIDACT. Pantalon ample et flottant porté en certaines régions de l'Inde. ■ **2** (1895) COUR. Vêtement de nuit ou d'intérieur, ample et léger, fait d'un pantalon et d'une veste. *Porter un pyjama. Être en pyjama.*

PYLÔNE [pilon] **n. m.** – 1819 ◊ grec *pulôn* ■ **1** ARCHÉOL. Portail monumental placé à l'entrée des temples égyptiens, encadré de deux massifs de maçonnerie en forme de pyramide tronquée dont les faces étaient couvertes de peintures et d'inscriptions. ♦ Pilier quadrangulaire ornant l'entrée d'une avenue, d'un pont. *Les pylônes du pont Alexandre-III, à Paris.* ■ **2** (1906) COUR. Construction (en charpente, fer, béton, etc.) ayant la forme générale d'une tour, destinée à supporter un échafaudage, un pont suspendu, des câbles aériens, des antennes de télécommunication, etc. ➤ **mât, pilier, poteau, sapine, support.** *Pylônes d'une ligne électrique. «Un immense pylône électrique, les pieds de fer plantés dans la pâture, une laideur»* C. GALLAY.

PYLORE [pilɔʀ] **n. m.** – 1552 ◊ bas latin *pylorus,* grec *pulôros* «portier» ■ Orifice faisant communiquer l'estomac avec le duodénum. *Sténose du pylore. «j'ai le pylore attaqué, je ne digère plus rien»* BALZAC. — **adj. PYLORIQUE.**

PY(O)- ■ Élément, du grec *puo-,* de *puon* «pus».

PYODERMITE [pjodɛʀmit] **n. f.** – 1932 ◊ de *pyo-, derme* et *-ite* ■ MÉD. Infection de la peau par des germes pyogènes (staphylocoques, streptocoques), caractérisée par la présence de pustules multiples.

PYOGÈNE [pjɔʒɛn] **adj.** – 1890 ; *pyogénique* 1833 ◊ de *pyo-* et *-gène* ■ MÉD. Qui produit du pus, provoque une suppuration. *Germes pyogènes.*

PYORRHÉE [pjɔʀe] **n. f.** – 1827 ◊ grec *puorroia* ; cf. *pyo-* et *-rrhée* ■ MÉD. Écoulement de pus. *Pyorrhée dentaire, alvéolaire.*

PYRALE [piʀal] **n. f.** – 1801 ; *pyralide* 1777 ◊ latin *pyralis* ; mot d'origine grecque «insecte vivant dans le feu» ■ ZOOL. Papillon type d'une famille de lépidoptères dont les chenilles s'attaquent aux végétaux. *La pyrale de la vigne, du maïs, de la canne à sucre.*

PYRALÈNE [piʀalɛn] **n. m.** – 1963 ◊ nom déposé, de *pyr(o)-* et *al(déhyde)* ■ TECHN. Huile synthétique riche en chlore, de haute permittivité et ininflammable, fabriquée à partir du PCB* et servant d'isolant dans certains transformateurs électriques et formant par pyrolyse des dérivés très toxiques (dioxines, furanes, etc.). — ABUSIVEMENT PCB.

PYRAMIDAL, ALE, AUX [piʀamidal, o] **adj.** – XIIIe ◊ bas latin *pyramidalis* ■ **1** Propre à la pyramide, en forme de pyramide. *«L'île de Ténériffe se dessinait devant nous comme une sorte de grand édifice pyramidal»* LOTI. — ANAT. *Os pyramidal* : os de la rangée supérieure du carpe. *Faisceau* (ou *système*) *pyramidal,* qui constitue la principale voie de transmission des mouvements volontaires (allant du lobe frontal jusqu'aux cornes antérieures de la moelle épinière). *Cellules pyramidales* : neurones spéciaux de l'écorce cérébrale. ■ **2** VX (1806, à la mode v. 1830) Colossal. ➤ **énorme, étonnant.** *«Un jeune peintre d'un talent pyramidal»* STENDHAL. ■ **3** *Vente pyramidale* : système de vente dans lequel les premiers participants recrutent des membres qui doivent leur verser une commission et recruter eux-mêmes d'autres membres, et ainsi de suite. *La vente pyramidale est interdite en France.*

PYRAMIDE [piʀamid] **n. f.** – 1165 ◊ latin d'origine grecque *pyramis, idis* ■ **1** Grand monument à base quadrangulaire et quatre faces triangulaires, qui servait de tombeau aux pharaons d'Égypte. *La pyramide de Chéops. «Soldats, songez que, du haut de ces pyramides, quarante siècles vous contemplent»* BONAPARTE. — Monument moderne de même forme. *La pyramide du Louvre.* ♦ Grande construction pyramidale qui servait de base à un temple, dans le Mexique précolombien. ➤ **téocalli.** *La pyramide du Soleil.* ■ **2** (1361) Polyèdre qui a pour base un polygone quelconque et pour faces latérales des triangles possédant un sommet commun formant une pointe. *Pyramide à base triangulaire.* ➤ **tétraèdre.** *Pyramide quadrangulaire,* dont la base est un quadrilatère. *Pyramide régulière,* dont la base est un polygone régulier et dont la hauteur (dite *axe* dans ce cas) passe par le centre de la base. *Tronc de pyramide.* ➤ **cône.** ♦ ANAT. *Pyramides rénales, pyramides de Malpighi* : masses coniques constituant la substance médullaire des reins. ■ **3** Tas d'objets qui repose sur une large base et s'élève en s'amincissant. *«les pyramides d'oranges et de melons»* LARBAUD. *«Il faut réunir le bois en pyramide et laisser un peu d'air dessous»* MAC ORLAN. ♦ (XVIIIe) PEINT. Disposition pyramidale des éléments du tableau. — SPORT Figure collective de gymnastique acrobatique de forme pyramidale, réalisée par plusieurs gymnastes qui se soutiennent. *Pyramide à 3, à 6.* ♦ Représentation graphique verticale d'un phénomène hiérarchisé, où les éléments se raréfient vers le sommet. *La pyramide des âges, des salaires.*

PYRAMIDER [piʀamide] **v. intr.** ‹1› – 1761 ; *piramider* «entasser» fin XVe ◊ de *pyramide* ■ VX Être disposé, s'élever en pyramide. *Une énorme masse «dont les étages vont pyramidant au-dessus des quatre grosses roues»* HUGO.

PYRAMIDION [piʀamidjɔ̃] **n. m.** – 1842 ◊ de *pyramide* ■ ARCHÉOL. Sommet pyramidal.

PYRÈNE [piʀɛn] **n. m.** – 1858 ◊ du radical chimique *pyr-,* grec *pur* «feu» ■ CHIM. Hydrocarbure polycyclique de formule $C_{16}H_{10}$, que l'on extrait du goudron de houille.

PYRÉNÉITE [piʀeneit] **n. f.** – 1819 ◊ de *Pyrénées* ■ MINÉR. Grenat noir des Pyrénées.

PYRÉNOMYCÈTES [piʀenɔmisɛt] **n. m. pl.** – 1842 ◊ du grec *purên* «noyau» et *-mycète* ■ BOT. Groupe de champignons ascomycètes au mycélium cloisonné, au périthèce en forme de bouteille ou de sphère.

PYRÈTHRE [piʀɛtʀ] **n. m.** – 1256 ◊ latin d'origine grecque *pyrethrum* ■ Plante *(composacées),* à fleurs blanches, voisine des chrysanthèmes. *Poudre de pyrèthre* : poudre insecticide provenant des capitules desséchés du *pyrèthre de Dalmatie.*

PYRÉTOTHÉRAPIE [piʀetoteʀapi] **n. f.** – 1918 ◊ du grec *puretos* «fièvre» et *-thérapie* ■ MÉD. Traitement par un état fébrile (➤ **hyperthermie**) provoqué artificiellement.

PYREX [piʀɛks] **n. m.** – 1937 ◊ nom déposé, de l'anglais *pie* «tourte» ■ Verre très résistant pouvant aller au feu. *Plats à four en pyrex.*

PYREXIE [piʀɛksi] **n. f.** – 1795 ◊ du grec *purektikos* «fiévreux», d'après *cachexie* ■ MÉD. Fièvre, et PAR EXT. Maladie fébrile. ■ CONTR. Apyrexie.

PYRIDINE [piʀidin] **n. f.** – 1839 ◊ du grec *pur* «feu», *-id-* (cf. *-ide*) et *-ine* ■ CHIM. Composé hétérocyclique azoté aromatique, de formule C_5H_5N, utilisé comme solvant. *On dénature l'alcool en y ajoutant de la pyridine.*

PYRIDOXAL [piʀidɔksal] **n. m.** – 1946 ◊ de *pyridox(ine)* et *al(déhyde)* ■ BIOCHIM. Aldéhyde dérivé de la pyridoxine et dont une forme constitue le groupement prosthétique de nombreuses enzymes. *Des pyridoxals.*

PYRIDOXINE [piʀidɔksin] **n. f.** – 1942 ◊ de *pyridine* par l'anglais (1939) ■ MÉD. Vitamine B6 extraite de levures, de graines de céréales, de tissus animaux, prescrite dans certaines affections de la peau et des nerfs (polynévrites).

PYRIMIDINE [piʀimidin] **n. f.** – fin XIXe ◊ de *pyridine* et *(a)mid(e)*, d'après l'allemand *Pyrimidin* (1855) ■ BIOCHIM., GÉNÉT. Substance azotée basique dont la structure comporte une chaîne fermée, à 6 atomes. *La cytosine, la thymine et l'uracile sont des pyrimidines. Purines et pyrimidines composent l'ADN et l'ARN.*

PYRIMIDIQUE [piʀimidik] **adj.** – 1905 ◊ de *pyrimidine* ■ BIOCHIM. Dérivé de la pyrimidine. *Principales bases pyrimidiques :* cytosine, thymine et uracile, constituants des acides nucléiques.

PYRITE [piʀit] **n. f.** – XIIe ◊ grec *puritês* ■ Sulfure naturel de fer (FeS_2) qui sert à la fabrication de l'acide sulfurique. ♦ Sulfure métallique. *Pyrite de cuivre.* ➤ **chalcopyrite.** «*la pyrite de cuivre qui a trompé tant de prospecteurs, et qu'on appelle pour cela "l'or du sot"*» LE CLÉZIO.

PYRO- ■ Élément, du grec *pur, puros* «feu», qui caractérise en chimie un acide obtenu à partir de deux molécules identiques d'un acide simple et par élimination thermique d'une molécule d'eau : *pyrophosphorique, pyrosulfurique.*

PYROCLASTIQUE [piʀoklastik] **adj.** – 1902 ◊ de *pyro-* et *clastique* ; cf. anglais *pyroclastic* (1887) ■ GÉOL. Composé de matières d'origine magmatique projetées lors d'une éruption volcanique. *Produit pyroclastique* (bombe, lapilli, scorie, ponce, cendre, etc.). *Coulée pyroclastique* (cf. Nuée* ardente).

PYROCORISE ➤ **PYRRHOCORIS**

PYROÉLECTRICITÉ [piʀoelɛktʀisite] **n. f.** – 1869 ◊ de *pyro-* et *électricité* ■ PHYS. Phénomène par lequel certains cristaux acquièrent des charges électriques sur leurs faces opposées sous l'effet de la chaleur.

PYROGALLOL [piʀogalɔl] **n. m.** – 1875 ◊ de *(acide) pyrogallique* (1832), de *pyro-* et *gallique* ■ CHIM. Dérivé du benzène comportant trois fonctions phénol, ayant une très forte tendance à absorber l'oxygène. *Le pyrogallol est utilisé comme révélateur en photographie.*

PYROGÉNATION [piʀɔʒenasjɔ̃] **n. f.** – 1894 ◊ de *pyrogène* ■ SC. Réaction chimique obtenue sur un corps soumis à une forte élévation de température. ➤ **pyrolyse.**

PYROGÈNE [piʀɔʒɛn] **adj.** – 1839 «produit par le feu» ◊ de *pyro-* et *-gène* ■ **1** DIDACT. Qui produit de la chaleur. ■ **2** MÉD. Qui élève la température, donne de la fièvre. *Substances pyrogènes.* ■ **3** (1922) MINÉR. Formé par la fusion ignée. *Roches pyrogènes.*

PYROGRAVER [piʀogʀave] **v. tr.** ⟨1⟩ – 1888 ◊ de *pyro-* et *graver* ■ TECHN. Décorer, exécuter à la pyrogravure. — *Dessin pyrogravé.*

PYROGRAVEUR, EUSE [piʀogʀavœʀ, øz] **n.** – 1907 ◊ de *pyrograver* ■ TECHN. Artiste (graveur) en pyrogravure.

PYROGRAVURE [piʀogʀavyʀ] **n. f.** – 1888 ◊ de *pyro-* et *gravure* ■ Procédé de décoration du bois consistant à graver un dessin à l'aide d'une pointe métallique portée au rouge. — Gravure réalisée par ce procédé.

PYROLIGNEUX, EUSE [piʀoliɲø, øz] **adj.** et **n. m.** – 1802 ◊ de *pyro-* et *ligneux* ■ SC. ■ **1** *Acide pyroligneux :* acide acétique impur obtenu par distillation sèche du bois. ■ **2** **n. m.** Partie aqueuse des produits de distillation du bois, contenant de l'acide acétique, des cétones, alcools, etc.

PYROLYSE [piʀɔliz] **n. f.** – 1869 ◊ de *pyro-* et *-lyse* ■ SC. Décomposition chimique sous l'action de la chaleur seule. ➤ **pyrogénation.** — *Four* à pyrolyse.*

PYROMANE [piʀɔman] **n.** – 1854 ◊ de *pyro-* et *-mane* ■ Incendiaire par pyromanie. *Le pyromane a été arrêté.* — **adj.** *Pompier* pyromane.*

PYROMANIE [piʀɔmani] **n. f.** – 1834 ◊ de *pyro-* et *-manie* ■ DIDACT. Impulsion obsédante poussant à allumer des incendies.

PYROMÈTRE [piʀɔmɛtʀ] **n. m.** – 1738 ◊ de *pyro-* et *-mètre* ■ SC., TECHN. Instrument servant à mesurer les températures élevées.

PYROMÉTRIE [piʀɔmetʀi] **n. f.** – 1772 ◊ de *pyro-* et *-métrie* ■ SC. Mesure et étude des hautes températures. — **adj. PYROMÉTRIQUE,** 1808.

PYROPHORE [piʀɔfɔʀ] **n. m.** – 1749 ◊ de *pyro-* et *-phore* ■ SC. VX Corps qui s'enflamme spontanément au simple contact de l'air.

PYROPHOSPHATE [piʀofɔsfat] **n. m.** – 1834 ◊ de *pyro-* et *phosphate* ■ CHIM. Sel de l'acide pyrophosphorique. ➤ **diphosphate.**

PYROPHOSPHORIQUE [piʀofɔsfɔʀik] **adj.** – 1848 ◊ de *pyro-* et *phosphorique* ■ CHIM. *Acide pyrophosphorique,* de formule $H_4P_2O_7$, dérivant de l'anhydride phosphorique.

PYROSIS [piʀozis] **n. m.** – 1771 ◊ grec *purôsis* «inflammation» ■ MÉD. Sensation de brûlure allant de l'épigastre à la gorge, souvent accompagnée de renvoi d'un liquide acide. ➤ RÉGION. **brûlant.**

PYROSPHÈRE [piʀɔsfɛʀ] **n. f.** – 1859 ◊ de *pyro-* et *sphère* ■ GÉOL. Nappe de fusion ignée, séparant le noyau central rigide du globe (barysphère*) de la lithosphère*.

PYROSULFURIQUE [piʀosylfyʀik] **adj.** – 1878 ◊ de *pyro-* et *sulfurique* ■ CHIM. Se dit de l'acide de formule $H_2S_2O_7$, obtenu en dissolvant de l'anhydride sulfurique SO_3 dans de l'acide sulfurique.

PYROTECHNICIEN, IENNE [piʀɔtɛknisjɛ̃, jɛn] **n.** – 1874 ◊ de *pyrotechnique* ■ RARE Spécialiste en pyrotechnie.

PYROTECHNIE [piʀɔtɛkni] **n. f.** – 1690 ; autre sens 1556 ◊ de *pyro-* et *-technie* ■ TECHN. Technique de la fabrication et de l'utilisation des matières explosives et des pièces d'artifice (pour les feux d'artifice, illuminations, fusées, etc.).

PYROTECHNIQUE [piʀɔtɛknik] **adj.** – 1626 ◊ de *pyro-* et *technique* ■ TECHN. Relatif à la pyrotechnie. *Spectacle pyrotechnique.*

PYROXÈNE [piʀɔksɛn] **n. m.** – 1796 ◊ de *pyro-* et du grec *xenos* «étranger», c.-à-d. «étranger au feu, non igné» ■ MINÉR. Silicate de magnésium, de fer et souvent de calcium, minéral essentiel des roches magmatiques basiques.

PYROXYLE [piʀɔksil] **n. m.** – 1846 ◊ de *pyro-* et du grec *xulon* «bois» ■ CHIM. VIEILLI Coton-poudre. ➤ **fulmicoton.**

PYROXYLÉ, ÉE [piʀɔksile] **adj.** – 1892 ◊ de *pyroxyle* ■ CHIM. Qui est à base de coton-poudre. *Poudre pyroxylée,* renfermant une nitrocellulose.

PYRRHIQUE [piʀik] **n. f.** – *perrique* fin XIVe ◊ latin d'origine grecque *pyrrhicha* ■ ANTIQ. GR. Danse guerrière simulant un combat en armes, particulièrement en honneur à Sparte et en Crète.

PYRRHOCORIS [piʀɔkɔʀis] **n. m.** – 1875 ; *pyrrhocore* 1899 ◊ grec *purrhos* «roux» et *koris* «punaise» ■ ZOOL. Punaise rouge tachetée de noir appelée aussi *soldat,* qui pullule en été au pied des arbres et des murs. — On dit aussi **PYROCORISE.**

PYRRHONIEN, IENNE [piʀɔnjɛ̃, jɛn] **adj.** et **n.** – 1546 ◊ de *Pyrrhon,* n. pr. ■ PHILOS. Propre à Pyrrhon, philosophe grec fondateur de l'école sceptique, et à ses doctrines. ♦ **n.** Disciple de Pyrrhon. — VX Sceptique.

PYRRHONISME [piʀɔnism] **n. m.** – 1580 ◊ de *Pyrrhon* → pyrrhonien ■ PHILOS. Doctrine de Pyrrhon ; scepticisme philosophique (opposé à *dogmatisme*). «*il en arrivait à un pyrrhonisme, où rien de ce qui était n'était plus qu'une fiction de l'esprit*» R. ROLLAND.

PYRROL ou **PYRROLE** [piʀɔl] **n. m.** – 1875 ◊ mot allemand (1835) formé sur le grec *purrhos* «rouge, roux» et *-ol(e)* ■ CHIM. Composé hétérocyclique azoté (C_4H_5N), dont on trouve le noyau dans la proline, les porphyrines et la chlorophylle, produit de la distillation sèche des matières animales. ■ HOM. Pirole.

PYRUVATE [piʀyvat] **n. m.** – 1831 *pyruvate d'argent* ◊ du grec *pur* «feu» (→ pyro-), du latin *uva* «raisin» et suffixe chimique ■ BIOCHIM. Produit final de la glycolyse, qui participe à plusieurs catabolismes (fermentation alcoolique et lactique, décarboxylation). *Pyruvate déshydrogénase, pyruvate carboxylase.*

PYRUVIQUE [piʀyvik] adj. – 1866 ◇ du grec *pur* «feu» et du latin *uva* «raisin» ■ CHIM. *Acide pyruvique :* acide cétonique de formule $CH_3-CO-CO_2H$ qui se forme en chauffant l'acide tartrique avec du sulfate de potassium.

PYTHAGORICIEN, IENNE [pitagɔʀisjɛ̃, jɛn] adj. et n. – 1586 ◇ de *pythagorique* ■ DIDACT. Propre à Pythagore et à son école. *L'école pythagoricienne.* — n. Disciple de Pythagore.

PYTHAGORIQUE [pitagɔʀik] adj. – 1540 ◇ latin *pythagoricus,* grec *Puthagoras* «Pythagore» ■ VX Pythagoricien. — SPÉCIALT, DIDACT. *Silence pythagorique :* silence prolongé, tel que Pythagore le demandait à ses disciples. *Il «se punissait de ses fautes par un silence pythagorique»* BALZAC. *Nombres pythagoriques :* nombres utilisés dans un ancien procédé de divination.

PYTHAGORISME [pitagɔʀism] n. m. – 1756 ◇ de *pythagorique* ■ PHILOS. Philosophie pythagoricienne.

PYTHIE [piti] n. f. – 1546 ◇ latin *pythia,* grec *puthia,* de *Puthô* «Delphes» ■ DIDACT. Prêtresse de l'oracle d'Apollon à Delphes. ◆ LITTÉR. Prophétesse, devineresse. *«Elle est princesse, elle est pythie, elle est prêtresse»* HUGO.

PYTHIEN, IENNE [pitjɛ̃, jɛn] adj. – 1550 ◇ du latin *Pytho,* grec *Puthô* → pythie ■ DIDACT. De Delphes. *Apollon pythien.* ➤ **pythique.**

PYTHIQUE [pitik] adj. et n. f. – 1584 ◇ latin *pythicus* ■ HIST. Pythien, relatif à Apollon pythien, vainqueur du serpent Python. *Jeux pythiques,* qui se célébraient tous les quatre ans à Delphes en l'honneur d'Apollon pythien. — n. f. *Les Pythiques :* odes de Pindare en l'honneur des vainqueurs des Jeux pythiques.

PYTHON [pitɔ̃] n. m. – 1803 ◇ latin *python,* grec *puthôn,* nom du serpent fabuleux tué par Apollon ■ Serpent constricteur de très grande taille *(boïdés),* vivant en Asie et en Afrique, non venimeux, qui broie sa proie entre ses anneaux avant de l'avaler. *Pythons et boas. «Le python musculeux aux écailles d'agate»* LECONTE DE LISLE. ■ HOM. Piton.

PYTHONISSE [pitɔnis] n. f. – fin XIVe ◇ latin ecclésiastique *pythonissa,* grec *puthôn* «prophète inspiré par Apollon pythien» ■ LITTÉR. ou PLAISANT Prophétesse, voyante, devineresse. *«dans les officines des pythonisses, des voyantes et des sorciers»* HUYSMANS.

PYURIE [pjyʀi] n. f. – 1803 ◇ de *py(o)-* et *-urie* ■ MÉD. Présence de pus dans les urines.

PYXIDE [piksid] n. f. – 1812 ; méd. 1478 ◇ latin d'origine grecque *pyxis, idis* «coffret, capsule» → boîte ■ **1** BOT. Capsule à déhiscence transversale dont la partie supérieure se soulève comme un couvercle. *Pyxides du mouron, du pourpier.* ■ **2** (1842) ANCIENNT Petite boîte à couvercle où l'on plaçait l'Eucharistie. *«Ce cœur de Marat eut pour ciboire une pyxide précieuse»* CHATEAUBRIAND. — MOD. RELIG. Petit vase de métal dans lequel le prêtre porte la communion aux malades. ➤ **custode.** ◆ ARCHÉOL. Coffret à bijoux.

Q

1**Q** [ky] n. m. inv. ▪ Dix-septième lettre et treizième consonne de l'alphabet : *q majuscule* (Q), *q minuscule* (q). — PRONONC. Lettre, toujours suivie d'un *u* en français, sauf en finale *(cinq, coq)*, qui note l'occlusive vélaire sourde [k] sauf dans des emprunts où elle note [kw] *(quetsche, quick, quinto)*. — *Trigrammes comportant q : qua,* qui note [ka] *(quarante)* ou [kwa] *(équation)* ; *qui,* qui note [ki] *(quitter)* ou [kɥi] *(équilatéral)*. ▪ HOM. Cul.

2**Q** abrév. et symboles ▪ **1** ℚ [ky] n. m. inv. Ensemble des nombres rationnels. ▪ **2 q** [kɛ̃tal] n. m. Symbole du quintal.

QANOUN ➤ 1et 2**KANOUN**

QAT ➤ **KHAT**

Q. G. [kyʒe] n. m. inv. – 1914 ✧ sigle ▪ Quartier général. *Le Q. G. des rebelles.*

Q. I. [kyi] n. m. inv. – avant 1951 ✧ adaptation de l'anglais *I. Q.* ▪ Quotient* intellectuel. *Elle a un Q. I. exceptionnel.*

QI GONG [tʃikɔ̃g] n. m. inv. – 1990 ✧ mot chinois, de *qi* «énergie vitale» et *gong* «travail» ▪ Discipline traditionnelle chinoise fondée sur la libération de l'énergie vitale, associant mouvements fluides, exercices respiratoires et concentration de l'esprit.

Q-MÈTRE [kymɛtʀ] n. m. – 1963 ✧ anglais *Q-meter* (1943), de *Q* pour *quality factor* «coefficient de surtension d'un bobinage» et *-meter* ; cf. *-mètre* ▪ MÉTROL. Appareil de mesure des réactances et des coefficients de surtension. *Des Q-mètres.*

QR [kyɛʀ] n. m. – 2004 ✧ sigle anglais de *quick response* «réponse rapide» ▪ (anglais *QR code*) *Code QR.* ➤ **flashcode.**

QUAD [kwad] n. m. – 1987 ✧ mot anglais américain, abrév. de *quadruple* ▪ ANGLIC. Véhicule tout-terrain, sorte de moto à quatre roues. *Course de quads.*

QUADRAGÉNAIRE [k(w)adʀaʒenɛʀ] adj. et n. – 1606 ; *nombre quadragenaire* 1569 ✧ latin *quadragenarius* ▪ Dont l'âge est compris entre quarante et quarante-neuf ans. — n. *Un, une quadragénaire.* ABRÉV. FAM. **QUADRA.** *Les quadras.*

QUADRAGÉSIMAL, ALE, AUX [k(w)adʀaʒezimal, o] adj. – début XVIe ✧ latin ecclésiastique *quadragesimalis* → quadragésime ▪ LITURG. Qui appartient au carême. *Jeûne quadragésimal.*

QUADRAGÉSIME [k(w)adʀaʒezim] n. f. – 1680 ; «carême» 1487 ✧ latin ecclésiastique *quadragesima (dies)* ▪ LITURG. Premier dimanche de carême (ainsi désigné jusqu'en 1965).

QUADRANGLE [k(w)adʀɑ̃gl] n. m. – XIIIe ✧ bas latin *quadrangulum* ▪ GÉOM. Figure géométrique formée par quatre points (dont trois quelconques ne sont pas alignés) et les six droites qui les joignent deux à deux.

QUADRANGULAIRE [k(w)adʀɑ̃gylɛʀ] adj. – 1450 ✧ bas latin *quadrangularis* ▪ **1** Qui a quatre angles. ➤ **carré, rectangulaire, trapézoïdal.** *Figure quadrangulaire.* ◆ Dont la base est un quadrilatère. *Tour quadrangulaire.* ▪ **2** Qui met en jeu quatre éléments. *Élection quadrangulaire* ou ELLIPT *une quadrangulaire,* opposant quatre candidats.

QUADRANT [kadʀɑ̃] n. m. – 1868 ; «quart du jour» XVe ✧ latin *quadrans, quadrantis* «quart» ; cf. *cadran* ▪ MATH. Quart de la circonférence du cercle. ◆ Chacune des quatre portions du plan délimitées par un système de coordonnées rectangulaires. ▪ HOM. Cadran.

QUADRATIQUE [k(w)adʀatik] adj. – 1751 ✧ du latin *quadratus* «carré» ▪ **1** MATH. Qui est du second degré, élevé au carré. ➤ **rectangle** (I, 2°). *Moyenne quadratique de* n *nombres :* racine carrée du quotient par *n* de la somme de leurs carrés. ▪ **2** (1859) MINÉR. Se dit d'un système cristallin caractérisé par trois axes de longueurs égales faisant entre eux des angles droits ; et d'un minéral qui appartient à ce système. *Cristal quadratique.*

QUADRATURE [k(w)adʀatyʀ] n. f. – 1407 ✧ bas latin *quadratura* ▪ **1** GÉOM. Opération qui consiste à construire un carré équivalant à une aire donnée. — COUR. *La quadrature* [kadʀatyʀ] *du cercle :* faux problème que les géomètres anciens tentaient de résoudre. FIG. *C'est la quadrature du cercle,* un problème insoluble, une chose irréalisable. ◆ MATH. Calcul d'une intégrale définie ou détermination d'une aire. ▪ **2** (1546) ASTRON. Position de la Lune ou d'une planète au moment où sa distance angulaire par rapport au Soleil est de 90°. *Les quadratures de la Lune* (premier et dernier quartiers). *Marée de quadrature :* marée faible, quand l'influence du Soleil et de la Lune s'opposent. ▪ **3** PHYS. Déphasage d'un quart de période entre deux grandeurs sinusoïdales de même fréquence. *Les courants diphasés sont en quadrature.* ▪ HOM. Cadrature.

QUADRETTE [kadʀɛt] n. f. – 1902 ; nom d'un jeu de cartes 1882 ✧ provençal *quadreto,* du radical latin *quadr-* «quatre» ▪ Équipe de quatre joueurs, au jeu de boules ou de pétanque.

QUADRI [k(w)adʀi] n. f. – 1973 ✧ abrév. ▪ FAM. ▪ **1** Quadriphonie. ▪ **2** (1977) Quadrichromie.

QUADRI-, QUADRU- ▪ Éléments, du latin *quadr-*, de *quattuor* «quatre». ➤ **tétra-.**

QUADRICEPS [k(w)adʀisɛps] n. m. – 1924 ✧ latin des médecins repris au latin tardif «à quatre têtes» ; cf. *biceps, triceps* ▪ ANAT. Faisceau musculaire de l'avant de la cuisse, attaché à la rotule, qui réunit les muscles vastes (crural et droit antérieur).

QUADRICHROMIE [k(w)adʀikʀɔmi] **n. f.** – 1945 ◊ de *quadri-* et *-chromie* ■ TECHN. Procédé d'impression qui ajoute aux couleurs utilisées en trichromie* une teinte neutre (noir, gris ou brun) pour le modelé du dessin. *Tirage en quadrichromie.* ➤ FAM. **quadri.**

QUADRIENNAL, ALE, AUX [k(w)adʀijenal, o] **adj.** – 1690 ◊ latin médiéval *quadriennalis,* d'après *triennalis* → triennal. *Quatriennal* (1652), formé sur *quatre,* a longtemps concurrencé la forme actuelle. ■ Qui revient tous les quatre ans. *Les Jeux olympiques sont quadriennaux.* ♦ Qui dure quatre ans. *Plan quadriennal.*

QUADRIFIDE [k(w)adʀifid] **adj.** – 1803 ◊ latin *quadrifidus,* de *findere* → fendre ■ BOT. Qui présente quatre divisions ou quatre découpures. *Calice, feuille quadrifide.*

QUADRIFOLIÉ, IÉE [k(w)adʀifɔlje] **adj.** – 1834 ◊ de *quadri-* et du latin *folium* «feuille» ■ BOT. Dont les feuilles sont groupées par quatre.

QUADRIGE [k(w)adʀiʒ] **n. m.** – 1624 ◊ du latin *quadrigae* n. f. pl., de *quadrijugus* «attelé de quatre (bêtes)», de *jugum* «joug» ■ ANTIQ. ROM. Char attelé de quatre chevaux de front.

QUADRIJUMEAUX [k(w)adʀiʒymo] **adj. m. pl.** et **n. m. pl.** – 1751 ; *quadrigemeaux* n. «quadriceps» 1639 ◊ de *quadri-* et *jumeau* ■ **1** ANAT., NEUROL. *Tubercules quadrijumeaux :* les quatre éminences arrondies situées à la partie postérieure des pédoncules cérébraux (les deux antérieurs faisant partie des voies optiques, les deux postérieurs appartenant aux voies auditives). ■ **2 n. m. pl.** (1963) BIOL. Quadruplés.

QUADRILATÈRE [k(w)adʀilatɛʀ] **n. m.** – 1694 ; adj. 1554 ◊ bas latin *quadrilaterus* ■ Polygone à quatre côtés. *Quadrilatères convexes.* ➤ **carré, losange, parallélogramme, rectangle, trapèze.** ♦ Terrain d'une forme analogue. «*Un grand quadrilatère entouré de murs*» MAC ORLAN. — MILIT. Position stratégique, appuyée par quatre places fortes. *Le quadrilatère lombard.*

QUADRILLAGE [kadʀijaʒ] **n. m.** – 1860 ◊ de *quadrille* «motif en losange» → quadrillé ■ **1** Entrecroisement de lignes ou jeu d'oppositions de couleurs qui divise une surface en carrés juxtaposés (➤ **grille**) ; manière dont une feuille de papier, une étoffe, etc., est quadrillée ; l'ensemble des lignes, des bandes qui divisent une surface en carrés. «*Ouverte, leur fenêtre, mais grillée,* [...] *défendue par les éternels quadrillages de bois*» LOTI. ♦ *Quadrillage des rues.* ➤ **carroyage.** ■ **2** (1958) Opération militaire (ou policière) qui consiste à diviser un territoire peu sûr en compartiments où on répartit les troupes de manière à exercer un contrôle aussi serré que possible sur la population. *La police a procédé au quadrillage du quartier. Quadrillage qui précède un ratissage.* ■ **3** Implantation d'un réseau d'établissements commerciaux, de services publics, etc. dans une zone géographique déterminée. *Le quadrillage hospitalier.*

QUADRILLE [kadʀij] **n. f.** et **m.** – 1611 «escadron» ; «troupe de partisans» fin XVIe ◊ espagnol *cuadrilla*

I n. f. ■ **1** (1670) ANCIENNT Chacun des groupes de cavaliers qui prenaient part à un carrousel. ■ **2** (1897) TAUROM. VIEILLI ➤ **cuadrilla.**

II n. m. (1751) ■ **1** Chacun des groupes de danseurs dans une contredanse. ♦ Cinquième et dernier échelon dans la hiérarchie du corps de ballet de l'Opéra de Paris. ■ **2** Danse à la mode au XIXe s. (forme légèrement modifiée de la contredanse) où les danseurs exécutent une série de figures. *Quadrille français, américain.* «*le quadrille des lanciers, ses présentations muettes, ses visites, son grand salut*» CHARDONNE.

QUADRILLÉ, ÉE [kadʀije] **adj.** – 1819 ; *cadrillé* 1786 ◊ de *quadrillé* «motif ornemental en losange» (1765 en broderie), de l'espagnol *cuadrilla* «carreau» ; du latin *quadrus ;* cf. *cadre* ■ Marqué de lignes entrecroisées en carreaux. *Du papier quadrillé.*

QUADRILLER [kadʀije] **v. tr.** ‹1› – 1875 ◊ de *quadrillé* ■ **1** Marquer de lignes droites, de bandes qui se coupent de manière à former des carreaux, des rectangles. ■ **2** Procéder au quadrillage de (un territoire). *Forces de police qui quadrillent un quartier, une ville, une région.* ■ **3** Procéder au quadrillage (3o) de. *Administration dont les services quadrillent l'ensemble des régions.*

QUADRILLION ➤ **QUATRILLION**

QUADRILOBE [k(w)adʀilɔb] **n. m.** – 1890 ◊ de *quadri-* et *lobe* ■ ARCHIT. Motif décoratif composé de quatre arcs de cercle égaux disposés symétriquement. ➤ **quatre-feuilles.**

QUADRIMESTRE [k(w)adʀimɛstʀ] **n. m.** – 1875 ◊ de *quadri-,* d'après *semestre, trimestre* ■ COMPTAB. Durée de quatre mois (pour certains calculs comptables).

QUADRIMOTEUR [kadʀimɔtœʀ] **adj. m.** et **n. m.** – 1929 ◊ de *quadri-* et *moteur* ■ Se dit d'un avion muni de quatre moteurs. *Un avion quadrimoteur,* ou **n. m.** (1934) *un quadrimoteur.* ➤ aussi **quadriréacteur.**

QUADRIPARTITE [k(w)adʀipaʀtit] **adj.** – 1576 ; 1475 fém. ◊ latin *quadripartitus* ■ **1** DIDACT. En quatre parties. ■ **2** (XIXe) BOT. Divisé en quatre parties par des découpures profondes. ■ **3** Qui comprend des représentants de quatre partis, de quatre pays, etc. *Commission, conférence quadripartite.* — On dit aussi **QUADRIPARTI, IE.**

QUADRIPHONIE [k(w)adʀifɔni] **n. f.** – v. 1970 ◊ de *quadri-* et *-phonie* ■ TECHN. Technique de reproduction des sons faisant appel à quatre canaux. ➤ FAM. **quadri.**

QUADRIPÔLE [k(w)adʀipol] **n. m.** – 1926 ◊ de *quadri-* et *pôle* ■ ÉLECTRON. Circuit électrique possédant quatre bornes, une paire de bornes constituant l'entrée, l'autre la sortie. *Un quadripôle amplificateur.*

QUADRIQUE [k(w)adʀik] **adj.** et **n. f.** – 1890 ◊ du latin *quadrus* «carré» ■ GÉOM. Se dit d'une surface qu'on peut représenter par une équation du second degré. *Une surface quadrique,* ou **n. f.** *une quadrique. Les sections planes d'une quadrique sont des coniques.*

QUADRIRÉACTEUR [k(w)adʀiʀeaktœʀ] **n. m.** – 1953 ◊ de *quadri-* et *réacteur* ■ Avion propulsé par quatre réacteurs. ➤ aussi **quadrimoteur.** — **adj.** *Un long-courrier quadriréacteur.*

QUADRIRÈME [k(w)adʀiʀɛm] **n. f.** – 1530 ◊ latin *quadriremis* ■ ANTIQ. ROM. Navire à quatre rangs de rameurs superposés.

QUADRISYLLABE [k(w)adʀisi(l)lab] **n. m.** – 1606 ◊ bas latin *quadrisyllabum* → quadri- ■ DIDACT. Mot ou vers de quatre syllabes. ➤ **tétrasyllabe.**

QUADRISYLLABIQUE [k(w)adʀisi(l)labik] **adj.** – 1824 ; hapax 1582 ◊ de *quadrisyllabe* ■ DIDACT. Qui comprend quatre syllabes.

QUADRIVALENT, ENTE [k(w)adʀivalɑ̃, ɑ̃t] **adj.** – 1866 ◊ de *quadri-* et *-valent* ■ CHIM. Qui a pour valence 4 ou qui est au degré d'oxydation +4 ou –4. ➤ **tétravalent.**

QUADRIVIUM [kwadʀivjɔm] **n. m.** – 1797 ; *quadruve* XIIIe ◊ mot bas latin, «carrefour» en latin classique ■ HIST. Dans l'Université du Moyen Âge, Groupe des quatre arts libéraux à caractère mathématique (arithmétique, astronomie, géométrie, musique), auquel s'ajoutait le trivium*.

QUADRU- ➤ **QUADRI-**

QUADRUMANE [k(w)adʀyman] **adj.** et **n.** – 1766 ◊ bas latin *quadrumanus* ■ ZOOL. Dont les quatre membres sont terminés par une main, un organe de préhension. — **n.** *Un quadrumane :* un animal quadrumane. ➤ **singe.**

QUADRUPÈDE [k(w)adʀypɛd] **adj.** et **n.** – début XIVe ◊ latin *quadrupes* ■ Qui a quatre pattes (animaux). **n.** *Un quadrupède :* mammifère terrestre possédant quatre pattes (et non quadrumane). *La plupart des tétrapodes* sont des quadrupèdes.*

QUADRUPLE [k(w)adʀypl] **adj.** – XIIIe ◊ latin impérial *quadruplus,* du classique *quadruplex* ■ Qui est répété quatre fois, qui vaut quatre fois (la quantité désignée). «*Une quadruple rangée de pavés superposés*» HUGO. — MUS. *Quadruple croche*.* ♦ **n. m.** Ce qui est égal à quatre fois (la chose désignée). *Le quadruple de la production d'avant-guerre.*

QUADRUPLER [k(w)adʀyple] **v.** ‹1› – 1493 ; «copier en quatre exemplaires» 1404 ◊ bas latin *quadruplare* ■ **1 v. tr.** Multiplier par quatre, porter à une valeur quatre fois plus grande. *Quadrupler son capital, la production.* ■ **2 v. intr.** (XVIIe) Devenir quatre fois plus élevé. *La production a quadruplé en dix ans.*

QUADRUPLÉS, ÉES [k(w)adʀyple] **n. pl.** – 1941 ◊ de *quadrupler* ■ Quatre enfants nés d'une même grossesse. ➤ **jumeau, quadrijumeaux.**

QUADRUPLEX [k(w)adʀyplɛks] **n. m.** – 1879 ◊ mot anglais 1875, emprunté au latin classique (→ quadruple) pour désigner une invention d'Edison (1874) ■ TECHN. Système de transmission télégraphique qui permet d'expédier simultanément quatre messages distincts.

QUAI [ke] **n. m.** – 1311 ◇ mot normanno-picard, du gaulois °*caio-* «enceinte» ; cf. *chai* ■ **1** Levée de terre, ordinairement soutenue par un mur de maçonnerie, qui est faite le long d'un cours d'eau, d'un canal. ♦ Voie publique aménagée le long de cet ouvrage, entre les maisons et un cours d'eau. *Les quais de la Seine, à Paris. Les bouquinistes des quais* (à Paris). *Le Quai des Orfèvres,* ancien siège de la police judiciaire. *Le Quai d'Orsay,* siège du ministère des Affaires étrangères. ABSOLT, FAM. *Le Quai :* ce ministère. ■ **2** (début XVe) Ouvrage d'accostage d'un port, constitué par un mur de soutènement et une chaussée aménagée au bord de l'eau. *Quai d'embarquement, de débarquement.* ➤ **embarcadère, débarcadère.** «*Les quais noirs encombrés de tonneaux et de grues*» SAMAIN. *Partie en pente d'un quai.* ➤ 1 **cale.** *Le navire est à quai,* rangé le long du quai. *Arriver à quai.* — DR. *Droit de quai* (de douane). ■ **3** (1846) Plateforme longeant la voie dans une gare, pour l'embarquement et le débarquement des voyageurs, le chargement et le déchargement des marchandises. *Quai de départ, d'arrivée. Le quai n° 4.*

QUAKER, QUAKERESSE [kwɛkœʀ, kwɛkʀɛs] **n.** – 1657 ◇ mot anglais (1650), littéralt «trembleur : celui qui tremble *(to quake)* à la parole de Dieu» ■ Membre d'un mouvement religieux protestant fondé par G. Fox (la «Société des Amis»), prêchant le pacifisme, la philanthropie et la simplicité des mœurs.

QUAKERISME [kwɛkœʀism] **n. m.** – 1701 ; *kouakerisme* 1692 ◇ de *quaker,* d'après l'anglais *quakerism* ■ HIST. RELIG. Doctrine, religion des quakers.

QUALIFIABLE [kalifjabl] **adj.** – 1858 ◇ de *qualifier* ■ (Surtout en emploi négatif) Qui peut recevoir une qualification. *Sa conduite n'est pas qualifiable.* ♦ (1932 subst.) SPORT Qui peut être qualifié. ■ CONTR. Inqualifiable.

QUALIFIANT, IANTE [kalifjɑ̃, jɑ̃t] **adj.** – 1983 ◇ de *qualifier* ■ Qui donne une qualification (professionnelle), une compétence. *Stages, diplômes qualifiants.*

QUALIFICATEUR [kalifikatœʀ] **n. m.** – 1665 ◇ latin médiéval *qualificator,* de *qualificare* → qualifier ■ HIST. ECCLÉS. Théologien du Saint-Office chargé de qualifier les crimes déférés aux tribunaux ecclésiastiques, d'examiner les livres soumis à l'index.

QUALIFICATIF, IVE [kalifikatif, iv] **n. m.** et **adj.** – 1751 ◇ du latin *qualificare* → qualifier ■ **1** Mot ou groupe de mots servant à qualifier (2°) qqn ou qqch. ➤ **épithète.** «*Il trouvait pour chacune d'elles un qualificatif précieux*» PROUST. ■ **2 adj.** (1801) Qui sert à qualifier, à exprimer une qualité. — GRAMM. *Adjectif qualificatif :* adjectif qui «sert à préciser la manière d'être, l'aspect, la qualité ou le défaut d'un être, d'un objet, d'une abstraction, qualité objective ou subjective, vraie ou supposée» (Dauzat). *L'adjectif qualificatif peut être épithète ou attribut.* ♦ SPORT *Épreuve qualificative,* servant à la qualification (2°) d'un concurrent.

QUALIFICATION [kalifikasjɔ̃] **n. f.** – 1431 ◇ latin scolastique *qualificatio,* de *qualificare* → qualifier ■ **1** Action ou manière de qualifier. ➤ **appellation, épithète, nom, titre.** «*Les habiles se sont décerné la qualification d'hommes d'État*» HUGO. «*Un fait historique ne peut recevoir cette qualification que s'il a exercé quelque influence*» LÉVY-BRUHL. ♦ DR. Désignation de l'infraction ou de la catégorie d'infractions dans laquelle entre une action. *La qualification d'empoisonnement, de crime.* — Détermination de la nature juridique d'une situation ou d'un fait pour savoir quelle loi lui est applicable. ♦ GRAMM. Caractérisation à l'aide d'un qualificatif. ■ **2** (1840 ◇ anglais *qualification*) Fait, pour un cheval, un athlète, une équipe, d'être qualifié, ou de se qualifier pour une épreuve. *La qualification d'un concurrent pour la finale, pour les championnats du monde.* ■ **3** (1947) *Qualification professionnelle :* ensemble des aptitudes et des connaissances acquises d'un travailleur pour l'exercice d'une activité de production (➤ **qualifié**). — PAR EXT. Formation à une fonction technique spécialisée. *Haut niveau de qualification.* — ABRÉV. FAM. **QUALIF.** *Le résultat des qualifs.* ■ CONTR. Déqualification. Disqualification, élimination. ■ HOM. (de l'abrév.) Calife.

QUALIFIÉ, IÉE [kalifje] **adj.** – 1566 ◇ de *qualifier* ■ **1** DR. Traduit en termes juridiques. *Le génocide est un crime grave qualifié en droit international.* ♦ (XVIIe) VX Qui a un titre de noblesse, ou un grand mérite (cf. De qualité). ■ **2** (1619) Qui satisfait aux conditions requises, a qualité ou compétence (pour faire qqch.). ➤ **autorisé, compétent.** *Être qualifié pour juger, pour décider qqch. Majorité* qualifiée. — Du personnel qualifié, insuffisamment qualifié* (➤ **sous-qualifié**). ♦ (1937 ; *usineur qualifié* 1920) **OUVRIER QUALIFIÉ,** ayant une formation professionnelle particulière. ➤ **professionnel.** ■ **3** (1840 ◇ anglais *qualified*) *Qualifié (pour),* se dit d'un cheval qui satisfait aux conditions de course (âge, origine, courses gagnées, etc.) ; d'un athlète, d'une équipe auxquels des performances précédentes donnent le droit de disputer d'autres épreuves. *Athlète qualifié pour les Jeux olympiques.*

QUALIFIER [kalifje] **v. tr.** ⟨7⟩ – *califier* XVe ◇ latin scolastique *qualificare,* de *qualis* → qualité, quel ■ **1** Rendre qualifié, donner qualité à. *Ce stage le qualifie pour ce travail.* ■ **2** (1679) Caractériser par un signe linguistique. ➤ **appeler, désigner, nommer.** *Elles* «*ne trouvaient pas assez de mots* [...] *pour qualifier cette conduite barbare*» BALZAC. «*Il n'y a qu'un adjectif pour la qualifier*» MAUPASSANT. — (Avec un attribut) «*Si le chirurgien doit être qualifié d'artiste*» VALÉRY. ♦ (1751) *Adjectif qui qualifie le nom* (➤ **qualificatif**). ♦ DR. Classer dans une catégorie d'infractions. *Qualifier une agression de viol.* ■ **3** (1840) Faire que soit qualifié (un concurrent, une équipe). *Ce but les qualifie pour la finale.* — PRONOM. (1903) Obtenir sa qualification. *Elle s'est qualifiée.* ■ CONTR. Déqualifier. Disqualifier, éliminer.

QUALITATIF, IVE [kalitatif, iv] **adj.** – 1834 ◇ bas latin *qualitativus* ■ Relatif à la qualité, qui est du domaine de la qualité (et non des choses mesurables). «*L'étude* qualitative *des phénomènes devant nécessairement précéder leur étude* quantitative» C. BERNARD. — CHIM. *Analyse qualitative :* détermination de la nature chimique des éléments constitutifs d'un mélange. ♦ SUBST. *Le qualitatif et le quantitatif.* ■ CONTR. Quantitatif.

QUALITATIVEMENT [kalitativmɑ̃] **adv.** – avant 1865 ; hapax XVe ◇ de *qualitatif* ■ Du point de vue qualitatif. ■ CONTR. Quantitativement.

QUALITÉ [kalite] **n. f.** – début XIIe ◇ du latin *qualitas,* de *qualis* (→ quel), pour traduire le grec *poiotês,* de *poios* «quel»

I LA QUALITÉ (D'UNE CHOSE) ■ **1** Manière d'être, plus ou moins caractéristique ; aspect sensible et non mesurable des choses. *La qualité est l'une des catégories fondamentales de l'être. La qualité et la quantité. Les qualités constitutives d'une chose.* ➤ **attribut, caractère, propriété.** *Expression linguistique de la qualité* (substantifs abstraits, adjectifs qualificatifs, *adverbes de qualité,* etc.). ■ **2** Ce qui fait qu'une chose est plus ou moins recommandable ; degré plus ou moins élevé d'une échelle de valeurs pratiques. ➤ **aloi** (2°). *Marchandise de bonne, de mauvaise, de médiocre qualité. Viande de première qualité. De qualité supérieure.* ➤ **excellent, extrafin,** 2 **super, superfin, surchoix, surfin.** *Améliorer la qualité d'un produit. Contrôle (de la) qualité d'un produit.* — *Rapport qualité-prix.* — DR. *Statut de qualité,* consacrant la notion d'une qualité définie par des critères positifs. *Garantie de qualité,* fournie par les appellations d'origine, les labels, les marques. ■ **3** (de l'anglais) *Cercle de qualité :* groupe de personnes chargées de travailler à l'amélioration de la qualité des produits, dans une entreprise. ➤ **qualiticien.**

II UNE QUALITÉ, DES QUALITÉS ■ **1** (PERSONNES) Élément de la nature d'un être, permettant de le caractériser (particulièrement dans le domaine intellectuel et moral), que cet élément soit positif ou négatif. ➤ **attribut, caractère.** *Qualités naturelles, acquises.* «*Un joli garçon qui gâtait de belles qualités par une extraordinaire paresse*» ZOLA. «*Il y a de méchantes qualités qui font de grands talents*» LA ROCHEFOUCAULD. ■ **2** (1633) Plus cour. Ce qui rend une chose, une personne bonne, meilleure ; bonne qualité. ♦ (CHOSES) «*la seule qualité à rechercher dans le style est la clarté*» STENDHAL. *De qualité :* excellent, supérieur. — *Qualité de l'environnement. Qualité de la vie.* ■ **3** Ce qui rend qqn recommandable, fait sa valeur. ➤ **aptitude, capacité,** 1 **don, mérite, valeur, vertu.** «*On voit les qualités de loin et les défauts de près*» HUGO. «*les qualités du journaliste : le brillant et la soudaineté de la pensée*» BALZAC. *La générosité est sa qualité dominante. Qualités rares, remarquables, exceptionnelles. Il, elle a de grandes qualités, beaucoup de qualités. Elle a toutes les qualités* (➤ **parfait**).

III CONDITION SOCIALE ■ **1** (XIVe) (PERSONNES) Condition sociale, civile, juridique ; titre sous lequel une partie figure dans un acte juridique. ➤ **état.** *Nom, prénom et qualité(s).* «*Une qualité quelconque, telle qu'ancien négociant, employé, rentier*» FRANCE. *Vol à la fausse qualité,* commis par une personne se présentant comme un technicien ou un représentant de l'État pour s'introduire chez un particulier. ■ **2** LOC. **AVOIR QUALITÉ POUR :** être habilité à. FIG. Être autorisé à...,

qualifié pour… DR. CIV. *Avoir qualité pour agir.* ➤ **compétence.** ♦ (1549) **EN (SA) QUALITÉ DE :** comme ayant telle qualité (juridique, officielle) (cf. À titre de). *En sa qualité de chef du gouvernement. En qualité de doyen, de directeur…* FIG. *« Elle est, en sa qualité de grisette, parfaitement illettrée »* GAUTIER. ➤ **comme** (cf. En tant que). ♦ DR. **ÈS QUALITÉS :** en tant qu'exerçant la fonction dont on est investi (et non à titre personnel). *Ici, le ministre ne pouvait parler, intervenir ès qualités.* ♦ (1549) AU PLUR. DR. Acte d'avoué énumérant les noms, qualités, prétentions des parties, les points de fait ou de droit, etc. *Opposition à qualités.* ■ **3** (1554) VX Condition noble. ➤ **noblesse.** *Homme de qualité :* gentilhomme, noble.
■ CONTR. Quantité. Défaut, faiblesse, imperfection.

QUALITICIEN, IENNE [kalitisjɛ̃, jɛn] n. – 1978 ♦ de *qualitique* « science de la *qualité* » ■ Personne chargée de mettre en œuvre un programme permettant d'atteindre les objectifs de qualité fixés pour les biens produits ou les services fournis par une entreprise.

QUAND [kɑ̃] conj. et adv. – Xe ♦ latin *quando*

I ~ **conj.** (Se prononce [kɑ̃t] devant voyelle) ■ **1** (Exprimant une relation temporelle de concordance, de simultanéité) Dans le même temps que. ➤ **lorsque** (cf. Au moment* où, que). *Quand vous aurez fini, vous pourrez partir. « Il arriva à Louis XIV mourant de dire :* Quand j'étais roi *»* STENDHAL. *« Elle attendait depuis trois quarts d'heure, quand, tout à coup, elle aperçut Rodolphe »* FLAUBERT. — (Avec une nuance de causalité) *Quand elle vous le dit, vous pouvez la croire.* ➤ **puisque.** ♦ EXCLAM. (avec ellipse de la principale) *Quand je vous disais que nous avions le temps,* s.-ent. j'avais raison (cf. Je vous le disais* bien). *Quand je pense que son fils a vingt ans !* s.-ent. je suis étonné. ♦ FAM. (introduisant une complétive) *« J'aime aussi beaucoup quand il parle d'histoire naturelle »* GIDE. *« Elle m'a parlé de quand vous étiez petits »* AYMÉ. ■ **2** (Exprimant la concomitance, la corrélation répétée) Chaque fois que, toutes les fois que. *« Quand l'un disait oui, l'autre disait non »* FURETIÈRE. *« Quand on court après l'esprit, on attrape la sottise »* MONTESQUIEU. PROV. *Quand le chat* n'est pas là les souris dansent.* ■ **3** (Exprimant une opposition entre les deux propositions simultanées, ou introduisant une hypothèse) Alors que. *« Tu t'es subordonné, quand tu es fait pour ordonner »* BALZAC. — (Et le condit.) Même si. *« Un ancien intellectuel, quand il serait devenu maçon, […] est toujours un aristo »* PÉGUY. *« Quand elle l'eût voulu, elle n'eût pas pu »* STENDHAL. — **QUAND (BIEN) MÊME…** (et le condit.) : même si. *« Quand même vous auriez arraché les canines du tigre »* FLAUBERT. *Quand bien même il le nierait.* ♦ ABSOLT (début XIXe) loc. adv. **QUAND MÊME :** cependant, pourtant, malgré tout, de toute façon. *« Si je meurs, ce sera en t'adorant quand même »* STENDHAL. — FAM. Tout de même. *« On travaillerait ensemble, ce serait quand même plus gai »* DUHAMEL. EXCLAM. *Quand même ! Tu exagères. Il faut quand même être idiot pour faire ça.* ■ **4** (Souvent écrit *quant*) VX ou RÉGION. (en fonction de prép.) En même temps que, avec. *Il est arrivé quand moi, quand et moi. « Mon père me menait quant et lui à la chasse »* CHATEAUBRIAND. — (En fonction d'adv.) *Quand et quand :* en même temps.

II ~ **adv. interrog.** (Se prononce toujours [kɑ̃], sauf : *Quand est-ce que* [kɑ̃tɛskə]) À quel moment… ? Dans quel temps… ? *Quand est-il arrivé ? Quand cesserez-vous de vous plaindre ?* FAM. *Quand est-ce qu'on s'en va ? « Depuis quand payez-vous vos dettes ? »* HUGO. *Ça date de quand ? Jusqu'à quand ? C'est pour quand ?* pour quel jour, quelle date ? *Alors, à quand le mariage ? — Je ne sais ni où ni quand. N'importe quand. Quand tu veux !*
■ HOM. Camp, khan, quant.

QUANTA ➤ **QUANTUM**

QUANT À [kɑ̃ta] loc. prép. – XIIIe ♦ latin *quantum ad* « autant que cela intéresse » ■ Pour ce qui est de, relativement à (telle personne, chose ou question sur laquelle se fixe un moment l'attention). *« Quant au frère Gaucher, […] il n'en fut plus question dans le couvent »* DAUDET. *« Quant à son caractère, je le crois vif et emporté »* ROUSSEAU. *« Quant à proposer au président de monter avec lui, pas un n'y songea »* DAUDET. *Quant à moi :* pour ma part, de mon côté. ➤ aussi **quant-à-soi.** *« Quant à moi, j'ai de grands projets »* STENDHAL. ■ HOM. Camp, khan, quand.

QUANT-À-SOI [kɑ̃taswa] n. m. sing. – 1780 ; a remplacé *quant-à-moi* XVIIe (cf. la loc. *faire le quant à moy* « faire le fier » 1585) ♦ de *quant à* et *soi* ■ Réserve un peu fière d'une personne qui garde pour soi ses sentiments, tient à son indépendance et à son droit d'être elle-même. *« Le quant-à-soi farouche d'un cœur qui ne se livre plus »* SUARÈS. *« La société décente, où chacun sait tenir son quant-à-soi »* MUSSET. LOC. *Rester sur son quant-à-soi :* garder ses distances.

QUANTIÈME [kɑ̃tjɛm] adj. et n. – 1484 ♦ ordinal dérivé de l'ancien français *quant* « combien de », du latin *quantum* ■ **1** adj. interrog. VX *Le, la quantième ?* lequel, laquelle, dans l'ordre numérique (on dit couramment, mais fautivement, *combientième*). ■ **2** n. m. (XVIIe) LITTÉR., DR. Le jour du mois, désigné par un chiffre (de premier, deux… à trente ou trente et un). *« Quel quantième du mois tenons-nous ? »* DUMAS. ➤ **date, jour ; combien** (3°) ; FAM. **combientième.** *Cette montre marque les quantièmes.*

QUANTIFIABLE [kɑ̃tifjabl] adj. – avant 1932 ♦ de *quantifier* ■ DIDACT. Que l'on peut quantifier. *Des données quantifiables.*

QUANTIFICATEUR [kɑ̃tifikatœʀ] n. m. – 1929 ling. ♦ de *quantifier* ■ LOG. Symbole qui lie une ou plusieurs variables à une quantité. *Quantificateur universel* (∀ = « pour tout »). *Quantificateur existentiel* (∃ = « il existe au moins un »).

QUANTIFICATION [kɑ̃tifikasjɔ̃] n. f. – milieu XIXe ♦ en anglais 1840 ; → quantifier ■ **1** LOG. Détermination de la quantité (d'un terme). *Quantification du prédicat :* selon Hamilton, attribution au prédicat d'une extension indépendante de la qualité de la proposition. ■ **2** (1924) PHYS. Fragmentation (d'une grandeur physique) en valeurs discrètes, multiples d'un quantum et exclusives de toute autre valeur. *La quantification des mouvements électroniques* (Niels Bohr), *des ondes stationnaires* (Broglie). ♦ (1933) ÉCON. *Quantification d'une information.* ➤ **échantillonnage.** ♦ INFORM. Opération consistant à affecter une valeur prise dans un ensemble discret à (une grandeur dont la variation est continue).

QUANTIFIÉ, IÉE [kɑ̃tifje] adj. – 1924 ♦ de *quantifier* ■ PHYS. Se dit d'une grandeur physique qui ne peut prendre que certaines valeurs, caractérisées par des nombres entiers multiples d'une valeur discrète, le quantum. *« Seuls certains des mouvements prévus par la Mécanique classique, dits quantifiés, peuvent exister dans la nature »* BROGLIE.

QUANTIFIER [kɑ̃tifje] v. tr. ⟨7⟩ – 1897 ♦ anglais *to quantify* (1840) ; latin médiéval *quantificare* ■ **1** LOG. Attribuer une quantité à (un terme). ■ **2** Attribuer une grandeur mesurable à (un phénomène). *Quantifier le coût d'une mesure sociale.* ■ **3** (1924) PHYS. Appliquer une loi de quantification à (une grandeur physique).

QUANTILE [k(w)ɑ̃til] n. m. – milieu XXe ♦ du latin *quantum* ■ STATIST. Nombre qui divise la suite ordonnée des valeurs prises par un caractère quantitatif, en *n* parties d'égale étendue. *Si* n *est égal à 4, 10, 100…, les quantiles sont des quartiles*, déciles, centiles…*

QUANTIQUE [k(w)ɑ̃tik] adj. – v. 1920 ♦ de *quantum* ■ PHYS. Qui est relatif aux quanta, repose sur la théorie des quanta (➤ **quantum**). *Physique quantique. Mécanique* quantique. Ordinateur quantique,* dont les calculs reposent sur les propriétés quantiques de la matière (➤ **qubit**). *Informatique quantique.* — n. f. *La quantique :* partie de la physique qui traite des objets quantiques. — *Constante quantique.* ➤ 2 **h.** *Nombre quantique,* qui mesure la quantité discrète* d'une grandeur physique caractérisant un quanton. ♦ Dont le comportement est régi par la mécanique quantique. *Objet quantique.* ➤ **quanton ; baryon, lepton, particule.** ■ HOM. Cantique.

QUANTITATIF, IVE [kɑ̃titatif, iv] adj. – 1586, rare avant XIXe ♦ latin médiéval *quantitativus* ■ Qui concerne la quantité, appartient au domaine de la quantité et des valeurs numériques. *« le passage de l'état liquide à l'état gazeux se définira scientifiquement comme un changement quantitatif »* SARTRE. — PAR EXT. (1833) CHIM. *Analyse quantitative,* par laquelle on détermine la proportion en poids (gravimétrie) et en volume (volumétrie) des différents constituants d'un corps. ♦ SUBST. *Le quantitatif et le qualitatif.*

QUANTITATIVEMENT [kɑ̃titativmɑ̃] adv. – 1845 ; hapax 1581 ♦ de *quantitatif* ■ Du point de vue quantitatif (opposé à *qualitativement*).

QUANTITÉ [kɑ̃tite] n. f. – XIIe ♦ latin *quantitas* ■ **1** COUR. Nombre d'unités ou mesure qui sert à déterminer une collection de choses considérées comme homogènes, ou une portion de matière. *« La quantité de marchandises a diminué alors que le franc augmentait »* MAUROIS. *« Après qu'il eut absorbé la teinture d'opium, dans la quantité prescrite par le pharmacien »*

BAUDELAIRE. ➤ **dose.** *En grande, en petite quantité. Compenser la qualité par la quantité.* ▪ **2** *Une, des quantités de... :* grand nombre, abondance. ➤ **foule ; cargaison, kyrielle, 1 masse, multitude, tas, tombereau ;** FAM. **chiée, tapée.** *« Il s'était procuré une quantité de médailles en plâtre »* STENDHAL. — FAM. *Des quantités industrielles,* très grandes. — (Sans déterminant) *« Quantité de gens restent assez fortunés »* GIDE. ➤ **beaucoup.** ♦ **EN QUANTITÉ :** en abondance. *Il y a des fruits en quantité.* ▪ **3** SC. Propriété de la grandeur mesurable ; la chose même qui est susceptible d'être mesurée. *Quantités continues,* qui ne sont pas composées d'éléments naturellement distincts. *Quantités discrètes, discontinues,* élaborées par l'esprit en partant d'éléments donnés. ➤ **quantum.** *Quantité positive, négative. Quantité constante* (➤ **constante**), *variable* (➤ **variable**). — PHYS. *Quantité de mouvement d'un corps,* produit de sa masse par sa vitesse. *Quantité d'électricité* (➤ **charge**), *de chaleur**. — *Quantité négligeable**. ♦ PHILOS. *La quantité :* l'ensemble des déterminations susceptibles de mesure (opposé à *qualité*). *L'expression linguistique de l'idée de quantité.* ➤ **nombre, pluralité, unité.** *Adverbes de quantité.* ▪ **4** (1765) LOG. Extension des termes d'une proposition, ou de la proposition elle-même. ▪ **5** (1549) VERSIF. Durée attribuée à une syllabe dans la prononciation des vers (➤ **brève, longue**). ♦ PHONÉT. Durée d'énonciation d'un phonème ou d'un groupe de phonèmes, par rapport à la durée moyenne ou à la durée de phonèmes voisins. ▪ CONTR. Qualité.

QUANTON [k(w)ɑ̃tɔ̃] **n. m.** – 1984 ◇ de *quantum,* d'après *photon* ▪ PHYS. Objet dont le comportement est régi par la théorie quantique. *Le quanton est capable de manifester des propriétés ondulatoires et des propriétés corpusculaires. Les particules α, les photons sont des quantons.* ▪ **HOM.** Canton.

QUANTUM, plur. **QUANTA** [k(w)ɑ̃tɔm, k(w)ɑ̃ta] **n. m.** – 1624 ◇ mot latin « combien » ▪ **1** (par l'anglais) PHILOS. Quantité déterminée. ♦ DR., ADMIN. Montant (d'une amende, d'une pension, d'une part). ▪ **2** (1911 ◇ allemand *Quantum* [1901]) PHYS. Quantité indivisible d'une grandeur physique correspondant à la variation d'un nombre quantique. *« La discontinuité physique essentielle qu'on nomme aujourd'hui le quantum d'Action »* BROGLIE. *Le quantum d'action correspond à la constante de Planck* (cf. Constante quantique*). ➤ **2 h.** — VX *Quanta de lumière :* les photons. *Quantum de charge électrique* (égale à celle de l'électron), *de moment angulaire, cinétique, quantum d'énergie. Quantum de champ :* particule associée à un champ quantifié, caractérisant les interactions fondamentales. — HIST. SC. *Théorie des quanta :* ensemble des théories et des procédés de calcul issu de l'hypothèse des quanta d'énergie de Planck, d'abord appliqué par Einstein à la lumière, par Bohr et Sommerfeld à la physique de l'atome.

QUARANTAINE [kaʀɑ̃tɛn] **n. f.** – fin XIIe ◇ de *quarante* ▪ **1** Nombre d'environ quarante. *Une quarantaine de personnes.* ▪ **2** RARE Espace de quarante jours. *La sainte quarantaine :* le carême. ♦ (1635) COUR. Isolement de durée variable (de quarante jours à l'origine) qu'on impose aux voyageurs, aux animaux et aux marchandises en provenance de pays où règnent (ou sont supposées régner) certaines maladies contagieuses. *Décider, lever la quarantaine. Pavillon de quarantaine,* signalant que le navire ne peut communiquer. — PAR EXT. Isolement imposé à des personnes contagieuses ou supposées contagieuses. *« Les maisons des malades devaient être fermées, les proches soumis à une quarantaine de sécurité »* CAMUS. ♦ FIG. (surtout dans *mettre en quarantaine*) Situation d'une personne exclue, par la volonté d'un groupe social, de tout rapport avec les éléments de ce groupe. ➤ **boycottage, 2 interdit, ostracisme, proscription** (cf. Mise à l'index*). *« Nous fûmes tous deux mis en quarantaine. Personne, ni en récréation ni en classe, ne nous adressa plus la parole »* LACRETELLE. ▪ **3** (1690) Âge de quarante ans. *« L'approche de la quarantaine l'entretenait dans une mélancolie noire »* ZOLA. *« Un homme victime de la crise de la quarantaine demande juste à vivre, à vivre un peu plus ; il demande juste une petite rallonge »* HOUELLEBECQ. ▪ **4** (1808 ◇ de l'adj. dialectal *quarantain* « à terme en quarante jours ») Variété de giroflée. — Variété de pomme de terre hâtive.

QUARANTE [kaʀɑ̃t] **adj. numér. inv. et n. inv.** – 1080 ◇ latin populaire *quaranta,* latin classique *quadraginta*

I **adj. numér. card.** Nombre entier naturel équivalant à quatre fois dix (40 ; XL). ▪ **1** Avec l'art. défini, désignant un groupe déterminé de quarante unités. *Ali Baba et les quarante voleurs.* — LITURG. *Prière des quarante heures,* ou ABSOLT *les quarante heures :* prières expiatoires qui ont lieu trois jours consécutifs. — LOC. (1719) *Les Quarante :* les membres de l'Académie française. *Cet écrivain est l'un des Quarante.* ▪ **2** Avec ou sans déterminant *Qui a entre quarante et cinquante ans.* ➤ **quadragénaire.** ♦ (En composition pour former un adj. card.) **QUARANTE ET UN, UNE.** *Sept heures quarante et une* (minutes). *Quarante et un mille voix* (ou RARE *quarante et une*). ORD. *Page 41 (quarante et un* ou *quarante et une).* **QUARANTE-CINQ.** *Disque quarante-cinq tours,* qui effectue quarante-cinq tours par minute. **n. m. inv.** *Un quarante-cinq tours.* **QUARANTE-HUIT.** *Quarante-huit heures :* deux jours. *Dans quarante-huit heures :* dans deux jours. *Dans les quarante-huit heures :* avant après-demain à la même heure. ORD. *La révolution de 48* (1848). — (Pour former un adj. ord.) *Quarante et unième.* ▪ **3** PRONOM. *Ils sont quarante.*

II **adj. numér. ord.** Quarantième. ▪ **1** *Page 40.* — *La guerre de 40* ou *quarante :* la Seconde Guerre mondiale (1939-1945). — LOC. (p.-ê. expr. employée par les royalistes pour signifier qu'ils ne s'inquiétaient pas plus de qqch. que de l'an quarante de la République qu'on ne verrait jamais) *S'en moquer comme de l'an quarante :* s'en moquer complètement. ▪ **2** SUBST. M. Ce qui porte le numéro 40. *Habiter (au) 40, rue de... Il fallait jouer le 40, le 48...* ♦ (Avec *du*) Taille, dimension, pointure numéro 40 (d'un objet). *Chausser du 40.* PAR MÉTON. *Un petit 40.* ▪ **3** SUBST. F. Chambre, table numéro 40. PAR MÉTON. AU MASC. Personne (homme ou femme) qui y loge, y mange. *Le 40 ne répond pas.*

III **n. m. inv.** ▪ **1** Sans déterminant *Trente-deux et huit, quarante.* — *Quarante pour cent* (ou *40 %*). — Au tennis, Troisième point dans un jeu (II, 3°). ▪ **2** Avec déterminant Le chiffre, le numéro 40.

QUARANTE-HUITARD, ARDE [kaʀɑ̃tɥitaʀ, aʀd] **n. et adj.** – 1884 ◇ de *(révolution de dix-huit cent) quarante-huit* ▪ FAM. Révolutionnaire de 1848. *Les quarante-huitards.* — **adj.** *Le socialisme quarante-huitard.*

QUARANTENAIRE [kaʀɑ̃tnɛʀ] **adj. et n.** – avant 1830 ◇ de *quarante,* d'après *centenaire, millénaire* ▪ **1** DR. Qui dure quarante ans. *Prescription quarantenaire.* ▪ **2** (1858) Relatif à la quarantaine sanitaire. *Maladies quarantenaires,* faisant l'objet d'une réglementation sanitaire spéciale (vaccination, isolement). ➤ VX **pestilentiel.** — **n.** Personne soumise à une quarantaine. — **n. m.** Lieu assigné pour une quarantaine.

QUARANTIÈME [kaʀɑ̃tjɛm] **adj. et n.** – XVe ; *quarantisme* fin XIIe ◇ de *quarante*

I **adj.** ▪ **1** **adj. numér. ord.** Qui a le numéro quarante pour rang. *Être dans sa quarantième année.* — *Se classer quarantième sur cent* (dans une compétition). ♦ (En composition pour former des adj. ord.) *Trois cent quarantième* (340e). ▪ **2** **adj. fractionnaire** Se dit d'une partie d'un tout également divisé ou divisible en quarante. — SUBST. M. (1690) *Un quarantième* (1/40). *Trois cent-quarantièmes* (3/140).

II **n.** ▪ **1** *Être le, la quarantième à se présenter.* ▪ **2** **n. m. pl.** *Les quarantièmes* (degrés de latitude Sud) : la région maritime du globe comprise entre le quarantième et le cinquantième parallèle Sud (cinquantième exclu), où le gros temps est très fréquent. — LOC. (anglais *roaring forties*) *Les quarantièmes rugissants.*

QUARDERONNER [kaʀdəʀɔne] **v. tr.** ‹ 1 › – 1691 ◇ de *quart-de-rond* ▪ TECHN. Tailler en quart-de-rond. *Quarderonner les marches d'un perron.*

QUARK [kwaʀk] **n. m.** – avant 1967 ◇ mot emprunté par le physicien américain M. Gell-Mann au texte de James Joyce *« Finnegans Wake »* ▪ PHYS. Particule fondamentale chargée, possédant un spin, confinée dans les hadrons où se manifeste sa propriété particulière (dite « charme, étrangeté, vérité, beauté »). *Les quarks et leurs antiparticules sont liés par les gluons colorés. Le quark top.*

1 **QUART, QUARTE** [kaʀ, kaʀt] **adj.** – 1080 ◇ latin *quartus* « quatrième » ▪ VX Quatrième. *« Le Quart Livre », de Rabelais* (qui suit le *Tiers Livre*). — MÉD. ANC. *Fièvre quarte :* fièvre intermittente, dans laquelle les accès reviennent le quatrième jour (notamment dans une forme de paludisme). ♦ *Le quart monde.* ➤ **quart-monde.** ♦ **n. m.** *Se moquer du tiers* et du quart, du tiers comme du quart.* ▪ **HOM.** Carre, car ; carte, kart.

2 **QUART** [kaʀ] **n. m.** – XIIIe ◇ latin *quartum,* neutre subst. de *quartus* → 1 quart ▪ **1** Fraction d'un tout divisé en quatre parties égales ou équivalentes ; quatrième partie de. *Chacun a reçu un quart de la succession. Le quart de la circonférence.* ➤ **quadrant.** — SPÉCIALT *Quart de ton*, de soupir*.* — *Un quart de*

*poulet. Un quart de brie**. — ➤ aussi **quatre-quarts.** ▪ **2 QUART D'HEURE :** quinze minutes. «*Pendant un quart d'heure, une demi-heure même*» MADELIN. *Tous les quarts d'heure.* ELLIPT (1574) «*la haute horloge qui carillonnait l'heure, la demie et les quarts*» MAUPASSANT. *Une heure moins un quart, moins le quart. Quatre heures un quart, et quart. Deux heures trois quarts.* — PAR EXT. Bref espace de temps. ➤ 2 **instant, moment.** *Passer un mauvais quart d'heure :* traverser un moment pénible, une épreuve. (1712) *Le quart d'heure de Rabelais :* le moment où il faut payer la note. *Le quart d'heure américain**. *Le dernier quart d'heure :* la dernière phase d'une bataille, d'une guerre. ▪ **3** Quatrième partie d'une quantité, d'une mesure déterminée. ◆ (1529) Période de quatre heures (autrefois de six heures : le quart de 24 h), pendant laquelle une partie de l'équipage, à tour de rôle, est de service. ➤ 1 **garde, veille.** *Être de quart. Officier, matelot de quart,* de service. — *Prendre, rendre le quart :* prendre, remettre le service. *Petit quart,* de deux heures. *Grand quart,* de six heures du soir à minuit. — PAR EXT. *Le quart :* les hommes de quart. *Relever le quart.* ◆ Quart d'une livre (125 g). ➤ 1 **quarteron.** *Acheter un quart de beurre.* — Quart de litre (25 cl). *Quart de vin :* petite bouteille, carafe, pichet d'un quart de litre (au restaurant). *Donnez-moi un quart Vichy, deux quarts Perrier* (noms de marque d'eau minérale). — (1904) Gobelet contenant environ un quart de litre (pour le vin, le café, etc.), utilisé dans l'armée. *Remplis mon quart.* — *Au quart de tour**. ▪ **4** Partie (d'un tout) représentant approximativement un quart ; partie appréciable de qqch. *Je n'ai pas fait le quart de ce que j'avais à faire,* je n'en ai fait qu'une petite partie. — **LES TROIS QUARTS :** la plus grande partie. «*Le tremblement de terre qui avait détruit les trois quarts de Lisbonne*» VOLTAIRE. *La salle était pleine aux trois quarts, aux trois quarts pleine. Les trois quarts du temps :* le plus souvent. — *Portrait de trois quarts,* où le sujet présente à peu près les trois quarts du visage (position intermédiaire entre face et profil). — adj. *Manteau, manche trois quarts.* ➤ **trois-quarts.**

QUARTAGER [kaʀtaʒe] v. tr. ‹3› – 1846 ; *cartager* 1701 ◇ variante dialectale de l'ancien verbe *quarter* «faire une quatrième fois» (XVIᵉ), de 1 *quart* ▪ AGRIC. Donner un quatrième labour à (la vigne).

QUARTANIER [kaʀtanje] n. m. – fin XVIᵉ ◇ de *quart an* «quatrième année (d'un sanglier)» ▪ VÉN. Sanglier de quatre ans.

QUARTATION ➤ **INQUART**

QUARTAUT [kaʀto] n. m. – 1671 ; *quartaul* 1285 ◇ mot régional, de *quartal,* latin médiéval *quartale* ▪ VX ou RÉGION. Petit tonneau (à l'origine d'un quart de muid) d'une contenance variable selon les régions (57 litres en Bourgogne).

QUART-DE-ROND [kaʀdəʀɔ̃] n. m. – 1676 ◇ de 2 *quart* et *rond* ▪ TECHN. Moulure à profil convexe. *Des quarts-de-rond.* ◆ Outil servant à faire cette moulure.

1 **QUARTE** [k(w)aʀt] n. f. – XIIIᵉ ◇ latin médiéval *quarta,* de *quartus* → 1 quart ▪ Ancienne mesure de capacité (2 pintes). ▪ HOM. Carte, kart.

2 **QUARTE** [kaʀt] adj. f. et n. f. – 1080 ◇ latin *quarta,* de *quartus* → 1 quart

I adj. f. ➤ 1 **quart.**

II n. f. ▪ **1** (1588 ◇ d'après l'italien) Intervalle de quatre degrés dans la gamme diatonique (ex. do-fa). *Quarte juste :* intervalle de deux tons et un demi-ton. *Quarte augmentée :* intervalle de trois tons. ➤ 2 **triton.** *Quarte diminuée :* intervalle d'un ton et de deux demi-tons. ▪ **2** (milieu XVIIᵉ) ESCR. La quatrième des huit positions classiques d'attaque ou de parade, dans la ligne haute du bras non armé. «*Un dégagé de quarte en tierce qui ressemblait à de la magie*» BARBEY. ▪ **3** (1679) VIEILLI Quatrième (aux cartes). — Série de quatre cartes de la même couleur.

QUARTÉ [k(w)aʀte] n. m. – 1976 ◇ marque déposée ; de 1 *quart,* d'après *tiercé* (3ᵉ) ▪ Forme de pari mutuel (analogue au tiercé) où l'on parie sur quatre chevaux, dans une course. ▪ HOM. 1 Carter.

QUARTEFEUILLE [kaʀtəfœj] n. f. – 1690 ◇ de 1 *quart* et *feuille* ▪ BLAS. Fleur à quatre feuilles (➤ **quatre-feuilles**).

QUARTELETTE ou **CARTELETTE** [kaʀtəlɛt] n. f. – *ardoise cartelette* 1721 ◇ de l'ancien français et dialectal *carteler* «fendre en quatre» ; de 2 *quart* → écarteler ▪ TECHN. Ardoise taillée de petites dimensions.

QUARTENIER [kaʀtənje] n. m. – XIVᵉ ◇ probablt d'un latin médiéval à radical *quartan-,* de *quartus* → 1 quart ▪ ANCIENNT Officier municipal préposé à la surveillance d'un quartier.

1 **QUARTERON** [kaʀtəʀɔ̃] n. m. – 1244 ◇ de *quartier* ▪ **1** VX Quart (d'une livre). ◆ RÉGION. Quart d'un cent (pour les choses qui se vendent à la pièce). *Un quarteron de pommes.* «*Des femmes qui vendaient des paquets de feuilles de vigne attachés par quarterons*» ZOLA. ◆ TECHN. Réunion de vingt-cinq feuilles d'or ou d'argent battu, entre les feuilles d'un cahier. ▪ **2** (1616) FIG. et MOD. Petit nombre, poignée (souvent péj.). «*Ce n'était pas le peuple, mais un quarteron de conjurés monarchistes*» ARAGON. «*un quarteron de généraux en retraite*» DE GAULLE.

2 **QUARTERON, ONNE** [kaʀtəʀɔ̃, ɔn] n. – 1722 ◇ espagnol *cuarteron,* de *cuarto* «quart» ▪ Fils, fille d'un blanc et d'une mulâtresse, ou d'un mulâtre et d'une blanche.

QUARTETTE [k(w)aʀtɛt] n. m. – 1945 ◇ de l'anglais *quartet,* lui-même de l'italien *quartetto,* famille du latin *quattor* → quatuor et quatre ▪ Ensemble de quatre musiciens de jazz. — On écrit aussi *quartet* (1955).

QUARTIDI [kwaʀtidi] n. m. – 1793 ◇ latin *quartus* «quatrième» et finale de *lundi, mardi,* etc. ▪ HIST. Quatrième jour de la décade du calendrier républicain.

QUARTIER [kaʀtje] n. m. – fin XIᵉ ◇ de 1 *quart*

I PARTIE (D'UN OBJET CONCRET) A. QUART ▪ **1** Portion d'environ un quart (d'un ensemble). *Un quartier de pomme.* — BOUCH. *Quartier de veau, d'agneau :* une des quatre parties de l'animal, la partie antérieure et la partie postérieure étant chacune divisée en deux parties symétriques. «*Des moutons entiers, des quartiers de bœuf*» ZOLA. *Poids des quatre quartiers :* poids net de l'animal à débiter. *Le cinquième quartier :* les issues*, la carcasse dont on tire des farines. ➤ **abat.** *Il «s'engage dans la halle aux tripes, le cinquième quartier»* J. SORMAN. ▪ **2** (1539) Chacune des quatre phases de la Lune. ➤ 1 **croissant.** *Premier, dernier quartier.* «*la lune était à son dernier quartier*» CLIFF. ▪ **3** (début XIIIᵉ) BLAS. Une des quatre parties de l'écu écartelé. ➤ **franc-quartier.** PAR EXT. (1665) Ascendance noble dont la filiation est attestée. *Avoir quatre, huit* (1718) **QUARTIERS DE NOBLESSE :** quatre, huit ascendants nobles. FIG. (1844) *Cette institution a maintenant ses quartiers de noblesse :* elle est adoptée, reconnue.

B. MORCEAU ▪ **1** (fin XIIᵉ) Partie (d'une chose inégalement partagée). ➤ **morceau, tranche.** *Un quartier d'orange, de melon* (division naturelle de ces fruits). «*il suce les quartiers d'orange et recrache la peau*» LE CLÉZIO. (début XIVᵉ) *Quartier de viande :* gros morceau, pièce de viande. — Gros bloc. «*Les premiers monuments furent de simples quartiers de roche*» HUGO. ▪ **2** (1577) TECHN. Partie de la chaussure qui emboîte le talon. «*des savates aux quartiers rabattus et écrasés par le talon*» HUYSMANS. ◆ (1690) Chacune des parties de la selle sur lesquelles portent les cuisses du cavalier.

II PARTIE (D'UN LIEU) ▪ **1** (fin XVᵉ) Division administrative d'une ville. *Commissariat de quartier. Chaque arrondissement de Paris comporte quatre quartiers. Conseils de quartier.* ◆ Partie (d'une ville) ayant sa physionomie propre et une certaine unité. *Un quartier résidentiel, populaire.* «*Les beaux quartiers. Ouest paisible, coupé d'arbres, aux édifices bien peignés et clairs*» ARAGON. *Quartier historique.* «*Ce vieux quartier plein de passé humain*» CHARDONNE. *Le quartier chinois. Quartiers sensibles, difficiles.* — (Dans des noms) *Le Quartier latin* (Paris), *le quartier de la Part-Dieu* (Lyon). ◆ *Le quartier :* le quartier où l'on habite, dont on parle. *Je ne suis pas du quartier. La vie de quartier.* «*Il connaissait les nouvelles du quartier à force d'être chez les bistrots*» CÉLINE. *Cinéma de quartier,* fréquenté par les gens du quartier. — AU PLUR. *Les quartiers :* les quartiers défavorisés. «*les "jeunes des quartiers" dont la capuche rabattue sur la tête, la démarche nonchalante paraissaient les signes assurés de leur sournoiserie et de leur paresse*» ERNAUX. — *Le quartier :* les gens du quartier. *Tout le quartier en a parlé.* ▪ **2** (milieu XVᵉ) (Surtout au plur.) Cantonnement. *Les troupes ont pris, quitté leurs quartiers.* (1688) *Quartiers d'hiver :* lieu où logent les troupes pendant l'hiver. ◆ (1713) **QUARTIER GÉNÉRAL :** emplacement où sont installés les logements et bureaux du commandant d'une armée et de son état-major. ➤ FAM. **Q. G.** *Grand quartier général (G. Q. G.) :* quartier général du généralissime. ◆ Partie, bâtiments d'une ville ou d'une place forte où les troupes sont casernées. ➤ **caserne.** *L'adjudant Flick,* «*la plaie du Quartier, la terreur de la caserne*» COURTELINE. ◆ LOC. **QUARTIER LIBRE.** (1938)

Avoir quartier libre : être autorisé à sortir de la caserne ; PAR EXT. avoir un moment de liberté. — (milieu XVIIe ◊ le *quartier* est un lieu de retraite et de sûreté) VX *Donner, faire quartier :* accorder la vie sauve. *Demander quartier :* demander grâce. « *On les vit jeter leurs armes ; ils demandèrent quartier* » MÉRIMÉE. — MOD. *Ne pas faire de quartier :* massacrer tout le monde ; PAR EXT. se montrer implacable. *Pas de quartier !* « *des haines sans quartier* » CÉLINE. ▪ **3** (1834) Partie, bâtiments d'une prison affectés à une catégorie particulière de détenus. *Le quartier des femmes. Quartier de haute sécurité (Q. H. S.), de sécurité renforcée (Q. S. R.),* où étaient affectés les prisonniers jugés dangereux (créés en 1975 et supprimés en 1982). *Quartier d'isolement. Quartier disciplinaire.* ➤ ARG. **mitard.**
▪ HOM. Cartier.

QUARTIER-MAÎTRE [kaRtjemɛtR] n. m. /QUARTIER-MAITRE/ – *cartier maistre* avant 1637 ◊ p.-ê. du néerlandais *kwartiermeester* ▪ **1** Marin du premier grade au-dessus de celui de matelot (correspondant au caporal ou au brigadier des armées de terre). « *Le double galon rouge des quartiers-maîtres* » LOTI. ▪ **2** (d'après l'allemand) ANCIENNT Officier trésorier.

QUARTILAGE [kwaRtilaʒ] n. m. – 1951 ◊ de *quartile* REM. La prononciation [kaRtilaʒ] est évitée par suite de l'homonymie avec *cartilage* ▪ STATIST. Division d'un ensemble ordonné de données statistiques en quatre classes d'effectif égal. — Calcul des quartiles*.

QUARTILE [kwaRtil] n. m. – 1951 ◊ mot anglais (1879), du latin médiéval *quartilis,* de *quartus* « quatrième ». Le terme d'astronomie *quartil,* adj. (1557 au XIXe) est un emprunt direct au latin. ▪ STATIST. ▪ **1** Chacune des trois valeurs de la variable au-dessous desquelles se classent 1/4, 1/2, 3/4 des éléments d'une distribution statistique. *Le deuxième quartile est la médiane*.* ▪ **2** Chacune des quatre parties, d'effectif égal, d'un ensemble statistique ordonné. ➤ **quantile.**

QUART-MONDE [kaRmɔ̃d] n. m. – 1969 ◊ de 1*quart* et *monde,* d'après *tiers monde* ▪ **1** Partie la plus défavorisée de la population, dans les pays riches. *Les quarts-mondes.* ▪ **2** (d'après l'anglais *Fourth World* [1974]) Les pays les moins avancés (P. M. A.) parmi les pays en développement.

QUARTO [kwaRto] adv. – 1419 ◊ mot latin, ablatif de *quartus* → 1quart ▪ RARE Quatrièmement (après *tertio* dans une énumération commençant par *primo*).

QUARTZ [kwaRts] n. m. – 1749 ◊ allemand *Quarz* ▪ Forme cristalline commune de la silice (SiO_2), appelée à l'état pur *cristal de roche ;* élément constitutif fréquent des roches cristallines (granites, rhyolithes, etc.), de certaines roches sédimentaires (grès) et de la plupart des sables. *Cristaux de quartz* (système hexagonal). *Variétés de quartz :* cristal de roche, cristal hyalin et variétés colorées (améthyste, aventurine, jaspe, œil-de-chat, œil-de-tigre). — *La transparence du quartz à la lumière visible et aux rayons ultraviolets fait qu'on l'emploie dans la construction des appareils d'optique, dans l'industrie du verre. Les propriétés piézoélectriques* du quartz sont utilisées dans la réalisation de microphones, de haut-parleurs, de détecteurs de vibration et d'oscillateurs à fréquence stable.* — COUR. *Montre, horloge, pendule* **À QUARTZ,** utilisant la piézoélectricité du quartz comme résonateur.

QUARTZEUX, EUSE [kwaRtsø, øz] adj. – 1771 ◊ de *quartz* ▪ MINÉR. De la nature du quartz. *Sables quartzeux.*

QUARTZIFÈRE [kwaRtsifɛR] adj. – 1801 ◊ de *quartz* et *-fère* ▪ MINÉR. Qui contient du quartz. *Roche quartzifère.*

QUARTZITE [kwaRtsit] n. m. – 1823 ◊ de *quartz* ▪ MINÉR. Roche massive constituée de quartz en agrégats. *Le quartzite résulte du métamorphisme des grès.*

QUASAR [kazaR] n. m. – 1965 ◊ mot anglais 1964, abrév. de *quasi-stellar radio source* « source d'émission radio quasi-stellaire » ▪ ASTRON. Astre d'apparence stellaire, source d'ondes hertziennes (radiosource) dont l'émission est supérieure à celle d'une galaxie. « *Parmi les galaxies, les quasars sont les plus puissants émetteurs de rayonnement* » H. REEVES.

1**QUASI** [kazi] adv. – 980 ◊ mot latin ▪ RÉGION. (Centre, Ouest, Nord ; Belgique, Canada) ou LITTÉR. Presque, pour ainsi dire. — (Devant un adj.) « *Le raisin est quasi mûr* » COLETTE. — (Devant un t. à valeur quantitative) « *Il les aime quasi autant les uns que les autres* » SAND. ➤ **quasiment.** « *Je suis quasi le seul* » CHATEAUBRIAND. ♦ (Devant un subst. avec lequel il constitue une sorte de composé) « *Cette liaison devint un quasi-mariage* » BALZAC. *Des quasi-synonymes. La quasi-totalité.* — SC. *Quasi-particule. Quasi-étoile.* ➤ **quasar.**

2**QUASI** [kazi] n. m. – 1739 ◊ origine inconnue, p.-ê. turc *kasï* ▪ Morceau du haut de la cuisse du veau, très apprécié, situé sous le gîte à la noix. *Quasi de veau. Rôti de veau dans le quasi.*

QUASI-CONTRAT [kazikɔ̃tRa] n. m. – *quasi contract* 1675 ◊ latin juridique *quasi contractus ;* de 1*quasi* et *contrat* ▪ DR. Fait volontaire d'une personne dont il résulte un engagement quelconque envers un tiers, quelquefois un engagement réciproque. *Des quasi-contrats.*

QUASI-DÉLIT [kazideli] n. m. – 1690 ◊ latin juridique *quasi delictum* ▪ DR. Fait ou abstention illicite, causant à autrui un dommage, sans intention de nuire. *Des quasi-délits.*

QUASIMENT [kazimɑ̃] adv. – 1659 ◊ de 1*quasi,* p.-ê. d'après l'italien *quasimente* ▪ FAM. OU RÉGION. Presque, à peu près, en quelque sorte, quasi. « *Vous pourriez être quasiment mon père* » ZOLA.

QUASIMODO [kazimɔdo] n. f. – XIIIe ◊ des mots latins *quasi modo* par lesquels commence l'introït de la messe de ce dimanche ▪ LITURG. Dimanche de l'octave de Pâques. *La Quasimodo* ou (plus cour.) *le dimanche de Quasimodo.*

QUASI-USUFRUIT [kaziyzyfRɥi] n. m. – fin XIXe ◊ de 1*quasi* et *usufruit* ▪ DR. CIV. Usufruit portant sur une chose consomptible, à charge de restituer la même. *Des quasi-usufruits.*

QUASSIA [kwasja] n. m. – 1771 ◊ du latin des botanistes *quassia,* de *Coissi,* n. d'un guérisseur de Guyane hollandaise (auj. Surinam) ▪ BOT. Petit arbre tropical *(simarubacées)* fournissant le bois de Surinam. — On dit aussi **QUASSIER** [kwasje], 1804.

QUASSINE [kwasin] n. f. – 1823 ◊ anglais *quassin* (1819), de *quassia* ▪ ANC. MÉD. Principe amer, extrait du bois de quassia.

QUATER [kwatɛR] adv. – 1508 ◊ mot latin ▪ RARE Pour la quatrième fois. *Le 12 ter et le 12 quater de la rue.*

QUATERNAIRE [kwatɛRnɛR] adj. et n. m. – 1488 ◊ latin *quaternarius* ▪ **1** Formé de quatre éléments, divisible par quatre. — CHIM. *Composé quaternaire,* dont la molécule contient un atome central lié à quatre atomes de carbone. *Ammonium quaternaire.* — BIOCHIM. *Structure quaternaire :* association non covalente de plusieurs chaînes polypeptidiques conduisant à des protéines oligomériques stables. *Structure quaternaire des protéines.* ▪ **2** (1829) *Ère quaternaire,* et n. m. (1854) *le quaternaire :* ère géologique la plus récente comprenant l'époque actuelle, d'une durée approximative de deux à quatre millions d'années. *L'ère quaternaire est caractérisée par une succession de grandes glaciations et par l'apparition du genre Homo.* ▪ **3** ÉCON. *Secteur quaternaire,* fondé sur l'économie de la demande sociale et animé par les associations. « *ce secteur quaternaire situé hors marché et constituant un système essentiellement non monétaire, fondé sur l'échange de services et de temps* » (Le Monde, 1997).

QUATERNE [kwatɛRn] n. m. – XIIIe ◊ italien *quaterno,* latin *quaterni* « quatre chaque fois » ▪ VX Aux anciennes loteries, Combinaison de quatre numéros pris ensemble, qui sortent au même tirage. « *Les hasards qu'il faut pour amener un terne ou un quaterne* » RENAN. ♦ RÉGION. Au loto, Série de quatre numéros placés sur la même rangée horizontale du carton.

QUATERNION [kwatɛRnjɔ̃] n. m. – 1862 ◊ de l'anglais 1843, lui-même du bas latin *quaternio* « groupe de quatre » ▪ MATH. Nombre complexe qui est constitué par quatre nombres scalaires *(s, a, b, c)* pris dans un ordre déterminé, et combinés selon certaines lois.

QUATORZE [katɔRz] adj. numér. inv. et n. inv. – XIIe ◊ latin *quatt(u)ordecim*

I adj. numér. card. Nombre entier naturel équivalant à dix plus quatre (14 ; XIV). ▪ **1** Avec l'art. défini, désignant un groupe déterminé de quatorze unités. *Les quatorze vers d'un sonnet.* ▪ **2** Avec ou sans déterminant *Un enfant de quatorze ans. Être payé sur quatorze mois.* — (En composition pour former un nombre) *Quatre-vingt-quatorze. Quatorze cents* (ou mille quatre cents). ▪ **3** PRONOM. *Elles sont quatorze. Il y en a quatorze.*

II adj. numér. ord. Quatorzième. ▪ **1** *Louis XIV. Page 14.* — *Chercher midi* à quatorze heures.* — *Le 14 juillet 1789 :* date de la prise de la Bastille, dont le premier anniversaire (fête de la Fédération) est célébré tous les ans comme fête nationale. *Les bals du 14 Juillet.* — *Mille neuf cent quatorze* (ou *1914*), ou ELLIPT *quatorze* (ou *14*) : année où commença la Première Guerre mondiale (1914-1918). *C'était en 14, bien avant 14. La guerre de quatorze.* « *encore une guerre ! Mon mari* *a fait celle de quatorze»* SARTRE. LOC. FAM. *C'est reparti comme en quatorze* (ou *14*), se dit lorsqu'on recommence qqch. avec le même élan, la même ardeur. *«soudain ce diable d'homme avait un sursaut de vigueur, repartait comme en 14»* PH. JAENADA. ▪ **2** SUBST. M. Le quatorzième jour du mois. *Il arrive le 14.* ◆ Ce qui porte le numéro 14. *Habiter (au) 14, rue de... C'est le 14 qui est sorti.* ◆ (Avec *du*) Taille, dimension, pointure numéro 14 (d'un objet). *Il te faut du 14.* ▪ **3** SUBST. F. Chambre, table numéro 14.

III n. m. inv. ▪ **1** Sans déterminant *Quatorze égale deux fois sept.* — *Quatorze pour cent* (ou *14 %*). ▪ **2** Avec déterminant Le chiffre, le numéro 14. — Note (II, 6°) correspondant à quatorze points. *Avoir un 14 en russe*, ou sans art. *14 sur 20.* ◆ SPÉCIALT (CARTES) Au piquet, Nom d'un carré de cartes valant quatorze points. — À la belote, Le neuf d'atout. *Avoir le quatorze à pique.*

QUATORZIÈME [katɔʀzjɛm] adj. et n. – XII° ◇ de *quatorze*

I adj. ▪ **1** adj. numér. ord. Qui suit le treizième. *Le XIV° siècle* (cf. Trecento). SUBST. M. *Travailler dans le quatorzième* (arrondissement). — (Dans une compétition) *Elle a fini quatorzième au marathon.* ◆ (En composition pour former des adj. ord.) *Soixante-quatorzième* (74°). ▪ **2** adj. fractionnaire Se dit d'une partie d'un tout également divisé ou divisible en quatorze. — SUBST. M. *Trois quatorzièmes* (3/14).

II n. ▪ **1** *Être le, la quatorzième.* — LOC. FAM. *Faire le quatorzième à table* : être invité afin qu'il n'y ait pas treize* personnes à table. ▪ **2** n. f. MUS. Octave de la septième.

QUATORZIÈMEMENT [katɔʀzjɛmmɑ̃] adv. – 1788 ◇ de *quatorze* ▪ En quatorzième lieu (en chiffres 14°).

QUATRAIN [katʀɛ̃] n. m. – 1544 ◇ de *quatre* ▪ Petit poème de quatre vers. ◆ Strophe de quatre vers. *Le premier quatrain d'un sonnet.*

QUATRE [katʀ] ; fam. [kat] (devant consonne) adj. numér. inv. et n. inv. – fin X° ◇ du latin *quattor*, forme de *quattuor* → quatuor

I ~ adj. numér. card. Nombre entier naturel équivalant à trois plus un (4 ; IV). ➤ **quadri-, tétra-.** ▪ **1** Avec l'article défini, désignant un groupe déterminé de quatre unités. *Les quatre saisons. Les quatre points cardinaux. Les quatre évangélistes. Les quatre éléments*.* — LOC. *Tomber les quatre fers* en l'air. Aux quatre coins*. Aux quatre vents*. Se saigner* aux quatre veines.* ▪ **2** Avec ou sans déterminant *Mes quatre amis.* — *Trèfle à quatre feuilles. Moteur à quatre temps. Voiture à quatre roues motrices.* ➤ **quatre-quatre.** *Un hôtel quatre étoiles*. Strophe de quatre vers.* ➤ **quatrain.** *Morceau à quatre mains*, exécuté par deux pianistes jouant sur le même clavier. *Œuvre musicale pour quatre instruments.* ➤ **quatuor.** *Formé de quatre éléments.* ➤ **quaternaire.** *Pari sur quatre chevaux.* ➤ **quarté.** *J'ai quatre rois.* ➤ **carré.** *Quatre dizaines.* ➤ **quarante.** *Quatre vingtaines.* ➤ **quatre-vingt(s).** *Quatre fois plus grand.* ➤ **quadruple.** — LOC. *Marcher à quatre pattes*.* FAM. *Entre quat'z'yeux* [ɑ̃tʀəkatzjø] : en tête à tête, sans témoins. *Entre quatre murs*. Être tiré à quatre épingles*.* FAM. *J'ai pas quatre bras* : je ne peux pas faire plus vite. *«Je n'ai pas quatre bras. Même pas une minute pour aller au petit endroit»* A. ERNAUX. — (En composition pour former un nombre) *Trente-quatre. Faire les quatre cents coups*.* ELLIPT n. m. inv. *Un quatre mille* : sommet de plus de 4 000 et de moins de 5 000 m. — ELLIPT VX *Mettre en quatre* (morceaux) : écarteler. FIG. (1636) MOD. *Se mettre en quatre* : se donner beaucoup de mal, s'employer entièrement à. ➤ **se décarcasser, se démener.** *Elle s'est mise en quatre pour nous aider.* — *Trois ou quatre ; quatre ou cinq* : un très petit nombre. ◆ PAR EXT. en loc. Peu de, quelques. *Un de ces quatre matins*, ou ELLIPT *un de ces quatre* : un jour, plus ou moins proche. *Tous les quatre matins* : fréquemment. *Changer d'avis tous les quatre matins. Quatre pelés* et un tondu. À quatre pas d'ici* : tout près. *Une babiole de quatre sous*.* — Beaucoup de. *Faire les quatre volontés* de qqn. Je lui ai dit ses quatre vérités*. Je n'irai pas par quatre chemins** (II, 1°). *Couper les cheveux* en quatre. Monter, descendre un escalier quatre à quatre*, plusieurs marches à la fois, précipitamment. ▪ **3** pron.. *J'en ai vu quatre. Les trois mousquetaires étaient quatre. Tous les quatre. Manger comme quatre*, beaucoup. *Se tenir* à quatre.*

II ~ adj. numér. ord. (milieu XIII°) Quatrième. ▪ **1** *Henri IV. Numéro 4.* — *La nuit du 4 Août. En 1904. Il est 4 heures* (➤ **quatre-heures**). ▪ **2** SUBST. M. Le quatrième jour du mois. *Elle arrive le 4.* ◆ Ce qui porte le numéro 4. *Les gardiens du 4. C'est le 4 qui gagne.* ◆ (Avec *du*) Taille, dimension, pointure numéro 4 (d'un objet). *Donnez-moi du 4.* — *Un petit 4.* ▪ **3** SUBST. F. Chambre, table portant le numéro 4.

III ~ n. m. inv. ▪ **1** (fin XII°) Sans déterminant *Deux et deux font quatre. «deux et deux ne sont point la définition de quatre ; quatre c'est trois plus un»* ALAIN. *Vrai comme deux* et deux font quatre. Divisé par quatre* (➤ 2 **quart**). *Multiplier par quatre.* ➤ **quadrupler.** — *Quatre pour cent* (ou *4 %*). ▪ **2** (1539) Avec déterminant Le chiffre, le numéro 4. *Vos 4 sont illisibles.* — Note correspondant à quatre points. *Elle a eu (un) 4 en histoire.* — (1671) Carte marquée de quatre signes. — (1671) Face d'un dé, moitié d'un domino marquée de quatre points. *Le double 4.* ◆ Embarcation à quatre rameurs. *Un quatre avec, sans barreur.*

QUATRE-CENT-VINGT-ET-UN [kat(ʀə)sɑ̃vɛ̃teœ̃] n. m. inv. – v. 1950 ◇ nom de nombre ▪ Jeu de dés dérivé du zanzi, où la combinaison la plus forte est composée d'un quatre, d'un deux et d'un as. — On dit aussi **QUATRE-VINGT-ET-UN** [katvɛ̃teœ̃].

QUATRE-CHEMINS [kat(ʀə)ʃəmɛ̃] n. m. inv. – 1949, au Québec ◇ de *quatre* et *chemin* ▪ RÉGION. (Nantes ; Canada, Antilles) Carrefour. *Au quatre-chemins, continuer tout droit.*

QUATRE-DE-CHIFFRE [kat(ʀə)dəʃifʀ] n. m. inv. – 1740 ◇ de *quatre* et *chiffre* ▪ CHASSE Petit piège formé de morceaux de bois assemblés comme les traits du chiffre 4.

QUATRE-ÉPICES [katʀepis] n. m. ou f. inv. – 1839 ◇ de *quatre* et *épice* ▪ Nigelle cultivée, dont les graines réduites en poudre donnent un assaisonnement rappelant le mélange dit *des quatre-épices* (poivre, girofle, muscade et gingembre).

QUATRE-FEUILLES [kat(ʀə)fœj] n. m. inv. – 1842 ◇ de *quatre* et *feuille* ▪ ARCHIT. Ornement gothique formé de quatre lobes. ➤ **quadrilobe ; quartefeuille** (BLAS.).

QUATRE-HEURES [katʀœʀ] n. m. inv. – 1866 plur., dans l'Est ◇ de *quatre* et *heure* ▪ FAM. (ENFANTS) Goûter, collation du milieu de l'après-midi ; nourriture qui correspond à ce goûter. *Tu as emporté ton quatre-heures ? «une lamelle de beurre sur une lamelle de pain pour mon quatre-heures»* J.-P. AMETTE. — (Suisse) *Prendre, faire les quatre-heures* : goûter. *«Les quatre-heures»*, *poème de Ramuz.*

QUATRE-HUIT [kat(ʀə)ɥit] n. m. inv. – 1899 ◇ de *quatre* et *huit*, indiquant la croche (ronde divisée par 8) ▪ MUS. Mesure à quatre temps, avec la croche pour unité.

QUATRE-MÂTS [kat(ʀə)mɑ] n. m. inv. – 1907 ◇ de *quatre* et *mât* ▪ Grand voilier à quatre mâts.

QUATRE-QUARTS [kat(ʀə)kaʀ] n. m. inv. – 1893 ◇ de *quatre* et 2 *quart* ▪ Gâteau dans lequel le beurre, la farine, le sucre et les œufs sont à poids égal. *Des quatre-quarts.*

QUATRE-QUATRE [kat(ʀə)katʀ] n. m. ou f. inv. – v. 1975 ◇ de *quatre* ▪ Véhicule automobile tout terrain à quatre roues motrices. ➤ **jeep.** — On écrit aussi *4×4*.

QUATRE-SAISONS ➤ **SAISON**

QUATRE-TEMPS [kat(ʀə)tɑ̃] n. m. pl. – milieu XIV° ◇ de *quatre* et *temps* ▪ LITURG. Chacune des quatre périodes (au début de chaque saison) qui, dans l'année liturgique catholique, comportent trois jours de jeûne et de prière. *Pendant les quatre-temps.*

QUATRE-VINGT [katʀəvɛ̃] adj. numér. et n. – XII° ◇ de *quatre* et *vingt*, survivance de la numération vicésimale

I adj. numér. card. REM. *Vingt* prend un *s* lorsqu'il n'est pas suivi d'un autre adj. numér. Nombre entier naturel équivalant à huit fois dix (80 ; LXXX). ➤ RÉGION. **huitante.** ▪ **1** Avec ou sans déterminant *Âgé de quatre-vingts ans* [katʀəvɛ̃zɑ̃], *de quatre-vingt-trois ans.* ➤ **octogénaire.** *Quatre-vingts millions d'euros.* — (En composition pour former un adj. card.) *Quatre-vingt-deux* [katʀəvɛ̃dø]. *Quatre-vingt-huit* [katʀəvɛ̃ɥit]. *Quatre-vingt-onze. Quatre-vingt mille dollars. Deux cent quatre-vingts.* **QUATRE-VINGT-UN, UNE** [katʀəvɛ̃œ̃, yn]. *Les quatre-vingt-un participants.* ORD. *Page 81* (*quatre-vingt-un* ou *quatre-vingt-une*). **QUATRE-VINGT-NEUF.** ORD. *La révolution de 89.* **QUATRE-VINGT-DIX (90 ; XC)** : neuf fois dix. ➤ RÉGION. **nonante.** *Âgé de quatre-vingt-dix ans.* ➤ **nonagénaire.** *Quatre-vingt-dix-neuf. Ordinal de quatre-vingt-dix* (ou *quatre-vingt-dixième* adj. et n. ; *quatre-vingt-dixièmement* adv.). **QUATRE-VINGT-TREIZE.** ORD. *Les émeutes de 93* (1793, année de la Terreur). REM. Le titre original du roman de V. Hugo est *Quatrevingt-treize*. — (Pour former un adj. ord.) *Quatre-vingt-unième. Quatre-vingt-onzième.* ▪ **2** PRONOM. *Il y en avait quatre-vingts.*

II adj. numér. ord. inv. Quatre-vingtième. ▪ **1** *Page 80 (quatre-*

vingt). — En 1880 (... quatre-vingt). Les années 80 ou *quatre-vingt.* ▪ **2** SUBST. M. Ce qui porte le numéro 80. *Habiter (au) 80, rue de... C'est le 80 qui est sorti.* ▪ **3** SUBST. F. Chambre, table numéro 80. *La note de la 80.*

III n. m. inv. **QUATRE-VINGTS.** ▪ **1** Sans déterminant *Deux fois quarante, quatre-vingts.* ▪ **2** Avec déterminant Le chiffre, le numéro 80.

QUATRE-VINGTIÈME [katʀəvɛ̃tjɛm] adj. et n. – 1530 ◇ de *quatre-vingt* ▪ **1** adj. numér. ord. Qui a le numéro quatre-vingt pour rang. *Être dans sa quatre-vingtième année.* — (Dans une compétition) *Arriver quatre-vingtième à la course.* n. *Être le, la quatre-vingtième sur la liste.* ◆ (En composition pour former des adj. ord.) *Sept cent quatre-vingtième* (780ᵉ). ▪ **2** adj. fractionnaire Se dit d'une partie d'un tout également divisé ou divisible en quatre-vingts. — SUBST. M. *Un quatre-vingtième* (1/80). *Sept cent-quatre-vingtièmes* (7/180).

QUATRIÈME [katʀijɛm] adj. et n. – XIVᵉ ◇ de *quatre*

I adj. ▪ **1** adj. numér. ord. Qui vient après le troisième. ➤ VX 1 **quart.** *La quatrième maison portant le même numéro.* ➤ **quater.** *La IVᵉ* (ou *quatrième*) *République* (1946-1958). *Le quatrième étage,* ou SUBST. *habiter au quatrième. La quatrième dimension*.* FIG. *En quatrième vitesse*.* — LOC. *La quatrième maladie :* fièvre éruptive des enfants, rappelant la scarlatine (celle-ci, la rubéole et la rougeole étant les trois autres). — (Dans une compétition) *Elle est arrivée quatrième à la course.* ◆ (En composition pour former des adj. ord.) *Vingt-quatrième* [vɛ̃tkatʀijɛm]. *Quatre-vingt-quatrième* [katʀəvɛ̃katʀijɛm]. ▪ **2** adj. fractionnaire Se dit d'une partie d'un tout également divisé ou divisible en quatre. *La quatrième partie.* ➤ 2 **quart.**

II n. ▪ **1** *Faire le quatrième,* le quatrième joueur, aux cartes. ▪ **2** n. f. Quatrième vitesse d'un engin motorisé. *Passer la quatrième ; passer en quatrième.* — Troisième classe du premier cycle de l'enseignement secondaire. *Passer de quatrième en troisième.* — DANSE Quatrième position fondamentale de la danse classique. ▪ **3** n. f. *Quatrième de couverture*.*

QUATRIÈMEMENT [katʀijɛmmɑ̃] adv. – 1610 ◇ de *quatrième* ▪ En quatrième lieu (en chiffres 4°). ➤ **quarto.**

QUATRILLION [k(w)atʀiljɔ̃] n. m. – 1765 ◇ de *quatre* et *million* ▪ (REM. cf. Billion.) ▪ **1** VX Mille trillions (1°), soit 10^{15}. ▪ **2** (1948) MOD. Million de trillions (2°), soit 10^{24}. — On dit aussi **QUADRILLION,** 1484.

QUATTROCENTO [kwatʀotʃɛnto] n. m. – 1901 ◇ mot italien «quatre cents», c.-à-d. les années 1400 et suiv. ▪ Quinzième siècle italien, du point de vue littéraire et artistique. *Les artistes du quattrocento* (ou **QUATTROCENTISTES** [kwatʀotʃɛntist] n.).

QUATUOR [kwatɥɔʀ] n. m. – 1722 ◇ mot latin, var. de *quattuor* «quatre» ▪ **1** Œuvre de musique d'ensemble écrite pour quatre instruments ou quatre voix d'importance égale. *Quatuor à cordes :* œuvre pour deux violons, alto et violoncelle. *Quatuor pour piano et cordes. Quatuor vocal.* — ABSOLT Quatuor à cordes. «*nous nous plongions dans les trios, les quatuors et les symphonies de Mozart*» GIDE. *Jouer un quatuor.* ▪ **2** Les quatre musiciens ou chanteurs qui exécutent un quatuor. — *Le quatuor de l'orchestre* (symphonique) : les premiers et seconds violons, altos, violoncelles (et contrebasses). ▪ **3** (1832) Groupe de quatre personnes. «*L'Écosse a des trios de sorcières, mais Paris a des quatuors de commères*» HUGO.

QUBIT [kybit] n. m. – 1997 ◇ mot-valise anglais, de *qu(antum)* et *bit* ▪ ANGLIC. MÉTROL. Unité de mesure de l'information en informatique quantique. *Un processeur quantique de 35 qubits.*

1 **QUE** [kə] conj. – milieu IXᵉ, comme conjonction concessive (5°) ◇ du latin médiéval *que,* forme affaiblie de *qui,* simplification de *quia,* employé en bas latin au sens de *quod* «le fait que ; que» ▪ **1** (fin IXᵉ) Introduisant une complétive (à l'indic. ou au subj. suivant le v. de la principale, ou la nuance à rendre) «*Nous pensons que la vie est bonne*» LARBAUD. «*C'est bien dommage qu'elle soit devenue si laide*» VOLTAIRE. *L'idée qu'il allait la voir le réjouissait.* «*Peut-être que les petites filles sont toutes comme cela*» GIRAUDOUX. ▪ **2** (Dans une formule de présentation ou d'insistance) **VOICI*, VOILÀ* QUE...** *Tiens, voilà que le temps se couvre.* — **C'EST... QUE.** ➤ 2 **ce** (I, 3°). «*Et c'est n'estimer rien qu'estimer tout le monde*» MOLIÈRE. ◆ (Unissant un attribut préposé et un sujet avec ellipse de être) «*Bambins de bonne famille et de saine éducation que nous étions*» VERLAINE. ▪ **3** Dans une formule d'interrogation *Est-ce que...* ➤ 1 **être** (IV, 2°). — POP. (incorrect) «*Où c'est que vous êtes malade ?*» CÉLINE. «*Et pourquoi que je me retirerais ?*» PROUST. ▪ **4** Servant à former des loc. conj. *À condition* que, à mesure* que, afin* que, dès* que, attendu* que, de façon* que...* ▪ **5** Introduisant une proposition circonstancielle ◆ (fin XIᵉ) (Temporelle : exprimant la concomitance, l'incidence, la continuation, l'interruption) *Je n'étais pas plus tôt assis qu'il me fallut partir.* «*"Sauve-toi Ferdinand !" qu'elle a encore eu le temps de me crier*» CÉLINE. ◆ (Finale) «*Asseyez-vous là que nous causions*» FROMENTIN. ◆ (fin Xᵉ) (Causale) LITTÉR. «*Est-ce que ces drôles sont dans un bénitier, qu'ils font ce bruit d'enfer ?*» HUGO. *Il reste au lit, non qu'il soit vraiment malade, mais il le croit.* ◆ (Consécutive) FAM. «*Il tousse qu'il en secoue toute sa maison*» FLAUBERT. «*Les piécettes d'or fondaient que c'était un plaisir*» DAUDET. — *Si*, tant*, tel*, tellement*... que...* ◆ (milieu IXᵉ) (Concessive) *Quel*, quelque*, tant*, pour* peu, où* que...* ◆ (milieu XIIᵉ) (Hypothétique) «*Que le tour du soleil ou commence ou s'achève*» LAMARTINE. «*Qu'elle fût bien ou mal coiffée, Je l'admirais. C'était ma fée*» HUGO. ◆ **QUE... NE... :** sans que, avant que... «*Il ne se passait pas une semaine qu'il ne fût terrassé par une migraine atroce*» FRANCE. — (Marquant une simple opposition) *On me paierait que je ne le ferais pas.* ▪ **6** (fin XIᵉ) Substitut d'un mot-outil en propositions coordonnées «*Quand la leçon fut finie, et que les autres élèves furent dispersés*» ROMAINS. «*Un peu de peinture verte pour peindre le tout et que ce fût plus joli*» LOTI. «*comme c'était le lendemain dimanche et qu'on ne se lèverait que pour la grand'messe*» PROUST. ▪ **7** (fin IXᵉ) Introduisant le second terme d'une comparaison *Autant*, plus*, moins*, plutôt*, mieux*, autre*, même* que,* etc. *Il n'est pas aussi drôle qu'on le dit. Il est moins bête qu'il n'en a l'air. On le croit plus riche qu'il n'est.* ➤ aussi **ne** (explétif). ▪ **8** (fin IXᵉ) En corrélation avec *ne,* pour marquer l'exception, la restriction. **NE... QUE...** ➤ **seulement.** «*Comme cent fourrures ne font qu'un manteau*» APOLLINAIRE. *Ils n'arriveront que demain. — Il n'est que de...* ➤ 1 **être** (I, 2°). *Ne faire que de...* ➤ 1 **faire** (II, 4°). — (Valeur de renforcement) «*Son témoignage n'en est que plus recevable*» VOLTAIRE. *Jurer de dire toute la vérité, rien que la vérité.* ◆ Si ce n'est, sinon. «*Personne ne le méprise, que les dévotes*» STENDHAL. «*Rien n'est beau que le vrai*» BOILEAU. ▪ **9** (fin Xᵉ) Introduisant une indépendante au subj. (ordre, souhait...) *Qu'il entre ! Que la paix soit avec vous !* ▪ **10** Renforçant l'affirmation ou la négation. «*je joue si mal ! – Oh ! que non !*» DUHAMEL.

2 **QUE** [kə] adv. – 1080 ◇ latin *quid* ▪ **1** INTERROG. (en loc.) Pourquoi, en quoi ? «*Qu'avez-vous besoin de tant de conserves ?*» DAUDET. «*Que m'importe un bonheur édifié sur l'ignorance ?*» GIDE. «*Qu'allez-vous parler d'un sépulcre ?*» MAURIAC. «*Et que saitelle si Dieu ne lui dira pas*» GONCOURT. «*Olivier et Roland, que n'êtes-vous ici ?*» HUGO. ▪ **2** EXCLAM. Comme, combien ! «*Que peu de temps suffit pour changer toutes choses !*» HUGO. «*Que c'est donc bête de vous tourmenter comme ça !*» ZOLA. — FAM. (dans le même sens) *Ce* qu'il est bête !* «*Qu'est-ce qu'elle a dû pleurer !*» PROUST. ◆ loc. exclam. **QUE DE :** combien. «*Que de difficultés je prévois !*» RENAN.

3 **QUE** [kə] pron. – 842 ◇ latin *quem,* accusatif de *qui*

I ~ pron. rel. Pronom relatif singulier ou pluriel, masculin ou féminin, désignant une personne ou une chose. ▪ **1** (Objet dir.) «*D'une femme inconnue, et que j'aime, et qui m'aime*» VERLAINE. *C'est la raison qu'il a donnée.* «*Un homme qui dit tout ce qu'il pense et comme il le pense*» FRANCE. *Ce qu'il arrivera* ou *ce qui* arrivera.* «*Le luxe qu'ils croient que tu pourrais lui donner*» PROUST. — POP. (incorrect) «*Des jambes qu'on peut marcher avec ?*» GUILLOUX (cf. Avec lesquelles...). ◆ (Ayant pour antécédent une proposition) *Elle* «*n'a pas la prétention, que je sache, d'imposer silence*» BARBEY. — LITTÉR. «*Nous ignorons, que je crois, la demeure de la postérité*» CHATEAUBRIAND. — FAM. «*J'arrête de fumer. – Que tu dis !*» — VX ou POP. «*Nous allons mourir ensemble, qu'elle dit en regardant son enfant*» BALZAC. ▪ **2** (Compl. ind. ou circonstanciel) VX ou POP. «*De la manière qu'ils sont ici dépeints*» RACINE. *Du train que vont les choses,* où vont... *L'été qu'il a fait si chaud,* où il a fait si chaud. — MOD. (après un nom ou un adv. désignant un temps) *Le temps qu'il comprenne. Ça fait dix ans, longtemps qu'ils habitent ici.* ▪ **3** (Attribut) «*L'être que je serai après la mort*» PROUST. *Malheureux que je suis !* «*En gentille fourbe qu'elle était*» ROMAINS. «*Sanglotant comme un pauvre bébé qu'il est*» DUHAMEL. «*La duchesse, de timide et d'interdite qu'elle avait été, se trouva vers la fin tellement à son aise !*» STENDHAL. «*Ils ne se parlaient pas, trop perdus qu'ils étaient*» FLAUBERT. *C'est une bonne chose que de savoir conduire. C'est ici que j'habite.* ▪ **4** VX (sauf en loc.) Ce que, ce qui... *Coûte* que coûte, advienne* que pourra...*

II ~ **pron. interrog.** Pronom interrogatif désignant une chose. ▪ **1** (Objet dir.) Quelle chose ? *Que sais-je ? « Que faisiez-vous au temps chaud ? »* LA FONTAINE. *Qu'en dites-vous ?* (en concurrence avec *qu'est-ce que...*). *Que faire ?* — (Interrog. ind.) ➤ **quoi.** *Il ne savait plus que dire. « On ne sait plus que lui donner »* MAURIAC. ▪ **2** (Attribut) *Qu'est ceci ? Que deviens-tu ?* **QU'EST-CE QUE... ?** [kɛsk(ə)]. *« Pilate lui dit : qu'est-ce que la vérité ? »* (ÉVANGILE), qu'est la vérité ? *« La Zerbine ? Qu'est-ce que c'est que ça ? »* PROUST. ▪ **3** (En tour impers.) *Qu'y a-t-il ? Que se passe-t-il ? Qu'importe. « Et que t'a-t-il fallu pour cela ? »* MUSSET. ▪ **4 QU'EST-CE QUE...** *« Qu'est-ce que vous avez donc ? »* ZOLA. *« Qu'est-ce que vous seriez devenu ? »* PROUST. — EXCLAM. *« qu'est-ce qu'on va déguster ! »* DORGELÈS. *Qu'est-ce qu'il y a comme poussière !* ◆ **QU'EST-CE QUI...** *Qu'est-ce qui te prend ? Qu'est-ce qui va changer ?*

QUÉBÉCISER [kebesize] **v. tr.** ‹1› – 1972 ◇ de *Québec* ▪ Donner un caractère québécois à. *Québéciser un dictionnaire.*

QUÉBÉCISME [kebesism] **n. m.** – 1973 ◇ de *Québec* ▪ LING. Fait de langue propre au français du Québec (➤ **canadianisme**).

QUÉBÉCOIS, OISE [kebekwa, waz] **adj.** et **n.** – 1754 ◇ du n. de la ville de *Québec* (1601), d'un mot algonquin «détroit, rétrécissement» ▪ **1** De Québec ; du Québec et notamment de la province de Québec. *La politique québécoise au sein de la Confédération canadienne. — Le Parti québécois (P. Q.) :* parti de tendance socialiste et indépendantiste, fondé en 1968 par R. Lévesque. *Membre du Parti québécois.* ➤ **péquiste.** ◆ SPÉCIALT (répandu v. 1965) Du groupe ethnique et linguistique canadien* français composant la majorité de la population du Québec. *Littérature québécoise ; cinéma québécois.* ▪ **2 n.** *Les Québécois. Québécois francophones, anglophones. — Les néo-Québécois :* les immigrés récemment établis au Québec. ◆ SPÉCIALT (au sens défini en 1°) *« À la même époque, au Québec, de Canadiens français on devenait Québécois »* J. FERRON. ◆ **n. m.** (v. 1970) **LE QUÉBÉCOIS.** Le français propre au Québec (➤ **franco-canadien**). *Québécois populaire anglicisé.* ➤ **joual.**

QUÉBRACHO ou **QUEBRACHO** [kebratʃo] **n. m.** – 1883 ◇ espagnol *quebracho* ▪ Arbre d'Amérique du Sud *(anacardiacées)*, dont le bois est très riche en tanin et en alcaloïdes. *Des québrachos, des quebrachos.*

QUÉCHUA ou **QUECHUA** [ketʃwa] **n. m.** – *quichoa* 1765 ◇ de *qheswa*, mot quéchua «langue de la vallée» ▪ Langue indienne comprenant plusieurs parlers, employée sur les hauts plateaux du Pérou et de la Bolivie. *Le quéchua fut la langue des Incas.* — On dit aussi **QUICHUA.**

QUEER [kwiʀ] **n.** et **adj.** – 1993 ◇ mot anglais (XVIe) d'origine obscure, d'abord «étrange, bizarre» puis «homosexuel» avec une valeur péjorative ▪ ANGLIC. Personne dont l'orientation ou l'identité sexuelle ne correspond pas aux modèles dominants. ➤ **bisexuel, homosexuel, transgenre, transsexuel.** *Un, une queer. Les queers.* — **adj.** *Activistes queers. La communauté queer.* ➤ **LGBT.**

QUEL, QUELLE [kɛl] **adj.** – Xe ◇ latin *qualis*

I adj. interrog. (servant généralement à questionner sur la nature ou l'identité d'une personne ou d'une chose). **A.** INTERROG. DIR. ▪ **1** (Attribut) *« Quelle est donc cette jeune fille qui chante ? »* MUSSET. ➤ **qui.** *« Quel est le but de la vie ? »* MAUROIS. *« Quelle est cette fièvre d'écrire qui me prend ? »* MAURIAC. ▪ **2** (Épithète) *Quelle mouche vous pique ? Dans quelle ville ? « Quels cœurs briserai-je ? [...] Dans quel sang marcher ? »* RIMBAUD. *« J'ai fait bien des observations. – Quelles observations ? »* BECQUE. *« Il cherchait à se le persuader, pour quelles obscures raisons ? »* R. ROLLAND.

B. INTERROG. IND. ▪ **1** (Attribut) *Je ne sais pas quelle route prendre. Ils supputaient « quelle allait être la situation pécuniaire »* ZOLA. ▪ **2** (Épithète) *« Si l'on mesurait à quel point nous menacent ces injustices »* DANIEL-ROPS. LOC. *Ne pas savoir sur quel pied danser*, à quel saint* se vouer.* ◆ (En loc. adj. indéf., avec le v. *savoir*) *« Pour Dieu sait quelle besogne de surveillance »* ROMAINS. *Il vient d'on ne sait quel pays.*

C. EXCLAM. ▪ **1** (Attribut) *« Quels ne furent pas mon horreur et mon étonnement ! »* BAUDELAIRE. ▪ **2** (Épithète) *Quelle jolie maison ! Quelle horreur ! Quel crétin ! « Quelle joie ce fut pour la cour »* HUGO. *« Quel dommage que je n'aie pas mes vingt-cinq ans ! »* HUGO. — IRON. *Quelle équipe !* (ridicule). *Quelle idée !* (absurde, saugrenue).

II pron. interrog. (seult devant un partitif) ➤ **lequel, qui.** *« De nous deux, quel est le plus méprisable ? »* DAUDET. — (IND.) *« Dire quelle était la plus belle des trois »* HENRIOT.

III adj. rel. A. QUEL... QUE, avec le v. *être* au subj. (LOC. CONCESSIVE). *D'un homme quel qu'il soit.* ➤ **quelconque.** *« Quelle que soit la ligne politique qu'on suive »* (SAINTE-BEUVE), que cette ligne soit celle qu'on voudra. — REM. Ne pas confondre avec *quelque.*

B. TEL* QUEL.

QUELCONQUE [kɛlkɔ̃k] **adj.** – XIIe ◇ francisation, sur *quel*, du latin *qualiscumque* ▪ **1 adj. indéf.** (marquant l'indétermination absolue) N'importe lequel, quel qu'il soit. *Pour une raison quelconque. « Heureux de lui voir enfin manifester une volonté quelconque »* FLAUBERT. *« Un Rothschild quelconque, qui aura doté un quelconque observatoire d'une lunette »* MIRBEAU. — SC. Qui n'a aucune propriété particulière. *Triangle quelconque,* non isocèle, non équilatéral, etc. ◆ (Après *un*, devant un partit.) *« Devant une quelconque des îles »* DAUDET. ▪ **2 adj. qualificatif** (fin XIXe) Tel qu'on peut en trouver partout, sans qualité ou valeur particulière. ➤ **insignifiant, médiocre, ordinaire.** *Ce chanteur a une voix quelconque. Une cuisine quelconque. C'est très quelconque, tout à fait quelconque.* FAM. *Ça fait quelconque,* ordinaire, vulgaire. ▪ CONTR. (du 2°) Remarquable.

QUELQUE [kɛlk(ə)] **adj.** – XIIe ◇ de *quel* et 1 *que* → quel

I LITTÉR. **QUELQUE... QUE,** à valeur concessive, suivi du subj. ▪ **1** (Qualifiant un subst.) *« Quelques folies qu'aient écrites certains physionomistes »* (CHAMFORT), quelles que soient les folies..., bien qu'on ait écrit des folies. *« Sur quelque sujet que se portât la conversation »* GIDE. *« De quelques gens exquis que tel de ses anciens camarades lui parlât »* PROUST. ◆ *Quelque... qui... « Quelque lien qui pût nous unir, je l'avais rompu pour toujours »* MUSSET. ▪ **2** ADVT (qualifiant un adj.) LITTÉR. ➤ **pour,** 2 **si.** *« Quelque fidèle et quelque attachée qu'elle me fût »* ABBÉ PRÉVOST. *« Quelque méchants que soient les hommes »* LA ROCHEFOUCAULD.

II adj. indéf. ▪ **1** AU SING. LITTÉR. Un, certain. *« Elle lui présentait quelque bon bouillon, quelque tranche de gigot »* FLAUBERT. *En quelque sorte*. Quelque part*. Quelque chose*. Quelque autre chose. — Quelque autre :* quelqu'un d'autre. ◆ (Faisant porter l'indétermination sur une substance) Un peu de... *Depuis quelque temps. « Il avait des talents, quelque savoir »* ROUSSEAU. *« Elle avait eu quelque peine à fixer l'infidèle »* SAINTE-BEUVE. — *Quelque peu*.* ▪ **2** AU PLUR. COUR. Un petit nombre, un certain nombre de... ➤ **plusieurs.** *Faire quelques pas, dire quelques mots.* ➤ **deux.** *Il n'est venu que quelques fois. « Il faudrait ici un sergent et quelques hommes »* ROMAINS. *Cinq cent cinquante et quelques euros :* entre 550 et 560 euros. *« J'avais encore quarante ans au lieu de soixante et quelques »* BECQUE. — *« Les quelques biens qu'il tenait à conserver »* P. BENOIT. ▪ **3 adv.** (inv.) Environ. *« Une bande de feu de quelque cinquante mètres »* MONTHERLANT.

▪ HOM. Quel que.

QUELQUE CHOSE ➤ **CHOSE** (II, 2°)

QUELQUEFOIS [kɛlkəfwa] **adv.** – 1539 ; *quelque fois* 1490 ◇ de *quelque* et *fois* ▪ **1** VX Une fois, un jour. *« Si vous le saluez quelquefois »* LA BRUYÈRE. ◆ MOD. POP. *« Quelquefois qu'elle serait arrivée, votre lettre »* DUHAMEL (cf. POP. Des fois qu'elle serait arrivée). ▪ **2** MOD. Un certain nombre de fois, dans un certain nombre de cas. ➤ **parfois.** *« Pensées souvent originales, quelquefois paradoxales, mais toujours touchantes »* BAUDELAIRE.

QUELQU'UN, UNE [kɛlkœ̃, yn], plur. **QUELQUES-UNS, UNES** [kɛlkəzœ̃, yn] **pron. indéf.** – XIVe ◇ de *quelque* et *un*

I AU SING. **A.** (Suivi d'un partit.) VIEILLI Un, une... entre plusieurs (la personne ou la chose restant indéterminée). *« Quelqu'une des trois statues d'Isis »* NERVAL. *« Quelqu'un de ces malheureux dont le tourment singulier excitait la curiosité de Dante »* PROUST.

B. ABSOLT, MOD. Un être humain. ▪ **1** Une personne totalement indéterminée. *« On dirait que quelqu'un joue du piano quelque part »* ALAIN-FOURNIER. ➤ **on.** *Le besoin de parler à quelqu'un.* ▪ **2** (Indétermination restreinte) Une personne indéterminée faisant partie d'un ensemble déterminé. **QUELQU'UN DE** (et adj. qualificatif). *« Si tu trouves quelqu'un de sûr »* FLAUBERT. *« C'est quelqu'un de bien, quelqu'un d'important. Le quelqu'un d'important était assis dans un fauteuil »* ROMAINS. **QUELQU'UN QUI... ; QUELQU'UN DONT... ; QUELQU'UN QUE...** *« Ce que ferait quelqu'un qui ne serait pas fatigué »* PÉGUY. ◆ (Fausse indétermination) *Je connais quelqu'un qui va être furieux !* (cf. J'en connais un...). *« adresser ce message à quelqu'un qui vous aime Et que vous savez bien ! »* HUGO.

C. Un homme ou une femme de valeur, ayant une forte personnalité. *« Ne vous donnez pas pour but d'être quelque chose, mais d'être quelqu'un »* HUGO. *« Que votre fille apprenne à être quelqu'un »* P. BENOIT. ◆ POP. *C'est (c'était) quelqu'un !* quelque chose d'extraordinaire. *« Quel incendie ! C'était

quelqu'un» QUENEAU.
D. PAR EUPHÉM. Psychologue, psychothérapeute. *Ils «se sont dit que j'avais besoin de voir quelqu'un parce qu'ils me trouvaient renfermée»* F. GUÈNE.
II AU PLUR. **A.** (Accompagné d'un partit.) Un petit nombre indéterminé de... (parmi plusieurs). *«Quelques-uns des assistants se mirent à rire»* MICHELET. *«Quelques-unes des plaisanteries de son père»* BALZAC. ♦ (Renvoyant à des personnes ou des choses précédemment mentionnées) *«Les femmes sortent en groupes, [...] quelques-unes s'attardent et pleurent»* LOTI.
B. ABSOLT *Quelques-uns :* un petit nombre indéterminé de personnes. *«Il ne faut plus réserver ton enseignement à quelques-uns»* BRIEUX. ♦ Certaines personnes. ➤ **certains** (cf. D'aucuns). *«Je passe [...] auprès de quelques-uns pour un mauvais esprit»* BERNANOS.
■ CONTR. 2 Personne.

QUÉMANDER [kemɑ̃de] v. ‹1› – av. 1630 ; *caymander*, 1396 ◊ de l'ancien français *cayment* «mendiant» (1382), de *C(h)aïm*, forme médiévale de *Caïn*, condamné, selon la Bible, à errer sur terre, et suff. *-ant* ■ **1** v. intr. VX Mendier. ■ **2** v. tr. (1762) Demander humblement et avec une insistance importune (de l'argent, un secours, une faveur). *Quémander un emploi auprès de qqn.* ➤ **solliciter.**

QUÉMANDEUR, EUSE [kemɑ̃dœʀ, øz] n. – 1740 ◊ de *quémander* ■ LITTÉR. Personne qui quémande. ➤ **solliciteur.**

QU'EN-DIRA-T-ON [kɑ̃diʀatɔ̃] n. m. inv. – 1690 ◊ subst. de la question *qu'en dira-t-on ?* ■ Les propos qui se tiennent sur le compte de qqn ; l'opinion d'autrui (avec quelques v. et subst.). *Craindre le qu'en-dira-t-on. Avoir peur de, se moquer du qu'en-dira-t-on. La peur, la crainte du qu'en-dira-t-on.*

QUENELLE [kənɛl] n. f. – 1750 ◊ allemand *Knödel* ■ Préparation de forme oblongue, composée d'une farce de poisson ou de viande blanche liée avec de l'œuf, de la farine ou de la mie de pain. ➤ **godiveau.** *Quenelles de volaille, de brochet. Quenelles à la lyonnaise.*

QUENOTTE [kənɔt] n. f. – 1642 ◊ mot normand, de l'ancien français *canne, kenne* «dent ; joue», francique *°kinni* «mâchoire» ■ FAM. Petite dent d'enfant. *Elle sortait «un petit bout de sa langue entre ses quenottes blanches»* ZOLA.

QUENOUILLE [kənuj] n. f. – fin XIIIe ; *quenoille* XIe ◊ latin médiéval *conucula*, variante de *colucula*, diminutif du latin classique *colus* ■ **1** ANCIENNT Petit bâton garni en haut d'une matière textile, que les femmes filaient en la dévidant au moyen du fuseau ou du rouet. — LOC. VX ou LITTÉR. *Tomber en quenouille,* se disait d'une maison, d'une succession qui tombait entre les mains d'une femme ; d'un homme qui tombait sous la domination d'une femme. MOD. Être abandonné, laissé à l'abandon (en parlant d'un pouvoir, d'un privilège, d'un domaine). ♦ PAR COMPAR. *Arbres taillés en quenouille,* de façon à leur donner une forme effilée. ■ **2** Arbre fruitier taillé en quenouille. *«Les malheureuses quenouilles en se balançant entrechoquaient leurs poires»* FLAUBERT. ♦ Tige (des roseaux). ■ **3** ARCHÉOL. Colonne qui supporte un ciel de lit, un dais. ■ **4** BOT. Maladie cryptogamique de certaines graminées (formant des manchons en haut de la tige).

QUÉQUETTE [kekɛt] n. f. – 1901 ◊ formation enfantine ■ FAM. et ENFANTIN Pénis (d'un très jeune garçon). ➤ **quiquette,** 2 **zizi.** — PAR EXT. Pénis (d'un adulte).

QUÉRABLE [keʀabl] adj. – 1765 ◊ de *quérir* ■ DR. Qu'on doit aller chercher. *Créance quérable,* que le créancier doit aller réclamer au débiteur (opposé à *portable*).

QUERCITRIN [kɛʀsitʀɛ̃] n. m. et **QUERCITRINE** [kɛʀsitʀin] n. f. – 1834, -1875 ◊ de *quercitron* ■ TECHN. Colorant jaune tiré du quercitron.

QUERCITRON [kɛʀsitʀɔ̃] n. m. – 1806 ◊ mot anglais (1784), de *querci-citron,* formé sur le latin *quercus* «chêne» et l'anglais *citron* «jaune citron» ■ Chêne de l'Amérique du Nord dont l'écorce fournit un colorant jaune (➤ **quercitrin**).

QUERELLE [kəʀɛl] n. f. – 1155 ◊ latin *querela* «plainte», et spécialt «plainte en justice» ■ **1** VX Procès ; plainte en justice. ♦ (XIVe) VIEILLI Parti, intérêts de qqn dans un litige. MOD. LOC. *Embrasser (épouser, prendre) la querelle de qqn :* soutenir qqn dans un différend, un conflit (avec un tiers). ■ **2** (1538) Différend passionné, opposition assez vive pour entraîner un échange d'actes ou de paroles hostiles ; cet échange de violences. ➤ **débat, démêlé, désaccord, dispute*, dissension, friction ;** RÉGION. 2 **bringue.** *Querelle de famille,* entre membres d'une famille. *«Il valait mieux ne pas rendre publique cette petite querelle de famille»* GREEN. *«Il n'y a pas de pures querelles d'idées. Il n'y a que des querelles de personnes»* DUHAMEL. *Querelle entre amis, entre époux* (➤ **scène**). *Susciter, réveiller, apaiser, éviter une querelle. Avoir une querelle* (avec qqn). ➤ **se quereller** (cf. Avoir maille* à partir). LOC. *Chercher querelle (à qqn),* se comporter envers lui de manière agressive, le provoquer (cf. Chercher noise*). — *Vider une querelle,* y mettre fin par le combat ou la discussion. *«le moment n'est pas mal choisi pour vider cette vieille querelle»* MARTIN DU GARD. — LOC. VIEILLI (*querelle d'Allemagne* 1550 ◊ à cause des conflits continuels entre les princes allemands) *Une querelle d'Allemand,* faite sans raison valable. ♦ Lutte d'idées, contestation intellectuelle. *«Il se mêlait peu aux querelles théologiques du moment»* HUGO. *La querelle des anciens* et des modernes. Des querelles byzantines*. Querelle d'experts.* ■ **3** Conflit plus ou moins violent pouvant dégénérer en guerre. *«Que lui importent les huguenots, les papistes et leurs querelles sanglantes !»* GAUTIER.
■ CONTR. Accord.

QUERELLER [kəʀele] v. tr. ‹1› – 1611 ; «intenter un procès, réclamer» XIIe ◊ de *querelle* ■ **1** VIEILLI Attaquer (qqn) par des actes ou des paroles hostiles. *Ils «savaient, aux querelles que leur faisait Minoret, quand il avait été querellé par sa femme»* BALZAC. ♦ Adresser des reproches à (qqn). ➤ **gronder, houspiller.** *«Nous querellons les malheureux pour nous dispenser de les plaindre»* VAUVENARGUES. ■ **2** MOD. PRONOM. (RÉCIPR.) Avoir une querelle, une dispute vive. ➤ **se chamailler, se disputer,** FAM. **s'engueuler.** *Se quereller avec qqn. «Jamais ils ne se querellaient, étant tous deux calmes et placides»* MAUPASSANT.

QUERELLEUR, EUSE [kəʀelœʀ, øz] adj. et n. – 1549 ; «qui intente un procès» XIIIe ◊ de *quereller* ■ VIEILLI Qui aime les querelles et cherche à les provoquer. ➤ **agressif*, batailleur, chamailleur.** *«Un individu sans éducation, violent, querelleur, ivrogne»* FRANCE. *Une femme querelleuse et acariâtre.* ➤ **pie-grièche.** *D'humeur querelleuse,* agressive. ➤ **belliqueux ; quérulence.** — n. *Un insupportable querelleur* (cf. Mauvais coucheur*, mauvaise tête*). ■ CONTR. Conciliant, doux.

QUÉRIR [keʀiʀ] v. tr. ‹seult inf.› – fin XIIe réfection de l'ancien français *querre* (v. 1000) ◊ latin *quaerere* ■ VX, LITTÉR. ou RÉGION. Chercher. *«C'est trop haut. Va quérir une échelle»* ZOLA. *Le désir «de fréquenter les milieux littéraires et d'y quérir des amitiés»* GIDE.

QUÉRULENCE [keʀylɑ̃s] n. f. – avant 1952 ◊ du latin *querela* «plainte» ■ PSYCHIATR. Tendance pathologique à rechercher les querelles et à revendiquer, d'une manière hors de proportion avec la cause, la réparation d'un préjudice subi, réel ou imaginaire (cf. Délire de revendication*). — adj. **QUÉRULENT, ENTE.** *Paranoïa quérulente.*

QUÉSACO [kezako] adv. – 1730 ◊ provençal *qu'es aco* ■ FAM., PLAIS. Qu'est-ce. *«Je bus une gorgée de l'infâme jus brûlant [...]. Quésaco ? Le nouveau sérum de vérité ?»* P. REBOUX. — On écrit aussi *késaco, késako, kézako.*

QUESTEUR [kɛstœʀ] n. m. – début XIIIe ◊ latin *quaestor* ■ **1** HIST. ROM. Magistrat d'abord chargé d'assister les consuls en matière financière et criminelle. *Questeurs urbains,* chargés de la gestion des deniers publics, à Rome. *Questeurs militaires :* lieutenants des consuls ou des généraux, aux armées. *Questeurs provinciaux :* assistants du gouverneur. ♦ En Italie, Personne qui dirige les services de la police d'État, préfet de police. ■ **2** (1799) Membre du bureau d'une assemblée parlementaire (➤ **questure**), chargé d'ordonner les dépenses, de veiller au maintien de la sécurité.

QUESTION [kɛstjɔ̃] n. f. – début XIIe, au sens II, 1° ◊ du latin *quæstio*, famille de *quærere* → quérir

I INTERROGATION ■ **1** (milieu XIIe) Demande qu'on adresse à qqn en vue d'apprendre qqch. de lui. ➤ **interrogation.** *Poser une question à qqn.* ➤ **interroger, questionner.** *«L'interrogation est le don socratique de poser des questions justes»* LE CLÉZIO. *Énoncer, formuler une question. Répondre à une question. «ta manière de répondre toujours à une question par une question»* COLETTE. *Question pour obtenir un renseignement.* ➤ **demande.** *Foire aux questions :* recomm. offic. pour *FAQ. C'est une bonne question. Une question qui reste sans réponse. La question reste ouverte. Une question mal posée. Une question piège. Cette question ! Quelle question !,* question absurde, stupide. — *Faire les questions et les réponses*. Jeu par questions et réponses.* ➤ **quiz.** ♦ Le fait de s'interroger soi-même. *Se poser* *une question, des questions.* ➤ se **demander, s'interroger.** *C'est la question que je me posais.* ▪ **2** Ce qu'un examinateur demande au candidat qu'il interroge. *Le candidat ne sait pas répondre à la question. La question portait sur un sujet qu'il maîtrisait mal. Liste de questions.* ➤ **questionnaire.** *Question fermée,* assortie des réponses entre lesquelles le sujet doit choisir (cf. Questionnaire* à choix multiple) ; à laquelle on ne peut répondre que par oui ou par non. *Question ouverte,* qui ne prévoit pas de réponses toutes faites. — *Question à... tant* (dans un jeu radiophonique), qui rapporte tant si la réponse est juste. LOC. FIG. *Une question à cent francs, à cent euros,* FAM. *à cent balles,* dont la réponse est difficile à trouver ; devinette. ▪ **3** DR. CONSTIT. *Questions écrites, orales* (avec ou sans débat) : demandes d'explications adressées par un parlementaire à un ministre (par écrit ou en séance). *Le gouvernement a posé la question de confiance,* demandé que le vote terminant le débat implique approbation de sa politique. — *Question préalable,* par laquelle une assemblée est appelée à décider si une discussion doit ou ne doit pas avoir lieu. *Question préjudicielle*.* — *Question prioritaire de constitutionnalité (QPC) :* requête déposée au cours d'une instance auprès du Conseil constitutionnel afin que celui-ci vérifie si «une disposition législative porte atteinte aux droits et libertés garantis par la Constitution» (Constitution de 1958).

II SUJET ▪ **1** (début XIIe) Sujet, point qui peut donner lieu à discussion ou qui implique des difficultés à résoudre, d'ordre théorique ou pratique. ➤ **affaire, matière, 1point, problème, 3sujet.** *Une question insoluble, épineuse. Une question brûlante, une grave question. Question d'actualité. «la question si difficile et si controversée des rapports entre l'individu et l'État»* VALÉRY. *Les divers points, les divers aspects d'une question. Il faut examiner la question sous tous ses aspects. Le cœur, le nœud de la question. Soulever, aborder, traiter, examiner une question. Approfondir la question. «La question religieuse importe peu à Balzac»* GIDE. *Les questions sociales, économiques. La question financière s'est posée entre eux. Pour des questions d'argent.* ➤ **raison.** *«ces questions d'intérêt et de partage qui tiennent une si grande place»* LOTI. ◆ HIST. *La question juive.* — *La question d'Orient :* l'ensemble des problèmes soulevés par l'affaiblissement de l'Empire turc au XIXe s. — FAM. *Il s'y connaît, question mécanique,* en ce qui concerne la mécanique. ▪ **2** LOC. *Là est la question, c'est toute la question :* c'est là le point litigieux, la difficulté essentielle. *Ce n'est pas la question :* il ne s'agit pas de cela. *C'est une autre question.* — *C'est une question de...,* une affaire, un problème qui concerne tel ou tel point *(C'est une simple question de forme)* ; une question qui peut être résolue par *(C'est une question de prudence). «C'était pour moi une question de vie ou de mort»* SAINT-EXUPÉRY. *«ces questions de stratégie [...] sont des questions de gros bon sens»* GIDE. ELLIPT et FAM. *Question de tact :* c'est une question de tact. ➤ **affaire.** *Question de bon sens.* POP. *«Question de me soigner»* CÉLINE. ➤ **histoire.** — *Il est question de... :* on parle de..., il s'agit de. *Ouvrages où il est question de... «Ensuite il fut question de la valeur des terrains»* FLAUBERT. *Il est bien question de cela !,* c'est de tout autre chose qu'il s'agit. (Suivi de l'inf.) *«Il n'est pas question ici de s'amuser»* CHAMFORT. — (Introduisant une éventualité qu'on envisage). *Il est question de le nommer directeur. Il est question de X comme premier ministre,* on en parle. *Il n'est pas question, il est hors de question que l'État prenne à sa charge cette dépense :* il est exclu que... *Il n'en est pas question, c'est hors de question.* FAM. *Pas question, plus question, hors de question de...* ELLIPT *Pas question ! Hors de question !,* non, sûrement pas ! *La question ne se pose pas, plus.* — LITTÉR. ou DIDACT. **FAIRE, POSER QUESTION :** poser un problème, être incertain (cf. Faire problème*). *«Les socialistes voteront les crédits, ça ne fait pas question»* MARTIN DU GARD. — **EN QUESTION.** *La personne, la chose en question,* dont il s'agit, qu'on considère. *Voici l'appartement en question. Mettre, remettre qqch. en question,* le soumettre à un nouvel examen, le mettre en cause. — *On a mis son honnêteté en question.* ➤ **cause.** *Ce nouvel élément remet tout en question.* — *Il ne se remet jamais en question.*

III SUPPLICE VX ou HIST. Torture infligée aux accusés ou aux condamnés pour leur arracher des aveux. *«La question ! – On serre ses membres avec des cordes pour le faire parler»* VIGNY. *Infliger la question. Soumettre qqn à la question.*

▪ CONTR. Réponse.

QUESTIONNAIRE [kɛstjɔnɛʀ] n. m. – 1533 ◊ de *question* ▪ Série de questions méthodiquement posées en vue d'une enquête ; écrit, imprimé sur lequel une telle série de questions est inscrite. ➤ **formulaire.** *Remplir un questionnaire. Questionnaire à choix multiple (Q. C. M.),* dans lequel une liste de réponses est proposée (cf. Question* fermée).

QUESTIONNEMENT [kɛstjɔnmɑ̃] n. m. – début XVIIIe ◊ de *questionner* ▪ DIDACT. Le fait de poser un ensemble de questions ; cet ensemble de questions. ➤ **problématique.**

QUESTIONNER [kɛstjɔne] v. tr. ⟨1⟩ – XIIIe ◊ de *question* ▪ **1** Poser des questions à (qqn), d'une manière suivie. ➤ **interroger.** *Questionner qqn sur qqch. «on enquête[...] On le questionne, on le cuisine»* MARTIN DU GARD. *Examinateur qui questionne un élève. Questionner un accusé.* ➤ FAM. **cuisiner.** — ABSOLT *«Il questionnait pour apprendre»* DIDEROT. ◆ PRONOM. (RÉCIPR.) *«Ces gens affairés, inquiets, s'appelant, se questionnant»* MAUPASSANT. ▪ **2** (sujet chose) Remettre en question. *Un essai qui questionne la notion d'identité.* ➤ **interroger.**

QUESTIONNEUR, EUSE [kɛstjɔnœʀ, øz] n. – 1554 ◊ de *questionner* ▪ RARE Personne qui aime à questionner. *Un questionneur indiscret.* — **adj.** *Un enfant questionneur. «D'un air si peu questionneur»* PROUST. ➤ **interrogateur.**

QUESTURE [kɛstyʀ] n. f. – 1574 ◊ latin *quaestura* ▪ **1** HIST. ROM. Charge de questeur ; durée de sa magistrature. ▪ **2** (1799) Services dirigés par les questeurs ; préfecture de police, en Italie.

QUÉTAINE [ketɛn] adj. – 1970 ◊ p.-ê. du n. pr. *Keaton,* ou de *quêteux* «pauvre», de *quêter* ▪ RÉGION. (Canada) FAM. De mauvais goût. *Une chanson quétaine. Ça fait quétaine.* ➤ **kitsch, 2ringard.** — LOC. *Avoir l'air quétaine :* manquer de raffinement, de distinction.

1**QUÊTE** [kɛt] n. f. – XIIe ◊ latin *quaesita,* fém. subst. du p. p. de *quaerere* «chercher» ▪ **1** VX Action d'aller à la recherche (de qqn, de qqch.). *La quête du Graal.* — CHASSE Action de chercher le gibier. ◆ MOD. et LITTÉR. Recherche. *La quête du bonheur. Quête philosophique, scientifique.* ◆ LOC. COUR. **EN QUÊTE DE... :** à la recherche de... *«Les ouvriers en quête d'ouvrage et les patrons en quête d'ouvriers»* GIDE. *«Il se met en quête d'un cabaret»* DAUDET. — *Un enfant en quête d'affection.* ▪ **2** (XIVe) Action de demander et de recueillir de l'argent pour des œuvres pieuses ou charitables. ➤ **collecte.** *Faire la quête dans une église.* ➤ **quêter.** *Donner à une quête* (cf. J'ai déjà donné*). — Fait de demander de l'argent à des inconnus dans un lieu public. *Il est interdit de faire la quête dans les voitures du métro.* ➤ **mendier** (cf. Faire la manche*).

2**QUÊTE** [kɛt] n. f. – 1678 ◊ forme normande de *chette,* ancienne variante dialectale de *chute* ▪ MAR. Inclinaison vers l'arrière. *Quête d'un mât.* — Angle de l'étambot et de la quille.

QUÊTER [kete] v. tr. ⟨1⟩ – milieu XIIe ◊ de 1*quête* ▪ **1** CHASSE Chercher (le gibier). — ABSOLT *«On voyait le chien quêter, puis tenir l'arrêt»* MAC ORLAN. ▪ **2** ABSOLT (XVIe) Faire la quête. *Quêter à l'église, à domicile. «Elle quêta, devint dame de charité»* BALZAC. *«Je quêtai sur les grands boulevards, devant la porte d'un foyer franco-belge»* BEAUVOIR. *Quêter pour les aveugles, les sinistrés, une association caritative.* ◆ FIG. Demander ou rechercher comme un don, une faveur. ➤ **mendier, quémander, solliciter.** *«On quêtait son approbation, on craignait son blâme»* MARTIN DU GARD. *Un regard «qui quêtait en vain l'explication d'un état de choses inexplicable»* COLETTE.

QUÊTEUR, EUSE [kɛtœʀ, øz] n. – XIIe ◊ de *quêter* ▪ **1** LITTÉR. Personne qui recherche (qqch.) comme une faveur. *Un quêteur de compliments.* ▪ **2** COUR. Personne chargée de faire la quête. *La quêteuse tendait une aumônière, un tronc.*

QUETSCHE [kwɛtʃ] n. f. – *couetche* 1777 ◊ mot alsacien, de l'allemand *Zwetsche* ▪ Grosse prune oblongue à peau violette. ➤ RÉGION. **pruneau.** *Tarte aux quetsches.* ◆ Eau-de-vie tirée de ces prunes. *Un petit verre de quetsche.*

QUETZAL [kɛtzal] n. m. – 1875 ◊ nahuatl *quetzalli,* désignant les plumes de la queue ▪ **1** Oiseau des forêts d'Amérique centrale au plumage brillant, vert et rouge. ▪ **2** (1932) Unité monétaire du Guatemala. *Des quetzals.*

1**QUEUE** [kø] n. f. – fin XIe ◊ du latin *coda,* forme de *cauda* → coda. La forme ancienne *coue,* usitée jusqu'au début du XVIIe s., se retrouve dans les dérivés *couette* et *couard*

I PARTIE DU CORPS A. ANIMAUX ▪ **1** Appendice plus ou moins long et poilu qui prolonge la colonne vertébrale de nombreux mammifères. *La queue d'un chien, d'un chat.* «*l'écureuil Guerriot* [...] *la queue en traîne retroussée ou relevée en panache s'épanouissant juste au-dessus de sa tête*» PERGAUD. FAM. *La queue en trompette,* relevée. CUIS. *Queue de bœuf.* ♦ LOC. *Tirer le diable* par la queue.* (1606) *S'en aller la queue basse, la queue entre les jambes,* piteusement après un échec. *Se mordre la queue :* tourner en rond. «*Notre conversation, si j'ose dire, se mord la queue*» C. MAURIAC (cf. Cercle* vicieux, la boucle* est bouclée). (1877, Zola) FAM. *Queue de vache :* d'un roux jaunâtre. «*L'air malpropre avec ses cheveux queue de vache*» ZOLA. — *Chat** (II) *à neuf queues.* — **loc. adv.** (1890 ♢ altération de *à la queue le leu* «à la queue, le loup !») **À LA QUEUE LEU LEU :** l'un derrière l'autre (comme étaient censés marcher les loups) (cf. En file* indienne). *Marcher à la queue leu leu.* «*Trois énormes vapeurs s'en allaient, à la queue leu leu, vers Le Havre*» MAUPASSANT. — PROV. *Quand on parle du loup*, on en voit la queue.* — (fin XVIe) FAM. **PAS LA QUEUE D'UN, D'UNE :** pas un, pas une seule (apr. des verbes comme *avoir, voir*). «*Moi, mon pote, à Briançon, j'ai pas vu la queue d'une goutte de flotte en un mois !*» FALLET. ▪ **2** (XVIe) FAM. Membre viril. ➤ **pénis ; queutard.** ▪ **3** (milieu XIIe) Extrémité postérieure allongée du corps de certains vertébrés ou invertébrés. ➤ **-oure.** «*comme une vipère dressée sur sa queue*» BARBEY. LOC. FIG. *C'est le serpent qui se mord la queue,* un cercle vicieux (cf. ci-dessus I°). *Queue de lézard, de crocodile.* «*Avec un coup de queue brusque, les morues se retournaient*» LOTI. — *Finir en queue de poisson*. Faire une queue de poisson* à une automobile.* — CUIS. *Queue de langoustine, d'écrevisse,* l'abdomen (qui est la meilleure partie). ▪ **4** Ensemble des plumes du croupion (d'un oiseau). *Queue du coq, du paon.* — FIG. TECHN. *Assemblage à queue d'aronde*.* ▪ **5** LOC. *Queue-de-morue, queue-de-pie* (cf. ci-dessous, II, 2°). ♦ *Queue de cheval* (cf. ci-dessous, II, 3°) (Voir aussi les composés). ♦ *La queue du Mickey :* pompon amovible (à l'origine queue d'un singe ou d'un Mickey) agité au-dessus des enfants assis sur un manège et qui permet à celui qui s'en empare de faire un tour gratuit (➤ RÉGION. 2 **floche**) ; FIG. objectif difficile à atteindre. *Décrocher, attraper la queue du Mickey ;* FIG. l'emporter dans une compétition, réussir, avoir de la chance (cf. Décrocher le pompon, la timbale).

B. VÉGÉTAUX ▪ **1** (début XIIIe) Pédoncule qui attache (un fruit) à la branche, à la tige. *Queue de pomme, de melon, de cerise.* — LOC. FAM. *(Pour) des queues de cerise,* un profit dérisoire ; (Belgique) des broutilles, des futilités. — Pétiole de la feuille. ▪ **2** Pédoncule (d'une fleur), surtout lorsqu'il est court et peu rigide. *Queue de pâquerette, de tulipe.* ▪ **3** Tige tenant à certaine partie comestible d'une plante. *Queue d'artichaut. Servir des radis avec les queues.*

II OBJET A. PARTIE ALLONGÉE D'UN OBJET ▪ **1** Partie terminale, prolongement. (milieu XVIe) *Queue de comète :* traînée lumineuse qui suit le corps céleste. *Queue de la Grande, de la Petite Ourse,* les étoiles qui en prolongent le quadrilatère. — *Queue de note :* trait qui prolonge le corps de la note. (1548) *Queue de lettre :* hampe, trait d'une lettre qui descend sous la ligne d'écriture. *La queue du p.* ♦ (1806) **PIANO À QUEUE,** dont les cordes disposées horizontalement forment un prolongement au clavier. *Piano demi-queue* (➤ **demi-queue**), *quart de queue* (➤ **crapaud**). — (1929) *La queue d'un avion,* la partie postérieure du fuselage qui va en s'amincissant. — (milieu XIVe) *La queue d'une casserole, d'une poêle,* le manche. LOC. *Tenir la queue de la poêle*.* ▪ **2** (début XIIIe) VX Traîne. «*Repoussant leur queue en arrière avec un petit coup de talon*» GAUTIER. ♦ MOD. (1829) *Queue-de-morue,* (1845) *queue-de-pie,* ou *queue :* basques plongeantes à l'arrière d'un habit. «*Son habit avec de spacieux revers, une longue queue de morue*» HUGO. — Cet habit. *Un homme en queue-de-pie.* ➤ **frac.** *Des queues-de-pie.* ▪ **3** (1832) **QUEUE DE CHEVAL :** coiffure dans laquelle les cheveux sont attachés derrière la tête, d'où ils retombent.

B. OBJET DE FORME ALLONGÉE ▪ **1** Large pinceau plat. *Queue à vernir, à laquer.* ▪ **2** BILLARD, VX Procédé (4°). ♦ (1752) MOD. Long bâton arrondi, garni d'un procédé*, et qui sert à pousser les billes. *Queue démontable.* LOC. (1835) *Faire fausse queue :* toucher la bille à faux. ➤ aussi **queuter.**

III CE QUI VIENT À LA FIN, TERMINE QQCH. (DANS LE TEMPS OU DANS L'ESPACE) ▪ **1** (fin XIIe) Derniers rangs, dernières personnes (d'un groupe en ordre de progression). *La tête et la queue du cortège.* — *À la queue :* le dernier. «*Je le voyais, les jours de promenade, à la queue de la colonne*» DAUDET. *Coureur cycliste qui traîne à la queue du peloton.* FIG. *Être dans la queue de la classe,* dans les derniers. *En queue de classement.* ▪ **2** (1794) File de personnes qui attendent leur tour. «*ces longs rassemblements, depuis appelés queues par les Parisiens*» MERCIER. *La queue pour les taxis. Quel est le sens de la queue ? Il y a la queue pour payer à la caisse.* ➤ **foule.** «*Les cafés étaient toujours pleins ; il y avait queue aux maisons de jeu*» MICHELET. *À la queue !,* interpellation à l'adresse d'une personne qui cherche à passer avant d'autres dans une file d'attente. (1798) **FAIRE LA QUEUE :** attendre avec les autres en prenant son tour. ➤ RÉGION. **chaîne, file.** «*Des hommes avec des musettes faisaient la queue devant le guichet*» SARTRE. ♦ Attente dans cette file. *Il y a une heure de queue.* ▪ **3** *De queue, en queue.* Arrière d'une file de véhicules. *Les wagons de queue d'un train.* «*vérifiant si à telle gare de métro la sortie se trouvait en tête ou en queue*» QUENEAU. ▪ **4** RARE (ou emplois spéciaux) Fin. *La queue d'un cyclone.* «*Les matelots nous informent qu'il s'agit de la queue d'une tempête qui passe sur Socotora*» LE CLÉZIO. «*Longues queues de phrases*» HUGO. (1832) *Queue de page :* fin de texte qui laisse un blanc au bas de la page. — *Produits de queue d'une distillation,* obtenus en dernier. ♦ LOC. *Commencer par la queue,* par la fin. (1835 ; *n'avoir ni queue ni tête* 1813) **SANS QUEUE NI TÊTE :** qui semble n'avoir ni début ni fin. *Histoire, propos sans queue ni tête.* ➤ **incohérent.**

▪ CONTR. Tête. ▪ HOM. Queux.

2 **QUEUE** [kø] **n. f.** – XIIIe ♢ p.-ê. de 1*queue* ▪ ANCIENNT Futaille d'un muid et demi.

QUEUE-DE-COCHON [kød(ə)kɔʃɔ̃] **n. f.** – 1803 ♢ de 1*queue* et *cochon* ▪ TECHN. Tarière terminée en vrille. ♦ Ornement de ferronnerie en forme de pointe torsadée. *Grille ornée de queues-de-cochon.*

QUEUE-DE-MORUE ; QUEUE-DE-PIE ➤ 1 **QUEUE** (II, A, 2°)

QUEUE-DE-RAT [kød(ə)ʀa] **n. f.** – 1680 ♢ de 1*queue* et *rat* ▪ **1** Queue de cheval dont les cheveux sont peu fournis. «*Ses cheveux, bien tirés et poudrés, se réunissaient en une petite queue de rat*» BALZAC. ▪ **2** TECHN. Lime ronde et fine terminée en pointe. *Des queues-de-rat.* ▪ **3** Prèle des champs.

QUEUE-DE-RENARD [kød(ə)ʀənaʀ] **n. f.** – 1538 ♢ de 1*queue* et *renard* ▪ **1** Espèce du genre amarante. ▪ **2** (1803) TECHN. Outil taillé à deux biseaux servant à percer. *Des queues-de-renard.*

QUEUSOT [køzo] **n. m.** – 1922 ♢ de 1*queue,* par anal. de forme ▪ TECHN. Tube de verre qui sert à faire le vide dans les ampoules électriques avant de les souder.

QUEUTARD [køtaʀ] **n. m.** – 1920 ; autre sens 1879 ♢ de 1*queue* «pénis» ▪ VULG. Homme porté sur le sexe (cf. Chaud lapin*). «*un queutard invétéré, qui multiplie les conquêtes féminines et les visites de bordel*» L. BINET.

QUEUTER [køte] **v. intr.** ‹1› – 1765 ♢ de 1*queue* ▪ **1** Au billard, Pousser la bille au moment où elle en touche une deuxième (faute). — Au croquet, Pousser la boule en l'accompagnant au lieu de la frapper. ▪ **2** FAM. ➤ **louper.** *Ça a queuté !*

QUEUX [kø] **n. m.** – *cous* 1080 ♢ latin *coquus* «cuisinier» ▪ VX OU PLAIS. **MAÎTRE-QUEUX** */maitre-queux/* : cuisinier. *Des maîtres-queux.* ▪ HOM. Queue.

QUI [ki] **pron.** – milieu IXe ♢ du latin *qui*

I ~ pron. rel. Pronom relatif des deux nombres, masculin ou féminin, désignant une personne ou une chose. **A.** (SUJET) ▪ **1** (Avec antécédent exprimé) *Les gens qui nous aiment. Les meubles qui sont dans le salon. Celui*, ce* qui... Le voilà* qui... Moi qui suis, toi qui es, nous qui sommes...* «*Ce n'est ni toi ni moi qui l'empêcherons*» BECQUE. ♦ LITTÉR. (séparé de son antécédent) «*Des jonques nous ont emportés avec douceur, qui ressemblent à des crustacés*» D. BOULANGER. *Il* «*pensa que tout était bon à ramasser qui peut servir*» MAUPASSANT. ▪ **2** (fin Xe) (Sans antécédent exprimé) Celui, celle qui, quiconque. PROV. *Qui vivra verra.* «*pénétré de cette vérité que qui va lentement va sûrement ; et enfin que qui trop embrasse mal étreint*» BALZAC. «*Il méprise qui le craint, il insulte qui l'aime*» SAND. «*Nous sommes attirés par qui nous flatte*» RADIGUET. — (fin XIe) LITTÉR. (introduisant une proposition hypothétique au conditionnel) «*Qui prévoirait tous les risques, le jeu perdrait tout intérêt*» GIDE. «*À qui se sert de ses yeux, tout devient simple*» COLETTE. LOC. FAM. **COMME QUI DIRAIT :** en quelque sorte, pour ainsi dire. «*L'atmosphère est comme qui dirait tendue*» VIAN. — «*C'était à qui des deux serait le plus tendre*» R. ROLLAND. *À qui mieux* mieux.* — (milieu XIIe) LITTÉR. (répété avec une valeur de distributif)

L'un..., l'autre ; celui-ci..., celui-là... *«Des manchots, et des borgnes, et des lépreux, qui sortant des maisons, qui des petites rues»* HUGO. ◆ (Neutre) Ce qui. *Voilà qui doit être bien agréable. Qui mieux* est. Qui pis* est. Qui plus est* : en outre.

B. (COMPLÉMENT) ▪ **1** (milieu IXe) (Compl. dir.) Celui, celle que... *«Embrassez qui vous voudrez»* (chans.). *«Quand l'on nuit sciemment à qui l'on aime»* ARAGON. *Qui vous savez* : la personne (connue des interlocuteurs) qu'on ne veut pas nommer. *Cet argent «Vient de qui vous savez pour ce que vous savez»* HUGO. ▪ **2** (fin Xe) (Compl. ind. ou circonstanciel) ➤ **lequel.** ◆ (Antécédent exprimé) *«Un capitaine à qui tous les armateurs voudraient confier des navires»* LOTI. *«Sa mère sur qui Tonsard n'a pas levé la main»* BALZAC. *Un ami sans qui je n'aurais rien pu faire.* — RARE (antécédent de chose) *«Sa figure sur qui tombe la pluie»* BARBUSSE. ◆ (fin XIIe) (Sans antécédent) LITTÉR. *«On hait devant qui l'on ment»* HUGO.

II ~ pron. interrog. Pronom interrogatif désignant une personne (et, rarement, une chose). **A.** (INTERROG. DIR.) ▪ **1** (fin Xe) (Sujet, attribut) *Qui te l'a dit ? Qui sait ? Qui va là ? «C'est moi. – Qui, toi ? – Maurice Levasseur, votre neveu»* ZOLA. *«Qui donc décide des armements ? Qui des effectifs ?»* ALAIN. — *Qui est-ce ?*, quelle personne est-ce ? *«Qui est-ce qui te dit le contraire ?»* BECQUE. REM. La langue fam. dit *qu'est-ce qui* (pour *qui est-ce qui*) : *Qu'est-ce qui m'a foutu un maladroit comme toi ?* ◆ (fin XIIe) (Neutre) LITTÉR. Qu'est-ce qui... ? *«Qui nous vaut cette bonne visite ?»* DAUDET. ▪ **2** (fin XIe) (Compl.) *Qui demandez-vous ? De qui parlez-vous ? C'est pour qui ? Avec qui ? «Et à présent, pourquoi vivre ? pour qui ?»* VIGNY. *«À l'autre bout de l'Europe, qui se battait contre qui ?»* ROMAINS. *«Bonjour. – Bonjour qui ? – Bonjour papa»* BOYLESVE.

B. (INTERROG. IND.) (fin XIe) *Dis-moi qui tu hantes*, et je te dirai qui tu es. «Il ne savait à qui donner raison»* FRANCE. *N'importe* qui.*

C. (EN CORRÉLATION AVEC *QUE*, POUR MARQUER UNE CONCESSION INDÉTERMINÉE) *Qui que tu sois* : que tu sois tel ou tel. *Qui que ce soit* : n'importe qui.

▪ HOM. Khi.

QUIA (À) [akɥija] **loc. adv.** – 1460 ◇ latin *quia* «parce que», introduisant en latin scolastique une explication insuffisante ▪ VIEILLI *Mettre, réduire qqn à quia,* le mettre dans l'impossibilité de répondre. ➤ **embarrasser.** *Être à quia* : n'avoir rien à répondre, être à court d'arguments.

QUICHE [kiʃ] **n. f.** – 1807 ◇ p.-ê. adaptation du lorrain *kichele* «petit gâteau» ▪ **1** Tourte à pâte brisée, garnie d'une préparation à base de crème et d'œufs, et contenant des lardons, qui se mange chaude. *Quiche lorraine.* — Préparation analogue. *Quiche aux poireaux, au saumon.* ▪ **2** FAM. Personne sotte ou nulle. *«Mais il ne faut pas me prendre pour une quiche»* F. AUBENAS.

QUICHENOTTE ou **KICHENOTTE** [kiʃnɔt] **n. f.** – avant 1890 ; dans le parler saintongeais 1869 ◇ l'anglais *kiss not* «ne (m')embrasse pas» est une étymologie controversée. ▪ Dans l'Ouest (Vendée, Saintonge), Coiffe en forme de demi-cylindre horizontal.

QUICHUA ➤ **QUÉCHUA**

QUICK [kwik] **n. m.** – 1956 ◇ nom déposé ; mot anglais «rapide» ▪ Matière synthétique dure, poreuse et rougeâtre, utilisée comme revêtement de courts de tennis en plein air. *Courts de tennis en quick ou en terre battue. Jouer sur du quick.*
▪ HOM. Couic.

QUICONQUE [kikɔ̃k] **pron. rel. et indéf.** – XIIe ◇ de *qui... qu'onques* «qui... jamais», plus tard rapproché du latin *quicumque* ▪ **1 pron. rel.** (Sujet de la relative, sujet ou compl. de la principale) Toute personne qui... ; qui que ce soit qui. *«Quiconque n'a pas de tempérament personnel n'a pas de talent»* HUYSMANS. *«Pour quiconque a l'habitude de la prière, la réflexion n'est trop souvent qu'un alibi»* BERNANOS. ▪ **2 pron. indéf.** N'importe qui, personne. *«Je suis aussi sensible que quiconque à la force de son argumentation»* MARTIN DU GARD. *«Sans en faire part à quiconque»* JAMMES.

QUID [kɥid ; kwid] **pron. interrog.** – 1825 ◇ mot latin «quoi» ▪ FAM. Qu'en est-il, que penser (de...) ? *Quid de cette abstention ?*

QUIDAM [k(ɥ)idam] **n. m.** – XIVe ◇ mot latin «un certain, quelqu'un» ▪ PLAIS. Un certain individu (qu'on ne peut ou qu'on ne veut pas désigner avec plus de précision). ➤ **homme, individu,** 1**personne.** *«Ainsi, vous êtes dans un jardin public, je suppose ; un quidam se présente»* FLAUBERT.

QUIDDITÉ [k(ɥ)idite] **n. f.** – XIVe ◇ latin scolastique *quidditas,* de *quid* «quoi» ▪ PHILOS. L'essence d'une chose (en tant qu'exprimée dans sa définition).

QUIESCENT, ENTE [kjesɑ̃, ɑ̃t] **adj.** – 1911 ◇ latin *quiescens,* p. prés. de *quiescere* «se reposer» ▪ **1** BIOL., MÉD. Se dit d'un organe au repos ou d'un processus temporairement arrêté dans son développement. *Centre quiescent des racines végétales. Phase quiescente d'une maladie.* ▪ **2** LING. Se dit, dans certaines langues, de lettres non prononcées.

QUIET, QUIÈTE [kjɛ, kjɛt] **adj.** – XIIIe ◇ latin *quietus* ▪ VX Paisible, tranquille. ➤ 2**calme*.** *«Il referma la porte de l'air le plus quiet»* GIDE. ▪ CONTR. Inquiet.

QUIÉTISME [kjetism] **n. m.** – v. 1671 ◇ latin ecclésiastique *quietismus* (1682), de *quies, quietis* «repos, quiétude» ▪ HIST. RELIG. Doctrine mystique qui faisait consister la perfection chrétienne dans un état continuel de quiétude et d'union avec Dieu, où l'âme devient indifférente aux œuvres et même à son propre salut. *La querelle du quiétisme, à la fin du XVIIe siècle.*

QUIÉTISTE [kjetist] **n.** – v. 1670 ◇ de *quiétisme* ▪ Partisan du quiétisme. *Mme Guyon fut une quiétiste.* — **adj.** *Les théories quiétistes.*

QUIÉTUDE [kjetyd] **n. f.** – 1482 ◇ latin ecclésiastique *quietudo* ▪ **1** THÉOL. Paix mystique de l'âme. *Oraison de quiétude.* ◆ PHILOS. Tranquillité d'âme du sage. ➤ **ataraxie.** ▪ **2** LITTÉR. Calme paisible. *«La quiétude de l'appartement bourgeois»* TAINE. — COUR. *En toute quiétude* : en toute tranquillité. ▪ CONTR. Agitation, inquiétude.

QUIGNON [kiɲɔ̃] **n. m.** – 1515 ◇ altération de *coignon,* de *coin* ▪ Gros croûton de pain ; morceau de gros pain qui n'est pas une tranche. *«Un solide quignon de pain»* R. ROLLAND.

1**QUILLARD** [kijaʀ] **n. m.** – XXe ◇ de 2*quille* ▪ Voilier qui possède une quille, contrairement au dériveur.

2**QUILLARD** [kijaʀ] **n. m.** – milieu XXe ◇ de 3*quille* ▪ ARG. MILIT. Soldat sur le point d'être libéré du service militaire.

1**QUILLE** [kij] **n. f.** – fin XIIIe ◇ ancien haut allemand *kegil,* allemand moderne *Kegel* ▪ **1** Chacune des pièces de bois cylindriques qu'on pose verticalement sur le sol à une certaine distance pour les abattre au moyen d'une boule lancée à la main. *Un jeu de quilles. Une partie de quilles. Comme un chien* dans un jeu de quilles.* — *Quilles de bowling*. Renverser toutes les quilles* (➤ **strike**). — (Canada) *(Jeu de) quilles* (sur piste). *Aller à la salle de quilles.* ➤ **bowling.** ▪ **2** FAM. Jambe. *«Ce colosse allait sur ses deux longues quilles d'un pas grave»* BALZAC. ▪ **3** Bouteille mince et allongée. *«Les longues quilles de vin du Rhin»* GAUTIER. ◆ (milieu XIXe) Béquille d'une voiture à deux roues.

2**QUILLE** [kij] **n. f.** – 1382 ◇ norrois *kilir,* plur. de *kjollr* ; cf. anglais *keel* ▪ Pièce axiale située à la partie inférieure d'un navire et sur laquelle repose l'ensemble de la charpente de la carène. ➤ **carlingue, étambot, étrave.** *«Le vent agit sur la voile [...] ; la quille résiste»* ALAIN. *Embarcation retournée, la quille en l'air. Voilier à quille.* ➤ 1**quillard.**

3**QUILLE** [kij] **n. f.** – 1936 ◇ origine inconnue, p.-ê. de 1*quille* «jambe» ; cf. *jouer des quilles* «fuir» ▪ ARG. MILIT. Libération de la classe, fin du service. ➤ **classe ;** 2**quillard.** *«On signera la paix dans un mois, et à nous la quille»* DUTOURD. — ARG. Sortie de prison.

QUILLEUR, EUSE [kijœʀ, øz] **n.** – 1916 ◇ mot canadien, de 1*quille* ▪ (Canada) Personne qui joue aux quilles, au bowling.

QUILLIER ou **QUILLER** [kije] **n. m.** – 1370 ◇ de 1*quille* ▪ VX Espace où l'on dispose les quilles. ◆ TECHN. Ensemble des neuf quilles d'un jeu.

QUILLON [kijɔ̃] **n. m.** – 1570 ◇ de 1*quille* ▪ TECHN. Chacune des deux branches de la croix dans la garde d'une épée ou d'une baïonnette. ◆ Petite tige située près de l'embouchoir d'un fusil de guerre et qui permet de former les faisceaux.

QUINAIRE [kinɛʀ] **adj. et n. m.** – 1546 ◇ latin *quinarius* ▪ RARE DIDACT. ▪ **1** Exactement divisible par cinq. *Nombre quinaire.* — *Numération quinaire* : système de numération de base 5. ▪ **2 n. m.** Monnaie romaine qui valait cinq as.

QUINAUD, AUDE [kino, od] adj. – 1532 ◊ p.-ê. du moyen français *quin* «singe», d'origine inconnue ■ VX Confus, penaud. «*Si l'on manque son coup, on est désarmé et l'on reste quinaud*» GAUTIER.

QUINCAILLERIE [kɛ̃kɑjʀi] n. f. – 1268 ◊ de l'ancien français *quincaille*, variante *clincaille*, même radical que *clinquant* ■ **1** Ensemble des ustensiles, appareils, produits semi-finis en métal (fer, fer-blanc, cuivre, zinc, etc.). ➤ **ferblanterie.** *Quincaillerie d'outillage, de bâtiment, d'ameublement, de ménage.* ■ **2** Industrie ou commerce de ces objets. ◆ Magasin de quincaillier. ■ **3** FAM. Bijoux faux ou de mauvais goût. *Elle a sorti sa quincaillerie.* — (1872) Décorations militaires portées sur la poitrine (cf. Batterie* de cuisine).

QUINCAILLIER, IÈRE [kɛ̃kɑje, jɛʀ] ou **QUINCAILLER, ÈRE** [kɛ̃kɑje, ɛʀ] n. – 1442 ◊ de *quincaillerie* ■ Personne qui vend de la quincaillerie.

QUINCONCE [kɛ̃kɔ̃s] n. m. – 1596 ; *en ordre quincunce* 1534 ◊ latin *quincunx, uncis* «monnaie de cuivre de cinq onces» ■ **1 EN QUINCONCE,** se dit d'objets disposés par groupes de cinq dont quatre aux quatre angles d'un carré et le cinquième au centre. «*Cette plantation régulière, qui s'étend en quinconce sur un espace de plusieurs lieues*» NERVAL. ■ **2** Plantation d'arbres ainsi disposés ; esplanade dont les arbres ainsi plantés forment des allées régulières. *La place des Quinconces, à Bordeaux.*

QUINDÉCEMVIR [k(ɥ)ɛ̃desɛmviʀ] n. m. – *quindecimvir* 1762 ◊ latin *quindecimviri* «les quinze hommes» ■ HIST. ROM. Chacun des magistrats (quinze à l'origine) préposés à la garde des livres sibyllins et à l'organisation de certains sacrifices ou jeux. — On dit aussi **QUINDÉCIMVIR.**

QUINE [kin] n. m. – *quines* plur. 1155 ◊ latin *quinas*, accusatif fém. plur. de *quini* «cinq chacun» ■ **1** VX Dans les anciennes loteries, Cinq numéros pris et sortis ensemble. — RÉGION. Au loto, Série de cinq numéros placés sur la même rangée horizontale du carton. ■ **2** LOC. FIG. VX *C'est un quine à la loterie,* une chance inespérée. PAR MÉTAPH. «*Qu'est-ce que Waterloo ?* [...] *Un quine. Quine gagné par l'Europe, payé par la France*» HUGO.

QUINÉ, ÉE [kine] adj. – 1803 ◊ du latin *quini* → quine ■ BOT. Disposé cinq par cinq. *Feuilles quinées.* ■ HOM. Kiné (kinésithérapeute).

QUININE [kinin] n. f. – 1820 ◊ de *quina*, var. abrégée de *quinquina* ■ BIOCHIM. Alcaloïde extrait de l'écorce de quinquina, cristallisant en fines aiguilles de goût amer, peu solubles dans l'eau. — COUR. Sulfate de quinine, remède spécifique du paludisme. *Cachets de quinine.*

QUINOA [kinɔa] n. m. – v. 1837 ◊ du quéchua *kinua*, par l'espagnol ■ Plante herbacée annuelle des hauts plateaux des Andes *(chénopodiacées)* cultivée pour ses graines très nutritives.

QUINOLÉINE [kinɔlein] n. f. – 1842 ◊ du radical de *quinine, olé(o)-* et *-ine* ■ CHIM. Composé basique hétérocyclique contenant un cycle benzénique accolé à un cycle de pyridine. *La quinoléine peut s'obtenir à partir des goudrons de houille, de certains alcaloïdes de quinquina, ainsi que par synthèse.*

QUINOLONE [kinɔlɔn] n. f. – 1981 ◊ de *(chloro)quinoline*, de *chloroquine*, avec changement de suffixe ■ MÉD. Membre d'une classe d'antibiotiques produits par synthèse. *Quinolones fluorées* (ou *fluoroquinolones*). *Résistance aux quinolones.*

QUINONE [kinɔn] n. f. – 1845 ◊ adaptation de l'allemand *Chinone* (1838), composé savant de *quina*, ancienne forme abrégée de *quinquina* ■ CHIM. Composé aromatique dans lequel deux atomes d'hydrogène sont remplacés par deux atomes d'oxygène, avec déplacement des doubles liaisons du cycle benzénique. *La quinone est un dérivé du benzène ou d'hydrocarbures à noyaux multiples tels que le naphtalène ou l'anthracène* (➤ **anthraquinone, hydroquinone**).

QUINQU(A)- ■ Élément, du latin *quinque* «cinq».

QUINQUAGÉNAIRE [kɛ̃kaʒenɛʀ ; kɥɛ̃kwa-] adj. et n. – XVIe ◊ latin *quinquagenarius* ■ Qui a entre cinquante et cinquante-neuf ans. — n. *Un, une quinquagénaire.* ABRÉV. FAM. **QUINQUA.** *Les quinquas.*

QUINQUAGÉSIME [kɛ̃kaʒezim ; kɥɛ̃kwa-] n. f. – 1281 ◊ latin ecclésiastique *quinquagesima*, fém. de *quinquagesimus* «cinquantième» ■ LITURG. Dimanche précédant le premier dimanche de carême (ainsi désigné jusqu'en 1965). *La Quinquagésime,* ou plus cour. *le dimanche de Quinquagésime.*

QUINQUENNAL, ALE, AUX [kɛ̃kenal, o] adj. – 1541 ◊ latin *quinquennalis*, de *quinquennis* «de cinq ans» ■ **1** Qui a lieu tous les cinq ans. *Élection quinquennale.* ■ **2** (1740) Qui dure, qui s'étale sur cinq ans. *Plan quinquennal ;* SPÉCIALT plan général de l'économie soviétique à partir de 1928. *Assolement quinquennal.*

QUINQUENNAT [kɛ̃kena] n. m. – milieu XXe ◊ de *quinquennal* ■ Fonction qui dure cinq ans. *En France, le mandat législatif est un quinquennat.* — SPÉCIALT Durée du mandat présidentiel, en France. «*Le rythme ternaire du quinquennat était toujours le même : enthousiasme, déception, accoutumance*» M. DUGAIN.

QUINQUET [kɛ̃kɛ] n. m. – 1785 ◊ du nom de *Quinquet*, qui perfectionna la lampe inventée par le physicien Argand ■ **1** Ancienne lampe à double courant d'air, et à réservoir supérieur. «*Allumeurs de quinquets qui voudraient être acteurs*» MUSSET. ■ **2** (1803) FAM., VIEILLI Œil (surtout avec *ouvrir, fermer*). *Allumer, ouvrir ses quinquets :* ouvrir les yeux. «*Fermez les quinquets, taisez votre bec*» ZOLA.

QUINQUINA [kɛ̃kina] n. m. – 1661 ; *kinakina* 1653 ◊ espagnol *quinaquina*, du quéchua *quina* «écorce» ■ **1** Écorce amère, aux propriétés toniques et fébrifuges (➤ **quinine**), fournie par diverses espèces d'arbustes du genre *cinchona.* «*Le médecin prescrivit une infusion de quinquina*» HUGO. *Vin de quinquina* (VX). ◆ (1896) COUR. Vin apéritif et tonique contenant une certaine proportion de quinquina. «*un verre de vin blanc, ou même un quinquina*» ROMAINS. ■ **2** (XVIIIe) Arbre tropical *(rubiacées)*, scientifiquement appelé *cinchona*, dont l'écorce fournit de nombreux alcaloïdes dont la quinine et la cinchonine.

QUINT- ■ Élément, du latin *quintus* «cinquième».

QUINTAL, AUX [kɛ̃tal, o] n. m. – XIIIe ◊ latin médiéval *quintale*, de l'arabe *qintâr* «poids de cent», grec *kentenarion*, latin *centenarium* «poids de cent kilos» ■ **1** VX Poids de cent livres. — (Canada, après 1760) MOD. Poids de 100 (*quintal court :* 45,359 kg) ou 112 livres* (*quintal long :* 50,802 kg). ■ **2** MÉTROL. Unité de mesure de masse (SYMB. q), qui équivaut à 100 kilogrammes. *Rendement de 20 quintaux de blé à l'hectare.*

1 **QUINTE** [kɛ̃t] n. f. – 1372 ◊ substantivation de l'ancien français *quint* «cinquième» (1080), du latin *quintus* ■ **1** MUS. Cinquième degré de la gamme diatonique. *Intervalle de quinte,* ou ELLIPT *une quinte :* intervalle de cinq degrés (ex. do-sol). *Quinte juste :* intervalle de trois tons et un demi-ton diatonique. *Quinte augmentée,* de trois tons, un demi-ton diatonique et un demi-ton chromatique. *Quinte diminuée,* de deux tons et deux demi-tons diatoniques. ■ **2** (avant 1622) Suite de cinq cartes. *Avoir, annoncer une quinte. Quinte flush*.* ■ **3** (1690) ESCR. Cinquième position de parade, au sabre, protégeant la tête.

2 **QUINTE** [kɛ̃t] n. f. – 1560 ◊ origine inconnue ; rattaché à 3 *quinte (de toux)* ■ VX Caprice ; brusque accès de mauvaise humeur (➤ **quinteux**).

3 **QUINTE** [kɛ̃t] n. f. – 1644 ◊ de 1 *quinte* «toux revenant toutes les cinq heures» ■ Accès de toux, et SPÉCIALT Accès de toux caractéristique de la coqueluche. «*Ce fut une quinte terrible qui lui déchirait la gorge*» MAUPASSANT. — *Quinte de toux.*

QUINTÉ [kɛ̃te] n. m. – 1989 ◊ marque déposée, du latin *quintus* «cinquième» (cf. 1 *quinte*), d'après *tiercé, quarté* ■ Pari* mutuel sur l'ordre d'arrivée des cinq premiers chevaux d'une course.

QUINTEFEUILLE [kɛ̃tfœj] n. f. et m. – XIIIe ◊ latin *quinquefolium*, avec influence de *quint(e)* «cinquième» en ancien français ■ **1** n. f. Potentille* rampante. ◆ BLAS. Pièce héraldique figurant une fleur à cinq pétales. ■ **2** n. m. (1864) ARCHIT. Rosace formée de cinq lobes.

QUINTESSENCE [kɛ̃tesɑ̃s] n. f. – *quinte essence* v. 1265 ◊ latin scolastique *quinta essentia*, traduction du grec *pemptê ousia* «cinquième essence» ■ **1** PHILOS. ANC. Cinquième élément (l'éther) ajouté aux quatre éléments d'Empédocle. ◆ ALCHIM. Qualité pure, principe essentiel d'une substance (en particulier les alcools obtenus par distillations répétées). *Abstracteur* de quintessence.* ■ **2** VIEILLI Extrait le plus concentré d'une substance (dont il contient les propriétés caractéristiques). «*La quintessence, explosant et fondant sur la langue, du fruit mûr*» GRACQ. ◆ (XVe) FIG. et MOD. Ce en quoi se résument l'essentiel et le plus pur de qqch. (cf. Le meilleur, le principal). «*La pantomime est l'épuration de la comédie ; c'en est la quintessence*» BAUDELAIRE.

QUINTESSENCIÉ, IÉE [kɛ̃tesɑ̃sje] adj. – 1611 ◊ de *quintessencier* ■ LITTÉR. Raffiné et subtil à l'excès. ➤ **alambiqué, sophistiqué.** *« Banal, oui [...] Et tout autre livre, à côté, paraît aussitôt quintessencié, recherché, précieux »* GIDE.

QUINTESSENCIER [kɛ̃tesɑ̃sje] v. tr. ‹7› – 1584 ◊ de *quintessence* ■ LITTÉR. Porter au plus haut point de pureté, de subtilité (surtout au pass.). *« Tout ce système d'amour quintessencié par Mlle de Scudéry »* CHATEAUBRIAND.

QUINTETTE [k(ɥ)ɛ̃tɛt] n. m. – 1828 ; *quintet* 1801 ◊ italien *quintetto* (1760), diminutif de *quinto* « cinquième » ■ **1** Œuvre de musique d'ensemble, écrite pour cinq instruments ou cinq voix concertantes. *Quintette à cordes,* pour deux violons, deux altos et un violoncelle (ou deux violons, un alto et deux violoncelles). *Quintette (pour instruments) à vent,* pour flûte, hautbois, clarinette, cor et basson. *Quintette pour piano et cordes. Quintette vocal. « La Truite », quintette de Schubert.* ■ **2** (1934 ◊ anglais *quintet, quintette* « ensemble de cinq personnes » [v. 1880] ; cf. *quartette*) Orchestre de jazz composé de cinq musiciens. — En ce sens, on écrit aussi **QUINTET.**

QUINTEUX, EUSE [kɛ̃tø, øz] adj. – 1542 ◊ de 2 *quinte* ■ VX Qui est d'humeur fantasque, se fâche facilement. ➤ **capricieux.** *« Un homme du Nord, pas méchant, plutôt grincheux, quinteux et, pour tout dire, mal servi par la chance »* DUHAMEL. ◆ *Cheval quinteux,* rétif.

QUINTIDI [kɛ̃tidi] n. m. – 1793 ◊ du latin *quintus* « cinquième » et *dies* « jour » ■ HIST. Cinquième jour* de la décade, dans le calendrier républicain.

QUINTILLION [kɛ̃tiljɔ̃] n. m. – 1765 « 10^{18} » ; *quintillon* 1630 ◊ du radical latin *quintus* « cinquième » et de la finale de *million* ■ (REM. cf. Billion.) ■ **1** VX Mille quatrillions (2°), soit 10^{27}. ■ **2** (1948) MOD. Un million de quatrillions (10^{30}).

QUINTO [kɛ̃to ; kwinto] adv. – 1419 ◊ mot latin ■ RARE Cinquièmement (dans une énumération commençant par *primo*).

QUINTUPLE [kɛ̃typl] adj. – 1484 ◊ latin *quintuplex* ■ **1** Cinq fois plus grand. *Somme quintuple d'une autre.* — n. m. *Payer le quintuple.* LOC. *Rendre au quintuple :* rendre plus qu'on a emprunté (services rendus, etc.). ■ **2** Constitué de cinq éléments de nature à peu près semblable. *Cette main « étendit toute grande sur elle la menace de sa quintuple pince de chair musculeuse »* PERGAUD.

QUINTUPLER [kɛ̃typle] v. ‹1› – 1789 ◊ de *quintuple* ■ **1** v. tr. Rendre quintuple, multiplier par cinq. *« Nous allons prochainement quintupler le capital »* MAUROIS. ■ **2** v. intr. (1838) Devenir quintuple. *Les prix ont quintuplé.*

QUINTUPLÉS, ÉES [kɛ̃typle] n. pl. – 1934 ◊ de *quintupler* ■ Les cinq enfants nés d'une même grossesse. *« Il n'est personne qui n'ait entendu parler des "quintuplées" du Canada, les petites Dionne »* J. ROSTAND.

QUINZAINE [kɛ̃zɛn] n. f. – fin XIIe ◊ de *quinze* ■ **1** Nombre d'environ quinze. *« le Comité de Grève [...], une quinzaine d'ouvriers »* ARAGON. ■ **2** ABSOLT Espace de quinze jours. *« au bout d'une quinzaine, il devint maître compagnon »* BALZAC. *Procès remis à quinzaine. La grande quinzaine des prix littéraires* (les quinze derniers jours de novembre). *Quinzaine commerciale. La quinzaine du blanc* (dans un grand magasin). ◆ SPÉCIALT Espace de deux semaines de travail payé ; salaire de deux semaines.

QUINZE [kɛ̃z] adj. numér. inv. et n. inv. – 1080 ◊ latin *quindecim*

I adj. numér. card. Nombre entier naturel équivalant à dix plus cinq (15 ; XV). ■ **1** Avec ou sans déterminant *Quinze minutes.* ➤ 2 **quart** (d'heure). — (En composition pour former un nombre) *Quinze cent vingt* (ou mille cinq cent vingt). ◆ SPÉCIALT *Quinze jours :* deux semaines (moins cour.). ➤ **quinzaine.** *Partir quinze jours.* FAM. *Il change d'avis tous les quinze jours,* très souvent. — ELLIPT *(D')aujourd'hui en quinze :* le même jour dans deux semaines. *Ce mardi 8, il lui donne rendez-vous pour jeudi en quinze* (jeudi 24). ■ **2** PRONOM. *J'en ai acheté quinze.* ◆ SPORT *Rugby à quinze,* joué avec des équipes de quinze joueurs ➤ **quinziste.**

II adj. numér. ord. Quinzième. ■ **1** *Louis XV.* — *Le 15 août.* ➤ **assomption.** *Il est 15 h 20.* ■ **2** SUBST. M. Le quinzième jour du mois. *Vous serez payé le 15.* ◆ Ce qui porte le numéro 15. *Habiter (au) 15, rue de... Le 15 a pris un bon départ.* ◆ (Avec *du*) Taille, dimension, pointure numéro 15 (d'un objet). *Achète-moi du 15.* ■ **3** SUBST. F. Chambre, table numéro 15. *Le client de la 15.*

III n. m. inv. ■ **1** Sans déterminant *Quinze est divisible par trois, par cinq.* — Au tennis, Premier point marqué dans un jeu (II, 3°). ■ **2** Avec déterminant Le chiffre, le numéro 15. — Note (II, 6°) correspondant à quinze points. *Elle a eu (un) 15 en histoire.* ◆ Équipe de quinze joueurs, au rugby. *Les internationaux du quinze de France.*

QUINZIÈME [kɛ̃zjɛm] adj. – XIVe ; *quinzime* v. 1119 ◊ de *quinze*

I adj. ■ **1** adj. numér. ord. Qui suit le quatorzième. *Le XVe siècle en Italie.* ➤ **quattrocento.** *Le XVe arrondissement,* ou SUBST. *habiter dans le XVe* (ou *15e*). — (Dans une compétition) *Arriver quinzième à la course.* ◆ (En composition pour former des adj. ord.) *Mille quinzième* (1 015e). ■ **2** adj. fractionnaire Se dit d'une partie d'un tout également divisé ou divisible en quinze. — SUBST. M. *Neuf quinzièmes du capital* (9/15).

II n. ■ **1** *Le, la quinzième de la liste.* ■ **2** n. f. MUS. Quinzième degré de l'échelle, ou double octave.

QUINZIÈMEMENT [kɛ̃zjɛmmɑ̃] adv. – 1788 ◊ de *quinzième* ■ En quinzième lieu (en chiffres 15°).

QUINZISTE [kɛ̃zist] n. m. – 1981 ◊ de *quinze* ■ SPORT Joueur de rugby à quinze.

QUINZOMADAIRE [kɛ̃zɔmadɛʀ] adj. et n. m. – 1977 ◊ mot mal formé, de *quinze (jours)* et *hebdomadaire* ■ Bimensuel. *Revue à parution quinzomadaire.* — n. m. *Les quinzomadaires et les mensuels.*

QUIPOU [kipu] n. m. – *quipo* 1714 ◊ mot quéchua « nœud » ■ HIST. Chez les Incas (qui ignoraient l'écriture), Faisceau de cordelettes dont les couleurs, les combinaisons et les nœuds étaient dotés de significations conventionnelles précises. *Des quipous.* — On écrit aussi *quipu, des quipus.*

QUIPROQUO [kipʀɔko] n. m. – 1566 ; *quid proquo* 1452 ◊ loc. du latin médiéval « quelque chose pour quelque chose », désignant spécialt une erreur en pharmacie ■ Méprise qui fait qu'on prend une personne ou une chose pour une autre ; situation qui en résulte. ➤ **malentendu.** *Des quiproquos. « Il y a les quiproquo* [sic] *d'amour, les quiproquo d'amitié »* DIDEROT.

QUIQUETTE [kikɛt] n. f. – 1929 ◊ de *quique,* variante régionale de *quéquette* ■ RÉGION. (Vosges, Dauphiné, Provence, Sud-Ouest) Sexe de petit garçon (langage enfantin). ➤ **quéquette.**

QUISCALE [kɥiskal] n. m. – 1808 ◊ latin des zoologistes *quiscalus ;* probablt mot d'une langue amérindienne ■ Grand passereau d'Amérique du Nord et du Sud, au plumage noir et brillant, à queue en éventail, qui peut dévaster les champs cultivés.

QUITTANCE [kitɑ̃s] n. f. – XIIe ◊ de *quitter* « tenir quitte » ■ Écrit par lequel un créancier reconnaît que le débiteur a acquitté sa dette ; titre qui comporte libération, reçu ou décharge. ➤ **acquit, récépissé.** *« Le notaire achevait de dresser les quittances »* BALZAC. *Quittance de loyer servant de justificatif de domicile. Timbre*-quittance.* — LOC. VIEILLI *Donner quittance de qqch. à qqn,* l'en déclarer quitte (*quittancer* v. tr. ‹3› RARE).

QUITTE [kit] adj. – 1080 ◊ latin médiéval *quitus,* classique *quietus* « tranquille » ■ **1** (Surtout avec le v. *être*) Libéré d'une obligation juridique, d'une dette. *Être quitte envers qqn. Nous sommes quittes.* ◆ DR. Exonéré. *Quitte de tous droits et taxes.* ■ **2** (Surtout avec *tenir, considérer, estimer,* etc.) Libéré d'une obligation morale (par l'accomplissement de ce qu'on doit). *S'estimer quitte envers qqn, envers la patrie, envers la justice. Tenir quitte (qqn) de (qqch.) :* considérer que la chose suffit, que la personne en a fait assez. *« je ne prétends pas l'en tenir quitte à si bon marché »* LACLOS. ■ **3 ÊTRE QUITTE** (VIEILLI avec un nom), débarrassé (d'une situation désagréable, d'obligations pénibles). *Être quitte d'une corvée. « J'ai évité les fatigues de la vie sédentaire, un métier, une maison à conduire [...] Voilà ce dont je suis quitte »* GOBINEAU. — MOD. (avec *en*) LOC. *En être quitte pour... :* sortir d'une situation difficile ou dangereuse avec pour seul inconvénient... *« Le vicaire en fut quitte pour la peur »* DIDEROT. *« Il en a été quitte pour un avertissement »* CAMUS. ◆ **QUITTE À** (et l'inf.), PROPRT qui s'en tirera sans autre inconvénient que de..., et PAR EXT. qui court, accepte le risque de. *« Rester jusqu'au bout avec les amis, quittes à crever tous ensemble »* ZOLA. — Inv. (en loc. adv.) Au risque de, en se réservant, en admettant la possibilité de. *« Tout le monde rit de quelqu'un dont on voit se moquer, quitte à le vénérer dix ans plus tard »* PROUST. ➤ **sauf** (à). ■ **4** LOC. **QUITTE OU DOUBLE.** *Jouer (à) quitte ou double,* une nouvelle partie dont le résultat sera d'annuler ou de doubler les gains et les pertes. FIG. Jouer le tout pour le tout, risquer un grand coup. — **n. m.** *Un quitte ou double* : un jeu où le concurrent peut, en acceptant de se soumettre à l'épreuve de la question suivante, perdre ou doubler le gain déjà acquis. ■ **CONTR.** 1 Débiteur, obligé. ■ **HOM.** Kit.

QUITTER [kite] **v. tr.** ‹ 1 › – XIIe ◇ latin médiéval *quitare*, de *quitus*

I SENS ANCIENS ■ **1** Libérer (qqn) d'une obligation, tenir quitte. ■ **2** (XVe) Laisser, céder à qqn. « *Mais depuis que notre jeunesse Quitte la place à la vieillesse* » **RACAN.**

II ABANDONNER, LAISSER A. QUITTER QQCH. VIEILLI Renoncer à (qqch.). « *Quittez le long espoir et les vastes pensées* » **LA FONTAINE.** ◆ MOD. Abandonner (une activité, un genre de vie). « *Et moi, j'avais quitté l'école à quatorze ans* » **MODIANO.** « *il fit vœu de quitter le monde et se retira à la Trappe* » **NERVAL.** — LOC. *Quitter la partie* : abandonner. *Ne quittez pas l'écoute* (3°) : continuez à écouter (radio). ABSOLT *Ne quittez pas !* (au téléphone).

B. QUITTER QQN ■ **1** Laisser (qqn) en s'éloignant, en prenant congé. *Allons, il faut que je vous quitte*, que je m'en aille. « *Une dame de compagnie, qui ne la quitte jamais* » **DAUDET.** *Ne pas quitter qqn d'une semelle**. ■ **2** Laisser (qqn) pour très longtemps ou pour toujours, rompre avec (qqn). *Quitter son mari, sa femme.* « *Ne me quitte pas* » **BREL.** ➤ **abandonner.** ◆ PAR EUPHÉM. *Quitter ce monde* : mourir. *Depuis qu'il nous a quittés* : depuis sa mort. ◆ (Sujet chose) Cesser d'habiter, d'affecter (qqn). « *Comme le sommeil quitte le somnambule* » **COLETTE.** « *Cette pensée ne le quittait pas, c'était une obsession* » **DAUDET.** FAM. *Ça le prend* aussi souvent que ça le quitte.* ■ **3** PRONOM. (RÉCIPR.) *Se quitter* : se séparer. *Depuis deux mois ils ne se quittent plus*, ils sont inséparables. *Ils viennent de se quitter. Ils se sont quittés bons amis.*

C. QUITTER UN LIEU Laisser (un lieu) en s'éloignant, cesser d'y être. ➤ 1 **aller** (s'en aller), 1 **partir.** *Cette ville*, « *je ne pus la quitter sans me sentir arracher l'âme* » **STENDHAL.** *Quitter son pays.* ➤ **émigrer, s'exiler, s'expatrier.** *Quitter son appartement.* ➤ **déménager.** *Les rats* quittent le navire.* ◆ Sortir de. *Il n'a pas quitté son domicile hier. Il quitte son bureau à dix-huit heures.* Sans compl. « *pointer tous les matins à huit heures et quitter le soir à dix-sept heures* » **MORDILLAT.** *Le médecin lui interdit de quitter la chambre. Il ne quitte plus son fauteuil. Quitter la table. — La voiture a dérapé et quitté la route.* « *Ne dansant qu'avec la pointe de ses pieds, qui ne quittaient pas le sol* » **MARTIN DU GARD.** ◆ INTRANS. VX ou RÉGION. (Canada) Partir, s'en aller. *Il a quitté.*

III CESSER D'AVOIR ■ **1** Cesser de tenir. « *La main de Mlle Alberte quitta la mienne* » **BARBEY.** ➤ 1 **lâcher.** ◆ LOC. *Ne pas quitter* (qqn ou qqch.) *des yeux* : regarder avec fascination, ou surveiller constamment. « *Ne quittant pas des yeux l'objet de sa convoitise* » **BAUDELAIRE.** *Elle ne quittait pas des yeux son enfant qui jouait au bord de l'eau.* ■ **2** Enlever (ce que l'on porte sur soi). ➤ **ôter.** *Quitter son manteau, ses gants.* ➤ **retirer.**

■ **CONTR.** Garder, tenir. Continuer. Fréquenter.

QUITUS [kitys] **n. m.** – 1421 ◇ mot du latin médiéval → quitte ■ **DR.** Acte par lequel le responsable de la gestion d'une affaire est reconnu s'en être acquitté de manière conforme à ses obligations et est déchargé de toute responsabilité. ➤ **décharge.** *Donner quitus à un gérant, à un comptable, au conseil d'administration.*

QUI-VIVE [kiviv] **interj.** et **n. m. inv.** – 1419 ◇ probablt de la loc. *homme qui vive* « qui que ce soit, quelqu'un » XIe ; cf. *il n'y a âme qui vive* « il n'y a personne » ■ **1 interj.** Cri par lequel une sentinelle, une patrouille interroge en entendant ou en voyant qqch. de suspect. *Halte-là, qui-vive ?* ◆ **n. m. inv.** « *De nombreux qui-vive retentirent* » **BALZAC.** ■ **2 loc. adv.** (XVIIe) **SUR LE QUI-VIVE :** sur ses gardes et comme dans l'attente d'une attaque. « *Nous étions toujours sur le qui-vive et prêts à nous cacher dans les taillis à la première alerte* » **LARBAUD.**

QUIZ [kwiz] **n. m.** – 1959 ◇ mot anglais américain, de *to quiz* « interroger » ■ ANGLIC. Jeu par questions et réponses.

QUOI [kwa] **pron. rel. et interrog.** – fin XIe, comme pronom interrogatif (II, B) ◇ du latin *quid*

I PRONOM RELATIF DÉSIGNANT UNE CHOSE A. (DANS UNE RELATIVE À UN MODE PERSONNEL) ■ **1** (fin XIIe) (Avec un antécédent) *La chose à quoi je pense.* « *Il n'était pas de sacrifice à quoi tu n'aurais consenti* » **MAURIAC.** « *Ce pour quoi l'on a été créé* » **RENAN.** « *Voilà donc à quoi me sert la médecine* » **DUHAMEL.** ■ **2** (Se rapportant à l'idée précédemment exprimée) ➤ **cela.** « *Il fallut d'abord payer cette amende ; après quoi il fut permis à Zadig de plaider* » **VOLTAIRE.** « *Obligées de travailler beaucoup, sans quoi elles manqueraient de tout* » **MONTESQUIEU.** ➤ **autrement, sinon.** *Faute de quoi, moyennant quoi. Sur quoi* (cf. Là-dessus). *Comme* quoi.*

B. (DANS UNE RELATIVE À L'INFINITIF) *Ils ne trouvaient rien à quoi s'accrocher*, à quoi ils pussent s'accrocher. *Elle* « *trouvait mille sujets sur quoi interroger son beau-père* » **MAURIAC.** (fin XIIe) **DE QUOI** (et l'inf.) : qqch. qui fournit un moyen ou une raison de... « *Vous avez de quoi vous amuser* » **PROUST.** « *Voici de quoi souper pour trois* » **HUGO.** *Il n'y a pas de quoi rire.* ➤ **matière, motif, raison,** 3 **sujet.** *Il n'y a pas de quoi fouetter un chat*.* (1773) ELLIPT « *Je vous remercie. – Il n'y a pas de quoi* » (cf. De rien). — *Avoir de quoi vivre.* (milieu XIIIe) ELLIPT FAM. *Avoir de quoi* : avoir une certaine aisance matérielle. « *mais les parents avaient de quoi, son père était entrepreneur maçon* » **TRIOLET.**

II PRONOM INTERROGATIF DÉSIGNANT UNE CHOSE A. (INTERROG. IND.) (fin XIIe) *Je ne sais plus quoi penser. Il saura à quoi s'en tenir.* « *À l'état civil, une jeune femme m'a demandé pour quoi c'était* » **A. ERNAUX.** *Il a quitté son métier. – Pour faire quoi ?* (Style de la presse) *Des élections, pour quoi faire ?*, est-ce utile, nécessaire ? ELLIPT *N'importe quoi.* ➤ 2 **importer** (3°).

B. (INTERROG. DIR.) (fin XIe) *Quoi faire ? Qui fait quoi, ici ? À quoi pensez-vous ?* « *De quoi demain sera-t-il fait ?* » **HUGO.** ELLIPT *À quoi bon* ?* **QUOI DE.** *Quoi de neuf ? Quoi de meilleur qu'un bon café ?*

C. (EMPLOIS ELLIPTIQUES) ■ **1** (Pour demander un complément d'information) *Quoi ? Qu'est-ce que tu dis ?* ➤ **comment.** « *Bah ! ce n'est pas la première fois. – Que quoi ? – Que je suis en retard* » **R. ROLLAND.** FAM. *Alors quoi, ça vient ? Cet article, ça dit quoi ?* — POP. *De quoi ?*, expression de menace, de défi. « *Tu ferais mieux de dormir à cette heure-ci. – De quoi ?* » **NERVAL.** — (Répété) *De quoi de quoi ?* — FAM. *Ou quoi ?*, ou non ? ou est-ce autre chose ? *Il est naïf ou quoi ?* ◆ FAM. *C'est quoi ?*, qu'est-ce que c'est ? (Interrogation sur une chose, le sens d'un mot) *Le sabayon, c'est quoi ? – Un entremets.* — (Dans les médias) Qu'est-ce que cela représente ? *La liberté, pour vous, c'est quoi ?* ■ **2** (fin XIIe) (Employé comme interj.) ➤ **comment.** *Quoi ! Il ose protester ?* « *Quoi ! passés pour jamais ? quoi ! tout entiers perdus ?* » **LAMARTINE.** — FAM. (achevant une explication, une énumération) « *Je sers au régiment étranger. – Au régiment ? [...] – À la Légion, quoi !* » **BERNANOS.** « *Tout ce qu'ils possédaient [...] leurs champs, les arbres et même les vaches, un chien avec sa chaîne, tout, quoi* » **CÉLINE.**

D. QUOI QUE LOC. CONCESSIVE (fin XIIe) *Quoi qu'il arrive* : quelque chose qu'il arrive. (1580) *Quoi qu'il en soit* : en tout état de cause, de toute façon, n'importe comment. *Quoi que je dise ou fasse, j'ai tort.* — (début XVe) **QUOI QUE CE SOIT** (nominal indéf. d'indétermination absolue) (cf. N'importe* quoi). *Si tu as besoin de quoi que ce soit, dis-le. S'il manquait quoi que ce soit, il le voyait tout de suite.* (Accordé au passé, LITTÉR.) « *Je ne parvins plus à faire quoi que ce fût de mon programme* » **DUHAMEL.** — REM. Ne pas confondre avec *quoique*.

■ **HOM.** Coi.

QUOIQUE [kwak(ə)] **conj.** – XIIe ◇ de *quoi* et 1 *que*

I Introduisant une proposition circonstancielle d'opposition ou de concession (suivi normalement du subj.). ➤ 1 **bien** (que), **encore** (que). « *Il suait à grosses gouttes quoique ce fût au mois de janvier* » **GUEZ DE BALZAC.** ◆ (Avec ellipse du v.) « *Il était, quoique riche, à la justice enclin* » **HUGO.** ➤ **tout** (sens concessif). « *Ma mère s'émerveillait qu'il fût si exact quoique si occupé* » **PROUST.** ◆ (En propos. particip.) « *espoir toujours renaissant, quoique toujours trompé* » **BALZAC.** « *Quoiqu'ayant rencontré le maître des maîtres* » **ALAIN.**

II ■ **1** Introduisant une objection provenant d'une réflexion qu'on fait après coup. — (Suivi de l'indic.) « *Peut-être on va m'emmener dans le Midi. Ce que ce serait chic ! quoique cela me fera manquer un arbre de Noël* » **PROUST.** — (Suivi du condit.) « *J'ajoutai : Quoique je serais furieux que vous me réveilliez* » **PROUST.** — (Employé seul, amenant une objection qui n'est pas formulée) *Ce n'est pas possible, quoique...* : et pourtant. ■ **2** FAM. ou RÉGION. (en fonction de prép.) *Quoique ça* : malgré cela, pourtant. « *Que tu es bête, mon pauvre petit ! [...] et quoique ça, tu es bien gentil* » **STENDHAL.**

■ **HOM.** Couac.

QUOLIBET [kɔlibɛ] **n. m.** – 1501 ; « propos sur un sujet quelconque » début XIVe ◇ du latin scolastique *disputationes, quæstiones de quolibet* « débats, questions sur n'importe quel sujet » ■ Propos gouailleur, plaisanterie à l'adresse de qqn. ➤ **raillerie.** *Moqueries et quolibets. Elle s'enfuit sous les quolibets de la foule.* ➤ **lazzi.**

QUORUM [k(w)ɔʀɔm] n. m. – 1688 ◊ anglais *quorum,* mot latin «desquels», génitif plur. de *qui,* au sens partitif ▪ DR., ADMIN. Nombre minimum de membres présents ou représentés (pouvoirs), exigé pour qu'une assemblée puisse valablement délibérer et prendre une décision. *Le quorum est atteint. Des quorums.*

QUOTA [k(w)ɔta] n. m. – 1927 ◊ anglais *quota,* mot latin, abrév. de *quota pars* → quote-part ▪ Contingent ou pourcentage déterminé. *Quotas laitiers. Quota d'immigration dans un pays.* — DOUANES *Quotas d'importations, d'exportations :* quantité de marchandises qu'un pays accepte d'importer, d'exporter. COMM. *Quota de vente :* chiffre d'affaires minimum que doit réaliser un vendeur. *Faire son quota.* ◆ Échantillon représentatif d'une population dans une enquête par sondage.

QUOTE-PART [kɔtpaʀ] n. f. /QUOTEPART/ – 1490 ◊ latin *quota pars* → cote ▪ Part qui revient à chacun dans la répartition d'une somme à recevoir ou à payer. *Fournir, apporter sa quote-part à telle ou telle dépense.* ➤ **contribution, cotisation, 1 écot.** *Des quotes-parts.* ◆ DR. Part d'une chose ou d'une masse indivise, indiquée par une fraction. ➤ **quotité.** ◆ FIG. Part. ➤ **contribution.** *«Chacun apporte [...] sa quote-part de ridicules»* BALZAC.

QUOTIDIEN, IENNE [kɔtidjɛ̃, jɛn] adj. et n. m. – XIIe ◊ latin *quotidianus* ▪ **1** De chaque jour ; qui se fait, revient tous les jours. ➤ **journalier.** *Le pain quotidien. Ration quotidienne. La vie quotidienne. «Il accomplissait sa petite tâche quotidienne»* FLAUBERT. ➤ **habituel.** *«Échapper à nos ennuis quotidiens»* FRANCE. — n. m. *Le quotidien :* ce qui appartient à la vie de tous les jours. LOC. *Au quotidien :* tous les jours. *La santé au quotidien.* ▪ **2** SPÉCIALT, VX *Journal quotidien.* ◆ n. m. (1896) Journal qui paraît chaque jour (opposé à *hebdomadaire, mensuel*). *«La rubrique immobilière d'un grand quotidien du matin»* ROMAINS. *Quotidiens du soir. Un quotidien régional.* ▪ **3** (1885) LITTÉR. Monotone et banal comme ce qu'on voit tous les jours. *«Ah ! que la Vie est quotidienne»* LAFORGUE. *«Les villes lointaines dont nous avons rêvé [...] sont aussi désespérément familières et quotidiennes pour les yeux et le cœur de leurs habitants»* SARTRE.

QUOTIDIENNEMENT [kɔtidjɛnmɑ̃] adv. – 1421 ◊ de *quotidien* ▪ Tous les jours. ➤ **journellement.** *«En me contraignant à écrire quotidiennement dans ce carnet»* GIDE.

QUOTIDIENNETÉ [kɔtidjɛnte] n. f. – 1834 ◊ de *quotidien* ▪ Caractère de ce qui est quotidien, habituel et banal.

QUOTIENT [kɔsjɑ̃] n. m. – 1484 ◊ latin *quotie(n)s* «combien de fois, autant de fois que» ▪ **1** Résultat* d'une division. *Quotient de deux nombres,* obtenu en les divisant l'un par l'autre. *Quotient, dans un anneau commutatif A, de a par b* (*a, b,* éléments de *A*) : l'élément ab^{-1} noté couramment *a/b.* ➤ **rapport, ratio.** ▪ **2** SPÉCIALT *Quotient électoral :* résultat de la division du nombre des suffrages exprimés dans une circonscription par le nombre de sièges à pourvoir dans cette circonscription, dans le système de la représentation proportionnelle. DR. FISC. *Quotient familial,* obtenu en divisant le revenu imposable en un certain nombre de parts fixées d'après la situation et les charges de famille du contribuable. — PHYSIOL. *Quotient respiratoire :* rapport du volume de gaz carbonique expiré à celui de l'oxygène inhalé. *Quotient chlorophyllien,* obtenu en divisant le volume d'oxygène dégagé par celui du gaz carbonique fixé dans le même temps par la plante. ◆ *Quotient intellectuel* ou *mental :* rapport de l'âge mental à l'âge réel, multiplié par 100. ABRÉV. ➤ **Q. I.**

QUOTITÉ [kɔtite] n. f. – 1473 ◊ du latin *quotus,* d'après *quantité* ▪ DR. Montant d'une quote-part. *Quotité disponible :* fraction de la succession dont le de cujus a pu librement disposer, malgré la présence d'héritiers réservataires. *Impôt de quotité,* dont le taux est fixé et dont le produit varie selon le montant de la matière imposable.

QWERTY [kwɛʀti] adj. inv. – v. 1980 ◊ suite des lettres des six premières touches d'une machine à écrire conçue pour l'anglais ▪ *Clavier QWERTY d'un ordinateur,* clavier anglais (par oppos. à *AZERTY*).

R

1**R** [ɛʀ] n. m. inv. ■ **1** Dix-huitième lettre et quatorzième consonne de l'alphabet : *r majuscule* (R), *r minuscule* (r). — PRONONC. Lettre qui, prononcée, note la fricative uvulaire [ʀ] (dite parfois *r grasseyé**) dans la prononciation parisienne *(rat, arriver, sortir).* REM. *R* note la consonne vibrante apicale [r] (dite *r roulé**) dans certaines régions et dans l'opéra. *Le r et le l sont parfois appelés des consonnes liquides*. — Digrammes comportant r : rh,* qui note [ʀ] *(rhume, rhétorique) ; -er,* qui, à la finale, note généralement [e] *(aimer, boucher, oranger)* mais parfois [ɛʀ] *(cher, fer, amer)* ou, dans les emprunts à l'anglais, [œʀ] *(speaker),* [ɛʀ] *(révolver)* ou l'un ou l'autre *(scooter) ; ir* (➤ 1 i). ■ **2** LOC. *Les mois en R,* dont le nom contient un *r* (pendant lesquels on pouvait consommer les huîtres, les coquillages, sans danger). ■ **HOM.** Air, aire, ère, erre, ers, haire, hère.

2**R** abrév. et symboles ■ **1** ℝ [ɛʀ] n. m. inv. Ensemble des nombres réels. ■ **2 R** [ʀœntgɛn ; ʀøntgɛn] n. m. inv. Röntgen. ■ **3 R** [ɛʀ] (du latin *rectus* «droit») CHIM. Qualifie un atome de carbone chiral dont les substituants se suivent dans le sens des aiguilles d'une montre, du plus lourd au plus léger (opposé à *S*). *Configuration R, R-* (➤ **érythro-**), *R, S-* (➤ **thréo-**).

RAB [ʀab] n. m. – 1893 ◊ abrév. de *rabiot* ■ FAM. Ce qui vient en plus de la quantité, de la dose, de la ration normale. ➤ **supplément ;** FAM. **rabiot.** *Il y a du rab. Du rab de patates.* ♦ LOC. *Faire du rab,* un temps de travail supplémentaire. — *En rab :* en surplus, en excédent. *Il y a des invitations en rab.*

RABÂCHAGE [ʀabɑʃaʒ] n. m. – 1735 ◊ de *rabâcher* ■ Action de rabâcher ; accumulation de répétitions, de redites fastidieuses. ➤ **radotage.** *«Un rabâchage de séculaires rengaines»* BLOY.

RABÂCHER [ʀabɑʃe] v. ‹1› – 1735 ; «faire du tapage» 1611 ◊ variante de l'ancien français *raba(s)ter* (XIIe), d'un radical expressif *rabb-* ■ **1** v. intr. Revenir sans cesse, inutilement ou fastidieusement, sur ce qu'on a déjà dit. *«Les vieilles gens rabâchent»* HUGO. ➤ **radoter.** ■ **2** v. tr. Répéter continuellement, d'une manière fastidieuse. *Rabâcher des conseils.* ➤ **ressasser.** — *Élève qui rabâche ses leçons.*

RABÂCHEUR, EUSE [ʀabɑʃœʀ, øz] n. – 1740 ◊ de *rabâcher* ■ Personne qui a l'habitude de rabâcher. ➤ **radoteur.** *Un vieux rabâcheur.* — adj. *Il est un peu rabâcheur.*

RABAIS [ʀabɛ] n. m. – 1397 ◊ de *rabaisser* ■ Diminution faite sur le prix d'une marchandise, le montant d'une facture. ➤ **réduction ; discount.** *Accorder, consentir, faire un rabais sur un produit. Rabais de 10 % sur les prix affichés. On arracherait «quelque nouveau rabais ; à tout le moins des facilités de paiement»* ROMAINS. ♦ LOC. **AU RABAIS :** au-dessous du prix habituel ; avec une réduction. *Vente au rabais.* ➤ 2 **solde.** — FIG. De mauvaise qualité, médiocre. *«Évidemment, très vite, l'école publique deviendra une école au rabais»* HOUELLEBECQ. FAM. *Refuser un travail au rabais,* mal payé. ■ CONTR. Augmentation.

RABAISSEMENT [ʀabɛsmɑ̃] n. m. – v. 1500 ◊ de *rabaisser* ■ RARE Action de rabaisser, de dénigrer. ➤ **dénigrement, dépréciation, dévalorisation.** *«La manie du rabaissement est la lèpre morale de notre époque»* FLAUBERT (cf. Avoir le mépris* facile).

RABAISSER [ʀabese] v. tr. ‹1› – XIIe ◊ de *re-* et *abaisser* ■ **1** RARE Baisser, rabattre. *«Il lui rabaisse ses jupons»* DIDEROT. — *Rabaisser le caquet* à qqn.* ■ **2** FIG. Ramener à un état ou à un degré inférieur. ➤ **abaisser, ravaler.** *«Leur manque rabaisse au second rang une œuvre de grand homme»* TAINE. *Rabaisser les prétentions, les mérites de qqn.* ♦ Estimer ou mettre très au-dessous de la valeur réelle. ➤ **déprécier ; dénigrer, mépriser.** *«L'homme n'est pas si simple qu'il suffise de le rabaisser pour le connaître»* VALÉRY. *Chercher à rabaisser qqn devant des tiers.* ➤ **humilier.** — PRONOM. *Il se rabaisse par modestie.* ➤ **s'humilier.** ■ CONTR. Relever. Exalter, honorer.

RABAN [ʀabɑ̃] n. m. – 1573 ◊ néerlandais *raband* ■ MAR. Tresse ou sangle servant à amarrer, à fixer.

RABANE [ʀaban] n. f. – 1864 ◊ du malgache *rabana* ■ Tissu en fibres de raphia. *Nappe, sac de rabane.*

RABAT [ʀaba] n. m. – 1262 ◊ de *rabattre* ■ **1** CHASSE Rabattage (du gibier). ■ **2** ANCIENNT Grand col rabattu porté autrefois par les hommes. ♦ MOD. Large cravate formant plastron, portée par les magistrats, les avocats, les professeurs en robe, certains religieux. ■ **3** Partie (d'un vêtement, d'un objet) rabattue ou qui peut se replier. *Poche à rabat. Le rabat d'un sac à main.*

RABAT-JOIE [ʀabaʒwa] n. – XIVe ◊ de *rabattre* et *joie* ■ **1** n. m. (VX) Sujet de tristesse. ■ **2** MOD. Personne chagrine, renfrognée, ennemie de la joie des autres. ➤ **éteignoir, trouble-fête.** *Des rabat-joie* (inv.) ou *des rabat-joies. Quel vieux rabat-joie !* — adj. *Elles sont trop rabat-joie* (inv.) ou *rabat-joies.*

RABATTABLE [ʀabatabl] adj. – 1892 ◊ de *rabattre* ■ Qui peut se rabattre, se replier. *Siège, table rabattable.* ➤ **escamotable.**

RABATTAGE [ʀabataʒ] n. m. – 1875 ; «rabais» 1730 ◊ de *rabattre* ■ Action de rabattre (le gibier).

RABATTEMENT [ʀabatmɑ̃] n. m. – 1727 ; «rabais» fin XIIIe ◊ de *rabattre* ■ **1** DR. *Rabattement de défaut :* annulation d'une décision provisoire de défaut. ■ **2** (1869) GÉOM. Mouvement de rotation par lequel on applique un plan (et les figures qu'il contient) sur un des plans de projection (opposé à *relèvement*).

RABATTEUR, EUSE [ʀabatœʀ, øz] n. – 1855 ; «qui diminue» fin XVIe ◊ de *rabattre* ■ **1** Personne chargée de rabattre le gibier. ♦ FIG. Personne qui fournit des clients à un vendeur, des marchandises à un acheteur. ■ **2** n. m. (1904) TECHN. Dans une moissonneuse, Ensemble de lattes qui rabattent les tiges sur la lame.

RABATTRE [ʀabatʀ] v. tr. ‹41› – XIIe ◊ de *re-* et *abattre*

I ■ **1** Diminuer en retranchant (une partie de la somme). ➤ **décompter, déduire, défalquer.** *«Quand il s'agit du prix, il faut*

[...] *commencer par rabattre les deux tiers»* FLAUBERT. *Rabattre une certaine somme sur un prix, d'un prix.* ◆ LOC. FIG. **EN RABATTRE :** abandonner de ses prétentions ou de ses illusions. *Il a dû en rabattre.* ■ **2** ARBOR. Tailler en coupant la cime, les gros rameaux de (un arbre, un végétal). ABSOLT *Rabattre après la floraison.* ◆ TECHN. Dégrossir (le marbre). ■ **3** Amener vivement à un niveau plus bas, faire retomber. *Le vent rabat la fumée.* ◆ FIG. *Rabattre le caquet* à qqn.* ■ **4** Mettre à plat, appliquer contre qqch. ➤ **aplatir, 1 coucher.** ◆ Refermer, replier. *Rabattre un couvercle, le capot d'une voiture, le col d'un manteau, la visière d'un casque.* PRONOM. *Siège qui se rabat.* ➤ **rabattable.** — *Rabattre les mailles d'un tricot* (➤ **arrêter**).

II (XVIe) ■ **1** Ramener par force dans une certaine direction. *Rabattre le gibier* (vers les chasseurs). ➤ **rabattage, rabatteur.** *La cavalerie, «à coups de pique et de sabre, les rabattit sur les autres»* FLAUBERT. ◆ PRONOM. Changer de direction en se portant brusquement de côté. *Gêner un concurrent en se rabattant à la corde. Voiture qui se rabat trop vite après un dépassement* (cf. Faire une queue de poisson*). ■ **2** v. pron. FIG. **SE RABATTRE SUR (qqn, qqch.) :** en venir, après une déception, à accepter, à adopter faute de mieux. *Je me suis rabattu sur les desserts.* ■ CONTR. Augmenter. Relever. Éloigner.

RABATTU, UE [Rabaty] adj. – XVe ◇ de *rabattre* ■ Qui est abaissé, ou replié. *Deux bœufs, «les cornes longues et rabattues»* SAND. *Couture rabattue,* dont les dépassants sont repliés d'un même côté sur l'envers, et fixés par un point d'ourlet. *Col rabattu. Poches rabattues* (➤ **rabat**). *Chapeau à bords rabattus.* ■ CONTR. 1 Relevé.

RABBIN [Rabɛ̃] n. m. – 1540 ; *rabain* 1351 ◇ araméen *rabbi* «mon maître» ■ **1** Docteur de la Loi juive chargé de l'enseigner et de la faire appliquer (appelé *scribe* dans l'Évangile, *rabbi* [Rabi] par les spécialistes d'histoire juive). *Le Talmud, collection des enseignements des grands rabbins.* ■ **2** (1808) COUR. Docteur de la Loi d'une communauté juive. *Grand rabbin,* élu par le consistoire israélite. *Le grand rabbin de France.*

RABBINAT [Rabina] n. m. – 1842 ◇ de *rabbin* ■ RARE ■ **1** Dignité, fonction de rabbin. ■ **2** (1883) Ensemble des rabbins.

RABBINIQUE [Rabinik] adj. – avant 1596 ◇ de *rabbin* ■ DIDACT. ■ **1** Relatif ou propre aux rabbins, interprètes de la Loi. *La littérature rabbinique.* ◆ LING. *Hébreu rabbinique* (ou *talmudique*), l'hébreu post-biblique. ■ **2** Qui concerne les rabbins. *École rabbinique.*

RABBINISME [Rabinism] n. m. – avant 1662 ; «subtilité de rabbin» 1600 ◇ de *rabbin* ■ DIDACT. Enseignement, doctrine des rabbins (commentaires, exégèses, prescriptions). ➤ **talmud.**

RABELAISIEN, IENNE [Rablɛzjɛ̃, jɛn] adj. – 1828 ◇ du nom de *Rabelais* ■ **1** Qui concerne l'œuvre de Rabelais. ■ **2** Qui a la gaieté libre et truculente, parfois cynique et grossière que l'on trouve chez Rabelais. *Plaisanterie, verve rabelaisienne.* ➤ **gaulois.** *Scarron «avait une liberté de langage toute cynique et toute rabelaisienne»* GAUTIER.

RABIBOCHAGE [Rabibɔʃaʒ] n. m. – 1851 ◇ de *rabibocher* ■ FAM. Réparation sommaire. ◆ Réconciliation.

RABIBOCHER [Rabibɔʃe] v. tr. ‹1› – 1842 ◇ mot dialectal, probablt d'un radical onomat. *bib-* ; cf. *bibelot* ■ FAM. ■ **1** Réparer d'une manière sommaire ou provisoire. ➤ **rafistoler.** ■ **2** FIG. Réconcilier. ➤ **raccommoder.** — PRONOM. *Ils se sont rabibochés.*

RABIOT [Rabjo] n. m. – 1831 argot de mar. ◇ probablt du dialectal *rabes,* var. *raves* «œufs de poisson, menu fretin», du latin *rapum* → 1 rave ■ FAM. ■ **1** Supplément, surplus dans une distribution. ➤ **rab.** *Un rabiot de purée. Il y a du rabiot.* ■ **2** Temps supplémentaire qu'un soldat doit passer au régiment en cas de peines disciplinaires. ◆ Temps de travail supplémentaire. *Faire du rabiot.* — Supplément. *«Le petit rabiot de sommeil dans le noir»* CÉLINE.

RABIOTER [Rabjɔte] v. ‹1› – 1883 ; *rabiauter* «boire un rabiot» 1832 ◇ de *rabiot* ■ FAM. ■ **1** v. intr. Faire de petits profits supplémentaires. ■ **2** v. tr. S'approprier, obtenir en supplément. *Il a rabioté une portion.*

RABIQUE [Rabik] adj. – 1824 ◇ du latin *rabies* «rage» ; cf. *antirabique* ■ DIDACT. Relatif, propre à la rage. *«Le siège du virus rabique n'est donc pas dans la salive seule»* PASTEUR. ■ CONTR. Antirabique.

1 **RÂBLE** [Rɑbl] n. m. – 1401 ; *roable* XIIIe ◇ latin *rutabulum* ■ TECHN. Outil à long manche terminé par un petit râteau, qui sert à remuer des matières en fusion, à nettoyer des fours, etc. ➤ **1 fourgon, 1 ringard.**

2 **RÂBLE** [Rɑbl] n. m. – 1532 ◇ extension probable de 1 *râble* ■ **1** Partie charnue qui s'étend des côtes à la naissance de la queue, chez certains quadrupèdes. ➤ **dos.** — La chair de cette partie. *Râble de lapin à la moutarde.* ■ **2** FAM. Bas du dos (d'une personne). *«Un bleu d'ouvrier sur le râble»* DUHAMEL. — LOC. *Tomber sur le râble à qqn,* lui sauter dessus, l'attaquer (cf. Tomber sur le paletot*, sur le poil*). FIG. *Tu vas voir ce qui va te tomber sur le râble,* ce qui va t'arriver (de fâcheux).

RÂBLÉ, ÉE [Rɑble] adj. – 1574 ◇ de 2 *râble* ■ Qui a le dos large et puissant, est trapu et vigoureux. *Un peu plus petit, «mais tout râblé, avec* [...] *des épaules en devant de brouette»* GIONO.

RÂBLURE [RɑblyR] n. f. – 1643 ◇ de *râble* «traverse d'un bateau à fond plat», par anal. avec 1 *râble* ■ MAR. Rainure pratiquée dans la longueur et sur les deux côtés de la quille, de l'étrave ou de l'étambot, pour recevoir l'extrémité des bordages.

RABOT [Rabo] n. m. – 1342 ◇ du dialectal *rabotte* «lapin», du moyen néerlandais *robbe* par anal. de forme ■ **1** COUR. Outil de menuisier, formé d'une lame de métal oblique ajustée dans un fût qui laisse dépasser le tranchant, servant à aplanir ou diminuer une surface de bois, à faire des moulures, des rainures. ➤ **bouvet, doucine, feuilleret, gorget, guillaume, guimbarde, 1 riflard, varlope.** *Dresser une planche au rabot. «Nous avons fait voler les copeaux et chanter le bois sous nos rabots»* R. ROLLAND. — FIG. *Donner un coup de rabot dans les dépenses publiques,* les diminuer. ➤ **raboter.** ■ **2** TECHN. Nom de divers outils servant à aplanir, à polir, à étaler, etc.

RABOTAGE [Rabɔtaʒ] n. m. – 1765 ; *rabotement* 1611 ◇ de *raboter* ■ Action de raboter ; usinage à l'aide des machines à raboter.

RABOTER [Rabɔte] v. tr. ‹1› – 1409 ◇ de *rabot* ■ **1** Aplanir, dresser au rabot. ➤ **dégauchir, varloper.** *Raboter une pièce de bois. Raboter une fenêtre qui ne ferme plus.* — p. p. adj. *Plancher raboté.* ◆ FIG. Diminuer. *Raboter les niches fiscales.* ■ **2** Usiner en surface (une pièce), à l'aide d'une machine spéciale (raboteuse, mortaiseuse, dégauchisseuse, étau limeur, etc.).

RABOTEUR [RabɔtœR] n. m. – 1576 ◇ de *raboter* ■ Ouvrier spécialisé dans le rabotage. *Raboteur de parquet.*

RABOTEUSE [Rabɔtøz] n. f. – 1858 ◇ de *raboter* ■ Machine-outil servant à raboter les grosses pièces (de bois ou de métal) : dégauchisseuse, limeuse, mortaiseuse, etc. ■ HOM. Raboteuse (raboteux).

RABOTEUX, EUSE [Rabɔtø, øz] adj. – 1531 ◇ de *rabot* ■ **1** Dont la surface présente des inégalités, des aspérités. ➤ **inégal, rugueux.** *Un terrain, un sol pierreux et raboteux. «Les sentiers raboteux de la garrigue»* GIDE. ■ **2** FIG. (1564) LITTÉR. *Style raboteux,* rocailleux, rude, heurté. *«Ses vers contournés, raboteux»* HENRIOT. ■ CONTR. Égal, uni. ■ HOM. Raboteuse.

RABOUDINER [Rabudine] v. tr. ‹1› – 1880 ◇ mot de l'Ouest (Normandie, Perche), d'origine inconnue ■ (Canada) FAM. ■ **1** Rafistoler, bricoler. ■ **2** Bafouiller, marmonner. ➤ **bredouiller, grommeler.** ■ **3** v. pron. Se recroqueviller. — *Elle «se tenait maintenant toute nue et raboudinée à l'extrémité du divan»* V.-L. BEAULIEU. — n. m. (1841) **RABOUDINAGE.**

RABOUGRI, IE [RabugRi] adj. – 1611 ◇ de *se rabougrir* ■ **1** Se dit d'une plante qui s'est peu développée, s'est étiolée. ➤ **chétif, malingre.** *«Un clos plein de pommiers rabougris et perclus, argentés par des lichens»* HUYSMANS. ■ **2** Mal conformé, chétif. ➤ **ratatiné.** *Gottfried avait «l'air vieilli, ratatiné, rapetissé, rabougri»* R. ROLLAND. ■ **3** FIG. Petit et mesquin, desséché. *Une vie rabougrie.* ■ CONTR. 1 Fort, 1 sain.

RABOUGRIR (SE) [RabugRiR] v. pron. ‹2› – fin XVIe ◇ de *re-* et *abougrir* (1564), de *bougre* «chétif, petit» (début XVe) ■ S'étioler, se recroqueviller. *Les arbres se rabougrissent à cause de la sécheresse.* — FIG. *Un vieillard qui se rabougrit.* ➤ **se ratatiner ;** RÉGION. **se racrapoter.**

RABOUGRISSEMENT [RabugRismɑ̃] n. m. – 1834 ◇ de *rabougrir* ■ État d'une plante, d'une personne rabougrie. ➤ **étiolement.**

RABOUILLÈRE [RabujɛR] n. f. – 1534 ◇ du radical du dialectal *rabotte* «lapin» → rabot ■ RÉGION. Terrier d'un lapin de garenne.

RABOUILLEUR, EUSE [RabujœR, øz] n. – 1842 ◇ du dialectal *rabouiller,* de *bouiller* (1669), du latin *bullare* «bouillonner» ■ VX ou RÉGION. Personne qui agite et trouble l'eau pour effrayer les écrevisses et les pêcher plus facilement. *«La Rabouilleuse»,* roman de Balzac.

RABOUTER [ʀabute] **v. tr.** ‹1› – 1845 ; v. 1748 angevin «allonger, mettre un bout à» ◊ de *re-* et *abouter* ■ RÉGION. OU TECHN. Assembler, joindre, réunir bout à bout. — FIG. «*Le texte des originaux, interpolés, coupés, raboutés*» HENRIOT.

RABROUEMENT [ʀabʀumɑ̃] **n. m.** – 1559 ◊ de *rabrouer* ■ RARE Action de rabrouer (qqn). «*Le rabrouement partout où il allait mendier un emploi*» ARAGON.

RABROUER [ʀabʀue] **v. tr.** ‹1› – 1398 ◊ de *brouer* «gronder, écumer» (XIVe) ; de l'ancien français *breu* «écume» ; cf. *ébrouer* ■ Accueillir, traiter avec rudesse (qqn qu'on désapprouve, dont on veut se débarrasser). ➤ **rebuter ;** FAM. **remballer, rembarrer** (cf. Envoyer* au diable, envoyer* promener). «*Il l'avait rabrouée* [...] *quand elle disait qu'elle "n'était pas comprise"*» MONTHERLANT. ■ CONTR. Choyer.

RACAGE [ʀakaʒ] **n. m.** – 1634 ◊ de *raque* (1382) ; ancien nordique *rakki* ■ MAR. Collier disposé autour d'un mât pour diminuer le frottement d'une vergue.

RACAHOUT [ʀakau] **n. m.** – 1857 ; *racaou* 1833 ◊ mot arabe ■ ANCIENNT Aliment fait de farines et fécules diverses, en usage chez les Turcs et les Arabes, et dont on faisait des bouillies.

RACAILLE [ʀakɑj] **n. f.** – *rascaille* 1138 ◊ du normand °*rasquer* (cf. ancien provençal *rascar*) ; latin populaire °*rasicare* «racler, gratter», classique *radere* ■ **1** VIEILLI Populace méprisable. ➤ **canaille, lie, plèbe,** 1**tourbe.** «*Ce n'est plus le peuple, mais la racaille*» GIDE. ■ **2** MOD. Ensemble de fripouilles. «*Si l'on mettait toute cette racaille en prison,* [...] *les honnêtes gens pourraient respirer*» CAMUS. — Ensemble d'individus peu recommandables, délinquants en puissance d'une communauté (banlieues, cités). — *Une racaille :* personne peu recommandable. «*Pas étonnant que plus tard les gamins deviennent les racailles qu'il croise tous les jours*» V. DESPENTES. — VERLAN *caillera.* «*ses fringues de caillera*» O. ADAM.

RACCARD [ʀakaʀ] **n. m.** – 1224 ◊ origine inconnue ■ (Suisse) Grange à blé. «*serpentant entre les fenils et ce qu'ils appellent des raccards, qui sont des espèces de remises*» RAMUZ.

RACCOMMODABLE [ʀakɔmɔdabl] **adj.** – 1904 ◊ de *raccommoder* ■ Qui peut être raccommodé.

RACCOMMODAGE [ʀakɔmɔdaʒ] **n. m.** – 1650 ◊ de *raccommoder* ■ Action de raccommoder, manière dont est raccommodé (le linge, un vêtement). ➤ **rapiéçage, ravaudage, reprise.** *Faire du raccommodage. Un raccommodage maladroit.*

RACCOMMODEMENT [ʀakɔmɔdmɑ̃] **n. m.** – v. 1618 ◊ de *raccommoder* ■ FAM. Réconciliation. ➤ **rabibochage.** «*À quoi sert de se quereller, quand le raccommodement est impossible ?*» MUSSET.

RACCOMMODER [ʀakɔmɔde] **v. tr.** ‹1› – 1587 ◊ de *re-* et *accommoder* ■ **1** VIEILLI Remettre en état. ➤ **réparer.** «*Grandet raccommodait lui-même son escalier vermoulu*» BALZAC. ◆ MOD. Réparer à l'aiguille. *Pêcheur qui raccommode un filet.* ➤ **rapetasser, rapiécer, ravauder, recoudre.** *Chaussettes à raccommoder.* ➤ **repriser.** — **p. p. adj.** *Ses gants* «*raccommodés bien proprement au bout de chaque doigt*» LOTI. ■ **2** FAM. Réconcilier. ➤ **rabibocher.** «*Il le raccommodait avec Gervaise, s'il les voyait en froid*» ZOLA. — PRONOM. ➤ **se réconcilier.** «*On se dispute* [...], *on se raccommode sur l'oreiller*» LÉAUTAUD. ■ CONTR. Détériorer. Brouiller.

RACCOMMODEUR, EUSE [ʀakɔmɔdœʀ, øz] **n.** – 1612 ◊ de *raccommoder* ■ VX Réparateur. — MOD. *Raccommodeur de faïences et de porcelaines.* ◆ Ouvrier, ouvrière qui raccommode (du linge, des vêtements). ➤ **ravaudeur.** *Raccommodeur de filets de pêche. Raccommodeuse de linge.* ➤ **lingère.**

RACCOMPAGNER [ʀakɔ̃paɲe] **v. tr.** ‹1› – 1877 ◊ de *re-* et *accompagner* ■ Accompagner (qqn qui s'en retourne, rentre chez lui). ➤ **reconduire.** *Il m'a raccompagné en voiture.*

RACCORD [ʀakɔʀ] **n. m.** – XVIe ; «réconciliation» XIIe ◊ de *raccorder* ■ **1** Liaison de continuité établie entre deux choses, deux parties. ➤ **jonction.** *Raccord de maçonnerie. Faire un raccord à la peinture. Raccords trop visibles. Raccord de papier peint.* — LOC. FAM. *Faire un raccord :* remettre du fard là où il faut (sans se remaquiller entièrement). ➤ **retouche.** «*Dans le rétroviseur* [...], *une jeune femme se faisait un raccord de rouge*» ECHENOZ. ■ **2** CIN. Manière dont deux plans d'un film s'enchaînent (résultat de la prise de vues et du montage). «*Le montage escamotera mes fautes et le peu d'importance que j'attache à l'exactitude des raccords*» COCTEAU. — Plan tourné pour assurer la continuité du film. ◆ **adj. inv.** LOC. FAM. *Être raccord (avec) :* être en adéquation avec. «*L'idée c'est d'être raccord avec l'actualité*» (Le Monde, 2010). ■ **3** Pièce servant à assembler deux ou plusieurs éléments qui doivent communiquer. *Raccord de tuyaux de plomberie.* ➤ **coude, manchon.** *Raccord de pompe :* tube de caoutchouc à deux manchons filetés (fixés l'un à la pompe, l'autre à la valve). ■ CONTR. Coupure.

RACCORDEMENT [ʀakɔʀdəmɑ̃] **n. m.** – 1691 ; «réconciliation» XIIe ◊ de *raccorder* ■ Action, manière de raccorder. *Raccordement de deux bâtiments. Voie de raccordement d'une nationale à une autoroute.* ➤ **bretelle.** — GÉOM. *Ligne de raccordement de deux surfaces :* courbe commune à deux surfaces qui ont les mêmes plans tangents en tous les points de cette courbe.

RACCORDER [ʀakɔʀde] **v. tr.** ‹1› – 1738 ; «réconcilier, accorder» XIIe ◊ de *re-* et *accorder* ■ **1** Relier par un raccord (des choses dissemblables ou disjointes). *Raccorder deux tuyaux. Raccorder avec du plâtre.* ➤ **ruiler.** — *Raccorder des plans de cinéma.* ◆ Former un raccord avec. *Le tronçon qui raccorde les deux voies.* ■ **2** **v. pron. SE RACCORDER.** *Cette route se raccorde à l'autoroute.* ◆ FIG. Se rattacher. «*Logiquement, ce qui suivit ne semblait pas se raccorder à cet exorde*» CAMUS. ■ CONTR. Séparer.

RACCOURCI [ʀakuʀsi] **n. m.** – fin XVe ◊ de *raccourcir* ■ **1** VX Abrégé, résumé. — MOD. **EN RACCOURCI :** en abrégé, en plus petit. «*Le théâtre n'est-il pas la vie en raccourci ?*» GAUTIER. ■ **2** Ce qui est exprimé de façon ramassée et elliptique ; cette façon d'exprimer. *Un raccourci hardi, saisissant.* «*Il n'y a pas d'œuvre d'art sans raccourcis*» GIDE. ■ **3** Réduction que le peintre, le dessinateur ou le sculpteur fait subir à une figure vue en perspective. «*Le Christ mort*», *dit* «*Le Christ en raccourci*», *de Mantegna.* ■ **4** (1837) Chemin plus court que le chemin ordinaire pour aller quelque part. *Prendre un raccourci.* «*Le raccourci nous fait gagner deux kilomètres au moins*» BERNANOS. ■ **5** INFORM. *Raccourci clavier* ou *raccourci :* touche ou combinaison de touches permettant d'activer une fonction à partir du clavier plutôt que de passer par le menu. *Des raccourcis clavier.*

RACCOURCIR [ʀakuʀsiʀ] **v.** ‹2› – 1237 ◊ de *re-* et *accourcir* ■ **1** **v. tr.** Rendre plus court. ➤ **diminuer, réduire.** *Raccourcir une robe par un grand ourlet. Raccourcir des branches trop longues.* ➤ **élaguer.** *Raccourcir un texte de plusieurs paragraphes.* ➤ **abréger, écourter.** — *À bras* raccourcis.* ◆ ABSOLT *Ça raccourcit* (le trajet) *de passer par là.* ■ **2** **v. intr.** Devenir plus court. *Cette jupe a raccourci au lavage.* ➤ **rétrécir.** *Les jours commencent à raccourcir.* ➤ **diminuer.** ■ CONTR. Allonger.

RACCOURCISSEMENT [ʀakuʀsismɑ̃] **n. m.** – 1529 ◊ de *raccourcir* ■ Action de raccourcir, fait de devenir plus court. ➤ **diminution.** ■ CONTR. Allongement.

RACCROC [ʀakʀo] **n. m.** – 1798 «coup heureux, au billard» ◊ de *raccrocher* ■ LOC. (1835) **PAR RACCROC :** sans plan et par le fait d'un heureux hasard. *Ma mère* «*acceptait que je n'apprisse rien que par raccroc*» GIDE. ◆ (1862) **DE RACCROC :** qui ne dépend que du hasard. «*des mensonges de raccroc*» BERNANOS.

RACCROCHAGE [ʀakʀɔʃaʒ] **n. m.** – 1797 ◊ de *raccrocher* ■ Action de raccrocher les passants, les clients. ➤ **racolage.**

RACCROCHEMENT [ʀakʀɔʃmɑ̃] **n. m.** – 1931 ◊ de *raccrocher* ■ RARE Action de se raccrocher (à qqch.). «*tous ces raccrochements au passé*» GIDE.

RACCROCHER [ʀakʀɔʃe] **v. tr.** ‹1› – fin XVe ◊ de *re-* et *accrocher* ■ **1** Remettre en accrochant (ce qui était décroché). *Raccrocher un wagon, une remorque. Raccrocher un tableau.* ◆ SPÉCIALT (1894) *Raccrocher* (le combiné du téléphone), le reposer sur son support ; PAR EXT. clore, interrompre une communication téléphonique. — FAM. *Il m'a raccroché au nez !* ◆ SPORT *Raccrocher les gants, les crampons* ou ABSOLT *raccrocher :* renoncer à la compétition ; FIG. mettre fin à sa carrière, cesser son activité. «*Il était temps de raccrocher et de m'occuper un peu des miens...*» GAVALDA. ■ **2** Rattraper par un coup heureux (ce qui semble perdu). «*S'il était impossible de raccrocher l'affaire*» PAGNOL. ■ **3** Arrêter pour retenir (qqn qui passe). *Le camelot raccrochait les passants.* — SPÉCIALT (1725) Racoler. ■ **4** PRONOM. Se retenir (à un point d'appui). *Il allait tomber quand il s'est raccroché à la rampe.* FIG. *Se raccrocher aux branches*.* ➤ **se rattraper.** ◆ (Sujet chose) Se rapporter, se rattacher. *Une idée secondaire qui peut se raccrocher au sujet.*

RACCROCHEUR, EUSE [ʀakʀɔʃœʀ, øz] **adj.** – fin XIXe ; 1702 n. f. «prostituée» ◊ de *raccrocher* ■ Destiné à accrocher l'attention. ➤ **accrocheur.** *Une publicité raccrocheuse. Un cinéma* «*avec des affiches raccrocheuses où il est toujours question de choses sexuelles*» SIMENON. ➤ **racoleur.**

RACE [ʀas] **n. f.** – fin XV ◊ de l'italien *razza* «famille», «souche», «espèce», probablt d'un croisement entre le latin *generatio* (→ génération) et *ratio* «idée», «modèle d'un être vivant», «race» (→ ration et raison)

I FAMILLE, LIGNÉE ▪ **1** Famille, considérée dans la suite des générations et la continuité de ses caractères (ne se dit que de grandes familles, familles régnantes, etc.). ➤ **famille, sang.** *Être de race noble.* ➤ **ascendance, origine.** — **loc. adj.** *Fin de race :* décadent. *Un homme très distingué, un peu fin de race.* ♦ VX Descendance, postérité. *«Race d'Abel, dors, bois et mange»* BAUDELAIRE. — Génération. *«Que direz-vous, races futures»* MALHERBE. ▪ **2** VIEILLI Communauté plus vaste considérée comme une famille, une lignée. *«Ces blocs énormes réveillent l'idée d'une race de géants disparus»* GAUTIER. — LITTÉR. *La race humaine :* l'humanité. ▪ **3** FIG. (1564) Catégorie de personnes apparentées par des comportements communs. ➤ **espèce.** *Il est de la race des héros. «J'aurais horreur de redevenir civil [...] D'ailleurs c'est une race qui s'éteint»* SARTRE. FAM. *Quelle sale race !* ➤ **engeance.**

II CHEZ LES ANIMAUX (fin XV) Subdivision de l'espèce zoologique, elle-même divisée en sous-races ou variétés, constituée par des individus réunissant des caractères communs héréditaires. *Les diverses races canines. Croisement entre races. Animal de race pure, pure race* (➤ **pedigree ; herd-book, stud-book**). ♦ SANS COMPL. Race pure. *Ces «lignes heureuses et déliées qui indiquent la race»* BALZAC. *Avoir de la race :* être racé. — **loc. adj.** *De race :* de race pure (opposé à *bâtard, croisé*). *Des chiens de race.*

III DANS L'ESPÈCE HUMAINE REM. Rien ne permet de définir scientifiquement la notion de race. ▪ **1** (1684) Ensemble d'êtres humains qui ont en commun la couleur naturelle de leur peau. *La race blanche, la race jaune, la race noire. Union entre personnes de races différentes.* ➤ **interracial ; métissage.** *«l'homme et la femme, sans aucune restriction quant à la race, la nationalité ou la religion, ont le droit de se marier et de fonder une famille»* (DÉCLARATION UNIVERSELLE DES DROITS DE L'HOMME). ♦ **loc. adv.** FAM. (langage des jeunes) *Sa (ta...) race :* beaucoup. *Elle «avait gueulé sa race en trouvant le clébard dans la maison»* V. DESPENTES. *Flipper sa race :* avoir très peur. ▪ **2** (1828, Guizot) Dans la théorie du racisme, Groupe naturel d'humains qui ont des caractères semblables (physiques, psychiques, culturels, etc.) provenant d'un passé commun, souvent classé dans une hiérarchie. ➤ **ethnie, peuple.** *La race prétendue supérieure. La race aryenne. «Essai sur l'inégalité des races humaines», ouvrage de Gobineau* (1855). *«Ces questions de suprématie de races sont niaises et dégoûtantes»* R. ROLLAND. *Extermination d'une race* (en fait, d'un groupe humain abusivement qualifié de race). ➤ **génocide, racisme.**

▪ **HOM.** poss. 2 Ras.

RACÉ, ÉE [ʀase] **adj.** – 1890 ◊ de *race* ▪ **1** (Animaux) Qui est de race, présente les qualités propres à sa race. *Un cheval racé.* ▪ **2** (PERSONNES) Qui a une distinction, une élégance naturelle. *«cette petite fille publique, populaire et curieusement racée»* MAC ORLAN.

RACÉMIQUE [ʀasemik] **adj.** – 1828 ◊ du latin *racemus* «grappe (de raisins)» ▪ CHIM. Qui consiste en un mélange équimoléculaire des formes dextrogyre et lévogyre de substances optiquement actives. *Cristal racémique. Mélange racémique.* — VX *Acide racémique :* forme optiquement inactive de l'acide tartrique.

RACER [ʀasœʀ ; ʀɛsœʀ] **n. m.** – 1883 ; «cheval de course» 1846 ◊ mot anglais, proprt «coureur» ▪ ANGLIC. SPORT Yacht à voile ou à moteur destiné à la course. ♦ ANCIENNT Petite automobile de course, de faible cylindrée.

RACHAT [ʀaʃa] **n. m.** – fin XII ◊ de *racheter* ▪ **1** Action de racheter (1°). *Rachat de titres en Bourse.* — DR. *Faculté de rachat :* convention par laquelle le vendeur se réserve le droit de reprendre la chose vendue. ➤ **réméré.** *Rachat par l'État d'une concession administrative. Rachat d'une entreprise par un groupe.* ➤ aussi **absorption, fusion ; O. P. A., O. P. E.** *Rachat d'entreprise par les salariés (R. E. S.).* ▪ **2** Action de se libérer (d'une servitude) par le versement d'une indemnité. ➤ **remboursement.** *Rachat de rente :* libération du débiteur de la rente par le paiement du capital au créancier. ▪ **3** Action d'obtenir la mise en liberté moyennant rançon. *Le rachat d'un prisonnier.* ♦ FIG. Rédemption. *Le rachat des péchés par le Christ.* — Action de se racheter moralement. *«S'il y a faute et s'il y a expiation, il y a aussi rachat»* SARTRE. ▪ **CONTR.** Revente.

RACHETABLE [ʀaʃ(ə)tabl] **adj.** – 1347 ◊ de *racheter* ▪ Susceptible d'être racheté (au pr. et au fig.).

RACHETER [ʀaʃ(ə)te] **v. tr.** ⟨5⟩ – XII ◊ de *re-* et *acheter* ▪ **1** Acheter de nouveau. *Il faudra racheter du pain.* ♦ Récupérer par achat (un bien vendu). *«L'immeuble allait donc être vendu [...] L'intention des Jésuites était de faire racheter l'immeuble sous main»* ROMAINS. ♦ Acheter à qqn qui a acheté. *Vous l'avez payé quinze euros, je vous le rachète vingt.* — *Racheter une entreprise.* ➤ **absorber, filialiser ; raider, repreneur.** ▪ **2** Se libérer de (une obligation) moyennant versement d'une indemnité. *Racheter des points de retraite.* ▪ **3** Obtenir, moyennant rançon, qu'on mette en liberté (qqn). *Racheter un otage.* ▪ **4** FIG. Sauver par la rédemption. ➤ **rédimer.** *«Dieu a voulu racheter les hommes»* PASCAL. ♦ Relever d'une déchéance morale, remettre dans le droit chemin. *«Elles se dévouent à des êtres criminels qu'elles veulent relever, racheter»* BALZAC. LOC. *Il n'y en a pas un pour racheter l'autre,* se dit lorsque l'on a affaire à deux personnes également critiquables. ➤ **rattraper.** — **SE RACHETER v. pron.** Se réhabiliter après une faute ou une défaillance. *Il tente de se racheter auprès d'elle par de petites attentions.* ♦ PAR MÉTAPH. *Racheter un candidat,* le déclarer reçu ou admissible malgré ses notes insuffisantes. ➤ **repêcher.** ▪ **5** (Compl. chose) Expier. *«Pourvu qu'il rachetât, par une pénitence proportionnée, le péché qu'il avait commis»* MICHELET. ♦ Réparer, effacer par sa conduite ultérieure. *«Par un aveu, combien de fautes tu pourrais racheter»* PROUST. ▪ **6** Faire oublier ou pardonner. ➤ **compenser.** *«il parvint à racheter la grossièreté de la matière par la magnificence des contours»* FRANCE. ▪ **7** ARCHIT. Corriger, compenser (une irrégularité, une différence de plan, de forme) en ménageant une transition.

RACHIALGIE [ʀaʃjalʒi] **n. f.** – 1795 ◊ de *rachis* et *-algie* ▪ MÉD. Douleur siégeant le long de la colonne vertébrale (rachis).

RACHIANESTHÉSIE [ʀaʃianɛstezi] **n. f.** – 1908 ◊ de *rachis* et *anesthésie* ▪ MÉD. Méthode d'anesthésie partielle consistant à injecter dans le canal rachidien (le plus souvent au niveau de la colonne lombaire) une substance qui provoque l'anesthésie des régions innervées par les nerfs sous-jacents (Cf. Anesthésie péridurale*). — ABRÉV. FAM. **RACHI.** *Faire une rachi.*

RACHIDIEN, IENNE [ʀaʃidjɛ̃, jɛn] **adj.** – 1806 ◊ de *rachis* ▪ ANAT. Qui appartient ou se rapporte à la colonne vertébrale. ➤ **spinal, vertébral.** *Canal rachidien,* constitué par l'ensemble des trous vertébraux et contenant la moelle épinière et ses enveloppes. *Bulbe* rachidien.*

RACHIS [ʀaʃis] **n. m.** – 1575 ◊ grec *rhakhis* ▪ **1** ANAT. Colonne vertébrale, épine dorsale. ➤ 1 **échine.** ▪ **2** SC. NAT. Axe d'une plume d'oiseau. — Axe central d'un épi.

RACHITIQUE [ʀaʃitik] **adj.** – 1707 ◊ du latin *rachitis* → rachitisme ▪ Qui est atteint de rachitisme. ➤ **noué.** *Enfant rachitique.* — **n.** *Un, une rachitique.* ♦ PAR EXT. Maigre et débile. *Un poulet rachitique.* — Qui se développe mal (plantes). ➤ **chétif, rabougri.** *Blé rachitique.* — ABRÉV. FAM. **RACHO** [ʀaʃo], 1965. *Des plantes un peu rachos.*

RACHITISME [ʀaʃitism] **n. m.** – 1749 ◊ latin des médecins *rachitis* (1650), de *rachis* ▪ Maladie de la période de croissance, qui se manifeste par des déformations variables du squelette, due à un trouble du métabolisme du phosphore et du calcium, par carence en vitamine D. ➤ **nouure.** ♦ PAR EXT. Développement incomplet (d'une plante).

RACIAL, IALE, IAUX [ʀasjal, jo] **adj.** – 1911 ◊ de *race* ▪ Relatif à la race, aux races (III). *«Parce que je viens d'un pays où le mélange racial existe depuis des siècles, parce que la haine commence quand on réagit avec dégoût en présence d'une peau différente de la sienne»* E. MANET. *La question, la politique raciale* (dans certains États). *Discrimination raciale.* ➤ **racisme.** *Ségrégation* raciale.* ➤ **apartheid.** *Condamnation pour provocation, incitation à la haine raciale. Injure raciale.* ▪ **HOM.** Ratio.

RACINAGE [ʀasinaʒ] **n. m.** – 1827 ; autre sens 1674 ◊ de *raciner* ▪ Procédé par lequel on imite les veines et les loupes du bois sur le cuir d'une reliure ; aspect du cuir ainsi traité.

RACINAIRE [ʀasinɛʀ] **adj.** – 1961 ◊ de *racine* ▪ BOT. Relatif à la racine. ➤ **radical.** *Apex racinaire. Absorption racinaire.*

RACINAL, AUX [ʀasinal, o] **n. m.** – 1578 ◊ de *racine* ▪ TECHN. Grosse pièce de charpente qui en supporte d'autres. — Madrier qui réunit les têtes des pilots.

RACINE [ʀasin] **n. f.** – milieu XII ◊ du latin *radicina,* famille de *radix* «racine» → radis, raifort ; arracher, éradiquer

II CHEZ LES VÉGÉTAUX ■ **1** Partie axiale des plantes vasculaires qui croît en sens inverse de la tige et par laquelle la plante se fixe et absorbe les éléments dont elle se nourrit. ➤ **pivot, radicelle, radicule, souche ; racinaire, radical ; rhizo-**. *Racine pivotante, fasciculée ; traçante. Racines adventives, aériennes. Racine tubéreuse.* ➤ **griffe.** *Racines comestibles.* ➤ **betterave, carotte, céleri, navet, radis, rutabaga.** «*les plantes dont les racines grasses sont bonnes et savoureuses*» MAUPASSANT. — LOC. *Prendre racine,* se dit d'un végétal qui pousse ou développe des racines capables de le fixer et de le nourrir (➤ **s'enraciner**) ; FIG. (1521) attendre longtemps debout au même endroit (avec une nuance d'impatience) (cf. Faire le planton*, le poireau*) ; PAR EXT. ne plus partir, s'installer. *Un invité qui prend racine,* qui s'incruste. — *Manger les pissenlits* par la racine.* ■ **2** (milieu XIIe) PAR MÉTAPHORE Origine, principe profond. *Les racines de notre civilisation.* ➤ **source.** «*nos actes ne plongeaient aucune racine dans cette foi*» MAURIAC. — LOC. *Attaquer le mal à la racine,* à la base, au principe premier. ➤ **éradiquer.** ◆ *Les racines de qqn,* ce qui constitue le fondement de son identité (milieu, pays d'origine, ascendance...). «*Je n'ai jamais été en conflit avec mes racines. Je les retrouve avec naturel et je les respecte*» BEN JELLOUN. «*c'est à cela que je dois d'être né au loin, d'avoir grandi séparé de mes racines, dans ce sentiment d'étrangeté*» LE CLÉZIO. ➤ **déraciner.**

III DANS LE CORPS ■ **1** (fin XIIe) Portion (d'un organe) par laquelle qqch. est implanté ; côté opposé à l'extrémité libre. ➤ **base, naissance.** *La racine du nez.* ◆ (1575) *Racine d'une dent,* partie conique plus ou moins effilée, fixée au maxillaire dans une cavité alvéolaire. *Dents à une, deux, trois racines.* «*une injection de novocaïne pour procéder à l'extraction d'une racine de molaire*» GIDE. ■ **2** ANAT. Origine, point de départ (d'une structure anatomique, d'un organe). (1690) *Racine des poils,* la partie enfoncée dans le follicule pileux. *Racine de la langue,* par laquelle elle s'attache au plancher de la bouche. *Racines rachidiennes,* les deux cordons (antérieur et postérieur) qui se détachent de la moelle épinière pour former, par leur réunion, un nerf rachidien (➤ **radiculaire**). *Racine de l'ongle.* ■ **3** (milieu XVIe) COUR. *La racine des cheveux,* la partie la plus proche du cuir chevelu. LOC. *Rougir jusqu'à la racine des cheveux.*

IIII EN SCIENCES ■ **1** (XIIIe) MATH. *Racine nième d'un nombre a :* nombre qui, élevé à la puissance *n*, donne *a*. *Racine carrée, cubique. Degré d'une racine,* représenté par son radical. *Extraire une racine,* la calculer (➤ **radical**). — *Racine d'une équation :* valeur de la variable qui satisfait à l'équation. ■ **2** (1548) LING. Élément irréductible d'un mot, obtenu par élimination de tous les éléments de formation et indices grammaticaux, qui correspond à une productivité dans l'histoire (➤ **étymologie**) et constitue un support de signification (➤ **radical ; base**).

RACINER [ʀasine] v. tr. ‹1› – 1830 ; autre sens XIIIe ◇ de *racine* ■ Orner d'un racinage. — *Reliure en veau raciné.*

RACINIEN, IENNE [ʀasinjɛ̃, jɛn] adj. – 1772 ◇ du nom de *Racine* ■ Propre à la pensée, aux œuvres de Racine. *Les héroïnes raciniennes.*

RACIOLOGIE [ʀasjɔlɔʒi] n. f. – 1954 ◇ de *racial* et *-logie* ■ DIDACT. Partie de l'anthropologie* physique qui étudie les phénomènes raciaux.

RACISÉ, ÉE [ʀasize] adj. – 1965 ; zool. 1907 ◇ de *race* ■ Personne touchée par le racisme, la discrimination. — **adj.** *Populations racisées.*

RACISME [ʀasism] n. m. – 1902 ◇ de *race* ■ **1** Idéologie postulant une hiérarchie des races. «*le racisme ne trouve dans la science aucun appui*» J. ROSTAND. «Mein Kampf *est* [...] *l'Évangile du national-socialisme, ou, plus exactement, du racisme*» BAINVILLE. ◆ Ensemble de réactions qui, consciemment ou non, s'accordent avec cette idéologie. «*Le racisme, c'est un regard qui vous classe sans appel. Qu'importe où il vous range, il a ouvert la différence et rien ne l'efface plus*» B. NOËL. *Faire preuve de racisme. Ligue internationale contre le racisme et l'antisémitisme (LICRA).* ■ **2** ABUSIVEMENT Hostilité systématique contre un groupe social. *Racisme envers les femmes* (➤ **sexisme**), *les homosexuels* (➤ **homophobie**). *Racisme antijeune. Le «type à l'entrée* [du cinéma] *qui faisait du racisme anti petits garçons*» R. FORLANI.

RACISTE [ʀasist] n. et adj. – 1892 ◇ de *racisme* ■ **1** Personne qui soutient le racisme, dont la conduite est imprégnée de racisme. ➤ **suprémaciste.** *Les racistes d'Afrique du Sud pratiquaient la ségrégation.* ■ **2** adj. Qui croit à la hiérarchie des races (III, 2°), est hostile à des groupes ethniques considérés comme inférieurs et dangereux. *Un politicien, un parti raciste.* — *Je ne suis pas raciste, mais...* (suivi d'un propos dénotant le racisme). «*Je ne suis pas raciste, non, je ne le suis pas, mais, franchement – qu'est-ce qu'ils viennent foutre chez nous tous ces bougnoules ? Hein ?*» J. VAUTRIN. — *Manifestation raciste, violences racistes.* ➤ **pogrom, ratonnade.** *Crime raciste. Une propagande nationaliste et raciste. Injure raciste.* ■ CONTR. Antiraciste.

RACK [ʀak] n. m. – 1954 ◇ mot anglais «râtelier ; étagère» ■ ANGLIC. ÉLECTRON. Tiroir destiné à recevoir des sous-ensembles électroniques qui doivent être montés dans une baie (2, 2°).

RACKET [ʀakɛt] n. m. – 1930 ◇ mot anglais américain ■ ANGLIC. Extorsion d'argent par chantage, intimidation ou terreur. ➤ **rançonnement.** *Gang qui se livre au racket.* — PAR EXT. *Racket scolaire,* entre enfants, pour obtenir de l'argent, des vêtements... ➤ RÉGION. **taxage.** ■ HOM. Raquette.

RACKETTER [ʀakete] v. tr. ‹1› – 1961 ◇ de *racket* ■ Soumettre à un racket. *Se faire racketter.* «*Taxé par le fisc, racketté par les voyous, pressuré par la police*» BORNICHE.

RACKETTEUR, EUSE [ʀaketœʀ, øz] n. – 1956 ; *racketter* 1938 ◇ de *racket,* d'après l'anglais américain *racketeer* ■ Personne qui se livre au racket. ➤ aussi **maître chanteur.** «*Les voyous, des adolescents déjà avancés dans la délinquance. Braqueurs, dealers, racketteurs*» IZZO. ■ HOM. Raquetteur.

RACLAGE [ʀɑklaʒ] n. m. – 1875 ; «éclaircissement des taillis» 1846 ◇ de *racler* ■ Action de racler, de nettoyer en raclant. ➤ **grattage.** *Le raclage des peaux, des troncs.*

RACLE [ʀɑkl] n. f. – 1561 ◇ de *racler* ■ RÉGION. Outil servant à racler. ➤ **curette, grattoir, raclette, racloir.** *Racle à fromage.*

RACLÉE [ʀɑkle] n. f. – fin XVIIIe ◇ de *racler* ■ FAM. Volée* de coups. ➤ **correction.** *Il lui a flanqué une bonne raclée.* ◆ Défaite complète. ➤ FAM. **branlée, déculottée,** 2 **pile.** *Ils ont pris une belle raclée aux élections.*

RACLEMENT [ʀɑkləmɑ̃] n. m. – 1611 ◇ de *racler* ■ Action de racler. «*Il y eut un raclement et l'étrave de l'embarcation se souleva avant de s'immobiliser*» TOURNIER. ◆ Son résultat (bruit, trace). *Un raclement de gorge.*

RACLER [ʀɑkle] v. tr. ‹1› – XIVe ◇ ancien occitan *rasclar,* latin populaire °*ras(i)culare,* classique *rasus,* p. p. pass. de *radere* «racler, raser» ■ **1** Frotter rudement (une surface) avec qqch. de dur ou de tranchant, de manière à égaliser ou à détacher ce qui adhère. ➤ **gratter.** *Racler une casserole, un plat,* pour n'y rien laisser. «*les terribles chaluts qui draguent le fond, le raclent et ne laissent rien*» CAYROL. — LOC. FAM. *Racler les tiroirs, les fonds de tiroirs :* prendre tout l'argent disponible, jusqu'au dernier sou. — *Se racler la gorge,* la débarrasser de sa mucosité par une expiration brutale. ■ **2** Enlever en frottant de cette façon. *Racler la boue de ses bottes.* ■ **3** Frotter en entrant rudement en contact. «*les garde-boue raclaient les pneus*» SARTRE. — PAR HYPERB. *Ce vin racle le gosier.* ➤ **râper.** ■ **4** Toucher, frotter sans délicatesse (les cordes, un instrument à cordes). «*Dans le soir, quelqu'un raclait une mandoline*» ARAGON. — Jouer en raclant, maladroitement. *Racler un* (ou *du*) *violon.*

RACLETTE [ʀɑklɛt] n. f. – 1788 ◇ de *racle* ■ **1** Petit racloir à lame souple, souvent de caoutchouc. *La raclette du laveur de vitres. Raclette de pâtissier.* ■ **2** (1875) Plat valaisan préparé en exposant à une vive source de chaleur un gros morceau de fromage du pays dont on racle la partie ramollie au fur et à mesure qu'elle fond. *Raclette et fondue. Fromage à raclette,* ou ELLIPT *de la raclette.*

RACLEUR, EUSE [ʀɑklœʀ, øz] n. – 1576 ◇ de *racler* ■ **1** Ouvrier, ouvrière effectuant le raclage. *Racleur de peaux.* ■ **2** Personne qui joue mal (d'un instrument). *Un racleur de violon.*

RACLOIR [ʀɑklwaʀ] n. m. – 1538 ◇ de *racler* ■ Outil à large lame mince servant à racler. ➤ **grattoir.** *Racloir à parquets.* ◆ Outil préhistorique taillé dans un éclat de pierre.

RACLURE [ʀɑklyʀ] n. f. – 1462 ◇ de *racler* ■ Parcelle enlevée de la surface d'un corps en le raclant. ◆ FIG. Déchet.

RACOLAGE [ʀakɔlaʒ] n. m. – 1747 ◇ de *racoler* ■ **1** VX Action de racoler (des soldats). ■ **2** (1888) MOD. Action d'un(e) prostitué(e) qui racole. ➤ **retape.** *Racolage sur la voie publique.* ■ **3** Action de recruter, d'attirer des gens. *Faire du racolage pour une manifestation politique.* ➤ **rabattage.**

RACOLER [ʀakɔle] **v. tr.** ‹1› – 1750 ; «embrasser de nouveau» XIIe ◊ de *re-* et *accoler* ■ **1** VX Enrôler par force ou par ruse, en violation déguisée du principe de l'engagement volontaire. *Racoler des soldats.* ➤ **engager, recruter.** ■ **2** Attirer par des moyens publicitaires ou autres. *«En offrant des avantages illusoires aux abonnés, on en avait raccolé* [sic] *deux mille»* BALZAC. ■ **3** Chercher à attirer (un client), en parlant d'une personne qui se prostitue. *Travesti qui racole les passants.* — ABSOLT *«elle racolait la main sur la hanche, en ondulant du valseur»* M. ROLLAND.

RACOLEUR, EUSE [ʀakɔlœʀ, øz] **n. et adj.** – 1747 ◊ de *racoler* ■ **1 n. m.** VX Recruteur militaire qui racolait. ■ **2** Recruteur ou propagandiste peu scrupuleux. *Les racoleurs d'un parti.* ■ **3** Prostitué(e) qui racole. ■ **4 adj.** Qui cherche à attirer, à racoler. *Une enseigne racoleuse.* ➤ **raccrocheur.** *Un sourire racoleur.*

RACONTABLE [ʀakɔ̃tabl] **adj.** – XIIIe ◊ de *raconter* ■ Qui peut être raconté (surtout au négatif). *Cette histoire n'est guère racontable en public.* ■ CONTR. Inracontable.

RACONTAR [ʀakɔ̃taʀ] **n. m.** – 1853 ◊ de *raconter* ■ Nouvelle peu sérieuse, propos médisant ou sans fondement sur le compte de qqn. ➤ 1 **cancan, commérage*, médisance.** *«Les mêmes passions, la même soif de racontars qu'en province»* RADIGUET.

RACONTER [ʀakɔ̃te] **v. tr.** ‹1› – XIIe ◊ de *re-* et ancien français *aconter*, de *conter* ■ **1** Exposer par un récit (des faits vrais ou présentés comme tels). ➤ **conter, narrer, rapporter, relater, retracer.** *Raconter ce qui s'est passé. «je raconte une histoire dont rien n'est inventé»* MAURIAC. *Raconter qqch. en détail, par le menu. «Ce que Sainte-Beuve raconte de ces solitaires»* RENAN. *«Il a entendu raconter qu'ils vivent des femmes»* ROMAINS. ➤ 1 **dire.** ◆ LOC. FAM. *Raconter sa vie à qqn :* donner de longues explications inutiles. — *Je te raconte pas,* s'emploie pour donner un caractère emphatique à ce qu'on dit (cf. Je te dis* pas, tu ne peux pas savoir*). *«il vient de se prendre une beigne, je te raconte pas»* V. RAVALEC. ■ **2** Décrire, dépeindre. *«Il faut raconter barbarement un âge barbare»* MICHELET. ◆ LITTÉR. *Raconter qqn :* raconter sa vie, faire son portrait. *«Il est fort rare qu'on ne désoblige pas ceux qu'on raconte»* COCTEAU. — PRONOM. *«Je ne me suis pas raconté dans ce roman»* CHARDONNE. ■ **3** Dire, débiter à la légère ou de mauvaise foi. *Je ne vais pas vous raconter d'histoires. Je sais ce qu'on raconte sur nous. Qu'est-ce que tu me racontes là ?* ➤ **chanter.** *C'est du moins ce qu'elle raconte,* ce qu'elle prétend. — *Il se raconte des histoires :* il se fait des illusions, il se leurre. *«Delemere appartenait à cette catégorie de gens qui ne se racontent pas d'histoires. Qui se voient tels qu'ils sont»* M. DUGAIN. — FAM. *Se la raconter :* crâner, frimer ; fantasmer, s'illusionner. *«La Sabrina qui se la raconte, qui joue la madame à vouloir être mieux que les autres»* É. LOUIS.

RACONTEUR, EUSE [ʀakɔ̃tœʀ, øz] **n.** – XVe ◊ de *raconter* ■ RARE Personne qui raconte, aime à raconter. ➤ **conteur.** *«Les historiens sont des raconteurs du passé»* GONCOURT.

RACORNI, IE [ʀakɔʀni] **adj.** – 1331 fig. ◊ de *racornir* ■ Durci comme de la corne. *«Ses larges godillots craquelés et racornis»* DORGELÈS. *Un vieux bout de viande tout racorni,* desséché. — FIG. et PLAIS. *«Mes vieilles idées, racornies dans mon cerveau»* ROUSSEAU. *Un esprit racorni.*

RACORNIR [ʀakɔʀniʀ] **v. tr.** ‹2› – XIVe ◊ de *re-* et *corne* ■ **1** Rendre dur, coriace, de la consistance de la corne. *La chaleur a racorni ce cuir.* ➤ **dessécher.** ■ **2** Rapetisser, raccourcir par dessèchement. ➤ **ratatiner.** PRONOM. *«voir la chair grillée se racornir dans la flamme»* GAUTIER. — **n. m. RACORNISSEMENT,** 1743.

RACRAPOTER (SE) [ʀakʀapɔte] **v. pron.** ‹1› – 1892 au p. p. ◊ mot wallon ■ (Belgique) FAM. ■ **1** Se recroqueviller ; se ramasser sur soi. *Se racrapoter sous la couette.* ◆ PAR EXT. Se ratatiner, se rabougrir. — **P. p. adj.** *De vieilles pommes toutes racrapotées.* ■ **2** FIG. Se renfermer, se replier sur soi. *«Mourir de se dissoudre De se racrapoter»* BREL.

RAD [ʀad] **n. m.** – 1953 ◊ de *radiation* ■ MÉTROL. Unité C. G. S. de mesure de dose absorbée de rayonnements ionisants (SYMB. rd), égale à 10^{-2} gray. ■ HOM. Rade.

RADAR [ʀadaʀ] **n. m.** – 1943 ◊ mot anglais, acronyme de *Radio Detecting And Ranging* «détection et télémétrie par radioélectricité» ■ Système ou appareil de détection, qui émet un faisceau d'ondes électromagnétiques très courtes et en reçoit l'écho, permettant ainsi de déterminer la direction et la distance d'un objet. ➤ **détecteur.** *Utilisation du radar en navigation* (➤ **radiolocalisation ; transpondeur**). *Interception d'un avion, surveillance d'un aéroport par radar. Radar météorologique. Radar Doppler*,* permettant de mesurer la vitesse des cibles. ➤ **cinémomètre.** *Radar de stationnement,* installé sur un véhicule, qui signale la présence d'obstacles au conducteur lors des manœuvres de stationnement. *L'avion furtif* échappe aux radars. — Contrôle de la vitesse des voitures par radar.* — APPOS. *Système radar. Écran radar. Des contrôles radars.* — LOC. FIG. *Disparaître des (écrans) radars :* disparaître complètement. FAM. *Marcher au radar,* en se laissant guider par des automatismes, notamment lorsqu'on est mal réveillé.

RADARISTE [ʀadaʀist] **n.** – 1946 ◊ de *radar* ■ Spécialiste assurant le fonctionnement et la réparation des radars.

RADASSE [ʀadas] **n. f.** – 1913 ◊ de *rade,* dans l'ancienne locution *faire le rade* «faire le trottoir» (1873), d'origine incertaine ■ VULG. ■ **1** VIEILLI Prostituée de bas étage. ■ **2** Terme injurieux à l'égard d'une femme. ➤ **pétasse, pouffiasse.** *«ces radasses prétendent qu'elle se tape des mecs jeunes»* V. DESPENTES.

1 **RADE** [ʀad] **n. f.** – 1474 ◊ ancien anglais *rad* → raid ■ Bassin naturel de vastes dimensions, ayant issue vers la mer et dans lequel les navires peuvent trouver un bon mouillage. *Mouiller sur rade, en rade. «la flotte était en rade, à Bizerte, à Toulon»* SARTRE. ◆ LOC. FAM. **EN RADE.** *Laisser (qqn, qqch.) en rade,* l'abandonner. *Une voiture en rade sur le bord de la route,* en panne. *Le projet est resté en rade.* ■ HOM. Rad.

2 **RADE** [ʀad] **n. m.** – 1844 ◊ de l'argot *radeau* «comptoir» → radin ■ ARG. Bar, bistrot.

RADEAU [ʀado] **n. m.** – 1485 ◊ ancien provençal *radel,* diminutif du provençal *rat,* latin *ratis* → 1 ras ■ Assemblage flottant de pièces de bois qui constitue une plateforme susceptible de porter des personnes ou des marchandises sur l'eau. *Le radeau de la Méduse.* ◆ Train de bois.

RADER [ʀade] **v. tr.** ‹1› – 1842 ; «mesurer à la radoire» 1723 ◊ du radical de *radoire* (1321) «règle pour mesurer à ras» ; latin populaire °*rasitoria,* de *radere* «raser» ■ TECHN. Entamer (un bloc de pierre) en dessus et en dessous, afin de le diviser.

RADIAIRE [ʀadjɛʀ] **adj.** – 1796 ◊ du latin *radius* «rayon» ■ DIDACT. Disposé en rayons autour d'un point central, par symétrie radiée.

RADIAL, IALE, IAUX [ʀadjal, jo] **adj.** et **n. f.** – avant 1478 ◊ du latin *radius* ■ **1** ANAT. Qui a rapport au radius ou à la partie de l'avant-bras correspondant au radius. *Nerf radial :* branche postérieure du plexus brachial. *Artère radiale.* ■ **2** (1898) SC. et TECHN. Relatif au rayon, disposé selon un rayon. *Vitesse radiale. — Pneu à carcasse radiale.* ■ **3** (v. 1965) *Voie radiale,* et **n. f. UNE RADIALE :** voie qui forme un rayon, joignant une voie périphérique au centre (opposé à *rocade*). ➤ **pénétrante.** ■ HOM. Radio.

RADIAN [ʀadjɑ̃] **n. m.** – 1904 ◊ mot anglais 1879 ; du latin *radius* «rayon» ■ MÉTROL. Unité de mesure d'angle plan (SYMB. rad). *L'angle plat (180°) vaut* π *radians.* ■ HOM. Radiant.

RADIANCE [ʀadjɑ̃s] **n. f.** – 1904 ; «épanouissement, rayonnement» 1825 ◊ de *radiant* ■ PHYS. Quotient du flux lumineux que rayonne une surface par son aire, compte non tenu de la répartition spatiale de ce flux. ◆ PAR EXT. *Radiance énergétique :* énergie rayonnée par unité de surface en un temps donné. ➤ **luminance.**

RADIANT, IANTE [ʀadjɑ̃, jɑ̃t] **adj.** – XIIIe ◊ latin *radians* ■ **1** VX Rayonnant. ◆ (1896) MOD. SC. Qui rayonne, émet des radiations. *Chaleur radiante. L'activité radiante de l'uranium.* ➤ **radioactivité.** ■ **2** (1867) ASTRON. *Point radiant,* et SUBST. *le radiant :* point du ciel d'où paraît provenir la trajectoire des météorites. ■ HOM. Radian.

RADIATEUR [ʀadjatœʀ] **n. m.** – 1879 ; «qui peut rayonner» 1877 ◊ adj. du radical de *radiation* ■ **1** TECHN. Dispositif augmentant la surface de rayonnement d'un appareil de chauffage. ◆ COUR. Appareil de chauffage indépendant ou relié à une chaudière assurant le rayonnement de la chaleur. *Radiateur à gaz, à bain d'huile. Radiateur électrique.* ➤ **convecteur,** 2 **parabolique.** *Radiateur en fonte, en acier. Purger les radiateurs. Cache-radiateur* (voir ce mot). ■ **2** (1898) Organe de refroidissement des moteurs à explosion, formé d'un faisceau de tubes garni d'ailettes où l'eau circule et se refroidit (au contact de l'air et par l'action du ventilateur). *Mettre de l'antigel dans le radiateur.*

RADIATIF, IVE [Radjatif, iv] adj. – 1928 ◊ du radical de *radiation* ■ PHYS. Qui concerne les rayonnements. *Théorie de l'équilibre radiatif dans les atmosphères stellaires.*

1 **RADIATION** [Radjasjɔ̃] n. f. – 1378 ◊ du latin médiéval *radiare*, latinisation de *rayer* par fausse étymologie ■ Action de radier (qqn ou plus rarement qqch.) d'une liste, d'un registre. *Sa radiation des listes électorales.* — DR. *Radiation du barreau (d'un avocat). Radiation d'inscription (hypothécaire).* ■ CONTR. Inscription.

2 **RADIATION** [Radjasjɔ̃] n. f. – 1448 ◊ latin *radiatio* ■ 1 VIEILLI Émission de rayons lumineux. ■ 2 (1814) Énergie émise et propagée sous forme d'ondes à travers un milieu matériel. ◆ SPÉCIALT Ondes sonores, ondes électromagnétiques (hertziennes, infrarouges, visibles, ultraviolettes, rayons X, rayons γ), ondes corpusculaires (rayons α, rayons β). *Période, fréquence, longueur d'onde d'une radiation.* — *Émission de radiations par un corps radioactif.* ➤ **radioactivité.** *Exposition à des radiations ionisantes.* ➤ **irradiation.** ■ 3 BIOL. Dispersion et adaptation à un nouvel environnement d'une lignée d'animaux ou de plantes, qui a pour conséquence l'évolution de formes divergentes plus aptes à vivre dans le nouvel habitat.

RADICAL, ALE, AUX [Radikal, o] adj. et n. – fin XVe ◊ bas latin *radicalis*, de *radix* «racine»

I adj. ■ 1 Qui tient à l'essence, au principe (d'une chose, d'un être). ➤ **foncier, fondamental ; absolu.** «*L'instinct le plus radical dans l'homme, le désir de vivre*» SUARÈS. *Changement radical.* ➤ 1 **complet, total.** ◆ Plus cour. Qui vise à agir sur la cause profonde des effets qu'on veut modifier. *Réforme radicale. Mesure radicale.* ➤ **drastique.** *C'est un moyen radical.* — CHIR. *Cure radicale* : opération par laquelle on corrige de façon durable une lésion ou une anomalie. ◆ DIDACT. *Doctrine radicale*, qui va jusqu'au bout de ses conséquences, sans concession. ➤ **extrémiste, intransigeant, intégriste, rigoriste.** *L'islam radical.* ■ 2 LING. Qui fait partie de la racine d'un mot. *Dans* parler, *le* a *est une voyelle radicale.* ■ 3 BOT. Qui appartient à la racine d'un végétal, naît du collet. ➤ **racinaire.** ■ 4 MATH. *Axe radical de deux cercles* : lieu géométrique des points qui ont la même puissance par rapport aux deux cercles. ■ 5 HIST. Des radicaux, en politique (cf. ci-dessous, II, 4°). — MOD. Relatif, propre au radicalisme, au radical-socialisme. *Parti, congrès radical. Les députés radicaux.*

II n. m. ■ 1 Toute forme particulière prise par la racine* d'un mot dans le discours. *Verbe à trois radicaux.* ■ 2 CHIM. Groupement d'atomes, présent dans une série de composés, qui conserve son identité au cours des changements chimiques qui affectent le reste de la molécule. *Radical ammonium* (NH_4), *radical éthyle* (C_2H_5), etc. *Radicaux libres* : atomes ou molécules instables cherchant à se lier à d'autres atomes ou groupement d'atomes et provoquant des réactions en chaîne. ■ 3 ALG. Symbole ($\sqrt[n]{\ }$) qui indique qu'on doit extraire la racine de degré *n* de la quantité qui se trouve sous la barre horizontale du signe. ■ 4 (1820 ; en anglais fin XVIIIe) HIST. *Les* **RADICAUX.** Républicains partisans de réformes «radicales» dans le sens de la démocratie et de la laïcité. — MOD. Ces républicains, organisés en parti après la chute du second Empire (*parti radical*, puis *radical-socialiste*), situés de nos jours au centre gauche des partis politiques. ➤ **centriste.**

RADICALAIRE [Radikalɛʀ] adj. – 1952 ◊ de *radical* (II, 2°) ■ CHIM. *Réaction radicalaire* : réaction due à l'action d'un radical. *Polymérisation radicalaire.*

RADICALEMENT [Radikalmɑ̃] adv. – 1314 ◊ créé d'après le bas latin *radicaliter*, remotivé par l'adj. *radical* ■ Dans son principe, d'une manière radicale. ➤ **absolument,** 1 **complètement.** *Changer radicalement d'attitude.*

RADICALISATION [Radikalizasjɔ̃] n. f. – 1877 ◊ de *radicaliser* ■ Fait de se radicaliser. *La radicalisation des revendications syndicales. Prévenir la radicalisation des jeunes.* ■ CONTR. Déradicalisation.

RADICALISER [Radikalize] v. tr. ‹1› – 1839 ◊ de *radical* ■ DIDACT. ■ 1 Rendre radical, plus extrême. *Radicaliser une théorie, des opinions* (➤ **durcir**). — PRONOM. «*L'hostilité se radicalisa en 1933 quand le régime nazi voulut briser les Églises du pays*» S. GERMAIN. ■ 2 Faire adopter à (qqn) des positions radicales. ◆ SPÉCIALT Faire suivre à (qqn) le courant le plus radical d'une doctrine, d'une religion. — PRONOM. *Jeunes qui se sont radicalisés en prison.* ■ CONTR. Déradicaliser.

RADICALISME [Radikalism] n. m. – 1820 ◊ de *radical* ■ 1 HIST. Doctrine, attitude politique des républicains appelés radicaux* (II, 4°). — MOD. Doctrine des radicaux et radicaux-socialistes. ➤ **radical-socialisme.** ■ 2 Fondamentalisme religieux. ➤ **extrémisme.**

RADICAL-SOCIALISME [Radikalsɔsjalism] n. m. – fin XIXe ◊ de *radical-socialiste* ■ Politique, doctrine des radicaux-socialistes.

RADICAL-SOCIALISTE [Radikalsɔsjalist] adj. et n. – 1871 ◊ de *radical* et *socialiste* ■ Qui appartient, est propre au parti républicain radical et radical-socialiste, dénomination officielle prise en 1901 par le parti radical. ➤ **radical** (II, 4°). *Ministère, gouvernement radical-socialiste.* — n. *Les radicaux-socialistes.* — ABRÉV. FAM. (inv.) **RAD-SOC** [Radsɔk].

RADICANT, ANTE [Radikɑ̃, ɑ̃t] adj. – 1778 ◊ du latin *radicari* «prendre racine» ■ BOT. Qui développe des racines adventives. *Tige radicante du lierre.*

RADICELLE [Radisɛl] n. f. – 1815 ◊ variante savante de *radicule* ■ BOT. Ramification de la racine principale.

RADICULAIRE [Radikylɛʀ] adj. – 1817 ◊ du latin *radicula* «radicule» ■ 1 BOT. Qui appartient à la radicule. ■ 2 MÉD. Qui concerne, touche les racines des nerfs crâniens ou rachidiens. *Neuropathie radiculaire.* ◆ Qui concerne les racines des dents. *Canal, pulpe radiculaire.*

RADICULE [Radikyl] n. f. – 1676 ◊ latin *radicula*, diminutif de *radix* «racine» ■ BOT. Première racine d'un végétal, élaborée par l'embryon au début de la germination de la graine.

RADICULITE [Radikylit] n. f. – 1923 ◊ du latin *radicula* et *-ite* ■ MÉD. Inflammation d'une racine nerveuse, SPÉCIALT des racines d'un nerf rachidien. ➤ **névrite*** (radiculaire).

RADIÉ, IÉE [Radje] adj. et n. f. – 1679 ◊ latin *radiatus* ■ 1 DIDACT. Qui présente des lignes rayonnant à partir d'un point central. ➤ **rayonné.** «*Un cercle d'argent, radié en forme de soleil*» CHATEAUBRIAND. *Fleur radiée*, dont les pétales sont disposés en rayons. *La fleur radiée de la pâquerette.* — *Symétrie radiée* (➤ **radiaire**). ■ 2 n. f. pl. (1718) BOT. Sous-famille des composées comprenant les plantes aux fleurs radiées (pâquerette, tournesol, etc.). ■ HOM. Radier.

1 **RADIER** [Radje] n. m. – XIVe ◊ probablt du radical de *radeau* ■ Revêtement, plateforme (de charpente, de maçonnerie) couvrant le sol d'une installation hydraulique, d'un canal, et servant de fondation. ■ HOM. Radié.

2 **RADIER** [Radje] v. tr. ‹7› – 1819 ◊ de 1 *radiation* ■ Faire disparaître (un nom, une mention) d'une liste, d'un registre, d'un compte, de façon officielle. ➤ **effacer, rayer.** *Être radié d'une liste électorale. Conseil de l'Ordre qui radie un médecin.* — p. p. adj. *Nom radié.* ■ CONTR. Inscrire.

RADIESTHÉSIE [Radjɛstezi] n. f. – 1930 ◊ de 2 *radi(ation)* et *-esthésie* ■ Réceptivité particulière à des rayonnements qu'émettraient différents corps ; procédé de détection fondé sur cette sensibilité. ➤ **rhabdomancie.**

RADIESTHÉSISTE [Radjɛstezist] n. – 1930 ◊ de *radiesthésie* ■ Personne qui pratique la radiesthésie. ➤ **rhabdomancien, sourcier.** *Baguette, pendule de radiesthésiste.*

RADIEUX, IEUSE [Radjø, jøz] adj. – 1460 ◊ latin *radiosus* ■ 1 Qui rayonne, brille d'un grand éclat. ➤ 1 **brillant*.** *Un soleil radieux.* ➤ **éclatant.** ◆ Particulièrement éclatant et lumineux. *Par une journée radieuse.* ■ 2 LITTÉR. Éblouissant, rayonnant de pureté, de perfection, de bonheur. *D'une beauté radieuse.* «*je voudrais exténuer l'ardeur de ce souvenir radieux*» GIDE. ■ 3 (PERSONNES) Rayonnant de joie, de bonheur. ➤ **heureux, ravi.** *Une jeune mère radieuse.* ◆ *Visage, sourire radieux.* ➤ **épanoui, resplendissant.** ■ CONTR. Sombre, triste.

RADIN, INE [Radɛ̃, in] adj. et n. – 1920 ; *redin* 1885 ; argot *radin* «gousset, tiroir-caisse» 1835 ◊ var. de *radeau* «comptoir», en argot ■ FAM. Avare. *Elle est radine* ou (plus cour.) *un peu radin.* — n. *Quel radin !* ➤ **rat.**

RADINER [Radine] v. ‹1› – 1865 ◊ probablt de l'ancien français et dialectal *rade* «rapide, vite» ; latin *rapidus* ■ FAM. ■ 1 v. intr. Arriver. ➤ **rappliquer.** *Il radine à toute allure.* ■ 2 v. pron. *Le voilà qui se radine.* ➤ **se ramener.** *Ils se sont radinés en vitesse.*

RADINERIE [RadinRi] n. f. – milieu XXe ◊ de *radin* ■ FAM. Avarice mesquine. ➤ **pingrerie.**

1 **RADIO** [ʀadjo] **n. m.** – 1907 ◊ abrév. de *radiogramme, radiotélégraphiste* ■ **1** VX Radiogramme. ■ **2** (1917) Radiotélégraphiste. ➤ **sans-filiste.** *Le radio de bord d'un avion.* ➤ **radionavigant.** *« Le radio, de ses doigts, lâchait les derniers télégrammes »* SAINT-EXUPÉRY. ■ HOM. Radiaux (radial).

2 **RADIO** [ʀadjo] **n. f.** – 1922 ◊ abrév. de *radioscopie, radiographie, radiodiffusion, radiotéléphonie*

I Radioscopie (➤ **scopie**) ou radiographie. *Passer à la radio* (➤ **radiographier**). — SPÉCIALT Radiographie. *Les radios sont normales.*

II ■ **1** Radiodiffusion. ➤ **onde, T. S. F.** *Station de radio. Poste de radio. Programme, émissions de radio* (➤ **radiophonique**). *Passer à la radio,* participer à une émission. *Concert retransmis à la radio. Écouter les informations à la radio. Animateur de radio. Radio numérique terrestre (R. N. T.).* ■ **2** Station émettrice d'émissions en radiophonie. *Les auditeurs d'une radio. Radios périphériques. Radio pirate*. Radio locale privée, radio libre :* radio privée autorisée, émettant dans un rayon de quelques kilomètres. ◆ Ensemble des stations. *Travailler à la radio. La Maison de la Radio, à Paris.* ■ **3** Poste récepteur. ➤ 3 **poste, transistor ; autoradio, baladeur, radiocassette, radio-réveil.** *Radio d'une chaîne hifi.* ➤ **syntoniseur, tuner.** *Allumer, éteindre, mettre la radio.*

III ■ **1** Radiotéléphonie. *Communiquer par radio.* — APPOS. INV. *Voiture radio. Des messages radio. Silence* radio.* ■ **2** Appareil émetteur et récepteur en radiophonie. ➤ **talkie-walkie.** *La radio de bord.*

■ HOM. Radiaux (radial).

RADIO- ■ Élément, du radical latin *radius* « rayon » ou de *radiation.* — CHIM. Élément qui signifie « radioactif » ou « isotope radioactif » devant le nom d'un corps chimique.

RADIOACTIF, IVE [ʀadjoaktif, iv] **adj.** – 1896 ◊ de *radio-* et *actif* ■ Doué de radioactivité*. *Éléments, isotopes radioactifs* (ex. ^{238}U, ^{226}Ra, ^{40}K). ➤ **radioélément, radio-isotope.** *Équilibre radioactif :* état d'un système contenant un radio-isotope dont la quantité formée est égale et compense celle qui est détruite. *Familles radioactives :* ensemble de radioéléments naturels ou artificiels dérivant en cascade au cours de réactions nucléaires jusqu'à la formation d'un élément stable. — *Déchets radioactifs d'un réacteur atomique. Nuage* radioactif. Retombées* radioactives.*

RADIOACTIVITÉ [ʀadjoaktivite] **n. f.** – 1896 ◊ de *radioactif* ■ **1** Propriété que possèdent certains isotopes de se transformer spontanément par désintégration en un autre isotope par suite d'une modification du noyau de l'atome, en émettant des rayonnements corpusculaires α (hélions) ou β (électrons) ou électromagnétiques (rayons γ). *Radioactivité naturelle,* de certains atomes qui se trouvent dans la nature. *Radioactivité artificielle,* provoquée sur des corps naturellement stables (en faisant pénétrer dans leurs noyaux des neutrons ou des protons). ■ **2** Quantité de particules, de rayonnements ionisants émis par un échantillon radioactif. *Mesurer la radioactivité d'un site* (➤ **contamination, irradiation ; radioprotection, radiotoxicité**). *Seuil de radioactivité. Radioactivité d'une source.* ➤ **activité ; becquerel,** 2 **curie.** *Dose* de radioactivité.* ➤ **gray, sievert ; rad, rem.** *Exposition* à la radioactivité.* ➤ **coulomb** (par kilogramme), **röntgen.**

RADIOALIGNEMENT [ʀadjoaliɲ(ə)mɑ̃] **n. m.** – 1941 ◊ de *radio-* et *alignement* ■ TECHN. Méthode de balisage d'une ligne de navigation maritime ou aérienne par radiophares. ➤ **radiobalisage.**

RADIOALTIMÈTRE [ʀadjoaltimɛtʀ] **n. m.** – 1952 ◊ de *radio-* et *altimètre* ■ AÉRONAUT. Appareil de navigation fonctionnant selon le principe du radar et capable de calculer l'altitude d'un aéronef. — **adj. RADIOALTIMÉTRIQUE.**

RADIOAMATEUR, TRICE [ʀadjoamatœʀ, tʀis] **n.** – 1963 ◊ de 2 *radio* et *amateur* ■ Personne qui émet et diffuse des messages sur ondes courtes sans être professionnelle. ➤ **cébiste.**

RADIOASTRONOMIE [ʀadjoastʀɔnɔmi] **n. f.** – 1953 ◊ de *radio-* et *astronomie* ■ ASTRON. Branche de l'astrophysique qui étudie les rayonnements radioélectriques des corps célestes (➤ **radiosource**).

RADIOBALISAGE [ʀadjobalizaʒ] **n. m.** – 1943 ◊ de 2 *radio* et *balisage* ■ TECHN. Signalisation d'une route aérienne ou maritime par une suite de petits radiophares qui émettent des ondes aisément identifiables. ➤ **radioalignement.**

RADIOBALISE [ʀadjobaliz] **n. f.** – 1947 ◊ de 2 *radio-* et 1 *balise* ■ TECHN. Dispositif qui émet des signaux radioélectriques pour permettre la localisation et l'identification de mobiles par un système spécifique de détection terrestre ou satellitaire. *Navire équipé d'une radiobalise de détresse. Radiobalise de localisation de sinistres (RLS).*

RADIOBALISER [ʀadjobalize] **v. tr.** ⟨1⟩ – 1948 ◊ de 2 *radio* et *baliser* ■ TECHN. Équiper d'une signalisation par radiobalisage. *Radiobaliser une route aérienne.*

RADIOBIOLOGIE [ʀadjobjɔlɔʒi] **n. f.** – 1905 ◊ de *radio-* et *biologie* ■ SC. Partie de la biologie étudiant les effets des rayonnements sur les êtres vivants.

RADIOCARBONE [ʀadjokaʀbɔn] **n. m.** – 1936 ◊ de *radio-* et *carbone* ■ SC. Carbone radioactif (carbone* 14). *Le radiocarbone se forme dans la haute atmosphère.*

RADIOCASSETTE [ʀadjokasɛt] **n. f.** – 1975 ◊ de 2 *radio* et *cassette* ■ Appareil récepteur de radio associé à un lecteur-enregistreur de cassettes.

RADIOCHIMIE [ʀadjoʃimi] **n. f.** – 1905 ◊ de *radio-* et *chimie* ■ SC. Partie de la chimie traitant des atomes radioactifs et de l'effet des rayonnements. — **adj. RADIOCHIMIQUE.**

RADIOCHIRURGIE [ʀadjoʃiʀyʀʒi] **n. f.** – 1967 ◊ de *radio-* et *chirurgie* ■ MÉD. Technique neurochirurgicale non invasive qui permet de traiter des affections intracrâniennes de petite taille par irradiation précise et puissante dans des conditions stéréotaxiques. *Radiochirurgie par gammathérapie.*

RADIOCOBALT [ʀadjokɔbalt] **n. m.** – 1959 ◊ de *radio-* et *cobalt* ■ SC. Isotope radioactif du cobalt de nombre de masse 60.

RADIOCOMMANDE [ʀadjokɔmɑ̃d] **n. f.** – 1963 ◊ de 2 *radio* et *commande* ■ TECHNOL. Commande à distance par onde hertzienne.

RADIOCOMMUNICATION [ʀadjokɔmynikasjɔ̃] **n. f.** – 1922 ◊ de 2 *radio* et *communication* ■ TECHN. Communication au moyen d'ondes électromagnétiques ; SPÉCIALT Télécommunication par un procédé radioélectrique. ➤ 1 **CB, radiomessagerie, radiotéléphonie.**

RADIOCOMPAS [ʀadjokɔ̃pɑ] **n. m.** – 1922 ◊ de 2 *radio* et *compas* ■ AVIAT. Radiogoniomètre utilisé comme compas, permettant notamment de conserver un cap constant.

RADIODERMITE [ʀadjodɛʀmit] **n. f.** – 1905 ◊ de *radio-* et *dermite* ■ MÉD. Lésion cutanée due à l'action des rayons X ou de substances radioactives.

RADIODIAGNOSTIC [ʀadjodjagnɔstik] **n. m.** – 1907 ◊ de *radio-* et *diagnostic* ■ MÉD. Diagnostic établi par un examen aux rayons X.

RADIODIFFUSER [ʀadjodifyze] **v. tr.** ⟨1⟩ – 1930 ◊ de *radio-* et *diffuser* ■ Émettre et transmettre par radiodiffusion. *Radiodiffuser un concert. « Ils ne veulent pas radiodiffuser la traduction avant que les journaux l'aient publiée »* SARTRE. — *Conférence de presse radiodiffusée.* — **n. m. RADIODIFFUSEUR.**

RADIODIFFUSION [ʀadjodifyzjɔ̃] **n. f.** – 1925 ◊ de *radio-* et *diffusion* ■ Émission et transmission, par procédé radioélectrique (ondes hertziennes), de programmes variés ; organisation qui prépare et effectue cette transmission. ➤ **diffusion, émission ;** 2 **radio, radiophonie, T. S. F.** *Programmes, chaînes de radiodiffusion.*

RADIOÉLECTRICIEN, IENNE [ʀadjoelɛktʀisjɛ̃, jɛn] **n.** – 1931 ◊ de *radioélectrique,* d'après *électricien* ■ Technicien(ne) de radioélectricité.

RADIOÉLECTRICITÉ [ʀadjoelɛktʀisite] **n. f.** – 1922 ◊ de *radio-* et *électricité* ■ SC. Branche de la physique relative à la production et l'utilisation des oscillations électriques de haute fréquence et des ondes qu'elles engendrent (ondes radioélectriques*).

RADIOÉLECTRIQUE [ʀadjoelɛktʀik] **adj.** – 1913 ◊ de *radio-* et *électrique* ■ Relatif à la radioélectricité ou étudié par elle. *Ondes radioélectriques :* ondes électromagnétiques de longueur supérieure au rayonnement visible et infrarouge (➤ **hertzien**). *Techniques radioélectriques de navigation.*

RADIOÉLÉMENT [ʀadjoelemɑ̃] **n. m.** – 1906 ◊ de *radio-* et *élément* ■ SC. Élément atomique dont le noyau est radioactif. *Radioélément naturel.* ➤ **isotope ; transuranien.** *Radioélément artificiel,* produit par une réaction nucléaire.

RADIOFRÉQUENCE [ʀadjofʀekɑ̃s] **n. f.** – 1949 ◊ de *radio-* et *fréquence* ■ Fréquence d'une onde électromagnétique, d'un signal électrique, inférieure aux fréquences optiques. *Les radiofréquences s'étendent jusqu'à 3 000 gigahertz.*

RADIOGALAXIE [ʀadjogalaksi] **n. f.** – 1971 ◊ de *radio-* et *galaxie* ■ ASTRON. Galaxie accompagnée d'une radiosource.

RADIOGÉNIQUE [ʀadjoʒenik] **adj.** – 1930 ◊ de 2*radio,* d'après *photogénique* ■ Qui a des qualités que la radio peut mettre en valeur. *Une voix radiogénique.*

RADIOGONIOMÈTRE [ʀadjogɔnjɔmɛtʀ] **n. m.** – 1899 ◊ de *radio-* et *goniomètre* ■ TECHN. Appareil récepteur permettant de déterminer l'angle et la direction d'un signal radioélectrique. *Radiogoniomètre de bord,* sur un navire, un avion. ➤ **radiocompas.** — ABRÉV. FAM. **GONIO** [gɔnjo], 1935.

RADIOGONIOMÉTRIE [ʀadjogɔnjɔmetʀi] **n. f.** – 1921 ◊ de *radiogoniomètre* ■ TECHN. Ensemble des procédés permettant de déterminer la direction d'un poste émetteur de radio. ABRÉV. FAM. **GONIO,** 1951. — **adj. RADIOGONIOMÉTRIQUE.**

RADIOGRAMME [ʀadjɔgʀam] **n. m.** – 1909 ◊ contraction de *radiotélégramme* (1903) ; de *radio-* et *télégramme* ■ VX Message transmis par radiotélégraphie. ➤ 1 **radio, télégramme.**

RADIOGRAPHIE [ʀadjɔgʀafi] **n. f.** – 1895 ◊ contraction de *radiophotographie* ■ **1** Technique d'enregistrement photographique de la structure interne d'un corps traversé par des rayons X. ➤ 2 **radio.** — Épreuve photographique obtenue par la radiographie. *Lire une radiographie.* ■ **2** FIG. Analyse fouillée, examen minutieux. *Une radiographie des institutions européennes.* — **adj. RADIOGRAPHIQUE,** 1896.

RADIOGRAPHIER [ʀadjɔgʀafje] **v. tr.** ‹7› – 1895 ◊ de *radiographie* ■ Photographier au moyen des rayons X. *Radiographier un malade, un organe. Se faire radiographier* (cf. FAM. Passer à la radio*).

RADIOGUIDAGE [ʀadjogidaʒ] **n. m.** – 1941 ◊ de 2*radio* et *guidage* ■ Guidage des navires, des avions, des engins spatiaux par des méthodes radioélectriques (balises, radiophares). *Radioguidage à l'atterrissage* (dit *radioatterrissage*). ◆ (v. 1964) Information radiophonique ou téléphonique sur le trafic routier, destinée aux automobilistes.

RADIOGUIDER [ʀadjogide] **v. tr.** ‹1› – 1951 ◊ de *radioguidage* ■ Guider à distance par ondes radioélectriques (➤ **téléguider**). — **p. p. adj.** *Fusées radioguidées.*

RADIOHÉLIOGRAPHE [ʀadjoeljɔgʀaf] **n. m.** – 1977 ◊ de *radio-* et *héliographe* ■ ASTRON. Appareil de mesure des émissions radioélectriques du Soleil.

RADIO-IMMUNOLOGIE [ʀadjoimynɔlɔʒi] **n. f.** – v. 1970 ◊ de *radio-* et *immunologie* ■ MÉD., BIOCHIM. Technique de dosage de grosses molécules biologiques utilisant des anticorps marqués par des isotopes radioactifs.

RADIO-ISOTOPE [ʀadjoizɔtɔp] **n. m.** – 1947 ◊ de *radio-* et *isotope* ■ SC. Isotope radioactif d'un élément chimique (*radio-iode, radiophosphore, radiosodium,* etc.). ➤ **radioélément.** *Utilisation des radio-isotopes comme indicateurs ou traceurs.*

RADIOLAIRES [ʀadjɔlɛʀ] **n. m. pl.** – 1862 ◊ latin des zoologistes *radiolaria,* de *radiolus,* diminutif de *radius* «rayon» ■ ZOOL. Classe de protozoaires *(actinopodes)* pourvus d'un squelette siliceux à symétrie radiale, à pseudopodes fins et rayonnants, appartenant au plancton marin. — **Sing.** *Un radiolaire.*

RADIOLARITE [ʀadjɔlaʀit] **n. f.** – 1963 ◊ de *radiolaire* ■ GÉOL. Roche sédimentaire composée en grande partie de squelettes de radiolaires.

RADIOLÉSION [ʀadjolezjɔ̃] **n. f.** – milieu XXe ◊ de *radio-* et *lésion* ■ MÉD. Trouble somatique provoqué par les rayonnements ionisants.

RADIOLOCALISATION [ʀadjolɔkalizasjɔ̃] **n. f.** – 1947 ◊ de *radio-* et *localisation* ■ TECHN. Technique de localisation d'un objet par ondes radioélectriques. *Radionavigation et radiolocalisation.*

RADIOLOGIE [ʀadjɔlɔʒi] **n. f.** – 1904 ◊ de *radio-* et *-logie* ■ Spécialité médicale qui étudie l'application des rayons X et d'autres rayonnements à des fins diagnostiques et thérapeutiques. ➤ **radiographie, radioscopie, radiothérapie.**

RADIOLOGIQUE [ʀadjɔlɔʒik] **adj.** – 1904 ◊ de *radiologie* ■ Qui se rapporte à la radiologie. *Examens radiologiques.*

RADIOLOGUE [ʀadjɔlɔg] **n.** – 1932 ; *radiologiste* 1905 ◊ de *radiologie* ■ Physicien(ne) ou technicien(ne) spécialiste de la radiologie. — Médecin spécialiste en radiologie.

RADIOLYSE [ʀadjɔliz] **n. f.** – 1968 ◊ de *radio-* et *lyse* ■ DIDACT. Décomposition d'un corps sous l'action d'un rayonnement ionisant.

RADIOMESSAGERIE [ʀadjomesaʒʀi] **n. f.** – 1987 ◊ de 2*radio* et *messagerie* ■ TECHN. Système de radiocommunication unidirectionnelle permettant d'envoyer de courts messages sur un terminal mobile (➤ **alphapage, bipeur, eurosignal, pageur, téléavertisseur**). *Pompiers recevant une alerte par radiomessagerie.*

RADIOMÈTRE [ʀadjɔmɛtʀ] **n. m.** – 1876 ; autre sens 1690 ◊ de l'anglais *radiometer* ■ PHYS. Appareil destiné à mesurer l'intensité d'un rayonnement lumineux ET SPÉCIALT des rayons solaires. *Radiomètre de Crookes.*

RADIOMÉTRIE [ʀadjɔmetʀi] **n. f.** – 1875 ◊ de *radio-* et *-métrie,* d'après *radiomètre* ■ PHYS. Mesure de l'énergie des rayons électromagnétiques, y compris la lumière visible. *Radiométrie et photométrie.* — **adj. RADIOMÉTRIQUE** (1836). *Unités radiométriques* (joule, watt).

RADIONAVIGANT, ANTE [ʀadjonavigɑ̃, ɑ̃t] **n.** – 1931 ◊ d'après *radionavigation* ■ TECHN. Spécialiste assurant, à bord d'un avion ou d'un bateau, les liaisons par radio. ➤ **radiotélégraphiste ;** 1 **radio.**

RADIONAVIGATION [ʀadjonavigasjɔ̃] **n. f.** – 1932 ◊ de *radio-* et *navigation* ■ TECHN. Ensemble des techniques de navigation utilisant les signaux radioélectriques de réseaux de balises fixes. ➤ **decca, loran, radiogoniométrie, radioguidage, radiolocalisation.** *Radionavigation par satellite.* ➤ **GPS.**

RADIONÉCROSE [ʀadjonekʀoz] **n. f.** – 1963 ◊ de *radio-* et *nécrose* ■ BIOL. Destruction tissulaire sous l'effet des rayons X.

RADIONUCLÉIDE [ʀadjonykleid] **n. m.** – 1958 ◊ de *radio-* et *nucléide* ■ PHYS. Nucléide radioactif.

RADIOPHARE [ʀadjofaʀ] **n. m.** – 1911 ◊ de *radio-* et *phare* ■ TECHN. Poste émetteur fixe, qui produit des ondes hertziennes fournissant un signal caractéristique. *Relever un radiophare au radiogoniomètre. Radiophares tournants* (➤ **radiobalisage**).

RADIOPHONIE [ʀadjɔfɔni] **n. f.** – 1880 ◊ de *radio-* et *-phonie* ■ Transmission du son par ondes hertziennes (radiodiffusion, radiotéléphonie). ➤ 2 **radio** (II).

RADIOPHONIQUE [ʀadjɔfɔnik] **adj.** – 1880 ◊ de *radiophonie* ■ Qui concerne la radiophonie, la radiodiffusion. *Programme, grille radiophonique. Jeu, feuilleton radiophonique.*

RADIOPHOTOGRAPHIE [ʀadjofɔtɔgʀafi] **n. f.** – 1948 ◊ de *radio-* et *photographie* ■ TECHN. Photographie en format réduit d'une image radioscopique projetée sur écran fluorescent.

RADIOPROTECTION [ʀadjopʀɔtɛksjɔ̃] **n. f.** – 1968 ◊ de *radio-* et *protection* ■ DIDACT. Ensemble des moyens destinés à protéger les individus des effets nocifs des rayonnements ionisants.

RADIOREPORTAGE [ʀadjoʀ(ə)pɔʀtaʒ] **n. m.** – 1930 ◊ de 2*radio* et *reportage* ■ Reportage radiodiffusé.

RADIOREPORTEUR, TRICE [ʀadjoʀ(ə)pɔʀtœʀ, tʀis] **n.** ou **RADIOREPORTER** [ʀadjoʀ(ə)pɔʀtɛʀ] **n. m.** – 1932 ◊ de 2*radio* et 1*reporteur* ■ Journaliste spécialisé(e) dans le radioreportage.

RADIO-RÉVEIL ou **RADIORÉVEIL** [ʀadjoʀevɛj] **n. m.** – 1968 ◊ de 2*radio* et 2*réveil* ■ Appareil de radio que l'on peut programmer de façon à ce qu'il se mette en marche à l'heure où l'on souhaite se réveiller. *Des radios-réveils, des radioréveils.*

RADIOSCOPIE [ʀadjɔskɔpi] **n. f.** – 1896 ◊ de *radio-* et *-scopie* ■ Examen de l'image que forme, sur un écran fluorescent, un corps traversé par des rayons X. ➤ 2 **radio, scopie.** *Passer à la radioscopie.* ◆ FIG. Examen approfondi. *Radioscopie du bénévolat, d'un scandale.* — **adj. RADIOSCOPIQUE,** 1898.

RADIOSENSIBLE [ʀadjosɑ̃sibl] **adj.** – milieu XXe ◊ de *radio-* et *sensible* ■ BIOL. Sensible à l'action des rayons X ou d'autres formes d'énergie radiante.

RADIOSONDAGE [ʀadjosɔ̃daʒ] **n. m.** – 1942 ◊ de *radio-* et *sondage* ■ SC., TECHN. Exploration de l'atmosphère à l'aide d'une radiosonde.

RADIOSONDE [ʀadjosɔ̃d] **n. f.** – 1935 ◊ de *radio-* et *sonde* ■ Appareil émetteur placé dans un ballon-sonde et transmettant au sol des renseignements météorologiques.

RADIOSOURCE [radjosuʀs] n. f. – 1957 ◇ de *radio-* et *source* ▪ ASTRON. Objet céleste émetteur d'ondes radioélectriques. ➤ **quasar ; radiogalaxie.**

RADIO-TAXI ou **RADIOTAXI** [radjotaksi] n. m. – v. 1950 ◇ de 2*radio* et *taxi* ▪ Taxi muni d'un poste émetteur-récepteur de radio ou d'un radiotéléphone lui permettant de rester en liaison avec sa compagnie qui lui indique l'adresse des clients qu'il doit aller chercher. *Des radios-taxis, des radiotaxis.*

RADIOTECHNIQUE [radjotɛknik] n. f. et adj. – 1927 ◇ de *radio-* et *technique* ▪ TECHN. Ensemble des procédés relatifs aux ondes radioélectriques.

RADIOTÉLÉGRAPHIE [radjotelegʀafi] n. f. – 1906 ◇ de *radio-* et *télégraphie* ▪ Télégraphie sans fil, transmission par ondes hertziennes de messages en alphabet morse. ➤ **1radio, radiogramme.**

RADIOTÉLÉGRAPHISTE [radjotelegʀafist] n. – 1907 ◇ de *radiotélégraphie* ▪ VIEILLI Opérateur de télégraphie sans fil. ➤ **1radio.**

RADIOTÉLÉPHONE [radjotelefɔn] n. m. – 1903 ◇ de *radio-* et *téléphone* ▪ Téléphone utilisant les ondes radioélectriques. *Bateau équipé d'un radiotéléphone. Radiotéléphone de voiture.*

RADIOTÉLÉPHONIE [radjotelefɔni] n. f. – 1906 ; *téléradiophonie* 1890 ◇ de *radio-* et *téléphonie* ▪ Téléphonie par ondes radioélectriques. ➤ **2radio** (III).

RADIOTÉLESCOPE [radjotelɛskɔp] n. m. – 1952 ◇ de *radio-* et *télescope* ▪ ASTRON. Télescope adapté à la réception, l'enregistrement et l'analyse des ondes hertziennes en provenance de radiosources*.

RADIOTÉLÉVISÉ, ÉE [radjotelevize] adj. – 1931 ◇ de *radio(diffusé)* et *télévisé* ▪ Diffusé à la fois à la radio et à la télévision. *Message radiotélévisé du chef de l'État.*

RADIOTHÉRAPEUTE [radjoteʀapøt] n. – 1905 ◇ de *radiothérapie* ▪ MÉD. Médecin spécialiste de radiothérapie.

RADIOTHÉRAPIE [radjoteʀapi] n. f. – 1901 ◇ de *radio-* et *-thérapie* ▪ MÉD. Application thérapeutique des rayonnements ionisants (rayons X à haute énergie, rayons gamma ➤ **gammathérapie**) pour détruire les cellules cancéreuses. *Radiothérapie externe, interne* (➤ **curiethérapie**).

RADIOTOXICITÉ [radjotɔksisite] n. f. – 1959 ◇ de *radio-* et *toxicité* ▪ DIDACT. Toxicité des rayonnements ionisants pour l'organisme.

RADIOTOXIQUE [radjotɔksik] adj. – 1963 ◇ de *radio-* et *toxique* ou de *radiotoxicité* ▪ DIDACT. Qui émet des rayonnements radioactifs toxiques pour l'organisme. *Déchets nucléaires radiotoxiques.*

RADIO-TROTTOIR ou **RADIOTROTTOIR** [radjotʀɔtwaʀ] n. f. – 1975 ◇ de 2*radio* et *trottoir* ▪ **(Maghreb, Afrique noire, Madagascar)** PLAIS. Rumeur publique (Cf. Téléphone* arabe). *Des radios-trottoirs, des radiotrottoirs. « Ékassi est morte ! [...] Les radios-trottoir se connectent immédiatement »* BEYALA. — REM. Souvent employé sans article. *Information relayée par radio-trottoir.*

RADIQUE [radik] adj. – 1977 ◇ de *radio-* ▪ MÉD. Provoqué par une radiothérapie. *Lésions, nécroses radiques. Entérite radique.*

RADIS [radi] n. m. – 1604 ; *radice* 1507 ◇ de l'italien *radice* « racine » ▪ **1** Plante *(crucifères)* dont plusieurs variétés sont cultivées pour leurs racines comestibles. *Fanes de radis.* ◆ Racine comestible de cette plante, rose ou noire, à saveur légèrement piquante, que l'on mange crue. *Une botte de radis. Radis rond. Radis rose. Radis noir,* plus gros, à épiderme noir et chair blanche piquante. ▪ **2** (1842) **(Surtout en expr. négatives)** FAM. Petite quantité d'argent. ➤ **sou.** *Je n'ai plus un radis. Être sans un radis.*

RADIUM [radjɔm] n. m. – 1898 ◇ de *radio(actif)* et *-ium* ▪ Élément radioactif (Ra ; n° at. 88 ; m. at. 226,02), de la famille de l'uranium, métal blanc brillant alcalinoterreux, découvert d'abord dans la pechblende. *La désintégration du radium fournit le radon*. Applications médicales du radium.* ➤ **curiethérapie, radiumthérapie.**

RADIUMTHÉRAPIE [radjɔmteʀapi] n. f. – 1905 ◇ de *radium* et *-thérapie* ▪ MÉD. Traitement par radioélément, le radium ou le radon. *La radiumthérapie fera place à la curiethérapie.*

RADIUS [radjys] n. m. – 1538 ◇ mot latin « rayon » ▪ Os long, situé à la partie externe de l'avant-bras, en dehors du cubitus (➤ **radial**).

RADJA [radʒa] ou **RAJA** [ʀa(d)ʒa] n. m. – 1659 ◇ hindi *raja*, sanskrit *râjâ* « roi », par le portugais ▪ En Inde, Souverain brahmanique d'une principauté indépendante. ➤ **maharadja.** *La rani, épouse du radja. Des radjas, des rajas.* — PAR EXT. Noble indien. — On écrit aussi *rajah.*

RADÔME [radom] n. m. – 1960 ◇ anglais *radome*, de *ra(dar)* et *dome* « dôme » ▪ TECHN. Dôme en matière plastique protégeant une grande antenne.

RADON [radɔ̃] n. m. – 1923 ◇ de *radium* ▪ PHYS. Élément radioactif naturel (Rn ; n° at. 86), gaz rare produit par la désagrégation des isotopes du radium.

RADOTAGE [radɔtaʒ] n. m. – 1845 ; « sénilité » 1740 ◇ de *radoter* ▪ Propos d'une personne qui radote. ➤ **rabâchage.**

RADOTER [radɔte] v. intr. ‹1› – XIIIe ; *radoté* « tombé en enfance » 1080 ◇ de *re-* et radical germanique *dot-* ; cf. moyen néerlandais *doten*, anglais *to dote* ▪ Tenir, par sénilité, des propos décousus et peu sensés. ➤ **déraisonner.** *« Il a tout au plus quarante ans ; c'est s'y prendre un peu tôt pour baisser et radoter »* SAINTE-BEUVE. ◆ Rabâcher, se répéter, parler toujours des mêmes choses. *« Il m'arrive souvent de me redire. C'est ce que l'on appelle irrévérencieusement : radoter »* GIDE. *Encore cette histoire ! Il radote.* ◆ TRANS. (1824) FAM. *Qu'est-ce qu'il radote ?*

RADOTEUR, EUSE [radɔtœʀ, øz] n. – 1543 ◇ de *radoter* ▪ Personne qui radote. *Un vieux radoteur.*

RADOUB [radu] n. m. – 1532 ◇ de *radouber* ▪ Entretien, réparation de la coque d'un navire. *Bassin, cale, forme de radoub. Un navire au radoub.* ➤ **carénage.** *« Las de radoubs, et laissant les vieilles coques pour les neuves, il se fit constructeur de navires »* VALÉRY.

RADOUBER [radube] v. tr. ‹1› – *redauber* 1260 ◇ de *re-* et *adouber* « arranger » ▪ TECHN. Remettre (un navire) en état par des travaux de radoub. ➤ **calfater, caréner.** ◆ Raccommoder (un filet de pêche). ➤ **ramender.**

RADOUCIR [radusiʀ] v. tr. ‹2› – XIIe ◇ de *re-* et *adoucir* ▪ **1** VIEILLI Rendre plus doux, moins rude (l'humeur, le ton). ➤ **adoucir, calmer.** *« elle radoucit beaucoup le ton qu'elle avait pris dans les précédentes* [lettres] *»* ROUSSEAU. — PRONOM. MOD. *Il a fini par se radoucir. Sa voix s'est radoucie.* ▪ **2** Rendre plus doux (le temps). *Le vent d'ouest a radouci les températures.* ➤ **réchauffer.** — PRONOM. *Le temps s'est radouci.*

RADOUCISSEMENT [radusismɑ̃] n. m. – 1657 ◇ de *radoucir* ▪ Fait de se radoucir. *Le radoucissement du temps.* ➤ **redoux.**

RADULA [radyla] n. f. – 1895 ◇ mot latin « racloir » ▪ ZOOL. Langue râpeuse de certains mollusques.

RAFALE [ʀafal] n. f. – 1640 ◇ de *re-* et *affaler*, avec influence de l'italien *raffica* ▪ **1** Brève et brutale augmentation de la force du vent. ➤ **bourrasque, 2risée.** *Violentes rafales. Rafales dépassant 100 km/h. Le vent souffle par rafales, en rafales* (➤ RÉGION. **rafaler**). — *Rafale de pluie, de grêle, de neige.* ▪ **2** (1874) Ensemble de coups tirés à la suite par une batterie, une arme automatique. *Tir en rafales. Rafale de mitrailleuse.* ➤ FAM. **giclée.** *« Cela explose par rafales de six, en file. C'est du 77 »* BARBUSSE. *« Une mitrailleuse se mit à tirer par courtes rafales »* MALRAUX. ▪ **3** Succession rapide et bruyante. *Une rafale de questions.*

RAFALER [ʀafale] v. intr. ‹1› – 1909 ◇ de *rafale* ▪ RÉGION. **(Canada)** Souffler en rafales (vent), tourbillonner (neige).

RAFFERMIR [ʀafɛʀmiʀ] v. tr. ‹2› – 1394 ◇ de *re-* et *affermir* ▪ **1** Rendre plus ferme. ➤ **durcir.** *« l'huile qui raffermissait les muscles des anciens lutteurs »* BAUDELAIRE. *L'eau froide raffermit les tissus.* ➤ **tonifier.** — PRONOM. Devenir plus ferme. *Le sol se raffermit.* ▪ **2** FIG. et LITTÉR. Remettre dans un état plus stable. ➤ **affermir, consolider, fortifier.** *« L'émeute raffermit les gouvernements qu'elle ne renverse pas »* HUGO. *Raffermir le courage de qqn.* — PRONOM. LITTÉR. Retrouver sa fermeté, son assurance. *« se raffermissant, il prit un air de hauteur résolue »* VIGNY. ▪ CONTR. Ramollir ; affaiblir, ébranler.

RAFFERMISSANT, ANTE [ʀafɛʀmisɑ̃, ɑ̃t] adj. – 1904 ◇ de *raffermir* ▪ Qui raffermit. *Crème, douche raffermissante.* ➤ **1tonique.** ▪ CONTR. Ramollissant.

RAFFERMISSEMENT [ʀafɛʀmismɑ̃] n. m. – 1669 ◇ de *raffermir* ▪ Fait de se raffermir. ➤ **consolidation, durcissement.** *« la terre était mouillée. Il a fallu attendre un peu de raffermissement »* HUGO. *Raffermissement des tissus.* ▪ CONTR. Ramollissement ; affaiblissement.

RAFFINAGE [ʀafinaʒ] **n. m.** – 1611 ◊ de *raffiner* ■ Traitement d'un produit pour l'épurer et en obtenir des substances consommables. ➤ **affinage, épuration.** *Raffinage du sucre,* par lequel on obtient le sucre blanc, par décoloration, réduction en sirop, cuisson et cristallisation du sucre roux (➤ **blanchissage**). — *Raffinage du papier :* préparation de la pâte définitive par un mélange de pâtes et d'adjuvants. — *Raffinage du pétrole :* ensemble des opérations (distillation, fractionnement, transformations moléculaires, épuration physique et chimique) qui permettent d'obtenir les produits commerciaux (essences, gazole, lubrifiants, etc.) en partant des pétroles bruts. ➤ **craquage, hydrocraquage, reformage.** *Station de raffinage.* ➤ **raffinerie.** *Produits du raffinage. Capacité de raffinage d'un pays.*

RAFFINÉ, ÉE [ʀafine] **adj.** – XVIe ◊ de *raffiner* ■ **1** Traité par raffinage. *Du sucre raffiné. Pétrole raffiné.* ■ **2** Qui est d'une extrême délicatesse, témoigne d'une recherche ou d'une subtilité remarquable. ➤ **délicat, subtil.** *Cuisine raffinée. Politesse, manières raffinées. Style raffiné.* — *Des supplices raffinés.* ◆ (PERSONNES) « *Gourmet raffiné, se connaissant mieux que pas un aux bons morceaux* » GAUTIER. — SUBST. « *Des nuances d'art tellement fines que nos raffinés les aperçoivent à peine* » RENAN. ■ CONTR. Brut ; grossier, lourd.

RAFFINEMENT [ʀafinmɑ̃] **n. m.** – 1600 ◊ de *raffiner* ■ **1** Caractère de ce qui est raffiné, très délicat. ➤ **délicatesse.** « *Six mois dans une cour d'amour, six mois de raffinement provençal* » ROMAINS. ➤ **subtilité.** *Le raffinement des manières, du goût. Décoration d'un raffinement exquis. Raffinement ostentatoire.* ➤ **snobisme, sophistication.** *Raffinement dans le langage.* ➤ **préciosité, recherche.** ◆ *Un, des raffinements :* acte, chose qui dénote ou exige de la recherche, une grande finesse de goût. « *cette simplicité qui est un raffinement* » FLAUBERT. « *Ces raffinements d'expression* » PROUST. « *un amateur de raffinements gastronomiques* » DUHAMEL. ■ **2** *Un raffinement de... :* manifestation extrême (d'un sentiment). « *Cette fausse modestie qui n'est qu'un raffinement de l'orgueil* » LACLOS. *Par un raffinement de cruauté.* ■ CONTR. Grossièreté.

RAFFINER [ʀafine] **v.** ‹1› – 1519 ; cf. *refiner* (1468) ◊ de *re-* et *affiner* ■ **1 v. tr.** Procéder au raffinage de. ➤ **épurer.** *Raffiner le sucre, le papier, le pétrole.* ◆ (1604) LITTÉR. Affiner. « *Une haine qui raffinait sa sensibilité* » FLAUBERT. ■ **2 v. intr.** Rechercher la délicatesse ou la subtilité la plus grande. « *pourquoi raffiner ? Le militant communiste ne doit pas s'embarrasser de tant de nuances* » SARTRE. ➤ **subtiliser.** — *Raffiner sur l'élégance, sur la présentation* (➤ **soigner**).

RAFFINERIE [ʀafinʀi] **n. f.** – 1666 ◊ de *raffiner* ■ Usine où s'effectue le raffinage. *Raffinerie de pétrole. Les grandes raffineries de la basse Seine. Raffinerie de sucre.*

RAFFINEUR, EUSE [ʀafinœʀ, øz] **n.** – 1611 ; cf. *refineour* (1468) ◊ de *raffiner* ■ **1** Personne qui exploite, dirige une raffinerie. ◆ Spécialiste d'opérations de raffinage. ■ **2 n. f.** (1845 ; 1788 *pile raffineuse*) TECHN. Bassin où s'effectue le raffinage de la pâte à papier.

RAFFINOSE [ʀafinoz] **n. f.** – 1889 ◊ de *raffiner* et 1 *-ose* ■ CHIM. Polysaccharide en C_{18} présent dans de nombreuses plantes (betterave, etc.) avec le saccharose.

RAFFLÉSIA [ʀaflezja] **n. f.** – 1829 n. m. ◊ du nom de *sir Raffles,* gouverneur de Sumatra ■ BOT. Plante d'Insulinde *(rafflesiacées),* parasite des racines, sans racines et sans chlorophylle, à fleurs gigantesques. *Des rafflésias.* — On écrit aussi *rafflesia.* On dit aussi *rafflésie* (1846).

RAFFOLER [ʀafɔle] **v. tr. ind.** ‹1› – 1762 ; « être fou » XIVe ◊ de *re-* et *affoler* ■ **RAFFOLER DE...** Aimer à la folie, avoir un goût très vif pour (qqn, qqch.). ➤ **adorer.** « *Tous ses parents raffolaient d'elle* » BALZAC. « *Elle raffolait des fêtes foraines* » CÉLINE. *J'aime assez, mais je n'en raffole pas.*

RAFFUT [ʀafy] **n. m.** – 1867 ◊ du v. dialectal *raffûter* « gronder, rosser » (XVIIIe), de *affûter* « arranger » ■ FAM. Tapage, vacarme*. ➤ 2 **boucan, ramdam.** « *Ce mot déchaîna le raffut. Esther* [...] *hurla* [...] *le chien faisait chorus* » ARAGON. *Quel raffut !* ◆ *Cette histoire va faire du raffut,* du scandale. ➤ **bruit.**

RAFIOT [ʀafjo] **n. m.** – 1867 ; *rafiau* 1792 ◊ origine inconnue ■ **1** VX Petite embarcation méditerranéenne à une voile et à rames. ■ **2** MOD. Mauvais bateau. « *son rafiot, roulant, prenant l'eau, mais qui toujours arrive au port* » MONTHERLANT. *Un vieux rafiot.*

RAFISTOLAGE [ʀafistɔlaʒ] **n. m.** – 1833 ◊ de *rafistoler* ■ FAM. Action de rafistoler ; son résultat. ➤ **bricolage.** « *des rafistolages de misère : chaises consolidées au fil électrique, manches de casseroles au sparadrap* » Y. QUEFFÉLEC. — FIG. *Cette réforme n'est qu'un rafistolage institutionnel.* ➤ **replâtrage.**

RAFISTOLER [ʀafistɔle] **v. tr.** ‹1› – XIXe ; hapax 1649 ◊ de *re-* et *afistoler* « tromper » (XVe), puis « arranger » ; italien *fistola* « flûte » ; latin *fistula* ■ FAM. Raccommoder, réparer grossièrement, avec des moyens de fortune. ➤ **arranger, bricoler ;** FAM. **rapetasser, retaper ;** RÉGION. **patenter, raboudiner, ramancher.** « *cet ingénieux employé rafistolait son soulier avec un morceau de ficelle* » COURTELINE.

1 **RAFLE** [ʀɑfl] **n. f.** – fin XVIe ; « jeu de dés où d'un seul coup on peut enlever toutes les mises » XIVe ; « racloir » XIIIe ◊ allemand *Raffel,* de *raffen* « emporter vivement » ■ **1** VIEILLI Action de piller, de rafler. ➤ **razzia.** « *Mariette s'était jetée sur le marché pour y faire une rafle générale* » BALZAC. ■ **2** (1829) MOD. Arrestation massive opérée à l'improviste par la police dans un lieu suspect. ➤ **descente** (cf. Coup de filet*). *Être pris dans une rafle.* « *En un clin d'œil, il y eut une trentaine de personnes rassemblées* [...] *entre deux barrages d'agents. La rafle* » ARAGON. — Arrestation massive de civils préalablement réunis, afin de les interner, de les déporter. *La rafle du Vel' d'Hiv.*

2 **RAFLE** [ʀɑfl] **n. f.** – 1549 ◊ variante, d'après 1 *rafle* (« grains raflés »), de *râpe* ■ BOT., AGRIC. Ensemble du pédoncule et des pédicelles d'une grappe (de raisin, de groseille...) ; grappe sans ses grains. ◆ Axe renflé de l'épi de maïs.

RAFLER [ʀɑfle] **v. tr.** ‹1› – 1573 ◊ de 1 *rafle* ■ FAM. ■ **1** Prendre et emporter promptement sans rien laisser. « *Tu les verras rafler* [...] *toutes les meilleures choses* [...] *Ils ne regardent pas au prix* » MAC ORLAN. — Obtenir, prendre sans rien laisser aux autres. *Rafler des prix, toutes les médailles.* ➤ **gagner.** *Rafler la mise*.* ■ **2** Voler*. « *une voleuse qu'ils envoient chez les gens, pour rafler tout ce qui traîne* » ZOLA. ■ **3** Prendre dans une rafle, arrêter lors d'une rafle. *Des « Juifs que la police raflait à travers toute la France »* BEAUVOIR.

RAFRAÎCHI, IE [ʀafʀeʃi] **adj.** /RAFRAICHI, IE/ – 1611 ◊ de *rafraîchir* ■ Rendu frais. LOC. *Fruits rafraîchis :* salade de fruits servie froide.

RAFRAÎCHIR [ʀafʀeʃiʀ] **v.** ‹2› /RAFRAICHIR/ – fin XIIe « redonner de la vigueur » ; var. de *refraîchir* ◊ de *re-* et *fraîchir*

I v. tr. ■ **1** Rendre frais, refroidir modérément. *Mettre quelques glaçons dans une boisson pour la rafraîchir.* ABSOLT *Seau à rafraîchir.* — « *les soirées devenaient brûlantes, à peine rafraîchies par la brise de la mer* » ZOLA. ■ **2** (1664) Rendre la fraîcheur, l'éclat du neuf à (qqch. de défraîchi). *Un produit qui rafraîchit les couleurs.* ➤ **raviver.** — (1680) *Rafraîchir une coupe,* recouper légèrement les cheveux. ◆ FIG. Ranimer, revivifier. FAM. (souvent en menace) *Je vais vous rafraîchir la mémoire, les idées,* vous rappeler certaines choses que vous prétendez avoir oubliées. ■ **3** INFORM. Régénérer (les informations enregistrées) pour éviter leur dégradation. *Rafraîchir l'écran :* renouveler l'affichage de l'image.

II v. intr. Devenir plus frais, refroidir un peu. *Mettre du vin, un melon à rafraîchir.*

III v. pron. ■ **1** Devenir plus frais. *Le temps s'est bien rafraîchi.* ➤ **fraîchir.** ■ **2** Se donner une sensation de fraîcheur. « *pour se rafraîchir il venait de plonger la tête dans le bassin de la fontaine* » STENDHAL. ◆ FAM. Boire un rafraîchissement. *Venez vous rafraîchir.* ■ **3** Faire un brin de toilette, de maquillage, se recoiffer, etc. *Se rafraîchir avant d'aller dîner.* ■ CONTR. Réchauffer, tiédir.

RAFRAÎCHISSANT, ANTE [ʀafʀeʃisɑ̃, ɑ̃t] **adj.** /RAFRAICHISSANT, ANTE/ – 1579 ◊ de *rafraîchir* ■ **1** Qui rafraîchit, donne une sensation de fraîcheur. *Une petite brise rafraîchissante.* — SPÉCIALT Qui désaltère. *Boissons rafraîchissantes :* boissons froides sans alcool. ◆ VX Qui combat l'échauffement, a des propriétés laxatives. *Une tisane rafraîchissante.* ■ **2** FIG. Qui plaît par sa fraîcheur, sa simplicité. *Une œuvre rafraîchissante.* ■ CONTR. Échauffant.

RAFRAÎCHISSEMENT [ʀafʀeʃismɑ̃] **n. m.** /RAFRAICHISSEMENT/ – XIIIe ◊ de *rafraîchir* ■ **1** Action de rafraîchir, fait de devenir plus frais. *Un rafraîchissement de la température.* ◆ LITTÉR. Action de raviver. « *Avec un rafraîchissement de souvenirs* » SAINTE-BEUVE. ■ **2** Boisson fraîche non alcoolisée prise en dehors des repas. *Prendre un rafraîchissement dans un café.* — AU PLUR. Boissons fraîches, glaces, fruits rafraîchis, etc., servis à des invités. « *le grand salon où les attendent des rafraîchissements* » ROBBE-GRILLET. ■ **3** FIG. Action de ranimer. ◆ INFORM.

Réenregistrement sur un support ou réécriture dans une mémoire d'un élément pour en éviter la dégradation. *Cycle de rafraîchissement de la mémoire.* — Renouvellement complet de l'affichage d'une image à l'écran. *Le confort visuel dépend de la fréquence de rafraîchissement.*

RAFT [Raft] **n. m.** – 1985 ◊ mot anglais ■ ANGLIC. Embarcation gonflable insubmersible manœuvrée à la pagaie et utilisée pour la descente des rapides (➤ **rafting**).

RAFTING [Raftiŋ] **n. m.** – 1985 ◊ mot anglais ■ ANGLIC. Sport consistant à descendre des rapides en raft*. *Faire du rafting.*

RAGAILLARDIR [Ragajardir] **v. tr.** ‹2› – *regaillardir* 1533 ◊ de *re-* et ancien français *agaillardir*, de 1*gaillard* ■ Rendre de la vitalité, de l'entrain à (qqn). ➤ **réconforter, revigorer.** *C'est une bonne nouvelle, qui nous a tous ragaillardis.* — **p. p. adj.** *Des militants ragaillardis.*

RAGE [Raʒ] **n. f.** – 1080 ◊ latin populaire °*rabia*, classique *rabies*
I ■ **1** État, mouvement de colère, de dépit extrêmement violent, qui rend agressif. ➤ **fureur.** *Être fou de rage. Il était blanc, vert de rage. Cela me met en rage. Entrer dans une rage folle.* «*les poings fermés, les dents serrées de rage*» LOTI. *Être en rage contre qqn, qqch.* FAM. *Avoir la rage. La rage au ventre.* ■ **2** (XIIIe) Envie violente, besoin passionné. ➤ **fureur, manie.** «*Avec cette rage d'aventures, cette folie de voyages*» DAUDET. *La rage de vivre.* — LOC. *Ce n'est plus de l'amour, c'est de la rage* : c'est une passion furieuse. FAM. *Avoir la rage* (pour faire qqch.) : être déterminé, en vouloir. *Un champion qui a la rage.* ➤ FAM. **niaque.** ■ **3** (XIIIe «vive douleur») *Rage de dents* : mal de dents extrêmement douloureux. ■ **4** (XVe sujet personne) **FAIRE RAGE** : se déchaîner, atteindre la plus grande violence. *Tempête, incendie qui fait rage.* «*Le tir faisait rage, les lignes de défense crachaient sans arrêt leur mitraille*» MARTIN DU GARD.
II (v. 1160) Maladie infectieuse et contagieuse mortelle due à un virus inoculé par la morsure d'animaux atteints, qui provoque un violent état d'agitation ou des paralysies. *Renard qui a la rage.* ➤ **enragé.** *Vaccin contre la rage.* ➤ **antirabique.** — PROV. *Qui veut noyer son chien l'accuse* de la rage.*

RAGEANT, ANTE [Raʒɑ̃, ɑ̃t] **adj.** – 1875 ◊ de *rager* ■ Qui fait rager. ➤ **exaspérant,** FAM. **râlant.** *C'est rageant d'avoir manqué le train de si peu.*

RAGER [Raʒe] **v. intr.** ‹3› – 1702 ; «être hors de soi» XIIe ◊ de *rage* ■ FAM. Enrager. ➤ **bisquer,** VX 2**rogner.** «*On a beau n'être pas envieux, on rage toujours quand les autres* [...] *vous écrasent*» ZOLA. *Rager de ne pouvoir intervenir. Bisque*, bisque, rage !*

RAGEUR, EUSE [Raʒœr, øz] **adj.** – 1832 ◊ de *rager* ■ Sujet à des accès de colère, de hargne. «*Un garçonnet turbulent, rageur, autoritaire*» GIDE. ➤ **coléreux*, irascible.** ♦ Qui dénote la colère, la mauvaise humeur. ➤ **hargneux.** «*d'un trait rageur,* [il] *sabra la copie*» AYMÉ.

RAGEUSEMENT [Raʒøzmɑ̃] **adv.** – 1837 ◊ de *rageur* ■ Avec rage, avec hargne. *Claquer rageusement la porte.*

RAGEUX, EUSE [Raʒø, øz] **n. et adj.** – 2006 ; «atteint de la rage» 1615 ; «violent» XVe ◊ de *rager* ou altération de *rageur* ■ FAM. Personne agressive, animée par la haine, la jalousie. «*des hordes de rageux*» V. DESPENTES. — **adj.** *Des trolls rageux.*

RAGGAMUFFIN [Ragamœfin] **n. m.** – 1990 ◊ de l'anglais «galopin, va-nu-pieds» ■ ANGLIC., MUS. Style musical originaire de la Jamaïque, inspiré du reggae et du rap. ABRÉV. FAM. **RAGGA.**

RAGLAN [Raglɑ̃] **n. m. et adj. inv.** – 1858 ◊ du nom de *lord Raglan* ■ ANCIENNT Manteau à pèlerine dont la mode fut lancée au moment de la guerre de Crimée. ♦ (1904) VIEILLI Pardessus assez ample, à manches droites, dont l'emmanchure remonte en biais jusqu'à l'encolure. *Des raglans.* ♦ **adj. inv.** MOD. *Des manches raglan.* — Qui a des manches raglan. *Manteau raglan.*

RAGNAGNAS [Raɲaɲa] **n. m. pl.** – 1971 ◊ origine inconnue, peut-être onomatopéique ■ LOC. FAM. *Avoir ses ragnagnas,* ses règles. «*elle pouvait pas se foutre à l'eau, la greluche, car elle avait ses ragnagnas*» MANCHETTE.

RAGONDIN [Ragɔ̃dɛ̃] **n. m.** – 1867 ◊ origine inconnue ■ **1** Petit mammifère rongeur d'Amérique du Sud, qui vit dans les cours d'eau. ➤ **myopotame.** ■ **2** Fourrure, très estimée, de cet animal et de certains rongeurs tels que l'ondatra. *Un manteau de ragondin.*

1**RAGOT** [Rago] **n. m.** – 1655 ; «cochon de lait» 1392 ◊ du radical expressif *rag-* ; cf. bas latin *ragere* → raire ■ VÉN. Jeune sanglier mâle âgé de plus de deux ans et de moins de trois ans.

2**RAGOT** [Rago] **n. m.** – 1767 ◊ de *ragoter* «grogner comme un sanglier» → 1ragot ■ Bavardage, propos malveillant. ➤ 1**cancan, commérage*.** *Le café Faidherbe bruissant «de cent médisances, ragots et calomnies»* CÉLINE.

RAGOUGNASSE [Raguɲas] **n. f.** – 1881 ◊ de *ragoût* et suffixe péj. ■ FAM. Mauvais ragoût ; cuisine infecte. «*une épicière-aubergiste dont les ragougnasses n'étaient guère digérables*» F. JOURDAIN.

RAGOÛT [Ragu] **n. m.** /RAGOUT/ – 1609 ◊ de *ragoûter* «réveiller l'appétit, le goût» (XIVe), de *re-* et *goût* ■ **1** VX Ce qui donne du piquant, réveille l'intérêt. ➤ **piment.** «*le ragoût qu'une demi-résistance ajoute au plaisir*» GAUTIER. ■ **2** (1665) MOD. Mets composé de morceaux de viande et de légumes cuits en sauce (ex. blanquette, bourguignon, cassoulet, civet, fricassée, gibelotte, goulache, 1haricot, irish stew, miroton, navarin, rata, ratatouille (VX), salmigondis, salmis, salpicon, tajine). *Un ragoût de mouton. Viande en ragoût.* — Au Canada, *Ragoût de boulettes ; ragoût de pattes (de cochon)* (pieds* de porc). «*La voici qui commande à la cuisine : deux chapons, deux canards, un cochon de lait, un ragoût de pattes*» A. HÉBERT.

RAGOÛTANT, ANTE [Ragutɑ̃, ɑ̃t] **adj.** /RAGOUTANT, ANTE/ – 1672 ◊ de l'ancien français *ragoûter* → ragoût ■ Appétissant (**en tours négatifs ou exclam., iron. ; avec infl. de** ***dégoûtant***). «*Oui, vos ordures ! c'est ragoûtant, peut-être, ce que vous faites-là !*» COURTELINE. *Un personnage peu ragoûtant.*

RAGRÉER [Ragree] **v. tr.** ‹1› – 1554 ◊ de *re-* et ancien français *agréer* (XIIe) ; → agrès ■ TECHN. Rendre bien régulière la surface de (une façade, un sol). *Ragréer un vieux parquet.*

RAGTIME [Ragtajm] **n. m.** – 1913 ◊ mot anglais américain, de *rag* «chiffon» et *time* «temps» ■ ANGLIC. Musique syncopée et rapide, adaptation par les Noirs américains de musiques de danse. *Le ragtime est une des sources du jazz. Ragtimes pour piano.*

RAGUER [Rage] **v. intr.** ‹1› – 1682 ◊ néerlandais *ragen* ■ MAR. S'user, se déchirer, sous l'effet d'un frottement. *Câble qui rague.*

RAI [Rɛ] **n. m.** – 1119 ◊ latin *radius* ■ **1** VX OU LITTÉR. Rayon de lumière. *Un rai de soleil.* «*Il avait vu la lumière chez toi* [...] *par le rai sous la porte*» MONTHERLANT. ■ **2** BLAS. Chacun des rayons qui partent du centre de l'escarboucle ; chacune des pointes d'une étoile. ■ **3** TECHN. Rayon d'une roue en bois. ■ HOM. Raie, rets.

RAÏ [Raj] **n. m.** – 1983 ◊ mot arabe «opinion» ■ *Le raï.* Musique populaire moderne originaire d'Algérie. *Chanteur de raï.* ➤ RÉGION. **cheb.** — **adj.** *Des groupes raïs* ou *raï* (inv.). ■ HOM. Rye ; poss. rail.

RAÏA ou **RAYA** [Raja] **n. m.** – *raja* 1765 ◊ mot turc «troupeau» ■ HIST. (PÉJ.) Sujet non musulman des Turcs de l'Empire ottoman (cf. Roumi).

RAID [Rɛd] **n. m.** – 1864 ◊ mot anglais, var. écossaise de l'ancien anglais *rad* (anglais moderne *road* «route») ■ **1** Opération militaire éclair, menée loin en territoire ennemi. ➤ **commando, descente, incursion** (cf. Coup* de main). — Attaque aérienne. «*Il y avait continuellement des raids de gothas*» PROUST. *Raid aérien. Un raid de bombardiers.* ■ **2** (1885) Long parcours destiné à mettre en valeur la résistance du matériel et l'endurance des participants. *Raid automobile* (➤ **rallye**), *à moto.* — Expédition sportive. *Raid en Antarctique.* ■ **3** Lancement d'une offre publique d'achat sur une société. ➤ **O. P. A., O. P. E. ; raider.** *Lancer un raid. Financer un raid contre telle société. Raid boursier.* ■ HOM. Raide.

RAIDE [Rɛd] **adj.** – v. 1190 ; *roide* [Rwad] v. 1160 (usité jusqu'au XIXe), fém. de *roit* ◊ du latin *rigidus* qui est également à l'origine de *rigide*
I ■ **1** Qui ne se laisse pas plier, manque de souplesse. ➤ **rigide.** *Un tissu raide.* — *Cheveux raides,* plats et lisses (**opposé à** ***bouclé, frisé, ondulé***). *Cheveux raides comme des baguettes*.* ♦ Difficile à mouvoir, engourdi. «*Recru de fatigue, les jambes raides*» BERNANOS. — *Avoir une jambe raide* : ne pas pouvoir plier le genou, boiter. ♦ (1859 ; c.-à-d. «raide mort») FAM. Ivre. — Sous l'effet d'une drogue. *Être complètement raide.* «*Elle trouve un joint qu'on a laissé s'éteindre à moitié fumé. Il reste largement de quoi être raide et cette découverte la met de bonne humeur*» V. DESPENTES. — (1880) Sans argent. ➤ **désargenté, fauché.** *Raide comme un passe-lacet*.* ■ **2** (PERSONNES) Qui se tient droit et ferme sans plier. *Il est, il se tient raide comme un piquet, comme un manche à balai. Raide comme la justice. Danseur qui est trop raide dans ses mouvements.* ■ **3** Tendu au maximum. *Être sur la corde* raide.* ■ **4** Très incliné par rapport à l'horizontale et difficile

à parcourir. ➤ **abrupt, escarpé.** *Un escalier très raide.* «*La pente était devenue si raide que je me cramponnais pour ne pas glisser*» BOSCO. ▪ **5** FAM. Fort en alcool. *Une eau-de-vie raide.*
II (ABSTRAIT) ▪ **1** LITTÉR. Qui manque d'abandon, de spontanéité. ➤ **compassé, gourmé, guindé.** ▪ **2** VIEILLI Qui se refuse aux concessions, aux compromissions. ➤ **inflexible, rigide.** «*Une morale souple est infiniment plus astreignante qu'une morale raide*» PÉGUY. ▪ **3** FAM. Dur à accepter, à croire. ➤ 1**fort.** *Ça, c'est raide ! «Dévoué ! Assidu ! [...] Elle est un peu raide ! [...] Un employé qui ne vient jamais !»* COURTELINE. ♦ Licencieux, osé, qui choque la décence. «*une jeune femme d'allures faciles, avec laquelle il échangeait des propos assez raides*» LÉAUTAUD.
III adv. ▪ **1** Violemment, sèchement. ➤ 1**fort.** «*La poudre blanche claque raide, autrement sec et gai que la poudre noire*» GENEVOIX. *Renvoyer la balle raide.* — En pente raide. *Un sentier qui grimpe raide.* ▪ **2** Par un coup soudain, brusquement. *Il l'a étendu raide mort. Tombées raides mortes.* — FAM. Complètement, fortement. *Être raide défoncé.* ▪ **3** RÉGION. (Canada ; après l'adj.) FAM. Complètement. *Il est fou raide.*
▪ CONTR. Élastique, flexible, 1 mou, souple. Courbé. ▪ HOM. Raid.

RAI-DE-CŒUR [ʀɛd(ə)kœʀ] n. m. – 1676 ♦ de *rai* et *cœur* ▪ ARCHIT. Ornement composé de feuilles aiguës en forme de cœur alternant avec des fers de lance. *Des rais-de-cœur.*

RAIDER [ʀɛdœʀ] n. m. – 1985 ♦ mot anglais «pillard» ▪ ANGLIC. Personne physique ou morale qui lance une offre publique d'achat (O. P. A.) hostile sur une société afin d'en prendre le contrôle ou d'en revendre ultérieurement les titres à un meilleur cours. ➤ **prédateur.** Recomm. offic. *attaquant.* ▪ HOM. Raideur.

RAIDEUR [ʀɛdœʀ] n. f. – *reddur, roidor* XIIe ♦ de *raide.* La forme *roideur* est restée usitée jusqu'au XIXe s. ▪ **1** État de ce qui est difficile à plier, raide ou raidi. ➤ **rigidité.** «*Son accident lui avait laissé au genou droit une raideur qui le faisait boiter légèrement*» MARTIN DU GARD. *Saluer avec raideur.* ▪ **2** FIG. Caractère de ce qui est rigide, compassé. ➤ **rigidité, rigueur.** «*quelle que soit la raideur de ses principes ou de ses préjugés*» TAINE. ➤ **sévérité.** «*C'est donc la raideur d'Alceste qui nous fait rire, quoique cette raideur soit ici honnêteté*» BERGSON. ▪ CONTR. Souplesse. ▪ HOM. Raider.

RAIDILLON [ʀedijɔ̃] n. m. – 1762 ♦ de *raide* ▪ Courte partie d'un chemin qui est en pente raide. ➤ **côte, montée.** «*Les deux raidillons les plus traîtres se trouvaient de part et d'autre du carrefour*» ROMAINS. ♦ Petit sentier en pente raide.

RAIDIR [ʀediʀ] v. tr. ‹2› – XIIIe ♦ de *raide* REM. La variante ancienne *roidir* est auj. d'usage littér. ▪ **1** Faire devenir raide ou tendu, priver de souplesse. ➤ **durcir.** «*Le drap est tout raidi par la boue qui a séché dessus*» BARBUSSE. *Raidir une drisse.* ➤ **étarquer.** ▪ **2** PRONOM. Contracter tous ses muscles. ➤ se **tendre.** *Il se raidit dans l'effort.* — (PASS.) *Muscles raidis par la fatigue.* ♦ FIG. Tendre ses forces pour résister. *Se raidir contre l'adversité.* ▪ CONTR. Assouplir, déraidir, détendre (se).

RAIDISSEMENT [ʀedismɑ̃] n. m. – 1547 ♦ de *raidir* ▪ **1** État de ce qui est raidi. FIG. «*La mémoire et l'habitude* [...] *introduisent le vieillissement, le raidissement*» PÉGUY. ▪ **2** Durcissement*, renforcement (d'une attitude, d'une opinion). ➤ **radicalisation.** *Raidissement de la position des grévistes.* ▪ CONTR. Assouplissement.

RAIDISSEUR [ʀedisœʀ] n. m. – 1873 ♦ de *raidir* ▪ TECHN. Appareil qui sert à raidir un fil de fer, un câble. ➤ **tendeur.** — Pièce destinée à diminuer la flexion ou le jeu d'une structure.

1 **RAIE** [ʀɛ] n. f. – fin XIIe ♦ bas latin d'origine gauloise *riga* «sillon» ▪ **1** Ligne droite, bande mince et longue tracée sur qqch. ➤ **rayure,** 1 **trait.** «*Le joint des briques était marqué par de fines raies blanches*» GAUTIER. «*Des maillots de marin blancs à raies bleues*» GIONO. *Tissu à raies,* rayé (➤ **milleraie, rayure**). ♦ Ligne ou bande naturelle. «*La jolie raie par laquelle son dos était partagé*» BALZAC. *Pelage marqué de raies.* ➤ **strie, zébrure.** — FAM. *La raie des fesses :* le sillon entre les deux fesses. ♦ AGRIC. Sillon* tracé par la charrue. ▪ **2** Ligne de séparation entre les cheveux, où le cuir chevelu est apparent. ➤ RÉGION. **ligne.** «*Une raie soignée ouvrait sa chevelure en deux parties égales*» MAUPASSANT. *Porter la raie à gauche, au milieu.* ▪ **3** (1861) PHYS. Bande fine de largeur variable qui, dans un spectre, caractérise un rayonnement de fréquence donnée ou correspond à un corps déterminé. *Raie d'émission :* raie brillante dans un spectre d'émission. *Raie d'absorption :* raie sombre dans un spectre d'absorption. — Dans un spectre radioélectrique ou électronique, Zone fréquentielle correspondant à un pic d'énergie. ▪ HOM. Rai, rets.

2 **RAIE** [ʀɛ] n. f. – 1155 ♦ latin *raia* ▪ Poisson cartilagineux sélacien, au corps aplati en losange, à grandes nageoires pectorales *(ailes de raie),* à queue hérissée de piquants, à la chair délicate. *Raie cendrée, bouclée. Raie manta.* ➤ 3 **mante.** *Raie à aiguillon.* ➤ **pastenague.** *Raie électrique.* ➤ **torpille.** — LOC. FAM. *Face, gueule de raie,* terme d'injure à l'adresse de qqn dont on n'aime pas la tête, l'allure. «*Dis donc, toi, gueule de raie ultra-plate*» MALRAUX. ♦ La chair de ce poisson. *Raie au beurre noir.*

RAIFORT [ʀɛfɔʀ] n. m. – XVe *raiz fort,* proprt «racine forte», de *raiz* (XIIe) ♦ latin *radix* ▪ **1** Plante vivace *(crucifères),* cultivée pour sa racine à goût de moutarde. ♦ Cette racine, utilisée râpée comme condiment. *Sauce au raifort.* ▪ **2** *Raifort japonais.* ➤ **wasabi.**

RAIL [ʀɑj] n. m. – 1817 ♦ mot anglais ; cf. ancien français *raille, reille* «barre» ; latin *regula* ▪ **1** Chacune des barres d'acier profilées, mises bout à bout sur deux lignes parallèles et posées sur des traverses pour constituer une voie ferrée ; chacune des deux bandes continues ainsi formées. ➤ **voie.** *Écartement des rails* (➤ **entrerail**). *Rails droits, courbes. Rails mobiles d'un aiguillage.* «*Les trains filaient parmi l'inextricable lacis des rails*» ZOLA. *Deux wagons sont sortis des rails, ont quitté les rails.* ➤ **dérailler.** *Rail conducteur,* fournissant le courant électrique à la motrice. — *Chemin de fer à rail unique.* ➤ **monorail.** — LOC. FIG. *Mettre, remettre sur les rails :* mettre, remettre sur la bonne voie ; rendre capable de fonctionner, de progresser. «*C'est elle qui l'a lancé, qui l'a mis sur des rails, qui l'a aidé*» GAVALDA. ▪ **2** (1909) *Le rail.* Transport par voie ferrée. ➤ **chemin de fer.** «*L'espèce de compétition qui oppose le rail à la route*» DUHAMEL. «*La Bataille du rail*», *film de René Clément.* ▪ **3** *Rail de sécurité :* barrière métallique placée le long d'une route pour empêcher les véhicules de la quitter accidentellement. ➤ **glissière.** — TECHN. Pièce profilée qui sert à guider le déplacement d'une autre pièce, ou à la fixer. *Rail servant à fixer des spots, des tableaux. Rail de glissement d'un tiroir.* ▪ **4** MAR. Couloir de navigation. *Le rail d'Ouessant.* «*Le trafic dans le rail du Pas-de-Calais n'est rien comparé à celui de l'entrée de Tokyo*» KERSAUSON. ▪ **5** FAM. *Rail de coke :* dose de cocaïne disposée en une mince bande allongée. ➤ **ligne.** «*Il avait fumé, pris de l'ecstasy, sniffé un rail de coke*» O. ADAM. — ABSOLT *Se faire un rail.* ▪ HOM. poss. Raï, rye.

RAILLER [ʀɑje] v. tr. ‹1› – 1636 ; «plaisanter» 1462 ♦ ancien provençal *ralhar* «plaisanter» ; latin populaire °*ragulare,* du bas latin *ragere* «braire» ▪ **1** LITTÉR. Tourner en ridicule par des moqueries, des plaisanteries. ➤ **brocarder,** 2 **chiner, moquer, persifler, ridiculiser ;** FAM. **blaguer, charrier.** «*Quand il ne raille pas les autres, il se moque de lui-même*» BALZAC. *Ils «se faisaient de l'ironie une méthode universelle, jugeaient et raillaient toutes choses divines et humaines»* VALÉRY. — ABSOLT «*Il aimait à railler, il avait le talent de l'épigramme*» ROUSSEAU. ▪ **2** v. pron. VX Se moquer. «*Se railler de la gloire, de la religion, de l'amour est une grande consolation*» MUSSET. ▪ CONTR. 1 Louer.

RAILLERIE [ʀɑjʀi] n. f. – 1490 ♦ de *railler* ▪ VIEILLI ▪ **1** Plaisanterie. *Sans raillerie.* LOC. *Entendre raillerie :* comprendre la plaisanterie. «*Son père n'entendait pas raillerie sur les questions d'étiquette*» R. ROLLAND. ▪ **2** Habitude, art de railler. ➤ **gouaillerie, ironie, malice, moquerie, persiflage, satire.** *Parler sur le ton de la raillerie.* «*Votre raillerie, oui, cette façon moqueuse que vous avez de me parler, m'afflige*» DUHAMEL. ▪ **3** Propos ou écrit par lesquels on raille qqn ou qqch. ➤ 2 **brocard,** 2 **critique, épigramme,** 1 **flèche, lazzi, moquerie, plaisanterie, pointe, quolibet, sarcasme,** 1 **trait ;** RÉGION. 1 **fion.** «*Ce débordement d'affronts sanglants, de railleries parfois cocasses*» BOSCO.

RAILLEUR, EUSE [ʀɑjœʀ, øz] n. et adj. – 1464 ; *railleresse* 1410 ♦ de *railler* ▪ **1** Personne qui raille, aime à se moquer. ➤ **ironiste.** «*Les railleurs s'égayaient là-dessus à nos dépens*» LESAGE. ▪ **2** adj. Qui raille, exprime la moquerie. ➤ **gouailleur, ironique, malicieux, moqueur, narquois, persifleur.** «*Une lumière railleuse dans l'œil*» R. ROLLAND.

RAILROUTE [ʀɑjʀut] n. m. et adj. – 1949 ♦ de *rail* et *route ;* 1837 *railroute* «chemin de fer», traduction de l'anglais *railway* ▪ Mode de transport des marchandises utilisant conjointement la voie ferrée et la route. *Des railroutes.* ➤ aussi **ferroutage.** — adj. *Transports railroutes.* — On écrit aussi *rail-route, des rails-routes, des transports rail-route.*

RAINER [ʀene] v. tr. ‹1› – 1832, d'après *rainure ; roisner* XIIIe ♦ de *roisne,* variante ancienne de *rouanne* ▪ TECHN. Creuser, entailler en faisant une rainure, des rainures. ➤ **rainurer.** *Outils servant à rainer* (➤ **bouvet, bouveteuse, gorget**).

RAINETTE [ʀɛnɛt] **n. f.** – 1425 ; *ranette* XIVᵉ ◇ diminutif de l'ancien français *raine* « grenouille » (XIIIᵉ) ; latin *rana* ■ Petite grenouille arboricole, aux doigts munis de ventouses. *Rainette verte d'Europe. « Les chants d'oiseaux avaient cessé. La rainette seule jetait sa note longue »* BALZAC. ■ HOM. Reinette ; poss. rénette.

RAINURAGE [ʀenyʀaʒ] **n. m.** – 1932 ◇ de *rainurer* ■ Tracé de rainures parallèles dans le revêtement d'une autoroute en béton, pour augmenter l'adhérence. *Attention, rainurage.*

RAINURE [ʀenyʀ] **n. f.** – 1464 ; *royneure* 1382 ◇ de *roisner* → rainer ■ **1** Entaille faite en long dans une pièce de bois. ➤ **cannelure, feuillure, jable, sillon.** *Assemblage de planches à languettes et à rainures. « Le panneau pouvait glisser de bas en haut dans ses rainures latérales »* GIDE. ➤ **coulisse.** ♦ Entaille longue et étroite (à la surface d'un objet). *« un bâtiment, sur la façade duquel deux rainures [...] trahissaient l'existence primitive d'un pont-levis »* GAUTIER. *Les rainures d'un plateau de machine. Glissière en forme de rainure. Rainure d'une poulie.* ➤ **gorge.** *Rainures sur le revêtement d'une autoroute* (➤ **rainurage**). ■ **2** ANAT. Sillon, dépression allongée à la surface d'un os. *Rainure de l'astragale.*

RAINURER [ʀenyʀe] **v. tr.** ‹1› – 1913 ◇ de *rainure* ■ TECHN. Rainer, marquer d'une rainure. — **p. p. adj.** *« La valve rainurée d'une coquille de Saint-Jacques »* PROUST.

RAIPONCE [ʀɛpɔ̃s] **n. f.** – 1636 ; *responce* milieu XVᵉ ◇ italien *raponz*, du latin *rapa* → 1 rave ■ Plante potagère *(campanulacées)* aux fleurs lilas en clochettes, dont les racines et les feuilles se mangent en salade. ■ HOM. poss. Réponse.

RAIRE [ʀɛʀ] **v. intr.** ‹50› – XIVᵉ ; « crier » XIIIᵉ ◇ bas latin *ragere* → railler ■ VX Bramer, raller. — On dit aussi **RÉER** [ʀee] ‹1› 1383.

RAÏS [ʀais] **n. m.** – 1963 ◇ mot arabe « chef » ■ Chef d'État, chef suprême, dans certains États arabes. *Le raïs libyen.*

RAISIN [ʀɛzɛ̃] **n. m.** – XIIᵉ ◇ latin populaire °*racimus*, classique *racemus* ■ **1** *Le raisin, des raisins.* Fruit de la vigne, ensemble de baies (➤ **grain**) réunies en grappes sur une rafle. *Variété de raisin.* ➤ **cépage ; aramon, cabernet, chasselas, clairette, gamay, grenache, malaga, morillon, muscat, olivette, pinot, sémillon.** *Raisin blanc, noir. Raisins de cuve* (pour le vin), *de table. Cueillir le raisin.* ➤ **vendanger.** — *Manger du raisin. Cure de raisin* (➤ **uval**). *« Le Renard et les Raisins », fable de La Fontaine.* — *Pépins de raisin. Grappe, grain de raisin.* — *Raisins secs ; raisins de Corinthe, de Smyrne, de Malaga. Pain* aux raisins.* — *Jus de raisin. Fermentation des moûts de raisin :* vinification. *Résidu des raisins pressés.* ➤ 2 **marc.** — *Mi-figue* mi-raisin.* ■ **2** Baies en grappes de certaines plantes. *Raisin d'ours.* ➤ **busserole.** *Raisin de renard.* ➤ **parisette.** — *Raisin de mer :* plante du littoral atlantique sans feuilles et à grosses baies rouges, croissant sur les dunes fixées. ■ **3** Agglomération en grappe des œufs de certains mollusques. *Raisins de mer :* œufs de seiche, de poulpe. ■ **4** (1710 ◇ à cause de la *grappe* en filigrane) Ancien format de papier de 50 sur 64 cm.

RAISINÉ [ʀezine] **n. m.** – 1508 ◇ de *raisin* ■ **1** Jus de raisin concentré et pris en gelée. Confiture (notamment de poires, de coings) préparée avec ce jus. ■ **2** (1808) ARG. Sang. ■ HOM. Résiné, résiner.

RAISINET [ʀezinɛ] **n. m.** – 1825 ◇ diminutif de *raisin* ■ (Suisse) Groseille rouge, rose ou blanche.

RAISON [ʀɛzɔ̃] **n. f.** – début XIIᵉ, au sens de « cause » (III, 1°) ◇ du latin *ratio* « calcul », « faculté de raisonner » et « jugement, intelligence », qui a donné aussi *ration*

I PENSÉE, JUGEMENT A. LA RAISON. Attribut de l'être sensé, rationnel. ■ **1** (fin XIIᵉ) La faculté pensante et son fonctionnement, chez l'être humain ; ce qui nous permet de connaître, de juger et d'agir conformément à des principes. ➤ **compréhension, connaissance, entendement, esprit, intelligence,** 1 **pensée.** *Doctrines, attitudes philosophiques fondées sur la raison.* ➤ **rationalisme.** *"Discours de la méthode pour bien conduire sa raison," de Descartes. « Nos théories scientifiques, liées aux règles de fonctionnement de notre esprit, à la structure de notre raison »* BROGLIE. PHILOS. *Être* de raison.* ■ **2** (fin XIIᵉ) La faculté de penser, en tant qu'elle permet à l'être humain de bien juger et d'appliquer ce jugement à l'action. ➤ **discernement, jugement, sagesse** (cf. Bon sens*). *« La raison habite rarement les âmes communes et bien plus rarement encore les grands esprits »* FRANCE. *Conforme à la raison.* ➤ **raisonnable, rationnel.** *Contraire à la raison.* ➤ **déraisonnable.** *Qui échappe à la raison.* ➤ **irraisonné, irrationnel.** *La voix de la raison.* ➤ **sagesse.** (1690) *L'âge de raison :* l'âge auquel on considère que l'enfant a l'essentiel de la raison (environ 7 ans). *Ramener qqn à la raison,* à une attitude raisonnable. *Revenir à la raison. Mettre à la raison :* rendre plus raisonnable par la force ou l'autorité. ♦ (fin XIIᵉ) (opposé à *instinct, intuition, sentiment*) Pensée discursive, logique. *« Mais la raison n'est pas ce qui règle l'amour »* MOLIÈRE. *« Si c'est la raison qui fait l'homme, c'est le sentiment qui le conduit »* ROUSSEAU. *« Les choses les plus belles sont celles que souffle la folie et qu'écrit la raison »* GIDE. *La raison et la passion.* (1826) *Un mariage de raison.* ■ **3** Les facultés intellectuelles (d'une personne), dans leur fonctionnement. *J'ai peur « du trouble horrible de ma pensée, de ma raison qui m'échappe »* MAUPASSANT. ♦ État normal des facultés intellectuelles. ➤ **lucidité.** (1559) *Perdre la raison :* devenir fou. *Il n'a plus toute sa raison.* ■ **4** (Dans des loc.) Ce qui est raisonnable. *Plus que de raison :* au-delà de la mesure raisonnable, avec excès. *Sans rime* ni raison. Entendre* raison.* ■ **5** (fin XIIᵉ) PHILOS. Connaissance naturelle (opposé à ce qui vient de la révélation ou de la foi). *Raison et mysticisme. « Qu'entendez-vous par mystique ? – Ce qui présuppose l'abdication de la raison »* GIDE. — (1665) SPÉCIALT (au XVIIIᵉ) Les lumières naturelles, la philosophie. *« La raison finira par avoir raison »* D'ALEMBERT. *Culte de la Raison, institué en 1793.* ♦ Système de principes a priori qui règle la pensée (opposé à *expérience*). (1810) *La raison pure* (théorique ou pratique), dans la philosophie kantienne. *« Si la raison est sortie de l'expérience, elle lui est devenue transcendante »* BENDA. ♦ (1677) Faculté (conçue comme naturelle ou octroyée à l'être humain) de connaître le réel et l'absolu à travers l'apparence et l'accident. *« La raison est bien une faculté innée à l'âme humaine, c'est la faculté de l'absolu »* MAINE DE BIRAN.

B. JUGEMENT, ATTITUDE CONFORME AUX FAITS (Dans des loc., opposé à *tort*) *« On peut avoir des raisons de se plaindre et n'avoir pas raison de se plaindre »* HUGO. LOC. (fin XIIᵉ) **AVOIR RAISON :** être dans le vrai, ne pas se tromper. *« Prouver que j'ai raison serait accorder que je puis avoir tort »* BEAUMARCHAIS. *Vous avez bien raison. Il a eu raison de partir.* — *Donner* raison à qqn.* — *À tort* ou à raison.*

C. CE QUI EST JUSTE, CE QUI EST DE DROIT (fin XIIᵉ) VX *Faire, rendre raison à qqn,* lui rendre justice. *Tirer raison :* obtenir satisfaction. — *Comme de raison :* DR. comme de juste ; (Canada) évidemment. *Pour valoir ce que de raison :* ce à quoi on peut prétendre selon le droit.

II COMPTE, PROPORTION (fin XIIᵉ) ■ **1 À RAISON DE... :** en comptant, sur la base de... *Trois mille feuilles « qui lui rapportèrent, à raison de deux sous pièce, trois cents francs »* BALZAC. ■ **2** (1675) VX Part sociale, intérêt de chacun des associés. — (1807) MOD. **RAISON SOCIALE :** désignation d'une société. ➤ aussi 1 **enseigne.** *« Guillaume et Lebas, ces mots ne feraient-ils pas une belle raison sociale ! »* BALZAC. ■ **3** (1637) Rapport entre deux grandeurs, deux quantités. *Raison d'une progression :* terme positif constant, qui, multiplié par un terme d'une progression ou additionné avec lui, donne le terme suivant (2, dans 2, 4, 8, 16 et 1, 3, 5, 7). *Raison directe de deux quantités :* rapport tel que quand l'une des quantités augmente, l'autre augmente aussi. *Raison inverse :* rapport tel que quand l'une des quantités augmente, l'autre diminue. ➤ **proportion. loc. prép.** (1734) *En raison inverse de.* ♦ **loc. prép.** (1534) **À RAISON DE :** à proportion de, suivant. ➤ **selon.** *« Je désirais surtout être jugé à raison des services que je pouvais rendre »* DUHAMEL.

III UNE RAISON, DES RAISONS. PRINCIPE, CAUSE ■ **1** PHILOS. Principe d'explication ; ce qui permet de comprendre l'apparition (d'un évènement, d'un objet nouveau). ➤ **cause, explication, origine, pourquoi** (n.), **principe.** *La raison d'un phénomène. Le principe de raison suffisante,* selon lequel rien n'arrive sans qu'il y ait une cause. — DR. *Raisons de fait, de droit. Raison d'État*.* ♦ (début XIIᵉ) COUR. La cause, ce qui permet d'expliquer (un acte, un sentiment). ➤ **motif.** *La raison pour laquelle il a refusé. Il est parti sans donner de raison. « Ces accès d'impatience dont il est impossible de dire la raison »* MUSSET. ♦ LOC. (avec *par, pour*) *« S'ils n'ont pas été publiés, c'est par une raison bien simple »* HUGO. *« Par la raison que les contraires s'attirent »* MUSSET. ➤ **parce que.** *Pour quelle raison ?,* pourquoi ? *Pour une raison ou pour une autre :* sans raison bien déterminée. *Si, pour une raison ou pour une autre, vous reveniez sur votre décision. Pour la bonne et simple raison que...* ♦ **EN RAISON DE... :** en tenant compte de, en considération de... (cf. À cause* de, eu égard* à). *On l'épargna en raison de son grand âge.* ♦ VX *Demander, faire, rendre raison de qqch.,* en demander, en donner l'explication. — MOD. *Se faire une raison :* se résigner à admettre ce qu'on ne peut changer (cf. En prendre son parti*). ■ **2** (1829) Cause ou motif légitime qui justifie (qqch.) en expliquant. ➤ **fondement,**

justification, motif, 3 **sujet.** *Une raison d'agir, d'espérer. Cet enfant est sa raison d'être, de vivre,* ce qui à ses yeux justifie son existence. ➤ **but, destination.** *«toute structure vivante n'a pas d'autre raison d'être, que d'être»* H. LABORIT. *Avoir de bonnes, de fortes raisons de penser que... «La raison du plus fort est toujours la meilleure»* LA FONTAINE. *«Le cœur a ses raisons que la raison ne connaît point»* PASCAL. *Des raisons de famille, de santé. J'ai mes raisons. C'est une très mauvaise raison. Ce n'est pas une raison ! Ce n'est pas une raison pour accepter ! Il n'y a pas de raison qu'elle refuse.* (1792) *Raison de plus :* c'est une raison de plus. ◆ LOC. (1647) *Avec raison ; avec juste raison :* en ayant une raison valable, un motif légitime (cf. À juste titre*). (1525) *À plus forte raison :* avec des raisons encore plus fortes, encore meilleures. ➤ **a fortiori.** (fin XIIe) *Sans raison :* sans motif, sans justification raisonnable (cf. À plaisir*). *Non sans raison.* ■ **3** (début XIIIe) Argument destiné à prouver. ➤ **allégation, preuve.** *Des raisons puissantes. Il s'était rendu à mes raisons :* il avait admis mon argumentation. *«Il est juste de savoir reconnaître les raisons de l'adversaire»* CAMUS. ■ **4** (milieu XVe) (En loc. verb.) VIEILLI Réparation. *Demander raison d'une offense.* ◆ (1819) MOD. **AVOIR RAISON DE qqn,** vaincre sa résistance. *«Elle sentit que la terreur allait avoir raison d'elle»* GREEN. *Avoir raison des difficultés, des obstacles,* en venir à bout. *Les excès ont eu raison de sa santé,* l'ont détruite.
■ CONTR. Déraison, folie, instinct ; cœur, sentiment. Tort.

RAISONNABLE [ʀɛzɔnabl] **adj.** – 1265 ; *reidnable* 1120 ◇ de *raison* ■ **1** DIDACT. Doué de raison. *«Le plaisir est l'objet, le devoir et le but De tous les êtres raisonnables»* VOLTAIRE. ➤ **intelligent, pensant.** *L'être humain, animal raisonnable.* ◆ (CHOSES) Conforme à la raison. ➤ **rationnel.** *«La diversité de nos opinions ne vient pas de ce que les uns sont plus raisonnables que les autres»* DESCARTES. ■ **2** COUR. Qui pense selon la raison, se conduit avec bon sens et mesure, d'une manière réfléchie. ➤ **sensé.** *Un enfant raisonnable. Allons, soyez raisonnable, n'exigez pas l'impossible. «C'est toujours quand une femme se montre le plus résignée qu'elle paraît le plus raisonnable»* GIDE. ◆ (CHOSES) *Avis, opinion raisonnable. Interprétation raisonnable,* fondée. *Conduite, décision raisonnable.* ➤ **judicieux, responsable, sage.** *Est-ce bien raisonnable ?* — IMPERS. *Il est raisonnable de penser...* ➤ **naturel, normal.** ◆ SPÉCIALT Qui consent des conditions honnêtes et modérées. *Commerçant, négociateur raisonnable.* ■ **3** Qui correspond à la mesure normale. *Accorder une liberté raisonnable à qqn. Prix raisonnable.* ➤ **acceptable, modéré.** — Assez important, au-dessus de la moyenne. *Un raisonnable paquet d'actions.* ■ CONTR. Déraisonnable, extravagant, fou, insensé ; passionné, léger. Aberrant, absurde, illégitime, injuste ; excessif, exorbitant.

RAISONNABLEMENT [ʀɛzɔnabləmɑ̃] **adv.** – XIIIe ; *raisnablement* XIIe ◇ de *raisonnable* ■ **1** Conformément aux lois de la raison, à la logique ou au bon sens. *Les gens qui pensent raisonnablement.* — Sans prétention excessive, sans trop exiger. *«Tout ce que Jerphanion pouvait raisonnablement demander à cette soirée, c'était de ne pas trop le décevoir»* ROMAINS. ■ **2** Avec mesure, modération. ➤ **modérément.** *Boire raisonnablement.* ■ CONTR. Déraisonnablement, follement. Exagérément, excessivement.

RAISONNANT, ANTE [ʀɛzɔnɑ̃, ɑ̃t] **adj.** – 1837 ; «qui raisonne» XVIIe ◇ de *raisonner* ■ *Folie raisonnante :* délire d'interprétation, de revendication (➤ **paranoïa**). ■ HOM. poss. Résonnant.

RAISONNÉ, ÉE [ʀɛzɔne] **adj.** – *raisonné* «plaidoyer» n. m. 1462 ◇ de *raisonner* ■ **1** Qui obéit aux règles du raisonnement. *Bien, mal raisonné.* ■ **2** (1611) Appuyé de raisons, de preuves. *Projet raisonné,* calculé, étudié. *Une docilité raisonnée,* réfléchie. ◆ DIDACT. Qui explique par des raisonnements. ➤ **rationnel.** *Grammaire, arithmétique raisonnée,* accompagnée de commentaires, d'explications. ■ **3** Mesuré, contrôlé, réfléchi. ➤ **raisonnable.** *Agriculture raisonnée,* respectueuse de l'environnement. ■ CONTR. Irraisonné. ■ HOM. poss. Résonner.

RAISONNEMENT [ʀɛzɔnmɑ̃] **n. m.** – 1380 ◇ de *raison* ■ **1** L'activité de la raison, la manière dont elle s'exerce. ➤ 1 **logique, réflexion.** *Opinion fondée sur le raisonnement ou l'expérience. Convaincre par le raisonnement ou persuader par le sentiment. «Ce qui est le plus important pour notre cœur, ou pour notre esprit, ne nous est pas appris par le raisonnement»* PROUST. ■ **2** (1636) Suite de propositions liées les unes aux autres selon des principes déterminés, et aboutissant à une conclusion. *«Le raisonnement, c'est-à-dire la matière propre de toute logique [...] sa marque propre, [...] c'est d'être une opération médiate qui a pour terme une conclusion»* RIBOT. *Raisonnement déductif des mathématiques* (➤ **déduction, syllogisme**) ; *raisonnement inductif des sciences d'observation* (➤ **induction**) ; *raisonnement par analogie* (➤ aussi **démonstration**). *Raisonnement a priori,* fondé sur la raison ; *raisonnement a posteriori,* fondé sur l'expérience. *«Rien n'est moins applicable à la vie qu'un raisonnement mathématique»* Mme DE STAËL. — *Les raisonnements des «primitifs», des enfants. Raisonnements des paranoïaques* (cf. Folie raisonnante*). — *Base d'un raisonnement.* ➤ **principe.** *Raisonnement qui part d'un axiome, d'une hypothèse. Prémisses, termes, conséquences, conclusion d'un raisonnement.* — *Raisonnement juste, faux, bancal, illogique, vicieux...* (➤ **illogisme, paralogisme, sophisme ; paradoxe**). *Se perdre, s'enferrer dans ses raisonnements.* ◆ *Raisonnements destinés à prouver, à convaincre.* ➤ **argumentation, preuve.** *Critiquer, réfuter un raisonnement.* ➤ **objection.** *«On n'émeut guère les foules avec des raisonnements»* CAILLOIS. ◆ FAM. *Ce n'est pas un raisonnement !* votre raisonnement est mauvais. — VX Argument, objection que l'on soulève pour ne pas obéir (➤ **raisonneur**). *«En beaux raisonnements vous abondez toujours»* MOLIÈRE. ■ CONTR. Intuition, sentiment.

RAISONNER [ʀɛzɔne] **v.** ‹1› – 1380 «parler» ; *raisnier* v. 1138 ◇ latin *rationare*

I **v. intr.** ■ **1** (fin XIVe) Faire usage de sa raison pour former des idées, des jugements. ➤ 1 **penser.** *Raisonner sur des questions générales, importantes.* ➤ **philosopher, spéculer.** *Raisonner avant d'agir.* ➤ **calculer, réfléchir.** *«Tant que l'homme sait peu, il parle nécessairement beaucoup : moins il raisonne, plus il chante»* PROUDHON. — (Opposé à *sentir, éprouver*) *Le coléreux ne raisonne pas.* ◆ (1553) Concevoir et employer des arguments pour convaincre, confirmer, prouver ou réfuter. ➤ **argumenter.** *«Quand la populace se mêle de raisonner, tout est perdu»* VOLTAIRE. *Vous raisonnez dans l'abstrait. «On ne peut raisonner avec les fanatiques, il faut être plus forts qu'eux»* ALAIN. — LOC. FAM. *Raisonner comme un pied, comme une pantoufle, comme un tambour, comme une casserole,* mal. ◆ (1662) Répliquer, soulever des objections, alléguer des excuses. ➤ **discuter, répondre.** *«Voyez comme raisonne et répond la vilaine !»* MOLIÈRE. ■ **2** Conduire un raisonnement, enchaîner des jugements pour aboutir à une conclusion. *Raisonner par analogie, par induction* (➤ **induire**), *par déduction* (➤ **déduire**). *Raisonner juste, faux. «Et que lui apprendrez-vous donc, s'il vous plaît ? – À raisonner juste, si je puis»* DIDEROT. *«Je pense qu'il n'y a pour l'esprit qu'une seule manière de raisonner, comme il n'y a pour le corps qu'une seule manière de marcher»* C. BERNARD.

II **v. tr. ind.** VIEILLI **RAISONNER DE :** juger de, par le raisonnement. *Il se mêle de raisonner de tout.*

III **v. tr. dir.** ■ **1** LITTÉR. Faire un objet de raisonnement de ; examiner par la raison. ➤ **expliciter.** *Les poètes «veulent raisonner leur art, découvrir les lois obscures en vertu desquelles ils ont produit»* BAUDELAIRE. ■ **2** (1666) COUR. Chercher à amener (qqn) à une attitude raisonnable. *Essayez de le raisonner.* ◆ PRONOM. **SE RAISONNER :** écouter la voix de la raison, se forcer à être raisonnable. *Elle essaya de se raisonner.* — (PASS.) Pouvoir être contrôlé par la raison (sentiment, impulsion). *L'amour ne se raisonne pas.*
■ CONTR. Déraisonner. ■ HOM. poss. Résonner.

RAISONNEUR, EUSE [ʀɛzɔnœʀ, øz] **n. et adj.** – 1678 ; «celui qui réplique» 1666 ; «avocat» 1345 ◇ de *raisonner* ■ **1** VIEILLI Personne qui discute, réplique. *«Faire la raisonneuse»* MOLIÈRE. **adj.** *Une petite fille raisonneuse et désobéissante.* ■ **2** LITTÉR. Personne qui raisonne. *Un subtil raisonneur.* — **adj.** (1718) *«Notre siècle raisonneur»* ROUSSEAU. *«Le Grec est raisonneur encore plus que métaphysicien ou savant»* TAINE. ■ CONTR. Docile. Impulsif.

RAJA(H) ➤ **RADJA**

RAJEUNIR [ʀaʒœniʀ] **v.** ‹2› – XIIIe ; *rajovenir* XIIe ◇ de *re-* et *jeune*

I **v. tr.** ■ **1** Rendre la jeunesse à. *«aucune fontaine de jouvence ne la pourrait rajeunir»* GAUTIER. — LOC. FAM. (1811) *Cela ne me, ne nous... rajeunit pas,* se dit à propos d'évènements, de faits qui soulignent précisément l'âge des personnes en question. *Je suis grand-père, voilà qui ne me rajeunit pas !* ■ **2** Faire paraître plus jeune (aspect physique). *Cette coiffure te rajeunit.* ◆ **v. pron. réfl.** (1779) **SE RAJEUNIR :** se faire paraître plus jeune qu'on est. *Elle essaie de se rajeunir par tous les moyens.* ■ **3** Attribuer un âge moins avancé à. *Vous me rajeunissez de cinq ans !* PRONOM. *Il se rajeunit auprès des journalistes.* ■ **4** Ramener à un état de fraîcheur, de nouveauté. ➤ **ranimer, revigorer.** *Rajeunir une installation, un équipement* (➤ **moderniser, renouveler**), *un vêtement démodé* (➤ **rafraîchir**). *Rajeunir une vieille institution.* ➤ **dépoussiérer, rénover.** ■ **5** (1917) Abaisser l'âge moyen de (un groupe). *Rajeunir les*

cadres d'une entreprise.
II v. intr. ■ **1** Redevenir jeune ; reprendre les apparences de la jeunesse. *« En vain on me dit : "vous rajeunissez," croit-on me faire prendre pour ma dent de lait ma dent de sagesse ? »* CHATEAUBRIAND. *Il a rajeuni de dix ans ! — Je la trouve rajeunie et embellie.* ■ **2** PAR EXT. Reprendre, retrouver de la vigueur, de la fraîcheur, de l'éclat. *La vieille façade « n'attendait plus, pour rajeunir, qu'un coup de badigeon »* MARTIN DU GARD.
■ CONTR. Vieillir.

RAJEUNISSANT, ANTE [ʀaʒœnisɑ̃, ɑ̃t] **adj.** – XVIIe-XVIIIe ◊ de *rajeunir* ■ Propre à rajeunir. *Crème de beauté rajeunissante. Suivre un traitement rajeunissant.*

RAJEUNISSEMENT [ʀaʒœnismɑ̃] **n. m.** – *rajonisement* 1165 ◊ de *rajeunir* ■ **1** Action de rajeunir ; état de ce qui est ou paraît rajeuni. *Cure de rajeunissement* (➤ aussi **jouvence**). *Rajeunissement subit* (cf. Coup de jeune*). ■ **2** Action de redonner ou de reprendre de la vigueur, de la fraîcheur, de l'éclat. *« ce don de renouvellement ou de rajeunissement du talent par des moyens nouveaux »* DELACROIX. *Rajeunissement d'un vieux thème littéraire.* ➤ **actualisation, renouvellement.** ■ **3** Introduction d'éléments jeunes dans (un groupe, une pluralité). *Rajeunissement des cadres.*

RAJOUT [ʀaʒu] **n. m.** – v. 1904 ◊ de *rajouter* ■ Ce qui est rajouté (dans un ensemble de maçonnerie, un assemblage de pièces mécaniques, un texte). *Faire des rajouts en marge d'un texte.* ➤ **addition, ajout.**

RAJOUTER [ʀaʒute] **v. tr.** ⟨1⟩ – *rajouster* XVIe ; repris 1869 ; *rajousteir* XIIe ◊ de *re-* et *ajouter* ■ Ajouter de nouveau, OU FAM. Ajouter par surcroît. *Rajouter du sel, du sucre.* ➤ **remettre.** *Rajouter quelques lignes à une lettre.* — FAM. **EN RAJOUTER :** en dire ou en faire plus qu'il n'en faut. ➤ **exagérer** (cf. En remettre). *Il faut toujours qu'il en rajoute. « il en avait rajouté des tonnes, plans sur la comète, perspectives d'avenir radieux »* O. ADAM.
■ CONTR. Enlever, supprimer.

RAJUSTEMENT [ʀaʒystəmɑ̃] **n. m.** – 1803 ; « réconciliation » 1690 ◊ de *rajuster* ■ RARE Action de rajuster. *Rajustement des salaires.* ➤ **réajustement.**

RAJUSTER [ʀaʒyste] **v. tr.** ⟨1⟩ – *rajoster* 1170 ◊ de *re-* et *ajuster* ■ **1** Remettre (qqch.) en bonne place, en ordre. *Rajuster ses lunettes, sa jupe, son chapeau.* — PRONOM. RÉFL. (1669) *Se rajuster :* remettre de l'ordre dans les vêtements qu'on porte sur soi, notamment en les fermant, en les boutonnant. ■ **2** (1298) Redonner de la justesse, de la précision à. *Rajuster le tir.* ➤ **rectifier.** ■ **3** VX Remettre en accord, en harmonie. *« Un peu d'encens brûlé rajuste bien des choses »* CYRANO. ➤ **arranger.** — MOD. *Rajuster les salaires.* ➤ **réajuster.**

RAKI [ʀaki] **n. m.** – 1827 ◊ turc *rakı*, mot arabe ; cf. *arack* ■ Liqueur d'Orient, eau-de-vie parfumée à l'anis.

RÂLANT, ANTE [ʀɑlɑ̃, ɑ̃t] **adj.** – 1930 ; « qui fait entendre un râle » 1834 ◊ de *râler* ■ FAM. Qui fait râler. ➤ **rageant.** *Ça, c'est râlant !*

1 **RÂLE** [ʀɑl] **n. m.** – 1636 ; *rascle* 1164 ◊ du latin *rasclare* « racler », à cause du cri ■ Oiseau migrateur *(échassiers)* de la taille d'une bécasse. *Râle d'eau* ou *râle noir. Râle des genêts, couramment appelé* roi des cailles.

2 **RÂLE** [ʀɑl] **n. m.** – *rasle* 1611 ◊ de *râler* ■ **1** Bruit rauque de la respiration chez certains moribonds. *Un râle d'agonie. « l'abominable râle, cette respiration mécanique* [...], *derniers souffles du corps »* R. ROLLAND. On dit aussi *râlement* **n. m.** ■ **2** MÉD. Altération du murmure respiratoire provoquée par le déplacement des sécrétions bronchiques et alvéolaires au passage de l'air, perçue à l'auscultation. *Râle sibilant*. Râle bulleux* ou *humide,* faisant un bruit comparable à celui de bulles qui crèvent. *« Nous l'auscultons et on lui trouve toute une série de râles sur toute la hauteur du poumon droit »* CÉLINE.

RALENTI [ʀalɑ̃ti] **n. m.** – 1917 ◊ de *ralentir* ■ **1** Régime le plus bas d'un moteur. *Moteur qui tient bien le ralenti. Régler le ralenti.* — LOC. **AU RALENTI :** en ralentissant le rythme, l'action. *Travailler au ralenti. Malade qui vit au ralenti. Faire passer une bande vidéo au ralenti.* ■ **2** (1921) Effet cinématographique qui fait apparaître sur l'écran les mouvements plus lents qu'ils ne sont dans la réalité, et qui provient d'un tournage accéléré. *Le ralenti permet l'analyse de mouvements très rapides.* ■ CONTR. Accéléré.

RALENTIR [ʀalɑ̃tiʀ] **v.** ⟨2⟩ – v. 1550 ◊ de *re-* et *alentir*
I v. tr. ■ **1** Rendre plus lent (un mouvement, une progression dans l'espace). *Ralentir le pas, sa marche. « Il essaya de ralentir son train et de marcher »* GREEN. *Ralentir l'allure.* ➤ **modérer, réduire.** — *Ralentir la progression de l'ennemi.* ➤ **retarder.** ■ **2** Rendre plus lent (le déroulement d'un processus), diminuer (l'intensité d'un phénomène). *Ralentir l'expansion économique. Médicament qui ralentit les sécrétions de l'estomac. Une difficulté qui ralentit la production.* ➤ **freiner.** — *« son existence ralentie »* ALAIN. — PHYS. *Ralentir une réaction en chaîne.* — MUS. *Ralentir le mouvement.* ■ **3 SE RALENTIR v. pron.** *La production s'est ralentie* (cf. Marquer* le pas).
II v. intr. (1774) Aller moins vite, réduire sa vitesse. SPÉCIALT Réduire la vitesse du véhicule, de l'automobile que l'on conduit. ➤ **décélérer, freiner.** *Il ralentissait à chaque croisement. Ralentir, travaux.*
■ CONTR. Accélérer, activer. Hâter.

RALENTISSEMENT [ʀalɑ̃tismɑ̃] **n. m.** – 1584 ◊ de *ralentir* ■ **1** Fait de ralentir, en parlant d'un mouvement (➤ **retard ; décélération**). *Ralentissement de la marche d'un véhicule.* ➤ **freinage.** — CH. DE FER *Disque mobile de ralentissement.* ♦ *Ralentissement de la circulation. La radio signale un ralentissement, des ralentissements sur l'autoroute.* ➤ **bouchon.** ■ **2** Affaiblissement de l'intensité (d'un phénomène) ; diminution d'activité. *Ralentissement de la production, de l'activité économique.* ➤ **diminution ; essoufflement.** *Ralentissement du rythme cardiaque* (➤ **bradycardie**) ; *des fonctions physiologiques.* ♦ CHIM. *Pouvoir de ralentissement :* perte d'énergie subie par une particule ionisante lorsqu'elle traverse l'unité de longueur de matière. — PHYS. *Ralentissement d'une réaction en chaîne.*
■ CONTR. Accélération.

RALENTISSEUR [ʀalɑ̃tisœʀ] **n. m.** – 1903 ; autre sens 1797 ◊ de *ralentir* ■ **1** TECHN. Mécanisme, dispositif monté sur un véhicule, qui sert à ralentir. *Ralentisseur de camion,* l'empêchant d'aller trop vite dans les descentes. ■ **2** PHYS. Substance qui, dans un réacteur, ralentit l'émission des neutrons issus d'une fission nucléaire. ➤ **modérateur.** ■ **3** Petit dos d'âne aménagé en travers de la route pour obliger les véhicules à ralentir (cf. Coussin* berlinois, gendarme* couché). *Ralentisseurs placés aux abords d'une école.* ■ CONTR. Accélérateur.

RÂLER [ʀɑle] **v. intr.** ⟨1⟩ – *rasler* 1456 ◊ même radical que *racler* ■ **1** Faire entendre un râle en respirant. *Moribond qui râle. « Râlant, brisé, livide, et mort plus qu'à moitié »* HUGO. ■ **2** Crier, en parlant de certains animaux. ➤ **raller.** *Chevreuil, tigre qui râle.* ■ **3** (1923) FAM. Manifester sa mauvaise humeur, son dépit ; récriminer. ➤ **grogner, maronner, maugréer, ronchonner, rouspéter.** *Faire râler qqn.* ➤ **bisquer, enrager.** *« il regrettait le temps où elle râlait en silence »* SARTRE. ■ HOM. poss. Raller ; *râliez :* ralliez (rallier).

RÂLEUR, EUSE [ʀɑlœʀ, øz] **n. et adj.** – 1923 ; « personne qui marchande » 1845 ◊ de *râler* ■ FAM. Personne qui proteste, qui râle à tout propos. ➤ **rouspéteur ;** RÉGION. **chialeux.** *Jamais contente, quelle râleuse !* — **adj.** *Il n'est pas méchant, mais il est râleur.*

RALINGUE [ʀalɛ̃g] **n. f.** – 1379 ; *raelingue* 1155 ◊ ancien néerlandais °*rār-lik* « cordage de vergue » ■ MAR. Cordage auquel sont cousus les bords d'une voile pour les protéger et les renforcer. — *Voile en ralingue,* dont les ralingues sont parallèles à la direction du vent.

RALINGUER [ʀalɛ̃ge] **v.** ⟨1⟩ – 1691 ◊ de *ralingue* ■ MAR. ■ **1 v. tr.** Orienter (une voile) pour qu'elle soit parallèle à la direction du vent. ♦ (1773) Garnir, border (une voile) de ses ralingues. ■ **2 v. intr.** Se dit d'une voile qui est en ralingue*, qui reçoit mal le vent et bat sans être tendue. ➤ **battre.**

RALLER [ʀale] **v. intr.** ⟨1⟩ – 1690 ◊ autre forme de *râler* ■ RARE Se dit du cerf qui pousse son cri. ➤ **bramer, raire.** ■ HOM. poss. Râler.

RALLIDÉS [ʀalide] **n. m. pl.** – 1839 ◊ de 1 *râle* ■ ZOOL. Famille d'oiseaux *(échassiers)* aux ailes courtes, à petite tête, et à bec dur, pointu, comprimé latéralement, et dont le type est le râle.

RALLIEMENT [ʀalimɑ̃] **n. m.** – XIVe ; *raliement* « force qui unit » 1160 ◊ de *rallier* ■ **1** Fait de rallier (1°) une troupe, de se rallier. ➤ **rassemblement, regroupement.** — (1770) *Point de ralliement :* point où les troupes doivent se réunir ; FIG. lieu où convergent les forces d'un pays ; lieu convenu de rencontre d'un groupe. *« Une grande ville qui servirait de point de ralliement serait utile à l'Allemagne »* Mme DE STAËL. — *Signe de ralliement :* drapeau, enseigne, etc., autour duquel les soldats devaient se rallier dans la bataille ; PAR EXT. objet qui sert aux membres d'une association à se reconnaître. ▪ 2 FIG. Fait de se rallier (à un parti, à un régime, à une opinion...). ➤ **adhésion.** *Son ralliement à notre cause est inattendu.* ♦ SPÉCIALT Mouvement politique par lequel certains monarchistes français se rallièrent à la IIIe République. ▪ CONTR. Débandade, dispersion.

RALLIER [ralje] v. tr. ⟨7⟩ – *ralier* 1080 ◇ de *re-* et *allier*
I ▪ 1 Regrouper (des gens dispersés). *Chef qui rallie ses soldats, des fuyards, sa troupe en désordre.* ➤ **rassembler.** PAR EXT. *Rallier une flotte, ses vaisseaux.* ♦ VÉN. *Rallier des chiens,* les rassembler quand ils s'écartent de la meute et prennent le change. ➤ **rameuter.** ▪ 2 FIG. Unir, grouper (des personnes) pour une cause commune. ➤ **assembler.** — *Une société « ralliée autour d'un but et d'une doctrine »* TAINE. — Ramener à soi, convertir à sa cause (des dissidents, ou des opposants). ➤ **gagner.** *Il a rallié tous les mécontents.* ♦ (Sujet chose) *Amendement qui rallie les opposants. Cette proposition a rallié tous les suffrages.* ➤ **remporter, réunir** (cf. Faire l'unanimité*). ▪ 3 Rejoindre (le gros d'une troupe). *Les cavaliers ont rallié leur escadron,* ABSOLT *n'ont pas encore rallié.* — Rejoindre (son poste, un lieu). *Navire qui rallie la côte* (➤ **aborder**). — MAR. *Matelot qui rallie le bord,* rentre à bord. — VÉN. ABSOLT *Les chiens ont rallié,* ont repris la voie, après avoir pris le change. ♦ Rejoindre (un parti). *Les opposants ont rallié la majorité.*
II v. pron. **SE RALLIER.** ▪ 1 Se regrouper. *Troupes qui se rallient.* ♦ Prendre pour signe de ralliement. *« Si les étendards vous manquent, ralliez-vous à ce panache »* HENRI IV. ▪ 2 Rejoindre (un parti). *Se rallier à un parti, à un régime. — Des opposants ralliés.* ♦ Adhérer (SPÉCIALT après s'être opposé). *Se rallier à l'avis de qqn, à une doctrine, à un point de vue, à une solution.* ➤ se **ranger.**
▪ CONTR. Disperser, disséminer. — 2 Débander (se). ▪ HOM. poss. *Ralliez :* râliez (râler).

RALLONGE [ralɔ̃ʒ] n. f. – *ralonge* 1418 ◇ de *rallonger* ▪ 1 Ce qu'on ajoute à une chose pour la rallonger. ➤ **allonge,** RÉGION. **apponse.** *Rallonge d'un compas,* pièce amovible qu'on adapte à l'extrémité de l'une de ses branches. — (1765) COUR. Planche qui sert à augmenter la surface d'une table. *Table à rallonges.* — FAM. *Nom à rallonge(s) :* nom à particule, à plusieurs éléments (cf. À tiroirs). ▪ 2 Prolongateur électrique. *« couraient sur presque tous les murs, des fils aux épissures grossières et des rallonges disgracieuses »* PEREC. ▪ 3 FAM. Ce qu'on paye ou ce qu'on reçoit en plus du prix convenu ou officiel. ➤ **supplément.** *Demander, obtenir une rallonge de crédits. Rallonge budgétaire.* — Supplément de congé.

RALLONGEMENT [ralɔ̃ʒmɑ̃] n. m. – XVIe ; *ralloignement* « prolongation » 1346 ◇ de *rallonger* ▪ Opération qui consiste à rallonger (qqch.). *Le rallongement d'une jupe.* ▪ CONTR. Raccourcissement.

RALLONGER [ralɔ̃ʒe] v. ⟨3⟩ – *ralongier* 1266 ◇ de *re-* et *allonger* ▪ 1 v. tr. Rendre plus long en ajoutant une partie. ➤ **allonger.** *Rallonger une robe. Rallonger une laisse. Rallonger un texte.* ♦ *Rallonger un trajet* (espace et temps). ABSOLT, FAM. *Pas par là, ça (nous) rallonge !* ▪ 2 v. intr. Devenir plus long. *Les jours rallongent.* ➤ **s'allonger.** ▪ CONTR. Diminuer, raccourcir.

RALLUMER [ralyme] v. tr. ⟨1⟩ – XIIIe ; *ralumer* « rendre la vue à » XIe ◇ de *re-* et *allumer* ▪ 1 Allumer de nouveau. *« Je rallumais le feu en y jetant quelques branches »* LAMARTINE. *Rallumer une cigarette éteinte. Rallumer une lampe,* OU ABSOLT *rallumer :* redonner de la lumière. — PRONOM. *L'incendie s'est rallumé.* ▪ 2 FIG. (XVIe) Redonner de la force, de l'ardeur, de la vivacité à (➤ **ranimer**) ; faire recommencer, faire éclater de nouveau (➤ **réveiller**). *« Il voyait tous les jours Cet objet rallumer sa haine et son courage »* LA FONTAINE. *Évènement qui rallume une guerre.* — PRONOM. (RÉFL.) *Les haines se sont rallumées.* ➤ **renaître.**

RALLYE [rali] n. m. – 1885 ; *rallie-papier* 1877 ◇ de l'anglais *to rally* « rassembler » ▪ SPORT ▪ 1 Compétition où les concurrents (cavaliers, à l'origine), partis de points différents, doivent rallier un lieu déterminé en se guidant sur diverses indications. ▪ 2 (1911) Course automobile où les concurrents doivent rallier un lieu déterminé, en fonction d'une moyenne horaire imposée. *Le rallye Paris-Dakar. Le rallye de Monte-Carlo. Pilote, voiture de rallye.* ▪ 3 Cycle de réunions dansantes organisées par des familles aisées pour leurs enfants en âge de se marier. *Des rallyes mondains.*

RAM [ram] n. f. inv. – 1981 ◇ acronyme anglais de *Random Access Memory* « mémoire à accès aléatoire » ▪ INFORM. Mémoire permettant une lecture ou une écriture à une adresse quelconque. *La RAM est une mémoire volatile.* — **Recomm. offic.** ***mémoire vive.*** ▪ HOM. Rame.

-RAMA ➤ **-ORAMA**

RAMADAN [ramadɑ̃] n. m. – 1441 ◇ arabe *ramadân,* neuvième mois de l'année de l'hégire ▪ 1 Mois lunaire pendant lequel les musulmans doivent s'astreindre à l'abstinence (nourriture, boisson, tabac, relations sexuelles) entre le lever et le coucher du soleil. *Pendant le ramadan. Fêtes de la fin du ramadan.* ▪ 2 Prescriptions religieuses de ce mois. *Observer, faire le ramadan.*

RAMADANESQUE [ramadanɛsk] adj. – 1974 ◇ de *ramadan* ▪ (Maghreb) Relatif au ramadan. *Les soirées ramadanesques.* — On dit aussi *ramadanien, ienne* (1973).

1 **RAMAGE** [ramaʒ] n. m. – 1270 ; adj. « branchu » XIIe ◇ de l'ancien français *raion* « rameau », latin *ramus* ▪ 1 VX Rameau, branchage. *« Dans ce Parc un vallon secret, Tout voilé de ramages sombres »* TH. DE VIAU. ♦ (1611) *Des ramages.* Dessins décoratifs de rameaux fleuris et feuillus. *Papier peint à ramages. « les ramages de sa robe de brocart sont rendus avec une finesse inouïe »* GAUTIER. ▪ 2 (1549) Chant des oiseaux dans les rameaux ; PAR EXT. Chant des oiseaux. ➤ **gazouillement.** *« Un concert confus de ramages s'éleva d'abord dans le fond du parc »* BOSCO. *« si votre ramage Se rapporte à votre plumage »* LA FONTAINE. ♦ (1588) FIG. et PLAISANT Langage. *« À bien écouter l'homme et son ramage, on saisit mieux les idées en leur naissance »* ALAIN.

2 **RAMAGE** [ramaʒ] n. m. – 1723 ◇ de 3 *ramer* ▪ TECHN. Opération par laquelle on rame le tissu ; séchage d'un tissu tendu.

RAMAGER [ramaʒe] v. ⟨3⟩ – 1585 ◇ de 1 *ramage* ▪ 1 v. intr. Faire entendre son ramage. ➤ **chanter.** *Pinson qui ramage.* ▪ 2 v. tr. (1843) Orner de ramages. — *« La femme, en robe de soie ramagée »* MAUPASSANT.

RAMANCHER [ramɑ̃ʃe] v. tr. ⟨1⟩ – 1841 ◇ mot de l'Ouest (Anjou, Saintonge), famille de 2 *manche* ▪ (Canada) FAM. ▪ 1 Réparer, rafistoler (qqch.). ▪ 2 Soigner, guérir (qqn). — Remettre (une articulation démise). ➤ **rebouter ; ramancheur.**

RAMANCHEUR, EUSE [ramɑ̃ʃœr, øz] ou **RAMANCHEUX, EUSE** [ramɑ̃ʃø, øz] n. – 1841, -1894 ◇ de *ramancher* ▪ (Canada) FAM. Guérisseur, rebouteux. *« Il a fallu casser le bras de ce garçon pour le lui remettre en place. Un ramancheur lui avait recollé cela tout de travers »* A. HÉBERT.

RAMAPITHÈQUE [ramapitɛk] n. m. – 1968 ◇ de *Râma,* dieu de l'Inde, et grec *pithêkos* « singe » ▪ PALÉONT. Fossile de primate supérieur (hominoïde), découvert en Inde, dont la denture rappelle celle du chimpanzé.

RAMAS [ramɑ] n. m. – 1549 ◇ de *ramasser* ▪ VX ▪ 1 Ensemble de choses sans valeur. ➤ **ramassis.** *« une étincelle mettrait le feu à ce ramas de vieilles planches et de vieilles choses »* GAUTIER. ▪ 2 (1679) Réunion de gens méprisables (➤ **écume, lie**). *« ce ramas d'étrangers sans nom, sans culte et sans patrie »* NERVAL.

RAMASSAGE [ramɑsaʒ] n. m. – 1797 ◇ de *ramasser* ▪ 1 Action de ramasser (I, 2°) des choses éparses. *Ramassage du foin.* ➤ **râtelage.** ▪ 2 Action de prendre en divers endroits. *Ramassage du lait dans les fermes.* ➤ **collecte.** — SPÉCIALT (1936 *ramassage des élèves*) *Ramassage scolaire :* opération par laquelle un service routier spécial transporte quotidiennement les élèves demeurant loin des établissements scolaires. *Car de ramassage scolaire.* ▪ 3 Action de prendre par terre (des choses éparses). ➤ **glaner.** *Ramassage des fruits tombés, du bois mort. Ramassage interdit. — Ramassage des balles de tennis.*

RAMASSE [ramɑs] n. f. – 1986 ◇ probablt de *ramasser* ▪ LOC. FAM. *Être à la ramasse :* être à la traîne, être dépassé.

RAMASSÉ, ÉE [ramɑse] adj. – v. 1536 « épais, trapu » ◇ de *ramasser* ▪ Resserré en une masse, blotti. ➤ **pelotonné, recroquevillé.** *« il se coucha contre la porte, ramassé, roulé en boule »* ZOLA. — PAR EXT. *« le geste ramassé du Moïse* [de Michel-Ange]*»* GIDE. ♦ (Des formes) *Il était « de charpente ramassée et musculeuse »* R. ROLLAND. ➤ **massif, trapu.** *« un hameau tout ramassé au milieu du plateau »* GIONO. ♦ *Formule, expression ramassée,* concise et dense. ➤ **condensé, laconique.** ▪ CONTR. Allongé, élancé.

RAMASSE-MIETTE [ramɑsmjɛt] n. m. – 1876 ◇ de *ramasser* et *miette* ▪ Ustensile ménager (brosse et petit plateau, ou brosse roulante) qui sert à ramasser les miettes éparses sur la table à la fin du repas. *Des ramasse-miettes en argent.* — On écrit aussi *un ramasse-miettes* (inv.).

RAMASSE-POUSSIÈRE [ramɑspusjɛr] n. m. – 1912 ◇ de *ramasser* et *poussière* ▪ RÉGION. (Nord ; Belgique) ▪ 1 Pelle à poussière. ➤ RÉGION. **ramassette.** *Des ramasse-poussières* ou *des* *ramasse-poussière* (inv.). ▪ 2 FAM. Bibelot, élément de décoration qui retient la poussière (Cf. Nid à poussière). *Cet abat-jour est un ramasse-poussière.*

RAMASSER [ʀamɑse] v. tr. ‹1› – début XIIIe ◊ de *re-* et *amasser*

I RÉUNIR, RASSEMBLER ▪ 1 Resserrer en une masse. *Ramasser ses cheveux en chignon.* «*Elle ramassa ses jupes, courut dans l'averse*» ZOLA. PAR EXT. Tenir serré. *Ramasser les guides.* ◆ FIG. *Ramasser son style,* le condenser. ▪ 2 (fin XIIIe) Réunir (ce qui est dispersé). ➤ **rassembler.** *Ramasser les débris d'une armée.* ➤ **regrouper.** *Ramasser du foin avec un râteau,* mettre en tas. ➤ **râteler.** ◆ FIG. (début XVIIIe) *Ramasser ses forces :* faire appel à toutes ses forces pour fournir un effort physique ou moral. ➤ **rassembler.** ▪ 3 (1535) Prendre en divers endroits pour réunir. *Ramasser les ordures* (➤ **enlever**). *Ramasser les cartes, au jeu* (➤ **levée**). SANS COMPL. *C'est toi qui ramasses. — Professeur qui ramasse les cahiers, les copies.* ➤ **relever.** *Ramasser de l'argent à une quête.* «*il paraît qu'on va doubler les impôts et que le père Ubu viendra les ramasser lui-même*» JARRY. ➤ **collecter, recueillir.** — PAR EXT. Réunir pour soi. *Il a ramassé un beau pécule.* ➤ **amasser, empocher, gagner, récolter.** ▪ 4 (1785) FAM. *Ramasser qqn,* l'arrêter (en parlant de la police, des autorités). ➤ **cueillir, embarquer, prendre.** *Se faire ramasser dans une rafle.* «*belle affaire de se révolter ! Oui, pour que les gendarmes vous ramassent !*» ZOLA.

II PRENDRE ▪ 1 (1549) Prendre par terre (des choses éparses) pour les réunir. *Ramasser des épis* (➤ **glaner**). *Ramasser du bois mort, des marrons. Ramasser des coquillages, des cailloux. On en ramasse à la pelle*. Il n'y a qu'à se baisser* pour les ramasser.* — PRONOM. (PASSIF) «*Les feuilles mortes se ramassent à la pelle, les souvenirs et les regrets aussi*» PRÉVERT. ◆ (1574) PAR EXT. (en parlant de ce qui pousse) ➤ **cueillir.** *Des champignons ramassés dans les bois.* ▪ 2 (1559) Prendre par terre (une chose qui est tombée). *Ramasser les balles, au tennis. Ramasser ce qu'on a laissé tomber.* «*Mais, Madame, écoutez-moi donc Vous perdez quelque chose – C'est mon cœur, pas grand-chose Ramassez-le donc*» APOLLINAIRE. — *Ramasser le gant*.* ◆ (En parlant d'une personne dans l'impossibilité de se relever, d'un mort) Trouver. *On l'a ramassé ivre mort.* — FIG. et PÉJ. *Où a-t-il ramassé cette fille ?* ➤ **dégoter.** — FAM. *Être à ramasser à la petite cuillère*.* ▪ 3 (1882) FAM. *Ramasser une bûche, une pelle, un gadin, une gamelle :* faire une chute. ▪ 4 FIG. FAM. Recevoir (des coups, des réprimandes). ➤ **attraper.** «*Le pauvre bougre, il a ramassé un coup de couteau dans le ventre*» (B. BLIER, «Buffet froid», film). *Ramasser une contravention.* — Attraper (une maladie). *Ramasser un bon rhume.* ➤ **choper.**

III SE RAMASSER v. pron. ▪ 1 Se mettre en masse, en boule. ➤ se **blottir,** se **pelotonner,** se **replier ;** RÉGION. se **racrapoter.** *Chat qui se ramasse avant de bondir.* «*Mirabeau se tut, se ramassa sur lui-même, comme le lion qui médite un bond*» MICHELET. ▪ 2 FAM. Se relever lorsqu'on est tombé, et PAR EXT. tomber. FIG. Échouer. *Je me suis ramassé à l'examen.* ➤ FAM. se **bananer.**

▪ CONTR. 1 Étaler, étendre, étirer. Disperser. Répandre.

RAMASSETTE [ʀamɑsɛt] n. f. – 1842 ◊ de *ramasser* ▪ 1 Léger clayonnage adapté à une faux et qui ramasse les tiges coupées. ▪ 2 RÉGION. (Nord ; Belgique) Pelle à poussière. ➤ **ramasse-poussière.**

RAMASSEUR, EUSE [ʀamɑsœʀ, øz] n. et adj. – 1547 ; «chiffonnier» v. 1508 ◊ de *ramasser* ▪ 1 Personne qui ramasse. «*les chaumes durs, au travers desquels piétinaient les ramasseuses, la taille cassée*» ZOLA. *Ramasseur d'olives, de champignons. Ramasseur de balles,* au tennis. ◆ Personne qui va chercher chez les producteurs (les denrées destinées à la vente). *Ramasseur de lait.* ▪ 2 n. m. (1875) TECHN. Partie d'un mécanisme servant à ramasser (I, 3°, et II, 1°). *Ramasseur d'une broyeuse.* — Recomm. offic. pour *pickup* (4°). ◆ n. f. *Ramasseuse-presse :* machine agricole qui ramasse les andains, les presse et les ficelle en balles* de foin. *Des ramasseuses-presses.* ◆ adj. *Pelle ramasseuse.*

RAMASSIS [ʀamɑsi] n. m. – 1674 ◊ de *ramasser* ▪ PÉJ. Réunion de choses, de gens de peu de valeur. ➤ VX **ramas.** *Un ramassis d'objets dépareillés.* ➤ **amas, fatras.** *Un ramassis d'incompétents.* ➤ **tas.**

RAMBARDE [ʀɑ̃baʀd] n. f. – 1773 ; *rambade* «construction élevée à la proue d'une galère» 1546 ◊ italien *rambata,* de *arrembar* «aborder un bateau» ▪ Garde-corps placé autour des gaillards et des passerelles d'un navire. ➤ **balustrade ; batayole, chandelier.** *La rambarde du château de proue.* ◆ Rampe métallique, garde-fou. *La rambarde d'une jetée, d'une terrasse.*

RAMBOUR [ʀɑ̃buʀ] n. m. – 1875 ; *pommes de rambour* 1536 ◊ de *Rambures,* n. d'une localité près d'Amiens ▪ Variété de pommier ; son fruit, pomme d'août, à manger au couteau.

RAMBOUTAN [ʀɑ̃butɑ̃] n. m. – 1604 ◊ malais *rambūtan* ▪ Fruit exotique (Malaisie, Asie du Sud-Est) à écorce rougeâtre et épineuse, à pulpe blanche, juteuse et sucrée, appelé aussi *litchi chevelu.*

RAMDAM [ʀamdam] n. m. – 1896 ◊ de *ramadan* (à cause de la vie nocturne bruyante pendant le *ramadan*) ▪ FAM. Tapage, vacarme*. ➤ **barouf,** 2 **boucan, chambard, raffut.** *Faire du ramdam.*

1 **RAME** [ʀam] n. f. – XVe ; *raime* XIVe, d'après *ramer ; rain* 1112 ◊ latin *remus* «rame» ▪ 1 Longue barre de bois aplatie à une extrémité, qu'on manœuvre à la main sur une embarcation pour la propulser et la diriger. ➤ **aviron ; pagaie.** *Poignée, manche, bras, pelle ou pale d'une rame. Paire de rames. Enfoncer, plonger les rames dans l'eau. Rame manœuvrée en tirant, en poussant, à la godille.* «*lorsque la mer est immobile et que les vents sont tombés, c'est alors que la rame devient utile*» GIDE. *Rejoindre le rivage à la rame.* ◆ LOC. *Faire force de rames :* ramer vigoureusement. ▪ 2 LOC. FAM. (1892) *Ne pas en fiche une rame :* ne rien faire, ne fournir aucun effort. ➤ 2 **ramée.** ▪ HOM. RAM.

2 **RAME** [ʀam] n. f. – 1530 ; *ram* 980 ◊ de l'ancien français *raim,* du latin *ramus* «branche» ▪ 1 VX ou LITTÉR. Branche d'arbre (➤ **ramure**). ▪ 2 (1600) MOD. Branche rameuse fichée en terre à côté d'une tige grimpante pour lui servir de support. ➤ **tuteur.** *Pois nains et pois à rames.* «*Le vent s'amusait à jeter bas les rames des haricots*» FLAUBERT.

3 **RAME** [ʀam] n. f. – 1360 ◊ espagnol *resma,* de l'arabe *rizma* «ballot, rame de papier» ▪ 1 Ensemble de cinq cents feuilles (ou vingt mains) de papier. «*Madame Séchard résolut d'employer cent rames à un premier tirage*» BALZAC. ◆ Ensemble de vingt rouleaux de papier à tapisser. ▪ 2 (1915 ; «convoi de péniches» 1869) File de wagons attelés (surtout du métro). ➤ **train.** *La dernière rame vient de passer.* ➤ **balai.**

4 **RAME** [ʀam] n. f. – 1723 ; *ranme* 1405 ◊ francique *°hrama* «solive, charpente» ; cf. allemand *Rahmen* «châssis» ▪ TECHN. Châssis horizontal servant à maintenir tendue dans les deux sens une pièce de tissu pendant le séchage. — *Rame sans fin :* machine à mouvement continu servant au même usage.

RAMÉ, ÉE [ʀame] adj. – XIIe «branchu, touffu» ◊ de 2 *ramer* ▪ 1 VX Qui a des rames (2). ▪ 2 (v. 1210) VÉN. *Cerf ramé :* jeune cerf dont les bois poussent. — (1690) BLAS. Se dit du cerf dont la ramure est d'un émail particulier. ▪ HOM. Ramée, ramer.

RAMEAU [ʀamo] n. m. – *ramel* 1160 ◊ latin populaire *°ramellus,* classique *ramus* ▪ 1 Petite branche d'arbre. *Une bécasse* «*se glissait entre les rameaux des grands arbres nus*» FROMENTIN. *Petit rameau.* ➤ **ramille.** «*les renflements des bourgeons, à l'extrémité invisible des rameaux, formaient sur la forêt comme un brouillard léger*» PERGAUD. *Rameau d'olivier porté par la colombe en signe de paix.* ▪ 2 (XVe *jor de rams* ◊ du latin *Dominica in ramis Palmarum* [St Jean] ; v. 1190 *jor del ramispalmaus* «jour des branches de palmiers») *Dimanche des Rameaux,* et ELLIPT *les Rameaux :* fête chrétienne qui commémore l'accueil triomphal (avec des rameaux de palmier) fait par ses disciples à Jésus entrant à Jérusalem, et qui se célèbre huit jours avant Pâques (cf. Pâques* fleuries). *Faire bénir le buis des Rameaux. — Faire Pâques* avant les Rameaux.* ▪ 3 Subdivision d'une division en arbre. *Les rameaux des langues romanes. Rameaux de l'arbre généalogique d'une famille.* ▪ 4 (XVIe) ANAT. Subdivision d'un vaisseau, d'un nerf... ➤ **ramification.** *Sa peau* «*laissait voir le plus léger rameau de ses veines bleues*» BALZAC. *Rameaux communicants :* filets nerveux entre les ganglions sympathiques et les nerfs rachidiens. ▪ 5 (1829) GÉOL. Massif qui se détache d'une chaîne de montagnes.

1 **RAMÉE** [ʀame] n. f. – 1220 ; «forêt» avant 1173 ◊ de *ram* → 2 rame ▪ 1 VX ou LITTÉR. Ensemble des branches feuillées d'un arbre. ➤ **feuillage, feuillée, ramure.** «*De chaque branche Part une voix Sous la ramée*» VERLAINE. ▪ 2 VX Branches coupées avec leurs feuilles. «*Un pauvre bûcheron tout couvert de ramée*» LA FONTAINE. ▪ HOM. Ramer.

2 **RAMÉE** [ʀame] n. f. – 1892 ◊ de *ramer* ▪ LOC. FAM. *Ne pas en fiche une ramée :* ne rien faire. ➤ 1 **rame.**

RAMEN [ʀamɛn ; lamɛn] n. f. et m. – 1985 ◊ mot japonais, du chinois ▪ AU PLUR. Nouilles japonaises d'origine chinoise, servies dans un bol de bouillon. — APPOS. INV. *Nouilles ramen.* ◆ n. m. Ce plat. *Un ramen au porc, aux crevettes.* — APPOS. INV. *Soupe ramen.*

RAMENARD, ARDE [ʀam(ə)naʀ, aʀd] adj. et n. – milieu XXe ◇ de *ramener (la ramener)* ■ FAM. Qui la ramène (7°), qui fait l'important. — n. *Un(e) ramenard(e).* ➤ **crâneur, m'as-tu-vu.**

RAMENDER [ʀamɑ̃de] v. tr. ‹1› – 1274 ◇ de *re-* et *amender* ■ **1** Raccommoder (des filets de pêche). ■ **2** (1690) Amender de nouveau (un terrain). ■ **3** Réparer (une dorure) en mettant des feuilles d'or aux endroits dédorés.

RAMENDEUR, EUSE [ʀamɑ̃dœʀ, øz] n. – 1174 ◇ de *ramender* ■ TECHN. Ouvrier qui ramende les filets sur les bateaux de pêche.

RAMENER [ʀam(ə)ne] v. tr. ‹5› – XVIe ; *rameiner* 1115 ◇ de *re-* et *amener* ■ **1** Amener de nouveau (qqn). *Ramenez-moi le malade, je veux l'examiner une seconde fois.* ■ **2** Faire revenir (qqn en l'accompagnant) au lieu qu'il avait quitté. *Je vais vous ramener chez vous en voiture.* ➤ **raccompagner, reconduire.** *« ils fuyaient dans les bois, on les ramenait enchaînés »* ZOLA. *Ramener un cheval à l'écurie.* — REM. On ne peut employer *ramener* en parlant de choses ; c'est alors *rapporter* qui convient : *je vous rapporte votre argent.* ◆ (Sujet chose) Provoquer le retour de (qqn). *Le mauvais temps le ramena à la maison.* ■ **3** Faire revenir à un sujet. *« il ramena la question sur l'achat éventuel d'une automobile »* ROMAINS. — Faire revenir à un état. *Ramener un noyé à la vie.* ➤ **ranimer.** — *Ramener qqn à de meilleurs sentiments. Cela nous ramène dix ans en arrière.* — *« il est parvenu à ramener l'estomac à l'état normal »* BAUDELAIRE. *Ramener les prix au niveau antérieur.* ■ **4** FIG. Faire renaître, faire réapparaître, rétablir (une chose là où elle s'était manifestée). *Le soir ramenait mes inquiétudes. Ramener la paix.* ➤ 1 **restaurer, rétablir.** *J'ai tenté « de ramener au théâtre l'ancienne et franche gaieté »* BEAUMARCHAIS. ■ **5** Amener (qqn) ou apporter (qqch.) avec soi, en revenant au lieu qu'on avait quitté. *Il a habité quelque temps l'Angleterre et en a ramené une femme charmante. Ce camion était parti à vide et il a ramené tout un chargement* (ACADÉMIE). *« Une table basse, en cuivre ciselé, ramenée des Indes »* SARRAUTE. ■ **6** Faire prendre une certaine position à (qqch.) en changeant sa direction naturelle ou précédente ; remettre en place. *« Ses mains terreuses ramenées derrière son dos, crainte de tacher la belle robe »* COURTELINE. *Ramener sur ses genoux les pans d'une robe de chambre.* ➤ **rabattre, tirer.** — *Cheveux ramenés sur le front.* ■ **7** LOC. FAM. *Ramener sa fraise :* arriver, venir. *Ramène ta fraise !* (cf. infra Se ramener). — FIG. Être prétentieux de manière démonstrative. ELLIPT *La ramener.* ➤ **crâner ; ramenard.** *« S'il y avait un des mômes qui essayait de la ramener, le vieux lui tombait dessus à coup de tisonnier »* AYMÉ. ◆ **SE RAMENER** v. pron. Venir. ➤ **s'amener, rappliquer.** *« Des histoires de soldats qui se ramenèrent vêtus en civil »* BEAUVOIR. ■ **8** Porter à un certain point de simplification ou d'unification. ➤ **réduire.** *Ramener une fraction à sa plus simple expression. « ramener les mouvements de l'esprit à ceux de la matière »* SARTRE. *« C'est ainsi qu'elle juge, ramenant tout au permis et au défendu »* CAILLOIS. — *Ramener tout à soi :* être égocentrique. ◆ **SE RAMENER À** v. pron. (pass.). Se réduire, être réductible à. *Le problème se ramène à calculer des intégrales. « tout se ramenait à un jeu d'écritures »* ROMAINS. ■ CONTR. 1 Écarter.

RAMEQUIN [ʀamkɛ̃] n. m. – 1654 ◇ néerlandais *rammeken* (XVIe), diminutif de *ram* ; cf. allemand *Rahm* « crème » ■ **1** Petit gâteau au fromage. *« J'achetais pour mon dîner des friands ou des ramequins »* BEAUVOIR. ■ **2** PAR EXT. Petit récipient utilisé pour la cuisson au four ou au bain-marie ; petit plat.

1 **RAMER** [ʀame] v. intr. ‹1› – 1213 ◇ latin populaire °*remare*, de *remus* « rame » ■ **1** Manœuvrer les rames d'une embarcation. ➤ **nager** (MAR.) ; aussi **pagayer,** RÉGION. **avironner.** *Galériens condamnés à ramer.* — *Ramer en couple,* avec un aviron dans chaque main. *Ramer avec un seul aviron tenu à deux mains,* ou « tirer en pointe ». ➤ **godiller.** ◆ Avancer avec les rames. *Ils ramaient vers le rivage.* ■ **2** RARE Mouvoir dans l'air ses ailes. ➤ 1 **voler.** — (1869) *Vol ramé,* produit par le battement des ailes (opposé à *vol plané*) ■ **3** FAM. Se donner du mal, faire des efforts. ➤ **galérer.** *Il a beaucoup ramé pour en arriver là.* ■ **4** FAM. *Ordinateur qui rame,* qui fonctionne lentement, avec difficulté. ■ HOM. Ramé, ramée.

2 **RAMER** [ʀame] v. tr. ‹1› – 1549 ◇ de 2 *rame* ■ HORTIC. Soutenir (une plante grimpante) avec une rame. ➤ **tuteurer.** *Ramer des pois.*

3 **RAMER** [ʀame] v. tr. ‹1› – 1723 ◇ de 4 *rame* ■ TECHN. Étirer (le tissu) sur une rame (4) où il sèche.

RAMEREAU ou **RAMEROT** [ʀamʀo] n. m. – 1578 ; *ramerotz* 1552 ◇ de *ramier* ■ RARE Jeune ramier.

RAMESCENCE [ʀamesɑ̃s] n. f. – 1869 ◇ du latin *ramescere* ■ BOT. Disposition en rameaux, forme des rameaux. *Ramescence d'une branche.*

1 **RAMETTE** [ʀamɛt] n. f. – 1690 ◇ de 4 *rame* ■ IMPRIM. Châssis de fer sans barre pour les impositions peu importantes.

2 **RAMETTE** [ʀamɛt] n. f. – 1845 ◇ de 3 *rame* ■ Rame de papier de petit format. *Une ramette de papier à lettres.*

1 **RAMEUR, EUSE** [ʀamœʀ, øz] n. – 1599 ; *rameor* 1213 ◇ de 1 *ramer* ■ **1** Personne qui rame, qui est chargée de ramer. *Rang, banc de rameurs. « Dans la galère capitane Nous étions quatre-vingts rameurs »* HUGO. *Bateau de course à huit rameurs. Une bonne rameuse.* ■ **2** n. m. (1869) RÉGION. (souvent plur.) Insecte hémiptère qui nage à la surface de l'eau. ◆ n. m. pl. (1791) Oiseaux aux ailes largement déployées, en vol. APPOS. *Oiseaux rameurs.* ■ **3** n. m. Appareil d'entraînement physique simulant le geste du rameur. ■ HOM. Rameuse (rameux).

2 **RAMEUR, EUSE** [ʀamœʀ, øz] n. – 1405 ; fém. 1904 ◇ de 4 *rame* ■ **1** Ouvrier, ouvrière qui met le tissu sur les rames et les conduit. ■ **2** n. f. (v. 1960) **RAMEUSE.** TECHN. Rame* (4) sans fin.

RAMEUTER [ʀamøte] v. tr. ‹1› – XVIIe ◇ de *re-* et *ameuter* ■ **1** RARE Ameuter de nouveau, pour une nouvelle action. ◆ PAR EXT. COUR. Chercher à grouper pour faire nombre ou pour une action commune. *Il a rameuté tous les copropriétaires. Rameuter des militants pour une manifestation.* ■ **2** (1763) VÉN. Ramener (les chiens) en meute, en arrêtant ceux qui se sont écartés. ➤ **ameuter.** — PRONOM. *Les chiens s'étaient rameutés d'eux-mêmes.*

RAMEUX, EUSE [ʀamø, øz] adj. – 1314 anat. ◇ du latin *ramosus,* de *ramus* ■ (1455) BOT. ou LITTÉR. Qui a de nombreux rameaux. ➤ **branchu.** *Arbrisseaux rameux. « cet asphodèle rameux des garrigues du Gard »* GIDE. ■ HOM. Rameuse (rameur).

RAMI [ʀami] n. m. – 1937 ◇ origine inconnue ; cf. anglais *rum, rummy* ■ Jeu de cartes se jouant généralement avec 52 cartes et un joker*, et consistant à réunir des combinaisons d'au moins trois cartes du type des figures de poker ou de piquet, qu'on étale sur la table. *On fait rami quand on a étalé toutes ses cartes.* ■ HOM. Ramie.

RAMIE [ʀami] n. f. – 1858 ◇ malais *rami* ou *ramieh* ■ BOT. Plante de l'Asie tropicale *(urticacées),* sorte d'ortie dont les longues fibres fournissent un textile résistant. ◆ Ce textile, d'aspect proche du lin. *Un pantalon en ramie.* ■ HOM. Rami.

RAMIER [ʀamje] n. m. et adj. – 1440 ; « qui vit dans les bois » 1376 ; « touffu » (forêt) avant 1173 ◇ de l'ancien français *raim* → 2 rame ■ Gros pigeon sauvage qui niche dans les arbres, parfois aussi dans l'intérieur des villes (Paris, Venise...). ➤ **palombe.** — adj. *Pigeon ramier.*

RAMIFICATION [ʀamifikasjɔ̃] n. f. – 1541 anat. ◇ latin savant *ramificatio* ■ **1** Division en plusieurs rameaux ; chacune des divisions ou des rameaux eux-mêmes. *Ramification d'une tige à fleurs.* ➤ **inflorescence.** — SPÉCIALT *Ramification des racines, des nervures des feuilles.* ◆ ANAT. Mode suivant lequel se divisent les artères, les veines, les nerfs... ; ces divisions elles-mêmes. ➤ **rameau.** *Ramifications vasculaires.* ➤ **capillaire.** *Ramifications nerveuses. Ramifications des bronches.* ➤ **bronchiole.** — ZOOL. *Ramification d'un polypier. Ramifications des bois du cerf :* andouillers, cors. ◆ PAR ANAL. *Ramifications d'un souterrain, d'un égout, d'une voie ferrée, d'un filon.* ➤ **embranchement ; arborisation.** ■ **2** FIG. Groupement secondaire dépendant d'un organisme central. *Société ayant des ramifications en province, à l'étranger. Les ramifications d'un complot.* — (1798) Subdivision. *Ramifications d'une science.* ■ **3** DIDACT. Alternative dans un raisonnement, dans une suite logique de propositions. *Ramification d'un programme d'ordinateur.*

RAMIFIÉ, IÉE [ʀamifje] adj. – 1835 ◇ de *se ramifier* ■ Qui a de nombreuses ramifications. ➤ **branchu, rameux.** *Prolongement ramifié de la cellule nerveuse* (➤ **dendrite**). — *Deltas ramifiés. Chaîne ramifiée d'un composé chimique :* chaîne d'atomes de carbone sur laquelle sont fixées une ou plusieurs autres chaînes d'atomes de carbone.

RAMIFIER (SE) [ʀamifje] v. pron. ‹7› – 1560 ; *se ramefier* 1314 ◇ latin scolastique *ramificare* ■ **1** Se diviser en plusieurs branches ou rameaux. ➤ **se diviser,** se **partager,** se **subdiviser.** *Tige, arbre qui se ramifie.* ➤ **ramification.** *Les veines, les nerfs se ramifient. « les trois doubles voies qui sortaient du pont, se ramifiaient, s'écartaient en un éventail »* ZOLA. ■ **2** FIG. Avoir, pousser des ramifications. *La famille romaine « se ramifie sans se diviser »* FUSTEL DE COULANGES.

RAMILLE [ʀamij] n. f. – XIIIe ◊ diminutif de l'ancien français *raim* → 2rame ■ **1** (Au sing. collect.) Menues branches d'arbres coupées avec leurs feuilles. *Fagots, fascines de ramille.* ■ **2** (1802) *Une, des ramilles* : chacune des plus petites et dernières divisions d'un rameau. « *Tout était blanc* [...] *Blanc depuis le tronc jusqu'aux plus fines ramilles* » CLAUDEL.

RAMINGUE [ʀamɛ̃g] adj. – 1593 ◊ italien *ramingo*, de *ramo* « rameau », mot d'abord appliqué au faucon qui vole de branche en branche ■ MANÈGE Se dit du cheval qui refuse d'avancer quand on lui fait sentir l'éperon. ➤ **rétif.** *Cheval ramingue.*

RAMOLLI, IE [ʀamɔli] adj. et n. – 1560 ◊ de *ramollir* ■ **1** (CHOSES) Devenu mou. « *des gaufrettes ramollies qui sentaient le fond de tiroir* » ROMAINS. *Asphalte ramolli par la chaleur.* ♦ FIG. et FAM. *Cerveau ramolli,* faible, sans idées. ■ **2** (PERSONNES) FAM. Dont le cerveau est devenu faible. ➤ **déliquescent, gâteux.** — n. *Un vieux ramolli.* ♦ Passif, sans réaction. *Il est un peu ramolli.* ➤ **mollasson, ramollo.**

RAMOLLIR [ʀamɔliʀ] v. tr. ‹2› – 1448 ◊ de *re-* et *amollir* ■ **1** Rendre mou ou moins dur. ➤ **amollir.** *Ramollir du cuir. Ramollir du beurre.* ♦ PRONOM. *Os, tissus qui se ramollissent. Cerveau qui se ramollit* (➤ **ramollissement**). ■ **2** FIG. (XIVe) LITTÉR. Rendre moins résistant, moins ferme, moins énergique. ➤ **amollir.** *L'« oisiveté ramollit les courages »* VAUGELAS. ■ CONTR. Durcir, raffermir.

RAMOLLISSANT, ANTE [ʀamɔlisɑ̃, ɑ̃t] adj. – XVIe ◊ de *ramollir* ■ MÉD. Qui ramollit, relâche les tissus. ➤ **émollient.** *Remèdes ramollissants.* — n. m. *La guimauve est un ramollissant.* ■ CONTR. Astringent, raffermissant.

RAMOLLISSEMENT [ʀamɔlismɑ̃] n. m. – 1558 ; *ramollissement du temps* 1393 ◊ de *ramollir* ■ Action de se ramollir, état de ce qui est ramolli. — (1762) PATHOL. Dégénérescence d'un tissu qui devient mou. *Ramollissement cérébral,* par thrombose ou embolie, qui prive une partie du tissu cérébral de son irrigation sanguine. *Ramollissement des os.* ➤ **ostéomalacie.**

RAMOLLO [ʀamɔlo] adj. et n. – *ramollot* 1883 ◊ n. pr. plaisant, de *ramolli* et suffixe populaire *-o* ■ FAM. Ramolli. *Je me sens toute ramollo.* ➤ **flagada, raplapla.** *Ils sont un peu ramollos.* — n. *Un vieux ramollo.* ➤ **gâteux.**

RAMONAGE [ʀamɔnaʒ] n. m. – 1439 ; *ramonnaige* « balayage » 1317 ◊ de *ramoner* ■ Action de ramoner ; son résultat. *Le ramonage des cheminées est prescrit par des ordonnances de police municipale.*

RAMONER [ʀamɔne] v. ‹1› – 1531 ; « balayer avec un *ramon* » v. 1220 ◊ de l'ancien français *ramon* « balai » (XIIIe-XIVe), de *raim* → rameau ■ **1** v. tr. Nettoyer en raclant pour débarrasser de la suie (les cheminées, les tuyaux). *Ramoner une cheminée avec un hérisson.* — PAR EXT. *Ramoner une pipe.* ■ **2** v. intr. ALPIN. Faire une escalade en prenant appui sur deux parois verticales très rapprochées.

RAMONEUR [ʀamɔnœʀ] n. m. – *ramonneur* 1530 ; *ramoneux* v. 1520 ◊ de *ramoner* ■ Celui dont le métier est de ramoner les cheminées. *Raclette, hérisson de ramoneur.* ♦ (1847) TECHN. Appareil servant à nettoyer les tubes des chaudières à vapeur.

RAMPANT, ANTE [ʀɑ̃pɑ̃, ɑ̃t] adj. – 1115 ◊ de *ramper*

I VX Qui grimpe (cf. Ramper, étym.). (XIVe) BLAS. *Animaux rampants,* cabrés, figurés debout, pattes en avant (opposé à *passant*). ➤ **effaré.** — ARCHIT. Incliné, disposé en pente. *Arc rampant,* dont les naissances ne sont pas à la même hauteur. ♦ n. m. (*rangpan* 1568) **LE RAMPANT :** la partie montante, inclinée. *Les rampants d'un fronton, d'un pignon, d'un gable. Toit à deux rampants,* à deux versants.

II ■ **1** Qui rampe. *Bête, animal rampant(e).* ➤ **reptile.** *Le lierre est rampant et grimpant.* — PAR EXT. *Marche rampante :* progression des soldats sur le ventre, les mains et les genoux. ♦ PAR PLAIS. (1918 argot des aviateurs) *Personnel rampant,* qui ne vole pas, employé à terre (opposé à *personnel navigant*). n. *Les rampants.* ■ **2** (1660) Qui s'abaisse, fait preuve de bassesse devant les puissants. ➤ 1**bas, obséquieux,** 1**plat, servile, soumis.** *Caractère rampant.* « *Médiocre et rampant, et l'on arrive à tout* » BEAUMARCHAIS. ■ **3** FIG. Qui progresse, se développe insensiblement. ➤ **sournois.** « *les premiers signes d'un fascisme rampant* » G. ELGOZY.

RAMPE [ʀɑ̃p] n. f. – 1584 « ce qui grimpe » ◊ de *ramper* « grimper » ■ **1** Plan incliné entre deux plans horizontaux. *Rampe conduisant d'une terrasse à une autre. Rampe pour voitures dans un garage, rampe d'accès.* « *la ville* [Sancerre] *est enveloppée de rampes, dites les Grands Remparts* » BALZAC. ♦ SPÉCIALT (1945) Plan incliné permettant le lancement d'avions catapultés, de fusées et de divers engins propulsés par fusées. *Rampes de lancement de fusées.* ♦ PAR EXT. (1875) Partie en pente d'un terrain, d'une route, d'une voie ferrée (➤ **inclinaison, pente**). *Automobiliste qui monte une rampe longue et sinueuse.* ➤ **côte, montée.** « *Après Harfleur, commença la grande rampe de trois lieues qui va jusqu'à Saint-Romain, la plus forte de toute la ligne* » ZOLA. ■ **2** (1690) Balustrade à hauteur d'appui, posée sur le limon d'un escalier ; main courante*. *Rampe de bois.* « *Les rampes de ces petits escaliers, d'une propreté brillante, sont en fer coulé* » STENDHAL. *Corde tenant lieu de rampe.* ➤ **tire-veille.** *S'accrocher à la rampe.* LOC. FAM. *Tenir bon la rampe :* tenir bon, s'accrocher ; conserver la santé, la jeunesse, la réussite. *Lâcher la rampe :* mourir ; abandonner la partie. ■ **3** (1855 ◊ d'abord *rampe* bordant effectivement la scène, afin de protéger les spectateurs contre une chute possible dans la fosse d'orchestre) Rangée de lumières disposées au bord de la scène. *Les feux de la rampe.* « *ce qui se passe au delà de cette traînée flamboyante, qu'on appelle la rampe* » GAUTIER. — LOC. *Passer la rampe :* produire de l'effet sur un public, un auditoire, et PAR EXT. des lecteurs, etc. *Cette scène ne passe pas la rampe.* ■ **4** (1927) Dispositif présentant une suite de sources lumineuses (pour l'éclairage des devantures, des façades...). — AVIAT. Alignement de projecteurs destinés à éclairer une piste. *Rampe de balisage.*

RAMPEAU [ʀɑ̃po] n. m. – 1560 ; « partie de quilles » 1518 ◊ altération probable de *rappel* ■ JEUX Second coup, dans une partie qui n'en comporte que deux ; coup joué à titre de revanche, quand on a perdu le coup précédent. *Faire rampeau :* faire le même nombre de points que l'adversaire, donc coup nul.

RAMPEMENT [ʀɑ̃pmɑ̃] n. m. – 1538 ◊ de *ramper* ■ RARE Action de ramper. ➤ **reptation.** *Il « atteignit la haie avec des prudences, des rampements de trappeur »* MIRBEAU.

RAMPER [ʀɑ̃pe] v. intr. ‹1› – 1156 « grimper » ◊ du francique °*(h)rampon* « grimper avec des griffes » ; radical germanique °*(h)ramp* « chose crochue » ■ **1** (1487) Progresser par un mouvement de reptation (en parlant des reptiles, des vers, des gastéropodes et de certains batraciens). *Serpent, escargot qui rampe.* ♦ PAR EXT. Progresser lentement le ventre au sol, les membres repliés (en parlant d'animaux, de personnes). ➤ **se traîner.** *Fauve qui rampe en approchant de sa proie. L'enfant rampe avant de marcher.* « *on est sorti de la tranchée, on a rampé sur la descente* » BARBUSSE. ■ **2** (XVIe ◊ par anal.) Se dit de plantes dont les rameaux se couchent, dont les tiges se développent au sol, ou qui s'étendent sur une surface, sur un support, en s'accrochant par des crampons ou des vrilles. *Vigne, lierre qui rampe le long d'un mur.* ♦ PAR MÉTAPH. « *un feu sournois qui rampe sous la brande* » MAURIAC. — FIG. Se glisser. « *il germe* [le mal], *il rampe, il chemine* » BEAUMARCHAIS. « *les inquiétudes noires commencèrent de ramper au fond de son être* » BARRÈS. ■ **3** (1680) (PERSONNES) S'abaisser, être rampant (cf. S'aplatir comme une carpette*). *Ramper devant des supérieurs.* « *ce sont les mêmes âmes qu'on voit ramper devant les forts et humilier les faibles* » CAILLOIS. — (1569) Manquer d'élévation, être incapable de s'élever. *Ceux « qui croient que l'homme ne peut que ramper, si la religion ne le soulève »* GIDE.

RAMPON [ʀɑ̃pɔ̃] n. m. – 1790 ◊ mot piémontais, famille du latin *rapum* → 1rave ■ RÉGION. (Savoie ; Suisse, Vallée d'Aoste) Plante herbacée dont les petites feuilles rondes se mangent en salade. ➤ **mâche ;** RÉGION. **doucette.**

RAMPONNEAU [ʀɑ̃pɔno] n. m. – 1914 ; « jouet lesté de plomb auquel on donne des coups » 1832 ◊ du nom d'un cabaretier célèbre du XVIIIe s. ■ FAM. Bourrade ; coup*, donné notamment avec le côté du corps. *Donner un ramponneau à qqn.*

RAMURE [ʀamyʀ] n. f. – 1307 ; *rameure* XIIe-XIIIe ◊ de 2*rame* ■ **1** Ensemble des branches et rameaux (d'un arbre). ➤ **branchage, frondaison,** 1**ramée.** « *un bois d'arbres séculaires aux ramures gigantesques* » LOTI. ■ **2** (1524) Ensemble du bois des cervidés. ➤ **andouiller, merrain.**

RANATRE [ʀanatʀ] n. f. – 1803 ◊ du latin *rana* « grenouille » ■ ZOOL. Insecte hétéroptère de forme grêle et allongée, vivant à la surface des mares, et communément appelé *punaise* d'eau.*

RANCARD ou **RENCARD** [ʀɑ̃kaʀ] n. m. – 1889 ◊ origine inconnue ; p.-ê. de *rancart* ■ **1** ARG. Renseignement confidentiel. ➤ **tuyau.** ■ **2** (1898 ◊ avec influence de *rendez-vous* ou *rencontre*) FAM. Rendez-vous. *Il m'a filé (un) rancard. Avoir (un) rancard avec qqn.* ■ HOM. Rancart.

RANCARDER ou **RENCARDER** [ʀɑ̃kaʀde] **v. tr.** ‹1› – 1899 ◊ de *rancard* ■ **1** POP. Renseigner secrètement. ➤ **tuyauter.** *On l'a rancardé.* — PRONOM. *Se rancarder.* ■ **2** (1901) FAM. et RARE Donner un rendez-vous à (qqn).

RANCART [ʀɑ̃kaʀ] **n. m.** – 1755 ◊ altération du normand «mettre au *récart*», de *récarter* «éparpiller» ■ LOC. FAM. *Mettre au rancart* : jeter, se débarrasser, se défaire (d'une chose inutile ou usée). *Une vieille table vermoulue, bonne à mettre au rancart.* ➤ **rebut.** — FIG. *Mise au rancart d'un projet.* ➤ **abandon.** ■ HOM. Rancard.

RANCE [ʀɑ̃s] **adj.** – début XIVe ◊ latin *rancidus* ■ **1** Se dit d'un corps gras qui a pris une odeur forte et un goût âcre. *Beurre, huile rance.* ♦ PAR EXT. *Odeur, goût rance.* — **n. m.** Odeur, goût caractéristique d'un corps gras rance. *Pièce qui sent le renfermé, le rance.* ■ **2** FIG. Vieux, dépassé. *«monde poussiéreux, rance, moisi»* GAUTIER. ■ CONTR. 1 Frais.

RANCH [ʀɑ̃tʃ] **n. m.** – 1862 ; *rancho* 1922 ◊ mot anglais américain «hutte de pionnier», de l'hispano-américain *rancho* «cabane» ■ Ferme de la Prairie, aux États-Unis ; exploitation d'élevage qui en dépend. *Des ranchs. «Il neige par là-bas vers l'Ouest, sur les silos et sur les ranchs»* SAINT-JOHN PERSE. On écrit aussi *des ranches* (plur. angl.).

RANCHE [ʀɑ̃ʃ] **n. f.** – 1411 «étai qui supporte la ridelle d'une charrette» ; 1363 *renche* ◊ probablt du francique °*hrumka* ■ RÉGION. Échelon d'un rancher.

RANCHER [ʀɑ̃ʃe] **n. m.** – 1690 ; *ranchier* 1400 ◊ de *ranche* ■ RÉGION. Échelle formée d'une seule poutre sur laquelle sont disposés les échelons (ranches) perpendiculairement de part et d'autre. ➤ **échelier.**

RANCI, IE [ʀɑ̃si] **adj.** – 1539 ◊ de *rancir* ■ Devenu rance. — SUBST. *Sentir le ranci.*

RANCIO [ʀɑ̃sjo] **n. m.** – fin XVIIe ◊ mot espagnol «rance», latin *rancidus*, à cause du vieillissement ■ Vin de liqueur qu'on a laissé vieillir et qui est devenu doux et doré. *Des rancios.*

RANCIR [ʀɑ̃siʀ] **v.** ‹2› – 1636 ; *se rancir* 1539 ◊ de *rance* ■ **1 v. intr.** Devenir rance. *Cette huile rancit vite.* ♦ FIG. Vieillir en s'altérant, en s'aigrissant. ■ **2 v. pron.** (1801) *«Ne laissez pas vos idées se rancir en province»* BALZAC.

RANCISSEMENT [ʀɑ̃sismɑ̃] **n. m.** – 1877 ◊ de *rancir* ■ Fait de rancir. *Le rancissement est dû à la formation d'acides au contact de l'air.*

RANCŒUR [ʀɑ̃kœʀ] **n. f.** – XVe ; *rancor* 1190 ◊ bas latin *rancor, oris* «état de ce qui est rance», latin ecclésiastique «rancune» ■ Ressentiment tenace, amertume que l'on garde après une désillusion, une injustice, etc. ➤ **aigreur, rancune.** *Avoir de la rancœur pour, contre qqn. Il en éprouve de la rancœur. «Toute la sale marée de ses rancœurs refluait en lui avec ce matin sombre»* MAURIAC. ■ CONTR. Pardon.

RANÇON [ʀɑ̃sɔ̃] **n. f.** – 1268 *rençon* ; v. 1150 *raançon* ; v. 1130 *raençon* ◊ latin *redemptio* «rachat» ■ **1** Somme d'argent, prix que l'on exige pour délivrer une personne captive. *Payer une rançon. Ravisseurs qui exigent une rançon.* — LITTÉR. *Mettre des voyageurs à rançon.* ➤ **rançonner.** ■ **2** FIG. (1723) *La rançon de...* : inconvénient que comporte (un avantage, un plaisir). ➤ **contrepartie, prix** (cf. Le revers* de la médaille). *Il n'a plus de vie privée, c'est la rançon de la célébrité. «dans les corps fortement constitués, où* [...] *la rigueur des préjugés n'est que la rançon de la plus belle intégrité»* PROUST.

RANÇONGICIEL [ʀɑ̃sɔ̃ʒisjɛl] **n. m.** – 2010 ◊ calque de l'anglais *ransomware* (2005) ; mot-valise, de *rançon* et *(lo)giciel* ■ INFORM. Programme, logiciel malveillant qui chiffre les données personnelles dans le but d'extorquer de l'argent. *Cyberattaque au rançongiciel.* — REM. On dit aussi *logiciel de rançon, logiciel rançonneur.*

RANÇONNEMENT [ʀɑ̃sɔnmɑ̃] **n. m.** – 1690 ; *renchonnement* «pillerie, rapine» XIVe ◊ de *rançonner* ■ RARE Fait de rançonner. ➤ **brigandage, exaction ; racket.**

RANÇONNER [ʀɑ̃sɔne] **v. tr.** ‹1› – XIVe ; *ranssonner* 1260 ◊ de *rançon* ■ **1** VIEILLI Proposer de relâcher (qqn) contre une rançon. *Le Prince Noir rançonna Du Guesclin.* — *Corsaire qui pille ou rançonne les vaisseaux marchands.* ■ **2** PAR EXT. Faire payer (qqn) par la force, exiger de (qqn) une contribution qui n'est point due. *Brigands qui rançonnaient les voyageurs. Gang qui rançonne tous les cafés de la ville.* ➤ **racketter.** *Élève qui rançonne ses camarades.* ■ **3** FIG. VIEILLI ou LITTÉR. Exiger de (qqn) plus qu'il n'est dû. ➤ **exploiter.** *Rançonner les clients*, vendre à des prix exagérés. ➤ 2 **voler** (FIG.). *Rançonner les contribuables.* ➤ **saigner.**

RANÇONNEUR, EUSE [ʀɑ̃sɔnœʀ, øz] **n.** et **adj.** – 1409 ◊ de *rançonner* ■ **1** Personne qui rançonne ; exploiteur. ■ **2 adj.** INFORM. *Logiciel rançonneur.* ➤ **rançongiciel.**

RANCUNE [ʀɑ̃kyn] **n. f.** – 1080 «colère contenue» ◊ altération de l'ancien français *rancure*, latin populaire °*rancura*, croisement de *rancor* (→ rancœur) et *cura* «souci» ■ Souvenir tenace que l'on garde d'une offense, d'un préjudice, avec de l'hostilité et un désir de vengeance. ➤ **rancœur, ressentiment.** *Avoir de la rancune contre qqn. Garder rancune à qqn (de qqch.)* : ne pas pardonner, en vouloir à (qqn) (cf. Garder à qqn un chien* de sa chienne ; garder une dent* contre qqn). *«le régisseur garda contre son maître une de ces rancunes qui sont un élément de l'existence en province»* BALZAC. *«Il s'entêtait à nourrir des rancunes»* BARRÈS. — (1718) ELLIPT *Sans rancune !*, formule qui scelle une réconciliation. ■ CONTR. Oubli ; pardon.

RANCUNIER, IÈRE [ʀɑ̃kynje, jɛʀ] **adj.** et **n.** – 1718 ◊ de *rancune* ■ Porté à la rancune. ➤ **vindicatif.** *«D'autant plus rancunier que les torts sont anciens»* LECONTE DE LISLE. — *Caractère rancunier. «cette humeur rancunière qui fermente dans un cœur vindicatif»* ROUSSEAU. ♦ **n.** *Un rancunier, une rancunière.* ■ CONTR. Indulgent, oublieux.

RAND [ʀɑ̃d] **n. m.** – 1964 ◊ mot anglais «bord, marge» ■ Unité monétaire de l'Afrique du Sud.

RANDOMISATION [ʀɑ̃dɔmizasjɔ̃] **n. f.** – 1957 ◊ anglais *randomization*, de *at random* «au hasard» ■ ANGLIC. STATIST. Échantillonnage aléatoire destiné à réduire ou supprimer l'interférence de variables autres que celles qui sont étudiées. ➤ **hasardisation.**

RANDOMISER [ʀɑ̃dɔmize] **v. tr.** ‹1› – 1963 ◊ anglais *to randomize* ■ ANGLIC. STATIST. Procéder à la randomisation de. — *Des courbes randomisées.*

RANDONNÉE [ʀɑ̃dɔne] **n. f.** – 1180 ◊ de *randonner* ■ **1** VX Course rapide. — SPÉCIALT (1574) VÉN. Circuit que fait la bête autour de l'endroit où elle a été lancée. ■ **2** (1798, répandu fin XIXe) COUR. Promenade longue et ininterrompue. ➤ **course, excursion.** *Une randonnée à bicyclette* (➤ **circuit**), *à pied* (➤ 2 **marche**). *Randonnée pédestre en montagne.* ➤ **trekking.** *Chemin, sentier de grande randonnée (G. R.)* : chemin balisé sur lequel s'effectuent des marches qui peuvent durer plusieurs jours. *Guide des sentiers de grande randonnée.* ➤ **topoguide.** — *Ski de randonnée.* — ABRÉV. FAM. **RANDO.** *Faire une rando. Partir en rando. Des randos équestres.*

RANDONNER [ʀɑ̃dɔne] **v. intr.** ‹1› – 1896 ; «courir vite» XIIe ◊ de *randon* «rapidité, impétuosité», francique °*rand* «course» ; cf. allemand *rennen* «courir» ■ Effectuer une, des randonnées. *Découvrir les Pyrénées en randonnant.*

RANDONNEUR, EUSE [ʀɑ̃dɔnœʀ, øz] **n.** – 1921 ◊ de *randonner* ■ Personne qui pratique la randonnée.

RANG [ʀɑ̃] **n. m.** – fin XIe ◊ du francique *hring* «anneau, cercle», de même origine que l'allemand *Ring* et l'anglais *ring* → 1 ring

I SUITE, LIGNE QUE FORMENT DES PERSONNES OU DES CHOSES ■ **1** Suite (de personnes, de choses) disposée de front sur une même ligne (opposé à *file*) ou simplement formant une ligne. *«Chaque nef est formée de deux rangs d'arceaux superposés»* GAUTIER. *Repiquer des rangs de salade. Collier à trois rangs de perles. Un rang de perles* : bijou constitué par un seul rang de perles. — *En rang d'oignons**. *Disposer par rangs, en rangs superposés* (➤ **étager**). — LOC. FIG. *De rang* : d'affilée. *Dormir dix heures de rang.* ♦ Ligne de sièges les uns à côté des autres. *Rang de loges, de fauteuils d'orchestre dans une salle de spectacle.* ➤ **rangée.** — *Se placer au dixième rang, au premier rang.* ♦ Suite de mailles constituant une même ligne d'un ouvrage de tricot, de crochet. *Un rang* (tricoté) *à l'endroit, un rang à l'envers.* ♦ *Rang d'un cortège, d'une manifestation. Rang de policiers.* ➤ **cordon.** *Rang de spectateurs le long d'une rue.* ➤ **haie.** *Se mettre en rang(s)*, sur un, sur plusieurs rangs. *Les premiers* (➤ **tête**), *les derniers rangs* (➤ 1 **queue**). — (fin XIe) Suite de soldats placés les uns à côté des autres. ➤ **front.** *En ligne sur deux rangs. Dans les rangs, hors des rangs ; sortir des rangs. «Le premier rang, genou en terre, recevait les cuirassiers sur les bayonnettes* [sic], *le second rang les fusillait»* HUGO. — LOC. *Serrer*, rompre* les rangs. À vos rangs, fixe ! — Les rangs que forment les élèves.* LOC. FAM. *Silence dans les rangs !* ■ **2** *Les rangs d'une armée*, les soldats qui y servent. *Entrer, combattre, servir dans les rangs de tel régiment.* ♦ LOC. (1676) *Être, se mettre sur les rangs* : entrer en concurrence avec d'autres, pour obtenir (un poste). ➤ **candidat ; postuler,** se **présenter.** ♦ FIG. *Grossir les rangs des mécontents.* ➤ 2 **liste.** *Nous l'avons admis dans nos rangs*, parmi nous. ♦ *Les militaires du rang,* les sans-grades, la troupe (opposé à *officiers*). *Servir dans le rang. Officiers sortis du rang,* qui ont fait carrière sans passer par une école de formation des officiers. — LOC. (1918) *Rentrer dans le rang :* accepter la discipline d'un groupe ; renoncer à un statut extérieur ou exceptionnel. ▪ **3** (1698) Au Québec et en Ontario, Ensemble des terrains agricoles qui s'étendent en bandes parallèles et qui sont perpendiculaires à une rivière, une route. — PAR EXT. Le chemin qui dessert ces exploitations (opposé à *route rurale**). — AU PLUR. **LES RANGS :** la campagne (opposé à *village*). *« Les domestiques du manoir le cherchent partout, dans le village et les rangs »* A. HÉBERT.

II PLACE DANS UNE SÉRIE *Le rang se marque par les nombres ordinaux.* ➤ **ordre.** ▪ **1** (1549) Situation dans une série ordonnée. *Être placé au deuxième rang.* — Au loto, *Les gagnants du premier rang* (six bons numéros), *du deuxième rang* (cinq bons numéros plus le numéro complémentaire), etc. — Place d'un dignitaire, d'un fonctionnaire, dans l'ordre des préséances. *Avoir rang avant* (➤ **précéder**), *après qqn* (➤ **suivre**). — *En rang, par rang d'ancienneté, d'âge... « il étalait par rang de taille les brochets qu'il avait pris »* GENEVOIX. ▪ **2** (1549) Place, position dans un ordre, et SPÉCIALT dans une hiérarchie. ➤ **classe, échelon, position.** *Rang le plus bas, le plus haut. Être, venir au premier, au dernier rang. Mériter le premier rang parmi les artisans, les artistes. Un peintre de second rang. « Des logements décents, un travail, ne plus être des citoyens de second rang »* CHALANDON. *Rangs dans un concours.* ➤ **place.** *« la compétition est ouverte et j'y ai pris rang »* G. BATAILLE. *Sortir d'une grande école dans un bon rang. Officier d'un certain rang.* ➤ 1 **grade.** — *Problème qui se situe au premier rang des préoccupations nationales.* ▪ **3** (1640) Place que qqn occupe dans la société, et qui lui est conférée par la naissance (➤ **caste**), l'emploi, l'argent, la célébrité, etc. ➤ **classe, condition, position.** *Le rang social. « Tel brille au second rang qui s'éclipse au premier »* VOLTAIRE. *Les distinctions de rang. Élever à un rang plus haut.* ➤ **promouvoir.** — FÉOD. *Vassaux de même rang.* ➤ 1 **pair.** ♦ (Se dit surtout des *rangs* les plus élevés) *Fonction, titre qui confère un haut rang.* ➤ **dignité, fonction, place, titre.** *« Sans qu'elle eût d'autres droits au rang d'impératrice »* RACINE. *Déchoir de son rang. Garder, tenir son rang. Traiter qqn avec les honneurs dus à son rang.* — SANS COMPL. Rang élevé. *« Noblesse, fortune, un rang, des places, tout cela rend si fier »* BEAUMARCHAIS. ♦ LOC. (des personnes ou des choses) *Être du même rang,* de même valeur. *Mettre au même rang, sur le même rang* (cf. Sur le même plan). *On ne peut mettre sur le même rang deux choses aussi peu comparables.* — *Hors rang :* en dehors du classement. ▪ **4** (1462) (Sans idée de hiérarchie) **AU RANG DE.** ➤ **parmi.** *Mettre, placer au rang de :* compter parmi. *« Qu'il mette ce malheur au rang des plus sinistres »* RACINE. ➤ **compter,** 1 **ranger.**
▪ **HOM.** Ranz.

RANGÉ, ÉE [ʀɑ̃ʒe] adj. – XIIIe ♦ p. p. de 1*ranger* ▪ **1** *Bataille* rangée.* ▪ **2** (v. 1735) Qui mène une vie régulière, réglée, sans excès ; qui a une bonne conduite. ➤ **sérieux.** *Cette personne si réglée, si rangée. « Mémoires d'une jeune fille rangée », de S. de Beauvoir.* — FAM. *Être rangé des voitures*.* — PAR EXT. *« Ainsi, au cœur du vice, la vertu, la vie rangée, ont une odeur de nostalgie »* CAMUS. ▪ **CONTR.** Bohème, irrégulier.

RANGE-CD [ʀɑ̃ʒsede] n. m. inv. – v. 1990 ♦ de 1*ranger* et *CD* ▪ Meuble, support conçu pour ranger les disques compacts. *Des range-CD.*

RANGÉE [ʀɑ̃ʒe] n. f. – *rengiée* 1212 ; repris XIXe ♦ de 1*ranger* ▪ Suite (de choses ou de personnes) disposée côte à côte, de front sur une même ligne. ➤ **alignement, ligne, rang.** — *Rangée de maisons. Rangée de bouteilles d'un bar. « La place des Fêtes, avec ses rangées d'arbres, ses gazons »* ROMAINS. *Veste à double rangée de boutons. Rangées superposées de pierres* (➤ **assise, couche**). *Rangée de colonnes* (➤ **colonnade**). *Rangées de fauteuils d'orchestre.* ➤ **rang.**

RANGEMENT [ʀɑ̃ʒmɑ̃] n. m. – 1630 ♦ de 1*ranger* ▪ **1** Action de ranger (I, 2°), de mettre en ordre. *Faire du rangement dans un tiroir. « elle recommençait les rangements et remettait tout en ordre »* CHARDONNE. *Rangement du linge. Meuble de rangement.* — PAR EXT. *Rangement d'une armoire, d'un bureau.* ♦ Meuble, placard pour ranger ses affaires. *Cet appartement manque de rangements.* ▪ **2** Disposition des choses (bien ou mal) rangées. *Un rangement rationnel. Rangement de documents.* ➤ **classement.** ▪ **CONTR.** Dérangement, désordre.

1 **RANGER** [ʀɑ̃ʒe] v. tr. ⟨3⟩ – XIIIe ; *rengier* 1197 ♦ de *rang*

I ~ v. tr. A. CONCRET ▪ **1** VIEILLI Disposer en un ou plusieurs rangs (I) ou files. ➤ **aligner.** *Ranger des soldats.* — *Concurrents rangés sur la ligne de départ. « De petits arbres rangés comme des collégiens en promenade »* MAUPASSANT. *« toute la paroisse rangée en deux haies »* BALZAC. ▪ **2** (v. 1190) Disposer à sa place, avec ordre. ➤ **arranger, ordonner ;** FAM. **caser ;** RÉGION. **serrer.** *Rangez vos affaires ! Ranger ce qu'on a dérangé. Où as-tu rangé les ciseaux ? Ranger et étiqueter des dossiers, des marchandises.* ➤ **classer, trier.** *Ranger son violon*.* — ABSOLT *Il passe son temps à ranger.* — *Tout est (bien) rangé dans sa chambre.* — *Mots rangés par ordre alphabétique.* ♦ PAR EXT. Mettre de l'ordre dans (un lieu), y mettre chaque chose à sa place. *Ranger sa chambre. Ranger un placard.* — *« Vous savez, [...] ce n'est jamais très bien rangé chez moi »* ROMAINS. ▪ **3** Mettre de côté pour laisser le passage (cf. ci-dessous Se ranger). *Ranger sa voiture.* ➤ **garer.** ▪ **4** (XIIIe *renger* « marcher à travers, parcourir ») MAR. Passer auprès de, le long de. ➤ **longer.** *Ranger la côte. « À gauche, nous rangeâmes un îlot de rochers arides »* GAUTIER.

B. ABSTRAIT ▪ **1** Mettre au nombre de, au rang de. *« Et trois ou quatre seulement, Au nombre desquels on me range »* MALHERBE. *Ce livre est à ranger parmi les ouvrages sérieux. Ranger sous une même étiquette.* ➤ **compter, grouper.** ▪ **2** Placer dans une situation de conformité ou de soumission. *Ranger qqn à son avis.* ➤ **gagner.** — *Ranger sous les lois de, sous le joug, l'autorité de qqn.* ➤ **soumettre.**

II ~ v. pron. SE RANGER (XVIe) ▪ **1** Se mettre en rangs, en ordre. *Soldats qui se rangent par trois.* ➤ **s'aligner.** — FIG. *Se ranger sous les enseignes, les drapeaux d'un général, d'un régiment.* ➤ **se placer.** ▪ **2** (1668) S'écarter ou être écarté pour laisser le passage. *« range-toi, je vais tirer »* DUMAS. *Voiture qui se range contre le trottoir.* ➤ **se garer.** — MAR. *Se ranger à bord, à quai.* ▪ **3** FIG. Se mettre, se placer aux côtés ou sous l'autorité de. *« Les peuples se rangèrent de notre côté »* BAINVILLE. *« Il se rangeait ordinairement à l'avis du plus absurde ou du plus audacieux »* CHATEAUBRIAND. ➤ **adopter,** se **rallier.** ▪ **4** (1732) ABSOLT Adopter un genre de vie plus régulier, une conduite plus raisonnable. ➤ **s'assagir.** *« Retz semble avoir eu par moments des intentions sincères de se ranger »* SAINTE-BEUVE. — *Se ranger de (une activité),* l'abandonner. *« il s'était rangé du terrorisme. Une autre vie, en France, après bien des errances »* IZZO. FAM. *Se ranger des voitures*.* ▪ **5** (PASS.) Devoir être rangé, avoir sa place (quelque part). *Où se range la cocotte ?* ➤ **se mettre.**
▪ **CONTR.** (du I) Déranger, dérégler, mélanger.

2 **RANGER** [ʀɑ̃dʒɛʀ ; ʀɑ̃dʒœʀ] n. m. – 1844 « milicien américain » ♦ mot anglais américain, de *to range* « errer » ▪ **1** (1869) Garde dans une réserve, un parc national. ▪ **2** (1947) Soldat d'un corps d'élite (d'une armée de terre). *Les marines* et les rangers* [ʀɑ̃dʒœʀs]. ▪ **3** Brodequin à tige montante utilisé notamment dans les unités militaires de choc (parachutistes, etc.). *« sensible à mes rangers et à ma boule à zéro »* GAVALDA.

RANI [ʀani] n. f. – 1904 (cf. *rana* [1765] « prince indien ») ; *ranee* 1878 ♦ mot hindi, du sanskrit *rajni,* fém. de *raja* ▪ Épouse d'un radja (➤ **maharani**). *Des ranis.*

RANIDÉS [ʀanide] n. m. pl. – 1904 ; *ranacées* 1839 ♦ latin savant, de *rana* « grenouille » ▪ ZOOL. Famille de batraciens anoures, comprenant les grenouilles et rainettes.

RANIMATION [ʀanimasjɔ̃] n. f. – 1949 ♦ de *ranimer* ▪ **1** MÉD. Action de réanimer. ➤ **réanimation.** ▪ **2** COUR. Action de ranimer. *Ranimation de la flamme du Souvenir.*

RANIMER [ʀanime] v. tr. ⟨1⟩ – 1564 ♦ de *re-* et *animer* ▪ **1** VX Rendre à la vie (un mort). ➤ **ressusciter.** ♦ PAR MÉTAPH. Faire renaître, revivre. *Ranimer le passé.* ▪ **2** (1677) Rendre la conscience, le mouvement à. ➤ **réanimer.** *Ranimer un noyé, une personne évanouie.* — *« Lorsque le Roi rouvrit les yeux, ranimé par les odeurs fortes et les sels »* VIGNY. ♦ PAR EXT. Revigorer, vivifier. *Cet air vivifiant m'a ranimé.* ➤ **ravigoter, remonter, revivifier.** ▪ **3** (Sens moral) Rendre plus vif, plus actif ; redonner de l'énergie à. ➤ **animer, encourager, réconforter.** *Ce discours ranima les troupes.* ♦ *Ranimer l'ardeur, le courage, les énergies, l'enthousiasme.* ➤ **exalter, raffermir, raviver, relever.** *Ranimer le zèle.* ➤ **réchauffer.** *Ranimer la douleur, la colère. Ranimer de vieilles rancunes. « Elle croyait ranimer mon amour en excitant ma jalousie »* CONSTANT. ➤ **aviver, réveiller.** — PRONOM. *Les haines se sont ranimées.* ▪ **4** Redonner de la force, de l'éclat à (un feu, une flamme). *Ranimer le feu avec un soufflet.* ➤ **attiser, rallumer.** *Ranimer la flamme sur la tombe du Soldat inconnu.* — PRONOM. *Le volcan s'est ranimé.* ➤ **se réveiller.** ▪ **CONTR.** Assoupir, attiédir ; éteindre, étouffer.

RANTANPLAN [rɑ̃tɑ̃plɑ̃] interj. – 1751 ◊ onomat. ▪ Interjection exprimant le roulement du tambour. — On dit aussi **RATAPLAN** [rataplɑ̃].

RANZ [rɑ̃z ; rɑ̃ts] Suisse romande [rɑ̃] n. m. – 1767 ◊ mot alémanique « rang » ▪ *Ranz des vaches :* air de berger, chanson pastorale suisse. ▪ HOM. Rang.

RAOUT [raut] n. m. – 1824 ; *rout* 1776 ◊ anglais *rout,* de l'ancien français *route* « troupe, compagnie » ▪ Réunion, fête* mondaine.

RAP [rap] n. m. – 1982 ◊ mot anglais, de *to rap* « donner des coups secs » ▪ ANGLIC. Style de musique dont les paroles, hachées, sont récitées sur un fond musical très rythmé. ➤ aussi **break-dance, raggamuffin, smurf.** « *Le rap, c'était loin d'être mon truc, mais j'étais toujours époustouflé par ce que ça racontait. La justesse du propos. La qualité des textes. Eux, ne chantaient rien d'autre que la vie de leurs copains, dans la rue ou en maison d'arrêt* » IZZO. *Chanteur de rap.* ➤ **rapeur.** — v. intr. ⟨1⟩ **RAPER** ou **RAPPER.** ▪ HOM. poss. Râpe.

RAPACE [rapas] adj. et n. m. – fin XVe ; adj. *rapal* XIIIe ◊ latin *rapax, cis,* sur le radical de *rapere* « saisir, ravir »

I adj. ▪ **1** Vorace, ardent à poursuivre sa proie (en parlant d'un oiseau). « *Le grand vol anguleux des éperviers rapaces* » VERLAINE. ▪ **2** (XVe) Qui aime le gain à l'excès, qui cherche à s'enrichir rapidement et brutalement, au détriment d'autrui. ➤ **avide, cupide** (cf. Âpre* au gain). *Usurier rapace. Elle est très rapace.* — n. m. *Cet homme d'affaires est un vrai rapace.* ➤ **requin, vautour.**

II n. m. (1768) Oiseau carnivore, aux doigts armés d'ongles forts et crochus (➤ 1 **serre**), au bec puissant, arqué et pointu. *Nid de rapace.* ➤ 2 **aire.** *Rapace qui fond sur sa proie.* « *Loin, en haut, comme suspendu dans la lumière, un oiseau de proie, un grand rapace l'avait découvert* » PERGAUD. — *Rapaces diurnes (falconiformes).* ➤ **aigle,** 2 **autour, busard,** 1 **buse, condor, émouchet, épervier, faucon, gerfaut, gypaète, milan, orfraie, serpentaire, vautour.** *Rapaces nocturnes (strigiformes).* ➤ **chat-huant, chevêche,** 1 **chouette, duc, effraie, harfang, hibou, hulotte.** *Les rapaces nocturnes hululent.*

RAPACITÉ [rapasite] n. f. – 1380 ◊ latin *rapacitas* ▪ **1** Caractère, manière d'agir d'une personne rapace. ➤ **avidité, cupidité.** *Agir avec rapacité.* ➤ **âpreté.** ▪ **2** (1530) Avidité à se jeter sur sa proie, ardeur à la poursuivre. *La rapacité du tigre, du loup, du vautour.*

RÂPAGE [rɑpaʒ] n. m. – 1775 ; *rapage* « grappillage » 1617 ◊ de *râper* ▪ Opération qui consiste à râper.

RAPAILLER [rapaje] v. tr. ⟨1⟩ – 1894 ◊ mot du Centre-Ouest « grappiller », famille de *râpe* « rafle du raisin » ▪ (Canada) FAM. Ramasser, rassembler (ce qui est épars). « *Elle rapaille ses guenilles pour aller faire son lavage* » R. DUCHARME. *Rapailler ses idées.* — « *L'Homme rapaillé* », recueil de Gaston Miron.

RAPATRIÉ, IÉE [rapatrije] adj. et n. – 1690 ◊ p. p. de *rapatrier* ▪ Qu'on a fait rentrer dans son pays. *Matelot rapatrié pour être opéré.* — n. (surtout en parlant des prisonniers de guerre libérés, de coloniaux ou de résidents contraints de revenir en métropole, etc.) *Aide aux rapatriés. Convois de rapatriés. Les rapatriés d'Algérie. Une rapatriée.*

RAPATRIEMENT [rapatrimɑ̃] n. m. – v. 1675 ◊ de *rapatrier* ▪ **1** Action de rapatrier (2°) qqn. *Le rapatriement des prisonniers de guerre, d'un matelot, d'un agent secret* (➤ **exfiltration**). *Rapatriement sanitaire,* dont la cause est l'état de santé (d'un ressortissant d'un pays) qui nécessite son retour, par transport spécial, dans son pays. ▪ **2** (1959) Action de faire revenir (des fonds) dans le pays de leur propriétaire. *Le rapatriement des bénéfices.*

RAPATRIER [rapatrije] v. tr. ⟨7⟩ – milieu XVe au sens 2° ◊ de *re-* et *patrie* ▪ **1** (1603) VX FAM. Réconcilier. *Rapatrier deux amis qui étaient brouillés.* ▪ **2** MOD. Assurer légalement le retour de (une personne) sur le territoire du pays auquel elle appartient par sa nationalité (➤ **rapatriement**). *Elle s'est fait rapatrier par le consulat français. Rapatrier des prisonniers de guerre.* ◆ ÉCON. *Rapatrier des capitaux exportés.* ▪ CONTR. Déporter, exiler.

RAPATRONNAGE [rapatrɔnaʒ] n. m. – 1737 ◊ de *re-* et 2 *patron* ▪ SYLV. Opération qui consiste à rapprocher un tronc d'arbre et une souche pour contrôler l'exploitation et constater des délits relatifs à la coupe d'arbres. — v. tr. ⟨1⟩ **RAPATRONNER,** 1765.

RÂPE [rɑp] n. f. – XVIe ; *raspe* 1202 ◊ du germanique °*raspôn,* par le latin *raspa* « grappe de raisin »

I AGRIC. Ce qui reste des grappes une fois qu'on les a pressées, ou que les grains sont tombés ou ont été enlevés. ➤ 2 **rafle.** ◆ Ce qui reste d'un épi dont on a enlevé les grains.

II COUR. ▪ **1** Outil pour user la matière, sorte de grosse lime à larges entailles. ➤ 1 **lime.** *Râpe à bois. Râpe de sculpteur, de cordonnier, de plombier, de serrurier, de maçon.* — MÉD. *Bruit de râpe,* qu'on observe, à l'auscultation, dans certaines maladies de cœur. ▪ **2** (1559) Ustensile de cuisine, plaque hérissée d'aspérités, qui sert à réduire une substance en fins copeaux, en poudre. *Râpe à fromage.* — PAR EXT. *Râpe à tabac.*

▪ HOM. poss. Rap.

1 **RÂPÉ** [rɑpe] n. m. – 1688 ; *vin raspé* v. 1175 ◊ de *râpe* (I)

I Boisson qu'on obtient en faisant passer de l'eau sur du marc ou sur du raisin frais entassé dans un tonneau. ➤ 1 **piquette.** — Vin éclairci avec des copeaux de hêtre, de chêne, etc., qu'on y a laissés tremper ; ces copeaux eux-mêmes.

II (1920 ◊ de *râper*) FAM. Fromage de gruyère râpé. *Sachet de râpé.*

2 **RÂPÉ, ÉE** [rɑpe] adj. – 1972 ◊ de *râper,* avec influence probable de *raté* ▪ FAM. *C'est râpé !* c'est définitivement compromis, voué à l'échec ; cela n'aura pas lieu. ➤ 2 **fichu, foutu.** *Pour l'invitation, c'est râpé !*

RÂPER [rɑpe] v. tr. ⟨1⟩ – 1568 ; *rasper* « gratter » 1270 ◊ de *râpe* (II) ▪ **1** Réduire en poudre grossière, en petits morceaux au moyen d'une râpe (II, 2°). *Râper du fromage, du céleri.* — *Carottes râpées.* ▪ **2** Travailler à la râpe (II, 1°). *Râper un morceau de bois avant de le polir.* ▪ **3** Produire une sensation de frottement sur (une partie du corps). *Tissu qui râpe la peau. Vin grossier qui râpe la gorge.* ▪ **4** RARE User jusqu'à la corde (un vêtement, une étoffe). — Plus cour. au p. p. « *Pelotonné comme un vieux cloporte dans sa pelisse râpée* » LOTI. ➤ **élimé.** *Veste râpée aux manches.*

RÂPERIE [rɑpri] n. f. – 1682 « atelier de préparation du bois » ◊ de *râper* ▪ TECHN. Atelier où l'on râpe les betteraves pour la fabrication du sucre.

RAPETASSAGE [rap(ə)tasaʒ] n. m. – 1609 ◊ de *rapetasser* ▪ FAM. Action de rapetasser. ➤ **raccommodage.** — FIG. ➤ **remaniement.**

RAPETASSER [rap(ə)tase] v. tr. ⟨1⟩ – 1532 ◊ franco-provençal *petassar,* de *petas* « pièce pour rapiécer », latin *pittacium* ▪ **1** FAM. Réparer sommairement, grossièrement (un vêtement, etc.). ➤ **raccommoder, rafistoler, rapiécer.** « *Une ignorante fille sans cesse occupée à rapetasser des bas* » BALZAC. ▪ **2** FIG. (v. 1600) PÉJ. Remanier, corriger par fragments. « *Passé deux heures avec J.-E. Blanche à rapetasser son manuscrit* » GIDE.

RAPETISSEMENT [rap(ə)tismɑ̃] n. m. – 1547 ◊ de *rapetisser* ▪ Action de rapetisser qqch. ; fait de se rapetisser. ➤ **diminution, réduction.** *Rapetissement au lavage.* ➤ **rétrécissement.** ◆ FIG. Action de diminuer le mérite, la valeur (de qqn, de qqch.). ▪ CONTR. Agrandissement, amplification, extension.

RAPETISSER [rap(ə)tise] v. ⟨1⟩ – *rapetichier* 1349 ◊ de l'ancien verbe *apetisser* (XIIe)

I v. tr. ▪ **1** Rendre plus petit. ➤ **diminuer, réduire.** *Rapetisser le manteau d'un aîné pour le faire porter au cadet.* ➤ **écourter, raccourcir.** ▪ **2** Faire paraître plus petit, par un effet d'optique. *La distance rapetisse les objets. Cet immeuble rapetisse, par sa masse, les maisons qui l'entourent.* ➤ **écraser.** ▪ **3** FIG. Diminuer la grandeur de (une chose), le mérite de (une personne). ➤ **amoindrir, rabaisser.** « *On trouvera assez d'explications de mes actions après moi pour m'agrandir si je réussis et me rapetisser si je tombe* » VIGNY. — PRONOM. *J'essayais de me rapetisser à ses yeux.*

II v. intr. (*rapeticier* 1459) Devenir plus petit, plus court (dans l'espace ou dans le temps). ➤ **raccourcir.** « *On a l'impression d'avoir soudain rapetissé, d'être devenu lilliputien* » THARAUD. *Vêtement qui rapetisse au lavage.* ➤ **rétrécir.**

▪ CONTR. Agrandir, allonger, amplifier, étendre, grandir.

RAPEUR, EUSE [rapœr, øz] n. – 1982 ◊ de *rap* ▪ Artiste qui fait du rap. — SPÉCIALT Chanteur, chanteuse de rap. — On écrit aussi *rappeur, euse. Il* « *me claque le bout des doigts à la manière des rappeurs* » SAN-ANTONIO.

RÂPEUX, EUSE [rɑpø, øz] adj. – avant 1577 ◊ de *râpe* ▪ **1** Hérissé d'aspérités, rude au toucher comme une râpe (II). ➤ **rugueux.** *La langue râpeuse du chat.* ▪ **2** D'un goût âpre, désagréable à boire. *Un vin râpeux.* — *Goût râpeux d'un fruit vert.* ▪ **3** Dont le son manque de moelleux. ➤ **rocailleux, rude.** *Une voix râpeuse.*

RAPHIA [rafja] **n. m.** – 1804 ◊ mot malgache ■ BOT. Palmier d'Afrique et d'Amérique équatoriale, à stipe robuste, à très longues feuilles. ♦ COUR. Fibre, liens qu'on tire de ces feuilles. *Sac, natte en raphia. Tissu en raphia.* ➤ **rabane.** — Ouvrage en raphia.

RAPHIDE [rafid] **n. f.** – 1834 ◊ grec *raphis, idos* «aiguille» ■ BIOL. CELL. Cristal d'oxalate de calcium en forme d'aiguilles, présent dans certaines cellules végétales ou animales. *Les raphides rendent inoffensif l'acide oxalique, poison cellulaire.*

RAPIA ou **RAPIAT, IATE** [rapja, jat] **adj.** et **n.** – 1836 ◊ 3ᵉ p. du subj. du latin *rapere* «prendre, saisir» ■ FAM. et VIEILLI Avare, cupide (avec une idée de mesquinerie, de goût pour les petites économies). ➤ **pingre, radin, rat.** *Elles sont rapias. Elle est rapiate,* ou inv. *elle est rapiat. «La vioque était rapia»* SIMENON. — **n.** *Un vieux rapia.*

RAPIDE [rapid] **adj.** et **n.** – fin XVᵉ ◊ du latin *rapidus,* famille de *rapere* «enlever» → ravir et rapt

I ~ **adj. A. AVEC IDÉE DE DÉPLACEMENT** ■ **1** (Cours d'eau) Qui coule avec une grande vitesse. ➤ **impétueux.** *«un lieu nommé Achelacy, qui est un détroit dudit fleuve, fort rapide et dangereux»* J. CARTIER. ♦ Fortement incliné par rapport au plan horizontal. *Pente rapide.* ➤ **abrupt, raide.** *Descente rapide. «Nous redescendons, autant sur le dos que sur les pieds, le cône rapide du cratère»* MAUPASSANT. ♦ FIG., LITTÉR. *Le cours rapide des heures.* ■ **2** Qui se meut (ou qui peut se mouvoir) avec une vitesse élevée. *Cheval rapide.* ➤ **véloce.** *Il est rapide à la course* (➤ **vite,** adj.). *Rapide comme une flèche, comme l'éclair. Être rapide dans ses mouvements.* ➤ **preste.** *Des mots «tracés d'une main rapide et ferme»* NERVAL. *Voiture rapide et nerveuse. Train rapide* (cf. II, 2°). *«La lumière est la plus rapide des messagères»* BROGLIE. ■ **3** SPORT Qui favorise les performances de vitesse. *Piste, revêtement, piscine rapide.* ♦ *Voie rapide,* conçue pour que les véhicules y circulent à vitesse élevée.

B. SANS IDÉE DE DÉPLACEMENT (1681) ■ **1** Qui exécute (ou peut exécuter) avec promptitude. *Il est rapide dans son travail, dans l'exécution de ses projets.* ➤ **diligent, expéditif, prompt.** *Ce pilote a été le plus rapide aux essais. Vous êtes bien rapide en besogne !,* vous êtes trop pressé. — **n.** *C'est une rapide !* ■ **2** Qui comprend vite, qui voit tout de suite. *Esprit rapide et brillant.* ➤ **vif.** *Je cherchai surtout «à lui donner ce coup d'œil rapide et sûr qui généralise»* BALZAC. ♦ (CHOSES) *Un poison rapide,* qui agit vite. ■ **3** (D'une allure, d'un mouvement, etc.) Qui s'accomplit avec une vitesse élevée. *Allure, pas rapide. La course a été très rapide,* s'est déroulée rapidement. — MUS. *Mouvement, rythme rapide,* où les temps de chaque mesure sont très rapprochés. *Cadence rapide.* ➤ **soutenu.** ♦ MÉD. *Pouls rapide,* dont les battements sont très rapprochés. — *Respiration rapide,* haletante.

C. SENS FIGURÉS ■ **1** (1674) (Style, récit) Qui va droit à l'essentiel, qui donne par son rythme une impression de vivacité. ➤ 2 **alerte, enlevé.** *Style rapide. Faire un rapide résumé de la situation.* ➤ **sommaire.** *«Le récit est rapide. On le sent écrit d'un trait»* MAUROIS. ■ **2** (1690) (D'une action, d'un processus, etc.) Qui est fait, se fait sans tarder ; dont les différentes phases se succèdent à des intervalles rapprochés. ➤ **prompt.** *Avoir le réflexe rapide.* ➤ **fulgurant.** *«La méthode, les détails d'une fortune rapide vous donnent toujours une impression de magie»* CÉLINE. *Progrès, guérison rapide. Séchage rapide. Nous espérons une réponse rapide. Sa décision a été bien rapide.* ➤ **brusque, hâtif, soudain.** *Faire une visite rapide à un ami,* en passant. ➤ **éclair.** *«Le voyage, sans arrêt presque, a été rapide comme un rêve»* I. EBERHARDT. ■ **3** Qui conduit vite au but désiré. *Moyen, expédient rapide.* ■ **4** Que l'on fait sans s'appesantir. *Faire un rapide calcul. Après un rapide examen. Regard rapide* (➤ **furtif**). *Méthode de lecture rapide.*

D. SENS TECHNIQUES (1923) *Acier à coupe rapide,* ou ELLIPT (1927) *acier rapide :* acier très dur employé dans les machines-outils. ♦ PHOTOGR. *Pellicule rapide, ultrarapide,* sensible, dont le temps de pose est très bref. ♦ COUR. *Ciment à prise rapide.*

II ~ **n. m. UN RAPIDE, DES RAPIDES** ■ **1** (1736) Partie d'un cours d'eau où le courant est rapide, agité et tourbillonnant par suite d'un léger ressaut du fond du lit provoquant une rupture de pente (phénomène inverse de la chute). *Les rapides du Mékong, du Saint-Laurent. «Les rapides sont des cascades ébauchées qui prennent leur élan, puis s'arrêtent et se précipitent de nouveau»* É. RECLUS. *Descente d'un rapide en kayak, en raft* (➤ **rafting**). ■ **2** (1870) Train qui va plus vite que l'express et ne s'arrête que dans les très grandes villes. (REM. Ne se dit pas du T. G. V.* dont les vitesses sont beaucoup plus élevées.)

■ CONTR. Lent.

RAPIDEMENT [rapidmɑ̃] **adv.** – 1611 ◊ de *rapide* ■ D'une manière rapide, à une grande vitesse, en un temps bref. ➤ **vite*** ; **vivement.** *Partir, filer rapidement.* ➤ FAM. **rapidos.** — *Mener rapidement une affaire.* ➤ **expéditivement, rondement.** *Ce travail doit être achevé rapidement* (➤ **bientôt, promptement**). *Trop rapidement* (➤ **hâtivement**). *Parcourir rapidement le journal.* ♦ FAM. Bientôt, sous peu. *Nous vous répondrons rapidement.* ■ CONTR. Lentement.

RAPIDITÉ [rapidite] **n. f.** – 1573 ◊ latin *rapiditas* ■ **1** Caractère d'une chose, d'un être, d'une personne rapide, qui va vite. *Rapidité d'un cheval.* ➤ **vélocité, vitesse.** *Avec la rapidité de l'éclair, de la foudre. Agir avec rapidité.* ➤ **célérité, diligence, promptitude.** *Rapidité excessive.* ➤ 2 **hâte, précipitation.** *«La rapidité d'esprit qui anime l'entretien et met en mouvement toutes les idées»* Mᵐᵉ DE STAËL. ■ **2** Caractère de ce qui est fait en peu de temps. *Rapidité des gestes* (➤ **agilité, prestesse**), *de la parole.* ➤ **volubilité.** *Ses progrès furent d'une rapidité déconcertante. La rapidité des transports,* PAR EXT. *du voyage.* ■ **3** SPORT Qualité d'une piste, d'un parcours rapide (I, 9°). ■ CONTR. Lenteur. Paresse, pesanteur.

RAPIDOS [rapidos] **adv.** – 1928 ◊ de *rapide* et suffixe argotique ■ FAM. Rapidement.

RAPIÉÇAGE [rapjesaʒ] **n. m.** – *rapiéçaige* 1552 ; repris 1866 ◊ de *rapiécer* ■ Action de rapiécer ; son résultat. ➤ **rapetassage.** *Le rapiéçage d'un drap.* ♦ Partie rapiécée ; pièce servant à rapiécer. *«Des pantalons de toile bleue, plus ou moins passés et bigarrés de rapiéçages»* ROBBE-GRILLET.

RAPIÉCER [rapjese] **v. tr.** ⟨3 et 6⟩ – 1549 ; *rapiecier* 1360 ◊ de *re-* et *pièce* ■ Réparer ou raccommoder en mettant, en cousant une pièce de tissu. *Rapiécer du linge.* ➤ **rapetasser.** — **p. p. adj.** *Un jean tout rapiécé.* FIG. *«On ne rencontre, au loin, qu'enclos rapiécés et chemins noirs de houille»* VERHAEREN.

RAPIÈRE [rapjɛʀ] **n. f.** – 1488 ; *espee rapiere* 1479 ◊ de *râper,* par anal. de la poignée trouée avec une râpe ■ VX ou PLAIS. Épée longue et effilée, à garde hémisphérique. *«C'est un donjon. Des gueux à la longue rapière Le gardent»* HUGO. *Un traîneur de rapière.* ➤ **soudard.** ♦ MOD. PLAIS. Épée.

RAPIN [rapɛ̃] **n. m.** – 1824 ; «auteur de rapines» 1619 ◊ de *rapine* ■ VX Jeune élève, apprenti dans un atelier de peinture. *«Le gamin peintre s'appelle rapin»* HUGO. ♦ PAR EXT. Peintre bohème et sans grand talent. *«D'illustres ou d'obscurs rapins»* BAUDELAIRE. *Le chapeau, la lavallière, la pipe du rapin 1900.*

RAPINE [rapin] **n. f.** – v. 1180 ◊ latin *rapina,* de *rapere* «prendre» ■ LITTÉR. ■ **1** Action de ravir, de prendre par violence. ➤ **enlèvement.** *Le penchant du loup «pour la rapine et la destruction»* BUFFON. ♦ Vol, pillage. *Actes de rapine. Rapines des soldats en campagne.* ➤ **maraude.** *Les vols et les rapines des fermiers généraux* (➤ **concussion**). *Vivre de rapines.* ■ **2** (XVᵉ) Ce qui est pris par la rapine. *«Il y avait là les rapines de plusieurs siècles»* MICHELET. — **v. intr.** ⟨1⟩ **RAPINER ; n. f. RAPINERIE.**

RAPLAPLA [raplapla] **adj.** – 1902 ◊ de *à plat* ou de *raplatir* ■ FAM. ■ **1** (PERSONNES) Fatigué ; sans force. *Elle est complètement raplapla.* ➤ **flagada, ramollo.** ■ **2** (CHOSES) Aplati. *Un oreiller tout raplapla. Des cheveux raplaplas.*

RAPLATIR [raplatiʀ] **v. tr.** ⟨2⟩ – v. 1450 «aplatir» ; repris XIXᵉ ◊ de *re-* et *aplatir* ■ Rendre de nouveau plat ou plus plat. **p. p. adj.** *Chapeau tout raplati.*

RAPLOMBER [raplɔ̃be] **v. tr.** ⟨1⟩ – 1930 ◊ de *re-* et *aplomb* ■ RÉGION. (Canada) Remettre d'aplomb (qqch., qqn). — PRONOM. *«ce qui lui donnera le temps de se raplomber, de reprendre ses sens»* M. LABERGE.

RAPOINTIR ➤ **RAPPOINTIR**

RAPPAREILLER [rapaʀeje] **v. tr.** ⟨1⟩ – 1690 ; «réunir (des personnes dispersées)» XIIIᵉ ◊ de *re-* et 2 *appareiller* ■ RARE Remettre (une chose) avec sa pareille ou ses pareilles. ➤ **rapparier.** — Remplacer les éléments manquants de (une série). ➤ **réassortir.** ■ CONTR. Dépareiller.

RAPPARIER [rapaʀje] **v. tr.** ⟨7⟩ – 1690 ◊ de *re-* et *apparier* ■ RARE Remettre (une chose) avec sa pareille, pour reformer une paire. *Action de rapparier* (ou **RAPPARIEMENT n. m.,** 1803). — SPÉCIALT (1835) (Pour reformer un couple d'animaux) *Rapparier des pigeons.* ➤ **apparier.** ■ CONTR. Déparier.

RAPPEL [rapɛl] **n. m.** – début XIIIᵉ ◊ de *rappeler* ou de *re-* et *appel*

I **ACTION DE RAPPELER** ■ **1** Action d'appeler qqn pour le faire revenir. *Rappel d'un banni, d'un exilé.* (1798) *Lettres de rappel,* par lesquelles un gouvernement signifie son rappel à un agent diplomatique. ➤ **récréance.** *Rappel d'un ambassadeur.* — *Rappel de réservistes* (sous les drapeaux). *Rappel d'une classe, de sous-officiers.* ➤ **mobilisation.** — (CHOSES) *Rappel d'un produit,* son retrait du marché parce qu'il est dangereux ou non-conforme. ▪ **2** (1762) *Le rappel :* batterie de tambour, sonnerie de clairon par laquelle on rappelle les soldats pour les réunir. *Battre le rappel ;* FIG. rassembler ou réunir toutes les personnes (➤ **rameuter**) ou tout ce dont on peut disposer. «*Vainement il battit le rappel de ses souvenirs*» GAUTIER. ▪ **3** (1839) Applaudissements par lesquels on rappelle un artiste, une troupe à la fin d'une représentation pour les acclamer. «*En voilà des raseurs, avec leurs rappels !*» ZOLA. ▪ **4** (1855) Cri par lequel certains animaux s'appellent pour se rassembler. ▪ **5** SPORT Action de rassembler les concurrents au départ d'une course, lorsque celui-ci s'est mal effectué.

II (1805) **RAPPEL À :** action de faire revenir qqn à. *Rappel à la raison.* «*Ce brusque rappel aux réalités dérisoires du lendemain*» FROMENTIN. *Rappel à l'ordre :* avertissement donné à qqn qui enfreint le règlement.

III ÉVOCATION ▪ **1** (1802) Action de faire revenir (qqch.) ou d'évoquer. *Il rougit au rappel de cette aventure passée.* ➤ **évocation, 1 mémoire, 2 souvenir.** *Le rappel des titres de l'actualité* (d'un journal parlé). ▪ **2** Action de faire penser de nouveau à. *Signal de rappel de limitation de vitesse.* ▪ **3** *Rappel de compte :* avertissement d'avoir à toucher ou à payer le complément d'un paiement partiel. *Recevoir un rappel pour payer l'assurance. Rappel d'impôt.* — PAR EXT. (1825) Paiement d'une portion d'appointements ou d'arrérages restée en suspens. *Elle a touché un rappel de trois mois. Rappel d'augmentation de salaire.*

IV RÉPÉTITION ▪ **1** Répétition qui renvoie à une même chose. *Un rappel de couleur dans une tenue vestimentaire. Il accumule «les rappels, les reprises de mots»* PÉGUY. ▪ **2** MÉD. *Injection, piqûre de rappel,* consolidant l'immunité conférée par une première vaccination. ➤ **réactivation.** FIG. *Piqûre de rappel :* nouvelle évocation destinée à remettre en mémoire, à l'ordre du jour. — PAR EXT. *Un rappel :* une injection de rappel. *Rappel annuel.*

V LE FAIT DE RAMENER DANS UNE POSITION ▪ **1** Le fait de ramener à sa position première ou normale. (1803) *Vis, ressort de rappel.* MÉCAN. *Couple, force de rappel,* qui tend à ramener un système mécanique à sa position d'équilibre. ▪ **2** (1883) ALPIN. Le fait de ramener à soi, en la faisant glisser, la corde que l'on avait assujettie pour descendre. (1913) *Descente en rappel :* procédé de descente des passages abrupts au moyen d'une corde qui peut être rappelée. *Faire du rappel. Corde de rappel.* ▪ **3** (1964) MAR. Position de l'équipage d'un dériveur sur le plat-bord au vent pour compenser la gîte. *Se mettre au rappel, faire du rappel* (➤ **trapèze**).

▪ **CONTR.** Bannissement, exil, renvoi, oubli.

RAPPELÉ, ÉE [rap(ə)le] adj. – 1669 ◊ p. p. de *rappeler* ▪ **1** Qu'on fait revenir ou qu'on révoque pour raisons diplomatiques. *Ambassadeur rappelé.* ▪ **2** Appelé de nouveau sous les drapeaux. *Soldats rappelés.* ➤ **mobilisé.** n. «*Qui pense au drame des rappelés, à la solitude des Français d'Algérie ?*» CAMUS.

RAPPELER [rap(ə)le] v. ‹4› – fin XIe ◊ de *re-* et *appeler*

I ~ v. tr. A. (LE COMPL. DÉSIGNE UNE PERSONNE, UN ANIMAL) ▪ **1** Appeler (un être vivant) pour le faire revenir. *Rappeler son chien en le sifflant.* «*Des milliers de moutons, rappelés par les bergers*» DAUDET. ◆ PAR EXT. Faire revenir ou tenter de faire revenir. *On l'a rappelé auprès de sa mère malade.* ◆ SPÉCIALT (➤ **rappel,** I, 1°) *Rappeler un ambassadeur, un agent diplomatique.* — *Rappeler un acteur en l'applaudissant.* ➤ **bisser.** «*Rappelé entre chaque acte, le maestro était condamné à traverser la scène* [...] *quinze et vingt fois de suite*» SAND. *Rappeler des réservistes sous les drapeaux.* ➤ **mobiliser.** «*rappelé de Jersey par l'amnistie après cinq ans d'exil*» GIRAUDOUX. — (milieu XIIIe) EUPHÉMISME *Dieu l'a rappelé à lui :* il est mort. «*J'ai donc su que Mlle Champourcieux avait été rappelée à Dieu avant d'apprendre qu'on l'avait assassinée*» P. MAGNAN. ◆ (SUJET CHOSE) Obliger à revenir. *Ses affaires le rappellent à Paris.* ▪ **2** FIG. **RAPPELER (qqn) À.** Faire revenir. (1670) *Rappeler qqn à la vie :* le faire revenir d'un évanouissement, et PAR EXT. lui redonner des raisons de vivre. ➤ **ramener.** *Rappeler qqn au devoir, à l'obéissance.* ◆ *Rappeler aux bienséances, aux convenances, à la raison, à l'ordre**. ▪ **3** Appeler de nouveau (au téléphone). ➤ **retéléphoner.** *Il doit me rappeler demain.* — Appeler en réponse à un message laissé sur un répondeur.

B. (LE COMPL. DÉSIGNE UNE CHOSE) ▪ **1** (1831) Faire revenir à sa position initiale ou vers soi. *Rappeler la corde en tirant dessus* (➤ **rappel,** V). *Ressort qui rappelle une pièce.* ◆ COMM. Retirer du marché (un produit ne répondant pas aux normes de sécurité). *Le constructeur rappelle son modèle de voiture pour un défaut mécanique.* ▪ **2** (fin XVIe) Faire renaître, revivre (une qualité, un sentiment, etc.). «*L'aspect des lieux aimés rappelle en moi le sentiment des choses passées*» NERVAL. ▪ **3** (milieu XVIIe) Faire revenir à la conscience, à la mémoire. *Rappelez-moi votre nom. Je te rappelle ta promesse.* ➤ **remémorer.** *Je ne rappellerai pas quels services il a rendus.* (Suivi de l'inf.) *Rappelle-moi de lui écrire.* — (COMPL. PERSONNE) *Rappelez-moi au bon souvenir de votre femme* (formule de politesse). — (Avec *que* et l'indic.) *Je te rappelle que tu dois venir demain. Faut-il rappeler que...* ➤ **redire.** ▪ **4** (SUJET CHOSE) Faire venir à l'esprit par association d'idées. ➤ **évoquer.** «*Il fuit avec terreur les lieux et les visages qui lui rappellent sa vie passée*» MAURIAC. *Cela me rappelle quelque chose. Cela ne vous rappelle rien ?* ◆ (1744) Ressembler à, faire penser à. *Un paysage qui rappelle les bords de la Loire. Tu me rappelles ta mère.*

II ~ v. pron. SE RAPPELER ▪ **1** (1661) Rappeler (un souvenir) à sa mémoire, avoir présent à l'esprit. ➤ **se souvenir ; se remémorer.** (REM. Le p. passé ne s'accorde pas.) *Se rappeler mot à mot un entretien.* «*Un nom qu'on cherche à se rappeler et à la place duquel on ne trouve que du néant*» PROUST. «*Une figure difficile à oublier, et que je me rappelle encore*» ROUSSEAU. *Avoir du mal à se rappeler qqch.* ➤ **mémoriser.** — SANS COMPL. *Je ne me rappelle plus :* j'ai oublié. *Autant que je me rappelle.* — (Avec *que,* un pronom relatif, interrogatif) *Elle s'est rappelé qu'elle avait rendez-vous. Rappelez-vous qu'on vous attend.* «*Ne se rappelant plus où il avait bien pu cacher ses papiers*» ZOLA. «*Ils se rappelaient combien elle* [la guerre] *avait développé en eux et autour d'eux les mauvais instincts*» BARBUSSE. *Impossible de me rappeler qui a téléphoné.* — (Avec l'inf.) *Elle s'est rappelé avoir pleuré à cette occasion.* REM. Par analogie avec *se souvenir de...*, la construction *se rappeler de...* est apparue à la fin du XVIIIe s. Bien que très répandue, elle est considérée par les grammairiens comme incorrecte, sauf avec un pronom personnel compl. représentant un être humain : *Tu te rappelles de moi ?* «*Je prétends qu'en écrivant je me rappelle de toi, je ne commets un crime que si l'on postule que le langage s'est pétrifié il y a un siècle ou deux*» J. LAURENT. ▪ **2** v. pron. réfl. *Se rappeler à... :* faire souvenir de soi. *Se rappeler à qqn, au bon souvenir de qqn.* REM. Accord du part. passé : *elle s'est rappelée à leur bon souvenir.* ▪ **3** v. pron. récipr. Se téléphoner à nouveau. *On se rappelle à mon retour.*

III ~ v. intr. ▪ **1** (1898) CHASSE Faire entendre le cri *(rappel)* par lequel certains oiseaux s'appellent pour se réunir. «*Tandis que les perdrix rappellent sous le couvert*» CLAUDEL. ▪ **2** MAR. *Rappeler sur une amarre, une ancre,* revenir fortement dessus.

▪ **CONTR.** Bannir, chasser, exiler, oublier.

RAPPEUR ➤ **RAPEUR**

RAPPLIQUER [raplike] v. ‹1› – 1675 ◊ de *re-* et *appliquer* ▪ **1** v. tr. RARE Appliquer de nouveau. ▪ **2** v. intr. (1835) FAM. Revenir ; venir, arriver. ➤ **se ramener.** *Le voilà qui rapplique.* ▪ **CONTR.** Décaniller, tirer (se).

RAPPOINTIR [rapwɛ̃tiʀ] v. tr. ‹2› – *rappointir* 1846 ; *rappointier* «aiguiser» 1481 ◊ de *re-* et 2 *appointer* ▪ TECHN. Refaire la pointe de. ➤ **2 appointer.** *Rappointir une alène.* — On écrit aussi *rappointir.* ▪ **CONTR.** Émousser, épointer.

RAPPOINTIS [rapwɛ̃ti] n. m. – 1836 ; «menus ouvrages de menuiserie» 1765 ◊ de *re-* et *pointe* ▪ TECHN. Pointe à large tête qui sert à retenir un enduit (plâtre...) recouvrant une paroi de bois.

RAPPONDRE [rapɔ̃dʀ] v. tr. ‹41› – 1290 ◊ de *re-* et *appondre* ▪ RÉGION. (Centre-Est ; Suisse) FAM. ▪ **1** Mettre ensemble, réunir. *Rappondre des bouts de tissu.* ➤ **assembler.** ▪ **2** Nouer, lier. *Rappondre ses lacets.* ➤ **attacher.**

RAPPONSE [rapɔ̃s] n. f. – 1828 ◊ ancien participe de *rappondre* ▪ RÉGION. (Centre-Est ; Suisse) FAM. Partie rapiécée. ◆ Couture entre deux pièces assemblées.

RAPPORT [rapɔʀ] n. m. – début XIIIe ◊ de *rapporter*

I ACTION DE RAPPORTER A. DISCOURS ▪ **1** LITTÉR. Action de raconter, d'exposer à qqn ce qu'on a vu, entendu ; ce que l'on rapporte. ➤ **récit, relation, témoignage.** SPÉCIALT (fin XIVe) Renseignement indiscret. ➤ **dénonciation, indiscrétion.** «*Nous l'avons suivi ce matin sur le rapport d'un valet qui nous a dit qu'il sortait à cheval*» MOLIÈRE. ▪ **2** Compte rendu plus ou moins officiel. ➤ **compte** (II). *Faire un rapport écrit, oral, sur qqch., sur qqn. Dresser, rédiger un rapport. Faire un, son rapport à qqn. Un rapport circonstancié. Rapport d'arbitre, d'expert* (➤ **expertise**), *de juge. Rapport de mer,* rédigé par le capitaine sur les circonstances du voyage. *Pièces annexes d'un rapport. Rapport confidentiel, secret. Rapport de police. Rapport de médecin légiste. Rapport d'activité. Rapport de mission. Rapport scientifique, technique.* ➤ **analyse, description.** *Rapport de synthèse. Rapport financier :* compte rendu annuel des résultats et de la gestion d'une entreprise. *Rapport économique et financier :* document joint au projet de loi de finances, qui présente la situation économique du pays et résume le projet. *Personne chargée d'un rapport.* ➤ **rapporteur.** ◆ (1793) MILIT. Compte rendu des évènements du jour, des détails du service. — PAR EXT. Réunion des hommes de troupe et de certains sous-officiers et officiers pour la communication d'instructions, la distribution du courrier, la lecture des punitions... *Au rapport !*

B. CE QUI VIENT S'AJOUTER ▪ 1 (fin XIVe) Le fait de procurer un profit. ➤ 1 **fruit, produit, rendement.** *Vivre du rapport d'une terre, d'un capital, d'actions* (➤ **dividende**). *Être d'un grand, d'un bon, d'un meilleur rapport.* — VIEILLI *Immeuble, maison de rapport,* dont le propriétaire tire profit par la location ; PAR EXT. immeuble urbain d'apparence bourgeoise. ◆ *Rapport du tiercé, du quarté :* les sommes gagnées calculées pour une mise déterminée. ▪ **2** Adjonction d'une matière d'origine étrangère. (1718) *Terres de rapport,* prises en un endroit et transportées ailleurs. ➤ **rapporté.** — (fin XVIIe) *Or de rapport,* plaqué, rapporté. ▪ **3** DR. Restitution ; action de rapporter un bien, une somme. — DR. CIV. *Rapport de biens à la masse,* avant un partage. *Rapport des donations, des libéralités,* effectué par un cohéritier ab intestat. *Rapport à succession.*

II LIEN ENTRE PLUSIEURS CHOSES ▪ 1 (fin XVIe) Lien, relation qui existe entre plusieurs objets distincts et que l'esprit constate. ➤ **connexion, relation.** *Rapport entre deux choses, d'une chose et d'une autre, d'une chose avec une autre. Lié par un rapport.* ➤ **relatif.** *Les « termes qui expriment les rapports des plus hautes classes de faits, c'est-à-dire les lois »* MAINE DE BIRAN. *Rapports de parenté* (➤ **filiation**). *Établir, percevoir les rapports entre des faits, des évènements.* ➤ **lien.** *Je ne vois pas le rapport :* je ne comprends pas le lien. *Mettre en rapport deux choses* (pour les comparer, etc.). — LOC. *Avoir rapport à :* avoir pour objet. *Ce texte a un rapport avec ce que vous cherchez.* (1718) *Il n'y a aucun rapport entre ces deux choses :* ce sont des choses absolument indépendantes ou incomparables. *Il n'y a aucun rapport ; cela n'a aucun rapport :* cela n'a rien à voir. ◆ (Avec deux subst. apposés) *Un bon rapport qualité-prix.* ◆ Relation grammaticale entre les mots, les propositions d'une phrase. ▪ **2** Relation de ressemblance ; traits, éléments communs. ➤ **accord, affinité, analogie, parenté.** *Le français et l'italien ont des rapports avec le latin. Être sans rapport avec,* tout à fait différent de. *Des résultats sans rapport avec les précédents.* ◆ Convenance, fait de bien aller avec, de s'adapter à. ➤ **ajustement, conformité, harmonie.** *« Les Allemands ont plus de rapports naturels avec les Anglais qu'avec les Français »* Mme DE STAËL. — **EN RAPPORT AVEC :** qui correspond, convient à. *Il cherche un poste en rapport avec ses compétences.* ▪ **3** Relation de cause à effet. ➤ **corrélation, dépendance, enchaînement.** *« Cette chaîne de rapports et de combinaisons »* ROUSSEAU. *Établir, faire le rapport entre deux choses, deux évènements.* ➤ **rapprochement ; lien.** *Les deux faits ne sont pas sans rapport,* sont liés ou présentent des similitudes. ▪ **4** (1690) SC. (MATH., etc.) Quotient de deux grandeurs de même espèce. ➤ **fraction, ratio.** *Rapport entre une grandeur et un étalon, une unité.* ➤ **mesure.** *Rapport constant entre la représentation graphique et l'objet représenté.* ➤ **échelle.** *Le rapport des forces militaires en présence. Dans le rapport de un à dix, de cent contre un.* ◆ AUTOM. *Rapport de transmission* (d'un dispositif) : quotient de la vitesse de rotation de l'arbre de sortie par celle de l'arbre d'entrée. *Rapport de transmission d'une boîte de vitesses. Boîte à cinq rapports. « poussant les rapports de la boîte de vitesses,* [elle] *lança la voiture dans le flot de circulation »* D. FRANCK et J. VAUTRIN. ◆ MUS. *Les rapports des consonances. Rapport enharmonique* (ex. si bémol – la dièse). ◆ BX-ARTS *« Le rapport des volumes, des lignes et des couleurs demande une orchestration et un ordre absolus »* F. LÉGER. *Être en rapport de symétrie.* ➤ **se répondre.** ▪ **5** loc. prép. (1677) **PAR RAPPORT À :** pour ce qui regarde. — (En parlant de positions relatives) ➤ **relativement** (à). *« Les positions de deux objets par rapport à des axes »* POINCARÉ. — En comparant avec, en établissant un rapport quantitatif entre. *Considérer une grandeur par rapport à une autre* (cf. En fonction de). *Le cours du pétrole a augmenté par rapport à l'année dernière.* — (Négligé) Envers. *Il se sent coupable par rapport à vous.* ▪ **6** loc. prép. (1792) POP. **RAPPORT À :** en ce qui concerne, à propos de. ➤ **concernant.** — À cause de. *Il « tourne autour de ma jupe, rapport à mes rentes »* BALZAC. — POP. *Rapport que* (et indic.) : parce que. ▪ **7** (1792) **SOUS LE RAPPORT DE,** *sous tel rapport :* par tel côté, à tel égard. *Considérer une chose sous tel ou tel rapport.* ➤ **aspect.** *« une belle question à étudier, tant sous le rapport pathologique que sous le rapport physiologique »* FLAUBERT. — (1789) *Sous tous (les) rapports :* à tous égards. *Homme bien sous tous rapports* (*b. s. t. r.,* dans les petites annonces).

III RELATION ENTRE DES PERSONNES ▪ 1 (fin XVIIIe) surtout plur. Relation entre des personnes. ➤ **commerce, liaison, relation.** *Les rapports des hommes entre eux. Les rapports humains. Les rapports homme-femme. Rapports sociaux,* de la vie sociale. *Des rapports professionnels, amicaux. Des rapports étroits, suivis. Entretenir de bons rapports avec qqn. Avoir des rapports passionnels, tendus avec qqn. Rapports de force,* conflictuels. Au sing. *Entre eux, c'est un perpétuel rapport de force. Rapports d'affaires. « Dans mes rapports avec les gens, je suis très moqueur »* LÉAUTAUD. *Rapports entre parents et enfants. Les rapports mère-fille.* ◆ (1833) SPÉCIALT *Rapports sexuels,* ou *rapports. « le rapport sexuel, le seul qui ait un sens, sinon il n'y a pas de rapport. On est seul »* C. LAURENS. *Avoir des rapports avec qqn* (cf. Faire l'amour*). *Époux qui n'ont plus de rapports. Rapports protégés* (avec préservatif). ◆ **EN RAPPORT.** *Être en rapport avec ; se trouver en rapport.* (1790) *Se mettre en rapport avec qqn.* ➤ **contacter.** *On les a mis en rapport.* ➤ **aboucher.** ▪ **2** Relation avec des collectivités. *Rapports entre États, entre peuples. Les rapports franco-allemands. Pays qui entretiennent des rapports de coexistence pacifique.* ▪ **3** FIG. *« Un art qui entretient avec la magie des rapports étroits »* BRETON. ▪ **4** *Le rapport de qqn à qqch. :* relation, attitude d'une personne envers qqch. ; façon d'appréhender qqch. *Notre rapport au monde. Son rapport à l'argent est pathologique.*

▪ CONTR. Disproportion.

RAPPORTAGE [RapɔRtaʒ] n. m. – 1866 ◇ de *rapporter* ▪ FAM. (langage scol.) Action de rapporter, de dénoncer. ➤ **cafardage.**

RAPPORTÉ, ÉE [RapɔRte] adj. – v. 1580 ◇ p. p. de *rapporter* ▪ Qui a été ajouté pour compléter. *Terres rapportées* (cf. De rapport). *Éléments rapportés. — Pièce* rapportée.*

RAPPORTER [RapɔRte] v. tr. ⟨1⟩ – milieu XIIe, au sens I, 2° ◇ de *re-* et *apporter*

I APPORTER (DE NOUVEAU, À SA PLACE, EN PLUS)

A. REMETTRE, RAMENER ▪ 1 Porter de nouveau à qqn. *« Emportant des bocks vides et les rapportant pleins de mousse »* MAUPASSANT. ▪ **2** (milieu XIIe) Apporter (une chose qui avait été déplacée) à l'endroit où elle était (cf. Remettre* à sa place), à la personne à laquelle on l'avait empruntée (➤ **rendre**). *Je vous rapporte votre livre.* ➤ **restituer.** ▪ **3** (fin XIVe) Apporter (qqch.) d'un lieu en revenant (➤ **ramener**). *Elle a rapporté du chocolat de Suisse. « Ils nous rapportaient* [...] *pour le repas de midi, quelques crabes ou quelques anguilles de mer »* LAMARTINE. *Rapporter une réponse.* ➤ **donner.** — PAR MÉTAPH. (1587) Garder, retirer. *Elle « n'en avait rapporté* [de Paris] *qu'une sensation* [...] *d'étourdissement et de fièvre »* GREEN. ◆ (1690) SPÉCIALT *Chien de chasse qui rapporte le gibier abattu. Chien dressé à rapporter.*

B. AJOUTER ▪ 1 Apporter (une chose) pour compléter, parfaire qqch. Joindre en appliquant contre ou sur. (fin XIVe) COUT. Coudre (une pièce séparée) sur une autre. *Rapporter un biais, une poche.* **p. p. adj.** *Veste à poches rapportées. « Elle porte la même chemise en coton blanc que celle de sa mère, à bretelles rapportées »* DURAS. ▪ **2** GÉOM. *Rapporter un angle,* le tracer sur un support après mesure sur l'objet (➤ **rapporteur,** 3°).

C. DONNER ▪ 1 (1531) Donner comme produit, comme gain, comme bénéfice. ➤ **donner, produire, rendre ; rapport.** *Placement qui rapporte 10 % par an. Rapporter un revenu.* — (1559) SANS COMPL. *Champ qui rapporte.* ➤ **fructifier.** *Un investissement qui rapporte* (➤ **rentable**). *Une activité qui rapporte* (➤ **lucratif**). *Ça peut rapporter gros.* ▪ **2** FIG. (1694) Causer, valoir. *Ça ne lui a rapporté que des ennuis.*

D. RÉPÉTER, DIRE ▪ 1 (fin XIIe) Venir dire, répéter (ce qu'on a appris, entendu). ➤ **conter, relater.** *Rapporter des on-dit.* ➤ **colporter.** *On m'a rapporté que ses affaires allaient mal. Rapporter un mot célèbre.* ➤ **citer.** *La légende, l'histoire rapporte le fait suivant.* — **p. p. adj.** *Paroles rapportées en style direct.* ▪ **2** (milieu XIVe) Répéter par indiscrétion, par malice (une chose de nature à nuire à qqn). *C'est très vilain de rapporter ce que font ses petits camarades.* — (1755) SANS COMPL. ➤ FAM. **cafarder, cafter, moucharder ; rapporteur.** *« On m'a appris qu'il ne fallait pas "rapporter" »* VALLÈS. ▪ **3** (1549) Exposer oralement ou par écrit (➤ **consigner**), en faisant un rapport. *Rapporter les circonstances d'un accident.*

III RAPPORTER... À (1538) ▪ **1** Rattacher (une chose) à une autre, par une relation logique. ➤ **attribuer, rapprocher, relier.** *Un évènement qu'on ne peut comprendre sans le rapporter à une certaine époque.* ➤ **situer.** «*Rien n'est inutile quand on sait le rapporter à sa fin*» RENAN. *Rapporter tout à soi.* ➤ **ramener.** ▪ **2** (1762) Établir un rapport numérique entre (plusieurs choses). *Rapporter des mesures à l'échelle d'un plan.*

IIII EN DROIT (1789) Abroger, annuler. *Rapporter un décret, une nomination, une mesure.*

IV SE RAPPORTER v. pron. ▪ **1** VX Avoir un rapport de conformité ou de ressemblance avec ; aller avec ou ressembler à. «*si votre ramage se rapporte à votre plumage*» LA FONTAINE. ▪ **2** (1538) MOD. Avoir rapport à, être en relation logique avec. ➤ **concerner, correspondre** (à). *Qui se rapporte à.* ➤ 1 **afférent, relatif** (à). «*Il appelle au secours d'une situation donnée tous les souvenirs qui s'y rapportent*» BERGSON. *La réponse ne se rapporte pas à la question.* ➤ **cadrer** (avec). *Tout ce qui se rapporte à cette époque m'intéresse* (cf. Avoir trait*). ▪ **3** (milieu XIVe) *S'en rapporter à qqn (pour, au sujet de qqch.),* lui faire confiance pour décider, pour juger ou pour agir (cf. S'en remettre* à). *Je m'en rapporte à vous. — S'en rapporter à l'arbitrage, au jugement de qqn.* ➤ se **fier.** *Ils s'en sont rapportés aux avis autorisés.*

▪ CONTR. Emporter, enlever, renvoyer ; garder ; taire. Opposer. Confirmer.

RAPPORTEUR, EUSE [RapɔRtœR, øz] n. et adj. – *raporteux* 1282 ◊ de *rapporter* ▪ **1** Personne qui, par indiscrétion, ou pour nuire, répète, rapporte ce qu'il conviendrait de taire. ➤ **cafard, délateur, mouchard,** RÉGION. **porte-panier.** — **adj.** «*elles étaient rapporteuses, "je vais le dire !" constituait leur menace favorite*» A. ERNAUX. ▪ **2** (*raporteur* XIVe) Personne qui rend compte d'un procès au tribunal, d'un projet ou d'une proposition de loi devant une assemblée ; personne qui rédige ou expose un rapport devant une commission. *Désigner un rapporteur.* — PAR APPOS. *Juges rapporteurs.* ▪ **3** n. m. (1680) GÉOM. Instrument en forme de demi-cercle, à périmètre gradué, pour mesurer les angles ou construire (rapporter) un angle d'une mesure donnée. *Mesurer un angle au rapporteur, avec un rapporteur.* ▪ CONTR. (du 1°) 1 Discret.

RAPPRENDRE ➤ **RÉAPPRENDRE**

RAPPROCHÉ, ÉE [RapRɔʃe] adj. – XVIe ◊ de *rapprocher* ▪ **1** Proche, voisin. «*La croisée la plus rapprochée de la porte*» BALZAC. *Plan* rapproché* (au cinéma). — FIG. «*Langue simple et familière, aussi rapprochée du ton de la conversation que le permettait le souci d'écrire correctement*» SEIGNOBOS. ▪ **2** Qui s'effectue à proximité. *Protection* rapprochée d'un chef d'État.* ▪ **3** AU PLUR. Proches l'un de l'autre. *Des sourcils très rapprochés.* ▪ **4** Qui se produit à peu d'intervalle, en série. *Des échéances rapprochées. Des coups de feu rapprochés.*

RAPPROCHEMENT [RapRɔʃmɑ̃] n. m. – v. 1460 ◊ de *rapprocher* ▪ **1** Action de rapprocher, de se rapprocher. *Son corps «touchant alors [...] mon bras dans le rapprochement de la voiture»* BARBEY. ▪ **2** Établissement ou rétablissement d'un contact, de relations plus cordiales. ➤ **conciliation, réconciliation.** *Essayer de concilier les parties en vue d'un rapprochement.* ➤ **accommodement.** «*Aussitôt qu'il eut compris que la rupture était évitée, il vit tous les inconvénients d'un rapprochement*» PROUST. PAR EXT. *Un rapprochement s'esquisse entre les thèses des deux parties. Une tentative de rapprochement semble s'opérer entre les deux pays.* ◆ Alliance, fusion économique. *Rapprochement de deux sociétés.* ▪ **3** Action d'associer ou de combiner en vertu d'analogies ou de rapports. ➤ **comparaison, parallèle.** *Rapprochement de mots* (➤ **alliance**), *de textes* (➤ **intertextualité**). *L'image «ne peut naître d'une comparaison mais du rapprochement de deux réalités plus ou moins éloignées»* REVERDY. ◆ Relation perçue entre deux faits qui paraissaient appartenir à des séries distinctes. ➤ **rapport.** *Je n'avais pas fait le rapprochement entre ces deux évènements.* ➤ **lien.**
▪ CONTR. Éloignement ; dissociation.

RAPPROCHER [RapRɔʃe] v. tr. ⟨1⟩ – XIVe ◊ de *re-* et *approcher*

I ▪ **1** Mettre plus près de qqn, de qqch. ➤ **approcher.** *Rapprochez votre siège, je vous entends mal.* ➤ **avancer.** «*un nageur un peu égaré que le courant rapproche de la côte*» ROMAINS. *Rapprocher deux objets l'un de l'autre. Rapprocher les bords d'une plaie.* ➤ **assembler, unir.** *Je ne peux pas te ramener, mais je vais te rapprocher* (de là où tu vas). — Rendre plus rapide à parcourir. *L'avion rapproche les distances.* ◆ PAR EXT. Faire paraître plus proche. *Zoom qui rapproche quatre fois.* ▪ **2** Faire approcher d'un temps, d'un état à venir. *Chaque jour nous rapproche de la mort.* — Faire arriver plus tôt. *Rapprocher une échéance.* ▪ **3** Disposer (des personnes) à des rapports amicaux. *Le besoin rapproche les hommes.* — ABSOLT «*Rien ne rapproche comme la haine*» JOUHANDEAU. ▪ **4** Rattacher, associer par des rapports logiques ou analogiques, en découvrant une certaine parenté, une certaine conformité. *Hugo, par l'apposition, «rapproche les aspects parfois antithétiques des choses»* BRUNOT. *Ce sens est à rapprocher du précédent* (➤ **voisin**). — (PASS.) «*L'Art doit être rapproché du Jeu*» P. GUILLAUME.

II SE RAPPROCHER v. pron. ▪ **1** Venir plus près. «*Elle s'éloigna, se rapprocha*» MAUPASSANT. *Se rapprocher de son (lieu de) travail. Ce n'est plus très loin, vous vous en rapprochez.* — (RÉCIPR.) *Se rapprocher les uns des autres.* ▪ **2** Devenir plus proche. *L'orage, le tonnerre se rapproche.* «*Quand les points de chute* [des obus] *se rapprochaient*» CHARDONNE. ◆ Devenir plus fréquent. *Ses visites se rapprochèrent.* ▪ **3** FIG. En venir à des relations plus confiantes, plus affectueuses ; se réconcilier. «*M. Valenod pensa à se rapprocher des libéraux*» STENDHAL. ◆ Prendre des contacts pour réfléchir à une collaboration éventuelle. *Nos deux sociétés se sont rapprochées pour envisager un nouveau produit.* ▪ **4** Tendre à être plus près de (un but, un principe). *Se rapprocher de son idéal.* ▪ **5 SE RAPPROCHER DE :** présenter une conformité, une analogie, un rapport avec. «*Les plus détestables mensonges sont ceux qui se rapprochent le plus de la vérité*» GIDE.

▪ CONTR. Disjoindre, dissocier, diviser, 1 écarter, éloigner, séparer ; différencier, opposer. — Éloigner (s'), espacer (s'), raréfier (se). Diverger.

RAPPROPRIER [RapRɔpRije] v. tr. ⟨7⟩ – 1808 ◊ du latin *proprius* «propre» ▪ **1** VX Nettoyer, rendre propre. ➤ **approprier.** ▪ **2** v. pron. VX ou RÉGION. (Nord, etc.) **SE RAPPROPRIER :** mettre des vêtements propres.

RAPSODE ; RAPSODIE ➤ **RHAPSODE ; RHAPSODIE**

RAPT [Rapt] n. m. – 1530 ; «viol» XIVe ; *rap* milieu XIIe ◊ latin *raptus,* de *rapere* «saisir, enlever» ▪ Enlèvement* illégal (d'une personne). *Rapt d'enfant.* ➤ **kidnapping.** «*Détournement de mineure, rapt, enlèvement !*» FRANCE. *Les auteurs du rapt.* ➤ **ravisseur.** *Journaliste menacé de rapt* (➤ **otage**).

RAPTUS [Raptys] n. m. – 1883 ◊ mot latin → rapt ▪ PSYCHIATR. Impulsion violente et soudaine pouvant pousser à commettre un acte grave (homicide, suicide, mutilation). *Raptus anxieux, coléreux.*

RÂPURE [RɑpyR] n. f. – 1646 ; *raspure* «rafle de raisin» XIIIe ◊ de *râpe* ▪ TECHN. Ce qu'on enlève d'une substance qu'on travaille à la râpe (II). *Râpure de chêne, d'ivoire ; de marbre.*

RAQUER [Rake] v. intr. ⟨1⟩ – 1893 ; *rakier* «cracher» XIIIe ◊ d'un radical onomat. *rakk-* ▪ FAM. Payer (surtout à l'inf. et au p. p.). *Il va falloir raquer. Il faut le faire raquer.* — TRANS. *Ils ont dû raquer 100 balles pour entrer.*

RAQUETTE [Rakɛt] n. f. – XVe jeu de paume ; *rachete* «paume de la main» 1314 ◊ latin médiéval *rasceta,* p.-ê. de l'arabe *râhat, râhet* «paume de la main» ▪ **1** Instrument de forme ovale adapté à un manche et permettant de lancer une balle, un volant. *Raquette de tennis, de squash, de badminton, de ping-pong. Manche* (➤ **grip**), *cadre, tamis d'une raquette. Faire retendre une raquette,* son cordage. — LOC. *Avoir un bon coup de raquette :* jouer fort ; bien jouer (au tennis, au ping-pong). — FIG. *Il y a des trous* dans la raquette.* — PAR MÉTON. *Une de nos meilleures raquettes :* un de nos meilleurs joueurs. ▪ **2** (1557) Sorte de large semelle ovale, généralement à claire-voie, qu'on adapte aux chaussures pour marcher dans la neige sans enfoncer. *Raquettes de montagnard. Marcher avec des raquettes.* ▪ **3** SPORT Surface en forme de trapèze, sous les paniers, utilisée pour les lancers francs, au basketball. ▪ **4** BOT. Oponce (cactus). «*La raquette chargée de fleurs jaunes*» BERNARDIN DE SAINT-PIERRE. ▪ HOM. Racket.

RAQUETTEUR, EUSE [RakɛtœR, øz] n. – 1705 ◊ mot canadien, de *raquette* (2°) ▪ Personne qui se déplace sur la neige en raquettes. «*Saints des matins gelés sans soleil ni chaleur, Vous les batteurs de neige, blancs et saints raquetteurs*» SAVARD.
▪ HOM. Racketteur.

RARE [RɑR] adj. – 1377 ; *rere* adj. fém. v. 1236 ◊ latin *rarus* ▪ **1** (Généralt après le nom) Qui se rencontre peu souvent, dont il existe peu d'exemplaires. *Objet rare. Chercher une chose rare* (cf. Mouton* à cinq pattes, merle* blanc). *Pierres rares.* ➤ **précieux.** *Plantes, animaux rares.* «*Un petit marchand, qui ne possédait pas d'oiseaux rares*» MALRAUX. FIG. *Oiseau* rare. Perle* rare.* — *Bois rares.* ➤ **noble.** *Timbres rares. Livres, éditions rares.* — «*Rien n'est plus commun que ce nom* [d'ami]. *Rien n'est plus rare que la chose*» LA FONTAINE. *Mot, terme rare,* peu usité.

◆ (Dans une situation, des circonstances données) *« La sécurité renaît, la nourriture est moins rare »* MICHELET. *La main-d'œuvre était rare. « Le papier était chez nous encore plus rare que l'argent »* BALZAC. ◆ AU PLUR. Peu nombreux, en petit nombre. *De rares étoiles. À de rares exceptions près. Les rares fois où... Rares sont ceux qui l'apprécient. « Elles étaient, ces lettres généreuses et bienfaisantes, assez rares »* DUHAMEL. *Les passants sont rares.* — *Un des rares... qui,* suivi du subj. ou du condit. *« Une des rares notes de l'abbé Calou qui ait directement trait à Hortense Voyod »* MAURIAC. *L'une des rares personnes qui puisse, qui pourrait comprendre.* ➤ **seul.** ◆ SPÉCIALT, CHIM. *Gaz* rares. Terres* rares.* ▪ **2** Qui se produit, arrive, se présente peu souvent ; peu fréquent. ➤ **exceptionnel ; rarissime.** *Cas rares. Ces moments-là sont rares.* ◆ PAR EXT. *Devenir, se faire rare :* (PERSONNES) se manifester moins qu'avant. *Vous devenez bien rare :* on vous voit peu souvent. (Animaux) *Le gibier se fait rare dans la région* (➤ **disparaître, se raréfier**). (CHOSES) *Ses visites se font rares.* ◆ IMPERS. *Cela arrive, mais c'est rare. « Quand Javert riait, ce qui était rare et terrible »* HUGO. *Il est rare de* (et l'inf.) *Il est rare, fort rare que* (et le subj.) *Il est rare qu'il vienne sans prévenir, qu'il ne vienne pas nous dire bonjour. « À table, il n'était pas rare qu'il fît des plaisanteries »* TROYAT. *C'est de plus en plus rare.* ➤ **rarissime.** ▪ **3** (Souvent devant le nom) Peu commun, qui sort de l'ordinaire. ➤ **extraordinaire, remarquable.** *« Tant de rares qualités »* LA BRUYÈRE. *D'une rare énergie. Exprimer avec un rare bonheur, une rare maîtrise.* ▪ **4** (latinisme, sens primitif de l'adj. *rarus*) VX Peu serré, peu dense (➤ **raréfier**). *« Substance molle, rare et spongieuse »* A. PARÉ. *L'air rare des hauts sommets.* ➤ **raréfié.** ◆ MOD. Peu fourni. *Avoir le cheveu rare.* ➤ **clairsemé.** *« brouter une herbe rare »* RENAN. ▪ **5** ADVT RÉGION. (Canada) FAM. Beaucoup, très. *« C'est drôle rare »* TREMBLAY. ▪ CONTR. Abondant, commun, nombreux, ordinaire ; 1 courant, fréquent. Dense, dru.

RARÉFACTION [ʀaʀefaksjɔ̃] n. f. – 1370 ◇ latin médiéval *rarefactio* ▪ **1** Fait de se raréfier ; diminution de la densité d'un gaz et augmentation de son volume. *Raréfaction de l'air en haute montagne.* — PATHOL. *Raréfaction du tissu osseux :* ostéoporose. ▪ **2** (1872) Diminution dans la quantité de produits sur le marché. *La raréfaction des denrées alimentaires en temps de crise. Raréfaction provoquée par des spéculateurs, par un embargo.*

RARÉFIER [ʀaʀefje] v. tr. ⟨7⟩ – v. 1370 ◇ latin *rarefieri,* pass. de *rarefacere* ▪ **1** PHYS. Rendre rare (4°), moins dense ; abaisser la pression de (un fluide). *Raréfier l'air contenu dans un récipient avec une machine pneumatique, une pompe.* — PRONOM. *Air qui se raréfie.* — *Air raréfié en altitude. Gaz raréfié :* gaz sous une très faible pression. ▪ **2** (1875) RARE Rendre rare (1° et 2°). *« Les proies sont toujours rares ; parce que la faim des autres les raréfie »* ROMAINS. ◆ COUR. PRONOM. Devenir plus rare, plus difficile à trouver. *Espèce qui se raréfie* (cf. En voie de disparition). *Produit qui se raréfie sur le marché.* — Devenir moins fréquent. *Ses lettres se raréfient.* ➤ **s'espacer.**

RAREMENT [ʀaʀmɑ̃] adv. – v. 1600 ; *rerement* 1190 ; *relment* 1170 ◇ de *rare* ▪ Peu souvent. *« Cette ivresse de l'âme [...] qu'on éprouve si rarement »* LACLOS. *Il vient rarement nous voir. Ça arrive rarement.* ◆ LITTÉR. (en tête d'une propos. et entraînant l'inversion du sujet) *« Si nous voulions être toujours sages, rarement aurions-nous besoin d'être vertueux »* ROUSSEAU. ▪ CONTR. Communément, couramment, fréquemment, souvent.

RARETÉ [ʀaʀte] n. f. – 1611 ; *rarité* « caractère de ce qui est rare (4°), diffus » 1314 ◇ latin *raritas* ▪ **1** Qualité de ce qui est rare (1°), peu commun. *Édition de la plus grande rareté. « Revêtues de lampas [...] d'une exquise rareté »* GAUTIER. — *Rareté d'un terme, d'une image.* ◆ ÉCON. Insuffisance d'une ressource par rapport à un besoin. *Rareté d'une denrée.* ➤ 2 **manque, pénurie.** *De la rareté relative dépend la notion de valeur.* ▪ **2** LITTÉR. *Une rareté :* un objet rare, curieux. *« Des étagères pleines de curiosités, de raretés »* BALZAC. ▪ **3** Caractère de ce qui est rare (2°), se produit, arrive peu souvent. *La rareté de ses lettres. « La rareté du fait donnait prix à la chose »* LA FONTAINE. ▪ CONTR. Abondance, profusion ; fréquence.

RARISSIME [ʀaʀisim] adj. – 1544 ◇ italien *rarissimo,* latin *rarissimus,* de *rarus* « rare » ▪ Extrêmement rare. *Livre, pièce rarissime. « un rarissime madère rouge »* HENRIOT. *Cela peut arriver, mais c'est rarissime. Il est rarissime d'en rencontrer.* ▪ CONTR. Fréquent.

1 **RAS** [ʀɑ] n. m. – 1678 ; *rat* 1630 ◇ latin *ratis* ▪ MAR. Radeau servant à la réparation d'un bâtiment près de la flottaison. ▪ HOM. Raz ; poss. rat.

2 **RAS** [ʀɑs] n. m. – 1683 ; *eras* 1614 ; *arraze* 1556 ◇ mot arabe ▪ Chef éthiopien. ▪ HOM. poss. Race.

3 **RAS, RASE** [ʀɑ, ʀɑz] adj. – 1191 sens 3° ◇ latin *rasus,* de *radere* « raser » ; cf. *rez* ▪ Se dit d'une surface de laquelle rien ne dépasse. ▪ **1** (fin XIIIe) Tondu. — VIEILLI Coupé tout contre la peau (cheveux). ➤ **rasé.** *Tête rase.* ◆ (1549) MOD. Dont le poil est coupé près de la racine. *Des cheveux ras.* — Dont le poil est naturellement très court. *Chien à poil ras. Une fourrure à poil ras.* — *Tapis, velours à poil ras. Étoffe rase.* ◆ Qui s'élève peu au-dessus du sol (végétation). *« Une prairie à l'herbe à la fois rase et drue »* GIDE. ◆ adv. Très court. *Cheveux coupés ras. « Elle a les ongles taillés ras »* COLETTE. *Gazon tondu ras.* ▪ **2** (Dans des expr.) Plat et uni. ➤ **égal.** — **EN RASE CAMPAGNE :** en terrain découvert, plat, uni. *Courir en rase campagne.* ◆ MAR. *Bâtiment ras,* sans mâts. ◆ (*table rese* 1314 ◇ latin *tabula rasa* « tablette de cire vierge, sans inscription », métaph. employée par Aristote pour représenter l'âme à la naissance) **TABLE RASE :** l'âme, l'esprit avant qu'aucune connaissance n'y soit inscrite. — LOC. *Faire table rase de...,* écarter, rejeter toutes les idées, opinions, notions, conceptions... précédemment admises. *Faire table rase du passé. « L'idéalisme cartésien faisait table rase du monde des qualités sensibles »* L. BRUNSCHVICG. ▪ **3** (1191) Rempli jusqu'au bord sans dépasser. *Mesure rase. Une cuillérée rase de sucre.* — LOC. **À RAS BORD(S) :** jusqu'au(x) bord(s). *Verre rempli à ras bord.* ◆ MAR. *Navire ras d'eau :* navire très chargé dont le pont est près du niveau des eaux. ▪ **4** loc. prép. (XVIIIe) **À RAS, AU RAS DE :** au plus près de la surface de, au même niveau. *Au ras des eaux, du sol. À ras de terre.* LOC. FAM. *Au ras des pâquerettes :* peu élevé, grossier, prosaïque. *Conversation, plaisanteries au ras des pâquerettes.* — loc. adv. *À ras. Coupé à ras.* ◆ *Ras du cou (ras de cou, ras le cou),* se dit d'un vêtement dont l'encolure s'arrête à la naissance du cou. *Une robe, un pull-over ras du cou.* — SUBST. *Un ras-du-cou.* ▪ **5** adv. LOC. FAM. *En avoir ras le bol* [ʀalbɔl], *ras la casquette,* (VULG.) *ras le cul :* être excédé, dégoûté (cf. En avoir assez*, en avoir marre* ; en avoir sa claque* ; en avoir plein les bottes*, plein le dos*, jusque*-là, par-dessus* la tête). *J'en ai ras le bol de ses mensonges.* ➤ **ras-le-bol.**

R. A. S. [ɛʀaɛs] interj. – attesté 1943 ◇ sigle de *Rien À Signaler* ▪ FAM. Rien à signaler (tout va bien).

RASADE [ʀɑzad] n. f. – 1670 ◇ de 3 *ras* ▪ Quantité de boisson servie à ras bord. *Rasade de vin, de bière. Se verser, boire une grande rasade.*

RASAGE [ʀɑzaʒ] n. m. – 1467 *pierres à rasaige* « destinées à mettre à ras, de niveau » ◇ de *raser* ▪ **1** TECHN. Opération par laquelle on rase et égalise les fibres, les poils qui dépassent d'une étoffe (velours, peluche, etc.). ▪ **2** (1797) Action de raser, de faire la barbe. *Un rasage de très près. Lotion après-rasage.* ➤ **after-shave, après-rasage.**

RASANCE [ʀɑzɑ̃s] n. f. – 1940 « qualité de ce qui est rasant » ◇ de *rasant* ▪ MILIT. Rapport entre la hauteur de la trajectoire et celle de l'objectif (cf. Tir rasant*).

RASANT, ANTE [ʀɑzɑ̃, ɑ̃t] adj. – 1270 « qui est au ras de » ◇ de *raser* ▪ **1** (1678) MILIT. Qui est à ras de terre. *Fortifications rasantes.* ▪ **2** Qui rase (III), passe tout près. *Lumière rasante.* ➤ **frisant.** PHYS. *Incidence rasante,* d'angle peu inférieur à 90°. — *Tir rasant,* dont la trajectoire est tendue et d'une hauteur voisine de celle de l'objectif. ▪ **3** (1872) FAM. Qui ennuie. ➤ **ennuyeux* ; barbant, rasoir.** *Un discours, un auteur rasant. « c'est rasant... J'en ai soupé, de la poésie »* MIRBEAU.

RASCASSE [ʀaskas] n. f. – 1554 ◇ ancien provençal *rascasso,* de *rascas* « qui a la teigne *(rasca)* », latin populaire °*rasicare,* classique *radere* ▪ Poisson *(scorpéniformes)* à grosse tête hérissée d'épines et à bouche large, qui vit dans les mers tropicales ou tempérées chaudes. ➤ **scorpène.** *La rascasse entre dans la composition de la soupe de poissons, de la bouillabaisse.* — *Rascasses volantes des mers chaudes.*

RASÉ, ÉE [ʀɑze] adj. – XVIe ; *tout rasé* « à ras » XIIe ◇ de *raser* ▪ **1** Coupé à ras. *Poils, cheveux rasés. « Sa face olivâtre où la barbe mal rasée mettait des plaques bleues »* SARTRE. ▪ **2** (XVIIIe) Dont le poil est coupé à ras. *Coiffure courte à nuque rasée. « Des enfants, la tête rasée jusqu'à la peau »* MAC ORLAN. *Crâne rasé* (➤ aussi **skinhead**). — SPÉCIALT *Être rasé, bien rasé :* avoir la figure rasée, la barbe faite. *Rasé de près. Lavé et rasé de frais.* ▪ CONTR. Barbu, chevelu, 1 poilu.

RASE-MOTTE [ʀɑzmɔt] n. m. – 1917 ◇ de *raser* et *motte* « élévation de terrain » ▪ *Vol en rase-motte,* très près du sol. *Faire du rase-motte, un rase-motte,* un tel vol. *Des rase-mottes.* — On écrit aussi *faire du rase-mottes.* MÉTAPH. *« sans vraiment planer [...], je m'élevais au-dessus du sol, je faisais du rase-mottes »* CAMUS.

RASE-PET [ʀɑzpɛ] **n. m.** – 1871 ◊ de *raser* et 1*pet* ■ VX et FAM. Manteau d'homme très court. *Des rase-pets.* ➤ **pet-en-l'air, trousse-pet.**

RASER [ʀɑze] **v. tr.** ⟨1⟩ – v. 1177 ; après 1150 «remplir à ras bord» ◊ latin populaire °*rasare*, refait sur *rasus*, p. p. du latin classique *radere*
I ■ **1** Couper (le poil) au ras de la peau. ➤ **tondre.** *Raser la barbe, les cheveux de qqn.* — PAR EXT. Couper le poil au ras de. *Raser les joues, le menton de qqn. Se raser la tête. Elle s'est rasé les jambes, les aisselles. Crème, mousse à raser,* que l'on passe sur la peau avant le rasoir. — TECHN. *Raser le drap, le velours.* ◆ Dépouiller (qqn) de son poil en le rasant. *Raser qqn avant une intervention chirurgicale.* — SPÉCIALT Couper à ras les cheveux ou la barbe de (qqn). *Raser un condamné ; un prêtre* (➤ **tonsurer**). *Coiffeur, barbier qui rase un client. Demain* on rase gratis.* — PRONOM. *Se raser :* se faire la barbe. ■ **2** Couper à ras (une plante). — PAR EXT. *«On brûlait sa chaumière, on rasait son champ»* ZOLA. ■ **3** (1851) FAM. Ennuyer*, fatiguer (SPÉCIALT par des propos oiseux). ➤ **assommer, barber, barbifier, embêter ; rasant, rasoir.** *Ce professeur rase ses élèves. Ça me rase d'aller les voir.* — PRONOM. (1903) S'ennuyer. *«Comme vous devez vous raser ! Vous ne trouvez pas qu'on se bêtifie à rester [...] sur la plage ?»* PROUST.
II ■ **1** (1382) Abattre à ras de terre. *Raser un bâtiment, une fortification, une muraille.* ➤ **démanteler, démolir, détruire.** *Tout le quartier a été rasé par un bombardement. Raser un immeuble. Raser un navire,* en abattre les mâts. ■ **2** (1606) TECHN. Mettre à ras, de niveau. ➤ **araser.** *Raser une mesure à grains,* en ôter le trop-plein afin que le grain ne dépasse pas le niveau des bords (cf. Rader étym.). ◆ Mettre au niveau du sol, sans remblais ni tranchées (une route, une voie de chemin de fer). ■ **3** CHASSE *Bête qui rase les oreilles,* qui les rabat. — PRONOM. *Bête qui se rase,* qui se tapit contre terre.
III (1611) Passer très près de (qqch.). *«D'abord un bruit léger, rasant le sol comme l'hirondelle avant l'orage»* BEAUMARCHAIS. *«Un épervier passa. [...] Il rasait l'herbe et il remontait en criant»* GIONO. *Véhicule qui rase un piéton.* ➤ **frôler.** *L'avion rase le sol* (➤ **rase-motte**). *Balle qui rase le filet.* — LOC. *Raser les murs* (pour ne pas être vu) ; FIG. chercher à se dissimuler (cf. Se faire tout petit).
■ CONTR. Intéresser. — Élever.

RASETEUR, EUSE [ʀazətœʀ, øz] **n.** – 1904 ◊ de l'occitan *rasetairo*, de *raset* «geste que fait le toréador provençal en passant devant le taureau et l'esquivant» (Mistral), de *ras* → 3 ras ■ Personne, habillée de blanc, qui essaie de décrocher les attributs (cocarde, glands et ficelles) d'un taureau ou d'une vache, dans les courses* camarguaises. — On écrit aussi *razeteur, euse.*

RASEUR, EUSE [ʀɑzœʀ, øz] **n.** – v. 1380 «qui rase le poil» adj. ◊ de *raser* ■ **1 n. m.** (1858) TECHN. Ouvrier qui fait le rasage des étoffes ; qui rase le poil des peaux et des cuirs. ■ **2** (1853) FAM. Personne qui ennuie, fatigue par des propos interminables et oiseux. ➤ **fâcheux.** *Fuir les raseurs. «Quelle raseuse ! Tu ne veux pas laisser les autres dormir ?»* COCTEAU (➤ **rasant, rasoir**).

RASH [ʀaʃ] **n. m.** – 1800 ◊ mot anglais, p.-ê. du moyen français *ra(s)che* «teigne» ■ MÉD. Éruption cutanée transitoire, lors de maladies fébriles (ordinairement non éruptives). ➤ **érythème.** *Des rashs.* On emploie aussi le pluriel angl. *des rashes.*

RASIBUS [ʀazibys] **adv.** – XVe ◊ de 3*ras* ■ FAM. À ras, tout près. *«Ma tête a passé, j'peux dire, entre les éclats, mais tout juste, rasibus, et les esgourdes ont pris»* BARBUSSE.

RAS-LE-BOL [ʀal(ə)bɔl] **interj.** et **n. m. inv.** – v. 1968 ◊ de la loc. *en avoir ras le bol,* de *bol* «cul» en argot ■ FAM. ■ **1 interj.** *Ras-le-bol !* on en a assez (cf. Il y en a marre*). *L'école, ras-le-bol !* ■ **2 n. m.** Fait d'en avoir assez. ➤ **dégoût.** *Ça suffit, c'est le ras-le-bol. Un ras-le-bol général.*

RASOIR [ʀɑzwaʀ] **n. m.** – 1174 ◊ latin populaire *rasorium*, de *radere* ■ **1** Instrument à tranchant très fin servant à raser les poils. *Pierre, cuir à rasoir. Le fil* du rasoir. Rasoir à main,* à lame rentrant dans le manche. *Rasoir mécanique* ou *de sûreté,* à lame mince, amovible. *Rasoir électrique,* à tondeuse rotative ou à va-et-vient. *Rasoir jetable. Rasoir à piles. Prise de rasoir. Lames de rasoir.* — *Le feu du rasoir,* l'irritation du rasage. *«Le feu du rasoir cernait ses lèvres épaisses»* MAURIAC. *Coupure de rasoir.* — *Coupant comme un rasoir, une lame de rasoir.* — *Coupe de cheveux au rasoir. Coupé au rasoir :* aux contours très nets. — LOC. *Au rasoir :* parfaitement. *Savoir un texte au rasoir.* ■ **2 adj. inv.** (1867 ◊ de *raser* I, 3°) FAM. Ennuyeux*, assommant. ➤ **rasant.** *Un film rasoir. Elles sont un peu rasoir. «Danville était bien rasoir, ce soir, [...] avec la réforme orthographique»* LÉAUTAUD. ■ CONTR. (du 2°) Intéressant.

RASPOUTITSA [ʀasputitsa] **n. f.** – 1925 ◊ mot russe, littéralt «chemin *(pout)* rompu» ■ GÉOGR. Période de dégel avec formation d'une couche de boue gluante. *Des raspoutitsas.*

RASSASIÉ, IÉE [ʀasazje] **adj.** – XVIIe, fig. ◊ de *rassasier* ■ (XVIIIe) Repu. *Des convives rassasiés.* ◆ FIG. Dont les aspirations sont totalement satisfaites (SPÉCIALT jusqu'au dégoût). ➤ **assouvi, comblé, saturé** (FIG.), **soûl** (FIG.). *«Il faut se maintenir en tel état qu'on ne puisse être jamais ni rassasié ni insatiable»* JOUBERT.
■ CONTR. Affamé, jeun (à). Assoiffé, avide, insatiable.

RASSASIEMENT [ʀasazimɑ̃] **n. m.** – 1538 ; *rassaisiement* XIVe ◊ de *rassasier* ■ RARE État d'une personne rassasiée ; fait d'être rassasié (de qqch.). ◆ FIG. Satisfaction qui va jusqu'à la satiété (SPÉCIALT jusqu'au dégoût). *«Du rassasiement des désirs peut naître [...] une sorte de désespoir»* GIDE.

RASSASIER [ʀasazje] **v. tr.** ⟨7⟩ – 1120 ◊ de *re-* et ancien français *assasier*, latin médiéval *assatiare*, classique *satiare*, de *satis* «assez» ■ **1** Satisfaire entièrement la faim de (qqn). *«Je pense qu'il ne vous faut pas tout cela pour vous rassasier ?»* SAND. — ABSOLT *Un plat qui rassasie* (rassasiant, iante **adj.**). — PRONOM. *Se rassasier. Se rassasier d'un plat.* ➤ **rassasié.** ■ **2** FIG. (v. 1180) Satisfaire pleinement les désirs, les aspirations, les passions de (qqn). *«Heureux ceux qui ont faim et soif de justice, car ils seront rassasiés»* (BIBLE). *«Les grandes âmes sont toujours inquiètes [...] L'infini seul pourrait les rassasier»* RENAN. ➤ **combler.** — PRONOM. *«Je ne puis me rassasier de regarder ces deux créatures»* LOTI. — PAR EXT. (1672) *Rassasier sa vue, ses regards, ses yeux de...,* jouir de (un spectacle) jusqu'à s'en lasser. ➤ **assouvir.** ■ **3** (1674) Satisfaire les désirs de (qqn) jusqu'à la lassitude, au dégoût. ➤ **blaser.** *Je suis rassasié de vos mensonges.* ➤ **fatigué.** ■ CONTR. Affamer.

RASSEMBLÉ, ÉE [ʀasɑ̃ble] **adj.** – 1672 ◊ de *rassembler* ■ Groupé avec ; (AU PLUR.) groupés ensemble. *«Au milieu des chefs rassemblés, entouré de leurs regards»* SÉGUR. ◆ FIG. *Hommes rassemblés autour d'une idée, d'une personnalité marquante.* — *Toutes catégories rassemblées,* considérées ensemble, globalement. ➤ **mêlé.** ■ CONTR. Épars.

RASSEMBLEMENT [ʀasɑ̃bləmɑ̃] **n. m.** – 1426 ◊ de *rassembler* ■ **1** Action de rassembler des choses dispersées. *Procéder au rassemblement des documents, des matériaux nécessaires à une œuvre.* ■ **2** Fait de se rassembler, de se réunir pour former un groupe. *Le rassemblement des personnes convoquées.* — Le groupe ainsi formé. *«Un nombreux rassemblement s'arrêta sur le quai»* VIGNY. *Disperser un rassemblement.* ➤ **attroupement.** ■ **3** Réunion des soldats, des éléments dispersés d'une troupe, exécutée au commandement ou à la sonnerie. ◆ Sonnerie de clairon ou de trompette par laquelle on ordonne cette manœuvre. *Faites sonner le rassemblement. Rassemblement !* ■ **4** Union pour une action commune. *«ces rassemblements [...] derrière l'idée ou l'homme qui les suscitait pour un effort commun»* LECOMTE. *Rassemblement des partis d'opposition.* ◆ Parti politique qui groupe diverses tendances. *«La constitution du "Rassemblement populaire" entre radicaux, socialistes et communistes»* ABELLIO. ■ CONTR. Dispersion.

RASSEMBLER [ʀasɑ̃ble] **v. tr.** ⟨1⟩ – v. 1155 ◊ de *re-* et *assembler*
I ■ **1** Assembler de nouveau (des personnes séparées). Faire venir au même endroit (des personnes). *Général qui rassemble ses troupes avant l'attaque.* ➤ **concentrer, 1masser.** (Sujet chose) *«Le moment de souper est venu et les rassemble tous dans la cuisine»* BARRÈS. ➤ **réunir.** ◆ FIG. Recruter, réunir pour une action commune (➤ **rassembleur**). *Il faut rassembler l'opposition.* (Sujet chose) *«C'est encore l'idéal qui rassemble les âmes autour d'un but commun»* L. LIARD. ➤ **grouper, rallier, unir.** ■ **2** Mettre ensemble (des choses concrètes). ➤ RÉGION. **rapailler.** *Rassembler ses affaires avant de partir. Rassembler des papiers épars. Rassembler des matériaux pour une œuvre.* ➤ **recueillir, réunir.** *Les conditions sont rassemblées pour...* ■ **3** Faire appel avec effort à (ses facultés) pour s'en servir. *«Elle ferma les yeux [...] et tenta de rassembler ses idées»* GREEN. *Rassembler des souvenirs. Rassembler ses esprits :* reprendre sa lucidité, son sang-froid. — *Rassembler son courage.* ■ **4** TECHN. Remettre en place les pièces, les éléments de (un ensemble démonté). *Rassembler une charpente.* ➤ **remonter.** ■ **5** TECHN. *Rassembler son cheval,* le tenir de manière à le préparer aux mouvements qu'on veut lui faire exécuter.
II SE RASSEMBLER v. pron. ■ **1** S'assembler de nouveau. *Les danseurs se séparaient, puis se rassemblaient.* ■ **2** S'assembler. *«La foule compacte se rassemble autour du corps»* LAUTRÉAMONT. ■ **3** SPORT Se replier le plus près de son centre de gravité, pour

prendre son élan. *L'athlète se rassemble avant de sauter.* ■ CONTR. Disloquer, disperser, disséminer, éparpiller, fragmenter.

RASSEMBLEUR, EUSE [Rasɑ̃blœR, øz] n. et adj. – 1876 ◊ de *rassembler* ■ **1** Personne qui rassemble. *Rassembleur de territoires. Flaubert «faisait figure de chef d'École et de rassembleur de bonnes volontés»* LECOMTE. — Personne qui sait réunir des gens pour une action commune. *Son autorité et son charisme font de lui un grand rassembleur.* ■ **2** adj. Qui invite au rassemblement, à l'unité. *Un discours rassembleur.*

RASSEOIR [RaswaR] v. tr. ‹26› /RASSOIR/ – *rasis* «calmé» début XIIe ◊ de *re-* et *asseoir*

I ■ **1** (fin XIIe) Asseoir de nouveau. *Rasseoir un malade dans son lit.* ■ **2** (XIIe) Replacer. *Rasseoir une statue sur sa base, sur son socle.* — FIG. *«La nécessité de rasseoir la vie sociale sur des bases rationnelles»* MADELIN. ■ **3** INTRANS. ou PRONOM. (1636) TECHN. Se reposer et s'épurer (liquide). *Laisser (se) rasseoir un vin après un transport.*

II v. pron. **SE RASSEOIR** (PLUS COUR.). ■ **1** *Il s'est levé, puis s'est rassis aussitôt.* Avec ellipse de *se Faire rasseoir qqn.* ■ **2** FIG. et VX Reprendre ses esprits. *«Et je veux prendre l'air pour me rasseoir un peu»* MOLIÈRE.

RASSÉRÉNÉ, ÉE [RaseRene] adj. – XVIIe ◊ de *rasséréner* ■ Calmé, redevenu serein. *«mon front rasséréné»* LAUTRÉAMONT.

RASSÉRÉNER [RaseRene] v. tr. ‹6› – XVIe ; *se rasséréner* 1544 ◊ de *re-* et *serein* ■ Ramener au calme, à la sérénité. ➤ **apaiser, calmer, rassurer, tranquilliser.** *«Buffon peint la nature sous tous les points de vue qui peuvent élever l'âme, [...] la rasséréner et la calmer»* SAINTE-BEUVE. — PRONOM. Redevenir calme. *À cette bonne nouvelle, son visage s'est rasséréné. Il s'est soudain rasséréné.* ■ CONTR. Obscurcir ; agiter, inquiéter, troubler.

RASSIR [RasiR] v. ‹2› – attesté 1949 ◊ de *rassis* ■ **1** v. intr. Devenir rassis. *Ce pain commence à rassir.* — *«la viande fraîche caoutchouteuse qu'il faudra faire rassir pour que les muscles se détendent»* J. SORMAN. ■ **2** v. pron. *Le pain s'est rassis.*

RASSIS, ISE [Rasi, iz] adj. – *plomb raci* «durci» v. 1150 ◊ de *rasseoir* ■ **1** (XIIIe) En parlant du pain, de pâtisseries, Qui n'est plus frais, sans être encore dur. (REM. Le fém. *rassise* est inus., on dit *rassie.*) *Du pain rassis. Une brioche, une tarte rassie.* — BOUCH. *Viande rassise,* d'un animal tué quelques jours auparavant. ■ **2** (v. 1460 ◊ de *rasseoir,* 3°) FIG. Pondéré, réfléchi. *Un guide, «cerveau positif et rassis»* LACRETELLE. *Un homme de sens rassis.* ■ CONTR. 1 Frais. Impulsif.

RASSOUL [Rasul] n. m. – 1976 ◊ de l'arabe dialectal ■ Argile savonneuse utilisée traditionnellement au Maghreb pour les soins de la peau et des cheveux. *«On lui lavait les cheveux, on les passait au rassoul pour bien les adoucir et on les enduisait de henné»* S. AMADIS. — On écrit aussi *ghassoul* [Rasul ; xasul].

RASSURANT, ANTE [RasyRɑ̃, ɑ̃t] adj. – 1777 ◊ de *rassurer* ■ De nature à rassurer, à redonner confiance. *Nouvelles rassurantes. Voilà qui est rassurant. Ambiance rassurante.* ➤ **sécurisant, tranquillisant.** — *Un individu peu rassurant.* ■ CONTR. Alarmant, effrayant, inquiétant, menaçant.

RASSURÉ, ÉE [RasyRe] adj. – 1673 ; *rasseuré* XVIe ◊ de *rassurer* ■ Tranquillisé. *Je n'étais pas rassuré :* j'avais peur. ■ CONTR. Apeuré.

RASSURER [RasyRe] v. tr. ‹1› – 1165 *se raseurer* ◊ de *re-* et *assurer* ■ Rendre la confiance, la tranquillité d'esprit à (qqn). ➤ **sécuriser, tranquilliser.** *Rassurer un enfant qui a fait un cauchemar. Rassurer la population au sujet de la guerre. Si ça peut te rassurer.* ◆ **SE RASSURER** v. pron. Se libérer de ses craintes, cesser d'avoir peur. *J'essayais de me rassurer.* — PAR EXT. *Rassurez-vous, je ne vais pas vous faire un discours,* n'ayez crainte. ■ CONTR. Alarmer, effrayer, inquiéter, menacer, terrifier.

1 **RASTA** [Rasta] n. et adj. – 1976 ◊ abrév. de *rastafari* ■ FAM. Rastafari. *Les dreadlocks des rastas.* — adj. *La philosophie rasta. Des musiciens rastas.*

2 **RASTA** [Rasta] n. m. et adj. – 1886 ◊ abrév. de *rastaquouère* ■ FAM. et PÉJ. Rastaquouère. *Des rastas.* — adj. *«Les costumes un peu rastas»* COLETTE. *«ç'avait dû être un beau garçon, avec quelque chose d'un peu rasta»* QUENEAU.

RASTAFARI [RastafaRi] n. et adj. – 1978 ◊ de *ras Tafari* (→ 2 ras) en hommage au négus Hailé Sélassié, considéré comme le Messie noir ■ Membre d'une secte messianique d'origine jamaïcaine. — Adepte du retour culturel à l'Afrique et de la musique reggae*. ➤ FAM. 1 **rasta.**

RASTAQUOUÈRE [RastakwɛR] n. m. et adj. – 1880 ◊ hispano-américain *(ar)rastracueros* «personne méprisable», de *arrastrar* «ratisser» ■ FAM. et PÉJ. VIEILLI Étranger aux allures voyantes, affichant une richesse suspecte. ➤ FAM. 2 **rasta.** *«C'est un rastaquouère ! [...] Un chevalier d'industrie, un aventurier !»* DUHAMEL. — adj. Propre aux rastaquouères. ➤ 2 **rasta.**

RASTEL [Rastɛl] n. m. – 1870 ◊ mot provençal de même origine que l'ancien français *rastel* «râteau», «râtelier d'étable», d'où le sens dialectal «festin, bombance» ■ RÉGION. (Midi) Réunion de gens qu'on invite à boire, et PAR EXT. L'endroit où se tient cette réunion.

RAT [Ra] n. m. – fin XIIe ◊ p.-ê. de l'allemand *ratt-*, onomat. née du bruit du rat qui grignote, ou dérivé roman de *radere* «ronger» (Guiraud) ■ **1** Petit mammifère rongeur *(muridés)* à museau pointu et à très longue queue nue et écailleuse, répandu sur tout le globe, vorace et prolifique. *Principales variétés de rats : rat noir ; rat des champs ; rat d'eau* (campagnol) ; *rat gris, rat d'égout* (surmulot). *Les rats prolifèrent dans les égouts, les décharges d'ordures. Être mordu par un rat. «Les rats commencèrent à sortir pour mourir en groupes»* CAMUS. *Les rats transmettent aux humains de nombreuses maladies, dont la peste.* — PROV. *À bon chat*, bon rat.* — *Détruire les rats.* ➤ **dératiser ; mort-aux-rats, raticide.** *Piège à rats.* ➤ **ratière.** FIG. *Nid, trou à rats :* logement exigu, sale, sordide. ◆ SPÉCIALT Mâle adulte de l'espèce «rat». *Un rat et sa femelle* (➤ 1 **rate**), *ses petits* (➤ 1 **raton**). ◆ LOC. *Être fait comme un rat :* être pris au piège. *«il a vu le moment où il était fait comme un rat, avec le feu devant, la muraille derrière et ces barreaux sur le côté»* BERGOUNIOUX. *Les rats quittent le navire,* se dit de gens qui quittent un lieu, une société, dès que la situation devient dangereuse (ils sont le signal de ce danger). — FAM. *S'ennuyer comme un rat mort,* beaucoup. ◆ (1792) T. d'affection. *Mon rat, mon petit rat.* — PÉJ. *Face de rat,* terme de mépris pour désigner une personne dont les traits rappellent un museau de rat. — TECHN. *Queue-de-rat* (voir ce mot). ■ **2** PAR ANAL. Nom donné couramment à d'autres muridés, à certains animaux ressemblant au rat. *Rat de blé, rat à queue courte.* ➤ **hamster.** *Rat musqué, rat d'Amérique.* ➤ **ondatra ; ragondin.** *Rat palmiste.* ➤ **xérus.** *Kangourou-rat.* ➤ **potorou.** *Rat-taupe.* ➤ **spalax.** ■ **3** FIG. (début XIXe ◊ par croisement avec les mots de sens voisin *radin, rapia, rapace*) FAM. Personne avare, pingre. *C'est un rat.* ADJT *Ce qu'elle est rat !* ■ **4** FIG. *Rat de bibliothèque*.* ◆ (1907 ◊ «celui qui vole» 1845) **RAT D'HÔTEL :** personne qui s'introduit dans les chambres d'hôtel pour dévaliser les clients. ➤ **filou.** ■ **5** (1816) *Petit rat de l'Opéra :* jeune danseuse, jeune danseur, élève de la classe de danse de l'Opéra, employé dans la figuration. ■ HOM. poss. 1 Ras, raz.

RATA [Rata] n. m. – 1829 ◊ abrév. de *ratatouille* ■ ARG. MILIT. VIEILLI Plat chaud servi aux soldats, ragoût grossier. *«C'est pas d'la soupe, c'est du rata !»* (chans. milit.). — LOC. (1928) *Ne pas s'endormir sur le rata :* être actif, diligent (cf. Sur le rôti). — MOD. Mauvaise nourriture mal préparée. *Des ratas infâmes.*

RATAFIA [Ratafja] n. m. – *ratafiat* «à votre santé» v. 1675 ◊ p.-ê. du créole, altération possible de *rectifier* ou du latin *rata fiat* «que le marché soit conclu» ■ Liqueur de ménage obtenue par macération d'ingrédients divers dans l'eau-de-vie additionnée de sucre. *Le rossolis, ratafia de roses.*

RATAGE [Rataʒ] n. m. – 1864 ◊ de *rater* ■ Échec. ➤ **loupage.** *«Ça avait été tapé comme maladresse et comme ratage»* CÉLINE. ■ CONTR. Succès.

RATAPLAN ➤ **RANTANPLAN**

RATATINÉ, ÉE [Ratatine] adj. – 1606 ◊ de *ratatiner* ■ **1** Rapetissé et déformé. *Pomme ratatinée.* ➤ **rabougri.** *Visage ratatiné. Il «avait l'air vieilli, ratatiné, rapetissé, rabougri»* R. ROLLAND. ■ **2** FIG. et FAM. Démoli, battu, fichu. *Nous l'avons échappé belle, mais la voiture est complètement ratatinée.* ■ CONTR. Élancé, épanoui.

RATATINER [Ratatine] v. tr. ‹1› – *se ratatiner* «se rapetisser en se desséchant» 1662 ; *retatiner* «effacer les plis» 1508 ◊ radical *tat-*, exprimant l'amoindrissement, p.-ê. d'un gallo-roman °*tacticare* → attaquer ■ **1** Rapetisser, réduire la taille de (qqn) en déformant. *«Quel travail a pu le ratatiner ainsi !»* BALZAC. ■ **2** FIG. et FAM. *Se faire ratatiner :* se faire battre, écraser (au jeu, dans une compétition). ◆ (1932) POP. Tuer, anéantir. — PAR EXT. Casser, démolir. ■ **3** **SE RATATINER** v. pron. Se contracter, se réduire en se déformant. *Pomme tombée qui se ratatine.* ➤ se **rider.** *Vieillard qui se ratatine.* ➤ se **tasser.** ◆ PAR EXT. Se ramasser sur soi-même pour tenir moins de place. ➤ se **recroqueviller.** *«Vous vous ratatinez frileusement, au lieu d'accepter d'être cinglé par le vent»* MONTHERLANT.

RATATOUILLE [ʀatatuj] n. f. – 1778 ◇ de *tatouiller* et *ratouiller*, formes expressives de *touiller* ■ **1** FAM. et PÉJ. VX Ragoût grossier. ➤ **ragougnasse, rata.** — PAR EXT. Mauvaise cuisine. *La ratatouille des gargotes.* ■ **2** Préparation culinaire constituée d'un mélange de courgettes, de tomates, d'aubergines, de poivrons et d'oignons, cuits à l'huile et servie comme légume. *Ratatouille niçoise.* ■ **3** FIG. et FAM. Volée* de coups. *Prendre une ratatouille.*

1 **RATE** [ʀat] n. f. – 1530 ; *rate* pour *rat*, XIIe ◇ fém. de *rat* ■ Femelle du rat. ■ HOM. Ratte.

2 **RATE** [ʀat] n. f. – 1156 ◇ néerlandais *râte* «rayon de miel», par anal. de forme ■ Organe lymphoïde du système réticuloendothélial, situé sous la partie gauche du diaphragme, et constitué par une pulpe rouge gorgée de sang parsemée de nodules blancs (follicules lymphoïdes) (➤ **splénique**). *Fonction de la rate dans la production de l'hémoglobine, des pigments biliaires, des anticorps. Hypertrophie de la rate chez les paludéens. — Dans l'ancienne médecine, la rate passait pour sécréter «la bile noire», cause d'humeur mélancolique.* — LOC. FAM. *«J'aime à rire et j'ai la rate qui va en éclater»* VALLÈS. *Désopiler*, dilater la rate :* faire rire. *Se fouler la rate :* faire des efforts. *Il n'aime pas se fouler la rate.*

RATÉ, ÉE [ʀate] n. – 1836 ◇ de *rater*

I n. m. ■ **1** Le fait de rater (en parlant d'une arme à feu) ; coup qui ne part pas. — Échec dans la mise à feu d'un explosif. ■ **2** PAR EXT. (1864) Bruit anormal révélant le mauvais fonctionnement d'un moteur à explosion. *Moteur qui a des ratés.* ◆ FIG. Déficience dans le fonctionnement d'un système. *Les ratés de la libéralisation.* — Difficulté ou impossibilité d'amener un processus à son terme. *Les ratés des mécanismes mentaux, de la conduite.*

II n. (1876) Personne qui a raté sa vie, sa carrière. ➤ **loser** (cf. Fruit* sec). *«Il n'était au fond qu'un raté»* MAUPASSANT.

RÂTEAU [ʀɑto] n. m. – 1636 ; *rasteau* 1483 ; *rastel* v. 1180 ◇ latin *rastellus*, diminutif de *raster* «croc», de *radere* ■ **1** Instrument agricole ou de jardinage, traverse munie de dents séparées, et ajustée en son milieu à un long manche qui sert à ramasser les feuilles, des herbes, des brindilles sans ôter la terre, à égaliser la surface du sol, etc. ➤ **fauchet.** *Le jardin «où l'on avait versé du sable et passé le râteau»* ALAIN-FOURNIER. ➤ **ratisser.** *Ramasser avec un râteau.* ➤ **râteler.** *Râteau à foin,* en bois. — FAM. *Se coiffer avec un râteau,* très mal. ◆ LOC. FAM. *(Se) prendre un râteau :* obtenir un refus, se faire éconduire. *«Le râteau semblait flagrant, mais tu avais déjà décrété qu'elle serait la femme de ta vie»* VAN CAUWELAERT. ◆ AGRIC. *Râteau mécanique :* grande traverse à longues dents courbées, parallèle à l'essieu des roues, qui ramasse le foin et se relève pour faire des andains. *Râteau faneur à projection latérale.* ■ **2** *Antenne râteau* ou *râteau :* antenne de télévision classique, faite de tiges métalliques. ■ **3** TECHN. Pièce munie de dents séparées. *Râteau de métier à tisser, de rasoir mécanique.* — Segment de roue dentée du mécanisme de l'avance et du retard, dans une montre. ■ **4** Instrument sans dents, servant à racler, à ramasser. *Râteau de charbonnier. Râteau pour ramasser le sel.* ➤ **rouable.** — SPÉCIALT Raclette à manche avec laquelle le croupier ramasse les mises, les jetons sur les tables de jeu. *«le râteau s'allongea pour ramasser son dernier napoléon»* BALZAC.

RATEL [ʀatɛl] n. m. – 1846 ◇ de *rat* ■ ZOOL. Mammifère carnivore *(mustélidés)*, sorte de blaireau, très friand de miel.

RÂTELAGE [ʀɑt(ə)laʒ] n. m. – 1822 ; *resteilage* 1436 ◇ de *râteler* ■ AGRIC. Action de râteler. *Le râtelage du foin.*

RÂTELÉE [ʀɑt(ə)le] n. f. – 1636 ; fig. 1466 ◇ de *râteler* ■ AGRIC. Quantité ramassée d'un coup de râteau. *Une râtelée de foin.*

RÂTELER [ʀɑt(ə)le] v. tr. ‹4 /5/› – *rasteler* XIIIe ◇ de *ratel* «râteau» ■ **1** AGRIC. Ramasser avec un râteau. *Râteler le foin* (➤ **râteleur**). ■ **2** RARE Nettoyer au râteau. ➤ **ratisser.** — FIG. *«les pieds de la foule râtelaient les allées sablées»* CHATEAUBRIAND. ➤ **piétiner.**

RÂTELEUR, EUSE [ʀɑt(ə)lœʀ, øz] n. – 1694 ; ancien français *rastelaire* (1527) ◇ de *râteler* ■ TECHN. Ouvrier, ouvrière agricole qui fait le râtelage. ◆ n. f. (XXe) Machine à râteler.

RÂTELIER [ʀɑtəlje] n. m. – *rastelier* «planche pour mettre les sacs à pain» 1250 ◇ de *râteau*, par anal. de forme ■ **1** (*rateillier* 1303) Assemblage de barreaux parallèles, incliné contre le mur (d'une étable, d'une écurie, d'une bergerie) qui sert à recevoir le fourrage du bétail. *Mettre de la paille, du foin dans le râtelier. Un maigre bidet «tirait d'un râtelier vide quelques brins de paille»* GAUTIER. ◆ LOC. FIG. FAM. *Manger à tous les râteliers :* tirer profit de tous les aspects d'une situation, même en servant des intérêts opposés (cf. Jouer sur tous les tableaux*). — FAM. *Quand il n'y a plus de foin* dans le râtelier.* ■ **2** Support servant à ranger verticalement des objets longs. *Râtelier d'armes :* double étagère à encoches où l'on range des fusils. — *Râtelier d'établi, de menuisier :* tringle parallèle à l'établi où l'on place les outils à manche. — *Râtelier à pipes :* planchette percée de trous où l'on range les pipes. ■ **3** (1611) VX Denture. ◆ PAR EXT. (1718 *râtelier de fausses dents*) FAM. VIEILLI Dentier. *Porter un râtelier.*

RATER [ʀate] v. ‹1› – 1715 ◇ «prendre un *rat*» 1669, en parlant d'une arme à feu qui ne part pas, et fig. «manquer son coup»

I v. intr. ■ **1** Ne pas partir (en parlant du coup d'une arme à feu). *Le coup a raté.* ■ **2** COUR. Échouer. *L'affaire a raté.* ➤ FAM. **foirer, merder.** *«la race de ceux dont la présence fait tout rater»* MAURIAC. — FAM. Manquer. *Ça n'a pas raté !* c'était inévitable, prévisible.

II v. tr. ■ **1** Ne pas atteindre (ce qu'on visait). ➤ FAM. **louper.** *Chasseur qui rate un lièvre.* ➤ **manquer.** ELLIPT *Raté !* (cf. À côté !). — *Rater une balle au tennis.* — *Rater son train, le train, l'avion,* parce qu'on est en retard. — *Rater qqn,* le manquer, ne pas réussir à le rencontrer. *«Je serais désolé de vous rater»* FLAUBERT. PRONOM.(RÉCIPR.) *Nous nous sommes ratés de peu.* — FIG. *Je ne le raterai pas !* il aura le traitement, le châtiment qu'il mérite (cf. Je l'attends au tournant). *Il ne l'a pas raté :* il l'a remis en place comme il le fallait. ■ **2** FIG. Ne pas profiter de. *Rater le début du spectacle. Rater une conférence. «Tu ne rateras pas une occasion de lui rentrer dedans»* MAC ORLAN. **p. p. adj.** *Occasion ratée.* FAM. et IRON. *Il n'en rate pas une :* il n'arrête pas de faire des maladresses, des sottises. ■ **3** Ne pas réussir, ne pas mener à bien. *Rater son affaire, son coup, son effet. Rater un examen.* ➤ RÉGION. 1 **bloquer.** *Sauce impossible à rater* (➤ **inratable**). *«C'est un sacrilège que de prouver à notre créateur qu'il a raté le monde»* GIRAUDOUX. **p. p. adj.** *Photos ratées.* — *Rater sa vie :* ne pas réussir comme on l'espérait. **p. p. adj.** *Un écrivain raté* (➤ **raté,** II).

III v. pron. **SE RATER.** FAM. Essuyer un échec, échouer dans une tentative. *Notre équipe ne peut pas se rater.* — SPÉCIALT Échouer en essayant de se suicider. *«non que les hommes ne se suicident pas, au contraire, mais ils ne se ratent pas»* C. LAURENS.

■ CONTR. Atteindre, obtenir, réussir.

RATIBOISER [ʀatibwaze] v. tr. ‹1› – 1875 ◇ de *ratisser* et de l'ancien français *emboiser* «tromper», d'origine germanique ■ FAM. ■ **1** Rafler au jeu. Prendre, voler*. *Ils m'ont ratiboisé mille euros.* ■ **2** Ruiner (qqn) au jeu. — **p. p. adj.** *C'est fini, je suis complètement ratiboisé.* ◆ Perdre, ruiner (qqn) dans sa santé, sa situation, sa carrière. *«Plus on est bon, plus on est vite ratiboisé»* GIONO. ■ **3** Couper très court les cheveux de (qqn). *Le coiffeur l'a ratiboisé.*

RATICHE [ʀatiʃ] n. f. – 1953 ◇ p.-ê. de *rat* ou *ratisser* ■ ARG. Dent.

RATICHON [ʀatiʃɔ̃] n. m. – 1725 ; argot *rastichon* 1628 ◇ de *rat*, par anal. de couleur ■ VX POP. et PÉJ. Prêtre. *«il détestait franchement, du dernier "ratichon" au Pape, toute l'Église»* BOSCO.

RATICIDE [ʀatisid] n. m. et adj. – v. 1965 ◇ de *rat* et *-cide* ■ Produit utilisé pour détruire les rats. ➤ **mort-aux-rats.** *Pesticides et raticides utilisés pour protéger les récoltes.*

RATIER [ʀatje] n. m. – 1869 ; «ratière» 1362 ◇ de *rat* ■ Chien qui chasse les rats. *Le fox-terrier est un excellent ratier.* — APPOS. *Des chiens ratiers.*

RATIÈRE [ʀatjɛʀ] n. f. – v. 1380 ◇ de *rat* ■ Piège à rats. ➤ **souricière** (plus cour.).

RATIFICATION [ʀatifikasjɔ̃] n. f. – *rattification* 1358 ; XVe «confirmation des catéchumènes» ◇ latin médiéval *ratificatio* «confirmation» ■ **1** Action de ratifier. *Ratification verbale, écrite, sous seing privé.* ➤ **confirmation, homologation.** ◆ DR. Confirmation par laquelle une personne rend valable un acte qu'elle sait entaché d'un vice en manifestant l'intention de le réparer. *Ratification de vente.* ◆ Approbation*, accord formel d'un organe (politique, administratif), indispensable à la validité d'un acte. *Sous réserve de ratification par les Chambres. Loi de ratification.* — Acte par lequel la procédure de conclusion d'un traité international est close. *La ratification du traité de Maastricht.* ■ **2** (1680) DIPLOM. Document, instrument de ratification diplomatique. *Procéder à l'échange des ratifications.* ■ CONTR. Annulation.

RATIFIER [ratifje] v. tr. ‹7› – *rattefier* 1294 ◇ latin médiéval *ratificare*, de *ratum facere* «ratifier» ■ **1** Approuver* ou confirmer. ➤ **confirmer, entériner, homologuer.** *Les obligations faites par un mineur demeurent nulles s'il ne les ratifie à sa majorité. «Le Président de la République négocie et ratifie les traités»* (CONSTITUTION de 1958). ■ **2** (XVIIe) LITTÉR. Confirmer ou affirmer publiquement. *«Je ratifie tout ce qu'on vous a dit de ma part»* (ACADÉMIE). ■ CONTR. Abroger, annuler, démentir.

RATINAGE [ratinaʒ] n. m. – 1812 ◇ de *ratine* ■ TECHN. Action de friser certains draps (ratines, velours, peluches).

RATINE [ratin] n. f. – 1593 ; *rastin* 1260 ◇ de l'ancien verbe °*raster* «racler, raturer», latin populaire *rasitoria* → rader ■ Tissu de laine épais, cardé, dont le poil est tiré en dehors et frisé. *Manteau de ratine.*

RATINER [ratine] v. tr. ‹1› – 1766 ◇ de *ratine* ■ TECHN. Soumettre (un drap, une étoffe) à l'opération du ratinage avec une machine appelée *ratineuse* (n. f.).

RATING [ratiŋ ; retiŋ] n. m. – 1960 ◇ mot anglais «évaluation» ■ ANGLIC. ■ **1** MAR. Indice répartissant les voiliers en plusieurs classes, d'après leurs caractéristiques techniques. Recomm. offic. ***coefficient de jauge.*** *Le temps de course est compensé en fonction du rating.* ■ **2** Indice qui classe les entreprises en fonction de leur solvabilité. Recomm. offic. ***notation.*** *Agence de rating,* qui établit ces indices.

RATIO [rasjo] n. m. – 1951 ◇ mot anglais, latin *ratio* ■ Rapport de deux grandeurs, dont on attribue une signification particulière à certaines valeurs. ➤ **coefficient.** *Ratios tirés du bilan, du compte de résultat. Ratio d'endettement, de liquidité.* — ➤ aussi **sexe-ratio.** ■ HOM. Raciaux (racial).

RATIOCINATION [rasjɔsinasjɔ̃] n. f. – 1495 ◇ latin *ratiocinatio* ■ LITTÉR. Action de ratiociner ; argument ou raisonnement vain et exagérément subtil. ➤ **argutie.** *«où l'on souhaite de la musique, on trouve de l'éloquence et de la ratiocination»* GIDE.

RATIOCINER [rasjɔsine] v. intr. ‹1› – 1546 ◇ latin *ratiocinari,* de *ratio* «calcul, compte» ■ **1** VX Faire des raisonnements. ■ **2** (v. 1900) MOD. et LITTÉR. Se perdre en raisonnements, en considérations, en discussions interminables. ➤ **ergoter, subtiliser** (cf. Couper les cheveux* en quatre ; FAM. enculer* les mouches). *Ratiociner sur ses fautes.*

RATIOCINEUR, EUSE [rasjɔsinœr, øz] n. – 1929 adj. ; *raciocinateur* 1549 ◇ de *ratiociner* ■ LITTÉR. Personne qui se plaît à ratiociner. ➤ **ergoteur.**

RATION [rasjɔ̃] n. f. – 1643 ; «solde de militaire» XIIIe ◇ latin *ratio* «compte, évaluation» ■ **1** Portion journalière (de vivres) distribuée à chaque soldat, dans l'armée. *Recevoir, toucher sa ration de pain, de viande, de tabac. Distribuer, répartir les rations. Rations de combat, de survie.* ■ **2** (1810) COUR. Quantité (d'aliments) qui revient à une personne, à un animal pendant une journée. *Une maigre ration. Rations imposées en temps de guerre.* ➤ **rationnement, restriction.** *«La ration quotidienne de pain vient d'être portée de deux à cinq cents grammes»* GIDE. ■ **3** *Ration alimentaire :* quantité et nature des aliments nécessaires à un organisme pour son alimentation rationnelle de vingt-quatre heures. *Ration d'entretien,* strictement nécessaire pour compenser les pertes journalières de l'organisme. *Ration calorique. Ration de travail, de croissance.* ■ **4** FIG. *Ration de...,* quantité due ou exigée (souvent iron.). *«Je n'ai pas fourni à la mort sa ration de cadavres»* GAUTIER. *Recevoir sa ration de coups, d'épreuves.* ➤ **dose, lot,** 1 **part.**

RATIONAL, AUX [rasjɔnal, o] n. m. – *racionale* XIIIe ◇ latin *rationale* ■ DIDACT. ■ **1** ANTIQ. Pièce d'étoffe ornée de pierreries que le grand prêtre des Hébreux portait sur la poitrine. ➤ **pectoral.** ■ **2** (ancien français *livre rational* «livre de raison» ◇ latin *rationalis* «qui sert à compter») RELIG. Titre de certains ouvrages de liturgie.

RATIONALISATION [rasjɔnalizasjɔ̃] n. f. – 1912 psychan. ◇ de *rationaliser* ■ Action de rationaliser ; son résultat. — Organisation d'une activité, à partir d'une étude scientifique, afin d'adapter efficacement les moyens aux objectifs poursuivis. *Rationalisation des tâches, du travail. Rationalisation de la production.* ➤ **ordonnancement, planning.** — (1967) FIN. *Rationalisation des choix budgétaires :* ensemble des procédures de calcul économique utilisées en finance publique pour optimiser les dépenses publiques. ◆ PSYCHAN. Justification consciente et rationnelle d'une conduite inspirée par des motivations inconscientes. ◆ PHYS. Convention consistant à introduire des facteurs π dans certaines équations de l'électromagnétisme.

RATIONALISER [rasjɔnalize] v. tr. ‹1› – 1826, au p. p. ◇ du latin *rationalis* «rationnel» ■ **1** Rendre rationnel, conforme à la raison. *«Les encyclopédistes rationalisaient les problèmes religieux»* MALRAUX. ■ **2** (1907) Organiser de manière rationnelle. *Rationaliser le travail, la production.* ■ **3** PHYS. Effectuer la rationalisation* de (une équation, un système d'unités). ■ **4** PSYCHAN. Justifier (une conduite) par des motifs rationnels. *Il essaie de rationaliser son geste.*

RATIONALISME [rasjɔnalism] n. m. – 1801 *rationnalisme* ◇ du latin *rationalis* ■ **1** PHILOS. Doctrine selon laquelle tout ce qui existe a sa raison d'être et peut donc être considéré comme intelligible. *Rationalisme spiritualiste ; matérialiste.* ◆ Doctrine selon laquelle toute connaissance certaine vient de la raison (opposé à *empirisme*). *Le rationalisme de Descartes, de Hegel.* ■ **2** Croyance et confiance dans la raison, dans la connaissance naturelle (opposé à *mysticisme, révélation religieuse*). *Le rationalisme du XVIIIe siècle.* ◆ Tournure d'esprit d'une personne qui n'accorde de valeur qu'à la raison. *Un rationalisme étroit.* ■ **3** THÉOL. Doctrine selon laquelle on ne doit admettre en matière religieuse que ce qui est conforme à la raison naturelle et saisissable par elle (opposé à *fidéisme*). ■ CONTR. Empirisme, fidéisme.

RATIONALISTE [rasjɔnalist] adj. et n. – 1842 ; n. 1718 ; «médecin non empirique» 1539 ◇ du latin *rationalis* ■ PHILOS. Relatif au rationalisme. *Écoles, doctrines rationalistes.* ◆ Qui professe le rationalisme. *Philosophie rationaliste.* — n. (1718) *Les rationalistes.*

RATIONALITÉ [rasjɔnalite] n. f. – 1834 ◇ du latin *rationalis* «rationnel» ■ DIDACT. Caractère de ce qui obéit aux lois de la raison, peut être connu ou expliqué par la raison. *Le rationalisme croit à la rationalité du monde. Rationalité d'une conduite.* — Caractère de ce qui est raisonnable, qui semble fait avec bon sens. *Rationalité d'une décision, d'une politique.*

RATIONNEL, ELLE [rasjɔnɛl] adj. et n. m. – 1120 «doué de raison» (âme) ◇ latin *rationalis*

I (→ raison, I) ■ **1** (XIIIe) Qui appartient à la raison, relève de la raison (I). *Activité rationnelle.* ➤ **raisonnement.** *La pensée rationnelle. Donner des motivations rationnelles à ses actes. Attitudes rationnelles et attitudes passionnelles.* — *Connaissance rationnelle et connaissance révélée.* ◆ Qui provient de la raison et non de l'expérience. *«L'idée de nombre est rationnelle»* H. DELACROIX. — (XVIIIe) *Mécanique rationnelle :* ensemble des questions de mécanique étudiées d'une manière déductive, mathématique. ■ **2** (1836) Conforme à la raison, au bon sens. ➤ **raisonnable, sensé ; judicieux.** *Comportement rationnel. Conclusion rationnelle.* ◆ Fait avec méthode, élaboré après réflexion dans le souci d'un gain d'efficacité. *Organisation rationnelle du travail.* ➤ **rationalisation.** *Méthode rationnelle. Une installation plus rationnelle.* ➤ **fonctionnel.** ◆ Qui raisonne avec justesse. *Esprit rationnel.* ➤ 2 **logique.** ■ **3** n. m. Ce qui est conforme à la raison. *Le réel et le rationnel. «Les efforts d'un esprit élevé pour concilier le rationnel et le révélé»* DUHAMEL.

II (1549 ◇ cf. *raison,* II, 3°) MATH. *Entier rationnel :* nombre entier, positif ou négatif. ➤ **relatif.** *Nombre rationnel* (opposé à *incommensurable* et à *transcendant*), qui peut être mis sous la forme d'un rapport entre deux nombres entiers. *L'ensemble* ℚ *des nombres rationnels. Les nombres rationnels et les nombres incommensurables* forment les nombres réels.* — ALG. *Expression rationnelle,* ne comprenant pas de radicaux.

■ CONTR. Empirique, irrationnel, passionné ; déraisonnable. Mystique.

RATIONNELLEMENT [rasjɔnɛlmɑ̃] adv. – 1836 ◇ de *rationnel* ■ D'une manière rationnelle. *Justifier rationnellement une théorie.* — Avec bon sens. *Agir rationnellement.* ➤ **raisonnablement.**

RATIONNEMENT [rasjɔnmɑ̃] n. m. – 1870 ◇ de *rationner* ■ Action de rationner ; son résultat. *Le rationnement du pain, du tabac. Cartes, tickets de rationnement.*

RATIONNER [rasjɔne] v. tr. ‹1› – 1795 ◇ de *ration* ■ **1** Distribuer des rations déterminées et limitées de (qqch.). *Rationner l'eau.* — *La viande est rationnée.* ■ **2** (1869) Mettre (qqn) à la ration, soumettre au rationnement. *Rationner les habitants en eau. Rationner les automobilistes en carburant.* ◆ PAR EXT. Mesurer la nourriture à (qqn). *La patronne nous rationne depuis quelque temps.* — PRONOM. *Se rationner :* s'imposer un régime restrictif.

RATISSAGE [ratisaʒ] n. m. – milieu XVIe ◊ de *ratisser* ▪ **1** Action de ratisser. *Ratissage d'une allée, d'un jardin.* ▪ **2** (1952) MILIT. Action de ratisser (3o) ; fouille méthodique d'un lieu par la police. *Opération de ratissage.* ➤ aussi **quadrillage.**

RATISSER [ratise] v. tr. ‹1› – 1390 «racler légèrement» ◊ de l'ancien verbe *rater* «râteler», d'après *râteau* ▪ **1** (1680) Nettoyer à l'aide d'un râteau, passer un râteau sur. ➤ **râteler.** *«Le jardinier continuait à ratisser le gravier»* CHARDONNE. ◆ Recueillir, ramasser à l'aide d'un râteau. *«Les petits chemins blancs sur lesquels se promène le paludier [...] pour ratisser, recueillir le sel»* BALZAC. *Ratisser les feuilles mortes.* ◆ LOC. FAM. *Ratisser large :* réunir le plus d'éléments possible, quitte à dépasser un peu l'objet de sa recherche. *Parti politique qui ratisse large.* ▪ **2** (1867) FIG. et FAM. Prendre tout son argent à (qqn). ➤ **ratiboiser, ruiner.** *Se faire ratisser au jeu. «Un monsieur très bien, qu'elle avait ratissé jusqu'au dernier centime»* PROUST. ▪ **3** (v. 1955) MILIT. *Ratisser le terrain :* fouiller méthodiquement une zone de terrain à l'aide d'éléments très rapprochés les uns des autres (cf. Passer au peigne* fin). *La police a ratissé tout le quartier. Toute la région a été ratissée pour retrouver l'enfant.* ◆ SPORT *Ratisser le ballon,* se dit du talonneur qui, en mêlée, s'empare du ballon en se servant de ses pieds comme d'un râteau.

RATISSETTE [ratisɛt] n. f. – 1803 ◊ de *ratisser* ▪ TECHN. Outil de briquetier en forme de racle.

RATISSOIRE [ratiswaʀ] n. f. – 1538 ◊ de *ratisser* ▪ AGRIC. Outil de jardinage servant à faire de légers sarclages et binages.

RATITES [ratit] n. m. pl. – 1834 ◊ du latin *ratis* «radeau», par allus. au sternum plat des oiseaux ▪ ZOOL. Ensemble des oiseaux coureurs dont le sternum est dépourvu de bréchet (aptéryx, autruche, émeu, kiwi, nandou).

1 **RATON** [ratɔ̃] n. m. – 1277 ◊ de *rat* ▪ **1** Jeune rat. ▪ **2** (1753) Mammifère carnivore d'Amérique qui ressemble au blaireau par le pelage et la taille, à l'ours par la forme de la tête. *Raton laveur,* ainsi appelé parce qu'il lave ses aliments (poissons, mollusques) avant de les absorber. ➤ RÉGION. 1 **chat** (sauvage). *Des ratons laveurs.* ▪ **3** (1937) FAM. et PÉJ. (injure raciste) Maghrébin.

2 **RATON** [ratɔ̃] n. m. – *rastons* XIIIe ◊ p.-ê. de l'ancien verbe °*raster* «racler», latin *rasitoria* ▪ CUIS. Tartelette au fromage.

RATONNADE [ratɔnad] n. f. – v. 1955 ◊ de 1 *raton* (3o) ▪ Expédition punitive ou brutalités exercées par des Européens contre des Maghrébins. *«Depuis le 13 mai 1958, cette affreuse chose qu'on appelait les "ratonnades" avait disparu»* (Le Monde, 1960). *«J'appris les expressions : "chasse à l'homme," "chasse à l'Arabe," "ratonnade"»* BEN JELLOUN. — PAR EXT. Brutalités commises contre un groupe ethnique ou social.

RATONNER [ratɔne] v. ‹1› – v. 1955 ◊ de 1 *raton* ▪ **1** v. intr. Se livrer à des ratonnades. ▪ **2** v. tr. Exercer les brutalités d'une ratonnade sur (qqn). — *Un musulman ratonné.*

RATONNEUR [ratɔnœʀ] n. m. – après 1955 ◊ de *ratonner* ▪ Personne qui se livre à des ratonnades.

RATOUREUX, EUSE [raturø, øz] ou **RATOUREUR, EUSE** [raturœʀ, øz] adj. et n. – 1909 ◊ probablt du normand *ratours* «expédients malhonnêtes», de *ratourner* «retourner» ▪ RÉGION. (Canada) FAM. Rusé, malin. *Un politicien ratoureux.*

RATTACHEMENT [ratajmɑ̃] n. m. – 1845 ◊ de *rattacher* ▪ Action de rattacher ; fait d'être rattaché, de se rattacher. *Le rattachement de l'Alsace-Lorraine à la France.* ➤ **adjonction, annexion, réunion.** *Demander son rattachement au siège social.* ▪ CONTR. Détachement.

RATTACHER [rataʃe] v. tr. ‹1› – XVIe ; *ratachier* 1175 ◊ de *re-* et *attacher* ▪ **1** Attacher de nouveau. *Rattacher un chien qui s'est enfui. Rattacher ses lacets.* ➤ **renouer.** *«Un mousse, qui rattachait une poulie à l'extrémité d'un cacatois»* MAUPASSANT. ▪ **2** Attacher (I), lier entre eux (des objets). *Rattacher un fil électrique à un circuit.* ➤ **relier.** *«Les tentures [...] rattachées par des cordelières d'or»* BALZAC. — FIG. (CHOSES) Constituer une attache, un rapport affectif pour. *«Il demeurait le dernier lien qui le rattachait à la vie des autres»* ZOLA. ◆ PRONOM. (PASS.) *«À ces palans se rattachaient des câbles»* HUGO. ▪ **3** FIG. Attacher, lier à une chose principale, faire dépendre de qqch. ➤ **relier.** *«Rattacher la langue actuelle [...] à ses états anciens»* G. PARIS. *«Rattacher la magie à la religion»* BERGSON. — *Ce cadre, ce service est rattaché à la direction générale. Rattacher une province à un État.* ➤ **incorporer.** ◆ PRONOM. (PASS.) Être en relation (avec qqch.). ➤ 1 **dépendre.** *«L'homme se rattache [...] par une longue série d'ancêtres au tronc commun»* C. ARAMBOURG. *Tout ce qui se rattache à une question.* ▪ CONTR. 1 Détacher.

RATTE [rat] n. f. – 1894 *rate* mot région. (Lyon) ◊ de 1 *rate* par anal. de forme ▪ Pomme de terre allongée à chair jaune, fine et savoureuse, appelée aussi *quenelle de Lyon, cornichon. La ratte du Touquet.* ▪ HOM. Rate.

RATTRAPABLE [ratrapabl] adj. – 1951 ◊ de *rattraper* ▪ Qu'on peut rattraper (2o). *Heures rattrapables.* ➤ **récupérable.** *Erreur rattrapable.* ▪ CONTR. Irrattrapable.

RATTRAPAGE [ratrapaʒ] n. m. – 1867 typogr. ◊ de *rattraper* ▪ Action de rattraper, de se rattraper (en emplois spéciaux). ◆ TYPOGR. Fin d'alinéa qui se trouve en tête d'un feuillet de copie et qui doit être composée par l'ouvrier qui a le commencement de cet alinéa dans sa copie. ◆ (milieu XXe) *Cours, classe de rattrapage,* permettant à un élève de rattraper son retard scolaire. ➤ **soutien.** *Oral de rattrapage.* ◆ ÉCON. *Rattrapage des prix, des salaires* (par rapport au coût de la vie). ➤ **rajustement.** ◆ MÉCAN. *Rattrapage de jeu :* compensation du jeu introduit par l'usure dans les mécanismes. *Transmission à rattrapage de jeu.* ◆ *Télévision de rattrapage :* recomm. offic. pour l'anglic. *replay**.

RATTRAPER [ratrape] v. tr. ‹1› – 1285 ◊ de *re-* et *attraper*

I ▪ **1** Attraper de nouveau (ce qu'on avait laissé échapper). ➤ **reprendre.** *Rattraper un évadé. Rattraper une maille qui file.* ➤ **récupérer.** ▪ **2** Attraper (qqn, qqch. qui allait tomber, s'en aller). *Rattraper un vase qui allait tomber, un chapeau qui s'envole.* ◆ Réparer (une imprudence, une erreur). *«Elle pouvait rattraper sa phrase, lâchée dans un oubli de tout»* ZOLA. ▪ **3** S'activer pour compenser (une perte de temps). *Rattraper le temps perdu. Rattraper des heures de travail.* PAR EXT. *Rattraper un cours qu'on a manqué.* ◆ Réussir à faire correctement (ce qui avait d'abord échoué). *Rattraper une mayonnaise. — Rattraper le coup*.* ▪ **4** Rejoindre (qqn ou qqch. qui a de l'avance). ➤ **atteindre.** *«Il court moins bien, je le rattraperai quand je voudrai»* JOUHANDEAU. *Il a été rattrapé au dernier tour.* LOC. FAM. *Je le rattraperai au tournant*. Rattraper une voiture et la dépasser. «Mon regard qui la rattrapait»* PROUST. — FIG. *Être rattrapé par son passé, par une affaire :* ne pouvoir échapper aux ennuis consécutifs à d'anciens agissements qu'on croyait oubliés. ◆ Rejoindre (des élèves plus avancés). — LOC. FIG. *Il n'y en a pas un pour rattraper l'autre :* ils sont aussi critiquables l'un que l'autre. ➤ **racheter.**

II SE RATTRAPER v. pron. ▪ **1** Se raccrocher. *Se rattraper à une branche dans une chute.* — FIG. *Se rattraper aux branches*. Il s'est rattrapé de justesse :* il a réparé sa maladresse. ▪ **2** (1845) Regagner l'argent qu'on a perdu. *Après ses pertes d'hier, il s'est rattrapé.* ◆ Regagner le temps perdu. *Je n'ai pas pu aller au cinéma ce mois-ci, mais je vais me rattraper.* — Combler son retard, pallier une insuffisance. *«Il piochait vite son programme [...] dans l'espoir de se rattraper»* ARAGON.

RATURAGE [ratyraʒ] n. m. – 1875 ◊ de *raturer* ▪ **1** TECHN. Opération qu'on fait subir au parchemin, en vue de le rendre plus mince, plus uni, plus blanc. ▪ **2** Action de raturer, de biffer.

RATURE [ratyʀ] n. f. – 1537 ; *rasture* «raclure» XIIe ◊ probablt latin populaire °*raditura,* de *radere* «racler» ▪ Trait* que l'on tire sur un ou plusieurs mots pour les annuler ou les remplacer. ➤ **biffure, suppression.** *Ajouts et ratures. Faire des ratures sur un texte. Manuscrit chargé, surchargé de ratures. «Il l'écrit d'un jet, presque sans rature»* BARTHOU. — PAR MÉTAPH. *«Si j'avais à recommencer ma vie, avec le droit d'y faire des ratures, je n'y changerais rien»* RENAN.

RATURER [ratyre] v. tr. ‹1› – 1550 ; *rasuré* adj. 1378 ◊ de *rature* ▪ **1** (du sens ancien de *rature* «raclure») VX Soumettre au raturage. *Raturer le parchemin.* ▪ **2** MOD. Annuler, ou corriger par des ratures. ➤ **barrer, biffer, rayer.** *Raturer un mot. Raturer une copie. Le chef qui «rature et redresse les projets»* ROMAINS. — *«dix épreuves* [de Balzac] *revenaient raturées, remaniées»* GAUTIER. ◆ PAR MÉTAPH. *«Le sens trop précis rature Ta vague littérature»* MALLARMÉ.

RAUCHEUR [roʃœʀ] n. m. – 1875 ◊ origine inconnue ▪ TECHN. Ouvrier mineur chargé du boisage des galeries et de son entretien.

RAUCITÉ [rosite] n. f. – XIVe ◊ latin *raucitas* ▪ LITTÉR. Caractère d'une voix, d'un son rauque.

RAUQUE [rok] adj. – 1406 ; *rauc* «enroué» v. 1270 ◊ latin *raucus* ▪ Se dit d'une voix rude et âpre, produisant des sons voilés (➤ **raucité**). *«Sa voix rauque annonçait un mal de gorge»* DIDEROT. ➤ **éraillé.** *«Et leur cri rauque* [des éperviers] *grince à travers les espaces»* VERLAINE. ▪ CONTR. Clair.

RAUQUEMENT [ʀokmɑ̃] **n. m.** – 1844 ; adv. hapax 1374 ◇ de *rauque* ■ RARE Cri d'un animal qui rauque. *Le rauquement du tigre.* ➤ **feulement.** « *Un demi-rire qui résonnait dans sa poitrine profonde comme ce rauquement des lions qui bâillent* » LOTI.

RAUQUER [ʀoke] **v. intr.** ‹1› – 1761 ◇ de *rauque* ■ **1** RARE Crier (tigre). ➤ **feuler.** ■ **2** FIG. et POÉT. Émettre un bruit semblable au cri du tigre. « *Un steamer rauque avec un bruit de corne* » VERHAEREN.

RAUWOLFIA [ʀovɔlfja] **n. m.** – 1834 ; *rauvolfes* n. f. pl. 1808 ◇ de *Rauwolf,* botaniste allemand ■ BOT. Arbre ou arbuste *(apocynacées)* originaire d'Inde et d'Indonésie, dont les racines contiennent des alcaloïdes à propriétés sédatives et hypotensives (➤ **réserpine**). *Des rauwolfias.*

RAVAGE [ʀavaʒ] **n. m.** – 1355 ◇ de *ravir* (1°) ■ **1** VX Action de ravager ; dommage, dégât important causé par l'action humaine avec violence et soudaineté. ➤ **dévastation, pillage.** *Le ravage d'une région par des pillards.* ➤ 2 **sac.** *Les ravages des Barbares.* ■ **2** MOD., AU PLUR. Dégâts, destructions causés par les forces de la nature ou par l'être humain. ➤ **destruction, dommage.** *Les ravages du feu, d'une inondation. De terribles ravages.* ➤ **dévastation.** *Les tagueurs ont fait des ravages* (➤ **vandalisme**). — PAR EXT. *Épidémie qui fait des ravages dans une population,* la décime*. ■ **3** Détérioration subie par le corps. *Les ravages du temps :* les conséquences du vieillissement. — *Les ravages de la maladie, de la drogue.* — Dégâts psychologiques. « *Les peines doivent produire sur l'âme de l'homme les mêmes ravages que l'extrême douleur cause dans son corps* » BALZAC. — LOC. FAM. *Faire des ravages :* se faire aimer et faire souffrir. « *Le Maréchal de Richelieu faisait encore des ravages dans le cœur des jeunes filles* » MADELIN. ■ **4** (v. 1805 ; des dommages causés par cette occupation) **(Canada)** Aire d'hivernage de certains animaux sauvages (cerf de Virginie, orignal, caribou).

RAVAGÉ, ÉE [ʀavaʒe] **adj.** – 1685 ◇ de *ravager* ■ **1** Endommagé, détruit par une action violente. *Pays ravagé.* ➤ **dévasté, saccagé.** « *Les vilaines odeurs des jardins ravagés* » RIMBAUD. ■ **2** **(Corps humain)** Marqué, flétri (par le temps, la maladie, etc.). « *Les masques ravagés de Dante, de Pascal* » GIDE. « *Sa face longue était ravagée de tics* » MARTIN DU GARD. ■ **3** Rempli d'une émotion violente et perturbatrice. « *Ravagé, dévasté par l'émotion musicale* » R. ROLLAND. *Ravagé par la passion du jeu. Ravagé de remords.* ◆ (milieu XXe) FAM. Fou. ➤ **cinglé.** *Il est complètement ravagé !*

RAVAGER [ʀavaʒe] **v. tr.** ‹3› – 1559 « piller » ; *revagier* « arracher des plants de vigne » v. 1300 ◇ de *ravage* ■ **1** Endommager gravement ou détruire par une action violente. ➤ **dévaster, saccager.** *Envahisseurs, pillards qui ravagent un pays. La guerre a ravagé la contrée.* ➤ **désoler.** ■ **2** Endommager gravement, détruire (en parlant des forces naturelles). *Pluies, grêle, sauterelles qui ravagent les récoltes.* ➤ **anéantir, ruiner.** *Le séisme a ravagé la région.* ◆ PAR EXT. « *Ces grandes pestes qui ravagèrent quelquefois la terre* » VOLTAIRE. ■ **3** FIG. (XVIIe) Apporter de graves perturbations physiques ou morales à. « *Un drame nouveau ravageait la vie de son cadet* » MARTIN DU GARD. *L'alcool a ravagé ses traits.* ■ CONTR. Épargner.

RAVAGEUR, EUSE [ʀavaʒœʀ, øz] **adj. et n.** – fin XVIe ◇ de *ravager* ■ **1** Qui détruit, ravage, saccage. ➤ **destructeur, pillard, saccageur.** *Les insectes ravageurs du blé.* — **n. m.** AGRIC. *Les ravageurs des cultures :* oiseaux, rongeurs, insectes, parasites... ■ **2** FIG. Qui ravage (3°). *Passion ravageuse,* qui fait souffrir. ➤ **dévastateur.** — *Un sourire ravageur,* qui fait des ravages dans les cœurs.

RAVALEMENT [ʀavalmɑ̃] **n. m.** – 1460 ◇ de *ravaler* ■ **1** VIEILLI Action de ravaler, de déprécier. ➤ **avilissement.** ■ **2** (1676) COUR. Nettoyage*, remise en état de la partie extérieure des murs (par regrattage*, nettoyage, application d'un enduit, etc.). *Ravalement et peinture d'une façade. Ravalement d'entretien.* ◆ PAR EXT. Produit qui sert à ravaler. ➤ **crépi.** — TECHN. Travaux de finissage des parois extérieures d'un bâtiment. ■ **3** AGRIC. Opération consistant à sectionner les branches de charpente des arbres à une faible distance du tronc.

RAVALER [ʀavale] **v. tr.** ‹1› – 1175 « descendre » ◇ de *re-* et *avaler* « descendre »

I ■ **1** VX ou TECHN. (ALPIN.) Faire redescendre. *Assureur qui ravale la corde.* ■ **2** (1432) Achever ou nettoyer, refaire le parement (3°) de (un mur, un ouvrage de maçonnerie) de haut en bas. *Ravaler un mur en grattant l'ancien enduit, en nettoyant la pierre, en recrépissant* (➤ **crépir**). *Ravaler un immeuble.* — LOC. FAM. *Se ravaler la façade :* retoucher, rafraîchir son maquillage. ■ **3** TECHN. Diminuer (une chose) en hauteur ou en épaisseur. ◆ (1690) AGRIC. Faire le ravalement* de (un arbre). ➤ **tailler.** ■ **4** (1382) FIG. Abaisser, déprécier. « *Ravaler la dignité de médecin* » MOLIÈRE. « *L'idée que toute exploitation commerciale [...] ravale celui qui l'exerce* » RENAN. ➤ **avilir*.** « *Voilà ce que la passion fait des êtres, voilà jusqu'où elle nous ravale* » MAURIAC. — *Un ivrogne ravalé au rang de la brute.* ◆ **SE RAVALER** **v. pron.** S'abaisser, s'avilir moralement, socialement, etc. ➤ **descendre** (FIG.), 1 **tomber.** « *Celui qui n'a pas le respect des cheveux blancs se ravale au rang de la bête !* » COURTELINE.

II (1538 ◇ de *avaler,* 1°) Avaler de nouveau, avaler (ce qu'on a dans la bouche). *Ravaler sa salive.* LOC. FAM. *Je lui ferai ravaler ses paroles :* je l'obligerai à se rétracter. ◆ PAR EXT. Retenir (ce qu'on allait dire). *Ravaler son compliment.* — FIG. Empêcher de s'exprimer. *Ravaler sa colère.*

■ CONTR. (de I, 4°) Élever, exalter.

RAVALEUR [ʀavalœʀ] **n. m.** – 1892 ; *ravalleur* « dénigreur » v. 1460 ◇ de *ravaler* ■ Ouvrier, maçon ou peintre qui travaille au ravalement d'un mur, d'une construction. — Tailleur de pierres qui effectue le ravalement.

RAVAUDAGE [ʀavodaʒ] **n. m.** – 1553 ◇ de *ravauder* ■ **1** Action de ravauder ; son résultat. ➤ **raccommodage, rapiéçage, reprise.** *Faire du ravaudage.* ■ **2** FIG. Travail grossier, réparation sommaire (➤ **rafistolage**) ; ouvrage fait de pièces et de morceaux.

RAVAUDER [ʀavode] **v. tr.** ‹1› – *ravaulder* 1530 ◇ de *ravault* « diminution de valeur », var. de *raval* → ravaler ■ VIEILLI Raccommoder à l'aiguille (le plus souvent des vieux vêtements). ➤ **rapiécer, repriser.** *Ravauder des chaussettes.* — *Ravauder des filets.* — ABSOLT *Une vieille femme qui ravaude au coin du feu.*

RAVAUDEUR, EUSE [ʀavodœʀ, øz] **n.** – 1530 ◇ de *ravauder* ■ Personne qui ravaude. ➤ **raccommodeur,** 1 **stoppeur.**

1 **RAVE** [ʀav] **n. f.** – v. 1398 ; *reve* hapax XIIIe ◇ franco-provençal *rava,* latin *rapa,* de *rapum* ■ Plante potagère cultivée pour sa racine comestible ou oléagineuse. *Bette* ou *blette rave.* ➤ **betterave.** **(Élément de composés)** *Céleri-rave. Des céleris-raves.* ◆ Plante crucifère cultivée pour ses racines. ➤ **chou-rave, navet, radis, rutabaga.** — Radis sauvage. ➤ **raiponce.**

2 **RAVE** [ʀɛv] **n. f.** – 1990 ◇ de l'anglais *to rave* « délirer » ■ ANGLIC. Vaste rassemblement festif dans un lieu insolite, dédié à la danse et à la musique techno. « *les raves, ces nuits secrètes [...] dans des vieux hangars désaffectés* » (Le Nouvel Observateur, 1995). — Recomm. offic. *fête techno.* ■ HOM. Rêve.

RAVENALA [ʀavenala] ; en fr. de Madagascar [ʀavnal] **n. m.** – 1782 ◇ mot malgache « feuille de la forêt » ■ Arbre de Madagascar *(musacées),* voisin du bananier, dont une espèce, qui recueille les eaux de pluie à la base de ses feuilles disposées en éventail, est appelée *arbre du voyageur.*

RAVENELLE [ʀavnɛl] **n. f.** – 1596 « radis » ; *ravenielle* « variété de garance » v. 1440 ◇ de l'ancien français *rave* « radis », latin *raphanus* ■ (1694) Giroflée* commune des jardins. — Radis* sauvage.

RAVEUR, EUSE [ʀɛvœʀ, øz] **n.** – 1991 ◇ de 2 *rave* ■ Personne qui participe à une rave. ➤ **teufeur.** *Des centaines de raveurs ont dansé toute la nuit au son de la musique techno.* ■ HOM. Rêveur.

RAVI, IE [ʀavi] **adj.** – XIIIe ◇ de *ravir* ■ Qui est très content, heureux*. ➤ **comblé, enchanté** (cf. Bien aise*). « *Je suis ravie du bonheur que vous avez eu* » Mme DE SÉVIGNÉ. *Vous m'en voyez ravi. Ravi de vous connaître. Je suis ravi qu'il puisse venir. Un air ravi.* ➤ **épanoui, radieux, rayonnant.** ◆ **n. m.** Personnage de la crèche provençale, type du naïf un peu simple. « *une mimique de ravi provençal* » TOURNIER. — PAR EXT. *Le ravi de la crèche :* une personne naïve, d'un optimisme béat. ■ CONTR. 1 Chagrin, navré.

RAVIER [ʀavje] **n. m.** – 1836 ; bot. 1827 ◇ de l'ancien français *rave,* latin *raphanus* ■ **1** Petit plat creux, en général oblong, dans lequel on sert un hors-d'œuvre ; son contenu. *Ravier de radis.* ■ **2** **(Belgique)** Récipient destiné au conditionnement des produits alimentaires. ➤ **barquette.** *Ravier en plastique, en aluminium.*

RAVIÈRE [ʀavjɛʀ] **n. f.** – 1539 ◇ de *rave* ■ AGRIC. Terrain où l'on cultive des raves (betteraves, navets, rutabagas).

RAVIGOTANT, ANTE [ʀavigɔtɑ̃, ɑ̃t] **adj.** – 1720 ◇ de *ravigoter* ■ FAM. Qui ravigote. *Un petit froid sec ravigotant.*

RAVIGOTE [ʀavigɔt] **n. f.** – 1720 ◇ de *ravigoter* ■ Vinaigrette mêlée d'œufs durs pilés et relevée de fines herbes. APPOS. INV. *Sauce ravigote. Tête de veau ravigote.*

RAVIGOTER [ʀavigɔte] **v. tr.** ‹1› – *ravigotter* 1611 ◇ altération probable de *ravigorer* «réconforter» v. 1200 ; → revigorer ■ FAM. Rendre plus vigoureux, redonner de la force, de la vigueur à. ➤ **ranimer, raviver, revigorer.** *Boisson qui ravigote un malade.* ABSOLT *Une bonne douche qui ravigote.*

RAVIN [ʀavɛ̃] **n. m.** – 1690 «chemin creusé par les eaux» ; *ravine* milieu XVIIe ◇ de *raviner* ■ Petite vallée étroite à versants raides. *Voiture tombée dans un ravin. Torrent qui coule au fond d'un ravin.* ➤ **ravine.**

RAVINE [ʀavin] **n. f.** – *ravine de terre* «avalanche» 1388 ; *raveine* 1120 ◇ latin *rapina* → rapine ■ **1** VX Torrent. ■ **2** (XVIe) Petit ravin ; lit encaissé d'un ruisseau, d'un torrent. *«c'était une ravine affaissée, usée par le vent et par l'eau»* LE CLÉZIO.

RAVINEMENT [ʀavinmɑ̃] **n. m.** – 1845 ◇ de *raviner* ■ **1** Formation de sillons dans le sol par les eaux de ruissellement. ➤ **affouillement, érosion.** *Le ravinement affecte surtout les sols imperméables. La destruction de la végétation favorise le ravinement.* ■ **2** Sillons laissés par le passage des eaux de ruissellement. *«Le sol, malgré ses ravinements, reste assez ferme»* ROMAINS. *Ravinements d'un remblai.*

RAVINER [ʀavine] **v. tr.** ‹1› – 1585 ; «couler avec force» 1165 ◇ de *ravine* (I°) ■ **1** Creuser (le sol, la terre) de sillons, emporter (la terre) par endroits, en parlant des eaux de ruissellement. ➤ **éroder.** *Pluies, orages, ruisseaux qui ravinent une pente.* — **p. p. adj.** *Berges, pistes ravinées.* ■ **2** FIG. (1897) Marquer de rides profondes (le visage). *«Les larmes qui ont raviné son visage»* BLOY. — **p. p. adj.** *«Une face tassée, labourée, ravinée»* SARTRE.

RAVIOLE [ʀavjɔl] **n. f.** – début XIVe *raviolle* ◇ probablt du latin *rapum* → ravioli ■ Petit carré de pâte renfermant une farce, et que l'on cuit à l'eau. *Ravioles de Romans. Des ravioles de légumes, de chèvre, servies en entrée.*

RAVIOLI [ʀavjɔli] **n. m.** – 1803 ; *rafiolis* 1747 ◇ mot italien, probablt du latin *rapum* «rave» ■ Petit carré de pâte renfermant de la viande hachée ou des légumes, que l'on fait cuire à l'eau. *Des raviolis à la sauce tomate, plat d'origine italienne.* — *Ravioli japonais.* ➤ **gyoza.**

RAVIR [ʀaviʀ] **v. tr.** ‹2› – v. 1120 ◇ latin populaire °*rapire*, classique *rapere* ■ **1** LITTÉR. Emporter, emmener de force. *Aigle qui ravit sa proie.* ➤ **emporter.** *Ravir qqn.* ➤ **enlever ; rapt, ravisseur.** — Prendre par violence, par ruse ou par surprise (ce qui appartient à autrui), s'emparer illégalement de (qqch.). ➤ **usurper,** 2 **voler*.** *«Pour ravir un trésor, il a toujours fallu tuer le dragon qui le garde»* GIRAUDOUX. ♦ Arracher (qqn) à l'affection de ses proches, à la vie. *«La mort ayant ravi ce petit innocent»* MOLIÈRE. ■ **2** (1170) RELIG. Transporter au ciel. *«Un homme qui fut ravi jusqu'au troisième ciel»* (BIBLE). — FIG. **(sans idée de déplacement réel)** *Être ravi en extase. «Saint Jean a vu une voix. Un jour de dimanche il fut ravi en esprit»* Y. HAENEL. ■ **3** (XIIIe) VX **(langue class.)** Porter (qqn) à un état de bonheur suprême. ➤ **transporter.** ♦ MOD. Plaire beaucoup à. *«Ces débauches de couleur qui ont ravi et ravissent encore les peintres romantiques»* THARAUD. *Cela m'a ravi.* ➤ **ravi ; enchanter, enthousiasmer ;** FAM. **emballer. loc. adv.** (1627) **À RAVIR :** admirablement, à merveille. *Cette robe lui seyait à ravir.* ■ CONTR. Affliger, attrister, excéder.

RAVISER (SE) [ʀavize] **v. pron.** ‹1› – v. 1330 ; *raviser* «examiner attentivement» 1167 ◇ de *re-* et *aviser* ■ Changer d'avis, revenir sur sa décision, sa promesse. ➤ **se dédire.** *Il semblait décidé mais il s'est ravisé au dernier moment.*

RAVISSANT, ANTE [ʀavisɑ̃, ɑ̃t] **adj.** – 1626 ; *ravisant* «ravisseur» 1350 ◇ de *ravir* (I°) ■ **1** VX Qui ravit (3°). ➤ **enchanteur, exaltant.** ■ **2** (1690) MOD. Qui plaît beaucoup, touche par la beauté, le charme. ➤ 1 **beau*, charmant, joli.** *Une robe ravissante. Un petit tableau ravissant.* — **(D'un enfant, d'une jeune femme)** *Sa fiancée est ravissante.*

RAVISSEMENT [ʀavismɑ̃] **n. m.** – XIIIe ◇ de *ravir* (I°) ■ **1** VX Action de ravir (1°), d'enlever de force. *Le ravissement d'Europe.* ➤ **enlèvement, rapt.** ■ **2** RELIG. Le fait d'être ravi (2°), transporté au ciel. *Le ravissement de saint Paul.* ♦ (1370) État d'une âme ravie en extase. *«Un de ces ravissements dont les saints sont coutumiers»* FRANCE. ■ **3** Émotion éprouvée par une personne transportée de joie et dans une sorte d'extase. ➤ **enchantement, exaltation.** *Il l'écoutait avec ravissement. Des idées «qui jetaient Élodie dans le ravissement»* FRANCE. ■ CONTR. Affliction.

RAVISSEUR, EUSE [ʀavisœʀ, øz] **n.** – 1288 ; *ravissiere* 1216 ◇ de *ravir* (I°) ■ **1** VX Personne qui ravit ce qui appartient à autrui. ➤ **voleur.** *«Des biens des nations ravisseurs altérés»* RACINE. ■ **2** MOD. Personne qui enlève, emmène une personne de force. *Ravisseurs d'enfants.* ➤ **kidnappeur.** *Les ravisseurs demandent une rançon. Ravisseur terroriste.* ➤ **preneur (d'otages).** *Maltraité, assassiné par ses ravisseurs.* ♦ SPÉCIALT **n. m.** (v. 1235) Celui qui enlevait une femme, une jeune fille. *Don Juan, le ravisseur d'Elvire.*

RAVITAILLEMENT [ʀavitajmɑ̃] **n. m.** – *ravictaillement* 1430 ◇ de *ravitailler* ■ Action de ravitailler (une armée, une place, une flotte, etc.), de se ravitailler. *Ravitaillement en vivres, en munitions, en carburant. Le ravitaillement des armées. Ravitaillement d'un navire.* ➤ **avitaillement.** *Ravitaillement en vol d'un avion de chasse.* ♦ PAR EXT. Alimentation, approvisionnement. *Assurer le ravitaillement des grandes villes.* — FAM. *Aller au ravitaillement :* aller se procurer les aliments nécessaires à la consommation familiale (surtout en situation de pénurie). ♦ Les denrées qui servent à ravitailler. ➤ **provision.**

RAVITAILLER [ʀavitaje] **v. tr.** ‹1› – 1427 ◇ de *re-* et *avitailler* ■ **1** Pourvoir (une armée, une place, une flotte...) de vivres, de munitions, etc. ➤ **avitailler,** VX **munir.** ♦ PAR EXT. Fournir (une personne ou, plus souvent, une communauté) de vivres, de denrées diverses. ➤ **approvisionner.** *Commerçant, camion qui ravitaille une ville en viande, en carburant.* — *Ravitailler un avion en vol,* lui transférer, en vol, du carburant. — *Être ravitaillé par les corbeaux*.* ■ **2 SE RAVITAILLER v. pron.** *Armée, flotte qui se ravitaille.* — Se procurer ce dont on a besoin (vivres, objets de consommation renouvelables). *Les coureurs cyclistes se ravitaillent à l'étape.*

RAVITAILLEUR [ʀavitajœʀ] **n. m. et adj. m.** – 1527 «celui qui fournit en vivres» ◇ de *ravitailler* ■ (1878) MILIT. Véhicule, navire, avion employés au ravitaillement (en vivres, en munitions, en carburant). *Ravitailleur de sous-marins.* — **adj.** *Navire ravitailleur. Avion ravitailleur* (cf. Avion*-citerne). ♦ SPORT Personne qui ravitaille les participants (en vivres, en carburant) dans une épreuve (cycliste, automobile, etc.).

RAVIVAGE [ʀavivaʒ] **n. m.** – 1904 ◇ de *raviver* ■ TECHN. Opération qui consiste à raviver une surface métallique avant de la souder ou de la dorer. ➤ **avivage.** ♦ Opération destinée à redonner aux couleurs un éclat plus vif.

RAVIVER [ʀavive] **v. tr.** ‹1› – 1170 ◇ de *re-* et *aviver* ■ **1** Rendre plus vif, plus actif, ramener à sa vigueur première. *Le vent ravive le feu, la flamme.* ➤ **ranimer.** *Produit qui ravive les couleurs.* ➤ **aviver.** — PRONOM. *Foyer d'incendie qui se ravive sous l'effet du mistral.* ■ **2** FIG. Ranimer, faire revivre. *Évocation qui ravive un vieux souvenir, une douleur ancienne, la colère de qqn.* ➤ **ranimer, réveiller.** — PRONOM. *Ses craintes se sont ravivées.* ■ **3** (1765) TECHN. Nettoyer, décaper (le métal qu'on veut souder ou dorer). ♦ (1798) CHIR. *Raviver une plaie,* la mettre à vif pour favoriser la cicatrisation. ➤ **aviver.** ■ CONTR. Atténuer, effacer, endormir, estomper, éteindre.

RAVOIR [ʀavwaʀ] **v. tr.** ‹seult inf.› – 1160 ◇ de *re-* et 1 *avoir* ■ **1** Avoir de nouveau, reprendre possession de (qqch.). ➤ **recouvrer, récupérer.** *«Les enfants veulent ravoir ce qu'ils ont donné»* ROUSSEAU. ■ **2** FAM. Remettre en bon état de propreté. *On ne peut pas ravoir ces casseroles. J'ai eu du mal à les ravoir.*

RAYA ➤ **RAÏA**

RAYAGE [ʀɛjaʒ] **n. m.** – 1864 ◇ de *rayer* ■ **1** RARE Action de rayer ; état de ce qui est rayé. *Le rayage d'un nom dans une liste.* ➤ 1 **radiation.** ■ **2** TECHN. Opération qui consiste à pratiquer des rayures dans le canon d'une arme à feu.

RAYÉ, RAYÉE [ʀeje] **adj.** – XIVe ; *roié* fin XIIe ◇ de *rayer* ■ **1** Qui porte des raies, des rayures. *Toile rayée. Pantalon rayé. Tricot rayé des marins. Papier rayé. Poisson au dos rayé de noir.* ➤ **tigré, vergeté, zébré.** *Chien à la robe rayée.* ➤ **aussi bringé.** ■ **2** (1694) Qui porte une rayure, des rayures, des éraflures. *Verre de montre rayé. Carrosserie rayée.* — Garni de rainures. *Fusil à canon rayé.* ■ **3** Annulé, supprimé d'un trait. ➤ **barré.** *Nom rayé sur une liste. Mot rayé* (➤ **rature**).

RAYER [ʀeje] **v. tr.** ‹8› – *royer* XIIIe ◇ de 1 *raie* ■ **1** Marquer (une surface) d'une ou de plusieurs raies. *Rayer du papier avec un crayon et une règle.* ■ **2** Marquer de raies, en entamant la surface. *Rayer un mur, un parquet en transportant un meuble.* ➤ **érafler.** *Le diamant raye le verre.* ♦ TECHN. *Rayer un canon,* y pratiquer des rayures (3°). ♦ Marquer d'un sillon, d'une raie. *«Deux plaies profondes [...] rayaient cette face désormais* *lamentable»* GREEN. ➤ **couper, sillonner.** ▪ **3** (XVe) Tracer un trait sur (un mot, un groupe de mots, etc.) pour l'annuler. ➤ **barrer, biffer, raturer.** *Rayer un mot d'un trait de plume. Rayez la mention inutile.* — Annuler l'effet d'une inscription sur une liste ou un registre ; ôter (une personne, une chose d'un ensemble où elle figurait). ➤ 2**radier.** *Rayer qqn des cadres, des contrôles.* ➤ **exclure, réformer, rejeter.** *«Moi, votre ami ! Rayez cela de vos papiers»* MOLIÈRE. *Rayez ça de vos tablettes. Rayer qqch. de sa mémoire.* ➤ **effacer.** *«Fouan était comme rayé du nombre des vivants !»* ZOLA. — *Rayer de la carte* : anéantir, détruire entièrement (un lieu). *Ville rayée de la carte par un séisme. «Depuis quatre ans qu'elle a désiré disparaître, se rayer de la carte du monde et choisir la clandestinité»* ECHENOZ. ▪ CONTR. Immatriculer, inscrire.

RAYÈRE [ʀɛjɛʀ] **n. f.** – 1412 ◇ de l'ancien français *raier* «émettre des rayons lumineux», du latin *radiare* ▪ ARCHIT. Étroite ouverture verticale pratiquée dans le mur d'une tour pour en éclairer l'intérieur.

RAY-GRASS **n. m. inv.** ou **RAYGRASS** [ʀɛgʀɑs] **n. m.** – 1758 ◇ mot anglais, de *ray* «ivraie» et *grass* «herbe» ▪ Plante herbacée, variété d'ivraie employée pour les pelouses, les prairies artificielles. *Le ray-grass donne un excellent fourrage.*

1**RAYON** [ʀɛjɔ̃] **n. m.** – fin XVe ◇ de *rai*

I **RAYONNEMENT** ▪ **1** Trace de lumière en ligne ou en bande. ➤ 1**jet, rai,** 1**trait.** *Un rayon de soleil, de lune. «Parfois un rayon perçait les nuages»* GREEN. *«en apercevant, par la fente d'un auvent, un mince rayon de jour»* MAUPASSANT. *Rayon lumineux d'un phare.* ➤ **pinceau.** — AU PLUR. *Les rayons du soleil. Émettre, lancer des rayons, des rayons lumineux.* ➤ **briller, darder, étinceler, irradier,** 1**rayonner.** *«Où Midi baigne en vain de ses rayons sans nombre»* HUGO. ▪ **2** Figuration de la lumière (en héraldique, en art décoratif) par des traits divergents, des triangles allongés. *Les idoles «aux têtes nimbées de rayons»* LOTI. ▪ **3** PHYS. Trajet rectiligne d'un rayonnement lumineux visible, à partir d'un point de sa source. — OPT. Matérialisation de la courbe ou du parcours des ondes lumineuses. *Rayons convergents, divergents, parallèles...* (➤ **faisceau**). *Rayons incidents, qui se brisent, s'infléchissent. Rayons réfractés, réfléchis. Le prisme dévie et disperse les rayons* (➤ **réfringent**). *Polariser un rayon lumineux.* — (1677) *Rayon visuel* : ligne idéale joignant un point à l'œil ; SPÉCIALT rayon lumineux qui vient impressionner l'œil. — *Rayon vert* : court éclat de lumière verte, qu'on peut voir à l'endroit et au moment où le bord supérieur du disque solaire touche l'horizon. *«à la proue, au point où le ciel tombe à la mer [...] éclatait le rayon vert»* LE CLÉZIO. ▪ **4** (XVIIIe) Phénomènes physiques considérés comme analogues aux rayons de lumière. *Émission de rayons.* ➤ **irradiation.** ◆ MOD. COUR. **RAYONS :** radiations, rayonnements. ➤ **radio-.** *Rayons infrarouges. Rayons ultraviolets.* — (1895) *Rayons X* : rayonnement électromagnétique de longueur d'onde beaucoup plus petite que celle de la lumière visible, utilisé à cause de son pouvoir de pénétration dans la matière (➤ **radiographie, radioscopie**). — *Rayons alpha*, bêta*, delta*, gamma*.* — *Rayons cathodiques*.* ◆ (1923) *Rayons cosmiques* : ensemble de radiations d'une grande énergie, très pénétrantes, qui atteignent la Terre en provenance de toutes les directions de l'espace, avec une égale intensité. ◆ SANS COMPL. AU PLUR. *Rayons* : radiations, rayonnement pouvant avoir un effet particulier sur l'organisme (SPÉCIALT rayons X, rayons ultraviolets et infrarouges, ondes courtes). *Le «mal des rayons».* ➤ 3**mal.** *Traitement par les rayons.* ➤ **actinothérapie, radiothérapie, röntgenthérapie ; irradiateur.** ▪ **5** PAR MÉTAPHORE (XVIe) *«En faisant pénétrer dans mon âme quelques rayons d'une lumière vraie»* CHATEAUBRIAND. *Un rayon d'espérance.* — LOC. *Un rayon de soleil* : chose ou personne qui remplit le cœur de joie.

II **SEGMENT RAYONNANT (D'UNE ROUE, D'UN CERCLE)** ▪ **1** (1538) Chacune des pièces allongées qui relient le moyeu d'une roue à sa jante, en divergeant. ➤ 2**enrayure.** *Rayons de bois d'une roue de charrette. Rayons métalliques d'une roue de bicyclette.* ▪ **2** PAR EXT. Chacun des éléments qui divergent à partir d'un centre. *Disposition en rayons.* ➤ **radiaire, radié, rayonnant, rayonné.** — BOT. *Rayons médullaires d'une tige,* disposés autour de son axe médullaire. — ZOOL. Chacune des pièces dures qui forment la charpente de la nageoire des poissons. ▪ **3** (1634) Distance qui sépare un point mobile sur une courbe du centre, de l'origine de ses coordonnées. *Le rayon d'un cercle, d'une sphère. Le rayon est égal à la moitié du diamètre*. Rayon vecteur* (cf. Coordonnées polaires*). — PHYS. *Le rayon de l'atome, de la molécule. Rayon atomique, ionique.* — COUR. *Le rayon terrestre.* — *Rayon de courbure* d'un segment de voie ferrée.* — *Rayon de braquage* : rayon minimum que peut décrire la roue avant extérieure d'une voiture. ▪ **4** PAR EXT. (1835) Distance déterminée, mesurée à partir d'un point d'origine (dans toutes les directions). *Dans un rayon de 150 mètres autour des maisons.* — (1910) **RAYON D'ACTION :** distance maximum qu'un navire, un avion peut parcourir sans être ravitaillé en combustible. FIG. Zone d'activité. *Cette entreprise a étendu son rayon d'action* (➤ **envergure**). — *Chèque bancaire sur rayon,* compensable* sur place. *Chèque hors rayon.*

2**RAYON** [ʀɛjɔ̃] **n. m.** – 1538 «rayon de miel» ◇ de l'ancien français *ree* (XIIe), francique °*hrâta* ; cf. néerlandais *rata* «miel vierge» ▪ **1** Chaque gâteau de cire formé par des abeilles ou des guêpes, et dont les alvéoles ou cellules sont remplies de miel ou de couvain. ➤ **gaufre.** *Les rayons d'une ruche, parallèles et verticaux, comprennent deux rangs d'alvéoles.* ▪ **2** PAR ANAL. (1690) Planche, tablette de rangement. ➤ **degré, étagère.** *Ensemble de rayons.* ➤ 2**rayonnage.** *Rayons mobiles d'une bibliothèque. Rayons de livres.* ▪ **3** PAR EXT. Partie d'un grand magasin réservée au commerce d'une marchandise. *Le rayon des manteaux, des bagages. Le rayon vidéo. Chef de rayon. Nous n'avons pas cet article en rayon.* ▪ **4** FIG. VIEILLI *C'est de votre rayon.* MOD. *C'est votre rayon* : c'est une chose qui vous concerne, qui vous regarde, qui est de votre compétence. ➤ **domaine.** *«Ça ne nous regarde pas, ce n'est pas notre rayon»* SARRAUTE. — LOC. FAM. *Il en connaît un rayon* : il est très compétent, très fort (dans ce domaine). *En connaître un rayon sur un sujet* (cf. En connaître un bout*).

3**RAYON** [ʀɛjɔ̃] **n. m.** – XIVe «sillon, fossé, rigole» ; *reun* 1120 ◇ de 1*raie* ▪ Petit sillon tracé sur une planche labourée et ratissée ou au bord d'une allée. *Semer, planter en rayons* : semer les graines en ligne droite. *Un rayon de pois.*

1**RAYONNAGE** [ʀɛjɔnaʒ] **n. m.** – 1842 ◇ de 3*rayon* ▪ AGRIC. Opération par laquelle on trace les rayons dans un potager, un champ, avant d'y semer des graines.

2**RAYONNAGE** [ʀɛjɔnaʒ] **n. m.** – 1874 ◇ de 2*rayon* ▪ Ensemble des rayons d'un meuble de rangement. ◆ Planchettes, rayons assemblés pour y ranger des livres, des dossiers, etc. ➤ **étagère.** *«des rayonnages sur lesquels s'empilaient des boîtes de boutons»* QUENEAU.

RAYONNANT, ANTE [ʀɛjɔnɑ̃, ɑ̃t] **adj.** – 1611 ◇ de 1*rayonner* ▪ **1** Qui présente une disposition en rayons (I, 4o). ➤ **radiant** (cf. En étoile*). *Des hibiscus «étalaient de fabuleuses fleurs rayonnantes»* GENEVOIX. *Actinie* rayonnante. Décor rayonnant,* à motifs pointés vers le centre. ◆ SPÉCIALT (1904) *Le gothique rayonnant* : l'art gothique de la deuxième moitié du XIIIe et du XIVe s., caractérisé par la présence de motifs circulaires rayonnants (rosaces, etc.). ◆ ARCHIT. *Chapelles rayonnantes* : «absidioles groupées en collerette autour du déambulatoire» (Focillon). ▪ **2** Qui émet des rayons lumineux. *Soleil rayonnant.* ➤ **radieux.** *«Il faisait un temps doux, rayonnant»* DAUDET. ◆ (1821) PHYS. VIEILLI ou RARE Qui se propage par rayonnement. *Chaleur rayonnante.* ➤ **radiant.** ▪ **3** PAR MÉTAPH. et FIG. (XVIIe) Qui rayonne (3o). ➤ **radieux.** *Une beauté rayonnante.* ➤ **éclatant.** *Un air rayonnant,* de parfait bonheur. — **RAYONNANT DE... :** qui exprime vivement (qqch. d'heureux ou de bienfaisant). *Visage rayonnant de joie, de satisfaction. Un enfant rayonnant de santé.* ▪ CONTR. Obscur, sombre. 1Chagrin, éteint.

RAYONNE [ʀɛjɔn] **n. f.** – 1930 ◇ de l'anglais américain *rayon,* du français, à cause du brillant ▪ Fibre textile artificielle (cellulosique), dite autrefois *soie artificielle.* ➤ 2**modal, viscose.** — Cette matière employée en fibres continues (opposé à *fibranne*). ◆ PAR EXT. Étoffe, tissu de rayonne. *Doublure en rayonne.*

RAYONNÉ, ÉE [ʀɛjɔne] **adj.** et **n. m.** – 1765 ◇ de 1*rayonner* ▪ **1** Disposé selon des rayons. ➤ **étoilé.** *Symétrie rayonnée,* des êtres vivants dont les mêmes organes se répètent autour d'un axe, à intervalles réguliers. ▪ **2** (1842) Orné de rayons figurés. *Nimbe rayonné. Tête rayonnée* (sur une médaille). ▪ **3** Émis. ➤ 1**rayonner** (6o). ▪ **4** **n. m. pl.** (1834) **LES RAYONNÉS :** ancienne division du règne animal comprenant les cnidaires, les cténaires et les échinodermes.

RAYONNEMENT [ʀɛjɔnmɑ̃] **n. m.** – 1558 ◇ de 1*rayonner* ▪ **1** LITTÉR. Lumière rayonnante, clarté. *«Le lustre, avec le rayonnement de ses facettes»* FLAUBERT. ▪ **2** Émission et propagation d'un ensemble de radiations avec transport d'énergie. *Rayonnement des astres ; rayonnement solaire. Rayonnement thermique de la Terre.* — *Rayonnement d'un corps radioactif.* ➤ **radioactivité.** — *Lobe*, intensité de rayonnement d'une* *antenne.* ♦ OCCULTISME Fluide. ■ **3** PHYS. Ensemble de radiations de nature similaire ou voisine, mais dont les longueurs d'ondes et les énergies peuvent être différentes. *Rayonnements corpusculaires ; rayonnements électromagnétiques.* — *Rayonnement visible, infrarouge ; ultraviolet. Rayonnement ionisant. Rayonnement cosmique. Spectre d'un rayonnement.* ■ **4** FIG. (1869) Impression de force heureuse que dégage une personne, un organisme. *« Un extraordinaire rayonnement émanait de tout son être »* GIDE. *« le rayonnement de sa présence »* LOTI. — Fait de se répandre, de se diffuser comme une clarté. *Rayonnement d'une œuvre, d'un pays, d'une civilisation.* ➤ **influence.** *Le rayonnement de la langue française.*

1**RAYONNER** [ʀɛjɔne] v. intr. ‹1› – 1549 ◊ de 1*rayon* ■ **1** LITTÉR. Répandre de la lumière, des rayons lumineux. ➤ **irradier.** *« Et rien, ni votre amour, ni le boudoir, ni l'âtre, Ne me vaut le soleil rayonnant sur la mer »* BAUDELAIRE. ■ **2** PAR EXT. (v. 1850) Se propager par rayonnement. *Chaleur qui rayonne.* ■ **3** (v. 1800) FIG. Répandre comme une lumière. ➤ **briller*.** *« Ce rire intérieur qui fait rayonner le visage »* HUGO. *Rayonner de joie, de bonheur* (➤ **rayonnant**). ♦ Se répandre, se manifester comme une clarté. *La grâce de Dieu « ne devrait-elle pas rayonner de vous ? »* BERNANOS. *Civilisation, culture qui rayonne dans le monde.* ➤ **se diffuser, se propager.** ■ **4** (1760) Être disposé en rayons, en lignes divergentes autour d'un centre. *« une résidence d'où rayonnent une foule d'avenues comme une étoile »* HUGO. ♦ PAR EXT. Se répandre, se manifester dans toutes les directions. *Douleur qui rayonne.* ➤ **irradier.** ■ **5** Se déplacer dans un certain rayon. *Service de cars qui rayonne autour d'une ville. Touristes qui rayonnent dans la région* (en partant d'un point d'attache). ■ **6** TRANS. SC., TECHN. Émettre (un rayonnement, un flux lumineux). *Puissance rayonnée par une antenne.*

2**RAYONNER** [ʀɛjɔne] v. tr. ‹1› – 1869 ◊ de 2*rayon* ■ Garnir de rayons, de rayonnages. *J'ai fait rayonner cette pièce pour y ranger mes livres* (ACADÉMIE).

RAYURE [ʀejyʀ] n. f. – 1690 « partie rayée d'une surface » ; 1611 *rayeure* ◊ de *rayer* ■ **1** Bande, ligne qui se détache sur un fond de couleur différente. *Rayures d'un dessin.* ➤ **hachure.** *Maillot à rayures. Rayures sur le pelage d'un animal.* ➤ **zébrure.** ■ **2** Éraflure sur une surface. *Rayures sur un meuble, une reliure.* ➤ **griffure.** ♦ Entaille allongée de forme régulière. ➤ **sillon, strie.** — SPÉCIALT (1680) Rainure ménagée à l'intérieur du canon d'une arme à feu afin de rendre le projectile plus stable sur sa trajectoire.

RAZ [ʀɑ] n. m. – 1842 ; *ras* v. 1360 ◊ breton *raz*, de l'ancien scandinave *râs* « courant d'eau » ■ **1** MAR. Courant marin violent qui se fait sentir dans un passage étroit. ♦ COUR. (Bretagne, Normandie) Passage resserré où se produisent ces courants. *Le raz de Sein. La pointe du Raz. Le raz Blanchard.* ■ **2** (1678) *Raz de marée.* ➤ **raz-de-marée.** ■ HOM. Ras ; poss. rat.

RAZ-DE-MARÉE ou **RAZ DE MARÉE** [ʀɑdmaʀe] n. m. inv. – 1678 *rats de marée* ◊ de *raz* et *marée* ■ Vague isolée et très haute, d'origine sismique ou volcanique, qui pénètre profondément dans les terres. ➤ aussi **tsunami.** *Des raz-de-marée, des raz de marée. « ce raz de marée si violent qu'il projeta une dizaine de navires par-dessus les quais »* F. WEYERGANS. ♦ FIG. Bouleversement moral ou social qui détruit l'équilibre existant. ➤ **lame** (de fond), **marée.** *Raz-de-marée populiste aux élections.* ➤ **déferlante.** *« les raz-de-marée qui emportent, avec les valeurs d'une société, cette société elle-même »* MALRAUX.

RAZETEUR, EUSE ➤ **RASETEUR**

RAZZIA [ʀa(d)zja] n. f. – 1838 ◊ arabe d'Algérie *rhâzya*, classique *rhazâwa* « attaque » ■ **1** Attaque qu'une troupe de pillards lance contre une tribu, une oasis, une bourgade, afin d'enlever les troupeaux, les récoltes, etc. ➤ **incursion, raid.** ■ **2** FAM. et VIEILLI Rafle de police. — MOD. et FAM. *Faire une razzia sur qqch.*, se l'approprier par surprise, par violence, ou sans laisser à d'autres le temps de réagir. *Faire une razzia sur les petits-fours du buffet. « Razzia sur la schnouf »*, film.

RAZZIER [ʀa(d)zje] v. tr. ‹7› – 1842 ◊ de *razzia* ■ **1** Exécuter une razzia (1°) contre. *Razzier un village.* ➤ **piller, saccager.** ■ **2** Enlever au cours d'une razzia. *« Ils avaient pris les armes [...] et razziaient le bétail »* CENDRARS. ♦ FIG. et FAM. Faire une razzia (2°) sur (qqch.). ➤ **rafler.** *Razzier les dernières parts d'un gâteau.*

RE- ■ Élément, du latin *re* (VAR. *ré, r-* devant voyelle) indiquant un mouvement en arrière, qui exprime : le fait de ramener en arrière *(rabattre, recourber)*, le retour à un état antérieur *(refermer, rhabiller)*, la répétition *(redire, réaffirmer)*, le renforcement, l'achèvement *(réunir, ramasser)* ou un sens équivalent de la forme simple vieillie *(raccourcir)* ou réservée à d'autres emplois *(raffermir, rameuter)*.

RÉ [ʀe] n. m. inv. – XIIIe ◊ 1re syll. du mot *resonare* dans l'hymne à saint Jean Baptiste → ut ■ Note de musique, quatrième degré de l'échelle fondamentale, deuxième son de la gamme naturelle. *Ré naturel, ré dièse, ré bémol. Dans la notation anglaise, ré est désigné par D.* — Ton correspondant. *Messe en ré mineur.* — Cette note représentée.

RÉA [ʀea] n. m. – 1839 ◊ corruption de *rouet* ■ TECHN. Roue à gorge d'une poulie (➤ **rouet**).

RÉABONNER [ʀeabɔne] v. tr. ‹1› – 1786 ◊ de *re-* et *abonner* ■ Abonner de nouveau. — PRONOM. *Se réabonner à un journal dont l'abonnement expire*, reprendre un abonnement. — n. m. **RÉABONNEMENT**, 1845.

RÉABSORBER [ʀeapsɔʀbe] v. tr. ‹1› – avant 1784 ◊ de *re-* et *absorber* ■ Absorber de nouveau.

RÉABSORPTION [ʀeapsɔʀpsjɔ̃] n. f. – 1795 ◊ de *réabsorber* ■ Action de réabsorber, nouvelle absorption.

RÉAC ➤ **RÉACTIONNAIRE**

RÉACCOUTUMER [ʀeakutyme] v. tr. ‹1› – *reaccoustumer* v. 1600 ; *raccoutumer* 1538 ◊ de *re-* et *accoutumer* ■ Accoutumer à ce dont on était désaccoutumé. — PRONOM. *Se réaccoutumer à son travail au retour des vacances.* — n. f. **RÉACCOUTUMANCE.**

RÉACTANCE [ʀeaktɑ̃s] n. f. – 1894 ◊ anglais *reactance* ■ ÉLECTR. Quantité qui, ajoutée à la résistance, permet de calculer l'impédance pour un courant alternatif dont on connaît la période. *Réactance inductive* (➤ **inductance**), *capacitive* (➤ **capacitance**), exprimée en ohms. *Mesure des réactances à l'aide d'un Q-mètre.*

RÉACTANT [ʀeaktɑ̃] n. m. – 1980 ◊ d'après *réaction* ■ CHIM. Composé consommé dans une réaction chimique. ➤ **réactif.**

RÉACTEUR [ʀeaktœʀ] n. m. – v. 1940 ; adj. 1817 « qui opère une réaction » ; 1790 « réactionnaire » ◊ de *réaction* ■ **1** Moteur, propulseur à réaction (I, 1°). ➤ **pulsoréacteur, statoréacteur, turboréacteur, turbostatoréacteur.** *Réacteur d'avion. Avion à deux réacteurs* (➤ **biréacteur**), *à quatre réacteurs* (➤ **quadriréacteur**). *Entrée d'air, compresseur, chambre de combustion, tuyère d'éjection d'un réacteur. Poussée d'un réacteur.* ■ **2** CHIM. Récipient dans lequel est réalisée une réaction chimique. ♦ NUCL. Dispositif à l'intérieur duquel se produisent et s'entretiennent des réactions de fission (réaction* en chaîne). *Réacteur nucléaire destiné à la production d'énergie, à la recherche* (cf. Pile* atomique). *Le cœur* du réacteur.*

RÉACTIF, IVE [ʀeaktif, iv] adj. et n. m. – 1740 ◊ de *réaction* ■ **1** Qui exerce une réaction, réagit. *Force réactive.* — PSYCHOL. Qui consiste en une réaction. *L'impulsivité est immédiate, réactive.* — Qui s'adapte rapidement à une situation nouvelle. *Entreprise très réactive sur un marché qui évolue.* ■ **2** n. m. (1801) CHIM. Substance prenant part à une réaction chimique. ➤ **réactivité.** SPÉCIALT Substance qui, entrant en réaction avec une autre, produit toujours les mêmes phénomènes ou réactions et permet ainsi l'identification de celle-ci. *La teinture bleue de tournesol est un réactif des acides* (elle devient rouge à leur contact). ♦ FIG. Condition morale particulièrement agissante ou révélatrice. *« Les réactifs qui décomposent les passions et qui permettent de les analyser »* ZOLA. *« Un homme amoureux est un réactif d'une extrême sensibilité pour les sentiments de la femme qu'il aime »* MAUROIS. ■ **3** (1894) ÉLECTR. *Circuit réactif*, doué de réactance (opposé à *résistif*). *Puissance réactive* (mesurée en vars).

RÉACTION [ʀeaksjɔ̃] n. f. – 1616 ◊ du latin médiéval *reactio* (XIVe), de *actio* → 1action

I DANS LES SCIENCES ■ **1** MÉCAN. Force qu'un corps agissant sur un autre détermine en retour chez celui-ci. *Principe de l'égalité de l'action et de la réaction* (énoncé par Newton) : un corps qui exerce sur un autre une poussée ou une traction reçoit de celui-ci une poussée ou une traction égale et opposée. *« L'aile de l'oiseau, qui n'a besoin que de la réaction de l'air pour soulever le corps »* BUFFON. ■ **2** (1864) TECHN. *Propulsion par réaction* : mode de propulsion dans lequel des gaz chassés vers l'arrière de l'engin projettent par réaction l'engin vers l'avant. *Moteur à réaction.* ➤ **réacteur.** (1948) *Avion à réaction.* ➤ 2**jet.** ■ **3** (1801) CHIM. Action réciproque de deux ou plusieurs substances, qui entraîne des transformations chimiques. *Corps qui provoque une réaction sans subir de* *modification chimique.* ➤ **catalyseur.** *Réaction catalytique, réversible. Réaction d'oxydoréduction.* ➤ **demi-réaction.** *Réaction acide-base. Équation d'une réaction. Équilibrer* une réaction. Réaction nucléaire*. Réaction en chaîne*.* ▪ **4** (1803) PHYSIOL. Réponse d'un système excitable à un stimulus externe ou interne. *Réaction motrice.* ➤ **réflexe, stimulus.** *Réactions tactiles, visuelles, auditives. Réaction au chaud, au froid. Temps de réaction,* entre l'excitation et la réaction, variable selon les individus et leur état. ➤ **latence.** ♦ Modification de l'organisme produite par une cause morbide, un remède, une modification du milieu intérieur ou extérieur, et qui tend à en contrebalancer les effets. *La fièvre traduit les réactions naturelles de défense de l'organisme. Réaction allergique. Réactions propres à un individu.* ➤ **idiosyncrasie.** *Réaction provoquée* (➤ **cutiréaction, intradermoréaction**). *Faire réaction* : provoquer un subit réchauffement du corps. ▪ **5** (1913) PSYCHOL. Réponse d'un être vivant à une excitation. *Réaction affective. Réaction de défense. «La psychologie étudie les réactions de l'individu à son milieu de comportement»* P. GUILLAUME. ▪ **6** (1960) AUTOMAT. Renvoi d'une partie du signal de sortie d'un système vers son entrée. ➤ **boucle.** *Une forte réaction entraîne des oscillations.* ➤ **larsen.** *Un amplificateur à réaction.*

II SENS FIGURÉS ET COURANTS ▪ **1** (1734) Réponse à une action par une action contraire tendant à l'annuler. *Décision prise en réaction, par réaction contre les méthodes précédentes.* ▪ **2** (1790) Mouvement d'idées, action qui s'oppose au progrès social et vise à rétablir des institutions antérieures (➤ **réactionnaire**). — PAR EXT. (plus cour.) Les réactionnaires, la droite politique. *«ces batailles épiques qu'il a livrées contre la réaction»* ARAGON. ▪ **3** (1790) Attitude, comportement d'une personne qui répond à une action extérieure. *Réaction de qqn à une situation nouvelle, à une catastrophe. Il a eu une réaction de peur, de colère... Réaction lente ; vive, soudaine* (➤ **réflexe, sursaut**). *Sa première réaction a été de... Être sans réaction* : rester inerte. *«L'excès de malheur provoquait des réactions inattendues»* SARTRE. *«Les réactions normales de l'homme d'honneur outragé»* PROUST. *Réactions internationales au discours d'un chef d'État. On attend la réaction des syndicats. Réaction positive, négative. — Provoquer des réactions* : mécontenter. ➤ **remous.** ▪ **4** Comportement d'une machine, d'un véhicule qui répond (plus ou moins bien, plus ou moins vite) aux commandes. *Cette voiture a de bonnes réactions.*

RÉACTIONNAIRE [reaksjɔnɛʀ] adj. et n. – 1796 ◊ de *réaction* ▪ PÉJ. ▪ **1** Qui concerne la réaction (II, 2°), agit en sa faveur. *Opinions, mesures réactionnaires. Parti, gouvernement réactionnaire.* ▪ **2** Qui a, exprime des idées réactionnaires, qui va contre le progrès social et l'évolution des mœurs. ➤ **rétrograde.** *Écrivain, critique réactionnaire. Livre, film réactionnaire.* — n. *Un réactionnaire.* — ABRÉV. FAM. **RÉAC** [ʀeak], 1848. *Discours très réac. «Des bourgeois et des réacs»* VALLÈS. *C'est une sacrée réac.* ▪ CONTR. Avancé, révolutionnaire ; novateur, progressiste.

RÉACTIONNEL, ELLE [reaksjɔnɛl] adj. – 1869 ◊ de *réaction* ▪ MÉD. Qui a rapport à une réaction ; qui est provoqué par une réaction. ♦ CHIM. *Mélange réactionnel,* qui contient, en proportions appropriées, les molécules nécessaires au déclenchement d'une réaction chimique. ♦ PSYCHOL., PSYCHAN. Qui constitue une réaction contre une situation mal supportée, une pulsion refoulée. *Sociabilité réactionnelle d'un sujet agressif. — Psychose réactionnelle,* consécutive à un choc affectif, un évènement pénible exceptionnel, et généralement guérissable (opposé à *psychose constitutionnelle*).

RÉACTIVATION [reaktivasjɔ̃] n. f. – début XXe ◊ de *réactiver* ▪ Fait de redonner de l'activité, de la vigueur (à qqch.). *La réactivation d'une loi.* ♦ MÉD. Action de devenir de nouveau actif. *Réactivation d'une maladie, d'une infection. — Réactivation d'un vaccin.* ➤ **rappel.**

RÉACTIVER [reaktive] v. tr. ⟨1⟩ – 1798 ◊ de *re-* et *activer* ▪ **1** Activer de nouveau. ➤ **ranimer.** *Réactiver le feu. Réactiver un catalyseur.* ➤ **régénérer.** *Réactiver un embryon congelé.* ▪ **2** Remettre en activité ; redonner une activité à. *Réactiver un comité. — Réactiver un agent secret.*

RÉACTIVITÉ [reaktivite] n. f. – 1944 ; «nouvelle activité» 1798 ◊ de *réactif* ▪ **1** CHIM. Aptitude d'un élément, d'une molécule, à participer à une réaction. *La réactivité de l'aluminium.* ♦ CHIM. NUCL. Mesure de l'efficacité d'un réacteur nucléaire. ▪ **2** PSYCHOL. Capacité de réagir à une intervention, une stimulation extérieure. *Réactivité au stress.* — Aptitude à réagir rapidement, à faire face. *La réactivité et l'efficacité des secours.* ♦ MÉD. *Réactivité à un vaccin, à un allergène.*

RÉACTOGÈNE [reaktɔʒɛn] adj. et n. m. – 1953 ◊ de *réaction* et *-gène* ▪ MÉD. Substance allergène, capable de déclencher dans l'organisme une réaction d'hypersensibilité. *Médicaments réactogènes.* — n. m. *Un réactogène.*

RÉACTUALISATION [reaktɥalizasjɔ̃] n. f. – 1968 ◊ de *réactualiser* ▪ **1** Mise à jour. ➤ **actualisation.** ▪ **2** Fait de rendre à nouveau présent. *La réactualisation d'un souvenir.*

RÉACTUALISER [reaktɥalize] v. tr. ⟨1⟩ – 1898 ◊ de *re-* et *actualiser* ▪ **1** Moderniser, mettre à jour. ➤ **actualiser.** *Réactualiser chaque année un ouvrage de référence.* ▪ **2** Rendre de nouveau présent. *Évènement qui réactualise un conflit.*

RÉADAPTATION [readaptasjɔ̃] n. f. – 1897 ◊ de *re-* et *adaptation* ▪ **1** Adaptation nouvelle (d'une personne qui n'est plus adaptée). ➤ **réinsertion.** *Réadaptation d'un soldat à la vie civile.* ▪ **2** (1933) *Réadaptation fonctionnelle* : réduction des séquelles d'un accident, d'une opération (massages, électrothérapie, kinésithérapie, etc.), afin de réadapter à une vie normale, SPÉCIALT à une activité professionnelle.

RÉADAPTER [readapte] v. tr. ⟨1⟩ – 1899 ◊ de *réadaptation* ▪ Adapter de nouveau, adapter (ce qui n'était plus adapté). *Réadapter des détenus à la vie en société.* ➤ **réaccoutumer ; réinsérer.** — PRONOM. *«L'effort d'un esprit qui s'adapte et se réadapte sans cesse»* BERGSON.

RÉADMETTRE [readmɛtʀ] v. tr. ⟨56⟩ – 1818 ◊ de *re-* et *admettre* ▪ Admettre de nouveau.

RÉADMISSION [readmisjɔ̃] n. f. – 1750 ◊ de *re-* et *admission* ▪ Nouvelle admission. *Réadmission d'un sociétaire exclu.*

READY-MADE [ʀedimɛd] n. m. inv. – 1913 ◊ mot anglais «tout fait», de *ready* «prêt» et *made* «fait» ▪ HIST. DE L'ART Objet d'art fait d'une réunion d'objets naturels sans aucune élaboration. *Les premiers ready-made ont été présentés par Marcel Duchamp. «des ready-made d'inspiration surréaliste – une baguette de pain complètement argentée –»* PEREC.

RÉAFFIRMER [reafiʀme] v. tr. ⟨1⟩ – 1869 ◊ de *re-* et *affirmer* ▪ Affirmer de nouveau, dans une autre occasion. *Il a réaffirmé ses intentions dans sa dernière conférence de presse.* — p. p. adj. *Un principe constamment réaffirmé.*

RÉAGINE [reaʒin] n. f. – 1964 ◊ de *réagir* et *-ine* ▪ IMMUNOL. Anticorps circulant associé à des maladies allergiques ou à la syphilis.

RÉAGIR [reaʒiʀ] v. intr. ⟨2⟩ – XIVe, alchim. ◊ de *re-* et *agir*

I ▪ **1** PHYS. Agir (sur un autre corps) après en avoir subi l'action. *Les parois d'un vase réagissent sur le fluide qui les presse.* ▪ **2** (milieu XVIIIe) CHIM. Entrer en réaction. *Corps inerte, qui ne réagit pas.* ▪ **3** Pour un être vivant, Répondre par une réaction ou un ensemble de réactions. *Organisme qui réagit contre l'infection.* ➤ **résister ; immunité.** — (1935) PHYSIOL. Répondre à un stimulus. *Protoplasme «capable de recevoir l'excitation et de réagir contre elle»* BERGSON.

II FIG. et COUR. ▪ **1** (1784) **RÉAGIR SUR** : agir sur l'agent, la cause de l'action qu'on subit, en s'y opposant. *«Les temps font les hommes, et les hommes ensuite réagissent sur leur temps»* LAMENNAIS. ♦ Agir en retour ou réciproquement sur (qqch.). ➤ **se répercuter.** *«les troubles de conscience réagissent tout naturellement sur l'organisme»* ROMAINS. ▪ **2** (1788) (PERSONNES) **RÉAGIR CONTRE** : s'opposer à (une action) par une action contraire. *Réagir contre une mode, un usage, des idées.* ➤ **lutter, résister.** *Réagir contre l'injustice.* ➤ **se défendre ; s'insurger, s'opposer,** se **révolter.** ♦ ABSOLT Agir en s'opposant. *Ils essayèrent de réagir et de rétablir l'autorité royale.* — Faire un effort de volonté pour sortir d'une situation pénible. ➤ **se secouer.** *Il faut réagir ! ne vous laissez pas abattre !* ➤ **se reprendre,** se **ressaisir.** ▪ **3** TRANS. IND. **RÉAGIR À** : répondre (à une action extérieure), avoir une réaction. *Le nerveux «doit réagir à l'événement»* LE SENNE. ♦ ABSOLT *Il n'a même pas réagi.* ➤ **bouger,** FAM. **tiquer.** *Comment a-t-il réagi ?* ➤ **se comporter.** *Réagir brutalement, violemment, vivement, mollement. «Puis-je savoir comment je réagirais, en face du danger réel ?»* GIDE. — (CHOSES) *La Bourse a immédiatement réagi. Voiture qui réagit bien dans les virages.* ➤ **répondre.**

▪ CONTR. Abattre (se laisser abattre), 1 aller (se laisser aller).

RÉAJUSTEMENT [reaʒystəmɑ̃] n. m. – 1932 ◊ de *réajuster* ▪ Modification d'une valeur, d'une quantité, pour l'adapter à de nouvelles conditions. ➤ **rajustement.** *Réajustement des prix, du taux de change.* ➤ **réalignement.** *Réajustement des salaires.* ➤ **revalorisation.**

RÉAJUSTER [Reaʒyste] v. tr. ‹1› – 1932 ◇ de *re-* et *ajuster* ■ Ajuster de nouveau. ➤ **rajuster.** — Adapter à de nouvelles conditions. *Réajuster les salaires, les retraites,* les relever en fonction de la hausse du coût de la vie. ➤ **revaloriser.**

1 **RÉAL, AUX** [Real, o] n. m. – 1363 ◇ espagnol *real* «royal» ■ **1** HIST. Ancienne monnaie espagnole valant un quart de peseta. *Cinq millions de réaux.* VAR. PLUR. *Des reales* [Reales]. ■ **2** Unité monétaire brésilienne.

2 **RÉAL, ALE, AUX** [Real, o] adj. et n. f. – XVIe «royal» ◇ espagnol *real* ■ HIST. *Galère réale,* ou n. f. *une réale* : principale galère, destinée au roi, à l'amiral.

RÉALÉSER [Realeze] v. tr. ‹6› – 1921 ◇ de *re-* et *aléser* ■ TECHN. Aléser une seconde fois. *Réaléser des cylindres ovalisés.* — n. m. **RÉALÉSAGE,** 1932.

RÉALGAR [Realgar] n. m. – 1495 ; *reagal* milieu XIVe ◇ altération de l'arabe *rehj-al-ghar* «poudre de cave ; mort-aux-rats» ■ ALCHIM., MINÉR. Sulfure naturel d'arsenic* (As_2S_2) de couleur rouge.

RÉALIGNEMENT [Realiɲ(ə)mɑ̃] n. m. – 1960 ◇ de *re-* et *alignement* ■ Établissement d'une nouvelle valeur pour une monnaie, des prix. *Réalignement des prix.*

RÉALISABLE [Realizabl] adj. – 1780 fin. ◇ de *réaliser* ■ **1** Qui peut être rapidement transformé en monnaie (manuelle, scripturale). *Actif, capital, valeur réalisable.* ■ **2** Susceptible d'être réalisé, de se réaliser. ➤ **possible.** *Plan, projet réalisable.* ➤ **exécutable ; faisabilité.** «*Un souhait encore réalisable*» GIDE. ■ CONTR. Impossible, inexécutable, irréalisable.

RÉALISATEUR, TRICE [RealizatœR, tRis] n. – 1842 ◇ de *réaliser* ■ **1** Personne qui réalise, rend réel, effectif. «*Pascal a montré des qualités de réalisateur que l'on n'aurait peut-être guère attendues*» BROGLIE. ■ **2** (1918) Personne qui dirige toutes les opérations de préparation et de réalisation d'un film ou d'une émission. ➤ **cinéaste, vidéaste.** *Réalisateur, réalisatrice de télévision* (cf. Metteur* en scène), *de radio* (cf. Metteur* en ondes). EN APPOS. *Assistants réalisateurs.*

RÉALISATION [Realizasjɔ̃] n. f. – 1518 jurid. ◇ de *réaliser* ■ Action de réaliser ; son résultat. ■ **1** Action de rendre réel, effectif. ➤ **exécution.** *La réalisation d'un projet.* «*Il poursuivait la réalisation d'un plan gigantesque*» FRANCE. DR. *Réalisation d'un contrat.* ◆ Le fait de devenir réel, de se réaliser. «*le progrès, c'est la réalisation de tout ce qui nous fut promis à la révolution de Juillet*» BALZAC. *La réalisation d'un vieux rêve.* ■ **2** PAR EXT. Ce qui est réalisé ou s'est réalisé. *Les inventions de la science et les réalisations de l'art.* ➤ **création, œuvre.** *L'arche de la Défense est une belle réalisation.* ■ **3** (1765) Transformation, conversion, par la vente, d'un bien en valeur disponible, en monnaie. ➤ **liquidation, mobilisation.** *Réalisation de l'actif d'une société, d'un patrimoine, de valeurs.* ■ **4** MUS. Traduction en notes et en accords sur des portées (d'une notation conventionnelle). *Réalisation d'une basse chiffrée.* ■ **5** (1908) Ensemble des opérations nécessaires pour passer d'un projet, d'un scénario, à un film, une émission ; mise en scène, en images, en ondes. *Assistant à la réalisation* (➤ **réalisateur**). ■ CONTR. Projet, ébauche.

RÉALISER [Realize] v. tr. ‹1› – 1495 dr. ◇ de *réel,* d'après le latin *realis*

I ■ **1** (1611) Faire exister à titre de réalité concrète (ce qui n'existait que dans l'esprit) ; faire correspondre une chose, un objet à (une possibilité, une idée, un mot). ➤ **accomplir, concrétiser, effectuer, exécuter.** *Réaliser un plan,* le rendre effectif. *Réaliser un rêve, un désir.* «*l'être dit libre est celui qui peut* réaliser *ses projets*» SARTRE. *Réaliser complètement, intégralement.* ➤ **achever.** — *Réaliser (en soi) un type, un modèle.* ➤ **personnifier.** ■ **2** DR. Faire. *Réaliser un contrat. Réaliser un achat, une vente. Réaliser des bénéfices, des économies.* ■ **3** SPÉCIALT (début XVIIIe) Convertir, transformer en argent. ➤ **liquider.** *Réaliser des biens, une propriété.* ➤ **vendre.** — p. p. adj. «*Avec ma fortune réalisée je frétai d'abord un navire*» GIDE. ■ **4** MUS. Traduire en notes et en accords sur des portées (des indications abrégées d'harmonie). *Réaliser une basse chiffrée.* ■ **5** (1895 ◇ anglais *to realize*) Emploi critiqué Se rendre compte avec précision de ; se faire une idée nette de. ➤ **saisir.** «*Si nous laissons aux Américains du Nord le temps de "réaliser" la situation, comme ils disent*» ROMAINS. ABSOLT *Tu as mis du temps à réaliser ! Il a réalisé qu'il s'agissait de lui.* ■ **6** Être l'auteur, le réalisateur de (un film, une émission). *Réaliser un documentaire. Émission conçue et réalisée par...* ➤ aussi **créer.**

II SE RÉALISER v. pron. ■ **1** Devenir réel (en parlant d'une idée, d'un projet, d'un souhait). ➤ **arriver.** *Mon rêve s'est réalisé.* — PAR EXT. Se traduire. «*Une série de fresques où se réalisaient mes impressions*» NERVAL. ■ **2** Devenir ce qu'on peut être de mieux, en exploitant à fond ses possibilités. ➤ **s'épanouir.** «*La France ne se réalise pleinement que dans l'harmonieux équilibre*» GIDE. *La vie «d'un homme est incroyablement courte,* [...] *tu auras très peu de temps pour te réaliser*» MARTIN DU GARD.

RÉALISME [Realism] n. m. – 1801 ◇ de *réel,* d'après le latin *realis* ■ **1** HIST. PHILOS. Ancienne doctrine platonicienne de la réalité des idées (I), dont les êtres individuels ne sont que le reflet. *Réalisme et idéalisme*.* — Doctrine médiévale de la réalité des Universaux. *Le réalisme de saint Thomas.* ◆ PHILOS. MOD. (opposé à *idéalisme*) Doctrine d'après laquelle l'être est indépendant de la connaissance d'un sujet. «*L'antique conflit du réalisme et de l'idéalisme*» BERGSON. ■ **2** (1833) Conception de l'art, de la littérature, selon laquelle l'artiste ne doit pas chercher à idéaliser le réel ou à en donner une image épurée (➤ aussi **hyperréalisme**). *Le réalisme français, anglais. Le réalisme de Flaubert, de Zola.* ➤ **naturalisme.** *Le réalisme italien.* ➤ **néoréalisme, vérisme.** *Le réalisme socialiste* (de l'U. R. S. S.). — Caractère d'une production qui procède de cette conception. *Le réalisme d'un récit, d'une description, d'un personnage. Scène d'un réalisme pénible, sordide.* ➤ **crudité.** ◆ HIST. LITTÉR. École littéraire française qui, vers 1850, préconisa la description minutieuse et objective des faits et des personnages de la réalité banale et quotidienne. ◆ COUR. Recherche d'une ressemblance exacte avec le modèle ; cette ressemblance. *Réalisme des contours, des couleurs.* — HIST. DE L'ART École de peinture qui, en France, s'est opposée au romantisme et a précédé l'impressionnisme. *Le réalisme de Courbet.* ■ **3** COUR. Attitude d'une personne qui tient compte de la réalité, l'apprécie avec justesse (opposé à *irréalisme*). «*Un idéologue, un homme à théories, sans bon sens, sans réalisme*» MADELIN. *Agir avec réalisme. Réalisme politique.* ➤ **réalpolitique ; pragmatisme.** *Réalisme cynique, opportuniste.* ■ CONTR. Idéalisme, immatérialisme ; fantastique, irréalisme.

RÉALISTE [Realist] n. et adj. – 1587 ◇ de *réel,* d'après le latin *realis* ■ **1** Philosophe adepte du réalisme. ◆ adj. (1869) Relatif au réalisme philosophique. «*La conception, tantôt réaliste, tantôt idéaliste de la matière*» BERGSON. ■ **2** (1869) Partisan du réalisme, en art, en littérature. *Un auteur, un écrivain, un peintre réaliste.* «*une école réaliste ou naturaliste qui a prétendu nous montrer la vérité*» MAUPASSANT. — n. Écrivain ou artiste adepte du réalisme (2°). ◆ Relatif au réalisme en art ; qui fait preuve de réalisme. ➤ **naturaliste, vériste.** *Littérature réaliste. Film réaliste. Chanson réaliste. Portrait réaliste.* — VIEILLI Qui dépeint les aspects vulgaires du réel. ➤ 2 **cru.** ■ **3** (1929) Qui a le sens des réalités ou en témoigne. «*Talleyrand était réaliste et opportuniste*» MADELIN. — SUBST. «*Le réaliste méprise l'utopiste* [...] *et l'idéaliste*» BEAUVOIR. ◆ PAR EXT. *Attitude, vision, politique réaliste. Cette proposition n'est pas réaliste.* «*À peu près rien de ce qu'ont fait les grands hommes n'est réaliste*» DUTOURD. ■ CONTR. Idéaliste, idéologue. Fantastique, romantique. Chimérique, irréaliste, rêveur, utopique.

RÉALISTEMENT [Realistəmɑ̃] adv. – avant 1957 ◇ de *réaliste* ■ RARE D'une manière réaliste, en tenant fortement compte du réel. «*C'est un calculateur, il vise réalistement à gagner*» BARTHES.

RÉALITÉ [Realite] n. f. – 1550 ; *reellité* «contrat rendu réel» XIVe ◇ bas latin *realitas* ■ **1** PHILOS. Caractère de ce qui est réel, de ce qui ne constitue pas seulement un concept, mais une chose, un fait. «*Platon admettant la réalité des Idées*» LE SENNE. ➤ **réalisme** (1°). *Réalité de la matière* (➤ **matérialisme**), *de l'esprit* (➤ **spiritualisme**). *Croyance à la réalité du monde extérieur.* ◆ COUR. Caractère de ce qui existe en fait (et qui n'est pas seulement une invention, une illusion ou une apparence). ➤ **vérité.** *Douter de la réalité d'un fait.* ➤ **matérialité.** ■ **2** DR. Caractère de ce qui est réel, concerne les choses. *Réalité de l'impôt.* ■ **3** *La réalité* : ce qui est réel, actuel, donné comme tel à l'esprit. *Connaissance, description de la réalité par la science. La réalité intérieure, psychologique et morale.* — LOG. *Jugement de réalité,* qui porte sur des faits (opposé à *jugement de valeur**). ■ **4** COUR. La vie, l'existence réelle, par opposition aux désirs, aux illusions, au rêve. *Le rêve et la réalité.* «*le visage terrible de la réalité*» R. ROLLAND. *Le contact, l'expérience de la réalité. Confronté à la dure réalité.* «*L'humble et inévitable réalité quotidienne*» MAETERLINCK. *Tenir compte de la réalité.* ➤ **réel** (n. m.). «*il avait le sentiment net de la réalité qui distingue les hommes de race normande*» BARBEY. — Ce qui existe, par rapport à l'imagination ou à la représentation* de ce qui existe. *Réalité et merveilleux.* LOC. PROV. *La réalité dépasse la fiction :* ce qui arrive va au-delà de ce qu'on a pu imaginer. *Ce n'est pas ainsi dans la réalité,* dans la vie réelle. — *Réalité virtuelle**. *Réalité augmentée :* procédé consistant à intégrer en temps réel des objets virtuels à des images réelles. *Applications de la réalité augmentée au cinéma, aux jeux vidéos.* ♦ loc. adv. **EN RÉALITÉ :** réellement ; en fait. *« L'armée obéit en apparence, mais en réalité gouverne »* ALAIN. *En réalité c'est différent.* ■ **5 UNE, DES RÉALITÉS :** chose réelle, fait réel. *Les réalités de tous les jours. « Un mourant à jamais détaché des réalités vulgaires »* PROUST. *Avoir le sens des réalités* (➤ **réaliste**). LOC. *Prendre ses désirs pour des réalités :* se faire des illusions. ■ CONTR. Apparence, illusion ; idéalité. 2 Idéal, imagination, rêve, vision. Chimère, fiction.

REALITY SHOW [ʀealitiʃo] n. m. – 1989 ◇ mot anglais américain « spectacle *(show)* de la réalité » ■ ANGLIC. Émission de télévision qui reconstitue à l'aide de comédiens des faits divers pathétiques. *Les reality shows.*

RÉALPOLITIQUE [ʀealpɔlitik] n. f. – 1963 ◇ allemand *Realpolitik,* de *real* « réaliste » et *Politik* « politique » ■ Politique internationale basée sur des considérations de rapports de force et de possibilités concrètes (sans influence idéologique). *Les exigences de la réalpolitique.* — On écrit aussi *realpolitik.*

RÉAMÉNAGEMENT [ʀeamenaʒmɑ̃] n. m. – 1966 ◇ de *réaménager* ■ Action de réaménager ; son résultat. *Réaménagement monétaire. Réaménagement d'une dette,* de ses modalités de remboursement. ➤ **rééchelonnement.** *Réaménagement d'un projet.* — Nouvel aménagement. *Réaménagement d'un local.*

RÉAMÉNAGER [ʀeamenaʒe] v. tr. ⟨3⟩ – 1959 ◇ de *re-* et *aménager* ■ Donner une nouvelle organisation à. ➤ **réorganiser.** *Réaménager un dispositif.* — Aménager d'une façon différente. *Réaménager son appartement.*

RÉANIMATEUR, TRICE [ʀeanimatœʀ, tʀis] n. – milieu XXe ◇ de *réanimer* ■ **1** Spécialiste de la réanimation médicale. — APPOS. *Médecins réanimateurs.* ■ **2** n. m. TECHN. Appareil employé pour la respiration artificielle. ➤ **respirateur.**

RÉANIMATION [ʀeanimasjɔ̃] n. f. – 1949 ◇ de *réanimer* ■ Ensemble des moyens visant à rétablir les grandes fonctions vitales (surtout respiratoire et cardiaque) abolies ou fortement perturbées (à la suite d'accidents, maladies, complications opératoires). *Réanimation d'un asphyxié, d'un blessé.* ➤ **ranimation.** *Service de réanimation d'un hôpital* (➤ **anesthésiologie**). — Service de réanimation. *Malade qui reste quelques jours en réanimation.* ABRÉV. FAM. **RÉA.** *« Au sein de l'hôpital, la réa est un espace à part qui accueille les vies tangentielles, les comas opaques, les morts annoncées »* KERANGAL.

RÉANIMER [ʀeanime] v. tr. ⟨1⟩ – XVIe ; éliminé par *ranimer ;* repris milieu XIXe s. sous l'influence de *réanimation* ◇ de *re-* et *animer* ■ Procéder à la réanimation de (➤ **ranimer**). — FIG. Faire revivre. *La France « doit réanimer ses régions en déclin »* G. ELGOZY.

RÉAPPARAÎTRE [ʀeapaʀɛtʀ] v. intr. ⟨57⟩ /RÉAPPARAITRE/ – 1867 ◇ de *re-* et *apparaître* ■ Apparaître, paraître de nouveau. ➤ **reparaître.** *Le chat est réapparu au bout de trois jours. Le mal réapparaît.* ➤ **récidiver.** — Apparaître plusieurs fois. *« Ils peignent des séries où le même motif réapparaît »* B. DORIVAL. ■ CONTR. Disparaître.

RÉAPPARITION [ʀeapaʀisjɔ̃] n. f. – 1828 ; astron. 1771 ◇ de *re-* et *apparition* ■ Le fait de réapparaître. *Réapparition du Soleil après une éclipse. « La réapparition d'un acteur sur la scène provoque le dénouement »* GREEN. *Faire une réapparition.* ■ CONTR. Disparition.

RÉAPPRENDRE [ʀeapʀɑ̃dʀ] v. tr. ⟨58⟩ – 1797 ; *rapprendre* 1549 ◇ de *re-* et *apprendre* ■ Apprendre, étudier de nouveau. *Réapprendre sa leçon, l'anglais. Réapprendre à marcher après un accident.*

RÉAPPROPRIER (SE) [ʀeapʀɔpʀije] v. pron. ⟨7⟩ – 1987 ◇ de *re-* et *approprier* ■ S'approprier à nouveau (qqch.). *Permettre aux exclus de se réapproprier un avenir.*

RÉAPPROVISIONNEMENT [ʀeapʀɔvizjɔnmɑ̃] n. m. – 1873 ◇ de *réapprovisionner* ■ Action de réapprovisionner, de se réapprovisionner. ➤ **réassortiment.**

RÉAPPROVISIONNER [ʀeapʀɔvizjɔne] v. tr. ⟨1⟩ – 1845 ; *rapprovisionner* 1869 ; *reprovisionner* XVIe ◇ de *re-* et *approvisionner* ■ Approvisionner de nouveau. *Réapprovisionner un magasin.* — PRONOM. *Se réapprovisionner en carburant.*

RÉARGENTER [ʀeaʀʒɑ̃te] v. tr. ⟨1⟩ – 1846 ◇ de *re-* et *argenter* ■ Argenter de nouveau. *Donner des couverts à réargenter.*

RÉARMEMENT [ʀeaʀməmɑ̃] n. m. – 1771 ◇ de *réarmer* ■ **1** Action de réarmer. *Réarmement d'un pays après une guerre.* ➤ **remilitarisation.** — *Politique de réarmement.* ■ **2** (1949 ◇ anglais *Moral Re-armament*) FIG. *Réarmement moral :* mouvement chrétien d'action politique originaire des États-Unis, et préconisant « la réforme du monde par la réforme de la vie personnelle ». ■ CONTR. Désarmement ; démilitarisation.

RÉARMER [ʀeaʀme] v. ⟨1⟩ – 1771 ; *rarmer* XIIIe ◇ de *re-* et *armer* ■ **1** v. tr. VX Armer de nouveau. *Réarmer une troupe.* ♦ MOD. Mettre de nouveau en état de fonctionner (un dispositif, un mécanisme). *Réarmer un fusil, un pistolet.* — *Réarmer un appareil photographique.* ♦ MAR. *Réarmer un navire* (qui a été désarmé pour réparation). ■ **2** v. intr. Recommencer à s'armer et à s'équiper pour la guerre, après une période de détente (en parlant d'un État). *« Devant cette reprise de l'action révolutionnaire, l'Europe réarme »* MADELIN. ■ CONTR. Désarmer, démilitariser.

RÉARRANGEMENT [ʀeaʀɑ̃ʒmɑ̃] n. m. – 1897 ◇ de *réarranger* ■ Nouvel arrangement. ➤ **réaménagement.** *Le réarrangement d'un bureau.* ♦ CHIM. *Réarrangement moléculaire :* migration d'atomes, de radicaux au sein de la molécule. ➤ **isomérisation.** — GÉNÉT. *Réarrangement chromosomique.* ➤ **recombinaison, translocation.**

RÉARRANGER [ʀeaʀɑ̃ʒe] v. tr. ⟨3⟩ – 1934 ; *rarranger* 1771 ◇ de *re-* et *arranger* ■ Arranger de nouveau. *Réarranger sa maison. « Elle avait séché ses yeux, réarrangé sa coiffure »* ARAGON. ➤ **rajuster.**

RÉASSIGNATION [ʀeasiɲasjɔ̃] n. f. – 1481, fin. ◇ de *assignation* ■ (1669) DR. Seconde assignation du défenseur, quand une partie seulement des personnes assignées a comparu. ♦ FIN. Assignation sur un autre fonds.

RÉASSIGNER [ʀeasiɲe] v. tr. ⟨1⟩ – 1537 sens 2 ◇ de *re-* et *assigner* ■ **1** (1690) DR. Assigner de nouveau. *Réassigner le défaillant.* ■ **2** FIN. Assigner, gager sur un autre fonds (en garantie de paiement). ■ **3** (1967) Attribuer de nouveau. *Réassigner un but à une association.*

RÉASSORT [ʀeasɔʀ] n. m. – XXe ◇ de *réassortiment* ■ COMM. Réassortiment. *Commande de réassort.*

RÉASSORTIMENT [ʀeasɔʀtimɑ̃] n. m. – 1838 ; *rassortiment* 1842 ◇ de *réassortir, rassortir* ■ Action de réassortir, de se réassortir. ➤ **réapprovisionnement, réassort.**

RÉASSORTIR [ʀeasɔʀtiʀ] v. tr. ⟨2⟩ – 1894 ; *rassortir* 1808 ◇ de *re-* et *assortir* ■ **1** Reconstituer, en remplaçant ce qui manque. *Réassortir un service de porcelaine.* ➤ **rappareiller.** ■ **2** PRONOM. Acheter ce qui manque pour reconstituer son stock. *Libraire qui va se réassortir chez l'éditeur.*

RÉASSURANCE [ʀeasyʀɑ̃s] n. f. – 1661 ◇ de *réassurer* ■ DR. Opération par laquelle un assureur fait garantir par un autre assureur (➤ **réassureur**) tout ou partie des risques qu'il a lui-même couverts. *Prime de réassurance.*

RÉASSURER [ʀeasyʀe] v. tr. ⟨1⟩ – 1661 ◇ de *re-* et *assurer* ■ DR. Garantir (un assureur) par une réassurance. PRONOM. *L'assureur qui se réassure reste seul responsable envers l'assuré.*

RÉASSUREUR [ʀeasyʀœʀ] n. m. – 1762 ◇ de *réassurer* ■ DR. Personne qui réassure (un assureur).

REBAB [ʀəbab] n. m. – 1850 ◇ arabe *rabâb* → rebec ■ Instrument de musique oriental à une ou deux cordes frottées, à la caisse tendue de peau. — Instrument voisin à trois cordes pincées d'Afghanistan et d'Inde.

REBAISSER [ʀ(ə)bese] v. intr. ⟨1⟩ – 1775 ◇ de *re-* et *baisser* ■ Baisser de nouveau. *Les prix ont remonté puis rebaissé.*

REBAPTISER [ʀ(ə)batize] v. tr. ⟨1⟩ – XIIIe ◇ de *re-* et *baptiser* ■ Nommer d'un autre nom. ➤ **renommer.** *La rue a été rebaptisée.*

RÉBARBATIF, IVE [ʀebaʀbatif, iv] adj. – 1360 ◇ de l'ancien français *se rebarber* « faire face, tenir tête », proprt *barbe* contre *barbe* ■ Qui rebute par un aspect rude, désagréable. ➤ **rebutant, repoussant.** *Un air rébarbatif.* ➤ **revêche.** *Ces chaînes « donnent à l'église un faux air de prison assez étrange et rébarbatif »* GAUTIER. ♦ (1670) FIG. Difficile et ennuyeux. *Livre, sujet rébarbatif.* ➤ **aride, ingrat.** *« Voilà des mots qui sont trop rébarbatifs »* MOLIÈRE. ■ CONTR. Affable, engageant ; attirant, attrayant, séduisant.

REBÂTIR [R(ə)batiR] **v. tr.** ‹2› – XIIe ◇ de *re-* et *bâtir* ■ Bâtir de nouveau (ce qui était détruit). ➤ **reconstruire, réédifier, relever.** *Rebâtir une maison. La ville détruite a été entièrement rebâtie.* — FIG. *« On avait un peu plus de vingt ans, on rebâtissait le monde en une soirée de disputes »* VAN DER MEERSCH. ➤ **refaire.** ■ CONTR. Abattre, démolir.

REBATTEMENT [R(ə)batmɑ̃] **n. m.** – 1690 ◇ de *rebattre* ■ BLAS. Répétition des pièces ou des partitions de l'écu.

REBATTRE [R(ə)batR] **v. tr.** ‹41› – XIVe ; hapax XIIe ◇ de *re-* et *battre* ■ **1** RARE Battre de nouveau. *Rebattre les cartes,* les mêler de nouveau. ■ **2** LOC. *Rebattre les oreilles à qqn de qqch.,* le lui répéter à satiété. *Il nous en a rebattu les oreilles, de cette histoire ! « Ma mère avait demandé à connaître ce nouvel ami, des mérites duquel je lui rebattais les oreilles »* GIDE. *« S'il n'avait pas eu les oreilles rebattues des maximes fanatiques »* VOLTAIRE.

REBATTU, UE [R(ə)baty] **adj.** – 1690 ◇ de *rebattre* ■ Qu'on a répété, dont on a parlé inlassablement. ➤ **banal, éculé.** *Sujet rebattu, ressassé. « ils s'en tenaient aux lieux communs les plus rebattus »* FLAUBERT.

REBEC [Rəbɛk] **n. m.** – 1379 ◇ altération, d'après *bec,* de l'ancien français *rebebe,* arabe *rabâb* → rebab ■ HIST. MUS. Instrument de musique à trois cordes et à archet, à caisse piriforme, en usage au Moyen Âge. *Ménestrel s'accompagnant du rebec.* ◆ Violon très simple, tel le rebab* arabe.

REBELLE [Rəbɛl] **adj. et n.** – v. 1160 ◇ latin *rebellis* « qui recommence la guerre », de *bellum* « guerre » ■ **1** Qui ne reconnaît pas l'autorité du gouvernement légitime et se révolte contre lui. ➤ **dissident, insoumis, factieux, insurgé, révolté.** *Minorité rebelle. Troupes rebelles.* ◆ **n.** Personne qui prend les armes contre le pouvoir politique en place. ➤ **insurgé, mutin.** *Mater les rebelles. « Marie de Médicis préféra négocier avec les rebelles »* BAINVILLE. ■ **2** LITTÉR. Qui ne reconnaît pas l'autorité de certaines personnes ou de certains principes. *Fils rebelle.* ➤ **désobéissant, indocile.** ◆ SPÉCIALT, VX Qui ne répond pas à l'amour qu'on lui porte. *« Rien ne faisait encore battre son cœur rebelle »* HUGO. ■ **3 REBELLE À :** qui ne cède pas, résiste, est réfractaire, hostile à (qqch.). *Rebelle à la loi.* ➤ **hors-la-loi.** *Rebelle aux conseils, à toute discipline, à tout effort.* ➤ **opposé.** *Une tête rebelle aux mathématiques.* ➤ **fermé.** PAR EXT. *Organisme rebelle à certains remèdes.* — (CHOSES) Qui résiste à l'action humaine. ➤ **récalcitrant.** *Fièvre, tumeur rebelle.* — *Mèches, boucles rebelles,* qui se coiffent mal. ➤ **indiscipliné.** ■ CONTR. Disciplinable, docile, soumis, souple.

REBELLER (SE) [R(ə)bele] **v. pron.** ‹1› – v. 1180 ; *reveler* 1080 ◇ latin *rebellare* ■ Faire acte de rebelle en se révoltant. ➤ **s'insurger,** se **mutiner,** se **révolter,** se **soulever.** *Se rebeller contre la tyrannie.* ➤ se **dresser.** *Se rebeller contre l'autorité paternelle.* ➤ **braver.** ◆ FIG. Protester, regimber. *« La jeune femme ne songeait pas même à se rebeller »* DUHAMEL. ➤ FAM. se **rebiffer.** ■ CONTR. Soumettre (se).

RÉBELLION [Rebeljɔ̃] **n. f.** – v. 1212 ◇ latin *rebellio* ■ **1** Action de se rebeller ; acte de rebelle (1°). ➤ **insurrection, mutinerie, révolte, sédition, soulèvement.** *Réprimer la rébellion. Rébellion et révolution. « Les autorités françaises ont estimé que cette répression mettait un point final à la rébellion »* CAMUS. ◆ PAR EXT. Tendance à se rebeller. ➤ **désobéissance, insubordination, opposition.** *Esprit de rébellion. Pas de rébellion !* ■ **2** VIEILLI L'ensemble des rebelles. *Négocier avec la rébellion.* ■ CONTR. Docilité, obéissance, soumission.

REBELOTE [Rəbəlɔt] **interj.** – 1964 ◇ de *re-* et *belote* ■ À la belote, Mot que l'on prononce lorsque l'on joue le roi d'atout après avoir joué la dame (➤ **belote**), ou vice versa. ◆ FAM. Interjection signalant la deuxième occurrence d'une situation. *Je sors du garage, et rebelote, la panne !*

REBEU [Rəbø] **n. et adj.** – 1984 ◇ verlan de *beur* ■ FAM. Arabe, beur. *« quoi qu'il fasse, il reste l'Arabe, le rebeu »* MORDILLAT. *Des rebeus.* — On écrit parfois *reubeu, les reubeus. « leur musique reubeu »* TH. JONQUET. Le féminin *rebeue, reubeue* est rare.

REBIFFER (SE) [R(ə)bife] **v. pron.** ‹1› – 1630 ; *rebiffer* « rabrouer » XIIIe ; « froncer le nez » XIIe ◇ origine inconnue → biffer ■ FAM. Refuser avec vivacité et aigreur de se laisser mener, humilier. ➤ **regimber,** se **révolter.** *« Soupe, humilié, se rebiffa »* COURTELINE. *Se rebiffer contre qqn. « Mon corps se rebiffe sans cesse contre ce que propose mon esprit »* GIDE. ➤ se **rebeller.**

REBIQUER [R(ə)bike] **v. intr.** ‹1› – 1954 ; p. prés. adj. 1933 ◇ de *re-* et du dialectal *bique* « corne » ■ FAM. Se dresser, se retrousser en faisant un angle. *Mèche de cheveux qui rebique. Les pointes de son col rebiquent.*

REBLOCHON [Rəblɔʃɔ̃] **n. m.** – 1866 ; *reblechon* 1839 ◇ mot savoyard, de *reblocher* « traire de nouveau une vache », de *blocher, blossi* « pincer », probablt du protoroman *bligicare* « traire » ■ Fromage à pâte grasse, de saveur douce, fabriqué en Savoie. *Gratin de pommes de terre au reblochon.* ➤ **tartiflette.**

REBOISEMENT [R(ə)bwazmɑ̃] **n. m.** – 1838 ◇ de *reboiser* ■ Action de reboiser un terrain. ➤ **reforestation.** ◆ Transformation d'un terrain nu en forêt. ➤ **boisement.** ■ CONTR. Déboisement.

REBOISER [R(ə)bwaze] **v. tr.** ‹1› – 1846 ◇ de *re-* et *boiser* ■ Planter d'arbres (un terrain qui a été déboisé), y reconstituer un bois, une forêt. *Reboiser les pentes d'une montagne.* ABSOLT *Reboiser après un incendie de forêt.*

REBOND [R(ə)bɔ̃] **n. m.** – 1583 « contrecoup » ◇ de *rebondir* ■ Le fait de rebondir (1°) ; mouvement d'un corps qui rebondit. ➤ **rebondissement.** *Rebond d'un ballon. Récupérer la balle au rebond. Rebond offensif, défensif* (au basketball). ◆ FIG. Brusque reprise. *Risque de rechute après le rebond boursier.* — MÉD. *Effet rebond :* aggravation des symptômes à l'arrêt d'un traitement médical.

REBONDI, IE [R(ə)bɔ̃di] **adj.** – XVe ◇ de *rebondir* ■ De forme arrondie. ➤ **bombé, renflé, ventru.** *Cruche rebondie.* ◆ (D'une partie du corps) ➤ **dodu, gras, rond.** *Croupe, gorge, panse rebondie. Joues rebondies.* ➤ **plein.** *« Ces formes rebondies [...], ces carnations épanouies »* GAUTIER. *Visage rebondi.* ➤ **joufflu.** — (PERSONNES) Gros et gras. ➤ **grassouillet, rondelet.** ■ CONTR. Aplati, 1 maigre, 1 plat.

REBONDIR [R(ə)bɔ̃diR] **v. intr.** ‹2› – 1560 ; « retentir » v. 1160 ◇ de *re-* et *bondir* ■ **1** Faire un ou plusieurs bonds après avoir touché un autre corps (selon un mouvement qui va en s'amortissant). ➤ RÉGION. **retontir.** *Ballon qui rebondit sur le sol* (➤ **rebond**). *« un danseur de corde tombe dans le filet, où il rebondit comme une balle »* ALAIN. ■ **2** FIG. Prendre un nouveau développement après un arrêt, une pause (➤ **rebondissement,** 2°). *Ce témoignage a fait rebondir le procès. L'action rebondit au troisième acte. Faire rebondir la conversation.* ➤ 2 **repartir.** ■ **3** Retrouver une situation favorable, après une période de difficultés ; prendre un nouveau départ. *La capacité de l'économie à rebondir. Rebondir après un échec, une rupture. « Même s'il ne devient pas ministre de la Culture, professionnellement il rebondira toujours »* C. CUSSET (cf. Retomber sur ses pieds*). ■ **4** Réagir en saisissant une occasion avec à-propos (cf. Prendre la balle* au bond). *« l'écouter attentivement pour rebondir sur ses propos »* L. BINET.

REBONDISSEMENT [R(ə)bɔ̃dismɑ̃] **n. m.** – 1395 ◇ de *rebondir* ■ **1** RARE Le fait de rebondir (1°). ➤ **rebond.** *Le rebondissement d'une balle.* ■ **2** (1922) COUR. Développement nouveau survenant après un temps d'arrêt. *Le rebondissement d'une affaire. Suite de rebondissements imprévus.*

REBORD [R(ə)bɔR] **n. m.** – 1642 ◇ de *re-* et *bord,* ou de *reborder* ■ Bordure, pièce en saillie qui forme le bord. ➤ **bordure.** *Rebord d'un puits* (➤ **margelle**), *d'un plat* (➤ **ourlet**). ◆ Bord, limite (d'un relief ou d'une dénivellation). *Rebord d'un fossé. Le rebord d'un plateau.*

REBORDER [R(ə)bɔRde] **v. tr.** ‹1› – 1476 ◇ de *re-* et *border* ■ **1** Garnir d'un nouveau bord ou d'un rebord rapporté. *Reborder un vêtement.* ■ **2** Border de nouveau. *Reborder un enfant dans son lit.*

REBOT [Rəbo] **n. m.** – XIXe ◇ de l'ancien français *reboter, rebouter* « repousser » → bouter ■ RÉGION. Pelote* basque.

REBOUCHER [R(ə)buʃe] **v. tr.** ‹1› – 1412 ◇ de *re-* et 1 *boucher* ■ **1** Boucher, fermer, obstruer de nouveau. *Rebouchez soigneusement le flacon après usage.* — PRONOM. *Le siphon de l'évier s'est rebouché.* ■ **2** Combler (un trou). *Reboucher une fissure.*

REBOURS [R(ə)buR] **n. m.** – 1220 ; *a reburs* XIIe ◇ bas latin *reburrus* « hérissé (cheveu) », altéré en *rebursus,* de *burra*

I VX Sens contraire du sens naturel des poils (d'une étoffe). *Prendre le rebours d'une étoffe pour la mieux nettoyer* (ACADÉMIE).

II **loc. adv. À REBOURS.** ■ **1** (1611) À rebrousse-poil. *Caresser un animal à rebours. Brosser une étoffe à rebours.* ➤ **contre-poil** (à). ■ **2** Dans le sens contraire au sens normal, habituel ; à l'envers. *Tourner les pages d'un livre à rebours.* — **adj.** (v. 1960 ◇ adaptation de l'anglais *count-down*) **COMPTE À REBOURS :** vérification successive des opérations de mise à feu d'un engin, d'une fusée, avec essai systématique des appareils, aboutissant au zéro du départ. *Recyclage d'un compte à rebours :* reprise du comptage à un stade antérieur, en cas d'incident. ▪ **3** (fin XIIIe) FIG. D'une manière contraire à la nature, à la raison, à l'usage (cf. À contrepied, à contresens). *Faire tout à rebours.* « *Un instinct appliqué à rebours* » TAINE. — **adj.** *Un esprit à rebours.* ▪ **4 loc. prép.** (1465) **À REBOURS DE ; AU REBOURS DE :** contrairement à. *Aller à rebours de l'évolution générale* (cf. À contre-courant). « *Les sévérités de cette sorte* [...] *agissent toujours à rebours de l'effet qu'elles se proposent* » DUHAMEL.

REBOUTER [R(ə)bute] **v. tr.** ‹1› – fin XIIe ◊ de *re-* et *bouter* ▪ FAM. ▪ **1** VX Remettre, replacer. ▪ **2** Remettre par des moyens empiriques (un membre démis), réduire (une fracture, une foulure). ➤ RÉGION. **ramancher ; rebouteux.** *Ils « reboutaient, c'est-à-dire remettaient les jambes et les bras cassés »* BALZAC. — **n. m. REBOUTEMENT.**

REBOUTEUX, EUSE [R(ə)butø, øz] **n.** – 1893 ; *rebouteur* 1812 ◊ de *rebouter* ▪ FAM. Personne qui fait métier de remettre les membres démis, de réduire, par des moyens empiriques, les luxations, les fractures, etc. ➤ **guérisseur,** RÉGION. **ramancheur.** « *un rebouteux du village voisin, connu pour replacer les membres disloqués, passer le feu et soigner les verrues, vient et appose longuement ses mains sur la poitrine du père* » DEL AMO.

REBOUTONNER [R(ə)butɔne] **v. tr.** ‹1› – 1549 ◊ de *re-* et *boutonner* ▪ Boutonner de nouveau (un vêtement). — PRONOM. *Se reboutonner :* reboutonner ses vêtements. ➤ **se rajuster.**

REBRAGUETTER [R(ə)bragete] **v. tr.** ‹1› – 1535 ◊ de *re-* et *braguette* ▪ FAM. Refermer la braguette de (un pantalon). PRONOM. *Se rebraguetter.* ➤ **se rajuster.** « *il se rebraguetta ostensiblement par vantardise de mâle* » Y. LAHENS. ▪ CONTR. Débraguetter.

REBRAS [Rəbrɑ] **n. m.** – 1820 ; « bord retroussé d'une manche » XIVe ◊ de l'ancien français *rebrasser* « retrousser ses manches » ▪ Partie d'un gant long qui s'étend sur le bras. ➤ **manchette.**

REBRODER [R(ə)brɔde] **v. tr.** ‹1› – XVIIe ◊ de *re-* et *broder* ▪ Garnir (une étoffe, un vêtement) d'une seconde broderie qui se superpose à une première. « *une étoffe brodée et rebrodée de nacre et d'or* » LOTI. ◆ Broder (un tricot, une dentelle) après sa fabrication. — *Jacquard rebrodé.*

REBROUSSEMENT [R(ə)brusmɑ̃] **n. m.** – 1670 ◊ de *rebrousser* ▪ L'action, le fait de rebrousser qqch. ; état de ce qui est rebroussé. *Le rebroussement des poils d'une fourrure.* ◆ GÉOM. *Point de rebroussement :* point d'une courbe plane où deux arcs de la courbe admettent la même tangente. — PAR EXT. Changement de direction d'une courbe. ◆ (1888) GÉOL. Changement de direction brusque et à angle fermé (d'un pli de terrain).

REBROUSSE-POIL (À) [aR(ə)bruspwal] **loc. adv.** – 1636 ◊ de *rebrousser* et *poil* ▪ En rebroussant le poil, à contre-poil (cf. À rebours*). *Caresser un chat à rebrousse-poil.* ◆ FIG. et FAM. *Prendre qqn à rebrousse-poil,* maladroitement, de telle sorte qu'il se rebiffe.

REBROUSSER [R(ə)bruse] **v.** ‹1› – XIIIe ; *reborser* v. 1155 ◊ de *rebours* **I v. tr.** ▪ **1** Relever (les cheveux, le poil) dans un sens contraire à la direction naturelle. *Elle gratte « en rebroussant les poils du tapis »* QUENEAU. — PAR EXT. *Le vent qui rebrousse les feuilles, les palmes.* — PRONOM. *Des sourcils « dont le poil se rebroussait en virgule »* GAUTIER. — (1723) TECHN. Passer un instrument sur (le cuir) de manière à abattre le grain et l'adoucir. ▪ **2** (v. 1590) COUR. **REBROUSSER CHEMIN :** s'en retourner en sens opposé au cours d'un trajet (cf. Revenir sur ses pas*). *Ne pouvant passer, il dut rebrousser chemin.* — *Rebrousser le cours d'un fleuve.*

II v. intr. VX ou TECHN. Ne pas mordre sur la matière qu'on veut couper. « *son aubier est si dur qu'il fait rebrousser les meilleures haches* » BERNARDIN DE SAINT-PIERRE.

REBUFFADE [R(ə)byfad] **n. f.** – XVIe-XVIIe ; de *rebuffe* (1558) ◊ italien *rebuffo* ▪ Mauvais accueil, refus hargneux, méprisant. « *que de reproches, que de rebuffades et que d'humiliations !* » ÉTIEMBLE. *Essuyer une rebuffade.* ▪ CONTR. Avance.

RÉBUS [Rebys] **n. m.** – 1512 ; « mauvais jeu de mots » v. 1480 ◊ de la formule latine *de rebus quae geruntur* « au sujet des choses qui se passent », libelle qui comportait des dessins énigmatiques ▪ **1** Devinette graphique, Suite de dessins, de mots, de chiffres, de lettres évoquant par homophonie le mot ou la phrase qui est la solution (ex. nez rond, nez pointu, main pour Néron n'est point humain). *Le rébus, jeu d'esprit. Composer des rébus. Deviner, déchiffrer un rébus.* ▪ **2** FIG. VX Énigme ; allusion plus ou moins obscure.

REBUT [Rəby] **n. m.** – 1549 « rebuffade » ◊ de *rebuter* ▪ **1** Ce qu'on a rebuté (2°), rejeté. ➤ **déchet, détritus.** « *ceci semble le rebut d'un rapide triage* » LOTI. — Lettres dont l'administration de la Poste n'a pu trouver les destinataires. *Service des rebuts. Détruire les rebuts.* ▪ **2** FIG. Ce qu'il y a de plus mauvais dans un ensemble. « *L'homme, gloire et rebut de l'Univers* » PASCAL. « *Un renégat, l'opprobre et le rebut du monde* » HUGO. *Le rebut de la société, du genre humain.* ▪ **3 AU REBUT :** parmi ce dont on ne veut pas, ou plus. *Mettre, jeter qqch. au rebut* (cf. Mettre au rancart*). — *Un vieillard « dès qu'il n'a plus rien, on le jette au rebut »* MAURIAC. ◆ **loc. adj. DE REBUT :** de très mauvaise qualité, bon à jeter. *Meubles, bois de rebut.*

REBUTANT, ANTE [R(ə)bytɑ̃, ɑ̃t] **adj.** – 1669 ◊ de *rebuter* ▪ Qui rebute (3° et 4°), ennuie. ➤ **décourageant, rébarbatif, repoussant.** *Travail rebutant.* « *toutes les corvées et les soins les plus rebutants du ménage* » GIDE. — *Une attitude rebutante. Une mine rebutante.* ▪ CONTR. Attrayant, encourageant, séduisant.

REBUTER [R(ə)byte] **v. tr.** ‹1› – v. 1215 ◊ de *re-* et *but,* proprt « repousser, écarter du but » ▪ **1** VIEILLI ou LITTÉR. Repousser (qqn) avec dureté ou avec mépris. « *il me rebuta rudement* » PASCAL. ▪ **2** VX Jeter, refuser (cf. Mettre au rebut*). « *La tanche rebutée, il trouva du goujon* » LA FONTAINE. ▪ **3** Détourner, dégoûter (qqn) d'une entreprise, par les obstacles, les échecs, l'ennui. « *les débuts arides de l'enseignement du dessin le rebutèrent* » LICHTENBERGER. ➤ **décourager, lasser.** *Rien ne le rebute.* — PRONOM. *Il finira par se rebuter.* ▪ **4** Choquer (qqn), inspirer de la répugnance à. *La vulgarité de ses façons me rebutait.* — ABSOLT « *Le fat lasse, ennuie, dégoûte, rebute* » LA BRUYÈRE.

RECACHETER [R(ə)kaʃ(ə)te] **v. tr.** ‹4 /5/› – 1549 ◊ de *re-* et *cacheter* ▪ Cacheter de nouveau. « *La lettre avait été* [...] *repliée et recachetée* » BAUDELAIRE.

RECADRER [R(ə)kadRe] **v. tr.** ‹1› – v. 1995 ◊ de *re-* et *cadrer* ▪ **1** Modifier le cadrage de (une photo). ▪ **2** Redéfinir le cadre, l'orientation de (une action, une politique, un projet). ➤ **recentrer.** ▪ **3** Rappeler les règles à (qqn qui agit mal). *Recadrer son équipe.* « *ça lui fait du bien d'être un peu recadrée de temps en temps, elle est trop gâtée cette gamine* » A. POSTEL. — **n. m. RECADRAGE.**

RECALAGE [R(ə)kalaʒ] **n. m.** – 1923 au sens 2° ◊ de *recaler* ▪ **1** TECHN. Action de recaler (1°), d'annuler une dérive. *Recalage d'un volant sur un arbre de machine.* ▪ **2** FAM. Le fait d'être recalé, d'échouer à un examen. ➤ VX **retoquage.** « *Ses recalages au bachot* » PROUST.

RECALCIFICATION [R(ə)kalsifikasjɔ̃] **n. f.** – 1933 ◊ de *re-* et *calcification* ▪ BIOCHIM. Fixation du calcium en plus grande quantité dans des tissus qui l'ont perdu à la suite d'un processus pathologique. ▪ CONTR. Décalcification.

RECALCIFIER [R(ə)kalsifje] **v. tr.** ‹7› – milieu XXe ◊ de *re-* et *calcifier* ▪ Enrichir en calcium. ▪ CONTR. Décalcifier.

RÉCALCITRANT, ANTE [Rekalsitrɑ̃, ɑ̃t] **adj.** et **n.** – 1696 ; hapax 1551 ◊ de *recalcitrer* « résister avec opiniâtreté » (1120) ; latin *recalcitrare* « ruer », de *calx, calcis* « talon » ▪ **1** Qui résiste avec opiniâtreté, entêtement. *Cheval, mulet récalcitrant.* ➤ **rétif.** *Un prisonnier récalcitrant. Être, se montrer récalcitrant.* ➤ **indocile, rebelle.** — LITTÉR. *Récalcitrant contre, à* (qqch.). — **n.** « *Charger les gendarmes et les cuirassiers de convaincre les récalcitrants* » ROMAINS. ➤ **insoumis, séditieux.** ▪ **2** (1840) FAM. (CHOSES) Qu'on ne peut arranger à sa guise. *Boutons de manchettes récalcitrants.* « *l'odieux colletage avec la phrase récalcitrante* » COURTELINE. ➤ **rebelle.** ▪ CONTR. Docile, soumis, souple.

RECALER [R(ə)kale] **v. tr.** ‹1› – 1676 ◊ de *re-* et 3 *caler* ▪ **1** TECHN. Caler de nouveau. ▪ **2** (1880, arg. scol.) FAM. et COUR. Refuser (qqn) à un examen. *Recaler un candidat à l'oral d'un examen.* ➤ **ajourner, coller,** VX **retoquer ;** RÉGION. **buser, mofler, péter.** *Il s'est fait recaler au bac.* — **p. p. adj.** *Candidat recalé.* SUBST. *Les recalés de juillet.* ▪ CONTR. Admettre, recevoir. (du p. p.) Admissible, 2 reçu.

RECAPITALISATION [Rəkapitalizasjɔ̃] **n. f.** – 1987 ◊ calque de l'anglais *recapitalization* (1920) ▪ ANGLIC. FIN. Opération consistant à modifier le capital (d'une entreprise) en l'augmentant ou en le reconstituant.

RECAPITALISER [Rəkapitalize] **v. tr.** ‹1› – 1987 ◊ calque de l'anglais *to recapitalize* (1904), de *to capitalize* « constituer le capital social (d'une société) par émission d'actions » ▪ ANGLIC. FIN. Procéder à la modification du capital de (une entreprise). *Recapitaliser les entreprises nationalisées.*

RÉCAPITULATIF, IVE [rekapitylatif, iv] **adj.** – 1831 ◊ de *récapituler* ■ Qui sert à récapituler. *Chapitre, état récapitulatif. Table récapitulative.* — **n. m.** *Un récapitulatif.*

RÉCAPITULATION [rekapitylasjɔ̃] **n. f.** – 1245 ◊ latin *recapitulatio* ■ **1** Répétition, reprise point par point. *Faire la récapitulation d'un compte. «elle fit une courte récapitulation de sa vie entière»* ROUSSEAU. — Écrit qui récapitule. ➤ **abrégé, sommaire.** ■ **2** RHÉT. Figure de pensée par laquelle, dans une péroraison, on énumère les points principaux du discours.

RÉCAPITULER [rekapityle] **v. tr.** ⟨1⟩ – 1360 ◊ latin *recapitulare,* de *capitulum* «chapitre» ■ Répéter en énumérant les points principaux. ➤ **reprendre, résumer.** *Récapituler un compte, un discours.* ◆ Reprendre, en se rappelant ou en redisant (des évènements, des faits). *Récapituler sa journée.* — ABSOLT *Voyons, récapitulons !*

RECARRELER [ʀ(ə)kaʀle] **v. tr.** ⟨4 /5/⟩ – 1690 ; «raccommoder de vieux souliers» 1488 ◊ de *re-* et *carreler* ■ TECHN. Carreler de nouveau. *Faire recarreler une salle de bains.*

RECASER [ʀ(ə)kaze] **v. tr.** ⟨1⟩ – 1845 ◊ de *re-* et *caser* ■ FAM. Caser de nouveau (qqn qui a perdu sa place). — PRONOM. *Il a pu se recaser ailleurs.*

RECAUSER [ʀ(ə)koze] **v. intr.** ⟨1⟩ – 1578 ◊ de *re-* et 2 *causer* ■ Causer de nouveau de. ➤ **reparler.** *«On en recausera plus tard, dit-il»* AYMÉ.

RECÉDER [ʀ(ə)sede] **v. tr.** ⟨6⟩ – 1832 ; «reprendre une chose cédée» 1596 ◊ de *re-* et *céder* ■ **1** Rendre (ce qui avait été cédé). ➤ **rétrocéder.** — Céder (ce qu'on avait acheté). ➤ **revendre.** *Recéder sa voiture à un ami.* ■ **2** Céder de nouveau. *«J'y recède* [à ce besoin] *à presque chaque coup»* GIDE.

RECEL [ʀəsɛl] **n. m.** – 1830 ; «secret» 1180 ◊ de *recéler* ■ Action de recéler ; réception et conservation de choses obtenues par autrui au moyen d'un délit ou d'un crime (objets volés, etc.). *Recel de bijoux. Être accusé de recel.* — *Recel de malfaiteur, de criminel :* fourniture d'asile ou de refuge à l'auteur connu d'un crime. ◆ Fait de recéler, de garder pour soi illégalement (un avantage). *Recel d'abus de biens sociaux, de délit d'initié.*

RECÉLER [ʀ(ə)sele] ⟨6⟩ ou **RECELER** [ʀ(ə)səle ; ʀəs(ə)le ; ʀ(ə)sele] ⟨5⟩ **v.** – v. 1170 ◊ de *re-* et *celer*

I **v. tr.** ■ **1** LITTÉR. Tenir caché, secret. *Recéler un secret,* en être le dépositaire. ◆ (1680) FIG. Garder, contenir en soi. ➤ **renfermer.** *«l'Italie recelait des révolutionnaires dignes de ce nom»* ROMAINS. *Cela recèle un mystère. «La danse peut révéler tout ce que la musique recèle de plus mystérieux»* BAUDELAIRE. ■ **2** (1398) Détenir, garder par un recel. *Recéler des tableaux volés, le produit d'un cambriolage.* — DR. *Recéler un malfaiteur, des espions,* les garder chez soi pour les soustraire à la justice.

II **v. intr.** CHASSE Se cacher, rester dans son enceinte sans en sortir. *Le cerf recèle.*

RECÉLEUR, EUSE [ʀ(ə)selœʀ, øz] ou **RECELEUR, EUSE** [ʀ(ə)səlœʀ ; ʀəs(ə)lœʀ ; ʀ(ə)selœʀ, øz] **n.** – 1324 ◊ de *recéler* ■ Personne qui se rend coupable de recel. ➤ ARG. **fourgue.** *Le recéleur, la recéleuse d'un vol, d'objets volés. Les jurisconsultes «ont regardé le receleur comme plus odieux que le voleur»* MONTESQUIEU.

RÉCEMMENT [ʀesamɑ̃] **adv.** – 1646 ; *recentement* 1544 ◊ de *récent* ■ À une époque récente, depuis peu de temps. ➤ **dernièrement, naguère.** *Je l'ai vue tout récemment. «une invention de la presse anglaise importée récemment»* BALZAC. ➤ **fraîchement.** ■ CONTR. Anciennement, autrefois, jadis.

RECENSEMENT [ʀ(ə)sɑ̃smɑ̃] **n. m.** – 1611 ◊ de *recenser* ■ Compte ou inventaire détaillé. ➤ **recension.** *«Le recensement général des ressources* [du globe]*»* VALÉRY. — Dénombrement détaillé (des habitants d'un pays). *Le dernier recensement.* — *Recensement général des votes :* centralisation des résultats d'élections. — *Recensement (du contingent),* liste des jeunes gens en âge d'être appelés sous les drapeaux. ◆ Inventaire des biens, des logements susceptibles d'être réquisitionnés.

RECENSER [ʀ(ə)sɑ̃se] **v. tr.** ⟨1⟩ – 1534 ; «exposer, raconter» 1230 ◊ latin *recensere* «passer en revue» → cens ■ **1** Dénombrer par le détail (la population). ➤ **compter.** *Recenser la population d'un pays* (➤ **recensement**). *Jeunes gens qui se font recenser.* ■ **2** Dénombrer, inventorier. *J'en ai recensé plusieurs qui conviendraient. «recenser ses amoureuses* [de Rousseau]*»* HENRIOT. ■ **3** Vérifier et marquer (les métaux précieux) quand le fisc change de poinçon.

RECENSEUR, EUSE [ʀ(ə)sɑ̃sœʀ, øz] **n.** – 1869 ; autre sens 1230 ◊ de *recenser* ■ Personne qui procède à un recensement de population. — **adj.** *Agent recenseur.*

RECENSION [ʀ(ə)sɑ̃sjɔ̃] **n. f.** – 1808 ; «examen critique de cartes géographiques» 1753 ◊ latin *recensio* ■ LITTÉR. ■ **1** Comparaison d'une édition d'un auteur ancien avec les manuscrits. ➤ **collationnement.** ■ **2** Compte rendu d'un ouvrage littéraire. — FIG. Examen, inventaire détaillé et critique. ➤ **recensement.** *«cette recension de mes heures passées»* BUTOR.

RÉCENT, ENTE [ʀesɑ̃, ɑ̃t] **adj.** – 1450 «nouveau, 1 frais» ◊ latin *recens, entis* ■ Qui s'est produit ou qui existe depuis peu de temps ; proche dans le passé. *Des photos récentes. Une construction récente.* ➤ **moderne.** *Évènements récents. Un homme «dont la perte récente afflige encore les lettres»* BALZAC. *Découverte, invention récente. Nouvelle toute récente.* ➤ **dernier,** 1 **frais.** *La chose n'est pas récente* (cf. Ne date* pas d'hier). *«L'histoire est plus affirmative* [...] *pour les périodes inconnues* [...] *que pour les époques plus récentes»* PAULHAN. *Passé récent.* ➤ **proche.** ◆ (PERSONNES) *Bourgeois récent,* de fraîche date. ➤ **nouveau.** *Les femmes «toutes récentes dans le monde»* PROUST. ■ CONTR. Ancien, vieux.

RECENTRAGE [ʀ(ə)sɑ̃tʀaʒ] **n. m.** – 1924 ◊ de *re-* et *centrer* ■ Action de recentrer ; son résultat. *Le recentrage d'un parti :* son regroupement autour d'un objectif (le même, à cause des dissidents, ou un autre, à cause des opposants). — ÉCON. *Opération de recentrage* (recomm. offic.). ➤ ANGLIC. **spin-off.**

RECENTRER [ʀ(ə)sɑ̃tʀe] **v. tr.** ⟨1⟩ – 1902 ◊ de *re-* et *centrer* ■ **1** Remettre au centre ou diriger vers le centre, réorienter. ■ **2** Réorienter sur l'objectif, sur ce qui est important, essentiel. *Recentrer le débat. Recentrer son activité, une offre. «Olga avait été embauchée pour recentrer la communication afin de l'adapter aux attentes de cette nouvelle clientèle»* HOUELLEBECQ. — PRONOM. *Se recentrer sur les priorités.*

RECÉPAGE [ʀ(ə)sepaʒ] **n. m.** – 1762 ; *resepage* 1690 ◊ de *recéper* ■ AGRIC. Action de recéper. *Recépage de la vigne ; de jeunes arbres.*

RECÉPÉE [ʀ(ə)sepe] **n. f.** – *receppée* 1400 ◊ de *recéper* ■ AGRIC. Partie d'un bois qu'on a recépé.

RECÉPER [ʀ(ə)sepe] **v. tr.** ⟨6⟩ – 1395 ◊ de *re-* et *cep* ■ **1** AGRIC. Couper, tailler (un arbuste) près de terre pour faire venir des pousses plus fortes. *«Les vignerons recèpent la vigne tous les ans»* BALZAC. — PAR EXT. *Bois recépé,* où les arbustes ont été recépés. ■ **2** (1869) TECHN. Raccourcir (des pieux, des pilotis qui dépassent le niveau voulu).

RÉCÉPISSÉ [ʀesepise] **n. m.** – 1380 ◊ latin *recepisse,* de *recipere* «recevoir» ■ Écrit par lequel on reconnaît avoir reçu des pièces, des objets, de l'argent. ➤ 1 **reçu.** *Récépissé d'un dépôt, d'un envoi.* ➤ **accusé** (de réception). *Des récépissés.*

RÉCEPTACLE [ʀesɛptakl] **n. m.** – 1314 ◊ latin *receptaculum,* de *receptare,* fréquentatif de *recipere* «recevoir» ■ **1** Lieu, emplacement, contenant qui reçoit son contenu de diverses provenances. *La mer, réceptacle des eaux fluviales. Nos immenses bibliothèques, «commun réceptacle et des productions de génie et des immondices des lettres»* DIDEROT. ◆ (1701) TECHN. Bassin où se rassemblent les eaux. ■ **2** (1765) BOT. Prolongement du pédicelle de la fleur qui supporte toutes les pièces florales (ex. la fraise). — Extrémité élargie du pédoncule supportant un capitule de composée (ex. le fond d'artichaut).

1 **RÉCEPTEUR** [ʀesɛptœʀ] **n. m.** – XIVe ; *receteur* «recéleur» v. 1265 ◊ latin *receptor,* de *recipere* «recevoir» ; cf. *receveur* ■ **1** VX Personne qui reçoit. — MOD. COMM. *Récepteur d'un compte courant :* correspondant qui reçoit la remise et en est débité. ■ **2** (1846) TECHN. Appareil qui reçoit de l'énergie brute pour la transformer en énergie utilisable. *Les accumulateurs sont des récepteurs.* ◆ TÉLÉCOMM., TÉLÉDÉTECT. Appareil assurant la réception, la sélection (➤ **accord, filtrage**), la détection (➤ **démodulation**) et la mise en forme (➤ **amplification, décodage**) de signaux véhiculés par des ondes hertziennes. ➤ **chaîne** (II, A, 8°), 3 **poste, syntoniseur, tuner.** *Sensibilité d'un récepteur. L'antenne* d'un récepteur de radio. Cadre d'un récepteur de T. S. F. Récepteur de radiotélégraphie. Récepteur de télévision. Récepteur numérique, satellite.* — *Récepteur téléphonique :* appareil assurant la réception du signal téléphonique et sa transformation en signal sonore (➤ **combiné**). *Raccrocher le récepteur.* ■ **3** PHYSIOL. Cellule ou terminaison nerveuse ayant pour fonction de recevoir divers stimulus en les transformant en stimulations qui seront transmises aux organes

correspondants. *Récepteurs et effecteurs**. *Récepteur tactile, auditif, olfactif, gustatif* (➤ 2 **récepteur** [centre récepteur]). *Récepteurs au chaud, au froid* (➤ **thermorécepteur**), *à la douleur* (➤ **nocicepteur**). ▪ **4** (1904) BIOCHIM. Protéine membranaire, cytoplasmique ou nucléaire, capable de se lier spécifiquement à une autre protéine. ➤ **ligand.** *Récepteur d'une hormone, d'une enzyme, d'un anticorps, d'un antigène, d'un virus, d'un médicament, d'un neurotransmetteur...* (➤ **neurorécepteur**). *Récepteur GABA.* ▪ **5** FIG. et LITTÉR. Organisme vivant recevant des impressions. *N'importe quel vivant «est un récepteur admirable de toutes ondes, sons, lumière»* ALAIN. — LING. Personne qui reçoit un message envoyé par l'émetteur*. ➤ **allocutaire, destinataire.** ▪ CONTR. Émetteur.

2 **RÉCEPTEUR, TRICE** [ʀesɛptœʀ, tʀis] **adj.** – 1859 ◊ de 1 *récepteur* ▪ Qui reçoit, SPÉCIALT Qui reçoit des ondes. *Poste récepteur.* ➤ 1 **récepteur.** *Antenne réceptrice.* ◆ (1875) PHYSIOL. *Centre récepteur* : structure nerveuse (centrale ou périphérique) recevant des influx. ▪ CONTR. Émetteur, générateur.

RÉCEPTIF, IVE [ʀesɛptif, iv] **adj.** – 1824 ; «qui reçoit» 1450 ◊ du latin *receptus*, de *recipere* «recevoir» ▪ **1** Susceptible de recevoir des impressions. *«Les capacités proprement réceptives des* [...] *organes sensitifs»* MAINE DE BIRAN. *Les émotifs sont réceptifs.* — *Réceptif à...* (qqch.). *L'enfant est particulièrement réceptif à la suggestion. Il n'a pas été très réceptif à votre requête.* ➤ **sensible.** ▪ **2** IMMUNOL. Se dit d'un organisme (animal, humain) susceptible de contracter une infection. ▪ CONTR. Réfractaire, résistant.

RÉCEPTION [ʀesɛpsjɔ̃] **n. f.** – 1486 ; «accueil des voyageurs» v. 1200 ◊ latin *receptio*
▪ Action de recevoir.

I *Réception de (qqch.).* **A.** (CONCRET) ▪ **1** Le fait pour le destinataire de recevoir effectivement (une marchandise transportée). *Réception d'un paquet, d'une lettre. Accuser réception d'une lettre. Accusé*, avis de réception* (➤ **récépissé**). ▪ **2** SC. Action de recevoir (des ondes) ; le fait d'en être le récepteur*. *Réception de la lumière, des sons... par l'organisme. «Les cellules nerveuses de l'oreille interne constituent l'appareil de réception»* A. PIZON. — *Réception des ondes dans un poste. Mauvaise réception* (➤ **brouillage, bruit**). ▪ **3** (1913) SPORT Action de recevoir le ballon. — Manière dont le corps se reçoit au sol après un saut. *Réception d'un sauteur, d'un parachutiste.*
B. (1690 *réception en caution*) FIG. DR. Action d'accepter. *Réception de caution* : acceptation par le créancier de la caution présentée par le débiteur. — *Réception de travaux* : acceptation, approbation, par le maître et l'acquéreur de l'ouvrage, des travaux de l'entrepreneur après leur achèvement et à condition qu'ils aient été bien exécutés. ➤ **admission, recette.** *Procès-verbal de réception.*

II ▪ **1** *Réception de (qqn).* Action de recevoir (une personne), d'accueillir. *Réception d'un solliciteur qui demande audience.* — *Réception d'un ambassadeur, d'un chef d'État.* — *Faire une bonne, une mauvaise réception à qqn.* ➤ **accueil.** ▪ **2** Action de recevoir les clients d'un hôtel. *Bureau de la réception.* — PAR MÉTON. Ce bureau, ses employés. *Adressez-vous à la réception. Peu versés «dans l'art de "recevoir" [ils] portaient le titre de "chefs de réception"»* PROUST (➤ **réceptionnaire, réceptionniste**). ▪ **3** Action de recevoir des amis chez soi. *Le mardi était son jour de réception.* ◆ (1830) Réunion mondaine organisée chez qqn. ➤ **soirée.** *Les invités d'une réception. «Elle donnait des réceptions et menait un train assez luxueux»* HENRIOT. *Une grande réception.* ➤ **fête*.** *Réceptions officielles.* ➤ **cérémonie,** 1 **gala.** *Salon, salle de réception,* où l'on donne des réceptions. — PAR EXT. *La réception* : dans une maison particulière, pièces où l'on peut recevoir (salons*, etc.). *«J'ouvre toute la réception du rez-de-chaussée, y compris la salle de billard»* HÉRIAT. ▪ **4** (1475) Le fait de recevoir (qqn), d'être reçu dans un corps, un cercle, un club, etc., en tant que membre ; cérémonie à laquelle cette admission donne lieu. *Réception d'un sociétaire au Jockey-Club par ses parrains. Réception d'un écrivain à l'Académie française, sous la Coupole. Séance, discours de réception.*
▪ CONTR. Envoi, expédition ; émission. — Exclusion.

RÉCEPTIONNAIRE [ʀesɛpsjɔnɛʀ] **n.** – 1866 ◊ de *réception* ▪ **1** DR. Personne qui prend livraison de marchandises. ◆ COUR. Personne chargée d'assurer la réception de marchandises et d'en vérifier la nature, la qualité, la quantité. *Réceptionnaire en construction mécanique.* ▪ **2** Chef de la réception dans un hôtel. *«Une réceptionnaire de palace»* C. SIMON. ➤ **réceptionniste.**

RÉCEPTIONNER [ʀesɛpsjɔne] **v. tr.** ⟨1⟩ – 1913 ◊ de *réception* ▪ **1** DR. ou TECHN. Recevoir, vérifier et enregistrer (une livraison). *Réceptionner des marchandises.* ▪ **2** SPORT Recevoir et contrôler (le ballon).

RÉCEPTIONNISTE [ʀesɛpsjɔnist] **n.** – 1945 ◊ de *réception* ▪ Personne chargée de l'accueil de la clientèle (d'un hôtel, d'une entreprise, d'un organisme). *Elle est réceptionniste-standardiste.* ➤ aussi **hôtesse.**

RÉCEPTIVITÉ [ʀesɛptivite] **n. f.** – 1801 ◊ de *réceptif* ▪ DIDACT. ou LITTÉR. ▪ **1** Caractère de ce qui est réceptif. Aptitude à recevoir des impressions. ➤ **sensibilité.** *Réceptivité d'un organe. «à certains moments [...] nous nous trouvons en état de réceptivité»* MAUROIS. ▪ **2** (1836) MÉD. Aptitude à contracter (une maladie). *La fatigue augmente la réceptivité de l'organisme. La réceptivité à certaines maladies varie selon l'individu, l'âge. «les variations de réceptivité ou de résistance aux germes»* MONDOR. ▪ CONTR. Immunité, résistance.

RECERCLAGE [ʀ(ə)sɛʀklaʒ] **n. m.** – 1869 ◊ de *recercler* ▪ TECHN. Nouveau cerclage (d'un tonneau).

RECERCLER [ʀ(ə)sɛʀkle] **v. tr.** ⟨1⟩ – 1832 ◊ de *re-* et *cercler* ▪ **1** Cercler de nouveau. *Recercler un tonneau.* ▪ **2** **p. p. adj.** **RECERCLÉ, ÉE** BLAS. *Croix recerclée,* dont les bras se divisent et s'enroulent en volutes. (On dit aussi *recercelée* [ʀ(ə)sɛʀsəle], de *cerceau.*)

RECÈS [ʀəsɛ] **n. m.** – *recez* 1551 ◊ latin *recessus* «action de se retirer» ▪ **1** HIST. Acte dans lequel les diètes de l'Empire germanique consignaient leurs délibérations avant de se retirer. *Le Recès de 1803.* ▪ **2** DIPLOM. Procès-verbal de conventions arrêtées entre deux puissances. — On écrit aussi *recez.*

RÉCESSIF, IVE [ʀesesif, iv] **adj.** – 1907 ◊ de *récession* ▪ BIOL. À l'état latent. *Gène récessif* : gène qui n'exprime le caractère (➤ **phénotype**) qui lui est lié que s'il existe sur les deux chromosomes de la paire (à l'état homozygote). *Le caractère des yeux bleus, celui des cheveux raides... est lié à un gène récessif* ; PAR EXT. *est récessif* (➤ **récessivité**). *Gène récessif dominé par un gène dominant chez un individu hétérozygote.*

RÉCESSION [ʀesesjɔ̃] **n. f.** – 1870 ◊ latin *recessio*, de *re-* «en arrière» et *cedere* «aller» ▪ **1** DIDACT. Action de se retirer. ➤ **recul.** *Récession des galaxies,* leur éloignement progressif. ➤ **fuite.** ▪ **2** (1954 ◊ anglais *recession*) Ralentissement du rythme de croissance de l'activité économique. ➤ **crise, dépression.** *Une période de récession.* ▪ CONTR. Avance, progrès. Expansion.

RÉCESSIVITÉ [ʀesesivite] **n. f.** – 1953 ◊ de *récessif* ▪ BIOL. Caractère récessif. État d'un sujet récessif. *Les phénomènes d'atavisme sont liés à la récessivité.* ▪ CONTR. Dominance.

RECETTE [ʀ(ə)sɛt] **n. f.** – XIVe ; «lieu où l'on se retire» 1080 ◊ du latin *recepta* «chose reçue»

I ▪ **1** Total des sommes d'argent reçues. ➤ **rentrée** (d'argent). *Le montant d'une recette. Recette provenant de ventes. La recette journalière d'un magasin. Recette annuelle* (cf. Chiffre* d'affaires). — *Recette nette,* et ABSOLT *recette* : bénéfice. *«associés, intéressés aux affaires, touchant un pourcentage sur la recette»* ARAGON. — LOC. *Faire recette* : avoir beaucoup de succès, en parlant d'un spectacle, d'une exposition, d'une troupe, etc. FIG. *Cette idée ne fait plus recette.* ◆ (Opposé à *dépense*) *Recettes et dépenses prévues au budget.* ➤ **crédit.** *Recettes qui couvrent, ne couvrent pas les dépenses. Excédent, insuffisance des recettes.* ➤ **bénéfice, résultat.** ◆ SPÉCIALT *Recettes fiscales* : le produit* de l'impôt. ▪ **2** DR. Action de recevoir (de l'argent). ➤ 1 **recouvrement.** *Faire la recette des contributions.* — COUR. *Garçon de recette* : employé de banque chargé d'encaisser les effets de commerce. ➤ **encaisseur.** ▪ **3** (1845) TECHN. Action de recevoir et de vérifier (des marchandises, constructions, fabrications). ➤ **admission, réception.** *Commission de recette des constructions navales.* ◆ INFORM. Vérification de la conformité (d'un produit informatique) aux spécifications. *Faire la recette d'un logiciel.* ➤ **recetter.** ▪ **4** Bureau d'un receveur des impôts. ➤ **perception.** *Recette des finances.* — *Recette des contributions indirectes ; recette buraliste.*

II (1816) TECHN. Large palier dans un puits de mine, où sont reçus les produits d'exploitation (charbon, etc.).

III (Au sens de «indication reçue») ▪ **1** (1314) Formule et manière de préparer (un remède). *Recette d'une pharmacopée, du codex. Recette de bonne femme.* ▪ **2** (fin XIVe) *Recette (de cuisine).* Indication détaillée de la manière de préparer un mets. *«faire des biscuits selon la recette d'une tante»* CHARDONNE. *Une bonne recette. Livre de recettes* : livre de cuisine. ▪ **3** FIG. Moyen, procédé. *Une recette infaillible pour réussir.*

Donnez-moi la recette ! ➤ 2 **secret.** *Il n'y a pas de recette.* «*Ils avaient des goûts communs et des métiers différents : c'est la recette même de l'amitié*» MAUROIS.
■ CONTR. (du I) Débours, dépense.

RECETTER [Rəsete] **v. tr.** ‹1› – 1730 ◇ de *recette* ■ TECHN. Recevoir et vérifier (des marchandises, constructions, fabrications). ◆ INFORM. Vérifier la conformité de (un produit informatique) aux spécifications. *Recetter un logiciel.*

RECEVABILITÉ [R(ə)səvabilite ; Rəs(ə)vabilite] **n. f.** – 1829 ◇ de *recevable* ■ DR. Caractère d'une action en justice lorsque le défaut de droit d'agir d'une des parties n'est pas invoqué. *La recevabilité d'une action, d'un appel, d'un pourvoi.* ■ CONTR. Irrecevabilité.

RECEVABLE [R(ə)səvabl ; Rəs(ə)vabl] **adj.** – 1260 ◇ de *recevoir* ■ **1** Qui peut être reçu, accepté. *Cette excuse n'est pas recevable.* ➤ **acceptable, admissible.** ■ **2** DR. (d'une action en justice) Contre quoi il n'existe aucun obstacle juridique à l'examen du fond. *Action, demande, appel recevable. Être déclaré non recevable.* — (D'une personne) Qui peut être admis à (agir en justice). «*tout intéressé est recevable à demander en justice* [...]» (CODE CIVIL). ■ CONTR. Irrecevable ; inadmissible.

RECEVANT, ANTE [R(ə)səvɑ̃, ɑ̃t] **adj.** – 1930 ◇ du p. prés. de *recevoir* ■ (Canada) Qui aime recevoir. ➤ **accueillant, hospitalier.** *Des gens ouverts et très recevants.*

RECEVEUR, EUSE [R(ə)səvœR ; Rəs(ə)vœR, øz] **n.** – XIIIe ; *recevur* 1170 ; «celui qui soutient» 1120 ◇ de *recevoir* ■ **1** VX Personne chargée de faire, de gérer une recette. MOD. *Receveur public* : comptable public chargé du recouvrement des impôts indirects, de certains impôts directs perçus sans émission de rôle*, et du règlement de certaines dépenses. ➤ **percepteur.** *Receveur des contributions. Receveur municipal,* effectuant les recettes et les dépenses communales. *Receveur buraliste* (de la Régie). *Receveur de l'enregistrement* : agent de perception et de contrôle. *Receveur d'un bureau de poste.* ■ **2** (1869) ANCIENNT Employé(e) préposé(e) à la recette dans les transports publics. *Receveur de tramway. Receveuse d'autobus.* ■ **3** MÉD. Personne qui reçoit le sang du donneur (dans une transfusion sanguine). ➤ **transfusé.** *Receveur universel,* appartenant au groupe AB et pouvant recevoir le sang des autres groupes sanguins (A, B et O). ◆ (v. 1960) Malade à qui l'on implante un fragment de tissu ou un organe d'un donneur* (dans une greffe ou une transplantation d'organe). ■ **4** Joueur de baseball qui reçoit les balles du lanceur. ■ **5** n. m. Bac à douche.

RECEVOIR [R(ə)səvwaR ; Rəs(ə)vwaR] **v. tr.** ‹28› – fin xe, au sens de «laisser entrer qqn» (II, 1°) ◇ du latin *recipere,* famille de *capere* «prendre, saisir»

I (SENS PASSIF) **SE VOIR ADRESSER (QQCH.)** ■ **1** (fin XIe) Être mis en possession de (qqch.) par un envoi, un don, un paiement, etc. *Recevoir une lettre, un colis, un catalogue. Recevoir un cadeau, des étrennes. Recevoir de l'argent.* ➤ **encaisser.** *Recevoir une somme, un salaire, une gratification.* ➤ **percevoir,** 1 **toucher.** — *Recevoir une récompense, une décoration, un prix.* ➤ **obtenir.** — SANS COMPL. *Donner et recevoir.* «*Recevoir, prendre et demander, voilà le secret en trois mots*» BEAUMARCHAIS. — LOC. *Donner d'une main et recevoir de l'autre.* ◆ (COMPL. ABSTRAIT) *Recevoir un message, un appel, un coup de téléphone.* — PAR EXT. *Je ne le reçois plus* : la communication est interrompue. *Je vous reçois cinq sur cinq*. On ne reçoit pas toutes les chaînes de télévision dans la région.* ➤ **capter.** — *Recevoir un ordre, une mission. Recevoir des compliments, des félicitations. Recevez, Monsieur, mes salutations, l'assurance de mon dévouement* (formules). *Je n'ai pas de leçon à recevoir de vous. Recevoir de l'instruction, un certain genre d'éducation. Recevoir des soins, des secours.* «*L'amour, c'est* [...] *le plaisir reçu et donné*» LÉAUTAUD. — RELIG. *Recevoir la communion, un sacrement.* ◆ TURF *Cheval qui reçoit d'un concurrent cinq livres, vingt-cinq mètres,* qui est avantagé par rapport à lui de cinq livres, vingt-cinq mètres (opposé à *être handicapé*). ■ **2** (fin XIe) Être atteint par, être l'objet de (qqch. que l'on subit, que l'on éprouve). — (CONCRET) *Recevoir des coups, des blessures.* ➤ FAM. **récolter.** *Qu'est-ce qu'il a reçu !* ➤ **attraper, prendre.** *Recevoir la pluie, une averse.* — SANS COMPL. «*Tout le secret des armes consiste à donner et à ne point recevoir*» MOLIÈRE. — (ABSTRAIT) *Recevoir un affront, des injures, un châtiment, une leçon.* ➤ **essuyer, subir.** *Il a reçu son compte*, (FAM.) son paquet. Il a reçu un choc (émotif).* ◆ (SUJET CHOSE) *La lune reçoit sa lumière du soleil. Corps qui reçoit un mouvement. La matière qui a reçu telle ou telle forme.* — (CHOSES ABSTRAITES) Être l'objet de. ➤ **prendre.** *Adage qui reçoit une confirmation. Cette affaire a reçu une heureuse solution.* ➤ **trouver.** *Le projet a reçu d'importantes modifications.*

II (SENS ACTIF) **LAISSER ENTRER OU VENIR À SOI, DONNER ACCÈS À** ■ **1** (fin xe) Laisser entrer (qqn qui se présente). *Personnalité, ministre qui reçoit des visiteurs.* ➤ **accueillir.** ◆ (En parlant de réceptions officielles) *Recevoir un nouvel académicien.* ➤ **récipiendaire.** — SPÉCIALT Faire venir chez soi pour un repas, une réunion. *Recevoir des amis à dîner, qqn à sa table.* — Faire entrer en allant chercher et en accompagnant. ➤ **introduire.** «*Elle se dérangeait pour recevoir celles qui entraient*» FLAUBERT. ◆ (milieu XIIe) Réserver un accueil (bon ou mauvais). ➤ **accueillir, traiter.** *Être bien reçu, avec les honneurs. Recevoir qqn à bras ouverts, avec empressement. Être mal reçu.* LOC. *Être reçu comme un chien* dans un jeu de quilles.* — PAR PLAIS. *On va les recevoir !* ◆ SANS COMPL. Accueillir habituellement des amis, des invités ; donner une réception. *Une personne qui sait recevoir.* «*J'ai mon jour, le mercredi, où je reçois*» BALZAC. *Ils reçoivent très peu.* «*Je crois que j'ai horreur de recevoir, je vis dans une angoisse perpétuelle que tout soit raté*» ERNAUX. — Accueillir les visiteurs. *Monsieur le Directeur reçoit tel jour, de telle heure à telle heure. Le médecin va vous recevoir.* — PAR EXT. (1727) *Recevoir une visite, la visite de qqn.* ◆ FIG. (COMPL. CHOSE) ➤ **accueillir.** *La Commune* «*reçut la proposition très froidement*» MICHELET. — p. p. adj. *Initiative bien, mal reçue.* ◆ SPORT Se dit d'une équipe qui en rencontre une autre sur son terrain (cf. À domicile*). *Bordeaux reçoit Marseille.* ■ **2** (début XIIIe) Laisser entrer (qqn) à certaines conditions, après certaines épreuves. ➤ **admettre.** — (Surtout au pass.) *Être reçu à un examen, un concours.* p. p. adj. *Candidats admissibles, reçus.* — *Société, club où l'on ne reçoit pas certaines personnes.* ■ **3** Faire entrer (qqch.), recueillir. *Pièce qui reçoit le jour par deux fenêtres. Salle capable de recevoir deux mille personnes.* ➤ **contenir.** ◆ PAR EXT. (d'un récipient) *Creuset qui reçoit le minerai en fusion. Fleuve qui reçoit des affluents.* ■ **4** (fin XIe) LITTÉR. Admettre en son esprit (comme vrai, légitime). ➤ **admettre, reconnaître.** «*Ne recevoir jamais aucune chose pour vraie, que je ne la connusse évidemment être telle*» DESCARTES. — *Coutumes, usages reçus.* «*il existait des idées reçues, reste à savoir où et par qui, mais enfin des idées reçues*» ARAGON. ◆ (fin XIIIe) DR. Accepter comme recevable. *Recevoir une plainte.* «*Aucune demande ne sera reçue dans les tribunaux*» (CODE DE PROCÉDURE CIVILE). — LOC. *Fin de non-recevoir.* ➤ 1 **fin** (II, 3°).

III SE RECEVOIR v. pron. ■ **1** (RÉCIPR.) *Ils se reçoivent beaucoup* (cf. SUPRA II, 1°). ■ **2** (1872) (RÉFL.) TURF, SPORT Retomber d'une certaine façon, après un saut. *Sauteur qui se reçoit sur la jambe droite* (➤ **réception,** I, A, 3°). *Le cheval s'est mal reçu.*
■ CONTR. Donner, émettre, envoyer, offrir, payer, verser. — Éliminer, exclure, recaler, refuser.

RECEZ ➤ **RECÈS**

RÉCHAMPI [Reʃɑ̃pi] **n. m.** – 1690 ◇ de *réchampir* ■ TECHN. *Un réchampi* : ornement réchampi, ressortant du fond. *La maison* «*était peinte en blanc, avec des réchampis de couleur jaune*» FLAUBERT. — On dit aussi *rechampi* [Rəʃɑ̃pi].

RÉCHAMPIR [Reʃɑ̃piR] **v. tr.** ‹2› – 1676 ◇ de *re-* et *échampir,* de *champ* ■ TECHN. Détacher du fond (des ornements). — PAR EXT. Orner par ce procédé. *Réchampir les murs.* — On dit aussi *rechampir* [Rəʃɑ̃piR].

RÉCHAMPISSAGE [Reʃɑ̃pisaʒ] **n. m.** – 1692 ◇ de *réchampir* ■ TECHN. Action de réchampir ; ouvrage réchampi. — On dit aussi *rechampissage* [Rəʃɑ̃pisaʒ].

1 **RECHANGE** [R(ə)ʃɑ̃ʒ] **n. m.** – v. 1468 ; *rescange* «compensation» 1295 ◇ de *rechanger* ■ **1** loc. adj. (1732) **DE RECHANGE :** destiné à remplacer un objet ou un élément identique. *Pièces de rechange. Vêtements de rechange.* — (1904) *Roue de rechange* : roue de secours. ◆ FIG. De remplacement. *Une solution de rechange.* «*Nous vous faisons un monde de rechange pour le cas où périrait le vôtre*» MICHELET. ■ **2** PAR EXT. (1845) Pièce, objet de rechange. *Un rechange de vêtements.* ➤ **change.** ABSOLT Couche-culotte de bébé.

2 **RECHANGE** [R(ə)ʃɑ̃ʒ] **n. m.** – 1620 ◇ de *re-* et *change* ■ DR. COMM. Opération par laquelle le porteur d'une lettre de change impayée tire sur les obligés une nouvelle lettre de change, dite *retraite.*

RECHANGER [R(ə)ʃɑ̃ʒe] **v. tr.** ‹3› – *rechangier* XIIe ◇ de *re-* et *changer* ■ Changer de nouveau. *Encore crevés ! Il va falloir rechanger la roue.*

RECHANTER [R(ə)ʃɑ̃te] **v. tr.** ‹1› – 1487 ◇ de *re-* et *chanter* ■ Chanter de nouveau. *Rechantez-nous cette mélodie.*

RECHAPAGE [R(ə)ʃapaʒ] **n. m.** – 1928 ◊ de *rechaper* ■ Action de rechaper ; son résultat.

RECHAPER [R(ə)ʃape] **v. tr.** ‹1› – 1928 ◊ de *re-* et *chape* ■ Réparer (un pneu) en reconstituant la couche de caoutchouc usée de la chape. — **p. p. adj.** *Pneu rechapé.*

RÉCHAPPÉ, ÉE [Reʃape] **n.** – *reschappez* 1588 ◊ p. p. de *réchapper* ■ LITTÉR. Rescapé. « *Les réchappés de ce grand naufrage* » ALAIN.

RÉCHAPPER [Reʃape] **v. intr.** ‹1› – XVIIe ; *reschapper* v. 1220 ; (→ rescapé) ◊ de *re-* et *échapper* ■ Échapper à un péril pressant, menaçant. *Réchapper de...* LITTÉR. *Il a réchappé de cette guerre, de cette maladie.* — *Réchapper à...* « *Si je réchappe à cette crise* » ANOUILH. ◆ Plus cour. **EN RÉCHAPPER.** « *j'ai failli y passer ; mais [...] je crois que j'en réchapperai* » ZOLA (cf. S'en sortir, s'en tirer). — ABSOLT Guérir ; s'en sortir vivant. *Personne n'en a réchappé, n'en est réchappé* (état).

RECHARGE [R(ə)ʃaRʒ] **n. f.** – 1433 « charge, mission » ◊ de *recharger* ■ **1** Action de recharger une arme, un appareil électrique. *Mettre un accumulateur en recharge.* ■ **2** (1611) Seconde charge que l'on met dans une arme. — PAR ANAL. *Recharge de stylo.* ➤ 2 **cartouche.** *Recharge pour un atomiseur à parfum. Recharge d'adoucissant.* ➤ **écorecharge.**

RECHARGEABLE [R(ə)ʃaRʒabl] **adj.** – 1964 ◊ de *recharger* ■ Qu'on peut recharger. *Briquet rechargeable* (opposé à *jetable*).

RECHARGEMENT [R(ə)ʃaRʒəmɑ̃] **n. m.** – 1835 ; wallon *rechairgement* « autorisation » (XVe) ◊ de *recharger* ■ Action de recharger. ◆ TECHN. *Rechargement d'une route* (➤ **recharger,** 3°).

RECHARGER [R(ə)ʃaRʒe] **v. tr.** ‹3› – 1538 ; *rechargier* v. 1160 ◊ de *re-* et *charger* ■ **1** Charger de nouveau ou davantage. *Recharger un camion.* « *la malle fut rechargée dans la carriole* » ZOLA. ■ **2** (1564) Remettre une charge dans (une arme). *Recharger son fusil.* — Approvisionner de nouveau. *Recharger un appareil photographique, un briquet à gaz. Recharger une chaudière.* — *Recharger une batterie d'accumulateurs. Recharger la batterie d'un portable* ; PAR EXT. *recharger un portable.* FIG. *Recharger ses batteries*, ses accus*.* ■ **3** (1875) TECHN. Empierrer (une voie) de façon à en relever le niveau. *Recharger une route, une voie de chemin de fer.*

RECHASSER [R(ə)ʃase] **v.** ‹1› – 1160 ◊ de *re-* et *chasser* ■ **1 v. tr.** Chasser, expulser de nouveau (qqn). ■ **2 v. intr.** Aller de nouveau à la chasse.

RÉCHAUD [Reʃo] **n. m.** – *reschauld* 1549 ◊ de *réchauffer* ; d'après *chaud*

I ■ **1** Ustensile de cuisine portatif, servant à chauffer ou à faire cuire les aliments. *Réchaud à gaz, électrique, à pétrole, à alcool. Réchaud à deux feux.* — *Réchaud de camping.* ➤ **camping-gaz.** ■ **2** Plat à double fond, support sous lequel se trouve un réchaud (électrique, à alcool), et qui sert de chauffe-plat. — Ustensile formé d'un récipient contenant un combustible, une matière incandescente, et qui sert à chauffer. *Réchaud où l'on brûle des aromates.* ➤ **brûle-parfum, cassolette.**

II HORTIC. Fumier chaud et pressé destiné à réchauffer les couches.

RÉCHAUFFAGE [Reʃofaʒ] **n. m.** – 1811 ◊ de *réchauffer* ■ Opération par laquelle on réchauffe. AGRIC. *Réchauffage des vergers* (au moyen de réchauds, de braséros). — TECHN. *Réchauffage de l'acier,* avant le laminage (à chaud).

RÉCHAUFFÉ, ÉE [Reʃofe] **adj. et n. m.** – XIIIe ◊ de *réchauffer* ■ **1** Qui a été chauffé après s'être refroidi. « *rien n'étant pire qu'un dîner froid, si ce n'est un dîner réchauffé* » GAUTIER. ■ **2** FAM. *Eh bien ! Tu es réchauffé !* tu n'as pas froid (en parlant à une personne peu vêtue malgré la basse température). ■ **3** FIG. et PÉJ. Ranimé sans nécessité. « *Une vieille querelle réchauffée* » DIDEROT. *Une plaisanterie réchauffée,* servie trop souvent et qui a perdu tout son effet. ◆ **n. m.** (1798) *Du réchauffé,* se dit d'une chose vieille, artificiellement rajeunie, ou trop connue. *Ça sent le réchauffé, c'est du réchauffé.*

RÉCHAUFFEMENT [Reʃofmɑ̃] **n. m.** – 1687 ; « ce qui réchauffe » 1611 ◊ de *réchauffer* ■ Action de se réchauffer, de s'échauffer une seconde fois. *Réchauffement de la température. Le réchauffement des côtes par la mer. Le réchauffement global (de la planète).* « *Et le monde allait dans le mur avec le réchauffement de la planète, la fonte des glaces* » A. ERNAUX. *Le réchauffement climatique.* ◆ FIG. *Le réchauffement des relations entre les deux pays.* ➤ **normalisation.** ■ CONTR. Attiédissement, refroidissement.

RÉCHAUFFER [Reʃofe] **v. tr.** ‹1› – *reschaufer* 1190 ◊ de *re-* et *échauffer* ■ **1** Chauffer (ce qui s'est refroidi). *Réchauffer un potage, un plat.* ➤ **réchauffé.** *Le soleil réchauffera cette eau.* ➤ **attiédir.** *Prenez un thé, ça vous réchauffera.* « *Avec son haleine Il se réchauffe les doigts* » LA FONTAINE. — FIG. *Réchauffer un serpent* dans son sein.* — INTRANS. *Faire réchauffer des légumes.* — ABSOLT *Une marche, ça réchauffe !* ■ **2 SE RÉCHAUFFER v. pron.** Redonner de la chaleur à son corps. *Courir pour se réchauffer.* — Devenir plus chaud. *La température se réchauffe.* ◆ (PASS.) Pouvoir être réchauffé (plat). *Les purées ne se réchauffent pas.* ■ **3** Ranimer (les esprits, les cœurs, les sentiments). *Cela réchauffe le cœur.* ➤ **réconforter.** « *elle comprit que son devoir était de réchauffer le zèle de ce chrétien si tiède* » LARBAUD. ➤ **ranimer.** ■ **4** (1740) HORTIC. *Réchauffer les couches,* avec du fumier chaud (➤ **réchaud,** II). *Réchauffer les vergers avec des braséros.* ■ CONTR. Refroidir. Amortir.

RÉCHAUFFEUR [Reʃofœr] **n. m.** – 1875 ◊ de *réchauffer* ■ TECHN. Appareil annexe des chaudières, permettant de récupérer une partie de la chaleur du foyer. *Réchauffeur d'eau. Réchauffeur d'une locomotive à vapeur. Réchauffeur d'air, d'huile, dans une machine de navire.*

RECHAUSSEMENT [R(ə)ʃosmɑ̃] **n. m.** – 1611 ; « réparation » 1435 ◊ de *rechausser* ■ ARBOR. Action de rechausser (un arbre, un arbuste).

RECHAUSSER [R(ə)ʃose] **v. tr.** ‹1› – XVIe ; *recauchier* fin XIIe ◊ de *re-* et *chausser* ■ **1** Chausser de nouveau. *Rechausser un enfant.* PRONOM. *Se rechausser.* — PAR EXT. Ferrer (un cheval) qui a perdu son fer. ■ **2** Regarnir (une base). (1549) ARBOR. Remettre de la terre au pied de (un arbre, un arbuste). ➤ **butter.** — (XIXe) ARCHIT. Consolider le pied, la base de (un mur). — AUTOM. Remettre des pneus neufs à (une voiture).

RÊCHE [Rɛʃ] **adj.** – 1697 ; *reech* 1290 ◊ francique °*rubisk* ■ **1** RARE Âpre au goût. *Une poire rêche.* ■ **2** (XVIIIe) COUR. Rude au toucher, légèrement râpeux. *Lainage rêche.* ➤ **rugueux.** *Avoir les mains rêches.* ■ **3** FIG. Rude de caractère ; difficile à vivre. ➤ **rétif, revêche.** « *Je lui trouve même l'esprit un peu rêche* » ROUSSEAU. ■ CONTR. 1 Lisse, moelleux.

RECHERCHE [R(ə)ʃɛRʃ] **n. f.** – milieu XVe ◊ de *rechercher*

I ACTION DE CHERCHER, DE RECHERCHER A. EFFORT POUR TROUVER ■ **1** Effort pour trouver (qqch.). *La recherche d'un objet perdu. Recherche pétrolière.* ➤ **prospection.** *Recherche d'objets enfouis.* ➤ **fouille.** *Recherche de renseignements* (➤ **enquête**). — DR. *Action en recherche de paternité légitime, naturelle :* action pour découvrir le père véritable d'un enfant. — SANS COMPL. *Faire de vaines recherches. Résultat des recherches.* ■ **2** Action de rechercher (qqn). *Avis de recherche. Recherche dans l'intérêt des familles. Recherche d'un disparu, d'un fugueur, des rescapés d'une catastrophe. Abandonner les recherches. Il a échappé aux recherches de la police.* ■ **3** (début XVIIIe) Effort de l'esprit pour trouver (une connaissance, la vérité). « *l'inutile recherche du vrai bien* » PASCAL. « *La Recherche de l'absolu* », roman de Balzac. ◆ (1815) **UNE, DES RECHERCHES :** le travail, les travaux faits pour trouver des connaissances nouvelles, pour étudier une question. *Recherches systématiques sur un sujet. Recherches abstraites, théoriques.* ➤ **spéculation.** — *Faire des recherches dans une bibliothèque, aux archives, sur Internet. Moteur* de recherche.* — *Recherches plastiques, artistiques.*

B. LA RECHERCHE (v. 1700) Ensemble des travaux, des activités intellectuelles qui tendent à la découverte de connaissances et de lois nouvelles (sciences), de moyens d'expression (arts, lettres). ➤ **investigation ; chercheur.** *Goût pour la recherche. Centre national de la recherche scientifique (CNRS). Recherche pure ou fondamentale :* travaux destinés à faire avancer la connaissance (➤ **fondamentaliste**). *Recherche appliquée :* travaux utilisant les découvertes de la recherche fondamentale dans un domaine et visant à leur application pratique. *Équipe de recherche.* — TECHN. *Recherche-développement :* travaux de recherche menés dans une entreprise, un groupe (pour la conception, la mise au point de nouveaux produits). *Le budget, le service recherche et développement* (*R-D* ou *R et D*). — *Recherche opérationnelle*.* ◆ *Recherche clinique :* recherche portant sur le malade. « *La recherche clinique a pour mission première l'inventaire des situations pathologiques* » J. BERNARD.

C. ACTION DE CHERCHER À OBTENIR *La recherche d'un avantage, du bonheur, de la gloire, des plaisirs.* ➤ 1 **quête.** « *Le bonheur est un mensonge dont la recherche cause toutes les calamités de la vie* » FLAUBERT. ➤ **poursuite.** « *La poursuite des perfectionnements exclut la recherche de la perfection* » VALÉRY.

D. À LA RECHERCHE DE loc. prép. (1797) En cherchant, en recherchant. *Ils sont partis à votre recherche. Il se mit à la recherche d'un emploi,* à chercher un emploi. *Ils sont à la recherche d'un appartement. À la recherche de la vérité* (cf. En quête de). *« À la recherche du temps perdu », de Proust.*

II EFFORT DE DÉLICATESSE, DE RAFFINEMENT *Être habillé avec une certaine recherche, sans recherche.* ➤ **apprêt, raffinement.** — (1580) *Recherche dans le style.* ➤ **préciosité.** — PÉJ. Recherche excessive. ➤ 2 **affectation, afféterie, maniérisme, sophistication.** *« Ses œuvres sont d'une longueur, d'une recherche, d'une subtilité insupportables »* SUARÈS.
■ CONTR. Abandon, laisser-aller, négligence, 1 négligé, simplicité.

RECHERCHÉ, ÉE [ʀ(ə)ʃɛʀʃe] adj. – 1580 au sens 2° ◊ de *rechercher*
■ **1** (milieu XVIIIe) Que l'on cherche à obtenir ; PAR EXT. À quoi l'on attache du prix. *Les tableaux de ce peintre sont très recherchés des amateurs. Édition recherchée.* ➤ **rare.** ◆ (PERSONNES) Que l'on cherche à voir, à connaître, à fréquenter, à recevoir. *Un convive recherché.* ■ **2** Qui a été obtenu par une recherche, un raffinement, du soin. ➤ **étudié, soigné ; travaillé.** *Une toilette recherchée. Paroles recherchées et choisies.* ◆ PÉJ. Qui trahit une recherche excessive, manque de naturel, de simplicité. ➤ **affecté, apprêté, maniéré, précieux.** *« Point d'attitudes tourmentées ni recherchées ; les actions vraies qui conviennent à la peinture »* DIDEROT. *Style recherché.* ■ CONTR. Banal, commun, naturel, 2 négligé, simple, vulgaire.

RECHERCHER [ʀ(ə)ʃɛʀʃe] v. tr. ‹ 1 › – 1636 ; *recherger* XIIIe ; *recerchier* « parcourir en cherchant » v. 1160 ◊ de *re-* et *chercher* ■ **1** Chercher de façon consciente, méthodique ou insistante. *Rechercher un objet égaré. Rechercher une lettre dans des archives.* ◆ Chercher à découvrir, à retrouver (qqn). *On recherche les témoins de l'accident.* — SPÉCIALT *La police, la justice le recherche. Il est recherché pour meurtre.* ■ **2** Chercher à connaître, à découvrir. *Rechercher la cause, les conditions, les effets d'un phénomène.* ➤ **déterminer.** *Il faut que « vous recherchiez s'il est aussi* incorruptible *qu'on le croit »* RENAN. *Rechercher comment, pourquoi...* ■ **3** Reprendre (qqn ou qqch. qu'on a laissé temporairement). *Je vous laisse ma fille, je viendrai la rechercher dans une heure.* ■ **4** Tenter d'obtenir par une recherche. ➤ **poursuivre,** 1 **viser.** *« trouver la satiété où l'on recherchait le bonheur »* BEAUMARCHAIS. *Rechercher comme une faveur.* ➤ **solliciter.** *« La complication, je ne la recherche point ; elle est en moi »* GIDE. ■ **5** Tenter, essayer de connaître, de fréquenter (qqn). *Des femmes « qu'on ne peut ni rechercher, ni fuir impunément »* ROUSSEAU. — PAR EXT. *On recherche sa compagnie.* ■ CONTR. Éviter, fuir.

RECHERCHISTE [ʀ(ə)ʃɛʀʃist] n. – 1979 ◊ de *recherche* ■ RÉGION. (Canada) Personne qui effectue des recherches documentaires pour la radio, la télévision.

RECHIGNER [ʀ(ə)ʃiɲe] v. intr. ‹ 1 › – 1462 ; *rechignier les denz* « grincer des dents » XIIe ◊ de *re-* et francique *°kînan* « tordre la bouche » ■ VIEILLI Montrer, par l'expression de son visage, sa mauvaise humeur, sa répugnance. ➤ **grogner, râler.** ◆ MOD. **RECHIGNER À :** témoigner de la mauvaise volonté pour. ➤ **renâcler.** *« Dans ce temps-là [...] fallait pas rechigner à l'ouvrage »* DABIT. *Rechigner à faire qqch.* ◆ **p. p. adj.** *Air, visage rechigné.* ➤ **hargneux, renfrogné.** *« mon enfance solitaire et rechignée »* GIDE.

RECHRISTIANISER [ʀ(ə)kʀistjanize] v. tr. ‹ 1 › – 1847 ◊ de *re-* et *christianiser* ■ Ramener à la foi chrétienne (un pays, un milieu déchristianisé). *Tentatives pour rechristianiser la classe ouvrière.*

RECHUTE [ʀ(ə)ʃyt] n. f. – 1475 ◊ de l'ancien verbe *recheoir,* de *re-* et *choir* → chute ■ **1** Reprise d'une maladie qui était en voie de guérison. ➤ **récidive** (1°). *Faire une rechute. Rechute due à une imprudence.* ■ **2** PAR MÉTAPH. *« À force d'accumuler péché sur péché, rechute sur rechute »* BOURDALOUE.

RECHUTER [ʀ(ə)ʃyte] v. intr. ‹ 1 › – 1846 ; « retomber dans le péché » 1840 ◊ de *rechute* ■ Faire une rechute, tomber malade de nouveau. *« il se mit à travailler avant d'être guéri, ce qui ne le fit point rechuter »* SAND.

RÉCIDIVANT, ANTE [ʀesidivɑ̃, ɑ̃t] adj. – 1598 ◊ de *récidiver* ■ MÉD. Se dit d'une maladie qui donne lieu à récidive (1°), qui réapparaît après un temps de guérison plus ou moins long. *Cancer récidivant. Luxation récidivante d'une articulation.* ➤ **récurrent.**

RÉCIDIVE [ʀesidiv] n. f. – 1422 ◊ latin médiéval *recidiva,* classique *recidivus* « qui retombe, qui revient », de *recidere* ■ **1** MÉD. Réapparition d'une maladie (surtout infectieuse) après sa guérison, due à une nouvelle infection par les mêmes germes (à la différence de *rechute*). ■ **2** (1593) DR. Le fait de commettre une nouvelle infraction, passible d'une condamnation pénale, après avoir été irrévocablement condamné à une peine pour une infraction de même nature ; état d'une personne qui a commis un nouveau crime ou un nouveau délit (cause d'aggravation de la peine prononcée par le tribunal). *Il y a récidive. Escroquerie avec récidive. Être en récidive.* ➤ **récidiviste.** ◆ COUR. Le fait de retomber dans la même faute, la même erreur. *Le directeur de l'école « me dit qu'à la première récidive il ne pourrait plus cacher ma mauvaise conduite »* RADIGUET.

RÉCIDIVER [ʀesidive] v. intr. ‹ 1 › – 1478 méd. ◊ latin médiéval *recidivare* ■ **1** MÉD. Réapparaître, recommencer. *L'abcès risque de récidiver. — Un cancer récidivé.* ■ **2** (1513) COUR. Commettre une infraction avec récidive (2°) ; retomber dans les mêmes crimes, les mêmes défauts, la même erreur. ■ **3** Réitérer une action (généralement remarquable). *Le succès de leur premier disque les encourage à récidiver* (cf. FAM. Remettre* ça).

RÉCIDIVISTE [ʀesidivist] n. – 1845 ◊ de *récidive* ■ **1** DR. Personne qui est en état de récidive. *Une récidiviste.* — **adj.** *Un criminel, un condamné récidiviste.* ■ **2** Personne qui recommence la même erreur.

RÉCIDIVITÉ [ʀesidivite] n. f. – 1845 ◊ de *récidive* ■ MÉD. Tendance d'une maladie à revenir par récidive (1°). *Récidivité d'une tumeur.* ➤ **récidivant.**

RÉCIF [ʀesif] n. m. – 1688 ◊ espagnol *arrecife,* de l'arabe *ar-rasīf* « chaussée, levée, digue » ■ Rocher ou groupe de rochers à fleur d'eau, dans la mer. ➤ 1 **brisant, écueil.** *Haut-fond semé de récifs. « Des récifs par bâbord ! »* LOTI. *Faire naufrage sur un récif.* ◆ *Récif de corail, récif corallien**. ➤ **atoll.** — GÉOGR. *Récif frangeant,* formé d'un banc corallien accolé à la côte. — *Récif-barrière,* qui s'allonge parallèlement à la terre, à une certaine distance.

RÉCIFAL, ALE, AUX [ʀesifal, o] adj. – 1908 ◊ de *récif* ■ Qui se rapporte aux récifs ; formé de récifs. *Formations récifales le long des îles. Flore récifale.*

RÉCIPIENDAIRE [ʀesipjɑ̃dɛʀ] n. – 1674 ◊ du latin *recipiendus* « qui doit être reçu » ■ DR. ou LITTÉR. ■ **1** Personne qui vient d'être admise dans une société, dans un corps et en l'honneur de qui a lieu la cérémonie de réception. *Le récipiendaire et ses parrains. Discours du récipiendaire à l'Académie française. Une, la récipiendaire.* ■ **2** (1962) Personne qui reçoit un diplôme universitaire (➤ **impétrant**), qui est bénéficiaire d'une nomination, etc. *Signature du (de la) récipiendaire.*

RÉCIPIENT [ʀesipjɑ̃] n. m. – 1600 ; adj. *vaisseau récipient* 1554 ◊ latin *recipiens,* p. prés. de *recipere* « recevoir » ■ **1** TECHN. Partie de certains appareils (alambic, etc.) dans laquelle on recueille les produits d'une distillation, d'une opération chimique. ■ **2** (1875 ◊ on disait *vase, vaisseau*) COUR. Ustensile creux qui sert à recueillir, à contenir des substances solides (surtout granuleuses, pulvérulentes), liquides ou gazeuses (ex. bidon, casserole, cendrier, citerne, flacon, seau, vase). ➤ **contenant.** *Récipient métallique. Parois, capacité, contenance d'un récipient. Remplir, vider un récipient. Changer un liquide de récipient.* ➤ **transvaser.** *« Seul de tous les animaux, l'homme sait construire des récipients infiniment variés »* DUHAMEL. *« des récipients [...] qui allaient des grandes cuves, marmites, chaudrons et poissonnières, aux terrines pour le gibier, moules à pâtisserie et petits pots de crème »* PROUST.

RÉCIPROCITÉ [ʀesipʀɔsite] n. f. – 1729 ◊ bas latin *reciprocitas* ■ Caractère, état de ce qui est réciproque (I, 1°). *La réciprocité d'un sentiment d'estime, d'antipathie. À charge, à titre de réciprocité.* — DR. INTERNAT. *Traité de réciprocité* (entre pays).

RÉCIPROQUE [ʀesipʀɔk] adj. et n. – 1380 ◊ latin *reciprocus*

I adj. ■ **1** Qui s'exerce à la fois d'un premier terme à un second et du second au premier (d'une même relation, d'un même rapport). ➤ **symétrique.** *Relations réciproques.* ◆ SPÉCIALT Qui implique, entre deux personnes ou deux groupes, un échange de sentiments, d'obligations, de services semblables, etc. ➤ **mutuel.** *Confiance, tolérance réciproque. Se faire des concessions réciproques. Un amour réciproque.* ➤ **partagé.** — *Contrat, convention réciproque.* ➤ **bilatéral, synallagmatique.** ■ **2** (1690) LOG. *Propositions réciproques,* telles que le sujet de l'une peut devenir l'attribut de l'autre et inversement. ➤ **inverse.** ■ **3** GÉOM. *Figures réciproques,* telles que chacune est la transformée de l'autre selon une même loi. ➤ **inverse.** ■ **4** MATH. *Fonction réciproque d'une fonction* (notée f^{-1}) : fonction faisant correspondre à toute valeur de cette fonction f

la valeur prise par la variable. *Les fonctions* $y = x^2$ *et* $y = \sqrt{x}$ *sont réciproques dans le domaine où x est positif.* ■ **5** (1606) GRAMM. *Verbe pronominal réciproque* : verbe pronominal qui indique une action exercée par plusieurs sujets les uns sur les autres et dont l'action est à la fois accomplie et reçue par chacun d'eux. — n. m. *Réciproque direct* (ex. séparer deux enfants qui *se battent*), *indirect* (ex. ils passent leur temps à *se dire* des injures).

II n. f. ■ **1** MATH. Fonction réciproque. LOG. Proposition réciproque. ■ **2** COUR. Action inverse. *Il m'a joué un mauvais tour, mais je lui rendrai la réciproque,* la pareille. ◆ Affirmation réciproque (d'une autre). *Il a confiance en elle, mais la réciproque n'est pas vraie* : elle n'a pas confiance en lui.

RÉCIPROQUEMENT [ʀesipʀɔkmɑ̃] adv. – 1489 ◇ de *réciproque* ■ **1** D'une manière qui implique une action ou une relation réciproque (I, 1°). ➤ **mutuellement.** « *Le devoir de se chérir réciproquement* » ROUSSEAU. ■ **2** (1526) *(Et) réciproquement,* servant à introduire une proposition, une affirmation réciproque (I, 2°) de la première. *Une femme « regarde toujours un homme comme un homme ; et réciproquement un homme regarde une femme comme une femme »* LA BRUYÈRE (cf. En retour). « *tel acte humain s'appelle crime, ici, bonne action, là-bas, et réciproquement* » VILLIERS. ➤ **inversement, vice versa.**

RÉCIPROQUER [ʀesipʀɔke] v. tr. ‹1› – 1380 ◇ bas latin *reciprocare* ■ VX OU RÉGION. (Nord ; Belgique, Burundi) Échanger, donner réciproquement ; adresser en retour (SPÉCIALT des vœux).

RÉCIT [ʀesi] n. m. – 1531 ; *resit* v. 1500 ◇ de *réciter* ■ **1** Relation orale ou écrite (de faits vrais ou imaginaires). ➤ **exposé, histoire, narration, rapport.** *Récit d'aventures* (➤ **nouvelle, 1 roman**), *d'aventures merveilleuses* (➤ **conte, fable, légende, mythe**). *Récit historique.* ➤ **annales, 1 chronique, historique, 2 mémoire.** *Récit véridique, fidèle, détaillé, circonstancié ; mensonger, infidèle. Écrire, faire un récit, le récit de* (➤ **narrer, raconter, rapporter**). *On a bien ri au récit de cette aventure.* — *Mise en récit* : recomm. offic. pour l'anglic. *storytelling*.* ■ **2** (1671) MUS. VX Solo vocal ou instrumental. MOD. Partie qui exécute le sujet principal dans une symphonie. — (1764) VX Récitatif. ◆ L'un des claviers de l'orgue, généralement placé au-dessus du positif, destiné à faire ressortir une partie de solo.

RÉCITAL [ʀesital] n. m. – 1884 ◇ anglais *recital,* de *to recite,* du français *réciter. Recital* apparaît en 1872 comme mot étranger dans un texte français. ■ Séance musicale au cours de laquelle un seul artiste se fait entendre. ➤ aussi **concert.** *Récital d'orgue, de piano, de violon. Chanteur qui donne des récitals.* ◆ PAR EXT. *Récital de danse. Récital poétique,* où un artiste dit des poèmes.

RÉCITANT, ANTE [ʀesitɑ̃, ɑ̃t] adj. et n. – 1768 ◇ de *réciter* ■ **1** MUS. *Partie récitante,* chantée par une seule voix ou exécutée par un seul instrument ; partie qui exécute le sujet principal. ◆ n. (1834) Personne qui, dans une œuvre lyrique, chante un récitatif. ■ **2** (v. 1920) Personne qui lit le commentaire explicatif, les passages destinés à relier des morceaux isolés, dans une émission radiophonique, un film, une œuvre dramatique.

RÉCITATIF [ʀesitatif] n. m. – 1690 ; adj. *récitatif de* « qui relate qqch. » 1472 ◇ italien *recitativo,* de *recitare* → réciter ■ MUS. Dans la musique vocale accompagnée, Déclamation notée, chant qui se rapproche, par la mélodie et le rythme, de la coupe des phrases et des inflexions de la voix parlée. ➤ **mélopée,** VX **récit.** *Chanter, déclamer un récitatif. Récitatif accompagné,* où l'orchestre remplace le clavecin ou le piano. *Récitatif obligé* (en it. *obligato*) : le récitatif accompagné quand la mélodie vocale est assujettie d'assez près à celle de l'accompagnement.

RÉCITATION [ʀesitasjɔ̃] n. f. – 1530 ; « récit » XIVe ◇ latin *recitatio* ■ **1** *La récitation de* : action, manière de réciter (qqch.). *Récitation d'une leçon.* « *la longue récitation de toutes les formules de respect qu'il savait par cœur* » STENDHAL. ■ **2** ABSOLT Exercice scolaire qui consiste à réciter un texte littéraire appris par cœur. — Le texte qui est l'objet de cet exercice. *Apprendre une récitation* (poésie ou passage en prose).

RÉCITER [ʀesite] v. tr. ‹1› – v. 1265 ; « lire à haute voix » 1170 ◇ latin *recitare* ■ **1** Dire à haute voix (ce qu'on sait de mémoire). *Réciter des prières, sa prière. Réciter des vers.* ➤ **déclamer.** *Réciter un poème à qqn. Faire réciter ses leçons à un enfant.* « *la voix monotone d'un élève récitant* » DAUDET. « *Moréas se récite des vers, les siens* » ROMAINS. ■ **2** Dire sans sincérité ni véracité. *Les trois témoins récitaient la même chose.* ➤ **1 débiter.** *Ses compliments ont l'air d'être récités.* ■ **3** MUS. Chanter (un récitatif). *Passage à réciter.*

RÉCLAMANT, ANTE [ʀeklamɑ̃, ɑ̃t] n. – 1775 ◇ de *réclamer* ■ DR. Personne qui présente une réclamation.

RÉCLAMATION [ʀeklamasjɔ̃] n. f. – 1238 ◇ latin *reclamatio* ■ **1** Action de réclamer, de s'adresser à une autorité pour faire reconnaître l'existence d'un droit. ➤ **demande, doléance, pétition, plainte, requête, revendication.** *Faire, déposer une réclamation.* « *tant son personnel l'assommait de ses perpétuelles réclamations* » COURTELINE. *Lettre de réclamation. Bureau, service des réclamations.* ◆ SPORT Plainte déposée contre un adversaire. *Réclamation contre le gagnant.* ■ **2** VIEILLI Protestation. *Les réclamations d'un parti politique. Assez de réclamations !* ➤ **récrimination.**

1 RÉCLAME [ʀeklam] n. m. – 1560 ; *reclam, reclaim* en ancien français ◇ de *réclamer* ■ FAUCONN. Cri ou signal pour rappeler l'oiseau, le faire revenir au leurre ou sur le poing.

2 RÉCLAME [ʀeklam] n. f. – 1609 ◇ de *réclamer*

I TECHN. ■ **1** TYPOGR. Dans les éditions anciennes, non paginées, Mot imprimé isolément au bas d'un feuillet ou d'une page et reproduisant le premier mot du feuillet ou de la page suivante (qu'il « réclame »). *Chaque page du Dictionnaire de Furetière porte une réclame.* ◆ (1835) Marque faite sur une épreuve, une copie, pour indiquer l'endroit où il faut reprendre la composition ou la lecture. ■ **2** THÉÂTRE Derniers mots d'un texte, d'une tirade qui signalent à l'interlocuteur qu'il doit entamer la réplique. ■ **3** (1765) HIST. MUS. Dans le plain-chant, « la partie du répons que l'on reprend après le verset » (Rousseau).

II (1834 ◇ du sens I, 1°) COUR. VIEILLI ■ **1** Article élogieux présentant et recommandant qqch. ou qqn, inséré dans un journal pour remplacer ou compléter une annonce publicitaire. « *glisser dans les réclames une phrase poétique* » FLAUBERT. *Réclame pour une marque d'automobiles.* ■ **2** **LA RÉCLAME** : la publicité. « publicité, *mot savant, apparaît comme plus noble, plus prestigieux que* réclame » M. GALLIOT. *Faire de la réclame ; faire de la réclame pour un produit.* « *c'est la réclame qui est à la base de la célébrité de cet écrivain* » LARBAUD. — **EN RÉCLAME** : en vente à prix réduits, à titre de réclame (cf. En promotion*). *Ces articles sont en réclame.* — APPOS. INV. *Vente réclame* (➤ **promotionnel**). ■ **3** (1869) Publicité particulière (annonce, affiches, prospectus, etc.). « *des affiches, des réclames lumineuses* » SARTRE. — APPOS. INV. *Objets réclame* (➤ **publicitaire**). ■ **4** FIG. Ce qui recommande, ce qui fait valoir, ce qui assure le succès. *Cela ne lui fait pas de réclame.*

RÉCLAMER [ʀeklame] v. ‹1› – 1080 ◇ latin *reclamare* → clamer

I v. tr. ■ **1** VX Implorer (une aide divine). *Réclamer la miséricorde divine.* — Demander comme une faveur, en priant humblement. *Réclamer l'indulgence de qqn.* ■ **2** MOD. Demander comme une chose indispensable, en insistant. *On lui a donné ce qu'il réclamait.* « *déjà les typographes réclament sa copie* » MAUROIS. *Réclamer le secours, l'assistance de qqn. Réclamer l'intervention de qqn.* ➤ **solliciter.** *Réclamer le silence, la paix.* « *Tu réclamais le Soir ; il descend, le voici* » BAUDELAIRE. *Il réclame que vous veniez. Malade qui réclame à boire.* ABSOLT *Réclamer à cor* et à cri.* — *Réclamer qqn,* sa présence. *Enfant qui réclame sa mère.* ■ **3** (1219) Demander avec insistance, comme dû, comme juste. ➤ **exiger, revendiquer.** *Réclamer son dû, sa part. Réclamer qqch. à qqn. Elle réclame une indemnité à la compagnie.* « *cette nécessité subjective que les artistes réclament volontiers pour leurs œuvres* » SARTRE. — SPÉCIALT Revendiquer. « *Carnot réclame contre Barras l'honneur de cette nomination* [de Bonaparte général] » CHATEAUBRIAND. ■ **4** (1675) VIEILLI (CHOSES) Requérir. ➤ **demander, exiger, nécessiter.** *Ce travail réclame beaucoup de soin. Cette explication réclame des commentaires.* ➤ **appeler.** « *Ils n'ont souvent aucune idée des frais qu'elle réclame* [une maison] » ROMAINS. *Ce que les circonstances réclament.* ➤ **commander, prescrire.**

II v. intr. Faire une réclamation. « *les nobles âmes qui réclamèrent contre sa servitude* » CHATEAUBRIAND. ➤ **protester, récriminer.** *Réclamer en faveur de qqn.* ➤ **intercéder.** — FAM. *Ces mécontents qui réclament toujours.*

III v. pron. (XIIe) **SE RÉCLAMER.** *Se réclamer de...* : invoquer en sa faveur le témoignage ou la caution de (qqn). ➤ **invoquer,** se **recommander.** *Vous avez bien fait de vous réclamer de moi. Se réclamer de ses ancêtres, de ses origines.* ➤ se **prévaloir.** — Se référer à (qqch.). « *Toutes les artistes, vouées au culte féminin de la parure, se réclament de Paris* » COLETTE.

RECLASSEMENT [ʀ(ə)klasmɑ̃] n. m. – milieu XIXe ◇ de *reclasser* ■ **1** Nouveau classement. ◆ SPÉCIALT Établissement d'une nouvelle échelle des traitements, des salaires. *Reclasse-*

ment de la fonction publique. ▪ **2** Affectation (à une nouvelle activité, à une place dans la société) de personnes qui ont dû cesser l'activité qu'elles exerçaient auparavant. *Reclassement des victimes d'accidents du travail. Reclassement des cadres licenciés.* ➤ **outplacement.** *Cellule de reclassement.*

RECLASSER [ʀ(ə)klɑse] **v. tr.** ‹1› – 1875 ◊ de *re-* et *classer* ▪ **1** Classer de nouveau, selon une nouvelle méthode. *Reclasser des fiches.* ▪ **2** Procéder au reclassement de (qqn). *Reclasser des fonctionnaires, des chômeurs.*

RECLOUER [ʀ(ə)klue] **v. tr.** ‹1› – XIIe ◊ de *re-* et *clouer* ▪ Clouer de nouveau.

RECLUS, USE [ʀəkly, yz] **adj.** et **n.** – v. 1175 ◊ de *reclure* (vx), latin *recludere* ▪ **1** Renfermé et isolé. *« vieil homme reclus et presque aveugle »* LEIRIS. — PAR EXT. LITTÉR. *Mener une existence recluse.* ▪ **2 n.** (1226) Personne qui vit enfermée (SPÉCIALT religieux, cloîtré). ◆ FIG. Personne qui vit dans la retraite, en solitaire. *Il ne sort plus, il vit en reclus, comme un reclus,* en ermite.

RÉCLUSION [ʀeklyzjɔ̃] **n. f.** – 1270 ◊ de *reclure,* d'après le latin *reclusio* « ouverture » ▪ **1** LITTÉR. État d'une personne recluse. *« Pendant les dix premiers mois de ma réclusion »* BALZAC. ▪ **2** (1771) Privation de liberté, avec obligation de travailler. ➤ **détention, emprisonnement, incarcération, prison.** *Puni de la réclusion, de la peine de la réclusion. Condamné à dix ans de réclusion criminelle. Réclusion criminelle à perpétuité.*

RÉCLUSIONNAIRE [ʀeklyzjɔnɛʀ] **n.** – 1828 ◊ de *réclusion* ▪ DR. Personne condamnée à la réclusion, pendant cette réclusion. ➤ **détenu** (COUR.).

RÉCOGNITIF [ʀekɔgnitif ; ʀekɔɲitif] **adj. m.** – 1804 ◊ du latin *recognitus,* p. p. de *recognoscere* → reconnaître ▪ DR. *Acte récognitif,* par lequel on reconnaît l'existence d'une obligation, d'un droit, en se référant à un acte antérieur.

RÉCOGNITION [ʀekɔgnisjɔ̃ ; ʀekɔɲisjɔ̃] **n. f.** – 1836 ; « examen » 1771 ; « confession » 1430 ◊ latin *recognitio* « revue, inspection » ▪ PHILOS. Acte de l'esprit qui reconnaît (une chose) en identifiant.

RECOIFFER [ʀ(ə)kwafe] **v. tr.** ‹1› – 1550 ◊ de *re-* et *coiffer* ▪ **1** Coiffer de nouveau. — PRONOM. *Se recoiffer avant de sortir.* ▪ **2** Remettre une coiffure, un chapeau à. — PRONOM. *Il salua et se recoiffa.*

RECOIN [ʀəkwɛ̃] **n. m.** – 1549 ◊ de *re-* et *coin* ▪ **1** Coin caché, retiré. *Les recoins d'un grenier, d'une salle. « Un recoin inexploré [...] dans ces bois et ces bosquets »* (BAUDELAIRE, trad. de POE). *Explorer les coins et les recoins.* ▪ **2** FIG. (1662) Partie cachée, secrète, intime. ➤ **repli.** *Il n'eût voulu « laisser pénétrer personne dans les recoins de son existence personnelle »* GOBINEAU.

RÉCOLEMENT [ʀekɔlmɑ̃] **n. m.** – 1690 ◊ de *récoler* ▪ **1** DR. Dénombrement par ministère d'huissier des meubles saisis. *Procès-verbal de récolement.* — DR. FORESTIER Vérification contradictoire de l'exécution des clauses et conditions imposées, après l'exploitation d'une coupe. ▪ **2** DIDACT. Vérification et pointage sur inventaire. *Faire un récolement dans une bibliothèque.* ▪ **3** DR. Action de récoler (un témoin). — Déclaration ainsi obtenue.

RÉCOLER [ʀekɔle] **v. tr.** ‹1› – 1538 ; p. p. « minuté » 1337 ◊ latin *recolere* « passer en revue » ▪ DR. ▪ **1** *Récoler des témoins,* leur relire la déposition qu'ils ont faite pour vérifier s'ils en maintiennent les termes. ▪ **2** Faire le récolement de. *Huissier récolant les meubles saisis. Récoler une coupe de bois.*

RECOLLAGE [ʀ(ə)kɔlaʒ] **n. m.** – 1904 ◊ de *recoller* ▪ Action de recoller. *Recollage d'un contreplaqué, d'un timbre.* ▪ CONTR. Décollement.

RÉCOLLECTION [ʀekɔlɛksjɔ̃] **n. f.** – 1553 ; « résumé » 1372 ◊ du latin *recollectus,* p. p. de *recolligere* → recueillir ▪ RELIG. Action de se recueillir, par la méditation, la prière. — Retraite spirituelle. *Se réunir pour une journée de récollection.*

RECOLLER [ʀ(ə)kɔle] **v. tr.** ‹1› – 1380 ◊ de *re-* et *coller* ▪ **1** Coller de nouveau (ce qui est décollé). *« elle décolla l'enveloppe [...] en lut le contenu [...] et recolla soigneusement l'enveloppe »* GREEN. — Réparer en collant. *Recoller un vase cassé.* Joindre en collant. *Recoller les morceaux.* ▪ **2** TRANS. IND. (1902) SPORT Rejoindre le gros du peloton, après avoir été un moment distancé. *Recoller au peloton.* ▪ CONTR. Décoller.

RÉCOLLET [ʀekɔlɛ] **n. m.** – 1468 ◊ latin *recollectus* → récollection ▪ Religieux franciscain réformé (qui a l'esprit de récollection).

RÉCOLTABLE [ʀekɔltabl] **adj.** – XVIIIe ◊ de *récolter* ▪ Qu'on peut récolter. *Fruits récoltables en août.*

RÉCOLTANT, ANTE [ʀekɔltɑ̃, ɑ̃t] **adj.** et **n.** – 1834 ◊ de *récolter* ▪ Qui procède lui-même à la récolte. *Viticulteur, propriétaire récoltant.* — **n.** *Les récoltants.*

RÉCOLTE [ʀekɔlt] **n. f.** – 1558 ◊ italien *ricolta,* de *ricogliere* « recueillir » ▪ **1** Action de recueillir (les produits de la terre). ➤ **arrachage, cueillette, ramassage.** *Récolte des pommes de terre, des olives. Faire sa récolte. La saison des récoltes* (➤ **fenaison, moisson, vendange**). ◆ PAR ANAL. *La récolte du miel, de la soie. Récolte des perles.* ▪ **2** Les produits recueillis. *La récolte est bonne cette année. « prophétiser l'abondance ou la pénurie des récoltes »* BALZAC. ▪ **3** FIG. Ce qu'on recueille à la suite d'une quête, d'une recherche. ➤ **collecte, moisson, profit.** *« nous remettions à midi notre récolte* [de quêtes] *à la dame patronnesse »* RADIGUET. *Faire une ample récolte d'observations.*

RÉCOLTER [ʀekɔlte] **v. tr.** ‹1› – 1751 ◊ de *récolte* ▪ **1** Faire la récolte de (qqch.). ➤ **recueillir.** *Récolter le blé* (➤ **moissonner**), *le raisin* (➤ **vendanger**), *les fruits* (➤ **cueillir**), *les pommes de terre* (➤ **ramasser**). — PRONOM. *Ces fraises se récoltent en juin* (➤ **récoltable**). — PAR ANAL. *Récolter du miel. Récolter du guano.* ◆ FIG. *Récolter ce qu'on a semé*.* PROV. *Qui sème le vent récolte la tempête*.* ▪ **2** FIG. Gagner, recueillir. *Dans cette affaire, je n'ai récolté que des désagréments. Récolter des renseignements de-ci de-là.* ➤ **glaner, grappiller.** — FAM. *Récolter des coups.* ➤ **recevoir.** — *« contente de petits gains récoltés au hasard »* BAINVILLE. — PRONOM. (PASS.) *« le profit de l'effort ne se récolte pas au moment même »* GIDE.

RÉCOLTEUR, EUSE [ʀekɔltœʀ, øz] **n.** – 1927 ; métall. « collecteur » 1908 ◊ de *récolter* ▪ TECHN. Personne employée à la récolte, SPÉCIALT du caoutchouc.

RECOMBINAISON [ʀ(ə)kɔ̃binɛzɔ̃] **n. f.** – 1903 ◊ de *re-* et *combinaison* ▪ **1** CHIM. Réunion de deux atomes ou radicaux porteurs chacun d'un électron célibataire pour former une nouvelle liaison covalente. ▪ **2** (1954) GÉNÉT. Remaniement des gènes qui aboutit à l'apparition d'une nouvelle association de caractères héréditaires chez les descendants, par rapport aux parents. — *Recombinaison homologue,* par cassure de l'ADN et nouvelle combinaison des fragments. *Recombinaison in vivo lors de la méiose. Recombinaison factorielle* ou *génétique.*

RECOMBINANT, ANTE [ʀəkɔ̃binɑ̃, ɑ̃t] **adj.** – 1981 ◊ de l'anglais *recombinant (DNA)* « (ADN) recombinant » (1975), famille de *to combine,* d'origine française ▪ GÉNÉT. *ADN recombinant,* obtenu par recombinaison de fragments d'origines différentes. — PAR EXT. Produit par génie génétique, avec un ADN ainsi modifié. ➤ **biogénétique.** *Vaccin recombinant. Hormone de croissance recombinante.*

RECOMBINER [ʀ(ə)kɔ̃bine] **v. tr.** ‹1› – 1789 ◊ de *re-* et *combiner* ▪ Combiner de nouveau (des éléments dissociés). *Recombiner des séquences d'ARN.* — Pronom. *Électrons qui se recombinent.*

RECOMMANDABLE [ʀ(ə)kɔmɑ̃dabl] **adj.** – milieu XVe « estimable, considérable » ◊ de *recommander* ▪ Digne d'être recommandé, estimé, considéré. ➤ **estimable.** *Personne recommandable à tous égards. Un individu peu recommandable. Une méditation « recommandable aux [...] ennuyés de la vie »* BLOY. ▪ CONTR. Condamnable, indésirable.

RECOMMANDATION [ʀ(ə)kɔmɑ̃dasjɔ̃] **n. f.** – 1150 ◊ de *recommander* ▪ **1** Action de recommander (qqn) ; paroles, écrit par lesquels on recommande. ➤ **appui, protection ; parrainage ;** FAM. **piston.** *Recommandation chaleureuse. Solliciter une recommandation. Un colonel « accessible aux recommandations »* MAUROIS. *Mot, lettre de recommandation.* ◆ RELIG. CATHOL. *Recommandation de l'âme :* ensemble de prières pour les mourants. ▪ **2** Action de désigner (qqch.) à l'attention favorable de qqn, en soulignant les mérites, les avantages. *« La grammaire, quand elle est autre chose que la constatation et recommandation prudente de l'usage le plus général »* CLAUDEL. ▪ **3** Action de conseiller avec insistance (qqch.). ➤ **exhortation.** *« il fit à Duroy une série de recommandations pour le journal »* MAUPASSANT. *Recommandation pressante d'avoir à faire qqch.* ➤ **commandement, ordre.** *Ne pas tenir compte des recommandations de ses amis.* ➤ **avis, conseil.** *Recommandation officielle d'employer un mot plutôt qu'un autre.* — SPÉCIALT Acte par lequel un conseil, un organisme international invite les parties à donner une solution particulière à leur différend. *Recommandation du Conseil de sécurité de l'ONU.* ▪ **4** Garantie par laquelle un expéditeur s'assure, en payant une taxe, du bon acheminement d'une lettre ou d'un colis. *Fiche de recommandation postale* (➤ **recommander,** I, 5°). ▪ CONTR. Condamnation, 1 défense.

RECOMMANDÉ, ÉE ➤ **RECOMMANDER** (I, 3°, 5°)

RECOMMANDER [R(ə)kɔmɑ̃de] **v. tr.** ‹1› – v. 1265 ; «livrer» fin Xe ◊ de *re-* et *commander*

I ▪ **1** Désigner (qqn) à l'attention bienveillante, à la protection d'une personne. *«si elle voulait bien me recommander à quelque employeur éventuel»* CÉLINE. *Il a été chaudement recommandé auprès du ministre.* ➤ **appuyer, épauler, 1 patronner,** FAM. **pistonner ; parrainer.** ◆ SPÉCIALT *«Je vous recommande les âmes de mon père et de Mariette»* BAUDELAIRE. *Recommander son âme à Dieu*.* ▪ **2** Indiquer, désigner (qqch.) à l'attention de qqn ; vanter les mérites, les avantages de. ➤ **1 conseiller, préconiser.** *Recommander un magasin, un produit, un hôtel. Recommander un livre, un film à des amis.* — (Sujet chose) *Un écriteau recommandait un hôtel.* ▪ **3** Demander avec insistance (qqch.) à qqn. *Je vous recommande la discrétion, le secret. Le médecin lui a recommandé le repos, de changer d'air.* ➤ **1 conseiller, exhorter.** — Pass. impers. *Il est recommandé de réserver.* — FAM. *Ce n'est pas très recommandé :* c'est déconseillé, PAR EXT. ce n'est pas fameux. ➤ **indiqué.** ▪ **4** (Sujet chose) Rendre (qqn) digne d'estime, de considération. *«une personne que sa fortune, son nom et sa position recommandent autant que son talent»* BALZAC. ▪ **5** (1893) Soumettre (un envoi postal) à une taxe spéciale qui garantit son bon acheminement (➤ **recommandation,** 4°). *Recommander un paquet.* — **p. p. adj.** (1831) *Lettre recommandée.* SUBST. *Envoi en recommandé.*

II SE RECOMMANDER v. pron. ▪ **1** (1611) *Se recommander de (qqn),* invoquer son appui, son témoignage. ➤ **se réclamer.** ▪ **2** *Se recommander à (qqn),* demander, réclamer sa bienveillance, sa protection. *Se recommander à Dieu.* — *Se recommander au bon souvenir de qqn.* ▪ **3** *Se recommander par (qqch.) :* montrer son mérite, sa valeur par (telle qualité). *«un écrivain qui se recommande [...] par la pureté du style»* AYMÉ. *Une station qui se recommande par son ensoleillement.*

▪ CONTR. Condamner, déconseiller, dénigrer.

RECOMMENCEMENT [R(ə)kɔmɑ̃smɑ̃] **n. m.** – 1546 ◊ de *recommencer* ▪ Action de recommencer. *Le recommencement des combats.* ➤ **reprise, retour.** *L'histoire «est un perpétuel recommencement»* MAUROIS.

RECOMMENCER [R(ə)kɔmɑ̃se] **v.** ‹3› – 1283 ; *recomencer* 1080 ◊ de *re-* et *commencer*

I v. tr. ▪ **1** Commencer de nouveau (ce qu'on avait interrompu, abandonné ou rejeté). ➤ **reprendre.** *Recommencer un récit à partir du début. L'univers «recommencera sans fin l'œuvre avortée»* RENAN. — ABSOLT Reprendre au commencement. *«J'ai été si souvent interrompu, que je ferais tout aussi bien de recommencer»* DIDEROT. ◆ **RECOMMENCER DE** (VX ou LITTÉR.), **à** (et inf.). ➤ **se remettre.** *«il recommença à l'accabler d'injures atroces»* STENDHAL. *«ses larmes recommencèrent à couler»* LACLOS. — IMPERS. *Il recommence à pleuvoir.* ▪ **2** Faire de nouveau depuis le début (ce qu'on a déjà fait). ➤ **refaire.** *Recommencer une expérience.* ➤ **répéter.** *Recommencer un travail mal fait. «J'ai quelquefois recommencé [...] dix fois la même page»* LÉAUTAUD. *Recommencer un numéro de spectacle.* ➤ **bisser.** — LOC. *Recommencer sa vie :* faire tout autre chose que ce qu'on a déjà fait. *Tout est à recommencer !* ce qui est déjà fait ne sert à rien. ◆ ABSOLT Refaire la même chose. *Si c'était à recommencer...* (j'agirais tout autrement). *Si tu recommences, tu seras puni. Ôter à qqn l'envie de recommencer* (en menaçant, en punissant). ➤ **récidiver.** — LOC. FAM. *On prend les mêmes et on recommence !* rien ne change, ne s'améliore. *On efface* (ou *on oublie*) *tout et on recommence :* on reprend tout depuis le début.

II v. intr. ▪ **1** Avoir de nouveau un commencement. *«Les semaines et les mois s'écoulent et recommencent»* R. ROLLAND. *Tout renaît et recommence.* ➤ **se renouveler.** *«le signe que rien n'est irrévocable et que tout recommence»* ALAIN. ▪ **2** Exister, se produire de nouveau ; avoir une nouvelle activité, après une interruption. ➤ **reprendre.** *Le cours a déjà recommencé. L'orage recommence. Recommencer de plus belle.* ➤ **redoubler.** *Et ça recommence !* (➤ FAM. **rebelote**).

RÉCOMPENSE [Rekɔ̃pɑ̃s] **n. f.** – 1400 ◊ de *récompenser* ▪ **1** VX ➤ **compensation, dédommagement.** *La récompense d'une perte. En récompense :* par contre. ◆ DR. Indemnité due à l'un des époux après la dissolution de la communauté en cas d'enrichissement du conjoint. ▪ **2** MOD. Bien matériel ou moral donné ou reçu pour une bonne action, un service rendu, des mérites particuliers. *Mériter une récompense. Obtenir, recevoir sa récompense. Ce qu'il a eu en récompense, pour (sa) récompense. En récompense des services rendus.* — *Promettre une récompense. Décerner, distribuer des récompenses. La récompense d'un service, d'un effort. Récompense en argent.* ➤ **gratification, 2 prime.** *Récompense honorifique.* ➤ **décoration.** *Récompense scolaire, académique.* ➤ **accessit, mention, prix.** *Liste des récompenses.* ➤ **palmarès.** — Avantage que l'on tire (d'une conduite méritoire). *Sa réussite est la récompense de son travail.* ◆ PAR ANTIPHR. Punition (d'une mauvaise action). *«Ton impudence, Téméraire vieillard, aura sa récompense»* CORNEILLE. ▪ CONTR. Châtiment, punition, sanction.

RÉCOMPENSER [Rekɔ̃pɑ̃se] **v. tr.** ‹1› – 1322 ◊ latin *recompensare* → compenser ▪ **1** VX Dédommager. ▪ **2** (1611) MOD. Gratifier (qqn) d'une récompense, accorder une récompense à (qqn). *Récompenser une personne d'un (ou pour un) service qu'elle a rendu. Récompenser qqn par de l'argent* (➤ **rémunérer**), *en lui décernant un prix* (➤ **couronner, décorer, 2 primer ; 2 césariser, oscariser**). — *Être récompensé de ses efforts, d'avoir gardé l'espoir. Je suis bien mal récompensé de ce que j'ai fait pour lui.* ◆ (Compl. chose) *Récompenser des services. «Le monde récompense plus souvent les apparences du mérite que le mérite même»* LA ROCHEFOUCAULD. *Fidélité récompensée.* ▪ CONTR. Châtier, punir.

RECOMPOSÉ, ÉE [R(ə)kɔ̃poze] **adj.** – date inconnue ◊ de *recomposer* ▪ Qui a été recomposé. — SPÉCIALT *Famille recomposée,* dans laquelle les enfants sont issus d'une union antérieure de l'un des parents.

RECOMPOSER [R(ə)kɔ̃poze] **v. tr.** ‹1› – 1549 ◊ de *re-* et *composer* ▪ **1** Composer (ce qui est décomposé, défait) ; réunir les éléments de (qqch.). ➤ **reformer.** *Recomposer un corps chimique. «notre faculté de la décomposer* [l'étendue], *et de la recomposer comme il nous plaira»* BERGSON. — ABSOLT *L'intelligence décompose et recompose.* ➤ **reconstruire, refaire.** — PRONOM. *«Toute sa vie se recomposa dans sa mémoire»* MAC ORLAN. ▪ **2** IMPRIM. Composer de nouveau (un texte). *Recomposer une page corrigée.* ▪ CONTR. Analyser, décomposer.

RECOMPOSITION [R(ə)kɔ̃pozisjɔ̃] **n. f.** – 1762 ◊ de *recomposer* ▪ **1** Action de recomposer. *La recomposition d'un corps.* ➤ **synthèse ; reconstitution.** — *Recomposition du paysage politique.* ▪ **2** IMPRIM. Nouvelle composition (d'un texte).

RECOMPTER [R(ə)kɔ̃te] **v. tr.** ‹1› – 1426 ◊ de *re-* et *compter* ▪ Compter de nouveau. *Il compta et recompta ses billets.* — ABSOLT *Recomptez, votre addition est fausse.*

RÉCONCILIATEUR, TRICE [Rekɔ̃siljatœR, tRis] **n.** – v. 1350 ◊ de *réconcilier,* ou du latin *reconciliator* ▪ Personne qui réconcilie des personnes brouillées. ➤ **médiateur.** — FIG. *«la mort, "la grande réconciliatrice"»* MAETERLINCK.

RÉCONCILIATION [Rekɔ̃siljasjɔ̃] **n. f.** – XIIIe ◊ latin *reconciliatio,* de *reconciliare* → réconcilier ▪ **1** LITURG. Cérémonie catholique par laquelle une personne est réintégrée dans l'Église. *Réconciliation d'un clerc suspens.* — Cérémonie par laquelle un lieu saint qui a été violé est béni de nouveau. *Réconciliation d'une église profanée, d'un cimetière violé.* ➤ **bénédiction.** ▪ **2** (v. 1350) COUR. Action de rétablir l'amitié (entre des personnes brouillées) ; fait de se réconcilier. ➤ FAM. **rabibochage, raccommodement.** *Aider à la réconciliation de deux personnes. Réconciliation sincère, solide ; fragile ; superficielle* (➤ **replâtrage**) ; *feinte. «La naissance d'un dernier fils avait scellé leur réconciliation»* GIDE. *Prendre l'initiative d'une réconciliation* (cf. Faire le premier pas*, tendre la main*). — *Réconciliation des époux en instance de divorce.* ◆ *Réconciliation nationale, des peuples,* oubli des querelles. *«L'Église en son admirable tentative d'universelle réconciliation»* ALAIN. ▪ CONTR. Brouille, désunion, division, divorce, rupture.

RÉCONCILIER [Rekɔ̃silje] **v. tr.** ‹7› – v. 1170 ◊ latin *reconciliare* «remettre en état ; rétablir ; réconcilier», de *conciliare* ▪ **1** LITURG. CATHOL. Réunir (une personne) à l'Église. *Réconcilier un hérétique.* — Bénir de nouveau (un lieu saint) dans la cérémonie de réconciliation. *Réconcilier une église profanée.* ◆ *Réconcilier le pécheur avec Dieu,* le réunir à Dieu. ▪ **2** (1253) COUR. Remettre en accord, en harmonie (des personnes qui étaient brouillées). ➤ FAM. **rabibocher, raccommoder,** VX **rapatrier.** *Essayer de réconcilier deux ennemis* (➤ **médiation**). *On ne peut les réconcilier* (➤ **irréconciliable**). *Réconcilier un couple. Réconcilier une personne avec une autre, et une autre. «Le besoin d'argent a réconcilié la noblesse avec la roture»* LA BRUYÈRE. ◆ PRONOM. *Se réconcilier avec qqn. Ils se sont réconciliés* (cf. Faire la paix*, fumer le calumet de la paix, recoller les morceaux). — PAR EXT. *Se réconcilier avec soi-même :* se mettre en paix avec soi-même. ▪ **3** FIG. Concilier (des opinions, des doctrines foncièrement ou traditionnellement différentes). *«il savait les opposer* [Voltaire et Rousseau], *les réconcilier ou* *les renvoyer dos à dos»* SARTRE. *Réconcilier la politique et la morale.* ◆ Faire revenir (qqn) sur une hostilité, une prévention. *Réconcilier un désespéré avec la vie,* lui redonner envie de vivre. *Berio me réconcilie avec la musique moderne.* ■ CONTR. Brouiller, désunir, diviser. Fâcher (se).

RECONDUCTIBLE [R(ə)kɔ̃dyktibl] **adj.** – 1963 ◇ de *reconduire,* d'après *reconduction* ■ Qui peut être reconduit. *Contrat, bail reconductible.* ➤ **renouvelable.** *Grève reconductible.*

RECONDUCTION [R(ə)kɔ̃dyksjɔ̃] **n. f.** – XVIe ◇ latin *reconductio* → reconduire ■ DR. ■ **1** Renouvellement d'un contrat arrivé à terme, aux conditions antérieurement définies. ➤ **confirmation, renouvellement.** *Reconduction expresse :* renouvellement de bail par écrit ou verbalement. — COUR. *Tacite reconduction :* renouvellement d'un contrat aux mêmes conditions que l'ancien, à l'expiration de ce dernier, et du consentement tacite des parties. *Contrat de travail, bail renouvelé par tacite reconduction.* ■ **2** PAR EXT. *Reconduction du budget :* application du budget précédent, quand le budget n'est pas voté à la date voulue. ◆ FIG. *Reconduction d'une politique.* ➤ **continuation.**

RECONDUIRE [R(ə)kɔ̃dɥiR] **v. tr.** ‹38› – XIVe ◇ de *re-* et *conduire* ■ **1** Accompagner (une personne qui s'en retourne, qui s'en va). ➤ **raccompagner.** *«escortée de ses amis* [...] *qui avaient tenu à la reconduire jusqu'à sa porte»* BLOY. *Reconduire des enfants chez leurs parents.* ➤ **ramener.** PAR EUPHÉM. *Reconduire des immigrés à la frontière.* ➤ **expulser.** ◆ (avant 1660) Accompagner (un visiteur) jusqu'à la porte, par civilité. *Elle reconduisit ses invités.* ■ **2** (latin juridique *reconducere* «reprendre à bail») DR., ADMIN. Renouveler par reconduction. — PAR EXT. (1937) Renouveler ou proroger. *Reconduire un contrat, un stage.* — *La grève est reconduite jusqu'à jeudi.* ➤ **prolonger.**

RECONDUITE [R(ə)kɔ̃dɥit] **n. f.** – fin XVIIe ◇ de *reconduire* ■ Action de reconduire (qqn). *Reconduite à la frontière des étrangers en situation irrégulière.* ➤ **expulsion.**

RÉCONFORT [Rekɔ̃fɔR] **n. m.** – XIIe ◇ de *réconforter* ■ Ce qui redonne des forces morales, ranime le courage, l'espoir ; augmentation de force, de courage qui en résulte. ➤ **consolation, secours, soutien.** *Avoir besoin de réconfort. «J'attendais de ce revoir encouragement, appui, réconfort»* GIDE. *Le réconfort d'une présence. Ce sera pour lui un grand réconfort.* — *Le réconfort de la religion.* ■ CONTR. Découragement.

RÉCONFORTANT, ANTE [Rekɔ̃fɔRtɑ̃, ɑ̃t] **adj.** – 1875 ; «cherchant un réconfort» 1430 ◇ de *réconforter* ■ **1** Qui réconforte, console. ➤ **consolant.** *Idée réconfortante. Paroles réconfortantes. «Le graphique* [de la maladie] *paraissait tout à fait réconfortant au docteur»* CAMUS. ■ **2** Qui réconforte, revigore. ➤ **remontant, stimulant,** 1 **tonique.** *Médicament, remède réconfortant.* ■ CONTR. Accablant, désespérant. Affaiblissant, débilitant.

RÉCONFORTER [Rekɔ̃fɔRte] **v. tr.** ‹1› – avant 1628 ◇ de *re-* et *conforter* ■ **1** Donner, redonner du courage, de la force d'âme, de l'énergie à (qqn), SPÉCIALT pour supporter ou combattre l'adversité. ➤ **soutenir ;** FAM. **regonfler.** *Réconforter un ami par son aide, par des paroles d'amitié. Votre exemple me réconforte.* — PRONOM. *Robespierre «relisait Jean-Jacques* [Rousseau] *pour se réconforter»* JAURÈS. ■ **2** Redonner momentanément des forces physiques, de la vigueur à (une personne affaiblie). ➤ **remonter, revigorer, stimuler.** *Une bonne soupe chaude l'a réconforté.* — PRONOM. *J'ai besoin de me réconforter,* en prenant qqch. ■ CONTR. Abattre, accabler, décourager, déprimer. Affaiblir, débiliter.

RECONNAISSABLE [R(ə)kɔnɛsabl] **adj.** – 1080 ◇ de *reconnaître* ■ Qui peut être aisément reconnu, discerné, distingué. *Parfum miellé «reconnaissable entre tous les parfums»* COLETTE. *«j'imaginais que les bars de gangsters étaient reconnaissables à quelque signe»* BEAUVOIR. — PAR EXT. *Il n'est pas reconnaissable, il est à peine reconnaissable, tant il est changé.* ■ CONTR. Méconnaissable.

RECONNAISSANCE [R(ə)kɔnɛsɑ̃s] **n. f.** – fin XIIe, au sens de «gratitude» (III) ◇ de *reconnaître*

I ACTION D'IDENTIFIER PAR LA MÉMOIRE, LE JUGEMENT ■ **1** (fin XIIIe) Acte de juger qu'un objet a déjà été connu. ➤ **identification.** *La reconnaissance d'une chose, d'un visage (par qqn). «un mélange parfait entre le plaisir de la découverte et le plaisir de la reconnaissance»* HOUELLEBECQ. — PSYCHOL. Processus par lequel une représentation mentale actuelle est reconnue comme trace du passé. *On distingue l'évocation, la reconnaissance et la localisation des souvenirs. Fausse reconnaissance.* ➤ **paramnésie.** PHILOS. ➤ **récognition.** ■ **2** (1680) Fait de se reconnaître, de s'identifier mutuellement. *Signe de reconnaissance,* par lequel des personnes peuvent se reconnaître. *Comme signe de reconnaissance, je porterai une écharpe rouge. Il nous a fait un petit signe de reconnaissance,* il a manifesté qu'il nous avait reconnus. ■ **3** INFORM. *Reconnaissance des formes :* procédure d'identification d'un ensemble d'informations à une structure donnée. *Reconnaissance de l'écriture, de la parole*. Reconnaissance vocale. Reconnaissance optique des caractères. Reconnaissance automatique de documents.*

II ACTION D'ACCEPTER, D'ADMETTRE ■ **1** (milieu XIIIe) VX ou LITTÉR. Aveu, confession (d'une faute). *La reconnaissance de ses fautes.* ■ **2** Fait de reconnaître (qqn) pour chef, pour maître. *Reconnaissance d'un souverain.* ■ **3** RARE Fait d'admettre (une chose) après l'avoir niée ou en avoir douté. *La reconnaissance d'une qualité chez qqn.* ■ **4** (1587, au sens militaire) Examen d'un lieu, détermination d'une position inconnue. ➤ **exploration.** *Reconnaissance d'un pays inconnu.* ➤ **découverte.** *Reconnaissance du terrain avant une installation.* ➤ **examen.** *Reconnaissance du sol, du sous-sol.* ➤ **prospection, sondage.** — SPÉCIALT Action de recueillir des renseignements sur les conditions du combat ; opération de guerre organisée à cet effet. *Mission, patrouille de reconnaissance. Avion de reconnaissance.* ◆ **EN RECONNAISSANCE.** *Envoyer un détachement en reconnaissance. Aller, partir en reconnaissance.* ■ **5** (1835) Action de reconnaître formellement, juridiquement. *Reconnaissance d'un État. Reconnaissance de gouvernement,* par laquelle un État reconnaît la légalité d'un gouvernement issu d'une révolution. *La reconnaissance de la Chine communiste. Reconnaissance de jure, de facto.* ◆ DR. ADMIN. *Reconnaissance d'utilité publique,* dont bénéficie une association, une fondation privée. ◆ (1804) DR. CIV. *Reconnaissance d'enfant :* acte par lequel une personne reconnaît être le père ou la mère d'un enfant naturel. *Reconnaissance conjointe.* — (1606) *Reconnaissance de signature* (➤ **reconnaître**). ◆ (fin XIIIe) *Reconnaissance de dette :* acte écrit par lequel on se reconnaît débiteur envers qqn. *«C'était une reconnaissance de trois cents francs payables de mois en mois à compte»* GONCOURT. — *Reconnaissance du mont-de-piété :* récépissé de l'objet remis en gage.

III ACTION DE RECONNAÎTRE (UN BIENFAIT REÇU) (fin XIIe) *Il l'a faite son héritière en reconnaissance de ses services.* ◆ (1538) Sentiment qui pousse à éprouver vivement un bienfait reçu, à s'en souvenir et à se sentir redevable envers le bienfaiteur. ➤ **gratitude.** *Éprouver, témoigner de la reconnaissance envers quelqu'un. «la reconnaissance est bien un devoir qu'il faut rendre, mais non pas un droit qu'on puisse exiger»* ROUSSEAU. *«la dette de reconnaissance que tous les sous du monde ne suffiraient pas à payer»* H. CALET. *Il mérite notre reconnaissance.* — LOC. FAM. *La reconnaissance du ventre :* les bonnes dispositions où l'on est envers la personne qui vous a nourri, aidé matériellement. *«La moindre des choses, c'est d'avoir la reconnaissance du ventre. On survivait avec le pognon qu'ils nous filaient. Sans eux, on n'y serait pas arrivés»* J.-M. GUENASSIA.

■ CONTR. Oubli. — Désaveu. — Ingratitude.

RECONNAISSANT, ANTE [R(ə)kɔnɛsɑ̃, ɑ̃t] **adj.** – v. 1350 ; *recunussant* «qui reconnaît, avoue» v. 1210 ◇ de *reconnaître* ■ Qui reconnaît ce qu'on fait pour lui, qui ressent, témoigne de la reconnaissance (III). *Être reconnaissant à qqn d'un bienfait. Je vous suis très reconnaissante de m'avoir aidée. Je leur en serai éternellement reconnaissante.* — *Aux grands hommes, la patrie reconnaissante* (inscription du Panthéon). ◆ LOC. (formule de demande polie) *Je vous serais reconnaissant de bien vouloir me répondre au plus tôt* (➤ **obligé**). ■ CONTR. Ingrat, oublieux.

RECONNAÎTRE [R(ə)kɔnɛtR] **v. tr.** ‹57› /RECONNAITRE/ – fin X[e] ◇ du latin *recognoscere,* famille de *cognoscere* → connaître

I IDENTIFIER PAR LA MÉMOIRE, LE JUGEMENT ■ **1** Penser (un objet présent) comme ayant déjà été saisi par la pensée. ➤ se **rappeler,** se **souvenir.** *«Je n'ai jamais cette perception instantanée* [...] *qui me permet de reconnaître un mot comme je reconnais un visage»* ALAIN. *Reconnaître un lieu. J'ai tout de suite reconnu l'endroit.* — *Reconnaître qqn* (qu'on avait perdu de vue). *Après tant d'années, je l'ai parfaitement reconnu. Le malade ne reconnaît plus personne. «Je le reconnus. Je reconnus le marin de Gibraltar»* DURAS. — *Animal qui reconnaît son maître.* ■ **2** (fin XIIe) Penser, juger (un objet, un concept) comme compris dans une catégorie ou comme inclus dans une idée générale. ➤ **identifier.** *Caractère qui permet de reconnaître, fait reconnaître qqch.* (➤ **indice, signe**). *Reconnaître une chose sans pouvoir la nommer. «Dans ce bloc de verdure*

[...] *il fallait, pour reconnaître une église, faire un effort»* PROUST. ➤ **discerner.** — *Reconnaître un air dès les premières notes.* (1580) *Reconnaître une voix,* en identifiant la personne qui parle. *Reconnaître le pas de qqn.* — *Reconnaître un malfaiteur grâce à son signalement. La victime a reconnu son agresseur* (parmi des suspects). *Reconnaître qqn sous un masque, sous un déguisement.* — SPÉCIALT *Reconnaître le corps* (d'un mort) : identifier le cadavre. *«Il faut m'accompagner à la morgue, pour reconnaître le corps, avant l'autopsie»* DAENINCKX. — ALLUS. HIST. *«Tuez-les tous ! Dieu reconnaîtra les siens»* : paroles du légat du pape, lors du massacre des albigeois. — (Avec un compl. au plur.) ➤ **distinguer.** *Des vrais jumeaux sont parfois impossibles à reconnaître. «Reconnaître un homme consiste à le distinguer des autres hommes ; mais reconnaître un animal est ordinairement se rendre compte de l'espèce à laquelle il appartient»* BERGSON. ▪ **3** PAR EXT. (1636) Retrouver (une chose, une personne) telle qu'on l'a connue ; en avoir la même impression. *Je le reconnais bien là, je reconnais bien là sa paresse. On ne le reconnaît plus :* il n'est plus le même. ♦ (fin xie) **RECONNAÎTRE (qqch., qqn) À...,** l'identifier, pouvoir le nommer grâce à (tel caractère, tel signe). *Reconnaître un arbre à ses feuilles. Je l'ai reconnu à ses yeux.*

II ACCEPTER, TENIR POUR VRAI, VALABLE ▪ **1** (fin xe) Admettre, avouer qu'on a commis (un acte blâmable, une faute). ➤ **avouer, confesser.** *Reconnaître ses torts. L'accusé a reconnu les faits. Je reconnais m'être trompé. «Regardant et parcimonieux* [...], *je reconnais l'être à l'excès»* GIDE. ▪ **2** (fin xiie) VX ou LITTÉR. Admettre (qqn) pour chef, pour maître. *Reconnaître qqn pour maître, pour chef.* — **p. p. adj.** *C'est le chef reconnu de la rébellion.* ▪ **3** (fin xiie) Admettre pour vrai après avoir nié, ou après avoir douté, accepter malgré des réticences. ➤ **admettre.** *On a fini par reconnaître son innocence. Reconnaître la valeur, la supériorité de qqn.* — (fin xiie) (Avec *que* et l'indic.) *Je reconnais qu'il a fait ce qu'il a pu.* ➤ **convenir** (de). — (1580) *Reconnaître une aptitude, une qualité à qqn,* considérer qu'il la possède. ➤ **attribuer, concéder.** *Il faut lui reconnaître une certaine franchise.* ▪ **4** Tenir pour vrai après une recherche ; être conduit à connaître, à savoir. ➤ **constater, découvrir.** *Après l'examen du médecin, on reconnut qu'il fallait opérer. Il a reconnu peu à peu les difficultés de l'entreprise.* ▪ **5** (1557) Chercher à connaître, à déterminer. *Reconnaître le terrain, les positions.* ➤ **éclairer.** SANS COMPL. *«J'ai fait reconnaître, mon commandant. Les Anglais sont là devant, à deux cents mètres»* GIONO. — *Reconnaître des terres inconnues.* ➤ **explorer.** *Reconnaître une côte,* s'en approcher et la longer. ▪ **6** Admettre officiellement l'existence juridique de... *Reconnaître un gouvernement. Reconnaître la compétence d'un tribunal. Reconnaître un droit à qqn.* ♦ (1675) *Reconnaître un enfant naturel,* s'en déclarer légalement le père ou la mère. *Ils l'ont reconnu avant sa naissance.* ♦ *Reconnaître sa signature, une lettre, un billet,* admettre qu'on en est l'auteur et en accepter les conséquences juridiques. — *Reconnaître une dette.* ▪ **7** (fin xve) RARE Témoigner par de la gratitude (➤ **reconnaissance,** III) que l'on est redevable envers qqn de (qqch.). *Reconnaître un bienfait, un service.*

III SE RECONNAÎTRE v. pron. ▪ **1** (fin xviiie) (RÉFL.) Retrouver son image, s'identifier. *Elle ne s'est pas reconnue en se regardant dans la glace. «Je ne me reconnaissais pas. J'étais à moitié fou»* DUMAS FILS. — PAR EXT. *Se reconnaître dans, en qqn :* trouver de la ressemblance entre une personne et soi-même. *Se reconnaître dans un personnage de roman.* ♦ *Se reconnaître* (et adj.) : avouer, admettre qqch. concernant soi-même. *Se reconnaître coupable.* ♦ (fin xiie) Être capable d'identifier les lieux où l'on se trouve, la position qu'on y occupe. ➤ **se retrouver.** *On ne s'y reconnaît plus dans ces rues toutes pareilles.* — FIG. *Ne plus s'y reconnaître,* être perdu. ➤ **s'embrouiller.** ▪ **2** (RÉCIPR.) *Ils ne se sont pas reconnus, après dix ans de séparation.* ▪ **3** (PASS.) Être reconnu ou reconnaissable, se distinguer par. *Cet oiseau exotique se reconnaît à son plumage éclatant.*

▪ CONTR. Confondre ; oublier. — Contester, dénier ; méconnaître, refuser ; protester.

RECONNU, UE [R(ə)kɔny] adj. – xvie ◊ de *reconnaître* ▪ Admis pour vrai ou pour important. *C'est un fait reconnu, indiscuté.* — *Un auteur reconnu.* ▪ CONTR. Discuté, inconnu.

RECONQUÉRIR [R(ə)kɔ̃keRiR] v. tr. ‹21› – xve ; *reconquerre* xiie ◊ de *re-* et *conquérir* ▪ **1** Reprendre par une conquête. *«Le petit Dauphin, chassé de sa capitale, dut reconquérir son royaume»* L. BERTRAND. — **p. p. adj.** *Village conquis, perdu et reconquis.* ▪ **2** FIG. Conquérir de nouveau. ➤ **recouvrer, regagner.** *Reconquérir sa liberté.* — *Reconquérir qqn :* séduire qqn qui ne vous aimait plus. ▪ CONTR. Reperdre.

RECONQUÊTE [R(ə)kɔ̃kɛt] n. f. – xviie ; *reconquest* xive ◊ de *reconquérir* ▪ Action de reconquérir ; nouvelle conquête. *La reconquête du territoire envahi.* — ABSOLT (espagnol *Reconquista*) HIST. *La reconquête,* celle de l'Espagne sur les Arabes par les royaumes chrétiens, du XIe au XIIIe s. ♦ FIG. *La reconquête d'un droit.*

RECONSIDÉRER [R(ə)kɔ̃sideRe] v. tr. ‹6› – 1549, repris 1926 ◊ de *re-* et *considérer* ▪ (Surtout dans le style admin.) Considérer de nouveau (une question, un projet). *«Il allume une nouvelle cigarette et reconsidère la chose avec le plus grand sérieux»* QUENEAU. *Il faut reconsidérer le problème.* ➤ **réexaminer.**

RECONSOLIDER [R(ə)kɔ̃sɔlide] v. tr. ‹1› – fin xve ◊ de *re-* et *consolider* ▪ Consolider de nouveau.

RECONSTITUANT, ANTE [R(ə)kɔ̃stitɥɑ̃, ɑ̃t] adj. et n. m. – 1845 ◊ de *reconstituer* ▪ Propre à reconstituer, à redonner des forces à l'organisme. *Aliment, régime ; médicament, remède reconstituant.* ➤ **analeptique, fortifiant.** — n. m. *Prendre un reconstituant.* ➤ **remontant, stimulant,** 1 **tonique.** ▪ CONTR. Débilitant.

RECONSTITUER [R(ə)kɔ̃stitɥe] v. tr. ‹1› – 1790 ; hapax 1534 ◊ de *re-* et *constituer* ▪ **1** Constituer, former de nouveau. ➤ **reformer.** *Reconstituer une armée ; un dossier. Reconstituer les stocks.* ➤ **renouveler.** *Reconstituer par synthèse un corps analysé.* **p. p. adj.** *Steak haché reconstitué,* auquel on a redonné la forme d'un steak. — PRONOM. *Le parti s'est reconstitué dans la clandestinité.* ▪ **2** Rétablir dans sa forme, dans son état d'origine, en réalité ou par la pensée (une chose disparue). *Reconstituer le plan d'un monument d'après des fouilles. Figures de danse «reconstituées d'après les vases et les statuettes»* MIOMANDRE. *Reconstituer fidèlement un quartier ancien* (d'une ville détruite). *Historien, romancier qui reconstitue une époque.* ➤ **recréer.** *Reconstituer les faits, après enquête.* — PAR EXT. *Reconstituer un crime* (➤ **reconstitution**). ▪ **3** Rétablir dans son état antérieur et normal. *Reconstituer un tissu, un organe.* ➤ **régénérer.** — *Reconstituer ses forces.* ➤ **réparer ; reconstituant.**

RECONSTITUTION [R(ə)kɔ̃stitysjɔ̃] n. f. – 1845 ; fin. 1734 ◊ de *reconstituer,* d'après *constitution* ▪ **1** Action de reconstituer, de se reconstituer. *Reconstitution d'un parti.* ▪ **2** Action de reconstituer (2°) une chose disparue. *Reconstitution d'un monument antique disparu. «Les textes de l'antiquité sont venus à nous à travers mille accidents qui en ont rendu la reconstitution* [...] *douteuse»* RENAN. ➤ **restitution.** — *Reconstitution historique* (dans un spectacle, etc.) : évocation historique précise et fidèle. — *La reconstitution de la vérité par une enquête judiciaire.* SPÉCIALT *Reconstitution d'un crime, d'un accident :* répétition des gestes accomplis par l'accusé, par les protagonistes sur les lieux mêmes du crime, de l'accident. ▪ **3** ADMIN. *Reconstitution de carrière :* dossier administratif dans lequel on reconstitue la vie professionnelle d'une personne en vue de sa retraite, de l'homologation des titres de travail obtenus à l'étranger, etc.

RECONSTRUCTEUR, TRICE [R(ə)kɔ̃stRyktœR, tRis] adj. et n. – 1835 ◊ de *reconstruire* ▪ Qui reconstruit. *Action reconstructrice. Chirurgie reconstructrice :* chirurgie plastique qui remédie à une perte de substance (consécutive à une ablation, un accident...). ➤ 1 **restaurateur.**

RECONSTRUCTION [R(ə)kɔ̃stRyksjɔ̃] n. f. – 1728 ◊ de *reconstruire,* d'après *construction* ▪ Action de reconstruire (qqch.). *Reconstruction d'un mur, d'un édifice.* — SPÉCIALT *Reconstruction des villes détruites par la guerre.* ♦ FIG. *La reconstruction des espèces fossiles,* leur reconstitution.

RECONSTRUIRE [R(ə)kɔ̃stRɥiR] v. tr. ‹38› – 1549 ◊ de *re-* et *construire* ▪ **1** Construire de nouveau (ce qui était démoli). *Reconstruire une ville.* ➤ **rebâtir.** *Cette église a été détruite et reconstruite plusieurs fois.* ➤ **relever.** ▪ **2** PAR EXT. Réédifier, refaire. *Reconstruire sa fortune. «Les doctrinaires de 1789 avaient voulu* [...] *reconstruire le monde»* GAXOTTE. — FIG. Reconstituer. *L'observation scientifique reconstruit le réel.* ▪ **3 SE RECONSTRUIRE** v. pron. (PERSONNES) Retrouver progressivement un état psychique satisfaisant après une épreuve, un traumatisme. *Se reconstruire après un deuil. «sa volonté d'en découdre, d'en remontrer, de "se reconstruire"»* PH. BESSON.

RECONTACTER [R(ə)kɔ̃takte] v. tr. ‹1› – 1978 ◊ de *re-* et *contacter* ▪ Reprendre contact avec (qqn). *Recontactez-moi à la rentrée. «Tu pourrais recontacter ton éditeur, lui proposer de signer un nouveau contrat»* J.-P. DUBOIS.

RECONVENTIONNEL, ELLE [R(ə)kɔ̃vɑ̃sjɔnɛl] **adj.** – 1421 ; de *reconvention* n. f. (1283) ◊ de *re-* et *convention* ■ DR. Qui tend à atténuer ou à annuler les effets d'une action judiciaire. *Demande reconventionnelle,* introduite par le défendeur, et tendant à atténuer la demande principale. — **adv. RECONVENTIONNELLEMENT,** 1829.

RECONVERSION [R(ə)kɔ̃vɛRsjɔ̃] **n. f.** – 1944 ; fin. 1877 ; « seconde conversion » 1874 ◊ de *reconvertir,* d'après *conversion* ■ **1** ÉCON. Changement qui affecte à un autre usage une activité économique. *Reconversion d'une fabrique de tanks en usine d'automobiles.* — PAR EXT. *Reconversion économique, technique, politique :* adaptation à des conditions économiques, techniques, politiques nouvelles. ■ **2** (PERSONNES) Affectation à un nouvel emploi, changement de métier, d'activité professionnelle. ➤ **recyclage.** *Stage de reconversion.*

RECONVERTIR [R(ə)kɔ̃vɛRtiR] **v. tr.** ⟨2⟩ – 1611, repris 1962 ◊ de *re-* et *convertir* ■ ÉCON. Procéder à la reconversion de (qqch. ou qqn). — *Bâtiments reconvertis en école.* — PRONOM. *Se reconvertir dans l'informatique.* ➤ **se recycler.**

RECOPIAGE [R(ə)kɔpjaʒ] **n. m.** – 1874 ◊ de *recopier* ■ Action de recopier ; son résultat. ➤ **transcription.** *Le recopiage d'un texte.*

RECOPIER [R(ə)kɔpje] **v. tr.** ⟨7⟩ – 1362 ◊ de *re-* et *copier* ■ Copier à la main (un texte déjà écrit). ➤ **transcrire.** *Recopier une adresse dans un nouvel agenda.* — SPÉCIALT (1809) Mettre au net, au propre (un brouillon). *Élève qui recopie son devoir.*

RECORD [R(ə)kɔR] **n. m.** – 1882 ◊ mot anglais, de *to record* « rappeler, enregistrer », du français *recorder* (vx), racine *cord* « cœur » ■ **1** Exploit sportif qui dépasse ce qui a été fait avant dans le même genre et par la même catégorie de sportifs. *Homologuer un record. Établir, détenir, améliorer, battre, pulvériser* un record. Record masculin, féminin, par catégorie.* — *Records d'athlétisme, de natation. Record de vitesse, d'altitude. Record de France, d'Europe, du monde. Détenteur d'un record.* ➤ **recordman, recordwoman.** ■ **2** PAR EXT. Résultat supérieur à tous ceux obtenus dans le même domaine. *Record d'affluence à une exposition. Pour la maladresse, il bat tous les records.* ■ **3** APPOS. INV. Jamais atteint. *« notre circulation de billets qui atteint [...] le chiffre record de 79 milliards »* BAINVILLE. *Déficit, production record. Des ventes record.* — LOC. (1952) *En un temps record :* très vite. *À une vitesse record.* ■ HOM. Recors.

RECORDER [R(ə)kɔRde] **v. tr.** ⟨1⟩ – 1300 ◊ de *re-* et *corder* ■ TECHN. Corder de nouveau ; regarnir de cordes. *Recorder une raquette.* — **n. m. RECORDAGE,** 1923.

RECORDMAN [R(ə)kɔRdman] **n. m.** – 1883 ◊ de *record* et anglais *man* « homme » ■ FAUX ANGLIC. Détenteur d'un record. ➤ **champion.** *Des recordmans.* On dit aussi *des recordmen* [R(ə)kɔRdmɛn] (d'après l'angl.).

RECORDWOMAN [R(ə)kɔRdwuman] **n. f.** – 1896 ◊ de *record* et anglais *woman* « femme » ■ FAUX ANGLIC. Détentrice d'un record, championne. *Des recordwomans.* On dit aussi *des recordwomen* [R(ə)kɔRdwumɛn] (d'après l'angl.).

RECORRIGER [R(ə)kɔRiʒe] **v. tr.** ⟨3⟩ – 1538 ◊ de *re-* et *corriger* ■ Corriger une nouvelle fois.

RECORS [Rəkɔr] **n. m.** – 1529 ; « témoin » 1240 ; ancien plur. de *record* ◊ de *recorder* « se souvenir » ; latin *recordari* ■ ANCIENNT Personne qui accompagnait un huissier et lui servait de témoin dans les opérations d'exécution. *Les recors prêtaient main-forte, en cas de contrainte par corps.* ■ HOM. Record.

RECOUCHER [R(ə)kuʃe] **v. tr.** ⟨1⟩ – XIIe ◊ de *re-* et *coucher* ■ Coucher de nouveau (qqn qui s'est levé). — PRONOM. (RÉFL.) *« Un moment, je t'ouvre. Tu attendras que je me sois recouchée »* MAUPASSANT. ■ CONTR. 1 Lever, relever (se).

RECOUDRE [R(ə)kudR] **v. tr.** ⟨48⟩ – XIIe ◊ de *re-* et *coudre* ■ Coudre (ce qui est décousu). *Recoudre un bouton.* ◆ Coudre les lèvres de (une plaie, une incision). *« Lorsque le médecin vous recoud la peau du visage »* ALAIN. PAR EXT. *Recoudre un opéré.* ■ CONTR. Découdre.

RECOUPE [Rəkup] **n. f.** – 1225 « morceau coupé » ◊ de *recouper* ■ **1** TECHN. Morceau qui tombe lorsqu'on coupe ou taille une matière. *Recoupes de pierre* (➤ **éclat**), *de métal* (➤ **cisaille, rognure**) ; *d'étoffe* (➤ **chute, retaille**). ■ **2** AGRIC. Seconde coupe de foin. ➤ **regain.** ■ **3** (1393) Farine grossière de seconde mouture. ➤ 1 **remoulage.** *Pain de recoupe. Son des recoupes* (➤ **recoupette**).

RECOUPEMENT [R(ə)kupmɑ̃] **n. m.** – fin XIIe « action de retrancher » ◊ de *recouper* ■ **1** (1676) TECHN. Diminution de l'épaisseur d'un mur de la base au sommet en mettant chaque pierre en retrait. ■ **2** (1873) Action de recouper, de se recouper. *Point de recoupement,* d'intersection. ■ **3** (avant 1923) FIG. Rencontre de renseignements de sources différentes qui permettent d'établir un fait. *Le recoupement des témoignages.* — Vérification du fait par ce moyen. *Faire un recoupement. Savoir qqch. par recoupements.*

RECOUPER [R(ə)kupe] **v. tr.** ⟨1⟩ – 1549 ; « réduire » 1170 ◊ de *re-* et *couper* ■ **1** Couper de nouveau. *Je vais vous recouper une tranche de gigot. Recoupe-m'en un morceau.* — *Recouper un vêtement,* en modifier la coupe en ôtant de l'étoffe. ➤ **retoucher.** ■ **2** ABSOLT (1690) Couper une seconde fois les cartes. ■ **3** (1832) Mélanger (un vin de cru) avec un coupage. — *Vin recoupé.* ■ **4** Couper (une ligne). PRONOM. *Lignes, cercles qui se recoupent.* ■ **5** FIG. Coïncider en confirmant. *Votre témoignage recoupe le sien.* PRONOM. (RÉCIPR.) *Les détails provenant de ces deux sources se recoupent.*

RECOUPETTE [R(ə)kupɛt] **n. f.** – 1723 ◊ de *recoupe* ■ TECHN. Farine tirée du son des recoupes, utilisée dans la fabrication de l'amidon.

RECOUPONNER [R(ə)kupɔne] **v. tr.** ⟨1⟩ – 1923 ◊ de *re-* et *coupon* ■ BOURSE Regarnir (une valeur mobilière) de coupons lorsqu'ils ont tous été utilisés.

RECOURBÉ, ÉE [R(ə)kuRbe] **adj.** – 1160 ◊ de *recourber* ■ Dont l'extrémité forme une courbe. *Bec recourbé.* ➤ **crochu.** *Nez recourbé.* ➤ **aquilin, busqué,** RÉGION. 1 **croche.** *Cornes recourbées du bélier. Cils recourbés.*

RECOURBEMENT [R(ə)kuRbəmɑ̃] **n. m.** – XVe ◊ de *recourber* ■ RARE Action de recourber, de se recourber.

RECOURBER [R(ə)kuRbe] **v. tr.** ⟨1⟩ – XIIIe ◊ de *re-* et *courber* ■ Courber à son extrémité, rendre courbe. *Recourber une branche, une tige de métal.* ➤ **fléchir, plier.** *Recourber vers l'intérieur, vers l'extérieur.* — PRONOM. *Des babouches « dont la pointe se recourbe en proue de gondole »* LOTI. ➤ **rebiquer.** ■ CONTR. Redresser.

RECOURBURE [R(ə)kuRbyR] **n. f.** – 1875 ; *recourbeure* 1600 ◊ de *recourber* ■ RARE État d'une chose recourbée ; partie recourbée d'un objet.

RECOURIR [R(ə)kuRiR] **v.** ⟨11⟩ – XVIe ; *recourre* v. 1160 ◊ de *re-* et *courir*

I v. intr. ■ **1** Courir de nouveau. ■ **2** Refaire une course, reprendre les courses. *Cet athlète n'a pas recouru depuis son accident.* — TRANS. *Recourir un cent mètres.*

II v. tr. ind. (1559 ; *soi recorre à* XIIIe) **RECOURIR À :** avoir recours. ■ **1** Demander une aide (à qqn) [cf. Faire appel*]. *« Penses-tu que je ne puisse pas recourir à mon père ? »* (ÉVANGILE). *Recourir à l'autorité suprême.* PAR EXT. *Recourir à une agence pour vendre un appartement.* ➤ **s'adresser** (à), **passer** (par). ◆ Employer, mettre en œuvre (un moyen). *Recourir à l'emprunt. Il dut recourir à un mensonge. « la force fonde [...] le règne de la raison, sans avoir besoin de recourir à l'imposture »* RENAN. ■ **2** ABSOLT, DR. Faire appel. *Recourir contre quelqu'un.*

RECOURS [R(ə)kuR] **n. m.** – fin XIIe ◊ du latin juridique *recursum* « retour en arrière » ■ **1** Action de recourir à (qqn, qqch.). *Le recours à la violence.* — **AVOIR RECOURS À :** faire appel à. *Avoir recours à qqn.* ➤ **s'adresser.** *« Au bout de quinze jours, il fut obligé d'avoir recours à un ami pour donner à souper à sa maîtresse »* MUSSET. *Avoir recours à des expédients. « Toujours les scélérats ont recours au parjure »* RACINE. ■ **2** Ce à quoi on recourt, dernier moyen efficace. ➤ **ressource.** *« l'acte chirurgical était encore [...] un suprême recours »* VALÉRY. *C'est notre dernier recours. Il n'y a aucun recours contre cela. C'est sans recours :* c'est désespéré, irrémédiable. ■ **3** (1465) DR. ADMIN. Demande d'annulation ou de modification d'un acte administratif ou d'une décision de justice. *Recours gracieux adressé à l'auteur de l'acte. Recours contentieux,* porté devant les tribunaux administratifs. *Recours hiérarchique. Recours pour excès de pouvoir,* porté devant le Conseil d'État. *Action en recours.* ➤ **récursoire.** ◆ Procédé destiné à obtenir d'une juridiction le nouvel examen d'une question litigieuse déjà tranchée par une décision contentieuse. *Voies de recours.* ➤ **pourvoi.** *Recours en cassation.* ◆ *Recours en grâce :* demande de remise ou de commutation de peine adressée au chef de l'État.

RECOUVRABLE [R(ə)kuvRabl] **adj.** – 1564 ; « réparable » 1450 ◊ de *recouvrer* ■ Qui peut être recouvré. *Sommes recouvrables.* ➤ **percevable.** ■ CONTR. Irrécouvrable.

RECOUVRAGE [ʀ(ə)kuvʀaʒ] **n. m.** – 1877 ◊ de *recouvrir* ■ Action de recouvrir. *Le recouvrage d'un siège.*

1**RECOUVREMENT** [ʀ(ə)kuvʀəmɑ̃] **n. m.** – *recuvrement* «secours, salut» v. 1155 ◊ de *recouvrer* ■ **1** LITTÉR. Action de recouvrer, de retrouver. «*un recouvrement de ces invraisemblables richesses disparues*» VILLIERS. ➤ **récupération.** — VIEILLI *Recouvrement des forces, de la santé.* ➤ **rétablissement.** ■ **2** COUR. Action de recouvrer des sommes dues. *Recouvrement d'une créance* (➤ **rentrée**). *Recouvrement de l'impôt direct.* ➤ **perception.** *Somme mise en recouvrement.*

2**RECOUVREMENT** [ʀ(ə)kuvʀəmɑ̃] **n. m.** – 1627 ◊ de *recouvrir* ■ **1** Action de recouvrir. *Recouvrement d'un sol avec du plastique.* ◆ (1888) GÉOL. *Lambeaux de recouvrement* : résidus morcelés d'une nappe de charriage, recouvrant des terrains de formation différente. ◆ CONSTR. *Assemblage à recouvrement. Tuiles à recouvrement,* qui se recouvrent partiellement. ◆ MATH. *Recouvrement d'un ensemble E* : famille d'ensembles dont la réunion inclut E. ■ **2** TECHN. Ce qui recouvre. *Surface de recouvrement.* — PHYS. Partie du tiroir d'une machine à vapeur qui règle l'introduction de la vapeur dans le cylindre.

RECOUVRER [ʀ(ə)kuvʀe] **v. tr.** ⟨1⟩ – *recuvrer* 1080 ◊ latin *recuperare* → récupérer ■ **1** LITTÉR. Rentrer en possession de... *Recouvrer son bien, son argent.* ➤ **ravoir, récupérer, reprendre.** *Recouvrer la santé* : guérir, se rétablir. *Il recouvre ses forces, la raison.* «*le premier sentiment que je goûtai fut celui de la liberté que j'avais recouvrée*» ROUSSEAU. ➤ **retrouver.** ■ **2** COUR. Recevoir le paiement de (une somme due). ➤ **encaisser,** 1**toucher.** *Recouvrer une créance, un effet de commerce. Recouvrer l'impôt.* ■ HOM. *Recouvre* : recouvre (recouvrir).

RECOUVRIR [ʀ(ə)kuvʀiʀ] **v. tr.** ⟨18⟩ – XIIe ◊ de *re-* et *couvrir*
I Couvrir de nouveau (ce qui est découvert). Mettre un nouveau revêtement à, refaire la couverture de. *Recouvrir un fauteuil.* «*tous les sièges de la salle du Congrès avaient été recouverts à neuf*» ARAGON. *Recouvrir un livre.* ◆ Remettre, ramener une couverture sur (qqn). *Recouvrir un enfant dans son lit.*
II ■ **1** Couvrir entièrement. *La neige recouvre le sol.* — *Sol recouvert d'un tapis. Animal au corps recouvert d'écailles, de plumes.* — **SE RECOUVRIR v. pron. (récipr.)** Se couvrir l'un l'autre. *Écailles, tuiles qui se recouvrent partiellement.* ➤ **chevaucher,** se **superposer** ; 2**recouvrement.** ◆ **(Sujet personne)** *Recouvrir un mur de papier peint.* ➤ **tapisser.** *Recouvrir un mort d'un drap, d'un suaire.* — Couvrir de tissu les parties rembourrées de (un meuble, un coffret). ➤ **garnir ; gainer, habiller.** *Faire recouvrir des bergères d'une soie d'époque.* ■ **2** FIG. Cacher, masquer. *Sa désinvolture recouvre une grande timidité.* ➤ **dissimuler.** «*groupes où une égalité théorique recouvre de grandes inégalités de fait*» CAMUS. ■ **3** (1949) S'appliquer à, correspondre à. «*Le concept de personnalité recouvre* [...] *deux idées différentes*» G. BERGER. ➤ **embrasser.**
■ CONTR. Découvrir, dévoiler. ■ HOM. *Recouvre* : recouvre (recouvrer).

RECRACHER [ʀ(ə)kʀaʃe] **v.** ⟨1⟩ – XVe ◊ de *re-* et *cracher* ■ **1 v. tr.** Rejeter de la bouche (ce qu'on y a mis). *Recracher un noyau.* ■ **2 v. intr.** Cracher de nouveau.

RÉCRÉANCE [ʀekʀeɑ̃s] **n. f.** – XVIe ; «abandon provisoire à titre de caution» 1283 ◊ de l'ancien français *recroire* «rendre, remettre» ■ **1** ANCIENNT Jouissance, à titre provisionnel, des revenus d'un bénéfice ecclésiastique en litige. ■ **2** (fin XVIIe) DR. INTERNAT. *Lettres de récréance,* de rappel, pour un ambassadeur invité à quitter son poste.

RÉCRÉATIF, IVE [ʀekʀeatif, iv] **adj.** – 1487 ◊ de *récréer* ■ Qui a pour objet ou pour effet de divertir. ➤ **amusant, divertissant.** *Lecture récréative. Séance, soirée récréative pour enfants.* ■ CONTR. Ennuyeux, fastidieux ; sérieux.

RECRÉATION [ʀəkʀeasjɔ̃] **n. f.** – fin XIXe ◊ de *recréer,* d'après *création* ■ Action de recréer, seconde création. *La recréation romanesque d'un personnage historique.*

RÉCRÉATION [ʀekʀeasjɔ̃] **n. f.** – 1370 ; «réconfort» 1215 ◊ latin *recreatio* ■ **1** Détente, divertissement après une occupation plus sérieuse. ➤ **amusement, délassement.** *Quelques minutes de récréation.* ➤ **détente, repos.** *La peinture n'est pour lui qu'une récréation.* ➤ **jeu, passe-temps.** ■ **2** (v. 1482) Dans une communauté religieuse, un établissement scolaire, Temps de repos, de liberté accordé aux religieux, aux élèves pour qu'ils puissent se délasser. *Aller, être en récréation. Cour de récréation. Récréations et interclasses.* — ABRÉV. FAM. (argot scolaire 1878) **RÉCRÉ** [ʀekʀe]. *Pendant les récrés.* ■ CONTR. Ennui, 1travail.

RECRÉER [ʀ(ə)kʀee] **v. tr.** ⟨1⟩ – 1457 ◊ de *re-* et *créer* ■ **1** Créer de nouveau. «*Dieu ne devant plus détruire le monde, non plus que le recréer*» PASCAL. ■ **2** Reconstituer (ce qui a été détruit). *Recréer une ville sur des ruines.* — (Ce qui a été supprimé) *Recréer un poste.* ■ **3** Reconstruire mentalement (ce qui est donné par la réalité). *Film qui recrée le climat de l'époque.* ➤ **restituer.** «*nous ne connaissons vraiment que ce que nous sommes obligés de recréer par la pensée*» PROUST.

RÉCRÉER [ʀekʀee] **v. tr.** ⟨1⟩ – 1501 ; «ranimer» XIIe ◊ latin *recreare* ■ LITTÉR. Délasser (qqn) par une occupation agréable. ➤ **amuser, distraire, divertir.** «*Sa femme, pour le récréer, fit venir des jongleurs et des danseuses*» FLAUBERT. — PRONOM. *Se récréer.* ■ CONTR. Ennuyer.

RÉCRÉMENT [ʀekʀemɑ̃] **n. m.** – 1553 «impureté mêlée à une substance» ◊ latin *recrementum* ■ PHYSIOL. VX Produit de sécrétion demeurant à l'intérieur de l'organisme (salive, bile, etc.). *Récréments et excréments**.

RECRÉPIR [ʀ(ə)kʀepiʀ] **v. tr.** ⟨2⟩ – 1549 ◊ de *re-* et *crépir* ■ Crépir de nouveau (une surface). *Faire recrépir sa maison.* — **n. m. RECRÉPISSAGE,** 1832.

RECREUSER [ʀ(ə)kʀøze] **v. tr.** ⟨1⟩ – 1549 ◊ de *re-* et *creuser* ■ **1** Creuser de nouveau. ■ **2** Creuser davantage. *Recreuser un fossé trop peu profond.* — FIG. *Il faut recreuser cette question.*

RÉCRIER (SE) [ʀekʀije] **v. pron.** ⟨7⟩ – *se rescrier* «redoubler de cris» XIIe ◊ de *re-* et *écrier* ■ **1** (1835) CHASSE Se dit des chiens quand ils donnent de la voix en relançant l'animal qui les a mis en défaut. ■ **2** (1672) LITTÉR. S'exclamer sous l'effet d'une vive émotion (plutôt en mauvaise part). «*il ne faut point se récrier contre la chimère de ma supposition*» ROUSSEAU. ➤ **s'indigner.** — ABSOLT, COUR. *À ces mots, ils se sont récriés.* ➤ **protester.**

RÉCRIMINATEUR, TRICE [ʀekʀiminatœʀ, tʀis] **adj. et n.** – 1827 ◊ de *récriminer* ■ Porté à récriminer (2o). *Caractère récriminateur.*

RÉCRIMINATION [ʀekʀiminasjɔ̃] **n. f.** – 1550 ◊ latin médiéval *recriminatio* ■ **1** VX Accusation qu'on oppose à celle de son adversaire. ■ **2** MOD., AU PLUR. Fait de récriminer, plainte amère. ➤ **protestation, réclamation.** *Cessez vos récriminations !* «*excédé par les récriminations, les jérémiades*» HENRIOT.

RÉCRIMINER [ʀekʀimine] **v. intr.** ⟨1⟩ – 1543 ◊ latin médiéval *recriminari* «répondre à une accusation *(crimen)* par une autre accusation» ■ **1** VX Répondre par des accusations aux accusations d'un adversaire. «*Récriminer n'est pas se justifier*» ROUSSEAU. ■ **2** MOD. Critiquer avec amertume et âpreté. *Récriminer contre (qqn, qqch.).* ➤ **protester.** — ABSOLT «*Rien ne sert de récriminer, ou de regretter même*» GIDE.

RÉCRIRE [ʀekʀiʀ] **v. tr.** ⟨39⟩ – *rescrire* v. 1265 ◊ de *re-* et *écrire* ■ **1** Écrire de nouveau (un message) à qqn. ABSOLT *Il ne m'a pas répondu, je vais lui récrire.* ■ **2** (1754) Écrire ou rédiger de nouveau. «*Claudel récrit entièrement, à soixante et onze ans, l'Annonce faite à Marie*» MAUROIS. ➤ **recomposer.** *Récrire* (ou *réécrire*) pour améliorer la forme. ➤ **rewriter ; réécriture.** «*Il s'agissait de réécrire ce fatras, non pour lui donner un sens mais pour l'habiller d'une forme qui simule la pensée*» M. DESPLECHIN. ■ **3** (XXe) *Récrire l'histoire* : raconter un évènement à sa façon, sans tenir compte de la réalité des faits. *Et voilà comment on récrit l'histoire !*

RECRISTALLISATION [ʀ(ə)kʀistalizasjɔ̃] **n. f.** – milieu XXe ◊ de *re-* et *cristallisation* ■ **1** MINÉR. Transformation des roches par dissolution des minéraux cristallins et formation de cristaux différents. ■ **2** CHIM. Méthode de purification d'une substance chimique, qui consiste à la dissoudre dans le minimum d'eau chaude et à récupérer les cristaux déposés pendant le refroidissement.

RECRISTALLISER [ʀ(ə)kʀistalize] **v. intr.** ⟨1⟩ – 1906 pronom. ◊ de *re-* et *cristalliser* ■ MINÉR. Cristalliser de nouveau. *Roche métamorphique qui recristallise.*

RECROQUEVILLÉ, ÉE [ʀ(ə)kʀɔk(ə)vije] **adj.** – v. 1350 ; *recroquillé* 1332 ◊ de *se recroqueviller* ■ **1** Replié et racorni. *Feuilles mortes toutes recroquevillées.* ■ **2** (PERSONNES) Replié sur soi et crispé. *Malade recroquevillé dans son lit. Recroquevillé de peur.*

RECROQUEVILLER [ʀ(ə)kʀɔk(ə)vije] **v. tr.** ⟨1⟩ – 1627 ; *recrobiller* 1277 ◊ de *recoquiller,* avec influence de *croc,* et de l'ancien français *ville* «vis» ■ **1 v. pron. SE RECROQUEVILLER :** se rétracter, se recourber, se tordre ou se plisser, en se desséchant. ➤ se **rabougrir,** se **racornir,** se **ratatiner,** se **replier,** se **rétracter.** *Feuille d'arbre, papier qui se recroqueville à la chaleur.* ◆ (XXe)

(PERSONNES) Se replier, se ramasser sur soi-même. ➤ se **blottir**, se **tasser** ; RÉGION. se **raboudiner**, se **racrapoter**. « *Il se recroqueville sur lui-même, les genoux au menton, d'un air frileux et perdu* » SARTRE. ▪ **2** Rendre recroquevillé. « *Le froid me consterne et me recroqueville* » GIDE.

RECRU, UE [ʀəkʀy] **adj.** – 1176 *recreü* ◊ de l'ancien français *(soi) recroire* « se décourager, s'avouer vaincu » 1080 ; bas latin *se recredere* « se remettre à la merci », de *credere* ▪ **1** LITTÉR. Fatigué, jusqu'à l'épuisement. ➤ **épuisé, éreinté, fourbu, harassé,** 1 **las, rompu, vanné.** *Bête recrue.* « *elle n'en pouvait plus, à bout de course, recrue de fatigue* » MAURIAC. ▪ **2** VX ou LITTÉR. **RECRU DE... :** débordant, atteint par l'excès de... « *Le monde est recru de souffrance* » DUHAMEL. ▪ HOM. Recrû, recrue.

RECRÛ [ʀəkʀy] **n. m.** /RECRU/ – 1669 ◊ de *recroître*, de *re-* et *croître* ▪ ARBOR. Ensemble des pousses qui se développent sur les souches après la coupe d'un taillis. ▪ HOM. Recru, recrue.

RECRUDESCENCE [ʀ(ə)kʀydesɑ̃s] **n. f.** – 1810 ◊ du latin *recrudescere* « devenir plus violent, plus saignant (blessure) », de *crudus* « saignant » ▪ **1** Aggravation d'une maladie, après une rémission temporaire. *Recrudescence de fièvre.* — *Recrudescence d'une épidémie,* augmentation du nombre des cas. ➤ **progression.** *Le sida est en pleine recrudescence.* ▪ **2** Brusque réapparition, sous une forme plus violente. ➤ **accroissement, intensification, regain, reprise.** *Recrudescence d'un incendie, de l'activité volcanique.* — FIG. « *une recrudescence de classicisme* » SAINTE-BEUVE. ▪ CONTR. Accalmie.

RECRUDESCENT, ENTE [ʀ(ə)kʀydesɑ̃, ɑ̃t] **adj.** – 1842 ◊ de *recrudescence* ▪ LITTÉR. Qui est en recrudescence. *Criminalité recrudescente.*

RECRUE [ʀəkʀy] **n. f.** – 1550 ; *recreue* « supplément » 1501 ◊ de *recroître*, de *re-* et *croître* ▪ **1** Soldat qui vient d'être recruté. ➤ **bleu, conscrit.** *Brimades infligées aux jeunes recrues.* « *ces recrues toutes fraîches qui savaient à peine manier le mousquet* » HUGO. ▪ **2** (début XVIIIe) Personne qui vient s'ajouter à un groupe. *Les recrues d'un parti, d'une société.* ➤ **adepte, partisan.** *Faire une nouvelle recrue.* ▪ HOM. Recru, recrû.

RECRUTEMENT [ʀ(ə)kʀytmɑ̃] **n. m.** – 1790 ◊ de *recruter* ▪ **1** Action de recruter des soldats. ➤ **appel, conscription,** VX **racolage.** *Bureau, service de recrutement.* ◆ FIG. Action, manière de recruter du personnel. *Recrutement de cadres. Cabinet de recrutement* (cf. Chasseur* de têtes). *Concours de recrutement.* ▪ **2** PAR EXT. Ensemble de recrues. « *il se rendait au Cercle des Saussaies, dont le recrutement était fort mondain* » ROMAINS.

RECRUTER [ʀ(ə)kʀyte] **v. tr.** ⟨1⟩ – 1691 ◊ de *recrue* ▪ **1** Former (une troupe) en levant des hommes. *Recruter une armée.* ➤ 1 **lever, mobiliser.** ◆ Engager (des hommes) pour former une troupe. ➤ **enrégimenter, enrôler, incorporer,** VX **racoler. p. p. adj.** *Soldats fraîchement recrutés.* ➤ **recrue.** ◆ FIG. Amener (qqn) à faire partie d'un groupe (association, parti, entreprise...). *Recruter des partisans* (➤ **embrigader, gagner**), *des collaborateurs* (➤ **engager, sélectionner**), *des clients.* ABSOLT *L'État recrute parmi les énarques.* ▪ **2 SE RECRUTER v. pron. (pass.).** Être recruté, se former en recevant des recrues. *Assemblée qui se recrute par cooptation.* ◆ FIG. *Se recruter dans, parmi... :* provenir de. « *la noblesse n'a jamais pu se recruter que dans la roture* » BAINVILLE. ▪ CONTR. Licencier, renvoyer.

RECRUTEUR, EUSE [ʀ(ə)kʀytœʀ, øz] **n.** – 1771 ◊ de *recruter* ▪ **1 n. m.** ANCIENNT Celui qui était chargé de recruter des soldats, et SPÉCIALT de provoquer des engagements dans l'armée (➤ **enrôleur, racoleur**). PAR APPOS. *Sergent recruteur.* ▪ **2** (1793) FIG. Personne qui recherche des adhérents, des clients, du personnel. *Les recruteurs d'un parti.* — PAR APPOS. *Agents recruteurs.*

RECTA [ʀɛkta] **adv.** – 1788 ; « tout droit, directement » 1718 ◊ mot latin « tout droit » ▪ VIEILLI, FAM. Ponctuellement, très exactement. *Payer recta.* « il payait recta *sera toujours son plus bel éloge dans la bouche d'un commerçant* » BALZAC.

RECTAL, ALE, AUX [ʀɛktal, o] **adj.** – 1812 ◊ de *rectum* ▪ DIDACT. Relatif au rectum. *Toucher rectal. Température rectale.* ➤ **anal.** *Ampoule rectale :* portion dilatée du rectum. ▪ HOM. Recto.

RECTANGLE [ʀɛktɑ̃gl] **adj.** et **n. m.** – 1549 ◊ latin *rectangulus*, de *rectus* « droit » et *angulus* « angle »

I adj. DIDACT. ▪ **1** GÉOM. Dont un angle au moins est droit. *Triangle, trapèze rectangle. Parallélépipède rectangle :* prisme droit dont les bases sont rectangles (ex. le cube). ▪ **2** MATH. *Termes rectangles :* termes du second degré formés par le produit de deux variables. ➤ **quadratique.**

II n. m. ▪ **1** GÉOM. Parallélogramme à un angle droit. *Le carré est un rectangle.* ▪ **2** COUR. (opposé à *carré*) Figure à quatre angles droits dont les côtés sont égaux deux à deux. *Tissu écossais formant des carrés et des rectangles.*

RECTANGULAIRE [ʀɛktɑ̃gylɛʀ] **adj.** – 1571 ◊ de *rectangle* ▪ **1** Qui a la forme d'un rectangle. *Feuille de papier rectangulaire. Pièce rectangulaire.* ▪ **2** DIDACT. Qui forme un angle droit. *Axes rectangulaires.* ➤ **perpendiculaire.**

1 **RECTEUR, TRICE** [ʀɛktœʀ, tʀis] **n.** – 1261 ; *rector* « capitaine d'un navire » 1213 ◊ latin *rector*, de *regere* → régir ▪ **1 n. m.** ANCIENNT Le chef et le premier officier électif d'une université. ◆ **n.** (1806) MOD. Universitaire qui est à la tête d'une académie. *En France, les recteurs représentent l'État auprès des universités de leur académie, contrôlent la légalité de leurs décisions et dirigent l'enseignement à tous ses degrés sur le territoire de l'académie. Par décision du recteur.* ➤ **rectoral.** — (Belgique, Luxembourg, Canada) Chef d'une université. ➤ **chancelier.** — REM. En France, on emploie plutôt *recteur* pour une femme ; le féminin *une rectrice,* est courant au Canada. ▪ **2 n. m.** ANCIENNT Directeur, supérieur d'un collège de jésuites. ▪ **3 n. m.** (1283 « supérieur ecclésiastique ») RELIG. Prêtre catholique à qui l'évêque confie la charge de certaines églises non paroissiales. — En Bretagne, Curé ou desservant. « *Un recteur de l'île de Sein* », roman d'Henri Queffélec.

2 **RECTEUR, TRICE** [ʀɛktœʀ, tʀis] **adj.** et **n. f.** – XVIIIe ◊ latin *rector* « qui dirige » ▪ ZOOL. *Plumes rectrices :* grandes plumes de la queue, qui dirigent le vol des oiseaux. — **n. f.** (1803) *Une rectrice.*

RECT(I)- ▪ Élément, du latin *rectus* « droit ».

RECTIFIABLE [ʀɛktifjabl] **adj.** – 1727 ◊ de *rectifier* ▪ Qui peut être rectifié. *Cette erreur sera facilement rectifiable.* ➤ **corrigeable.**

RECTIFICATEUR, TRICE [ʀɛktifikatœʀ, tʀis] **n.** – 1611 ◊ de *rectifier* ▪ **1** LITTÉR. Personne qui rectifie. « *Je suis le rectificateur des erreurs populaires* » HUGO. ▪ **2 n. m.** (1829) CHIM. Appareil servant à rectifier les liquides.

RECTIFICATIF, IVE [ʀɛktifikatif, iv] **adj.** et **n. m.** – 1769 ◊ de *rectifier* ▪ Qui a pour objet de rectifier (une chose inexacte). *Acte, état, compte rectificatif.* — **n. m.** *Communiquer à la presse un rectificatif,* une note rectificative (concernant la publication d'une information inexacte).

RECTIFICATION [ʀɛktifikasjɔ̃] **n. f.** – 1314 chir. ◊ de *rectifier*, par le bas latin *rectificatio* « redressement » ▪ **1** Action de rectifier (1°). *Rectification d'un alignement.* — (1708) MATH. *Rectification d'une courbe,* calcul de la longueur qu'elle aurait en ligne droite. ▪ **2** Action de rectifier (2°), de rendre correct, conforme. *Rectification d'un tracé, d'un calcul.* — *Rectification d'acte de l'état civil,* en cas d'erreur, d'omission. — Insertion de rectificatifs dans les journaux. ◆ TECHN. *Rectification d'une pièce mécanique.* ◆ CHIM. Méthode de purification d'un liquide par distillation. *Rectification de l'alcool.* ▪ **3** Action de faire disparaître en corrigeant. *La rectification d'une erreur.* ▪ **4** (1798) Correction, note ou parole rectificative. *Permettez-moi une petite rectification. Apporter des rectifications.*

RECTIFIER [ʀɛktifje] **v. tr.** ⟨7⟩ – 1284 ◊ bas latin *rectificare* « redresser » ▪ **1** Rendre droit. *Rectifier un alignement.* — MATH. *Rectifier une courbe,* en opérer la rectification. ▪ **2** Rendre matériellement correct, conforme. *Rectifier un tracé. Rectifier la position :* reprendre la position réglementaire (soldat). *Rectifier le tir* (➤ **rajuster**) ; FIG. changer sa façon d'agir pour mieux réussir. *Goûtez et rectifiez l'assaisonnement.* — MÉCAN. *Rectifier une pièce :* exécuter par meulage la finition d'une pièce pour l'amener à sa cote finale. PAR EXT. *Rectifier l'ovale d'un visage.* ◆ SPÉCIALT (XIVe) CHIM. Traiter en séparant les éléments par la rectification. ➤ **distiller, épurer. p. p. adj.** *Alcool, benzol rectifié,* pur, sans additif. ▪ **3** Rendre exact. ➤ **corriger.** *Rectifier un calcul. Pour* « *rectifier l'idée que vous avez de moi* » MONTHERLANT. *Texte à rectifier.* ➤ **modifier.** ◆ FIG. et VX Réformer. « *rectifier les mœurs d'un personnage* » RACINE. ▪ **4** Faire disparaître en corrigeant. ➤ **redresser.** « *une tendance plébéienne à rectifier les erreurs d'autrui* » ROMAINS. ▪ **5** POP. Tuer. ➤ **refroidir.** *Il s'est fait rectifier.* ▪ CONTR. Altérer.

RECTIFIEUR, IEUSE [ʀɛktifjœʀ, jøz] **n.** – 1932 ◊ de *rectifier* ▪ TECHN. ▪ **1** Ouvrier, ouvrière qui finit, rectifie les pièces mécaniques. ▪ **2 n. f.** Machine-outil servant à rectifier les pièces sorties des machines. ➤ **aléseuse,** 1 **meule.**

RECTILIGNE [ʀɛktiliɲ] **adj.** – 1370 géom. ◊ bas latin *rectilineus* ▪ **1** GÉOM. Défini, limité par des droites ou des segments de droite. *Figure, angle rectiligne. Coordonnées rectilignes.* ♦ **n. m.** *Le rectiligne d'un dièdre :* angle plan ayant pour côtés les perpendiculaires à l'arête d'un dièdre. ▪ **2** (1789) Qui est ou se fait en ligne droite. *Allées, avenues rectilignes. — Mouvement rectiligne,* qui se propage en ligne droite. ▪ CONTR. Angulaire. Courbe, curviligne, sinueux.

RECTILINÉAIRE [ʀɛktilineɛʀ] **adj.** – 1774 géom. ◊ du radical latin, d'après *linéaire* ▪ (XXe) PHOTOGR. *Objectifs rectilinéaires,* qui donnent des images non déformées sur les bords.

RECTION [ʀɛksjɔ̃] **n. f.** – 1964 ◊ latin *rectio* «action de gérer» ▪ LING. Propriété qu'a le verbe d'être accompagné d'un complément direct ou introduit par une préposition.

RECTITE [ʀɛktit] **n. f.** – 1833 ◊ de *rectum* et *-ite* ▪ MÉD. Inflammation du rectum. ➤ aussi **rectocolite.**

RECTITUDE [ʀɛktityd] **n. f.** – 1370 ◊ latin *rectitudo,* de *rectus* «droit» ▪ **1** Qualité de ce qui est droit, rigoureux (intellectuellement et moralement). *Rectitude du jugement. Rectitude morale.* ➤ **droiture.** *Rectitude d'un raisonnement.* ➤ **exactitude, justesse, rigueur.** *Au lieu «de rentrer dans les voies de la rectitude, Fouquet ne songea qu'à redoubler d'adresse»* SAINTE-BEUVE. ▪ **2** (v. 1560) LITTÉR. Caractère de ce qui est en ligne droite. *«New York City, prison de rectitude, prison verticale»* Y. NAVARRE.

RECTO [ʀɛkto] **n. m.** – 1663 ◊ de la loc. latine *folio recto* «sur le feuillet qui est à l'endroit» ▪ Première page d'un feuillet (dont l'envers est appelé *verso*). ➤ **endroit.** *Numéroter les rectos. Le début est au recto.* — LOC. *Recto verso :* au recto et au verso, des deux côtés. *Impression recto verso.* ▪ CONTR. 2 Envers, verso. ▪ HOM. Rectaux (rectal).

RECTOCOLITE [ʀɛktokɔlit] **n. f.** – 1926 ◊ de *rectum* et *colite* ▪ MÉD. Inflammation simultanée du rectum et du côlon. *Rectocolite hémorragique (RCH).*

RECTORAL, ALE, AUX [ʀɛktɔʀal, o] **adj.** – 1588 ◊ du latin *rector* ▪ Qui appartient au recteur, provient du recteur. *Décision rectorale. Délégué rectoral :* professeur non titulaire délégué à un poste par le recteur.

RECTORAT [ʀɛktɔʀa] **n. m.** – 1560 ◊ du latin *rector* ▪ **1** Fonction, poste de recteur d'université. ▪ **2** (1636) Temps pendant lequel un recteur exerce ses fonctions. ▪ **3** (1964) Local où sont installés le recteur et ses services.

RECTORRAGIE [ʀɛktɔʀaʒi] **n. f.** – 1847 ; *rectorrhagie* 1840 ◊ de l'élément *recto-,* de *rectum,* et *-rragie* ▪ MÉD. Émission de sang rouge par l'anus. ➤ aussi **méléna.**

RECTOSCOPIE [ʀɛktɔskɔpi] **n. f.** – 1909 ◊ de *rectum* et *-scopie* ▪ MÉD. Examen visuel du rectum au moyen d'un endoscope (*rectoscope* **n. m.**) introduit dans l'anus.

RECTOSIGMOÏDE [ʀɛktosigmɔid] **n. m.** – 1908 ◊ de l'élément *recto-,* de *rectum,* et *sigmoïde* ▪ ANAT. Partie terminale du côlon, comprenant le sigmoïde et le rectum. *Examen endoscopique du rectosigmoïde* (ou *rectosigmoïdoscopie*).

RECTOSIGMOÏDIEN, IENNE [ʀɛktosigmɔidjɛ̃, jɛn] **adj.** – 1909 ◊ de *rectosigmoïde* ▪ ANAT. Qui concerne le rectosigmoïde. *Charnière rectosigmoïdienne :* zone de jonction entre le sigmoïde et le rectum.

RECTRICE ➤ 2 **RECTEUR**

RECTUM [ʀɛktɔm] **n. m.** – avant 1478 ◊ latin des médecins pour *rectum intestinum* «intestin droit» ▪ ANAT. Portion terminale du gros intestin, faisant suite au côlon pelvien et s'étendant jusqu'à l'anus. *Étude des maladies de l'anus et du rectum.* ➤ **proctologie.**

1 **REÇU** [ʀ(ə)sy] **n. m.** – 1611 ◊ p. p. subst. de *recevoir* ▪ Écrit dans lequel une personne reconnaît avoir reçu une somme d'argent ou un objet mobilier à titre de paiement, de dépôt, de prêt ou de mandat. ➤ **acquit, décharge, quittance, récépissé.** *Donner, délivrer, remettre, signer un reçu. Reçus soumis à un droit de timbre. Reçu pour solde de tout compte.*

2 **REÇU, UE** ➤ **RECEVOIR**

RECUEIL [ʀəkœj] **n. m.** – 1534 ; «bon accueil» XIVe ◊ de *recueillir* ▪ Ouvrage ou volume réunissant des écrits, des documents. *Recueil de poèmes. Recueil de morceaux choisis.* ➤ **anthologie, choix, chrestomathie, florilège.** *Recueil de lettres.* ➤ **correspondance.** *Recueil de fables.* ➤ 2 **bestiaire, fablier, ysopet.** *Recueil de pensées, d'essais...* ➤ **mélange, variétés.** *Recueil de bons mots* (➤ **ana**), *de sottises* (➤ **sottisier**). *Recueil de documents.* ➤ **archive, cartulaire, chartrier, corpus,** 2 **mémoires, miscellanées, spicilège.** *Recueil de droit, de jurisprudence.* ➤ **bulletin, code, coutumier,** 1 **digeste.** *Recueil de faits historiques.* ➤ **annales,** 1 **chronique.** *Recueil de renseignements* (➤ **répertoire**), *de recettes, de formules* (➤ **codex, formulaire**). ♦ FIG. Collection. ➤ **assemblage, réunion.** *«on s'imagine que l'histoire est à leur portée* [des enfants]*, parce qu'elle n'est qu'un simple recueil de faits»* ROUSSEAU.

RECUEILLEMENT [ʀ(ə)kœjmɑ̃] **n. m.** – 1660 ◊ de *recueillir* ▪ **1** Action, fait de concentrer sa pensée sur la vie spirituelle, en un détachement de toute préoccupation terrestre. ➤ **contemplation, méditation, récollection ; oraison.** *«Quand le Créateur parle, il faut que la créature* [...] *se taise par un grand recueillement»* BOSSUET. *Prier avec recueillement. Un air de recueillement.* ➤ **componction.** ▪ **2** État de l'esprit qui s'isole du monde extérieur pour se concentrer sur la vie intérieure. ➤ **concentration.** *Écouter avec recueillement. «L'imagination et le recueillement sont deux maladies dont personne n'a pitié»* VIGNY. ▪ **3** FAM. Respect quasi religieux. *«Lorsqu'on apporta la tourte,* [...] *il y eut un recueillement»* ZOLA. ▪ CONTR. Dissipation, divertissement.

RECUEILLIR [ʀ(ə)kœjiʀ] **v. tr.** ‹ 12 › – 1080 ◊ latin *recolligere* → cueillir

I A. *Recueillir qqch.* ▪ **1** Prendre en cueillant (VX ➤ **récolter**) ou en ramassant en vue de conserver pour utiliser ultérieurement. *Recueillir le sel d'un marais salant. Les abeilles recueillent le pollen.* ♦ PAR MÉTAPH. Retirer (un avantage moral ou matériel). ➤ **récolter.** *Recueillir le fruit de ses efforts.* ▪ **2** Rassembler, réunir (des éléments dispersés). ➤ **collecter.** *Recueillir des fonds, des dons. Recueillir des signatures pour une pétition. Recueillir des exemples pour un dictionnaire. Recueillir des vers, des essais dans un recueil.* ➤ **colliger.** ▪ **3** Faire ou laisser entrer et séjourner dans un récipient. ➤ **recevoir** (II). *«elle ne manquait pas* [...] *de recueillir la gelée de volaille dans les pots»* CHARDONNE. *Citerne destinée à recueillir l'eau de pluie.* ♦ FIG. (XIIIe) Recevoir (comme information) pour conserver. ➤ **enregistrer.** *Recueillir un bruit, un propos. Il «recueille et conserve dans sa mémoire les chansons les plus anciennes»* SAND. *Greffier chargé de recueillir les dépositions des témoins.* ▪ **4** Recevoir par voie d'héritage. ➤ **hériter.** *«recueillir d'une grand-tante cent bonnes mille livres de rentes»* HUGO. — (Par transmission.) *Recueillir le flambeau olympique.* ♦ Obtenir. *Recueillir des voix, des suffrages* (dans une élection).

B. (1174) *Recueillir qqn :* offrir chez soi un refuge à qqn dans le besoin, le malheur. ➤ **accueillir** (cf. Donner l'hospitalité*). *Hume s'offrit à recueillir Rousseau. «c'est une petite pauvre que nous avons recueillie comme cela, par charité»* HUGO. *— Recueillir des chats, des chiens perdus.*

II SE RECUEILLIR v. pron. ▪ **1** (1683) RELIG. Pratiquer le recueillement. *«Les peintres d'icônes, autrefois,* [...] *devaient se recueillir* [...] *avant de se mettre au travail»* BRICE PARAIN. *Se recueillir sur la tombe de qqn.* ▪ **2** (1559) Chercher ou trouver le recueillement. ➤ **s'absorber,** se **concentrer, méditer** (cf. Rentrer* en soi). *«il faut que je mette ma vie en ordre et j'ai besoin de me recueillir»* SARTRE. **p. p. adj.** *Un air recueilli.*
▪ CONTR. Éparpiller. — Dissiper (se).

RECUIRE [ʀ(ə)kɥiʀ] **v.** ‹ 38 › – XIIe *recuire du métal* ◊ de *re-* et *cuire* ▪ **1 v. tr.** (XIIIe) Cuire de nouveau. *Recuire une poterie.* — TECHN. Soumettre à l'opération du recuit. *Recuire des cristaux. Recuire une lame. Recuire un verre, un métal* (par oppos. à *tremper*). ♦ PAR EXT. *Peau recuite,* brûlée, desséchée. ▪ **2 v. intr.** Subir une nouvelle cuisson. *Faire recuire un gigot trop saignant.* ♦ **p. p. adj.** FIG. Entretenu depuis longtemps, enraciné. *Haines recuites.*

RECUIT [ʀəkɥi] **n. m.** – 1676 ◊ de *recuire* ▪ TECHN. Action de remettre au feu. *Le recuit de l'émail.* — Opération thermique destinée à améliorer les qualités mécaniques d'un métal, d'un alliage, d'un matériau.

RECUL [ʀ(ə)kyl] **n. m.** – 1580 ; «possibilité de reculer» XIIIe ◊ de *reculer* ▪ **1** Action de reculer (en parlant d'un mécanisme). *Recul d'un canon, d'une arme à feu,* mouvement vers l'arrière après le départ du coup. *Le récupérateur* utilise la force produite par le recul.* ▪ **2** (1803) Action de reculer, mouvement ou pas en arrière. *Le recul d'une armée.* ➤ **décrochage,** VX **reculade, repli,** 1 **retraite.** *«Il eut un mouvement de recul à l'approche du prêtre»* MAURIAC. *— Phares* de recul.* ♦ FIG. (CHOSES) Régression. *Le recul d'une épidémie. Un recul de la criminalité.* ▪ **3** Position éloignée (dans l'espace ou dans le temps) permettant une vision ou une appréciation meilleure. ➤ **éloignement.** *Peintre qui prend du recul pour juger un ensemble.* ➤ **distance.** *Recul nécessaire à l'historien.* ♦ FIG. ➤ **distanciation.** *Avoir, prendre du recul* : se détacher par l'esprit d'une situation actuelle, personnelle, pour en juger plus objectivement. ➤ se **distancier.** *Je ne puis «prendre assez de recul pour me considérer d'ensemble»* SARTRE. *Manquer de recul. Avec un peu de recul.* ■ **4** Espace libre, permettant à un joueur (au tennis, au ping-pong) de reculer sans être gêné pour reprendre certaines balles. *Ce court n'a pas assez de recul.* ■ CONTR. Avance, progrès, progression.

RECULADE [R(ə)kylad] **n. f.** – 1611 ◊ de *reculer* ■ **1** VX Recul. *Reculade d'une armée.* ■ **2** (1798) MOD. et PÉJ. Action de qqn qui recule, cède, après s'être trop avancé. ➤ **abandon, dérobade.** *Honteuse, lâche reculade.*

RECULÉ, ÉE [R(ə)kyle] **adj.** – 1549 ◊ de *reculer* ■ Lointain et difficile d'accès. ➤ 2 **écarté, isolé, perdu, retiré.** *Montagnes, vallées reculées d'une région. «dans les petites villes reculées comme Lorges»* GREEN. ♦ Éloigné dans le temps. ➤ **ancien.** *Les siècles, les temps les plus reculés.* ➤ **haut** (I, B, 3°).

RECULÉE [R(ə)kyle] **n. f.** – 1908 ; «espace permettant le recul» 1544 ; «action de reculer» XIIe ◊ de *reculer* ■ GÉOGR. OU RÉGION. Fond d'une vallée jurassienne en cul-de-sac aux parois abruptes.

RECULER [R(ə)kyle] **v.** ‹1› – XIIe ◊ de *re-* et *cul*

I v. intr. ■ **1** Aller, faire mouvement en arrière. *Reculer d'un pas. «ils ont vu un spectacle qui les a fait reculer d'horreur»* DAUDET. *Reculer devant l'ennemi.* ➤ **décrocher, fuir,** se **replier** (cf. Battre en retraite*). *«se faire tuer sur place plutôt que de reculer»* JOFFRE. — *Cheval qui recule. Voiture qui recule pour se garer.* ♦ Avoir du recul. *Le canon, le fusil recule en tirant.* ♦ LOC. *Reculer pour mieux sauter* : reculer pour prendre un plus grand élan ; FIG. n'éviter un inconvénient présent que pour tomber plus tard dans un inconvénient plus grave. ■ **2** PAR EXT. *La mer recule* : la marée descend. ➤ se **retirer.** *La forêt recule,* perd du terrain. *Faire reculer le désert.* — FIG. Diminuer, rétrograder. *L'épidémie a reculé.* ➤ **régresser.** ■ **3** Renoncer, en présence d'une difficulté, à poursuivre une entreprise ; revenir à une position moins exposée. ➤ se **dérober, renoncer ;** FAM. 1 **caner,** se **déballonner,** se **dégonfler, flancher** (cf. Faire marche, machine arrière*). *«On s'était trop avancé pour reculer»* MICHELET. *Plus moyen de reculer !* (cf. Le vin est tiré, il faut le boire*). — **RECULER DEVANT (qqch.)** : craindre, fuir (un danger, une difficulté). *Il ne recule devant rien.* — Hésiter à faire, à accomplir. ➤ **atermoyer, tergiverser.** *«ne pas reculer devant les pires mensonges»* PROUST. *«qu'est donc une amitié qui recule devant la complicité !»* BALZAC.

II v. tr. ■ **1** Faire aller, porter en arrière. *Reculez un peu votre chaise.* — PRONOM. *Reculez-vous, vous verrez mieux.* ♦ PAR EXT. Reporter plus loin. *Reculer un mur, une cloison. Reculer les frontières d'un pays.* ➤ 1 **repousser.** ■ **2** (fin XVe) Éloigner dans le temps, reporter à plus tard. ➤ **ajourner,** 2 **différer, retarder.** *Reculer l'heure du départ. Reculer une décision, une échéance. Reculer un rendez-vous.* ➤ **remettre.**

■ CONTR. Avancer, progresser ; déterminer (se).

RECULONS (À) [aR(ə)kylɔ̃] **loc. adv.** – XIIIe ◊ de *reculer* ■ En reculant, en allant en arrière. *S'éloigner à reculons.* ♦ PAR MÉTAPH. *Aller, marcher à reculons* : rétrograder au lieu de progresser. — *Aller quelque part à reculons,* sans en avoir envie.

RECULOTTER [R(ə)kylɔte] **v. tr.** ‹1› – 1953 ◊ de *re-* et *culotter* ■ Remettre le pantalon, la culotte de (qqn). — PRONOM. *Se reculotter.*

RÉCUPÉRABLE [RekypeRabl] **adj.** – fin XVIe ; hapax XVe ◊ de *récupérer* ■ Qui peut être récupéré. *Créance récupérable. Heures récupérables. Déchets récupérables.* ➤ **recyclable.** *Électeurs récupérables par un parti.* ■ CONTR. Irrécupérable.

RÉCUPÉRATEUR, TRICE [RekypeRatœR, tRis] **n.** – 1888 ; «celui qui récupère» XVIe ◊ de *récupérer* ■ **1 n. m.** TECHN. *Récupérateur de chaleur* : appareil destiné à récupérer une partie de la chaleur contenue dans des gaz résiduels pour élever la température d'un fluide. *Récupérateur de haut-fourneau.* ♦ (1904) ARTILL. Pièce utilisant la force produite par le recul d'une arme. *Récupérateur à ressort* (d'une mitrailleuse). ■ **2** Professionnel(le) de la récupération (2°). *Récupérateurs et recycleurs.*

RÉCUPÉRATION [RekypeRasjɔ̃] **n. f.** – 1356 ◊ de *récupérer* ■ **1** Action de récupérer qqch. *Récupération d'une créance.* — *Temps de récupération entre deux entraînements sportifs.* ♦ SPÉCIALT Action de ramener un appareil spatial au sol en bon état. *Récupération d'un satellite, d'une fusée.* ■ **2** Action de récupérer ce qui serait inutilisé ou perdu. *Incinération avec récupération d'énergie. Récupération et recyclage de l'aluminium. Matériaux de récupération.* ABRÉV. FAM. **RÉCUP** [Rekyp]. ■ **3** Action de récupérer (5°). *Récupération d'heures de cours, d'un jour de congé.* ■ **4** POLIT. Fait de récupérer (6°) ou d'être récupéré. *La récupération politique d'un mouvement, d'un drame.*

RÉCUPÉRER [RekypeRe] **v. tr.** ‹6› – 1495 ◊ latin *recuperare* ■ **1** Rentrer en possession de. ➤ **recouvrer.** *Récupérer une cabine spatiale* (➤ **récupération**). *Récupérer ses débours.* ■ **2** *Récupérer ses forces. Récupérer un manque de sommeil.* ABSOLT *Quelques jours de vacances pour récupérer. «Madame dort très peu, alors elle a besoin de récupérer»* MODIANO. *Athlète qui récupère vite* (après un grand effort). ■ **3** (v. 1922) FAM. Retrouver, reprendre (une chose prêtée, perdue). *Récupérer son parapluie au bureau des objets trouvés. Récupérer ses affaires, un livre prêté.* — PAR EXT. FAM. *Récupérer un enfant à la sortie de l'école.* ➤ **chercher.** ■ **4** Recueillir (ce qui serait perdu ou inutilisé). *Récupérer de la ferraille pour fondre l'acier. Récupérer des déchets recyclables.* ➤ aussi **valoriser.** *Récupérer de la chaleur* (➤ **récupérateur**). ■ **5** *Récupérer des heures, des journées de travail* : faire des heures, des journées en remplacement de celles qui n'ont pas été effectuées. ■ **6** (v. 1965) POLIT. Détourner de l'orientation initiale pour utiliser à son profit. *Contestataires qui se sont laissé récupérer. «l'impossibilité que toute contestation ne fût pas récupérée et transformée en un objet à vendre»* C. ONO-DIT-BIOT. — *Mouvement de grève spontané récupéré par les syndicats.* ■ CONTR. Perdre.

RÉCURER [RekyRe] **v. tr.** ‹1› – 1762 ; *recurer* 1549 ; *rescurer* XIIIe ◊ de *re-* et *écurer* ■ Nettoyer en frottant avec un abrasif. *Récurer des casseroles, un évier.* ABSOLT *Poudre, crème à récurer.* — **n. m. RÉCURAGE.**

RÉCURRENCE [RekyRɑ̃s] **n. f.** – 1842 anat. ◊ de *récurrent* ■ **1** MATH., LITTÉR. Retour, répétition. *«une récurrence des émotions de terreur que sa présence m'infligeait dans cette salle»* BOURGET. — Phénomène répétitif. ■ **2** LOG., SC. *Raisonnement, démonstration par récurrence* : procédé de démonstration qui consiste à étendre à tous les termes d'une série ce qui est valable pour les deux premiers. ■ **3** MÉD. Reprise d'une maladie infectieuse due au réveil du pouvoir pathogène de germes déjà présents dans l'organisme (distinct de la rechute* et de la récidive*).

RÉCURRENT, ENTE [RekyRɑ̃, ɑ̃t] **adj.** – 1541 ◊ du latin *recurrens* «qui revient en arrière» ■ **1** ANAT. Se dit d'un nerf, d'un vaisseau qui revient en arrière au lieu de prolonger le tronc d'où il tire son origine. ■ **2** MÉD. *Fièvre récurrente* : maladie infectieuse provoquée par des spirochètes et caractérisée par une succession d'épisodes fébriles entrecoupés de périodes sans fièvre. *Fièvre récurrente à poux, à tiques* (transmise par ces animaux). ■ **3** (1713) MATH. *Série, suite récurrente,* dont chaque terme est une fonction des termes immédiatement précédents. *Calculs récurrents,* séquentiels*. ■ **4** LING. *Forme récurrente,* qui a plusieurs occurrences (opposé à *hapax*). — *Processus, phénomène récurrent.* ➤ **récursif.** ■ **5** Qui se répète, revient fréquemment. *Faire un rêve récurrent. Question récurrente.*

RÉCURSIF, IVE [RekyRsif, iv] **adj.** – v. 1968 ◊ anglais *recursive* ; cf. *récurrent* ■ DIDACT. Qui peut être répété un nombre indéfini de fois par l'application de la même règle. *Élément récursif dans une règle de réécriture* (LING.). *Processus récursif.* ♦ INFORM. *Programme récursif,* qui peut demander sa propre exécution au cours de son déroulement.

RÉCURSIVITÉ [RekyRsivite] **n. f.** – 1968 ◊ de *récursif* ■ DIDACT. Caractère de ce qui est récursif.

RÉCURSOIRE [RekyRswaR] **adj.** – 1769 ◊ du latin *recursus* «recours» ■ DR. *Action récursoire,* qui donne, qui ouvre un recours* contre qqn.

RÉCUSABLE [Rekyzabl] **adj.** – 1529 ◊ de *récuser* ■ **1** Qu'on peut récuser. *Juré, témoin récusable.* ■ **2** Auquel on n'accorde pas confiance. *Témoignage récusable.* ➤ **contestable.** ■ CONTR. Irrécusable.

RÉCUSATION [Rekyzasjɔ̃] **n. f.** – 1332 ◊ latin *recusatio* ■ DR. Fait de récuser (un juge, un juré...). *La récusation d'un témoin.*

RÉCUSER [Rekyze] **v. tr.** ‹1› – 1300 ◊ latin *recusare,* de *causa* «cause, chose» ■ **1** DR. Refuser d'accepter (qqn) comme juge, arbitre, expert, juré ou témoin. *Récuser un témoin.* ♦ PAR EXT. *Récuser la compétence d'un tribunal.* ➤ **contester.** ■ **2** COUR. Repousser comme tel. *Récuser l'autorité d'un auteur. Ce témoignage ne peut être récusé.* — Repousser comme inexact. *Récuser un argument.* ♦ RARE Rejeter. *«si vous récusez les abus»* RENAN. ■ **3 SE RÉCUSER** v. pron. (1690) Affirmer son incompétence sur une question ; refuser de donner son avis, de prendre une responsabilité. *«comme je m'en croyais tout à fait incapable, je m'étais invariablement récusé»* LECOMTE. ■ CONTR. Accepter, agréer.

RECYCLABILITÉ [ʀ(ə)siklabilite] **n. f.** – 1975 ◇ de *recyclable* ■ Aptitude à être recyclé. *La recyclabilité de l'aluminium.*

RECYCLABLE [ʀ(ə)siklabl] **adj.** – 1974 ◇ de *recycler* ■ Que l'on peut recycler. *Matériaux, déchets recyclables.*

RECYCLAGE [ʀ(ə)siklaʒ] **n. m.** – v. 1956 ◇ de *re-* et *cycle* ■ **1** (PERSONNES) Changement de l'orientation scolaire (d'un enfant) vers un autre cycle d'études. ♦ PAR EXT. Formation professionnelle complémentaire dispensée à des adultes pour leur permettre de s'adapter à l'évolution technique de leur secteur d'activité. *Recyclage professionnel. Cours, stage de recyclage.* ➤ se **recycler ; reconversion, requalification.** ■ **2** (CHOSES) TECHN., ÉCON. Nouveau traitement, nouveau passage (dans un cycle d'opérations). *Recyclage d'un compte à rebours*.* — *Recyclage de l'eau d'un circuit,* en vue de sa réutilisation. *Recyclage du verre, du papier. Centre de recyclage.* ➤ **déchèterie ;** RÉGION. **écocentre.** ♦ (1974) ÉCON. Placement de capitaux, de réserves* dans les circuits financiers mondiaux.

RECYCLER [ʀ(ə)sikle] **v. tr.** ‹1› – 1959 sens 2° ◇ de *re-* et *cycle* ■ **1** (PERSONNES) Effectuer le recyclage de (qqn). *Recycler des enseignants.* — PRONOM. *Se recycler en faisant un stage.* ➤ se **requalifier.** *Se recycler dans la publicité.* ➤ se **reconvertir.** — FAM. Se mettre aux idées du jour. *Il a besoin de se recycler !* ■ **2** (CHOSES) Soumettre (qqch.) à un recyclage (2°). *Recycler des eaux usées, des déchets.* ➤ aussi **valoriser.** — *Papier recyclé.*

RECYCLERIE [ʀ(ə)sikləʀi] **n. f.** – 1990 ◇ de *recycler* ■ Centre communautaire de récupération et de revente d'objets, proposés au public à un prix modique. ➤ **ressourcerie.**

RECYCLEUR, EUSE [ʀ(ə)siklœʀ, øz] **n.** – 1976 ◇ de *recycler* ■ **1 n. m.** Dispositif qui recycle l'air expiré par le plongeur afin de maintenir la qualité du mélange gazeux. ■ **2** Professionnel(le) du recyclage qui utilise la matière récupérée (matière première secondaire) pour fabriquer des produits finis. *Récupérateurs et recycleurs. Recycleur de palettes.*

RÉDACTEUR, TRICE [ʀedaktœʀ, tʀis] **n.** – 1777 ; «compilateur de textes juridiques» 1752 ◇ du latin *redactus,* p. p. de *redigere* ■ Personne qui assure la rédaction d'un texte. ➤ **auteur.** *Rédacteurs d'un dictionnaire.* ➤ **lexicographe.** *Rédacteur publicitaire.* — SPÉCIALT Personne qui rédige les articles d'un périodique, d'un journal. ➤ **journaliste.** *Rédacteur politique.* ➤ **chroniqueur.** — *Rédacteur en chef :* directeur de la rédaction d'un périodique, d'un journal. ♦ (1869) Fonctionnaire chargé(e) de rédiger (les pièces administratives, etc.). *Rédacteur d'un ministère.*

RÉDACTION [ʀedaksjɔ̃] **n. f.** – 1798 ; «abrégé» 1690 ; «réduction» 1560 ◇ du latin *redactus* ■ **1** Action ou manière de rédiger un texte ; ce texte. *Rédaction d'un projet de contrat.* ➤ **libellé.** *«mon dictionnaire, tout imparfait qu'il était en cette première rédaction»* LITTRÉ. *Rédaction de premier jet.* ■ **2** (1845) Ensemble des rédacteurs d'un journal, d'un périodique, d'une œuvre collective ; les bureaux, les locaux où ils travaillent. *Secrétaire de (la) rédaction. Salle, bureaux de rédaction.* ➤ **desk** (ANGLIC.). *Écrivez à la rédaction.* ■ **3** (fin XIXe) Dans l'enseignement élémentaire, Exercice scolaire qui consiste à traiter par écrit un sujet narratif ou descriptif. ➤ **composition** (française) ; **dissertation.** *Sujet de rédaction. Élève bon en rédaction.*

RÉDACTIONNEL, ELLE [ʀedaksjɔnɛl] **adj.** – 1874 ◇ de *rédaction* ■ Relatif à la rédaction. *Équipe rédactionnelle. Normes rédactionnelles.* ♦ SPÉCIALT *Publicité* rédactionnelle.*

REDAN [ʀədɑ̃] **n. m.** – 1677 ◇ altération de *redent ;* de *re-* et *dent* ■ **1** ARCHIT. Ouvrage de fortification composé de deux faces qui forment un angle saillant. — (1743) Ressaut vertical ménagé de distance en distance dans un mur sur un terrain en pente. — Ressaut sur une surface horizontale ou verticale. ➤ **saillie.** ■ **2** ARTS ➤ **redent.** ■ HOM. Redent.

REDDITION [ʀedisjɔ̃] **n. f.** – 1356 ◇ latin *redditio,* de *reddere* «rendre» ■ **1** Fait de se rendre, de capituler. ➤ **capitulation.** *La reddition d'une place forte, d'une armée. Reddition sans conditions*.* ■ **2** (1407) DR. Fait de présenter, pour vérification, l'état des biens d'autrui qu'on a administrés. *Paul «transigerait-il sur la reddition des comptes de tutelle ?»* BALZAC.

REDÉCOUVRIR [ʀ(ə)dekuvʀiʀ] **v. tr.** ‹18› – 1862 ◇ de *re-* et *découvrir* ■ Découvrir de nouveau ; découvrir (ce qu'un autre avait découvert). *«les réflexions d'autrui ne nous semblent décisives qu'à l'instant où, les redécouvrant pour notre compte, nous les sentons [...] très nôtres»* PAULHAN. — Découvrir une seconde fois d'une autre façon. *J'ai redécouvert Balzac.*

REDÉFAIRE [ʀ(ə)defɛʀ] **v. tr.** ‹60› – XIIe ◇ de *re-* et *défaire* ■ Défaire de nouveau. *Redéfaire un tricot.* ■ CONTR. Refaire.

REDÉFINIR [ʀ(ə)definiʀ] **v. tr.** ‹2› – 1798 ◇ de *re-* et *définir* ■ Donner une nouvelle définition de ; déterminer de façon nouvelle. *Redéfinir une politique.*

REDÉFINITION [ʀ(ə)definisjɔ̃] **n. f.** – attesté v. 1960 ◇ de *redéfinir,* d'après *définition* ■ Action de redéfinir (qqch.). *La redéfinition des objectifs.*

REDEMANDER [ʀ(ə)dəmɑ̃de ; ʀəd(ə)mɑ̃de] **v. tr.** ‹1› – XIIe ◇ de *re-* et *demander* ■ **1** Demander de nouveau. *Redemander d'un plat à table. «Elle a écrit des choses drôles, et comme c'était drôle, on lui en redemande»* RENARD. — IRON. *Ça ne lui suffit pas, il en redemande !* ■ **2** Demander (ce qu'on a laissé, ce qu'on a prêté à qqn). ➤ **réclamer.** *«j'avais fait porter mes pantoufles chez lui : je les ai envoyé redemander»* MUSSET.

REDÉMARRAGE [ʀ(ə)demaʀaʒ] **n. m.** – 1937 ◇ de *redémarrer* ■ Fait de redémarrer. *Le redémarrage de l'économie.* ➤ **reprise.**

REDÉMARRER [ʀ(ə)demaʀe] **v. intr.** ‹1› – 1945 ◇ de *re-* et *démarrer* ■ **1** Faire repartir un véhicule immobilisé ; repartir après s'être arrêté. *«On s'arrête aux arrêts, on redémarre»* LE CLÉZIO. ■ **2** FIG. Retrouver de la vigueur, de l'impulsion. *L'économie n'a pas encore redémarré.*

RÉDEMPTEUR, TRICE [ʀedɑ̃ptœʀ, tʀis] **n. et adj.** – 980 ◇ latin ecclésiastique *redemptor,* de *redimere* «racheter» ■ **1 n. m.** *Le Rédempteur :* le Christ considéré en tant qu'il a racheté, sauvé le genre humain par sa mort. ➤ **sauveur ; rédimer.** ♦ Ce qui rachète qqn, au sens moral ou religieux. *L'amour, «le rédempteur de toutes les races humaines»* MICHELET. ■ **2 adj.** Qui assure la rédemption (1°) ; qui rachète. *«un pécheur croit que la souffrance est rédemptrice»* MAURIAC.

RÉDEMPTION [ʀedɑ̃psjɔ̃] **n. f.** – 980 ◇ latin ecclésiastique *redemptio,* de *redimere* «racheter» → rançon ■ **1** RELIG. CHRÉT. Rachat du genre humain par le Christ rédempteur. ➤ **rachat, salut.** *Le mystère de la Rédemption.* — COUR. Action, fait de racheter qqn, de se racheter (au sens religieux ou moral). *La rédemption des péchés. Une peine qu'on subit, sans «la prendre comme une rédemption»* SARTRE. ■ **2** (1342 *redempcion*) DR. Acte par lequel on rachète (un droit, etc.). *Rédemption d'un droit, d'une rente.*

REDENT [ʀədɑ̃] **n. m.** – 1611 ◇ de *re-* et *dent* ■ ARTS Ornement gothique formé d'une suite de découpures en forme de dents. *Arc orné de redents.* — *Toiture* à redents.* ■ HOM. Redan.

REDENTÉ, ÉE [ʀ(ə)dɑ̃te] **adj.** – 1875 ◇ de *redent* ■ ARCHIT. Se dit d'un ornement constitué de trois arcs de cercle qui se coupent deux à deux. *Redent redenté.*

REDÉPLOIEMENT [ʀ(ə)deplwamɑ̃] **n. m.** – milieu XXe ◇ de *re-* et *déploiement* ■ Réorganisation (d'un dispositif militaire, d'une politique économique). *Le redéploiement des forces alliées. Redéploiement industriel.*

REDESCENDRE [ʀ(ə)desɑ̃dʀ] **v.** ‹41› – XIIe ◇ de *re-* et *descendre*

I **v. intr.** Descendre de nouveau ; descendre après être monté. *Ils sont montés en téléférique et redescendus à pied.* — FIG. (sens social ou moral) *«Je m'étonne, Madame, que de tous ces grands noms, [...] vous ayez pu redescendre à un Monsieur Tibaudier»* MOLIÈRE. ♦ (Sujet chose) *La mer redescend. Le baromètre redescend.* — (Sans mouvement) *Le sentier redescend à travers la forêt.*

II **v. tr.** ■ **1** Descendre de nouveau, parcourir de nouveau de haut en bas. *Redescendre un escalier. Ils ont redescendu les marches. Redescendre la gamme.* ■ **2** Descendre de nouveau (ce qu'on a placé à un endroit élevé). *Redescendre un meuble du grenier.*

■ CONTR. Remonter.

REDEVABLE [ʀ(ə)dəvabl ; ʀəd(ə)vabl] **adj.** – v. 1200 ◇ de *redevoir* ■ **1** Qui est ou qui demeure débiteur de qqn. *Être redevable d'une somme à un créancier. Il m'est redevable de trois mille euros qu'il m'a empruntés.* — **n.** *Les redevables de l'impôt.* ■ **2** *Être redevable de qqch. à qqn,* bénéficier d'un avantage grâce à lui, être son obligé. ➤ 1 **devoir** (I). *Je vous suis redevable de cette gratification, d'avoir intercédé en ma faveur.* — ABSOLT *Je ne veux point « demeurer redevable à mon ennemi »* MOLIÈRE

REDEVANCE [ʀ(ə)dəvɑ̃s ; ʀəd(ə)vɑ̃s] **n. f.** – 1239 ◊ de *redevoir* ■ **1** Somme qui doit être payée à échéances déterminées (à titre de rente, de dette). ➤ **charge, dette, rente.** *Redevance payable en nature ou en argent. Encaisser, percevoir des redevances d'une métairie.* ■ **2** Taxe due en contrepartie de l'utilisation d'un service public, d'une concession, etc. ➤ aussi **contribution,** 3 **droit, impôt.** *Payer une redevance. Redevance audiovisuelle. Redevances pétrolières.* ➤ **royalties** (ANGLIC.). — HIST. *Redevances féodales :* aide, capitation, corvée, dîme, péage, etc.

REDEVENIR [ʀ(ə)dəv(ə)niʀ ; ʀəd(ə)vəniʀ] **v. intr.** ⟨22⟩ – XIIe ◊ de *re-* et *devenir* ■ Recommencer à être (ce qu'on était auparavant et qu'on avait cessé d'être). *« Elle était redevenue enfant »* ZOLA. *Redevenir gentil avec qqn.*

REDEVOIR [ʀ(ə)dəvwaʀ ; ʀəd(ə)vwaʀ] **v. tr.** ⟨28⟩ – XIIe ◊ de *re-* et 1 *devoir* ■ DR., COMM. Devoir comme reliquat de compte ou de dette. — *Le montant redû /redu/.*

RÉDHIBITION [ʀedibisjɔ̃] **n. f.** – XIVe ◊ latin juridique *redhibitio* ■ DR. Annulation d'une vente par l'acheteur quand la chose achetée présente certains vices dits rédhibitoires. ➤ **annulation, résiliation, résolution.**

RÉDHIBITOIRE [ʀedibitwaʀ] **adj.** – XIVe ◊ latin juridique *redhibitorius* ■ **1** (1765) DR. *Vice rédhibitoire :* défaut de la chose vendue ou louée qui peut motiver la résolution judiciaire d'une vente. ■ **2** PAR EXT. (1852) Qui constitue un défaut, un empêchement absolu, radical. *Défaut rédhibitoire. C'est regrettable mais pas rédhibitoire.*

RÉDIE [ʀedi] **n. f.** – fin XIXe ◊ de *Redi,* naturaliste italien du XVIIe s. ■ ZOOL. Forme larvaire des vers parasites trématodes (douves) qui se développe dans le corps de mollusques et se transforme en cercaire*.

REDIFFUSER [ʀ(ə)difyze] **v. tr.** ⟨1⟩ – 1965 ◊ de *re-* et *diffuser* ■ Diffuser à nouveau (une émission, un film) à la radio, à la télévision.

REDIFFUSION [ʀ(ə)difyzjɔ̃] **n. f.** – 1965 ◊ de *rediffuser,* d'après *diffusion* ■ Nouvelle diffusion d'une émission de radio ou de télévision. *Rediffusion d'un feuilleton, d'un film.* ➤ aussi ANGLIC. **replay.** — ABRÉV. FAM. **REDIF.** *Les redifs de l'été.*

RÉDIGER [ʀediʒe] **v. tr.** ⟨3⟩ – 1379 ; « réduire » XIVe ◊ latin *redigere* « ramener » ■ Écrire (un texte) d'une certaine manière ; écrire sous la forme définitive, selon la formule prescrite (➤ **rédacteur, rédaction**). *Rédiger un article de journal. Rédiger une note à la hâte.* ➤ **griffonner.** *« il ne se sentait pas capable de faire la lettre qu'il fallait et [...] il avait pensé à moi pour la rédiger »* CAMUS. *Rédiger un contrat, un procès-verbal.* ➤ **dresser, libeller.** — ABSOLT *Il rédige bien.* **p. p. adj.** *Une revue remarquablement rédigée.*

RÉDIMER [ʀedime] **v. tr.** ⟨1⟩ – XIVe ◊ latin *redimere* ■ RELIG. Racheter. *Rédimer les pécheurs* (➤ **rédempteur**). *« Après avoir été vengé et rédimé par la collectivité des chasseurs, le mort doit être incorporé à la société des âmes »* LÉVI-STRAUSS. — PRONOM. *Se rédimer.*

REDINGOTE [ʀ(ə)dɛ̃gɔt] **n. f.** – 1725 ◊ anglais *riding-coat* « vêtement pour aller à cheval » ■ ANCIENNT Vêtement d'homme, longue veste croisée, à basques. *La redingote grise de Napoléon.* ♦ (1924) MOD. Manteau de femme, ajusté à la taille.

REDIRE [ʀ(ə)diʀ] **v.** ⟨37⟩ – XIIe ◊ de *re-* et 1 *dire*

I **v. tr.** Dire de nouveau. ➤ **répéter.** *Pouvez-vous me redire votre nom ? Redis-le si tu l'oses ! Que je n'aie pas à vous le redire !* ■ **1** Dire (qqch.) plusieurs fois. ➤ **répéter.** *Il redit toujours la même histoire.* ➤ **rabâcher, ressasser.** *« la mort très proche qui me fait redire que ces beaux jours sont pour moi les derniers »* GIDE. ■ **2** Dire (ce qu'un autre a déjà dit). ➤ **répéter.** *Redites-le après moi. N'allez pas le lui redire !* ➤ **rapporter.** *« je vais essayer de vous le redire [ce récit], tel que je l'ai entendu »* DAUDET.

II **v. tr. ind.** (seult à l'inf.) LOC. (XIIIe) **AVOIR, TROUVER... À REDIRE À.** Trouver qqch. à blâmer, à critiquer dans. ➤ **censurer, condamner** (4o), **reprendre.** *Je ne vois rien à redire à cela. Trouver à redire à tout. « Ce n'est pas moi qui y trouverai à redire »* FRANCE.

REDIRIGER [ʀ(ə)diʀiʒe] **v. tr.** ⟨3⟩ – v. 1999 ; « envoyer dans une autre direction » 1867 ◊ de *re-* et *diriger* ■ Renvoyer automatiquement vers une autre page web. *Vous allez être redirigé pour finaliser votre paiement.*

REDISCUTER [ʀ(ə)diskyte] **v. tr.** ⟨1⟩ – 1875 ◊ de *re-* et *discuter* ■ Remettre en discussion. *Rediscuter un projet. Nous en rediscuterons.*

REDISTRIBUER [ʀ(ə)distʀibɥe] **v. tr.** ⟨1⟩ – 1690 ◊ de *re-* et *distribuer* ■ **1** Distribuer une seconde fois. *Il y a maldonne, il faut redistribuer les cartes.* LOC. FIG. *Redistribuer les cartes, les rôles :* répartir le pouvoir différemment. *« un nouvel homme fort installé depuis peu au Kremlin avait décidé de redistribuer les cartes »* D. FOENKINOS. ■ **2** Répartir une seconde fois et autrement. *Redistribuer les richesses.*

REDISTRIBUTIF, IVE [ʀ(ə)distʀibytif, iv] **adj.** – 1949 ◊ de *redistribuer* ■ ÉCON. Qui opère une redistribution des ressources, des revenus. *Système fiscal redistributif.*

REDISTRIBUTION [ʀ(ə)distʀibysjɔ̃] **n. f.** – 1690 ◊ de *redistribuer* ■ Nouvelle répartition. *Redistribution des tâches.* ♦ ÉCON. *Système de redistribution :* ensemble des opérations par lesquelles les prélèvements* opérés sur les revenus de certains sont reversés à d'autres (ou aux mêmes). ➤ **répartition, transfert.**

REDITE [ʀ(ə)dit] **n. f.** – *redicte* fin XIVe ◊ de *redire* ■ VX ou LITTÉR. Action de redire, de répéter. ➤ **répétition.** *Les absurdités « accréditées par la redite »* BEAUMARCHAIS. ♦ COUR. Chose répétée inutilement dans un texte, un discours. *Un livre, un texte plein de redites. Éviter les redites. « énervante de lenteur et de redites, une voix de femme se reprenait, se répétait »* ARAGON.

REDONDANCE [ʀ(ə)dɔ̃dɑ̃s] **n. f.** – 1690 ; « surabondance d'humeur » 1352 ◊ latin *redundantia* ■ **1** Manière de s'exprimer où l'on dit plusieurs fois la même chose sous des formes et des aspects variés. ➤ **superfluité, verbiage.** *« J'ai coupé quelques redondances, mais le sens est intact »* ROMAINS. ■ **2** LING. Caractère de ce qui apporte une information déjà donnée sous une autre forme (➤ **redondant**). — INFORM. Augmentation du nombre des caractères dans un message sans accroissement corrélatif de la quantité d'informations. *La redondance est utilisée comme moyen de contrôle, de sûreté dans la transmission.*
■ CONTR. Concision.

REDONDANT, ANTE [ʀ(ə)dɔ̃dɑ̃, ɑ̃t] **adj.** – milieu XVIe ; hapax v. 1265 « surabondant » ◊ latin *redundans* ■ **1** Qui a de la redondance, présente des redondances. *Style redondant.* ➤ **enflé, verbeux.** ■ **2** Qui est de trop (dans l'expression de la pensée). *Épithètes redondantes.* ➤ **superflu.** ♦ LING. Qui apporte une information déjà donnée. *Dans* « les journaux » *la finale* aux *est redondante, le pluriel étant exprimé par* les. ♦ INFORM. Qui comprend un nombre de symboles plus grand qu'il n'est nécessaire pour représenter des informations données.
■ CONTR. Concis.

REDONNER [ʀ(ə)dɔne] **v.** ⟨1⟩ – XIIe ◊ de *re-* et *donner*

I **v. tr.** ■ **1** Donner de nouveau (une même chose ou une chose semblable). *Redonner à qqn ce qu'on lui avait pris.* ➤ **rendre, restituer.** *Redonne-m'en un peu. Redonner une couche de peinture. « Redonner une structure à notre civilisation, en lui redonnant une morale »* BRICE PARAIN. ■ **2** Rendre (qqch.) à une personne qui a déjà eu la même chose ou une chose semblable. *Redonner le ballon, la parole.* ➤ **repasser.** *Redonner du courage, confiance à qqn.* — (Sujet chose) *Médicament qui redonne des forces.* ♦ Présenter à nouveau (qqch.) au public. *Redonner un opéra, un film.* ➤ **rediffuser, repasser.**

II **v. intr. REDONNER DANS :** donner de nouveau dans. *Il redonne dans ses erreurs passées.* ➤ **retomber.**
■ CONTR. Reprendre.

REDORER [ʀ(ə)dɔʀe] **v. tr.** ⟨1⟩ – 1322 ◊ de *re-* et *dorer* ■ Dorer de nouveau, dorer (ce qui est dédoré). *Redorer un cadre de tableau. — Redorer son blason*, son image*.*

REDOUBLANT, ANTE [ʀ(ə)dublɑ̃, ɑ̃t] **n.** – 1875 ◊ de *redoubler* ■ Élève qui redouble une classe. ➤ RÉGION. **bisseur, doubleur.**

REDOUBLÉ, ÉE [ʀ(ə)duble] **adj.** – XIIe ◊ de *redoubler* ■ **1** Qui est répété deux fois. *Lettre redoublée. Rimes redoublées.* — (1834) MUS. *Intervalle redoublé :* intervalle simple augmenté d'une octave. ■ **2** Répété plusieurs fois. *Des assauts redoublés. Frapper à coups redoublés,* violents et précipités. — *Pas redoublé,* deux fois plus rapide que le pas ordinaire. ♦ Accru considérablement. *Un zèle redoublé.*

REDOUBLEMENT [R(ə)dubləmɑ̃] **n. m.** – 1539 ; hapax XIVe ◊ de *redoubler* ■ Action de redoubler. ■ **1** Action de rendre double. — LING. Répétition d'un ou plusieurs éléments d'un mot (ex. gnangnan, mimi, fofolle) ; ou d'un mot tout entier (ex. ce n'est pas joli joli). ➤ **réduplication.** ■ **2** Action d'augmenter subitement, de reprendre avec plus de force. ➤ **accroissement, augmentation.** *Le redoublement des douleurs, de la fièvre.* ➤ **aggravation, recrudescence.** «*les hurlements éclatèrent avec un redoublement de violence*» ZOLA. ■ **3** Fait, pour un élève, de redoubler sa classe. ■ CONTR. Diminution.

REDOUBLER [R(ə)duble] **v.** ‹1› – début XIIIe ◊ de *re-* et *doubler*

I **v. tr.** ■ **1** (v. 1501) Rendre double. ➤ 1 **doubler.** *Redoubler une syllabe, une rime.* ■ **2** PAR EXT. (1826) Recommencer. *Redoubler (une classe),* y accomplir une nouvelle année de scolarité. ➤ FAM. **repiquer ;** RÉGION. **bisser ; redoublant.** ■ **3** (1811) Mettre une nouvelle doublure à. *Redoubler un manteau.* — MAR. Changer les tôles de doublage de (un navire). ■ **4** Renouveler en augmentant considérablement. «*Le vent redouble ses efforts*» LA FONTAINE. ➤ **multiplier.** «*La joie publique redoublait la mélancolie de Mina*» STENDHAL.

II **v. tr. ind. REDOUBLER DE...** (avec un nom exprimant le comportement) : apporter, montrer encore plus de... *Redoubler de prudence, d'amabilité.* «*je redoublai d'attention, de sang-froid, de patience*» BARBEY. — (Sujet chose) *Le vent redouble de violence.*

III **v. intr.** Augmenter de beaucoup à la fois. *L'averse redouble.* «*L'examinateur étant resté impassible tout le temps, son angoisse redoubla*» FLAUBERT.

■ CONTR. Cesser, diminuer.

REDOUTABLE [R(ə)dutabl] **adj.** – XIIe ◊ de *redouter* ■ Qui est à redouter, à craindre. ➤ **dangereux, puissant.** *Ennemi, adversaire redoutable. Il n'a pas l'air bien redoutable.* ➤ **effrayant.** *Une arme redoutable. Concurrence redoutable.* ■ CONTR. Inoffensif.

REDOUTE [Rədut] **n. f.** – 1569 ◊ de l'italien *ridotto* «refuge, abri» ; latin *reductus* «retiré», p. p. de *reducere*, par croisement avec *redouter* ■ **1** ANCIENNT Ouvrage de fortification détaché. *Les blockhaus ont remplacé les redoutes.* ■ **2** (1752 ◊ repris à l'italien) VX Lieu où l'on donne des fêtes, des bals. — La fête, le bal.

REDOUTER [R(ə)dute] **v. tr.** ‹1› – XIe ◊ de *re-* et *douter* «craindre» ■ Craindre comme très menaçant. *Redouter qqn.* «*Flatter ses ennemis parce qu'on les redoute*» PÉGUY. *Redouter le jugement, la colère de qqn. Que redoutez-vous ?* — Appréhender. *Redouter l'avenir.* — **p. p. adj.** «*Cet âge tant redouté de trente ans*» GAUTIER. — **REDOUTER DE** (et inf.). ➤ **appréhender, s'effrayer.** «*elle redoutait d'être sans force, s'il la surprenait un soir toute seule*» ZOLA. — **REDOUTER QUE** (et subj.). *Je redoute qu'il n'apprenne la vérité.* «*Chacun redoutait que l'autre ne lui posât des questions précises*» A. HERMANT. ■ CONTR. Souhaiter.

REDOUX [Rədu] **n. m.** – 1839 ◊ région. (Alpes), de *re-* et *doux* ; cf. *radoucir* ■ Radoucissement de la température au milieu de la saison froide. *Neiges de redoux. Le redoux a provoqué de nombreuses avalanches.*

REDOX [Redɔks] **adj.** – 1935 *système redox* ◊ acronyme, abréviation de *réduction* et de *oxydation*, probablt d'après l'anglais (1928) ■ CHIM. *Réaction redox,* se produisant entre un oxydant et un réducteur. ➤ **dismutation, oxydoréduction.**

REDRESSE (À LA) [alaR(ə)dRɛs] **loc. adj.** – 1920 ; «dégourdi» 1875 ◊ de *redresser* ■ POP. Qu'on ne peut duper ; qui, parmi les malfaiteurs, se fait respecter par la violence. *Un mec à la redresse.* ➤ **dur** (n. m.).

REDRESSEMENT [R(ə)dRɛsmɑ̃] **n. m.** – milieu XIIe ◊ de *redresser*

I Action de redresser. ■ **1** Action de remettre droit. *Redressement d'une tige tordue. Redressement d'un châssis de voiture accidentée.* ♦ Mouvement par lequel on redresse, on se redresse. *Redressement du buste. Elle* «*se trouvait, par un redressement subit, droite sur ses pieds*» GONCOURT. — Manœuvre du pilote qui redresse un avion. ■ **2** PHYS. Transformation d'un courant alternatif en un courant de sens constant. *Dispositifs de redressement* (➤ **diode, redresseur, valve**). ■ **3** FIG. (1932) Action de reprendre son essor, en parlant d'un pays, d'une économie en difficulté. ➤ **relèvement.** *Plan de redressement. Le redressement d'une société endettée.* — SPÉCIALT, DR. *Redressement judiciaire :* procédure applicable à toute personne morale en état de cessation de paiement visant à «permettre la sauvegarde de l'entreprise, le maintien de l'activité et de l'emploi et l'apurement du passif» (loi du 25 janvier 1985).

II Action de corriger. ■ **1** COMPTAB. Rectification d'un compte erroné. ♦ DR. FISC. Rectification de l'imposition (dans un sens ou dans l'autre). ➤ **dégrèvement ; majoration, rehaussement.** *Il a eu un redressement.* ■ **2** ANCIENNT *Maison de redressement,* où étaient détenus et rééduqués les jeunes délinquants.

■ CONTR. Déformation. Apurement.

REDRESSER [R(ə)dRese] **v. tr.** ‹1› – *redrecier* XIe ◊ de *re-* et *dresser*

I Remettre dans une position droite. ■ **1** Replacer verticalement. ➤ 1 **lever, relever.** *Redresser un tuteur, un mât.* — *Redresser le corps, le buste. Redresser la tête ;* FIG. ne plus se soumettre. — Replacer en position correcte. *Se faire redresser les dents.* ■ **2** MAR. *Redresser la barre**. ♦ (1920) Hausser le nez de (un avion) soit pour lui faire prendre de la hauteur, soit pour le ramener à l'horizontale lorsqu'il descend. ♦ Remettre les roues de (une voiture) en ligne droite après un virage. *Braquer et redresser.*

II Redonner une forme droite à. ■ **1** *Redresser une tôle cabossée, tordue, déformée.* «*Quand l'eau courbe un bâton, ma raison le redresse*» LA FONTAINE. ♦ PHYS. *Redresser un courant,* lui donner un sens constant. ■ **2** FIG. et VIEILLI Remettre droit (un raisonnement, un jugement faux). «*Redressez les opinions des hommes*» ROUSSEAU. ♦ LITTÉR. Corriger (qqn). ➤ **réprimander.** «*comme bien des femmes, elle ne supporte pas d'être redressée*» GIDE. ■ **3** Rectifier. *Redresser un compte* (➤ **redressement**). PAR MÉTON. *Redresser qqn, une entreprise,* lui adresser un redressement fiscal. — *Redresser des abus, des erreurs.* — *Redresser la situation :* rattraper une situation compromise. ♦ FÉOD. *Redresser les torts :* rétablir les droits de ceux qui sont injustement lésés, opprimés. ➤ **réparer** (cf. Redresseur* de torts). *Les chevaliers errants* «*ne redressent plus les torts avec la lance, mais les ridicules avec la raillerie*» BARBEY.

III **SE REDRESSER v. pron.** ■ **1** Se remettre droit, vertical, debout ; revenir en haut. ➤ **se relever.** «*Il se couchait puis se redressait*» HUGO. ♦ FIG. *Pays qui se redresse après une guerre. L'économie s'est redressée.* ■ **2** Se tenir très droit. *Tiens-toi droit, redresse-toi.* ♦ Se tenir droit dans une attitude fière (cf. Bomber* le torse). «*L'on se campe, l'on se redresse*» GIDE.

■ CONTR. Abattre, incliner, renverser. Courber, gauchir. Dévier. Affaisser (s'). Écrouler (s').

REDRESSEUR, EUSE [R(ə)dRɛsœR, øz] **n. et adj.** – 1556 ◊ de *redresser* ■ **1 REDRESSEUR DE TORTS.** FÉOD. Chevalier qui rétablissait les droits des opprimés. — MOD. (souvent iron.) Personne qui s'érige en justicier pour défendre les faibles et les opprimés (cf. Défenseur de la veuve* et de l'orphelin). ➤ **don quichotte.** ■ **2** TECHN. Ouvrier qui redresse (II, 1o). *Redresseur de corne,* qui apprête la corne (des couteaux). ■ **3** **adj.** ANAT. *Muscles redresseurs des poils,* qui provoquent l'horripilation. — OPT. *Prisme redresseur,* utilisé dans les instruments d'optique pour redresser les images. ■ **4** (1875) PHYS. *Redresseur de courant électrique :* dispositif permettant de transformer un courant alternatif en un courant de sens constant. ➤ **diode, valve.** — **adj.** *Cellule redresseuse.*

RÉDUCTASE [Redyktɑz] **n. f.** – 1902 ◊ de *réduct(ion)* et *-ase* ■ BIOCHIM. Enzyme qui catalyse une réaction d'oxydoréduction.

RÉDUCTEUR, TRICE [RedyktœR, tRis] **adj.** et **n. m.** – XVIe «celui qui réduit une fracture» ◊ latin *reductor*, de *reducere* ■ **1** (1835) CHIM. Qui est susceptible de fournir des électrons. ➤ **réduction.** *Sucre réducteur,* contenant un groupe –CHO. — **n. m.** Substance capable de diminuer le degré d'oxydation. — Substance employée pour le développement photographique. ■ **2** (1909) MÉCAN. Qui réduit. *Engrenages réducteurs,* qui démultiplient. ♦ **n. m.** (1898) Mécanisme qui réduit la vitesse de rotation d'un arbre. — AÉRONAUT. *Réducteur de portance :* recomm. offic. pour 1 *spoiler.* ■ **3** Qui réduit, diminue l'importance de (qqch.). *Analyse réductrice d'une réalité complexe.*

■ CONTR. Oxydant. Amplificateur.

RÉDUCTIBLE [Redyktibl] **adj.** – XVIe, dr. ◊ du latin *reductum*, de *reducere* → réduire ■ Qui peut être réduit. ■ **1** Transformable en chose plus simple (➤ **simplifiable**), qui peut être limité à. «*L'activité humaine n'est pas entièrement réductible à des processus de production et de conservation*» G. BATAILLE. — (1717) SC. *Polygone réductible en triangles.* — MATH. *Équation réductible,* dont on peut abaisser le degré. *Fraction réductible.* — MÉCAN. *Forces* «*réductibles à une résultante égale à leur somme*» LAPLACE. ■ **2** (1812 ; «susceptible d'être réduit en chaux» 1690) CHIM. Qui peut subir une réduction, perdre son oxygène. *L'oxyde d'aluminium n'est pas réductible par le charbon.* ■ **3** Qui peut être diminué. *Quantité réductible. Rente réductible.* ■ **4** CHIR. Qui est susceptible de réduction (I). *Hernie, luxation réductible.* — **n. f. RÉDUCTIBILITÉ,** 1757. ■ CONTR. Irréductible.

RÉDUCTION [redyksjɔ̃] **n. f.** – fin XIIIe «rapprochement» ◊ latin *reductio*, de *reducere* → réduire

I (XIVe) Opération qui consiste à remettre en place (un os luxé, fracturé ; un organe déplacé). *Réduction d'une articulation luxée. «une boiterie consécutive à la réduction d'un fémur»* T. TOPIN. — PAR EXT. *Réduction d'une fracture.*

II ▪ **1** (1450) VX Action de soumettre. ➤ **soumission.** *«La réduction de l'Irlande»* RACINE. ▪ **2** MOD. Le fait de résoudre, de réduire (une chose en une autre plus simple). *Réduction à des éléments simples.* ➤ **analyse.** *Réduction de fractions au même dénominateur :* recherche du dénominateur commun le plus faible. ◆ Correction d'une observation (par élimination d'éléments superflus). ▪ **3** (1680) CHIM. Élimination, dans un composé, de l'oxygène ou adjonction d'hydrogène ; réaction dans laquelle un atome ou un composé reçoit un électron supplémentaire. *La réduction est liée à l'oxydation.* ➤ **oxydoréduction.** *Réduction des oxydes métalliques pour obtenir le métal pur, en métallurgie.* ◆ CUIS. Action de faire réduire une préparation liquide ; la solution ainsi obtenue. *Filtrez la réduction.*

III (v. 1350, répandu XVIIe) Action de diminuer, de réduire (III). ▪ **1** (1762) Reproduction à petite échelle. *Réduction d'une carte, d'une gravure.* ➤ **maquette, miniature.** *Échelle de réduction.* **loc. adv. EN RÉDUCTION :** en plus petit. ➤ **miniature.** *L'enfant n'est pas un adulte en réduction.* ▪ **2** Action de rendre plus petit, plus faible, moins nombreux ; son résultat. ➤ **diminution.** *La réduction des dépenses. «Grève perlée, parfaitement ! Réduction de cinquante pour cent de ma production !»* A. COHEN. *Réduction du personnel d'une entreprise.* ➤ **compression, dégraissage.** *La réduction de la durée du travail. Réduction du temps de travail (RTT),* passage aux 35 heures hebdomadaires. ◆ ABSOLT (XXe) Diminution accordée sur un prix. ➤ **abattement, discount, escompte, rabais, remise, ristourne.** *Faire une réduction de 15 % sur les prix affichés. Obtenir, consentir une réduction. Billet, carte de réduction.* ABRÉV. FAM. **RÉDUC** [redyk]. *25 % de réduc. Avoir des réducs.* — *Réduction d'impôts.* ➤ **dégrèvement.** — *Obtenir une réduction de peine.* ◆ MÉD. *Réduction embryonnaire :* destruction des embryons implantés en nombre excessif dans l'utérus, afin de favoriser le développement d'un seul. — (1897) BIOL. *Réduction chromosomique :* division de moitié du nombre de chromosomes au cours de la maturation des gamètes, lors de la méiose. ▪ **3** Action d'abréger, de raccourcir ; son résultat. *La réduction d'un chapitre.*

▪ **CONTR.** Accroissement, agrandissement, augmentation, hausse, relèvement.

RÉDUCTIONNISME [redyksjɔnism] **n. m.** – milieu XXe ◊ de *réduction* ▪ DIDACT. Réduction systématique d'un domaine de connaissance à un autre plus particulier, considéré comme plus fondamental (par exemple des mathématiques à la logique formelle...). — **adj.** et **n. RÉDUCTIONNISTE.**

RÉDUIRE [redɥiʀ] **v. tr.** ⟨38⟩ – fin XIVe, au sens II, 1o ◊ du latin *reducere*, avec influence des verbes français en *-duire (conduire, déduire)*, famille de *ducere* → duit

I RAMENER À SA POSITION (1520) Remettre en place (un os, un organe déplacé). — PAR EXT. *«le médecin, s'étant procuré des planchettes et des bandes, lui réduisait la fracture»* RAMUZ.

II RAMENER À UN ÉTAT INFÉRIEUR, PLUS SIMPLE ▪ **1** (fin XIVe) **RÉDUIRE À, EN :** amener à, dans (un état d'infériorité, de soumission). *Réduire une population en esclavage, en servitude. Réduire qqn à l'obéissance, à un rôle subalterne. «Vous seriez réduits, dès demain, à la mendicité»* GAUTIER. LOC. *Réduire à quia*. Réduire qqn au désespoir. Sa maladie le réduit à l'inaction.* ➤ **astreindre, contraindre, forcer, obliger.** (1695) *Réduire au silence.* ➤ **museler** (cf. FAM. Couper la chique*, clouer le bec*). — (1673) **EN ÊTRE RÉDUIT À** (et inf.). *J'en suis réduit à économiser sur la nourriture. En être réduit à la dernière extrémité.* ◆ (SANS COMPL. IND.) (fin XVe) VIEILLI *Réduire un pays.* ➤ **soumettre.** *Ennemi qu'on ne peut pas réduire* (➤ **irréductible**). MOD. *Réduire l'opposition.* ➤ **bâillonner.** ▪ **2** (fin XIVe) **RÉDUIRE À :** résoudre (une chose) en une autre plus simple, ramener à ses éléments, à un état plus simple. ➤ **simplifier.** *«Son but* [au savant] *est de réduire partout le complexe au simple»* SARTRE. *Réduire à un type commun ; à sa plus simple expression*. Réduire des kilomètres en mètres.* ➤ **convertir.** *Réduire des fractions au même dénominateur* (➤ **réduction**). — *Réduire à néant, à rien.* ➤ **anéantir, annihiler, détruire.** ▪ **3** Borner (à), limiter (à). *«Comprendre le monde, c'est le réduire à l'humain»* CAMUS. ▪ **4** (1538) **RÉDUIRE EN.** *Réduire en miettes, en morceaux, en pièces ; en bouillie, en poudre :* briser, broyer, pulvériser. *Réduire en cendres*. «Maintenant que vos corps sont réduits en poussière»* MUSSET. ▪ **5** (1680) CHIM. Éliminer l'oxygène de (un corps). *Réduire un minerai pour en tirer le métal.* — Diminuer le degré d'oxydation de (un corps) (➤ **réducteur**). ◆ (1808) CUIS. Faire épaissir par évaporation. ➤ **concentrer.** *Réduire un jus, une sauce.* — Diminuer de volume à la cuisson. *Les épinards réduisent beaucoup.* — PRONOM. (1735) *Se réduire.* (Avec ellipse du pronom) *Faire réduire, laisser réduire.*

III RAMENER À UNE QUANTITÉ MOINDRE ▪ **1** (1690) Changer en diminuant la dimension de. *Réduire la largeur* (➤ **rétrécir**), *la longueur* (➤ **écourter**), *la hauteur* (➤ **abaisser**). *Réduire un plan en augmentant l'échelle.* — *Réduire un dessin, une photographie,* les reproduire en un format inférieur. ▪ **2** Rendre plus petit, plus faible, moins nombreux. ➤ **abaisser, diminuer, restreindre.** *Réduire les prix de 10 %. Réduire le personnel.* ➤ FAM. **dégraisser.** *Entreprise qui cherche à réduire ses frais généraux. Réduire son train de vie. Dépenses difficiles, impossibles à réduire* (➤ **incompressible**). *Réduire la vitesse d'une machine* (➤ **ralentir**), *d'un véhicule* (➤ **décélérer**). — MAR. *Réduire la voilure. «Le capitaine fait réduire les voiles. Les hommes montent aux vergues pour prendre les ris»* LE CLÉZIO. — *Réduire les responsabilités de qqn.* ➤ **borner, limiter.** *Réduire ses prétentions. Analyse qui réduit la portée d'un évènement* (➤ **réducteur**). ◆ Rendre plus court. ➤ **abréger, raccourcir.** *Réduire un texte. «Ce volume est bien petit. Nous conseillons à l'auteur de le réduire encore»* BALZAC. *Réduire un fichier informatique.* ➤ **compacter, compresser.**

IV SE RÉDUIRE v. pron. ▪ **1** (1690) **SE RÉDUIRE À :** consister seulement en..., se limiter ou se simplifier en... *Ses économies se réduisent à peu de chose.* ➤ se **résumer.** *«Toute discussion se réduit à donner à l'adversaire la couleur d'un sot ou la figure d'une canaille»* VALÉRY. ➤ se **borner.** ▪ **2 SE RÉDUIRE EN :** se transformer en (éléments très petits). *Matière qui brûle et se réduit en cendres.* ▪ **3** SANS COMPL. **SE RÉDUIRE :** VIEILLI restreindre ses dépenses. ➤ se **restreindre.** MOD. Prendre un logement plus petit. *Nous avons dû nous réduire.*

▪ **CONTR.** Agrandir, augmenter, développer.

1 **RÉDUIT, ITE** [redɥi, it] **adj.** – 1631 ◊ de *réduire* ▪ **1** Rendu de taille plus petite. *Les têtes réduites des Indiens d'Amazonie.* ◆ Fait avec des dimensions plus petites. *Format réduit. Modèle réduit. Mécanisme très réduit.* ➤ **miniaturisé.** ▪ **2** Pour lequel on a consenti une diminution (➤ **réduction**). *Prix, tarif réduit. Voyage à prix réduit.* ▪ **3** Diminué, restreint (en nombre, en importance) ; PAR EXT. Petit. *Aller à vitesse réduite.* ➤ **faible.** *Des débouchés réduits.* ➤ **restreint.** *«sa conversation était plate, [...] elle usait d'un vocabulaire si réduit»* MAURIAC. ➤ **pauvre.** ▪ **4 n. m.** (1884) RÉGION. (Canada) Sève d'érable réduite par évaporation. *Le réduit et la tire.* ▪ **CONTR.** Grand, important, plein.

2 **RÉDUIT** [redɥi] **n. m.** – *reduiz* milieu XIIe ◊ latin populaire *reductum* «qui est à l'écart» ; d'après *réduire* ▪ **1** VX Petite pièce retirée. ▪ **2** (1690 ◊ d'après 1 *réduit*) MOD. Local exigu, généralement sombre et pauvre. ➤ **cagibi, galetas, soupente.** *La chambre «était un réduit sans fenêtres et sans porte»* R. ROLLAND. ▪ **3** (1580) Recoin, enfoncement dans une pièce. *«Dans le réduit obscur d'une alcôve enfoncée»* BOILEAU. ➤ 2 **niche.** *Réduit servant de placard.* ▪ **4** VX FORTIF. Petit ouvrage destiné à assurer une retraite. ◆ MOD. Poche de résistance. *Le réduit chrétien au Liban.*

RÉDUPLICATIF, IVE [redyplikatif, iv] **adj.** – 1670 ◊ du latin *reduplicatum*, de *reduplicare* ▪ GRAMM. Qui exprime la répétition. *Particule réduplicative.* ➤ **itératif.**

RÉDUPLICATION [redyplikasjɔ̃] **n. f.** – v. 1363 ◊ bas latin *reduplicatio*, de *reduplicare* «redoubler» ▪ DIDACT. Redoublement, répétition. ◆ (v. 1501) LING. Redoublement d'un mot entier dans certains tours (ex. faire ami ami, gouzi-gouzi).

RÉDUVE [redyv] **n. m.** – *réduves* 1808 ◊ latin des zoologistes *reduvius*, de *reduviæ* «dépouilles» ▪ ZOOL. Punaise prédatrice *(hémiptères)* qui aspire le sang et la chair d'autres insectes, et dont la larve se cache dans la poussière.

RÉÉCHELONNEMENT [reeʃ(ə)lɔnmɑ̃] **n. m.** – 1980 ◊ de *re-* et *échelonnement* ▪ ÉCON. *Rééchelonnement d'une dette :* réaménagement des échéances de remboursement du principal et des intérêts sur une période plus longue que celle qui était prévue antérieurement. *Rééchelonnement de la dette des pays du tiers monde.*

RÉÉCRIRE ➤ **RÉCRIRE**

RÉÉCRITURE [Reekʀityʀ] **n. f.** – 1892 ; 1964 *récriture* ◊ de *réécrire*, d'après *écriture* ■ **1** Action de réécrire un texte pour en améliorer la forme ou pour l'adapter à d'autres textes, à certains lecteurs, etc. *La réécriture de notes, d'un brouillon. La réécriture est un des métiers de l'édition.* ➤ **rewriting.** ■ **2** LING. *Règles de réécriture* : règles de la théorie permettant de substituer une suite de signes à une autre suite, ou à un signe.

RÉÉDIFIER [reedifje] **v. tr.** ‹7› – fin XIIIe ◊ de *re-* et *édifier* ■ LITTÉR. Édifier de nouveau (ce qui a été détruit, renversé). ➤ **rebâtir, reconstruire.** *La nouvelle église a été réédifiée sur l'emplacement de l'ancienne.*

RÉÉDITER [Reedite] **v. tr.** ‹1› – 1845 ◊ de *re-* et *éditer* ■ **1** Éditer de nouveau, donner une nouvelle édition de (un texte) en le recomposant. *Rééditer un ouvrage ancien, épuisé.* ■ **2** FIG. et FAM. Refaire. *Il a réédité la scène qu'il nous avait faite l'an dernier.* ➤ **reproduire.**

RÉÉDITION [Reedisjɔ̃] **n. f.** – 1725 ◊ de *re-* et *édition* ■ **1** Action de rééditer. ➤ **republication.** Édition nouvelle. *Réimpression* et réédition.* ■ **2** Ouvrage réédité. *Une réédition augmentée.* ■ **3** FIG. et FAM. Répétition, réplique. *La situation actuelle est une réédition de celle de l'année dernière.*

RÉÉDUCATION [Reedykasjɔ̃] **n. f.** – 1899 ◊ de *re-* et *éducation* ■ **1** Action de traiter un malade afin de rétablir chez lui l'usage normal d'une fonction ou d'un membre. *Rééducation de la parole* (➤ **orthophonie**), *de la vision* (➤ **orthoptie**). *Rééducation de la main. Rééducation motrice* (➤ **kinésithérapeute**), *psychomotrice* (➤ **psychomotricien**). *Centre de rééducation.* ■ **2** (1907) Éducation (morale, idéologique) nouvelle. *Camp de rééducation.*

RÉÉDUQUER [Reedyke] **v. tr.** ‹1› – fin XIXe ◊ de *rééducation*, d'après *éduquer* ■ **1** Procéder à la rééducation de. *Rééduquer un dyslexique. Rééduquer une cheville après une entorse.* ■ **2** Éduquer moralement une seconde fois et différemment. *Rééduquer des délinquants.*

RÉEL, ELLE [Reɛl] **adj.** et **n. m.** – 1380 *real* «qui existe effectivement» ; 1283 dr. ◊ latin médiéval *realis*, de *res* «chose»

I ~ adj. A. QUI CONSISTE EN UNE CHOSE OU CONCERNE UNE CHOSE, LES CHOSES ■ **1** DR. Qui concerne une chose, les choses (opposé à *personnel*). *Le droit de propriété est un droit réel. Impôt réel et impôt personnel.* ■ **2** PHILOS. Qui ne constitue ou ne concerne pas seulement une idée, un mot ; qui est présent ou présenté à l'esprit et constitue la matière de la connaissance. *Les noms, opposés aux choses réelles.* «*Les faits seuls sont réels*» C. BERNARD. *Définition réelle* (ou «de chose»). ♦ THÉOL. *Présence réelle*, effective (du Christ dans l'Eucharistie). ■ **3** SC. *Gaz réel* (opposé à *parfait*), dont les molécules s'attirent entre elles. — OPT. *Image* réelle* (opposé à *image virtuelle*). — MATH. *Nombres réels* (opposé à *imaginaires*). *Les nombres réels comprennent les nombres algébriques* (rationnels, irrationnels...) *et les nombres transcendants*. Ensemble des nombres réels* (ℝ). — GÉOM. Dont les coordonnées sont des nombres réels. *Point réel. Courbe réelle.* ■ **4** PHILOS. Qui produit des effets, qui agit (opposé à *apparent, fictif*) ; qui existe actuellement (opposé à *possible*), concrètement (opposé à *abstrait ; intelligible*). ➤ **concret, 1 effectif.** «*le mode réel ou pratique de l'existence*» BENDA.

B. QUI EXISTE VRAIMENT, N'EST PAS UNE ILLUSION, UNE APPARENCE ■ **1** (1380) Qui existe en fait, dans les faits. ➤ **existant.** *Personnage imaginaire et personnage réel.* «*C'était un homme tout entier aux faits réels, et pour qui les choses seulement imaginées ou possibles n'existaient pas*» STENDHAL. *Un fait réel et incontestable.* ➤ **authentique, certain, indubitable.** *Des avantages réels, bien réels.* ➤ **palpable, 1 positif, tangible, visible.** *Défauts réels ou supposés. Rendre réel* (➤ **réaliser**). ♦ GRAMM. *Sujet* réel et sujet apparent.* ♦ INFORM. *Temps* réel et temps partagé.* ♦ ÉCON. *Valeur réelle d'un titre*, son cours sur le marché (et non sa valeur nominale). *Croissance réelle du revenu, des salaires* (la hausse des prix étant déduite). *Économie réelle*, celle des richesses concrètes. ■ **2** Qui est bien conforme à sa définition. ➤ **véritable, vrai.** *Il était* «*le chef réel de la maison, sous le titre de secrétaire général*» ROMAINS. *Valeur réelle.* ➤ **exact, juste.** *Salaire réel* (comprenant les primes, suppléments, etc., et compte tenu des sommes retenues) *et salaire nominal.* ➤ **1 effectif.** ♦ (Avant le nom) Sensible, notable. *Faire de réelles économies.* — Indubitable. *Éprouver un réel bien-être. Prendre un réel plaisir.* ➤ **incontestable.**

II ~ n. m. LE RÉEL (1788) Les choses elles-mêmes ; les faits réels, la vie réelle, ce qui est. ➤ **réalité.** *Le réel et l'imaginaire.* «*L'observation scientifique* [...] *reconstruit le réel*» BACHELARD. «*l'altérité, l'irrationalité, l'opacité du réel*» SARTRE. *Le vrai* «*n'est pas plus dans le réel enlaidi que dans l'idéal pomponné*» SAND. — *Le sens du réel* (➤ **réalisme**). *Pensée coupée du réel* (➤ **déréel, déréistique**).

■ CONTR. Apparent, chimérique, fabuleux, fictif, 1 idéal, illusoire, imaginaire, inexistant, irréel, virtuel. — Abstraction, 2 idéal, rêve.

RÉÉLECTION [Reelɛksjɔ̃] **n. f.** – 1784 ◊ de *re-* et *élection* ■ Action de réélire ; fait d'être réélu. *Une réélection triomphale.*

RÉÉLIGIBLE [Reeliʒibl] **adj.** – 1791 ◊ de *re-* et *éligible* ■ Légalement apte à être réélu. — **n. f. RÉÉLIGIBILITÉ,** 1791.

RÉÉLIRE [ReeliR] **v. tr.** ‹43› – 1570 ; *reslire* «choisir» XIIe ◊ de *re-* et *élire* ■ Élire de nouveau, élire (qqn) à une fonction à laquelle il avait déjà été élu. *Réélire un député. Le président sortant a été réélu.*

RÉELLEMENT [Reɛlmɑ̃] **adv.** – 1611 ◊ de *réel* ■ En fait, en réalité. ➤ **effectivement, véritablement, vraiment.** «*On ne possède réellement que ce qu'on désire*» BERNANOS. «*Une seule action réellement bonne*» ROUSSEAU. ■ CONTR. Apparemment, faussement, fictivement.

RÉEMBAUCHER [Reɑ̃boʃe] ou **REMBAUCHER** [Rɑ̃boʃe] **v. tr.** ‹1› – 1904, -1892 ◊ de *re-* et *embaucher* ■ Embaucher à nouveau (qqn). ➤ **remployer, rengager, reprendre.** *Ils refusent de le réembaucher.*

RÉÉMETTEUR [Reemetœr] **n. m.** – v. 1960 ◊ de *re-* et *émetteur* ■ TÉLÉCOMM. Émetteur local destiné à diffuser les émissions de télévision d'un émetteur principal, dans les zones que ce dernier ne peut couvrir. ➤ **relais.**

RÉEMPLOI [Reɑ̃plwa] **n. m.** – 1870 ◊ de *réemployer* ■ **1** Fait de réemployer (qqch.). ➤ **remploi.** ■ **2** Fait de réemployer (qqn). *Le réemploi du personnel licencié.*

RÉEMPLOYER [Reɑ̃plwaje] **v. tr.** ‹8› – 1815 ◊ de *re-* et *employer* ■ **1** Employer de nouveau. ➤ **remployer, réutiliser.** ■ **2** Employer (qqn qu'on avait renvoyé, qqch. qu'on avait abandonné). *Réemployer du personnel.* ➤ **réembaucher, rengager.**

RÉENCHANTER [Reɑ̃ʃɑ̃te] **v. tr.** ‹1› – 1787 ◊ de *re-* et *enchanter* ■ **1** Enchanter à nouveau (qqn). *Réenchanter les foules.* ■ **2** Redonner un caractère enchanteur, le pouvoir de faire rêver à (qqch.). «*quelqu'un capable de réenchanter la politique*» M. DUGAIN. ■ CONTR. Désenchanter.

RÉENSEMENCER [Reɑ̃s(ə)mɑ̃se] **v. tr.** ‹3› – 1845 ◊ de *re-* et *ensemencer* ■ Ensemencer de nouveau, lorsque les semences ne lèvent pas ou sont détruites. — **n. m. RÉENSEMENCEMENT,** 1845.

RÉENTENDRE [Reɑ̃tɑ̃dR] **v. tr.** ‹41› – 1869 ◊ de *re-* et *entendre* ■ Entendre de nouveau. *Réentendre un disque, un témoin.*

RÉÉQUILIBRAGE [Reekilibʀaʒ] **n. m.** – 1954 ◊ de *rééquilibrer* ■ Fait de retrouver un équilibre ou de redonner un équilibre. *Le rééquilibrage de la balance* commerciale.*

RÉÉQUILIBRE [Reekilibʀ] **n. m.** – 1936 ◊ de *rééquilibrer*, d'après *déséquilibre* ■ Nouvel équilibre ; équilibre succédant à un déséquilibre.

RÉÉQUILIBRER [Reekilibʀe] **v. tr.** ‹1› – 1942 pronom. ◊ de *re-* et *équilibrer* ■ Redonner un équilibre à (ce qui l'avait perdu). *Rééquilibrer le budget.* «*Je mis longtemps à ré-équilibrer mon érotisme follement ébranlé*» J. CAU. — PRONOM. *Il s'est rééquilibré par le travail.*

RÉER ➤ **RAIRE**

RÉESCOMPTE [Reɛskɔ̃t] **n. m.** – 1863 ◊ de *re-* et *escompte* ■ FIN. Mobilisation par une banque auprès d'une autre institution financière (généralement la banque centrale) de papiers bancables* escomptés précédemment à une entreprise.

RÉESCOMPTER [Reɛskɔ̃te] **v. tr.** ‹1› – 1863 ◊ de *réescompte* ■ Opérer le réescompte de. *Effet réescompté par la Banque de France.*

RÉESSAYAGE [Reesɛjaʒ] **n. m.** – 1902 ◊ de *réessayer* ■ Action de réessayer (un vêtement), de faire un nouvel essayage. «*Réessayage le lendemain, après retouche et sur nouvelles mesures*» JARRY.

RÉESSAYER [Reeseje] **v. tr.** ‹8› – 1815 ; *resayer* XIIIe ◊ de *re-* et *essayer* ■ Tenter de nouveau, faire un nouvel essai. *Il faut réessayer de le joindre.* ♦ Procéder à un nouvel essayage de. *Réessayez la première veste.*

RÉÉVALUATION [reevalɥasjɔ̃] **n. f.** – 1929 ◊ de *re-* et *évaluation* ▪ **1** Nouvelle évaluation. *Réévaluation des forces en présence, des salaires.* ▪ **2** (1934) FIN. Évaluation d'une grandeur sur de nouvelles bases. *Réévaluation des bilans,* pour corriger les effets de la dépréciation monétaire due à l'inflation. *Réévaluation de l'encaisse de la Banque de France,* correction apportée à la valeur des réserves en or et devises à la suite d'une dévaluation. ▪ **3** SPÉCIALT (opposé à *dévaluation*) Augmentation de la parité officielle d'une monnaie (par rapport à l'or, à une devise). *Réévaluation du yen par rapport au dollar.* ➤ **revalorisation.** ▪ CONTR. Dévaluation.

RÉÉVALUER [reevalɥe] **v. tr.** ⟨1⟩ – 1945 ◊ de *réévaluation* ▪ **1** Procéder à la réévaluation de. *Réévaluer une monnaie.* ▪ **2** Évaluer de nouveau. *Il va falloir réévaluer la situation.* ➤ **réexaminer.**

RÉEXAMINER [reɛgzamine] **v. tr.** ⟨1⟩ – 1625 ◊ de *re-* et *examiner* ▪ Procéder à un nouvel examen de. *Réexaminer une situation, un problème. Nous allons réexaminer votre candidature.* ➤ **reconsidérer.** — **n. m. RÉEXAMEN,** 1963.

RÉEXPÉDIER [reɛkspedje] **v. tr.** ⟨7⟩ – fin XVIIIe ◊ de *re-* et *expédier* ▪ Expédier à une nouvelle destination. *Réexpédier le courrier,* le faire suivre à une nouvelle adresse. — SPÉCIALT Renvoyer (une chose) d'où elle vient. *Réexpédier une lettre.* ➤ **retourner.**

RÉEXPÉDITION [reɛkspedisjɔ̃] **n. f.** – XVIIIe ◊ de *réexpédier* ▪ Action de réexpédier. *Ordre de réexpédition du courrier. Réexpédition d'un colis à l'envoyeur.* ➤ **retour.**

RÉEXPORTATION [reɛkspɔrtasjɔ̃] **n. f.** – 1755 ◊ de *réexporter* ▪ Action de réexporter.

RÉEXPORTER [reɛkspɔrte] **v. tr.** ⟨1⟩ – 1734 ◊ de *re-* et *exporter* ▪ Exporter à destination d'un autre pays (des marchandises qu'on avait précédemment importées).

RÉFACTION [refaksjɔ̃] **n. f.** – 1723 ; «réfection» XVIIe ◊ var. de *réfection* ▪ COMM. Réduction, sur le prix des marchandises, au moment de la livraison, lorsqu'elles ne présentent pas la qualité ou les conditions convenues.

REFAIRE [r(ə)fɛr] **v. tr.** ⟨60⟩ – XIIe ◊ de *re-* et 1*faire*

I ▪ **1** Faire de nouveau (ce qu'on a déjà fait, ou ce qui a déjà été fait). ➤ **recommencer.** «*Cent fois j'avais fait, défait et refait la même page*» CHATEAUBRIAND. *Refaire entièrement un ouvrage.* ➤ **refondre.** *Refaire un pansement. Refaire une demande.* «*Des choses admirables qu'on ne refera plus*» BALZAC. *Refaire un voyage. Refaire les mêmes erreurs.* ➤ **rééditer** (cf. Remettre ça). *Je n'ai plus jamais refait de ski.* — ABSOLT *À refaire,* se dit aux cartes quand il y a eu une erreur. ▪ **2** Faire tout autrement, en apportant de profondes transformations. «*Des programmes où il n'est jamais question que de refaire le pays*» BOURGET. *Ton éducation est à refaire.* «*On peut former son caractère, on peut le refaire*» MAUROIS. — LOC. *Refaire le monde,* imaginer des solutions pour le transformer en l'améliorant, discuter longuement. *On ne va pas refaire le monde. Refaire sa vie :* former un nouveau couple (après une séparation, un veuvage). «*Cela t'arrangerait que je flirte avec un autre, que je refasse ma vie*» PH. BESSON. *Si c'était à refaire !* (pour exprimer qu'on regrette une expérience passée). ▪ **3** Remettre en état. ➤ **réparer,** 1**restaurer ;** RÉGION. **réfectionner.** *Donner des fauteuils à refaire. Refaire à neuf. Refaire son maquillage. Se refaire une beauté*.* — PAR EXT. *Refaire ses forces, sa santé.* ➤ **rétablir.** *Se refaire une santé, une jeunesse. On lui a refait le nez* (chirurgie esthétique). «*les seins — petits, jolis, pas refaits*» E. CARRÈRE. ▪ **4** (1846 ; «duper» 1700) FAM. ➤ **duper, rouler,** 2**voler*.** «*vous tentez de nous refaire sur la commission*» MALRAUX. *Il m'a refait de dix euros. Je suis refait !* ➤ 3**marron** (cf. On m'a eu).

II SE REFAIRE v. pron. ▪ **1** Récupérer. *Après une nuit sans sommeil, il a besoin de se refaire.* ♦ (avant 1720) Réparer sa fortune après des pertes au jeu. ▪ **2** (Au négatif) Se faire autre qu'on est, changer complètement. *Je suis comme ça, je ne peux pas me refaire.* LOC. *On ne se refait pas !* (comme excuse). ▪ CONTR. Défaire. ▪ HOM. *Refont :* refond (refondre).

RÉFECTION [refɛksjɔ̃] **n. f.** – milieu XIIe «réconfort moral» ◊ latin *refectio,* de *reficere,* de *facere* → 1faire ▪ **1** (1393) Collation, repas dans les communautés religieuses (➤ **réfectoire**). ▪ **2** (1332) COUR. Action de refaire, de réparer, de remettre à neuf. *Réfection d'un mur, d'une route. Travaux de réfection. Bâtiment en réfection.* ➤ 1**restauration.** ♦ CHIR. *Réfection d'un organe.* ➤ **plastie.** ♦ LING. Modification d'une forme linguistique issue de l'évolution normale, d'après l'étymologie. ▪ **3** DR. Remplacement d'un acte antérieur, nul pour vice de forme, par un acte valable qui ne modifie ni la nature ni l'objet des conventions.

RÉFECTIONNER [refɛksjɔne] **v. tr.** ⟨1⟩ – 1410 ; repris 1869 ◊ de *réfection* ▪ (Belgique, Afrique) Remettre à neuf. ➤ **refaire, rénover.** *Réfectionner la voirie.*

RÉFECTOIRE [refɛktwar] **n. m.** – *refectoir* (d'un couvent) XIIe ◊ latin ecclésiastique *refectorium,* bas latin *refectorius* «qui refait, restaure» ▪ Salle à manger réservée aux membres d'une communauté. *Réfectoire d'un couvent, d'un hôpital, d'un lycée.* ➤ **cantine.** «*la fétide odeur des réfectoires*» C. SIMON.

REFEND (DE) [dərəfɑ̃] **loc. adj.** – 1690 ; ◊ de *refens* «cloison» (1423) ; de *refendre* ▪ *Mur de refend :* mur porteur formant séparation dans l'intérieur d'un bâtiment. *L'étage inférieur* «*était divisé par deux murs de refend*» ROMAINS. *Ligne de refend,* creusée sur le parement d'un mur pour marquer ou simuler les joints des assises de pierre. — TECHN. *Bois de refend :* bois de fente*, scié en long.

REFENDRE [r(ə)fɑ̃dr] **v. tr.** ⟨41⟩ – v. 1268 ◊ de *re-* et *fendre* ▪ (1600) TECHN. Fendre ou scier dans le sens de la longueur. *Refendre du bois. Refendre l'ardoise.*

RÉFÉRÉ [refere] **n. m.** – 1690 ◊ de *référer* ▪ DR. Procédure rapide et simplifiée pour régler provisoirement une contestation, en cas d'urgence. *Plaider en référé, un référé. Assigner en référé. Juge des référés.* ♦ Décision rendue selon cette procédure. *Référé de la Cour des comptes :* observations qu'elle adresse aux ministres sur la comptabilité des services dont ils sont responsables. — *Référé législatif :* demande d'interprétation de la loi adressée par un juge au législateur. — *Référé administratif :* procédure devant une juridiction administrative.

RÉFÉRENCE [referɑ̃s] **n. f.** – v. 1820 ◊ anglais *reference,* même origine que *référer*

I ▪ **1** Action ou moyen de se référer, de situer par rapport à. *Indemnité fixée par référence au traitement.* — GÉOM. *Système de référence :* système d'axes et de points par rapport auquel on définit la position d'un point (grâce à ses coordonnées). ➤ **repère** (3°). ♦ Élément qui sert de point de départ à une comparaison, pour effectuer un calcul, une évaluation, etc. *Prix, indice de référence. S'imposer comme une référence.* CHIM., PHYS. *Électrode de référence. Potentiel de référence,* défini par le dihydrogène en solution acide molaire. ♦ *Médicament de référence.* ➤ **princeps.** ▪ **2** Action de se référer ou de renvoyer le lecteur à un texte, une autorité. *Faire référence à un ouvrage. Ouvrages de référence,* faits pour être consultés (dictionnaire, encyclopédie, atlas, bibliographie, etc.). — LOC. *Faire référence :* constituer un exemple, un modèle. *Des publications qui font référence dans leur domaine.* ♦ (1845) La note, l'indication précise qui en résulte. ➤ **renvoi.** *Références au bas des pages,* en note. «*Retranché derrière des parapets de notes et de références*» MAUROIS. *La référence exacte d'une citation.* ♦ (XXe) COMM., ADMIN. Indication en tête et à gauche d'une lettre (initiales, numéro) que le correspondant est prié de rappeler dans sa réponse. *Numéro de référence,* attribué à un client, un dossier. — COMM. Numéro attribué à un article qui permet de le distinguer des autres articles d'un ensemble ; chacun de ces articles. *Indiquez la taille et la référence. Les références d'un catalogue.* ▪ **3** (1870) AU PLUR. Attestation de personnes auxquelles on peut s'en rapporter pour avoir des renseignements sur qqn (qui cherche un emploi, propose une affaire, etc.). *Avoir de bonnes références.* ➤ **certificat, recommandation.** *Il* «*me demandait les références fournies par mes derniers patrons*» DUHAMEL. ♦ FIG. Fait permettant de reconnaître la valeur de qqn. *Être loué par un tel critique, ce n'est pas une référence !*

II (après 1960 ◊ repris à l'anglais) PHILOS., LING. Fonction par laquelle un signe renvoie à ce dont il parle, à ce qu'il désigne (référent). ➤ **dénotation ;** 2**référentiel.** «*Alors que les signes n'ont de rapport qu'entre eux* [...], *le discours se rapporte aux choses d'une manière spécifique, qu'on peut appeler dénotation ou référence*» RICŒUR. *Théorie de la référence.* ➤ **désignation.** *Référence et signification*.* ♦ PAR EXT. Référent.

RÉFÉRENCEMENT [referɑ̃smɑ̃] **n. m.** – 1974 ◊ de *référence* ▪ **1** COMM. Fait de référencer (un article). ▪ **2** Enregistrement (d'un site web) dans les annuaires, les moteurs de recherche, les portails spécialisés. ▪ CONTR. Déréférencement.

RÉFÉRENCER [referɑ̃se] **v. tr.** ⟨3⟩ – 1877 ◊ de *référence* ▪ **1** COMM. Attribuer une référence à (un échantillon, un article). — *Marque référencée.* ♦ *Citation référencée,* dont on indique la source. ■ **2** Procéder au référencement de (un site web). *Référencer son site sur un moteur de recherche.* ■ CONTR. Déréférencer.

RÉFÉRENDAIRE [refeʀɑ̃dɛʀ] n. m. – 1310 ◊ bas latin *referendarius,* de *referre* «faire un rapport» ■ **1** HIST. Nom de divers officiers de chancellerie. *Grand référendaire* (du Sénat impérial, de la Chambre des pairs), ayant la garde du sceau et des archives. ♦ adj. (1835) MOD. *Conseiller référendaire,* ou ABSOLT *référendaire :* magistrat de la Cour des comptes, chargé de vérifier les comptes des justiciables. ■ **2** (1969) Relatif à un référendum. *Campagne, loi référendaire.*

RÉFÉRENDUM [refeʀɛ̃dɔm ; refeʀɑ̃dɔm] n. m. – 1781 «demande de consultation» ; repris 1874 ◊ de l'expression latine *ad referendum* 1750, de *referre* «faire un rapport, soumettre à une assemblée» ■ **1** Vote de l'ensemble des citoyens pour approuver ou rejeter une mesure proposée par le pouvoir exécutif. ➤ **consultation.** *Référendum et plébiscite**. *Des référendums. Référendum d'initiative partagée* (organisé à l'initiative de parlementaires et de citoyens), *citoyenne.* ♦ En Suisse, *Référendum d'initiative populaire,* organisé pour soumettre au vote populaire un texte de loi déposé par un nombre déterminé de citoyens. ➤ RÉGION. **votation.** *Délai de référendum,* destiné à réunir le nombre de signatures requis pour organiser le référendum. ■ **2** PAR EXT. (1896) Consultation de tous les membres d'un groupe. *Organiser un référendum auprès des lecteurs d'un journal.* ■ **3** (1877) DIPLOM. Demande d'un agent diplomatique à son gouvernement en vue de recevoir de nouvelles instructions. — On a écrit aussi *referendum.*

1 **RÉFÉRENT** [refeʀɑ̃] n. m. – 1955 ◊ anglais *referent* ■ LING. Ce à quoi renvoie un signe linguistique (➤ **référence,** II). *Mots dont les référents sont extérieurs au langage ; intérieurs au langage* (➤ **autonyme, métalinguistique**). *Référent imaginaire* (ex. celui du mot *licorne*). ➤ 2 **référentiel.**

2 **RÉFÉRENT, ENTE** [refeʀɑ̃, ɑ̃t] adj. et n. – 1990 ◊ de *référer à* ■ ADMIN. Personne qui sert d'interlocuteur (auprès d'un organisme, d'une autorité). *«un seul référent s'occupant à la fois du placement et de l'indemnisation des demandeurs d'emploi»* (Le Figaro, 2009). — APPOS. *«Cette allocation, on ne le jugeait pas assez responsable pour la toucher et la gérer lui-même, il lui fallait un adulte référent»* E. CARRÈRE. *Médecin référent :* en France, généraliste ou spécialiste choisi(e) par un patient pour coordonner ses soins de santé. *Éducateur référent* ou n. *référent :* professionnel chargé d'aider un enfant, un jeune ou un adulte en difficulté. ➤ **éducateur.** — *Professeur référent(e),* chargé(e) d'assurer le soutien et la coordination des équipes pédagogiques. *Enseignant(e) référent(e),* chargé(e) d'aider dans sa scolarité un(e) élève en situation de handicap.

1 **RÉFÉRENTIEL** [refeʀɑ̃sjɛl] n. m. – 1947 ◊ de *référence* ■ **1** DIDACT. Système de référence. ➤ **repère.** *«Ici, le choix du référentiel comporte, en plus du choix de l'origine, celui de l'orientation des axes»* BROGLIE. ♦ MATH. Ensemble servant de référence dans une étude faisant intervenir des parties (sous-ensembles) de cet ensemble. ♦ PHYS. Système de coordonnées spatiales et temporelle (une seule) auquel sont référées les équations d'un problème de physique. ■ **2** Liste d'éléments formant un système de référence. *Référentiel de compétences, de prix. Référentiel taxinomique.*

2 **RÉFÉRENTIEL, IELLE** [refeʀɑ̃sjɛl] adj. – 1963 ◊ de *référence,* ou anglais *referential* ■ LING. De la référence. *Sens référentiel* (➤ **dénotatif**) *et sens connotatif.* ♦ *Fonction référentielle du langage :* fonction qui permet de renvoyer à un objet du monde, à toute réalité, situation décrite (➤ **cognitif**). ♦ n. *Le référentiel :* ce dont on parle (opposé aux signes utilisés pour le faire).

RÉFÉRER [refeʀe] v. tr. ‹6› – 1559 ; «rapporter» 1370 ◊ latin *referre* ■ **1 SE RÉFÉRER À** v. pron. S'en rapporter, recourir à, comme à une autorité. ➤ **attester, consulter.** *Se référer à qqn, à son avis. Se référer à une définition, à un texte,* les prendre comme référence. *«Si les hommes ne peuvent pas se référer à une valeur commune»* CAMUS. — (Sujet chose) *Observations qui se réfèrent à un passé déjà ancien.* ➤ **se rapporter.** ♦ LING. Avoir pour référent. ■ **2** v. tr. ind. (1636) **EN RÉFÉRER À :** faire rapport, en appeler. *En référer au juge. — En référer à son chef, à un supérieur,* lui rapporter et soumettre le cas, en lui laissant le soin de décider. ➤ **reporter.** *«j'ai longuement hésité si je n'en référerais pas à l'Autorité Directoriale»* COURTELINE. ♦ LING. *Référer à :* avoir pour référent. *«Centaure» réfère à un être mythique. Le nom commun réfère à une classe d'items.*

REFERMABLE [ʀ(ə)fɛʀmabl] adj. – 1992 ◊ de *refermer* ■ Que l'on peut refermer après utilisation. *Emballage, sachet, barquette refermable.*

REFERMER [ʀ(ə)fɛʀme] v. tr. ‹1› – XIIe ◊ de *re-* et *fermer* ■ Fermer (ce qu'on avait ouvert, ou ce qui s'était ouvert). *Refermer la porte. Refermer sa valise. Refermer un livre. — Refermer les yeux. Le piège «refermant ses mâchoires»* GENEVOIX. ♦ **SE REFERMER** v. pron. (XVe) Se fermer après s'être ouvert. *Sa plaie se referme. Fleur qui se referme. «le panneau entrebâillé se referma sur eux»* LOTI. *«Ces gouffres d'eau, qui s'ouvrent et aussitôt se referment»* LOTI. — FIG. Se replier sur soi-même. PAR EXT. *Son visage se referma,* n'exprima plus rien. ■ CONTR. Rouvrir.

REFILER [ʀ(ə)file] v. tr. ‹1› – *rafiler* 1740 ◊ de *re-* et *filer* ■ FAM. Donner, remettre à qqn, en le trompant, en profitant de son inattention. *On lui a refilé une fausse pièce. On va lui refiler nos rossignols.* ➤ **fourguer.** *Refiler le bébé* à qqn.* — PAR EXT. Donner (en général). *Il m'a refilé sa grippe.* ➤ **passer.**

RÉFLÉCHI, IE [refleʃi] adj. – *reflexi* 1280 ◊ de *réfléchir*

I Renvoyé. *Lumière réfléchie.* — PHYS. *Rayonnement réfléchi,* provenant d'une réflexion*.

II ■ **1** (1701) GRAMM. *Verbe pronominal réfléchi,* exprimant que l'action émanant du sujet fait retour à lui-même (ex. je me lève). ♦ *Pronom réfléchi :* pronom personnel représentant la personne qui est sujet du verbe, en tant que complément (je *me* suis trouvé un appartement ; il ne pense qu'à *lui*). ■ **2** (1734) Qui porte la marque de la réflexion. *Une décision réfléchie.* ➤ **délibéré, mûri, pesé.** *«L'aboulie, suppression de l'action réfléchie»* P. JANET. ♦ Qui a l'habitude de la réflexion. *Un homme, un enfant réfléchi.* ➤ **circonspect, concentré, pondéré, posé, prudent, raisonnable, responsable, sage, sérieux.** PAR EXT. *Air réfléchi.* ■ **3** LOC. Qui a été l'objet de réflexion (seulement dans des express.). *Tout bien réfléchi :* tout bien considéré. *C'est tout réfléchi :* la décision est prise.

■ CONTR. Irréfléchi, machinal ; étourdi ; impulsif, inconséquent.

RÉFLÉCHIR [refleʃiʀ] v. ‹2› – v. 1300 ◊ du latin *reflectere* refait sur *fléchir*

I v. tr. dir. Renvoyer par réflexion* dans une direction différente ou dans la direction d'origine. *La lune réfléchit une partie de la lumière qu'elle reçoit du soleil. «l'eau réfléchit fidèlement le ciel»* MICHELET. *Glace, miroir qui réfléchit une image.* ➤ **refléter.** ♦ PRONOM. *Se réfléchir :* être renvoyé. *L'Olympe «se réfléchissait dans une mer unie comme une glace»* LOTI.

II v. intr. (1672 ; *se réfléchir sur soi* «se recueillir» XVIe) Faire usage de la réflexion (II). ➤ 1 **penser ; chercher, cogiter, se concentrer, délibérer,** FAM. **gamberger, méditer ;** RÉGION. **jongler.** *«Vous rêvez au lieu de réfléchir»* LOTI. *Réfléchissez avant de parler, avant d'agir. Laissez-moi le temps de réfléchir. Chose qui donne à réfléchir,* qui suscite des réflexions propres à inciter à la prudence. *Je réfléchirai, je demande à réfléchir,* se dit quand on ne veut pas prendre une décision sur-le-champ. *«– Je vais réfléchir. Phrase qui signifiait je ne prends rien mais je n'ose pas le dire»* V. OLMI. ♦ v. tr. ind. **RÉFLÉCHIR SUR** qqch. ➤ **étudier, examiner.** *Réfléchir sur un sujet, une question.* — (1701) **RÉFLÉCHIR À** qqch. ➤ 1 **penser, songer.** *Réfléchis à ce que tu dis. J'y réfléchirai.* ♦ **RÉFLÉCHIR QUE... :** s'aviser, juger que..., après réflexion. *Réfléchissez que c'est peut-être votre seule chance.* ➤ **considérer.**

RÉFLÉCHISSANT, ANTE [refleʃisɑ̃, ɑ̃t] adj. – 1720 ; «qui se recueille» 1380 ◊ de *réfléchir* (II) ■ Qui réfléchit (la lumière, une onde). *Surface réfléchissante. Pouvoir réfléchissant d'un miroir.*

RÉFLECTEUR [reflɛktœʀ] n. m. et adj. – 1804 ◊ du latin *reflectere* → réfléchir ■ Appareil destiné à réfléchir (les ondes lumineuses, calorifiques) au moyen de miroirs, de surfaces prismatiques. *Réflecteur plan, convexe, parabolique. Réflecteur d'un projecteur, d'une antenne de radar. Petit réflecteur à l'arrière d'un véhicule.* ➤ **cataphote.** — PAR EXT. *«Un mur nu, lequel faisait réflecteur»* COURTELINE. ♦ adj. (1835) *Miroir réflecteur.*

RÉFLECTIF, IVE [reflɛktif, iv] adj. – 1803 ◊ latin *reflectere* ■ **1** PHILOS. Qui résulte de la réflexion. *Dispositions réflectives.* ■ **2** (1855) PHYSIOL. Qui a trait aux réflexes. *Mouvements réflectifs.*

1 **RÉFLECTIVITÉ** [reflɛktivite] n. f. – 1907 ◊ de *réflexion,* I ■ PHYS. Rapport de l'énergie réfléchie à l'énergie incidente totale.

2 **RÉFLECTIVITÉ** [reflɛktivite] n. f. – 1875 ◊ de *réflectif* (2°) ■ PHYSIOL. Propriété de certaines parties du corps à réagir par un réflexe à une excitation. *Réflectivité rotulienne.*

REFLET [R(ə)flɛ] **n. m.** – 1662 ; variantes *reflex, reflès,* fin XVIIe ; peint. 1651 ◊ italien *riflesso,* bas latin *reflexus* ■ **1** Lumière réfléchie par un corps, accompagnée ou non d'une sensation de couleur, et généralement atténuée. *« les échos, les reflets de toutes ces lumières les unes sur les autres »* DIDEROT. *« Des plats hispano-arabes à reflets métalliques »* FRANCE. *« Des reflets de chose mouillée »* MONTHERLANT. *Reflets irisés. Cheveux bruns à reflets roux. Étoffe à reflets changeants. Chapeau à reflets.* ➤ **huit-reflets.** ♦ *Reflets de...* (le compl. désigne la source lumineuse qui produit le reflet). *Reflets de lune. Reflets d'incendie dans le ciel. « des falots dont les reflets miroitaient sur le trottoir mouillé »* MARTIN DU GARD. ■ **2** Image réfléchie. *Reflet d'un visage dans la vitre. Reflets dans l'eau. « un vaste miroir d'eau, où le reflet des cimes neigeuses de l'Atlas se mêle au reflet des oliviers »* THARAUD. ■ **3** FIG. (fin XVIIIe) Éclat qui rejaillit. *« Sa beauté était le reflet de son intelligence »* R. ROLLAND. ■ **4** (1803) Image, représentation affaiblie. ➤ **écho, imitation.** *« un écho de mes paroles ; [...] un reflet de ma propre pensée »* PROUST. *L'écriture, reflet de la personnalité. « la langue, qui est toujours le reflet et l'image de l'esprit de chaque génération »* FUSTEL DE COULANGES. — *Théorie marxiste du reflet :* les « superstructures » en tant que « reflets » des moyens de production.

REFLÉTER [R(ə)flete] **v. tr.** ⟨6⟩ – 1762 v. intr., peint. ◊ de *reflet* ■ **1** Réfléchir de façon atténuée et plus ou moins vague. *Miroir, surface polie, eau... qui reflètent la lumière, des images, des objets.* — PRONOM. *« Ses yeux, où le ciel se reflète »* GAUTIER. *« Les silhouettes des arbres se reflétaient sur cette neige d'or bleuté »* PROUST. ➤ **se mirer.** ■ **2** FIG. (1784) Être un reflet de, présenter un reflet de. ➤ **traduire, reproduire.** *« Mes paroles ne reflétaient donc nullement mes sentiments »* PROUST. *Son visage ne reflète rien.* ➤ **exprimer.** PRONOM. *Se refléter dans, sur :* avoir, trouver son reflet dans. *Son trouble se reflétait sur son visage.*

REFLEURIR [R(ə)flœRiR] **v.** ⟨2⟩ – *reflorir* 1120 ◊ de *re-* et *fleurir* ■ **1 v. intr.** Fleurir de nouveau. *Le rosier a refleuri.* ♦ Redevenir florissant. *Le XVIe siècle vit refleurir les lettres et les arts.* — **n. m. REFLEURISSEMENT,** 1842. ■ **2 v. tr.** (1945) Regarnir de fleurs. *Refleurir une tombe.*

RÉFLEX ou **REFLEX** [reflɛks] **adj.** et **n. m.** – 1922 ◊ anglais *reflex* ■ Se dit d'un appareil photo où la visée s'effectue par un objectif (si c'est le même objectif que pour la prise de vue, l'image est renvoyée par un système de prismes). *Appareil réflex.* **n. m.** *Des réflex, des reflex à un, à deux objectifs.* ■ **HOM.** Réflexe.

RÉFLEXE [reflɛks] **adj.** et **n. m.** – XVIe ; phys. hapax 1372 ◊ latin *reflexus,* p. p. de *reflectere* → réfléchir ■ **1** OPT. Qui résulte d'une réflexion. *Image réflexe.* ■ **2** (1841) PHYSIOL. *Acte, mouvement réflexe. Arc réflexe :* trajet suivi par l'influx nerveux du lieu de stimulation à celui de la réaction (en passant par le centre moteur de la moelle). ♦ **n. m.** (1855) Réaction automatique, involontaire et immédiate d'une structure ou d'un organisme vivants à une stimulation déterminée. *Réflexe rotulien. Réflexe myotatique. Réflexes pupillaires. Absence de réflexes* (➤ **aréflexie**). — (1904 ◊ traduction du russe [Pavlov]) *Réflexe conditionné* (ou *conditionnel*) : réflexe provoqué, en l'absence de l'excitant normal, par un excitant qui lui a été préalablement associé (chien qui salive au son d'une clochette qu'on a fait tinter chaque fois qu'on lui présentait de la viande). ■ **3** (1928) COUR. Réaction immédiate et mécanique à une impression donnée, et précédant toute réflexion. *Automobiliste qui a de bons réflexes. Il a eu le réflexe de freiner. Tu as manqué de réflexe, il fallait répondre oui.* ➤ **répartie.** ■ **HOM.** Réflex.

RÉFLEXIBLE [reflɛksibl] **adj.** – 1706 ◊ anglais *reflexible,* latin *reflexum,* de *reflectere* → réfléchir ■ SC. Qui peut être réfléchi. *Rayon réflexible.* — **n. f. RÉFLEXIBILITÉ,** 1706.

RÉFLEXIF, IVE [reflɛksif, iv] **adj.** – 1692 ; phys. 1611 ◊ latin *reflexivus,* de *reflectere* → réfléchir ■ PHILOS. Propre à la réflexion, au retour de la pensée, de la conscience sur elle-même. *Psychologie, analyse réflexive.* ➤ **introspection.** ♦ MATH. *Relation réflexive :* relation binaire sur un ensemble telle que tout élément de cet ensemble soit en relation avec lui-même.

RÉFLEXION [reflɛksjɔ̃] **n. f.** – 1377 ◊ bas latin *reflexio*
I Changement de direction des ondes (lumineuses, sonores, etc.) qui rencontrent un corps interposé ; PHYS. Phénomène qui se produit à l'interface de deux milieux dans lesquels une même onde a des vitesses de propagation différentes (une partie de l'onde est renvoyée dans son premier milieu). *L'angle d'incidence est égal à l'angle de réflexion. Réflexion et réfraction*. Prisme à réflexion totale.* — *Réflexion des ondes sonores.* ➤ **écho.** — ABUSIVEMENT *Réflexion de la chaleur.* ➤ **rayonnement, réverbération.**
II ■ **1** (1637 *faire réflexion à*) Retour de la pensée sur elle-même en vue d'examiner plus à fond une idée, une situation, un problème. ➤ **délibération, méditation.** *Réflexion sur qqch., sur soi-même* (➤ **introspection**). *Absorbé dans ses réflexions.* ➤ PLAIS. **cogitation.** *« le labyrinthe de ses réflexions »* BALZAC. *Fait, livre qui donne matière à réflexion. Se donner le temps de la réflexion. « J'en étais là de mes réflexions quand j'entendis appeler »* DAUDET. — LOC. **RÉFLEXION FAITE :** après y avoir réfléchi. *Réflexion faite, je ne pars pas.* **À LA RÉFLEXION :** quand on y réfléchit bien. *À la réflexion, il n'a peut-être pas tort.* ♦ (1669) **LA RÉFLEXION :** la capacité de réfléchir, la qualité d'un esprit qui sait réfléchir. ➤ **discernement, intelligence.** *« La réflexion est la puissance de se replier sur ses idées, de les examiner, de les modifier ou de les combiner de diverses manières »* VAUVENARGUES. *Affaire menée avec réflexion.* ■ **2** (1643) *Une, des réflexions :* pensée exprimée (orale ou écrite) de qqn qui a réfléchi. *Récit « entremêlé de quelques réflexions fines et judicieuses »* CHATEAUBRIAND. ➤ **observation.** *Recueil de réflexions.* ➤ 1 **adage, maxime,** 1 **pensée.** *Fais-moi part de tes réflexions.* ➤ **remarque.** ♦ PAR EXT. Remarque adressée à qqn qui le concerne personnellement. *Une réflexion désobligeante.* ➤ FAM. 2 **vanne.** — ABSOLT, FAM. Remarque désobligeante. *« C'est bien la première fois qu'on a des réclamations. On pose ces poignées-là partout, personne ne nous a fait de réflexions »* SARRAUTE. *Garde tes réflexions pour toi.*
■ **CONTR.** (du II) Étourderie, irréflexion, légèreté.

RÉFLEXIVEMENT [reflɛksivmɑ̃] **adv.** – 1846 ; hapax 1551 ◊ de *réflexion* et *réflectif* ■ DIDACT. Par la réflexion, d'une manière réflexive. *« La philosophie n'a pas d'objet fermé : car elle pose, réflexivement, le problème du problème »* JANKÉLÉVITCH.

RÉFLEXIVITÉ [reflɛksivite] **n. f.** – 1964 ; philos. 1857 ◊ de *réflexif* ■ MATH. Propriété d'une relation réflexive.

RÉFLEXOGÈNE [reflɛksɔʒɛn] **adj.** – 1887 ◊ de *réflexe* et *-gène* ■ MÉD. Qui provoque un réflexe. *Zone réflexogène.*

RÉFLEXOGRAMME [reflɛksɔgRam] **n. m.** – 1924, Chaney ◊ de *réflexe* et *-gramme* ■ MÉD. Enregistrement graphique de l'excitation par percussion du tendon d'Achille.

RÉFLEXOLOGIE [reflɛksɔlɔʒi] **n. f.** – 1921 ◊ de *réflexe* et *-logie* ■ **1** DIDACT. Étude scientifique des réflexes. ■ **2** Massage plantaire ou palmaire destiné à stimuler à distance une partie ou l'ensemble du corps. *Réflexologie plantaire.*

RÉFLEXOTHÉRAPIE [reflɛksoteRapi] **n. f.** – 1911 ◊ de *réflexe* et *-thérapie* ■ MÉD. Méthode thérapeutique qui, au moyen d'une excitation artificielle, provoque des réflexes susceptibles de jouer un rôle utile à distance.

REFLUER [R(ə)flye] **v. intr.** ⟨1⟩ – 1450 ; *refluir* 1380 ◊ latin *refluere* « couler en arrière » ■ Se mettre à couler en sens contraire. *L'eau reflue à marée descendante.* ➤ **se retirer ; reflux.** *« Il lui sembla que de tous les points de son corps le sang refluait vers son cœur »* GREEN. ♦ (1757) FIG. *« Les enfants refluaient vers le collège »* MONTHERLANT. *Faire refluer les manifestants,* les faire reculer (➤ **refouler**). — LITTÉR. Ressurgir à la conscience. *Souvenirs qui refluent.* ■ **CONTR.** Affluer.

REFLUX [Rəfly] **n. m.** – 1532 ◊ de *re-* et *flux* ■ **1** Mouvement des eaux marines qui se retirent à marée descendante. ➤ **jusant.** *Le flux et le reflux de la mer. « Le flux les apporta ; le reflux les remporte »* CORNEILLE. ♦ FIG. *« un flux et reflux d'incertitudes »* GAUTIER. ➤ **fluctuation, va-et-vient.** ■ **2** Mouvement en arrière (d'un ensemble de gens, etc.) qui succède à un mouvement en avant. ➤ **recul.** *Le reflux de la foule.* ♦ CHIM. *Distillation à reflux :* ébullition conduite de façon que la vapeur dégagée se condense et retourne dans le récipient d'où elle provient. ♦ PATHOL. Retour d'un liquide dans le sens opposé au sens physiologique. *Reflux gastro-œsophagien.* ■ **CONTR.** Flux ; afflux.

REFONDATEUR, TRICE [Rəfɔ̃datœR, tRis] **adj.** et **n.** – 1989 ◊ de *re-* et *fondateur* ■ POLIT. Partisan d'une refondation.

REFONDATION [Rəfɔ̃dasjɔ̃] **n. f.** – 1991 ◊ de *re-* et *fondation* ■ POLIT. Action de refonder. *La refondation sociale.*

REFONDER [Rəfɔ̃de] **v. tr.** ⟨1⟩ – 1993 ◊ de *re-* et *fonder* ■ POLIT. Fonder (un parti, une doctrine) sur de nouveaux principes, de nouvelles bases. ■ **HOM.** *Refondent :* refondent ; *refonderai :* refondrai (refondre).

REFONDRE [R(ə)fɔ̃dR] **v.** ⟨41⟩ – XIIe ◊ de *re-* et *fondre*
I v. tr. ■ **1** Fondre une seconde fois. *Refondre un métal.* — *Fonte refondue.* ■ **2** Reformer (un objet de métal) en le

fondant une seconde fois. *Refondre des monnaies.* ▪ **3** (XVIIe) FIG. Refaire (un ouvrage) en fondant des parties les unes avec les autres, en donnant une meilleure forme. *Refondre un texte.* ➤ **remanier.** *Manuel scolaire entièrement refondu.*

II v. intr. Passer à nouveau de l'état solide à l'état liquide.

▪ HOM. *Refond* : refont (refaire) ; *refondent* : refondent ; *refondrai* : refonderai (refonder).

REFONTE [ʀ(ə)fɔ̃t] n. f. – 1594 ◊ de *refondre* ▪ **1** Action de refondre. *La refonte des monnaies.* ▪ **2** *La refonte d'un ouvrage, d'un texte.* ➤ **remaniement.**

REFORESTATION [ʀ(ə)fɔʀɛstasjɔ̃] n. f. – 1922 ◊ de *re-* et *(dé)forestation* ▪ Reconstitution d'une forêt. ➤ **reboisement.** ▪ CONTR. Déforestation.

RÉFORMABLE [ʀefɔʀmabl] adj. – 1762 ; dr. 1483 ◊ de *réformer* ▪ Qui peut ou doit être réformé. ▪ CONTR. Irréformable.

REFORMAGE [ʀ(ə)fɔʀmaʒ] n. m. – 1973 ; *reforming* 1946 ◊ de l'anglais *to reform* «rectifier» ▪ PÉTR. Procédé de raffinage consistant à transformer les essences lourdes afin d'obtenir des chaînes aromatiques et d'augmenter l'indice d'octane.

RÉFORMATEUR, TRICE [ʀefɔʀmatœʀ, tʀis] n. et adj. – 1327 ◊ latin *reformator, trix* ▪ **1** Personne qui réforme ou veut réformer. *Réformateur des mœurs, d'une société. Député réformateur.* ◆ (1622) HIST. RELIG. Fondateur d'une Église réformée. *Luther et les autres réformateurs.* ◆ PSYCHOL. Paranoïaque délirant, qui veut transformer la société selon ses plans. ▪ **2** adj. Qui réforme. *Le «pouvoir réformateur de la raison»* RENAN.

RÉFORMATION [ʀefɔʀmasjɔ̃] n. f. – 1213 ◊ latin *reformatio* ▪ Action de réformer ; son résultat. ▪ **1** VX Réforme (I, 1°). *Réformation du calendrier. Réformation d'un ordre religieux.* ◆ HIST. RELIG. Réforme (I, 2°). *Le monument de la Réformation, à Genève.* ▪ **2** MOD. DR. Modification d'un acte par une autorité supérieure, d'un jugement par une juridiction du second degré. *L'appel est une voie de réformation.*

RÉFORME [ʀefɔʀm] n. f. – 1625 ◊ de *réformer*

I Amélioration apportée dans le domaine moral ou social. ▪ **1** Rétablissement de la règle primitive dans un ordre religieux. *«l'abbé de Rancé introduisait la réforme dans son abbaye»* CHATEAUBRIAND. ▪ **2** ABSOLT (1640) **LA RÉFORME :** mouvement religieux du XVIe s., qui fonda le protestantisme et voulait ramener la religion chrétienne à sa forme primitive. ➤ VX **réformation, protestantisme ; calvinisme, luthéranisme.** *La Réforme provoqua un schisme dans le christianisme. La Réforme et la contre-réforme.* ▪ **3** Changement profond apporté dans la forme d'une institution afin de l'améliorer, d'en obtenir de meilleurs résultats. *Réforme du calendrier ; de l'orthographe. Réforme agraire. Réforme de la Constitution. «La réforme politique contient en germe les réformes sociales»* GAMBETTA. *Réforme superficielle.* ➤ **réformette.** ◆ SPÉCIALT Amélioration partielle et progressive de l'ordre social (opposé à *révolution*). ➤ **réformisme.**

II MILIT. ▪ **1** (1762) Mise hors de service de ce qui y est devenu impropre ; situation qui en résulte. ◆ FIG. et VX *«il n'avait pas eu le cœur de mettre à la réforme quelques vieux meubles»* A. HERMANT. ➤ **rebut.** ▪ **2** Position du militaire dispensé du service dans les armées pour inaptitude physique ou mentale. *Commission de réforme. Réforme temporaire, définitive* (➤ **réformé**). ▪ **3** *Animal de réforme* : animal utilitaire devenu inapte. *Vaches, chevaux de réforme. La truie ayant «déjà mis bas trois fois des porcs charcutiers, elle était devenue bête de réforme»* J. TEULÉ.

RÉFORMÉ, ÉE [ʀefɔʀme] adj. et n. – *Église réformée* 1546 ◊ de *réformer* ▪ **1** Issu de la Réforme. *Religion réformée* et, pour les catholiques du XVIIe s., *religion prétendue réformée (R. P. R.).* ➤ **protestantisme.** *L'Église réformée de France, de Hollande, d'Amérique.* — n. (1563) VX Protestant. ▪ **2** (1832) Reconnu impropre pour le service. *Matériel réformé. — Soldat réformé.* n. m. *Un réformé temporaire* (➤ **ajourné**), *définitif.*

REFORMER [ʀ(ə)fɔʀme] v. tr. ‹1› – XIIe ◊ de *re-* et *former* ▪ Former de nouveau, refaire (ce qui était défait). *Reformer une armée en déroute.* ➤ **regrouper.** — PRONOM. Reprendre sa forme, se former de nouveau. *Des nuages qui se défont et se reforment. Le cortège se reforme.* ➤ **reconstituer.** *L'opposition «se reformait dans les assemblées»* MADELIN. ➤ se **réorganiser.** ▪ CONTR. Disperser.

RÉFORMER [ʀefɔʀme] v. tr. ‹1› – 1174 ◊ latin *reformare* ▪ **1** Rétablir dans sa forme primitive (une règle, une discipline qui s'est corrompue). *Réformer un ordre religieux, un culte.* ▪ **2** VIEILLI Corriger, ramener à la vertu (la conduite, les mœurs ; une personne). *«Réformer son cœur et renoncer à ses passions»* BOURDALOUE. ABSOLT *«La passion de réformer, de moraliser, d'évangéliser serait un monopole américain»* SIEGFRIED. — PRONOM. *Se réformer.* ▪ **3** Changer en mieux, ramener à une forme meilleure (une institution). ➤ **améliorer.** *Réformer les coutumes, ses méthodes. «Un système qui était plus qu'à réformer : à démolir»* MADELIN. *Réformer une loi.* ➤ **amender.** ▪ **4** DR. Modifier, corriger en grande partie (un acte officiel, un jugement). *Réformer les comptes de campagne d'un parti politique.* ▪ **5** (1636) VIEILLI Supprimer pour améliorer. *Réformer les abus.* ➤ **supprimer.** ▪ **6** (1671) MILIT. Retirer du service (ce qui y est devenu impropre). *Réformer du matériel.* — COUR. *Réformer un soldat. Réformé pour raisons de santé.* ➤ **réformé** (2°).

RÉFORMETTE [ʀefɔʀmɛt] n. f. – v. 1960 ◊ de *réforme* ▪ FAM. PLAISANT Réforme jugée superficielle, peu sérieuse (par ses adversaires). ➤ aussi **mesurette.** *Une réformette sans lendemain.*

RÉFORMISME [ʀefɔʀmism] n. m. – début XXe ; «tendance aux réformes» fin XIXe ◊ de *réformiste* ▪ Doctrine politique des réformistes. *Le réformisme opposé à l'action révolutionnaire. Réformisme socialiste.* ➤ **révisionnisme.**

RÉFORMISTE [ʀefɔʀmist] n. et adj. – 1833 ◊ anglais *reformist*, de *reform* → réforme ▪ Partisan d'une réforme politique. ◆ (1841) Personne qui veut améliorer la société capitaliste par des réformes (opposé à *révolutionnaire*). — adj. *Socialisme réformiste.*

REFORMULER [ʀ(ə)fɔʀmyle] v. tr. ‹1› – 1954 ◊ de *re-* et *formuler* ▪ **1** Formuler (un énoncé) à nouveau, généralement de façon plus claire. *Reformuler sa demande.* — ABSOLT *«elle qui a toujours besoin de reformuler avec ses mots pour mémoriser»* L. COSSÉ. ▪ **2** Modifier la composition de (une préparation). *Fabricant qui reformule une crème dessert pour réduire le taux de sucre et de gras.*

REFOUILLEMENT [ʀ(ə)fujmɑ̃] n. m. – 1834 ◊ de *refouiller* ▪ TECHN., ARTS Évidement, creux pratiqué dans une pierre, une charpente. ◆ Action de refouiller, en sculpture. *Refouillement d'un chapiteau.*

REFOUILLER [ʀ(ə)fuje] v. tr. ‹1› – XVIe ◊ de *re-* et *fouiller* ▪ TECHN., ARTS Évider, creuser. *Refouiller une pierre de taille.* — Accentuer les saillies en évidant les parties creuses de.

REFOULÉ, ÉE [ʀ(ə)fule] adj. et n. – 1905 ◊ de *refouler* ▪ **1** PSYCHAN. Qui a subi un processus de refoulement. *Pulsion refoulée et sublimée. Conflits affectifs refoulés. «la vérité, refoulée, va persister mais transposée dans un autre langage, le langage névrotique»* LACAN. — n. m. Ce qui est refoulé. *Retour du refoulé.* ▪ **2** FAM. Se dit d'une personne qui a refoulé ses instincts et notamment ses pulsions sexuelles. ➤ **inhibé ;** FAM. **coincé.** *Un vieux garçon refoulé.* — n. *«Nous sommes tous des refoulés et des hypocrites»* BEAUVOIR.

REFOULEMENT [ʀ(ə)fulmɑ̃] n. m. – 1802 techn. ; 1538 «action d'émousser» ◊ de *refouler* ▪ **1** Action de refouler, de faire reculer. *Refoulement des manifestants.* ▪ **2** (1857) FIG. Action de refuser l'extériorisation, la manifestation (de désirs, de sentiments que l'on ne peut pas ou ne veut pas satisfaire). *Refoulement des instincts, des ambitions.* ◆ (1906) PSYCHAN. Phénomène inconscient de défense par lequel le moi rejette une pulsion (sexuelle, agressive...), une idée opposée aux exigences du surmoi. ➤ **censure.** *L'oubli, selon Freud, a pour cause le refoulement.* — COUR. Refus des pulsions sexuelles, comportement qui en résulte (➤ **refoulé**). ▪ CONTR. Assouvissement, défoulement.

REFOULER [ʀ(ə)fule] v. ‹1› – XIIe ◊ de *re-* et *fouler*

I v. tr. Fouler, pousser en arrière. ▪ **1** TECHN. Comprimer avec un outil percutant. *Refouler un métal,* le repousser pour resserrer un assemblage. ▪ **2** Pousser en arrière, faire reculer. *Refouler un train,* le faire reculer en le poussant avec la locomotive. *Pomper et refouler un liquide. «Un vertige qui refoula le sang vers son cœur»* VIGNY (➤ **refluer**). ◆ MAR. *Refouler le courant, la marée* : s'avancer contre le courant. ▪ **3** (1824) Faire reculer, refluer (des personnes). *Refouler des envahisseurs, l'armée ennemie.* ➤ **chasser,** 1 **repousser.** *Les clandestins ont été refoulés à la frontière.* ➤ **expulser.** ▪ **4** FIG. (fin XVIIIe) Faire rentrer en soi (ce qui veut s'extérioriser, s'exprimer). ➤ **comprimer, contenir, étouffer, réfréner, réprimer, retenir.** *Refouler ses larmes. Refouler sa colère, son désir. — Une passion «depuis des années refoulée»* MAURIAC. ◆ (1905) PSYCHAN. Rejeter, éliminer inconsciemment (un désir, une idée pénible). ➤ **censurer ; refoulé.** *Refouler son agressivité.*

II v. intr. ▪ **1** Faire reculer les liquides. *Tuyauterie, siphon qui refoule.* — LOC. POP. *Refouler du goulot* : avoir mauvaise

haleine. ▪ 2 Présenter un défaut de tirage et évacuer la fumée à l'intérieur. *Poêle, cheminée qui refoule.*
▪ CONTR. Attirer ; admettre. Assouvir ; défouler.

REFOULOIR [R(ə)fulwaR] n. m. – 1575 ◊ de *refouler* ▪ ANCIENNT Cylindre muni d'une hampe qui servait à refouler la charge dans les canons se chargeant par la bouche.

REFOURGUER [R(ə)fuRge] v. tr. ‹1› – date inconnue ◊ de *re-* et *fourguer* ▪ FAM. Vendre, remettre à qqn en l'abusant. ➤ **refiler.**

REFOUTRE [R(ə)futR] v. tr. ‹→ 1 foutre› – 1790 «ennuyer» ◊ de *re-* et *1 foutre* ▪ TRÈS FAM. Remettre. *Ne refous jamais les pieds ici !* ne reviens jamais.

RÉFRACTAIRE [RefRaktɛR] adj. – 1539 ◊ latin *refractarius*, de *refringere* «briser»
I (PERSONNES) ▪ **1 RÉFRACTAIRE À :** qui résiste, refuse d'obéir, de se soumettre à. ➤ **rebelle.** *Il est réfractaire aux ordres, à l'autorité, à la loi.* ✦ PAR EXT. Qui résiste, est insensible à. *Il est réfractaire aux influences.* ➤ **inaccessible.** *«Marie n'était pas réfractaire à toute émotion esthétique»* GIDE. ▪ **2** (1791) *Prêtre réfractaire,* qui avait refusé de prêter serment à la constitution civile du clergé en 1790. ➤ **insermenté.** ✦ (1805) *Conscrit réfractaire,* qui refuse de se soumettre à la loi du recrutement. ➤ **insoumis.** *Être porté réfractaire.* — SUBST. *Les réfractaires et les déserteurs.* ✦ Résistant (1941-1944) qui refusait le travail obligatoire en Allemagne pendant l'Occupation.
II (CHOSES) ▪ **1** (1762) Qui résiste à de très hautes températures. *Métaux réfractaires* (tungstène, tantale). *Brique réfractaire.* ▪ **2** PHYSIOL. Qui ne réagit pas à un stimulus. — MÉD. *Maladie réfractaire,* qui ne réagit pas aux traitements essayés.
▪ CONTR. Docile, obéissant. Fusible.

RÉFRACTER [RefRakte] v. tr. ‹1› – 1734 ◊ du latin *refractum*, de *refringere* «briser» ▪ Faire dévier (un rayon lumineux ou une onde électromagnétique) par le phénomène de la réfraction. *Propriété de réfracter la lumière.* ➤ **réfringence ; biréfringence.** *Rayons réfractés par un prisme.*

RÉFRACTEUR, TRICE [RefRaktœR, tRis] adj. – 1907 ; n. m. «lunette astronomique» 1866 ◊ de *réfracter* ▪ SC., TECHN. Qui sert à réfracter la lumière. *Appareil réfracteur.*

RÉFRACTION [RefRaksjɔ̃] n. f. – 1270 ◊ latin *refractio*, de *refringere* «briser» ▪ PHYS. Déviation d'un rayon lumineux ou d'une onde électromagnétique, qui franchit la surface de séparation de deux milieux, dans lesquels les vitesses de propagation sont différentes, le rayon réfracté restant dans le plan formé par le rayon incident et la normale à la surface de séparation. *Angle de réfraction,* formé par cette normale et le rayon réfracté. *Réfraction et réflexion**. *Indice de réfraction :* rapport constant entre le sinus de l'angle d'incidence et le sinus de l'angle de réfraction, dans un même milieu (➤ **réfractomètre**). — *Double réfraction :* séparation en deux rayons dans un milieu anisotrope. ➤ **biréfringence.** *Phénomènes naturels dus à la réfraction.* ➤ **arc-en-ciel, mirage.** ✦ MÉD. *Réfraction oculaire,* subie par un rayon lumineux qui pénètre dans les milieux réfringents de l'œil et impressionne la rétine. *Réfraction normale.* ➤ **emmétropie.** ✦ PAR ANAL. *Réfraction du son,* produite par des variations des conditions physiques entre les différentes couches d'air traversées par l'onde acoustique.

RÉFRACTIONNISTE [RefRaksjɔnist] n. – v. 1960 ◊ de *réfraction* ▪ MÉD. Spécialiste de la mesure de la réfraction oculaire et de la correction de ses troubles. ➤ **optométriste.**

RÉFRACTOMÈTRE [RefRaktɔmɛtR] n. m. – 1875 ◊ de *réfraction* et *-mètre* ▪ PHYS. Appareil permettant de mesurer l'indice de réfraction des milieux transparents.

REFRAIN [R(ə)fRɛ̃] n. m. – 1260 ◊ altération de *refrait*, de *refraindre* (latin populaire °*refrangere*) «briser», et par ext. «réprimer, contenir ; moduler la voix» ▪ **1** Suite de mots ou de phrases qui revient à la fin de chaque couplet d'une chanson, d'un poème à forme fixe. *Reprenons le refrain en chœur.* ✦ PAR EXT. Chanson à refrain. — PAR ANAL. Chant monotone. *«La bouilloire fredonnait son refrain régulier»* GAUTIER. ▪ **2** (1580) FIG. Paroles, idées ressassées et lassantes. ➤ **antienne, chanson, leitmotiv, rengaine, ritournelle, scie.** *Avec lui, c'est toujours le même refrain. Changez de refrain !* parlez d'autre chose ! (cf. Changez de disque*).

RÉFRANGIBLE [RefRɑ̃ʒibl] adj. – 1706 ◊ anglais *refrangible*, du latin populaire °*refrangere*, classique *refringere* «briser» → réfraction ▪ VX Capable d'être réfracté. *«Le rayon le plus réfrangible est le violet»* LAPLACE. — n. f. VX **RÉFRANGIBILITÉ**, 1706.

RÉFRÉNER [RefRene] v. tr. ‹6› – XIIe ◊ latin *refrenare* «retenir par un frein (*frenum*)» ▪ Réprimer par une contrainte ; mettre un frein à. ➤ **brider, contenir, freiner, réprimer, retenir.** *Un corps qui «nous met en garde et nous réfrène»* C. MILLET. *Réfréner son envie, son instinct.* — PRONOM. *Essayez de vous réfréner.* ➤ **se modérer.** — REM. On écrit aussi *refréner* [RəfRene]. *«il fit une pause ; il voulait refréner son impatience»* SARTRE. ▪ CONTR. Aiguillonner, exciter.

RÉFRIGÉRANT, ANTE [RefRiʒeRɑ̃, ɑ̃t] adj. – 1779 ; méd. XIVe ◊ de *réfrigérer* ▪ **1** Qui sert à produire du froid, à abaisser la température. ➤ **frigorifique.** *Fluides réfrigérants* (ex. air, azote, hélium liquides, chlorofluorocarbone). *Mélange réfrigérant* (ex. sel dissous dans l'eau, mélange de sel et de glace pilée, mélange de neige carbonique et d'acétone). ➤ **cryogène.** *Appareil réfrigérant,* et n. m. *un réfrigérant.* ➤ **refroidisseur.** ▪ **2** (1923) FIG. Qui refroidit, glace ; qui engendre la froideur. *Un accueil réfrigérant.* ➤ **1 froid, glaçant, glacial.** *Une femme ironique et réfrigérante.* ▪ CONTR. Calorifique. Chaleureux.

RÉFRIGÉRATEUR [RefRiʒeRatœR] n. m. – 1857, répandu XXe ; «ce qui rafraîchit» 1611 ◊ latin *refrigeratorius* → réfrigérer ▪ Appareil électroménager constitué par un meuble calorifugé muni d'un organe producteur de froid et destiné à conserver et à rafraîchir certaines denrées, sans toutefois les congeler, dans son compartiment principal. ➤ **frigidaire** (n. déposé), FAM. **frigo.** *Réfrigérateur à compression,* où le froid est produit par détente d'un fluide comprimé. *Réfrigérateur à absorption,* dans lequel le fluide réfrigérant est vaporisé, puis dissous dans l'eau. *Le congélateur, le freezer, la porte, le bac à légumes, les clayettes d'un réfrigérateur. Mettre la viande dans le, au réfrigérateur. Dégivrer un réfrigérateur. Petit réfrigérateur d'une chambre d'hôtel.* ➤ **minibar.** ✦ LOC. FIG. *Mettre au réfrigérateur :* mettre à l'écart, cesser de parler de (cf. Mettre au placard*). *«Quand un homme de mérite vient à disparaître, nous le mettons au réfrigérateur pour une trentaine d'années»* DUHAMEL.

RÉFRIGÉRATION [RefRiʒeRasjɔ̃] n. f. – 1478 méd. ◊ latin *refrigeratio* → réfrigérer ▪ Abaissement de la température par un moyen artificiel. ➤ **congélation.** *Appareils de réfrigération.* ➤ **chambre** (froide), **glacière, réfrigérateur.** *Les techniques de réfrigération sont utilisées pour la conservation des denrées alimentaires, la climatisation, dans de nombreux processus industriels, en médecine, en biologie* (➤ **cryoconservation, hibernation**). ▪ CONTR. Chauffage.

RÉFRIGÉRER [RefRiʒeRe] v. tr. ‹6› – 1380 ◊ latin *refrigerare* «refroidir», de *frigus, oris* «froid» ▪ **1** Refroidir par une technique appropriée. ➤ **congeler, frigorifier, surgeler.** *Réfrigérer un local dans un pays chaud.* ➤ **climatiser.** *Réfrigérer un organisme en laboratoire.* — p. p. adj. *Vitrine réfrigérée.* ✦ FAM. Refroidir. *Il est rentré complètement réfrigéré.* ➤ **gelé.** ▪ **2** (fin XIXe) FIG. Mettre mal à l'aise par un accueil, un comportement froid. ➤ **glacer, refroidir.** *Ses remarques désagréables m'ont un peu réfrigéré.*
▪ CONTR. Chauffer.

RÉFRINGENCE [RefRɛ̃ʒɑ̃s] n. f. – 1799 ◊ de *réfringent* ▪ PHYS. Propriété de réfracter la lumière. *La réfringence d'un milieu optique est mesurée par son indice de réfraction**.

RÉFRINGENT, ENTE [RefRɛ̃ʒɑ̃, ɑ̃t] adj. – 1720 ◊ latin *refringens*, de *refringere* «briser» → réfrangible ▪ PHYS. Qui produit la réfraction, fait dévier les rayons lumineux, les ondes électromagnétiques. *Pouvoir réfringent d'un corps. La cornée est un milieu réfringent.*

REFROIDIR [R(ə)fRwadiR] v. ‹2› – XIIe ; *refreidier* «se reposer» 1080 ◊ de l'ancien verbe *froidir* «refroidir», de *froid*
I v. tr. ▪ **1** Rendre plus froid ou moins chaud ; faire baisser la température de (qqch.). *Refroidir légèrement* (➤ **rafraîchir, tiédir**), *beaucoup* (➤ **congeler, glacer, réfrigérer**). ✦ **SE REFROIDIR** v. pron. Devenir plus froid. *Le temps se refroidit. «La pièce se refroidissait, on grelottait»* ZOLA. — FAM. Prendre froid. *N'attends pas dehors, tu vas te refroidir* (➤ **refroidissement**). ▪ **2** FIG. (XVIe) *Refroidir qqn,* diminuer son ardeur, sa bonne volonté. ➤ **décourager,** FAM. **doucher.** *Son accueil nous a refroidis.* ➤ **glacer, réfrigérer.** — PAR EXT. Diminuer l'intensité, la force de (un sentiment). *Refroidir l'ardeur, l'enthousiasme, le zèle de qqn.* PRONOM. *«Le zèle de ces messieurs risquait de se refroidir»* ROMAINS. — p. p. adj. *«mon imagination refroidie ne me fournit rien qui vaille»* P.-L. COURIER. ▪ **3** (1828) FAM. Assassiner. ➤ **rectifier.** *«si je ne trouve pas une solution vite fait, il va me refroidir»* PENNAC.
II v. intr. Devenir plus froid, moins chaud. *Mange, ça va refroidir.* — FIG. et FAM. *Laisser refroidir qqch. :* attendre que les

sentiments, les tensions se soient apaisés.
■ CONTR. Chauffer, réchauffer ; enthousiasmer, exalter.

REFROIDISSEMENT [ʀ(ə)fʀwadismɑ̃] n. m. – 1314 ; *refroidement* XIIIe ◇ de *refroidir* ■ **1** Abaissement de la température. *Solidification des liquides par refroidissement.* ➤ **congélation.** *Refroidissement de l'air, de l'atmosphère. La vitesse de refroidissement est proportionnelle à la différence de température entre un corps et le milieu extérieur.* — *Refroidissement* (d'un moteur) *par air, par eau. Circuit de refroidissement* (➤ **radiateur, ventilateur**). ■ **2** (1762) Affection, déclenchée par une baisse de la température ambiante. ➤ **grippe, rhume.** *Avoir, attraper un refroidissement* (cf. Un chaud* et froid). «*Par suite d'un refroidissement, il lui vint une angine*» FLAUBERT. ■ **3** (1636) Diminution de la chaleur (des sentiments). *Refroidissement des rapports entre deux pays.* «*l'usure de nos sentiments, et le refroidissement de notre ferveur*» LARBAUD.
■ CONTR. Échauffement, réchauffement.

REFROIDISSEUR [ʀ(ə)fʀwadisœʀ] n. m. et adj. m. – 1827 ◇ de *refroidir* ■ Appareil ou organe d'appareil destiné à refroidir, à limiter les échauffements. ➤ **réfrigérant.** — adj. *Système refroidisseur d'un réacteur atomique.*

REFUGE [ʀ(ə)fyʒ] n. m. – 1120 ◇ latin *refugium* ■ **1** (PERSONNES) VX Soutien, sauveur. «*Ce Dieu, depuis longtemps votre unique refuge*» RACINE. ■ **2** (1160) MOD. Lieu où l'on se retire pour échapper à un danger ou à un désagrément, pour se mettre en sûreté. ➤ **abri, asile, 1 retraite.** *Chercher refuge. Demander refuge à qqn.* «*Nous trouvions refuge dans la charpente du grenier*» SAINT-EXUPÉRY. «*mon terrier, mon refuge contre cette ville folle*» DUHAMEL. ➤ **havre.** ◆ Lieu où se rassemblent des personnes qui ne peuvent ou ne veulent pas aller ailleurs. *Son salon était* «*le refuge de l'aristocratie non ralliée*» GAUTIER. ◆ (ABSTRAIT) «*Son refuge c'était sa musique*» CÉLINE. — PAR APPOS. *Une valeur refuge,* particulièrement sûre. «*certains avaient même prédit que l'art deviendrait une* valeur refuge *; ils s'étaient trompés*» HOUELLEBECQ. *Des placements refuges.* ■ **3** CHASSE Lieu où le gibier se met à l'abri quand il est poursuivi. ➤ **gîte.** ■ **4** (1875) Petit trottoir ou emplacement délimité au milieu de la chaussée qui permet aux piétons de traverser en deux temps et de se mettre à l'abri de la circulation des voitures. ■ **5** (1870) Petite construction en haute montagne, où les alpinistes peuvent passer la nuit, s'abriter en cas de mauvais temps, etc. ➤ RÉGION. **cabane.** *Le refuge Vallot, sur les pentes du mont Blanc.*

RÉFUGIÉ, IÉE [ʀefyʒje] adj. et n. – 1435 ◇ de *réfugier* ■ Qui a dû fuir son pays d'origine afin d'échapper à un danger (guerre, persécutions politiques ou religieuses, etc.). *Des révolutionnaires espagnols réfugiés.* — n. (1573) *Aide aux réfugiés. Réfugiés climatiques*. Réfugiés demandant le droit d'asile.* ➤ aussi **primoarrivant.** *Les réfugiés et les apatrides.* SPÉCIALT DR. INTERNAT. Personne ayant obtenu l'asile politique.

RÉFUGIER (SE) [ʀefyʒje] v. pron. ‹7› – *refuger* 1473 ◇ de *refuge,* d'après le latin *refugium* ■ Se retirer (en un lieu) pour trouver un refuge. *Sous le second Empire, de nombreux républicains durent se réfugier à l'étranger.* ➤ **émigrer, s'enfuir, s'expatrier, fuir,** se **sauver.** «*La pluie m'a surpris ; je me suis réfugié sous un hêtre*» CHATEAUBRIAND. *Enfant qui court se réfugier dans les bras de sa mère.* ➤ se **blottir.** ◆ FIG. «*Je me réfugie dans le sommeil comme un enfant boudeur qui se retire du jeu*» GIDE.

REFUS [ʀ(ə)fy] n. m. – 1226 ; «fuite» fin XIIe ◇ de *refuser* ■ Action, fait de refuser (ce qui est exigé, attendu). «*Le refus des louanges est un désir d'être loué deux fois*» LA ROCHEFOUCAULD. *Être puni pour refus d'obéissance. Refus de se soumettre, d'obtempérer. Refus de comparaître.* ➤ **contumace ; défaut.** «*Un refus extrêmement poli à une nouvelle demande*» BALZAC. — ABSOLT *Formule de politesse exprimant le refus* (cf. Non merci*). *Un refus catégorique* (➤ FAM. **niet**), *humiliant* (➤ **rebuffade**). *Opposer un refus à qqn* (cf. Une fin* de non-recevoir). *Essuyer un refus. Se heurter à un refus.* ➤ **résistance, veto.** ◆ PSYCHOL. *Conduites de refus :* négativisme, refoulement, reniement, etc. ◆ LOC. FAM. (1659) *Ce n'est pas de refus :* j'accepte volontiers (cf. Ça ne se refuse* pas ; je ne dis pas non*).
■ CONTR. Acceptation, accord, acquiescement, approbation, assentiment. Adhésion, consentement.

REFUSER [ʀ(ə)fyze] v. ‹1› – fin XIe «rejeter» ◇ latin populaire °*refusare,* croisement de *recusare* «refuser» avec *refutare* «réfuter», de sens voisins

I ~ v. tr. ■ **1** Ne pas accorder (ce qui est demandé). *Refuser une permission à un soldat, une augmentation à un employé. Refuser sa porte à qqn.* ➤ **consigner, défendre, interdire.** *Il s'est vu refuser l'accès à la salle. On ne peut rien lui refuser.* — LOC. *Il ne se refuse rien !* il dépense beaucoup pour lui-même, il satisfait tous ses caprices. ➤ se **priver.** ◆ Ne pas vouloir reconnaître (une qualité) à qqn. ➤ **contester, dénier.** «*Hugo n'aimait pas Stendhal ; il lui refusait le style*» ALAIN. ■ **2 REFUSER DE** (et l'inf.) : ne pas consentir à (faire qqch.). *Refuser d'obéir, d'obtempérer.* ➤ se **rebeller,** se **rebiffer, regimber,** se **révolter.** «*Refusez d'obéir Refusez de la faire N'allez pas à la guerre Refusez de partir*» VIAN. *Elle refuse de reconnaître ses torts. Il refuse de m'accompagner.* ABSOLT *Je n'ai pas osé refuser* (cf. S'y opposer*). *Elle a refusé net.* — (Choses) *La voiture refuse de démarrer.* ■ **3** Ne pas accepter (ce qui est offert). ➤ **dédaigner.** *Refuser la Légion d'honneur. Refuser une offre, une invitation.* ➤ **décliner, rejeter, 1 repousser.** ◆ Ne pas accepter (ce qui se présente). *Refuser le combat. Cheval qui refuse l'obstacle* et ABSOLT *qui refuse,* qui s'arrête devant l'obstacle au lieu de sauter. *Refuser le risque. Le révolté* «*refuse sa condition mortelle*» CAMUS. ■ **4** Ne pas accepter (ce que l'on considère comme défectueux ou insuffisant). *Refuser une marchandise* (cf. Laisser pour compte*). *L'éditeur a refusé son manuscrit.* — «*l'étalage des trois mille tableaux refusés* [au Salon]» ZOLA. ◆ Ne pas adhérer à. *Refuser la routine, le racisme.* ➤ **rejeter.** ■ **5** (PERSONNES) Ne pas laisser entrer. «*Les cafés regorgeaient, les restaurants refusaient du monde*» DORGELÈS. — Ne pas recevoir dans un groupe. ◆ Ne pas recevoir à un examen. *Refuser un candidat.* ➤ **ajourner, éliminer ;** FAM. **coller, recaler, retoquer.**

II ~ v. pron. **SE REFUSER** ■ **1** Être refusé (cf. ci-dessus, I, 3°). *Une offre pareille ne se refuse pas* (cf. Ce n'est pas de refus*). ■ **2 SE REFUSER À... :** ne pas consentir à (faire qqch.), ne pas admettre. *Se refuser à une solution de facilité.* ➤ **s'interdire.** *Se refuser à tout commentaire. Se refuser à l'évidence.* ➤ **nier, récuser.** *Ses doigts* «*gonflés d'œdème, se refusaient à tout service*» MARTIN DU GARD. ➤ se **dérober.** (Suivi de l'inf.) *Il se refuse à envisager cette solution.* ◆ Échapper à la possession de qqn. ➤ **fuir.** *Les sceptiques pensent que la vérité se refuse à l'esprit humain.* ■ **3** En parlant d'une femme, Refuser de faire l'amour.

III ~ v. intr. ■ **1** TECHN. Se dit d'un pilotis, d'un pieu qui cesse de s'enfoncer parce qu'il rencontre une résistance trop forte. ■ **2** MAR. *Le vent refuse,* change de direction de sorte qu'il se rapproche de l'avant du navire et oblige à modifier la route, commencée au plus près.
■ CONTR. Accorder, donner, fournir, offrir, reconnaître. Accepter, approuver, consentir (à). Accueillir, admettre, recevoir. — Adonner.

RÉFUTABLE [ʀefytabl] adj. – 1552, repris 1829 ◇ de *réfuter* ■ Qu'on peut réfuter. *Argument réfutable.* ■ CONTR. Irréfutable.

RÉFUTATION [ʀefytasjɔ̃] n. f. – 1284 ◇ latin *refutatio* ■ **1** Action de réfuter, raisonnement par lequel on réfute. *La réfutation d'une erreur, d'un argument.* «*sous le couvert de réfutations faibles, tout l'ensemble des idées modernes venait à nous*» RENAN. — FIG. et LITTÉR. Démenti non exprimé, implicite. «*Sa conduite est la meilleure réfutation de cette calomnie*» (ACADÉMIE). ■ **2** RHÉT. Partie du discours dans laquelle on répond aux objections exprimées ou prévues (➤ **prolepse**). ■ CONTR. Approbation, confirmation.

RÉFUTER [ʀefyte] v. tr. ‹1› – 1330 ; *refuder* «rejeter» 980 ◇ latin *refutare* ■ Repousser (un raisonnement) en prouvant sa fausseté. *Réfuter une thèse, une théorie, des objections.* ◆ PAR EXT. *Réfuter un auteur.* ■ CONTR. Approuver, confirmer.

REFUZNIK [ʀəfyznik] n. – v. 1983 ◇ mot à consonance russe, de l'anglais *to refuse* et suffixe russe d'agent *-nik* ■ Juif soviétique auquel les autorités refusaient l'autorisation d'émigrer. *Des refuzniks.*

REG [ʀɛg] n. m. – 1933 ◇ mot arabe ■ GÉOGR. Forme particulière de désert rocheux. «*Le sable, c'est pas ça qui manque, mais il y a surtout des cailloux. Le reg, on dit*» TOURNIER.

REGAGNER [ʀ(ə)gaɲe] v. tr. ‹1› – 1549 ; *regaignier* v. 1175 ◇ de *re-* et *gagner* ■ **1** Obtenir de nouveau, reprendre ou retrouver (ce qu'on avait perdu). *Regagner l'argent perdu.* ➤ **recouvrer, récupérer.** *Regagner le temps perdu.* ➤ **rattraper.** *Un homme* «*qui vient de regagner en une minute tout le terrain qu'il avait perdu*» HUGO. — *Regagner la confiance de qqn.* ➤ **reconquérir.** ■ **2** Revenir, retourner à (un endroit). *Regagner sa place.* ➤ **rejoindre.** *Regagner ses pénates*.* ■ CONTR. Reperdre.

REGAIN [ʀəgɛ̃] n. m. – *regain* XIIe ◇ de *re-* et ancien français *gaïn ;* latin populaire °*waidimen,* francique °*waida* «prairie» ; cf. *gagner* ■ **1** Herbe qui repousse dans une prairie après la première coupe. *Faucher le regain d'un pré.* ➤ **recoupe.** «*les prairies où*

sèchent les regains» Barrès. ▪ **2** FIG. (plus cour.) *Regain de... :* retour de (ce qui était compromis, avait disparu). *Regain de jeunesse, de santé, d'intérêt, d'espoir. «un regain de sa tendresse d'autrefois»* Zola.

RÉGAL [Regal] **n. m.** – XVIIe ; *rigale* 1314 ◊ de l'ancien français *gale* «réjouissance», avec influence de *rigoler* «se divertir» ▪ **1** VX Fête, repas somptueux qu'on offrait à qqn. ➤ **festin.** ▪ **2** MOD. Mets qu'on trouve particulièrement délicieux. *Des régals. «son grand régal était un certain potage»* Zola. *Ce rôti est un vrai régal.* ➤ **délice.** ▪ **3** FIG. et FAM. Ce qui cause un grand plaisir. ➤ 1 **plaisir.** *«une couleur si vibrante qu'elle est un régal pour les yeux»* Henriot. ▪ **HOM.** Régale.

1 **RÉGALADE** [Regalad] **n. f.** – 1719 ◊ p.-ê. du mot région. *galade* et *galet* «gosier» (latin *galla*), *boire au galet,* d'après 2 *régaler* ▪ **BOIRE À LA RÉGALADE,** en renversant la tête en arrière et en faisant couler le liquide dans la bouche sans que le récipient touche les lèvres.

2 **RÉGALADE** [Regalad] **n. f.** – 1835 ◊ p.-ê. région. *galas* «branchages» ▪ RÉGION. Feu vif et clair de branchages, de bourrées.

RÉGALAGE [Regalaʒ] **n. m.** – 1870 ◊ de 1 *régaler* ▪ TECHN. Travail qui consiste à niveler un terrain, à étendre la terre d'un remblai pour obtenir un profil régulier.

1 **RÉGALE** [Regal] **n. f.** – 1180 ; *regaile* 1147 ◊ latin médiéval *regalia (jura)* «(droits) royaux» ▪ DR. ANC. Droit considéré comme inhérent à la monarchie (cf. Droit régalien*). ◆ SPÉCIALT Droit qu'avait le roi de France de percevoir les revenus des évêchés vacants *(régale temporelle),* de pourvoir, pendant le temps de la vacance, aux bénéfices qui en dépendaient *(régale spirituelle). Affaire de la Régale* (entre Louis XIV et le pape). ▪ **HOM.** Régal.

2 **RÉGALE** [Regal] **n. m.** – XVIe ◊ origine inconnue ; le rapport avec le latin *regalis* ou avec 1 *régaler* est douteux ▪ MUS. L'un des jeux à anches de l'orgue. *Le régale est parfois appelé «voix humaine».*

3 **RÉGALE** [Regal] **adj. f.** – 1680 ◊ fém. de l'ancien adj. *regiel, regal* «du roi», latin *regalis* ▪ CHIM. *Eau régale :* mélange d'acide chlorhydrique et d'acide nitrique qui a la propriété de dissoudre l'or et le platine.

1 **RÉGALER** [Regale] **v. tr.** ⟨1⟩ – 1740 ◊ de *re-* et *égaler* ▪ TECHN. Niveler (un terrain), faire le régalage de. ➤ **aplanir, égaliser.** *Régaler un remblai.*

2 **RÉGALER** [Regale] **v. tr.** ⟨1⟩ – 1507 ◊ de *régal* ▪ **1** VX Donner un régal (1°), un divertissement à (qqn) ; faire des cadeaux. *«Cet époux prétendu doit aujourd'hui régaler sa maîtresse d'une promenade sur mer»* Molière. ▪ **2** MOD. et COUR. Offrir un bon repas à (qqn). *«leur excellent patron qui les a régalés chez le sieur Rolland, restaurateur»* Balzac. ➤ **traiter.** *Elle les a régalés d'un gâteau, avec un gâteau.* ◆ ABSOLT, FAM. Payer à boire ou à manger. *«Amenez-lui la choucroute et un demi.* [...] *C'est moi qui régale»* Queneau. ▪ **3 SE RÉGALER v. pron.** (1611) Faire un bon repas, manger ce qu'on aime. *Nous nous sommes régalés.* ◆ FIG. Se donner un grand plaisir. *«Mon regard se régalait en glissant sur la belle parleuse»* Balzac.

RÉGALIEN, IENNE [Regaljɛ̃, jɛn] **adj.** – 1413 ◊ du latin *regalis* «royal» ▪ **1** HIST. *Droits régaliens,* du roi. ➤ 1 **régale.** ▪ **2** POLIT. Qui relève de l'autorité souveraine. *Les missions régaliennes de l'État :* la justice, la défense, la diplomatie, la police.

REGARD [R(ə)gaR] **n. m.** – *regart* 980 ◊ de *regarder* ▪ **1** Action, manière de diriger les yeux vers un objet, afin de le voir ; expression des yeux de la personne qui regarde. *Le regard humain. «Les voleurs, les espions, les amants, les diplomates, enfin tous les esclaves connaissent seuls les ressources et les réjouissances du regard»* Balzac. *Parcourir, explorer, fouiller, suivre du regard.* ➤ **regarder.** *Dérober, soustraire aux regards.* ➤ **cacher.** *Dévorer* du regard. Menacer, foudroyer* du regard. «Quand la bouche dit oui, le regard dit peut-être»* Hugo. ◆ **LE REGARD DE QQN.** *Son regard se posa sur moi.* FAM. *Je ne nomme personne, suivez mon regard.* — L'expression habituelle des yeux. *Regard candide, malicieux, expressif, perçant. «Son regard assez doux d'habitude se fixa sur moi d'une façon haineuse»* Fromentin. *«Un certain air d'audace et de gaîté dans le regard»* Mérimée. *«Son regard est pareil au regard des statues»* Verlaine. ◆ **UN REGARD :** un coup d'œil*. *Un regard rapide, distrait, furtif. Au premier regard :* du premier coup d'œil. *Jeter un regard de convoitise sur qqch.* ➤ **loucher.** *«Je promène au hasard mes regards sur la plaine»* Lamartine. *Échanger des regards d'intelligence. Des regards en coin, en coulisse. Un regard étonné, inquiet, effronté, moqueur. Un regard noir,* mécontent, furieux. ▪ **2** (XIIe-XIIIe) FIG. et VX Action de considérer avec attention. — MOD. *Avoir droit de regard sur... :* avoir le droit de surveiller, de contrôler. ➤ **contrôle.** *Le droit de regard de Rome sur la nomination des évêques.* ◆ **loc. prép. AU REGARD DE :** en ce qui concerne, par rapport à, à l'égard de. *Au regard de la loi, de la morale.* ▪ **3** VX Orientation. ◆ MOD. **loc. adv. EN REGARD :** en face, vis-à-vis. *Texte latin, anglais, avec la traduction en regard* (cf. Ci*-contre). — *Mettre deux choses en regard,* les comparer. — **loc. prép. EN REGARD DE :** en face de..., comparativement à... *«ce qu'il a vu lui paraît peu en regard de ce qu'il veut voir encore»* Gide. ▪ **4** (fin XVIe) Ouverture destinée à faciliter les visites, les réparations (dans une canalisation, un égout, une machine à vapeur, un four, une cave). *Regard fermé par une plaque.* ➤ **soupirail, trou** (d'homme).

REGARDABLE [R(ə)gaRdabl] **adj.** – XVIe ◊ de *regarder* ▪ Qu'on peut regarder (surtout en emploi négatif). *«ses championnes de charme, pas regardables»* Céline. *Ce film n'est pas regardable,* est mauvais.

REGARDANT, ANTE [R(ə)gaRdɑ̃, ɑ̃t] **adj.** – XVe, n. m. ◊ de *regarder* ▪ **1** VX Qui regarde. BLAS. *Animal regardant,* qui tourne la tête et regarde en arrière. ▪ **2** (1694) MOD. Qui regarde à la dépense. ➤ **avare,** 1 **chiche, économe, pingre** (cf. Près de ses sous). *«Maman est riche, mais elle est regardante»* Guilloux. ▪ **3** (plutôt en tournure négative) *Regardant sur :* attentif à, vigilant. *Des fautes «commises par des journalistes et des auteurs peu regardants sur l'usage des subjonctifs»* J.-P. Dubois. ▪ **CONTR.** Dépensier, prodigue.

REGARDER [R(ə)gaRde] **v. tr.** ⟨1⟩ – fin XIe ◊ de *re-* et *garder,* au sens ancien de «regarder»

I ~ v. tr. dir. ▪ **1** Faire en sorte de voir, s'appliquer à voir (qqn, qqch.). *Regarder le paysage.* ➤ **contempler.** *Regarder avec attention.* ➤ **considérer, examiner, inspecter, observer, scruter.** *Regarder rapidement.* ➤ **parcourir** (cf. Jeter un coup d'œil* à). *Regarder un livre pour y chercher un renseignement.* ➤ **consulter.** *Regarder sa montre,* et PAR EXT. *regarder l'heure. Regarder un feu d'artifice* (➤ **spectateur**), *une émission de télévision* (➤ **téléspectateur**). — INTRANS. *Regarder par la fenêtre, par le trou de la serrure. Regarde où tu mets les pieds. J'ai regardé partout.* ➤ **chercher.** — *Regarder qqn avec attention, insistance.* ➤ **dévisager, fixer ;** FAM. 3 **mater, reluquer, zieuter.** *Regarder qqn bien en face, dans le blanc des yeux. Regarder du coin de l'œil, à la dérobée, par en dessous.* ➤ **lorgner ;** FAM. **bigler.** *Regarder avec convoitise* (➤ **guigner, loucher** [sur]), *avec tendresse* (cf. Couver* des yeux), *avec plaisir* (cf. Se rincer* l'œil). *Regarder avec mépris.* ➤ **toiser.** *Regarder qqn de travers,* avec hostilité, malveillance. — ABSOLT *Partir sans regarder derrière soi,* sans se retourner. — PAR EXT. *«L'œil était dans la tombe et regardait Caïn»* Hugo. — PROV. *Un chien* regarde bien un évêque.* ◆ LOC. FAM. *Regardez voir ! — Regardez-moi cet idiot !,* constatez qu'il est idiot. *Regarde-moi ça ! Non mais, regardez-moi ce travail ! — Vous m'avez bien regardé !,* ne comptez pas sur moi. ▪ **2 REGARDER** (et l'inf.). *Regardez-moi faire. Regarder la pluie tomber, tomber la pluie.* ▪ **3** (milieu XIIIe) SANS COMPL. Observer. *Apprendre à regarder.* ➤ **voir.** *«Regarde bien, écoute beaucoup, parle peu»* É. Pailleron. *Se contenter de regarder :* assister en observateur. ▪ **4** Envisager de telle ou telle façon. *Regarder le danger, le péril en face,* l'affronter fermement. *Il faut regarder les choses en face,* les voir telles qu'elles sont. *Regarder par le petit bout de la lorgnette*.* ◆ FIG. (fin XIIe) Considérer. *Il ne regarde que son intérêt.* ➤ **rechercher.** — *«Nous regardons les grands seigneurs avec une prévention qui leur prête souvent un air de grandeur»* Lesage. *«comment pouvez-vous regarder comme un honneur d'être médecin !»* Balzac. ➤ **estimer,** 1 **juger, prendre** (pour), **tenir** (pour). ▪ **5** (fin XIIe) (SUJET CHOSE) Avoir rapport à. ➤ **concerner, intéresser,** 1 **toucher.** *Cela ne vous regarde pas,* ce n'est pas votre affaire. *Mêlez-vous de ce qui vous regarde* (cf. FAM. Occupez-vous de vos oignons*). ▪ **6** (CHOSES) Être tourné, orienté vers. *Façade qui regarde vers la mer.*

II ~ v. tr. ind. REGARDER À (milieu XIIe) Considérer attentivement ; tenir compte de. *«Si l'on regardait trop aux principes, on ne croirait jamais»* France. *Regarder à la dépense :* hésiter à dépenser, compter (➤ **regardant**). SANS COMPL. *«Les sous, ça m'est égal... on regarde pas aux sous devant la maladie»* Exbrayat. *Y regarder de près :* considérer (qqch.) avec attention avant de juger, de se décider. *Il ne faut pas y regarder de trop près. Y regarder à deux fois,* avant de juger, de décider.

III ~ v. pron. SE REGARDER ▪ **1** (RÉFL.) (fin XVe) *Se regarder dans la glace.* ➤ **se contempler, se mirer.** *« Je ne puis sans horreur me regarder moi-même »* RACINE. *Il ne s'est pas regardé :* il a justement les défauts qu'il reproche à autrui (cf. La paille et la poutre*). *« Non, mais tu t'es regardé non ? Ta gueule de con, tu l'as vue ? »* DURAS. — LOC. FIG. *Pouvoir se regarder dans la glace, dans le miroir :* être fier de soi, avoir bonne conscience. ▪ **2** (RÉCIPR.) (1690) *Se regarder l'un l'autre.* ➤ **s'entre-regarder.** *Se regarder en face, dans les yeux. « Deux personnes qui se regardent dans les yeux ne voient pas leurs yeux mais leurs regards »* R. BRESSON. — *Se regarder en chiens de faïence*, dans le blanc* des yeux.* ♦ FIG. Être l'un en face de l'autre, se faire face. *Nos deux maisons se regardaient.* ▪ **3** (PASS.) (1665) Être regardé. *« Le soleil ni la mort ne se peuvent regarder fixement »* LA ROCHEFOUCAULD. *Dans quel sens ce tableau se regarde-t-il ?*

REGARDEUR, EUSE [ʀ(ə)gaʀdœʀ, øz] **n.** – XIVe, repris XIXe ◊ de *regarder* ▪ VX ou LITTÉR. Personne qui regarde. *« Je suis le regardeur infini »* HUGO.

REGARNIR [ʀ(ə)gaʀniʀ] **v. tr.** ‹2› – XIIIe ◊ de *re-* et *garnir* ▪ Garnir de nouveau, garnir (ce qui était dégarni). *Regarnir une trousse, un rayon.*

RÉGATE [ʀegat] **n. f.** – 1679 ◊ vénitien *regata* « défi », de *regatar* « rivaliser », d'origine inconnue ▪ **1 Souvent plur.** Course de bateaux, à la voile ou à l'aviron. *Disputer une régate.* ➤ **régater.** *Régates sur mer, sur lac, en rivière.* ▪ **2** Cravate (rappelant celle des marins) avec un nœud d'où sortent deux pans verticaux et superposés. *La régate est la cravate la plus portée de nos jours.*

RÉGATER [ʀegate] **v. intr.** ‹1› – v. 1964 ◊ de *régate* ▪ Participer à une régate.

RÉGATIER, IÈRE [ʀegatje, jɛʀ] **n.** – 1855 ◊ de *régate* ▪ MAR. Personne qui participe à une régate.

REGEL [ʀəʒɛl] **n. m.** – 1777 ◊ de *regeler* ▪ Gel, gelée qui survient après un dégel. *Formation des névés par fonte de la neige et regel.* — PHYS. *Phénomène de regel,* consistant, pour la glace qui a fondu sous l'action d'une pression, à se reformer aussitôt que cette pression cesse.

REGELER [ʀ(ə)ʒəle ; ʀəʒ(ə)le] **v.** ‹5› – 1447 ◊ de *re-* et *geler* ▪ **v. tr.** Geler de nouveau. ♦ **v. intr.** *« des mers qui dégèlent un moment pour regeler »* MICHELET. IMPERS. *Il regèle.*

RÉGENCE [ʀeʒɑ̃s] **n. f.** – 1549 ; « gouvernement » 1403 ◊ de *régent* ▪ **1** Gouvernement d'une monarchie par un régent. *Exercer la régence pendant la minorité du roi. Conseil de régence.* ♦ Fonction, dignité de régent ; durée de cette fonction. *La régence d'Anne d'Autriche.* ▪ **2** ABSOLT (1732) *La Régence :* régence du duc d'Orléans (1715-1723), en France après la mort de Louis XIV. *Les mœurs de la Régence.* ▪ **3** (*commode à la Régence* 1768) APPOS. INV. Qui appartient à l'époque de la Régence ou en rappelle le style souple et gracieux. *Les « amours joufflus d'un vaste lit Régence »* MAUROIS. ♦ Qui appartient à l'époque de la régence de George, prince de Galles (1810-1820), en Angleterre, ou en rappelle le style très simple et élégant (on dit aussi *Régence anglaise,* **REGENCY** [ʀeʒɛnsi]). *Table, bibliothèques Régence.* ▪ **4** ADJT INV. VIEILLI Qui a des manières élégantes et courtoises rappelant celles de l'Ancien Régime (cf. Vieille* France). *Ils sont un peu régence. « Tout à fait régence, Mamouchka »* AYMÉ.

RÉGENDAT [ʀeʒɑ̃da] **n. m.** – date inconnue ◊ de *régent* (2°) ▪ En Belgique, Études de l'enseignement supérieur non universitaire conduisant au diplôme de régent. *Faire un régendat en sciences.*

RÉGÉNÉRANT, ANTE [ʀeʒeneʀɑ̃, ɑ̃t] **adj.** – 1904 ◊ de *régénérer* ▪ Qui régénère. — *Crème de beauté régénérante,* qui contribue au renouvellement des tissus. — *Sel régénérant,* qui régénère les résines d'un adoucisseur d'eau.

RÉGÉNÉRATEUR, TRICE [ʀeʒeneʀatœʀ, tʀis] **adj.** et **n. m.** – 1495 ◊ de *régénérer* ▪ **1** Qui régénère, reconstitue. *Crème régénératrice de l'épiderme. Principe régénérateur. Réacteur régénérateur,* dont les produits de fission sont eux-mêmes fissiles et utilisables dans une nouvelle combustion nucléaire. ➤ **aussi surgénérateur.** ♦ **n. m.** TECHN. Appareil servant à régénérer un catalyseur. — (1874) Récupérateur de chaleur. ▪ **2** Qui régénère (2°). *Eau régénératrice :* eau du baptême. ➤ **lustral.**

RÉGÉNÉRATION [ʀeʒeneʀasjɔ̃] **n. f.** – 1170 relig. ◊ latin *regeneratio* ▪ **1** (1314) Reconstitution naturelle d'une partie vivante qui a été détruite. *Régénération des chairs d'une plaie, du tissu osseux d'un os fracturé.* ▪ **2** (1687) FIG. et LITTÉR. Renaissance de ce qui était corrompu, altéré, affaibli. *Régénération de l'âme par le baptême, la pénitence. « Fichte a dit qu'il attendait la régénération de la nation allemande de l'institut de Pestalozzi »* Mme DE STAËL. ▪ **3** Action de régénérer (3°). ➤ **réactivation.** ▪ CONTR. Dégénérescence ; décadence.

RÉGÉNÉRÉ, ÉE [ʀeʒeneʀe] **adj.** – XVIIe, sens abstrait ◊ de *régénérer* ▪ SC., TECHN. Reconstitué ou remis dans son état premier. *Glacier régénéré. Caoutchouc régénéré.*

RÉGÉNÉRER [ʀeʒeneʀe] **v. tr.** ‹6› – 1050 relig. ◊ latin ecclésiastique *regenerare* « faire renaître » ▪ **1** RARE Reconstituer (une partie détruite d'un être vivant). *« Le procédé vital qui régénère les chairs »* LITTRÉ. — PRONOM. *La queue du lézard se régénère.* ➤ 2 **repousser.** ▪ **2** RELIG. Faire renaître à la pureté, à la vérité, au bien. ▪ **3** (XIVe) Renouveler en redonnant les qualités perdues. *« Il sortit de la douche régénéré »* MARTIN DU GARD. *Régénérer le monde.* — PRONOM. (XVIe) *« L'ardeur des citoyens à se régénérer »* FRANCE. ♦ TECHN. *Régénérer un catalyseur,* en en éliminant les impuretés. ➤ **réactiver.** ▪ CONTR. Détruire. Détériorer.

RÉGENT, ENTE [ʀeʒɑ̃, ɑ̃t] **n.** – 1316 ; *régent d'université* 1261 ◊ latin *regens,* p. prés. de *regere* « diriger » ▪ **1** Personne qui gouverne une monarchie pendant la minorité ou l'absence du roi, du souverain. *Le régent était choisi parmi les membres de la famille royale.* **adj.** *La reine régente, le prince régent.* — ABSOLT *Le Régent :* Philippe, duc d'Orléans qui porta ce titre de 1715 à 1723 (➤ **régence**). ♦ (1775) *Le Régent :* diamant de la couronne acheté par le Régent, et qui pèse 136 carats. ▪ **2 n. m.** VX OU RÉGION. (Luxembourg) Celui qui dirige une classe, un élève. ➤ **pédagogue.** *Les régents de collège.* — **n.** MOD. (Belgique) Personne habilitée à enseigner dans les trois premières années de l'enseignement secondaire. *« L'autre* [fille] *est régente dans un grand couvent de Namur... C'est mieux qu'institutrice... »* SIMENON. ▪ **3** Personne qui régit, administre. *Régent de la Banque de France :* membre du conseil général de cet établissement, avant sa nationalisation. ♦ VX Régisseur d'un hôpital, d'un hospice. *« Les Régents », « Les Régentes », tableaux de Frans Hals.*

RÉGENTER [ʀeʒɑ̃te] **v. tr.** ‹1› – 1418 « gouverner » ; v. intr. XIVe ◊ de *régent* → régir ▪ **1** VX Diriger (une classe). — FIG. Diriger, enseigner. *« La grammaire, qui sait régenter jusqu'aux rois »* MOLIÈRE. ▪ **2** MOD. Diriger avec une autorité excessive ou injustifiée. *Il veut tout régenter.* ABSOLT *« Tout ce qui satisfait son goût de dominer, de régenter »* MAURIAC.

REGGAE [ʀege] **n. m.** et **adj. inv.** – 1973 ◊ mot anglais de la Jamaïque ▪ **n. m.** Musique jamaïcaine, à rythme syncopé, à structure répétitive. ➤ **aussi raggamuffin.** — **adj. inv.** *Des groupes reggae* (➤ **rastafari**).

1 **RÉGICIDE** [ʀeʒisid] **n.** – 1594 ◊ latin scolastique *regicida,* de *rex, regis* « roi » ; cf. *-cide* ▪ Personne qui assassine un roi, un monarque. *Le régicide Ravaillac.* — HIST. Se dit de ceux qui condamnèrent à mort Charles Ier, en Angleterre, Louis XVI, en France. ♦ **adj.** *Révolutions régicides.*

2 **RÉGICIDE** [ʀeʒisid] **n. m.** – 1594 ◊ latin scolastique *regicidium,* de *rex, regis* « roi » ; cf. *-cide* ▪ Meurtre ou condamnation à mort d'un roi. *Commettre un régicide.*

RÉGIE [ʀeʒi] **n. f.** – 1670 ; « palais royal » 1512 ◊ de *régir* ▪ **1** DR., ADMIN. Mode de gestion d'une entreprise publique, par les fonctionnaires d'une collectivité publique. *Régie d'État, régie communale. Régie simple* ou *directe,* entièrement dirigée et organisée par les fonctionnaires. *Régie intéressée,* dirigée par une personne physique ou morale (➤ **régisseur**), intéressée aux recettes et aux bénéfices. *Travaux en régie* (opposé à *travaux à forfait**) : travaux traités au prix couvrant les dépenses réelles. ♦ COUR. Exploitation commerciale ou industrielle confiée par l'État, une collectivité publique à un établissement qui les représente. *Régies d'État avec monopole* (ANCIENNT Tabacs et allumettes, Poudres et salpêtres), *sans monopole* (Imprimerie nationale, manufactures de Sèvres, des Gobelins). *Régie française des tabacs ; cigarettes de la Régie.* — Au Québec, *Régie de l'assurance-maladie du Québec. Régie des rentes du Québec.* — ABUSIVEMENT Nom courant de certaines entreprises nationalisées. *Régie autonome des transports parisiens (R. A. T. P.).* (ANCIENNT) *La régie Renault.* ▪ **2** (1840 théâtre) Organisation matérielle d'un spectacle (théâtre, cinéma, télévision, etc.) (➤ **régisseur**). ♦ Local attenant à un studio de télévision, de radio, où se tiennent les techniciens. *Le réalisateur de l'émission est en régie.* ▪ **3** HIST. Perception des impôts par des fonctionnaires du roi. *Les systèmes de la régie et de la ferme* (➤ 2 **ferme**). ▪ **4** « Règlement d'une dépense future par le moyen d'une avance, contrairement à la procédure régulière de la dépense publique» (Capitant). ▪ **5** *Régie publicitaire,* chargée de la vente d'espaces publicitaires aux annonceurs.

REGIMBER [ʀ(ə)ʒɛ̃be] **v. intr.** ‹1› – XVe ; *regiber, regimber* «ruer» XIIe ◇ de *re-* et *gib-* «sauter» ; cf. région. *gibe* «ruade» ▪ **1** Résister en ruant. *Cheval qui regimbe.* ▪ **2** COUR. Résister en refusant. ➤ se **cabrer,** se **rebiffer.** «*je proteste et regimbe devant cette aventure*» GIDE. *Inutile de regimber.* ♦ PRONOM. (XVIIIe ◇ avec influence de *se rebiffer, se révolter*) *L'orgueil les fait se regimber.* — **n. m. REGIMBEMENT,** LITTÉR. ▪ **CONTR.** Céder, consentir.

REGIMBEUR, EUSE [ʀ(ə)ʒɛ̃bœʀ, øz] **n. et adj.** – 1538 ◇ de *regimber* ▪ RARE Personne qui regimbe. — **adj.** *Cheval regimbeur.* ➤ **récalcitrant.**

1 **RÉGIME** [ʀeʒim] **n. m.** – 1408 ; *regisme* «royaume» 1190 ◇ latin *regimen* «action de diriger» → régir

I ORGANISATION, RÉGLEMENTATION ▪ **1** VX Façon d'administrer, de gouverner une communauté. ▪ **2** (1789) MOD. Organisation politique, économique, sociale d'un État. ➤ **système.** HIST. *L'Ancien Régime,* celui de la monarchie en France, avant 1789. *Sous l'Ancien Régime. — Chute d'un régime. Les opposants au régime.* ➤ 2 **pouvoir.** *Changement de régime. Régimes politiques : régime autocratique, démocratique, dictatorial, monarchique, oligarchique, ploutocratique, républicain,* etc. ➤ **constitution, gouvernement, institutions.** *Régime représentatif, constitutionnel, militaire, parlementaire, présidentiel. Régime libéral, autoritaire, totalitaire. — Régime féodal, capitaliste, communiste, socialiste. Régime économique libéral, étatiste, dirigiste.* ▪ **3** (XVe) Ensemble de dispositions légales qui organisent une institution ; cette organisation. *Régime fiscal, douanier.* ➤ **réglementation.** — *Régime général de la Sécurité sociale. — Régime pénitentiaire. Être au régime du droit commun. — Régime matrimonial,* réglementant la répartition des biens entre les époux et leur gestion. *Être marié sous le régime de la communauté, de la séparation de biens.*

II RÈGLES D'HYGIÈNE, DE DIÉTÉTIQUE ▪ **1** (1438) Conduite à suivre en matière d'hygiène, de nourriture. *Imposer, ordonner un régime à un malade. Le régime d'un sportif.* — PAR EXT. *Un régime de vie. À ce régime, il ne tiendra pas longtemps.* ▪ **2** (XVIe) Plus cour. Alimentation raisonnée. *Régime alimentaire diététique.* ➤ 1 **diète.** *Se mettre, être au régime. Faire, suivre un régime pour maigrir.* «*Il suivait un régime alimentaire. Un peu pour maigrir, un peu pour éviter le diabète* [...]. *Il se surveillait*» BEN JELLOUN. *Un régime sévère, strict. Régime sans sel. Régime végétarien, végétalien. Régime crétois, méditerranéen :* alimentation riche en fruits et légumes, comportant de l'huile d'olive et peu de viande. *Régime amaigrissant, hypocalorique. Produits de régime.* ➤ **diététique.** FAM. *Régime jockey*.* *Régime sec,* proscrivant les boissons alcoolisées.

III EN SCIENCES ▪ **1** PHYS. Manière dont se produisent certains mouvements. *Régimes d'écoulement d'un fluide* (➤ 2 **laminaire, turbulent**). — Phase d'un phénomène. *Régime transitoire, régime permanent.* — COUR. Nombre de tours (d'un moteur) en un temps donné. ➤ 2 **marche.** *Régime normal, ralenti, accéléré.* ➤ aussi **surrégime.** *Régime de croisière,* présentant un bon rendement et une consommation économique. «*Pour relancer le moteur à plein régime au passage du point mort*» G. ARNAUD. — LOC. FIG. *Marcher à plein régime :* aller le plus vite possible ; mettre en jeu le maximum de moyens (cf. À pleins tubes*). *Usine qui tourne à plein régime.* ▪ **2** GÉOGR. Ensemble des conditions générales définissant le processus de certains phénomènes météorologiques ou hydrographiques. *Le régime d'un fleuve est caractérisé par les variations de son débit. Régime des précipitations, des pluies. Régime fluvial, nival* (➤ **climat**).

IV EN GRAMMAIRE (1680) Terme régi ou gouverné par un autre terme. ➤ **complément, objet.** *Régime direct. Régime indirect,* rattaché au verbe par une préposition. APPOS. *Cas régime :* un des deux cas de l'ancien français (objet direct). *Le cas régime et le cas sujet.*

2 **RÉGIME** [ʀeʒim] **n. m.** – 1640 ◇ mot des Antilles, p.-ê. espagnol *racimo,* d'après 1 *régime* ▪ Ensemble des fruits de certaines plantes réunis en grappe volumineuse. *Régime de bananes, de dattes.*

RÉGIMENT [ʀeʒimɑ̃] **n. m.** – 1553 ; *regement* (1250) «gouvernement» (cf. 1 *régime*) et «régime alimentaire» ◇ latin *regimentum* «action de régir» ▪ **1** Corps de troupe de l'armée de terre placé sous la direction d'un colonel. *Les bataillons d'un régiment d'infanterie. Les escadrons d'un régiment de cavalerie, de chars. Les trois régiments d'une division. — Régiments étrangers,* de la Légion* étrangère. — *Le drapeau, la musique, la mascotte du régiment.* ♦ PAR MÉTON. Les membres d'un régiment. «*Tout le régiment connaît Lucie*» DORGELÈS. ♦ FAM., VIEILLI *Le régiment :* l'armée ; le service militaire. *Nouveaux arrivants au régiment* (➤ **bleu**). «*cet air crâne qui sied aux conscrits en partance pour le régiment*» LOTI. *Aller au régiment :* être incorporé. *Copains de régiment.* ▪ **2** (1623) Grand nombre (de personnes, de choses). ➤ **bataillon, multitude, quantité, ribambelle.** «*Des régiments d'arbres à fruits*» MAUPASSANT. — FAM. *Il y en a pour un régiment,* pour beaucoup de personnes.

RÉGIMENTAIRE [ʀeʒimɑ̃tɛʀ] **adj.** – 1791 ◇ de *régiment* ▪ D'un régiment. *Infirmerie, train régimentaire.*

REGINGLARD [ʀ(ə)ʒɛ̃glaʀ] **n. m.** – 1860 ◇ de *re-* et *ginglard, ginguet ;* du radical germanique *giga ;* cf. *gigue* ▪ VX OU RÉGION. Vin aigrelet, légèrement acide. ➤ **ginguet,** 1 **piquette.** «*Pas mauvais, le reginglard !*» A. ARNOUX.

RÉGION [ʀeʒjɔ̃] **n. f.** – 1380 ; «pays» XIIe ◇ latin *regio* «direction ; frontière, contrée», de *regere* ▪ **1** Territoire relativement étendu, possédant des caractères physiques et humains particuliers qui en font une unité distincte des régions voisines ou au sein d'un ensemble qui l'englobe. ➤ **contrée, province, zone.** *Régions naturelles. Région polaire, tropicale, tempérée. Région désertique. Régions cultivées. Région industrielle. Région à population dense. Carte d'une région. Région historique.* ♦ PAR EXT. *Dans nos régions :* dans nos climats, nos pays. ♦ SPÉCIALT Unité territoriale administrative (➤ **circonscription**). *Régions militaires.* ABSOLT *Le général commandant la région. L'état-major de la région. — Régions maritimes, aériennes.* — DR. ADMIN. En France, Collectivité territoriale groupant plusieurs départements. *La Région Normandie. Préfet de Région. En région(s) :* en province, dans les régions. — *Les Régions flamande, wallonne et bruxelloise de Belgique.* — *Championnat regroupant plusieurs régions* (➤ **interrégional**). ▪ **2** Étendue de pays autour d'une ville. *Aller en vacances dans la région de Royan* (cf. Du côté* de, dans les environs* de). *La région parisienne. Parcourir, sillonner la région.* ▪ **3** (de *la région éthérée,* philos. ancienne) FIG. Domaine, sphère. «*Les hautes régions de la philosophie*» MOLIÈRE. «*Une région supérieure où la joie et la douleur n'existent plus*» MARTIN DU GARD. ▪ **4** (XVIe) Partie, zone déterminée (du corps). *Région lombaire. Éprouver une douleur dans la région du cœur.*

RÉGIONAL, ALE, AUX [ʀeʒjɔnal, o] **adj.** – 1534, rare avant 1848 ◇ de *région* ▪ **1** Relatif à une région (1°), à une province (3°). *Les parlers régionaux.* ➤ **dialectal ; dialecte.** *Institutions, coutumes, danses régionales* (➤ **folklore**). *Costume régional.* ➤ **folklorique.** *Cuisine régionale. Réseau express* régional. Station de radio régionale.* ➤ **local.** *Conseil régional :* organe délibératif de la Région. *Élections régionales* ou SUBST. *les régionales. — Mots régionaux,* employés dans une ou quelques régions. ➤ **régionalisme.** (1933) *Le français régional :* la langue française parlée dans une région ou un autre pays, avec ses particularités la différenciant du français standard de l'hexagone. ▪ **2** (Dans le voc. des organisations internat.) Qui groupe plusieurs nations voisines (opposé à *mondial*). *Les accords régionaux de l'Europe.* ▪ **3** MÉD. Relatif à une région déterminée du corps (souvent par oppos. à *général*). *La péridurale est une anesthésie régionale.* ➤ **local, locorégional.** ▪ **4** **n. f.** Au Canada, Établissement d'enseignement secondaire desservant une région. — **adv. RÉGIONALEMENT.**

RÉGIONALISATION [ʀeʒjɔnalizasjɔ̃] **n. f.** – v. 1960 ◇ de *régionaliser* ▪ Décentralisation (politique, administrative, économique) à l'échelle d'une région. ➤ aussi **délocalisation.** *La régionalisation du transport ferroviaire.* ▪ **CONTR.** Centralisation.

RÉGIONALISER [ʀeʒjɔnalize] **v. tr.** ‹1› – 1929 ◇ de *régional* ▪ Opérer la régionalisation de. ➤ **décentraliser.** «*Régionaliser la France, c'est lutter contre la tendance naturelle à la concentration politique et économique*» (L'Entreprise, 1969). ♦ Organiser par régions. ▪ **CONTR.** Centraliser.

RÉGIONALISME [ʀeʒjɔnalism] **n. m.** – 1875 ◇ de *régional* ▪ **1** Tendance à conserver ou à favoriser certains traits particuliers d'une région, d'une province. — Intérêt particulier porté à une région dans une œuvre littéraire. ▪ **2** *Un, des régionalismes.* Fait de langue propre à une région. *Régionalisme de France* (➤ **francisme ; bretonnisme, gasconnisme, parisianisme**), *de Suisse* (➤ **helvétisme**), *de Belgique* (➤ **belgicisme ; flandricisme, wallonisme**), *du Luxembourg* (➤ **luxembourgisme**), *du Canada* (➤ **canadianisme ; acadianisme,**

québécisme), *d'Afrique* (➤ **africanisme ; sénégalisme**), *des Antilles* (➤ **antillanisme**). ▪ **3** Système économique, administratif donnant aux régions, aux provinces, une certaine autonomie. ➤ **décentralisation.**

RÉGIONALISTE [ʀeʒjɔnalist] **adj.** et **n.** – 1898 ◊ de *régional* ▪ **1** Partisan du régionalisme. *Fédération régionaliste de France.* ▪ **2** Qui fait du régionalisme littéraire. *Écrivain régionaliste.*

RÉGIR [ʀeʒiʀ] **v. tr.** ‹2› – 1234 ◊ latin *regere* ; cf. *régent, régime, région.* ▪ **1** VX Diriger. ➤ **gouverner.** « *Montrez-lui comme il faut régir une province* » CORNEILLE. — PRONOM. FIG. et VX S'imposer une discipline. « *être homme, c'est se régir soi-même* » MICHELET. ◆ VIEILLI Administrer, gérer. *Régir des propriétés* (➤ **régisseur**). ▪ **2** MOD. Déterminer, en parlant d'une loi, d'une règle. « *La loi qui régit les sentiments de nos cœurs* » BARBEY. *Les règles juridiques qui régissent les relations entre les États.* — *Sociétés régies par des règles strictes.* ▪ **3** (1350) GRAMM. Imposer à (un autre mot) une fonction grammaticale dépendante. *Le verbe transitif régit un complément* (➤ 1 **régime**, IV). — Déterminer, entraîner (un mode verbal, un cas). *Conjonction qui régit le subjonctif.*

RÉGISSEUR, EUSE [ʀeʒisœʀ, øz] **n.** – 1724 ◊ de *régir* ▪ **1** Personne qui administre, qui gère (une propriété). ➤ **gérant, intendant.** *Le régisseur du domaine.* ▪ **2** (1835) *Régisseur d'un théâtre* : personne qui organise matériellement les représentations. « *J'avais la tête tellement troublée que je crus entendre les trois coups du régisseur* » VILLIERS. — PAR ANAL. *Régisseur de plateau,* dans un studio de cinéma, de télévision (➤ **régie**, 2°). *Elle est régisseuse.* ▪ **3** DR. Personne physique ou morale qui dirige une régie intéressée. *Régisseur comptable du budget d'un service.*

REGISTRE [ʀəʒistʀ] **n. m.** – XIIIe ◊ bas latin *regesta,* de *regestus* « rapporté, inscrit », de *regerere* « porter en arrière » ; finale *-istre,* d'après *épistre, épître*

I ▪ **1** Cahier sur lequel on note des faits, des noms, des chiffres dont on veut garder le souvenir. ➤ **album,** 1 **livre, répertoire.** *Registre relié. Épais registre. Registre coté. Registre à souches**. — *Inscrire sur* (rare *dans*) *un registre.* ➤ **enregistrer, immatriculer.** *Tenir un registre. Registres d'audience* (d'un tribunal). — *Registre du commerce et des sociétés,* où doivent se faire inscrire toutes les personnes qui effectuent des actes de commerce. *Registre des contributions.* ➤ **matrice, rôle.** *Registre maritime,* où sont inscrits les navires. — *Registres publics d'état civil. Registre de population* : répertoire nominatif des habitants d'une localité. — *Registre de comptabilité* : livres de commerce, de caisse. *Registres d'un notaire* (➤ **minutier**). — *Registre d'un hôtel. Registre des réclamations.* ◆ INFORM. Organe de base d'un système numérique de traitement de l'information, capable de stocker une information élémentaire pour la mettre en relation directe avec les organes de calcul. ▪ **2** LITTÉR. Compte rendu, recueil. « *un registre des essais de ma vie* » MONTAIGNE.

II (latin médiéval *registrum campanæ* « corde de cloche », du sens propre de *regerere* « tirer ») ▪ **1** (XVIe) MUS. Commande de chacun des jeux de l'orgue. ▪ **2** (1811) Chacun des étages de la voix d'un chanteur, quant à la hauteur des sons. *Le registre aigu, haut, moyen, grave.* ◆ Étendue totale de la voix d'un chanteur. ➤ **tessiture.** — Étendue de l'échelle des sons d'un instrument. ▪ **3** FIG. Caractères particuliers, « tonalité » propre (d'une œuvre, du discours). ➤ 2 **ton.** *Son dernier roman est dans un autre registre que le précédent. Changer de registre.* « *Ayant une grande admiration pour Jeanne d'Arc, elle choisissait volontiers ses métaphores dans le registre guerrier* » QUENEAU. *Registres d'usage. Un registre familier, soutenu.* ▪ **4** (1676) TECHN. Plaque mobile servant à régler le tirage dans un conduit. *Registre d'un fourneau. Registre de vapeur* : valve d'admission (dans une machine à vapeur). ▪ **5** ARTS Ensemble des motifs placés au même niveau horizontal (bande), dans une œuvre peinte ou sculptée. *Tympan gothique à registres.*

RÉGLABLE [ʀeglabl] **adj.** – 1842 ◊ de *régler* ▪ **1** Qu'on peut régler (II, 5°). *Sièges réglables d'une voiture. Volant réglable en hauteur. Fauteuil à dossier réglable. Bretelles réglables,* dont on peut faire varier la longueur. *Briquet à flamme réglable. Lumière réglable.* ▪ **2** Payable. *Achat réglable en six mensualités.*

RÉGLAGE [ʀeglaʒ] **n. m.** – 1508 ◊ de *régler* ▪ **1** Action ou manière de régler du papier ; l'ensemble des lignes ainsi tracées. ▪ **2** (1870) Opération qui consiste à régler un appareil, un mécanisme, à régulariser un mouvement. *Réglage d'une horloge, d'une machine. Bouton, manette, papillon de réglage. Réglage du tir.* ◆ Manière dont un appareil, un mécanisme est réglé. *Mauvais réglage du carburateur, du ralenti.*

RÈGLE [ʀɛgl] **n. f.** – fin XIIe, au sens de « principe » ◊ du latin *regula.* Les formes anciennes *riule, reille* et *rille* ont été éliminées par *règle. Rille,* au sens de « long morceau de lard », se retrouve dans les dérivés *rillons* et *rillettes.*

I INSTRUMENT ALLONGÉ (début XIVe) Planchette allongée ou tige à arêtes rectilignes qui sert à guider le crayon, la plume, quand on trace un trait, à mesurer une longueur, etc. ➤ **réglet, réglette.** *Règle de bois, de métal.* « *Dès qu'Antoinette se trompait, elle lui donnait rudement sur les doigts, avec une règle d'ébène, plate et dure comme elle-même* » I. NÉMIROVSKY. *Règle plate.* ➤ RÉGION. 1 **latte.** *Tracer des lignes avec une règle, à la règle. Règle graduée. Règle de vingt centimètres* (cf. Double décimètre*). ◆ (1842) *Règle à calcul* : instrument composé de deux règles à graduation logarithmique, coulissant l'une sur l'autre, qui permet d'effectuer rapidement certaines opérations. « *La règle à calcul résout les équations de l'univers* » LE CORBUSIER.

II CE QUI EST IMPOSÉ OU ADOPTÉ (fin XIIe) ▪ **1** Formule qui indique ce qui doit être fait dans un cas déterminé. ➤ **convention, institution,** 1 **loi, norme, précepte, prescription, principe.** *Ensemble de règles.* ➤ **code, discipline, méthode, règlement, réglementation.** *Les règles de l'honneur, de la morale. Adopter une règle de conduite.* ➤ **ligne.** *Règle d'or* : principes que l'on décide de suivre en toutes circonstances. « *Les règles d'or ne peuvent être que négatives ou privatives : elles disent ce qu'il ne faut pas faire, ou encore ce qui ne peut être, non ce qui peut ou doit être* » SERGUINE. *Les règles de la politesse.* ➤ **cérémonial, convenances, étiquette, protocole.** *La règle de droit. Règles juridiques. Règle de la procédure.* ➤ **formalité.** *Règles grammaticales, orthographiques. La règle des participes (passés). Exceptions* à la règle.* PROV. *L'exception* confirme la règle.* — *Les règles de l'art* : les principes de la bonne construction, en architecture. *Les règles d'un genre littéraire.* « *Je voudrais bien savoir si la grande règle de toutes les règles n'est pas de plaire* » MOLIÈRE. « *Les règles ne sont que l'itinéraire du génie* » Mme DE STAËL. *La règle des trois unités* de la tragédie classique.* — PSYCHAN. *Règle fondamentale* (ou *règle de libre association*), selon laquelle le patient doit parler sans rien exclure volontairement de ce qui lui vient à l'esprit. — *La règle, les règles d'un jeu,* les conventions qui le régissent. *Les règles du bridge.* ▪ **2** (1538) *La règle, les règles du jeu* : les usages auxquels on doit se soumettre quand on est dans une certaine situation, quand on se livre à une certaine activité (cf. Jouer le jeu*). « *La Règle du jeu* », film de Jean Renoir. « *Je ne joue pas le jeu, parce que je suis contre la règle* » CALAFERTE. ◆ *Établir, fixer, imposer, prescrire une règle. La rigueur de la règle. Assouplir la règle. Accepter, appliquer, observer, suivre les règles, une règle ; se plier à une règle. Avoir pour règle, se faire une règle de ne jamais désespérer. Conforme aux règles.* ➤ **convenable, correct,** FAM. **réglo, régulier.** *Enfreindre, violer les règles. Observation scrupuleuse des règles. Manquement à une règle.* ➤ 1 **écart, faute, irrégularité.** *Contraire aux règles.* ➤ **irrégulier.** ◆ LOC. *Selon les règles,* (1688) *dans les règles, dans les règles de l'art* : comme il se doit. « *Il vaut mieux mourir selon les règles que de réchapper contre les règles* » MOLIÈRE. *Travail exécuté dans les règles.* — (Avec valeur d'adj.) *Une escroquerie dans les règles.* — (1893) *En règle générale* : dans la majorité des cas. ➤ **généralement.** (1707) *C'est la règle* : c'est ainsi que les choses se passent, ou doivent se passer. ➤ **coutume, habitude, usage.** *Un fait qui ne saurait échapper à la règle.* — (milieu XVIIIe) **DE RÈGLE** : conforme à l'usage, à l'habitude ; qui se produit presque toujours. « *Le coup de foudre est de règle en amitié* » MAURIAC. IMPERS. *Il est de règle que vous fassiez vous-même la demande.* ◆ loc. adj. **EN RÈGLE** : conforme aux règles d'un art, aux usages ; fait d'une manière méthodique, systématique. *Une bataille, une attaque en règle.* — (1740 *se mettre en règle*) Établi, exécuté conformément aux prescriptions légales ; en situation régulière (au regard de la loi, etc.). *Comptes, testament, factures en règle. Papiers d'identité en règle.* ➤ **valide.** *Avoir sa comptabilité en règle. Se mettre en règle avec ses créanciers* : payer ses dettes. *Se mettre en règle avec Dieu* : se confesser avant de mourir. (1899) *Être en règle avec soi-même, avec sa conscience,* avoir satisfait aux obligations morales. ▪ **3** (fin XIIe) Ensemble des préceptes disciplinaires auxquels sont soumis les membres d'un ordre religieux. ➤ **constitution, observance.** *Règle d'une communauté, d'un couvent.* « *La règle austère du Carmel* » LECONTE DE LISLE. *Clergé soumis à la règle* (➤ **régulier**), *vivant hors de la règle* (➤ **séculier**). ▪ **4** (1520 *regle de trois*) MATH. Procédé de résolution de certains problèmes arithmétiques ou algébriques. *Règle de trois**.

III LES RÈGLES (1690) Écoulement menstruel. *Le sang des règles.* ➤ **menstruation.** *Premières règles d'une jeune fille.* ➤ **ménarche.** *Avoir ses règles.* ➤ FAM. **affaire(s), coquelicots, ragnagnas ; réglé, indisposé.** *Qui précède* (➤ **prémenstruel**), *accompagne* (➤ **cataménial**) *les règles. Règles douloureuses.* ➤ **dysménorrhée.** *Absence* (➤ **aménorrhée**), *retard de règles. «Donc, elle ne voyait plus ses règles depuis au moins deux mois»* A. ERNAUX. *Date des dernières règles. Règles irrégulières, abondantes.*
■ CONTR. Exception.

RÉGLÉ, ÉE [Regle] adj. – *riglé* 1220 ◊ de *régler*
I ■ **1** VIEILLI Qui a une vie disciplinée, ordonnée. *«La bourgeoisie réglée d'autrefois»* RENAN. ■ **2** Qui est soumis à des règles, se déroule dans un ordre régulier. *Une vie réglée.* ➤ **organisé.** *«À des heures réglées je quittais mon ouvrage»* FLAUBERT. ➤ 1 **fixe.** *Réglé comme une horloge*.* ■ **3** Fixé définitivement. *C'est une chose réglée, tout est réglé.* ➤ **décidé.** ◆ *Coupe* réglée.* ■ **4** Résolu. *L'affaire est réglée.* ■ **5** (1676) Mis au point pour fonctionner correctement. *Carburateur mal réglé.* ■ **6** (XVIe) Qui a ses règles (III). *Cette fillette est déjà réglée.* ➤ **formé, nubile, pubère.** *Une femme bien, mal réglée,* avec ou sans régularité.
II ■ **1** (1559) Qui porte une réglure, ligné. *Papier réglé. Réglé comme du papier à musique*.* ■ **2** MATH. *Surface réglée,* engendrée par une famille de droites dépendant d'un paramètre.
■ CONTR. Déréglé.

RÈGLEMENT [Rɛgləmɑ̃] n. m. – *reiglement* «ordonnance, statut» 1538 ◊ de *régler* ■ **1** VX L'action de discipliner (qqch.) ; son résultat. *Le règlement des mœurs.* ■ **2** MOD. DR. Acte d'une autorité publique autre que le Parlement établissant des prescriptions ayant valeur de loi ; décision administrative qui pose une règle générale, valable pour un nombre indéterminé de personnes ou de situations. ➤ 1 **arrêté, décret.** *Règlement administratif. Règlement d'administration publique :* décret rendu, après avis du Conseil d'État, afin d'assurer l'exécution d'une loi. *Règlement de police.* ➤ **ordonnance.** *Règlement sanitaire. Les lois et les règlements.* — SPÉCIALT *Règlement (européen) :* texte communautaire créant une règle uniforme applicable directement dans les États membres. ■ **3** COUR. Ensemble ordonné de règles, qui définit la discipline à observer à l'intérieur d'un groupe, qui préside au fonctionnement d'un organisme. ➤ **code, réglementation.** *«Le code, les règlements qui régissent la police, les usages qui règnent dans notre maison»* CENDRARS. *Règlement intérieur d'une entreprise, d'un lycée. Règlement de copropriété. Règlement d'une association, d'une société.* ➤ **statut.** — *Il faut obéir, c'est le règlement.* ➤ **consigne.** *«Le règlement* [...] *est semblable aux rites d'une religion qui semblent absurdes mais façonnent les hommes»* SAINT-EXUPÉRY. *Enfreindre, tourner le règlement. Le règlement dispose, prévoit que..., prescrit de... D'après, selon le règlement... Ce cas n'est pas prévu par le règlement. Conforme* (➤ **réglementaire**), *contraire* (➤ **antiréglementaire**) *au règlement.* ◆ Écrit, texte qui contient ces prescriptions. *Afficher, lire le règlement.* ■ **4** (1688) DR. *Règlement de juges :* jugement qui détermine quel tribunal devra connaître d'une affaire, lorsque plusieurs en sont saisis. ■ **5** Le fait, l'action de régler (II, 3°) une affaire, un différend. *Règlement d'un conflit, d'un litige.* ➤ **arbitrage, procès.** *Règlement amiable.* ➤ **arrangement.** ■ **6** (1870) Action de régler (un compte), de payer. *Le règlement d'un compte.* ➤ 2 **solde.** *Le règlement d'une dette.* ➤ **acquittement.** *En votre aimable règlement. Faire un règlement par chèque, par carte bleue.* ➤ **paiement.** — LOC. **RÈGLEMENT DE COMPTE** ou **DE COMPTES :** action de se faire justice soi-même, de régler un différend par la violence. *Règlement de comptes entre truands.* ◆ DR. *Règlement judiciaire* (VX). ➤ **redressement** (judiciaire). ■ CONTR. Dérèglement ; dérangement.

RÉGLEMENTAIRE [Rɛgləmɑ̃tɛR] adj. /RÈGLEMENTAIRE/ – 1780 ; péj. «qui multiplie à l'excès les règlements» 1768 ◊ de *règlement* ■ **1** Conforme au règlement ; imposé, fixé par un règlement. *Ce certificat n'est pas réglementaire.* ➤ **régulier ; valable.** *Tenue réglementaire d'un soldat.* ■ **2** DR. De la nature d'un règlement, relatif à un règlement administratif. *Dispositions légales* (qui émanent du Parlement), *et dispositions réglementaires* (qui émanent du gouvernement, des préfets, des maires). ◆ *Pouvoir réglementaire,* en vertu duquel une autorité peut faire des règlements (2°). ■ CONTR. Antiréglementaire, irrégulier.

RÉGLEMENTAIREMENT [Rɛgləmɑ̃tɛRmɑ̃] adv. /RÈGLEMENTAIREMENT/ – 1845 ◊ de *réglementaire* ■ En vertu d'un règlement, conformément à un règlement. *Initiative prise réglementairement.*

RÉGLEMENTATION [Rɛgləmɑ̃tasjɔ̃] n. f. /RÈGLEMENTATION/ – 1845 ◊ de *règlement* ■ **1** Action de réglementer. *Réglementation des prix, des loyers.* ➤ **fixation, taxation.** ■ **2** Ensemble de règles, de règlements, de prescriptions qui concernent un domaine particulier. *Selon la réglementation en vigueur. Se documenter sur la réglementation du travail. Réglementation du commerce, de l'industrie. La réglementation du code de la route.*
■ CONTR. Déréglementation, liberté.

RÉGLEMENTER [Rɛgləmɑ̃te] v. tr. ⟨1⟩ /RÈGLEMENTER/ – 1768 ◊ de *règlement* ■ Assujettir à un règlement, organiser par un règlement. *Réglementer le droit de grève, la vente de certains produits.* — p. p. adj. *Profession sévèrement réglementée. Stationnement réglementé.* ■ CONTR. Déréglementer. (Du p. p.) Libre.

RÉGLER [Regle] v. tr. ⟨6⟩ – 1288 ◊ de *règle*
I Couvrir de lignes droites parallèles pour écrire. *Régler du papier avec une règle. Régler du papier à musique. Machine à régler :* régleuse.
II ■ **1** (*reigler sa vie* 1538 ; intr. «gouverner» XIVe) VX ou LITTÉR. Assujettir à des règles, diriger ou modérer. *«Régler sa dépense avec économie»* MOLIÈRE. ◆ (1640) MOD. **RÉGLER... SUR.** *Régler sa conduite sur qqn,* agir en le prenant pour modèle. *«réglant son pas sur le sien»* BALZAC. *Régler sa conduite sur les circonstances.* ➤ **accorder** (à), **conformer** (à). — PRONOM. *Se régler sur qqn.* ➤ **suivre.** ◆ (Sujet chose) LITTÉR. Servir de règle, de principe directeur à. *C'est la mode qui règle leurs goûts.* ➤ **dicter.** ■ **2** Fixer, définitivement ou exactement. *Régler le sort de qqn. Régler les termes d'un accord.* ➤ **arrêter.** *«Il avait demandé de régler lui-même le programme de cette dernière journée»* LOTI. ➤ **établir.** ■ **3** (1670) Résoudre définitivement, terminer. *Régler un problème, une question. Régler une affaire.* ➤ **arranger, conclure.** (PASS.) *L'affaire s'est réglée à l'amiable.* — *Arbitre chargé de régler un litige. Régler une querelle.* ➤ **vider.** ■ **4** (1690) COMPTAB. *Régler un compte,* l'arrêter et le payer. ➤ **liquider,** 2 **solder.** ◆ LOC. FIG. *Régler son compte à qqn,* se venger de lui, le punir par la violence ; le tuer. *Avoir un compte à régler avec qqn.* — *Régler ses comptes avec qqn, qqch.,* dire le fond de sa pensée avec une franchise brutale. ◆ COUR. Payer (une note). *Régler sa note d'hôtel, ses factures.* ➤ **acquitter.** *Régler son addition, au restaurant.* — ABSOLT *Laissez, c'est moi qui vais régler. Régler par chèque, en espèces* (➤ **réglable**). — Payer (un fournisseur). *Régler le boucher, le boulanger.* ■ **5** (1674) Amener (un mouvement) à la vitesse ou au rythme convenable, ou (un phénomène) au degré d'intensité voulu. Mettre au point* ou remettre (un dispositif, un mécanisme, un appareil) en état de fonctionner correctement, à l'emplacement convenable. *Régler la flamme d'un briquet, le débit d'un robinet, le ralenti d'un moteur. Faire régler les phares de sa voiture. Régler sa montre,* la mettre à l'heure exacte. *Régler le thermostat à 20°. Régler le tir :* faire en sorte que les coups se rapprochent du but visé. *Régler le son. Régler la lumière.* ➤ **variateur.** *Régler la couleur d'une image télévisée.* — PRONOM. (PASS.) *Ce radiateur se règle facilement.*
■ CONTR. Dérégler ; déranger.

RÉGLET [Reglɛ] n. m. – 1669 ; de *règle ; rieulet* «petite doloire» 1370 ◊ de *reille, ruile,* anciennes formes de *règle* ■ **1** Règle plate, en général graduée, et constituée le plus souvent d'une lame de métal souple. *Réglet de menuisier. Réglet de précision pour mécanicien.* ■ **2** Moulure droite, étroite et plate qui sépare les compartiments d'un panneau. ➤ 1 **filet, listel.**

RÉGLETTE [Reglɛt] n. f. – 1680 ; *reglete* 1415 ◊ de *règle* et des anciennes formes *ruile, reille* ■ Petite règle (I). — TYPOGR. *Réglette servant à assembler les caractères.* ➤ 1 **composteur.**

RÉGLEUR, EUSE [ReglœR, øz] n. – 1704 ; «ouvrier qui règle les feuillets d'un livre» 1527 ◊ de *régler* ■ Ouvrier spécialisé dans le réglage de certains appareils, de certaines machines. *Régleur de tours automatiques. Régleur de lignes automatisées. Régleur en balances, en horlogerie. Régleur de précision.* ◆ n. f. (1852) **RÉGLEUSE :** machine qui sert à régler (I) le papier.

RÉGLISSE [Reglis] n. f. et m. – 1393 ◊ altération, d'après *règle,* de *ricolice,* de *licorice ;* bas latin *liquiritia,* adaptation avec influence de *liquor* du grec *glukurrhiza* «racine douce» ■ **1** n. f. Plante *(papilionacées)* à rhizome très développé *(bois de réglisse),* brun en dehors et jaune en dedans. *Réglisse officinale.* ■ **2** n. m. ou parfois f. Racine et rhizome de cette plante. *Boisson à la réglisse.* ➤ 1 **coco.** ◆ *Pâte de réglisse,* utilisée en pharmacie comme adoucissant. *Pastille, rouleau de réglisse.* — ELLIPT *Acheter, sucer du, un réglisse.* ▪ **3 n. f.** BOT. *Réglisse d'Amérique. Réglisse de montagne.*

RÉGLO [reglo] **adj.** – 1917 ◇ de *règle, régulier* ▪ FAM. Conforme à la règle, à une loi. ➤ **correct, légal** (2°), **régulier.** *C'est réglo.* — (PERSONNES) Qui respecte la règle en vigueur. ➤ **régulier** (II, 4°). *Un mec réglo. Elles ont été réglos.*

RÉGLOIR [reglwaʀ] **n. m.** – 1723 ; *rigleoir* XIIIe ◇ de *régler* ▪ TECHN. Instrument qui sert à régler (I) le papier. — (1771) Petit instrument de bois ou d'os, dont se servent les cordonniers.

RÉGLURE [reglyʀ] **n. f.** – *reiglure* 1549 ◇ de *régler* ▪ Opération qui consiste à régler (I) du papier (SPÉCIALT à musique) ; manière dont le papier est réglé ; ensemble des lignes qui y sont tracées.

RÉGNANT, ANTE [reɲɑ̃, ɑ̃t] **adj.** – 1350 ; n. m. « règne » 1138 ◇ de *régner* ▪ **1** Qui règne, exerce le pouvoir royal, souverain. *Le prince régnant. Famille régnante,* dont un membre règne. ▪ **2** FIG. et LITTÉR. Qui domine, qui a cours. *Les idées régnantes.* ➤ **dominant.** « *C'est au nom de cette morale régnante que les tribunaux condamnent* » DURKHEIM.

RÈGNE [ʀɛɲ] **n. m.** – XIIe ; « royaume » fin Xe ◇ latin *regnum*

I ▪ **1** Exercice du pouvoir souverain considéré dans sa durée, ses modalités ; période pendant laquelle s'exerce ce pouvoir. *Le règne de Louis XIV. Sous le règne du tsar Pierre le Grand, de Napoléon. Un long règne. Les dernières années de son règne. Période entre deux règnes.* ➤ **interrègne.** ◆ PAR EXT. Période d'exercice d'un pouvoir politique absolu. *Le règne de Robespierre, de Staline.* ▪ **2** FIG. Domination, pouvoir absolu d'une personne, d'une catégorie de personnes. *Le règne des banquiers. C'est le règne du consommateur.* ◆ (1670) Influence prédominante (➤ **prédominance, primauté**), pouvoir absolu d'une chose. *Le règne de la justice et de la fraternité. Le règne de la facilité, de l'irresponsabilité.*

II (1762 ◇ fig. de l'ancien sens « royaume ») PHYLOG. *Règne minéral* (VX), *règne végétal, règne animal* : les trois grandes divisions de la nature, selon l'ancienne classification de Linné (XVIIe). *Les six règnes du vivant comprennent deux règnes procaryotes* (archées, bactéries) *et quatre règnes eucaryotes* (protistes, champignons, végétaux, animaux). *Étude du règne végétal* (botanique), *animal* (zoologie). *Règne bactérien. Règne divisé en embranchements et en classes.*

III (1690) DIDACT. Couronne suspendue au-dessus du maître-autel, dans certaines églises. — Chacune des trois couronnes superposées de la tiare pontificale (dite *trirègne*).

RÉGNER [reɲe] **v. intr.** ‹6› – 980 ◇ latin *regnare,* de *regnum* → règne

I Exercer le pouvoir monarchique. *Roi, prince qui règne.* ➤ **régnant.** *Être en âge de régner.* « *Le roi n'administre pas, ne gouverne pas, il règne* » THIERS. *Régner pendant vingt ans, régner vingt ans ; les vingt ans que ce prince a régné.* — LOC. *Diviser pour (mieux) régner* : créer des rivalités, des discordes entre ceux qu'on gouverne, qu'on dirige, afin qu'ils ne s'unissent pas contre le dominateur.

II PAR EXT. ▪ **1** (1228) Exercer un pouvoir absolu. « *Tu es mon maître* [...] *règne à jamais sur moi* » STENDHAL. *Il règne en maître dans la maison.* ➤ **dominer.** « *Il ne dépend pas de nous d'avoir ou de n'avoir pas des passions, mais il dépend de nous de régner sur elles* » ROUSSEAU. — (Animaux) *La jungle où règnent les fauves.* ▪ **2** (CHOSES) Avoir une influence prédominante. *Cette justice* « *que nous voulons faire régner sur le monde* » MARTIN DU GARD. « *Une tristesse paisible, un calme désespéré régnaient sur le cœur de Jean-Paul* » MAURIAC. ◆ (1670) Avoir cours, être en crédit ou en vogue. « *Des opinions étrangères à celles qui règnent en France* » Mme DE STAËL. ➤ **prédominer.**

III Dans un sens très affaibli (sujet chose) ▪ **1** Exister, s'être établi (quelque part). *La confusion règne dans les esprits. Le bon accord qui règne entre nous. Faire régner l'ordre. La confiance règne.* IRON. *Vous vérifiez tous les comptes ? Eh bien, la confiance règne ! — Le silence qui règne dans un lieu.* ▪ **2** ARCHIT. Se dit d'un élément d'architecture ou de décoration qui s'étend tout au long de (qqch.). « *quelques ouvrages de terre, autour desquels règne un large fossé* » ABBÉ PRÉVOST.

REGONFLAGE [ʀ(ə)gɔ̃flaʒ] **n. m.** – 1966 ◇ de *regonfler* ▪ Action de regonfler ; son résultat. ➤ **regonflement.** *Regonflage d'un pneu.*

REGONFLEMENT [ʀ(ə)gɔ̃fləmɑ̃] **n. m.** – 1562 ◇ de *regonfler* ▪ Fait de regonfler, d'enfler de nouveau. ➤ **regonflage.** *Regonflement d'un fleuve.*

REGONFLER [ʀ(ə)gɔ̃fle] **v.** ‹1› – 1555 ; *reconfler* intr. 1530 ◇ de *re-* et *gonfler* ▪ **1 v. intr.** Se gonfler de nouveau. *La rivière regonfle.* — Enfler de nouveau. *Son bras a regonflé.* ▪ **2 v. tr.** Gonfler de nouveau. *Regonfler un ballon, des pneus.* ◆ (1927) FIG. et FAM. *Regonfler qqn, le moral de qqn,* lui redonner du courage. *Ce succès l'a regonflé. — Il est regonflé à bloc !*

REGORGEMENT [ʀ(ə)gɔʀʒəmɑ̃] **n. m.** – 1538 ◇ de *regorger* ▪ RARE Débordement. — PATHOL. Écoulement de l'urine qui s'échappe par trop-plein de la vessie, lorsque celle-ci ne se contracte plus.

REGORGER [ʀ(ə)gɔʀʒe] **v. intr.** ‹3› – 1360 ◇ de *re-* et *gorge* ▪ **1** VIEILLI S'épancher hors d'un contenant trop plein. ➤ **déborder.** *Liquide qui regorge.* FIG. « *sous son menton penché regorgeaient en boudins trois plis de chair flasque* » GAUTIER. ▪ **2** (XVe) MOD. **REGORGER DE** : avoir en surabondance. *Région qui regorge de richesses.* ➤ **abonder.** « *qu'une poignée de gens regorgent de superfluités* » ROUSSEAU. ▪ CONTR. Manquer.

REGRAT [ʀəgʀa] **n. m.** – 1219 ◇ de *regratter* ▪ VX Vente de menues denrées au détail et de seconde main. — Vente des restes d'un restaurant.

REGRATTER [ʀ(ə)gʀate] **v.** ‹1› – 1611 ; « vendre au détail » XIIIe ◇ de *re-* et *gratter* ▪ **1 v. intr.** VX Faire de petits bénéfices en revendant de seconde main. — Faire de petites économies en épluchant les comptes. ▪ **2 v. tr.** (1654) Gratter de nouveau, gratter la pierre de (un bâtiment) pour le nettoyer. *Regratter un mur, une façade.* — **n. m. REGRATTAGE.**

REGRATTIER, IÈRE [ʀ(ə)gʀatje, jɛʀ] **n. et adj.** – 1180 ◇ de *regratter* ▪ ANCIENNT Personne qui faisait le commerce de regrat*, SPÉCIALT celui du sel. ◆ FAM. et VX Personne avare.

REGRÉER [ʀ(ə)gʀee] **v. tr.** ‹1› – 1666 ◇ de *re-* et *gréer* ▪ MAR. *Regréer un navire,* en remplacer le gréement.

REGREFFER [ʀ(ə)gʀefe] **v. tr.** ‹1› – 1680 ◇ de *re-* et *greffer* ▪ Greffer une seconde fois, après un échec.

RÉGRESSER [ʀegʀese] **v. intr.** ‹1› – 1878 « revenir à un état, un type plus primitif » ◇ de *régression,* d'après *progresser* ▪ **1** Subir une régression, revenir à un état moins évolué. *Art qui progresse, fleurit et régresse. — La douleur* « *est en train de régresser* » SARRAUTE. *Production qui régresse.* ➤ **diminuer, reculer.** ▪ **2** PSYCHOL. Être l'objet d'une régression. *Malade qui régresse au stade infantile.* ▪ CONTR. Développer (se), progresser.

RÉGRESSIF, IVE [ʀegʀesif, iv] **adj.** – 1842 ◇ de *régression* ▪ **1** PHILOS. Qui va des conséquences aux principes. *Raisonnement régressif.* ▪ **2** (1870) Qui va en arrière. *Marche régressive.* ▪ **3** (1855) BIOL., PSYCHOL. Qui constitue une régression (4°), résulte d'une régression. *Comportement régressif d'un enfant. Évolution régressive.* — COUR. Qui évoque l'enfance, sa douceur, son insouciance. *Un gâteau délicieusement régressif.* « *Plaisir régressif de plonger dans les premières pages d'un album de* Blake et Mortimer » PH. DELERM. ▪ **4** GÉOL. *Érosion régressive* : érosion fluviale par laquelle le profil de pente d'un cours d'eau se creuse vers l'amont. ▪ CONTR. Progressif.

RÉGRESSION [ʀegʀesjɔ̃] **n. f.** – 1374 « retour » ; repris XVIIIe, puis XIXe ◇ latin *regressio* ▪ **1** (1765) RHÉT. Inversion de l'ordre des mots. ▪ **2** (1877) Évolution vers le point de départ. ➤ **recul.** *L'histoire est faite de progressions et de régressions. Régression de la production.* ➤ **récession.** *La mortalité infantile est en régression, en voie de régression.* ➤ **diminution.** ▪ **3** GÉOL. Retrait de la mer en deçà de ses limites antérieures dû soit à une baisse du niveau de la mer, soit à un soulèvement du continent. ▪ **4** BIOL. Retour (d'un tissu, d'un organe) à une forme antérieure de son développement chez un même individu ; atrophie (de cet organe, de ce tissu) au cours des générations ou d'un processus physiologique normal. ➤ **involution.** *Régression de la queue du têtard jusqu'à sa disparition. Organes rudimentaires provenant d'une régression* (ex. les doigts chez le cheval). ◆ PSYCHOL. Retour à un stade antérieur de développement affectif et mental. *Faire une régression, être en pleine régression. — Régression du langage et du comportement dans la colère. Régression de la sexualité.* ▪ **5** MATH. Réduction des données d'un phénomène complexe en vue de le représenter par une loi simplificatrice. *Droite, courbe de régression,* droite, courbe représentative d'une telle loi. ▪ CONTR. Développement, progrès, progression.

REGRET [ʀ(ə)gʀɛ] **n. m.** – 1530 ; *faire regret de* « manifester sa douleur à propos de » 1170 ◇ de *regretter*

I État de conscience douloureux causé par la perte d'un bien. *Regret du pays natal.* ➤ **nostalgie.** « *S'attarder aux vains*

regrets du passé» FRANCE. *Ce passé terrible «ne m'a laissé que des remords et pas un regret»* DAUDET. *Regrets éternels* : formule d'inscription funéraire. *Quitter un lieu, une personne avec regret. «je t'ai prise avec plaisir, je te quitte sans regret»* LACLOS. **II** ▪ **1** Mécontentement ou chagrin (d'avoir fait ou de n'avoir pas fait, dans le passé). ➤ **remords, repentir.** *Montrer du regret de n'avoir pas pris parti. «pour s'épargner à lui-même les regrets d'avoir négligé une occasion»* GREEN. *Regret d'avoir offensé qqn, Dieu.* ➤ **contrition, résipiscence.** *«Je n'ai qu'un regret, c'est d'y avoir jamais mis les pieds»* MUSSET. *Regrets amers, tardifs. Être rongé de regrets.* FAM. *C'est votre dernier mot ? Sans regret !* ◆ (Avec un nom) *Le regret d'une faute.* ▪ **2** PAR EXT. Déplaisir causé par une réalité qui contrarie une attente, un désir, un souhait. ➤ **déception.** *Le regret de n'avoir pas réussi. Il exprimait «le regret qu'un compositeur aussi bien doué se fourvoyât dans un métier qui n'était pas le sien»* R. ROLLAND. ➤ **déplorer.** ◆ loc. adv. (1475) **À REGRET** : contre son désir. *Accepter à regret. «Les volumes de Fabre, que je laisse à regret chaque automne»* GIDE. — ARG. VX *L'abbaye de Monte-à-regret* : l'échafaud. ▪ **3** Excuse qu'on exprime d'être dans la nécessité de, d'être responsable de (la situation présente). *J'ai le regret de ne pouvoir me rendre à votre invitation. — Tous mes regrets.* ➤ **excuse.** *À mon grand regret. Je suis au regret de vous annoncer...*

REGRETTABLE [R(ə)gRetabl] adj. – *regretable* 1478 ◇ de *regretter* ▪ **1** VX Digne d'être regretté (I). *Une personne «peu regrettable»* HUGO. ▪ **2** (1870) MOD. Qui est à regretter (II, 2°). ➤ **fâcheux.** REM. *Regrettable* est un euphémisme pour exprimer le mécontentement. *Un incident regrettable.* ➤ **malencontreux.** *Une faute, une erreur regrettable. Conséquences regrettables,* mauvaises. ➤ **déplorable.** *Voilà qui est regrettable. Il est regrettable qu'il l'ait appris si tard.* ➤ **dommage, malheureux.** — adv. **REGRETTABLEMENT.** ▪ CONTR. Désirable, souhaitable.

REGRETTER [R(ə)gRete] v. tr. ⟨1⟩ – XVe «se lamenter sur qqch.» ; *regreter* «se lamenter» 1050 ◇ p.-ê. de l'ancien scandinave *grâta* «pleurer»

I ▪ **1** Éprouver le désir douloureux de (un bien qu'on n'a plus, un bonheur passé) ; être fâché de ne plus avoir (ce qu'on a eu). *Regretter le temps passé, sa jeunesse, son bonheur perdu. «Il regrettait ses montagnes depuis qu'il vivait dans la plate Beauce»* ZOLA. ABSOLT *«Tu regardes en arrière, ton lot est de regretter toujours»* FROMENTIN. ▪ **2** (1538) Regretter l'absence, la mort de (qqn). *Quand vous partirez, on vous regrettera. «Madeleine la regretta et la pleura beaucoup»* SAND. — *Notre regretté président* : notre président mort récemment. *X, regretté de tous.* ◆ (1801) VIEILLI *Regretter son argent* : être fâché d'avoir fait une dépense.

II (1668) ▪ **1** Être mécontent (d'avoir fait ou de n'avoir pas fait). ➤ **se repentir** (cf. Se mordre les doigts*). *Elle regrette d'être venue. Je ne regrette pas d'avoir fait cette expérience. Je ne regrette rien* (cf. Si c'était à refaire, je le referais). *Vous me feriez regretter mon indulgence.* — (Par menace ou dissuasion) *Vous le regretterez !* — (Comme encouragement à agir) *Vous ne le regretterez pas ! Elle n'a rien à regretter, la chose n'en valait pas la peine* (cf. Elle n'a rien perdu). ◆ Désavouer (sa conduite passée). *Regretter ses péchés. «Je regrette mon geste et présente* [...] *mes excuses»* DUHAMEL. ▪ **2** Désapprouver ; être mécontent de (ce qui contrarie une attente, un désir, un souhait). ➤ **déplorer.** *«Je regrette cette décision»* CHARDONNE. *Regretter d'être trop vieux pour... Nous regrettons qu'il ne puisse venir* (cf. C'est dommage). *On peut regretter que...* ➤ **regrettable.** ▪ **3** Se montrer fâché auprès de qqn (d'une action, d'une situation dont on est responsable). ➤ **s'excuser.** *Je regrette de vous avoir fait attendre. Je regrette d'avoir été aussi vif. — Je regrette,* formule pour contredire ou s'excuser. *«Tu l'as ratée. – Je regrette, je ne l'ai pas ratée»* ADAMOV. ➤ **pardon.** *«La rue X, s'il vous plaît ? – Je regrette, je ne suis pas du quartier»* (cf. Excusez-moi).

▪ CONTR. Féliciter (se), réjouir (se). — Désirer, souhaiter.

REGRÈVEMENT [R(ə)gRɛvmɑ̃] n. m. – *ragrevement, regrevance* «aggravation d'une peine» XVe ◇ de *grever* ▪ FIN. Augmentation de l'impôt. ➤ **surimposition.** ▪ CONTR. Dégrèvement, remise.

REGRIMPER [R(ə)gRɛ̃pe] v. intr. ⟨1⟩ – 1549 ◇ de *re-* et *grimper* ▪ Grimper de nouveau. ➤ **remonter.** *Ils «regrimpèrent sur un omnibus en partance»* ALLAIS. FIG. et FAM. *Courbe de température qui regrimpe.* — TRANS. *Regrimper la pente.*

REGROS [RəgRo] n. m. – 1808 ◇ de *re-* et *gros* ▪ TECHN. Grosse écorce de chêne utilisée pour faire le tan*.

REGROSSIR [R(ə)gRosiR] v. intr. ⟨2⟩ – 1831 ; v. tr. «élargir les hachures d'une gravure» 1829 ◇ de *re-* et *grossir* ▪ Grossir de nouveau, après avoir maigri (cf. Reprendre du poids).

REGROUPEMENT [R(ə)gRupmɑ̃] n. m. – fin XIXe ◇ de *regrouper* ▪ Action de regrouper, de se regrouper. *Regroupement d'hommes, de forces. Regroupement de parcelles.* ➤ **remembrement.** *«préparer le regroupement national qui, après la victoire, remettrait le pays en marche»* DE GAULLE. ◆ *Regroupement familial* : réglementation autorisant les ressortissants étrangers en situation régulière à faire venir leur proche famille en France.

REGROUPER [R(ə)gRupe] v. tr. ⟨1⟩ – fin XIXe ◇ de *re-* et *grouper* ▪ **1** Grouper, unir de nouveau (ce qui était dispersé). *Regrouper les membres d'une armée, d'un parti.* PAR EXT. *Regrouper une armée.* ➤ **reformer.** *Regrouper des pièces de collection.* ◆ PRONOM. *Se regrouper* : se remettre en groupe. *Se regrouper autour de qqn, derrière qqn. — «Toute la petite tribu, regroupée, silencieuse»* CÉLINE. ▪ **2** Grouper (des éléments dispersés), réunir. ➤ **rassembler.** *Regrouper les populations. Regrouper plusieurs services dans un ministère.* — Présenter en soi des choses différentes. *Mouvement qui regroupe divers courants.* ▪ CONTR. Disperser, disséminer, morceler.

RÉGULARISATION [RegylaRizasjɔ̃] n. f. – 1809 ◇ de *régulariser* ▪ **1** Action de régulariser (1°) ; son résultat. *Régularisation d'un compte, d'un acte. — La régularisation des sans-papiers.* ◆ SPÉCIALT (1870) Le fait de régulariser sa situation par un mariage. ▪ **2** L'action de régulariser (2°) ; le fait d'être régularisé. *Régularisation du mouvement d'une horloge. Régularisation d'un cours d'eau.*

RÉGULARISER [RegylaRize] v. tr. ⟨1⟩ – 1794 ◇ du latin *regularis* ▪ **1** Rendre conforme aux lois, aux règlements ; mettre en règle. *Régulariser sa situation financière, militaire. Régulariser un permis de séjour.* — Mettre (un étranger) en situation régulière au regard de la loi. ◆ SPÉCIALT *Régulariser sa situation,* ou ABSOLT *régulariser* : épouser qqn avec qui on vit maritalement. ▪ **2** Rendre régulier (ce qui est désordonné, inégal, intermittent). *Régulariser le fonctionnement d'un appareil* (➤ **régler**). *Régulariser le trafic sur une voie ferrée. Régulariser un fleuve.*

RÉGULARITÉ [RegylaRite] n. f. – 1370 ◇ du latin *regularis* «régulier» ▪ **1** Caractère régulier (d'un mouvement). *La régularité de son pas, de son allure.* ◆ Caractère de ce qui est égal, uniforme. *Faire preuve de régularité dans son travail.* ➤ **exactitude, ponctualité.** — *Une régularité d'horloge, de chronomètre.* ▪ **2** Caractère de ce qui se produit à intervalles réguliers. *La régularité de ses visites. Régularité des repas.* ▪ **3** Le fait de présenter des proportions régulières. *Régularité d'une façade* (➤ **symétrie**), *du plan d'une ville. Le visage «d'une finesse et d'une régularité exquises»* LOTI. ➤ **harmonie.** ▪ **4** Conformité aux règles. *Régularité d'une élection.* ▪ CONTR. Irrégularité. Inégalité.

RÉGULATEUR, TRICE [RegylatœR, tRis] adj. et n. – 1508 «qui dirige» ◇ du bas latin *regulare* «régler»

I SC. Qui règle, qui régularise. *Force régulatrice.* BIOCHIM. *Hormones régulatrices.* MÉCAN. *Mécanisme régulateur d'une horloge* : balancier, compensateur, échappement. *Dispositifs régulateurs, en cybernétique.* — n. m. *Von Word «estime que les seuls régulateurs de la population sont les guerres, les épidémies et les migrations»* SAUVY.

II n. ▪ **1** n. m. LITTÉR. Ce qui discipline, ce qui modère, ce qui rend régulier, ordonné. *«La nécessité du devoir, correctif et régulateur de l'instinct démocratique»* CHATEAUBRIAND. ▪ **2** n. m. (1728) TECHN. Système de commande destiné à maintenir constante la valeur d'une grandeur, quelles que soient les perturbations qui pourraient la faire varier. *Régulateur à boules d'une machine à vapeur. Régulateur de vitesse, de température* (ex. thermostat), *de pression, de tension.* — Tout dispositif corrigeant la dérive d'une grandeur par rapport à une loi déterminée. ◆ AGRIC., BIOCHIM. *Régulateur de croissance* : substance naturelle ou produit de synthèse capable de modifier le développement d'une plante. ▪ **3** n. m. (1880) HORLOG. Pendule sans sonnerie, très régulière, qui sert aux horlogers à régler les montres et les pendules. ▪ **4** TECHN. Personne qui s'occupe de la régulation du trafic (recomm. offic.). ➤ **dispatcheur.** *«le régulateur qui, surveillant le trafic du réseau, tient lieu de tour de contrôle pour les conducteurs du métro»* ECHENOZ.

RÉGULATION [ʀegylasjɔ̃] **n. f.** – 1836 ; «domination» XVe ◇ de *régulateur* ■ **1** VIEILLI Action de régler, de mettre au point (un appareil). *Régulation des compas d'un navire.* ■ **2** Le fait de maintenir en équilibre, d'assurer le fonctionnement correct (d'un système complexe). *Régulation du trafic* (chemin de fer, etc.). *Poste de régulation* (➤ **dispatching**). *Autorité de régulation des télécommunications (ART). Régulation et autorégulation en cybernétique. Régulation de phénomènes économiques. Régulation des naissances* (cf. Contrôle* des naissances, planning* familial). ♦ PHYSIOL. Mécanisme destiné à assurer un bon équilibre physiologique. ➤ **homéostasie.** (1898) *Régulation thermique,* qui maintient la chaleur à un degré uniforme chez les homéothermes. ➤ **thermorégulation.** ■ CONTR. Dérégulation.

RÉGULE [ʀegyl] **n. m.** – 1932 ; «métal non ductile» 1611 ◇ latin *regulus* «petit roi» ■ TECHN. Alliage à base d'antimoine utilisé comme métal antifriction.

RÉGULER [ʀegyle] **v. tr.** ⟨1⟩ – 1932 ◇ de *régulation* ■ Assurer la régulation, le fonctionnement correct, le rythme régulier de (un mécanisme), le déroulement harmonieux de (un processus). *Réguler la vitesse, la tension.* PHYSIOL. *Réguler la glycémie.* — PRONOM. *Phénomène qui se régule.* ♦ Fixer des règles à. *Réguler les marchés financiers.* ■ CONTR. Déréguler.

RÉGULIER, IÈRE [ʀegylje, jɛʀ] **adj. et n. m.** – début XIIe ◇ du latin *regularis,* famille de *regula* → règle

I (CHOSES) ■ **1** (1552) Qui est conforme aux règles, ne fait pas exception à la norme. ➤ **normal.** *Verbes réguliers,* qui suivent les règles ordinaires de la conjugaison. *Vers réguliers* (opposé à *libre*). ♦ SPÉCIALT Établi ou accompli conformément aux dispositions constitutionnelles, légales ou réglementaires. *Jugement régulier. Gouvernement, tribunal régulier. Attestation régulière.* ➤ **réglementaire.** *Situation régulière* (cf. En règle). ♦ Permis (par la loi, par les règles d'un jeu). *Opération commerciale parfaitement régulière. Coup régulier.* — FAM. Loyal, correct. ➤ FAM. **réglo.** *Le coup est dur, mais régulier* (cf. ci-dessous, II, 4°). — LOC. FAM. *À la régulière :* dans le respect des règles. *Battre qqn à la régulière.* ■ **2** (1666 «bien proportionné») Qui présente un caractère de symétrie, d'ordre, d'harmonie. *Forme régulière.* ➤ **géométrique.** *Façade régulière.* ➤ **symétrique.** *Rues droites et régulières. Écriture régulière,* bien formée, nette. *«Traits nobles et réguliers»* ROMAINS. *Visage régulier.* ♦ MATH. *Polygone régulier,* aux côtés et aux angles égaux. *Polyèdre régulier,* dont les faces sont toutes des polygones réguliers. — *Élément régulier :* dans un ensemble muni d'une loi de composition ⊤, élément *a* tel que pour tout couple *(x, y)* de l'ensemble, les égalités $x \top a = y \top a$ et $a \top x = a \top y$ entraînent $x = y$. ■ **3** (fin XIIIe) (Mouvement, phénomène) Caractérisé par une vitesse, une période, un rythme, une intensité uniforme ; sans à-coups, sans interruption. ➤ **égal, uniforme.** *Vitesse régulière.* ➤ **constant.** *Accélération régulière. Rythme régulier. Pouls régulier, respiration régulière. — Efforts, résultats réguliers. Qualité régulière.* ➤ **homogène, suivi.** *Progrès régulier.* ♦ *Vents réguliers,* dont la direction et la vitesse varient peu. *Les alizés sont des vents réguliers.* ➤ **constant.** — *Cours d'eau régulier,* dont le débit varie peu. ■ **4** *À intervalles réguliers :* régulièrement. — (1808) Qui se renouvelle à intervalles égaux. *Frapper des coups réguliers. Migrations régulières.* ➤ **périodique.** *Visites, inspections, vérifications régulières. Revenus réguliers.* ➤ 1 **fixe.** *Manger à (des) heures régulières.* ■ **5** (1854) Qui n'est pas occasionnel, mais habituel. *Être en correspondance régulière avec qqn. Ligne régulière* (de transport). *Service régulier d'autocars.* — PAR EXT. *L'autocar, l'avion, le train régulier* (opposé à *supplémentaire*). ■ **6** (début XIIIe) (Mœurs, vie) Soumis aux règles de la morale sociale, des bienséances. *Mener une vie régulière et rangée. Quelque chose «de peu conforme aux mœurs régulières»* SADE. ■ **7** (anglais *regular*) RÉGION. (Canada ; critiqué) Normal, ordinaire. *Prix régulier. Format régulier. Café régulier ou décaféiné ?*

II (PERSONNES) ■ **1** (fin XIIe) Qui appartient à un ordre religieux (opposé à *séculier*). *Abbé, chanoine, clerc régulier. Clergé régulier et clergé séculier.* ♦ **n. m.** *Un régulier, les réguliers.* ➤ **moine, religieux.** *Les réguliers sont soumis à la règle.* ■ **2** (1751) Qui est soumis à des règles strictes, dépend du pouvoir central. *Troupes régulières. Armées régulières et milices.* — **n. m.** *«les hommes qu'il avait sous ses ordres étaient des supplétifs et non des réguliers»* SEMBENE. ■ **3** (1658) Assidu, exact, ponctuel, réglé. *Il est régulier dans ses habitudes, son travail.* — SPÉCIALT Qui fournit des efforts et obtient des résultats d'un niveau constant. *Élève régulier. Vendeur régulier.* ■ **4** (1922) Qui respecte les usages, les règles en vigueur dans un milieu, une profession, une activité. *Régulier en affaires.* ➤ **correct, fair-play,** FAM. **réglo.**

■ CONTR. Irrégulier. Aberrant, anormal. Illégal. Asymétrique, difforme, inégal. Accidentel, exceptionnel, intermittent. Déréglé.

RÉGULIÈRE [ʀegyljɛʀ] **n. f.** – 1930 ◇ de *régulier* ■ TRÈS FAM. Maîtresse en titre. — Épouse légitime. *Il se promène avec sa régulière.*

RÉGULIÈREMENT [ʀegyljɛʀmɑ̃] **adv.** – 1426 ; *régulairement* 1377 ◇ de *régulier* ■ **1** D'une manière régulière, légale. *Fonctionnaire régulièrement nommé.* ■ **2** Avec régularité, uniformité. *Couche de terre répartie très régulièrement.* ➤ **uniformément.** *Coups frappés régulièrement* (cf. En cadence*). *Elle vient régulièrement ici. S'approvisionner régulièrement chez le même fournisseur.* ■ **3** (en tête de phrase) Normalement. *«Régulièrement, quand mon grand-oncle est mort, mon oncle Palamède aurait dû prendre le titre de prince»* PROUST. ■ CONTR. Irrégulièrement. Accidentellement.

RÉGURGITATION [ʀegyʀʒitasjɔ̃] **n. f.** – XVIe ◇ de *régurgiter* ■ DIDACT. Retour des aliments de l'estomac ou de l'œsophage dans la bouche, sans effort de vomissement. ➤ **mérycisme, rumination.** ♦ MÉD. Reflux du sang de l'aorte, de l'artère pulmonaire vers le cœur ou du ventricule gauche vers l'oreillette gauche, dû à une insuffisance des valvules respectives.

RÉGURGITER [ʀegyʀʒite] **v. tr.** ⟨1⟩ – XVIe ◇ de *re-* et latin *gurges* → gorge ■ DIDACT. Rendre ; faire revenir de l'estomac (ou de l'œsophage) dans la bouche. ➤ **dégorger, vomir.** ♦ FIG. Restituer, débiter (ce qu'on a appris). *Il a régurgité le cours du prof.* ➤ **dégurgiter.**

RÉHABILITABLE [ʀeabilitabl] **adj.** – 1845 ◇ de *réhabiliter* ■ Qui peut être réhabilité.

RÉHABILITATION [ʀeabilitasjɔ̃] **n. f.** – 1401 ◇ de *réhabiliter* ■ **1** VX *Lettres de réhabilitation,* d'anoblissement. ■ **2** DR. Fait de rétablir dans une situation juridique antérieure, en relevant de déchéances, d'incapacités. — DR. COMM. *Réhabilitation du failli, réhabilitation commerciale.* — COUR. Cessation des effets d'une condamnation à la suite de la révision d'un procès. ■ **3** COUR. Le fait de restituer ou de regagner l'estime, la considération perdues. *Réhabilitation d'une personne compromise.* ➤ **dédouanement.** *Réhabilitation d'un auteur tombé dans l'oubli.* ■ **4** (1966) *Réhabilitation d'un quartier, d'un immeuble,* remise en état d'habitation. ➤ **réfection, rénovation,** 1 **restauration.** ■ CONTR. Avilissement, 1 dégradation, 2 flétrissure.

RÉHABILITER [ʀeabilite] **v. tr.** ⟨1⟩ – XVe ; *réabiliter une ville à maire* «lui rendre le droit d'avoir un maire» 1234 ◇ de *re-* et *habiliter* ■ **1** VX Rétablir dans un état, dans des droits, des privilèges perdus. ♦ (1823) MOD. Rendre à (un condamné) ses droits perdus et l'estime publique, en reconnaissant son innocence. ➤ **blanchir, innocenter, laver.** *Réhabiliter la victime d'une erreur judiciaire. «Je voudrais bien vivre assez pour voir Dreyfus réhabilité»* PROUST. — **p. p. adj.** *Failli réhabilité.* ■ **2** Rétablir dans l'estime, dans la considération d'autrui. *Réhabiliter la mémoire d'un ami. «pour réhabiliter cet art* [du comédien] *que dix-sept cents ans de raison chrétienne avaient condamné»* BLOY. ♦ PRONOM. *Se réhabiliter.* ➤ **se racheter.** *Se réhabiliter dans l'opinion publique, aux yeux de tous...* ■ **3** Remettre en état, rénover (un quartier, un immeuble). *Réhabiliter un paysage urbain et industriel dégradé.* ■ CONTR. Condamner, 2 flétrir.

RÉHABITUER [ʀeabitɥe] **v. tr.** ⟨1⟩ – *rabituer* 1549 ◇ de *re-* et *habituer* ■ Habituer de nouveau, faire reprendre une habitude perdue à (qqn). ➤ **réaccoutumer.** *Réhabituer qqn à qqch., à faire qqch.* — PRONOM. *Se réhabituer à des horaires stricts.* ■ CONTR. Déshabituer.

REHAUSSEMENT [ʀəosmɑ̃] **n. m.** – 1552 ◇ de *rehausser* ■ Action de rehausser. *Le rehaussement d'une toiture.* ■ CONTR. Abaissement.

REHAUSSER [ʀəose] **v. tr.** ⟨1⟩ – XIIIe ◇ de *re-* et *hausser* ■ **1** Hausser davantage ; élever à un plus haut niveau. ➤ **élever, surélever.** *«deux gros livres rehaussant sa chaise»* ROBBE-GRILLET. ♦ FIG. Faire valoir davantage. *Rehausser le prestige d'une équipe.* ■ **2** (Sujet chose) Faire paraître, faire valoir davantage par sa présence. ➤ **relever** (cf. Mettre en valeur*). *Fard qui rehausse l'éclat du teint. «la soutane convenait à sa sveltesse et rehaussait son grand air épiscopal»* MAURIAC. — **REHAUSSÉ DE :** mis en valeur par, orné de. *Une boiserie «rehaussée de quelques légères arabesques»* GAUTIER. ■ **3** Donner plus de relief à (un dessin), en soulignant, en accentuant certains éléments. *Rehausser un dessin par des touches de gouache* (➤ **rehaut**). ■ CONTR. Descendre, rabaisser. Atténuer. Déprécier, ternir.

REHAUSSEUR [ʀəosœʀ] n. m. – 1994 ◊ de *rehausser* ■ Dispositif qui surélève un enfant assis sur la banquette d'une voiture afin de permettre un port efficace de la ceinture de sécurité.

REHAUT [ʀəo] n. m. – 1552 ◊ de *rehausser* ■ PEINT. Touche, hachure claire, destinée à accuser les lumières. *Dessin avec des rehauts de craie, de gouache. «Les rehauts sont des effets nécessaires du reflet, ou ils sont faux»* DIDEROT.

RÉHOBOAM [ʀeɔbɔam] n. m. – début XXe ◊ anglais *Rehoboam*, n. d'un fils de Salomon → jéroboam ■ Grosse bouteille de champagne d'une contenance de six bouteilles ordinaires (soit 4,5 l).

RÉHYDRATER [ʀeidʀate] v. tr. ‹1› – 1963 ◊ de *re-* et *hydrater* ■ Hydrater (un produit, un organisme déshydraté). *Il faut réhydrater votre peau.* — n. f. **RÉHYDRATATION.**

RÉIFICATION [ʀeifikasjɔ̃] n. f. – 1912 ◊ de *réifier* ■ PHILOS. Action de réifier ; son résultat.

RÉIFIER [ʀeifje] v. tr. ‹7› – 1930 ◊ du latin *res* «chose» ■ PHILOS. Transformer en chose ; donner le caractère d'une chose à. ➤ **chosifier.** — p. p. adj. *«dans les romans d'anticipation, les surhommes ont toujours quelque chose de réifié»* BARTHES. ◆ Rendre statique, figé.

RÉIMPERMÉABILISER [ʀeɛ̃pɛʀmeabilize] v. tr. ‹1› – milieu XXe ◊ de *re-* et *imperméabiliser* ■ Imperméabiliser de nouveau. — n. f. **RÉIMPERMÉABILISATION,** 1879.

RÉIMPLANTATION [ʀeɛ̃plɑ̃tasjɔ̃] n. f. – 1879 ◊ de *re-* et *implantation* ■ CHIR. Réinsertion d'un organe ou d'un membre sectionné ; SPÉCIALT Réinsertion d'une dent luxée dans son alvéole. ◆ Anastomose entre l'urètre et la vessie.

RÉIMPLANTER [ʀeɛ̃plɑ̃te] v. tr. ‹1› – 1879 ◊ de *re-* et *implanter* ■ **1** Implanter de nouveau (un établissement industriel). ■ **2** CHIR. Pratiquer la réimplantation de (un organe). — *«un embryon viable et, réimplanté dans l'utérus maternel»* J. BERNARD.

RÉIMPORTATION [ʀeɛ̃pɔʀtasjɔ̃] n. f. – 1835 ◊ de *réimporter* ■ Action de réimporter. *Réimportation en franchise.*

RÉIMPORTER [ʀeɛ̃pɔʀte] v. tr. ‹1› – 1792 ◊ de *re-* et 1*importer* ■ Faire rentrer dans leur pays d'origine (des marchandises qui ont été exportées).

RÉIMPOSER [ʀeɛ̃poze] v. tr. ‹1› – 1549 ◊ de *re-* et *imposer* ■ **1** Imposer de nouveau, en établissant une taxe complémentaire ou un nouvel impôt. ■ **2** TYPOGR., IMPRIM. Procéder à une nouvelle disposition sur châssis (des pages composées d'un feuillet). — n. f. **RÉIMPOSITION,** 1683.

RÉIMPRESSION [ʀeɛ̃pʀesjɔ̃] n. f. – 1690 ◊ de *re-* et *impression* ■ **1** Action de réimprimer. *Ouvrage en réimpression.* ■ **2** Livre réimprimé sans aucun changement (➤ **retirage**) ou sans changement de mise en pages (petites modifications). ➤ **reprint.** *Réimpression et réédition.*

RÉIMPRIMER [ʀeɛ̃pʀime] v. tr. ‹1› – 1538 ◊ de *re-* et *imprimer* ■ Imprimer de nouveau, sans changement. ➤ **retirer** (II).

REIN [ʀɛ̃] n. m. – 1170 plur. «lombes» ◊ latin *renes* n. m. pl. ■ **1 LES REINS :** la partie inférieure du dos, au niveau des vertèbres lombaires. ➤ **lombes.** *Cambrure des reins. Reins cambrés. Une belle chute de reins. Une gibecière «lui battait sur les reins»* BARRÈS. — *Donner un coup de reins,* un violent effort des muscles de la région lombaire. — *Douleur, maux de reins :* douleur lombaire. *Avoir mal aux reins. Tour de reins.* ➤ **lumbago.** — LOC. *Avoir les reins solides,* le dos robuste (pour porter) ; FIG. être de taille à triompher d'une épreuve. *«Le patron se savait les reins solides [...] sa fabrique fermée, il avait de quoi vivre»* ARAGON. *Avoir les reins souples*. Casser* les reins à qqn. Mettre à qqn l'épée dans les reins,* le contraindre (moralement) à se hâter d'agir, le harceler. ➤ **éperonner, poursuivre.** ◆ La taille. *«la même corde autour des reins»* HUGO. ◆ LOC. BIBL. *Sonder les reins et les cœurs,* l'inconscient, l'instinct, et les sentiments. ■ **2** (1538 ; hapax XIVe) Chacun des deux organes sécréteurs glandulaires, situés symétriquement dans les fosses lombaires et qui élaborent l'urine. ➤ RÉGION. **rognon.** *Rein droit et rein gauche. Relatif aux reins.* ➤ **néphrétique, rénal.** *Le rein est coiffé par la capsule surrénale. Bassinet, calices du rein. Tubes urinifères, glomérules du rein.* ➤ aussi **pyramide.** *L'urine sort du rein par l'uretère et pénètre dans la vessie.* — *Maladies du rein :* calcul, gravelle, lithiase, pierre, néphrite, pyélite (➤ **néphrologie**). *Rein flottant :* ptose du rein. *Ablation d'un rein :* néphrectomie. *Greffe du rein.* — *Rein artificiel :* appareil permettant de suppléer à la fonction rénale déficiente (➤ **hémodialyse**). *Il est sous rein artificiel.* — *Coûter* un rein.* ◆ *Les rognons* sont les reins comestibles d'un animal.* ■ **3** (1491 ◊ du 1o) ARCHIT. Partie d'une voûte comprise entre la tangente menée au sommet de l'extrados et les prolongements des piédroits.

RÉINCARCÉRATION [ʀeɛ̃kaʀseʀasjɔ̃] n. f. – 1792 ◊ de *réincarcérer* ■ DR. Nouvelle incarcération (de qqn qui a déjà été détenu).

RÉINCARCÉRER [ʀeɛ̃kaʀseʀe] v. tr. ‹6› – 1794 ◊ de *re-* et *incarcérer* ■ DR. Incarcérer de nouveau.

RÉINCARNATION [ʀeɛ̃kaʀnasjɔ̃] n. f. – 1875 ◊ de *réincarner* ■ RELIG. Incarnation dans un nouveau corps (d'une âme qui avait été unie à un autre corps). ➤ aussi **métempsychose, palingénésie, transmigration.** *Réincarnation en, dans qqch., qqn.* — FIG. *Ce criminel, réincarnation de Landru.*

RÉINCARNER (SE) [ʀeɛ̃kaʀne] v. pron. ‹1› – début XXe ◊ de *re-* et *incarner* ■ S'incarner de nouveau. p. p. adj. *Les âmes réincarnées.* — FIG. *«Tant que ma jalousie ne s'était pas réincarnée en des êtres nouveaux»* PROUST.

RÉINCORPORER [ʀeɛ̃kɔʀpɔʀe] v. tr. ‹1› – 1875 ; «réincarner» 1600 ; *rencorporer* 1319 ◊ de *re-* et *incorporer* ■ MILIT. Incorporer de nouveau. *Il fut réincorporé dans le même régiment.*

REINE [ʀɛn] n. f. – 1149 ; *reïne* 1080 ◊ latin *regina* ■ **1** Épouse d'un roi, quand le mariage a été contracté publiquement et solennellement. *Le roi et la reine. Reines et favorites.* — (1559) *La reine mère :* mère du souverain régnant. PLAISANT La belle-mère (ou la mère de famille). *Pas un mot à la reine mère !* ■ **2** (*roigne* XIIIe) Femme qui détient l'autorité souveraine dans un royaume. ➤ **souveraine.** *La reine d'Angleterre, des Pays-Bas. Le mari de la reine* (cf. Prince consort*). — HIST. *La reine de Saba.* — *La Reine du ciel :* la Sainte Vierge. ◆ LOC. *Avoir un port de reine,* majestueux, imposant. *Une dignité de reine offensée,* exagérée et pointilleuse. ◆ *Bouchée* à la reine.* ■ **3** (pour *vierge*, altération de l'ancien français *fierge, fierce*, de l'arabe *firz* «vizir») La seconde pièce du jeu d'échecs, à l'action la plus étendue. ➤ 1**dame.** *Échec à la reine !* ◆ (v. 1514) Carte à jouer figurant une reine. *La reine de cœur.* ■ **4** (1531) VIEILLI Femme qui l'emporte sur les autres par une éminente qualité. *La reine du bal, de la fête, de la soirée,* l'héroïne. *«les reines du chic»* PROUST. SPÉCIALT *Reine de beauté.* ➤ **miss.** *«l'élection de la reine de beauté qu'elle remporta, elle y défilait en robe de soirée, en maillot de bain, grand sourire»* A. JENNI. — Celle qui règne sur... *La reine de ses pensées.* — FAM. *C'est la reine des idiotes, des connes.* ■ **5** FIG. Ce qui domine, prime (pour un nom au fém.). *«La force est la reine du monde, et non pas l'opinion»* PASCAL. *L'infanterie est la reine des batailles.* — APPOS. *La descente, discipline reine du ski. Les épreuves reines.* ◆ VIEILLI *La petite reine :* la bicyclette. ■ **6** (1751) Femelle féconde d'abeille, de guêpe, de fourmi, etc., unique dans la colonie et dont la vie, après la fécondation, est consacrée à la ponte. *La reine et les ouvrières d'une ruche.* ■ HOM. Rêne, renne.

REINE-CLAUDE [ʀɛnklod] n. f. – 1690 ◊ abrév. de *prune de la reine Claude* (femme de François Ier) ■ Prune sphérique, verte, à chair fondante et parfumée. *Confiture de reines-claudes.*

REINE-DES-PRÉS [ʀɛndepʀe] n. f. – 1655 ◊ de *reine* et *pré* ■ Spirée. *Des reines-des-prés.*

REINE-MARGUERITE [ʀɛnmaʀgəʀit] n. f. – 1715 ◊ de *reine* et *marguerite* ■ Plante annuelle *(astéracées),* originaire de Chine, cultivée pour sa fleur de différents coloris. *Bouquet de reines-marguerites.*

REINETTE [ʀɛnɛt] n. f. – 1680 ; *pomme de renette* 1535 ◊ de *reine* ■ Variété de pomme à couteau, très parfumée. *Reinette grise. Reinette du Canada,* très grosse et verte. *Reinette du Mans,* juteuse, de couleur jaune. *Reine des reinettes,* à la peau jaune et rouge. *Reinette clochard*.* ■ HOM. Rainette ; poss. rénette.

RÉINFECTER [ʀeɛ̃fɛkte] v. tr. ‹1› – 1549 ◊ de *re-* et *infecter* ■ Infecter de nouveau. PRONOM. *La plaie s'est réinfectée.* — n. f. **RÉINFECTION,** 1907.

RÉINITIALISER [ʀeinisjalize] v. tr. ‹1› – 1996 ◊ de *ré-* et *initialiser* ■ INFORM. Redémarrer (un ordinateur, un système informatique) après un blocage. ◆ Remettre (une application, un système informatique) dans son état initial. — n. f. **RÉINITIALISATION.**

RÉINJECTER [ʀeɛ̃ʒɛkte] v. tr. ‹1› – 1935 ◊ de *re-* et *injecter* ■ Injecter de nouveau. — (1972) FIN. Réintroduire (des capitaux) dans un circuit économique.

RÉINSCRIPTIBLE [Reɛ̃skRiptibl] **adj.** – 1983 ◊ de *re-* et *inscriptible* ■ INFORM. Se dit d'un support sur lequel on peut écrire, effacer puis récrire des informations. *Disque réinscriptible.*

RÉINSCRIPTION [Reɛ̃skRipsjɔ̃] **n. f.** – 1877 ◊ de *re-* et *inscription* ■ Nouvelle inscription.

RÉINSCRIRE [Reɛ̃skRiR] **v. tr.** ‹39› – 1876 ◊ de *re-* et *inscrire* ■ Inscrire de nouveau. — PRONOM. *Se réinscrire en faculté.*

RÉINSÉRER [Reɛ̃seRe] **v. tr.** ‹6› – 1846, repris milieu XXe ◊ de *re-* et *insérer* ■ Insérer à nouveau, réintroduire. *Réinsérer des délinquants dans la société.* ➤ **réadapter.** PRONOM. *Il n'a pas pu se réinsérer.*

RÉINSERTION [Reɛ̃sɛRsjɔ̃] **n. f.** – 1966 ◊ de *re-* et *insertion* ■ Fait de réinsérer (SPÉCIALT qqn dans la société, dans un groupe). *La réinsertion sociale des anciens détenus.* ➤ **réadaptation, resocialisation.** *Réinsertion professionnelle. Réinsertion des chômeurs.* ➤ **reclassement.**

RÉINSTALLER [Reɛ̃stale] **v. tr.** ‹1› – 1581 ◊ de *re-* et *installer* ■ Installer de nouveau. *On l'a réinstallé dans ses fonctions.* PRONOM. *Elle s'est réinstallée dans son ancien appartement.* ◆ Installer différemment. *Réinstaller sa maison.* — **n. f. RÉINSTALLATION,** 1775.

RÉINTÉGRABLE [Reɛ̃tegRabl] **adj.** – 1845 ◊ de *réintégrer* ■ Qui peut être réintégré (2°).

RÉINTÉGRATION [Reɛ̃tegRasjɔ̃] **n. f.** – 1367 ; «remise en état» 1326 ◊ de *réintégrer* ■ Action de réintégrer (2°) ; son résultat. *Réintégration d'un fonctionnaire après un détachement.* — DR. *Réintégration dans la nationalité française,* d'une personne qui a perdu cette nationalité (par mariage avec un étranger, déchéance...).

RÉINTÉGRER [Reɛ̃tegRe] **v. tr.** ‹6› – 1352 ◊ latin médiéval *reintegrare,* classique *redintegrare* «rétablir, remettre en l'état», de *integer* «intact» → intègre ■ **1** (Compl. chose) VX Rétablir. ◆ (1873) MOD. Reprendre possession de (un lieu). *Réintégrer le domicile conjugal :* reprendre la vie commune avec son conjoint. ◆ PAR EXT. Revenir dans (un lieu qu'on avait quitté). *Réintégrer son logis.* «*La Garonne a réintégré son lit*» GIDE. ■ **2** Rétablir (qqn) dans la possession, la jouissance d'un bien, d'un droit. *Réintégrer qqn dans la nationalité française.* «*on me réintégra enfin dans mon ministère d'État*» CHATEAUBRIAND.

RÉINTERPRÉTER [Reɛ̃tɛRpRete] **v. tr.** ‹6› – 1549 ◊ de *re-* et *interpréter* ■ Interpréter de nouveau, d'une manière nouvelle. *Réinterpréter les classiques.* ➤ **revisiter.**

RÉINTRODUCTION [Reɛ̃tRɔdyksjɔ̃] **n. f.** – 1817 ◊ de *réintroduire* ■ Nouvelle introduction (I). *La réintroduction de l'ours dans les Pyrénées.*

RÉINTRODUIRE [Reɛ̃tRɔdɥiR] **v. tr.** ‹38› – 1817 ◊ de *re-* et *introduire* ■ Introduire de nouveau. *Réintroduire dans un texte ce qu'on en avait écarté.*

RÉINVENTER [Reɛ̃vɑ̃te] **v. tr.** ‹1› – 1838 ◊ de *re-* et *inventer* ■ Inventer de nouveau, redonner une valeur nouvelle à (une chose oubliée ou perdue). *Réinventer le monde.* ➤ **refaire.** «*un mot que je voudrais réinventer*» GIDE. — LOC. FIG. *Réinventer la roue :* repartir de zéro sans tenir compte de ce qui existe, faire un travail inutile en croyant innover. — **n. f. RÉINVENTION.**

RÉINVESTIR [Reɛ̃vɛstiR] **v. tr.** ‹2› – 1934 ; 1845 milit. ◊ de *re-* et *investir* ■ ÉCON. Investir de nouveau. *Les bénéfices sont réinvestis dans l'entreprise.*

RÉINVITER [Reɛ̃vite] **v. tr.** ‹1› – 1549 ◊ de *re-* et *inviter* ■ Inviter de nouveau. *Il a été si ennuyeux que nous ne l'avons jamais réinvité.*

RÉITÉRANT, ANTE [ReiteRɑ̃, ɑ̃t] **adj.** – 1994 ◊ de *réitérer* ■ Qui a été interpelé plusieurs fois pour des actes de délinquance. *Mineurs réitérants.* — **n.** *Réitérants et récidivistes.*

RÉITÉRATIF, IVE [ReiteRatif, iv] **adj.** – 1414 ◊ de *réitérer* ■ DR. Qui réitère. *Sommation réitérative.*

RÉITÉRATION [ReiteRasjɔ̃] **n. f.** – 1501 ; en droit 1419 ◊ de *réitérer* ■ LITTÉR. Action de réitérer ; le fait d'être réitéré. ➤ **redoublement, répétition.** *La réitération d'un ordre.*

RÉITÉRER [ReiteRe] **v. tr.** ‹6› – 1314 ◊ bas latin *reiterare,* de *iterare,* de *iterum* «derechef» ■ Faire de nouveau, faire plusieurs fois (une action). ➤ **recommencer, refaire, renouveler, répéter.** *Réitérer sa demande, un exploit.* **p. p. adj.** *Efforts réitérés.* «*mes avances réitérées n'avaient pu leur arracher trois paroles*» GIDE. — ABSOLT *Il avait promis de ne pas recommencer mais il a réitéré.* ➤ **récidiver.**

REÎTRE ou **REITRE** [RɛtR] **n. m.** – *reistre* 1563 ◊ allemand *Reiter* «cavalier» ■ **1** ANCIENNT Cavalier allemand. ■ **2** (1875) LITTÉR. Guerrier brutal. ➤ **soudard.**

REJAILLIR [R(ə)ʒajiR] **v. intr.** ‹2› – 1539 ◊ de *re-* et *jaillir* ■ **1** Jaillir en étant renvoyé par une surface, un obstacle ou sous l'effet d'une pression (liquides). *Eau qui rejaillit sur qqn.* ➤ **éclabousser.** *La boue rejaillit sous les roues de la voiture.* ➤ **gicler.** ■ **2** (1671) FIG. *Rejaillir sur qqn,* se reporter sur lui (par un prolongement de l'effet). «*Persuadés qu'il en rejaillirait quelque éclat sur eux*» D'ALEMBERT. ➤ **retomber.** «*Le génie du maître rejaillit sur ses interprètes*» MAUROIS.

REJAILLISSEMENT [R(ə)ʒajismɑ̃] **n. m.** – 1557 ◊ de *rejaillir* ■ LITTÉR. ■ **1** Action de rejaillir, mouvement de ce qui rejaillit. *Rejaillissement d'un jet d'eau.* ■ **2** FIG. *Le rejaillissement de sa gloire sur toute sa famille.*

1 **REJET** [Rəʒɛ] **n. m.** – 1357 «nouvelle pousse d'une plante» ◊ subst. verb. de *rejeter* ■ BOT. Jeune pousse feuillée née de la souche d'une plante vivace ou ligneuse. ➤ **cépée, drageon.** *Multiplication par rejets.* — PAR EXT. Rejeton, branche nouvelle d'un arbre. *Rejet de souche, de tige.*

2 **REJET** [Rəʒɛ] **n. m.** – XVIe ; *regiet* 1241 ◊ de *rejeter*
I ■ **1** Action de rejeter (I et II) ; son résultat. ➤ **éjection.** «*Le rejet des cadavres à la mer*» CAMUS. *Rejet en mer d'hydrocarbures* (➤ **dégazage**). — Ce qui est rejeté. *Rejets toxiques.* «*le traitement des considérables — et dangereux — rejets : arsenic, métaux lourds, sel, manganèse...*» ORSENNA. *Le rejet de la terre d'un fossé :* la terre rejetée. ◆ GÉOL. *Rejet d'une faille,* sa partie en surplomb. ■ **2** (1870) VERSIF. Élément de phrase de faible étendue placé au début d'un vers, mais rattaché étroitement au vers précédent par la construction (ex. «La foudre du Capitolin Tombe» [Heredia]). ➤ aussi **enjambement.** ◆ STYL. Le fait de rejeter à la fin de la phrase, dans un souci d'expressivité, un élément important et significatif. — GRAMM. Le fait de rejeter le verbe ou le sujet à la fin de la proposition. *Le rejet en allemand.*
II ■ **1** (1530) Action de rejeter (III) ; son résultat. ➤ **abandon, refus.** *Rejet d'une proposition, d'une requête, d'un projet.* ➤ **retoquage.** *Prononcer le rejet d'un recours en grâce.* ■ **2** LOG. Opérateur (connecteur binaire) qui est la négation de la disjonction (SYMB. ∧). ■ **3** MÉD. Manifestation de l'intolérance de l'organisme à un greffon, du fait d'une incompatibilité immunitaire. *Phénomène, réaction de rejet.* ■ **4** Attitude de refus vis-à-vis de qqn, d'un groupe, de qqch. d'abstrait. *Phénomène de rejet dû à la xénophobie.* ➤ **exclusion.**
■ CONTR. (du II) Adoption, admission ; réception, recette.

REJETER [R(ə)ʒəte ; Rəʒ(ə)te] **v. tr.** ‹4› – v. 1200 ◊ latin *rejectare* → jeter
I Jeter en sens inverse (ce qu'on a reçu, ce qu'on a pris). ■ **1** (En lançant). ➤ **relancer, renvoyer.** *Rejeter un poisson à l'eau.* ◆ (1538) FIG. Faire retomber sur un autre. *Rejeter un tort, une faute, une responsabilité sur qqn.* ➤ **accuser** (cf. Mettre sur le dos*). — «*L'individu toisant la société et rejetant sur elle sa bassesse*» MORAND. ■ **2** (En poussant loin de soi ou hors de soi). ➤ **éjecter.** *Épave rejetée par la mer.* «*Matières rejetées par l'explosion des volcans*» BUFFON. ◆ SPÉCIALT Cracher, évacuer, expulser. *Rejeter un caillot de sang. Son estomac rejette toute nourriture.* ➤ **rendre, vomir.**
II Jeter, porter ou mettre ailleurs. ■ **1** (En ôtant d'un lieu). *Terre rejetée sur les bords d'une excavation.* — GRAMM. Renvoyer (un mot) en fin de phrase. ■ **2** (En changeant la position). «*Elle se campa [...] de profil, rejeta la tête en arrière*» GIDE. — PRONOM. *Se rejeter en arrière.* — «*Le buste rejeté*» MAURIAC. ■ **3** Ne plus vouloir de. ➤ **abandonner, jeter.** «*Cribler le froment et rejeter l'ivraie*» VOLTAIRE. «*Ceux qui ont à jamais choisi une part de leur destin, et rejeté l'autre*» COLETTE. ➤ **refuser.**
III (1530) Ne pas admettre. ■ **1** Refuser, écarter (qqch.). *Rejeter une offre, une proposition.* ➤ **décliner.** «*l'Asie rejette aujourd'hui la domination de l'Europe*» MALRAUX. *Pourvoi rejeté par la Cour suprême. L'Assemblée a rejeté ce projet de loi.* ➤ 1 **repousser, retoquer.** *Rejeter une accusation.* ➤ **nier.** ◆ *Rejeter qqch. de... :* ne pas admettre dans. ➤ **bannir, chasser,** 1 **écarter, éliminer, exclure.** «*Rejetant sans pitié de l'art tout ce qui [...] ne se rapportait pas à un certain type du beau*» HUGO. ■ **2** Écarter (qqn) en repoussant. ➤ **proscrire, reléguer, répudier.** «*Rejeté par une société tout entière*» MAUROIS. «*La vie rejette ceux qui ne s'adaptent pas*» MAURIAC. ■ **3** (D'un organisme) Ne pas assimiler (un greffon). «*Le receveur des greffons accepte la peau qui provient de son propre corps et rejette celle qui n'en pro-*

vient pas» J. Hamburger.
▪ CONTR. Garder, conserver ; prendre. Admettre, adopter, agréer, approuver.

REJETON [ʀ(ə)ʒətɔ̃ ; ʀəʒ(ə)tɔ̃] **n. m.** – 1539 ◊ de *rejeter* (vx) «pousser de nouveau» ▪ **1** Nouveau jet qui pousse sur la souche, le tronc ou la tige d'une plante, d'un arbre. ➤ **drageon, pousse,** 1 **rejet, scion.** ◆ PAR MÉTAPH. *«La langue latine étant la vieille souche, c'était un de ses rejetons qui devait fleurir en Europe» Rivarol.* ▪ **2** FIG. (1564) VX Descendant, enfant. *«Venez, cher rejeton d'une vaillante race» Racine.* ◆ MOD. ; FAM. OU IRON. Enfant, fils. *«Envoyer son unique rejeton au lycée» Aragon.* — REM. Dans cet emploi, le fém. *rejetonne* se rencontre.

REJOINDRE [ʀ(ə)ʒwɛ̃dʀ] **v. tr.** ‹49› – XIIe ◊ de *re-* et *joindre* ▪ **1** VX Joindre de nouveau (des choses, des personnes qui se sont trouvées séparées, écartées). ➤ **réunir.** *«S'il vous a désunis, sa mort va vous rejoindre» Corneille.* ▪ **2** (1671) Se joindre de nouveau à (un groupe) ; aller retrouver (une ou plusieurs personnes). *Réfractaires qui refusent de rejoindre l'armée.* ➤ **rallier, retourner.** *Rejoindre un parti politique. Je vous rejoins dans un instant. Rejoindre ses enfants en vacances.* — PRONOM. *Rejoignons-nous à la gare.* ➤ **se retrouver.** — Gagner, regagner (un lieu). *Rejoindre son poste.* ◆ PAR EXT. (CHOSES) Venir en contact avec. *La rue rejoint le boulevard à cet endroit.* ➤ 2 **déboucher.** — PRONOM. *Les rivières se rejoignent ici.* ➤ **confluer.** — S'ajouter à. *Cette vieille chaise ira rejoindre les meubles cassés à la cave.* ▪ **3** FIG. Avoir une grande ressemblance, des points communs avec. *«L'Art de Rodin [...] rejoignait Michel-Ange» Lecomte. Cela rejoint ce que tu disais.* ➤ **recouper.** — PRONOM. *Points de vue qui se rejoignent.* ▪ **4** Atteindre (qqn) qui a de l'avance. ➤ **rattraper.** *Coureur qui rejoint le peloton.*
▪ CONTR. Disjoindre, séparer. Distancer. Bifurquer, diverger.

REJOINTOYER [ʀ(ə)ʒwɛ̃twaje] **v. tr.** ‹8› – 1392 ◊ de *re-* et *jointoyer* ▪ TECHN. Procéder à un nouveau jointoiement de. *Rejointoyer un mur.* — **n. m. REJOINTOIEMENT,** 1842.

REJOUER [ʀ(ə)ʒwe] **v.** ‹1› – XIIe ◊ de *re-* et *jouer* ▪ **1 v. intr.** Se remettre à jouer (après avoir cessé). ▪ **2 v. tr.** Jouer une nouvelle fois. *Rejouer un air.* ➤ **réinterpréter.** *Rejouer une pièce, un spectacle. Rejouer un allégro bissé.* — TENNIS *Rejouer une balle de service qui a touché le filet.* ➤ **remettre** (IV).

RÉJOUIR [ʀeʒwiʀ] **v. tr.** ‹2› – 1549 ; *resjoïr* XIIe ◊ de *re-* et ancien français *esjouir* «rendre joyeux»

I v. tr. Mettre en joie, rendre joyeux (cf. Faire plaisir* à). *«Il n'y a pas de plus grande joie que de réjouir un autre être» Gide. La vue de ce spectacle doit vous réjouir. Cela ne me réjouit pas du tout.* ➤ **enchanter.** *«Le vin qui réjouit le cœur de l'homme»* (Bible). ◆ VIEILLI Mettre de belle humeur, en gaieté. ➤ **amuser, dérider, divertir, égayer.** *Un bon mot «qui a fort réjoui le parterre» Mme de Sévigné.*

II v. pron. SE RÉJOUIR ▪ **1** VIEILLI S'amuser, se divertir. ▪ **2** MOD. Éprouver de la joie, de la satisfaction. *Réjouissez-vous, j'apporte une bonne nouvelle. Il n'y a pas lieu de se réjouir. Se réjouir à la pensée qu'on a réussi.* ➤ **jubiler.** *«Il se réjouissait, à les trouver là chez eux, [...] bien portants» Zola.* — **SE RÉJOUIR DE.** *Je me réjouis de votre succès.* ➤ **se féliciter.** *Se réjouir du malheur des autres. Il se réjouissait de voir son élève réussir. Je me réjouis que tout se soit bien terminé.* — **p. p. adj.** *Être tout réjoui.* ➤ **content, joyeux.** *Avoir un air réjoui.* ➤ **gai*, guilleret.** *Mine réjouie.* ➤ **épanoui.**
▪ CONTR. Affliger, attrister, 1 chagriner, contrister, désoler. Déplorer, regretter.

RÉJOUISSANCE [ʀeʒwisɑ̃s] **n. f.** – 1535 «vif plaisir, joie» ; *resjouissement* XIVe ◊ de *réjouir* ▪ Joie collective. *«Les unes [fêtes] sont des occasions de réjouissance, les autres de tristesse collective» G. Bouthoul.* ➤ **amusement, divertissement, liesse.** *Illuminations, feux de joie en signe de réjouissance.* ◆ AU PLUR. *Réjouissances publiques, officielles, familiales.* ➤ **fête.** — *Le programme* des réjouissances.* ➤ **festivité.** ▪ CONTR. Deuil, tristesse.

RÉJOUISSANT, ANTE [ʀeʒwisɑ̃, ɑ̃t] **adj.** – 1425 ◊ de *réjouir* ▪ Qui réjouit, est propre à réjouir. ➤ **agréable,** PLAIS. **jubilatoire.** *Un succès réjouissant. Une nouvelle qui n'a rien de réjouissant.* — IRON. et PAR ANTIPHR. *Eh bien, c'est réjouissant !* (cf. C'est gai !). ◆ Qui amuse. ➤ **amusant, divertissant, drôle.** *«des mines de déconfits bien réjouissantes à voir» Flaubert. «D'une bêtise réjouissante» Hugo.* ▪ CONTR. Attristant, désolant, lugubre ; assommant.

RELÂCHE [ʀəlɑʃ] **n. m. et f.** – 1538 ; hapax v. 1170 ◊ de *relâcher*

I n. m. (parfois f.) ▪ **1** LITTÉR. Interruption d'une activité fatigante, ou désagréable ; détente qui en résulte. ➤ **pause, répit.** *Un moment de relâche.* ➤ **détente, relaxation, repos.** *«Le lieu du relâche ; où s'asseoir, où récupérer» Henriot. «Nul répit, nulle relâche» R. Rolland.* — COUR. **loc. adv. SANS RELÂCHE :** sans répit, continuellement. ➤ **interruption, trêve.** *Travailler sans relâche. «Si constamment obligeantes, et toujours, et sans relâche» Beaumarchais.* ▪ **2** (1751) Fermeture momentanée d'un théâtre, d'une salle de spectacle. *Jour de relâche. Voyant «sur l'affiche du théâtre [...] l'annonce lamentable d'une relâche» Huysmans. Faire relâche.* ▪ **3** (Canada) Période de vacances en cours d'année scolaire. *Semaine de relâche.*

II n. f. (1691) MAR. Lieu où un navire fait escale. ➤ **échelle, escale.** *Le navire «avait ordre de se hâter, de brûler les relâches» Loti.* — *Port de relâche.* ◆ (1716) COUR. Action de relâcher, de s'arrêter dans un port. *Bateau qui fait relâche dans un port.*
▪ CONTR. Continuité. Reprise.

RELÂCHÉ, ÉE [ʀ(ə)lɑʃe] **adj.** – XVIIe ◊ p. p. de *relâcher* ▪ Qui a perdu de sa force, de sa vigueur. *Autorité, discipline relâchée.* — *Conduite relâchée,* par laquelle on se permet trop de choses. ➤ **dissolu.** *On blâme «la littérature présente de prêcher une morale relâchée» Caillois.* ➤ **laxiste.** ◆ Qui manque de rigueur. *Style relâché.* ➤ 2 **négligé.** ▪ CONTR. Sévère, strict. Rigoureux.

RELÂCHEMENT [ʀ(ə)lɑʃmɑ̃] **n. m.** – *relaschement* 1170 ◊ de *relâcher* ▪ **1** VX Interruption, diminution momentanée. *Travailler «sans nul relâchement» La Bruyère* (cf. Sans relâche). ▪ **2** (XVIe) État de ce qui est relâché, plus lâche. *Le relâchement d'une corde détendue.* ◆ MÉD. Diminution de la tonicité ou de l'élasticité de certains tissus. *Relâchement de la musculature abdominale.* ➤ **éventration.** *Relâchement musculaire,* après une contraction musculaire ou sous l'effet de médicaments. ➤ **relaxation.** *Relâchement des attaches d'un organe.* ➤ **prolapsus.** — *Relâchement intestinal.* ➤ **diarrhée.** ▪ **3** (XVIIe) FIG. Diminution d'activité, d'effort. ➤ **abandon, laisser-aller.** *Le relâchement de la discipline* (➤ **négligence**), *de la morale* (➤ **laxisme**). *Le relâchement des mœurs.* ➤ **dissolution.** *«Le relâchement le consternait. Il était malade à chaque écart de langage, à chaque entorse au règlement, à chaque atteinte aux droits intangibles» J. Vautrin.* ▪ **4** VIEILLI Action de relâcher (un détenu). ➤ **élargissement,** 1 **relaxe.** ▪ CONTR. (du 2°) Contraction, tension ; constipation.

RELÂCHER [ʀ(ə)lɑʃe] **v.** ‹1› – *relaschier* «pardonner (une faute)» XIIIe ◊ latin *relaxare* → 1 lâcher ; 1 relaxer

I v. tr. ▪ **1** (1545) Rendre moins tendu ou moins serré. ➤ **desserrer, détendre.** *Relâcher un lien, des guides.* — PAR EXT. *«Le savetier relâcha l'étreinte de ses genoux sur la bigorne» Duhamel.* ◆ SPÉCIALT, PHYSIOL. *Relâcher les muscles.* ➤ **décontracter,** 2 **relaxer.** — (1835) *Relâcher l'intestin :* faciliter l'évacuation (➤ **laxatif**). *«La cuisine à l'huile a quelque peu relâché ses intestins» Gide.* ▪ **2** FIG. Reposer et détendre. *L'attention «veut être relâchée de temps en temps» Bossuet.* ◆ Laisser perdre de sa force, de sa rigueur. *Relâcher la discipline.* ▪ **3** Remettre en liberté. ➤ **élargir, libérer,** 1 **relaxer.** *Relâcher un otage, un prévenu, un prisonnier.*

II SE RELÂCHER v. pron. ▪ **1** Devenir plus lâche. FIG. *«Plus le lien social s'étend, plus il se relâche» Rousseau.* ▪ **2** Devenir plus faible, moins rigoureux. ➤ **faiblir, fléchir.** *Courage, discipline, zèle qui se relâche. Son attention, son autorité se relâche.* ◆ (PERSONNES) Montrer moins d'ardeur, de force, d'exactitude. *Se relâcher dans son travail.*

III v. intr. Faire relâche, faire escale. *Navire qui relâche dans un port. «Ariane fut malade en mer et on dut relâcher dans l'île de Naxos» Henriot.*
▪ CONTR. Raidir, resserrer. Renforcer. Capturer, incarcérer ; détenir, retenir.

RELAIS ou **RELAI** [ʀ(ə)lɛ] **n. m.** – *relai* XIIIe ◊ de *relayer,* altéré en *relais* d'après *relaisser* ▪ REM. La variante *relai* est étymologique et régulière (cf. délai). **A.** ▪ **1** (1549) CHASSE Chiens postés sur le parcours d'une chasse, pour remplacer les chiens fatigués. *Donner le relais :* lancer ces chiens. ▪ **2** (1573) ANCIENNT Chevaux frais postés pour remplacer ou renforcer les chevaux fatigués ; lieu, poste où ces chevaux étaient préparés. *Relais de poste.* ◆ MOD. Auberge, hôtel. *Relais routier.* ▪ **3** (1905) SPORT *Course de relais :* épreuve de course disputée entre plusieurs équipes qui se relaient à des distances déterminées. — ELLIPT *Le relais 4 × 100 mètres ; le 400 mètres relais. Coureur de relais qui prend, qui passe le témoin** (III). ▪ **4** Mode d'organisation du travail où les ouvriers se remplacent par roulement pour assurer un travail continu. *Ouvriers, équipes de relais. Travail par relais.* — *Prendre le relais de qqn, d'un mouvement,* relayer, remplacer. *Passer le relais à qqn.* FIG. *Prendre le relais :* assurer la continuité d'un processus déjà commencé (cf. Reprendre le flambeau*). *La consommation a pris le relais du commerce extérieur.* ▪ **5** Étape (entre deux points de l'espace). EN APPOS. *Dijon, ville relais entre Paris et Lyon.* — Intermédiaire (entre deux personnes). *Servir de relais pour des transactions, dans un trafic de drogue.* — EN APPOS. Intermédiaire. *Prêt relais :* prêt à court terme destiné à permettre d'attendre une rentrée d'argent. *Des prêts relais. Satellite relais.* ◆ *Point relais, relais colis :* commerce où l'on peut se faire livrer un colis commandé dans une autre enseigne. ◆ ALPIN. Emplacement où un alpiniste assure ses compagnons de cordée.

B. (1860) SC., TECHN. Dispositif permettant à une énergie relativement faible de déclencher une énergie plus forte. ◆ Dispositif servant à retransmettre un signal radioélectrique, en l'amplifiant. *Relais hertzien. Relais de télévision.* ➤ **réémetteur, répéteur, retransmetteur.** — Dispositif permettant la commutation* d'un circuit à l'aide d'un signal de commande. *Relais électromagnétique, à semi-conducteur ; relais temporisé.*

RELAISSER (SE) [R(ə)lese] **v. pron.** ‹1› – 1559 ; *relaissier* tr. «quitter» XIIe ◇ de *re-* et *laisser* ■ CHASSE S'arrêter après avoir longtemps couru (en parlant d'un animal poursuivi). *Lièvre qui se relaisse ; lièvre relaissé.*

RELANCE [Rəlɑ̃s] **n. f.** – 1894 ◇ de *relancer* ■ **1** SPORT Action de relancer (une balle) ; nouvelle attaque. ■ **2** JEU Action de relancer (II), de mettre un enjeu supérieur. *Limiter la relance dans une partie de poker.* ■ **3** (v. 1950) Reprise (d'une idée, d'un projet, d'une activité en sommeil), nouvelle impulsion *« La relance du terrorisme et de la répression »* CAMUS. ◆ ÉCON. Action conjoncturelle visant à réactiver des domaines économiques, à lutter contre la récession, à accélérer l'expansion. *La relance de l'économie. Politique, mesures de relance. Plan de relance. La relance de l'investissement.* ■ **4** Action de relancer (3°). ➤ **rappel.** *Lettre de relance pour obtenir le règlement des impayés.*

RELANCER [R(ə)lɑ̃se] **v.** ‹3› – 1170 ◇ de *re-* et *lancer*

I v. tr. ■ **1** Lancer de nouveau, lancer à son tour (une chose reçue). *Le joueur de tennis* (*relanceur, euse* **n.**) *relance la balle.* ➤ **renvoyer.** *« La porte, dont il relança le battant sur moi »* CÉLINE. ■ **2** (1611) CHASSE Lancer de nouveau (une bête qui s'est arrêtée). *Relancer le cerf.* ◆ Remettre en marche, en route, lancer de nouveau. *Relancer un moteur.* — INFORM. Replacer à son début d'exécution (une tâche informatique). *Relancer un programme.* ➤ **réinitialiser.** — *Relancer une idée, un projet* (➤ **relance,** 3°). *Relancer l'économie du pays. Relancer l'investissement.* ➤ **doper, stimuler.** — Recomm. offic. pour remplacer l'anglic. *booster* (2°). ■ **3** PAR EXT. (1653) Poursuivre (qqn) avec insistance pour obtenir de lui qqch. *L'huissier les relance pour obtenir un paiement. Relancer qqn par téléphone.*

II v. intr. JEU Mettre un enjeu supérieur à celui de l'adversaire. ➤ **surenchérir.** *Je relance ! Relancer de 200 euros.*

RELAPS, APSE [Rəlaps] **adj.** et **n.** – 1384 «qui est retombé dans le péché» ◇ latin *relapsus* «retombé», de *labi* «tomber» ■ RELIG. Retombé dans l'hérésie, après l'avoir abjurée. *Laps* et relaps. Jeanne d'Arc fut condamnée et brûlée comme relapse.* — **n.** *Un relaps, une relapse.* ◆ FIG. Qui réitère une faute, un crime. ➤ **récidiviste.**

RELATER [R(ə)late] **v. tr.** ‹1› – 1342 ◇ du latin *relatum,* supin de *referre* «rapporter» ■ **1** LITTÉR. Raconter d'une manière précise et détaillée. ➤ **conter, narrer, rapporter, retracer.** *Les chroniqueurs relatent que... Il « est en train de relater la scène avec un soin laborieux »* ROBBE-GRILLET. — *Écrit, journal qui relate les évènements de l'actualité.* ■ **2** (XVIe) DR. *Relater une pièce dans un inventaire, un procès-verbal,* la mentionner. *Relater un fait.* ➤ **consigner.**

RELATIF, IVE [R(ə)latif, iv] **adj.** et **n.** – 1256 philos. ◇ latin *relativus,* de *relatum,* supin de *referre* «rapporter»

I Qui constitue, concerne ou implique une relation (II). ■ **1** Qui présente une relation (avec une chose du même genre), qui a un rapport (avec autre chose) ; AU PLUR. Qui ont une relation mutuelle. *Positions relatives,* considérées l'une par rapport à l'autre. ➤ **respectif.** *Dimensions relatives des parties.* ➤ **proportionnel.** — MUS. *Tons relatifs, gammes, tonalités relatives,* ayant la même armature, mais dont l'une est majeure, l'autre mineure. ◆ MATH. *Entier relatif.* ➤ **rationnel.** *L'ensemble des entiers relatifs* ($\mathbb{Z}$). ■ **2** Qui n'est tel que par rapport à une autre chose, et PAR EXT. Qui ne suffit pas à soi-même, n'est ni absolu, ni indépendant. *Tenir toute connaissance pour relative* (➤ **relativiser**). *Valeur relative,* évaluée par comparaison. *Erreur relative, absolue. Majorité relative.* — LOC. *Tout est relatif :* on ne peut juger de rien en soi. — **n. m.** *Avoir le sens du relatif.* ➤ **relativité** (I). *« Cela rejetait pour Kathe leur amour dans un relatif qu'elle ne pouvait admettre »* H.-P. ROCHÉ. — MÉCAN. *Mouvement relatif,* défini par rapport à un référentiel considéré comme mobile par rapport à un autre référentiel fixe. ■ **3** COUR. Incomplet, imparfait. ➤ **partiel.** *Il est d'une honnêteté toute relative. Un confort relatif.* ■ **4** (1380) **RELATIF À... :** se rapportant à..., concernant. *Affirmations, discussions relatives à un sujet, à une question. « des objets relatifs à un procès jugé au parlement »* BEAUMARCHAIS.

II GRAMM. Qui est rapporté à un autre élément pris comme point de comparaison ou comme point de départ. *Superlatif* relatif.* ◆ Se dit des mots servant à établir une relation, un lien entre un nom ou un pronom qu'ils représentent (➤ **antécédent**) et une subordonnée. — (1677) *Pronoms relatifs,* ou **n. m.** *les relatifs* (dont, lequel, où, que, qui, quiconque, quoi). Où *est un adverbe relatif. Tous les relatifs* (*sauf* dont) *sont aussi interrogatifs.* — (1835) *Adjectifs relatifs* (lequel ; quel). ◆ *Proposition relative,* ou **n. f.** *une relative :* proposition introduite par un pronom ou un adverbe relatif (ex. n'oubliez pas ceux *qui restent*). *Relative exprimant la cause, le but, l'opposition et la concession, l'hypothèse.*

■ CONTR. Absolu. 1 Idéal, parfait.

RELATION [R(ə)lasjɔ̃] **n. f.** – début XIIIe ◇ du latin *relatio* «récit» et «rapport, lien», famille de *referre* «reporter» et «rapporter» → relater, référer et référendum

I LE FAIT DE RELATER, DE RAPPORTER EN DÉTAIL *Relation orale, écrite. Relation de ce qui a été dit dans une réunion.* ➤ **procès-verbal.** *Relation d'un témoin.* ➤ **témoignage.** *Faire la relation, une relation des évènements.* ➤ **compte rendu, récit.** ◆ (1602) Récit fait par un voyageur, un explorateur. *Relation d'un voyage en Chine.* — VIEILLI *Ouvrage de relation :* récit de voyage. (1690) *Terme de relation :* mot observé dans une langue étrangère au cours d'un voyage, et rapporté par un voyageur.

II LIEN, RAPPORT (milieu XIIIe) **A. ENTRE DES CHOSES** ■ **1** PHILOS. Caractère de deux ou plusieurs objets de pensée en tant qu'ils sont englobés dans un même acte intellectuel. ➤ **rapport ; connexion, corrélation.** *« L'essence des choses devant nous rester toujours ignorée, nous ne pourrons connaître que les relations de ces choses »* C. BERNARD. *Principaux types de relations.* ➤ **analogie, appartenance, causalité, coexistence, correspondance, identité, inférence, opposition.** ■ **2** COUR. Caractère de deux ou plusieurs choses entre lesquelles existe un lien. ➤ **rapport ; liaison.** *Établir une relation entre deux phénomènes, deux faits. Mettre deux évènements en relation. Relation entre les diverses parties d'un tout. Ce que je dis n'a pas de relation avec ce qui précède* (➤ **indépendant**). *Je n'avais pas fait la relation.* ➤ **rapprochement.** *Qui a une relation avec...* ➤ **relatif.** — LOG. *Relations binaires :* univoque, biunivoque, inverse, réflexive, symétrique, transitive... MATH. Liaison entre couples d'éléments. *Relation entre deux variables* (➤ **application, fonction, image**). *Relation d'équivalence ; relation d'ordre.* ◆ Caractère de deux ou plusieurs choses dont l'existence (ou la modification) de l'une entraîne l'existence (ou la modification) de l'autre, des autres. ➤ **dépendance.** *Relation de cause à effet. « L'étroite relation qu'il y a toujours entre les idées de l'intelligence humaine et l'état social d'un peuple »* FUSTEL DE COULANGES. — GÉOM. *Relations métriques :* dans un polygone, dans le triangle rectangle, rapports entre les mesures des côtés. — *Les relations d'incertitude* en mécanique ondulatoire.* ◆ (1643) MUS. Rapport (entre sons, intervalles). *Relation enharmonique.* ■ **3** Liaison entre deux points géographiques. *Les relations aériennes entre Paris et l'Amérique du Sud.*

B. ENTRE DES PERSONNES ■ **1** (1657) Lien de dépendance ou d'influence réciproque (entre des personnes). ➤ **commerce, contact, liaison, rapport.** *Les relations entre les personnes, les relations humaines. « Ce n'est pas aussi compliqué qu'on le raconte, les relations humaines : c'est souvent insoluble, mais c'est rarement compliqué »* HOUELLEBECQ. *Relations d'amitié. — Relations amoureuses, charnelles, sexuelles.* SANS COMPL. Rapport sexuel. *Relation protégée. Avez-vous eu des relations ? — Relations sociales, professionnelles, mondaines. Relations de voisinage, de vacances. — Nouer une relation, des relations avec qqn.* ➤ **sympathiser.** *« ils s'arrangeaient pour ne développer aucune relation obligeant, ensuite, à aller chez l'un ou chez l'autre prendre un verre qu'il faudrait rendre »* M. NDIAYE. *— Bonnes, cordiales relations ; mauvaises relations, relations tendues* (cf. Être en bons, en mauvais termes*). — *La relation à autrui. Elle a une relation compliquée à sa mère,* avec sa mère. ◆ (1813) AU PLUR. Le fait de communiquer, de se fréquenter. ➤ **fréquentation.** *Avoir des relations suivies avec qqn.* ➤ **échange.** *Cultiver, entretenir des relations avec un collègue. Cesser, interrompre toutes relations. Ils n'ont plus de relations. — Relations épistolaires.* ➤ **correspondance.** — LOC. **EN RELATION(S).** *Être, rester en relations avec qqn. Être en relation d'affaires avec qqn.* ■ **2** Connaissance, fréquentation d'une personne. *Obtenir un emploi par relations.* ➤ FAM. **copinage, piston.** — LOC. *Avoir des relations :* connaître des gens influents. ➤ **accointance.** *Il a des relations au ministère, dans la police.* ■ **3** (1829) Personne avec laquelle on est en relation, on a des relations d'habitude, d'intérêt. ➤ **connaissance.** *Ce n'est pas un ami, seulement une relation. Une relation à cultiver. «Il donnait à dîner à quelques relations personnelles qu'il avait dans la ville»* NIZAN. ■ **4** Lien moral et variable entre groupes (peuples, nations, États). *Tension, détente dans les relations internationales. — Relations diplomatiques :* rapports officiels que deux États établissent entre eux et qu'ils entretiennent par l'intermédiaire de missions permanentes. — *Relations commerciales, culturelles, universitaires, entre pays. Ministère des Relations extérieures,* des Affaires étrangères. ◆ (1957 ◇ d'après l'anglais *public relations ;* la forme normale serait «relations avec le public») **RELATIONS PUBLIQUES :** ensemble des méthodes et des techniques utilisées par des groupements (entreprises, syndicats, partis, États), et SPÉCIALT par des groupements d'intérêt, pour informer le public de leurs réalisations, promouvoir leur image de marque, susciter de la sympathie à leur égard à l'extérieur et favoriser les bonnes relations à l'intérieur. ➤ **communication.** *Un(e) chargé(e) de relations publiques.* ➤ RÉGION. **relationniste.**

C. ENTRE DES ÊTRES VIVANTS ET UN MILIEU Tout ce qui, dans l'activité d'un être vivant, implique une interdépendance, une interaction (avec un milieu). *Les relations de l'être humain avec ses semblables, avec le monde, les choses. Relations des êtres vivants avec le milieu* (➤ **écologie**). — PHILOS. *La relation du sujet et de l'objet.* — PHYSIOL. *Fonctions de relation,* qui ont pour effet de mettre l'organisme animal en relation avec le milieu extérieur. *Les fonctions de relation comprennent l'activité nerveuse* (sensation, réponse musculaire, etc.), *les diverses régulations. «les fonctions de la vie de relation, autrement dit la conscience, la sensibilité, la mobilité»* KERANGAL.

RELATIONNEL, ELLE [R(ə)lasjɔnɛl] adj. – 1914 ◇ de *relation* ■ **1** DIDACT. Qui concerne la relation, une relation. ◆ Qui concerne les relations entre les personnes. *Il a un problème relationnel.* — n. m. *«Peu doué pour le relationnel, [il] s'était déjà mis à dos une partie de ses collègues»* P. LAPEYRE. ■ **2** INFORM. *Base de données relationnelle,* dans laquelle les données sont structurées par un ensemble de relations.

RELATIONNISTE [R(ə)lasjɔnist] n. – 1955 ◇ de *relation* ■ (Canada) Chargé(e) de relations publiques. ◆ SPÉCIALT Attaché(e)* de presse.

RELATIVEMENT [R(ə)lativmɑ̃] adv. – XIVe ◇ de *relatif* ■ **1** Par une relation, un rapport de comparaison. *Mesurer deux grandeurs relativement à une troisième.* ➤ **proportionnellement** (cf. Par rapport à). *On n'en peut juger que relativement.* ■ **2** D'une manière relative. ➤ **plutôt.** *Une valeur relativement fixe. «Considérer comme anormal ce qui est relativement rare»* BERGSON. ◆ *Il est relativement honnête,* jusqu'à un certain point. ➤ **assez.** ■ **3** (1718) **RELATIVEMENT À :** en ce qui concerne. ➤ **concernant, quant à.** *«La meilleure philosophie, relativement au monde»* CHAMFORT.

RELATIVISER [R(ə)lativize] v. tr. ‹1› – v. 1965 ◇ de *relatif* ■ Faire perdre son caractère absolu à (qqch.) en le mettant en rapport avec qqch. d'analogue, de comparable, ou avec un ensemble, un contexte. *Relativiser un problème. «Les richesses du futur ne m'appauvrissent pas. Non ; mais elles relativisent ma situation»* BEAUVOIR. — n. f. **RELATIVISATION,** v. 1970.

RELATIVISME [R(ə)lativism] n. m. – 1898 ◇ de *relatif* ■ PHILOS. Doctrine qui admet la relativité de la connaissance humaine. *Le relativisme de Kant* (criticisme), *de Hamilton.* ◆ Doctrine d'après laquelle les valeurs (morales, esthétiques) sont relatives aux circonstances (sociales, etc.) et variables. *Relativisme historique.* ➤ **historisme.**

RELATIVISTE [R(ə)lativist] adj. et n. – 1898 ◇ de *relativisme* ■ **1** Qui admet, professe le relativisme. *Chateaubriand, «esprit naturellement relativiste»* MAUROIS. ■ **2** Qui concerne la relativité, est conforme à ses théories. *Lois relativistes. «Le principe relativiste de l'inertie de l'énergie»* BROGLIE. *Mécanique* relativiste.* ◆ Se dit de particules dont la vitesse, proche de celle de la lumière, est assez grande pour que s'applique la théorie de la relativité.

RELATIVITÉ [R(ə)lativite] n. f. – 1805 ◇ de *relatif*

I Caractère de ce qui est relatif (I). ■ **1** PHILOS. Caractère que présente la connaissance de ne pouvoir saisir que des relations et non la réalité même, ou encore de dépendre de la structure de l'esprit humain. *Relativité de la connaissance, de la science.* ■ **2** Caractère de ce qui dépend d'autre chose (➤ **relatif,** I). *«La relativité du fait historique»* SARTRE. *Le sens de la relativité.*

II (1915 ◇ d'après les mouvements *relatifs* des systèmes de référence) PHYS. *Théorie de la relativité,* exposée par Einstein (1905) : ensemble de relations exprimant l'invariance des lois naturelles par rapport aux changements de référentiels spatiotemporels. *La relativité a remis en question les principes de la physique et de la mécanique newtonienne, ainsi que la conception de l'espace et du temps. «L'unification par la théorie de la relativité des notions de temps et d'espace a introduit une harmonie qui n'existait pas»* LANGEVIN. *La relativité permet d'exprimer les lois physiques par des équations valables dans tous les systèmes de coordonnées. — Relativité restreinte,* postulant que la vitesse de la lumière reste identique et finie dans les systèmes de référence doués d'inertie qui se déplacent avec une vitesse constante les uns par rapport aux autres, et que le temps ne s'écoule pas de la même manière, selon que l'on reste au repos ou que l'on se déplace avec des vitesses assez proches de celle de la lumière. — *Relativité générale,* qui étend les lois d'invariance à des référentiels en mouvement accéléré quelconque, les uns par rapport aux autres. *D'après la théorie de la relativité générale, les masses de l'univers imposent en leur proximité une courbure de l'espace-temps.*

RELAVER [R(ə)lave] v. tr. ‹1› – 1175 ◇ de *re-* et *laver* ■ Laver de nouveau. *Linge à relaver.* ◆ (Suisse) Laver. — INTRANS. Faire la vaisselle. *Patte* à relaver.*

RELAX ou **RELAXE** [Rəlaks] adj. et n. – v. 1955 ◇ de l'anglais *to relax* «se détendre» ■ ANGLIC. FAM. ■ **1** (CHOSES) Qui favorise la détente, un repos détendu. *Une soirée très relax. — Fauteuil relax,* ou n. m. *un relax :* fauteuil ou chaise longue très confortable. ◆ (PERSONNES) Décontracté, à l'aise. ➤ **cool** (ANGLIC.). *Elle est plutôt relax, ta copine.* — (CHOSES, COMPORTEMENT) *Tenue relax. Il a un côté relax.* ■ **2** n. m. Repos, décontraction. *«ce truc-là, pour du relax, alors, c'est vachement relax !»* ARAGON. ■ **3** n. f. ➤ **relaxation.** *«Elles s'asseyent dans le coin "relaxe-silence" du grand salon»* BEAUVOIR. ■ **4** adv. D'une manière décontractée. *Conduire relax.* ■ **5** interj. *Relax !* ➤ **zen** (cf. Du calme !). ■ CONTR. Tendu. ■ HOM. 1 Relaxe.

RELAXANT, ANTE [R(ə)laksɑ̃, ɑ̃t] adj. et n. m. – milieu XXe ◇ de *relaxer* ■ Qui favorise la relaxation, la détente. *Médicament relaxant,* ou n. m. *un relaxant.* ➤ **anxiolytique.** *Une ambiance relaxante.*

RELAXATION [R(ə)laksasjɔ̃] n. f. – 1314 *relanssacion* ◇ latin *relaxatio* ■ **1** MÉD. Diminution ou suppression d'une tension. ➤ **décontraction, relâchement.** *Relaxation des muscles.* ■ **2** (1953) ANGLIC. Méthode thérapeutique de détente et de maîtrise des fonctions corporelles par des procédés psychologiques actifs. ➤ **sophrologie.** *Séances de relaxation.* ◆ COUR. Repos, détente. ➤ **relax.** ■ **3** TECHN. Ensemble des phénomènes par lesquels un système dont l'équilibre a été rompu revient à son état d'équilibre initial. *Oscillations, temps de relaxation. — Relaxation des aciers,* perte de tension après allongement.

1 **RELAXE** [Rəlaks] n. f. – 1671 *sentence de relaxe ;* repris 1823 ◇ de 1 *relaxer* ■ DR. PÉN. Décision par laquelle un tribunal correctionnel ou un tribunal de police renvoie des fins de la poursuite un prévenu, en le reconnaissant non coupable. ■ CONTR. Condamnation. ■ HOM. Relax.

2 **RELAXE** ➤ **RELAX**

1 **RELAXER** [R(ə)lakse] v. tr. ‹1› – hapax XIIe «pardonner» ◇ latin *relaxare* ■ **1** (v. 1320) DR. Reconnaître (un prévenu) non coupable. *«Les inculpés sont traduits devant le commissaire [...] qui peut les relaxer, s'il y a erreur»* BALZAC. ◆ ABUSIVEMENT Remettre en liberté. ➤ **libérer, relâcher.** ■ **2** (XVIe) MÉD. VX Relâcher, détendre (les muscles). ■ CONTR. Écrouer. 1 Contracter.

2 **RELAXER** [R(ə)lakse] v. tr. ‹1› – milieu XXe ◇ de l'anglais *to relax* «se détendre» ■ **1 SE RELAXER** v. pron. Se détendre (physiquement et mentalement) ; se défaire d'un état de tension nerveuse. ➤ se **décontracter,** se **délasser.** *Du calme, relaxez-vous !* ■ **2** v. tr. Détendre, faire se détendre (qqn). *Ce bain m'a relaxé.* ➤ 1 **reposer.**

RELAYER [ʀ(ə)leje] v. ‹8› – *relaier* (chasse) 1260 ◇ de *re-* et *laier* «laisser» → relaisser ■ **1** v. intr. (1573) VX Changer de chevaux (➤ **relais**). *«une petite voiture qui relayait environ toutes les cinq lieues»* LOTI. ■ **2** v. tr. (1636) MOD. Remplacer (qqn) pour continuer une tâche, accomplir une épreuve sportive. *«Le fardeau n'était pas lourd, ils n'avaient guère besoin d'être relayés»* ZOLA. *Les cyclistes «que leur équipier venait de relayer»* MORAND. *Coureur relayé.* SUBST. *Le relayé et le relayeur.* ◆ (CHOSES) Remplacer (qqch.) par qqch. d'autre, qui lui succède. ◆ TECHN. Retransmettre (une émission de radio ou de télévision) à partir d'un émetteur principal. *Émission relayée par satellite.* FIG. *Relayer une information.* ■ **3** v. pron. (1680) **SE RELAYER** Se remplacer l'un l'autre, alternativement. *Les deux équipes «se relayèrent sans relâche [...] au chevet de M. Thibault»* MARTIN DU GARD. ➤ **alterner.** *Coureurs qui se relaient pour mener.*

RELAYEUR, EUSE [ʀ(ə)lɛjœʀ, øz] n. – 1924 ◇ de *relayer* ■ SPORT Participant(e) d'une course de relais ; athlète spécialiste de cette course. *Passer le témoin au relayeur.*

RELECTURE [ʀ(ə)lɛktyʀ] n. f. – XVIe ◇ de *re-* et *lecture*, d'après *relire* ■ **1** Action de relire pour corriger. *Relecture des épreuves d'imprimerie ; première, deuxième relecture.* ■ **2** Seconde lecture. *La relecture de cette œuvre a modifié mon opinion.* ◆ *Relecture d'une bande, d'une cassette* (par un magnétophone, un magnétoscope). ■ **3** Nouvelle interprétation (d'un texte, d'une œuvre). *Une relecture des tragédies antiques.*

RELÉGATION [ʀ(ə)legasjɔ̃] n. f. – 1370 ◇ latin *relegatio* ■ DR. Action de reléguer. DR. ROM. Exil n'entraînant pas la perte des droits civils et politiques. ◆ Peine criminelle ou correctionnelle complémentaire d'une série de condamnations, par laquelle un délinquant était obligé de résider ou était interné hors du territoire métropolitain. *Instituée en 1885, la relégation fut remplacée en 1970 par la tutelle* pénale.* *«J'ai éprouvé comme lui le choc et le son funèbre de la formule "instruction de la Relégation perpétuelle"»* GENET. ◆ SPORT Descente d'une équipe dans une catégorie inférieure.

RELÉGUER [ʀ(ə)lege] v. tr. ‹6› – 1370 ◇ latin *relegare* ■ **1** DR. ROM. Exiler dans un lieu déterminé, sans privation des droits civils et politiques. ➤ **bannir, exiler.** *L'empereur fit reléguer Ovide.* ◆ (fin XIXe) DR. PÉN. Condamner à la relégation. — p. p. subst. *Les relégués établis en Guyane.* ■ **2** (fin XVIIe) COUR. Envoyer, placer, maintenir en un lieu écarté ou un endroit médiocre. ➤ **confiner, exiler.** *Pourquoi «M'avez-vous sans pitié relégué dans ma cour ?»* RACINE. *On l'a relégué au fond de l'appartement.* — (CHOSES) *Reléguer un objet au grenier.* — SPORT Rejeter à une position inférieure. *Équipe reléguée à la sixième place.* ◆ FIG. Mettre, maintenir dans une situation médiocre. *«Vigny se sentait injurieusement relégué [...] au second plan»* HENRIOT. *Le prolétariat, «cette multitude jusque-là reléguée dans son impuissance»* LAMARTINE. — *«Reléguer un rêve "parmi les chimères"»* SAND.

RELENT [ʀəlɑ̃] n. m. – *relans* XIVe ; *relent, relente* adj. «qui a un goût écœurant» 1200 ◇ *re-* intensif et latin *lentus* «tenace, humide» ■ (Souvent au plur.) Mauvaise odeur qui persiste. *Relents d'alcool, de graillon. «un relent qui mêlait la clope, la peau, la poussière»* Y. QUEFFÉLEC. ◆ FIG. Trace, soupçon. *Polémique aux relents xénophobes. — Des relents d'éducation bourgeoise.* ➤ **reste.**

RELEVABLE [ʀ(ə)ləvabl ; ʀəl(ə)vabl] adj. – 1881 ◇ de *relever* ■ Qu'on peut relever ; qui se relève. *Sièges, volets relevables.* ■ CONTR. Rabattable.

RELEVAILLES [ʀ(ə)ləvaj ; ʀəl(ə)vaj] n. f. pl. – 1180 ◇ de *relever* ■ RELIG. Rite chrétien par lequel une accouchée venait remercier Dieu. *«une messe de relevailles»* BALZAC. *Les relevailles sont remplacées, depuis 1969, par une bénédiction de la mère lors du baptême de l'enfant.* ◆ VIEILLI ou RURAL Fait de se lever, de relever de couches.

RELÈVE [ʀ(ə)lɛv] n. f. – 1872 ◇ subst. verb. de *relever* ■ **1** Remplacement d'une personne, d'une équipe par une autre dans un travail continu. *La relève de l'équipe de nuit par l'équipe de jour. La relève de la garde. Prendre la relève de qqn.* ➤ **relayer** (cf. Prendre le relais*). ◆ Les personnes qui assurent ce remplacement. *La relève tardait à arriver.* ■ **2** FIG. Remplacement (dans une action, une tâche collective). *La jeunesse prendra la relève.* ➤ **relayer, remplacer.** *La relève est assurée.* ◆ Les personnes qui assurent ce remplacement. *«on se fait trop vieilles pour ce métier, il faut qu'on pense à former la relève»* C. MARTINEZ.

1**RELEVÉ, ÉE** [ʀ(ə)ləve ; ʀəl(ə)ve] adj. – 1559 ◇ p. p. de *relever* ■ **1** Dirigé, ramené vers le haut. *Chapeau à bords relevés. Col relevé. Manches relevées.* ➤ **retroussé.** — ÉQUIT. *Pas relevé* : pas d'une monture qui lève haut le pied. ◆ *Virage relevé*, dont l'extérieur est plus haut que l'intérieur. ■ **2** (1608) VX Qui a de l'élévation, de la noblesse. ➤ **élevé, noble.** *Style noble et relevé.* MOD. (en phrases négatives) *L'expression n'est pas très relevée.* ◆ De très bon niveau. *Une compétition relevée.* ■ **3** Rendu fort par un assaisonnement. ➤ **épicé,** 1**piquant.** *Une sauce relevée.* ■ CONTR. Rabattu. Commun, vulgaire. Fade, insipide.

2**RELEVÉ** [ʀ(ə)ləve ; ʀəl(ə)ve] n. m. – 1740 ; vén. 1701 ◇ de 1*relevé* ■ **1** Action de noter par écrit ou par un dessin ; ce qu'on a ainsi copié, représenté. *Relevé de plan, d'une construction. Relevé des dépenses. Relevé de compte*, où sont portées toutes les opérations bancaires effectuées par le titulaire du compte. *Relevé des condamnations* (cf. Casier* judiciaire). *Relevé de citations, d'adresses. — Relevé d'identité bancaire (R. I. B.)*, où sont notés le nom de la banque, l'adresse de l'agence, le nom et l'adresse du titulaire du compte et le numéro de celui-ci. *Relevé d'identité postale (R. I. P.). — Procéder au relevé d'un compteur*, du chiffre d'un compteur. *De «faux inspecteurs venant faire le relevé de leurs compteurs à gaz»* SARRAUTE. *Facture intermédiaire entre deux relevés.* ■ **2** CHORÉGR. Mouvement exécuté sur place, dans toutes les positions fondamentales, la danseuse se levant sur les pointes et reprenant aussitôt sa position initiale.

RELÈVEMENT [ʀ(ə)lɛvmɑ̃] n. m. – 1190 ◇ de *relever* ■ **1** Action de relever (un objet), de remettre debout. ➤ **redressement.** *Le relèvement d'un pylône.* ◆ FIG. (plus cour.) Redressement, rétablissement. *Le relèvement d'un pays, d'une économie.* ■ **2** Action de relever (B, 2°), de hausser, d'augmenter. *Relèvement d'un niveau, d'un sol. — Relèvement des taux, des salaires, des tarifs.* ➤ **hausse, majoration.** ■ **3** Action de réunir les renseignements concernant (qqch.). ➤ 2**relevé.** — MAR. Détermination de la position d'un point à l'aide du compas. — TOPOGR. Détermination de la situation d'un lieu. — MATH. Rotation (en géométrie descriptive) inverse de la rotation de rabattement* (2°). ■ CONTR. Abaissement, baisse. Chute. Diminution, réduction. Rabattement.

RELEVER [ʀ(ə)ləve ; ʀəl(ə)ve] v. ‹5› – fin XIe ◇ du latin *relevare* «soulever», «alléger» et «soulager», famille de *levare* → 1lever

I ~ v. tr. **A. REMETTRE DANS LA BONNE POSITION, EN BON ÉTAT** ■ **1** Remettre debout. *Relever qqn qui est tombé. Relever un meuble, un véhicule renversé. Relever des ruines, un mur démoli.* ➤ **reconstruire.** ■ **2** FIG. Remettre en bon état, en bonne position (ce qui est au plus bas). *Relever l'économie, les finances d'un pays.* ◆ VIEILLI Remettre (qqn) au rang d'où il était tombé. *La grâce «relève les plus misérables pécheurs»* PÉGUY. — Rendre la dignité à (qqn). *Des êtres «qu'elles veulent consoler, relever, racheter»* BALZAC. ■ **3** (fin XIIe) VX Prendre à terre. — MOD. *Professeur qui relève les cahiers, les copies.* ➤ **ramasser.** — LOC. *Relever le gant*, le défi* : répondre à un défi.

B. METTRE PLUS HAUT ■ **1** (1555) Diriger, orienter vers le haut (une partie du corps, du vêtement). *Relever la tête, le front. «Un faible sourire relevait un coin de sa bouche»* PROUST. *Relever son col.* ➤ **remonter.** *Relever sa jupe, ses manches.* ➤ **retrousser.** — *Relever la vitre d'une portière.* ➤ **remonter.** ■ **2** (1573) Donner plus de hauteur à. *Relever le niveau de l'eau.* ➤ **élever.** ◆ FIG. (1674) Élever le chiffre de (qqch.) au niveau souhaitable. ➤ **hausser, majorer.** *Relever le niveau de vie, les salaires, les impôts, les taux d'intérêt. Professeur qui relève toutes les notes d'un point.* ■ **3** FIG. Donner une valeur plus haute à. ➤ **rehausser.** *Son intervention releva un peu le niveau du débat.* ■ **4** (1690) Donner plus de goût à (un mets) en ajoutant un assaisonnement. ➤ **assaisonner, épicer.** *Relever une sauce avec de la moutarde. — Fines herbes qui relèvent un plat.* ■ **5 RELEVER (qqch.) DE :** donner du relief, de l'attrait à (qqch.) par (qqch.). ➤ **agrémenter.** *Relever un récit de détails scabreux.* ➤ **pimenter.** — BX-ARTS Rehausser. *«De tendres plafonds pistache relevés de stuc blanc»* MORAND. ◆ (fin XIIIe) Mettre en valeur, faire valoir. ➤ **rehausser, souligner.** *Robe rouge qui relève la blancheur de la peau.*

C. FAIRE REMARQUER ; METTRE EN RELIEF (1636) ➤ **noter, souligner.** *Relever des fautes dans un texte. Relever une charge contre qqn.* ➤ **retenir.** ◆ (fin XIVe) Montrer qu'on a remarqué (un mot, une allusion) ; répondre vivement à (une parole). *Relever une allusion perfide, une offense. Une accusation gratuite qui ne mérite pas d'être relevée.* ◆ Noter par écrit ou par un croquis. *Relever une citation.* ➤ **copier.** *«À la Bibliothèque nationale, un temps, pour le compte d'un philologue, il releva des mots, dans les livres»* AUDIBERTI. *Relever des mesures,* *des cotes.* ➤ **prendre.** (1640) *Relever un plan* (➤ **dresser,** 1 **lever**), *un dessin.* — (1952) *Relever des empreintes :* trouver des empreintes et les reporter par impression sur un support spécial pour les identifier. — *Relever le(s) compteur(s)*.* PAR EXT. *Relever l'électricité.* — MAR. *Relever un point,* déterminer et noter l'angle que fait sa direction avec la ligne nord-sud. «*Voici le premier navire qui aura relevé le Phare du bout du Monde !*» J. VERNE.

D. LIBÉRER (QQN) D'UNE CHARGE ▪ **1** (1549) Remplacer (qqn) dans un travail continu. ➤ **relayer ; relève.** «*Immobile à son poste, comme une sentinelle qu'on a oublié de relever*» GAUTIER. ▪ **2** (1740) **RELEVER qqn DE,** le libérer (d'une obligation). ➤ **délier.** *Relever qqn d'une promesse. Relever un religieux de ses vœux.* «*Ils étaient relevés de toute obéissance à l'égard des officiers factieux*» MALRAUX. — (1875) *Relever une personne de ses fonctions.* ➤ 2 **démettre, destituer, limoger, révoquer.**

II ~ **v. tr. ind. RELEVER DE** ▪ **1** (1573) Être dans la dépendance (d'une autorité supérieure). ➤ 1 **dépendre.** *Cadre qui relève de tel directeur. Fief qui relève d'un seigneur.* ♦ (1872) PAR EXT. Être du ressort de (➤ 2 **ressortir**), dépendre de (en parlant d'un fait). *Affaire qui relève de la compétence de...* ➤ **justiciable.** «*On l'a renvoyée. On n'a rien pu lui faire d'autre parce que ça ne relève pas de la justice que de tuer un chien*» DURAS. ▪ **2** FIG. Être du domaine de. *Ce qui relève du cœur ou de l'esprit.* ➤ **appartenir** (à), **concerner.** «*Tout ce qui est conventionnel et traditionnel relève* [...] *du poncif*» BAUDELAIRE. — *Son cas relève de la psychiatrie.* — *Sa guérison relève du miracle.* ➤ **tenir.**

III ~ **v. intr.** ▪ **1** (milieu XIIIe) *Relever de :* se rétablir, commencer à guérir de. *Relever de maladie.* — *Relever de couches* (➤ **relevailles**). ▪ **2** Remonter. *Sa jupe relève derrière.*

IV ~ **v. pron. SE RELEVER** ▪ **1** (milieu XIIe) Se remettre debout ; reprendre la position verticale. *Enfant qui tombe et se relève.* ➤ FAM. se **ramasser.** «*Je lui tendis la main droite pour l'aider à se relever*» GIRAUDOUX. ♦ FIG. (1588) *Pays qui se relève (de ses ruines, de ses cendres).* ➤ **ressusciter.** — *Se relever d'un malheur, d'un chagrin.* ➤ se **remettre.** «*Jamais tu ne te relèveras de cette honte*» STENDHAL. «*Terrassé sous le coup d'une épigramme dont on ne se relevait pas*» CHÊNEDOLLÉ. ▪ **2** (CHOSES) Se diriger vers le haut. *Les coins de sa bouche se relèvent.* ♦ (PASS.) Être ou pouvoir être dirigé vers le haut. *Volet, accoudoir qui se relève.* ➤ **relevable.** ▪ **3** (RÉCIPR.) Se remplacer dans une tâche (cf. ci-dessus, I, D). ➤ se **relayer.** «*son fils et ses trois filles se relevaient à mon chevet*» CHATEAUBRIAND.

▪ CONTR. Renverser ; abattre, accabler, affaiblir, avilir, 2 dégrader ; abaisser, descendre, rabattre ; déprécier, diminuer, rabaisser. — Descendre, 1 tomber.

RELEVEUR, EUSE [R(ə)ləvœR ; Rəl(ə)vœR, øz] **adj.** et **n.** – XVIe ◇ de *relever* ▪ **1** Qui relève. ANAT. *Muscle releveur,* qui relève une partie du corps quand elle est abaissée. **n. m.** *Le releveur de la paupière, de la lèvre supérieure, de l'anus.* — MINES *Chaîne releveuse :* chaîne sans fin qui tire des berlines le long d'une rampe. ▪ **2** **n. m.** MAR. Navire chargé de relever (I, A, 3°). *Un releveur de mines, de bouées.* ▪ **3** **n. m.** TECHN. (MÉD.) Instrument chirurgical destiné à relever, à écarter (➤ **écarteur**). — AGRIC. Mécanisme d'une moissonneuse qui relève les épis versés pour permettre de les couper. ▪ **4** **n.** TECHN. Professionnel(le) qui relève (I, A, 3°), ramasse, ou note (➤ **relever,** I, C). — (1920) *Releveur de lait dans les campagnes.* ➤ **ramasseur.** *Releveur, releveuse de compteurs :* employé(e) qui prend note des chiffres des compteurs (d'eau, de gaz...). ▪ **5** **n.** (Canada) SPORT Au baseball, Lanceur qui prend la relève d'un autre lanceur.

RELIAGE [Rəljaʒ] **n. m.** – 1328 ◇ de *relier* ▪ TECHN. Opération par laquelle on relie ou cercle les douves (d'un tonneau, d'une cuve). ➤ **cerclage.**

RELIEF [Rəljɛf] **n. m.** – 1050 ◇ de *relever* «enlever, relever», d'après l'ancienne forme tonique *je relief*

I VX Ce qu'on enlève d'une table servie. — MOD., AU PLUR. ➤ **reste.** *Les reliefs de la table.* «*des reliefs d'ortolans*» LA FONTAINE. ♦ FIG. *Les reliefs d'une splendeur passée,* ce qu'il en reste.

II (1571 sculpt. ◇ sous l'influence de l'italien *rilievo,* de *rilevare* «relever») ▪ **1** Ce qui fait saillie sur une surface. ➤ **bosse, proéminence, saillie.** *La pierre ne présentait aucun relief.* «*les reliefs osseux* [d'un visage]» MARTIN DU GARD. ▪ **2** ARTS Ouvrage comportant des éléments qui se détachent plus ou moins sur un fond plan. *Relief décoratif. Relief sculpté.* ➤ **sculpture ; bas-relief, haut-relief, ronde-bosse.** *Façade ornée de reliefs.* ▪ **3** COUR. Caractère d'une image comportant des différences de profondeur, la figuration de plans différents ; perception qui y correspond. *Le relief d'un dessin, d'une peinture.* ➤ **modelé.** «*le Japonais, insoucieux du relief, ne peint que par le contour et la tache*» CLAUDEL. *Sensation de relief due à la différence des deux images rétiniennes.* ♦ PAR ANAL. *Relief acoustique :* perception auditive de l'espace, donnée par l'usage simultané des deux oreilles. *Restitution du relief sonore par la stéréophonie.* ▪ **4** Forme d'une surface qui comporte des saillies et des creux. *Le relief d'une pièce de monnaie.* ♦ Forme de la surface terrestre. *Étude du relief.* ➤ **géomorphologie, orographie, topographie.** *Figuration du relief sur les cartes par les courbes de niveau* (➤ **hypsométrie**). *Les formes du relief :* dépressions, plaines ; plateaux ; montagnes, massifs ; vallées. *Relief accidenté, émoussé. Relief calcaire.* — *Relief sous-marin,* étudié par l'hydrographie (➤ **bathymétrie**). ▪ **5 EN RELIEF :** qui forme un relief. *Être, paraître en relief.* ➤ se **détacher.** *Motifs (travaillés) en relief. Plaque, cliché en relief. Caractères en relief du braille.* — *Carte en relief. Photographie, film en relief.* ➤ **anaglyphe, stéréoscope.** ▪ **6** FIG. Apparence plus nette, plus vive, du fait des oppositions. *Relief du style, de l'expression. Donner du relief.* ➤ **accentuer** (cf. Faire ressortir*). «*L'humeur donne du relief aux idées*» Mme DE STAËL. *Des personnages sans relief.* ➤ **épaisseur, profondeur.** — *Mettre en relief :* faire valoir en mettant en évidence. ➤ **souligner.** «*Ce joli costume mettait en relief la perfection des formes*» BALZAC.

▪ CONTR. Creux. Banalité.

RELIER [Rəlje] **v. tr.** ⟨7⟩ – 1195 ◇ de *re-* et *lier* ▪ **1** Unir, rendre solidaire au moyen d'une attache. ➤ **assembler, attacher, lier.** *Relier une chose à une autre ; relier deux choses.* — *Relier les points d'une figure par un trait.* ➤ **joindre, réunir.** ▪ **2** Assembler, attacher ensemble (les feuillets formant un ouvrage) et les couvrir avec une matière rigide (➤ **reliure**). *Coudre, encoller des cahiers avant de les relier.* — *Relier un livre.* — *Livre relié et livre broché*. Livre relié en basane, en maroquin, relié plein chagrin.* ▪ **3** TECHN. Assembler (les douves d'un tonneau) au moyen de cercles. ➤ **cercler ; reliage.** ▪ **4** (1842) Mettre en communication avec. ➤ **connecter, joindre, raccorder.** *Route qui relie deux villes. Ligne de transports qui relie deux pays. Système d'alarme relié au commissariat.* ▪ **5** (1834) FIG. Mettre en rapport. *Relier des idées, des indices.* ➤ **enchaîner, lier.** *La police pourrait relier ces deux faits.* ➤ **rapprocher.** *Préposition qui relie un verbe à son complément.*

▪ CONTR. Déconnecter, délier, éparpiller, séparer. ▪ HOM. *Relie :* relis (relire).

RELIEUR, IEUSE [RəljœR, jøz] **n.** – XIIIe ◇ de *relier* ▪ Personne dont le métier est de relier des livres, ou d'effectuer une opération de reliure ou de brochage. ➤ aussi **brocheur.** *Relieur d'art.* — APPOS. *Ouvriers relieurs.* ♦ Propriétaire d'une usine de reliure.

RELIGIEUSEMENT [R(ə)liʒjøzmɑ̃] **adv.** – XIIIe ◇ de *religieux* ▪ **1** D'une manière religieuse, avec religion. ➤ **pieusement.** «*chez les sœurs de la Visitation, pour y être élevée religieusement*» ZOLA. — Selon les rites de la religion. *Se marier religieusement.* ▪ **2** Avec une exactitude, un scrupule religieux. ➤ **exactement, scrupuleusement.** «*Les grands cuivres rouges, polis religieusement par Sidonie*» BOSCO. ▪ **3** Avec une attention admirative, recueillie. *Écouter religieusement un orateur.*

RELIGIEUX, IEUSE [R(ə)liʒjø, jøz] **adj.** et **n.** – début XIIe, au sens de «pieux» (I, 3°) ◇ du latin *religiosus* «scrupuleux» et «pieux», famille de *religio* → religion

I ~ **adj.** RELATIF À LA RELIGION ▪ **1** (1588) Qui concerne les rapports entre l'être humain et un pouvoir surnaturel ; qui présente le caractère réservé (➤ 1 **sacré**) et obligatoire d'une religion. *Le phénomène religieux :* la religion, les religions. *Secte religieuse.* — *Pratiques religieuses. Rites religieux. Édifices religieux :* église, mosquée, sanctuaire, synagogue, temple. *Cérémonies, fêtes religieuses. Mariage, enterrement religieux.* — *Institutions religieuses. École religieuse.* ➤ **confessionnel, libre.** «*Dans la pensée des anciens toute autorité devait être religieuse*» FUSTEL DE COULANGES. — *Art religieux ; musique religieuse.* ➤ 1 **sacré.** *Chants religieux.* — *Persécutions religieuses,* au nom d'une religion ou contre elle. *Propagande religieuse.* ➤ **mission.** — *Idées, opinions religieuses.* ➤ **mythe ; dogme, théologie.** «*les idées religieuses d'un peuple marquent comme d'un sceau presque tous les produits de sa civilisation*» É. BURNOUF. *Sentiments religieux.* ➤ **religiosité.** *Traditionalisme religieux.* ➤ **intégrisme.** *Fanatisme religieux. Indifférence religieuse.* ➤ **agnosticisme, athéisme.** ▪ **2** (milieu XIIe) (PERSONNES OU CHOSES) Consacré à la religion, à Dieu, par des vœux (➤ **religion,** II). *L'état religieux. La vie religieuse.* ➤ **claustral, conventuel, monastique.** — *Communautés, congrégations religieuses ; ordres religieux.* ♦ PAR EXT. (fin XIIIe) *Habits religieux. Règle religieuse.* ➤ **observance.** *Vœux religieux :* chasteté, obéissance, pauvreté. ▪ **3** (début XIIe) (PERSONNES) Qui croit en une religion, pratique une religion. ➤ **croyant, pieux.** « *Religieux par nature, politicien par nécessité* » R. ROLLAND. « *Religieuse sans être dévote* » BALZAC. *Un esprit religieux.* ▪ **4** FIG. (CHOSES) (1572) Qui présente les caractères du sentiment ou du comportement religieux. *Vénération religieuse. Un silence religieux,* respectueux et attentif. ▪ **5** *Mante* religieuse.*

II ~ n. A. PERSONNE (fin XIIIe s. au masc. ; début XIVe s. au fém.) Personne qui a prononcé des vœux dans une religion. *Religieuses et postulantes.* ➤ **nonne.** « *Les religieuses sont des fleurs de prière* » HUGO. *Devenir religieux* : entrer dans les ordres, en religion, prendre le voile, l'habit. ➤ **profès.** *Religieux défroqué, relevé de ses vœux. Religieux solitaire* (➤ **anachorète, ermite**), *vivant en communauté* (➤ **cénobite**). *Religieux appartenant à un ordre* (➤ **moine, régulier**), *une congrégation. Religieux cloîtré. Les religieux peuvent être clercs* (cf. Clergé* régulier), *ou demeurer dans l'état laïque* (➤ **convers,** 1 **lai**). *Noms, titres désignant des religieux* (➤ **frère, père ; dom, révérend**), *des religieuses* (➤ 1 **mère, sœur**). *Communautés de religieux.* ➤ **abbaye, congrégation, couvent, monastère, ordre.** — PAR EXT. (dans d'autres religions) *Religieux bouddhistes* (bonze), *lamaïstes* (lama), *musulmans* (derviche, marabout).

B. ~ n. m. Ce qui a trait à la religion, au phénomène religieux. « *Le religieux, même le plus grossier, détient une vérité qui échappe à toutes les sources de la pensée non religieuse* » R. GIRARD.

III ~ n. f. UNE RELIGIEUSE. PÂTISSERIE (1904) Pâtisserie faite de pâte à choux fourrée de crème pâtissière, ayant la forme d'une petite boule posée sur une plus grosse, avec garniture de crème au beurre. *Religieuse au café, au chocolat.*

▪ **CONTR.** Mondain, profane ; civil, laïque. Agnostique, areligieux, athée, irréligieux.

RELIGION [ʀ(ə)liʒjɔ̃] **n. f.** – v. 1085 « monastère » ◇ du latin *religio* « attention scrupuleuse, vénération », d'origine incertaine

I LA RELIGION ▪ **1** (fin XIIe) Reconnaissance par l'être humain d'un pouvoir ou d'un principe supérieur de qui dépend sa destinée et à qui obéissance et respect sont dus ; attitude intellectuelle et morale qui résulte de cette croyance, en conformité avec un modèle social, et qui peut constituer une règle de vie (➤ **religieux ; spirituel ;** 1 **sacré, saint**). « *La religion n'est ni une théologie, ni une théosophie ; elle est plus que tout cela : une discipline, une loi, un joug, un indissoluble engagement* » JOUBERT. « *La religion, c'est la philosophie à l'état de sentiment* » PROUDHON. « *Un peu de philosophie éloigne de la religion, et beaucoup y ramène* » RIVAROL. « *Il n'y a pas de société sans religion parce que sans religion aucune société ne serait possible* » R. GIRARD. *Personne sans religion.* ➤ **agnostique, areligieux, athée, impie, incrédule, incroyant, mécréant.** *Qui combat la religion.* ➤ **irréligieux.** *Indifférence, intolérance, tolérance en matière de religion.* « *La religion est l'opium du peuple* » (trad. de MARX). — *Guerres* de religion.* ▪ **2** (XIIe) Attitude particulière dans les relations avec Dieu. ➤ **foi ; déisme, panthéisme,** 1 **théisme ; mysticisme.** *Une religion sentimentale, vague* (➤ **religiosité**), *formaliste* (➤ **pharisaïsme**), *profonde. Jésus « dédaignait tout ce qui n'était pas la religion du cœur »* RENAN. ◆ *Avoir de la religion* : être croyant, pieux.

II UNE RELIGION (milieu XIIe) Système de croyances et de pratiques, impliquant des relations avec un principe supérieur, et propre à un groupe social. ➤ **confession** (3°), **croyance, culte.** REM. Jusqu'au XVIIe s., *religion*, opposé à *superstition*, désignait spécialement la religion catholique, considérée comme seule vraie. « *L'origine des religions se confond avec les origines mêmes de la pensée et de l'activité intellectuelle des hommes* » S. REINACH. *Histoire, sociologie des religions.* « *À côté de chaque religion se trouve une opinion politique qui, par affinité, lui est jointe* » TOCQUEVILLE. *Religion qui se répand, se divise* (➤ **hérésie, schisme ; secte**), *disparaît. Religion d'État. Neutralité d'un État en matière de religion.* ➤ **laïcité.** — *Professer, pratiquer, embrasser une religion. Adeptes, sectateurs d'une religion.* — *Abjurer, renier une religion ; se convertir à une religion. Dogmes, légendes, mythes, symboles d'une religion.* — *Pratiques, prescriptions des religions.* ➤ **cérémonial, culte, liturgie, rite, rituel ; observance.** — *Ministres, prêtres, fonctionnaires des diverses religions* : bonze, brahmane, clerc, imam, 2 lama, lévite, mage, muezzin, mufti, pasteur, pontife, pope, prélat, rabbin, sorcier. — *Religions polythéistes. Religions initiatiques. Religions révélées. Religions dites « primitives ».* ➤ **animisme, chamanisme, fétichisme, totémisme.** *Religion grecque, romaine* (➤ **mythologie**). *Religion celtique* (➤ **druidisme**). — *Religions d'Orient.* ➤ **bouddhisme, brahmanisme, djaïnisme, hindouisme, tantrisme, védisme ; manichéisme, mazdéisme, yézidisme ; confucianisme, shintoïsme, taoïsme.** (1588) *Religion chrétienne.* ➤ **christianisme.** *Religion juive.* ➤ **judaïsme.** *Religion musulmane.* ➤ **islam, islamisme.** *La religion catholique, apostolique et romaine.* ➤ **catholicisme.** *La religion réformée*.* ➤ **protestantisme.** ◆ PAR EXT. *Ma religion m'interdit de boire de l'alcool* (se dit aussi par plais.). *C'est contraire à ma religion.*

III FIG. CE QUI EST L'OBJET D'UN CULTE, DE RESPECT ▪ **1** PAR ANAL. Attachement mystique à (une doctrine, une philosophie comparable à une religion). « *La religion de l'avenir sera le pur* humanisme » RENAN. *Une religion du progrès, de la raison.* ▪ **2** Activité ou organisation comparée à une doctrine religieuse, à un culte. *Le parti communiste « est à la fois une religion, une église, une communauté et un ordre »* GAXOTTE. ▪ **3** Sentiment de respect, de vénération (➤ **adoration**) ou sentiment du devoir à accomplir (➤ **zèle**), comparés au sentiment religieux ; objet d'un tel sentiment. « *J'ai la religion du travail, je crois qu'il faut mériter mon pain* » FERNANDEZ. *Point de religion* : cas de conscience, scrupule. — LOC. *Éclairer la religion de qqn,* éclairer ses idées sur qqch. (cf. Éclairer la lanterne* de qqn). — *Se faire une religion (sur qqch.)* : se forger une opinion. *Ma religion est faite sur ce sujet,* ma conviction est bien établie.

IV ÉTAT DE RELIGIEUX ▪ **1** (milieu XIIe) Dans le christianisme, Vie consacrée à la religion, par des vœux. (fin XIIIe) *Entrer en religion* : prononcer ses vœux (cf. Prendre l'habit*, le voile*). *Nom de religion,* que prend un religieux, qui perd son nom laïque. ▪ **2** LITURG. CATHOL. Société reconnue par l'autorité ecclésiastique, et dont les membres prononcent des vœux. ➤ **congrégation, ordre.**

▪ **CONTR.** Doute, irréligion.

RELIGIONNAIRE [ʀ(ə)liʒjɔnɛʀ] **n.** – 1562 ◇ de *religion* ▪ HIST. Membre de la religion réformée. ➤ **protestant.**

RELIGIOSITÉ [ʀ(ə)liʒjozite] **n. f.** – XIIIe ◇ du latin *religiosus* → religieux ▪ **1** VX Scrupule religieux extrême. ➤ **dévotion.** ▪ **2** (1803) MOD. Aspect purement sentimental de la religion chez une personne ; attirance pour la religion en général, avec ou sans adhésion formelle à une religion précise.

RELIQUAIRE [ʀəlikɛʀ] **n. m.** – 1328 ◇ de *relique* ▪ Boîte ou coffret précieux renfermant des reliques. ➤ **châsse.**

RELIQUAT [ʀəlika] **n. m.** – XVIe ◇ *reliqua* (XIVe), mot latin « ce qui reste à payer, arrérages », de *reliquus* « qui reste » ▪ **1** DR., COMPTAB. Ce qui reste dû après la clôture et l'arrêté d'un compte. *Reliquat d'un compte de tutelle.* — COUR. Ce qui reste d'une somme (à payer, à percevoir). ➤ **reste.** « *Un petit reliquat de son patrimoine* » BAUDELAIRE. ▪ **2** MÉD. VX ➤ **séquelle.**

RELIQUE [ʀəlik] **n. f.** – 1080 ◇ latin *reliquiæ* « restes », de *reliquus* ▪ **1** Corps, fragment du corps d'un saint ou d'un bienheureux, objet qui a été à son usage ou qui a servi à son martyre, dont le culte est autorisé par l'Église catholique. *La vénération des reliques.* « *Les reliques de la sainte patronne de l'Alsace* » BARRÈS. *Reliques de la vraie Croix. Reliques conservées dans le trésor d'une église* (➤ **châsse, reliquaire**). — (Autres relig.) Restes, ossements de héros, de saints, ou objets leur ayant appartenu, auxquels s'attache un caractère sacré et auxquels les fidèles rendent un culte. ◆ *Garder qqch. comme une relique,* le garder soigneusement, précieusement. « *Il les conservait* [les lettres] *comme des reliques sacrées* » LOTI. ▪ **2** (fin XVe) Objet auquel on attache moralement le plus grand prix comme à un vestige ou un témoin d'un passé cher. « *un tiroir où elle conservait des reliques de son passé* » MARTIN DU GARD. ▪ **3** BIOL. Espèce actuelle survivante d'un groupe autrefois prospère. *Le limule, le ginkgo sont des reliques* (cf. Fossile* vivant).

RELIRE [ʀ(ə)liʀ] **v. tr.** ‹43› – XIIe ◇ de *re-* et 1 *lire* ▪ **1** Lire une nouvelle fois (ce qu'on a déjà lu). « *Je suis dans un âge où l'on ne lit plus, mais où l'on relit les anciens ouvrages* » ROYER-COLLARD. ▪ **2** Lire en vue de corriger, de vérifier (ce qu'on vient d'écrire). *Écrivain qui relit son manuscrit* (➤ **relecture**). — *Texte mal relu.* ◆ PRONOM. *Il écrit si mal qu'il ne peut pas se relire.* « *L'écrivain qui se féconde lui-même en se relisant* » HENRIOT. ▪ **HOM.** *Relis* : relie (relier).

RELISH [ʀəliʃ] **n. f.** – 1940 ◇ mot anglais, du moyen anglais *reles* « goût », de l'ancien français *relessier* « libérer » ▪ RÉGION. (Canada) Condiment aigre-doux à base de légumes macérés dans du vinaigre. *Relish au maïs. Des relishs variées.* « *un hamburger avec rien dedans. Pas de relish, pas de moutarde, pas d'oignon, pas de ketchup* » R. DUCHARME.

RELIURE [RəljyR] **n. f.** – 1548 ◇ de *relier* ■ **1** Action ou art de relier (les feuillets d'un livre). *Donner un livre à la reliure. Apprendre la reliure.* ■ **2** Manière dont un livre est relié ; couverture d'un livre relié. *Plats, dos, nerfs, coins, gardes d'une reliure. Reliure pleine,* entièrement en cuir. *Demi-reliure,* dont le dos seul est en cuir. *Reliure d'amateur* ou *amateur,* à dos et coins ou bande en cuir. *Reliure à la Bradel :* variété de reliure à dos brisé. *Reliure en basane, en chagrin, en veau, en vélin, en parchemin, en maroquin. « J'aime les livres dont la reliure coûte très cher »* GONCOURT. — Manière dont les feuilles, les cahiers sont assemblés. *Cahier à reliure spirale.*

RELOCALISER [Rəlɔkalize] **v. tr.** ‹1› – 1969 ◇ de *délocaliser* avec changement de préfixe ■ Changer l'emplacement de ; placer dans un autre lieu. ➤ **déplacer.** *Relocaliser les usines.* — SPÉCIALT Rétablir à sa place initiale (ce qui a été délocalisé). *Relocaliser la fabrication en Europe.* — **n. f. RELOCALISATION** (1981).

RELOGEMENT [R(ə)lɔʒmɑ̃] **n. m.** – 1952 ◇ de *reloger* ■ Action de reloger ; le fait d'être relogé.

RELOGER [R(ə)lɔʒe] **v. tr.** ‹3› – milieu XVIe ; « rétablir dans son ancien logement » XVe ◇ de *re-* et *loger* ■ Procurer un nouveau logement à (qqn qui a perdu le sien ou qui doit en partir). *Obligation, pour un propriétaire, de reloger dans certains cas un locataire expulsé. Reloger des sinistrés, des réfugiés.* — PRONOM. *Chercher à se reloger.*

RELOOKER [R(ə)luke] **v. tr.** ‹1› – 1985 ◇ de *re-* et *look* ■ FAM. Donner une nouvelle apparence, un nouveau look à. *Relooker des produits.* — **n. m. RELOOKAGE.**

RELOU, E [Rəlu] **adj.** – 1984 ◇ verlan de *lourd* ■ FAM. Lourd, dépourvu de finesse. *Ils sont relous, ces mecs. Une blague reloue.*

RELOUER [Rəlwe] **v. tr.** ‹1› – 1431 ; « sous-louer » 1267 ◇ de *re-* et 2 *louer* ■ Louer de nouveau. *Il a reloué la villa deux étés de suite. J'ai reloué mon appartement à mes anciens locataires.*

RÉLUCTANCE [Relyktɑ̃s] **n. f.** – 1904 ◇ anglais *reluctance,* du latin *reluctari* « résister » ■ PHYS. Dans un circuit magnétique, Quotient de la force magnétomotrice par le flux associé. *La réluctance est l'équivalent magnétique de la résistance* électrique.*

RELUIRE [R(ə)lɥiR] **v. intr.** ‹38› – 1080 ◇ latin *relucere* → luire ■ Luire en réfléchissant la lumière, en produisant des reflets. ➤ **briller*.** *« Des fermoirs d'acier découpé qui reluisaient comme des armures »* LOTI. ◆ SPÉCIALT Luire pour avoir été soigneusement nettoyé et frotté. *Faire reluire des cuivres, des meubles.* ➤ RÉGION. **blinquer.** *« Plus on met de l'huile de coude, plus ça reluit »* ZOLA. — *Brosse à reluire.* ➤ **polissoire.** FAM. *Manier la brosse* à reluire.*

RELUISANT, ANTE [R(ə)lɥizɑ̃, ɑ̃t] **adj.** – XIIe ◇ de *reluire* ■ **1** Qui reluit. ➤ **luisant.** *« Les toits, tout reluisants de pluie, miroitaient »* FLAUBERT. — Qui reluit de propreté. *Parquet reluisant.* ■ **2** (XIXe) FIG. (en phrase négative) ➤ 1 **brillant.** *« Il n'est pas reluisant, son avenir »* SARRAUTE. *Un bilan peu reluisant.*

RELUQUER [R(ə)lyke] **v. tr.** ‹1› – v. 1730 ◇ mot picard emprunté au wallon *rilouki,* de *louki,* moyen néerlandais *loeken* ; cf. anglais *to look* « regarder » ■ FAM. ■ **1** Regarder du coin de l'œil, avec intérêt et curiosité. ➤ **lorgner,** 3 **mater.** *Reluquer les filles.* ■ **2** Considérer (une chose) avec convoitise ; guigner. *Il « reluquait la façade comme s'il cherchait un logement à louer »* SIMENON.

RELUTIF, IVE [R(ə)lytif, iv] **adj.** – 1995 ◇ de *relution* ■ FIN. Se dit d'une opération sur le capital d'une société qui génère une hausse du résultat par action. *Acquisition relutive.* — *Effet relutif d'une opération.* ◆ PAR EXT. Se dit d'une opération financière rentable à court terme. ■ CONTR. Dilutif.

RELUTION [R(ə)lysjɔ̃] **n. f.** – 1996 ◇ mal formé, sur *re-* et *dilution* ■ FIN. Hausse du résultat par action, générée par une opération sur le capital d'une société. ■ CONTR. Dilution.

REM [Rɛm] **n. m.** – 1952 ◇ acronyme de l'anglais *Röntgen Equivalent Man* « équivalent-homme du röntgen » ■ MÉTROL. Unité de mesure de dose équivalente et de dose efficace (SYMB. rem), égale à 10^{-2} sievert. *Une dose de 25 rems.* ■ HOM. Rhème.

REMÂCHER [R(ə)mɑʃe] **v. tr.** ‹1› – 1538 ◇ de *re-* et 1 *mâcher* ■ **1** RARE Mâcher une seconde fois (en parlant des ruminants). ➤ **ruminer.** ■ **2** (XVIe) FIG. et COUR. Revenir sans cesse en esprit sur. ➤ **ressasser, ruminer.** *Remâcher son amertume. « Remâcher interminablement les fautes du passé »* CAMUS.

REMAILLAGE ; REMAILLER ➤ **REMMAILLAGE ; REMMAILLER**

REMAKE [Rimɛk] **n. m.** – 1946 ◇ mot anglais, de *to remake* « refaire » ■ ANGLIC. Film reproduisant, avec de nouveaux acteurs, la première version d'un film à succès. — Nouvelle version (d'une œuvre littéraire).

RÉMANENCE [Remanɑ̃s] **n. f.** – v. 1870 ; « permanence, persistance » XIIe ◇ de *rémanent* ■ SC. Persistance partielle d'un phénomène après disparition de sa cause ; SPÉCIALT de l'aimantation après retrait de l'influence magnétique. ➤ **hystérésis.** ◆ *Rémanence* (ou *persistance*) *des images visuelles :* phénomène par lequel la sensation visuelle subsiste après la disparition de l'excitation objective.

RÉMANENT, ENTE [Remanɑ̃, ɑ̃t] **adj.** – XIIe « permanent » ; repris v. 1840 ◇ latin *remanens,* de *remanere* « demeurer » ■ SC. Qui subsiste après la disparition de la cause (➤ **rémanence**). *Odeur rémanente. Magnétisme rémanent,* qui subsiste après la disparition du champ inducteur. *Image rémanente,* subsistant après l'excitation visuelle.

REMANGER [R(ə)mɑ̃ʒe] **v. tr.** ‹3› – *remangier* v. 1200 ◇ de *re-* et 1 *manger* ■ Manger une autre fois (le même type de nourriture).

REMANIEMENT [R(ə)manimɑ̃] **n. m.** – 1690 typogr. ◇ de *remanier* ■ Action de remanier ; son résultat. ➤ **correction, modification.** *Remaniement d'une page à la photocomposition. Remaniement d'un texte, d'un plan.* ➤ **remodelage.** ◆ *Le remaniement du Saint-Empire en 1803.* ➤ **réorganisation.** *« Le remaniement incessant des programmes »* PÉGUY. *Remaniement ministériel :* modification partielle de la composition du gouvernement.

REMANIER [R(ə)manje] **v. tr.** ‹7› – v. 1250 ◇ de *re-* et *manier* ■ **1** Modifier (un ouvrage de l'esprit) par un nouveau travail, en utilisant les matériaux ou une partie des matériaux primitifs. ➤ **arranger, corriger, retoucher.** *Remanier un texte. Balzac remaniait sans cesse ses romans. « La Constitution de l'an VIII, ainsi remaniée par le Premier Consul »* BAINVILLE. ◆ (1690) TYPOGR. Reprendre (une composition) déjà faite pour y apporter des modifications. *Lignes à remanier.* ■ **2** Modifier la composition de (un groupe, un ensemble de choses). *Remanier le gouvernement.* — **adj. REMANIABLE,** 1870.

REMAQUILLER [R(ə)makije] **v. tr.** ‹1› – 1901 ◇ de *re-* et *maquiller* ■ Maquiller, farder de nouveau ; refaire le maquillage de. — PRONOM. *« Je me remaquillais dans les toilettes d'un café »* BEAUVOIR (cf. Se refaire une beauté*).

REMARCHER [R(ə)maRʃe] **v. intr.** ‹1› – 1549 ◇ de *re-* et *marcher* ■ **1** (PERSONNES) Marcher à nouveau. *Après son accident, il remarche avec difficulté.* ■ **2** (CHOSES) Fonctionner de nouveau (après une panne, une grève, etc.). *La télévision remarche. « Ça y est [...] Le métro remarche »* QUENEAU.

REMARIAGE [R(ə)maRjaʒ] **n. m.** – 1278 ◇ de *remarier* ■ Nouveau mariage (cf. Secondes noces*). *« Un remariage de raison »* A. ARNOUX.

REMARIER [R(ə)maRje] **v. tr.** ‹7› – 1251 ; « marier à son tour » XIIe ◇ de *re-* et *marier* ■ Marier de nouveau. *« Ces désirs inconscients lui firent accepter le projet de remarier Thérèse »* ZOLA. ◆ PRONOM. (1280) COUR. *« Ne voulant pas me remarier, dans l'intérêt de ma fille que j'idolâtre »* BALZAC. — PASS. *Son père est remarié depuis deux ans.*

REMARQUABLE [R(ə)maRkabl] **adj.** – 1547 ◇ de *remarquer* ■ **1** Digne d'être remarqué, d'attirer l'attention. ➤ **marquant, notable.** *Une robe « remarquable seulement par la façon »* BALZAC. *Propriété, particularité remarquable. Ce qu'il y a de remarquable chez..., dans...* IMPERS. *« Il est remarquable que la dictature soit à présent contagieuse »* VALÉRY. ■ **2** Digne d'être remarqué par son mérite, sa qualité. ➤ **distingué, éminent, formidable,** 1 **insigne, rare ;** FAM. **épatant.** *Un « remarquable entraîneur d'hommes »* HENRIOT. *Une des femmes les plus remarquables de ce temps. Vous avez fait un travail remarquable. Exploit, intelligence remarquable.* ➤ **extraordinaire.** ■ CONTR. Banal, insignifiant, négligeable. Inférieur, médiocre, piètre.

REMARQUABLEMENT [R(ə)maRkabləmɑ̃] **adv.** – 1616 ◇ de *remarquable* ■ D'une manière remarquable. *Elle est remarquablement belle.* ➤ **très ; étonnamment.** *« Une physionomie remarquablement expressive »* FRANCE. *Il a remarquablement réussi.* ➤ **admirablement.** ■ CONTR. Peu ; 2 mal.

REMARQUE [R(ə)maRk] **n. f.** – 1579 ◇ de *remarquer* ■ **1** VX OU LITTÉR. Action de remarquer (qqch.). *Il en a déjà fait la remarque :* il l'a déjà constaté. ■ **2** MOD. Énoncé par lequel se traduit cette opération de l'esprit, qui a notamment pour but de souligner quelque particularité à l'attention de l'intéressé (interlocuteur, auditeur ou lecteur). *Une remarque désobligeante, blessante.* ➤ RÉGION. 1 **fion.** ♦ Notation écrite qui attire l'attention du lecteur. *Édition accompagnée de remarques.* ➤ **annotation, commentaire.** « *Remarques sur la langue française* », de Vaugelas. *Livre plein de remarques pertinentes, pénétrantes.* ➤ **aperçu, réflexion.** ♦ SPÉCIALT Réflexion critique. *Faire une remarque à qqn sur qqch.* ➤ 2 **critique, observation.** ▪ **3** (1864) ARTS Petite gravure en marge de la planche gravée.

REMARQUÉ, ÉE [ʀ(ə)maʀke] **adj.** – de *remarquer* ▪ Qui est l'objet de la curiosité, de l'attention, des commentaires. « *Cette différence, si essentielle et si peu remarquée* » LACLOS. *Une absence très remarquée.* ▪ **CONTR.** 1 Discret, inaperçu.

REMARQUER [ʀ(ə)maʀke] **v. tr.** ‹1› – XVIe ; *remerchier, remerquier* XIVe ◊ de *re-* et *marquer*

I ▪ **1** Avoir la vue, l'attention attirée ou frappée par (qqch.). ➤ **apercevoir, constater, découvrir, observer.** « *Il remarqua des taches qu'il lava avec soin* » MAC ORLAN. « *Nous changeons imperceptiblement sans remarquer notre changement* » LA ROCHEFOUCAULD. « *Nous ne remarquons, chacun, que ce qui nous intéresse* » GIDE. *Remarquer la présence, l'absence de qqn.* ➤ **noter.** *Tu n'as rien remarqué ? — Faire remarquer un anachronisme.* ➤ **relever.** — PRONOM. (PASS.) « *De ces menus détails qui se remarquent à peine* » BOURGET. ➤ **se voir.** ♦ **REMARQUER QUE.** *J'ai remarqué qu'il avait grossi.* « *Je n'ai pas remarqué qu'il s'occupât moins de moi que de mes condisciples* » FRANCE. *Je n'avais pas remarqué qu'il était timide, combien il était timide. — Avez-vous remarqué si elle était seule ? — Remarquez, remarquez bien que...,* s'emploie pour attirer l'attention de qqn sur une chose qu'il risquerait de négliger. ➤ **noter.** *Remarquez bien que vous avez peut-être raison.* ELLIPT *Il n'est pas incapable, remarque. — Permettez-moi de vous faire remarquer que vous êtes en retard.* ▪ **2 REMARQUER QUE :** exprimer par une remarque (discours indirect). « *Chénier a remarqué spirituellement qu'au théâtre on flagorne le peuple* » SAINTE-BEUVE. *Elle* « *remarqua, comme elle le faisait tous les soirs, qu'on mangeait trop de pain* » SAND. — (En incise) « *Toi non plus, remarqua son voisin* » MARTIN DU GARD. ▪ **3** Distinguer particulièrement (une personne parmi d'autres). « *Je remarquai d'abord un homme dont la simplicité me plut* » MONTESQUIEU. *Il entra sans être remarqué.* — PAR EXT. (CHOSES) *Un roman qui mérite à peine d'être remarqué.* — (Sujet chose) **FAIRE REMARQUER :** être cause qu'on remarque. « *D'une distinction qui l'eût fait remarquer partout* » BALZAC. — **SE FAIRE REMARQUER :** attirer sur soi l'attention (plutôt péj.). *Se faire remarquer par son accoutrement.* ➤ **se signaler.** — ABSOLT *Il cherche à se faire remarquer.*

II Marquer de nouveau. *Remarquer du linge dont la marque s'est effacée.*

REMASTÉRISER [ʀəmasteʀize] **v. tr.** ‹1› – 1989 au p. p. ◊ de l'anglais *to remaster* « refaire un master » ▪ ANGLIC. Refaire un enregistrement original (➤ 1 **master**), de (une œuvre musicale, visuelle). — **p. p. adj.** *Version intégrale remastérisée.*

REMASTIQUER [ʀ(ə)mastike] **v. tr.** ‹1› – 1722 ◊ de *re-* et 2 *mastiquer* ▪ Mastiquer à nouveau. *Remastiquer un carreau.* — **n. m. REMASTICAGE,** 1836.

REMBALLER [ʀɑ̃bale] **v. tr.** ‹1› – 1549 ◊ de *re-* et *emballer* ▪ **1** Emballer (ce qu'on a déballé). *Représentant qui remballe ses échantillons.* — ABSOLT, FAM. *Allez, on remballe !* ➤ 1 **ranger.** — **n. m. REMBALLAGE.** ♦ FAM. *Remballer sa marchandise :* renoncer à proposer qqch., à le faire valoir. — FIG. *Il peut remballer ses compliments,* les garder, ne pas les dire. ▪ **2** FAM. Rembarrer (qqn). ➤ **rabrouer** (cf. Envoyer* promener). ▪ **CONTR.** Déballer, 1 étaler.

REMBARQUER [ʀɑ̃baʀke] **v.** ‹1› – v. 1500 ◊ de *re-* et *embarquer* ▪ **1 v. tr.** Embarquer (ce qu'on avait débarqué). *Rembarquer des troupes, des marchandises.* — **n. m. REMBARQUEMENT,** v. 1500. ▪ **2** *Se rembarquer* (**v. pron.**) ou *Rembarquer* (**v. intr.**) : s'embarquer de nouveau. *Le commando a pu se rembarquer une fois sa mission accomplie.* — FIG. *Se rembarquer dans une affaire.* ▪ **CONTR.** Débarquer.

REMBARRER [ʀɑ̃bɑʀe] **v. tr.** ‹1› – XVe ◊ de *re-* et *embarrer* « enfoncer » ▪ FAM. Repousser brutalement (qqn) par un refus, une réponse désobligeante. ➤ **rabrouer, remballer** (cf. Remettre* à sa place). *Il s'est fait rembarrer et a dû se taire.* « *lorsqu'elle avait le malheur de se plaindre, Trimault la rembarrait !* » DABIT.

REMBAUCHER ➤ **RÉEMBAUCHER**

REMBLAI [ʀɑ̃blɛ] **n. m.** – 1694 ◊ de *remblayer* ▪ **1** Action de remblayer, opération de terrassement consistant à rapporter des terres pour faire une levée ou combler une cavité. *Travaux de remblai.* ➤ **remblayage.** ▪ **2** Terres rapportées à cet effet ; ouvrage ou levée de terre rapportée. *Remblai disposé en talus. Chaussée en remblai. Mur de soutènement d'un remblai.* « *une route flanquée de remblais et de contreforts* » GAUTIER. ▪ **CONTR.** Déblai.

REMBLAIEMENT [ʀɑ̃blɛmɑ̃] **n. m.** – 1924 ◊ de *remblayer* ▪ GÉOL. Colmatage par alluvionnement.

REMBLAYAGE [ʀɑ̃blɛjaʒ] **n. m.** – 1845 ◊ de *remblayer* ▪ Action de remblayer ; son résultat. ➤ **remblai** (1°). ▪ **CONTR.** Déblaiement.

REMBLAYER [ʀɑ̃bleje] **v. tr.** ‹8› – 1241 *remblaer* ◊ de *re-* et ancien français *emblaer,* par une évolution de sens parallèle à celle de *déblayer* ▪ Soumettre (une chaussée, un fossé, etc.) à des travaux de remblai. *Remblayer une route* (la hausser), *un fossé* (le combler). ▪ **CONTR.** Déblayer.

REMBLAYEUSE [ʀɑ̃blɛjøz] **n. f.** – milieu XXe ◊ de *remblayer* ▪ Machine qui fait le remblayage.

REMBOBINER [ʀɑ̃bɔbine] **v. tr.** ‹1› – 1936 ◊ de *re-* et *embobiner* ▪ Bobiner, embobiner de nouveau. *Rembobiner du fil, un film.*

REMBOÎTAGE [ʀɑ̃bwataʒ] **n. m.** /REMBOITAGE/ – 1874 ◊ de *remboîter* ▪ TECHN. (RELIURE) Opération par laquelle on remet un volume soit dans sa reliure d'origine après l'avoir lavé et réparé, soit dans une reliure d'époque dont on a changé l'étiquette au dos.

REMBOÎTEMENT [ʀɑ̃bwatmɑ̃] **n. m.** /REMBOITEMENT/ – 1636 ◊ de *remboîter* ▪ Action de remboîter ; son résultat. *Remboîtement d'une articulation.* ▪ **CONTR.** Déboîtement.

REMBOÎTER [ʀɑ̃bwate] **v. tr.** ‹1› /REMBOITER/ – *remboister* v. 1300 ◊ de *re-* et *emboîter* ▪ **1** Remettre en place (ce qui était déboîté). *Remboîter un os. Remboîter le bras d'un fauteuil* (➤ **remboîtement**). ▪ **2** RELIURE Remettre dans sa reliure. *Le relieur a lavé et remboîté ce livre ancien* (➤ **remboîtage**). ▪ **CONTR.** Déboîter.

REMBOURRAGE [ʀɑ̃buʀaʒ] **n. m.** – 1765 ◊ de *rembourrer* ▪ Action de rembourrer ; matière servant à rembourrer. ➤ **matelassure.** *Fauteuil usé qui laisse voir le rembourrage.* ➤ 1 **bourre.**

REMBOURRER [ʀɑ̃buʀe] **v. tr.** ‹1› – XIVe ◊ de *re-* et *embourrer* (XIIe), de 1 *bourre* ▪ Garnir de bourre (laine, crin, kapok, etc.). ➤ **bourrer, capitonner, matelasser.** *Rembourrer un siège. Rembourrer les épaules d'un veston.* ➤ **épauler.** — *Un coussin bien rembourré. Rembourré avec des noyaux* de pêche.* — FAM. (PERSONNES) *Il est bien rembourré,* bien en chair. ➤ **grassouillet, replet ;** FAM. **enrobé.**

REMBOURREUR, EUSE [ʀɑ̃buʀœʀ, øz] **n.** – 1962 ◊ de *rembourrer* ▪ RÉGION. (Canada) Personne qui rembourre, recouvre les meubles. ➤ **tapissier.**

REMBOURSABLE [ʀɑ̃buʀsabl] **adj.** – 1432 ◊ de *rembourser* ▪ Qui peut ou qui doit être remboursé. *Prêt remboursable sur, en vingt ans.*

REMBOURSEMENT [ʀɑ̃buʀsəmɑ̃] **n. m.** – 1432 ◊ de *rembourser* ▪ Action de rembourser. *Remboursement d'une dette.* ➤ **acquittement.** *Remboursement d'une rente* (➤ **rachat**), *d'un emprunt* (➤ aussi **désendettement**). *Remboursement des frais engagés.* ➤ **défraiement.** *Remboursement de droits et taxes :* recomm. offic. pour *drawback.* — (1911) *Expédition contre remboursement,* contre paiement à la livraison. ♦ Somme à rembourser. ▪ **CONTR.** Déboursement, déremboursement.

REMBOURSER [ʀɑ̃buʀse] **v. tr.** ‹1› – 1444 ◊ de *re-* et *embourser* « mettre dans une bourse », de 1 *bourse* ▪ **1** Rendre à une personne physique ou morale (l'argent qu'elle a consenti à avancer). *Rembourser une somme d'argent à un prêteur.* ➤ **rendre.** *Rembourser une avance, un emprunt.* ♦ Donner à qqn une somme équivalant à l'avance qu'il a faite pour (qqch.). *La Sécurité sociale rembourse certains médicaments à 70 %. — Se faire rembourser les frais professionnels par son entreprise.* ♦ Rendre l'argent perçu lors de la vente de (qqch.). *Les billets de loterie se terminant par un 8 sont remboursés. — Remboursez* (le prix des places) !, cri de mécontentement, à un mauvais spectacle. ▪ **2** Faire rentrer (qqn) dans ses débours ; rendre à (qqn). *Rembourser qqn de ses dépenses, de ses frais* (➤ **défrayer**), *de ses avances. Rembourser tous ses créanciers,* les désintéresser*. « *c'est Flora qui paie [...] je la rembourserai à Paris* » SOLLERS. — **p. p. adj.** *Satisfait ou remboursé* (formule employée dans le commerce). ▪ **CONTR.** Débourser, dérembourser, emprunter.

REMBRUNIR [ʀɑ̃bʀyniʀ] **v. tr.** ‹2› – 1690 ◇ de *re-* et *embrunir*, de *brun* «sombre» ■ **1** VX Rendre plus sombre, plus foncé. — LITTÉR. *Rembrunir qqn*, l'attrister. ■ **2** MOD. **SE REMBRUNIR v. pron.** Prendre un air sombre, chagrin. *Sa mine se rembrunit. Dès qu'elle le vit, elle se rembrunit.* — *Visage rembruni.* — **n. m.** LITTÉR. **REMBRUNISSEMENT.** ■ CONTR. Éclaircir ; épanouir, illuminer.

REMBUCHER [ʀɑ̃byʃe] **v. tr.** ‹1› – 1549 ◇ de *re-* et ancien français *embuschier* → embûche ■ CHASSE Faire rentrer (la bête) dans le bois en la poursuivant. ◆ PRONOM. Rentrer dans le bois (en parlant de la bête). *Cerf qui se rembuche.* — **n. m. REMBUCHEMENT.** ■ CONTR. Débucher, débusquer.

REMÈDE [ʀ(ə)mɛd] **n. m.** – 1181 ; v. 1175 *remedie* ◇ latin *remedium*, de *mederi* «soigner» ■ **1** VIEILLI Substance, opération, appareil qui est employé au traitement d'une maladie. ➤ **thérapeutique, traitement.** ◆ MOD. Médicament, substance médicamenteuse. «*presque tous les hommes meurent de leurs remèdes, et non pas de leurs maladies*» MOLIÈRE. — *Remède énergique, infaillible, souverain. Remède universel.* ➤ **panacée.** *Préconiser, administrer un remède. Prendre un remède.* — LOC. *Remède de cheval*, très énergique, brutal. *Remède de bonne femme* : remède empirique traditionnel. — *Plantes utilisées comme remèdes.* ➤ **simple** (III). ■ **2** FIG. Ce qui est employé pour atténuer ou guérir une souffrance morale, un mal, pour résoudre une difficulté. *Chercher un remède.* ➤ 2 **expédient, palliatif.** *Le remède, c'est de ne pas y penser.* ➤ **solution.** *Remède inefficace, inadapté* (cf. Un cautère*, un emplâtre* sur une jambe de bois). LOC. PROV. *Le remède est pire que le mal.* — **REMÈDE À.** *Le remède à nos maux, à l'ennui. Apporter un remède, porter remède à une situation, à un mal. On peut y porter remède.* ➤ **remédier.** LOC. PROV. *Aux grands maux les grands remèdes* : il faut agir énergiquement dans les cas graves. — **REMÈDE DE :** ce qui guérit. «*Le remède de la jalousie est la certitude de ce qu'on a craint*» LA ROCHEFOUCAULD. — **REMÈDE CONTRE** (sens plus fort). ➤ **antidote.** *Un remède contre la souffrance.* «*L'étude a été pour moi le souverain remède contre les dégoûts de la vie*» MONTESQUIEU. LOC. PÉJ. *Remède contre l'amour* (ou *à l'amour*) : personne repoussante, laide. — *Sa bêtise est sans remède.* ➤ **irrémédiable.**

REMÉDIABLE [ʀ(ə)medjabl] **adj.** – XIVe ◇ de *remédier* ■ RARE À quoi l'on peut remédier. ➤ **réparable.** «*le mal est ailleurs, tout près mais dehors, omniprésent mais remédiable*» P. MICHON. — FIG. *Un désordre remédiable.* ■ CONTR. Irrémédiable (plus cour.).

REMÉDIATION [ʀ(ə)medjasjɔ̃] **n. f.** – 1979 ◇ calque de l'anglais *remediation* (1818) ■ DIDACT. Dispositif pédagogique mis en place après évaluation de l'élève, pour combler des lacunes, corriger des apprentissages erronés. *Séances, logiciels de remédiation.*

REMÉDIER [ʀ(ə)medje] **v. tr. ind.** ‹7› – 1282 ◇ latin *remediare* ■ **REMÉDIER À.** ■ **1** LITTÉR. Porter remède à. «*La clé seule des dentistes pouvait remédier au mal*» HUYSMANS. ➤ **calmer, soulager.** ■ **2** FIG. et COUR. Apporter un remède à ; atténuer ou supprimer les effets néfastes de. *Remédier à des abus, des erreurs. Pour remédier à cette situation, pour y remédier.* ➤ **obvier,** 2 **parer** (à) ; **pallier.** — PAR EXT. «*un expédient ne remédie jamais à rien*» MADELIN. ➤ **arranger, réparer.**

REMEMBREMENT [ʀ(ə)mɑ̃bʀəmɑ̃] **n. m.** – 1907 ◇ de *re-* et *membre*, d'après *démembrement* ■ Reconstitution de domaines agricoles dont on estime l'exploitation plus aisée que celle des parcelles morcelées à l'excès. *On procède au remembrement par échanges et redistribution.* — PAR EXT. *Remembrement urbain.* ■ CONTR. Démembrement, morcellement.

REMEMBRER [ʀ(ə)mɑ̃bʀe] **v. tr.** ‹1› – 1933 «réunir (des parties dispersées)» ◇ de *remembrement*, d'après *démembrer* ■ Rassembler (des parcelles) en un seul domaine. — **p. p. adj.** *Biens remembrés.* ■ CONTR. Démembrer, morceler.

REMÉMORATION [ʀ(ə)memɔʀasjɔ̃] **n. f.** – 1370 ◇ de *remémorer* ■ RARE Action de remémorer, de se remémorer. «*Remémoration d'amis belges*», sonnet de Mallarmé. ◆ PSYCHOL. Rappel volontaire du souvenir.

REMÉMORER [ʀ(ə)memɔʀe] **v. tr.** ‹1› – fin XVe ; «faire une commémoration» 1374 ; a éliminé *remembrer* ◇ bas latin *rememorari*, sur le modèle de *commemorari*, variante de *commemorare* ■ LITTÉR. Remettre en mémoire. ➤ **évoquer, rappeler.** *Cette visite m'a remémoré ma jeunesse.* ◆ (1579) **SE REMÉMORER qqch.** Reconstituer avec précision, en sa mémoire. ➤ **se rappeler.** «*il se remémorait jusque dans le détail ce discours*» ROMAINS.

REMERCIEMENT [ʀ(ə)mɛʀsimɑ̃] **n. m.** – fin XIVe ◇ de *remercier* ■ Action de remercier, témoignage de reconnaissance ; paroles prononcées pour remercier. *Faire des remerciements. Avec tous mes remerciements.* «*Pour prix de ses soins, il recevait moins de remerciements que de rebuffades*» GIDE. ➤ **merci.** *Se confondre en remerciements. Sans un mot de remerciement. Lettre, discours de remerciement.* ◆ SPÉCIALT Discours du récipiendaire à l'Académie française.

REMERCIER [ʀ(ə)mɛʀsje] **v. tr.** ‹7› – 1360 ◇ de *re-* et ancien verbe *mercier*, de *merci* ■ **1** Dire merci, témoigner quelque reconnaissance à (qqn) (cf. Rendre grâce*, savoir gré* à). *Remercier un ami qui a rendu service. Remercie-la de ma part. Remercier Dieu, le ciel.* ➤ **bénir,** 1 **louer.** *Remercier verbalement, par lettre, par un cadeau. Je ne sais comment vous remercier.* ➤ **dédommager.** — PAR ANTIPHR. *Voilà comment il me remercie, l'ingrat !* — **REMERCIER DE.** *Nous vous remercions de votre aimable hospitalité. Il l'a remercié d'être venu.* — **REMERCIER POUR** (surtout choses concrètes). *Je vous remercie vivement pour votre cadeau, pour votre envoi.* ◆ SPÉCIALT (à la 1re pers.) Refuser poliment. «*Voulez-vous que je vous accompagne ? – Je vous remercie*» (cf. Non, merci). — IRON. *Sortir avec lui ? Je te remercie !* (cf. Merci* bien). ■ **2** (1687) Renvoyer, licencier (un employé). ➤ **chasser, congédier, destituer, renvoyer*.** *Remercier son secrétaire. Il a été remercié.* ■ CONTR. Engager.

RÉMÉRÉ [ʀemeʀe] **n. m.** – 1470 ◇ du latin médiéval *reemere*, latin classique *redimere* «racheter» ■ DR. Rachat possible par le vendeur, moyennant la restitution du prix principal et le remboursement de certains accessoires. *Clause de réméré.* — *Vente à réméré*, faite sous condition de rachat dans un délai déterminé. ◆ FIN. *Réméré sur valeurs mobilières* : placement de trésorerie à court terme gagé par des titres. *Sicav de réméré*, monétaire.

REMETTANT [ʀ(ə)metɑ̃] **n. m.** – 1964 ; *remetteur, euse* 1616 ◇ de *remettre* ■ DR. COMM. Personne qui remet une valeur (lettre de change, chèque) à sa banque.

REMETTRE [ʀ(ə)mɛtʀ] **v. tr.** ‹56› – milieu XIIe ◇ du latin *remittere*, famille de *mittere* → mettre

I METTRE DE NOUVEAU ■ **1** Mettre à sa place antérieure ; replacer dans le même lieu. *Remettre une chose à sa place, en place.* ➤ **rapporter, replacer.** *Remets ça où tu l'as trouvé.* — ALLUS. LITTÉR. «*Vingt fois sur le métier remettez votre ouvrage*» BOILEAU. (1848) *Ne plus remettre les pieds quelque part*, ne plus y retourner. ➤ FAM. **refoutre.** *Je ne remettrai plus les pieds chez eux.* ◆ (COMPL. PERSONNE) *Ils remettront leur fils en pension l'an prochain. Le prisonnier évadé a été remis en prison.* — LOC. *Remettre qqn sur la bonne voie, sur la voie, sur les rails**. (1823) *Remettre qqn à sa place.* ➤ **rabrouer,** FAM. **rembarrer.** ■ **2** FIG. (1539) *Remettre qqch. en mémoire* : rappeler (une chose oubliée) (cf. Rafraîchir les idées, la mémoire). — PAR EXT. VIEILLI *Se remettre (le visage de) qqn*, le reconnaître, se le remettre en mémoire. ➤ **se rappeler.** «*Je me le remis enfin, et le reconnus*» LESAGE. — (Avec ellipse du pron. réfl.) (1688) MOD. «*Je vous remets, ajouta le bonhomme après un moment de silence*» BALZAC. ■ **3** (fin XIIe, à nouveau au milieu du XVIe) Replacer dans la position antérieure. *Remettre une chose debout, d'aplomb, droite.* ➤ **redresser.** — LOC. (1651) *Remettre qqn sur pied*, lui redonner la santé. ➤ **guérir.** ◆ *Remettre un os luxé, une articulation.* ➤ **remboîter ;** RÉGION. **ramancher.** ■ **4** (début XIVe) Mettre de nouveau (un vêtement, des lunettes) sur soi. *Remets tes chaussures.* — *Remettre sa culotte à un enfant.* ■ **5** (1561) Apporter de nouveau, rétablir. *Remettre de l'ordre. Remettez le contact.* FAM. *Remets un peu de chauffage.* ■ **6** Mettre à nouveau (qqch.) pour compléter. ➤ **ajouter.** *J'ai mis 10 euros et j'en remets 20. Remettre du sel dans un plat, de l'eau dans le radiateur.* ➤ **rajouter.** — FAM. **EN REMETTRE :** en faire ou en dire plus qu'il ne faut (cf. En rajouter). «*Il s'est bien bagarré mais quand il racontait, il en remettait. Un bavard*» DURAS. *En remettre une couche**. ■ **7** (début XIVe) Mettre (qqch. d'analogue) pour remplacer. *Remettre des piles dans un appareil. Remettre de la moquette.* ■ **8** (1539) **REMETTRE À, EN :** faire passer dans un autre état, ou à l'état antérieur. *Remettre sa montre à l'heure. Remettre les pendules* à l'heure. Remettre les compteurs à zéro*. Remettre les idées* en place à qqn.* — *Remettre à neuf, remettre en état* (➤ **arranger, réparer,** FAM. **retaper**), *en ordre* (➤ 1 **ranger**). *Remettre à plat*. Remettre un ascenseur en service. Remettre un moteur en marche.* — *Remettre en cause, en question.* ➤ **reconsidérer.** ◆ (fin XIIe) (COMPL. PERSONNE) *Remettre qqn au travail, au régime. Ce prêt l'a remis à flot.* ➤ **renflouer.** — *Remettre au pas*. — Remettre qqn en confiance.* ➤ **rassurer.** *Remettre un prisonnier en liberté.*

➤ **libérer, relâcher.** *Cure thermale qui remet en forme, en condition.* ➤ **ragaillardir,** FAM. **retaper.** — SANS COMPL. Réconforter, calmer. *Prenez un café, ça va vous remettre.* ➤ **remonter.** *« On va danser. Ça va te remettre. Tu as l'air de te désintégrer »* D. BOULANGER.

II METTRE (QQCH.) EN LA POSSESSION DE (QQN) ■ **1** (milieu XIIe) Mettre en la possession ou au pouvoir de qqn. ➤ **confier, délivrer, donner, laisser, livrer.** *Remettre un colis en mains propres, au destinataire. Je vous remets une lettre de sa part. Remettre un cahier, des copies* (au professeur). ➤ **rendre.** — *Remettre un coupable entre les mains de la justice.* — (ABSTRAIT) *Remettre sa démission. Je remets mon sort entre vos mains.* ◆ **tr. ind.** RÉGION. (Belgique) *Remettre sur* (une somme) : rendre la monnaie. *Remettre sur 20 euros.* ■ **2** (fin XIVe) Faire grâce de (une obligation). *Remettre une dette, une obligation à qqn. Remettre une peine à un condamné.* ➤ **gracier.** ◆ (fin XIVe) *Remettre les péchés.* ➤ **absoudre, pardonner ; rémission.** ■ **3** (Belgique, Suisse) Vendre, céder (une entreprise, une activité commerciale). *Commerce à remettre.* ■ **4** (Belgique) Vomir, rendre. *Remettre son dîner.* ABSOLT *Elle a remis toute la nuit.*

III RENVOYER (QQCH.) À PLUS TARD (fin XIVe) *Remettre un rendez-vous. Il a remis son départ de deux jours.* ➤ **ajourner,** 2 **différer,** RÉGION. **postposer, reporter,** 1 **repousser, retarder, surseoir.** LOC. *Ce n'est que partie remise* : ce sera pour une autre fois. — PROV. *Il ne faut jamais remettre au lendemain ce qu'on peut faire le jour même* (➤ **procrastination**). — *Remettre une chose de jour en jour. Tendance à remettre les décisions à plus tard* (➤ **atermoyer**). — DR. *Remettre une cause, un jugement.* ➤ **renvoyer.** — (Avec un inf.) *Remettre à plus tard de faire qqch.*

IV FAIRE DE NOUVEAU ■ **1** SPORT *Remettre une partie,* la recommencer lorsqu'elle est indécise. ➤ **rejouer.** ■ **2** (1913) FAM. *Remettre ça* : recommencer. *« il a fait celle de 14* [la guerre], *tu voudrais peut-être qu'il remette ça ! »* SARTRE. ◆ (1913) Resservir ou reprendre à boire. *« elle a fait signe au serveur de nous remettre la même chose »* O. ADAM. *Patron, remettez-nous ça !*

V SE REMETTRE v. pron. **A. RETROUVER LE MÊME ÉTAT** ■ **1** (fin XIIe) Se replacer. *Se remettre à table. Se remettre en selle.* ESCR. *Se remettre en garde,* et SANS COMPL. *Se remettre.* — *Se remettre debout. Se remettre en route. Le train « se remet en branle avec circonspection »* J. RÉDA. — (1659) *Le temps s'est remis au beau.* — IMPERS. *Il s'est remis à pleuvoir. « il se remet à geler, se remet à neiger, se remet à grêler, à venter, à pleuvoir »* CINGRIA. ■ **2** (début XIVe) **SE REMETTRE À** (suivi d'un nom ou d'un inf.). ➤ **recommencer.** *Se remettre à l'équitation, à l'anglais. « Il fallait encore gagner de l'argent, se remettre au commerce »* ZOLA. *Se remettre au travail, à l'œuvre. Il s'est remis à fumer.* ■ **3** (1633) **SE REMETTRE DE :** revenir à un état antérieur plus favorable. *Se remettre d'une maladie* (➤ **guérir**), *d'un accident. À peine remis d'une opération.* SANS COMPL. *Il se remet très vite.* ➤ **récupérer,** se **rétablir.** *« J'ai été longtemps à me remettre. La convalescence elle a traîné encore deux mois »* CÉLINE. — *Se remettre d'une émotion, d'une frayeur. « remettez-vous de votre trouble »* DIDEROT. *Il ne s'en est pas remis.* ➤ se **relever.** — *Allons, remettez-vous !,* reprenez vos esprits. ■ **4** (1653) *Se remettre (bien) avec qqn,* (fin XIIIe) *se remettre ensemble* : se réconcilier, SPÉCIALT vivre de nouveau ensemble. *Après une brouille de quelques mois, ils se sont remis ensemble.*

B. S'EN REMETTRE À (qqn) (1559) Se fier à qqn, lui faire confiance. *Je m'en remets à vous pour faire ce qu'il faut. S'en remettre à la discrétion, aux décisions, au jugement de qqn.* ➤ **rapporter** (s'en rapporter à).

■ **CONTR.** Confisquer, enlever ; garder. — Hâter, presser.

REMEUBLER [ʀ(ə)mœble] **v. tr.** ‹ 1 › – XIIIe ◊ de *re-* et *meubler* ■ Meubler de nouveau. *Remeubler sa chambre.*

RÉMIGE [ʀemiʒ] **n. f.** – 1823 ; adj. *plumes rémiges* 1789 ◊ latin *remex, remigis* « rameur » ■ ZOOL. Grande plume rigide de l'aile des oiseaux. ➤ 1 **penne.**

REMILITARISATION [ʀ(ə)militaʀizasjɔ̃] **n. f.** – 1938 ◊ de *remilitariser* ■ Action de remilitariser. ➤ **réarmement.** *« en 36, lors de la remilitarisation de la zone rhénane »* SARTRE. ■ **CONTR.** Démilitarisation.

REMILITARISER [ʀ(ə)militaʀize] **v. tr.** ‹ 1 › – avant 1945 ◊ de *re-* et *militariser* ■ Militariser de nouveau. ➤ **réarmer.** — PRONOM. *Pays qui se remilitarise.* ■ **CONTR.** Démilitariser.

RÉMINISCENCE [ʀeminisɑ̃s] **n. f.** – v. 1330 ◊ latin des philosophes *reminiscentia,* de *reminisci* « se souvenir » ■ **1** PSYCHOL. Retour à l'esprit d'une image non reconnue comme souvenir. *« La réminiscence est comme l'ombre du souvenir »* JOUBERT. ◆ SPÉCIALT (1767) Élément d'une création artistique inspiré par une influence plus ou moins inconsciente ; cette influence. *« des improvisations frénétiques, nourries de réminiscences »* DUHAMEL. ■ **2** PHILOS. *Théorie platonicienne de la réminiscence,* selon laquelle toute connaissance est le souvenir d'un état antérieur où l'âme possédait une vue directe des Idées. ■ **3** COUR. Souvenir vague, imprécis, où domine la tonalité affective. *Vagues réminiscences. Réminiscences d'un passé lointain. « Qui dit réminiscences* [...] *dit ressouvenirs confus, vagues, flottants, incertains, involontaires »* SAINTE-BEUVE.

REMIS, ISE ➤ **REMETTRE**

REMISE [ʀ(ə)miz] **n. f.** – v. 1500 ; dr. 1311 ◊ de *remettre*

I Action de remettre. ■ **1** *Remise en..., à... :* action de mettre de nouveau ou à sa place antérieure, dans son état antérieur (dans quelques expr.). *Remise en place, en état, en forme, en marche, en ordre, en cause, en question. Remise en jeu.* — *Remise à neuf* (➤ **rénovation**). *Remise à jour* (➤ **réactualisation**). *Remise à zéro* (➤ **réinitialiser**). *Remise à niveau. Remise à plat**. ■ **2** (1611) Action de mettre dans les mains, en la possession de qqn. ➤ **dépôt,** 1 **don, livraison.** *Remise d'une lettre, d'un colis au destinataire. Remise des prix aux lauréats. Remise des clés* (à l'acheteur, au locataire d'une maison). — FIN. *Remise d'effets, de chèques à l'encaissement. Remise d'un titre. Remise anticipée de parts.* ■ **3** (1793) Renonciation à (une créance). *Remise de dette.* — DR. FISC. Octroi d'un dégrèvement. *Demande de remise. Remise de droits, de taxes, d'amendes.* — Commission d'un placier. ◆ Diminution de prix, accordée à certaines personnes. ➤ **abattement, escompte, rabais, réduction, ristourne.** *Remise consentie à une collectivité. Faire, accorder à qqn une remise de dix euros, de 5 % sur un article.* ■ **4** (1482) Réduction. *Bénéficier d'une remise de peine.* ➤ **rémission.** — *Remise des péchés par l'absolution* : pardon. ■ **5** Renvoi à plus tard. ➤ **ajournement, délai.** *« cette quotidienne remise au lendemain d'une confidence »* BOURGET. — ABSOLT et VX *« Sans délai ni remise »* MOLIÈRE. — DR. *Remise de cause* : renvoi des débats à une autre audience.

II (Lieu). ■ **1** (1694) CHASSE Taillis planté qui sert de retraite au gibier ; cette retraite. ■ **2** (1659) Local où l'on peut abriter des voitures. *Hangar servant de remise. Garer une voiture dans une remise.* ◆ PAR EXT. Abri, local sans aménagement spécial où l'on met des objets, des instruments. ➤ **débarras, resserre.** *Les remises d'une ferme.* ◆ ANCIENNT *Carrosse, voiture de remise* : voiture de louage plus luxueuse que les fiacres « qui, au lieu de stationner sur les places, se tient sous les remises » (Littré). — *Voiture de grande remise* : voiture de place*.

■ **CONTR.** (du I) Addition, supplément.

REMISER [ʀ(ə)mize] **v. tr.** ‹ 1 › – 1761 ◊ de *remise* ■ **1** Placer, ranger (une voiture) sous une remise, un abri. ➤ **garer.** *« Je ne savais où remiser ma carriole »* BOSCO. ABSOLT *Remiser dans un hangar.* ■ **2** Mettre à l'abri (une chose dont on ne se sert pas pendant un certain temps). *« Pierrot rejoignit sa place, remisa ses besicles et attendit »* QUENEAU. — Mettre (qqch.) à l'écart, pour se débarrasser. ■ **3** v. pron. (1834) CHASSE *Se remiser* : se réfugier dans un taillis. *Perdrix qui se remisent.*

REMISIER [ʀ(ə)mizje] **n. m.** – 1857 ◊ de *remise* ■ ANCIENNT (jusqu'en 1989) BOURSE Intermédiaire entre une société de Bourse et un client, assurant la gestion de titres et de portefeuilles pour le compte de leur propriétaire. ➤ **gérant** (de portefeuille).

RÉMISSIBLE [ʀemisibl] **adj.** – XIVe ◊ latin *remissibilis* ■ DIDACT. Digne de rémission, de pardon. ➤ **pardonnable.** *Péché rémissible.* ■ **CONTR.** Impardonnable, irrémissible.

RÉMISSION [ʀemisjɔ̃] **n. f.** – 1120 ◊ latin ecclésiastique *remissio,* de *remittere* ■ **1** Action de remettre, de pardonner (les péchés). *La rémission des péchés, pouvoir conféré par le Christ aux apôtres et exercé par le prêtre dans le sacrement de la pénitence.* ➤ **absolution.** ◆ Remise de peine accordée à un coupable. ➤ **grâce.** *Accorder une rémission.* ANCIENNT *Lettres de rémission,* par lesquelles le roi accordait la rémission à un criminel. ◆ COUR. **SANS RÉMISSION :** sans indulgence, sans possibilité de pardon. *Punir sans rémission.* — FIG. *Une déchéance sans rémission,* inéluctable, définitive. ■ **2** (XVIe) Affaiblissement, diminution temporaire (d'un mal). ➤ **accalmie, apaisement, atténuation, interruption, pause, répit.** *Les rémissions de la maladie, de la douleur. « Les crises successives, les rémissions de plus en plus brèves »* MARTIN DU GARD. *Rémission matinale de la fièvre.* — *Rémission complète* : disparition des symptômes d'une maladie sans que celle-ci soit guérie. ◆ FIG. et LITTÉR. Moment de calme, d'apaisement. ➤ **rémittence.** ■ **CONTR.** (du 2o) Aggravation, crise.

RÉMITTENCE [Remitɑ̃s] **n. f.** – 1776 ◊ du latin *remittens* → rémittent ■ MÉD. OU LITTÉR. Rémission (2°). *« après la furie des cris et des interrogations, il y eut une rémittence »* R. DE GOURMONT.

RÉMITTENT, ENTE [Remitɑ̃, ɑ̃t] **adj.** – 1795 ◊ latin *remittens,* de *remittere* « remettre » ■ MÉD. Qui présente des rémissions. ➤ **intermittent.** *Psychose rémittente. Fièvre rémittente,* comportant des variations.

REMIX [Rəmiks] **n. m.** – v. 1985 ◊ de l'anglais *to remix* → remixer ■ ANGLIC. Nouveau mixage, nouvelle orchestration (d'un morceau de musique). *Des remix.* ➤ **réorchestration.**

REMIXER [Rəmikse] **v. tr.** ⟨1⟩ – 1976 ◊ de l'anglais *to remix* → mixer ■ ANGLIC. Faire le remix de (un morceau de musique). ➤ **réorchestrer.** — **P. p. adj.** *« une musique qui grésillait de vieux reggaes remixés »* V. OLMI.

RÉMIZ [Remiz] **n. m.** – 1778 ◊ probablt du polonais *remiz* « oiseau romain » ■ ZOOL. Petit oiseau dentirostre *(passereaux),* de la famille des mésanges. *Des rémiz.*

REMMAILLAGE [Rɑ̃mɑjaʒ] **n. m.** – 1829 ◊ de *remmailler* ■ Réparation qui consiste à reconstituer, à remonter les mailles. *Remmaillage d'un tricot.* — On dit aussi *remaillage* [R(ə)mɑjaʒ], 1836. ◆ Opération industrielle par laquelle on monte les pieds de bas, on assemble les parties d'un tricot. ■ CONTR. Démaillage.

REMMAILLER [Rɑ̃mɑje] **v. tr.** ⟨1⟩ – 1829 ◊ de *re-* et *emmailler,* de *mailler* ■ Réparer en reconstituant, en remontant les mailles. *« Les bas de la famille, qu'elle remmaille avec patience »* CHARDONNE. — On dit aussi *remailler* [R(ə)mɑje], 1660. ■ CONTR. Démailler.

REMMAILLEUSE [Rɑ̃mɑjøz] **n. f.** – 1932 ◊ de *remmailler* ■ Ouvrière qui effectue le remmaillage. *Remmailleuse de bas.* ◆ Machine à remmailler.

REMMENER [Rɑ̃m(ə)ne] **v. tr.** ⟨5⟩ – XIVe ◊ de *re-* et *emmener* ■ Mener avec soi au lieu d'où l'on a amené. ➤ **ramener.** *Amener un enfant à l'école, puis le remmener chez lui.* ➤ **reconduire.** *« Maman, remmenez-moi »* ROMAINS.

REMNOGRAPHIE [Rɛmnɔgrafi] **n. f.** – v. 1985 ◊ de *R. M. N.* ■ MÉD. Méthode de reconstitution d'images anatomiques fondée sur la résonance* magnétique nucléaire.

REMODELAGE [R(ə)mɔd(ə)laʒ] **n. m.** – 1957 ◊ de *re-* et *modeler* ■ Fait de remodeler (qqch.). *Remodelage du visage par la chirurgie esthétique.* ➤ **lifting.** — SPÉCIALT *Remodelage des vieux quartiers d'une ville.* ➤ **rénovation.** ◆ ABSTRAIT *Le remodelage des structures de l'université française.* ➤ **remaniement, réorganisation, restructuration.**

REMODELER [R(ə)mɔd(ə)le] **v. tr.** ⟨5⟩ – 1834, repris milieu XXe ◊ de *re-* et *modeler* ■ **1** Retravailler, modifier en l'améliorant, la forme de (qqch.). *Remodeler l'ovale d'un visage. Remodeler un quartier.* ■ **2** Donner une nouvelle structure ou organisation à (qqch.). ➤ **restructurer.** *Remodeler les programmes scolaires.*

REMONTAGE [R(ə)mɔ̃taʒ] **n. m.** – 1543 ◊ de *remonter* ■ Action de remonter. ■ **1** ➤ **remonte** (1°). *Remontage des bateaux.* ■ **2** Action de remonter (un mécanisme). *Remontage d'une montre.* ■ **3** (de *re-* et *montage*) Nouveau montage. *Remontage d'un assemblage, d'un moteur.* ■ CONTR. Démontage.

REMONTANT, ANTE [R(ə)mɔ̃tɑ̃, ɑ̃t] **adj.** et **n. m.** – 1680 ◊ de *remonter* ■ **1** HORTIC. Qui redonne des feuilles, des fleurs, des fruits après la période de floraison normale. *Rosier, fraisier remontant.* ■ **2** (1904) COUR. Qui remonte (II, 6°), redonne de la vigueur, de l'énergie. *Boisson remontante.* ➤ **fortifiant, reconstituant, revigorant.** *« C'est du vin d'Espagne ; c'est très remontant »* MAURIAC. — **n. m.** *Un remontant :* boisson, médicament, qui redonne des forces. ➤ **cordial, fortifiant, reconstituant,** 1 **tonique.** *« Il avala une large rasade* [de whisky] : *"J'avais besoin d'un petit remontant" »* BEAUVOIR. ■ CONTR. Déprimant, fatigant.

REMONTE [R(ə)mɔ̃t] **n. f.** – 1424 ◊ de *remonter* ■ Action de remonter. ■ **1** Action d'aller d'aval en amont. *La descente et la remonte des bateaux.* ➤ **remontage.** *Fret de remonte.* ◆ Le fait, pour les poissons, de remonter une rivière afin de frayer. — PAR EXT. L'ensemble des poissons qui remontent un cours d'eau pour frayer. *Une grosse remonte de saumons.* ■ **2** Action de fournir de nouvelles montures. — Dans l'armée, Services chargés de fournir des chevaux. ➤ **haras.** ■ **3** VX Accouplement (➤ **monte,** 1°). MOD. LOC. *Cheval de remonte :* étalon des haras de l'armée.

REMONTÉ, ÉE [R(ə)mɔ̃te] **adj.** – v. 1980 ◊ p. p. de *remonter* ■ FAM. ■ **1** Débordant de vitalité. ➤ **dynamique.** *Il est remonté depuis les vacances.* ■ **2** En colère. *Le chef est drôlement remonté.* ◆ LOC. FAM. *Être remonté comme un coucou, comme une pendule :* être énervé, en colère.

REMONTÉE [R(ə)mɔ̃te] **n. f.** – XVe « après-midi » ◊ de *remonter* ■ **1** Action de remonter. *La remontée des mineurs. Remontée des eaux froides, remontée d'eau :* recomm. offic. pour *upwelling.* — Élévation du niveau. *La remontée de l'eau dans un siphon.* ◆ Le fait de remonter (une pente, une côte, une rivière). *« Cette remontée du Congo* [...] *était indiciblement monotone »* GIDE. ◆ SPORT Action de regagner du terrain perdu, des places dans un classement. *Équipe qui fait une belle remontée.* ■ **2** (milieu XXe) Dispositif servant à remonter les skieurs. *Remontées mécaniques d'une station de sports d'hiver :* téléfériques, télécabines, remonte-pentes, télésièges, etc. ■ **3** Information transmise à un plus haut niveau de hiérarchie ou de compétence. *Les remontées du terrain. Les remontées des clients, des utilisateurs.*

REMONTE-PENTE [R(ə)mɔ̃tpɑ̃t] **n. m.** – 1941 ◊ de *remonter* et *pente* ■ Dispositif servant à hisser les skieurs en haut d'une pente, au moyen de perches tirées par un câble. ➤ **téléski,** FAM. **tire-fesses.** *Des remonte-pentes.*

REMONTER [R(ə)mɔ̃te] **v.** ⟨1⟩ – milieu XIIe ◊ de *re-* et *monter*

I ~ **v. intr.** (AUXIL. *être*) ■ **1** Monter de nouveau ; revenir, retourner en haut. *Remonter au premier étage, dans sa chambre.* ➤ **retourner.** — *Remonter à cheval.* — FIG. *Remonter sur le trône.* — (1900) *Remonter dans l'estime de qqn.* ◆ (fin XIIe) (CHOSES) Aller de nouveau en haut. *Sous-marin qui remonte à la surface.* PAR MÉTAPH. *Les souvenirs remontent à la mémoire.* — (1690) SPÉCIALT (en parlant de ce qui ne reste pas à sa place) *Jupe qui remonte.* ◆ (1870) HORTIC. (végétaux) Donner de nouveau des feuilles, des fleurs, après la floraison normale. ➤ **refleurir ; remontant.** ◆ FIG. (1770) Augmenter, s'accroître, après avoir baissé. *La température remonte. « Le dollar monte, descend un peu, remonte »* SOLLERS. *Les actions ont remonté de 5 euros.* ■ **2** (CHOSES) S'élever de nouveau. *La route descend, puis remonte.* ■ **3** (Sans idée de répétition) S'étendre ou aller vers le haut. ➤ **monter.** *Ses yeux « semblaient remonter vers les tempes »* FLAUBERT. — (1559) Aller vers la source, en amont, à contre-courant. *Les saumons remontent vers leur lieu de naissance* (➤ **montaison**). ◆ (1658) PAR MÉTAPH. *Remonter jusqu'à la source, vers la source. « L'homme se plaît à remonter à sa source : le fleuve n'y remonte pas »* LAMARTINE. ◆ (1797) MAR. *Voilier qui remonte au vent, dans le vent,* qui progresse dans la direction d'où vient le vent. ◆ *Faire remonter une information,* la transmettre à un plus haut niveau de hiérarchie ou de compétence. *Faire remonter les commentaires des clients, les informations du terrain.* ■ **4** FIG. (1669) Aller vers l'origine, vers la source. *Remonter de l'effet à la cause.* — *Remonter dans le temps* (par l'esprit). *Aussi loin que remontent mes souvenirs.* ◆ (1669) **REMONTER À :** avoir sa source dans, tirer son origine de ; être localisé dans le passé, se rapporter par l'origine à. ➤ **dater.** *Famille qui remonte au Moyen Âge.* (1718) *Cela remonte au déluge :* c'est très ancien.

II ~ **v. tr.** (AUXIL. *avoir*) ■ **1** (fin XIIe, à nouveau au début du XVIIe) Parcourir de nouveau vers le haut. *Remonter un escalier. Défilé qui remonte les Champs-Élysées.* FIG. *Remonter la pente*.* ◆ (1855) SPORT *Remonter un adversaire, le peloton,* regagner le terrain perdu sur lui. ➤ **rattraper, rejoindre.** ■ **2** (1646) Parcourir (un cours d'eau) vers l'amont. *Bateau, nageur qui remonte une rivière. Remonter le cours d'un fleuve. Remonter le courant ;* FIG. (1829) avancer avec difficulté vers le succès, redresser une situation compromise. ■ **3** FIG. (1796) Aller, par l'esprit, vers l'origine de. *Remonter le cours des ans.* — *La machine à remonter le temps.* ■ **4** (début XIVe) Porter de nouveau en haut ou plus haut. *Remonter une malle au grenier.* ◆ (fin XIIe) Augmenter la hauteur de ; mettre à un niveau plus élevé. ➤ **hausser.** *Remonter un tableau sur un mur.* — *Remonter un mur.* ➤ **exhausser.** *Remonter son pantalon, son col.* ➤ **relever.** LOC. *Remonter les bretelles* à qqn.* ■ **5** (1590 ◊ de *remonter les poids d'une horloge*) *Remonter une horloge à poids,* en remonter les poids pour assurer la continuation du mouvement. — PAR EXT. (1690) Tendre de nouveau le ressort de (un mécanisme). *Remonter un réveil, une montre.* PRONOM. *Ce store se remonte à la manivelle.* ■ **6** FIG. (1697) Rendre plus actif (ce qui avait perdu de sa force). LITTÉR. *Remonter le courage, les forces.* ➤ **raffermir.** — (1842, Flaubert) COUR. *Remonter le moral à qqn. « Je me remonte le moral, comme on dit, et j'ai besoin de me le remonter à chaque minute »* FLAUBERT. — PAR EXT. (au XVIe et à nouveau au début du XIXe) Redonner à (qqn) de la force, de l'énergie, remettre en forme. ➤ **réconforter, soutenir ;** FAM. **requinquer, retaper ; remontant.** *« Un peu de rhum sur du sucre, ça te remontera »* CLANCIER. *Il est très déprimé, il a besoin d'être remonté.* ➤ **consoler, réconforter.** — PRONOM. *« Elle buvait une gorgée pour "se remonter" »* DABIT. ▪ **7** (début XVe) Monter de nouveau (ce qui était démonté). *Remonter une armoire, un moteur.* ▪ **8** (1839) *Remonter une pièce de théâtre,* la remettre en scène (➤ **reprise**). ▪ **9** (fin XIVe ✧ de *remonter un cavalier* « le pourvoir d'un autre cheval », fin XIIIe) Pourvoir à nouveau de ce qui est nécessaire. *Remonter son ménage. Elle a dû remonter sa garde-robe.*

▪ CONTR. Redescendre. — Descendre, dévaler, redescendre ; déprimer ; affaiblir. Démonter, disloquer.

REMONTOIR [R(ə)mɔ̃twaR] n. m. – 1642 ✧ de *remonter* ▪ Appareil, dispositif servant à remonter un mécanisme. *Montre à remontoir.*

REMONTRANCE [R(ə)mɔ̃tRɑ̃s] n. f. – 1194 ✧ de *remontrer* ▪ **1** (Surtout au plur.) Critique motivée et raisonnée adressée directement à qqn pour lui reprocher son attitude. ➤ **admonestation, avertissement, blâme, observation, réprimande, reproche, semonce ;** RÉGION. 1 **cigare.** *Faire des remontrances à un enfant. « L'orgueil a plus de part que la bonté aux remontrances que nous faisons à ceux qui commettent des fautes »* LA ROCHEFOUCAULD. ▪ **2** HIST. Discours par lequel le Parlement présentait au roi les inconvénients d'un édit, d'une loi. ➤ **supplication.** *Droit de remontrance du Parlement. Remontrances et doléances des états généraux.*

REMONTRER [R(ə)mɔ̃tRe] v. tr. ⟨1⟩ – XIVe *se remonstrer* « se signaler avec éclat » ✧ de *re-* et *montrer*

I (XVe) ▪ **1** VX OU LITTÉR. Exposer à qqn (ce qu'on lui reproche). *Remontrer à qqn ses fautes, ses torts.* ➤ **admonester, critiquer.** ✦ ABSOLT, HIST. Faire des remontrances. *Le Parlement voulut remontrer.* ▪ **2** (v. 1803) COUR. **EN REMONTRER À (qqn) :** se montrer, ou se prétendre supérieur à ; donner des leçons à. *Il prétend en remontrer à son maître. « Un ingénieur ne m'en remontrerait pas en matière de calculs »* ROMAINS.

II (XVIe) Montrer de nouveau. *Remontrez-moi ce modèle.* — PRONOM. *Il n'ose plus se remontrer,* se présenter à nouveau devant nous.

RÉMORA [RemɔRa] n. m. – 1562 ✧ latin *remora* « retardement », de *remorari* « retarder, arrêter » ▪ **1** ZOOL. Poisson téléostéen *(perciformes),* dont la tête est pourvue sur la face supérieure d'un disque adhésif qui lui permet de s'attacher à de gros poissons qu'il nettoie de leurs parasites. *Des rémoras.* ▪ **2** VX Obstacle, difficulté.

REMORDRE [R(ə)mɔRdR] v. tr. ⟨41⟩ – XVIe ; « faire souffrir par le remords » 1170 ✧ de *re-* et *mordre* ▪ Mordre de nouveau. *Remordre à l'hameçon.* ✦ FIG. *Il ne veut plus remordre au travail,* s'y remettre.

REMORDS [R(ə)mɔR] n. m. – *remors* XIIIe ✧ de *remordre* ▪ Sentiment douloureux, angoisse accompagnée de honte, que cause la conscience d'avoir mal agi. ➤ **regret, repentir.** *« Le regret consiste dans le sentiment de quelque perte ; le repentir, dans celui d'une faute ; le remords, dans celui d'un crime et la crainte du châtiment »* VAUVENARGUES. *Avoir des remords. « Un remords le harcelait »* MAUPASSANT. *Être bourrelé* de remords, être la proie des remords. Remords cuisants, torturants. « L'implacable Remords »* BAUDELAIRE. ✦ *Remords d'une faute, d'un crime. Le remords d'avoir offensé Dieu* (➤ **contrition, résipiscence**).

REMORQUAGE [R(ə)mɔRkaʒ] n. m. – 1834 ✧ de *remorquer* ▪ Action de remorquer. *Remorquage maritime, dans les rades et les ports. Remorquage fluvial, des péniches et chalands.* ➤ **touage.** *Remorquage et poussage.* ✦ *Remorquage d'une voiture par une dépanneuse.*

REMORQUE [R(ə)mɔRk] n. f. – 1694 ✧ de *remorquer* ▪ **1** Action de remorquer (1°) ; opération par laquelle un bateau, un véhicule en tire un autre. *Corde, câble de remorque. Prendre un bateau en remorque.* — *Prendre en remorque une voiture,* la tirer alors qu'elle ne fonctionne plus. ▪ **2** LOC. (1842) *Être* **À LA REMORQUE :** traîner, rester en arrière (cf. À la traîne). *Être, se mettre à la remorque de qqn,* se laisser mener par lui, le suivre ou l'imiter aveuglément. ▪ **3** (1773) Câble de remorque. *« La remorque, aussi rigide qu'une barre »* VERCEL. ▪ **4** (1900) Véhicule sans moteur, destiné à être traîné, tiré par un autre. *Voiture qui tracte une remorque. Remorque et semi-remorque de camion* (➤ **semi-remorque**).

REMORQUER [R(ə)mɔRke] v. tr. ⟨1⟩ – XVe variantes *remolquer, remorguer* ✧ italien *remorchiare,* bas latin *remulcare,* de *remulcum* « corde de halage » ▪ **1** Tirer (un navire) au moyen d'une remorque (3°). *Vapeur qui remorque des péniches.* ➤ **touer ; remorqueur.** ▪ **2** Tirer (un véhicule sans moteur ou qui ne fonctionne pas). *Remorquer une caravane.* ➤ 1 **tracter.** *Dépanneuse qui remorque une voiture en panne.* ▪ **3** FAM. Tirer, traîner derrière soi. *Il faut remorquer toute la famille !*

REMORQUEUR [R(ə)mɔRkœR] n. m. – 1817 adj. ✧ de *remorquer* ▪ Navire de faible tonnage, à machines puissantes, et muni de dispositifs de remorquage. ➤ **haleur, toueur.** *Remorqueurs et pousseurs. Remorqueur fluvial ; de port. « L'immense paquebot, traîné par un puissant remorqueur »* MAUPASSANT. *« accoudé au parapet, il regarda venir un train de péniches, derrière un remorqueur »* VERCEL.

REMOUILLER [R(ə)muje] v. tr. ⟨1⟩ – 1549 ✧ de *re-* et *mouiller* ▪ **1** Mouiller de nouveau. *Remouiller du linge à repasser.* ▪ **2** MAR. *Remouiller l'ancre,* et ABSOLT *remouiller :* jeter de nouveau l'ancre.

RÉMOULADE [Remulad] n. f. – 1693 *ramolade* ✧ p.-ê. du picard *rémola* « radis noir », du latin *armoracea* « radis sauvage » et suffixe de *poivrade, persillade...* avec influence de la famille de *rémoudre* (→ rémouleur), les ingrédients étant finement hachés ▪ Mayonnaise additionnée de moutarde, d'ail, de fines herbes, etc. *Faire une rémoulade.* — APPOS. INV. *Céleri rémoulade :* céleri-rave râpé et accommodé avec cette sauce.

1 **REMOULAGE** [R(ə)mulaʒ] n. m. – 1808 ✧ de *remoudre* « moudre de nouveau » ▪ TECHN. ▪ **1** Action de moudre une nouvelle fois ; son résultat. ▪ **2** Farine qui adhère encore au son et qu'on extrait par une deuxième mouture. ➤ **recoupe.**

2 **REMOULAGE** [R(ə)mulaʒ] n. m. – 1875 ✧ de *remouler* « mouler de nouveau » ▪ Opération qui consiste à mouler à nouveau (une statue, etc.). ✦ Nouveau moulage ainsi obtenu (➤ **surmoulage**).

RÉMOULEUR, EUSE [RemulœR, øz] n. – 1334 ✧ de l'ancien français *rémoudre,* de *re-* et *émoudre* « aiguiser sur la meule » ▪ Artisan, généralement artisan ambulant, qui aiguise les instruments tranchants. ➤ **repasseur.** *Petite voiture de rémouleur.*

REMOUS [Rəmu] n. m. – 1687 *remoux* ✧ déverbal de *remoudre,* de *re-* et *moudre,* l'eau qui tourbillonne étant comparée à la rotation de la meule ▪ **1** MAR. Tourbillon qui se produit à l'arrière d'un navire en marche. — COUR. Mouvement, tourbillon provoqué par le refoulement de l'eau au contact d'un obstacle ; contre-courant le long des rives d'un cours d'eau. *Les remous d'une rivière. Bain à remous.* ➤ **jacuzzi, spa.** ✦ PAR EXT. Agitation, tourbillon dans un fluide quelconque. ➤ **turbulence.** *Remous d'air, de l'atmosphère. « Un remous fit plonger l'avion »* SAINT-EXUPÉRY. ✦ PAR ANAL. Mouvement confus et massif d'une foule. *Être entraîné par les remous de la foule. Il y eut des remous dans l'assistance.* ▪ **2** FIG. Agitation passagère. *« les grands remous sociaux »* GIRAUDOUX. *Les remous qui agitent la classe politique. L'affaire fait des remous* (cf. Faire des vagues*).

REMPAILLAGE [Rɑ̃pajaʒ] n. m. – 1775 ✧ de *rempailler* ▪ Travail qui consiste à rempailler un siège ; son résultat. *Rempaillage et cannage de chaises.*

REMPAILLER [Rɑ̃paje] v. tr. ⟨1⟩ – 1700 ✧ de *re-* et *empailler* ▪ Garnir (un siège) d'une nouvelle paille. ➤ aussi 1 **canner.** *Rempailler des chaises.* ▪ CONTR. Dépailler.

REMPAILLEUR, EUSE [Rɑ̃pajœR, øz] n. – 1723 ✧ de *rempailler* ▪ Personne dont le métier est de rempailler des sièges.

REMPAQUETER [Rɑ̃pak(ə)te] v. tr. ⟨4 /5/⟩ – 1549 ✧ de *re-* et *empaqueter* ▪ Empaqueter de nouveau. ➤ **remballer.** *« En train de rempaqueter maladroitement dans son emballage de vieux journaux le coffret de fer »* C. SIMON.

REMPART [Rɑ̃paR] n. m. – *rampart* 1370 ✧ de *remparer* (vx), de *re-* et *emparer,* avec *t* final dû à l'ancienne forme *boulevart* → boulevard ▪ **1** Forte muraille, levée de terre, etc., qui forme l'enceinte d'une forteresse, d'une ville fortifiée. ➤ **mur.** *« Le rempart [...] était formé par deux murailles et tout rempli de terre »* FLAUBERT. *Parties d'un rempart ; ouvrages qui renforcent un rempart.* ➤ **fortification ;** 1 **escarpe,** 1 **talus, terre-plein.** *Rempart crénelé. Remparts d'un château fort. Protéger une ville par des remparts.* ▪ **2** AU PLUR. Zone d'une ville comprise entre les remparts et les habitations les plus proches. *Se promener sur les remparts.* ▪ **3** LITTÉR. Objet qui sert de protection pour le corps tout entier. *« Un rempart de cyprès qui m'abritent du mistral »* COLETTE. LOC. *Faire un rempart de son corps à qqn,* le protéger physiquement. — (ABSTRAIT) Ce qui protège. *« Contre la médisance il n'est point de rempart »* MOLIÈRE. *Le rempart de la foi, de la vertu. Le dernier rempart contre la violence.*

REMPIÉTER [ʀɑ̃pjete] v. tr. ⟨6⟩ – 1395 ◇ de *re-, en-* et *pied* ■ TECHN. Réparer, refaire le pied de (une construction). *Rempiéter un mur.* — n. m. **REMPIÈTEMENT** ou **REMPIÉTEMENT** [ʀɑ̃pjɛtmɑ̃].

REMPILER [ʀɑ̃pile] v. ⟨1⟩ – 1875 ; *soi rempiler* « se joindre à un groupe » 1310 ◇ de *re-* et *empiler* ■ **1** v. tr. Empiler de nouveau. *Rempiler des assiettes.* ■ **2** v. intr. FAM. Se rengager à la fin de la durée légale du service militaire ou à l'expiration d'un précédent engagement. — p. p. adj. *Sous-officier rempilé,* qui a fait carrière dans l'armée par une suite de rengagements successifs. *« Elles embauchèrent des hommes sûrs, rempilés de la coloniale »* ARAGON. SUBST. *Un rempilé.*

REMPLAÇABLE [ʀɑ̃plasabl] adj. – 1846 ◇ de *remplacer* ■ Qui peut être remplacé. *Objet facilement remplaçable. Éléments remplaçables l'un par l'autre.* ➤ **interchangeable, substituable.** *Elle est difficilement remplaçable à ce poste.* ■ CONTR. Irremplaçable.

REMPLAÇANT, ANTE [ʀɑ̃plasɑ̃, ɑ̃t] n. – 1792 ◇ de *remplacer* ■ **1** ANCIENNT Homme qui faisait le service militaire à la place d'un autre. ■ **2** (1802) MOD. Personne qui en remplace momentanément une autre à son poste, à une fonction. ➤ **intérimaire, substitut, suppléant.** *Se chercher un remplaçant. Médecin qui prend un remplaçant pendant les vacances. Joueur qui est remplaçant dans une équipe. Remplaçant au théâtre.* ➤ **doublure.**

REMPLACEMENT [ʀɑ̃plasmɑ̃] n. m. – 1535 ◇ de *remplacer* ■ L'action, le fait de remplacer une chose ou une personne ; son résultat. ➤ **relève, substitution.** *Remplacement d'un pneu usé, d'un carreau cassé.* ➤ **changement*.** *En remplacement de* (qqch.) : à la place de. *Produit de remplacement.* ➤ **ersatz, succédané.** *Une solution de remplacement.* — *Faire un remplacement, des remplacements.* ➤ **intérim, suppléance.** *Jeune institutrice, médecin qui fait des remplacements.*

REMPLACER [ʀɑ̃plase] v. tr. ⟨3⟩ – 1549 ◇ de *re-* et ancien français *emplacer* « mettre en *place* » ■ **1** *Remplacer une chose par une autre,* mettre une autre chose à sa place ; faire jouer à une autre chose le rôle de la première. ➤ **substituer.** *« Les mots qu'il est séant de remplacer par des points »* A. HERMANT. *« On ne détruit réellement que ce que l'on remplace »* NAPOLÉON III. — *Remplacer qqn,* lui donner un remplaçant ou un successeur. *La direction a remplacé le comptable.* ◆ SPÉCIALT Mettre à la place de (qqch.) une chose semblable et en bon état. *Remplacer un carreau cassé. Remplacer une pièce d'un moteur.* ➤ **changer.** — PRONOM. (PASS.) *Cette pièce peut se remplacer,* être remplacée (➤ **remplaçable**). ■ **2** Être mis, se mettre à la place de (qqch., qqn). ➤ **succéder (à).** *Les modes sont sans cesse remplacées par d'autres. « La jeunesse sérieuse [...] qui va nous remplacer »* SAINTE-BEUVE. *Aller remplacer une sentinelle.* ➤ **relever.** *Robots qui remplacent des ouvriers.* ■ **3** Tenir la place de (cf. Faire fonction*, tenir lieu* de). ➤ **suppléer.** *La traction électrique a remplacé la traction à vapeur.* ■ **4** Exercer temporairement les fonctions de (qqn). *Remplacer qqn à une cérémonie, à la signature d'un acte.* ➤ **représenter.** *Acteur qui se fait remplacer pour jouer un rôle.* ➤ 1 **doubler.** *Intérimaire qui remplace un employé en congé.* — PRONOM. *« Un homme comme toi ne se remplace pas aisément »* DIDEROT. ➤ **irremplaçable.**

REMPLAGE [ʀɑ̃plaʒ] n. m. – 1409 ; « surcharge » 1372 ◇ de *remplir* ■ **1** CONSTR. Blocage* fait d'un mélange de moellons ou briques et de mortier, dont on remplit l'espace compris entre les deux parements d'un mur. ➤ **remplissage.** ■ **2** (1908) ARCHÉOL. Réseau de pierre garnissant l'intérieur d'une fenêtre ou d'une rose, dans le style gothique ; chaque élément de ce réseau.

1 **REMPLI, IE** [ʀɑ̃pli] adj. – XIIe ◇ de *remplir* ■ **1** Rendu plein (de qqch.). *Jatte remplie de lait.* ABSOLT Plein. *La salle de concert est remplie.* ➤ **bondé,** 2 **comble,** 1 **complet.** ◆ (Temps) Occupé dans toute sa durée. *Journée, vie bien remplie.* ◆ FIG. (milieu XVIIe) LITTÉR. Plein d'un sentiment. *« Mon cœur est trop rempli pour ne pas déborder »* LAMARTINE. *Rempli d'admiration, de tristesse.* — *Il est tout rempli de son importance, de ses mérites.* ➤ **enflé, gonflé, pétri.** *Un homme tout rempli de lui-même.* ➤ **imbu.** ■ **2** *Rempli de,* qui contient en grande quantité. ➤ **plein.** *Bosquet, parc rempli d'oiseaux. Un texte rempli d'erreurs.* ■ **3** Accompli, tenu. *Un engagement rempli.* ■ CONTR. Vidé. Exempt.

2 **REMPLI** [ʀɑ̃pli] n. m. – 1640 ◇ de *re-, en-* et *pli* ■ TECHN. Pli qu'on fait à une étoffe afin de la raccourcir, de la border. ➤ **ourlet.** *Rempli d'une jupe, d'un rideau.* ◆ Dépassant, à l'envers d'une couture. — v. tr. ⟨7⟩ **REMPLIER** [ʀɑ̃plije], 1661.

REMPLIR [ʀɑ̃pliʀ] v. tr. ⟨2⟩ – v. 1130 au p. p. ◇ de *re-* et *emplir*

I ■ **1** Rendre plein (un réceptacle), utiliser entièrement (un espace disponible). ➤ **emplir.** *Remplir un tonneau.* ➤ **ouiller.** *Remplir une casserole d'eau, une cuve de fioul. Remplir le réfrigérateur de provisions, avec des bouteilles. Remplir un sac à le crever.* ➤ **bourrer, charger.** *Remplir un récipient à moitié, jusqu'au bord, à ras bord.* — FIG. *Se remplir les poches*.* — *Remplir une salle de théâtre* (d'un auteur, d'une pièce) (cf. Faire salle comble*). PRONOM. *La salle commence à se remplir.* ◆ FIG. *Remplir de* (un sentiment) : rendre plein de. *Remplir qqn de joie, de fureur. Ce succès l'a rempli d'orgueil.* ➤ **combler, gonfler.** ■ **2** Couvrir entièrement (un espace). *Remplir une page d'écriture.* ◆ PAR EXT. Faire en sorte que (qqch.) contienne beaucoup de. *Remplir un discours de citations.* ➤ **farcir, semer.** ■ **3** Compléter (un document qui comporte des espaces laissés en blanc). *Remplir une fiche, un questionnaire, un chèque. Remplir un formulaire.* ➤ **renseigner.**

II ■ **1** Rendre plein par sa présence (une portion d'espace) ; être en grande quantité, en grand nombre dans (un lieu, un espace). ➤ **emplir.** *« de profondes ornières que l'eau remplissait entièrement »* VIGNY. *« Son corps fluet remplissait mal les plis de sa soutane »* RENAN. *Odeur qui remplit une pièce.* — *Remplir une lacune, un trou, un vide.* ◆ FIG. et LITTÉR. Occuper entièrement. *La colère qui remplit son âme, son cœur. « Les grands souffrants ne s'ennuient jamais : la maladie les remplit comme le remords nourrit les grands coupables »* CIORAN. ◆ PAR ANAL. Occuper dans toute sa durée (un temps). *Futilités qui remplissent une vie.* ■ **2** Couvrir entièrement (un support visuel). *Remplir des pages et des pages. Le procès « dont les détails remplissaient depuis plusieurs jours les colonnes de tous les journaux »* MARTIN DU GARD.

III (1515) Exercer, accomplir effectivement. *Remplir une fonction, des fonctions.* ➤ **exercer.** *Remplir un rôle.* ➤ **tenir.** *Organe qui remplit son office.* — Satisfaire à (qqch.). *Il a rempli ses engagements ; ses obligations, ses promesses.* ➤ **s'acquitter, tenir.** *Un talent « qui remplit ou qui même dépasse les plus belles espérances »* SAINTE-BEUVE. *Remplir une condition. Remplir une formalité.*

■ CONTR. Vider ; dépeupler, nettoyer ; effacer ; creuser, évider. Évacuer.

REMPLISSAGE [ʀɑ̃plisaʒ] n. m. – 1508 au sens 2° ◇ de *remplir* ■ **1** (1538) Opération qui consiste à remplir un récipient, un bassin, etc. ; le fait de se remplir. *Remplissage d'un sac, d'un carton. Le remplissage de la piscine nécessite deux jours.* — Manière dont une chose est remplie. *Coefficient de remplissage d'un avion, d'une ligne aérienne,* nombre moyen de sièges occupés par vol. *Taux de remplissage d'une salle de spectacle.* ■ **2** TECHN. Blocage*, remplage* d'un mur. — Ce qui sert à garnir les vides d'une charpente, d'un bâti, d'une ossature. ■ **3** (1588) Partie d'un texte qui l'allonge sans rien exprimer d'important. ➤ **délayage, longueur.** *Faire du remplissage. Scène de remplissage.* ■ **4** HIST. MUS. *Parties de remplissage,* entre la basse et le dessus.

REMPLISSEUR, EUSE [ʀɑ̃plisœʀ, øz] n. – 1680 fém. ◇ de *remplir* ■ **1** TECHN. *Remplisseur sur faïence, sur porcelaine, sur verre :* ouvrier qui peint, qui colore des dessins dont le contour a été préalablement tracé. ◆ n. f. Ouvrière qui remplit les vides entre les motifs des dentelles, ou les répare. ■ **2** n. f. (1904) **REMPLISSEUSE :** machine qui sert à remplir mécaniquement plusieurs bouteilles à la fois.

REMPLOI [ʀɑ̃plwa] n. m. – *remploy* 1480 ◇ de *remployer* ■ **1** Le fait d'employer ou d'être employé de nouveau. ➤ **réemploi.** *Remploi dans une construction d'un élément architectural qui a appartenu à un édifice antérieur. Colonnes, chapiteaux de remploi.* ■ **2** FIN. Nouvelle affectation donnée à des ressources disponibles. *Le remploi du produit d'une vente. Remploi de plus-values de cession,* pour bénéficier d'un régime fiscal avantageux. *Remploi de trésorerie.* — DR. *Règles de remploi des biens des mineurs, des associations,* fixées par le législateur.

REMPLOYER [ʀɑ̃plwaje] v. tr. ⟨8⟩ – 1320 ◇ de *re-* et *employer* ■ **1** Employer de nouveau. ➤ **réemployer, réutiliser.** *Remployer des matériaux de démolition.* ■ **2** Faire le remploi de. — DR. Acheter un bien avec (les capitaux provenant de la vente d'un autre bien). *Remployer l'argent de la vente d'un immeuble.*

REMPLUMER [ʀɑ̃plyme] **v. tr.** ‹1› – XIIIe ◊ de *re-* et *emplumer* ▪ **1** Recouvrir de plumes. — PRONOM. (1587) Se couvrir de nouvelles plumes. ▪ **2** (1400) FAM. Rétablir la situation financière de (qqn). ◆ (1611) FAM. Redonner de l'embonpoint à (qqn). *Ses deux semaines de congé l'ont bien remplumé.* — PRONOM. *Il s'est vite remplumé.* ▪ CONTR. Déplumer (se).

REMPOCHER [ʀɑ̃pɔʃe] **v. tr.** ‹1› – 1743 ◊ de *re-* et *empocher* ▪ Remettre dans sa poche. *Rempocher son argent.*

REMPOISSONNEMENT [ʀɑ̃pwasɔnmɑ̃] **n. m.** – 1664 ◊ de *rempoissonner* ▪ Repeuplement en poissons. *Rempoissonnement d'un étang.*

REMPOISSONNER [ʀɑ̃pwasɔne] **v. tr.** ‹1› – *rempissenier* 1405 ◊ de *re-* et *empoissonner* ▪ Repeupler de poissons. *Rempoissonner un étang, une rivière.*

REMPORTER [ʀɑ̃pɔʀte] **v. tr.** ‹1› – 1461 ◊ de *re-* et *emporter*

I Emporter (ce qu'on avait apporté). ➤ **reprendre.** *Le livreur a remporté la marchandise refusée. Serveur qui remporte les plats sans qu'on y ait touché.*

II (1538) Emporter (ce qui est disputé). ➤ **gagner.** *Remporter une victoire* (➤ **vaincre**). *Sportif qui remporte tous les titres.* ➤ 1 **avoir, rafler, récolter.** *Remporter la coupe Davis, un prix littéraire.* ◆ PAR EXT. Obtenir (qqch.), sans qu'il y ait eu compétition. *Remporter un franc succès.*

REMPOTER [ʀɑ̃pɔte] **v. tr.** ‹1› – avant 1835 ◊ de *re-* et *empoter* ▪ Changer (une plante) de pot. *Dépoter et rempoter des géraniums.* — **n. m. REMPOTAGE,** 1803.

REMPRUNTER [ʀɑ̃pʀœ̃te] **v. tr.** ‹1› – 1549 ◊ de *re-* et *emprunter* ▪ Emprunter de nouveau. *Remprunter de l'argent à qqn.*

REMUAGE [ʀəmɥaʒ] **n. m.** – 1314 «transport» ◊ de *remuer* ▪ TECHN. ▪ **1** Opération par laquelle on remue le blé pour l'éventer. ▪ **2** Mouvement d'oscillation et de rotation imprimé aux bouteilles de champagne pendant plusieurs années pour faire tomber le dépôt sur le bouchon.

REMUANT, ANTE [ʀəmɥɑ̃, ɑ̃t] **adj.** – v. 1175 ◊ de *remuer* ▪ Qui a pour habitude de s'agiter, de se dépenser beaucoup. *Un enfant remuant.* ➤ **turbulent.** ◆ Qui se dépense, qui a des activités multiples et un peu brouillonnes. ➤ **actif, dynamique.** *«Le boiteux Lepitre, homme aventureux [...], d'autant plus remuant qu'il avait peine à remuer»* MICHELET. ▪ CONTR. 2 Calme, inerte.

REMUE [ʀəmy] **n. f.** – 1949 ◊ de *remuer* VX «changer de lieu» ▪ RÉGION. Changement de pâturage selon les saisons, dans une exploitation de montagne (➤ **transhumance**). — Lieu de pâturage temporaire.

REMUE-MÉNAGE [ʀ(ə)mymenaʒ] **n. m.** – 1585 ◊ de *remuer* «transporter» et *ménage* ▪ Ensemble de mouvements, déplacements bruyants et désordonnés. *Faire du remue-ménage. Il y a du remue-ménage dans la maison.* ➤ **branle-bas, confusion.** *Des remue-ménages* ou *des remue-ménage* (inv.). ◆ Agitation, mouvement. *«Il leur faut le remue-ménage de Paris, les cafés, le bal, la vie à grand orchestre»* HUYSMANS.

REMUE-MÉNINGES n. m. inv. ou **REMUE-MÉNINGE** [ʀ(ə)mymenɛ̃ʒ] **n. m.** – v. 1965 ◊ de *remuer* et *méninges*, par anal. parodique avec *remue-ménage* ▪ PLAIS. Réunion organisée pour que les participants émettent des idées, formulent des propositions. *Des remue-méninges.* — Recomm. offic. pour *brainstorming**.

REMUEMENT [ʀ(ə)mymɑ̃] **n. m.** – v. 1170 ◊ de *remuer* ▪ Action de remuer ; mouvement de ce qui remue. *Remuement des lèvres. «À la fin du dernier office, le remuement des chaises la tirait de cet engourdissement»* GONCOURT.

REMUER [ʀəmɥe] **v.** ‹1› – v. 1175 ; aussi «transporter, muter, changer» en ancien français ◊ de *re-* et *muer*

I ~ **v. tr.** ▪ **1** Faire changer de position, faire bouger. ➤ **bouger, déplacer.** *Objet lourd à remuer. Arrête de remuer ta chaise. Remuer le couteau dans la plaie*.* ◆ Mouvoir (une partie du corps), imprimer un mouvement à. *Remuer les lèvres. Chien qui remue les oreilles, la queue.* ➤ **agiter.** *«Ils le garrottèrent solidement, de manière qu'il ne pût remuer que les jambes»* LAUTRÉAMONT. — LOC. *Ne pas remuer le petit doigt* : ne rien faire (pour aider qqn). ▪ **2** Déplacer dans ses parties, ses éléments. *Remuer du grain pour l'aérer. Remuer des braises, des cendres. Brise qui remue les feuilles. Remuer la terre.* ➤ **fouiller, retourner.** *Remuer pour mélanger, donner une consistance uniforme.* ➤ **battre,** 1 **brasser, malaxer, pétrir.** *Remuer son café pour faire fondre le sucre. Remuer une sauce.* ➤ **mélanger, tourner.** *Remuer la salade.* ➤ FAM. **fatiguer, touiller ;** RÉGION. **bouléguer.** — **p. p. adj.** *Une odeur de terre remuée.* ◆ LOC. *Remuer l'or à la pelle, remuer de l'argent, des millions* : faire de grosses affaires. ➤ 1 **brasser.** *Remuer l'ordure, la boue,* VULG. *la merde* : parler, s'occuper de scandales. *Remuer ciel et terre* : faire appel à tous les moyens (pour obtenir qqch.). ▪ **3** FIG. Évoquer, agiter intérieurement. *Remuer de vieux souvenirs, des sentiments. «L'amour a remué ma vie»* APOLLINAIRE. ◆ SPÉCIALT *Remuer qqn*, provoquer, faire naître des émotions en lui. ➤ **émouvoir ; attendrir, bouleverser,** 1 **toucher, troubler.** *Avocat qui remue son auditoire. Ce spectacle émouvant l'a remué. «Cette souffrance [...] la remuait»* GREEN. FAM. *Ça remue les tripes.* — **p. p. adj.** Ému. *Il semble très remué.*

II ~ **v. pron. SE REMUER** Se mouvoir, faire des mouvements. *«La danseuse se remuait en cadence avec de longues ondulations de corps»* FROMENTIN. *Avoir de la peine à se remuer,* à bouger. ◆ FIG. Agir en se donnant de la peine. ➤ **s'activer,** se **démener,** se **dépenser.** *Il s'est beaucoup remué pour eux, pour leur trouver un stage. Allons, remue-toi ! «Que quelqu'un se décide enfin, qu'on se remue un peu, il est grand temps»* SARRAUTE. ➤ **agir.**

III ~ **v. intr.** ▪ **1** Bouger, changer de position. *«Courbatue, souffrant dès qu'elle remuait»* MARTIN DU GARD. *Femme enceinte qui sent son enfant remuer. Un oiseau blessé qui remue encore. Il ne peut rester sans remuer.* ➤ **s'agiter, gesticuler, gigoter.** LOC. FAM. (en s'adressant à un enfant) *Ton nez remue !* tu mens. — *Plantes, herbes qui remuent dans le vent.* ➤ se **balancer, frémir, frissonner, onduler, trembler.** *Avoir une dent qui remue* (quand on l'ébranle). ➤ **bouger.** *Le bateau remue beaucoup.* ➤ **rouler, tanguer.** ▪ **2** FIG. Commencer à se révolter, passer à l'action politique. ➤ **bouger,** se **soulever.** *«L'Italie ne remua pas seule ; toutes les nations tributaires avaient pris les armes»* MICHELET.

▪ CONTR. Fixer, immobiliser.

REMUEUR, EUSE [ʀəmɥœʀ, øz] **n.** – XXe ; «celui qui remue» 1500 ◊ de *remuer* ▪ TECHN. Personne chargée du remuage des bouteilles de champagne.

REMUGLE [ʀəmygl] **n. m.** – 1514 ; adj. «qui sent le moisi» 1507 ◊ de l'ancien nordique *mygla* «moisissure» ▪ VX ou LITTÉR. Odeur désagréable de moisi, de renfermé. *Ils «pénétraient dans des chambres aux volets clos qui sentaient le remugle»* PEREC.

RÉMUNÉRATEUR, TRICE [ʀemyneʀatœʀ, tʀis] **n. et adj.** – XIIIe, théol. ◊ latin *remunerator, trix* ▪ **1** VX Personne qui récompense. *«Dieu est le souverain rémunérateur»* (ACADÉMIE). **adj.** *Un dieu rémunérateur.* ▪ **2 adj.** (1870) Qui paie bien, procure des bénéfices. *Activité rémunératrice.* ➤ **lucratif ;** FAM. **juteux.** — VX *Prix rémunérateur.* ➤ **avantageux.**

RÉMUNÉRATION [ʀemyneʀasjɔ̃] **n. f.** – 1300 sens 2° ◊ latin *remuneratio* ▪ **1** VX ou DIDACT. Récompense. *«Si les rémunérations et les châtiments futurs ont quelque réalité»* RENAN. ▪ **2** MOD. Argent reçu pour prix d'un service, d'un travail. ➤ **rétribution, salaire*.** *Rémunération du personnel. Rémunération d'un travail. Forte rémunération. «Il ne voulut rien recevoir en rémunération de ses soins»* MAUPASSANT. — MAR. *Rémunération d'assistance* : somme due à un navire qui a prêté assistance à un navire en péril.

RÉMUNÉRATOIRE [ʀemyneʀatwaʀ] **adj.** – 1514 ◊ de *rémunérer* ▪ DR. Qui a un caractère de récompense. *Legs rémunératoire.*

RÉMUNÉRER [ʀemyneʀe] **v. tr.** ‹6› – 1346 ◊ latin *remunerare*, de *munus, muneris* «cadeau, présent» ▪ **1** VX Récompenser (une action, une qualité, une personne). *Punir le crime et rémunérer la vertu.* ▪ **2** MOD. Payer (un service, un travail). *Rémunérer le concours de qqn. — Rémunérer le capital.* ◆ PAR EXT. Payer (qqn) pour un travail. ➤ **rétribuer.** — **p. p. adj.** *Collaborateurs rémunérés* (opposé à *bénévole*). *Travail bien, mal rémunéré.*

RENÂCLER [ʀ(ə)nɑkle] **v. intr.** ‹1› – 1725 «crier après qqn» ◊ altération, par croisement avec *renifler*, de *renaquer*, de *re-* et ancien français *naquer* «flairer», d'un latin °*nasicare*, racine *nasus* «nez» ▪ **1** Renifler bruyamment en signe de mécontentement. *«Le troupeau monstrueux en renâclant recule»* HEREDIA. ▪ **2** Témoigner de la répugnance (devant une contrainte, une obligation). *Renâcler à la besogne.* ➤ **rechigner.** *Lantier «renâclait sur les potées de pommes de terre»* ZOLA. *Il accepte en renâclant.*

RENAISSANCE [ʀ(ə)nɛsɑ̃s] **n. f.** – 1380 ◊ de *renaître*, d'après *naissance*

I ▪ **1** Nouvelle naissance. *Les renaissances successives des êtres, dans les religions de l'Inde.* ➤ **réincarnation.** ◆ RELIG. Régénération de l'âme, de l'être humain. *Renaissance en Jésus-Christ* (par le baptême, la pénitence). ▪ **2** (1674) FIG. Réapparition, nouvel essor (d'une société, d'une institution, d'une activité). ➤ **renouveau.** *Renaissance des arts, des lettres. « La renaissance de la civilisation latine »* TAINE. *La renaissance d'un pays après une guerre.*

II (1825) **LA RENAISSANCE** (avec un *R* majuscule) : essor intellectuel provoqué, à partir du XVe s. en Italie, puis dans toute l'Europe, par le retour aux idées, à l'art antiques gréco-latins. — Période historique allant du XIVe ou du XVe s. à la fin du XVIe s. *La Renaissance correspond aux débuts des Temps modernes. Humanisme* de la Renaissance.* ◆ Esthétique qui succède à l'esthétique médiévale, caractérisée par le retour aux canons artistiques et aux thèmes gréco-latins, la perspective classique en peinture. *Tableau, fresque, édifice de la Renaissance. La poésie de la Renaissance française.* — PAR APPOS. *L'architecture, le mobilier Renaissance. Les châteaux Renaissance des bords de la Loire.*

▪ CONTR. (de I, 2°) Agonie, 1 mort.

RENAISSANT, ANTE [R(ə)nɛsɑ̃, ɑ̃t] **adj.** – 1550 ◇ de *renaître* ▪ **1** Qui renaît, qui revient, qui réapparaît. *« Nos discussions étaient sans fin, nos conversations toujours renaissantes »* RENAN. *Les forces renaissantes d'un convalescent.* ◆ POÉT. *« Des gazons toujours renaissants et fleuris »* FÉNELON. ▪ **2** (1886) DIDACT. Qui appartient à l'époque de la Renaissance. *« Dans ce siècle renaissant »* BLOY. *L'art renaissant.*

RENAÎTRE [R(ə)nɛtR] **v. intr.** ‹59 ; rare aux temps comp. et p. p. *rené, ée*› /RENAITRE/ – XIIe « ressusciter, revenir à l'état de grâce » ◇ de *re-* et *naître* ▪ **1** Naître de nouveau ; recommencer à vivre. *« On a vu des brames* [brahmanes] *se brûler pour renaître bienheureux »* VOLTAIRE. *Le phénix, oiseau mythique, renaît de ses cendres.* — FIG. *Renaître de ses cendres* : se manifester de nouveau, après la destruction, la ruine. ➤ **réapparaître, revivre.** ◆ THÉOL. CHRÉT. Revenir à l'état de grâce, sortir du péché (qui est la mort de l'âme). *Renaître par le baptême. Renaître en Jésus-Christ.* ▪ **2** LITTÉR. **RENAÎTRE À :** retourner, revenir dans (un état). *Renaître à la vie* : retrouver un état de santé, après une maladie. *Renaître à l'espoir, au bonheur.* RELIG. *Mourir au péché pour renaître à la grâce.* ▪ **3** Revivre, reprendre des forces, au physique ou au moral. *« Je renaquis avec un être neuf »* GIDE. *Se sentir renaître. « Laurent se sentait renaître dans l'air frais »* ZOLA. ▪ **4** Naître, pousser, à la place de ce qui est ou semble mort ou disparu. *Les têtes de l'hydre de Lerne renaissaient après avoir été coupées.* ◆ Recommencer à croître. ➤ 2 **repousser.** *La végétation renaît au printemps.* ▪ **5** Recommencer à exister, à se développer. ➤ **reparaître, revivre.** *Sentiment, désir, espoir qui renaît. « Ce terrible appétit de la jeunesse, qui renaît à peine comblé »* COLETTE. — *Faire renaître le passé*, le ranimer, le faire revivre. ▪ CONTR. Disparaître, effacer (s'), mourir.

RÉNAL, ALE, AUX [Renal, o] **adj.** – 1314 ◇ latin *renalis* ▪ ANAT. Relatif au rein. ➤ **néphrétique.** *Plexus rénaux. La fonction rénale. — Insuffisance rénale.*

RENARD [R(ə)naR] **n. m.** – 1240 *Renart* n. pr. ◇ du francique *Reginhart*, nom donné à l'animal dans « le Roman de *Renart* » ; a éliminé *goupil* ▪ **1** Mammifère carnivore *(canidés)*, aux oreilles droites, à la tête triangulaire assez effilée, à la queue touffue, au pelage fourni. ➤ VX **goupil.** *Renard commun*, à pelage jaune roux. *Renard argenté. — Chasse au renard. Cri du renard.* ➤ **glapissement.** *Renard qui attaque un poulailler. Terrier du renard. Les renards transmettent la rage, l'échinococcose. — Le renard a une réputation d'adresse et de ruse* (cf. ci-dessous, 3°). *« Honteux comme un renard qu'une poule aurait pris »* LA FONTAINE. *« Le corbeau et le renard », fable de La Fontaine.* — PAR EXT. *Renard bleu.* ➤ **isatis.** *Renard des sables.* ➤ **fennec.** *Renard volant.* ➤ **roussette.** ▪ **2** Peau, fourrure du renard apprêtée. *Manteau de renard. Porter un renard argenté.* ▪ **3** FIG. (XIIIe) Personne fine et rusée, subtile. *Un fin renard. « la souplesse et la ruse de ces vieux renards »* MONTHERLANT. ▪ **4** LOC. POP. (fin XVe) VX *Écorcher le renard, piquer un renard*, MOD. *lâcher un renard, aller au renard* : vomir. — MOD. *Un renard* : un vomissement. ▪ **5** FIG. (XIXe) VX Mouchard, espion. ➤ ARG. **mouton.** — Ouvrier qui refuse de faire grève. ➤ **jaune.** *« L'unanimité ne régnait pas parmi les grévistes sur les méthodes à suivre avec les renards »* ARAGON. ▪ **6** TECHN. (par compar. avec la queue du renard) Fente, trou par où se perd l'eau d'un canal, d'un bassin, de la coque d'un navire.

RENARDE [R(ə)naRd] **n. f.** – XIIIe ◇ de *renard* ▪ LITTÉR. OU ZOOL., CHASSE Renard femelle. *Une renarde et ses renardeaux.*

RENARDEAU [R(ə)naRdo] **n. m.** – 1288 ◇ de *renard* ▪ Petit du renard.

RENARDIÈRE [R(ə)naRdjɛR] **n. f.** – 1512 ◇ de *renard* ; nom de lieu en 1463 ▪ **1** CHASSE Terrier du renard. ▪ **2** (1957) **(Canada)** Élevage de renards.

RENATURATION [R(ə)natyRasjɔ̃] **n. f.** – milieu XXe ◇ de *re-* et *(dé)naturation*, d'après l'anglais (1940) ▪ BIOCHIM. ▪ **1** Retour à l'état natif d'une protéine qui a été dénaturée. ▪ **2** Association nouvelle de simples brins complémentaires dénaturés d'une double hélice d'ADN.

RENAUDER [Rənode] **v. intr.** ‹1› – 1808 ◇ p.-ê. de *Renaud*, ou de *renard*, d'après le cri de l'animal ▪ POP. VX Protester avec mauvaise humeur. ➤ **râler, rouspéter.** *« Il renaudait à propos de tout »* ZOLA.

RENCAISSAGE [Rɑ̃kɛsaʒ] **n. m.** – 1835 ◇ de *rencaisser* ▪ HORTIC. Action de rencaisser (une plante).

RENCAISSEMENT [Rɑ̃kɛsmɑ̃] **n. m.** – 1765 ◇ de *rencaisser* ▪ FIN. Action de remettre en caisse (une somme recouvrée).

RENCAISSER [Rɑ̃kese] **v. tr.** ‹1› – 1704 ◇ de *re-* et *encaisser* ▪ **1** HORTIC. Remettre en caisse (une plante). ➤ **rempoter.** *Rencaisser des orangers.* ▪ **2** FIN. Encaisser de nouveau (une somme).

RENCARD ; RENCARDER ➤ **RANCARD ; RANCARDER**

RENCHÉRI, IE [Rɑ̃ʃeRi] **adj.** – XVe ◇ de *renchérir* ▪ VX OU LITTÉR. Difficile, dédaigneux. *« Une bourgeoise, même opulente et renchérie »* ROMAINS. — SUBST. *« Elle faisait la renchérie, elle était têtue, vaniteuse »* R. ROLLAND.

RENCHÉRIR [Rɑ̃ʃeRiR] **v.** ‹2› – début XIIIe v. tr., fig. ◇ de *re-* et *enchérir*, qu'il tend à remplacer

I v. tr. Rendre encore plus cher, augmenter le prix de. ➤ **enchérir.** *« Une main-d'œuvre qui renchérit le papier »* BALZAC.

II v. intr. (1283) ▪ **1** Devenir encore plus cher, d'un prix plus élevé. ➤ **enchérir.** *Denrées qui renchérissent.* ▪ **2** Faire une enchère supérieure. *Il renchérit systématiquement sur tout le monde.* ▪ **3** FIG. (XVIIe) **RENCHÉRIR SUR :** aller encore plus loin que, en action ou en paroles. *« Vous avez renchéri sur ce que je vous ai enseigné. Vous outrez ma morale »* LESAGE.

▪ CONTR. Baisser.

RENCHÉRISSEMENT [Rɑ̃ʃeRismɑ̃] **n. m.** – 1283 ◇ de *renchérir* ▪ Hausse, augmentation de prix. *Les femmes « causent, avec des voix plaintives, du renchérissement des denrées »* GONCOURT.

▪ CONTR. Baisse.

RENCOGNER [Rɑ̃kɔɲe] **v. tr.** ‹1› – *rencoignier* 1586 ◇ de *re-*, *en-* et *cogner* → coin ▪ FAM. VX Pousser, repousser dans un coin. ➤ **coincer.** *« Il nous rencogne à la fin toutes deux dans la ruelle du lit »* SADE. FIG. LITTÉR. *Je ne sais quoi « me rencognait dans ma timidité »* GIDE. — PRONOM. MOD. *Se rencogner.* ➤ **se blottir.**

1 **RENCONTRE** [Rɑ̃kɔ̃tR] **n. f.** – aussi n. m. jusqu'au XVIIe ; XIIe « coup de dés » et « combat » ◇ de *re-* et *encontre*

I (XIVe) LITTÉR. Circonstance fortuite par laquelle on se trouve dans une situation. ➤ **coïncidence, conjoncture, hasard, occasion, occurrence.** — VIEILLI *Par rencontre* : par hasard. *« Tout existant naît sans raison, [...] et meurt par rencontre »* SARTRE. — MOD. **loc. adj.** *De rencontre* : fortuit. *« Je n'aime plus que les joies de rencontre »* GIDE.

II (de *rencontrer*) ▪ **1** (1538) Le fait, pour deux personnes, de se trouver en contact par hasard, puis PAR EXT. d'une manière concertée ou prévue. *Faire une rencontre. Une rencontre inattendue. Mauvaise rencontre* : fait de se trouver en présence d'un malfaiteur, d'une personne dangereuse. *Rencontre du troisième type*. — Le hasard des rencontres. Arranger, ménager une rencontre entre deux personnes, la rencontre d'une personne avec une autre.* ➤ **contact, entrevue, rendez-vous.** *Dès la première rencontre. Rencontre amoureuse. Site de rencontre(s)*, permettant à des personnes d'entrer en relation dans un but professionnel, sentimental... *« Ayant résumé l'essentiel de lui-même en quelques clics, il s'était inscrit sur des sites de rencontres »* T. BENACQUISTA. ◆ **À LA RENCONTRE DE... :** VX en se trouvant face à face avec qqn qu'on rencontre ; MOD. en allant vers qqn, au-devant de lui. *Aller, marcher, venir à la rencontre de qqn, à sa rencontre.* ▪ **2** SPÉCIALT Engagement imprévu de deux forces ennemies. ➤ **combat, échauffourée.** — PAR EXT. Engagement ou combat. *« À chaque rencontre, deux ou trois cavaliers y restaient »* CÉLINE. ◆ Duel. *Les témoins fixèrent les conditions de la rencontre.* ◆ Compétition sportive. ➤ **match.** *Rencontre de boxe. Rencontre amicale, internationale.* ◆ Réunion entre des personnes, des parties qui ont des intérêts opposés ou divergents. *Rencontre interprofessionnelle. Rencontre entre syndicats et patronat. Rencontre au sommet**. ▪ **3** (CHOSES) Le fait de se trouver en contact. ➤ **jonction.** *Rencontre de deux cours d'eau, de deux lignes.* ➤ **réunion.** *Point de rencontre. Rencontre brutale.* ➤ **choc, collision.** — *Rencontre de voyelles.* ➤ **hiatus.** — ASTRON., ASTROL. Conjonction ou opposition d'astres. — TECHN. *Roue de rencontre :* roue dentée qui meut le pivot du balancier (dans l'échappement à recul*).

2 **RENCONTRE** [Rɑ̃kɔ̃tʀ] **n. m.** – 1671 ◇ de *rencontrer,* même mot que 1 *rencontre* ▪ BLAS. Tête d'animal vue de face. *Un rencontre de cerf.* ➤ aussi **massacre.**

RENCONTRER [Rɑ̃kɔ̃tʀe] **v. tr.** ‹1› – XIVe ◇ de *re-* et de l'ancien verbe *encontrer* «venir en face», de *encontre ;* cf. *à l'encontre*

I ~ v. tr. SE TROUVER EN PRÉSENCE DE ▪ **1** Être mis, se trouver en présence de (qqn) par hasard. *Saluer un ami qu'on rencontre. Je l'ai rencontré sur mon chemin.* ➤ **croiser.** *Rencontrer à l'improviste.* ➤ 1 **tomber** sur. *On n'aimerait pas le rencontrer au coin* d'un bois.* PAR EXT. *Son regard rencontra le mien.* ◆ Se trouver avec (qqn avec qui une rencontre a été ménagée). *Accepter de rencontrer un émissaire, un négociateur. Je lui ai téléphoné pour le rencontrer à son bureau.* — (1936) SPORT Être opposé en compétition à (un adversaire). *Le Portugal rencontrera l'Italie.* ➤ **affronter.** ◆ Se trouver pour la première fois avec (qqn) (cf. Faire la connaissance). *«La vie en vérité commence Le jour que je t'ai rencontrée»* ARAGON. ◆ Trouver parmi d'autres (qqn dont on a besoin). *Des gens serviables comme on n'en rencontre plus,* comme il n'y en a plus. — *Rencontrer son public :* obtenir un succès auprès du public. ▪ **2** Se trouver près de, en présence de (qqch.). ➤ **atteindre, trouver.** *«Chacun s'arme au hasard du livre qu'il rencontre»* BOILEAU. — *Un des sites «les plus mélancoliques qu'il m'ait été donné de rencontrer»* LOTI. *Rencontrer fréquemment un mot chez un auteur.* ➤ 1 **tomber** sur. ◆ Se trouver en présence de (un obstacle, une résistance). ➤ **heurter.** *Le vent ne rencontrait aucun obstacle. La sonde rencontra le fond.* ➤ 1 **toucher.** ▪ **3** FIG. Se trouver en présence de (un évènement, une circonstance fortuite, une réaction qu'on a suscitée). *Rencontrer une occasion. Il n'a rencontré aucun problème. Ce projet rencontre une violente opposition.* ◆ (Belgique) Répondre à (une objection, une argumentation). *Rencontrer les arguments de son adversaire.* ◆ (Belgique) Satisfaire (une demande, une exigence). *Les attentes des étudiants seront rencontrées rapidement.*

II ~ v. pron. SE RENCONTRER ▪ **1** (PERSONNES) Se trouver en même temps au même endroit. ➤ **se croiser.** *«Un jour, tu verras, on se rencontrera»* MOULOUDJI. PROV. *Il n'y a que les montagnes qui ne se rencontrent pas :* le hasard finit par mettre en présence les gens les plus éloignés. ◆ Faire connaissance. *Nous nous sommes rencontrés chez des amis.* ◆ Avoir une entrevue. *Faire se rencontrer plusieurs personnes.* ➤ **réunir.** ◆ FIG. (1640) Partager, exprimer les mêmes idées, les mêmes sentiments. *«Ils se rencontraient sur le terrain commun de l'érudition»* BAUDELAIRE. ➤ **se rejoindre.** *Les grands esprits* se rencontrent.* ▪ **2** (CHOSES) Se heurter, entrer en contact. ➤ **se toucher.** *Rivières qui se rencontrent.* ➤ **confluer.** *«Nous nous embrassâmes, nos lèvres se rencontrèrent»* FRANCE. ➤ **se joindre.** *Leurs regards se sont rencontrés.* ➤ **se croiser.** ▪ **3** (RÉFL.) LITTÉR. *Se rencontrer avec qqn. «Je me suis déjà rencontré avec le comte»* ZOLA. — FIG. et LITTÉR. Être du même avis. *«Je me suis rencontré avec Rémy de Gourmont, contre lui* [Danville]*»* LÉAUTAUD. ▪ **4** (PASS.) Se trouver, être constaté, vu. ➤ **exister.** *Les «petitesses qui se rencontrent dans presque tous les grands caractères»* HUGO. — IMPERS. *Une de ces haines «comme il s'en rencontre en province»* BALZAC. *«S'il se rencontrait des obstacles imprévus»* P.-L. COURIER. ➤ **se trouver.**

▪ CONTR. Éviter, manquer.

RENDEMENT [Rɑ̃dmɑ̃] **n. m.** – 1842 ; «action de rendre» 1190 ◇ de *rendre* ▪ **1** Rapport entre un résultat obtenu et les moyens mis en œuvre pour le produire. *Rendement d'une exploitation minière.* — SPÉCIALT Produit de la terre, évalué par rapport à la surface cultivée. *Rendement à l'hectare.* ◆ ÉCON. Valeur (ou volume) de la production rapportée à la quantité de facteurs de production utilisée (capital, travail, machines, travailleurs, etc.). ➤ **productivité.** *Rendement croissant, décroissant. Baisse des rendements. Optimisation du rendement. «Tout accroissement de rendement exige un accroissement plus que proportionnel de force»* CH. GIDE. ◆ PHYS. Rapport de l'énergie utilisable à l'énergie mise en œuvre. *Rendement thermodynamique d'une machine thermique. Rendement d'un capteur solaire, d'un amplificateur, d'un transformateur.* ▪ **2** COUR. Produit, gain. ➤ **rentabilité.** *Rendement d'une opération. Rendement d'un placement* (➤ **intérêt**). *Taux de rendement d'un investissement :* rapport des recettes au montant du capital investi. *Rendement actuariel brut. Rendement boursier :* revenu d'une valeur mobilière exprimé en pourcentage du cours du titre (à un moment donné). *Taux de rendement d'une action, d'une obligation.* ◆ Produit effectif d'un travail. ➤ **effet, efficacité.** *Il s'applique beaucoup, mais il n'y a aucun rendement.*

RENDEZ-VOUS [Rɑ̃devu] **n. m.** – 1578 ◇ impératif de *se rendre* ▪ **1** Rencontre convenue entre deux ou plusieurs personnes. ➤ FAM. **rancard.** *Avoir (un) rendez-vous avec qqn. Donner, fixer (un) rendez-vous à qqn. Se donner rendez-vous. Prendre (un) rendez-vous. Manquer un rendez-vous* (cf. Faire faux bond* ; FAM. poser un lapin*). *Annuler un rendez-vous.* ➤ **se décommander.** *Rendez-vous d'affaires. Médecin qui reçoit sur rendez-vous, sans rendez-vous.* ABRÉV. **R.-V.** *Téléphoner pour R.-V.* (dans une annonce). — FIG. *Avoir rendez-vous avec la chance, la mort,* la rencontrer. *Toutes les laideurs s'étaient donné rendez-vous,* se trouvaient réunies. *Être au rendez-vous :* être là au moment souhaité. *Le soleil était au rendez-vous pour le mariage.* ◆ SPÉCIALT *Rendez-vous amoureux, galant.* — *Maison de rendez-vous,* qui accueille des couples de rencontre ou procure des rendez-vous. *Rendez-vous social :* rencontre ménagée entre les partenaires sociaux. ◆ *Rendez-vous spatial :* rencontre de deux ou plusieurs engins spatiaux dans l'espace. ▪ **2** Lieu fixé pour une rencontre. *Arriver le premier au rendez-vous.* ◆ *Rendez-vous de chasse :* emplacement, pavillon où les chasseurs se retrouvent. ➤ VX **muette.** ◆ PAR EXT. Lieu où certaines personnes se rencontrent habituellement. *Ce café est le rendez-vous des branchés.* ▪ **3** FAM. Personne qui a rendez-vous. *Votre rendez-vous est arrivé.*

RENDORMIR [Rɑ̃dɔʀmiʀ] **v. tr.** ‹16› – 1170 ◇ de *re-* et *endormir* ▪ Endormir de nouveau. *Il a fallu rendormir le patient.* — PRONOM. Recommencer à dormir. *Elles se sont rendormies.*

RENDOSSER [Rɑ̃dose] **v. tr.** ‹1› – avant 1747 ◇ de *re-* et *endosser* ▪ Endosser, mettre de nouveau. *Rendosser son pardessus.*

RENDRE [Rɑ̃dʀ] **v. tr.** ‹41› – fin Xe ◇ du latin populaire *rendere,* de *reddere,* influencé par *prendre*

I ~ v. tr. A. DONNER EN RETOUR (CE QU'ON A REÇU OU PRIS) ▪ **1** Donner en retour (ce qui est dû). *Rendre l'argent qu'on a emprunté* (➤ **rembourser**), *un objet qui a été confié ou remis en dépôt. «Je rends au public ce qu'il m'a prêté»* LA BRUYÈRE. *Commerçant qui rend la monnaie à un client.* — SANS COMPL. *Ils empruntent mais n'aiment pas rendre.* — S'acquitter de (une dette morale, une obligation, un devoir). *Rendre à qqn ce qu'on lui doit.* LOC. *Rendre à César ce qui est à César :* attribuer à qqn ce qui lui appartient, lui donner ce qui lui revient. ◆ (fin Xe) Donner (sans idée de restitution). *Rendre hommage. Rendre grâce, grâces à... :* remercier. *Rendre des services, rendre service à qqn,* lui apporter une aide. *Rendre des comptes,* (milieu XIIe) *rendre compte.* FIG. *Se rendre compte*. Rendre raison* de qqch. Rendre justice. Rendre la justice.* (fin XIIe) *Rendre un jugement, un arrêt.* ➤ **prononcer.** ◆ SPORT Devoir (à un adversaire) à cause de sa supériorité. *Rendre des points à un adversaire. Cheval qui rend du poids, de la distance à ses concurrents* (➤ **handicap**). ▪ **2** (fin Xe) Donner en retour (ce qui a été pris ou reçu). ➤ **restituer, rétrocéder.** *Rendre ce qu'on a pris, volé. Rends-moi mon stylo.* — FIG. *Rendre la liberté à qqn. Rendre sa parole à qqn,* le délier d'un engagement. ◆ Rapporter au vendeur (ce qu'on a acheté). *Cet article soldé ne peut être ni rendu ni échangé.* ▪ **3** (fin Xe) (ABSTRAIT) Faire recouvrer. *«La belle saison ne me rendit pas mes forces»* ROUSSEAU. *Rendre la santé, la joie de vivre.* ➤ **redonner.** ◆ Ramener (qqn à ce qu'il a perdu). *«L'heure bénie qui allait les rendre au repos»* MICHELET. *Condamnés rendus à la liberté.* ▪ **4** (fin XIe) Donner en échange de ce qu'on a reçu. *Recevoir un coup et le rendre.* ➤ **retourner.** *Rendre la pareille*. Il «aimait la peinture et les femmes, qui le lui rendaient bien»* GAROUSTE. *«Si Dieu nous a faits à son image, nous le lui avons bien rendu»* VOLTAIRE. *Dieu vous le rendra au centuple* (remerciement pour une aumône, un don). *Rendre à qqn son salut. Rendre un baiser. Rendre une politesse à qqn. Rendre une invitation. «Il se réjouissait déjà de recevoir des gens et peut-être même de rendre les visites»* COSSERY. *Rendre la monnaie* (sur un billet). — FIG. *Rendre à qqn la monnaie* de sa pièce.* — *Rendre visite* à qqn.* ▪ **5** (fin Xe) Rapporter. *Des terres qui rendent peu. «La pêche n'avait jamais autant rendu»* LAMARTINE (➤ **rendement**). — FAM. *Ça n'a pas rendu :* ça n'a pas marché, ça n'a rien donné.

B. DONNER INVOLONTAIREMENT OU MALGRÉ SOI ▪ **1** (milieu XIIe) Laisser échapper de soi (ce qu'on ne peut garder, retenir). *Rendre du sang par la bouche.* «*J'ai rendu tout ce que j'avais dans l'estomac*» SARTRE. ➤ **rejeter.** SANS COMPL. *Avoir envie de rendre.* ➤ **vomir.** LOC. FAM. *Rendre tripes et boyaux* : vomir avec effort tout le contenu de l'estomac. «*La mer bougeait et j'ai commencé à rendre tripes et boyaux*» BEAUVOIR. — (1694) *Les champignons rendent beaucoup d'eau.* ◆ LOC. FIG. *Rendre gorge*.* (milieu XIIe) *Rendre l'âme, l'esprit, le dernier soupir* : mourir. ◆ (début XIIIe) Faire entendre, émettre (un son). «*une harpe éolienne, qui rend quelques beaux sons, mais qui n'exécute aucun air*» JOUBERT. ▪ **2** (fin XIe) Céder, livrer. *Le commandant a dû rendre la place.* LOC. *Rendre les armes* : se rendre (cf. infra II). ▪ **3** MANÈGE *Rendre la bride** (ou *la main*) *à un cheval.* «*Bon nombre de cavaliers* [...] *rendirent la main à leurs chevaux et s'élancèrent après les carrosses qui emportaient les filles d'honneur*» DUMAS.

C. FAIRE DEVENIR Verbe d'état, suivi d'un attribut (fin XIe ◇ du latin *reddere* «remettre dans l'état antérieur», puis «faire passer d'un état à un autre») «*Ni l'or, ni la grandeur ne nous rendent heureux*» LA FONTAINE. «*Te mesurer à moi ! qui t'a rendu si vain ?*» CORNEILLE. *Il les a rendus fous. — La sentence a été rendue publique.*

D. SIGNIFIER, EXPRIMER ▪ **1** (1549, du Bellay) Présenter en traduisant. «*C'est ce sens-là qu'il s'agit de rendre, et c'est en cela surtout que consiste la tâche du traducteur*» LARBAUD. ▪ **2** (1681) Présenter en exprimant par le langage. «*Mots humains trop faibles pour rendre des sensations divines*» BALZAC. ▪ **3** (1733) Exprimer par un moyen plastique ou graphique. ➤ **représenter, reproduire.** «*Aussi habiles à rendre la beauté sur la toile que dans le marbre*» GAUTIER. «*La vie ne doit pas être rendue par le recopiage photographique de la vie*» R. BRESSON. *Détails bien rendus.*

II ~ **v. pron. SE RENDRE** ▪ **1** (milieu XIIIe) Se soumettre, céder. *Se rendre à l'évidence. Se rendre aux prières, aux raisons, à l'avis de qqn.* ➤ **se ranger.** *Se rendre aux ordres de qqn.* ➤ **obéir.** ◆ (milieu XIIe) Se soumettre à une force supérieure en abandonnant le combat et en livrant ses armes à l'ennemi (➤ **reddition**). *La garde meurt et ne se rend pas,* attribué à CAMBRONNE. *Ils ont préféré mourir plutôt que de se rendre.* ➤ **capituler.** *Se rendre sans condition*. — Le forcené s'est rendu.* ➤ **se livrer.** ▪ **2** Se transporter, aller. *Se rendre d'un endroit à un autre. Se rendre à l'étranger. Se rendre à son travail en métro.* ➤ **rendu.** «*L'homme est une créature qui se rend tous les soirs au théâtre comme les premiers hommes se rendaient à la pêche ou à la chasse*» TRUFFAUT. ▪ **3** (Suivi d'un attribut) Se faire (tel), devenir par son propre fait. «*L'honnête homme cherche à se rendre utile, l'intrigant à se rendre nécessaire*» HUGO. *Il cherche à se rendre intéressant,* à se faire remarquer. *Vous allez vous rendre malade. Elle s'est rendue insupportable.*

▪ CONTR. Emprunter, prêter ; confisquer, garder ; absorber, digérer. — Résister.

RENDU, UE [Rɑ̃dy] adj. et n. m. – v. 1225 ◇ p. p. de *rendre*

I adj. ▪ **1** VIEILLI Très fatigué. ➤ **fourbu.** «*C'est la fatigue, vous êtes rendu*» BERNANOS. ▪ **2** Arrivé à destination. *Nous voilà rendus.*

II n. m. ▪ **1** LOC. *C'est un prêté* pour un rendu.* ▪ **2** (XVIIIe) ARTS Exécution restituant fidèlement l'impression donnée par la réalité. *Le rendu des draperies.* ◆ PHOTOGR., AUDIOVIS. Qualité de restitution d'une image. *Le rendu d'une photo, d'un écran de télévision.* ▪ **3** (1883) Marchandise rendue par un client à un commerçant. ▪ **4** TECHN. Réalisation graphique d'un projet d'architecture, de décoration ou de publicité. *Un rendu d'architecture.*

RÊNE [Rɛn] n. f. – *resne* 1080 ◇ latin populaire °*retina,* de *retinere* «retenir», classique *retinaculum* «lien» ▪ Courroie, lanière fixée aux harnais de tête d'une bête de selle pour la diriger. ➤ **bride, guide.** *Il «sauta dans son char, prit les rênes»* FLAUBERT. *Ajuster les rênes, partager les rênes* (en tenir une dans chaque main). *Lâcher la rêne, les rênes ; laisser flotter les rênes.* — LOC. FIG. *Lâcher les rênes* : tout abandonner. *Tenir, prendre les rênes d'une affaire,* la diriger. *Confier les rênes à qqn.* ▪ HOM. Reine, renne.

RENÉGAT, ATE [Rənega, at] n. – 1575 ◇ de l'italien *rinnegato* ou de l'espagnol *renegado,* famille du latin *renegare* → renier ▪ Personne qui a renié sa religion. ◆ FIG. Personne qui a abandonné, trahi ses opinions, son parti, sa patrie, etc. ➤ **traître.** *Les nationalistes «appelaient étrangers, ou renégats, ou traîtres, ceux qui ne pensaient pas comme eux»* R. ROLLAND. ▪ CONTR. Fidèle.

RENÉGOCIER [Rənegɔsje] v. tr. ⟨7⟩ – 1971 ◇ de *re-* et *négocier* ▪ Négocier à nouveau (les termes d'un accord, d'un contrat). *Renégocier un contrat d'assurance, le taux d'un prêt bancaire.* — n. f. **RENÉGOCIATION** (1969).

RENEIGER [R(ə)neʒe] v. impers. ⟨3⟩ – 1549 ◇ de *re-* et *neiger* ▪ Neiger de nouveau.

RÉNETTE [Renɛt] n. f. – 1660 ; *royenette* XIIIe ◇ de *roisne* [Rwɛn], ancienne forme de *rouanne* ▪ TECHN. Instrument servant à entamer la corne d'un sabot, à y pratiquer des sillons (v. tr. ⟨1⟩ **RÉNETTER** [Renete], 1762). ◆ Outil à pointe recourbée et tranchante. *Rénette de charpentier, de sellier, de bourrelier.* ▪ HOM. poss. Rainette, reinette.

RENFERMÉ, ÉE [Rɑ̃fɛRme] adj. et n. m. – XVIIe ◇ p. p. de *renfermer* ▪ **1** Caché, qui ne s'extériorise pas. «*Une haine recuite et renfermée*» MAETERLINCK. ◆ (1766) Qui ne montre pas ses sentiments. ➤ **dissimulé, 1 secret.** *Un enfant renfermé.* «*Silencieux par nature, renfermés tous deux, ils ne disaient guère que ce qu'il était utile de se dire*» LOTI. — *Caractère renfermé.* ▪ **2** n. m. (1835) *Odeur de renfermé* : mauvaise odeur d'un lieu mal aéré, dont les fenêtres sont restées fermées. ➤ **remugle.** «*Dans l'appartement, une affreuse odeur de renfermé, de tabac ranci*» MONTHERLANT. *Cette chambre sent le renfermé, le moisi.* ▪ CONTR. Extériorisé ; démonstratif, expansif, ouvert.

RENFERMEMENT [Rɑ̃fɛRməmɑ̃] n. m. – 1961 ◇ de *renfermer* ▪ DIDACT. Action d'enfermer (qqn). *Le renfermement asilaire.*

RENFERMER [Rɑ̃fɛRme] v. tr. ⟨1⟩ – v. 1130 ◇ de *re-* et *enfermer* ▪ **1** VIEILLI Enfermer (qqn) complètement, étroitement. *Renfermer dans un cachot.* ➤ **confiner ; reclus.** ◆ VIEILLI Ranger, serrer (qqch.). *Renfermer des objets dans un tiroir.* «*Il alla renfermer ma harpe dans son étui*» LACLOS. ▪ **2** VIEILLI FIG. Ne pas exprimer (un sentiment). «*Renfermer en soi les émotions violentes*» VIGNY. — PRONOM. *Se renfermer en soi-même* : ne rien livrer de ses sentiments (➤ **renfermé**). «*Se renfermant dans sa dignité*» ZOLA. ◆ (XVIIe) VIEILLI Tenir dans des limites, des bornes. ➤ **borner, limiter.** *Le premier qui «Dans les bornes d'un vers renferma la pensée»* BOILEAU. ▪ **3** MOD. (CHOSES) Tenir contenu dans un espace, dans un lieu (fermé ou non), en soi. ➤ **contenir, recéler.** *Sous-sol qui renferme d'énormes réserves de pétrole.* ◆ SPÉCIALT ➤ **dissimuler.** «*Ce double fond renferme des papiers*» BEAUMARCHAIS. *Les dragées renfermaient de la cocaïne.* ➤ **cacher.** ▪ **4** FIG. Comprendre*, contenir. ➤ **comporter.** «*Combien ce mot, l'honneur, renferme d'idées complexes*» CHAMFORT. *Un texte qui renferme d'excellents principes.* ▪ CONTR. Libérer, exclure, montrer.

RENFILER [Rɑ̃file] v. tr. ⟨1⟩ – 1690 ◇ de *re-* et *enfiler* ▪ Enfiler une seconde fois. *Faire renfiler un collier de perles. — Renfiler un pull-over,* le remettre.

RENFLAMMER [Rɑ̃flame] v. tr. ⟨1⟩ – 1564 ◇ de *re-* et *enflammer* ▪ Enflammer de nouveau.

RENFLÉ, ÉE [Rɑ̃fle] adj. – 1701 ◇ p. p. de *renfler* ▪ Qui présente une partie plus grosse, plus épaisse, un bombement de sa surface. ➤ **bombé, gonflé.** *Forme renflée d'un bulbe, d'un oignon. Des «vases à panses renflées»* GAUTIER. ➤ **pansu.** — *Colonne renflée,* dont le diamètre est plus grand à la partie médiane. ➤ **galbé.** ▪ CONTR. Aplati, creux, mince.

RENFLEMENT [Rɑ̃fləmɑ̃] n. m. – 1547 ◇ de *renfler* ▪ **1** RARE Augmentation de volume, gonflement. ▪ **2** État, forme de ce qui est bombé, renflé. ➤ **bombement, rondeur.** *Le renflement de la panse d'un vase, d'une amphore. — Renflement d'une colonne.* ▪ **3** La partie renflée. ➤ **bosse, proéminence, ventre.** *Les renflements d'une racine, d'un bourgeon.* «*La plaine était bosselée : c'était une suite de renflements et de creux*» R. ROLLAND. ▪ CONTR. Concavité. Creux.

RENFLER [Rɑ̃fle] v. ⟨1⟩ – 1160 ◇ de *re-* et *enfler* ▪ **1** v. intr. RARE Augmenter encore de volume. ▪ **2** v. tr. (1549) RARE Enfler, augmenter le volume de. — (v. 1870) COUR. (sujet chose) Rendre convexe, bombé. ➤ **1 bomber.** «*La ferme disparaissait, renflant à peine d'une légère bosse la nappe blanche*» ZOLA. ◆ **SE RENFLER** v. pron. Devenir plus gros, plus rond. *La racine se renfle et forme un tubercule.* ▪ CONTR. Aplatir, creuser.

RENFLOUAGE [Rɑ̃fluaʒ] n. m. – 1865 ◇ de *renflouer* ▪ **1** Remise à flot (d'un navire coulé, échoué). ▪ **2** FIG. (1953) Action de renflouer (2°). ➤ **renflouement.**

RENFLOUEMENT [Rɑ̃flumɑ̃] n. m. – 1870 ◇ de *renflouer* ▪ **1** VX Renflouage. ▪ **2** FIG. Action de renflouer (2°). *Le renflouement d'une affaire, d'un banquier.*

RENFLOUER [ʀɑ̃flue] **v. tr.** ‹1› – 1529 ◊ de *re-, en-* et *flouée,* variante normande de *flot* ▪ **1** Remettre à flot. *Renflouer un navire coulé, naufragé.* ▪ **2** FIG. Sauver de difficultés financières en fournissant des fonds. *Renflouer une affaire, une entreprise.* PAR EXT. *Renflouer qqn. « ils n'ont pas déposé leur bilan ; [...] la Banque de France les a renfloués »* SARTRE.

RENFONCEMENT [ʀɑ̃fɔ̃smɑ̃] **n. m.** – 1611 peint. ◊ de *renfoncer* ▪ **1** État, forme de ce qui présente un enfoncement dans un plan vertical. *Le renfoncement d'une maison qui n'est pas dans l'alignement* (cf. En retrait). ◆ TECHN. Effet de perspective, profondeur donnée à un décor, etc. ▪ **2** Ce qui est renfoncé ; ce qui forme un creux. ➤ **alcôve,** 2 **niche.** *Le renfoncement d'une porte cochère.* — PAR EXT. Recoin, partie reculée ou en retrait. ▪ CONTR. Avancée, saillie.

RENFONCER [ʀɑ̃fɔ̃se] **v.** ‹3› – 1549 ◊ de *re-* et *enfoncer* ▪ **1 v. tr.** Enfoncer plus avant, plus fort. *Renfoncer son chapeau.* — **p. p. adj.** *Des yeux renfoncés,* très enfoncés dans les orbites. ◆ TYPOGR. *Renfoncer une ligne,* la faire commencer en retrait. ▪ **2 v. intr.** (1914) RÉGION. (Canada) FAM. Enfoncer. *Renfoncer dans la neige.*

RENFORÇAGE [ʀɑ̃fɔʀsaʒ] **n. m.** – 1865 ◊ de *renforcer* ▪ Opération par laquelle on renforce (un élément de construction ; une partie d'un vêtement). — PHOTOGR. Renforcement.

RENFORÇATEUR [ʀɑ̃fɔʀsatœʀ] **n. m. et adj. m.** – 1898 ◊ de *renforcer* ▪ **1** Ce qui renforce ; produit qui augmente la force, l'intensité (de qqch.). *Renforçateur de goût* (additif alimentaire). ➤ **exhausteur.** — PHOTOGR. Solution dont l'effet est d'augmenter les contrastes, l'intensité des noirs. **adj.** *Bain renforçateur.* — PSYCHOL. Évènement qui suit une réaction et peut en modifier la force, la rapidité ou la fréquence, lors d'un conditionnement. ▪ **2 adj.** Qui renforce. *Agent renforçateur.* — *Écran renforçateur,* qui augmente l'activité des rayons X sur un film.

RENFORCEMENT [ʀɑ̃fɔʀsəmɑ̃] **n. m.** – 1388 ◊ de *renforcer* ▪ **1** Le fait de renforcer ou d'être renforcé ; augmentation de force, de résistance. *Renforcement d'un mur, d'une poutre, d'une chaussée.* ➤ **consolidation.** *Renforcement d'une troupe* (➤ **renfort**). FIG. *« L'écrasement de ces révolutions et le renforcement consécutif des régimes capitalistes »* CAMUS. ▪ **2** Augmentation d'intensité. *Renforcement d'un son* (➤ aussi **crescendo, rinforzando**). ◆ PHOTOGR. Opération corrective par laquelle on renforce les contrastes d'une épreuve. ➤ **renforçage.** ◆ GRAMM. *Renforcement de l'expression, de la négation.* ◆ PSYCHOL. Le fait de rendre plus vive, plus rapide ou plus fréquente une réaction, dans un processus de conditionnement. ▪ CONTR. Adoucissement, affaiblissement, diminution.

RENFORCER [ʀɑ̃fɔʀse] **v. tr.** ‹3› – *renforcier* 1160 ◊ de *re-* et ancien français *enforcier,* de *force* ▪ **1** Rendre plus fort, plus résistant. *Renforcer un mur, un support, une poutre avec des pièces métalliques.* ➤ **étayer ; consolider.** — **p. p. adj.** *Chaussettes à talons renforcés.* ◆ Accroître l'effectif de (un groupe) par des renforts. *Troupes de réserve qui renforcent une armée.* ➤ **grossir.** *Joueur nouveau qui vient renforcer une équipe.* ▪ **2** Rendre plus intense. *Renforcer une couleur, les noirs d'un dessin. Renforcer le son.* ➤ **augmenter, monter.** ◆ Donner plus d'intensité à (l'expression). *« Même » sert à renforcer les pronoms personnels* (➤ **intensif**). ◆ PSYCHOL. Provoquer le renforcement de (une réaction). ▪ **3** FIG. Rendre plus ferme, plus certain, plus solide. ➤ **affermir, fortifier.** *Renforcer la paix.* ➤ **consolider ; appuyer.** *Renforcer les craintes.* ➤ **aggraver.** *« Il me serra la main avec un empressement nerveux qui m'alarma et renforça mes soupçons naissants »* BAUDELAIRE. ◆ PAR EXT. *Renforcer qqn dans une opinion,* lui fournir de nouvelles raisons de s'y tenir. ➤ **confirmer.** ▪ CONTR. Affaiblir, détruire, 1 saper.

RENFORCIR [ʀɑ̃fɔʀsiʀ] **v. tr.** ‹3› – 1894 ◊ var. de *renforcer* ▪ (Canada) FAM. Redonner des forces à (qqn), rendre fort. ➤ **fortifier.** *Ce remède va te renforcir.*

RENFORMIR [ʀɑ̃fɔʀmiʀ] **v. tr.** ‹2› – 1690 ◊ de l'ancien français *renformer* « remettre en forme » de *enformer* → informer ▪ TECHN. Réparer (un mur) en remplaçant les pierres manquantes ou détériorées et en lui appliquant un enduit avant la finition (opération du *renformis* [ʀɑ̃fɔʀmi]).

RENFORT [ʀɑ̃fɔʀ] **n. m.** – *renforç* 1340 ◊ de *renforcer* ▪ **1** (XVe) Effectifs et matériel destinés à renforcer une armée. *Envoyer des renforts. L'arrivée du renfort.* — FIG. Supplément. *Un renfort de serveurs pour une réception. Envoyer du personnel en renfort.* ▪ **2** TECHN. Le fait de consolider, de renforcer. *L'ogive, organe de renfort.* ◆ PAR EXT. *Un renfort* : pièce de renfort, garniture. *Renforts de cuir aux coudes d'une veste.* — TECHN. Épaulement ménagé au collet d'un tenon. — Partie la plus épaisse de la culasse d'une pièce d'artillerie. ▪ **3** COUR. **À GRAND RENFORT DE... :** à l'aide d'une grande quantité de. *S'exprimer à grand renfort de gestes. « Je me rhabillais de mon mieux, à grand renfort d'épingles »* BEAUMARCHAIS.

RENFROGNÉ, ÉE [ʀɑ̃fʀɔɲe] **adj.** – XVIe ◊ p. p. de *renfrogner* ▪ Contracté par le mécontentement. *Visage renfrogné. Air renfrogné.* ➤ **maussade.** ◆ (PERSONNES) Qui a un air, une mine maussade ou fâchée. ➤ **bourru,** 1 **morose.** *« Les habitants de ce pays paraissent tristes et renfrognés »* STENDHAL. ▪ CONTR. Enjoué ; aimable.

RENFROGNEMENT [ʀɑ̃fʀɔɲmɑ̃] **n. m.** – 1553 ; *refrognement* 1539 ◊ de *renfrogner* ▪ RARE Le fait de se renfrogner, d'être renfrogné.

RENFROGNER (SE) [ʀɑ̃fʀɔɲe] **v. pron.** ‹1› – XVIe, intr. ; var. de *refrogner* XVe ◊ de *re-* et ancien français *frogner* « froncer le nez », du gaulois °*frogna* « nez » ▪ Témoigner son mécontentement par une expression contractée, maussade du visage. ➤ **s'assombrir, se rembrunir.** *À cette proposition, il se renfrogna.* ▪ CONTR. Détendre (se), épanouir (s').

RENGAGEMENT [ʀɑ̃gaʒmɑ̃] **n. m.** – 1718 ◊ de *rengager* ▪ Action de rengager. ➤ **remploi.** — Le fait de se rengager dans l'armée. *Signer un rengagement d'un an renouvelable.*

RENGAGER [ʀɑ̃gaʒe] **v. tr.** ‹3› – v. 1450 ◊ de *re-* et *engager* ▪ Engager de nouveau. ➤ **réembaucher, réemployer, remployer.** ◆ **SE RENGAGER v. pron.,** ou INTRANS. **RENGAGER :** reprendre volontairement du service dans l'armée. *Engagez-vous, rengagez-vous !* ➤ FAM. **rempiler.** *« J'ai fait mon temps en Algérie [...] Je faillis même rengager »* QUENEAU. — **p. p. adj.** *Soldat rengagé.* SUBST. (1779) *Un rengagé.*

RENGAINE [ʀɑ̃gɛn] **n. f.** – 1807 ; n. m. « refus » 1680 ◊ de *rengainer* ▪ **1** Formule répétée à tout propos. ➤ **ritournelle, scie ;** RÉGION. 2 **bringue.** *C'est toujours la même rengaine. « L'éternelle rengaine platonique d'un exil terrestre »* BLOY. ▪ **2** Refrain banal ; chanson ressassée. *Fredonner une rengaine à la mode.*

RENGAINER [ʀɑ̃gene] **v. tr.** ‹1› – 1526 ◊ de *re-* et *engainer* ▪ **1** Remettre dans la gaine, le fourreau, l'étui. *Rengainer son épée, son pistolet.* ▪ **2** FIG. (1664) FAM. Rentrer (ce qu'on avait l'intention de manifester). *Rengainer son compliment, son discours.* ➤ **ravaler,** FAM. **remballer,** ARG. **renquiller.** *« Puisque les sentiments n'y faisaient rien, rengainons-les »* ARAGON. ▪ CONTR. Dégainer.

RENGORGER (SE) [ʀɑ̃gɔʀʒe] **v. pron.** ‹3› – 1482 ◊ de *re-, en-* et *gorge* ▪ **1** VX Avancer sa gorge en ramenant la tête en arrière. — MOD. (des oiseaux) *« un gros pigeon qui se rengorgeait au soleil »* FLAUBERT. ▪ **2** PAR EXT. Prendre une attitude supérieure, se gonfler de vanité, d'orgueil. ➤ **se pavaner.** *Se rengorger comme un paon.* — FIG. *Se rengorger de* : éprouver la fierté de. *« Il ne m'appartient pas, à mon âge, de me rengorger d'avoir fourni le canevas des divertissements de la cour »* VOLTAIRE. — *« Un petit rire rengorgé »* COLETTE.

RENGRÈNEMENT [ʀɑ̃gʀɛnmɑ̃] **n. m.** – 1611 ◊ de *rengréner* ▪ TECHN. Opération par laquelle on rengrène. — SPÉCIALT (1870) Vérification et ajustement d'un poinçon.

RENGRÉNER [ʀɑ̃gʀene] ‹6› **v. tr.** – 1549 ◊ de *re-* et *engrener* ▪ TECHN. ▪ **1** Remplir de nouveau (une trémie, etc.) de grain. ▪ **2** Engager de nouveau dans un engrenage. — Faire coïncider les creux des coins et les reliefs de (une médaille mal frappée) en la remettant à la frappe. — On écrit aussi *rengrener* [ʀɑ̃gʀene ; ʀɑ̃gʀəne] ‹5›.

RENIEMENT [ʀənimɑ̃] **n. m.** – 1170 ◊ de *renier* ▪ Le fait de renier. *Le reniement de Jésus par saint Pierre (reniement de saint Pierre). Reniement de sa foi, de sa religion.* ➤ **abjuration, apostasie.** — *Reniement de ses opinions, d'un parti.* ➤ **abandon, désaveu, répudiation.** *« je tiens pour néfastes certains reniements de notre passé »* GIDE.

RENIER [ʀənje] **v. tr.** ‹7› – 880 ◊ du latin populaire °*renegare* → nier ▪ **1** Déclarer ne plus croire en (Dieu). *Renier Dieu.* ▪ **2** Déclarer faussement qu'on ne connaît ou qu'on ne reconnaît pas (qqn). *Saint Pierre renia trois fois Jésus. Renier sa famille. Renier un ami dont on a honte.* ◆ Rejeter, répudier ; abandonner. *« Celui qui a tout renié, père, mère, Providence, amour, idéal, afin de ne plus penser qu'à lui seul »* LAUTRÉAMONT. ▪ **3** PAR EXT. Renoncer à (ce à quoi on aurait dû rester fidèle). *Renier sa foi, sa religion.* ➤ **abandonner, abjurer,** 1 **rétracter ; renégat.** *Prêtre, religieux qui renie son état. Renier une cause, un parti.* ➤ **déserter.** — *« Il ne faut jamais renier sa jeunesse *(rebelle), et encore moins son enfance (magique)»* SOLLERS. *Renier ses opinions, ses idées,* ne plus les reconnaître pour siennes, en changer. *Renier sa signature.* ➤ **désavouer.** *Renier ses engagements, ses promesses,* s'y dérober. ◆ PRONOM. *Se renier :* renier ses opinions. ■ CONTR. Reconnaître.

RENIFLARD [R(ə)niflaR] n. m. – 1821 ; *reniflar* 1796 ◇ de *renifler* ■ TECHN. Soupape de chaudière à vapeur, qui aspire l'air quand la tension devient inférieure à la pression atmosphérique. Robinet de vidange d'un condensateur. — Dispositif pour évacuer les vapeurs d'huile d'un carter de moteur. ➤ **purgeur.**

RENIFLEMENT [R(ə)nifləmɑ̃] n. m. – 1576 ◇ de *renifler* ■ Action de renifler ; bruit que l'on fait en reniflant.

RENIFLER [R(ə)nifle] v. ⟨1⟩ – 1530 ◇ de *re-* et ancien français *nifler*, onomat. ■ **1** v. intr. Aspirer bruyamment par le nez. *Cheval qui renifle.* ➤ **renâcler.** *Arrête de renifler, mouche-toi !* ■ **2** v. tr. Aspirer par le nez. *Renifler du tabac* (➤ 2 **priser**), *de la cocaïne* (➤ **snifer**). *Renifler une odeur.* ◆ Sentir (qqch.) avec insistance. *«Il déboucha la première bouteille, la renifla»* ROMAINS. ◆ FIG. *Renifler qqch. de louche.* ➤ **flairer.** *«il s'en allait renifler le vent de l'affaire»* GIONO.

RENIFLETTE [R(ə)niflɛt] n. f. – 1923 ◇ de *renifler* ■ FAM. ■ **1** *Avoir la reniflette :* renifler quand le nez coule. ■ **2** Drogue, stupéfiant à priser. ➤ **chnouf.**

RENIFLEUR, EUSE [R(ə)niflœR, øz] n. – 1642 ◇ de *renifler* ■ **1** FAM. Personne qui renifle. — Toxicomane qui inhale des substances volatiles. *Un renifleur d'éther.* ■ **2** APPOS. *Chien renifleur,* dressé pour détecter la présence de qqch. ou de qqn grâce à son odorat. *Chiens renifleurs de drogue.* ■ **3** n. m. Appareil servant à détecter d'éventuelles émissions d'hydrocarbures gazeux, utilisé en prospection ou dans la lutte contre la pollution.

RÉNIFORME [RenifɔRm] adj. – 1778 ◇ du latin *ren, renis* «rein» et *-forme* ■ DIDACT. En forme de rein. *La graine de haricot est réniforme.*

RÉNINE [Renin] n. f. – milieu XXe ◇ du latin *ren, renis* «rein» ■ Enzyme sécrétée par le rein, qui contrôle la tension artérielle et le volume vasculaire. *Le système rénine-angiotensine maintient l'homéostasie.*

RÉNITENT, ENTE [Renitɑ̃, ɑ̃t] adj. – 1555 ◇ latin *renitens*, de *reniti* «résister» ■ MÉD. Qui oppose une certaine résistance à la pression et donne une impression d'élasticité. *Tumeur rénitente.* — n. f. **RÉNITENCE.**

RENNE [Rɛn] n. m. – 1680 n. f. ; *reen* 1552 ◇ allemand *Reen*, du scandinave ■ Mammifère ongulé *(cervidés)* de grande taille, au museau velu, aux bois aplatis, qui vit dans les régions froides de l'hémisphère Nord. *Troupeau de rennes. Renne d'Amérique.* ➤ 1 **caribou.** *Les bois du renne.* — VX *Âge du renne :* paléolithique supérieur. ◆ Peau de renne apprêtée. — Viande de renne. ■ HOM. Reine, rêne.

RENOM [Rənɔ̃] n. m. – XIIe ◇ de *renommer* ■ LITTÉR. Opinion répandue dans le public, sur qqn ou qqch. ➤ **réputation.** *Un bon, un mauvais renom. «son grand renom de sévérité et de sagesse»* ZOLA. ◆ SPÉCIALT (1502) COUR. Opinion favorable et largement répandue. ➤ **célébrité, gloire, notoriété, renommée.** *Il doit son renom à cette découverte. «le renom de l'École polytechnique»* BALZAC. *Avoir, acquérir du renom. Ce produit a acquis un grand renom sur le marché. Une personne de renom. Les cafés, les glaciers en renom.* ➤ **réputé.** ■ HOM. Renon.

RENOMMÉ, ÉE [R(ə)nɔme] adj. – 1080 ◇ de *renommer* (1°) ■ **1** VX (PERSONNES) Qui a du renom. ➤ **célèbre, fameux, réputé.** *«Ce Grec si renommé»* CORNEILLE. ■ **2** MOD. (CHOSES) *«La charpenterie maritime de Guernesey est renommée»* HUGO. ■ **3 RENOMMÉ POUR** (qqch.). *«elle était renommée pour la façon dont elle savait engraisser les volailles»* MAUPASSANT. *Région renommée pour ses vins.*

RENOMMÉE [R(ə)nɔme] n. f. – *renumée* 1125 ◇ de *renommer* ■ **1** LITTÉR. Opinion publique exprimée et répandue sur qqn, sur qqch. ➤ **bruit.** *«La vérité s'accorde avec la renommée»* RACINE. *Apprendre qqch. par la renommée.* — (1690) DR. *Preuve par commune renommée :* mode de preuve exceptionnellement admise par la loi, dans laquelle les témoins déposent sur l'opinion commune (des voisins, du milieu). ◆ *La Renommée :* personnage allégorique (femme ailée, embouchant une trompette ou décrite avec cent bouches). ■ **2** COUR. Connaissance (d'un nom, d'une personne, d'une chose) parmi un public étendu (plutôt laudatif). ➤ **célébrité, considération, gloire, notoriété, popularité, renom, réputation.** *La renommée d'une grande marque. La renommée de qqn. Édifier, étendre sa renommée. «Et sur de grands exploits bâtir sa renommée»* CORNEILLE. *La renommée dont il jouit.* — PROV. *Bonne renommée vaut mieux que ceinture dorée.*

RENOMMER [R(ə)nɔme] v. tr. ⟨1⟩ – *renumer* 1080 ◇ de *re-* et *nommer* ■ **1** VX Nommer souvent et avec éloges, célébrer. ■ **2** (1669) MOD. Nommer et PAR EXT. élire une seconde fois, une autre fois. ➤ **réélire.** ■ **3** Donner un nouveau nom, un nouveau titre à. *Renommer une rue.* ➤ **rebaptiser.** *Renommer un fichier.*

RENON [Rənɔ̃] n. m. – date inconnue ◇ ancien français *renonc* «réponse négative», latin *renuntiare*, de *nuntius* «messager» ■ (Belgique) Résiliation d'un bail. *Donner, recevoir son renon.* ■ HOM. Renom.

RENONCEMENT [R(ə)nɔ̃smɑ̃] n. m. – 1267 ◇ de *renoncer* ■ **1** Le fait de renoncer (à un agrément) par un effort de volonté, et généralement au profit d'une valeur jugée plus haute. *Renoncement aux plaisirs de la vie, au monde.* ➤ **abstinence, détachement.** *Le renoncement à soi-même :* l'abnégation, le sacrifice. — LITTÉR. (avec l'inf.) *«Non pas renoncements à jouir, mais renoncements à découvrir»* ROMAINS. ■ **2** ABSOLT Le fait de se détacher de biens ou d'attachements auxquels on tenait jusqu'alors ; attitude de celui qui abandonne ces biens, ces attachements. ➤ **abnégation, dépouillement, détachement, sacrifice.** *Vivre dans les privations et le renoncement.* ■ CONTR. Attachement, avidité.

RENONCER [R(ə)nɔ̃se] v. tr. ⟨3⟩ – 1264 ◇ latin juridique *renuntiare* «annoncer en réponse», de *nuntius* «messager»

I ~ v. tr. ind. RENONCER À ■ **1** Cesser, par une décision volontaire, de prétendre (à qqch.) et d'agir pour l'obtenir ; abandonner un droit (sur qqch.). *Renoncer à un droit, à une succession* (➤ **renonciation**). DR. *Renoncer à toute prétention.* ◆ Abandonner l'idée de. *Renoncer à un voyage. Renoncer à un projet.* ➤ **enterrer, laisser** (cf. Tirer un trait* sur). *Renoncer momentanément à...* (➤ 2 **différer, remettre**). — (Suivi d'un inf.) *Renoncer à comprendre, à chercher. «Laid comme je suis, et pauvre, je dus renoncer à me marier»* BALZAC. *Renoncer à agir, à poursuivre une action.* ➤ **reculer** (cf. Baisser* les bras ; FAM. laisser tomber*). *J'y renonce ! c'est impossible !* — ABSOLT *Il ne renoncera jamais.* ➤ **abandonner.** *Il a renoncé un peu vite.* ➤ **capituler.** ■ **2** Abandonner volontairement (ce qu'on a). ➤ se **défaire,** se **dépouiller,** se **dessaisir, laisser,** se **priver.** *Renoncer au pouvoir, à la couronne, au trône.* ➤ **abdiquer.** *Renoncer aux honneurs. Renoncer à une dignité, à une fonction.* ➤ se **démettre,** se **désister.** *Renoncer à un bien tangible pour une illusion* (cf. Lâcher la proie pour l'ombre*). *Renoncer au bonheur. «Renoncer à sa liberté, c'est renoncer à sa qualité d'homme»* ROUSSEAU. *Renoncer à une opinion, à une croyance* (➤ **abjurer**), *à ses prétentions. Il ne veut pas renoncer à son idée.* ➤ **démordre** (de). — (Suivi d'un inf.) Cesser volontairement de. *Renoncer à fréquenter qqn.* ◆ Cesser de pratiquer, d'exercer. *Renoncer à un métier, à un travail.* ➤ **quitter.** *Sportif qui renonce à la compétition.* ➤ **abandonner, arrêter** (Cf. Raccrocher les gants, les crampons). *Renoncer à la lutte, au combat :* poser les armes ; FIG. se résigner. *Pour être indépendant, «il faudrait renoncer à la vie de société, et aux amitiés même»* R. ROLLAND. ◆ Cesser d'avoir, d'employer. ➤ **délaisser, perdre.** *Renoncer à une habitude. Renoncer au tabac.* ■ **3** RELIG., MOR., MYST. Cesser d'être attaché (aux choses de ce monde). ➤ se **détacher** de. *Renoncer au monde pour entrer en religion.* LOC. (allus. à la formule du baptême) *Renoncer à Satan, à ses pompes et à ses œuvres,* au péché et aux occasions de pécher. ■ **4** *Renoncer à qqn,* cesser de rechercher sa compagnie, de le fréquenter. ➤ se **séparer** de. — *Renoncer à celui, à celle qu'on aime.* ◆ FIG. *Renoncer à soi-même :* répudier tout égoïsme.

II ~ v. tr. dir. RENONCER QQN, QQCH. ■ **1** VX Cesser, refuser de reconnaître. ➤ **renier.** *«Je la déteste* [...] *Et la renonce pour ma fille»* MOLIÈRE. ■ **2** LITTÉR. Abandonner (matériellement [VX] ou moralement). *«le cri de l'homme qui a connu le bonheur, et qui l'a renoncé»* MAURIAC. ■ **3** (Belgique) Résilier (un bail) ; donner congé à (un locataire). ➤ **renon.**
■ CONTR. Attacher (s') ; persévérer, persister. Conserver, garder.

RENONCIATAIRE [Rənɔ̃sjatɛR] n. – 1823 ◇ de *renoncer* ■ DR. Personne en faveur de laquelle on a renoncé à un droit, à un bien (opposé à *renonciateur*).

RENONCIATEUR, TRICE [Rənɔ̃sjatœR, tRis] n. – 1839 ◇ de *renoncer* ■ DR. Personne qui renonce à un bien, à un droit, en faveur d'un ou d'une renonciataire.

RENONCIATION [Rənɔ̃sjasjɔ̃] **n. f.** – 1247 ◊ latin *renuntiatio*, de *renuntiare* → renoncer ▪ Le fait de renoncer (à un droit, à une charge) ; l'acte par lequel on y renonce. ➤ **abandon.** *Renonciation à une hypothèque, à une succession.* ABSOLT *La renonciation d'un héritier. — Renonciation au trône.* ➤ **abdication.** ◆ COUR. Action de renoncer à, d'abandonner (un bien moral). ➤ **abdication.** *Renonciation à une opinion, à sa foi, à sa liberté. Renonciation à un projet.* ➤ **abandon, démission.** ▪ CONTR. Appropriation. Acceptation.

RENONCULE [Rənɔ̃kyl] **n. f.** – 1660 ; *ranuncule* 1549 ◊ latin *ranunculus* «petite grenouille», nom donné à la renoncule aquatique ▪ Plante *(renonculacées)* herbacée, à variétés vivaces, aquatiques ou terrestres. *Renoncule des marais.* ➤ **grenouillette.** *Renoncule terrestre,* à fleurs jaune d'or. ➤ **bouton-d'or.** *Renoncule des Alpes,* à fleurs blanches. ➤ **bouton-d'argent.** *Renoncule des fleuristes.* ◆ *Fausse renoncule :* ficaire.

RENOUÉE [Rənwe] **n. f.** – 1545 ◊ p. p. de *renouer* ▪ Plante dicotylédone *(polygonacées),* herbacée, à tige noueuse, répandue sur tout le globe. *Renouée liseron* ou *faux liseron ; renouée des oiseaux* (appelée aussi *traînasse*). — *Renouée cultivée.* ➤ 2 **sarrasin.**

RENOUER [Rənwe] **v. tr.** ⟨1⟩ – 1140 ◊ de *re-* et *nouer* ▪ **1** Refaire un nœud à ; nouer (ce qui est dénoué, détaché, rompu). *Renouer sa cravate, ses lacets de chaussures.* ▪ **2** PAR MÉTAPH. *Renouer le fil de la conversation,* le reprendre. PRONOM. *Liens qui se renouent.* ◆ FIG. Rétablir après une interruption. *Renouer la conversation. Renouer une liaison.* ▪ **3** ABSOLT (fin XVIᵉ) Rétablir des liens brisés, reprendre des relations interrompues. *Renouer avec un ami après une brouille.* ➤ se **réconcilier.** *«Sans se l'avouer trop haut, elle désirait renouer»* DRUON. — FIG. *«Impossible à nos poètes de renouer avec les traditions populaires»* SARTRE. ▪ CONTR. Dénouer, interrompre.

RENOUVEAU [R(ə)nuvo] **n. m.** – v. 1200 ◊ de *renouveler,* d'après *nouveau* ▪ **1** POÉT. Retour du printemps où la nature se renouvelle. *«cette grande symphonie aurorale que les vieux poètes appelaient le renouveau»* HUGO. ▪ **2** FIG. Retour, reprise, nouvelle période de. ➤ **regain.** *Un renouveau de succès, d'énergie* (cf. Le second souffle*). ◆ Apparition de formes entièrement nouvelles. *«Toute mort est l'occasion d'un renouveau»* MONTHERLANT. ➤ **renaissance.** *Renouveau des sciences, de l'économie. Un certain renouveau dans la mode.* ▪ CONTR. Arrière-saison. Déclin.

RENOUVELABLE [R(ə)nuv(ə)labl] **adj.** – XVᵉ ◊ de *renouveler* ▪ **1** Qui peut être renouvelé. *Le Directoire était renouvelable tous les ans par cinquième. — Passeport, permis, congé renouvelable. Bail renouvelable par tacite reconduction.* ➤ **reconductible.** — *Énergies renouvelables,* provenant de sources naturelles qui ne s'épuisent pas (soleil, vent, marée). *«un danger qui menace tous les humains : la destruction accélérée des ressources non renouvelables et la pollution des océans et de l'atmosphère»* A. JACQUARD. **n. m.** *Le renouvelable :* l'ensemble des énergies renouvelables. ▪ **2** Qu'on peut répéter. *Expérience, observation renouvelable.*

RENOUVELANT, ANTE [R(ə)nuv(ə)lɑ̃, ɑ̃t] **n.** – 1907 ◊ de *renouveler* ▪ Jeune catholique qui renouvelle* (I, 5°).

RENOUVELER [R(ə)nuv(ə)le] **v. tr.** ⟨4 /5/⟩ – XIIᵉ «remplacer» ; *renuveler* «répéter» 1080 ◊ de *re-* et ancien français *noveler,* de *novel* «nouveau»

I ▪ **1** Remplacer par une chose nouvelle et semblable (ce qui a servi, est altéré ou diminué). ➤ **changer.** *Renouveler l'air d'une pièce en l'aérant. Renouveler l'eau d'une piscine. Renouveler des provisions, son stock. Renouveler sa garde-robe. Renouveler un outillage, un matériel obsolète.* ➤ **moderniser.** *À renouveler :* mention portée par le médecin sur une ordonnance. ◆ Remplacer une partie des membres de (un groupe). *Renouveler l'équipe dirigeante d'un parti. Renouveler le personnel, les cadres d'une entreprise.* ▪ **2** Rendre nouveau en transformant. ➤ **rénover.** *Chorégraphe qui renouvelle le ballet.* (Sujet chose) *Plan d'urbanisme qui renouvelle un quartier. Cette découverte a complètement renouvelé la question.* — RELIG. *La grâce renouvelle l'homme.* ➤ **régénérer.** ▪ **3** LITTÉR. Faire renaître, donner une vigueur nouvelle à. *Renouveler une douleur.* ➤ **raviver, réveiller ; redoubler.** ▪ **4** Donner une validité nouvelle à (ce qui expire). *Renouveler un bail.* ➤ **proroger, reconduire.** *Renouveler un contrat, un abonnement. Ce passeport n'est plus valable, il aurait fallu le renouveler. Les députés ont renouvelé leur confiance au gouvernement.* ◆ (1668) LITTÉR. **RENOUVELÉ DE... :** emprunté, repris à... *Les Jeux olympiques modernes renouvelés des jeux grecs.* ▪ **5** Faire de nouveau. ➤ **recommencer, refaire, réitérer.** *Renouveler une offre, des promesses. Je vous renouvelle ma demande. Renouveler un exploit.* ◆ RELIG. *Renouveler les vœux du baptême.* — INTRANS. Refaire sa communion solennelle un an après la cérémonie (➤ **renouvelant, renouvellement**).

II SE RENOUVELER v. pron. ▪ **1** Être remplacé par des éléments nouveaux et semblables. *«un homme passe, mais un peuple se renouvelle»* VIGNY. ▪ **2** Prendre une forme, des formes nouvelles ; changer. *L'imprimerie, «c'est le mode d'expression de l'humanité qui se renouvelle totalement»* HUGO. ◆ SPÉCIALT Apporter des changements dans son activité créatrice, se montrer inventif. *Peintre, écrivain qui se renouvelle au cours de sa carrière. Se renouveler sans cesse. Il n'a pas su se renouveler. «Mais qui aime avec plus de force apprend, s'il le faut,* à se renouveler*»* MAUROIS. ▪ **3** Renaître, se reformer, réparer ses pertes. *La peau se renouvelle. Le bois des cervidés se renouvelle chaque année.* ▪ **4** Recommencer. ➤ se **reproduire.** *Des incidents qui se renouvellent souvent. «Les jours suivants, la même scène se renouvela»* CAMUS. — (En menace) *Et que ça ne se renouvelle pas !*

▪ CONTR. Garder, maintenir.

RENOUVELLEMENT [R(ə)nuvɛlmɑ̃] **n. m.** /RENOUVÈLEMENT/ – *renovelement* «recrudescence» XIIᵉ ◊ de *renouveler* ▪ **1** Remplacement de choses, de gens par d'autres semblables. *Renouvellement d'un stock, des provisions.* ➤ **réapprovisionnement.** *«la vie est faite du perpétuel renouvellement des cellules»* PROUST. *Renouvellement d'une assemblée par tiers, par cinquième. — Renouvellement de la population. Taux de renouvellement.* ➤ **turnover.** ▪ **2** Changement* complet des formes qui crée un état nouveau. ➤ **renouveau, rénovation, transformation.** *Le renouvellement des sciences et des arts.* ➤ **renaissance.** *Le besoin de renouvellement de certaines structures. Renouvellement d'un genre littéraire.* ▪ **3** (1596) Remise en vigueur dans les mêmes conditions. *Renouvellement d'un bail.* ➤ **prorogation, reconduction.** *Demande de renouvellement de passeport. Renouvellement d'un abonnement.* ◆ RELIG. Confirmation des vœux, prononcés de nouveau. *Renouvellement des vœux du baptême* (➤ **confirmation**). *Renouvellement de la communion solennelle ;* ABSOLT *Faire son renouvellement* (➤ **renouvelant, renouveler** [I, 5°]).

RÉNOVATEUR, TRICE [RenɔvatœR, tRis] **n.** et **adj.** – 1787 ; fém. 1555 ◊ bas latin *renovator, trix* ▪ **1** Personne qui rénove, donne une forme nouvelle (à qqch.). *Le rénovateur d'une science ; de la morale.* ➤ **réformateur.** — *Rénovateur d'un parti, d'une tendance politique.* ➤ **refondateur. adj.** *Doctrine rénovatrice.* ◆ Personne qui fait renaître (une chose disparue). *«il était le rénovateur de l'enluminure»* BLOY. ▪ **2 n. m.** (1939) Produit d'entretien qui «remet à neuf». *Rénovateur universel.*

RÉNOVATION [Renɔvasjɔ̃] **n. f.** – XIIIᵉ ◊ latin *renovatio* «renouvellement» ▪ **1** VX Rétablissement dans l'état premier (sens moral), régénération. ◆ PAR EXT. ➤ **renouvellement** (2°). *«les habitudes de province [...] où ses velléités de rénovation s'abîment»* BALZAC. ▪ **2** Remise à neuf. ➤ **modernisation,** 1 **restauration.** *Rénovation d'une salle de spectacles, d'un hôtel. Travaux de rénovation. Rénovation d'un vieux quartier, d'un immeuble insalubre.* ➤ **réhabilitation.** ▪ CONTR. Décadence.

RÉNOVER [Renɔve] **v. tr.** ⟨1⟩ – XIIᵉ, rare avant XIXᵉ ◊ latin *renovare* ▪ **1** Améliorer en donnant une forme nouvelle. ➤ **moderniser, rajeunir, renouveler, transformer ;** FIG. **dépoussiérer, lifter.** *Rénover un enseignement, des méthodes pédagogiques.* ▪ **2** Remettre à neuf. *L'immeuble a été rénové récemment.* ➤ **réhabiliter ;** RÉGION. **réfectionner.** — *Hôtel entièrement rénové.* ➤ **moderniser.**

RENQUILLER [Rɑ̃kije] **v. tr.** ⟨1⟩ – 1902 ◊ de l'argot *enquiller* «entrer» ▪ ARG. Rempocher. *Renquille tes sous, c'est moi qui paie ! Renquiller son compliment.* ➤ **rengainer.**

RENSEIGNEMENT [Rɑ̃sɛɲmɑ̃] **n. m.** – 1762 ; «mention, libellé dans un compte» 1429 ◊ de *renseigner* ▪ **1** Ce par quoi on fait connaître qqch. à qqn (exposé, relation, document) ; la chose, le fait que l'on porte à la connaissance de qqn. ➤ **avis, éclaircissement, indication, information, lumière,** FAM. **tuyau.** *Il m'a donné un renseignement faux. Pouvez-vous me fournir ce renseignement ? Obtenir des renseignements de qqn. — Renseignements sur un sujet d'études* (➤ **documentation**), *sur la situation de qqn* (➤ **nouvelle**). *Aller aux renseignements,* à leur recherche. *Demander à titre de renseignement,* à titre documentaire. — SPÉCIALT *Renseignements sur le compte d'une personne, d'une entreprise,* qui doivent servir à l'appréciation de sa valeur. *Prendre ses renseignements. Renseignements pris :* après avoir obtenu des renseignements. ◆ *Guichet, bureau des renseignements. Pour tout renseignement, pour plus amples renseignements, s'adresser à... Appeler les renseignements* *(téléphoniques).* ■ **2** Information concernant l'ennemi, et tout ce qui met en danger l'ordre public, la sécurité ; recherche de telles informations. *Agent de renseignements* (agent secret, espion). *Agence, bureau, service de renseignements. Aviation de renseignement.* — (En France) ANCIENNT *Renseignements généraux (R. G.)* : services de la préfecture de police et de la direction de la Sûreté. *Direction centrale du renseignement intérieur (D. C. R. I.)* : service de renseignements regroupant les anciens renseignements généraux et la direction de la surveillance* du territoire.

RENSEIGNER [ʀɑ̃seɲe] v. tr. ⟨1⟩ – 1835 ; «mentionner dans un compte» 1358 ◇ de *re-* et *enseigner* ■ **1** Éclairer sur un point précis, fournir un renseignement à. ➤ **avertir, informer*, instruire ;** POP. **rancarder,** FAM. **tuyauter** (cf. FAM. Mettre au courant*, au parfum*). *Renseigner qqn en lui indiquant qqch. Hôtesse chargée de renseigner les visiteurs. «L'obligeance qu'on déploie pour renseigner parfois un passant égaré»* CAMUS. — *Être renseigné* : être éclairé par des renseignements. *Être bien, mal renseigné. Nous sommes peu renseignés sur cette époque lointaine.* ♦ (CHOSES) Constituer une source d'information. *Document qui renseigne utilement.* ■ **2** (Belgique) *Renseigner qqch. à qqn,* le lui indiquer. *Personne n'a pu me renseigner le chemin.* ■ **3** Remplir avec l'information attendue. *Renseigner une fiche. Renseigner une rubrique* (questionnaire), *un champ* (informatique). *«De nombreuses pages se succédaient qu'elle devait renseigner pour bâtir son profil»* É. REINHARDT. *Formulaire à renseigner et à signer.* ■ **4 SE RENSEIGNER** v. pron. Prendre, obtenir des renseignements. *Se renseigner sur les dernières nouveautés. Se renseigner auprès de qqn.* ➤ **s'enquérir, s'informer, interroger.** *Renseignez-vous avant de signer.*

RENTABILISATION [ʀɑ̃tabilizasjɔ̃] n. f. – 1969 ◇ de *rentabiliser* ■ ÉCON. Fait de rentabiliser ; son résultat.

RENTABILISER [ʀɑ̃tabilize] v. tr. ⟨1⟩ – 1962 ◇ de *rentable* ■ ÉCON. Rendre rentable, financièrement avantageux. *Rentabiliser un investissement, une activité.*

RENTABILITÉ [ʀɑ̃tabilite] n. f. – 1926 ◇ de *rentable* ■ Caractère de ce qui est rentable. — Faculté d'un capital placé ou investi de dégager un résultat ou un gain. *Taux, seuil de rentabilité.*

RENTABLE [ʀɑ̃tabl] adj. – fin XIXe ; *terre rentable* «chargée d'une redevance» XIIIe en picard ◇ de *rente* ■ **1** Qui produit une rente ; PAR EXT. Qui donne un bénéfice suffisant par rapport au capital investi. *Une filiale non rentable. Opération financière rentable.* ➤ **relutif.** ■ **2** FIG. et FAM. Qui donne des résultats, vaut la peine. ➤ **fructueux, payant.** *Il serait rentable de former cet employé.*

RENTE [ʀɑ̃t] n. f. – XIIe ◇ latin populaire °*rendita,* p. p. fém. du latin populaire °*rendere* → rendre ; classique *reddita* «somme rendue (par un placement)» ■ **1** Revenu périodique d'un bien, d'un capital. *Avoir des rentes. Toucher une rente.* — *Vivre de ses rentes* : avoir des revenus suffisants pour pouvoir vivre sans travailler. ■ **2** (XVIe) Produit périodique qu'une personne est tenue (par contrat, jugement, disposition testamentaire) de servir à une autre personne ; les redevances ainsi versées. ➤ **arrérages, intérêt.** *Constitution de rente* : contrat par lequel une des parties s'engage, gratuitement ou en échange d'un capital, à payer une redevance. *Dans la rente, à la différence du prêt à intérêt, la restitution du capital ou du bien n'est pas exigible. Rente viagère* : pension payable pendant la vie de la personne qui la reçoit. *Le débirentier doit servir la rente.* — LOC. *Rente de situation* : avantage acquis depuis longtemps, que le bénéficiaire considère de ce fait comme un droit irréversible. ♦ FIG. Dépense à renouveler régulièrement (comme on sert une rente) ; PAR EXT. Cause de cette dépense. *Cette grande maison de campagne est une rente.* ■ **3** Emprunt de l'État, représenté par un titre qui donne droit à un intérêt contre remise de coupons. *Rentes sur l'État. Rentes et bons du Trésor. Rente à cinq pour cent. Rentes perpétuelles,* sans engagement pris de rembourser le capital prêté. *Le cours de la rente.* ■ **4** (v. 1750 ◇ anglais *rent* «loyer d'un fermier») ÉCON. Le revenu de la productivité naturelle d'une terre, distincte de celle du travail et du capital investis. *Théorie de la rente, chez Ricardo, Malthus. Rente foncière. Rente marginale.*

RENTER [ʀɑ̃te] v. tr. ⟨1⟩ – XIIIe ◇ de *rente* ■ VIEILLI Doter d'une rente (1° ou 2°).

RENTIER, IÈRE [ʀɑ̃tje, jɛʀ] n. – 1356 ; «celui qui doit une rente» 1200 ◇ de *rente* ■ Personne qui a des rentes, qui vit de ses rentes. *«Un de ces petits rentiers dont toutes les dépenses sont si nettement déterminées par la médiocrité du revenu»* BALZAC. — LOC. *Mener une vie, une existence de rentier* : avoir des revenus suffisants pour pouvoir vivre sans travailler.

RENTOILAGE [ʀɑ̃twalaʒ] n. m. – 1752 ◇ de *rentoiler* ■ Opération par laquelle on substitue une toile neuve à la toile usée d'un tableau.

RENTOILER [ʀɑ̃twale] v. tr. ⟨1⟩ – 1690 ◇ de *re-* et *entoiler* ■ Remplacer par une toile nouvelle la toile usée de. SPÉCIALT Fixer sur une toile neuve (une peinture). *Rentoiler un tableau.*

RENTOILEUR, EUSE [ʀɑ̃twalœʀ, øz] n. – 1856 ◇ de *rentoiler* ■ Spécialiste qui rentoile les tableaux.

RENTRAGE [ʀɑ̃tʀaʒ] n. m. – 1846 ◇ de *rentrer* ■ Action de rentrer. *Le rentrage du bois.* ➤ **rentrée.**

RENTRAIRE [ʀɑ̃tʀɛʀ] v. tr. ⟨50⟩ – 1404 ◇ de *re-* et ancien français *entraire* «tirer», du latin *intrahere* ■ COUT. VX ➤ 2 **stopper.** — SPÉCIALT Réparer les défauts de (un drap) après foulage, tonte et apprêt. — Réparer à l'aiguille la trame de (une tapisserie). — On dit aussi **RENTRAYER** [ʀɑ̃tʀeje] ⟨8,⟩ 1821. ■ HOM. *Rentrais* : rentrais (rentrer).

RENTRAITURE [ʀɑ̃tʀetyʀ] n. f. – 1530 ◇ de *rentraire,* de l'ancien français *entraire* ; latin *intrahere* → traire ■ TECHN. Réparation d'une partie usée, détruite, par réfection de la tapisserie.

RENTRANT, ANTE [ʀɑ̃tʀɑ̃, ɑ̃t] adj. et n. m. – 1652 ◇ de *rentrer* ■ **1** GÉOM. *Secteur angulaire rentrant,* ou ABUSIVEMENT *angle rentrant* (opposé à *saillant*) : secteur angulaire supérieur à 180°. ♦ *Surface rentrante,* qui forme un creux, une concavité accentuée, se replie sur elle-même. ■ **2** Qui peut être rentré. *Train d'atterrissage rentrant,* escamotable. *Couteau à lame rentrante.* ■ **3** n. m. (1834) Joueur qui prend la place d'un perdant.

RENTRAYER ➤ **RENTRAIRE**

RENTRÉ, ÉE [ʀɑ̃tʀe] adj. et n. m. – 1670 ◇ de *rentrer* ■ **1** Qu'on a réprimé, refoulé (sentiments). *Colère rentrée,* contenue sans perdre de sa force. *«Plus de rages rentrées»* SARRAUTE. ■ **2** Creux. *Des joues rentrées.* ➤ 2 **cave, creux.** *Le ventre rentré,* qu'on s'efforce de rendre plat. ■ **3** n. m. COUT. *Un rentré* : un repli du tissu sur l'envers.

RENTRE-DEDANS [ʀɑ̃t(ʀə)dədɑ̃] n. m. inv. – 1925 ◇ de *rentrer* et *dedans* ■ FAM. ■ **1** Attitude de séduction insistante, indiscrète et vulgaire. *Faire du rentre-dedans à qqn.* ➤ **draguer** (cf. Faire du gringue*, du plat*). *Elle lui a fait un rentre-dedans pas possible.* — adj. inv. *Des slogans un peu rentre-dedans.* ■ **2** Attitude agressive. — adj. inv. *«un contexte masculin plutôt brutal et "rentre-dedans"»* (Le Monde, 2001).

RENTRÉE [ʀɑ̃tʀe] n. f. – *rentrée en grâce* 1538 ; 1510 «retraite» ◇ de *rentrer*

I (Êtres vivants) Retour en un lieu d'où l'on était sorti. ■ **1** Le fait de rentrer. *«une rentrée au bercail»* ARAGON. ■ **2** (1718) Reprise des fonctions, des activités de certaines institutions (justice, enseignement), après une interruption. *La rentrée des tribunaux. La rentrée parlementaire, sociale. La rentrée des classes,* SPÉCIALT celle qui a lieu après les grandes vacances. *Rentrée scolaire, universitaire. La rentrée des enseignants.* ➤ **prérentrée.** — ABSOLT *Le jour de la rentrée. «Il avait le cœur un peu serré, c'était la rentrée»* FRANCE. ♦ PAR EXT. L'époque de la *rentrée* des classes (qui est aussi celle de la reprise des activités normales, après les vacances). *Les spectacles de la rentrée. Nous réglerons cette affaire à la rentrée. La rentrée s'annonce difficile.* — *La rentrée littéraire* : parution massive de livres à la rentrée, avant la remise des prix littéraires. ■ **3** (1835) Retour d'un acteur à la scène, après une interruption. ➤ ANGLIC. **come-back.** *Cet acteur a fait sa rentrée sur telle scène, dans tel rôle.* — PAR ANAL. *Il prépare sa rentrée politique.*

II (CHOSES) Action de mettre ou de remettre à l'intérieur ce qui était dehors ; son résultat. ■ **1** Mise à l'abri. *La rentrée des foins, du fourrage, d'une récolte.* ➤ **rentrage.** ■ **2** (1771) *Rentrée d'argent* : somme d'argent qui entre en caisse. ➤ **encaissement, perception, recette.** ABSOLT *Les rentrées. Attendre des rentrées importantes. Les rentrées de l'impôt.* ■ **3** (1694) Au jeu, Carte(s) que l'on prend dans le talon en remplacement de celle(s) qu'on a écartée(s). ■ **4** SPORT *Rentrée* (du ballon) *en touche**. ■ **5** ASTRONAUT. Phase de vol d'un engin spatial l'amenant à pénétrer dans l'atmosphère terrestre. *Rentrée atmosphérique, angle de rentrée.*

■ CONTR. Sortie. Dépense.

RENTRER [ʀɑ̃tʀe] v. ⟨1⟩ – milieu XIIe ◇ de *re-* et *entrer*

II ~ **v. intr.** (AVEC L'AUXILIAIRE *ÊTRE*) **A.** ENTRER DE NOUVEAU ▪ **1** Entrer de nouveau (dans un lieu où l'on a déjà été). « *des gens ahuris qui sortaient des maisons, qui y rentraient* » HUGO. *Rentrer dans sa chambre.* ➤ **réintégrer.** *Rentrer à la maison, au bercail, chez soi. Avion qui rentre à sa base.* — FIG. « *Rentre dans le néant dont je t'ai fait sortir* » RACINE. — LOC. *Rentrer dans sa coquille**. — (SANS COMPL.) « *Rentre. Je ne vois plus ton visage. Rentrons. Il est trop tard déjà pour s'asseoir au perron* » H. DE RÉGNIER. ◆ Revenir. *Sortir le soir et rentrer au petit jour. Rentrer fatigué. Elle rentrait d'une promenade. Rentrer de la chasse. Rentrer dîner.* ▪ **2** (XVIe) Entrer de nouveau dans (une situation, un état antérieurs). *Rentrer dans l'Administration.* ➤ **réintégrer.** *Rentrer dans le droit chemin, dans le rang.* ▪ **3** (SANS COMPL.) (1564) Reprendre ses activités, ses fonctions. *Les tribunaux, les lycées, les classes rentrent à telle date.* — Effectuer sa rentrée (en parlant d'un acteur). ▪ **4** (1538) VX Retrouver (une situation favorable). « *Rentre dans ton crédit et dans ta renommée* » CORNEILLE. ◆ MOD. LOC. *Rentrer dans les bonnes grâces de qqn, rentrer en grâce. Rentrer dans ses droits.* ➤ **recouvrer.** *Rentrer dans ses dépenses, ses frais,* les récupérer ou en retrouver l'équivalent. — (CHOSES) LOC. *Tout est rentré dans l'ordre* : l'ordre est revenu. ▪ **5** FIG. (1580) LITTÉR. *Rentrer en soi-même* : faire réflexion, retour sur soi-même. ➤ **se recueillir.** « *Espace, je t'ai perdu et je rentre en moi-même* » H. LABORIT.

B. (SANS IDÉE DE RÉPÉTITION NI DE RETOUR) ▪ **1** (1690) ABUSIF, mais COUR. Entrer. « *On rentre dans la cathédrale* » CLAUDEL. « *Le dompteur ne rentra pas dans la cage* » PERRET. ◆ *Son fils rentre en cinquième.* ▪ **2** (fin XVIIe) (Emploi « intensif ») Entrer avec force ou malgré une résistance, entrer complètement dans. *Sa voiture est rentrée dans un arbre.* ◆ LOC. *J'aurais voulu rentrer sous terre* (de honte). (1900) FAM. (avec une idée de violence) *Rentrer dedans, rentrer dans le chou, dans le lard, dans le mou (de qqn)* : attaquer, se jeter sur (➤ FAM. **rentre-dedans**). — *Faire rentrer qqch. dans la tête (de qqn)* : faire comprendre ou apprendre avec peine, en insistant. *Je « récite à haute voix pour que ça rentre mieux »* P. CAUVIN. — *C'est le métier* qui rentre.* ▪ **3** (1803) S'emboîter, s'enfoncer. *Les tubes de cette lunette d'approche rentrent les uns dans les autres.* — PAR EXAGÉR. *Les jambes me rentrent dans le corps* : je suis fatigué à force de marcher. ◆ Être enfoncé dans, caché, dissimulé sous. « *ses joues creuses rentraient dans ses mâchoires* » FRANCE. ▪ **4** (fin XVIIe) Trouver sa place, être contenu. *Cela ne rentrera jamais dans ma valise.* ➤ **tenir.** — (ABSTRAIT) Être compris, contenu, inséré dans. ➤ **entrer.** *Rentrer dans une catégorie. Cela ne rentre pas dans mes attributions.* ▪ **5** (1798) Être perçu, en parlant de l'argent. *Faire rentrer l'impôt.*

III ~ **v. tr.** ▪ **1** (1801) Mettre ou remettre à l'intérieur, dedans. *Rentrer les foins. Il a rentré sa voiture* (au garage). — *Avion qui rentre son train d'atterrissage.* — PAR EXT. (1826) *Rentrer le ventre,* s'efforcer de le rendre plat. *Rentrer la tête dans les épaules.* ◆ PAR EXAGÉR. Enfoncer. *Rentrer les coudes dans les côtes de ses voisins.* ▪ **2** (1857) Dissimuler, faire disparaître sous (ou dans). *Rentrer sa chemise dans son pantalon.* « *Nous avons rentré nos tignasses, lui sous son chapeau, moi sous ma casquette* » VALLÈS. *Rentrer ses griffes**. ◆ FIG. (1672) Refouler. *Rentrer ses larmes.* ➤ **ravaler.** *Rentrer sa colère, sa haine, sa rage.* ➤ **réprimer.**

▪ **CONTR.** Échapper, 1 ressortir, 1 sortir. ▪ **HOM.** *Rentrais* : rentrais (rentraire).

RENVERSANT, ANTE [ʀɑ̃vɛʀsɑ̃, ɑ̃t] **adj.** – 1830 ◊ de *renverser* ▪ Qui renverse (3°), déconcerte au plus haut point, frappe de stupeur. ➤ **ahurissant, étonnant, stupéfiant.** *Une nouvelle renversante.* « *Andrée, tu es renversante, s'écria-t-elle* » PROUST.

RENVERSE [ʀɑ̃vɛʀs] **n. f.** – XVe ◊ de *renverser* ▪ **1** MAR. Changement de direction cap pour cap (du courant ou du vent). ▪ **2 loc. adv.** (1433) COUR. **À LA RENVERSE** : sur le dos (après une chute, etc.) (cf. Les quatre fers* en l'air). « *Tout à coup, il s'échappa de ses bras et tomba à la renverse* » BAUDELAIRE. FIG. *Il y a de quoi tomber à la renverse* (d'étonnement). ➤ **renversant.**

RENVERSÉ, ÉE [ʀɑ̃vɛʀse] **adj.** – 1538 ◊ de *renverser* ▪ **1** À l'envers. *La silhouette renversée des arbres dans l'eau. Cône, pyramide renversés.* BLAS. *Chevron renversé,* pointe en bas. — *Crème renversée,* qui a pris et qu'on retourne sur un plat pour la servir. — *C'est le monde* renversé.* ▪ **2** Qu'on a fait tomber. *Chaises renversées. Du vin renversé sur la table,* répandu. ◆ FIG. Stupéfait, déconcerté. *Je suis renversé !* ▪ **3** Incliné en arrière. « *Une casquette en loques renversée sur la nuque* » ZOLA. ◆ *Écriture renversée,* penchée vers la gauche.

▪ **CONTR.** Debout, 1 droit, haut.

RENVERSEMENT [ʀɑ̃vɛʀsəmɑ̃] **n. m.** – 1478 ◊ de *renverser* ▪ Action de renverser ; état de ce qui est renversé.

I Action de mettre à l'envers, de se mettre à l'envers. ▪ **1** Passage en bas de la partie haute. *Renversement des images dans un appareil optique.* — TECHN. *Appareil à renversement,* qui fonctionne quand on le renverse. — MUS. *Renversement des intervalles. Renversement d'un accord* : état d'un accord dont la fondamentale ne se trouve pas à la base (ex. sol do mi). ▪ **2** Passage à un mouvement de sens inverse. *Renversement de courant, de la marée, du vent* : changement qui les fait passer dans la direction opposée. *Renversement des moussons. Renversement de la vapeur**. ◆ AÉRONAUT. Figure de voltige aérienne où l'avion bascule de 180° en virant en piqué. ▪ **3** Passage à un ordre inverse. *Renversement des termes d'un rapport, d'une proposition.* ➤ **interversion.** ▪ **4** COUR. Changement* complet, bouleversement de l'ordre normal. *Renversement des alliances,* lorsque les alliés deviennent ennemis et inversement. *Renversement des valeurs. Renversement de la situation.* ➤ **retournement.** *Renversement de tendance. Chacun imaginait « quelque renversement, où les tyrans seraient humiliés à leur tour »* ALAIN.

II ▪ **1** Le fait de renverser, de jeter bas. *Le renversement de la monarchie, du régime, du gouvernement.* ➤ **chute.** *Le renversement de tous nos projets.* ➤ **anéantissement, écroulement, ruine.** « *l'atroce commotion causée par le renversement de toutes ses espérances* » BALZAC. ▪ **2** Rejet en arrière (d'une partie du corps). *Renversement du buste, de la tête* (dans un exercice, une danse, etc.).

▪ **CONTR.** Redressement, relèvement.

RENVERSER [ʀɑ̃vɛʀse] **v. tr.** ‹1› – 1280 ◊ de *re-* et ancien français *enverser,* de *envers* ▪ **1** Mettre de façon que la partie supérieure devienne inférieure. *Renverser un seau pour grimper dessus. Renverser son bateau.* ➤ **chavirer, dessaler.** ▪ **2** Disposer ou faire mouvoir en sens inverse, en mettant avant ce qui était après. ➤ **inverser.** *Renverser le courant. Renverser la vapeur*. Renverser les termes d'une proposition, d'un rapport.* — INTRANS. *La marée renverse,* change de sens. ▪ **3** Faire tomber à la renverse, jeter à terre (qqn). *Renverser qqn d'un croc-en-jambe, d'un coup de poing. Renverser son adversaire.* ➤ 2 **terrasser.** *Piéton renversé par une voiture.* ➤ **faucher.** *Se faire renverser.* — PRONOM. *Les marchandises se sont renversées sur la chaussée.* — FIG. *Cela me renverse* : je suis étonné, outré (➤ **renversant**). ◆ Faire tomber (qqch.). *Renverser une chaise, les quilles d'un jeu.* — PAR EXT. Répandre (un liquide) en renversant le récipient. *Renverser du vin, son café.* ➤ **répandre.** ▪ **4** FIG. Faire tomber, démolir. ➤ **abattre, détruire.** *Renverser tous les obstacles.* ➤ **vaincre.** — SPÉCIALT *Renverser un ministre, un cabinet,* le faire démissionner en lui refusant la confiance. ▪ **5** Incliner en arrière (la tête, le buste). « *il lui renversa la tête en arrière* » GIONO.

▪ **CONTR.** Redresser, rétablir. Relever, édifier, fonder, instaurer ; couronner.

RENVIDER [ʀɑ̃vide] **v. tr.** ‹1› – 1765 ◊ de *re-* et *envider* ▪ TECHN. Enrouler (le fil) sur les bobines d'un métier à tisser. — **n. m. RENVIDAGE.** ▪ **CONTR.** Dévider.

RENVIDEUR [ʀɑ̃vidœʀ] **n. m.** – 1860 ◊ de *renvider* ▪ Ouvrier fileur, chargé du renvidage. ◆ *Métier renvideur,* ou ABSOLT *renvideur* : métier à renvider. ➤ **mule-jenny.** *La filature, « où les renvideurs entraînaient de troublantes nappes de fils »* MAUROIS.

RENVOI [ʀɑ̃vwa] **n. m.** – *faire renvoy* « avoir recours » 1396 ◊ de *renvoyer* ▪ Action de renvoyer ; son résultat. ▪ **1** DR. Le fait de porter une affaire devant un autre juge (que celui qui en était saisi). *Demande de renvoi.* ➤ **déclinatoire.** *Renvoi pour incompétence. Renvoi à l'audience du tribunal,* décidé par le juge des référés. ◆ DR. PÉN. Fait de mettre en prévention une personne mise en examen et de mettre en accusation un prévenu. *Ordonnance de renvoi devant le tribunal correctionnel. Arrêt de renvoi devant la cour d'assises.* ◆ DR. CONSTIT. Procédure qui consiste à soumettre un projet à l'examen d'une commission, d'un bureau, etc. ▪ **2** Action de renvoyer le lecteur en un autre endroit du texte. — PAR EXT. Marque invitant le lecteur à se reporter (à tel ou tel mot ou passage). ➤ **astérisque, référence.** *Guidon* de renvoi.* — DR. Annotation marginale faisant corps avec un acte écrit et devant être paraphée par les signataires. ➤ **apostille.** ▪ **3** Le fait de renvoyer qqn. ➤ **congé, congédiement, débauchage, licenciement, révocation.** *Décider le renvoi d'un ouvrier, d'un employé. Renvoi d'un élève.* ➤ **exclusion, expulsion.** « *Je souhaitais le renvoi du collège, un drame enfin* » RADIGUET. ▪ **4** Le fait de retourner (qqch.) à la personne qui l'a envoyé. *Renvoi d'une lettre à l'expéditeur, renvoi d'une marchandise défectueuse.* ▪ **5** MÉCAN. Changement de la direction d'un mouvement par un mécanisme de transmission. *Levier, poulie de renvoi.* ■ **6** (v. 1748) Éructation. ➤ **régurgitation.** « *Quand le repas fut terminé* [...], *des renvois bruyants se succédèrent à l'envie* [sic] *traduisant la satisfaction de tous* » A. SADJI. ➤ 1 **rot.** *Avoir des renvois.* « *C'est la fin d'une ivresse, dans laquelle remontent des renvois de vin mal cuvé* » GONCOURT. ■ **7** Ajournement, remise (➤ **renvoyer**). *Tribunal prononçant le renvoi à huitaine. Renvoi sine die. Renvoi d'une discussion à une date ultérieure.* ➤ **report.** ■ CONTR. Adoption, engagement, rappel.

RENVOYER [ʀɑ̃vwaje] v. tr. ⟨8⟩ – 1160 ◊ de *re-* et *envoyer* ■ **1** Faire retourner (qqn) là où il était précédemment. « *je le menaçai de le renvoyer à ses parents* » BAUDELAIRE. *Renvoyer les soldats dans leurs foyers.* ➤ **démobiliser, libérer.** *Renvoyer qqn à ses chères études*.* — FIG. (sujet chose) « *Ainsi la maladie* [...] *renvoyait les individus à leur solitude* » CAMUS. ♦ Faire repartir (qqn) dont on ne souhaite plus la présence. « *Quand elle fut remise et bien établie dans sa chambre, elle renvoya tout le monde* » STENDHAL. *Renvoyer ses créanciers, un importun.* ➤ **éconduire.** ■ **2** Faire partir, en faisant cesser une fonction, une situation. *Renvoyer la bonne.* ➤ **chasser, congédier,** se **défaire** de, **remercier** (cf. Mettre dehors, à la porte). *Renvoyer des employés.* ➤ **débaucher, licencier, remercier ;** FAM. **balancer, débarquer, éjecter, jeter, larguer, lourder, saquer, vider, virer.** *Souverain qui renvoie ses ministres.* ➤ **destituer*, disgracier, limoger, révoquer.** *Renvoyer un accusé.* ♦ *Renvoyé de.* « *Je fus renvoyé de l'École* » GIDE. ➤ **exclure, expulser.** — DR. *Renvoyer d'accusation :* décharger d'une accusation. ■ **3** Faire reporter (qqch.) à qqn. *Renvoyer un cadeau.* ➤ **refuser, rendre.** *Renvoyer une lettre à l'expéditeur.* ➤ **réexpédier, retourner.** ■ **4** Relancer (un objet qu'on a reçu). *Renvoyer un ballon, une balle. Renvoyer la balle* à qqn. Renvoyer l'ascenseur*.* — PAR EXT. (CARTES) *Renvoyer trèfle :* rejouer trèfle. ♦ (En parlant de surfaces qui réfléchissent les objets ou les ondes) *Miroir qui renvoie une image déformée.* ➤ **réfléchir, refléter.** — *Renvoyer la chaleur.* ➤ **réverbérer.** *Renvoyer le son.* ➤ **répercuter ; écho.** ■ **5** Adresser à (quelque autre destination plus appropriée, quelque personne plus compétente). *Renvoyer le prévenu à la cour d'assises. Visiteur qu'on se renvoie de service en service. Renvoyer un projet à la commission.* ♦ PAR EXT. Faire se reporter, obliger à se reporter. « *Oui, oui, je te renvoie à l'auteur des Satires* » MOLIÈRE. — (Sujet chose) *Chiffres, notes qui renvoient le lecteur à certains passages* (➤ **renvoi**). ■ **6** Remettre à une date ultérieure. ➤ **ajourner,** 2 **différer, remettre, reporter.** *Renvoyer l'affaire à huitaine.* « *L'on convint de renvoyer au dimanche suivant le tirage des lots* » ZOLA. *Renvoyer le débat sine die. Renvoyer aux calendes* grecques.* — (Compl. personne) « *Il m'a renvoyé à Noël pour le paiement* » (ACADÉMIE). ■ CONTR. Appeler, introduire ; employer, engager, garder, prendre, recruter ; accepter.

RÉOCCUPATION [ʀeɔkypasjɔ̃] n. f. – 1830 ◊ de *réoccuper* ■ Action de réoccuper ; son résultat. *Réoccupation de la Rhénanie par l'Allemagne en 1936.*

RÉOCCUPER [ʀeɔkype] v. tr. ⟨1⟩ – 1808 ◊ de *re-* et *occuper* ■ Occuper de nouveau. *Réoccuper une position stratégique, un territoire. Réoccuper une fonction.*

RÉOPÉRER [ʀeɔpeʀe] v. tr. ⟨6⟩ – 1845 ◊ de *re-* et *opérer* ■ Faire subir une nouvelle intervention chirurgicale à (qqn).

RÉORCHESTRATION [ʀeɔʀkɛstʀasjɔ̃] n. f. – 1932 ◊ de *réorchestrer* ■ Nouvelle orchestration. ➤ **remix** (ANGLIC.).

RÉORCHESTRER [ʀeɔʀkɛstʀe] v. tr. ⟨1⟩ – 1850 ◊ de *re-* et *orchestrer* ■ Faire une nouvelle orchestration de (une œuvre déjà orchestrée). ➤ **remixer** (ANGLIC.).

RÉORGANISATEUR, TRICE [ʀeɔʀganizatœʀ, tʀis] n. et adj. – 1838 ◊ de *réorganiser* ■ Personne qui réorganise. ➤ **organisateur.** — adj. *L'action réorganisatrice d'un gouvernement.*

RÉORGANISATION [ʀeɔʀganizasjɔ̃] n. f. – 1791 ◊ de *réorganiser* ■ Action de réorganiser ; son résultat. ➤ **réaménagement, restructuration.** *Réorganisation d'une administration, d'une société. Réorganisation politique, sociale.* ■ CONTR. Désorganisation.

RÉORGANISER [ʀeɔʀganize] v. tr. ⟨1⟩ – 1791 ◊ de *re-* et *organiser* ■ Organiser de nouveau, d'une autre manière. ➤ **réaménager, restructurer.** *Réorganiser un pays. Réorganiser l'armée, un service public.* PRONOM. « *une société ne se réorganise pas aussi vite qu'un État* » MADELIN. *Le parti s'est entièrement réorganisé.* ■ CONTR. Désorganiser.

RÉORIENTER [ʀeɔʀjɑ̃te] v. tr. ⟨1⟩ – 1901 ◊ de *re-* et *orienter* ■ Orienter dans une nouvelle direction ; donner une nouvelle orientation à. *Réorienter une politique. Réorienter sa carrière.* — n. f. **RÉORIENTATION,** 1952.

RÉOUVERTURE [ʀeuvɛʀtyʀ] n. f. – 1823 ; « action d'élargir (un fossé) » 1600 ◊ de *re-* et *ouverture* ■ **1** Le fait de rouvrir (un établissement qui a été quelque temps fermé). *Réouverture d'un théâtre, d'un casino, d'un magasin. Le jour de la réouverture.* ■ **2** DR. *Réouverture des débats :* mesure consistant à rouvrir des débats qu'on avait déclarés clos. — COUR. Reprise d'une procédure, d'un dialogue. *La réouverture des négociations entre deux pays.*

REP [ʀɛp] n. m. – 1998 ◊ acronyme de *réseau d'éducation prioritaire* ■ ADMIN. Réseau d'établissements où l'action éducative est renforcée afin de lutter contre l'échec scolaire. *Collège classé en REP.*

REPAIRE [ʀ(ə)pɛʀ] n. m. – 1080 ◊ de *repairer* ■ **1** Lieu qui sert de refuge à une bête sauvage. ➤ **antre, bauge, gîte, ressui,** 1 **retraite, tanière,** 1 **terrier.** — Lieu où vivent en abondance certains animaux dangereux, nuisibles. *Ce ravin est un repaire de serpents.* ■ **2** Endroit qui sert d'abri, de lieu de réunion à des individus dangereux. ➤ **nid, refuge.** *Un repaire de pirates, de rebelles, de terroristes.* ■ HOM. Repère.

REPAIRER [ʀ(ə)peʀe] v. intr. ⟨1⟩ – 1450 ; *repadred* « il retourne » 980 ◊ bas latin *repatriare,* de *patria* « patrie » ■ VÉN. Être au gîte, au repaire. ■ HOM. Repérer ; *repaire :* reperds (reperdre).

REPAÎTRE [ʀəpɛtʀ] v. tr. ⟨57⟩ /REPAITRE/ – 1180 aussi intr. ◊ de *re-* et *paître*

I ■ **1** VX Nourrir, restaurer par un repas. ■ **2** FIG. LITTÉR. Nourrir, rassasier. « *De tels spectacles, dont j'allais repaissant mes yeux* » SAINTE-BEUVE.

II SE REPAÎTRE v. pron. ■ **1** Assouvir sa faim, manger (animaux). ➤ **s'assouvir, dévorer,** se **rassasier.** ■ **2** FIG. LITTÉR. *Ce tyran ne se repaît que de sang et de carnage.* ➤ se **délecter.** *Se repaître d'illusions.*

RÉPANDRE [ʀepɑ̃dʀ] v. tr. ⟨41⟩ – *respandre* XIIe ◊ de *re-* et *épandre*

I (CONCRET) ■ **1** Verser, épandre (un liquide). *Répandre de l'eau sur la terre* (➤ **arroser**). *Répandre du vin sur la nappe.* ➤ **renverser.** — LOC. LITTÉR. *Répandre le sang :* tuer. *Répandre des larmes :* pleurer. — (Sujet chose) *Fleuve qui répand ses eaux dans la plaine.* ♦ Disperser, étaler (qqch.). *Répandre de la sciure sur le sol, du sable sur une allée.* ➤ **disséminer, éparpiller, parsemer.** ■ **2** Produire et envoyer hors de soi, autour de soi (de la lumière, de la chaleur, des rayons, une odeur, de la fumée, etc.). ➤ **diffuser, émettre.** *Répandre une odeur.* ➤ **dégager, exhaler.** « *Tu répands des parfums comme un soir orageux* » BAUDELAIRE.

II (ABSTRAIT) ■ **1** Donner avec profusion (une chose immatérielle). ➤ **dispenser, distribuer, prodiguer.** *Répandre des bienfaits.* ■ **2** Faire régner (un sentiment) autour de soi. *Répandre la panique, l'effroi, la consternation.* « *Un mal qui répand la terreur* » LA FONTAINE. ➤ **jeter, semer.** *Répandre la joie, l'allégresse.* ■ **3** Diffuser dans une société plus vaste, étendre à un plus grand nombre. *Répandre une doctrine, une idée.* ➤ **populariser, propager, vulgariser.** *Répandre un usage, une mode.* ➤ 1 **lancer.** ■ **4** Faire connaître, rendre public. *Répandre une rumeur, un bruit.* ➤ **colporter.** *Répandre une fausse nouvelle.* — VX *Répandre un secret.* ➤ **divulguer.** — *Répandre que* (et indic.). « *On avait déjà répandu au palais que le sieur Dairolles* [...] *était dans l'intention de se rétracter* » BEAUMARCHAIS. ■ **5** VIEILLI Manifester (un sentiment, une pensée). « *Répandre en paroles son dédain* » DUHAMEL. ➤ **déverser.**

III SE RÉPANDRE v. pron. **A.** (CHOSES) ■ **1** Couler, s'étaler. *L'eau s'est répandue partout.* ➤ **déborder.** *Sang qui se répand dans les tissus.* ➤ **s'extravaser.** — *Odeur, son, fumée qui se répand.* ➤ se **dégager.** IMPERS. *Il se répandit un épais brouillard.* ♦ FIG. *La consternation se répandit sur tous les visages.* ➤ se **manifester,** se **peindre.** ■ **2** Se propager. ➤ **gagner.** *Pratique, usage qui se répand peu à peu.* ➤ **essaimer.** *Épidémie qui se répand.* — *Le bruit se répandit qu'il avait disparu.* ➤ **circuler, courir.** LOC. *Se répandre comme une traînée* de poudre.*

B. (PERSONNES) ■ **1** *La foule se répandit dans les rues.* ➤ **déferler ; envahir.** — LOC. VIEILLI *Se répandre dans le monde, dans la société,* ou ABSOLT *se répandre :* avoir une vie mondaine très active. « *Il lui proposa de se répandre dans la société* » DIDEROT. ■ **2 SE RÉPANDRE EN... :** exprimer, extérioriser ses sentiments, par une abondance de paroles, etc. *Se répandre en injures, en menaces.* ➤ **déborder, éclater.** « *La petite ville se répandait en hypothèses et en suppositions hardies* » VIALATTE. — ABSOLT, FAM. S'étendre sur son cas. *Arrête de te répandre, un peu de dignité !*

■ CONTR. Amasser, ramasser.

RÉPANDU, UE [repɑ̃dy] adj. – *respandu* 1255 ◊ de *répandre* ■ **1** (CONCRET) Qui a été versé, renversé, qui a débordé (liquides). *Vin répandu sur une nappe.* ♦ (CHOSES) Qui est étalé sans ordre, dispersé. *Papiers répandus sur le sol.* ➤ **épars.** ■ **2** (ABSTRAIT) Qui est commun à un grand nombre de personnes (pensées, opinions). *Le préjugé le plus répandu à cette époque.* ➤ 1 **courant.** *Méthode très répandue.* ➤ **connu.** ■ **3** LITTÉR. *Être répandu dans le monde :* fréquenter le monde, y avoir beaucoup de relations. *C'est une personne très répandue.*

RÉPARABLE [reparabl] adj. – v. 1470 ◊ de *réparer* ■ **1** (CONCRET) Qu'on peut réparer. *Cette pendule est détraquée, mais elle est réparable.* ■ **2** (ABSTRAIT) Qu'on peut corriger, compenser, etc. *Erreur, maladresse réparable.* ➤ **rachetable, remédiable.** *C'est une perte facilement réparable.* ■ CONTR. Irréparable ; irrémédiable.

REPARAÎTRE [R(ə)parɛtʀ] v. intr. ⟨57⟩ /REPARAITRE/ – *reparoistre* 1611 ◊ de *re-* et *paraître* ■ **1** Se montrer à la vue (après une disparition). ➤ **réapparaître ; réapparition.** « *il l'avait vue* [la lune] *se voiler et reparaître* » FRANCE. ♦ Paraître de nouveau devant qqn ; revenir dans un lieu. *Ne reparais jamais ici.* ■ **2** FIG. Se manifester de nouveau. *La fièvre a reparu. Tel caractère reparaît après plusieurs générations.* ➤ **ressurgir.** ■ CONTR. Disparaître.

RÉPARATEUR, TRICE [reparatœʀ, tʀis] n. et adj. – 1380 ; autre sens 1350 ◊ latin tardif *reparator*

I n. Artisan qui répare des objets détériorés, cassés, déréglés... *Porter un poste de radio chez le réparateur. Réparateur de tapis. Réparateur de porcelaine.* ➤ **raccommodeur.**

II adj. ■ **1** Qui répare les forces. *Sommeil, repos réparateur.* ■ **2** *Crème réparatrice,* pour la peau. — MÉD. *Chirurgie réparatrice.* ➤ **plastique.** ■ **3** Qui répare, rachète une faute.

RÉPARATION [reparasjɔ̃] n. f. – 1310 ◊ latin tardif *reparatio* ■ **1** Opération, travail qui consiste à réparer qqch. *Réparation sommaire.* ➤ FAM. **rafistolage.** *Réparation d'un mur* (➤ **consolidation, replâtrage**), *d'un immeuble* (➤ 1 **restauration**). *Réparation d'un navire.* ➤ **radoub.** *Réparation d'un vêtement* (➤ **raccommodage**), *d'une paire de chaussures* (➤ **ressemelage**). *Atelier de réparation. Faire des réparations à un toit.* — *En réparation,* qu'on est en train de réparer. *L'ascenseur est en réparation.* ■ **2** Le fait de réparer (ses forces, etc.). « *La halte, c'est la réparation des forces* » HUGO. — PHYSIOL. Le fait de se reformer, de se régénérer. *Réparation des tissus après une blessure.* ➤ **cicatrisation.** ■ **3** L'action de réparer (une avarie, etc.). *Réparation des dégâts causés par un accident.* — PHYSIOL. *Réparation des pertes de l'organisme.* ♦ FIG. Action de réparer (une faute, une offense, etc.). ➤ **expiation.** *Demander réparation d'un affront.* ➤ **raison** (III, 4°). « *en réparation du mal que je lui ai fait* » HUGO. — ABSOLT *Obtenir réparation.* ➤ **satisfaction.** *Réparation par les armes.* ➤ 1 **duel.** *Réparation publique, solennelle.* ➤ **amende** (honorable). DR. *Réparation pénale :* mesure judiciaire proposant à un mineur délinquant une activité d'aide ou de réparation à l'égard de la victime ou de la collectivité. — SPÉCIALT Compensation, dédommagement. ➤ **dommage** (dommages-intérêts), **indemnité.** *Réparation civile :* somme accordée par une juridiction pour indemniser la victime du préjudice subi par elle. — AU PLUR. *Réparations imposées à l'Allemagne après la guerre de 1914-1918.* ♦ SPORT *Surface de réparation :* surface rectangulaire à chaque extrémité d'un terrain de football, dans laquelle se trouvent les *points de réparation* (points où l'on place le ballon pour le pénalty). *Coup de pied de réparation,* accordé à une équipe en compensation d'une faute commise par un joueur de l'équipe adverse dans la surface de réparation. *Tir de réparation* (recomm. offic.). ➤ **pénalty.** ■ **4** GÉNÉT. Système qui permet de réduire le nombre des mutations spontanées ou dues aux erreurs de réplication de l'ADN. ■ CONTR. Dégât, dommage.

RÉPARER [repare] v. tr. ⟨1⟩ – XIIe ◊ latin *reparare* ■ **1** Remettre en bon état (ce qui a été endommagé, ce qui s'est détérioré). ➤ **raccommoder** (1°). *Réparer un vieux mur.* ➤ **refaire, relever.** *Réparer provisoirement, sommairement.* ➤ FAM. **rabibocher, rafistoler, replâtrer, retaper ;** RÉGION. **ramancher.** *Réparer une montre, une serrure.* ➤ **arranger.** *Dépanner et réparer une voiture. Donner ses chaussures à réparer.* ➤ **ressemeler.** *Réparer des objets d'art, des tableaux.* ➤ 1 **restaurer.** ■ **2** FIG. *Réparer ses forces, sa santé :* se rétablir. ➤ **recouvrer.** ■ **3** Faire disparaître (les dégâts causés à qqch.). *Réparer une brèche. Réparer un accroc.* ➤ **raccommoder, rapiécer,** 2 **stopper.** ♦ Supprimer ou compenser (les conséquences d'un accident, d'une erreur). LITTÉR. *Réparer le désordre de sa toilette.* « *Pour réparer des ans l'irréparable outrage* » RACINE. — COUR. *Réparer une perte. Réparer une négligence, un oubli, une erreur.* ➤ **corriger, remédier** (à). *Réparer une faute.* ➤ **effacer, expier, racheter.** *Réparer un tort.* ➤ **redresser.** « *Il pouvait réparer par une seule démarche toutes les folies de sa jeunesse* » STENDHAL. *Qu'on peut, qu'on ne peut pas réparer.* ➤ **réparable ; irréparable.** ♦ ABSOLT, VIEILLI Épouser une jeune fille qu'on a séduite. « *Deux mois plus tard, elle était maman-célibataire. Il avait aussitôt réparé. On était allé devant le Maire* » J. VAUTRIN. ■ CONTR. Abîmer, casser, détériorer.

REPARLER [R(ə)parle] v. intr. ⟨1⟩ – 1160 ◊ de *re-* et *parler* ■ **1** Parler de nouveau (de qqch. ou de qqn). ➤ **recauser.** *Nous reparlerons de cette affaire.* « *D'ailleurs, nous aurons le temps d'en reparler. Ce mariage-là ne va pas se faire tout de suite* » ROMAINS. — LOC. FIG. *On en reparlera,* se dit pour marquer son scepticisme, pour signifier que l'avenir risque de donner tort à l'interlocuteur. ■ **2** Parler de nouveau (à qqn avec qui on s'était fâché). *Elle « passait raide, ayant juré de ne jamais lui reparler la première »* ZOLA. PRONOM. *Ils commencent à se reparler.*

RÉPARTEMENT [repaʀtəmɑ̃] n. m. – XVIe « répartition » ◊ de 1 *répartir* ■ DR. FISC. Ensemble des opérations par lesquelles l'Administration répartit entre les circonscriptions inférieures la part de l'impôt fixée globalement pour la circonscription supérieure à laquelle elles appartiennent. ➤ **répartition.**

RÉPARTIE ou **REPARTIE** [reparti] n. f. – 1606 ; « compagnie » hapax XIIIe ◊ de 2 *répartir* ■ Réponse rapide et juste. ➤ **réplique, riposte.** « *C'était bien le Whistler légendaire* [...] *aux reparties cruelles* » H. DE RÉGNIER. — Plus cour. *Avoir de la répartie, la répartie facile, l'esprit de répartie.* « *Aussi personne n'eut la repartie plus heureuse et plus prompte, le bon mot plus spontané* » GAUTIER.

1 **REPARTIR** ➤ 2 **RÉPARTIR**

2 **REPARTIR** [R(ə)partiʀ] v. intr. ⟨16 ; auxil. *être*⟩ – 1273 au sens 2° ◊ de *re-* et 1 *partir* ■ **1** Partir de nouveau (après un temps d'arrêt). *Le train va repartir.* ➤ **redémarrer.** *Repartons sans tarder.* ♦ FIG. Recommencer (une carrière, une affaire). ➤ **redémarrer.** *Repartir à zéro, de zéro.* — FAM. *Allez, c'est reparti !* (cf. On remet* ça). *C'est reparti comme en quatorze*.* — Reprendre. *L'affaire repart bien.* ■ **2** Partir pour l'endroit d'où l'on vient (cf. S'en retourner*). « *s'ils étaient libres de venir, ils ne le seraient pas de repartir* » CAMUS. ■ CONTR. Arrêter (s').

1 **RÉPARTIR** [repartiʀ] v. tr. ⟨2⟩ – 1559 ◊ *repartir* v. 1155 ; de *re-* et 2 *partir,* avec substitution de *ré-* à *re-* pour éviter la confusion avec *repartir* ■ **1** Partager, généralement selon des conventions précises (une quantité ou un ensemble), afin d'attribuer les parts. ➤ **distribuer, diviser.** *Répartir équitablement une somme entre plusieurs personnes.* « *Diminuer la lourdeur de l'impôt, n'est pas* [...] *diminuer l'impôt, c'est le mieux répartir* » BALZAC. *Les ouvriers se sont réparti le travail. Répartir les frais, les charges.* ➤ **mutualiser.** ■ **2** Distribuer sur une surface, dans un espace. ➤ **disposer.** *Armée qui répartit ses troupes dans divers villages. Répartir les marchandises dans des hangars.* ➤ **dispatcher.** — p. p. adj. *Chargement mal réparti. Dans ce tableau, les masses sont harmonieusement réparties.* ■ **3** PAR EXT. Étaler dans le temps. *Répartir un programme sur plusieurs années.* ➤ **échelonner, ventiler.** ■ **4** Classer, diviser. *On répartit les peuples de l'Europe en Latins, Germains et Slaves. On a réparti les élèves en deux groupes de travail.* ■ **5 SE RÉPARTIR** v. pron. (pass.) Être réparti, se trouver partagé (d'une certaine manière). *Les dépenses se répartissent ainsi.* ■ CONTR. Regrouper, réunir.

2 **RÉPARTIR** [repartiʀ] ou **REPARTIR** [repartiʀ ; R(ə)partiʀ] v. tr. ⟨16 ; auxil. *avoir*⟩ – 1580 ◊ de *re-* et 1 *partir* ■ VX ou LITTÉR. Répliquer, répondre. — (En incise) LITTÉR. « *Vous adorez un bœuf ! est-il possible ?* [...] *Il n'y a rien de si possible, repartit l'autre* » VOLTAIRE. ➤ **rétorquer.** ■ HOM. 2 Repartir.

RÉPARTITEUR, TRICE [repartitœʀ, tʀis] n. – 1749 ◊ de 1 *répartir* ■ **1** LITTÉR. Personne qui a pour rôle de répartir (1°) qqch. *Il « appelait son collègue "Monsieur l'Épicier," par allusion à la ficelle et aux bougies dont le chef du matériel était le grand répartiteur »* COURTELINE. ➤ **dispensateur, distributeur.** ■ **2** ADMIN. VIEILLI Personne chargée dans une commune de répartir l'impôt entre les contribuables. ■ **3** (1973) TECHN. Responsable du mouvement des produits pétroliers dans les oléoducs. ■ **4** n. m. TECHNOL. Dispositif permettant de répartir des fluides, des produits. — *Répartiteur de tension,* permettant de créer des dérivations.

RÉPARTITION [repaʀtisjɔ̃] **n. f.** – XVIIe ; «distribution» 1389 ◊ de *répartir* ▪ **1** Opération qui consiste à répartir qqch. ➤ **distribution, partage.** *Répartition des vivres en période de pénurie.* ➤ **contingentement, rationnement.** *Répartition des tâches entre collaborateurs. Répartition des bénéfices. Répartition de l'impôt.* ➤ **coéquation, péréquation, répartement.** ♦ Manière dont une chose se trouve répartie. *«L'inégale répartition des biens»* ALAIN. *Répartition de la richesse nationale.* — *Retraite par répartition* : système de financement des pensions par les cotisations de la population active (s'oppose à *par capitalisation*). — ÉCON. *Opération de répartition,* décrivant la formation et la redistribution des revenus. ▪ **2** Distribution sur une surface, dans un espace, à l'intérieur d'un volume. ➤ **disposition ; dispatching** (ANGLIC.), **ventilation, zonage.** *Répartition géographique des animaux, des plantes.* — *Répartition des masses dans un tableau.* ▪ **3** Classement. *Répartition par âge, par sexe.*

REPARUTION [ʀ(ə)paʀysjɔ̃] **n. f.** – 1948 ◊ de *re-* et *parution* ▪ Fait de reparaître. *Reparution de journaux après la guerre.*

REPAS [ʀ(ə)pɑ] **n. m.** – 1534 ; *repast* «nourriture» 1160 ◊ de l'ancien français *past* «pâtée, pâture», racine *pascere* «paître», d'après *repaître* ▪ **1** Nourriture, ensemble d'aliments divers, de mets et de boissons pris en une fois à heures réglées. ➤ **nourriture.** *Faire un repas substantiel, copieux, plantureux ; gargantuesque, pantagruélique.* ➤ **bombance,** FAM. **gueuleton,** VX **lippée, ripaille.** *Repas léger, frugal* (➤ **collation, dînette ;** RÉGION. **bouchée, mâchon**) ; *maigre repas. Bon repas.* ➤ **festin, régal** (cf. Bonne chère*). *Repas froid* (➤ **buffet**), *qu'on emporte avec soi* (➤ **casse-croûte, encas**). *Préparer le repas* (cf. Faire la cuisine*). *«On servit à Haverkamp un repas relativement copieux»* ROMAINS. *Repas à la carte*, à prix fixe* (➤ 2 **menu**). — MÉD. *Repas d'épreuve* : repas de composition déterminée, que l'on donne avant de pratiquer l'analyse chimique du contenu gastrique prélevé par tubage. ♦ Nourriture dont se repaissent les animaux. *«Les corbeaux croassaient dans l'air, en quittant les cadavres qui venaient de leur fournir le repas du soir»* NERVAL. ▪ **2** (1534) Action de se nourrir, répétée quotidiennement à heures réglées, et plus ou moins conforme aux usages imposés par la société. *Prendre ses repas chez soi, au restaurant. Repas du matin.* ➤ 1 **petit-déjeuner.** *Repas de midi* (➤ 2 **déjeuner**), *de l'après-midi* (➤ **collation,** 2 **goûter, thé**), *du soir* (➤ 2 **dîner,** 1 **souper**). *Faire trois repas par jour. Manger en dehors des repas, entre les repas. Sauter un repas. Repas de fête pris la nuit de Noël, du Jour de l'an.* ➤ **réveillon.** ♦ SPÉCIALT Le déjeuner ou le dîner. *Je suis chez moi à l'heure des repas. Ordonnance d'un repas.* ➤ 2 **plat, service.** *Repas sans façon, à la fortune* du pot, à la bonne franquette*. Repas de famille. «Ô repas familiaux, réunions bi-quotidiennes que l'on ne peut écourter !»* HÉRIAT. *Repas de fête* (➤ **agape, banquet, festin**). *Repas d'affaires. Repas en plein air.* ➤ **barbecue, méchoui, piquenique.** *Substitut* de repas.* — *Dernier repas des apôtres et de Jésus.* ➤ **cène.** — *Convier qqn à un repas* (➤ **convive, invité**). *Donner, offrir un grand repas.* ➤ **inviter,** 2 **régaler.** ♦ Action de se nourrir (en parlant des animaux). *Assister au repas des fauves.* ♦ EN APPOS., pour former des mots comp. *Plateau*-repas, ticket-repas. Panier*-repas.* — (1955) *Coin-repas* : dans une pièce (cuisine, salle de séjour), espace réservé aux repas. *Des coins-repas.*

REPASSAGE [ʀ(ə)pɑsaʒ] **n. m.** – 1340 «le fait de traverser de nouveau» ◊ de *repasser* ▪ Action de repasser. ▪ **1** (1753 *repassage des chapeaux*) Opération par laquelle on repasse le linge, les vêtements. *Le repassage d'une chemise. Repassage rapide* (cf. Coup de fer*). *Faire du repassage.* ➤ **repasser.** ▪ **2** (1835) Action d'aiguiser, d'affûter (une lame). *Le repassage d'un couteau, d'un rasoir.* ➤ **affilage, affûtage, aiguisage.**

REPASSER [ʀ(ə)pɑse] **v.** ⟨1⟩ – 1160 v. tr. ; *repasser outre la mer* XIIIe ◊ de *re-* et *passer*

I ~ v. intr. Passer de nouveau ou passer en retournant d'où l'on vient. *Les coureurs repassaient toutes les vingt secondes. Voulez-vous repasser lundi prochain ?* ➤ **revenir.** — LOC. FAM. (1964) *Tu repasseras, tu peux repasser !,* tu n'auras rien, même en insistant (cf. Tu peux te brosser*). — FIG. *«toute ma jeunesse repassait en mes souvenirs»* NERVAL. — (Avec le v. *passer*) *Passer et repasser. «Seul, le flux et reflux va, vient, passe et repasse»* HUGO. *«dans le ciel, passaient et repassaient les tourbillons d'hirondelles»* LOTI. ♦ *Repasser par... «Le lendemain, à la même heure, on repasse par la même rue»* MAUPASSANT. *«Il* [le furet] *a passé par ici, il repassera par là»* (chanson). ♦ *Repasser derrière qqn,* revoir, vérifier ce qu'il a fait.

II ~ v. tr. ▪ **1** (v. 1310) Franchir, traverser de nouveau ou en retournant. *Repasser la porte. Repasser les monts, les mers.* ♦ *Repasser un examen,* en subir de nouveau les épreuves. ▪ **2** (1200) Faire passer de nouveau ou en arrière. *Repasser un plat au four,* le réchauffer. *Repasser un film,* le projeter à nouveau. ♦ Faire passer à nouveau (qqch. à qqn). *Repasser les plats,* les servir à nouveau (aux convives) ; FIG. se répéter. *L'Histoire repasse les plats.* ▪ **3** Faire passer à nouveau dans son esprit, dans sa mémoire. ➤ **évoquer, remémorer.** *Repasser des évènements dans son esprit. «Julien fut attentivement occupé à repasser tous les détails de sa conduite»* STENDHAL. ▪ **4** (1558) Étudier, travailler en revenant plusieurs fois sur le même sujet. ➤ **apprendre,** FAM. **potasser.** *«employer les récréations à repasser mentalement ses leçons»* LARBAUD. ➤ **réviser, revoir.** ▪ **5** FIG. (1796) FAM. Passer (ce qu'on a reçu de qqn d'autre). ➤ **transmettre.** *«une accumulation de légendes que les pères repassent aux fils comme des souvenirs de famille»* COURTELINE. *Repasser une affaire à qqn. Il m'a repassé son rhume.* ➤ FAM. **refiler.** ▪ **6** (1669) Rendre lisse et net (du linge, du tissu, etc.), donner la forme et l'aspect voulus à (un vêtement froissé), au moyen d'un instrument approprié (fer, cylindre...). ➤ **défriper.** *Repasser une chemise, un pantalon. Linge à repasser. Elle «attaqua sa trente-cinquième chemise, en repassant d'abord l'empiècement et les deux manches»* ZOLA. ABSOLT *Repasser avec la pattemouille, avec un fer à vapeur. Fer à repasser. Planche, table à repasser* : plateau oblong monté sur pied, recouvert de molleton, pour repasser le linge. *La jeannette d'une table à repasser. Machine à repasser.* ➤ **repasseuse.** — PRONOM. (PASS.) *Tissu infroissable qui ne se repasse pas.* ▪ **7** (1680) Affiler, aiguiser (une lame). *«repasser la lame de son rasoir sur un cuir»* BALZAC. *Repasser des ciseaux, un couteau.* ➤ **affûter ; rémouleur, repasseur.**

▪ **CONTR.** (du II, 6°) Chiffonner, froisser.

REPASSEUR [ʀ(ə)pɑsœʀ] **n. m.** – 1765 ◊ de *repasser* ▪ Rémouleur. *Repasseur de couteaux et ciseaux. «Avez-vous des scies à repasser, v'là le repasseur»* PROUST.

REPASSEUSE [ʀ(ə)pɑsøz] **n. f.** – 1753 «ouvrière qui repasse les chapeaux» ◊ de *repasser* ▪ **1** Ouvrière qui repasse le linge, les vêtements. ➤ **blanchisseuse.** ▪ **2** Machine à repasser le linge (cylindre chauffé).

REPAVAGE [ʀ(ə)pavaʒ] **n. m.** – 1632 ; *repavement* 1487 ◊ de *repaver* ▪ Opération par laquelle on repave.

REPAVER [ʀ(ə)pave] **v. tr.** ⟨1⟩ – 1335 ◊ de *re-* et *paver* ▪ Paver de nouveau ; remplacer les pavés de. *Repaver une rue.*

REPAYER [ʀ(ə)peje] **v. tr.** ⟨8⟩ – 1690 ; *repaier* «rendre» XIIe ◊ de *re-* et *payer* ▪ Payer une seconde fois ; payer en supplément.

REPÊCHAGE [ʀ(ə)pɛʃaʒ] **n. m.** – 1870 ◊ de *repêcher* ▪ **1** Action de repêcher. *Repêchage d'un noyé.* ▪ **2** FIG. Le fait d'accorder l'admission à (un candidat qui serait normalement éliminé) ; épreuve, examen supplémentaire qui a lieu à cet effet. — (1896) SPORT *Course, épreuve de repêchage.*

REPÊCHER [ʀ(ə)peʃe] **v. tr.** ⟨1⟩ – 1680 ; *repescher* 1549 ; *rapesquier* 1288 ◊ de *re-* et 2 *pêcher* ▪ **1** Pêcher de nouveau. *«Laissez-moi carpe devenir : Je serai par vous repêchée»* LA FONTAINE. ♦ Retirer de l'eau (ce qui y était tombé). *«il souleva la valise et la jeta.* [...] *Un jour les dragueurs la repêcheraient»* DUHAMEL. ▪ **2** FIG. (1875) FAM. *Repêcher qqn,* l'aider à sortir d'une mauvaise passe. ➤ **sauver.** SPÉCIALT Donner à (un candidat normalement éliminé) la possibilité d'être reçu, admis par repêchage. — **p. p. adj.** *Élève repêché à un examen.*

REPEINDRE [ʀ(ə)pɛ̃dʀ] **v. tr.** ⟨52⟩ – 1290 ◊ de *re-* et *peindre* ▪ Peindre de nouveau, peindre à neuf. *Repeindre un appartement, une voiture.* — **p. p. adj.** *Parties repeintes d'un tableau.* ➤ **repeint.**

REPEINT [ʀəpɛ̃] **n. m.** – 1803 ◊ de *repeindre* ▪ Partie d'un tableau qui a été repeinte (soit par l'auteur, soit par un restaurateur). *«l'accord des ocres avec les bleus sombres dont tant de repeints n'ont pas altéré la nuit biblique»* MALRAUX.

REPENSER [ʀ(ə)pɑ̃se] **v.** ⟨1⟩ – v. 1185 ◊ de *re-* et *penser* ▪ **1 v. intr.** Penser de nouveau, réfléchir encore plus (à qqch.). *J'y repenserai. Quand je repense à cette rencontre, j'en ris encore.* ▪ **2 v. tr.** (XIXe) Reconsidérer d'un point de vue nouveau et examiner plus à fond. *Repenser une doctrine philosophique, un projet d'ouvrage. «il prend l'idée, et la repense de façon à lui rendre l'âme une seconde fois»* TAINE. ♦ Revoir, réviser, reconsidérer. *Il faut repenser la question. L'organisation de l'enseignement doit être repensée.*

REPENTANCE [R(ə)pɑ̃tɑ̃s] **n. f.** – v. 1112 ◊ de *se repentir* ▪ VIEILLI ou LITTÉR. Souvenir douloureux, regret de ses fautes, de ses péchés. ➤ **repentir.** *La repentance de ses fautes.*

REPENTANT, ANTE [R(ə)pɑ̃tɑ̃, ɑ̃t] **adj.** – fin XIIe ◊ de *se repentir* ▪ Qui se repent de ses fautes, de ses péchés. ➤ **contrit, pénitent.** *« je me suis présenté chez elle en esclave timide et repentant, pour en sortir en vainqueur couronné »* LACLOS. *Un air penaud et repentant.* ▪ CONTR. Impénitent.

REPENTI, IE [R(ə)pɑ̃ti] **adj. et n.** – XIIIe ◊ de *se repentir* ▪ **1** Qui s'est repenti de ses fautes, qui a commencé à réparer. *Pécheur, coupable repenti.* — VX *Fille repentie,* **et n. f.** *une repentie* : fille qui s'est repentie de sa conduite et s'est retirée dans une maison religieuse. *« la pécheresse reparaissait à travers la repentie »* GAUTIER. ◆ Qui s'est débarrassé d'un vice, d'une mauvaise habitude. *Un buveur, un joueur repenti.* ▪ **2 n.** Ancien criminel (terroriste, mafieux, trafiquant...) qui accepte de collaborer avec la police, la justice. *Protection des repentis.* ▪ CONTR. Impénitent.

REPENTIR [R(ə)pɑ̃tiR] **n. m.** – 1170 ◊ de *se repentir* ▪ **1** Vif regret d'une faute accompagné d'un désir d'expiation, de réparation. ➤ **regret, remords, repentance ; contrition.** *« Heureux qui s'humilie, Car le vrai repentir nous lave et nous délie »* LECONTE DE LISLE. *Le repentir d'une offense. Un repentir sincère. « Nos péchés sont têtus, nos repentirs sont lâches »* BAUDELAIRE. *« Spinoza dit que le repentir est une seconde faute »* ALAIN. *Marques de repentir* : attitudes, apparence d'une personne qui se repent. — *Formules du repentir dans la liturgie catholique.* ➤ **confiteor, mea-culpa.** ▪ **2** Regret (d'une action). *« Ici j'ai un remords, ou un scrupule, mettons un repentir, enfin ce qu'il ne faut jamais avoir »* PÉGUY. — *Délai de repentir* : délai légal pendant lequel un engagement est annulable. ▪ **3** (1798) Changement apporté, correction faite en cours d'exécution (d'un tableau), à la différence du repeint, fait après coup. *« toutes les bribes de crayonnage, tous les ratages, tous les repentirs, tous les essuie-pinceaux du peintre »* GONCOURT. — PAR EXT. *Les repentirs d'un dessin, d'un manuscrit. « Les ratures et les repentirs »* BAUDELAIRE.

REPENTIR (SE) [R(ə)pɑ̃tiR] **v. pron.** ‹16› – 1080 ◊ bas latin *repœnitere* IXe ; du latin *pœnitere,* altéré en *pœnitire* ▪ **1** Ressentir le regret (d'une faute), accompagné du désir de ne plus la commettre, de réparer. ➤ **regretter,** se **reprocher** (cf. Se couvrir la tête de cendres*, battre sa coulpe*, faire son mea-culpa, s'en vouloir). *Se repentir d'une faute, d'avoir commis une faute.* — ABSOLT *« il y aura plus de joie dans le ciel pour un seul pécheur qui se repent que pour quatre-vingt-dix-neuf justes »* (ÉVANGILE, saint Luc). *« au fond, je ne me repens point. Je commettrais de nouveau ma faute si elle était à commettre »* STENDHAL. ▪ **2** Regretter (une action), souhaiter ne pas l'avoir faite ; et PAR EXT. Subir les conséquences désagréables (d'un acte). *Se repentir d'un acte* (cf. S'en mordre les doigts*). *Se repentir amèrement d'avoir trop parlé. Il s'en repentira,* se dit par menace (cf. Il le paiera cher*, il s'en souviendra*).

REPÉRABLE [R(ə)peRabl] **adj.** – 1949 ◊ de *repérer* ▪ Qui peut être repéré. — SC. Se dit d'une grandeur pour laquelle on peut comparer deux valeurs mais dont on ne peut définir ni la somme ni le rapport. *La température Celsius est une grandeur repérable.*

REPÉRAGE [R(ə)peRaʒ] **n. m.** – 1915 milit. ; 1845 techn. ◊ de *repérer* ▪ **1** Opération par laquelle on repère. (CONCRET) *Repérage et guidage des avions par le radar.* MÉD. *Repérage de la cible à irradier.* ▪ **2** Recherche préparatoire des lieux, des personnages intervenant dans le tournage d'un film, d'un reportage. ▪ **3** IMPRIM. Ensemble de moyens permettant d'imprimer en obtenant une superposition ou une juxtaposition parfaite des éléments. *Croix de repérage.*

REPERCER [R(ə)pɛRse] **v. tr.** ‹3› – 1549 ◊ de *re-* et *percer* ▪ **1** Percer de nouveau. ▪ **2** (1755) TECHN. Découper à jour suivant un tracé. *Ouvrage d'orfèvrerie repercé.* — **n. m. REPERÇAGE.**

RÉPERCUSSION [RepɛRkysjɔ̃] **n. f.** – 1348 ◊ du latin *repercussus* ▪ **1** Le fait d'être renvoyé, répercuté. ➤ **réflexion, renvoi.** *Répercussion d'un son par l'écho. Répercussion d'un choc.* ➤ **contrecoup.** ◆ FIN. PUBL. *Répercussion de l'impôt,* quand le contribuable légal en fait supporter la charge à un tiers. ▪ **2** FIG. Effet indirect ou effet en retour. *« Rien ne se passe en une des parties du corps qui n'ait sa répercussion dans toutes les autres »* ALAIN. ➤ **choc, contrecoup, incidence, retentissement.** *Les répercussions d'une décision, d'une crise économique.* ➤ **retombée.** *Répercussion de la hausse des cours du pétrole sur le niveau général des prix.*

RÉPERCUTER [RepɛRkyte] **v. tr.** ‹1› – 1611 ◊ latin *repercutere* → percuter ▪ **1** Renvoyer dans une direction nouvelle (un son, une image). *Murs, surfaces qui répercutent le son.* ➤ **réfléchir, renvoyer.** *Échos répercutés par les montagnes. « la grande rose de la façade [...] répercutait à l'autre bout de la nef son spectre éblouissant »* HUGO. ➤ **refléter, réverbérer.** ◆ FAM. (emploi critiqué) Transmettre. *Répercuter un ordre.* — SPÉCIALT, ÉCON. Faire supporter (une charge financière). *Répercuter une taxe sur les prix.* ▪ **2 SE RÉPERCUTER v. pron.** (1823) Être renvoyé. *Reflet qui se répercute dans des glaces. « Le mot roula comme un tonnerre et se répercuta dans d'immenses salles vides »* SARTRE. ◆ (XVIIIe) FIG. Se transmettre, se propager par une suite de réactions. *Majoration qui se répercute sur toute une gamme de produits. Les effets de la fatigue se répercutent sur le moral.* ➤ **réagir.**

REPERDRE [R(ə)pɛRdR] **v. tr.** ‹41› – 1170 ◊ de *re-* et *perdre* ▪ Perdre (ce qu'on a gagné) ; perdre de nouveau. *Il a tout reperdu au poker.* — *J'ai reperdu les kilos que j'avais pris.* ▪ HOM. *Reperds* : repaire (repairer), repère (repérer).

REPÈRE [R(ə)pɛR] **n. m.** – 1676 ; *repaire* 1578 ◊ de l'ancien verbe *repairer, repadrer* « revenir au point de départ », latin *rapatriare,* de *patria* ▪ **1** Marque qui sert à retrouver un emplacement, un endroit (signe, objet matériel) pour faire un travail avec précision, ajuster des pièces, localiser un phénomène. *Menuisier qui trace des repères.* ➤ **repérer.** *Amener la bulle d'un niveau entre les deux repères. Les états-majors d'armée « calculaient des angles, des distances ; fixaient des repères »* ROMAINS. ➤ **jalon.** PAR APPOS. *Bornes repères.* — *Repères de niveau,* mentionnant l'altitude d'un lieu. ▪ **2** FIG. Tout ce qui permet de reconnaître, de retrouver une chose dans un ensemble. *Cette date me sert de repère.* ➤ **référence.** *Manquer de repères. Une jeunesse sans repères.* ◆ **POINT DE REPÈRE :** objet ou endroit précis reconnu qui permet de se retrouver. *« dans ce décor transformé où elle cherchait en vain des points de repère »* MARTIN DU GARD. *Évènements qui servent de points de repère. Il manque de points de repère pour en juger.* ▪ **3** MATH. Système d'axes permettant de définir les coordonnées d'un point du plan ou de l'espace. *Repère orthonormé*.* ▪ HOM. Repaire.

REPÉRER [R(ə)peRe] **v. tr.** ‹6› – 1808 ; p. p. 1676 ◊ de *repère* ▪ **1** Marquer, signaler par un repère, des repères. *Repérer le niveau, l'alignement.* ➤ **borner, jalonner.** ▪ **2** PAR EXT. Trouver, reconnaître, et SPÉCIALT Situer avec précision, en se servant de repères ou par rapport à des repères. *« Nous repérons leurs emplacements* [des batteries ennemies] *à loisir en multipliant les photographies aériennes »* ROMAINS. ➤ **positionner.** *Repérer l'ennemi.* ➤ **découvrir.** — **SE REPÉRER v. pron.** Reconnaître où l'on est (concrètement ou abstraitement), grâce à des repères. ➤ se **retrouver,** se **situer.** *Je me repère facilement dans cette ville. Je n'arrive pas à me repérer dans cette histoire.* ▪ **3** Découvrir (qqch.) ; reconnaître ou retrouver (qqn). *Repérer qqn dans la foule.* ➤ **apercevoir, remarquer.** *Il avait repéré un restaurant à proximité. J'ai repéré qqch. de louche.* ➤ **flairer.** *La police l'a repéré. « Dès qu'on s'engueule un peu fort ou trop souvent, ça va mal, on est repéré »* CÉLINE. *Se faire repérer* : attirer l'attention sur ses activités, être découvert (de qqn qui a qqch. à cacher et que l'on surveille). *« Tu vas nous faire repérer avec tes allumettes »* MONTHERLANT. — PRONOM. (PASS.) *Des défauts qui se repèrent au premier coup d'œil.* ▪ HOM. Repairer ; *repère* : reperds (reperdre).

RÉPERTOIRE [RepɛRtwaR] **n. m.** – *Répertoire de Science,* nom d'une allégorie XIVe ◊ latin *repertorium,* de *reperire* « trouver », de *parere* « procurer » ▪ **1** (1468) Inventaire méthodique (liste, table, recueil) où les matières sont classées dans un ordre qui permet de les retrouver facilement. *Répertoire alphabétique, logique* (➤ **catalogue, index, nomenclature ; dictionnaire, lexique, mémento,** etc.). *Répertoire des rues. Répertoire d'adresses* (➤ **agenda, carnet**), *de livres* (➤ **bibliographie**), *de sites internet* (➤ **sitographie**). *Consulter un répertoire.* ◆ PAR EXT. Recueil méthodique. *Répertoire de jurisprudence, de droit. Répertoire des métiers.* ◆ INFORM. Dossier informatique regroupant plusieurs fichiers. ▪ **2** (1769) Liste des pièces, des œuvres qui forment le fonds d'un théâtre et sont susceptibles d'être reprises. *Le répertoire de la Comédie-Française.* — PAR EXT. Pièces d'une certaine catégorie. *Le répertoire classique.* ABSOLT *Acteur du répertoire* (classique). ◆ PAR ANAL. L'ensemble des œuvres qu'un acteur, qu'un musicien a l'habitude d'interpréter. *« Je chante ce que je sais. – Vrai, alors, tu as un répertoire restreint »* COURTELINE. — FIG. *Tout un répertoire d'injures. Les femmes « ont un répertoire de malices couvertes de bonhomie »* BALZAC.

RÉPERTORIER [repɛʀtɔʀje] **v. tr.** ‹7› – 1906 ◊ du radical latin de *répertoire* ■ **1** Inscrire dans un répertoire. ➤ **lister.** *Répertorier des informations.* ■ **2** Dénombrer et classer (des choses). *Il a répertorié tous les cas graves.*

RÉPÉTER [repete] **v. tr.** ‹6› – début XIIIe ◊ du latin *repetere* «aller rechercher» et «évoquer», famille de *petere* «chercher à atteindre» et «chercher à obtenir». → pétition

I **RECOMMENCER À DIRE, À FAIRE A. REDIRE DES PAROLES** ■ **1** Dire, exprimer de nouveau (ce qu'on a déjà exprimé). «*Il ne me le dit plus ; il ne fait que me le répéter*» MARIVAUX. ➤ **redire, réitérer.** *Répéter un mot, une phrase, une idée plusieurs fois.* (En incise) «*Moi enthousiaste ! répéta Fabrice*» STENDHAL. — **p. p. adj.** «*Quand, dans mon discours, se trouvent des mots répétés*» PASCAL. — *Répéter avec insistance.* ➤ **marteler, pilonner.** *Répéter d'une manière fastidieuse.* ➤ **prêcher, rabâcher, radoter, rebattre** (les oreilles), **ressasser, seriner.** *Il nous l'a répété cent fois. On ne le répétera jamais assez ! On te l'a dit et répété. Répéter une formule, une chanson* (➤ **refrain, ritournelle**). — Par menace «*Ose répéter ce que tu viens de dire*» MAURIAC. — LOC. *Il ne se l'est pas fait répéter :* il ne s'est pas fait prier. ➤ 1 **dire** (deux fois). — *Répéter que* (et l'indic.). *Je te répète que c'est inutile.* «*Il avait beau se répéter que s'il ne travaillait pas il n'arriverait à rien*» ARAGON. — (SUJET CHOSE) *Il «l'accablait alors d'une grêle de phrases qui répétaient la même idée*» BALZAC. ➤ **exprimer.** ■ **2** (1798) Exprimer, dire (ce qu'un autre a dit). *Répéter fidèlement, mot pour mot, par cœur. Je ne fais que répéter ses paroles.* ➤ **citer, rapporter.** *Répéter qqch. sans comprendre, comme un perroquet**. *Répéter un secret.* ➤ **raconter, rapporter.** *Ceci ne doit pas être répété.* ➤ **ébruiter.** — *Se répéter une nouvelle,* se la passer de bouche en bouche. ◆ Exprimer comme étant de soi (qqch. que l'on emprunte à qqn d'autre). ➤ **emprunter.** «*Il ne parle pas, il ne sent pas, il répète des sentiments et des discours*» LA BRUYÈRE.

B. REPRODUIRE QQCH., REFAIRE DES ACTIONS ■ **1** (1660) (SUJET CHOSE) Reproduire (un bruit, une image). *Les miroirs répétaient son image.* ➤ **réfléchir.** «*Un nom que nul écho n'a jamais répété*» LAMARTINE. — (1798) Reproduire dans un ordre déterminé, régulier. *Répéter un motif décoratif. — Répéter une boucle, une instruction informatique.* ➤ **itérer.** ■ **2** (1682) (PERSONNES) Recommencer (une action, un geste). *Répéter les essais, les expériences.* ➤ **multiplier, recommencer, réitérer, renouveler.** *Répéter un geste.* ➤ **refaire.** — **p. p. adj.** *Des tentatives répétées.*

C. POUR S'EXERCER (1530) Redire ou refaire pour s'exercer, pour fixer dans sa mémoire. ➤ **apprendre, repasser.** *Le renard «répétait les leçons que lui donnait son maître*» LA FONTAINE. *Le petit Jeanet «à qui il faisait répéter son catéchisme*» SAND. ➤ **réciter.** *Répéter son rôle. Acteurs qui répètent une pièce.* — (SANS COMPL.) *Les comédiens sont en train de répéter* (➤ **répétition**).

II **RÉCLAMER** (milieu XIVe) DR. Réclamer en justice. *Répéter des dommages et intérêts.*

III **SE RÉPÉTER v. pron.** ■ **1** (PERSONNES) (RÉFL.) Recommencer, redire les mêmes choses sans nécessité. ➤ **radoter.** «*Les vieux se répètent et les jeunes n'ont rien à dire. L'ennui est réciproque*» BAINVILLE. — (1693) Traiter les mêmes sujets (➤ **redite**). *Un écrivain qui se répète.* ■ **2** (1718) (CHOSES) (PASS.) Être répété. *Un motif décoratif qui se répète.* ➤ **revenir.** — **p. p. adj.** *Coups répétés.* ➤ **redoublé.** ◆ Se reproduire. *Passe pour une fois, mais que cela ne se répète pas !* ➤ se **renouveler.** «*L'Histoire est la science des choses qui ne se répètent pas*» VALÉRY.

RÉPÉTEUR [repetœʀ] **n. m.** – 1953 ; «celui qui récite» 1677 ◊ de *répéter* ■ TECHN. Organe qui amplifie le courant passant sur une ligne téléphonique (relais amplificateur).

RÉPÉTITEUR, TRICE [repetitœʀ, tʀis] **n.** – 1671 ◊ latin *repetitor* ■ **1** Personne qui explique à des élèves la leçon d'un professeur, les fait travailler. «*Suzanne servirait de répétitrice au candidat bachelier*» ARAGON. ANCIENNT Maître, surveillant d'études de l'enseignement public. ➤ **surveillant ;** FAM. 1 **pion** (cf. Maître* d'internat). ■ **2 n. m.** TECHN. Appareil qui répète, reproduit les indications d'un autre appareil. *Répétiteur de signaux.*

RÉPÉTITIF, IVE [repetitif, iv] **adj.** – 1962 ◊ de *répétition* ■ Qui se répète. ➤ **itératif.** *Gestes répétitifs. Une tâche répétitive et monotone.* «*Le langage gris, anonyme toujours méticuleux et répétitif*» FOUCAULT.

RÉPÉTITION [repetisjɔ̃] **n. f.** – 1377 ; «copie» 1295 ◊ latin *repetitio*

I ■ **1** Fait d'être dit, exprimé plusieurs fois. ➤ **redite.** «*J'admirais, dans* Andromaque, *combien Racine se laisse peu gêner par la répétition des mêmes mots*» GIDE. *Répétitions continuelles, lassantes.* ➤ **rabâchage, radotage ; refrain, rengaine.** — SPÉCIALT Emploi répété d'un élément, dans un texte écrit (➤ **allitération, assonance ; anaphore, réduplication ; rime**). *Répétition de mots ou d'idées inutile ou fautive.* ➤ **pléonasme, redite, tautologie ;** 2 **doublon.** *Répétition pour souligner, renforcer une idée.* ➤ **redondance.** *Chercher un synonyme pour éviter les répétitions. — Répétition mécanique de syllabes, de phrases.* ➤ **bégaiement, itération, palilalie, psittacisme.** ◆ PAR ANAL. «*Une musique monotone, aux répétitions obstinées*» THARAUD. *Répétition d'un son, d'un rythme, d'un thème.* ➤ **cadence, écho, variation ; leitmotiv.** ■ **2** Fait de recommencer (une action, un processus). ➤ **recommencement, réitération.** «*Là où il y a répétition, similitude complète, nous soupçonnons du mécanisme fonctionnant derrière le vivant*» BERGSON. *La répétition d'une faute, d'un mal.* ➤ **rechute, récidive, retour.** ◆ **À RÉPÉTITION** (en parlant d'un mécanisme). *Armes à répétition,* pouvant tirer plusieurs coups sans être rechargées. *Fusil à répétition. Montre à répétition,* qui sonne quand on actionne un ressort. — PAR EXT. FAM. Se dit de ce qui se répète trop souvent. *Des angines à répétition.* ■ **3** Action de reproduire (➤ **copie, imitation, reproduction**) ; ce qui est reproduit (➤ **réplique**). ■ **4** (1643) Fait de répéter, de travailler à plusieurs reprises pour s'exercer. *Répétition d'un rôle, d'un numéro de music-hall.* — SPÉCIALT Séance de travail ayant pour but de mettre au point les divers éléments d'un spectacle. «*répétition avec l'orchestre*» COLETTE. *Mettre une pièce en répétition. — Répétition des dialogues* (➤ **italienne**), *des déplacements* (➤ **allemande**). *Répétition intégrale.* ➤ **filage.** *Répétition des couturières.* ➤ **couturière.** *Répétition générale.* ➤ **générale.** — ABRÉV. FAM. **RÉPÈTE,** 1978. ■ **5** (1584) VIEILLI Le fait d'aider un élève à faire un travail, leçon particulière (➤ **répétiteur**). «*on l'avait retiré du collège pour lui faire prendre des répétitions*» ARAGON.

II (1312) DR. Action de répéter, de redemander en justice. *Répétition de frais, de dot. — Répétition de l'indu :* action par laquelle la personne qui a payé par erreur peut demander le remboursement de ce qu'elle ne devait pas.

RÉPÉTITIVITÉ [repetitivite] **n. f.** – 1970 ◊ de *répétitif* ■ DIDACT. Caractère répétitif. *La répétitivité de certaines tâches.*

RÉPÉTITORAT [repetitɔʀa] **n. m.** – v. 1890 ◊ de *répétiteur,* d'après *doctorat,* etc. ■ ADMIN. Fonction, charge de répétiteur ; sa durée.

REPEUPLEMENT [ʀ(ə)pœpləmɑ̃] **n. m.** – 1559 ◊ de *repeupler* ■ Action, fait de repeupler (en personnes). ➤ **repopulation.** *Le repeuplement d'une région dévastée, désertée.* — (En animaux). *Repeuplement d'un étang* (rempoissonnement), *d'une chasse.* — (En plantes). *Repeuplement d'un terrain boisé, d'une forêt en résineux.* ➤ **reboisement, reforestation.** ■ CONTR. Dépeuplement, dépopulation.

REPEUPLER [ʀ(ə)pœple] **v. tr.** ‹1› – XIVe ; *repuepler* 1210 ◊ de *re-* et *peupler* ■ Peupler (un endroit qui a été dépeuplé). *Les immigrants repeuplèrent ce pays.* — PRONOM. *La ville s'est repeuplée.* — Regarnir d'animaux. *Repeupler un étang* (de poissons). ➤ **aleviner, empoissonner.** *Repeupler une chasse* (de gibier). ◆ AGRIC. Regarnir de plantes, de végétation. *Repeupler une forêt.* ■ CONTR. Dépeupler.

REPIQUAGE [ʀ(ə)pikaʒ] **n. m.** – 1801 techn. ◊ de *repiquer* ■ **1** (1842) Action de repiquer (1°). *Repiquage de salades au plantoir. Le repiquage du riz.* ➤ **plantation, transplantation.** — *Repiquage bactériologique* (➤ **repiquer**). ■ **2** TECHN. Action de repiquer (3°). *Repiquage d'une chaussée.* ◆ *Repiquage d'une photo,* action de la retoucher ; son résultat. ◆ TYPOGR. Impression supplémentaire sur un imprimé déjà fait. ◆ *Repiquage d'un enregistrement ancien* (pour en améliorer la qualité). PAR EXT. La copie ainsi obtenue. *Un repiquage d'Armstrong.*

REPIQUER [ʀ(ə)pike] **v. tr.** ‹1› – 1508 ◊ de *re-* et *piquer* ■ **1** Mettre en terre, planter (des plants provenant de semis, de pépinière). ➤ **replanter.** *Repiquer des salades, des œillets.* «*repiquer les pousses et greffer les plants*» ECHENOZ. — PAR ANAL. BIOL. Transporter (une culture bactériologique) sur un nouveau milieu. ■ **2** (1538) Piquer de nouveau. «*elle défaisait et repiquait tranquillement les plumes de son chapeau*» R. ROLLAND. ■ **3** (1842) TECHN. *Repiquer une chaussée,* la remettre de niveau en remplaçant les pavés usés, enfoncés, par des pavés neufs ou retaillés. ◆ PHOTOGR. Faire des retouches à. ◆ JOURNAL. Reprendre. *Repiquer un texte.* ◆ Faire un nouvel enregistrement de ; faire un double de. *Repiquer une cassette.* ■ **4** FAM. Prendre de nouveau. *Il s'est fait repiquer.* ■ **5** INTRANS. FAM. Revenir à qqch. «*Toi, évidemment, qui aurais repiqué comme simple soldat*» ROMAINS. — LOC. *Repiquer au truc :* recommencer. *J'avais cessé de fumer, puis j'ai repiqué au truc.* ■ **6** FAM. Redoubler (une classe). «*Tous les deux repiquent leur première année*» P. BAILLY.

REPIQUEUSE [R(ə)pikøz] **n. f.** – 1964 ◊ de *repiquer* ■ Machine agricole pour repiquer les plants.

RÉPIT [Repi] **n. m.** – 1530 ; *respit* « proverbe, sentence » XIIe ◊ latin *respectum* « regard en arrière », fig. « égard » (→ respect), puis « délai » ■ Arrêt d'une chose pénible ; temps pendant lequel on cesse d'être menacé ou accablé par elle. *Accorder un répit à ses débiteurs.* ➤ **délai, sursis.** *Répit dans le travail* (➤ **détente, pause, relâche, repos**), *la douleur, la peine* (➤ **interruption, rémission**). « *Le bonheur c'est le répit dans l'inquiétude* » MAUROIS. *Je n'ai pas un instant de répit.* — **loc. adv.** (1155) **SANS RÉPIT :** sans arrêt, sans cesse. ➤ **continuellement.** « *Cette petite guerre qui harcelait sans répit les soldats* » MAC ORLAN (cf. Sans trêve).

REPLACER [R(ə)plase] **v. tr.** ‹3› – 1669 ◊ de *re-* et *placer* ■ **1** Remettre en place, à sa place. ➤ 1 **placer, remettre.** *Replacer verticalement :* redresser. *Replacer une vertèbre.* — *Replacer une pipe dans son étui.* ➤ 1 **ranger.** FIG. *Replacer une chose dans son contexte. Replacer une histoire dans son cadre, dans son époque.* — PRONOM. *Se replacer dans les mêmes conditions.* ■ **2** (1679) Mettre à, dans une nouvelle place. *Replacer ses employés.* ➤ FAM. **recaser.** — **n. m. REPLACEMENT,** 1771. ■ CONTR. Déplacer.

REPLANTER [R(ə)plɑ̃te] **v. tr.** ‹1› – 1190 ◊ de *re-* et *planter* ■ **1** Planter de nouveau dans une autre terre. ➤ **repiquer, transplanter.** *Replanter des boutures en pleine terre.* — PRONOM. (RÉFL.) *Les mangliers dont les branches se replantent.* — ABSOLT « *on redéfriche et on replante* » BRICE PARAIN. ■ **2** (1835) Repeupler de végétaux. *Replanter une forêt en résineux.* ➤ **enrésiner.** — **n. f. REPLANTATION,** 1790. ■ CONTR. Déplanter.

REPLAT [Rəpla] **n. m.** – 1300 ; repris au français de Suisse XVIIIe ◊ de *re-* et 1 *plat* ■ GÉOGR. Partie plate en épaulement. ➤ **plateforme.** « *le sommet d'une colline formant un replat idéal pour les deux tentes* » L. MAUVIGNIER.

REPLÂTRAGE [R(ə)plɑtʀaʒ] **n. m.** – XVIe ◊ de *replâtrer* ■ **1** Réparation faite avec du plâtre. *Replâtrage d'un mur.* ■ **2** FIG. Arrangement fragile, maladroit. « *replâtrages, compromis sans bonne foi, mythes périmés et repeints à la hâte* » SARTRE. SPÉCIALT Réconciliation superficielle. « *Il se fit alors, entre les deux époux, de ces replâtrages qui ne tiennent pas* » BALZAC.

REPLÂTRER [R(ə)plɑtRe] **v. tr.** ‹1› – 1549 ; *replastrir* XVe ◊ de *re-* et *plâtrer* ■ **1** Plâtrer de nouveau. *Replâtrer un mur.* ■ **2** FIG. FAM. Arranger d'une manière sommaire, fragile, maladroite. **p. p. adj.** « *les religions replâtrées, aménagées selon les besoins nouveaux, sont un leurre* » ZOLA.

REPLAY [Riplɛ] **n. m.** – 2007 ; autre sens 1978 ◊ mot anglais, de *to replay,* « rejouer » ■ ANGLIC. AUDIOVIS. Service qui permet de voir en différé un programme télévisé ou radiophonique après sa diffusion. *Épisode disponible en replay.* — Recomm. offic. *télévision de rattrapage.* ◆ Programme ainsi diffusé. *Notre sélection de replays.*

REPLET, ÈTE [Rəplɛ, ɛt] **adj.** – 1370 ; « rempli » v. 1180 ◊ latin *repletus* « rempli » ■ Qui est bien en chair, qui a assez d'embonpoint. ➤ **dodu, grassouillet, plein, potelé, rondelet.** « *Une petite vieille blanche, grasse, replète, affairée* » HUGO. *Visage replet, mine replète.* ■ CONTR. 1 Maigre, maigrichon.

RÉPLÉTIF, IVE [Repletif, iv] **adj.** – 1611 ◊ du latin *repletus* ■ MÉD. Qui sert à remplir. *Injection réplétive.*

RÉPLÉTION [Replesjɔ̃] **n. f.** – XIIIe ◊ bas latin *repletio,* de *repletus* ■ **1** VX ➤ **pléthore.** ■ **2** (1314) DIDACT. État de l'organisme (humain) dont l'estomac est surchargé d'aliments. ➤ **satiété.** *Sensation de réplétion.*

REPLEUVOIR [R(ə)plœvwaR] **v. impers.** ‹23› – 1549 ◊ de *re-* et *pleuvoir* ■ Pleuvoir de nouveau. *Voilà qu'il repleut !*

REPLI [Rəpli] **n. m.** – 1539 ◊ de *replier*

I ■ **1** Bord plié une fois ou deux fois. ➤ **ourlet,** 2 **rempli.** *Repasser le repli d'un ourlet avant de le coudre.* ■ **2** Pli (2°), ondulation profonde ou qui se répète. *Drapé qui fait des plis et des replis.* « *ce repli de la vallée du Jourdain* » L. BERTRAND. ◆ ANAT. *Replis de l'intestin. Repli cutané.* ■ **3** Mouvements sinueux des reptiles. ➤ **nœud.** « *Sa croupe* [du monstre] *se recourbe en replis tortueux* » RACINE. ■ **4** (ABSTRAIT) Partie dissimulée, secrète. ➤ **recoin.** *Les replis de l'âme, du cœur.* « *repli obscur et inexploré de ma conscience* » MARTIN DU GARD.

II ■ **1** Action de se replier (surtout au fig.). *Repli sur soi.* ➤ **rétraction,** 2 **retrait.** « *La pitié n'est qu'un secret repli sur nous-mêmes* » CHAMFORT. ■ **2** (1916) Retraite volontaire des armées sur des positions prévues. *Mouvement, manœuvre de repli. Ordre de repli.* — **REPLI STRATÉGIQUE,** qui fait partie d'un plan de bataille. PAR EXT. (euphémisme) Recul, retraite. — FIG. « *Devrons-nous, par un "repli stratégique" tourner le dos à tout ce que l'art français a produit de délicat* » GIDE. ■ **3** Recul, diminution. *Un net repli des exportations.* BOURSE *Repli technique :* baisse des cours liée aux règles de fonctionnement du marché des valeurs (et non à des facteurs économiques). ■ CONTR. Avance, avancée. Augmentation.

REPLIABLE [R(ə)plijabl] **adj.** – 1842 ◊ de *replier* ■ Qui peut être replié. ➤ aussi **rabattable.** *Couteau à lame repliable.* ➤ **rentrant.**

RÉPLICATION [Replikasjɔ̃] **n. f.** – milieu XXe ◊ anglais *replication* ■ GÉNÉT. Reproduction de l'ADN à l'identique au cours du cycle cellulaire. ➤ **duplication.** *La réplication a lieu avant la division cellulaire (mitose). La réplication assure la présence d'un même matériel génétique dans toutes les cellules de l'organisme.* — *Fourche de réplication :* point à partir duquel les deux brins de l'ADN se séparent afin que la réplication puisse se faire. — **adj. RÉPLICATIF, IVE.**

REPLIEMENT [R(ə)plimɑ̃] **n. m.** – 1611 ◊ de *replier* ■ **1** Action de replier (on dit aussi *repliage*). ■ **2** (ABSTRAIT) Fait de se replier sur soi-même. ➤ **autisme, introversion.** « *L'habitude du retrait, certaine faculté de repliement* » GIDE. ■ CONTR. Déploiement, expansion.

REPLIER [R(ə)plije] **v. tr.** ‹7› – 1538 ; hapax 1213 p. p. ◊ de *re-* et *plier* ■ **1** Plier de nouveau (ce qui avait été déplié). *Replier un journal.* — **p. p. adj.** *Vêtements repliés et rangés.* ◆ Plier plusieurs fois. *Replier ses manches.* ➤ **retrousser.** ■ **2** (1770) Ramener en pliant (ce qui a été étendu, déployé). *Replier ses ailes.* PRONOM. *La lame se replie dans le manche. Replier une tente, un parachute.* — **p. p. adj.** *Il s'endort les jambes repliées.* ■ **3** FIG. RARE Faire rentrer (en soi). « *Cette vie forcée de convalescente la replia sur elle-même* » ZOLA. — **v. pron.** COUR. Se refuser aux impressions extérieures, rentrer en soi-même. ➤ **se renfermer.** *Se replier sur soi-même. L'âme « se replie et se recèle en elle-même »* JOUBERT. ■ **4** (1718) Ramener en arrière, en bon ordre. *Replier ses troupes. Replier des civils loin du front.* — **p. p. adj.** *Troupes repliées.* — **v. pron.** Se retirer, reculer en bon ordre. ➤ **décrocher, reculer ; repli.** « *apporter l'ordre aux troupes de l'Hôtel de Ville de se replier sur les Tuileries* » CHATEAUBRIAND. ➤ se **rabattre.** — SPORT *Équipe qui se replie.* ■ CONTR. Déplier. Épancher (s'). Avancer.

RÉPLIQUE [Replik] **n. f.** – v. 1310 « réponse » ◊ de *répliquer*

I Action de répondre ; réponse à ce qui a été dit ou écrit. ■ **1** (XVIe-XVIIe) Réponse vive, faite avec humeur et marquant une opposition. *Réplique habile, bien envoyée.* ➤ **répartie, riposte.** — Objection. « *Sans dot. – Ah ! il n'y a pas de réplique à cela* » MOLIÈRE. *Argument sans réplique.* ➤ **péremptoire.** — Protestation à un ordre. *Obéissez sans réplique. Pas de réplique !* ➤ **discussion.** *D'un ton qui n'admet pas de réplique.* ■ **2** (1646) Texte qu'un acteur doit dire en réponse aux paroles qui lui sont adressées ; chaque élément du dialogue. *Il a oublié, manqué sa réplique. Dire une réplique.* « *Bosc se leva avec l'instinct du vieux brûleur de planches qui sent venir sa réplique* » ZOLA. — LOC. **DONNER LA RÉPLIQUE :** dire l'élément du dialogue indiquant à l'acteur qu'il doit parler à son tour. — PAR EXT. Lire, réciter un rôle pour permettre à un acteur de dire le sien. ◆ PAR EXT. *Donner, se donner la réplique :* répondre, se répondre, discuter. ➤ **répliquer.** « *Il était d'ailleurs aussi facile de lui donner la réplique que de l'écouter* » MAUPASSANT. — FIG. Répondre dans le même ton ; agir de la même façon. ■ **3** PAR EXT. Personne qui donne la réplique. *Demander une réplique pour passer une audition.*

II (1480 « simulacre ») ■ **1** Chose qui en répète une autre. SPÉCIALT Chacune des œuvres d'un artiste reprenant exactement le même sujet. ■ **2** Œuvre semblable à un original. ➤ **copie, double, reproduction.** *Les répliques romaines des statues grecques.* ■ **3** Chose ou personne qui semble être le double, l'image d'une autre. ➤ **clone, double, jumeau, sosie.** « *L'un n'est-il pas la réplique de l'autre ?* [...] *C'est hallucinant !* » MAURIAC. ■ **4** GÉOPHYS. Nouvelle secousse sismique succédant à un important séisme. « *Chaque tremblement est suivi d'une réplique. C'est incontournable. Une autre secousse allait venir* » L. GAUDÉ.

RÉPLIQUER [Replike] **v. tr.** ‹1› – v. 1200 « répondre » ◊ latin *replicare* « replier, plier en arrière », fig. « renvoyer » ■ **1** Répondre vivement en s'opposant (à ce qui a été dit ou écrit). *Répliquer à une critique, une objection.* ■ **2 RÉPLIQUER qqch. À qqn** (objet dir. neutre) : répondre à qqn par une réplique. ➤ 2 **répartir, rétorquer.** *Que pouvais-je lui répliquer ? Il lui répliqua qu'il n'en ferait rien.* (En incise) « *Les leçons, répliquait-elle, ne sont profitables que suivies* » FLAUBERT. ■ **3** ABSOLT (1393) Répondre avec vivacité, en s'opposant ; répondre avec insolence. *Il* *n'admet pas qu'on lui réplique.* «*elle lui répliqua juste assez pour qu'il devînt injurieux*» COLETTE. — Protester contre un ordre. ➤ **contester.** *Qu'on ne réplique pas !* ▪ **4** FIG. Répondre en action à une attaque. ➤ **riposter.** — ABSOLT *Leurs canons répliquèrent.* ▪ **5** v. pron. **SE RÉPLIQUER :** se reproduire sous la même forme (➤ **réplication**).

REPLOIEMENT [Rəplwamɑ̃] n. m. – 1190 ◊ de *reployer* ▪ LITTÉR. Repliement. *Le reploiement des bras.* — FIG. Recueillement, retour sur soi-même. «*Bientôt ces reploiements intimes, ce regard jeté à la loupe sur mes moindres détours de pensée*» BOURGET. ▪ CONTR. Déploiement.

REPLONGER [R(ə)plɔ̃ʒe] v. ⟨3⟩ – 1549 ; *replonkier* 1303 ◊ de *re-* et *plonger* ▪ **1** v. tr. Plonger de nouveau. «*tournant les avirons et les replongeant ensemble*» CHARDONNE. — PRONOM. *Se replonger dans l'eau.* ♦ FIG. Remettre. *Replonger un pays dans l'anarchie.* ➤ **enfoncer.** — PRONOM. *Se replonger dans sa lecture, dans le travail.* «*On se replonge ainsi dans son chagrin ; on s'en régale*» ALAIN. ▪ **2** v. intr. (1816 ; *replongier* «se retirer» 1200) *Il replongea dans la piscine.* — FIG. «*replongeant chaque soir avec complaisance dans le flot de la foule*» CAMUS. ♦ FAM. Récidiver (en parlant d'un délinquant, d'un criminel). *Il a replongé.*

REPLOYER [Rəplwaje] v. tr. ⟨8⟩ – *reploier* 1200 ◊ de *re-* et *ployer* ▪ VX Replier. — FIG. et LITTÉR. «*La France était encore reployée sur sa douleur et frappée de consternation*» DUHAMEL. ▪ CONTR. Déployer.

REPOLIR [R(ə)pɔliR] v. tr. ⟨2⟩ – 1389 ◊ de *re-* et *polir* ▪ RARE Polir de nouveau, polir (ce qui est dépoli). *Repolir un sol de marbre.* — n. m. **REPOLISSAGE,** 1835.

RÉPONDANT, ANTE [Repɔ̃dɑ̃, ɑ̃t] n. – 1255 ◊ de *répondre* ▪ **1** Personne qui se rend garante pour qqn. ➤ **caution, garant.** «*Je veux te présenter moi-même, et te servir de répondant*» LESAGE. *Être le répondant de qqn.* ➤ **responsable.** ♦ PAR EXT. FAM. *Avoir du répondant :* avoir de l'argent derrière soi ; avoir le sens de la répartie (cf. Répondre du tac* au tac). ▪ **2** n. m. (1690) ANCIENNT Celui qui devait répondre aux objections dans la soutenance d'une thèse. *L'argumentant et le répondant.* ▪ **3** n. m. (1731) RELIG. CATHOL. Servant qui répond la messe, fait les réponses aux demandes du célébrant.

RÉPONDEUR, EUSE [Repɔ̃dœR, øz] adj. et n. m. – 1877 ; «défenseur» 1277 ; «celui qui répond» XIIe ◊ de *répondre*

I adj. Qui a l'habitude de répondre, de répliquer aux ordres et aux remontrances. «*C'était une ouvrière vive, répondeuse*» A. ERNAUX.

II n. m. (1963) *Répondeur (téléphonique) :* appareil, relié ou intégré au téléphone, ou fonction capable de répondre, au moyen d'un enregistrement sur bande, aux appels lorsque le destinataire ne décroche pas. *Répondeur-enregistreur,* auquel le correspondant peut dicter un message qui est enregistré. ELLIPT *Laisser un message sur le répondeur. Répondeur interrogeable à distance.* «*par un réflexe de pur désespoir, il interrogea son répondeur. Il y avait un message*» HOUELLEBECQ. ♦ Dispositif installé sur un satellite, capable de répondre automatiquement aux messages.

RÉPONDRE [Repɔ̃dR] v. tr. dir. et ind. ⟨41⟩ – fin Xe ◊ du latin populaire *respondere* (avec *-e-* bref), de *respondere* (avec *-e-* long), qui, au sens premier, signifiait «répondre à un engagement», famille de *spondere* «promettre», entrant dans les formules de mariage. → époux ; sponsor

I IDÉE DE COMMUNICATION A. (SANS OBJET DIRECT) ▪ **1 RÉPONDRE À** qqn **:** faire connaître en retour sa pensée, son sentiment (à la personne qui s'adresse à vous). — (milieu XIIe) (Par le langage) *Répondre oralement à un interlocuteur, à un journaliste, à un examinateur. Il ne répondait que par monosyllabes, par oui ou par non. Répondre sèchement, durement. Je vous répondrai par écrit. Répondre à qqn par retour du courrier.* — (Par d'autres moyens d'expression, gestes, mimiques, etc.) *Répondre d'un signe de la tête, par un sourire.* «*Elle ne me répondit jamais que par de longues étreintes*» BARBEY. ♦ (milieu XIIe) Se défendre verbalement, s'opposer en retour. ➤ **répliquer, riposter.** *Je saurai lui répondre.* — Raisonner, se justifier lorsque le respect commande le silence. ➤ **récriminer.** *Enfant qui répond à son père.* ▪ **2 RÉPONDRE À** qqch. **:** faire une réponse verbale (à telle ou telle chose). *Répondre à une question, à un interrogatoire. Répondre à un compliment. Répondre à une lettre.* ♦ Opposer une réponse, une défense. ➤ RÉGION. **rencontrer.** *Répondre à des critiques. Répondre à des objections.* ➤ **réfuter.** ♦ (fin XIe) (SUJET CHOSE) Se faire entendre tout de suite après (en parlant d'un bruit, d'un son semblable à un autre qui le précède). «*Leurs lamentations répondaient [...] aux miaulements des hyènes*» FRANCE. *La flûte répond au violon.* PRONOM. «*Des rimes qui se répondent comme des échos intelligents*» Mme DE STAËL. ♦ (fin XIIe) (PERSONNES, ANIMAUX) Se manifester à l'appel de (qqn) ; réagir (à un appel, un stimulus). *Nous avons sonné, personne ne nous a répondu.* — *Répondre au téléphone. Je rebranche le téléphone «au cas où il sonnerait et où je voudrais répondre, mais je réponds rarement»* J. ROUBAUD. *Personne ne répond, ça ne répond pas.* — *Répondre à une convocation,* y aller. ♦ LOC. *Répondre au nom de,* se dit d'un chien qui connaît son nom. — FIG. ou PAR PLAIS. Avoir pour nom. «*Le drôle qui répond au nom de Maxime Du Camp*» FLAUBERT. ♦ FIG. *Répondre à l'appel de qqn,* faire ce qu'il attend de vous.

B. (AVEC OBJET DIRECT ET INDIRECT) RÉPONDRE QQCH. À QQN ou À QQCH. ▪ **1** (fin Xe) Dire ou écrire (sa pensée, son opinion à celui qui la sollicite ou s'adresse à vous), dire en réponse (à qqch.). «*Que répondrez-vous à cette enfant, Perdican ?*» MUSSET. — *Ne rien trouver à répondre* (cf. Rester coi*, sec). *Il n'y a rien à répondre à cela.* ➤ **objecter.** FAM. *Bien répondu.* «*De grâce, répondez oui ou non à ma demande*» ESTAUNIÉ. — (fin Xe) (Discours direct) *Il lui répondit : «C'est votre faute.» Le soldat ou l'élève répond présent à l'appel.* — (En incise) «*Sire, répond l'agneau, que Votre Majesté Ne se mette pas en colère*» LA FONTAINE. — **RÉPONDRE DE** (et l'inf.). *Il m'a répondu de rester où j'étais.* — (fin XIe) **RÉPONDRE QUE** (et l'indic.). ➤ 1**dire,** 2**répartir, répliquer, rétorquer.** *Il «répondit que sa bienveillance m'était acquise»* DAUDET. — IMPERS. «*Il me fut répondu que mon cas serait examiné*» DUHAMEL. ▪ **2** (1535 ; seult dans quelques emplois) Donner une réponse à (qqch.). DR. *Répondre une requête,* se dit du juge qui délivre une ordonnance au bas d'une requête. — (début XIIIe) RELIG. *Répondre la messe,* se dit du servant qui prononce tout haut les réponses aux paroles du célébrant.

II IDÉE DE COMPORTEMENT A. RÉPONDRE À... ▪ **1** (début XIIIe) Être en accord avec, conforme à (une chose). «*Sa voix répondait exactement à sa physionomie*» ROMAINS. ➤ **correspondre.** *Politique qui ne répond pas à la volonté, aux besoins du pays.* ➤ **concorder** (avec). *Répondre à une attente,* se dit d'une personne, d'une chose qui est conforme à ce qu'on voulait qu'elle fût, à ce qu'on attendait d'elle. «*j'avoue que le succès ne répondit pas d'abord à mes espérances*» RACINE. *Répondre à une description, à un signalement.* «*Ces crises de fraternité répondent à un besoin aussi violent que la faim, la soif et l'amour*» MAUROIS. ➤ **satisfaire.** — PRONOM. «*Les parfums, les couleurs et les sons se répondent*» BAUDELAIRE. ▪ **2** (XVIIe) Dans les relations d'échange ou d'opposition, Se dit de la personne dont le comportement se règle sur le comportement de l'autre et lui succède. *Répondre à la force par la force.* ➤ **opposer.** *Ne pas répondre à la provocation. Répondre par une gifle à une injure.* — (SANS COMPL. DE MANIÈRE) Payer de retour, par un comportement semblable, ou une attitude marquant la compréhension, l'accord. *Répondre à un salut.* ➤ **rendre.** «*Une répugnance naturelle m'empêcha longtemps de répondre à ses avances*» ROUSSEAU. *Répondre à l'affection de ses parents.* ▪ **3** (CHOSES) Produire les effets attendus. ➤ **réagir.** *L'organisme répond aux excitations du milieu extérieur.* ➤ **obéir.** *Des freins qui répondent bien.* ▪ **4** (1663 ; «être contigu» 1420 ; «aboutir à» 1234) Correspondre symétriquement. *Courbe qui répond à une autre.* — PRONOM. *Les deux ailes du bâtiment se répondent.*

B. RÉPONDRE DE... ▪ **1** (fin XIIe) S'engager en faveur de (qqn) envers un tiers. «*Je réponds de ma femme, et prends sur moi l'affaire*» MOLIÈRE. — *Je réponds de lui auprès de ses créanciers.* — *Répondre de soi :* s'engager pour l'avenir auprès des autres ou de soi-même. ♦ (fin XIIe) Se porter garant. *Répondre de l'innocence de qqn.* ➤ **garantir.** «*Je ne pourrais répondre ni de l'ordre dans la rue ni de la discipline dans l'armée*» MAC-MAHON. «*Si vous voulez suivre ses conseils, il répond de votre avenir*» GOBINEAU. — *Répondre de la vie d'un malade,* et PAR EXT. *d'un malade,* se dit du médecin qui affirme que le malade est hors de danger. — (Avec l'inf.) (1580) VX «*je vous réponds de renverser tout cet obstacle*» MOLIÈRE. — (CHOSES) Constituer une garantie. «*un sceau* [les hiéroglyphes] *mis sur les lèvres du désert et qui répondait de leur éternelle discrétion*» CHATEAUBRIAND. ▪ **2** (XVIe ; sens affaibli) S'engager en affirmant. ➤ **assurer, garantir.** *Je ne réponds de rien :* je ne vous garantis rien. — LOC. *Ne plus répondre de rien :* s'avouer incapable de maîtriser la suite des évènements. *Je vous en réponds* (renforce une affirmation). ➤ **affirmer.** ▪ **3** Être garanti par un engagement volontaire ou responsable devant la loi, la société, la morale. *Répondre de soi seul.*

C. RÉPONDRE POUR... Être responsable de. *La justice «veut que chacun réponde pour ses œuvres»* MICHELET.

▪ CONTR. Demander, interroger, questionner.

RÉPONS [repɔ̃] n. m. – 1220 ◊ latin religieux *responsum* ■ LITURG. Chant sur des paroles empruntées aux Écritures, exécuté par un soliste et répété en entier ou en partie par le chœur. « *des antiennes et des répons extraits des Écritures* » HUYSMANS. ➤ 1 **graduel**, 2 **réclame**. — REM. On confond parfois les *répons* et les *réponses* du répondant au célébrant.

RÉPONSE [repɔ̃s] n. f. – *response* XIIe ; *respuns* n. m. 1050 ◊ latin *responsum* ■ **1** Ce qu'on dit en retour à la personne qui vous a posé une question, fait une demande, ou s'est adressée à vous ; ce qui annule une question (complément, confirmation, dénégation) en complétant la partie logiquement incomplète. *Réponse à une question. Faire, donner une réponse. Obtenir, recevoir une réponse. Notre demande est restée sans réponse, n'a pas eu d'écho. Réponse d'un jury.* ➤ **verdict.** *Réponse affirmative, négative :* oui, non. *Réponse évasive. Réponse vive.* ➤ **réplique, riposte.** — (À l'aide d'une mimique, d'un geste) « *la meilleure réponse que tu puisses faire c'est de hausser les épaules* » SAND. — LOC. *Réponse de Normand,* exprimée en termes ambigus. *La réponse du berger* à la bergère. Avoir réponse à tout :* ne rester court à aucune question, avoir de la répartie ; faire face à toutes les situations. « *L'orthodoxie a réponse à tout et n'avoue pas une bataille perdue* » RENAN. *Faire les demandes et les réponses :* monologuer en prêtant à son interlocuteur une demande ou une réponse qu'il n'a pas faite. ♦ (1648) Ce qu'on écrit pour répondre. « *Je lui fis deux réponses courtes, sèches, dures dans le sens* » ROUSSEAU. *En réponse à votre lettre. Joindre un timbre pour la réponse. Réponse imprimée.* ➤ **carte-réponse.** — (Élément de composés) *Coupon*-réponse. Bulletin*-réponse. Des enveloppes-réponses.* ♦ (1768 ◊ par anal.) MUS. Dans la fugue, Reprise du sujet. ■ **2** Solution, explication apportée à une question par le raisonnement, par un dogme ou une science. *Discuter par demandes et par réponses.* ➤ **dialectique.** *Noter les réponses d'un élève. Test, jeu par questions et réponses.* ➤ **quiz.** ■ **3** (XVe « réplique ») Justification, réfutation qu'on oppose aux attaques, aux critiques de qqn. « *Par là je trouve réponse à toutes les objections* » PASCAL. — LOC. *Droit de réponse :* droit pour toute personne nommée ou désignée dans un journal ou un périodique de faire insérer gratuitement sa réponse dans le même journal. ♦ PAR EXT. Attitude qu'on oppose à celle qu'une personne a envers vous. ➤ **réaction, riposte.** « *la grande réponse qu'on doit faire aux outrages, c'est la modération et la patience* » MOLIÈRE. ■ **4** (XIXe) Réaction de qqn à un appel. *J'ai frappé à la porte, mais pas de réponse.* ♦ AUTOMAT., TECHNOL. Réaction (d'un mécanisme) aux commandes. *Temps de réponse.* ➤ **retard.** *Courbe de réponse :* courbe représentant le signal de sortie, comparé au signal d'entrée (d'une machine, d'un système de commande). ♦ (1935) PSYCHOPHYSIOL. Réaction transitoire d'un système organique excitable provoquée par un agent étranger à ce système. *Réponse réflexe, musculaire.* « *Une des fonctions principales des centres nerveux est de donner une réponse appropriée aux excitations qui viennent du milieu extérieur* » CARREL. ♦ IMMUNOL. *Réponse immunitaire :* réaction de l'organisme à la pénétration d'un élément étranger ou d'un micro-organisme, notamment par la production d'anticorps et l'activation des lymphocytes. ■ CONTR. Demande, question. ■ HOM. poss. Raiponce.

REPOPULATION [ʀ(ə)pɔpylasjɔ̃] n. f. – 1424 ◊ de *re-* et *population* ■ VX Action de repeupler. ➤ **repeuplement.** ♦ MOD. Augmentation d'une population après une période de dépopulation.

REPORT [ʀəpɔʀ] n. m. – 1826 ; « récit d'un évènement » v. 1200 ◊ de 1 *reporter* ■ **1** BOURSE Opération par laquelle un spéculateur vend au comptant à un capitaliste (➤ 2 **reporteur**) des titres, des devises ou des marchandises qu'il lui rachète en même temps à terme pour la liquidation suivante. — Rémunération du reporteur dans cette opération. *Taux de report déterminé sur le marché des reports.* — FIN. (opposé à *déport*) Écart positif d'un cours sur le marché à terme par rapport au cours du comptant. *Taux à terme en report,* en prime*. *Le dollar est en report sur le marché des changes.* ■ **2** COUR. Le fait de reporter, de renvoyer à plus tard. *Report de la date d'ouverture d'une conférence.* ➤ **renvoi.** *Report d'incorporation pour le service national.* ➤ **sursis.** ♦ DR. COMM. Fixation de l'ouverture d'une liquidation à une date antérieure à celle qu'une décision précédente avait déjà fixée. *Report de faillite. Jugement de report. Report d'échéance.* ■ **3** Le fait de transcrire sur un autre document. ➤ **transcription.** *Report d'écritures sur le grand livre.* — Opération qui consiste, dans un compte, à reporter un nombre en tête d'une colonne ; le nombre ainsi reporté. — COMPTAB. *Report à nouveau :* reliquat des résultats d'un exercice, sans affectation, et reporté au bilan de l'année suivante. *Report à nouveau déficitaire, bénéficiaire.* — FISC. *Report en arrière de déficit.* ♦ TECHN. Transport d'un dessin sur un autre support. *Papier à report. Impression en report.* ♦ JEU Mode de pari où l'on reporte la somme gagnée sur un autre numéro, un autre cheval. ■ **4** Action de voter au second tour d'une élection pour un candidat qui a obtenu un meilleur score que celui pour qui on avait voté d'abord. *Le report des voix s'est bien effectué.* ■ CONTR. (de 1°) 2 Déport (1°).

REPORTAGE [ʀ(ə)pɔʀtaʒ] n. m. – 1865 ◊ de 2 *reporter* ■ **1** Œuvre d'un journaliste (➤ 1 **reporteur**) qui témoigne de ce qu'il a vu et entendu. *Faire un reportage sur le Burundi. Reportage photographique* (➤ **photoreportage ; photojournalisme**), *filmé, télévisé* (➤ **téléreportage**), *radiodiffusé* (➤ **radioreportage**). *Reportage publicitaire.* ➤ **publireportage.** « *il pouvait trouver à Oran la matière d'un reportage intéressant* » CAMUS. ■ **2** Métier de reporteur. *Il a débuté dans le reportage.* ♦ Genre journalistique ou littéraire qui consiste à faire des *reportages.* « *Il nous paraît, en effet, que le reportage fait partie des genres littéraires et qu'il peut devenir un des plus importants d'entre eux* » SARTRE.

REPORTER [ʀ(ə)pɔʀte] v. tr. ⟨1⟩ – 1050 ◊ de *re-* et 1 *porter*
I Remettre, ramener à l'endroit initial. ■ **1** VX Répéter ; rapporter. ■ **2** Porter (qqch., un être sans mouvement) à l'endroit où il était. ➤ **rapporter, remporter.** *Elle « fit l'évanouie et se fit reporter sur son lit »* RACINE. ■ **3** FIG. Faire revenir en esprit à une époque antérieure. *Ce souvenir nous reporte à l'hiver dernier.* PRONOM. *Il se reportait à l'époque où il était heureux.*
II Porter plus loin ou ailleurs, dans l'espace ou le temps. ■ **1** Transcrire sur un autre document, un autre registre. *Reporter un nombre en haut d'une colonne* (➤ **report**). *Reporter un dessin sur un calque.* ■ **2** BOURSE Faire une opération de report sur (➤ 2 **reporteur**). *Faire reporter des titres. Acheteurs à terme qui font reporter leur position, vendeurs à terme qui reportent leur position.* ■ **3** Renvoyer à plus tard. ➤ **remettre.** *Reporter une cérémonie d'une semaine.* ➤ 1 **repousser.** ■ **4 REPORTER SUR :** appliquer à une chose, une personne (ce qui revenait à une autre). « *elle reporta sur cette tête d'enfant toutes ses vanités éparses, brisées* » FLAUBERT. PRONOM. *Son affection s'est reportée sur son chien.* — *Reporter son choix sur un autre produit. Reporter sa voix sur un autre candidat.* — JEU Miser (un gain) sur un nouveau numéro, un nouveau cheval. *Reporter la moitié, le tout sur tel numéro.* ♦ ANGLIC. *Reporter à* (qqn) : en référer à, dans une hiérarchie. ■ **5 SE REPORTER** v. pron. Se référer (à qqch.). *Se reporter au texte d'une loi. Reportez-vous au chapitre II.*

1 **REPORTEUR, TRICE** [ʀ(ə)pɔʀtœʀ, tʀis] n. ou **REPORTER** [ʀ(ə)pɔʀtɛʀ ; ʀ(ə)pɔʀtœʀ] n. m. – 1830, –1829 ◊ anglais *reporter,* de l'ancien français *reporteur* « rapporteur » ■ Journaliste spécialisé(e) dans le reportage, qui fait un reportage. ➤ **correspondant, envoyé** (spécial). *Grand reporteur.* ➤ FAM. **baroudeur.** *Il est reporteur à la télévision, à la radio* (➤ **radioreporteur**). « *Un remarquable reporter, sûr de ses informations, rusé, rapide, subtil* [...] *une vraie valeur pour le journal* » MAUPASSANT. *Notre reportrice en Iran. Reporteur photographe.* ➤ **photoreporteur.** *Reporteur-caméraman* (ou *reporter-cameraman*) ou *reporteur d'images* (recomm. offic.) : journaliste chargé de recueillir des éléments d'information visuels. *Des reporteurs-caméramans, des reporters-cameramen.*

2 **REPORTEUR, TRICE** [ʀ(ə)pɔʀtœʀ, tʀis] n. – 1855 ; « mouchard » XVe ◊ de 1 *reporter* ■ **1** BOURSE Personne qui, dans une opération de report*, achète au comptant des titres et les revend à terme. ■ **2** TECHN. Ouvrier, ouvrière qui reporte les dessins. *Reporteur lithographe.*

REPOS [ʀ(ə)po] n. m. – 1080 ◊ de *reposer* ■ **1** Le fait de se reposer (III, 1°), l'état d'une personne qui se repose ; le temps pendant lequel on se repose. *Prendre du repos :* se reposer. *Accorder, donner un peu de repos à qqn.* ➤ **délassement, pause, récréation.** *Jour de repos. Être de repos :* être en congé légal, ne pas travailler. *Repos dominical, hebdomadaire, annuel.* ➤ **congé, vacance ; loisir.** *Repos pris après le déjeuner.* ➤ **sieste.** *Un repos bien mérité. Lit* de repos. Cure de repos. Maison de repos :* clinique où des gens malades, surmenés se reposent. LOC. *Sans repos ni cesse ; sans repos ni trêve.* ➤ **arrêt, relâche, répit.** ♦ Ce qui repose. « *Je ne prends jamais ce qu'il est convenu d'appeler des "vacances." Mon vrai repos consiste à changer de travail* » DUHAMEL. *Quel calme ! quel repos.* LOC. *Le repos du guerrier,* la femme, considérée comme le délassement de l'homme. ♦ L'une des positions militaires réglementaires, moins rigide que le garde-à-vous (la jambe gauche légèrement en avant, la main gauche appuyée sur la boucle du ceinturon). — Commandement ordonnant cette position. *Garde à vous !... Repos !* ◆ (En parlant de la terre) *Laisser périodiquement la terre en repos.* ➤ **friche, jachère.** ▪ **2** LITTÉR. ou DIDACT. Immobilité, inaction. *« L'entendement une fois exercé à la réflexion ne peut plus rester en repos »* ROUSSEAU. ➤ **inactif ; inertie.** — *Muscles à l'état de repos.* — ÉLECTRON. *Point de repos :* valeur du courant et de la tension de sortie de l'élément actif* d'un amplificateur qui n'est soumis à aucune stimulation. ◆ **AU REPOS :** immobile. *Animal au repos. Organe au repos.* ➤ **quiescent.** *Machine au repos.* — PHYS. État d'un corps qui est immobile par rapport à un système de référence. *Masse au repos :* masse d'un corps au repos. ▪ **3** État d'une personne que rien ne vient troubler, déranger. ➤ **paix, tranquillité.** *Il ne peut trouver le repos* (➤ **inquiet**). *Troubler le repos de qqn. Laisser qqn en repos. Avoir la conscience en repos,* tranquille. — loc. adj. **DE TOUT REPOS :** qui ne donne aucune inquiétude. *Un placement de tout repos.* ➤ **sûr.** *C'est une situation, une affaire de tout repos.* ➤ **sinécure.** ◆ Moment de calme (dans les évènements, la santé, la nature, etc.). ➤ **accalmie, détente, répit.** *« Ce repos des eaux et de la maison, cette singulière tranquillité des arbres »* BOSCO. ▪ **4** LITTÉR. *Le repos de la mort, de la tombe. Troubler le repos des morts,* violer leur tombe ; insulter leur mémoire. — RELIG. *Le repos éternel :* l'état de béatitude des âmes qui sont au ciel. ▪ **5** MUS. Endroit d'une mélodie où se termine une phrase musicale. — Pause rythmique ou syntaxique, dans un texte. ➤ 2 **coupe.** *Repos dans un vers.* ➤ **césure.** ▪ **6** Petit palier entre deux marches d'un escalier. ▪ CONTR. 1 Travail, effort, mouvement. Agitation, 2 trouble.

REPOSANT, ANTE [ʀ(ə)pozɑ̃, ɑ̃t] adj. – 1551 ◇ de 1 *reposer* ▪ Qui repose. ➤ **apaisant, délassant, distrayant.** *Vacances reposantes. « Sa conversation était plutôt reposante »* MAUPASSANT. *Lumière reposante pour la vue. Qu'il est reposant de ne rien faire !* ▪ CONTR. Fatigant.

REPOSE [ʀ(ə)poz] n. f. – 1611 mus. ; *repouse* « repos » v. 1380 ◇ de *re-* et *pose* ▪ TECHN. Pose (d'un élément, d'un appareil précédemment enlevé) (➤ 2 **reposer**). *Dépose et repose d'un radiateur.*

REPOSÉ, ÉE [ʀ(ə)poze] adj. – v. 1138 ◇ p. p. de 1 *reposer* ▪ Qui s'est reposé ; qui ne présente plus de traces de fatigue. ➤ **délassé,** 1 **frais.** *Un visage reposé.* — Qui est dans un état de calme, de tranquillité. *Avoir l'esprit libre et reposé.* ◆ loc. adv. *À tête reposée :* à loisir, en prenant le temps de réfléchir. *Réfléchir, décider à tête reposée.* ▪ CONTR. Fatigué, 1 las ; agité.

REPOSE-BRAS [ʀ(ə)pozbʀɑ] n. m. inv. – 1965 ◇ de 1 *reposer* et *bras* ▪ Accoudoir de la banquette d'une voiture. ➤ **appuie-bras.** *Repose-bras central.*

REPOSÉE [ʀ(ə)poze] n. f. – v. 1354 ; « halte » 1170 ◇ de 1 *reposer* ▪ VÉN. Lieu où un animal se retire et se repose le jour.

1 **REPOSE-PIED** [ʀ(ə)pozpje] n. m. – 1885 ◇ de 1 *reposer* et *pied* ▪ Appui fixé au cadre d'une motocyclette, où l'on peut poser le pied. *Des repose-pieds.*

2 **REPOSE-PIED** n. m. ou **REPOSE-PIEDS** [ʀ(ə)pozpje] n. m. inv. – 1963 ◇ de 1 *reposer* et *pied* ▪ Petit meuble bas pour poser les pieds lorsque l'on est assis. *Repose-pied de coiffeur. Des repose-pieds.*

1 **REPOSER** [ʀ(ə)poze] v. ⟨1⟩ – v. 1050 ; *repauser* xe ◇ bas latin *repausare* → poser

I ~ v. intr. ▪ **1** LITTÉR. Rester immobile ou allongé de manière à se délasser. *Il ne dort pas, il repose.* ◆ PAR EXT. Dormir. — Être immobile. *« Tout reposait dans Ur et dans Jérimadeth »* HUGO. ▪ **2** (D'un mort) Être étendu. *« Mon père décédé reposait en haut »* A. ERNAUX. — Être enterré (à tel endroit). *« il y est mort et il y repose »* SAINTE-BEUVE. *Qu'il repose en paix ! Ici repose...* ➤ **ci-gît.** ◆ (D'une épave) *Le navire repose par vingt mètres de fond.* ▪ **3 REPOSER SUR... :** s'appuyer, être établi, fondé sur. ➤ **poser.** *« Les architraves reposaient sur des piliers trapus »* FLAUBERT. — (ABSTRAIT) *« La classe laborieuse sur laquelle reposent notre régime et notre avenir »* CAILLOIS. *Raisonnement qui repose sur une analyse rigoureuse.* ➤ **découler** de, **procéder** de, **relever** de (cf. Avoir pour base*). *« Il dit que le sort de la prochaine guerre reposerait sur l'artillerie »* ROMAINS. ➤ 1 **dépendre** de. ▪ **4** Se dit d'un liquide qu'on laisse immobile afin que les matières en suspension se déposent au fond du récipient. *« Attendez, il faut laisser reposer le marc avant de boire »* PENNAC. *Laisser reposer du vin.* ➤ **décanter.** ◆ CUIS. Se dit d'une pâte qu'on cesse de travailler pendant un certain temps.

II ~ v. tr. ▪ **1** Mettre dans une position qui délasse ; appuyer. *« J'ai reposé mon front sur mon fusil sans poudre, Me prenant à penser »* VIGNY. ➤ **poser.** ▪ **2** Chasser la fatigue de. ➤ **délasser, soulager.** *Cette lumière douce repose la vue. Le sommeil repose le corps des fatigues accumulées.* ➤ **défatiguer.** *Se reposer l'esprit.* ➤ se **détendre.** — ABSOLT *La conversation « repose et l'on s'y laisse aller comme à un mouvement naturel »* GIDE (➤ **reposant**).

III ~ v. pron. **SE REPOSER** (XIIe) ▪ **1** Cesser de se livrer à une activité fatigante ; abandonner une position pénible de manière à faire disparaître une sensation de fatigue. ➤ se **délasser,** se **détendre,** se **relaxer,** FAM. **siester ; repos.** *Dieu « se reposa le septième jour, après avoir achevé tous ses ouvrages »* (BIBLE). *« Paresse : habitude prise de se reposer avant la fatigue »* RENARD. *Repose-toi un peu.* ➤ **respirer, souffler** (cf. Reprendre haleine*). *« pourquoi elle dort, de quelle fatigue elle a à se reposer »* DURAS. — LOC. FAM. *Se reposer sur ses lauriers*.* ▪ **2** Être, vivre dans l'inaction. *« Sitôt donc qu'une partie des hommes se repose, il faut que le concours des bras de ceux qui travaillent supplée à l'oisiveté de ceux qui ne font rien »* ROUSSEAU. ▪ **3** Se dit de la terre qu'on s'abstient de cultiver pour lui rendre sa fertilité. — (Sans pronom) *Laisser reposer la terre :* la laisser en friche, en jachère. ▪ **4** (1538) **SE REPOSER SUR :** faire confiance à (qqn, qqch.), se décharger sur (qqn) d'un souci, d'un travail. ➤ **s'appuyer** sur, **compter** sur, se **fier** à, s'en **remettre** à. *« elle se reposait même sur son mari des soins du ménage »* BALZAC.

▪ CONTR. Agiter, fatiguer, lasser. — Travailler ; peiner.

2 **REPOSER** [ʀ(ə)poze] v. tr. ⟨1⟩ – 1838 ; *repoisier* « poser » xve ◇ de *re-* et *poser* ▪ **1** Poser de nouveau (ce qu'on a soulevé). *Reposer un enfant à terre. Reposer son verre.* — MILIT. *Reposez arme !* commandement militaire. ▪ **2** Poser de nouveau (ce qu'on a enlevé) ; remettre en place. *Faire reposer une moquette, une serrure* (➤ **repose**). ▪ **3** Poser de nouveau (une question, un problème). *Reposer la question de confiance.* PRONOM. *Le problème se reposera dans les mêmes termes.*

REPOSE-TÊTE [ʀ(ə)poztɛt] n. m. – 1965 ◇ de 1 *reposer* et *tête* ▪ VIEILLI Appuie-tête. *Des repose-têtes.*

REPOSITIONNABLE [ʀ(ə)pozisjɔnabl] adj. – 1985 ◇ de *repositionner* ▪ *Adhésif repositionnable,* qui peut être collé et décollé à plusieurs reprises, sans dommage pour le support. ➤ aussi **post-it.** *Colle repositionnable.*

REPOSITIONNER [ʀ(ə)pozisjɔne] v. tr. ⟨1⟩ – 1987 ◇ de *re-* et *positionner* ▪ **1** Remettre dans une bonne position. *Repositionner un satellite qui dérive.* ▪ **2** Redéfinir le positionnement commercial de (un produit) ; réorienter dans une direction plus favorable. *Parti qui repositionne sa stratégie électorale.*

REPOSOIR [ʀ(ə)pozwaʀ] n. m. – 1680 ; « lieu où l'on se repose » 1549 ; *reposouer* 1373 ◇ de 1 *reposer* ▪ Support en forme d'autel sur lequel le prêtre dépose le Saint-Sacrement au cours d'une procession. *« Le ciel est triste et beau comme un grand reposoir »* BAUDELAIRE. — Meuble sur lequel on place l'hostie consacrée, dans une église, la chambre d'un malade.

REPOUSSAGE [ʀ(ə)pusaʒ] n. m. – 1866 ◇ de 1 *repousser* ▪ **1** TECHN. Procédé de modelage à froid qui consiste à taper avec un marteau sur un outil qui imprime un relief à la matière travaillée. *Estampage et repoussage. Repoussage artistique.* ➤ **repoussé.** ▪ **2** PAR EXT. Emboutissage mécanique. *Repoussage au tour.*

REPOUSSANT, ANTE [ʀ(ə)pusɑ̃, ɑ̃t] adj. – 1788 ; « peu accueillant » 1611 ◇ de 1 *repousser* ▪ Qui inspire la répulsion, le dégoût ou l'aversion. ➤ **répulsif.** *Il est d'une laideur repoussante. Saleté repoussante.* ➤ **dégoûtant*, répugnant.** *Odeur repoussante.* ➤ **fétide, infect.** *Conduite repoussante.* ➤ **abject.** *« Elle trouvait tout en lui repoussant. Sa manière de manger, de prendre du café, de parler, lui donnait des crispations nerveuses »* MÉRIMÉE. ▪ CONTR. Affriolant, alléchant, appétissant, attirant, attrayant, engageant.

REPOUSSE [ʀ(ə)pus] n. f. – 1790 ◇ de 2 *repousser* ▪ Action de repousser. *La repousse du gazon. Traitement pour la repousse des cheveux.*

REPOUSSÉ, ÉE [ʀ(ə)puse] adj. et n. m. – 1875 ◇ de 1 *repousser* ▪ **1** *Cuir repoussé,* façonné par repoussage. *Des « plaques d'or repoussées et ciselées »* LOTI. ▪ **2** n. m. Relief obtenu par repoussage. — Ouvrage façonné par repoussage.

1 **REPOUSSER** [R(ə)puse] **v. tr.** ‹1› – v. 1382 ◊ de *re-* «en arrière» et *pousser* ▪ **1** Pousser (qqn) en arrière, faire reculer loin de soi. ➤ 1 **écarter, éloigner.** «*Loin de répondre à ses caresses, je la repoussai avec dédain.*» ABBÉ PRÉVOST. *Repousser l'ennemi, l'envahisseur.* ➤ **refouler.** PAR EXT. S'opposer avec succès à. *Repousser les invasions, les assauts, les attaques.* ♦ Ne pas accueillir, ou accueillir mal. ➤ **bannir, chasser, éconduire, rabrouer,** FAM. **rembarrer.** «*Son obstination à me séduire et à me repousser*» LOUŸS. *Il l'a repoussé avec brusquerie.* ➤ **rabrouer** (cf. FAM. Envoyer* promener). ♦ PAR EXT. *Il n'y a rien en lui qui me repousse ou qui m'attire.* ➤ **dégoûter, déplaire ; repoussant.** ▪ **2** (v. 1580) Pousser (qqch.) en arrière ou en sens contraire, écarter brusquement de soi. *Une chaise qu'il avait repoussée du pied.* — (Sujet chose) *Matière électrisée qui attire ou repousse les corps légers* (➤ **répulsif**). — PRONOM. *Les électrons se repoussent.* ▪ **3** TECHN. Façonner par repoussage. *Repousser une feuille de métal au marteau, au repoussoir* (➤ **repoussé**). ▪ **4** FIG. Refuser d'accepter, de céder à. ➤ **rejeter.** *Repousser l'aide de qqn.* «*Un bon esprit repousse tout ce qui est contraire à la raison*» FRANCE. *Repousser les conseils, les supplications, les offres.* ➤ **décliner.** «*Votre demande d'augmentation est repoussée*» ZOLA. *Repousser un projet.* ➤ **retoquer.** ▪ **5** (Emploi critiqué) Remettre à plus tard. ➤ 2 **différer, reporter.** *Elle repousse indéfiniment ce rendez-vous.* ▪ CONTR. Attaquer ; céder. Accueillir, attirer ; accepter, admettre.

2 **REPOUSSER** [R(ə)puse] **v.** ‹1› – 1600 ◊ de *re-* «de nouveau» et *pousser* ▪ **1 v. tr.** RARE Produire de nouveau. «*Cet arbre a repoussé de plus belles branches*» LITTRÉ. ▪ **2 v. intr.** COUR. Pousser de nouveau. *Les feuilles repoussent* (➤ **regain**). «*Où mon cheval a passé, l'herbe ne repousse pas*» (paroles d'ATTILA, cité par A. BERTHELOT). *Laisser repousser sa barbe.*

REPOUSSOIR [R(ə)puswaR] **n. m.** – 1429 ◊ de 1 *repousser* ▪ **1** TECHN. Outil servant à extraire des chevilles, des clous. — Ciseau qui sert dans le repoussage. ♦ COUR. Petite spatule pour repousser la peau sur les ongles. «*la manucure changeait de lime, de repoussoir, de vernis*» ARAGON. ▪ **2** (1762) PEINT. Élément du tableau au ton plus vigoureux, qui met en valeur un autre élément, ou produit, par contraste, un effet de profondeur. «*Sans avoir besoin de repoussoirs et d'ombres exagérées dans leur vigueur, il obtient d'étonnants effets de clarté*» GAUTIER. ♦ FIG. et COUR. Chose ou personne qui en fait valoir une autre par opposition. *Servir de repoussoir.* «*des femmes qui se choisissent, comme repoussoir, des amies d'une laideur rassurante*» GAUTIER. — ABSOLT Personne laide.

RÉPRÉHENSIBLE [RepReɑ̃sibl] **adj.** – 1314 ◊ bas latin *reprehensibilis,* de *reprehendere* «blâmer» ▪ Qui mérite d'être repris, blâmé, réprimandé. *Un acte, une conduite répréhensible.* ➤ **blâmable, condamnable.** — (PERSONNES) RARE «*Il est très répréhensible*» (ACADÉMIE). ➤ **coupable.** ▪ CONTR. Irrépréhensible, irréprochable.

RÉPRÉHENSION [RepReɑ̃sjɔ̃] **n. f.** – XVe ; «hésitation» XIIe ◊ latin *reprehensio* ▪ VX Action de reprendre. ➤ **blâme, réprimande.**

REPRENDRE [R(ə)pRɑ̃dR] **v.** ‹58› – début XIIe, au sens de «corriger» ◊ du latin *reprendere,* famille de *prendere,* pour le sens I, B (→ prendre) et de *re-* et *prendre,* pour les autres sens

I ~ **v. tr. A.** AUX SENS DE *PRENDRE* ▪ **1** (milieu XIIe) Prendre de nouveau (ce qu'on a cessé d'avoir ou d'utiliser). *Reprendre le volant. Reprendre le collier*. Reprendre les armes. Reprendre sa place.* ➤ **regagner, retrouver.** «*Le plateau de Mont-Saint-Jean fut pris, repris, pris encore* [...] *Cette lutte dura deux heures*» HUGO. *Reprendre son bien.* ➤ **recouvrer.** *Reprendre sa liberté. Reprendre connaissance ; reprendre ses esprits.* ➤ **revenir** (à soi). *Reprendre haleine*, souffle. Reprendre des forces.* «*Tant, à nous voir marcher avec un tel visage, Les plus épouvantés reprenaient de courage !*» CORNEILLE. *Reprendre l'avantage, le dessus.* «*Cette lecture l'avait lentement tiré de sa torpeur, l'avait aidé à reprendre contact avec le monde*» MARTIN DU GARD. ♦ Prendre (ce qu'on avait donné). «*Rendez-moi, lui dit-il, mes chansons et mon somme, Et reprenez vos cent écus*» LA FONTAINE. *Donner c'est donner, reprendre c'est voler. Reprendre ses billes*. Reprendre sa parole*.* — Prendre (ce qu'on a vendu) et en rembourser le prix. *Article* (en solde) *ni repris, ni échangé.* ▪ **2** *Reprendre de* (qqch.), en prendre une seconde fois. «*Quand on aime bien quelque chose, il me semble qu'on n'a qu'une idée : c'est d'en reprendre*» ANOUILH. *Reprendre du vin. Reprendre d'un plat.* ➤ se **resservir.** *Reprendre du poil* de la bête.* ▪ **3** (fin XIIe) Prendre de nouveau (qqn qu'on avait abandonné ou laissé échapper). *Reprendre un évadé.* ➤ **rattraper.** *Il a été repris par la police.* «*Si je suis galante et perfide* [...], *pourquoi t'acharnes-tu à me reprendre et à me garder ?*» SAND. — Employer, admettre de nouveau. *Reprendre un ancien ouvrier. Cet élève ne sera pas repris au collège.* ♦ (SUJET CHOSE) *Mon rhumatisme m'a repris.* «*Hélas ! toutes ses irrésolutions l'avaient repris*» HUGO. *Voilà que ça le reprend !,* qu'il a de nouveau l'attitude étrange qu'il a déjà eue. FAM. *Ça lui passera avant que ça me reprenne !* — Au pass. «*Repris par mon vieil enthousiasme, je lui parlais sans me lasser*» ALAIN-FOURNIER. ♦ *Reprendre qqn à faire qqch.,* le surprendre de nouveau à faire qqch. qu'on n'approuve pas. *On l'a repris à voler. Que je ne t'y reprenne pas ! — On ne m'y reprendra plus :* je ne me laisserai plus prendre, tromper. ▪ **4** Se livrer de nouveau, après une interruption, à (une occupation, un état quelconque). ➤ se **remettre.** *Reprendre ses habitudes. Reprendre sa lecture. Reprendre ses études. — Reprendre le travail.* (SANS COMPL.) *Nous reprenons à 14 h. — Reprendre l'école. Reprendre ses fonctions :* rentrer en fonction. *Reprendre la lutte, l'offensive.* ➤ **recommencer.** *Ils reprenaient leur dialogue.* ➤ **renouer.** — (SUJET CHOSE) *Les moqueries reprenaient leur train.* LOC. *La vie reprend son cours,* son évolution normale. ♦ Prendre la parole après un silence, pour dire (qqch.). *Il* «*reprit d'une voix éteinte* [...] : *Non, je ne vous en veux plus !*» FLAUBERT. — (En incise) «*Ami, reprit le coq*» LA FONTAINE. ▪ **5** (1694) Remettre la main à (qqch.) pour améliorer. *Reprendre un mur.* ➤ **réparer.** *Reprendre un bâtiment en sous-œuvre. — Reprendre un vêtement,* y faire une retouche (surtout pour le rétrécir). — *Reprendre un tableau, un fond.* ➤ **retoucher.** *Reprendre un texte,* le corriger, le refaire. ▪ **6** Adopter de nouveau (ce qui avait été conçu par d'autres ou en d'autres temps), en adaptant et en renouvelant par un apport personnel. *Reprendre une pièce de théâtre,* la rejouer. *Reprendre une politique, un programme. Reprendre les idées de qqn.* «*L'idée mère, c'était de reprendre ou de paraître reprendre la politique de Marat*» JAURÈS. ➤ **continuer.** ♦ Prendre la direction de (un commerce, une entreprise) pour continuer l'activité. *Elle a repris l'entreprise de son père. Reprendre une affaire en difficulté* (➤ **repreneur**). ▪ **7** Redire, répéter. *Reprendre inlassablement les mêmes arguments. Refrain repris en chœur. Reprenons le dernier mouvement.* ♦ Récapituler. *Reprendre l'histoire par le détail,* recommencer à la raconter par le détail. *Nous allons tout reprendre depuis le début* (interrogatoire).

B. CORRIGER (début XIIe) Faire à (qqn) une observation sur une erreur, ou une faute qu'il a commise. ➤ **blâmer, réprimander* ; répréhension.** *Le professeur reprend un élève qui se trompe.* ➤ **corriger.** *Il l'a repris vertement.* ➤ FAM. **rembarrer** (cf. Remettre à sa place*). — (1549) VX *Être repris de justice :* être l'objet d'une condamnation pénale. ➤ **repris de justice.** ♦ *Reprendre qqch.* ➤ **blâmer, censurer, condamner, critiquer.** *Trouver à reprendre à qqch.* ➤ **redire.**

II ~ **v. pron. réfl. SE REPRENDRE** ▪ **1** Se ressaisir en retrouvant la maîtrise de soi ou en corrigeant ses erreurs. *Il lui avait fallu* «*une bonne minute pour se reprendre, pour arrêter de trembler*» SAGAN. ➤ **réagir.** *Il s'est trompé dans la date et s'est repris.* — LOC. *S'y reprendre à deux fois, à plusieurs fois pour faire qqch. :* faire deux, plusieurs tentatives pour faire qqch. ▪ **2** LITTÉR. *Se reprendre à :* se remettre à. «*Là-dessus, il se reprit à penser à son père*» ARAGON.

III ~ **v. intr.** ▪ **1** (fin XIIe) Se remettre à pousser, retrouver de la vigueur. *Arbre transplanté qui a été long à reprendre.* ➤ 2 **repousser.** — Recommencer à être actif. *Le commerce reprend.* ➤ **redémarrer,** 2 **repartir.** «*La France refit de la richesse. Comme on dit, les affaires reprirent*» BAINVILLE. ▪ **2** Recommencer. *Les cours reprendront demain* (➤ **rentrée, reprise**). *La fusillade reprend de plus belle.* «*dès que la cérémonie-corvée était terminée, la vie reprenait*» B. CYRULNIK. *La fièvre a repris.* ▪ CONTR. Redonner. Laisser, quitter ; cesser. Approuver.

REPRENEUR, EUSE [R(ə)pRənœR, øz] **n.** – 1986 ◊ de *reprendre* ▪ Personne qui reprend, rachète une entreprise. *Repreneur d'entreprises en difficulté. Salariés repreneurs d'entreprise. Repreneurs et raiders.* — **adj.** *La société repreneuse.*

REPRÉSAILLES [R(ə)pRezaj] **n. f. pl.** – 1401 ◊ latin médiéval *represalia,* de l'italien *rappresaglia,* de *riprendere* «reprendre» ▪ **1** Mesure de violence, illicite en soi, que prend un État pour répondre à un acte également illicite (violation du droit des gens) accompli par un autre État. *User de représailles. Par représailles. Attaque effectuée en représailles à un attentat. Par crainte des représailles.* «*Ils avaient instauré leur système de représailles, par un avis diffusé le 22 août*» BEAUVOIR. ▪ **2** PAR EXT. Riposte individuelle à un mauvais procédé (➤ **vengeance**). «*Il craignait les représailles des créanciers*» MONTHERLANT. *Exercer des représailles contre qqn* (cf. Rendre le mal pour le mal ; œil pour œil, dent pour dent). ➤ se **venger.** *Ces plaisanteries «n'étaient après tout que des représailles exercées sur lui par ses amis»* BALZAC. ▪ CONTR. Pardon.

REPRÉSENTABLE [R(ə)pʀezɑ̃tabl] **adj.** – 1754 ; «qui représente, symbolise» XIIIe ✧ de *représenter* ▪ Qui peut être représenté, reproduit ou évoqué. *L'évolution d'un phénomène est représentable par une courbe.* — SUBST. *Le représentable :* ce qui peut être représenté par une image, une figure, un schéma, etc.

REPRÉSENTANT, ANTE [R(ə)pʀezɑ̃tɑ̃, ɑ̃t] **n.** – 1508 ✧ de *représenter* (III)

I Personne qui représente qqn. ▪ **1** Personne qui représente, qui a reçu pouvoir d'agir au nom de qqn. ➤ 2 **agent, délégué, envoyé, mandataire ; correspondant.** *Le mandat, la mission d'un représentant. Représentant qui parle au nom de qqn.* ➤ **porte-parole,** VX **truchement.** *Envoyer une représentante. Représentants en justice.* ➤ 1 **avocat, avoué.** *Les représentants de Dieu.* ♦ Descendant d'un héritier en ligne directe, qui vient à la succession au rang et à la place de cet héritier dans une succession ab intestat. ▪ **2** (1680) Personne désignée par un groupe pour agir en son nom. *Représentant du personnel :* membre du comité d'entreprise, délégué* du personnel. *Représentant syndical.* ♦ (1748) Personne élue par le peuple pour le représenter. *Les représentants des citoyens, du peuple. La France a élu ses représentants.* ➤ **député, élu,** 1 **parlementaire, sénateur.** Aux États-Unis, en Belgique, *La Chambre des représentants.* ➤ **assemblée, parlement, sénat.** ▪ **3** Personne désignée pour représenter un État, un gouvernement, auprès d'un autre. ➤ **diplomate ; ambassadeur, chargé** (d'affaires), **commissaire** (haut-commissaire), **consul, ministre** (II, 3°), **résident.** *Représentant accrédité auprès de qqn. — Représentant du Saint-Siège.* ➤ **légat, nonce.** ♦ PAR ANAL. Personne faisant partie d'une délégation, d'une équipe nationale, dans une réunion internationale. *«ces invités qui arrivaient de partout, représentants officiels et critiques littéraires»* V.-L. BEAULIEU. *Le représentant de la France à l'ONU. Haut représentant de l'Union européenne pour la politique extérieure et la sécurité commune.* ▪ **4** (1875) Personne dont le métier est de rendre visite à la clientèle d'une entreprise pour lui proposer des contrats. ➤ **commercial, commis, courtier, intermédiaire, placier.** *Représentant de commerce. Voyageur*, représentant, placier.* ➤ **V. R. P.** *Elle est représentante en produits de beauté. Représentant multicarte*.*

II ▪ **1** (XVIIIe «espèce analogue à d'autres») Personne, animal, chose que l'on considère comme type* (d'une classe, d'une catégorie). *«M. Ingres, le représentant le plus illustre de l'école naturaliste dans le dessin»* BAUDELAIRE. ➤ **modèle.** — Individu (d'une catégorie). *Chaque représentant d'une espèce.* ▪ **2** MATH. *Représentant d'une classe d'équivalence,* un élément quelconque de cette classe.

▪ CONTR. (de I) Commettant, mandant.

REPRÉSENTATIF, IVE [R(ə)pʀezɑ̃tatif, iv] **adj.** – v. 1380 ✧ de *représenter* ▪ **1** Qui représente (qqch.) ; qui tient lieu de qqch. ou a pour but de le rendre sensible. *Emblème représentatif d'une idée. Courbe représentative d'une fonction.* ▪ **2** (1764) Qui concerne la représentation du peuple par des personnes désignées (généralement élues), pour l'exercice du pouvoir. *Régime représentatif. «Dans le gouvernement représentatif, il n'est pas de lois constitutives aussi importantes que celles qui garantissent la pureté des élections»* ROBESPIERRE. *«Je préférerais un système plus représentatif encore»* RENAN. *Mandat représentatif. Assemblée représentative.* ➤ 1 **parlementaire ; parlementarisme.** ▪ **3** PSYCHOL. Qui représente à l'esprit un objet dont il prend connaissance. *Perception, imagination représentative.* — PAR EXT. *«Y a-t-il des états affectifs* purs, *c'est-à-dire vides de tout élément intellectuel, de tout contenu représentatif ?»* RIBOT. *L'espace représentatif et l'espace géométrique.* ▪ **4** (avant 1924) Propre à représenter un groupe, qui le représente bien. ➤ **typique.** *Un garçon représentatif de la jeune génération. Sondage effectué sur un échantillon représentatif de la population.* — Remarquable dans son genre. *Une figure représentative.*

REPRÉSENTATION [R(ə)pʀezɑ̃tasjɔ̃] **n. f.** – milieu XIIIe ✧ du latin *repræsentatio,* de *repræsentare*

I ACTION DE METTRE DEVANT LES YEUX OU DEVANT L'ESPRIT DE QQN ▪ **1** VX ou DR. Production, présentation. *Représentation d'acte* (pouvant servir de titre ou de preuve). ➤ **exhibition.** ▪ **2** MOD. Le fait de rendre sensible (un objet absent ou un concept) au moyen d'une image, d'une figure, d'un signe (➤ **représenter**). *Représentation d'un objet par une figure, d'un phénomène par un tracé. Représentation graphique d'une fonction mathématique. Représentation des nombres dans un ordinateur. Système de représentation des sons musicaux.* ➤ **notation.** — Action de représenter (la réalité extérieure) dans les arts plastiques. *La représentation réaliste, stylisée de la réalité dans l'art figuratif*. Représentation du visage humain. «Nous commençons à deviner que la représentation est un moyen de style, non le style un moyen de la représentation»* MALRAUX. — Le fait de représenter par le langage. ➤ **description, évocation.** *La représentation des passions dans une œuvre littéraire.* ▪ **3** (fin XIVe) Image, figure, signe qui représente. ➤ **emblème, symbole ; diagramme, graphique,** 3 **plan, schéma.** *Une représentation fidèle. Une représentation en perspective, en trois dimensions.* ♦ Œuvre littéraire ou plastique qui représente qqch. *Les représentations de la Nativité dans l'art occidental. «Même si le propos de l'auteur est de donner la représentation la plus complète de son objet, il n'est jamais question qu'il raconte tout»* SARTRE. ▪ **4** (1718) VX Le fait de présenter à qqn les inconvénients de ses actes en manière de reproche. ➤ **observation, remontrance.** ▪ **5** PSYCHOL. Processus par lequel une image est présentée aux sens. *La perception*, représentation d'un objet par le moyen d'une impression. Les représentations que nous avons du monde existant. «On est accessible à la crainte dans la mesure où la représentation du mal futur est intense»* RIBOT. ➤ **évocation.** ▪ **6** (1535) Le fait de représenter une pièce au public, en la jouant sur la scène. ➤ **comédie, spectacle.** *Première représentation d'une pièce.* ➤ **première.** *Représentation de gala. «le* Dom Juan *de Molière n'a pas atteint cent représentations»* JOUVET.

II FAIT D'EN IMPOSER ▪ **1** Le fait de représenter (II). *Être en représentation :* se faire valoir, se montrer. *«je me considérai malgré moi en représentation et tout ce que je fis cessa d'avoir l'air vrai»* BLONDIN. ▪ **2** Train de vie auquel sont tenues les personnes occupant certaines fonctions. *Allocation pour frais de représentation.*

III FAIT D'AGIR À LA PLACE OU AU NOM DE QQN ▪ **1** (fin XIVe) DR. Le fait de remplacer (qqn), d'agir à sa place (dans l'exercice d'un droit). *Représentation du mandant par le mandataire. Représentation en justice :* charge d'agir en justice, en demande ou en défense, pour une autre personne. ♦ Dans une succession, Le fait de prendre le rang et la place d'un héritier en ligne directe décédé. ▪ **2** Action de représenter à l'étranger. *Représentation diplomatique.* ♦ Ensemble des services qui sont chargés de cette représentation (ambassade, légation). *La représentation chinoise à Paris.* — L'ensemble du personnel de ces services. ▪ **3** (XIVe, au sens de «représentants d'une ville») Le fait de représenter (le peuple, la nation), dans l'exercice du pouvoir. ➤ **délégation, élection, mandat, suffrage.** *La représentation du peuple, du pays. «la représentation proportionnelle [...] assure une représentation des minorités dans chaque circonscription»* DUVERGER. *Représentation majoritaire.* ➤ **scrutin.** ♦ (1772) Ensemble des personnes qui représentent le peuple. ➤ **représentant.** *La représentation communale, nationale, syndicale.* ▪ **4** (1899) TECHN. Activité qui consiste à passer des contrats pour le compte d'une maison de commerce ; métier de représentant* de commerce. *Faire de la représentation.* ➤ **courtage.**

REPRÉSENTATIVITÉ [R(ə)pʀezɑ̃tativite] **n. f.** – 1954 ✧ de *représentatif* ▪ DIDACT. ▪ **1** Caractère d'un organe politique qui représente le peuple, la nation. *La représentativité d'une assemblée.* ▪ **2** Caractère d'une personne qui a qualité pour parler ou agir au nom d'une autre. *Cette délégation n'a aucune représentativité. La représentativité d'un syndicat.* ▪ **3** Caractère représentatif. *La représentativité d'un échantillon.*

REPRÉSENTER [R(ə)pʀezɑ̃te] **v. tr.** ⟨1⟩ – fin XIIe, au sens d'«évoquer» (I, 2°) ✧ du latin *repraesentere* «rendre présent», famille de *praesens* (→ 1 présent), pour les sens I, II et III et de *re-* et *présenter,* pour le sens III

I RENDRE PRÉSENT, SENSIBLE A. PRÉSENTER À L'ESPRIT ▪ **1** (fin XIIIe) VX ou DR. Exposer, mettre devant les yeux, montrer. ➤ **exhiber.** ▪ **2** (fin XIIe) MOD. Présenter à l'esprit, rendre sensible (un objet absent ou un concept) en provoquant l'apparition de son image au moyen d'un autre objet qui lui ressemble ou qui lui correspond. ➤ **désigner, évoquer, exprimer.** *Représenter une fonction par une courbe. Représenter les sons d'une langue par des lettres. Représenter une abstraction par un emblème, un symbole* (➤ **symboliser**). *On représente la Justice par une balance.* — (En parlant du signe lui-même) *«La monnaie est un signe qui représente la valeur de toutes les marchandises»* MONTESQUIEU. *«On ne peut pas dire que le pronom remplace le nom, il le représente»* BRUNOT. ♦ Évoquer ou indiquer par un procédé graphique, plastique. ➤ **dessiner, exprimer,**

figurer, peindre, rendre. *Dessinateur qui représente fidèlement un objet* (➤ **imiter, reproduire**), *qui le représente en interprétant, en déformant* (➤ **caricaturer**). — (En parlant de ce qui est reproduit) *«Chaque objet, tableau, architecture, organisation ornementale, a une valeur en soi, strictement absolue, indépendante de ce qu'elle représente»* F. LÉGER. *Le décor représente un salon bourgeois.* ▪ **3** Faire apparaître à l'esprit par le moyen du langage. ➤ **décrire, dépeindre.** *«L'historien représentera-t-il les faits dans leur complexité ?»* FRANCE. — *On le représente souvent comme un aventurier,* on fait de lui un aventurier. ➤ **présenter.** ▪ **4** (XVIIe) VX ou LITTÉR. Faire observer respectueusement à qqn en mettant en garde ou en reprochant. ➤ **remontrer ; représentation.** *«Il représenta au maréchal la nécessité de mettre un terme aux malheurs de la capitale»* CHATEAUBRIAND. *Représenter à qqn qu'il se trompe.* ▪ **5** Rendre présent à l'esprit, à la conscience (un objet qui n'est pas perçu directement). *«Ce mot ne lui représentait que l'idée du libertinage le plus abject»* STENDHAL. — **SE REPRÉSENTER (qqch.) :** former dans son esprit l'image de (une réalité absente), évoquer (une réalité passée). ➤ **concevoir,** se **figurer, s'imaginer, voir.** *«Pour se représenter une situation inconnue, l'imagination emprunte des éléments connus et, à cause de cela, ne se la représente pas»* PROUST. *«Je ne pouvais plus me représenter son visage»* MAURIAC. ➤ se **souvenir** (de). *Représentez-vous ma surprise.* ➤ 1 **juger** (de). — *Il se la représentait plus jeune.* ▪ **6** Présenter (une chose) à l'esprit par association d'idées. ➤ **évoquer, rappeler.** *«Toute sa personne velue représentait un ours»* LA FONTAINE. — (Avec infl. du sens III) Présenter à l'esprit en incarnant, être un bon exemple de. *Personne qui représente une tendance, la jeune génération. Il représente tout ce que je déteste. Lieux communs, stéréotypes qui représentent un moment d'une société.* — (En parlant de choses identiques, équivalentes) ➤ **constituer** (3°), **correspondre** (à), 1 **être.** *Cette recherche représente trop d'efforts. Cela ne représente pas grand-chose pour une personne si riche.* ◆ Équivaloir à. *Cela représente plus d'un million.*

B. PRÉSENTER AU PUBLIC. ▪ **1** (1547) Montrer (un spectacle) à un public par des moyens scéniques. *Troupe qui représente une pièce, un spectacle de mime.* ➤ **donner, interpréter, jouer.** *«Avec quelque succès que l'on ait représenté mon Alexandre»* RACINE. ▪ **2** Mettre en scène (qqn). *«Les Marquis, les Précieuses, les Cocus et les Médecins ont souffert doucement qu'on les ait représentés»* MOLIÈRE.

II EN IMPOSER INTRANS. (1694) VX Donner à autrui une impression d'importance par son attitude. *«Le palais* [de Versailles] *a coûté 153 millions* [...] *; quand un roi veut représenter, c'est à ce prix qu'il se loge»* TAINE.

III AGIR AU NOM OU À LA PLACE DE QQN (fin XIIIe) ▪ **1** Tenir la place de qqn, agir en son nom, en vertu d'un droit qu'on a reçu. ➤ **remplacer.** *Le ministre s'était fait représenter par son chef de cabinet. Représenter un groupe, une collectivité ; son gouvernement. Pays représenté à l'ONU. Représenter en justice.* ➤ **postuler.** ▪ **2** (1899) Être représentant* de commerce pour. *«Il représentait diverses compagnies d'assurances»* DUHAMEL. — *Représenter une marque de voitures.*

IV PRÉSENTER DE NOUVEAU (fin XIIIe, rare, à nouveau au XIXe) ▪ **1** Présenter de nouveau. *Représenter une traite.* ▪ **2 SE REPRÉSENTER** v. pron. Se présenter une deuxième fois. *Se représenter à un examen, aux élections.* — Survenir, apparaître de nouveau. *Pareille occasion ne se représentera pas de sitôt.* ➤ **revenir.**

RÉPRESSEUR [ʀepʀesœʀ] **n. m.** – 1968 ◇ du latin *repressus,* p. p. de *reprimere* (→ réprimer), par l'anglais *repressor* ▪ GÉNÉT. *Répresseur de la transcription :* protéine régulatrice se fixant sur un site opérateur en amont des gènes de structure et inhibant leur transcription. ▪ CONTR. Activateur.

RÉPRESSIF, IVE [ʀepʀesif, iv] **adj.** – 1795 ; méd. hapax XIVe ◇ du radical de *répression* ▪ Qui sert à réprimer. *Loi répressive. Tribunal répressif. Les moyens répressifs de la société.* — Qui réprime. *Politique répressive. «l'action répressive que la collectivité exerce sur le faible, le malade, l'inadapté»* SARTRE.

RÉPRESSION [ʀepʀesjɔ̃] **n. f.** – *répression d'un sentiment* 1372 ◇ latin médiéval *repressio,* de *reprimere* → réprimer ▪ **1** (1802) Action de réprimer (2°). ➤ **châtiment, expiation, punition.** *Répression d'un crime.* — ABSOLT *Le droit criminel traite de la répression.* ◆ SPÉCIALT Le fait d'arrêter par la violence un mouvement de révolte collectif. *«la cruauté du shah dans sa répression des révoltes universitaires»* GREEN. *Mesures de répression. Les forces de la répression. «L'insurrection et la répression ne luttent point à armes égales»* HUGO. ▪ **2** (repris du sens primitif de *répression*) PSYCHOL. Rejet conscient et volontaire d'une motivation. *Répression et refoulement*.* ▪ **3** (1969) GÉNÉT. Inhibition de la transcription par la liaison d'une protéine spécifique (➤ **répresseur**) à un site de régulation de l'ADN.

RÉPRIMANDE [ʀepʀimɑ̃d] **n. f.** – *réprimende* 1549 ◇ de *réprimer* ▪ Blâme adressé avec autorité, sévérité, à une personne sur laquelle on a autorité pour qu'elle se corrige. ➤ **admonestation, avertissement, observation, remontrance, reproche, semonce, sermon ;** FAM. **engueulade, savon,** RÉGION. 1 **cigare.** *Faire des réprimandes à qqn. «Un air d'autorité et presque de réprimande»* STENDHAL. — SPÉCIALT, DR. PÉN. Blâme infligé par le tribunal au mineur qui a commis une contravention. ▪ CONTR. Compliment.

RÉPRIMANDER [ʀepʀimɑ̃de] **v. tr.** ⟨1⟩ – *réprimender* 1615 ◇ de *réprimande* ▪ Blâmer* avec autorité, pour amender et corriger. ➤ **admonester, chapitrer, gourmander, gronder, houspiller, morigéner, reprendre, semoncer, sermonner, tancer ;** FAM. **assaisonner, attraper, défoncer, doucher, engueuler, enguirlander, incendier, moucher ;** POP. **disputer ;** RÉGION. **azorer** (cf. Remettre à sa place* ; FAM. remonter les bretelles*, secouer les puces*, sonner les cloches*, tirer les oreilles*, laver la tête, faire la leçon, dire deux mots, rappeler à l'ordre, passer un savon*, RÉGION. un cigare). *Réprimander un enfant. Se faire réprimander* (cf. FAM. En prendre pour son grade*, RÉGION. pour son rhume*). *«les pères et les maîtres n'ont jamais assez tôt tancé, corrigé, réprimandé, flatté, menacé»* ROUSSEAU. ▪ CONTR. Complimenter, féliciter, 1 louer.

RÉPRIMER [ʀepʀime] **v. tr.** ⟨1⟩ – 1314 ; *repremer* XIIIe ◇ latin *reprimere* ▪ **1** VX MÉD. Arrêter l'effet, l'action de. *«La tisane réprime la grande ardeur de la fièvre»* FURETIÈRE. ◆ (XIVe) MOD. Empêcher (un sentiment, une tendance) de se développer, de s'exprimer. ➤ **contenir, contraindre, modérer, réfréner** (cf. Imposer silence). *«Réprimer les explosions de son amour-propre blessé»* BALZAC. *Réprimer sa colère. Réprimer un fou rire. Un instinct, une envie que l'on ne peut réprimer* (➤ **incoercible, irrépressible**). — PAR EXT. *Réprimer un sanglot.* ➤ **refouler, retenir.** ▪ **2** Empêcher (une chose jugée condamnable ou dangereuse pour la société) de se manifester, de se développer. ➤ **châtier, punir ; sévir ; répression.** *Réprimer la fraude fiscale. «Ce qui est désordre, violence, attentat au droit d'autrui, doit être réprimé sans pitié»* RENAN. *L'insurrection a été réprimée dans le sang.* ▪ CONTR. Encourager. Permettre, tolérer.

REPRINT [ʀəpʀint] **n. m.** – v. 1960 ◇ mot anglais ▪ ANGLIC. Réédition (d'un ouvrage imprimé) par procédé photographique, reproduction anastatique*. — Ouvrage ainsi réédité.

REPRISAGE [ʀ(ə)pʀizaʒ] **n. m.** – 1870 ◇ de *repriser* ▪ Raccommodage par reprise. *Le reprisage des chaussettes.*

REPRIS DE JUSTICE [ʀ(ə)pʀid(ə)ʒystis] **n. m. inv.** – 1835 ◇ de *reprendre* «blâmer» et *justice* ▪ Individu qui a été l'objet d'une ou de plusieurs condamnations pour infraction à la loi pénale. ➤ **condamné, récidiviste.** *«Rue de Rivoli, on avait arrêté un dangereux repris de justice»* ROMAINS. *Des repris de justice.*

REPRISE [ʀ(ə)pʀiz] **n. f.** – début XIIIe, au sens I, 2° ◇ de *reprendre*

I ACTION DE REPRENDRE (I) **; SON RÉSULTAT** ▪ **1** (fin XIIIe) Action de prendre ce qu'on avait laissé, donné. *«ce héros obscur qui avait assisté à deux cents prises et reprises de villes»* GONCOURT. *Reprise d'une marchandise par un commerçant.* ◆ (1694) DR. *Droit de reprise :* droit pour l'administration fiscale de revenir sur les erreurs ou les fraudes commises par les contribuables. ▪ **2** (début XIIIe) Action de faire de nouveau après une interruption. *Reprise du travail après les congés, après une grève. La reprise des hostilités, des négociations. Brusque reprise des échanges commerciaux.* ➤ **rebond.** ◆ (1760) Le fait de jouer, de diffuser de nouveau (une pièce de théâtre, un film, une émission [➤ **rediffusion**]). *Reprise de «Phèdre» au Français.* — (1690) MUS. Seconde exécution d'un fragment de morceau de musique prévue par le compositeur. *La reprise des violons. Signe de reprise* (double barre de mesure). — Nouvelle interprétation d'une chanson (par un interprète différent). *«le premier titre de ce dique, reprise d'une chanson cap-verdienne d'une douceur fondante»* (Ouest-France, 2004). ◆ **loc. adv.** (1559) **À PLUSIEURS REPRISES :** plusieurs fois. *À maintes reprises, à différentes reprises.* ➤ **souvent.** *«elle répétait cette phrase à vingt reprises, d'une voix monotone»* ZOLA. ▪ **3** (début XIIIe au sens de «refrain») Partie d'une action recommencée plusieurs fois. ◆ (1680) Partie d'une leçon d'équitation ou de dressage après laquelle le cavalier et le cheval se reposent. — (1835) Groupe de cavaliers qui travaillent ensemble. ◆ Partie d'un assaut d'escrime, d'un match de boxe (➤ **round**). *Combat en dix reprises.* ◆ Seconde partie d'un match, après la mi-temps. ◆ Fragment musical noté comme devant être répété. ■ **4** (1611 «réparation») TECHN. Réfection d'un mur, d'un pilier. *Reprise en sous-œuvre :* réparation de la partie inférieure d'un mur, d'une construction. ■ **5** (1762 et 1611, au sens de «réparation») Raccommodage d'un tissu dont on cherche à reconstituer le tissage. *Faire des reprises à un vêtement.* ➤ **repriser.** *«Des reprises assez visibles, et faites par une main plus habituée à tenir l'épée que l'aiguille»* GAUTIER. ■ **6** (1906) Passage d'un moteur d'un régime peu élevé à un régime supérieur ; capacité d'accélération à bas régime. *Voiture qui a de bonnes reprises* (➤ **nerveux**), *qui manque de reprises. Des reprises foudroyantes.* ■ **7** Rachat. — Objets mobiliers, équipements divers rachetés par un locataire à la personne qui l'a précédé dans un logement. *Payer trois mille euros de reprise.* — La somme elle-même. *«C'est extrêmement coûteux [...] des commissions, des pourboires, des reprises»* AYMÉ. ◆ Rachat par un commerçant d'un matériel usagé à un client qui lui en achète un neuf. *2 000 euros de reprise pour votre voiture.* ◆ Rachat (d'une entreprise) pour en continuer l'activité. *Reprise d'une entreprise en difficulté par ses salariés* (➤ **repreneur**).

II LE FAIT DE REPRENDRE (III) ■ **1** (1598) Le fait de reprendre vie, vigueur (végétaux). — (1875) Le fait de prendre un nouvel essor après un moment d'arrêt, de crise. *«Reste l'emprunt, en attendant la reprise des affaires»* BAINVILLE. — Retour de l'économie à l'expansion. *Reprise après une récession. Reprise qui suit la mise en œuvre d'une politique de relance.* ➤ **redémarrage.** ■ **2** Le fait de recommencer. *La reprise des cours aura lieu en septembre.*

■ CONTR. 1 Don. — Arrêt, interruption.

REPRISER [ʀ(ə)pʀize] v. tr. ⟨1⟩ – 1836 ◇ de *reprise* (I, 5°) ■ Raccommoder en faisant des reprises. ➤ **ravauder, 2 stopper.** *Repriser des chaussettes. — Pull reprisé au coude.* — ABSOLT *Aiguille, coton, œuf à repriser.*

RÉPROBATEUR, TRICE [ʀepʀɔbatœʀ, tʀis] adj. – 1787 ◇ latin *reprobator*, de *reprobare* → réprouver ■ Qui marque, exprime la réprobation. *Ton réprobateur. Regard sévère, réprobateur.* ➤ **désapprobateur, improbateur.** ■ CONTR. Approbateur, approbatif.

RÉPROBATION [ʀepʀɔbasjɔ̃] n. f. – 1496 ◇ latin *reprobatio*, de *reprobare* ■ **1** RELIG. Jugement par lequel qqn est réprouvé ; jugement de Dieu à l'encontre des pécheurs impénitents. ➤ **malédiction.** ■ **2** (1835) Blâme* sévère contre (ce qu'on rejette). ➤ **anathème.** *«La réprobation judicieuse [...] de la dernière croisade»* SAINTE-BEUVE. ◆ PAR EXT. Désapprobation vive, sévère. ➤ **condamnation.** *«une secrète réprobation entoure en France celui qui paie l'impôt»* SIEGFRIED. *«Il jette aux passants un regard chargé de réprobation»* DUHAMEL. ■ CONTR. Salut. Justification ; apologie, approbation.

REPROCHABLE [ʀ(ə)pʀɔʃabl] adj. – v. 1200 ◇ de *reprocher* ■ **1** VX Blâmable. *«L'ingratitude des enfants n'est pas toujours une chose aussi reprochable qu'on le croit»* HUGO. ■ **2** DR. *Témoin reprochable.* ➤ **récusable.** ■ CONTR. Irréprochable. Irrécusable.

REPROCHE [ʀ(ə)pʀɔʃ] n. m. – 1170 ; «honte» 1080 ◇ de *reprocher* ; souvent fém. du XVe au XVIIe s. ■ **1** Blâme formulé à l'encontre de qqn, jugement défavorable sur un point particulier, pour inspirer la honte ou le regret, pour amender, corriger. ➤ **admonestation, objurgation, remontrance, réprimande, semonce.** *Paroles de reproche.* ➤ **observation, remarque.** *Graves reproches. Reproches justifiés, mérités, fondés. Faire des reproches à qqn.* ➤ **blâmer, réprimander.** *Se faire des reproches* (cf. S'en vouloir). *Faire reproche à qqn de son indifférence. «Il vint trouver votre père, l'accabla de reproches»* MUSSET. *Faire à qqn le reproche de se dérober.* — PAR EXT. Critique, objection, sans blâme moral. *Le seul reproche que je ferais à cette cuisine, c'est...* — PAR EXT. Attitude, expression qui laisse entendre qu'on porte un jugement défavorable sur qqch., que l'on blâme la personne à qui on s'adresse ainsi. *Un ton, un air de reproche. «ses beaux yeux pleins de surprise, de tristesse et de reproche»* MONTHERLANT. ◆ loc. adj. **SANS REPROCHE(S) :** à qui on ne peut rien reprocher, qui n'a pas de torts. ➤ **parfait ; irréprochable.** *«Ces créatures sans reproche et sans souillure»* HUGO. *Bayard, le chevalier sans peur et sans reproche.* — loc. adv. *Soit dit sans reproche :* sans prétendre faire de reproches. *«Ces quatre cents écus en or que monsieur le marquis, soit dit sans reproche, avait oubliés dans les fontes de ses pistolets»* VIGNY. ■ **2** FIG. et LITTÉR. Évènement, chose, personne qui constitue un reproche. *Sa présence est un vivant reproche pour elle. «Mme de Staël se dresse comme un reproche entre moi et tous mes projets»* CONSTANT. ■ **3** DR. *Reproche de témoin :* le fait de récuser, de rejeter le témoin (➤ **récusation ; reprocher,** 3°).

■ CONTR. Compliment.

REPROCHER [ʀ(ə)pʀɔʃe] v. tr. ⟨1⟩ – XIIe ; *reprochier* «rappeler une chose désagréable» 1132 ◇ latin populaire °*repropriare* «rapprocher, mettre devant les yeux», et par ext. «remontrer, représenter» ■ **1** Représenter (à qqn), en le blâmant (une chose condamnable ou fâcheuse dont on le tient pour responsable) (cf. Faire grief*, faire honte* de). *Il lui reproche son retard. «Pendant quatre ans, les combattants de "14" reprochèrent à ceux de 40 d'avoir perdu la guerre»* SARTRE. — RARE *«Il me voulut reprocher que j'avais mangé tout son bien»* RACINE. — *Je ne vous reproche rien,* se dit pour atténuer une observation qui pourrait être interprétée comme un reproche. ◆ (1671) **SE REPROCHER qqch. :** s'imputer à faute, se considérer comme responsable de qqch. *N'avoir rien à se reprocher. «Quelquefois, je me reprochais de manquer de courage»* BOSCO. — *«tous individus qui ne s'aiment guère, se reprochent mutuellement leurs vilenies»* LÉAUTAUD. ◆ (Compl. chose) Critiquer, trouver à redire à (qqch.). *Je reproche à cette maison d'être trop près de la route. «Ce que je reproche au naturalisme [...] c'est l'immondice de ses idées»* HUYSMANS. ■ **2** (XIIIe ◇ spécialisation du premier sens attesté) VX *Reprocher un service à qqn,* le lui rappeler en l'accusant d'ingratitude. ■ **3** DR. Demander que l'on écarte (un témoin) en invoquant une cause précise. ➤ **récuser.** *Reprocher un témoin pour cause de parenté.* ■ **4** v. tr. ind. RÉGION. (Bretagne, Velay, Sud-Ouest, Provence) *Reprocher à qqn,* lui donner des aigreurs d'estomac, des renvois. *«Le gigot, je n'ai pu avaler qu'une bouchée, et déjà ça me reproche»* VAN CAUWELAERT. ■ CONTR. Excuser ; complimenter, féliciter.

REPRODUCTEUR, TRICE [ʀ(ə)pʀɔdyktœʀ, tʀis] adj. et n. m. – 1762 ◇ du radical de *reproduction* ■ **1** Qui sert à la reproduction, concerne la reproduction animale ou végétale. — (Reproduction sexuée) *Cellules reproductrices.* ➤ **gamète.** *Organes reproducteurs.* ➤ **génital, sexuel.** *Glandes reproductrices.* ➤ **gonade.** ■ **2** Qui est employé à la reproduction. *Cheval reproducteur.* ➤ 1 **étalon** (cf. Cheval de remonte*). — n. m. *Les reproducteurs :* les animaux employés à la reproduction. ➤ **géniteur.** *Un bon reproducteur.* PAR ANAL. *«C'est sa place dans le processus de production, et pas son statut de reproducteur, qui définit l'homme occidental»* HOUELLEBECQ. ■ **3** FIG. Qui reproduit. *Imagination reproductrice.* ◆ n. m. Appareil qui sert à reproduire un texte, une image. *Reproducteur de microfiches.*

REPRODUCTIBILITÉ [ʀ(ə)pʀɔdyktibilite] n. f. – 1798 ◇ de *reproductible* ■ DIDACT. Faculté d'être reproduit ; caractère de ce qui peut être reproduit. — Possibilité de se reproduire. *Reproductibilité des êtres vivants.* — Qualité de ce qui peut être représenté. *Bonne reproductibilité d'un document.* — Possibilité de répétition. *Reproductibilité des résultats d'une expérience.*

REPRODUCTIBLE [ʀ(ə)pʀɔdyktibl] adj. – 1798 ◇ du radical de *reproduction* ■ DIDACT. Qui peut être reproduit. *Expérience reproductible. Ce qui n'est pas reproductible n'est pas scientifique.*

REPRODUCTIF, IVE [ʀ(ə)pʀɔdyktif, iv] adj. – 1760 ◇ du radical de *reproduction* ■ DIDACT. De la reproduction. *Potentiel reproductif d'un organisme vivant. Santé sexuelle et reproductive. Phase reproductive de la vie.*

REPRODUCTION [ʀ(ə)pʀɔdyksjɔ̃] n. f. – 1690 ◇ de *reproduire,* d'après *production*

I ÊTRES VIVANTS ■ **1** Fonction par laquelle les êtres vivants d'une espèce produisent d'autres êtres vivants semblables à eux-mêmes ; production d'êtres vivants par la génération*. *«Pour la première fois dans l'histoire de l'homme et de la femme, l'amour et la fonction de reproduction vont se trouver dissociés, se trouvent déjà dissociés»* J. BERNARD. *Médecine de la reproduction.* ➤ **procréation.** *Reproduction sexuée des végétaux* (➤ **allogamie, autogamie, hologamie**), *des animaux* (➤ **gamète, gonade ; hermaphrodisme, gonochorisme**). *Reproduction sans fécondation.* ➤ **androgenèse, parthénogenèse.** *Reproduction asexuée.* ➤ **bourgeonnement, gemmation, scissiparité, sporulation ; clonage ; multiplication.** — DÉMOGR. *Taux de reproduction,* mesurant le remplacement d'une génération par la suivante. ■ **2** Action de se reproduire ou de faire se reproduire. *Rapprochement des individus mâle et femelle pour la reproduction.* ➤ **accouplement, coït ;** ZOOL. **monte, saillie.** *Reproduction par insémination artificielle. Jument poulinière, destinée à la reproduction.* ➤ **reproducteur.** *Méthode de reproduction.* ➤ **croisement, hybridation, métissage, sélection.** *La reproduction des plus aptes.* ➤ **eugénique.** — (1762) *Reproduction des plantes par semis, bouturage, marcottage.*

II CHOSES A. ACTION DE REPRODUIRE PAR IMITATION, PAR RÉPÉTITION ■ **1** (1754) Action de représenter*, de donner l'équivalent fidèle de. *La reproduction de la nature par l'art.*

➤ **imitation.** *Reproduction du son en stéréophonie.* ▪ **2** (1870) Copie (d'un objet). *Reproduction d'une clé.* ▪ **3** (1839) Le fait de reproduire (un original), d'en multiplier les exemplaires par un procédé technique approprié. *Reproduction d'un tableau. Droit de reproduction, pour des passages cités. Reproduction interdite, réservée. Reproduction frauduleuse de logiciels.* ➤ **piratage.** — (1859) «*La reproduction a créé des arts fictifs* [...] *en faussant systématiquement l'échelle des objets*» MALRAUX. *Le délit de contrefaçon suppose la reproduction matérielle et la mauvaise foi. Procédés de reproduction.* ➤ **autocopie, gravure** (3°), **imprimerie, photocopie, photographie, polycopie, reprographie, xérographie.** *Service de reproduction des thèses dans une université.* ▪ **4** DIDACT. Le fait de perpétuer, de se perpétuer, par une production analogue. *La reproduction du savoir, des modèles idéologiques.*

B. CE QUI EST REPRODUIT Image, réplique obtenue en partant d'un original, au moyen d'un procédé de reproduction. *Reproductions en noir et blanc, en couleur.* «*une haïssable reproduction lithographique de la Sainte Face*» BLOY. *Reproductions de tableaux dans un livre d'art.* — ABRÉV. FAM. **REPRO.** *De belles repros.*

III **EN ÉCONOMIE** (1758) *Lois de la reproduction* : schéma décrivant la répétition continue du cycle de production capitaliste. — *Reproduction simple* : reconstitution à l'identique du capital, l'intégralité de la plus-value étant dépensée de façon improductive. — *Reproduction élargie* : accroissement du capital résultant du processus d'accumulation* de la plus-value.

REPRODUIRE [ʀ(ə)pʀɔdɥiʀ] v. tr. ‹38› – 1539 «produire de nouveau» ◊ de *re-* et *produire*

I ▪ **1** (XVIIIe) Répéter, rendre fidèlement, donner l'équivalent de (qqch.). *Un récit qui reproduit la réalité.* ➤ **imiter, représenter ; rendre.** «*une de ces Hollandaises graves et froides que le pinceau de l'école flamande a si bien reproduites*» BALZAC. *Bande son d'un film qui reproduit les bruits de la ville.* — ABSOLT «*parmi les phonographes, il y en a qui reproduisent en grinçant et en nasillant*» ALAIN. ➤ **restituer.** ◆ Imiter (l'apparence, le comportement, les gestes de qqn). *Reproduire un geste.* ▪ **2** (après 1850) Faire que (une chose déjà produite) paraisse de nouveau. *Reproduire un phénomène, une expérience.* — Créer, faire exister des choses semblables ou identiques à (un modèle). ➤ **copier.** *Reproduire une clé.* «*ça n'a pas été reproduit, on faisait tout unique pour madame de Pompadour*» BALZAC. *Tableau reproduit à des milliers d'exemplaires. Reproduire un dessin, un texte, par un procédé technique particulier.* ➤ **dupliquer, reprographier ; imprimer, lithographier, photocopier, photographier, polycopier.** ▪ **3** PAR EXT. Constituer une réplique, une image de (un original). *Moulage qui reproduit une statuette romaine.* ▪ **4** Perpétuer, répéter. *Il reproduit les erreurs de son prédécesseur.*

II **SE REPRODUIRE** v. pron. (1712) ▪ **1** Produire des êtres vivants semblables à soi-même, par la génération (➤ **reproduction,** I). *Se reproduire par scissiparité, par génération sexuée.* ➤ **engendrer,** se **multiplier,** se **perpétuer.** *Espèce qui se reproduit abondamment.* ➤ **proliférer,** se **propager.** *Se reproduire à l'identique.* ➤ **s'autorépliquer,** se **répliquer.** ▪ **2** Se produire de nouveau. ➤ **recommencer,** se **répéter.** *Faits qui se reproduisent régulièrement.* «*les mêmes fautes d'orthographe s'y reproduisaient avec une tranquillité profonde*» HUGO. *Veillez à ce que cela ne se reproduise plus.*

REPROGRAMMER [ʀ(ə)pʀɔgʀame] v. tr. ‹1› – 1975 ◊ de *re-* et *programmer* ▪ **1** INFORM. Refaire le programme de (un problème, une mémoire). ▪ **2** Inclure de nouveau dans la programmation d'un cinéma, d'une chaîne de télévision. *Reprogrammer un film, une émission.* ▪ **3** GÉNÉT. Pratiquer une manipulation génétique permettant à (une cellule, un organisme) d'accomplir un programme précis différent du programme initial. *Des «bactéries génétiquement "reprogrammées" pour produire des hormones»* (La Recherche, 1981). — n. f. (1971) **REPROGRAMMATION.**

REPROGRAPHIE [ʀ(ə)pʀɔgʀafi] n. f. – 1963 ◊ anglais *reprography,* de *repro(duction)* et *(photo)graphy* ▪ ANGLIC. Ensemble des procédés de reproduction des documents écrits. ➤ **photocopie, xérographie.** — adj. **REPROGRAPHIQUE.**

REPROGRAPHIER [ʀ(ə)pʀɔgʀafje] v. tr. ‹7› – 1969 ◊ de *reprographie* ▪ Reproduire (un document) par reprographie. *Reprographier une circulaire.* ➤ **dupliquer, photocopier.**

REPROTOXIQUE [ʀ(ə)pʀotɔksik] adj. – 1993 ◊ mot-valise, de *repro(duction)* et *toxique* ▪ DIDACT. Qui affecte la reproduction (troubles de la fertilité, effets nocifs sur la descendance). *Substances cancérigènes, mutagènes et reprotoxiques (CMR).* — n. m. *Effets des reprotoxiques sur l'embryon.*

RÉPROUVÉ, ÉE [ʀepʀuve] n. – milieu XVIe, relig. ; v. 1170 sens obscur ◊ de *réprouver* ▪ Personne rejetée par les autres, par la société. ➤ **paria.** *Vivre en réprouvé.* «*Il était comme les réprouvés qui n'ont plus permission de se mêler aux autres hommes ou seulement de s'approcher d'eux*» RAMUZ. ◆ RELIG. Personne rejetée par Dieu. ➤ **damné.** ▪ CONTR. Élu, juste.

RÉPROUVER [ʀepʀuve] v. tr. ‹1› – v. 1120 ; *repruver* «reprocher» 1080 ◊ latin *reprobare* «rejeter, condamner», de *probare* ▪ **1** Rejeter en condamnant (ce qui paraît odieux, criminel). ➤ **blâmer, fustiger.** «*L'ambition de s'agrandir par la conquête n'était pas réprouvée par la morale publique*» FUSTEL DE COULANGES. — *Réprouver qqn* (➤ **réprouvé**). ◆ PAR EXAGÉR. *Réprouver l'attitude de qqn.* ➤ **critiquer, désapprouver.** *Réprouver un projet, une entreprise. Nous réprouvons qu'il parte.* ▪ **2** (début XIVe) THÉOL. Rejeter et destiner aux peines éternelles. ➤ **maudire ; damner.** ▪ CONTR. Approuver.

REPS [ʀɛps] n. m. – 1812 ; *repz* 1730 ◊ anglais *ribs,* de *rib* «côte» ▪ Tissu d'ameublement d'armure toile, à côtes perpendiculaires aux lisières, qui se fait en soie (ou rayonne) et laine, laine et coton ou en coton. «*Et ils se trouvèrent assis, séparés par une table, dans la chambre de reps rouge*» ARAGON.

REPTATION [ʀɛptasjɔ̃] n. f. – 1810 ◊ latin *reptatio* ▪ Action de ramper. Mode de locomotion de certains animaux, dans lequel le corps progresse sur sa face ventrale, par des mouvements d'ensemble. *Mouvements de reptation d'une couleuvre, d'un phoque.* — PAR EXT. *Soldats qui font des exercices de reptation.* ◆ FIG. «*Une suprême habileté dans la reptation politique*» DANIEL-ROPS.

REPTILE [ʀɛptil] adj. et n. m. – 1304 ◊ latin *reptilis* «rampant», et neutre subst. «animal rampant» ▪ **1** VX Qui rampe, qui se traîne sur le ventre. ➤ **rampant.** — FIG. et LITTÉR. «*Âmes reptiles*» HUGO. ▪ **2** n. m. (1532 ; n. f. pl. 1314) VX Animal rampant. *On appelait reptiles les chenilles, les vers, les serpents, les lézards.* ◆ (XVIIIe) MOD. et COUR. Serpent. «*L'horreur occidentale du reptile*» COLETTE. «*Du reptile tranché, les deux tronçons se tordent*» VALÉRY. ▪ **3** n. m. pl. (1798) **LES REPTILES :** classe d'animaux vertébrés tétrapodes (mais dont les membres sont souvent atrophiés ou absents), généralement ovipares, à température variable (à «sang froid»), à respiration pulmonaire, à peau couverte d'écailles, et dont beaucoup sont venimeux. — *Les tortues* (➤ **chéloniens**), *les lézards* (➤ **lacertiliens**), *les serpents* (➤ **ophidiens**), *les dinosaures* (➤ **dinosauriens**), *les crocodiles* (➤ **crocodiliens**) *font partie des reptiles.* «*On ne peut douter que les reptiles* [...] *n'aient donné lieu, d'un côté, à la formation des oiseaux, et de l'autre, à celle des mammifères amphibies*» LAMARCK. *Étude des reptiles.* ➤ **erpétologie.** — Au sing. *Le crocodile est un reptile. Reptile fossile.* ➤ **dinosaure.** ▪ **4** (1751) FIG. Personne de caractère bas et rampant.

REPTILIEN, IENNE [ʀɛptiljɛ̃, jɛn] adj. – 1874 ◊ de *reptile* ▪ **1** Relatif aux reptiles. «*Le plus ancien oiseau connu, l'Archéoptérix* [sic] *avait des plumes, mais aussi des dents, un squelette presque purement reptilien*» M. PRENANT. ▪ **2** Qui rappelle un reptile. *Démarche reptilienne.*

REPU, UE [ʀəpy] adj. – XVe ; *repeu de* «garni de» v. 1310 ◊ de *repaître* ▪ **1** Qui a mangé à satiété. ➤ **gavé, rassasié.** *Lion repu. Je suis repu.* ▪ **2** FIG. Assouvi. «*La haine inassouvie et repue à la fois*» VERLAINE. ▪ CONTR. Affamé. Inassouvi.

RÉPUBLICAIN, AINE [ʀepyblikɛ̃, ɛn] adj. et n. – 1615 subst. ; «habitant d'une république» 1586 ◊ de *république*

I ▪ **1** (1658) Qui est partisan de la république, lui est favorable. *L'esprit républicain et démocrate. Journal républicain. Convictions républicaines. Front* républicain.* — *Marche républicaine.* — (PERSONNES) *Il «était républicain, sagement, au nom de la justice et du bonheur de tous»* ZOLA. ◆ n. Partisan de la république. «*Que demande un républicain ? La liberté du genre humain*» («La Carmagnole», chanson). *Franquistes et républicains* (pendant la guerre d'Espagne). ▪ **2** (1719) Relatif à la république, à une république ; de la république. *Constitution républicaine.* «*Les hommes sont tous égaux dans le gouvernement républicain*» MONTESQUIEU. «*Les principes républicains de 89 pénètrent partout*» MARTIN DU GARD. — SPÉCIALT *Le calendrier* républicain.* — *La garde républicaine. Un garde républicain. Compagnies républicaines de sécurité* (➤ **C. R. S.**). ▪ **3** Aux États-Unis, *Le parti républicain* (depuis 1854) : parti de tendance fédéraliste, libéral et conservateur. «*Le parti républicain est, par essence, celui de la richesse organisée, de la grande production capitaliste*» SIEGFRIED. — n. Membre, électeur de ce parti. *Les Républicains et les Démocrates.* ◆ En France, *Les Républicains*, parti politique.

II **n. m.** (1828) Oiseau qui édifie des nids sous un abri commun. ➤ **tisserin.**

■ CONTR. Aristocratique, autocratique, monarchique ; monarchiste, royaliste.

RÉPUBLICANISME [Repyblikanism] **n. m.** – 1750 ◇ de *républicain* ■ VIEILLI Doctrine, opinions des partisans de la république. «*Je ne veux pas répondre à certains reproches de républicanisme*» ROBESPIERRE.

REPUBLICATION [R(ə)pyblikasjɔ̃] **n. f.** – v. 1970 ◇ de *re-* et *publication* ■ Nouvelle publication (d'un texte). ➤ **reprint.** *Republication d'un article, d'un roman épuisé* (➤ **réédition**).

RÉPUBLIQUE [Repyblik] **n. f.** – 1520 sens II ◇ latin *res publica* «chose publique»

I (1549) Forme de gouvernement où le pouvoir et la puissance ne sont pas détenus par un seul, et dans lequel la charge de chef de l'État (➤ **président**) n'est pas héréditaire. ■ **1** Régime d'un État ainsi gouverné. «*l'esprit de la république est la paix et la modération*» MONTESQUIEU. «*Qu'est-ce que le gouvernement de la République ? Le gouvernement des partis, ou rien*» MAURRAS. *République démocratique, socialiste ; libérale, conservatrice. Républiques populaires. Vivre en république. République bananière**. — FAM. *On est en république !* se dit pour protester contre une interdiction, une contrainte. «*Tu répondras : merde. On est en République, il me semble*» QUENEAU. ■ **2** État ainsi gouverné. *La république romaine*, et ABSOLT *La République* : le régime de la Rome antique. **LA RÉPUBLIQUE FRANÇAISE :** le régime politique français ou la France sous ce régime. *La Cinquième* (ou *la* V^e) *République.* — ABSOLT (et souvent avec la majuscule) «*"La République une et indivisible," voilà ce qui est sorti de la Déclaration des droits de l'homme et du citoyen*» PÉGUY. *Liberté, égalité, fraternité, devise de la République. Marianne, emblème de la République.* La Marseillaise, *le drapeau tricolore, la devise «Liberté, Égalité, Fraternité» sont des symboles de la République. Président de la République.* «*La République nous appelle*» M.-J. CHÉNIER. — HIST. *Les républiques de la Grèce antique* (Athènes, Sparte...) : les cités gouvernées aristocratiquement ou démocratiquement. — *La république de Genève* (XVIIIe s.). — MOD. *La République argentine.* ANCIENNT *L'Union des républiques socialistes soviétiques (U. R. S. S.).* «*Ce serait faire injure aux républiques que d'appeler de ce nom l'oligarchie qui régnait sur la France en 1793*» TOCQUEVILLE.

II (au sens du latin 1520) ■ **1** VX L'organisation politique de la société, la chose publique. ➤ **cité.** «*De toutes les dépenses de la république, l'entretien de l'armée de la couronne est la plus considérable*» ROUSSEAU. ■ **2** SPÉCIALT (XVIIIe) VX État, gouvernement légitime, où le pouvoir exécutif est le «ministre du souverain» (opposé à *dictature, tyrannie*). «*J'appelle donc république tout État régi par des lois, la monarchie elle-même est république*» ROUSSEAU. ■ **3** VX ou LITTÉR. Société organisée, corps politique, communauté. ◆ FIG. et LITTÉR. Groupe social. *La république des lettres* : les gens de lettres. «*Être journaliste, c'est passer proconsul dans la république des lettres*» BALZAC.

■ CONTR. Despotisme, monarchie.

RÉPUDIATION [Repydjasjɔ̃] **n. f.** – 1342 ◇ latin *repudiatio* ■ **1** Action de répudier (qqn). ■ **2** FIG. Action de rejeter (un sentiment, une opinion, etc.) ; son résultat. ➤ **2 rejet.** «*Sa conduite dans cette occasion parut la répudiation de ses principes*» (ACADÉMIE). ■ **3** DR. Acte par lequel on renonce (à un droit). *Répudiation d'une succession, d'un legs.* ➤ **renonciation.**

RÉPUDIER [Repydje] **v. tr.** ⟨7⟩ – 1260 ◇ latin *repudiare* ; cf. ancien français *répuier* «repousser» (v. 1190) ■ **1** (Dans certaines civilisations) Renvoyer (une épouse) en rompant le mariage selon les formes légales et par une décision unilatérale. ➤ **répudiation.** *Le «roi des Arabes, dont il avait répudié la fille pour prendre Hérodias»* FLAUBERT. *Répudier une épouse qui n'a pas d'enfant.* ■ **2** Rejeter, repousser (un sentiment, une idée, etc.). ➤ **renoncer** (à). «*Il répudiait tout ce qu'il avait tenu pour indubitable*» MARTIN DU GARD. *Répudier sa foi, ses engagements, ses devoirs.* ➤ **abandonner, renier.** ■ **3** DR. Renoncer volontairement à. *Répudier une succession, la nationalité française.* ■ CONTR. Épouser ; accepter.

RÉPUGNANCE [Repyɲɑ̃s] **n. f.** – XIIIe «opposition, contradiction» ◇ latin *repugnantia* ■ **1** Vive sensation d'écœurement, mouvement de recul que provoque une chose très sale ou qu'on ne peut supporter. ➤ **répulsion.** *Manger qqch. avec répugnance.* ➤ **dégoût.** *Causer de la répugnance à qqn. Éprouver de la répugnance pour, envers, à l'égard de qqn, qqch., devant qqch.* «*J'ai vu une femme honnête frissonner d'horreur à l'approche de son époux. Cette sorte de répugnance nous est presque inconnue*» DIDEROT. (Rare au plur.) «*Les répugnances qui lui soulevaient le cœur*» ZOLA. ◆ (avant 1680) Vif sentiment de mépris, de dégoût qui fait qu'on évite (qqn, qqch.). ➤ **répulsion ; horreur.** *Avoir une grande répugnance pour le mensonge.* ■ **2** Hésitation, manque d'enthousiasme à l'égard d'une action ou d'une entreprise ; impossibilité ou difficulté psychologique de faire qqch. *Faire qqch. avec répugnance.* ➤ **rechigner, renâcler** (cf. À contrecœur*). «*Leur répugnance vaniteuse à laisser leur enfant épouser un ouvrier*» ZOLA. *Sa répugnance à l'effort.*

■ CONTR. Attirance, goût.

RÉPUGNANT, ANTE [Repyɲɑ̃, ɑ̃t] **adj.** – XVIIe ; 1213 «contraire, contradictoire» ◇ de *répugner* ■ **1** Qui inspire de la répugnance physique. *Taudis d'une saleté répugnante.* ➤ **dégoûtant*.** «*Mouillé par les baisers et les pleurs répugnants, il agonisait de dégoût et de peur*» R. ROLLAND. *Odeur répugnante, goût répugnant.* ➤ **écœurant, fétide, infect.** *Laideur répugnante.* ➤ **repoussant.** ■ **2** Qui inspire un dégoût moral, intellectuel. *Action répugnante.* ➤ **abject, détestable, exécrable, hideux.** «*Cette éducation qui considérait comme "répugnante" toute confidence sexuelle*» BAZIN. — *Individu répugnant.* ➤ **abject, ignoble.**

■ CONTR. Alléchant, désirable, séduisant.

RÉPUGNER [Repyɲe] **v. tr.** ⟨1⟩ – 1213 «résister à» ◇ latin *repugnare* «lutter contre, être en contradiction avec»

I **v. tr. ind. RÉPUGNER À.** ■ **1** Éprouver de la répugnance pour (qqch.), être dégoûté par la perspective de. «*Personnellement il ne répugnait pas à la perspective d'une guerre*» ROMAINS. (Suivi de l'inf.) «*Sa jeune fierté répugnait à paraître parmi la noblesse de la province*» GAUTIER. ■ **2** (1718) Inspirer de la répugnance à (qqn) ; faire horreur. *Cette nourriture lui répugne.* ➤ **dégoûter, déplaire.** «*La maîtresse du Prussien... Ah ! non, par exemple ! Il est affreux, il me répugne*» ZOLA. — IMPERS. *Il lui répugne d'avoir à quémander.*

II **v. tr.** LITTÉR. Dégoûter, rebuter (qqn). «*Labre, dont la vermine et la puanteur répugnaient les hôtes mêmes des étables*» HUYSMANS.

■ CONTR. Attirer, charmer.

RÉPULSIF, IVE [Repylsif, iv] **adj.** et **n. m.** – XIVe, rare avant 1705 ◇ du latin *repulsus*, p. p. de *repellere* «repousser» ■ **1** PHYS. Qui repousse ; qui est relatif à la répulsion. *Forces répulsives* : forces électriques ou magnétiques qui s'exercent entre particules de charge de même nature, entre masses magnétiques de même polarité. ■ **2** LITTÉR. Qui inspire de la répulsion. ➤ **repoussant, répugnant.** «*Une froideur et une viscosité répulsives se répandirent rapidement sur toute la surface du corps*» BAUDELAIRE. ■ **3** **n. m.** Produit, dispositif, appareil qui repousse (des animaux indésirables, notamment des insectes). *Traiter des plants au répulsif. Répulsif à moustiques.*

■ CONTR. Attirant, attractif.

RÉPULSION [Repylsjɔ̃] **n. f.** – 1746 ; «action de repousser l'ennemi» 1450 ◇ latin tardif *repulsio*, de *repellere* «repousser» ■ **1** PHYS. Phénomène par lequel deux corps se repoussent mutuellement. *Répulsion électrique. Répulsion de l'aimant.* ■ **2** (1782) COUR. Répugnance physique ou morale à l'égard d'une chose ou d'un être qu'on repousse. ➤ **dégoût, écœurement.** *La drogue «singulièrement odorante, à ce point qu'elle soulève une certaine répulsion»* BAUDELAIRE. *Inspirer de la répulsion à qqn.* ➤ **antipathie, aversion ; phobie.** *Éprouver, avoir de la répulsion pour, à l'égard de qqn, qqch. Répulsion instinctive, violente.* «*Il la néglige, la rudoie, semble éprouver pour elle une répulsion insurmontable, un dégoût irrésistible*» MAUPASSANT. ■ CONTR. Attirance, attraction, désir, envie, goût.

RÉPUTATION [Repytasjɔ̃] **n. f.** – 1370 ◇ latin *reputatio* «compte, évaluation» ■ **1** Le fait d'être honorablement connu du point de vue moral. ➤ **gloire ; honneur.** *Compromettre, ternir, perdre sa réputation.* «*Il est presque toujours en notre pouvoir de rétablir notre réputation*» LA ROCHEFOUCAULD. *Nuire à la réputation de qqn.* — VX *Un individu sans réputation*, sans honneur. *Perdre qqn de réputation*, le déshonorer, le diffamer. «*Une femme perdue de réputation*» VIGNY. ■ **2** (PERSONNES) Le fait d'être célèbre, d'être avantageusement connu pour sa valeur. «*Rien n'est si utile que la réputation et rien ne donne la réputation si sûrement que le mérite*» VAUVENARGUES. ➤ **célébrité, considération, renommée.** *Acquérir de la réputation. Soutenir sa réputation. Vivre sur une réputation usurpée.* «*Les critiques, qui font les réputations sans jamais pouvoir s'en faire une*» BALZAC. ◆ (CHOSES) *Réputation d'une maison de commerce* (➤ **renom**), *d'une station touristique* (➤ **vogue**). «*Un chocolat dont la réputation croît sans cesse*» BRILLAT-SAVARIN. «*Les ouvrages célèbres dès le début gardent longtemps leur réputa-*

tion» FRANCE. ▪ **3** (PERSONNES) Le fait d'être connu honorablement ou fâcheusement. *Jouir d'une excellente réputation. «Une amie plus âgée, qui avait mauvaise réputation dans le pays»* PROUST. — *Connaître qqn, qqch. de réputation,* pour en avoir entendu parler. — (CHOSES) *Maison, rue qui a une mauvaise réputation.* ➤ **malfamé.** *Ça n'a pas bonne réputation.* ◆ **RÉPUTATION DE :** le fait d'être considéré comme, de passer pour. *«Cette réputation de menteurs que les gens du Nord ont faite aux Méridionaux»* DAUDET. *«Les poètes se sont fait une réputation de couardise on ne peut plus méritée»* GAUTIER. *Elle «avait la réputation d'avoir bon cœur»* MONTHERLANT. ▪ CONTR. Décri.

RÉPUTÉ, ÉE [repyte] adj. – 1694 ◇ de *réputer* ▪ Qui jouit d'une grande et bonne réputation. ➤ **célèbre, connu, estimé, fameux, renommé.** *Lieu réputé. Un des restaurants les plus réputés de la capitale. La Frimat «était réputée pour ses connaissances»* ZOLA.

RÉPUTER [repyte] v. tr. ‹1› – 1261 ◇ latin *reputare* «compter, évaluer» ▪ **1** LITTÉR. Tenir pour, considérer comme. ➤ **croire, regarder** (comme). *«révérée par le quartier qui la réputait influente et juste»* HUYSMANS. ▪ **2** COUR. **ÊTRE RÉPUTÉ** (et attribut) : être tenu pour, considéré comme. *«La Fronde est réputée pour une des périodes les plus amusantes de l'histoire de France»* MICHELET. *«certaines carrières réputées masculines»* BOURDIEU. ◆ (Avec l'inf.) VIEILLI *Être réputé faire qqch. «Cette portion de la bonne société londonienne, qui est réputée ne pas engendrer la mélancolie»* P. BENOIT. — MOD. *Être réputé pour faire qqch.,* pour avoir fait qqch.

REQUALIFICATION [ʀ(ə)kalifikasjɔ̃] n. f. – 1957 ; sport 1894 ◇ de *requalifier* ▪ **1** Action de donner une nouvelle qualification (à qqn). *Requalification et reconversion professionnelle.* ➤ **recyclage.** ▪ **2** DR. Nouvelle qualification* (d'un fait délictueux). *Requalification de crimes de guerre en crimes contre l'humanité.*

REQUALIFIER [ʀ(ə)kalifje] v. tr. ‹7› – 1905 sport ◇ de *re-* et *qualifier* ▪ **1** Donner une nouvelle qualification à (qqn, une tâche). *Requalifier des travailleurs.* — PRONOM. *Se requalifier sur des machines modernes.* ▪ **2** DR. Donner une nouvelle qualification* à.

REQUÉRANT, ANTE [ʀəkeʀɑ̃, ɑ̃t] adj. – 1342 ; «soupirant» 1265 ◇ de *requérir* ▪ DR. Qui demande au nom de la loi. — SPÉCIALT Qui réclame en justice. *La partie requérante dans un procès* (➤ **demandeur**). — SUBST. *Les greffiers délivreront copie ou extrait à tous requérants.*

REQUÉRIR [ʀəkeʀiʀ] v. tr. ‹21› – v. 1270 ◇ réfection de *requerre* «prier qqn» (980), d'après *quérir* ; bas latin *requærere*, latin *requirere* ▪ **1** VIEILLI Prier instamment (qqn) de qqch. (VX), ou de faire qqch. *Il fut requis d'accompagner le chanteur.* ▪ **2** LITTÉR. Demander (une chose abstraite). ➤ **solliciter.** *Requérir l'aide de qqn. «Très humblement requerrant votre grâce»* MAROT. *«Tourné vers son fils comme s'il requérait protection»* MARTIN DU GARD. ▪ **3** (1231) DR. Réclamer au nom de la loi. ➤ **demander, exiger ; requête.** *Requérir en justice. Requérir la représentation d'une pièce.* ➤ **réquisition.** COUR. Sommer. *Je vous requiers d'insérer ma rectification.* ◆ SPÉCIALT *Requérir l'application de la loi,* se dit du procureur qui fait sa réquisition. *Le procureur requiert la prison à perpétuité pour l'accusé.* — ABSOLT Prononcer le réquisitoire, accuser. *Le procureur requérait contre X.* ◆ (1792) Réclamer pour utiliser en vertu d'un droit légal. *Requérir des civils.* ➤ **requis.** ▪ **4** (Sujet chose) Solliciter, occuper, mobiliser. *La conduite requiert votre entière attention.* ▪ **5** Exiger comme une nécessité pratique ou logique. ➤ **nécessiter, réclamer.** *Son état requiert une surveillance constante. «Le bien public requiert qu'on trahisse et qu'on mente et qu'on massacre»* MONTAIGNE.

REQUÊTE [ʀəkɛt] n. f. – 1291 ; *requeste* 1155 ◇ de l'ancien français *requerre* → requérir ▪ **1** Demande instante, verbale ou écrite. ➤ **instance, prière, sollicitation.** *Requête pour obtenir une faveur, une grâce.* ➤ **démarche, placet, supplique.** *«Il se hasarda d'adresser une requête à l'éminence»* GAUTIER. *«Venez m'y présenter votre requête»* BALZAC. *Satisfaire à une requête.* **À, SUR LA REQUÊTE DE :** à la demande de. *«Emprisonné sous l'Ancien Régime à la requête de sa femme»* MICHELET. ▪ **2** DR. Acte motivé adressé par écrit à un magistrat, pour solliciter une autorisation ou faire ordonner une mesure de procédure. ➤ **demande, pétition.** *Le juge répond à la requête par l'ordonnance.* — SPÉCIALT Mémoire produit par un avocat (ou la partie elle-même) pour introduire certaines voies de recours devant le Conseil d'État ou la Cour de cassation. *Requête en cassation soumise à la Chambre des requêtes* (➤ **pourvoi**). — *Maître des requêtes au Conseil d'État :* membre du Conseil chargé de présenter avec voie délibérative des rapports sur les affaires qui lui sont soumises. ▪ **3** *Requête civile :* voie de recours extraordinaire et de rétractation, par laquelle on demande civilement à la juridiction qui a statué de revenir sur une décision que l'on prétend rendue par erreur. ▪ **4** INFORM. Commande permettant d'extraire des informations d'une base de données. *Lancer, modifier une requête.*

REQUIEM [ʀekɥijɛm] n. m. inv. – 1223 ◇ premier mot latin de la prière *Requiem æternam dona eis* «donnez-leur le repos éternel» ▪ **1** Prière, chant pour les morts, dans la liturgie catholique. *«L'oraison perpétuelle des moines clunisiens pour le repos éternel des morts et leurs requiem»* C. MARTINEZ. *Messe de requiem,* pour le repos de l'âme d'un mort. ▪ **2** PAR EXT. Partie de la messe des morts mise en musique. *Le Requiem de Mozart, de Fauré.*

REQUIN [ʀəkɛ̃] n. m. – 1539 ; *requien* 1578 ; *requiem* XVIIe ◇ origine inconnue, p.-ê. de *quin,* forme normande de *chien* (de mer) ; sans rapport avec *requiem* ▪ **1** Poisson sélacien *(squales)* à corps allongé, de grande taille et très puissant, à nageoire caudale hétérocerque, à bouche largement fendue en arc à la face inférieure de la tête. *Selon les espèces, le requin est ovipare, vivipare ou placentaire. Requin commun ou requin bleu. Requin pèlerin. Requin blanc mangeur d'hommes. Requin de Méditerranée.* ➤ 1 **perlon.** *Les dents du requin. Le requin habite les mers chaudes ou tempérées ; sa voracité en fait l'ennemi redouté des marins. «Notre ponton était littéralement assiégé de tous côtés par les requins»* BAUDELAIRE. ◆ PAR EXT. Squale de grande taille. ➤ **aiguillat, lamie, rochier.** *Cuir de requin.* ➤ **galuchat.** *Requin marteau*. ◆ Potage aux ailerons de requin.* ▪ **2** FIG. (1790) Personne cupide et impitoyable en affaires. ➤ **rapace, vautour.** *Les requins de la finance.*

REQUINQUER [ʀ(ə)kɛ̃ke] v. tr. ‹1› – 1578 au p. p. ◇ origine incertaine, pour *reclinquer* «redonner du clinquant», radical onomat. *klink-* ; aussi *reclinquer* «réparer une barque» (1382), du néerlandais *klink* ▪ FAM. ▪ **1** Redonner des forces, de l'entrain à (qqn). *Cette semaine à la montagne l'a requinqué.* ➤ **ragaillardir, remonter, retaper, revigorer.** *«Ça, ça me requinque un peu, cette idée qu'elle* [la morte] *se dessèchera petit à petit, qu'elle finira par de la poudre»* QUENEAU. — ABSOLT *Une petite sieste, ça requinque.* ▪ **2** PRONOM. (1611) *Se requinquer :* reprendre des forces, retrouver sa forme, sa bonne humeur. *Il s'est bien requinqué.* — p. p. adj. *La voilà toute requinquée.*

REQUIS, ISE [ʀəki, iz] adj. – v. 1165 «recherché, désiré» ◇ de *requérir* ▪ **1** Demandé, exigé comme nécessaire. ➤ **obligatoire, prescrit.** *Le minimum requis. «Les chefs n'ont pas été capables de la fermeté requise en telle occasion»* RICHELIEU. *Satisfaire aux conditions requises. Un Musée «où j'avais juste l'âge requis pour pénétrer»* MAURIAC. ▪ **2** Qui a été mobilisé pour un travail, par réquisition. *Travailleur requis.* — n. m. Travailleur requis par l'armée d'occupation allemande en France pendant la guerre 1939-1945. *«Viennent de mourir [...] 75 000 décédés comme prisonniers de guerre ou comme requis du travail»* DE GAULLE. *Les requis.*

RÉQUISIT [ʀekwizit] n. m. – 1907 ◇ latin des philosophes v. 1716, de *requisitum* «ce qui est requis» ▪ PHILOS. Ce qui est exigé par l'esprit pour obtenir un résultat, «cette fin pouvant être soit la conformité à une définition, soit la possibilité d'une hypothèse, soit la solution d'un problème, soit la production d'un effet, etc.» (Lalande). ➤ **exigence.** *Les réquisits d'une démarche scientifique.*

RÉQUISITION [ʀekizisjɔ̃] n. f. – 1180 «requête» ◇ latin *requisitio,* de *requirere* → requérir ▪ **1** DR. Requête à un tribunal, demande incidente à l'audience. *Sur la réquisition de la partie civile, du président. «Laquelle somme je payerai à sa première réquisition»* BEAUMARCHAIS. ▪ **2** DR. PÉN. Acte par lequel le ministère public demande au juge l'application de la loi pour un prévenu déféré devant la justice. ➤ **réquisitoire ; plaidoirie.** *Sur réquisition du procureur de la République, du substitut du procureur. Signer la réquisition.* ▪ **3** (1790) Opération par laquelle l'Administration exige une prestation d'activité, ou une remise de biens. *Opérer, procéder à une réquisition. Pouvoirs de réquisition des préfets. Réquisitions civiles. Réquisitions militaires,* opérées par l'armée. *Réquisition de véhicules. «Pendules, couverts, vases saisis pendant les réquisitions»* MALRAUX. *Réquisitions d'hommes.* ➤ **requérir ; requis.** *Réquisition de la force armée,* par laquelle les autorités civiles utilisent la force armée pour le maintien de l'ordre ou du fonctionnement d'un service public.

RÉQUISITIONNER [ʀekizisjɔne] **v. tr.** ‹1› – 1796 ◇ de *réquisition* ■ **(Le sujet désigne l'État, l'Administration)** Se procurer (une chose) par voie de réquisition ; ABSOLT Faire une réquisition. *Le maire a réquisitionné des locaux pour les réfugiés.* — **p. p. adj.** *« Camions allemands chargés de caisses, dernières réserves alimentaires réquisitionnées »* GIDE. ◆ Utiliser par réquisition les services de (une personne). ➤ **requérir.** *« Des affiches blanches, du reste, posées par les autorités prussiennes, réquisitionnaient les habitants pour le lendemain »* ZOLA. — **FIG.** et **FAM.** Utiliser d'office, d'autorité (une personne). ➤ **mobiliser.** *Je vous réquisitionne pour préparer les sandwichs !*

RÉQUISITOIRE [ʀekizitwaʀ] **n. m.** – 1577 ; adj. 1379 ◇ du latin *requisitus,* p. p. de *requirere* → requérir ■ **1** DR. Réquisition (2°). ■ **2** Développement oral, par le représentant du ministère public, des moyens de l'accusation. ➤ **grief** (d'accusation). *« Justement, vous étiez en train de terminer votre réquisitoire. Quelle péroraison ! D'une concision, d'une violence, d'une aigreur ! »* AYMÉ. ◆ FIG. Discours, texte qui accuse qqn en énumérant ses fautes, ses torts, qui dénonce les imperfections de qqch. *« Ces paroles annoncent indifféremment un réquisitoire ou un dithyrambe »* MAURIAC. *« Son discours s'achève sur un bref mais foudroyant réquisitoire contre les grands journaux »* LECOMTE. ■ CONTR. Plaidoirie. Dithyrambe, plaidoyer.

RÉQUISITORIAL, IALE, IAUX [ʀekizitɔʀjal, jo] **adj.** – 1743 ◇ d'après *réquisitoire* ■ DR. Qui tient du réquisitoire. *Plaidoyer réquisitorial.*

R. E. R. [ɛʀøɛʀ] **n. m.** – v. 1970 ◇ sigle de *Réseau express régional* ■ Métro régional desservant Paris et sa région. *Ligne, station du R. E. R. Prendre le R. E. R.*

RESALER [ʀ(ə)sale] **v. tr.** ‹1› – 1314 ◇ de *re-* et *saler* ■ Saler de nouveau, saler (ce qui n'est pas assez salé).

RESALIR [ʀ(ə)saliʀ] **v. tr.** ‹2› – 1875 ◇ de *re-* et *salir* ■ Salir de nouveau, et SPÉCIALT Salir (ce qui vient d'être nettoyé). PRONOM. *Enfant qui s'est resali après son bain.*

RESARCELÉ, ÉE [ʀəsaʀsəle] **adj.** – 1690 ◇ origine inconnue ■ BLAS. Se dit d'une pièce honorable dont le bord présente un filet d'émail particulier placé à une distance du bord égale à sa propre largeur.

RESCAPÉ, ÉE [ʀɛskape] **adj.** et **n.** – *rescaper* XIIe dialectal ; adj. et subst. répandu à partir de 1906 ◇ p. p. de *rescaper,* forme wallonne de *réchapper* ■ **1** Qui est réchappé d'un accident, d'un sinistre. *« Nous sommes ceux qui, rescapés, sortent de leurs abris après la catastrophe »* SIEGFRIED. ➤ **indemne, sauf, sauvé.** ■ **2 n.** Personne qui a échappé à un accident, un sinistre. ➤ **survivant.** *Les rescapés d'un naufrage, d'un incendie. Il « promène toute la nuit dans les rues cette dégaine de rescapé de Buchenwald »* C. SIMON. ■ CONTR. Victime.

RESCAPER [ʀɛskape] **v. tr.** ‹1› – 1927 ◇ de *rescapé* ■ RÉGION. **(Canada)** Sauver (qqn). *Il a risqué sa vie pour rescaper son frère.*

RESCINDANT, ANTE [ʀesɛ̃dɑ̃ ; ʀəsɛ̃dɑ̃, ɑ̃t] **adj.** et **n. m.** – 1579 ; *rescindent* 1551 ◇ de *rescinder* ■ DR. ■ **1** Qui donne lieu à la rescision, qui rescinde. ■ **2 n. m.** Instance qui a pour but la rétractation de la décision attaquée. *Le rescindant et le rescisoire de la requête civile.*

RESCINDER [ʀesɛ̃de ; ʀəsɛ̃de] **v. tr.** ‹1› – 1460 ; « réduire en retranchant » 1406 ◇ latin juridique *rescindere* « annuler », de *scindere* « couper » ■ DR. Déclarer de nul effet (un jugement, une convention). ➤ **annuler, casser.**

RESCISION [ʀesizjɔ̃] **n. f.** – 1465 ◇ bas latin *rescisio,* latin *rescissio,* de *rescindere* ■ DR. Annulation d'un contrat ou d'un acte pour cause de lésion. *Demander la rescision de la vente.*

RESCISOIRE [ʀesizwaʀ] **adj.** et **n. m.** – XIIIe ◇ latin *rescisorius* ■ DR. ■ **1** Rescindant*. ■ **2 n. m.** Instance qui suit le rescindant* et qui a pour objet de faire juger à nouveau la contestation tranchée par le jugement rétracté.

RESCOUSSE [ʀɛskus] **n. f.** – *rescusse* « reprise d'une personne par la force » 1165 ◇ *s* prononcé d'après *rescourre* (vx), « délivrer qqn », de *escourre* « recouvrer », latin *excutere* « faire sortir en secouant » ■ **1** (1702) DR. MAR. Fait de reprendre à l'ennemi le navire ou les biens qu'il a pris. ■ **2** (fin XIVe, repris 1831) COUR. **À LA RESCOUSSE :** au secours, à l'aide. *« L'ennemi appela l'artillerie à la rescousse »* MAUROIS. *Arriver à la rescousse. Venir à la rescousse de qqn.* — FIG. En renfort. *Appeler l'imagination à la rescousse.*

RESCRIT [ʀɛskʀi] **n. m.** – v. 1265 ◇ latin *rescriptum,* de *scribere* « écrire » ■ **1** DR. ROM. Réponse de l'empereur aux questions adressées par les gouverneurs des provinces, les magistrats. ■ **2** ANCIENNT Ordonnance, décret du roi, de l'empereur. *« Un rescrit impérial investit le suzerain de ce lieu du droit de justice basse et haute »* VILLIERS. ■ **3** DR. CAN. Lettre du pape (➤ 2 **bref,** 1 **bulle**) portant décision d'un procès, d'un point de droit. *Rescrit de justice, rescrit de grâce.* ■ **4** Procédure permettant à un administré de demander l'interprétation officielle d'un texte à une autorité administrative. *Rescrit fiscal, social.*

RÉSEAU [ʀezo] **n. m.** – v. 1300 ; *resel* v. 1180 ◇ de l'ancien français *rez* « filet » → rets

I TISSU ■ **1** VX Tissu à mailles très larges ; filet. ➤ aussi **lacis.** *« Ses cheveux étaient enveloppés d'un réseau de soie »* (ACADÉMIE). ➤ **résille.** FIG. *« ce réseau d'habitudes pieuses enserrait Fabien »* MAURIAC. ■ **2** (1694) TECHN. Fond d'une dentelle à mailles de forme géométrique.

II ENSEMBLE DE LIGNES A. ENSEMBLE DE LIGNES ENTRECROISÉES ■ **1** (1762) Ensemble de lignes, de bandes, etc., entrecroisées plus ou moins régulièrement. ➤ **entrelacement, entrelacs ; réticulaire, réticulé.** *Le réseau d'une toile d'araignée. « L'inextricable réseau de sentiers qui sillonnait en tous sens les ajoncs nains de la falaise »* ROBBE-GRILLET. ➤ **enchevêtrement.** *Réseau de tranchées, de barbelés.* ◆ (1805) Ensemble de vaisseaux, de nerfs, etc., qui se ramifient ou s'entrecroisent. ➤ **lacis, plexus.** *« Sous ses tempes pleines et luisantes s'entrecroisait un réseau de veines azurées »* GAUTIER. — (1964) ÉLECTR. Ensemble des conducteurs disposés entre deux points, formant des mailles et des nœuds. ÉLECTRON. Ensemble d'éléments passifs* ou actifs* interconnectés formant des mailles et des nœuds. ➤ **circuit.** *Analyse et synthèse des réseaux. Analyseur de réseaux.* — *Réseau logique programmable :* ensemble de fonctions logiques élémentaires interconnectées pour constituer des fonctions complexes. ■ **2** (1827, en optique) PHYS. *Réseau de diffraction :* dispositif constitué par une plaque transparente ou par une surface métallique (rayée de traits parallèles ou de circonférences concentriques), qui diffracte les ondes électromagnétiques. — (1899) *Réseau cristallin :* disposition régulière des ions, des atomes ou des molécules à l'intérieur de corps cristallisés.

B. VOIES RELIANT DES POINTS ENTRE EUX (1842) Ensemble des lignes, des voies de communication, des conducteurs électriques, des canalisations, etc., qui desservent une même unité géographique, dépendent de la même compagnie. *Réseau d'assainissement, de distribution des eaux. Réseau de chemins de fer, réseau ferroviaire. Réseau urbain. Réseau express régional.* ➤ **R. E. R.** (1870) *Réseau routier :* ensemble des routes (d'un pays, d'une région). *Réseau de lignes aériennes.* (1882) *Réseau téléphonique. Réseau câblé.* ➤ **câble.** *Réseau numérique à intégration de service.* ➤ **R. N. I. S.** *Les abonnés d'un réseau.* (1958) *Réseau de télévision* (stations émettrices et relais). *Discours diffusé sur l'ensemble du réseau radiophonique.* — *Avoir du réseau :* capter le signal pour pouvoir accéder au réseau téléphonique avec son portable. *« Elle essaya d'appeler, mais ne parvenait pas à avoir de réseau, je la voyais changer de place [...], le téléphone à l'oreille »* J.-PH. TOUSSAINT.

III ENSEMBLE D'ÉLÉMENTS RELIÉS ENTRE EUX ■ **1** (1828) Répartition des éléments d'une organisation en différents points ; ces éléments ainsi répartis. *« Le réseau des sociétés secrètes commençait à s'étendre sur le pays »* HUGO. *Réseau commercial.* ➤ **circuit** (de distribution). — *Réseau d'éducation prioritaire.* ➤ **REP.** ◆ (1922) Organisation clandestine formée par des personnes obéissant aux mêmes directives. *Réseau d'espionnage, de résistance. Agent de liaison d'un réseau. « Rien de ce qui concerne l'occupant n'échappe à nos réseaux »* DE GAULLE. ◆ (calque de l'anglais *social network*) *Réseau social :* communauté d'individus liés par des centres d'intérêt, des goûts, des besoins communs. *Les réseaux sociaux d'Internet. « les réseaux sociaux se sont enflammés, elle s'est retrouvée à la Une des magazines people »* D. DE VIGAN. — Site web communautaire*. *Réseau social professionnel.* — *Le réseau de qqn :* ses relations. *« Xavier fait partie de la grande loge. Il possède un important réseau au sein de la franc-maçonnerie »* É. CHERRIÈRE. *« Elles savent que, sans réseau, elles n'arriveront à rien et sont prêtes à tout pour se faire un carnet d'adresses »* V. DESPENTES. *Activer son réseau.* ➤ **réseauter.** — *Réseau d'influence :* ensemble de personnes, d'organismes influents plus ou moins reliés entre eux. ■ **2** (1968) INFORM. Ensemble de moyens matériels et logiciels assurant les communications entre ordinateurs et terminaux interconnectés (➤ **connectique, réseautique**). *Ordinateurs en réseau. Architecture d'un réseau en étoile, en anneau. Accès à un réseau* (➤ **protocole**). *Mise en réseau. Maintenance d'un réseau.*

Administrateur de réseau. Réseau commuté (➤ **commutation**). *Réseau local,* regroupant un système informatique dans un domaine géographique limité. ➤ aussi **intranet, nanoréseau.** *Réseau local d'une entreprise, d'un hôpital.* LOC. *Le réseau des réseaux, le réseau mondial :* Internet. *Se connecter au réseau.* — EN APPOS. *Version réseau d'un logiciel* (opposé à *monoposte*). ◆ *Réseau de neurones,* ou *neuronal :* interconnexion d'un ensemble de neurones* formels pour résoudre un problème d'intelligence artificielle (➤ **connexionnisme**). — *Réseau sémantique :* ensemble de processeurs interconnectés pour former une base de connaissance.

RÉSEAUTER [ʀezote] **v. intr.** ‹1› – 1997 ; autre sens 1985 ◇ de *réseau* ■ Développer son réseau de relations et en tirer parti, notamment à des fins professionnelles. *Réseauter sur Internet.* « *négocier son salaire, apprendre à réseauter, booster sa carrière* » (Ouest-France, 2008). — **n. m. RÉSEAUTAGE.**

RÉSEAUTIQUE [ʀezotik] **n. f.** – 1993 ◇ de *réseau* et *(informa)tique* ■ INFORM. Ensemble des techniques qui permettent de concevoir et de gérer les réseaux informatiques. ➤ **téléinformatique, télématique.** *Technicien en réseautique.*

RÉSECTION [ʀesɛksjɔ̃] **n. f.** – 1799 ; « action de couper » 1549 ◇ latin *resectio* « taille de la vigne » ■ CHIR. Opération chirurgicale qui consiste à couper, à retrancher. ➤ **ablation, amputation, décapsulation, excision, exérèse.** *Résection articulaire. Résection de la région du pylore.*

RÉSÉDA [ʀezeda] **n. m.** – 1562, rare avant 1750 ◇ latin *reseda,* de *resedare* « calmer », en raison des propriétés médicinales que l'on attribuait à cette plante ■ **1** Plante à fleurs blanchâtres ou jaunâtres disposées en grappes, répandue en Europe et dans le bassin méditerranéen. *Réséda des teinturiers, appelé aussi* herbe-aux-juifs. ➤ **gaude.** *Le réséda odorant est cultivé comme plante d'ornement.* « *L'odeur fade du réséda* » VERLAINE. ■ **2** Couleur d'un vert jaunâtre. « *Les yeux de l'incroyable fille* [...] *passaient ensuite au réséda de l'espérance* » BLOY. APPOS. INV. *Vert réséda.* — ADJT INV. *Des uniformes réséda.*

RESEMER ➤ **RESSEMER**

RÉSÉQUER [ʀeseke] **v. tr.** ‹6› – 1827 ; « biffer, trancher » 1352 ◇ latin *resecare* « enlever en coupant » ■ CHIR. Enlever par résection*. ➤ **amputer.**

RÉSERPINE [ʀezɛʀpin] **n. f.** – 1959 ◇ du latin savant *r(auwolfia) serp(ent)in(a)* ■ BIOCHIM., PHARM. Alcaloïde extrait de la racine du rauwolfia*, utilisé comme régulateur du système nerveux central. *La réserpine a des propriétés sédatives et hypotensives.*

RÉSERVATAIRE [ʀezɛʀvatɛʀ] **adj.** et **n. m.** – 1846 ◇ du radical latin *reservatus,* p. p. de *reservare* ■ DR. *Héritier réservataire,* ou **n. m.** *le réservataire :* la personne qui a droit à la réserve (I, 2°) légale.

1 **RÉSERVATION** [ʀezɛʀvasjɔ̃] **n. f.** – 1330 ◇ latin juridique médiéval *reservatio* ■ DR. Le fait de réserver un droit dans un contrat ; ce droit. ➤ **réserve** (I, 1°).

2 **RÉSERVATION** [ʀezɛʀvasjɔ̃] **n. f.** – v. 1930-1935 ◇ anglais *reservation* (1907 aux États-Unis) ■ **1** Le fait de réserver une place (dans un moyen de transport, un hôtel, un restaurant, un lieu de spectacle). *La réservation des places peut précéder l'achat des billets. Confirmer, annuler une réservation. Effectuer une réservation en ligne. Réservations en surnombre.* ➤ **surbooking** (ANGLIC.). — ABRÉV. FAM. **RÉSA** [ʀeza]. *Les résas sont ouvertes.* ■ **2** ANCIENNT Ticket attestant qu'on a réservé une place mais qui ne constitue pas un titre de transport. *Présenter son billet de train et sa réservation au contrôleur.*

RÉSERVE [ʀezɛʀv] **n. f.** – milieu XIVe ◇ de *réserver*

I LE FAIT DE GARDER POUR L'AVENIR ■ **1** DR. Clause restrictive qu'on ajoute afin de ne pas se trouver lié par une obligation. *Faire ses réserves :* se prémunir contre l'interprétation qui pourrait être donnée d'un acte. — COUR. *Faire, émettre des réserves sur une opinion, un projet,* ne pas leur donner son approbation pleine et entière, émettre des doutes à leur propos. *Les spécialistes font de sérieuses réserves sur la valeur de sa théorie.* ➤ **restriction.** *J'émettrai une réserve.* LOC. *Sous toutes réserves,* DR. formule placée à la fin d'un acte de procédure pour garantir ce qui n'est pas stipulé de manière expresse ; (1843) COUR. sans garantie, sans engagement. *Nouvelle donnée sous toutes réserves.* — *Sous réserve :* sous condition. « *Je vous ai communiqué à ce moment-là quelques premières impressions, sous réserve* » ROMAINS. — LOC. *Sous réserve de :* DR. en se réservant le droit ; COUR. en mettant à part (une éventualité). *Sous réserve d'erreur* (cf. Sauf erreur*). *J'ai accepté sous réserve qu'on attende quelques jours.*

■ **2** (1636) DR. Ce qui est réservé à qqn ; ce qu'une personne s'est réservé. *Réserve héréditaire, réserve légale* ou *réserve :* portion d'une succession que la loi réserve à certains héritiers (➤ **réservataire ; légitime**). — (1798) Partie d'une chasse réservée au propriétaire (cf. Chasse réservée). ■ **3** (1628) (Dans des loc.) Exception, restriction. — (1629) VIEILLI **À LA RÉSERVE DE :** à l'exception de. ➤ 1 **excepté, sauf.** « *Il toucha tout le monde, à la réserve de la Reine, qui demeura inflexible* » RETZ. — **loc. adv.** et **adj.** (milieu XVe) **SANS RÉSERVE :** entièrement, sans restriction, sans réticence. *Il lui est dévoué sans réserve* (cf. Corps et âme*). « *Je m'abandonnai sans réserve à son charme* » JALOUX. *Une admiration sans réserve. Acceptation sans réserve* (cf. Pur* et simple).

II ATTITUDE (1664) Qualité qui consiste à ne pas se livrer indiscrètement, à ne pas s'engager imprudemment, à se garder de tout excès dans ses propos. ➤ **circonspection, dignité, discrétion, modestie, prudence, retenue ; réservé.** « *Cette réserve où je ne voyais que de la froideur, ce refus des épanchements et des familiarités* » H. THOMAS. ➤ **décence, pudeur.** « *La race gauloise manque de réserve et de chasteté* » SAINTE-BEUVE. — LOC. (1751) *Être, se tenir sur la réserve :* garder une attitude réservée (cf. Rester sur son quant-à-soi*). « *Il était résolu à demeurer sur la réserve* » MARTIN DU GARD. ◆ *Obligation, devoir de réserve :* devoir des agents de l'État d'exprimer leurs opinions avec discrétion.

III CE QUI EST MIS DE CÔTÉ, DISPONIBLE (1588) **A. CHOSES** ■ **1** Quantité accumulée de manière qu'on puisse en disposer et la dépenser au moment le plus opportun. ➤ **provision.** *Disposer d'importantes réserves de munitions.* ➤ **approvisionnement, stock.** *Puiser dans ses réserves. Ses réserves sont épuisées. Réserve d'argent.* ➤ **économie, épargne.** *Réserves monétaires.* « *Les formidables réserves d'énergie qui se cachent dans les noyaux des atomes* » BROGLIE. ◆ COMPTAB. Bénéfice non distribué, conservé à disposition de l'entreprise jusqu'à décision contraire. *Réserve légale,* obligatoire dans une société anonyme, une société à responsabilité limitée. *Réserves statutaires et contractuelles. Réserves de renouvellement des immobilisations, de renouvellement des stocks.* — FIN. AU PLUR. *Réserves obligatoires :* fraction du montant des valeurs inscrites à leur bilan que les banques doivent laisser en compte non rémunéré à la Banque centrale. *Taux des réserves obligatoires. Le système des réserves obligatoires est l'un des instruments de la politique monétaire.* — *Réserves de changes :* moyens de règlement internationaux (or, devises, créances sur le Fonds monétaire international) détenus par la Banque centrale. ◆ BIOL. Ensemble des substances accumulées dans les tissus, pour une utilisation ultérieure. *Le glycogène du foie et des muscles représente une réserve de glucides pour l'organisme. Réserves de graisse. Réserves d'amidon dans les graines.* — IRON. « *Vous avez des réserves, dit-il. Maigrissez, et revenez me voir* » H. BÉRAUD. ◆ Quantité non encore exploitée (d'une substance minérale). *Les réserves mondiales de pétrole. Réserves prouvées et réserves estimées. Réserves et ressources en hydrocarbures.* ■ **2** LOC. (1555) **EN RÉSERVE.** *Avoir, garder, mettre, tenir qqch. en réserve :* mettre de côté, garder. « *Une de ces bouteilles, que je tiens en réserve pour les grandes fêtes* » FRANCE. — (1550) *De réserve :* qui est mis de côté, constitue une réserve. *Vivres de réserve.* — *Équipe de réserve, dans un club sportif.*

B. PERSONNES (1669) *Les réserves :* troupe non engagée, qu'on garde disponible pour intervenir au moment voulu. « *S'il n'est point de réserves à jeter dans l'action, le premier recul est irréparable* » SAINT-EXUPÉRY. — AU SING. (1740) *Armée, corps de réserve.* « *C'est vrai que le troisième bataillon restera en réserve !* » DORGELÈS. ◆ (1791 *réserve nationale*) **LA RÉSERVE** (opposé à *l'armée active*) : portion des forces militaires d'un pays qui peut être rappelée sous les drapeaux. Temps pendant lequel les citoyens d'un pays sont mobilisables. *Réserve et disponibilité. Peloton d'élèves officiers de réserve (E. O. R.).* ➤ **réserviste.** — *Cadre* de réserve.*

IV ESPACE RÉSERVÉ À UN USAGE ■ **1** (1831) Lieu affecté à la conservation d'êtres ou de choses que l'on veut conserver. — (1765) Partie d'une forêt, qu'on laisse croître en haute futaie. — *Réserve naturelle :* territoire soumis à un régime spécial pour la protection de la flore et de la faune. ➤ **parc.** *Réserve zoologique. La réserve nationale de Camargue.* — *Réserve de pêche, de chasse :* partie d'un cours d'eau, d'un territoire réservée au repeuplement, où la pêche, la chasse sont interdites. — (1868 ◇ calque de l'anglais *reservation* [aux États-Unis, dès 1830]) Territoire réservé aux aborigènes dans des pays où ils ont été presque exterminés. *Réserve indienne. Les « Indiens des réserves* [...] *peuvent végéter à peu* près paisiblement à l'intérieur des territoires qui leur sont assignés» BEAUVOIR. *Réserves d'aborigènes en Australie.* ▪ **2** (1854, Nerval) Lieu où est entreposé l'ensemble des livres précieux d'une bibliothèque publique, qu'on ne peut consulter qu'avec une autorisation spéciale ; les livres eux-mêmes. *La réserve de la Bibliothèque nationale.* ▪ **3** Local qui sert à entreposer, à garder. ➤ **entrepôt, magasin ; dépôt.** *Une grande maison «à laquelle sont accolés un tas de petits communs, de réserves»* GONCOURT. — Dépôt des œuvres d'art d'un musée qui ne sont pas exposées. ➤ **magasin.** *Sortir un tableau des réserves du Louvre.* ▪ **4** (1804) TECHN. Partie laissée en blanc dans une œuvre graphique, une peinture... *Imprimer en réserve,* en blanc sur fond noir. ◆ Surface qu'une substance protectrice soustrait à l'action d'un acide, d'un colorant. — (1828) La substance protectrice elle-même.

▪ CONTR. (du II) Audace, familiarité, hardiesse, impudence.

RÉSERVÉ, ÉE [ʀezɛʀve] adj. – XIIe ◇ de *réserver*

I ▪ **1** DR. Qui a été réservé, mis à part, dans un contrat. — Qui a été attribué à qqn exclusivement. *Biens réservés.* ➤ **réserve.** *Tous droits de reproduction, de traduction et d'adaptation réservés pour tous pays.* — DR. CAN. *Cas réservés* : péchés que seul l'évêque, le pape peut absoudre. ▪ **2** COUR. Dont l'usage ou l'accès est réservé (à une personne déterminée, à un groupe). *Places réservées aux femmes enceintes dans les transports publics. Places de stationnement réservées aux personnes en situation de handicap. Les Noirs «attendent dehors [...] quatre ou huit places leur sont réservées sur la banquette du fond»* BEAUVOIR. — *Chasse réservée.* ➤ **gardé, privé.** ◆ Consacré, destiné (à un usage particulier). *Salle réservée aux réunions.* — *Quartier réservé,* de prostitution. ▪ **3** Que l'on a retenu, fait mettre de côté. *Avoir une place réservée dans le train, une table réservée dans un restaurant.* ▪ **4** FIN. *Cotation réservée,* qui n'a pu être effectuée, sur une valeur, à cause du déséquilibre entre l'offre et la demande.

II (1559) Qui fait preuve de retenue, de réserve (II). ➤ **circonspect, 1 discret, modeste, sage.** *Jeune homme «d'un abord froid, silencieux, réservé comme un Genevois»* BALZAC. *Il est très réservé dans ses propos. Il s'est montré très réservé avec moi.* — *Caractère réservé. «Cet ecclésiastique est un saint homme ; il n'a même rien de l'allure tout à la fois pateline et réservée des autres prêtres»* HUYSMANS.

▪ CONTR. Libre. — Audacieux, effronté, expansif, familier.

RÉSERVER [ʀezɛʀve] v. tr. ‹1› – 1190 ◇ latin *reservare* ▪ **1** DR. Mettre à part, dans un contrat, (un droit qu'on pourra invoquer plus tard). ◆ Attribuer par avance à qqn. *Clause réservant au donateur la faculté de révocation.* ▪ **2** COUR. Attribuer, destiner exclusivement ou spécialement à qqn. *On vous a réservé ce bureau, cette place.* — *Se réserver le droit, la faculté, la possibilité de...* ▪ **3** S'abstenir d'utiliser immédiatement (ce qu'on veut garder* pour une meilleure occasion). ➤ **économiser, épargner.** *«Il regardait son père fixement, ayant réservé ce coup pour la fin»* ZOLA. *Réserver le meilleur pour la fin* (cf. Garder* pour la bonne bouche). — PRONOM. *Se réserver de* : conserver pour l'avenir la possibilité de (faire qqch.). *Ils «recueillaient la sentence, se réservant de la méditer à loisir»* ROMAINS. ◆ PAR EXT. *Réserver l'avenir* : garder sa liberté d'action pour l'avenir (cf. Ménager* l'avenir). ▪ **4** Mettre à part, mettre de côté pour qqn. *Pouvez-vous me réserver deux mètres de cette étoffe ? L'agence de voyages réservera votre billet* (➤ 2 **réservation**). SPÉCIALT Faire mettre à part (ce qu'on veut trouver disponible). *Réserver des places dans un train. Réserver une table dans un restaurant.* ➤ **retenir.** ▪ **5** (ABSTRAIT) Destiner (qqch. à qqn). *Le sort qui nous est réservé.* ➤ aussi **prédestiner.** *«Mais les dieux [...] nous réservaient à d'autres dangers»* FÉNELON. *Il lui était réservé de mourir jeune.* ◆ (Sujet chose) Être destiné à procurer, à donner ; faire que (qqch.) arrive à qqn. *«Cette soirée, où j'avais quinze ans, me réservait des surprises infinies»* MAURIAC. *«Ce pays, par endroits, me réservait donc la surprise de ressembler au mien»* LOTI. *Les peines que la loi réserve aux criminels.* — (Emploi critiqué) *Réserver un bon accueil à qqn.* ➤ 1 **ménager.** ▪ **6** Laisser en blanc, intactes (certaines parties d'une œuvre graphique). ➤ **réserve** (IV, 4°). *Réserver les lumières dans une aquarelle.* ▪ **7 SE RÉSERVER** v. pron. (réfl.) Ne pas s'engager, afin de rester disponible (pour autre chose). *Je n'ai pas accepté ces offres, je préfère me réserver pour une meilleure occasion.* ➤ **attendre.** — VIEILLI Rester vierge. *Elle se réserve pour son époux.* — Ne pas employer toutes ses forces dès le début d'une compétition sportive. ◆ SPÉCIALT Ne pas manger ou manger peu pour garder de l'appétit (pour un plat, un repas). *On voulait «se réserver pour le dîner, qui fut commandé magnifique»* MAUPASSANT. ▪ CONTR. Dépenser.

RÉSERVISTE [ʀezɛʀvist] n. m. – 1871 ◇ de *réserve* ▪ Citoyen membre de l'armée de réserve. *Les appelés et les réservistes.*

RÉSERVOIR [ʀezɛʀvwaʀ] n. m. – 1510 ◇ de *réserver* ▪ **1** Bassin où un liquide peut être gardé en réserve. ➤ **étang, lac** (artificiel). *Réservoir d'irrigation. Barrage d'un réservoir. Réservoir creusé dans le sol ; réservoir d'eau en tôle, en maçonnerie.* ➤ 1 **château** (d'eau), **citerne, cuve.** ◆ Récipient destiné à contenir des produits liquides ou gazeux, et à les garder un certain temps. *Réservoirs d'une usine à gaz* (➤ **gazomètre**), *d'une raffinerie de pétrole. Réservoir d'une automobile. «Réservoirs d'huile, réservoirs d'essence, tout est crevé»* SAINT-EXUPÉRY. ◆ SPÉCIALT Caisse immergée, bassin où l'on conserve des poissons, des crustacés vivants. ➤ **réserve, vivier.** ▪ **2** FIG. Réserve. *«La vertu populaire, ce grand réservoir de dévouement, de sacrifice»* RENAN. *Pays qui constitue un réservoir de main-d'œuvre.* ◆ PATHOL. *Réservoir d'infection* : organisme hébergeant des micro-organismes infectieux. *«le choléra restait une spécialité du sous-continent indien, avec pour réservoir d'origine le delta du Gange»* ORSENNA.

RÉSIDANAT [ʀezidana] n. m. – 1982 ◇ de *résident* (I, 5°), sur le modèle de *internat* ▪ (Maghreb) Internat de spécialisation pour les médecins en formation.

RÉSIDANT, ANTE [ʀezidɑ̃, ɑ̃t] adj. et n. – *résident* 1283 ; n. m. «habitant» 1415 ◇ de *résider* ▪ Qui réside (en un lieu). ➤ **habitant.** — n. *Les résidants d'une maison de retraite.* ➤ **pensionnaire, résident.** *«À chaque étage du foyer, une grande cuisine commune est à la disposition des résidants»* L. COSSÉ. ◆ SPÉCIALT (1846) *Membre résidant d'une académie, d'une société savante* (opposé à *correspondant*). ▪ HOM. Résident.

RÉSIDENCE [ʀezidɑ̃s] n. f. – 1271 ◇ latin *residentia* ▪ **1** Séjour effectif et obligatoire en un lieu ; obligation de résider. *Emploi, charge qui demande résidence. La résidence d'un magistrat, d'un évêque.* — PAR EXT. Durée de ce séjour. ◆ SPÉCIALT *Assignation* à résidence. Résidence forcée, surveillée* (d'une personne astreinte par décision de justice à rester dans un lieu). ▪ **2** (1283) Le fait de demeurer habituellement dans un lieu ; ce lieu. ➤ **demeure, habitation, séjour.** *«Durant les cinq ans de ma résidence»* BAUDELAIRE. *Avoir, établir, fixer sa résidence quelque part. Changer sa résidence. «Les maisons semblaient être de résidence bourgeoise»* ROMAINS. *Résidence virilocale*. Résidence alternée*.* — DR. Lieu où une personne habite effectivement durant un certain temps (ou a un centre d'activités), sans y avoir nécessairement son domicile*. *Certificat de résidence. Résidence principale.* — *Résidence artistique* : occupation temporaire par un artiste d'un espace de travail mis à sa disposition par une institution publique ou privée dans le but de soutenir la création. ABSOLT *Artiste en résidence.* ▪ **3** (1825) Lieu construit, généralement luxueux, où l'on réside. ➤ **demeure, logement, maison.** *«Plus d'un, en apercevant ces coquettes résidences, si tranquilles, enviait d'en être le propriétaire»* FLAUBERT. *Une somptueuse résidence* (➤ **résidentiel**). ◆ *Résidence secondaire* : maison de vacances, de week-end. ◆ (v. 1960) Groupe d'immeubles résidentiels assez luxueux. *La Résidence X.* ◆ Immeuble ou groupe d'immeubles offrant certains services. *Résidence pour personnes âgées.* ▪ **4** ANCIENNT Charge de résident ; lieu où habite un résident, où se tiennent ses services. *La Résidence de Rabat* (à l'époque du protectorat).

RÉSIDENT, ENTE [ʀezidɑ̃, ɑ̃t] n. et adj. – 1501 ; «habitant» 1260 ◇ latin *residens,* de *residere*

I n. ▪ **1** Diplomate envoyé par un État auprès d'un gouvernement étranger. PAR APPOS. *Ministres résidents.* ▪ **2** (1893) ANCIENNT Haut fonctionnaire placé par l'État protecteur auprès du souverain de l'État sous protectorat. *Résident général en Tunisie.* ▪ **3** (XXe) Personne établie dans un autre pays que son pays d'origine. ➤ **étranger.** *Les résidents espagnols en France.* — ÉCON. Personne (physique ou morale) rattachée durablement à l'économie nationale, quelle que soit sa nationalité. *Échanges commerciaux entre résidents et non-résidents. La comptabilité nationale recense l'activité des résidents.* ▪ **4** Personne qui réside dans un ensemble d'habitations. *Les résidents d'une cité universitaire.* ➤ **résidant.** ▪ **5** MÉD. Interne de médecine générale, spécialisée, ou de chirurgie.

II adj. (anglais *resident*) INFORM. Qui est à demeure dans la mémoire d'un ordinateur. *Programme résident.* — PAR EXT. *Utilisation en mode résident.*

▪ CONTR. Non-résident. ▪ HOM. Résidant.

RÉSIDENTIEL, IELLE [Rezidɑ̃sjɛl] **adj.** – 1933 ; «astreint à la résidence» 1895 ◊ de *résidence*, probablt d'après l'anglais *residential* ■ Propre à l'habitation, à la résidence ; SPÉCIALT Relatif aux ensembles d'habitations de luxe. *Immeubles, quartiers résidentiels d'une ville.*

RÉSIDER [Rezide] **v. intr.** ‹1› – v. 1380 ◊ latin *residere* ■ **1** (Surtout ADMIN. ou DR.) Être établi d'une manière habituelle dans un lieu ; y avoir sa résidence. *Les ambassadeurs «prennent les mœurs du pays où ils résident»* CHATEAUBRIAND. *Les étrangers qui résident dans un autre pays* (➤ **résident**). ■ **2** FIG. Avoir son siège, exister habituellement, se trouver (dans tel lieu, en telle personne ou telle chose). *«Le principe de toute souveraineté réside essentiellement dans la Nation»* (DÉCLARATION DES DROITS DE L'HOMME). — *«L'ordre idéal des peuples réside dans leur bonheur»* CAMUS. *La difficulté réside en ceci.* ➤ **consister**, se **situer.**

RÉSIDU [Rezidy] **n. m.** – 1331 «reliquat d'un compte» ◊ latin *residuum* ■ **1** (répandu XXe) (CONCRET) Ce qui reste. *«Mendier des résidus de tabac»* CÉLINE. *Le passé «ne se manifeste pas [...] par des monuments, mais par des résidus»* SARTRE. ◆ Reste sans valeur ; déchet. ➤ **détritus, rebut ; ordure.** *«De quels amalgames de résidus [...] de quelles balayures excrémentielles»* BLOY. ■ **2** (ABSTRAIT) Reste ; ce qui subsiste. *«Le résidu de la sagesse humaine»* JOUBERT. *L'absurde «est seulement un résidu de l'expérience de ce monde»* CAMUS. COUR. Reste inutilisable, plus ou moins répugnant et sans valeur. *«La racaille des estaminets, le résidu des brasseries»* HUYSMANS. ■ **3** (1762) Ce qui reste après une opération physique ou chimique. *Résidu qui se dépose.* ➤ **boue, lie, tartre.** *Résidus de combustion.* ➤ **cadmie, cendre, mâchefer, scorie.** *Utilisation des résidus par l'industrie.* — PHYS. NUCL. *Résidus de fission* : produits directs de fission ou de leur désintégration. — BIOCHIM. Constituant élémentaire d'une macromolécule biologique. *Les résidus constitutifs des protéines sont les acides aminés.* ■ **4** LOG. *Méthode des résidus*, par laquelle on retranche d'un effet ce qui résulte de lois ou d'éléments connus, pour réduire le phénomène à un reste ou pour prouver un rapport de causalité entre deux phénomènes.

RÉSIDUAIRE [Rezidɥɛʀ] **adj.** – 1877 ◊ de *résidu* ■ DIDACT. ou LITTÉR. Qui constitue un résidu, un dépôt. *«Le cloaque qu'avaient si longuement alimenté les eaux résiduaires échappées des abattoirs»* HUYSMANS.

RÉSIDUEL, ELLE [Rezidɥɛl] **adj.** – 1871 ◊ de *résidu* ■ **1** DIDACT. Qui forme un reste, un résidu. ÉLECTR. *Résistance résiduelle*, qui subsiste aux basses températures. ◆ GÉOL. *Relief résiduel*, qui n'a pas été atteint par l'érosion (butte-témoin, inselberg, mésa). ■ **2** FIG. Qui forme un résidu (dans la conscience...). *«Ce trouble résiduel»* ROBBE-GRILLET. — Qui persiste, reste malgré les efforts faits pour l'éliminer. *Fatigue résiduelle. Chômage résiduel.*

RÉSIGNATAIRE [Reziɲatɛʀ] **n.** – 1539 ◊ de *résigner* ■ DR. Personne à qui on a résigné un office, un bénéfice. ➤ **bénéficiaire.**

RÉSIGNATION [Reziɲasjɔ̃] **n. f.** – 1265-1270 dr. «abandon volontaire d'un droit» ◊ de *résigner* ■ **1** VX Abandon. *La résignation de soi-même, de sa volonté.* ➤ **abdication, renonciation** (à). *«La résignation qui nous est la plus difficile est celle de notre ignorance»* VIGNY. ■ **2** (1690) Le fait d'accepter sans protester (la volonté d'une autorité supérieure) ; tendance à se soumettre, à subir sans réagir. ➤ **renoncement, soumission.** *Résignation par lâcheté* (➤ **apathie, démission, fatalisme**). *«La résignation, mon ange, est un suicide quotidien»* BALZAC. *«La résignation n'est que de l'ignorance, de l'impuissance ou de la paresse déguisée»* MAETERLINCK. *Résignation à l'injustice.* — *Un soupir de résignation. Endurer, subir qqch. avec résignation* (cf. Se faire une raison*, faire contre mauvaise fortune* bon cœur). ■ CONTR. Lutte, protestation, révolte.

RÉSIGNÉ, ÉE [Reziɲe] **adj. et n.** – après 1650 ◊ de *résigner* ■ Qui accepte avec résignation, qui se soumet. *«Résigné, comme un mouton que l'on mène à l'abattoir»* SARTRE. ◆ Empreint de résignation. *Courage résigné et tranquille.* ◆ **n.** *«Vous me direz que ces gens-là étaient des saints [...] C'étaient des résignés»* BERNANOS. ■ CONTR. Révolté.

RÉSIGNER [Reziɲe] **v. tr.** ‹1› – v. 1225 ◊ latin *resignare* «décacheter», «annuler» en latin médiéval ; de *signum* «sceau»

I **v. tr.** LITTÉR. Abandonner (un bénéfice, un office) en faveur de qqn. ➤ se **démettre.** *Résigner sa charge, son emploi.* ➤ **quitter.** *«Depuis un an, il avait dû résigner ses fonctions à l'Université»* R. ROLLAND. ➤ **démissionner.**

II **v. pron.** COUR. ■ **1 SE RÉSIGNER À (qqch.)** : accepter sans résister (qqch. de pénible). ➤ **accepter, consentir,** se **plier,** se **résoudre,** se **soumettre.** *«Avancer en âge [...] c'est connaître ses limites et s'y résigner»* MAURIAC. *Je ne puis m'y résigner. Se résigner à perdre la partie.* ■ **2** ABSOLT Adopter une attitude d'acceptation ; se soumettre. ➤ **abdiquer, céder, s'incliner.** *Il faut se résigner, c'est la vie* ! *«Mais lentement on se résigne. On ne demandait pourtant pas beaucoup de la vie. On apprend à en demander moins encore»* GIDE.
■ CONTR. Insurger (s'), révolter (se).

RÉSILIABLE [Reziljabl] **adj.** – 1836 ◊ de *résilier* ■ DR. Qui peut être résilié.

RÉSILIATION [Reziljasjɔ̃] **n. f.** – 1429 ◊ de *résilier* ■ Acte ou jugement par lequel il est mis fin à (un contrat). ➤ **annulation, résolution.** *Résiliation d'un bail, d'un abonnement, d'un contrat de travail.*

RÉSILIENCE [Reziljɑ̃s] **n. f.** – 1911 ; *résélience* 1906 ◊ anglais *resilience* (1824) ; latin *resilientia* ■ **1** PHYS. Rapport de l'énergie cinétique absorbée nécessaire pour provoquer la rupture d'un métal, à la surface de la section brisée. *La résilience, qui s'exprime en joules par cm², caractérise la résistance au choc.* ■ **2** PSYCHOL. Capacité à vivre, à se développer, en surmontant les chocs traumatiques, l'adversité. *«la résilience, le ressort intime face aux coups de l'existence»* B. CYRULNIK. *Facteurs, tuteurs de résilience.* ■ **3** ÉCOL. Capacité (d'un écosystème, d'une espèce) à retrouver un état d'équilibre après un évènement exceptionnel. ■ **4** INFORM. Capacité (d'un système ou d'un réseau) à continuer de fonctionner en cas de panne.

RÉSILIENT, IENTE [Reziljɑ̃, jɑ̃t] **adj.** – 1932 ◊ anglais *resilient* (1674) ; latin *resiliens* ■ **1** PHYS. Qui a une certaine résistance au choc, une certaine résilience. ■ **2** PSYCHOL. Qui fait preuve de résilience (2°).

RÉSILIER [Rezilje] **v. tr.** ‹7› – 1641 ; *résiler* 1501 ◊ latin *resilire* «sauter en arrière, se retirer» ■ Dissoudre (un contrat) soit par l'accord des volontés des parties, soit, pour les contrats successifs, par la volonté d'un seul. *Résilier, faire résilier un bail. Résilier et annuler un marché. Résilier un engagement. Être résilié d'office.*

RÉSILLE [Rezij] **n. f.** – 1785 ; *rescille* 1775 ◊ de l'espagnol *redecilla*, du latin *rete* «filet», cf. *rets* ■ **1** Filet à brins épais dans lequel on enserre des cheveux longs. *«de beaux cheveux blonds contenus dans une résille»* DUHAMEL. ◆ Ouvrage de passementerie, filet à mailles serrées. *«des résilles à perles d'acier»* ZOLA. — EN APPOS. *Des bas résilles* ou *résille* (inv.) : bas de femme en filet. ■ **2** TECHN. Réseau des plombs d'un vitrail. *«Un jour déteint que filtraient au travers de leurs résilles de plomb, d'étroits carreaux»* HUYSMANS.

RÉSINE [Rezin] **n. f.** – 1330 ; *rasinne* 1250 ◊ latin *resina* ■ **1** Produit collant et visqueux, à cassure vitreuse, de couleur jaune ou brune ; sécrétion de cicatrisation qui exsude de certains végétaux (arbres et arbustes), notamment des conifères (➤ **résineux**). *«La résine qui rend amer le vin de Chypre»* APOLLINAIRE. ➤ **résiné.** *Résines brutes, naturelles. Résines végétales* : résine commune ou jaune (térébenthine ; colophane), copal, sandaraque, sang-de-dragon, storax. *Résine de cannabis. La laque* est une résine.* ➤ **cire** (végétale), **gomme ; baume.** *Gomme*-résine.* ◆ *Résine du pin.* ➤ **galipot, gemme.** *La récolte de la résine se fait par incision des troncs. Huile de résine* : liquide siccatif. ■ **2** CHIM. Composé, naturel ou synthétique, utilisé dans la fabrication des matières plastiques*. ➤ **polymère.** *Résines «naturelles»* (galalithe). *Résines synthétiques, de synthèse* (bakélite, mélamine, nylon). *Résines vinyliques. Résine échangeuse d'ions. Résine époxy pour l'imprégnation des enroulements de transformateur. Résine thermodurcissable. Dent artificielle en résine. Réparer un bateau avec de la résine.*

RÉSINÉ, ÉE [Rezine] **adj. et n. m.** – 1562 ◊ de *résine* ■ *Vin résiné*, contenant de la résine de pin. *Le vin résiné est une spécialité grecque.* — **n. m.** *Un verre de résiné.* ■ HOM. Raisiné.

RÉSINER [Rezine] **v. tr.** ‹1› – *raisinner* 1382 ◊ de *résine* ■ TECHN. Enduire de résine. ◆ (1820) Récolter la résine de (un arbre). ➤ **gemmer.** ■ HOM. Raisiné.

RÉSINEUX, EUSE [Rezinø, øz] **adj. et n. m.** – 1538 ◊ latin *resinosus* ■ **1** Qui produit de la résine (➤ **résinifère**), une résine. *«Les arbres résineux, comme le sapin, sont rarement endommagés par les grandes gelées, ce qui peut venir de ce que leur sève est résineuse»* BUFFON. — *Bois résineux.* ■ **2** **n. m. pl.** (1868) *Les résineux* : arbres qui produisent de la résine. ➤ **conifère.** *Planter des résineux* (➤ **enrésiner**). Au sing. *Un résineux.* ■ **3** Propre à la résine ; qui rappelle la résine. *Aspect résineux. Odeur résineuse.*

RÉSINGLE [ʀezɛ̃gl] **n. f.** – 1752 n. m. ◊ p.-ê. du latin *cingula* «sangle» ; cf. dialectal *ceingle, single* ■ TECHN. Outil d'orfèvre, levier courbe, dont l'extrémité libre est arrondie, et qui sert à redresser des objets métalliques bosselés.

RÉSINIER, IÈRE [ʀezinje, jɛʀ] **n. et adj.** – 1824 ; nom d'un arbuste 1764 ◊ de *résine* ■ **1** Ouvrier, ouvrière qui récolte la résine des pins. *Résinier des Landes.* ■ **2 adj.** Relatif à la résine. *L'industrie résinière.*

RÉSINIFÈRE [ʀezinifɛʀ] **adj.** – 1812 ◊ de *résine* et *-fère* ■ DIDACT. Qui produit de la résine. ➤ **gemmifère, résineux.**

RÉSIPISCENCE [ʀesipisɑ̃s] **n. f.** – 1542 ; «retour à la raison» 1405 ◊ latin ecclésiastique *resipiscentia*, même racine que *sapere* ■ RELIG. OU LITTÉR. Reconnaissance de sa faute avec amendement. ➤ **regret, repentir ; pénitence.** *Amener qqn à résipiscence. «Je n'ai jamais pu repousser le pécheur qui venait à résipiscence»* BILLY.

RÉSISTANCE [ʀezistɑ̃s] **n. f.** – fin XIIIe ◊ du latin du Ve *resistentia*, de *resistere* → résister

I PHÉNOMÈNE PHYSIQUE ■ **1** Fait de résister, d'opposer une force (à une autre), de ne pas subir les effets (d'une action). *Résistance d'un corps au choc, d'une pierre à l'érosion, d'un textile à l'usure.* ■ **2** (fin XIVe) Force qui s'oppose à une autre, tend à l'annuler. *Un soufflet «est difficile à ouvrir ; et si on essaye de le faire, on y sent de la résistance»* PASCAL. *La résistance de l'air*, qui freine le déplacement d'un corps. *«L'épaule contre la fente des volets, il essayait de vaincre cette dernière résistance»* GREEN. ➤ **frein, obstacle.** ■ **3** SC. Capacité de résister, d'annuler ou de diminuer l'effet d'une force subie. *Résistance faible, nulle ; grande résistance. Résistance mécanique. Résistance à la compression, à la torsion, au choc* (➤ **résilience ;** cf. aussi Charge* de rupture). ◆ *Résistance des matériaux :* partie de la mécanique qui étudie le comportement des matériaux soumis à des forces, à des contraintes. ◆ BIOL. *La résistance vitale :* capacité pour un organisme de se maintenir en vie. *Résistance physiologique :* capacité de résister à la maladie en dehors de tout processus d'immunisation. *Résistance globulaire :* résistance des globules rouges aux substances qui produisent l'hémolyse. *Résistance d'un organisme, d'une bactérie aux antibiotiques.* ➤ **antibiorésistance ; ultrarésistant.** *Résistance à un insecticide.* ■ **4** (1883) ÉLECTR. *Résistance électrique :* aptitude d'un conducteur à s'opposer au passage d'un courant électrique, rapport entre la différence de potentiel aux bornes d'un conducteur et l'intensité qui le traverse. *L'ohm, unité de résistance. Inverse de la résistance.* ➤ **conductance.** *Résistance équivalente :* partie réelle de l'impédance* complexe d'un circuit. — Élément passif d'un circuit électrique. *La résistance est un circuit dissipatif.* ◆ (1883) COUR. *Une résistance :* un conducteur conçu pour dégager une puissance thermique déterminée. *Les résistances d'un fer à repasser. Résistance variable* (➤ **potentiomètre, rhéostat**). ■ **5** (fin XIVe) Qualité de ce qui résiste, caractère résistant. *Giacometti «n'aime pas la résistance de la pierre qui ralentirait ses mouvements»* SARTRE. ➤ **force, solidité.** *Résistance d'une plante,* son aptitude à supporter les intempéries. ➤ **rusticité.** ◆ Qualité physique d'une personne qui supporte aisément la fatigue, les privations et qui peut soutenir un effort intense. *En voyage, il «offrait une résistance étonnante à la fatigue»* GAUTIER. ➤ **endurance.** *Manquer de résistance, n'avoir aucune résistance.* — SPORT Le fait de fournir un effort très intense pendant un temps déterminé. *Travailler en résistance pour améliorer ses capacités en endurance.* ◆ (fin XVIIIe) *Plat de résistance* (dont on ne vient pas à bout facilement) : plat principal d'un repas.

II ACTION HUMAINE ■ **1** (1527) Action par laquelle on essaie de rendre sans effet (une action dirigée contre soi). *La résistance à l'oppression est un des droits naturels et imprescriptibles. «Quand l'autorité devient arbitraire et oppressive [...] la résistance est le devoir et ne peut s'appeler révolte»* MIRABEAU. *Résistance passive :* refus d'obéir. *«Les instructions du syndicat sont formelles : résistance passive ; éviter soigneusement tout conflit»* GIDE. ➤ **non-violence.** *Résistance active :* action de s'opposer activement. ➤ **désobéissance, insurrection, rébellion, sédition.** *«D'ailleurs, il n'était pas un homme de résistance. Il n'aimait lutter contre personne»* MAUPASSANT. *Opposer une résistance farouche, opiniâtre à qqn. Il «fut emmené sans résistance par les soldats»* MÉRIMÉE. ◆ Ce qui s'oppose à la volonté de qqn. ➤ **obstacle, opposition.** *«L'art commence à la résistance : à la résistance vaincue»* GIDE. *Cela ne se fera pas sans résistance.* ➤ **difficulté, réaction, refus.** *Vaincre une résistance, venir à bout d'une résistance. «Le projet le mieux conçu se heurte à des résistances qui le font souvent échouer»* SARTRE. ◆ (1907) PSYCHAN. Ce qui s'oppose, dans le comportement d'un sujet analysé, à la libre association des idées et au progrès de la cure. *Les résistances du malade sont des défenses inconscientes. Levée des résistances.* ■ **2** (début XVe) Action de s'opposer à une attaque par les moyens de la guerre. *Résistance armée d'une place assiégée.* ➤ 1 **défense.** *«Un peuple dont la résistance aux armées hitlériennes fut exemplaire»* MALRAUX. ■ **3** (1940) Opposition des Français à l'action de l'occupant allemand et du gouvernement de Vichy pendant la Seconde Guerre mondiale. *Faire de la résistance. «Une organisation qui nous permettrait [...] de susciter sur le territoire la résistance dans tous les domaines»* DE GAULLE. *Conseil national de la Résistance* (C. N. R., 1943). *Médaille de la Résistance.* — (1940) L'organisation par laquelle la résistance française agissait. *Entrer dans la Résistance* (cf. Prendre le maquis*). *Les combattants de la Résistance.* ➤ **résistant.** ◆ Opposition des habitants d'un pays à l'action d'un occupant. *La résistance palestinienne, afghane.* ■ **4** Action de résister moralement. *«Le secret d'un homme [...] c'est la limite même de sa liberté, c'est son pouvoir de résistance aux supplices et à la mort»* SARTRE. ◆ (NON QUALIFIÉ) Qualité d'une personne qui supporte sans faiblir les souffrances, les soucis, l'adversité. ➤ **fermeté, force** (morale), **ténacité.** *Les limites de la résistance. «il y en avait qui n'avaient pas de résistance et qui se mettaient à pleurer»* NIZAN.

■ **CONTR.** Faiblesse, fragilité. Assentiment. Soumission. Abdication. Attaque.

RÉSISTANT, ANTE [ʀezistɑ̃, ɑ̃t] **adj. et n.** – 1355 *resistens* n. ◊ de *résister* ■ **1** Qui résiste, oppose une force annulant ou diminuant la force subie. *La matière «je la crois étendue, solide, résistante»* VOLTAIRE. *L'air, milieu résistant.* — PAR MÉTAPH. *«La foule ne marchait plus, c'était un bloc résistant, massif, solide, compact»* HUGO. ◆ ÉLECTR. Qui présente une résistance électrique. *Le cuivre est moins résistant que l'aluminium.* ■ **2** Qui résiste bien à l'effort, à l'usure. ➤ **solide.** *L'acier est plus résistant que le fer.* ➤ **tenace.** *Vêtements très résistants* (cf. À toute épreuve*). ■ **3** (Êtres vivants) Qui supporte facilement l'effort, la fatigue. *Cheval résistant.* ➤ **endurant,** 1 **fort, robuste.** — *Plante très résistante.* ➤ **rustique.** ■ **4** RARE Qui résiste, s'oppose aux volontés d'autrui. ➤ **désobéissant, rebelle.** *Le petit clergé gallican «s'est montré dans son ensemble, farouchement résistant»* SARTRE. ◆ SPÉCIALT *Un résistant, une résistante :* patriote appartenant à la Résistance, pendant la Seconde Guerre mondiale. *Les résistants du maquis.* ➤ **franc-tireur, maquisard.** *«Battus, brûlés, aveuglés, rompus, la plupart des résistants n'ont pas parlé»* SARTRE. *Résistants de la dernière heure. «personne de plus furieux que les résistants des dernières heures, quelque chose à prouver, se rattraper, montrer qu'ils y sont, du bon côté»* L. MAUVIGNIER. — Patriote s'opposant à l'occupation de son pays. *Résistant palestinien.* ➤ **fedayin.**

■ **CONTR.** Fragile. Soumis ; capitulard, collaborateur.

RÉSISTER [ʀeziste] **v. tr. ind.** ⟨1⟩ – 1327 sens II ◊ latin *resistere*, de *sistere* «s'arrêter»

RÉSISTER À.

I (EN PARLANT DE CE QUI EST MATÉRIEL OU PASSIF) ■ **1** (Choses) Ne pas céder sous l'effet de (une force). *Ces murailles ont résisté au séisme.* — ABSOLT *«Je saisis une branche [...] et je tirai. Elle résista, plia, craqua, mais tint bon»* BOSCO. *«Si ce boulon résiste encore, je le ferai sauter d'un coup de marteau»* SAINT-EXUPÉRY. ◆ Ne pas s'altérer sous l'effet de. *Plat qui résiste au feu. «Ce bois* [le cèdre] *résiste à l'action de l'eau pendant cent ans et plus»* JARRY. *Résister à l'épreuve du temps. «Les couleurs presque inaltérables [...] ont résisté aux siècles, gardé leur éclat»* LOTI. ■ **2** (Êtres vivants) Ne pas être détruit, ne pas être affaibli par (ce qui menace l'organisme). *Résister à la fatigue, à la douleur.* ➤ **surmonter.** *«Il faut que j'aie un tempérament herculéen pour résister aux atroces tortures où mon travail me condamne»* FLAUBERT. ➤ **souffrir, supporter.** *Plante rustique qui résiste au gel, à la sécheresse. Virus qui résiste à l'alcool, à la chaleur.* — ABSOLT *Son cœur n'a pas résisté* (cf. Tenir le coup*). ■ **3** VIEILLI Supporter sans faiblir (ce qui est moralement pénible, dangereux). *«Quoiqu'à peine à mes maux je puisse résister»* CORNEILLE. ■ **4** (Choses abstraites) Se maintenir, survivre. *La douleur résiste au temps. L'amour ne résiste pas à l'habitude. «Ça n'est pas grand-chose, la confiance, quand ça ne résiste pas à huit jours d'attente»* SARTRE. ◆ (En parlant d'une idée, d'une affirmation) *Cet argument ne résiste pas à l'analyse* (cf. Tenir la route).

II (EN PARLANT DE CE QUI EST ACTIF, VOLONTAIRE) ▪ **1** Faire effort contre l'usage de la force. *Il «le poussa vers la porte, Philippe voulut résister»* SARTRE. *Il résista aux agents qui venaient le chercher.* ➤ se **débattre.** ◆ S'opposer par les moyens de la guerre. ➤ se **défendre** (cf. Faire front*). *Résister à une offensive, à l'envahisseur. Résister pied à pied. «Les Cambriens ont résisté deux cents ans par les armes, et plus de mille ans par l'espérance»* MICHELET. ➤ **tenir.** ▪ **2** S'opposer à (ce qui contrarie les désirs, menace la liberté). ➤ se **dresser** contre. *«Souffrez que je résiste à votre volonté»* MOLIÈRE. *«Il est des cas où le gouvernement a le droit et le devoir de résister à l'opinion»* RENAN. ➤ **lutter** contre. *Résister à toutes les pressions. Résister à l'oppression.* ➤ **s'insurger,** se **rebeller,** se **révolter ; résistance.** *Rien ne lui résistait.* ▪ **3** Faire front à (qqn). *Elle résiste à son père.* ➤ **s'opposer** (cf. Tenir tête*). *Il n'aime pas qu'on lui résiste.* ➤ **désobéir.** ◆ SPÉCIALT Repousser* le désir de (qqn). *«Oui, morte ! Elle me résistait, je l'ai assassinée»* DUMAS. ▪ **4** S'opposer à (ce qui plaît, séduit). *«Elle ne résistait pas au bon marché [...] elle achetait sans besoin»* ZOLA. *«Sans dot [...] Le moyen de résister à une raison comme celle-là !»* MOLIÈRE. ◆ Lutter contre (un sentiment, un désir). *Résister à ses passions. «Une tentation commençait [...] J'y résistais, en sachant que j'y succomberais»* BOURGET. *Je ne résiste pas à l'envie, au plaisir de...* ABSOLT *Je ne résiste pas, je craque !* — VX ou LITTÉR. (suivi de l'inf.) Se refuser à. *«Je ne suis pas amateur de prémonitions ; je résiste à croire à ces attractions mystérieuses»* VALÉRY.

▪ CONTR. Céder, fléchir. Faiblir. — Capituler, rendre (se), succomber.

RÉSISTIBLE [rezistibl] **adj.** – 1688 ◇ de *résister* ▪ RARE À qui, à quoi l'on peut résister. *«Une attraction sans violence, mais difficilement résistible»* GRACQ. *«La Résistible Ascension d'Arturo Ui», titre français d'une pièce de B. Brecht.* ▪ CONTR. Irrésistible (cour.).

RÉSISTIF, IVE [rezistif, iv] **adj.** – 1981 ◇ de *résistivité* ▪ SC. Doué de résistance*. *La partie résistive d'une impédance.* ◆ Qui correspond à une variation de résistance. — *Écran (tactile) résistif,* qui perçoit les points de pression par variation de résistance (opposé à *capacitif*).

RÉSISTIVITÉ [rezistivite] **n. f.** – 1896 ◇ anglais *resistivity,* de *resistive* «résistant» ▪ ÉLECTR. Résistance spécifique d'un matériau (mesurée en ohm mètre). *Résistivité presque nulle.* ➤ **supraconductivité.** *Inverse de la résistivité.* ➤ **conductivité.** ▪ CONTR. Conductivité.

RESITUER [rəsitɥe] **v. tr.** ‹1› – 1912 ◇ de *re-* et *situer* ▪ Situer, abstraitement, par rapport au reste. *Il faut resituer ce débat dans son époque, dans son contexte.*

RESOCIALISATION [rəsɔsjalizasjɔ̃] **n. f.** – 1975 ◇ de *re-* et *socialisation* ▪ Remise dans un fonctionnement social normal (d'une personne qui en était exclue). ➤ **réinsertion.** *Resocialisation d'un malade à la sortie de l'hôpital. Resocialisation par le travail.*

RÉSOLU, UE [rezɔly] **adj.** – 1549 ; «brisé, décomposé» 1372 ◇ de *résoudre* ▪ **1** Qui sait prendre hardiment une résolution et s'y tenir. ➤ **décidé, déterminé,** 1**ferme, hardi, opiniâtre.** *La garnison «était résolue. Personne n'y tremblait»* GOBINEAU. *Un adversaire résolu de la peine de mort.* — PAR EXT. *Un air résolu.* ➤ **assuré.** *«un paradoxal mélange de [...] pessimisme réfléchi [...] et d'optimisme résolu»* MARTIN DU GARD. ▪ **2** Qui a pris la décision de. ➤ 1**prêt.** *Être résolu à faire qqch. J'y suis résolu. Résolu à la conciliation. «tranquille et comme résolu à tout»* SAND.

▪ CONTR. Irrésolu.

RÉSOLUBLE [rezɔlybl] **adj.** – XVe ; chim. «soluble» 1390 ◇ latin *resolubilis,* de *resolvere* → résoudre ▪ DIDACT. ▪ **1** Qu'on peut décomposer en ses éléments constituants. ▪ **2** (1715) Qui peut recevoir une solution. *Problème, question résoluble.* ➤ **soluble.** — LOG. ➤ **décidable.** ▪ **3** (1804) DR. Sujet à résolution. *Droit, contrat résoluble.* ➤ **annulable.**

RÉSOLUMENT [rezɔlymɑ̃] **adv.** – 1510 ; «tout à fait» v. 1400 ◇ de *résolu* ▪ D'une manière résolue, décidée ; sans hésitation. ➤ **délibérément, franchement.** *Nous sommes «résolument contre tout ce qui peut mener à la guerre»* ARAGON. ◆ SPÉCIALT Avec une résolution qui dénote du courage, de l'intrépidité. ➤ **courageusement, énergiquement.** *S'avancer résolument contre l'ennemi. Je les attendais résolument,* de pied ferme*.

RÉSOLUTIF, IVE [rezɔlytif, iv] **adj.** – 1314 ◇ du latin *resolutum,* de *resolvere* → résoudre ▪ **1** MÉD. Se dit d'un médicament qui détermine la résolution (I, 2°) d'un engorgement, qui calme une inflammation. *Cataplasme résolutif.* SUBST. *Un résolutif.* ▪ **2** (1521) VX Qui résout, décide. *«La justice est résolutive, et ensuite elle est inflexible»* BOSSUET.

RÉSOLUTION [rezɔlysjɔ̃] **n. f.** – *resolucion* «dissolution, désagrégation» v. 1270 ◇ latin *resolutio,* de *resolvere* → résoudre

I ACTION DE RÉSOUDRE (I) ; SON RÉSULTAT ▪ **1** DIDACT. Transformation (d'une chose) en ses éléments. *Résolution de l'eau en vapeur, de la neige en eau.* ▪ **2** (1314) MÉD. Disparition progressive et sans suppuration (d'un engorgement, d'une inflammation). *Résolution d'une tumeur, d'un abcès.* ➤ **résorption ; résolutif.** ◆ *Résolution musculaire :* abolition ou diminution de la contractilité musculaire. — (Sens affaibli) Détente, relâchement. *Il «respira lentement, à sa manière, pour se reposer, pour obtenir la résolution des muscles»* DUHAMEL. ▪ **3** (1549) DR. Dissolution, annulation (d'un contrat) pour inexécution des conditions. *Résolution d'un bail, d'une vente.* ➤ **rédhibition, rescision, résiliation, révocation.** *Résolution de plein droit et résolution judiciaire.* ▪ **4** LOG. Opération intellectuelle consistant à décomposer un tout en parties, ou une proposition en propositions plus simples. ➤ **analyse.** ◆ MATH. *Résolution d'une équation,* détermination de ses racines. — GÉOM. *Résolution d'un triangle.* ➤ **triangulation, trigonométrie.** ◆ COUR. Opération par laquelle l'esprit résout (une difficulté, un problème). ➤ **solution.** *Résolution d'un cas de conscience. — La résolution d'un conflit.* ▪ **5** (1834) MUS. Procédé harmonique qui consiste à faire suivre une dissonance* par un accord ou par un intervalle consonant*. *Résolution de la septième sur la quinte.* ▪ **6** PHYS. Aptitude à mesurer une petite valeur d'une grandeur physique. ◆ MÉTROL., OPT. *Limite de résolution :* différence minimale perceptible entre deux valeurs d'une grandeur mesurée par un instrument. *La limite de résolution d'une lunette ou d'un télescope est un angle, celle d'un microscope est une longueur. Pour l'œil, la limite de résolution est d'environ une minute d'angle. — Pouvoir de résolution* (ou *pouvoir séparateur*) : inverse de la limite de résolution. ➤ **résolvance.** ◆ COUR. *Résolution (d'une image numérique, d'une impression),* nombre d'informations (pixels, points, bits) utilisé pour l'affichage, la reproduction. ➤ **définition** (4°). *Imagerie en haute résolution. Écran (à) haute résolution.*

II FAIT DE, CAPACITÉ À SE DÉTERMINER (➤ **résoudre,** II) ▪ **1** (1536) Décision volontaire arrêtée après délibération et avec intention de s'y tenir. ➤ **dessein, détermination,** 1**parti.** *«Il consulte dans sa tête, agite, raisonne, balance, prend sa résolution»* MOLIÈRE. *Prendre la résolution d'arrêter de fumer.* ➤ **décider.** *Ma résolution était prise.* ➤ **décision.** *Résolution inébranlable. Les «résolutions décisives que prennent brusquement les hésitants et les timides»* MAUPASSANT. *Les bonnes résolutions du jour de l'an.* ◆ (1875) DR. Décision qui résulte du vote d'une seule Chambre, et n'a pas valeur de loi. — (1845) COUR. Décision prise par une assemblée. *Résolutions prises par le congrès d'un parti.* ➤ **programme.** *Résolution de l'Assemblée générale des Nations unies. Résolution adoptée à l'unanimité.* ▪ **2** (1580) Attitude, caractère d'une personne qui prend des décisions énergiques et s'y tient. ➤ **décision, détermination, fermeté, opiniâtreté, persévérance, ténacité.** *Avoir de la résolution.* ➤ **volonté.** *«La résolution met le feu au regard»* HUGO. *S'avancer avec résolution. «Cet homme [Turenne] de si grande résolution était hésitant de parole, trivial, ennuyeux, filandreux»* MICHELET.

▪ CONTR. Incertitude, irrésolution, perplexité.

RÉSOLUTOIRE [rezɔlytwaʀ] **adj.** – 1701 ◇ bas latin *resolutorius,* de *resolutum,* supin de *resolvere* → résoudre ▪ DR. Qui entraîne la résolution (I, 3°) (d'un contrat). *Clause, condition, convention résolutoire.*

RÉSOLVANCE [rezɔlvɑ̃s] **n. f.** – v. 1970 ◇ de *résolvant* ▪ MÉTROL. Pouvoir de résolution*, pouvoir séparateur.

RÉSOLVANT, ANTE [rezɔlvɑ̃, ɑ̃t] **adj.** – 1314 ◇ de *résoudre* ▪ **1** MÉD. VX Résolutif. ▪ **2** PHOTOGR. Capable de rendre des détails (surface sensible).

RÉSOLVANTE [rezɔlvɑ̃t] **n. f.** – 1932 ◇ de *résolvant* ▪ MATH. *Résolvante d'une équation :* seconde équation qui permet la résolution de la première.

RÉSONANCE [rezɔnɑ̃s] **n. f.** – v. 1450 mus. ◇ de *résonner* ▪ **1** Prolongement ou amplification des sons dans certains milieux sonores (➤ **résonner**). *«Dans ce tombeau, un grignotement de rat [...] prenait des résonances étranges»* GAUTIER. — *Caisse de résonance :* enceinte fermée où se produisent des phénomènes de résonance. — *La bouche et les fosses nasales forment des cavités de résonance pour les sons du langage.*

♦ Propriété d'un lieu où ce phénomène se produit. ➤ **sonorité.** *La résonance d'une voûte.* ▪ **2** LITTÉR. Effet de ce qui se répercute dans l'esprit, le cœur. ➤ **écho, retentissement.** *Ce thème éveillait en moi des résonances profondes. «Tel mot change de timbre, de résonance et presque de signification selon qu'il est employé par un poète ou par un prosateur»* DUHAMEL. ▪ **3** (1862) SC. Augmentation de l'amplitude d'un système physique en vibration lorsque la vibration excitatrice se rapproche d'une fréquence naturelle de ce système. *Fréquence, pulsation de résonance. Résonance du son, de la voix* (cf. sens cour. 1°). — *Être, entrer en résonance.* ♦ ÉLECTR. Phénomène tendant à produire des courants relativement importants dans des circuits qui réagissent mutuellement. *Résonance magnétique,* à certaines fréquences, de corpuscules ayant un moment magnétique et excités par un champ magnétique. ♦ PHYS. *Résonance magnétique nucléaire (R. M. N.) :* absorption et émission de radiofréquences dues à l'oscillation et à la réorientation des spins nucléaires en présence de champs magnétiques externes ou internes. *La résonance magnétique nucléaire a de nombreuses applications en chimie et en médecine. Imagerie par résonance magnétique.* ➤ **IRM, remnographie.** ♦ PHYS., CHIM. *Spectre de résonance :* ensemble de rayonnements émis par des atomes revenant à l'état fondamental, après avoir été portés à des états de plus grande énergie. *Phase de résonance. Potentiel de résonance :* tension à laquelle un atome peut émettre une radiation. — *Niveau de résonance nucléaire :* niveau d'énergie d'excitation d'un neutron en collision avec un noyau. — CHIM. *Théorie de la résonance :* théorie expliquant la grande stabilité du benzène et des acides carboxyliques par la délocalisation des électrons pi qui peuvent se déplacer en phase le long d'une chaîne carbonée.

RÉSONATEUR [ʀezɔnatœʀ] **n. m.** – 1868 ◊ calque de l'allemand *Resonator* (Helmholtz, 1859), formé sur le latin *resonare* → résonner ▪ SC. Appareil où peut se produire un phénomène de résonance ; milieu matériel capable d'entrer en vibration sous l'influence d'un excitateur. *Résonateur acoustique. Amplifier les sons à l'aide d'un résonateur.* — SPÉCIALT *Résonateur électrique. Résonateur de Hertz.* — *Résonateur nucléaire.*

RÉSONNANT, ANTE [ʀezɔnɑ̃, ɑ̃t] **adj.** – 1531 ◊ de *résonner* ▪ **1** VIEILLI ou POÉT. Qui résonne. ➤ **retentissant, sonore.** *Voix claire et résonnante.* ▪ **2** PHYS. Qui est le siège d'un phénomène de résonance. *Système résonnant. Chambre résonnante. Circuit électrique résonnant formé d'une résistance, d'une inductance et d'un condensateur. Spectroscopie par absorption résonnante.* — On écrit aussi *résonant, ante.* ▪ **HOM.** poss. Raisonnant.

RÉSONNER [ʀezɔne] **v. intr.** ⟨1⟩ – *résoner* v. 1150 ◊ latin *resonare* ▪ **1** Produire un son accompagné de résonances. *«Tous les jours, à cinq heures du matin, la cloche résonnait faiblement»* MUSSET. ➤ **sonner, tinter.** *Des pas résonnaient sur la chaussée.* ▪ **2** Retentir en s'accompagnant de résonances (son). *«Au pied de la montagne, le matin, les voix résonnent comme dans un corridor»* M. JACOB. *«Résonnait de Schubert la plaintive musique»* MUSSET. ▪ **3** S'emplir de bruit, d'échos, de résonances (lieu). ➤ **retentir.** *Faire insonoriser une salle qui résonne trop.* — *«La rue Raynouard à six heures, après la pluie, résonnait de cris d'oiseaux et d'appels d'enfants»* COLETTE. ▪ **HOM.** poss. Raisonner.

RÉSORBER [ʀezɔʀbe] **v. tr.** ⟨1⟩ – 1761 ◊ latin *resorbere* ▪ **1** Opérer la résorption de (une sérosité, une tumeur). *On a pu résorber rapidement l'épanchement.* — PRONOM. Disparaître par résorption. *L'hématome se résorbe lentement.* ▪ **2** (1856) FIG. Faire disparaître par une action interne et progressive. ➤ **absorber, éliminer, éponger, supprimer.** *«Ce n'est pas en distribuant du grain qu'on sauvera la Kabylie de la faim, mais en résorbant le chômage»* CAMUS. — PRONOM. *«Il faudra des années pour que la tempête se résorbe»* ROMAINS.

RÉSORCINOL [ʀezɔʀsinɔl] **n. m.** – 1955 ◊ de *ré(sine), orcine* et *(phén)ol* ▪ CHIM. MÉD. Phénol de formule $C_6H_4(OH)_2$, employé en médecine comme antiseptique et dans l'industrie pour la préparation de certains colorants (éosines, fluorescéines...). — On dit aussi **RÉSORCINE n. f.**, 1865.

RÉSORPTION [ʀezɔʀpsjɔ̃] **n. f.** – 1746 ◊ de *résorber,* d'après *absorption* ▪ **1** PHYSIOL. Passage (d'une substance) à travers une muqueuse. ➤ **absorption.** *Résorption intestinale d'un médicament pris par la bouche.* ♦ MÉD. Disparition (d'un fluide) d'une cavité ou d'un tissu. *Résorption d'un épanchement de la plèvre.* ♦ Disparition progressive après dégénérescence. *Résorption physiologique des dents temporaires.* ▪ **2** PHYS. Absorption par un corps ou un système (de particules) qui avaient été libérées d'une absorption antérieure. — PHYS. NUCL. Diffusion en arrière de particules chargées. ▪ **3** FIG. COUR. Suppression graduelle, disparition progressive (d'un phénomène nuisible). *Résorption du chômage, de l'inflation.*

RÉSOUDRE [ʀezudʀ] **v. tr.** ⟨51 ; p. p. *résolu* et *résous, oute*⟩ – 1330 ; *résous* p. p. XIIe ◊ latin *resolvere,* refait sur l'ancien français *soudre*

I Transformer en ses éléments ou faire disparaître. ➤ **résolution** (I). ▪ **1** DIDACT. ou LITTÉR. Transformer, dissoudre. ➤ **décomposer.** *«Le feu résout le bois en cendre et en fumée»* LITTRÉ. — *Brouillard résous /résout/, vapeur d'eau résoute en pluie. «Des bandeaux finalement résolus en deux tresses vigoureuses»* DUHAMEL. ♦ **SE RÉSOUDRE.** *Eaux se résolvant par l'évaporation. Les nuages de grêle se résolvent en eau.* — FIG. *«l'excès d'émotion se résout en stupeur»* HUGO. ▪ **2** MÉD. Résorber, faire disparaître (➤ **résorption**). *Résoudre une tumeur, un engorgement.* ▪ **3** DR. Annuler (une convention, une vente) pour non-exécution des obligations de l'une des parties. ➤ **résilier, révoquer.** *«Le marché ne tint pas, il fallut le résoudre»* LA FONTAINE. ▪ **4** VIEILLI Décomposer, réduire par voie d'analyse. ➤ **analyser.** *«diviser chacune des difficultés [...] en autant de parcelles [...] qu'il serait requis pour les mieux résoudre»* DESCARTES. ▪ **5** COUR. Découvrir la solution de. *Résoudre une équation. Tenter de résoudre des questions philosophiques, politiques. Résoudre des difficultés, un conflit. Résoudre une énigme.* ➤ **deviner, trouver.** — *La question est résolue.* ▪ **6** MUS. Effectuer la résolution* de. *Résoudre une dissonance.*

II ▪ **1** (de *résolu* «décidé») Déterminer (qqn) à prendre une résolution. *«Et l'on peut me réduire à vivre sans bonheur, Mais non pas me résoudre à vivre sans honneur»* CORNEILLE. *Rien ne me résoudra à ces compromissions.* ♦ (PRONOM. RÉFL.) **SE RÉSOUDRE À :** se décider à. *Se résoudre à faire qqch.* ➤ **se déterminer.** ▪ **2** Arrêter, décider par une résolution. ➤ **statuer.** *Ils ont résolu sa mort. Sa perte est résolue.* (Plus rare) *On ne peut rien résoudre.* — *Résoudre de* (et l'inf.). *«Je résolus de visiter cette île»* FRANCE.

RESPECT [ʀɛspɛ] **n. m.** – 1287 ◊ latin *respectus,* de *respicere* → répit ▪ **1** VX Fait de prendre en considération. — LOC. *Au respect de :* à l'égard de, par rapport à. ▪ **2** (avant 1540) MOD. Sentiment qui porte à accorder à qqn une considération admirative, en raison de la valeur qu'on lui reconnaît, et à se conduire envers lui avec réserve et retenue. ➤ **déférence.** *S'attirer, inspirer le respect* (cf. En imposer). *«Le respect est une barrière qui protège autant un père et une mère que les enfants»* BALZAC. *Respect mutuel. Avoir, témoigner du respect à, envers, pour qqn, à l'égard de qqn. Traiter, écouter qqn avec respect. Formules, marques, signes extérieurs du respect.* ➤ **politesse, révérence.** — *Manquer de respect envers qqn :* être irrespectueux, irrévérencieux. *Manquer de respect à une femme,* se permettre des privautés avec elle. *«Il eût bravé mille morts plutôt que de souffrir qu'on manquât de respect à sa maîtresse»* GAUTIER. — *Le respect de qqn,* qu'il témoigne. *Le respect pour qqn,* qu'on lui témoigne. — LOC. *Sauf votre respect, sauf* (ou *avec*) *le respect que je vous dois,* se dit pour s'excuser d'une parole trop libre, un peu choquante. *«Et, sauf votre respect, vous avez quel âge ?»* MONTHERLANT. — Considération dénuée de mépris. *La mixité passe par le respect.* — **interj.** *Respect !, Total respect !* (pour saluer une performance, marquer son admiration). ♦ PAR EXT. Sentiment de vénération dû au sacré. ➤ **culte ; adoration, piété.** *Se prosterner avec respect. Le respect pour les morts.* ♦ (Appliqué à une chose abstraite) *Respect d'un idéal. Par respect pour le passé. Le respect d'un texte ; de la loi, des libertés. «À traiter les productions de l'esprit avec un respect qui ne s'adressait autrefois qu'aux grands morts, on risque de les tuer»* SARTRE. ♦ *Le respect de soi :* le fait de se respecter. *L'honneur «C'est le respect de soi-même et de la beauté de sa vie»* VIGNY. ➤ **dignité ; amour-propre.** ▪ **3** (XVIIe) AU PLUR. VX Témoignage de respect. *«Tous ces soupirs, tous ces respects sont des embûches qu'on tend à notre cœur»* MOLIÈRE. ➤ **égard.** — MOD. (expr. de politesse) *Présenter ses respects à qqn.* ➤ **hommage.** *Mes respects,* formule de politesse adressée à un officier par son inférieur. ▪ **4** Considération pour une chose jugée bonne, avec le souci de ne pas y porter atteinte, de ne pas l'enfreindre. *«La fidélité n'est qu'un respect pour nos engagements»* VAUVENARGUES. *Le respect de l'étiquette, des convenances.* ▪ **5** (XVIIe) VIEILLI **RESPECT HUMAIN** [ʀɛspɛ(k)ymɛ̃] : crainte du jugement des autres, qui conduit à éviter certaines attitudes. *«Il n'y avait plus aucune fausse honte, aucun respect humain»* JOUHANDEAU. ▪ **6** LOC. (1675) *Tenir qqn en respect,* le tenir à distance avec une arme. *«Ils ont reculé lentement, sans cesser [...] de nous tenir en respect avec le couteau»* CAMUS.

▪ **CONTR.** Insolence, irrévérence ; blasphème. Infraction, non-respect.

RESPECTABILISER [ʀɛspɛktabilize] v. tr. ⟨1⟩ – 1985 ◊ de *respectable* ■ Rendre respectable ; donner un air respectable à. *Respectabiliser des terroristes.* — PRONOM. *Parti politique qui cherche à se respectabiliser et à se blanchir.*

RESPECTABILITÉ [ʀɛspɛktabilite] n. f. – 1784 ◊ anglais *respectability,* d'après *respectable* ■ Caractère d'une personne ou d'une chose respectable. *La respectabilité d'un notable.* — Apparence d'honorabilité. *« Le pharisaïsme avait mis le salut au prix* [...] *d'une sorte de "respectabilité" extérieure »* RENAN.

RESPECTABLE [ʀɛspɛktabl] adj. – v. 1470 ◊ de *respecter* ■ 1 Qui est digne d'être respecté. ➤ **estimable, honorable.** *« Ce qui est vieux doit rester vieux ; comme tel, il est respectable »* RENAN. *Ce respectable vieillard.* ➤ 1 **auguste, digne.** *Une institution respectable.* — IRON. *Deux ou trois respectables matrones.* — *Air, allure respectable* (cf. Comme* il faut). *Vos scrupules sont très respectables.* — LITTÉR. *Respectable à :* qui mérite d'être respecté, qui est respecté par. *« Rendons l'homme respectable à l'homme ! Grave parole* [de Duport]. *L'homme, la vie de l'homme, n'étaient déjà plus respectés »* MICHELET. ➤ **respectabiliser.** ■ 2 (v. 1850) (D'une mesure) Assez important, digne de considération. ➤ **grand.** *Somme respectable et rondelette. Une salle de dimensions respectables. Des poissons de taille respectable.* ■ CONTR. 1 Bas, méprisable. Insignifiant, négligeable.

RESPECTER [ʀɛspɛkte] v. tr. ⟨1⟩ – 1554 ; *respoitier* « épargner » 1155 ◊ de *respect* ■ 1 Considérer avec respect, honorer* d'une déférence profonde, marquée. ➤ **révérer, vénérer.** *Respecter ses parents. La discipline « exige aussi que le chef soit digne d'être respecté »* MAUROIS. *Professeur qui sait se faire respecter* (➤ aussi **craindre**). — SPÉCIALT Traiter avec respect, en évitant de choquer. *« Mais le lecteur français veut être respecté »* BOILEAU. — S'abstenir de toute privauté avec (une femme). *« Le jeune duc aimait les femmes ;* [...] *il n'était à son aise qu'avec celles qu'on ne respecte pas »* BALZAC. ■ 2 Conserver en bon état. *Respecter la nature. Respectez les pelouses !* ne marchez pas dessus. *Respecter les lieux publics.* — *Reproduction qui respecte les couleurs. Ces vandales ne respectent rien ! « Tuez les hommes, mais respectez les œuvres »* R. ROLLAND. — FIG. Ne pas porter atteinte à. *« Les Romains respectaient la lettre aux dépens de l'esprit »* MICHELET. ➤ **garder, observer.** *Respecter les convenances, les formes. « Je respecte la tradition, les coutumes, les lois établies »* GIDE. ➤ **obéir** (à). *Respecter l'intégrité territoriale de la France. Respecter une opinion, à défaut de la partager.* — Ne pas troubler, ne pas déranger. *Respecter le silence. Respecter une grande douleur. Faire respecter l'ordre public.* ■ 3 Tenir compte de. ➤ **suivre.** *Respecter la mesure. Respecter les proportions.* ■ 4 **SE RESPECTER** v. pron. Agir de manière à conserver l'estime de soi-même. ◆ loc. adj. FAM. **QUI SE RESPECTE :** qui est fidèle à son métier, à ce que la tradition veut qu'il soit. *L'artiste qui se respecte travaille avec désintéressement.* (PAR PLAIS.) Digne de ce nom. *« Ce besoin de forfanterie* [...] *propre à tout soldat qui se respecte »* COURTELINE. ■ CONTR. Mépriser ; profaner. 1 Dégrader, démolir, polluer ; compromettre, déroger, enfreindre, violer.

RESPECTIF, IVE [ʀɛspɛktif, iv] adj. – 1680 ◊ latin scolastique *respectivus,* de *respectus* ■ Qui concerne chaque chose, chaque personne parmi plusieurs. *Ils eurent à troquer leurs places respectives. « Sa visite n'a été que confrontation et interrogatoire sur nos sentiments respectifs pour vous »* LOTI. — AU SING. COLLECT. *« La position respective des astres »* LAPLACE.

RESPECTIVEMENT [ʀɛspɛktivmɑ̃] adv. – 1415 ◊ de *respectif* ■ 1 Chacun en ce qui le concerne. *Les parents veillent respectivement à l'éducation des enfants.* ■ 2 À l'égard de chacun. *« Il avait cessé toutes relations avec ces personnes respectivement depuis vingt, quinze et dix ans »* MONTHERLANT.

RESPECTUEUSEMENT [ʀɛspɛktɥøzmɑ̃] adv. – 1636 ◊ de *respectueux* ■ Avec respect, en témoignant du respect. *S'écarter respectueusement. Parler, écrire respectueusement à qqn.*

RESPECTUEUX, EUSE [ʀɛspɛktɥø, øz] adj. et n. f. – 1549 ◊ de *respect* ■ 1 Qui éprouve ou témoigne du respect, de la déférence. *Des fils tendres et respectueux. « Derrière le corbillard* [...] *une foule* [...] *respectueuse et consternée »* CHARDONNE. — *Respectueux envers ses parents, pour qqn, avec qqn, à l'égard d'une valeur morale. Respectueux des autres comme de lui-même.* ◆ n. f. (de « *La P... respectueuse* », pièce de Sartre, 1946) FAM. Prostituée. ■ 2 Qui marque du respect. *Ton, silence respectueux. Lettre respectueuse. Il « avait jeté cette épître à la poste* [...] *Il y disait, en termes respectueux, qu'il aimait depuis longtemps la jeune fille »* MAUPASSANT. — (Expr. de politesse) *Recevez l'expression de ma respectueuse considération.* ◆ PAR EXT. *Rester à distance respectueuse,* à une distance assez grande, par respect ou par crainte. *« Je marchais à une distance respectueuse de mon guide »* BALZAC. ■ 3 **RESPECTUEUX DE :** qui maintient (qqch.) en bon état. *Respectueux du bien d'autrui, de l'environnement.* — Qui est soucieux de ne pas porter atteinte à, qui admet (qqch.). *Les Anglais « sont plus tolérants, plus respectueux des singularités d'autrui »* ROMAINS. *Être respectueux des formes, de la tradition. Respectueux de la différence.* ■ CONTR. Irrespectueux, irrévérencieux, méprisant ; leste.

RESPIR ou **RESPIRE** [ʀɛspiʀ] n. m. – 1530, — XIXe ◊ déverbal de *respirer* ■ VX ou RÉGION. (Canada) Respiration, souffle ; haleine. *« le cœur fou, le respir suspendu »* M. LABERGE. *Prendre un grand respir.* ➤ **inspiration.**

RESPIRABLE [ʀɛspiʀabl] adj. – 1686 ; « propre à la respiration » XVe ◊ de *respirer* ■ Qu'on peut respirer, qui est propre au fonctionnement normal de la respiration. *Air surchauffé, peu respirable.* — FIG. *L'atmosphère n'est pas respirable, ici.* ➤ **supportable.** ■ CONTR. Irrespirable.

RESPIRANT, ANTE [ʀɛspiʀɑ̃, ɑ̃t] adj. – 1988 ; 1926, *nageoires respirantes* ◊ de *respirer* ■ (Matériau, tissu) Qui laisse passer l'humidité du corps, la vapeur d'eau, l'air, vers l'extérieur. *Microfibre respirante. Enduit respirant.* ➤ **microporeux.**

RESPIRATEUR [ʀɛspiʀatœʀ] n. m. – 1802 ◊ de *respirer* ■ Masque qui filtre l'air. — Appareil pour la respiration artificielle. *Le poumon* d'acier est un respirateur.*

RESPIRATION [ʀɛspiʀasjɔ̃] n. f. – v. 1370 ◊ latin *respiratio* ■ 1 Le fait d'aspirer et de rejeter l'air par les voies respiratoires. ➤ **expiration, inspiration** (II) ; **haleine, souffle ; ventilation ;** RÉGION. **respir.** *« De la bouche entrouverte une respiration sort, revient, se retire, revient encore »* DURAS. *« Elle sent la respiration de l'homme monter et descendre comme une vague »* SAINT-EXUPÉRY. *Arrêt de la respiration par asphyxie, syncope, étouffement. Retenir sa respiration.* ➤ **souffle.** — (Avec un compl.) Le fait de respirer (un fluide). *Respiration de vapeurs, d'un air vicié.* ➤ **inhalation.** ◆ Manière de respirer. *« Elle respirait, mais d'une respiration qui lui paraissait faible et prête à s'éteindre »* HUGO. *Respiration haletante, saccadée, difficile.* ➤ **anhélation, asthme, dyspnée, essoufflement, halètement, suffocation.** *Respiration lente* (➤ **bradypnée**), *rapide* (➤ **polypnée ; hyperventilation**). *Respiration bruyante* (➤ **stertor**), *sibilante, striduleuse.* ◆ (1834) *Respiration artificielle :* ensemble de moyens (insufflations, mouvements communiqués à la cage thoracique, bouche-à-bouche, etc.) pratiqués pour rétablir les fonctions respiratoires. *Respiration assistée,* à l'aide de respirateurs. ■ 2 PHYSIOL. Ensemble des fonctions assurant les processus d'oxydation d'un organisme vivant. *La respiration fait partie des fonctions de nutrition. Respiration externe, pulmonaire :* absorption d'oxygène et rejet de gaz carbonique par le poumon (➤ **hématose**). *Respiration interne, tissulaire, cellulaire. Respiration cutanée.* ➤ **perspiration.** *Respiration branchiale des animaux aquatiques. Chez les végétaux supérieurs, la respiration se fait surtout par la feuille. Respiration tissulaire des animaux et des végétaux. Pigments, organites de la respiration cellulaire.* ➤ **mitochondrie.** ■ 3 MUS. Ponctuation d'un discours musical (musique vocale ou instrumentale). ➤ **phrasé.**

RESPIRATOIRE [ʀɛspiʀatwaʀ] adj. – 1566 ◊ de *respirer* ■ 1 Qui sert à la respiration. *Appareil, système respiratoire :* ensemble des organes qui concourent à la respiration. *Voies respiratoires* (➤ **bronche, larynx, pharynx, poumon, trachée-artère**). ■ 2 De la respiration. *Échanges respiratoires de la plante. Mesurer la capacité respiratoire au spiromètre. Quotient* respiratoire. Insuffisance respiratoire. Troubles respiratoires. « Les* maladies respiratoires *ne se manifestent que par un petit nombre de symptômes (éternuements, toux, dyspnée, quelques variétés de râles et souffles) »* F.-B. MICHEL.

RESPIRER [ʀɛspiʀe] v. ⟨1⟩ – début XIIIe ; « revenir à la vie » 1190 ◊ latin *respirare,* de *spirare*

I ■ 1 v. intr. Aspirer l'air dans les poumons, puis l'en rejeter. ➤ **expirer, inspirer, souffler.** *Respirer par le nez, par la bouche. Empêcher de respirer.* ➤ **asphyxier, étouffer, étrangler.** *Respirer avec difficulté.* ➤ **haleter, suffoquer.** *Respirer bruyamment en dormant.* ➤ **ronfler.** *Respirer longuement, profondément. Respirer à pleins poumons.* ◆ (1768 ◆ par anal.) Exercer la fonction de la respiration. *Les cellules, les plantes respirent.* ABUSIVEMENT *La peau respire,* évacue de l'eau, des déchets. ➤ **perspiration.** ◆ Laisser passer l'air. *Les vêtements de coton respirent.* ◆ LOC. *Respirer à l'aise, librement :* se sentir à l'aise. *« Toutes les fois que j'entre à Paris, j'y respire à l'aise, comme* *si je rentrais dans mon royaume»* FLAUBERT. LOC. *Il ment comme il respire,* avec naturel, facilité. *«Tout homme crée sans le savoir Comme il respire»* VALÉRY. ■ **2** (1546) Avoir un moment de calme, de répit, éprouver une sensation de soulagement. *Je commence à respirer. Ouf ! on respire ! «Si l'on mettait cette racaille en prison,* [...] *les honnêtes gens pourraient respirer»* CAMUS.

II ■ **1 v. tr.** (XVIe ; «exhaler [une odeur]» 1298) Avoir un air de, dégager une impression de. ➤ **exprimer, manifester.** *Elle respire la santé, l'intelligence. Son visage respire la sérénité.* ■ **2 v. intr.** LITTÉR. Se manifester. *«Ces yeux si beaux où respirait l'ennui le plus profond»* STENDHAL.

III v. tr. (fin XVIe ◊ influence de *aspirer*) Aspirer par les voies respiratoires. ➤ **absorber, humer, inhaler.** *Respirer le grand air, l'odeur des bois mouillés. «on lui fit respirer tant de sels et de vinaigres, qu'il ouvrit les yeux»* BALZAC. ➤ **renifler.** — *«Une odeur respirée jadis»* PROUST.

RESPLENDIR [ʀɛsplɑ̃diʀ] **v. intr.** ⟨2⟩ – 1120 ◊ latin *resplendere* ■ Briller* d'un vif éclat, en produisant ou en renvoyant la lumière. ➤ **étinceler, flamboyer, luire.** *Métal qui resplendit au soleil. «Au bout d'une longue prairie, le lac d'Hippo-Zaryte resplendissait sous le soleil couchant»* FLAUBERT. ♦ PAR MÉTAPH. ➤ **briller, étinceler.** *«Elle vit dans mes yeux resplendir son image»* MUSSET.

RESPLENDISSANT, ANTE [ʀɛsplɑ̃disɑ̃, ɑ̃t] **adj.** – 1170 ◊ de *resplendir* ■ Qui resplendit, brille, étincelle. ➤ 1 **brillant*, éclatant, étincelant.** *La mer «resplendissante et sombre»* HUGO. *Yeux resplendissants.* ♦ PAR MÉTAPH. *Visage resplendissant de bonheur, de santé.* ➤ **rayonnant.** *Une mine resplendissante.* ➤ **éblouissant.** ■ CONTR. Pâle, 1 terne.

RESPLENDISSEMENT [ʀɛsplɑ̃dismɑ̃] **n. m.** – 1120 ◊ de *resplendir* ■ LITTÉR. Éclat, lumière de ce qui resplendit.

RESPONSABILISATION [ʀɛspɔ̃sabilizasjɔ̃] **n. f.** – v. 1970 ◊ de *responsabiliser* ■ Action de rendre (qqn) responsable, de donner à (qqn) le sens des responsabilités. *Responsabilisation financière. Responsabilisation d'un enfant ; d'un travailleur, d'un électeur.* ■ CONTR. Déresponsabilisation.

RESPONSABILISER [ʀɛspɔ̃sabilize] **v. tr.** ⟨1⟩ – 1963 ◊ de *responsable* ■ Rendre responsable (qqn), donner des responsabilités à (qqn) pour qu'il prenne conscience de son rôle. *Responsabiliser un enfant. Responsabiliser les cadres.* ■ CONTR. Déresponsabiliser.

RESPONSABILITÉ [ʀɛspɔ̃sabilite] **n. f.** – 1783 ; hapax XVe ◊ de *responsable* ; cf. anglais *responsibility* (1733) ■ **1** DR. CONSTIT. Obligation pour les ministres de quitter le pouvoir lorsque le corps législatif leur retire sa confiance. *La responsabilité politique des ministres définit le parlementarisme.* ■ **2** (XIXe) Obligation de réparer le dommage que l'on a causé par sa faute, dans certains cas déterminés par la loi. ➤ **faute, imputabilité.** *Responsabilité civile, pénale, délictuelle, contractuelle. Responsabilité légale de l'employeur pour les accidents du travail. — Responsabilité en matière d'accidents d'automobile. Responsabilité décennale des constructeurs. Responsabilité collective, partagée* (➤ **coresponsable**). *Responsabilité internationale d'un État.* ♦ Obligation de supporter le châtiment. *Responsabilité pleine et entière. Responsabilité atténuée* (en cas d'anomalies physiologiques ou psychologiques). *Responsabilité pénale du mineur.* ♦ *Société à responsabilité limitée.* ➤ **S. A. R. L.** ■ **3** Obligation ou nécessité morale, intellectuelle, de réparer une faute, de remplir un devoir, un engagement. PAR EXT. Le fait, pour certains actes, d'entraîner (suivant certains critères moraux, sociaux) des conséquences pour leur auteur ; le fait d'accepter de supporter ces conséquences. ➤ **répondre** (de). *«Nous prenons le mot de "responsabilité" en son sens banal de "conscience* [d'] *être l'auteur incontestable d'un événement ou d'un objet." Cette responsabilité est simple revendication logique des conséquences de notre liberté»* SARTRE. *De lourdes responsabilités. Responsabilité sociale* (ou *sociétale*) *de l'entreprise (RSE)* : responsabilité à l'égard de la collectivité, en contribuant au développement* durable et en prenant en compte des considérations sociales et environnementales. — *Accepter, assumer une responsabilité. Prendre la responsabilité d'une affaire,* accepter d'en être tenu pour responsable. ➤ **endosser, prendre** (sur soi) (cf. Prendre* à son compte, sous son bonnet* ; faire qqch. à ses risques et périls*). *«Il faut enfoncer la porte ! J'en prends toute la responsabilité !...»* HERGÉ. *Rejeter sur qqn la responsabilité d'un crime, d'une erreur* (cf. Faire porter le chapeau*). *Décliner toute responsabilité* (cf. Se laver* les mains). *Avoir, acquérir le sens des responsabilités.* ➤ **responsabiliser.** *Prendre ses responsabilités* : agir, se décider en acceptant les obligations qui en découlent. — *Avoir la responsabilité de qqn,* en être responsable (cf. Avoir charge* d'âme). ♦ PAR EXT. Charge, poste, situation qui entraîne des responsabilités. *Promouvoir qqn à une haute responsabilité.* ■ CONTR. Irresponsabilité.

RESPONSABLE [ʀɛspɔ̃sabl] **adj. et n.** – 1304 ; n. m. *responsaule* 1284 ◊ du latin *responsus,* p. p. de *respondere* ■ Qui doit accepter et subir les conséquences de ses actes, en répondre. ■ **1** Qui doit (de par la loi) réparer les dommages qu'il a causés par sa faute. *Être civilement, pénalement responsable.* — Qui doit subir le châtiment prévu par la loi. *Les experts pensent que l'accusé n'est pas responsable de ses actes,* n'est pas sain d'esprit, est irresponsable. ♦ SPÉCIALT (XVIIIe) Qui doit rendre compte de sa politique (➤ **responsabilité,** 1°). ■ **2** Qui doit, en vertu de la morale admise, rendre compte de ses actes ou de ceux d'autrui. ➤ **comptable, garant.** *Être responsable de sa conduite devant qqn. Être responsable de qqn, de sa vie. Criminels de guerre qui disent ne pas être responsables. Dans ce groupe, chacun est responsable des actes de tous* (➤ **solidaire**). *Parents responsables des actes commis par leurs enfants. — Rendre une minorité responsable des difficultés sociales* (cf. Bouc* émissaire). ■ **3** Qui est l'auteur, la cause volontaire et consciente (de qqch.), en porte la responsabilité morale. *«L'homme est responsable de ce qu'il est»* SARTRE. *«Chacun est responsable de tous»* SAINT-EXUPÉRY. — **n.** ➤ **auteur, coupable.** *Qui est le responsable de cette plaisanterie ?* ■ **4** Chargé de, en tant que chef* qui prend les décisions. *Le Premier ministre est responsable de la défense nationale.* — **n.** Personne qui prend les décisions, dans une organisation. *Le responsable des approvisionnements. La responsable du département. Adressez-vous au responsable. «Il est un chef, c'est-à-dire un responsable»* MAUROIS. ➤ **dirigeant.** *Les responsables d'un parti ; les responsables syndicaux.* ■ **5** Qui est la cause, la raison suffisante de. *«Qui dira de combien d'arrêts, de réticences et de détours est responsable la sympathie ?»* GIDE. *Le tabac est responsable de nombreux cancers du poumon.* ■ **6** (après 1965 ◊ influence de l'anglais *responsible*) Raisonnable, réfléchi, sérieux ; qui mesure les conséquences de ses actes (par oppos. à *irresponsable*). *Agir de façon responsable. Une attitude responsable. Il ne serait pas responsable de soutenir une telle position.* — (CHOSES) *Commerce responsable. Produits responsables.* ➤ **équitable.** *Tourisme responsable.* ➤ **durable.** ADVT *Consommer responsable.*

RESQUILLE [ʀɛskij] **n. f.** – 1924 ◊ de *resquiller* ■ FAM. Action de resquiller. ➤ **fraude.** *«Pour un billet en resquille, elles feraient stopper toute la ligne* [de tramway]*»* CÉLINE. — On dit aussi **RESQUILLAGE n. m.,** 1936.

RESQUILLER [ʀɛskije] **v.** ⟨1⟩ – 1910 sens II ◊ occitan *resquilia* «glisser», cf. 1 *quille* «jambe»

I v. intr. FAM. ■ **1** Entrer, se faufiler sans payer (dans un spectacle, un moyen de transport). ■ **2** Obtenir une chose sans y avoir droit, sans rien débourser. ➤ **carotter, écornifler.** ■ **3** Passer avant son tour, dans une file d'attente.

II v. tr. FAM. Obtenir (qqch.) en resquillant. *Resquiller une place de cinéma.*

■ CONTR. Payer.

RESQUILLEUR, EUSE [ʀɛskijœʀ, øz] **n. et adj.** – 1924 ◊ provençal *resquilhaire* ■ FAM. ■ **1** Personne qui resquille, a l'habitude de resquiller. ➤ **écornifleur, fraudeur.** *«Il faut que l'ordre règne, que tous les resquilleurs soient punis»* SARRAUTE. *Resquilleur qui se faufile, passe avant son tour. À la queue, les resquilleurs !* ■ **2 adj.** *Il est très resquilleur.*

RESSAC [ʀəsak] **n. m.** – 1613 ◊ espagnol *resaca* ; cf. ancien français *sachier* «secouer» ■ Retour violent des vagues sur elles-mêmes, lorsqu'elles ont frappé un obstacle. *Le ressac de la mer dans les anfractuosités.* — Agitation due au déferlement. *«le ressac qui montait jusque sur sa crête blanche et lugubre, hurlant et mugissant éternellement»* BAUDELAIRE.

RESSAIGNER [ʀ(ə)seɲe] **v.** ⟨1⟩ – 1549 ◊ de *re-* et *saigner* ■ **1 v. tr.** ANCIENNT Saigner de nouveau (un malade). ■ **2 v. intr.** Saigner de nouveau. *La fièvre se ranime, les plaies ressaignent.*

RESSAISIR [ʀ(ə)seziʀ] **v. tr.** ⟨2⟩ – 1207 ◊ de *re-* et *saisir*

I v. tr. ■ **1** Saisir de nouveau, saisir (ce qui a échappé). ➤ **raccrocher, rattraper, reprendre.** *Ressaisir un fuyard. «Bonaparte aurait voulu ressaisir à lui seul l'autorité»* CHATEAUBRIAND. *Paroles qu'on voudrait ressaisir, sitôt après les avoir dites.* ■ **2** (Sujet chose) Saisir de nouveau (qqn). ➤ **reprendre.** *La peur le ressaisit. «Ressaisi par le rythme endiablé, il repart de plus* *belle»* THARAUD. *«Quand l'envie de dormir me ressaisira, je dormirai»* COLETTE.

II v. pron. ▪ **1** VX ou DR. **SE RESSAISIR DE... :** rentrer en possession de, reprendre possession de. *Se ressaisir de ses biens.* ▪ **2** COUR. **SE RESSAISIR :** rentrer en possession de son calme, de son sang-froid, redevenir maître de soi. ➤ **se maîtriser.** *Elle faillit éclater en sanglots, mais elle s'est ressaisie. Faire des efforts pour se ressaisir. Allons, ressaisissez-vous !* — Se rendre de nouveau maître de la situation par une attitude plus ferme (cf. Reprendre du poil* de la bête). *Il «se ressaisit, désormais se surveilla»* A. HERMANT.

▪ CONTR. Abandonner.

RESSAISISSEMENT [R(ə)sezismɑ̃] n. m. – 1510 dr. ; rare avant XXe ◊ de *ressaisir* ▪ LITTÉR. Action de ressaisir. *«ce ressaisissement immédiat de soi-même, cette légèreté, ce retour à comme si de rien n'était»* ARAGON.

RESSASSER [R(ə)sase] v. tr. ‹1› – 1721 ; «repasser au sas» 1549 ◊ de *re-* et *sasser,* de *sas* «tamis» ▪ **1** Revenir sur (les mêmes choses), faire repasser dans son esprit. ➤ **remâcher, ruminer.** *Ressasser des regrets, des souvenirs. «je ressassai comme une mélodie, sans pouvoir m'en rassasier, ces images de Florence, de Venise et de Pise»* PROUST. *«Réflexions qu'il ressassait quotidiennement, même dans le silence du travail»* ROMAINS. ▪ **2** Répéter de façon lassante. *Ressasser les mêmes plaisanteries.* ➤ **rabâcher.** *«Je retombe dans des thèmes déjà ressassés»* GIDE. — n. **RESSASSEUR, EUSE,** 1764.

RESSAUT [Rəso] n. m. – 1651 ◊ de l'ancien verbe *ressaillir* ▪ **1** TECHN. Saillie qui interrompt un plan vertical ; avancée d'un membre d'architecture. ➤ **redan.** *Ressauts et renfoncements*. Le ressaut que fait une corniche, une moulure. «assis sur le ressaut qui forme banc à la base des murs»* TOURNIER. ▪ **2** COUR. Saillie, dénivellation. *«Cela fait des ressauts que l'enfant franchissait agilement»* HUGO. ▪ **3** GÉOGR., TECHN. Petit palier qui interrompt un plan vertical ; rupture de pente. *Ressauts utilisés par l'alpiniste* (➤ **replat**). — Petite élévation entre deux plans horizontaux qui ne sont pas de niveau. *Ressaut sismique.*

RESSAUTER [R(ə)sote] v. ‹1› – 1478 ◊ de *re-* et *sauter* ▪ **1** v. tr. Franchir de nouveau en sautant. *Le cavalier a fait ressauter le fossé à son cheval.* ▪ **2** v. intr. Sauter de nouveau, faire un nouveau saut.

RESSEMBLANCE [R(ə)sɑ̃blɑ̃s] n. f. – v. 1285 ◊ de *ressembler*

I A. Sens génér. Rapport entre des objets quelconques, présentant des éléments identiques suffisamment nombreux et apparents ; ou entre des objets de même espèce présentant des éléments identiques (autres que ceux qui appartiennent à toute l'espèce). *Grande ressemblance, ressemblance parfaite.* ➤ **similitude ;** aussi **même, semblable.** *Ressemblance entre objets peu comparables.* ➤ **analogie.** *Ressemblance de deux objets, entre deux objets, d'un objet avec un autre, et d'un autre.* ➤ aussi **parité, symétrie.** *Ressemblance dans les goûts.* ➤ **accord, affinité, conformité.** *Ressemblance de deux situations.* ➤ **concordance.** — AU PLUR. Traits communs. *Comparaison par laquelle on établit les ressemblances et les différences. Ressemblances qui provoquent des associations d'idées.*

B. SPÉCIALT ▪ **1** (PERSONNES) Similitude de traits physiques (surtout ceux du visage) ou de traits de caractère. *«Ah si une ressemblance, même légère, pouvait exister entre son père et Jean, une de ces ressemblances mystérieuses qui vont de l'aïeul aux arrière-petits-fils»* MAUPASSANT. *Une ressemblance lointaine* (cf. Un air de famille*). *Une ressemblance frappante.* ▪ **2** Rapport entre la chose (représentée, imitée ou reproduite) et son modèle, tel que la chose donne l'image fidèle, l'illusion du modèle. *«Un portrait d'une ressemblance à crier»* GONCOURT. *«L'exactitude ou, pour un portrait, la ressemblance, n'entre que faiblement en ligne de compte dans le mérite d'un tableau»* GIDE. *Toute ressemblance avec des personnages réels ne peut être que fortuite,* formule par laquelle l'auteur d'une fiction se défend d'avoir dépeint des personnes réelles.

II VX ou LITTÉR. Apparence, image. *Dieu a fait l'homme à sa ressemblance. «La ressemblance des choses dont on n'admire point les originaux»* PASCAL.

▪ CONTR. Différence, disparité, dissemblance, dissimilitude, variété.

RESSEMBLANT, ANTE [R(ə)sɑ̃blɑ̃, ɑ̃t] adj. – 1503 ◊ de *ressembler* ▪ **1** RARE Qui ressemble, qui est semblable à. ➤ **analogue, approchant, semblable, voisin.** *Équivalence d'objets ressemblants.* — ABSOLT Qui se ressemble, est resté le même. *«Je retrouve Degas vieilli mais toujours ressemblant»* GIDE. ▪ **2** COUR. Qui a de la ressemblance avec son modèle. *Caricatures plus ressemblantes que des portraits. «Faire ressemblant, c'est là tout le devoir de l'historien»* HUGO. — FAM. *Il est très ressemblant* (sur une photo), on le reconnaît bien (cf. C'est bien lui, c'est lui tout craché*). ▪ CONTR. Contraire, différent, dissemblable.

RESSEMBLER [R(ə)sɑ̃ble] v. tr. ind. ‹1› – XVIe ; «sembler» tr. 1080 ◊ de *re-* et *sembler*

I AVOIR DES TRAITS COMMUNS AVEC, PRÉSENTER DES CARACTÈRES SEMBLABLES À A. PERSONNES ▪ **1** (Au physique, par l'extérieur, les manières) *Ressembler à sa mère. «Un orphelin vêtu de noir Qui me ressemblait comme un frère»* MUSSET. — FAM. *À quoi ressemble-t-il ?* comment est-il, au physique ? *Tu es sale, regarde un peu à quoi tu ressembles !* ◆ PRONOM. Ressembler l'un à l'autre. *Jumeaux qui ne se ressemblent pas.* LOC. *Se ressembler comme deux gouttes d'eau* (cf. C'est lui tout craché*). *«Tous les gros hommes se ressemblent»* MAC ORLAN. — (Avec un indéf. collect. pour sujet) *«Tout le monde est pareil, tout le monde se ressemble»* SARRAUTE. ▪ **2** (Au moral, dans la conduite) *Ces enfants gais ressemblent à leurs parents.* ➤ **tenir** de ; RÉGION. **retenir** de. *Il lui ressemble, en plus cultivé. «Aucun de nos amis, de ceux que nous aimons, n'est tel que nous le voyons ; souvent, il ne ressemble en rien à l'image que nous en avons»* R. ROLLAND. ◆ PRONOM. (RÉCIPR.) *«les couples les plus normaux finissent par se ressembler, quelquefois même par interchanger leurs qualités»* PROUST. PROV. *Qui se ressemble s'assemble :* les personnes qui aiment à être ensemble ont de grandes affinités de caractère (souvent péj.). — (RÉFL.) Être le même, agir comme on l'a toujours fait. *Il ne se ressemble plus depuis qu'il est marié.*

B. ANIMAUX, CHOSES ▪ **1** Présenter une ressemblance avec. ➤ **se rapprocher** de. *Le crocodile ressemble à un gros lézard. «Ses parterres brodés qui ressemblent à de grands tapis»* HUGO. ➤ **évoquer, rappeler.** *L'amour ressemble à la haine.* ➤ **s'apparenter.** *La mort «ressemble au sommeil comme deux gouttes d'eau»* VOLTAIRE. *«Ce qui ne ressemble à rien n'existe pas»* VALÉRY. ◆ SPÉCIALT *Ne ressembler à rien :* avoir de l'originalité, être peu banal. — (Plus souvent, en mauvaise part) Être informe, être dépourvu de sens, de style. *Une décoration, une mode, un roman qui ne ressemble à rien* (cf. Sans queue* ni tête). *Je vous demande un peu à quoi ça ressemble ! «Absurde, détestable, monstrueux ; cela ne ressemble à rien ; cela ressemble à tout»* GAUTIER. ▪ **2** Avoir de la ressemblance avec (un modèle). ➤ **ressemblant** (2°). *Cette photo ne vous ressemble pas.* ◆ PRONOM., PROV. *Les jours se suivent et ne se ressemblent pas,* se dit à propos d'une situation qui change d'un jour à l'autre (en bien ou en mal). *«Les révolutions se succèdent et ne se ressemblent pas»* BALZAC. — (Avec un indéf. négatif désignant l'unité [*aucun, pas un*] pour sujet) *Aucune maison ne se ressemble dans cette rue,* aucune maison n'est semblable à une autre.

II ÊTRE DIGNE, TYPIQUE DE SON AUTEUR (en parlant d'une production, d'un comportement) *Le style ressemble à l'homme. Cela lui ressemble tout à fait* (cf. C'est bien* de lui, c'est tout* lui). *Cela ne lui ressemble pas d'arriver en retard,* il n'a pas l'habitude de se comporter ainsi (cf. Ce n'est pas son genre*).

▪ CONTR. Contraster, 1 différer, diverger, opposer (s').

RESSEMELAGE [R(ə)səm(ə)laʒ] n. m. – 1782 ◊ de *ressemeler* ▪ Action de ressemeler. *Ressemelage rapide.* — Manière dont une chaussure est ressemelée. *Un ressemelage solide.*

RESSEMELER [R(ə)səm(ə)le] v. tr. ‹4 /5/› – 1617 ; *rasameler* 1423 ◊ de *re-* et *semelle* ▪ Garnir de semelles neuves. *Cordonnier qui ressemelle des chaussures. Bottes à ressemeler.*

RESSEMER [R(ə)səme ; Rəs(ə)me] v. tr. ‹5› – 1334 ◊ de *re-* et *semer* ▪ **1** Semer une seconde fois. *Ressemer de l'orge après une gelée.* ▪ **2** Ensemencer de nouveau. *Ressemer un champ.* ▪ **3** PRONOM. *Se ressemer :* semer ses propres graines, en parlant d'une plante cultivée. *Le cerfeuil se ressème et produit des plants nouveaux.* — On écrit aussi *resemer.*

RESSENTI [R(ə)sɑ̃ti] n. m. – 1985 ◊ de *ressentir* ▪ Impression ou sensation, physique ou mentale, que l'on éprouve. *«l'accomplissement d'un ressenti que j'avais été incapable d'exprimer jusqu'ici»* D. FOENKINOS. *Le vécu et le ressenti. Le ressenti corporel.*

RESSENTIMENT [R(ə)sɑ̃timɑ̃] n. m. – 1558 ; *recentement* v. 1300 ◊ de *ressentir* ▪ **1** Le fait de se souvenir avec animosité des maux, des torts qu'on a subis (comme si on les «sentait» encore). *«La jeunesse est l'âge du ressentiment»* SARTRE. ➤ **rancœur, rancune.** *Éprouver, garder du ressentiment d'une injure.* ➤ **amertume.** *Ressentiment légitime envers, contre qqn.* ➤ **animosité.** *«Rome, l'unique objet de mon ressentiment»* CORNEILLE.

▪ 2 (XVIIᵉ-XVIIIᵉ) VX Souvenir reconnaissant. *« Souffrez, mon père, [...] que je vous embrasse, pour vous témoigner mon ressentiment »* MOLIÈRE. ▪ CONTR. Amitié, amour, oubli, pardon.

RESSENTIR [R(ə)sɑ̃tiR] v. tr. ‹16› – XIIIᵉ ◇ de *re-* et *sentir*

I ▪ 1 Éprouver vivement, sentir (l'effet moral d'une cause extérieure). *« Nous ne ressentons nos biens et nos maux qu'à proportion de notre amour-propre »* LA ROCHEFOUCAULD. *Ressentir très profondément les choses,* en tirer une vive impression. — *Ressentir un outrage,* en être affecté. ◆ SPÉCIALT Être sensible à. *« Il ressent mes douleurs beaucoup plus que moi-même »* RACINE. *« Plusieurs de nos terroristes furent des hommes qui ressentirent cruellement les maux du peuple »* MICHELET. ◆ Éprouver les conséquences pénibles de (une chose physique). *Ressentir les effets d'une chute. Ressentir les privations.* ▪ 2 Être pleinement conscient de (un état subjectif, sentiment, tendance). *« Elle ressentit pour la première fois l'amour avec une extrême jeunesse »* SAINTE-BEUVE. *Ressentir de la sympathie pour qqn.* ➤ 1 **avoir.** *Que ressens-tu pour lui ? Ressentir de la pitié, de la colère, de l'orgueil, une grande joie. « Quelle déception ! J'en ressentis une sorte de dépit »* FRANCE. *Ne pas montrer ce qu'on ressent.* ◆ Éprouver, subir (une douleur physique). *Ressentir des souffrances, la soif.* — *Douleur ressentie.* ▪ 3 SPÉCIALT et VX Se souvenir avec ressentiment* ou avec reconnaissance.

II **SE RESSENTIR** v. pron. ▪ 1 VX Se souvenir, continuer d'éprouver, avec ressentiment ou reconnaissance. *Se ressentir d'une offense, d'un bienfait.* ▪ 2 MOD. Éprouver une influence, subir (les suites fâcheuses ou favorables). *« Ces pages se ressentent de l'effort »* GIDE. *Il est fatigué et son travail s'en ressent.* ▪ 3 Continuer à éprouver les effets (d'une maladie, d'une douleur, d'une peine). *Se ressentir d'une chute, d'une opération.* ▪ 4 FAM. *S'en ressentir pour* (suivi d'un compl. ou d'un inf.) : se sentir en bonnes dispositions pour. *« Alors, dit Albert, tu t'en ressens pour le championnat de France amateurs [...] – Moi, je veux bien, dit Jacques »* QUENEAU.

RESSERRAGE [R(ə)seRaʒ] n. m. – 1956 ◇ de *resserrer* ▪ Action de resserrer (une vis, un boulon, un mécanisme). ▪ CONTR. Desserrage.

RESSERRE [RəsɛR] n. f. – 1836 ◇ de *resserrer* ▪ Endroit où l'on range, où l'on remise certaines choses. *« Une grande resserre où Philippe accrochait ses bicyclettes, mettait ses outils, son bois, son vin »* NIZAN. *Resserre dans un jardin, un atelier, un magasin.* ➤ **réserve ; remise.**

RESSERRÉ, ÉE [R(ə)seRe] adj. – XVIᵉ ◇ de *resserrer* (I) ▪ 1 Étroitement limité. *Vallée resserrée.* ➤ **encaissé.** *« Le corridor s'allongeait toujours, resserré, lézardé »* ZOLA. *Escalier resserré entre deux murs.* ➤ **coincé.** ▪ 2 Rapproché. *Des plants trop resserrés.* ▪ 3 Serré. *Une veste resserrée à la taille.*

RESSERREMENT [R(ə)sɛRmɑ̃] n. m. – 1550 ◇ de *resserrer* ▪ 1 État de ce qui est resserré, de ce qui devient étroit. *Resserrement d'une vallée, d'un boyau.* ➤ **goulet, rétrécissement.** *Un col « formé par le resserrement des chaînes juste au-dessus des pâturages »* RAMUZ. *Resserrement d'un organe.* ➤ **constriction, contraction, étranglement.** ▪ 2 Action de diminuer le volume de..., de se resserrer. *Resserrement des pores de la peau.* ▪ 3 Action de se serrer (pour un lien). FIG. *Le resserrement d'une amitié ; d'une alliance.* ▪ CONTR. Élargissement, évasement ; dilatation, relâchement.

RESSERRER [R(ə)seRe] v. tr. ‹1› – XVIᵉ ; « ranger, remettre à sa place » 1197 ◇ de *re-* et *serrer*

I ▪ 1 VIEILLI Enfermer dans un espace étroit (➤ **resserré,** 1°). ▪ 2 MOD. Diminuer le volume, la surface de (qqch.), en rapprochant les éléments ou en enfermant dans des limites plus étroites. *Lotion astringente qui resserre les pores.* — *Resserrer une jupe à la taille.* ◆ (ABSTRAIT) *Resserrer un récit, un développement.* ➤ **abréger, condenser.** *Resserrer un texte à la mise en page.* ➤ **réduire.** ▪ 3 FIG. et VX Fermer, empêcher de s'épanouir. ➤ **rétrécir.** *« Déjà le sentiment de sa misère lui resserrait le cœur et lui rétrécissait l'esprit »* ROUSSEAU.

II ▪ 1 (1718) Rapprocher de nouveau ou davantage (des parties disjointes, les éléments d'un lien). ➤ **serrer ; refermer.** *Resserrer les cordons, les liens, un nœud.* ◆ FIG. *Resserrer des liens, des relations,* les rendre plus étroits. *Resserrer son étreinte.* — Rendre plus étroit, plus strict, plus sévère. *Resserrer la discipline.* ▪ 2 (1923) Serrer davantage (une vis, un boulon, un mécanisme) (➤ **resserrage**). *Resserrer une vis, un collier. Resserrer les boulons*.*

III **SE RESSERRER** v. pron. ▪ 1 (PASS.) Devenir plus étroit, être borné, maintenu dans ses limites. *Le chemin, la route se resserre.* ◆ (Au sens moral) *« Mon cœur de crainte et d'horreur se resserre »* RACINE. ▪ 2 Se rapprocher, se serrer de nouveau ou encore plus. *Liens, nœuds qui se resserrent. Étau qui se resserre. Les mâchoires « se resserrèrent puis se rentr'ouvrirent puis se resserrèrent encore une fois »* COURTELINE. PAR MÉTAPH. *Le filet se resserre autour de quelques suspects.* FIG. *« Cette liaison venait enfin de se resserrer dans le tutoiement »* HUYSMANS. — (Sujet personne) *« Ils se resserraient sous l'abat-jour comme les paysans autour du feu »* SAINT-EXUPÉRY. — VIEILLI *Se resserrer dans ses dépenses.* ➤ se **restreindre ; restriction.**

▪ CONTR. Élargir. Desserrer, dilater, épanouir, relâcher. ▪ HOM. *Resserre :* ressers (resservir).

RESSERVIR [R(ə)sɛRviR] v. ‹14› – XIIIᵉ ◇ de *re-* et *servir* ▪ 1 v. tr. Servir de nouveau. *Resservir un plat.* — FIG. souvent péj. *Les déclarations « que les petits copains vous resservent pendant dix ans »* ROMAINS. ➤ 1 **ressortir.** — PRONOM. ➤ **reprendre.** *Se resservir de sa voiture après un accident. Se resservir de fromage. Resservez-vous !* ▪ 2 v. intr. Être encore utilisable. *Récupérer ce qui peut resservir* (➤ **réutilisable**). ◆ SPORT Faire un nouveau service. ➤ **servir.** ▪ HOM. *Ressers :* resserre (resserrer).

1 **RESSORT** [R(ə)sɔR] n. m. – 1376 ; « rebondissement, élan » 1220 ◇ de 1 *ressortir* ▪ 1 Organe, pièce d'un mécanisme qui utilise les propriétés élastiques de certains corps pour absorber du travail ou pour produire un mouvement. *Flexion, torsion d'un ressort. Force de rappel, raideur, souplesse d'un ressort. Ressort détendu. Ressort à boudin, conique, à lames, hélicoïdal, de traction, de compression. Tendre le ressort d'un mécanisme à l'aide d'une clé, d'un remontoir* (➤ **remonter**). *Ressort d'une montre, d'un jouet mécanique. Ressorts d'un siège, d'un sommier. « Une vieille banquette de peluche verte éventrée montrait son crin et ses ressorts »* COCTEAU. *Matelas à ressorts. Ressorts de suspension* d'une voiture.* — PAR MÉTAPH. *« Comme mue par un ressort, elle bondit sur le baron »* DUMAS. LOC. FAM. *Être monté sur ressort(s) :* être surexcité ; déborder d'énergie. ▪ 2 (1690) VX Propriété de reprendre sa position première. ➤ **élasticité.** *Le ressort « du fluide atmosphérique* [l'air] *»* LAPLACE. ▪ 3 (XVIᵉ ◇ par allus. aux *ressorts* d'un mécanisme) FIG. Cause agissante : énergie, force (généralement occulte) qui fait agir, se mouvoir... qqch. (➤ **moteur**). *« je ne sais guère par quels ressorts la peur agit en nous »* MONTAIGNE. *« Dis-nous donc quels ressorts il faut mettre en usage »* MOLIÈRE. ➤ 2 **moyen.** *« L'honneur est ainsi le véritable ressort des guerres »* ALAIN. *Les ressorts cachés d'une intrigue.* ▪ 4 (Par métaph., avec les v. *tendre, détendre, briser...*) *« Tous les ressorts de mon être sont détendus »* GIDE. — *Avoir du ressort,* de la force morale, une grande capacité de résistance ou de réaction. *Sans aucun ressort :* sans force morale. *Manquer de ressort* (➤ aussi **dynamisme**). *« L'être le plus apathique, mou, affaissé, atone, sans ressort ni vitalité »* LÉAUTAUD.

2 **RESSORT** [R(ə)sɔR] n. m. – 1210 ◇ de 2 *ressortir,* fig. ▪ 1 DR. VX Recours à une juridiction supérieure. ◆ (1529) MOD. LOC. *Jugement en premier et dernier ressort,* non susceptible d'appel. — *En dernier ressort :* en dernière instance, en dernier lieu. COUR. En fin de compte, finalement, en définitive. ▪ 2 (1335) DR. Compétence (d'une juridiction). *Le ressort de la juridiction.* ◆ LOC. COUR. **DU RESSORT DE.** *Cette affaire est du ressort de la cour d'appel.* ➤ 2 **ressortir ; relever.** *« Il y avait encore les conditions à débattre, mais elles étaient du ressort de la Municipalité »* RAMUZ. — (1694) FIG. De la compétence de ; qui concerne. *Cela n'est pas de mon ressort.* ➤ **attribution, compétence, domaine.** ▪ 3 DR. Étendue territoriale de juridiction. *« Il pouvait être nommé juge dans le ressort de Paris »* BALZAC. ➤ aussi **circonscription.**

1 **RESSORTIR** [R(ə)sɔRtiR] v. ‹16› – *resortir* « rebondir » 1080 ; « reculer » 1200 ◇ de *re-* et *sortir*

I v. intr. ▪ 1 Sortir (d'un lieu) peu après y être entré. *Il est rentré chez lui vers 20 h et n'est pas ressorti. Elle n'est pas ressortie de chez elle. « Des femmes entrent par une porte d'église, font un signe de croix, et ressortent par la porte opposée »* ROMAINS. FIG. (avec attribut) *Ressortir grandi d'une épreuve.* ◆ (Sujet chose) *La balle est ressortie de l'autre côté.* ◆ FIG. Se manifester malgré un contrôle. *« L'idéalisme refoulé ressortait à tout moment »* R. ROLLAND. *C'est sa méchanceté qui ressort.* ▪ 2 Paraître avec plus de relief, être saillant. *Moulures, bas-reliefs qui ressortent plus ou moins.* ➤ se **détacher.** — PAR EXT. Paraître nettement, par contraste. ➤ **trancher.** *Couleur qui ressort sur un fond neutre. « Des mains d'un noir de jais qui faisaient ressortir ses joues avivées par le fard »* NERVAL. — FIG. Se montrer avec évidence. ➤ **apparaître, briller.** *« Ses heureuses proportions ne ressortaient jamais mieux que quand il employait sa force à gouverner un cheval »* BALZAC. *Les comptes font ressortir un important bénéfice. Faire ressortir les* *avantages d'une opération,* les mettre en évidence, en relief, en valeur. ➤ **souligner.** ▪ **3** v. impers. *Il ressort que,* se dégage comme conclusion, conséquence. ➤ **résulter.** *Il ressort de nos discussions que... Que ressort-il de cette enquête ?*

II v. tr. ▪ **1** Sortir (qqch.) pour la seconde fois, après l'avoir rentré. *Il a rentré la voiture mais n'a pas pu la ressortir.* ◆ Reprendre (qqch. qui était rangé). *Ressortir les vêtements d'été.* ▪ **2** Présenter pour la seconde fois. *Il nous a ressorti un vieux projet. On ressort ce film, un classique du cinéma* (➤ **reprise**). — FIG. *Il nous ressort toujours les mêmes histoires.* ➤ **resservir.** ▪ **3** Reprendre pour un nouvel usage. *Il a fallu ressortir les dossiers concernant cette affaire.* ➤ **déterrer.**

▪ CONTR. Effacer (s').

2 **RESSORTIR** [ʀ(ə)sɔʀtiʀ] v. tr. ind. ‹2› – v. 1320 ◇ de 2 *ressort,* dr. ▪ **RESSORTIR À.** ▪ **1** DR. Être du ressort, de la compétence d'une juridiction. *Ce procès ressortit à la cour d'appel.* ▪ **2** FIG. et LITTÉR. Être relatif à, appartenir à, se rattacher à. ➤ 1 **dépendre, relever** (de). « *Du reste, où tracerait-on la frontière qui sépare les livres qui ressortissent aux Lettres de ceux qui restent en dehors ?* » CAILLOIS. ➤ **concerner.** « *Ces réflexions me restent douloureuses, comme tout ce qui ressortissait à ce chagrin profond* » GIDE.

RESSORTISSANT, ANTE [ʀ(ə)sɔʀtisɑ̃, ɑ̃t] adj. et n. – 1694 ◇ de 2 *ressortir* ▪ **1** DR. Qui ressortit à une juridiction. ▪ **2** n. PLUS COUR. Personne qui ressortit à l'autorité d'un pays, à un statut. *Les nationaux et ressortissants français* (➤ **résident**).

RESSOUDER [ʀ(ə)sude] v. tr. ‹1› – 1260 ; *resodeir* 1190 ; rare avant XIXe ◇ de *re-* et *souder* ▪ Souder de nouveau ; souder (ce qui était brisé). *Ressouder un tuyau.* PRONOM. *Les os des enfants se ressoudent vite.* — (XVIe) FIG. « *On prétend que les querelles entre amants ressoudent l'amour* » MONTHERLANT.

RESSOURCE [ʀ(ə)suʀs] n. f. – XVIe ; *resorce* « secours » 1170 ◇ de *resourdre* « rejaillir », et fig. « se rétablir » ; latin *resurgere* ▪ **1** Ce qui peut améliorer une situation fâcheuse. ➤ 2 **expédient,** 2 **moyen, possibilité, recours, secours.** « *j'avais la ressource de faire convenablement torturer l'échanson pour qu'il crache enfin toute la vérité* » TOURNIER. « *Je n'ai d'autre ressource, pour me soulager de ces crises, que de donner libre cours à la fièvre de ma pensée* » CHATEAUBRIAND. — *En dernière ressource.* ➤ **recours,** 2 **ressort** (cf. En désespoir* de cause). « *On ne le retrouve que mort, ayant eu, lui et les siens, la nécessité terrible d'en venir à la dernière ressource (de se manger les uns les autres) !* » MICHELET. — VIEILLI *Sans ressource :* sans remède. « *Le reste est un malheur qui n'est point sans ressource* » RACINE. — (En parlant de personnes) *Vous êtes ma dernière ressource.* ▪ **2** (fin XVIe) AU PLUR. Moyens pécuniaires, moyens matériels d'existence. ➤ **argent, économies, finances, fonds, fortune, revenu, richesses.** « *son train de vie, qui est des plus modestes, concorde avec ses ressources avouées* » ROMAINS. *De maigres ressources. Être sans ressources.* ➤ **pauvre.** — *Les ressources de l'État* (➤ **crédit, recettes**). *Ressources d'une entreprise* (➤ aussi 2 **capital**). ▪ **3** (XIXe) PLUR. Moyens matériels (personnes, réserves d'énergie) dont dispose ou peut disposer une collectivité. *Ressources en personnel et en matériel d'une entreprise. Ressources naturelles d'un pays. Ressources pétrolières d'une région.* ◆ *Ressources humaines* (d'une entreprise) : l'ensemble du personnel. ➤ **potentiel.** *Gestion des ressources humaines. Direction, directeur des ressources humaines.* ➤ **DRH.** ◆ **PERSONNE-RESSOURCE :** spécialiste d'un domaine, que l'on consulte. ➤ **consultant, expert.** ▪ **4** (XVIIe) PLUR. Les forces de l'esprit, du caractère, les possibilités d'action qui peuvent être mises en œuvre le cas échéant. « *des trésors de dévouement, d'abnégation, des ressources de prévoyance* » FROMENTIN. « *Il y a des ressources inépuisables dans le courage et dans la vertu* » MARMONTEL. *Avoir des ressources variées* (cf. Avoir plusieurs cordes* à son arc). — *Une personne de ressources,* apte à trouver des solutions en toute circonstance. *À bout de ressources,* ne sachant plus que faire. — (AU SING.) LOC. *Avoir de la ressource :* être capable de faire face à toute éventualité. — IMPERS. *Avec lui, il y a de la ressource.* ◆ Moyens, possibilités. *Il gagnait « par la science qu'il avait de toutes les ressources et de tous les secrets du métier »* GONCOURT. — *Les ressources d'une langue* (en tant que moyen de communication, d'expression). ▪ **5** AVIAT. Évolution d'un avion lorsque la force centrifuge reste constamment dans son plan de symétrie ; sa faculté de reprendre de l'altitude par cette évolution. *Avion en ressource* (opposé à *en virage*). ▪ **6** INFORM. Élément d'un système informatique (fichier, mémoire, périphérique) susceptible d'être alloué à plusieurs processus.

RESSOURCEMENT [ʀ(ə)suʀsəmɑ̃] n. m. – 1913 ◇ de *source* ▪ LITTÉR. Rejaillissement. « *un peuple qui se relève par un ressourcement profond de son antique orgueil* » PÉGUY. — Retour aux sources, aux valeurs fondamentales.

RESSOURCER [ʀ(ə)suʀse] v. tr. ‹3› – 1960 v. pron. ; 1911 v. intr. « jaillir de nouveau » ◇ de *source* ▪ **1** v. pron. *Se ressourcer :* retourner aux sources, aux valeurs fondamentales pour reprendre des forces morales (à l'origine emplois mystiques). *Se ressourcer dans la solitude d'un monastère. Se ressourcer aux philosophes grecs.* ▪ **2** v. tr. Donner des sources, des valeurs nouvelles à (qqch.). *Ressourcer une doctrine, la démocratie.*

RESSOURCERIE [ʀ(ə)suʀs(ə)ʀi] n. f. – 1992 ◇ marque déposée ; de *ressource* ▪ Recyclerie.

RESSOUVENIR (SE) [ʀ(ə)suv(ə)niʀ] v. pron. ‹22› – XVIe ; impers. XIIe ◇ de *re-* et *se souvenir* ▪ VIEILLI ou LITTÉR. Se souvenir (d'une chose ancienne ou qui avait été oubliée). ➤ se **remémorer.** *Elle « s'exténua encore une fois à se ressouvenir »* DURAS. « *Et je me ressouviens de mes jeunes amours* » MOLIÈRE. — (Avec ellipse de se) « *Il lui fait ressouvenir qu'il lui a autrefois rendu service* » LA BRUYÈRE. ➤ **rappeler,** se **souvenir.**

RESSUAGE [ʀəsɥaʒ] n. m. – 1692 ◇ de *ressuer* ▪ TECHN. ▪ **1** Séparation des éléments d'un métal brut (affinage), par fusion partielle (à la différence de la liquation). ▪ **2** Expulsion de l'excédent d'eau d'une pâte céramique.

RESSUER [ʀəsɥe] v. ‹1› – 1628 ; *resuer* hapax XIIIe ◇ de *re-* et *suer* ▪ TECHN. ▪ **1** v. intr. Rendre son humidité. ➤ **suinter.** *Mur, paroi qui ressue. Laisser ressuer les plâtres. Grains mis à ressuer.* ▪ **2** v. tr. Soumettre au ressuage pour affiner.

RESSUI [ʀesɥi] n. m. – 1561 ◇ de *ressuyer* ▪ VÉN. Lieu où les bêtes fauves vont se sécher (après la pluie, la rosée). *Vent de ressui,* qui sèche la voie, en diminuant l'odeur des bêtes.

RESSURGIR [ʀ(ə)syʀʒiʀ] v. intr. ‹2› – 1611, repris XIXe ◇ latin *resurgire* ▪ Surgir, apparaître brusquement de nouveau. « *Si les choses tournaient mal, ce détail allait ressurgir* » DJIAN. On écrit aussi *resurgir.* « *Un jaillissement continu [...] qui resurgit un peu plus loin* » GIDE. — FIG. *Souvenirs qui ressurgissent.*

RESSUSCITER [ʀesysite] v. ‹1› – 1110 intr. ◇ latin *resuscitare* « ranimer »

I v. intr. ▪ **1** Reprendre vie, être de nouveau vivant. ➤ **résurrection.** *Jésus « est ressuscité comme il l'avait dit. Allez promptement dire à ses disciples qu'il est ressuscité des morts »* (ÉVANGILE, saint Matthieu). — p. p. adj. *Le Christ ressuscité. Lazare ressuscité.* SUBST. « *Le Christ de Rembrandt est un ressuscité, figure cadavérique, jaunâtre et douloureuse* » TAINE. ▪ **2** Revenir à la vie normale, après une grave maladie. ➤ **revivre.** « *"Je repris le dessus," comme disait ma mère. À la lettre, je ressuscitai* » MAURIAC. — P. P. SUBST. « *Je suis un convalescent et même pour nombre de mes amis un ressuscité* » DUHAMEL. ▪ **3** (1400) FIG. Redevenir, réapparaître, manifester une vie, une influence nouvelle. — (CHOSES) *La nature ressuscite à chaque printemps. Pays qui ressuscite.* ➤ se **relever.** — *Sentiment qui ressuscite.* ➤ se **ranimer.**

II v. tr. ▪ **1** (XIIe) Ramener de la mort à la vie ; faire revivre. *Ressusciter les morts.* — LOC. *Un alcool à ressusciter un mort,* très fort (cf. À réveiller les morts*). ▪ **2** (XVIe) Guérir d'une grave maladie, sortir d'un état de mort apparente. *Il est ressuscité.* — FIG. *Cette bonne nouvelle l'a ressuscité.* ➤ **ranimer.** ▪ **3** FIG. (1549) Faire revivre en esprit, par le souvenir. *Ressusciter les héros du passé. Ressusciter des souvenirs.* ➤ **déterrer, exhumer, réveiller.** — Faire renaître, réapparaître ; rendre la vie à. *Napoléon « ne ressuscita pas la Pologne »* CHATEAUBRIAND. *Ressusciter un art, une mode. Ressusciter en soi un sentiment.*

RESSUYAGE [ʀesɥijaʒ] n. m. – 1877 ◇ de *ressuyer* ▪ TECHN. Opération par laquelle on fait sécher. ➤ aussi **ressuage.** ◆ (XXe) AGRIC. Opération par laquelle on enlève la terre, après l'arrachage des légumes ; temps de séchage.

RESSUYER [ʀesɥije] v. tr. ‹8› – XVIIe ; *ressuer* XIIe ◇ de *re-* et *essuyer* ▪ VX ou RÉGION. Faire sécher. *Ressuyer la pierre à chaux. Un « gravier sédimentaire bon tout au plus à ressuyer les allées d'un parc »* BLOY. — PRONOM. « *Un beau papillon diapré qui se ressuyait à grands frémissements de la rosée nocturne* » TOURNIER. ◆ AGRIC. Procéder au ressuyage de.

1 **RESTANT** [ʀɛstɑ̃] n. m. – 1323 ◇ de *rester* ▪ Reste (surtout en parlant de choses matérielles). *Je vous paierai le restant dans un mois.* ➤ **reliquat.** *Elle « employa tous les restants de papiers qu'elle avait trouvés »* BALZAC. « *Le vide des bureaux où traînait un restant de lumière* » COURTELINE. *Pour le restant de mes jours, de ma vie.* ➤ **reste.**

2 **RESTANT, ANTE** [rɛstɑ̃, ɑ̃t] **adj.** – 1560 ◊ de *rester* ■ **1** Qui reste, qui subsiste d'un ensemble, après disparition des autres éléments de cet ensemble. *Les vingt euros restants. Faire un coussin avec le tissu restant. «Il est la seule personne restante de cette famille»* (ACADÉMIE). ♦ PHYS. *Rayons restants :* complexe de radiations (généralement infrarouges) sélectionné par une série de réflexions sur des plaquettes. ■ **2** (1793) **POSTE-RESTANTE :** suscription indiquant que la correspondance est adressée au guichet, duquel le destinataire doit venir la retirer, moyennant une taxe. *«Vous m'écrirez à Lausanne, poste-restante»* Mme DE STAËL. *«Demain, j'irai à ma* poste-restante *habituelle chercher ta missive probable»* RIMBAUD.

RESTAU ➤ **RESTO**

RESTAURANT [rɛstɔrɑ̃] **n. m.** – 1803 ; «reconstituant, fortifiant» fin XVe-XVIIIe ; «boisson réconfortante» en provençal (1507) ◊ de *restaurer* ■ Établissement où l'on sert des repas moyennant paiement. ABRÉV. FAM. **RESTO** ou **RESTAU.** ➤ **resto.** *Tenir un restaurant. Dîner au restaurant. «Toutes* [les personnes] *étaient des habituées du restaurant. Deux ou trois garçons circulaient autour de la table d'hôte»* GREEN. *Salle, office, cuisines d'un restaurant. Garçon, serveuse, maître d'hôtel, sommelier, chef d'un restaurant. Plat du jour, menu, carte d'un restaurant.* — *Restaurant bon marché.* ➤ PÉJ. **gargote.** *Restaurant libre service.* ➤ **self-service.** *Restaurant d'une gare.* ➤ **buffet.** *Restaurant communautaire.* ➤ **mess, popote.** *Restaurant d'entreprise, restaurant scolaire.* ➤ **cantine.** *Restaurant universitaire* (cf. FAM. Resto* U). — *Restaurant gastronomique. Restaurant végétarien. Restaurant où l'on sert des grillades* (➤ **grill**), *des pizzas* (➤ **pizzéria**). *Petit restaurant lyonnais.* ➤ **bouchon, mâchon.** *Restaurant d'autoroute.* ➤ **restoroute.** *Restaurant à service rapide.* ➤ **fast-food, snack-bar ;** RÉGION. **casse-croûte.** — (**Élément de composés**) *Hôtel-restaurant :* établissement comprenant un hôtel et un restaurant. ➤ aussi **auberge, hostellerie.** *Hôtel sans restaurant. Café-restaurant :* établissement où l'on peut consommer des boissons et prendre des repas (➤ **brasserie, taverne ; bistrot, cafétéria**). *Des cafés-restaurants. Voiture-restaurant d'un train.* — (*Ticket Restaurant,* n. déposé) *Ticket restaurant, ticket-restaurant :* titre spécial de paiement, financé par l'entreprise et le salarié, destiné à couvrir les dépenses du repas de midi en l'absence de restaurant d'entreprise. (*Chèque Restaurant,* n. déposé) *Chèque-restaurant. Des titres-restaurants.*

1 **RESTAURATEUR, TRICE** [rɛstɔratœr, tris] **n. et adj.** – XIVe «celui qui remet un membre cassé» ◊ latin *restaurator* → 1 restaurer ■ **1** (1505) Personne qui restaure, répare. — SPÉCIALT (1825) Artisan spécialiste qui remet en état des œuvres d'art ou objets de caractère artistique. *Restaurateur de tapis. «Les restaurateurs ont remplacé quelques-unes des anciennes chapelles»* HUGO. *Une restauratrice de tableaux anciens.* ■ **2** LITTÉR. *Restaurateur de... :* personne qui restaure, rétablit dans l'état initial. *Le restaurateur d'un régime, de la monarchie. «J'étais le restaurateur de la religion»* CHATEAUBRIAND. *«Le restaurateur des sciences naturelles, Bacon»* MAINE DE BIRAN. ■ **3 adj.** (1859) *Chirurgie restauratrice,* qui utilise un apport de substance (par greffe, etc.) pour réparer des lacunes. ➤ **reconstructeur, réparateur.** ■ CONTR. Destructeur.

2 **RESTAURATEUR, TRICE** [rɛstɔratœr, tris] **n.** – 1771 ; au fém. dès 1767 ◊ de *restaurant, se restaurer* ■ Personne qui tient un restaurant (**fém. rare**). ➤ **aubergiste,** VIEILLI **hôte,** VX **traiteur.** *Un mauvais restaurateur.* ➤ **gargotier.** *Restaurateur qui est aussi le chef** (6°).

1 **RESTAURATION** [rɛstɔrasjɔ̃] **n. f.** – fin XIIIe «rétablissement» ◊ latin *restauratio*

I ■ **1** (1553) Action de restaurer, de remettre en activité. *La restauration de la religion catholique.* ♦ SPÉCIALT (1677) Rétablissement au pouvoir d'une dynastie qui était écartée. *La restauration des Stuarts.* ■ **2** SPÉCIALT (1827) ABSOLT *La Restauration,* celle des Bourbons, après la chute du Ier Empire (1814-1830). — APPOS. INV. *Style Restauration. Un fauteuil Restauration.*

II ■ **1** (1560) VX Remise en bon état (d'un bâtiment quelconque). ➤ **réparation.** ■ **2** MOD. Remise en bon état d'un monument historique, d'un bâtiment endommagé ou vétuste. ➤ **réfection, réhabilitation, rénovation ; reconstruction.** *«Le banquier voulut rétablir le château* [...] *et il mit à cette restauration une orgueilleuse activité»* BALZAC. — *Restauration d'une statue, d'un tableau, d'une tapisserie, d'un meuble ancien* (➤ 1 **restaurateur**). ■ **3** MÉD. Régénération. *Traitement qui active la restauration des tissus. Restauration fonctionnelle :* récupération d'une fonction (audition, langage) à la suite d'une lésion cérébrale. ■ **4** (influence de l'anglais *restoration* «rétablissement») INFORM. Remise d'un système dans des conditions de fonctionnement antérieures à une interruption. *Logiciel de tests de fonctionnement de restauration.* — Restitution de fichiers sauvegardés.

■ CONTR. 1 Dégradation, détérioration.

2 **RESTAURATION** [rɛstɔrasjɔ̃] **n. f.** – 1836 sens 2° ◊ de *restaurer, restaurant,* d'après 1 *restauration* ■ **1** (1961) Métier de restaurateur (2), de traiteur, de préparateur de plats, de sandwichs, de crêpes, etc. *La restauration et l'hôtellerie. Travailler dans la restauration. Restauration collective. Restauration rapide,* **recomm. offic. pour** *fast-food**. ■ **2** RÉGION. (**germanisme**) Restaurant.

1 **RESTAURER** [rɛstɔre] **v. tr.** ⟨1⟩ – *restaurar* «guérir» fin Xe ◊ latin *restaurare* ■ **1** VX ou LITTÉR. Rétablir (une chose abstraite) en son état ancien ou en sa forme première. ➤ **rétablir.** *Restaurer une coutume. Restaurer un régime. «Les Goths n'avaient que trop bien réussi à restaurer l'Empire»* MICHELET. — PAR EXT. *Restaurer un roi, un monarque.* ➤ 1 **restauration** (I). *Restaurer la paix.* ➤ **ramener.** *Restaurer ses forces, sa santé,* par la convalescence, le repos, les soins. — FIG. «[Pendant la paix] *les nations n'y font clairement que restaurer leurs forces pour un nouveau combat»* CAILLOIS. ♦ SPÉCIALT (XXe) Rétablir (une fonction) dans son exercice normal. *La prothèse dentaire a pour but de restaurer la fonction masticatrice.* ♦ (influence de l'anglais *restore* «rétablir») INFORM. Rétablir le fonctionnement de, après une interruption. *Restaurer un fichier altéré par un arrêt du système.* — Restituer (un fichier sauvegardé). ■ **2** (1138) VIEILLI Remettre en bon état, remettre à neuf. ➤ **réhabiliter, rénover,** FAM. **retaper.** — (1680) MOD. Réparer (des objets d'art ou des monuments anciens) en respectant l'état primitif, le style (➤ aussi 1 **restauration** [II], 1 **restaurateur**). *Restaurer une cathédrale, un château ; une fresque, une mosaïque.* — *«Certaines peintures du Primatice qu'on dit fort bien restaurées»* STENDHAL. ■ CONTR. Renverser. 1 Dégrader, destituer.

2 **RESTAURER** [rɛstɔre] **v. tr.** ⟨1⟩ – 1216 *restorer* «rétablir la vigueur par la nourriture» ◊ latin *restaurare* → 1 restaurer ■ Faire manger. *Restaurer ses invités.* — **v. pron.** (1819) Reprendre des forces en mangeant. ➤ 1 **manger*,** se **sustenter.** *Restaurez-vous un peu avant de reprendre la route.*

RESTAUROUTE ➤ **RESTOROUTE**

RESTE [rɛst] **n. m.** – début XIIIe ◊ de *rester.* REM. *Reste* s'employé au féminin jusqu'au début du XVIIe s.

I CE QUI RESTE D'UN TOUT A. LE RESTE DE..., LE RESTE. Ce qui reste d'un tout dont une ou plusieurs parties ont été retranchées. ■ **1** (**D'un objet ou d'une quantité mesurable**) *Le reste d'une somme d'argent.* ➤ **complément, différence, excédent, reliquat,** 2 **solde, surplus.** *«Il emploie la moitié de son argent ; le reste, il le donne aux pauvres»* LAUTRÉAMONT. *Verser un acompte et payer le reste par mensualités.* ♦ (1673) VX *Donner son reste à qqn,* le congédier en lui versant ce qui lui est dû. — LOC. *Partir sans demander (attendre) son reste,* sans insister, précipitamment. ■ **2** (1445) (**D'un espace de temps**) *Le reste de sa vie.* ➤ 1 **restant.** *«Vivre entre ses parents le reste de son âge»* DU BELLAY. LOC. *Jouir de son reste,* des derniers moments d'une situation agréable qui prend fin. — **loc. adv.** *Le reste du temps :* aux autres moments, dans les autres occasions. *Il «incline devant Dieu des épaules que, le reste du temps, le labour courbe vers la terre»* SUARÈS. ■ **3** (**D'une pluralité d'êtres ou de choses**) Les autres*. *«Du reste des humains je vivais séparée»* RACINE. — (**Suivi d'un nom au plur., avec le v. au sing.**) *«Le duc d'Estrées et Mazarin, à qui le reste des hommes n'osait parler»* SAINT-SIMON. — (**Avec le v. au plur.**) LITTÉR. *«Le reste des individus seront réduits à la condition d'instruments»* VALÉRY. — (**Devant un collect.**) *«Ces simples qui vivent là isolés du reste du monde»* LOTI. — (**Non qualifié**) *«Les miteux s'y logèrent à quinze ! le reste se casa où il put»* COURTELINE. ■ **4** (**D'une chose non mesurable**) *Le reste de l'ouvrage.* LOC. *Faire le reste :* agir dans le même sens. *Je l'ai opéré, le repos fera le reste. «Personne ne peut être en deux endroits à la fois. Te voilà confondu ! La torture faisait le reste»* CAILLOIS. ■ **5** (1532) **LE RESTE :** tout ce qui, dans quelque ordre que ce soit, n'est pas la chose précédemment mentionnée. *Ne t'occupe pas du reste. «Et tout le reste est littérature»* VERLAINE. *Pour le reste, quant au reste.* — LOC. IRON. *Il sait faire ça comme le reste,* aussi mal que toute autre chose. ♦ (**En fin d'énumération**) (1657) *Et le reste.* ➤ **et cetera.** *«Mlle Léonie, gouvernante, cuisinière, femme de chambre, et le reste, disaient les mauvaises langues»* CLANCIER. — *Et tout le reste :* et tout ce qui s'ensuit (cf. FAM. Et tout le bataclan, le bazar, le bordel, le saint-frusquin, le tralala, le tremblement ; ARG. et tout le toutim).

B. DANS DES LOCUTIONS ADVERBIALES ■ **1** (1538) **DE RESTE :** plus qu'il n'en faut, plus qu'il n'en est besoin. *Il a de l'argent de reste pour se tirer d'affaire.* — IRON. *Avoir de l'argent, du temps de reste,* les prodiguer inutilement. « *Vous avez de la bonté de reste, vous encore* » COURTELINE. ▪ **2** (1538) **EN RESTE.** ➤ **redevable.** LOC. (XVIIe) *Être, demeurer en reste (avec qqn)* : être le débiteur, l'obligé (de qqn). « *Il a payé. Comme je ne voulais pas être en reste, il y a eu une seconde tournée* » BUTOR. LOC. (1835) *N'être jamais en reste* : se comporter de façon à ne jamais se trouver en situation d'obligé envers qqn ; ne jamais être pris au dépourvu pour répliquer. ▪ **3** (1539) LITTÉR. **AU RESTE ;** (1564) COUR. **DU RESTE.** *Quant au reste ; pour ce qui est du reste,* de ce qui n'est pas mentionné (cf. Au surplus, d'ailleurs). « *Les lettres que personne au reste N'aurait lues* » BRASSENS. « *Du reste, même à part ce talent phénoménal, c'était vraiment un être très intéressant* » BARBEY.

II UN RESTE, DES RESTES. Élément restant d'un tout dont l'intégrité ne s'est pas conservée. **A. CE QUI DEMEURE APRÈS UNE DESTRUCTION, UN PRÉLÈVEMENT** ▪ **1** (1651) (CONCRET) *Les restes d'un bâtiment détruit* (➤ **décombres, ruines**) ; *d'une voiture accidentée.* ➤ **débris.** « *Ce portique, seul reste conservé des constructions de l'ancien temple* » RENAN. ➤ **trace, vestige.** ◆ (1669) *Les restes d'un repas.* ➤ **relief,** PÉJ. **rogaton.** — (Non qualifié) « *Leur déjeuner venait de se terminer. Les restes étaient copieux* » CÉLINE. *L'art d'accommoder les restes. Jeter les restes.* ➤ **déchet, détritus.** ◆ (1616) LITTÉR. Cadavre, dépouille. ➤ **cendres.** *Restes exhumés, incinérés. Recueillir les restes de qqn.* « *Mais “les cendres” présentent mieux que “les restes,” dont on se demande toujours comment les accommoder* » J. ROUAUD. ◆ (1567) (PERSONNES) Survivant, descendant encore vivant. *Les restes d'une armée vaincue.* « *Une aristocratie, reste des familles autrefois souveraines* » RENAN. ▪ **2** (ABSTRAIT) « *Nul reste de cette puissance* » BOSSUET. *Il retrouvait en lui quelques restes de ses anciennes préoccupations.* ▪ **3** (1765) Dans un calcul, Élément restant d'une quantité, après soustraction (➤ **différence**) ou après division. — DR. CONSTIT. Dans le système de la représentation proportionnelle, Se dit des restes obtenus après division des suffrages qu'une liste a recueillis. ◆ *Reste à charge*.*
B. PETITE QUANTITÉ RESTANTE DE (QQCH.) ▪ **1** (CONCRET) « *Salut ! bois couronnés d'un reste de verdure* » LAMARTINE. *Il dîna d'un reste de rôti.* — LOC. (1660) *Avoir de beaux restes,* des restes de beauté (se dit de qqn qui n'est plus jeune). « *Il est fort extraordinaire qu'une femme dont la fille est en âge d'être mariée ait encore d'assez beaux restes pour s'en vanter si hautement* » CORNEILLE. ▪ **2** (1580) (ABSTRAIT) « *Un reste de goût pour la vertu* » ROUSSEAU. *Un reste de bon sens, de tendresse, d'espoir.* « *On voyait dans ses yeux un reste de fureur* » HUGO.
C. AU PLUR. CE QUE L'ON ABANDONNE (1642) *Les restes de qqn, ses restes,* ce qu'il a laissé, négligé, méprisé (considéré quant à sa possession, son utilisation par une autre personne). *Il n'a eu que vos restes.* — (Injurieux) « *C'est chose tout à fait plaisante que de voir le grand roi, jeune encore, épouser les cinquante ans sonnés d'une dévote,* [...] *et ce monarque glorieux vivre trente ans des restes de ce cul-de-jatte* [Scarron] » LEMAITRE.

RESTER [ʀɛste] v. intr. ⟨1⟩ – fin XIIe ◊ du latin *restare* « s'arrêter » et « être de reste », famille de *stare* « être, se tenir debout » → 1 ester et 1 être

I CONTINUER D'ÊTRE A. DANS UN LIEU ▪ **1** (SUJET PERSONNE) ➤ **demeurer.** « *C'était dans un champ de carottes, nous y sommes restés cinq heures* » ZOLA. « *Restez là, jusqu'à ce que je revienne* » SAND. « *Quand on est aussi maladroit, on reste chez soi !* » HERGÉ. ALLUS. HIST. *J'y suis, j'y reste* (mot attribué à MAC-MAHON). — *Rester au lit, à table. Rester auprès de qqn.* ➤ **demeurer.** « *Restaient seulement avec nous Millie et son père* » ALAIN-FOURNIER. — *Rester au même endroit* (➤ **séjourner**), *y rester trop longtemps.* ➤ **s'attarder, s'éterniser, moisir.** FIG. FAM. *Rester sur un travail. Tu ne vas pas rester des heures là-dessus !* — LOC. *Rester sur le carreau*.* (1585) FAM. *Y rester* : mourir. « *J'ai nettement envisagé la mort. C'est-à-dire que je m'étais, avant l'opération, mis en disposition d'y rester* » GIDE. *Il a bien failli y rester.* — *Rester sur place*. Rester en chemin, en route* : être laissé sur place. FAM. *Rester en carafe*. Rester en plan*.* — *Ne pas rester en place*.* ◆ (Opposé à *partir, s'en aller*). *Je ne peux pas rester, je reviendrai demain. Je resterai pour garder la maison.* FAM. « *Cette bonne fille est restée consoler son amie* » DAUDET. — *Rester à* (et inf. de but). *Restez à déjeuner avec nous.* ELLIPT *Tu restes dîner avec nous.* ▪ **2** (SUJET CHOSE) *La lettre* « *est toujours là ; dans la malle ; qu'elle y reste* » DUHAMEL. « *L'odeur de sueur qui lui restait aux doigts* » ROMAINS. *Le bateau est resté à quai. La tache est restée, malgré les lavages répétés.* — PAR MÉTAPH. *Cela me reste sur le cœur, sur l'estomac* : je ne peux le digérer, cela m'écœure. « *Sa propre enfance* [...] *lui était restée sur l'estomac comme un chocolat chaud sur des œufs brouillés* » M. DUGAIN. LOC. *Rester en travers (de la gorge)* : ne pouvoir être avalé ; FIG. être intolérable. « *Et j'avais honte de les supplier, car ça me reste en travers, quand je demande* » ZOLA. — FIG. *Rester dans la mémoire collective, dans le souvenir de tous.* — LOC. *Cela doit rester entre nous* : n'en parlez pas aux autres (cf. Motus et bouche* cousue).
B. DANS UNE POSITION, À TRAVERS LE TEMPS ▪ **1** (1200) Continuer d'être (dans une position, une situation, un état). *Rester debout. Rester face à face. Rester en arrière, en contact avec qqn, en suspens. Ne pas rester les bras croisés* : agir. *La voiture est restée en panne. Rester dans le même état.* ➤ **se maintenir.** *Rester dans l'ignorance.* ➤ **demeurer ; croupir, pourrir.** — « *L'ouvrier restait la main en l'air à la chaîne du soufflet* » ALAIN-FOURNIER. *Rester sans bouger. Rester tout un jour sans manger.* ➤ **passer.** ◆ **RESTER À** (et l'inf.) : être longuement occupé à, continuer à passer son temps à. « *Il restait à fumer au coin du feu* » FLAUBERT. *Rester des heures à bavarder.* ◆ (Suivi d'un attribut) « *Elle restait inerte, la tête renversée, les yeux clos* » FRANCE. *Rester sourd aux prières de qqn. Rester de marbre*. Rester jeune. Restons bons amis. Il est resté très timide. Rester vieille fille, vieux garçon. Rester célibataire.* « *Mon ultime raison, mon excuse suprême De vivre et d'être un homme et de rester moi-même* » VERLAINE. *Elle a peur de rester seule la nuit. Le magasin restera ouvert en août. Rester sans nouvelles.* IMPERS. *Il reste entendu, vrai que.* — (Avec *en* « à cause de cela ») LOC. *En rester comme deux ronds de flan*, en rester baba, sur le cul, tout bête.* ▪ **2** (SANS COMPL.) Subsister à travers le temps, ne pas être détruit malgré l'écoulement du temps. ➤ **persister.** « *La passion passe. La raison reste* » R. ROLLAND. *C'est une œuvre, un artiste qui restera.* ➤ **durer.** PROV. *Les paroles s'envolent, les écrits restent.* ▪ **3** *Rester à qqn* : continuer d'être, d'appartenir à qqn. *L'avantage est resté à nos troupes. Ce surnom lui est resté. Le souvenir qui m'en est resté.* « *Cette gaîté de race et de jeunesse, qui leur était restée envers et contre tout* » LOTI. ▪ **4 EN RESTER À... :** s'arrêter, être arrêté à (un moment d'une action en cours, ou d'une évolution). « *Il en était resté à monsieur Voltaire, à monsieur le comte de Buffon* » BALZAC. *Ils en sont restés à la télé noir et blanc. Où en est-il resté de sa lecture ?* — (1754) Ne pas aller plus loin, au-delà de ; se borner à. ➤ **tenir** (s'en tenir à). *Faut-il en rester là de cette discussion ? Restons-en là, inutile de nous revoir.* ◆ (XIXe) **RESTER SUR :** s'en tenir à (une impression, un état de choses), sans vouloir ou pouvoir rien changer. *Continuons, ne restons pas sur un échec.* LOC. (1835) *Rester sur la bonne bouche,* sur une bonne impression. *Rester sur sa faim*.*

II HABITER RÉGION. (Sud-Ouest, Centre, Nord-Est ; Belgique, Canada, Afrique du Nord, Nouvelle-Calédonie, Seychelles, Madagascar, Réunion, Antilles, Gabon) Habiter, demeurer. ➤ **résider.** *Il reste en banlieue.* « *Françoise disait que quelqu'un restait dans ma rue pour dire qu'il y demeurait* » PROUST.

III (EN PARLANT D'ÉLÉMENTS D'UN TOUT) ÊTRE ENCORE PRÉSENT OU DISPONIBLE APRÈS L'ÉLIMINATION D'AUTRES ÉLÉMENTS ▪ **1** Subsister. *Le peu de jours qui reste* (ou *qui restent* selon le sens). *Rien ne reste de ces chefs-d'œuvre.* — (Avec un compl. ind.) « *Je regarde ce que je perds, et ne vois point ce qui me reste* » MOLIÈRE. ◆ (fin XVe) (En tête de phrase, avec inversion du sujet et accord ou non du verbe) « *Restait cette redoutable infanterie* » BOSSUET. *Restent deux questions.* « *Reste ceux qu'on n'ose pas déranger* » TRIOLET. ◆ (1580) IMPERS. *Il ne restait qu'un bout de pain. Il en reste un fond de bouteille.* « *Et s'il n'en reste qu'un, je serai celui-là !* » HUGO. *Dans le salon,* « *il reste ce qui reste quand il ne reste rien : des mouches par exemple* » PEREC. *Quatre ôté de neuf, (il) reste cinq* (➤ **différence, reste**). — (Avec un compl. ind.) *Il lui restait trois euros. Il nous restait encore largement de quoi vivre.* « *Que reste-t-il de nos amours* » TRENET. ◆ **TOUT CE QUI RESTE DE.** (Construit avec le plur.) VX « *Tout ce qui reste ici de braves janissaires sont prêts de vous conduire à la Porte sacrée* » RACINE. — (Construit avec le sing.) MOD. *Tout ce qui reste des fruits est sur la table.* ▪ **2** (fin XIVe) **RESTER À** (et l'inf.) : devoir encore être. *Dix mille euros restaient à payer. Cela reste encore à prouver.* « *Une bande de terre nue restait à traverser pour gagner le bord du fleuve* » MAUPASSANT. ◆ IMPERS. *Il reste beaucoup à faire.* « *Je sais ce qu'il me reste à faire* » BAZIN. — *Le temps qu'il me reste à vivre.* — (Marquant une action à venir) *Il ne me reste plus qu'à vous remercier* : je n'ai plus qu'à vous remercier. *Il ne vous reste plus qu'à renoncer, qu'à partir.* ELLIPT « *Reste à régler la cérémonie* » VALLÈS. — LOC. *Reste à savoir.* « *Reste à savoir lequel vaut mieux, de périr d'un coup ou de mourir lentement* » MICHELET. *Reste à savoir pourquoi.* ▪ **3** (1550) **IL RESTE QUE ; IL N'EN RESTE PAS MOINS QUE** (et l'indic.) : il n'en est pas moins vrai que... (cf. Toujours* est-il que). « *Il n'en reste pas moins que Monsieur Floche est un digne homme et*

dont je garderai bon souvenir» GIDE. (1936) ELLIPT Reste qu'il faudra bien lui en parler (cf. Toujours est-il que).
▪ CONTR. Déplacer (se), disparaître, esquiver (s'), 1 partir, quitter ; bouger ; effacer (s'), passer.

RESTITUABLE [ʀɛstitɥabl] adj. – 1460 ◊ de restituer ▪ Que l'on doit restituer, rendre. *Sommes restituables aux héritiers.*

RESTITUER [ʀɛstitɥe] v. tr. ‹1› – 1261 ◊ latin restituere ▪ **1** Rendre à qqn (ce qu'on lui a pris, confisqué, volé). ➤ **redonner, rendre, retourner.** *Le fils de Charlemagne, ayant «donné, restitué toutes les spoliations de Pépin, son père lui en fit un reproche»* MICHELET. *Véhicule en fourrière restitué à son propriétaire.* — Rendre (ce qu'on a reçu). *Restituer un trop-perçu, son permis de conduire, les clés à la réception.* ▪ **2** DIDACT. Reconstituer à l'aide de fragments subsistants, de déductions, de documents. *Restituer un texte altéré, une inscription mutilée.* ➤ **rétablir.** — *Restituer une monnaie,* la frapper à nouveau. — INFORM. Récupérer (des données supprimées). ♦ FIG. *Film qui restitue bien l'atmosphère d'une époque.* ➤ **rendre.** ▪ **3** Libérer, dégager (ce qui a été absorbé, accumulé). *Dispositif solaire qui restitue la chaleur accumulée.* ♦ Reproduire fidèlement (un son, une image). *Enregistrement restituant les nuances de l'exécution.* ▪ CONTR. Garder.

RESTITUTION [ʀɛstitysjɔ̃] n. f. – 1251 ◊ latin restitutio ▪ **1** Action, fait de restituer (qqch. à qqn). *«Ils ont réclamé à Paris la restitution de ce qui leur appartenait en France»* HUGO. *Obligé, tenu à restitution.* ▪ **2** DIDACT. Opération qui consiste à restituer un texte altéré, un édifice disparu, etc. ; le texte ainsi restitué. ➤ **reconstitution, rétablissement.** ▪ **3** PHYS. *Facteur de restitution :* nombre qui, dans le choc de deux corps, représente le rapport de la différence des vitesses de ces corps après et avant collision. ▪ **4** ÉCON. Subvention à l'exportation de produits agricoles, dans le cadre de la politique agricole européenne. ▪ **5** Synthèse des travaux et présentation des conclusions faisant suite à une étude, une expérimentation. ➤ **compte rendu, rapport, retour** (d'expérience). *Restitution d'une enquête.* ▪ CONTR. Confiscation.

RESTO [ʀɛsto] n. m. – 1899 ◊ abrév. de restaurant ▪ FAM. Restaurant. *Un petit resto pas cher.* — *Resto U* [ʀɛstoy] : restaurant universitaire. — *Les restos du cœur,* où sont servis l'hiver des repas gratuits aux personnes sans ressources. — On écrit aussi *un restau, des restaus.*

RESTOROUTE [ʀɛstoʀut] n. m. – 1954 ◊ restoroute n. déposé, de restau(rant) et route ▪ Restaurant au bord d'une grande route, d'une autoroute, pour les automobilistes. — On écrit aussi *restauroute* (1966).

RESTREINDRE [ʀɛstʀɛ̃dʀ] v. tr. ‹52› – 1160 «réparer, refermer» ◊ latin restringere «resserrer» ▪ **1** (v. 1280) Rendre plus petit ; renfermer dans des limites plus étroites. ➤ **diminuer, réduire.** *Restreindre le volume* (➤ **comprimer**), *le nombre. Restreindre ses dépenses. Nous pouvons atteindre au bien-être, «tout aussi bien qu'en augmentant* [nos forces], *en restreignant notre activité»* PROUST. *Restreindre l'autorité de qqn.* ➤ **amoindrir.** *Restreindre ses ambitions à la réussite matérielle.* ➤ **borner** (à), **limiter** (à), **réduire** (à). ▪ **2 SE RESTREINDRE** v. pron. (XIIe) Devenir plus petit, moins étendu, moins libre. *Le champ de nos recherches s'est restreint.* ♦ Réduire son train de vie. *Se restreindre dans ses dépenses.* ABSOLT *Il va falloir nous restreindre.* ➤ **resserrer.** ▪ CONTR. Accroître, développer, étendre, propager.

RESTREINT, EINTE [ʀɛstʀɛ̃, ɛ̃t] adj. – 1690 ; restraint «enfermé» 1496 ◊ de restreindre ▪ **1** Étroit ; limité ; petit. *Auditoire, personnel, public restreint. «Sa pensée était simple ; son vocabulaire, assez restreint»* MARTIN DU GARD. ➤ **pauvre.** *Suffrage restreint,* réservé à certains citoyens (opposé à *universel*). *Sens large et sens restreint d'un mot.* ➤ **étroit, strict** (cf. Stricto sensu). ♦ PHYS. *Relativité* restreinte* (opposé à *généralisée*). *Rotations restreintes* (ou *gênées*) *des molécules ou de certaines de leurs parties* (opposé à *rotations libres*). ▪ **2 RESTREINT À :** limité à. *«Un tirage moindre, une diffusion restreinte à Paris et ses environs»* ROMAINS. ▪ CONTR. Ample, étendu, large.

RESTRICTIF, IVE [ʀɛstʀiktif, iv] adj. – 1512 ; restraintif «astringent» 1385 ◊ du latin restrictus, p. p. de restringere ▪ Qui restreint, qui apporte une limitation, une restriction. *Clause, condition restrictive.* ➤ **limitatif.** *«les lois restrictives et prohibitives, la censure»* BALZAC. *Mesures privatives ou restrictives de liberté. Valeur restrictive de l'adverbe* seulement. — *Interprétation restrictive,* stricte.

RESTRICTION [ʀɛstʀiksjɔ̃] n. f. – 1380 ; restrinction méd. «resserrement» 1314 ◊ bas latin restrictio ▪ **1** Ce qui restreint le développement, la portée de qqch. (condition, exception). *Il faut apporter des restrictions à ce principe. Émettre une restriction. Il a accepté, mais avec restriction, des restrictions.* ➤ **réserve** (cf. Sous bénéfice* d'inventaire, sous condition). *Mots, expressions indiquant une opposition ou une restriction* (ex. cependant, mais, à la vérité). ♦ *Faire des restrictions :* faire des critiques, émettre des doutes. — (1657) *Restriction mentale :* acte mental par lequel on donne à sa phrase un sens différent de celui que l'interlocuteur va lui donner, afin de l'induire en erreur. *La restriction mentale, pratique élaborée par les casuistes.* ▪ **2** loc. adv. **SANS RESTRICTION :** entièrement ; sans condition ou sans arrière-pensée. *Vous êtes «tenu de les admirer à jamais, sans restriction, dans tout ce qu'il leur plaira de faire»* BERLIOZ. — loc. adj. *Une soumission sans restriction,* absolue, totale. ➤ **inconditionnel.** ▪ **3** Action de restreindre ; fait de devenir moindre, moins étendu (➤ **amoindrissement, diminution, limitation, réduction**). *Restriction des exportations ; des libertés. Restrictions de circulation. Restrictions budgétaires.* ➤ 2 **coupe.** COMM. INTERNAT. *Restrictions quantitatives à l'importation :* limitation des importations de certains produits provenant de certains pays. ➤ **contingent, quota ; protectionnisme.** ▪ **4** (1923) PLUR. Mesures ayant pour objet de réduire la consommation en période de pénurie ; privations résultant de ces mesures. ➤ **rationnement.** *Le marché noir est né des restrictions. — Pendant les restrictions,* la période des restrictions, l'austérité. ▪ **5** (du sens ancien) BIOCHIM. *Enzyme de restriction :* nucléase capable de fractionner le double brin d'ADN au niveau ou à proximité de nucléotides spécifiques (➤ **palindrome**). *«les "enzymes de restriction," qui permettent de découper l'ADN en petits morceaux, à des points de fracture particuliers»* R. FRYDMAN. *«L'ordre selon lequel ces sites de coupure apparaissent le long de la molécule d'A. D. N. est une carte de restriction»* (La Recherche, 1988). ▪ CONTR. Accroissement, augmentation.

RESTRUCTURATION [ʀəstʀyktyʀasjɔ̃] n. f. – 1963 ◊ de restructurer, d'après structuration ▪ Fait de restructurer (qqch.) ; son résultat. *Entreprise en cours de restructuration.* ➤ **réaménagement, réorganisation.** — PAR EUPHÉM. ➤ **dégraissage,** 2°.

RESTRUCTURER [ʀəstʀyktyʀe] v. tr. ‹1› – 1963 ◊ de re- et structurer ▪ DIDACT. Donner une nouvelle structure, une nouvelle organisation à (qqch.). *Restructurer un espace urbain.* ➤ **remodeler ; réaménager.** *«On restructure les étages* [...] *pour obtenir des locaux spacieux»* ECHENOZ. ♦ (ABSTRAIT) Organiser sur de nouvelles bases. *Restructurer un secteur industriel, un parti politique.* ➤ **réorganiser.**

RESUCÉE [ʀ(ə)syse] n. f. – 1867 ◊ de resucer «sucer de nouveau», de re- et sucer ▪ FAM. ▪ **1** Nouvelle quantité (d'une chose qu'on boit). ▪ **2** PÉJ. Reprise, répétition (d'un sujet déjà traité). *«S'agit-il d'un scénario original ou d'une resucée de Jekyll and Hyde»* J. ROUBAUD.

RÉSULTANT, ANTE [ʀezyltɑ̃, ɑ̃t] adj. – XVIe ◊ de résulter ▪ VIEILLI Qui résulte de qqch. ➤ **consécutif.** *«La confusion résultante d'une théorie et d'une pratique contradictoires»* CHATEAUBRIAND. ♦ MOD. MUS. *Son résultant,* correspondant à deux sons réels émis simultanément. — MATH. Qui constitue un résultat. *Élément résultant.*

RÉSULTANTE [ʀezyltɑ̃t] n. f. – 1652 ◊ de résultant ▪ SC. Somme géométrique de deux ou plusieurs vecteurs. *La résultante de deux forces.* — Transformation géométrique équivalente à des transformations appliquées successivement. ➤ **produit.** ♦ COUR. Conséquence, résultat de plusieurs facteurs (surtout quand il s'agit de forces, d'actions complexes). *La Révolution «est en réalité la résultante des événements»* HUGO.

RÉSULTAT [ʀezylta] n. m. – 1589 ; didact. avant XIXe ◊ latin scolastique resultatum, de resultare → résulter ▪ **1** Tout ce qui arrive, commence à exister à la suite et comme effet de qqch., avec un caractère durable. ➤ **conséquence, contrecoup, effet,** 1 **fin, issue, solution, suite.** *Être le résultat de qqch.* ➤ 1 **dépendre, s'ensuivre, résulter** (de). *Elle «s'endormit d'un sommeil profond, résultat naturel de sa grande jeunesse et de l'épuisement de ses forces»* GOBINEAU. *Avoir pour résultat, avoir le résultat de.* FAM. *Il a voulu sauter par la fenêtre ; résultat, il s'est foulé la cheville.* ➤ FAM. **total.** — Ce que produit une activité consciente dirigée vers une fin ; cette fin. *Rechercher un résultat, viser à un résultat. Il essaya, sans résultat, de le convaincre* (cf. En vain). *Parvenir à un résultat. Il n'y a que le résultat qui compte.* DR. *Obligation de résultat* (opposé à *obligation de moyens*). *Obtenir deux résultats* (cf. Faire coup* double). *Arriver à un bon* *résultat. Beaux, heureux résultats.* ➤ **réussite, succès.** *Résultat inespéré. — Le résultat d'un travail, d'une recherche, d'une expérience. Les résultats d'une analyse sanguine.* ♦ COMPTAB. Solde d'un compte. *Résultat de l'exercice :* différence entre les produits et les charges d'une entreprise. *Compte de résultat :* recensement des charges et produits d'un exercice. *Le compte de résultat sert de base au calcul du bénéfice imposable. Résultat fiscal :* bénéfice imposable. VIEILLI *Résultat brut, net d'exploitation.* — AU PLUR. Réalisations concrètes. *Nous exigeons des résultats. «Et dans tout ça, il n'y a pas que des mots, [...] Il nous arrive bel et bien avec des résultats»* ROMAINS. ▪ **2** Solution (d'un problème). *Il connaissait le résultat d'avance.* — Phase ultime d'un calcul ; le troisième élément (➤ **composé**) associé à un couple dans une application, une opération arithmétique (➤ **produit, quotient, reste,** 1 **somme**). ▪ **3** Souvent au plur. Réussite ou échec à un examen, un concours ; liste des personnes qui ont réussi. *Affichage, lecture, proclamation des résultats. Feuille de résultats.* ➤ **collante.** *«Le jour du résultat final arriva. On affichait dans la cour de la Sorbonne les noms des candidats reçus»* R. ROLLAND. ♦ *Les résultats de l'élection. Résultats partiels, provisoires, définitifs.* — SPORT *Résultats d'un match, d'une compétition.* ➤ **score.** *Résultats des courses.* LOC. FIG. *Résultat(s) des courses :* au bout du compte*. *Résultat des courses, après toutes ces réunions, rien n'est décidé.*

RÉSULTER [ʀezylte] v. intr. ‹1 ; seult inf., p. prés. et 3e pers.› – 1491 ◊ latin *resultare* «rebondir ; retentir», puis «résulter», en latin scolastique, de *re-* et *saltare* «sauter» ▪ **1** Être produit par une cause ; être le résultat (de qqch.) ou apparaître comme tel. ➤ **découler,** 1 **dépendre, s'ensuivre, naître, procéder, provenir, venir (de).** *«l'amitié résulte d'un faible degré d'opposition entre des êtres individuellement divers»* SENANCOUR. *«Le naturaliste dit :* si ce point de départ était juste, *tel cas particulier en résulterait comme conséquence»* C. BERNARD. *Ce qui en a résulté ; ce qui en est résulté.* ▪ **2** IMPERS. *Il résulte de ceci que, il en résulte que.* ➤ **apparaître,** 1 **ressortir.** *Il résulte des aveux du prévenu qu'il n'a pu agir seul. Qu'en résultera-t-il ?* ➤ **arriver.** *Il ne peut rien en résulter de bon.*

RÉSUMÉ [ʀezyme] n. m. – 1750 ◊ de *résumer* ▪ **1** Abrégé, condensé. ➤ **réduction ; digest** (ANGLIC.). *Faire, rédiger un résumé. Résumé des épisodes précédents. — Résumés d'histoire pour le baccalauréat.* ➤ **abrégé.** — Recomm. offic. pour l'anglic. *abstract.* ▪ **2** FIG. *«Au fond, le résumé de la sagesse humaine consistait à traîner les choses en longueur»* HUYSMANS. ▪ **3** loc. adv. (1835) **EN RÉSUMÉ :** en peu de mots (cf. En bref). PAR EXT. À tout prendre, somme toute. *En résumé, il n'y a qu'une seule chose à retenir.*

RÉSUMER [ʀezyme] v. tr. ‹1› – 1370 «répéter» ◊ latin *resumere* «reprendre» ▪ **1** (XVIIe) VX Reprendre en plus court (un discours). ➤ **récapituler.** ♦ MOD. Présenter brièvement en conservant l'essentiel. *Résumer la situation en quelques phrases. Résumer un entretien. Résumer un texte.* ➤ **abréger, condenser.** *Résumer la pensée d'un auteur.* ▪ **2** (CHOSES) Présenter, montrer en un seul caractère, en une seule chose (un ensemble d'éléments). *«Tout ce qui résume l'humanité est surhumain»* HUGO. *«Qu'est-ce que Paris, sinon une petite France résumée !»* MICHELET (cf. En raccourci). ▪ **3 SE RÉSUMER** v. pron. (1796) (RÉFL.) Reprendre en peu de mots ou abréger ce qu'on a dit. *Pour me résumer, je dirai que...* ♦ (PASS.) *«Rien de beau ne se peut résumer»* VALÉRY. — *Se résumer à, en :* consister essentiellement en. *L'affaire se résume à peu de choses.* ➤ **se limiter,** se **réduire.** ■ CONTR. Développer.

RESURCHAUFFE [ʀ(ə)syʀʃof] n. f. – 1964 ◊ de *re-* et *surchauffe* ▪ INGÉN. Nouvelle surchauffe de la vapeur suivant la première détente d'une vapeur surchauffée, dans le but d'améliorer le rendement d'une turbine.

RÉSURGENCE [ʀezyʀʒɑ̃s] n. f. – 1896 ◊ de *résurgent* ▪ DIDACT. ▪ **1** Eaux d'infiltration, rivière souterraine qui ressortent à la surface ; source où elles reparaissent (cf. Source vauclusienne*). ▪ **2** FIG. Réapparition. *Résurgence des doctrines racistes.* ➤ **renaissance.** *Résurgences mystiques. Il dînait seul «et souvent de choses crues comme si la solitude induisait une résurgence barbare»* ECHENOZ.

RÉSURGENT, ENTE [ʀezyʀʒɑ̃, ɑ̃t] adj. – fin XIXe ; «ressuscité» 1525 ◊ latin *resurgens,* de *resurgere* «rejaillir» ▪ DIDACT. Se dit des eaux qui reparaissent à la surface après un trajet souterrain. *Point d'émergence d'eaux résurgentes.*

RESURGIR ➤ **RESSURGIR**

RÉSURRECTION [ʀezyʀɛksjɔ̃] n. f. – 1190 ; *resurreccium* «le fait de se lever de son siège» v. 1120 ◊ latin *resurrectio,* de *resurgere* «se relever» ▪ **1** Action de ressusciter*, retour de la mort à la vie. *«L'idée de mort et de résurrection se retrouve chez tous les peuples»* ALAIN. — *La résurrection du Christ.* ABSOLT *Le mystère de la Résurrection. Commémoration de la Résurrection.* ➤ **pâques.** ♦ Dogme (chrétien, musulman) selon lequel le corps humain ressuscitera à la fin des temps. *La résurrection de la chair, des corps.* — PAR EXT. Guérison inattendue. ▪ **2** (1676) Retour à l'existence, à l'activité ; nouvel essor (parfois avec l'idée de progrès). *La résurrection de l'Allemagne. Résurrection morale.* ♦ Retour, réapparition (d'une idée, d'un sentiment ou de ce qui en est l'objet). ➤ **renaissance, résurgence, reviviscence.**

RETABLE [ʀətabl] n. m. – 1671 ◊ adaptation d'après *table,* de l'ancien provençal *retaule,* du latin médiéval *retrotabulum* ▪ Partie postérieure et décorée d'un autel, qui surmonte verticalement la table. *Retable en forme de triptyque*. Prédelle d'un retable.*

RÉTABLI, IE [ʀetabli] adj. – XVIIe ◊ de *rétablir* ▪ **1** (CHOSES) Qu'on a rétabli. *Texte rétabli. Contact rétabli.* ▪ **2** (PERSONNES) Guéri. *Vous êtes complètement rétabli.*

RÉTABLIR [ʀetabliʀ] v. tr. ‹2› – *restablir* «remettre en bon état» 1120 ◊ de *re-* et *établir*

I ▪ **1** DIDACT. Établir de nouveau (ce qui a été oublié, changé, altéré). ➤ **reconstituer, restituer.** *La France demande aux historiens «de rétablir la chaîne des faits, des idées, d'où sortirent ces résultats»* MICHELET. *Rétablir la vérité.* ▪ **2 RÉTABLIR (qqn, qqch.) EN, DANS, À :** remettre en une place, une situation, un état (ce qui n'y était plus). *On l'a rétabli à sa place, dans son emploi.* ➤ **réintégrer.** FIG. *«pour que les tribus abâtardies soient rétablies dans leur splendeur passée»* SAINT-EXUPÉRY. ▪ **3** COUR. Faire exister de nouveau. *Rétablir les communications. Rétablir un contact, un circuit. Cela rétablira l'équilibre. Rétablir l'ordre.* ➤ **ramener.** ♦ Remettre en vigueur. ➤ **relever,** 1 **restaurer.** *«Un grand peuple ne se venge pas, il rétablit le droit»* R. ROLLAND.

II (XIIe) ▪ **1** Remettre (qqn) en bonne santé. ➤ FAM. **retaper.** *Ce traitement le rétablira en peu de temps.* — PAR EXT. *Rétablir la santé.* ▪ **2** Améliorer. *Mesures visant à rétablir la situation économique.*

III SE RÉTABLIR v. pron. ▪ **1** Se faire de nouveau. ➤ **revenir.** *Le calme, le silence se rétablit.* ▪ **2** (XVIIe) (PERSONNES) Guérir, se remettre. ➤ **récupérer.** *«Je la voyais toujours malade, mais en voie de se rétablir ; je la trouvais mieux»* PROUST. ▪ **3** (1928) Faire un rétablissement (3°). *«Antonio sauta. Comme il se rétablissait en haut du talus [...]»* GIONO.

■ CONTR. Détruire, renverser ; altérer, fausser. Couper, interrompre.

RÉTABLISSEMENT [ʀetablismɑ̃] n. m. – 1611 ; *ratablissement* «réparation» 1260 ◊ de *rétablir* ▪ **1** Action de rétablir. *Rétablissement d'un texte modifié.* ➤ **restitution.** ♦ Remise en fonction ou en vigueur. *Rétablissement des communications, des relations diplomatiques. Rétablissement de l'ordre.* ▪ **2** (1694) Action de se rétablir, retour à la santé. *Je fais des vœux pour votre prompt rétablissement.* ➤ **convalescence, guérison.** ♦ Retour à une situation saine, normale. *Procédure de rétablissement personnel,* permettant en cas de surendettement, et sous certaines conditions, l'effacement des dettes. ▪ **3** (1875) Mouvement de gymnastique qui consiste, pour une personne suspendue par les mains, à se hisser par la force des bras jusqu'à ce qu'elle se retrouve en appui, les bras à la verticale, les mains en bas. *Opérer, faire un rétablissement. Rétablissement d'un alpiniste, au passage d'un surplomb.* ▪ **4** FIG. Effort pour se reprendre, pour retrouver son équilibre. *Elle ne s'était pas «offerte avec complaisance en pâture au malheur [...] Non : elle avait fait le rétablissement salutaire ; elle avait énergiquement repris la maîtrise d'elle-même»* MARTIN DU GARD. ■ CONTR. Anéantissement. Interruption. Aggravation.

RETAILLE [ʀətaj] n. f. – 1180 ◊ de *retailler* ▪ TECHN. ▪ **1** Action de retailler. *Retaille d'un brillant.* ▪ **2** Partie enlevée (d'un objet, d'une matière).

RETAILLER [ʀ(ə)taje] v. tr. ‹1› – 1160 ◊ de *re-* et *tailler* ▪ Tailler de nouveau. *Retailler un crayon. Retailler un costume.*

RÉTAMAGE [ʀetamaʒ] n. m. – 1870 ◊ de *rétamer* ▪ Action de rétamer ; son résultat.

RÉTAMER [ʀetame] v. tr. ‹1› – 1412 ◊ de *re-* et *étamer* ▪ **1** Étamer* de nouveau ; refaire l'étamage de (un ustensile). *Faire rétamer des casseroles.* — **p. p. adj.** *Bassine rétamée.* ▪ **2** FAM. Enivrer. *Le cognac l'a rétamé.* — **p. p. adj.** (1900) VX Ivre. MOD.

Très fatigué. *Être complètement rétamé.* ◆ Démolir (cf. Esquinter). *Se faire rétamer.* — (1920) Dépouiller au jeu. ▪ **3** v. pron. **SE RÉTAMER.** FAM. Tomber. *Il s'est rétamé dans l'escalier.* — FIG. Échouer. *Se rétamer à une élection, à un examen.*

RÉTAMEUR, EUSE [RetamœR, øz] n. – 1870 ◇ de *rétamer* ▪ Ouvrier qui rétame.

RETAPAGE [R(ə)tapaʒ] n. m. – 1861 ◇ de *retaper* ▪ Action de retaper ; son résultat. *Retapage rapide d'un lit. Cela ira, après un bon retapage.*

RETAPE [R(ə)tap] n. f. – 1830 ; (dans l'intention de voler) 1797 ◇ de *retaper* ▪ FAM. Action de guetter et d'accoster le client. ➤ **racolage.** *Faire la retape.* ➤ **racoler.** — FIG. Propagande, publicité excessive. *Faire de la retape pour une réunion politique, pour un produit d'entretien.*

RETAPER [R(ə)tape] v. tr. ‹1› – XVIe ◇ de *re-* et *taper*

I FAM. ▪ **1** Remettre dans sa forme (d'abord, en donnant des tapes). *Retaper un lit :* défroisser la literie. ▪ **2** Réparer, arranger grossièrement ; redonner superficiellement un aspect neuf, net à (qqch.). *Retaper une vieille maison. Ses filles « retapant avec de nouvelles garnitures leurs uniques toilettes »* ZOLA. ▪ **3** (1833) Remettre en bonne santé, en bonne forme. *« Quelque bonne médecine indigène qui m'aurait retapé »* CÉLINE. ➤ **remonter, requinquer.** — PRONOM. *Il s'est retapé.* ➤ **rétablir.**

II Taper de nouveau à la machine. *Retaper une lettre.*

RETAPISSER [R(ə)tapise] v. tr. ‹1› – 1583 ◇ de *re-* et *tapisser* ▪ **1** Tapisser de neuf. *« cette chambre qui venait [...] d'être retapissée de ce papier peint crème »* BUTOR. ▪ **2** ARG. Reconnaître (qqn). *« je l'ai retapissé, fais-moi confiance ! Une tronche comme la sienne »* BORNICHE.

RETARD [R(ə)taR] n. m. – 1677 sens 2° ◇ de *retarder* ; a remplacé *retardement*

A. LE FAIT D'ARRIVER OU D'AGIR TROP TARD ▪ **1** Le fait d'arriver trop tard, de se manifester, de se produire après le moment fixé, attendu. *Le retard d'une personne à un rendez-vous.* ◆ **EN RETARD.** *Arriver, être en retard* (cf. FAM. Être à la bourre). *Se mettre en retard. « Dès qu'une maîtresse, un ami, sont en retard de quelques minutes à un rendez-vous, je les vois morts »* RADIGUET. *En retard sur l'horaire. Ne jamais être en retard d'une idée :* avoir toujours une idée nouvelle. — *Billet de retard :* papier délivré, sur leur demande, aux usagers des transports publics, en cas de retard ; papier qu'un élève retardataire doit demander à l'administration de son établissement pour être admis en classe. ◆ Temps écoulé entre le moment où une personne, une chose arrive et le moment où elle aurait dû arriver. *Un retard d'une heure, une heure de retard. Le retard d'un train. Léger retard sur la ligne Paris-Lille.* — **Avec le partit.** *Avoir du retard :* être en retard. *Le train a du retard aujourd'hui.* ▪ **2** Le fait d'agir trop tard, de n'avoir pas encore fait ce qu'on aurait dû faire. *Retard dans un paiement. Payer avec retard. Prendre du retard dans son travail.* — Fait de n'être pas fait à temps. *Le retard des recherches.* ➤ **piétinement, ralentissement.** ◆ **EN RETARD.** *Il est en retard pour payer ; ses paiements sont en retard. Travail en retard. Avoir du sommeil en retard,* à récupérer. *J'ai du courrier en retard,* que je n'ai pas encore fait. — **EN RETARD SUR :** plus lent que ; qui vient après. *Coureur en retard sur le peloton.*

B. (CHOSES) ▪ **1** Le fait de fonctionner moins vite que l'allure normale. *Ma montre prend du retard.* ◆ PAR EXT. Mécanisme qui permet de ralentir la marche d'une horloge, d'une montre. ▪ **2** Le fait de ne pas se produire au moment normal, prévu. *Retard de(s) règles. « Comme elle n'avait pas de retards, habituellement, elle craignait vraiment d'être enceinte »* R. GUÉRIN. ▪ **3** TECHN. Le fait de fonctionner après un certain délai (➤ **réponse**) ; ce délai. *Élément à retard,* qui impose un intervalle de temps défini entre un signal d'entrée et un signal de sortie. *Ligne* (électrique) *à retard.* COUR. *Temps de retard. Retard à l'allumage*.* — PHYS. Équivalent temporel de la différence de phase* existant entre deux vibrations sinusoïdales.

C. ACTION DE RETARDER, DE REMETTRE À PLUS TARD ➤ **ajournement, atermoiement, délai.** *Les Buteau « baptisaient leur enfant après bien des retards »* ZOLA. **SANS RETARD :** sans attendre, sans tarder ; le plus vite possible (cf. Sans délai). *Écrivez-lui sans retard.* ◆ MUS. Délai à frapper l'une des notes d'un accord. ◆ PHARM. Prolongation de l'effet d'un médicament par l'adjonction de substances qui en retardent la diffusion, l'élimination. APPOS. INV. *Effet retard. Pénicilline retard ; insuline retard.*

D. ÉTAT DE CE QUI EST RALENTI DANS SON DÉVELOPPEMENT ▪ **1** MÉD. *Retard mental :* développement incomplet des facultés intellectuelles. ➤ **arriération, déficience** (intellectuelle). *Retard léger* (Q. I. inférieur à 70), *modéré* (inférieur à 50), *sévère* (inférieur à 35), *profond* (inférieur à 20). *Retard psychomoteur* d'un enfant.* — *Retard de croissance. Retard de langage, retard de parole* (chez l'enfant). *« Ini ne parlait pas. Longtemps, Gaby avait feint de croire que ça n'était rien, un simple retard »* LE CLÉZIO. ▪ **2** FIG. État, situation de ce qui est moins avancé dans un développement ; temps qui sépare le moins avancé des autres. *« un peuple qui vit avec trois siècles de retard »* CAMUS. *Un retard de cent ans.* ➤ **décalage, gap** (ANGLIC.). *Ce pays a du retard sur le nôtre, sur nous. Combler son retard.* ◆ LOC. **EN RETARD.** *Enfant en retard pour son âge. « L'enfant se développait quant à la masse du corps ; mais semblait en retard quant aux fonctions »* ROMAINS. ➤ **attardé, retardé.** *Pays en retard sur les autres.* ➤ **sous-développé.** *Être en retard sur les idées de son temps.* (➤ **retarder,** II). LOC. FAM. *Être en retard d'une guerre :* être en retard sur son temps. ◆ FAM. *Avoir du retard :* ne pas connaître les dernières nouvelles. ➤ **retarder** (II, 2°). *Tu as du retard !* LOC. FAM. *Avoir un train* (ou *un métro*) *de retard :* ne pas être au courant des dernières nouvelles, être à la traîne. ➤ **retarder.** *« Il avait souvent un métro et même plusieurs de retard, soit, mais il n'était pas idiot »* A. DESARTHE. ▪ CONTR. Avance. Accélération ; avancement, empressement, 2 hâte.

RETARDATAIRE [R(ə)taRdatɛR] adj. et n. – 1808 impôts ◇ de *retarder* ▪ **1** (1825) Qui arrive en retard. *Attendre un convive retardataire.* n. *Les retardataires ne seront pas admis au spectacle.* ▪ **2** Qui a du retard (7°), est moins avancé qu'il ne faudrait. *Enfants retardataires,* en retard dans leurs études. n. *Un retardataire.* — (1875) Qui ne tient pas compte du progrès technologique, de l'évolution des idées. ➤ **attardé, désuet.** *« Les méthodes de culture [...] lui paraissaient prodigieusement retardataires »* P. BENOIT. ➤ **archaïque.** ▪ CONTR. Avancé.

RETARDATEUR, TRICE [R(ə)taRdatœR, tRis] adj. et n. m. – 1743 ◇ de *retarder* ▪ **1** Qui retarde, ralentit un mouvement, un processus. *Frottement retardateur. Potentiel retardateur.* — MILIT. *Action retardatrice,* destinée à retarder la progression de l'ennemi. ▪ **2** n. m. (1894) CHIM. Corps qui ralentit la vitesse des réactions chimiques (opposé à *catalyseur*). ▪ **3** n. m. COUR. Dispositif qui diffère le déclenchement d'un appareil photo. ▪ CONTR. Accélérateur.

RETARDÉ, ÉE [R(ə)taRde] adj. – 1659 ◇ de *retarder* ▪ **1** PHYS. VIEILLI Ralenti (opposé à *accéléré*). MOD. *Mouvement retardé,* dont l'accélération est négative. — COUR. *Départ retardé,* différé. ▪ **2** (1811) Qui est en retard par rapport à un parcours, une évolution moyenne. *Pays économiquement retardé.* — *Enfant retardé.* ➤ **attardé.** SUBST. *Un retardé.*

RETARDEMENT [R(ə)taRdəmɑ̃] n. m. – 1345 ◇ de *retarder* ▪ **1** VIEILLI Action de retarder volontairement. ➤ **retard.** *Les « inquiétudes que donnent les retardements de la poste »* Mme DE SÉVIGNÉ. ▪ **2** (1923) MOD. **À RETARDEMENT.** *Engin à retardement,* muni d'un dispositif qui diffère la déflagration. *Bombe à retardement.* ◆ FIG. Avec retard, après disparition de la cause. *Réagir à retardement* (cf. Avoir l'esprit de l'escalier*).

RETARDER [R(ə)taRde] v. ‹1› – 1175 « tarder à, hésiter » ◇ latin *retardare,* de *tardus* « tard »

I v. tr. ▪ **1** (XIVe) Faire arriver plus tard qu'il ne faut, après le moment fixé ou attendu. *Deux mots seulement, je ne veux pas vous retarder,* vous mettre en retard. PRONOM. *Se retarder :* se mettre en retard, s'attarder. — (Sujet chose) *Cet incident m'a retardée.* — *« Le vaisseau de la Révolution, malgré les tempêtes et malgré les calmes, retardé, jamais arrêté, cingla vers l'avenir »* MICHELET. ▪ **2** *Retarder qqn dans :* faire agir plus tard qu'il ne faut. *Ne le retardez pas dans son travail. Ces bavardages le retardent dans ses préparatifs.* ▪ **3** *Retarder une montre,* la mettre à une heure moins avancée que celle qu'elle indique. ▪ **4** Faire se produire plus tard, en remettant volontairement. *Retarder le départ de qqn.* ➤ **ajourner,** 2 **différer, remettre,** 1 **repousser.** *« maintenant que je tiens en poche la réalisation de cette félicité, je retarde le moment d'en jouir »* MAC ORLAN. ◆ (CHOSES) Empêcher. *« De longues pluies venaient de retarder les semailles d'automne »* ZOLA.

II v. intr. ▪ **1** (1690) Aller trop lentement, marquer une heure moins avancée que l'heure réelle. *Ma montre retarde de cinq minutes.* PAR EXT. *Je retarde de cinq minutes. « Le public est, relativement au génie, une horloge qui retarde »* BAUDELAIRE. ▪ **2** (1828) *Retarder sur son siècle, sur son temps :* avoir les idées,

les goûts d'une époque révolue. *«elle retarde d'au moins dix ans sur la mode»* MIRBEAU. — ABSOLT, FAM. Apprendre, découvrir qqch. longtemps après les autres (cf. Avoir un métro de retard*). *Sa femme ? Vous retardez, il a divorcé l'an dernier.* ▪ **3** Se produire à une heure plus tardive que la fois précédente. *La marée retarde un peu chaque jour.*
▪ CONTR. Avancer ; accélérer, activer. Anticiper, hâter.

RETÂTER [ʀ(ə)tɑte] **v. tr.** ‹1› – *retaster* XIIIe ✧ de *re-* et *tâter* ▪ **1** Tâter de nouveau. ▪ **2** **trans. ind. RETÂTER DE.** Goûter de nouveau, revenir à (qqch.).

RETÉLÉPHONER [ʀ(ə)telefɔne] **v. tr. ind.** ‹1› – avant 1900 ✧ de *re-* et *téléphoner* ▪ Téléphoner de nouveau (à qqn). ➤ **rappeler.** *Je vous retéléphonerai dans la soirée.*

RETENDOIR [ʀ(ə)tɑ̃dwaʀ] **n. m.** – 1811 ✧ de *retendre* ▪ TECHN. Clé pour régler la tension des cordes de piano.

RETENDRE [ʀ(ə)tɑ̃dʀ] **v. tr.** ‹41› – 1170 ✧ de *re-* et 1*tendre* ▪ Tendre de nouveau, tendre (ce qui est détendu). *Retendre les cordes d'une guitare, d'une raquette de tennis.* — PAR EXT. *Faire retendre sa raquette.* — FAM. *Se faire retendre (la peau).* ➤ **lifter.** *«en se faisant retendre, elle s'est fondue dans la communauté des femmes sans âge qui font vieilles»* M. DUGAIN.

RETENIR [ʀ(ə)təniʀ ; ʀət(ə)niʀ] **v. tr.** ‹22› – fin XIe, au sens général de «garder pour soi» (I) ✧ du latin *retinere*, famille de *tenere* → tenir

I CONSERVER ; GARDER POUR SOI, EN VUE D'UN USAGE FUTUR ▪ **1** (fin XIIe) Garder (ce qui appartient à autrui) ; refuser de donner. ➤ **détenir.** *Hôtelier qui retient les bagages d'un client insolvable.* — (1585) Garder (une partie d'une somme) pour un usage particulier. ➤ **déduire, prélever.** *On retient une part du salaire pour la Sécurité sociale, la retraite* (➤ **retenue**). ▪ **2** (début XIVe) Faire réserver. *Retenir une chambre dans un hôtel. «Ils retinrent une table, ils arrêtèrent un menu»* ZOLA. *Retenir sa place dans le train.* ➤ 2**louer.** *Retenir une date pour une réunion.* ➤ **réserver.** ◆ Engager d'avance. *Retenir un taxi pour le lendemain.* ▪ **3** (fin XIIe) Conserver, garder dans sa mémoire, ne pas oublier. ➤ se **souvenir.** *Retenez bien ce que je vous dis. C'est un nom, un mot qu'on retient, facile à retenir. Retenir un chiffre, une date. Il a retenu la leçon,* il en a tiré profit. *Je retiendrai de cette conférence, j'en retiendrai que l'avenir est sombre.* ◆ LOC. FAM. *Celui-là, je le retiens :* je me souviendrai de lui, en mal. ▪ **4** RÉGION. (Canada) Tenir de, ressembler à. *Le petit retient de sa mère. Il retient pas des voisins !* ▪ **5** DR. Admettre, garder (un chef d'accusation, un argument). *Le jury n'a pas retenu la préméditation. Tout ce que vous direz pourra être retenu contre vous.* ◆ COUR. Prendre en considération (un fait, une idée) pour en tirer parti. *Nous regrettons de ne pouvoir retenir votre proposition. Retenir la candidature de qqn.* ▪ **6** (fin XIIIe) Réserver (un chiffre) pour le reporter une colonne plus à gauche, dans une opération (➤ **retenue**). *28 + 6, je pose 4 et je retiens 1.*

II NE PAS LAISSER ALLER, EMPÊCHER DE SE MOUVOIR LIBREMENT ▪ **1** (fin XIe) Faire rester avec soi ; faire demeurer (qqn) quelque part. ➤ **garder.** *Il m'a retenu plus d'une heure* (cf. Tenir la jambe*). *Je ne veux pas vous retenir plus longtemps. Retenir qqn à dîner.* (1667) *Je ne vous retiens pas :* vous pouvez disposer (formule de congédiement). *Duroy «se retira. On ne le retint pas [...] et il sortit tout à fait troublé»* MAUPASSANT. *Il n'a pas su retenir sa femme.* — *Retenir qqn prisonnier. Retenir des journalistes en otages.* ◆ (CHOSES) ➤ **immobiliser.** *Le mauvais temps, la grippe le retient à la maison. «Sans doute que ses occupations la retiennent ailleurs»* GIDE. *Plus rien ne la retenait à la vie.* ➤ **attacher.** ▪ **2** (1874) Être un objet d'intérêt pour. *Retenir le regard de qqn. Votre lettre a retenu toute notre attention. «quoiqu'au premier abord elle attirât moins l'œil que la Sérafina, elle le retenait plus longtemps»* GAUTIER. ▪ **3** (1690) Maintenir (qqch.) en place, dans une position fixe. ➤ **accrocher, amarrer, arrêter, attacher, fixer, tenir.** *Cheveux retenus par un ruban. Câble qui retient l'ancre.* ▪ **4** (Sujet chose) Ne pas laisser passer, conserver ou contenir. *Barrages, écluses qui retiennent l'eau.* — *Retenir la lumière,* la renvoyer. *«L'échancrure de mer, en bas, retenait une laiteuse clarté»* COLETTE. ▪ **5** (1538) (SUJET PERSONNE) S'abstenir, différer d'exhaler, de laisser apparaître, de prononcer. *Retenir son haleine, son souffle. Retenir ses larmes, un geste d'irritation.* ➤ **réprimer.** *Retenir un cri. Rire qu'on ne peut retenir* (➤ **incoercible, irrépressible**). — (1553) *Retenir sa langue :* s'empêcher de parler, par prudence ou discrétion. ▪ **6** (1690) Saisir, tirer en arrière, afin d'empêcher de tomber, de partir, d'aller trop vite. ➤ **arrêter.** *Retenir qqn par le pan de sa veste, par le bras.* — *Retenir un cheval,* modérer son allure. — PAR MÉTAPH. *«Comment n'avait-elle pas saisi ce bonheur-là [...] Pourquoi ne pas l'avoir retenu à deux mains [...] quand il voulait s'enfuir ?»* FLAUBERT. ◆ *Retenir qqch.,* l'empêcher de tomber. ▪ **7** (début XIIe) Empêcher d'agir. *Retenez-moi, ou je fais un malheur !* (phrase qui permet de faire connaître sa colère sans la manifester). ◆ (SUJET CHOSE) ➤ **empêcher.** *La discrétion le retint de parler. Je ne sais pas ce qui me retient de lui dire ce que je pense. «Je partirais volontiers – Qu'est-ce qui vous retient ?»*

III SE RETENIR v. pron. **A.** PASSIF Être gardé en mémoire. *Son nom se retient facilement.*

B. RÉFLÉCHI ▪ **1** (début XIIe) Faire effort pour ne pas tomber. *Se retenir au bord d'un précipice, sur une pente glissante. Il descendit jusqu'à la berge «en se retenant aux branches des troènes»* NIZAN. ➤ s'**accrocher,** se **cramponner,** se **rattraper.** ▪ **2** (début XIIe) S'abstenir, différer de céder à (un désir, une impulsion). ➤ se **contenir,** se **contraindre.** *Elle se retenait pour ne pas pleurer. «Elle ne peut se retenir d'y faire sans cesse allusion»* MAURIAC. ➤ s'**empêcher.** ◆ PAR EUPHÉM. Différer de satisfaire ses besoins naturels. *Retiens-toi, on va arriver !*
▪ CONTR. Abandonner, céder. 1Lâcher, laisser, libérer. Animer, entraîner, exciter.

RETENTER [ʀ(ə)tɑ̃te] **v. tr.** ‹1› – 1549 ; *retempter* 1204 ✧ de *re-* et *tenter* ▪ Essayer, tenter de nouveau. *Retenter un saut. Retenter de passer. Un coup à retenter.*

RÉTENTEUR, TRICE [ʀetɑ̃tœʀ, tʀis] **adj.** – 1552 ✧ du latin *retentus*, p. p. de *retinere* «retenir» ▪ DIDACT. Qui retient, qui exerce une action pour retenir. *Muscle rétenteur.*

RÉTENTION [ʀetɑ̃sjɔ̃] **n. f.** – 1291 ✧ latin *retentio* ▪ **1** Fait de retenir (I). *Rétention d'informations.* ▪ **2** DR. *Droit de rétention,* qui permet à un créancier de retenir un objet appartenant à un débiteur, jusqu'à ce qu'il se soit acquitté de sa dette. *Rétention de marchandises.* ◆ *Rétention administrative :* fait de retenir dans un centre *(centre de rétention)* un étranger en situation irrégulière en attente d'être expulsé. ▪ **3** (1314) MÉD. Accumulation dans une cavité ou un tissu (d'une substance qui devait en être évacuée). *Rétention d'urine. Rétention d'eau dans les tissus.* ➤ **œdème, stase.** ▪ **4** (v. 1964) GÉOGR. Immobilisation de l'eau des précipitations. *Rétention glaciaire, nivale. Rétention capillaire dans le sol* (➤ **infiltration**).

RETENTIR [ʀ(ə)tɑ̃tiʀ] **v. intr.** ‹2› – XIIe ✧ de *re-* et ancien français *tentir* ; latin populaire °*tinnitire*, classique *tinnire* «résonner»

I ▪ **1 RETENTIR DE.** Être ébranlé, rempli par (un bruit, un son fort). ➤ **résonner.** *La salle retentissait d'applaudissements. «Je fis longtemps retentir l'air de mes cris»* ROUSSEAU. ▪ **2** Se faire entendre avec force. ➤ **bruire, résonner,** RÉGION. **retontir.** *«Les chants joyeux, le bruit des ateliers, et les cris lourds ou aigus des outils retentissaient agréablement à mes oreilles»* BALZAC. *«Le timbre de l'entrée retentit»* MARTIN DU GARD. ➤ **tinter.**

II Exercer une action, avoir des répercussions, un retentissement sur. ➤ se **répercuter.** *Maladie qui retentit sur l'état psychique.*

RETENTISSANT, ANTE [ʀ(ə)tɑ̃tisɑ̃, ɑ̃t] **adj.** – 1546 ✧ de *retentir* ▪ **1** Qui s'entend bien, qui fait un grand bruit. ➤ **bruyant, sonore.** *Un choc retentissant. Voix retentissante. «De grands mots ayant l'air d'idées, mais qui ne sont que des sonorités vides et retentissantes»* GONCOURT. ▪ **2** Qui a un grand retentissement dans l'opinion ; dont on parle beaucoup. *Succès, scandale retentissant.* ➤ **éclatant.** ▪ CONTR. Étouffé, sourd. Infime.

RETENTISSEMENT [ʀ(ə)tɑ̃tismɑ̃] **n. m.** – 1160 ✧ de *retentir* ▪ **1** VIEILLI ou LITTÉR. Le fait de retentir ; bruit, son répercuté, prolongé par des résonances. *«Le retentissement de mes pas sous ces immenses voûtes»* ROUSSEAU. ▪ **2** MOD. Effet indirect ou effet en retour ; série de conséquences. ➤ **contrecoup, répercussion.** *Ces mesures auront un profond retentissement sur la situation politique. «Un de ces coups terribles dont les retentissements se répètent dans tous les moments de la vie»* BALZAC. ▪ **3** Le fait d'attirer l'attention, de susciter l'intérêt ou les réactions du public. ➤ **bruit, éclat.** *Le retentissement international de cet incident. Ce roman, ce film a eu un grand retentissement.* ➤ **succès.**

RETENU, UE [ʀ(ə)təny ; ʀət(ə)ny] **adj.** – 1280 «forcé (par la loi)» ✧ de *retenir* ▪ **1** Qui a été réservé. *Place retenue.* ▪ **2** Qui est empêché d'agir, de se manifester librement. *«J'aimais le goût des larmes retenues»* LARBAUD. ➤ 1**contenu.** ▪ **3** (1452) Qui fait preuve de retenue. ➤ 1**discret.** *«Ses lettres, d'une grâce un peu retenue et voilée»* HENRIOT. ▪ CONTR. Libre, effréné.

RETENUE [ʀ(ə)təny ; ʀət(ə)ny] **n. f.** – v. 1350 ; «action de retenir prisonnier» 1170 ✧ de *retenir*

I ▪ **1** DOUANES Action de garder, de retenir (une marchandise). *Retenue d'une marchandise à la frontière.* ♦ COUR. Prélèvement sur une rémunération en raison d'obligations légales ou de conventions. ➤ **précompte.** *Faire une retenue de dix pour cent sur le salaire.* — DR. FISC. *Retenue à la source*.* ▪ **2** Chiffre qu'on réserve pour l'ajouter à la colonne suivante, dans une opération.

II (→ retenir, II) ▪ **1** (1816) Punition scolaire qui consiste à garder un élève en classe en dehors des heures de cours. ➤ **consigne ;** FAM. **colle.** *Deux heures de retenue. Être en retenue.* «*cette mauvaise note et ce rapport, c'était pour lui l'exclusion du tableau d'honneur, – une retenue*» LARBAUD. ▪ **2** TECHN. Fixation, assujettissement des extrémités d'une poutre dans un mur. ♦ MAR. Cordage, câble de soutien. *Retenue de bôme.* ▪ **3** Le fait de retenir (l'eau) ; masse d'eau accumulée artificiellement. *Barrage à faible retenue d'eau. Hauteur, niveau de la retenue.* — *Bassin de retenue,* dans un port. ♦ PAR EXT. Encombrement de voitures. ➤ **bouchon.** *On signale quatre kilomètres de retenue sur le périphérique.*

III (1611 ; *retenu* n. m. XVIe) Attitude d'une personne qui sait se modérer, qui garde une prudente réserve. ➤ **circonspection, discrétion, mesure, modération, réserve, sagesse, tenue.** «*L'amour exige certaines préparations, une retenue, des réserves, une rêverie préalable*» CHARDONNE. «*Les Lyonnais ont une réputation de retenue, presque de froideur*» DUHAMEL. *Manquer de retenue. Rire sans retenue, sans aucune retenue,* sans chercher à être discret. *S'exprimer avec retenue,* modérément. ➤ **pondération.** ▪ CONTR. Audace, désinvolture, effusion, familiarité, impudence, indiscrétion, laisser-aller, licence.

RETERCER [ʀ(ə)tɛʀse] **v. tr.** ⟨3⟩ – *reterser* 1835 ; *retercier* 1316 ◊ de *re-* et *tercer, terser* ▪ AGRIC. Labourer une quatrième fois. *Retercer la vigne.* — **n. m. RETERÇAGE,** 1835.

RÉTIAIRE [ʀetjɛʀ ; ʀesjɛʀ] **n. m.** – 1611 ◊ latin *retiarius,* de *rete* → rets ▪ ANTIQ. ROM. Gladiateur armé d'un filet destiné à envelopper l'adversaire, d'un trident et d'un poignard. *Combat de rétiaires. Rétiaires et mirmillons.*

RÉTICENCE [ʀetisɑ̃s] **n. f.** – 1552 ◊ latin *reticentia* «silence obstiné», de *reticere,* racine *tacere* → taire ▪ **1** VIEILLI Omission volontaire d'une chose qu'on devrait dire ; la chose omise. ➤ **dissimulation ; sous-entendu.** *Je dis tout, «il n'y a ni réticences, ni points, ni phrases en l'air, ni ridicules ménagements* [...] *dans mon style*» BEAUMARCHAIS. — (1671) RHÉT. Figure par laquelle on interrompt brusquement la phrase, en laissant entendre ce qui suit. — DR. Dissimulation d'un fait (par une personne qui a l'obligation de le révéler). ▪ **2** (1751) MOD. Attitude ou témoignage de réserve, de doute, d'hésitation, dans les discours, le comportement. ➤ **difficulté, hésitation.** *Réticences à l'égard de certaines prises de position. Réticence à signer une pétition. Surmonter ses réticences. Accepter avec réticence.* «*Passer outre aux réticences, aux résistances même de l'esprit d'examen*» MAURRAS. ▪ CONTR. Assurance.

RÉTICENT, ENTE [ʀetisɑ̃, ɑ̃t] **adj.** – 1845 ◊ de *réticence* ▪ **1** VIEILLI Qui comporte des réticences (1°). *Des phrases atténuées et réticentes.* — Qui ne dit pas tout ce qu'il devrait. ➤ 1 **discret, silencieux.** «*Je me suis trouvé à l'aise* [...] *disant mes idées au hasard de l'improvisation, sans rien d'emprunté, de réticent, d'hésitant, de timide*» LÉAUTAUD. ▪ **2** MOD. Qui manifeste de la réticence (2°), de la réserve, des hésitations. ➤ **hésitant, réservé.** «*Le docteur les sentait réticents, réfugiés au fond de leur maladie avec une sorte d'étonnement méfiant*» CAMUS. *Réticent à se confier. Elle s'est montrée réticente devant de tels procédés.*

RÉTICULAIRE [ʀetikylɛʀ] **adj.** – 1610 ◊ du latin moderne, de *reticulum* «filet, réseau» ▪ DIDACT. ▪ **1** Qui forme un réseau, ressemble à un réseau. — PHYS. *Plan réticulaire :* plan contenant une infinité de points homologues d'un réseau cristallin. *Théorie réticulaire des cristaux de Haüy. Énergie réticulaire,* nécessaire à la formation d'un réseau cristallin. ▪ **2** ANAT., HISTOL. Qui se rapporte à un réseau, à un réticulum*. *Tissu réticulaire :* tissu osseux spongieux à cloisons très espacées. ▪ **3** INFORM. Relatif à un réseau informatique. *Programmation réticulaire. Adresse réticulaire :* recomm. offic. pour *URL.*

RÉTICULATION [ʀetikylasjɔ̃] **n. f.** – 1812 ◊ du latin *reticulum* «réseau» ▪ DIDACT. ▪ **1** Formation de rides, de lignes réticulaires sur une surface. — Résultat de cette formation. *Réticulation d'un film d'émulsion.* ▪ **2** CHIM. Transformation d'un polymère linéaire en polymère tridimensionnel par création de liaisons transversales (➤ **réticuler**).

RÉTICULE [ʀetikyl] **n. m.** – 1701 ◊ latin *reticulum* «petit filet» ; de *rete* → rets ▪ **1** OPT. Système de fils croisés matérialisant un point, un axe de visée dans un instrument d'optique. *Réticule d'une lunette, d'un microscope muni d'une vis micrométrique.* ▪ **2** (1842 ◊ du latin scientifique *reticulum* 1765) ANTIQ. Coiffure à mailles enfermant les cheveux. ➤ 3 **filet, résille.** ▪ **3** (1834) VIEILLI Petit sac à main ou bourse. ➤ **minaudière.**

RÉTICULÉ, ÉE [ʀetikyle] **adj.** – 1778 ◊ de *réticule* ▪ Qui imite un réseau. ♦ ANAT. *Tissu réticulé :* tissu conjonctif constitué de cellules et de fibres réunies en réseau. *Tissu réticulé de la rate, des ganglions lymphatiques, des lobules hépatiques. Formation réticulée. Substance réticulée.* — BOT. *Organe réticulé,* dont la surface est ornée d'un réseau de stries. *Pied de champignon réticulé.* — GÉOL. *Sols réticulés des régions polaires.* — ARCHIT. *Appareil réticulé :* maçonnerie en petit appareil, où des pierres carrées, des briques sont posées en diagonale, en damier. ♦ (1870) *Porcelaine réticulée,* formée de deux épaisseurs et dont l'enveloppe extérieure est ajourée en réseau.

RÉTICULER [ʀetikyle] **v. tr.** ⟨1⟩ – v. 1974 ◊ de *réticulation* ▪ CHIM. Provoquer la réticulation* de (un polymère).

RÉTICULOCYTE [ʀetikylɔsit] **n. m.** – v. 1930 ◊ de *réticulé* et *-cyte* ▪ BIOL., MÉD. Globule rouge immature présentant encore des granulations et un réseau de mitochondries visibles.

RÉTICULOENDOTHÉLIAL, IALE, IAUX [ʀetikyloɑ̃dɔteljal, jo] **adj.** – 1924 ◊ de *réticulé* et *endothélium* ▪ ANAT. *Système réticuloendothélial :* ensemble des cellules impliquées dans les mécanismes de défense de l'organisme.

RÉTICULUM [ʀetikylɔm] **n. m.** – 1877 ; «résille pour les cheveux» 1765 ◊ latin *reticulum* «réseau» ▪ **1** BIOL. CELL. Réseau très fin de fibrilles dans les cellules réticulaires* ; disposition en réseau de certains éléments intracellulaires. *Réticulum chromatique,* formé par la chromatine du noyau. *Réticulum endoplasmique :* organite cytoplasmique impliqué dans la biosynthèse des protéines. ➤ **ergastoplasme.** ▪ **2** ANAT. Premier estomac des ruminants. ➤ **rumen.**

RÉTIF, IVE [ʀetif, iv] **adj.** – XIIe ; *faire restif* «forcer à s'arrêter» 1080 ◊ latin populaire °*restivus,* de *restare* «rester» ▪ Qui s'arrête, refuse d'avancer (en parlant d'une monture). *Âne, cheval rétif.* ♦ FIG. (PERSONNES) Difficile à entraîner, à persuader. ➤ **difficile, récalcitrant.** *Enfant rétif et désobéissant. Rétif à toute organisation.* ➤ **rebelle.** *Il «s'irritait et se désolait à le sentir rétif, prêt à se défendre sans cesse, ou du moins à se protéger»* GIDE. ▪ CONTR. Discipliné, docile, doux, facile, maniable.

RÉTINAL [ʀetinal] **n. m.** – 1951 ◊ de *rétine* ▪ BIOCHIM. Aldéhyde de la vitamine A entrant, avec l'opsine, dans la composition du pourpre rétinien. (Plur. inus. *rétinals*)

RÉTINE [ʀetin] **n. f.** – 1314 ◊ latin médiéval *retina,* de *rete* → rets ▪ Tunique interne nerveuse de l'œil, qui reçoit les impressions lumineuses par ses cellules visuelles (cônes et bâtonnets) et les transmet au nerf optique. *Papille* optique, tache jaune de la rétine* (➤ **macula**). «*Toute excitation de la rétine donne lumière et couleur*» VALÉRY. *Décollement de la rétine.* ➤ **rétinopathie.**

RÉTINIEN, IENNE [ʀetinjɛ̃, jɛn] **adj.** – 1854 ◊ de *rétine* ▪ Qui concerne la rétine, qui lui appartient. *Artères rétiniennes. Pourpre* rétinien. Image rétinienne,* qui se forme sur la rétine.

RÉTINITE [ʀetinit] **n. f.** – 1830 ◊ de *rétine* et *-ite* ▪ MÉD. Inflammation de la rétine.

RÉTINOÏDE [ʀetinɔid] **n. m.** – 1980 ◊ de *rétine* et *-oïde* ▪ BIOCHIM. Substance apparentée à la vitamine A, utilisée dans la prévention des cancers cutanés.

RÉTINOÏQUE [ʀetinɔik] **adj.** – 1979 ◊ de *rétinol* et suffixe chimique ▪ CHIM. *Acide rétinoïque :* vitamine A acide ($C_{20}H_{28}O_2$), utilisée en dermatologie et en cosmétologie.

RÉTINOL [ʀetinɔl] **n. m.** – 1972 ◊ de *rétine* et *-ol* ▪ BIOCHIM. Vitamine A, alcool provenant du métabolisme des carotènes. *Le rétinol donne par oxydation le rétinal et l'acide rétinoïque.*

RÉTINOPATHIE [ʀetinɔpati] **n. f.** – 1964 ◊ de *rétine* et *-pathie* ▪ MÉD. Affection de la rétine. *Rétinopathie diabétique.*

RETIRAGE [ʀ(ə)tiʀaʒ] **n. m.** – 1874 ◊ de *retirer* ▪ Nouveau tirage (d'un imprimé, d'un livre, d'une photo).

RETIRATION [ʀ(ə)tiʀasjɔ̃] **n. f.** – 1576 ◊ de *retirer* ▪ IMPRIM. Opération par laquelle on imprime le verso d'une feuille. *Imprimer en retiration. Machine, presse à retiration,* dont chacun des deux cylindres imprime un côté de la feuille.

RETIRÉ, ÉE [R(ə)tiRe] adj. – XVIe ◊ de *retirer* ■ **1** (PERSONNES) Qui s'est retiré. *Retiré dans un lieu, quelque part.* — **RETIRÉ DE.** *« le désir d'être de plus en plus retiré du monde et dans un cloître d'études et d'oubli »* SAINTE-BEUVE. ♦ ABSOLT Qui vit, qui est dans une retraite et loin du monde. *Vivre solitaire et retiré, comme un ermite. Vie retirée.* — Qui n'a plus d'activité professionnelle, s'est retiré des affaires. ➤ **retraité.** *Négociants retirés.* ■ **2** (CHOSES) Éloigné, situé dans un lieu isolé. *Coin retiré,* à l'écart. ➤ 2 **écarté, isolé, solitaire.** *Un quartier retiré et calme. Les Charmettes, une terre « à la porte de Chambéry, mais retirée et solitaire comme si l'on était à cent lieues »* ROUSSEAU.

RETIRER [R(ə)tiRe] v. tr. ‹1› – fin XIIe, au sens de « faire reculer » (I, B, 2°) ◊ de *re-* et *tirer*

I AMENER HORS D'UN LIEU A. ENLEVER (XIIIe) **RETIRER qqch. À qqn :** enlever qqch. à qqn, priver qqn de qqch. ➤ **dépouiller, ôter.** *Retirer une autorisation, un permis à qqn. Je vous retire la parole. Retirer sa confiance, son amitié à qqn. « On retire au gouvernement toute autorité, toute prérogative »* TAINE. — *Retirer un enfant à sa famille.* ♦ (1515) Enlever (ce qui couvre, garnit). *Les housses ont été retirées. Je vais vous retirer vos bottes.* — Enlever (ses propres vêtements). ➤ **ôter.** *Retirer ses gants, ses chaussures, sa veste, ses lunettes.*

B. FAIRE SORTIR (1485) ■ **1 RETIRER (qqn, qqch.) DE :** faire sortir de. ➤ **dégager, enlever, ôter.** *Retirer un corps des décombres. Retirer qqn de prison. « Elle retira* [son fils] *du collège où son père avait exigé qu'il fût interné »* MAURIAC. — (XVIe) (COMPL. CHOSE) *Retirer un objet d'une boîte, d'une cachette. Retirer un gâteau du moule* (démouler), *une plante d'un pot* (dépoter). ➤ **dé-.** — *Retirer un produit du commerce, un livre du catalogue.* — FIG. et FAM. *On me retirera difficilement de l'idée que... :* quoi qu'on fasse, je continuerai à penser que... ♦ (1532) Faire sortir (un objet qui était déposé), rentrer en possession de. *Retirer un objet du mont-de-piété.* ➤ **dégager.** *Retirer de l'argent à la banque.* ➤ **prendre.** ■ **2** Séparer, éloigner de qqch. *Retirer sa main, ses mains.* ➤ **reculer.** — (fin XIIe) Faire reculer, après avoir approché. *Tendre l'appât, puis le retirer.* ■ **3** (1664) Cesser de faire, de formuler, de présenter. ➤ **annuler, supprimer ;** 2 **retrait.** *Retirer sa candidature, une plainte. Je retire mon offre, ma proposition. Retirer une parole malheureuse. Excusez-moi, je retire ce que j'ai dit.*

C. OBTENIR RETIRER qqch. DE (qqn, qqch.) : obtenir pour soi (en enlevant de qqch. ou à qqn) ; obtenir en retour. ➤ **gagner, percevoir, recueillir.** *Retirer une somme, un bénéfice d'une affaire. « il ne s'attendait pas à une grosse somme, mais le peu qu'il en retirerait lui servirait à vivre »* COSSERY. *Ne rien retirer d'une conférence, d'un enseignement. « Le gouvernement du Roi en retirerait beaucoup de gloire »* CHATEAUBRIAND.

II TIRER UNE NOUVELLE FOIS ■ **1** Tirer de nouveau. *Retirer un coup de feu.* — (SANS COMPL.) (1718) *Retirer au sort.* ■ **2** (1886) Effectuer un second tirage de (un imprimé, un livre, une photo).

III SE RETIRER v. pron. **A. S'ÉLOIGNER** (cf. I) ■ **1** (XVe) VX *Se retirer d'un lieu,* en partir. ♦ MOD. *Se retirer :* s'en aller, partir en sortant, en s'éloignant. *Adieu, il est temps de se retirer. Se retirer discrètement, sans bruit.* ➤ **disparaître, s'éclipser, filer.** ♦ Faire cesser la pénétration lors d'un rapport sexuel. *Se retirer avant l'éjaculation* (cf. Coït* interrompu). ■ **2** (1538) **SE RETIRER DE... :** quitter une activité. *Se retirer de la partie, d'une affaire. Se retirer des affaires pour prendre sa retraite. Des « idéalistes revenus de tout, qui se sont retirés de l'action »* SUARÈS. *« Je me réfugie dans le sommeil comme un enfant boudeur qui se retire du jeu »* GIDE. ♦ Cesser de jouer, de participer. ➤ **abandonner.** *Se retirer devant un adversaire trop fort.* ■ **3** (fin XVe) VIEILLI Aller en arrière, s'éloigner en s'écartant. *Se retirer pour éviter un coup.* ➤ **s'effacer.** *Les ennemis se retirent en désordre.* ➤ **décamper, déguerpir, s'enfuir*, fuir.** ■ **4** (1553) VX **SE RETIRER DE (qqn) :** quitter, cesser d'être avec. *« Dieu même, disent-ils, s'est retiré de nous »* RACINE. ■ **5** (1498) Refluer, revenir vers son origine. *La mer se retire.* ➤ **descendre, refluer.** *« La mer qui se retire est comme absente, dégrisée et abstraite, l'esprit ailleurs »* GRACQ. *Les eaux se retirent,* rentrent dans leur lit après une inondation.

B. ALLER QUELQUE PART ■ **1** (milieu XVe) Aller (dans un lieu) pour y trouver un abri, un refuge. ➤ **se réfugier ;** 1 **retraite.** *« Ils se retirent la nuit dans des tanières »* LA BRUYÈRE. ➤ **se cacher.** ♦ Rentrer dans un endroit privé (pour se trouver seul, pour se reposer). *Se retirer chez soi, dans sa chambre. Se retirer sous sa tente*, dans sa tour* d'ivoire.* ■ **2** Prendre sa retraite (dans un lieu). *Un petit bourg « où ils comptaient se retirer dans quelques années »* TOURNIER. — Aller vivre (dans un lieu isolé). *Il s'est retiré à la campagne pour écrire.*

■ CONTR. Mettre ; ajouter, 1 déposer, engager ; rapprocher. Donner, rendre. — Avancer (s'), entrer, envahir.

RETISSER [R(ə)tise] v. tr. ‹1› – 1611 ◊ de *re-* et *tisser* ■ Tisser de nouveau. *Retisser des relations.*

RÉTIVITÉ [Retivite] n. f. – *restiveté* début XIVe ◊ de *rétif* ■ RARE Caractère d'une monture, d'une personne rétive. — On dit aussi **RÉTIVETÉ.**

RETOMBANT, ANTE [R(ə)tɔ̃bɑ̃, ɑ̃t] adj. – 1847 ◊ de *retomber* ■ Qui retombe (II, 3°). ➤ 1 **pendant.** *Branches retombantes. Moustaches retombantes.*

RETOMBE [R(ə)tɔ̃b] n. f. – 1846 ◊ de *retomber* ■ **1** ARCHIT. ➤ **retombée.** ■ **2** ADMIN. *Feuilles de retombe,* collées à un état pour recevoir des observations.

RETOMBÉ [R(ə)tɔ̃be] n. m. – 1870 ◊ de *retomber* ■ CHORÉGR. Retombée du corps après un saut.

RETOMBÉE [R(ə)tɔ̃be] n. f. – *retumbée* 1518 ◊ de *retomber* ■ **1** Mouvement de ce qui retombe (II, 3°). ARCHIT. Assises qui forment la naissance d'un arc, d'une voûte. ■ **2** Choses qui retombent. *Des retombées de fleurs en grappes.* ♦ SPÉCIALT (1962) *Retombées radioactives :* substances radioactives qui retombent dans les basses couches de l'atmosphère, après leur émission accidentelle par une installation nucléaire ou après une explosion atomique. ■ **3** (1967) AU PLUR. Conséquences, répercussions ; effets secondaires. ➤ **impact, incidence.** *« Le bien-être des hommes a pu bénéficier de certaines retombées* [de la recherche scientifique et technique], *mais de façon aléatoire »* SAUVY. *Retombées de presse :* articles faisant suite au lancement publicitaire d'un produit. — Effets nuisibles. *Subir les retombées politiques d'un scandale.*

RETOMBER [R(ə)tɔ̃be] v. intr. ‹1› – 1538 ◊ de *re-* et 1 *tomber*

I (Êtres vivants) ■ **1** Tomber de nouveau ; faire une seconde chute. *L'enfant « tombe, se relève, retombe, rampe »* DUHAMEL. — Toucher terre après s'être élevé, après être monté. *Retomber après un saut ; bien, mal retomber* (➤ **réception, retombé**). *Retomber sur ses pieds*. Chat qui retombe sur ses pattes.* ♦ PAR EXT. Revenir à la position couchée. *« M. Godeau toussa, se souleva, se laissa retomber sur ses coussins »* MUSSET. ■ **2** FIG. Tomber de nouveau dans une situation mauvaise, dangereuse (après en être sorti). *Retomber dans la misère. Retomber malade.* ➤ **rechuter.** — (Sens moral) *« Nous sommes retombés dans l'ennui, de toute la hauteur du plaisir »* GONCOURT. *« Ah ! je vais retomber en de nouveaux doutes »* MAUPASSANT. ■ **3** RÉGION. (Belgique) *Retomber sur (qqch.) :* rappeler, retrouver (un souvenir). *Je suis retombé sur son nom.* ➤ **revenir.**

II (CHOSES) ■ **1** Tomber de nouveau, ou après s'être élevé. ➤ **redescendre.** *La pièce retomba pile. Fusée qui monte puis retombe verticalement. Le vent fait retomber la fumée.* ➤ **rabattre.** *« Voilà le brouillard qui retombe »* DIDEROT. — Se remettre à tomber. *La neige retombe.* ■ **2** S'abaisser ou s'incliner, se pencher (après avoir été levé, soulevé). *Laisser retomber un rideau. « cette main, dès qu'elle était abandonnée, retombait sur ses genoux comme morte »* MÉRIMÉE. ■ **3** S'étendre du haut vers le bas, pendre. ➤ 1 **tomber.** *Draperie qui retombe élégamment. « les boucles de sa noire chevelure retombent en désordre sur son front pâle »* GAUTIER. ♦ Descendre en portant sur un appui (➤ **retombée,** 1°). ■ **4** FIG. Revenir dans (un état, une situation). *« Combien de grands noms retomberaient dans l'oubli »* ROUSSEAU. *Pays qui retombe dans le chaos. La fièvre est retombée à 38°. Le dollar est retombé à 1 €.* — *La conversation retombe toujours sur le même sujet.* ➤ **revenir.** ♦ ABSOLT Cesser de se soutenir, d'agir. *L'intérêt ne doit pas retomber. Sa colère est retombée.* ■ **5 RETOMBER SUR (qqn) :** être rejeté sur, faire peser en retour ses effets sur. ➤ **rejaillir** (sur). *C'est sur lui que doit retomber la responsabilité.* ➤ **incomber** (à), **peser.** *« puisse votre faute ne retomber que sur ma tête ! »* VIGNY. FAM. *Ça va lui retomber sur le nez :* il en subira les conséquences fâcheuses.

RETONTIR [R(ə)tɔ̃tiR] v. intr. ‹2› – 1855 ◊ origine incertaine, p.-ê. de *retentir*
■ (Canada) FAM.

I (PERSONNES) Arriver quelque part sans être attendu, à l'improviste. *« On le voit retontir tous les trois mois »* G. SOUCY.

II (CHOSES) ■ **1** Retentir, résonner. *Le tonnerre retontissait dans toute la vallée.* ■ **2** Rebondir. *La balle a retonti plusieurs fois.*

RETOQUAGE [R(ə)tɔkaʒ] n. m. – 1878 ; autre sens 1820 ◊ de *retoquer* ■ **1** ARGOT SCOL., VX Fait de refuser (qqn) à un examen. ➤ **recalage.** ♦ MOD. Fait de refuser (un candidat) à un poste. ■ **2** Fait de rejeter, de refuser (une proposition, un projet). ➤ 2 **rejet.** *Le retoquage d'un projet de loi.* ■ CONTR. Approbation, validation.

RETOQUER [ʀ(ə)tɔke] **v. tr.** ‹1› – 1861 ; hapax 1807 en Lorraine ◊ p.-ê. de *re-* et *toquer* ▪ **1** ARG. SCOL., VX Refuser (qqn) à un examen. ➤ FAM. **coller, recaler.** ◆ MOD. Refuser (un candidat) à un poste. *Se faire retoquer.* ▪ **2** (1988) Rejeter, refuser (une proposition, un projet). ➤ 1 **repousser.** *Les députés ont retoqué l'amendement.* ▪ CONTR. Accepter, approuver, valider.

RETORDAGE [ʀ(ə)tɔʀdaʒ] **n. m.** – 1472 ◊ de *retordre* ▪ TECHN. Opération par laquelle on retord le fil.

RETORDEUR, EUSE [ʀ(ə)tɔʀdœʀ, øz] **n.** – 1459 ; fém. *retorderesse* XIVe ◊ de *retordre* ▪ TECHN. Ouvrier, ouvrière qui effectue le retordage. ◆ **n. f.** Machine à retordre.

RETORDRE [ʀ(ə)tɔʀdʀ] **v. tr.** ‹41› – 1268 ◊ latin *retorquere*, même évolution que *tordre* ; cf. *rétorquer* ▪ **1** Assembler en tordant à plusieurs tours pour obtenir des fils plus résistants. *Retordre des fils de coton.* ABSOLT *Machine à retordre.* ➤ **retordeuse.** — **p. p. adj.** *Fil retordu.* ➤ **câblé, retors.** — LOC. (1680) *Donner du fil à retordre à qqn,* lui donner du mal, lui causer des soucis. ▪ **2** Tordre de nouveau. *Retordre une barre de fer.*

RÉTORQUER [ʀetɔʀke] **v. tr.** ‹1› – 1549 ; « rapporter » 1356 ◊ latin *retorquere,* proprt « retordre » ▪ **1** VX Retourner contre qqn (les arguments, les raisons qu'il a donnés). *Je vous rétorque vos arguments. Une critique « faite pour être rétorquée ailleurs »* BALZAC. ▪ **2** MOD. (critiqué par les puristes) Répondre par une objection, un démenti. ➤ **répliquer.** *« je rétorquai, de façon non moins péremptoire, que le problème n'était pas de faire le bonheur des hommes »* BEAUVOIR.

RETORS, ORSE [ʀətɔʀ, ɔʀs] **adj. et n. m.** – 1209 ◊ ancien p. p. de *retordre* ▪ **1** Qui a été retordu, tordu en plusieurs tours. *Fil retors. Soie retorse.* ◆ **n. m.** Fil retors. ▪ **2** VX Tordu, crochu. *« le peuple vautour, Au bec retors »* LA FONTAINE. ▪ **3** (1740) MOD. Plein de ruse, d'une habileté tortueuse. ➤ **artificieux, malin, matois, rusé.** *Des conseils retors. — Un politicien retors. « un de ces hommes profondément retors et traîtreusement doubles »* BALZAC. ▪ CONTR. 1 Direct, 1 droit, simple.

RÉTORSION [ʀetɔʀsjɔ̃] **n. f.** – 1845 ; « action de rétorquer » 1607 ; « retroussement » v. 1300 ◊ latin médiéval *retorsio,* de *retorquere* → rétorquer ▪ DR. Le fait, pour un État, de prendre contre un autre État des mesures coercitives analogues à celles que celui-ci a prises contre lui. *User de rétorsion.* — COUR. *Mesure(s) de rétorsion :* réponse analogue à un mauvais procédé ; vengeance. ➤ **représailles.**

RETOUCHE [ʀ(ə)tuʃ] **n. f.** – 1507 ◊ de *retoucher* ▪ **1** Action de retoucher ; reprise d'une partie, d'un détail pour corriger, parfaire. *Faire quelques retouches à un tableau, à une photo. Pupitre à retouche* (pour photo). — *Apporter des retouches à un texte. Ça ira avec quelques retouches.* ▪ **2** Adaptation d'un vêtement de confection aux mesures de l'acheteur. *Faire une retouche.* ▪ **3** INFORM. Recomm. offic. pour remplacer l'anglic. *patch.*

RETOUCHER [ʀ(ə)tuʃe] **v. tr.** ‹1› – v. 1220 ◊ de *re-* et 1 *toucher* ▪ **1** Reprendre (un travail, une œuvre d'art) en faisant des changements partiels. ➤ **corriger, remanier.** *Retoucher une photo.* ➤ **repiquer.** *« les modifiant, les retouchant* [ses compositions françaises]*, supprimant un adverbe, changeant de place tout un membre de phrase »* LARBAUD. ◆ *Retoucher une veste, un pantalon,* y faire une retouche* (2°). ▪ **2** **tr. ind. RETOUCHER À qqch. :** VX corriger. *Retoucher à un livre, à un ouvrage.* ◆ MOD. Toucher de nouveau (à qqch.). *Je ne retoucherai pas à ces champignons. Il a retouché à l'alcool* (cf. FAM. Repiquer* au truc).

RETOUCHEUR, EUSE [ʀ(ə)tuʃœʀ, øz] **n.** – 1877 ◊ de *retoucher* ▪ Spécialiste qui effectue des retouches. *Retoucheur photographe. — Retoucheur en confection.*

RETOUR [ʀ(ə)tuʀ] **n. m.** – début XIIe ◊ de *retourner*

I MOUVEMENT EN ARRIÈRE, DÉPLACEMENT VERS LE POINT DE DÉPART A. PERSONNES, ANIMAUX, VÉHICULES ▪ **1** Le fait de repartir pour l'endroit d'où l'on est venu. *« les vaches, en attendant le retour à l'étable, regardaient le soir »* MAURIAC. *Le moment du retour. Il faut songer au retour.* — *Être sur le retour,* sur le point de repartir. *Partir sans esprit de retour,* sans avoir l'intention de revenir. ◆ (milieu XIIe) Le chemin qu'on suit, le temps qu'on met pour revenir à son point de départ. *« Le retour me parut plus rapide que l'aller »* BOSCO. *Billet valable pour l'aller et le retour ;* ELLIPT (1907) *un aller-retour. Faire des allers-retours.* ◆ (fin XIIe) Le moment où l'on arrive, le fait d'arriver à son point de départ. *Retour d'un navire à son port d'attache. Le retour à la terre*.* ◆ **À MON (TON, SON...) RETOUR ; AU RETOUR DE... :** au moment où une personne vient d'arriver ; après qu'elle est revenue. *À son retour de voyage. « comme elle parvenait quand même à s'échapper, il y avait à son retour d'abominables scènes »* ZOLA. ◆ **ÊTRE DE RETOUR :** être revenu. *Il sera de retour demain soir. « Après cinq ans d'absence, me voici de retour au bercail »* A. HÉBERT. *— De retour :* une fois revenu. ◆ (1859) VIEILLI FAM. **RETOUR DE :** au retour de ; qui revient de. *« Taor, retour de Bethléem, retrouverait sa belle flottille »* TOURNIER. ▪ **2** Renvoi au point de départ (dans quelques emplois). LOC. (1690) **CHEVAL DE RETOUR,** qu'on ramenait à l'endroit où on l'avait loué ; FIG. (1829) ancien forçat ; récidiviste plusieurs fois condamné ; politicien discrédité. ◆ TECHN., INFORM. Touche d'un clavier de machine à écrire électrique ou de terminal qui permet de revenir à la ligne. ◆ *Retour d'effort :* système qui communique des sensations tactiles (résistance, vibrations,...) à l'utilisateur de la réalité virtuelle. *Bras, volant à retour d'effort.*

B. CHOSES ▪ **1** (début XIIIe, au sens de « sinuosité ») Angle droit que forme un mur, un corps de bâtiment par rapport à l'alignement du reste de la construction. *« l'ancien bureau d'octroi, une aile en retour au bout de la maison »* Y. QUEFFÉLEC. Ce corps de bâtiment. *Ferme avec retour.* — Petite table que l'on installe perpendiculairement à un bureau. *Poser son ordinateur sur un retour de bureau.* — (1671) Profil d'une moulure qui présente un ressaut. ◆ MAR. *Retour d'une manœuvre :* partie d'une manœuvre comprise entre une poulie et le point où l'on tire. ▪ **2** (fin XIIe) (Dans des expr.) Mouvement de sens inverse d'un mouvement précédent. (1691) MAR. *Retour de marée :* contre-courant de marée. — (1842) MILIT. *Retour offensif d'une armée,* qui attaque de nouveau après avoir reculé. (1866) FIG. *La météo annonce un retour offensif de l'hiver. Retour en force*.* ◆ (1890) TECHN. **RETOUR DE FLAMME :** mouvement accidentel de gaz enflammés, qui jaillissent hors du foyer d'une chaudière ou qui remontent en direction du carburateur ; FIG. (1926) contrecoup d'une action agressive qui se retourne contre son auteur ; regain de vigueur après une période de calme. — (1906) *Retour de manivelle :* mouvement violent et accidentel de la manivelle d'un moteur à explosion, qui se met à tourner dans le sens inverse du sens prévu ; FIG. (1945) FAM. revirement soudain. *« Un de ces jours, il y aura un retour de manivelle et la belle Rolande se fera sonner »* MAUROIS. *— Retour de bâton*.* ◆ (1964) ÉLECTR. *Retour du courant,* depuis l'extrémité de la ligne jusqu'à la seconde borne du générateur. *Retour à la terre, à la masse. Fil de retour.* ◆ (1905) SPORT. APPOS. *Match retour,* opposant deux équipes qui se sont déjà rencontrées dans la première partie d'un championnat. *Les matchs retours.* ◆ **EN RETOUR :** qui s'exerce une deuxième fois en sens inverse de la première. *Effet en retour.* ➤ **contrecoup, répercussion** (cf. Effet boomerang*). *Choc* en retour.* ◆ AUTOMAT. *Action, contrôle en retour.* ➤ **feed-back, rétroaction.** *Boucle de retour.* ◆ (1970 ◊ anglais *back-cross*) GÉNÉT. *Croisement en retour :* croisement d'un individu avec un autre dont le génotype est connu (génotype parental), afin d'identifier son génotype. ▪ **3** (1160) L'action de retourner, le fait d'être renvoyé, réexpédié. ➤ **renvoi.** (1846) FIN. *Retour sans frais* (d'un effet de commerce impayé), sans constatation officielle d'un huissier ou d'un notaire. (1872) COUR. *Retour à l'envoyeur* (d'un objet postal). ◆ (1857) *Par retour du courrier :* par le courrier qui suit immédiatement. — *Je vous répondrai par retour.* ◆ (1897) COMM. Réexpédition à l'éditeur des volumes invendus ; ces volumes. ➤ **bouillon.** *Il « rassemblait les "retours"* [...] *C'étaient les exemplaires méprisés, qu'il renvoyait aux éditeurs »* FRANCE. — Renvoi au vendeur (d'un article acheté) ; cet article. *Retour gratuit. Échanges et retours.* ◆ *Retour de monnaie dans un distributeur automatique.*

II IDÉE DE RÉPÉTITION, DE RÉGRESSION, D'ÉCHANGE ▪ **1** (1660) *Retour à...,* le fait de retourner ou d'être retourné (à un état, des activités antérieurs). *Le retour au calme. Retour aux sources*. « C'est abusivement que la transgression de l'interdit a pris le sens de retour à la nature, dont l'animal est l'expression »* G. BATAILLE. *Retour à la case* départ. — Retour en grâce.* ▪ **2** (1685, VX 1663) *Être sur le retour* (VX *de l'âge*) : commencer à prendre de l'âge, vieillir. — (1842) *Retour d'âge :* âge de la ménopause ; la ménopause elle-même. ▪ **3** (1669) Le fait de retourner, de revenir sur. (1876) *Retour en arrière :* vue rétrospective*. — (1899) Fait de remonter brusquement à un point antérieur d'une narration, dans un livre, un film. (Recomm. offic. pour *flash-back.*) — (milieu XVIIe) *Retour sur soi-même :* réflexion sur sa conduite, sur sa vie passée. *« D'impitoyables retours sur les événements et sur moi-même »* DUHAMEL. — *Retour d'expérience :* analyse critique, leçon que l'on tire d'une expérience. ➤ **restitution.** ABSOLT *Faire un retour sur qqch.* ▪ **4** (milieu XIIe) VX Revirement brusque et total. *Les retours de la fortune.* ➤ **revers.** *Ses continuelles hésitations et ses retours.* — (1695) MOD. LOC. *Par un juste retour des choses, il a été ruiné.* ▪ **5** (fin XIIIe) Réapparition ; le fait de se reproduire. *Le retour du matin, de la belle saison, du printemps, de l'hiver. Le retour de la paix, de la prospérité.* ➤ **renaissance, renouveau.** *«la Madelon eut comme un retour de jalousie et de colère»* SAND. ◆ (1751) Répétition, reprise. *Retour régulier, périodique.* ➤ 1 **cycle ; rythme.** *Retour d'un leitmotiv.* PSYCHAN. *Le retour du refoulé*.* — (1840) PHILOS. *Retour éternel :* selon certains philosophes (stoïciens, Nietzsche), retour cyclique des mêmes évènements au cours de l'histoire du monde. ➤ **palingénésie.** ▪ **6** (fin XIIIe) Le fait de retourner à son premier possesseur. — (milieu XIXe) COUR. *Faire retour à :* revenir, être restitué à (son possesseur). (1755) DR. *Droit de retour,* en vertu duquel une chose à titre gratuit revient par voie successorale à la personne qui l'avait transmise ou à ses descendants. ▪ **7** loc. adv. (milieu XIIe) **SANS RETOUR :** sans possibilité de revenir, dont on ne revient pas (➤ **non-retour**). *«Dans la nuit éternelle emportés sans retour»* LAMARTINE. *«Rivière sans retour», titre français d'un film d'Otto Preminger.* — Sans possibilité de récupérer (cf. À jamais, pour toujours*). *Perdre qqch. sans retour.* ▪ **8** (milieu XIIe) VX Réciprocité ou échange (de sentiments, de services...) *«L'attachement peut se passer de retour, jamais l'amitié»* ROUSSEAU. — MOD. *Payer* qqn de retour.* ◆ loc. adv. (1560, à nouveau fin XVIIIe) **EN RETOUR,** se dit d'une action, d'une parole, d'une affirmation qui est réciproque d'une autre, sert de compensation, d'échange, etc. (cf. En échange, en récompense, en revanche). *Les paysans «tenaient la dragée haute aux habitants des villes ; ceux-ci, en retour, les accusaient d'alimenter le marché noir»* SARTRE.

▪ CONTR. 2 Aller. 1 Départ.

RETOURNAGE [ʀ(ə)tuʀnaʒ] **n. m.** – 1842 ; «action de faire retourner» 1715 ◇ de *retourner* ▪ Opération qui consiste à mettre la face intérieure (d'un objet) à l'extérieur. *Retournage d'un vêtement usagé.*

RETOURNE [ʀ(ə)tuʀn] **n. f.** – 1690 ◇ de *retourner* ▪ **1** JEU Carte qu'on retourne après la distribution afin de déterminer l'atout. ▪ **2** LOC. FAM. *Avoir les bras à la retourne ; les avoir à la retourne :* être paresseux, ne pas vouloir travailler.

RETOURNEMENT [ʀ(ə)tuʀnəmɑ̃] **n. m.** – XIIe ◇ de *retourner* ▪ **1** Opération qui consiste à retourner (qqch.) ; changement brusque de direction ou d'orientation ; le fait de se renverser, de se trouver tourné à l'envers. *Retournement des feuilles de certains végétaux sous l'effet de la lumière.* — FIG. *Retournement de veste :* changement brusque d'opinion, de position sur une question. — GÉOM. Produit d'un déplacement et d'une symétrie par rapport à une droite d'un plan. — PHOTOGR. Inversion du négatif. ◆ AVIAT. Figure acrobatique consistant à mettre l'avion sur le dos. ▪ **2** FIG. Changement* brusque et complet d'attitude, d'opinion. ➤ **revirement.** *Son brusque retournement a surpris tout le monde.* — Transformation soudaine et complète, bouleversement imprévu. *Retournement de tendance.* ➤ **renversement.** *Le retournement du marché. «Retournement admirable de la situation, en quelques mots»* GIDE. *«les retournements imprévus où tout est sauvé lorsque tout paraissait perdu»* SARTRE.

RETOURNER [ʀ(ə)tuʀne] **v.** ‹1› – fin XIe, comme pronominal au sens de «partir» (III, 1°) ◇ de *re-* et *tourner*

I ~ **v. tr.** (AUXIL. *avoir*) **A. FAIRE CHANGER DE FACE APPARENTE, D'ÉTAT, DE DISPOSITION** ▪ **1** (début XIVe) Tourner* de manière que l'une des extrémités ou l'une des faces vienne à la place qu'occupait précédemment l'extrémité ou la face opposée ; tourner à l'envers. ➤ **renverser.** *Retourner un matelas. Retourner un morceau de viande sur le gril. Retourner une crêpe en la faisant sauter. «Une nuit les vagues ont retourné le canot, les gosses se sont noyés»* Y. QUEFFÉLEC. ◆ (1680) *Retourner une carte,* la placer de manière qu'on puisse voir la figure. ➤ RÉGION. **revirer.** — LOC. COUR. (1739) *De quoi il retourne :* de quoi il est question. *«Savez-vous de quoi il retourne ? dit-il à Julien»* STENDHAL. ▪ **2** (1660) *Retourner la terre,* la travailler de manière à enfouir la couche superficielle et à exposer à l'air la couche profonde. ➤ **fouiller.** *Retourner la terre avec une bêche* (bêcher), *avec une charrue* (labourer). — (fin XIVe, à nouveau début XIXe) FAM. Mettre sens dessus dessous. *Il a retourné toute la maison pour retrouver ce papier.* ▪ **3** (1669) Mettre la face intérieure de (qqch.) à l'extérieur. *Retourner un sac. Retourner ses poches. Retourner un habit,* le refaire en mettant l'envers de l'étoffe (moins usagé) à l'endroit (➤ **retournage**). *«Elle retournait les cols et les poignets de chemises pour qu'elles fassent double usage»* A. ERNAUX. — **p. p. adj.** *Mouton retourné :* peau de mouton dont la fourrure est tournée vers l'intérieur du vêtement. *Veste en mouton retourné.* — FIG. (1870) *Retourner sa veste :* changer brusquement d'opinion, de parti (cf. Tourner casaque*). ◆ (début XIIIe) FAM. *Retourner qqn,* le faire changer d'avis, d'attitude. LOC. *Retourner qqn comme une crêpe, comme un gant,* le faire changer complètement d'avis. ◆ Inverser le sens, l'orientation de. ➤ **renverser.** (1862) *Retourner la situation en sa faveur. Évènements qui retournent une tendance économique.* ▪ **4** FIG. (1851) FAM. Causer une violente émotion à (qqn), faire une profonde impression sur. ➤ **bouleverser, choquer, traumatiser.** *Cette nouvelle l'a tout retourné.* ▪ **5** (1560, Ronsard) Modifier (une phrase) par la permutation de ses éléments. ➤ **intervertir, inverser, renverser.** *Retournez cette maxime, elle restera vraie.*

B. DIRIGER DANS LE SENS INVERSE ▪ **1** (fin XIIe) Orienter, diriger dans le sens opposé à la direction antérieure. *Le meurtrier retourna ensuite l'arme contre lui-même.* ◆ LOC. FIG. et FAM. *Retourner la tête, le cerveau à qqn,* le rendre fou. *Cette terrible nouvelle lui a retourné la tête* (cf. Mettre la tête à l'envers). ▪ **2** (1832) Renvoyer. *Retourner une lettre, une marchandise,* etc. ➤ **réexpédier ; retour.** — (milieu XVIe) *Retourner une critique à qqn,* lui adresser la même critique qu'on en a reçue. (1918) IRON. *Retourner à qqn son compliment :* répondre à une parole désagréable par une autre. *Retourner des salutations.* ➤ **rendre.** — RÉGION. (Canada) *Retourner un appel :* rappeler.

C. EMPLOYÉ AVEC LE VERBE *TOURNER* (début XIVe) Tourner de nouveau, encore. *«il tournait et retournait dans ses grosses mains velues son calot»* PEREC. — FIG. (fin XIVe) *Tourner et retourner une idée, une pensée,* l'exprimer de plusieurs manières, la présenter, l'examiner sous ses différents aspects. *Tourner et retourner un projet dans son esprit.* ➤ **ruminer.** *«Tournant et retournant dans son cœur l'insoluble problème»* MARTIN DU GARD.

II ~ **v. intr.** (AUXIL. *être*) **RETOURNER À, DANS, CHEZ** ▪ **1** (fin XIIe, sans complément) Aller au lieu d'où l'on est venu, à l'endroit où l'on est normalement (et que l'on a quitté). ➤ **revenir.** *Il vient de Paris, mais il va y retourner. Retourner à l'école, dans son appartement, en France, chez soi.* ➤ **regagner, réintégrer, rentrer.** *Retournez à votre poste. «Il était revenu à la Paix comme le paysan retourne au village»* SARTRE. — *Retourner sur ses pas :* refaire le chemin qu'on vient de faire, en sens inverse. — (Suivi d'un inf.) *«Et puis est retourné plein d'usage et raison Vivre entre ses parents le reste de son âge !»* DU BELLAY. *Il est retourné chez lui prendre son parapluie.* ▪ **2** (fin XIe, sans complément) Aller de nouveau (là où on est déjà allé). *Je retournerai à Venise dès que je pourrai. Ils y retournent chaque année. Je ne retournerai jamais chez lui* (cf. Je n'y remettrai plus les pieds*). — FIG et VX *Retourner sur :* repenser à, reparler de. ➤ **revenir** (sur). *«Je ne puis retourner sur ce passé sans une grande tendresse et une grande douleur»* Mme DE SÉVIGNÉ. ▪ **3** (fin XIIe) **RETOURNER À :** retrouver (son état initial, un stade antérieur d'une évolution). *Retourner à l'état animal, à la vie sauvage.* ◆ (fin XIIe) Se remettre à (une activité), adopter de nouveau (une croyance), aimer de nouveau (qqn). ➤ **revenir** (FIG.). *Retourner à son ancien métier. Converti qui retourne à sa première religion. Retourner à ses premières amours.* ◆ (fin XIIe) Aborder de nouveau (un sujet dont on s'était écarté). *Retourner à son propos* (cf. Revenons à nos moutons*). ▪ **4** (CHOSES) Être restitué à (qqn). ➤ **revenir.** *«La maison et la terre retourneraient à sa sœur»* ZOLA.

III ~ **v. pron. SE RETOURNER** ▪ **1 S'EN RETOURNER :** repartir pour le lieu d'où l'on est venu. *S'en retourner chez soi.* ➤ **rentrer, revenir.** — (fin XIe) S'en aller. ➤ 1 **partir.** *«Je m'en retournerai, seule et désespérée !»* RACINE. LOC. *S'en retourner comme on est venu,* sans avoir rien obtenu, sans avoir rien fait. ▪ **2** (1723) Prendre les dispositions nécessaires pour s'adapter à des circonstances nouvelles. *Il saura se retourner. Ne pas laisser à qqn le temps de se retourner,* le prendre de court, le harceler. *Il faut payer demain, on ne nous laisse pas le temps de nous retourner.* ▪ **3** (fin XIIe) Changer de position en se tournant dans un autre sens ; s'agiter en se tournant dans tous les sens. *Se retourner sur le dos. Voiture qui se retourne, les roues en l'air.* ➤ 2 **capoter** (cf. Faire un tonneau*). *Le bateau s'est retourné,* a chaviré. *Se retourner dans son lit sans trouver le sommeil. Se retourner dans sa tombe*.* ▪ **4** (milieu XIIe) Tourner la tête en arrière ; faire un demi-tour. *Il est parti sans se retourner,* sans regarder derrière lui. *Se retourner pour faire des adieux. On se retournait sur son passage,* après l'avoir croisé. *On se retourne sur elle* (pour admirer son physique). *«il se retournait d'un seul coup, comme s'il pensait faire ainsi face à un ennemi qui se serait approché derrière son dos»* ROBBE-GRILLET. ▪ **5** (1563, à nouveau fin XVIIIe) **SE RETOURNER CONTRE :** lutter contre ses anciens alliés, ou ce qu'on défendait. — (CHOSES) *Ses procédés se retourneront contre lui.* — Entreprendre une action récursoire afin de reporter sur un tiers les charges d'une faute ou d'un dommage dont on est responsable civilement. *Il s'est retourné contre son employeur.* ▪ **6 SE RETOURNER VERS (qqn, qqch.) :** demander de l'aide à (qqn), recourir à (qqn, qqch.). *Ne plus savoir vers qui se retourner. Se retourner vers une solution extrême.*

RETRACER [R(ə)tRase] **v. tr.** ‹3› – 1558 ; «rechercher la trace de» 1390 ◇ de *re-* et *tracer* ▪ **1** Tracer à nouveau (ce qui était effacé) ou dessiner autrement. *Retracer une lettre effacée. Retracer une ligne, un chemin.* ▪ **2** Raconter de manière à faire revivre. ➤ **relater.** *«il est difficile de retracer par écrit même les faits qu'on a le mieux connus»* ROMAINS. ▪ **3** (1894) **(Canada ; critiqué)** Retrouver (qqn, qqch.). *Retracer un faussaire, un colis. «le propriétaire, furieux, menace de la retracer pour se faire rembourser»* TREMBLAY.

RÉTRACTABLE [RetRaktabl] **adj.** – 1661 ; hapax 1372 ◇ de *rétracter*
I (de 1*rétracter*) Qui peut être rétracté. *Aveu rétractable.*
II (1961 ◇ de 2*rétracter*) *Stylo à pointe rétractable,* dont la pointe se rétracte dans le corps du stylo.

RÉTRACTATION [RetRaktasjɔ̃] **n. f.** – 1549 ; «remaniement, retouche» 1377 ◇ latin *retractatio* ▪ Action de rétracter, de se rétracter. ➤ **désaveu, palinodie, reniement ; 1rétracter.** *Faire une rétractation publique, solennelle. Rétractation d'une erreur, d'une calomnie.* ◆ DR. «Fait de revenir, en vue d'en détruire les effets juridiques, sur un acte qu'on avait volontairement accompli» (Capitant). ➤ **aussi annulation.** *Rétractation d'une offre. Délai de rétractation,* pendant lequel le contractant peut renoncer à son achat sans pénalité. ▪ CONTR. Confirmation.

1**RÉTRACTER** [RetRakte] **v. tr.** ‹1› – 1370 ◇ latin *retractare* «retirer» ▪ **1** LITTÉR. Revenir* sur (ce qu'on a dit ou fait). *Rétracter une proposition, une opinion, un aveu, une accusation.* ➤ **désavouer ; rétractation.** *Je rétracte ce que j'ai dit.* ➤ **retirer.** *Rétracter une promesse, un engagement.* ➤ **renier.** *Je m'efforçais «de ne concéder rien que je dusse ensuite rétracter»* GIDE. ▪ **2 SE RÉTRACTER v. pron.** (1545) COUR. Revenir sur des aveux, des déclarations qu'on ne reconnaît plus pour vrais. ➤ **se dédire.** *Le témoin s'est rétracté devant les juges. «je me rétracte de tout ce que je lui ai reproché !»* CYRANO. ▪ CONTR. Confirmer, persister, réaffirmer, réitérer.

2**RÉTRACTER** [RetRakte] **v. tr.** ‹1› – 1803 ; *se rétracter* «devenir plus étroit» 1600 ◇ du latin *retractum,* supin de *retrahere* «tirer en arrière» ▪ **1 SE RÉTRACTER v. pron.** Se contracter, se rétrécir. ➤ **se recroqueviller ; rétraction, rétractile.** *Les prolongements de l'amibe se rétractent quand on les touche. — Muscle rétracté.* ◆ FIG. Se retirer, reculer. *Cette sensitive, «qui se rétractait si violemment au contact de la moindre caresse»* BARBEY. **p. p. adj.** *Elle est toute rétractée en sa présence.* ▪ **2 v. tr.** (1844) Contracter en tirant en arrière, raccourcir par une rétraction. *L'escargot rétracte ses cornes.* ➤ **rentrer.**

RÉTRACTEUR [RetRaktœR] **adj. m. et n. m.** – 1805 ◇ de 2*rétracter* ▪ DIDACT. ▪ **1** ANAT. *Muscle rétracteur,* qui permet à une partie du corps de se rétracter, de se retirer vers l'arrière. ▪ **2 n. m.** (1827) CHIR. Instrument de chirurgie servant à repousser les tissus ou certains organes. ➤ **écarteur.**

RÉTRACTIBILITÉ [RetRaktibilite] **n. f.** – 1834 ◇ de 2*rétracter* ▪ TECHN. Propriété d'une pièce de bois de varier dans ses dimensions en fonction de l'humidité atmosphérique (retrait ou gonflement).

RÉTRACTIF, IVE [RetRaktif, iv] **adj.** – 1537 ◇ bas latin °*retractivus* ▪ DIDACT. Qui produit une rétraction. *Force rétractive.*

RÉTRACTILE [RetRaktil] **adj.** – 1798 ; «rétractif» 1770 ; *rétractible* 1766 ◇ latin moderne, du latin *retractus* ▪ **1** Que l'animal peut rentrer, retirer, en parlant des ongles, des griffes de certains carnassiers (➤ 2**rétracter**). *Griffes rétractiles du chat.* ▪ **2** Susceptible de rétraction. *Organes rétractiles.*

RÉTRACTILITÉ [RetRaktilite] **n. f.** – 1834 ◇ de *rétractile* ▪ SC. Propriété de ce qui est rétractile. *Rétractilité d'un organe, d'un tissu.*

RÉTRACTION [RetRaksjɔ̃] **n. f.** – 1515 ; «action de se retirer» fin XIVe ◇ latin *retractio* ▪ **1** Acte par lequel certains animaux, certains organes, en présence de situations ou d'excitations déterminées, se contractent et se déforment de façon à occuper le moins de place possible (➤ 2**rétracter**). ◆ Raccourcissement et rétrécissement que présentent certains tissus ou organes (par exemple dans certains cas de cicatrisation, de rhumatismes, etc.). ➤ **contraction.** *Rétraction musculaire, tendineuse.* ▪ **2** (1918) (PERSONNES) Retrait. *Mouvement de rétraction.* — Repli sur soi-même.

RETRADUCTION [R(ə)tRadyksjɔ̃] **n. f.** – 1935 ◇ de *retraduire,* d'après *traduction* ▪ Traduction d'un texte lui-même traduit d'une autre langue.

RETRADUIRE [R(ə)tRadɥiR] **v. tr.** ‹38› – 1556 ◇ de *re-* et *traduire* ▪ Traduire de nouveau, et SPÉCIALT (1672) Traduire (un texte qui est lui-même une traduction).

1**RETRAIT, AITE** [R(ə)tRɛ, ɛt] **adj.** – 1155 «contracté, ratatiné» ◇ de l'ancien français *retraire* «se retirer» (1080), latin *retrahere* ▪ **1** BLAS. Raccourci, en parlant d'une pièce. *Bande retraite.* ▪ **2** (1762) AGRIC. *Blé retrait, avoine retraite,* dont les grains ont mûri en se recroquevillant et sans bien se remplir. — *Bois retrait :* bois coupé dont les fibres ont raccourci en séchant.

2**RETRAIT** [R(ə)tRɛ] **n. m.** – 1180 ◇ de l'ancien français *retraire* «se retirer»

I Le fait de se retirer. ▪ **1** (CHOSES) LITTÉR. Fait de revenir en arrière. *Retrait de la mer. «Ils attendaient le retrait des eaux»* GIONO. *Retrait des eaux après le déluge.* ▪ **2** (PERSONNES) COUR. Action de quitter un lieu, d'abandonner une place. *Le retrait des troupes d'occupation.* ➤ **évacuation.** — *Il annonça son retrait de la compétition.* — SPÉCIALT Fait de se retirer, lors d'un rapport sexuel. ➤ **coït (interrompu).** *«la méthode empirique du retrait spontané dont on sait ce que la démographie lui doit»* M. DUGAIN. ◆ DR. *Droit de retrait :* droit, pour un salarié, de quitter son poste de travail s'il court un danger grave et imminent pour sa vie ou sa santé. ▪ **3** (XIVe) VX Lieu où l'on se retire, se réfugie. *«on se compose une chambre à coucher, un cabinet, un boudoir, un retrait, comme disaient les gothiques»* GAUTIER. ▪ **4** LOC. (1893) **EN RETRAIT :** en arrière de l'alignement, ou par rapport à une ligne déterminée. *«Cette fenêtre où, en retrait, mais à moitié cachée dans des rideaux plus lourds, on devinait comme une forme humaine»* BOSCO. — *Une maison, un peu en retrait de la route.* — FIG. (PERSONNES) *Être, rester en retrait :* ne pas se mettre en avant. *Son associé est un peu en retrait.* (CHOSES) Moins avancé ; qui dit, offre moins. *Des propositions en retrait sur les précédentes.* ▪ **5** (1549) Le fait, pour un corps, de se retirer en se resserrant, en se contractant ; contraction, diminution de volume. *Retrait du bois.* ➤ **rétractibilité.** *Retrait du béton, du mortier. Retrait d'un métal à la solidification.* ◆ GÉOGR. *Fentes de retrait :* fentes de dessiccation (d'un sol argileux). ▪ **6** FIG. Action de se replier sur soi, de se rétracter comme pour se défendre, préserver sa personnalité. *«toute invite provoquait d'abord en moi du retrait»* GIDE. ➤ **rétraction.**

II (1836) Action de retirer. *Retrait d'une somme d'argent d'un compte bancaire. Faire des dépôts et des retraits. Retrait des bagages en consigne. — Retrait d'un amendement, d'un projet de loi. — Retrait d'une candidature. Retrait du permis de conduire pour infraction grave.* ◆ (1549) DR. Acte par lequel un tiers se substitue à l'acquéreur d'un bien pour s'approprier le bénéfice et les charges de cette acquisition. *Retrait successoral,* par lequel un cohéritier se substitue au tiers acquéreur de la quote-part d'un autre cohéritier.
▪ CONTR. Avance, dépôt.

RETRAITANT, ANTE [R(ə)tRɛtɑ̃, ɑ̃t] **n.** – 1896 ◇ de 1*retraite* (I, B, 2°) ▪ Personne qui fait une retraite religieuse.

1**RETRAITE** [R(ə)tRɛt] **n. f.** – fin XIIe ◇ de l'ancien verbe *retraire* «se retirer», famille du latin *trahere* → traire

I ACTION DE SE RETIRER A. ACTION DE SE RETIRER D'UN LIEU ▪ **1** VX Éloignement. *Une raison secrète «Me fait quitter ces lieux et hâter ma retraite»* RACINE. (fin XIIe) LITTÉR. Action de se retirer en arrière, de s'écarter. *«Une légère retraite de côté lui fit éviter la pointe meurtrière»* GAUTIER. ▪ **2** MILIT. VIEILLI Action ou obligation, pour les troupes, de regagner leur casernement ; sonnerie leur annonçant qu'il est l'heure de rentrer. *Sonner la retraite.* ◆ (1875) COUR. **RETRAITE AUX FLAMBEAUX :** défilé solennel, avec flambeaux et fanfare, de la place d'armes à la caserne, exécuté par les troupes lors de certaines fêtes. *«Il avait vu des retraites militaires suivies par un peuple qui hurlait de joie»* ARAGON. — Défilé populaire avec torches et lampions (souvent à l'occasion du 14 Juillet). ▪ 3 Abandon délibéré et méthodique du champ de bataille ou d'une portion de territoire, par une armée qui ne peut s'y maintenir. ➤ **décrochage, recul, repli.** *« certains généraux qui appellent des reculs forcés une retraite stratégique et conforme à un plan préparé »* PROUST. *Retraite qui se change en déroute.* ➤ **débandade.** *La retraite de Russie.* — LOC. (1671) *Battre en retraite* : se retirer du combat (➤ **décrocher, reculer**). FIG. Céder devant un adversaire, abandonner certaines prétentions (cf. Faire marche arrière*). *« Mon courage a battu en retraite devant son air gouailleur »* GIDE.

B. ACTION DE SE RETIRER DE LA VIE ACTIVE OU MONDAINE (1580, Montaigne) ▪ 1 Repos, solitude. *« Je me sentais fait pour la retraite et la campagne »* ROUSSEAU. *Lieu de retraite.* ▪ 2 Période passée à l'écart de toute vie mondaine en vue de la récollection* et de la préparation religieuse. *Faire, suivre une retraite* (➤ **retraitant**). *« Les idées nouvelles viennent du désert, des anachorètes, des solitaires, de ceux qui font retraite et qui ne sont pas plongés dans le bruit et la fureur de la discussion »* M. SERRES. ▪ 3 (1870) État d'une personne qui s'est retirée d'une fonction, d'un emploi, et qui a droit à une pension. *Pension de retraite. Prendre sa retraite. Être en retraite, à la retraite. Officier, fonctionnaire en retraite, à la retraite.* ➤ **retraité.** *Mise à la retraite* : décision qui met fin à l'activité d'une personne ayant l'ancienneté (d'âge ou de services), ou le taux d'invalidité requis par la loi pour l'allocation d'une pension. *Faire valoir ses droits à la retraite. Être mis à la retraite d'office. Retraite anticipée.* ➤ **préretraite.** *La retraite à 60 ans, à 65 ans. Maison* de retraite.* ◆ (1752) Pension assurée aux personnes admises à la retraite, et dont le capital est initialement constitué par des retenues sur le traitement ou la solde. *Toucher sa retraite. Avoir une petite, une grosse retraite.* — *Régimes de retraite pour les non-salariés. Régime de retraites complémentaires* (en particulier la *retraite des cadres*). *Retraite par capitalisation, par répartition. Retraite chapeau*. Points de retraite,* qui servent à déterminer le montant de la pension. *Fonds de retraite. Caisses de retraite.*

II LITTÉR. LIEU (fin XVe) ▪ 1 Lieu où l'on se retire, pour échapper aux dangers, aux tracas ou aux mondanités. ➤ **abri, asile, refuge** (cf. Tour* d'ivoire). *« Il n'avait songé qu'à une chose : posséder une retraite dont la porte s'ouvrirait, se refermerait pour lui seul, sur un lieu ignoré »* COLETTE. ▪ 2 Lieu où se retirent certains animaux. ➤ **repaire.**

III FAIT D'ÊTRE RETIRÉ, RÉTRÉCI (1549) ARCHIT. Diminution d'épaisseur d'un mur. *Ce mur fait retraite, a une retraite de vingt centimètres par étage.*

▪ CONTR. Avance, invasion. Activité, occupation.

2 **RETRAITE** [R(ə)tRɛt] n. f. – 1723 ◇ de *re-* et *traite* ▪ COMM. Seconde lettre de change que le porteur non payé tire sur le tireur.

RETRAITÉ, ÉE [R(ə)tRete] adj. et n. – 1818 ◇ de *retraite* ▪ Qui est à la retraite, touche une pension de retraite. ➤ **pensionné.** *Des fonctionnaires retraités. Universitaire retraité.* ➤ **émérite.** — n. *Les petits retraités,* ceux qui touchent une petite retraite. *Une vie de retraité. Jeune retraité.* ➤ **sénior.**

RETRAITEMENT [R(ə)tRɛtmɑ̃] n. m. – 1962 ; « fait de revoir un texte » 1636 (d'un v. *retraiter* « revoir ») ◇ de *re-* et *traitement* ▪ TECHN. Traitement d'un matériau, d'une substance, consécutif à une première utilisation. ◆ Traitement (du combustible nucléaire usé) afin de le réutiliser. *Usine de retraitement.*

RETRAITER [R(ə)tRete] v. tr. ‹1› – 1908 ◇ de *re-* et *traiter* ▪ TECHN. Traiter à nouveau, opérer un deuxième traitement de. ◆ Pratiquer un retraitement* (du combustible nucléaire). *Combustible retraité.*

RETRANCHEMENT [R(ə)tRɑ̃ʃmɑ̃] n. m. – *retrenchement* v. 1190 ◇ de *retrancher*

I VX Action de retrancher ; suppression d'une partie. ➤ **suppression.** *Le retranchement d'une scène, d'un chapitre.* ◆ MOD. DR. Réduction des avantages matrimoniaux faits à un nouvel époux par une personne ayant des enfants légitimes d'un premier lit.

II Espace pris, délimité dans un plus grand. ▪ 1 (1587) Enceinte, position utilisée pour couvrir, protéger les défenseurs (dans une place de guerre) ; obstacle naturel ou artificiel employé pour se protéger et résister. ➤ 1 **défense, fortification.** *Retranchements creusés* (➤ **tranchée**). *« les barricades sont des retranchements qui appartiennent au génie parisien »* CHATEAUBRIAND. ▪ 2 FIG. (1610) VX Moyen dont on use pour se protéger. (1688) MOD. LOC. *Attaquer, forcer, pourchasser, poursuivre qqn dans ses (derniers) retranchements,* l'attaquer violemment, l'acculer. *« Durtal, poussé dans ses derniers retranchements, finit par acquiescer au désir de tous »* HUYSMANS.

▪ CONTR. Addition.

RETRANCHER [R(ə)tRɑ̃ʃe] v. tr. ‹1› – XIVe ; *retrenchier* « tailler de nouveau » v. 1130 ◇ de *re-* et *trenchier, trancher*

I Enlever d'un tout (une partie, un élément) ; supprimer (un élément). ➤ **couper, éliminer, enlever, ôter, soustraire.** ▪ 1 (CONCRET) VX ou LITTÉR. *Retrancher les branches d'un arbre.* ➤ **couper, élaguer, tailler.** *Retrancher un membre, un organe malade.* ➤ **amputer.** ▪ 2 (1669) COUR. Enlever d'un texte. *Il faut retrancher certains passages.* ➤ **élaguer, enlever ; biffer.** *« ce n'était pas sans regret qu'il avait retranché des détails »* DIDEROT. ▪ 3 Soustraire (une partie) d'une quantité. ➤ **décompter, déduire, défalquer.** *Retrancher un nombre d'un autre. Retrancher cent euros d'une somme. Retrancher une somme sur un salaire.* ➤ **prélever, rabattre,** 1 **rogner.** ▪ 4 VIEILLI Enlever (qqch.) à qqn. *Il « m'a retranché net mes cent francs par mois »* ZOLA. ◆ (Compl. personne) *« Les gens réellement vertueux, car il faut retrancher les hypocrites »* BALZAC. ➤ **exclure.**

II ▪ 1 VX Fortifier par des retranchements. *Camp* retranché.* ◆ MOD. Protéger, séparer comme par un retranchement. *« le rempart des journaux, de nouveau, le retranche du monde »* COLETTE. ▪ 2 **SE RETRANCHER** v. pron. (1652) Se fortifier, se protéger par des moyens de défense. *Se retrancher derrière des fortifications, sur une position.* — FIG. *Se retrancher dans (une attitude, un comportement)* : se mettre à l'abri, se protéger, s'enfermer dans. *Se retrancher dans un mutisme farouche. Se retrancher derrière l'autorité d'un chef, le secret professionnel, derrière un prétexte.*

▪ CONTR. Additionner, ajouter, incorporer, insérer.

RETRANSCRIPTION [R(ə)tRɑ̃skRipsjɔ̃] n. f. – 1832 ◇ de *re-* et *transcription* ▪ Action de retranscrire ; nouvelle transcription. *Retranscription d'un acte authentique par un notaire.*

RETRANSCRIRE [R(ə)tRɑ̃skRiR] v. tr. ‹39› – 1741 ◇ de *re-* et *transcrire* ▪ Transcrire de nouveau. ➤ **recopier.**

RETRANSMETTEUR [R(ə)tRɑ̃smetœR] n. m. – 1932 ◇ de *retransmettre* ▪ RADIO Appareil qui reçoit un signal et le retransmet plus loin. ➤ **réémetteur, relais.**

RETRANSMETTRE [R(ə)tRɑ̃smɛtR] v. tr. ‹56› – 1932 ◇ de *re-* et *transmettre* ▪ Transmettre de nouveau, transmettre à d'autres (le message que l'on a reçu). *Retransmettre une nouvelle, un ordre.* ◆ AUDIOVIS. Diffuser de nouveau ou plus loin, sur un autre réseau. *Retransmettre par satellite.* ➤ **relayer.** — COUR. *Retransmettre un discours à la télévision. Match retransmis en direct.*

RETRANSMISSION [R(ə)tRɑ̃smisjɔ̃] n. f. – 1830 ◇ de *retransmettre* ▪ Nouvelle transmission. ◆ (1927) AUDIOVIS. Diffusion nouvelle ou sur un autre réseau d'une émission ; l'émission ainsi diffusée. *Retransmission en direct, en différé, sur grand écran* (➤ **vidéotransmission**).

RETRAVAILLER [R(ə)tRavaje] v. ‹1› – 1689 ; *se retravailler* « faire de nouveaux efforts » 1175 ◇ de *re-* et *travailler* ▪ 1 v. tr. Travailler de nouveau pour améliorer. *Retravailler un discours, une question. Cet article est à retravailler.* ◆ tr. ind. Se remettre (à un travail). *Retravailler à un ouvrage.* ▪ 2 v. intr. Reprendre un travail rétribué, ou retrouver du travail après une période de chômage. *Il retravaille à l'usine, en septembre.*

RETRAVERSER [R(ə)tRavɛRse] v. tr. ‹1› – 1547 ◇ de *re-* et *traverser* ▪ Traverser de nouveau ; traverser en revenant. *On a retraversé la Manche par meilleur temps.*

RÉTRÉCI, IE [RetResi] adj. – *restreci* 1694 ◇ de *rétrécir* ▪ 1 Devenu plus étroit. *Lainage rétréci.* — *Chaussée rétrécie qui n'a plus que deux bandes de roulement.* ➤ **resserré.** *« un novembre lorrain, son ciel abaissé, son horizon rétréci »* BARRÈS. ▪ 2 FIG. Borné, étriqué. *« les intelligences rétrécies qui ne comprennent pas sa haute mission »* BALZAC. ▪ CONTR. Ample, large.

RÉTRÉCIR [RetResiR] v. ‹2› – 1549 ; *restroicir* hapax XIVe ◇ de *re-* et *étrécir* (qu'il a presque éliminé)

I v. tr. ▪ 1 Rendre plus étroit ; diminuer la largeur, et PAR EXT. la surface, le volume de. ➤ 2 **contracter, resserrer.** *L'opium rétrécit les pupilles. Rétrécir une jupe. Il « m'a rapporté une bague en aigue-marine que je lui avais donnée à rétrécir »* BARBEY. ▪ 2 FIG. Diminuer l'ampleur, la portée, la capacité de. *Rétrécir un sujet. « Les jésuites ont fait de l'éducation une machine à rétrécir les têtes et aplatir les esprits, selon l'expression de M. Michelet »* RENAN. *« elle a déjà rétréci ma vie »* GIDE.

II v. intr. Devenir plus étroit, et PAR EXT. plus petit, plus court. *Ce tissu rétrécit au lavage, ne rétrécit pas* (➤ **irrétrécissable**). *Mon chandail a rétréci.* ➤ **rapetisser.**

III SE RÉTRÉCIR v. pron. (1596) Devenir de plus en plus étroit. *Rue, couloir, passage qui se rétrécit, va en se rétrécissant.* ➤ se resserrer. *«La guerre nous enserre de tous les côtés. Le cercle se rétrécit»* MARTIN DU GARD. *Notre horizon se rétrécit,* nous avons moins d'occupations, de projets. ◆ FIG. Perdre son ampleur, sa portée. *Son avenir se rétrécit de jour en jour. «la conscience se rétrécit à mesure que les idées s'élargissent»* CHATEAUBRIAND.
■ CONTR. Élargir ; allonger, dilater, étirer, gonfler. — Évaser (s').

RÉTRÉCISSEMENT [retresismɑ̃] n. m. – *restroicissement* 1546 ◇ de *rétrécir* ■ **1** Le fait de se rétrécir, de devenir plus étroit. ➤ **resserrement.** *Attention au rétrécissement de la chaussée.* — *Rétrécissement d'un lainage au lavage.* ◆ FIG. Fait d'être moins ouvert, d'être borné. *Le rétrécissement de l'esprit.* ■ **2** Diminution permanente, normale ou pathologique, du calibre d'un conduit ou d'un orifice. ➤ **sténose.** *Rétrécissement mitral* (des valvules mitrales du cœur). *Rétrécissement de l'œsophage* (à son passage à travers le diaphragme). *«Il avait longtemps souffert d'un rétrécissement de l'aorte»* CAMUS.
■ CONTR. Élargissement, évasement ; agrandissement, amplification, développement.

RÉTREINDRE [retʀɛ̃dʀ] v. tr. ‹52› – 1752 ◇ de *re-* et *étreindre* ■ TECHN. Modeler au marteau (une plaque de cuivre). — Diminuer par martelage le diamètre de (un tube). — On dit aussi *retreindre* [ʀətʀɛ̃dʀ]. — n. f. **RÉTREINTE** et n. m. **RÉTREINT,** 1954.

RETREMPE [ʀətʀɑ̃p] n. f. – 1795 ◇ de *retremper* ■ TECHN. Nouvelle trempe. — FIG. Fait de se replonger dans (un milieu, une activité où l'on retrouve des forces). ➤ **se retremper.**

RETREMPER [ʀ(ə)tʀɑ̃pe] v. tr. ‹1› – 1175 ◇ de *re-* et *tremper* ■ **1** TECHN. Donner une nouvelle trempe à. *Retremper de l'acier.* — FIG. Redonner de la force à. *«tout ce qui retrempe une nation»* SAINTE-BEUVE. ■ **2** (1803) FIG. **RETREMPER (qqch.) À :** redonner de la vigueur à (qqch.) par. ➤ **fortifier.** *«Au sacre du malheur il retrempe ses droits»* HUGO. ■ **3** (1549) Plonger de nouveau dans un liquide. *Retremper du linge.* — FIG. *«les nôtres ont besoin de retremper leur âme dans [...] la mélancolie»* MICHELET. ■ **4 SE RETREMPER** v. pron. Se tremper de nouveau. *Se retremper dans l'eau.* — FIG. *Se retremper à :* reprendre de la vigueur, de l'énergie par. (REM. Le sens de «donner une nouvelle trempe» soutient cet emploi.) *«N'arrive-t-il pas tous les jours qu'un art quelconque se rajeunit en se retrempant à ses sources ?»* NERVAL. ◆ *Se retremper dans :* se replonger dans. *Se retremper dans le milieu familial.*

RÉTRIBUER [retʀibɥe] v. tr. ‹1› – 1541 ; «rendre, indemniser» 1370 ◇ latin *retribuere* «attribuer *(tribuere)* en retour» ■ **1** Donner qqch., de l'argent, en contrepartie de (un service, un travail). ➤ **payer, rémunérer.** *Rétribuer un travail au mois, à la journée.* — p. p. adj. *Travail bien, mal rétribué.* ■ **2** (1831) Payer (qqn) pour un travail. ➤ 1 **appointer, salarier.** *Rétribuer convenablement un employé.*

RÉTRIBUTION [retʀibysjɔ̃] n. f. – 1120 ◇ latin *retributio,* de *retribuere* ■ Ce que l'on gagne par son travail ; ce qui est donné en échange d'un service, d'un travail (en général, de l'argent). ➤ **paye, rémunération, salaire*.** *Recevoir une rétribution :* être payé. *Moyennant rétribution.*

RETRIEVER [ʀetʀivœʀ] n. m. /RÉTRIEVEUR/ – 1854 ◇ mot anglais, de *to retrieve* «rapporter» ■ ANGLIC. CHASSE Chien d'arrêt qui rapporte le gibier. ➤ **golden retriever,** 2 **labrador.**

1 **RÉTRO** [ʀetʀo] n. m. – 1861 ◇ abrév. de *rétrograde* ■ Effet rétrograde, au billard. *Un beau rétro.*

2 **RÉTRO** [ʀetʀo] adj. et n. m. – 1973 ◇ abrév. de *rétrograde* ■ Qui marque un retour en arrière, reprend ou imite un style passé (le plus souvent de la première moitié du XXe s.). ➤ **kitsch, vintage.** *Mode rétro. Une coiffure, une robe rétro. Film rétro. Les prénoms rétros.* ➤ **démodé.** — n. m. *Aimer le rétro.* — Recomm. offic. pour *vintage.*

3 **RÉTRO** [ʀetʀo] n. m. – 1935 ◇ abrév. de *rétroviseur* ■ FAM. Rétroviseur. *Les rétros extérieurs.*

RÉTRO- ■ Élément, du latin *retro* «en arrière».

RÉTROACTES [ʀetʀoakt] n. m. pl. – date inconnue ◇ de *rétro-* et *acte ;* cf. *rétroaction* ■ (Belgique) Antécédents. *Les rétroactes d'une affaire.*

RÉTROACTIF, IVE [ʀetʀoaktif, iv] adj. – 1510 ◇ du latin *retroactus,* p. p. de *retroagere* «ramener en arrière», d'après *actif* ■ Qui exerce une action sur ce qui est antérieur, sur le passé. *«La loi ne dispose que pour l'avenir ; elle n'a point d'effet rétroactif»* (CODE CIVIL). *«L'amour a de curieux effets rétroactifs»* R. ROLLAND. — adv. **RÉTROACTIVEMENT,** 1842.

RÉTROACTION [ʀetʀoaksjɔ̃] n. f. – 1750 ◇ du latin *retroactus,* d'après *action* ■ **1** DIDACT. Effet rétroactif. *Modification par rétroaction.* ◆ AUTOMAT., BIOL. Effet réactionnel déclenché automatiquement dans un mécanisme, un organisme soumis à une perturbation pour provoquer une action régulatrice de sens contraire. ➤ **autorégulation, boucle, contre-réaction, feed-back, rétrocontrôle.** *Rétroaction positive* (➤ **rétroactivation),** *négative* (➤ **rétro-inhibition).** ■ **2** LITTÉR. Action en retour, réaction. *«Nos actes ont sur nous une rétroaction»* GIDE.

RÉTROACTIVATION [ʀetʀoaktivasjɔ̃] n. f. – 1924 ◇ de *rétro-* et *activation* ■ PHYSIOL. Activation en retour par un produit du processus qui permet sa production. *La rétroactivation est un mécanisme homéostatique.* ■ CONTR. Rétro-inhibition.

RÉTROACTIVITÉ [ʀetʀoaktivite] n. f. – 1801 ◇ de *rétroactif* ■ Caractère rétroactif. *La rétroactivité d'une mesure.* ■ CONTR. Non-rétroactivité.

RÉTROAGIR [ʀetʀoaʒiʀ] v. intr. ‹2› – 1791 ◇ de *rétro-* et *agir,* d'après le latin *retroagere* ■ LITTÉR. Agir sur le passé, avoir un effet rétroactif.

RÉTROCÉDER [ʀetʀosede] v. ‹6› – 1611 ; «reculer» 1534 ◇ latin médiéval *retrocedere* «reculer» ■ **1** v. tr. Céder à qqn (ce qu'on en a reçu). *Rétrocéder un droit, un don à qqn.* ➤ **recéder, rendre.** — (1839) Vendre à un tiers (ce qu'on vient d'acheter). ➤ **revendre.** ■ **2** v. intr. (1896) MÉD. Subir une rétrocession, en parlant d'un processus pathologique.

RÉTROCESSION [ʀetʀosesjɔ̃] n. f. – 1640 ; «marche en arrière» 1550 ◇ latin médiéval *retrocessio* «recul» ■ **1** Action de rétrocéder ; cession faite à qqn de ce qu'on tient de lui. *Rétrocession de Hong-Kong à la Chine (1997).* — PAR EXT. Action de revendre à un tiers ce qu'on vient d'acheter. ■ **2** (1845) MÉD. Régression plus ou moins complète de manifestations pathologiques. *Rétrocession d'une inflammation, d'un exanthème, d'une tumeur.*

RÉTROCHARGEUSE [ʀetʀoʃaʀʒøz] n. f. – 1973 ◇ de *rétro-* et *chargeuse* ■ TECHN. Chargeuse dont le godet peut être rempli à l'avant et déchargé à l'arrière, en passant par-dessus l'engin.

RÉTROCOMMISSION [ʀetʀokɔmisjɔ̃] n. f. – 1998 ◇ de *rétro-* et *commission* ■ Pratique illégale qui consiste à rétrocéder au vendeur une partie de la commission qu'il a versée aux intermédiaires d'une transaction, après sa conclusion. *«ce contrat annexe est l'objet de rétrocommissions qui financent la campagne»* M. DUGAIN.

RÉTROCONTRÔLE [ʀetʀokɔ̃tʀol] n. m. – 1975 ◇ de *rétro-* et *contrôle* ■ BIOL. Contrôle en retour d'un processus par le produit obtenu au cours de celui-ci. *Rétrocontrôle des hormones ovariennes sur l'hypothalamus. Rétrocontrôle positif, négatif,* qui stimule, ou freine, le processus.

RÉTROÉCLAIRAGE [ʀetʀoeklɛʀaʒ] n. m. – 1989 ◇ de *rétro-* et *éclairage* ■ TECHN. Système d'éclairage par l'arrière. *Rétroéclairage d'écrans LCD.*

RÉTROFLÉCHI, IE [ʀetʀɔfleʃi] adj. – 1829 ◇ de *rétro-* et *fléchi* ■ DIDACT. (BOT., MÉD.) Dont la partie supérieure a subi une déviation vers l'arrière. *Utérus rétrofléchi.*

RÉTROFLEXE [ʀetʀɔflɛks] adj. – 1875 ; «rétrofléchi» 1829 ◇ latin *retroflexum,* p. p. de *retroflectere* «plier en arrière» ■ PHONÉT. Articulé avec la pointe de la langue retournée dirigée vers l'arrière de la bouche. *Voyelle, consonne rétroflexe,* ou n. f. *une rétroflexe.*

RÉTROFLEXION [ʀetʀɔflɛksjɔ̃] n. f. – 1846 ◇ de *rétro-* et *flexion* ■ MÉD. Inclinaison vers l'arrière de la partie supérieure (d'un organe), avec formation d'un angle de flexion. *Rétroversion et rétroflexion. Rétroflexion de l'utérus.*

RÉTROFUSÉE [ʀetʀofyze] n. f. – v. 1960 ◇ de *rétro-* et *fusée* ■ Moteur-fusée qui produit une poussée inverse à celle de l'engin spatial qu'il est destiné à ralentir.

RÉTROFUTURISME [ʀetʀofytyʀism] n. m. – 1995 ; autre sens 1978 ◇ de *rétro-* et *futurisme* ■ Esthétique qui évoque l'état futur de l'humanité tel qu'on pouvait l'imaginer autrefois. — adj. **RÉTROFUTURISTE.**

RÉTROGRADATION [ʀetʀɔgʀadasjɔ̃] n. f. – 1488 ◇ latin *retrogradatio* ■ Fait de rétrograder ; mouvement rétrograde. ■ **1** ASTRON. Mouvement rétrograde (des planètes, des points équinoxiaux). ■ 2 (1794) LITTÉR. Mouvement de recul* ; retour en arrière vers un niveau d'évolution moins élaboré. ➤ **régression.** « *Les rétrogradations de l'humanité sont comme celles des planètes. Vues de la terre, ce sont des rétrogradations ; mais absolument ce n'en sont pas* » RENAN. ■ 3 (1904) Mesure disciplinaire par laquelle une personne (sous-officier, fonctionnaire) doit reculer dans la hiérarchie. ◆ Sanction consistant à faire reculer, au classement officiel, un concurrent qui a gêné un autre sportif. ■ CONTR. Avance, avancement, progression.

RÉTROGRADE [ʀetʀɔgʀad] adj. – XIVe ◇ latin *retrogradus*, racine *gradi* ; cf. *grade, graduel* ■ Qui va en arrière. ■ 1 MATH. *Sens rétrograde*, opposé au sens direct. *Rotation dans le sens rétrograde*, dans le sens des aiguilles d'une montre. ➤ **dextrorsum.** — *Similitude rétrograde* : similitude inverse. ◆ ASTRON. *Mouvement rétrograde d'une planète, d'une étoile* : mouvement d'est en ouest, réel ou apparent. *Les mouvements rétrogrades réels sont rares dans le système solaire.* ■ 2 (XVe) Qui va en sens inverse de son sens initial, qui revient vers son point de départ (➤ **rétrograder**). *Mouvement rétrograde.* ◆ BILLARD *Effet rétrograde*, par lequel une bille revient en arrière après en avoir frappé une autre ; effet de recul. ➤ 1 **rétro.** ■ 3 FIG. (1636 ; en polit. 1791) Qui s'oppose au progrès, veut rétablir un état précédent. *Des mesures rétrogrades. Une politique rétrograde.* ➤ **passéiste, réactionnaire.** « *des crises de contre-révolution, de réaction furieuse, de nationalisme exaspéré, [...] Une longue chaîne de violences rétrogrades* » ROMAINS. *Idées rétrogrades ; esprit rétrograde*, arriéré. — n. *C'est un vieux rétrograde.* ◆ *Mode rétrograde.* ➤ 2 **rétro.** ■ 4 (1615) *Rimes rétrogrades, phrases, vers rétrogrades*, qu'on peut lire en renversant l'ordre des mots ou des lettres. ➤ **palindrome.** ■ 5 MÉD. *Amnésie rétrograde*, qui concerne les faits antérieurs à un évènement donné (opposé à *antérograde*) ■ CONTR. 1 Direct. Novateur, progressif, progressiste.

RÉTROGRADER [ʀetʀɔgʀade] v. ⟨1⟩ – 1488 ◇ latin *retrogradare* → rétrograde

I v. intr. ■ 1 ASTRON. Avoir un mouvement apparent rétrograde. ■ 2 (1564) Aller, marcher vers l'arrière, vers son point de départ. ➤ **reculer.** « *Au moment où Wellington rétrograda, Napoléon tressaillit* » HUGO. ■ 3 Suivre un ordre inverse de l'ordre moral, logique ou chronologique (➤ **remonter**). « *ces gens qui prennent le roman par la queue, et en lisent tout d'abord le dénouement, sauf à rétrograder ensuite jusqu'à la première page* » GAUTIER. ■ 4 (1690) Aller contre le progrès ; perdre les acquisitions, les améliorations apportées par une évolution. ➤ **régresser.** *Rétrograder dans la hiérarchie sociale.* ➤ **déchoir, descendre.** *Si le gouvernement « défaille et n'est plus obéi, [...] l'organisation sociale rétrograde de plusieurs degrés »* TAINE. ■ 5 (1964) Changer de vitesse, en augmentant la démultiplication. *Rétrograder de troisième en seconde. Rétrograder avant de doubler.*

II v. tr. Faire subir une rétrogradation (3°) à (qqn). *Rétrograder un sous-officier.* « *Seulement, après la guerre, comme j'avais passé trois ans à Vichy, j'ai été rétrogradé* » DURAS.
■ CONTR. Avancer, progresser.

RÉTROGRESSION [ʀetʀɔgʀesjɔ̃] n. f. – 1836 ◇ de *rétro-* et latin *gressus*, d'après *progression* ■ DIDACT. Mouvement, marche en arrière. ➤ **recul, rétrogradation.** ■ CONTR. Progression.

RÉTRO-INHIBITION [ʀetʀoinibisjɔ̃] n. f. – v. 1963 ◇ de *rétro-* et *inhibition* ■ PHYSIOL. Inhibition en retour par un produit du processus qui permet sa production. ■ CONTR. Rétroactivation.

RÉTROLIEN [ʀetʀoljɛ̃] n. m. – 2005 ◇ de *rétro-* et *lien* ■ INFORM. Lien hypertexte réciproque entre deux billets de contenu similaire, se trouvant sur deux blogs distincts.

RÉTROPÉDALAGE [ʀetʀopedalaʒ] n. m. – 1901 ◇ de *rétro-* et *pédalage* ■ TECHN. Action de pédaler à l'envers. *Freiner par rétropédalage.* — FIG. Marche arrière, revirement. *Le rétropédalage de l'opposition.* — v. intr. ⟨1⟩ **RÉTROPÉDALER.**

RÉTROPLANNING [ʀetʀoplaniŋ] n. m. – 1995 ◇ de *rétro-* et *planning* ■ Calendrier prévisionnel élaboré rétrospectivement, en partant de la date à laquelle le travail doit être terminé. *Définir le rétroplanning des opérations à effectuer.*

RÉTROPOSITION [ʀetʀopozisjɔ̃] n. f. – 1907 ◇ de *rétro-* et *position* ■ DIDACT. Position (d'un organe) en totalité en arrière de la position normale. *Rétroposition de l'utérus.*

RÉTROPROJECTEUR [ʀetʀopʀɔʒɛktœʀ] n. m. – 1968 ◇ de *rétro-* et *projecteur* ■ TECHN. Projecteur* destiné à reproduire l'image sur un écran placé derrière l'opérateur. *Conférencier qui montre des documents par rétroprojecteur.* — Écran de grande taille qui restitue l'image par un système de miroirs et de lampes. — n. f. **RÉTROPROJECTION,** v. 1970.

RÉTROPROPULSION [ʀetʀopʀɔpylsjɔ̃] n. f. – 1964 ◇ de *rétro-* et *propulsion* ■ TECHN. Freinage (d'un engin spatial) par fusées (➤ **rétrofusée**).

RÉTROSPECTIF, IVE [ʀetʀɔspɛktif, iv] adj. et n. m. – 1775 ◇ de *rétro-* et du radical *spect-*, latin *spectare* ; cf. *respectif, perspective* ■ 1 Qui regarde en arrière, dans le temps ; qui est dirigé vers le passé. *Étude rétrospective ; examen rétrospectif.* « *jeter un coup d'œil rétrospectif sur la carrière [...] parcourue par le romancier* » GAUTIER. ■ 2 (1854) Se dit d'un sentiment actuel qui s'applique à des faits passés. *Jalousie, peur rétrospective.* « *la peur de ce qui s'était passé, une panique rétrospective qui l'étranglait* » ARAGON. ■ 3 n. m. (1973) TÉLÉV., CIN. Retour en arrière. ➤ **flash-back.** ■ CONTR. Avant-coureur, prospectif. Préalable.

RÉTROSPECTIVE [ʀetʀɔspɛktiv] n. f. – 1920 ◇ de *rétrospectif* ■ Exposition présentant l'ensemble des productions et de l'évolution (d'un artiste, d'une époque) depuis les débuts. *Une rétrospective du cubisme, du cinéma burlesque américain. Une grande rétrospective Picasso.* ◆ Présentation récapitulative d'un sujet (film, récit, etc.). *La rétrospective des évènements de l'année.*

RÉTROSPECTIVEMENT [ʀetʀɔspɛktivmɑ̃] adv. – 1845 ◇ de *rétrospectif* ■ En regardant vers le passé. ◆ Après coup. *Il a eu peur rétrospectivement.*

RÉTROTRANSCRIPTION [ʀetʀotʀɑ̃skʀipsjɔ̃] n. f. – 1993 ◇ de *rétro-* et *transcription* ■ VIROL. Synthèse d'ADN à partir d'ARN, catalysée par la transcriptase inverse (opération inverse de la transcription). *La rétrotranscription est la première étape de l'expression du génome des rétrovirus.*

RETROUSSAGE [ʀ(ə)tʀusaʒ] n. m. – 1846 ◇ de *retrousser* ■ Quatrième labour donné à une vigne. — (1866) Procédé d'impression (en gravure).

RETROUSSÉ, ÉE [ʀ(ə)tʀuse] adj. – 1561 ◇ de *retrousser* ■ 1 Qui est remonté, relevé. *Jupes retroussées. Manches retroussées.* PAR MÉTON. « *Le bon ouvrier qui, les bras retroussés [...]* » FLAUBERT. ■ 2 *Nez retroussé*, court et au bout relevé (cf. FAM. En trompette).

RETROUSSEMENT [ʀ(ə)tʀusmɑ̃] n. m. – 1546 ◇ de *retrousser* ■ Action de retrousser, de se retrousser ; son résultat. *Elle avait « un retroussement d'une seule narine »* GONCOURT.

RETROUSSER [ʀ(ə)tʀuse] v. tr. ⟨1⟩ – 1530 ; *soi retrosser* « se charger de nouveau de » 1200 ◇ de *re-* et *trousser* ■ 1 Ramener l'extrémité de, replier vers le haut et vers l'extérieur. ➤ **relever.** *Retrousser le bas de son pantalon. Retrousser sa jupe, sa robe pour marcher dans l'eau.* « *Le renard retroussa ses babines et montra les dents* » GIONO. *Retrousser ses manches**. ■ 2 **SE RETROUSSER** v. pron. Se relever vers l'extérieur. ➤ **rebiquer.** *Moustache qui se retrousse.* ◆ (PERSONNES) Relever ses vêtements (jupe, pantalon...). ➤ **trousser.** « *J'ai dû me retrousser presque jusqu'aux genoux ; Tout le bord de ma robe était mouillé d'écume* » SAMAIN. ■ CONTR. Baisser, rabattre.

RETROUSSIS [ʀ(ə)tʀusi] n. m. – 1680 ◇ de *retrousser* ■ 1 Partie d'un vêtement retroussée de façon permanente. — ANCIENNT *Uniforme bleu à retroussis jaune.* ➤ **parement.** ◆ Revers* de botte. « *des bottines à retroussis jaunes* » NERVAL. ■ 2 Partie retroussée. *Le retroussis de sa moustache.*

RETROUVABLE [ʀ(ə)tʀuvabl] adj. – 1907 ◇ de *retrouver* ■ Qui peut être retrouvé. *Un classeur où les dossiers sont aisément retrouvables.* ■ CONTR. Introuvable.

RETROUVAILLE [ʀ(ə)tʀuvaj] n. f. – 1782 au sing. ◇ de *retrouver* ■ 1 RARE Action de retrouver ce dont on était séparé, ce qu'on avait perdu. ■ 2 (1873) AU PLUR. *Les retrouvailles* (de personnes qui se retrouvent). *Fêter des retrouvailles.* « *Ça alors ! Tout de même, le monde est petit ! [...] Ces retrouvailles n'ont-elles pas un côté miraculeux ?* » DUTOURD. — PAR EXT. Rétablissement de relations interrompues, entre groupes sociaux. *Retrouvailles de deux pays, après une crise.*

RETROUVER [ʀ(ə)tʀuve] v. tr. ⟨1⟩ – début XIIe ◇ de *re-* et *trouver*

I TROUVER DE NOUVEAU ■ 1 Voir se présenter de nouveau. *C'est une occasion que tu ne retrouveras jamais. Il n'a pu retrouver le même tissu.* ■ 2 Découvrir de nouveau (ce qui a été découvert, puis oublié). ➤ **redécouvrir.** *Retrouver un secret de fabrication. Ce treillageur « retrouvant et refaçonnant les architectures aériennes du dix-huitième siècle »* GONCOURT.

▪ **3** Trouver de nouveau (quelque part, en un état). *Gare à vous si je vous retrouve à rôder par ici.* ➤ **reprendre.** ▪ **4** (1578) Trouver quelque part (ce qui existe déjà ailleurs). *On retrouve chez le fils l'expression, le sourire du père. Je retrouve bien là mon fils.* ➤ **reconnaître.**

II TROUVER CE QU'ON A PERDU OU OUBLIÉ ▪ **1** Trouver (un être vivant qui s'est échappé, une personne qui est partie). *Retrouver son chien. On a retrouvé le prisonnier évadé.* — (Avec l'attribut) *Nous le retrouverons vivant.* — LOC. PROV. *Un(e) de perdu(e), dix de retrouvé(e)s,* se dit plaisamment pour consoler qqn d'une déconvenue sentimentale. ▪ **2** Trouver (qqch. qui a été égaré, volé, oublié). *Retrouver une voiture volée.* ➤ **récupérer.** *Impossible de retrouver ma clé. « elle n'avait besoin de personne pour retrouver son chemin »* SAND. *Retrouver la trace d'un fugitif. Retrouver du travail.* — Trouver, rappeler (un souvenir). *Je ne peux retrouver son nom. « Le Temps retrouvé », de Proust.* ◆ LOC. PROV. *Une chatte n'y retrouverait pas ses petits ; une poule n'y retrouverait pas ses poussins,* se dit d'un endroit en désordre. ▪ **3** Trouver (une chose que l'on considérait comme perdue, à cause de son ancienneté, de la difficulté de la recherche). *Des peintures comme on en retrouve à Pompéi. « On retrouva, du côté de Dieppe, des débris de la* Jeune-Amélie, *sa barque »* MAUPASSANT. ▪ **4** (1555) Avoir de nouveau (une qualité, un état perdu). ➤ **recouvrer.** *Retrouver joie et santé. Retrouver le sommeil.* — FAM. *Retrouver sa langue. « Des médecins disaient qu'il retrouverait la vue »* MALRAUX. *Elle a retrouvé son assurance. Très vite elle retrouva son sourire.* ◆ (ABSTRAIT) *« N'ai-je pas retrouvé une force de travail au-delà de mon espérance ! »* CONSTANT. — LOC. FAM. *Retrouver ses esprits* : reprendre ses esprits. ▪ **5** (1571) Être de nouveau en présence de (qqn dont on était séparé). *Retrouver qqn quelque part.* ➤ **revoir.** *« je viens vous retrouver dans un quart d'heure »* MOLIÈRE. ➤ **rejoindre.** ◆ Revenir dans (un lieu). *Elle retrouve sa maison de campagne avec plaisir. Retrouver sa région natale.* ◆ (Avec un attribut d'objet) Revoir sous tel aspect. *Elle le retrouva grandi, un peu vieilli. « Il me retrouvera comme il m'avait laissée. Avec la même robe et la même pensée »* GIDE.

III SE RETROUVER v. pron. **A.** (1680) (RÉCIPR.) Être de nouveau en présence l'un de l'autre. *« On ne peut supporter son absence qu'en se la promettant courte, en pensant au jour où on se retrouvera »* PROUST. *Ils se sont retrouvés par hasard à Paris. Un café où l'on se retrouve entre amis. Tiens ! comme on se retrouve !,* se dit lors d'une rencontre inattendue (cf. Le monde est petit*). — FAM. (en manière de menace) *On se retrouvera !,* je prendrai ma revanche. — Se donner rendez-vous. *« Voulez-vous qu'on se retrouve dans vingt minutes, à la porte du jardin ! »* VIAN.

B. (RÉFL.) ▪ **1** Retrouver son chemin après s'être perdu. *Il fait si noir qu'on ne s'y retrouve plus.* — FIG. *Se retrouver dans ; s'y retrouver* : retrouver où l'on en est, s'y reconnaître. *Si tu ne ranges pas, on ne va pas s'y retrouver. Cet index est mal fait, on a du mal à s'y retrouver. Se retrouver dans ses comptes. « une facilité remarquable à se retrouver dans les abstractions de la philosophie transcendante »* HENRIOT. ◆ LOC. FAM. (1938) *S'y retrouver* : rentrer dans ses débours ; faire un bénéfice, tirer profit, avantage. *Il a beaucoup de frais, mais il s'y retrouve.* ➤ **gagner.** ▪ **2** (fin XVe) LITTÉR. Rentrer en possession de soi-même, de ses moyens. *« Il était temps qu'il s'occupe un peu de lui. Et pour ça, il avait besoin d'être seul et d'être libre. Ce n'est pas facile de se retrouver au bout de quatre ans »* BEAUVOIR. ▪ **3** (1553) Être de nouveau (dans un lieu qu'on a quitté). *Se retrouver à son point de départ.* ◆ (1627) Être de nouveau (dans un état, une situation qui avait cessé). *Se retrouver devant les mêmes difficultés. « je me retrouve dans mon élément ; j'ai repris toute mon existence »* LACLOS. ◆ Se trouver soudainement dans une situation. *Se retrouver sans travail, au chômage. Il se retrouva dans le fossé. Il s'est retrouvé bien seul à la mort de sa femme.* LOC. *Se retrouver à la rue,* sans logement. FAM. *Elle a fini par se retrouver sur le trottoir,* par se prostituer.

C. (PASS.) ▪ **1** Être trouvé une seconde fois. *« Elle se disait que jamais pareilles circonstances ne se retrouveraient »* MONTHERLANT. ➤ se **renouveler.** ▪ **2** Se trouver aussi ; exister ailleurs. *Ce mot se retrouve dans plusieurs langues.* ▪ **3** Se trouver (partout, toujours). *« Aveux humiliants, refus humiliants [...], ces mots se retrouvent à chaque instant sous leur plume »* MORAND. ➤ **réapparaître, ressurgir.**

▪ CONTR. Égarer, oublier, perdre ; dérouter.

RÉTROVERSION [ʀetʀɔvɛʀsjɔ̃] n. f. – 1783 ◊ de *rétro-* et latin *vertere* « tourner » ▪ MÉD. Inclinaison en arrière, sans flexion, d'un organe selon son axe vertical. *Rétroversion de l'utérus.*

▪ CONTR. Antéversion.

RÉTROVIRAL, ALE, AUX [ʀetʀoviʀal, o] adj. – 1985 ◊ de *rétrovirus* ▪ VIROL. Relatif à un rétrovirus. *Infections rétrovirales humaines.*

RÉTROVIRUS [ʀetʀoviʀys] n. m. – 1978 ◊ anglais *retrovirus* (1976), de *re(verse) tr(anscriptase), o-* et *virus* ▪ VIROL. Virus à ARN possédant des protéines caractéristiques permettant sa réplication. *Le virus du sida est un rétrovirus* (➤ **HIV**). *Le génome du rétrovirus s'intègre à l'ADN de la cellule hôte* (➤ **provirus**).

RÉTROVISEUR [ʀetʀɔvizœʀ] n. m. – 1932 ◊ de *rétro-* et radical du latin *visere,* d'après *viseur* ▪ Petit miroir fixé sur un véhicule, qui permet au conducteur de voir derrière lui sans avoir à se retourner. ➤ 3 **rétro.** *Rétroviseurs extérieurs* (d'un camion, etc.). *« Boris jeta un coup d'œil vers le chauffeur et vit qu'il les regardait dans le rétroviseur »* SARTRE. — LOC. FIG. *Regarder dans le rétroviseur,* se tourner vers le passé. *« un pan entier du pays vivait avec un œil dans le rétroviseur, la pédale sur le frein, la nostalgie d'un temps qui n'avait pas existé »* O. ADAM.

RETS [ʀɛ] n. m. – 1538 ; *rei, raiz, reis* 1120 ◊ latin *retis,* de *rete,* neutre ▪ **1** VX Ouvrage en réseau, pour capturer du gibier, des poissons. ➤ 3 **filet.** *« Ce lion fut pris dans les rets »* LA FONTAINE. ▪ **2** FIG. et LITTÉR. *Tendre des rets, prendre qqn dans des rets.* ➤ **embûche, piège.** *« faible, chimérique, attardé dans les rets d'une interminable et douce adolescence »* COLETTE. ▪ HOM. Rai, raie.

RETUBER [ʀ(ə)tybe] v. tr. ⟨1⟩ – 1922 ◊ de *re-* et *tuber* ▪ TECHN. Remplacer les tubes, la tubulure de (une chaudière, etc.).

RETWEETER [ʀ(ə)twite] v. tr. ⟨1⟩ – 2009 ◊ de *re-* et 2 *tweeter* ▪ ANGLIC. Tweeter à nouveau (une information, un contenu). *Son commentaire a été retweeté des milliers de fois.*

REUBEU ➤ **REBEU**

RÉUNI, IE [ʀeyni] adj. – 1688 ◊ de *réunir* (I, 2°) ▪ Qui a été, qui s'est réuni ; uni, rassemblé. *Éléments réunis. « les Allemands sont plus forts que nous et les Anglais réunis »* ARAGON. — (Dans des noms commerciaux) *Les Chargeurs Réunis ; les Magasins Réunis* (➤ aussi **compagnie**).

RÉUNIFICATION [ʀeynifikasjɔ̃] n. f. – 1952 ◊ de *réunifier* ▪ Action de réunifier ; son résultat. *La réunification de l'Allemagne.*

RÉUNIFIER [ʀeynifje] v. tr. ⟨7⟩ – 1958 ◊ de *ré-* et *unifier* ▪ Rétablir l'unité de (un pays divisé, une entité sociale ou politique désunie). *Réunifier les deux Corées. Réunifier un parti divisé.*

RÉUNION [ʀeynjɔ̃] n. f. – 1477 ; « réconciliation, entente » 1468 ◊ de *réunir,* d'après *union*

I (CHOSES) ▪ **1** Fait de réunir (un fief, une province à un État). ➤ **adjonction, annexion, incorporation, rattachement.** — *Île de la Réunion,* nom donné à l'île Bourbon lors de son annexion à la couronne de France. ▪ **2** (1549) Fait de rapprocher, de remettre ensemble (des choses séparées, disjointes, et PAR EXT. (XVIIIe) des choses éparses, qui n'étaient pas ensemble auparavant). ➤ **assemblage, groupement, jonction, juxtaposition, rapprochement, rassemblement,** 1 **union.** *Réunion d'éléments nombreux* (➤ **accumulation, agglomération, agrégation, entassement**), *hétéroclites* (➤ **mélange**). *Réunion en un tout cohérent, homogène* (➤ **combinaison, conjonction, synthèse,** 1 **union**). *Réunion d'une chose à une autre. Point de réunion de deux cours d'eau.* ➤ 1 **rencontre ; confluent.** — *Procéder à la réunion des preuves.* ◆ Fait, manière d'être réuni ; alliance, lien (entre des éléments). *« je trouve une analogie et une réunion intime entre les couleurs, les sons et les parfums »* BAUDELAIRE. ▪ **3** RARE Pluralité (de choses considérées ou mises ensemble). ➤ 2 **ensemble, groupe, tas.** *Réunion de faits, de documents* (➤ **recueil**), *d'objets du même genre* (➤ **collection**). ▪ **4** (1964) MATH. *Réunion de deux ensembles* (notée ∪) : ensemble de tous les éléments appartenant au moins à l'un des deux.

II (PERSONNES) ▪ **1** VX Réconciliation. ▪ **2** MOD. Fait de se retrouver, et PAR EXT. de se trouver ensemble ; groupe de personnes réunies. *La réunion des individus en groupes sociaux* (➤ **communauté, société**). *« ce jour était, pour tous ceux qui gémissaient d'être séparés, celui de la grande réunion »* CAMUS. ▪ **3** (1789) COUR. Les personnes qui sont venues en un même lieu pour être ensemble (pour participer à une activité commune ou collective) ; acte par lequel elles se rassemblent ; durée, circonstances de leur rencontre. ➤ **assemblée,** 1 **rencontre.** *Une réunion de famille. Organiser une réunion. Assister, participer à une réunion. La réunion se tiendra à 14 heures. « Nous nous étions rencontrés au cours d'une réunion de parents d'élèves, nous n'étions que les deux* *seuls types dans la salle»* DJIAN. — *Réunion d'un groupe organisé, d'un corps constitué.* ➤ **assemblée, cénacle, colloque, comité, commission, compagnie, concile, conférence, congrégation, congrès, coordination, synode.** *Réunion générale, plénière*.* ➤ **plénum ;** PLAISANT **grand-messe.** *Réunion de travail, d'information.* ➤ **séance.** *Salle de réunion. Réunion préparatoire :* recomm. offic. pour *briefing.* — SPÉCIALT Réunion de travail. **EN RÉUNION :** présent à une réunion et indisponible pour autre chose. *«Je ne peux pas vous le passer. Il est en réunion»* PH. DELERM. ◆ DR. Groupement momentané (à la différence de l'association) de personnes, hors de la voie publique. *Réunion privée,* sur invitations nominatives. *Réunion publique. Liberté de réunion. Réunion électorale,* où l'on choisit, où l'on présente des candidats. *Réunion politique, syndicale* (➤ **meeting**). *«ces interminables discussions, ces réunions qui ne débouchent sur rien»* R. DEBRAY. — DR. LOC. **EN RÉUNION,** se dit d'un délit impliquant plusieurs personnes. *Vol, violences en réunion. Viol en réunion.* ➤ **collectif ;** ARG. **tournante.** ▪ **4** Manifestation sportive. *Réunion de boxe, d'athlétisme.* — SPÉCIALT Course de chevaux. *La réunion d'Enghien. «un petit groupe de turfistes qui* [...] *commentaient la réunion hippique de l'après-midi»* H. CALET.

▪ CONTR. Désunion, dispersion, dissociation, division, éparpillement, fractionnement, partage, séparation. Intersection (math.).

RÉUNIONITE [reynjɔnit] **n. f.** – milieu XXe ◇ de *réunion* et *-ite* ▪ FAM. Manie de faire des réunions. *Cadres atteints de réunionite aiguë.*

RÉUNIR [reyniʀ] **v. tr.** ‹2› – 1475 ; *reaunir* 1400 ◇ de *ré-* et *unir*

I (CHOSES) ▪ **1** RARE Remettre en contact (des choses séparées). ➤ **relier.** *Réunir les morceaux en collant, cousant, etc. Réunir les bords d'une plaie.* ➤ **rapprocher.** ▪ **2** (1663) COUR. Mettre ensemble (plusieurs choses) pour former un tout ; joindre ou rapprocher suffisamment pour unir (des choses entre elles). ➤ **assembler, combiner, grouper, joindre, rassembler, unir.** *Réunir une chose à une autre.* ➤ **adjoindre, ajouter.** *Réunir par un lien.* ➤ **attacher*.** *Il compta «une dizaine de billets* [...] *les réunit par une épingle»* MAC ORLAN. — *Un pont qui réunit deux rives.* ➤ **relier.** — SPÉCIALT *Réunir une province à un État.* ➤ **annexer, incorporer, rattacher.** ◆ Rassembler (des éléments de même nature) pour en tirer qqch. *Réunir une documentation. Réunir des signatures pour une pétition.* ➤ **collecter.** *Collectionneur qui réunit des œuvres d'art.* ➤ **regrouper.** — *Réunir des capitaux, des fonds.* ◆ Rapprocher par l'esprit (des éléments abstraits). *«fourbu, incapable de réunir deux idées dans sa cervelle»* HUYSMANS. ➤ **rassembler.** *Réunir des renseignements, des preuves.* ▪ **3** Avoir ou comporter (plusieurs éléments d'origines diverses et parfois opposés). ➤ **allier, concentrer, conjuguer, cumuler, grouper.** *Réunir toutes les conditions exigées. «Goethe, comme tous les hommes de génie, réunit en lui d'étonnants contrastes»* Mme DE STAËL. *Cette solution réunit tous les avantages.* ➤ **présenter.**

II (PERSONNES) ▪ **1** Unir de nouveau, rassembler, réconcilier. *L'épreuve les a réunis. «Nos ennemis communs devraient nous réunir»* RACINE. ➤ **rapprocher.** ▪ **2** Mettre ensemble, faire communiquer. ➤ **associer, rassembler.** *Réunir des amis à une soirée.* ➤ **inviter.** — Convoquer en réunion. *Réunir le Sénat, le Conseil d'administration. Réunir ses collaborateurs.* ➤ **convoquer.** — (Sujet chose) *«Après le spectacle, un cocktail réunit les comédiens»* Y. QUEFFÉLEC. *Cette conviction nous réunissait.* ➤ **unir.** *Ceux qu'un goût commun réunit.*

III SE RÉUNIR v. pron. (XVIe «se réconcilier») ▪ **1** Se rapprocher ou se joindre de façon à être ensemble. — (CHOSES) *Chemins, cours d'eau qui se réunissent en un point.* ➤ **confluer, converger.** *Ses cheveux «se réunissaient en une petite queue de rat»* BALZAC. — FIG. *«Dieu, où viennent se réunir les idées de l'infini»* CHATEAUBRIAND. ➤ se **joindre ;** se **fondre.** — (Groupes sociaux) *Les provinces, les États qui se réunissent en une fédération. Sociétés, organismes qui se réunissent en un groupement.* ➤ **s'associer, fusionner.** ▪ **2** (PERSONNES) Faire en sorte d'être ensemble. ➤ **s'assembler, se rassembler.** *Se réunir autour d'une table. Se réunir entre amis, avec des amis.* ➤ se **rencontrer,** se **retrouver.** — *Les voilà enfin réunis.*

▪ CONTR. Couper, désunir, 1 détacher, disjoindre, disperser, dissocier, diviser, éparpiller, fractionner, fragmenter, partager, séparer, soustraire ; abstraire, analyser. — Brouiller, désunir.

RÉUSSI, IE [reysi] **adj.** – 1569 ◇ de *réussir* ▪ **1** Qui a été (plus ou moins bien) fait, effectué, accompli. ▪ **2** ABSOLT Exécuté avec bonheur, succès. *Une œuvre réussie. Vacances réussies. Un spectacle réussi,* excellent, qui a du succès. *Le moment le plus réussi d'un spectacle* (➤ **clou**). ▪ **3** FAM. (souvent iron.) Remarquable dans son genre. *Comme benêt il est parfaitement réussi ! Bravo, c'est réussi !* (le résultat est contraire à celui qu'on cherchait). ▪ CONTR. Manqué, mauvais.

RÉUSSIR [reysiʀ] **v.** ‹2› – XVIe ; *reuscir* «résulter» 1531 ◇ italien *riuscire* «ressortir», de *uscire* «sortir», latin *exire*

I ~ v. intr. A. (CHOSES) ▪ **1** *Réussir (bien, mal) :* avoir telle issue, aboutir à un résultat (bon ou mauvais). *Entreprise, projet qui réussit mal, qui échoue.* ➤ **tourner.** *Ce cépage ne réussit pas bien dans la région.* ▪ **2** ABSOLT et COUR. Avoir une heureuse issue, un bon résultat. *Faire réussir une entreprise, un projet.* ➤ **s'accomplir,** se **réaliser.** *Son affaire réussit.* ➤ **prospérer.** *Pièce, film qui réussit.* ➤ **marcher, plaire.** *Stratagème qui réussit. L'opération a réussi* (cf. Tourner bien). *Ne pas réussir.* ➤ **aboutir.** *«Pour faire réussir une idée, il faut ne mettre en avant qu'elle seule»* GIDE. ◆ *Réussir à (qqn) :* avoir (pour lui) d'heureux résultats. *Tout lui réussit. «Ayant tout essayé, rien ne lui réussit»* VIGNY. *«la veuve avait l'air bien vanné* [...], *les excursions ne lui réussissent pas»* MAUPASSANT.

B. (PERSONNES) ▪ **1** *Réussir (bien, mal) :* obtenir tel résultat ; se tirer (plus ou moins bien) d'une situation. *Les personnes entreprenantes réussissent mieux que les autres.* ▪ **2** ABSOLT Obtenir un bon résultat, atteindre ce qu'on cherchait. ➤ **arriver, parvenir ; réussite.** *«Rien n'est humiliant comme de voir les sots réussir dans les entreprises où l'on échoue»* FLAUBERT. *«Une nation n'a de goût que dans les choses où elle réussit»* DELACROIX. *Il n'est pas nécessaire d'espérer* pour entreprendre ni de réussir pour persévérer. «Je réussirai ! Le mot du joueur, du grand capitaine, mot fataliste qui perd plus d'hommes qu'il n'en sauve»* BALZAC. ◆ **RÉUSSIR À.** *Il a réussi à son examen. «il y en a même qui réussissent à vivre avec le smic»* É. AJAR. ➤ **arriver, parvenir.** *Le prisonnier a réussi à s'évader. Tu n'as pas réussi à me convaincre.* ➤ **1 pouvoir, 1 savoir.** IRON. *Ce maladroit a réussi à se blesser.* ◆ SPÉCIALT Avoir du succès (dans un milieu social, une profession), faire carrière. ➤ **arriver** *C'est un jeune styliste qui commence à réussir.* ➤ **percer.** *Réussir dans les affaires* (cf. Faire fortune*). *Réussir dans la vie. «"Réussir" est devenu l'obsession générale dans notre société, et cette réussite est mesurée par notre capacité à l'emporter dans des compétitions permanentes»* A. JACQUARD. *Il a tout ce qu'il faut pour réussir. Ses enfants ont tous réussi.* — Être reçu à un examen (opposé à *échouer, être collé* [FAM.], *recalé*).

II ~ v. tr. (1834) Exécuter, faire avec bonheur, avec succès. *Réussir une affaire, une opération. «on ne réussit rien sans méthode»* GIDE. ➤ **achever** (cf. Mener* à bien). *Réussir un travail.* SPORT *Réussir un but* (➤ **marquer**), *un essai. Réussir un examen. Réussir un plat, un dîner. On ne vous demande pas de réussir l'impossible. Réussir une prouesse, un tour de force.* ➤ **réaliser.** — *Réussir son coup*, son effet. «c'est le plus souvent d'instinct* [...] *qu'un homme réussit sa vie»* MAURIAC.

▪ CONTR. Échouer, manquer, rater.

RÉUSSITE [reysit] **n. f.** – 1622 ◇ italien *riuscita,* de *riuscire* → réussir

I ▪ **1 RÉUSSITE DE** qqch. **:** bon résultat. ➤ **gain, succès, triomphe, victoire.** *Réussite d'une tentative, d'une entreprise, d'une expérience.* — *C'est une réussite,* une chose réussie. ▪ **2 RÉUSSITE de** qqn **:** le fait de réussir ou d'avoir réussi. *«Ce qu'ils appellent réussite c'est le bruit qu'on fait et le fric qu'on gagne.»* BEAUVOIR. *Il est fier de la réussite de ses enfants. Ses chances de réussite. Réussite sociale. Recherche de la réussite professionnelle.* ➤ **carriérisme.** *La réussite de qqn dans toutes les entreprises.* ➤ **bonheur.** *Réussite brillante, éclatante, remarquable, méritée.* ➤ **exploit.** *«Tant il est peu de réussites faciles, et d'échecs définitifs»* PROUST.

II (1842) Combinaison de cartes soumise à des règles définies. ➤ **1 patience.** *Faire une réussite. Elle «reprenait un travail de tarots et de réussites»* COLETTE.

▪ CONTR. (du I) Désastre, échec, insuccès.

RÉUTILISABLE [reytilizabl] **adj.** – 1975 ◇ de *réutiliser* ▪ Qui peut être réutilisé. *Programme informatique réutilisable.*

RÉUTILISER [reytilize] **v. tr.** ‹1› – 1949 ◇ de *re-* et *utiliser* ▪ Utiliser à nouveau (ce qui a déjà servi) ou utiliser une nouvelle quantité de. *Réutiliser un outil. Je réutiliserai du beurre.* — **n. f. RÉUTILISATION,** 1960.

REVACCINER [ʀ(ə)vaksine] **v. tr.** ‹1› – 1834 ◇ de *re-* et *vacciner* ▪ Vacciner de nouveau. — **n. f. REVACCINATION.**

REVALOIR [ʀ(ə)valwaʀ] **v. tr.** ‹29 ; rare sauf inf. et futur, condit.› – XIVe ; «valoir en retour», puis «récompenser» 1170 ◇ de *re-* et *valoir* ▪ Rendre (la pareille, la réciproque) à qqn, en bien (récompenser, remercier) ou en mal (se venger). *«Ça me fait plaisir de vous rendre service. Et puis, vous êtes journaliste, vous me* *revaudrez ça un jour ou l'autre»* CAMUS. *Je vous, je te le revaudrai.*

REVALORISATION [R(ə)valɔRizasjɔ̃] **n. f.** – 1923 ◊ de *revaloriser* ▪ Relèvement de la valeur (➤ **appréciation, réévaluation ; réajustement, réalignement**). *Revalorisation d'une monnaie. — Politique de revalorisation d'une région* (cf. Mise en valeur). ▪ CONTR. Dépréciation, dévalorisation.

REVALORISER [R(ə)valɔRize] **v. tr.** ⟨1⟩ – 1925 ◊ de *re-* et *valoriser* ▪ Rendre sa valeur à. *«Il existe trois moyens de revaloriser une production* [...] *l'accroître en quantité ;* [...] *l'améliorer en qualité, et* [...] *stabiliser ses prix de vente»* CAMUS. *— Revaloriser les salaires.* ➤ **réajuster, relever.** ♦ FIG. Donner une valeur plus grande à (qqch.). *Revaloriser le travail manuel, la fonction d'enseignant. Revaloriser une théorie.* ▪ CONTR. Dévaloriser, dévaluer.

REVANCHARD, ARDE [R(ə)vɑ̃ʃaR, aRd] **adj. et n.** – 1894 ◊ de *revanche* ▪ PÉJ. Qui cherche à se venger, à prendre une revanche (surtout une revanche militaire, après une défaite). *Pays revanchard. Un discours revanchard. Une attitude revancharde. «un semi-fascisme clérical, militariste et revanchard comme à Vichy»* DRIEU LA ROCHELLE. — **n.** *Les revanchards* (➤ **revanchisme**).

REVANCHE [R(ə)vɑ̃ʃ] **n. f.** – 1525 ; *revenche* «vengeance» 1270 ◊ de *se revancher* ▪ **1** Le fait de reprendre l'avantage (sur qqn) après avoir eu le dessous. ➤ **vengeance, vindicte.** *Prendre sa revanche, une éclatante revanche sur qqn.* ➤ VX **se revancher.** ♦ SPÉCIALT (1539) Partie jouée pour donner au perdant une chance de revanche. *Refuser de donner sa revanche à l'adversaire* (cf. Faire charlemagne*). *La première manche, la revanche, la belle et la consolante.* ♦ LOC. (1797) **À CHARGE DE REVANCHE :** à condition qu'on rendra la pareille (➤ **réciproque ; réciprocité**). *J'accepte, mais à charge de revanche.* ▪ **2** FIG. *La revanche de qqch.*, son retour en force (dans la mode, les goûts, etc.). ➤ **triomphe.** — Ce qui constitue une compensation. *«Le rêve est souvent la revanche des choses qu'on méprise»* FRANCE. ▪ **3** **loc. adv.** (1619) **EN REVANCHE :** en retour, et PAR EXT. au contraire, inversement (cf. Par contre*, en contrepartie*). *«Presque jamais d'arbres, au Maroc ; mais en revanche, toujours ces grandes lignes tranquilles»* LOTI.

REVANCHER (SE) [R(ə)vɑ̃ʃe] **v. pron.** ⟨1⟩ – 1265 ; *soi revengier* XIIe ◊ de *re-* et *vengier, venchier* → venger ▪ VX ou LITTÉR. Prendre sa revanche, rendre la pareille, reprendre le dessus. *Vulvain «avait à se revancher d'une mère qui l'avait créé aussi laid»* HENRIOT.

REVANCHISME [R(ə)vɑ̃ʃism] **n. m.** – 1900 ◊ de *revanche* ▪ POLIT. Attitude politique inspirée par l'esprit de revanche (après une défaite). *Foyer de revanchisme* (➤ **revanchard**).

REVASCULARISATION [Rəvaskylarizasjɔ̃] **n. f.** – milieu XXe ◊ de *re-* et *vascularisation* ▪ CHIR. Intervention visant à rétablir la circulation sanguine dans un organe insuffisamment irrigué. *Revascularisation par pontage coronarien.*

RÊVASSER [Rɛvase] **v. intr.** ⟨1⟩ – 1489 ◊ de *rêver* ▪ Penser vaguement à des sujets imprécis, changeants, s'abandonner à une rêverie (cf. Être dans les nuages*). *«Souvent aussi nous nous promenions seuls, car nous aimions tous deux à rêvasser»* CHATEAUBRIAND.

RÊVASSERIE [Rɛvasri] **n. f.** – 1533 ◊ de *rêvasser* ▪ Le fait de rêvasser ; rêverie vague et confuse. *«Nous menons une vie de fainéantise et de rêvasserie»* FLAUBERT. ♦ Idée chimérique et vaine. ➤ **chimère, utopie.**

RÊVASSEUR, EUSE [Rɛvasœr, øz] **n. et adj.** – 1736 ◊ de *rêvasser* ▪ Personne qui rêvasse, s'abandonne à des rêveries. ➤ **rêveur.** *«la promenade d'un rêvasseur dans un bois»* CHATEAUBRIAND. — **adj.** *«Un genre rêvasseur»* CÉLINE.

RÊVE [Rɛv] **n. m.** – 1674, rare avant XIXe ◊ de *rêver*

I DANS LE SOMMEIL ▪ **1** Suite de phénomènes psychiques se produisant pendant le sommeil (images, représentations ; activité automatique excluant généralement la volonté) ; ces phénomènes. ➤ **songe ; rêver ; onirique.** *Interprétation des rêves* (cf. Clé des songes*). *«Le rêve est une hypothèse, puisque nous ne le connaissons jamais que par le souvenir»* VALÉRY. *— Rêve agréable. «Je fais souvent ce rêve étrange et pénétrant»* VERLAINE. *Bonne nuit, faites de beaux rêves !* (formule de souhait). *Mauvais rêve, rêve désagréable, pénible.* ➤ **cauchemar.** *«ce vertige que l'on ressent dans les mauvais rêves, lorsqu'on ne parvient pas à rejoindre une gare et que l'heure avance et que l'on va manquer le train»* MODIANO. *Rêve prémonitoire. Se rappeler, raconter ses rêves. Cela s'est passé comme dans un rêve,* comme si ce n'était pas réel. — *«Le voyage, sans arrêt presque, a été rapide comme un rêve»* I. EBERHARDT. — LOC. *S'évanouir, disparaître comme un rêve,* sans laisser de trace. — *En rêve :* au cours d'un rêve, en rêvant. *Voir, entendre en rêve. — Capteur de rêves.* ➤ **attrape-rêve.** ▪ **2** **LE RÊVE :** l'activité psychique pendant le sommeil (sommeil paradoxal). *Les images, l'univers du rêve.* ➤ **onirisme.** *«Le Rêve est une seconde vie»* NERVAL. *«Le rêve est une veille d'où les forces sont absentes»* VALÉRY. *«Le rêve. Dans la nuit, l'homme s'efface, n'est plus que la conscience de son inconscient»* GREEN. *Théorie freudienne du rêve* (➤ **psychanalyse**). *«les deux formules de Freud : "Le rêve est le gardien du sommeil," et "le rêve est la réalisation d'un désir"»* LAGACHE. *Les matériaux, le travail du rêve. Physiologie du rêve. Rêve et hallucination, et somnambulisme.*

II DANS LA VIE CONSCIENTE ▪ **1** (1794 «imagination délirante») Construction de l'imagination à l'état de veille, pensée qui cherche à échapper aux contraintes du réel. ➤ **imagination, vision.** *Faire des rêves.* ➤ **rêvasser, rêver.** *Un rêve éveillé. «Le recueil de mes longs rêves est à peine commencé»* ROUSSEAU. ➤ **rêverie.** ▪ **2** Construction imaginaire destinée à satisfaire un besoin, un désir, à refuser une réalité pénible (dite, en psychanalyse, *rêve diurne*). ➤ **désir, fantasme.** *Faire un rêve. Caresser, poursuivre un rêve. «Les rêves sont faits pour entrer dans la réalité, en s'y engouffrant avec brutalité, si besoin est»* S. GERMAIN. *Réaliser un rêve. «le rêve s'est accompli ou presque»* IONESCO. *Rêves de jeunesse. Rêves d'évasion. Le rêve de leur vie est de faire le tour du monde en voilier. Rêves irréalisables, fous.* ➤ **1 château** (en Espagne), **chimère, utopie.** *«Baisers volés Rêves mouvants Que reste-t-il de tout cela»* TRENET. *«arraché à son rêve, tombé de son ciel»* DAUDET. *Ce n'est qu'un doux rêve. C'était un beau rêve,* un projet trop beau pour se réaliser un jour. ➤ **illusion.** *«L'art est le rêve de l'humanité, un rêve de lumière, de liberté, de force sereine»* R. ROLLAND. — LITTÉR. *«Je suis belle, ô mortels, comme un rêve de pierre»* BAUDELAIRE. ➤ **vision.** — LOC. FAM. *Envoyer, vendre du rêve :* faire rêver. *Une publicité qui vend du rêve. Même pas en rêve, même pas dans tes rêves :* jamais, il n'en est pas question. — LOC. **DE (MES, SES...) RÊVES.** *La femme de ses rêves,* celle qu'il avait rêvée, la femme idéale. *J'ai trouvé la maison de mes rêves.* — **DE RÊVE.** Irréel, fantomatique. *«ce silence de rêve,* [...] *cette lumière adoucie par l'eau»* LARBAUD. Tel qu'on en rêve, sans espérer jamais l'obtenir. *Un corps de rêve. Une créature de rêve.* ▪ **3** **LE RÊVE :** l'imagination créatrice, la faculté de former des représentations imaginaires. *Le rêve et la réalité. «un monde où l'action n'est pas la sœur du rêve»* BAUDELAIRE. ▪ **4** FAM. Chose très jolie, charmante. *Cette maison, c'est un rêve ! — Faire le métier que l'on aime, c'est le rêve ! Ce n'est pas le rêve,* l'idéal. ▪ CONTR. 1 Action, réalité, réel (n.). ▪ HOM. 2 Rave.

RÊVÉ, ÉE [Reve] **adj.** – 1668 «plein de rêveries» ◊ de *rêver* ▪ **1** Évoqué dans un rêve. ▪ **2** Qui convient tout à fait. ➤ **1 idéal.** *C'est l'endroit rêvé pour passer des vacances. Voilà la solution rêvée. Une occasion rêvée.*

REVÊCHE [Rəvɛʃ] **adj.** – *revesche* 1277 ; «violent» (choses) 1220 ◊ origine inconnue ; p.-ê. francique °*hreubisk* ▪ **1** VX (CHOSES) Âpre au goût ; rude au toucher. ➤ **rêche.** ▪ **2** MOD. (PERSONNES) Qui est d'un abord difficile, qui manifeste un mauvais caractère. ➤ **acariâtre*.** *Se montrer revêche. «Mme Loiseau, qui avait une âme de gendarme, resta revêche, parlant peu»* MAUPASSANT. — PAR EXT. (v. 1410) *Caractère, humeur, air revêche.* ➤ **rébarbatif, rude.** ▪ CONTR. 1 Avenant, doux.

1 **RÉVEIL** [Revɛj] **n. m.** – *resveil* XIIIe ◊ de *réveiller* ▪ **1** Passage du sommeil à l'état de veille. *Un réveil brutal, en sursaut, en fanfare*. Avoir le réveil pénible, hargneux. Il chante dès son réveil. «Sommeil haché menu en mille petits réveils»* RENARD. — *Au réveil :* au moment du réveil. ♦ Action de réveiller. *Battre, sonner le réveil :* faire une batterie de tambour, une sonnerie de clairon qui annonce aux soldats l'heure du lever. FAM. *Réveil en fanfare. — Réveil téléphonique.* ▪ **2** Cessation de l'anesthésie, du coma. *Le réveil du malade. Salle de réveil.* — (1911) PSYCHAN. *Réveil d'hypnose.* ▪ **3** Le fait de reprendre une activité après une interruption, un sommeil* (FIG.). *Le réveil de la nature :* le retour du printemps. *Le réveil d'un volcan éteint. «Il semblait grandir, dans ce réveil de son autorité»* ZOLA. *Le réveil d'une douleur. Le réveil de l'occultisme, de l'artisanat, d'une ancienne coutume.* ➤ **résurrection, retour.** — FIG. Action de revenir à la réalité après un beau rêve. *Le réveil sera pénible.* ▪ CONTR. Endormissement, évanouissement, sommeil.

2 **RÉVEIL** [ʀevɛj] **n. m.** – 1440 ◊ abrév. de *réveille-matin* ■ Petite pendule munie d'une sonnerie qui se déclenche automatiquement à l'heure désirée. ➤ **réveille-matin.** *Réveil qui avance, retarde. Mettre le réveil à sept heures,* le régler pour qu'il sonne à sept heures. *Remonter son réveil. Mon réveil n'a pas sonné. Réveil-radio.* ➤ **radio-réveil.**

RÉVEILLE-MATIN [ʀevɛjmatɛ̃] **n. m.** – 1440 ◊ de *réveiller* et *matin* ■ **1** VIEILLI Petite pendule munie d'une sonnerie. ➤ 2 **réveil.** *Des réveille-matins* ou *des réveille-matin* (inv.). ■ **2** (1538) Espèce d'euphorbe*, mauvaise herbe des jardins.

RÉVEILLER [ʀeveje] **v. tr.** ⟨1⟩ – *revillier* 1195 ◊ de *re-* (à valeur de renforcement) et *éveiller*

I ■ **1** Tirer du sommeil. *Réveiller qqn. « Je me souviens d'avoir été une fois réveillé en sursaut par un fantôme très effrayant »* MAINE DE BIRAN. PROV. *Il ne faut pas réveiller le chat qui dort* : il ne faut pas aller imprudemment au-devant des dangers, des difficultés. ◆ Ramener à la conscience, à la vie. *Réveiller une personne évanouie.* LOC. *Un bruit à réveiller les morts*.* ■ **2** FIG. Tirer du repos, ramener à l'activité (qqn). *« L'exemple des journées d'Octobre a réveillé les peuples de l'accablement où l'oppression capitaliste les maintenait »* GIDE. — SPÉCIALT Rappeler (qqn) à la réalité. ➤ **secouer.** ◆ (Compl. chose) *Réveiller une douleur.* ➤ **aviver, ranimer, raviver.** *Réveiller la curiosité.* ➤ **stimuler.** *Réveiller le courage, les consciences.* ➤ **exalter, galvaniser.** *« La vue de l'or peut réveiller sa cupidité »* LESAGE. *Réveiller les rancunes, les jalousies.* ➤ **ranimer.** *Odeurs, bruits qui réveillent des souvenirs.* ➤ **éveiller, évoquer, rappeler.**

II SE RÉVEILLER v. pron. ■ **1** Sortir du sommeil. ➤ **s'éveiller.** *Réveille-toi, c'est l'heure. Se réveiller en sursaut. « Dès l'aube, il se réveillait d'un court sommeil »* BARRÈS. — *Se réveiller frais et dispos ; fatigué, de mauvaise humeur.* PAR EXT. *Se réveiller après une anesthésie, un coma* : reprendre conscience. ➤ **revenir** (à soi). — *Il est mal réveillé, il dort à moitié.* ■ **2** Reprendre une activité, passer à l'action après une longue inaction. *Se réveiller de sa léthargie, de sa torpeur.* — Revenir à la réalité. ➤ **se secouer.** ◆ (CHOSES) Reprendre de la vigueur. *Ses rhumatismes se sont réveillés. « Quel feu mal étouffé dans mon cœur se réveille ? »* RACINE. *Souvenirs qui se réveillent.*

■ CONTR. Endormir ; assoupir. Apaiser, engourdir.

RÉVEILLON [ʀevɛjɔ̃] **n. m.** – 1526 ◊ de *réveiller* ■ **1** VX Repas pris tard dans la nuit. ➤ **médianoche,** 1 **souper.** ■ **2** (1762) Repas de fête que l'on fait la nuit de Noël, et (depuis 1900) la nuit de la nouvelle année. — PAR EXT. La fête elle-même. *Le réveillon de Noël, du jour de l'An, de la Saint Sylvestre. Soir, nuit de réveillon. « La messe de minuit était dite, le réveillon était fini »* HUGO.

RÉVEILLONNER [ʀevɛjɔne] **v. intr.** ⟨1⟩ – 1355, repris 1866 ◊ de *réveillon* ■ Faire un réveillon (2°). *Réveillonner chez des amis.*

RÉVÉLATEUR, TRICE [ʀevelatœʀ, tʀis] **n. et adj.** – 1444 ; fém. 1829 ◊ latin ecclésiastique *revelator* ■ **1** Personne qui révèle, par un moyen surnaturel, une vérité cachée. *« Le Christ lui-même, ce dernier des révélateurs »* NERVAL. ■ **2 n. m.** (1864) Solution employée dans le développement photographique pour rendre visible l'image latente. *Il y a « de l'alchimie dans les bacs de révélateur, d'arrêt et de fixage où l'on jette successivement les épreuves impressionnées »* TOURNIER. ■ **3 adj.** (1829) Qui révèle qqch. *Indice révélateur de qqch.* ➤ **significatif, symptomatique.** *Un silence révélateur.* ➤ **éloquent.** *Un léger bafouillage « révélateur d'une pensée qui cherche sa forme »* LECOMTE. ■ CONTR. 1 Secret, trompeur.

RÉVÉLATION [ʀevelasjɔ̃] **n. f.** – 1130 ; *revelacium* 1190 ◊ latin *revelatio,* de *revelare* « révéler » ■ **1** Le fait de révéler, de découvrir, (ce qui était caché, secret). ➤ **divulgation.** *« Toute révélation d'un secret est la faute de celui qui l'a confié »* LA BRUYÈRE. *Dès que j'eus la révélation de son infidélité.* ◆ *Une, des révélations.* Information sur les points obscurs d'une affaire. *Faire des révélations (à la police, aux journalistes). Menaces de révélations* (➤ **chantage, délation, dénonciation**). *« si on me condamne, pour qu'on m'acquitte, je ferai des révélations ; je dénonce tout le monde ! »* BALZAC. *Les révélations d'un témoin.* ■ **2** (1902) Personne dont il est brusquement donné au public de découvrir le talent, les performances. *La dernière révélation du ski autrichien.* ■ **3** (1190) Phénomène par lequel des vérités cachées sont révélées aux humains d'une manière surnaturelle ; ces vérités. ➤ **mystère ;** aussi **fidéisme.** *« Si le christianisme est chose révélée, l'occupation capitale du chrétien n'est-elle pas l'étude de cette révélation même ? »* RENAN. — *Les trois révélations* : les religions juive, chrétienne et musulmane. ◆ Illumination individuelle. *Les révélations des mystiques.* ➤ **vision ; visionnaire.** ◆ *Révélation de connaissances ésotériques* (➤ **initiation**). ■ **4** (1870) Tout ce qui apparaît brusquement comme une connaissance nouvelle ou un principe d'explication ; la prise de connaissance elle-même. *Avoir une brusque révélation. « Quand je vis l'Acropole, j'eus la révélation du divin »* RENAN. ◆ Expérience personnelle qui révèle des impressions, des sensations nouvelles. *Avoir la révélation du plaisir.* ➤ **découverte.** ■ **5** PHOTOGR. *Révélation de l'image latente* (➤ **révélateur**). ■ CONTR. Duperie, tromperie ; 2 secret ; obscurité.

RÉVÉLER [ʀevele] **v. tr.** ⟨6⟩ – 1120 au sens 2° ◊ latin *revelare* « découvrir », de *velum* « voile »

I ■ **1** Faire connaître, faire savoir (ce qui était inconnu, secret). ➤ **dévoiler, divulguer** (cf. Lever le voile*). *Révéler des secrets par indiscrétion, malveillance.* ➤ **rapporter, redire, trahir.** *Révéler qqch. à qqn. « ce secret de la vie du petit prince me fut révélé »* SAINT-EXUPÉRY. *Le comptable a révélé qu'on lui faisait établir de fausses factures.* — *Révéler qqn à lui-même,* lui faire ressentir ce qu'il est réellement, intimement. *« l'admiration grandit celui qui l'éprouve, et [...] le révèle à lui-même »* ALAIN. ■ **2** Faire connaître (ce qui était ignoré des humains et inconnaissable par la raison). ➤ **révélation** (3°). *Les sciences occultes, la magie prétendent révéler des mystères, des vérités cachées.* — **p. p. adj.** *Les religions révélées.* ■ **3** Être le signe qui manifeste (qqch.). ➤ **dénoncer, indiquer, manifester, marquer, montrer, témoigner.** *« Son maintien, son regard, ses paroles, toute sa personne révélait la douceur, la modestie »* FRANCE. *Fissure qui révèle une fuite d'eau.* ■ **4** (1907) PHOTOGR. Rendre visible (l'image latente). ➤ **révélateur.**

II SE RÉVÉLER v. pron. ■ **1** Être porté à la connaissance, se dévoiler. ◆ Se manifester par une révélation. *« Dieu ne se révèle pas par le miracle, il se révèle par le cœur »* RENAN. ■ **2** Devenir manifeste, se faire connaître par un signe, un symptôme. ➤ **apparaître, se manifester.** *Toute sa générosité se révélait dans ce geste. Se révéler...,* suivi d'un adj. ➤ **s'avérer, se trouver.** *Son hypothèse s'est révélée exacte. Ce travail s'est révélé plus facile qu'on ne pensait.* ◆ (PERSONNES) Se faire connaître pleinement par ses œuvres. *Cet artiste s'est révélé vers la quarantaine.*

■ CONTR. Cacher, garder, taire.

REVENANT, ANTE [ʀ(ə)vənɑ̃ ; ʀəv(ə)nɑ̃, ɑ̃t] **adj. et n.** – 1559 ; « qui produit un revenu » XIVe ◊ de *revenir*

I adj. ■ **1** VX Qui revient sur terre. *Esprit revenant.* ■ **2** VX Qui plaît ou qui convient (➤ **revenir**). *« sa physionomie, qui est tout à fait revenante »* CH. DE BROSSES. ➤ 1 **avenant.**

II n. m. MOD. ■ **1** (1718) Âme d'un mort que l'on suppose revenir de l'autre monde sous une apparence physique. ➤ **apparition, esprit, fantôme, spectre.** *« j'ai frémi à des contes de revenant »* STENDHAL. ■ **2** FAM. Personne qui revient (après une longue absence). *Tiens, voilà un revenant !* ■ **3** Djihadiste qui regagne son pays d'origine, après être parti(e) combattre dans une organisation terroriste à l'étranger.

REVENDEUR, EUSE [ʀ(ə)vɑ̃dœʀ, øz] **n.** – 1190 ; fém. 1606 ◊ de *revendre* ■ Personne qui achète au détail pour revendre, qui fait commerce d'articles d'occasion. *Revendeur de meubles* (➤ **brocanteur**), *de livres* (➤ **bouquiniste**), *de vêtements* (➤ **fripier**). *Revendeuse à la toilette*.* — *Revendeur de drogue.* ➤ **dealeur.** ◆ Personne qui vend au détail (après avoir acheté à un grossiste). *Votre revendeur habituel.* ➤ **détaillant.**

REVENDICATEUR, TRICE [ʀ(ə)vɑ̃dikatœʀ, tʀis] **n. et adj.** – 1870 ◊ de *revendication* ■ **1** Personne qui revendique. — PATHOL. Sujet atteint d'un délire de revendication (3°). ➤ 1 **processif.** ■ **2 adj.** Qui revendique. *« deux ou trois lettres revendicatrices pour affirmer ses droits »* DUHAMEL. ➤ **revendicatif.**

REVENDICATIF, IVE [ʀ(ə)vɑ̃dikatif, iv] **adj.** – milieu XXe ◊ de *revendication* ■ Qui comporte des revendications (surtout sociales). ➤ **revendicateur.** *Mouvement, programme revendicatif.*

REVENDICATION [ʀ(ə)vɑ̃dikasjɔ̃] **n. f.** – 1506 ; *reivendication* 1435 ◊ latin juridique *rei vindicatio* « réclamation d'une chose » ■ **1** DR. Le fait de revendiquer (un bien). *Revendication par leur propriétaire de biens en possession d'un failli.* ■ **2** (XIXe) Action de réclamer ce que l'on considère comme un droit, comme un dû ; ce qui est ainsi réclamé. ➤ **demande, desiderata, doléance, exigence, prétention, réclamation.** *Mener une action en revendication. Journée de revendication. Formuler une revendication. Satisfaire aux revendications les plus légitimes. Des « revendications sociales coulant en phrases enflammées, dont le flot stupéfiait et épouvantait les paysans »* ZOLA. — PAR EXT. *La revendication ouvrière.* ◆ (ABSTRAIT) *La revendication profonde* *du cœur humain.* ➤ **exigence.** *Une revendication de justice.* ▪ **3** PATHOL. *Délire de revendication* : délire chronique systématisé se traduisant par la recherche réitérée de réparations pour des injustices imaginaires. ➤ **quérulence ;** 1 **processif.**

REVENDIQUER [ʀ(ə)vɑ̃dike] **v. tr.** ⟨1⟩ – 1660 ; *revendiquier* 1437 ◊ de *revendication* ▪ **1** Réclamer (une chose sur laquelle on a un droit). *Revendiquer son dû, sa part d'héritage.* ➤ **demander, requérir.** *Pays qui revendique un territoire occupé.* ▪ **2** Demander avec force, comme un dû. ➤ **réclamer ; exiger.** *« les augmentations de salaires que vous ne sauriez revendiquer avec trop de légitimité »* COURTELINE. ABSOLT *« On a revendiqué plus qu'on n'a servi »* PÉTAIN. ▪ **3** Vouloir assumer pleinement. *Revendiquer une responsabilité.* — PRONOM. *« il se revendique comme noir, en face du blanc, dans sa fierté »* SARTRE. *Se revendiquer de* : assumer pleinement son appartenance à (un groupe, un mouvement) ou l'influence de (qqn). ➤ **se réclamer.** *Candidat qui se revendique du gaullisme.* ◆ Assumer la responsabilité de (un acte criminel). *L'attentat a été revendiqué par un groupe terroriste, n'a pas été revendiqué.*

REVENDRE [ʀ(ə)vɑ̃dʀ] **v. tr.** ⟨41⟩ – 1190 ◊ de *re-* et *vendre* ▪ **1** Vendre ce qu'on a acheté (SPÉCIALT sans être commerçant). *Revendre sa voiture d'occasion. « Il préférera toujours acheter un tableau, une statue, quelque chose que l'on revend, et où on retrouve sa mise »* GONCOURT. — PRONOM. (PASS.) *Cela se revend aisément.* ◆ LOC. FIG. **À REVENDRE :** en excès, en trop (cf. De reste). *Il a de l'esprit, de l'énergie à revendre.* ▪ **2** Vendre au détail. ➤ **distribuer ; revendeur.** ▪ CONTR. Racheter.

REVENEZ-Y [ʀ(ə)vənezi ; ʀəv(ə)nezi] **n. m. inv.** – 1638 ◊ de *revenir* et 3 *y* ▪ FAM. *Un goût de revenez-y* : un goût agréable, un plaisir qui incite à y revenir. *« Le plaisir qui précède l'orgasme et celui d'être à table ont, en commun, un goût de revenez-y (renforçateur) »* J.-D. VINCENT.

REVENIR [ʀ(ə)vəniʀ ; ʀəv(ə)niʀ] **v. intr.** ⟨22⟩ – fin Xe ◊ du latin *revenire*

I SUJET PERSONNE A. VENIR DE NOUVEAU *Le médecin reviendra demain.* ➤ **repasser.** *Il n'est pas revenu nous voir.* ◆ Venir d'un lieu, d'une situation, au lieu, à la situation où l'on était auparavant. *Revenir sur ses pas, en arrière* (cf. Tourner bride* ; faire demi-tour, rebrousser* chemin). *« On ne devrait jamais revenir, aussi bien sur les lieux de ses crimes que sur les lieux de ses petits bonheurs »* BOUDARD. *Revenir chez soi, dans son pays.* ➤ **rentrer, retourner ;** FAM. **rappliquer.** *Revenir à sa place.* ➤ **regagner.** *Je reviens dans une minute, tout de suite,* je serai de retour. *Revenir au pouvoir.* — *Son mari lui est revenu* (après une fugue, une rupture). — (1580) *Revenir à soi* : reprendre conscience (après un évanouissement). *Revenir à la vie.* — *Revenir vers qqn* : reprendre contact avec lui au sujet d'une affaire en cours.

B. REVENIR SUR, À. RECOMMENCER, REPRENDRE ▪ **1** FIG. (1762) **REVENIR SUR** (qqch., un sujet), le reprendre. *« Puisque nous avons promis au juge de ne pas revenir sur cette affaire, il n'en faut plus parler »* DIDEROT. *Ne revenons pas sur le passé. À quoi bon revenir là-dessus ? Je reviendrai là-dessus* : j'expliquerai ce point. — *Y revenir. « On dirait même que c'est là leur sujet favori et presque exclusif. Elles y reviennent toujours »* CAILLOIS. — *La conversation revient sur tel sujet.* ◆ *Revenir sur son opinion, sa promesse, sa parole.* ➤ **se dédire, se rétracter.** *Il ne reviendra pas sur sa décision.* ▪ **2** (Belgique) *Revenir sur qqch.,* s'en souvenir. *Impossible de revenir sur son nom !* ➤ **retomber.** ▪ **3** (début XIIIe) **REVENIR À** (qqch. que l'on a laissé, délaissé). *Revenir à ses premières amours. Revenir à de meilleurs sentiments.* ➤ **retourner.** *Revenir aux affaires. Revenir à la charge*.* ◆ (fin XIe) *Revenons à notre sujet. Revenons à nos moutons*.* — *Il n'y a plus à y revenir* : n'insistez pas. *« Nous en revînmes forcément à parler de la vie en général »* CÉLINE.

C. REVENIR DE ▪ **1** (fin XIIe) *Revenir de* (un lieu). ➤ **rentrer.** *Les enfants reviennent de l'école. Il est revenu fatigué de ce voyage. « Le comte de Guilleroy parut, revenant de dîner en ville »* MAUPASSANT. — LITTÉR. PRONOM. *Il s'en revenait de la chasse.* ◆ (fin XIe) Sortir (d'un état). *Revenir de loin*. En revenir.* ➤ **échapper, réchapper.** ◆ (1647) *Ne pas revenir de son étonnement, de sa surprise. Ne pas en revenir* : être extrêmement étonné. *Jalibert « n'en revenait pas, regardait Donge avec inquiétude »* SIMENON. ▪ **2** FIG. *Revenir de ses illusions, de ses prétentions* (cf. En rabattre). *Il en est revenu* : il en est guéri, désabusé. — (1647) *Être revenu de tout.* ➤ **blasé, détaché.** *« pour être revenu de tout, mon ami, il faut être allé dans bien des endroits »* MUSSET.

II SUJET CHOSE A. ÊTRE À NOUVEAU ▪ **1** (fin XIIe) Apparaître, se manifester à nouveau. *« Hélas ! Quand reviendront de semblables moments ! »* LA FONTAINE. *Fêtes qui reviennent à dates fixes. « Quand je sentis contre moi le bras de la jeune fille, le calme et l'assurance me revinrent »* DUHAMEL. *Son nom revient souvent dans la conversation. L'appétit lui revient. Une affaire qui revient sur le tapis.* ▪ **2** (fin XIe) Retourner en un lieu. *Sa lettre lui est revenue. « Les grands chars gémissants qui reviennent le soir »* HUGO.

B. REVENIR À ▪ **1** (fin XIe) Être de nouveau (dans un état). *La situation revient à la normale,* redevient* normale. *Les rayures reviennent à la mode.* ▪ **2** *Revenir à qqn,* à l'esprit, à la mémoire de qqn. *« Peut-être cela me reviendra-t-il comme beaucoup de choses me reviennent en écrivant »* STENDHAL. *Ça me revient !,* je m'en souviens à l'instant. *Il me revient que* (et indic.). ➤ **se souvenir.** ◆ (début XIVe) Convenir. *Il a une tête qui ne me revient pas.* ➤ **plaire.** ▪ **3** *Revenir à qqn, aux oreilles de qqn,* parvenir à sa connaissance. *Un rapport « fort propre à justifier ces préoccupations, si, par hasard, il en revenait quelque chose aux oreilles du gouvernement britannique »* MADELIN. ▪ **4** (milieu XIIIe) *Revenir à qqn,* lui échoir. *« Il me revient, sur l'argent que je viens de changer, soixante francs »* ROMAINS. *Le titre lui revient de droit. Cet honneur vous revient.* ➤ **appartenir.** — IMPERS. *C'est à lui qu'il revient de faire cette demande.* ➤ **incomber.** ▪ **5** (1530) Coûter au total. *Le dîner est revenu à trente euros par personne. La production revient à quelques centimes la pièce* (cf. Prix* de revient). *Cela m'est revenu très cher.* (SANS COMPL.) *Revenir cher.* ◆ (milieu XIVe) Équivaloir. *Cela revient à dire que* : c'est comme si on disait que. (1671) *Cela revient au même,* à la même chose.

III FAIRE REVENIR (1798) *Faire revenir un aliment,* le passer dans un corps gras chaud pour en dorer et en rendre plus ferme la surface. ➤ **rissoler.** *Il « alluma le poêle et fit "revenir" le lapin »* DABIT. — *Oignons revenus au beurre.*

REVENTE [ʀ(ə)vɑ̃t] **n. f.** – 1283 ◊ de *revendre,* d'après *vente* ▪ Action de revendre ; son résultat (➤ **rétrocession**). *La revente d'un fonds de commerce, de titres ; d'une voiture.* ▪ CONTR. Rachat.

REVENU [ʀ(ə)vəny ; ʀəv(ə)ny] **n. m.** – 1320 ◊ de *revenir* ▪ **1** Ce qui revient (à qqn, à une collectivité) comme rémunération du travail ou fruit du capital. ➤ **gain, produit, profit, rapport.** *« celui-là sera toujours riche qui ne dépense pas son revenu »* BALZAC. *Arrondir ses revenus.* ◆ *Revenus du travail. Revenu brut, net, annuel, mensuel.* ➤ **honoraires, salaire, traitement.** *Avoir de gros, de faibles revenus. Revenu minimum d'insertion* (➤ **R. M. I.**), *d'activité* (➤ **R. M. A.**). *Revenu de solidarité active* (➤ **R. S. A.**). *Revenu universel,* qui serait versé à tous les citoyens d'un pays sans condition. ◆ *Revenus du capital. Le revenu de la propriété, de l'entreprise.* ➤ **bénéfice, profit.** *Revenus immobiliers, fonciers.* ➤ **fermage, loyer.** *Revenus de valeurs mobilières.* ➤ **dividende, intérêt, rente.** *Valeur à revenu variable* (➤ 2 **action**), *à revenu fixe* (➤ **obligation**). *« Il laissait les revenus de ses placements s'ajouter au principal, moins pour le grossir, que pour en couvrir les risques »* ROMAINS. ◆ *Revenu imposable. Revenu fiscal,* servant de base pour la détermination de l'assiette de l'impôt. *Déclaration* de revenus. Impôt sur le revenu* (➤ **contribution ; contribuable**). *« Ne parlait-on pas déjà de l'impôt sur le revenu ? Et comment allait-on l'établir cet impôt ? En mépris du secret de la vie privée des gens ! »* ARAGON. ◆ *Revenus publics, de l'État. Revenu national* : agrégat* mesurant les ressources tirées de la production de biens et des services dans un pays, pour une période déterminée. *Revenu global, par tête, par habitant. Revenu nominal*, réel** (cf. Pouvoir d'achat). *« un grand ministre est celui qui est le sage dispensateur des revenus publics »* MONTESQUIEU. ▪ **2** (1723) TECHN. Après la trempe, Réchauffage régulier de l'acier suivi d'un refroidissement lent, ayant pour objet d'en augmenter la résilience.

REVENUE [ʀ(ə)vəny ; ʀəv(ə)ny] **n. f.** – 1283 ; « retour » XIIe ◊ de *revenir* ▪ SYLVIC. Pousse nouvelle des bois de taillis.

RÊVER [ʀeve] **v.** ⟨1⟩ – v. 1130 *resver* ◊ p.-ê. de °*esver* « vagabonder » (cf. *endêver*), gallo-roman °*esvo* « vagabond », latin populaire °*exvagus,* de *vagus*

I ~ v. intr. ▪ **1** (XVe) VX Délirer. FIG. *« Ne m'appelez-vous pas ? – Moi ? Vous rêvez »* MOLIÈRE. MOD. (compris au sens 4° ou 5°) *Non mais tu rêves !* ➤ **délirer, divaguer, plaisanter.** ▪ **2** VX ou LITTÉR. Méditer. ▪ **3** MOD. Laisser aller son imagination (➤ **rêverie**). *Rêver tout éveillé. Il ne fait rien, il rêve.* ➤ **rêvasser** (cf. Être dans la lune*, dans les nuages*). ◆ **RÊVER À :** penser vaguement à, imaginer. *Rêver à des jours meilleurs. « Parfum qui* *fait rêver aux oasis lointaines»* BAUDELAIRE. *À quoi rêves-tu ?* ▪ **4** (XVIIe REM. a remplacé *songer*) COUR. Avoir en dormant une activité psychique, faire des rêves. *«Je rêvais peu dans ce temps-là»* NODIER. — **RÊVER DE.** *Rêver d'une personne, d'une chose,* la voir, l'entendre en rêve. *«Je n'ai fait que rêver de vous toute la nuit»* HUGO. LOC. *Il en rêve la nuit :* cela l'obsède. — (Dans l'état de veille) *Se demander si on rêve. J'ai rêvé ou elle m'a souri ? «Si c'est là, tu as rêvé ; il n'y a rien»* GIONO. — LOC. *On croit rêver :* c'est une chose incroyable, qui semble impossible (souvent pour exprimer l'indignation). *Pince-moi, je rêve !* ▪ **5** S'absorber dans ses désirs, ses souhaits. *«on rêve, on fait des châteaux en Espagne»* LACLOS. LOC. FAM. *Ça fait rêver. (Il ne) faut pas rêver,* (Canada) *rêver en couleur :* prendre ses désirs pour des réalités, projeter des choses chimériques. *«N'empêche, j'aurais souhaité qu'il assiste à mon mariage. C'était évidemment rêver en couleurs»* GODBOUT. *On peut toujours rêver, on a le droit de rêver.* ◆ **RÊVER DE :** souhaiter ardemment. ➤ **convoiter, désirer, souhaiter.** *La maison dont je rêve* (➤ **rêvé**). *«Elle avait rêvé de clairs de lune, de voyages, de baisers donnés dans l'ombre des soirs»* MAUPASSANT. (1532) Avec inf. *Il rêvait de devenir champion.*

II ~ **v. tr.** ▪ **1** Imaginer, penser dans sa rêverie. *«il vaut mieux rêver sa vie que la vivre»* PROUST. *Ce n'est pas la vie que j'avais rêvée.* ◆ Désirer comme un idéal un peu chimérique. *«Que d'amours splendides j'ai rêvées !»* RIMBAUD. — (Avec un attribut) *«Il rêva un clergé à son image»* RENAN. ➤ **imaginer.** COUR. (sans art.) *Rêver mariage, fortune. «Sous la tuile de plus d'une mansarde, de pauvres créatures rêvent perles et diamants, robes lamées d'or»* BALZAC. *— Ne rêver que plaies* et bosses.* ▪ **2** Former en dormant (telle image, telle représentation). *Une scène que j'ai rêvée m'est revenue. «Si nous rêvions toutes les nuits la même chose»* PASCAL. — **RÊVER QUE.** *J'ai rêvé que je m'envolais.*

RÉVERBÉRATION [ʀevɛʀbeʀasjɔ̃] **n. f.** – 1314 ◇ de *réverbérer* ▪ **1** Réflexion de la lumière, de la chaleur ou d'un son par une surface ; rayonnement réfléchi. *La réverbération de la mer, de la neige. «l'aveuglante réverbération du soleil sur la roche nue»* GIDE. ▪ **2** PHYS. Persistance du son après l'arrêt d'émission de la source sonore, du fait de réflexions successives et rapprochées. *Temps de réverbération. «La réverbération du cri dans les vallons»* VAUGELAS. ➤ **écho.**

RÉVERBÈRE [ʀevɛʀbɛʀ] **n. m.** – 1718 ; *feu de réverbère* XVIIe ; «écho» v. 1500 ◇ de *réverbérer* ▪ **1** TECHN. Miroir, réflecteur produisant la réflexion d'un rayonnement dans une direction déterminée. *Four à réverbère,* où la substance est chauffée par le foyer et par la voûte qui réfléchit le rayonnement thermique. ▪ **2** (1771) COUR. Appareil destiné à l'éclairage de la voie publique. *À la lueur des réverbères. Réverbères à quinquet, à gaz* (➤ **bec**), *électriques. La planète «était la plus petite de toutes. Il y avait là juste assez de place pour un réverbère et un allumeur de réverbères»* SAINT-EXUPÉRY. *«les réverbères orangés qui éclairent l'asphalte vide»* O. ROSENTHAL.

RÉVERBÉRER [ʀevɛʀbeʀe] **v. tr.** ⟨6⟩ – 1496 ; «regimber» XIVe ◇ latin *reverberare* «repousser» ▪ **1** Renvoyer (la lumière ou la chaleur), en parlant d'une surface. ➤ **réfléchir, refléter.** *Les plaques de cheminées réverbèrent la chaleur du foyer.* — PRONOM. *«Un soleil étincelant [...] se réverbérait sur les maisons blanches»* LAMARTINE. ▪ **2** PHYS. *Réverbérer un son,* lui faire subir une réverbération (2°) volontaire (➤ **répercuter**).

REVERDIR [ʀ(ə)vɛʀdiʀ] **v.** ⟨2⟩ – 1132 ◇ de *re-* et *verdir* ▪ **1 v. tr.** Rendre vert de nouveau. ▪ **2 v. tr.** (v. 1905) TECHN. Tremper (les peaux) dans l'eau (opération du *reverdissage*). ▪ **3 v. intr.** Redevenir vert, retrouver sa verdure. *«si cette herbe est séchée, elle reverdira un jour»* MICHELET. ◆ FIG. et LITTÉR. Se ranimer. *«les douleurs récentes font reverdir les vieilles douleurs»* CHATEAUBRIAND. — **n. m. REVERDISSEMENT.**

RÉVÉRENCE [ʀeveʀɑ̃s] **n. f.** – 1155 ◇ latin *reverentia* ▪ **1** LITTÉR. Grand respect mêlé de retenue et même de crainte. ➤ **déférence, respect, vénération.** *De cette expérience «j'ai du moins retiré grande révérence pour toute personne qui sait faire quelque chose»* VALÉRY. *S'adresser à qqn avec révérence.* ➤ **considération, égard.** — LOC. VIEILLI *Révérence parler :* sauf votre respect*. ▪ **2** Salut cérémonieux, qu'on exécute en inclinant le buste et en pliant les genoux. ➤ **courbette.** *Faire une révérence, la révérence à qqn.* ➤ **s'incliner.** *«Elle partit après deux révérences sèches et courtes»* BALZAC. — LOC. PLAIS. **TIRER SA RÉVÉRENCE à qqn,** lui faire une révérence en le quittant ; PAR EXT. le quitter, s'en aller. *«après quoi je tirai galamment ma révérence et m'en allai»* COURTELINE. *Tirer sa révérence à qqch.,* y renoncer. *«J'aurai, certainement, tiré ma révérence au prix Nobel»* GIDE. ◆ Mouvement de danse classique rappelant ce salut. ▪ CONTR. Irrévérence.

RÉVÉRENCIEL, IELLE [ʀeveʀɑ̃sjɛl] **adj.** – 1762 ; *reverencial* 1457 ◇ de *révérence* ▪ VX Inspiré par la révérence. MOD. et LITTÉR. *Crainte révérencielle :* sentiment d'obéissance craintive.

RÉVÉRENCIEUX, IEUSE [ʀeveʀɑ̃sjø, jøz] **adj.** – XVIIIe ; *réverentieux* 1642 ◇ de *révérence* ▪ VX ou LITTÉR. Qui a, qui marque de la révérence. ➤ **déférent, respectueux.** *«La supérieure trouvait même qu'elle était devenue, dans les derniers temps, peu révérencieuse envers la communauté»* FLAUBERT. — **adv. RÉVÉRENCIEUSEMENT,** XVIIe s. ▪ CONTR. Irrévérencieux (plus cour.).

RÉVÉREND, ENDE [ʀeveʀɑ̃, ɑ̃d] **adj.** et **n.** – XIIIe ◇ latin *reverendus* «qui doit être révéré» ▪ **1** S'emploie comme épithète honorifique devant les mots *père, mère,* en parlant de religieux ou en s'adressant à eux. *Le Révérend Père, la Révérende Mère* (ABRÉV. *R. P., R. M.*). *Mon Révérend Père. Oui, Révérende Mère.* SUBST. *Le révérend, mon révérend.* ▪ **2 n. m.** (1797) Titre des pasteurs dans l'Église anglicane. ▪ HOM. Révérant (révérer).

RÉVÉRENDISSIME [ʀeveʀɑ̃disim] **adj.** – 1350 ◇ latin ecclésiastique *reverendissimus,* superlatif de *reverendus,* par l'italien ▪ RELIG. Épithète honorifique réservée aux archevêques, aux généraux d'ordre.

RÉVÉRER [ʀeveʀe] **v. tr.** ⟨6⟩ – 1404 ◇ latin *revereri* ▪ Traiter avec révérence, honorer en marquant de la révérence. *Révérer Dieu* (➤ **adorer**), *les saints.* ➤ **vénérer.** *«Les grands, qui les dédaignaient, les révèrent»* LA BRUYÈRE. ➤ **respecter.** *«Ô vieux monde ! tout ce que tu as révéré est donc méprisé»* GAUTIER. *— Un maître révéré, un nom révéré de tous.* ▪ HOM. *Révérant :* révérend.

RÊVERIE [ʀɛvʀi] **n. f.** – 1580 ; «délire» début XIIIe ◇ de *rêver* ▪ **1** VIEILLI Activité de l'esprit qui médite, qui réfléchit. ➤ **1 pensée, réflexion.** *«L'analyse d'un mot, sa physionomie, son histoire étaient pour Lambert l'occasion d'une longue rêverie»* BALZAC. ▪ **2** (XVIe, répandu XVIIIe) MOD. Activité mentale consciente, qui n'est pas dirigée par l'attention, mais se soumet à des causes subjectives et affectives. ➤ **imagination, rêve, songerie.** *Se laisser aller à la rêverie. «La rêverie avec le doigt contre la tempe Et les yeux se perdant parmi les yeux aimés»* VERLAINE. ◆ *Une, des rêveries.* Moment de rêverie, songe. *«Les Rêveries du promeneur solitaire», de Rousseau. «Qu'il fallait peu de chose à ma rêverie !»* CHATEAUBRIAND. ▪ **3** LITTÉR. (souvent au plur.) Idée vaine et chimérique. ➤ **chimère, fantasme, illusion.**

REVERNIR [ʀ(ə)vɛʀniʀ] **v. tr.** ⟨2⟩ – 1808 ◇ de *re-* et *vernir* ▪ Revêtir d'une nouvelle couche de vernis. — **n. m. REVERNISSAGE,** 1875.

REVERS [ʀ(ə)vɛʀ] **n. m.** – v. 1410 ; adj. «réciproque» 1269 ◇ du latin *reversus,* p. p. de *revertere* «retourner» ▪ **1** Le côté opposé à celui qui se présente d'abord ou est considéré comme le principal. ➤ **2 derrière, dos, 2 envers, verso.** *Le revers de la main :* le dos, opposé à la *paume. «Charles éclusa son beaujolais, s'essuya les moustaches du revers de la main»* QUENEAU. *Signer au revers d'un chèque,* l'endosser. ◆ FIG. L'opposé. *«Le revers de la vérité a cent mille figures»* MONTAIGNE. ▪ **2** SPÉCIALT (XVIe) Côté (d'une médaille, d'une monnaie) qui est opposé à la face principale (avers). *Le revers d'une pièce.* ➤ **3 pile.** ◆ LOC. *Le revers de la médaille :* l'aspect déplaisant, désagréable, d'une chose qui paraissait d'abord sous son beau jour (cf. Le mauvais côté*). PROV. *Toute médaille a son revers :* toute chose a ses inconvénients (cf. Il n'y a pas de rose sans épine*). ▪ **3** (1594) Partie (d'un vêtement, d'une pièce d'habillement) qui est repliée et montre l'autre face du tissu. *— À revers. Bottes à revers.* ➤ **retroussis.** *Pantalon à revers.* — Le pli ainsi formé. *Faire un revers à ses manches.* ◆ SPÉCIALT Chacune des deux parties d'un col rabattues sur la poitrine. *Les revers d'un veston.* ▪ **4** (1718) *Revers d'une tranchée,* le côté opposé à son parapet. *— Prendre l'ennemi à revers,* de flanc ou par-derrière. ▪ **5** (*reverse* n. f. v. 1310) Coup donné avec le revers de la main. *«D'un revers de main, il gifla le gosse»* ARAGON. ◆ (1903) Au tennis, Coup dans lequel la raquette est maniée du côté opposé à la main qui la tient (opposé à *coup* droit*). *Un beau revers. Jouer en revers.* ▪ **6** FIG. (1640) **REVERS DE FORTUNE,** et ABSOLT **REVERS :** coup du sort, accident qui change une situation en mal. ➤ **échec, épreuve, infortune, malheur,** VX **traverse.** *Essuyer, subir un revers. «Mais au moindre revers funeste, Le masque touche, l'homme reste, Et le héros s'évanouit»* J.-B. ROUSSEAU. *Les revers d'une armée.* ➤ **défaite.** *Revers électoral.* ➤ **échec,** FAM. **veste.** ▪ CONTR. Avers, endroit, face, recto. Réussite, succès, victoire.

RÉVERSAL, ALE, AUX [ʀevɛʀsal, o] **adj.** – 1594 ◇ du latin *reversus,* p. p. de *revertere* ▪ DIPLOM. **LETTRES RÉVERSALES,** ou ELLIPT *réversales,* contenant des concessions réciproques.

REVERSE ➤ **AUTOREVERSE**

REVERSEMENT [R(ə)vɛRsəmɑ̃] **n. m.** – 1773 ◊ de *reverser* ■ FIN. Action de reverser (3°). ➤ **report.**

REVERSER [R(ə)vɛRse] **v. tr.** ‹1› – 1549 ; «verser» 1260 ◊ de *re-* et *verser* ■ **1** Verser de nouveau, encore. *Reverser du vin (à qqn). «Barnier se reversa de l'eau-de-vie»* GONCOURT. ➤ **se resservir.** ■ **2** (1611) Verser dans le récipient d'où venait le liquide. *Reverser l'huile dans son bidon.* ■ **3** (XVIIIe) Reporter. *Reverser un excédent sur un compte. Reverser un titre, un bail sur la tête de ses enfants.*

RÉVERSIBILITÉ [Revɛʀsibilite] **n. f.** – 1745 féod. ◊ de *réversible* ■ **1** Caractère de ce qui est réversible. *Réversibilité d'une réaction chimique.* ■ **2** (1797) THÉOL. Principe selon lequel les souffrances et les mérites de l'innocent profitent au coupable. ■ CONTR. Irréversibilité.

RÉVERSIBLE [Revɛʀsibl] **adj.** – 1682 féod. ◊ du latin *reversus* ■ **1** Qui peut ou doit, dans certains cas, retourner au propriétaire qui en a disposé (*terres réversibles* après un bail emphytéotique), ou profiter à un autre que le bénéficiaire, après la mort de ce dernier. *Le roi «avait décidé que la pension dudit Lecomte serait réversible sur la tête de sa sœur»* HUGO. ➤ **réversion.** ♦ THÉOL. *Mérites réversibles* (➤ **réversibilité**). ■ **2** (1863) Qui peut se reproduire en sens inverse. *Mouvement réversible. L'histoire n'est pas réversible.* — SC., TECHN. Se dit de phénomènes physiques qui suivent la même série de transformations dans un sens ou dans le sens inverse. *«Les phénomènes réversibles sont ceux qui se produisent dans des conditions infiniment voisines des conditions d'équilibre»* LALANDE. CHIM. *Réaction réversible :* réaction chimique incomplète pouvant se déplacer dans un sens ou dans l'autre. ♦ LOG. Également vrai en sens inverse. *La relation d'identité est réversible.* ■ **3** (1870) Qui peut être mis à l'envers comme à l'endroit ; qui n'a pas d'envers. *Étoffe, manteau réversible.* ➤ **biface.** ■ CONTR. Irréversible.

RÉVERSION [Revɛʀsjɔ̃] **n. f.** – *revercioun* 1304 ◊ latin *reversio*, de *revertere* ■ **1** DR. Droit de retour. *Pension* de réversion.* (Parfois prononcé [ʀəvɛʀsjɔ̃] par infl. de *reverser.*) ■ **2** GÉNÉT. Mutation de l'ADN qui annule une modification causée par une mutation précédente *(réversion vraie)*, ou la compense (➤ **révertant**).

REVERSOIR [R(ə)vɛRswaR] **n. m.** – 1309 «trou pour le trop-plein» ◊ de *reverser* ■ TECHN. Barrage par-dessus lequel l'eau s'écoule en nappe.

RÉVERTANT [Revɛʀtɑ̃] **n. m.** – 1988 ◊ anglais *revertant*, de *to revert* «revenir, retourner» ■ GÉNÉT. Organisme ou cellule résultant d'une réversion.

REVÊTEMENT [R(ə)vɛtmɑ̃] **n. m.** – 1508 ; hapax XIVe ◊ de *revêtir* ■ **1** Élément qui recouvre les parois d'une construction pour consolider, protéger ou décorer (carrelage, ciment, crépi, enduit, lambris, peinture, plâtre, verre). *Revêtement extérieur, intérieur. Revêtement mural. Revêtement de sol.* ♦ TECHN. Ouvrage de retenue ou de stabilisation des terres (d'un fossé, d'une terrasse, d'une tranchée). ➤ **soutènement.** ■ **2** Ce dont on a recouvert une voie et qui la rend carrossable (asphalte, bitume, dallage, enrobé, goudron, macadam, pavage). *Revêtement de chaussée.* ■ **3** Ce qui revêt (un matériau, une substance), pour protéger, consolider, isoler. ➤ **chape, chemise, enduit, enveloppe.** *Le revêtement d'un four, d'un creuset. Revêtement calorifuge, ignifuge. Poêle à revêtement antiadhésif.*

REVÊTIR [R(ə)vetiR] **v. tr.** ‹20› – fin X[e] ◊ de *re-* et *vêtir*

I ■ **1** Couvrir (qqn) d'un vêtement particulier (signe d'une fonction, d'une dignité). ➤ **habiller,** 1 **parer.** *Revêtir un prêtre des ornements sacerdotaux.* PRONOM. *Se revêtir d'un uniforme.* ➤ **endosser.** *La reine, revêtue de ses plus beaux atours.* ■ **2** PAR EXT. Investir. *Revêtir qqn d'une dignité, d'une autorité.* ➤ **pourvoir.** *«La prêtrise égalait celui qui en était revêtu à un noble»* RENAN. ■ **3** Couvrir d'une apparence, d'un aspect. PRONOM. *Cet air de «désintérêt dont sait si bien se revêtir la finesse des habitants de ces montagnes»* STENDHAL. ■ **4** Mettre sur (un acte, un document) les signes matériels de sa validité. *Revêtir un dossier des signatures prévues par la loi.* ■ **5** (XVe-XVIe) Orner ou protéger par un revêtement. ➤ **couvrir, enduire, garnir, habiller, recouvrir, tapisser.** *«Les murs en étaient à ce point rongés par le salpêtre qu'on avait été obligé de revêtir d'un parement de bois les voûtes des dortoirs»* HUGO. *Toit revêtu d'ardoise.* — **p. p. adj.** *Route revêtue*, qui a un revêtement (2°). *«en plein milieu de l'artère principale, mais non revêtue, du village turkmène»* J. ROLIN.

II ■ **1** Mettre sur soi (un vêtement, un habillement spécial). ➤ **endosser, mettre.** *Revêtir ses habits du dimanche, l'uniforme.* ■ **2** FIG. (1250) Avoir, prendre (un aspect). ➤ **prendre.** *«Une lutte qui pouvait revêtir un caractère si dangereux»* MADELIN. *«le diable, qui revêt, comme on sait, les formes les plus diverses»* FRANCE. *Cet évènement revêt une importance considérable.*

■ CONTR. Dénuder, dépouiller, dévêtir.

RÊVEUR, EUSE [Rɛvœʀ, øz] **adj. et n.** – XVIIe «extravagant» ; «vagabond» XIIIe ◊ de *rêver* ■ **1** VX Qui médite ; penseur, philosophe. ■ **2** MOD. Qui se laisse aller à la rêverie, qui se complaît dans des pensées vagues, dans ses imaginations. *Un caractère, un esprit rêveur.* ➤ **imaginatif, romanesque.** *Rêveur et distrait* (cf. Dans la lune, dans les nuages). *«Les belles, se pendant rêveuses à nos bras»* VERLAINE. PAR EXT. *Un air rêveur.* ➤ **songeur.** ♦ **n.** *«Il y avait là de quoi faire un poète, et je ne suis qu'un rêveur en prose»* NERVAL. — PÉJ. Penseur chimérique, dépourvu de tout réalisme. *Ce n'est qu'un rêveur, ses idées sont irréalisables.* ➤ **poète,** PÉJ. **songe-creux, utopiste.** ■ **3** LOC. *Cela me laisse rêveur, rêveuse,* perplexe. ■ **4** **n.** (rare au fém.) DIDACT. Personne qui fait un rêve dans son sommeil. *«Le rêveur est un amnésique partiel»* Y. DELAGE. ■ HOM. Raveur.

RÊVEUSEMENT [Rɛvøzmɑ̃] **adv.** – 1833 ◊ de *rêveur* ■ D'une manière rêveuse (2°), distraite. *Il reprenait rêveusement son travail.* ♦ Avec perplexité. *«Enfin, j'avais considéré rêveusement ma feuille de déclaration d'impôt qui est, aujourd'hui, de six pages»* DUHAMEL.

REVIENT [Rəvjɛ̃] **n. m.** – 1833 ◊ de *revenir* ■ *Prix* de revient.*

REVIF [Rəvif] **n. m.** – 1561 ; adj. «ressuscité» XIVe ◊ de *re-* et *vif* ■ **1** MAR. Montée de l'eau, entre marée basse et marée haute. ■ **2** (1869) LITTÉR. Regain. *«avec un revif de grâce, de jeunesse et d'esprit»* FLAUBERT.

REVIGORANT, ANTE [R(ə)vigɔʀɑ̃, ɑ̃t] **adj.** – début XXe ◊ de *revigorer* ■ Qui revigore. *Des paroles revigorantes.* ➤ 1 **tonique.** *L'air frais revigorant.* — SUBST. *Un bon revigorant.* ➤ **remontant.**

REVIGORER [R(ə)vigɔʀe] parfois [Revigɔʀe] **v. tr.** ‹1› – *resvigorer* 1170 ; repris début XXe ◊ de *re-* et bas latin *vigorare* ■ Redonner de la vigueur à (qqn, qqch.). ➤ **ragaillardir, remonter ;** FAM. **ravigoter, requinquer, retaper.** *Un petit vent frais qui revigore. Il est tout revigoré.* ■ CONTR. Abattre, affaiblir, déprimer, endormir, épuiser.

REVIREMENT [R(ə)viʀmɑ̃] **n. m.** – 1678 ; «enroulement» 1587 ◊ de l'ancien verbe *revirer* ; de *re-* et *virer* ■ **1** Changement de direction. — MAR. *Le revirement d'un vaisseau.* ■ **2** (1844) COUR. Changement* en sens contraire dans une évolution. *«Il se fait d'étranges revirements dans les réputations»* GAUTIER. — Changement brusque et complet dans les dispositions, les opinions (de qqn). ➤ **retournement ; palinodie, pirouette, volte-face.** *Un revirement inexplicable, imprévisible. Les revirements d'un personnage politique.* ➤ **rétropédalage** (cf. Retourner* sa veste). *Un revirement d'opinion.*

REVIRER [R(ə)viʀe] **v. tr.** ‹1› – 1894 ◊ mot de l'Ouest, de *re-* et *virer* ■ (Canada, Louisiane) FAM. Retourner. *Revirer une carte. Revirer la situation à son avantage. «C'est toutes ces bombes et ces fusées qui revirent le ciel à l'envers !»* V.-L. BEAULIEU.

RÉVISABLE [Revizabl] **adj.** – 1878 ◊ de *réviser* ■ Qui peut être révisé. *Procès révisable. Crédit à taux révisable.*

RÉVISER [Revize] **v. tr.** ‹1› – 1240 ◊ latin *revisere*, proprt «revenir voir» ■ **1** Examiner de nouveau pour changer, corriger. *Réviser des traités.* ➤ **modifier ; amender.** *Réviser un procès* (➤ **révision**). *Réviser la Constitution. Poète qui révise son manuscrit.* ➤ **améliorer, corriger.** *Réviser son jugement. «n'ayant jamais eu la hardiesse de réviser les vagues croyances qu'on leur a fait enfiler avec leur première culotte»* MARTIN DU GARD. — *Réviser à la baisse, à la hausse* (des chiffres annoncés, des engagements budgétaires). ➤ **reconsidérer, revoir.** ■ **2** (1921) Vérifier le bon état, le bon fonctionnement de (qqch.). ➤ **vérifier.** *Réviser une montre. Faire réviser sa voiture.* ■ **3** (1946) Reprendre (ce qu'on a appris). ➤ **repasser, revoir.** *Réviser un sujet.* — ABSOLT *Réviser avant un examen.*

RÉVISEUR, EUSE [RevizœR, øz] **n.** – 1611 ; «juge qui revoit un procès» 1567 ◊ de *réviser* ■ Personne qui révise ou qui revoit. *Réviseur de traductions.* — SPÉCIALT Personne qui révise les épreuves typographiques. ➤ **correcteur.** — On rencontre le féminin *réviseure* en français du Canada.

RÉVISION [ʀevizjɔ̃] **n. f.** – 1298 ◊ latin *revisio* ■ **1** Action de réviser (un texte, un énoncé) ; modification (de règles juridiques) pour les mettre en harmonie avec les circonstances. *Révision de la Constitution.* — SPÉCIALT *Révision d'une doctrine politique.* ➤ **révisionnisme.** ♦ DR. « Acte par lequel une juridiction supérieure examine et éventuellement met à néant une décision définitive d'une juridiction inférieure attaquée comme ayant été rendue sur pièces fausses ou reconnues depuis incomplètes » (Capitant). *La révision d'un procès, d'un jugement. Pourvoi en révision.* ■ **2** Amélioration (d'un texte) par des corrections. *« N'oublions point par combien* [...] *de révisions et d'épurations successives durent passer* les Martyrs*»* SAINTE-BEUVE. *Révision de fond* (➤ **vérification**), *de forme* (➤ **correction, réécriture**). ■ **3** Mise à jour par un nouvel examen. *Révision des listes électorales. Révision des prix. — Révision à la baisse, à la hausse* (de chiffres annoncés, d'engagements budgétaires). FIG. *Opérer une révision en baisse de ses ambitions. — Conseil* de révision.* ■ **4** Examen par lequel on vérifie qu'une chose est bien dans l'état où elle doit être. ➤ **vérification ;** aussi 2 **maintenance.** *Révision d'un véhicule. La révision des 5 000* (km). ■ **5** (1907) Action de revoir, de repasser (un sujet, un programme d'études) en vue d'un examen. ➤ RÉGION. **bloque.** *Faire des révisions. Révisions d'anglais.*

RÉVISIONNEL, ELLE [ʀevizjɔnɛl] **adj.** – 1875 ◊ de *révision* ■ DIDACT. Relatif à une révision.

RÉVISIONNISME [ʀevizjɔnism] **n. m.** – 1907 ◊ de *révision*, d'après le russe ■ **1** Position idéologique préconisant la révision d'une doctrine politique dogmatiquement fixée. ➤ **réformisme.** *Le révisionnisme post-stalinien, dans les partis communistes.* ■ **2** (v. 1985) Position idéologique tendant à minimiser le génocide des Juifs par les nazis, notamment en niant l'existence des chambres à gaz dans les camps d'extermination. ➤ **négationnisme.**

RÉVISIONNISTE [ʀevizjɔnist] **n. et adj.** – 1851 ◊ de *révision* ■ **1** Partisan d'une révision, SPÉCIALT d'une révision de la Constitution. ■ **2** (1955) Partisan du révisionnisme (1°) (ABRÉV. **RÉVISO n.,** 1969). ■ **3** (v. 1985) Partisan du révisionnisme (2°). — **adj.** *Les historiens révisionnistes.* ➤ **négationniste.**

REVISITER [ʀ(ə)vizite] **v. tr.** ⟨1⟩ – 1983 ; anglais *revisited* « revu » ; XIIe « visiter de nouveau » ◊ de *re-* et *visiter* ■ Considérer, interpréter autrement, d'une manière nouvelle (une œuvre, un auteur). ➤ **repenser.** *Un classique revisité.*

REVISSER [ʀ(ə)vise] **v. tr.** ⟨1⟩ – 1892 ◊ de *re-* et *visser* ■ Visser (ce qui était dévissé). *Revisser une ampoule.* ■ HOM. *Revisse* : revisse (revoir).

REVITALISATION [ʀ(ə)vitalizasjɔ̃] **n. f.** – 1922 ◊ anglais *revitalization* ■ Action de revitaliser ; son résultat. ➤ **reviviscence.**

REVITALISER [ʀ(ə)vitalize] **v. tr.** ⟨1⟩ – 1933 ◊ anglais *to revitalize* ■ **1** Redonner de la vitalité à (qqch. de vivant). *Revitalisez vos cheveux anémiés.* — **adj. REVITALISANT, ANTE,** 1951. ■ **2** (v. 1966) FIG. Faire revivre. ➤ **revivifier.** *Revitaliser une alliance. « Quel urbanisme conviendrait à la Côte d'Azur ? Comment revitaliser l'arrière-pays ? »* RAGON.

REVIVAL [ʀəvival ; ʀivajvœl] **n. m.** – 1835 ◊ mot anglais ■ ANGLIC. ■ **1** Assemblée religieuse destinée à raviver la foi. *« Dans ces* revivals*, sortes d'assemblées religieuses et prédicantes,* [...] *les attaques convulsives ne sont pas rares »* DAUDET. ♦ Ensemble des mouvements religieux protestants fondés sur le réveil de la foi. ■ **2** (milieu XXe) Renaissance d'un art, d'une mode, d'un état d'esprit. ➤ **reviviscence.** — SPÉCIALT Reviviscence du jazz traditionnel. APPOS. *Jazz revival.*

REVIVIFIER [ʀ(ə)vivifje] **v. tr.** ⟨7⟩ – 1575 ; « reprendre vie » 1280 ◊ de *re-* et *vivifier* ■ LITTÉR. Vivifier de nouveau, donner une nouvelle vie à. ➤ **ranimer, réveiller.** — *« des sentiments d'enfance revivifiés »* BERGSON. — **n. f. REVIVIFICATION,** 1676.

REVIVISCENCE [ʀəvivisɑ̃s] **n. f.** – 1586 ◊ bas latin *reviviscentia*, de *reviviscere* « revenir à la vie » ■ **1** (ABSTRAIT) LITTÉR. Action de reprendre vie. ➤ **résurrection.** *La reviviscence d'un souvenir.* ■ **2** PHYSIOL. Propriété que possèdent certains êtres inférieurs (animaux ou végétaux) de reprendre l'activité de la vie après une période d'anhydrobiose. *Reviviscence des mousses, des spores.* — **adj. REVIVISCENT, ENTE,** 1864. *Mousse reviviscente.*

REVIVRE [ʀ(ə)vivʀ] **v.** ⟨46⟩ – 980 ◊ latin *revivere*

I v. intr. Revenir à la vie. ■ **1** Vivre de nouveau (après la mort). ➤ **ressusciter.** PAR EXT. *Il revit dans son fils* : son fils lui ressemble, agit comme lui, le continue. ♦ PAR EXAGÉR. Recouvrer ses forces, son énergie ; retrouver le calme, la joie. *Je commence à revivre depuis que j'ai reçu de ses nouvelles.* ➤ **respirer.** ■ **2** (CHOSES) Renaître, se renouveler. *« voilà les bases profondes sur lesquelles la monarchie doit se replacer pour revivre et refleurir »* MICHELET. ■ **3 FAIRE REVIVRE :** redonner vie à. *« L'odorat, ce mystérieux aide-mémoire, venait de faire revivre en lui tout un monde »* HUGO. ➤ **évoquer.** *Faire revivre une coutume tombée en désuétude* (cf. Remettre en honneur). ♦ Redonner vie par l'imitation, l'imagination, l'art. *Faire revivre un personnage du passé dans un roman, un film.*

II v. tr. (début XIXe) ■ **1** Vivre à nouveau (qqch.). *Je ne veux pas revivre ce que j'ai vécu. — Revivre une émotion, une impression*, la ressentir de nouveau. ■ **2** Vivre par l'esprit (ce qu'on a déjà vécu). *Je « revis mon passé blotti dans tes genoux »* BAUDELAIRE.

■ CONTR. Mourir ; éteindre (s'). ■ HOM. *Revis* : revis (revoir).

RÉVOCABILITÉ [ʀevɔkabilite] **n. f.** – 1789 ◊ de *révocable* ■ ADMIN. Caractère de ce qui est révocable. *Révocabilité d'un contrat. Révocabilité d'un fonctionnaire.* ■ CONTR. Irrévocabilité.

RÉVOCABLE [ʀevɔkabl] **adj.** – 1307 ◊ latin *revocabilis* ■ Qui peut être révoqué. *Contrat révocable. À titre révocable.* ➤ **précaire.** — *Fonctionnaire révocable.* ■ CONTR. Irrévocable.

RÉVOCATION [ʀevɔkasjɔ̃] **n. f.** – XIIIe ◊ latin *revocatio* « rappel » ■ Action de révoquer (une chose). ➤ **abolition, abrogation, annulation, dédit, invalidation.** DR. *Révocation d'un testament. Révocation populaire* : procédure permettant aux citoyens suisses de mettre fin à un mandat électif avant son terme. — *La révocation de l'édit* de Nantes* (1685). ♦ (Compl. personne) *Révocation d'un fonctionnaire.* ➤ **destitution, licenciement, limogeage, renvoi.** ■ CONTR. Maintien.

RÉVOCATOIRE [ʀevɔkatwaʀ] **adj.** – 1407 ◊ latin *revocatorius* ■ DR. Qui produit révocation. *Action révocatoire* (➤ **paulien**).

REVOICI [ʀ(ə)vwasi] **prép.** – 1530 ◊ de *re-* et *voici* ■ FAM. Voici de nouveau. (Surtout avec le pron. pers.) *Me revoici, c'est encore moi !*

REVOILÀ [ʀ(ə)vwala] **prép.** – 1633 ; *revela* 1339 ◊ de *re-* et *voilà* ■ FAM. Voilà de nouveau (surtout avec le pron. pers.). *« Tiens, revoilà le chien qui hurle »* MAUPASSANT. *Coucou, nous revoilà !*

REVOIR [ʀ(ə)vwaʀ] **v. tr.** ⟨30⟩ – 980 ◊ de *re-* et *voir*

I Voir de nouveau. ■ **1** Être de nouveau en présence de. *J'aimerais beaucoup le revoir. Le plaisir de revoir ses proches.* ➤ **retrouver.** *Au plaisir* de vous revoir* (en prenant congé de qqn). — PRONOM. (RÉCIPR.) *Ils ne se sont jamais revus.* ♦ LOC. **AU REVOIR** [ɔʀvwaʀ] : formule de politesse par laquelle on prend congé de qqn que l'on pense revoir. ➤ **bye-bye, tchao.** — Au sens littéral (opposé à *adieu*) À bientôt (cf. FAM. À la prochaine, à la revoyure ; POP. au plaisir*). — En un sens faible, employé en toute occasion ➤ RÉGION. **adieu,** FAM. **salut.** *Au revoir Monsieur. « "Au revoir !" dit l'aveugle »* PRÉVERT. *Faire au revoir de la main.* — SUBST. INV. *Ce n'est qu'un au revoir et non pas un adieu.* ■ **2** Retourner dans (un lieu qu'on avait quitté). *Revoir sa patrie. « J'irai revoir ma Normandie »* (chanson). ■ **3** Regarder de nouveau. *Des images qu'on aimerait revoir plus souvent.* — Assister de nouveau à. *Revoir un film. Souhaitons de ne jamais revoir de telles atrocités.* ■ **4** Voir de nouveau en esprit, par la mémoire. *« Adrienne la revoyait en train de faire réciter les leçons, le livre à la main »* GREEN. PRONOM. *Je me revois encore à ses côtés.*

II ■ **1** Examiner de nouveau pour parachever, examiner en seconde main pour corriger. *Revoir et mettre au point un texte.* ➤ **corriger, réviser.** — **p. p. adj.** *Édition revue et corrigée. — Revoir à la hausse, à la baisse.* ➤ **réviser ; reconsidérer, réévaluer.** ■ **2** Apprendre de nouveau pour se remettre en mémoire. ➤ **repasser, réviser.** *Revoir tout le programme.*

■ HOM. *Revis* : revis (revivre) ; *revisse* : revisse (revisser).

REVOLER [ʀ(ə)vɔle] **v.** ⟨1⟩ – 1138 ◊ de *re-* et *voler*

I v. intr. (de 1 *voler*) ■ **1** RARE Retourner en volant. ➤ 1 **voler.** FIG. Revenir rapidement. ■ **2** Voler de nouveau. *Ce pilote n'a pas revolé depuis son accident.* ■ **3** (1894 ◊ *re-* intensif) RÉGION. (Canada) FAM. Être projeté en l'air. ➤ **jaillir.** *À l'automne, les feuilles revolent partout.*

II v. tr. (de 2 *voler*) Dérober de nouveau, reprendre en volant. ➤ 2 **voler.**

RÉVOLTANT, ANTE [ʀevɔltɑ̃, ɑ̃t] **adj.** – 1731 ◊ de *révolter* ■ Qui révolte, remplit d'indignation, de réprobation. ➤ **choquant, indigne, odieux.** *Une injustice révoltante. « la lâcheté la plus révoltante s'étale »* PÉGUY. ♦ (PERSONNES) *Il est révoltant de cynisme.*

RÉVOLTE [ʀevɔlt] **n. f.** – v. 1500 ◊ de *révolter* ▪ **1** Action collective, généralement accompagnée de violences, par laquelle un groupe refuse l'autorité politique existante, la règle sociale établie (➤ **désobéissance, insoumission, insubordination**), et s'apprête ou commence à les attaquer pour les détruire (➤ **émeute, guerre** [civile], **insurrection, rébellion, sédition, soulèvement**). ALLUS. HIST. «*C'est donc une révolte, dit le roi* [Louis XVI]. *– Sire, répondit le duc* [de Liancourt], *c'est une révolution*» TAINE. *La révolte d'une province* (➤ **dissidence, sécession**), *d'une armée. Révolte armée, sanglante. Les révoltes de serfs* (➤ **jacquerie**), *de soldats, de marins*➤ **mutinerie.** *Inciter, pousser à la révolte. Fomenter une révolte. Réprimer, écraser une révolte. Arborer, brandir l'étendard* de la révolte.* ▪ **2** (XVIIe) Résistance, opposition violente et indignée ; attitude de refus et d'hostilité devant une autorité, une contrainte. *Il est en révolte contre ses parents, contre la société.* «*C'est plutôt la vieillesse qui serait l'âge de la pure révolte, en connaissance de cause et sans espoir*» H. THOMAS. — *Esprit de révolte. Cri, mouvement, sursaut de révolte.* ➤ **indignation.** «*La révolte métaphysique est le mouvement par lequel un homme se dresse contre sa condition et la création tout entière*» CAMUS. ◆ PAR EXT. *La révolte de l'instinct, d'un désir* (contre la raison). ■ CONTR. Résignation, soumission ; conformisme.

RÉVOLTÉ, ÉE [ʀevɔlte] **adj. et n.** – 1564 «apostat» ◊ de *révolter* ▪ **1** Qui est en révolte contre l'autorité, le pouvoir. ➤ **contestataire, dissident, émeutier, insoumis, rebelle, séditieux.** — **n.** *Les révoltés.* ➤ **insurgé, mutin ; factieux.** ◆ PAR EXT. Qui a une attitude de refus, d'opposition, se dresse contre l'ordre établi. «*L'Homme révolté*», *essai de Camus. Adolescent révolté contre la société.* — **n.** «*Je suis un révolté... Mon existence sera une existence de combat*» VALLÈS. ▪ **2** Rempli d'indignation. ➤ **outré, scandalisé.** «*elle a été révoltée de votre grossièreté de rustre*» MAUPASSANT. ■ CONTR. Soumis ; résigné ; conformiste.

RÉVOLTER [ʀevɔlte] **v. tr.** ⟨1⟩ – 1530 pron. ; «s'enrouler» v. 1500 ◊ italien *rivoltare* «échanger, retourner», de *rivolgere*, latin *revolvere*

I ▪ **1** RARE Porter à l'opposition violente, à la révolte. ➤ **soulever.** ▪ **2** Soulever d'indignation, remplir de réprobation. ➤ **choquer, dégoûter, écœurer ; indigner, scandaliser ; révoltant.** «*Toutes ces simagrées de la fausse dévotion le révoltaient*» RENAN. *Ça me révolte de voir ça, qu'il ait pu dire ça.*

II SE RÉVOLTER v. pron. ▪ **1** Se dresser, entrer en lutte contre l'autorité ou s'y préparer, en parlant d'un groupe. ➤ **se dresser, s'élever, s'insurger,** se **mutiner,** se **rebeller,** se **soulever.** *Se révolter contre un dictateur.* ◆ PAR EXT. *Se révolter contre l'autorité de qqn, contre qqn,* refuser de s'y soumettre, de lui obéir. ➤ se **cabrer, désobéir, résister.** *Enfant qui se révolte contre ses parents.* — FIG. *Se révolter contre le destin.* — ABSOLT «*Je me révolte, donc nous sommes*» CAMUS. ▪ **2** (v. 1650) Être rempli d'indignation, de dégoût et de colère (contre ce qu'on rejette). ➤ **s'indigner.**

■ CONTR. Apaiser, charmer. Obéir, résigner (se).

RÉVOLU, UE [ʀevɔly] **adj.** – 1377 ◊ latin *revolutus*, p. p. de *revolvere* «rouler, dérouler» ▪ **1** VX Qui a achevé son cours, son cycle (astre, année). ▪ **2** PAR EXT. Écoulé, terminé (espace de temps). ➤ **accompli, achevé,** 3 **passé.** *Jours, moments révolus. À l'âge de 18 ans révolus.* ➤ FAM. **sonné.** *Une époque révolue.* ➤ **disparu.**

RÉVOLUTION [ʀevɔlysjɔ̃] **n. f.** – début XIIIe ◊ du latin *revolutio* «cycle, retour», famille de *volvere* «faire rouler» et «accomplir en roulant». → volute, (se) vautrer

I MOUVEMENT EN COURBE FERMÉE ▪ **1** Retour périodique d'un astre à un point de son orbite ; Marche, mouvement d'un tel astre ; (1690) temps qu'il met à parcourir son orbite. *Révolution sidérale*, tropique*, synodique*. Révolutions et rotations de la Terre. Temps, période* de révolution d'une planète.* ▪ **2** (1727) GÉOM. Rotation complète (d'un tour entier) d'un corps mobile autour de son axe *(axe de révolution). Surface de révolution,* engendrée par la rotation autour d'un axe d'une courbe indéformable (appelée *méridienne**). *Ellipsoïde de révolution.* ◆ (1764) COUR. Tour complet (d'une pièce mobile autour d'un axe, d'un objet enroulé sur lui-même). ➤ 3 **tour.** — (1857) Forme de ce qui est enroulé sur soi-même. (1883, Zola) *Escalier à double révolution,* à deux volées symétriques. ▪ **3** (1946) PHYSIOL. *Révolution cardiaque :* chaque cycle de l'activité cardiaque comportant une systole* et une diastole*.

II CHANGEMENT SOUDAIN ▪ **1** (début XVIIIe ; 1559, au sens général) Changement brusque et important dans l'ordre social, moral ; transformation complète. ➤ **bouleversement, renversement.** *La révolution agricole anglaise des XVIIIe et XIXe siècles. La révolution industrielle de la fin du XIXe siècle. La révolution scientifique et technique. La révolution néolithique :* invention de l'agriculture. «*Il s'est passé au néolithique quelque chose d'extraordinaire – c'est pourquoi on appelle cette période la révolution néolithique*» TH. MONOD. — *La révolution copernicienne.* (1934) *La révolution sexuelle. C'est une révolution dans la communication.* — *Une petite révolution :* un bouleversement soit de courte durée, soit limité à un milieu restreint. ◆ FAM. ➤ **agitation, ébullition, effervescence, fermentation.** *Tout le quartier est en révolution.* — *Cette page* «*qui fit révolution dans le journalisme*» BALZAC. ▪ **2** (1636) VX Coup d'État*. (1831) *Une révolution de palais :* complot organisé par les personnes proches du pouvoir. — Brusque changement politique, social ; catastrophe. «*Nous approchons de l'état de crise et du siècle des révolutions*» ROUSSEAU. ◆ (v. 1760, Montesquieu) MOD. Ensemble des évènements historiques qui ont lieu dans une communauté importante (nationale, en général), lorsqu'une partie du groupe en insurrection réussit à prendre le pouvoir et que des changements profonds (politiques, économiques et sociaux) se produisent dans la société. *Révolution et guerre civile. Une révolution éclate. Faire la révolution.* — (XIXe) *Révolution bourgeoise, libérale, prolétarienne, sociale, socialiste.* «*les révolutions sont les locomotives de l'histoire* [...] *le temps passant, elles en deviennent aussi les freins*» GRACQ. «*J'aime bien les révolutions. Les têtes changent*» CALAFERTE. — *La Révolution française* (de 1789). *La révolution russe, la révolution d'Octobre* (1917). *Les révolutions de 1848. La révolution mexicaine. Les révolutions islamiques.* — *La révolution des Œillets* (au Portugal, en 1974). *La révolution de velours* (en Tchécoslovaquie, en 1989). *La révolution orange* (en Ukraine, en 2004). *La révolution de jasmin* (en Tunisie, en 2011). ◆ (Non qualifié) (1789) **LA RÉVOLUTION,** celle de 1789 jusqu'au Consulat de Bonaparte, et les changements qu'elle détermina. *Avant la Révolution :* sous l'Ancien Régime. «*Je définis la Révolution, l'avènement de la Loi, la résurrection du Droit, la réaction de la Justice*» MICHELET. ◆ LOC. (1966 ◊ d'après une expression chinoise signifiant «bouleversement, destruction des mœurs») **LA RÉVOLUTION CULTURELLE :** mouvement politique instauré par la Chine de Mao Zedong luttant contre les influences du passé dans la vie sociale. — (1968) Bouleversement dans les modes d'échange socioculturels. — LOC. *La révolution tranquille :* changement politique et social profond, sans violence, qui a eu lieu dans les années 1960, au Québec. ◆ Le changement de la société par des moyens radicaux. «*La révolution est la guerre de la liberté contre ses ennemis*» ROBESPIERRE. (1938) *La révolution permanente* (doctrine de Trotski). ▪ **3** Les forces révolutionnaires, le pouvoir issu de la révolution. *La victoire de la révolution sur la réaction.*

■ CONTR. 1 Calme ; contre-révolution, réaction.

RÉVOLUTIONNAIRE [ʀevɔlysjɔnɛʀ] **adj. et n.** – 1789 au sens 2° ◊ de *révolution* ▪ **1** Qui a le caractère d'une révolution (II, 2°) ; de la révolution. *Mouvement révolutionnaire.* — *Guerre révolutionnaire,* subversive. ◆ Institué ou établi par la révolution. *Gouvernement, comité, tribunal révolutionnaire.* ◆ Relatif à une révolution, à son époque. *Chants révolutionnaires.* SPÉCIALT De la Révolution française. *Le calendrier révolutionnaire.* ➤ **républicain.** ▪ **2** Partisan de la révolution ; qui agit en sa faveur. «*"Quiconque n'est pas révolutionnaire à seize ans," disait-il* [Alain], *"n'a plus à trente ans assez d'énergie pour faire un capitaine de pompiers"*» MAUROIS. *Socialistes révolutionnaires et socialistes réformistes.* ◆ **n.** (1798) «*Le révolutionnaire est en même temps révolté ou alors il n'est plus révolutionnaire, mais policier et fonctionnaire*» CAMUS. ▪ **3** (1794, rare avant XXe) Qui est partisan de changements radicaux et soudains, dans quelque domaine que ce soit ; qui apporte de tels changements. ➤ **novateur.** *Une théorie scientifique révolutionnaire.* «*Les formes de la pensée et de l'art les plus révolutionnaires et les plus rétrogrades*» R. ROLLAND. *Technique, procédé révolutionnaire.* — *Un artiste révolutionnaire.* — **adv. RÉVOLUTIONNAIREMENT,** 1793. ■ CONTR. Conservateur, contre-révolutionnaire, réactionnaire. Conformiste, traditionaliste.

RÉVOLUTIONNARISME [ʀevɔlysjɔnaʀism] **n. m.** – 1843 ◊ de *révolutionnaire* ▪ **1** VX Esprit révolutionnaire. ▪ **2** (v. 1963) Tendance à considérer l'action révolutionnaire comme une fin politique en soi (souvent péj.). — On écrit aussi *révolutionarisme.* — **adj. et n. RÉVOLUTIONNARISTE** (écrit aussi *révolutionariste*), 1949.

RÉVOLUTIONNER [ʀevɔlysjɔne] **v. tr.** ⟨1⟩ – 1834 ; «agiter en vue d'une révolution» 1793 ◊ de *révolution* ▪ **1** Agiter violemment, mettre en émoi. *Ce festival révolutionne le village.* ▪ **2** Transformer radicalement, profondément. ➤ **bouleverser, changer.** *L'électronique a révolutionné l'industrie.*

RÉVOLVER [ʀevɔlvɛʀ] **n. m.** – 1853 ◊ anglais *revolver,* de *to revolve* «tourner» ▪ REM. On écrit aussi *revolver.* ▪ **1** Arme à feu courte et portative, à répétition (➤ **pistolet**), munie d'un magasin qui tourne sur lui-même (➤ **barillet**). ♦ COUR. Toute arme à feu à répétition du genre pistolet, avec ou sans barillet. ➤ **browning, pistolet ;** ARG. **calibre, 1 feu** (II, 5°), **pétard, 1 rif, rigolo.** *«se retrouver avec le canon d'un révolver sur la nuque»* O. ROLIN. *André Breton «a osé dire que l'acte surréaliste le plus simple consistait à descendre dans la rue, revolver au poing, et à tirer au hasard dans la foule»* CAMUS. *Tirer un coup de révolver sur qqn.* ➤ **révolvériser.** — *Poche*-révolver.* ▪ **2** PAR ANAL. Mécanisme tournant. *Microscope à révolver,* permettant l'emploi successif, dans l'axe optique, des objectifs de grossissements différents.

RÉVOLVÉRISER [ʀevɔlveʀize] **v. tr.** ‹1› – 1892 ◊ de *révolver* ▪ IRON. Tuer, blesser avec un révolver.

RÉVOLVING [ʀevɔlviŋ] **adj.** – milieu XXe ◊ anglais *revolving,* p. prés. de *to revolve* «tourner» ▪ ANGLIC. *Crédit révolving :* crédit renouvelable, accordé pour un montant donné et reconstitué au fur et à mesure des remboursements. *Le piège des crédits révolvings.* — On écrit aussi *revolving.* — **Recomm. offic.** ***crédit permanent.***

RÉVOQUER [ʀevɔke] **v. tr.** ‹1› – 1350 ; *revochier* «rappeler (les âmes des morts)» 1190 ◊ latin *revocare* ▪ **1** Destituer (un fonctionnaire, un magistrat, un officier ministériel). ➤ **casser, destituer, relever** (de ses fonctions) ; **révocation.** *Qui peut être révoqué.* ➤ **amovible, révocable.** — *Fonctionnaire révoqué pour trafic d'influence.* ▪ **2** (XIVe) VIEILLI Annuler (une décision, une loi). ➤ **abroger, rapporter.** ♦ MOD. Annuler (un acte juridique) au moyen de formalités déterminées. *Révoquer un legs, un contrat, une procuration. «Je révoquerai le testament fait en votre faveur en donnant ma fortune à mon neveu Philippe»* BALZAC. ▪ **3** (v. 1530) LITTÉR. *Révoquer qqch. en doute :* mettre en doute. ➤ **contester.** *«Il faudrait presque révoquer en doute ce qu'il raconte, [...] si Maupéou n'avait rapporté les mêmes détails»* CHATEAUBRIAND.

REVOTER [ʀ(ə)vɔte] **v.** ‹1› – 1876 ◊ de *re-* et *voter* ▪ **1 v. tr.** Voter une nouvelle fois (qqch.). *La municipalité a revoté le même budget.* ▪ **2 v. intr.** *Les électeurs devront revoter.*

REVOULOIR [ʀ(ə)vulwaʀ] **v. tr.** ‹31› – XIIe ◊ de *re-* et *vouloir* ▪ FAM. Vouloir de nouveau ou encore. *Il reste du gâteau, qui en reveut ?* ➤ **reprendre.**

REVOYURE [ʀ(ə)vwajyʀ] **n. f. sing.** – 1821 ◊ de *revoir* ▪ **1** FAM. **À LA REVOYURE :** au revoir (cf. À la prochaine*). *«Tu t'entêtes ? Je n'insiste pas. À la revoyure»* AYMÉ. ▪ **2** (1983) DR. *Clause de revoyure,* par laquelle les signataires d'un contrat s'engagent à en réexaminer les termes dans un certain délai. — Clause par laquelle le gouvernement s'engage devant le Parlement à réexaminer des dispositions législatives ou réglementaires au terme d'une période d'expérimentation fixée par la loi.

REVUE [ʀ(ə)vy] **n. f.** – 1559 ; *revenue* «révision d'un partage» 1317 ◊ de *revoir*

I ▪ **1** Examen (d'un ensemble matériel ou abstrait) qui est fait en considérant successivement chacun des éléments. ➤ **examen, inventaire.** *«Je m'avisai de faire une revue des diverses occupations qu'ont les hommes en cette vie»* DESCARTES. — *Revue de (la) presse :* ensemble d'extraits d'articles qui donne un aperçu des différentes opinions sur l'actualité. ▪ **2** ANCIENNT Inspection pour vérifier les effectifs militaires. ♦ MOD. Inspection des locaux, de l'équipement, etc. *Revue de casernement. Revue de détail*. Revue d'armement.* ▪ **3** Cérémonie militaire au cours de laquelle les troupes (immobiles ou défilant) sont présentées à un officier supérieur ou général, à une personnalité. ➤ **parade, prise** (d'armes). *La revue du 14-Juillet.* ➤ **défilé.** — LOC. FAM. (1890 ◊ p.-ê. à cause des désagréments qu'apporte la revue aux soldats) *Être de la revue :* être frustré dans ses espérances. — **PASSER EN REVUE :** assister au défilé ou parcourir le front des troupes afin de les inspecter au cours d'une revue. *«Les régiments de la vieille garde qui allaient être passés en revue remplissaient ce vaste terrain»* BALZAC. FIG. Examiner successivement les éléments (d'un ensemble). *Les mécaniciens «passaient une revue générale de la machine»* DAUDET. *«J'ai dix amis peut-être, et il les passa en revue, estimant à mesure le degré de consolation qu'il pourrait tirer de chacun»* STENDHAL.

II (XVIe) VX Le fait de se revoir (après s'être quittés). — LOC. FAM. *Nous sommes de revue,* (VIEILLI) *gens de revue :* nous aurons l'occasion de nous revoir.

III (1792 ◊ anglais *review*) Publication périodique souvent mensuelle, qui contient des essais, des comptes rendus, des articles variés, etc. ➤ aussi **gazette, magazine, périodique.** *Fonder, diriger une revue. S'abonner à une revue. Revue littéraire, scientifique, financière. Revue féminine. Revue automobile. Revue porno. Revue d'une association, d'une société savante* (➤ **annales, bulletin**). *Les hors-séries d'une revue. «C'était le succès : j'étais écorché vif dans les revues à grand tirage»* LARBAUD. *Elle «reprit le feuilletement d'une revue sentimentale, Confidences, ou quelque chose de ce genre»* LE CLÉZIO.

IV (v. 1840) ▪ **1** Pièce comique ou satirique qui passe en revue l'actualité, met en scène des personnalités. *Revue de chansonniers. Revue de fin d'année.* ▪ **2** Spectacle de variétés, de music-hall. *Revue à grand spectacle. Le public «marqua davantage encore son contentement lorsque la Revue des Folies-Bergère peupla, d'une foule choisie et nue, le blanc décor»* COLETTE. *Meneuse* de revue.*

REVUISTE [ʀ(ə)vyist] **n.** – 1885 ◊ de *revue* ▪ Auteur de revues (IV).

RÉVULSER [ʀevylse] **v. tr.** ‹1› – 1845 ◊ du latin *revulsus,* p. p. de *revellere* «arracher» ▪ **1** MÉD. Faire affluer par révulsion le sang de. ▪ **2** Retourner, bouleverser. *Son attitude nous a révulsés.* — **p. p. adj.** *Le visage révulsé. Les yeux révulsés,* tournés de telle sorte qu'on ne voit presque plus la pupille (sous l'effet de la peur, de la colère, d'une maladie). PRONOM. *Son regard se révulsa.* ➤ **chavirer.** ▪ **3** Provoquer une réaction de dégoût chez (qqn). ➤ **répugner, révolter.**

RÉVULSIF, IVE [ʀevylsif, iv] **adj.** et **n. m.** – 1555 ◊ du latin *revulsum* ▪ Qui produit la révulsion (➤ aussi **vésicatoire**). — **n. m.** *La farine de moutarde est un révulsif* (➤ aussi **rubéfiant**).

RÉVULSION [ʀevylsjɔ̃] **n. f.** – XVIe ; «arrachement» 1552 ◊ du latin *revulsum* ▪ **1** Procédé thérapeutique qui consiste à produire un afflux de sang dans une région déterminée de manière à décongestionner un organe. ▪ **2** Profond dégoût, rejet. ➤ **répulsion.**

REWRITER [ʀiʀajte ; ʀəʀajte] **v. tr.** ‹1› – 1950 ◊ anglais *to rewrite* «récrire» ▪ ANGLIC. Récrire, remodeler (un texte destiné à être publié). ➤ **adapter, récrire, remanier.** *Rewriter un article trop long.*

REWRITEUR, EUSE [ʀiʀajtœʀ, øz ; ʀəʀajtœʀ, øz] **n.** ou **REWRITER** [ʀiʀajtœʀ ; ʀəʀajtœʀ] **n. m.** – 1947 ◊ anglais *rewriter,* de *to rewrite* «récrire» ▪ ANGLIC. Rédacteur, rédactrice chargé(e) de récrire des textes destinés à être publiés. ➤ **adaptateur, rédacteur, réviseur.** *«J'écris comme un cochon. – Nous avons des rewriters»* CH. ROCHEFORT. — **Recomm. offic.** ***récriveur, euse.***

REWRITING [ʀiʀajtiŋ ; ʀəʀajtiŋ] **n. m.** – 1947 ◊ mot anglais, de *to rewrite* «récrire» ▪ ANGLIC. Action de récrire, de mettre en forme (un texte destiné à être publié). ➤ **adaptation, réécriture.**

REZ-DE-CHAUSSÉE [ʀed(ə)ʃose] **n. m. inv.** – 1450 ◊ de *rez,* var. de *ras,* et *chaussée* ▪ Partie d'un édifice dont le plancher est sensiblement au niveau de la rue, du sol. *Rez-de-chaussée surélevé. Habiter au rez-de-chaussée. Le rez-de-chaussée, l'entresol et le premier.*

REZ-DE-JARDIN [ʀed(ə)ʒaʀdɛ̃] **n. m. inv.** – 1966 ◊ de *rez-de-(chaussée)* et *jardin* ▪ Partie d'un édifice dont le sol est au niveau d'un jardin. *Pièces en rez-de-jardin,* de plain-pied avec un jardin.

REZZOU [ʀɛdzu] **n. m.** – 1897 ◊ arabe maghrébin *gezū* ▪ Groupe armé opérant une razzia*. — Attaque surprise. ➤ **raid.**

RFID [ɛʀɛfide] **n. f.** – 2005 ◊ sigle anglais, de *Radio Frequency Identification* «identification par radiofréquence» ▪ TECHNOL. Méthode permettant de mémoriser et de récupérer des données à distance à l'aide de transpondeurs incorporés à des objets ou implantés dans des organismes. *Identification par RFID. La RFID sert à identifier des objets (gestion de bibliothèques, de stocks...) ou des personnes (contrôle d'accès, carte de transport, de paiement, clé électronique...).* — EN APPOS. *Étiquette RFID. Antenne, puce RFID.*

Rh ➤ **RHÉSUS**

RHABDOMANCIE [ʀabdɔmɑ̃si] **n. f.** – 1721 ; *rabdomantie* 1579 ◊ du grec *rhabdos* «baguette» et *-mancie* ▪ DIDACT. Mode de divination à l'aide de baguettes, art de déceler les sources, trésors, mines. ➤ **radiesthésie.**

RHABDOMANCIEN, IENNE [Rabdɔmɑ̃sjɛ̃, jɛn] **n.** – 1836 ◊ de *rhabdomancie* ■ DIDACT. Personne qui pratique la rhabdomancie. ➤ **radiesthésiste, sourcier.**

RHABILLAGE [Rabijaʒ] **n. m.** – 1506 ; *rhabillement* 1536 ◊ de *rhabiller* ■ **1** TECHN. Action de rhabiller, réparer. *Le rhabillage d'une montre, d'une meule, d'armes détériorées.* ➤ **réparation.** ■ **2** Action de se rhabiller. *Le déshabillage et le rhabillage des mannequins.*

RHABILLER [Rabije] **v. tr.** ‹1› – 1380 ◊ de *re-* et *habiller* ■ **1** VX ou TECHN. Remettre en état. ➤ **réparer.** *Rhabiller une pendule.* ■ **2** Transformer l'aspect extérieur de (un bâtiment). *Construction gothique rhabillée à la Renaissance.* ♦ FIG. *Rhabiller une vieille idée, un lieu commun.* ➤ **moderniser.** ■ **3** (XVIIe) COUR. Habiller de nouveau (qqn). *Habiller, déshabiller, rhabiller une poupée.* — Racheter des habits à (qqn). *L'hiver approche, il va falloir la rhabiller de pied en cap.* ♦ **SE RHABILLER v. pron.** « *Il regardait les enfants plonger et s'ébattre, puis se rhabiller derrière un saule* » CHARDONNE. — LOC. FAM. *Il peut aller se rhabiller,* se dit d'un acteur, d'un athlète qu'on juge mauvais, et qu'on engage à retourner au vestiaire, et PAR EXT. de qqn qui n'a plus qu'à s'en aller, à renoncer. *Va te rhabiller !*

RHABILLEUR, EUSE [RabijœR, øz] **n.** – 1549 ◊ de *rhabiller* ■ TECHN. Ouvrier, ouvrière qui rhabille (1°). ➤ **réparateur.**

RHAPSODE ou **RAPSODE** [Rapsɔd] **n. m.** – *rapsodes,* 1552 ◊ grec *rhapsôdos* « qui coud, ajuste des chants », de *rhaptein* « coudre » et *ôdê* « chant » ■ Chanteur de la Grèce antique qui allait de ville en ville récitant des extraits de poèmes épiques, particulièrement des poèmes homériques. *Les aèdes et les rhapsodes.*

RHAPSODIE ou **RAPSODIE** [Rapsɔdi] **n. f.** – *rapsodie,* 1580 ◊ grec *rhapsôdia* ; cf. *rhapsode* ■ **1** ANTIQ. Suite de morceaux épiques récités par les rhapsodes. ■ **2** (1859) Pièce instrumentale de composition très libre et d'inspiration nationale et populaire. « *Rhapsodies hongroises* », *de Liszt.*

RHAPSODIQUE ou **RAPSODIQUE** [Rapsɔdik] **adj.** – 1852 ◊ du grec *rhapsôdikos* ; cf. *rhapsode* ■ Qui a le caractère d'une rhapsodie (1°). — D'une rhapsodie musicale.

RHÈME [Rɛm] **n. m.** – 1933 ◊ grec *rhêma* « mot, parole » ■ LING. Information apportée dans l'énoncé à propos du thème*. ➤ aussi **prédicat ; verbe.** ■ HOM. Rem.

RHÉNIUM [Renjɔm] **n. m.** – 1925 ◊ de l'allemand *rhenium,* de *Rhenus,* nom latin du Rhin ■ CHIM. Élément atomique (Re ; n° at. 75 ; m. at. 186,20), métal blanc brillant. *On extrait le rhénium de la molybdénite.*

RHÉO- ■ Élément, du grec *rheô, rhein* « couler ».

RHÉOBASE [Reobaz] **n. f.** – 1909 ◊ de *rhéo-* et *base* ■ PHYSIOL. Intensité du plus faible courant électrique continu suffisant à déterminer, pour toute durée de stimulation supérieure à une durée limite (dite *temps utile*), l'excitation d'un élément organique excitable donné. *On calcule la chronaxie* en fonction de la rhéobase.*

RHÉOLOGIE [Reɔlɔʒi] **n. f.** – 1943 ◊ de *rhéo-* et *-logie,* d'après l'anglais *rheology* (1928) ■ PHYS. Branche de la mécanique qui étudie le comportement des matériaux lié aux contraintes et aux déformations. *Applications de la rhéologie dans l'étude de la résistance* des matériaux.*

RHÉOLOGIQUE [Reɔlɔʒik] **adj.** – 1970 ◊ de *rhéologie* ■ PHYS. Relatif à la rhéologie, aux écoulements visqueux. *Propriétés rhéologiques des bitumes.*

RHÉOMÈTRE [Reɔmɛtr] **n. m.** – 1844 ◊ de *rhéo-* et *-mètre* ■ PHYS. Régulateur de débit d'un fluide soumis à des pressions variables.

RHÉOPHILE [Reɔfil] **adj.** – 1964 ◊ de *rhéo-* et *-phile* ■ ÉCOL. *Flore, faune rhéophile,* adaptée à la vie dans les eaux torrentielles. *Algues rhéophiles munies de ventouses.*

RHÉOSTAT [Reɔsta] **n. m.** – 1844 ◊ de *rhéo-* et *-stat,* d'après l'anglais *rheostat* ■ Résistance variable destinée à régler la puissance dans un circuit. *Rhéostat automatique.* — **adj. RHÉOSTATIQUE.**

RHÉOTAXIE [Reotaksi] **n. f.** – 1904 ◊ de *rhéo-* et *-taxie* ■ BIOL. Tendance d'un organisme à se mouvoir en réponse au stimulus d'un courant d'eau, soit avec le courant, soit contre lui. ➤ **rhéotropisme.**

RHÉOTROPISME [ReotRɔpism] **n. m.** – 1890 ◊ de l'allemand *Rheotropismus* (1889), cf. *rhéo-* et *tropisme* ■ BIOL. Tendance d'une plante à répondre au stimulus d'un courant d'eau, par un changement dans la direction de sa croissance. *Rhéotropisme positif, négatif.* ➤ **rhéotaxie.**

RHÉSUS [Rezys] **n. m.** – 1799 ◊ latin *Rhesus,* grec *Rhêsos,* roi légendaire de Thrace ■ **1** ZOOL. Singe du genre macaque *(Macacus rhesus),* du nord de l'Inde, au pelage gris-jaune. ■ **2** (1945 ◊ ainsi nommé parce qu'il fut mis en évidence à l'aide de sang de singe rhésus) *Facteur rhésus* ou *rhésus* (SYMB. *Rh*) : facteur agglutinogène existant dans les globules rouges de 85 % des sangs humains (*rhésus positif,* Rh^+) et absent chez les autres (*rhésus négatif,* Rh^-), qui rend ces deux sortes de sang incompatibles (accidents de transfusion, avortements). — EN APPOS. *Système rhésus. Mère rhésus négatif. Incompatibilité rhésus.*

RHÉTEUR [RetœR] **n. m.** – 1534 ◊ latin *rhetor,* mot grec ■ **1** ANTIQ. Maître de rhétorique. ■ **2** (1694) Orateur, écrivain sacrifiant à l'art du discours la vérité ou la sincérité ➤ **rhétoricien.** *Danton « n'était pas un rhéteur abstrait et habile. Il parlait pour agir »* BARTHOU.

RHÉTIEN, IENNE [Resjɛ̃, jɛn] **adj.** – 1636 ◊ de *Rhétie ;* → rhétique ■ GÉOL. Se dit de l'étage le plus récent du trias, autrefois compris dans le jurassique. — **n. m.** *Le rhétien.*

RHÉTIQUE **adj.** et **n. m.** – 1732 ◊ latin *rhœticus,* de *Rhœtia* « Rhétie » ■ Qui appartient à la région des Alpes située entre Rhin et Danube. *Alpes rhétiques.* ♦ **n. m.** LING. Langue ancienne du groupe italo-celtique. — Rhéto-roman.

RHÉTORICIEN, IENNE [Retɔrisjɛ̃, jɛn] **n.** – 1370 ◊ de *rhétorique* ■ **1** LITTÉR. Personne savante en matière de rhétorique. ♦ PÉJ. ➤ **argumentateur, rhéteur.** — **adj.** *Une faconde rhétoricienne.* ■ **2** En Belgique, Élève de la classe de rhétorique. ABRÉV. FAM. **RHÉTO.** *Les rhétos.*

RHÉTORIQUE [Retɔrik] **n. f.** et **adj.** – v. 1130 ◊ latin *rhetorica,* du grec *rhêtorikê (tekhnê),* de *rhêtôr* « orateur »

I **n. f.** ■ **1** Art de bien parler ; technique de la mise en œuvre des moyens d'expression (par la composition, les figures). *Poétique* et rhétorique.* « *La* rhétorique *est à l'éloquence ce que la théorie est à la pratique, ou comme la poétique est à la poésie* » DIDEROT. *Figures*, fleurs* de rhétorique.* — *Traité de rhétorique,* ou *rhétorique. La rhétorique d'Aristote.* — *La rhétorique de la publicité.* ➤ **stylistique.** ♦ ANCIENNT *Classe de rhétorique,* et **n. f.** (1591) *la rhétorique* : classe de première dans les lycées français. « *J'étais en rhétorique en 1887 (la rhétorique, depuis lors, est devenue première)* » VALÉRY. — En Belgique, Classe terminale du cycle secondaire. ABRÉV. FAM. **RHÉTO.** ■ **2** LITTÉR. Moyens d'expression et de persuasion propres à qqn. *Employer toute sa rhétorique à convaincre qqn.* « *la rhétorique de Lucrèce* » CAMUS. ■ **3** PÉJ. Éloquence ou style déclamatoire de rhéteur (2°). ➤ **déclamation, emphase.** « *La rhétorique sociale n'a jamais pris sur moi. Ni aucune rhétorique. Je n'aime pas les phrases. Je n'aime que les faits* » LÉAUTAUD.

II **adj.** (1877) Qui appartient à la rhétorique, en a le caractère. *Procédés rhétoriques. Question rhétorique,* servant de procédé rhétorique. — *Recherches rhétoriques.*

RHÉTORIQUEUR [RetɔrikœR] **n. m.** – 1480 ◊ de *rhétorique* ■ HIST. LITTÉR. **GRANDS RHÉTORIQUEURS,** noms que se donnèrent un certain nombre de poètes de la fin du XVe et du début du XVIe s., très attachés aux raffinements de style et aux subtilités de versification.

RHÉTO-ROMAN, ANE [RetoRɔmɑ̃, an] **adj.** – v. 1870 ◊ de *rhétique* et 2 *roman* ■ LING. Se dit des dialectes romans de la Suisse orientale, du Tyrol et du Frioul. — **n. m.** Ensemble des dialectes romans de Rhétie (dont le ladin, le romanche*).

RHINANTHE [Rinɑ̃t] **n. m.** – 1765 ◊ latin *rhinanthus* « fleur en forme de nez » ■ BOT. Plante *(scrofulariacées),* nuisible aux prairies, dont une variété est appelée *crête-de-coq.*

RHINENCÉPHALE [Rinɑ̃sefal] **n. m.** – 1923 ; autre sens 1834 ◊ de *rhin(o)-* et *encéphale* ■ ANAT. Ensemble de structures encéphaliques d'apparition ancienne dans la phylogenèse, comprenant le cerveau olfactif des vertébrés inférieurs, le tractus et le lobe olfactif du cortex, et la circonvolution limbique* du cerveau humain. « *Le rhinencéphale* [...] *s'est considérablement modifié chez les Mammifères supérieurs et est devenu un des dispositifs régulateurs des émotions* » LEROI-GOURHAN.

RHINGRAVE [ʀɛ̃gʀav] n. m. et f. – 1549 ◊ allemand *Rheingraf* «seigneur du Rhin» ■ HIST. ■ **1** n. m. Titre porté par les princes allemands de la région rhénane. ■ **2** n. f. (1660) Haut-de-chausses très ample attaché par le bas avec des rubans, mis à la mode en France au XVIIe s. par le rhingrave Salm.

RHINITE [ʀinit] n. f. – 1842 ◊ de *rhin(o)-* et *-ite* ■ MÉD. Inflammation aiguë de la muqueuse des fosses nasales. ➤ **coryza, rhume.** «*Costals, le nez bouché, éternue et se mouche. Est-ce la rhinite ?*» MONTHERLANT. *Rhinite chronique fétide.* ➤ **ozène.**

RHIN(O)- ■ Élément, du grec *rhis, rhinos* «nez».

RHINOCÉROS [ʀinɔseʀɔs] n. m. – 1549 ; *rhinocerons* hapax 1288 ◊ du grec *rhinokerôs*, de *rhinos* «nez» et *keras* «corne» ■ Mammifère ongulé herbivore *(périssodactyles)* de grande taille, au corps massif, à la peau épaisse et rugueuse, dont les membres se terminent par trois doigts munis de sabots. *Le rhinocéros d'Asie porte une corne sur le nez, le rhinocéros d'Afrique en porte deux.* «*Le rhinocéros, cette brute* [...] *qui fonce sur tout*» MICHAUX. *Le rhinocéros barrit. Un rhinocéros femelle.*

RHINOLARYNGITE [ʀinolaʀɛ̃ʒit] n. f. – 1846 ◊ de *rhino-* et *laryngite* ■ MÉD. Laryngite accompagnée de rhinite.

RHINOLOGIE [ʀinɔlɔʒi] n. f. – 1890 ◊ de *rhino-* et *-logie* ■ MÉD. Partie de la médecine qui traite des maladies du nez*. *Spécialiste de rhinologie.* ➤ **otorhinolaryngologiste.**

RHINOLOPHE [ʀinɔlɔf] n. m. – 1799 ◊ de *rhino-* et grec *lophos* «crête» ■ ZOOL. Chauve-souris qui présente une membrane semi-circulaire sur le nez, appelée pour cette raison *fer à cheval.*

RHINOPHARYNGÉ, ÉE [ʀinofaʀɛ̃ʒe] adj. – 1901 ; *rhyno-pharyngien* 1897 ◊ de *rhinopharynx* ■ MÉD. Qui concerne le rhinopharynx. *Affections rhinopharyngées.*

RHINOPHARYNGITE [ʀinofaʀɛ̃ʒit] n. f. – 1892 ◊ de *rhinopharynx* et *-ite* ■ MÉD. Affection du rhinopharynx. — ABRÉV. FAM. **RHINO** [ʀino].

RHINOPHARYNX [ʀinofaʀɛ̃ks] n. m. – 1902 ◊ de *rhino-* et *pharynx* ■ ANAT. Partie supérieure du pharynx qui communique avec les fosses nasales.

RHINOPLASTIE [ʀinoplasti] n. f. – 1822 ◊ de *rhino-* et *-plastie* ■ CHIR. Opération destinée à reconstituer le nez d'un blessé au moyen de la greffe ou à corriger la forme d'un nez disgracieux (chirurgie esthétique).

RHINOSCOPIE [ʀinɔskɔpi] n. f. – 1860 ◊ de *rhino-* et *-scopie* ■ MÉD. Examen des fosses nasales par les narines avec un petit spéculum ou par le pharynx avec un instrument à miroir (*rhinoscope* n. m.).

RHINOVIRUS [ʀinoviʀys] n. m. – 1971 ◊ de *rhino-* et *virus* ■ VIROL. Chacun des virus à ARN, responsables du rhume et des infections des voies respiratoires supérieures (différents du virus de la grippe).

RHIZO- ■ Élément, du grec *rhiza* «racine».

RHIZOBIUM [ʀizɔbjɔm] n. m. – *rhizobion* 1904 ◊ latin savant, de *rhizo-* et grec *bios* «vie» ■ BACTÉRIOL. Genre de bactéries aérobies *(rhizobiacées)*, vivant en symbiose dans les nodules des racines de fabacées et assurant la fixation de l'azote atmosphérique de ces plantes.

RHIZOCARPÉ, ÉE [ʀizokaʀpe] adj. – 1834 ◊ de *rhizo-* et *-carpe* ■ BOT. Dont les organes reproducteurs naissent sur les racines. *Plante rhizocarpée.*

RHIZOCTONE [ʀizɔktɔn ; ʀizoktɔn] n. m. – 1839 ◊ de *rhizo-* et grec *kteinein* «tuer» ■ BOT. Champignon parasite qui détruit les racines de diverses plantes (asperge, luzerne, sainfoin, trèfle). — On dit aussi **RHIZOCTONIE** n. f.

RHIZOÏDE [ʀizɔid] n. m. – 1897 ◊ de *rhiz(o)-* et *-oïde* ■ BOT. Filament à rôle fixateur et parfois absorbant, des algues, mousses, lichens et fougères.

RHIZOME [ʀizom] n. m. – 1817 ◊ du grec *rhizôma* «ce qui est enraciné» ■ BOT. Tige souterraine des plantes vivaces qui porte des racines adventives et des tiges feuillées aériennes. *Rhizomes d'iris.* — *La métaphore du rhizome en philosophie* (Deleuze et Guattari).

RHIZOPHAGE [ʀizɔfaʒ] adj. – 1829 ; n. d'un peuple 1540 ◊ grec *rhizophagos* ■ DIDACT. Qui se nourrit de racines.

RHIZOPHORE [ʀizɔfɔʀ] n. m. – 1765 ◊ de *rhizo-* et *-phore* ■ BOT. Palétuvier, manglier (ainsi nommé parce que le tronc porte des racines latérales).

RHIZOPODES [ʀizɔpɔd] n. m. pl. – 1835 ◊ de *rhizo-* et *-pode* ■ ZOOL. Protozoaires à protoplasme nu, qui émettent des prolongements temporaires (pseudopodes) servant à la locomotion et à la préhension. *Les foraminifères et les amibes sont des rhizopodes.*

RHIZOSPHÈRE [ʀizɔsfɛʀ] n. f. – milieu XXe ◊ de *rhizo-* et *sphère* ■ DIDACT. Partie du sol dans l'environnement immédiat des racines des plantes, très riche en micro-organismes et en substances biologiques.

RHIZOSTOME [ʀizostom ; ʀizɔstɔm] n. m. – 1800 ◊ de *rhizo-* et grec *stoma* «bouche» ■ ZOOL. Méduse *(scyphoméduses)* à ombrelle piriforme, à bras buccaux soudés, de grande taille et commune sur les rives sablonneuses, appelée communément *gelée de mer.*

RHIZOTOME [ʀizotom ; ʀizɔtɔm] n. m. – 1740 «herboriste» ◊ de *rhizo-* et *-tome* ■ TECHN. Instrument servant à couper les racines. ➤ **coupe-racine.**

RHIZOTOMIE [ʀizɔtɔmi] n. f. – 1959 ◊ de *rhizo-* et *-tomie* ■ CHIR. Section des racines nerveuses émergeant de la moelle épinière, en vue de soulager la douleur.

RHO [ʀo] n. m. inv. – 1655 ◊ mot grec ■ Lettre de l'alphabet grec (Ρ, ρ) qui correspond au *r* français. — On écrit aussi *rhô.* ■ HOM. 1 Rot, rôt.

RHODAMINE [ʀɔdamin] n. f. – 1889 ◊ de *rhod(o)-* et *-amine* ■ CHIM. Matière colorante rouge du groupe des phtaléines.

RHODANIEN, IENNE [ʀɔdanjɛ̃, jɛn] adj. – 1859 ◊ du latin *Rhodanus* ■ GÉOGR. Du Rhône. *Le Sillon rhodanien* : la vallée entre les Alpes et le Massif Central. ♦ n. m. LING. Dialecte de la langue d'oc (provençal) en usage dans la vallée du Rhône.

RHODIA [ʀɔdja] n. m. – 1948 ◊ abrév. de *Rhodiaceta*, nom déposé ■ Textile artificiel, à base d'acétate de cellulose. *Rideaux en rhodia.*

RHODIAGE [ʀɔdjaʒ] n. m. – 1962 ◊ de *rhodium* ■ MÉTALL. Électrodéposition d'une couche de rhodium sur une surface métallique.

RHODIÉ, IÉE [ʀɔdje] adj. – 1900 ◊ de *rhodium* ■ CHIM. Qui contient du rhodium ou est allié à du rhodium. *Platine rhodié.* — Recouvert de rhodium.

RHODINOL [ʀɔdinɔl] n. m. – 1893 ◊ du latin *rhodinus*, grec *rhodinos* «de rose», et *-ol* ■ CHIM. Alcool terpénique $C_{10}H_{19}OH$, contenu dans l'essence de rose et de pélargonium.

RHODITE [ʀɔdit] n. f. – 1892 ; «pierre rose» 1752 ◊ de *rhod(o)-* ■ CHIM. Alliage naturel d'or et de rhodium.

RHODIUM [ʀɔdjɔm] n. m. – 1805 ◊ de *rhod(o)-* et *-ium*, à cause de la couleur rose de ses dérivés ■ CHIM. Élément atomique (Rh ; n° at. 45 ; m. at. 102,90), métal de transition très dur, extrait des minerais de platine et d'or avec lesquels il forme des alliages naturels. ➤ **rhodite.** *Mousse de rhodium* (rhodium en poudre grise) ; *noir de rhodium* (en poudre noire). *Revêtir d'une couche de rhodium.* ➤ **rhodiage.**

RHOD(O)- ■ Élément, du grec *rhodon* «rose» (couleur).

RHODODENDRON [ʀɔdɔdɛ̃dʀɔ̃] n. m. – 1779 ; «laurier-rose des Alpes» 1500 ◊ latin *rhododendron*, mot grec, de *rhodon* «rose» et *dendron* «arbre» ■ Arbuste ou arbre *(éricacées)*, à feuilles persistantes, à fleurs blanches, roses, rouges, violettes, dont de nombreuses espèces sont ornementales. *Massif de rhododendrons.* «*Le rhododendron tient allumée quelques jours, dans son feuillage noir, une torche rose*» CHARDONNE. *Rhododendron des montagnes.* ➤ 1 **rosage.** — ABRÉV. FAM. **RHODO.** *Des rhodos.*

RHODOÏD [ʀɔdɔid] n. m. – 1936 ◊ nom déposé, du latin *Rho(danus)* «Rhône» (pour *Rhône-Poulenc*) et *celluloïd* ■ Matière plastique à base d'acétate de cellulose, transparente et incombustible.

RHODOPHYCÉES [ʀɔdɔfise] n. f. pl. – 1884 ◊ de *rhodo-* et grec *phukos* «algue» ■ BOT. Famille d'algues rouges (essentiellement des floridées), à forte teneur en pigment rouge qui masque les chlorophylles.

RHODOPSINE [ʀɔdɔpsin] n. f. – milieu XXe ◊ de *rhod(o)-* et grec *opsis* «vue» ■ BIOCHIM. Pigment de la rétine sensible à la lumière (SYN. pourpre* rétinien).

RHOMBE [rɔ̃b] n. m. – 1536 ◇ latin *rhombus* «objet de forme circulaire ou losangée, ou tournant», grec *rhombos* ■ **1** VX ou LITTÉR. Losange sans angle droit. *« Nadelman dessine au compas et sculpte en assemblant des rhombes »* GIDE. ■ **2** (1839) ETHNOL. Instrument de musique rituel ou magique, formé d'une lame de bois que l'on fait ronfler par rotation rapide au bout d'une cordelette. *« Elle tourna autour de la table* [...], *frénétiquement, comme le rhombe des sorcières »* FLAUBERT. ■ HOM. Rhumb.

RHOMBENCÉPHALE [rɔ̃bɑ̃sefal] n. m. – 1929 ◇ de *rhomb(o)-*, par allus. à la forme du quatrième ventricule, et *encéphale* ■ ANAT., NEUROL. Partie de l'encéphale dérivée de la vésicule* cérébrale postérieure, qui comprend le bulbe rachidien, la protubérance annulaire, le cervelet et le quatrième ventricule (SYN. cerveau postérieur, arrière-cerveau).

RHOMBIQUE [rɔ̃bik] adj. – 1848 ◇ de *rhombe* ■ DIDACT. Qui a la forme d'un rhombe, d'un losange. — On dit aussi **RHOMBIFORME,** 1817.

RHOMB(O)– ■ Élément, du grec *rhombos* « losange ».

RHOMBOÈDRE [rɔ̃bɔɛdʀ] n. m. – 1784 ◇ de *rhombo-* et *-èdre* ■ GÉOM. Hexaèdre dont les six faces sont des losanges. — CRISTALLOGR. Cristal dont les faces sont six losanges égaux.

RHOMBOÉDRIQUE [rɔ̃bɔedʀik] adj. – 1818 ◇ de *rhomboèdre* ■ GÉOM. Qui a la forme d'un rhomboèdre. — CRISTALLOGR. *Système rhomboédrique,* dont la forme primitive est le rhomboèdre, et qui a un axe ternaire (SYN. système ternaire).

RHOMBOÏDAL, ALE, AUX [rɔ̃bɔidal, o] adj. – 1671 ◇ de *rhomboïde* ■ DIDACT. Qui a la forme d'un losange, d'un rhomboïde, ou d'un rhomboèdre. PAR PLAIS. *« une courte femme au torse rhomboïdal »* GONCOURT.

RHOMBOÏDE [rɔ̃bɔid] n. m. et adj. – 1542 ◇ de *rhomb(o)-* et *-oïde* ■ **1** VX Parallélogramme. — MOD. Quadrilatère aux diagonales orthogonales, symétrique par rapport à l'une d'entre elles. *Cerf-volant en forme de rhomboïde.* — ABUSIVEMENT Solide dont les faces sont des rhombes. ■ **2** ANAT. Muscle du dos placé sous le trapèze, élévateur de l'omoplate. adj. *Muscle rhomboïde.*

RHOTACISME [rɔtasism] n. m. – 1783 ◇ de *rho,* sur le modèle de *iotacisme* ■ **1** MÉD. Défaut de prononciation, difficulté ou impossibilité de prononcer les *r* [ʀ]. ■ **2** LING. Substitution de la consonne *r* à une autre (spécialement en latin, au *s* intervocalique : genesis > generis).

RHOVYL [rɔvil] n. m. – 1951 ◇ nom déposé, du latin *Rho(danus)* «Rhône» (pour *Rhône-Poulenc*), et contraction de *vinyle* ■ Textile synthétique de fabrication française constitué de chlorure de polyvinyle pur.

RHUBARBE [rybaʀb] n. f. – 1570 ; *reubarbe* XIIIe ◇ bas latin *reubarbarum* «racine barbare» ■ Plante *(polygonacées)* à larges feuilles portées par de gros pétioles que l'on consomme cuits ; ces pétioles. *Compote, confiture de rhubarbe. Tarte à la rhubarbe.*

RHUM [rɔm] n. m. – 1768 ; *rome* 1723 ; *rum* 1688 ◇ mot anglais, abrév. de *rumbullion,* variante *rumbustion* «grand tumulte», par allus. aux effets de cette boisson ■ Eau-de-vie obtenue par fermentation alcoolique et distillation du jus de canne à sucre, ou de mélasses. ➤ **tafia.** *Rhum blanc, ambré. Rhum agricole,* de fabrication artisanale. *Rhum arrangé*. Boisson au rhum.* ➤ **daïquiri, grog,** 1**punch.** *« Une gorgée de rhum, ce n'est pas grand'chose, mais avalée au bon moment, ça peut vous sauver un bonhomme »* DUHAMEL. *Baba au rhum. Crêpes flambées au rhum.* — *La route* du rhum,* du commerce du rhum. — Un verre de cette eau-de-vie. *Un café rhum. Un rhum coca.* ■ HOM. Rom.

RHUMATISANT, ANTE [rymatizɑ̃, ɑ̃t] adj. et n. – 1780 ; hapax 1503 ◇ de *rhumatisme* ■ Atteint de rhumatisme, sujet aux rhumatismes. — n. *Une rhumatisante.*

RHUMATISMAL, ALE, AUX [rymatismal, o] adj. – 1755 ◇ de *rhumatisme* ■ Propre au rhumatisme, causé par le rhumatisme. *Douleur rhumatismale.*

RHUMATISME [rymatism] n. m. – 1673 ; *rheumatisme* 1549 ◇ latin *rheumatismus,* mot grec «écoulement d'humeurs» ■ Affection douloureuse, aiguë ou chronique, des articulations, des muscles et d'autres tissus, associée à des phénomènes inflammatoires ou dégénératifs. ➤ **arthrite, arthrose ;** 2**goutte, lumbago.** *Rhumatisme articulaire aigu. Rhumatisme déformant.* ➤ **polyarthrite.** *Rhumatisme inflammatoire. Rhumatisme cardiaque. Perclus de rhumatismes.* ABSOLT Rhumatisme articulaire.

RHUMATOÏDE [rymatɔid] adj. – 1832 ◇ de *rhumatisme* et *-oïde* ■ Qui a des caractères communs, un rapport avec une forme de rhumatisme. *Polyarthrite rhumatoïde :* polyarthrite chronique évolutive caractérisée par une atteinte de la synoviale, et qui touche essentiellement les articulations des membres.

RHUMATOLOGIE [rymatɔlɔʒi] n. f. – 1945 ◇ de *rhumatisme* et *-logie* ■ MÉD. Spécialité médicale qui traite des rhumatismes. ABRÉV. FAM. **RHUMATO.** — adj. **RHUMATOLOGIQUE,** 1956.

RHUMATOLOGUE [rymatɔlɔg] n. – 1956 ; *rhumatologiste* 1953 ◇ de *rhumatologie* ■ MÉD. Médecin spécialiste de rhumatologie. ABRÉV. FAM. **RHUMATO.** *Consulter des rhumatos.*

RHUMB ou **RUMB** [rɔ̃b] n. m. – 1611, -1553 ; *ryn* 1483 ◇ altération (sous l'influence de l'espagnol *rumbo* et de l'anglais *rhumb*) de *rym de vent,* de l'anglais *rim* «cercle extérieur d'une roue» ■ MAR. Quantité angulaire comprise entre deux des trente-deux aires de vent du compas, et égale à 11° 15′. ➤ 1**aire** (de vent). ■ HOM. Rhombe.

RHUME [rym] n. m. – 1643 ; *reume* XIIIe ◇ latin *rheuma,* mot grec «écoulement d'humeurs» ■ **1** Inflammation aiguë de la muqueuse nasale. ➤ **rhinite.** *Virus du rhume.* ➤ **rhinovirus.** *Avoir, attraper un rhume.* ➤ **s'enrhumer ; refroidissement.** *Un gros, un mauvais rhume. Rhume de cerveau.* ➤ **coryza.** *Rhume chronique.* ➤ **catarrhe.** *Rhume des foins*.* ♦ LOC. FAM. VX ou RÉGION. (Canada) *En prendre pour son rhume :* se faire réprimander ; être mis à mal (cf. En prendre pour son grade*). *« tu passes ta vie à rire des autres mais t'en as eu pour ton rhume »* TREMBLAY. ■ **2** *Rhume de (la) hanche :* synovite* aiguë transitoire de la hanche.

RHUMER [rɔme] v. tr. ⟨1⟩ – 1948 ; au p. p. adj. 1932 ◇ de *rhum* ■ Additionner de rhum, parfumer au rhum. — *Eau-de-vie rhumée.*

RHUMERIE [rɔmʀi] n. f. – 1802 ◇ de *rhum* ■ **1** Distillerie de rhum. *Les sucreries et les rhumeries de la Martinique, de Cuba.* ■ **2** (1949) Café spécialisé dans les boissons au rhum.

RHYNCHITE [ʀɛ̃kit] n. m. – 1807 ◇ de *rhynch(o)-* et suffixe scientifique ■ ZOOL. Insecte *(coléoptères)* aux variétés nombreuses, nuisible aux arbres fruitiers. *Rhynchite cuivré.*

RHYNCH(O)– ■ Élément, du grec *rhugkhos* « groin, bec ».

RHYNCHONELLE [ʀɛ̃kɔnɛl] n. f. – 1839 ◇ latin savant *rhynchonella,* de *rhyncho-* ■ ZOOL. Brachiopode extrêmement répandu aux ères primaire et secondaire.

RHYNCHOTES [ʀɛ̃kɔt] n. m. pl. – 1839 ◇ de *rhyncho-* et suffixe scientifique ■ ZOOL. Hémiptères.

RHYOLITHE ou **RHYOLITE** [ʀjɔlit] n. f. – 1867, -1864 ◇ du grec *rhuô,* de *rhein* «couler», et *-lithe* ■ GÉOL. Roche volcanique de composition semblable au granite (65 à 75% de silice), mais avec une structure microlithique (feldspaths et quartz) ou vitreuse (ponce, obsidienne).

RHYTHM AND BLUES [ʀitmɛnbluz] n. m. inv. – 1959 ◇ expression de l'anglais américain, mot à mot «rythme et blues» ■ MUS. Musique populaire afro-américaine des années 50 et 60, le plus souvent chantée, influencée par le blues, le boogie-woogie, le gospel, et caractérisée par l'expressivité musicale et le recours quasi systématique à l'amplification électrique. ➤ **R'n'B.** *Le rhythm and blues, précurseur de la soul.*

RHYTIDOME [ʀitidom] n. m. – 1870 ◇ grec *rhutidôma* ou *rhutidôsis* «ride, rugosité» ■ BOT. Tissu cellulaire, fissuré, fendillé, à la périphérie du liber des plantes ligneuses, appelé couramment *écorce.*

RHYTON [ʀitɔn] n. m. – 1829 ◇ du grec *rhuton* «vase à boire», de *rhein* «couler» ■ ARCHÉOL. Coupe en corne, ou en forme de corne ou de tête d'animal, à laquelle on buvait en laissant couler le liquide vers le bas.

RIA [ʀija] n. f. – 1896 ◇ mot espagnol «baie étroite», par l'allemand (1886) ■ GÉOGR. Vallée fluviale étroite et allongée noyée par la mer. ➤ aussi **aber.** *Côtes à rias et côtes à fjords*.*

RIAD [ʀijad] n. m. – 1987 ◇ mot arabe *ryâḍ,* pluriel de *rawḍa* «jardin» ■ Au Maroc, Demeure urbaine traditionnelle, construite autour d'un patio central ou d'un jardin intérieur entouré d'une galerie. *Les riads de Marrakech. Riad transformé en maison d'hôtes.*

RIAL [R(i)jal] **n. m.** – 1964 ◊ mot farsi ■ Unité monétaire de l'Arabie saoudite, de l'Iran, du sultanat d'Oman, du Qatar, du Yémen. *Des rials.*

RIANT, RIANTE [R(i)jɑ̃, R(i)jɑ̃t] **adj.** – 1080 ◊ de *rire* ■ **1** VIEILLI Qui rit, qui aime à rire. ➤ **rieur.** ■ **2** MOD. Qui semble respirer la gaieté et y inciter, en parlant de la nature. *Campagne riante. De riantes prairies.* ■ **3** FIG. Agréable, gai. *«les imaginations sombres ou riantes»* BAINVILLE. ■ CONTR. 1 Chagrin, 1 morose, triste. Désertique, sauvage. Sombre.

R. I. B. [ɛRibe ; Rib] **n. m. inv.** – v. 1980 ◊ sigle ■ Relevé* d'identité bancaire.

RIBAMBELLE [Ribɑ̃bɛl] **n. f.** – 1790 ◊ origine inconnue, p.-ê. de *riban*, altération de *ruban*, et radical onomat. *bamb-* «balancement» ■ **1** Longue suite (de personnes ou de choses en grand nombre). ➤ **cortège, flopée, kyrielle, quantité,** FAM. **tapée,** RÉGION. **trâlée.** *«fais-lui un enfant, deux enfants, trois enfants, une ribambelle d'enfants»* HUGO. ■ **2** Bande de papier présentant une succession de motifs identiques, ceux-ci ayant été découpés dans la bande repliée. ➤ **guirlande.** *Une ribambelle de bonshommes, de sapins de Noël.*

RIBAUD, AUDE [Ribo, od] **adj.** et **n.** – XIIe ◊ de l'ancien français *riber* «faire le débauché», ancien haut allemand *rîban* «frotter» → ribote ■ VX Débauché, débauchée. *«Cette ribaude* [...] *qui crie et hurle, et entremêle ses caresses immondes de baisers avinés»* GAUTIER. ➤ **putain.**

RIBAUDEQUIN [Ribod(ə)kɛ̃] **n. m.** – 1346 ◊ ancien néerlandais *ribaudekijn*, ancien français *ribaude* «canon» ■ ANCIENNT Engin de guerre constitué par un chariot sur lequel étaient montées des pièces d'artillerie de petit calibre. ➤ **orgue.**

RIBLON [Riblɔ̃] **n. m.** – 1774 ◊ du radical germanique *riban* «frotter» ■ MÉTALL. Déchet de ferraille utilisé dans la fabrication de la fonte de seconde fusion ou de l'acier au four Martin.

RIBO- ■ Élément, du radical de *ribose*, servant à former des termes de biochimie et de biologie.

RIBOFLAVINE [Riboflavin] **n. f.** – v. 1953 ◊ de *ribo-* et *flavine* ■ BIOCHIM. Vitamine B2 présente dans les céréales, les légumes, la levure de bière et actuellement obtenue par synthèse. ➤ **lactoflavine.**

RIBONUCLÉASE [Ribonykleaz] **n. f.** – 1963 ◊ de *ribo-* et *nucléase* ■ BIOCHIM. Enzyme qui catalyse l'hydrolyse de l'acide ribonucléique* (cf. Désoxyribonucléase).

RIBONUCLÉIQUE [Ribonykleik] **adj.** – 1955 ; *acide ribose nucléique* 1949 ◊ de *ribo-* et *nucléique* ■ BIOCHIM. *Acide ribonucléique.* ➤ **ARN.**

RIBOSE [Riboz] **n. m.** – 1932 ◊ de *acide ribonique*, de *arabinose* «principe soluble de la gomme arabique», et 1*-ose* ■ BIOCHIM. Ose* de formule $C_5H_{10}O_5$, présent dans l'acide ribonucléique. *La forme réduite du ribose est le désoxyribose*.*

RIBOSOME [Ribozom] **n. m.** – 1947 ◊ de *ribo-* et *-some* ■ BIOL. CELL. Organite cytoplasmique formé d'ARN ribosomaux associés à des protéines, qui décode l'ARN messager et produit les protéines correspondantes par traduction. ➤ **polyribosome.** *Ribosomes libres, liés à la membrane. Les «ribosomes,* [...] *composants essentiels du mécanisme de traduction du code génétique, c'est-à-dire de la synthèse des protéines»* J. MONOD.

RIBOSOMIQUE [Ribozomik] **adj.** – 1963 ◊ de *ribosome* ■ BIOCHIM. Relatif au ribosome. *ARN ribosomique.* — On dit aussi **RIBOSOMAL, ALE, AUX.**

RIBOTE [Ribɔt] **n. f.** – 1790 ◊ de l'ancien verbe *riboter* (1790), altération de *ribauder*, de *ribaud* ■ VX OU PLAISANT Joyeux excès de table et de boisson. ➤ **bombance, noce, orgie.** *Faire ribote.*

RIBOULDINGUE [Ribuldɛ̃g] **n. f.** – 1892 ◊ de *dinguer* et p.-ê. du radical de *ribote*, ou de *ribouler* ■ FAM. et VIEILLI Partie de plaisir, noce. ➤ 2 **bombe, ribote.**

RIBOULER [Ribule] **v. intr.** ⟨1⟩ – 1862, formes dialectales *rebouler*, *ribouler* antérieures ◊ de 1*boule* ■ FAM. et VIEILLI *Ribouler des yeux, des quinquets :* regarder en roulant les yeux d'un air stupéfait.

RIBOZYME [Ribozim] **n. m.** – 1982 ◊ de *ribo-* et *(en)zyme* ■ BIOCHIM. Molécule d'ARN capable d'activité enzymatique. *Le ribozyme peut couper, coller, assembler d'autres morceaux d'ARN.*

RICAIN, AINE [Rikɛ̃, ɛn] **adj.** – 1918 ◊ aphérèse de *Américain* ■ FAM. Américain, Américaine des États-Unis. *Les Ricains.*

RICANEMENT [Rikanmɑ̃] **n. m.** – 1702 ◊ de *ricaner* ■ Action de ricaner (1°). ➤ aussi **moquerie.** *Les «ricanements sardoniques des détracteurs de ce grand génie»* GAUTIER. ◆ Rire bête ou gêné.

RICANER [Rikane] **v. intr.** ⟨1⟩ – 1538 ; «braire» v. 1400 ◊ de l'ancien français *recaner* «braire», du francique °*kinni* «mâchoire» ; avec influence de 1*rire* ■ **1** Rire à demi de façon méprisante ou sarcastique. *«Il avait le rictus d'un homme qui ricane»* MARTIN DU GARD. *Il ricane de tout.* ■ **2** Rire de façon stupide, sans motif ou par gêne. *Il passait son temps «à ricaner tout seul sans que l'on pût savoir pourquoi»* COURTELINE.

RICANEUR, EUSE [RikanœR, øz] **adj.** et **n.** – 1555 ◊ de *ricaner* ■ **1** Qui ricane. — PAR EXT. *Un air ricaneur.* ◆ **n.** *«ce terrible ricaneur de Margery»* DAUDET. ■ **2 adj.** (Canada) Rieur.

RICERCARE, plur. **RICERCARI** [Ritʃɛrkare, Ritʃɛrkari] **n. m.** – 1839 ; *recherche* VX 1732 ◊ mot italien, de *ricercare* «rechercher» ■ HIST. MUS. Genre de pièce instrumentale libre en style d'imitations* inauguré par les luthistes italiens à la fin du XVe s. et développé surtout par les clavecinistes et les organistes. ➤ **fantaisie, fugue.** *Les ricercari de Frescobaldi.*

RICHARD, ARDE [RiʃaR, aRd] **n.** – 1466 ◊ de *riche* ■ FAM. et PÉJ. Personne riche, qui a de la fortune. *Un gros richard.* ➤ **nabab.** *«C'est un état que nous ne souhaitons à personne, que celui d'être le* richard *de la famille»* MONTHERLANT. *Une richarde.*

RICHE [Riʃ] **adj.** et **n.** – *rice* 1050 ◊ francique °*riki* «puissant» ■ **1** Qui a de la fortune, possède des biens, et SPÉCIALT de l'argent en abondance. ➤ **argenté, cossu, fortuné, huppé, nanti, opulent, pourvu ;** FAM. **friqué, galetteux, rupin.** *Être riche* (cf. Être à l'aise, plein aux as*, cousu* d'or ; avoir du foin dans ses bottes*, de l'oseille*, RÉGION. le motton), *très riche, riche à millions, riche comme Crésus.* ➤ **richissime.** *Devenir riche.* ➤ **s'enrichir.** (XXe) PROV. PLAIS. *Il vaut mieux être riche et bien portant que pauvre et malade. — Les gens riches, assez riches.* ➤ **aisé.** *«Une des misères des gens riches est d'être trompés en tout»* ROUSSEAU. *Un riche capitaliste.* ➤ **gros.** *Hériter d'un riche parent* (cf. Un oncle* d'Amérique). *Épouser une riche héritière.* — PAR EXT. *Faire un riche mariage :* épouser une personne riche. — *Un quartier riche,* où se reflète l'opulence des habitants. ➤ **chic.** *Les pays riches,* industrialisés, développés. ➤ **prospère.** ◆ **n. m. UN RICHE, LES RICHES** (fém. rare). ➤ **milliardaire, millionnaire, multimillionnaire ; nanti ;** FAM. **capitaliste, nabab, richard.** *«Quand les riches se font la guerre, ce sont les pauvres qui meurent»* SARTRE. PROV. *On ne prête* qu'aux riches. — Un nouveau riche :* personne récemment enrichie, qui étale sa fortune avec ostentation et sans goût. ➤ **parvenu. adj.** *Il est un peu nouveau riche.* RARE *Une nouvelle riche.* — PÉJ. *Fils, gosse de riche(s) :* enfant trop gâté (cf. Fils à papa). ■ **2** (CHOSES) Qui annonce ou suppose la richesse. ➤ **coûteux, fastueux, luxueux, somptueux.** *De riches présents.* ADVT FAM. *Ça fait riche.* ■ **3** Qui contient de nombreux éléments, ou des éléments importants en abondance. *Une riche collection de livres rares. Un sol, une terre riche.* ➤ **fertile.** *Aliment riche.* ➤ **nourrissant, nutritif.** *Une nourriture trop riche. Gaz* riche. Mélange riche* (en carburant). *Langue riche* (en moyens d'expression). *Rime* riche.* — FAM. *C'est une riche nature,* une personne pleine de possibilités, énergique. *Une riche idée,* excellente. ◆ *Riche en* (et subst.). *Un sous-sol riche en minerais. Un aliment riche en vitamines. Je ne suis pas riche en petite monnaie. Une intrigue riche en rebondissements.* — *Riche de* (et subst.). *«La pensée est une activité immédiate, provisoire* [...] *mais aussi, riche de possibilités»* VALÉRY. *«C'est un rôle complexe et riche de contradictions»* GIDE. *Un livre riche d'enseignement.* ■ CONTR. Pauvre.

RICHELIEU [Riʃəljø] **n. m.** – 1910 ; *le (soulier) Richelieu* 1894 ◊ de *Richelieu*, n. pr. ■ Chaussure basse lacée. ➤ RÉGION. **molière.** *Une paire de richelieux.* — On rencontre parfois le pluriel *des richelieus* (à éviter).

RICHEMENT [Riʃmɑ̃] **adv.** – 1138 ◊ de *riche* ■ **1** De manière à rendre ou à devenir riche. *«des filles fameuses,* [...] *disparues ou richement mariées»* DAUDET. ■ **2** Avec magnificence. *Richement vêtu.* ◆ PAR EXT. *Missel richement orné* (➤ **abondamment**). ■ CONTR. Pauvrement.

RICHESSE [Riʃɛs] **n. f.** – 1138 ; plur. 1120 ◊ de *riche*

I LA RICHESSE ■ **1** Possession de grands biens, et SPÉCIALT d'argent en grande quantité. ➤ **fortune.** *Vivre dans la richesse.* ➤ **aisance, opulence.** *Signes extérieurs de richesse. «j'ai eu la faiblesse de montrer des signes extérieurs de richesse alors que ma richesse est toute intérieure !»* DEVOS. *Étaler sa richesse. «Essai sur la richesse des nations», d'Adam Smith* (1776). *«Pour la province, la richesse des nations consiste moins dans* *l'active rotation de l'argent que dans un stérile entassement»* BALZAC. *«Ce qu'il respire, ce n'est pas tant la richesse que l'enrichissement»* ROMAINS. *Il fait quelques affaires, mais ce n'est pas la richesse.* — PROV. VIEILLI *Contentement passe richesse :* il vaut mieux être heureux que riche. ♦ PAR MÉTON. Les gens riches. *«cette foule immense d'infortunés que la richesse insolente appelle la canaille»* MARAT. ▪ **2** Caractère de ce qui a du prix, une grande valeur, présente un grand intérêt ou une grande utilité. *La richesse d'un mobilier.* ➤ **éclat, magnificence, somptuosité.** *«La richesse des costumes et l'éclat du décor étouffent le drame»* FRANCE. *Richesse du vocabulaire, du style, de la langue. Une grande richesse de couleurs. Richesse d'orchestration. Richesse d'une théorie.* ➤ **fertilité.** *Grande richesse de pensée.* ➤ **fécondité.** — *Richesse intérieure :* valeur morale, spirituelle d'une personne. ▪ **3** Caractère de ce qui contient beaucoup d'éléments ou plusieurs éléments en quantité notable ou de grande importance. *Richesse d'une documentation sur un sujet.* ➤ **abondance, importance.** *Richesse du sous-sol, d'une région. La richesse d'un minerai,* sa teneur en métal. — **RICHESSE EN** (et subst.). *Richesse d'un aliment en calcium, en calories. La richesse d'un pays en pétrole.* ▪ **4** TECHN. AUTOM. Rapport entre le volume de carburant et le volume d'air du mélange introduit dans un moteur thermique. ♦ NUCL. *Richesse (d'un combustible nucléaire) :* rapport de la quantité d'isotope fissible à la quantité totale de matière.

II LES RICHESSES ▪ **1** Les possessions matérielles, l'argent. *Accumuler, amasser les richesses.* ➤ 2 **avoir,** 2 **bien.** *Courir après les richesses. Une soif insatiable de richesses* (➤ **avidité, cupidité**). ▪ **2** (1694) Tout ce qui, dans la société, peut satisfaire un besoin, et SPÉCIALT Les biens qui peuvent être objet de propriété. ➤ 2 **bien,** 2 **capital.** *Production, circulation, répartition des richesses. «l'avènement des pays pauvres au partage des richesses»* MITTERRAND. *Mise en valeur des richesses naturelles d'une région.* ➤ **ressource.** ▪ **3** Objets de grande valeur. *Richesses archéologiques.* ➤ **trésor.** *Les richesses d'une collection, d'un musée.* ♦ Biens de nature intellectuelle, spirituelle. *Les richesses d'une œuvre littéraire, musicale. «Ils exploitent en silence les richesses intellectuelles du genre humain»* Mme DE STAËL. ♦ Au sing. Bienfait, avantage. *La santé est une richesse qu'il faut préserver.*

▪ CONTR. Indigence, misère, pauvreté.

RICHISSIME [riʃisim] **adj.** – XIIIe, repris 1801 ◇ de *riche* et *-issime* ▪ Extrêmement riche. *Un financier richissime.* ➤ aussi **milliardaire.**

RICIN [risɛ̃] **n. m.** – 1548 ◇ latin *ricinus* ▪ **1** Plante *(euphorbiacées),* à grandes feuilles palmées, dont le fruit est une capsule renfermant des graines oléagineuses. — (1775) *Huile de ricin,* employée en médecine comme purgatif. *Qui contient de l'huile de ricin* (**RICINÉ, ÉE adj.,** 1871). ▪ **2** (1796-97) Insecte acarien, parasite des oiseaux. ➤ **pou.**

RICINE [risin] **n. f.** – 1934 ◇ de *ricin* ▪ Glycoprotéine présente dans les graines de ricin, toxine pouvant inhiber la synthèse des protéines et entraîner la mort cellulaire. *La ricine, toxine végétale la plus puissante, peut être utilisée comme arme biologique.*

RICKETTSIE [rikɛtsi] **n. f.** – 1910 ◇ de *Ricketts,* savant américain ▪ BACTÉRIOL. Bactérie, agent de rickettsioses, transmise à l'être humain et à l'animal par les poux, les tiques.

RICKETTSIOSE [rikɛtsjoz] **n. f.** – 1938 ◇ de *rickettsie* et 2 *-ose* ▪ MÉD. Maladie infectieuse causée par des rickettsies (typhus exanthématique, fièvre pourprée des montagnes Rocheuses, typhus à tiques, fièvre des tranchées).

RICKSHAW [rikʃo] **n. m.** – 1898 *djin-rickshô* ◇ mot hindi, par l'anglais *ricksha, rickshaw* ▪ Voiture légère à deux roues, tirée par une personne à pied ou à vélo. ➤ **cyclopousse, pousse-pousse ; vélotaxi.** *«Nombre de rickshaws stationnaient en permanence devant le portail, prêts à véhiculer les pensionnaires du Club»* ECHENOZ. ♦ Tricycle motorisé servant de taxi. ➤ **touk-touk.**

RICOCHER [rikɔʃe] **v. intr.** ⟨1⟩ – 1807 ◇ de *ricochet* ▪ Faire ricochet. ➤ **rebondir.** *La balle a ricoché sur un mur. «trouvant encore du plaisir à faire comme un enfant, ricocher des cailloux sur l'eau»* BALZAC (➤ **ricochet**).

RICOCHET [rikɔʃɛ] **n. m.** – 1604 ; *fable du Ricochet* XIIIe ◇ de *ri,* d'origine inconnue, et *coq, cochet ;* chanson à ritournelle où le mot *coq* revient ▪ **1** Rebond d'un objet plat lancé obliquement sur la surface de l'eau, ou d'un projectile renvoyé par le sol ou un corps dur. *«Il ramassait des cailloux pour faire des ricochets»* MUSSET. *«une balle dont le ricochet peut vous tuer»* BAUDELAIRE. — **FAIRE RICOCHET.** *Projectile qui fait ricochet sur le sol.* ▪ **2** FIG. **PAR RICOCHET :** par contrecoup, indirectement. *«peut-être penserai-je à toi quelquefois, par ricochet, quand je me rappellerai ce bel été»* LOTI. DR. *Dommage par ricochet.*

RICOTTA [rikɔta] **n. f.** – 1911 ; *ricotte* XVIe ◇ mot italien «qui a recuit» ▪ Fromage frais d'origine italienne, fait à partir du petit-lait d'autres fromages. *Des ricottas de vache, de brebis.*

RIC-RAC [rikrak] **loc. adv.** – *riqueraque* 1611 ; *ric à rac* XVIe ; *ric à ric* 1470 ◇ onomatopée ▪ FAM. Avec une exactitude rigoureuse. *Il nous a payé ric-rac.* — Juste suffisant, très juste. *Côté finances, ce mois-ci, c'est ric-rac.* — (PERSONNES) *Être ric-rac :* être un peu juste, manquer d'argent. *«c'est vrai qu'ils sont parfois ric-rac mes parents à la fin du mois, avec les traites»* ERNAUX.

RICTUS [riktys] **n. m.** – 1821 ◇ mot latin «ouverture de la bouche», de *ringi* «grogner en montrant les dents» ▪ **1** DIDACT. (PATHOL.) Spasme des muscles dilatateurs de la bouche donnant l'aspect de rire forcé. ♦ (animaux) *«Son rictus* [du lynx] *convulsé se retrousse avec une grimace affreuse»* GAUTIER. ▪ **2** COUR. Sourire grimaçant exprimant des sentiments négatifs. *Rictus moqueur, cruel. «Un corps de vieillard,* [...] *une tête hérissée, aiguë, au rictus ignoble»* LE CLÉZIO.

RIDAGE [ridaʒ] **n. m.** – 1842 ◇ de *rider* (II) ▪ MAR. Action de tendre pour raidir (un cordage). *Le ridage des haubans.*

RIDE [rid] **n. f.** – 1488 ; «fer à plisser» XIIIe ◇ de *rider*

I ▪ **1** Petit sillon cutané (le plus souvent au front, à la face, au cou) dû au froncement, à l'âge ou à l'amaigrissement. *Les rides résultent d'une diminution de l'élasticité de la peau. Visage creusé, sillonné de rides.* ➤ **ridé.** *Rides au coin de l'œil.* ➤ **patte-d'oie.** *Ride du lion,* entre les sourcils. *Petite ride.* ➤ **ridule.** *«Ses rides sur son front ont gravé ses exploits»* CORNEILLE. *L'immobilité de son visage «était due à son souci de ne pas creuser autour de la bouche les rides d'expression qui n'étaient plus comblées par les crèmes»* RINALDI. *Crème contre les rides.* ➤ **antiride.** ♦ FIG. *Ouvrage, film qui n'a pas pris une ride,* qui n'a pas vieilli. ▪ **2** (1690) Légère ondulation, cercles à la surface de l'eau. ➤ **onde.** *«Les rides concentriques de plus en plus faibles produites par cette chute à la surface des eaux»* MAUROIS. ♦ Pli ou sillon sur une surface. *Rides d'une pomme. Les rides d'une plaine,* plissement, ondulation. *Rides éoliennes de sable, de neige. Rides de plage :* rides d'un littoral sableux ou vaseux.

II (1634 ◇ de *rider,* II) MAR. Bout de filin qui sert à raidir ou rider (II) les haubans. ➤ **cordage.**

RIDÉ, ÉE [ride] **adj.** – XIIe «plissé» ◇ de *rider* ▪ **1** Marqué de rides. *Front ridé. Peau, main ridée. «Ce visage septuagénaire, hâlé, ridé»* BALZAC. ➤ **flétri.** ▪ **2** Qui présente des rides (I, 2°). *Fruit ridé.* ▪ CONTR. 1 Lisse.

RIDEAU [rido] **n. m.** – 1347 ◇ de *rider* «plisser», le *rideau* formant des plis ▪ **1** Pièce d'étoffe pouvant former des plis, généralement mobile (anneaux, tringle, glissières et tirette), destinée à intercepter ou tamiser la lumière, à cacher, abriter, décorer qqch. *Rideaux de fenêtres. Rideaux transparents.* ➤ 1 **voilage.** *Rideaux de dentelle.* ➤ aussi **brise-bise.** *Rideaux bonne femme,* courts et tenus par des embrasses (style rustique). *Doubles rideaux :* rideaux en tissu épais, placés pardessus des rideaux transparents. ➤ RÉGION. **tenture.** *Doubles rideaux de cretonne, de velours.* — *Rideau de perles.* — *Rideaux de lit,* protégeant le dormeur du jour et des courants d'air. ➤ **baldaquin, courtine.** *Rideau de douche.* — *Fermer, ouvrir, écarter, tirer les rideaux. Tringle* à rideau.* — LOC. *Tirer le rideau sur qqch.,* cesser de s'en occuper, d'en parler. *«Sur les noires couleurs d'un si triste tableau Il faut passer l'éponge ou tirer le rideau»* CORNEILLE. FAM. *Grimper aux rideaux :* manifester une exaltation, un plaisir extrêmes ; jouir sexuellement. (Canada) *Grimper dans les rideaux :* s'énerver. ▪ **2** (1538) Grande draperie à plis (ou toile peinte simulant une draperie) qui sépare la scène de la salle, dans un théâtre. *Lever, baisser le rideau. Au lever* du rideau. La chute* du rideau. Un lever* de rideau.* — *Rideau !* exclamation que poussent les spectateurs impatients ou, le plus souvent, mécontents ; PAR EXT. (FAM.) assez, cela suffit. ♦ LOC. FAM. *Être, tomber en rideau,* en panne. ▪ **3** Séparation plus ou moins souple qui s'abaisse et se relève. *Rideau métallique, rideau en bambou.* ♦ LOC. (1893) **RIDEAU DE FER :** rideau métallique séparant la scène de la salle en cas d'incendie. — Fermeture métallique de la devanture d'un magasin. *«je ferme la boutique. Il sortit et se mit à tourner une manivelle. Un rideau de fer descendit avec fracas»* SARTRE. *Lever, baisser le rideau :* ouvrir, fermer un magasin. — (1945 ◇ sur le modèle de l'anglais *iron curtain*) HIST. Ligne qui isolait, en Europe, les pays communistes des pays non communistes (on a dit *rideau de bambou,* à propos de la Chine). ▪ **4** Chose verticale susceptible d'intercepter la vue, de cacher. ➤ **écran.** *Rideau de verdure, d'arbres. « L'horizon était caché par des rideaux de peupliers »* DUHAMEL. ➤ **ligne.** *Un rideau de pluie. — Rideau de fumée.* ♦ *Rideaux de troupes :* cordon de troupes mobile et léger destiné à masquer et couvrir les mouvements du gros des troupes. *Rideau de feu :* tirs d'artillerie sous la protection desquels peuvent progresser les troupes. ▪ **5** PHOTOGR. *Obturateur* à rideau,* à bande de tissu ou lamelles de métal. ▪ **6** Panneau mobile servant de cloison à un meuble, constitué de lattes juxtaposées qui s'enroulent pour l'ouverture. *Classeur, secrétaire à rideau.* ▪ **7** SPORT **(rugby, football, basketball)** *Rideau (défensif) :* ligne de défense.

RIDÉE [ʀide] **n. f.** – 1846 ◊ de l'ancien sens de *rider* « tordre » ▪ CHASSE Filet à attraper les alouettes.

RIDELLE [ʀidɛl] **n. f.** – 1383 ; *reidele* XIIIe ◊ moyen haut allemand *reidel* « rondin » ; cf. allemand *Reitel* ▪ Châssis à claire-voie disposé de chaque côté d'une charrette, d'un camion, etc., afin de maintenir la charge. *« Les ridelles des camions portaient des emblèmes peints »* NIZAN. *— Wagon à ridelles.*

RIDER [ʀide] **v. tr.** ‹1› – XIIIe ; « plisser, froncer » XIIe ◊ de l'ancien haut allemand *rîdan* « tordre »

I ▪ **1** Marquer, sillonner de rides. *La vieillesse « viendra rider ton visage »* FÉNELON. ➤ 1 **flétrir.** — PRONOM. *Visage, peau qui se ride.* ▪ **2** Faire des rides (2°) à. *« Le beau lac de Némi, qu'aucun souffle ne ride »* LAMARTINE. *« Le soleil ride et confit* [...] *la grappe tôt mûrie »* COLETTE. — PRONOM. *Pomme qui se ride.*

II (1573 « tordre ») MAR. *Rider (une manœuvre dormante),* la raidir fortement à l'aide de ridoirs.

RIDICULE [ʀidikyl] **adj.** et **n. m.** – 1500 ◊ latin *ridiculus,* de *ridere* « rire »

I **adj.** ▪ **1** De nature à provoquer le rire, à exciter la moquerie, la dérision. ➤ **risible ; dérisoire.** PAR EXT. **(l'idée de rire disparaissant)** Très mauvais, d'une insignifiance méprisable. ➤ **grotesque ;** FAM. **craignos,** 2 **ringard, tarte, tocard.** — **(PERSONNES)** *Une personne ridicule. Il a été ridicule. Rendre qqn ridicule.* ➤ **ridiculiser.** *Se sentir, paraître ridicule. « Les Précieuses ridicules »,* comédie de Molière. — **(CHOSES)** *Mode extravagante et ridicule. « Je ne sais où tu as été déterrer cet attirail ridicule »* MOLIÈRE. ➤ **burlesque.** *Prétention, vanité ridicule.* ➤ **bête, sot.** *Un jargon ridicule. Superstitions ridicules.* ➤ **absurde, saugrenu.** *« Nul peuple ne saisit plus vivement le côté ridicule des choses, et dans les plus sérieuses, il trouve encore le petit mot pour rire »* GAUTIER. ♦ Dénué de bon sens. *Ne faites pas cela, c'est ridicule.* ➤ **idiot.** IMPERS. *Il serait ridicule d'accepter, qu'il s'en aille.* ➤ **absurde, déraisonnable.** ▪ **2** PAR EXT. Insignifiant. *Une somme, une quantité, un prix ridicule.* ➤ **dérisoire.**

II **n. m.** (XVIIe) ▪ **1** VX Personne ridicule. *« Cléante, au levé, Madame, a bien paru ridicule achevé »* MOLIÈRE. ♦ MOD. LOC. *Tourner qqn en ridicule,* le rendre ridicule, s'en moquer. ➤ **ridiculiser.** ▪ **2** Trait qui rend ridicule ; ce qu'il y a de ridicule. *« La tradition française, qui est de montrer les travers, les ridicules et les tares humaines pour nous en faire rire »* LÉAUTAUD. ➤ **défaut, travers.** *« le ridicule du pédantisme et de la prétention »* PROUST. *Sentir tout le ridicule d'une situation. Se donner le ridicule de* **(et l'inf.).** *« Il y a toujours quelque ridicule à parler de soi »* CLAUDEL. ♦ ABSOLT *Le ridicule :* ce qui excite le rire, provoque la moquerie. *« Le ridicule déshonore plus que le déshonneur »* LA ROCHEFOUCAULD. *« Il n'est qu'un pas du sublime au ridicule »* MICHELET. *Couvrir qqn de ridicule. Craindre le ridicule. La peur du ridicule. « Cette maladroite pudeur que l'on nomme le sens du ridicule »* DUHAMEL. *« Celui qui redoute le ridicule n'ira jamais loin en bien ni en mal, il restera en deçà de ses talents »* CIORAN. — LOC. PROV. *Le ridicule tue :* on ne se relève pas d'avoir été ridicule.

RIDICULEMENT [ʀidikylmɑ̃] **adv.** – 1552 ◊ de *ridicule* ▪ **1** D'une manière ridicule. ➤ **grotesquement.** *Ridiculement accoutré. Il s'est conduit un peu ridiculement.* ▪ **2** (1908) Dans des proportions dérisoires. *Salaire ridiculement bas.* ➤ **honteusement.**

RIDICULISER [ʀidikylize] **v. tr.** ‹1› – 1666 ◊ de *ridicule* ▪ Rendre ridicule, tourner en ridicule. ➤ **bafouer, caricaturer, chansonner, moquer, railler.** *« Jamais artiste ne fut plus ridiculisé »* BAUDELAIRE. **(Sujet chose)** *Cette réponse l'a ridiculisé.* PRONOM. *Elle s'est ridiculisée,* s'est rendue ridicule. — **n. f. RIDICULISATION,** 1983.

RIDOIR [ʀidwaʀ] **n. m.** – 1859 ◊ de *rider* (II) ▪ MAR. Appareil à poulie, vis ou crémaillère permettant de rider (un cordage).

RIDULE [ʀidyl] **n. f.** – 1956 ◊ de *ride ;* cf. *riduler* « froncer de petites rides » (1881) ▪ Petite ride. *Des ridules au coin des yeux.*

RIEL [ʀjɛl] **n. m.** – 1961 ◊ mot khmer ▪ Unité monétaire du Cambodge.

RIEMANNIEN, IENNE [ʀimanjɛ̃, jɛn] **adj.** – 1903 ◊ de *Bernhard Riemann* (1826-1866) ▪ MATH. Propre à Riemann et à ses théories mathématiques. *Géométrie riemannienne,* une des géométries non euclidiennes.

RIEN [ʀjɛ̃] **pron. indéf., n. m.** et **adv.** – fin Xe, employé avec *ne* (I, B) ◊ du latin *rem,* accusatif de *res* « chose »

REM. *Rien* (objet direct) se place normalement devant le p. p. des v. aux temps comp. et devant l'inf. : *Je n'ai rien vu. Ne rien voir.*

I ~ **pron. indéf.** (REM. Dans cet emploi, on fait la liaison et la voyelle reste nasale : *rien à dire* [ʀjɛ̃nadiʀ].) **A.** QUELQUE CHOSE (milieu XIIe) Quelque chose (dans un contexte qui n'est pas affirmatif [forme ou sens]). *Il fut incapable de rien dire,* de dire quoi* que ce soit. *Il est difficile d'en rien conclure. « Une fatigue telle que je renonce à rien exiger de moi »* GIDE. — **(Avec *ne pas,* lorsque *pas* et *rien* sont dans des propos. distinctes)** *« Je ne crois pas savoir rien de bon* [...] *ni pouvoir rien enseigner aux hommes »* NERVAL. — (milieu XIIe) LITTÉR. **(Avec *avant de, avant que*)** *« Avant que le jeune homme ait rien pu dire »* ALAIN-FOURNIER. *Réfléchir avant de rien entreprendre.* — (milieu XIIe) **(Avec *sans*)** *Rester sans rien dire. Sans qu'il dise rien.* — (fin Xe) **(Dans une interrog. dir. ou ind.)** *A-t-on jamais rien vu de pareil ?* VIEILLI *« Diable emporte si j'entends rien en médecine ! »* MOLIÈRE.

B. AUCUNE CHOSE, NULLE CHOSE (employé avec *ne*) ▪ **1** (fin Xe) **(En compl.)** *Je ne sais rien, je n'ai rien vu. Je n'y vois rien.* ➤ 1 **goutte.** *Il n'y a rien à ajouter. Je n'ai rien dit. Ne dites rien à personne. Il ne se refuse rien. Elle n'a peur de rien. « Les gens qui ne veulent rien faire de rien n'avancent rien et ne sont bons à rien »* BEAUMARCHAIS. PROV. *Qui ne risque rien n'a rien. — Vous n'aurez rien du tout* (cf. FAM. Ceinture, des clous, des nèfles, la peau, que dalle). *Cela ne me fait plus rien du tout. — Cela ne vaut rien* (cf. FAM. Pas un clou). *Je n'y comprends rien* (cf. FAM. Que dalle). *Il ne comprend rien à rien. Ça ne me dit* rien. Cela ne fait rien :* cela n'a aucune importance. *On n'y peut rien. Cela n'a rien à voir*. Ne croire à rien.* ➤ **nihiliste.** *Ça ne sert à rien. Cela n'engage à rien. « Il n'eût pour rien au monde consenti à laisser son domaine »* MAURIAC. *Je n'ai rien que mon salaire.* ➤ **seulement.** ▪ **2** (fin XIVe) **RIEN DE (suivi d'un adj. ou d'un adv. de quantité).** *Rien de précis. « À l'ouest rien de nouveau »,* film de L. Milestone, d'après E. M. Remarque. *Il n'y a rien d'autre, rien de mieux, rien de tel. N'avoir rien de mieux à faire. Je n'ai jamais rien vu d'aussi beau. « Ta parole est un chant où rien d'humain ne reste »* HUGO. — **IL N'EN EST RIEN :** rien n'est vrai de cela. — *Comme si de rien n'était :* en agissant comme si rien ne s'était passé ; en affectant l'innocence, l'indifférence, l'oubli. *« Peu après, toute la famille se mettait à table comme si de rien n'était »* P. BESSON. *— N'avoir l'air* de rien. Ne ressembler* à rien.* — (milieu XVe) **N'AVOIR RIEN DE (et subst.) :** n'avoir aucun des caractères de... *Elle n'a rien d'une intellectuelle.* — (fin XIIIe) **N'AVOIR RIEN DE (et adj.) :** n'être pas du tout. *Cela n'a rien d'impossible, rien d'anormal. La maison n'a rien de luxueux mais elle est confortable.* ▪ **3** (fin XIIe) **(Employé comme sujet)** *Rien n'est trop beau pour lui. Rien ne va plus* (SPÉCIALT il est trop tard pour miser, au jeu). *Rien ne sera plus comme avant. Rien ne dit qu'il ait tort. Rien n'y fait. Une négligence que rien n'excuse. « Rien n'a ordinairement l'air plus faux que le vrai »* GAUTIER. *— Plus rien ne bouge. Plus rien ne compte que son travail.* ▪ **4** (fin XIVe) **(Employé en attribut) N'ÊTRE RIEN :** n'avoir aucun pouvoir, aucune valeur, aucune importance. *« cette petite intrigante qui n'était rien ni personne »* A. COHEN. *« Le génie sans talent n'est rien »* VALÉRY. *N'être rien par rapport à, en comparaison de (qqn, qqch.). Elle n'est rien pour moi :* elle ne compte pas pour moi. — **CE N'EST RIEN :** c'est sans importance, sans conséquence, sans gravité. *Vous vous êtes blessé ? – Ce n'est rien* (FAM. *c'est rien*). — (1640) FAM. *Cent cinquante euros d'augmentation, ce n'est pas rien,* ce n'est pas négligeable. — *N'y être pour rien :* n'avoir aucune responsabilité (dans qqch.). ▪ **5** LITTÉR. (1534) **RIEN MOINS (QUE) :** aucunement, nullement. VIEILLI *« Ma comédie n'est rien moins que ce qu'on veut qu'elle soit »* MOLIÈRE. — (1608) MOD. *Ce n'est rien moins que sûr :* ce n'est pas du tout sûr. — Pas moins*. *« Il ne s'agissait de rien moins que d'allumer le feu de la guerre civile »* BOSSUET. *Il « ne parlait rien moins que d'intenter à Lisée un bon procès »* PERGAUD. ♦ **RIEN DE MOINS (QUE) :** rien de moins important que. *« Il ne s'agit de rien de moins que de changer une égalité en inégalité »* VALÉRY. ▪ **6** loc. adv. **EN RIEN (positif) :** en quoi que ce soit. *Elle « ne souffrait pas que l'héritier fût désobéi en rien »* ROUSSEAU. *Sans* *gêner en rien son action.* — (fin XIVe) **NE... EN RIEN :** d'aucune manière, pas du tout. *Cela ne nous touche en rien.*

C. **AUCUNE CHOSE, NULLE CHOSE** (employé sans *ne*) ■ **1** (Réponse négative à une question) *Que faites-vous ? – Rien. À quoi penses-tu ? – À rien.* ■ **2** (Phrase elliptique) *Rien à dire, c'est parfait. « Lopez était par trop antipathique, même si dans le travail rien à dire »* ECHENOZ. *Rien à faire :* la chose est impossible (cf. FAM. Pas moyen*) ; (en réponse à une demande) non (cf. Pas question*). — *Rien à signaler* (ABRÉV. FAM. R. A. S.). — FAM. *(J'en ai) rien à foutre, à cirer, à branler :* ça m'est égal (cf. Je m'en fous). — *Rien d'étonnant si vous êtes malade.* — FAM. *Mine* de rien.* — *« Je vous remercie. – De rien »* (cf. Je vous en prie*). ■ **3** (En corrélation avec un autre terme) *Ou rien. C'est tout ou rien :* il n'y a pas de demi-mesure. *C'est cela ou rien :* c'est la seule alternative, il n'y a pas d'autre choix. *Ce que nous pouvons faire ou rien, c'est la même chose :* nous ne pouvons rien faire d'utile. — **RIEN DE PLUS, RIEN DE MOINS :** exactement (ceci). *« Elle ne disait que le nécessaire, rien de plus, rien de moins »* A. HERMANT. ■ **4** (Comme second terme d'une comparaison) (milieu XVe) **MOINS, MIEUX... QUE RIEN.** *« C'était mieux que rien du tout, une telle satisfaction »* CÉLINE. *C'est moins que rien :* c'est très mauvais. — n. *Un, une moins que rien* (cf. ci-dessous II, 4° Rien du tout). — (1583) **EN MOINS DE RIEN :** en très peu de temps. ➤ **rapidement.** *« On vous volera cela en moins de rien »* STENDHAL. FAM. *Cela atteint des millions comme rien,* facilement, aisément. ■ **5** (1583) **RIEN QUE...** ➤ **seulement.** *Jurez-vous de dire toute la vérité, rien que la vérité ? « Pas la couleur, rien que la nuance ! »* VERLAINE. *Rien que de très normal dans sa réaction.* — IRON. *Il en exige le double, rien que ça !* (cf. Une paille !). — *Rien qu'un peu. C'est à moi, rien qu'à moi.* ➤ **uniquement.** — *« J'aurais donné mon dernier dollar à la concierge de Lola rien que pour la faire bavarder »* CÉLINE. *« Rien que d'y penser j'en suis choquée »* PROUST. *« n'avait-il pas cassé notre unique chaise rien qu'en s'asseyant dessus ? »* PEREC. ■ **6** (Après une prép.) Chose ou quantité nulle, ou quasi nulle. *Faire qqch. de rien. « par les temps qui courent, parler de rien, c'est déjà quelque chose »* P. DAC. *Vivre de rien. Se réduire à rien.* ➤ **zéro.** *Réduire à rien.* ➤ **néantiser.** *À propos de tout et de rien.* LOC. *On n'a rien sans rien.* ◆ (milieu XIIe) **POUR RIEN** [puʀʀjɛ̃] ; POP. [puʀəʀjɛ̃] : pour un résultat nul, en vain. *Un coup pour rien* (cf. Un coup d'épée* dans l'eau). *Se déranger pour rien.* ➤ **inutilement** (cf. FAM. Pour des prunes). — Pour une cause insignifiante, sans raison. *Beaucoup de bruit pour rien. Tu te fatigues pour rien. Ce n'est pas pour rien que je me suis fâchée.* — Sans payer. ➤ **gratuitement.** *Je l'ai eu pour rien.* PAR EXAGÉR. À bas prix, à vil prix (cf. Pour une bouchée* de pain ; trois francs* six sous). *« D'immenses terrains achetés pour rien avant la conquête »* MAUPASSANT. *C'est donné*, c'est pour rien !* (cf. Bon marché*). — LOC. PROV. *On ne fait rien pour rien. On n'a rien pour rien.* — Pour une chose de valeur nulle, insignifiante. *Compter* pour rien* (cf. Pour du beurre*). ◆ (1559) **DE RIEN ; DE RIEN DU TOUT** (compl. de nom) : sans valeur, sans importance. *« Qu'elle soit fille honnête ou fille de rien »* BRASSENS. *« Une fleur à trois pétales, une fleur de rien du tout »* SAINT-EXUPÉRY. — (Après un nombre et *fois*) *Deux, trois fois rien :* une chose insignifiante. — *Rien de rien :* rien du tout.

II **~ n. m.** (REM. Dans cet emploi, on ne fait pas de liaison : *un rien effraie* [ʀjɛ̃efʀɛ] *cet enfant.*) ■ **1** (milieu XVIe) DIDACT. ou POÉT. ➤ **néant.** *« Et tandis qu'on philosophait sur le rien de cette existence, il triomphait, ce rien, jusque dans la mort »* DAUDET. *« Si l'on demande quel est ce rien qui fonde la liberté, nous répondrons qu'on ne peut le décrire, puisqu'il* n'est pas *»* SARTRE. ■ **2** (milieu XVe) COUR. **UN RIEN :** une chose sans importance, sans valeur, insignifiante, futile. ➤ **bagatelle, vétille.** *Un rien le froisse. Un rien les amuse. Un rien l'habille. « Un souffle, une ombre, un rien, tout lui donnait la fièvre »* LA FONTAINE. — (1667) AU PLUR. **DES RIENS.** *Perdre son temps à des riens.* ➤ **bêtise, futilité, niaiserie.** *« ces mille petits riens futiles et stupides qui remplissent si bien nos journées »* TH. MONOD. — (1616) **POUR UN RIEN, DES RIENS :** pour la moindre cause, pour une raison insignifiante (cf. Pour un oui*, ou pour un non). *Se faire de la bile pour un rien. Il fait des histoires pour des riens.* — FAM. (emploi critiqué) **COMME UN RIEN** (probablt corruption de *comme rien*) : très facilement. *Il saute 1 m 50 comme un rien. Une machine qui broierait qqn comme un rien.* ■ **3** (1834) **UN RIEN DE... :** un petit peu de. *En reprenez-vous ? – Un rien* (cf. Une goutte, une larme, une miette). *« J'aimerais que notre arrivée gardât un rien d'imprévu »* ROMAINS. ➤ **brin.** *Il s'en est fallu d'un rien qu'il réussisse,* de très peu. — **EN UN RIEN DE TEMPS :** en très peu de temps. ➤ **promptement.** *Il était prêt en un rien de temps.* ◆ **loc. adv.** (1544) **UN RIEN :** un petit peu, légèrement (cf. Un tantinet). *Costume un rien trop grand. « des gaufrettes ramollies qui sentaient le fond de tiroir et un rien aussi le pétrole »* ROMAINS. ■ **4** n. VIEILLI **UN, UNE RIEN DU TOUT :** une personne méprisable (socialement, moralement). *« Oh ! ces riens du tout [...] on sait comment elles le gagnent, l'argent »* ZOLA.

III **~ adv.** (1873) POP. et VIEILLI (PAR ANTIPHR.) Très. ➤ **drôlement, rudement.** *Il fait rien froid ! « Elles sont rien drôles ! »* ZOLA. *« C'est rien bath ici ! »* QUENEAU.

■ CONTR. Chose (quelque chose), tout. Beaucoup.

RIESLING [ʀisliŋ] **n. m.** – v. 1750 ◊ mot allemand ■ Cépage blanc à vin fin cultivé en Rhénanie, en Alsace, etc. — Vin blanc sec fabriqué avec ce cépage. *Un verre de riesling. Des rieslings.*

RIEUR, RIEUSE [ʀ(i)jœʀ, ʀ(i)jøz] **n. et adj.** – 1460 ◊ de 1 *rire* ■ **1** Personne qui rit, est en train de rire. *De jolies rieuses.* — LOC. (1775) *Avoir, mettre les rieurs de son côté, avec soi :* faire rire aux dépens de son adversaire ; et PAR EXT. avoir l'approbation de la majorité. *« Dans ces assauts d'impertinence, Santos avait toujours les rieurs – et les rieuses aussi – de son côté »* LARBAUD. ◆ RARE Personne qui aime à rire, à plaisanter. *« Je n'ai jamais vu un rieur si déterminé ; il avait toujours à nous raconter des histoires qui me faisaient pâmer »* GOBINEAU. ■ **2 adj.** (1636) COUR. Qui aime à rire, à s'amuser, à plaisanter. ➤ **gai* ; enjoué.** *Un enfant rieur.* ◆ PAR EXT. Qui indique, annonce la gaieté. *Un visage ouvert et rieur. Yeux rieurs.* ➤ **riant.** — LITTÉR. *« En la clarté rose et rieuse des matins »* H. DE RÉGNIER. ◆ (1764) *Mouette rieuse* (ainsi nommée à cause de son cri saccadé). — **n. f.** *Une rieuse.* ■ CONTR. Douloureux, 1 morne, 1 morose, triste.

1 **RIF** [ʀif] **n. m.** – 1627 *riffle ;* 1598 *riffe ; rufle* « feu de Saint-Antoine » 1455 ◊ de l'argot italien *ruffo* « feu », du latin *rufus* « rouge » ■ ARG. ■ **1** VX Feu. *Mettre le rif.* ■ **2** (1914) Feu (de la zone des combats), combat. ➤ **riflette.** ◆ Bagarre (cf. Rififi). *Chercher du rif :* chercher la bagarre. ■ **3** Arme à feu, revolver. ■ HOM. Riff.

2 **RIF** [ʀif] **n. m.** – 1854 ◊ de l'arabe ■ (Maghreb) Campagne (I, 2°, 3°). *Les populations du rif.* ➤ **bled.**

RIFF [ʀif] **n. m.** – 1946 ◊ mot anglais américain ■ MUS. Courte phrase musicale, d'un dessin mélodique et rythmique simple et marqué, répétée par un instrument (en jazz, blues, rock...). *Riff de guitare. « J'enchaînai quelques accords, lançai quelques riffs »* DJIAN. ■ HOM. Rif.

RIFIFI [ʀififi] **n. m.** – 1942 ◊ de 1 *rif* « combat » ■ ARG. Bagarre. *« Lui cherche pas d'rififi. Laisse tomber. »* LE BRETON.

1 **RIFLARD** [ʀiflaʀ] **n. m.** – 1450 ◊ de *rifler* ■ TECHN. ■ **1** La laine la plus longue et la plus avantageuse d'une toison. ■ **2** Outil à tranchant convexe. — SPÉCIALT (1622) Rabot de charpentier, de menuisier et d'ébéniste qui sert à dégrossir le bois (avant le travail de la varlope). — Ciseau dentelé de sculpteur. — Outil de maçon à lame mince et large. — Grosse lime à métaux.

2 **RIFLARD** [ʀiflaʀ] **n. m.** – 1825 ◊ nom d'un personnage de *« La Petite Ville »* (1801), comédie de Picard ■ FAM. VIEILLI Parapluie. ➤ 2 **pépin.**

RIFLE [ʀifl] **n. m.** – 1833 n. f. ◊ mot anglais, de *to rifle,* du français *rifler* ■ Carabine d'origine anglaise (et PAR EXT. pistolet) à long canon rayé. *« L'arrière-garde montée suit, le rifle en bandoulière, le chapeau de cuir sur l'oreille »* CENDRARS. — (1919) *Carabine 22 long rifle :* carabine de chasse ou de sport (calibre 22/100 de pouce, soit 5,58 mm).

RIFLER [ʀifle] **v. tr.** ‹1› – 1765 ; « égratigner » XIIe ◊ ancien haut allemand *riffilôn* « déchirer en frottant » ■ TECHN. Dresser (le bois), limer (le métal), etc., avec un riflard (1, 2°) ou une lime appelée *rifloir* (**n. m.**)

RIFLETTE [ʀiflɛt] **n. f.** – 1915 ◊ de *rifle* → 1 rif ■ ARG. Guerre. ➤ 1 **rif.**

RIFT [ʀift] **n. m.** – 1942 ◊ mot anglais, abrév. de *rift-valley* « fossé d'effondrement » ■ GÉOGR. Fossé tectonique long de plusieurs centaines ou de plusieurs milliers de kilomètres, correspondant à une zone de fracture de l'écorce terrestre. *Les grands rifts du bouclier africain. « On vivait sur l'axe du grand rift, à l'endroit même où l'Afrique se fracture »* G. FAYE. *Rifts continentaux.*

RIGATONI [ʀigatɔni] **n. m.** – 1990 ◊ mot italien, plur. de *rigatone* « grosse strie *(riga)* » ■ AU PLUR. Pâtes alimentaires en forme de gros tuyau strié. *Des rigatonis aux quatre fromages.*

RIGAUDON [ʀigodɔ̃ ; ʀigodɔ̃] **n. m.** – 1694 ; *rigodon* 1673 ◊ origine inconnue, p.-ê. de *Rigaud,* n. pr. ■ Danse française en vogue aux XVIIe et XVIIIe s. ◆ Air très vif à deux temps sur lequel on la dansait. *Jouer un rigaudon.* — On écrit aussi *rigodon.*

RIGIDE [Riʒid] adj. – 1457 ◇ latin *rigidus* → raide ■ **1** Qui se refuse aux concessions, aux compromis, aux ménagements. *Moraliste rigide.* ➤ **austère, grave ; inflexible.** *Les règles monastiques les plus rigides.* ➤ **rigoureux, strict.** *« C'était un pensionnat dévot, d'une moralité rigide »* ZOLA. *Éducation rigide.* ➤ **sévère.** ◆ Qui manque de souplesse. *Classification trop rigide. « Notre syntaxe est des plus rigides »* VALÉRY. ■ **2** (1523) Qui reste droit, qui ne fléchit pas, résiste aux efforts de déformation. ➤ **dur, raide.** *Tige, armature rigide. Papier, carton rigide. Livre à couverture rigide. Col rigide.* — adv. **RIGIDEMENT,** 1573. ■ CONTR. Accommodant, doux. Flexible, 1 mou, souple.

RIGIDIFIER [Riʒidifje] v. tr. ‹7› – 1885 ◇ de *rigide* ■ DIDACT. Rendre rigide, plus rigide. *La peur rigidifie ses traits.* ➤ **raidir,** 1 **tendre.**

RIGIDITÉ [Riʒidite] n. f. – 1641 ◇ latin *rigiditas,* de *rigidus* → rigide ■ **1** Caractère d'une personne ou d'une chose rigide (1°). *La rigidité d'un magistrat, d'un puritain. Rigidité des principes.* ➤ **austérité, puritanisme, rigorisme, sévérité.** *Rigidité du caractère.* ➤ **inflexibilité ; psychorigidité.** *« On y sentait la froideur des mœurs anciennes et la rigidité des mœurs de province »* FROMENTIN. ■ **2** (1761) Caractère de ce qui est rigide (2°). ➤ **raideur.** *Rigidité des muscles dans certaines maladies* (tétanie, tétanos). *Rigidité pupillaire :* absence ou lenteur de la contraction de la pupille à la lumière ou lors de l'accommodation à la distance. (1857) *Rigidité cadavérique,* due à la coagulation de certaines substances dans les muscles après la mort. — *Rigidité d'un papier, des poils d'une brosse.* ➤ **dureté.** ◆ Aspect rigide. *La rigidité des lignes, des contours.* ◆ (1782) PHYS. Résistance qu'une substance solide oppose aux efforts de torsion ou de cisaillement. — *Rigidité diélectrique :* valeur maximale du champ électrique que peut supporter un isolant sans claquer. ■ CONTR. Douceur. Abandon. Élasticité, flexibilité, souplesse.

RIGODON ➤ **RIGAUDON**

RIGOLADE [Rigɔlad] n. f. – 1844 ; « bamboche » 1815 ◇ de *rigoler* ■ FAM. ■ **1** Amusement, divertissement ; rire. ➤ FAM. **déconnade, marrade.** *Une partie de rigolade. Je les trouve « trop jouisseurs, trop portés à la rigolade »* GONCOURT. — *À la rigolade :* comme une plaisanterie. *Il faut prendre ça à la rigolade.* ■ **2** (1875) Chose ridicule, peu sérieuse ou sans importance. ➤ 2 **farce,** FAM. **foutaise, plaisanterie.** *C'est une vaste rigolade.* ➤ **blague.** *« ce n'est pas moi qui traiterais la Révolution comme une rigolade »* VALLÈS. ◆ (Collectif) *C'est de la rigolade.* ■ **3** Chose facile, très simple.

RIGOLAGE [Rigɔlaʒ] n. m. – 1845 ◇ de *rigoler* « creuser des *rigoles* » (1297) ■ TECHN. Creusement de rigoles pour irriguer, drainer. — HORTIC. Opération qui consiste à tracer des rigoles (3°) pour semer.

RIGOLARD, ARDE [Rigɔlar, ard] adj. et n. – 1867 ◇ de *rigoler* ■ FAM. Qui rigole ; gai*. *Un air rigolard.* ➤ **hilare, réjoui.** — n. RARE *Un petit rigolard.* ➤ **rigolo.**

RIGOLE [Rigɔl] n. f. – *rigolle* 1339 ; *regol* 1210 ◇ moyen néerlandais *regel* « rangée » et *richel* « rigole d'écoulement » ; latin *regula* → règle ■ **1** Petit conduit creusé dans une pierre ou petit fossé aménagé dans la terre, qui sert à amener ou à évacuer l'eau. ➤ **canal, caniveau, fossé, ruisseau, saignée.** *Rigole d'irrigation, d'assèchement, d'écoulement. « un petit bassin entouré de briques où des rigoles amènent l'eau aux heures de l'arrosement »* GAUTIER. ■ **2** Filet d'eau qui ruisselle par terre. *La pluie forme des rigoles.* ■ **3** (1660) TECHN. (CONSTR.) Tranchée étroite dans laquelle sont établies les fondations d'un mur de clôture. ◆ (1667) HORTIC. Sillon de faible profondeur où l'on sème des graines, où l'on met des plants. *Planter en rigole.* ◆ PÊCHE Endroit resserré d'une rivière où abondent certains poissons (chevesne, barbeau).

RIGOLER [Rigɔle] v. intr. ‹1› – 1821 ; « faire la fête » fin XIIIe ◇ origine inconnue, p.-ê. croisement de *rire* avec l'ancien français *riole* « partie de plaisir » ■ FAM. ■ **1** Rire, s'amuser. ➤ **se marrer ; rigolade.** *On a bien rigolé. Je suis sortie, « déguisée en homme, histoire de rigoler plutôt »* PROUST. *« j'ai pas toujours rigolé [...] Mais j'ai vécu »* SARTRE. *Il n'y a pas de quoi rigoler :* ce n'est pas drôle ; c'est très sérieux. ■ **2** (1875) Plaisanter. *J'ai dit ça pour rigoler. « taillez-vous maintenant je rigole pas »* DUVERT. *Il ne faut pas rigoler avec ça.* ➤ **badiner ;** FAM. **blaguer, déconner.** *Tu rigoles !,* tu ne parles pas sérieusement. ■ **3** Se moquer. *Il vaut mieux en rigoler.*

RIGOLEUR, EUSE [Rigɔlœr, øz] adj. et n. – 1580 ; « railleur » 1398 ◇ de *rigoler* ■ **1** VX FAM. Qui aime à rire, à se donner du bon temps. ➤ **rigolo.** ■ **2** (1887) VIEILLI Qui exprime la gaieté. ➤ **rieur,** FAM. **rigolard.** *« petits yeux rigoleurs et nez en l'air »* MALRAUX.

RIGOLO, OTE [Rigɔlo, ɔt] adj. et n. – 1848 ◇ de *rigoler*

I adj. FAM. ■ **1** Qui amuse, qui fait rigoler. ➤ **amusant, comique, drôle*** (II, 1°). *Un type rigolo. Une femme rigolote. « Vous êtes rigolote vous. Vous n'avez pas l'air de vous en faire »* QUENEAU. *Film rigolo. Ce qui nous arrive n'est pas rigolo.* — RÉGION. (fém. inv.) *Elle est rigolo ; une histoire très rigolo.* ■ **2** (1945) PAR EXT. Curieux, étrange. ➤ **drôle** (II, 2°). *Tiens, c'est rigolo, on n'entend plus rien.*

II n. ■ **1** FAM. Personne amusante. ➤ **luron.** *Ta copine, c'est pas une rigolote.* ■ **2** (1946) PÉJ. Personne à qui l'on ne peut pas faire confiance. ➤ **charlot, plaisantin.** *C'est un petit rigolo,* un farceur, un fumiste. ■ **3** n. m. (1886) ARG. VIEILLI Revolver. *« Ton père tuerait quelqu'un avec ce rigolo »* CARCO.

RIGORISME [Rigɔrism] n. m. – 1696 ◇ du latin *rigor, rigoris* « rigueur » ■ Respect très strict, parfois outré ou affecté, des règles de la religion ou des principes de la morale. ➤ **austérité, puritanisme, rigidité, rigueur, sévérité.** *« Votre rigorisme, votre amour du devoir ne proviennent que de votre goût naturel pour ce qui est sombre et amer »* JALOUX. ■ CONTR. Laxisme.

RIGORISTE [Rigɔrist] n. et adj. – 1683 ◇ du latin *rigor, rigoris* « rigueur » ■ **1** Personne qui fait preuve de rigorisme moral ou religieux. ➤ **puritain.** ◆ adj. ➤ **intransigeant, rigoureux, sévère.** *« Il est si commode d'être rigoriste dans ses discours ! cela ne nuit jamais qu'aux autres, et ne nous gêne aucunement »* LACLOS. *Attitude, opinion rigoriste.* ■ **2** ÉCON. Partisan d'une politique de rigueur, d'austérité. ■ CONTR. Laxiste.

RIGOTTE [Rigɔt] n. f. – 1890 ◇ région., emprunté à l'italien *ricotta* ■ Petit fromage plat et cylindrique, fabriqué dans le Lyonnais à partir d'un mélange de lait de chèvre et de vache. *Rigotte de Condrieu.*

RIGOUREUSEMENT [Rigurøzmɑ̃] adv. – 1383 ◇ de *rigoureux* ■ **1** VIEILLI Avec rigueur, dureté. *« Hé ! ne me traite pas si rigoureusement »* MOLIÈRE. ■ **2** D'une manière stricte. *S'en tenir rigoureusement à la règle.* ➤ **étroitement, scrupuleusement.** *Il est rigoureusement interdit de fumer.* ➤ **formellement, strictement.** ◆ PAR EXT. Absolument ; totalement. *C'est rigoureusement la même chose. Calcul rigoureusement exact.* ■ **3** (1559) Avec exactitude, minutie. *Consignes rigoureusement respectées.* ➤ **exactement.** ■ CONTR. Doucement. Approximativement.

RIGOUREUX, EUSE [Rigurø, øz] adj. – 1330 ◇ latin *rigorosus,* de *rigor* → rigueur ■ **1** Qui fait preuve de rigueur, de sévérité. *Censeur rigoureux.* — *Sanction, punition rigoureuse.* ➤ **draconien, dur, implacable, sévère.** *Morale rigoureuse.* ➤ **austère, inflexible, rigide, rigoriste.** ■ **2** (1382) Dur à supporter, pénible, cruel. *Châtiment rigoureux. Sort rigoureux. Un hiver rigoureux.* ➤ **rude.** ■ **3** (1529) D'une exactitude inflexible et stricte. *Observation rigoureuse des bienséances.* ➤ **étroit, strict.** *Une rigoureuse neutralité.* ➤ **absolu.** *Au sens le plus rigoureux du terme.* ➤ **juste.** ◆ Qui est mené avec la plus grande rigueur, la plus grande précision. *Classification, définition, analyse rigoureuse.* ➤ **exact,** 1 **précis.** *Logique rigoureuse.* ➤ **implacable, serré.** *Analyse, déduction rigoureuse.* ➤ **certain, mathématique, scientifique.** — (PERSONNES) *Être rigoureux dans une démonstration.* — *Esprit rigoureux.* ■ CONTR. Doux, indulgent. Approximatif, 1 incertain.

RIGUEUR [Rigœr] n. f. – *rigor* fin XIIe ◇ latin *rigor* ■ **1** Sévérité, dureté extrême. *La rigueur d'une répression. Traiter qqn avec rigueur.* — *Arrêts* de rigueur.* — *Morale d'une rigueur excessive.* ➤ **rigorisme.** *« Catholique de naissance [...], il avait respiré dans sa montagne un reste de rigueur protestante »* ROMAINS. — LOC. **TENIR RIGUEUR à qqn,** ne pas lui pardonner, lui garder rancune. *On ne peut pas lui en tenir rigueur.* ◆ *La rigueur du froid hivernal.* ➤ **âpreté.** ■ **2** AU PLUR., VX OU LITTÉR. Acte de sévérité, de cruauté. *« La mort a des rigueurs à nulle autre pareilles »* MALHERBE. — *Les rigueurs du sort, de la pauvreté.* SPÉCIALT Intempéries. *« au sortir des rigueurs de l'hiver »* LA FONTAINE. ■ **3** Exactitude, précision, logique inflexible. *Rigueur du jugement, de l'esprit.* ➤ **rectitude.** — *Esprit de rigueur. La rigueur d'un raisonnement, d'un calcul. Récit, œuvre dramatique qui manque de rigueur. Rigueur dans l'exécution.* ➤ **fermeté, netteté.** ◆ *Politique de rigueur :* mesures économiques visant à comprimer les dépenses budgétaires, la consommation et l'investissement, afin de lutter contre l'inflation. ➤ **austérité.** ■ **4** loc. adj. (1690) **DE RIGUEUR :** exigé, imposé par les usages, les règlements. ➤ **obligatoire.** *« les lotus artificiels à pétales d'argent qui sont de rigueur pour les funérailles »* LOTI. *Il était de rigueur de les en informer.* — *Une tenue correcte est de rigueur.* — *Délai de rigueur,* qui ne pourra être prolongé. ■ **5** loc. adv. **À LA RIGUEUR :** (VX) avec la plus grande exactitude. ➤ **rigoureusement.** — (1724) MOD. En cas de nécessité absolue ;

en s'en tenant à ce qui est strictement nécessaire (cf. Au pis* aller). *On peut à la rigueur le comprendre. À l'extrême rigueur :* en allant à la limite de l'acceptable. ◆ *En toute rigueur,* absolument, rigoureusement. *En toute rigueur, l'autorisation aurait dû vous être refusée.* ■ CONTR. Douceur, indulgence. Approximation, incertitude.

RIKIKI ➤ **RIQUIQUI**

RILLETTES [Rijɛt] n. f. pl. – 1836 ; *rihelete* «lardon» XIVe ◇ diminutif de l'ancien français *rille* «morceau de porc», variante dialectale de *reille* «planchette» ; latin *regula* ■ Charcuterie faite de viande de porc, d'oie, etc. hachée et cuite dans la graisse. ➤ RÉGION. **cretons.** *Pot de rillettes. Rillettes de Tours, du Mans.* — *Rillettes de thon.*

RILLONS [Rijɔ̃] n. m. pl. – 1833 ; hapax 1611 sing. ◇ de *rille* → rillettes ■ Résidus de viande de porc qu'on a fait fondre pour en obtenir la graisse. Morceaux de porc cuits dans la graisse et servis froid. ➤ **cretons, fritons, grattons, greubons, rillettes.** — On trouve aussi les variantes régionales (Anjou) *rillauds* et *rillots.*

RIMAILLER [Rimɑje] v. intr. ‹ 1 › – 1649 ; *rithmailler* avant 1553 ◇ de *rimer* et suffixe péj. *-ailler* ■ VIEILLI Faire de mauvais vers. — n. (1518) **RIMAILLEUR, EUSE.**

RIMAYE [Rimaj] n. f. – 1839 ◇ mot savoyard, du latin *rima* «fente» ■ RÉGION., GÉOGR. Crevasse marquant le départ de l'écoulement glaciaire, entre la roche et le névé ou entre un névé et le glacier qu'il alimente. — GÉOL. *Mur de rimaye :* paroi à pente forte d'un cirque d'origine glaciaire.

RIME [Rim] n. f. – v. 1160 ◇ de *rimer* ■ **1** Disposition de sons identiques à la finale de mots placés à la fin de deux unités rythmiques ; élément de versification, procédé poétique que constitue cette homophonie. *Rime et assonance*. Mot employé pour la rime.* «*Rime, qui donnes leurs sons Aux chansons*» SAINTE-BEUVE. «*nous ne pourrons jamais secouer le joug de la rime ; elle est essentielle à la poésie française*» VOLTAIRE. «*Ô qui dira les torts de la Rime*» VERLAINE. — *Rime riche,* comprenant au moins une voyelle et sa consonne d'appui (ex. image – hommage). *Rime pauvre* (ex. ami – pari). — *Rime féminine, masculine,* terminée par *e* muet ou non. *Rimes plates*, rimes croisées** (ou *alternées*), *rimes embrassées*. Rime intérieure,* à l'hémistiche. — *Rime pour l'oreille* (rime véritable) *et rime pour l'œil* (ex. aimer – amer). *Rime en -age, en -ment,* etc., mots terminés par ces finales. *Dictionnaire de rimes.* ■ **2** LOC. **SANS RIME NI RAISON :** d'une manière incompréhensible, absurde. *Il est parti sans rime ni raison. Ça n'a ni rime ni raison,* aucun sens. — (Au sens 1°) «*Il faut que la rime soit raison*» ALAIN.

RIMER [Rime] v. ‹ 1 › – v. 1120 ◇ francique °*riman,* de °*rim* «série, nombre» ■ **1** v. intr. Faire des vers ; trouver des rimes (plus ou moins bonnes) (souvent péj.). ➤ **rimailler ; rimeur.** «*L'art dangereux de rimer et d'écrire*» BOILEAU. «*rimer* [...] *est devenu par un étrange coup du sort, le contraire de la poésie*» ARAGON. ■ **2** (1530) Constituer une rime, avoir des finales identiques. *Un mot qui rime à* (VX), *avec un autre.* «*un couplet patriotique au cours duquel frusques rimait avec Étrusques*» QUENEAU. — LOC. (1780) *Cela ne rime à rien :* cela n'a aucun sens. ➤ **correspondre, signifier.** «*Voyons, Pierre, à quoi cela rime-t-il de se mettre dans un état pareil, tu n'es pourtant pas un enfant*» MAUPASSANT. ◆ FIG. Équivaloir à, aller de pair. *Vacances rime avec soleil.* ■ **3** v. tr. (1170) Mettre en vers. *Rimer une chanson.* — p. p. adj. Pourvu de rimes. *Poésie rimée ou assonancée.* ➤ aussi **bout-rimé.**

RIMEUR, EUSE [RimœR, øz] n. – XVIe ; «poète» 1210 ◇ de *rimer* ■ PÉJ. Poète sans inspiration. ➤ **versificateur.**

RIMMEL [Rimɛl] n. m. – 1929 ◇ n. déposé, p.-ê. de *Rimmel,* n. pr. ■ Fard pour les cils. ➤ **mascara.** «*J'aurais fait n'importe quoi pour empêcher la pauvre Elsa de pleurer, son rimmel de fondre*» SAGAN.

RINÇAGE [Rɛ̃saʒ] n. m. – 1845 ◇ de *rincer* ■ Action de rincer. *Le rinçage du linge, de la vaisselle.* — *Produit de rinçage,* qu'on ajoute à l'eau de rinçage. ◆ Teinture qui colore légèrement les cheveux. *Se faire faire un rinçage chez le coiffeur.* «*Ses cheveux blanchissent mais elle refuse qu'on lui fasse une teinture, même un rinçage*» H. GUIBERT.

RINCEAU [Rɛ̃so] n. m. – 1553 ; *rainsel* «rameau» 1210 ◇ latin populaire °*ramuscellus,* bas latin *ramusculus,* de *ramus* → rameau ■ Arabesque* végétale sculptée ou peinte, servant d'ornement en architecture et dans différents arts décoratifs. «*Un enlacement inextricable de fleurons, de rinceaux, d'acanthes*» GAUTIER.

RINCE-BOUCHE [Rɛ̃sbuʃ] n. m. – 1842 ◇ de *rincer* et *bouche* ■ **1** Petit récipient contenant de l'eau, qu'on présentait à la fin du repas pour se rincer la bouche. *Des rince-bouches.* ■ **2** Liquide antiseptique pour rafraîchir l'haleine. ➤ **bain** (de bouche).

RINCE-BOUTEILLE [Rɛ̃sbutɛj] n. m. – 1894 ◇ de *rincer* et *bouteille* ■ Appareil servant à nettoyer les bouteilles, les récipients. ➤ **rinceuse.** *Des rince-bouteilles.*

RINCE-DOIGTS n. m. inv. ou **RINCE-DOIGT** [Rɛ̃sdwa] n. m. – 1907 ◇ de *rincer* et *doigt* ■ Petit récipient, bol contenant de l'eau (parfumée de citron, etc.) servant à se rincer les doigts à table. *Des rince-doigts.*

RINCÉE [Rɛ̃se] n. f. – 1791 ◇ de *rincer* (4°) ■ FAM. ■ **1** VIEILLI Volée* de coups. — FIG. Défaite. ■ **2** (1832) Pluie torrentielle. ➤ **saucée.**

RINCER [Rɛ̃se] v. tr. ‹ 3 › – *raincer* 1210 ◇ de *recincier* (1190), latin populaire °*recentiare,* bas latin *recentare* «rafraîchir», de *recens* «frais» ; cf. *récent* ■ **1** Nettoyer à l'eau (un récipient). ➤ **laver.** *Rincer des verres, des bouteilles.* «*une fois son assiette si parfaitement torchée* [...] *ce serait gâcher de l'eau que de la rincer*» QUENEAU. ■ **2** (1828) Passer à l'eau (ce qui a été lavé) pour enlever les produits de lavage (savon, etc.). *Laver, rincer et essorer du linge.* — *Se rincer la bouche après s'être lavé les dents. Se rincer les mains.* PRONOM. *Se rincer :* se laver à grande eau après s'être savonné. *Se rincer sous la douche.* ◆ FIG. et FAM. Mouiller abondamment, en parlant de la pluie. *Se faire rincer.* ■ **3** LOC. FAM. (XVe) *Se rincer le gosier, la dalle :* boire. — *Se rincer l'œil :* regarder avec plaisir (une chose belle, agréable, et SPÉCIALT une belle femme). «*Il y a un tas de satyres, c'est le mot, qui viennent pour se rincer l'œil*» QUENEAU. ■ **4** FIG. (1821 ; *rainser* «battre» 1391) POP. Voler, ruiner. *Il s'est fait rincer* (au jeu). ➤ **lessiver.** — *Il est rincé :* il a tout perdu. ◆ PAR EXT. FAM. *Être rincé,* épuisé, très fatigué. «*Quarante ans à bosser à la conserverie, et à la fin il était tellement rincé qu'il avait plus le goût à rien*» O. ADAM.

RINCETTE [Rɛ̃sɛt] n. f. – 1857 ◇ de *rincer* ■ FAM. «Nouveau coup de vin qu'on se fait donner, soi-disant pour rincer le verre» (Littré). — RÉGION. Eau-de-vie qu'on boit dans sa tasse, après le café. ◆ POP. Eau-de-vie. *Un coup de rincette.*

RINCEUR, EUSE [Rɛ̃sœR, øz] n. – 1611 ; *rinceur de godets* «buveur» v. 1490 ◇ de *rincer* ■ **1** Personne qui est chargée de rincer la vaisselle (➤ **plongeur**). ■ **2** n. f. (1904) **RINCEUSE.** Rince-bouteille.

RINÇURE [Rɛ̃syR] n. f. – 1680 ; *rainsseures* 1393 ◇ de *rincer* ■ Eau qui a servi à rincer (des verres, de la vaisselle). ➤ **lavure.** ◆ *Rinçure de tonneau :* boisson faite de l'eau avec laquelle on a rincé les tonneaux. ◆ FAM. *De la rinçure :* une mauvaise boisson (vin, bière, etc.).

RINFORZANDO [Rinfɔrtsando ; Rinfɔrdzɑ̃do] adv. et n. m. – 1775 ◇ mot italien, de *rinforzare* «renforcer» ■ MUS. En renforçant subitement le son (indication de mouvement). ADJT INV. *Un accent rinforzando.* — n. m. *Des rinforzandos.*

1 **RING** [Riŋ] n. m. – 1829 ◇ mot anglais, proprt «cercle» ■ **1** VX Enceinte où se tenaient les parieurs dans les courses de chevaux. ◆ VX Arène d'un cirque. ➤ **piste.** ■ **2** (1850) MOD. Estrade carrée entourée de trois rangs de cordes, sur laquelle combattent des boxeurs, des catcheurs. *Monter sur le ring.* ◆ PAR EXT. La boxe. «*Le grand pugiliste, une des plus pures figures du ring américain*» MORAND.

2 **RING** [Riŋ] n. m. – date inconnue ◇ de l'allemand *Ring,* d'abord «anneau, cercle» ■ (Belgique) Périphérique qui contourne une ville. *Le ring de Bruxelles.* ➤ **rocade ;** RÉGION. **contournement.**

1 **RINGARD** [Rɛ̃gaR] n. m. – 1731 ◇ wallon *ringuèle* «levier», de l'allemand dialectal *Rengel* «rondin» ■ Tige de fer servant à attiser le feu, décrasser les grilles, retirer les scories, etc. ➤ **pique-feu, tisonnier.** *Il alla s'asseoir* «*à côté du feu qu'il se mit à tisonner soigneusement avec un ringard*» MAC ORLAN. — v. tr. ‹ 1 › **RINGARDER,** 1873.

2 **RINGARD, ARDE** [Rɛ̃gaR, aRd] n. et adj. – v. 1960 ◇ origine inconnue ; p.-ê. n. propre ■ FAM. ■ **1** (Rare au fém.) Artiste sans talent et passé de mode. ➤ **tocard.** — Personne incapable, médiocre. ➤ **nullité.** *Quel ringard !* ◆ Personne qui n'est pas dans le vent. *Dans cette boîte de nuit il n'y a plus que des ringards.* ■ **2** adj. (CHOSES) Qui est démodé, ridiculement vieillot ; ou de mauvaise qualité, de mauvais goût. ➤ RÉGION. **quétaine.** *Un film, un spectacle ringard. Une fête ringarde. Ça fait ringard.* ➤ **tarte.** ■ CONTR. Branché.

RINGARDISE [ʀɛ̃gaʀdiz] **n. f.** – 1974 ◊ de 2*ringard* ■ FAM. Caractère ringard, démodé et un peu ridicule.

RINGARDISER [ʀɛ̃gaʀdize] **v. tr.** ‹1› – 1985 ◊ de 2*ringard* ■ Rendre ringard. — PRONOM. *Ce style s'est ringardisé.* — **n. f. RINGARDISATION.**

RIPAGE [ʀipaʒ] **n. m.** – 1846 ◊ de *riper* ■ TECHN. ■ **1** Action de riper. *Ripage d'une pierre,* opération consistant à la racler et la polir à l'aide de la ripe. ■ **2** (1904) Dérapage (des roues, d'un véhicule, d'un outil).

RIPAILLE [ʀipɑj] **n. f.** – 1579 ◊ de *riper* «gratter», au fig. ; moyen néerlandais *rippen* «racler, palper» ■ FAM. VIEILLI Repas où l'on mange beaucoup et bien. ➤ **festin,** FAM. **gueuleton.** *Faire ripaille.* ➤ **bombance.**

RIPAILLER [ʀipɑje] **v. intr.** ‹1› – 1821 ◊ de *ripaille* ■ VIEILLI Faire ripaille. ➤ FAM. **gueuletonner.** *«On boit, on rit, on chante, on ripaille»* HUGO.

RIPAILLEUR, EUSE [ʀipɑjœʀ, øz] **n. et adj.** – *ripailleux* fin XVIe ◊ de *ripaille* ■ Personne qui ripaille, aime à ripailler. — **adj.** *«la face rubiconde que Breughel donne à ses paysans joyeux, ripailleurs et gelés»* PROUST.

RIPATON [ʀipatɔ̃] **n. m.** – 1878 ; «soulier» 1866 ◊ dérivé populaire de *patte* ■ POP. Pied (d'une personne). *Avoir mal aux ripatons.*

RIPE [ʀip] **n. f.** – 1676 ◊ de *riper* ■ TECHN. Outil de tailleur de pierre et de sculpteur, en forme de S, dont une partie est munie de dents fines et serrées, qui sert au ripage.

RIPER [ʀipe] **v.** ‹1› – 1328 fig. «gratter» ◊ moyen néerlandais *rippen* «racler»

I v. tr. TECHN. ■ **1** (1690) Gratter, polir avec la ripe. ■ **2** (1752) Faire glisser (un fardeau) sur des supports. — Déplacer, sans la démonter (une partie de voie ferrée).

II v. intr. ■ **1** MAR. Se dit de cordages ou pièces de bois qui glissent l'un contre l'autre par suite d'un effort qui s'exerce sur eux. ■ **2** COUR. Glisser par frottement. ➤ **déraper.** *Faire riper une pierre pour la déplacer.* — FIG. *Faire riper une dépense d'un poste à un autre,* faire passer. ■ **3** (1916) FAM. S'en aller, partir. ➤ **filer,** se **tirer.** *Ripe de là.*

RIPEUR ➤ **RIPPEUR**

RIPIÉNO [ʀipjeno] **n. m.** – 1748 ◊ italien *ripieno* ; cf. ancien français *replein* «tout à fait plein» ■ MUS. Dans le concerto* grosso, Jeu de l'ensemble de l'orchestre (opposé à *concertino,* 1°). *Les «concerto où tout se joue en rippieno* [sic], *et où nul instrument ne récite»* ROUSSEAU. *Des ripiénos.* — On écrit aussi *ripieno.*

RIPOLIN [ʀipɔlɛ̃] **n. m.** – 1888 ◊ n. déposé, de *Riep,* n. de l'inventeur néerlandais, et *-olin,* de *-ol, olie* «huile» ■ Peinture laquée. *Ripolin blanc.*

RIPOLINER [ʀipɔline] **v. tr.** ‹1› – 1900 ◊ de *ripolin* ■ **1** Peindre au ripolin. — *Des murs ripolinés.* ■ **2** FIG. et FAM. Donner un air neuf, rafraîchir. *Entreprise qui cherche à ripoliner son image.*

RIPOSTE [ʀipɔst] **n. f.** – *risposte* 1527 ◊ italien *risposta* «réponse» ■ **1** Réponse vive, instantanée, faite à un interlocuteur agressif. ➤ **réplique.** *Avoir la riposte rapide* (cf. Avoir de la répartie). ■ **2** ESCR. Attaque portée immédiatement après une parade d'escrime. ■ **3** Vive réaction de défense, contre-attaque vigoureuse. ➤ **représailles.** *La riposte ne s'est pas fait attendre. La riposte arrive, foudroyante. «l'action la plus folle appelle aussitôt une riposte de même qualité»* ALAIN. MILIT. *Riposte graduée.* ■ CONTR. Attaque.

RIPOSTER [ʀipɔste] **v. intr.** ‹1› – 1650 ◊ de *riposte* ■ **1** Adresser, faire une riposte. ➤ **répondre.** *Riposter du tac au tac. «Julien les reprenait avec douceur et ils ripostaient par des injures»* FLAUBERT. TRANS. *Il riposta qu'il n'en savait rien.* ➤ **répliquer, rétorquer.** — (En incise) *«Jamais», riposta-t-elle.* ■ **2** Répondre par une attaque (à une attaque). ➤ **contre-attaquer,** se **défendre.** *«Les mitrailleuses boches se mirent à bégayer. Warburton, enchanté, riposta à coups de grenades»* MAUROIS. *Il faut riposter.*

RIPOU [ʀipu] **adj.** et **n. m.** – 1985 ◊ transformation en verlan de *pourri* ■ FAM. ■ **1** Corrompu. ♦ **n. m.** Policier corrompu. *Des ripous.* On trouve le pluriel *ripoux* (à éviter). *«Les Ripoux», film de C. Zidi.* ■ **2** Pourri, en mauvais état. *Une bagnole ripou.*

RIPPEUR ou **RIPEUR** [ʀipœʀ] **n. m.** – 1946 ◊ anglais *ripper,* de *to rip* «couper, arracher» ■ ANGLIC. TECHN. Engin de travaux publics, muni de dents métalliques pour défoncer les terrains durs. — On écrit aussi *ripper.* — **Recomm. offic.** *ripeur, défonceuse, dessoucheuse à griffes.*

RIPPLE-MARK [ʀipœlmaʀk] **n. f.** /RIPPLEMARK/ – 1904 ◊ mot anglais, de *ripple* «clapotis» et *mark* «marque» ■ ANGLIC. GÉOGR. Petite ride du sable formée par le clapotement des eaux à la surface des plages. *Des ripple-marks.*

RIPUAIRE [ʀipɥɛʀ] **adj.** et **n.** – 1611 ; n. 1586 ◊ latin *riparius,* de *ripa* «rive» ■ HIST. Riverain du Rhin. *Les Francs ripuaires.* — **n.** *Les Ripuaires.*

RIQUIQUI [ʀikiki] **adj.** – 1866 ; n. m. 1789 «eau-de-vie» ◊ radical *ric, rik,* onomat. désignant ce qui est petit, médiocre ■ FAM. Petit, mesquin, étriqué. *Des budgets riquiquis. Un cadeau riquiqui. Ça fait riquiqui.* — On écrit aussi *rikiki.*

1 **RIRE** [ʀiʀ] **v.** ‹36 ; subj. imp. inus.› – fin XIe ◊ du latin populaire *ridere* (*e* bref), de *ridere* (*e* long)

I ~ **v. intr. A. IDÉE DE GAIETÉ** ■ **1** Exprimer la gaieté par l'expression du visage, par certains mouvements de la bouche et des muscles faciaux, accompagnés d'expirations saccadées plus ou moins bruyantes. ➤ FAM. se **marrer, rigoler** (cf. Se dilater la rate*, se fendre la pipe*, se tenir les côtes*). *Rire et sourire*. Avoir envie de rire. Se mettre à rire. «Tous ensemble partirent à rire, d'un rire énorme qu'ils forçaient encore»* DORGELÈS. ➤ **s'esclaffer, pouffer ; hilare.** *Rire pour un rien. «Qu'est-ce qu'il y a donc de si absurde* [...] *pour vous faire rire de si bon cœur»* DIDEROT. — LOC. *Rire aux éclats, à gorge déployée, à en pleurer, aux larmes ; rire comme un bossu, une baleine.* ➤ FAM. se **bidonner,** se **boyauter,** se **gondoler,** se **poiler,** se **tordre.** *Rire à en faire pipi dans sa culotte.* (1694) *Rire dans sa barbe, sous cape*. Rire jaune*.* — (Précédé d'un inf. avec *de*) *Éclater de rire,* se mettre à rire brusquement et bruyamment. *Pouffer, se tordre de rire. Pleurer de rire. J'ai failli mourir de rire. C'est à mourir, à crever de rire :* très drôle. *On était tous morts de rire.* — *Personne, chose qui fait rire* (➤ **drôle ; comique, hilarant, risible**). *Impossible de le faire rire* (➤ **dérider**). LOC. *Avoir toujours le mot pour rire :* plaisanter à tout propos. ♦ **RIRE DE...,** à cause de. *Nous avons bien ri de ces plaisanteries. Il n'y a pas de quoi rire.* ♦ VX **RIRE À qqn :** sourire. *«On l'accueille, on lui rit»* MOLIÈRE. LOC. (milieu XVe) *Rire aux anges :* sourire distraitement et sans motif. ■ **2** (début XVe) Se réjouir. — LOC. PROV. *Plus on est de fous*, plus on rit. Tel qui rit vendredi, dimanche pleurera*. Jean qui pleure* et Jean qui rit. Rira bien qui rira le dernier,* se dit de qqn qui triomphe et dont on espère triompher bientôt. — *«Il faut rire avant que d'être heureux, de peur de mourir sans avoir ri»* LA BRUYÈRE. ♦ S'amuser. ➤ se **divertir, s'égayer,** se **réjouir.** *Rire et faire le fou. «Le peuple a besoin de rire ; les rois aussi. Il faut aux carrefours le baladin ; il faut aux louvres* [aux palais] *le bouffon»* HUGO. — *Faire rire qqn,* l'amuser, le divertir. *«C'est une étrange entreprise que celle de faire rire les honnêtes gens»* MOLIÈRE. ■ **3** (milieu XVe) Ne pas parler ou ne pas faire qqch. sérieusement (soit pour faire rire autrui, soit par ironie ou moquerie). ➤ **badiner,** FAM. **blaguer, plaisanter.** (1565) *Vous voulez rire ? Je ne ris pas, c'est sérieux. Cette affaire ne fait plus rire personne,* elle est maintenant prise au sérieux. — (1536) *C'est pour rire :* ce n'est pas sérieux. *J'ai dit cela pour rire.* — POP. ou ENFANTIN *C'est pour de rire.* — *Histoire de rire,* en manière de plaisanterie. — *Sans rire, est-ce que... ?,* sérieusement, est-ce que... ? — (Canada) FAM. *En pas pour rire :* vraiment, beaucoup. *«redonne-lui des patates, il a l'air d'aimer ça en pas pour rire !»* Y. BEAUCHEMIN. ■ **4** (fin XIIIe) LITTÉR. Avoir une expression, un aspect joyeux. *Ses yeux, sa bouche riaient* (➤ **rieur**). *«Sur une humble façade riait le seul éclat d'un chaud crépi»* HENRIOT (➤ **riant**).

B. IDÉE DE MOQUERIE (milieu XIIe) **RIRE DE :** se moquer de, tourner en dérision (ce qui est ridicule ou méprisable). ➤ **se moquer, railler.** *Rire des sottises, de la naïveté de qqn. «On rit mal des autres, quand on ne sait pas d'abord rire de soi-même»* LÉAUTAUD. *«Il faut rire de tout. C'est extrêmement important»* DESPROGES. *Faire rire de soi* (➤ 1 **risée**). *Il vaut mieux en rire qu'en pleurer.* — (Canada) *Rire de qqn,* s'en moquer. *Tu veux rire de moi ?* ♦ (milieu XIIe) *Ces propos prêtent à rire. Tu peux rire tant que tu voudras.* ➤ aussi **ricaner.** ♦ LOC. *Vous me faites rire :* je me moque de ce que vous dites. *Laissez-moi rire,* me moquer de ce que vous dites. *Rire au nez, à la barbe de qqn,* se moquer de lui ouvertement. *«J'eus la bêtise de lui répondre et de me fâcher, au lieu de lui rire au nez pour toute réponse»* ROUSSEAU. *Rire aux dépens* de qqn.*

II ~ **v. pron. SE RIRE DE** ■ **1** (fin XIe) VX Se moquer, rire de (qqn). *Il se rit de vous.* ■ **2** VX ou LITTÉR. Traiter par le mépris, le dédain. *«Le perfide triomphe et se rit de ma rage»* RACINE. *Elles se sont ri de vos menaces.* ♦ (1550) MOD. Se jouer (de ce dont on triomphe avec aisance). *Il se rit des difficultés. Je m'en ris !*

■ CONTR. Pleurer.

2**RIRE** [RiR] n. m. – XIIIe ◇ de 1*rire* ▪ **1** Action de rire. *Un rire bruyant, éclatant. Un gros rire. Rire argentin, léger. «Le rire d'un enfant, comme une grappe de groseilles rouges»* Ph. Jaccottet. *Rire étouffé. Rire silencieux.* ➤ **risette, 2sourire.** — LOC. *Avoir le fou rire :* ne plus pouvoir s'arrêter de rire. LOC. PROV. *Le rire est le propre de l'homme.* — *Un éclat de rire.* — *Rire convulsif, nerveux. Un rire bête. Un rire forcé.* ➤ **rictus.** *Un rire moqueur, narquois, méchant, sardonique.* ➤ **ricanement.** *Un rire général.* ➤ FAM. **marrade, rigolade.** *Un rire communicatif, contagieux.* — *Une explosion de rires.* ➤ **hilarité.** — *Rires en boîte,* enregistrés pour être diffusés pendant une émission télévisée et simuler la présence du public. *«l'écœurante marée publicitaire, les rires enregistrés»* Daeninckx. ◆ Rire moqueur, moquerie. *Exciter les rires, le rire. Sa toilette «excitait les regards de curiosité malveillante, les chuchotements et les rires»* Proust. ▪ **2** Cri animal qui rappelle le rire humain. *Le rire de la hyène.* ▪ CONTR. Larme, pleur.

1**RIS** [Ri] n. m. – 1150 ◇ latin *risus* ▪ VX ➤ 2**rire.** ◆ MOD. et LITTÉR. *Les jeux et les ris,* les plaisirs. ▪ HOM. Riz.

2**RIS** [Ri] n. m. – 1155 ◇ ancien scandinave *rif,* plur. *ris* ▪ MAR. Chacune des bandes horizontales des voiles, qu'on replie, au moyen des garcettes, pour diminuer la surface de voilure présentée au vent. — LOC. *Prendre un ris ; larguer les ris,* en nouant ou en dénouant les garcettes. *«Il amena la goélette au vent sous une simple misaine, avec deux ris»* Baudelaire.

3**RIS** [Ri] n. m. – 1640 ◇ origine inconnue ▪ Souvent au plur. Thymus du veau, de l'agneau ou du chevreau qui constitue un mets apprécié. *«Des ris de veau garnis de quenelles dans une sauce aux champignons»* Romains. *Ris d'agneau.*

RISBERME [Risbɛrm] n. f. – 1771 ; autre sens 1752 ◇ néerlandais *rijsberme,* de *rijs* «branchages» et *berme* «talus» ▪ TECHN. Talus de protection, recouvert de fascines, au pied d'un ouvrage hydraulique (piles d'un pont, jetée, etc.).

1**RISÉE** [Rize] n. f. – 1165 ◇ de 1*ris* ▪ **1** VX Rire bruyant de plusieurs personnes qui se moquent. ▪ **2** MOD. Moquerie collective envers une personne (dans quelques expr.). *Être un objet de risée.* ➤ **ridicule, risible.** *S'exposer à la risée du public. «c'était son mal de se croire le centre de la risée universelle»* Mauriac. ◆ LOC. (1563) *Être la risée de,* un objet de moquerie pour... (cf. Être la fable de...). *«Les étrangers, ma parole, se fichent de nous ! – Oui, nous sommes la risée de l'Europe, dit Sénécal»* Flaubert.

2**RISÉE** [Rize] n. f. – 1808 ; *rizee* 1689 ◇ du radical scandinave *rif ;* cf. 2*ris* ▪ MAR. Renforcement subit et momentané du vent. ➤ **rafale, vent.** *«la brusque risée qui chassait le grain contre les carreaux»* Robbe-Grillet.

RISETTE [Rizɛt] n. f. – 1840 ◇ diminutif de 1*ris* ▪ *Faire risette, des risettes à qqn,* des sourires. *Allons, fais risette à maman ! «Soyez donc gai, mon cher papa, et faites un peu risette à votre petite Hilde, voyons !»* Larbaud. — FIG. et FAM. Sourire de commande. *«nous allons d'abord faire des courbettes et des risettes aux gens que nous voulons fuir»* Duhamel.

RISIBLE [Rizibl] adj. – 1370 ◇ bas latin *risibilis* ▪ Propre à faire rire, à exciter involontairement une gaieté moqueuse. ➤ **grotesque, ridicule** (plus forts). *Ce film se veut comique, il est plutôt risible. «Toute mode est risible par quelque côté»* Bergson. — adv. **RISIBLEMENT,** 1655. ▪ CONTR. Sérieux. Respectable.

RISORIUS [RizɔRjys] n. m. – 1765 ◇ mot latin «riant» ▪ ANAT. Muscle superficiel des commissures des lèvres, contribuant à l'expression du rire.

RISOTTO [Rizɔto] n. m. – 1818 ◇ mot italien, de *riso* «riz» ▪ Riz préparé à l'italienne (cuit à couvert dans peu de liquide). *Risotto à la milanaise. Risotto aux asperges. Des risottos.* — PAR EXT. *Risotto de blé, d'épeautre.*

RISQUE [Risk] n. m. – 1663 ; n. f. 1578 ◇ ancien italien *risco ;* bas latin *risicus* ou *riscus,* p.-ê. du latin *resecare* «couper», ou du grec byzantin *rhizikon* «hasard» ▪ **1** Danger éventuel plus ou moins prévisible. ➤ **danger, hasard, péril.** *Une entreprise pleine de risques. Les risques d'une aventure, d'une bataille. Quels qu'en soient les risques. Le risque est nul. Un risque calculé. «quand nous écrivions dans la clandestinité, les risques étaient pour nous minimes, considérables pour l'imprimeur»* Sartre. *Ce sont les risques du métier.* ➤ **inconvénient.** *Vous pouvez le faire sans aucun risque, sans risque aucun. Il n'y a aucun risque* (cf. Il n'y a pas de danger*). *Risque zéro*.* — *Courir un risque :* s'exposer à un danger. — LOC. *C'est un risque à courir :* c'est peut-être risqué, mais il faut le tenter. — **RISQUE DE.** *Un risque d'aggravation, de verglas. Il y a un risque d'épidémie. Sans risque d'erreur. Courir le risque d'un échec, de se voir trahi,* s'exposer à. — *Il n'y a pas de risque qu'il refuse.* — LOC. *Faire qqch. à ses risques et périls*. Au risque de :* en s'exposant à. ➤ **quitte (à).** *«au risque de se tuer, il se laissa tomber par le trou qui servait à jeter le fourrage»* Zola. ◆ loc. adj. **À RISQUE(S) :** prédisposé, exposé à un risque, un danger. *Grossesse* à risque. Conduites à risque.* — *À haut(s) risque(s) :* très dangereux. *Métier à haut risque.* — *Facteur de risque,* contribuant à l'apparition d'un phénomène néfaste. ▪ **2** SPÉCIALT, DR. Éventualité d'un évènement ne dépendant pas exclusivement de la volonté des parties et pouvant causer la perte d'un objet ou tout autre dommage. PAR EXT. Évènement contre la survenance duquel on s'assure. *Assurance qui couvre le risque d'incendie. Risques locatifs*. Assurance tous risques.* ➤ aussi **multirisque.** *Coûts et risques de transport. Risques climatiques, risques majeurs naturels* (avalanches, feux de forêts, inondations, cyclones...). *Risque industriel,* lié à un site industriel où un évènement accidentel aurait des conséquences immédiates graves. *Risques technologiques* (industriels, nucléaires, biologiques) : rupture de barrage, émanations toxiques, pollution des eaux... ▪ **3** Fait de s'exposer à un danger (dans l'espoir d'obtenir un avantage). *«le risque est la condition de tout succès»* Broglie. *On n'a rien sans risque. Les joueurs ont le goût du risque. Prendre un risque, des risques, ses risques :* tenter qqch. d'osé, sans garanties quant au résultat.

RISQUÉ, ÉE [Riske] adj. – avant 1690 ◇ de *risquer* ▪ Plein de risques ; osé. *Entreprise, démarche risquée.* ➤ **audacieux.** *C'est trop risqué, je n'essaierai pas.* ➤ **aventureux, dangereux, hasardeux, périlleux.** ◆ SPÉCIALT (1839) Licencieux, scabreux. ➤ **osé.** *Plaisanteries risquées.*

RISQUER [Riske] v. tr. ⟨1⟩ – 1604 ; pron. 1577 ◇ de *risque* ▪ **1** Exposer à un risque, mettre en danger. ➤ **aventurer, hasarder.** *Risquer sa vie :* s'exposer à la mort. *«il risqua, pour cette femme tremblante, sa popularité, sa destinée, sa vie»* Michelet. *Risquer de l'argent au jeu. Risquer le paquet.* — LOC. *Risquer le tout pour le tout.* ➤ **va-tout** (cf. Jouer à quitte* ou double). PROV. *Qui ne risque rien n'a rien.* — ABSOLT *Risquer gros,* en jouant gros jeu. — PRONOM. *«Il se risqua dans une entreprise où il jeta toutes ses forces»* Balzac. *Se risquer à intervenir. Je ne m'y risquerai pas :* c'est un danger auquel je ne m'exposerai pas. ◆ FAM. Mettre (une partie du corps) à un endroit où il y a quelque risque (d'être surpris, vu, etc.). *Risquer un œil à la fenêtre. Risquer le nez dehors. «ils risquaient, par-dessus la haie, leurs trois têtes curieuses»* Bosco. — PRONOM. S'avancer, se montrer. *«des enfants se risquaient derrière les jupes des mères»* Zola. ➤ **s'aventurer.** ▪ **2** Tenter (qqch. qui comporte des risques). ➤ **entreprendre, oser.** *Je veux bien risquer une démarche en ce sens. Risquer le coup*.* ◆ Avancer ou introduire (un mot, une remarque), avec la conscience du risque couru. *Risquer une question, une comparaison. «Il arrivait parfois à sa fille [...] de risquer devant elle un mot d'argot»* Mauriac. ▪ **3** S'exposer ou être exposé à (un danger, un inconvénient). *«Je risquais la guillotine, avec une pareille histoire»* Zola. *Tu risques une indigestion, à tant manger. Je ne risque rien. Après tout, qu'est-ce qu'on risque ?* — (CHOSES) *Marchandises bien emballées qui ne risquent rien.* ▪ **4 RISQUER DE** (et inf.). — (Sujet personne) Courir le risque de ; s'exposer ou être exposé à. *Risquer de tomber.* ➤ **manquer.** *«On risque d'avoir tort si l'on est absent»* Barthou. — (Sujet chose) Pouvoir, quelque jour ou en quelque façon, en tant que possibilité dangereuse ou fâcheuse. *Il risque de pleuvoir.* FAM. *La boulangerie risque d'être fermée,* est probablement fermée maintenant. ◆ PAR EXT. (XXe) Avoir une chance de (sans idée d'inconvénient). *Ça risque de marcher. «la seule chose qui risquerait de l'intéresser, ce serait mon flacon de rhum»* Romains. ◆ **RISQUER QUE** (et subj.). *Vous risquez qu'il s'en aperçoive.* ▪ CONTR. Assurer.

RISQUE-TOUT [Riskətu] n. inv. et adj. inv. /RISQUETOUT n. et adj./ – 1863 ◇ de *risquer* et *tout* ▪ Personne qui pousse l'audace jusqu'à l'imprudence. ➤ **casse-cou, imprudent, téméraire.** adj. inv. *Des fillettes risque-tout.*

1**RISSOLE** [Risɔl] n. f. – 1260 ◇ latin populaire °*russeola,* de *russeolus* «rougeâtre», radical *russus* → roux ▪ Petit chausson de pâte feuilletée, renfermant de la viande ou du poisson hachés menu, que l'on cuit à grande friture.

2**RISSOLE** [Risɔl] n. f. – 1803 ◇ provençal *ris(s)olo,* du latin *retiolum* «petit filet» ▪ RÉGION. Filet à petites mailles, utilisé en Méditerranée, spécialement pour la pêche aux anchois.

RISSOLER [risɔle] v. tr. ‹1› – 1549 ◊ de 1*rissole* ■ Exposer (une viande, des légumes, etc.) à feu vif (ou à température élevée) de manière à en dorer et griller la surface. ➤ **rôtir.** *Rissoler des navets.* INTRANS. *Faire rissoler.* ➤ **revenir.** *« Des hamburgers rissolaient sur la tôle noire du four »* BEAUVOIR. — *Pommes de terre rissolées.* — FIG. *« Attrapé un fameux coup de soleil [...], à me laisser rissoler hier sur la plage »* GIDE.

RISTOURNE [risturn] n. f. – 1783 ; *restorne* « action de reporter d'un compte sur un autre » 1705 ◊ de *re-* et *extorne* (1723), de l'italien *storno*, de *tornare* ; cf. *retour* ■ **1** DR. MAR. Annulation d'un contrat d'assurance maritime, pour défaut ou disparition du risque. ■ **2** (1904) Attribution, en fin d'année, à l'adhérent d'une société d'assurances mutuelles d'une partie de sa cotisation, lorsque le montant des cotisations a dépassé les engagements de la société. — COMM. Réduction de prix. *Faire une ristourne à qqn. Ristourne accordée à un gros client.* ➤ **rabais, remise.** Recomm. offic. pour *discount.* — Commission plus ou moins licite versée à un intermédiaire. *« Bertrand toucherait une ristourne de dix centimes par bidon de deux litres vendu sous son nom »* ROMAINS.

RISTOURNER [risturne] v. tr. ‹1› – 1829 ; *restorner* 1723 ◊ de *ristourne* ■ **1** DR. MAR. Annuler (une police d'assurance). ■ **2** (1953) Attribuer, remettre à titre de ristourne.

RISTRETTO [ristreto] n. m. – 1973 ◊ mot italien « serré » ■ Café très serré. *Deux ristrettos !* — En Suisse, on dit *ristrette* (1988).

RITAL, ALE [rital] n. et adj. – 1890 ◊ altération inexpliquée de *les Ital(iens)* ■ FAM. et PÉJ. Italien. *Les Ritals.*

RITE [rit] n. m. – 1535 ; *rit* « usage, coutume » v. 1395 ◊ latin *ritus* ■ REM. La graphie *rit* est encore utilisée en liturgie. ■ **1** Ensemble des cérémonies du culte en usage dans une communauté religieuse ; organisation traditionnelle de ces cérémonies. ➤ **culte, liturgie.** *Les rites catholiques, occidentaux, orientaux. Rites protestants.* ◆ LITURG. CATHOL. Degré de solennité d'une fête. *Rit simple, double.* ■ **2** Cérémonie réglée ou geste particulier prescrit par la liturgie d'une religion. ➤ **cérémonie,** 1**pratique, rituel.** *« Il n'y a pas de religion sans rites et cérémonies »* BERGSON. — *Rites publics* (exotériques), *secrets* (ésotériques). *Rites d'initiation. Rites funèbres. Rites magiques.* ➤ **magie.** — PAR ANAL. *Les rites d'une société secrète, les rites maçonniques.* — SOCIOL. Pratiques réglées de caractère sacré ou symbolique. *Rites de passage*, initiatiques.* ■ **3** FIG. Pratique réglée, invariable ; manière de faire habituelle. ➤ **coutume, habitude.** *Les rites de la politesse. « aller passer, le soir [...] une heure ou deux dans son jardin avant de s'endormir. Il semblait que ce fût une sorte de rite pour lui »* HUGO. *C'est devenu un rite. Un rite immuable.*

RITOURNELLE [riturnɛl] n. f. – *ritornelle* 1670 ◊ italien *ritornello*, de *ritorno* « retour » ; forme moderne d'après *tourner* ■ **1** Court motif instrumental, répété avant chaque couplet d'une chanson, chaque reprise d'une danse. ◆ Air à couplets répétés ; refrain. *Chanter une ritournelle.* ■ **2** FIG. Ce qu'on répète continuellement. ➤ **refrain, rengaine.** — LOC. *C'est toujours la même ritournelle.*

RITUALISER [ritɥalize] v. tr. ‹1› – 1941 ; au p. p. 1909 ◊ du latin *ritualis* ■ DIDACT. (ANTHROP., etc.) Organiser les rites de (qqch.). — Régler comme par des rites. — *Pratiques ritualisées.* — n. f. **RITUALISATION,** 1912.

RITUALISME [ritɥalism] n. m. – 1875 ; « ensemble des rites ; rituel » 1829 ◊ du latin *ritualis* ■ **1** RELIG. Tendance d'Églises anglicanes (dans la seconde moitié du XIXe s.) à augmenter l'importance des rites et à se rapprocher de la liturgie romaine. ➤ **puseyisme.** ■ **2** Respect strict des rites ; formalisme liturgique. ◆ Importance donnée aux pratiques ritualisées dans un groupe social.

RITUALISTE [ritɥalist] n. et adj. – 1870 ; « auteur qui traite des différents rites » 1704 ◊ du latin *ritualis* ■ RELIG. Personne qui accorde une très grande importance aux rites, aux cérémonies, dans l'Église anglicane. — Partisan d'un respect strict des rites. ◆ adj. Relatif aux pratiques rituelles ou ritualisées.

RITUEL, ELLE [ritɥɛl] adj. et n. m. – 1842 ; *ritual* 1564 ◊ latin *ritualis* ■ **1** Qui constitue un rite ; a rapport aux rites. *Prescriptions rituelles de la liturgie.* (Opposé à *profane*) *Chants rituels.* ➤ **religieux.** *Sacrifice, meurtre rituel. Abattage rituel* (➤ **casher, halal**). ◆ FIG. Réglé comme par un rite. *Actes rituels imposés par la loi.* — PAR EXT. Habituel et précis. *« attendri de revoir [...] les petites mains blanches et charnues accomplir délicatement ces gestes rituels »* MARTIN DU GARD. ■ **2** n. m. (*ritual* 1604) RELIG. Livre liturgique catholique, recueil qui contient les rites des sacrements, les sacramentaux et diverses formules (d'exorcismes, etc.). ■ **3** n. m. (1778) COUR. Ensemble de règles, de rites. *Rituel d'initiation. Rituel magique* (magie cérémonielle). — FIG. *« Le rituel de la famille française y régnait dans sa minutie »* GIRAUDOUX. ◆ PAR EXT. *Rituel de soins, rituel beauté.* ➤ **routine.** *« son rituel du coucher, la brosse de buis et le dentifrice à la menthe »* KERANGAL.

RITUELLEMENT [ritɥɛlmɑ̃] adv. – 1910 ◊ de *rituel* ■ **1** Selon le rite. *Animal abattu rituellement. « Les oreilles immenses, aux lobes rituellement distendus »* TOURNIER. ■ **2** D'une manière rituelle (au fig.), obligatoire ou simplement habituelle (souvent iron.). *Il arrivait rituellement à neuf heures.* ➤ **invariablement.**

RIVAGE [rivaʒ] n. m. – XIIe ◊ de *rive* ■ **1** Partie de la terre qui borde une mer ou un lac (dans ce cas, on dit plutôt *rive*). ➤ **bord, côte, littoral.** *Quitter le rivage, s'éloigner du rivage.* ■ **2** Zone soumise à l'action des vagues, et éventuellement des marées. ➤ 1**grève,** 2**plage.** *Rivage de sable, de galets. Épaves rejetées sur le rivage. Droit d'accès au rivage.* ■ **3** VX ou LITTÉR. *Les rivages d'un cours d'eau.* ➤ 1**berge, rive.**

RIVAL, ALE, AUX [rival, o] n. et adj. – 1636 ; « rival en amour » XVe ◊ latin *rivalis* « rival », de *rivales* « les riverains, qui tirent leur eau du même cours d'eau *(rivus)* »

I n. ■ **1** Personne qui prétend aux avantages, aux biens qu'un seul peut obtenir, et qui s'oppose à autrui pour les lui disputer. ➤ **compétiteur, concurrent.** *Être rivaux en compétition, en lutte.* ➤ **adversaire, antagoniste, combattant, ennemi.** *Être le rival de qqn. Éliminer, supplanter, vaincre tous ses rivaux. Avoir un avantage sur sa rivale. Rival malheureux.* ■ **2** Personne qui dispute l'amour d'une personne. *« Œnone, qui l'eût cru ! j'avais une rivale »* RACINE. ■ **3** PAR EXT. Personne qui dispute le premier rang, sans s'opposer activement à d'autres ; personne qui est égale ou comparable. *Gavarni « n'a pas de prédécesseurs ni de rivaux dans notre époque »* GAUTIER. ➤ **égal, émule.** — *Sans rival :* inégalable, unique. — (CHOSES) *« La perspective qui se déploya devant les yeux de Sigognac [...] n'avait pas alors et n'a pas encore de rivale au monde »* GAUTIER.

II adj. Qui est opposé (à qqn ou à qqch.) pour disputer un avantage, sans recourir à la violence. ➤ **antagonique.** *Nations, factions rivales. « les galopins de l'école rivale, celle de la rue de l'Ouest »* DUHAMEL. *Technique rivale d'une autre.*

■ CONTR. Allié, associé, partenaire.

RIVALISER [rivalize] v. intr. ‹1› – 1777 ; tr. 1750 ◊ de *rival* ■ **1** Disputer avec qqn à qui sera le meilleur, être le rival (de qqn). ➤ **concurrencer, lutter.** *Ils rivalisent d'élégance, d'adresse, d'esprit* (cf. Faire assaut*). *Elle rivalise avec sa sœur pour la première place. Rivaliser de générosité* (➤ **émulation**). ■ **2** Être aussi bon que, être capable de partager la première place (avec qqch.) ou y prétendre. *« Amoureux passionné de l'antique [...] il fait des portraits qui rivalisent avec les meilleures sculptures romaines »* BAUDELAIRE. ➤ **approcher** (de).

RIVALITÉ [rivalite] n. f. – 1694 ; « rivalité amoureuse » 1656 ◊ latin *rivalitas* ■ Situation de deux ou plusieurs personnes (➤ **rival**) qui se disputent qqch. ➤ **antagonisme, combat, compétition, concurrence, lutte, tournoi.** *Rivalité et émulation. Rivalité commerciale, politique. Rivalité entre deux personnes, deux entreprises. Entrer en rivalité avec qqn.* ◆ (début XIXe) *Une, des rivalités.* ➤ **opposition.** *Des rivalités mesquines, sournoises. Entretenir de vieilles rivalités. Des rivalités d'intérêts. Des rivalités de clocher. « Nous nous injurions comme deux femmes de même âge qu'une rivalité amoureuse a dressées l'une contre l'autre »* SARTRE. ■ CONTR. Coopération.

RIVANER [rivanɛʀ] n. m. – 1961 ◊ mot-valise, de *riesling* et *sylvaner* ■ Cépage blanc issu du riesling, cultivé notamment en Allemagne, en Autriche et au Luxembourg. — Vin blanc sec produit avec ce cépage. *Des rivaners.*

RIVE [riv] n. f. – 1080 ◊ latin *ripa*

I ■ **1** Portion, bande de terre qui borde un cours d'eau important. ➤ 1**berge, bord.** *Rives aménagées d'un fleuve.* ➤ **quai.** *Habitants de la rive.* ➤ **riverain.** *Rive droite, rive gauche,* pour un observateur situé dans le sens du courant. — *Rive droite, rive gauche :* ensemble des quartiers d'une ville situés sur la rive droite ou gauche d'un cours d'eau. *Habiter rive droite.* — SPÉCIALT *Rive gauche :* quartiers de la rive gauche de la Seine à Paris, considérés comme lieu de l'innovation intellectuelle et artistique. loc. adj. *Ils sont très rive gauche.* ■ **2** Bord (d'une étendue d'eau, d'un glacier). *Les rives de la Baltique.* ➤ **rivage.** *Les rives d'un glacier. Rive d'un lac, d'un* *étang.* — *Ligne de rive,* qui marque la limite d'une chaussée. ▪ **3** POÉT. et VX Pays, contrée. ➤ **rivage.** «*Que ce soit aux rives prochaines*» LA FONTAINE.

II VX Bord. «*Après avoir longtemps côtoyé la rive du bois*» NODIER. ◆ (XIVe) TECHN. *La rive d'un four :* le bord, près de la gueule. *Pain de rive.* — Bordure en terre cuite qui termine un toit en tuiles. — *Poutres de rive,* qui soutiennent, sur les côtés, le tablier d'un pont.

RIVELAINE [ʀiv(ə)lɛn] **n. f.** – 1773 ◇ d'un radical néerlandais *riven,* par le wallon ▪ TECHN. Outil de mineur, pic à deux pointes servant à entamer les roches tendres. «*Chacun havait le lit de schiste qu'il creusait à coups de rivelaine*» ZOLA.

RIVER [ʀive] **v. tr.** ⟨1⟩ – v. 1170 ◇ de *rive* «bord» ▪ **1** Attacher solidement et étroitement, au moyen de pièces de métal. ➤ **enchaîner.** — *C'est ainsi* «*qu'ils croupissaient ensemble, rivés au même fer*» DAUDET. ◆ FIG. Assujettir, attacher. «*On eût dit qu'un lien invisible et tout-puissant les rivait l'un à l'autre*» PERGAUD. — Au p. p. **ÊTRE RIVÉ,** immobilisé, fixé. *Il est rivé à son travail,* il ne le quitte jamais. *Rester rivé sur place.* «*Ces yeux méchants rivés sur lui*» MAURIAC. ▪ **2** (XIIIe) *River un clou, une pointe,* en recourber l'extrémité en la rabattant sur le bord de la pièce assujettie. — LOC. FIG. **RIVER SON CLOU À qqn,** le réduire au silence par une critique, une réponse (cf. Clouer le bec*). ◆ PAR EXT. Fixer, assujettir par des clous que l'on rive, par des rivets. ➤ **riveter.** *River deux plaques de tôles,* les assembler par rivets.

RIVERAIN, AINE [ʀiv(ə)ʀɛ̃, ɛn] **n. et adj.** – 1690 ; *riveran* «batelier» 1532 ◇ de *rivière* (II) ▪ **1** Personne qui habite le long d'un cours d'eau, d'une étendue d'eau. ➤ RÉGION. 1 **bordier.** «*Comme tous les riverains du Bosphore à cette saison, il vivait beaucoup sur l'eau*» LOTI. — Personne qui possède un terrain sur la rive. **adj.** *Les propriétaires riverains.* ▪ **2** *Les riverains d'une rue, d'une route :* les habitants dont les maisons donnent sur cette rue, cette route. *Accès réservé aux riverains.*

RIVERAINETÉ [ʀiv(ə)ʀɛnte] **n. f.** – 1904 ◇ de *riverain* ▪ DR. Ensemble des droits des propriétaires riverains d'un cours d'eau.

RIVET [ʀivɛ] **n. m.** – 1260, aussi «clou rivé» ◇ de *river* ▪ Courte tige cylindrique munie d'une tête, et dont on aplatit l'autre extrémité au moment de l'assemblage (➤ **rivure**). *Pose d'un rivet dans des trous forés. Refoulement à chaud de la tête du rivet. Rivets et boulons d'un assemblage, d'une machine.*

RIVETAGE [ʀiv(ə)taʒ] **n. m.** – 1877 ◇ de *riveter* ▪ TECHN. Opération par laquelle on assemble (des pièces) au moyen de rivets ; assemblage par rivets.

RIVETER [ʀiv(ə)te] **v. tr.** ⟨4 /5/⟩ – 1877 ◇ de *rivet* ▪ TECHN. Assembler, fixer au moyen de rivets. ➤ **river.**

RIVETEUSE [ʀiv(ə)tøz] **n. f.** – 1964 ; *riveteur* «ouvrier qui fait du rivetage» 1927 ◇ de *riveter* ▪ TECHN. Machine servant à poser des rivets.

RIVIÈRE [ʀivjɛʀ] **n. f.** – 1138 ; «ruisseau» 1105 ◇ bas latin *riparia,* de *ripa* → rive

I ▪ **1** Cours d'eau naturel de moyenne importance. «*La rivière* [l'Oued Saïda], *fleuve là-bas, ruisseau pour nous, s'agite dans les pierres sous les grands arbustes épanouis*» MAUPASSANT. *La ville est située sur une jolie rivière. Se baigner, pêcher dans la rivière. Rivière flottable, navigable. Écluse d'une rivière. Passer, traverser une rivière. Descendre, remonter une rivière en kayak, en péniche. Pêche en rivière. Poissons de rivière.* — *Oiseaux, plantes de rivière.* ➤ **fluviatile.** PROV. *Les petits ruisseaux* font les grandes rivières.* — Masse d'eau de ruissellement qui s'écoule dans un lit, depuis le moment où elle paraît à l'air libre (➤ **source**) jusqu'à ce qu'elle se jette dans un cours* d'eau plus important. ➤ **affluent, gave, oued, torrent.** *Fleuves* et rivières. Le lit, les berges d'une rivière. Sinuosités d'une rivière :* boucles, méandres. *Cours, courant, régime, débit d'une rivière. La rivière est en crue. Le confluent de deux rivières. Rivière qui charrie des alluvions.* — *Profil, pente d'une rivière* (➤ **amont,** 1 **aval**). *Rivière à profil irrégulier, avec des ruptures* de pente* (cascade, cataracte, chute, rapide, saut). *Port de rivière.* ➤ **fluvial.** *Rivière souterraine* (➤ **aven, bétoire, gouffre**). ▪ **2** SPORT Fossé rempli d'eau que doit sauter le cheval (steeple-chase) ou le coureur (steeple). ▪ **3** FIG. Écoulement (d'un fluide) formant une traînée semblable à celle d'un cours d'eau. «*Des rivières de sang*» BOILEAU. *Une rivière de lave.* ➤ **coulée.** ▪ **4** FIG. (1746) **RIVIÈRE DE DIAMANTS :** collier de diamants montés en chatons.

II VX Terrain avoisinant la rive, le rivage. ➤ **riverain.** *Veaux de rivière.* — MOD. VITIC. *Vins de rivière :* vins de champagne des bords de la Marne.

RIVOIR [ʀivwaʀ] **n. m.** – *rivois* 1769 ◇ de *river* ▪ TECHN. ▪ **1** Marteau à river. ▪ **2** Machine à poser les rivets. ➤ **riveteuse.**

RIVULAIRE [ʀivylɛʀ] **adj. et n. f.** – 1802 ◇ du latin *rivulus* «ruisselet» ▪ **1** DIDACT. Qui croît dans les ruisseaux, sur leurs bords. ▪ **2** **n. f.** BOT. Algue bleue filamenteuse des rivières, de la famille des nostocs *(cyanophycées).*

RIVURE [ʀivyʀ] **n. f.** – *riveure* 1480 sens 2° ◇ de *river* ▪ TECHN. ▪ **1** Action de river ; son résultat. ➤ **rivetage.** ▪ **2** Tête d'une broche métallique.

RIXDALE [ʀiksdal] **n. f.** – 1677 ; *richetale* 1619 ◇ néerlandais *rijks daaler* «thaler de l'empire» ▪ HIST. Ancienne monnaie d'argent en usage dans le nord et l'est de l'Europe.

RIXE [ʀiks] **n. f.** – 1478 ◇ latin *rixa* ▪ Querelle violente accompagnée de coups, parfois avec des armes blanches, dans un lieu public. ➤ **bagarre, bataille, échauffourée, mêlée, pugilat.** *Rixe entre matelots. Rixe à la sortie d'un bal.*

RIZ [ʀi] **n. m.** – v. 1270 ◇ italien *riso,* latin *oryza,* grec *oruza,* d'origine orientale ▪ **1** Graminée des régions humides tropicales et tempérées chaudes, dont le fruit est un caryopse *(grain de riz)* riche en amidon. *Le riz est l'une des deux grandes céréales nourricières avec le blé. Plantation de riz.* ➤ **rizière.** *Culture du riz.* ➤ **riziculture.** *Riz pluvial* et riz irrigué.* «*des femmes absorbées par le repiquage du riz — les pieds trempés dans la vase, le corps comme cassé en deux*» K. LEFÈVRE. *Riz à grains courts, longs (riz* «*Caroline*»*).* — *Chapeau en paille de riz.* ▪ **2** Le grain de cette plante avec ses enveloppes *(riz en paille)* ou décortiqué et préparé pour la consommation. *Riz non décortiqué.* ➤ **paddy.** *Riz parfumé.* ➤ **basmati.** *Riz long. Riz rond. Riz précuit. Bol de riz. Riz blanc ; riz nature. Riz cantonais,* accompagné de divers ingrédients. *Riz au gras, riz au curry, au safran. Riz à l'espagnole. Plats de riz.* ➤ **paella, pilaf, risotto.** *Riz créole. Salade de riz. Riz au lait,* sucré, servi comme entremets. ➤ aussi RÉGION. **teurgoule.** *Gâteau de riz.* — *Eau-de-vie de riz.* ➤ **saké.** ◆ *Poudre* de riz.* ▪ HOM. Ris.

RIZERIE [ʀizʀi] **n. f.** – 1868 ◇ de *riz* ▪ TECHN. Usine où l'on traite le riz (décorticage, blanchiment, glaçage...).

RIZICULTEUR, TRICE [ʀizikyltœʀ, tʀis] **n.** – v. 1915 ; *rizoculteur* 1851 ◇ de *riz* et *-culteur,* du latin *cultor* «qui cultive» ▪ Cultivateur de riz. *Les riziculteurs chinois, de Camargue.*

RIZICULTURE [ʀizikyltyʀ] **n. f.** – 1912 ◇ de *riz* et *culture* ▪ Culture du riz.

RIZIÈRE [ʀizjɛʀ] **n. f.** – 1718 ◇ de *riz* ▪ Terrain où l'on cultive le riz ; plantation de riz. *Rizière sèche, inondée.* ◆ SPÉCIALT Rizière inondée. *Les rizières du Viêtnam.*

RIZ-PAIN-SEL [ʀipɛ̃sɛl] **n. m. inv.** – 1790 ◇ de *riz, pain* et *sel* ▪ ARG. MILIT. Militaire (SPÉCIALT officier ou sous-officier) du service de l'intendance. *Les riz-pain-sel.*

R. M. A. [ɛʀɛma] **n. m.** – 1999 ◇ sigle de *Revenu Minimum d'Activité* ▪ Revenu complémentaire versé par l'employeur à un érémiste de longue durée qu'il embauche en C. D. D.

R. M. I. [ɛʀɛmi] **n. m.** – 1988 ◇ sigle de *Revenu Minimum d'Insertion* ▪ Allocation versée aux personnes sans emploi ne disposant d'aucun revenu, assortie de dispositions devant favoriser l'insertion professionnelle des bénéficiaires. *Toucher le R. M. I.* (➤ **érémiste**). *Le R. M. I. a été remplacé par le RSA en 2009.*

RMISTE ou **RMISTE** ➤ **ÉRÉMISTE**

R. M. N. [ɛʀɛmɛn] **n. f.** – 1982 ◇ sigle ▪ SC. Résonance* magnétique nucléaire.

R. N. Abrév. de *route nationale*.*

RNA ➤ **ARN.**

R'N'B ou **R&B** [ɛʀɛnbi] **n. m.** – 1999 ◇ de *Rhythm and Blues* ▪ MUS. Genre musical afro-américain né dans les années 1990, marqué par le hip-hop, le funk, le rap et la soul. *Le R'n'B peut être considéré comme la version contemporaine du rhythm and blues.*

R. N. I. S. [ɛʀɛniɛs] **n. m.** – 1985 ◇ sigle de *Réseau Numérique à Intégration de Services ;* cf. anglais *I. S. D. N.,* sigle de *Integrated Services Digital Network* ▪ Réseau* numérique de télécommunications permettant d'échanger des informations de nature différente (son, images, données).

ROAD MOVIE ou **ROAD-MOVIE** [ʀodmuvi] **n. m.** /ROADMOVIE/ – 1984 ◊ mot anglais, de *road* «route» et *movie* «film» ■ ANGLIC. Genre de film exploitant le thème de la route, de la traversée de grands espaces. *Les road movies américains.*

ROADSTER [ʀodstɛʀ] **n. m.** – 1927 ; *machine roadster* 1891 ◊ mot anglais, de *road* «route» ■ **1** Automobile décapotable à deux places avec spider à l'arrière. ■ **2** Moto puissante et maniable, sans carénage, alliant simplicité technique et efficacité.

1 **ROB** [ʀɔb] **n. m.** – 1507 ◊ mot arabe d'origine persane ■ PHARM. Extrait de suc de fruit, préparé par évaporation, ayant la consistance du miel. ■ HOM. Robe.

2 **ROB** [ʀɔb] **n. m.** – 1813 ◊ anglais *rubber* ■ Au whist, au bridge, Partie liée de deux ou trois manches, qui est finie dès qu'un camp a remporté deux manches. — On dit aussi **ROBRE,** 1773.

ROBE [ʀɔb] **n. f.** – XIIe ◊ germanique °*rauba* «butin» (cf. *dérober*), d'où «vêtement dont on a dépouillé qqn»

I VÊTEMENT QUI ENTOURE LE CORPS A. VÊTEMENT LONG ■ **1** Dans l'Antiquité, en Orient, Vêtement d'homme d'un seul tenant descendant aux genoux ou aux pieds (➤ **chiton, tunique**). *Robe prétexte, robe virile.* ➤ **toge.** *«un bel homme indifférent, vêtu d'une robe seigneuriale ceinturée de dragons hérissés de flammes, de dards et de griffes»* BODARD. ■ **2** Vêtement d'homme distinctif de certains états ou professions. *Robe de prêtre* (➤ 2 **aube, soutane**), *de moine* (➤ **froc**). *Cardinaux en robe rouge. Robe de professeur,* aujourd'hui uniquement portée dans les cérémonies officielles, par-dessus d'autres vêtements. ➤ **épitoge.** — *Robe de magistrat, d'avocat. «tout le gratin des robes de justice, de médecine et de la cléricature était admis à fréquenter ses salons»* H. LE PORRIER. ◆ ANCIENNT **LA ROBE :** un des états sous l'Ancien Régime (hommes de loi, justice). *Gens de robe. Noblesse de robe,* conférée par la possession de certains offices de judicature. *Sa mère «appartenait à une ancienne famille de robe et de finances»* SAINTE-BEUVE. *Homme de robe.* ➤ VX **robin.** ■ **3** ANCIENNT Vêtement d'enfant en bas âge. *Robe de bébé. — Robe de baptême.* ■ **4** (1576) **ROBE DE CHAMBRE :** long vêtement d'intérieur, pour homme ou femme, à manches, non ajusté. ➤ **déshabillé, douillette, peignoir.** *Être en robe de chambre et en pantoufles. «Regrets sur ma vieille robe de chambre»,* opuscule de Diderot. *«Aucune robe "de ville" ne vaudrait à beaucoup près la merveilleuse robe de chambre de crêpe de Chine ou de soie* [...] *qu'elle allait ôter»* PROUST. *Robe d'intérieur.* — FIG. *Pommes de terre en robe de chambre,* cuites avec leur peau (bouillies, à la vapeur, au four). *Pommes de terre en robe des champs* (déformation voulue, attestée postérieurement).

B. VÊTEMENT DE FEMME (XIIe) Vêtement féminin de dessus, couvrant le buste et les jambes. *Mettre, enfiler une robe. Le haut* (➤ **corsage**), *le bas* (➤ **jupe**) *d'une robe. Robe longue, courte. Robes à crinoline, à paniers, portées autrefois. Robe étroite.* ➤ **fourreau.** *«la petite robe noire : l'amie des grandes occasions et des derniers recours»* ORSENNA. *Robe chemisier. Robe chasuble**. *Robe décolletée. «Je vous vois encore ! En robe d'été Blanche et jaune avec des fleurs de rideaux»* VERLAINE. *Robe de plage**. — *Robe du soir. Robe habillée. — Robe de mariée. «La robe de mariée, à mesure qu'elle naissait sous les doigts inspirés de Mam Diani épaississait à mes yeux le mystère fascinant de la chair qu'elle allait couvrir»* R. DEPESTRE. *Robe de grossesse.* — **ROBE-TABLIER :** tablier qui sert de robe. *Des robes-tabliers.*

II ENVELOPPE, APPARENCE ■ **1** (1546) Enveloppe (de fruits ou légumes). *La robe d'une fève, d'un oignon, de la garance.* ■ **2** (1640) Pelage (de certains animaux). *La robe d'un cheval**. *«Les chevaux étaient au fond, attachés à la barre, la robe nue et frémissante»* ZOLA. *La robe d'un chat.* ■ **3** (1730) Feuille de tabac qui constitue l'enveloppe extérieure du cigare. ➤ **cape.** ■ **4** Couleur (du vin). *Vin à la robe profonde. «La robe importe mais c'est la saveur qui compte en premier»* LINZE.

■ HOM. Rob.

ROBER [ʀɔbe] **v. tr.** ⟨1⟩ – 1723 au p. p. ◊ de *robe* ■ TECHN. ■ **1** Dépouiller (la garance) de sa robe, de son écorce. ■ **2** (1904) Entourer (un cigare) d'une robe.

ROBERT [ʀɔbɛʀ] **n. m.** – 1928 ◊ du *biberon Robert,* marque vendue depuis 1888 ■ FAM. Sein. *«J'aurais pu tomber plus mal. Tu verrais ses roberts : aux pommes»* SARTRE.

ROBIN [ʀɔbɛ̃] **n. m.** – avant 1621 ◊ de *robe* ■ VX et PÉJ. Homme de robe, homme de loi. ➤ **magistrat.** *Famille de robins.*

ROBINET [ʀɔbinɛ] **n. m.** – 1401 ◊ de *Robin* (au Moyen Âge, nom donné au mouton), les premiers *robinets* ayant souvent la forme d'une tête de mouton ■ **1** Dispositif placé sur un tuyau de canalisation, que l'on peut ouvrir et fermer pour régler le passage d'un fluide (SPÉCIALT de l'eau courante). ➤ RÉGION. **champlure.** *« Un maigre filet d'eau coula du robinet»* HUGO. *Boire l'eau du robinet. Robinet muni d'un brise-jet. Robinet d'eau froide, d'eau chaude. Les robinets d'un évier, d'une baignoire. Robinet mélangeur.* ➤ **mélangeur, mitigeur.** *Robinet à double voie.* ➤ **by-pass.** — *Le robinet d'un tonneau.* ➤ **chantepleure.** *Robinet à gaz, du gaz. Robinet graisseur, distributeur, purgeur. Ouvrir, fermer un robinet. Tourner le robinet,* la clé du robinet. — *Les problèmes de robinets :* problèmes d'arithmétique concernant le calcul des volumes, des débits, etc. ■ **2** FIG. et FAM. Ce qui retient ou laisse passer un flux. *C'est un vrai robinet :* il est très bavard (cf. Moulin* à paroles). *Un robinet d'eau tiède :* un bavard insipide. — *Couper, fermer le robinet de :* cesser de fournir, d'attribuer. *Fermer le robinet des subventions. «ta maison, elle est à la banque ; le jour où ils ferment le robinet, t'es à la rue»* MORDILLAT. ■ **3** (1604) FAM. Pénis (d'un enfant). *Le petit robinet.* ➤ **quéquette.**

ROBINETIER, IÈRE [ʀɔbin(ə)tje, jɛʀ ; ʀɔbinetje, jɛʀ] **n.** /ROBINÉTIER, IÈRE/ – 1870 ◊ de *robinet* ■ TECHN. Fabricant(e) ou marchand(e) de robinets et d'accessoires de plomberie.

ROBINETTERIE [ʀɔbinɛtʀi] **n. f.** – 1846 ◊ de *robinet* ■ **1** Usine où l'on fabrique des robinets ; industrie, commerce des robinets. ■ **2** Ensemble des robinets d'un dispositif, d'une installation. *«l'établissement de bains, qui présente une robinetterie très perfectionnée»* HENRIOT.

ROBINEUX, EUSE [ʀɔbinø, øz] **n.** – 1954 ◊ de *robine* n. f. «alcool frelaté», adaptation de l'anglais *rubbing (alcohol)* «(alcool) dénaturé» ■ (Canada) Ivrogne, clochard. *«Autrefois je n'étais pas un robineux, j'étais quelqu'un de plus honorable, j'étais un vagabond»* J. FERRON.

ROBINIER [ʀɔbinje] **n. m.** – 1778 ◊ latin moderne *robinia,* de *Robin,* n. d'un botaniste ■ Arbre *(légumineuses papilionacées)* aux rameaux épineux, aux fleurs blanches très parfumées disposées en grappes pendantes, appelé couramment *faux acacia**. *Le miel «d'acacia» provient des fleurs de robinier.*

ROBINSONNADE [ʀɔbɛ̃sɔnad] **n. f.** – 1934 ◊ de *Robinson Crusoé,* personnage de D. De Foe ■ DIDACT. Récit d'aventures, de vie loin de la civilisation, en utilisant les seules ressources de la nature.

ROBORATIF, IVE [ʀɔbɔʀatif, iv] **adj.** – 1501 ◊ du latin *roborare* «fortifier» ■ ANC. MÉD. Fortifiant. *Remède roboratif.* — LITTÉR. Qui redonne des forces, de l'énergie. *«le contact de l'homme, son odeur, sa chaleur roboratives»* COLETTE.

ROBOT [ʀɔbo] **n. m.** – 1924 ◊ du tchèque *robota* «travail forcé», pour désigner des «ouvriers artificiels», dans une pièce de K. Čapek ■ **1** Machine, automate à l'aspect humain, capable de se mouvoir et d'agir. ➤ **androïde, droïde, humanoïde.** — PAR EXT. Individu totalement conditionné, n'utilisant plus son libre arbitre, réduit à l'état d'automate. *«L'homme, serviteur de l'automate, deviendra lui-même un automate, un robot»* DUHAMEL. ■ **2** Mécanisme automatique à commande électronique pouvant se substituer à l'être humain pour effectuer certaines opérations, et capable d'en modifier de lui-même le cycle en appréhendant son environnement (➤ **automatique, cybernétique**). *Robot industriel sur une chaîne de fabrication.* — APPOS. *Avion-robot,* sans pilote. ◆ PAR EXT. Appareil électroménager pour la cuisine, servant à moudre, hacher, mixer. ■ **3** (1962) (Élément de composés) **PORTRAIT-ROBOT** ou *photo-robot :* portrait d'un individu recherché par la police, obtenu en combinant certains types de physionomie sur la base des signalements donnés par des témoins. *Des portraits-robots, des photos-robots.* — Ensemble des traits caractérisant une catégorie de personnes ou de choses. *Dresser le portrait-robot du parfait technocrate.*

ROBOTICIEN, IENNE [ʀɔbɔtisjɛ̃, jɛn] **n.** – 1974 ◊ de *robotique* ■ TECHN. Spécialiste de la robotique.

ROBOTIQUE [ʀɔbɔtik] **n. f.** – 1974 ; adj. 1973 ◊ de *robot* ■ TECHN. Ensemble des études et des techniques permettant l'élaboration de robots. *Robotique industrielle.*

ROBOTISATION [ʀɔbɔtizasjɔ̃] **n. f.** – 1957 ◊ de *robotiser* ■ **1** Mise en place de robots, d'automates pour exécuter des tâches industrielles. *La robotisation d'un atelier, d'une usine.* ■ **2** (1967) Action de transformer en robot, de faire perdre sa liberté d'action à (qqn) ; son résultat.

ROBOTISER [ʀɔbɔtize] v. tr. ‹1› – 1957 ◇ de *robot* ▪ **1** Équiper (une usine, un atelier) de robots. ▪ **2** Transformer en robot ; faire perdre sa liberté, ses capacités de choisir à (qqn). — « *L'ère s'ouvrait du surhomme robotisé indéréglable* » ABELLIO.

ROBRE ➤ 2 **ROB**

ROBUSTA [ʀɔbysta] n. m. – v. 1970 ◇ latin *robustus* « robuste » ▪ Variété de café produit par une espèce de caféier *(Coffea canephora)*. *Mélange d'arabica et de robusta.*

ROBUSTE [ʀɔbyst] adj. – début XIVe ◇ latin *robustus* ▪ **1** (ÊTRES VIVANTS) Fort et résistant, de par sa solide constitution. ➤ **infatigable.** *Un homme robuste.* ➤ **costaud.** *Une robuste paysanne. Une race de chevaux très robustes. — Avoir une santé robuste. Une robuste constitution.* « *Je l'entendais* [le sanglier] *qui grattait de ses pattes robustes* » BOSCO. ➤ **solide.** *Arbre, plante robuste.* ➤ **résistant, vigoureux.** ◆ (CHOSES) *Voiture, moteur robuste.* ➤ **solide.** ▪ **2** (ABSTRAIT) *Avoir une foi robuste.* ➤ 1 **ferme, inébranlable.** *Style robuste.* ➤ **énergique, vigoureux.** ▪ CONTR. Chétif, débile, délicat, faible, fragile, malingre.

ROBUSTEMENT [ʀɔbystəmɑ̃] adv. – 1531 ◇ de *robuste* ▪ LITTÉR. D'une façon robuste. *Il était robustement charpenté.* ➤ **solidement.**

ROBUSTESSE [ʀɔbystɛs] n. f. – 1852 ◇ de *robuste* ▪ Qualité de ce qui est robuste. ➤ **force, résistance, solidité.** *La robustesse d'une personne.* ➤ **vigueur.** — *Une voiture d'une robustesse remarquable.* ▪ CONTR. Fragilité.

ROC [ʀɔk] n. m. – XVe ◇ forme masc. de *roche* ▪ **1** LITTÉR. Bloc ou masse de pierre dure formant une éminence sur le sol. ➤ **pierre,** 1 **rocher.** « *Oh ! que la mer est sombre au pied des rocs sinistres !* » HUGO. COUR. *Dur, ferme, insensible, solide comme un roc. C'est un roc !* « *j'ai vu l'ami Cinq-Mars ;* [...] *toujours ferme comme un roc. Ah ! voilà ce que j'appelle un homme !* » VIGNY. ▪ **2** Matière rocheuse et dure. *Corniche creusée, taillée dans le roc.* « *Le roc de l'île est de nature si dure que les plus puissants obus n'y causaient que des égratignures* » GIDE. LOC. *Bâtir sur le roc* : faire une œuvre durable. ▪ HOM. Rock, rokh, roque.

ROCADE [ʀɔkad] n. f. – fin XIXe ◇ de *roquer* ▪ MILIT. Ligne parallèle au front de combat permettant d'établir des liaisons entre les secteurs. *Ligne, voie de rocade.* ◆ (1951) COUR. Route qui contourne le centre d'une agglomération (opposé à *radiale*). ➤ RÉGION. **contournement,** 2 **ring.** *Prendre la rocade nord.* « *Il évita la capitale en prenant une rocade, une A quelque chose, qui la contournait par l'est* » DAENINCKX.

ROCAILLAGE [ʀɔkajaʒ] n. m. – 1875 ◇ de *rocaille* ▪ TECHN. Revêtement, travail, ornementation en rocaille (2°).

ROCAILLE [ʀɔkaj] n. f. – 1658 ; *roquailles* XVe ◇ de *roc* ▪ **1** Ensemble des pierres qui jonchent le sol ; terrain plein de pierres. ➤ **caillasse, pierraille.** *Rien ne pousse dans cette rocaille.* ▪ **2** (1636) Ensemble de pierres cimentées utilisées avec des coquillages, etc., pour construire des décorations de jardin. *Fontaine, grotte en rocaille.* ◆ **UNE ROCAILLE :** décor de pierres entre lesquelles poussent des plantes, des fleurs, dans un jardin. ▪ **3** APPOS. INV. Se dit d'un style ornemental en vogue sous Louis XV (et SPÉCIALT sous la Régence), caractérisé par la fantaisie des lignes contournées rappelant les volutes des coquillages. *Le style rocaille.* ➤ **rococo.** « *Une vaste et superbe table rocaille du goût Louis XV* » HUGO. — n. m. *Le rocaille* : le style rocaille.

ROCAILLEUR [ʀɔkajœʀ] n. m. – 1665 ◇ de *rocaille* ▪ TECHN. Ouvrier cimentier spécialisé dans la confection des rocailles.

ROCAILLEUX, EUSE [ʀɔkajø, øz] adj. – 1767 ; « rugueux » 1692 ◇ de *rocaille* ▪ **1** Qui est une rocaille, est plein de pierres. ➤ **pierreux ; caillouteux.** *Chemin rocailleux.* ▪ **2** FIG. Dur et heurté, chaotique, qui manque d'harmonie. *Un style rocailleux. Une voix rocailleuse,* rauque, râpeuse.

ROCAMBOLESQUE [ʀɔkɑ̃bɔlɛsk] adj. – 1898 ◇ de *Rocambole*, personnage de romans-feuilletons de Ponson du Terrail ▪ Extravagant, plein de péripéties extraordinaires. *Aventures rocambolesques. Cette histoire est rocambolesque.*

ROCELLE [ʀɔsɛl] n. f. – 1846 ; *roccella* 1816 ◇ variante du catalan *orxella* « orseille », d'après *roc* ▪ BOT. Lichen tinctorial qui pousse sur les pierres, fournissant l'orseille.

ROCHAGE [ʀɔʃaʒ] n. m. – 1845 ◇ de 2 *rocher* ▪ TECHN. Dégagement des gaz dissous dans une masse métallique en fusion (SPÉCIALT dans la coupellation de l'argent).

ROCHASSIER, IÈRE [ʀɔʃasje, jɛʀ] n. – 1896 ◇ de *rochasse*, mot provençal « amas de roches » ▪ ALPIN. Alpiniste qui fait du rocher.

ROCHE [ʀɔʃ] n. f. – 980 ◇ latin populaire °*rocca* ▪ **1** *Une, des roches.* Bloc important de matière minérale dure. ➤ **pierre, roc,** 1 **rocher.** *Éboulis de roches. Banc de roches. — Il y a anguille* sous roche.* ◆ (Canada, Antilles, Terre-Neuve, Saint-Pierre et Miquelon) Morceau de minéral. ➤ **caillou, pierre.** « *embarque aussi une grosse roche pour faire une ancre* » R. DUCHARME. ▪ **2** (XVIIIe ; *roke* « carrière de pierre » 1269) *La roche.* Matière minérale dure de la surface de la terre. ➤ **pierre, roc.** « *L'aigle regagnait son nid, creusé dans les anfractuosités de la roche* » LAUTRÉAMONT. *Taillé dans la roche. Creuser, forer la roche. Quartier de roche. Qui croît, vit sur la roche.* ➤ **rupestre.** *Coq de roche.* ➤ **rupicole.** *Poisson de roche. Eau de roche* : eau de source très limpide. FIG. *Clair comme de l'eau de roche* : très aisé à comprendre, évident. ▪ **3** VX Minerai contenant des pierres fines. — MOD. *Cristal* de roche.* ➤ **quartz.** ▪ **4** (XVIIIe) SC. Matériau constitutif de l'écorce terrestre formé de minéraux d'une certaine homogénéité, durs et de grain serré (ex. quartz), plastique (ex. argile), meuble (ex. sable) ou liquide (ex. pétrole). *Les roches forment les terrains de l'écorce terrestre. Sciences qui étudient les roches.* ➤ **pétrographie, pétrologie ; géologie, minéralogie.** *Mécanique des roches. — Aspect des roches* (par taille décroissante) (➤ **bloc, moellon, caillou, galet, gravier, gravillon,** 1 **sable, falun,** 1 **limon,** 2 **vase, boue, argile**). *La texture, le grain d'une roche. Roche dure, tendre ; roche compacte, meuble. Roche poreuse. Roches sédimentaires* (ex. calcaire, sable). *Roches magmatiques : plutoniques* (ex. granite), *volcaniques* (ex. basalte). *Roches pyroclastiques. Roches métamorphiques* ou *cristallophylliennes* (ex. gneiss). *Roche-mère* : couche géologique poreuse où se forment les hydrocarbures. *Hydrocarbures, pétrole, gaz de roche-mère,* de schiste. *Roche-magasin* (ou *roche-réservoir*) : couche géologique où se localisent les gisements d'hydrocarbures.

1 **ROCHER** [ʀɔʃe] n. m. – 1138 ◇ de *roche* ▪ **1** Grande masse de matière minérale dure, formant une éminence généralement abrupte. ➤ **bloc, pierre, roche.** *Au* « *pied de la montagne* [...] *un surprenant chaos de rochers énormes, écroulés, renversés, entassés les uns sur les autres* » MAUPASSANT. *Rochers à fleur d'eau.* ➤ 1 **brisant, écueil, étoc, récif.** *Une crique dans les rochers.* « *Les dieux avaient condamné Sisyphe à rouler sans cesse un rocher jusqu'au sommet d'une montagne d'où la pierre retombait par son propre poids* » CAMUS. — *Qui vit dans les rochers.* ➤ **rupestre, saxatile.** *Dégager un lit de rivière des rochers.* ➤ **dérocher.** ◆ Éminence rocheuse. *Le rocher de Gibraltar.* — LOC. *Le Rocher* : Monaco. ▪ **2** Matière minérale qui constitue un rocher ; la paroi rocheuse. ➤ **roche** (2°). *À flanc de rocher. Creusé dans le rocher.* ◆ *Faire du rocher,* de l'escalade de rocher (opposé à *glace* ou *neige*) (➤ **rochassier**). ▪ **3** (1765) ANAT. Partie massive du temporal, en forme de pyramide quadrangulaire. *L'oreille interne est située dans l'épaisseur du rocher.* ▪ **4** Gâteau ou confiserie ayant l'aspect d'un petit rocher. *Rocher au chocolat.*

2 **ROCHER** [ʀɔʃe] v. intr. ‹1› – 1803 ; autre sens 1622 ◇ de *roche* ▪ TECHN. ▪ **1** Mousser, en parlant de la bière qui fermente. ▪ **2** (1870) Se couvrir d'excroissances, en parlant de l'argent fondu qui refroidit (➤ **rochage**).

1 **ROCHET** [ʀɔʃɛ] n. m. – XIIe ◇ du francique °*hrokk* → froc ▪ **1** ANCIENNT Tunique courte, au Moyen Âge. ▪ **2** Aube courte à manches étroites que portent certains dignitaires ecclésiastiques sous le mantelet. ▪ **3** Mantelet de cérémonie des pairs d'Angleterre. « *La robe de couronnement avait un plus large rochet d'hermine* » HUGO.

2 **ROCHET** [ʀɔʃɛ] n. m. – 1669 ; « fer de lance de joute » 1285 ◇ du germanique *rukka* « quenouille » ; cf. 2 *roquette* ▪ TECHN. ▪ **1** Bobine de filature sur laquelle on enroule la soie. ➤ **fuseau.** ▪ **2** MÉCAN. *Roue à rochet* : roue dentée qu'un cliquet oblige à tourner dans un seul sens. ➤ **linguet.**

ROCHEUX, EUSE [ʀɔʃø, øz] adj. – 1598 ; « situé sur un rocher » 1549 ◇ de *roche* ▪ **1** Couvert, formé de rochers. *Côte rocheuse. — Les montagnes Rocheuses,* n. f. *les Rocheuses* : chaîne de montagnes d'Amérique du Nord. ▪ **2** Formé de roche, de matière minérale dure. *Fond rocheux d'une rivière. Un éperon rocheux.*

ROCHIER [ʀɔʃje] n. m. – 1560 ◇ de *roche* ▪ Requin des côtes de France.

1 **ROCK** ➤ **ROKH**

2 **ROCK** [ʀɔk] **n. m.** et **adj.** – 1956 ◊ mot anglais, abréviation de *rock-and-roll* ■ ANGLIC. ■ **1 n. m.** Musique populaire d'origine américaine, issue du jazz. ➤ **rock-and-roll ;** aussi **garage, hard rock, rockabilly.** *Concert de rock. Le rock français des années 1960. Jouer, écouter du rock.* ♦ Danse à deux ou quatre temps au rythme très marqué, où le cavalier fait exécuter des figures autour de lui à sa partenaire en la tenant par une main. *Concours de rock acrobatique.* ■ **2 adj. (inv. en genre)** Relatif à cette musique. *Chanteur rock.* ➤ **rockeur.** *Des groupes rocks* ou *rock* **(inv.).** *Opéra rock.* ♦ Qui incarne les valeurs associées à ce mouvement (jeunesse, rébellion, anticonformisme, provocation, créativité...). *Une tenue rock. « Je voulais être un écrivain rock. Un écrivain de l'ère de la machine.* [...] *J'avais cette énergie à revendre »* D. LAFERRIÈRE.

ROCKABILLY [ʀɔkabili] **n. m.** – 1981 ◊ mot anglais américain ■ ANGLIC., MUS. Style de musique américaine des années 1950, originaire du Sud, issu de la musique country et du rhythm and blues.

ROCK-AND-ROLL ou **ROCK'N'ROLL** [ʀɔkɛnʀɔl] **n. m. inv.** et **adj. inv.** – 1955 ◊ mot anglais, de *to rock* « balancer » et *to roll* « rouler » ■ ANGLIC. ■ **1** VIEILLI Rock (2). *Danser le rock-and-roll.* ■ **2 adj. inv.** FIG. et FAM. Mouvementé, riche en rebondissements. *Les débuts ont été rock-and-roll !* ➤ **sportif.** *« C'était encore les années rock'n'roll, celles où tout semblait à la fois dangereux et possible* [en Russie] *»* E. CARRÈRE. ♦ Anticonformiste. *« Tu ne m'as pas l'air très rock'n'roll, toi »* P. BAILLY. ➤ **fantaisiste.**

ROCKEUR, EUSE [ʀɔkœʀ, øz] **n.** – 1981 ; *rocker* 1953 ◊ anglais *rocker* « blouson noir » ■ ANGLIC. ■ **1** Chanteur, chanteuse, musicien, musicienne de rock. ■ **2** Personne qui se réclame du mouvement rock. *Le blouson de cuir noir, les santiags du rockeur.* — Au masculin, on écrit aussi *rocker* [ʀɔkœʀ]. *« un grand type à la dégaine de rocker fatigué, tout en noir »* Y. HAENEL.

ROCKING-CHAIR [ʀɔkiŋ(t)ʃɛʀ] **n. m.** – 1851 ◊ mot anglais, de *to rock* « balancer » et *chair* « chaise » ■ ANGLIC. Chaise, fauteuil à bascule que l'on peut faire osciller d'avant en arrière par un mouvement du corps. ➤ **berceuse.** *Des rocking-chairs.*

ROCOCO [ʀɔkɔko ; ʀokoko] **n. m.** – 1825 sens 2° ◊ formation plaisante, d'après *rocaille* ■ **1** (1829) Style rocaille* du XVIIIe s., caractérisé par la profusion des ornements contournés et par la recherche d'une grâce un peu mièvre. ➤ **baroque.** *Le rococo dans la sculpture, dans l'ameublement. « Le rococo n'est supportable qu'à la condition d'être extravagant »* HUGO. — APPOS. INV. *L'art, le style rococo. Des pendules rococo.* ■ **2** APPOS. INV. Démodé et un peu ridicule. ➤ **désuet,** 2 **rétro ; kitsch.** *« Notre politesse, notre esprit, nos mœurs et notre art sembleront vieillots et rococo »* LEMAITRE.

ROCOU [ʀɔku] **n. m.** – 1614 ◊ altération de *urucu*, mot tupi ■ Colorant d'un beau rouge orangé qu'on extrait des graines du rocouyer. *Teindre avec du rocou* (**v. tr.** ‹1› **ROCOUER,** 1640).

ROCOUYER [ʀɔkuje] **n. m.** – 1645 ◊ de *rocou* ■ Arbrisseau originaire de l'Amérique tropicale *(bixacées)* dont les graines servent à fabriquer le rocou*.

RODAGE [ʀɔdaʒ] **n. m.** – 1842 ◊ de *roder* ■ **1** Opération qui consiste à roder (1°) (une pièce). *Rodage de soupapes.* ■ **2** Fait de roder (2°) (un moteur, un véhicule) ; temps pendant lequel on le rode. *Voiture en rodage.* ■ **3** Période de mise au point. *Le rodage d'une institution politique, d'un nouveau système de gestion.*

RÔDAILLER [ʀodaje] **v. intr.** ‹1› – 1839 ◊ de *rôder* ■ FAM. VIEILLI Rôder (2°), traînailler. *« Vous n'avez pas vu rôdailler par là une espèce de petit muscadin ? »* HUGO.

RODÉO [ʀɔdeo] **n. m.** – 1923 ◊ anglais américain *rodeo*, mot hispano-américain « encerclement du bétail », de *rodear* « tourner, encercler », latin *rotare* ■ **1** Fête donnée en Amérique du Nord, en principe pour le marquage du bétail, et qui comporte des épreuves où il faut maîtriser des bêtes (chevaux, vaches) que l'on monte. ■ **2** PAR EXT. *Rodéo automobile, motorisé :* course improvisée de motos, de voitures en milieu urbain, destinée à terroriser, à faire des dégâts. *Un « rodéo au cours duquel deux voitures volées avaient été incendiées »* DAENINCKX. ■ **3** Agitation de gens brutaux et bruyants. *Qu'est-ce que c'est que ce rodéo ?* ➤ **corrida.**

RODER [ʀɔde] **v. tr.** ‹1› – 1723 ◊ latin *rodere* « ronger » cf. *corroder* ■ **1** TECHN. User (une pièce) par le frottement, pour qu'elle s'adapte exactement à une autre. *Roder les soupapes d'un moteur.* ■ **2** COUR. Faire fonctionner (un moteur neuf, une voiture neuve) en prenant des précautions, pour que les pièces, en s'usant régulièrement, s'adaptent parfaitement les unes aux autres. *Roder sa voiture.* — *Voiture mal, bien rodée.* ■ **3** Mettre au point par des essais, par la pratique. *Roder un système, une méthode de travail. Cette comédie, cette revue n'est pas encore parfaitement rodée.* — (PERSONNES) Mettre au courant, rendre capable de remplir une fonction. *Fais-lui confiance, il est parfaitement rodé. Il a été rodé à nos méthodes.* ■ HOM. poss. Rôder.

RÔDER [ʀode] **v. intr.** ‹1› – *rauder* 1530 ; trans. *roder le pays* 1418 ◊ ancien provençal *rodar*, du latin *rotare* « faire tourner » ■ **1** Errer avec une intention suspecte ou hostile. *Voyous qui rôdent dans une rue, autour de qqn.* ➤ **rôdeur.** — (ABSTRAIT) LITTÉR. *La mort « rôde autour de moi depuis des années, je l'entends »* MAURIAC. ■ **2** Errer au hasard. ➤ FAM. **rôdailler.** *« Il rôda au travers des bâtiments et du jardin vides, ne sachant à quoi tuer son chagrin »* ZOLA. ■ HOM. poss. Roder.

RÔDEUR, EUSE [ʀodœʀ, øz] **n.** et **adj.** – 1538 ◊ de *rôder* ■ **1** Personne qui rôde, flâne. — **adj.** *« L'œil mi-clos de désir, rampent les chats rôdeurs »* LECONTE DE LISLE. ■ **2** Individu d'allure louche qui rôde avec des intentions suspectes. ➤ VX **chemineau, vagabond.** *Crime de rôdeur. « Un de ces hommes de mine inquiétante qu'on est convenu d'appeler* rôdeurs de barrières *»* HUGO.

RODOIR [ʀɔdwaʀ] **n. m.** – 1812 ◊ de *roder* ■ TECHN. Outil qui sert à roder (1°).

RODOMONT [ʀɔdɔmɔ̃] **n. m.** et **adj.** – 1573 ; *rodomone* 1527 ◊ italien *Rodomonte*, personnage de l'Arioste ■ LITTÉR. Personnage fanfaron. ➤ **bravache, fier-à-bras, matamore ; rodomontade.** — **adj.** *« honteux de servir sous des généraux rodomonts »* BERNANOS.

RODOMONTADE [ʀɔdɔmɔ̃tad] **n. f.** – 1587 ◊ de *rodomont* ■ Action, propos d'un rodomont. ➤ **bravade, fanfaronnade, vantardise.** *« ses rodomontades et ses caracoles de fier-à-bras »* CENDRARS.

RŒNTGEN ➤ **RÖNTGEN**

ROENTGENIUM [ʀœntgenjɔm] **n. m.** – 2004 ◊ du nom du physicien *W. Rœntgen* ■ CHIM. Élément radioactif artificiel (Rg ; n° at. 111).

RŒSTI ➤ **RÖSTI**

ROGATIONS [ʀɔgasjɔ̃] **n. f. pl.** – 1530 ; *rovaisons* 1125 ◊ latin ecclésiastique *rogationes*, plur. de *rogatio* « demande, prière » ■ RELIG. CATHOL. Cérémonies qui se déroulent pendant les trois jours précédant l'Ascension, destinées à attirer les bénédictions divines sur les récoltes et les travaux des champs.

ROGATOIRE [ʀɔgatwaʀ] **adj.** – 1599 ◊ du latin *rogatus*, p. p. de *rogare* « demander » ■ DR. Relatif à une demande. *Formule rogatoire.* — SPÉCIALT *Commission* rogatoire.*

ROGATON [ʀɔgatɔ̃] **n. m.** – 1668 ; « convocation » 1367 ◊ latin médiéval *rogatum*, de *rogare* « demander » ■ FAM. VX Objet de rebut ou sans valeur. ♦ MOD. Bribe de nourriture ; reste d'un repas (surtout au plur.). *Il dîna de quelques vieux rogatons. Elle ne nous a laissé que des rogatons.*

ROGNAGE [ʀɔɲaʒ] **n. m.** – 1761 ◊ de 1 *rogner* ■ Opération par laquelle on rogne (1, 1°) qqch. *Le rognage d'un livre.*

ROGNE [ʀɔɲ] **n. f.** – 1888 ; « querelle » région. XVIIe ; « grognement » 1501 ◊ de 2 *rogner* ■ FAM. Colère, mauvaise humeur. *Être en rogne contre qqn, qqch.* ➤ 2 **rogner.** *Être dans une rogne terrible. Se mettre, se foutre en rogne. « la hargne, la rogne et la grogne »* DE GAULLE.

1 **ROGNER** [ʀɔɲe] **v. tr.** ‹1› – *rooignier* XIIe ◊ latin populaire °*rotundiare* « couper en rond » ■ **1** (CONCRET) Couper (qqch.) sur les bords, de manière à rectifier le contour. *Rogner les pages d'un livre, un livre :* couper les bords des feuillets pour les rendre nets. ➤ **massicoter.** — *Exemplaire rogné, non rogné.* — *Rogner une pièce d'or* (par fraude). — *Rogner les ailes* à un oiseau,* FIG. *à qqn.* — *Rogner les griffes à un chat. Se rogner les ongles.* ■ **2** FIG. Diminuer sans conséquences trop visibles. *Tu mettais « ton honneur à rogner de quelques sous son maigre profit »* MAURIAC. *Rogner les salaires. Rogner les pouvoirs d'une assemblée.* — **ROGNER SUR qqch.** ➤ **lésiner, prélever, retrancher.** *Rogner sur les dépenses de nourriture, sur les loisirs.* — FIG. *« Soucieux d'autant plus de ne rien rogner sur ce qu'il estimait devoir à sa mère »* GIDE. ■ CONTR. Allonger.

2 **ROGNER** [ʀɔɲe] **v. intr.** ‹1› – 1876 ◊ origine onomatopéique ■ FAM. VX Être en rogne, en colère ; rager. ➤ **rognonner.**

ROGNEUR, EUSE [ʀɔɲœʀ, øz] **n.** – 1690 ; «celui qui rogne les pièces de monnaie» 1354 ◊ de 1*rogner* ■ TECHN. ■ **1** Ouvrier, ouvrière qui rogne (qqch.), en particulier le papier. ■ **2** **n. f.** (1875) Machine à rogner le papier. ➤ 2**massicot.**

ROGNON [ʀɔɲɔ̃] **n. m.** – *roignon* fin XIIe ◊ latin populaire °*renio, renionis,* classique *renes* ■ **1** VX OU RÉGION. **(Canada)** Rein (de l'être humain ou d'un animal). *«Quand mon frère a eu mal aux rognons, voilà trois ans passés»* HÉMON. ■ **2** MOD. Rein d'un animal, destiné à la cuisine. *Un rognon de bœuf, de mouton, de porc, de veau. Rognons au madère.* ◆ PAR ANAL. *Rognons blancs :* testicules d'animaux de boucherie (bélier, etc.), destinés à la cuisine. ■ **3** (1779) GÉOL. Petite masse minérale arrondie qui est enrobée dans une roche différente. *Rognons de silex dans la craie.* — Rocher qui dépasse de la surface d'un glacier ou d'un champ de neige.

ROGNONNADE [ʀɔɲɔnad] **n. f.** – 1938 ◊ du provençal *rougnounado,* de *rougnoun* «rognon» ■ CUIS. Longe de veau que l'on fait cuire avec le rognon enveloppé de sa graisse.

ROGNONNER [ʀɔɲɔne] **v. intr.** ⟨1⟩ – 1680 ; *rongnonner* 1556 Normandie ◊ de 2*rogner* ■ FAM. VX Grommeler, manifester son mécontentement en bougonnant. ➤ **grogner, marmonner,** 2**rogner, ronchonner.**

ROGNURE [ʀɔɲyʀ] **n. f.** – *rongneure* 1309 ; «tonsure» v. 1100 ◊ de 1*rogner* ■ Ce que l'on enlève, ce qui tombe quand on rogne qqch. ➤ **déchet.** *Rognures de métal.* ➤ **cisaille** (II). *Rognure de carton, de papier, de cuir. Des rognures d'ongles. «Et il jeta le couteau avec les autres sur l'étal, où des rognures de viandes pour les chats et les chiens s'amoncelaient»* MAC ORLAN. ◆ SPÉCIALT Déchet plus ou moins répugnant.

ROGOMME [ʀɔgɔm] **n. m.** – *rogum* 1700 ◊ origine inconnue ■ VX et POP. Liqueur forte. ◆ MOD. et FAM. **VOIX DE ROGOMME :** voix d'ivrogne ; voix enrouée et vulgaire. ➤ **mêlécasse.** *«Il cria : "Ohé ! Nana !" d'une voix de rogomme»* ZOLA.

1**ROGUE** [ʀɔg] **adj.** – 1270 ; *rogre* v. 1180 ◊ ancien scandinave *hrókr* «arrogant» ■ Qui est plein de morgue, à la fois méprisant, froid et rude. ➤ **dédaigneux.** *Il était «rogue, pontifiant, orgueilleux à l'excès»* MADELIN. — PAR EXT. *«Je voudrais qu'on pût engager nos frères les gens de lettres à laisser, en discutant, le ton rogue et tranchant»* BEAUMARCHAIS. ➤ **arrogant, hargneux.** ■ CONTR. Aimable, doux.

2**ROGUE** [ʀɔg] **n. f.** – 1723 ◊ ancien nordique *hrogn ;* cf. allemand *Rogen* ■ PÊCHE Œufs de morue ou de hareng utilisés comme appât pour la pêche à la sardine.

ROGUÉ, ÉE [ʀɔge] **adj.** – 1772 ◊ de 2*rogue* ■ PÊCHE Se dit d'un poisson qui contient des œufs. ➤ **œuvé.** *Merlan rogué.*

ROHART [ʀɔaʀ] **n. m.** – 1380 ; *roal* «morse» 1180 ◊ de l'ancien nordique *hrosshvalr* ■ TECHN. Ivoire qu'on tire des défenses du morse, des dents de l'hippopotame. *Couteau à manche de rohart.*

ROI [ʀwa] **n. m.** – après 1150 ; v. 1000 *rei ;* v. 900 *rex* ◊ latin *rex, regis* «roi» → reine ■ **1** Chef d'État (homme) de certains pays (➤ **royaume**) accédant au pouvoir souverain à vie par voie héréditaire (➤ **dynastie**) ou, plus rarement, élective. ➤ **monarque, prince, souverain ; empereur.** *Titre donné aux rois.* ➤ **majesté, sire.** *Le bon roi Dagobert. Le roi Henri IV. Couronne et sceptre des rois. Les droits du roi.* ➤ 1**régale, régalien.** *Devenir roi :* monter sur le trône (➤ **avènement**). *Le roi est mort, vive le roi !,* vive son successeur. *Le roi, la reine* et le dauphin. Roi de droit divin. Roi constitutionnel. «Le Roi, cette vieille religion, ce mystique personnage, mêlé des deux caractères du prêtre et du magistrat, avec un reflet de Dieu !»* MICHELET. *«Pour grands que soient les rois, ils sont ce que nous sommes»* CORNEILLE. *Camelot* du roi. Conseil, armées du roi. La cour du roi. La maison* du roi. — Les rois fainéants*. Le Roi-Soleil :* Louis XIV. *Le Roi Très-Chrétien :* le roi de France. *Le Roi Catholique,* d'Espagne. *Le roi des rois :* le roi des Perses. *Le roi des Juifs :* Jésus. — *«Œdipe roi», pièce de Sophocle.* ◆ SPÉCIALT *Les (trois) Rois :* les trois Mages (ou *Rois mages**) de l'Évangile. *Fête des Rois.* ➤ **épiphanie.** *La galette* des Rois. Tirer les rois :* se réunir pour manger la galette des rois. ◆ LOC. *Heureux comme un roi,* très heureux. *Morceau de roi :* chose superbe, excellente, exquise. — LOC. *Le choix du roi :* le fait, pour des parents, d'avoir un garçon et une fille. *«Ils eurent une fille d'une beauté chavirante et un garçon plein d'avenir, le choix du roi»* C. ACHACHE. *La cour* du roi Pétaud. Le roi n'est pas son cousin*. Être plus royaliste* que le roi.* — (XVIIIe) *Travailler pour le roi de Prusse,* pour un profit nul. FAM. *Là où le roi va seul :* aux toilettes. — PROV. *Au royaume des aveugles*, les borgnes sont rois.* ◆ APPOS. *Bleu roi :* bleu très vif, outremer. *Des uniformes bleu roi.* ■ **2** FIG. Homme qui règne quelque part, dans un domaine. *Un roi du ring :* un grand boxeur. *«Lorsqu'on dit des hommes qu'ils sont "les rois de la création," il faut entendre le mot au sens le plus fort»* SARTRE. — *«Le vert colibri, le roi des collines»* LECONTE DE LISLE. ◆ SPÉCIALT (1876 ◊ traduction de l'anglais américain *king*) Magnat qui s'est assuré la maîtrise (d'un secteur économique). *Les rois du pétrole. «Le milliardaire, le roi du cuivre ou de la viande en conserve»* DANIEL-ROPS. — LOC. FIG. *Être, se sentir le roi du pétrole :* être pleinement satisfait de son sort, n'avoir plus rien à désirer. ◆ EN APPOS. À qui l'on confère une grande importance. *Les enfants rois. L'argent roi.* ➤ **tout-puissant.** ■ **3** Chef, représentant éminent (d'un groupe ou d'une espèce). *Le roi des animaux :* le lion. — FAM. Le plus grand. *Hugo «a toujours été le roi des malins»* PÉGUY. *C'est le roi des imbéciles, le roi des cons.* ABSOLT *C'est vraiment le roi !* ■ **4** (v. 1175) La pièce la plus importante du jeu d'échecs, qu'il s'agit de mettre échec et mat. *Échec au roi.* ◆ (1571) Carte figurant un roi. *Roi de carreau. Le roi et la dame.*

ROIDE ; ROIDIR ➤ **RAIDE ; RAIDIR**

ROITELET [ʀwat(ə)lɛ] **n. m.** – 1459 ◊ de l'ancien français *roitel,* diminutif de *roi* ■ **1** PÉJ. OU PLAISANT Roi peu important, roi d'un petit pays. *«Les roitelets sont morts ou déchus»* SARTRE. ■ **2** Oiseau passereau plus petit que le moineau. *«Le chant d'un roitelet de muraille se prolongeait à l'infini»* FROMENTIN.

ROKH [ʀɔk] **n. m.** – 1749 ; *roc* 1653 ; *ruc* 1298 ◊ de l'arabe *rokh* ■ Oiseau fabuleux des légendes orientales, d'une force et d'une taille prodigieuses. *Sindbad et le rokh.* — On écrit aussi *rock. «C'est moi, l'oiseau Rock, qui dois être, De ce monde, seigneur et maître»* GAUTIER. ■ HOM. Roc, 2rock, roque.

RÔLE [ʀol] **n. m.** – fin XIIe ◊ latin médiéval *rotulus* «parchemin roulé», de *rota* «roue» → enrôler ■ **1** DR., ADMIN. Feuille (recto et verso) d'un acte notarié, d'une expédition de jugement, d'un cahier des charges. — (1454) Registre où sont portées, par ordre chronologique, les affaires soumises à un tribunal. *Mettre une cause au rôle, sur le rôle. Sa cause viendra à son tour de rôle.* — (1728) *Rôle d'équipage :* liste des marins composant l'équipage d'un navire. — *Rôle d'impôt :* liste des contribuables de la commune avec mention de leur impôt. ◆ **loc. adv.** (1454 ◊ du *rôle du tribunal*) COUR. **À TOUR DE RÔLE :** chacun à son tour, à son rang. ➤ **alternativement, successivement.** *«ses parents l'avaient veillée à tour de rôle»* VERLAINE. ■ **2** (*role* 1507) COUR. Partie d'un texte dramatique, des dialogues d'un film, d'une émission, correspondant aux paroles d'un personnage, que doit dire un acteur ; ce personnage, que l'acteur représente. ➤ **emploi.** *Le rôle de Phèdre. Rôle-titre*. Le premier rôle. Un petit rôle,* peu important. ➤ 2**panne, silhouette, utilité.** *Un rôle de composition. Un rôle de jeune premier. Un rôle muet* (➤ **figurant**). *Apprendre son rôle. Jouer, interpréter un rôle. «L'on ne peut trop recommander à l'acteur qui jouera ce rôle de bien se pénétrer de son esprit»* BEAUMARCHAIS. *Créer un rôle. Distribuer les rôles.* ➤ **distribution.** ■ **3** PAR EXT. (XVIe) Conduite sociale de qqn qui joue dans le monde un certain personnage. *«Vieux, pauvre et mauvais poète, ah ! monsieur, quel rôle !»* DIDEROT. *Avoir le mauvais rôle, un rôle peu enviable.* LOC. *Avoir le beau rôle :* apparaître à son avantage dans une situation. *Inverser les rôles :* adopter vis-à-vis d'autrui l'attitude, le ton que l'on en attend. ■ **4** Action, influence que l'on exerce, fonction que l'on remplit. *Avoir un rôle important dans une affaire, une décision. Un rôle de premier plan. Ce n'est pas mon rôle de vous conseiller. Rôle du prêtre, du médecin.* ➤ **mission, vocation.** ■ **5** *Jeu de rôle(s) :* jeu dans lequel les joueurs (➤ **rôliste**) incarnent des personnages (d'une narration). PSYCHOL. Technique d'analyse psychologique consistant à faire jouer des rôles aux membres d'un groupe. ■ **6** (répandu XXe) (CHOSES) Fonction. *Le rôle du verbe dans la phrase. Le cœur joue un rôle fondamental dans la circulation du sang.*

RÔLISTE [ʀolist] **n.** – 1994 ◊ de *rôle* ■ Personne qui participe à un jeu de rôle*.

ROLLER [ʀɔlœʀ] **n. m.** – 1983 ; *rollerskater* «patineur» 1979 ◊ de l'anglais *rollerskate* «patin à roulettes» ■ ANGLIC. Patin à roulettes auquel est fixée une chaussure haute et rigide. *Une paire de rollers. — Faire du roller :* patiner avec des rollers. ■ HOM. Rolleur.

ROLLEUR, EUSE [ʀɔlœʀ, øz] **n.** – 1995 ◊ de *roller* ■ Personne qui pratique le roller. *Des «rolleuses aux jambes nues et bronzées glissant cheveux au vent»* O. ROLIN. ■ HOM. Roller.

ROLLIER [ʀɔlje] n. m. – 1760 ◊ de l'allemand *Roller* (1560), par l'anglais, le nom de l'oiseau lui venant de son cri ■ Oiseau de la taille d'un pigeon *(coraciiformes)*, insectivore, à grosse tête et à longue queue. ➤ **geai** (bleu).

ROLLMOPS [ʀɔlmɔps] n. m. – 1923 ◊ mot allemand, de *rollen* «enrouler» et *mops* «2 carlin» ■ Filet de hareng mariné au vinaigre, enroulé autour d'un cornichon.

1 **ROM** [ʀɔm] n. et adj. – 1857 *Rômes* plur. ◊ romani *rrom* «homme» ■ DIDACT. *Les Roms* : peuple originaire du nord de l'Inde, apparu en Europe au XIVe s., parlant une langue appelée *romani* (n. m.). ➤ **tsigane.** — adj. *Le peuple rom. Des campements roms.* ■ HOM. Rhum.

2 **ROM** [ʀɔm] n. f. inv. – 1981 ◊ acronyme anglais de *Read Only Memory* «mémoire que l'on peut seulement lire» ■ INFORM. Mémoire n'autorisant que la lecture des informations qu'elle contient (cf. Mémoire* morte). ➤ aussi **EPROM.**

ROMAIN, AINE [ʀɔmɛ̃, ɛn] adj. et n. – 1080 ◊ latin *romanus* ■ **1** Qui appartient à l'ancienne Rome et à son empire. ➤ **latin,** 2 **roman.** *Antiquité grecque et romaine. Empereur romain. Paix* romaine. Spécialiste du droit romain* (➤ 1 **romaniste**). *Civilisation, décadence romaine.* ➤ **romanité.** *Conquêtes, domination romaines. Calendrier* romain. Chiffre* romain* (opposé à *arabe*). *Caractère romain, écriture romaine* (ou *latine*), qui s'oppose à d'autres écritures alphabétiques (cyrillique, arabe, grec,...). *Balance romaine.* ➤ 2 **romaine.** *Tuile romaine,* creuse, en forme de gouttière tronconique, pour les toits de faible pente. — TECHN. *Ciment* romain.* ◆ n. *Les Romains.* «*Ils sont fous, ces Romains !*» («Astérix», bande dessinée). *Un travail* de Romain.* ■ **2** Qui appartient à la Rome postérieure à la chute de l'Empire romain. ◆ SPÉCIALT (1592) *Caractères romains* (inventés par deux imprimeurs romains en 1466 et substitués aux caractères gothiques) : caractères à traits perpendiculaires, les plus courants en typographie. n. m. *Le romain et l'italique. Composer en romain.* ◆ *Laitue romaine.* ➤ 1 **romaine.** ■ **3** Qui a rapport à Rome en tant que siège de la papauté et de l'Église catholique. *Église catholique, apostolique et romaine. Religion, communion romaine* (opposé à *protestante*). *Rite romain.* «*Ils étaient plus que chrétiens, ils étaient catholiques ; ils étaient plus que catholiques, ils étaient romains*» HUGO.

1 **ROMAINE** [ʀɔmɛn] n. f. – 1800 ; *laitue romaine* 1570 «importée d'Italie» ◊ de *romain* ■ Laitue d'une variété à feuilles allongées, rigides et croquantes. — LOC. FAM. *Bon comme la romaine* : trop bon, bon jusqu'à la faiblesse ; bon jusqu'à se trouver en situation de victime.

2 **ROMAINE** [ʀɔmɛn] n. f. – XVe ; *romman* n. m. XIVe ◊ arabe *rommâna* «balance», par l'ancien provençal avec influence de *romaine* «de Rome» ■ Balance formée d'un fléau à bras inégaux, dont le plus court supporte l'objet à peser, et le plus grand, gradué, un poids que l'on déplace jusqu'à trouver l'équilibre. ➤ **peson.**

ROMAÏQUE [ʀɔmaik] adj. et n. m. – 1823 ◊ grec *rômaikos* ■ *Langue romaïque,* ou n. m. *le romaïque* : le grec moderne parlé. ➤ **démotique.** — On dit aussi **ROMÉIQUE** [ʀɔmeik].

1 **ROMAN** [ʀɔmɑ̃] n. m. – fin XIIe ; 1135 *romans* ◊ v. 1125 *ronmanz* ; latin médiéval *romanice* «en langue naturelle», de *romanus* «romain»

I LE ROMAN. LANGUE (1135 «langue commune» : le français d'alors [ancien français], opposé au latin ; XVIe, en ling.) LING. Langue courante, populaire, issue du latin populaire oral, parlée autrefois en France (le latin écrit étant la langue savante) et antérieure à l'ancien français. ➤ **gallo-roman.** *Une décision du concile de Tours* (813) *invite les prêtres à prêcher en roman et en germanique.* ◆ (1870) Langue latine vulgaire parlée dans les pays romanisés (la «*Romania*») ; ensemble des langues romanes entre le Ve et le IXe siècle.

II UN ROMAN. ŒUVRE ■ **1** (1140) HIST. LITTÉR. Récit en vers français (en *roman*), puis en prose, contant des aventures fabuleuses ou merveilleuses, les amours de héros imaginaires ou idéalisés. *Le Roman d'Alexandre.* «*Le Roman de Tristan*», *de Béroul. Le Roman de la Rose. Le Roman de Renart, parodie des romans courtois. Romans de chevalerie*.* ■ **2** (XVIe) MOD. et COUR. Œuvre d'imagination en prose, assez longue, qui présente et fait vivre dans un milieu des personnages donnés comme réels, fait connaître leur psychologie, leur destin, leurs aventures ; *(le roman)* genre littéraire romanesque. *Romans et nouvelles*.* ➤ aussi **récit.** *Les romans de Mme de La Fayette, de Stendhal, de Dumas.* «*Le roman est un vaste champ d'essai qui s'ouvre à toutes les formes de génie, à toutes les manières. C'est l'épopée future, la seule probablement que les mœurs modernes comporteront désormais*» SAINTE-BEUVE. «*Le roman est un genre épuisé. On tente de le sauver en lui injectant des produits étrangers : une dose de morale, d'histoire, de politique. Ainsi qu'on soutient un mourant avec des piqûres*» HYVERNAUD. *Auteur de romans.* ➤ **romancier.** *Ça se lit comme un roman,* facilement. *Personnage, héros, héroïne de romans. Roman à succès.* ➤ **best-seller.** — *Roman d'imagination, roman historique. Roman épistolaire. Roman à clé. Roman d'amour, d'aventures, roman de cape* et d'épée. Roman policier*.* ➤ FAM. 2 **polar.** *Roman noir* : genre emprunté aux Anglais, récit d'aventures macabres, de brigands, de fantômes (➤ **gothique**) ; MOD. roman (policier) où abondent les violences criminelles (cf. Littérature* noire, série noire). *Roman d'anticipation*, de science-fiction, de fantasy. Roman à l'eau de rose,* sentimental et prêchant les bons sentiments. — (1930) *Roman-fleuve* : roman très long présentant de nombreux personnages de plusieurs générations. *Des romans-fleuves.* ➤ **saga.** — *Roman-feuilleton.* ➤ **feuilleton** (3o). ◆ (v. 1950 ; *photoroman* 1949) *Roman-photo* : récit romanesque présenté sous forme d'une série de photos accompagnées de textes succincts souvent intégrés aux images. *Des romans-photos.* — *Roman graphique*.* — *Roman tiré d'un scénario* (➤ **novélisation**). — PÉJ. *Roman de gare,* en vente dans les kiosques des gares, PAR EXT. roman populaire. ◆ *Cela n'arrive que dans les romans* : c'est invraisemblable. FIG. *C'est tout un roman,* une longue histoire invraisemblable ou très compliquée. *Ils ont vécu un beau roman d'amour.* ◆ Genre particulier de romans. *Le roman noir me plaît mieux que le roman d'anticipation.* — (1957, Henriot) *Le nouveau roman* : tendance du roman français des années 1960-1970, se réclamant d'une description objective, récusant l'analyse psychologique et la narration traditionnelles. «*Lorsqu'on parle du nouveau roman, comme si cette vague entité désignait un auteur particulier, on ne peut avoir en vue qu'un certain nombre de positions communes*» L.-R. DES FORÊTS.
■ HOM. Romand.

2 **ROMAN, ANE** [ʀɔmɑ̃, an] adj. – 1596 ◊ de 1 *roman* ■ **1** LING. VIEILLI *La langue romane* : le roman (Io). — PAR EXT. Qui appartient à cette langue, est écrit en cette langue. *Le texte roman des Serments de Strasbourg.* ◆ Relatif aux peuples conquis et civilisés par Rome (la «*Romania*»). *Les langues romanes,* issues du latin populaire. ➤ **néolatin ; catalan, espagnol, français, italien, portugais, occitan, rhéto-roman, roumain, sarde.** *Langues romanes et langues germaniques.* — PAR EXT. Relatif aux langues romanes. *La linguistique romane* (➤ 2 **romaniste**). ■ **2** (1818 REM. autrefois désigné sous le nom de *gothique*) Relatif à l'architecture médiévale d'Europe occidentale (de la fin de l'État carolingien à la diffusion du style gothique), art caractérisé par la prédominance de l'architecture religieuse (plan basilical, voûte), la variété régionale des styles, le développement d'une iconographie abondante. *Église romane. Sculpture romane. Chapiteaux romans.* — PAR EXT. De l'époque romane. *Les ferronniers romans.* ◆ n. m. (1837) L'art, le style roman. *Le roman auvergnat.* ■ **3** (fin XIXe) Qui appartient au mouvement littéraire du néoclassicisme. *L'école romane de Moréas.*

ROMANCE [ʀɔmɑ̃s] n. f. – 1719 ; «poème espagnol» 1599 n. m. ou f. ◊ espagnol *romance,* du provençal *romans* → 1 roman ■ **1** HIST. LITTÉR. Aux XVIIIe et XIXe s., Pièce poétique simple, assez populaire, sur un sujet sentimental et attendrissant ; plus cour. Musique sur laquelle une telle pièce est chantée. ➤ **cantilène,** 1 **chant.** *La romance de Chérubin, dans le* «*Mariage de Figaro*». — Pièce instrumentale romantique, de caractère mélodique. ◆ COUR. Chanson sentimentale. *La romance napolitaine. Pousser la romance.* ■ **2** Brève aventure amoureuse. ➤ **idylle.** *Leur romance a pris fin.*

ROMANCER [ʀɔmɑ̃se] v. tr. ⟨3⟩ – avant 1681 ; «composer des romans» 1586 ; *romancier* «traduire en roman, en français» XIIIe ◊ de *romanz,* forme ancienne de 1 *roman* ■ Présenter sous forme de roman, en donnant les caractères du roman (➤ **romanesque**), en déformant plus ou moins les faits. «*Toutes les histoires de l'Astrée ont un fondement véritable, mais l'auteur les a toutes romancées*» SAINTE-BEUVE. — p. p. adj. *Une biographie romancée.*

ROMANCÉRO ou **ROMANCERO** [ʀɔmɑ̃seʀo] n. m. – 1827 ◊ espagnol *romancero,* de *romance* ■ HIST. LITTÉR. Recueil de poèmes épiques espagnols en octosyllabes. *Des romancéros. Le romancero du Cid.*

ROMANCHE [ʀɔmɑ̃ʃ] **n. m.** – 1813 ◊ latin *romanice* → 1 roman ▪ Langue rhéto-romane en usage dans les Grisons. *Le romanche est la quatrième langue nationale de la Suisse.*

ROMANCIER, IÈRE [ʀɔmɑ̃sje, jɛʀ] **n.** – 1669 ; fém. 1844 ; « auteur de romans de chevalerie » hapax XVe ◊ de *romanz*, forme ancienne de 1 *roman* ▪ Écrivain qui fait des romans, auteur de romans. *Les grands romanciers du XIXe siècle. George Sand, romancière romantique. « l'ingéniosité du premier romancier consista à comprendre que dans l'appareil de nos émotions, l'image* [était] *le seul élément essentiel »* PROUST.

ROMAND, ANDE [ʀɔmɑ̃, ɑ̃d] **adj.** – 1566 ◊ même mot que 1 *roman*, le *d* par anal. avec *allemand* ▪ *La Suisse romande,* francophone. *Les Suisses romands.* — **n.** *Les Romands :* les Suisses de langue française. ▪ HOM. Roman.

ROMANESCO [ʀɔmanɛsko] **n. m.** – 1996 ; 1993 au Canada ◊ mot italien « romain » ▪ Chou-fleur d'une variété originaire d'Italie, vert clair, à fines fleurettes de forme pyramidale. *Des romanescos.* — EN APPOS. *Des choux romanescos.*

ROMANESQUE [ʀɔmanɛsk] **adj. et n. m.** – 1628 ; hapax XVIe ◊ de 1 *roman*, d'après l'italien *romanesco* ▪ **1** Qui offre les caractères du roman traditionnel : poésie sentimentale, aventures extraordinaires. *Aventures romanesques. Une passion romanesque. « Il y a je ne sais quoi de romanesque dans cette entreprise, qui sied aux âmes exaltées »* BALZAC. ◆ Qui contient ou qui forme des idées, des images, des rêveries dignes des romans. *Une imagination romanesque. — Une personne romanesque.* ➤ **rêveur, sentimental.** *« Très romanesque, romanesque à l'allemande, c'est-à-dire au suprême degré, négligeant tout à fait la réalité pour courir après des chimères de perfection »* STENDHAL. ◆ **n. m.** *Le romanesque,* le caractère romanesque d'une chose, d'une personne. *Le romanesque d'une situation, d'un comportement. Aimer le romanesque.* ▪ **2** (1690) LITTÉR. Qui a les caractères littéraires du roman ; propre au roman. *« de ces récits romanesques, il n'en faut croire que la moitié tout au plus »* MÉRIMÉE. *« la technique romanesque »* SARTRE. ▪ CONTR. Banal, 1 plat, prosaïque, réaliste.

ROMAN-FEUILLETON, ROMAN-FLEUVE, ROMAN-PHOTO ➤ **1 ROMAN** (II, 2°)

ROMANICHEL, ELLE [ʀɔmaniʃɛl] **n.** – 1844 ; *romamichel* 1828 ◊ romani *romani çel* (ou *tšel*) « peuple des tsiganes » ▪ PÉJ. VIEILLI Tsigane nomade. ➤ **bohémien, gitan,** POP. **romano.** *Roulotte de romanichels.* — PAR EXT. Vagabond, personne sans domicile fixe. *« On est sans feu ni lieu* [...] *on est des oiseaux de passage, des romanichels »* SARTRE.

ROMANISANT, ANTE [ʀɔmanizɑ̃, ɑ̃t] **adj.** – 1875 ◊ dérivé savant du latin *romanus* « romain », ou de *romaniser* ▪ RELIG. Qui se rapproche du rite romain, en parlant des cultes chrétiens. *Église grecque romanisante.*

ROMANISATION [ʀɔmanizasjɔ̃] **n. f.** – 1877 ◊ de *romaniser* ▪ **1** HIST. Action de romaniser, assimilation des pays vaincus par les Romains. ▪ **2** (1931) LING. Substitution du latin aux langues locales des pays conquis. *La romanisation de la Gaule, des Gaulois.* — Transcription en caractères latins d'une langue écrite différemment. *La romanisation du vietnamien.*

ROMANISER [ʀɔmanize] **v.** ‹1› – 1683 ; *romanizé* « devenu romain » 1566 ◊ de *romanus* → romain ▪ **1 v. intr.** RELIG. Suivre les dogmes de l'Église catholique romaine. ▪ **2 v. tr.** RELIG. Rendre catholique romain. ▪ **3 v. tr.** (1833) Donner, imposer les mœurs romaines, la langue latine à (un peuple vaincu). *Romaniser la Gaule. — La Romania, ensemble des pays romanisés.* ▪ **4 v. tr.** (1870) Mettre en caractères romains, transcrire en écriture romaine. *Romaniser un texte turc ancien. Le vietnamien a été romanisé.*

ROMANISME [ʀɔmanism] **n. m.** – 1857 ◊ de *romanus* « romain » ▪ RELIG. Doctrine de l'Église romaine (➤ 1 **romaniste**).

1 **ROMANISTE** [ʀɔmanist] **n.** – 1535 ◊ de *romanus* « romain » ▪ **1** RELIG. Partisan du rite romain, du pape. ▪ **2** (1870) DR. Spécialiste du droit romain. ▪ **3** (1876) ARTS Peintre flamand du XVIe s. qui imitait l'art italien.

2 **ROMANISTE** [ʀɔmanist] **n.** – 1872 ◊ de 2 *roman* ▪ DIDACT. Linguiste, philologue qui étudie les langues romanes. *Congrès, revue de romanistes.*

ROMANITÉ [ʀɔmanite] **n. f.** – 1875 ◊ de *romanus* « romain » ▪ Civilisation romaine antique. — Ensemble des pays touchés par la civilisation romaine.

ROMANO [ʀɔmano] **n.** – 1859 ; *rommani* 1845 ◊ mot tsigane, de *rom* « homme, tsigane » ▪ POP. et PÉJ. Romanichel. *Des romanos.*

ROMANTIQUE [ʀɔmɑ̃tik] **adj.** – 1675 ◊ anglais *romantic,* de *romance* « 1 roman », jusqu'à l'emploi de *novel,* au XVIIIe s. ▪ **1** VX Touchant comme dans les romans, en parlant d'un lieu, de la nature. *« Les rives du lac de Bienne sont plus sauvages et romantiques que celles du lac de Genève »* ROUSSEAU. ▪ **2** (1804 ◊ allemand *romantisch*) Relatif à la littérature inspirée de la chevalerie et du christianisme du Moyen Âge (opposé à *classique*). *« la poésie romantique* [est] *celle qui tient de quelque manière aux traditions chevaleresques »* Mme DE STAËL. ◆ (1820) MOD. Qui appartient au romantisme*. *Poésie, littérature, peinture, musique romantique.* SUBST. *Les classiques et les romantiques.* ◆ Relatif à l'époque du romantisme. *Mode, meuble romantique.* ▪ **3** Qui évoque les attitudes et les thèmes chers aux romantiques (sensibilité, exaltation, rêverie, etc.). *« il avait une belle tête romantique, passionnée et ravagée comme on peut se figurer celle de Faust »* GAUTIER. *« le vieux quartier resterait comme il était, un endroit romantique, des ruines à la Chateaubriand »* ARAGON. ▪ CONTR. Classique. Réaliste.

ROMANTISME [ʀɔmɑ̃tism] **n. m.** – 1816 ; « caractère romantique (1°) » 1804 ◊ de *romantique* ▪ **1** À l'origine, Genre romantique (2°). ◆ MOD. Mouvement de libération du moi, de l'art, qui, en France, s'est développé sous la Restauration et la Monarchie de Juillet, par réaction contre la régularité classique et le rationalisme philosophique des siècles précédents. *Le romantisme français, anglais, allemand. Le romantisme dans la littérature, la peinture, la musique. « Qui dit romantisme dit art moderne, – c'est-à-dire intimité, spiritualité, couleur, aspiration vers l'infini »* BAUDELAIRE. ◆ Éléments ou traits propres au romantisme décelables chez des artistes de toute époque. *Le romantisme de Virgile, des surréalistes.* ▪ **2** Attitude, caractère, esprit romantique (3°). *« À vrai dire, à la sèche érudition se mêlaient dans mon cerveau les fumées d'un étrange* romantisme *»* P. BENOIT. ▪ CONTR. Classicisme, réalisme.

ROMARIN [ʀɔmaʀɛ̃] **n. m.** – XIIIe ◊ latin *rosmarinus,* proprt « rosée de mer » ▪ Arbuste aromatique des collines du Midi *(labiées),* aux fleurs bleues. *« les petites collines grises que parfume le romarin »* DAUDET.

ROMBIÈRE [ʀɔ̃bjɛʀ] **n. f.** – 1890 ◊ p.-ê. du radical expressif *rom-* évoquant l'idée de grondement ▪ FAM. Bourgeoise d'âge mûr ennuyeuse, prétentieuse et un peu ridicule. *Une vieille rombière.*

ROMÉIQUE ➤ **ROMAÏQUE**

ROMPRE [ʀɔ̃pʀ] **v.** ‹41 ; subj. imp. inus.› – v. 1000 *rumpre* ◊ latin *rumpere*

I ~ **v. tr. A. BRISER, DÉFAIRE** ▪ **1** VIEILLI (ou dans quelques expr.) Séparer en deux ou en plusieurs parties (une chose solide et rigide) par traction, torsion, ou choc. ➤ **briser, casser ; rupture** (cf. Mettre en pièces*). *« il est telle occasion où le verre ne se brise point sous le choc qui a rompu l'acier »* FRANCE. — *Rompre le pain,* le partager à la main. — *Se rompre le cou*, les os*.* — LOC. FIG. *Rompre la cervelle, la tête à qqn,* l'assourdir. *Applaudir* à tout rompre. Rompre la glace*. Rompre des lances*. Rompre en visière*.* ◆ PRONOM. *La couche de glace s'est rompue.* ➤ **céder, craquer,** se **fendre.** ▪ **2** Briser (une chose souple). ➤ **arracher.** *Bateau qui rompt ses amarres. Rompre un lien.* — FIG. *Rompre ses liens, ses chaînes :* se libérer. *Rompre les amarres avec le passé, sa famille.* ▪ **3** LITTÉR. Enfoncer par une forte pression. *Le fleuve, la mer a rompu les digues.* ➤ **emporter.** ▪ **4** Défaire (un arrangement, un ordre de personnes ou de choses). *Rompre les rangs,* les quitter de manière à ne plus former un rang. *Rompre les faisceaux*.*

B. ARRÊTER, FAIRE CESSER ▪ **1** FIG. et VX Arrêter ou détourner (une action, un mouvement). — MOD. et LITTÉR. (CHASSE) *Rompre les chiens,* leur faire quitter la voie qu'ils suivent en les rappelant ; FIG. interrompre un entretien mal engagé. *« Craignant des questions plus précises* [...] *il rompit délibérément les chiens »* MARTIN DU GARD. — *Rompre un enchantement, un charme,* l'empêcher d'agir. FIG. *Le charme* est rompu.* ▪ **2** (v. 1210) Faire cesser, mettre fin à. ➤ **interrompre.** *Rompre le silence,* le faire cesser par un son, et SPÉCIALT par la parole. *Rompre la monotonie, la solitude. — Rompre l'équilibre, l'uniformité. « Cinq ou six pages de verve répandues dans son ouvrage auraient rompu la continuité de ses observations »* DIDEROT. ◆ SPÉCIALT Interrompre (des relations). *Rompre les relations diplomatiques. « les amitiés trop exclusives étaient tournées en ridicule, et on les persécutait si bien, qu'on réussissait parfois à les rompre »* LARBAUD. — Dénoncer ; cesser de respecter (un engagement, une promesse). ➤ **rupture.** *Rompre un accord, un traité.* ➤ se **dégager, dénoncer, enfreindre.** *Rompre ses fiançailles, une liaison* (➤ **rupture**). *Rompre un engagement,* *un pacte, un serment.* ➤ **annuler, manquer (à).** *Rompre un marché,* le résilier. — Cesser de respecter (une prescription). *Rompre le jeûne, le carême.* ▪ **3** (XVIe) LITTÉR. *Rompre qqn à un exercice,* l'y accoutumer (➤ **rompu,** 5°).

II ~ v. intr. (XIIe) ▪ **1** VIEILLI Se séparer brusquement en deux ou plusieurs parties, sous l'effet d'une force. ➤ **casser, céder.** *Tirer sur la corde jusqu'à ce qu'elle rompe. « Je plie, et ne romps pas* [dit le roseau] » LA FONTAINE. ▪ **2** (1835) MILIT. Cesser d'être dans un certain ordre. *Rompre à droite, à gauche.* ABSOLT *Rompez !* se dit pour congédier un soldat. ♦ ESCR. Reculer. PAR ANAL. Se dit d'un boxeur. ▪ **3** (1635) Renoncer soudain à des relations d'amitié (avec qqn). ➤ se **brouiller** (cf. Couper les ponts*). *Rompre avec sa famille.* — SPÉCIALT Se séparer (en parlant d'amants, d'amoureux) ; mettre fin à une relation. *« Il comprenait soudain le courage de ceux qui rompent : qui acceptent de perdre femme et enfants pour payer le prix de leur désir »* C. CUSSET. *Ils ont rompu.* ➤ se **quitter,** se **séparer ;** FAM. **casser ; rupture.** ♦ PAR EXT. *Rompre avec (qqch.) :* cesser de pratiquer ; abandonner, renoncer à. *Rompre avec une habitude. Il a rompu avec son passé* (cf. Tirer un trait sur). — Constituer une rupture. *Œuvre qui rompt avec la tradition.*

▪ CONTR. Nouer, souder. Entretenir ; 1 contracter.

ROMPU, UE [ʀɔ̃py] **adj.** – XIIIe ◇ de *rompre* ▪ **1** Arraché, cassé. *Liens rompus. Maille rompue.* ▪ **2** FIG. et VX Détruit, supprimé. MOD. *Fiançailles rompues,* annulées. — *Couleur rompue,* mélangée à une autre ou interrompue localement par une autre couleur. ▪ **3** VX Interrompu par des arrêts ou des changements brusques. MOD. *Style rompu.* — *À bâtons* rompus.* ▪ **4** (1552) (PERSONNES) Extrêmement fatigué. ➤ **fourbu, moulu.** *Être rompu de fatigue, de travail. « Elle était rompue, et son sommeil était si profond qu'elle semblait morte »* GAUTIER. ▪ **5** (1557) LITTÉR. **ROMPU À :** très exercé, expérimenté. ➤ **expert, habitué.** *Un informaticien rompu à la programmation.*

ROMSTECK ou **RUMSTECK** [ʀɔmstɛk] **n. m.** – *rumsteak* 1852 ; *romesteck* 1816 ◇ anglais *rumpsteak,* de *rump* « croupe » et *steak* « tranche » ▪ Partie de l'aloyau qui se mange rôtie ou braisée. *L'aiguillette du romsteck. Des romstecks, des rumstecks.*

RONCE [ʀɔ̃s] **n. f.** – XIIe ◇ latin *rumex, icis* « dard » ▪ **1** BOT. Sous-arbrisseau sarmenteux vivace *(rosacées)* à longues tiges armées de durs aiguillons, comprenant de très nombreuses variétés. *Les fruits noirs de la ronce.* ➤ **mûre.** *« Un petit sentier tout bordé de ronces »* LA FONTAINE. ♦ Branche, tige épineuse et basse. ➤ **épine, roncier.** *« Une ronce la retenait par la jupe »* ZOLA. — LOC. FAM. *On n'est pas sorti des ronces :* on n'est pas près de sortir de cette situation difficile. ▪ **2** PAR ANAL. *Ronce artificielle :* fil de fer barbelé*. ▪ **3** (1842) Nœuds, veines de certains bois. — Bois qui présente ces veines. *Meuble en ronce de noyer.*

RONCERAIE [ʀɔ̃sʀɛ] **n. f.** – 1771 ; *runcerei* XIIIe ◇ de *ronce* ▪ Terrain inculte où croissent les ronces.

RONCEUX, EUSE [ʀɔ̃sø, øz] **adj.** – 1583 ◇ de *ronce* ▪ **1** TECHN. Se dit d'un bois qui présente des ronces (3°). *« Un précieux secrétaire d'acajou ronceux »* STENDHAL. ▪ **2** LITTÉR. Plein de ronces. *Chemin ronceux.*

RONCHON, ONNE [ʀɔ̃ʃɔ̃, ɔn] **n. et adj.** – 1878 ◇ de *ronchonner* ▪ Personne qui a l'habitude de ronchonner. ➤ **bougon, grognon.** *Un vieux ronchon.* — **adj.** *Elle est un peu ronchon* (ou *ronchonne*).

RONCHONNEMENT [ʀɔ̃ʃɔnmɑ̃] **n. m.** – 1880 ◇ de *ronchonner* ▪ Grognement, paroles d'une personne qui ronchonne.

RONCHONNER [ʀɔ̃ʃɔne] **v. intr.** ⟨1⟩ – 1867 ◇ du latin *roncare* « ronfler » ▪ Manifester son mécontentement en grognant, en protestant avec mauvaise humeur. ➤ **bougonner, grogner, grommeler, maugréer, murmurer, protester, râler, rognonner.** *Il n'arrête pas de ronchonner.*

RONCHONNEUR, EUSE [ʀɔ̃ʃɔnœʀ, øz] **adj. et n.** – 1878 ◇ de *ronchonner* ▪ Qui ronchonne sans cesse. ➤ **bougon, ronchon.** — **n.** *Une vieille ronchonneuse.*

RONCIER [ʀɔ̃sje] **n. m.** – 1547 ◇ de *ronce* ▪ Buisson, touffe de ronces.

ROND, RONDE [ʀɔ̃, ʀɔ̃d] **adj., adv. et n. m.** – 1276 ; v. 1160 *reont ;* 1119 *rund* ◇ latin populaire °*retundus,* classique *rotundus*

I ~ adj. ▪ **1** Dont la forme extérieure constitue une circonférence ou en comporte une (ex. cylindre, cône) ; qui ressemble aux figures circulaires. ➤ **circulaire, cylindrique, sphérique.** *La Terre est ronde. Chapeau rond. Table* ronde. Le ballon rond* (football). — *Des yeux ronds,* de forme ronde, ou écarquillés (par l'étonnement, etc.). ▪ **2** Arrondi ; qui forme un arc de cercle ou une suite de courbes. *Tuiles rondes.* — *Dos rond,* arrondi, voûté. *Faire le dos* rond.* ♦ Charnu, sans angles (en parlant d'une partie du corps). *Joues rondes.* ➤ **gros ; joufflu, mafflu.** *Le ventre rond.* ➤ **rebondi.** *Avoir des formes rondes et pleines* (➤ **rondeur**). *Avoir le mollet rond.* ♦ PAR EXAGÉR. (XVIIe) Gros et court. ➤ **corpulent, gras, gros, replet.** *Un bébé un peu rond.* ➤ **dodu, potelé.** *Boule-de-Suif, « petite, ronde, grasse à lard »* MAUPASSANT. ➤ 1 **boulot, grassouillet, rondelet,** FAM. **rondouillard.** ♦ *Vin rond,* souple et agréable, aux tanins discrets, donnant une impression de velouté. ▪ **3** (Quantité) Complet, entier, qui ne comporte pas de fractions. *Un chiffre, un nombre rond :* un nombre entier, et SPÉCIALT se terminant par un ou plusieurs zéros. *« ça fait sept cent soixante francs, en chiffres ronds huit cents »* ZOLA (➤ **arrondir**). *Un compte rond.* ▪ **4** FIG. (PERSONNES) VIEILLI Qui agit avec franchise, simplicité, sans détour. *Un homme très rond. Rond en affaires.* ➤ **carré.** ▪ **5** (1474) FAM. Ivre. ➤ **soûl.** *« Avant, à huit heures du matin elle était ronde et elle se parfumait à l'eau-de-vie »* JARRY. *Il est complètement rond.* LOC. *Rond comme une queue de pelle (comme une barrique...),* complètement ivre.

II ~ adv. (1870) *Tourner rond,* d'une manière régulière, sans à-coups. *Moteur qui tourne rond.* ➤ 1 **bien, normalement, régulièrement.** — LOC. *Ça ne tourne pas rond :* ça va mal, il y a qqch. d'anormal. (PERSONNES) *Il ne tourne pas rond, ce type,* il se conduit bizarrement. ♦ **TOUT ROND.** *Avaler tout rond,* tout entier, sans mâcher. *Ça fait cent euros tout rond* (cf. supra, 3°), exactement.

III ~ n. m. (1538 ; « bouton » hapax XIIIe) ▪ **1** Figure circulaire. ➤ **cercle, circonférence.** *Tracer, faire des ronds. « Un homme* [Pascal] *qui, à douze ans, avec des barres et des ronds, avait créé les mathématiques »* CHATEAUBRIAND. — *Faire des ronds dans l'eau,* des ondes circulaires et concentriques. — *Faire des ronds de fumée,* des anneaux de fumée, en fumant. ♦ **EN ROND :** en formant un cercle. ➤ **circulairement.** *S'asseoir en rond, autour d'une table. Danser, tourner* en rond. Empêcheur* de danser en rond.* ▪ **2** Objet matériel de forme ronde (circulaire, annulaire ou cylindrique). — (1843) *Rond de serviette :* anneau pour enserrer une serviette de table roulée. — LOC. FAM. *En baver des ronds de chapeau :* VIEILLI être très étonné ; MOD. être soumis à un traitement sévère, un travail ardu (cf. En baver). ♦ (1461) FAM. Sou. *« Rien du tout, je ne vous filerai pas un rond »* PENNAC. *Il n'a pas un rond, pas le rond* (cf. Pas un radis, pas le sou). FAM. *En rester comme deux ronds de flan*.* — PAR EXT. *Ils ont des ronds,* de l'argent. ♦ ANAT. Se dit de deux muscles de l'épaule dont l'un *(le petit rond)* est cylindrique et l'autre *(le grand rond)* forme un quadrilatère. *Le nerf du grand rond.* ▪ **3** *Rond de jambe*.*

▪ CONTR. Anguleux, carré, pointu. 1 Plat. 1 Maigre.

RONDACHE [ʀɔ̃daʃ] **n. f.** – XVIe, n. m. ◇ de *rondelle* « bouclier rond », du latin *rotundus* (→ rond), et suffixe *-ache* (normand, picard), correspondant à *-asse* ▪ ARCHÉOL. Grand bouclier circulaire, employé au XVIe s. par les fantassins.

ROND-DE-CUIR [ʀɔ̃d(ə)kɥiʀ] **n. m.** – 1885 ; autre sens 1870 ◇ de *rond* (II) et *cuir* ▪ PÉJ. Employé de bureau, par allusion aux ronds de cuir qui garnissaient les sièges des bureaux. ➤ **bureaucrate.** *« Messieurs les Ronds-de-cuir »,* œuvre de Courteline (1893).

RONDE [ʀɔ̃d] **n. f.** – *à la ronde* 1170 ◇ de *rond* (I) ▪ **1 À LA RONDE :** dans un espace circulaire. ➤ **alentour,** 1 **autour** (cf. Dans un rayon* de). *Être connu à dix lieues à la ronde. « Toutes les cloches à la ronde Nous ont vus du haut des clochers »* APOLLINAIRE. — LITTÉR. Tour à tour, parmi des personnes installées en rond. *« On faisait passer à la ronde pendant le repas des coupes en bois »* Mme DE STAËL. ▪ **2** (1559 ◇ de l'ancien verbe *roonder* « faire la ronde » [1436]) Visite, inspection militaire autour d'une place (et PAR EXT. dans une ville, un camp) pour s'assurer que tout va bien. *Faire la ronde, sa ronde, une ronde. « La Ronde de nuit »,* tableau de Rembrandt. — **CHEMIN DE RONDE :** emplacement aménagé autour d'une place forte, d'un château, au sommet des fortifications. ♦ PAR EXT. Inspection, visite de surveillance. *La ronde d'un gardien de nuit* (➤ 2 **rondier**). *« N'y avait-il pas cette ronde de police à laquelle, certes, on n'échapperait pas deux fois ! »* HUGO. ♦ La troupe, le ou les surveillants qui font une ronde. ➤ **guet.** ▪ **3** (1783) Danse où plusieurs personnes forment un cercle et tournent ; chanson de cette danse. *Les enfants faisaient la ronde. Entrer dans la ronde. « La Carmagnole », ronde révolutionnaire.* — PAR EXT. Les personnes qui dansent. *« À peine avais-je remarqué, dans la ronde où nous dansions, une blonde »* NERVAL. ♦ PAR ANAL. *La ronde des voitures sur un circuit.* ➤ **noria.** FIG. *La ronde des* *saisons.* ➤ 1cycle. ▪ **4** (1752) Écriture à jambages courbes, à panses et boucles arrondies. *«une chemise portant écrit en belle ronde ce mot : Factures»* QUENEAU. ▪ **5** (1703) Figure de note évidée et sans queue, qui vaut deux blanches, quatre noires. ▪ **6** (calque de l'anglais *round*) RÉGION. (Canada) Reprise (d'un combat de boxe). ➤ **round.** *Il est allé au tapis à la deuxième ronde.*

1**RONDEAU** [Rɔ̃do] **n. m.** – *rondel* fin XIIIe ; «danse» v. 1260 ◊ de *rond* ▪ **1** Poème à forme fixe du Moyen Âge (repris et transformé au XVIIe s.), sur deux rimes avec des vers répétés. *Les rondeaux de Charles d'Orléans.* ▪ **2** MUS. Air à reprises. ▪ HOM. Rondo.

2**RONDEAU** [Rɔ̃do] **n. m.** – *rondiaus* 1284 ◊ de *rond* ▪ **1** TECHN. Disque (de bois, de métal) servant de support (en poterie, optique, horlogerie). ▪ **2** (1400) AGRIC. Rouleau de bois qu'on passe sur la terre après les semailles.

RONDE-BOSSE [Rɔ̃dbɔs] **n. f.** – 1615 ◊ de *rond* (I) et *bosse* ▪ Ouvrage de sculpture en relief, qui se détache du fond (et autour duquel on peut tourner). *Sculpture en ronde-bosse. Des rondes-bosses.*

RONDELET, ETTE [Rɔ̃dlɛ, ɛt] **adj.** – XIVe ◊ diminutif de *rond* ▪ Qui a de l'embonpoint, des formes arrondies. ➤ 1**boulot, dodu, potelé, rondouillard.** *Une femme un peu rondelette.* — FIG. *Une somme rondelette,* assez importante. ➤ **coquet.** ▪ CONTR. Maigriot.

RONDELLE [Rɔ̃dɛl] **n. f.** – *rondele* v. 1200 ◊ de *rond* ▪ **1** Pièce ronde, peu épaisse, généralement évidée. *Rondelle de métal placée entre l'écrou d'un boulon et la partie serrée. Rondelle frein,* empêchant le desserrage d'un boulon. ▪ **2** (1622) Ciseau arrondi de marbrier, de sculpteur. ▪ **3** (1862) Petite tranche ronde. *Rondelle de citron, de tomate, de saucisson. Couper des carottes en rondelles.* ▪ **4** (1932) (Canada) Objet plat et rond avec lequel on vise le but, au hockey. ➤ **palet.**

RONDEMENT [Rɔ̃dmɑ̃] **adv.** – XVe ; «circulairement» v. 1265 ◊ de *rond* ▪ **1** Avec vivacité et efficacité. *Une affaire rondement menée.* ➤ **lestement, promptement, vite.** ▪ **2** (de *rond* I, 4°) D'une manière franche et directe. ➤ **franchement, loyalement.** *Parler rondement.* ▪ CONTR. Mollement. Hypocritement.

RONDEUR [Rɔ̃dœR] **n. f.** – 1388 ◊ de *rond* ▪ **1** VIEILLI Caractère de ce qui est rond. ➤ **rotondité ; convexité.** *«Je contemple d'en haut le globe en sa rondeur»* BAUDELAIRE. — (Des parties arrondies, charnues du corps) ➤ **embonpoint.** *«La molle rondeur de ses bras»* GAUTIER. ◆ (XIXe) MOD. *Une, des rondeurs.* Forme ronde, chose ronde. *«Les rondeurs vagues des premières meules, qui bossuaient l'étendue rase des prairies»* ZOLA. SPÉCIALT, AU PLUR. Formes rondes du corps. *Les rondeurs d'une femme.* ➤ FAM. **rotondité.** *«un peu étriquée dans de luxueuses toilettes, qui accusaient avec exagération les robustes rondeurs de son anatomie»* R. ROLLAND. ▪ **2** (XVIe) FIG. Caractère rond (I, 4°), sans façon (➤ **bonhomie**) ; attitude directe et franche. ➤ **simplicité, sincérité.** *«Il traitait la jeune femme avec une rondeur amicale»* ZOLA. ▪ CONTR. (du 2°) Fausseté, hypocrisie.

1**RONDIER** ➤ **RÔNIER**

2**RONDIER** [Rɔ̃dje] **n. m.** – 1881 ◊ de *ronde* ▪ RARE Personne chargée de faire des rondes de surveillance.

RONDIN [Rɔ̃dɛ̃] **n. m.** – 1532 ; «tonneau» 1387 ◊ de *rond* ▪ **1** TECHN. Morceau de bois de chauffage qu'on a laissé rond (cylindrique) (opposé à *bois refendu*). ▪ **2** (1875) COUR. Tronc d'arbre (notamment de sapin) employé dans les travaux de tranchée, de construction. ➤ RÉGION. **pitoune.** *Une cabane en rondins.*

RONDO [Rɔ̃do] **n. m.** – 1806 ◊ mot italien, du français *rondeau* ▪ Dans la sonate et la symphonie classique, Pièce brillante servant de finale, caractérisée par la répétition d'une phrase musicale (refrain), entre les couplets. *Les rondos de Mozart.* ▪ HOM. Rondeau.

RONDOUILLARD, ARDE [Rɔ̃dujaR, aRd] **adj.** – 1893 ; d'abord en argot d'atelier «dessinateur maladroit qui procède par masse ronde» ◊ de *rond* ▪ FAM. Qui a de l'embonpoint. ➤ **grassouillet, rond.** *Un petit bonhomme rondouillard.* — SUBST. *Une petite rondouillarde.*

ROND-POINT ou **RONDPOINT** [Rɔ̃pwɛ̃] **n. m.** – 1708 ; *roontpoint* «demi-cercle» 1375 ◊ de *rond* et *point* «lieu, emplacement» ▪ Emplacement circulaire auquel aboutissent des allées dans un jardin. ◆ Place circulaire d'où rayonnent plusieurs avenues. ➤ **carrefour,** RÉGION. **giratoire (n. m.).** *Le rond-point des Champs-Élysées, à Paris.* ◆ Carrefour à sens giratoire. *Des ronds-points, des rondpoints.*

RONÉO [Rɔneo] **n. f.** – 1921 ◊ nom déposé, du n. de la Compagnie du *Ronéo* ▪ Machine à reproduire un texte dactylographié au moyen de stencils. *Des ronéos.*

RONÉOTYPER [Rɔneɔtipe] **v. tr.** ⟨1⟩ – 1939 ◊ de *ronéo* et *-type* ▪ Reproduire (un texte) à la ronéo. ABSOLT *Une machine à ronéotyper.* ➤ **ronéo. p. p. adj.** *Texte ronéotypé.* — On dit aussi **RONÉOTER** ⟨1⟩ 1941.

RONFLANT, ANTE [Rɔ̃flɑ̃, ɑ̃t] **adj.** – 1179 ◊ de *ronfler* ▪ **1** Qui produit un son continu et puissant semblable au ronflement d'un dormeur. *Poêle ronflant.* — PAR EXT. MÉD. *Râle ronflant.* ▪ **2** (1688) FIG. et PÉJ. Plein d'emphase ; grandiloquent et creux. *Phrases ronflantes. Il aime les titres ronflants.* ➤ **pompeux.**

RONFLEMENT [Rɔ̃fləmɑ̃] **n. m.** – 1596 ◊ de *ronfler* ▪ **1** Respiration bruyante du nez qui se fait entendre parfois pendant le sommeil ; bruit nasal et rythmé de cette respiration. *«les ronflements des hommes écrasés par la fatigue et le vin»* MAC ORLAN. ▪ **2** Bruit sourd et continu, plus ou moins semblable au ronflement d'un dormeur. ➤ **ronron, ronronnement, vrombissement.** *Le ronflement d'un moteur, d'un poêle, d'un avion, d'un orgue.*

RONFLER [Rɔ̃fle] **v. intr.** ⟨1⟩ – fin XIIe ; «souffler bruyamment» 1150 ◊ de l'ancien français *ronchier* (du bas latin *roncare*), d'après *souffler* ▪ **1** Faire, en respirant pendant le sommeil, un bruit particulier du nez. *Tu as encore ronflé cette nuit. «Les Prussiens s'étendirent sur le pavé [...] ils ronflèrent bientôt tous les six sur six tons divers, aigus ou sonores, mais continus et formidables»* MAUPASSANT. ◆ FAM. Dormir profondément. ▪ **2** (1571) Produire un bruit continu, plus ou moins semblable au ronflement d'un dormeur. ➤ **ronronner, vrombir.** *Le moteur commence à ronfler.*

RONFLEUR, EUSE [Rɔ̃flœR, øz] **n.** – 1552 ◊ de *ronfler* ▪ **1** Personne qui ronfle, qui a l'habitude de ronfler. ▪ **2** **n. m.** (1901) Vibreur qui remplace la sonnerie d'un appareil téléphonique de manière que le bruit soit moins strident.

RONGEMENT [Rɔ̃ʒmɑ̃] **n. m.** – *rungement* fin XIIIe ◊ de *ronger* ▪ RARE Action de ronger ; son résultat.

RONGER [Rɔ̃ʒe] **v. tr.** ⟨3⟩ – *rungier* fin XIIe ◊ croisement entre le latin *rumigare* «ruminer» (français *rungier* 1200) et le latin populaire *rodicare* (classique *rodere*) «ronger» (français *rongier* XIIIe), puis croisement des formes françaises ▪ **1** User peu à peu en coupant avec les dents, les incisives, par petits morceaux. *Souris, rats qui rongent du pain, des livres.* ➤ **grignoter,** RÉGION. **gruger.** — *Chien qui ronge un os. Donner un os* à ronger à qqn. Se ronger les ongles* (➤ **onychophagie**). ◆ PAR EXT. (vers, insectes) Attaquer, détruire. *Vers qui rongent le bois.* ➤ **mouliner.** *Meuble rongé par les vers* : piqué, vermoulu. — PAR EXAGÉR. *Un mendiant rongé de vermine.* ◆ Mordiller (un corps dur). *Cheval qui ronge son mors.* — FIG. *Ronger son frein*.* ▪ **2** (XVe ; hapax XIIIe) CHOSES Détruire peu à peu (qqch.). *Substance caustique qui ronge les chairs.* ➤ **brûler.** *Les acides rongent les métaux.* ➤ **attaquer, corroder.** *«c'est la vieille croix de bois qui se dresse à l'angle des routes, rongée de vétusté»* PÉGUY. ◆ FIG. *Être rongé par la maladie. «guérir le mal profond, invétéré, universel, qui ronge cette société»* MICHELET. ➤ **miner.** *Être rongé de remords. «Vous ne voyez donc pas que je ne puis plus supporter cette vie, cette pensée qui me ronge !»* MAUPASSANT. ➤ **dévorer, tourmenter.** FAM. *Se ronger les sangs*.* ◆ PRONOM. *Se ronger d'inquiétude.* ➤ **se tourmenter.**

RONGEUR, EUSE [Rɔ̃ʒœR, øz] **adj.** et **n.** – XVIe ◊ de *ronger* ▪ **1** Qui ronge, qui mange en rongeant. *Mammifère rongeur.* ◆ FIG. VX *Ver rongeur* : remords ; souci cruel ; cause de destruction progressive ou secrète. ▪ **2** **n. m. pl.** Ordre de mammifères aux incisives en ciseaux, à croissance continue. *Les rongeurs sont divisés en trois sous-ordres : celui des castors, celui des écureuils et celui des hamsters, rats et souris.* Sing. *Le porc-épic est un rongeur.*

RÔNIER [Ronje] **n. m.** – 1819 ; var. de *rondier* 1764 ◊ de *rond* ▪ Borasse. *«Il était droit comme un rônier»* SENGHOR. — On dit aussi *rondier.*

RONRON [Rɔ̃Rɔ̃] **n. m.** – 1761 ◊ onomat. ▪ **1** FAM. Bruit, ronflement sourd et continu. ➤ **ronronnement.** *«Tout le quartier tremblote sans se plaindre au ronron continu de la nouvelle usine»* CÉLINE. — FIG. Monotonie, routine. *«ébahie du langage, fascinée par le ronron des vers»* FLAUBERT. *Sombrer dans le ronron. Rompre, briser le ronron.* ▪ **2** (1834) Petit grondement continu et régulier qu'émet le chat lorsqu'il est content. *Faire ronron, faire entendre des ronrons.* ➤ **ronronner.**

RONRONNEMENT [ʀɔ̃ʀɔnmɑ̃] n. m. – 1862 ◇ de *ronronner* ▪ Ronron. *Le ronronnement d'un chat.* — *« un ronronnement de tondeuses à gazon »* LE CLÉZIO.

RONRONNER [ʀɔ̃ʀɔne] v. intr. ‹1› – 1853 ◇ de *ronron* ▪ **1** Faire entendre des ronrons. *Chat qui ronronne.* ▪ **2** Ronfler (2°) sourdement et régulièrement. *Moteur, auto, avion qui ronronne.* ▪ **3** FIG. Sembler se complaire dans la routine.

RÖNTGEN ou **RŒNTGEN** [ʀøntgɛn ; ʀœntgɛn] n. m. – 1921 ◇ du nom du savant allemand qui découvrit les rayons X – appelés *rayons Rœntgen* (1904) – en 1895 ▪ MÉTROL. Unité C. G. S. de mesure d'exposition aux rayonnements ionisants (SYMB. R), valant $2{,}58.10^{-4}$ coulomb par kilogramme.

RÖNTGENTHÉRAPIE ou **RŒNTGENTHÉRAPIE** [ʀøntgɛnteʀapi] n. f. – 1912 ◇ de *Röntgen*, n. d'un physicien allemand, et *-thérapie* ▪ MÉD. VIEILLI Radiothérapie par les rayons X.

ROOIBOS [ʀɔjbɔs ; ʀɔibɔs] n. m. – 2002 ; *thé Rooibos*, 1990 ◇ marque déposée ; mot afrikaans, de *rooi* « rouge » et *bos* « buisson » → bush ▪ Arbuste d'Afrique du Sud *(fabacées)* dont les feuilles, légèrement fermentées, servent à préparer une infusion. — Cette infusion, improprement appelée *thé rouge. Le rooibos est riche en antioxydants.*

ROOKERIE [ʀukʀi] n. f. – 1890 ◇ anglais *rookery* (1725), de *rook* « oiseau vivant en colonie » ▪ ANGLIC. ZOOL. Colonie d'oiseaux qui se protègent du froid des régions arctiques et antarctiques par leur réunion. *Des rookeries.* — Communauté d'otaries. — On dit aussi **ROQUERIE** [ʀɔkʀi] (1912).

ROQUE [ʀɔk] n. m. – 1905 ◇ de *roquer* ▪ ÉCHECS Le fait de roquer. *Grand roque ; petit roque.* ▪ HOM. Roc, rock, rokh.

ROQUEFORT [ʀɔkfɔʀ] n. m. – 1642 ◇ de *Roquefort*, nom de lieu ▪ Fromage des causses du sud de la France, fait de lait de brebis et ensemencé d'une moisissure spéciale. *Des roqueforts.* — ABUSIVEMENT *Du roquefort danois.* ➤ **bleu.**

ROQUELAURE [ʀɔklɔʀ] n. f. – 1752 ◇ du *duc de Roquelaure* ▪ ANCIENNT Manteau masculin demi-ajusté descendant jusqu'aux genoux, porté sous Louis XIV.

ROQUENTIN [ʀɔkɑ̃tɛ̃] n. m. – 1669 ; *vieil roquart* « vieillard décrépit » 1450 ; anglo-normand *rokerel* (v. 1200) ◇ d'un radical expressif *rokk-* « craquer, tousser » ▪ VX *Un* **VIEUX ROQUENTIN** : un vieillard ridicule qui veut jouer au jeune homme.

ROQUER [ʀɔke] v. intr. ‹1› – 1690 ◇ de *roc*, ancien nom de la tour ▪ **1** Aux échecs, Placer l'une de ses tours à côté de la case du roi et faire passer celui-ci de l'autre côté de la tour, lorsqu'il n'y a aucune autre pièce entre eux (➤ **roque**). ▪ **2** Au croquet, Placer sa boule au contact de la boule qu'on vient de toucher, de manière à les pousser toutes les deux en frappant un seul coup.

ROQUERIE ➤ **ROOKERIE**

ROQUET [ʀɔkɛ] n. m. – 1616 ◇ du dialectal *roquer* « craquer, croquer, heurter » ; mot expressif ; cf. *roquentin* ▪ **1** Petit chien issu du croisement du petit danois et d'une petite espèce de dogue. ▪ **2** COUR. Petit chien hargneux qui aboie pour un rien. ▪ **3** FIG. (1752) FAM. Individu hargneux mais peu redoutable.

ROQUETIN [ʀɔk(ə)tɛ̃] n. m. – 1751 ◇ diminutif de *roquet* « bobine », du germanique *rukka* → 2 rochet ▪ TECHN. Petite bobine utilisée pour le dévidage des fils d'argent. — Petite bobine qui reçoit le fil de soie pendant le moulinage.

1 **ROQUETTE** [ʀɔkɛt] n. f. – *roquete* 1505 ◇ ancien italien *rochetta*, de *ruca* « chou » ; latin *eruca* ▪ Plante *(crucifères)* à fleurs jaunes, cultivée pour ses feuilles qu'on mange en salade.

2 **ROQUETTE** [ʀɔkɛt] n. f. – 1561 ◇ italien *rocchetta*, diminutif de *rocca*, du germanique *rukka* « quenouille » ▪ **1** ANCIENNT Fusée de guerre. ▪ **2** (v. 1950 ◇ anglais *rocket*) Projectile autopropulsé, généralement non guidé et mû par une fusée à poudre, utilisé comme arme tactique. ➤ **fusée.** *Roquette antichar. Lancer des roquettes* (➤ **lance-roquette**).

RORQUAL [ʀɔʀk(w)al] n. m. – 1789 ◇ norvégien *røyrkval*, ancien islandais *reythar-hvalr*, de *reythr*, n. de l'espèce, et *hvalr* « baleine » ▪ Mammifère cétacé de grande taille qui vit dans les mers froides. ➤ **baleinoptère.** *Des rorquals.*

ROSACE [ʀozas] n. f. – 1547 ◇ de 1 *rose*, d'après le latin *rosaceus* ▪ **1** Figure symétrique faite de courbes inscrites dans un cercle. *Branches, lobes d'une rosace. Rosace à cinq branches.* — Ornement, moulure qui a cette forme. *Plafond à rosace.* — Motif de broderie, de dentelle. *Rosace de fil.* ▪ **2** (1831) Grand vitrail d'église, de forme circulaire. ➤ 1 **rose.** *« les cathédrales avec leurs rosaces toujours épanouies et leurs verrières en fleurs »* GAUTIER. — (1907) Ornement doré en forme de rose pour cacher la tête d'un clou. — Ouverture circulaire sur la table d'une guitare.

ROSACÉ, ÉE [ʀozase] adj. et n. f. – 1694 ◇ de 1 *rose* ▪ Qui ressemble à une rose. ▪ **1** BOT. Dont les pétales sont disposés comme ceux d'une rose. *Fleur rosacée.* ♦ n. f. pl. (1771) *Les* **ROSACÉES.** Famille de plantes supérieures aux feuilles dentées, dont la fleur à cinq pétales porte des étamines nombreuses soudées à la base (ex. aubépine, fraisier, ronce, rosier). Sing. *Une rosacée.* ▪ **2** (1932) MÉD. *Acné rosacée,* ou n. f. *rosacée* : dermatose du visage caractérisée par des rougeurs, une dilatation des capillaires cutanés et une éruption de papules et de pustules. ➤ **couperose.**

1 **ROSAGE** [ʀozaʒ] n. m. – 1549 ◇ latin *rosago* « laurier-rose », famille de *rosa* → 1 rose ▪ Espèce de rhododendron.

2 **ROSAGE** [ʀozaʒ] n. m. – 1846 ◇ de *roser* ▪ TECHN. Opération de teinture artisanale par laquelle on ravivait le coton teint à la garance.

ROSAIRE [ʀozɛʀ] n. m. – 1495 ◇ latin médiéval *rosarium* « guirlande de roses dont on couronnait la Vierge » ▪ Grand chapelet composé de quinze dizaines d'Ave Maria précédées chacune d'un Pater. *« ceinturés d'un grand rosaire, à grains gros comme des noix »* APOLLINAIRE. ♦ Les prières elles-mêmes. *Dire, réciter son rosaire.*

ROSALBIN [ʀozalbɛ̃] n. m. – 1828 ; *kakatoe rosalbin* 1822 ◇ latin moderne, de *rosa* « rose » et *albus* « blanc » ▪ Cacatoès gris à tête blanche et rose.

ROSANILINE [ʀozanilin] n. f. – 1869 ◇ de 2 *rose* et *aniline* ▪ CHIM. Base azotée ($C_{20}H_{21}N_{30}$) dont les dérivés sont des colorants de fibres animales (fuchsine, bleu de Lyon, violet de Paris, etc.).

ROSAT [ʀoza] adj. inv. – XIIIe ◇ calque du latin *rosatum (oleum)* « (huile) rosat » ▪ PHARM. Se dit de préparations où il entre des roses, SPÉCIALT des roses rouges. *Huile, miel rosat.* COUR. *Pommade rosat pour les lèvres.* ➤ **cérat.**

ROSÂTRE [ʀozɑtʀ] adj. – 1812 ◇ de 2 *rose* et *-âtre* ▪ Qui est d'un rose sale, peu franc. *Un bois rosâtre.*

ROSBIF [ʀɔsbif] n. m. – 1727 ; *ros de bif* 1691 ◇ anglais *roast-beef*, de *roast* « rôti » et *beef* « bœuf » ▪ **1** Morceau de bœuf rôti (ou à rôtir) généralement coupé dans l'aloyau. *Une tranche de rosbif. Rosbif saignant.* ▪ **2** (1774 ◇ de *mangeur de rosbif*) FAM. et PÉJ., VIEILLI Anglais.

1 **ROSE** [ʀoz] n. f. – v. 1140 ◇ latin *rosa* **A.** ▪ **1** Fleur du rosier, d'une odeur suave, ornementale, dont le type primitif est d'un rouge très pâle. *Roses rouges, blanches, jaunes ; roses(-)thé,* d'un jaune pâle rosé. *Roses de Provins, de Bulgarie. Roses anciennes, anglaises. Rose pompon*. Rose sauvage.* ➤ **églantine.** *Bouton, pétale de rose.* — *Offrir des roses, une gerbe de roses à qqn.* ♦ *Essence* (➤ **nizeré**), *huile de roses* (➤ **rosat**). *Eau de rose* : essence de roses diluée dans l'eau. FIG. *Un roman, un film... à l'eau de rose,* conventionnel, sentimental et mièvre. *Ratafia de roses* (➤ 2 **rossolis**). *Confiture de roses.* ♦ LOC. *Être frais, fraîche comme une rose :* avoir un teint éblouissant, l'air reposé. *Ne pas sentir la rose :* sentir mauvais. *Sur un lit* de roses.* — FAM. *Envoyer* qqn sur les roses.* — *Découvrir le pot* aux roses.* PROV. *Pas de roses sans épines*.* ♦ **DE ROSE.** ➤ 2 **rose.** *« L'aurore aux doigts de rose »* (trad. d'HOMÈRE). — *Bois de rose :* bois de placage de couleur rosée utilisé en ébénisterie et en marqueterie, provenant surtout d'un arbre du genre *Dalbergia* (palissandres). adj. *Un pull bois de rose.* ▪ **2** Nom courant de quelques fleurs. *Rose trémière*. Laurier*-rose. Rose de Noël.* ➤ **ellébore (noir).** *Rose de Jéricho.* — *Rose d'Inde :* variété d'œillet d'Inde, de grande taille. ➤ **tagète.**

B. (Par anal. de forme) ▪ **1** Grand vitrail circulaire. ➤ **rosace.** *« La grande rose de la façade [...] répercutait à l'autre bout de la nef son spectre éblouissant »* HUGO. ▪ **2** (1678) **ROSE DES VENTS :** étoile à 32 divisions (aires du vent), donnant les points cardinaux et collatéraux, représentée sur le cadran d'une boussole, sur les cartes marines, etc. — SPÉCIALT Diagramme étoilé indiquant la fréquence et la direction des vents. ▪ **3** (1690) *Diamant en rose* ou *rose :* diamant taillé en facettes par-dessus et plat au-dessous. ▪ **4** *Rose de sable, des sables :* cristallisation de gypse, en forme de rose, dans le Sahara.

2**ROSE** [ROZ] adj. et n. m. – v. 1165 ◇ de 1*rose* ▪ **1** Qui est d'un rouge très pâle, comme la rose. ➤ **rhod(o)-**. *Joues roses. Flamant rose. Crevette rose. Radis rose. La Ville rose :* Toulouse, à cause de la couleur des briques et des tuiles de ses constructions. — *Couleur rose.* «*Le blanc rose, à peine teinté*» ZOLA. ➤ **rosé**. *Devenir, rendre rose.* ➤ **roser, rosir**. *Son visage devenait rose, tout rose.* ➤ **roseur, rosissement.** ◆ LOC. *Ce n'est pas rose, pas tout rose :* ce n'est pas gai, pas agréable (difficultés, corvées). *Ce n'est pas rose tous les jours !* ▪ **2** Qui a rapport au commerce sexuel tarifé, à la pornographie. *Messagerie rose,* où s'échangent des messages érotiques, des petites annonces de rencontres. *Téléphone rose.* ▪ **3** (par allus. à la rose, emblème du parti socialiste) Socialiste. *La vague rose.* ▪ **4** n. m. Couleur rose (formée de rouge et de blanc). *Rose vif ; rose pâle, passé, fané, rose tendre. Vieux rose. Rose mauve* (➤ **lilas**) ; *rose orangé, saumoné* (➤ **saumon**). — *Rose bonbon, rose indien,* vif. *Être habillé de rose.* ◆ LOC. (1809) *Voir la vie en rose, voir tout en rose,* du bon côté, avec optimisme (opposé à *noir*). loc. adj. *Rose bonbon :* idyllique, idéal. «*enfance pas du tout rose bonbon, misère sociale et viols*» (Le Monde, 2001).

ROSÉ, ÉE [ROZE] adj. – fin XIIe ◇ de 2*rose* ▪ Teinté, légèrement teinté de rose. *Beige rosé, ocre rosé, mauve rosé.* ◆ *Vin rosé,* ELLIPT *du rosé :* vin rouge clair obtenu par la courte macération des raisins noirs dont la fermentation ne se fait pas complètement. *Rosé de Provence.* — *Champagne rosé* (obtenu par mélange). ▪ HOM. Rosée, roser.

ROSEAU [ROZO] n. m. – XIIe ◇ de l'ancien français *raus, ros,* germanique °*raus* ▪ Plante aquatique de haute taille, à grosse tige ligneuse (➤ **massette, phragmite, typha**). *Les roseaux d'un étang, d'un marais* (➤ **roselier**). *Natte, palissade de roseau. Flûte de roseau,* formée d'un roseau évidé. ➤ **chalumeau, mirliton, pipeau.** ◆ *Être souple, plier* comme un roseau.* «*Le Chêne et le Roseau*», *fable de La Fontaine.* ALLUS. LITTÉR. (Pascal) *L'homme est un roseau pensant :* un être faible mais qui domine la matière par la pensée.

ROSE-CROIX [ROZKRWA] n. inv. – 1623 ◇ traduction de l'allemand *Rosenkreuz* ▪ **1** n. f. *La Rose-Croix :* confrérie secrète et mystique d'Allemagne, au début du XVIIe s. ◆ n. m. Membre de cette confrérie. ➤ **rosicrucien.** *Les rose-croix.* ▪ **2** Nom donné depuis le XVIIe s. à des sociétés ésotériques, plus ou moins mystiques, se réclamant du symbolisme traditionnel de la rose et de la croix (➤ **rosicrucien**). ▪ **3** n. m. Grade de la franc-maçonnerie, supérieur à celui de maître.

ROSÉE [ROZE] n. f. – *rusee* 1080 ◇ latin populaire *rosata,* classique *ros, roris* ▪ **1** Condensation de la vapeur et dépôt de fines gouttelettes d'eau, sous l'effet du rayonnement de la terre ; ces gouttelettes. ➤ RÉGION. **aiguail.** *La rosée du matin. Herbe humide de rosée.* «*La rosée était si forte, ce matin-là, que tout de suite les robes furent trempées*» ZOLA. ◆ LOC. *Tendre comme la rosée :* très tendre (viande, légumes). ▪ **2** PHYS. Vapeur qui se condense. *Point de rosée :* température à laquelle une vapeur, sous une pression donnée, laisse déposer sa première goutte de liquide. ▪ HOM. Rosé, roser.

ROSELET [ROZLƐ] n. m. – 1758 ◇ diminutif de 2*rose* ▪ Hermine dans son pelage d'été, d'un roux jaunâtre. ◆ Fourrure d'hermine.

ROSELIER, IÈRE [ROZəlje, jɛR] adj. et n. f. – 1802 n. f. ◇ de *roseau* ▪ (1868) Qui produit des roseaux ; où poussent des roseaux. *Marais roselier.* ◆ n. f. **ROSELIÈRE.** Lieu où poussent des roseaux.

ROSÉOLE [ROZeɔl] n. f. – 1828 ◇ de 2*rose,* d'après *rougeole* ▪ MÉD. Éruption de taches rosées non saillantes ou à peine surélevées, qui s'observe dans certaines maladies infectieuses (typhus, syphilis) et certaines intoxications.

ROSER [ROZE] v. tr. ‹1› – 1765 ◇ de *rosé* ▪ **1** TECHN. Faire le rosage* de (➤ 2**rosage**). ▪ **2** (Surtout pass.) Rendre rose. ➤ **rosir** (2°). «*Sa figure pâlotte était rosée par l'air vif*» R. ROLLAND. ▪ HOM. Rosée.

ROSERAIE [ROZRƐ] n. f. – 1690 ◇ de *rosier* ▪ Champ planté de rosiers. ◆ Endroit d'un jardin orné de rosiers.

ROSETTE [ROZƐT] n. f. – 1298 ; «petite rose» XIIe ◇ diminutif de 1*rose* ▪ **1** Ornement circulaire, en forme de petite rose (en broderie, orfèvrerie, sculpture). ▪ **2** Nœud formé d'une ou deux boucles. *Faire une rosette à ses lacets.* ▪ **3** (début XIXe) Insigne (formé d'un petit cercle d'étoffe) du grade d'officier, dans certains ordres. ➤ **décoration.** «*Le superlatif de ses espérances, [...] c'était d'entrer à l'Institut et d'avoir la rosette des Officiers de la Légion d'honneur !*» BALZAC. ABSOLT *Il a le ruban, mais il brigue la rosette.* ▪ **4** (1752) TECHN. Petit cadran portant le réglage de l'avance et du retard, sur une montre. ▪ **5** (1817) BOT. Disposition circulaire de feuilles nombreuses étalées au sol au niveau du collet. *La rosette des feuilles de pâquerette, de pissenlit.* ▪ **6** (1935 ◇ de *rosette* «gros intestin», par analogie de forme) *Rosette de Lyon :* saucisson sec de Lyon.

ROSEUR [ROZœR] n. f. – 1908 ◇ de 2*rose* ▪ RARE Couleur rose, rosée. *Sa figure* «*avait une roseur lactée de baby anglais*» MARTIN DU GARD.

ROSEVAL [ROZval] n. f. – après 1949 ◇ origine inconnue ▪ Pomme de terre à peau rose et chair jaune. *Des rosevals.*

ROSICRUCIEN, IENNE [ROZikRysjɛ̃, jɛn] adj. et n. – 1907 ◇ du latin *(fratres) rosae crucis* «(frères) de la Rose-Croix», d'après l'anglais *rosicrucian* (1624) ▪ DIDACT. Relatif à la Rose-Croix, aux rose-croix. *L'ordre rosicrucien.* — n. *Une rosicrucienne.*

ROSIER [ROZje] n. m. – 1175 ◇ de 1*rose* ▪ Arbrisseau épineux *(rosacées),* portant de belles fleurs plus ou moins odorantes, les roses*. *Rosier sauvage.* ➤ **églantier.** *Rosier blanc,* à fleurs blanches. *Rosier grimpant, nain.* — *Culture, taille des rosiers* (➤ **roseraie, rosiériste**).

ROSIÈRE [ROZjɛR] n. f. – 1766 ◇ de 1*rose* ▪ Jeune fille à qui, dans certains villages, on remet solennellement une récompense (autrefois une couronne de roses) pour sa grande réputation de vertu. *Fête de la rosière. La rosière de Pessac.* ◆ FAM. et PLAIS., VIEILLI Jeune fille vertueuse, vierge. ◆ AU MASC. (PLAIS.) «*Le rosier de Mme Husson*», *conte de Maupassant.*

ROSIÉRISTE [ROZjeRist] n. – 1868 ◇ de *rosier* ▪ Horticulteur, spécialiste de la culture des rosiers.

ROSIR [ROZiR] v. ‹2› – 1823 ◇ de *rosé* ▪ **1** v. intr. Devenir rose. «*cette figure impressionnable qui rosissait et pâlissait*» R. ROLLAND. ▪ **2** v. tr. Rendre rose. ➤ **roser.** *Le froid rosit la peau.*

ROSISSEMENT [ROzismɑ̃] n. m. – 1894 ◇ de *rosir* ▪ Action de rosir (1° et 2°). «*Un léger rosissement du visage*» ROMAINS.

ROSQUILLE ➤ **ROUSQUILLE**

ROSSARD, ARDE [RɔsaR, aRd] n. et adj. – 1907 ; «fainéant» 1844 ◇ de *rosse* ▪ Personne malveillante, médisante. ➤ **rosse** (2°). adj. *Un critique rossard.*

ROSSE [Rɔs] n. f. et adj. – 1596 ; *ros* masc. 1165 ◇ allemand *Ross* «cheval, coursier» ▪ VIEILLI ▪ **1** Mauvais cheval. ➤ **canasson, haridelle.** «*Quel cheval ! une misérable rosse qui semblait s'être nourrie [...] avec des cercles de barriques*» GAUTIER. ▪ **2** FIG. (1840) FAM. Personne dont on subit les méchancetés, la sévérité, la dureté. ➤ **carne, chameau, rossard, vache.** *Sale rosse. Ah ! les rosses !* ◆ adj. (1879) Méchant, mordant et généralement injuste. *Vous avez été rosse avec lui.* — Sévère. *Il est rosse, ce prof !* ➤ **vache.**

ROSSÉE [Rɔse] n. f. – 1834 ◇ de *rosser* ▪ FAM. Volée* de coups, correction. *Flanquer, recevoir une rossée.* ➤ 2**pile, raclée.**

ROSSER [Rɔse] v. tr. ‹1› – 1650 ◇ de l'ancien français *roissier ;* latin populaire °*rustiare,* de °*rustia* «gaule, branche», latin classique *rustum ;* sous l'influence de *rosse* ▪ Battre* violemment, rouer de coups. ➤ **cogner, frapper.** «*Aidez-moi, mes amis, rossons cette canaille*» MUSSET.

ROSSERIE [RɔsRi] n. f. – 1885 ◇ de *rosse* ▪ Parole ou action rosse. ➤ **méchanceté ;** FAM. 2**crasse** (II), **vacherie.** ◆ Caractère rosse. *Il est d'une rosserie !*

ROSSIGNOL [Rɔsiɲɔl] n. m. – 1165 ◇ ancien occitan *rossinhol,* du latin populaire °*lusciniolus,* classique *lusciniola,* diminutif de *luscinia,* *r* par dissimilation du *l* initial ▪ **1** Oiseau passereau *(turdidés),* de petite taille, au chant varié et très harmonieux. *Le chant du rossignol.* «*Le rossignol plaça de loin en loin dans la paix inquiète, cet accent solitaire, unique et répété, ce chant des nuits heureuses*» SENANCOUR. *Chanter comme un rossignol.* — *Rossignol des murailles.* ➤ **rouge-queue.** ▪ **2** (1406 ◇ p.-ê. parce que la clé «chante» dans la serrure) Instrument pour crocheter les portes. ➤ **crochet, passe-partout.** ▪ **3** (1835) FAM. Livre invendu, sans valeur (qui reste perché sur les plus hauts casiers comme le rossignol dans l'arbre). — Objet démodé, marchandise invendable. ➤ **nanar.** *Écouler les rossignols pendant les soldes.* ▪ **4** MÉD. *Rossignol des tanneurs.* ➤ **pigeonneau.**

ROSSINANTE [Rɔsinɑ̃t] n. f. – 1718 ◇ altération, d'après *rosse,* de l'espagnol *Rocinante,* nom du cheval de don Quichotte (*Rossinante* 1614), de *rocin* «roussin» ▪ VIEILLI Mauvais cheval, maigre et poussif. ➤ **rosse** (1°).

1**ROSSOLIS** [Rɔsɔli] n. m. – 1669 ◇ latin médiéval *ros solis* «rosée du soleil» ▪ BOT. ➤ **droséra.**

2 **ROSSOLIS** [ʀɔsɔli] n. m. – 1655 ◊ de 1 *rossolis,* de l'italien *rosolio* ■ ANCIENNT Ratafia de roses et de fleurs d'oranger fabriqué surtout en Italie et en Turquie au XIXe s.

RÖSTI ou **RŒSTI** [ʀøʃti ; ʀøsti] n. m. – 1899 *reuchties* ◊ suisse allemand *röschti* ■ (Suisse) Galette de pommes de terre râpées rissolée à la poêle. *Des röstis, des rœstis.* — LOC. FIG. (allemand *Röstigraben*) Barrière, rideau de rösti : différence de mentalité entre la Suisse romande et la Suisse alémanique.

ROSTRAL, ALE, AUX [ʀɔstʀal, o] adj. – 1663 ; hapax XVIe ◊ de *rostre* ■ 1 ANTIQ. ROM. Orné d'éperons de navires. *Colonne rostrale,* érigée en souvenir d'une victoire navale. ■ 2 ANAT. En forme de bec.

ROSTRE [ʀɔstʀ] n. m. – XIVe, repris 1730 ◊ latin *rostrum* «bec, éperon» ■ 1 ANTIQ. ROM. Éperon de navire. ◆ **LES ROSTRES :** tribune aux harangues, emplacement orné de colonnes portant les éperons pris aux navires ennemis. ◆ ARCHIT. Ornement en forme de bec, d'éperon. ■ 2 (1812, des crustacés) ZOOL. Partie saillante et pointue, en avant de la tête. *Le rostre d'un espadon, d'un marlin.* — Prolongement de la carapace thoracique (de certains crustacés). — Pièce buccale pointue (de certains insectes [rhynchotes]). ➤ **stylet.**

-ROSTRE ■ Élément, du latin *rostrum* «bec» : *conirostre, dentirostre.*

1 **ROT** [ʀo] n. m. – *rouz* plur. XIIIe ◊ latin *ructus* (→ éructer), altéré en bas latin en *ruptus* ■ Expulsion plus ou moins bruyante de gaz stomacaux par la bouche. ➤ **éructation, renvoi.** *Faire, lâcher un rot.* ➤ **roter.** *«Avec quelques rots discrets de bonne digestion»* ROMAINS. *Faire faire son rot à un bébé.* ➤ FAM. **rototo.** ■ HOM. Rho, rôt.

2 **ROT** [ʀɔt] n. m. – 1875 ◊ mot anglais «pourriture» ■ AGRIC. Maladie cryptogamique de la vigne, pourriture des grains de raisin. ■ HOM. Rote.

RÔT [ʀo] n. m. – *rost* XIIe ◊ de *rôtir* ■ VX ou LITTÉR. Rôti. *«le fumet du rôt tournant devant le feu de sarments»* GIDE. ■ HOM. Rho, 1 rot.

ROTACÉ, ÉE [ʀɔtase] adj. – 1803 ◊ du latin *rota* ■ BOT. Qui a la forme d'une roue. *Corolle rotacée,* à tube très court, et dont les pétales sont disposés comme les rayons d'une roue.

ROTACTEUR [ʀɔtaktœʀ] n. m. – 1968 ◊ mot-valise, de *rotatif* et *contacteur* ■ TECHN. Commutateur rotatif.

ROTANG [ʀɔtɑ̃g] n. m. – 1658 ; *rotan* 1615 ◊ malais *rotan* → 1 rotin ■ BOT. Genre de palmiers *(arécacées)* dont les tiges sont utilisées pour faire des cannes, des fibres pour tresser des câbles, des nattes.

ROTARY [ʀɔtaʀi] n. m. – 1931 ◊ mot anglais ; latin *rotarius,* de *rota* «roue» ■ ANGLIC. TECHN. ■ 1 Appareil de sondage par rotation. ■ 2 (1953) Système de téléphone automatique. *Des rotarys.*

ROTATEUR, TRICE [ʀɔtatœʀ, tʀis] adj. – 1611 ◊ bas latin *rotator* ; de *rotare* «tourner» ■ RARE Qui fait tourner autour d'un axe. *Force rotatrice.* ◆ ANAT. *Muscle rotateur.* n. m. *Les rotateurs du dos,* qui portent la face antérieure de la vertèbre du côté opposé à la rotation.

ROTATIF, IVE [ʀɔtatif, iv] adj. et n. – 1817 ◊ du radical de *rotation* ■ 1 Qui agit en tournant, par une rotation. *Foreuse rotative. Machine à vapeur rotative :* turbine. PAR EXT. *Mouvement rotatif.* ➤ **rotatoire.** *Moteur à piston rotatif ; moteur rotatif* (n. m. *un rotatif*). ■ 2 n. f. (fin XIXe ; *presse rotative* 1873) **ROTATIVE.** Presse à imprimer continue, agissant au moyen de cylindres. *Journaux sortant des rotatives. Tirer un livre sur rotative. Faire tourner les rotatives* (➤ **rotativiste**). ABRÉV. FAM. **ROTO** [ʀɔto] n. f. *Les rotos.*

ROTATION [ʀɔtasjɔ̃] n. f. – 1486, repris fin XVIIe ◊ latin *rotatio* ■ 1 Mouvement d'un corps qui se déplace autour d'un axe (matériel ou non), au cours duquel chaque point du corps se meut avec la même vitesse angulaire. ➤ **giration.** *Rotation de la Terre. Période* de rotation d'un astre. Vitesse de rotation d'un foret. Forage, sondage par rotation* (➤ **rotary**). *La rotation de la soupape d'un autocuiseur.* — GÉOM. Transformation ponctuelle d'une figure géométrique, telle que tous ses points décrivent des arcs de cercles de même angle au sommet et de même axe. — CHIM. *Spectroscopie de rotation :* étude des changements dans la rotation des molécules sur elles-mêmes que produisent les micro-ondes. ◆ COUR. Mouvement circulaire. ➤ **cercle,** 3 **tour.** *Exécuter une rotation.* ➤ **pivoter, tourner.** ■ 2 (1801) ABSTRAIT Série périodique d'opérations. — AGRIC. *Rotation des cultures :* succession de différentes plantes sur un même sol. ➤ **assolement.** ◆ TRANSPORTS Fréquence des voyages effectués en partant d'un même lieu. *Rotation des avions d'une ligne. «on a diminué le nombre des rotations* [des ferries], *on entre dans la morte saison»* PH. BESSON. ◆ COMM. *Rotation des stocks :* succession des renouvellements d'un stock. ➤ **turnover** (ANGLIC.). — *Rotation du capital.* ◆ *Rotation de la main-d'œuvre, du personnel, des équipes. Responsabilité exercée par rotation.* ➤ **roulement ;** 1 **tournant.**

ROTATIVISTE [ʀɔtativist] n. – 1939 ◊ de *rotative* ■ IMPRIM. Technicien, technicienne qui conduit une presse rotative.

ROTATOIRE [ʀɔtatwaʀ] adj. – 1746 ◊ de *rotation* ■ SC. Qui constitue une rotation, est caractérisé par une rotation. *Mouvement rotatoire.* ➤ **circulaire, rotatif.** CHIM. *Pouvoir rotatoire :* propriété des substances chirales de faire tourner le plan de polarisation de la lumière (➤ **polarimétrie**).

ROTAVIRUS [ʀɔtaviʀys] n. m. – 1975 ◊ du latin *rota* «roue» et de *virus,* par l'anglais (1973) ■ VIROL. Virus à ARN, en forme de roue, responsable de gastroentérites chez l'enfant. *Infection à rotavirus.*

1 **ROTE** [ʀɔt] n. f. – milieu XIIe ◊ germanique *°hrôta* ■ HIST. MUS. Instrument de musique médiéval, à cordes pincées. ■ HOM. 2 Rot.

2 **ROTE** [ʀɔt] n. f. – 1526 ◊ latin ecclésiastique *rota* «roue», par allus. à l'examen successif d'une cause par les sections de ce tribunal ■ RELIG. Tribunal ecclésiastique siégeant à Rome. *La rote instruit les demandes d'annulation de mariage.*

ROTENGLE [ʀɔtɑ̃gl] n. m. – 1765 ◊ allemand *Roteugel,* variante de *Rotauge* «œil rouge» ■ Gardon* rouge.

ROTÉNONE [ʀɔtenɔn] n. f. – 1938 ◊ anglais *rotenone,* du japonais *roten,* nom de la plante d'où le produit a été extrait (1902) ■ PHARM. Produit toxique, insecticide, extrait de certaines plantes (légumineuses).

ROTER [ʀɔte] v. intr. ⟨1⟩ – *router* XIIe ◊ latin *ructare,* altéré en *ruptare* → 1 rot ■ VULG. ou FAM. ■ 1 Faire un rot, des rots. ➤ **éructer.** *«C'est une politesse du pays, il faut roter après les repas»* FLAUBERT. ■ 2 VIEILLI **EN ROTER.** Supporter une situation pénible (cf. En baver).

ROTEUSE [ʀɔtøz] n. f. – 1954 ◊ de *roter* ■ ARG. Bouteille de champagne ou de mousseux. *La soubrette «s'affaire à décapuchonner la roteuse»* SIMONIN.

1 **RÔTI** [ʀoti ; ʀɔti] n. m. – 1425 ◊ de *rôtir* ■ 1 VX ou CUIS. Toute viande rôtie (volaille, gigot, etc.). — FIG. *S'endormir* sur le rôti.* ◆ MOD. et COUR. Morceau de viande de boucherie (bœuf, porc, veau), bardé et ficelé, cuit à sec peu de temps et à feu vif. *«Un rôti de bœuf dont la chair était fine et rosée, rouge vers le centre sous une croûte brune et rugueuse»* CHARDONNE. ➤ **rosbif.** *Rôti de porc. Tranche de rôti de veau froid.* ■ 2 VX Partie du repas où l'on sert les viandes. ■ HOM. Rôtie.

2 **RÔTI, IE** [ʀoti ; ʀɔti] adj. – XIIIe ◊ de *rôtir* ■ Cuit à feu vif, à la broche ou au four (viandes). ➤ 1 **rôti.** *Mouton rôti.* ➤ **méchoui.** *Poulet rôti.* LOC. PROV. *Il attend que les alouettes* lui tombent toutes rôties.* — FIG. *Tout rôti :* tout prêt. *Ça ne lui tombera pas tout rôti dans le bec.*

RÔTIE [ʀoti ; ʀɔti] n. f. – *rostie* XIIIe ◊ de *rôtir* ■ VIEILLI ou RÉGION. (COUR. au Canada) Tranche de pain grillée que l'on mange beurrée, trempée dans un liquide ou que l'on utilise en cuisine (canapés). ➤ aussi **toast.** ■ HOM. Rôti.

ROTIFÈRES [ʀɔtifɛʀ] n. m. pl. – 1762 ◊ latin scientifique *rotifer,* de *rota* «roue» ■ ZOOL. Embranchement d'invertébrés aquatiques, microscopiques, dont le corps porte une couronne de cils autour de l'orifice buccal. Au sing. *Un rotifère.*

1 **ROTIN** [ʀɔtɛ̃] n. m. – 1688 ◊ néerlandais *rottin,* du malais → rotang ■ Partie de la tige du rotang utilisée pour faire des cannes, des meubles. *Salon de jardin en rotin.*

2 **ROTIN** [ʀɔtɛ̃] n. m. – 1835 ◊ p.-ê. du radical du latin *rota* «roue» ■ FAM. et VIEILLI Sou (dans des phrases négatives). *Ne plus avoir un rotin.* ➤ **radis, rond.**

RÔTIR [ʀotiʀ ; ʀɔtiʀ] v. ⟨2⟩ – *rostir* v. 1160 ◊ germanique *°raustjan* ■ 1 v. tr. VX ou CUIS. Griller. *Rôtir du pain* (➤ **rôtie**). — MOD. et COUR. Faire cuire (de la viande) à feu vif, à la broche, sur le gril ou au four, sans sauce. *Rôtir un poulet, une pièce de bœuf* (➤ 1 **rôti**). ◆ FAM. Exposer à une forte chaleur. *La cheminée lui rôtit le dos.* — PRONOM. (RÉFL.) *Se rôtir au soleil.* ➤ **se dorer.** ■ 2 v. intr. Cuire, être cuit à feu vif. *Mettre la viande à rôtir. Faire rôtir une oie.* ◆ FAM. Recevoir une chaleur très vive, qui incommode. *On rôtit, ici.* ➤ **cuire.**

RÔTISSAGE [ʀɔtisaʒ] **n. m.** – 1842 ; «action de griller» 1757 ◇ de *rôtir* ▪ RARE Action de rôtir (1°).

RÔTISSERIE [ʀɔtisʀi] **n. f.** – *rostisserie* v. 1460 ◇ de *rôtir* ▪ ANCIENNT Boutique de rôtisseur, où l'on vendait des viandes rôties et où on les mangeait. — MOD. (repris comme *auberge, hostellerie,* etc.) Restaurant où l'on mange des grillades. — Au Canada, Restaurant qui sert du poulet rôti.

RÔTISSEUR, EUSE [ʀɔtisœʀ, øz] **n.** – *rostisseur* 1396 ◇ de *rôtir* ▪ Personne qui prépare et qui vend des viandes rôties. *Marchand de volailles rôtisseur.* ◆ SPÉCIALT Restaurateur qui prépare et sert des viandes rôties, des grillades (➤ **rôtisserie**).

RÔTISSOIRE [ʀɔtiswaʀ] **n. f.** – 1462 ; *rostissoir* n. m. 1390 ◇ de *rôtir* ▪ Ustensile de cuisine qui sert à faire rôtir la viande (broche et tournebroche, lèchefrite). *Rôtissoire verticale.* — Four muni d'une broche tournante.

ROTOGRAVURE [ʀɔtɔgʀavyʀ] **n. f.** – 1914 ◇ de *roto-,* du latin *rotare,* et *gravure* ▪ TECHN. Procédé d'héliogravure sur cylindre, permettant le tirage sur rotative.

ROTONDE [ʀɔtɔ̃d] **n. f.** – 1488 ◇ italien *Rotonda* n. pr., latin *rotunda (domus),* fém. de *rotundus* «rond» ▪ Édifice circulaire. — Pavillon circulaire à dôme et à colonnes. *La rotonde de la Villette, à Paris.* ◆ CH. DE FER Hangar circulaire ou demi-circulaire où se garent les locomotives sur des voies en éventail, au centre desquelles se trouve un pont tournant.

ROTONDITÉ [ʀɔtɔ̃dite] **n. f.** – 1314 ◇ latin *rotunditas ;* de *rotundus* → rond ▪ **1** LITTÉR. Caractère de ce qui est rond, et SPÉCIALT sphérique. ➤ **sphéricité.** *La rotondité de la Terre.* ▪ **2** FAM. Rondeur d'une personne assez grasse. ➤ **embonpoint.** PLAISANT (AU PLUR.) Formes pleines. *Les rotondités d'une femme.* ➤ **rondeur.**

ROTOPLOTS [ʀɔtɔplo ; ʀotoplo] **n. m. pl.** – 1941 ; *roploplots* 1935 ◇ de *rotond* «arrondi», l'élément *-plot* est à rapprocher de *pelote* ▪ FAM. et POP. VIEILLI Seins de femme.

ROTOR [ʀɔtɔʀ] **n. m.** – 1900 ◇ contraction du latin *rotator* ▪ **1** TECHNOL. Partie mobile (opposé à *stator*) dans un mécanisme rotatif (turbine, compresseur, alternateur). *Le rotor d'un moteur électrique. À deux rotors.* ➤ **birotor.** ▪ **2** Voilure tournante, assurant la sustentation des autogires ou la sustentation et la propulsion des hélicoptères.

ROTOTO [ʀototo] **n. m.** – XXe ◇ réduplication de 1 *rot* ▪ FAM. Rot par lequel un bébé rejette l'air dégluti pendant la tétée.

ROTROUENGE [ʀɔtʀuɑ̃ʒ] **n. f.** – XIIe ◇ de *retrover* «répéter», ou de *retro,* adv. indiquant le retour du refrain ▪ HIST. LITTÉR. Poème du Moyen Âge, composé de plusieurs strophes et terminé par un refrain. — On dit aussi **ROTRUENGE.**

ROTTWEILER [ʀɔtvajlœʀ] **n. m.** – 1954 ◇ allemand *Rottweiler,* de *Rottweil,* n. de lieu ▪ Chien de garde de taille moyenne, trapu, à poil ras noir. *Des rottweilers. «C'est un rottweiler qui s'appelle Terminator, il fout la trouille à tout le monde dans l'immeuble»* É. CHERRIÈRE. — On rencontre aussi la graphie *rottweiler.*

ROTULE [ʀɔtyl] **n. f.** – 1487 ◇ latin *rotula,* de *rota* «roue» ▪ **1** Os plat, triangulaire, légèrement bombé, situé à la face antérieure du genou entre le tendon du muscle quadriceps de la cuisse (en haut), et le ligament rotulien qui l'attache au tibia (en bas). ➤ **patella.** *«Des rotules noueuses»* BALZAC. ◆ LOC. FAM. *Être sur les rotules :* être très fatigué (cf. Sur les genoux*). ▪ **2** TECHN. Articulation formée d'une pièce sphérique pouvant tourner dans un logement creux. *Changement de vitesse à rotule.*

ROTULIEN, IENNE [ʀɔtyljɛ̃, jɛn] **adj.** – 1822 ◇ de *rotule* ▪ Relatif à la rotule, de la rotule. — (1903) *Réflexe rotulien :* réflexe d'extension brusque de la jambe sur la cuisse, obtenu en frappant le tendon rotulien. ➤ **patellaire.**

ROTURE [ʀɔtyʀ] **n. f.** – *routure* XVe ◇ latin *ruptura* «rupture», en latin populaire «terre défrichée (rompue)», puis «redevance due au seigneur pour une terre à défricher», d'où «propriété non noble» ▪ DIDACT. ou LITTÉR. ▪ **1** HIST. État d'une terre, d'un héritage qui n'est pas noble. *«Lorsqu'un fief tombe en roture»* P.-L. COURIER. ▪ **2** Absence de noblesse. ▪ **3** La classe des roturiers. *La noblesse et la roture.*

ROTURIER, IÈRE [ʀɔtyʀje, jɛʀ] **adj. et n.** – *roturer* 1271 ◇ de *roture* ▪ DIDACT. ou LITTÉR. ▪ **1** Qui n'est pas noble, qui est de condition inférieure, dans la société féodale et sous l'Ancien Régime. ➤ **plébéien.** *«Combien de nobles dont le père et les aînés sont roturiers !»* LA BRUYÈRE. — PAR EXT. *Biens roturiers.* ▪ **2** n. Personne qui n'est pas née noble et n'a pas été anoblie. ➤ **plébéien ; manant, serf, vilain ; bourgeois.** *Les roturiers.* ➤ **roture.** ▪ CONTR. Aristocrate, gentilhomme, noble, patricien.

ROUABLE [ʀwabl] **n. m.** – XIIIe ◇ latin *rutabulum* → 1 râble ▪ TECHN. ▪ **1** Perche à crochet dont le boulanger se sert pour tirer la braise du four. ▪ **2** Râteau servant à ramasser le sel dans les salines.

ROUAGE [ʀwaʒ] **n. m.** – XIIIe ◇ de *roue* et suffixe *-age* ▪ **1** VX Ensemble des roues d'une machine. ◆ (XVIIIe) MOD. Chacune des pièces d'un mécanisme d'horlogerie ou d'un mécanisme de ce type (engrenage, etc.). *Rouages d'une montre. «les taraudeuses, avec le tic-tac de leurs rouages d'acier luisant»* ZOLA. ▪ **2** FIG. Chaque partie essentielle (d'une chose qui fonctionne). *Les rouages de la machine sociale. «S'agréger, être un rouage parmi d'autres rouages»* MARTIN DU GARD.

ROUAN, ROUANNE [ʀwɑ̃, ʀwan] **adj.** – 1340 ◇ espagnol *roano,* radical latin *ravidus* «grisâtre» ▪ HIPPOL. Se dit d'un cheval dont la robe est mêlée de poils blancs, roux et noirs. *Jument rouanne.* SUBST. *Un rouan, une rouanne.* ▪ HOM. Rouanne.

ROUANNE [ʀwan] **n. f.** – XVIIe ; *roisne* XIIIe ◇ latin populaire °*rucina,* classique *runcina,* grec *rhukanê* «rabot» ▪ TECHN. ▪ **1** Outil servant à dégrossir et creuser le bois. *Petite rouanne* (ou **ROUANNETTE n. f.,** 1642). ▪ **2** Compas, avec une branche tranchante, dont les agents des contributions indirectes se servent pour marquer les tonneaux. ▪ HOM. Rouanne (rouan).

ROUBIGNOLES [ʀubiɲɔl] **n. f. pl.** – 1862 ◇ occitan *roubignoli* «testicules», de *robin,* surnom du *bélier* ▪ FAM. VULG. Testicules. ➤ **roupettes, roustons.**

ROUBLARD, ARDE [ʀublaʀ, aʀd] **adj.** – 1864 ; «sans valeur» 1835 ◇ p.-ê. de l'argot *roublion* «feu», de l'italien *robbio* «rouge» ; latin *rubeus* «roux» ▪ FAM. Qui fait preuve d'astuce et de ruse dans la défense de ses intérêts. — **n.** *«Il blaguait le pacifisme de Hugo, vieux roublard, vieux malin»* MAUROIS. *La petite roublarde !*

ROUBLARDISE [ʀublaʀdiz] **n. f.** – 1877 ◇ de *roublard* ▪ Caractère, conduite, acte de roublard. *«C'étaient des hommes, eux, vieillis, connaissant la vie et les roublardises»* GIONO. ➤ **astuce, rouerie, ruse.**

ROUBLE [ʀubl] **n. m.** – 1606 ◇ russe *roubl'* ▪ Unité monétaire de la Russie, de la Biélorussie, du Tadjikistan. *Un rouble vaut cent kopecks.*

ROUCHI [ʀuʃi] **n. m.** – 1812 ◇ du picard *drochi* «droit ici» (les parlers d'ici) ▪ Parler picard du Hainaut français (Valenciennes et sa région).

ROUCOULADE [ʀukulad] **n. f.** – 1857 ◇ de *roucouler* ▪ Bruit que fait un oiseau en roucoulant. ➤ **roucoulement.** — FIG. et FAM. *Les roucoulades des amoureux.*

ROUCOULANT, ANTE [ʀukulɑ̃, ɑ̃t] **adj.** – 1821 ◇ de *roucouler* ▪ Qui roucoule (1° et 2°). — Qui évoque un roucoulement. *«Le ténor qui poussait des sons roucoulants»* HUYSMANS.

ROUCOULEMENT [ʀukulmɑ̃] **n. m.** – 1611 ◇ de *roucouler* ▪ **1** Cri du pigeon, de la tourterelle, semblable à une plainte douce et monotone. ▪ **2** FIG. Propos tendres et langoureux que se chuchotent les amoureux. ➤ **roucoulade.**

ROUCOULER [ʀukule] **v. intr.** ⟨1⟩ – 1549 ; *rencouller* XVe ◇ onomat., ou du latin *raucus* «enroué» ▪ **1** Faire entendre son cri, en parlant du pigeon, de la tourterelle. ▪ **2** (1812) FIG. et PLAIS. Tenir des propos tendres et langoureux, filer le parfait amour. *Des amoureux qui roucoulent.* — TRANS. *«Tu te pâmais en mille poses Et roucoulais des tas de choses»* VERLAINE.

ROUDOUDOU [ʀududu] **n. m.** – 1931 ◇ formation enfantine ▪ FAM. Confiserie faite d'une pâte coulée dans un coquillage ou une petite boîte de bois ronde, qu'on lèche. *«un écolier qui venait nous acheter du sucre d'orge et du roudoudou»* AYMÉ. *Des roudoudous.*

ROUE [ʀu] **n. f.** – XIVe ; 1155 *roe ;* fin XIe *rode ;* refait sur *rouelle* ou *rouer* ◇ latin *rota* ▪ **1** Disque plein ou évidé, tournant sur un axe qui passe par son centre, et utilisé comme organe de déplacement. *Essieu, moyeu, jante, rayons d'une roue de véhicule. Les roues d'une voiture, d'une bicyclette. Véhicule à deux roues* (➤ **deux-roues**), *à trois-roues* (➤ **trois-roues**), *à quatre roues. Roues avant, arrière. Roues motrices, directrices. Roues munies de bandages, de pneumatiques. Chapeau de roue :* pièce qui recouvre, protège le moyeu. ➤ **enjoliveur.** LOC. FAM. **SUR LES CHAPEAUX DE ROUES :** à toute allure. *Prendre un virage* *sur les chapeaux de roues. Démarrer sur les chapeaux de roues ;* FIG. commencer fort. *Roue dans la roue :* au même niveau qu'un autre concurrent, dans une course cycliste. *Roue de secours*.* — **ROUE LIBRE :** dispositif d'entraînement d'un mécanisme qui n'entraîne pas en réaction l'organe moteur. FIG. *En roue libre :* sans prise, sans contrôle. ◆ LOC. (1556) *Pousser à la roue :* aider qqn à réussir, le soutenir dans son effort ; FIG. faire évoluer un processus, une situation. *« De là à pousser à la roue, à enfoncer ce pauvre type »* MALLET-JORIS. — *Mettre des bâtons* dans les roues. Réinventer* la roue.* — *Être la cinquième roue du carrosse :* être inutile, inopérant, insignifiant (dans une occasion donnée). *« T'es la cinquième roue d'un carrosse, quoi. Tu comptes pas »* GUILLOUX. ▪ **2** Disque tournant sur son axe, dans un assemblage mécanique. *Roue de transmission.* ➤ **poulie.** *Roue de friction*. Roue folle*. Roue dentée. Les roues d'un engrenage.* ➤ **rouage.** *Roues élévatoires, à augets, à godets* (➤ **noria ; roue-pelle**). *Roue hydraulique d'un moulin à eau. Barre à roue* (d'un bateau). ▪ **3** *Supplice de la roue,* qui consistait à attacher le criminel sur une roue après lui avoir rompu les membres (➤ **rouer**). — Ce supplice. *Être condamné à la roue.* ▪ **4** Disque tournant. *Grande roue :* manège en forme de roue dressée, dans une fête foraine. ◆ *Roue de loterie,* portant des numéros, que l'on fait tourner. ◆ FIG. *La roue de la Fortune :* roue symbolique, emblème des vicissitudes humaines. *La roue tourne,* les choses changent, la chance va et vient. *C'est « toi bientôt, toi quand la roue tournera, toi allongé par terre sur une grille du métro »* BEIGBEDER. ▪ **5** (1870) **FAIRE LA ROUE.** Tourner latéralement sur soi-même en faisant reposer le corps alternativement sur les mains et sur les pieds. ◆ Déployer en rond les plumes de sa queue (paon). FIG. Déployer ses séductions. ➤ **se pavaner, se rengorger.** *« Je n'ai pas la force de soutenir ce rôle comique du mâle qui fait la roue »* ROMAINS. ▪ **6** Disque, cylindre. *Une roue de gruyère.* ➤ 1 **meule.** ▪ HOM. Roux.

ROUÉ, ROUÉE [rwe] adj. et n. – XIVe ◇ de *rouer* ▪ **1** Supplicié sur la roue. ◆ (XVIIe) FIG. *Roué de coups :* battu, rossé. ▪ **2** n. (1832 ; « débauché digne du supplice de la roue » XVIIIe) LITTÉR. Personne intéressée et rusée qui ne s'embarrasse d'aucun scrupule. *« Les amoureuses désintéressées, et [...] les rouées qui ne cherchent que l'argent »* MAURIAC. ◆ adj. Qui est habile et rusé, par intérêt. ➤ **combinard, finaud, futé, malicieux.** *« la plus fine guêpe, la plus perfide et la plus rouée confidente qui se puisse voir »* SAINTE-BEUVE. ▪ CONTR. Ingénu ; 1 droit.

ROUELLE [rwɛl] n. f. – 1600 ; *ruele* « petite roue » XIIe ; *rodeles* « rondelles » fin XIe ◇ bas latin *rotella,* diminutif de *rota* « roue » ▪ Partie de la cuisse du veau ou du porc au-dessus du jarret, coupée en rond. *Rouelle de veau.*

ROUE-PELLE [rupɛl] n. f. – 1974 ◇ de *roue* et *pelle* ▪ TECHN. Excavatrice comportant une roue à godets, utilisée pour les grands travaux de terrassement et d'extraction. *Des roues-pelles.*

ROUER [rwe] v. tr. ‹1› – 1450 ◇ de *roue* ▪ Supplicier sur la roue (3°). *« Les voleurs joliment roués sur la place du marché »* BALZAC. ◆ LOC. FIG. (1648) *Rouer qqn de coups,* le battre* violemment. ➤ FAM. **tabasser.** *« Je pourrais te rouer de coups si je voulais ! Mais [...] aucune correction n'amenderait ta conscience »* SAND.

ROUERIE [ruri] n. f. – 1823 ; « action de débauché » 1777 ◇ de *roué* ▪ Action pleine de ruse, de dissimulation. *« Elle donnait à l'avance des conseils à Thérèse sur la vente, sur les achats, sur les roueries du petit commerce »* ZOLA. ◆ Finesse et habileté sans scrupule. ➤ **cautèle, diplomatie, ruse.** *Agir avec rouerie. Il était « fin jusqu'à la rouerie et prêt à toutes les souplesses »* MADELIN.

ROUET [rwɛ] n. m. – 1382 ; *roet* « petite roue » XIIIe ◇ de *roue* ▪ **1** Machine à filer constituée essentiellement par un bâti portant une roue, mue par une pédale ou une manivelle, et par une broche à ailettes. *Le rouet a remplacé le fuseau, pour le filage à la main. Fileuse à son rouet.* ▪ **2** (1553) ANCIENNT Petite roue d'acier mue par un ressort, qui produisait des étincelles en frottant contre un silex, dans certaines armes à feu. *Arquebuse à rouet.* ▪ **3** TECHN. Charpente cylindrique, sorte de plateforme qui supporte la maçonnerie d'un puits. ◆ (1660) Garde de serrure. ◆ (1371) Élément d'une poulie, disque autour duquel s'enroule le câble. ➤ **réa.** *Moufle à deux rouets.* — MAR. Grosse poulie portée par les mâts de charge. ◆ AGRIC. Pompe centrifuge à axe vertical.

ROUETTE [rwɛt] n. f. – 1690 ; *reorte* XIIe ◇ latin *retortus* ▪ VX OU RÉGION. Branche fine et flexible, qui sert de lien pour attacher les fagots. *« En passant près de la haie, elle casse une rouette dont elle ôte les feuilles »* RENARD.

ROUF [ruf] n. m. – 1752 ; « cabine au milieu d'un bateau » 1582 ◇ néerlandais *roef* ▪ MAR. Petite construction élevée sur le pont d'un navire, et ne s'étendant pas sur toute la largeur (à la différence de la dunette). *« Un petit rouf goudronné à peine assez large pour tenir une table et deux couchettes »* DAUDET.

ROUFLAQUETTE [ruflakɛt] n. f. – 1876 ◇ origine inconnue ▪ **1** VX Mèche de cheveux formant un accroche-cœur sur la tempe. ▪ **2** MOD. Patte de cheveux sur le côté de la joue, chez un homme (cf. Patte* de lapin). *Porter des rouflaquettes. « deux rouflaquettes noires avancent comme des poignards arabes sur ses joues rasées à la lame »* KERANGAL.

ROUGAIL n. m. et **ROUGAILLE** n. f. [rugaj] – 1818 *rougails* plur. ◇ du tamoul *uru-kay* « fruit vert confit » ▪ Préparation de la cuisine créole, à base de légumes, de fruits, de piment et de gingembre, accompagnant du riz, du poisson ou de la viande ; plat cuisiné à base de cette préparation. *Rougail de saucisse. Rougail de morue. Des rougails.*

ROUGE [ruʒ] adj. et n. – milieu XIIe ◇ du latin *rubeus* « roux, roussâtre ». → rubis ; rubrique

I ~ adj. ▪ **1** Qui est de la couleur du sang, du coquelicot, du rubis, etc. (cf. ci-dessous II, le rouge). *Couleur rouge en héraldique.* ➤ **gueules.** *Une rose rouge. Chou rouge. Fruits* rouges. Poisson rouge :* cyprin. *Viande* rouge. Ocre rouge. Corriger au crayon rouge. Le chapeau rouge,* de cardinal. *« Le Petit Chaperon rouge »,* conte de Perrault. *La planète* rouge. Talon* rouge. Feu* rouge. Un voyant rouge. Lanterne* rouge. Carton* rouge.* — *Le drapeau rouge,* révolutionnaire (cf. ci-dessous 2°). — *Alerte rouge :* état d'alerte maximal. — *Agiter le chiffon* rouge.* — *Liste* rouge* (du téléphone). ◆ (début XIIIe) **VIN ROUGE,** obtenu en faisant fermenter des raisins (souvent noirs) munis de leur peau. *Un bordeaux rouge.* — SUBST. (1754) *Du rouge.* FAM. *Du gros rouge, du rouge qui tache. Boire un coup de rouge. Un kil de rouge.* — Verre de vin rouge. *Un petit rouge. « elle servait des pastis et des rouges »* A. ERNAUX. ▪ **2** (1830) Qui a pour emblème le drapeau rouge ; d'extrême gauche. ➤ **révolutionnaire ; communiste.** *Les banlieues rouges. « Il y avait le péril rouge, le péril jaune »* BEAUVOIR. — (En Russie soviétique) *L'étoile rouge.* (1924) *L'armée rouge.* ➤ **soviétique.** ◆ SUBST. (1835) VIEILLI Révolutionnaire, communiste. *« Dites, maman, c'est un rouge, cet instituteur ? »* MAURIAC. — adv. *« Voilà ce que c'est de voter rouge »* SARTRE. ▪ **3** (début XIVe) Qui est porté à l'incandescence et dégage un rayonnement calorifique. ➤ **incandescent.** *Les cendres sont encore rouges.* — *Fer* rouge. Tirer à boulets* rouges sur qqn.* ◆ *L'or* rouge.* ▪ **4** (1611) Qui devient rouge par l'afflux du sang (peau claire ; opposé à *blanc, pâle*). *Main, face rouge.* ➤ **congestionné, enflammé, rubicond.** *Il est toujours un peu rouge.* ➤ **rougeaud.** *Avoir les joues, les oreilles, les pommettes rouges* (de froid, de chaleur, etc.). ➤ aussi 2 **rose.** (début XVIe) *Le nez rouge d'un alcoolique. Être, devenir rouge de colère, de honte.* ➤ **s'empourprer, rougir.** LOC. *Être rouge comme une cerise, un coq, un coquelicot, une écrevisse, une pivoine, une tomate,* rouge d'émotion (confusion, honte, timidité, pudeur). *« Il était devenu rouge comme un coq (un coq rouge, bien entendu) »* ALLAIS. *Rouge comme un homard :* rouge à cause de la chaleur, de coups de soleil. — adv. LOC. (1784) *Se fâcher tout rouge :* devenir rouge de colère. (1843) *Voir rouge :* avoir un accès de colère qui incite au meurtre (voir du sang). ▪ **5** (fin XIVe) D'un roux vif, en parlant des cheveux, du pelage d'un animal. ➤ **roux.** *« On cherche un homme. – Qui ? – Un garçon aux cheveux rouges »* GIONO. ➤ **rouquin.**

II ~ n. m. LE ROUGE ▪ **1** (début XIIe) La couleur rouge. *Le vert est la couleur complémentaire du rouge. Le rouge, extrémité du spectre visible* (➤ aussi **infrarouge**). *Variétés, nuances de rouge.* ➤ **amarante, brique, carmin, cerise,** 1 **corail, cramoisi, écarlate, érubescent,** 1 **fraise, framboise, garance, groseille, incarnat, nacarat,** 1 **ponceau, pourpre, rubis, tomate, vermeil, vermillon ;** aussi **orange,** 2 **rose.** *Rouge sang. Rouge sang de bœuf. Un rouge ardent, franc, vif. Un rouge bordeaux,* foncé. ➤ **grenat.** *« Le soleil d'un rouge colérique embrasait la crête des mornes »* J. ROUMAIN. APPOS. *Des écharpes rouge sombre,* d'un rouge sombre. *Colorer, peindre, teindre en rouge.* ➤ **rougir.** *« Le Rouge et le Noir », roman de Stendhal.* — *Passer au rouge,* alors que les feux de circulation sont rouges. ▪ **2** (1636) Colorant rouge ; pigment donnant une couleur rouge. *Broyer du rouge sur sa palette. Rouge de mercure* (➤ **cinabre, vermillon**) ; *rouge de plomb* (➤ **minium**). *Rouge animal* (➤ **carmin, cochenille, écarlate, kermès, pourpre**), *végétal* (➤ **alizarine, campêche, garance, orcanète, orseille, purpurine, rocou, santal, tournesol**). *Rouges synthétiques :* alizarine, érythrosine, fuchsine, rosaniline, etc. ◆ (début XVIIe) Fard rouge. *Rouge à joues,* qu'on pose sur les pommettes. — **ROUGE À LÈVRES** ou **ROUGE :** fard coloré pour les lèvres. *Rouge à lèvres rose. Tube, bâton de rouge. «En effleurant légèrement des lèvres le front de la dame pour ne pas lui mettre du rouge»* QUENEAU. ▪ **3** (1636) Couleur, aspect du métal incandescent. *Barre de fer portée au rouge.* ▪ **4** (1661) Teinte rose ou rouge que prennent les peaux claires sous l'effet d'un agent physique, d'une émotion. *Le rouge de la colère.* ➤ 1feu ; **empourprer.** *«Du rouge, au visage, lui monta, jusque sous les cheveux»* AUDIBERTI. ▪ **5** Partie de l'échelle d'un témoin, colorée en rouge pour montrer qu'on atteint un seuil critique. *La jauge d'essence est dans le rouge.* ♦ (1972 ◊ calque de l'anglais *in the red*) FIG. *Être dans le rouge* : être dans une situation difficile, critique ; en déficit, à découvert. *Entreprise qui sort du rouge. Votre compte bancaire est en rouge,* débiteur. *«Son compte était toujours proche du rouge»* TH. JONQUET.

ROUGEÂTRE [ʀuʒɑtʀ] **adj.** – v. 1360 ◊ de *rouge* ▪ Qui tire sur le rouge ; légèrement rouge. *Lumière rougeâtre. Brun rougeâtre.*

ROUGEAUD, AUDE [ʀuʒo, od] **adj.** – 1640 ◊ de *rouge* ▪ (TEINT) Très coloré, trop rouge. — (PERSONNES) Qui a le teint trop rouge. ➤ **congestionné, rubicond.** *«Un homme petit, gros, trapu, rougeaud»* DAUDET. — SUBST. *Un gros rougeaud.* ▪ CONTR. Blafard, 1blanc, pâle.

ROUGE-GORGE [ʀuʒgɔʀʒ] **n. m.** – 1464 ◊ de *rouge* et *gorge* ▪ Oiseau passereau assez proche du rossignol, de petite taille, dont la gorge et la poitrine sont d'un roux vif. *Des rouges-gorges.*

ROUGEOIEMENT [ʀuʒwamɑ̃] **n. m.** – 1862 ◊ de *rougeoyer* ▪ Teinte ou reflet rougeâtre.

ROUGEOLE [ʀuʒɔl] **n. f.** – 1538 ◊ altération de *rougeule,* d'après *vérole* ; latin populaire °*rubeola* ; de *rubeolus,* diminutif de *rubeus* «rouge» → rubéole ▪ **1** Maladie infectieuse fébrile qui atteint surtout les enfants, due à un virus, caractérisée par un catarrhe oculo-nasal qui précède une éruption cutanée constituée de petites papules rouges disséminées (➤ **morbilleux**). *La rougeole est contagieuse et épidémique.* ➤ aussi **rubéole.** *Vaccin contre la rougeole.* ▪ **2** RÉGION. Mélampyre, parasite des graminées.

ROUGEOLEUX, EUSE [ʀuʒɔlø, øz] **adj. et n.** – 1897 ◊ de *rougeole* ▪ Relatif à la rougeole. ♦ Atteint de la rougeole.

ROUGEOYANT, ANTE [ʀuʒwajɑ̃, ɑ̃t] **adj.** – 1831 ◊ de *rougeoyer* ▪ Qui prend des teintes rougeâtres et changeantes. *Des reflets rougeoyants.*

ROUGEOYER [ʀuʒwaje] **v. intr.** ‹8› – 1832 ; hapax 1213 ◊ de *rouge* ▪ Prendre une teinte rougeâtre ; produire des reflets rougeâtres. *Braises qui rougeoient.*

ROUGE-QUEUE [ʀuʒkø] **n. m.** – 1640 ◊ de *rouge* et 1*queue* ▪ Oiseau passereau, appelé communément *rossignol des murailles,* à gorge noire, de petite taille, caractérisé par la teinte rousse de la queue. *Des rouges-queues.*

ROUGET [ʀuʒɛ] **n. m.** – XIIIe ; aussi «légèrement rouge» adj. ◊ diminutif de *rouge* ▪ **1** Poisson à longs barbillons *(mullidés),* des mers tropicales et tempérées. *Rouget barbet,* à la chair très appréciée. *Rouget de roche.* ➤ **surmulet.** *Rouget de vase.* ♦ *Rouget grondin**. *Rougets grillés.* ▪ **2** Maladie contagieuse du porc, érysipèle charbonneux caractérisé par l'apparition de taches rouges à certains endroits du corps. ▪ **3** Forme larvaire d'un acarien, de couleur rouge. ➤ **aoûtat.**

ROUGEUR [ʀuʒœʀ] **n. f.** – XIVe, sens 3° ; *rogor* XIIe ◊ de *rouge* ▪ **1** (1538) RARE Couleur, teinte rouge. ➤ **rouge** (II). *Les lions «Regardaient du couchant la sanglante rougeur»* HUGO. ▪ **2** (1538) Coloration rouge de la peau, due à l'afflux du sang, et causée par la chaleur, l'émotion. *«Ma rougeur trahirait les secrets de mon cœur»* CORNEILLE. ▪ **3** Tache, plaque rouge sur la peau due à une dilatation des vaisseaux cutanés. ➤ **couperose, érythème, érythrodermie,** 1**feu** (IV, 2°), **inflammation, rubéfaction.** *Rougeurs diffuses. «Quelques rougeurs foncées et mobiles couperosaient son teint blanc»* BALZAC.

ROUGH [ʀœf] **n. m.** – 1932 ◊ mot anglais «raboteux, grossier» ▪ ANGLIC. ▪ **1** GOLF Partie d'un terrain de golf non entretenue. ▪ **2** Ébauche, projet, crayonné, dans les arts graphiques. *Faire des roughs.* Recomm. offic. *esquisse.*

ROUGI, IE [ʀuʒi] **adj.** – XVe ◊ de *rougir* ▪ **1** Qui est devenu rouge, a été rendu rouge. *Yeux rougis* (par les pleurs). ▪ **2** (1694) *Eau rougie,* mêlée d'un peu de vin rouge.

ROUGIR [ʀuʒiʀ] **v.** ‹2› – XIIe, sens I, 2° ◊ de *rouge*

I v. intr. ▪ **1** (XVe ; *rugir* XIIe) Devenir rouge, plus rouge. *Métal qui rougit au feu,* devient incandescent. *Les écrevisses, les homards rougissent à la cuisson.* — *Rougir et peler après un coup de soleil.* ▪ **2** (PERSONNES) Devenir rouge sous l'effet d'une émotion, d'un sentiment qui provoque un afflux de sang au visage. ➤ **s'empourprer ; érubescence, rougissement.** *Rougir facilement. «Elle rougissait comme une jeune fille»* ZOLA. *Crainte de rougir* (➤ **éreuthophobie**). LOC. *Rougir jusqu'aux yeux, jusqu'au blanc des yeux, jusqu'aux oreilles* : rougir beaucoup. *Rougir brusquement* (cf. Piquer* un fard, un soleil). *Rougir de colère, de honte, de confusion, d'orgueil, de plaisir,* sous l'effet de ces sentiments. — SPÉCIALT Rougir de honte, de pudeur. *«des peintures lubriques qui feraient rougir des capitaines de dragons»* GAUTIER. ♦ FIG. Éprouver un sentiment de culpabilité, de honte, de confusion. *Je n'ai pas à en rougir. Ne rougir de rien* : être impudent. *Rougir de qqn* : avoir honte de lui, pour lui. *«Le premier malheur sans doute est de rougir de soi»* BEAUMARCHAIS.

II v. tr. (1552) Rendre rouge. *La lumière du couchant rougit la campagne. Rougir la terre de son sang.* ➤ **ensanglanter.** FIG. et POÉT. *Rougir ses mains (de sang)* : commettre un meurtre, un crime. ♦ *Rougir une barre de fer au feu,* la chauffer au rouge. ▪ CONTR. Blêmir, pâlir.

ROUGISSANT, ANTE [ʀuʒisɑ̃, ɑ̃t] **adj.** – 1811 ; hapax 1555 ◊ de *rougir* ▪ **1** Qui devient rouge. *Feuilles rougissantes.* ➤ **érubescent.** ▪ **2** Qui rougit d'émotion. *Un jeune homme timide et rougissant.*

ROUGISSEMENT [ʀuʒismɑ̃] **n. m.** – 1793 ; «rougeur» 1516 ◊ de *rougir* ▪ Le fait de rougir.

ROUILLE [ʀuj] **n. f.** – v. 1380 ; *ruil* n. m. 1120 ; *roille* XIIe ◊ latin populaire °*robicula,* classique *robigo, robiginis* ▪ **1** Hydroxyde de fer rouge orangé, produit de la corrosion du fer en présence de l'oxygène de l'air et en milieu humide. *Rouille pulvérulente, en plaques. Piqûre, tache, couche de rouille* (➤ **rouillé, rubigineux**). *La rouille attaque, ronge le fer. «Les portes des maisons s'ouvrent de nouveau, faisant crier leurs gonds mangés de rouille»* RAMUZ. *Protection des objets en fer contre la rouille.* ➤ **antirouille ; bondérisation, étamage, galvanisation, minium.** ▪ **2** ADJT INV. D'un rouge-brun. ➤ **roux.** *Des vestes rouille.* ▪ **3** (1597) Maladie des céréales provoquée par des champignons *(urédinées)* et caractérisée par des taches semblables à des taches de rouille sur les tiges et les feuilles. *Rouille du blé. Rouille de la vigne.* ➤ **anthracnose, charbon.** *Rouille des feuilles.* ➤ **mildiou.** ▪ **4** Aïoli relevé de piment rouge accompagnant la bouillabaisse. *Soupe de poissons avec sa rouille. «pour la rouille, elle avait son génie bien à elle pour lier l'ail et le piment à la pomme de terre et à la chair d'oursin»* IZZO.

ROUILLÉ, ÉE [ʀuje] **adj.** – *roïllié* v. 1185 ◊ de *rouiller* ▪ **1** Taché, couvert de rouille. *«le grincement d'une girouette ou d'une poulie rouillée»* LOTI. ♦ LITTÉR. Couleur de rouille. *«Aucun vent ne souffle aux eaux rouillées des bassins»* JAMMES. — Qui grince comme un objet rouillé, en parlant d'un son. *Le son rouillé, la voix rouillée d'une horloge.* ▪ **2** FIG. (1564) Qui a perdu son agilité, son adresse, faute d'entraînement. *«Il semblait rouillé à côté des autres, en essayant d'imiter leurs gambades»* MAUPASSANT. — *Mémoire rouillée.* ▪ **3** Atteint de la rouille (3°). *Blé rouillé.*

ROUILLER [ʀuje] **v.** ‹1› – *roiller* v. 1196 ◊ de *rouille* ▪ **1 v. intr.** Se couvrir de rouille. *La grille commence à rouiller.* ▪ **2 SE ROUILLER v. pron.** (1547). Se tacher, se couvrir de rouille. *Outil qui se rouille.* ♦ (PERSONNES) Faire moins bien qu'avant, à cause de l'âge ou du manque d'entraînement. *Sportif qui se rouille faute d'exercice.* ▪ **3 v. tr.** (1680) Provoquer la formation de rouille sur. *L'humidité rouille le fer.* ➤ **oxyder.** — FIG. Faire perdre son agilité, son adresse à (qqn). *L'inaction, le manque d'entraînement l'a rouillé. «L'humidité rouille les hommes comme les fusils»* BARBUSSE.

ROUILLURE [ʀujyʀ] **n. f.** – *roilleure* 1464 ◊ de *rouiller* ▪ RARE ▪ **1** État du fer rouillé. ▪ **2** État d'une plante rouillée.

ROUIR [ʀwiʀ] **v.** ‹2› – v. 1200 ◊ francique °*rotjan* ▪ TECHN. ▪ **1 v. tr.** Isoler les fibres textiles (du lin, du chanvre) en détruisant la matière gommeuse (pectine) qui les soude. ➤ **rouissage.** *Rouir du lin. «Elle rouissait* [...] *tout ce que les environs du village lui offraient comme végétaux»* C. MARTINEZ. ▪ **2 v. intr.** Subir le rouissage. *«Trous à demi pleins d'eau pour faire rouir le chanvre»* STENDHAL.

ROUISSAGE [ʀwisaʒ] **n. m.** – 1706 ◊ de *rouir* ▪ TECHN. Action de rouir. *Le rouissage se fait en immergeant les tiges dans l'eau, ou en les exposant à la rosée, à la chaleur humide.*

ROUISSOIR [ʀwiswaʀ] **n. m.** – 1549 ◊ de *rouir* ■ TECHN. Lieu où l'on fait rouir le lin, le chanvre.

ROULADE [ʀulad] **n. f.** – 1622 ◊ de *rouler* ■ **1** Ornement de chant, succession de notes chantées rapidement sur une seule syllabe. *Faire des roulades et des trilles.* PAR EXT. *« Le petit oiseau de l'arbre voisin, dont les roulades innocentes montaient joyeusement dans le soleil »* DAUDET. ■ **2** Tranche (de viande, de poisson) roulée et garnie. *Roulades de porc, de veau* (➤ **paupiette**). ■ **3** Mouvement qui consiste à s'enrouler sur soi-même. *Roulade avant, arrière. Faire des roulades dans l'herbe.* ➤ **galipette, roulé-boulé ;** RÉGION. **cumulet.**

ROULAGE [ʀulaʒ] **n. m.** – 1668 sens 2° ◊ de *rouler* ■ **1** VX ou DR. Action de rouler, en parlant des véhicules. *Le roulage des voitures.* ➤ **roulement.** ■ **2** Transport de marchandises par des voitures hippomobiles (➤ **roulier**) ou automobiles (➤ **camionnage ;** 2 **routier**). *Entreprise de roulage. « Des voitures de roulage venues de Paris »* BALZAC. — Transport souterrain du charbon dans une mine. *Galerie de roulage. « Ses mains, durcies par le roulage, empoignaient sans fatigue les montants »* ZOLA. — Chargement et déchargement des navires par des engins sur roues. ■ **3** (1842) Opération par laquelle on passe des labours au rouleau afin de briser les mottes (➤ **émotter**), de tasser la couche superficielle. ■ **4** TECHN. Opération de mise en forme de tôles d'acier par pressage. ■ **5** (Belgique) Circulation routière. *Accident de roulage.*

ROULANT, ANTE [ʀulɑ̃, ɑ̃t] **adj.** – XVe ◊ de *rouler* ■ **1** Qui roule ; muni de roues, de roulettes. *Table roulante,* servant notamment de desserte, de bar, etc. *Cuisine roulante.* ➤ **roulante.** *Panier roulant.* ➤ 2 **caddie.** *Fauteuil* roulant, chaise* roulante.* ♦ (1862) *Matériel roulant* (opposé à *matériel fixe* des chemins de fer, ou de toute autre entreprise). *« Il s'occupait surtout du matériel roulant, camions, tombereaux, wagonnets, brouettes, diables »* AYMÉ. PAR EXT. *Le personnel roulant,* SUBST. (FAM.) *les roulants :* les agents de conduite et les contrôleurs. ♦ *Voiture roulante,* en état de rouler. ■ **2** Qui peut glisser sur des rouleaux, des galets, pour transporter, déplacer d'un point à un autre. *Trottoir roulant, escalier roulant* ou *mécanique* (➤ **transporteur ; escalator**). *Tapis roulant.* ➤ **convoyeur.** *Pont roulant.* ■ **3** (1751) **FEU ROULANT,** continu (tir d'armes à feu). — FIG. *« Un feu roulant d'épigrammes »* SAINTE-BEUVE. ■ **4** (1883) FAM. VIEILLI Très drôle*. ➤ **marrant, tordant.** *C'est roulant !*

ROULANTE [ʀulɑ̃t] **n. f.** – 1915 ; *cuisine, marmite roulante* 1877 ; « charrette » 1566 ◊ de *roulant* ■ **1** FAM. MILIT. Cuisine roulante. ➤ **cantine.** *« À dix heures, les roulantes distribuaient la soupe dans des gamelles »* CARCO. ■ **2** (1933) MATH. Courbe mobile roulant sur une courbe fixe (➤ **roulement,** 1°).

ROULE [ʀul] **n. m.** – 1870 ◊ latin *rotulus* → rôle ■ TECHN. Partie d'un tronc d'arbre, bois propre à être débité. — (1904) Rouleau de carrier, de tailleur de pierres.

ROULÉ, ÉE [ʀule] **adj. et n. m.** – de *rouler*

I **adj.** ■ **1** Enroulé ; mis en rond, en boule, en rouleau. *Col roulé. Il « engloutit, en se brûlant, une crêpe roulée »* CHATEAUBRIAND. *Épaule roulée :* épaule d'un animal de boucherie, désossée et enroulée. ♦ GÉOL. Arrondi par l'action de l'eau. *Galets roulés.* ■ **2** *R roulé,* prononcé avec des battements de la pointe de la langue (opposé à *uvulaire, parisien*). ➤ **apical.** ■ **3** (1869, du bétail) FAM. **BIEN ROULÉ :** bien fait de sa personne, qui a de jolies formes (surtout en parlant d'une femme). *« Elle est devenue belle femme, tu sais, bien roulée, bien parfumée, et tout »* QUENEAU.

II **n. m.** Gâteau dont la pâte est enroulée sur elle-même. *Un roulé à la confiture.*

ROULEAU [ʀulo] **n. m.** – 1530 ◊ de *rôle,* et de *rouler*

I (*rollel* 1315 ◊ diminutif de *rôle* → rôle) ■ **1** Bande enroulée de forme cylindrique. *Rouleau de parchemin, de papier, de tissu. Rouleau de papier peint. Rouleau de pellicule photo.* ➤ **bobine.** — (1789) LOC. *Être au bout de son rouleau, du rouleau :* n'avoir plus rien à dire. PAR EXT. N'avoir plus d'argent ; plus d'énergie. Être à la fin de sa vie. ■ **2** Cylindre formé par une chose enroulée ; forme cylindrique. *Le cigare, rouleau de tabac. Rouleau de réglisse.* — *Rouleau de pièces :* pièces de monnaie empilées et enroulées dans du papier. ♦ Cheveux enroulés. *« Ses cheveux encadraient de leurs rouleaux légers cette figure que vous connaissez »* BALZAC. ♦ Longue vague qui déferle sur une plage. ➤ **déferlante.** *« sa masse d'eau sombre inlassablement lancée à l'assaut de la terre et s'y brisant en rouleaux écumant de colère »* S. GERMAIN. ♦ Technique de saut en hauteur dans laquelle le corps tourne autour d'un axe proche de l'horizontale. *Rouleau ventral, dorsal.* ♦ *Rouleau de printemps :* crêpe de farine de riz fourrée de crudités (cuisine d'Extrême-Orient).

II (1328 *roliel* ◊ de *rouler*) ■ **1** Cylindre allongé de bois, de métal, etc., que l'on roule pour divers usages. — *Rouleau à pâtisserie,* (Suisse, Canada) *rouleau à pâte,* (Belgique, Luxembourg) *rouleau à tarte :* cylindre servant à abaisser la pâte. ♦ (1606) Instrument cylindrique que l'on roule sur le sol en le faisant tirer par des chevaux ou un tracteur (➤ **roulage,** 3°). *Rouleau lisse, ondulé, rouleau plombeur,* composé de cylindres mobiles bout à bout sur un axe. *Rouleau brise-motte, rouleau herseur.* ➤ **brise-motte, croskill.** ♦ *Rouleau compresseur :* cylindre de fonte pour aplanir le macadam. ➤ **compacteur.** — FIG. Processus qui lamine lentement mais efficacement. *« Mépris des souffrances d'autrui ! Rouleau compresseur des censeurs... »* SOLLERS. ♦ *Rouleau d'imprimerie* ou *rouleau encreur,* cylindre encré que l'on passe sur les formes. ♦ Instrument formé d'un cylindre muni d'un manche, à l'aide duquel on applique la peinture. *Rouleau en mousse, en peau de mouton.* ■ **2** Objet cylindrique destiné à recevoir ce qui s'enroule. *Rouleau à mise en plis :* bigoudi cylindrique. ♦ *Le rouleau d'une machine à écrire,* qui reçoit la feuille.

ROULÉ-BOULÉ [ʀulebule] **n. m.** – 1961 ◊ de *rouler* et *bouler* ■ Culbute par laquelle on tombe en se roulant en boule pour amortir le choc. ➤ **roulade.** *Les roulés-boulés d'un parachutiste.*

ROULÉE [ʀule] **n. f.** – 1800 ◊ de *rouler* ■ POP. et VIEILLI Volée de coups. ➤ **raclée, tournée.** *« Elle ne sait pas encore la roulée qu'elle va recevoir »* NERVAL.

ROULEMENT [ʀulmɑ̃] **n. m.** – 1538 ◊ de *rouler* ■ **1** Action de rouler (III). *« L'état satisfaisant de la voie favorisait le roulement »* ROBBE-GRILLET. *Couche de roulement :* revêtement superficiel d'une route. *Bande de roulement :* partie du pneumatique en contact avec le sol. ♦ GÉOM. Déplacement d'une courbe (➤ **roulante**) sur une courbe fixe, lorsque les deux courbes restent constamment tangentes et que le point de contact parcourt en même temps des arcs égaux sur l'une et l'autre. *Roulement d'une courbe sur une droite,* où chaque point de la courbe décrit une courbe cycloïde. ➤ **roulette** (1°). ♦ (1903) COUR. *Roulement à billes :* mécanisme destiné à diminuer les frottements entre des pièces roulant l'une sur l'autre, formé de billes d'acier insérées entre les organes flottants. TECHN. *Roulement à aiguilles, à rouleaux cylindriques, coniques.* ■ **2** Bruit de ce qui roule, bruit sourd et prolongé. *« le roulement funèbre de l'océan »* CIXOUS. *Roulement de tonnerre. Roulement de tambours.* ➤ **battement, batterie ; rantanplan.** ■ **3** Mouvement de ce qui tourne. *Un roulement d'yeux. « Elles marchent avec des roulements de hanches »* ROMAINS. ■ **4** Action de circuler, de servir, en parlant de l'argent. ➤ **circulation.** *Roulement des capitaux. Fonds de roulement.* ■ **5** Alternance de personnes qui se relayent, se remplacent dans un travail. *Travailler par roulement* (cf. À tour de rôle*). *Un roulement de trois équipes.*

ROULER [ʀule] **v.** (1) – milieu XIIe, comme v. intransitif ◊ de l'ancien français *ro(u)elle* « petite roue » (→ rouelle), croisé avec *rôle,* les deux mots ayant la même origine, le latin *rota* « roue »

I ~ **v. tr. A. AVEC IDÉE DE DÉPLACEMENT, DE MOUVEMENT** ■ **1** (fin XIIe) Déplacer (un corps arrondi) en le faisant tourner sur lui-même. *Rouler un tonneau. Sisyphe condamné à rouler son rocher.* — *Rouler sa bosse*.* ♦ (1642) *« Roule, roule ton flot indolent, morne Seine »* VERLAINE. ■ **2** (1611) Faire avancer, déplacer (un objet muni de roues, de roulettes). *Rouler une brouette, une table. Rouler carrosse*.* ■ **3** (1836) **ROULER DANS... :** rouler de manière à recouvrir, à enduire toute la surface de. *Rouler des croquettes dans la chapelure.* ➤ **enrober.** — *« une jolie petite fille, toute roulée, à cause du froid, dans un plaid quadrillé »* NODIER. ➤ **enrouler, envelopper.** — LOC. FAM. *Rouler qqn dans la farine,* le duper (cf. infra B, 2°). ■ **4** (1553) Tourner autour d'un axe ; mettre en rouleau. *Rouler une mèche de cheveux sur un bigoudi. Rouler une corde.* ➤ **lover.** *Rouler un tapis. « Ils ont roulé les manches de leurs chemises au-dessus de leurs coudes »* SARTRE. (1854) *Rouler un parapluie,* enrouler le tissu autour du manche. — *Rouler une cigarette,* la fabriquer à la main. ABSOLT *« Il sortit un paquet de tabac tout fripé, une fine liasse de papier à cigarette et commença à rouler »* J.-CH. RUFIN. ♦ Mettre en boule. *Rouler des chaussettes pour les ranger.* — *Rouler le couscous :* imprimer des mouvements circulaires à la semoule, du plat de la main. ■ **5** (début XIIe) Faire tourner sur soi-même, imprimer un mouvement circulaire, rotatoire à (une partie du corps). *Rouler les hanches en* *marchant. Rouler les épaules**. FAM. *Rouler les mécaniques**. *Il «roule des yeux féroces d'assassin de film muet»* SARRAUTE. — *Se rouler les pouces* : se tourner les pouces par oisiveté. FAM. *Se les rouler* : ne rien faire. *«Ils se les roulent toute la journée à l'arrière»* BARBUSSE. — TRÈS FAM. *Rouler une pelle*, un patin*, un palot*, une galoche* à qqn.*

B. SANS IDÉE DE DÉPLACEMENT ▪ **1** (1636) FIG. et LITTÉR. Tourner et retourner (des pensées). ➤ **méditer.** *Rouler de tristes pensées.* ▪ **2** (1794) FAM. Duper* (qqn), en faire ce qu'on veut. ➤ 1 **avoir, posséder.** *«Tu es encore trop petite pour rouler un vieux de la vieille»* RENARD. *C'est bien trop cher ! vous vous êtes fait rouler.* ➤ 2 **voler*.** ▪ **3** (1873) Faire vibrer longuement. *«Attentive à prononcer nos r et ne pouvant les prononcer de la gorge, elle les roulait au bout de sa langue»* COCTEAU. ▪ **4** (1680) AGRIC. Aplatir, passer au rouleau. *«On roulait les avoines»* ZOLA. *Rouler le gazon.* — *Rouler un terrain de tennis.* ▪ **5** ARBOR. Provoquer la roulure (2°) de (un arbre). *«Des arbres roulés par le vent, dont on peut extraire le cœur comme un crayon»* MONTHERLANT.

II ~ v. pron. SE ROULER ▪ **1** Se tourner de côté et d'autre dans la position allongée. *Se rouler par terre, dans l'herbe.* ➤ **se vautrer.** *Se rouler de douleur. «Joseph criait, gémissait, se roulait dans les draps»* ARAGON. — FIG. (1837) *Une scène drôle à se rouler par terre.* ➤ **se tordre ; roulant.** LOC. FAM. *À se rouler par terre* : très drôle ; remarquable, exceptionnel (cf. À tomber* par terre). *Un gâteau à se rouler par terre.* ▪ **2** S'envelopper (dans). ➤ **s'enrouler.** *Se rouler dans une couverture.* ▪ **3** Se mettre en boule, en rouleau. *Se rouler en boule* (➤ **volvation**). ▪ **4** (PASS.) (1834) Pouvoir, devoir être roulé, enroulé. *Une tente, un tapis qui se roule.*

III ~ v. intr. ▪ **1** (milieu XIIe) Avancer en tournant sur soi-même. *Balle, pièce qui roule. Faire rouler un cerceau.* PROV. *Pierre qui roule n'amasse pas mousse*. Goutte d'eau, larme qui roule.* ➤ **couler, glisser.** *Dés qui roulent quand on les lance.* ◆ Tomber et tourner sur soi-même par l'élan pris dans la chute. ➤ **dégringoler ;** RÉGION. **débarouler.** *«Les jours d'orage, il faudrait [...] se cramponner aux bords de la couchette étroite pour ne point rouler par terre»* MAUPASSANT. *Être soûl à rouler sous la table.* ▪ **2** (1585) Avancer au moyen de roues, de roulettes. *La voiture roule à 100 à l'heure. Rouler à tombeau* ouvert. Des «voitures modifiées pour rouler à l'alcool»* P. CHAMOISEAU. ➤ **marcher.** — (1611) Avancer, voyager dans un véhicule à roues. *Roulez à droite ! Nous roulons vers Paris. Rouler en décapotable, à moto.* — *Rouler sur l'or*.* ◆ (1843) FAM. *Ça roule !*, ça marche, ça va. PLAIS. *Ça roule ma poule !* LOC. FAM. *Rouler pour qqn* : travailler pour qqn, se comporter de manière à soutenir qqn. *«Politiquement, je suis un tank. Je ne roule pour personne. Je roule sur tout le monde»* BEDOS. — *Ça roule mal ce soir* : la circulation est dense. ▪ **3** Tourner sur soi-même. (1633) *Une presse qui roule*, qui est en mouvement, marche. *Roulez !*, se dit lorsqu'on met en marche ce qui tourne (roue de loterie, machine, etc.). *Roulez manège !* — *Rouler des épaules, des hanches en marchant.* ▪ **4** (1678) (Navires) S'incliner alternativement d'un bord et de l'autre (➤ **roulis**). *Bateau qui tangue et roule. «Poussé de côté, le navire roule considérablement, les vagues balaient le pont inférieur»* LE CLÉZIO. ▪ **5** (début XVIIe) Errer sans s'arrêter. *«les grandes Indes, où il avait roulé pendant vingt années»* BALZAC. ➤ **bourlinguer.** *«Elle avait roulé de patrons en patrons, docile, travailleuse»* ARAGON. ➤ **traîner.** ▪ **6** (1685) (Argent) Circuler. *«N'ai-je pas entendu dire ce soir à ce jeune écervelé que si l'argent était rond, c'était pour rouler !»* BALZAC. ▪ **7** (1604) Se prolonger (en parlant d'un bruit sourd) ; faire entendre un bruit sourd et prolongé. *Le tambour roule* (➤ **roulement**). *«Le cri roula un instant»* ZOLA. ▪ **8** FIG. (1660) **ROULER SUR :** avoir pour sujet. ➤ 1 **porter.** *«Le plus souvent, l'entretien roulait sur l'affaire»* DUHAMEL.

▪ CONTR. Dérouler, 1 étaler.

ROULETTE [Rulɛt] **n. f.** – *ruelette* «petite roue» XIIe ◇ de *rouelle*, rattaché à *rouler* ▪ **1** (1615 «cycloïde») MATH. Courbe engendrée dans un plan fixe, la base, par un point d'une courbe d'un plan mobile, ou roulante*. *Les cycloïdes sont des roulettes.* ▪ **2** (1680) Petit cylindre, bille, monté sous un objet pour en faciliter le déplacement. ➤ **galet.** *Table à roulettes* (➤ **roulant**). *Patins*, planche* à roulettes.* LOC. *Marcher, aller comme sur des roulettes* : marcher très bien, très facilement (en parlant d'une affaire, d'une entreprise). *«J'ai trouvé nos passeports prêts. Tout a été comme sur des roulettes ; c'est bon signe»* FLAUBERT. — FAM., VIEILLI *Vache à roulettes* : agent de police à bicyclette. ▪ **3** (1680) Instrument formé d'un petit disque mobile autour d'un axe, et d'un manche. ➤ **molette.** *Roulette de couturière*, à disque métallique denté, pour marquer les coutures. *Roulette de pâtissier*, à disque de buis denté, pour découper la pâte. *Roulette de vitrier*, en acier très dur, pour marquer la trace de la découpe sur le verre. — *Roulette de relieur*, à disque de cuivre, pour tracer les filets. PAR EXT. L'ornement lui-même. *Reliure décorée d'une roulette or.* ◆ *Roulette de dentiste.* ➤ 4 **fraise.** ▪ **4** (1726) Jeu de hasard où une petite boule, lancée dans une cuvette tournante divisée en trente-sept cases numérotées, détermine le gain ou la perte du joueur. *Jouer à la roulette. Le numéro qui sort à la roulette.* — PAR EXT. La cuvette tournante elle-même. *Le croupier lance la roulette.* ◆ FIG. **ROULETTE RUSSE :** duel ou jeu suicidaire, dans lequel on tire avec un révolver, sans savoir où sont les balles dans le barillet, qui n'est pas entièrement chargé.

ROULEUR, EUSE [Rulœr, øz] **n. m.** et **f.** – 1715 ; *rolleur* 1582 ; *roleresse* hapax 1284 ◇ de *rouler* ▪ **1 n. m.** Ouvrier qui roule (le minerai, les tonneaux). ▪ **2 n. m.** (1725) Navire qui roule beaucoup. ▪ **3 n. m.** VX Vagabond, homme qui traîne sur les routes. *«Ils regardaient tous ce déguenillé, ce rouleur de routes»* ZOLA. — **n. f.** (1856) VX *Une rouleuse* : fille de mœurs faciles. *«il avait été aimé de cette vagabonde [...], de cette rouleuse»* MAUPASSANT. ▪ **4 n. f.** Chenille qui enroule les feuilles où elle file son cocon. ▪ **5 n. m.** (1926) SPORT Cycliste qui soutient un train régulier et très rapide. ➤ **pédaleur.** *«il était un "rouleur" extraordinaire et distançait tous ses adversaires dans une étape de plat»* J. CAU. ▪ **6 n. f.** Machine effectuant le roulage (4°) de pièces métalliques. — Petite machine à rouler les cigarettes.

ROULIER [Rulje] **n. m.** – 1292 ◇ de *rouler* ▪ **1** ANCIENNT Voiturier qui transportait des marchandises sur un chariot. ➤ **transporteur.** *Fouet de roulier.* ▪ **2** MAR. Navire dont la manutention des marchandises s'effectue par roulage.

ROULIS [Ruli] **n. m.** – 1671 ; *roleïs* «roulement» XIIe ◇ de *rouler* ▪ Mouvement alternatif transversal que prend un navire sous l'effet de la houle, des vagues (➤ **rouler**). *Il y a du roulis et du tangage. «Un coup de roulis avait jeté la guenon à l'eau»* VERCEL. ◆ Balancement d'un train en marche. — FIG. et LITTÉR. *«Le roulis des chapeaux balancés de droite à gauche»* COURTELINE.

ROULOIR [Rulwar] **n. m.** – 1723 ; *rolloir* «qui roule» 1364 ◇ de *rouler* ▪ TECHN. Outil de cirier pour rouler les bougies.

ROULOTTE [Rulɔt] **n. f.** – 1800 «charrue» ◇ de *rouler* ▪ **1** (1878) Voiture aménagée pour l'habitation, où vivent des nomades, traînée sur les routes par des chevaux ou par une automobile. *Roulotte en bois peint.* ◆ VX *Roulotte de camping*, RÉGION. (Canada, Luxembourg) *roulotte.* ➤ **caravane.** ▪ **2** (1821) *Vol à la roulotte* : vol d'objets dans un véhicule en stationnement (➤ **roulottier**). *«les accidents d'auto, les vols à la roulotte et les exploits des tristes sires»* LE CLÉZIO.

ROULOTTÉ, ÉE [Rulɔte] **adj.** et **n. m.** /ROULOTÉ, ÉE/ – 1933 ◇ réfection, d'après *roulotter* (de *rouler*), de *rouleauté* (1819) ; de *rouleau* ▪ Dont les bords sont finement roulés. *«Cet aspect roulotté qui donne au pansement ancien un air de saleté»* ARAGON. — COUT. *Ourlet roulotté* ou **n. m.** *un roulotté* : enroulement du bord d'une étoffe légère, maintenu par un point de côté. PAR EXT. *Mouchoir, foulard roulotté.*

ROULOTTIER, IÈRE [Rulɔtje, jɛr] **n.** – 1835 ; «charretier» 1821 ◇ de *roulotte* ▪ FAM. Voleur, voleuse à la roulotte*.

ROULURE [Rulyr] **n. f.** – 1742 sens 2° ◇ de *rouler* ▪ **1** (1812) RARE État de ce qui est roulé sur soi-même. ➤ **enroulement.** *La roulure d'une feuille.* ▪ **2** ARBOR. Maladie des arbres, solution de continuité entre deux couches concentriques de croissance. ÉBÉNIST. Défaut du bois provoqué par cette maladie. ▪ **3** T. d'injure Prostituée.

ROUMAIN, AINE [Rumɛ̃, ɛn] **adj.** et **n.** – 1836 ◇ de *Roumanie*, d'après *romain* ▪ De la Roumanie, relatif à la Roumanie. ◆ **n.** *Les Roumains.* — **n. m.** *Le roumain* : langue romane, parlée en Roumanie par la majorité de la population, en Albanie et Macédoine, en Istrie.

ROUMÉGUER [Rumege] **v. intr.** ⟨6⟩ – 1978 ◇ du gascon *roumiga* «ruminer, remâcher», probablt du latin *rumigare* «ruminer» ▪ RÉGION. (Sud-Ouest, Languedoc) Bougonner, grommeler.

ROUMI [Rumi] **n.** – *rumy* 1667 ◇ arabe *roum* «pays soumis par Rome» ▪ Nom par lequel les musulmans désignent un chrétien, un Européen. *Un roumi, une roumi* (ou *une roumie*). *Les roumis.*

ROUND [Raund ; Rund] **n. m.** – 1850 ◇ mot anglais «cercle, cycle, tour» ▪ Reprise (d'un combat de boxe). ➤ RÉGION. **ronde.** *Combat en dix rounds. «Au coup de gong annonçant le commencement* *du premier round»* HÉMON. ◆ FIG. Épisode d'une négociation difficile, d'un combat entre deux points de vue.

ROUPETTES [rupɛt] n. f. pl. – 1779 ◇ gotique *raupa* «chiffons, guenilles» ■ FAM. VULG. Testicules. ➤ **roubignoles.** *«vivre sans roupettes, il ne voulait pas en entendre parler»* NIMIER.

1 **ROUPIE** [rupi] n. f. – XIIIe ◇ origine inconnue ■ VIEILLI Goutte qui pend du nez, découle du nez. ➤ **morve.** *«la roupie qui leur dégouline facilement du nez»* ERNAUX. — FAM. *De la roupie de sansonnet*.*

2 **ROUPIE** [rupi] n. f. – 1614 ◇ portugais *rupia,* de l'hindoustani *rûpîya* «argent» ■ Unité monétaire de l'Inde, du Népal, du Pakistan et du Sri Lanka.

ROUPILLER [rupije] v. intr. ‹1› – 1597 ◇ probablt onomat. ■ FAM. Dormir. *«Mais la plupart du temps, c'est le formol : les humains roupillent, ils besognent et roupillent»* Y. HAENEL.

ROUPILLON [rupijɔ̃] n. m. – 1894 ; «homme endormi» 1881 ◇ de *roupiller* ■ FAM. Petit somme. *Faire, piquer un roupillon.*

ROUQUIN, INE [rukɛ̃, in] adj. et n. – 1845 ◇ altération argotique de *rouge* ou *roux* ■ FAM. ■ **1** Roux. *Tignasse rouquine.* — n. *Un rouquin. Une belle rouquine.* ■ **2** n. m. (1914) Vin rouge. *Un coup de rouquin.* ➤ **rouge.**

ROUSCAILLER [ruskaje] v. intr. ‹1› – 1877 ; «parler» 1628 ◇ de *rousser* «gronder» et d'un °*cailler* «bavarder» (cf. 2 *caillette*) ■ FAM. Réclamer, protester. ➤ **rouspéter.**

ROUSPÉTANCE [ruspetɑ̃s] n. f. – 1878 ◇ de *rouspéter* ■ FAM. Action de rouspéter, résistance d'une personne qui rouspète. *«Y aura chacun sa part, les gars, et pas d'rouspétance»* CARCO.

ROUSPÉTER [ruspete] v. intr. ‹6› – 1878 ◇ p.-ê. de *rousser* (cf. *rouscailler*) et *péter* «faire du pétard» ■ FAM. Protester, réclamer (contre qqch. qui paraît injuste ou vexatoire). ➤ **grogner, maugréer,** se **plaindre,** FAM. **râler.** *«Au commencement, je rouspétais contre tout le monde»* BARBUSSE.

ROUSPÉTEUR, EUSE [ruspetœr, øz] n. – 1894 ◇ de *rouspéter* ■ FAM. Personne qui rouspète, aime à rouspéter. ➤ **grincheux, grognon, râleur.** *C'est une sacrée rouspéteuse.* — adj. *Il est gentil, mais un peu rouspéteur.*

ROUSQUILLE [ruskij] n. f. – 1913 ◇ du catalan *rosquilla,* famille de l'espagnol *rosca* «pain en forme de couronne», d'origine inconnue ■ Biscuit en forme d'anneau, recouvert d'un glaçage blanc (spécialité du Roussillon). — On trouve parfois *rosquille* [rɔskij].

ROUSSÂTRE [rusɑtr] adj. – 1401 ◇ de *roux* et *-âtre* ■ Qui tire sur le roux. ➤ **fauve.** *Barbe roussâtre.*

ROUSSE [rus] n. f. – 1827 ◇ probablt de 2 *roussin* ■ ARG. Police. *«Et le fils à la mère Chauvet qui était dans la Mobile, n'est-il pas de la* rousse *maintenant ?»* VALLÈS.

ROUSSEAU [ruso] n. m. – XIXe ; «rouquin» 1190 ◇ de *roux* ■ Dorade rose.

ROUSSELÉ, ÉE [rus(ə)le] adj. – 1820, à Nantes ◇ mot de l'Ouest, famille de *roux* ■ (Canada) Couvert de taches de rousseur. *Peau pâle et rousselée.*

ROUSSELET [rus(ə)lɛ] n. m. – 1600 ◇ diminutif de *rousseau,* de *roux* ■ Poire à la peau rougeâtre.

ROUSSEROLLE [rus(ə)rɔl] n. f. – 1555 ◇ de *roux* ■ Oiseau passereau, plus petit que le moineau, vivant au bord de l'eau et dont certaines espèces portent le nom de *fauvette des roseaux, fauvette des marais.* ➤ **effarvatte.** — On écrit aussi *rousserole. «dans les joncs dansent les nids de rousseroles»* GIONO.

ROUSSETTE [rusɛt] n. f. – 1530 ◇ de l'ancien français *rousset,* de *roux* ■ **1** Poisson sélacien comestible *(scyliorhinidés),* appelé aussi *chien* (ou *chat*) *de mer,* ne dépassant pas un mètre de long. ➤ **saumonette.** *Grande roussette* (Atlantique). ■ **2** (1761) Chauve-souris des régions tropicales, pouvant atteindre un mètre d'envergure, appelée aussi *rougette, renard volant. À l'heure «où les roussettes caquettent et se détachent des branches»* GENEVOIX. ■ **3** Petite grenouille rousse dont on mange les cuisses. ■ **4** (fin XIXe) Merveille (pâtisserie).

ROUSSEUR [rusœr] n. f. – XIVe ; *russur* XIIe ◇ de *roux* ■ **1** Couleur rousse. *«le casque d'or des cheveux, aux confins de la rousseur»* ARAGON. ■ **2** (1640) **TACHES DE ROUSSEUR :** taches pigmentaires de teinte marron clair, apparaissant sur la peau. ➤ **éphélide** (cf. Taches de son*). *«Sa figure ronde criblée de taches de rousseur»* MAC ORLAN. ■ **3** *Une, des rousseurs.* Tache roussâtre, due à l'humidité, qui apparaît avec le temps sur certains papiers.

ROUSSI [rusi] n. m. – 1680 ◇ de *roussir* ■ Odeur d'une chose qui a légèrement brûlé. *Ça brûle ! ça sent le roussi.* — (XIXe «être suspect», par allus. aux hérétiques condamnés au bûcher) FIG. *Sentir le roussi* : mal tourner, être compromis, se gâter. *L'affaire sent le roussi.*

1 **ROUSSIN** [rusɛ̃] n. m. – 1350 ◇ ancien français *roncin* «cheval de charge», influence par *roux,* bas latin °*runcinus* ■ VX Cheval entier, monté par un écuyer, à la guerre ou à la chasse. — *Roussin d'Arcadie* : âne.

2 **ROUSSIN** [rusɛ̃] n. m. – 1811, repris 1852 ◇ origine inconnue, p.-ê. de *roux,* couleur à connotation péj. ■ VX ou PLAIS. Policier. *«Faut connaître les roussins anglais, ils aiment pas la force ni le scandale»* CÉLINE.

ROUSSIR [rusir] v. ‹2› – 1270 ◇ de *roux* ■ **1** v. tr. Rendre roux, SPÉCIALT (1802) en brûlant légèrement. *Roussir du linge en repassant. «une violente odeur de corne roussie»* ZOLA. ■ **2** v. intr. Devenir roux. *Les bois roussissent en automne. Faire roussir des oignons hachés dans le beurre.*

ROUSSISSEMENT [rusismɑ̃] n. m. – 1866 ◇ de *roussir* ■ Action de roussir (1° et 2°).

ROUSTE [rust] n. f. – XXe ◇ de *rouster,* d'un latin populaire °*rustiare* → rosser ■ RÉGION. (Midi) FAM. Volée* de coups. *Prendre une rouste.*

ROUSTIR [rustir] v. tr. ‹2› – 1789 ◇ var. région. de *rôtir* ■ RÉGION. (Midi) Rôtir. ◆ FAM. Voler (qqn ; qqch.).

ROUSTONS [rustɔ̃] n. m. pl. – 1836 ◇ mot languedocien ; origine inconnue ■ FAM. VULG. Testicules. ➤ **roubignoles, roupettes.** *«Je lui ai flanqué un coup de pompe dans les roustons»* SAN-ANTONIO.

ROUTAGE [rutaʒ] n. m. – 1908 ◇ de *router* ■ **1** TECHN. Action de grouper en liasses, selon leur destination, des imprimés ou des colis. *Routage de journaux, de circulaires.* ■ **2** MAR. Détermination de la route que doit suivre un navire. *Assurer le routage d'un navigateur solitaire.* ■ **3** INFORM. Opération consistant à router des données sur un réseau. *Protocole de routage.*

ROUTARD, ARDE [rutar, ard] n. – avant 1972 ◇ de *route* ■ Personne qui prend la route et qui voyage à peu de frais. *Routard qui fait du stop.*

ROUTE [rut] n. f. – début XIIe, au sens de «voie, direction» ◇ latin *(via) rupta,* mot à mot «(voie) frayée» de l'expression *rumpere viam* «ouvrir une voie, un passage» → rompre

I VOIE DE COMMUNICATION ■ **1** (fin XIIe) Voie* de communication terrestre aménagée, plus importante que le chemin, située hors d'une agglomération ou reliant une agglomération à une autre (opposé à *rue*). *Route large, étroite. Route à plusieurs voies, protégée* (➤ **autoroute**). *Route carrossable*. Bonne, mauvaise route* (➤ 1 **viabilité**). *Route droite, sinueuse, présentant des virages*. Le tracé d'une route. Profil d'une route. Route présentant de fortes pentes*, des dos* d'âne. Route de montagne. — Revêtement d'une route.* ➤ **chaussée.** *Route empierrée, pavée, goudronnée. Route aménagée pour les vélos.* ➤ **véloroute.** *Signalisation* d'une route* (panneaux, stops, feux, signalisation horizontale, lignes). *Aménagement de sécurité d'une route* (rails de sécurité, ralentisseurs...). — *Route en construction. Travaux sur une route. Route barrée.* ➤ **déviation.** *Jonction, croisement de routes.* ➤ **bifurcation, bretelle, carrefour, échangeur, embranchement, patte-d'oie.** — *La route de Strasbourg,* qui va à Strasbourg. *La route de Lille à Bruxelles.* — (1694) *La grande route, la grand-route,* route principale, à la campagne. — (1875) (En France) *Route nationale, départementale.* — (En Suisse) *Route cantonale.* ■ **2** (Non qualifié) *La route* : l'ensemble des routes ; le moyen de communication que représentent les routes. *Arriver à Genève par la route,* en voiture. *Le rail et la route.* (1921) *Code de la route. Police de la route. Faire de la route* : rouler beaucoup sur les routes. *«la vie que mènent les gars qui font la route, les routiers et tous les représentants»* GAVALDA. *Voiture qui tient bien la route, a une bonne tenue* de route.* FIG. *Tenir la route* : être réalisable, fiable, solide. *Son projet ne tient pas la route.* — *Accidents de la route. Courses cyclistes sur route* (opposé à *sur piste*). *Les forçats* de la route.*

II PARCOURS, TRAJET ■ **1** (début XIIe) Chemin suivi ou à suivre dans une direction déterminée pour franchir, parcourir un espace. ➤ **chemin, itinéraire.** *Prendre la route.* ➤ ARG.

trimard. *Changer de route. Perdre, chercher sa route. «Des pâtres bulgares nous ont remis sur notre route»* FLAUBERT. *Être sur la bonne route,* dans la bonne direction. *Couper, barrer la route à qqn.* — LOC. FAM. *Tailler la route :* partir. *Tracer la route :* avancer de façon ferme et décidée. *Faire la route :* partir à l'aventure avec peu de moyens (➤ **routard**). — Voie suivie traditionnellement par un commerce. *La route de la soie, la route du rhum.* ◆ Ligne que suit un navire ou un avion (➤ **loxodromie, orthodromie ; routeur**). *L'ancienne route des Indes. Navire qui fait route sur un phare, vers une côte.* ➤ 1 **cingler** (cf. Faire voile). LOC. (1690) **FAIRE FAUSSE ROUTE :** s'écarter de la bonne direction ; FIG. se tromper dans les moyens à employer, dans la méthode à suivre pour parvenir à ses fins. ➤ **s'égarer.** ◆ *Fausse route (alimentaire) :* accident dû à l'inhalation dans les voies aériennes de liquide ou de particules alimentaires normalement destinées à l'œsophage. ■ **2** Marche, voyage. *Être en route pour une destination. Faire route vers Paris. Faire route avec qqn. En route, mauvaise troupe ! Bonne route ! Il «leur apporta un petit cageot de beaux fruits pour la route»* H.-P. ROCHÉ. *«Pendant la route, ils échangèrent à peine quelques mots»* ZOLA. *En cours de route :* pendant le voyage ; pendant l'opération, entretemps. *Ils se sont arrêtés en route. Carnet de route.* — (1825) *Feuille de route :* titre délivré par l'autorité militaire à des militaires se déplaçant isolément ; FIG. (1827 ◇ calque de l'anglais *roadmap*) plan de règlement d'un conflit, de préparation d'une opération complexe. *La feuille de route du gouvernement.* ◆ **METTRE EN ROUTE :** mettre en marche (un moteur, une machine). *Mettre en route sa voiture, le lave-vaisselle.* (SANS COMPL.) *Au moment de mettre en route.* ➤ **démarrer.** — *La mise en route.* FIG. *Mise en route d'une affaire,* mise en train. — *Avoir qqch. en route,* être en train d'exécuter qqch. *J'ai plusieurs entreprises en route.* ➤ **chantier.** — FAM. *Mettre un enfant en route,* le concevoir. *Le troisième est en route.* ■ **3** FIG. Parcours. ➤ **chemin, voie.** *Nos routes se sont croisées,* nos destins. *Rencontrer la chance sur sa route. La route est toute tracée,* on sait ce qu'il faut faire. FAM. *Tracer* sa route.*

ROUTER [Rute] v. tr. ⟨1⟩ – 1908 ◇ de *route* ■ **1** TECHN. Grouper en liasses (des journaux, des imprimés) selon leur destination (➤ **routage**). ■ **2** MAR. Fixer l'itinéraire de (un navire). *Router un concurrent d'une course au large* (➤ **routeur**). ■ **3** (1959 ◇ anglais *to route* «acheminer») Assigner à (un message) une voie de communication, le diriger vers sa destination.

ROUTEUR, EUSE [RutœR, øz] n. – 1986 sens 2° ◇ de *router* ■ **1** TECHN. Professionnel(le) qui assure le routage (1°) des imprimés, des colis. ■ **2** MAR. Personne qui détermine la route à suivre par un navire. *Navigateur solitaire qui appelle son routeur.* ■ **3** n. m. (1995 ◇ anglais américain *router*) INFORM. Outil logiciel ou matériel pour acheminer les paquets d'informations circulant sur un réseau informatique ou télématique.

1 **ROUTIER** [Rutje] n. m. – 1573 ; «soldat aventurier» 1247 ◇ de l'ancien français *route* «bande de soldats», de *rout* «rompu», ancien p. p. de *rompre* ■ **VIEUX ROUTIER :** homme expérimenté, habile. *Un vieux routier de la politique, des affaires.*

2 **ROUTIER, IÈRE** [Rutje, jɛR] adj. et n. – *rotier* «qui vole sur les routes» XIIe ◇ de *route* ■ **1** (1539, repris 1834) Relatif aux routes, qui se fait sur route. *Carte routière,* indiquant les routes. *Réseau routier. Transports routiers. Circulation routière. Sécurité* routière. Gare* routière.* ■ **2** n. m. (1593) MAR. Carte à petite échelle. ■ **3** n. (1950) Conducteur, conductrice de poids lourds effectuant de longs trajets. ➤ **camionneur, tractionnaire.** *«un café de routiers au bord de la nationale»* LE CLÉZIO. ◆ n. m. Restaurant de routiers. *Manger dans un routier.* ■ **4** n. (1896) SPORT Cycliste spécialiste des épreuves sur route. *Routiers et pistards.* ■ **5** n. f. (1964) *Une routière, une bonne routière :* une voiture, une moto bien adaptée aux longs trajets sur route.

ROUTINE [Rutin] n. f. – 1715 ; *rotine* 1559 ◇ de *route* ■ **1** Habitude d'agir ou de penser toujours de la même manière, avec qqch. de mécanique et d'irréfléchi. ➤ **traintrain ;** FAM. **ronron.** *«Quand ma besogne, devenue une espèce de routine, occupa moins mon esprit»* ROUSSEAU. *«vous qui ne savez rien, qui ne voulez rien, qui croupissez dans votre routine !»* ZOLA. ◆ Ensemble des habitudes et des préjugés, considérés comme faisant obstacle à la création et au progrès. ➤ **traditionalisme.** *«La routine si puissante en France, où toute nouveauté, fût-elle excellente et parfaitement pratique, est sûre d'être mal accueillie»* GAUTIER. ■ **2** (anglais *routine*) (sans nuance péj.) loc. adj. *De routine :* courant, habituel. *Procéder à des examens de pure routine. Une enquête de routine.* ◆ *Une routine.* Ensemble d'actions effectuées dans le même ordre et de manière régulière. *Ma routine du matin. Routine de soins. Routine beauté.* ➤ **rituel.** ■ **3** ANGLIC. INFORM. Partie de programme, programme qui effectue une opération répétée souvent. *Routines d'interruption.* ■ CONTR. Initiative, innovation.

ROUTINIER, IÈRE [Rutinje, jɛR] adj. – 1761 ◇ de *routine* ■ Qui agit par routine, se conforme à la routine. *«Les nouveaux styles sont [...] ridicules aux yeux des esprits étroits, routiniers ou superficiels»* BERLIOZ. ◆ Caractérisé par la routine. ➤ FAM. **pépère, plan-plan.** *Un travail routinier.* ■ CONTR. Innovateur.

ROUVERIN ou **ROUVERAIN** [Ruv(ə)Rɛ̃] adj. m. – 1676, –1690 ◇ altération de l'ancien français *rovelent,* latin *rubellus* «tirant sur le rouge *(ruber)*» ■ TECHN. *Fer rouverin :* fer cassant.

ROUVRAIE [RuvRɛ] n. f. – *rouvraye* 1611 ◇ de *rouvre* ■ Lieu planté de chênes rouvres.

ROUVRE [RuvR] n. m. – 1552 ; *roure* 1401 ◇ latin populaire °*robor, oris,* classique *robur, roboris* ■ Petit chêne*. — PAR APPOS. *Chênes rouvres.*

ROUVRIR [RuvRiR] v. ⟨18⟩ – XIIe, intrans. ◇ de *re-* et *ouvrir*

I v. tr. Ouvrir de nouveau (ce qui a été fermé). *«Pierre poussa la porte ; mais dès qu'il se sentit enfermé avec les siens, il eut envie de la rouvrir»* MAUPASSANT. *Rouvrir son magasin. «rouvrant avec ses doigts goutteux le vieux bouquin à la marque de la veille»* GONCOURT. — *Rouvrir les yeux. Rouvrir une blessure.* PRONOM. *La plaie s'est rouverte.* ◆ FIG. Faire reprendre, relancer. *Rouvrir les négociations.*

II v. intr. Être de nouveau ouvert après une période de fermeture. *La boulangerie rouvre demain. Elle a rouvert ; elle est rouverte.*

■ CONTR. Refermer.

ROUX, ROUSSE [Ru, Rus] adj. et n. – *ros, rus* XIIe ◇ latin *russus* ■ **1** D'une couleur orangée plus ou moins vive. *Sucre roux :* cassonade, vergeoise. — (Cheveux, poils) *Cheveux roux* (cf. PÉJ. Poil de carotte, queue* de vache). *«La chevelure tiède, rousse comme de l'or brûlé»* VILLIERS. *Moustaches rousses. Blond-roux.* ➤ **vénitien.** *Châtain-roux.* ➤ **auburn.** *Pelage roux du renard, de l'écureuil.* — PAR EXT. *Teinte rousse.* ➤ **fauve, roussâtre.** *Taches rousses sur la peau* (cf. Taches de rousseur*). *Cheval roux.* ➤ **alezan, bai.** *Feuilles rousses.* — n. m. (XVIe) *Le roux :* la couleur rousse. *«la quarantaine approchait sans que le roux ardent de ses cheveux frisés eût pâli»* ZOLA. ■ **2** Dont les cheveux sont roux. *«À une mendiante rousse», poème de Baudelaire.* — n. (XVIe) *Un roux, une rousse.* ➤ **rouquin.** *«Elle a l'aspect charmant D'une adorable rousse»* APOLLINAIRE. ■ **3** *Beurre roux,* qu'on a fait roussir en le chauffant. ◆ n. m. *Un roux :* préparation faite de farine mélangée à une matière grasse et mouillée avec un liquide chaud, qu'on utilise pour lier une sauce. *Roux blanc, blond, brun* (selon la cuisson du beurre). ■ **4 LUNE ROUSSE :** lune d'avril qui, selon la tradition paysanne, roussit la végétation lors de gelées par ciel clair. ■ HOM. Roue.

ROYAL, ALE, AUX [Rwajal, o] adj. – v. 1200 ; *real* 1130 ; *regiel* 880 ◇ latin *regalis* ■ **1** Du roi ; qui concerne le roi, se fait en son nom. *Pouvoir royal.* ➤ **monarchique ; régalien.** *La couronne royale. Palais royal. La famille royale. Son, Votre Altesse Royale.* ◆ LOC. *La voie royale :* la voie la plus glorieuse, celle qui mène le plus directement au but. *«quand Descartes refusait toute pensée aux bêtes, il suivait la route royale»* ALAIN. ■ **2** PAR EXT. Digne d'un roi ; majestueux, grandiose, magnifique. *Magnificence royale. Un pourboire royal. C'est royal !* — Parfait. *Une paix, une indifférence royale.* ➤ **souverain.** ■ **3** Désigne certaines races ou variétés d'animaux ou de végétaux remarquables par leur taille ou leur beauté. *Tigre royal. Perroquet royal du Brésil.* ■ **4** *Lièvre à la royale,* farci avec ses abats et du foie gras, braisé au vin blanc et servi avec une sauce aux truffes. *«en savourant l'authentique "lièvre à la royale," fondant, chaud à la bouche»* COLETTE. ■ **5** *Gelée* royale.*

ROYALE [Rwajal] n. f. – 1798 ◇ de *royal* ■ Touffe de poils sur la lèvre inférieure (plus longue que la mouche*). ➤ aussi **barbiche, impériale.** *Louis-Napoléon «a des moustaches et une royale»* HUGO.

ROYALEMENT [Rwajalmɑ̃] adv. – 1480 ; *reialment* XIIe ◇ de *royal* ■ **1** D'une manière royale, avec magnificence. ➤ **magnifiquement, richement, superbement.** *Il nous a reçus royalement.* ■ **2** Majestueusement. *L'immense paquebot «sortait lentement et royalement du port»* MAUPASSANT. ■ **3** (v. 1870) FAM. Tout à fait, complètement. ➤ **souverainement.** *Je m'en moque royalement.*

ROYALISME [Rwajalism] **n. m.** – 1770 ◊ de *royaliste* ▪ Attachement à la monarchie, à la royauté. ➤ **monarchisme.** *Un royalisme intransigeant.*

ROYALISTE [Rwajalist] **n. et adj.** – 1589 «partisan du roi régnant» ◊ de *royal* ▪ **1** Partisan du roi, de la royauté, dans un régime autre que la monarchie (empire, république, dictature). *«Madame de Motteville n'est point une royaliste aveugle ; elle croit au droit des rois, mais aussi à la justice qui en est la règle»* SAINTE-BEUVE. *Royalistes légitimistes, constitutionnels.* ▪ **2 adj.** *Les élus, les députés royalistes.* ➤ **monarchiste.** *Insurgé royaliste pendant la Révolution.* ➤ **chouan.** — LOC. *Être plus royaliste que le roi :* défendre les intérêts de qqn avec plus d'ardeur qu'il ne le fait lui-même ; suivre une doctrine avec outrance, étroitesse. ♦ *Complot royaliste. Opinions royalistes. Journal royaliste* (cf. Camelots* du roi). ▪ CONTR. Républicain.

ROYALTIES [Rwajalti] **n. f. pl.** – 1910 *royalty* «droit d'auteur» ; 1865 *droit de royalty,* accordé par le roi pour exploiter une mine, contre une redevance ◊ anglais *royalty* «royauté», d'où «impôt payé au roi» et (1838) «droit payé au propriétaire d'une mine» ▪ ANGLIC. Somme versée par l'utilisateur d'un savoir-faire*, d'un brevet, d'un texte édité, à son inventeur, à son auteur, et proportionnelle au volume de production, au chiffre d'affaires. ➤ **redevance** (recomm. offic.). *Toucher des royalties.* ♦ Redevance payée par une société pétrolière au pays où se trouvent les gisements du pétrole exploité ou le pipeline qui sert à le transporter. *Royalties de 30 %.* — Recomm. offic. *redevance.*

ROYAUME [Rwajom] **n. m.** – 1260 ; *reialme* 1080 ◊ de l'ancien français *reiam(m)e,* latin *regimen, inis* «direction, gouvernement» (→ 1 régime) croisé avec *royal* ▪ **1** Pays, État gouverné par un roi, une reine. ➤ **monarchie.** *Les provinces du royaume.* ALLUS. LITTÉR. *Il y a quelque chose de pourri* au* (ou *dans le*) *royaume de Danemark. Mon royaume pour un cheval !* ♦ *Le Royaume-Uni,* formé de la Grande-Bretagne (Angleterre, Écosse, pays de Galles), de l'Irlande du Nord et de territoires d'outre-mer. ▪ **2** RELIG. *Le royaume de Dieu, des cieux :* la communauté des fidèles ici-bas et dans l'éternité, le règne de Dieu dans les âmes et dans le ciel (➤ **paradis**). ALLUS. BIBL. *Mon royaume n'est pas de ce monde.* ▪ **3** LITTÉR. et VX *Le royaume des morts :* les Enfers. ♦ PROV. *Au royaume des aveugles*, les borgnes sont rois.*

ROYAUTÉ [Rwajote] **n. f.** – XIIIe ; *realté* XIIe ◊ de *royal* ▪ **1** Dignité de roi ; le fait d'être roi. *Aspirer à la royauté.* ➤ **couronne, sceptre, trône.** ▪ **2** Pouvoir royal, régime monarchique. ➤ **monarchie.** *«Dans l'abaissement où l'avaient réduite les derniers Carlovingiens, la royauté n'était plus qu'un nom»* MICHELET. *Chute de la royauté.*

-RRAGIE ▪ Élément, du grec *-rragia,* d'apr. *erragên,* de *rhêgnumi* «briser ; jaillir» : *hémorragie.*

-RRHÉE ou **-RRÉE** ▪ Élément, du grec *-rroia,* de *rhein* «couler» : *séborrhée.*

RSA [ɛRɛsa] **n. m.** – 2005 ◊ sigle de *r evenu de s olidarité a ctive* ▪ En France, Allocation constituant à la fois un revenu minimum pour les personnes privées d'emploi et un complément de revenu destiné à éviter une perte de ressources en cas de reprise d'activité.

RSS [ɛRɛsɛs] **n. m.** – 2001 ◊ sigle de l'anglais *R eally S imple S yndication* ▪ INFORM. Format de description standardisée d'un contenu publié sur un site web dans un fichier XML qui permet d'indexer automatiquement les informations de ce site et de les mettre à disposition d'autres sites (➤ **agrégateur, syndication**). — EN APPOS. *Format, fil*, flux RSS.*

RTT [ɛRtete] **n. f.** – 1996 ◊ sigle ▪ Réduction du temps de travail (dont la durée légale est fixée à 35 heures hebdomadaires en France). *Accords syndicaux sur la RTT.* — Congé obtenu à ce titre. *Prendre un jour de RTT. Être en RTT.*

RU [Ry] **n. m.** – XIIe ◊ latin *rivus* ▪ VX ou RÉGION. Petit ruisseau. ➤ **ruisselet.** ▪ HOM. Rue.

RUADE [Rɥad] **n. f.** – XVe ◊ de *ruer* ▪ Mouvement par lequel les équidés lancent vivement en arrière leurs membres postérieurs en soulevant leur train arrière. ➤ **ruer.** *Cheval qui décoche, lance une ruade.*

RUBAN [Rybɑ̃] **n. m.** – 1260 ◊ moyen néerlandais *ringhband* «collier» ▪ **1** Étroite bande de tissu, servant d'ornement, d'attache. *Ruban de coton, de velours, de soie. Ruban qui retient les cheveux. Nœud de rubans.* ➤ **bouffette, chou, coque, rosette.** *Fleurs, paquet attachés par un ruban.* ➤ **faveur ; bolduc.** *Garnir de rubans.* ➤ **enrubanner.** *Rubans servant de bordure, de garniture.* ➤ **liseré ; extrafort, galon, ganse.** *Ruban de chapeau. Ruban de gros-grain.* ➤ **gros-grain.** — COLLECTIVT *Du ruban. Acheter deux mètres de ruban.* — LOC. *Le ruban bleu :* trophée symbolique décerné aux transatlantiques à l'occasion d'un record de vitesse. — FIG. *Détenir le ruban bleu* (de qqch.), une supériorité dans un domaine (cf. Avoir le pompon*). ▪ **2** Cette bande de tissu servant d'insigne à une décoration. *Le ruban de la Légion d'honneur :* insigne de chevalier. *Le ruban et la rosette.* ▪ **3** Bande mince et assez étroite d'une matière flexible. *Mètre (à) ruban* (de toile cirée, de métal flexible). *Ruban isolant* (➤ **chatterton**). *Ruban adhésif.* ➤ 2 **scotch.** *Ruban servant à froncer, à plisser des rideaux.* ➤ **ruflette.** — *Le ruban encreur d'une machine à écrire, d'une imprimante.* ABSOLT *Il faut changer le ruban.* — *Scie à ruban.* ♦ *Ruban magnétique,* qui sert à enregistrer les sons ou sert de support à l'enregistrement des données dans un ordinateur. ➤ 1 **bande.** ▪ **4** *Ruban d'eau :* plante aquatique à feuilles rubanées. ➤ **rubanier, sparganier.** ▪ **5** ARTS Motif décoratif rappelant un ruban enroulé, caractéristique du style Louis XVI.

RUBANÉ, ÉE [Rybane] **adj.** – 1379 ◊ de *rubaner* ▪ **1** Couvert de traces étroites et allongées. *Marbre rubané. Agate rubanée.* ▪ **2** (1839) Qui est formé d'un ruban de métal. *Canon rubané.* ▪ **3** Plat et mince comme un ruban. *Algues rubanées.*

RUBANER [Rybane] **v. tr.** ⟨1⟩ – 1349 ◊ de *ruban* ▪ **1** VX Garnir, orner de rubans. ➤ **enrubanner.** ▪ **2** TECHN. Aplatir, disposer en ruban, en bande étroite. *Rubaner du métal, du cuir.*

RUBANERIE [RybanRi] **n. f.** – *rubannerie* 1490 ◊ de *rubanier* ▪ Fabrication, commerce en gros des rubans, galons.

RUBANIER, IÈRE [Rybanje, jɛR] **n. et adj.** – 1387 ◊ de *ruban* ▪ **1** Fabricant(e), marchand(e) en gros de rubans. ▪ **2 adj.** (1839) Relatif à la fabrication des rubans. *Industrie rubanière.* ➤ **rubanerie.** ▪ **3 n. m.** Ruban* d'eau.

RUBATO [Rybato ; Rubato] **adv. et n. m.** – 1907 ◊ mot italien, proprt «dérobé, volé» ▪ MUS. Avec une grande liberté dans la vitesse d'exécution (indication de mouvement). *Jouer rubato.* ADJT INV. *Elle «a joué quelques mazurkas [...] avec ce* tempo rubato *qui me déplaît si fort»* GIDE. — **n. m.** *Des rubatos.*

RUBÉFACTION [Rybefaksjɔ̃] **n. f.** – 1812 ◊ du latin *rubefacere* «rendre rouge» ; cf. anglais *rubefaction* (1658) ▪ MÉD. Congestion cutanée passagère, provoquée par un rubéfiant. ➤ **rougeur.**

RUBÉFIANT, IANTE [Rybefjɑ̃, jɑ̃t] **adj. et n. m.** – 1765 ◊ du latin *rubefacere* «rendre rouge» ; cf. *rubefié* «rougi» (1611) ▪ MÉD. Qui produit une congestion passagère et locale, par application sur la peau. — **n. m.** (1771) *Les révulsifs et les sinapismes sont des rubéfiants.*

RUBELLITE [Rybelit] **n. f.** – 1802 ◊ du latin *rubellus* «rouge» ▪ MINÉR. Variété de tourmaline de teinte généralement rose (il en existe aussi de bleues et de vertes).

RUBÉOLE [Rybeɔl] **n. f.** – 1845 ; «garance» 1743 ◊ du latin *rubeus* «rouge», d'après *rougeole, roséole* ▪ Maladie virale éruptive, contagieuse, bénigne, accompagnée de fièvre, à lésions cutanées rougeâtres, rappelant la scarlatine ou la rougeole. *La rubéole chez une femme enceinte peut entraîner des malformations du fœtus. Vaccin contre la rubéole.* — **adj.** MÉD. **RUBÉOLEUX, EUSE,** 1873.

RUBESCENT, ENTE [Rybesɑ̃, ɑ̃t] **adj.** – 1817 ◊ latin *rubescens,* de *rubescere* «rougir» ▪ DIDACT. Qui devient rouge. *Peau rubescente.*

RUBICAN [Rybikɑ̃] **adj. m.** – 1559 ◊ altération (par attraction de *rubicond*) de *rabican* (1559), de l'espagnol *rabicano* «à queue grise», du latin *rapum* «rave» et *canus* «blanc» ▪ *Cheval rubican,* dont la robe est semée de poils blancs.

RUBICOND, ONDE [Rybikɔ̃, ɔ̃d] **adj.** – XIVe, rare avant 1732 ◊ latin *rubicundus* ▪ Très rouge de peau (visage). ➤ **rougeaud, vermeil.** *Trogne rubiconde. Joues rubicondes.* ♦ (PERSONNES) Qui a le visage rouge. *«Il est redondant et rubicond, il pète dans sa graisse»* HUYSMANS. ▪ CONTR. Blafard, blême, pâle.

RUBIDIUM [Rybidjɔm] **n. m.** – 1861 ◊ du latin *rubidus* «rouge brun», à cause des raies rouges de son spectre ▪ Élément atomique (Rb ; n° at. 37 ; m. at. 85,4678), métal blanc, mou, du groupe des alcalins. *Le rubidium et le césium sont utilisés dans la fabrication des lasers.*

RUBIETTE [Rybjɛt] **n. f.** – 1694 ; *rubienne* 1597 ◊ du latin *rubeus* «rouge» ▪ RÉGION. Oiseau au plumage rouge (rouge-queue, rouge-gorge).

RUBIGINEUX, EUSE [Rybiʒinø, øz] **adj.** – 1779 ◊ latin *rubiginosus,* de *rubigo,* classique *robigo* «rouille» ▪ DIDACT. Couvert de rouille. ➤ **oxydé, rouillé.** — Couleur de rouille (brun rougeâtre).

RUBIS [Rybi] **n. m.** – *rubi* XIIe ; le plur. *rubis* s'est généralisé ◊ latin médiéval *rubinus*, de *rubeus* «rouge» ■ **1** Pierre précieuse, variété transparente et rouge de corindon. — Cette pierre taillée en bijou. *Le rubis d'une bague.* ■ **2** Variété de spinelle, de couleur rouge. *Rubis balais,* rose. *Rubis spinelle,* rouge foncé. ■ **3** Monture de pivot en pierre dure (autrefois en rubis, aujourd'hui en cristal de roche) dans un rouage d'horlogerie. *Montre trois rubis.* ELLIPT *«Une "six rubis," que le marin utilisait depuis des années sans qu'elle ait eu besoin de la plus petite réparation»* ROBBE-GRILLET. ■ **4** LITTÉR. *De rubis* : rouge. **adj.** D'un rouge brillant. *Un vin rubis.* ■ **5** LOC. VX *Faire* **RUBIS SUR L'ONGLE :** vider son verre de vin jusqu'à la dernière goutte, qui tiendrait sur l'ongle sans s'écouler. MOD. *Payer rubis sur l'ongle* : payer comptant, jusqu'au dernier sou et sur-le-champ.

RUBRIQUE [RybRik] **n. f.** – *rubriche* XIIIe ◊ latin *rubrica* «terre rouge, ocre», puis «titre en rouge des lois» ■ **1** ANCIENNT Titre des livres de droit, écrit jadis en rouge. — Lettres, mots, titres en couleur, ornés dans un manuscrit. ■ **2** LITURG. Parties des livres liturgiques imprimées en rouge (les formules de prières sont en noir), contenant les règles à observer dans l'accomplissement des fonctions liturgiques. *Les rubriques du missel.* ■ **3** BIBLIOGR. Indication du lieu de publication d'un livre (SPÉCIALT lorsqu'il s'agit d'une indication fallacieuse). ■ **4** COUR. Titre indiquant la matière d'un article. *Article publié sous la rubrique des mondanités, des sciences.* ♦ Article sur un sujet déterminé, paraissant régulièrement dans un journal. *«Il y a des rubriques politiques et syndicales, des pages sportives, des bandes dessinées»* PEREC. ➤ 1 **chronique.** *La rubrique des chiens écrasés*, des faits divers.* ■ **5 SOUS (TELLE) RUBRIQUE :** sous tel titre, telle désignation. *«Le conseil général lui vota une somme annuelle de trois mille francs sous cette rubrique : Allocation à M. l'évêque pour frais de carrosse»* HUGO. ♦ FIG. *«Sous la même rubrique elle classera* [...] *les inventions de la science, les réalisations de l'art»* BERGSON. ➤ **catégorie.**

RUCHE [Ryʃ] **n. f.** – *rusche* XIIIe ◊ bas latin d'origine gauloise *rusca* «écorce», les premières ruches étant en écorce ■ **1** Abri aménagé pour y recevoir un essaim d'abeilles. *Ruche en paille. Ruche en bois à rayons verticaux* (➤ 2 **rayon**). ■ **2** La colonie d'abeilles qui l'habite. *La reine d'une ruche. Bourdonnement de ruche.* ♦ FIG. Lieu où règne une activité incessante et organisée. ➤ **fourmilière.** *«Aussitôt Jérusalem se transforma en une véritable ruche : cent cinquante mille ouvriers* [...] *s'affairèrent»* DANIEL-ROPS. ■ **3** (1818 ◊ par anal. de forme avec la gaufre de cire) Bande étroite plissée ou froncée (de tulle, de dentelle) qui servait d'ornement. ➤ **ruché.** *«La figure d'une jeune fille* [...] *se montra couronnée d'une ruche en mousseline»* BALZAC.

RUCHÉ [Ryʃe] **n. m.** – 1867 ◊ de 2 *rucher* (1o) ■ Ruche (3o). *«C'était des ruchés et des ruchés, une écume, une neige»* COLETTE. ■ HOM. Ruchée, rucher.

RUCHÉE [Ryʃe] **n. f.** – 1559 ◊ de *ruche* ■ TECHN. Population ou produit d'une ruche. ■ HOM. Ruché, rucher.

1 **RUCHER** [Ryʃe] **n. m.** – 1600 ◊ de *ruche* ■ Emplacement où sont disposées les ruches ; ensemble des ruches d'une exploitation. *«un rucher composé de douze cloches de paille»* MAETERLINCK. ■ HOM. Ruché, ruchée.

2 **RUCHER** [Ryʃe] **v. tr.** ⟨1⟩ – 1834 ◊ de *ruche* ■ **1** Plisser en ruche (3o), en ruché ; garnir d'un ruché. ■ **2** (1904) AGRIC. *Rucher le foin,* le disposer en une série de petites meules rappelant des ruches à abeilles.

RUDBECKIA [Rydbekja] **n. m.** – 1964 ; *rudbeckie* 1842 ; *rudbecks* plur. 1808 ◊ de *Rudbeck,* n. d'un botaniste suédois ■ BOT. Plante d'origine exotique *(composées)* dont quelques espèces sont cultivées en Europe pour leurs fleurs aux vives couleurs.

RUDE [Ryd] **adj.** – 1213 ◊ latin *rudis* «brut, inculte, grossier» ■ **1** (PERSONNES) Mal dégrossi, primitif et qui donne une impression de force naturelle. ➤ **fruste, grossier, rustique.** *«Moi qui suis un homme simple et rude»* CLAUDEL. *«ce qu'il sentait en Bernard de neuf, de rude, et d'indompté»* GIDE. ♦ Dur, sévère. *Tu as été trop rude avec elle.* ➤ **brutal.** — *Caractère rude.* ➤ **bourru,** 2 **farouche, hérissé, revêche.** — Redoutable. *Un rude adversaire.* — *Un rude gaillard,* courageux et fort. ■ **2** (XIIIe) (CHOSES) Qui donne du mal, impose un effort, est dur à supporter. ➤ **difficile, pénible.** *Métier rude. Rudes travaux. Être à rude école*, à rude épreuve.* — SUBST. *En voir de rudes* : en supporter beaucoup. — *Un hiver très rude.* ➤ 1 **froid, rigoureux.** ■ **3** (XVe) Dur au toucher. *Étoffe rude et grossière. Surface rude au toucher.* ➤ **raboteux, râpeux, rêche, rugueux.** ■ **4** Dur ou désagréable à l'oreille. *Sonorités rudes. «Il a la voix perçante et rude»* LA FONTAINE. ➤ **rauque.** ■ **5** FAM. (toujours avant le nom) Fort, remarquable en son genre. ➤ **drôle** (de), **fameux,** 1 **sacré.** *«Si je n'ai pas eu d'indigestion ce soir, c'est que j'ai un rude estomac»* FLAUBERT. *Un rude appétit.* ➤ **solide.** ■ CONTR. Délicat, raffiné. Doux.

RUDEMENT [Rydmɑ̃] **adv.** – XIIIe ◊ de *rude* ■ **1** De façon brutale. ➤ **brutalement, durement.** *Frapper, heurter rudement.* ➤ **dur.** ■ **2** Avec dureté, sans ménagement. ➤ **cruellement, sévèrement.** *Je l'ai prié un peu rudement de cesser ce jeu.* ➤ **sèchement.** *Traiter qqn rudement.* ➤ **rudoyer.** ■ **3** (1734) FAM. Beaucoup, très. ➤ **diablement, drôlement, terriblement,** FAM. **vachement.** *C'est rudement bon. Il a rudement changé.*

RUDENTÉ, ÉE [Rydɑ̃te] **adj.** – 1546 ◊ du latin *rudens, rudentis* «cordage» ■ ARCHIT. Orné de rudentures. *Colonnes rudentées.*

RUDENTURE [Rydɑ̃tyR] **n. f.** – 1546 ◊ de *rudenté* ■ ARCHIT. Ornement torsadé au bas des cannelures d'une colonne.

RUDÉRAL, ALE, AUX [RydeRal, o] **adj.** – 1802 ◊ du latin *rudus, ruderis* «gravois, décombres» ■ BOT. Qui croît parmi les décombres, en terrain calcaire. *L'ortie, la vipérine sont des plantes rudérales.*

RUDÉRATION [Ryderasjɔ̃] **n. f.** – 1765 ◊ latin *ruderatio* ■ TECHN. Pavage en cailloux, en petites pierres.

RUDESSE [Rydɛs] **n. f.** – XIIIe ◊ de *rude* ■ Caractère de ce qui est rude. ■ **1** VIEILLI Caractère primitif. ➤ **barbarie.** *La rudesse de leurs mœurs. «Un objet dont la rudesse sauvage contraste avec le raffinement extrême des autres : une poterie commune»* LOTI. ■ **2** Caractère d'une personne brusque et dure. ➤ **dureté ; brusquerie, brutalité, sévérité.** *Traiter, rabrouer qqn avec rudesse.* ➤ **rudoyer.** *Elle se montrait «prévenante, en faisant un visible effort pour corriger sa rudesse ordinaire»* ZOLA. ■ **3** Caractère de ce qui est rude au toucher, à l'oreille, au goût. *La rudesse de la barbe, de la peau.* ➤ **rugosité.** — *La rudesse de son accent. Rudesse d'une eau-de-vie.* ➤ **âpreté.** ■ CONTR. Raffinement. Gentillesse. Douceur.

RUDIMENT [Rydimɑ̃] **n. m.** – 1495 ◊ latin *rudimentum* «apprentissage, premier élément» ■ **1** PLUR. Notions élémentaires d'une science, d'un art. ➤ **abc, b. a.-ba, base, élément.** *Les rudiments de la grammaire, de la mécanique.* ■ **2** (1782) Ébauche (➤ **embryon**) ou reste d'un organe atrophié. *Un rudiment de queue, d'aile* (➤ **rudimentaire**). ■ **3** PLUR., LITTÉR. Premiers éléments (d'une organisation, d'un système, d'une installation). *Élaborer les rudiments d'une théorie, d'une organisation.* ➤ **ébauche.**

RUDIMENTAIRE [Rydimɑ̃tɛR] **adj.** – 1789 «élémentaire» ◊ de *rudiment* ■ **1** DIDACT. Qui est à l'état de rudiment ; qui n'a atteint qu'un développement très limité. ➤ **élémentaire.** *«La Gaule n'avait jamais connu que des religions rudimentaires»* SEIGNOBOS. ■ **2** COUR. Sommaire, insuffisant. *Connaissances rudimentaires. Une installation rudimentaire.* ■ **3** (1834) BIOL. Qui est à l'état d'ébauche ou de résidu. *Ébauche rudimentaire du système nerveux. Les ailes rudimentaires de l'autruche.* ■ CONTR. 1 Complet, développé. Complexe, élaboré, perfectionné.

RUDOIEMENT [Rydwamɑ̃] **n. m.** – XVIe ◊ de *rudoyer* ■ LITTÉR. Action de rudoyer.

RUDOLOGIE [Rydɔlɔʒi] **n. f.** – 1985 ◊ du latin *rudus* «gravois, décombres» et *-logie* ■ DIDACT. Étude des déchets, de leur gestion et de leur élimination.

RUDOYER [Rydwaje] **v. tr.** ⟨8⟩ – 1372 ◊ de *rude* ■ Traiter rudement, sans ménagement, en manifestant de la mauvaise humeur. ➤ **brutaliser, malmener, maltraiter.** *«Lorsqu'elle avait bien rudoyé sa servante, elle lui faisait des cadeaux»* FLAUBERT. ■ CONTR. Cajoler, câliner, dorloter.

1 **RUE** [Ry] **n. f.** – 1080 ◊ latin *ruga* «ride», par métaph. «chemin» ■ **1** Voie bordée, au moins en partie, de maisons, dans une agglomération. ➤ **artère.** *Rue large.* ➤ **avenue, boulevard.** *La rue principale d'une ville, grand'rue* ou *grand-rue.* ➤ **grand** (III). *Petite rue.* ➤ **passage, ruelle, venelle.** *Rue sans issue.* ➤ **cul-de-sac, impasse.** *Rue barrée. Rue plantée d'arbres, servant de promenade.* ➤ **cours,** 1 **mail.** *Rue piétonne. Rue pavée. Rue au bord de l'eau.* ➤ **quai.** *Croisement de rues.* ➤ **carrefour.** *Au coin de la rue. La chaussée, les caniveaux et les trottoirs d'une rue. Nom, plaque de rue. Rue Gambetta ; rue du Commerce. Débaptiser une rue.* — *Rue déserte. Rue animée, passante, commerçante. Rue chaude. Marcher, se promener dans les rues,* (LITTÉR.) *par les rues. Prendre une rue, prendre par une rue. Traverser la rue. Rue à sens unique. Appartement sur rue et cour.* — LOC. FIG. *Avoir pignon* sur rue. Cela court* les rues. À tous les coins de rue* : partout. ♦ *La rue, les rues,* symbole de la vie urbaine, des

milieux populaires. *Scènes de la rue. La presse de la rue. Arts de (la) rue* : spectacles (théâtre, cirque, mime...) qui ont lieu en plein air, dans l'espace urbain. — LOC. *L'homme de la rue* : l'homme moyen, quelconque, le premier venu (cf. Monsieur Tout-le-Monde*). *En pleine rue, dans la rue* : dehors, dans la ville. *Descendre dans la rue,* pour se battre, pour manifester. *Combats de rue* (➤ **barricade**). *Gamin des rues* : enfant du peuple qui traîne, joue dans les rues. ➤ **poulbot ;** RÉGION. **ket.** *Les enfants des rues* : enfants abandonnés, mineurs livrés à eux-mêmes qui vivent et dorment dans la rue. *Fille des rues* : prostituée. ◆ LOC. *Être à la rue,* sans domicile, sans abri ; FIG. et FAM. être dépassé, tenu en échec (cf. Être à la ramasse*). *Jeter qqn à la rue,* dehors (cf. Sur le pavé*). « *Voilà, vous savez toujours que vous n'êtes pas à la rue. Venez au Château, lorsque vous en aurez assez de ces crapules* » ZOLA. ■ **2** Ensemble des habitants des maisons qui bordent une rue ; des passants d'une rue. « *La rue grouille derrière eux* » ROMAINS. ◆ Population des villes capable de s'insurger. « *Les agitateurs parisiens ne manquaient pas une occasion de soulever la rue* » BAINVILLE. — Le peuple, les manifestants. *La rue se mobilise. Sous la pression de la rue.* ■ **3** PAR ANAL. Espace, passage long et étroit. — THÉÂTRE Espace entre deux coulisses parallèles. ■ HOM. Ru.

2 **RUE** [ʀy] n. f. – XIIIe ◊ du latin *ruta* ■ Plante des prés *(rutacées)* vivace, à fleurs jaunes. *La rue fétide.*

RUÉE [ʀɥe] n. f. – 1864 ; « portée d'un objet lancé » 1180 ◊ de *ruer* ■ Mouvement rapide, impétueux, d'un grand nombre de personnes dans la même direction. ➤ **rush ; se ruer.** « *Ce n'est pas une ruée subite vers les villes* [...], *c'est un écoulement lent mais continu* » GAXOTTE. *La ruée des invités vers le buffet.* « *La Ruée vers l'or* », *film de Charlie Chaplin. La ruée sur les magasins au moment des soldes.*

RUELLE [ʀɥɛl] n. f. – *ruiele* 1138 ◊ diminutif de 1 *rue* ■ **1** Petite rue étroite. ➤ **venelle.** « *Ces ruelles obscures, resserrées, anguleuses, bordées de masures à huit étages* » HUGO. ■ **2** (Canada) Voie d'accès secondaire servant de desserte entre deux rangées de maisons. *Les ruelles de Montréal.* ■ **3** (XVe) Espace libre entre un lit et le mur ou entre deux lits. « *Si je m'assoupis, il reste assis dans la ruelle, des heures durant, sans rien dire* » DUHAMEL. ◆ HIST. LITTÉR. Au XVIIe s., Alcôve, chambre à coucher où certaines femmes de haut rang recevaient, et qui devinrent des salons mondains et littéraires. *Les ruelles des précieuses. Tenir salon dans sa ruelle.*

RUER [ʀɥe] v. ⟨1⟩ – 1138 ◊ bas latin *rutare,* intensif de *ruere* « bousculer, pousser »

I v. tr. ■ **1** VX Jeter, lancer avec force. ■ **2** **SE RUER** v. pron. (XIIIe) MOD. Se jeter avec violence, impétuosité. ➤ **s'élancer, foncer, se jeter, se précipiter.** « *Elle se rua vers l'escalier* » GREEN. « *Il se ruait sur sa femme pour la faire taire* » ZOLA. ◆ Se précipiter en masse (➤ **ruée**). *La foule se rua vers la sortie. Les ennemis se ruèrent sur notre armée.* ➤ **fondre, 1 tomber.** ◆ SPÉCIALT *Se ruer sur* (qqch.) : se précipiter pour obtenir (qqch.). *Ils se ruèrent sur les gâteaux.* FIG. *On se rue sur les postes vacants.*

II v. intr. (1326) Lancer vivement les pieds de derrière, en soulevant le train arrière (âne, cheval, mulet). ➤ **ruade.** *Cheval furieux qui rue et se cabre. Cheval qui rue en vache,* qui donne un coup de pied en ramenant le pied de derrière en avant (comme fait la vache). — LOC. *Ruer dans les brancards* : regimber, protester et opposer une vive résistance. ➤ **se rebeller, se rebiffer, renâcler.** « *Il était plutôt un rouspéteur-né, un petit gars qui avait toujours envie de ruer dans les brancards* » R. GUÉRIN.

RUFFIAN ou **RUFIAN** [ʀyfjɑ̃] n. m. – 1449 ; *rufien* XIVe ◊ italien *ruffiano,* du radical germanique *hruf* « croûte », pour qualifier, par métaph., la rudesse, la grossièreté ■ VX ou LITTÉR. Entremetteur, souteneur. « *une espèce de grand voyou, commissionnaire, marchand de journaux, surtout ruffian* » LARBAUD.

RUFLETTE [ʀyflɛt] n. f. – date inconnue ◊ anglais *Rufflette,* marque déposée en 1931, de *ruffle* « fronce » ■ Galon que l'on coud sur l'envers en haut des rideaux afin de les froncer ou de les plisser et de les accrocher.

RUGBY [ʀygbi] ; région. [ʀybi] n. m. – 1888 ◊ de *Rugby,* nom de l'école anglaise où ce jeu fut conçu ■ Sport (d'abord appelé *football-rugby*) qui oppose deux équipes de quinze joueurs et où il faut poser un ballon ovale, joué au pied ou à la main, derrière la ligne de but de l'adversaire (➤ **essai**), ou le faire passer entre les poteaux de but. *Ballon, terrain de rugby. Équipe, joueur de rugby.* ➤ **quinze ; quinziste, rugbyman.** *Match de rugby.* ➤ **ascenseur, drop-goal, mêlée, plaquage, touche, transformation ; haka ; dribbler, plaquer, ratisser, talonner.** — *Rugby à treize,* joué avec des équipes de treize joueurs (➤ **treiziste**) et des règles modifiées (cf. Jeu* à treize). *Des rugbys.* — *Rugby* (ou *football*) *américain**.

RUGBYMAN [ʀygbiman] n. m. – 1909 plur. ◊ de *rugby* et de l'anglais *man* « homme » ■ FAUX ANGLIC. Joueur de rugby. ➤ **2 avant, 2 arrière, demi, trois-quarts ; ailier, centre, pilier, talonneur.** *Les rugbymans gallois.* On dit aussi *les rugbymen* [ʀygbimɛn] (d'après l'angl.).

RUGINATION [ʀyʒinasjɔ̃] n. f. – 1855 ◊ de *ruginer* (XVIe) « racler avec la rugine », de *rugine* ■ CHIR. Raclage d'un os à l'aide d'une rugine.

RUGINE [ʀyʒin] n. f. – 1520 ◊ latin médiéval *rugo, ruginis,* latinisation de *roisne* → rouanne ■ CHIR. Instrument formé d'une plaque d'acier à bords biseautés, sorte de rabot pour racler les os.

RUGIR [ʀyʒiʀ] v. ⟨2⟩ – 1120, rare avant XVIe ◊ latin *rugire* ■ **1** v. intr. Pousser des rugissements, en parlant du lion, de certains grands fauves. ◆ PAR ANAL. Pousser des cris terribles. ➤ **crier, hurler.** *Rugir de fureur, comme un fauve.* ◆ (CHOSES) Produire un bruit rauque et puissant. « *Ô Dieu ! le vent rugit comme un soufflet de forge* » HUGO. ➤ **gronder, mugir.** ■ **2** v. tr. Proférer avec violence, avec des cris, des menaces. « *Vengeance ! mort ! rugit Rostabat le géant* » HUGO. « *Le cri que deux ou trois millions d'Allemands rugissent* » GIRAUDOUX.

RUGISSANT, ANTE [ʀyʒisɑ̃, ɑ̃t] adj. – 1460 ◊ de *rugir* ■ Qui rugit. *Le lion rugissant.* — FIG. ➤ **bruyant.** *Moteur rugissant.* — (calque anglais *roaring*) *Les quarantièmes* rugissants.* « *un long voyage où les rugissants avaient vidé ses tripes* » M. DUGAIN.

RUGISSEMENT [ʀyʒismɑ̃] n. m. – 1539 ◊ de *rugir* ■ **1** Cri rauque, grave et sonore du lion. — PAR EXT. Cri de certains grands fauves (tigres, panthères, hyènes, etc.). ■ **2** (PERSONNES) Cri rauque, hurlement. « *Imiter les rugissements des sauvages* » DAUDET. *Pousser des rugissements de colère, de fureur.* ◆ (CHOSES) Grondement sourd et violent. *Le rugissement de la tempête.* ➤ **mugissement.**

RUGOSITÉ [ʀygozite] n. f. – 1503 ◊ du latin *rugosus* → rugueux ■ **1** Petite aspérité d'une surface rugueuse, rude au toucher. *Poncer les rugosités. Rugosités des talons, des coudes.* ■ **2** (1812) État d'une surface rugueuse. *La rugosité d'une écorce, d'une peau d'orange.* ■ CONTR. Douceur, 3 poli.

RUGUEUX, EUSE [ʀygø, øz] adj. et n. m. – *rougueux* 1520 ; *rugos* « ridé » 1350 ◊ latin *rugosus,* de *ruga* « ride » ■ **1** Dont la surface présente de petites aspérités, des irrégularités, et qui est rude au toucher. ➤ **inégal, raboteux, râpeux, rêche, rude.** *Une écorce rugueuse.* « *De vieilles mains rugueuses, de la couleur des champs* » CH.-L. PHILIPPE. ■ **2** n. m. (1870) Appareil au moyen duquel on enflammait l'étoupille d'un canon, les fusées, les grenades. ■ CONTR. Doux, 1 lisse, moelleux, 2 poli, uni.

RUILER [ʀɥile] v. tr. ⟨1⟩ – 1840 ; « gâcher le mortier » 1636 ; « régler du papier » 1320 ◊ du latin *regula* « règle » ■ TECHN. Raccorder avec du plâtre (un joint).

RUINE [ʀɥin] n. f. – 1213 ; « destruction » 1155 ◊ latin *ruina,* de *ruere* « tomber, s'écrouler »

I **UNE, DES RUINES** ■ **1** (Plus cour. au plur.) Débris d'un édifice dégradé par l'âge ou détruit. ➤ **décombres, éboulement, vestige.** *Les ruines d'une ville, après la guerre. Un champ de ruines.* « *Trente mille habitants de tout âge, et de tout sexe sont écrasés sous des ruines* » VOLTAIRE. *Ruines romaines. Fouilles dans les ruines des villes antiques.* « *Elle aimait les ruines des vieux châteaux, les temples écroulés aux colonnes festonnées de lierre* » NERVAL. « *Au milieu de cette étendue sauvage, une haute ruine s'élevait ; un château carré, flanqué de tours* » MAUPASSANT. *Hubert Robert, peintre de ruines* (parfois appelé *ruiniste* n.). — PAR EXAGÉR. Édifice délabré. *Retaper une ruine.* « *C'est pas une baraque c'est une ruine* » É. LOUIS. ◆ FIG. « *Le sentiment humanitaire commence à naître sur les ruines des patries* » FLAUBERT. ■ **2** (1833) Personne dégradée par l'âge, la maladie, les chagrins. ➤ **débris, loque.** « *C'était une sorte de ruine humaine* » BALZAC. ➤ **épave.** *Ce n'est plus qu'une ruine. Une pauvre ruine.*

II **LA RUINE (DE)...** ■ **1** (1262) Grave dégradation (d'un édifice) allant jusqu'à l'écroulement partiel ou total ; état de ce qui se dégrade, s'écroule. ➤ **délabrement, destruction, détérioration, effondrement.** « *Le propriétaire d'un bâtiment est responsable du dommage causé par sa ruine* » (CODE CIVIL). — COUR. **EN RUINE.** *Tomber en ruine.* ➤ **crouler, s'écrouler, s'effondrer.** « *Il tombait en ruine ; à chaque saison, des plâtras qui se détachaient de ses flancs lui faisaient des plaies hideuses* » HUGO. *Château en ruine.* — **MENACER RUINE :** risquer de tomber en ruine. ■ **2** (v. 1175) Destruction, perte. *La société précipite sa*

propre ruine. ➤ **chute, décadence, déliquescence, dissolution.** *Aller à la ruine.* ➤ **dépérir, péricliter.** «*Elle a cru que ma perte entraînait sa ruine*» RACINE. *C'est la ruine de ses espérances.* ➤ **anéantissement, faillite,** 1 **fin.** *La ruine de sa réputation, de sa santé.* ♦ PAR EXT. Cause de destruction. ▪ **3** (1680) Perte des biens, de la fortune. ➤ **banqueroute, culbute, débâcle, faillite, naufrage.** *Nous courons vers la ruine. Être au bord de la ruine. Être acculé à la ruine.* «*Lorsque à la ruine de mes parents il m'a fallu me séparer de ces choses*» DAUDET. — PAR EXT. *Une ruine :* une cause de ruine, une source de dépenses (➤ **ruineux**). *Cette propriété à entretenir, c'est une ruine, un gouffre*.*
▪ CONTR. Essor, fortune.

RUINÉ, ÉE [ʀɥine] adj. – XVe ◊ de *ruiner* ▪ **1** En ruine. ➤ **délabré, démoli.** *Château ruiné.* ▪ **2** (1676) Qui a perdu sa fortune. *Il est complètement ruiné.* «*Le voici ruiné, sans sou ni maille*» BALZAC. ➤ **décavé, flambé.**

RUINER [ʀɥine] v. tr. ⟨1⟩ – XIVe ; intr. 1260 ◊ de *ruine* ▪ **1** VIEILLI Réduire à l'état de ruines. ➤ 1 **dégrader, délabrer, démanteler, détruire.** «*Albe fut vaincue et ruinée*» BOSSUET. ▪ **2** LITTÉR. Endommager gravement. ➤ **désoler, dévaster, gâter, ravager.** *La grêle, le phylloxéra ont ruiné ce vignoble. Ruiner sa santé, se ruiner la santé.* ➤ **altérer, consumer ; user.** «*La santé de Mme de La Ferté n'avait jamais été bien forte. Ce coup acheva de la ruiner*» P. BENOIT. — PAR EXT. FAM. *Il a ruiné son blouson en tombant.* ➤ **endommager.** «*incapable d'éplucher une patate sans ruiner la cuisine pour dix jours*» V. DESPENTES. ➤ **dévaster, saccager.** ▪ **3** Causer la ruine, la perte de. ➤ **anéantir, détruire, perdre.** *Ruiner la réputation, le crédit de qqn. Chercher à ruiner les espoirs, les illusions de qqn.* ➤ 1 **saper.** ▪ **4** COUR. Faire perdre la fortune, la prospérité à. *La guerre a ruiné le pays. Le krach l'a ruiné. Ruiner un concurrent.* ♦ PAR EXAGÉR. Faire faire des dépenses excessives, coûter cher. *Tu me ruines, tu veux me ruiner ! Ce n'est pas ça qui nous ruinera.* ▪ **5 SE RUINER** v. pron. Causer sa propre ruine, perdre ses biens, son argent. *Il s'est ruiné au jeu.* ♦ Dépenser beaucoup. *Je me suis ruiné chez cet antiquaire. Se ruiner en médicaments.* «*Les hommes ont beau se ruiner pour elles, ils n'en sont pas plus aimés*» LESAGE. ▪ CONTR. Affermir, édifier, enrichir.

RUINEUX, EUSE [ʀɥinø, øz] adj. – XIIIe ◊ latin *ruinosus* «écroulé» ▪ **1** VX Qui cause un tort grave. «*Si je savais une chose utile à ma nation qui fût ruineuse à une autre, je ne la proposerais pas à mon prince*» MONTESQUIEU. ♦ MOD. Qui amène la ruine, provoque des dépenses excessives. *Une guerre ruineuse.* — PAR EXT. Coûteux. *Ce n'est pas ruineux.* — adv. **RUINEUSEMENT,** 1614. ▪ **2** VX Qui menace ruine, qui tombe en ruine. «*une petite bâtisse ruineuse*» THARAUD. ▪ CONTR. Économique.

RUINIFORME [ʀɥinifɔʀm] adj. – 1803 ◊ de *ruine* et *-forme* ▪ GÉOL. Qui a pris un aspect de ruine, sous l'action de l'érosion. *Rochers ruiniformes.*

RUINURE [ʀɥinyʀ] n. f. – 1676 ◊ variante de l'ancien français *royneure* «rainure», de *roisner* → rainer ▪ TECHN. Entaille dans les solives d'un plancher, dans des poteaux, pour augmenter la prise de la maçonnerie.

RUISSEAU [ʀɥiso] n. m. – *russeal* 1120 ; variante *ruissel* ◊ latin populaire °*rivuscellus*, diminutif de *rivus* → ru ▪ **1** Petit cours d'eau, affluent d'une rivière, d'un lac, d'un étang. *Un clair ruisseau. Murmure, gazouillis d'un ruisseau. Ruisseau capricieux qui serpente.* — PROV. *Les petits ruisseaux font les grandes rivières :* l'accumulation d'éléments modestes finit par constituer une chose importante (se dit surtout à propos de sommes d'argent). ▪ **2** *Ruisseau de... :* liquide qui coule (➤ **ruisseler**). *Des ruisseaux de lave.* — PAR EXAGÉR. *Des ruisseaux de sang, de larmes.* ➤ **flot, torrent.** ▪ **3** (fin XIVe) Eau qui coule le long des trottoirs ou au milieu de la chaussée d'une rue, pour se jeter dans les égouts ; caniveau, rigole pour recevoir cette eau. «*Il suffit d'une forte pluie d'orage pour que les ruisseaux de nos rues nous fassent penser au déluge universel*» ALAIN. ♦ LOC. *Tomber, rouler dans le ruisseau,* dans le dénuement et la déchéance. «*Quand tu n'auras plus rien et qu'ils auront tout, tes enfants te pousseront au ruisseau*» ZOLA. *Tirer qqn du ruisseau.*

RUISSELANT, ANTE [ʀɥis(ə)lɑ̃, ɑ̃t] adj. – 1491 ◊ de *ruisseler* ▪ **1** Qui ruisselle (1°). *Eau ruisselante.* FIG. «*La ruisselante chevelure*» GAUTIER. ▪ **2** Qui ruisselle (2°). *Ruisselant d'eau.* ABSOLT Mouillé, trempé. *Un parapluie ruisselant.* — *Ruisselant de sueur.* ➤ **inondé.** *Tout ruisselant de larmes.* FIG. et LITTÉR. «*ma mère devint toute ruisselante de joie et d'orgueil à l'idée que son fils serait d'église*» FRANCE.

RUISSELER [ʀɥis(ə)le] v. intr. ⟨4 /5/⟩ – XVIe ; *ruceler* 1180 ◊ de *ruissel,* → ruisseau ▪ **1** Couler sans arrêt en formant un ou plusieurs ruisseaux, ruisselets ou filets d'eau. *La pluie ruisselait sur les vitres.* «*des larmes ruisselèrent de mes yeux*» PROUST. ♦ FIG. Se répandre à profusion. «*La lumière ruisselait dans cet océan de montagnes*» GAUTIER. *Sa perruque* «*dont les boucles ruisselaient pesamment sur ses épaules*» R. ROLLAND. ▪ **2** (fin XVIe) Être couvert d'un liquide qui ruisselle. *La roche* «*ruisselait d'eau, de grosses gouttes continues et rapides*» ZOLA. ➤ **dégoutter.** ♦ FIG. *La pièce ruisselle de soleil.*

RUISSELET [ʀɥis(ə)lɛ] n. m. – 1188 ◊ diminutif de *ruisseau* ▪ Petit ruisseau. ➤ **ru.** «*Quelquefois un ruisselet* [...] *mêlait son clapotement doux au grand battement des flots*» FLAUBERT.

RUISSELLEMENT [ʀɥisɛlmɑ̃] n. m. /RUISSÈLEMENT/ – 1831 ; hapax 1613 ◊ de *ruisseler* ▪ Fait de ruisseler. *Le château* «*s'enterrait davantage chaque hiver, lors des grandes pluies, dont le ruissellement sur la pente raide de la côte, roulait les cailloux*» ZOLA. FIG. *Ruissellements de lumière.* ➤ **chatoiement.** ♦ (1880) GÉOL. *Ruissellement pluvial :* écoulement superficiel des eaux de pluie, qui s'opère d'abord en filets ou en nappes avant de se concentrer en rigoles (dont la confluence produira les cours d'eau ou les torrents). *Eaux de ruissellement.*

RUMB ➤ **RHUMB**

RUMBA [ʀumba] n. f. – 1930 ◊ mot espagnol des Antilles ▪ Danse d'origine cubaine, proche de la samba ; musique à deux temps sur laquelle elle se danse.

RUMEN [ʀymɛn] n. m. – 1765 ◊ mot latin «œsophage» ▪ ZOOL. Premier compartiment de l'estomac des ruminants. ➤ **panse.**

RUMEUR [ʀymœʀ] n. f. – 1264 ; *rimur* 1080 ◊ latin *rumor, rumoris* «bruit qui court» ▪ **1** Bruit qui court, nouvelle qui se répand dans le public, dont l'origine et la véracité sont incertaines. ➤ **bruit.** *Des rumeurs de guerre.* «*"Ils vont à Carthage," disait-on, et cette rumeur bientôt s'étendit par la contrée*» FLAUBERT. *Les rumeurs vont bon train. Faire courir, colporter une rumeur. La rumeur court.* ➤ **buzz.** *Apprendre qqch. par la rumeur publique.* ➤ **ouï-dire,** RÉGION. **radio-trottoir.** «*un homme que la rumeur publique lui a déjà prêté pour amant*» MAUPASSANT. ▪ **2** (1407) Bruit confus de personnes qui protestent. *Une rumeur de mécontentement. Des rumeurs s'élèvent dans la salle. La rumeur gronde, s'enfle.* ▪ **3** (1651) Bruit confus de voix, bruit assourdi de nombreux sons, de chocs. ➤ **brouhaha, bruit.** «*Cette rumeur effarée et confuse qui suit une évasion découverte éclata dans la prison*» HUGO. «*les rumeurs et les fracas de la grande ville moderne*» DUHAMEL. «*la rumeur des écluses couvre mes pas*» RIMBAUD.

RUMINANT, ANTE [ʀyminɑ̃, ɑ̃t] adj. et n. m. – 1555 ◊ de *ruminer* ▪ Qui rumine. *Herbivore ruminant.* ♦ n. m. (1680) *Un ruminant :* un animal ruminant. **LES RUMINANTS :** groupe de mammifères artiodactyles à deux doigts, dont l'estomac complexe permet aux aliments de remonter dans la bouche (➤ **ruminer**). *L'estomac des ruminants comporte quatre compartiments : bonnet, caillette, feuillet, panse. Les bovidés, les cervidés sont des ruminants.*

RUMINATION [ʀyminasjɔ̃] n. f. – XIVe, fig. ◊ de *ruminer* ▪ **1** (1615) Fonction physiologique des ruminants qui consiste à faire remonter les aliments de la panse pour les mâcher avant de les avaler définitivement. ➤ **régurgitation.** ▪ **2** FIG. Action de ruminer (2°), de réfléchir sans fin (à qqch.). «*ce pouvoir de remâchement et de rumination du passé*» MAURIAC.

RUMINER [ʀymine] v. tr. ⟨1⟩ – 1350 fig. ◊ latin *ruminare* ▪ **1** (1380 REM. a éliminé *ronger*) Mâcher de nouveau (des aliments revenus de la panse), avant de les avaler définitivement (en parlant des ruminants). ➤ **régurgiter.** *Les vaches ruminent l'herbe.* — ABSOLT *Les vaches* «*ruminant lentement, clignaient leurs paupières lourdes*» FLAUBERT. ▪ **2** FIG. Repasser (une chose) dans son esprit, soumettre plusieurs fois à l'attention (avec une idée de lenteur). ➤ **remâcher, retourner** (dans sa tête). *Ruminer son chagrin.* «*Il était homme à ruminer son doute, comme il ruminait autrefois ses opérations commerciales, pendant les jours et les nuits, en pesant le pour et le contre, interminablement*» MAUPASSANT. — ABSOLT «*Qu'as-tu à ruminer ?*» MOLIÈRE.

RUMSTEAK, RUMSTECK ➤ **ROMSTECK**

RUNABOUT [ʀœnabaut] n. m. – 1932 ◊ mot anglais, proprt «vagabond», de *to run* «courir» et *about* «autour» ▪ ANGLIC. Canot automobile de tourisme et de course à moteur intérieur très puissant. ➤ **chriscraft.** *Des runabouts.*

RUNE [ʀyn] **n. f.** – 1653 ◊ norvégien *rune*, et suédois *runa* ; gotique *runa* «secret ; écriture secrète» ■ DIDACT. Caractère de l'ancien alphabet des langues germaniques orientales (gotique) et septentrionales (nordique ou norrois). *Les runes nous sont connues par des inscriptions gravées sur pierre ou sur bois.*

RUNIQUE [ʀynik] **adj.** – 1644 ◊ de *rune* ■ DIDACT. Relatif aux runes, formé de runes. *Alphabet, écriture runique,* propre au germanique septentrional. ➤ **nordique.** — *Pierre runique.* ◆ PAR EXT. *Art runique :* art scandinave, du IIIe au Xe s.

RUNNEUR, EUSE [ʀœnœʀ, øz] **n.** – 1998 ; *ronneur* 1923 au Canada ◊ anglais *runner,* de *to run* «courir» ■ ANGLIC. Personne qui pratique le running. — On écrit aussi *runner* au masculin.

RUNNING [ʀœniŋ] **n. m. et f.** – XXe ◊ mot anglais, de *to run* «courir» ■ ANGLIC. ■ **1 n. m.** Pratique régulière et intensive de la course à pied, dans un esprit de compétition. ➤ aussi **footing, jogging.** *Faire du running.* ■ **2 n. f.** Chaussure de sport pour la course à pied. *«une paire de runnings à semelles incurvées spécialement fabriquées pour les marathoniens»* KERANGAL.

RUOLZ [ʀɥɔls] **n. m.** – v. 1841 ◊ du nom de l'inventeur ■ Alliage argenté par galvanoplastie. *Des couverts en ruolz.*

RUPESTRE [ʀypɛstʀ] **adj.** – 1812 ◊ latin scientifique *rupestris,* du latin classique *rupes* «rocher» ■ **1** BOT. Qui vit dans les rochers. *Plantes rupestres.* ■ **2** (1919) ARTS Qui est exécuté sur une paroi rocheuse (➤ **pariétal**) ; qui est taillé à même le roc. *Les peintures rupestres de la préhistoire. «Les figures rupestres de la Rhodésie, elles aussi antérieures à l'histoire, montrent des conventions aussi rigoureuses que l'art byzantin»* MALRAUX. *L'art rupestre. Gravure rupestre.* ➤ **pétroglyphe.**

RUPICOLE [ʀypikɔl] **n. m.** – 1842 ; «coquillage» 1808 ◊ du latin *rupes* «rocher» et *-cole* ■ ZOOL. Oiseau passereau *(cotingidés)* appelé communément *coq de roche.*

RUPIN, INE [ʀypɛ̃, in] **adj. et n.** – 1628 n. m., argot ◊ de l'argot *rupe, ripe* «dame», p.-ê. du moyen français *ripe* «gale», de *riper* «gratter», moyen néerlandais *rippen* ■ FAM. Riche. *Il est drôlement rupin. Appartement rupin.* ➤ **luxueux.** — **n.** *Les rupins.*

RUPTEUR [ʀyptœʀ] **n. m.** – 1903 ◊ latin *ruptor,* de *rumpere* «rompre» ■ ÉLECTR. Appareil qui, dans une bobine d'induction, sert à interrompre périodiquement le courant primaire. ➤ **disjoncteur.** — AUTOM. *Rupteur (d'allumage) :* élément de l'allumeur assurant la rupture du courant primaire de la bobine. *Les vis platinées* constituent les contacts du rupteur* (➤ aussi **linguet**). — Dispositif hachant le courant continu, d'intensité variable (issu d'une cellule photoélectrique, par ex.) et fournissant un courant alternatif.

RUPTURE [ʀyptyʀ] **n. f.** – XIVe ◊ latin *ruptura,* de *rumpere* «rompre» → roture ■ **1** Division, séparation brusque (d'une chose solide) en deux ou plusieurs parties ; son résultat. ➤ **brisement, fracture.** *Rupture d'essieu.* — MÉCAN. Division d'un solide en deux parties après déformation, sous l'effet d'une force. *Limite de rupture. Obus* de rupture.* ■ **2** Arrachement, déchirure (d'une chose souple). *La brusque rupture d'un lien, d'un câble.* — MÉD. Solution de continuité survenant brusquement dans un organe. *Rupture d'anévrisme. Rupture des membranes au cours de l'accouchement.* ■ **3** (ABSTRAIT) Interruption, cessation brusque (de ce qui durait). *La rupture des relations diplomatiques.* — *Rupture d'équilibre :* brusque perte d'équilibre ; FIG. changement grave et soudain dans l'état des choses (➤ **crise**). — *Rupture de pente :* changement brusque et important de l'inclinaison d'une pente. ◆ Opposition, différence tranchée entre des choses qui se suivent. ➤ **décalage,** 1 **écart.** *Rupture de ton, de rythme.* ➤ **changement.** *«Son cœur battait à grands coups avec des ruptures de cadence»* AYMÉ. *«une si forte impression de rupture entre leur passé et leur présent»* SARTRE. ➤ **cassure, coupure, fossé.** — **EN RUPTURE AVEC :** en opposition affirmée à, en désaccord total avec. *«Ma joie a quelque chose d'indompté, de farouche, en rupture avec toute décence, toute convenance, toute loi»* GIDE. *Être en rupture avec la tradition, la société, avec l'école. Élèves en rupture scolaire.* ABSOLT *Des jeunes en rupture.* ◆ Annulation des effets (d'un engagement). *Rupture de contrat.* ➤ **dénonciation.** *Rupture du contrat de travail. Rupture conventionnelle collective (RCC). Rupture de fiançailles. En rupture de ban*.* ◆ **EN RUPTURE DE** (et subst.), dans une situation où l'on manque de (qqch.). *Être en rupture de stock.* ■ **4** Séparation plus ou moins brusque entre des personnes qui étaient unies. ➤ **brouille, désaccord, séparation.** *Lettre de rupture. «Est-ce une querelle ou une rupture ? demanda-t-elle»* MUSSET.

RURAL, ALE, AUX [ʀyʀal, o] **adj.** – 1350 ◊ latin tardif *ruralis,* de *rus, ruris* «campagne» ■ Qui concerne la vie dans les campagnes, qui concerne les paysans. *Exploitation rurale, domaine rural. Habitat rural.* ➤ **campagnard, paysan.** *Gîte* rural. Génie rural. Économie rurale.* ➤ **agricole.** *Communes rurales. Exode rural.* ➤ **déruralisation.** — *Code rural,* ensemble de lois concernant les biens, la propriété à la campagne. — Au Canada, *Route rurale :* chemin qui va d'un rang* à un autre. ◆ SUBST. (surtout au plur.) Habitant de la campagne. *Les ruraux.* ➤ **paysan ;** aussi **néorural.** ■ CONTR. Urbain.

RURALITÉ [ʀyʀalite] **n. f.** – 1822 ; «rusticité» 1390 ◊ de *rural* ■ DIDACT. Caractère de ce qui est rural, relatif aux choses de la campagne. ➤ **rusticité.** ■ CONTR. Urbanité.

RURBAIN, AINE [ʀyʀbɛ̃, ɛn] **adj. et n.** – 1975 ◊ de *rural* et *urbain* ■ GÉOGR. Concerné par la rurbanisation. *Commune rurbaine. Population rurbaine.* ◆ Qui habite en zone rurbaine. — **n.** *Les rurbains travaillent en ville.*

RURBANISATION [ʀyʀbanizasjɔ̃] **n. f.** – 1976 ◊ de *rural* et *urbanisation* ■ GÉOGR. Urbanisation lâche des zones rurales à proximité de villes dont elles deviennent les banlieues.

RUSE [ʀyz] **n. f.** – v. 1180 *reusse* ◊ de *ruser* «reculer, se retirer», du latin *recusare* «repousser, refuser» ; cf. *récuser* ■ **1** VÉN. Détour par lequel un animal cherche à échapper à ses poursuivants. ■ **2** (v. 1280) COUR. *Une, des ruses.* Moyen, procédé habile qu'on emploie pour abuser, pour tromper. ➤ **artifice, astuce, feinte, fourberie, fraude, machination,** 1 **manœuvre, stratagème, subterfuge,** 1 **truc.** *Ruses employées pour surprendre, vaincre un ennemi.* ➤ **embûche, piège.** *Ruse grossière.* ➤ **ficelle.** LOC. *Ruses de guerre :* moyens par lesquels on surprend l'ennemi, et FIG. un adversaire. *Des ruses de Sioux,* très habiles. ■ **3** *La ruse.* Art de dissimuler, de tromper ; emploi habituel des ruses. ➤ 2 **adresse, cautèle, finesse, habileté, perfidie, roublardise, rouerie.** *Il fallut recourir à la ruse. Employer la ruse en politique. Obtenir, extorquer qqch. par (la) ruse. «Les affaires se traitent à demi-voix, avec la ruse du campagnard et les cachotteries du trafiquant arabe»* FROMENTIN. ■ CONTR. Candeur, droiture.

RUSÉ, ÉE [ʀyze] **adj.** – 1268 ◊ de *ruse* ■ **1** Qui a de la ruse. ➤ **artificieux, astucieux, cauteleux, finaud, futé, habile, machiavélique, madré, malin, matois, retors, roublard, roué ;** RÉGION. **ratoureux, snoreau.** *Il est rusé comme un renard. «Il passait aussi pour profondément rusé, sans être improbe. Sa ruse était le jeu de la perspicacité»* BALZAC. — SUBST. *C'est une rusée* (cf. Une fine mouche*). ■ **2** (1553) Qui dénote la ruse. *Un air rusé. Une mine rusée.* ➤ **chafouin.** ■ CONTR. Candide, 1 droit, niais.

RUSER [ʀyze] **v. intr.** ⟨1⟩ – XIVe ◊ de *ruse* (2°) ■ User de ruses, agir avec ruse. ➤ **finasser, manœuvrer.** *«Sa vie jusque-là si droite, si pure, devenait tortueuse ; et il lui fallait maintenant ruser, mentir»* BALZAC.

RUSH [ʀœʃ] **n. m.** – 1872 ◊ mot anglais «ruée» ■ ANGLIC. ■ **1** SPORT Effort final, accélération d'un concurrent en fin de course. ➤ **sprint.** ■ **2** Afflux brusque d'un grand nombre de personnes. ➤ **ruée.** *Le rush du week-end. Rush des vacanciers vers les plages. «Passé le rush général vers les bureaux, les ateliers et les écoles, les rues étaient plus calmes»* ECHENOZ. ■ **3** CIN., TÉLÉV. Épreuve* de tournage. Recomm. offic. *épreuve. Visionner les rushs.* On emploie aussi le pluriel anglais *des rushes.* ■ **4** MÉD. Désensibilisation accélérée aux venins d'insectes.

RUSSE [ʀys] **adj. et n.** – 1715 ; a remplacé *moscovite* ◊ de *Russie* ■ **1** De Russie. *L'église orthodoxe russe. La révolution russe.* ➤ **soviétique.** *La littérature russe. — Billard* russe. Lapin* russe. Lévrier russe* (barzoï). *Poupées* russes. Montagnes* russes. Roulette* russe. Salade* russe. Caviar, vodka russe. Cuisine, restaurant russe* (blini, bortch, chachlik, kacha, koulibiac). — *Hors-d'œuvre à la russe* (zakouski). — *Boire à la russe :* vider d'un trait le verre d'alcool puis le jeter par-dessus son épaule. ■ **2 n.** *Un Russe.* ➤ FAM. **popov.** *Les Russes et les Ukrainiens. Un Russe blanc :* un émigré russe après 1917 (par oppos. aux rouges*, aux Soviétiques). ◆ **n. m.** (1671) LING. *Le russe :* langue du groupe slave oriental, écrite en alphabet cyrillique.

RUSSIFIER [ʀysifje] **v. tr.** ⟨7⟩ – 1830 au p. p. ◊ de *russe* ■ Rendre russe ; imposer la langue, les mœurs, les institutions russes à. *Les noms propres ouzbeks ont été souvent russifiés.* — **n. f. RUSSIFICATION,** 1863.

RUSSO- ■ Élément, de *russe : russo-japonais, russophone.*

RUSSOPHILE [ʀysɔfil] **adj. et n.** – 1854 ◊ de *russo-* et *-phile* ■ Qui est favorable aux Russes, à la Russie.

RUSSOPHOBE [ʀysɔfɔb] adj. et n. – avant 1918 ◇ de *russo-* et *-phobe* ■ Qui déteste les Russes, la Russie, sa politique.

RUSSOPHONE [ʀysɔfɔn] adj. et n. – 1968 ◇ de *russo-* et *-phone* ■ Qui parle le russe. *Population russophone des pays baltes.* — n. *Les russophones d'Ukraine.*

RUSSULE [ʀysyl] n. f. – 1816 ◇ latin des botanistes *russula*, classique *russulus* «rougeâtre» ■ Champignon charnu à lamelles *(basidiomycètes)* de couleur rougeâtre ou violette, dont plusieurs variétés sont comestibles. *Russule émétique* (toxique).

RUSTAUD, AUDE [ʀysto, od] adj. et n. – *rustaut* XVe ◇ de *rustre* ■ Qui a des manières de paysan ; qui manque de finesse, de délicatesse, d'usage. ➤ **balourd, fruste, grossier, lourdaud, paysan.** *« certaines natures rustaudes du peuple »* GONCOURT. — n. *Quel gros rustaud !* ➤ **rustre.**

RUSTICAGE [ʀystikaʒ] n. m. – 1842 ◇ de *rustiquer* ■ TECHN. Mortier peu épais qu'on projette sur un mur, avec une sorte de balai, pour le rustiquer*. ◆ Opération qui consiste à rustiquer un mur.

RUSTICITÉ [ʀystisite] n. f. – 1512 ; «travail des champs» XIIIe ◇ latin *rusticitas* ■ **1** Manières rustiques, manque de raffinement, d'éducation. *« Ils prirent sa franchise pour de la rusticité »* ROUSSEAU. ■ **2** (1545) LITTÉR. Caractère de ce qui est rustique (1°). ➤ **ruralité.** ■ **3** (1870) AGRIC. Qualité d'une plante ou d'un animal rustique (4°). ➤ **résistance.** *Rusticité du baudet.*

RUSTINE [ʀystin] n. f. – v. 1910 ◇ *Rustines*, marque déposée, de *Rustin*, nom d'un industriel ■ **1** Petite rondelle adhésive de caoutchouc qui sert à réparer une chambre à air de bicyclette. *Un mécanicien « m'enseigna l'art de démonter un pneu et de coller des rustines »* BEAUVOIR. *Emporter des rustines et de la dissolution en cas de crevaison.* ■ **2** (anglais *patch*) INFORM. Programme destiné à corriger provisoirement les défauts, les bogues d'un logiciel en circulation, dans l'attente d'une nouvelle version. ➤ **correctif, patch, retouche.** *Téléchargez la rustine.*

RUSTIQUE [ʀystik] adj. et n. m. – 1352 ◇ latin *rusticus*, de *rus, ruris* «campagne» → rustre

I adj. ■ **1** VX ou LITTÉR. De la campagne, des champs. ➤ **agreste, champêtre, paysan.** *Les poètes antiques « nous ont sans doute laissé d'admirables peintures des travaux, des mœurs et du bonheur de la vie rustique »* CHATEAUBRIAND. ➤ **pastoral, rural.** PAR EXT. *Maison rustique.* ■ **2** (1810 ; *à la rustique* 1668) COUR. Se dit de meubles fabriqués artisanalement à la campagne dans le style traditionnel de la province (et PAR EXT. fabriqués industriellement dans ce style). *Mobilier rustique ancien. Armoire, buffet, table, chaise rustique.* — n. m. *Se meubler en rustique.* ◆ ARCHIT. *Genre, ordre, ouvrage rustique*, caractérisés par l'emploi de pierres brutes naturelles ou imitées, ornées de bossages vermiculés. — VX *Bois rustique* : bois sinueux, écorcé ou non, qu'on emploie à l'état brut dans certaines constructions. *Petit pont de bois rustique.* ■ **3** (1352) LITTÉR. Très simple et peu raffiné. *Manières rustiques.* ➤ **campagnard, rude, rustaud.** ■ **4** (1771) Robuste ; qui supporte des conditions difficiles (plante, animal). ➤ **résistant.** *La pomme de terre est une plante rustique. Variété rustique de pois de senteur.*

II n. m. (1875 ◇ de *rustiquer*) TECHN. Outil de tailleur de pierre, marteau dont les extrémités aplaties et tranchantes sont découpées de manière à former de petites dents. ➤ 4 **laie.**

■ CONTR. Raffiné, urbain.

RUSTIQUER [ʀystike] v. tr. ⟨1⟩ – 1676 ; «travailler aux champs» 1564 ◇ de *rustique* ■ TECHN. Tailler, travailler (une pierre) au rustique pour la rendre semblable à une pierre brute. ◆ (1718) Travailler (une surface, une matière) pour lui donner une apparence rugueuse. — SPÉCIALT Crépir (un mur) grossièrement (➤ **rusticage**).

RUSTRE [ʀystʀ] n. et adj. – XIIe ◇ adaptation du latin *rusticus* → rustique ■ **1** Personne grossière et brutale. *Un rustre.* ➤ **brute, butor, gougnafier, goujat, malotru, mufle, pignouf ;** RÉGION. 1 **colon, habitant.** *« elle a été révoltée de votre grossièreté de rustre »* MAUPASSANT. *Tu me fais passer pour une rustre !* — adj. *Il est un peu rustre.* ■ **2** (1679) VX Paysan.

RUT [ʀyt] n. m. – XIVe ; *ruit* milieu XIIe ◇ latin *rugitus* «rugissement» ■ Période d'activité sexuelle des mammifères pendant laquelle les animaux cherchent à s'accoupler ; l'état dans lequel ils se trouvent pendant cette période. *Femelle en rut.* ➤ **œstrus** (cf. En chaleur, en chasse).

RUTABAGA [ʀytabaga] n. m. – 1768 ◇ du suédois *rotabaggar* «chou-rave» ■ Chou-navet dont la racine, à chair jaune, sert à l'alimentation du bétail et parfois à l'alimentation humaine. *Les rutabagas et les topinambours. « Nous avions la honte de nous accommoder de notre misère, des rutabagas qu'on servait à table »* SARTRE.

RUTHÉNIUM [ʀytenjɔm] n. m. – 1847 ◇ du latin médiéval *Ruthenia* «Russie», ce corps ayant été trouvé dans l'Oural ■ CHIM. Élément atomique (Ru ; n° at. 44 ; m. at. 101,07), métal rare extrait des minerais de platine.

RUTHERFORDIUM [ʀytɛʀfɔʀdjɔm] n. m. – avant 1994 ◇ du n. du physicien *Ernest Rutherford* ■ CHIM. Élément atomique radioactif (Rf ; n° at. 104) produit artificiellement et dont l'isotope le plus stable a une durée de vie de 65 s.

RUTILANCE [ʀytilɑ̃s] n. f. – 1851 ◇ de *rutilant* ■ LITTÉR. Caractère, aspect, éclat de ce qui est rutilant. ➤ **brillance, rutilement.** *« une sombre rutilance d'icône »* LEIRIS.

RUTILANT, ANTE [ʀytilɑ̃, ɑ̃t] adj. – *rutillant* 1495 ◇ latin *rutilans*, de *rutilare* «teindre en rouge» et aussi «briller», de *rutilus* «d'un rouge ardent» ■ **1** Qui est d'un rouge ardent. *Vapeurs rutilantes*, du peroxyde d'azote. ■ **2** (*rutilan* 1512) Qui brille d'un vif éclat. ➤ 1 **brillant*, éclatant, étincelant, flamboyant.** *Voiture rutilante. « Les émeraudes et les rubis de l'Orient [...] lancent de rutilantes flammes »* HUYSMANS.

RUTILE [ʀytil] n. m. – 1821 ◇ latin *rutilus* → rutilant ■ GÉOL. Bioxyde naturel de titane (TiO_2) que l'on rencontre dans la nature diversement coloré (rouge-brun, jaunâtre, bleu, violet), cristallisant dans le système quadratique.

RUTILEMENT [ʀytilmɑ̃] n. m. – 1871 ◇ de *rutiler* ■ LITTÉR. Fait de rutiler ; aspect de ce qui rutile. ➤ **rutilance.**

RUTILER [ʀytile] v. intr. ⟨1⟩ – 1485, repris 1831 ◇ latin *rutilare* ■ Être rutilant, briller d'un très vif éclat. ➤ **briller*, flamboyer.** *« Il lui passa au doigt un anneau orné de deux brillants. Ils rutilaient sur sa main sèche de ménagère »* MAURIAC.

RUTOSIDE [ʀytozid] n. m. – 1949 ; *rutine* n. f. 1855 ◇ du latin *ruta* «2 rue» et *oside* ■ BIOCHIM. Hétéroside extrait des feuilles de la rue, à propriétés vitaminiques (vitamine P). *Le rutoside agit comme protecteur des parois vasculaires ; il est prescrit en association avec la vitamine C dans la prévention des états hémorragiques.*

R.-V. ➤ **RENDEZ-VOUS**

RYE [ʀaj] n. m. – 1907 ◇ mot anglais américain, abrév. de *rye-whisky*, de *rye* «seigle» ■ ANGLIC. Whisky de seigle, pur ou mélangé. *« Scotch, bourbon ou rye ? »* SIMENON. ■ HOM. Raï ; poss. rail.

RYTHME [ʀitm] n. m. – 1520 ; *rime* n. f. v. 1370 (→ rime) ; n. f. «rythmique» 1512 ◇ latin *r(h)ythmus*, grec *rhuthmos* écrit *rhythme* jusqu'à fin XIXe s.

I Distribution d'une durée en une suite d'intervalles réguliers, rendue sensible par le retour périodique d'un repère et douée d'une fonction et d'un caractère psychologiques et esthétiques. ■ **1** Caractère, élément harmonique essentiel qui distingue formellement la poésie de la prose et qui se fonde sur le retour imposé, sur la disposition régulière des temps forts, des accents et des césures, sur la fixité du nombre des syllabes, etc. ◆ Mouvement général (de la phrase, du poème, de la strophe), qui est perceptible et qui résulte de l'agencement des membres de la phrase, de l'emploi des rejets, de la répartition des accents, etc. *Le rythme et le nombre de la phrase.* ➤ **cadence, harmonie, mouvement.** *Un rythme haché, saccadé ; fluide. Rythme et style.* ■ **2** Retour périodique des temps forts et des temps faibles, disposition régulière des sons musicaux (du point de vue de l'intensité et de la durée) qui donne au morceau sa vitesse, son allure caractéristique. ➤ **mesure, mouvement, tempo.** *Rythme binaire, ternaire*, qui procède par groupe de deux, trois temps. *Boîte à rythme(s)* : appareil électronique reproduisant des rythmes programmés. — *Rythme endiablé, syncopé. Marquer le rythme.* ➤ **rythmer.** *« les hanches souples qui roulaient en rythme »* VAILLAND. *Avoir le sens du rythme, le rythme dans la peau.* ◆ Élément rythmique prépondérant dans la musique de jazz (➤ **swing**), le funk (➤ **groove**). ◆ **AU RYTHME DE...** *« Le cortège avançait lentement au rythme monotone des deux tambours »* MAC ORLAN. ■ **3** PAR ANAL. (dans l'espace) ARTS Distribution des grandes masses, des pleins et des vides, des lignes dominantes ; répétition d'un motif ornemental. ➤ **eurythmie.** *« Il y a en architecture, comme en musique, des rythmes d'une symétrie harmonieuse qui char-*

ment l'œil» GAUTIER. *Le rythme des formes, des couleurs, des ombres, des lumières, des reflets, en peinture.*

II ■ **1** Mouvement régulier, périodique, cadencé. *Le rythme des vagues. Le rythme de la marche. Trouble du rythme cardiaque.* ➤ **arythmie ; bradycardie, flutter, tachycardie.** ♦ BIOL. *Rythme biologique :* variation périodique des phénomènes biologiques dans le monde animal et végétal. ➤ **biorythme ; chronobiologie ; horloge** (interne). *Rythme circadien, infradien.* ■ **2** Allure, vitesse (à laquelle s'exécute une action, se déroule un processus, une suite d'évènements). *Le rythme de la vie moderne. Changer de rythme. Ne pas pouvoir suivre le rythme. Le rythme de la production.* ➤ **cadence.** *«Le progrès des sciences et de leur utilisation se développe à un rythme toujours plus rapide»* BROGLIE. *«à ce rythme, le doublement [...] exigerait soixante-dix ans»* SAUVY. *Chacun va à son rythme.* — *Au rythme de :* à la cadence de. *Revue qui paraît au rythme de trois numéros par an* (➤ **périodicité**). ♦ SPÉCIALT *Le rythme de l'action dans une pièce de théâtre, un film. Cela manque de rythme, c'est mou.*

RYTHMÉ, ÉE [ʀitme] **adj.** – *rhythmé* 1835 ; *rimé* 1370 ◇ de *rythme* ■ Qui a un rythme. *«J'entendis le battement lourd et rythmé de leurs pas»* MAUPASSANT. ➤ **cadencé.** *Langage rythmé, mélodieux.* ➤ **harmonieux.** — *Baudelaire «a fait quelques courts poèmes en prose, mais en prose rythmée, travaillée et polie comme la poésie la plus condensée»* GAUTIER. ➤ **mesuré, rythmique.**

RYTHMER [ʀitme] **v. tr.** ⟨1⟩ – 1843 ◇ de *rythme* ■ **1** Donner du rythme à (une phrase). ➤ **cadencer.** *«Il avait médité sa phrase, il l'avait arrondie, polie, rythmée»* FLAUBERT. ■ **2** (1858) Soumettre à un rythme, régler selon une cadence. *Chanter pour rythmer son travail.* ♦ Marquer, souligner le rythme de (une phrase, un poème, un morceau de musique). ➤ **scander.** *«s'interrompant pour fredonner un air de ballet qu'elle rythmait d'un mouvement de la tête»* DAUDET.

RYTHMICIEN, IENNE [ʀitmisjɛ̃, jɛn] **n.** – 1870 ◇ de *rythmique* ■ DIDACT. ■ **1** Spécialiste de rythmique grecque ou latine. ■ **2** Poète habile dans le maniement des rythmes.

RYTHMICITÉ [ʀitmisite] **n. f.** – 1877 ◇ de *rythmique* ■ Caractère de ce qui est rythmique, qui présente un rythme. *La rythmicité du sommeil. Rythmicité circadienne.*

RYTHMIQUE [ʀitmik] **adj. et n. f.** – 1690 ; *richmique* fin XVe ◇ latin *r(h)ythmicus,* grec *rhuthmikos* ■ **1** Qui est soumis à un rythme régulier. ➤ **alternatif, rythmé.** *Oscillations rythmiques. «le grain qu'un vanneur d'un mouvement rythmique Agite et tourne dans son van»* BAUDELAIRE. — *Gymnastique rythmique,* par mouvements rythmés et enchaînés. — *La danse rythmique,* ou ELLIPT *la rythmique :* danse de caractère éducatif, intermédiaire entre la danse classique et la gymnastique. ■ **2** DIDACT. Qui est relatif au rythme. *Le schéma rythmique d'une strophe, d'une période.* — MUS. *Accent rythmique. Section* rythmique d'un orchestre de jazz.* — PHONÉT. *Groupe rythmique :* unité de la phrase française composée d'un groupe de syllabes et caractérisée par la présence d'un accent sur la dernière voyelle prononcée. ■ **3** Qui est fondé sur le rythme ; qui utilise les effets du rythme. *Versification rythmique,* fondée non sur le nombre ou la quantité des syllabes, mais sur l'accent de mot. *Le vers allemand et le vers anglais sont des vers rythmiques.* — *Prose rythmique.* ➤ **mesuré, rythmé.** ■ **4 n. f.** HIST. LITTÉR. Étude des rythmes des vers grecs ou latins. ♦ Étude des rythmes dans la langue littéraire (prose ou poésie). *«Le langage est justiciable, tour à tour, de la phonétique, avec la métrique et la rythmique qui s'y ajoutent»* VALÉRY. ■ **5 n. f.** Chausson de gymnastique en toile légère.

RYTHMIQUEMENT [ʀitmikmɑ̃] **adv.** – 1816 ◇ de *rythmique* ■ En rythme, d'une manière rythmique. *«Le moteur était déjà en marche, et vibrait rythmiquement»* LE CLÉZIO.

S

1**S** [ɛs] **n. m. inv.** ■ **1** Dix-neuvième lettre et quinzième consonne de l'alphabet : *s majuscule* (S), *s minuscule* (s). — PRONONC. Lettre qui, prononcée, note la fricative dentale sourde [s] à l'initiale, à la finale et devant consonne *(sac, jasmin, bus, as)* et la fricative dentale sonore [z] entre deux voyelles *(rose, poison)* ou à la liaison (*les amis* [lezami]) sauf après le préfixe *re- (resalir)* et dans certains composés *(antisocial, parasol)*. — *Digrammes, trigrammes comportant s : ss,* qui note [s] (*rosse, poisson, caresse, ressusciter* [ʀesysite], *ressembler* [ʀəsɑ̃ble]) ; *sh,* qui note [ʃ] dans des emprunts *(short, sherpa, rush)* ; *sc, sch* (➤ 1 **c**). — *Le* s, *marque du pluriel**. ■ **2** Forme sinueuse du s. *Virage en s. Ivrogne qui fait des s.* ➤ **zigzag.** — ANAT. *S iliaque* : portion terminale du côlon, au trajet sinueux. ■ **HOM.** Ès. Esse.

2**S** **abrév. et symboles** ■ **1 S.** [syd] **n. m. inv.** Sud. ■ **2 s** [s(ə)gɔ̃d] **n. f. inv.** Seconde (2). ■ **3 S** [simɛns] **n. m. inv.** Siemens. ■ **4 S** [ɛs] (du latin *sinister* «gauche») CHIM. Qualifie un atome de carbone chiral dont les substituants se suivent dans le sens inverse des aiguilles d'une montre, du plus lourd au plus léger (opposé à *R*). *Configuration R, S–* (➤ **thréo-**). ■ **5 S** [ɛs] (anglais *small* «petit») Petit, pour une taille de vêtement. *Taille S.* ■ **6 S** [ɛs] (du *s* de *sûreté*) (En France et dans certains pays européens) *Fiche S* : fiche signalétique du fichier des personnes recherchées, concernant les individus soupçonnés de visées terroristes ou d'atteinte à la sûreté de l'État. — *Terroristes fichés S.*

S' ➤ **SE** et 1**SI**

SA ➤ 1**SON**

SABAYON [sabajɔ̃] **n. m.** – *sabaillon* 1803 ◊ italien *zabaione* ■ Crème mousseuse composée de jaunes d'œufs et de sucre et aromatisée de vin doux ou de champagne. *Sabayon au marsala.*

SABBAT [saba] **n. m.** – XIIe ◊ latin ecclésiastique *sabbatum,* de l'hébreu *s(c)habbat,* par le grec *sabbaton* ■ **1** Repos que les juifs doivent observer le samedi (du vendredi au coucher du soleil au samedi au coucher du soleil), jour de joie et de recueillement consacré au culte divin. *Le jour du sabbat.* ➤ **samedi.** REM. Les juifs disent *shabbat, chabbat* [ʃabat]. ■ **2** (Par une interprétation malveillante des chrétiens) Assemblée nocturne et bruyante de sorciers et de sorcières, au Moyen Âge. *«Un démon ivre encor du banquet des sabbats»* HUGO. ■ **3** (XIVe-XVe) Danse, agitation frénétique. *«je danse le sabbat dans une rouge clairière, avec des vieilles et des enfants»* RIMBAUD. ◆ FAM. Bruit d'enfer. ➤ **chahut, tapage.** *«Voyez le beau sabbat qu'ils font à notre porte»* RACINE.

SABBATHIEN, IENNE [sabatjɛ̃, jɛn] **n.** – 1732 ◊ de *Sabbathius* ■ HIST. RELIG. Membre d'une secte chrétienne fondée au XIVe s. par Sabbathius, et qui célébrait la pâque le même jour que les juifs.

SABBATIQUE [sabatik] **adj.** – 1569, fig. ◊ de *sabbat* ■ DIDACT. ■ **1** Qui a rapport au sabbat (1°). *Repos sabbatique. Année sabbatique :* septième année, pendant laquelle on devait laisser reposer la terre. ◆ (1948 ◊ anglais *sabbatical year* [1886]) *Année sabbatique :* année de congé accordée dans certains pays aux professeurs d'université, aux salariés du secteur privé pour leur permettre de se consacrer à leurs recherches, parfaire leur formation. — PAR EXT. *Congé sabbatique,* accordé sous certaines conditions aux salariés qui en font la demande. ■ **2** Qui tient du sabbat (2°). *«les scènes sabbatiques du moyen âge»* HUYSMANS.

1**SABÉEN, ENNE** [sabeɛ̃, ɛn] **n. et adj.** – 1732 ◊ de l'araméen *ç'ba* «baptiser», rattaché à l'hébreu *çaba* «armée (du ciel)» ■ RELIG. ■ **1** Membre d'une secte judéo-chrétienne mentionnée dans le Coran (probablement chrétiens adorateurs des astres). ■ **2** Membre d'une secte de gnostiques, dont la religion s'apparentait peut-être à celle des précédents.

2**SABÉEN, ENNE** [sabeɛ̃, ɛn] **adj. et n.** – 1732 ◊ de *Saba,* nom du peuple d'Arabie qui vivait au Yémen ■ HIST. Du pays de Saba. *Coutumes sabéennes.* — **n.** *Les Sabéens.*

SABÉISME [sabeism] **n. m.** – *sabaïsme* 1732 ◊ de 1*sabéen* ■ Religion des sabéens, christianisme associé au culte des astres.

SABELLE [sabɛl] **n. f.** – 1805 ◊ latin des zoologistes *sabella* (1788) ; p.-ê. de *sabulum* «sable» ■ ZOOL. Annélide sédentaire *(polychètes),* ver marin allongé dont les branchies céphaliques forment un panache.

SABELLIANISME [sabeljanism] **n. m.** – 1696 ◊ de *sabellien* (1704), de *Sabellius,* n. pr. ■ RELIG. Doctrine de Sabellius, hérésie selon laquelle la Trinité forme une seule personne qui se manifeste sous trois aspects.

SABINE [sabin] **n. f.** – *savine* 1130 ◊ latin *sabina (herba)* «(herbe) des Sabins» ■ Genévrier du sud de l'Europe. *«une végétation de colchiques, de sabines»* HUYSMANS.

SABIR [sabiʀ] **n. m.** – 1852 ◊ de l'espagnol *saber* «savoir» ■ **1** ANCIENNT Jargon mêlé d'arabe, de français, d'espagnol, d'italien, qui était parlé dans le bassin méditerranéen. ➤ **lingua franca.** *«Le sabir [...] fait de mots bariolés amassés comme des coquillages tout le long des mers latines»* DAUDET. ■ **2** (1919) LING. Système linguistique mixte limité à quelques règles et à un vocabulaire déterminé d'échanges commerciaux (opposé à *pidgin* et à *créole,* dont l'organisation est plus complète), issu des contacts entre des communautés de langues très différentes et servant de langue d'appoint (opposé à *créole,* langue maternelle). — PAR EXT. PÉJ. Langage hybride, fait d'emprunts, difficilement compréhensible. ➤ **charabia,** 1**jargon.**

SABLAGE [sablaʒ] **n. m.** – 1876 ◊ de *sabler* ■ Action de sabler (1°, 3° et 4°). *«Des camions de sablage quadrillent la ville avant le lever du jour pour éviter la formation du verglas»* D. DE VIGAN.

1 **SABLE** [sɑbl] **n. m.** – XVe ; hapax 1165 ◇ adaptation, d'après *sablon*, du latin *sabulum* ■ **1** Ensemble de petits grains minéraux (quartz) séparés, recouvrant le sol ; MINÉR. Roche sédimentaire pulvérulente, siliceuse, d'origine détritique. *Grain de sable. Sable fin, très fin* (➤ 1 **limon**) ; *gros sable, sable grossier* (➤ **gravier**). *Sable coquillier* (➤ **falun**) ; *sable micacé. Sable jaune, rouge, blanc, gris. Plage, rive de sable.* ➤ 1 **grève ;** VX **arène ; sablonneux.** « *On croit communément que le sable constitue une couche molle et douce comme un matelas. Rien de plus dur au contraire, une dureté de ciment* » TOURNIER. « *ce sable vivant qui marche, ondule, se creuse, vole et crée sur la plage, par un jour de vent, des collines qu'il nivelle le lendemain* » COLETTE. *Dune de sable. Le sable du désert.* ➤ 1 **erg.** *Bancs de sable d'une rivière.* ➤ **jard.** *Sables mouvants,* que les vents déplacent ; SPÉCIALT sable mouillé qui s'enfonce sous un poids et peut engloutir les personnes qui le foulent. ➤ **s'enliser.** FIG. « *On compatit, mais le dossier se perd dans les sables mouvants des procédures* » DAENINCKX. *Vent, tempête de sable,* qui soulève et transporte le sable. *Plantes, animaux qui vivent dans le sable.* ➤ **ammophile, arénicole.** ♦ **LES SABLES :** lieu ensablé ; SPÉCIALT désert de sable. *Rose* des sables. Renard des sables.* « *l'infini des sables que répercute le cri des charognards* » BEN JELLOUN. ♦ *Poignée de sable. Tas de sable. Bacs à sable des jardins publics.* ♦ LOC. *Bâtir* sur le sable. Bâti à chaux* et à sable. Grain de sable :* action, évènement minuscule qui enraye, gêne un processus. — *Se mettre la tête dans le sable :* refuser de voir la réalité (cf. Faire l'autruche). — (1725 argot ◇ p.-ê. du bateau qui échoue) FAM. *Être sur le sable :* se retrouver sans argent, ruiné ; être sans travail. — FAM. *Le marchand de sable est passé,* les enfants ont sommeil (les yeux leur piquent). « *il vide* [...] *les mignonnettes du minibar en attendant patiemment le marchand de sable* » P. LAPEYRE. ■ **2** ADJT INV. Beige grisé très clair. *Des bottes sable* (ne pas confondre avec 2 *sable*).

2 **SABLE** [sɑbl] **n. m.** – XIIe ◇ latin médiéval *sabellum,* polonais *sabol* ou russe *sobol* « zibeline » ■ BLAS. Noir (couleur de la zibeline).

SABLÉ, ÉE [sɑble] **n. m. et adj.** – 1870 n. m. ◇ de *Sablé,* n. d'une ville de la Sarthe ■ **1** Petit gâteau sec à pâte friable. *Sablés au beurre.* ■ **2 adj.** (v. 1900) Qui a la texture de ce gâteau (qui s'effrite comme le sable). *Pâte sablée.*

SABLER [sɑble] **v. tr.** ⟨1⟩ – 1587 ◇ de 1 *sable* ■ **1** Couvrir de sable. *Sabler une route verglacée.* « *une route bien plane et sablée avec du sable fin* » GAUTIER. ■ **2** TECHN. Jeter dans un moule fait de sable. ♦ FIG. VX Avaler d'un trait. « *Jacques avait sablé deux ou trois rasades* » DIDEROT. MOD. *Sabler le champagne :* boire du champagne pour fêter un évènement heureux. ■ **3** (début XXe) TECHN. Décaper, dépolir, graver à la sableuse. ABSOLT *Machine à sabler.* ➤ **sableuse.** ■ **4** CUIS. Travailler (une pâte) de manière à lui donner la consistance granuleuse du sable.

SABLERIE [sɑbləʀi] **n. f.** – 1870 ◇ de *sabler* ■ TECHN. Partie d'une fonderie où l'on fait les moules en sable.

SABLEUR, EUSE [sɑblœʀ, øz] **n.** – 1757 ◇ de *sabler* ■ TECHN. ■ **1** Ouvrier qui fait les moules en sable dans une fonderie. ■ **2** Ouvrier qui travaille à la sableuse.

SABLEUSE [sɑbløz] **n. f.** – 1907 ◇ de *sableur* ■ TECHN. Machine qui projette un jet de sable fin et sert à décaper, dépolir, graver, etc.

SABLEUX, EUSE [sɑblø, øz] **adj.** – 1559 ; ancien provençal *sablos* (1275) ◇ de *sabulum* → 1 sable ■ Qui contient du sable. *Alluvions sableuses.*

SABLIER [sɑblije] **n. m.** – 1659 ; *sablière* n. f. 1609 ◇ de 1 *sable* ■ Instrument composé de deux vases ovoïdes abouchés verticalement, le vase supérieur étant rempli de sable qui coule doucement dans le vase inférieur (pour mesurer le temps). *Retourner le sablier. Utiliser un sablier pour faire cuire des œufs à la coque.* — PAR MÉTAPH. « *On compte les minutes qui nous restent à vivre, et l'on secoue notre sablier pour le hâter* » VIGNY.

SABLIÈRE [sɑblijɛʀ] **n. f.** – 1346 ◇ de 1 *sable*
I (parce que les poutres soutiennent le mortier et le *sable*) TECHN. Grosse poutre horizontale qui supporte d'autres pièces. — Ferme (3) d'un comble.
II ■ **1** (1690) Carrière de sable. ➤ **sablonnière.** ■ **2** CH. DE FER Réservoir à sable (pour augmenter l'adhérence des roues).

SABLON [sɑblɔ̃] **n. m.** – *sablun* « sable » 1125 ◇ latin *sabulo, onis,* de *sabulum* « sable » ■ **1** VX Sable. ♦ TECHN. Sable fin, abrasif. ■ **2** (1165) VX Lieu couvert de sable.

SABLONNER [sɑblɔne] **v. tr.** ⟨1⟩ – 1387 ◇ de *sablon* ■ TECHN. ■ **1** Parsemer de sable (le fer chaud) pour souder. ■ **2** Récurer avec du sablon. ■ **3** Couvrir d'une couche de sable, de terre fine.

SABLONNEUX, EUSE [sɑblɔnø, øz] **adj.** – *sablonos* 1160 ◇ de *sablon* ■ Naturellement couvert de sable ; constitué de sable. ➤ **sableux.** *Chemin sablonneux, terre sablonneuse.*

SABLONNIÈRE [sɑblɔnjɛʀ] **n. f.** – 1237 ; « désert de sable » v. 1200 ◇ de *sablon* ■ Lieu d'où l'on extrait le sable. ➤ **sablière.**

SABORD [sabɔʀ] **n. m.** – *sabort* 1402 ◇ p.-ê. de *bord* ■ MAR. Ouverture quadrangulaire servant, sur un navire de guerre, de passage à la bouche des canons. — *Sabord de charge,* pour l'embarquement du matériel. *Faux sabord* ou *sabord d'aérage :* grand hublot carré. ♦ FAM. *Mille sabords !* juron des marins.

SABORDAGE [sabɔʀdaʒ] **n. m.** – 1894 ◇ de *saborder* ■ Action de (se) saborder. *Le sabordage de la flotte française à Toulon, en novembre 1942.* — On a dit aussi *sabordement,* 1846.

SABORDER [sabɔʀde] **v. tr.** ⟨1⟩ – 1831 ◇ de *sabord* ■ **1** Percer (un navire) au-dessous de la flottaison dans le but de le faire couler. — PRONOM. *Se saborder :* couler volontairement son navire. ■ **2** (1942, à propos des journaux qui renoncèrent d'eux-mêmes à paraître) *Saborder son entreprise, se saborder,* mettre fin volontairement aux activités de son entreprise.

SABOT [sabo] **n. m.** – 1512 ; *çabot* « toupie » XIIe ◇ probablt de *savate* et *bot,* var. de 2 *botte* ■ **1** Chaussure paysanne faite généralement d'une seule pièce de bois évidée. ➤ 1 **galoche.** « *Né de l'homme, le sabot ne peut oublier l'arbre entièrement et l'arbre disséminé à vos pieds continue de mourir* » J.-L. TRASSARD. « *Les pieds dans ses gros sabots remplis de paille* » FROMENTIN. *Un paysan en sabots.* — LOC. *Je le vois* (ou *je l'entends*) *venir** (I, A) *avec ses gros sabots. Avoir les deux pieds* dans le même sabot.* ■ **2** *Sabot de Vénus :* orchidée sauvage dont la forme évoque celle d'un sabot. ■ **3** (XVIIe) Chez les ongulés, Ongle très développé, sorte d'enveloppe cornée qui entoure l'extrémité du doigt et repose dans la marche sur une large sole (1). *Parties du sabot du cheval et des équidés :* fourchette, lacune, muraille, pince, sole. *Sabot des ruminants.* ➤ **onglon.** « *Les animaux à sabots doivent tous être herbivores, puisqu'ils n'ont aucun moyen de saisir une proie* » CUVIER. *Ferrer le sabot d'un cheval.* ■ **4** TECHN. Garniture de métal destinée à protéger l'extrémité d'une pièce de bois (pied de meuble, pieu, charpente, etc.). *Sabots de tables, de bureaux.* — *Sabot d'enrayage, sabot d'arrêt :* pièce que l'on place sous la roue d'un véhicule pour enrayer ou arrêter la marche. *Sabot de frein :* pièce mobile qui vient s'appliquer sur la jante de la roue. ♦ (1967) *Sabot de Denver :* pince que la police applique sur la roue d'un véhicule en stationnement illicite, afin de l'immobiliser. ■ **5** APPOS. *Baignoire sabot :* baignoire courte où l'on se baigne assis (à l'origine en forme de sabot). *Des baignoires sabots.* ■ **6** Jouet d'enfant, toupie à extrémité conique que l'on fait tourner sur la pointe en la fouettant. VX *Le sabot dort,* il tourne sur place, paraissant immobile. LOC. VIEILLI *Dormir comme un sabot,* profondément. ■ **7** (1835) Instrument de musique, bateau, véhicule de mauvaise qualité. *Ce bateau est un vrai sabot. Comment pouvez-vous jouer sur un pareil sabot !* ♦ LOC. VIEILLI *Travailler, jouer comme un sabot,* très mal (cf. Comme un pied, une savate).

SABOTAGE [sabɔtaʒ] **n. m.** – 1870 ; « fabrication des sabots » 1842 ◇ de *saboter* ■ **1** TECHN. Action de saboter (un pilotis, une traverse). ■ **2** (fin XIXe) COUR. Action de saboter (un travail). ➤ **gâchage.** « *un grand nombre d'ouvriers avaient prôné le sabotage du travail* » MARTIN DU GARD. ♦ Acte matériel tendant à empêcher le fonctionnement normal d'un service, d'une entreprise, d'une machine, d'une installation. *Sabotage industriel. Accident d'avion dû à un sabotage. Sabotages exécutés par la Résistance sous l'occupation allemande.* — FIG. *Sabotage d'une politique, d'une négociation.*

SABOTER [sabɔte] **v. tr.** ⟨1⟩ – XIIIe « heurter avec les sabots » ◇ de *sabot* ■ **1** TECHN. Entailler et percer (les traverses) afin de préparer le logement du patin du rail et de ménager les trous où seront vissés les tire-fonds. ♦ Garnir (un pieu, un pilotis) d'un sabot. ■ **2** (1808 ; « maltraiter » 1640) Faire vite et mal. ➤ **gâcher, gâter.** *Saboter un travail, un devoir.* ➤ **bâcler.** *L'orchestre a saboté ce morceau,* l'a très mal exécuté. ■ **3** (fin XIXe) Détériorer ou détruire par un acte de sabotage. *Saboter une machine, un avion.* ♦ Chercher à contrarier ou à neutraliser par malveillance. *Saboter un projet, une réunion, les élections.* ➤ **torpiller.**

SABOTERIE [sabɔtʀi] **n. f.** – 1855 ♢ de *sabot* ■ TECHN. Fabrique de sabots. — Fabrication des sabots.

SABOTEUR, EUSE [sabɔtœʀ, øz] **n.** – 1808 ♢ de *saboter* ■ Personne qui sabote un travail. ♦ Responsable, auteur d'un sabotage. *Terroristes et saboteurs.*

SABOTIER, IÈRE [sabɔtje, jɛʀ] **n.** – 1518 ♢ de *sabot* ■ Personne qui fabrique, qui vend des sabots.

SABOULER [sabule] **v. tr.** ‹1› – 1546 ♢ croisement probable entre *saboter* «secouer» et 1*boule* ; cf. *chambouler* ■ VX Bousculer, malmener, secouer.

SABRA [sabʀa] **n.** – 1950 ♢ de l'arabe *sabr* «figue de Barbarie» ■ Citoyen juif d'Israël, natif du pays. *Les sabras et les immigrés de la diaspora.*

SABRAGE [sɑbʀaʒ] **n. m.** – 1904 ; «hachure» 1883 ♢ de *sabrer* ■ TECHN. Opération de délainage, arrachage des débris végétaux adhérant aux toisons.

SABRE [sɑbʀ] **n. m.** – 1598 ♢ allemand *Sabel,* variante de *Säbel* ; hongrois *száblya* ■ **1** Arme blanche, à pointe et à tranchant, à lame plus ou moins recourbée. ➤ **cimeterre,** FAM. **coupe-chou, épée, yatagan.** *Sabre de cavalerie* (➤ VX 1**latte**), *d'abordage, d'infanterie. Sabre-baïonnette :* sabre-poignard qui s'adapte au fusil et peut servir de baïonnette. *Escrime au sabre. Sabre au clair* ! Coup de sabre* (➤ **sabrer**). — LOC. *Traîneurs de sabre :* militaires fanfarons et belliqueux. ➤ **bravache.** FAM. *Le sabre et le goupillon :* l'Armée et l'Église. ■ **2** (par anal. de forme) TECHN. Instrument servant à tondre les haies. — Lame ou tringle métallique servant au sabrage. — Came en forme de lame de sabre, dans certaines machines à vapeur. — Instrument courbe servant à soulever le varech. *Pêche des crustacés au sabre.* — Dérive très allongée de certains petits yachts. ♦ FAM. Rasoir à main, à longue lame. ♦ **EN SABRE :** en forme de lame de sabre, légèrement courbe. ■ **3** Sport de l'escrime au sabre. *Champion du monde de sabre.* ■ **4** Poisson marin comestible *(trichiuridés)* au long corps rubané, à la peau dépourvue d'écailles. *Sabre argenté.*

SABRER [sɑbʀe] **v. tr.** ‹1› – 1680 ♢ de *sabre* ■ **1** Frapper à coups de sabre (surtout avec un compl. plur. ou collect.). *Sabrer l'ennemi.* ABSOLT *La cavalerie prussienne «s'élance, vole, sabre, taille, hache, tue, extermine»* HUGO. ♦ PAR EXT. Marquer de traits profonds. *«Des rides nouvelles sabraient ses joues»* R. ROLLAND. — *Dessin sabré de larges coups de crayon.* ■ **2** (1762) FIG. VX Juger (une affaire) avec précipitation. ♦ MOD. Pratiquer de larges coupures dans. *Sabrer de nombreux passages dans un texte.* ➤ **biffer.** *La rédaction du journal a sabré son article.* ➤ **raccourcir.** — FAM. *Il s'est fait sabrer,* renvoyer (d'un établissement scolaire), licencier (d'un emploi). *Sabrer la moitié des candidats* (à un examen), les noter avec sévérité ; les refuser impitoyablement. ➤ **saquer.** ■ **3** TECHN. Soumettre (les peaux) au sabrage.

SABRETACHE [sɑbʀətaʃ] **n. f.** – 1803 ♢ allemand *Säbeltasche* «poche de sabre» ■ ANCIENNT Sac plat en cuir, que les cavaliers suspendaient au ceinturon, à côté du sabre.

SABREUR, EUSE [sɑbʀœʀ, øz] **n.** – 1790 ♢ de *sabrer* ■ **n. m.** Celui qui se bat au sabre. — **n.** SPORT Personne qui pratique l'escrime au sabre. ♦ **n. m.** FIG. Soldat courageux et brutal. *«la vulgaire bravoure du sabreur»* BALZAC.

SABREUSE [sɑbʀøz] **n. f.** – 1964 ♢ de *sabrer* ■ TECHN. Machine formée d'un tambour tournant garni de lames, pour le sabrage des peaux.

SABURRAL, ALE, AUX [sabyʀal, o] **adj.** – 1770 ♢ de *saburre* ■ MÉD. *Langue saburrale,* recouverte d'un enduit blanc jaunâtre.

SABURRE [sabyʀ] **n. f.** – 1539 ♢ latin *saburra* «lest», déjà au fig. dans l'adj. *saburratus* «lesté», en parlant de l'estomac ■ MÉD. ANC. Résidu qu'on supposait accumulé dans l'estomac à la suite de mauvaises digestions.

1**SAC** [sak] **n. m.** – fin XIIe ♢ du latin *saccus* «sac» et «vêtement de crin grossier», du grec *sakkos* «étoffe de poil de chèvre», «cilice» puis «sac»

I OBJET FABRIQUÉ A. CONTENANT ■ **1** Contenant formé d'une matière souple pliée, assemblée, et ouvert seulement par le haut. ➤ 1**poche.** *Grand, petit sac* (➤ **sachet**). *Sac pour l'emballage, le transport. L'entrée, l'ouverture, le fond d'un sac. Sac bourré jusqu'à la gueule. Sac à deux poches.* ➤ **besace, bissac.** *Oreilles* d'un sac. Remplir, vider un sac. Mettre en sac.* ➤ **ensacher.** *Sac de jute, de toile* (➤ 2**balle**). *Toile à, de sac. Sac en papier ; sac en matière plastique,* et FAM. *sac plastique. Sac à poignées.* — *Sac à blé, à patates,* destiné à recevoir du blé, etc. (1791) VX *Sac à papier !* (juron). *«Sac à papier, s'écrie-t-il, quel gaillard !»* CHRISTOPHE. — (fin XIIIe) *Sac de charbon, de noix, de plâtre,* contenant du charbon, etc. *Sac de pommes de terre ;* FIG. femme grosse et informe. — *Sac de sable, de terre,* servant de matériaux pour édifier une fortification, soutenir une tranchée, protéger un emplacement. — *Sac de sable,* servant à l'entraînement des boxeurs. FAM. (arg. des aviateurs) Passager d'un avion. ♦ *Sacs postaux,* dans lesquels on transporte les lettres. ♦ *Sac(-)poubelle*.* ♦ *Sac d'argent.* ➤ 1**bourse, escarcelle.** — (1844) FAM. et VIEILLI *Le sac :* l'argent, la richesse. *«On disait que madame Grandieu c'était le sac»* DUVERT. *Avoir le gros sac :* être riche. *Épouser le gros sac :* épouser une femme riche, faire un riche mariage. — (1846) ANCIENNT Somme de dix francs (mille anciens francs). ♦ *Enfermer qqn dans un sac.* — (1842) *Course en sac :* jeu où les concurrents, les jambes et une partie du corps enfermés dans un sac, s'efforcent d'avancer en sautant. — LOC. VIEILLIE (par allus. au sac dans lequel on enfermait certains malfaiteurs) *Hommes, gens de sac et de corde,* malfaiteurs, scélérats. ■ **2** LOC. *Être fagoté, ficelé comme un sac,* très mal habillé (cf. Être fichu comme l'as* de pique). ♦ Ce qui est gonflé, informe comme un sac plein. *«Il tapa sur les gros sacs que faisaient ses poches»* RAMUZ. ♦ PAR APPOS. *Robe sac,* sans taille marquée. *Des robes sacs* ou *sac* (inv.). ■ **3** (1904) **SAC DE COUCHAGE :** sac en duvet (➤ **duvet,** I, 2°), ou en matière synthétique isolant, dans lequel on se glisse pour dormir en camping, en randonnée, en expédition. — *Sac de couchage pour bébé.* ➤ **chancelière, gigoteuse, turbulette.** ■ **4** LOC. (1881) *Mettre dans le même sac :* confondre, englober deux ou plusieurs individus (ou groupes) dans une même réprobation, un même mépris. — (1798) *Prendre qqn la main dans le sac,* le surprendre, le prendre sur le fait. ♦ FAM. *Sac d'embrouilles, sac de nœuds :* affaire confuse, embrouillée. ♦ (fin XVe) *Sac à vin :* ivrogne. *«Chenapans, sacs à vin»* JARRY. — *Sac d'os*.* — *Sac à malices* (d'un prestidigitateur). (1935) *Avoir plus d'un tour dans son sac :* être très malin.

B. CONTENANT PORTATIF (fin XVIe) ■ **1** Objet souple, fabriqué pour servir de contenant, où l'on peut placer, ranger, transporter diverses choses. ➤ **banane, gibecière,** 1**musette, sacoche.** *Sac de soldat, de fantassin* (➤ **havresac**), *de chasseur* (➤ **carnier, carnassière, gibecière**). (1957) *Sac à dos. Sac d'alpiniste, de scout, de campeur :* sacs portés sur le dos à l'aide de bretelles. *«Je marche depuis l'aurore, sac au dos, le long de la Loire»* BERGOUNIOUX. *Mettre le sac à terre. «Le sac c'est la malle et même c'est l'armoire. Et le vieux soldat connaît l'art de l'agrandir, quasi miraculeusement»* BARBUSSE. — *Sac marin* (de marin). — *Sac de plage,* pour mettre les maillots de bain, les serviettes. *Sac de sport.* ♦ (1740) *Sac à ouvrage* (en toile, en tapisserie), où l'on range le nécessaire à couture, le tricot. — *Sac à provisions* (➤ **cabas**). ♦ (1868) *Sac de voyage :* bagage à main souple et sans couvercle (à la différence de la valise). *Sac de voyage en cuir. Grand sac.* ➤ **fourre-tout.** ■ **2** (1907) **SAC À MAIN** ou **SAC :** accessoire féminin, destiné à contenir l'argent, les papiers, les objets personnels. ➤ RÉGION. **sacoche.** *Porter son sac en bandoulière. Sac en cuir, en toile, en crocodile (en croco). Poignée, fermoir, bandoulière d'un sac à main. Sac sans poignée.* ➤ **minaudière, pochette.** *Sac en forme de bourse.* ➤ **aumônière.** *Petit sac en tissu.* ➤ VIEILLI **réticule.** *«Aucun homme bien élevé ne fouillera sans permission dans le sac d'une dame»* ZWANG. ■ **3** Serviette, cartable (dans le langage des écoliers). *«elle ira en quatrième [...] et quittera le sac (la serviette) pour quatre livres noués par une sangle»* COCTEAU. — (Canada) *Sac d'écolier.* ■ **4** (fin XVe) VX Dossier, portefeuille contenant les pièces d'un procès. — (1680) MOD. LOC. *L'affaire est dans le sac :* le succès de l'entreprise est assuré, certain. *«Tu as bon espoir ? – Je t'ai déjà dit que c'était dans le sac»* SIMENON.

C. CONTENU D'UN SAC *Moudre cent sacs de blé, un sac de café.* — SPÉCIALT Contenu d'un sac de dimension déterminée, servant de mesure (pour les grains). — MAR. *Le sac du marin :* ensemble des effets réglementaires et objets personnels du marin (contenus en principe dans le sac).

II CAVITÉ ORGANIQUE ■ **1** (fin XIVe) VX L'estomac, le ventre. *S'en mettre plein le sac* (cf. S'en mettre plein la lampe*). — (1837) MOD. LOC. FAM. *Vider son sac :* dire le fond de sa pensée ; avouer une chose que l'on tenait cachée. ■ **2** (1677) BIOL. Cavité ou enveloppe en forme de poche, de sac. ➤ **follicule, saccule, vésicule, vessie.** (1732) *Sac lacrymal,* à l'angle extrême de l'œil. *Sac herniaire.* EMBRYOL. *Sac ovulaire, gestationnel. Sacs aériens,* de l'appareil respiratoire des oiseaux. (1831) BOT. *Sac embryonnaire :* partie de l'ovule des angiospermes qui correspond au prothalle des cryptogames.

2 **SAC** [sak] n. m. – 1420 ◊ italien *sacco*, dans l'expr. *mettere a sacco* (XIVe) ; de l'ancien allemand *Sakman* «pillard, brigand», de *Sak* «1 sac» ■ Pillage (d'une ville, d'une région). ➤ **pillage, saccage.** *Le sac de Rome. Mettre à sac :* piller, saccager. *«La foule s'en prit au magasin, éventra la caisse et mit à sac les étalages»* COURCHAY. *Mise à sac.*

SACCADE [sakad] n. f. – 1534 ◊ de *saquer* «tirer», forme dialectale de l'ancien français *sachier* «secouer», de 1*sac* ■ **1** ÉQUIT. Brusque secousse donnée aux rênes d'un cheval. ■ **2** (1617) COUR. Mouvement brusque et irrégulier. ➤ **à-coup, heurt, secousse, soubresaut.** *«Il marche à pas fermes, mais par saccades, comme un pantin désarticulé»* MARTIN DU GARD. *La voiture avançait par saccades,* par bonds successifs. — *Parler, rire par saccades* (➤ **saccadé**).

SACCADÉ, ÉE [sakade] adj. – 1788 ◊ de *saccade* ■ Qui procède par saccades, par mouvements successifs, brusques. ➤ **discontinu, haché, heurté, irrégulier.** *Gestes, mouvements saccadés. «Son sommeil était saccadé. Il avait de brusques détentes nerveuses»* R. ROLLAND. *Bruit saccadé. Une voix saccadée.* ♦ FIG. *Thriller au rythme haletant, saccadé.*

SACCADER [sakade] v. tr. ‹1› – 1532 ◊ de *saccade* ■ **1** ÉQUIT. Donner des saccades à (un cheval). ■ **2** Rendre saccadé. *«Le tremblement nerveux de la tête saccadait ses paroles»* MARTIN DU GARD.

SACCAGE [sakaʒ] n. m. – 1596 ◊ de *saccager* ■ Pillage commis en saccageant. ➤ **déprédation,** 2**sac.** *Saccage d'un lieu public par des vandales. «Quel saccage au jardin de la beauté !»* RIMBAUD.

SACCAGEMENT [sakaʒmɑ̃] n. m. – 1544 ◊ de *saccager* ■ VIEILLI Action de saccager, pillage violent. ➤ **saccage.** *«Pestes, famines, incendies, saccagement de villes»* CHATEAUBRIAND.

SACCAGER [sakaʒe] v. tr. ‹3› – 1450 ◊ italien *saccheggiare,* de *saccheggio,* de *sacco* → 2sac ■ **1** Mettre à sac, au pillage, en détruisant et en volant. ➤ **piller, ravager.** *Autun «avait été horriblement saccagée et brûlée à la fin du troisième siècle»* STENDHAL. ♦ PAR EXT. Détruire, dévaster (sans idée de pillage). ➤ **désoler.** *Vignoble saccagé par la grêle. Saccager les banquettes du métro.* ➤ **vandaliser.** ■ **2** Mettre en désordre. ➤ **bouleverser, chambarder.** *Les cambrioleurs ont tout saccagé chez lui.*

SACCAGEUR, EUSE [sakaʒœʀ, øz] n. et adj. – 1553 ◊ de *saccager* ■ Personne qui saccage (une ville, un pays). FIG. *Oiseaux saccageurs des vergers.*

SACCHARASE [sakaʀɑz] n. f. /SACCARASE/ – avant 1950 ◊ de *sac-char(o)-* et *-ase* ■ BIOCHIM. Enzyme qui catalyse l'hydrolyse du saccharose en fructose et en glucose. ➤ **sucrase ;** VX **invertase.**

SACCHARATE [sakaʀat] n. m. /SACCARATE/ – 1799 ◊ de *sacchar(o)-* et suffixe chimique *-ate* ■ CHIM. Sel de l'acide obtenu par oxydation du saccharose, du glucose (acide *saccharique*). Combinaison du saccharose avec les bases (➤ **sucrate**).

SACCHAREUX, EUSE [sakaʀø, øz] adj. /SACCAREUX, EUSE/ – 1839 ◊ de *sacchar(o)-* et suffixe chimique *-eux* ■ DIDACT. De la nature du sucre, et SPÉCIALT du saccharose.

SACCHARI-, SACCHAR(O)- /SACCARI-, SACCAR(O)-/ ■ Éléments, du latin *saccharum,* grec *sakkharon* «sucre».

SACCHARIDES [sakaʀid] n. m. pl. /SACCARIDES/ – 1860 ; «composés organiques de la famille du sucre» 1826 ◊ de *sacchar(o)-* et *-ide* ■ CHIM. VX Polysaccharides.

SACCHARIFÈRE [sakaʀifɛʀ] adj. /SACCARIFÈRE/ – 1819 ◊ de *sacchari-* et *-fère* ■ DIDACT. Qui produit, contient du sucre.

SACCHARIFICATION [sakaʀifikasjɔ̃] n. f. /SACCARIFICATION/ – 1823 ◊ de *saccharifier* ■ CHIM. Transformation en glucose, en saccharose. *Saccharification de la cellulose par les acides, dans la fabrication de l'alcool de bois. Saccharification par les ferments* (diastases). *Saccharification par le malt.* ➤ **maltage.**

SACCHARIFIER [sakaʀifje] v. tr. ‹7› /SACCARIFIER/ – 1823 au p. p. ◊ de *sacchari-* et *-fier* ■ CHIM. Transformer en sucre (glucose, saccharose) les matières amylacées (amidon) et cellulosiques. — adj. (1846) **SACCHARIFIABLE.** *Glucides saccharifiables.*

SACCHARIMÈTRE [sakaʀimɛtʀ] n. m. /SACCARIMÈTRE/ – 1839 ◊ de *sacchari-* et *-mètre* ■ SC. Appareil destiné à déterminer la concentration d'une solution de sucre.

SACCHARIMÉTRIE [sakaʀimetʀi] n. f. /SACCARIMÉTRIE/ – avant 1851 ◊ de *sacchari-* et *-métrie* ■ SC. Détermination de la teneur en sucre d'une solution, notamment à partir de son pouvoir rotatoire. — adj. **SACCHARIMÉTRIQUE,** 1853. *Échelle saccharimétrique.*

SACCHARINE [sakaʀin] n. f. /SACCARINE/ – 1868 ◊ n. déposé ; de l'adj. *saccharin* «de la nature du sucre», du latin *saccharum* «sucre» ■ Substance blanche sans valeur nutritive, à fort pouvoir édulcorant et utilisée comme succédané du sucre. *Café édulcoré à la saccharine* (**SACCHARINÉ, ÉE** adj.).

SACCHAROÏDE [sakaʀɔid] adj. /SACCAROÏDE/ – 1803 ◊ de *sacchar(o)-* et *-oïde* ■ MINÉR. Qui a l'apparence du sucre cristallisé. *Gypse saccharoïde.*

SACCHAROLÉ [sakaʀɔle] n. m. /SACCAROLÉ/ – 1828 ◊ de *saccharol* «excipient fait de sucre», de *sacchar(o)-* et *-ol* ■ PHARM. Médicament contenant du sucre, liquide (sirop) ou solide, destiné à être pris par la bouche.

SACCHAROMYCES [sakaʀɔmisɛs] n. m. /SACCAROMYCES/ – 1883 ◊ mot du latin des botanistes 1838 ; cf. *saccharo-* et *-myces* ■ BOT. Nom générique des levures (nombreuses espèces de champignons ascomycètes) employées comme agents de fermentation des sucres. *La levure de bière est un saccharomyces.*

SACCHAROSE [sakaʀoz] n. m. /SACCAROSE/ – 1860 n. f. ◊ de *sac-char(o)-* et 1*-ose* ■ BIOCHIM. Glucide constitué de glucose et de fructose. *Le sucre alimentaire le plus courant est le saccharose qui se trouve dans la betterave sucrière, la canne à sucre, l'érable. Le saccharose constitue la forme de transport des glucides chez les végétaux.*

SACCIFORME [saksifɔʀm] adj. – 1834 ◊ du latin *saccus* «sac» et *-forme* ■ DIDACT. Qui a la forme d'un sac.

SACCULE [sakyl] n. m. – 1834 ◊ latin *sacculus* «petit sac» ■ ANAT. Vésicule placée à la partie inférieure du vestibule de l'oreille interne.

SACCULIFORME [sakylifɔʀm] adj. – 1870 ◊ de *saccule* et *-forme* ■ DIDACT. En forme de petit sac, de vésicule.

SACCULINE [sakylin] n. f. – 1870 ; «polypier» 1823 ◊ du latin *sacculus* ■ ZOOL. Petit crustacé *(cirripèdes)* parasite des crabes, dont la larve présente les caractères normaux des crustacés, mais qui subit, après la fixation, une régression complète (il n'en reste, à l'extérieur de l'animal parasité, qu'une sorte de petit sac).

SACERDOCE [sasɛʀdɔs] n. m. – XVe ◊ latin *sacerdotium,* de *sacerdos* «prêtre» ■ **1** État ou dignité du ministre des dieux ou de Dieu. ➤ **ministère ; sacerdotal.** *«le sacerdoce romain n'était qu'une sorte d'émanation de la royauté primitive»* FUSTEL DE COULANGES. ♦ (1611) RELIG. CATHOL. Ministère du pape et des évêques *(sacerdoce de premier rang),* et PAR EXT. des simples prêtres *(sacerdoce de second rang* ➤ **prêtrise**), considéré par les théologiens comme une délégation du *«sacerdoce de Jésus-Christ».* ➤ **ordre.** ♦ FIG. Fonctions auxquelles on peut attacher un caractère quasi religieux, qui exigent beaucoup de dévouement. *Le sacerdoce du médecin, du professeur. C'est un sacerdoce, pas un métier.* ➤ aussi **vocation.** ■ **2** DIDACT. Corps ecclésiastique (considéré dans sa puissance, son autorité). *Les querelles entre l'Empire et le sacerdoce.*

SACERDOTAL, ALE, AUX [sasɛʀdɔtal, o] adj. – 1325 ◊ latin *sacerdotalis* → sacerdoce ■ Propre au sacerdoce, aux prêtres. *Fonctions sacerdotales. «Manipule, étole, chasuble, [...] les vêtements sacerdotaux semblaient l'accabler de leur poids»* BOSCO. ♦ PAR EXT. Qui évoque le sacerdoce, le prêtre. *Une onction toute sacerdotale.*

SACHEM [saʃɛm] n. m. – 1801 ◊ algonquin *sâchim,* attesté en anglais 1622 ■ Vieillard, «ancien» qui faisait fonction de conseiller et de chef chez les peuplades indiennes du Canada et du nord des États-Unis. — FAM. *Grand sachem :* grand personnage, chef.

SACHET [saʃɛ] n. m. – 1190 ◊ de 1*sac* ■ Petit sac. *Sachet de papier. Sachet de bonbons.* ➤ **paquet ;** RÉGION. **cornet,** 1**poche.** — *Sachet de lavande,* pour parfumer le linge. ♦ Conditionnement en papier pour de petites quantités. *Potage en sachet. Sachets de thé.*

SACOCHE [sakɔʃ] n. f. – 1611 ; *sacosse* 1601 ◊ italien *saccoccia,* de *sacco* «sac» ■ Sac de cuir (ou parfois de toile forte) qu'une courroie permet de porter. *Sacoche d'encaisseur, de livreur, de receveur. Sacoche de facteur. Sacoche d'écolier.* — *Sacoches de cycliste, de motocycliste,* ou ABSOLT *sacoches,* fixées au porte-bagage. ♦ (Belgique, Luxembourg, Canada) Sac à main (de femme). ➤ 1**poche.**

SACOLÈVE [sakɔlɛv] n. m. – 1829 ; n. f. 1823 ◊ grec moderne *sago-laiphea,* du grec ancien *sakos* «étoffe grossière» et *laiphos,* ou *laiphê* «voile de vaisseau» ■ MAR. Voilier à trois mâts un peu relevé de l'arrière, utilisé naguère dans le Levant (Grèce, Turquie). — On dit aussi **SACOLÉVA** n. f., 1904.

SACOME [sakom] n. m. – 1676 ◊ italien *sacoma* ■ ARCHIT. Moulure en saillie.

SACQUEBOUTE ou **SAQUEBOUTE** [sak(ə)but] n. f. – 1466, –v. 1310 ◊ d'un verbe *saquer* «tirer» et *bouter* ■ **1** ARCHÉOL. Lance terminée par un fer crochu. ■ **2** HIST. MUS. Instrument à vent analogue au trombone, en usage au Moyen Âge. — On dit aussi *saquebute* [sak(ə)byt].

SACQUER ➤ **SAQUER**

SACRAL, ALE, AUX [sakʀal, o] adj. – 1930 ; antérieur en anglais et allemand ◊ de 1*sacré* ■ DIDACT. Qui a revêtu un caractère sacré, qui a été sacralisé (opposé à *profane*). *«Le moyen âge avait formé la nature humaine selon un type "sacral" de civilisation»* MARITAIN.

1 **SACRALISATION** [sakʀalizasjɔ̃] n. f. – 1941 ◊ de *sacraliser* ■ DIDACT. Action de sacraliser ; résultat de cette action. ■ CONTR. Désacralisation.

2 **SACRALISATION** [sakʀalizasjɔ̃] n. f. – 1912 ◊ anglais *sacralization*, de *sacral* «relatif au sacrum» ■ MÉD. Anomalie caractérisée par la fusion totale ou partielle de la dernière vertèbre lombaire au sacrum*.

SACRALISER [sakʀalize] v. tr. ⟨1⟩ – 1899 ◊ de *sacral* ■ DIDACT. Rendre sacral, attribuer un caractère sacré à. *Les peuples anciens ont souvent sacralisé les ancêtres et les morts.* ■ CONTR. Désacraliser.

SACRAMENTAIRE [sakʀamɑ̃tɛʀ] n. et adj. – 1535, en parlant d'hérétiques ◊ latin ecclésiastique *sacramentarius* → sacrement ■ RELIG. ■ **1** HIST. Personne appartenant à la secte chrétienne hérétique du XVIe s. niant la présence réelle dans l'Eucharistie. ■ **2** adj. (1660) Relatif aux sacrements. *Théologie sacramentaire.* ➤ **sacramentel.**

SACRAMENTAL, AUX [sakʀamɑ̃tal, o] n. m. – 1904 ; adj. 1382 ◊ latin ecclésiastique *sacramentalia* ; latin *sacramentalis* ■ LITURG. Rite sacré, institué par l'Église, pour obtenir des effets d'ordre spirituel.

SACRAMENTEL, ELLE [sakʀamɑ̃tɛl] adj. – 1382 ◊ variante de l'ancien adj. *sacramental* ■ **1** THÉOL. Qui appartient à un sacrement, aux sacrements. *Paroles, formules sacramentelles. Rites sacramentels.* ■ **2** COUR. Qui tient du sacrement, par son caractère consacré, solennel ou rituel. *«l'heure sacramentelle du dîner ou du souper»* SAINTE-BEUVE.

SACRANT [sakʀɑ̃] adj. m. – 1894 ◊ du p. prés. de *sacrer* «jurer» ■ (Canada) FAM. *C'est sacrant,* contrariant, embêtant. — LOC. (1930) *Au plus sacrant* : au plus vite. *Il lui a ordonné «de déguerpir au plus sacrant !»* M. LABERGE.

1 **SACRE** [sakʀ] n. m. – 1175 ◊ de *sacrer* ■ Action de sacrer. ■ **1** Cérémonie par laquelle l'Église sanctionne la souveraineté royale. ➤ **couronnement.** *Sacre des rois de France. «L'Empereur s'avance, s'agenouille et reçoit la triple onction [...] C'est proprement le* sacre*»* MADELIN. ■ **2** Cérémonie par laquelle un prêtre reçoit l'épiscopat. ➤ **consécration.** *Sacre d'un évêque.* ■ **3** FIG. Consécration solennelle et quasi religieuse. *«Le Sacre du printemps», ballet de Stravinski.* ■ **4** (1649 ◊ de *sacrer* 2°) (Canada) Jurement, formule de juron formé sur un mot du vocabulaire religieux.

2 **SACRE** [sakʀ] n. m. – fin XIIIe ◊ arabe *çaqr* ■ Variété de faucon que l'on utilisait à la chasse. ➤ **sacret.** *«Ayant le glaive au poing, le gerfaut ou le sacre»* HEREDIA.

1 **SACRÉ, ÉE** [sakʀe] adj. – XIIe ◊ p. p. de *sacrer*, pour traduire l'adj. latin *sacer* ■ **1** (Généralt après le nom) Qui appartient à un domaine séparé, interdit et inviolable (par oppos. à ce qui est *profane*) et fait l'objet d'un sentiment de révérence religieuse. *«Il faut qu'autour du foyer, il y ait une enceinte [...] cette enceinte est réputée sacrée. Il y a impiété à la franchir»* FUSTEL DE COULANGES. ➤ **saint, tabou.** *Feu* sacré. Édifice sacré :* sanctuaire, temple. *Vases sacrés.* ➤ **liturgique.** *Livres sacrés de l'Égypte, de l'Inde, des juifs* (Bible, Talmud, Zohar), *des chrétiens* (Ancien et Nouveau Testament), *des musulmans* (Coran, hadiths). *Ordres sacrés,* le sous-diaconat, le diaconat et la prêtrise. — LOC. VIEILLI *Le mal sacré* : l'épilepsie (cf. Le haut mal). — *Le Sacré Collège**. ◆ Se dit des sentiments qu'inspire le sacré. *Horreur, terreur sacrée.* ◆ PAR EXT. Relatif à des choses ou personnes sacrées ; qui appartient au culte, à la liturgie. ➤ **hiératique.** *La musique sacrée.* ➤ **religieux.** *Histoire profane et histoire sacrée.* — SUBST. *«Le sacré, c'est tout ce qui maîtrise l'homme d'autant plus sûrement que l'homme se croit plus capable de le maîtriser»* R. GIRARD. ■ **2** Qui est digne d'un respect absolu, qui a un caractère de valeur absolue. ➤ **intangible, inviolable, sacro-saint, vénérable.** *«les droits naturels, inaliénables et sacrés de l'homme»* (DÉCLARATION DES DROITS DE L'HOMME). *Un dépôt sacré. «Les dettes du jeu sont sacrées»* FLORIAN. *L'union* sacrée.* — FAM. *Sa sieste, c'est sacré !* ■ **3** (1788) FAM. (avant le nom, pour renforcer un t. injurieux) ➤ **maudit.** *Sacré farceur ! Sacré menteur !* — (Pour qualifier une chose dont on a quelque désagrément) *Tu as un sacré culot !* ➤ **fameux, fier.** *«Le téléphone, c'est une sacrée invention. On tourne la manivelle, et la demoiselle ne réagit pas»* ARAGON. ◆ (Avec une nuance d'admiration ou d'ironie) *Il a une sacrée chance. «Quelle sacrée jolie fille ! se soufflaient à l'oreille les anciens»* BARBEY. ◆ POP. (renforçant un juron) *Sacré nom de Dieu ! Sacré nom d'un chien ! Sacré bon Dieu ! Sacré nom !* (1809). — REM. Souvent abrégé en *cré* (1847). *Cré nom !* ■ CONTR. Profane.

2 **SACRÉ, ÉE** [sakʀe] adj. – XVIe ◊ de *sacrum* ■ ANAT. Relatif au sacrum. *Vertèbres sacrées. Plexus, nerfs sacrés.*

SACREBLEU [sakʀəblø] interj. – 1642 *par la sacre-bleu* ◊ de 1*sacré* et *Dieu*, altération par euphém. ; cf. *palsambleu, ventrebleu* ■ VIEILLI Juron familier marquant l'impatience, l'étonnement ou appuyant une déclaration. — On dit aussi **SACREDIEU** et **SACRÉDIÉ** [sakʀedje].

SACRÉ-CŒUR [sakʀekœʀ] n. m. sing. – 1863 ◊ de 1*sacré* et *cœur* ■ RELIG. Jésus-Christ, dont le cœur, considéré comme organe de son humanité et comme symbole de son amour pour tous, est l'objet d'un culte de l'Église catholique. *Le culte, la dévotion, la fête du Sacré-Cœur, du Sacré-Cœur de Jésus. La basilique du Sacré-Cœur,* et ELLIPT *le Sacré-Cœur, à Montmartre.*

SACREMENT [sakʀəmɑ̃] n. m. – 1160 ◊ latin *sacramentum* «serment» ; «objet ou acte sacré», en latin ecclésiastique ■ Signe sacré, rite institué par Jésus-Christ, pour produire ou augmenter la grâce dans les âmes. *Les sept sacrements.* ➤ **baptême, confirmation, eucharistie, extrême-onction, mariage, ordre, pénitence.** *Administration des sacrements. Approcher, s'approcher des sacrements, fréquenter les sacrements* : se confesser et communier. *Les derniers sacrements, les sacrements de l'Église* : les sacrements de pénitence, d'Eucharistie et d'extrême-onction, administrés à un mourant. *Muni des sacrements de l'Église.* ◆ LITURG. ROM. **SAINT-SACREMENT** ou **SAINT SACREMENT.** *Le Saint-Sacrement de l'autel, le Saint-Sacrement* : l'Eucharistie. *Exposition, bénédiction, procession du Saint-Sacrement lors de la Fête-Dieu.* — SPÉCIALT L'ostensoir. LOC. FAM. *Promener, porter, brandir qqch. comme le Saint-Sacrement,* comme une chose précieuse.

SACRÉMENT [sakʀemɑ̃] adv. – XIXe mot dialectal ◊ de 1*sacré* ■ FAM. Très, extrêmement ; d'une manière intense. ➤ **bougrement, diablement, drôlement, foutrement, vachement.** *C'est sacrément beau. On a eu sacrément peur.*

SACRER [sakʀe] v. ⟨1⟩ – 1138 ◊ latin *sacrare* ■ **1** v. tr. Consacrer (qqn) par la cérémonie du sacre. ➤ **bénir, oindre.** *Sacrer un roi, l'empereur.* ➤ **introniser.** *Sacrer un évêque.* — (Avec un attribut) *«L'admiration traditionnelle qui sacre [...] ce portrait "le plus beau tableau du monde"»* MALRAUX. ■ **2** v. intr. (1725 ◊ à cause de l'emploi de *sacré* dans les jurons) FAM., VIEILLI OU RÉGION. (cour. au Canada) Jurer. ➤ **blasphémer.** *«et son maître de jurer, de sacrer, d'écumer de rage»* DIDEROT.

SACRET [sakʀɛ] n. m. – 1373 ◊ de 2*sacre* ■ Sacre mâle, en fauconnerie. ➤ **tiercelet.**

SACRIFICATEUR, TRICE [sakʀifikatœʀ, tʀis] n. – 1535 ◊ latin *sacrificator, sacrificatrix* → sacrifier ■ Prêtre, prêtresse préposé(e) aux sacrifices. ➤ **immolateur, victimaire.**

SACRIFICATOIRE [sakʀifikatwaʀ] adj. – 1597 ◊ du latin *sacrificator*, de *sacrificare* ■ VX OU DIDACT. Qui appartient aux sacrifices, à un sacrifice. ➤ **sacrificiel.**

SACRIFICE [sakʀifis] n. m. – *sacrefise, sacrifise* 1120 ◊ latin *sacrificium*, de *sacrificare* ■ **1** Offrande rituelle à la divinité, caractérisée par la destruction (immolation réelle ou symbolique d'une victime, holocauste) ou l'abandon volontaire (oblation des prémices) de la chose offerte. ➤ **immolation, libation, oblation.** *Sacrifices d'animaux* (hécatombe, taurobole). *Sacrifices humains. Victime destinée au sacrifice, immolée, brûlée en sacrifice. Le sacrifice d'Isaac, fils d'Abraham. Fête du sacrifice* ou *fête du mouton**. *«Quant au sacrifice, c'est sans doute, d'abord, une offrande destinée à acheter la faveur du dieu ou à détourner sa colère»* BERGSON. ◆ RELIG. CATHOL. *Le sacrifice du Christ, le sacrifice de la Croix* : la mort du Christ pour la rédemption du genre humain. *Le sacrifice, le saint sacrifice (de la messe),* réitération de celui de la Cène. *« Je prierai demain pour lui au saint sacrifice »* GONCOURT. ▪ **2** (2e moitié XVIIe) Renoncement ou privation volontaire (en vue d'une fin religieuse, morale, ou même utilitaire). *Sacrifice des préjugés, des intérêts nationaux. Faire le sacrifice de sa vie à la patrie. « Je n'ai pas poussé l'amour de l'ordre jusqu'au sacrifice de la liberté »* HUGO. ◆ *Un, des sacrifices. Il faudra faire, consentir des sacrifices pour y arriver. Exiger des sacrifices. « L'art n'obtient ses effets les plus puissants que par des sacrifices proportionnés à la rareté de son but »* BAUDELAIRE. *« Qui dit : Œuvre, dit : Sacrifices. La grande question est de décider ce que l'on sacrifiera »* VALÉRY. — SPÉCIALT Privation sur le plan financier ; renoncement à un gain. *Je veux bien faire un sacrifice,* un effort pécuniaire. *C'est pour moi un gros sacrifice. Ne reculer devant aucun sacrifice.* ◆ *Sacrifice de soi.* ➤ **abandon, 1don, offre.** ▪ **3** *Le sacrifice :* le fait de se sacrifier ; le renoncement. *Esprit de sacrifice.* ➤ **abnégation, désintéressement, dévouement ; résignation.** *« Sacrifice, ô toi seul peut-être es la vertu ! »* VIGNY.

SACRIFICIEL, IELLE [sakʀifisjɛl] adj. – 1933 ◇ de *sacrifice* ▪ DIDACT. Propre à un sacrifice, aux sacrifices (1°). *Rite sacrificiel.* ➤ **sacrificatoire.**

SACRIFIÉ, IÉE [sakʀifje] adj. et n. – avant 1690 ◇ de *sacrifier* ▪ **1** (PERSONNES) Qui se sacrifie ; qui est voué au sacrifice. *Un peuple sacrifié. Mission, patrouille sacrifiée,* qu'on envoie à la mort. — n. ➤ **victime.** *C'est toujours lui le sacrifié. Ma mère « sourit du sourire des sacrifiées heureuses »* VALLÈS. ▪ **2** (CHOSES) Abandonné ; dont on fait le sacrifice. *Marchandises sacrifiées,* vendues à bas prix, à perte ou sans bénéfice. ➤ **soldé.** *Vente à prix sacrifiés* (➤ **braderie, liquidation**).

SACRIFIER [sakʀifje] v. tr. ⟨7⟩ – XIIe ◇ latin *sacrificare,* de *sacrum facere* « faire un acte sacré »

I ▪ **1** Offrir en sacrifice (1°). ➤ **immoler.** *Sacrifier un animal, une victime à la divinité.* ◆ **SACRIFIER À.** *Sacrifier à un dieu,* lui offrir des sacrifices. — LITTÉR. Faire la volonté de ; se conformer à. ➤ **obéir.** *Sacrifier à la mode, aux goûts du jour, aux préjugés.* ➤ **suivre.** *« Il a toujours sacrifié, et servilement souvent, à la considération du nom de l'écrivain, de l'historien »* GONCOURT. ▪ **2** (XVIe) Perdre, abandonner ou négliger (qqch., qqn) par un sacrifice (2°), au bénéfice ou en considération de ce qu'on fait passer avant. *Sacrifier l'apparence à la réalité. « Malheur à qui ne sait pas sacrifier un jour de plaisir aux devoirs de l'humanité ! »* ROUSSEAU. *Tout sacrifier à qqn.* ➤ **donner.** *« Je t'ai sacrifié ma vie, [...] je te sacrifie mon âme »* STENDHAL. — *Sacrifier qqn à qqch. Sacrifier sa vie privée à sa carrière. « La multitude des hommes vivants est sacrifiée à la prospérité de quelques-uns »* SENANCOUR. ◆ *Sacrifier qqch., qqn pour... Pour elle, j'ai tout sacrifié. « Le plus simple écolier sait maintenant des vérités pour lesquelles Archimède eût sacrifié sa vie »* RENAN. ◆ (1636 ; *sacrefier* milieu XIIe) *Sacrifier qqch.* (sans compl. d'attribution ni de but). *« On les croit insensibles parce que non seulement elles savent taire, mais encore sacrifier leurs peines secrètes »* BOSSUET. *« En politique, la liberté est le but qui ne doit jamais être sacrifié, et auquel tout doit être subordonné »* RENAN. — *L'auteur a sacrifié ce rôle, ce personnage,* ne lui a volontairement pas donné l'importance, l'intérêt qu'il pourrait avoir. — *Sacrifier qqn. « Choisissez parmi les plus riches afin de sacrifier moins de citoyens »* MIRABEAU. ▪ **3** FAM. Se défaire avec peine de (qqch.). *« Ordonner à un bateau de sacrifier son ancre »* VERCEL. *Allez, je vais sacrifier une de mes bonnes bouteilles. Sacrifier un article,* l'écouler à bas prix. ➤ **brader, 2solder ; sacrifié** (2°).

II **SE SACRIFIER** v. pron. (XVIIe) S'offrir en sacrifice, se dévouer par le sacrifice de soi, de ses intérêts. ➤ **se dévouer, se donner.** *Elle s'est sacrifiée pour ses enfants. Se sacrifier à la tradition, à un idéal.*

1**SACRILÈGE** [sakʀilɛʒ] n. m. – 1190 ◇ latin *sacrilegium* « vol d'objets sacrés » ▪ **1** Profanation du sacré (1, 1°), acte d'irrévérence grave envers les objets, les lieux, les personnes revêtus d'un caractère sacré. ➤ **attentat, blasphème, impiété.** *Commettre un sacrilège. « sa rage du sacrilège est telle qu'il s'est fait tatouer sous la plante des pieds l'image de la Croix, afin de pouvoir toujours marcher sur le Sauveur ! »* HUYSMANS. ▪ **2** Attentat contre ce qui est sacré (1, 2°), particulièrement respectable. *C'est un sacrilège d'avoir démoli ce vieil hôtel, d'avoir abattu ces arbres.* ➤ **crime, hérésie.** *« en manquant de respect à sa personne, elle aurait cru commettre un sacrilège »* MUSSET.

2**SACRILÈGE** [sakʀilɛʒ] n. et adj. – 1283 ◇ latin *sacrilegus* ▪ Personne qui a commis un sacrilège (1). ➤ **profanateur.** ◆ adj. (1529) Coupable de sacrilège, qui a un caractère de sacrilège. *Prêtre sacrilège. Attentat, action sacrilège.* ➤ **blasphématoire, impie.**

SACRIPANT [sakʀipɑ̃] n. m. – 1713 ; « fanfaron » 1600 ◇ italien *Sacripante,* nom d'un faux brave de l'*Orlando innamorato,* de Bojardo ▪ FAM. Mauvais sujet, chenapan. ➤ **bandit, vaurien.** *Bande de sacripants !*

SACRISTAIN [sakʀistɛ̃] n. m. – 1552 ; *secrestain* XIIe ◇ latin ecclésiastique *sacristanus,* du synonyme *sacrista* « celui qui s'occupe des objets sacrés » ▪ **1** Celui qui est préposé à la sacristie, à l'entretien de l'église. ➤ **marguillier.** — VX et PÉJ. Personnage sottement dévot, calotin. ▪ **2** (1938) Petit gâteau de pâte feuilletée, en forme de rouleau.

SACRISTAINE [sakʀistɛn] ou **SACRISTINE** [sakʀistin] n. f. – 1636, –1671 ◇ de *sacristain* ▪ Religieuse préposée à la sacristie dans un monastère ; femme s'occupant de la sacristie d'une église. *« Le sacristain avait été vu dans l'église tout le temps de l'office. La sacristine, au contraire, avait fait des absences »* RENAN.

SACRISTI [sakʀisti] interj. – *sacristie* 1790 ◇ de 1*sacré,* dans les jurons ▪ VX Juron familier. ➤ **sapristi.** *« Repose-toi un peu, sacristi ! »* MAUPASSANT. ▪ HOM. Sacristie.

SACRISTIE [sakʀisti] n. f. – XVe ; *sacrestie* 1339 ◇ latin ecclésiastique *sacristia,* de *sacrista* → sacristain ▪ Annexe d'une église, où sont déposés les vases sacrés, les vêtements sacerdotaux, les registres de baptême et de mariage (➤ **sacristain**). *Le prêtre, les enfants de chœur s'habillent dans la sacristie.* — PÉJ. Symbole de la religion, du cléricalisme. *« La bêtise du château et de la sacristie »* JOUHANDEAU. — LOC. FAM. *Punaise de sacristie :* dévote qui hante les sacristies, les églises, sans en devenir plus charitable (cf. Grenouille de bénitier*). ▪ HOM. Sacristi.

SACRO- ▪ Élément de mots d'anatomie, de médecine, signifiant « du sacrum » : *sacro-coxalgie, sacro-lombaire.*

SACRO-ILIAQUE [sakʀoiljak] adj. – 1836 ◇ de *sacro-* et *iliaque* ▪ ANAT. Relatif au sacrum et à l'os iliaque. *Les articulations sacro-iliaques.*

SACRO-SAINT, SAINTE [sakʀosɛ̃, sɛ̃t] adj. /SACROSAINT, SACROSAINTE/ – 1546 ; *sacré-saint* 1491 ◇ latin *sacrosanctus,* de *sacer* « 1 sacré » et *sanctus* « saint » ▪ **1** VX Digne de vénération ; saint et sacré. *« Ce nom sacro-saint de la Vierge mère de notre Sauveur »* MONTAIGNE. ▪ **2** (XIXe) MOD. IRON. Qui fait l'objet d'un respect exagéré ou même absurde. ➤ **intouchable, tabou.** *Ses sacro-saintes habitudes.*

SACRUM [sakʀɔm] n. m. – 1793 ; *os sacrum* avant 1478 ◇ latin *os sacrum* « os sacré », parce qu'il était offert aux dieux dans les sacrifices d'animaux ▪ ANAT. Os formé par la réunion des cinq vertèbres sacrées, à la partie inférieure de la colonne vertébrale, articulé avec le coccyx.

SADDUCÉEN, ENNE ou **SADUCÉEN, ENNE** [sadyseɛ̃, ɛn] n. et adj. – 1681, –1876 ◇ origine inconnue ; p.-ê. de *Zadok,* nom d'un grand prêtre ▪ ANTIQ. Membre d'une secte de juifs qui n'acceptaient pas la tradition orale (à la différence des pharisiens).

SADIQUE [sadik] adj. et n. – 1862 ◇ de *sadisme* ▪ **1** PSYCHIATR. Qui manifeste du sadisme. *Tendances sadiques.* ➤ aussi **sadomasochiste.** ▪ **2** Qui prend plaisir à faire souffrir, à voir souffrir autrui. *Tortionnaire sadique.* — PAR EXT. *Plaisir sadique.* ◆ COUR. Méchant, cruel (personnes, actes). *Cet examinateur est particulièrement sadique.* — adv. **SADIQUEMENT,** 1951. — n. *Un, une sadique.* — ABRÉV. FAM. **SADO** [sado]. *Les sados et les masos. Des pulsions sados.* ◆ (par confusion probable avec *satyre*) Auteur d'agression, de crime sexuels. ▪ **3** PSYCHAN. *Stade sadique anal* (ou *sadico-anal /sadicoanal/*) : stade du développement psychique infantile, caractérisé par des pulsions sadiques, qui fait suite au stade oral et précède le stade phallique ou génital. ➤ **anal.**

SADISME [sadism] n. m. – 1841 ◇ de *Sade* ▪ **1** PSYCHIATR. Perversion sexuelle par laquelle une personne ne peut atteindre l'orgasme qu'en faisant souffrir (physiquement ou moralement) l'objet de ses désirs. *Sadisme et masochisme* (➤ **sadomasochisme**). ▪ **2** (1887) COUR. Goût pervers de faire souffrir, délectation dans la souffrance d'autrui. ➤ **cruauté.** *Le censeur « avait des punitions plein la tête, il préparait sa petite journée de sadisme »* NIZAN.

SADOMASOCHISME [sadomazɔʃism] n. m. – milieu XXe ◊ de *sadique* et *masochisme* ■ PSYCHIATR. Comportement sexuel dans lequel seules la douleur et l'humiliation procurent du plaisir. ➤ FAM. **SM.**

SADOMASOCHISTE [sadomazɔʃist] adj. et n. – milieu XXe ◊ de *sadique* et *masochiste* ■ PSYCHIATR. Qui est à la fois sadique et masochiste. *Comportement sadomasochiste. Relations sadomasochistes.* — n. *Un, une sadomasochiste.* — ABRÉV. FAM. **SADOMASO** [sadomazo] adj. et n. *Des accessoires sadomasos.* ➤ FAM. **SM.** « *Une panoplie de fouets "sado-maso" en cuir* » TOURNIER.

SADUCÉEN, ENNE ➤ **SADDUCÉEN**

S. A. E. [ɛsaø] adj. – 1958 ◊ sigle anglais de *Society of Automotive Engineers* ■ TECHN. *Classification S. A. E.* : classification des huiles pour moteurs, d'après leur viscosité (➤ 2 **grade**). *Numéro S. A. E.*

SAFARI [safaʀi] n. m. – 1926 ; hapax 1931 ◊ mot swahili « bon voyage », de l'arabe *safar* « voyage » ■ Expédition de chasse aux gros animaux sauvages, en Afrique noire. — Safari-photo.

SAFARI-PHOTO [safaʀifɔto] n. m. – 1968 ◊ de *safari* et *photo* ■ Expédition organisée dans une réserve naturelle, pour photographier ou filmer les animaux sauvages. *Faire un safari-photo au Kenya. Des safaris-photos.*

1 **SAFRAN** [safʀɑ̃] n. m. – XIIe ◊ latin médiéval *safranum*, de l'arabo-persan *za'farân* ■ **1** Plante monocotylédone *(iridacées)*, appelée couramment *crocus*, dont les fleurs portent des stigmates orangés utilisés comme aromate et colorant. *Safran cultivé.* ◆ *Safran des prés.* ➤ **colchique.** *Safran bâtard, faux safran.* ➤ **carthame.** *Safran des Indes.* ➤ **curcuma.** ■ **2** Épice vendue dans le commerce sous la forme d'une poudre orangée (provenant des stigmates de la fleur). *Pincée de safran. Riz au safran.* ■ **3** Matière colorante jaune tirée de la même fleur. *Safran des doreurs ; des confiseurs.* ◆ Couleur jaune orangé. *Touches d'ocre et de safran.* APPOS. INV. *Jaune safran.* — ADJT INV. « *Le soir safran qui sur les quais déteint* » ARAGON. ➤ **safrané.**

2 **SAFRAN** [safʀɑ̃] n. m. – 1573 ; *saffryn* v. 1382 ◊ arabe *za'fran* ■ MAR. Pièce verticale du corps du gouvernail.

SAFRANÉ, ÉE [safʀane] adj. – 1546 ◊ de 1 *safran* ■ **1** Assaisonné au safran. *Riz safrané. Sauce, rouille safranée.* — n. f. *Une safranée de lotte.* ■ **2** Coloré au safran. ◆ D'un jaune safran. ➤ 1 **safran** (3°).

SAFRANER [safʀane] v. tr. ⟨1⟩ – 1546 ◊ de *safrané* ■ Assaisonner au safran.

SAFRE [safʀ] n. m. – XIIe ◊ p.-ê. var. de *saphir* ■ TECHN. Oxyde bleu de cobalt ; verre bleu coloré avec ce produit et imitant le saphir. ➤ **azur, smalt.**

SAGA [saga] n. f. – avant 1740 ◊ ancien nordique *saga* « dit, conte » ; cf. allemand *sagen*, anglais *to say* « dire » ■ **1** LITTÉR. Récit historique ou mythologique de la littérature médiévale scandinave (➤ **scalde**). *Sagas islandaises, norvégiennes.* — PAR EXT. Récit légendaire dans d'autres civilisations. ➤ **mythe ;** 1 **cycle, légende, récit.** ■ **2** (anglais *saga*) Histoire (d'une famille, etc.) racontée sur plusieurs générations. « *La Saga des Forsyte* », *cycle romanesque de J. Galsworthy.* — PAR EXT. Longue histoire mouvementée. ➤ **aventure ; feuilleton.** *Une saga judiciaire.*

SAGACE [sagas] adj. – 1495, rare avant 1788 ◊ latin *sagax, sagacis* « qui a l'odorat subtil » ■ Qui a de la sagacité. ➤ **avisé, clairvoyant,** 2 **fin, perspicace, subtil.** *Esprit, jugement sagace.* « *Restait ce mari qui, pour peu qu'il fût sagace, devait se douter de leur liaison* » HUYSMANS. ■ CONTR. 1 Naïf, obtus.

SAGACITÉ [sagasite] n. f. – 1444 ◊ latin *sagacitas* ■ Pénétration faite d'intuition, de finesse et de vivacité d'esprit. ➤ **clairvoyance, finesse, perspicacité.** « *une sagacité froidement cruelle qui devait lui permettre de tout deviner, parce qu'il savait tout supposer* » BALZAC. ■ CONTR. Aveuglement.

SAGAIE [sagɛ] n. f. – *sagaye* 1637 ; *zagaye* 1556 ◊ de *assagaie* (1546) ; espagnol *azagaia*, de l'arabe *az-zaghâya*, d'origine berbère ■ Lance, javelot de tribus primitives.

SAGARD [sagaʀ] n. m. – 1876 ; *ségard* 1860 ◊ allemand *Säger* « scieur » ■ RÉGION. (Vosges) Scieur qui débite le bois en planches.

SAGE [saʒ] adj. et n. – 1080 ◊ p.-ê. latin populaire °*sapius*, °*sabius*, du latin classique *sapidus* (cf. *ne sapius* « imbécile »), avec influence de *sapiens*

I ~ adj. **A.** DONT LE JUGEMENT EST ÉCLAIRÉ ■ **1** VX Qui a la connaissance juste des choses. ➤ **éclairé, savant.** « *Rien n'est si dangereux qu'un ignorant ami. Mieux vaudrait un sage ennemi* » LA FONTAINE. ■ **2** (Au sens fort) VX ou LITTÉR. Qui a un art de vivre pouvant être considéré comme un modèle. *Le penseur, le héros, hommes sages* (cf. infra, II, 2°). « *La parfaite raison fuit toute extrémité, Et veut que l'on soit sage avec sobriété* » MOLIÈRE. ■ **3** MOD. et LITTÉR. Qui a du jugement, qui est avisé, sensé dans sa conduite (d'une manière habituelle). ➤ **averti, avisé, sensé.** *Les vierges folles et les vierges sages.* — PAR EXT. *De sages conseils.* ➤ 1 **bon, judicieux.** *Une sage décision.* ➤ **raisonnable.**

B. QUI FAIT PREUVE DE MODÉRATION ■ **1** (XVIe) COUR. Réfléchi et modéré. ➤ **circonspect, équilibré, mesuré, posé, prudent, raisonnable, réfléchi, sérieux.** *L'éducation* « *a eu pour sa fin de nous faire non bons et sages, mais savants* » MONTAIGNE. « *Savez-vous à qui appartiendra la victoire ? Au plus sage* » THIERS. — IMPERS. *Il serait plus sage de renoncer, d'attendre.* ■ **2** (v. 1170) Réservé dans sa conduite sexuelle. ➤ **chaste,** 1 **continent, honnête, pudique, pur, vertueux.** « *On dit qu'une fille est sage quand elle ne sait rien* » FRANCE. — FAM. « *Asseyez-vous près de moi, lui dit-elle, et soyez sage* » M. PRÉVOST. ■ **3** (Enfants) Calme et docile. *Un enfant sage.* ➤ 2 **gentil, obéissant, tranquille.** *Sage comme une image**. « *On pourrait dire sage, comme un enfant malade* » GONCOURT. — *Allons les enfants, soyez sages !* ■ **4** (CHOSES) Mesuré. *Un air sage.* « *le grand tragédien [...] a un jeu sage, réglé, classique, majestueux* » GAUTIER. ◆ Sans hardiesse ni originalité. *Des goûts, des désirs sages.* ➤ **classique, conformiste.** — (1765) *Un roman, un tableau sage,* sans excès d'aucune sorte, classique et un peu froid. *Une petite robe sage,* classique et non provocante.

II ~ n. m. **UN SAGE, LES SAGES** ■ **1** (1135) VX Celui qui a une connaissance juste des choses. ➤ **savant.** *Les Sept Sages de la Grèce. Le Sage,* nom donné à Salomon. ■ **2** MOD. Celui qui, par un art de vivre supérieur, se met à l'abri de ce qui tourmente les autres personnes. ➤ **philosophe.** *Le sage stoïcien. Sage bouddhique* (➤ **bodhisattva**). « *Le vrai bonheur appartient au sage* » ROUSSEAU. « *Les anciens sages, dont Socrate est le modèle, vivaient à peu près comme des saints, sans espérer beaucoup des dieux* » ALAIN. ■ **3** (1953) Personne désignée pour sa compétence et sa réputation d'objectivité comme conseiller du gouvernement, d'un organisme, en matière économique et sociale. ➤ **expert.** *Comité des sages.* — SPÉCIALT Membre du Conseil constitutionnel. ■ **4** (Opposé à *fou*) Personne qui a sa raison, son bon sens. *Les sages et les fous.* PROV. *Un fou enseigne bien un sage.*

■ CONTR. Fou, insensé. Déraisonnable, désordonné. Désobéissant, insupportable, turbulent. Audacieux, excentrique, 2 original.

SAGE-FEMME [saʒfam] n. f. /SAGEFEMME/ – XIIIe ◊ de *sage* (I) et *femme* ■ Celle dont le métier est d'accoucher les femmes. ➤ **accoucheuse.** — Auxiliaire médicale diplômée dont le métier est de surveiller la grossesse, le travail et l'accouchement, de prodiguer les premiers soins aux nouveau-nés et d'assurer un suivi postnatal. ➤ aussi **maïeuticien.** *Diplôme d'État de sage-femme. Des sages-femmes.*

SAGEMENT [saʒmɑ̃] adv. – XIIe ◊ de *sage* ■ **1** D'une manière avisée, judicieuse. ➤ 1 **bien.** *Penser, parler sagement.* ➤ **raisonnablement.** *Agir sagement.* ➤ **prudemment.** ■ **2** Avec modération, philosophie. « *Sagement,* [il] *ajoutait aussitôt : "tant pis"* » GIDE. ■ **3** Avec une conduite chaste. *Il habite sagement chez ses parents.* ■ **4** Avec calme et tranquillité. « *Elle tient ses petites mains rouges sagement croisées sur son tablier* » LARBAUD. ➤ **tranquillement.** *Attendre bien sagement.* ■ **5** Sans hardiesse ni originalité. *Musique sagement exécutée.* ■ CONTR. Follement ; absurdement.

SAGESSE [saʒɛs] n. f. – XIIIe ◊ de *sage* ■ **1** VX ou LITTÉR. Connaissance juste des choses ; « Parfaite connaissance de toutes les choses que l'homme peut savoir » (Descartes). ➤ **connaissance, raison, vérité.** *Minerve, déesse de la sagesse.* « *La liberté intellectuelle, ou Sagesse, c'est le doute* » ALAIN. « *Les documents de la sagesse humaine* » CHATEAUBRIAND. ◆ (1535) RELIG. JUDÉO-CHRÉT. Connaissance inspirée des choses divines et humaines. *Le don de sagesse, un des sept dons du Saint-Esprit. Livre de Sagesse* : livre de l'Ancien Testament attribué à Salomon. ➤ **sapience.** ■ **2** VX ou RELIG. Vertu, comportement juste, raisonnable, et SPÉCIALT Pratique des vertus chrétiennes. « *L'abstinence et la jouissance, le plaisir et la sagesse m'ont également échappé* » ROUSSEAU. *Retour à la sagesse* : résipiscence. « *Sagesse* », *poèmes de Verlaine.* ■ **3** Qualité, conduite du sage, modération, calme supérieur joint aux connaissances. ➤ **philosophie.** « *la sagesse ? une égalité d'âme Que rien ne peut* *troubler, qu'aucun désir n'enflamme»* Boileau. *«Un désespoir paisible, sans convulsions de colère et sans reproches au ciel, est la sagesse même»* Vigny. *«On ne reçoit pas la sagesse, il faut la découvrir soi-même* [...] *car elle est un point de vue sur les choses»* Proust. ▪ **4** LITTÉR. Jugement dans les conceptions ou la conduite. ➤ **discernement, 1sens** (bon sens). *«La sagesse du législateur est de suivre le philosophe»* Hugo. — PAR EXT. *Dents* de sagesse.* ◆ *La sagesse des nations :* remarques, jugements, conseils de bon sens, résultant d'une longue expérience, que les nations mettent en proverbes. *«S'il faut dans la paix préparer la guerre, comme dit la sagesse des nations, il faut aussi dans la guerre préparer la paix»* R. Rolland. ▪ **5** COUR. Modération et prudence dans la conduite. ➤ **circonspection, modération.** *Avoir la sagesse de renoncer, d'attendre, de prévenir. Conseils de sagesse. La voix de la sagesse.* ➤ **raison.** *La sagesse consiste à...* ▪ **6** Tranquillité, obéissance (d'un enfant). ➤ **1calme, docilité.** *Il a été d'une sagesse exemplaire, aujourd'hui.* ▪ **7** Caractère mesuré, modéré. *La sagesse de ses prétentions.* — Absence de hardiesse. *Sagesse de conception, d'exécution d'une œuvre d'art.* ▪ CONTR. Ignorance. Folie. Absurdité, déraison. Imprudence, inconséquence ; turbulence.

SAGETTE [saʒɛt] **n. f.** – XVe ◊ réfection de l'ancien français *saette, saiette* (1138) ; latin *sagitta* ▪ **1** VX Flèche. *Il portait «sur son dos, comme Cupidon, un carquois avec quelques sagettes»* Gide. ▪ **2** BOT. Sagittaire (2°).

SAGINE [saʒin] **n. f.** – 1876 ◊ latin scientifique *sagina*, du latin classique «engraissement», la plante étant employée pour engraisser les moutons ▪ Petite plante herbacée *(caryophyllacées)*, formant gazon, à fleurs blanches. *Touffes de sagine dans une rocaille.*

SAGITTAIRE [saʒitɛʀ] **n. m. et f.** – 1119 ◊ latin *sagittarius*, de *sagitta* «flèche» ▪ **1 n. m.** ASTRON. Constellation zodiacale de l'hémisphère austral («l'Archer»). ◆ ASTROL. Neuvième signe du zodiaque (22 novembre-20 décembre). — ELLIPT *Elle est Sagittaire,* née sous le signe du Sagittaire. ▪ **2 n. f.** (1776 ◊ du latin *sagitta*) BOT. Plante aquatique herbacée *(alismacées)* aux feuilles aériennes sagittées, appelée aussi *flèche d'eau.* ➤ **sagette.**

SAGITTAL, ALE, AUX [saʒital, o] **adj.** – 1534 ◊ du latin *sagitta* «flèche» ▪ DIDACT. En forme de flèche. — Qui contient des flèches, des graphes. *Diagramme sagittal.* — *Plan sagittal :* plan vertical, perpendiculaire au plan vu de face. *Le plan sagittal est le plan de symétrie chez les artiozoaires.* — Qui est dans un plan sagittal. *Lignes sagittales.* — *Coupe sagittale,* menée suivant ce plan.

SAGITTÉ, ÉE [saʒite] **adj.** – 1778 ◊ latin *sagittatus*, de *sagitta* «flèche» ▪ DIDACT. Qui a la forme d'un fer de flèche, de lance. *Feuilles sagittées.*

SAGOU [sagu] **n. m.** – 1611 ; *saghu* 1521 ◊ malais *sagu*, par le portugais ▪ Substance amylacée, fécule jaunâtre qu'on retire de la moelle de divers palmiers, notamment du sagoutier, du zamier.

SAGOUIN, INE [sagwɛ̃, in] **n.** – 1537 ◊ du portugais *sagui(m)*, variante *sagui*, du tupi *sahy* → saï ▪ **1 n. m.** VX Petit singe d'Amérique du Sud, à longue queue. ▪ **2** (par influence de *salaud, salopard*) MOD. et FAM. Personne, enfant malpropre. *«Ce petit sagouin salissait ses draps»* Mauriac. *«La Sagouine», d'Antonine Maillet.* ◆ T. d'injure *Tas de sagouins !*

SAGOUTIER [sagutje] **n. m.** – 1779 ◊ de *sagou* ▪ Palmier dont la moelle fournit le sagou.

SAGUM [sagɔm] **n. m.** – 1655 ◊ mot latin d'origine gauloise ▪ DIDACT. Court manteau de laine que portaient les Romains et les Gaulois à la guerre. ➤ **1saie.**

SAHARIEN, IENNE [saaʀjɛ̃, jɛn] **adj. et n.** – attesté 1845 ◊ de *Sahara* ▪ Qui se rapporte au Sahara, à ses habitants. ➤ aussi **sahraoui.** *Hamadas, oasis sahariennes.* — **n.** *Les Sahariens :* habitants du Sahara (notamment les Touareg*) ; membres des troupes sahariennes. ◆ PAR EXT. *Chaleur, température saharienne,* extrême.

SAHARIENNE [saaʀjɛn] **n. f.** – 1945 ◊ de *(veste) saharienne* ▪ Veste de toile ceinturée, à manches courtes et poches plaquées, inspirée de l'uniforme militaire.

SAHEL [saɛl] **n. m.** – 1846 ◊ arabe *sahil* «rivage» ▪ GÉOGR. ▪ **1** Région de collines littorales en Algérie et en Tunisie. — Zone de transition entre les zones désertiques et celles où règne le climat tropical humide soudanien. *Les pays du Sahel : Mauritanie, Sénégal, Mali, Burkina, Niger, Tchad, Soudan. La famine menace les habitants du Sahel.* ▪ **2** Vent du désert (Sud marocain) (➤ aussi **chergui, siroco**).

SAHÉLIEN, IENNE [saeljɛ̃, jɛn] **n. et adj.** – 1858 ◊ de *sahel* ▪ **1 n. m.** GÉOL. Formation géologique caractérisée par une forme intermédiaire entre le miocène et le pliocène. ▪ **2 adj.** GÉOGR. Relatif à une des régions appelées *sahel. Climat sahélien. Zone sahélienne.* ◆ **n.** *Les Sahéliens. Une Sahélienne.*

SAHRAOUI, IE [saʀawi] **adj. et n.** – 1977 ◊ mot arabe «saharien», de *sahra* «le désert» ▪ Du Sahara occidental. ◆ **n.** *Les Sahraouis :* les indépendantistes du Sahara occidental.

SAÏ [sai ; saj] **n. m.** – 1766 ◊ mot tupi «singe» ▪ Singe d'Amérique du Sud, du genre sajou. ➤ **capucin, sapajou.**

1SAIE [sɛ] **n. f.** – XVIe ; «tissu» XIIIe ◊ latin *saga*, plur. du neutre *sagum* ▪ Sagum.

2SAIE [sɛ] **n. f.** – 1680 ◊ var. de *soie* ▪ TECHN. Petite brosse en soies de porc, utilisée par les orfèvres.

SAIETTER [sejete ; sɛj(ə)te] **v. tr.** ‹1› – 1680 ◊ de *2saie* ▪ TECHN. Nettoyer, brosser avec la saie.

SAÏGA [sajga ; saiga] **n. m.** – 1761 ◊ mot russe ▪ Petite antilope d'Europe orientale et d'Asie occidentale, de la taille du daim, à cornes courtes (chez le mâle, seulement), à nez bossué et bombé. *Des saïgas.*

SAIGNANT, ANTE [sɛɲɑ̃, ɑ̃t] **adj.** – *çagnant* v. 1189 ◊ de *saigner* ▪ **1** Qui dégoutte de sang (de la chair vivante). ➤ **sanglant.** *Blessure, plaie saignante.* ▪ **2** FIG. Se dit d'une blessure morale récente, douloureuse. *«Frédéri garde au cœur son amour saignant»* Zola. ◆ FAM. Particulièrement dur, cruel. *Il est très en colère, ça va être saignant* (➤ **saigner,** I, 3°). ▪ **3** Se dit de la viande rôtie ou grillée, lorsqu'elle est peu cuite et qu'il y reste du sang. ➤ **rouge.** *Vous voulez votre bifteck saignant ou à point ? Très saignant.* ➤ **bleu.** *«Vite, vite, enlevez le bœuf ! Il faut qu'il soit saignant»* Gautier.

SAIGNÉE [seɲe] **n. f.** – *sainie* 1190 ◊ de *saigner* ▪ **1** Évacuation provoquée d'une certaine quantité de sang. *Saignée générale,* par ouverture d'une veine (➤ **phlébotomie**), ou d'une artère (➤ **artériotomie**). *Saignée locale,* des petits vaisseaux superficiels (sangsues, ventouses scarifiées). *Ordonner, pratiquer une saignée* (➤ **lancette**). — L'émission sanguine ainsi provoquée. *Saignée copieuse.* ◆ FIG. Perte de substance. *«Les saignées que j'avais faites au coffre-fort»* Lesage. — Pertes humaines dues à la guerre, l'émigration, etc. ➤ **hémorragie.** *«La France a subi deux terribles saignées en cent ans, une au temps des guerres de l'Empire, l'autre en 1914»* Sartre. ▪ **2** Pli entre le bras et l'avant-bras où se fait souvent la saignée. *La saignée du bras. «mon pot de fleurs coincé à la saignée d'un bras»* Blondin. ▪ **3** FIG. Rigole, petit canal creusé pour tirer de l'eau (pour le drainage, l'irrigation). *«la branche de Rosette* [du Nil] *n'est qu'une large saignée»* Nerval. ◆ Sillon creusé, entaille longitudinale. *Creuser une saignée dans un mur pour y loger des fils électriques. «la réalisation des saignées dans les canaux laticifères* [des hévéas]*»* P. Deville.

SAIGNEMENT [sɛɲmɑ̃] **n. m.** – 1680 ◊ de *saigner* ▪ Écoulement, épanchement de sang. ➤ **hémorragie.** *Saignement de nez.* ➤ **épistaxis.** — MÉD. *Temps de saignement,* pendant lequel le sang coule, avant coagulation de la petite blessure pratiquée pour l'examen.

SAIGNER [seɲe] **v.** ‹1› – *sainier* 1080 ; variantes *seiner, seigner* ◊ latin *sanguinare*, de *sanguis* «sang»

I **v. intr.** ▪ **1** Avoir un écoulement de sang ; perdre du sang (en parlant du corps, d'un organe). *Saigner abondamment, comme un bœuf* (cf. Pisser le sang). *«de rudes soldats, ceux qui avaient dormi et saigné sur tous les champs de bataille d'Europe»* Aragon. *Son nez saigne* (➤ **saignement**). *Blessure, coupure, plaie qui saigne.* ➤ **saignant.** — PAR EXT. Perdre du sang, être blessé. LOC. *Saigner du nez :* avoir une hémorragie nasale. ▪ **2** LITTÉR. Être le siège d'une souffrance vive. *La blessure saigne encore :* la douleur est encore vive. *«sa plaie le faisait souffrir, mais son orgueil saignait bien davantage»* Gautier. — LOC. LITTÉR. *Le cœur me (lui) saigne :* j'ai (il a) beaucoup de peine. *Cela fait saigner le cœur,* cause une grande peine. ▪ **3** IMPERS. *Ça saigne :* le sang coule. — FIG. et FAM. *Ça va saigner :* la dispute, le conflit va être très dur (➤ **saignant**).

II **v. tr.** ▪ **1** Tirer du sang à (qqn) en ouvrant une veine ; faire une saignée à. *Saigner un apoplectique. Saigner qqn au bras. Saigner qqn à blanc,* en le rendant exsangue (cf. infra, 3°). ◆ *Saigner un hévéa :* inciser le tronc pour en recueillir le latex. ▪ **2** Tuer (un animal) en le privant de son sang, par égorgement. ➤ **égorger.** *Saigner un porc, un poulet.* ◆ (1886)

VIEILLI Tuer avec une arme blanche. *«nous chargeons ; et si nous ne renversons pas ceux qui sont devant nous, ils ne nous demandent pas permission pour nous saigner ; donc il faut tuer»* BALZAC. ▪ **3** FIG. Affaiblir, épuiser (qqn) en retirant ses ressources. *«Il vous a fallu de l'argent [...] vous avez saigné vos sœurs»* BALZAC. — PRONOM. LOC. *Se saigner aux quatre veines :* dépenser ou donner tout ce qu'on peut, se priver pour qqn ou pour obtenir qqch. ➤ se **sacrifier.** *«Toute mère du peuple veut donner, et à force de se saigner aux quatre veines, donne à ses enfants l'éducation qu'elle n'a pas eue»* GONCOURT. ♦ LOC. *Saigné à blanc :* épuisé, privé de ses ressources. *«La victoire ne viendra que pour un monde saigné à blanc, exténué»* GIDE. *Une économie saignée à blanc par la crise.*
▪ HOM. *Saigne :* ceigne (ceindre).

SAIGNEUR, EUSE [sɛɲœʀ, øz] n. et adj. – XIIIe ♦ de *saigner* ▪ RARE (à cause de l'homonymie avec *Seigneur*, sauf par jeu de mots) Personne qui saigne *(un saigneur de porcs)*, pratique des saignées. ♦ TECHN. Ouvrier qui récolte le latex en saignant les arbres à caoutchouc. ▪ HOM. Seigneur ; saigneuse (saigneux).

SAIGNEUX, EUSE [sɛɲø, øz] adj. – 1538 ♦ de *saigner* ▪ RARE Sanglant. ▪ HOM. Saigneuse (saigneur).

SAIGNOIR [sɛɲwaʀ] n. m. – 1932 ♦ de *saigner* ▪ Couteau à saigner les animaux de boucherie. *Son couteau «plus fin de fil qu'un saignoir de boucher»* GIONO.

SAILLANT, ANTE [sajɑ̃, ɑ̃t] adj. – XVIe ; «jaillissant» 1119 ♦ de *saillir* ▪ **1** Qui avance, dépasse. ➤ **proéminent.** *«Les parties saillantes, moulures, corniches, entablements, consoles»* GAUTIER. — (En parlant du corps, des traits du visage) *Menton saillant. «Les joues rentrées et les pommettes saillantes que j'admirais dans le portrait de Delacroix»* GIDE. *Yeux saillants.* ➤ **globuleux.** — GÉOM. *Secteur angulaire saillant,* qui limite une aire convexe (opposé à *rentrant*). ♦ n. m. Partie d'un ouvrage qui fait saillie. *Le saillant d'un bastion.* — PAR ANAL. *Frontière qui forme un saillant.* ▪ **2** (1681 ♦ de *saillir* «sauter») BLAS. Qui se dresse comme pour sauter. *Bélier, mouton saillant. Animal effaré et animal saillant.* ▪ **3** (1740) FIG. Qui est en évidence, ressort du contexte et s'impose à l'attention. ➤ **frappant, remarquable.** *Caractère, trait saillant. Évènements saillants de l'actualité.* ➤ **marquant.** ▪ CONTR. Caché, creux, rentrant. Insignifiant.

SAILLIE [saji] n. f. – 1170 «sortie, attaque brusque» ♦ de *saillir*
I ▪ **1** VX Action de s'élancer ; mouvement soudain. ➤ 1 **élan, saut.** ▪ **2** FIG. et VX Brusque mouvement, impulsion, élan. *«Les fougueuses saillies d'une imagination téméraire»* ROUSSEAU. ➤ **caprice.** ▪ **3** LITTÉR. Trait brillant et inattendu (dans la conversation, le style). ➤ **boutade, mot,** 1 **trait** (d'esprit). *«elle abondait en saillies charmantes qu'elle ne recherchait point et qui partaient quelquefois malgré elle»* ROUSSEAU. ▪ **4** Accouplement des animaux domestiques, en vue de la reproduction. ➤ **monte.**
II (1260) Partie qui avance, dépasse le plan, l'alignement ; angle saillant. ➤ **aspérité, avancée, bosse, éminence, éperon, protubérance, relief, ressaut.** *Les saillies de la roche. Les saillies d'un édifice, d'un mur* (consoles, corniches, encorbellements). *Auvent, balcon, escalier formant saillie. «Gravir une verticale, et trouver des points d'appui là où l'on voit à peine une saillie, était un jeu pour Jean Valjean»* HUGO. TECHN. *Saillie de rive :* saillie de protection des murs, située sur les rives des combles d'un toit. — DR. Partie d'un immeuble faisant une avancée sur la voie publique ou sur le fonds du voisin. *Saillies fixes, mobiles* (enseignes). ♦ **EN SAILLIE.** ➤ **saillant.** *Balcon en saillie. Cap, promontoire qui s'avance en saillie. «Mon diplôme dans ma poche bombait en saillie, bien plus grosse saillie que mon argent et mes papiers d'identité»* CÉLINE. ♦ *Faire saillie.* ➤ **avancer, déborder, dépasser, forjeter,** 1 **ressortir.** ▪ CONTR. Alignement, cavité, creux.

SAILLIR [sajiʀ] v. ‹2 ou 13› – 1080 ♦ latin *salire* «couvrir la femelle ; sauter»
I ‹2 ; rare sauf inf. et 3e pers.› ▪ **1** v. intr. VX Jaillir avec force. ♦ Sortir, s'élancer. *La faim fait saillir le loup du bois.* ▪ **2** v. tr. (1375) Couvrir (la femelle). *L'étalon saillit la jument.* ➤ **s'accoupler, monter, servir.**
II v. intr. (XIIIe) ‹13› Être en saillie, avancer en formant un relief. ➤ **avancer, déborder, dépasser ; saillant, saillie.** *«Leurs muscles saillaient comme des cordes sur leurs bras maigres»* GAUTIER. *«son pull-over s'anime ; ça saille et ça remue»* R. DUCHARME. — REM. Certains auteurs conjuguent ce verbe comme *finir* ‹2›. *«Sa poitrine abondante saillissait sous sa chemise»* FLAUBERT. *«À chaque nouvelle peine [...] nous sentons une veine de plus qui saillit»* PROUST.

SAÏMIRI [saimiʀi] n. m. – 1766 ♦ du portugais du Brésil *saimirim*, tupi *sahy* «singe», *miri* «petit» → saï, sapajou ▪ Singe de petite taille, au corps grêle, à longue queue prenante.

1 **SAIN, SAINE** [sɛ̃, sɛn] adj. – 1050 ♦ latin *sanus* ▪ **1** VX (sauf opposé à *malade*) Qui est en bonne santé, n'est pas malade (cf. Bien portant*). *Les gens sains et les malades.* ♦ LOC. **SAIN ET SAUF :** en bon état physique, après quelque danger, quelque épreuve ; qui n'a pas subi de dommage. *Arriver saine et sauve, sains et saufs* [sɛ̃esof]. *Nous devons «savoir si nous pourrons en sortir sains et saufs»* BALZAC. ▪ **2** Dont l'organisme est bien constitué et fonctionne normalement, sans trouble, d'une manière habituelle (➤ **santé**). *«Un homme sain comme mon œil, [...] un homme parfaitement conservé»* BALZAC. *Porteur sain.* ➤ **asymptomatique.** — *Constitution saine.* ➤ **robuste.** — *Des dents saines. Une plaie saine,* qui évolue normalement, ne s'infecte pas. ♦ Qui n'est pas gâté ou pourri (en parlant d'une matière organique). *Viande saine. La charpente est très saine.* ▪ **3** Qui jouit d'une bonne santé psychique ; dont les activités mentales ne trahissent aucune anomalie. *Sain de corps et d'esprit* (cf. «Mens sana in corpore sano»). *«Il est fort et sain, sain jusqu'à l'ingénuité, sain dans toutes ses recherches et toujours pur, à cause de cette santé et de cette force»* MONTHERLANT. *Jugement sain.* ➤ **clair.** — (Sur le plan moral) Normal, sans perversion d'aucune sorte. ♦ (CHOSES) Considéré comme bon et normal. *La saine raison.* ➤ 1 **droit.** *Opinions saines. Une saine curiosité. De saines lectures. «Il avait trouvé dans les excursions organisées des jeudis et dimanches un divertissement sain»* ARAGON. ▪ **4** Qui contribue à la bonne santé, n'a aucun effet funeste sur l'état physique. ➤ **salubre.** *Un climat sain.* ➤ 1 **tonique.** *«Une nourriture saine et abondante développait [...] les corps de ces deux jeunes gens»* BERNARDIN DE SAINT-PIERRE. *Vie saine et rude. Ce n'est pas très sain.* ➤ **hygiénique.** — *Ville, habitation saine,* bien tenue, propre, où les règles de l'hygiène sont respectées. *Rendre un endroit plus sain* (➤ **assainir, assainissement**). ▪ **5** MAR. Sans danger. *Côte, rade saine.* ▪ **6** FIG. *Une affaire saine,* normale, sans danger, sans anomalie cachée. *«Du point de vue immobilier, l'affaire est saine, le quartier valable»* PEREC. ♦ (par métaph. du sens 1°) *Une économie saine et prospère. Une entreprise parfaitement saine,* jouissant d'une bonne santé financière, d'une bonne gestion. ▪ CONTR. Malade, malsain. Fou ; dépravé. Dangereux, nuisible. ▪ HOM. Saint, sein, seing ; cinq ; cène, scène, seine, sen, senne.

2 **SAIN** [sɛ̃] n. m. – v. 1210 ♦ d'abord *saïm* (→ saindoux), du latin *sagina* «graisse» ▪ VÉN. Graisse du sanglier et de quelques bêtes (renard et, en général, bêtes «mordantes»).

SAINBOIS [sɛ̃bwa] n. m. – 1774 ; *sainct boys* «bois de gaïac» 1540 ♦ de *saint* et *bois* ▪ Garou, variété de daphné ; son écorce, utilisée comme vésicatoire.

SAINDOUX [sɛ̃du] n. m. – *saïm dois* XIIIe ♦ de l'ancien français *saïm*, puis *sain* «graisse» (latin populaire *saginem*, classique *sagina* «pâture ; embonpoint»), et *doux* ▪ Graisse de porc fondue. ➤ **axonge.**

SAINEMENT [sɛnmɑ̃] adv. – 1050 «sans danger» ♦ de 1 *sain* ▪ **1** D'une manière saine (4°). *«Vivre sainement»* VOLTAIRE. ▪ **2** D'une manière normale, correcte, sur le plan intellectuel, moral. *Ils «se passionnent trop pour juger sainement des choses»* ROUSSEAU. ➤ **judicieusement, raisonnablement.**

SAINFOIN [sɛ̃fwɛ̃] n. m. – 1572 ; *sainct-foin* 1549 ♦ de 1 *sain* ou *saint* et *foin* ▪ Plante herbacée *(papilionacées)* aux fleurs roses ou blanches et aux gousses duveteuses, cultivée comme fourrage. *«Le sainfoin fleuri saigne dessous les oliviers»* GIONO.

SAINT, SAINTE [sɛ̃, sɛ̃t] n. et adj. – fin Xe ♦ du latin *sanctus* «sacré» puis «saint»
I ~ n. **UN SAINT, UNE SAINTE** ▪ **1** Dans la religion catholique, Personne qui est après sa mort l'objet, de la part de l'Église, d'un culte public et universel (dit *culte de dulie*), en raison du très haut degré de perfection chrétienne qu'elle a atteint durant sa vie. *«De tous les grands malades, ce sont les saints qui savent le mieux tirer parti de leurs maux»* CIORAN. *Mettre au nombre des saints* (➤ **canoniser**). *Les saints, intercesseurs et patrons. «Là-bas l'usage populaire veut qu'on mette les enfants sous la protection du saint dont c'est la fête le jour de leur naissance»* J. ANGLADE. *Le chœur des saints dans le ciel.* ➤ **élu ; glorieux.** *Les vénérables, les bienheureux et les saints. Récit de la vie d'un saint.* ➤ **hagiographie, légende** (dorée). *Catalogue des saints. Tous les saints du calendrier, du paradis.* — *Commémoraison, fête, jour natal d'un saint. Fête de tous les saints.* ➤ **toussaint.** — *Châsse, reliques d'un saint. «Nous sommes perdus ; nous avons brûlé une*

sainte !» MICHELET. ♦ (1866) LOC. *Les saints de glace :* période qui correspond aux fêtes de saint Mamert, de saint Pancrace et de saint Servais (11, 12 et 13 mai) pendant laquelle on observe souvent un abaissement de la température. *«il ne faut pas trop se presser dans les jardins ici à cause des "saints de glace"»* A.-L. GROBÉTY. — *Prêcher* pour son saint.* — (fin XVe) *Ne (plus) savoir à quel saint se vouer :* ne plus savoir comment se tirer d'affaire. — *Ce n'est pas un saint :* il n'est pas parfait. — (1679) FAM. **UN PETIT SAINT :** un personnage vertueux et inoffensif. *Ce n'est pas un petit saint :* il n'est pas naïf, innocent, honnête (cf. Enfant* de chœur). *«On n'est pourtant pas des modèles de vertu, des petits saints»* SARRAUTE. *«Je n'ai d'ailleurs jamais essayé de me faire passer pour un petit saint»* SIMENON. — PROV. *Comme on connaît ses saints on les honore :* on agit envers chacun selon le caractère qu'on lui connaît, selon les mérites qu'on lui attribue. — (1690) *Il vaut mieux s'adresser à Dieu qu'à ses saints :* il vaut mieux s'adresser au chef, au supérieur plutôt qu'aux subordonnés. ♦ (Dans d'autres religions ou sectes) *Les marabouts, saints de l'islam. Les saints du bouddhisme, de l'hindouisme.* ▪ **2** (fin XIIIe) Image, statue religieuse qui représente un saint. *L'auréole des saints. «ces saints peints en bleu sur l'église de Rostrenen»* A. ROBIN. ▪ **3** (milieu XVe) Personne d'une vertu, d'une bonté, d'une patience exemplaires. *Cette femme, mais c'est une sainte ! «Entre la sainte et la salope, il demeure un hiatus infranchissable»* É. BADINTER. *Un saint laïque :* expression appliquée par Pasteur à Littré. ▪ **4** n. m. ARCHÉOL. *Le Saint :* espace qui s'étendait devant la partie la plus sacrée du Temple. — (fin XIIIe) *Le Saint des Saints :* l'enceinte du Temple la plus sacrée, celle dans laquelle l'Arche d'Alliance était déposée. ➤ **sanctuaire.** — FIG. (1853, Goncourt) La partie la plus secrète et la plus importante (qui doit demeurer interdite et cachée au profane). *Accéder au Saint des Saints.*

II ~ adj. A. (PERSONNES) ▪ **1** (fin Xe) (S'emploie devant le nom d'un *saint*, d'une *sainte* de la religion chrétienne ; cf. ci-dessus, I) REM. Dans ce sens, *saint* s'écrit avec une minuscule et sans trait d'union, et on fait la liaison : *saint Antoine* [sɛ̃tɑ̃twan] ; *les saints Innocents* [sɛ̃zinɔsɑ̃]. *L'Évangile selon saint Jean. Coiffer* sainte Catherine* (➤ **catherinette**). *Les saints Apôtres. Votre saint patron*. La sainte Famille :* Jésus, Joseph et Marie. — *Les saintes femmes :* les femmes qui accompagnaient le Christ et suivaient son enseignement. — (Avec une majuscule) *La Sainte Vierge.* ♦ (fin XIe) (Par ellipse du mot *fête*, avec une majuscule et un trait d'union) (1822) *La Saint-Charlemagne :* fête célébrée par les collèges et les lycées, en l'honneur de Charlemagne, fondateur des écoles. *Les feux* de la Saint-Jean. L'été* de la Saint-Martin.* LOC. PROV. *Quand il pleut à la Saint-Médard, il pleut quarante jours plus tard.* (1854) *La Saint-Nicolas,* fête à l'occasion de laquelle on offre des jouets et des friandises aux enfants. — *La Saint-Sylvestre :* le 31 décembre. — *Demain, c'est la Sainte-Chantal,* la fête de sainte Chantal. — FAM. VIEILLI *La sainte-paye, la sainte-touche :* le jour de la paye. *À la saint-glinglin.* ➤ **saint-glinglin.** ♦ (Dans la désignation d'une église, d'un lieu, ou dans une expression où le mot n'a plus qu'un rapport indirect avec un saint ; avec une majuscule et un trait d'union) *L'église Saint-Eustache.* ELLIPT *Aller à la messe à Saint-Séverin.* — *La ville de Saint-Étienne. L'île de Sainte-Hélène. Le Mont-Saint-Michel. Faubourg Saint-Germain.* — *Coquille* Saint-Jacques.* ▪ **2** (fin Xe) Qui est souverainement pur et parfait, en parlant de Dieu. *La Sainte-Trinité*, le Saint-Esprit** ou *l'Esprit* saint.* ▪ **3** (fin XIe) Qui mène une vie irréprochable, en tous points conforme aux lois de la morale et de la religion. *«C'est un saint homme, qui pourrait devenir un Saint, s'il le voulait»* BOSCO. — *Une âme sainte.*

B. (CHOSES) ▪ **1** (fin XIe) Qui a un caractère sacré, religieux ; qui appartient à la religion (judéo-chrétienne), à l'Église. ➤ **consacré, 1 sacré.** *Rendre saint.* ➤ **sanctifier.** *Le saint nom, la sainte volonté de Dieu. La sainte messe. Le Saint-Sacrement. La sainte table*. La sainte communion. La sainte Croix. Images saintes. Les Saintes Écritures*. La sainte Bible, l'histoire sainte. La sainte Église catholique, apostolique et romaine. Pèlerinage aux Lieux* saints. Terre* Sainte.* (début XIIIe) *Guerre sainte,* de religion (➤ **djihad**). *Jeudi, Vendredi, Samedi saint.* ➤ **semaine** (sainte). *Année sainte,* pour laquelle le pape proclame un jubilé. — (Autres religions) *Médine, La Mecque et Jérusalem, les villes saintes de l'islam.* — HIST. *Le Saint Empire romain germanique.* ♦ *La sainte Russie.* ♦ *La Sainte-Alliance :* alliance signée en 1815 par le tsar, l'empereur d'Autriche et le roi de Prusse pour maintenir l'équilibre européen à leur profit. ♦ LOC. FAM. *Toute la sainte journée :* pendant toute la journée, sans arrêt. *«Il se demande ce qu'elle peut bien foutre de toute la sainte journée»* QUENEAU. ▪ **2** Qui est inspiré par la piété, qui est conforme aux préceptes de la morale religieuse. *Une vie sainte. Œuvre sainte.* — (1585) *Une sainte colère :* colère éminemment morale (comme celle de Jésus chassant les marchands du temple). *Être saisi d'une sainte indignation.* ➤ **vertueux.** *«J'éprouve réellement une sainte horreur pour ce genre d'expression»* DJIAN. ▪ **3** Qui doit inspirer de la vénération. ➤ **1 auguste, 1 sacré, sacro-saint, vénérable.** *«Les œuvres où l'on bafoue les choses les plus saintes, la famille, la propriété, le mariage»* FLAUBERT.

▪ HOM. Sain, sein, seing ; cinq.

SAINT-BERNARD [sɛ̃bɛʀnaʀ] n. m. – 1868 ; *chien du mont Saint-Bernard* 1837 ◇ du nom du *col du Grand-Saint-Bernard,* dans les Alpes ▪ Chien de montagne de grande taille, à pelage roux et blanc, ou pie-rouge. *Des saint-bernards.* — LOC. *C'est un vrai saint-bernard,* une personne toujours prête à se dévouer, à porter secours aux autres (comme les *saint-bernards* portent secours aux voyageurs perdus dans la montagne).

SAINT-CRÉPIN [sɛ̃kʀepɛ̃] n. m. sing. – 1660 ◇ de *saint Crépin,* n. du patron des cordonniers ▪ VX Ensemble des outils du cordonnier. ♦ VX et FAM. Saint-frusquin.

SAINT-CYRIEN, IENNE [sɛ̃siʀjɛ̃, jɛn] n. – 1870 ◇ de *Saint-Cyr,* n. de la localité où fut installée cette école milit. ▪ Élève ou ancien(ne) élève de l'École militaire de Saint-Cyr (ARG. SCOL. *cyrard, arde*). *Casoar, shako de saint-cyrien. Les saint-cyriens.*

SAINTE-MAURE [sɛ̃tmɔʀ] n. m. – 1926 *fromage de Sainte-Maure* ◇ de *Sainte-Maure-de-Touraine,* n. d'une commune d'Indre-et-Loire ▪ Fromage de lait de chèvre, en forme de cylindre allongé, souvent cendré. *Des sainte-maures.*

SAINTEMENT [sɛ̃tmɑ̃] adv. – XIIe *seintement* ◇ de *saint* ▪ D'une manière sainte, avec sainteté. *Vivre, mourir saintement.*

SAINT-ÉMILION [sɛ̃temiljɔ̃] n. m. – 1797 ◇ de *Saint-Émilion,* n. d'une commune de la Gironde, arrondissement de Libourne ▪ Bordeaux rouge corsé, produit sur les coteaux de Saint-Émilion. *Des saint-émilions.*

SAINTE NITOUCHE [sɛ̃tnituʃ] n. f. – 1534 ◇ de *saint* et *n'y touche (pas)* ▪ Personne qui affecte l'innocence. *«Que vous a-t-il donc fait, le petit Lagave ? Sans doute, ce n'est pas une sainte nitouche»* MAURIAC. — SPÉCIALT et COUR. Femme qui affecte la pruderie, l'innocence (➤ **hypocrite**). *«les saintes nitouches qui reniflent l'arrivée de la maîtresse à cent mètres, tout de suite en position angélique»* A. ERNAUX.

SAINT-ESPRIT ➤ **ESPRIT** (I, A, 1°)

SAINTETÉ [sɛ̃tte] n. f. – v. 1265 ◇ réfection de l'ancien français *saintée,* d'après le latin *sanctitas* ▪ **1** Caractère, qualité d'une personne ou d'une chose sainte. *La sainteté de l'Évangile. «L'homme fait la sainteté de ce qu'il croit comme la beauté de ce qu'il aime»* RENAN. ♦ Le fait d'être un saint, de vivre comme un saint. *En odeur* de sainteté. «les hommes sont exposés aux entreprises du diable en raison de leur sainteté»* CHATEAUBRIAND. ▪ **2** (Précédé d'un poss.) Titre de respect qu'on emploie en parlant du pape ou en s'adressant à lui. *Sa Sainteté le pape Paul VI* (ABRÉV. *S. S.*). *Votre Sainteté.* ▪ **3** ARTS *Sujet de sainteté :* œuvre qui représente une scène religieuse.

SAINT-FRUSQUIN [sɛ̃fʀyskɛ̃] n. m. sing. – 1788 ◇ de *saint* et de l'argot *frusquin* «habit» (1628) → frusques ; p.-ê. de l'ancien français *frisque* «pimpant» ▪ FAM. Ce qu'on a d'argent, d'effets ; tout ce qu'on possède. *«Gervaise aurait bazardé la maison [...] Tout le saint-frusquin y passait, le linge, les habits, jusqu'aux outils et aux meubles»* ZOLA. ♦ (À la fin d'une énumération) *...et tout le saint-frusquin :* et tout le reste*. *J'ai envoyé promener les parents, les copains et tout le saint-frusquin.*

SAINT-GLINGLIN (À LA) [alasɛ̃glɛ̃glɛ̃] loc. adv. – 1897 ◇ probablt altération de *seing* (latin *signum* «signal», puis «sonnerie de cloche», d'où «cloche») et du dialectal *glinguer* «sonner» (allemand *klingen*) ▪ FAM. Jamais. *Avec lui, il faut s'attendre à être payé à la saint-glinglin.*

SAINT-HONORÉ [sɛ̃tɔnɔʀe] n. m. – 1863 ◇ de *saint Honoré,* patron des boulangers, ou du nom de la *rue Saint-Honoré* ▪ Gâteau garni de crème Chantilly et de petits choux glacés au sucre. *Des saint-honorés.*

SAINT-JOSEPH [sɛ̃ʒozɛf] n. m. inv. – 1973 ◇ de *saint* et *Joseph,* père de Jésus ▪ (Canada) Pétunia. *«Je vois des pivoines [...], des saint-joseph doubles, et des glaïeuls»* P. FILION.

SAINT-MARCELLIN [sɛ̃marsəlɛ̃] **n. m.** – 1926 ◊ nom de lieu ■ Fromage du Dauphiné à base de lait de vache essentiellement, à pâte molle et croûte naturelle. *Des saint-marcellins.*

SAINT-NECTAIRE [sɛ̃nɛktɛʀ] **n. m.** – 1900 ; *senectore* 1862 ; *seneterre* 1793 ◊ nom de lieu ■ Fromage d'Auvergne, à pâte pressée non cuite. *Des saint-nectaires.*

SAINT-OFFICE [sɛ̃tɔfis] **n. m.** – 1670 ◊ de *saint* et *office* ■ Congrégation romaine établie par le pape Paul III en 1542 pour diriger les inquisiteurs et juger souverainement les affaires d'hérésie. — HIST. *Le Saint-Office :* le tribunal de l'Inquisition. — On rencontre parfois la graphie *Saint Office.*

SAINT-PAULIN [sɛ̃polɛ̃] **n. m.** – 1955 ◊ nom de lieu ■ Fromage affiné à pâte pressée, voisin du port-salut. *Des saint-paulins.*

SAINT-PÈRE [sɛ̃pɛʀ] **n. m.** – XIIe ◊ de *saint* et *père* ■ Le pape. *Le Saint-Père. Notre Saint-Père le pape.* — On rencontre parfois la graphie *Saint Père.*

SAINT-PIERRE [sɛ̃pjɛʀ] **n. m.** – 1793 ; *poisson Saint-Pierre* 1611 ◊ de *saint Pierre.* Ce poisson porte sur chacun de ses côtés une tache ronde où la légende voit l'empreinte qu'y laissèrent les doigts de saint Pierre quand, sur l'ordre du Christ, il tira de la bouche du poisson le statère du cens. ■ Poisson de mer à chair estimée. ➤ **zée.** *Du saint-pierre à l'oseille. Des saint-pierres.* On écrit aussi *des saint-pierre* (inv.).

SAINT-SACREMENT ➤ **SACREMENT**

SAINT-SÉPULCRE ➤ **SÉPULCRE**

SAINT-SIÈGE [sɛ̃sjɛʒ] **n. m.** – 1669 ◊ de *saint* et *siège* ■ *Le Saint-Siège :* le pouvoir, le gouvernement du souverain pontife. ➤ **papauté.** *Le Saint-Siège et l'Église.* — *États du Saint-Siège :* territoires qui constituaient le domaine temporel de la papauté (➤ **pontifical**).

SAINT-SIMONIEN, IENNE [sɛ̃simɔnjɛ̃, jɛn] **adj.** et **n.** – v. 1825 ◊ de *Saint-Simon* ■ Relatif au réformateur social Saint-Simon (1760-1825) ou à sa doctrine. *Système, socialisme saint-simonien.* ◆ Partisan des théories de Saint-Simon ; disciple de Saint-Simon. — **n.** *Enfantin, Bazard, saint-simoniens célèbres.*

SAINT-SIMONISME [sɛ̃simɔnism] **n. m.** – v. 1825 ◊ de *Saint-Simon* ■ Doctrine, système de Saint-Simon et des saint-simoniens, caractérisés par l'industrialisme et le progressisme.

SAINT-SULPICIEN, IENNE [sɛ̃sylpisjɛ̃, jɛn] **adj.** – 1961 ◊ de *Saint-Sulpice,* église parisienne ■ Sulpicien*. *Vitraux saint-sulpiciens.*

SAINT-SYNODE ➤ **SYNODE**

SAISI, IE [sezi] **adj.** et **n.** – fin XIIe dr. ◊ de *saisir* ■ **1** COUR. ➤ **saisir** (I, B, 1°). ■ **2** DR. Qui fait l'objet d'une saisie (personnes, choses). *Le tiers saisi :* personne entre les mains de qui est saisi un bien appartenant à autrui. *Partie saisie.* ◆ **n.** (avant 1581) *Le saisi* (opposé à *saisissant,* 2°). ➤ 1 **débiteur.**

SAISIE [sezi] **n. f.** – 1494 ◊ de *saisir* ■ **1** Procédure d'exécution forcée par laquelle un créancier privé ou public (➤ **saisissant**) fait mettre des biens mobiliers ou immobiliers de son débiteur (➤ **saisi**) sous la main de la justice ou de l'autorité administrative. *Saisie des biens d'un débiteur, pour la sûreté d'une créance. Saisie sur salaire. Mainlevée qui met fin aux effets d'une saisie. Être sous le coup d'une saisie. Saisie effectuée par huissier. Procès-verbal de saisie.* **SAISIE IMMOBILIÈRE,** portant sur les immeubles, baux* emphytéotiques. **SAISIE CONSERVATOIRE :** procédure ayant pour but d'empêcher le débiteur de disposer de son bien au détriment du créancier. **SAISIE-GAGERIE :** saisie conservatoire des effets et fruits, effectuée avant jugement, pour garantie. *Des saisies-gageries.* **SAISIE-EXÉCUTION** ou **SAISIE MOBILIÈRE :** saisie des meubles corporels appartenant au débiteur, en vue de la vente publique. *« Son propriétaire, auquel il devait trois termes, le menaçait d'une saisie »* AYMÉ. — DR. **SAISIE-ARRÊT,** pratiquée par un créancier (saisissant) sur le débiteur (tiers saisi) de son débiteur (partie saisie) et ayant pour effet de bloquer les sommes détenues par le tiers saisi. ➤ **opposition.** *Des saisies-arrêts.* — **SAISIE-BRANDON :** saisie mobilière des fruits et récoltes sur pied juste avant la récolte. *Des saisies-brandons.* **SAISIE FORAINE,** pratiquée par un créancier habitant un lieu sur les biens d'un débiteur de passage dans celui-ci. ■ **2** Prise de possession (d'objets interdits par l'autorité publique). ➤ **confiscation, embargo, mainmise, séquestre.** *Procéder à la saisie d'un journal.* ■ **3** RARE Le fait de prendre, capturer. ➤ **capture.** ■ **4** INFORM. Enregistrement d'une donnée, d'une information sur un support, en vue de son traitement ou de sa mémorisation par un système informatique. *Saisie manuelle,* par frappe sur un clavier. *Opérateur de saisie.* ➤ **claviste.** *Saisie automatique,* sans l'intervention d'un opérateur (➤ 1 **scanner**). *Saisie au kilomètre.*

1 **SAISINE** [sezin] **n. f.** – 1138 « saisie » ; en dr. féod. « droit du seigneur sur la prise en possession des héritages qui relevaient de lui » ◊ de *saisir* ■ DR. ■ **1** Prérogative, ouverte à un organe ou à une personne, de saisir un autre organe ou une autre personne afin de faire exercer ses droits. *Saisine d'un tribunal, d'un juge ; du Conseil constitutionnel.* ■ **2** Droit à la possession d'un héritage, conféré par la loi ou par le testateur (opposé à *envoi en possession*).

2 **SAISINE** [sezin] **n. f.** – XVIIe ◊ de *saisir,* au sens concret ■ MAR. Cordage servant à fixer, à maintenir. *La remorque « avait sauté sur la lisse et brisé les saisines »* VERCEL.

SAISIR [seziʀ] **v. tr.** ‹2› – fin XIe ◊ de l'ancien haut allemand *sazjan,* attesté par le latin du VIIIe s. *sacire* « prendre possession de qqch. »

I PRENDRE, METTRE EN SA POSSESSION A. SUJET PERSONNE ■ **1** Mettre dans sa main (qqch.) avec détermination, force ou rapidité. ➤ **attraper*, empoigner, happer, prendre.** *« Je saisis une branche [...] et je tirai. Elle résista, plia »* BOSCO. *Saisir au passage.* ➤ **intercepter.** *Saisir la balle* au bond. Il « saisit la bourse avec une dextérité d'escamoteur et la fit disparaître »* GAUTIER. ➤ **s'emparer.** *Le gardien de but a saisi le ballon.* ➤ **atteindre, attraper, s'emparer.** ■ **2** (fin XIe) Prendre, retenir brusquement ou avec force (un être animé). *Saisir qqn aux épaules, au collet, à bras le corps, dans ses bras. « J'essayai de le saisir* [le poisson], *mais je le trouvai aussi difficile à prendre que l'eau qui fuyait dans mes petits doigts »* MICHELET. ◆ Prendre (qqn) en son pouvoir. *Saisir un accusé.* (fin XVe) *Saisir qqn au corps.* ➤ **appréhender, arrêter, attraper*, capturer.** *« L'autre le laissait marcher devant et ne le saisissait pas encore »* HUGO. ■ **3** (1673) Se mettre promptement en mesure d'utiliser, de profiter de (opposé à *manquer, rater*). *Saisir une occasion, sa chance, un moyen. Une occasion à saisir.* — *Saisir l'occasion* par les cheveux.* — *Saisir une excuse, un prétexte :* profiter d'une excuse, d'un prétexte qui s'offre. ■ **4** (1694) Se mettre en mesure de comprendre, de connaître (qqch.) par les sens, par la raison. *« Un nombre croissant de circonstances et d'épisodes, qu'il saisissait un à un, pour les examiner »* ROMAINS. *Saisir un objet par le regard, saisir d'un coup d'œil.* ➤ **apercevoir, embrasser.** *Saisir qqch. par l'intelligence, la pensée..., l'intuition.* ➤ **appréhender, comprendre*, discerner, percevoir, réaliser.** *« L'esprit saisit plus aisément la pensée Que notre main ce que notre œil convoite »* GIDE. *J'ai saisi au vol une partie de la conversation.* — *Saisir qqn,* le comprendre. — (1923) FAM. *Vous saisissez !,* vous comprenez ? est-ce clair ? ➤ FAM. 2 **piger.** *Je ne saisis pas bien.* ■ **5** (1495) Mettre sous la main de la justice par une saisie. ➤ **saisie.** *L'huissier a saisi tout le mobilier.* — PAR EXT. (➤ aussi **confisquer, réquisitionner**) *Saisir un journal.* ◆ (1809) PAR EXT. *Saisir qqn :* faire la saisie de ses biens. *« Elle avait dû payer vingt francs à un cordonnier, qui menaçait de les faire saisir »* ZOLA. ■ **6** (1972) INFORM. Effectuer la saisie (4°) de. *Le texte du manuscrit est saisi par un claviste.*

B. SUJET CHOSE (SENSATION, ÉMOTION, SENTIMENT) ■ **1** (fin XIIe) S'emparer brusquement de la conscience, des sens, de l'esprit de (qqn). ➤ **prendre, surprendre.** *Il sentit le froid le saisir. Une faiblesse, un malaise la saisit. La frayeur, la terreur, la peur le saisit.* — *Être saisi d'étonnement. « Saisi par une émotion irrésistible, par une curiosité violente, par un souvenir tout-puissant »* GOBINEAU. ■ **2** Faire une impression vive et forte sur (qqn). ➤ **captiver, émouvoir, empoigner, frapper, impressionner.** *« Sa grâce, qui n'était point la grâce convenue, vous saisissait comme le malheur »* CHATEAUBRIAND. — *« On demeure d'abord saisi comme en face d'une chose surprenante »* MAUPASSANT. ■ **3** (Agents physiques) RARE Avoir une action vive, subite sur (qqch.). *La gelée avait « durci la terre et saisi les pavés »* BALZAC. ■ **4** (1832) Exposer sans transition à une forte chaleur (ce qu'on fait cuire). *Saisir un steak à la poêle.* — *« Il est tendre, votre château* [chateaubriand] *? à peine saisi, surtout »* ARAGON.

II SENS JURIDIQUES ■ **1** (fin XIe) VX Mettre (qqn) en possession (de qqch.). (fin XIIIe) DR. *Le mort saisit le vif :* l'héritier est investi sans délai des biens du défunt. ■ **2** (1549) Porter devant (une juridiction). *Saisir un tribunal d'une affaire.* (Plus cour. au passif) *Le Conseil de sécurité a été saisi de la demande de la Grande-Bretagne.* ➤ 1 **saisine.**

III SE SAISIR v. pron. (1534) Mettre en sa possession, en son pouvoir. ➤ **s'approprier, s'emparer, prendre.** *Elle s'est saisie d'un couteau. Les rebelles se sont saisis de l'aéroport. Saisissez-vous de cet homme !*
■ CONTR. 1 Lâcher, laisser. Dessaisir.

SAISISSABLE [sezisabl] adj. – 1764 ◊ de *saisir* ■ **1** DR. Qui peut faire l'objet d'une saisie. *Bien saisissable.* ■ **2** (1840) Qui peut être saisi, perçu ou compris (par les sens, l'esprit). *Un sens précis, saisissable directement.* ➤ **compréhensible.** « *Les nuages glissaient* [...] *d'un mouvement à peine saisissable* » RAMUZ. ➤ **perceptible.** ■ CONTR. Insaisissable.

SAISISSANT, ANTE [sezisɑ̃, ɑ̃t] adj. – 1690 ◊ de *saisir* ■ **1** COUR. Qui surprend (en parlant d'une sensation, d'une émotion). *Un froid saisissant,* vif et piquant. — *Spectacle saisissant.* ➤ **étonnant, frappant, surprenant.** « *Le contraste était saisissant quand on les voyait ensemble* » BLOY. *Un portrait saisissant de ressemblance.* ■ **2** DR. Qui fait pratiquer une saisie. « *Cette femme est créancière et première saisissante* » LITTRÉ. — SUBST. *Le saisissant* (➤ **créancier**) *et la partie saisie* (➤ 1 **débiteur, saisi**).

SAISISSEMENT [sezismɑ̃] n. m. – 1170 ◊ de *saisir* ■ **1** VX Le fait de saisir. « *La main qui l'avait étreint* [et dont] *il avait senti le saisissement* » HUGO. ■ **2** (1548) Impression, effet brusque, soudain, d'une sensation (ne se dit guère que du froid), d'une émotion, d'un sentiment. *Éprouver un saisissement au contact de l'eau glacée.* ➤ **frisson.** — FIG. Sentiment brusque, soudain ; émotion vive qui saisit. « *cela m'a fait un tel saisissement, que je suis resté un grand quart d'heure tout pâle* » GAUTIER. ➤ **émoi, émotion.** *Un saisissement de joie. Il était muet, pâle de saisissement.*

SAISON [sɛzɔ̃] n. f. – début XIIIe ◊ du latin *satio, onis* « semailles », d'où « saison des semailles » et « moment favorable pour faire qqch. », famille de *serere* « semer »

I PÉRIODE DE L'ANNÉE PAR RAPPORT AU CLIMAT ■ **1** Époque de l'année caractérisée par un climat relativement constant et par l'état de la végétation. *La belle saison :* fin du printemps, été et début de l'automne. (1668) *La saison nouvelle, du renouveau :* le printemps. *La mauvaise saison, la saison des frimas,* fin de l'automne, hiver. *Saison sèche et saison des pluies* (sous un climat tropical). « *Décembre, c'est la saison sèche, la belle saison, et c'est la moisson du riz* » C. LAYE. « *À la saison des pluies, pendant des semaines, on ne voyait pas le ciel* » DURAS. — *Il fait froid, c'est la saison ! C'est, ce n'est pas un temps de saison. Le temps est chaud pour la saison. Il n'y a plus de saisons !,* le temps est déréglé. — *En cette saison. En toute saison, en toutes saisons :* pendant toute l'année. — *La saison morte, la morte saison,* où la terre ne produit rien, où les travaux agricoles sont interrompus. PAR EXT. ➤ **morte-saison.** ♦ (début XIIIe) L'époque où poussent certains produits de la terre. *La saison des feuilles* (feuillaison), *des fleurs* (floraison), *des fruits* (fructification). *Cultiver un légume, un fruit dans sa saison, avant sa saison* (➤ **primeur**), *à contre-saison, hors saison. Fruits, légumes de saison.* — LOC. (1844) *Marchand(e) de* (ou *des*) *quatre-saisons* [katsɛzɔ̃] : marchand(e) ambulant(e) de légumes et de fruits. « *Jérôme Crainquebille, marchand des quatre-saisons, allait par la ville, poussant sa petite voiture et criant* "Des choux, des navets, des carottes !" » FRANCE. ♦ (milieu XIIIe) *La saison de... :* l'époque de l'année où se font certains travaux agricoles, où la flore, la faune présente tel caractère. *La saison des foins* (fauchaison, fenaison), *de la moisson, des vendanges.* — *Saison de la pêche au hareng* (harengaison). CHASSE *La saison des cailles, des perdrix..., du sanglier* (porchaison). — (1805) *Saison des amours :* la période où une espèce d'animaux s'accouple. ➤ **accouplement, pariade.** ■ **2** (milieu XIIIe) Chacune des quatre grandes divisions de l'année qui partagent l'orbite terrestre entre un équinoxe et un solstice ou vice versa, et qui correspondent, du fait de l'inclinaison de l'écliptique, à des périodes de longueur inégale des jours. *Les quatre saisons.* ➤ **printemps, été, automne, hiver.** — *La saison est avancée.*

II PÉRIODE PARTICULIÈRE A. PÉRIODE DE LA VIE, DU TEMPS ■ **1** FIG. (milieu XVIe) LITTÉR. Période particulière (de la vie). ➤ **âge.** « *La jeunesse fait plus encore* [...] *ce n'est qu'à cette saison de la force, que les hommes sont capables de mourir pour une idée vague* » SUARÈS. « *Une Saison en enfer* », *de Rimbaud.* ■ **2** VX Temps quelconque, époque, moment (favorable à une activité). — LOC. *N'être pas, n'être plus de saison :* n'être pas, n'être plus de circonstance. *Ton pessimisme n'est vraiment pas de saison.* ➤ **inopportun.** « *J'aurais dû sentir que ce langage n'est pas de saison dans votre siècle* » ROUSSEAU. *Cela est hors de saison,* hors de propos ; déplacé.

B. PÉRIODE DE L'ANNÉE ■ **1** (fin XIVe) **LA SAISON DE..., POUR... ; SAISON** (et adj.) : temps de l'année propice à (une activité). ➤ **époque, moment.** *La saison des vacances. C'est la bonne, la meilleure saison pour visiter ce pays.* — Époque où une activité bat son plein (➤ **saisonnier**). *La saison théâtrale. La saison des soldes. La saison des prix littéraires.* ♦ (1868) **LA SAISON.** Époque de l'année où les touristes, les visiteurs, les vacanciers affluent. *Dans cette station, la saison commence en juin et se termine en septembre. Pendant la saison, en saison. Hors saison* (➤ **intersaison**). « *Vichy, avec son improvisation de bâtisses, de baraquements, de boutiques pour la* grande saison » GONCOURT. *Haute saison :* période saisonnière d'affluence (hôtels, transports). *Les tarifs de haute saison sont plus élevés que ceux de basse saison.* — Ensemble des résultats financiers obtenus pendant cette période d'activité. *Les hôteliers ont fait une mauvaise saison, cet été.* ■ **2** *Les nouveautés, les nouvelles collections de la saison :* les modèles d'été ou d'hiver, présentés au printemps ou à l'automne. ■ **3** Durée pendant laquelle on prend les eaux. ➤ 1 **cure.** « *La durée d'une saison est de vingt-sept jours* [à Bourbonne] » DIDEROT. ■ **4** TÉLÉV. Groupe d'épisodes (d'une série télévisuelle). *La troisième saison de la série.*

SAISONNALITÉ [sɛzɔnalite] n. f. – 1975 ◊ de *saison* ■ Caractère saisonnier (d'un phénomène). *Saisonnalité des ventes de maillots de bain.*

SAISONNIER, IÈRE [sɛzɔnje, jɛʀ] adj. – 1775 ◊ de *saison* ■ **1** Propre à telle ou telle saison. *Maladies saisonnières. Variations saisonnières de température.* ■ **2** Qui ne dure qu'une saison, qu'une partie de l'année (➤ **saisonnalité**). *Service saisonnier ou permanent d'une ligne aérienne. Industrie saisonnière. Personnel saisonnier. Ouvriers saisonniers,* et SUBST. *Des saisonniers.* ■ **3** Qui se fait à chaque saison. *Les migrations saisonnières.* ♦ STAT. *Variations saisonnières :* fluctuations qui se reproduisent aux mêmes dates. *Hausse saisonnière du prix des légumes. Série statistique corrigée des variations saisonnières* (➤ **désaisonnaliser**).

SAÏTE [sait] adj. – 1923 ; *saïtique* avant 1819 ◊ de *Saïs,* ville d'Égypte ■ HIST. Relatif à une période de l'histoire égyptienne (XXVIe dynastie : 663 à 526 av. J.-C.). *L'art saïte est influencé par l'art grec.*

SAJOU ➤ **SAPAJOU**

SAKÉ [sake] n. m. – 1882 ; *saki* 1878 ◊ mot japonais ■ Boisson alcoolisée obtenue par fermentation du riz, dite aussi *bière de riz. Le saké se boit tiède ou chaud.* ■ HOM. Saquer.

SAKI [saki] n. m. – 1766 ◊ tupi *çahy, sahy* « singe » → saï ■ ZOOL. Singe des forêts d'Amazonie, de taille moyenne, au corps recouvert d'une épaisse fourrure grise.

SAKIEH [sakjɛ ; sakje] n. f. – 1829 *sakièh* ◊ arabe *saqiya,* radical *saqa* « irriguer » ■ Noria égyptienne mue par des bœufs qui tournent en manège. — On écrit aussi *sakièh.*

SALACE [salas] adj. – 1555 ◊ latin *salax* « lubrique », de *salire* « saillir » ■ LITTÉR. Qui est prompt aux rapprochements sexuels, en parlant d'un homme. ➤ **lascif, lubrique, sensuel.** « *C'était un bandit salace et ivrogne* » HUYSMANS. — *Regards, propos salaces.* ➤ **grivois, licencieux, obscène.**

SALACITÉ [salasite] n. f. – 1546 ◊ latin *salacitas* ■ LITTÉR. Forte propension aux rapprochements sexuels. ➤ **lubricité.** *La* « *salacité campagnarde* » *des faunes* HENRIOT.

1 **SALADE** [salad] n. f. – 1414 ◊ italien du Nord *salada,* italien *insalata* ■ **1** *De la salade ; une salade :* mets fait de feuilles d'herbes potagères crues, assaisonnées d'huile, de vinaigre et de sel. *Plantes utilisées pour la salade.* ➤ **batavia, chicorée, cresson, endive, frisée, laitue, mâche, pissenlit,** 1 **romaine,** 1 **roquette, scarole, trévise.** « *Une salade de mâches, la moins chère de toutes les salades* » BALZAC. *Une salade d'endives. Éplucher, laver, égoutter, essuyer, assaisonner, remuer, tourner, fatiguer la salade. Panier* à salade. Couverts à salade. Manger de la salade.* — REM. *Salade,* employé absolt, s'entend toujours dans ce sens ; toutefois, lorsque la confusion est possible avec le sens 3°, on dit *salade verte.* ■ **2** (1536) *Une salade :* plante cultivée, légume dont on fait la salade. SPÉCIALT Laitue, batavia, scarole ou chicorée frisée. *Pied, plant de salade. Cueillir une salade dans le potager.* « *Les salades, les laitues, les scaroles, les chicorées, ouvertes et grasses encore de terreau* » ZOLA. *Détacher les feuilles d'une salade. Cœur de salade. Mélange de salades.* ➤ **mesclun.** — *Salade cuite, braisée :* plat chaud pour accompagner certaines viandes. ■ **3** (Qualifié par un compl. de nom, un

adj.) Mets froid, fait de légumes, de viande, d'œufs, de crustacés, etc., seuls ou en mélange, assaisonnés d'une vinaigrette, généralement servi en hors-d'œuvre. *Salade de tomates, de betteraves, de pommes de terre. Salade de riz. Salade de museau. Salade de crudités. Salade composée*. Salade niçoise* (olives, tomates, anchois, etc.). *Salade russe* (légumes cuits coupés, haricots, pois, mêlés à une mayonnaise) : macédoine* à la mayonnaise. *La salade du chef.* — *En salade :* accommodé comme une salade. *Tagliatelles, poireaux en salade.* ▪ **4** *Salade de fruits :* fruits menus ou coupés, servis froids, accommodés avec un sirop, une liqueur. ➤ **macédoine.** *Salade d'oranges au marasquin.* ▪ **5** (1856) FIG. et FAM. Mélange confus, réunion hétéroclite. ➤ **confusion, désordre, enchevêtrement.** *Quelle salade ! «Du Roy déclara : Quelle salade de société !»* MAUPASSANT. ▪ **6** LOC. FAM. *Vendre sa salade :* chercher à convaincre, à soumettre un projet, à faire adopter un point de vue. ➤ **soupe.** ♦ (Souvent au plur.) Histoires, mensonges. *Pas de salades ! Il «ne passe pas son temps à raconter des salades comme les autres, juste pour se faire valoir»* LE CLÉZIO. — *C'est toujours la même salade,* la même histoire.

2 **SALADE** [salad] n. f. – 1419 ◊ italien *celata,* radical *cælum* «ciel», à cause de la forme ▪ ARCHÉOL. Partie de l'armure des cavaliers (XVe et XVIe s.), casque profond et arrondi à visière courte. *«J'ai trop porté haubert, maillot, casque et salade»* HUGO.

SALADIER [saladje] n. m. – 1660 ; adj. «qui se sert comme salade» 1580 ◊ de 1*salade* ▪ Grande jatte où l'on sert la salade, et d'autres mets. *Saladier de porcelaine, de verre. «Il nous fit servir un saladier tout plein de [...] fraises à la crème»* CÉLINE. ♦ Son contenu. *Il en a mangé un plein saladier.*

SALAFISME [salafism] n. m. – 1929 ◊ de l'arabe *salaf* «prédécesseur, ancêtre», l'islam étant jugé particulièrement pur à ses débuts ▪ RELIG. Doctrine musulmane sunnite prônant le retour aux valeurs fondamentales de l'islam.

SALAFISTE [salafist] adj. et n. – 1953 ◊ de l'arabe → salafisme ▪ RELIG. Relatif au salafisme. ♦ Partisan du salafisme. — n. *Les salafistes.* — REM. On dit parfois *salafite* [salafit].

SALAGE [salaʒ] n. m. – 1611 ; «gabelle» 1281 ◊ de *saler* ▪ **1** Le fait de saler (pour assaisonner, conserver) ; son résultat. *Le salage d'un porc.* ▪ **2** Action de répandre du sel sur la chaussée (pour faire fondre la neige, le verglas).

SALAIRE [salɛʀ] n. m. – 1260 ◊ latin *salarium,* radical *sal* «sel», à l'origine «ration de sel» (indemnité du soldat)

I SENS LARGE Rémunération d'un travail, d'un service. *Salaire, prix d'un travail.* ➤ **appointements, émoluments, gages, honoraires, mensualité, rémunération,** 1**solde, traitement, vacation.** *Salaire d'employé, de jardinier, de professeur, de cadre, de député. Salaire variable.* ➤ **gain, rétribution ; cachet, commission, guelte, jeton** (de présence), **pourboire,** 2**prime.** *Salaire au temps, au rendement, aux pièces, à la tâche* (forfait). *Salaire brut,* avant déduction des cotisations sociales salariales. *Salaire net :* montant perçu après déduction des cotisations sociales. *Salaire imposable. Salaire social* ou *indirect :* prestations et avantages sociaux divers. *Salaire de base :* montant de la rémunération utilisé pour le calcul des prestations et cotisations sociales. *Salaire nominal* (en euros courants), *réel* (en euros constants). — *Allocation de salaire unique* (FAM. *Salaire unique*) : prestation mensuelle qui était accordée (par le régime des allocations familiales) aux couples mariés ou personnes isolées ayant la charge d'un ou plusieurs enfants, et bénéficiant d'un seul revenu professionnel.

II SENS ÉTROIT Somme d'argent payable régulièrement par l'employeur (personne, société, État) à la personne qu'il emploie (opposé à *émoluments, honoraires, indemnités*). ➤ **appointements, traitement.** *Montant du salaire figurant dans le contrat de travail. Salaire payable à la journée, au mois. Toucher son salaire* (sa journée, son mois). ➤ **paye.** *Bulletin* de salaire. Un salaire d'appoint. Salaire de famine, de misère,* très bas. *Le prolétariat, «sorte d'esclavage tempéré par le salaire»* LAMARTINE. *Salaire élevé. Hauts salaires. Les bas salaires. «Je n'aurais jamais dû entrer dans l'Éducation nationale. Une administration kafkaïenne, un salaire dérisoire»* CH. LABORDE. *Obtenir une augmentation de salaire. Revendications de salaire.* ➤ **salarial.** *Salaire des hommes, des femmes. À travail égal, salaire égal. Zones d'abattement et zones de salaires. Relèvement, hausse automatique des salaires liés à la hausse des prix.* ➤ **indexation** (cf. Échelle* mobile). *Hausse nominale, réelle des salaires. Blocage, gel des salaires.* ♦ (En France) *Salaire minimum :* rémunération fixée par voie réglementaire pour garantir un minimum vital aux salariés des catégories les plus défavorisées. ANCIENNT *Salaire minimum interprofessionnel garanti* (*S. M. I. G.* [smig]). — (v. 1969) *Salaire minimum interprofessionnel de croissance* (*S. M. I. C.* [smik]), variant en fonction de l'indice des prix et du taux de croissance économique. — *Salaires différentiels :* échelle* des salaires pour l'ensemble des postes de chaque profession. *Éventail, fourchette, grille des salaires.*

III SENS FIGURÉ Ce par quoi on est payé (récompensé ou puni). ➤ VX **loyer, récompense, tribut.** *«Le Salaire de la peur»,* roman de Georges Arnaud. PROV. *Toute peine mérite salaire :* le moindre effort mérite récompense. *«Voilà tous mes forfaits. En voici le salaire»* RACINE.

▪ HOM. Salers.

SALAISON [salɛzɔ̃] n. f. – 1670 ◊ de *saler* ▪ **1** Opération par laquelle on sale (un produit alimentaire) pour le conserver (➤ **saloir**). *Salaison des viandes, du poisson. Salaison par l'emploi de saumure.* ▪ **2** (1723 ; *salloison* hapax XVe) Denrée alimentaire conservée par le sel. *Salaisons crues* (ex. jambon de Bayonne), *salaisons cuites* (jambon de Paris).

SALAMALEC [salamalɛk] n. m. – 1659 ; «salut turc» 1559 ◊ de l'arabe *salâm alaïk* «paix sur toi» ▪ (surtout plur.) ▪ **1** FAM. Révérences, politesses exagérées. *Faire des salamalecs* (cf. Ronds* de jambe). ▪ **2** (Afrique) Échange de salutations, rituel de politesse. *Salamalecs de bienvenue. «ces entrées grandioses et les salamalecs nombreux et recherchés»* A. SADJI.

SALAMANDRE [salamɑ̃dʀ] n. f. – 1125 ◊ latin *salamandra,* mot grec ▪ **1** Amphibien urodèle, petit animal noir taché de jaune, dont la peau sécrète une humeur très corrosive. *Au Moyen Âge, on attribuait aux salamandres la faculté de vivre dans le feu. «une salamandre noire marbrée de taches orangées, une créature d'enfer»* GENEVOIX. ▪ **2** ALCHIM. Vapeur rouge qui se produit pendant la distillation de l'esprit de nitre. — CHIM. ANC. Amiante. ▪ **3** (1889 ◊ n. déposé) Poêle à combustion lente qui se place dans une cheminée. *«la salamandre, d'où rayonne une chaleur insupportable»* ROMAINS.

SALAMI [salami] n. m. – 1923 ; *salame* 1852 ◊ mot italien, plur. de *salame* «chose salée» ▪ Gros saucisson sec d'origine italienne, haché plus ou moins fin. *Tranches de salami. Du salami de Milan. Salami hongrois,* au paprika.

SALANGANE [salɑ̃gan] n. f. – 1778 ; *salangan* 1719 ◊ de *salamga,* mot des Philippines ▪ Oiseau de Malaisie proche du martinet dont le nid, fait d'algues, est comestible (cf. Nid d'hirondelle*).

SALANT [salɑ̃] adj. m. et n. m. – 1520 ◊ p. prés. de *saler* ▪ **1** Qui produit du sel. *Marais salants.* ➤ **salin, saline.** ▪ **2** n. m. (1871) GÉOGR., TECHN. Étendue de terre proche de la mer où s'étendent des efflorescences de sel. — Ensemble des composés solubles présents dans une terre affectée par la salure. *Salant blanc. Salant noir.*

SALARIAL, IALE, IAUX [salaʀjal, jo] adj. – 1953 ◊ de *salarié* ▪ **1** Du salaire, relatif aux salaires. *Politique salariale. Revendications salariales. Masse salariale :* somme globale des rémunérations (directes et indirectes) perçues par l'ensemble des salariés d'une collectivité (entreprise, nation). ▪ **2** (Opposé à *patronal*) Relatif aux salariés. *Cotisation sociale salariale,* versée par le salarié.

SALARIAT [salaʀja] n. m. – 1846 ◊ de *salarié* ▪ **1** Mode de rétribution du travail par le salaire ; état, condition de salarié. *Contrat de salariat.* ▪ **2** Ensemble des salariés. *Le salariat et le patronat.*

SALARIÉ, IÉE [salaʀje] adj. et n. – 1758 ; fig. XVe ◊ de *salarier* ▪ Qui reçoit un salaire (1° et 2°). *Travailleur salarié.* — PAR EXT. *Travail salarié.* ♦ n. Personne qui reçoit un salaire (2°), personne rétribuée par un employeur (patron, entrepreneur). ➤ **employé, ouvrier.** *Les salariés et les patrons. Salariés et commerçants, artisans, exploitants.*

SALARIER [salaʀje] v. tr. ⟨7⟩ – 1369, repris milieu XVIIIe ◊ de *salaire* ▪ Rétribuer par un salaire (1° et 2°). *Il faut salarier ce stagiaire.*

SALAUD [salo] n. m. et adj. m. – 1597 adj. ◊ de *sale* ▪ FAM. Homme méprisable, moralement répugnant. ➤ **dégueulasse, fumier, salopard, salope ;** RÉGION. **écœurant.** *Il s'est conduit comme un salaud.* ➤ **goujat, malpropre.** *Bande de salauds !* ➤ INJURIEUX **empaffé, enfoiré.** *Le petit salaud. Vieux salaud.* — (Sans valeur injurieuse) *Dis donc, mon salaud, tu ne te refuses rien.* ♦ adj. m. *«J'aurais jamais cru qu'un type puisse être aussi salaud»* SARTRE. — (1934) RÉGION. (Canada) FAM. Sale, malpropre. *C'est salaud de manger avec ses doigts.* ▪ HOM. Salop.

SALCHOW [salko] **n. m.** – 1961 ◊ de *Salchow,* nom d'un patineur suédois ■ SPORT En patinage artistique, Saut de carre consistant à effectuer un tour en l'air à partir du dedans arrière d'un pied et à se recevoir sur le dehors arrière de l'autre pied. *Double, triple salchow. Des salchows.*

SALE [sal] **adj.** – XIIe ◊ francique °*salo*
A. (CONCRET) ■ **1** Dont la netteté, la pureté est altérée par une matière étrangère, au point d'inspirer la répugnance ou de ne pouvoir être utilisé de nouveau sans être nettoyé. ➤ **sali, souillé ; 1 boueux, crasseux, crotté, graisseux, poisseux, taché, terreux ; dégoûtant, immonde, répugnant ;** FAM. **cracra, cradingue, crado, crapoteux, craspec, dégueulasse.** *Avoir les mains sales. Ongles sales.* ➤ **noir** (cf. FAM. En deuil). *Cheveux sales. Vaisselle sale. Chemise sale.* ➤ **douteux.** *Laver* son linge sale en famille.* — SUBST., FAM. *Le sale :* endroit où l'on met le linge à laver. *Mets ton pull au sale.* — *Eaux sales.* ➤ **pollué, usé.** ◆ Mal entretenu. *Logement très sale.* ➤ **sordide** (cf. Chenil, cloaque, écurie, porcherie, FIG.). « *la plus moderne des villes* [New York] *est aussi la plus sale* » SARTRE. ■ **2** (PERSONNES) Qui manque d'hygiène, se lave insuffisamment. ➤ **malpropre, 2 négligé,** RÉGION. **salaud.** *Il, elle est sale comme un cochon, un porc, sale comme un peigne,* très sale. « *Tu es sale comme un cochon !* [...] *Il a raison, tu pues, tu cognes* [...] *tu es cradeau, tu es cracra* » SARTRE. *Il a l'air sale, il fait sale.* « *Je suis sale. Les poux me rongent. Les pourceaux, quand ils me regardent, vomissent* » LAUTRÉAMONT. *Servante sale.* ➤ **souillon.** — PAR EXT. Qui salit ce qu'il touche, qui fait salement un travail (cf. Cochonner, saloper). *Il est négligent et sale dans son travail.* ■ **3** Se dit d'une bombe dont les retombées radioactives sont importantes, d'une guerre très meurtrière (opposé à *propre*). ■ **4** Qui, sans être souillé, n'est pas net. *Blanc, gris, vert sale,* qui manque d'éclat. ➤ **1 terne.**
B. (ABSTRAIT) ■ **1** VX Qui est impur, souillé. ➤ **condamnable, détestable, honteux, vil.** *De sales pensées.* « *Une sale et odieuse entreprise* » LA BRUYÈRE. — MOD. *Argent sale,* qui provient d'une activité condamnée par la loi (trafic de drogue, d'armes, prostitution...). *Blanchir* de l'argent sale.* ◆ FAM. *Histoires sales.* ➤ **cochon, grivois, licencieux, obscène, trivial.** ■ **2** COUR. (avant le nom) Très désagréable. *Une sale affaire, une sale histoire.* ➤ **fâcheux.** *Elle nous a joué un sale tour.* ➤ **mauvais, méchant, vilain.** *Il a une sale maladie,* grave. *Être dans un sale état. Faire le sale boulot.* FAM., VIEILLI *Un sale coup pour la fanfare*.* ◆ Laid. *Cette sale petite écriture.* — *Il fait une sale gueule :* il a l'air ennuyé, dépité — *Il a une sale gueule,* un visage antipathique, désagréable ; il a mauvaise mine, il a l'air malade. ◆ (Choses concrètes) Mauvais (t. dépréciatif). *Cette sale bagnole est encore en panne !* ➤ **maudit.** *Enlève tes sales pattes de là ! Quel sale temps !* ➤ **pourri.** ◆ FAM. (au négatif) *C'était pas sale !* c'était beau, réussi, bon (cf. C'était pas cochon). ■ **3** (Qualifiant des personnes que l'on condamne, que l'on méprise). ➤ **damné, maudit.** *Un sale type* (➤ **salaud, saligaud**). « *Qu'avait pu devenir ce sale gosse d'Armand !* » ARAGON. *C'est une sale bête.* — T. d'injure *Sale con !* ■ CONTR. 1 Blanc, impeccable, 2 net, propre, soigné. ■ HOM. Salle.

1 **SALÉ, ÉE** [sale] **adj.** – XIIIe ◊ de *saler* ■ **1** Qui contient naturellement du sel. *Eau salée. Lac salé.* ➤ **chott, sebka.** *Moutons de prés-salés.* ➤ **pré-salé.** ◆ De sel. *Goût salé, saveur salée.* ➤ **salin.** ■ **2** (1677) Assaisonné ou conservé avec du sel. *Plat trop salé. Ce n'est pas assez salé, remets du sel. Conserves salées.* ➤ **salaison.** *Biscuits salés. Beurre salé. Jambon salé. Lard salé ou fumé. Bœuf, porc salé.* ➤ **2 salé.** — SUBST. *Préférer le salé au sucré.* — ADVT *Manger salé.* ■ **3** (fin XVIe) FIG. et VX Piquant, vif, qui excite l'esprit. ➤ **spirituel.** « *De bonnes conversations bien salées* » Mme DE SÉVIGNÉ. ◆ (XVIIe) MOD. Qui a un caractère licencieux, grivois. ➤ **corsé, 2 cru, grossier, pimenté, poivré.** *Un langage « si salé, que ces dames en rougissaient parfois »* CÉLINE. ■ **4** (1660) FIG. et FAM. Qui est exagéré, excessif (comme un aliment trop salé). *Condamnation salée.* ➤ **sévère.** *La note est salée,* trop élevée. ■ CONTR. Fade, insipide.

2 **SALÉ** [sale] **n. m.** – XVIe ◊ de *porc salé* ■ Porc salé. *Manger du salé.* — (XVIe) **PETIT SALÉ :** VX chair salée d'un petit cochon ; MOD. morceaux de poitrine de porc, coupés plus fin et placés sur le dessus du saloir, pour être mangés les premiers (moins salés). *Petit salé aux lentilles.* ◆ (1860) POP., VX *Petit salé :* petit enfant. ➤ **lardon.**

SALEMENT [salmɑ̃] **adv.** – 1511 ◊ de *sale* ■ **1** D'une manière malpropre, sale, en salissant. *Manger salement.* ■ **2** FIG. D'une manière contraire à la pudeur ou à la correction ; contraire à la loyauté. *Une affaire salement étouffée.* ■ **3** FAM. Très désagréablement. « *Je suis salement emmerdé* » SARTRE. — (Sans valeur péj.) Très, beaucoup. ➤ **drôlement, foutrement, terriblement.** « *on en avait salement marre de leurs entourloupes* » CÉLINE. ■ CONTR. Proprement.

SALEP [salɛp] **n. m.** – 1740 ◊ arabe *sahlap* ■ PHARM. Fécule extraite des tubercules desséchés de l'orchis, utilisée comme aliment ou comme excipient.

SALER [sale] **v. tr.** ⟨1⟩ – v. 1165 ◊ de *sel,* latin *sal* ■ **1** Assaisonner avec du sel. *Saler l'eau de cuisson. Saler un plat.* ABSOLT *Elle sale trop.* ◆ Imprégner de sel, pour conserver (➤ **salaison**). *Saler un jambon.* ◆ TECHN. *Saler la chaussée,* pour faire fondre la neige, le verglas (➤ **salage**). ■ **2** (XIIIe « battre ») VX FIG. et FAM. Punir sévèrement. — (1589 « vendre trop cher ») *Saler la note :* demander un prix excessif. *Saler le client,* lui vendre qqch. trop cher. ➤ **étriller, 2 voler.**

SALERON [salʀɔ̃] **n. m.** – 1406 ◊ de *salière* ■ Partie creuse d'une salière. ◆ Petite salière individuelle.

SALERS [salɛʀ(s)] **n. f. et m.** – 1860 ◊ du nom d'une commune du Cantal ■ **1 n. f.** Race bovine originaire du Cantal, à robe acajou, à poil bouclé et à longues cornes en forme de lyre, élevée pour son lait et sa viande. — Vache de cette race. ■ **2 n. m.** Cantal au lait cru entier, produit dans des fermes d'altitude. *Le salers et le laguiole.* ■ HOM. Salaire.

SALÉSIEN, IENNE [salezjɛ̃, jɛn] **adj. et n.** – 1808 fém. ◊ de *saint François de Sales* ■ Relatif à saint François de Sales. *Doctrine, morale salésienne.* ◆ **n. m.** Prêtre d'un ordre fondé par saint Jean Bosco (1857). — **n. f.** Religieuse de la congrégation des Filles de Marie-Auxiliatrice.

SALETÉ [salte] **n. f.** – 1511 ◊ de *sale* ■ **1** Caractère de ce qui est sale (1o). ➤ **malpropreté.** *Saleté des habits, du corps. Saleté repoussante.* « *La salle était d'une saleté noire, le carreau et les murs tachés de graisse, le buffet et la table poissés de crasse* » ZOLA. ■ **2** *La saleté.* Ce qui est sale, souillé, mal tenu ; ce qui salit. ➤ **boue, 2 crasse, gadoue, ordure.** *Croupir, vivre dans la saleté. Cette guerre « c'est l'eau jusqu'au ventre, et la boue et l'ordure et l'infâme saleté »* BARBUSSE. ◆ *Une, des saletés.* Chose qui salit, qui souille. *Il y a une saleté dans l'eau.* ➤ **impureté.** *Avec ta peinture, tu en as fait des saletés !* — EUPHÉM. Excrément. *Le chat a encore fait ses saletés dans la cuisine.* ■ **3** FIG. *Une, des saletés.* Chose immorale, indélicate (➤ **canaillerie, vilenie**), grossière (➤ **grossièreté**), méprisable. « *J'étais las, écœuré* [...] *par toutes les bêtises, toutes les saletés que j'avais vues* » MAUPASSANT. — SPÉCIALT Propos, image obscène. ➤ **obscénité.** *Il lui raconte des saletés.* ■ **4** (1836) FAM. Chose sans aucune valeur, qu'on méprise, qui déplaît. ➤ **cochonnerie, saloperie.** *On nous a fait manger des saletés.* — IRON. « *Vous savez que ce n'est pas mauvais du tout ces petites saletés-là* » PROUST. ■ **5** (1916) POP. Terme d'injure à l'adresse d'une personne que l'on juge méprisable. « *Les garnements ! la saleté !* » É. GUILLAUMIN. ■ CONTR. Netteté, propreté.

SALEUR, EUSE [salœʀ, øz] **n.** – XVIe ◊ de *saler* ■ **1** Personne dont le métier est de saler, de faire des salaisons. *Saleur de viandes, de caviar, de choux* (fabrication de la choucroute). ◆ Pêcheur de morue, chargé de saler le poisson sur les lieux de pêche. ■ **2 n. f.** (v. 1960) Véhicule utilisé pour répandre du sel sur les chaussées enneigées.

SALICAIRE [salikɛʀ] **n. f.** – 1694 ◊ latin des botanistes *salicaria,* de *salix, icis* « saule » ■ BOT. Plante herbacée *(lythracées),* à grands épis de fleurs rouges, lilas ou roses, qui pousse près de l'eau.

SALICINE [salisin] **n. f.** – 1830 ◊ du latin *salix, icis* « saule » ■ CHIM. Salicoside formé d'acide salicylique et de glucose. *La salicine a servi de point de départ à la synthèse de l'aspirine.*

SALICIONAL, AUX [salisjɔnal, o] **n. m.** – 1877 ; *salicianat* 1819 ◊ allemand *Salizional,* forme latinisée de *Weidenpfeife* « flûte d'écorce (de saule) » ■ MUS. Jeu de fonds d'un orgue, de taille réduite.

SALICOLE [salikɔl] **adj.** – 1866 ◊ du latin *sal* « sel » et *-cole* ■ DIDACT. Qui concerne l'extraction et les industries chimiques du sel.

SALICOQUE [salikɔk] **n. f.** – *salecoque* 1554 ; *saige coque* 1530 ◊ mot normand, d'origine inconnue ■ RÉGION. Crevette. — (Normandie) Crevette rose. ➤ **2 bouquet.**

SALICORNE [salikɔʀn] **n. f.** – 1611 ◊ du catalan *salicorn* (1490), plutôt du latin *salicorneum,* de *sal* « sel » et *corneum* « en forme de corne », que de l'arabe *salcoran* ■ BOT. Plante herbacée *(chénopodiacées)* qui croît dans les terrains salés. *La cendre de salicorne fournit de la soude.*

SALICOSIDE [salikozid] **n. m.** – 1932 ◇ du latin *salix, icis* «saule» et *-oside,* d'après *glucoside* ■ CHIM. Glucoside contenu dans l'écorce de saule ou de peuplier, à propriétés analgésiques. ➤ **salicine.**

SALICYLATE [salisilat] **n. m.** – 1844 ◇ de *salicylique* ■ CHIM. Sel ou ester de l'acide salicylique. *Salicylate de phénol* (antiseptique). ➤ **salol.** *Salicylate de lithium.*

SALICYLIQUE [salisilik] **adj.** – 1838 ◇ de *salicyle,* radical hypothétique, de *salicine* ■ CHIM. *Acide salicylique :* acide orthohydroxybenzoïque $C_6H_4(OH)(COOH)$. *Antiseptique puissant, l'acide salicylique sert à la préparation de l'acide acétylsalicylique* (aspirine*).

SALIEN, IENNE [saljɛ̃, jɛn] **adj.** – 1756 ◇ latin *Salii* ■ *Francs Saliens :* tribu franque établie sur les rives de la Sala (l'IJssel aujourd'hui).

SALIÈRE [saljɛʀ] **n. f.** – *saillière* 1180 ◇ de *sel,* latin *sal* ■ **1** Petit récipient dans lequel on met le sel et qu'on place sur la table du repas. ➤ **saleron.** *Salière poivrière.* ■ **2** (1600) Partie enfoncée, au-dessus de l'œil du cheval. — (PERSONNES) *«Les salières qui marquent ses yeux et ses tempes»* BALZAC. ■ **3** (1611) Enfoncement derrière la clavicule, chez les personnes maigres. *Son décolleté montrait ses salières.*

SALIFÈRE [salifɛʀ] **adj.** – 1788 ◇ du latin *sal, salis* «sel» et *-fère* ■ DIDACT. Qui renferme du sel. — GÉOL. *Tectonique salifère,* où les sels de sodium et de potassium confèrent, par leur légèreté et leur plasticité, des caractères particuliers au relief.

SALIFIABLE [salifjabl] **adj.** – 1789 ◇ de *salifier* ■ CHIM. Se dit d'un composé (acide, anhydride, base ou oxyde basique) susceptible d'être transformé en sel. *Base salifiable.*

SALIFIER [salifje] **v. tr.** ‹7› – 1789 ◇ du latin *sal* «sel» et *facere* «faire» ■ CHIM. Faire réagir un acide sur (une base), avec production de sel et d'eau. — **n. f. SALIFICATION,** 1800.

SALIGAUD [saligo] **n. m.** – 1656 ; *saligot* injure fin XIVe ◇ de *Saligot,* n. pr. et surnom, XIIe-XIIIe, en wallon et picard, probablt du francique °*salik* «sale» et suffixe péj. *-ot* ■ FAM. Personne sale, malpropre. *Petit saligaud !* ◆ FIG. Personne ignoble, répugnante (au moral). ➤ **salaud.** *«Je tenais, sans le vouloir, le rôle de l'indispensable "infâme et répugnant saligaud," honte du genre humain»* CÉLINE.

SALIGNON [saliɲɔ̃] **n. m.** – *saluygnon* 1257 ◇ latin populaire °*salinio, onis,* de *salinum* → salin ■ TECHN. Sel en pain, obtenu par évaporation de l'eau d'un puits salant (fontaine salée).

SALIN, INE [salɛ̃, in] **adj. et n. m.** – 1600 ◇ latin *salinus,* de *sal* «sel» **I** adj. ■ **1** Qui contient du sel, est formé de sel. *Croûte saline. Efflorescences salines. Effluves salins. Indice salin,* de salinité. — GÉOL. *Roche sédimentaire saline,* provenant de l'évaporation de l'eau de mer et composée de gypse, de sel gemme, de sels de potassium. ■ **2** DIDACT. Relatif à un sel. *Solution saline.* — *Pile saline,* dont l'électrolyte est un sel. **II** n. m. (1835 ; autre sens XVIIe-XVIIIe ◇ latin *salinum*) TECHN. Marais salant. ➤ **saline.**

SALINAGE [salinaʒ] **n. m.** – 1765 ; «droit de faire du sel» 1407 ◇ de l'ancien verbe *saliner* «faire du sel», de *saline* ■ TECHN. Concentration d'une saumure pour obtenir le dépôt de sel. ◆ (1906) Emplacement où l'on recueille le sel.

SALINE [salin] **n. f.** – 1165 ◇ latin *salinæ* ■ **1** Entreprise de production du sel, par évaporation de l'eau de mer (dans les marais salants), ou par pompage de la saumure. ■ **2** ABUSIVEMENT Marais salant. ➤ **salin** (II). *«Des salines défilent, bordées d'un gazon de sel étincelant»* COLETTE.

SALINIER, IÈRE [salinje, jɛʀ] **adj. et n.** – 1803 ; *sallenier* picard 1460 ◇ de *saline* ■ Relatif à la production du sel. *L'industrie salinière.* ◆ n. TECHN. Personne qui conduit les opérations d'extraction du sel marin. ➤ **paludier, saunier.**

SALINISATION [salinizasjɔ̃] **n. f.** – 1976 ◇ de *salin* ■ Augmentation de la teneur en sel (d'un sol, d'une eau). *Salinisation des nappes phréatiques.*

SALINITÉ [salinite] **n. f.** – 1867 ◇ de *salin* ■ **1** Caractère de ce qui est salin. ■ **2** Teneur en sel d'un milieu, et SPÉCIALT de l'eau de mer. *Salinité d'un sol. Salinité des océans.*

SALIQUE [salik] **adj.** – 1390 ◇ latin médiéval *salicus,* de *Salii* «les Saliens» ■ HIST. Relatif aux Francs Saliens*. — **LOI SALIQUE :** corps de lois contenant la règle qui exclut les femmes du droit de succession à la terre ; cette règle, invoquée au XIVe s. pour exclure les femmes de la succession à la couronne de France.

SALIR [saliʀ] **v. tr.** ‹2› – XIIe ◇ de *sale* ■ Rendre sale, plus sale. ■ **1** Altérer la netteté, la pureté de (qqch.) par un contact répugnant ou enlaidissant. ➤ **barbouiller, crotter, éclabousser, graisser, maculer, noircir, poisser, souiller, tacher ;** FAM. **dégueulasser, saloper.** *Il a sali sa chemise. Vêtements salis. «De hautes cheminées crachant de la suie, salissant cette campagne»* ZOLA. *Se salir les mains** (I, A). — PRONOM. *Se salir en tombant.* (PASS.) *Cette couleur se salit facilement* (➤ **salissant**). ■ **2** FIG. (XVIIe) Abaisser moralement. *Salir l'imagination. «Les promiscuités de la caserne* [...] *me salissaient l'idée de l'amour»* ROMAINS. ◆ Avilir* par une tache morale. ➤ **déshonorer, diffamer,** 2 **flétrir.** *Salir la réputation de qqn. Salir injustement qqn.* ➤ **baver** (sur), **calomnier.** — PRONOM. *«Je ne puis pas estimer un homme qui se salit sciemment pour une somme d'argent»* BALZAC.
■ CONTR. Laver, nettoyer.

SALISSANT, ANTE [salisɑ̃, ɑ̃t] **adj.** – 1694 ◇ de *salir* ■ **1** Qui se salit aisément, qu'il est difficile de tenir propre. *Un tissu beige très salissant.* ■ **2** (1834) Qui salit ; où on se salit. *Besogne, profession salissante.* ■ **3** AGRIC. *Plantes salissantes,* dont la culture favorise la pousse des mauvaises herbes. *Les céréales sont des plantes salissantes.*

SALISSURE [salisyʀ] **n. f.** – 1540 ◇ de *salir* ■ Ce qui salit, souille. ➤ **ordure, saleté, souillure, tache.** *«les tas* [de fumier], *dont le flot répandu ombrait au loin le sol d'une salissure noirâtre»* ZOLA.

SALIVAIRE [salivɛʀ] **adj.** – avant 1598 ◇ latin *salivarius,* de *saliva* «salive» ■ Qui a rapport à la salive. *Sécrétion salivaire. Glandes salivaires,* qui sécrètent la salive (parotide, sous-maxillaire, sublinguale).

SALIVATION [salivasjɔ̃] **n. f.** – 1575 ◇ bas latin *salivatio,* de *salivare* → saliver ■ Sécrétion de la salive. ➤ **ptyalisme.**

SALIVE [saliv] **n. f.** – 1170 ◇ latin *saliva* ■ Liquide produit par les glandes salivaires dans la bouche. *La salive contient une amylase* (➤ **ptyaline**) *qui intervient dans la digestion. Salive qui coule de la bouche.* ➤ **bave, écume.** *Jet de salive.* ➤ **crachat, postillon.** *Pompe à salive* (pendant les soins dentaires). *«Jean Valjean fit encore une pause, avalant sa salive avec effort»* HUGO. — LOC. FIG. *Avaler sa salive :* se retenir de parler, taire ce qu'on était sur le point de dire. *Perdre, user sa salive :* parler, argumenter en pure perte.

SALIVER [salive] **v. intr.** ‹1› – 1611 ◇ latin *salivare* ■ Sécréter, rendre de la salive. ➤ **baver.** *«Un chien salive toutes les fois qu'on lui donne à manger ou qu'on lui montre un aliment qui lui plaît»* COLETTE. *«le terrible et incessant regard fixé sur la proie qui nous fait saliver»* QUIGNARD. *Cette bonne odeur de cuisine fait saliver* (cf. Mettre l'eau à la bouche*).

SALLE [sal] **n. f.** – fin XIe ◇ du francique *sal* «habitation comportant une seule pièce», qui a donné l'allemand *Saal* «salle»
A. DANS UNE DEMEURE PRIVÉE ■ **1** ANCIENNT *Salle* ou *grand(e) salle :* dans un château, vaste pièce où ont lieu les réceptions, les fêtes. *«Chaque château enfermait* [...] *des appartements privés (camera), une salle d'apparat (aula), une ou plusieurs chapelles»* G. FOURNIER. — Dans un hôtel particulier, une maison bourgeoise, Vaste pièce où l'on vit, où l'on reçoit. *«La salle est à la fois l'antichambre, le salon, le cabinet, le boudoir, la salle à manger»* BALZAC. ◆ (1558) (Qualifié) Chacune des grandes pièces d'une vaste demeure (opposé à *chambre*). **SALLE DE, DU...** (1741) *Salle du trône,* dans un palais royal. *Salle d'armes. Salle d'entrée.* ➤ **antichambre, entrée.** — MOD. *Salle de billard, de jeu.* ■ **2** (Qualifié) Pièce destinée à des activités spécifiques. (1584) **SALLE À MANGER :** dans un logement, pièce disposée pour y prendre les repas. *Des salles à manger* [sala mɑ̃ʒe]. *«Ô repas familiaux* [...] *! Tables de famille !* [...] *C'est dans les salles à manger que les enfants écoutent, observent, jugent»* HÉRIAT. (1870) (Canada) *Salle à dîner.* — (1765) **SALLE DE BAIN(S) :** pièce aménagée pour y prendre des bains, équipée de l'eau courante et d'une installation sanitaire. *Baignoire, douche, lavabo, bidet d'une salle de bains.* — (1962) **SALLE D'EAU,** aménagée pour la toilette (plus sommaire que la salle de bains). ➤ **cabinet** (de toilette). — (1955) **SALLE DE SÉJOUR.** ➤ **living-room, séjour.**
B. DANS UN ÉDIFICE COMMUNAUTAIRE OU OUVERT AU PUBLIC ■ **1** Lieu destiné à des activités spécifiques. (1538) *Les salles d'un hôpital.* (1875) *Fille, garçon de salle :* agent de service hospitalier. *«Elle devint fille de salle dans un hôpital parisien... Elle balayait le carrelage, vidait les urinaux»* M. BATAILLE. (1855) *Salle d'opération* (cf. Bloc opératoire*). *Salle de travail,* où les femmes accouchent. *Salle de réveil. Salle de réanimation.* (1836) *Salle de garde,* où se tiennent, où prennent leurs repas les médecins de garde, dans un hôpital. (1936)

Chansons, plaisanteries de salles de garde : chansons, plaisanteries de carabins*, crûment obscènes. — *Salle blanche** ou *propre.* — *Salle de classe**, (1832) *salle d'études* (➤ **étude**), dans un établissement d'enseignement. — *Les salles d'un musée.* «*dans l'enfilade des salles, le premier aspect était le même, le même or des cadres, les mêmes taches vives des toiles*» ZOLA. — *Salle de rédaction* (d'un journal). *Salle de réunion.* — *Les salles d'un tribunal. Salle d'audience. Salle des actes.* — (1835) *Salle de police, salle d'arrêt* : local disciplinaire dans une caserne. *Salle de discipline* (d'une prison). — (1837) *Salle d'attente* : salle aménagée, dans une gare, pour les voyageurs qui attendent le train ; pièce aménagée, chez un médecin, un dentiste, pour les clients qui attendent leur tour. *Salle des pas* perdus.* ➤ **hall.** *Salle d'embarquement* : dans un aéroport, salle située près des portes d'embarquement, qui sert de salle d'attente pour les passagers d'un même vol qui ont rempli les formalités d'embarquement. — *Salles d'un restaurant, d'un café, d'une auberge,* la partie destinée aux consommateurs, aux clients. *La salle et les cuisines d'un restaurant. Le service en salle.* «*Eddie tenait la caisse. Betty et moi, on faisait la salle*» DJIAN. «*Cette salle ressemblait à toutes les salles de cabaret ; des tables,* [...] *des bouteilles, des buveurs, des fumeurs*» HUGO. — *Salle de jeux* (d'un casino). — (1677) *Salles d'armes,* où l'on enseigne et pratique l'escrime. — *Salle de gymnastique, de musculation.* — (1860) *Salle des ventes* : local où l'on procède à des ventes aux enchères, établissement de vente aux enchères. *Tableau acheté en salle des ventes.* — *Salle des marchés,* où ont lieu les opérations de Bourse. — *Salle de bal* : local aménagé pour la danse. ➤ **dancing.** *Salle des fêtes.* ▪ **2** (1738) Local aménagé pour recevoir des spectateurs. *Salle de concert, salle de conférences.* ➤ **auditorium.** *Faire salle comble*. La salle Pleyel, à Paris.* — *Salle de spectacle.* ➤ **théâtre.** *La salle et la scène.* — *Salle de cinéma. Fréquenter les salles obscures,* les cinémas. *Ce film sort en salle mercredi prochain.* «*Je n'aime pas beaucoup voir mes films en salle, mais j'aimerais voir celui-là au moins une fois*» TRUFFAUT. — TECHN. *Salle de projection.* ◆ (1835) Public d'une salle de spectacle. *Comment est la salle, ce soir ? Toute la salle était debout. Chauffeur* de salle.* ▪ HOM. Sale.

SALMANAZAR [salmanazaʀ] **n. m.** – 1964 ◇ nom de plusieurs rois assyriens (idée de monuments gigantesques) ▪ Très grosse bouteille de champagne contenant l'équivalent de douze bouteilles champenoises.

SALMIGONDIS [salmigɔ̃di] **n. m.** – 1596 ; *salmigondin* 1546 ◇ du radical *sal* «sel» et p.-ê. de *condire* «assaisonner» ▪ **1** VX Ragoût fait de restes de viandes. ▪ **2** FIG. et MOD. Mélange, assemblage disparate et incohérent. ➤ **méli-mélo, 1 mosaïque, patchwork.** *Le comte de Brion* «*faisait un salmigondis perpétuel de dévotion et de péché*» RETZ.

SALMIS [salmi] **n. m.** – 1800 ; *salmi* 1718 ◇ abrév. de *salmigondis* ▪ Préparation culinaire composée de pièces de gibier rôties, que l'on sert avec une sauce au vin, dite *sauce salmis. Bécasse, perdreaux en salmis. Salmis de pintade.*

SALMONELLE [salmɔnɛl] **n. f.** – 1913 *salmonella* ◇ de *E. Salmon,* n. pr. ▪ BACTÉRIOL. *Les salmonelles* : bactéries intestinales comprenant les bacilles paratyphiques, produisant des toxines agissant sur le système neurovégétatif et le système lymphoïde de l'intestin (➤ **salmonellose**). — On dit aussi **SALMONELLA, n. f. inv.**

SALMONELLOSE [salmɔneloz] **n. f.** – 1901 ◇ de *salmonelle* et 2 *-ose* ▪ MÉD. Infection due à des salmonelles* (paratyphoïdes, toxi-infections alimentaires).

SALMONICULTEUR, TRICE [salmɔnikyltœʀ, tʀis] **n.** – 1907 ◇ d'après *salmoniculture* ▪ TECHN. Éleveur, éleveuse de saumons, de salmonidés (notamment la truite).

SALMONICULTURE [salmɔnikyltyʀ] **n. f.** – 1910 ◇ du latin *salmo, salmonis* «saumon» et *-culture* ▪ TECHN. Élevage des saumons ou des salmonidés (notamment la truite). ➤ **truiticulture.**

SALMONIDÉS [salmɔnide] **n. m. pl.** – 1846 ; *salmonides* 1829 ◇ du latin *salmo, salmonis* «saumon» ▪ ZOOL. Famille de poissons téléostéens, au corps oblong et écailleux, vivant dans les eaux pures et rapides et se nourrissant de proies vivantes. *Le saumon, la truite, l'omble, le corégone sont des salmonidés.* — On dit aussi **SALMONIFORMES,** 1954.

SALOIR [salwaʀ] **n. m.** – 1376 sens 2° ◇ de *sel* ▪ **1** (1631) ANCIENNT Coffre ou pot à sel. ▪ **2** Coffre ou pot destiné aux salaisons. ▪ **3** Pièce où l'on fait les salaisons.

SALOL [salɔl] **n. m.** – 1887 ◇ contraction de *salicylphénol,* de *salicylique* et *phénol* ▪ PHARM. Salicylate de phénol utilisé en médecine comme antiseptique intestinal et dans le traitement du rhumatisme aigu.

SALOMÉ [salɔme] **n. f.** ou **m.** – 1922 ◇ probablement du prénom *Salomé* ▪ Chaussure pour femme, très ouverte, fermée sur le cou-de-pied par une bride passant par une bride axiale. *Des salomés.*

SALON [salɔ̃] **n. m.** – 1650 ◇ italien *salone,* augmentatif de *sala* «salle» ▪ **1** Pièce de réception (dans une maison ou un appartement). *Grand salon. Petit salon.* ➤ **boudoir, fumoir.** *Salon-bibliothèque. Salon-salle à manger.* ➤ **living-room, séjour.** — *Salon d'attente* (d'un médecin, dentiste, etc.). ➤ **salle** (d'attente). ◆ PAR MÉTON. Mobilier de salon. *Un salon Louis XVI.* ▪ **2** Lieu de réunion dans une maison où l'on reçoit régulièrement ; la société (mondains, artistes, personnalités diverses) qui s'y réunit. *Les salons littéraires des XVIIe et XVIIIe siècles. Les snobs* «*habitués à coter un salon d'après les gens que la maîtresse de maison exclut plutôt que d'après ceux qu'elle reçoit*» PROUST. *Habitué des salons.* ➤ **salonnard.** *Une conversation de salon,* mondaine. *Tenir, faire salon.* PAR EXT. *Faire salon* : être réunis dans un lieu, bien installés, et converser. — LOC. *Le dernier salon où l'on cause,* se dit par plaisanterie de toute réunion où les gens bavardent. ▪ **3** Salle (d'un établissement ouvert au public). *Salon de coiffure* : boutique de coiffeur. *Salon de beauté,* où l'on donne des soins esthétiques. ➤ **institut.** *Salon de thé* : pâtisserie ou local aménagés pour consommer sur place des gâteaux et des boissons généralement non alcoolisées. — *Salons d'essayage,* chez un couturier, un tailleur. — *Salons de réception d'une maison de haute couture.* — *Salons particuliers* (d'un grand restaurant). *Les salons* (d'un grand hôtel) : pièces qu'un client peut réserver pour une réception. — *Voiture-salon,* dans certains trains de luxe. *Les voitures-salons d'un pullman.* ◆ Au Canada, *Salon funéraire** ou *mortuaire.* ▪ **4** (1750 ◇ du *Salon carré* du Louvre qui servit dès 1737 de salle d'exposition) Exposition périodique d'œuvres d'artistes vivants (peinture, sculpture, etc.). *Le Salon des artistes indépendants. Salon d'automne.* — Compte rendu de cette exposition. *Les Salons de Diderot, de Baudelaire.* ◆ Exposition périodique (le plus souvent annuelle) où l'on présente des nouveautés. ➤ **1 foire.** *Le Salon de l'Automobile* (1898), *des Arts ménagers. Le Salon du Livre.*

SALONNARD, ARDE [salɔnaʀ, aʀd] **n.** – fin XIXe ◇ de *salon* ▪ PÉJ. Habitué(e) des salons mondains, qui doit sa situation à des relations, et dont l'esprit et le goût sont entachés de snobisme.

SALONNIER, IÈRE [salɔnje, jɛʀ] **n.** et **adj.** – 1867 ◇ de *salon* ▪ **1** VX Journaliste, critique d'art qui rend compte des Salons (4°). ▪ **2** **adj.** (1891) Propre aux salons, à l'esprit mondain des salons. «*Dostoïevsky, pour une intelligence salonnière, n'était* [...] *pas commode à saisir*» GIDE.

SALOON [salun] **n. m.** – 1895 ◇ mot anglais américain (1841), en anglais «salon» (1728), du français *salon* ▪ ANGLIC. Bar, tripot (spécialement en parlant du Far West). «*Le bar américain, le saloon, équivalent aggravé de notre bistrot*» SIEGFRIED. *Porte de saloon,* à claire-voie, à deux battants à mi-hauteur.

SALOP [salo] **n. m.** – 1837 ◇ réfection du masculin de *salope* ▪ VX ➤ **salaud.**

SALOPARD [salɔpaʀ] **n. m.** – 1911 ◇ de *salop* ▪ **1** ARG. MILIT. Nom injurieux par lequel les soldats français désignaient les dissidents marocains aux ordres d'Abd-el-Krim. ▪ **2** FAM. Salaud. «*des salopards* [...] *qui, avec leurs flèches empoisonnées, essaient de tuer mes éléphants*» KESSEL.

SALOPE [salɔp] **n. f.** – 1611 «femme sale» ◇ probablt de *sale* et *hoppe,* forme dialectale de *huppe,* oiseau connu pour sa saleté ▪ **1** (1775) FAM. et VULG. Femme dévergondée. ➤ **pute.** LOC. FAM. *Toutes des salopes !* ▪ **2** (rattaché à *salaud,* dont il est devenu le fém.) Terme d'injure, pour désigner une femme qu'on méprise pour sa conduite. ➤ **salaud.** *C'est une belle salope ta collègue !* ▪ **3** POP. Terme intensif de mépris, adressé à un homme, mettant en cause sa virilité (➤ **lope**) ou sa droiture. ➤ **ordure.** «*il ne s'agit plus d'un "salaud" mais d' "une salope," geste oral de l'ultime dégradation*» BARTHES.

SALOPER [salɔpe] **v. tr.** ‹1› – 1841 ; intr. «fréquenter les salopes» 1806 ◇ de *salop* ▪ FAM. ▪ **1** Faire très mal (un travail), exécuter très mal (un objet). ➤ **abîmer, gâcher ;** FAM. **bousiller, cochonner.** «*Ah ! vous perdez joliment la main. Oui, vous salopez, vous cochonnez l'ouvrage, à cette heure*» ZOLA. ▪ **2** Salir énormément. ➤ **dégueulasser.** *Il a salopé la salle de bains.*

SALOPERIE [salɔpʀi] **n. f.** – 1694 «grande malpropreté» ◇ de *salope* «très malpropre» (1690) ■ FAM. ■ **1** Chose sale. ➤ **saleté, ordure.** *Qu'est-ce que c'est que toutes ces saloperies par terre ?* — Chose mauvaise, répugnante. ➤ **cochonnerie.** *On nous a fait manger des saloperies.* — Chose sans valeur. *Il ne vend que des saloperies.* IRON. *Redonnez-moi une de ces petites saloperies.* ■ **2** FIG. Acte moralement abject ou répréhensible. *Il est capable de toutes les saloperies.*

SALOPETTE [salɔpɛt] **n. f.** – 1836 ◇ de *salope* «très malpropre» ■ Vêtement de travail qu'on met par-dessus ses vêtements, pour éviter de les salir. ➤ **bleu, combinaison, cotte.** *Salopette de mécanicien, de jardinier.* ◆ Vêtement d'enfant ou vêtement de sport, composé d'un pantalon et d'un plastron retenu par des bretelles. *Salopette en jean.*

SALOPIOT [salɔpjo] **n. m.** – 1878 ; *salopiaud* 1866 ◇ de *salop* ■ FAM. Salaud. ➤ **saligaud.** — On écrit aussi *salopiaud.*

SALPE [salp] **n. f.** – 1869 ; *salpa* 1861 ◇ latin *salpa*, du grec *salpê* «poisson de mer» ■ Petit animal marin *(tuniciers)* des mers tropicales, ayant l'aspect d'une éponge.

SALPÊTRE [salpɛtʀ] **n. m.** – 1338 ◇ latin médiéval *salpetrœ* «sel de pierre» ■ **1** ANCIENNT Mélange naturel de nitrates. — SC. Nitrate de potassium KNO_3 (nitre). *Salpêtre du Chili* : nitrate de sodium naturel ($NaNO_3$) (➤ **caliche**). ■ **2** Efflorescences de mélanges de nitrates divers (de calcium, d'ammonium, de potassium), qui se forment sur les vieux murs, les parois des étables. ■ **3** ANCIENNT Poudre de guerre, fabriquée autrefois avec du salpêtre, du soufre et du charbon de bois, et qui était un monopole d'État.

SALPÊTRÉ, ÉE [salpetʀe] **adj.** – 1585 ◇ de *salpêtre* ■ Couvert de salpêtre. «*Les murs salpêtrés, verdâtres et fendus répandaient une si forte humidité*» BALZAC.

SALPÊTRIÈRE [salpetʀijɛʀ] **n. f.** – 1660 ◇ de *salpêtre* ■ VX Fabrique de salpêtre (3°), dans un arsenal. *La salpêtrière de Paris, transformée en hôpital.*

SALPICON [salpikɔ̃] **n. m.** – 1712 ◇ mot espagnol, de *sal* «sel» ■ CUIS. (VX ou TECHN.) Préparation de volailles, jambon, champignons, truffes... coupés en petits dés et servant à garnir les vols-au-vent, bouchées, ou à accompagner une viande (➤ **saupiquet**).

SALPINGITE [salpɛ̃ʒit] **n. f.** – 1859 ◇ du grec *salpigx, salpiggos* «trompe» et *-ite* ■ MÉD. Inflammation de l'une ou des deux trompes de l'utérus (trompes de Fallope). ◆ Inflammation de la trompe d'Eustache (dans l'otite, la pharyngite, le rhume).

SALPINGOGRAPHIE [salpɛ̃gɔgʀafi] **n. f.** – 1933 ◇ du grec *salpigx, salpiggos* «trompe» et *(radio)graphie* ■ MÉD. Radiographie des trompes utérines. *Hystérographie-salpingographie.*

SALSA [salsa] **n. f.** – 1979 ◇ mot espagnol de Cuba, Porto Rico «sauce (piquante)» ■ Musique afro-cubaine au rythme marqué ; danse qui l'accompagne.

SALSE [sals] **n. f.** – 1797 ; *salse* «salée» adj. fém. 1080 ◇ latin *salsus* «salé» ■ GÉOL. Dégagement d'hydrocarbures gazeux mêlés à de l'eau, à la surface terrestre (volcan de boue).

SALSEPAREILLE [salsəpaʀɛj] **n. f.** – *salseparille* v. 1560 ◇ adaptation de l'espagnol *zarzaparrilla*, de *zarza* «ronce» (arabe *scharac*) et *parrilla*, p.-ê. diminutif de *parra* «treille» ■ Arbuste épineux à tige sarmenteuse *(liliacées)*. *Salsepareille d'Europe* (liseron épineux).

SALSIFIS [salsifi] **n. m.** – milieu XVIIe ; *sercifi* 1600 ◇ italien *salsefica* ; origine inconnue ■ Plante *(composées)* dont une variété *(salsifis vrai)* est cultivée pour sa racine comestible. *Le salsifis noir* (➤ **scorsonère**) *a, de nos jours, pratiquement remplacé le salsifis vrai comme plante cultivée.* ◆ Racine comestible du salsifis. *Salsifis au jus.*

SALTARELLE [saltaʀɛl] **n. f.** – 1834 ; *saltarella* 1703 ◇ italien *saltarello*, de *saltare* «sauter» ■ Danse populaire italienne rapide et sautillante ; musique sur laquelle elle se danse.

SALTATION [saltasjɔ̃] **n. f.** – 1372 ◇ latin *saltatio*, de *saltare* «sauter» ■ **1** ANTIQ. ROM. Exercice du corps, mouvements réglés de la danse, de la pantomime. ■ **2** PALÉONT. Apparition brusque d'une nouvelle espèce vivante. — **n. m. SALTATIONNISME** (opposé à *gradualisme*). ■ **3** DIDACT. Déplacement des particules d'un fluide, par brusques entraînements successifs.

SALTATOIRE [saltatwaʀ] **adj.** – 1893 ◇ latin *saltatorius*, de *saltare* «sauter» ■ DIDACT. ■ **1** Adapté au saut ; propre au saut. *Appareil saltatoire de la sauterelle.* ■ **2** Qui est caractérisé par des soubresauts. *Chorée saltatoire.*

SALTIMBANQUE [saltɛ̃bɑ̃k] **n.** – XVIe ◇ italien *saltimbanco* «saute-en-banc» ■ Personne qui fait des tours d'adresse, de souplesse, des acrobaties en public. ➤ **acrobate, banquiste, bateleur, équilibriste, funambule.** *Baraque de saltimbanques.* ◆ PAR EXT. Personne (comédien, chanteur, danseur, présentateur de télévision...) qui se produit en public. «*une saltimbanque, une fille d'opéra*» BALZAC.

SALTO [salto] **n. m.** – 1962, en gymn., au Canada ◇ de *salto mortale* (1866, Amiel), expression italienne signifiant «saut périlleux» ■ SPORT Saut périlleux (gymnastique, patinage artistique). *Salto arrière. Des saltos.*

SALUBRE [salybʀ] **adj.** – 1444 ◇ latin *salubris* ■ Qui a une action favorable sur l'organisme (air, climat, logement). «*L'air y est assez salubre, surtout depuis que l'on a desséché* [...] *les fossés fangeux et bourbeux qui environnaient la ville*» GAUTIER. ➤ 1 **sain.** ◆ FIG. Sain. *Des mesures salubres pour l'économie du pays.* ■ CONTR. Insalubre, malsain, nuisible.

SALUBRITÉ [salybʀite] **n. f.** – 1444 ◇ latin *salubritas* ■ **1** Caractère de ce qui est favorable à la santé des êtres humains. *Salubrité de l'air, d'un local.* ■ **2** *Salubrité publique* : état d'une population préservée des maladies endémiques et contagieuses. *Mesures de salubrité publique.* ➤ **assainissement, hygiène ; sanitaire.** — État d'un milieu favorable à la santé. ➤ **hygiène** (du milieu).

SALUER [salɥe] **v. tr.** ‹1› – 1080 ◇ latin *salutare* «souhaiter la santé, la prospérité (le salut)» ■ **1** Adresser, donner une marque extérieure de reconnaissance et de civilité, de respect, à (qqn). ➤ **salut.** *Saluer qqn en se découvrant, en s'inclinant. Saluer un ami, une femme. Saluer qqn de la voix, d'un geste.* «*Quand il fut salué par quelque journaliste ou par quelqu'un de ses anciens camarades, il répondit d'abord par une inclination de la tête*» BALZAC. — PRONOM. (RÉCIPR.) *Ils se sont salués amicalement.* — SPÉCIALT *Acteur qui salue le public*, qui revient en scène et s'incline devant le public, à la fin d'un spectacle. — *Je vous salue, Marie...* : début d'une prière à la Vierge. ➤ **salutation** (angélique). SUBST. *Dire deux «Je vous salue, Marie»* (➤ **ave Maria**). ◆ Faire ses compliments, ses civilités à (qqn) par lettre. *J'ai bien l'honneur de vous saluer* : formule assez sèche pour conclure une lettre, un entretien. ■ **2** Manifester du respect, de la vénération à (qqch.) par des gestes, des pratiques réglés (cf. Rendre hommage*). *Saluer le drapeau. Le prêtre salue le Saint-Sacrement d'une génuflexion.* ■ **3** FIG. Accueillir par des manifestations extérieures. *Saluer un acteur, une chanteuse par des applaudissements, des sifflets.* «*Une telle clameur saluait leur apparition qu'ils en demeuraient suffoqués*» COURTELINE. ■ **4** FIG. *Saluer qqn comme..., saluer en lui...* : honorer, proclamer (qqn) en lui reconnaissant un titre d'estime, de respect, de gloire. *Être salué comme un précurseur. La foule qui l'acclamait saluait en lui le libérateur.*

SALURE [salyʀ] **n. f.** – XIIIe, rare avant XVIe ; *saleure* «sel» 1247 ◇ de *saler* ■ Caractère de ce qui est salé ; proportion de sel (chlorure de sodium) contenue dans un corps. *La salure d'une viande.*

SALUT [saly] **n. m.** – Xe ◇ latin *salus, utis* n. f. «santé», et par ext. «action de souhaiter bonne santé»

I LE SALUT ■ **1** Le fait d'échapper à la mort, au danger, de garder ou de recouvrer un état heureux, prospère. ➤ 1 **sauvegarde.** *Chercher son salut dans la fuite. Ne devoir son salut qu'à... Lieu, port de salut.* — *Planche* de salut. Ancre* de salut.* ◆ *Le salut d'une nation, d'un pays.* — HIST. **SALUT PUBLIC :** expression consacrée par le *Comité de salut public* de la Convention (mais employée auparavant, et appliquée aussi à l'histoire romaine). «*La prétendue République est soumise à un tribunal despotique appelé "comité de salut public", et ce tribunal asservi à un féroce despote dont il suit aveuglément l'impulsion*» SÉNAC DE MEILHAN. MOD. *Comité, ministère, gouvernement, mesure, loi*, etc. *de salut public*, d'urgence nationale. ■ **2** Dans les religions judéo-chrétiennes, bouddhique, Félicité éternelle ; le fait d'être sauvé de l'état naturel de péché et de la damnation qui en résulterait (➤ **rachat, rédemption**). *Le salut de l'âme. Les voies du salut.* «*Ce n'est point du dehors qu'une jeune âme peut espérer quelque secours. Le salut est au-dedans d'elle-même*» MAURIAC. — (Par allus. à l'expr. *Hors de l'Église, point de salut*) *Hors de..., point de salut*, se dit pour exprimer une condition indispensable, nécessaire. «*Huilez-vous, Mesdames ! Hors de l'huile point de salut*» COLETTE. — (d'après l'anglais *Salvation Army*) **ARMÉE DU SALUT :** association protestante destinée à la propagande religieuse et au secours des indigents (➤ **salutiste**).

II SALUT ! LOC. EXCLAM. LITTÉR. ou style soutenu Formule exclamative par laquelle on souhaite à qqn santé, prospérité. *Salut et fraternité !* — POÉT. *« Salut, bois couronnés d'un reste de verdure »* LAMARTINE. — LOC. *À bon entendeur*, salut.* — FAM. et COUR. Formule brève d'accueil (➤ **bonjour ; hello**) ou d'adieu (➤ **bonsoir ;** FAM. **bye-bye ;** cf. Au revoir*). *Salut, les copains ! « Salut, papa, dit Charlot. – Salut ! dit le fermier en hochant la tête »* SARTRE. *Salut tout le monde ! Salut à tous !* — FAM. ET VIEILLI Formule de refus. *« Moi, jeter le rubis ? Ah ! salut. Tu me connais pas encore, mon petit pote »* AYMÉ.

III UN SALUT ▪ 1 Démonstration de civilité (par le geste ou par la parole), qu'on fait en rencontrant qqn. ➤ **coup** (de chapeau), **courbette, inclination** (de tête), **poignée** (de main), **révérence, salutation.** *Ébaucher, faire, rendre un salut.* ➤ **saluer.** *Faire un salut de la main.* ➤ RÉGION. 2 **tata.** *Formules de salut. Répondre au salut de qqn.* ◆ Geste ou ensemble de gestes que l'on fait pour saluer. *Salut oriental. Salut fasciste,* le bras tendu. *Salut nazi, hitlérien. Salut scout. Salut olympique. Salut poing contre poing.* ➤ **check** (ANGLIC.). — SPÉCIALT *Salut militaire :* geste de la main droite, portée à la tempe, à la coiffure. ◆ DANSE Mouvement voisin de la révérence. ◆ MAR. Échange de signes de reconnaissance (salves ; abaissement du pavillon) entre deux navires. ▪ **2** Cérémonie où l'on marque son respect, sa vénération pour qqch. *Salut au drapeau* (honneurs militaires). *Le « planton qui était resté figé dans sa position de "salut au drapeau" »* HAMPATÉ BÂ. ◆ RELIG. CATHOL. (d'abord pour désigner les stations de la Sainte Vierge dans les processions) *Salut du Saint-Sacrement,* et ABSOLT *salut :* cérémonie qui comprend l'exposition du Saint-Sacrement, certains chants, une bénédiction. *Les vêpres et le salut. « Les sœurs conservent la cérémonie du salut, mais n'y chantent plus »* GREEN.

▪ CONTR. (du 2°) Damnation, perdition.

SALUTAIRE [salytɛʀ] adj. – 1315 ◇ latin *salutaris,* de *salus* → salut ▪ Qui a une action favorable, dans le domaine physique (santé, prospérité) ou moral, intellectuel. ➤ **avantageux, bienfaisant,** 1 **bon, profitable, utile.** *« L'air salutaire et bienfaisant des montagnes »* ROUSSEAU. ➤ 1 **sain, salubre.** *Un climat salutaire aux rhumatisants.* ◆ (ABSTRAIT) *Avis, conseil salutaire. « Il y a dans notre corps un certain instinct de ce qui nous est salutaire »* PROUST. ▪ CONTR. Fâcheux, funeste, mauvais, néfaste, pernicieux.

SALUTATION [salytasjɔ̃] n. f. – v. 1270 ◇ latin *salutatio* « salut » ▪ **1** VX Action de saluer. ➤ **salut.** ◆ RELIG. *La salutation angélique :* le salut de l'ange Gabriel à la Vierge Marie, les paroles par lesquelles il lui annonça qu'elle serait mère du Christ ; le *« Je vous salue, Marie ».* ➤ **ave Maria.** ▪ **2** Manière de saluer exagérée, solennelle ou hypocrite. *Les salutations et les révérences.* ▪ **3** (1827) AU PLUR. (dans les formules de politesse écrites) *Sincères salutations. Salutations distinguées. Recevez, veuillez agréer mes respectueuses salutations.*

SALUTISTE [salytist] n. et adj. – 1890 ◇ de *salut* ▪ Membre de l'Armée du Salut*. *« encadrés de salutistes en uniforme et de pères Noël »* ECHENOZ. — adj. *Les chœurs salutistes.*

SALVATEUR, TRICE [salvatœʀ, tʀis] adj. – 1485, repris 1886 ◇ latin *salvator,* de *salvare* « sauver » ▪ LITTÉR. Qui sauve. *« Une vertu salvatrice »* CLAUDEL. ▪ CONTR. Damnable.

1 **SALVE** [salv] n. f. – 1559 ◇ probablt du latin *salve* « salut » (coup de canon pour saluer) ▪ **1** Décharge simultanée d'armes à feu ou coups de canon successifs pour saluer et honorer qqn, pour annoncer une nouvelle, en signe de réjouissance... *« Je m'étais imaginé [...] débarquant en souverain au son des Te Deum et des salves d'artillerie »* LARBAUD. ◆ Décharge simultanée de plusieurs armes à feu. *Feu de salve.* ▪ **2** (1792) PAR ANAL. *« Des salves interminables d'applaudissements éclatèrent »* VIGNY. — MÉD. *Salves d'extrasystoles.*

2 **SALVE** [salve] n. m. inv. – 1387 ◇ premier mot de l'antienne *Salve, Regina* « Salut, Reine » ▪ LITURG. CATHOL. Prière en l'honneur de la Vierge. — Parfois écrit *salvé.* On dit aussi **SALVE REGINA** [salve ʀeʒina].

SAMARE [samaʀ] n. f. – 1798 ◇ du latin *samara* ou *samera* « graine d'orme » ▪ BOT. Type de fruit sec indéhiscent, akène à péricarpe prolongé en aile membraneuse. *Samares du frêne, de l'orme.*

SAMARITAIN, AINE [samaʀitɛ̃, ɛn] n. et adj. – v. 1180 *les Samaritans* ◇ de *Samarie,* ville et région de Judée ▪ HIST. RELIG. Juif, juive de Samarie. *Les Samaritains :* membres d'une secte juive qui ne reconnaissait comme Loi que le texte du Pentateuque. *Jésus et la Samaritaine. Parabole du bon Samaritain.* — LOC. (souvent iron.) *Faire le bon Samaritain :* se montrer secourable ; être toujours prêt à se dévouer.

SAMARIUM [samaʀjɔm] n. m. – 1879 ◇ métal découvert dans la *samarskite* (minerai), du nom du chimiste russe *Samarski* ▪ CHIM. Métal (Sm ; n° at. 62 ; m. at. 150,36) du groupe des lanthanides*. *Le samarium est utilisé pour absorber les neutrons dans les réacteurs nucléaires.*

SAMBA [sɑ̃(m)ba] n. f. – 1925, répandu v. 1945 ◇ mot brésilien ▪ Danse d'origine brésilienne, sur un rythme à deux temps. ➤ aussi **batucada.** *Des rumbas et des sambas.*

SAMBUQUE [sɑ̃byk] n. f. – 1568 ; *sambuca* « sorte de flûte » XIVe ◇ latin *sambuca,* grec *sambukê* ▪ **1** (1765) MUS. Instrument de musique à cordes pincées, sorte de harpe de la Grèce antique. ▪ **2** (*sambique* 1288) ARCHÉOL. Machine de guerre, échelle roulante munie d'un pont volant.

SAMEDI [samdi] n. m. – *samadi* 1120 ◇ de *sambedi,* du latin populaire °*sambati dies,* de *sambatum,* variante de *sabbatum* → sabbat ▪ Sixième jour de la semaine*, qui succède au vendredi. *Le samedi et le dimanche, congés de la semaine anglaise.* ➤ **week-end.** *Il viendra samedi, samedi prochain. Il travaille le samedi. Elle sort tous les samedis soir.* — *Samedi saint :* la veille de Pâques.

SAMIT [sami] n. m. – v. 1165 ◇ latin médiéval *samitum,* de *examitum,* grec byzantin *hexamitos* « six fils » ▪ ARCHÉOL. Étoffe orientale composée de six fils de couleur, à chaîne de lin et trame de soie ou 100 % soie ➤ 1 **brocart.** ▪ HOM. Sammy.

SAMIZDAT [samizdat] n. m. – 1960 ◇ mot russe, proprt « auto-édition » ▪ HIST. Diffusion clandestine en U. R. S. S. des ouvrages interdits par la censure ; ouvrage ainsi diffusé. *Des samizdats.*

SAMMY [sami] n. m. – 1917 ◇ prénom, diminutif de *Sam,* l'Oncle *Sam* étant la personnification du citoyen américain ▪ FAM. Surnom amical donné aux soldats américains lors de leur arrivée en France, en 1917. *Les sammys* ou *les sammies* (plur. angl.). *Les sammys et les tommys.* ▪ HOM. Samit.

SAMOLE [samɔl] n. m. – 1752 ; *samolus* 1740 ◇ mot latin ▪ BOT. Plante *(primulacées)* qui croît dans les lieux humides, dont une espèce commune est appelée *mouron d'eau.*

SAMOURAÏ [samuʀaj] n. m. – 1852 ◇ mot japonais ▪ Guerrier japonais de la société féodale (environ du XIe à la fin du XIXe s.). *Des samouraïs.* — On écrit aussi *samurai* (var. didact.) (1876).

SAMOUSSA [samusa] n. m. – 1988 ◇ hindi *samosa,* du persan ▪ Fine crêpe garnie d'un hachis de légumes ou de viande et frite (cuisine indienne, créole). — On dit aussi *samosa* [samɔsa].

SAMOVAR [samɔvaʀ] n. m. – 1843 ; *samowars* 1829 ◇ mot russe, de *sam* « soi-même » et *varit'* « bouillir » ▪ Bouilloire russe, sorte de petite chaudière portative en cuivre, qui fournit de l'eau bouillante pour la confection du thé (autrefois chauffée avec des braises). *« Les samovars, chauffés à outrance, versaient incessamment leur eau bouillante sur l'infusion concentrée »* GAUTIER.

SAMOYÈDE [samɔjɛd] adj. et n. – 1701 ; *samoyde* 1699 ◇ nom russe donné à un peuple de langue et de culture finno-ougrienne, les Nenets ▪ Relatif au peuple nomade occupant les toundras et les forêts de Sibérie. — *Chien samoyède :* chien à épaisse fourrure blanche, utilisé pour la traction des traîneaux. ➤ **husky.** — n. m. (1799) Groupe de langues de la famille ouralienne : *samoyède septentrional* (Ienisseï, Nouvelle Zemble), *méridional.*

SAMPAN [sɑ̃pɑ̃] n. m. – *siampan* 1702 ; *ciampane* 1540 (forme italienne) ◇ mot chinois, proprt « trois *(san)* bords *(pan)* » ▪ Petite embarcation chinoise à voile unique marchant à la godille, avec un habitacle en dôme qui permet d'y séjourner. *Les sampans et les jonques.* — On écrit aussi *sampang.*

SAMPI [sɑ̃pi] n. m. – 1870 ◇ caractère grec figurant à la fois un *san* (nom dorien du sigma, σ) et un *pi* (π) ▪ DIDACT. Lettre numérale valant 900.

SAMPLE [sɑ̃pl ; sɑ̃pœl] n. m. – 1990 ◇ mot anglais « échantillon » ▪ ANGLIC. Échantillon musical qui peut être retravaillé sur ordinateur pour être intégré dans une nouvelle composition (➤ **sampleur**).

SAMPLER [sɑ̃ple] v. tr. (1) – 1990 ◇ de *sample* ▪ Échantillonner (des sons). *Sampler l'intro d'un morceau de rap.*

SAMPLEUR ou **SAMPLER** [sɑ̃plœʀ] n. m. – 1987 ◇ anglais *sampler,* de *sample* « échantillon » ▪ Échantillonneur de sons. *Des sampleurs.*

SAMPOT [sɑ̃po] **n. m.** – 1904 ◊ cambodgien *sampuet* ▪ Pièce d'étoffe drapée de manière à servir de culotte, en Thaïlande, au Laos et au Cambodge. « *sampots violets et rouges des indigènes, robes citron des bonzes* » P. BENOIT.

SAMU [samy] **n. m. inv.** – 1973 ◊ acronyme de *Service d'Aide Médicale d'Urgence* ▪ En France, Service hospitalier disposant d'unités mobiles (voitures, hélicoptères) équipées pour assurer les premiers soins aux malades, aux blessés, avant de les diriger vers un centre hospitalier. *Il faut appeler le SAMU. Médecin du SAMU.* ➤ **urgentiste.** « *l'équipe du SAMU débarque en réa, les portes coupe-feu s'ouvrent, le brancard roule* » KERANGAL.

SAMURAI ➤ **SAMOURAÏ**

SANATORIUM [sanatɔʀjɔm] **n. m.** – 1878 ◊ mot anglais (1842) « station de plein air » ; du bas latin *sanatorius* « propre à guérir » ▪ Maison de santé située dans des conditions climatiques déterminées, où l'on soigne les tuberculeux. ➤ **préventorium.** *Des sanatoriums.* — ABRÉV. **SANA.** *Des sanas.*

SAN-BENITO [sɑ̃benito] **n. m. inv.** – 1675 ; *sant béni* 1578 ◊ mot espagnol « saint Benoît », ce vêtement rappelant celui des bénédictins ▪ HIST. RELIG. Casaque jaune dont on revêtait les condamnés au bûcher, sous l'Inquisition.

SANCERRE [sɑ̃sɛʀ] **n. m.** – XIXe ◊ nom d'un bourg du Cher ▪ Vin de Sancerre, assez sec. *Sancerre blanc* (le plus courant). *Des sancerres.*

SANCTIFIANT, IANTE [sɑ̃ktifjɑ̃, jɑ̃t] **adj.** – 1641 ◊ de *sanctifier* ▪ RELIG. Qui sanctifie. *La grâce sanctifiante.*

SANCTIFICATEUR, TRICE [sɑ̃ktifikatœʀ, tʀis] **n. et adj.** – 1486 ; *saintefieur* XIIIe ◊ latin *sanctificator* ▪ RELIG. Personne qui sanctifie. *Le Sanctificateur* : le Saint-Esprit. — **adj.** *Action sanctificatrice,* sanctifiante.

SANCTIFICATION [sɑ̃ktifikasjɔ̃] **n. f.** – *saintificatiun* 1120 ◊ latin ecclésiastique *sanctificatio* ▪ RELIG. Action de sanctifier ; résultat de cette action. *Sanctification des apôtres.*

SANCTIFIER [sɑ̃ktifje] **v. tr.** ⟨7⟩ – 1486 ; *saintefier* XIIe ◊ latin ecclésiastique *sanctificare,* de *sanctus* « saint » ▪ **1** RELIG. Rendre saint. *Une « fontaine sacrée, que le christianisme sanctifia en y rattachant le culte de la Vierge »* RENAN. ➤ **consacrer.** ◆ Mettre (qqn) en état de grâce. ▪ **2** LITTÉR. Rendre saint, sacré, noble. ➤ **sacraliser.** « *Le pouvoir absolu a cela de commode qu'il sanctifie tout aux yeux des peuples* » STENDHAL. ▪ **3** RELIG. Révérer comme saint. « *Que ton nom soit sanctifié* » (« Notre Père », prière). ▪ CONTR. Profaner.

SANCTION [sɑ̃ksjɔ̃] **n. f.** – XVIIIe ; « précepte » XIVe ◊ latin *sanctio,* de *sancire* « prescrire »

I ▪ **1** HIST., DR. Acte par lequel le souverain, le chef du pouvoir exécutif revêt une mesure législative de l'approbation qui la rend exécutoire. *Pragmatique* sanction.* ▪ **2** (1762) Approbation, consécration ou ratification. *Ma conduite « avait la sanction de ma conscience »* BALZAC. « *Il me fallait une sanction, l'assentiment d'un homme de ma caste morale* » DUHAMEL. *Ce mot a reçu la sanction de l'usage.* ▪ **3** Conséquence inéluctable. *La sanction du progrès.* ➤ **rançon.**

II ▪ **1** (1765) DR. Peine ou récompense prévue pour assurer l'exécution d'une loi. *Sanction pénale.* ◆ DIDACT. Peine ou récompense attachée à une interdiction ou à un ordre, au mérite ou au démérite. *Morale sans obligation* ni sanction.* ▪ **2** COUR. Peine établie par une loi pour réprimer une infraction. ➤ **amende, condamnation, répression.** *Avertissements et sanctions.* ◆ Mesure répressive attachée à un ordre non exécuté, une défense transgressée. *Prendre des sanctions contre un élève* (➤ **punir, sévir**). — *La sanction est tombée, les sanctions sont tombées.* ➤ **punition.** — Action par laquelle un pays, une organisation internationale, réprime la violation d'un droit. *Levée des sanctions économiques prises contre tel pays.* ➤ **blocus, embargo.** *Sanctions militaires.*

▪ CONTR. Démenti, refus. Désapprobation.

SANCTIONNER [sɑ̃ksjɔne] **v. tr.** ⟨1⟩ – 1777 ◊ de *sanction* ▪ **1** Confirmer par une sanction. *Sanctionner une loi.* — **p. p. adj.** *Décret sanctionné.* ▪ **2** Confirmer, approuver légalement ou officiellement. ➤ **consacrer, entériner, homologuer, ratifier.** « *La religion n'est-elle pas la seule puissance qui sanctionne les lois sociales !* » BALZAC. *Mot sanctionné par l'usage.* ➤ **adopter, consacrer.** ▪ **3** (XXe) Punir d'une sanction (II, 2°). ➤ **punir.** *Sanctionner une faute. Sanctionner qqn.* ABSOLT *Il nous faudra sanctionner.* — (CHOSES) Constituer une punition pour. *Des pénalités « sanctionnaient ce genre d'entreprises »* CAMUS.

▪ CONTR. Dédire (se), démentir, refuser ; condamner. Récompenser.

SANCTUAIRE [sɑ̃ktɥɛʀ] **n. m.** – 1380 ; *saintuarie* 1120 ◊ latin ecclésiastique *sanctuarium,* de *sanctus* « saint » ▪ **1** Lieu le plus saint d'un temple, d'une église, interdit aux profanes. *Sanctuaire d'une église* : partie du chœur située autour de l'autel. — SPÉCIALT Dans le Temple de Jérusalem, Partie sacrée où était déposée l'Arche d'Alliance (cf. Le Saint* des Saints). ▪ **2** Édifice consacré aux cérémonies d'une religion ; lieu saint. ➤ **église, temple.** *Les sanctuaires de Grèce, de la vallée du Nil.* « *Le sanctuaire de campagne oublié des hommes* » BOSCO. ▪ **3** FIG. et LITTÉR. Lieu protégé, fermé, secret, sacré. ➤ **intimité.** « *Je m'efforce tant que je peux de cacher le sanctuaire de mon âme* » FLAUBERT. ▪ **4** PAR EXT. (1971 ◊ anglais *sanctuary*) Au cours d'un conflit, Lieu protégé des combats, territoire inviolable. ➤ **refuge.** — Territoire couvert par la dissuasion nucléaire. ◆ Lieu protégé, réserve (où vivent des espèces menacées). *Sanctuaire marin.*

SANCTUARISER [sɑ̃ktɥaʀize] **v. tr.** ⟨1⟩ – 1973 ◊ de *sanctuaire* ▪ Donner à (un territoire) le statut de sanctuaire (4°). ◆ FIG. ➤ **pérenniser.** *L'État veut sanctuariser les aides publiques.* — **n. f.** **SANCTUARISATION** (1973).

SANCTUS [sɑ̃ktys] **n. m.** – v. 1250 ◊ mot latin « saint » ▪ LITURG. Hymne de louange et de triomphe, dont les premiers mots sont « *Sanctus, sanctus, sanctus Dominus* ». PAR EXT. Partie de la messe où l'on chante cet hymne, après la Préface. *Le kyrie et le sanctus.* — Quatrième partie d'une messe en musique. *Le sanctus du requiem de Mozart.*

SANDALE [sɑ̃dal] **n. f.** – *sandaire* v. 1160 ◊ latin *sandalium,* grec *sandalion* ▪ Chaussure légère faite d'une simple semelle retenue par des cordons ou des lanières qui s'attachent sur le dessus du pied. ➤ **claquette, nu-pied, spartiate, tong, tropézienne.** *Des sandales de cuir.* ◆ Chaussure de femme, très découpée, sans quartier. *Sandales du soir.*

SANDALETTE [sɑ̃dalɛt] **n. f.** – 1922 ◊ de *sandale* ▪ Sandale légère, à empeigne très basse.

SANDARAQUE [sɑ̃daʀak] **n. f.** – 1547 ; *landarache* 1482 ◊ latin *sandaraca,* grec *sandarakê* « réalgar » ▪ **1** VX *Sandaraque des Grecs* : réalgar. ▪ **2** (1611) Résine extraite d'une espèce de thuya, utilisée pour la préparation de vernis et de siccatifs.

SANDERLING [sɑ̃dɛʀliŋ] **n. m.** – 1750 ◊ mot anglais 1602 ; radical *sand* « sable » ▪ Oiseau des rivages marins *(charadriiformes),* appelé *bécasseau des sables.* — APPOS. *Bécasseaux sanderlings.*

SANDIX [sɑ̃diks] **n. m.** – 1516 ◊ mot latin, du grec *sandux* ▪ ARCHÉOL. Rouge minéral que les Anciens employaient à la teinture des étoffes. — On écrit aussi *sandyx.*

SANDJAK [sɑ̃dʒak] **n. m.** – *sangiac* 1767 ; *sanjak* 1765 ; *sensaque* 1540 ◊ turc *sancak,* proprt « bannière » ▪ Ancienne subdivision territoriale de la région soumise à l'autorité d'un pacha, en Turquie. ➤ **circonscription.** (REM. Le mot est encore utilisé en Syrie et au Liban.) *Le sandjak d'Alexandrette.*

SANDOW [sɑ̃do] **n. m.** – 1902 ◊ marque déposée ; nom propre d'un athlète ▪ Câble élastique utilisé notamment dans le montage des exerciseurs et des extenseurs, pour fixer des objets sur le porte-bagage d'une bicyclette, la galerie d'une voiture, etc., et comme dispositif de lancement des planeurs. ➤ **tendeur.**

SANDRE [sɑ̃dʀ] **n. m.** – 1785 ; parfois fém. d'après le latin des zoologistes *sandra* ◊ allemand *Zander,* mot d'origine néerlandaise ▪ Poisson acanthoptérygien des eaux douces tempérées, voisin de la perche. *Filets de sandre.* ▪ HOM. Cendre.

SANDWICH [sɑ̃dwi(t)ʃ] **n. m.** – 1802 ◊ mot anglais (1762), tiré du nom du comte de *Sandwich,* dont le cuisinier inventa ce mode de repas pour lui épargner de quitter sa table de jeu ▪ **1** Mets constitué de deux tranches de pain, entre lesquelles on place des aliments froids (jambon, viande, saucisson, pâté, fromage, salade, etc.). ➤ **casse-croûte,** FAM. **casse-dalle, croque-monsieur, hotdog, pan-bagnat, panini, wrap ; burger, cheeseburger, hamburger ;** RÉGION. **guédille, mitraillette, sous-marin.** *Sandwich de pain de mie. Des sandwichs.* On emploie aussi le pluriel anglais *des sandwiches. Sandwich au jambon, au poulet, au fromage. Sandwich grec.* ➤ aussi **kébab.** — ABUSIVEMENT *Petits sandwichs* : canapés* servis dans les buffets froids. ▪ **2** (1934) TECHN. Structure dans laquelle une couche d'une matière est intercalée entre deux couches d'une autre matière. APPOS. *Verre sandwich. Structure sandwich.* ◆ ➤ **homme-sandwich.** ▪ **3** LOC. **EN SANDWICH.** FAM. Serré, coincé entre deux choses ou deux personnes. *Être en sandwich, pris en sandwich.* ◆ TECHN. *Montage en sandwich. Structure en sandwich.*

SANDWICHER [sɑ̃dwi(t)ʃe] v. ‹1› – 1925 ◇ de *sandwich* ■ FAM. ■ **1** v. tr. Mettre en sandwich ; FIG. serrer, comprimer entre deux choses. ■ **2** v. intr. Manger un sandwich. *Aller sandwicher au parc.*

SANDWICHERIE [sɑ̃dwi(t)ʃʀi] n. f. – 1988 ◇ de *sandwich* ■ Boutique, échoppe où l'on vend des sandwichs, des boissons. *« l'univers malsain des snacks et des sandwicheries »* P. BRUCKNER.

SANDYX ➤ **SANDIX**

SANG [sɑ̃] n. m. – fin Xe ◇ du latin *sanguen, sanguinis,* autre forme de *sanguis, sanguinis* « sang », « force vitale » et « race, parenté »

I LIQUIDE ORGANIQUE ■ **1** Liquide visqueux, de couleur rouge, qui circule dans les vaisseaux, à travers tout l'organisme, où il joue des rôles essentiels et multiples (nutritif, respiratoire, régulateur, de défense, etc.). ➤ **circulation ; -émie, héma-, hémat(o)-, hémo-.** *La circulation du sang.* (1520) *Sang artériel, veineux,* qui circule dans les artères, les veines. *Le sang est formé d'éléments dits « figurés »* (globules rouges, globules blancs ou leucocytes, plaquettes) *en suspension dans le plasma qui contient diverses substances* (sérum-albumines, sérum-globulines, lipides, glucose, urée, créatine, éléments minéraux). *Teneur du sang en lipides* (➤ **lipidémie**), *en phosphore* (➤ **phosphorémie**), *en glucides* (➤ **glycémie**). *L'hémoglobine du sang. Tension du sang dans les vaisseaux. Types de sang.* ➤ **groupe** (sanguin) ; **rhésus.** *Coagulation du sang.* ➤ **caillot, fibrine, sérum.** *Prise* de sang ; analyse de sang.* ➤ **hémogramme.** *Donneur* de sang. Transfusion de sang. Sang contaminé. Sang laqué*.* — (1781) VIEILLI *Animaux à sang chaud* (à température stable : homéothermes), *à sang froid* (à température variable : poïkilothermes). — *Altérations, maladies du sang.* ➤ **anémie, hémoglobinopathie, hémolyse, hémophilie, leucémie, septicémie, toxémie, urémie.** *Troubles dans la circulation du sang.* ➤ **apoplexie, congestion, embolie, fluxion, thrombose.** *Épanchement, flux de sang.* ➤ **ecchymose, hémorragie, purpura, saignement.** *Crachement de sang.* ➤ **hématémèse, hémoptysie.** *Avoir du sang dans les urines* (➤ **hématurie**). *Sang menstruel.* ➤ VIEILLI **menstrues, règles.** *Pertes de sang.* ➤ **métrorragie.** — *Se nourrir de sang.* ➤ **hématophage ; vampire.** ■ **2** (fin XIIe) LOC. COUR. *Sang qui monte à la tête, au visage. Mon sang n'a fait qu'un tour :* j'ai été bouleversé (indignation, peur, etc.). — *Un apport de sang neuf, frais,* d'éléments nouveaux, jeunes ; SPÉCIALT capitaux nouveaux investis (cf. Argent frais*). — *Coup de sang :* congestion. *« L'abbé Godard devint rouge, à faire craindre un coup de sang »* ZOLA. FIG. Violente manifestation de colère. *Avoir, prendre, piquer un coup de sang.* — *Œil injecté de sang.* — *Suer* sang et eau* [sɑ̃eo]. *Larmes* de sang.* FAM. *Pisser le sang :* saigner abondamment. *Une entaille profonde qui pisse le sang. Avoir perdu beaucoup de sang* (➤ **exsangue**). *Baigner dans son sang. Se gratter, mordre, pincer jusqu'au sang.* — *Être en sang,* ensanglanté. ➤ **saigner ; sanglant.** ■ **3** (milieu XIIe) ANC. MÉD. *Le sang :* l'humeur qui commande les passions, le comportement. *« Toutes les passions ne sont autre chose que les divers degrés de la chaleur et de la froideur du sang »* LA ROCHEFOUCAULD.

II EMPLOIS SYMBOLIQUES A. SYMBOLE DE LA VIE (milieu XIVe) Principe de vie, dans l'être vivant. *Des êtres de chair et de sang,* bien réels, bien vivants, avec leurs passions, leurs appétits. — COUR. *Avoir le sang chaud :* être irascible, impétueux. — (1803) *Avoir du sang dans les veines :* être courageux, résolu. — FAM. *Avoir du sang de navet :* être sans vigueur, être lâche. — *Fouetter le sang :* stimuler. *Crainte qui glace le sang. Sang qui se glace*, se fige* dans les veines.* (1718) *Se faire du mauvais sang :* s'inquiéter, se tourmenter dans l'incertitude et l'attente (cf. Se faire de la bile*). *Se faire un sang d'encre :* s'inquiéter terriblement. ➤ **inquiétude,** 1 **souci.** — AU PLUR., FAM. *Se ronger les sangs :* s'inquiéter et s'impatienter à l'extrême. *Tourner* les sangs (à qqn).* ♦ **DANS LE SANG :** inné, inhérent à la personne, par nature, de naissance. *Il a ça* (une habitude, un goût, une qualité) *dans le sang,* profondément ancré. *« Il avait la liberté dans la peau ; dans la moelle et dans le sang »* PÉGUY.

B. LE SANG VERSÉ, SYMBOLE DE LA VIOLENCE (fin XIe) *Verser, répandre, faire couler le sang.* ➤ **tuer.** *Effusion de sang. Un bain de sang.* ➤ **carnage, massacre.** *Cela finira dans le sang. Noyer une révolte dans le sang,* la réprimer cruellement. *Crime* de sang. Avoir du sang sur les mains :* avoir commis des crimes. *Mettre à feu et à sang :* ravager, saccager en brûlant, en massacrant. *« Qu'un sang impur* [sɑ̃kɛ̃pyʀ] *abreuve nos sillons ! »* (« La Marseillaise »). *« Ce n'est que dans le sang qu'on lave un tel outrage »* CORNEILLE. — *Verser son sang pour la patrie,* donner sa vie. *« Il n'y a pas plus de sang dans le plus violent roman de gangsters que dans l'Orestie ou dans Œdipe-Roi ; mais le sang n'y a pas la même signification »* MALRAUX. — (fin XIe) RELIG. CHRÉT. *Le sang du Christ, le Précieux Sang,* répandu pour le salut du monde. *« Qui mange ma chair et boit mon sang demeure en moi »* (ÉVANGILE, saint Jean). — VX *Par le sang de Dieu !,* juron atténué en *« par le sang bleu »* (Molière). ➤ **palsambleu.** — MOD. **BON SANG !** *Bon sang de bonsoir ! « Qu'est-ce qu'il se met dans le coco Bon sang de bois il s'est saoulé »* APOLLINAIRE.

C. SYMBOLE DE LA PARENTÉ ■ **1** (1625) *Le sang,* traditionnellement considéré comme porteur des caractères raciaux et héréditaires. ➤ **hérédité.** *« ce pouvoir dictatorial attribué au "sang" et à ce qu'il véhicule de notions et de potions culturelles »* LACARRIÈRE. *Le droit du sang* (opposé à *droit du sol**). *Frères du même sang. « Je ne suis pas votre sœur, vous n'êtes pas de notre sang ! »* CLAUDEL. *Avoir du sang grec, turc. De sang mêlé.* ➤ **sang-mêlé.** *Sang bleu* ; sang noble. Un personnage de sang royal. Princes* du sang.* (1677) *Liens du sang.* ➤ **parenté ; consanguin.** *« L'affreux nœud de serpents des liens du sang »* ÉLUARD. (1715) *La voix du sang :* instinct affectif familial. — *Cheval pur-sang.* ➤ **pur-sang.** *Une bête de sang,* de race. — (fin XIVe *boins sans ne poet faillir*) PROV. *Bon sang ne peut, ne saurait mentir :* les qualités des parents (ou IRON. leurs défauts) se retrouvent chez les enfants. *« Son père alla se promener, confiant dans son fils, car il estimait que bon sang ne saurait mentir »* FRANCE. ■ **2** (début XIIIe) VX OU LITTÉR. La famille considérée dans sa lignée. Les enfants, les descendants. *« Viens, mon fils, viens, mon sang, viens réparer ma honte »* CORNEILLE.

■ HOM. 1 Cent, sans.

SANG-DE-DRAGON [sɑ̃d(ə)dʀagɔ̃] ou **SANG-DRAGON** [sɑ̃dʀagɔ̃] n. m. inv. – XIIIe *sanc de dragon,* –XIVe ◇ de *sang,* à cause de la couleur de cette résine, et *dragon* « dragonnier » ■ **1** Résine d'un rouge foncé, principalement fournie par le dragonnier, employée autrefois comme astringent et hémostatique, utilisée aujourd'hui pour colorer les vernis. ■ **2** (1611) BOT. Variété de patience.

SANG-FROID [sɑ̃fʀwa] n. m. inv. – 1672 ; loc. adv. 1569 ; *de froid sang* 1395 ◇ de *sang* et *froid* ■ Maîtrise de soi qui permet de ne pas céder à l'émotion et de garder sa présence d'esprit. ➤ 1 **calme, fermeté, froideur, impassibilité ; self-control.** *Faire qqch. avec sang-froid. Garder, conserver son sang-froid. « Que penser d'un sang-froid si facile ? Présence d'esprit – ou absence de sentiment, froideur ? »* MARTIN DU GARD. LOC. *Perdre son sang-froid :* se troubler. — *Faire qqch. de sang-froid,* de façon délibérée et en pleine conscience de son acte. *Tuer qqn de sang-froid. « Ma colère, ma passion, voilà mon excuse ; toi, tu es de sang-froid ; tu n'as pas de haine, et tu donnes la mort, misérable ! »* BALZAC. ■ CONTR. Angoisse, émotion, exaltation.

SANGLANT, ANTE [sɑ̃glɑ̃, ɑ̃t] adj. – 1080 ◇ latin *sanguilentus,* forme rare de *sanguinolentus* ■ **1** En sang, couvert de son propre sang. ➤ **sanguinolent.** *Plaie sanglante.* ➤ **saignant.** *« Elle dénoua le bandage sanglant et l'ôta par petites secousses »* SARTRE. *« Qui se traînait sanglant sur le bord de la route »* HUGO. ♦ Ensanglanté. *Poignard sanglant. « L'étendard sanglant est levé »* (« La Marseillaise »). ■ **2** LITTÉR. Qui est couleur de sang. *« Brunie et sanglante ainsi qu'un vin vieux, Sa lèvre »* RIMBAUD. *« La sanglante lueur de la fournaise »* HUGO. ■ **3** Qui fait couler le sang. ➤ 1 **sanguinaire.** — Qui s'accompagne d'effusion de sang. *Guerre sanglante.* ➤ **cruel, meurtrier.** *« Ils venaient d'exposer leur vie dans une bataille sanglante »* BOSSUET. *Mort sanglante,* violente. ■ **4** FIG. (1650) Profondément blessant, extrêmement dur et outrageant. ➤ **offensant.** *Critiques sanglantes. Reproches sanglants.*

SANGLE [sɑ̃gl] n. f. – 1080 ; variantes *cengle, sengle* ◇ latin *cingula,* de *cingere* « ceindre » ■ **1** Bande large et plate (de cuir, de toile, de tissu élastique, etc.), qu'on tend pour maintenir ou serrer qqch. *Les sangles d'une selle, d'un harnachement.* ➤ **culière, porte-étrier, ventrière.** *Livres noués par une sangle.* ♦ SPÉCIALT Bande de toile forte formant le fond d'un siège. *Lit de sangles.* — MÉD. Bande servant à serrer un pansement, à soutenir un membre fracturé, les organes. — *Sangle d'ouverture automatique (S. O. A.)* (d'un parachute). ■ **2** *Sangle abdominale :* ensemble des muscles abdominaux qui soutiennent les viscères et assurent la fermeté de la paroi abdominale. ■ **3** (1890 n. m.) ALPIN. Plateforme ou palier peu incliné qui permet de traverser une paroi. ➤ **vire.**

SANGLER [sɑ̃gle] v. tr. ‹1› – XIIe ◇ de *sangle* ■ **1** *Sangler un cheval, un mulet :* serrer la sangle qui sert à maintenir la selle sur son dos. ■ **2** RARE Serrer fortement à la taille, comme avec une sangle. *Ce corset la sangle.* — PRONOM. *« se cambrer comme un matamore et se sangler comme une femmelette »* HUGO.

— **p. p. adj.** COUR. Serré (dans un vêtement ajusté). *Être sanglé dans son uniforme.* FIG. *« Il faut rester sanglé dans son attitude, comme Barbey d'Aurevilly dans sa redingote »* GIDE. ▪ **3** VX Frapper à coups de sangle, de fouet. ➤ **fouetter.** *« On vous sangla le pauvre drille »* LA FONTAINE.

SANGLIER [sɑ̃glije] **n. m.** – 1295 ; *sengler* XIIe ◊ latin *singularis (porcus)* « (porc) qui vit seul » → 1 ensemble ▪ **1** Porc sauvage *(artiodactyles)* au corps massif et vigoureux, à peau épaisse garnie de soies dures, vivant dans les forêts et les fourrés marécageux. ➤ **quartanier,** 1 **ragot, solitaire.** *Hure, boutoir, groin, défenses* (broches) *du sanglier. Femelle du sanglier.* ➤ 1 **laie.** *Petits du sanglier.* ➤ **marcassin.** *Compagnie, harde de sangliers. Le sanglier grommelle**. *Chasse au sanglier.* ➤ **porchaison.** ◆ Chair de cet animal. *Cuissot de sanglier.* ▪ **2** *Sanglier d'Afrique* (➤ **phacochère**), *de Malaisie* (➤ **babiroussa**), *d'Amérique* (➤ **pécari**).

SANGLOT [sɑ̃glo] **n. m.** – XIIe ; variantes *sanglout, senglout* ◊ latin populaire °*singluttus,* altération, d'après *gluttire* « avaler », du latin classique *singultus* « hoquet » ▪ Inspiration, respiration brusque et bruyante, presque toujours répétée, due à des contractions successives et saccadées du diaphragme, qui se produit généralement dans les crises de larmes (➤ **hoquet**). *« Des sanglots me secouèrent, des larmes ruisselèrent de mes yeux »* PROUST. *« Il sanglotait à grands sanglots qui lui secouaient les épaules au passage »* GENEVOIX. *Éclater en sanglots. Les sanglots me nouent la gorge.* — *Avoir des sanglots dans la voix,* une voix étranglée par des sanglots retenus. ◆ POÉT. Expression spontanée, sincère de la douleur. ➤ **gémissement, plainte.** *« Et j'en sais d'immortels* [des chants] *qui sont de purs sanglots »* MUSSET. ◆ PAR ANAL. Bruit comparé à un sanglot. *« Les sanglots longs Des violons De l'automne »* VERLAINE. *« Le sinistre Océan jette son noir sanglot »* HUGO.

SANGLOTEMENT [sɑ̃glɔtmɑ̃] **n. m.** – XIIe, repris 1853 ◊ de *sangloter* ▪ LITTÉR. Le fait de sangloter ; suite de sanglots. *« Le reste de la phrase se perdit en un sanglotement désespéré, presque silencieux »* MARTIN DU GARD.

SANGLOTER [sɑ̃glɔte] **v. intr.** ⟨1⟩ – XIIe ; variantes *sanglouter, senglouter, sanglotir* ◊ latin populaire °*singluttare,* classique *singultare* → sanglot ▪ Pleurer avec des sanglots. *Sangloter de joie. « Elle se mit à sangloter avec passion, avec une frénésie qui ressemblait à un rire houleux »* COLETTE. ◆ PAR ANAL. POÉT. *« Écouter la plainte éternelle Qui sanglote dans les bassins ! »* BAUDELAIRE.

SANG-MÊLÉ [sɑ̃mele] **n.** – 1798 ; « mélange de races » 1772 ◊ de *sang* et *mêler* ▪ VIEILLI Personne issue de l'union de races (III, 1°) différentes (en particulier des races blanche et noire). ➤ **métis.** *Des sang-mêlé* **(inv.) ou** *des sangs-mêlés.*

SANGRIA [sɑ̃gʀija] **n. f.** – 1962, en français d'Afrique du Nord ◊ mot espagnol, de *sangre gris,* calque du français *sang-gris* « punch des Antilles » (1724), d'après l'anglais *sangaree* « sorte de punch » (1736) ▪ Boisson obtenue en faisant macérer des tranches d'agrumes et des morceaux de fruits dans du vin rouge avec du sucre et des épices.

SANGSUE [sɑ̃sy] **n. f.** – XIIe ◊ latin *sanguisuga,* de *sanguis* « sang » et *sugare* « sucer » ▪ **1** Ver annélide *(hirudinées),* souvent ectoparasite de vertébrés, dont l'espèce la plus importante est la *sangsue médicinale,* utilisée autrefois pour les saignées locales. *La sangsue se fixe à la peau par ses ventouses et suce le sang.* ▪ **2** FIG. VIEILLI Personne qui vit, qui s'enrichit aux dépens d'autrui. ➤ **exploiteur.** — MOD. FAM. Personne qui impose indiscrètement sa présence (➤ **collant ; glu**). *« Je ne suis pas le genre sangsue, dit-elle, je ne m'accroche pas »* BEAUVOIR. ▪ **3** (1753) TECHN. Rigole, fossé d'écoulement des eaux.

SANGUIN, INE [sɑ̃gɛ̃, in] **adj. et n.** – XIIe au sens 2° ◊ latin *sanguineus* ▪ **1** (XIVe) Du sang, qui a rapport au sang, qui est constitué de sang. *Vaisseaux sanguins. Sérum, plasma sanguin. Groupes** *sanguins. Circulation sanguine. Transfusion** *sanguine.* ▪ **2** Qui est couleur de sang (**VX sauf dans** *orange sanguine*). ➤ **sanguine.** ▪ **3** (XIVe) *Visage sanguin,* coloré par un sang abondant (**opposé à** *blême, pâle*). ➤ **rouge.** — *Tempérament sanguin :* l'un des quatre tempéraments distingués par Galien, caractérisé par des éléments somatiques (corpulence, rougeur de la face, etc.) et caractériels (violence, emportement, etc.). *Homme sanguin,* de tempérament sanguin. ◆ **n.** *C'est un sanguin,* un grand coléreux. — CARACTÉROL. *Les sanguins :* un des huit types de caractères composés (non émotifs-actifs-primaires), remarquable notamment par le calme, le sens pratique.

1 **SANGUINAIRE** [sɑ̃ginɛʀ] **adj.** – 1531 ; « composé de sang » 1363 ◊ latin *sanguinarius* ▪ LITTÉR. Qui se plaît à répandre le sang, à tuer. *Tyran, monstre sanguinaire* (➤ **sanglant**). — (CHOSES) ➤ **cruel, féroce.** *« Il n'est pas de théâtre plus sanguinaire ni où les passions soient plus violentes et plus cruelles »* LEMAITRE.

2 **SANGUINAIRE** [sɑ̃ginɛʀ] **n. f.** – 1744 ◊ latin scientifique *sanguinaria* ▪ BOT. Plante herbacée vivace d'Amérique du Nord, contenant un latex âcre couleur de sang.

SANGUINE [sɑ̃gin] **n. f.** – 1564 ; *pierre sanguine* XIIIe ◊ de *sanguin* ▪ **1** Variété d'hématite rouge. ◆ (1694) Crayon fait de cette matière, d'un rouge ocre ou pourpre. ◆ PAR EXT. Dessin exécuté avec ce crayon. *Une sanguine de Watteau.* — Lithographie imitant une sanguine. ▪ **2** (1842) Variété de poire. ▪ **3** (1892) Orange d'une variété dont la pulpe est couleur de sang.

SANGUINOLENT, ENTE [sɑ̃ginɔlɑ̃, ɑ̃t] **adj.** – XIVe ◊ latin *sanguinolentus* ▪ **1** Où se mêle un peu de sang ; teinté de sang. *Expectorations sanguinolentes.* ▪ **2** (1575) D'un rouge qui évoque le sang. *Des filles « aux yeux charbonnés, aux lèvres sanguinolentes »* MAUPASSANT.

SANGUISORBE [sɑ̃g(ɥ)isɔʀb] **n. f.** – 1544 ◊ latin des botanistes *sanguisorba,* de *sanguis* « sang » et *sorbere* « absorber » ▪ BOT. Plante herbacée *(rosacées),* vivace, à fleurs roses ou pourpres réunies en épis. ➤ **pimprenelle.**

SANHÉDRIN [sanedʀɛ̃] **n. m.** – 1605 *sanedrin* ◊ mot araméen employé dans les Évangiles, du grec *sunedrion* « assemblée, conseil » → synode ▪ HIST. Assemblée, conseil formé de membres de la noblesse sacerdotale juive (sadducéens) et de docteurs pharisiens, tribunal religieux et civil pour toute la Judée au temps du Deuxième Temple de Jérusalem. — **GRAND SANHÉDRIN :** le tribunal de Jérusalem, autorité suprême en matière de culte et de jurisprudence.

SANICLE [sanikl] **n. f.** – XIIe ◊ latin des botanistes *sanicula,* de *sanus* « sain », à cause des vertus médicinales de la racine ▪ BOT. Plante herbacée *(apiacées)* des régions humides et boisées, à fleurs en ombelles, appelée aussi *herbe de Saint-Laurent.*

SANIE [sani] **n. f.** – 1370 ◊ latin *sanies* ▪ MÉD. (VX) OU LITTÉR. Matière purulente, humeur fétide mêlée de sang qui s'écoule des plaies infectées. ➤ **ichor, pus.** *« Ces visages, qui nous arrivaient couverts de sang et de sanie »* DUHAMEL.

SANIEUX, IEUSE [sanjø, jøz] **adj.** – 1314 ◊ latin *saniosus* ▪ MÉD. VX Qui contient, laisse écouler de la sanie. *Ulcère sanieux, plaie sanieuse.*

SANISETTE [sanizɛt] **n. f.** – v. 1980 ◊ nom déposé ; de *sani(taire)* et *-ette* ▪ Toilettes publiques, cabine dont l'entretien est automatique.

SANITAIRE [sanitɛʀ] **adj. et n. m.** – 1801 ◊ du latin *sanitas* « santé » ▪ **1** Relatif à la santé publique et à l'hygiène. ➤ **santé.** *La technique sanitaire :* épidémiologie, étude de la salubrité des denrées alimentaires, de la pollution atmosphérique, des problèmes de construction, de voirie, de distribution des eaux. *Législation, police sanitaire.* ➤ **hygiène, médecine.** *Action sanitaire et sociale. Cordon** *sanitaire pour enrayer la contagion. Catastrophe sanitaire. Rapatriement** *sanitaire. Génie sanitaire :* ensemble d'études et de techniques visant à assurer la salubrité et l'hygiène des lieux, des services publics, des denrées alimentaires, des installations industrielles. *Formation, service sanitaire. Pour plus de sûreté, « le personnel sanitaire continuait de respirer sous des masques de gaze désinfectée »* CAMUS. — *Avion sanitaire,* aménagé pour le transport des blessés et des malades. *Train sanitaire.* ◆ *Vide** *sanitaire.* ▪ **2** (1928) Se dit des appareils et installations d'hygiène destinés à distribuer, utiliser et évacuer l'eau dans les habitations. *Appareils, installations sanitaires* (baignoires, bidets, lavabos, éviers, waters). ◆ **n. m.** (1956) **(le plus souvent au plur.)** L'ensemble de ces installations, **et** SPÉCIALT celles de la salle de bains. *Des sanitaires neufs, bien entretenus.* — *Les sanitaires :* les toilettes.

SANS [sɑ̃] **prép.** – *sens* 1050 ; variantes *seinz, senz, sen* ◊ latin *sine,* avec *-s* adverbial ▪ **1** Préposition qui exprime l'absence, le manque, la privation ou l'exclusion. *Le suspect a refusé d'être interrogé sans son avocat,* en l'absence de son avocat. *Un enfant sans frère ni** *sœur,* qui n'a pas de frère, etc. *Être sans argent,* **et** FAM. *Être sans le sou, sans un.* ➤ **manquer** (de). *Un document sans indication de date.* ➤ **dépourvu** (de), **privé** (de). *Chambre d'hôtel à cent euros par jour, sans le petit-déjeuner* (cf. Non compris). *Sans plus**. — **(Valeur d'hypothèse)** *Sans toi, j'étais perdu,* si tu n'avais pas été là... *Partez, sans cela je me* *fâche ; sans quoi je me fâche. Votre café, avec ou sans sucre ? Parler sans la moindre gêne. Une personne sans aucun scrupule.* ♦ (Formant des loc. adj. ou adv. de valeur négative) *Sans arrêt. Il pleut sans cesse. Sans conteste. Soyez sans crainte. C'est sans espoir. Tous, toutes, sans exception. Demain, sans faute. Une vis sans fin. Sans doute*. Non sans :* avec. *Il y parvint non sans peine, non sans mal.* ♦ (Suivi d'un inf.) (Servant à écarter une circonstance). *«Marchons sans discourir»* CORNEILLE. *«Les gens de qualité savent tout sans avoir jamais rien appris»* MOLIÈRE. *Vous n'êtes pas sans savoir que :* vous n'ignorez pas. *Sans mot dire*. Cela va sans dire*. Partons sans plus attendre. Cela n'est pas sans poser de questions.* — (Avec répétition du même v.) (Pour exprimer que l'action, l'état ne sont réalisés qu'à moitié). *Ces choses-là, il faut y croire sans y croire. «Il y avait des cousins, sur l'héritage desquels on comptait sans compter»* ARAGON. *Il est coupable sans être coupable.* ▪ **2** loc. conj. **SANS QUE** (et subj.). *Ne faites pas cela sans qu'il soit averti. Sans que personne le sache. «Sans qu'on s'en aperçût, sans presque m'en apercevoir»* ROUSSEAU. *Elle a travaillé sans qu'il y ait de résultats. «Pas un jour sans que j'aille à la mer»* LE CLÉZIO. — (Avec *ne* explétif) RARE *«Onde [...] Où l'on ne jette rien sans que tout ne remue !»* HUGO. ▪ **3** ADVT, FAM. *«Chacun a son marteau, on ne sort pas sans»* GONCOURT. *«Nous sommes bien obligés de compter avec. Que ferions-nous sans ?»* DUHAMEL. *Les jours avec et les jours sans :* les jours où tout va bien et ceux où tout va mal (par allus. aux restrictions alimentaires en France de 1940 à 1945, aux jours avec ou sans viande, alcool, etc.). ▪ CONTR. Avec. ▪ HOM. 1 Cent, sang.

SANS-ABRI [sɑ̃zabʀi] n. – 1895 ◊ de *sans* et *abri* ▪ Personne qui n'a plus de logement (surtout au plur.). ➤ **sans-logis.** *Des sans-abris. Le tremblement de terre a fait deux mille sans-abris* (➤ **sinistré**). Au pluriel, on trouve aussi *des sans-abri* (inv.). *«un îlot insalubre où les sans-abri dormaient dans des cartons»* Y. QUEFFÉLEC. ➤ **S. D. F.**

SANS-ALLURE [sɑ̃zalyʀ] adj. inv. et n. inv. – 1929 comme surnom ◊ de *sans* et *allure* ▪ **1** (Canada) (de *allure* «bon sens, savoir-vivre») Idiot. ♦ Mal élevé. — n. *On va passer pour des sans-allure.* ➤ **malappris.** ▪ **2** (Belgique) Qui est négligé, qui manque de soin dans sa présentation. ♦ Qui manque d'habileté, de savoir-faire. — n. *Le travail n'avance pas avec ces sans-allure !*

SANS-CŒUR [sɑ̃kœʀ] n. – 1830 ; «individu paresseux ou sans amour-propre» 1808 ◊ de *sans* et *cœur* ▪ FAM. Personne qui manque de cœur, qui est insensible à la souffrance d'autrui. *Des sans-cœurs* ou *des sans-cœur* (inv.). *«Elle rit de vous voir pleurer, cette sans-cœur»* ZOLA. — adj. ➤ **insensible, méchant.**

SANSCRIT ; SANSCRITISME ; SANSCRITISTE ➤ **SANSKRIT ; SANSKRITISME ; SANSKRITISTE**

SANS-CULOTTE [sɑ̃kylɔt] n. m. – 1791 ; adj. 1790 ◊ de *sans* et *culotte*, parce que les hommes du peuple portaient alors le pantalon, tandis que la *culotte* passait pour aristocratique ▪ Nom que se donnaient les républicains les plus ardents, sous la Révolution française. *Les sans-culottes.* — adj. *L'esprit sans-culotte.*

SANS-DESSEIN [sɑ̃desɛ̃] adj. et n. – 1894 ◊ de *sans* et *dessein* VX «intelligence», sens relevé en Normandie puis au Canada ▪ (Canada) Qui agit sans réfléchir. ➤ **idiot, imbécile, stupide.** — n. *Des sans-desseins. «Elle est entrée dans une grande colère, m'a giflé, m'a traité de gros sans-dessein»* V.-L. BEAULIEU.

SANS-EMPLOI [sɑ̃zɑ̃plwa] n. – v. 1965 ◊ de *sans* et *emploi* ▪ Personne sans travail (surtout au plur.). ➤ **chômeur.** *Les sans-emplois.*

SANSEVIÈRE [sɑ̃s(ə)vjɛʀ] n. f. – 1819 ◊ latin scientifique *sansevieria* (1794), du nom du prince de *San Severo* ▪ Plante *(liliacées)* des régions tropicales, qui fournit une fibre textile très résistante.

SANS-FAÇON [sɑ̃fasɔ̃] n. m. – 1817 ◊ de *sans* et *façon* ▪ LITTÉR. Désinvolture. *Des sans-façons.* — Caractère de ce qui est fait sans cérémonie. *Un accueil plein de sans-façon.*

SANS-FAUTE [sɑ̃fot] n. m. – 1961 ◊ de *sans* et *faute* ▪ SPORT Parcours effectué sans aucune faute. *Skieur qui réussit un sans-faute dans le slalom géant.* — PAR EXT. Prestation parfaite. *Les organisateurs du colloque ont réussi un sans-faute. Des sans-fautes.*

SANS-FIL [sɑ̃fil] n. f. et n. m. – 1925 ◊ de *sans* et *fil* ▪ **1** n. f. Télégraphie sans fil. ➤ **T. S. F.** *Envoyer un message par sans-fil.* ▪ **2** n. m. Radiogramme. ➤ **1 radio.** *Recevoir des sans-fils.* ▪ **3** n. m. Téléphone sans fil.

SANS-FILISTE [sɑ̃filist] n. – 1912 *sanfiliste* ◊ de *sans-fil* ▪ **1** Opérateur de T. S. F. ➤ **1 radio.** ▪ **2** Personne qui pratique la T. S. F. (en amateur). *Des sans-filistes amateurs.*

SANS-GÊNE [sɑ̃ʒɛn] adj. inv. et n. m. – 1783 n. m. ◊ de *sans* et *gêne* ▪ **1** Qui agit avec une liberté, une familiarité excessive. ➤ **désinvolte, envahissant.** *Il est vraiment sans-gêne d'emprunter ainsi. «Madame Sans-Gêne», comédie de V. Sardou dont l'héroïne est la maréchale Lefebvre.* — PAR EXT. *Des manières sans-gêne.* ▪ **2** n. m. Attitude d'une personne qui ne se gêne pas pour les autres. ➤ **audace, désinvolture, impolitesse, inconvenance.** *Agir avec sans-gêne. «Ce sans-façon n'était point du sans-gêne»* A. HERMANT. *Quel sans-gêne ! Des sans-gêne* (inv.) ou *des sans-gênes.* ▪ CONTR. Cérémonieux, 1 discret. Discrétion.

SANS-GRADE [sɑ̃gʀad] n. – 1900 ◊ de *sans* et *grade* ▪ **1** n. m. Simple soldat, par opposition aux gradés. *Des sans-grades. «Et nous les petits, les obscurs, les sans-grades»* ROSTAND. ▪ **2** PAR EXT. Personne, communauté qui n'a aucun pouvoir de décision. ➤ **exécutant, subalterne.**

SANSKRIT, ITE ou **SANSCRIT, ITE** [sɑ̃skʀi, it] n. m. et adj. – 1870 ; *sanscreat* 1725 ; *hanscrit* 1667 ◊ sanskrit *samskr(i)ta* «parfait», opposé à *prâkrit* «à l'état naturel, peu soigné» ▪ **1** Forme savante, codifiée, de l'indo-aryen ancien, dans laquelle sont écrits les grands textes brahmaniques de l'Inde. *Écriture usuelle du sanskrit.* ➤ **devanagari.** *Les études indo-européennes sont parties du sanskrit.* ▪ **2** adj. (1803) Relatif au sanskrit, écrit en sanskrit. *Textes sanskrits. Grammaire sanskrite.*

SANSKRITISME ou **SANSCRITISME** [sɑ̃skʀitism] n. m. – 1849 ◊ de *sanskrit* ▪ DIDACT. Ensemble des disciplines qui ont le sanskrit pour objet. ➤ **indianisme.**

SANSKRITISTE ou **SANSCRITISTE** [sɑ̃skʀitist] n. – 1846 ◊ de *sanskrit* ▪ DIDACT. Spécialiste du sanskrit. *Eugène Burnouf, célèbre sanskritiste français.*

SANS-LE-SOU [sɑ̃l(ə)su] n. inv. – 1846 ◊ de *sans* et *sou* ▪ FAM. Personne sans argent. ➤ **pauvre.** *«Ce sans-le-sou serait devenu millionnaire»* HUGO.

SANS-LOGIS [sɑ̃lɔʒi] n. – 1893 ◊ de *sans* et *logis* ▪ Personne qui ne dispose pas pour se loger de local à usage d'habitation (surtout au plur.). *Les sans-logis.* ➤ **sans-abri, S. D. F.** *«La beauté d'une ville devant Dieu et devant les hommes, elle est d'abord de ne pas avoir de taudis, de ne pas avoir de sans-logis...»* ABBÉ PIERRE.

SANSONNET [sɑ̃sɔnɛ] n. m. – v. 1480 ◊ n. pr., diminutif de *Samson* ▪ Étourneau. — LOC. FAM. *C'est de la roupie de sansonnet,* une chose insignifiante.

SANS-PAPIERS ou **SANS-PAPIER** [sɑ̃papje] n. – 1975 ◊ de *sans* et *papier* ▪ Personne (en général immigré en situation irrégulière) qui ne possède pas les documents d'identité (carte d'identité, carte de séjour, permis de travail...) requis dans le pays où elle se trouve. *La régularisation des sans-papiers.*

SANS-PARTI [sɑ̃paʀti] n. – 1870 ◊ de *sans* et 1 *parti* ▪ Personne qui n'est inscrite à aucun parti. *Les sans-partis.*

SANS-PATRIE [sɑ̃patʀi] n. inv. /n./ – 1885 ◊ de *sans* et *patrie* ▪ Personne qui n'a juridiquement pas de patrie. ➤ **apatride, heimatlos.**

SANS-SOUCI [sɑ̃susi] n. et adj. inv. – 1718 ; *les Enfants Sans-Souci,* célèbre troupe de «sots» au XVᵉ ◊ de *sans* et *souci* ▪ **1** VIEILLI Personne insouciante. *Des sans-soucis.* ▪ **2** adj. inv. MOD. *Il est vraiment sans-souci.*

SANTAL [sɑ̃tal] n. m. – 1550 ; *sandal* 1298 ◊ latin médiéval *sandalum,* arabe *sandal,* sanskrit *candana* ▪ **1** Substance ligneuse odorante provenant d'arbres exotiques (cf. ci-dessous, 2°), d'où l'on tire une essence parfumée, balsamique, des poudres pharmaceutiques. *Huile de santal. «elle vaporisait sur elle son parfum de santal»* COLETTE. *Des santals.* VX *Poudre des trois santaux* [sɑ̃to] (ANC. PHARM.). ▪ **2** Arbre des régions tropicales *(santalacées)* qui vit en parasite sur les parties souterraines des plantes voisines. *Santal blanc* (ou *santal citrin*), qui fournit un bois dur, au grain fin très prisé en ébénisterie et en marqueterie. *Un coffret en bois de santal.* ♦ *Santal rouge,* plante *(papilionacées)* d'où l'on tire une matière tinctoriale rouge (la *santaline*).

SANTÉ [sɑ̃te] n. f. – fin Xᵉ ◊ du latin *sanitas* «santé», famille de *sanus* → 1 sain

A. CHEZ LES ÊTRES VIVANTS ▪ **1** Bon état physiologique d'un être vivant, fonctionnement régulier et harmonieux de l'organisme pendant une période assez longue (indépendamment des anomalies ou des traumatismes qui n'affectent pas les fonctions vitales). *«la santé se conserve comme telle, dans une stérile identité ; tandis que la maladie est une activité»* CIORAN. — *Force et santé. Être plein de santé. Ne pas avoir de santé. «La santé était une qualité, elle n'a pas de santé une accusation autant qu'une marque de compassion»* A. ERNAUX. *Respirer* la santé. Perdre la santé. Recouvrer, retrouver la santé.* ➤ **guérir, se remettre ; convalescence, guérison.** *Bon pour la santé.* ➤ **1 sain, salubre, salutaire.** *Mauvais pour la santé.* ➤ **malsain.** — *Une promenade* de santé.* — FAM. *Avoir la santé* : être généralement en bonne santé. *Tant qu'on a la santé...* FIG. (1894) *Il a la santé !*, il a du tonus, il est en forme. — VIEILLI OU RÉGION. (Canada) *En santé* : en bonne santé. *Des bébés en santé.* ◆ *La santé de qqn. Compromettre, détruire sa santé, se détruire la santé* (par des excès, des imprudences). ◆ (1636) *Boire à la santé de qqn*, en son honneur. *À votre santé !* (1781) ELLIPT *Santé !* (formule que l'on prononce en levant son verre). ➤ **tchin-tchin ; trinquer.** *«À ta santé, filleul. – À la vôtre, parrain»* DIDEROT. LOC. (1657) *Porter une santé*, un toast à la santé (de qqn). — *«Ils se soulevaient à chaque verre pour porter une santé»* R. ROLLAND. ■ **2** (fin XIIIe) Fonctionnement plus ou moins harmonieux de l'organisme, sur une période assez longue. (1732) *État de santé* (➤ **1 aller, se porter**). *«Depuis longtemps il se plaignait de sa santé, de lourdeurs, de vertiges, de malaises constants et inexplicables»* MAUPASSANT. — *Bonne santé. Être en bonne, en parfaite santé*, bien portant (➤ **1 gaillard, 1 sain, valide ;** cf. Se porter comme un charme*, être frais comme un gardon*). FAM. *Péter la santé. Une santé éclatante, une santé de fer. Une santé florissante.* — *Être en mauvaise santé.* ➤ **malade.** *Santé chancelante, délicate, fragile* (➤ **cacochyme, malade, valétudinaire**). FAM. *Avoir une petite santé* : être délicat, fragile. *Être en meilleure santé* (cf. Aller mieux). *Se refaire une santé* : se rétablir, retrouver ses forces ; PAR EXT. retrouver son équilibre, se refaire. *«Il faudrait pouvoir mourir de temps en temps, histoire de se refaire une santé»* F. DARD. FIG. *Se refaire une santé financière.* — *Bilan de santé.* ➤ **check-up.** *Bulletin* de santé.* — *Prendre des nouvelles, s'informer de la santé de qqn. Comment va la santé ?* FAM. *Comment va la, cette petite santé ?* — *Bonne année, bonne santé !*, formule de vœux du jour de l'an. ◆ (1825) *Service de santé des armées* : ensemble du personnel médical attaché à une armée, à un port (➤ **sanitaire**). (1804) VX *Officier de santé* : en France, de 1803 à 1892, médecin qui n'avait pas le titre de docteur en médecine. ◆ (1812) **LA SANTÉ :** dans un port, le service de surveillance des maladies épidémiques, contagieuses. *«d'autres bateaux qui attendaient l'arrivée de la santé»* SIMENON. *Être visité par la santé.* ■ **3** (début XIIIe) Équilibre et harmonie (de la vie psychique). *La santé de l'esprit, de l'âme.* (1946) *«Freud définit la santé mentale d'une façon qui m'a toujours plu, [...] comme la capacité d'aimer et de travailler»* E. CARRÈRE. *«une santé intellectuelle* [qui] *se manifeste par le goût de l'action, la faculté de s'adapter»* BERGSON. ◆ (1812) **MAISON DE SANTÉ :** maison de repos privée où l'on soigne principalement les maladies nerveuses ou mentales. ➤ **clinique** (psychiatrique).

B. DANS LA COLLECTIVITÉ ■ **1** (1659) État physiologique et psychique des membres d'un groupe social ; état de bien-être dans une société. (1846, Proudhon) *Santé publique* : connaissances et techniques propres à prévenir les maladies, à préserver la santé, à améliorer la vitalité et la longévité des individus par une action collective (mesures d'hygiène et de salubrité, dépistage et traitement préventif des maladies, mesures sociales propres à assurer le niveau de vie nécessaire). *Mesures concernant la santé publique* (➤ **sanitaire**). *Les professionnels de la santé. L'Organisation mondiale de la santé (O. M. S.).* (En France) *Ministère de la Santé. Institut national de la santé et de la recherche médicale (I. N. S. E. R. M.).* ■ **2** État plus ou moins satisfaisant (dans le domaine économique). *La santé économique d'un pays. La bonne santé du yen.* ■ CONTR. Maladie.

SANTIAG [sɑ̃tjag] n. f. – v. 1975 ◇ probablt de *Santiago*, nom de ville ■ FAM. Botte de cuir, de style américain, à piqûres décoratives, à bout effilé et à talon oblique. *«le gros tend ses jambes avec des santiags au bout et il barre tout le trottoir»* R. FORLANI. — ABRÉV. **TIAG.**

SANTOLINE [sɑ̃tɔlin] n. f. – 1572 ◇ var. de *santonine* ■ BOT. Arbrisseau aromatique *(composées)*, dont une variété est appelée *petit cyprès.*

1 **SANTON, ONE** [sɑ̃tɔ̃, ɔn] n. – 1624 ; *sancton* 1530 ◇ espagnol *santón*, de *santo* «saint» ■ VX Ascète, religieux musulman. ➤ **marabout.** ■ HOM. Centon.

2 **SANTON** [sɑ̃tɔ̃] n. m. – 1896 ◇ provençal *santoun* «petit saint», de *sant* «saint» ■ Figurine ornant les crèches de Noël, en Provence. *Santons d'argile.*

SANTONINE [sɑ̃tɔnin] n. f. – 1830 ; «semen-contra» 1732 ◇ altération de *santonique* (1542) ; latin *santonica (herba)* «(herbe) de Saintonge» → santoline ■ Principe extrait du semen-contra, utilisé autrefois comme vermifuge (abandonné en raison de sa toxicité).

SANTONNIER, IÈRE [sɑ̃tɔnje, jɛʀ] n. – 1912 ◇ de 2 *santon* ■ Artisan qui fabrique des santons.

SANTOUR [sɑ̃tuʀ] n. m. – 1875 ◇ mot arabe, du grec *psaltêrion* → psaltérion ■ MUS. Cithare à caisse de forme trapézoïdale, originaire d'Iran et d'Inde, dont on joue en frappant les nombreuses cordes (jusqu'à une centaine) avec deux fines baguettes (➤ **cymbalum, psaltérion, tympanon**). — On écrit aussi *santur.*

SANVE [sɑ̃v] n. f. – XIVe ; *seneve* XIIe ◇ latin *sinapi, senapis*, mot grec «moutarde» → sinapisme ; sénevé ■ RÉGION. Moutarde* des champs. ➤ **sénevé.**

SANZA [sɑ̃za ; sanza] n. f. – 1947 ◇ mot d'une langue africaine ■ Instrument de musique africain traditionnel, fait de lamelles vibrantes. *Chanteur qui s'accompagne à la sanza.*

SAOUL ; SAOULER ➤ **SOÛL ; SOÛLER**

SAPAJOU [sapaʒu] n. m. – 1654 ; *sapaiou*, 1614 ◇ mot tupi ■ Petit singe de l'Amérique centrale et du Sud *(platyrhiniens)*, à pelage court, à poil dressé autour de la face et à longue queue préhensile. ➤ **capucin, saï.** — On dit aussi **SAJOU.** ◆ FIG. VX *Un vieux sapajou* : un vieil homme laid.

1 **SAPE** [sap] n. f. – *sappe* v. 1460 ◇ bas latin *sappa* ■ RÉGION. Hoyau ou faux. — TECHN. Outil du génie civil, pioche à large fer.

2 **SAPE** [sap] n. f. – *sappe* 1559 ◇ de 1 *saper* ■ **1** Tranchée d'approche pour atteindre un obstacle ennemi, préparer un siège. *Faire une sape.* — Fosse creusée au pied d'un mur, sous un bâtiment pour le faire écrouler. ➤ **2 mine.** ■ **2** Action de saper. *Travaux de sape.* ◆ RARE Destruction par la base, menée souterraine pour miner. *La sape des institutions.* ➤ **sapement.**

3 **SAPE** [sap] n. f. – 1926 ◇ de *se saper* ■ ARG. **LES SAPES :** les vêtements. ➤ **fringue.** — COLLECT. *La sape* : les vêtements ; l'habillement.

SAPEMENT [sapmɑ̃] n. m. – 1611 ◇ de 1 *saper* ■ RARE Action de saper.

SAPÈQUE [sapɛk] n. f. – 1841 n. m. ◇ malais *sapek* ■ Ancienne monnaie chinoise et indochinoise, petite pièce de la plus faible valeur.

1 **SAPER** [sape] v. tr. ‹1› – 1547 ◇ italien *zappare*, de *zappa* «hoyau, pioche», bas latin *sappa* → 1 sape ■ **1** Détruire les assises de (une construction) pour faire écrouler. *Saper une muraille. Saper par des mines.* ➤ **miner.** ◆ PAR EXT. User, dégrader par la base, en parlant des eaux. *La mer sape les falaises.* ➤ **affouiller.** ■ **2** FIG. Attaquer les bases, les principes de (qqch.) pour ruiner progressivement. ➤ **ébranler, miner.** *Saper les fondements de la morale. «L'autorité paternelle qu'elle avait sapée toute sa vie dans le cœur du jeune homme»* ARAGON. *Il m'a sapé le moral.* ■ CONTR. Consolider, renforcer.

2 **SAPER** [sape] v. intr. ‹1› – 1903 ◇ mot saintongeais, d'origine onomatopéique ■ RÉGION. (Canada) FAM. Faire du bruit en mangeant, en buvant.

SAPER (SE) [sape] v. pron. ‹1› – 1926 ; p. p. 1919 ◇ origine inconnue, p.-ê. du provençal *sapa* «parer, habiller» ■ FAM. S'habiller. ➤ **se fringuer.** — p. p. adj. Habillé, vêtu. *Être bien sapé* (➤ **3 sape, 2 sapeur**).

SAPERDE [sapɛʀd] n. f. – 1798 ◇ latin *saperda*, d'origine grecque «poisson salé» ■ Insecte longicorne *(coléoptères)* à larges élytres, dont les larves vivent dans le bois. *La saperde requin est très nuisible aux saules, aux peupliers, aux trembles.*

SAPERLIPOPETTE [sapɛʀlipɔpɛt] interj. – 1864 ; *saperlotte* 1809 ; *sacrelotte* 1750 ◇ déformation, par euphém., de *sacré* ; cf. *sapristi* ■ VIEILLI Juron familier.

1 **SAPEUR** [sapœʀ] n. m. – 1547 ◇ de 1 *saper* ■ Soldat du génie employé à la sape et à d'autres travaux. ➤ **pionnier.** *Sapeur mineur.* ➤ **2 mineur.** *Tablier* de sapeur.* — FAM. *Fumer* comme un sapeur.*

2 **SAPEUR** [sapœʀ] n. m. – v. 1970 ◊ de *se saper* ■ (Afrique) Homme, adolescent très préoccupé de son habillement, de son élégance, de la mode. « *Je suis donc allé louer un smoking chez Boudiouf, la providence des sapeurs* » PENNAC.

SAPEUR-POMPIER [sapœʀpɔ̃pje] n. m. – 1835 ◊ de 1 *sapeur* et 1 *pompier* ■ Personne qui participe au service public chargé de la prévention et de la lutte contre les incendies, des opérations de secours et de sauvetage. ➤ 1 **pompier** (COUR.). *Sapeur-pompier volontaire, professionnel, militaire* (à Paris et à Marseille). *Régiment, caserne de sapeurs-pompiers. Brigade des sapeurs-pompiers de Paris.*

SAPHÈNE [safɛn] n. f. et adj. – 1314 ◊ arabe *çafin*, p.-ê. du grec *saphênês* « apparent » ■ ANAT. Chacune des deux veines qui collectent le sang des veines superficielles du membre inférieur. *Grande, petite saphène.* — adj. *Veine saphène.*

SAPHIQUE [safik] adj. – *saffique* 1373 ◊ latin *sapphicus*, grec *sapphikos*, de *Sapphô*, poétesse grecque (*Sapho* en français) ■ 1 HIST. LITTÉR. *Vers saphique* ou n. m. *un saphique :* vers composé en général de trois trochées, deux iambes et une syllabe. ■ 2 (1838 ◊ à cause des mœurs attribuées à Sapho) LITTÉR. Relatif à l'homosexualité féminine. ➤ **lesbien.** *Des amours saphiques.*

SAPHIR [safiʀ] n. m. – v. 1130 ◊ bas latin *sapphirus*, grec *sappheiros*, origine sémitique ■ 1 Pierre précieuse, forme naturelle cristallisée et très dure de corindon* transparent, bleu, jaune ou vert (lorsqu'il est coloré de traces de cobalt). — *Un saphir :* cette pierre taillée en ornement. *Bague ornée de saphirs.* ♦ *Saphir synthétique* (alumine). — SPÉCIALT (1907) Petite pointe de cette matière qui a remplacé l'ancienne aiguille des phonographes et des tourne-disques. ■ 2 FIG. et LITTÉR. *De saphir :* bleu et lumineux. ➤ **bleu.** *Un ciel de saphir.* APPOS. INV. *Bleu saphir.* — ADJT INV. *Des yeux saphir.*

SAPHISME [safism] n. m. – 1838 ◊ de *Sapho* → saphique ■ LITTÉR. Homosexualité féminine. ➤ **lesbianisme.**

SAPIDE [sapid] adj. – 1754 ; *sade* en ancien français ◊ latin *sapidus* ■ DIDACT. Qui a un goût, une saveur. « *Les corps sapides* » BRILLAT-SAVARIN. ■ CONTR. Insipide (cour.).

SAPIDITÉ [sapidite] n. f. – 1762 ◊ de *sapide* ■ DIDACT. Caractère de ce qui est sapide. ➤ **goût, saveur.** — *Agent de sapidité :* additif alimentaire qui accroît la sensibilité des récepteurs gustatifs. ■ CONTR. Insipidité.

SAPIENCE [sapjɑ̃s] n. f. – 1120 ◊ latin *sapientia*, de *sapiens* « sage » ■ VX Sagesse et science. ➤ **sagesse.** — THÉOL. *Livre de la sapience.*

SAPIENTIAL, IALE, IAUX [sapjɑ̃sjal ; sapjɛ̃sjal, jo] adj. – 1374 *livres sapiencialz* ◊ latin *sapientialis* ■ RELIG. *Livres sapientiaux de la Bible* ou n. m. *les sapientiaux :* livres de sagesse (Proverbes, Ecclésiaste, Ecclésiastique).

SAPIN [sapɛ̃] n. m. – v. 1100 ◊ latin *sappinus*, gaulois °*sappus*, croisé avec *pinus* « pin » ■ 1 Arbre de moyenne altitude *(pinacées)*, conifère à tronc droit, à écorce épaisse écailleuse, à branches plongeantes, et à feuilles persistantes (➤ **aiguille**), dont l'organe reproducteur est un cône dressé (➤ 1 **pomme**). « *et le sapin qui reste vert sous la mort blanche* » SENGHOR. *Le sapin blanc ou sapin des Vosges est l'espèce la plus répandue en Europe. Forêt de sapins.* ➤ **sapinière.** *Branches de sapin.* ➤ RÉGION. **sapinage.** « *Mon beau sapin, roi des forêts* » (chans.). *Miel de sapin.* — *Vert sapin :* vert sombre. — COUR. (abusif en bot.) Arbre résineux d'aspect analogue (pin, épicéa). *Les sapins de Noël sont des épicéas. Bourgeons de sapin* (de pin sylvestre). ■ 2 (v. 1165) Bois de cet arbre, bois blanc très couramment employé en menuiserie, en ébénisterie. « *Une table de bois, une planche de sapin qui soutenait quelques livres* » DIDEROT. *Cercueil en sapin.* ♦ LOC. FAM. (1694 ◊ par allus. au cercueil ordinairement fait de ce bois) *Sentir le sapin :* n'avoir plus longtemps à vivre. « *Je vais finir par crever si ça continue. Je te le dis, ça sent le sapin* » É. LOUIS. — (Canada) *Se faire passer un sapin :* se faire rouler.

SAPINAGE [sapinaʒ] n. m. – 1712 ◊ de *sapin* ■ (Canada) Branches de sapin, de conifères. *Une couronne de sapinage. Le lièvre aime le sapinage.*

SAPINE [sapin] n. f. – 1458 ; « bois de sapins » 1190 ◊ de *sapin* ■ TECHN. ■ 1 Planche, solive de sapin. ■ 2 Pièce de bois qui servait aux échafaudages. — (XIXe) MOD. Appareil de levage fait de ces pièces de bois (aujourd'hui de pièces métalliques), pylône supportant une grue, utilisé sur les chantiers de construction. ■ 3 (XVe) RÉGION. Baquet en bois de sapin.

SAPINETTE [sapinɛt] n. f. – 1765 ; « coquillage » 1505 ◊ de *sapin* ■ Épicéa d'Amérique du Nord. ➤ 1 **épinette.** *Sapinette blanche.*

SAPINIÈRE [sapinjɛʀ] n. f. – 1632 ◊ de *sapin* ■ Bois, forêt, plantation de sapins.

SAPITEUR [sapitœʀ] n. m. – 1736 ◊ provençal *sapitour*, du latin *sapere* « savoir » ■ DR. MAR. Expert chargé d'estimer la valeur des marchandises. ♦ DR. Commissaire chargé de conduire une enquête publique. — Expert auprès des tribunaux.

SAPONACÉ, ÉE [sapɔnase] adj. – 1792 ◊ latin moderne *saponaceus* ■ DIDACT. Qui a les caractères du savon, peut servir aux mêmes usages.

SAPONAIRE [sapɔnɛʀ] n. f. – 1562 ; *erbe savoniere* XIIe ◊ latin des botanistes *saponaria* ■ Plante *(caryophyllacées)* à tige dressée portant des fleurs roses et odorantes, et contenant un glucoside, la *saponine**, qui mousse comme du savon.

SAPONASE [sapɔnɑz] n. f. – 1924 ◊ du radical latin *sapon-* « savon » et *-ase* ■ BIOCHIM. ➤ **lipase.**

SAPONÉ [sapɔne] n. m. – 1835 ◊ du latin *sapo, saponis* « savon » ■ PHARM. Préparation obtenue en ajoutant un principe médicamenteux à une solution alcoolique de savon.

SAPONIFIABLE [sapɔnifjabl] adj. – 1846 ◊ de *saponifier* ■ CHIM., TECHN. Qu'on peut saponifier. *Graisses saponifiables.* ■ CONTR. Insaponifiable.

SAPONIFICATION [sapɔnifikasjɔ̃] n. f. – 1792 ◊ du latin *sapo, saponis* « savon » ■ TECHN. Production de savon et simultanément de glycérine, par action d'une base caustique (généralement la soude) sur un corps gras. ♦ (1803) CHIM. Réaction suivant laquelle les corps gras (esters de la glycérine) sont dédoublés en glycérine et acides gras. — PAR EXT. Hydrolyse d'un ester. — *Indice de saponification,* donnant la quantité de substances saponifiables contenues dans un corps.

SAPONIFIER [sapɔnifje] v. tr. ‹7› – 1797 ◊ du latin *sapo, saponis* « savon » et *-fier* ■ TECHN. Transformer en savon. ♦ CHIM. Transformer, sous l'action de l'eau ou d'une base, (un ester) en acide et alcool ou phénol.

SAPONINE [sapɔnin] n. f. – 1831 ◊ de *sapon(aire)* et *-ine* ■ Glucoside extrait de certains végétaux (saponaire, bois de Panama) et dont la solution aqueuse mousse par simple agitation.

SAPOTILLE [sapɔtij] n. f. – début XVIIIe ; *sapote* 1666 ; *çapote* 1598 ◊ espagnol *zapote, zapotillo* (diminutif) ; de l'aztèque *tzapotl* ■ Fruit du sapotillier, grosse baie globuleuse et charnue, à chair brune savoureuse, qui se mange blette.

SAPOTILLIER [sapɔtije] n. m. – 1765 ◊ de *sapotille* ■ Arbre de grande taille d'Amérique centrale *(sapotacées)*, au fruit comestible (➤ **sapotille**), dont le bois répand en brûlant une odeur d'encens. — On dit aussi **SAPOTIER,** 1803.

SAPRISTI [sapʀisti] interj. – 1834 ; *sapristie* 1807 ◊ corruption de *sacristi* ■ VIEILLI Juron familier, exprimant un sentiment vif (étonnement, exaspération). ➤ RÉGION. 2 **charrette.**

SAPRO- ■ Élément, du grec *sapros* « putride ».

SAPROPÈLE [sapʀɔpɛl] n. m. – 1969 ; *sapropel* 1953 ◊ de *sapro-* et grec *pêlos* « limon » ■ GÉOL. Vase organique, pauvre en oxygène et riche en oxygène sulfuré, qui est à l'origine du pétrole. — adj. **SAPROPÉLIQUE.** 1923.

SAPROPHAGE [sapʀɔfaʒ] adj. – 1827 ◊ de *sapro-* et *-phage* ■ ZOOL. Qui se nourrit de matières putréfiées. ➤ **détritivore.** *Organisme saprophage,* ELLIPT *un saprophage.*

SAPROPHILE [sapʀɔfil] adj. – 1972 ◊ de *sapro-* et *-phile* ■ ÉCOL. Qui est attiré par les matières organiques putréfiées, qui vit dedans.

SAPROPHYTE [sapʀɔfit] adj. et n. m. – 1875 ◊ de *sapro-* et *-phyte* ■ 1 ÉCOL. Qui tire les substances qui lui sont nécessaires des matières organiques en décomposition. *Champignons saprophytes.* ■ 2 MÉD. *Germe saprophyte,* qui vit dans l'organisme sans être pathogène. *Bactéries saprophytes de la flore intestinale.* — n. m. *Les saprophytes.* — adj. **SAPROPHYTIQUE,** 1897.

SAQUEBOUTE, SAQUEBUTE ➤ **SACQUEBOUTE**

SAQUER [sake] v. tr. ‹1› – 1867 ◊ de 1 *sac* ■ FAM. ■ 1 (de l'expr. *rendre son sac à*) Renvoyer*, congédier. « *saque donc Guilhermet. Gentiment, mais saque-le* » MONTHERLANT. — Noter sévèrement. *Le prof l'a saqué.* ➤ **sabrer.** ■ 2 (1919 ◊ proprt « mettre dans son sac ») *Ne pas pouvoir saquer qqn,* le détester. ➤ **sentir ; encadrer, encaisser.** — On écrit aussi *sacquer.* ■ HOM. Saké.

SARABANDE [saʀabɑ̃d] n. f. – 1604 ◊ espagnol *zarabanda*, persan *serbend* «danse» ■ **1** Danse d'origine espagnole, sur un mouvement vif, dont le caractère lascif s'effaça progressivement au cours du XVIIe s. *«J'exécutai une sarabande si folle, si lascive, si enragée, qu'elle eût damné un saint»* GAUTIER. ◆ MUS. Ancienne danse française à trois temps, grave et lente, voisine du menuet et qui se dansait par couples. — Air sur lequel la sarabande se dansait ; partie d'une suite (avant la gavotte, l'aria ou la gigue) qui s'en inspire. *Sarabande de Bach, de Corelli.* ■ **2** LOC. *Danser, faire la sarabande :* faire du tapage, du vacarme. *«les rats dansent ici une assez belle sarabande»* JARRY. ◆ Ribambelle de gens qui courent, s'agitent (➤ **farandole**). — FIG. Succession rapide et désordonnée. *«une sarabande d'images»* BEAUVOIR.

SARBACANE [saʀbakan] n. f. – v. 1540 ; *sarbatenne* 1519, altéré d'après *canne* ◊ espagnol *zebratana, zarbatana* ■ Tube creux servant à lancer de petits projectiles, par la force du souffle (arme, dans certaines sociétés archaïques ; jouet d'enfant).

SARCASME [saʀkasm] n. m. – 1546 ◊ latin *sarcasmus*, grec *sarkasmos*, de *sarkazein* «mordre la chair *(sarkos)*» ■ **1** Ironie, raillerie insultante. ➤ **dérision, moquerie.** *«La dérision et le sarcasme et l'injure sont des barbaries»* PÉGUY. ■ **2** *Un, des sarcasmes.* Trait d'ironie mordante. ➤ **quolibet, raillerie.** *Répondre par des sarcasmes. S'enfuir sous les sarcasmes.* ■ CONTR. Compliment, flatterie.

SARCASTIQUE [saʀkastik] adj. – XVIIIe ◊ grec *sarkastikos* → sarcasme ■ **1** LITTÉR. Qui a le caractère acerbe, amer du sarcasme. *Parole, plaisanterie sarcastique.* ■ **2** COUR. Moqueur et méchant. *Air, ton, rire sarcastique.* ➤ 1 **amer, diabolique, sardonique.** ◆ (PERSONNES) ➤ **persifleur, railleur.** *«Elle doit se représenter le normalien comme sarcastique, satanique et subversif»* ROMAINS. — adv. **SARCASTIQUEMENT.** ■ CONTR. Bienveillant.

SARCELLE [saʀsɛl] n. f. – 1564 ; *cercelle* XIIe ◊ latin populaire *cercedula*, classique *querquedula*, d'origine grecque ■ Oiseau palmipède *(anatidés)*, plus petit que le canard commun. *Chasser la sarcelle.*

SARCINE [saʀsin] n. f. – 1855 ; *sarcina* 1842 ◊ latin *sarcina* «paquet, fardeau» ■ BACTÉRIOL. Bactérie saprophyte dont les éléments peuvent se disposer en masses cubiques. *Sarcines de la gangrène pulmonaire.*

SARCLAGE [saʀklaʒ] n. m. – 1776 ; *sarkelage* 1318 ◊ de *sarcler* ■ Opération agricole qui consiste à extirper les végétaux nuisibles et à ameublir la surface du sol. *Sarclage à la binette* (➤ **binage**), *à la houe. — Sarclage chimique :* désherbage au moyen d'herbicides.

SARCLER [saʀkle] v. tr. ⟨1⟩ – 1271 ◊ latin *sarculare*, de *sarculum* «houe» ■ **1** Arracher en extirpant les racines, avec un outil. ➤ **extirper.** *«Je voudrais dans le blé ne sarcler que l'ivraie»* HUGO. ■ **2** Débarrasser des herbes nuisibles avec un outil. *Sarcler une allée, un champ.* ➤ **désherber.** — ABSOLT *Sarcler à la herse, au sarcloir.* ◆ PAR EXT. *Sarcler une culture*, le terrain où elle pousse. *«Lise travaillait, dans le potager, à sarcler des pois»* ZOLA. — *Plantes sarclées,* qui nécessitent un sarclage, une façon (I, 3°) superficielle.

SARCLEUR, EUSE [saʀklœʀ, øz] n. – XIIIe ◊ de *sarcler* ■ Personne (ouvrier agricole, jardinier) qui est employée à sarcler.

SARCLOIR [saʀklwaʀ] n. m. – XIVe ◊ de *sarcler* ■ Outil servant au sarclage (houe à deux dents, raclette). *Petit sarcloir* (ou **SARCLETTE** n. f., 1843). ◆ Petite charrue à main utilisée en horticulture.

SARCO- ■ Élément, du grec *sarx, sarkos* «chair».

SARCOÏDE [saʀkɔid] n. f. – 1900 ; bot. 1834 ◊ de *sarcome* et *-oïde* ■ PATHOL. Nodule de la peau (dermique ou hypodermique) constitué par un infiltrat de cellules conjonctives particulières (épithélioïdes) et de cellules lymphoïdes, qui rappelle celui du nodule tuberculeux.

SARCOÏDOSE [saʀkɔidoz] n. f. – 1939 ◊ de *sarcoïde* et 2 *-ose* ■ MÉD. Maladie d'étiologie inconnue atteignant principalement les ganglions lymphatiques, les poumons, la peau, les os, le foie, les glandes salivaires et lacrymales. SYN. lymphogranulomatose bénigne.

SARCOMATEUX, EUSE [saʀkɔmatø, øz] adj. – 1803 ◊ de *sarcome* ■ MÉD. Du sarcome. *Tissus sarcomateux.*

SARCOME [saʀkom] n. m. – 1660 ; *sarcoma* 1560 ◊ latin *sarcoma*, mot grec ■ MÉD. Tumeur maligne, développée aux dépens du tissu conjonctif ou d'un tissu qui en dérive, à cellules en général mal différenciées. ➤ **cancer.** *Sarcome des os.* ➤ **ostéosarcome.**

SARCOMÈRE [saʀkɔmɛʀ] n. m. – 1972 ◊ de *sarco-* et *-mère* ■ ANAT. Unité fonctionnelle contractile de la fibrille musculaire striée, représentée par le segment compris entre deux stries.

SARCOPHAGE [saʀkɔfaʒ] n. m. et f. – 1496, rare avant 1669 ; aussi adj. XVIIe et XVIIIe ◊ du latin *sarcophagus*, grec *sarkophagos* «qui mange, détruit les chairs»

I n. m. (1496 ◊ grec *sarkophagos* [→ cercueil], d'après la pierre des tombeaux antiques qui, dans les croyances, détruisait les cadavres non incinérés) ■ **1** Cercueil de pierre de l'Antiquité et du haut Moyen Âge. *Sarcophages égyptiens.* — Représentation du cercueil dans une cérémonie funèbre, sur un monument funéraire (cénotaphe, tombeau). ◆ EN APPOS. *Sac (de couchage) sarcophage :* duvet à capuche, rétréci aux pieds. *Des duvets sarcophages.* ■ **2** Protection en béton qui assure le confinement d'une source fortement radioactive (réacteur accidenté...).

II n. f. (1872 ◊ latin *sarcophagus*) ZOOL. Grosse mouche qui pond sur les matières organiques en décomposition.

SARCOPLASME [saʀkɔplasm] n. m. – 1904 ; *sarcoplasma* 1897 ◊ de *sarco-* et *plasma* ■ HISTOL. Cytoplasme qui entoure les fibrilles des fibres musculaires, abondant et coloré en rouge par l'hémoglobine musculaire dans les muscles rouges, pauvre dans les muscles blancs. — adj. **SARCOPLASMIQUE.**

SARCOPTE [saʀkɔpt] n. m. – 1836 ◊ de *sarco-* et grec *koptein* «couper» ■ ZOOL. Genre d'acariens parasites des mammifères, qui provoquent la gale en creusant des galeries dans l'épiderme.

SARDANAPALESQUE [saʀdanapalɛsk] adj. – 1549 ; *sardanapalique* 1512 ◊ de *Sardanapale*, adaptation de la forme grecque du nom d'un roi assyrien, légendaire pour son luxe et sa débauche ■ VIEILLI Digne de Sardanapale. *Vie sardanapalesque.*

SARDANE [saʀdan] n. f. – attesté 1933 ◊ mot catalan ■ Danse catalane à plusieurs danseurs qui forment un cercle.

SARDE [saʀd] adj. et n. – 1606 n. m. ◊ latin *Sardus*, du grec *Sardô* «Sardaigne» ■ De la Sardaigne. ◆ n. *Les Sardes.* — n. m. Groupe de parlers romans, plus ou moins italianisés, de la Sardaigne.

SARDINE [saʀdin] n. f. – 1380 ; *sordine* XIIe ; ancien provençal *sardina* (v. 1080) ◊ latin *sardina*, grec *sardênê, sardinê* «poisson de Sardaigne» ■ **1** Petit poisson *(clupéidés)*, très abondant dans la Méditerranée et l'océan Atlantique. *Banc* de sardines. Pêche à la sardine. Une friture de sardines (sardines fraîches). Grosse sardine.* ➤ **pilchard.** — *Sardines en conserve. Sardines à l'huile ; boîte de sardines.* ◆ LOC. FAM. *Être serrés comme des sardines* (en boîte), très serrés, dans un endroit comble (cf. Serrés comme des harengs*). ■ **2** (1817) ARG. MILIT. Galon de caporal, de brigadier ou de sous-officier. ◆ FAM. Piquet de tente de camping.

SARDINERIE [saʀdinʀi] n. f. – 1870 ◊ de *sardine* ■ Conserverie de sardines.

SARDINIER, IÈRE [saʀdinje, jɛʀ] adj. et n. – 1765 *chaloupe sardinière* ◊ de *sardine* ■ **1** Relatif à la pêche, à l'industrie de la conserve des sardines. *Industrie, pêche sardinière. Bateau sardinier,* et n. m. *un sardinier.* ■ **2** n. m. (1882) Pêcheur de sardines. ◆ Filet de pêche à la sardine. ■ **3** n. Ouvrier, ouvrière d'une sardinerie.

SARDOINE [saʀdwan] n. f. – XIIe ; *sardonie* 1080 ◊ latin *sardonyx*, d'origine grecque, «onyx de Sardaigne» ■ Variété de calcédoine de couleur brunâtre, pierre fine estimée. *Camée gravé sur sardoine.*

SARDONIQUE [saʀdɔnik] adj. – 1558 *ris sardonic* ou *sardonien* ◊ grec *sardanios* ou *sardonios* ; origine inconnue, rattaché à *herba sardonia* «renoncule de Sardaigne» dont l'ingestion provoque une intoxication se manifestant par un rictus ■ **1** MÉD. *Rire sardonique :* rictus convulsif dû à la contracture spasmodique des muscles de la face. ■ **2** (par influence de *sarcastique, satanique*) Qui exprime une moquerie amère, froide et méchante. ➤ **moqueur.** *Rire sardonique. Ricanements sardoniques.* — adv. **SARDONIQUEMENT,** 1846.

SARDONYX [saʀdɔniks] n. f. – 1836 ; déjà en ancien français, XIIe ◊ mot grec → sardoine ■ MINÉR. Agate blanche et orangée.

SARGASSE [saʀgas] n. f. – 1663 ; *sargasso* 1598 ◊ portugais *sargaço*, par le néerlandais ; d'un adj. latin *salicaceus*, de *salix* «saule» ■ Algue brune *(fucales)* à thalle rameux, très répandue au nord-est des Antilles, dans la *mer des Sargasses.*

SARI [sari] **n. m.** – 1843 ◊ mot hindi ■ Longue étoffe drapée que portent traditionnellement les femmes indiennes. *«elles se tenaient à distance, le sari les enveloppant très convenablement. Quel maintien !»* MICHAUX.

SARIGUE [sarig] **n. f.** – *sarigoy* 1578 n. m. ◊ du tupi, par le portugais *sarigue* ■ Petit mammifère *(marsupiaux)* à queue longue et préhensile, à laquelle s'accrochent les petits portés sur le dos de la femelle. *La sarigue est omnivore ou carnassière. L'opossum, espèce la plus connue de sarigue.*

SARIN [sarɛ̃] **n. m.** – relevé en 1974, au Canada ◊ acronyme de *Schrader, Ambros, Rüdiger* et *Van der Linde,* nom des chimistes allemands qui l'ont synthétisé en 1938 ■ Agent innervant, liquide incolore et inodore très volatil, utilisé comme arme chimique. *Le sarin et le tabun.*

SARISSE [saris] **n. f.** – 1546 ◊ grec *sarissa* ■ ANTIQ. Longue lance des soldats de la phalange macédonienne.

S. A. R. L. [ɛsaɛʀɛl] **n. f. inv.** – 1925 ◊ sigle de *Société À Responsabilité Limitée* ■ Société commerciale où la responsabilité pécuniaire des associés est limitée au montant de leurs apports. *Créer une S. A. R. L.*

SARMENT [sarmɑ̃] **n. m.** – v. 1120 ; variante *serment* ◊ latin *sarmentum* ■ **1** Rameau de la vigne après l'aoûtement. *Sarments qu'on coupe en émondant une vigne. Sarment recourbé.* ➤ **arçon, crossette.** *«un joli feu de sarments (dépouille de la vigne quand on la taille en février), feu vif qui servait à préparer mon souper»* STENDHAL. ■ **2** (1549) Tige de plantes sarmenteuses.

SARMENTER [sarmɑ̃te] **v. intr.** ‹1› – 1836 ; «ramasser (des fleurs) en les coupant» 1603 ; ancien provençal *sarmentar* (1271) ◊ de *sarment* ■ AGRIC. Ramasser les sarments, après la taille de la vigne.

SARMENTEUX, EUSE [sarmɑ̃tø, øz] **adj.** – 1559 ◊ latin *sarmentosus* ■ BOT. Dont la tige longue et grêle s'appuie sur des supports. *Rosier sarmenteux* (SYN. **rosier liane**).

SARONG [sarɔ̃(g)] **n. m.** – *sarrong* 1880 ◊ mot malais ■ Pièce d'étoffe drapée à la manière d'une jupe que portent les hommes et les femmes de Malaisie, d'Indonésie, etc. *«Un jeune Malais, torse et jambes nus, avec un sarong de soie moirée autour des reins»* FAUCONNIER.

SAROS [saros ; sarɔs] **n. m.** – 1746 ◊ mot du latin scientifique, d'origine assyro-babylonienne ■ DIDACT. Période de 6 585 jours (18 ans et 10 ou 11 jours), déjà connue des Chaldéens, permettant de prédire le retour des éclipses. *Pendant un saros, on compte en moyenne 71 éclipses* (43 de Soleil, 28 de Lune).

SAROUEL [sarwɛl] **n. m.** – *séroual* 1839 ◊ arabe *sirwal* ■ Pantalon bouffant à entrejambe bas, porté traditionnellement en Afrique du Nord. — On dit aussi **SAROUAL** [sarwal]. *Des sarouals.*

SARRACÉNIE [saraseni] **n. f.** – 1829 ; *sarracena* 1700 ◊ de *Sarrasin,* n. d'un médecin français ■ BOT. Plante exotique *(sarracéniacées)* qui croît sur le littoral atlantique de l'Amérique du Nord, et dont les feuilles peuvent capturer les insectes.

SARRACÉNIQUE [sarasenik] **adj.** – 1835 ◊ du bas latin *Saracenus* → 1 sarrasin ■ DIDACT. Des populations musulmanes d'Orient, au Moyen Âge. ➤ **1 sarrasin.** *Art sarracénique.*

SARRANCOLIN [sarɑ̃kɔlɛ̃] **n. m.** – 1907 ; *sérancolin* 1676 ◊ de *Sarrancolin,* village des Pyrénées ■ Marbre des Pyrénées, rouge violacé veiné de gris. — PAR APPOS. *Marbre sarrancolin.*

1 **SARRASIN, INE** [sarazɛ̃, in] **n. et adj.** – 1080 ◊ bas latin *Sarraceni,* peuple de l'Arabie, arabe *charqîyîn* «orientaux» ■ Musulman d'Orient, d'Afrique ou d'Espagne, au Moyen Âge. ➤ **arabe, maure, musulman.** ♦ **adj.** *L'invasion sarrasine en France au VIIIe siècle.* — SPÉCIALT *Tuiles sarrasines :* tuiles larges qu'on utilise en Provence.

2 **SARRASIN** [sarazɛ̃] **n. m.** – 1554 ◊ de *blé sarrasin,* à cause de la couleur noire du grain ■ Céréale *(polygonacées)* cultivée en France (surtout en Bretagne) pour sa graine à albumen farineux. ➤ **blé** (noir). *«La partie de la Bretagne où l'on parle breton vit de galettes de farine de sarrasin»* STENDHAL. ♦ Farine de sarrasin. *Galettes, crêpes de sarrasin.*

SARRASINE [sarazin] **n. f.** – 1552 ◊ de *(herse) sarrasine,* de 1 *sarrasin* ■ ARCHÉOL. Herse faite de pieux ferrés, qu'on abaissait entre le pont-levis et la porte d'un château fort.

SARRAU [saro] **n. m.** – 1732 ; *sarroc* v. 1100 ◊ moyen haut allemand *sarrok,* vêtement militaire ■ Blouse de travail, courte et ample, portée par-dessus les vêtements. *Sarrau de paysan, de peintre, de sculpteur. Des sarraus de toile.*

SARRETTE [sarɛt] ou **SERRETTE** [serɛt] **n. f.** – 1669 ◊ du latin *serra* «scie» ■ Plante vivace *(composacées),* à feuilles dentelées, apparentée aux chardons. ➤ **serratule.**

SARRIETTE [sarjɛt] **n. f.** – 1393 ◊ diminutif de l'ancien français *sarriee ;* latin *satureia* ■ Plante *(labiées)* dont une variété, la *sarriette des jardins,* est cultivée pour ses feuilles aromatiques qui servent de condiment.

SARRUSSOPHONE [sarysɔfɔn] **n. m.** – 1856 ◊ de *Sarrus,* n. de l'inventeur, et *-phone* ■ MUS. Instrument à vent à anche double (catégorie des cuivres), proche du saxophone par le timbre, employé quelquefois dans les fanfares et les premiers orchestres de jazz.

SAS [sɑs] **n. m.** – 1380 ; *saaz* XIIIe ◊ latin médiéval *setacium,* classique *seta* «soie de porc, crin» ■ **1** Pièce de tissu (crin, soie, voile) montée sur un cadre de bois, servant à passer diverses matières liquides ou pulvérulentes. *Sas à gros trous* (➤ **crible**), *à petits trous* (➤ **blutoir, tamis**). ■ **2** (XVIe) Bassin d'une écluse, compris entre les deux portes. ♦ Petit bassin entre deux écluses (à l'entrée d'un port, d'un bassin de marée). ■ **3** (1859) Petite pièce étanche entre deux milieux différents (air et eau ; air à des pressions différentes) qui permet le passage. *Sas d'un sous-marin, d'un engin spatial. Sas de décompression.*

SASHIMI [saʃimi] **n. m.** – 1970 ◊ mot japonais ■ Plat japonais constitué de poisson cru en tranches fines, généralement accompagné de raifort et de gingembre. ➤ **aussi chirashi.** *Sashimi de saumon. Un assortiment de sashimis et de sushis.*

SASSAFRAS [sasafra] **n. m.** – 1590 ◊ espagnol *sasafras,* mot indien d'Amérique du Sud ■ Arbre originaire d'Amérique du Nord, voisin du laurier *(lauracées),* dont le bois et les feuilles sont aromatiques.

SASSAGE [sɑsaʒ] **n. m.** – 1875 ◊ de *sasser* ■ TECHN. Opération de meunerie, passage des semoules au sas, pour les purifier et les classer. ♦ BIJOUT. Polissage des objets de métal précieux par frottement dans le sable.

SASSANIDE [sasanid] **adj. et n.** – 1816 ◊ latin médiéval *Sassanidæ,* de *Sasan,* roi perse ■ HIST. D'une dynastie perse (IIIe-VIIe s.). *L'empire sassanide. L'art sassanide.* — **n.** *Les Sassanides.*

SASSEMENT [sɑsmɑ̃] **n. m.** – 1611 ; *sacement* v. 1400 ◊ de *sasser* ■ TECHN. Action de sasser (1°). — MAR. Éclusage (➤ **sasser,** 2°).

SASSENAGE [sasnaʒ] **n. m.** – fin XVIIe ◊ n. d'une localité de l'Isère ■ Fromage à pâte ferme fait d'un mélange de lait de vache, de chèvre et de brebis. *Des sassenages.*

SASSER [sɑse] **v. tr.** ‹1› – 1362 ; *saacier* XIIe ◊ de *sas* → ressasser ■ **1** Passer au sas, au sasseur. — LOC. VX *Sasser et ressasser* une affaire,* l'examiner avec soin, à plusieurs reprises. ■ **2** (1876) MAR. Faire passer par le sas d'une écluse, d'un bassin à flot. *«La marée étant haute et le flot étale, on nous a fait sortir tout droit, sans avoir à nous sasser»* J.-R. BLOCH.

SASSEUR, EUSE [sɑsœr, øz] **n.** – XIVe ◊ de *sasser* ■ TECHN. ■ **1** Personne employée à sasser. SPÉCIALT Dans une meunerie, Personne qui sasse les semoules, les gruaux au sasseur. ■ **2** **n. m.** (1881) Machine qui sépare des produits par l'action d'un courant d'air.

SATANÉ, ÉE [satane] **adj.** – 1792 ◊ de *Satan* ■ (Devant un nom) Maudit (au sens faible). *Un satané menteur.* ➤ **1 sacré.** — *Avec ces satanés embouteillages...* ➤ **damné, 2 fichu.**

SATANIQUE [satanik] **adj.** – 1475, rare avant XVIIIe ◊ de *Satan* ■ **1** De Satan, inspiré ou possédé par Satan. ➤ **démoniaque, diabolique.** *Esprit, pouvoir satanique. «Le rire est satanique»* BAUDELAIRE. ■ **2** Qui évoque Satan, est digne de Satan. ➤ **infernal, méphistophélique.** *Méchanceté, orgueil satanique. Ruse, joie satanique.* ➤ **méchant.** ■ CONTR. Divin ; 1 angélique.

SATANIQUEMENT [satanikmɑ̃] **adv.** – 1868 ◊ de *satanique* ■ D'une manière satanique. *Il riait sataniquement.*

SATANISME [satanism] **n. m.** – 1855 ◊ de *satanique* ■ DIDACT. ■ **1** Culte de Satan. *«Il ne me reste plus à connaître que la Messe Noire pour être tout à fait au courant du Satanisme»* HUYSMANS. *Adepte du satanisme* (**SATANISTE n.**). ■ **2** Esprit satanique (2°). *«C'est du sadisme de ta part, du satanisme»* ROMAINS.

SATAY ➤ **SATÉ**

SATÉ ou **SATAY** [sate] **n. m.** – 1970 *satay* ◊ mot malais ■ Plat originaire de Malaisie et d'Indonésie, composé de brochettes de viande marinées dans une sauce à base d'arachide et d'épices. *Des satés de poulet.* — APPOS. *Bœuf saté.* ♦ Cette sauce. *Crevettes au saté.* — APPOS. *Des sauces saté.*

SATELLISABLE [satelizabl] adj. – v. 1960 ◊ de *satelliser* ■ ASTRONAUT. Que l'on peut satelliser, mettre en orbite. *Cette masse n'est pas satellisable avec ce type de fusée.*

SATELLISATION [satelizasjɔ̃] n. f. – v. 1957 ◊ de *satelliser* ■ **1** ASTRONAUT. Lancement et mise en orbite (de satellites artificiels). *Programme de satellisation. Vitesse de satellisation.* ■ **2** Action de satelliser (un pays) ; son résultat ; dépendance, inféodation. *Satellisation culturelle.*

SATELLISER [satelize] v. tr. ⟨1⟩ – 1956 ◊ de *satellite* ■ **1** Transformer en satellite (I, 2°), mettre en orbite autour d'un astre. *Fusée porteuse satellisée.* — PRONOM. *Engin spatial qui se satellise,* se place sur orbite. ■ **2** (1966) Transformer en satellite (II, 2°) ; rendre dépendant (politiquement, administrativement). *Grande puissance qui cherche à satelliser un pays en voie de développement.*

SATELLITAIRE [satelitɛʀ] adj. – 1975 ◊ de *satellite* ■ Obtenu par satellite. *Données, images satellitaires.* — Qui utilise les liaisons par satellite. *Radio, téléphone satellitaire.*

SATELLITE [satelit] n. m. – XIVe «garde du corps» ◊ latin *satelles, satellitis* «garde du corps»

I ■ **1** (1658 ◊ latin scientifique 1610, Kepler) Corps céleste gravitant sur une orbite elliptique autour d'une planète. *La Lune est le satellite de la Terre. Les satellites de Jupiter. «Les astres et leurs satellites, dans leur mouvement de translation et de rotation, se meuvent de droite à gauche»* J. VERNE. *Satellite naturel* (pour éviter une ambiguïté avec le sens 2°). ■ **2** (v. 1950) *Satellite artificiel,* ou plus cour. *satellite* : engin destiné à être lancé dans l'espace de manière à décrire une orbite autour de la Terre, de la Lune, ou d'un autre corps céleste, et qui est généralement porteur d'équipements à destination scientifique (appareils de mesure), économique (relais de télécommunications), industrielle (traitement ou fabrication de matériaux sous une pesanteur réduite), ou militaire (observation d'objectifs stratégiques, vecteur d'armes). ➤ **orbiteur.** *Le premier satellite* (Spoutnik 1) *a été lancé par l'U. R. S. S. le 4 octobre 1957. Fusée porteuse d'un satellite.* — *Satellite équatorial,* évoluant au-dessus des zones équatoriales. *Satellite géosynchrone*, géostationnaire*, héliosynchrone*. Satellite habité, inhabité. Satellite d'observation. Satellite météorologique. «des dizaines de satellites tournent dans le ciel noir, surveillant les nuages, les pluies, les courants marins»* O. ROLIN. *Satellite de télécommunications* ou *satellite-relais,* servant à augmenter la puissance des liaisons de radio et de télévision et à assurer les relais transocéaniques. *Liaison, émission de télévision par satellite. Antenne satellite.* ➤ 2 **parabolique.** *Radio par satellite. «Par fusées, satellites, télévision et fax, nous dominons la pesanteur et l'espace»* M. SERRES. *Géolocalisation par satellite.* ➤ **GPS.** *Navigation, radionavigation* par satellite.* — *Satellite-observatoire. Satellite-espion.* — *Photos satellites,* prises par satellite. ➤ **satellitaire.** ■ **3** (1902) MÉCAN. *Satellites d'un différentiel d'automobile* : petits pignons coniques disposés entre les planétaires. PAR APPOS. *Pignons satellites.* ■ **4** ANAT. (PAR APPOS. ou adj.) *Veine satellite d'une artère,* qui a le même trajet et porte en général le même nom. *Muscle, nerf, artère satellite d'une autre structure anatomique.* ◆ GÉNÉT. *ADN satellite* : portion du génome constituée de petites séquences de nucléotides hautement répétitives. ■ **5** (1964) Bâtiment annexe d'une aérogare relié au bâtiment principal par un couloir. *Embarquement immédiat, satellite numéro 5.*

II ■ **1** VX Homme de main chargé d'exécuter les volontés d'un chef. ■ **2** MOD. Personne ou nation qui vit sous l'étroite dépendance politique et économique d'une autre et gravite autour d'elle. *Les pays «qui ne se sont pas laissés réduire à la triste condition de satellites»* DUHAMEL. — APPOS. *Les pays satellites des grandes puissances.* PAR EXT., APPOS. *Cité-satellite. Village-satellite.*

SATI [sati] n. f. et m. inv. /n./ – 1875 ◊ mot hindi, fém. de *sat* «sage», par l'anglais ■ HIST. RELIG. ■ **1** n. f. Veuve qui s'immolait rituellement sur le bûcher funéraire de son mari, en Inde. — adj. inv. *Femme, veuve sati.* ■ **2** n. m. Le rite lui-même. *Le sati fut aboli en 1829.*

SATIÉTÉ [sasjete] n. f. – XVIe ; *sazieted* 1120 ◊ latin *satietas,* racine *satis* «assez» ■ LITTÉR. État d'indifférence, plus ou moins proche du dégoût, d'une personne dont un besoin, un désir est amplement satisfait. *«Le monstre qui dévore les plus robustes amours : la satiété !»* BALZAC. ◆ LOC. COUR. **À SATIÉTÉ** : au point d'être totalement satisfait ; au point d'être dégoûté. ➤ **réplétion ; rassasié, repu.** *Boire à satiété* (cf. Tout son soûl*, jusqu'à plus soif*). *Avoir d'une chose à satiété,* en être saturé, soûl (cf. Avoir une indigestion* de). — PAR EXT. *Répéter une chose à satiété,* jusqu'à lasser l'auditoire. ■ CONTR. Besoin, désir, envie.

SATIN [satɛ̃] n. m. – XIVe ◊ espagnol *acetuni, cetuni,* arabe *zaituni* «de la ville de Tsia-Toung *(Zaitun)*» en Chine ■ **1** Étoffe de soie, moelleuse et lustrée sur l'endroit, sans trame apparente. *Le brillant, le chatoiement du satin. «L'impératrice était habillée de satin blanc brodé d'argent»* MADELIN. *«Le Soulier de satin», œuvre de P. Claudel. Satin broché, lamé.* ◆ FIG. *Avoir une peau de satin,* douce, satinée*. ■ **2** TECHN. *Armure satin* : armure propre au satin et à d'autres tissus présentant une surface lisse et brillante. — COUR. Tissu ayant cette armure. *Satin de laine, de coton. Satin fermière*.*

SATINAGE [satinaʒ] n. m. – 1815 ◊ de *satiner* ■ TECHN. Action de satiner (une étoffe, du papier).

SATINÉ, ÉE [satine] adj. – 1603 ◊ de *satin* ■ Qui a la douceur et le brillant, le reflet du satin. ➤ 1 **brillant, lustré.** *Tissu satiné. Aspect satiné d'un tissu. Papier satiné* : papier glacé. *Peinture satinée,* d'un brillant atténué par un léger dépoli. *«De blanches épaules [...] dont la peau satinée éclatait à la lumière»* BALZAC. — SUBST. *Le satiné de la peau.*

SATINER [satine] v. tr. ⟨1⟩ – 1690 ◊ de *satin* ■ TECHN. Lustrer (une étoffe, un papier) pour lui donner l'apparence du satin. ◆ COUR. Donner l'aspect du satin à. *«La lumière filtrée satine seulement le haut de son front»* GAUTIER.

SATINETTE [satinɛt] n. f. – 1877 ; *satinet* 1842 ◊ diminutif de *satin* ■ Étoffe de coton, ou de coton et de soie qui a sur l'endroit l'aspect du satin. *Tablier en satinette noire.*

SATINEUR, EUSE [satinœʀ, øz] n. – 1843 ◊ de *satiner* ■ TECHN. Personne qui satine (des étoffes, du papier). *Satineur-calandreur.*

SATIRE [satiʀ] n. f. – 1355 ; variante *satyre* jusqu'au XVIIe ◊ latin *satira,* proprt «macédoine, mélange» ■ **1** HIST. LITTÉR. Ouvrage libre de la littérature latine où les genres, les formes, les mètres étaient mêlés, et qui censurait les mœurs publiques. ◆ Poème (en vers) où l'auteur attaque les vices, les ridicules de ses contemporains. *Satires de Juvénal, de Boileau.* — *La satire* : ce genre littéraire. ■ **2** MOD. Écrit, discours qui s'attaque à qqch., à qqn, en s'en moquant. *Une satire violente, amusante, pleine d'humour. Satire contre qqn.* ➤ **épigramme, pamphlet.** — Critique moqueuse. *Faire la satire d'un milieu. «la satire amusée des événements de l'année»* LÉAUTAUD. ■ CONTR. Apologie, éloge. ■ HOM. Satyre.

SATIRIQUE [satiʀik] adj. – 1380 ◊ de *satire* ■ **1** Qui appartient à la satire. *Poésie satirique. Boileau, poète satirique.* — n. m. *Un satirique* : un poète satirique. ■ **2** Qui constitue une satire. *Ouvrage satirique* (➤ **épigramme, libelle, pamphlet**). *Chansons satiriques des chansonniers. Propos satiriques.* ➤ **mordant,** 1 **piquant.** *Dessin satirique et humoristique.* ◆ (1488) LITTÉR. Qui aime, pratique la satire. *Des écrivains «qui avaient l'esprit satirique, le don de l'ironie»* LECOMTE. ➤ 1 **caustique.** ■ CONTR. Apologétique, approbatif, louangeur. ■ HOM. Satyrique.

SATIRIQUEMENT [satiʀikmɑ̃] adv. – 1549 ◊ de *satirique* ■ RARE D'une manière satirique.

SATIRISER [satiʀize] v. tr. ⟨1⟩ – 1544 ◊ de *satire* ■ RARE Prendre pour sujet de satire. ➤ se **moquer, railler.** *«Je me suis avisé d'abord de satiriser le monde»* FURETIÈRE.

SATIRISTE [satiʀist] n. – 1683 ◊ de *satire* ■ DIDACT. Auteur de satires. — Personne à l'esprit satirique.

SATISFACTION [satisfaksjɔ̃] n. f. – 1155 ◊ latin *satisfactio* «disculpation» et «réparation juridique» ■ **1** Acte par lequel qqn obtient la réparation d'une offense. ➤ **réparation.** *Donner, obtenir satisfaction.* — THÉOL. Pénitence. ◆ Acte par lequel on accorde à qqn ce qu'il demande (en justice, dans une hiérarchie, etc.). ➤ **satisfaire** (II). *Les salariés ont obtenu satisfaction* (cf. Gain de cause*). *Le directeur a donné satisfaction aux grévistes,* PAR EXT. *aux revendications des grévistes.* ■ **2** (1611) Sentiment de bien-être ; plaisir qui résulte de l'accomplissement de ce qu'on attend, désire, ou simplement d'une chose souhaitable. ➤ **contentement, joie ;** 1 **plaisir.** *Sentiment de satisfaction.* ➤ **bonheur, euphorie.** *«Il éprouvait un assouvissement, une satisfaction profonde»* FLAUBERT. *À la satisfaction de tous. À la satisfaction générale. Se frotter les mains, hocher la tête en signe de satisfaction. J'apprends avec satisfaction que cette affaire est terminée. J'ai eu la satisfaction de constater que...* — **DONNER SATISFACTION** : contenter (qqn) par sa conduite, sa compétence, sa qualité. *Un enfant qui donne toute satisfaction à ses parents, ses professeurs. Ce tra-*

vail est loin de lui donner satisfaction. ◆ **UNE SATISFACTION :** un plaisir, une occasion de plaisir. « *Toutes les petites satisfactions de la vie paisible et réglée* » TAINE. ➤ **douceur.** *Des satisfactions d'amour-propre. Qui apporte des satisfactions.* ➤ **gratifiant.** ▪ **3** (1836) Action de contenter, de satisfaire (un besoin, un désir). ➤ **assouvissement.** « *L'argent n'était pour moi que satisfaction de fantaisies* » STENDHAL. « *Je vous cherche* [...] *Satisfactions de tous mes désirs* » GIDE. — ABSOLT *La satisfaction tue le désir.* ▪ **4** ÉCON. Grandeur mesurant le degré de satisfaction des agents économiques et liée à leur comportement. ▪ CONTR. Refus. Insatisfaction, peine. Frustration, inassouvissement, non-satisfaction.

SATISFAIRE [satisfɛʀ] **v. tr.** ‹60› – 1640 ; *satisfaire qqn de qqch.* « rémunérer » 1545 ; « payer (qqch.) » 1219 ◇ latin *satisfacere* « s'acquitter »
I v. tr. dir. ▪ **1** Faire ou être pour (qqn) ce qu'il demande, ce qu'il attend, ce qui lui convient. *Satisfaire des créanciers.* ➤ **payer.** *Satisfaire qqn en lui donnant ce qu'il veut* (➤ **combler, contenter, exaucer**), *plus qu'il ne veut* (➤ **rassasier, soûler**). « *il n'y a rien que je ne fasse pour te satisfaire* » MOLIÈRE. — (Sujet chose) Convenir, plaire (➤ **satisfaisant**). *Cet état de choses ne nous satisfait pas* (cf. Laisser à désirer*). *La réponse parut le satisfaire.* ▪ **2** (1667) Remplir, contenter (un besoin, un désir). ➤ **assouvir.** *Satisfaire sa faim.* ➤ **apaiser, calmer ; repu.** *Satisfaire les besoins de qqn.* « *Il semblait guetter mes désirs pour les satisfaire aussitôt* » MAUROIS. *Satisfaire l'attente, la curiosité de qqn.* ▪ **3 SE SATISFAIRE v. pron.** (XVIe). Satisfaire ses besoins, ses désirs ; être satisfait. *Se satisfaire de peu.* ➤ **se contenter.** — SPÉCIALT Satisfaire un besoin naturel ; un désir sexuel.
II v. tr. ind. SATISFAIRE À... ▪ **1** (fin XVe) VX Donner (à qqn) la réparation qu'il attend. *Satisfaire à l'offensé.* — ABSOLT « *Il satisfera, Sire* » CORNEILLE. ▪ **2** (XIVe) MOD. S'acquitter (de ce qui est exigé), remplir (une exigence). *Satisfaire à un engagement* (➤ **accomplir, exécuter**). *Nous ne pouvons plus satisfaire à des demandes croissantes.* ➤ **répondre, suffire ;** RÉGION. **rencontrer** (cf. Faire face* à...). « *Ils satisfaisaient à tous ses désirs* » BALZAC. — (Sujet chose) *Ce bâtiment satisfait aux normes de la construction.* ➤ **répondre.** « *Leurs formes* [des carènes] *qui doivent satisfaire à tant de conditions simultanées* » ALAIN.
▪ CONTR. Frustrer, priver ; mécontenter. Refouler, réprimer. — Manquer (à).

SATISFAISANT, ANTE [satisfəzɑ̃, ɑ̃t] **adj.** – milieu XVIIe ◇ de *satisfaire* ▪ Qui satisfait, est conforme à ce qu'on peut attendre. ➤ **acceptable, 1 bon, convenable, honnête.** *Résultat satisfaisant. Réponse très satisfaisante. La musique « tire du désordre naturel une unité satisfaisante pour l'esprit et le cœur »* CAMUS. ▪ CONTR. Déplorable, insatisfaisant, insuffisant, mauvais.

SATISFAIT, AITE [satisfɛ, ɛt] **adj.** – 1598 ; « absous » XVe ◇ de *satisfaire* ▪ **1** Qui a ce qu'il veut. ➤ **content.** *Se déclarer, s'estimer satisfait, très satisfait.* ➤ **comblé.** « *Ceux-là seuls qui se rapprochent de la brute sont contents et satisfaits* » MAUPASSANT. *Un air satisfait.* PAR ANTIPHR. *Vous voilà satisfait, vous êtes bien avancé !* (cf. Vous l'avez voulu*). ▪ **2 SATISFAIT DE.** *Être satisfait d'un élève, d'un employé. Nous en sommes très satisfaits. Être satisfait d'un objet, d'un achat* (cf. En avoir pour son argent*). ABSOLT *Satisfait ou remboursé. Être satisfait de son sort.* — « *Satisfaite de vivre* » ZOLA. ▪ **3** (CHOSES) Qui est assouvi, réalisé. *Besoins, désirs satisfaits.* ▪ CONTR. Fâché. Insatisfait, mécontent. Inassouvi.

SATISFECIT [satisfesit] **n. m. inv.** /SATISFÉCIT **n. m.**/ – 1845 ◇ mot latin « il a satisfait » ▪ VIEILLI Billet de satisfaction, attestation qu'un maître donne à un élève dont il est content. ◆ LITTÉR. Approbation. « *Il lui décernait assurément un satisfecit presque sans réserves* » MADELIN. *Des satisfecit.*

SATRAPE [satʀap] **n. m.** – XIIIe ◇ latin *satrapes,* mot grec emprunté au perse ▪ **1** HIST. ANC. Gouverneur d'une province, dans l'Empire perse, depuis Cyrus jusqu'à l'ère chrétienne. ▪ **2** (1389) FIG. et LITTÉR. Homme puissant et despotique. — Personne qui mène grand train. — **adj. SATRAPIQUE.**

SATRAPIE [satʀapi] **n. f.** – fin XVe ◇ latin *satrapia,* du grec, origine perse ▪ **1** HIST. ANC. Division administrative de la Perse antique, gouvernée par un satrape. ▪ **2** LITTÉR. Gouvernement despotique, tyrannie comparée à celle des satrapes.

SATURABILITÉ [satyʀabilite] **n. f.** – 1801 ◇ de *saturer* ▪ SC. Caractère de ce qui peut être saturé.

SATURABLE [satyʀabl] **adj.** – 1832 ◇ de *saturer* ▪ SC. Susceptible d'être saturé.

SATURANT, ANTE [satyʀɑ̃, ɑ̃t] **adj.** – 1846 ; n. m. « absorbant » 1765 ◇ de *saturer* ▪ SC. Qui produit la saturation d'une solution, d'une combinaison, etc. *Pression maximale de vapeur saturante :* pression atteinte au cours d'une vaporisation lorsque le liquide est en équilibre avec la vapeur.

SATURATEUR [satyʀatœʀ] **n. m.** – 1857 ◇ de *saturer* ▪ **1** SC. Appareil employé pour dissoudre un gaz dans un liquide jusqu'à saturation. ▪ **2** COUR. Dispositif d'évaporation destiné à augmenter l'humidité relative de l'atmosphère. ➤ **humidificateur.** *Saturateur d'un radiateur.*

SATURATION [satyʀasjɔ̃] **n. f.** – 1748 ; « satiété » 1513 ◇ bas latin *saturatio* ▪ **1** SC. Action de saturer ; état de ce qui est saturé. ◆ Action de dissoudre dans un liquide la masse maximale d'une substance à une température et sous une pression déterminées ; état d'équilibre ainsi obtenu. PHYSIOL. *Saturation du sang en oxygène.* ◆ COUR. Action d'introduire dans un gaz ou un mélange gazeux la quantité maximale d'une vapeur à une température et sous une pression déterminées ; état ainsi obtenu (EX. air à 100 % d'humidité). *Point de condensation et point de saturation.* — GÉOL. *Saturation du sol en eau* (s'exprime par le rapport du volume de l'eau au volume des vides). *Zone de saturation.* ▪ **2** FIG. État de ce qui est saturé (2o). ➤ **excès.** *Arriver à saturation. Saturation du marché,* lorsque la demande pour un produit a atteint le seuil maximum de satisfaction. *Seuil de saturation.* — *Saturation des lignes téléphoniques, d'une autoroute.* ◆ État d'une personne qui a (qqch.) en surabondance. *Il a trop de travail, il arrive à saturation.* ➤ **saturer** (3o). « *Cette sorte de* saturation *qui fait qu'on ne sent plus deux fois avec la même vivacité, avec le même développement et la même plénitude* » SAINTE-BEUVE. ▪ **3** LOG. Caractère d'un système d'axiomes lorsqu'on ne peut y joindre aucun axiome indépendant sans que la théorie devienne contradictoire. ▪ **4** STATIST. *Saturation d'une variable :* degré de corrélation entre un facteur donné et une variable aléatoire.

SATURÉ, ÉE [satyʀe] **adj.** – 1753 ◇ de *saturer* ▪ **1** SC. Se dit d'un liquide ou d'une solution qui, à une température et une pression données, renferme la quantité maximale d'une substance dissoute. *La saumure est une solution saturée de sel.* ◆ Se dit d'un atome sous sa valence maximale, ET PAR EXT. d'un atome dont toutes les valences sont satisfaites. *Hydrocarbures saturés :* hydrocarbures de formule générale C_nH_{2n+2}. *Acide gras saturé,* sans double liaison. ◆ VIEILLI Neutralisé, en parlant d'un acide. ◆ MATH. Se dit d'un ensemble possédant une propriété donnée lorsque cette propriété n'appartient à aucun ensemble incluant le premier. — LOG. *Théorie saturée ; système axiomatique saturé.* ➤ **saturation** (3o). ▪ **2** TECHN. *Couleur saturée,* pure, qui ne contient pas de blanc. ◆ *Son saturé,* déformé par une amplification extrême. *Elle « amplifia les basses pour aggraver le vomissement saturé de la guitare »* F. THILLIEZ. ▪ **3** COUR. Qui ne peut contenir plus. « *Plongez en la mer une éponge saturée d'eau, elle n'en boira pas une goutte de plus* » GAUTIER. ➤ **plein, 1 rempli.** *Autoroute saturée. Mémoire d'ordinateur saturée.* — *Marché saturé* (d'une denrée, d'un produit). *Circuit de distribution saturé.* ➤ **encombré.** ◆ (XIVe « rassasié ») *Être saturé de* (qqch.), en avoir en surabondance, à satiété. *Il a trop lu de romans policiers : il en est saturé.* ➤ **dégoûté, écœuré, fatigué** (cf. Avoir une indigestion* de). *Les gens sont saturés de publicité.* ▪ CONTR. Insaturé.

SATURER [satyʀe] **v. tr.** ‹1› – 1753 ; « rassasier » v. 1300 ◇ latin *saturare* ▪ **1** SC. Combiner, mélanger ou dissoudre jusqu'à saturation ; réaliser la saturation de. *L'air est saturé de vapeur d'eau.* ▪ **2** (Ce sens, qui continue l'a. fr., est senti comme fig. du sens 1o) Rendre (qqch.) tel qu'un supplément de la chose ajoutée soit impossible ou inutile. *Saturer une éponge d'eau,* la gorger. ➤ **remplir.** — FIG. *Saturer qqn de qqch.,* lui fournir, lui faire subir qqch. en trop grande quantité, à un niveau excessif. « *Tous ces socialistes forcenés, qui nous saturent de raisonnements et d'enseignements impérieux* » PÉGUY. ➤ **soûler.** ▪ **3** INTRANS. (sujet personne) FAM. Arriver à saturation. *Je ne supporte plus la télévision, je sature.*

SATURNALE [satyʀnal] **n. f.** – XIVe ◇ latin *saturnalia,* neutre plur. ▪ ANTIQ. Plur. Fêtes célébrées dans l'Antiquité romaine en l'honneur de Saturne, au cours desquelles maîtres et esclaves se trouvaient sur un pied de complète égalité et qui étaient l'occasion de diverses réjouissances. ◆ FIG. (1666) LITTÉR. *Saturnales* ou *saturnale :* temps de licence, de débauche ou de désordre. « *Ils jouaient au whist jusqu'à minuit ou une heure du matin, ce qui est une vraie saturnale pour la province* » BARBEY.

SATURNE [satyʀn] **n. m.** – 1564 ◇ latin *Saturnus,* nom d'un dieu (père de Jupiter), et d'une planète ▪ ALCHIM. Le plomb, métal « froid » (de même que Saturne était la planète froide). — MOD. PHARM. *Extrait, sel de saturne :* acétate de plomb.

SATURNIE [satyʀni] **n. f.** – 1842 ◊ du latin *Saturnus* ▪ ZOOL. Grand papillon de nuit, communément appelé *paon-de-nuit.* ➤ **paon.**

SATURNIEN, IENNE [satyʀnjɛ̃, jɛn] **adj.** – v. 1380 ◊ de *Saturne,* planète ▪ **1** RARE De Saturne. ▪ **2** (1558) VX OU LITTÉR. Triste, mélancolique (opposé à *jovial,* de Jupiter). « *Poèmes saturniens* », de Verlaine.

SATURNIN, INE [satyʀnɛ̃, in] **adj.** – 1812 ; « saturnien » 1380 ◊ de *Saturne* ▪ MÉD. Provoqué par le plomb ou ses composés. *Colique saturnine. Amaurose, épilepsie, cachexie, cardialgie, dyspepsie saturnine.*

SATURNISME [satyʀnism] **n. m.** – 1877 ◊ de *saturnin* ▪ MÉD. Intoxication par le plomb ou par les sels de plomb. *Saturnisme aigu* (coliques de plomb).

SATYRE [satiʀ] **n. m.** – *satire* 1372 ◊ latin *satyrus,* d'origine grecque ▪ **1** Divinité mythologique de la terre, être à corps humain, à cornes et pieds de chèvre, de bouc (➤ **chèvre-pied, 1 faune**). *Pan et les satyres sont souvent représentés jouant de la flûte, poursuivant et ravissant des nymphes.* ▪ **2** (XVIIe) FIG. VIEILLI Homme cynique et débauché. ♦ MOD., FAM. Homme lubrique, obscène, qui entreprend brutalement les femmes ; exhibitionniste, voyeur. « *C'est un dégoûtant satyre, dit Gabriel. Ce matin, il a coursé la petite jusque chez elle* » QUENEAU. ▪ **3** (1671) Papillon de jour à grandes ailes brunes et noires, commun en France. ▪ HOM. Satire.

SATYRIASIS [satiʀjazis] **n. m.** – 1538 ◊ latin des médecins, du grec ▪ DIDACT. Exagération morbide des désirs sexuels chez l'homme. — **n. m.** et **adj. SATYRIASIQUE,** 1874.

SATYRIQUE [satiʀik] **adj.** – 1488 ◊ latin *satyricus,* d'origine grecque ▪ (1755) MYTH. Des satyres. ♦ ANTIQ. *Danse satyrique,* à postures indécentes. — *Poème, drame satyrique* : forme théâtrale grecque, pièce tragicomique issue du culte dionysiaque. ▪ HOM. Satirique.

SATYRISME [satiʀism] **n. m.** – 1936 ; *satyriasme* 1802 ◊ de *satyre* (2°) ▪ Comportement de satyre.

SAUCE [sos] **n. f.** – 1450 ; *salse* v. 1170 ; variantes *sause, sausse* « eau salée » v. 1138 ◊ latin populaire °*salsa* « chose salée », classique *salsus* « salé »

I ▪ **1** Préparation liquide ou onctueuse, formée d'éléments gras et aromatiques plus ou moins liés et étendus et qui sert à accommoder certains mets. *Sauce liquide, claire ; sauce consistante, épaisse. Sauce chaude, froide. Lier une sauce.* ➤ **liaison.** *Sauce courte* (peu abondante), *longue. Allonger, rallonger une sauce.* — *Sauce blanche. Sauce béarnaise, mayonnaise, vinaigrette. Sauce tomate, sauce béchamel, cocktail, piquante, poulette. Sauce au beurre. Sauce moutarde. Sauce au vin rouge.* ➤ **meurette** (cf. À la bordelaise, marchand de vin*). *Sauce poivrade, sauce grand veneur. Sauce carbonara. Sauce aigre-douce. Sauce vietnamienne au poisson.* ➤ **nuoc-mam.** *Sauce soja. Sauce teriyaki. Sauce au chocolat.* — (En Afrique) *Sauce arachide. Sauce graine* (à base de graines de palmiers). *Sauce gombo*.* — *Viande, poisson en sauce,* accommodés avec une sauce. « *Le lapin était sur la table, dans une sauce blonde épaissie de farine où les petits oignons embaumaient* » GENEVOIX. *Rognons (à la) sauce madère.* ♦ ABUSIVEMENT Jus de viande. *La sauce d'un rôti.* ♦ LOC. FAM. *Ne pas savoir à quelle sauce on sera mangé* : ne pas savoir ce qui vous attend de fâcheux. ▪ **2** (XVIIe) FIG. dans des loc. L'accessoire (opposé à l'essentiel, au principal). *La sauce fait passer le poisson* : ce sont les qualités secondaires qui permettent de s'accommoder de la médiocrité globale d'une chose, d'une situation. *Varier la sauce,* la présentation. *Mettre qqn à toutes les sauces,* l'employer sans vergogne à toutes sortes de besognes. ♦ Accompagnement inutile, oiseux. *Allonger* la sauce.* ▪ **3** (1888) FIG. et FAM. Pluie, averse. ➤ **saucée.** *Recevoir la sauce* (cf. Se faire saucer*).

II TECHN. ▪ **1** (1832) Crayon tendre, très friable, servant à estomper (➤ **estompe**). *Dessin à la sauce.* ▪ **2** Liquide contenant du métal précieux (➤ **saucé**).

SAUCÉ, ÉE [sose] **adj.** – 1701 ◊ de *sauce* (II, 2°) ▪ TECHN. Se dit d'une pièce de monnaie antique de cuivre, recouverte d'une mince couche d'argent.

SAUCÉE [sose] **n. f.** – 1864 ◊ de *saucer* ▪ FAM. Averse, forte pluie qui mouille, trempe. ➤ **sauce** (I, 3°). *Recevoir une saucée, la saucée.*

SAUCER [sose] **v. tr.** ⟨3⟩ – v. 1200 *sauser* fig. « tremper » ◊ de *sauce* ▪ **1** VX OU RÉGION. (Canada) Tremper dans la sauce ou un liquide. *Saucer son pain.* — RARE Garnir de sauce. « *Le pudding saucé d'un brûlant velours de rhum* » COLETTE. ▪ **2** (1915) MOD. Essuyer en enlevant la sauce, pour la manger. *Saucer son assiette avec un morceau de pain.* — Absorber (la sauce). « *Ils saucent le jus autour des morceaux, ils aspirent à travers la mie et ils replongent jusqu'à ce que le bout de pain soit tout ramolli* » ERNAUX. ▪ **3** (1732) FAM. *Se faire saucer, être saucé* : recevoir la pluie. ➤ **mouiller, tremper ; saucée.** ▪ **4 v. pron.** (1650) VX OU RÉGION. (Canada) Se baigner (➤ **saucette**). *Il fait trop froid pour se saucer.*

SAUCETTE [sosɛt] **n. f.** – 1909 ◊ de *se saucer* ▪ (Canada) Courte baignade. ➤ **trempette.** *Une saucette dans la rivière.*

SAUCIER [sosje] **n. m.** – 1723 ; *saussier* 1285 ◊ de *sauce* ▪ CUIS. ▪ **1** Cuisinier spécialisé dans la préparation des sauces. « *Un maître saucier travaille constamment à faire mijoter quantité de mets* » MICHAUX. ▪ **2** Appareil électrique servant à confectionner des sauces.

SAUCIÈRE [sosjɛʀ] **n. f.** – 1379 ; *saussiere* 1328 ◊ de *sauce* ▪ Récipient dans lequel on sert les sauces, les jus, les crèmes.

SAUCIFLARD [sosiflaʀ] **n. m.** – 1951 ◊ de *saucisson* et suffixe populaire ▪ FAM. Saucisson.

SAUCISSE [sosis] **n. f.** – XIIIe ◊ latin populaire °*salsicia,* plur. neutre de *salsicius,* du classique *salsus* « salé » ▪ **1** Préparation de viande maigre hachée et de gras de porc *(chair à saucisse),* assaisonnée, et entourée d'un boyau, que l'on sert cuite ou réchauffée. ➤ **chipolata, crépinette.** *Saucisse de Toulouse ; de Morteau* (fumée). *Saucisse de Strasbourg* (à base de bœuf ou de veau, et de porc). ➤ **knack.** *Saucisse de Francfort* (porc). ➤ **francfort.** *Saucisse à cuire de Savoie.* ➤ **diot.** *Saucisse pimentée d'Afrique du Nord* (➤ **merguez**), *d'Amérique du Nord* (➤ **pepperoni**). *Chapelet de saucisses. Saucisse grillée. Saucisse aux lentilles. Les saucisses d'une choucroute, d'un cassoulet.* — *Saucisse chaude dans du pain.* ➤ **hotdog.** — *Saucisse de volaille.* — Préparation identique au saucisson sec dans un boyau plus petit. *Saucisse sèche.* ➤ **gendarme.** *Saucisse piquante.* ➤ **chorizo.** — LOC. FAM. *Il n'attache pas son chien* (ou *il ne les attache pas*) *avec des saucisses* : il regarde à la dépense. ▪ **2** PAR ANAL. (1916 ; « rouleau d'explosif » 1593) Ballon captif de forme allongée. « *Il y a dans le ciel six saucisses et la nuit venant on dirait des asticots dont naîtraient les étoiles* » APOLLINAIRE. ▪ **3** (1906) FAM. Imbécile. ➤ **andouille.** *Va donc, grande saucisse !*

SAUCISSON [sosisɔ̃] **n. m.** – 1546 ◊ italien *salsiccione,* augmentatif de *salsiccia* → saucisse ▪ **1** VX Grosse saucisse. ♦ MOD. Préparation de viandes (porc, bœuf) hachées, assaisonnées, cuites ou séchées et présentées dans un boyau, destinée à être mangée telle quelle. ➤ FAM. **sauciflard.** *Saucisson sec. Saucisson de Lyon* (➤ **rosette**), *d'Espagne* (➤ **chorizo**), *de Suisse* (➤ **boutefas**), *d'Italie* (➤ **salami**). *Couper un saucisson en tranches. Variétés de saucisson.* ➤ **cervelas, jésus.** *Sandwich au saucisson.* — *Saucisson chaud. Saucisson en brioche.* — *Saucisson à l'ail.* ♦ LOC. *Être ficelé comme un saucisson,* attaché très serré, entouré de très nombreux liens. ▪ **2** (1623) Rouleau de toile rempli de poudre. ➤ **boudin.** *Mettre le feu à une mine à l'aide d'un saucisson.* ▪ **3** Pain de forme cylindrique (moins plat que les autres).

SAUCISSONNAGE [sosisɔnaʒ] **n. m.** – 1960 ◊ de *saucissonner* (2°) ▪ FAM. Découpage, répartition en plusieurs tranches. *Le saucissonnage des crédits.*

SAUCISSONNÉ, ÉE [sosisɔne] **adj.** – 1881 ◊ de *saucisson* ▪ FAM. Serré, ficelé dans ses vêtements. ➤ **boudiné.** *Saucissonnée dans son maillot de bain.*

SAUCISSONNER [sosisɔne] **v.** ⟨1⟩ – 1886 « manger du saucisson » ◊ de *saucisson* ▪ FAM. ▪ **1 v. intr.** Manger, sans couverts ou sans table mise, un repas froid. *Saucissonner sur l'herbe* : pique-niquer. *Les voyageurs se mirent à saucissonner dans le train.* ▪ **2 v. tr.** (1954) Découper, répartir en tranches. *Émission télévisée saucissonnée par des spots publicitaires.*

SAUCISSONNEUR, EUSE [sosisɔnœʀ, øz] **n.** – v. 1952 ◊ de *saucisson, saucissonner* ▪ FAM. Personne qui saucissonne (surtout au plur.). « *La basse Marne d'été aux berges surchargées de saucissonneurs à bouteille* » BAZIN.

SAUDADE [sodad ; saudad(e)] **n. f.** – 1926 ◊ mot portugais, du latin *solitas, atis* « solitude, isolement », de *solus* → seul ▪ Sentiment triste et doux, mélancolie mêlée de rêverie et d'un désir imprécis. *Le fado, expression privilégiée de la saudade.* « *les saudades de mes amours anciennes* » SENGHOR.

SAUF, SAUVE [sof, sov] **adj. et prép.** – 1155 ; 1080 *salve* fém. ; v. 1000 *salv* ◇ latin *salvus*

I adj. Qui a échappé à un très grave péril, qui est encore vivant après avoir failli mourir (seulement dans quelques expr.). ➤ **indemne, rescapé, sauvé.** *Être sain et sauf. Avoir la vie* sauve, laisser la vie sauve à qqn.* — FIG. *L'honneur est sauf* : les apparences de l'honneur sont intactes. « *Grâce à de tristes précautions, l'honneur est sauf ; mais la vertu n'est plus* » BEAUMARCHAIS. *La morale est sauve* : les convenances sont respectées.

II prép. (XIIe) **SAUF.** ▪ **1** VX Sans qu'il soit porté atteinte à. *Sauf votre honneur.* — MOD. LOC. RÉGION. *Sauf le respect que je vous dois, sauf votre respect*.* ▪ **2** (1247) COUR. À l'exclusion de. ➤ 1 **excepté, hors, hormis** (cf. À l'exception de, à part). *Avoir tout perdu, tout sauf l'honneur.* ➤ VX **fors.** « *Tous les invités étaient là, sauf la marraine, qu'on attendait vainement depuis le matin* » ZOLA. « *Il est préférable de ne pas s'y risquer [...] sauf si l'on aime le poivre dans les yeux* » L. DAUDET cf. À moins que. *Il y en a pour tous, sauf pour lui.* ◆ Sans exclure l'éventualité de, excepté s'il y a (cf. À moins de, sous réserve de). *Sauf avis contraire. Ce sont les chiffres, sauf erreur de notre part. Sauf erreur ou omission.* — (1670) **SAUF À** (et l'inf.). LITTÉR. Sans exclure l'éventualité de (telle action, tel fait) ; en se réservant le droit ou la possibilité de. ➤ **quitte** (à). « *Il n'en est pas un qui ne désire ma condamnation, sauf à pleurer comme un sot quand on me mènera à la mort* » STENDHAL. « *Ce prince aimait à se servir de ces intrigants, sauf à les loger ensuite dans une cage de fer* » MICHELET. — (v. 1500) **SAUF QUE** (et l'indic.) : à cette différence près, à cette exception que. ➤ 1 **excepté** (que), **hormis** (que), **sinon** (que). *Tout s'est bien passé, sauf qu'il a fait très mauvais temps.* « *Sauf qu'il avait tellement grossi, il avait gardé bien des choses d'autrefois* » PROUST.

▪ CONTR. (de l'adj.) Blessé, endommagé.

SAUF-CONDUIT [sofkɔ̃dɥi] **n. m.** /SAUFCONDUIT/ – XIIe ◇ de *sauf* et *conduit* ▪ Document délivré par une autorité publique (SPÉCIALT militaire) et qui permet de se rendre en un lieu, d'y séjourner, de traverser un territoire ou une zone. ➤ **laissez-passer, permis.** *Des sauf-conduits. Voilà « un sauf-conduit pour que les camarades vous laissent passer »* GAUTIER.

SAUGE [soʒ] **n. f.** – XIIIe ; *salje* fin XIe ◇ latin *salvia*, de *salvus* « sauf », à cause des propriétés médicinales de cette plante ▪ Plante aromatique *(labiées)* comprenant plusieurs variétés (herbes, arbrisseaux) dont certaines sont utilisées en médecine *(sauge officinale)*, d'autres en cuisine, d'autres encore comme plantes ornementales.

SAUGRENU, UE [sogʀəny] **adj.** – 1611 ; *sogrenu* 1578 ◇ de *sau*, forme de *sel*, et *grenu*, de *grain* ▪ Inattendu, bizarre et quelque peu ridicule. *Idée, question saugrenue.* ➤ **absurde, bizarre*.** PLAIS. *Une plaisanterie aussi sotte que grenue.*

SAULAIE [solɛ] **n. f.** – 1277 ◇ de *saule* ▪ RARE Plantation de saules. ➤ **saussaie.**

SAULE [sol] **n. m.** – v. 1225 ◇ francique °*salha* ; a éliminé l'ancien français *saus*, du latin *salix, salicis* ▪ Arbre ou arbuste *(salicacées)* qui croît dans les lieux frais et humides. « *Le saule trempe aux eaux brumeuses et les marie aux berges* » GRACQ. *Lieu où poussent les saules.* ➤ **saulaie, saussaie.** *Saule blanc*, le plus commun en France. *Saule marsault*, qui fournit un bois blanc utilisé en menuiserie. *Saule pleureur*, à branches tombantes. « *Mes chers amis, quand je mourrai, Plantez un saule au cimetière* » MUSSET.

SAULÉE [sole] **n. f.** – 1846 ◇ de *saule* ▪ RÉGION. Rangée régulière de saules.

SAUMÂTRE [somɑtʀ] **adj.** – *saumastre* 1298 ◇ latin populaire °*salmaster*, classique *salmacidus* ▪ **1** Qui est constitué d'un mélange d'eau douce et d'eau de mer, a un goût salé. *Eau saumâtre. Dépôts saumâtres*, qui se forment dans les lagunes, les estuaires. ▪ **2** FIG. (1774) Amer, désagréable. « *Le cœur tout gonflé de je ne sais quoi de saumâtre qu'il se refusait à appeler de la tristesse* » GIDE. — LOC. FAM. *La trouver saumâtre* : trouver désagréable la situation dans laquelle on est, se sentir victime de qqch. (cf. La trouver mauvaise*). « *Qu'un homme lui donnât ainsi des ordres, il la trouvait saumâtre* » QUENEAU.

SAUMON [somɔ̃] **n. m.** – 1165 ; *salmun* 1138 ◇ latin *salmo, salmonis* ▪ **1** Gros poisson migrateur *(salmonidés)* à chair rose, qui abandonne la mer et remonte les fleuves au moment du frai (➤ **montaison ; anadrome**). « *le destin implacable des saumons qui tâtent des eaux de tous les fleuves, de tous les océans pour retrouver enfin l'eau fraîche où ils sont nés, où y pondre en une brusque secousse une réplique d'eux-mêmes, et mourir* » QUIGNARD. *Jeune saumon.* ➤ **smolt,** 2 **tacon.** *Saumon au museau allongé.* ➤ **bécard,** 1 **pavé.** — *Saumon d'eau douce.* ➤ RÉGION. **ouananiche.** — *Darne de saumon. Saumon fumé. Saumon cru mariné à l'aneth.* ➤ **gravlax.** ▪ **2** (1452) TECHN. Lingot (de fer, de fonte ou de plomb). ▪ **3** ADJT INV. (1830) D'un rose tendre tirant légèrement sur l'orangé (comme la chair du saumon). *Des robes saumon.* — PAR APPOS. *Un joli rose saumon.*

SAUMONÉ, ÉE [somɔne] **adj.** – 1564 ; ancien provençal *salmonat* (1343) ◇ de *salmon, saumon* ▪ **1** Se dit de poissons qui ont la chair rose comme le saumon. *Truite saumonée.* ▪ **2** *Rose saumoné* : rose légèrement orangé. ➤ **saumon** (3°).

SAUMONEAU [somɔno] **n. m.** – *saulmonneau* 1552 ◇ diminutif de *saumon* ▪ RARE Jeune saumon. ➤ 1 **tacon.**

SAUMONETTE [somɔnɛt] **n. f.** – 1975 ◇ de *saumon*, à cause de la couleur de sa chair ▪ COMM. Roussette (poisson).

SAUMURAGE [somyʀaʒ] **n. m.** – 1803 ◇ de *saumure* ▪ Opération qui consiste à mettre une substance alimentaire dans la saumure (2°). ➤ aussi **salaison.**

SAUMURE [somyʀ] **n. f.** – 1549 ; *salmuire* 1105 ◇ latin populaire °*salmuria*, de *sal, salis* « sel » et *muria* « saumure » ▪ **1** Liquide qui exsude des conserves salées et qui est formé des liquides organiques et du sel dont on a imprégné les substances à conserver. ▪ **2** Eau fortement salée, aromatisée, dans laquelle on met des aliments pour en faire des conserves. *Mettre des olives, de la viande, des harengs* (➤ **sauris**) *dans la saumure.* ▪ **3** TECHN. Eau de mer d'un marais salant qui a déjà subi une évaporation. — Eau salée d'une saline, qu'on fait évaporer pour en extraire le sel (sel fin).

SAUMURER [somyʀe] **v. tr.** ⟨1⟩ – 1859 ; au p. p. « salé » 1575 ◇ de *saumure* ▪ TECHN. Mettre dans la saumure pour conserver. *Saumurer des olives.* — **p. p. adj.** *Harengs saumurés.*

SAUNA [sona] **n. m.** – 1930 ◇ mot finnois ▪ Bain de vapeur sèche, d'origine finlandaise, obtenu originellement par projection d'eau sur une pierre volcanique brûlante, puis par des procédés analogues ; ce bain lui-même. — Établissement, local où l'on prend ces bains.

SAUNAGE [sonaʒ] **n. m.** – *saumage* 1499 ◇ de *sauner* ▪ **1** Saison à laquelle on procède à la récolte du sel dans un marais salant ; cette récolte. — On dit aussi **SAUNAISON.** ▪ **2** VX Vente du sel. — HIST. (sous l'Ancien Régime) **FAUX SAUNAGE** : contrebande du sel (cf. Faux saunier*).

SAUNER [sone] **v. intr.** ⟨1⟩ – 1870 ; « extraire le sel » 1660 ◇ latin populaire °*salinare* ▪ TECHN. Produire du sel. *Bassin de marais salant qui commence à sauner.* ▪ HOM. poss. Sonner.

SAUNIER [sonje] **n. m.** – 1260 ; *salnier* 1138 ◇ latin populaire °*salinarius* ▪ **1** TECHN. Exploitant d'un marais salant (➤ **paludier**) ou d'une saline. — Ouvrier qui travaille à l'extraction du sel dans un marais salant. ▪ **2** VX Marchand de sel. ◆ HIST. **FAUX SAUNIER** : celui qui, sous l'Ancien Régime, se livrait à la contrebande du sel, pour échapper à la gabelle*.

SAUNIÈRE [sonjɛʀ] **n. f.** – 1529 ; « saloir » XIIIe ◇ de *saunier* ▪ HIST. Coffre où l'on conservait le sel destiné aux usages domestiques.

SAUPIQUET [sopikɛ] **n. m.** – 1380 ◇ d'un ancien verbe °*saupiquer* (cf. ancien provençal *salpicar*), de *sau*, forme atone de *sel*, et *piquer* → salpicon ▪ CUIS. Sauce relevée dont on accompagnait le lapin, le pigeon (et de nos jours, le lièvre). ◆ RÉGION. Jambon poêlé accompagné d'une sauce.

SAUPOUDRAGE [sopudʀaʒ] **n. m.** – 1873 ◇ de *saupoudrer* ▪ **1** Action de saupoudrer ; son résultat. ▪ **2** (avant 1954) Répartition de crédits minimes entre de très nombreux postes.

SAUPOUDRER [sopudʀe] **v. tr.** ⟨1⟩ – XIVe ◇ de *sau*, forme atone de *sel*, et *poudrer* ▪ **1** Couvrir d'une légère couche d'une substance pulvérulente. ➤ **poudrer.** *Saupoudrer un mets de sel, de chapelure, de farine.* ➤ **fariner.** *Saupoudrer un beignet avec du sucre. Se saupoudrer les mains de talc.* ▪ **2** (avant 1960) FIG. Attribuer à de très nombreux bénéficiaires (des crédits minimes ou des moyens faibles) au lieu d'affecter le budget à quelques postes prioritaires. *Les pouvoirs publics saupoudrent les crédits.*

SAUPOUDREUR, EUSE [sopudʀœʀ, øz] **adj. et n. f.** – 1900 ◇ de *saupoudrer* ▪ Qui sert à saupoudrer. *Bouchon, flacon saupoudreur.* ◆ **n. f.** *Une saupoudreuse* : petit flacon à bouchon percé de trous qui sert à saupoudrer (de sel, de sucre, etc.). ➤ **poudreuse, salière, sucrier.**

SAUPOUDROIR [sopudʀwaʀ] **n. m.** – 1825 ◊ de *saupoudrer* ■ TECHN. Ustensile de pâtisserie et de cuisine qui sert à saupoudrer.

SAUR [sɔʀ] **adj. m.** – *sor* XIIIe ◊ moyen néerlandais *soor* « séché » ■ **HARENG SAUR :** hareng fumé. ➤ **gendarme ; saurer, saurissage.** ♦ LOC. FAM. *Être sec, maigre comme un hareng saur.* ■ HOM. Sort.

SAURAGE ➤ **SAURISSAGE**

-SAURE ■ Élément, du grec *saura* ou *sauros* « lézard » : *dinosaure, ichtyosaure.*

SAURER [sɔʀe] **v. tr.** ‹1› – 1606 ; *sorer* 1350 ◊ de *saur* ■ TECHN. Faire sécher à la fumée (une substance alimentaire) pour conserver après avoir soumis à l'action de la saumure. ➤ **1 fumer.** *Saurer des harengs, un jambon.* — **p. p. adj.** *Harengs saurés.* ➤ **saur.** ■ HOM. *Saure* : sors (sortir), *saurais* : saurais (1 savoir).

SAURET [sɔʀɛ] **adj.** – 1573 ; *soret* n. 1360 ◊ de *saur* ■ VX *Hareng sauret.* ➤ **saur.**

SAURIENS [sɔʀjɛ̃] **n. m. pl.** – 1800 ◊ du grec *saura* ou *sauros* « lézard » ■ ZOOL. Ordre de reptiles comprenant les lacertiliens (ou lézards) et les ophidiens (ou serpents). ➤ **squamé.** Au sing. *Un saurien.*

SAURIN [sɔʀɛ̃] **n. m.** – 1819 ; *sorin* « saurisseur » 1680 ◊ de *saur* ■ TECHN. Hareng laité nouvellement séché.

SAURIS [sɔʀi] **n. m.** – 1842 ◊ de *saur* ■ TECHN. Saumure de harengs.

SAURISSAGE [sɔʀisaʒ] **n. m.** – 1823 ; *sorissage* 1740 ◊ de *saurir, sorir* → saurer ■ TECHN. Opération qui consiste à saurer les poissons, et SPÉCIALT les harengs. — On dit aussi **SAURAGE.**

SAURISSERIE [sɔʀisʀi] **n. f.** – 1808 ◊ de *saurir, sorir* → saurer ■ TECHN. Usine où l'on saure les poissons, et SPÉCIALT les harengs.

SAURISSEUR, EUSE [sɔʀisœʀ, øz] **n.** – 1606 ◊ de *saurir, sorir* → saurer ■ TECHN. Ouvrier, ouvrière qui fait le saurissage des poissons, et SPÉCIALT des harengs.

SAUROPODES [sɔʀɔpɔd] **n. m. pl.** et **adj.** – 1880 ◊ du grec *sauros* → -saure et *-pode* ■ PALÉONT. Infra-ordre de reptiles dinosauriens herbivores du secondaire (du jurassique au crétacé) caractérisés par des dimensions gigantesques. *Les sauropodes furent les plus grands animaux terrestres* (➤ **brachiosaure, brontosaure, dinosaure, diplodocus**). — Au sing. *Un sauropode.* ♦ **adj.** *Les reptiles sauropodes.*

SAUSSAIE [sosɛ] **n. f.** – *sauçoie* XIIIe ◊ de l'ancien français *saus* → saule ■ VX ou RÉGION. Saulaie.

SAUT [so] **n. m.** – 1080 *salz* ◊ latin *saltus* ■ **1** Mouvement ou ensemble de mouvements (flexions et extensions de certaines parties du corps) par lesquels une personne, un animal cesse de prendre appui sur le sol ou sur un support pour s'élever, se projeter. ➤ **bond, bondissement.** *Les dauphins « s'élançaient en l'air par un grand saut qui décrivait une courbe »* MAUPASSANT. *« Si aérien qu'il puisse être, le saut se distinguera toujours du vol, sa loi est la pesanteur et son destin la retombée »* J.-C. BAILLY. *Parties d'un saut* : préparation (élan, etc.), appel, détente, période de suspension, réception. *Faire un saut.* ➤ **sauter.** *Faire un saut de deux mètres. Saut avec élan. Saut à pieds joints,* sans élan. *Saut de joie. Petits sauts.* ➤ **sautillement.** ♦ SPÉCIALT L'action de sauter de telle ou telle manière *(un saut),* et PAR EXT. l'exercice particulier (*le saut* [à la corde, en hauteur, etc.]). *Saut périlleux,* au cours duquel le corps du sauteur effectue un tour complet. ➤ **salto.** *Saut de carpe**. Les sauts des trapézistes.* ➤ **voltige.** *Le saut de la mort* : saut périlleux, exercice de voltige très dangereux. *Saut de l'ange,* les bras écartés (comme des ailes). — *Saut à la corde.* ♦ Pas de danse au cours duquel les deux pieds quittent le sol (ex. jeté, assemblé, entrechat, soubresaut). ♦ *Saut athlétique,* où l'on tente de franchir la hauteur ou la distance la plus grande. ➤ aussi **tumbling.** *Saut en hauteur, en ciseaux**, en rouleau**. Saut en longueur. Triple saut,* composé d'un saut à cloche-pied sur la planche d'appel, d'un saut d'une jambe sur l'autre (foulée), et d'un saut en longueur. — *Saut à la perche**. — Saut de haies,* dans la course de haies. — *Saut à ski,* exécuté d'un tremplin. — *Saut en patinage artistique.* ➤ **axel, lutz, salchow.** — *Saut en parachute. Saut en chute libre,* avec ouverture retardée. — *Saut à l'élastique.* ➤ **benji.** — *Saut d'obstacles* : l'une des trois disciplines des sports équestres. ♦ AU PLUR. L'ensemble des disciplines de saut. *Les sauts, les lancers et les courses.* ♦ LOC. VIEILLI *Aller par sauts et par bonds* : parler, écrire d'une manière décousue, incohérente. — (1210) *Faire le saut* : prendre une décision importante, qui implique totalement, se lancer (cf. Se jeter à l'eau*, sauter le pas*). — *Faire un saut dans l'inconnu.* — *Le grand saut* : la mort. ■ **2** Chute dans le vide. *La voiture a fait un saut de 20 m dans le ravin.* ■ **3** Mouvement, déplacement brusque (pour changer de position, de place). *Se lever d'un saut.* ➤ **bond.** *« D'un saut, la voilà dehors ! »* CÉLINE. — *Au saut du lit* : au sortir du lit, au lever*. ■ **4** (XIVe) Action d'aller très rapidement et sans rester. *Faire un saut chez qqn.* ■ **5** FIG. Mouvement interrompu ; changement brusque. *« Qui donc a dit que la nature ne fait pas de sauts ? [...] La nature ne procède que par bonds et désordres soudains »* DUHAMEL. ➤ **mutation.** ♦ Passage par degrés disjoints. *Faire un saut d'un siècle* (par l'imagination). *Faire un saut d'un sujet à un autre* (➤ **sauter,** I, B, 1o). ■ **6** (1605) Rupture de pente (d'un cours d'eau). ➤ **cascade, chute ; rapide.** *Le saut du Doubs.* ■ **7** MATH. Discontinuité en un point (d'une fonction continue en dehors de ce point). — Brusque variation. ➤ **seuil.** ♦ INFORM. Rupture de séquence dans le déroulement d'un programme. *Saut conditionnel, inconditionnel.* ■ HOM. Sceau, seau, sot.

SAUT-DE-LIT [sod(ə)li] **n. m.** – 1888 ; « descente de lit » 1829 ◊ de *saut* et *lit* ■ Déshabillé que portent les femmes au saut du lit. ➤ **peignoir.** *Des sauts-de-lit.*

SAUT-DE-LOUP [sod(ə)lu] **n. m.** – 1740 ◊ de *saut* et *loup* ■ Large fossé (qu'un loup pourrait à peine franchir). *Des sauts-de-loup.*

SAUT-DE-MOUTON [sod(ə)mutɔ̃] **n. m.** – 1835 ◊ de *saut* et *mouton* ; cf. *saute-mouton* ■ TECHN. Passage d'une voie ferrée, d'une route au-dessus d'une autre, pour éviter les croisements. *Des sauts-de-mouton.*

SAUTE [sot] **n. f.** – 1771 ◊ de *sauter* ■ **1** MAR. Brusque changement dans la direction (du vent). *Saute de vent.* — PAR ANAL. *Saute de tension, de température.* ■ **2** FIG. Brusque changement (de l'humeur). *Sautes d'humeur, de caractère.*

SAUTÉ, ÉE [sote] **adj.** et **n. m.** – 1803 ◊ de *sauter* (II, 4o) ■ **1** Cuit à la poêle ou à la cocotte, à feu vif et en remuant. *« cette sorte de religion du lapin sauté, du gigot à l'ail »* COLETTE. *Pommes de terre sautées.* ■ **2 n. m.** (1806) Aliment cuit dans un corps gras, à feu vif, souvent dans une casserole spéciale (➤ **sauteuse**). *Sauté de veau, de lapin.*

SAUTELLE [sotɛl] **n. f.** – 1551 ◊ de *sauter* ■ AGRIC. Marcotte de vigne (➤ **provin**), faite d'un seul sarment. — Sarment que l'on recourbe pour augmenter la production de grappes.

SAUTE-MOUTON [sotmutɔ̃] **n. m.** – 1845 ◊ de *sauter* et *mouton* ■ Jeu où l'on saute par-dessus un autre joueur, qui se tient courbé (le « mouton »). *Jouer à saute-mouton. Jeu, partie de saute-mouton. Organiser des saute-moutons.*

SAUTER [sote] **v.** ‹1› – fin XIIe ◊ du latin *saltare* « danser » et « sauter », de *salire* « sauter » et « saillir » → saillir

I ~ v. intr. A. CONCRET ■ **1** Quitter le sol, abandonner tout appui pendant un instant, par un ensemble de mouvements (➤ **saut**) ; franchir un espace ou un obstacle de cette façon. ➤ **bondir, s'élancer.** *Sauter en l'air ; sauter haut.* ➤ **s'élever.** *Sauter à cloche-pied**, à pieds joints.* (1531) *Sauter de joie* (➤ **gambader**) ; FIG. (1579) manifester sa joie avec pétulance. *Faire sauter un enfant sur ses genoux. « Je l'ai fait sauter sur mes genoux, monsieur Mercadier, votre femme, et la voilà mère »* ARAGON. LOC. (1851) FAM. *Sauter au plafond, en l'air* : exprimer vivement un sentiment de surprise ou d'indignation. *Sauter comme un cabri.* ♦ S'élancer d'un lieu élevé vers le bas. *Sauter par la fenêtre, dans le vide, dans l'eau.* ➤ **se jeter.** *Sauter en parachute. « J'avais sauté à temps de l'auto ; plus heureux que Dédé qui avait ses deux jambes prises dessous »* L. MALET. ♦ SPÉCIALT Effectuer un saut de danse. — (fin XVe) Faire un saut particulier. *Sauter à la corde**.* SPORT *Sauter en hauteur, en longueur, à la perche.* ♦ *Reculer** pour mieux sauter.* ♦ (Animaux) Faire un ou plusieurs sauts (bond ou progression normale). *Écureuil qui saute de branche en branche. Le chat a sauté sur la table. « Il passa quatre heures à regarder sauter dans l'allée les moineaux »* HUGO. ➤ **sautiller.** ■ **2** Monter, descendre, se lever... vivement. *Sauter sur un cheval. Sauter dans un taxi. Sauter à bas du lit, sur ses pieds.* ♦ (début XVIe) FAM. Se jeter, se précipiter. *Sauter sur qqn, lui sauter dessus,* l'attaquer ; l'entreprendre sexuellement (cf. ci-dessous II, 5o). *Il a essayé de me sauter dessus. Sauter sur l'occasion**. Sauter au cou** de qqn.* LOC. (1663) *Sauter aux yeux* : frapper la vue, être ou devenir apparent, évident, manifeste. *Une évidence qui saute aux yeux.* ■ **3** (1530) Subir des chocs, des secousses répétés. ➤ **tressauter.** *« Une petite route caillouteuse qui faisait sauter les voyageurs sur les banquettes du break »* MAUPASSANT. *Images qui sautent* (cinéma, télévision).

B. FIGURÉ ▪ **1** (XVe) Aller, passer vivement (d'une chose à une autre) sans intermédiaire. *Sauter tout de suite à la fin du chapitre. Sauter d'une idée à l'autre, d'un sujet à un autre* (➤ **coq-à-l'âne**). «*Fais-moi grâce, je te prie [...] de la description de la maison [...] saute par-dessus tout cela. Au fait !*» DIDEROT. ▪ **2** (1580) (CHOSES) Être déplacé ou projeté avec soudaineté. *Bouchon de champagne qui saute.* ➤ 1 **partir.** *Faire sauter la bande d'un journal.* ➤ **arracher, déchirer.** *Faire sauter une serrure. La chaîne du vélo a sauté.* «*Si ce boulon résiste encore, je le ferai sauter d'un coup de marteau*» SAINT-EXUPÉRY. LOC. (1834) *Faire sauter la coupe* : remettre habilement un jeu de cartes dans l'état où il était avant la coupe*. — (1912) FAM. *Et que ça saute !*, que ce soit vite fait. «*Allons, grouillons ! [...] Schnell ! Schnell ! remontons dans le car et que ça saute*» QUENEAU. ◆ (1800) (PERSONNES) FAM. Perdre brusquement son emploi, être renvoyé. *Le directeur financier a sauté. Je dois «défendre ma tête devant mon préfet, devant mon ministre, sous peine de sauter*» CENDRARS. ▪ **3** (1580) CHOSES Exploser. ➤ **éclater,** 1 **voler** (en éclats). *Bombe à retardement qui saute. Le char a sauté sur une mine. Les partisans font sauter les ponts.* ➤ **dynamiter.** *Tout va sauter !* «*À la prochaine* [guerre], *la terre peut sauter*» SARTRE. — *Se faire sauter le caisson*, la cervelle**. ◆ Fondre par un court-circuit. *Le congélateur a fait sauter les plombs. Les plombs ont encore sauté !* ◆ (1740) JEU *Faire sauter la banque**. ▪ **4** (CHOSES) Être supprimé, annulé. *La fin de la scène a sauté au montage. Faire sauter une contravention.* «*Je vais lui faire sauter son permis pour un bout de temps*» P. GUIMARD. ▪ **5** (1767) **FAIRE SAUTER (un aliment),** le faire revenir à feu très vif. *Faire sauter des pommes de terre.* ➤ **sauté.**

II ~ v. tr. (fin XVe) ▪ **1** Franchir en quittant le sol, par un saut. ➤ **passer.** *Cheval qui saute un obstacle.* PAR EXT. *Sauter le mur,* le franchir par escalade pour s'échapper. ◆ FIG. (1789) *Sauter le pas** (cf. Faire le saut*). ▪ **2** (1636) Passer sans s'y arrêter. ➤ **omettre.** *Sauter un mot, un passage en lisant.* «*Dans un roman il faut se taire ou tout dire, surtout ne rien omettre, ne rien sauter*» SARTRE. *Sauter une réplique.* ➤ **oublier.** — *Sauter une étape.* ➤ **brûler.** *Sauter un repas. Élève qui saute une classe.* ▪ **3** LOC. FAM. (1914) *La sauter :* se passer de manger ; PAR EXT. avoir faim (cf. Crever* de faim). «*On la sautait : la collation à la caserne, on l'avait déjà dans les talons*» ARAGON. ▪ **4** (1803) VX Cuire à feu vif. «*Afin de pouvoir bien sauter ce mélange sans qu'il s'attache*» BRILLAT-SAVARIN (cf. supra I, B, 5°, faire sauter, MOD.). ▪ **5** (1922) FAM. *Sauter qqn :* avoir des relations sexuelles avec qqn. *Tu l'as sauté ? Elle se fait sauter par qui elle veut.* ▪ **6** ARG. Arrêter. *Se faire sauter par la police.* ▪ **7** FAM. *Se faire sauter :* se faire mourir dans un attentat suicide. «*des kamikazes bardés d'explosifs se faisaient sauter dans des restaurants, des autobus*» HOUELLEBECQ.

SAUTEREAU [sotʀo] **n. m.** – 1611 ; masc. de *sauterelle* 1393 ◇ de *sauter* ▪ TECHN. (MUS.) Languette mobile, munie d'un bec de plume ou de cuir durci, et qui fait vibrer la corde, dans un instrument à clavier et à cordes pincées (clavecin, épinette).

SAUTERELLE [sotʀɛl] **n. f.** – *salterele* 1120 ◇ de *sauter* ▪ **1** Insecte orthoptère sauteur vert ou gris à grandes pattes postérieures repliées et à tarière. *Les sauterelles mâles font entendre à la fin du jour et la nuit une stridulation très forte* (➤ **archet**). «*Une grosse sauterelle verte aux longues antennes [...] tomba les pattes repliées comme deux barres parallèles autour de son corps*» PERGAUD. ◆ FIG. (1843) FAM. PÉJ. Personne maigre et sèche. *Une grande sauterelle.* ▪ **2** COUR. (erroné en zool.) Criquet, et SPÉCIALT Criquet pèlerin. «*Dans le ciel vibrant de chaleur je ne voyais rien qu'un nuage venant de l'horizon, cuivré, compact [...] c'étaient les sauterelles*» DAUDET. FAM. *Les invités se sont jetés sur le buffet comme une nuée de sauterelles,* en dévorant tout très rapidement. ▪ **3** (XVIe) TECHN. Fausse équerre à branches mobiles (comparées aux pattes d'une sauterelle). *Mesurer un angle avec une sauterelle.* ◆ Mécanisme d'attache à crochet vertical (que l'on peut faire «sauter» rapidement). *Sauterelles pour les bat-flancs d'écurie.* ◆ Appareil de manutention mobile à bande sans fin.

SAUTERIE [sotʀi] **n. f.** – 1824 ; «sauts, sautillements» fin XVIe ◇ de *sauter* ▪ VIEILLI OU PLAIS. Réunion dansante d'un caractère simple et intime. ➤ **surprise-partie.** «*Ils entendirent un branle sourd, rythmé par un bruit de musique : ces demoiselles venaient d'organiser une sauterie*» ZOLA.

SAUTERNES [sotɛʀn] **n. m.** – 1814 *soterne* ◇ du nom d'une ville de la Gironde ▪ Vin de Bordeaux blanc, de Sauternes, très fruité et sucré. *Boire du sauternes avec le foie gras.*

SAUTE-RUISSEAU [sotʀɥiso] **n. m.** – 1791 «agent de spéculateur» ◇ de *sauter* et *ruisseau* ▪ VX Petit clerc d'avoué, de notaire, qui fait les courses, porte des colis. — PAR EXT. LITTÉR. Jeune garçon de courses. *Des saute-ruisseaux.*

SAUTEUR, EUSE [sotœʀ, øz] **n. et adj.** – 1530 ; *sauteresse* fém. «danseuse» 1380 ◇ de *sauter* ▪ **1** Personne dont la profession est de faire des sauts acrobatiques. ➤ **acrobate, bateleur.** ◆ Athlète spécialisé(e) dans les épreuves de saut. *Sauteur en longueur, à la perche* (➤ **perchiste**). *Sauteur à skis.* ▪ **2** (1690) FIG. et FAM. Personne sans sérieux qui promet volontiers et sur qui l'on ne peut compter (rare au fém.). ◆ **n. f.** (1839) VIEILLI Femme de mœurs légères. «*Il l'a quittée pour des catins, pour des gourgandines, pour des sauteuses*» BALZAC. ▪ **3 n. m.** Cheval dressé pour le saut. *Les sauteurs et les trotteurs.* ▪ **4 adj.** Qui avance en sautant, qui saute souvent. *Insectes sauteurs,* à pattes postérieures développées (ex. sauterelle). *Oiseaux sauteurs* (opposé à *marcheurs*). ◆ *Scie* sauteuse.*

SAUTEUSE [sotøz] **n. f.** – 1875 ◇ de *sauteur* ▪ Casserole à bords peu élevés dans laquelle on fait sauter les viandes, les légumes.

SAUTILLANT, ANTE [sotijɑ̃, ɑ̃t] **adj.** – 1688 ◇ de *sautiller* ▪ **1** Qui fait de petits sauts. *Oiseau sautillant.* — *Une démarche sautillante.* ◆ *Musique sautillante,* au son de laquelle on peut sautiller, au rythme rapide et saccadé. ▪ **2** FIG. Formé d'éléments courts et décousus. *Style sautillant.* ➤ **haché.** ◆ Qui saute sans cesse d'un sujet, d'une occupation à l'autre. ➤ **capricieux, mobile.** «*Par là vous voyez que sa conduite doit être inégale et sautillante*» ROUSSEAU.

SAUTILLEMENT [sotijmɑ̃] **n. m.** – 1718 ◇ de *sautiller* ▪ **1** Action de sautiller, suite de petits sauts. *Le sautillement des oiseaux.* ▪ **2** FIG. Passage rapide et heurté (d'une idée à une autre). «*Le sautillement, le désordre un peu fou de la conversation*» GONCOURT.

SAUTILLER [sotije] **v. intr.** ‹1› – 1564 ; a remplacé *sauteler* ◇ de *sauter* ▪ Faire de petits sauts successifs. ➤ **sauter ; gambader.** «*La couche neigeuse où sautillent des corbeaux*» GAUTIER.

SAUTOIR [sotwaʀ] **n. m.** – 1230 blas. ◇ de *sauter*

I ▪ **1** ANCIENNT Pièce du harnais, qui pendait en double à la selle et servait d'étrier, pour monter («sauter») à cheval. ◆ **EN SAUTOIR :** porté autour du cou, en collier sur la poitrine (comme le sautoir sur le flanc du cheval). *Porter une croix, un bijou en sautoir.* ◆ PAR EXT. Longue chaîne (➤ **châtelaine**) ou long collier qui se porte sur la poitrine. *Un sautoir de perles.* — Décoration portée en collier. *Il «portait sous son gilet le sautoir rouge des grands-officiers de la Légion d'honneur»* BALZAC. ▪ **2** (v. 1230) BLAS. Pièce honorable formée de la bande* et de la barre*, en forme de croix de Saint-André (×). — **EN SAUTOIR.** *Épées en sautoir,* disposées en X.

II (1830) Emplacement, installation aménagés pour le saut (en gymnastique, en athlétisme). *Piste d'élan, planche d'appel, fosse à sable* (ou *à sciure*) *d'un sautoir. Élastique, barre d'un sautoir* (saut en hauteur, à la perche).

SAUVAGE [sovaʒ] **adj.** – v. 1130 *salvage* ◇ bas latin *salvaticus,* classique *silvaticus,* de *silva* «forêt»

I QUI EST À L'ÉTAT DE NATURE OU QUI N'A PAS ÉTÉ MODIFIÉ PAR L'ACTION HUMAINE ▪ **1** (Animaux) Qui vit en liberté dans la nature, n'appartient pas à l'expérience humaine familière. *Animaux, bêtes sauvages. Apprivoiser, dompter, dresser un animal sauvage.* — *Chat sauvage.* ➤ **haret.** — PAR ANAL. (1630) (Canada) *Chat sauvage :* raton laveur. ◆ Se dit des animaux non domestiqués d'une espèce qui comporte des animaux domestiques. *Canard, oie sauvage. Taureaux, chevaux sauvages.* — *Saumon, esturgeon sauvage* (opposé à *d'élevage*). — PAR EXT. *Soie* sauvage.* ▪ **2** (Humains) VIEILLI Qui est considéré comme peu civilisé, dont le mode de vie est archaïque. ➤ **primitif.** *Peuples sauvages.* ➤ **peuplade, tribu.** «*Je ne doute pas que la vie moyenne de l'homme civilisé ne soit pas plus longue que la vie de l'homme sauvage*» DIDEROT. ◆ **n. UN SAUVAGE, LES SAUVAGES.** *La théorie du «bon sauvage»* (de Montaigne à Diderot et à Rousseau). — (Canada) VX Amérindien. — *Une sauvage.* ➤ VX **sauvagesse.** ◆ PAR EXT. Propre aux sauvages. *L'état sauvage. Retourner à la vie sauvage.* «*Un art sauvage ne se maintient que dans la sauvagerie qu'il exprime, et l'intrusion d'un art civilisé le détruit*» MALRAUX. ▪ **3** Qui pousse et se développe naturellement sans être cultivé (végétaux, et particulièrement variétés qui sont par ailleurs cultivées). *Plantes, fleurs, fruits sauvages. Ail sauvage. Rosier sauvage* (➤ **églantier**). *Cerisier sauvage* (➤ **merisier**). *Riz sauvage.* — PAR EXT. *Un jardin sauvage.* ▪ **4** (Lieux) Que la présence ou l'action humaine n'a pas marqué ; peu accessible, d'un aspect peu hospitalier, parfois effrayant. ➤ 1**désert, inhabité ; hostile.** *Une côte sauvage. «Le versant espagnol, exposé au midi, est tout autrement abrupt, sec et sauvage»* MICHELET. *Territoire sauvage et préservé.* — GÉOL. *Eaux sauvages :* eaux de ruissellement diffus. ▪ **5** (v. 1965) (Choses) Qui surgit spontanément, se fait de façon anarchique, indépendamment des règles. *Grève* sauvage. Urbanisation, industrialisation sauvage,* non planifiée. *Marché sauvage. Immigration sauvage.* ➤ **clandestin, illégal, illicite.** *Faire du camping sauvage,* en pleine nature, hors des terrains prévus à cet effet. — *Psychanalyse sauvage :* interprétation spontanée par un non-spécialiste.

II (DOMAINE MORAL) ▪ **1** Qui fuit toute relation sociale, se plaît à vivre seul et retiré. ➤ **craintif,** 2**farouche, insociable, misanthrope, solitaire.** *Cet enfant est très sauvage.* PAR EXT. *Humeur sauvage.* — n. *Un, une sauvage.* ➤ **ours.** *«Edmond a des amis, mais Armand est un sauvage. Il reste solitaire dans la maison paternelle»* ARAGON. *Vivre en sauvage.* ▪ **2** D'une nature rude, grossière ou même brutale. ➤ **fruste, grossier, inculte, rude** (cf. Mal dégrossi*). n. *«On ne va pas arrêter ce petit dans ses études, il est si doué [...] Sûr que non ! On n'est pas des sauvages !»* MALLET-JORIS. *Faites attention, bande de sauvages !* ➤ **brute.** — VIEILLI (sauf au Canada) *Comme un sauvage :* impoliment. *«Ce n'est pas une raison pour s'en aller comme un sauvage»* MAUPASSANT. ▪ **3** Qui a qqch. d'inhumain, marque un retour à la barbarie. ➤ **barbare, bestial ; sauvagerie.** *Un crime sauvage.* ➤ 1**sanguinaire.** *«Son air sauvage et brutal»* FÉNELON. *«Une explosion rapide, successive, de cris sauvages, démoniaques»* BAUDELAIRE. *Une lutte sauvage,* sans merci. *Une répression sauvage.* ➤ **cruel, féroce, impitoyable.**

▪ CONTR. Domestique, familier. Civilisé, évolué, policé. — Délicat, 1poli, raffiné, sociable.

SAUVAGEMENT [sovaʒmɑ̃] adv. – XIVe ; «d'une manière étrange, extraordinaire» XIIe ◇ de *sauvage* ▪ Avec brutalité, férocité. *Il le tua sauvagement.* — PLAIS. *Il nous a agressés sauvagement.*

SAUVAGEON, ONNE [sovaʒɔ̃, ɔn] n. – XIIe ◇ de *sauvage* ▪ **1** n. m. ARBOR. Arbre non greffé, et SPÉCIALT employé comme sujet à greffer. *«ces âcres petites pommes que produisent les sauvageons des haies»* É. GUILLAUMIN. *Greffer, enter sur sauvageon.* ▪ **2** (1801) Enfant qui a grandi sans éducation, comme un petit animal. *«cette sauvageonne habituée à se vêtir de loques, à courir en cheveux, à marcher pieds nus»* RICHEPIN. ◆ (1998, J.-P. Chevènement) Jeune délinquant(e), dans le contexte de la violence urbaine (emploi polémique).

SAUVAGERIE [sovaʒʀi] n. f. – 1739, répandu XIXe ◇ de *sauvage* ▪ **1** Caractère, humeur sauvage (II, 1°). *«Tiburce allait rarement dans le monde, non par sauvagerie, mais par nonchalance»* GAUTIER. ▪ **2** (1807) RARE État sauvage, mœurs des sauvages (opposé à *civilisation*). *«La sauvagerie est nécessaire, tous les quatre ou cinq cents ans, pour revivifier le monde»* GONCOURT. ▪ **3** (1846) Caractère sauvage (II, 3°). ➤ **barbarie, brutalité, cruauté, férocité, violence.** *«Edmond ressentait quelque admiration de la sauvagerie de l'assassin. Il s'était acharné sur le cadavre, disait-on»* ARAGON. *Frapper avec sauvagerie.* ▪ CONTR. Sociabilité, civilisation. Délicatesse.

SAUVAGESSE [sovaʒɛs] n. f. – 1632 ◇ de *sauvage* ▪ VX Femme sauvage (I, 2°). ◆ PAR EXT. (1824) VIEILLI Femme peu civilisée. *«j'ai des bijoux ; j'apprends je ne sais combien de belles choses ; je ne suis plus du tout une sauvagesse»* MÉRIMÉE.

SAUVAGIN, INE [sovaʒɛ̃, in] adj. – 1690 ; «sauvage» XVe ◇ de *sauvage* ▪ CHASSE Propre à certains oiseaux sauvages (goût, odeur). *«Une odeur sauvagine et musquée»* FAUCONNIER. — SUBST. RARE *Sentir le sauvagin.*

SAUVAGINE [sovaʒin] n. f. – v. 1165 ◇ de *sauvage* ▪ **1** CHASSE Ensemble des oiseaux sauvages (de mer, de rivière, de marais) dont la chair a le goût *sauvagin. Chasse à la sauvagine.* ▪ **2** TECHN. Ensemble des peaux les plus communes recueillies par les chasseurs et vendues sur les grands marchés de la fourrure.

1**SAUVEGARDE** [sovgaʀd] n. f. – *salve garde* 1155 ◇ de *sauf* et *garde* ▪ **1** Protection et garantie (de la personne, de la liberté, des droits) accordées par une autorité ou assurées par une institution. **SOUS LA SAUVEGARDE DE...** *Se placer sous la sauvegarde de la justice, d'un magistrat.* DR. *Mise sous la sauvegarde de la justice :* protection juridique accordée à un incapable* (4°) majeur, visant à le garantir des abus ou de la mauvaise foi d'autrui ou de ses propres incapacités ou inconséquences. — *Commission de sauvegarde,* instituée pour veiller au déroulement d'opérations judiciaires et de leurs préliminaires policiers. ▪ **2** FIG. Protection, défense. *La sauvegarde du patrimoine culturel. Sauvegarde des espèces en voie de disparition.* — Personne ou chose assurant cette protection, cette défense. ➤ **abri, appui, bouclier, refuge.** *«Gardez soigneusement en vos âmes la justice et la charité ; elles seront votre sauvegarde»* LAMENNAIS. *«La pipe et la plume sont les deux sauvegardes de ma moralité»* FLAUBERT. ▪ **3** INFORM. Copie de sécurité destinée à protéger de tout incident un ensemble de données mises en mémoire. *Faire une sauvegarde.*

2**SAUVEGARDE** [sovgaʀd] n. f. – 1676 ◇ de *sauver* et *garde* ▪ MAR. Cordage ou chaîne empêchant le gouvernail ou tout autre objet d'être emporté par la mer.

SAUVEGARDER [sovgaʀde] v. tr. ⟨1⟩ – 1788 ◇ de 1*sauvegarde* ▪ **1** Assurer la sauvegarde de. ➤ **conserver, défendre, préserver, protéger.** *«Les militants qui avaient si admirablement combattu pour sauvegarder leurs libertés politiques et syndicales»* PÉGUY. ▪ **2** (1972) INFORM. Faire une sauvegarde de (données). *Sauvegarder un fichier.* ➤ **enregistrer.**

SAUVE-QUI-PEUT [sovkipø] n. m. inv. – 1419 ◇ de *sauver* et 1*pouvoir,* proprt «que se sauve celui qui le peut» ▪ **1** Cri de «sauve qui peut». *«La garde impériale entendit le sauve-qui-peut ! qui avait remplacé le vive l'empereur !»* HUGO. ▪ **2** Fuite générale et désordonnée où chacun se tire d'affaire comme il le peut. ➤ **débandade, déroute, désarroi, panique.** *Ce fut un sauve-qui-peut général. Des sauve-qui-peut.*

SAUVER [sove] v. tr. ⟨1⟩ – *salver* v. 1050 ; *salvarai* 1re pers. fut. 842 ◇ latin ecclésiastique *salvare,* de *salvus* → sauf

I ~ v. tr. ▪ **1** Faire échapper (qqn, un groupe) à quelque grave danger. ➤ RÉGION. **rescaper.** *Risquer sa vie pour sauver qqn. Sauver un malade.* ➤ **guérir.** *Il est sauvé,* hors de danger. *«Il nous faut de l'audace [...] et la France est sauvée !»* DANTON. — (Sujet chose) *Son silence, sa fuite l'a sauvé. Ce qui m'a sauvé, c'est...* ABSOLT *Le geste qui sauve* (du secouriste). ◆ SPÉCIALT Opérer ou assurer le salut de (➤ **racheter**). *«Dieu leur avait révélé qu'il devait naître un Rédempteur qui sauverait son peuple»* PASCAL (➤ **sauveur**). *«On ne pouvait être que sauvé ou damné selon ce qu'on avait choisi»* CAMUS. — ABSOLT *Il n'y a que la foi* qui sauve.* ◆ **SAUVER DE.** ➤ **arracher, soustraire, tirer.** *Sauver qqn de la noyade* (➤ **sauvetage**), *de la ruine, du désespoir.* — *Moïse sauvé des eaux.* — (Sujet chose) *«la science, la technologie, l'idéologie [...] pourraient nous sauver du désastre»* E. MORIN. ▪ **2** Empêcher la destruction, la ruine, la perte de. ➤ **épargner, protéger, sauvegarder** (cf. Mettre en sûreté*). *On a sauvé la cargaison. Sauver des emplois. Sauver son honneur. Sauver la vie de qqn, à qqn.* PAR EXAGÉR. *Tu me sauves la vie :* tu me tires d'embarras, tu me rends un signalé service. — LOC. FAM. *Sauver sa peau, sa tête :* sauver sa vie. *Sauver les meubles :* préserver l'indispensable, l'essentiel, lors d'un désastre, d'une déconfiture. *Sauver la mise*. Sauver la face*. Sauver les apparences*.* — *Sauver son âme :* assurer son salut. — (Sujet chose) *Votre intervention peut tout sauver. Être sauvé par le gong*.* ◆ SPÉCIALT Faire accepter un ensemble médiocre ou mauvais. *Ce qui sauve ce film, c'est l'acteur principal.* ➤ **racheter.** ◆ **SAUVER (qqch.) DE :** tirer, préserver de. *«Sauvons de cet affront mon nom et ma mémoire»* RACINE. ▪ **3** (1895 ◇ anglais *to save*) (Canada ; critiqué) Économiser. *Cela m'a fait sauver du temps. «mon invention, elle, nous sauverait des millions»* Y. BEAUCHEMIN. ➤ **épargner.**

II ~ v. pron. SE SAUVER ▪ **1** VX Échapper à un danger mortel, se tirer d'affaire. RELIG. Faire son salut. — MOD. *Se sauver de. «Il ne faut jamais se montrer difficile sur le moyen de se sauver de l'étripade [...] Y échapper suffit au sage»* CÉLINE. ▪ **2** S'enfuir* pour échapper au danger. ➤ **fuir.** *«Il devint rouge comme le feu et se sauva à toutes jambes»* MUSSET. *Sauvez-vous ! Les manifestants se sauvèrent en désordre* (➤ **sauve-qui-peut**). *Se sauver de* (un lieu), s'en échapper en fuyant. ➤ **s'évader.** *Elle s'est sauvée de chez elle.* ➤ **s'échapper.** ◆ FAM. Prendre congé promptement. *«Sauve-toi vite, tu vas être en retard pour ton cours»* SARTRE. ◆ FAM. Déborder, en parlant d'un liquide qui bout. *Le lait se sauve.*

▪ CONTR. Perdre ; livrer. Damner.

SAUVETAGE [sov(ə)taʒ] n. m. – 1773 ; d'abord *salvage, sauvement* ◇ de *sauveté* ▪ Action de sauver (un navire en détresse, son équipage, ses passagers ou son chargement). *Les canotiers «opérèrent le sauvetage de Thérèse qu'ils couchèrent sur un banc»* ZOLA. *Bateau, canot de sauvetage ; bouée, ceinture, gilet de sauvetage. Le sauvetage des naufragés. Médaille de sauvetage,* donnée en récompense d'un sauvetage. ◆ (1801) Action de sauver d'un sinistre quelconque (incendie, inondation, séisme, etc.) des personnes ou du matériel. *Échelles de sauvetage des pompiers. Sauvetage d'un alpiniste, de victimes d'un éboulement.* ◆ FIG. Action de tirer (qqn, une collectivité, qqch.) d'une situation critique. *Sauvetage d'une entreprise en difficulté.*

SAUVETÉ [sov(ə)te] n. f. – XIIe ; *salvetet* XIe «salut de l'âme», puis «sécurité» ◇ de *sauf* (I), latin *salvus* ■ DIDACT. ■ **1** (*salveté* 1375) HIST. Juridiction jouissant d'une immunité. Bourgade franche créée pendant la féodalité, à l'initiative des monastères, pour servir de refuge et procéder au défrichement. ■ **2** TECHN. (APIC.) *Cellules de sauveté,* où les abeilles élèvent des reines. — *Reine de sauveté :* reine rapidement éduquée par les abeilles pour remplacer une reine morte.

SAUVETEUR, EUSE [sov(ə)tœʀ, øz] n. – 1816 ◇ de *sauvetage* ■ Personne qui prend part à un sauvetage, opère un sauvetage. *Remercier ses sauveteurs. Sauveteuse en mer.* **adj.** *Chien sauveteur.*

SAUVETTE (À LA) [alasovɛt] loc. adv. – 1898 ; *(jouer) à la sauvette* «à courir l'un après l'autre» 1867 ◇ de *se sauver* ■ *Marchands, vendeurs à la sauvette :* petits marchands et camelots qui vendent en fraude sur la voie publique (vente sans licence, marchandises prohibées) et disposent d'éventaires facilement transportables qui leur permettent de se sauver rapidement en cas d'alerte. ◆ FIG. *À la sauvette :* à la hâte, avec une précipitation suspecte. ➤ **hâtivement, précipitamment.** *«il ne la trompe pas ou bien c'est en voyage et à la sauvette»* SARTRE.

SAUVEUR, EUSE [sovœʀ, øz] n. et adj. – v. 1380 ; *salvaire* 1050 ◇ latin ecclésiastique *salvator,* de *salvare* → sauver ■ **1** n. m. *Le Sauveur :* Jésus-Christ, celui qui a sauvé le genre humain. ➤ **messie, rédempteur.** *Notre Sauveur. Jésus, le sauveur du monde.* **adj.** *Un Dieu sauveur* (pour le fém. *salvatrice* ➤ **salvateur**). ■ **2** Personne qui sauve (une personne, une collectivité). *Ce médecin a été mon sauveur. Le sauveur de la patrie.* ➤ **bienfaiteur, libérateur.** *Bonaparte s'offrait «à venir les sauver, mais qui les sauverait ensuite de ce sauveur ?»* MADELIN.

SAUVIGNON [soviɲɔ̃] n. m. – milieu XIXe ◇ origine inconnue ■ Cépage blanc, cultivé surtout dans le centre et le sud-ouest de la France. APPOS. *Cabernet sauvignon.* ◆ Vin, généralement blanc, issu de ce cépage.

SAVAMMENT [savamɑ̃] adv. – 1539 ◇ de *savant* ■ **1** D'une manière savante ; avec érudition, science. *Parler savamment.* ➤ **doctement** (cf. Comme un livre). — PAR EXT. En connaissance de cause. ➤ **sciemment.** *J'en parle savamment pour l'avoir expérimenté moi-même.* ■ **2** Avec habileté ou recherche. ➤ **habilement, ingénieusement.** *Une campagne savamment orchestrée.* ■ CONTR. Maladroitement ; simplement.

SAVANE [savan] n. f. – 1529 ◇ espagnol *sabana,* d'une langue d'Haïti ■ **1** Formation herbeuse des régions tropicales, vaste prairie pauvre en arbres et en fleurs, fréquentée par de nombreux animaux. *Savanes du Mexique, d'Afrique, de l'Inde.* ➤ aussi 1 **campo.** *«C'est la tendresse du vert par l'or des savanes»* SENGHOR. — GÉOGR. *Savane arborée* ou *savane-parc :* végétation intermédiaire entre la savane proprement dite et la forêt. ■ **2** (1683) (Canada) Terrain marécageux. *«Le bois par ici est à moitié bois et à moitié savane* [...] *; on marche sur une énorme éponge mouillée»* HÉMON. ◆ (Acadie, Louisiane) Pâturage, enclos près de la ferme.

SAVANT, ANTE [savɑ̃, ɑ̃t] adj. et n. – 1510 ; «sachant» XIIe ◇ ancien p. prés. de 1 *savoir*

I ~ adj. A. IDÉE D'ÉRUDITION ■ **1** Qui a beaucoup de connaissances en matière de science (I, 1o), qui a de l'érudition. ➤ **cultivé, docte, éclairé, érudit, instruit, lettré.** *De savants bénédictins. Un savant orientaliste. «La vanité de se montrer savant»* DIDEROT. ➤ **pédant.** *Il est très savant* (cf. C'est un puits* de science, une encyclopédie* vivante). *«Les Femmes savantes», comédie de Molière.* — Qui connaît très bien (une matière). ➤ **compétent, expert, ferré,** 1 **fort, maître** (dans), **versé ;** FAM. **balèze, calé.** *Être savant sur un sujet ; en histoire, en la matière.* — PAR EXT. Qui sait, qui est informé, au courant. *«Je suis là-dessus devenu savant à mes dépens»* MOLIÈRE. ◆ Formé de savants, d'érudits. *Société savante.* ■ **2** Où il y a de l'érudition, du savoir. *«Le ton de la conversation y est savant sans pédanterie»* ROUSSEAU. *Une édition savante. Mots, termes savants* (PROPRT *utilisés par les savants*) : mots empruntés tardivement au grec et au latin ou formés d'éléments grecs, latins. «Ictère, [...] *ce mot savant dont l'explication est jaunisse»* BALZAC. *Formes savante et populaire d'un même mot* (doublet). ◆ Qui, par sa difficulté, n'est pas accessible à tous. ➤ **ardu, complexe, compliqué, difficile, recherché.** *Musique savante et musique populaire. C'est trop savant pour moi,* trop difficile.

B. IDÉE D'HABILETÉ ■ **1** Qui est très habile, qui s'y connaît (dans son art, sa spécialité). ➤ **habile.** LITTÉR. *«Savante aux choses de la terre, elle inventa les semailles et le labourage»* HENRIOT. — COUR. *Animal savant,* dressé à faire des tours, des exercices, et que l'on produit parfois en public. *Chien savant.* ■ **2** Fait avec science, art ; où il y a une grande habileté. *De savantes caresses. Une cuisine très savante. Un savant mélange de styles.* ➤ **habile, ingénieux.** *Le savant désordre d'une tenue.* ➤ **étudié.**

II ~ n. ■ **1** (1634) VX Personne qui sait beaucoup de choses, qui est d'une grande culture. ➤ **clerc, érudit, humaniste, lettré, sage.** *Notre mère «Que du nom de savante on honore en tous lieux»* MOLIÈRE. *Assemblée de savants.* ➤ **aréopage.** ■ **2** n. m. (XVIIe, repris XIXe) MOD. Personne qui par ses connaissances approfondies et ses recherches contribue à l'élaboration, au progrès d'une science, et plus spécialement d'une science expérimentale ou exacte. ➤ **cerveau, chercheur, scientifique.** *Marie Curie fut un grand savant. La spécialité d'un savant.* ➤ **spécialiste ; -logue.** *Savants et techniciens.* ➤ **scientifique.** *Un congrès de savants. «Le savant sait qu'il ignore»* HUGO. *«Le savant complet est celui qui embrasse à la fois la théorie et la pratique expérimentale»* C. BERNARD.

■ CONTR. Ignorant, inculte. Populaire, simple. Facile, 1 naïf.

SAVARIN [savaʀɛ̃] n. m. – 1864 ; *brillat-savarin* 1856 ◇ de *Brillat-Savarin,* gastronome et écrivain (1755-1826) ■ Gâteau en forme de couronne, fait d'une pâte molle, et que l'on sert imbibé d'un sirop à la liqueur (➤ 2 **baba**). *Moule à savarin. Savarin au rhum.*

SAVART [savaʀ] n. m. – 1904 ◇ de *Savart,* n. d'un physicien ■ MUS. Unité pratique d'intervalle* musical. *Le demi-ton tempéré vaut 25 savarts.*

SAVATE [savat] n. f. – *chavate* en picard XIIe ; puis *çavate, savate* ◇ mot d'origine inconnue ■ **1** Vieille chaussure ou vieille pantoufle qui ne tient plus au pied. *Être en savates, traîner ses savates.* ◆ LOC. FAM. *Traîner la savate :* vivre misérablement, dans l'indigence (➤ **traîne-savate**). ■ **2** FIG. (1564) FAM. Injure à l'adresse d'une personne maladroite. *Quelle savate ! Il peint comme une savate !* ➤ **pied.** ■ **3** Sport de combat où l'on porte des coups de pied à l'adversaire (boxe française). *Elle «lui donna dans les jambes ce coup sec si connu de ceux qui pratiquent l'art dit* de la savate*»* BALZAC. ■ **4** TECHN. Large morceau de bois qu'on place sous un pied de meuble, un support, un objet étroit, pour l'empêcher de s'enfoncer, de dégrader le sol. ◆ MAR. Pièce de bois sur laquelle repose le navire au moment de son lancement.

SAVETIER [sav(ə)tje] n. m. – 1213, pour *savatier* ◇ de *savate* ■ VX Raccommodeur de souliers. ➤ **cordonnier.** *«Le Savetier et le Financier», fable de La Fontaine.*

SAVEUR [savœʀ] n. f. – *savor* XIIe ◇ latin *sapor, saporis* ■ **1** Qualité perçue par le sens du goût. ➤ **goût, sapidité ; flaveur.** *Aliment qui a une saveur, de la saveur* (➤ **sapide**). *Sans saveur.* ➤ **fade, insipide.** *Incolore, inodore* et sans saveur. Saveur agréable* (➤ **savoureux, succulent**), *désagréable. Saveur douce, forte ; saveur âcre, piquante. Les quatre saveurs fondamentales du goût :* acide, amer, salé, sucré. *L'umami est considéré comme la cinquième saveur fondamentale. «Le nombre des saveurs est infini, car tout corps soluble a une saveur spéciale qui ne ressemble entièrement à aucune autre»* BRILLAT-SAVARIN. ■ **2** FIG. Qualité de ce qui est agréable, plaisant. *«La saveur de la nouveauté»* STENDHAL. ➤ **piment, sel.** ■ CONTR. Fadeur.

1 **SAVOIR** [savwaʀ] v. tr. ⟨32⟩ – fin Xe, avec infinitif «être capable de» (II, 1o) ◇ du latin *sapere* «avoir du goût, du parfum» (d'où le sens de *sapide* et *insipide*) puis «avoir du discernement» et «être sage» (→ sage), enfin «comprendre» et «savoir»

I APPRÉHENDER PAR L'ESPRIT A. POSSÉDER UNE CONNAISSANCE ■ **1** (fin XIe) Avoir présent à l'esprit (un objet de pensée qu'on identifie et qu'on tient pour réel) ; pouvoir affirmer l'existence de. ➤ **connaître.** *Je ne sais pas votre nom. «Tout Saint-Ouen sut l'accident en quelques minutes»* ZOLA. ➤ **apprendre** (cf. Être au courant, être informé de). *C'est bon à savoir. Je sais ce que je sais :* j'ai mon opinion là-dessus. — *Le champion que l'on sait,* que tout le monde connaît. — **EN SAVOIR (qqch.).** *J'en sais quelque chose :* j'en ai fait l'expérience. *«Ce que j'en sais n'est pas direct, je le tiens de lui»* GIDE. *Qu'est-ce que tu en sais, d'abord ! Je voudrais en savoir davantage.* — **N'EN SAVOIR RIEN.** *Je n'en sais* (FAM. *j'en sais*) *rien. Il n'en a rien su.* — PRONOM. (PASS.) (1580) *Tout se sait, tout* *finit par se savoir*, par être su, connu. *Ça se saurait !*, si cela était vrai, on en aurait entendu parler. — PAR EUPHÉM. *Qui vous savez, que vous savez*, sert à désigner une personne, une chose que l'on ne veut pas nommer et qui est connue de l'interlocuteur. *Cet argent vient de qui vous savez pour ce que vous savez.* «*le fameux numéro 5 de chez qui vous savez*» J. VAUTRIN. ◆ (fin xe) (Suivi d'une subordonnée) *Je savais que ça lui plairait.* «*Des sujets que je savais l'intéresser*» CONSTANT. «*On la savait bien dotée*» MAUPASSANT. «*Nous autres, civilisations, nous savons maintenant que nous sommes mortelles*» VALÉRY. *Nous croyons savoir que...*, s'emploie quand l'information n'est pas absolument sûre. *J'ai l'honneur de vous faire savoir que...*, s'emploie quand un supérieur informe un subordonné. *Je sais bien que...*, s'emploie avec une valeur concessive. *Je sais bien que tu es occupé, mais essaie de venir. Je sais à quoi m'en tenir*, de quoi il retourne*. — Je sais pourquoi il est fâché. Savez-vous s'il doit venir ? Reste à savoir s'il en est capable* (toutes les autres conditions étant réunies, encore faut-il savoir si...). *La question de savoir si...*, la question à l'étude. *Elle* «*s'était remise à le considérer, depuis qu'elle lui savait des rentes*» ZOLA. ▪ **2** (fin xie) Être conscient de ; connaître la valeur, la portée de (tel acte, tel sentiment). LITTÉR. *Je sais mes obligations envers vous.* — COUR. *Il ne sait plus ce qu'il dit. Elle sait ce qu'elle fait. Vous ne savez pas ce que vous voulez ! Savoir gré* à qqn. — Sans le savoir* : sans en être conscient. *Faire de la prose* sans le savoir.* — FAM. *Je ne veux pas le savoir !*, je ne veux pas connaître vos excuses, vos raisons. *Il ne veut rien savoir* : il refuse de tenir compte des objections, des observations, des injonctions. *C'est bon à savoir.* — PRONOM. (suivi d'un attribut) (début xiiie) Avoir conscience d'être. *Il se sait condamné. Ils se savent invulnérables.* ▪ **3** Avoir dans l'esprit (un ensemble d'idées et d'images constituant des connaissances sur tel ou tel objet de pensée). ➤ **connaître.** «*Les gens de qualité savent tout sans avoir jamais rien appris*» MOLIÈRE. «*Si on savait tout ce qu'il y a à savoir on en saurait long*» DUVERT. FAM. *Il en sait, des choses* : il est instruit, savant. *En savoir plus, moins, autant que qqn* (sur qqch.). *La seule chose que je sais, c'est que je ne sais rien*, mot de Socrate. — *Que sais-je ?*, devise de Montaigne. ◆ SANS COMPL. Avoir des connaissances rationnelles, de l'expérience. *Savoir, c'est pouvoir*, aphorisme de Bacon. LOC. *Si jeunesse* savait. C'est jeune et ça ne sait pas. Tu parles sans savoir.* — «*L'appétit de savoir naît du doute*» GIDE. «*Savoir c'est comprendre comment la moindre chose est liée au tout*» ALAIN. ▪ **4** VIEILLI Connaître, être en mesure de retrouver ou d'utiliser. «*Ne sauriez-vous pas le moyen de me faire trouver un trésorier ?*» VOLTAIRE. ▪ **5** (début xive) Être en mesure de pratiquer (une activité) grâce à des connaissances théoriques et pratiques. «*Elle s'acquitta de sa besogne en coiffeuse qui sait son métier*» GAUTIER. ➤ **connaître.** *Il ne sait pas l'orthographe.* «*Un homme qui sait quatre langues vaut quatre hommes*» Mme DE STAËL. *Le peu d'espagnol que nous savions.* ▪ **6** Avoir présent à l'esprit dans tous ses détails, de manière à pouvoir répéter. *Savoir son rôle par cœur. — Élève qui sait sa leçon, sa table de multiplication. Il sait cette question sur le bout du doigt*.*

B. SENS AFFAIBLI, DANS DES EXPRESSIONS ▪ **1** Être au courant de, être au fait de. «*Ce qui est, comme tu le sais ou comme tu ne le sais pas, un véritable tour de force*» GAUTIER. «*On sait que les Romains étaient formalistes*» MONTESQUIEU. *Vous n'êtes pas sans savoir que...* : vous n'ignorez pas que... *Tout le monde sait. Dieu* sait.* ▪ **2** (fin xie) (À l'impératif) *Sachez que...* : apprenez que... ◆ (En incise ou en tête de phrase, pour souligner une affirmation) *Il est gentil, vous savez.* «*T'as de beaux yeux, tu sais*» (PRÉVERT, «Quai des brumes», film). ◆ **loc. conj. de coordin.** (milieu xiie) **À SAVOIR :** c'est-à-dire. *Il manque l'essentiel, à savoir l'argent.* ELLIPT *Savoir...* «*Les deux objets à la mode alors* [...], *savoir un kaléidoscope et une lampe de fer blanc*» HUGO. ▪ **3** (En loc. interrogative) *Peut-on savoir ?*, je vous prie de me l'apprendre. — FAM. *Tu sais quoi ?* (annonçant une information). — FAM. *Va savoir ! Allez savoir !*, c'est bien difficile à savoir. «*Allez savoir pourquoi je suis si bien sur l'eau*» Y. QUEFFÉLEC. — «*Ça m'intéresse, ce qui se passe là-dedans* [...] *Savoir si ça va décider Buteau !*» ZOLA. — *Qui sait ?*, ce n'est pas impossible. ➤ **peut-être.** ▪ **4** (En tour négatif, avec *ne*) «*L'amour, ne vous déplaise, est un je ne sais quoi*» REGNARD. ➤ **je ne sais quoi.** «*comme un nuage dont la foudre va tomber on ne sait quand ni sur qui*» ROMAINS. *Il y a je ne sais combien de temps*, très longtemps. «*Il a je n'sais plus qui dans sa famille qui est je n'sais plus quoi*» BARBUSSE. *Notre départ est remis à je ne sais quand. Sorti de je ne sais où. Elle a avoué* «*avoir été toute drôle, toute je ne sais comment*» BAUDELAIRE. ◆ (Suivi d'une interrogative indirecte à l'inf.) *Ne savoir que faire, quoi faire. Elle ne savait plus où se mettre. Ils ne savent qu'inventer. Ne savoir sur quel pied danser*, à quel saint* se vouer ; où donner de la tête*. On ne sait par quel bout* le prendre.* ▪ **5** (fin xiie) (Au subj., en loc. restrictive) **QUE JE SACHE :** autant que je puisse savoir, en juger. «*Sibylle n'a pas la prétention, que je sache, d'imposer silence à mes amis*» BARBEY. — LITTÉR. (par anal. avec le tour restrictif) *Je ne sache pas* : je ne connais pas. «*Je ne sache pas de succès qui ne s'achète par un demi-mensonge*» YOURCENAR.

II SAVOIR (et inf.). **ÊTRE CAPABLE DE, EN MESURE DE** ▪ **1** (fin xe) Être capable par un apprentissage, par l'habitude, de (faire qqch.). *À quatre ans, elle savait déjà lire et écrire. Savoir nager, conduire, jouer du piano.* «*Je n'aime pas écrire, mon cher ami, je ne sais que parler*» DEGAS. ◆ Être capable, par une habileté naturelle ou acquise, de (faire qqch.). «*Ah ! si je savais dire comme je sais penser !*» DIDEROT. *Il a toujours su s'y prendre.* FAM. *Il sait y faire* : s'y prendre. *Il ne sait pas vivre.* ▪ **2** (fin xie) S'appliquer à, par effort de volonté. *Savoir écouter, attendre. Elle a su vieillir. Il faut savoir dire non.* ▪ **3** (Nord ; Belgique, Luxembourg, Burundi) Pouvoir. *Il ne sait pas rester tranquille.* «*Ses deux jambes étaient insensibles et elle ne savait les remuer*» SCHWOB. ▪ **4** (Au conditionnel et en tour négatif avec *ne* seul) Pouvoir. *Je ne saurais vous répondre.* «*Couvrez ce sein que je ne saurais voir*» MOLIÈRE. ◆ (Sujet chose) «*Ni la goutte, ni la colique ne sauraient lui arracher une plainte*» LA BRUYÈRE. — IMPERS. *Il ne saurait en être question.* ▪ **5** FAM. (après un v.) *Tout ce qu'il sait* : beaucoup, énormément, sans se retenir. *Elle pleura tout ce qu'elle savait.*

▪ **CONTR.** Ignorer. ▪ **HOM.** *Saurais* : saurais (saurer) ; *sus* : sue (suer) ; *susse* : suce (sucer).

2 **SAVOIR** [savwaʀ] **n. m.** – fin xiie ; *savir* 842 ◇ de 1 *savoir* ▪ **1** Ensemble de connaissances plus ou moins systématisées, acquises par une activité mentale suivie. ➤ 1 **acquis, connaissance,** 2 **culture, érudition, instruction, lumières, science.** «*il fut surpris de l'étendue de son savoir*» STENDHAL. «*la petite part de savoir que je possède, qui m'a coûté tant de peine à acquérir*» BERNANOS. ◆ SPÉCIALT *Le gai* savoir.* ▪ **2** PHILOS. État de l'esprit qui sait ; relation entre le sujet et l'objet de pensée dont il admet la vérité (pour des raisons intellectuelles et communicables). «*La foi ne méconnaît ni ne renie le savoir*» BLONDEL. ▪ **CONTR.** Ignorance.

SAVOIR-FAIRE [savwaʀfɛʀ] **n. m. inv.** – 1671 ◇ de 1 *savoir* et 1 *faire* ▪ **1** Habileté à faire réussir ce qu'on entreprend, à résoudre les problèmes pratiques ; compétence, expérience dans l'exercice d'une activité artistique ou intellectuelle. ➤ 2 **adresse, art, dextérité.** «*Pour gagner du bien, le savoir-faire vaut mieux que le savoir*» BEAUMARCHAIS. ▪ **2** (traduction de l'anglais *know how*) DR. COMM. Ensemble des connaissances, expériences et techniques accumulées par un individu ou une entreprise. *Savoir-faire industriel, commercial. Exploiter, valoriser un savoir-faire.* «*la diffusion des savoirs et des savoir-faire*» M. BLANC.

SAVOIR-VIVRE [savwaʀvivʀ] **n. m. inv.** – v. 1660 ◇ de 1 *savoir* et 1 *vivre* ▪ **1** VX Art de bien diriger sa vie. ▪ **2** MOD. Qualité d'une personne qui connaît et sait appliquer les règles de la politesse. ➤ **éducation, tact.** «*Les hommes d'aujourd'hui ont si peu d'égards et de savoir-vivre*» MAUPASSANT. — Ces règles. *Manuel de savoir-vivre.* ▪ **CONTR.** Impolitesse.

SAVON [savɔ̃] **n. m.** – 1256 ◇ latin *sapo, onis*, d'origine germanique ▪ **1** Produit utilisé pour le dégraissage et le lavage, obtenu par l'action d'un alcali sur un corps gras (surtout huiles végétales). *Savon blanc. Savon noir*, utilisé pour laver les carrelages, etc. *Savon de Marseille. Pain de savon. Savon en paillettes, en poudre, liquide. — Savon à barbe. Bulle* de savon. Savon qui mousse beaucoup. Laver, nettoyer qqch. avec du savon.* ➤ **savonner.** *Laver à l'eau et au savon. Gel nettoyant sans savon.* ◆ CHIM. Sel des acides gras ; produit d'une saponification. ▪ **2** *Un savon* : morceau moulé de ce produit. *Acheter des savons de Marseille. Des savons de toilette.* ➤ **savonnette.** *Savon à la glycérine.* ▪ **3** LOC. FAM. (1694 ◇ de *savonner la tête*) *Passer un savon à qqn*, le réprimander* (cf. Laver* la tête à qqn ; RÉGION. passer un cigare* à qqn). *Recevoir un bon savon.* ➤ **engueulade.** ▪ **4** MINÉR. Silicate hydraté d'aluminium déposé dans certaines eaux thermales. *Savon blanc, savon de montagne, savon minéral. — Savon naturel, savon des soldats* : argile smectique. — TECHN. *Savon des verriers* : bioxyde de manganèse.

SAVONNAGE [savɔnaʒ] **n. m.** – 1680 ◇ de *savonner* ▪ Lavage au savon.

SAVONNER [savɔne] **v. tr.** ‹1› – début XVIe ◊ de *savon* ■ **1** Laver en frottant avec du savon. *Savonner du linge. Se savonner le visage.* — PRONOM. Se laver au savon. *Elle s'est savonnée sous la douche.* ■ **2** LOC. FAM. (1669) VIEILLI *Savonner la tête à qqn,* le réprimander. ➤ **savon** (3°). — MOD. *Savonner la planche à qqn :* utiliser des procédés déloyaux envers qqn pour tenter de le faire échouer.

SAVONNERIE [savɔnʀi] **n. f.** – 1313 ◊ de *savon* ■ **1** Usine où l'on fabrique du savon. — Fabrication du savon. ■ **2** (du nom de la manufacture installée au XVIIe s. dans une *savonnerie* désaffectée) Tapis fabriqué à la manufacture de la Savonnerie. *« Il avait renversé la moitié de son whisky sur la savonnerie du grand salon »* J.-CH. RUFIN.

SAVONNETTE [savɔnɛt] **n. f.** – 1579 ◊ de *savon* ■ **1** Petit pain de savon pour la toilette. *Savonnette (parfumée) à la lavande.* ■ **2** (1857 ; *montre à savonnette[s]* 1842) VX Montre à double boîtier. ■ **3** (1953) FAM. Pneu n'ayant aucune adhérence.

SAVONNEUX, EUSE [savɔnø, øz] **adj.** – début XVIIIe ◊ de *savon* ■ Qui contient du savon, qui a rapport au savon. *Eau savonneuse. « Une humidité lourde, chargée d'une odeur savonneuse »* ZOLA. — FAM. *Être sur la pente* savonneuse.* ◆ Dont l'aspect, la consistance rappelle le savon. *Opaline savonneuse. Une argile grasse et savonneuse.*

SAVONNIER, IÈRE [savɔnje, jɛʀ] **n. et adj.** – 1292 ◊ de *savon* ■ **1** Personne qui fabrique, vend du savon. ◆ **adj.** (1611) Relatif à la fabrication et au commerce du savon. ■ **2** **n. m.** (1694) Arbre exotique *(sapindacées)* dont l'écorce est riche en saponine.

SAVOURER [savuʀe] **v. tr.** ‹1› – XIIIe ; *savorer* fin XIIe ◊ de *saveur* ■ **1** Manger, boire avec lenteur et attention de manière à apprécier pleinement. ➤ **déguster.** *« Duroy buvait la bière à lentes gorgées, la savourant et la dégustant »* MAUPASSANT. ➤ **siroter.** ■ **2** Goûter de manière à prolonger le plaisir, à le rendre plus délicat, plus intense. ➤ se **délecter, jouir** de. *Savourer la liberté, la victoire.*

SAVOUREUSEMENT [savuʀøzmɑ̃] **adv.** – XIIIe ◊ de *savoureux* ■ **1** VX En savourant. ■ **2** (1875) MOD. RARE D'une façon savoureuse. *Un ragoût savoureusement préparé.* — FIG. Avec piquant. *Anecdote savoureusement racontée.*

SAVOUREUX, EUSE [savuʀø, øz] **adj.** – début XIIIe ◊ bas latin *saporosus* ■ **1** Qui a une saveur agréable, riche et délicate. ➤ **appétissant, délectable, succulent.** *Le gibier « est une nourriture [...] savoureuse, de haut goût »* BRILLAT-SAVARIN. *Un morceau savoureux.* ➤ **délicat.** *Des fruits savoureux. « Le savoureux bouillon des choux »* MAUPASSANT. ■ **2** FIG. Qui a de la saveur, du piquant. *Livre, récit savoureux. « Sur ces mots de "vie secrète," on s'attend à de savoureuses indiscrétions »* HENRIOT.

SAVOYARD, ARDE [savwajaʀ, aʀd] **adj.** – 1580 ◊ de *Savoie* ■ De la Savoie. *« Des ramoneurs savoyards passaient [...], avec leur plaintif appel »* LOTI. *Chalet savoyard. Fondue* savoyarde.* — **n.** *Un Savoyard, une Savoyarde.* ANCIENNT *Les (petits) Savoyards :* les ramoneurs.

SAX [saks] **n. m.** – v. 1970 ◊ de *saxophone* ■ FAM. Saxophone. ➤ **saxo.** ■ HOM. Saxe.

SAXATILE [saksatil] **adj.** – v. 1555 ◊ latin *saxatilis,* de *saxum* « rocher » ■ SC. NAT. Qui vit parmi les rochers, croît sur les rochers. *Poisson saxatile. Plante saxatile.* ➤ **saxicole.**

SAXE [saks] **n. m.** – 1847 ◊ de *Saxe,* région de l'Allemagne ■ Porcelaine de Saxe ; objet fait de cette porcelaine. *Une collection de vieux saxes.* ■ HOM. Sax.

SAXHORN [saksɔʀn] **n. m.** – 1846 ◊ de *Sax,* nom de l'inventeur, et allemand *Horn* « cor » ■ MUS. Instrument de musique à vent en cuivre, à embouchure et à pistons.

SAXICOLE [saksikɔl] **adj. et n.** – 1836 ◊ du latin *saxum* « rocher » et *-cole* ■ BOT. Saxatile. *Plantes saxicoles.*

SAXIFRAGE [saksifʀaʒ] **n. f. et adj.** – XIIIe ◊ du latin *saxum* « rocher » et *frangere* « briser » ■ **1** Plante herbacée *(saxifragacées)* dont certaines espèces croissent dans les fissures des rochers et des murs. *Le désespoir des peintres est une saxifrage.* ■ **2** **adj.** (XXe) Qui a le pouvoir de dissoudre ou de briser les calculs rénaux.

SAXO [sakso] **n.** – début XXe ◊ abrév. de *saxophone* et *saxophoniste* ■ **1** **n. m.** Saxophone. *Jouer du saxo ténor.* ➤ **sax.** *Des saxos.* ■ **2** Saxophoniste. *Elle est saxo.*

SAXON, ONNE [saksɔ̃, ɔn] **n. et adj.** – 1512 ; *Saisne* 1080 ◊ bas latin *Saxo* ■ **1** (Le plus souvent au plur.) Membre d'un des anciens peuples germaniques. *Invasion de la Grande-Bretagne par les Saxons unis aux Angles et aux Jutes* (➤ **anglo-saxon**). — **adj.** *Les invasions saxonnes.* ■ **2** De la Saxe, région de l'Allemagne. ■ **3** **n. m.** LING. *Le vieux saxon :* l'état le plus archaïque du bas allemand. *Bas saxon :* ensemble des dialectes issus du vieux saxon.

SAXOPHONE [saksɔfɔn] **n. m.** – 1843 ◊ de *Sax,* nom de l'inventeur, et *-phone* ■ Instrument à vent en cuivre, à anche simple et à clés, muni d'un bec semblable à celui de la clarinette qui fait partie de la famille des bois. ➤ **sax, saxo.** *Saxophone ténor, saxophone alto.*

SAXOPHONISTE [saksɔfɔnist] **n.** – 1938 ◊ de *saxophone* ■ Musicien, musicienne qui joue du saxophone. ➤ **saxo.** *Un, une saxophoniste-ténor.*

SAYNÈTE [sɛnɛt] **n. f.** – *saïnette* 1764 ◊ espagnol *sainete,* diminutif de *sain* « graisse » (cf. *farce*) ; rattaché à *scène* ■ **1** HIST. LITTÉR. Petite comédie bouffonne du théâtre espagnol (que l'on jouait pendant un entracte). ■ **2** Petite pièce comique en une seule scène, avec peu de personnages. ➤ **sketch.** *Les saynètes de Tchekhov.*

SAYON [sɛjɔ̃] **n. m.** – 1485 ◊ espagnol *saya,* latin *sagum* ■ ANCIENNT ■ **1** Casaque grossière de paysan, de berger. ■ **2** (1798) Casaque de guerre des Gaulois et des Romains. ■ HOM. Seillon.

SBIRE [sbiʀ] **n. m.** – 1546 ◊ italien *sbirro, birro ;* bas latin *burrus, birrus* « roux », grec *purrhos,* à cause d'une couleur d'habit ou de la valeur péj. de *roux* ■ **1** ANCIENNT Agent de police, en Italie. ■ **2** MOD. PÉJ. Policier. ◆ Homme de main, personnage qui exerce des violences au service de qqn, d'un pouvoir oppressif. ➤ **nervi.** *Les sbires du dictateur.*

SCABIEUSE [skabjøz] **n. f.** – 1314 ◊ latin des médecins *scabiosa,* du latin *scabiosus* « galeux », cette plante passant pour guérir la gale (*scabies* en latin) ■ Plante herbacée *(dipsacacées)* annuelle ou vivace, sauvage ou cultivée, employée autrefois comme dépuratif. *Scabieuse des champs, du Caucase,* à fleurs mauves. *« La scabieuse [...] donne une jolie fleur d'un bleu mourant, et à fond noir piqueté de blanc »* BERNARDIN DE SAINT-PIERRE.

SCABIEUX, IEUSE [skabjø, jøz] **adj.** – 1545 ; « qui a la gale » 1389 ◊ latin *scabiosus* → scabieuse ■ MÉD. Relatif à la gale. *Éruption scabieuse.*

SCABREUX, EUSE [skabʀø, øz] **adj.** – 1501 ◊ bas latin *scabrosus,* du classique *scaber* « rude, raboteux » ■ **1** LITTÉR. Qui crée une situation embarrassante et des risques d'erreur. ➤ **dangereux, délicat, périlleux, risqué.** *Entreprise, question scabreuse. « La conversation est arrivée ensuite à des choses plus graves. Nous touchons à un sujet bien autrement scabreux »* STENDHAL. ■ **2** (XVIIIe) COUR. Qui choque la décence. *Histoire scabreuse.* ➤ **indécent, licencieux.** *Détails scabreux.*

SCAFERLATI [skafɛʀlati] **n. m.** – 1762 ; « tabac turc » 1707 ◊ origine inconnue ■ Tabac finement découpé, pour la pipe ou la cigarette.

1 **SCALAIRE** [skalɛʀ] **n. m.** – XXe ; n. f. « mollusque » 1808 ◊ latin *scalaris* « d'escalier », de *scalæ* « escalier » ■ Poisson d'aquarium *(perciformes),* originaire d'Amazonie, au corps aplati et rayé de jaune et de noir.

2 **SCALAIRE** [skalɛʀ] **adj.** – 1885 ◊ anglais *scalar* (1862), du latin *scalaris* ■ MATH. Se dit de toute grandeur suffisamment définie par un nombre (au contraire des grandeurs vectorielles). *« On les nomme grandeurs scalaires parce qu'elles suggèrent l'image d'une échelle de valeurs indépendamment de toute idée d'orientation »* BROGLIE. *Produit scalaire de deux vecteurs,* produit de leur module et du cosinus de l'angle formé par le couple des deux vecteurs.

SCALA SANTA [skalasɑ̃ta] **n. f.** – 1846 ◊ mots italiens « escalier saint » ■ Escalier du palais de Ponce-Pilate à Jérusalem, transporté et réédifié à Rome, que les pèlerins montent à genoux. — PAR EXT. Escalier de forme analogue.

SCALDE [skald] **n. m.** – 1755 ◊ scandinave *skald* « poète » ■ HIST. LITTÉR. Ancien poète chanteur scandinave, auteur de poésies transmises d'abord oralement puis recueillies dans les sagas. — **adj.** **SCALDIQUE.** *Poésie scaldique.*

SCALÈNE [skalɛn] **adj.** – 1542 ◊ latin *scalenus,* grec *skalênos* « boiteux », d'où « impair, inégal » ■ **1** GÉOM. *Triangle scalène :* triangle quelconque. ■ **2** (XVIe) ANAT. *Muscles scalènes,* ou **n. m. pl.** *les* *scalènes :* les trois muscles de la partie latérale du cou (antérieur, moyen et postérieur) de forme triangulaire, partant des apophyses transverses des vertèbres cervicales pour s'insérer sur les deux premières côtes, qui participent au mouvement d'inspiration et déterminent une légère inclinaison de la tête.

SCALOGRAMME [skalɔgʀam] **n. m.** – 1964 ◇ du latin *scala* «échelle» et *-gramme* ■ STATIST. Tableau représentatif des opinions ou attitudes d'un groupe social, selon une échelle quantitative.

SCALP [skalp] **n. m.** – 1803 ◇ mot anglais «peau du crâne accompagnée de sa chevelure», ou de *to scalp* ■ **1** Action de scalper. HIST. *Danse du scalp :* danse guerrière qu'exécutaient les Amérindiens autour de la victime qui allait être scalpée. ◆ MÉD. Arrachement accidentel du cuir chevelu. ■ **2** PAR EXT. Dépouille, trophée constitué par la peau du crâne avec sa chevelure.

SCALPEL [skalpɛl] **n. m.** – 1539 *scalpelle ;* *scapel* v. 1370 ; variante *scalpre ;* rare avant XVIIIe ◇ latin *scalpellum,* de *scalprum,* de *scalpere* «graver, tailler» ■ CHIR. Petit couteau à manche plat destiné aux opérations chirurgicales, aux dissections. *Incision au scalpel.* ➤ **bistouri.**

SCALPER [skalpe] **v. tr.** ‹1› – 1769 ◇ anglais *to scalp,* de *scalp* «calotte crânienne», du scandinave *skalp* «coquille» ■ Dépouiller (qqn) du cuir chevelu après incision circulaire de la peau. *«L'affreuse coutume de scalper l'ennemi augmente la férocité du combat»* CHATEAUBRIAND.

SCAMPI [skɑ̃pi] **n. m.** – v. 1950 ◇ mot italien, plur. de *scampo* «langoustine» ■ Langoustine ou grosse crevette préparée à la manière italienne (frite en beignets). *Des scampis.*

SCAN [skan] **n. m.** – 1978 ◇ mot anglais, de *to scan* «scruter» ■ ANGLIC. ■ **1** Numériseur. ➤ 1 **scanner.** ■ **2** Action de scanner (qqch). ➤ **numérisation.** *Effectuer le scan d'un document.* ■ **3** Document numérisé obtenu à l'aide d'un scanner. ➤ 1 **scanner.** *Analyser des scans.*

SCANDALE [skɑ̃dal] **n. m.** – XIIe ◇ bas latin *scandalum,* grec *skandalon* «obstacle, pierre d'achoppement» **A.** RELIG. ■ **1** Occasion de péché créée par la personne qui incite les autres à se détourner de Dieu ; le péché commis par la personne qui incite et par celle qui se laisse entraîner. *«Malheur à l'homme par qui le scandale arrive»* (BIBLE). ■ **2** Fait religieux troublant, contradictoire. *«Jésus crucifié, qui a été le scandale du monde»* BOSSUET. *Saint Paul «ne l'appelait plus le mystère de la croix, mais le scandale de la croix»* BOURDALOUE.

B. COUR. ■ **1** (1657) Effet fâcheux, choquant, produit dans le public par des faits, des actes ou des propos considérés comme contraires à la morale, aux usages. ➤ **éclat.** *Causer, entraîner un scandale public. Faire scandale. «Ce livre s'intitule : De cinq à sept, et il fait scandale, dans le bon sens»* MIRBEAU. *«Oh ! le scandale ne me fait pas peur»* ZOLA. — *Journal, presse à scandale,* qui se spécialise dans les informations susceptibles de faire scandale. *Film, livre à scandale,* qui fait scandale. ◆ (1561) Émotion indignée qui accompagne cet effet. ➤ **indignation.** *Au grand scandale de sa famille.* ■ **2** (XIVe) Désordre, esclandre. ➤ **tapage ;** FAM. **barouf, bordel,** 1 **foin.** *Scandale sur la voie publique. Faire du scandale. Elle a fait tout un scandale quand on a refusé de la rembourser. Allons, pas de scandale !* ■ **3** Grave affaire qui émeut l'opinion publique à la fois par son caractère immoral et par la personnalité des gens qui y sont compromis. ➤ **affaire.** *Scandale politique, financier. Être impliqué, compromis dans un scandale. «Parfois cependant des scandales éclatent, la justice est saisie»* M. GARÇON. ■ **4** Fait immoral, révoltant. ➤ **honte ; scandaleux,** 3°. *Tant de gaspillage est un vrai scandale. C'est un scandale ! Crier au scandale :* dénoncer une chose comme choquante, insupportable. ■ CONTR. Édification.

SCANDALEUSEMENT [skɑ̃daløzmɑ̃] **adv.** – v. 1470 ◇ de *scandaleux* ■ D'une manière scandaleuse. — FAM. *Être scandaleusement laid,* très laid, laid «comme il n'est pas permis (de l'être)».

SCANDALEUX, EUSE [skɑ̃dalø, øz] **adj.** – 1361 ◇ bas latin *scandalosus* ■ **1** Qui cause du scandale, provoque un grand retentissement dans le public, par son mauvais exemple. *Vie, conduite scandaleuse. Procès, roman scandaleux.* — (PERSONNES) *«Dans l'autobus, au cinéma, dans le métro, elle était scandaleuse, elle disait toujours ce qu'il ne fallait pas dire, sa voix ronde lâchait des mots scandaleux»* SARTRE. ◆ Relatif aux scandales. *Chronique scandaleuse.* ■ **2** (1596) RELIG. Qui cause le scandale, incite au péché. ■ **3** Choquant par son immoralité, son excès dans le cynisme. *Prix scandaleux,* trop élevé. *Mauvais goût scandaleux.* ➤ **épouvantable.** *C'est scandaleux !* ➤ **honteux, révoltant.** ■ CONTR. Édifiant, moral.

SCANDALISER [skɑ̃dalize] **v. tr.** ‹1› – *scandalizer* fin XIIIe ; *escandaliser* 1190 ◇ bas latin *scandalizare* ■ **1** RELIG. Être un sujet de scandale pour (qqn), inciter au péché. *Scandaliser les âmes.* — PRONOM. *«Il est bien ridicule de se scandaliser de la bassesse de Jésus-Christ»* PASCAL. ■ **2** COUR. Atteindre, toucher par le scandale ; apparaître comme un scandale à. ➤ **blesser, choquer, indigner, offenser, offusquer.** *«Il ébaucha un geste qui scandalisa toutes ces dames»* ZOLA. *Être scandalisé par qqch., qqn, de qqch.* ABSOLT *Désir de scandaliser.* ◆ PRONOM. *«J'imite. Plusieurs personnes s'en sont scandalisées»* ARAGON. ➤ **s'indigner.** *Elle s'est scandalisée que personne n'ait protesté.* ■ CONTR. Édifier.

SCANDER [skɑ̃de] **v. tr.** ‹1› – 1516 ◇ latin *scandere* «escalader» ■ **1** Analyser (un vers) en ses éléments métriques ; le déclamer en tenant compte de cette analyse. *Scander les hexamètres de Virgile.* — Exécuter ou chanter en marquant les temps forts. *Le violon «scandait le refrain sur son instrument»* ARAGON. ■ **2** COUR. Ponctuer, souligner. *«Je scandais ces méchantes phrases sur un air de polka»* DUHAMEL. — *Paroles scandées de gestes de la main.* ◆ Prononcer en détachant les syllabes, les groupes de mots. *Les manifestants scandaient des slogans hostiles.*

SCANDINAVE [skɑ̃dinav] **adj.** – 1756 ◇ du latin *Scandinavia* ou *Scadinavia,* ancien germanique °*skadinaja* ■ Qui appartient à la Scandinavie ou à ses habitants. *Péninsule, peuples scandinaves* (Suédois, Norvégiens, Danois, Islandais). *Langues scandinaves* (ou *nordiques*) : langues du groupe germanique septentrional parlées par ces peuples. — **n.** *Les Scandinaves.* ➤ **nordique.**

SCANDINAVISME [skɑ̃dinavism] **n. m.** – 1856 ◇ de *scandinave* ■ DIDACT. Système politique qui s'inspire de la communauté ethnique et linguistique des pays scandinaves, englobant l'Islande.

SCANDIUM [skɑ̃djɔm] **n. m.** – 1879 ◇ d'après le latin *Scandia* «Scandinavie» ■ CHIM. Corps simple (Sc ; n° at. 21 ; m. at. 44,956), métal qu'on trouve dans certains minerais des terres rares.

1 **SCANNER** [skanɛʀ] **n. m.** – 1964 ◇ mot anglais, de *to scan* «scruter» ■ **1** IMPRIM. Appareil servant à fabriquer des clichés typographiques par balayage électronique. ◆ INFORM. Périphérique d'ordinateur, appareil de télédétection destiné à la numérisation de pages de texte, d'images. — Recomm. offic. *numériseur*,* *scanneur* [skanœʀ]. ■ **2** (1974) MÉD. Appareil de radiodiagnostic composé d'un système de tomographie et d'un ordinateur qui reconstitue les données obtenues sur un écran. ➤ **tomodensitomètre.** — *Le scanner explore l'organisme au moyen de rayons X. Passer au scanner ;* FIG. explorer dans les moindres détails. ◆ Examen réalisé à l'aide de cet appareil. *Passer un scanner des poumons.* — Image obtenue lors de cet examen. *Interpréter un scanner.*

2 **SCANNER** [skane] **v. tr.** ‹1› – 1980 ◇ de l'anglais *to scan* «scruter, explorer» ■ Numériser (un document) à l'aide d'un scanner. — **p. p. adj.** *Texte scanné* (➤ **scan**). ◆ FIG. Observer attentivement. ➤ **détailler, examiner.** *«L'autre le scanne d'un œil soupçonneux»* KERANGAL.

SCANOGRAPHIE [skanɔgʀafi] **n. f.** – 1972 ◇ de 1 *scanner* et *-graphie* ■ **1** Ensemble des connaissances et des procédés techniques qui permettent d'utiliser un scanner. ➤ **tomodensitométrie.** ■ **2** MÉD. Radiographie obtenue par un scanner (2°), un scanographe.

SCANSION [skɑ̃sjɔ̃] **n. f.** – 1741 ◇ latin *scansio* ■ **1** DIDACT. Action, manière de scander (un vers). ■ **2** PATHOL. Trouble de la prononciation qui consiste à mettre l'accent sur certaines syllabes.

SCAPHANDRE [skafɑ̃dʀ] **n. m.** – 1859 ; «ceinture de sauvetage» 1767 ◇ du grec *skaphê* «barque» et *-andre* ■ Appareil de plongée individuel. *Scaphandres à casque et vêtement souple.* ◆ (1933) *Scaphandre autonome :* vêtement étanche, pourvu d'une bouteille à air comprimé. ◆ Par anal. de forme Combinaison de protection. *Le scaphandre des cosmonautes. Scaphandre Mururoa,* utilisé en milieu hostile (nucléaire, bactériologique…).

SCAPHANDRIER, IÈRE [skafɑ̃dʀije, jɛʀ] **n.** – 1805 ◇ de *scaphandre* ■ Plongeur, plongeuse muni(e) d'un scaphandre. *«Un scaphandrier revêtait son costume de plongée et des aides lui vissaient une tête de cuivre»* SIMENON.

-SCAPHE ■ Élément, du grec *skaphê* « barque » : *bathyscaphe.*

SCAPHITE [skafit] **n. m.** – 1839 ◊ du grec *skaphê* « barque » ■ PALÉONT. Mollusque à tentacules, fossile du crétacé comprenant des ammonites à spire déroulée.

SCAPHOÏDE [skafɔid] **adj.** – 1538 ◊ grec *skaphoeidês* « en forme de barque » ■ ANAT. *Os scaphoïde,* ou **n. m.** *le scaphoïde* : l'os le plus volumineux de la rangée supérieure des os du carpe, du côté externe. — *Scaphoïde tarsien.* ➤ **naviculaire.**

SCAPULA [skapyla] **n. f.** – 1734 ◊ latin *scapulæ* « épaules » ■ ANAT. Omoplate.

1 **SCAPULAIRE** [skapylɛʀ] **n. m.** – 1380 ; *capulaire* 1195 ◊ latin médiéval *scapulare,* du latin *scapulæ* « épaules » ■ **1** RARE Vêtement de certains religieux, fait de deux larges bandes d'étoffe, tombant des épaules sur la poitrine et sur le dos. « *le grand scapulaire noir de l'Ordre* » HUYSMANS. ■ **2** (1671) COUR. Objet de dévotion composé de deux petits morceaux d'étoffe bénits, réunis par des rubans qui s'attachent au cou. « *Il tira un scapulaire d'étoffe où saignait un cœur couleur d'orange* » GIONO.

2 **SCAPULAIRE** [skapylɛʀ] **adj.** et **n. m.** – 1721 ◊ du latin *scapulæ* « épaules » ■ **1** ANAT. Qui appartient à l'épaule ou à l'omoplate. *Ceinture* scapulaire. Artères, veines scapulaires.* ■ **2** **n. m.** (1752) CHIR. Large bande de toile passée sur les épaules pour retenir un bandage.

SCAPULALGIE [skapylalʒi] **n. f.** – 1860 ◊ de l'élément *scapul-,* du latin *scapulae* « épaules », et *-algie* ■ MÉD. Douleur de l'épaule. *L'arthrite scapulohumérale est une des causes les plus fréquentes de scapulalgie.*

SCAPULOHUMÉRAL, ALE, AUX [skapyloymeʀal, o] **adj.** – 1839 ◊ du radical de *scapulaire* et *huméral* ■ ANAT. Qui appartient à l'omoplate et à l'humérus. *Articulation scapulohumérale.*

SCARABÉE [skaʀabe] **n. m.** – 1526 ◊ latin *scarabaeus,* du grec *karabos* → carabe ■ Insecte coléoptère coprophage *(scarabéidés).* ➤ **bousier.** « *Un scarabée, roulant, sur le sol, avec ses mandibules et ses antennes, une boule* » LAUTRÉAMONT. ◆ Pierre gravée, bijou portant l'image du scarabée sacré égyptien.

SCARABÉIDÉS [skaʀabeide] **n. m. pl.** – 1904 ; *scarabéides* 1804 ◊ de *scarabée* ■ ZOOL. Famille d'insectes coléoptères au corps massif, aux pattes fouisseuses, les uns coprophages (➤ **bousier**), les autres phytophages.

SCARE [skaʀ] **n. m.** – 1546 ◊ latin *scarus,* grec *skaros* ■ ZOOL. Poisson osseux des mers tropicales, aux vives couleurs, appelé couramment *poisson-perroquet.*

SCARIEUX, IEUSE [skaʀjø, jøz] **adj.** – 1778 ◊ latin savant *scariosus,* du latin médiéval *scaria* « bouton, lèpre », grec *eskhara* → 1 escarre ■ BOT. Se dit d'un organe membraneux, desséché et translucide.

SCARIFIAGE [skaʀifjaʒ] **n. m.** – 1859 ◊ de *scarifier* ■ AGRIC. Opération consistant à briser la croûte durcie sur le sol entre les labours et les hersages et le moment des semailles.

SCARIFICATEUR [skaʀifikatœʀ] **n. m.** – 1561 ◊ de *scarifier* ■ **1** MÉD. Instrument en acier, à extrémité tranchante, utilisé pour la scarification (1°). ■ **2** (1842) AGRIC. Machine servant au scarifiage du sol. ➤ **cultivateur, déchaumeuse, extirpateur.**

SCARIFICATION [skaʀifikasjɔ̃] **n. f.** – 1314 ◊ latin *scarificatio* ■ **1** MÉD., CHIR. Incision superficielle, pratiquée pour provoquer un écoulement de sang ou de sérosité. ➤ **moucheture.** *Scarification au bistouri, au scarificateur. Vaccination par scarification.* ◆ SPÉCIALT, AU PLUR. En Afrique, Marquage rituel symbolique d'appartenance ethnique ou d'initiation. ■ **2** (1660) ARBOR. Incision pratiquée sur l'écorce d'un arbre, pour arrêter la circulation de la sève au voisinage des fruits. SPÉCIALT Incision annulaire de la vigne.

SCARIFIER [skaʀifje] **v. tr.** ⟨7⟩ – v. 1300 ◊ latin *scarificare,* du grec *skariphasthai* « inciser, gratter », de *skariphos* « stylet » ■ **1** Inciser superficiellement (la peau, les muqueuses). — PAR EXT. *Ventouses scarifiées,* appliquées sur des parties du corps préalablement scarifiées. ■ **2** AGRIC. Procéder au scarifiage de (la terre). ➤ **labourer.** ■ **3** ARBOR. Procéder à la scarification de (l'écorce).

SCARLATINE [skaʀlatin] **n. f.** et **adj.** – 1741 ◊ latin médiéval *scarlatinus,* de *scarlatum* → écarlate ■ Maladie infectieuse aiguë, fébrile, contagieuse et épidémique, provoquée par des streptocoques hémolytiques, caractérisée par une angine et un exanthème cutané rouge, formant de grandes nappes, auquel succède une desquamation. *Les complications de la scarlatine* (néphrite, endocardite, méningite) *sont exceptionnelles depuis la découverte des antibiotiques.* — *Ça vaut mieux que d'attraper la scarlatine* (refrain d'une chans. en vogue vers 1945) : ce n'est pas très grave. ◆ **adj.** *Fièvre scarlatine* (VX). RARE *Rhumatisme scarlatin.*

SCAROLE [skaʀɔl] **n. f.** – début XIVe ◊ italien *scariola* (toscan), du latin populaire *°escariola* « mangeable », de *edere* ■ Chicorée à larges feuilles peu dentées, mangée en salade. ➤ **cornette.** — On a dit aussi *escarole* [ɛskaʀɔl].

SCAT [skat] **n. m.** – 1934 ; *scatchorus* 1933 ◊ mot anglais américain, onomatopée ■ ANGLIC. Style vocal propre au jazz, qui consiste à chanter sur des syllabes arbitraires (et peu nombreuses) ou à déformer les syllabes d'un texte chanté.

SCATO- ■ Élément, du grec *skatos,* génitif de *skor* « excrément ».

SCATOLOGIE [skatɔlɔʒi] **n. f.** – 1868 ◊ de *scato-* et *-logie* ■ DIDACT. Écrit, propos grossier, où il est question d'excréments ; grossièreté de tels écrits. ➤ **coprolalie.**

SCATOLOGIQUE [skatɔlɔʒik] **adj.** – 1863 ◊ de *scatologie* ■ DIDACT. Qui a rapport à la scatologie. *Plaisanterie scatologique.* « *Une grasse causerie scatologique. Elle énumère les actrices facilement dérangées par les émotions de la scène* » GONCOURT. *Un écrivain scatologique.* — ABRÉV. **SCATO** [skato]. *Des blagues scatos.*

SCATOPHAGE [skatɔfaʒ] **adj.** – 1552 ◊ grec *skatophagos* ; cf. *scato-* et *-phage* ■ BIOL. Qui se nourrit d'excréments (SPÉCIALT en parlant de certains insectes). ➤ **coprophage, stercoraire.** *Les bousiers sont scatophages.*

SCATOPHILE [skatɔfil] **adj.** – 1834 ◊ de *scato-* et *-phile* ■ ÉCOL. Qui vit ou croît sur les excréments, près des excréments. ➤ **coprophile, stercoraire.**

SCEAU [so] **n. m.** – XVe ; *seel* 1080 ; *c* ajouté pour le distinguer de *seau* ◊ latin populaire *°sigellum,* classique *sigillum,* de *signum* « effigie » ■ **1** Cachet officiel où sont gravées en creux l'effigie, les armes, la devise d'un souverain, d'un État, d'un corps constitué, et dont l'empreinte est apposée sur des actes pour les authentiquer ou les fermer de façon inviolable (➤ **sceller**). *Le Grand Sceau de l'État.* « *Le Roi, dès l'heure même, Mit dans ma main le sceau de son pouvoir suprême* » RACINE. *Garde* des Sceaux* (➤ **chancelier**). ■ **2** Empreinte faite par ce cachet (sur de la cire, du plomb) ; morceau de cire, de plomb portant cette empreinte. *Lecture des sceaux.* ➤ **sigillographie.** *Mettre, apposer son sceau* (➤ **sigillé ; sigillaire**). *Briser le sceau :* desceller. ◆ Morceau de cire, de plomb qui porte la marque d'un produit commercial (➤ **estampille**) et constitue une fermeture de sécurité (➤ **plomb**). ◆ PAR ANAL. **SCEAU-DE-SALOMON :** plante herbacée *(liliacées),* à fleurs blanc verdâtre, et dont le rhizome, à la chute de chaque tige, garde une cicatrice semblable à un sceau. « *le sceau de Salomon avec ses clochettes blanches et le mystère de sa racine qui marche sous la terre* » BOURGET. *Des sceaux-de-Salomon.* ■ **3** FIG. LITTÉR. Ce qui authentifie, confirme. « *Paris, qui met le sceau à toutes les réputations* » GAUTIER. « *Tu mis sur cet amas d'horreur et de mensonge Mon sceau de vérité* » HUGO. ➤ **empreinte,** 1 **marque.** « *J'ai juré de ne plus lire d'ouvrages marqués au sceau du savoir et de l'esprit* » NODIER. ◆ Marque distinctive. « *La puissance du calcul au milieu des complications de la vie est le sceau des grandes volontés* » BALZAC. ◆ Ce qui préserve, rend inviolable. — LOC. COUR. *Sous le sceau du secret :* à la condition que le secret en sera bien gardé. « *Confie-leur ton intention sous le sceau du secret* » ROMAINS. ■ HOM. Saut, seau, sot.

SCEAU-DE-SALOMON ➤ **SCEAU** (2°)

SCÉLÉRAT, ATE [seleʀa, at] **adj.** et **n.** – 1611 ; *sceleré* XVe ◊ latin *sceleratus,* de *scelus, sceleris* « crime » ■ **1** VX Qui a commis, est capable de commettre des crimes, de mauvaises actions. ➤ **criminel.** *Un homme scélérat.* ■ **2** **n.** VIEILLI ou LITTÉR. ➤ **coquin, méchant.** *Dom Juan* « *le plus grand scélérat que la terre ait jamais porté* » MOLIÈRE. *Le scélérat !* ◆ PAR EXAGÉR. Personne, enfant qui fait des actions condamnables (mais que l'on considère avec une certaine tendresse ou indulgence). ➤ **bandit, fripon.** « *Avoue-le, vieux scélérat, tu la trompes, ici, à son nez* » BERNANOS. ■ **3** **adj.** (CHOSES) LITTÉR. ➤ **criminel, infâme.** « *Il y a parfois dans l'ordre social, une pénombre complaisante aux industries scélérates* » HUGO. HIST. *Les lois scélérates* (contre les anarchistes, en 1894-1895). ◆ *Vague scélérate :* vague de très grande amplitude qui se forme en pleine mer de manière imprévisible.

SCÉLÉRATESSE [seleRatɛs] **n. f.** – XVIe ◇ de *scélérat* ■ VX OU LITTÉR. Caractère, comportement de scélérat. ➤ **méchanceté, perfidie.** *Judas, «l'étalon invariable de la scélératesse»* SUARÈS. ♦ *Une, des scélératesses.* Action scélérate. *Commettre une scélératesse.*

SCELLAGE [selaʒ] **n. m.** – 1765 ◇ de *sceller* ■ TECHN. Action de sceller, de fixer (qqch.) avec un mortier, un liant. *Scellage des glaces.*

SCELLÉ [sele] **n. m.** – 1671 au sing. ; 1804 au plur. ; 1439 «sceau» ◇ de *sceller* ■ DR. (COUR. AU PLUR.) Cachet de cire sur bande de papier ou d'étoffe, au sceau de l'État, apposé par l'autorité de justice sur la fermeture d'un meuble ou la porte d'un local, de manière qu'on ne puisse les ouvrir sans briser les bandes ou les cachets. *Le scellé ne pourra être apposé que par le juge d'instance. «Après l'enlèvement du corps, je ferai mettre les scellés partout»* LACLOS. *Effets mis sous les scellés, sous scellés. Lever les scellés.* ■ HOM. Sceller, seller.

SCELLEMENT [sɛlmɑ̃] **n. m.** – *sellement* 1469 ◇ de *sceller* ■ **1** Action de sceller. Opération de maçonnerie qui consiste à fixer dans un mur, un plafond, un dallage, l'extrémité d'une pièce de bois ou de métal. *Scellement au plâtre, au plomb fondu. — Le scellement d'une couronne, d'une prothèse dentaire au moyen d'un ciment.* ■ **2** Longueur sur laquelle une pièce est scellée. *Ce barreau a 10 cm de scellement. «les pierres qui maintenaient le scellement d'une immense croix»* BALZAC. ■ CONTR. Descellement.

SCELLER [sele] **v. tr.** ⟨1⟩ – 1328 ; *sieler* 1080 ◇ de *scel*, ancienne forme de *sceau*

I ■ **1** Marquer (un acte) d'un sceau, pour l'authentiquer ou le fermer. *Sceller un acte. «Reconnaissez-vous ce testament comme scellé du cachet de Volpone !»* ROMAINS. ➤ **cacheter.** ♦ SPÉCIALT Fermer (un contenant) au moyen d'un sceau, d'un cachet. *Sceller des sacs avec des cachets de plomb.* ➤ **plomber.** *Sceller un local* (➤ **scellé**). ■ **2** FIG. Confirmer de manière solennelle, définitive. ➤ **cimenter, sanctionner.** *Sceller un engagement, un pacte, une réconciliation.*

II ■ **1** Fermer hermétiquement (un contenant, une ouverture). *Faire sceller une fenêtre. «Ses lèvres étaient scellées par une volonté jamais défaillante»* MAURIAC. ■ **2** Fixer (un objet, un élément) avec du ciment (➤ **cimenter**), du plâtre (➤ **plâtrer**), de la chaux. *— Barreaux de prison solidement scellés. «Des chaînes scellées à des bornes»* ZOLA. ■ **3** FIG. (des sens I et II) Décider définitivement. *Dès lors, son destin était scellé.*
■ HOM. Scellé, seller.

SCÉNARIO [senaʀjo] **n. m.** – 1764 ; «mise en scène» XIXe ◇ italien *scenario* «décor» ; de *scena* «scène» ■ **1** Action, argument écrit (d'une pièce de théâtre). ➤ **canevas, intrigue.** *«construire la charpente ou scénario du vaudeville»* BALZAC. *«J'avais écrit avec tout le feu de la jeunesse un scénario fort compliqué»* NERVAL. — PAR EXT. Plan détaillé ou résumé (d'une histoire, d'un roman). ■ **2** (1911) Description de l'action (d'un film), comprenant généralement des indications techniques (➤ **découpage**) et les dialogues (➤ 2 **script**). *Écrire, lire un scénario. Scénario* ou *sujet sommaire.* ➤ **synopsis.** *Scénario résumé.* ➤ **pitch.** *Des scénarios.* — ABRÉV. FAM. **SCÉNAR** [senaʀ]. *De mauvais scénars. — Scénario, découpage dessiné,* dont chaque plan fait l'objet d'un dessin (➤ **story-board**). ♦ *Le scénario d'une bande dessinée.* ■ **3** FIG. Processus qui se déroule selon un plan préétabli. *Le scénario des négociations. Selon le scénario habituel. Prévoir plusieurs scénarios.* — On emploie parfois la graphie *scenario* et le pluriel italien *des scenarii.*

SCÉNARISER [senaʀize] **v. tr.** ⟨1⟩ – v. 1980 ◇ de *scénario* ■ Introduire un scénario dans (une production audiovisuelle). *Scénariser un reportage.* ♦ FIG. Mettre en scène. ➤ **théâtraliser.** *Il a scénarisé l'annonce de sa candidature.* — **n. f. SCÉNARISATION.**

SCÉNARISTE [senaʀist] **n.** – 1915 ◇ de *scénario* ■ Auteur de scénarios de films ; spécialiste de l'adaptation et de la construction dramatique. *Scénariste et dialoguiste. Elle est scénariste. — Scénariste de bande dessinée.*

SCÈNE [sɛn] **n. f.** – v. 1500 ◇ du latin *scaena*, du grec *skênê* «tente», l'édifice où se déroulait le théâtre antique étant une construction en bois couverte, puis «scène» et «fiction théâtrale»

I LA SCÈNE ■ **1** Dans un théâtre, L'emplacement où les acteurs paraissent devant le public. ➤ **planches, plateau, tréteaux.** *«Imaginez que vous pénétrez sur la scène de la Comédie-Française, que vous restez dans la coulisse»* LÉAUTAUD. ♦ TECHN. La scène et ses annexes. *Cage de scène. Arc de scène :* ouverture de la *cage de scène* sur la salle, dissimulée en partie par le «manteau d'Arlequin». *Devant* (avant-scène, face, rampe), *côtés de la scène* (cour et jardin). *Scène tournante.* — LOC. *Un comédien sur scène.* (1835) *Entrer en scène ; sortir de scène. Liste des acteurs, par ordre d'entrée en scène. En scène !,* appel du régisseur aux comédiens. ♦ **METTRE EN SCÈNE** *(une pièce, une histoire)* : représenter par l'art dramatique. *Mettre en scène un opéra. Metteur* en scène. Mise* en scène.* — (1899) *Porter à la scène, adapter pour la scène.* — (1694) *Paraître en scène, sur (la) scène* : jouer (dans) une pièce. — *À la scène. «Sa beauté est le plus grand moyen d'action, à la scène comme à la ville»* GAUTIER. ♦ PAR EXT. L'emplacement où paraissent les musiciens, dans une salle de spectacle. *Monter sur scène ;* FIG. se produire en spectacle. — PAR MÉTON. (qualifié) L'ensemble des artistes d'un même courant musical. *La scène rock, jazz.* ■ **2** (1628) Le théâtre, l'art dramatique. *«La scène, en général, est un tableau des passions humaines»* ROUSSEAU. *Les chefs-d'œuvre de la scène. Vedettes de la scène et de l'écran.* ■ **3** (1542) Décor de théâtre. *La scène représente un palais. La scène change.* ♦ (1665) Lieu où l'action dramatique se passe. *La scène est à Londres, à New York.* — PAR EXT. L'action, dans une pièce de théâtre. *La scène se passe au Moyen Âge. — Scène de crime, scène du crime :* lieu où a été commis un crime. ■ **4** FIG. Le monde, considéré comme le lieu d'un jeu dramatique. *«De nouveaux peuples paraissent sur la scène du monde»* CHATEAUBRIAND. *La scène politique, internationale. Le devant de la scène :* une position importante, où l'on est vu, connu. *Occuper le devant de la scène.*

II UNE SCÈNE A. DANS UNE ŒUVRE ■ **1** (v. 1500) Partie, division d'un acte, définie plus ou moins conventionnellement. *Scène première. Acte III, scène 2. «Le nombre des scènes dans chaque acte ne reçoit aucune règle»* CORNEILLE. — Action qui se déroule pendant une scène. *Scène comique. «Nous reprenons la grande scène d'amour du second acte»* GONCOURT. FIG. *Jouer la grande scène, la grande scène du deux* (de l'acte II) : faire une scène (II, B, 2o) en agissant de manière théâtrale. *«Une petite idiote qui me joue la grande scène de la femme délaissée»* NOUGARO. *Courte scène.* ➤ **saynète, sketch.** ■ **2** (1830) Action partielle, dans une œuvre (littéraire, radiophonique, cinématographique). *Scènes d'un film* (➤ aussi **séquence**). *Scène d'amour, de guerre. Dès la première scène.* ■ **3** (1680) Composition représentée en peinture, lorsqu'elle comprend des personnages et suggère une action. *Scène de genre :* scène d'intérieur, de mœurs.

B. ÉVÈNEMENT SPECTACULAIRE ■ **1** (1660) Évènement qui offre une unité, présente une action, constitue un spectacle remarquable ou éveille des sentiments. *Être témoin d'une scène. Scène grotesque, pitoyable.* — (Titre d'œuvres) *Dans la Comédie humaine, «les* Scènes de la vie privée *représentent l'enfance, l'adolescence et leurs fautes, comme les* Scènes de la vie de province *représentent l'âge des passions, des calculs»* BALZAC. ■ **2** (1676) SPÉCIALT Explosion de colère, dispute bruyante. ➤ **algarade, dispute*, esclandre, séance.** *Il lui a fait une scène terrible. Avoir une scène avec qqn. «Ils se sont jeté la bouteille d'huile à la figure, la casserole, la soupière, tout le tremblement ; enfin, une scène à révolutionner un quartier»* ZOLA. *— Enfant qui fait une scène,* un caprice, une colère. — (1875) **SCÈNE DE MÉNAGE :** violente dispute dans un couple. — PAR EXT. Démonstration affectée. *Il nous a fait une grande scène d'indignation.* ■ **3** (1963, de l'allemand *Urszene* [1897], Freud) PSYCHAN. *Scène originaire* ou *scène primitive :* scène de rapports sexuels entre les parents observée ou supposée puis imaginée par l'enfant et faisant partie des fantasmes qui organisent la vie psychique.
■ HOM. Cène, saine (1 sain), seine, sen, senne.

SCENIC RAILWAY [senikʀɛlwɛ] **n. m.** – 1904 ◇ mots anglais «chemin de fer panoramique» ■ VIEILLI ANGLIC. Montagnes russes. *Des scenic railways. «criant de frayeur comme au scenic railway»* ECHENOZ.

SCÉNIQUE [senik] **adj.** – *jeux scéniques* XIVe ; rare avant XVIIIe ◇ latin *scœnicus*, grec *skênikos*, de *skênê* ■ **1** Relatif à la scène, au théâtre. ➤ **théâtral ;** VX **comique.** *Jeux scéniques de l'Antiquité. Représentations scéniques.* — (1840) *Art scénique :* la mise en scène théâtrale. ➤ **scénographie.** *Décoration scénique. — L'invention scénique de Hugo.* ■ **2** Qui convient à la scène, au théâtre. *Situation, intrigue scénique. La valeur scénique d'une pièce.*

SCÉNIQUEMENT [senikmɑ̃] **adv.** – 1877 ◇ de *scénique* ■ Du point de vue du théâtre.

SCÉNOGRAPHE [senɔgʀaf] **n.** – 1829 ◇ de *scénographie* ■ DIDACT. ■ **1** Artiste spécialiste de la représentation en perspective. ■ **2** (1964) Personne qui conçoit l'espace théâtral. ■ **3** Personne chargée des aménagements matériels d'une exposition. *Un lit «aux boiseries tendues de voiles de soie brillants* *que le scénographe de l'exposition a éclairé par en dessous»* M. ENARD.

SCÉNOGRAPHIE [senɔgʀafi] **n. f.** – 1545 ◊ latin *scenographia*, grec *skênographia*, de *skênê* ■ DIDACT. ■ **1** Art de représenter en perspective ; représentation en perspective. *Les scénographies de Palladio, à Vicence.* ■ **2** Étude des aménagements matériels du théâtre ; technique de leur utilisation. *Traité de scénographie* (on dit aussi **SCÉNOLOGIE**). ■ **3** Mise en scène de l'espace, aspects formels et matériels (d'une exposition). *Scénographie et muséographie.* — **adj. SCÉNOGRAPHIQUE.**

SCÉNOPÉGIES [senɔpeʒi] **n. f. pl.** – 1701 ◊ grec des Septante *skênopêgia*, de *skênê* «tente» (→ scène) et *pêgnumi* «je fixe» ■ HIST. Fête juive des Tabernacles*.

SCEPTICISME [sɛptisism] **n. m.** – 1669 ◊ de *sceptique* ■ **1** HIST. PHILOS. Doctrine des pyrrhoniens, des sceptiques grecs, selon lesquels l'esprit humain ne peut atteindre aucune vérité générale, et qui pratiquaient en toute chose la «suspension du jugement» (*«epochê»*). ♦ Attitude philosophique qui nie la possibilité de la certitude. *«L'état de scepticisme absolu, s'il était possible, consisterait* [...] *à nous abandonner au sentiment immédiat que nous avons de notre vie, sans y joindre aucune affirmation»* LACHELIER. ■ **2** Refus d'admettre une chose sans examen critique. ➤ **doute.** *«Ce qu'on n'a jamais mis en question n'a point été prouvé. Le scepticisme est donc le premier pas vers la vérité»* DIDEROT. ■ **3** Doctrine d'après laquelle on ne peut atteindre la vérité, dans un domaine ou sur un sujet déterminé. *Scepticisme scientifique, moral.* — SPÉCIALT Mise en doute des dogmes religieux. ➤ **incrédulité.** ■ **4** (1779) COUR. Tournure d'esprit incrédule ; défiance à l'égard des opinions et des valeurs reçues. *«un aimable scepticisme, c'est encore le summum humain* [...] *ne croire à rien, pas même à ses doutes»* GONCOURT. — (XXe) Incrédulité ou manque de confiance à l'égard de la réussite d'une entreprise, de la vérité d'un fait. *Une moue de scepticisme.* ■ CONTR. Certitude, crédulité, conviction, croyance, dogmatisme, enthousiasme, foi.

SCEPTIQUE [sɛptik] **n. et adj.** – 1546 ◊ latin *scepticus*, grec *skeptikos* «observateur»

I n. ■ **1** HIST. PHILOS. Philosophe partisan du doute systématique, pyrrhonien. ♦ (XVIIIe) Personne qui pratique le doute systématique, quant aux problèmes généraux. ■ **2** Personne qui pratique l'examen critique, le doute scientifique. *«Qu'est-ce qu'un sceptique ? C'est un philosophe qui a douté de tout ce qu'il croit, et qui croit ce qu'un usage légitime de sa raison et de ses sens lui a démontré vrai»* DIDEROT. *«par sceptique, j'entends examinateur autant que douteur»* SAINTE-BEUVE. ■ **3** COUR. Personne qui adopte une attitude incrédule sur un problème ou une catégorie de problèmes. — SPÉCIALT Personne qui met en doute la croyance religieuse, le dogme. ➤ **incrédule, irréligieux.** *«Le sceptique n'inquiétera pas le croyant avec des exégèses»* CHARDONNE.

II adj. ■ **1** (1611) Qui professe le scepticisme. *Philosophes sceptiques.* — Relatif à la suspension du jugement que préconise le scepticisme. *Doute sceptique.* ■ **2** COUR. Qui est incrédule quant à la valeur des dogmes et des maximes morales reçues ; qui doute. *«Faisons des rêves, mais sachons qu'ils n'aboutiront pas. Soyons ardents et sceptiques»* BARRÈS. *Je suis, je reste sceptique* : je n'y crois pas. ➤ **incrédule.** — *Attitude, sourire sceptique.*
■ CONTR. Certain, convaincu, crédule, croyant, dogmatique, sûr. ■ HOM. Septique.

SCEPTIQUEMENT [sɛptikmɑ̃] **adv.** – v. 1633 ◊ de *sceptique* ■ RARE D'une manière sceptique, avec incrédulité.

SCEPTRE [sɛptʀ] **n. m.** – 1080 ◊ latin *sceptrum*, grec *skêptron* ■ **1** Bâton de commandement, signe d'autorité suprême. *Le sceptre des empereurs romains. Sceptre surmonté d'un globe, d'une aigle, d'une main.* ■ **2** FIG. L'autorité souveraine, dont le sceptre est l'insigne ; l'état de souverain. ➤ **royauté.** *Un sceptre de fer* : une autorité tyrannique, un despotisme. *«Le sceptre est un jouet pour un enfant, une hache pour Richelieu, et pour Napoléon un levier à faire pencher le monde»* BALZAC. ■ **3** LITTÉR. Signe de supériorité ; prééminence. *«une ville qui tient aujourd'hui le sceptre des arts et de la littérature»* BALZAC.

SCHAH ➤ **SHAH**

SCHAKO ➤ **SHAKO**

SCHAPPE [ʃap] **n. m. ou f.** – 1868 ; *chape* 1849 ◊ mot suisse alémanique ■ TECHN. Fils obtenus par la filature des déchets de soie. *Fils de schappe* : bourre de soie. ■ HOM. Chape.

SCHELEM ➤ **CHELEM**

SCHELLING ➤ **SCHILLING**

SCHÉMA [ʃema] **n. m.** – 1867 ; «figure géométrique» 1765 ; *scema* «figure de rhétorique» v. 1350 ◊ latin *schema*, grec *skhêma* «manière d'être, figure» ■ **1** Figure donnant une représentation simplifiée et fonctionnelle (d'un objet, d'un mouvement, d'un processus). ➤ **diagramme, 3 plan.** *Faire un schéma. Schéma de l'appareil respiratoire. Schéma d'un moteur. «dessiner un schéma de la coupe transversale d'une racine, de la racine théorique, où nous représenterons les faisceaux vasculaires en rouge»* LARBAUD. — *Schéma d'aménagement, schéma directeur* : plan d'urbanisation d'une région. — *Schéma fonctionnel*, décrivant un automatisme. — Représentation figurée, souvent symbolique, de réalités non perceptibles et de relations. *Schéma du fonctionnement d'un système électoral.* ■ **2** Description ou représentation mentale réduite aux traits essentiels (d'un objet, d'un processus). ➤ **abrégé, canevas, esquisse, pattern, schème.** *Voici le schéma de l'opération. L'observation scientifique «confirme ou infirme une thèse antérieure ; un schéma préalable, un plan d'observation»* BACHELARD. *Présenter sous forme de schéma.* ➤ **schématiser.** ♦ PSYCHOL. *Schéma corporel* : image mentale (subjective) de son propre corps. ■ **3** DR. CAN. Proposition soumise à un concile.

SCHÉMATIQUE [ʃematik] **adj.** – 1838 ◊ de *schéma* ■ **1** Qui constitue un schéma, appartient au schéma. *Croquis schématique. «Plaçons-nous, dans la figure schématique que nous avons tracée»* BERGSON. *Représentation schématique du cycle du carbone.* ■ **2** Qui tient du schéma. *Une explication schématique*, simplifiée. ■ **3** Trop simplifié, qui manque de détails, de nuances. *«Une vie et des êtres enfantins, simplifiés, schématiques»* R. ROLLAND. *Interprétation, conception schématique.* ➤ **sommaire.** ■ CONTR. 1 Complet, détaillé ; nuancé.

SCHÉMATIQUEMENT [ʃematikmɑ̃] **adv.** – 1870 ◊ de *schématique* ■ **1** D'une manière schématique. *Organe représenté schématiquement.* ■ **2** D'une manière très simplifiée (cf. En gros*, dans les grandes lignes*).

SCHÉMATISATION [ʃematizasjɔ̃] **n. f.** – 1898 ◊ de *schématiser* ■ DIDACT. Action de schématiser, de réduire à l'essentiel.

SCHÉMATISER [ʃematize] **v. tr.** ⟨1⟩ – 1800 ◊ de *schéma*, d'après le grec *skhêmatizein* ■ **1** PHILOS. Considérer (les objets) comme des schèmes (1°). ➤ **conceptualiser.** ■ **2** (1906) Mettre en schéma. *Schématiser une expérience.* ■ **3** Rendre schématique, réduire à l'essentiel. ➤ **simplifier.** *«Le parti pris d'être clair à tout prix,* [...] *conduit à schématiser le réel»* P.-H. SIMON. ABSOLT *Schématiser sans simplifier.* ■ CONTR. Développer.

SCHÉMATISME [ʃematism] **n. m.** – 1800 ; «planche de figures géométriques» 1635 ◊ grec *skhêmatismos* ■ **1** PHILOS. Chez Kant, Emploi du schème. ■ **2** (1893) Caractère schématique (souvent péj.). *Le schématisme d'une explication, d'une conception.*

SCHÈME [ʃɛm] **n. m.** – 1800 ; «figure de style» 1586 ◊ de *schéma* ■ **1** PHILOS. Chez Kant, Représentation qui est l'intermédiaire entre les phénomènes perçus par les sens et les catégories de l'entendement. *Schème transcendantal.* ➤ **concept.** — *Schème moteur* (chez Bergson) : ensemble d'images ou de sensations kinesthésiques. ■ **2** (1813) DIDACT. Structure ou mouvement d'ensemble d'un objet, d'un processus. ➤ **forme, structure.** *«Le schème est une forme de mouvement intérieur, et non pas la représentation d'une forme»* A. BURLOUD. — PSYCHOL. Structure d'une conduite opératoire. *Schèmes d'action, de l'intelligence.* ♦ ARTS Forme ou ensemble de formes qui fait le style (d'un artiste, d'une époque). *Le peintre plie la réalité à ses schèmes.*

SCHÉOL ou **SHÉOL** [ʃeɔl] **n. m.** – 1701 ; *seol* 1586 ◊ hébreu *sheol* ■ RELIG. Séjour des morts, dans la Bible. ➤ **enfer** (II), **géhenne.**

SCHERZANDO [skɛʀtsando ; skɛʀdzɑ̃do] **adv.** – 1834 ◊ mot italien «en badinant» ■ MUS. Indication de mouvement vif, gai et léger. *Jouer scherzando. Andante scherzando.*

SCHERZO [skɛʀdzo] **n. m.** – 1821 ◊ mot italien «badinage» ■ MUS. Morceau de caractère vif et gai, au mouvement rapide. *Scherzo d'une sonate, d'une symphonie. Les scherzos de Beethoven.* Parfois des *scherzi* (plur. it.).

SCHIBBOLETH [ʃibɔlɛt] **n. m.** – avant 1778 ◊ mot hébreu «épi», du récit biblique selon lequel les gens de Galaad reconnaissaient ceux d'Éphraïm en fuite à ce qu'ils prononçaient [sibɔlɛt] ■ RARE Épreuve décisive qui fait juger de la capacité d'une personne.

SCHIEDAM [skidam] **n. m.** – 1860 ; *genièvre de Schiedam* 1842 ◊ mot néerlandais, nom d'une ville ■ RÉGION. Eau-de-vie de grain, aux Pays-Bas, en Belgique et dans le nord de la France.

➤ genièvre, RÉGION. péquet. *«les tablettes luisantes de cire où les joueurs posent les petits verres de schiedam»* J.-C. PIROTTE.

SCHILLING [ʃiliŋ] n. m. – 1930 ◊ mot allemand, de même origine que l'anglais *shilling* ■ Ancienne unité monétaire de l'Autriche. *Pièce de vingt-cinq schillings.* — On a dit aussi *schelling* [ʃ(ə)lɛ̃]. ■ HOM. Shilling.

SCHIPPERKE [ʃipɛʀk] adj. et n. m. – 1910 ◊ mot flamand «petit batelier» ; cf. anglais *shipper*, ce chien étant fréquemment celui des bateliers, en Flandres ■ *Chien schipperke* ou *un schipperke* : chien de petite taille, à poil noir, dépourvu de queue.

SCHISMATIQUE [ʃismatik] adj. – 1549 ; *cimatique* v. 1196 ◊ de *schisme* ■ Qui forme schisme. — Qui ne reconnaît pas l'autorité du Saint-Siège. *Église schismatique d'Orient.* ➤ orthodoxe. *Jeanne d'Arc fut déclarée schismatique, hérétique et relapse.* — SUBST. *Tous les schismatiques ne sont pas hérétiques.*

SCHISME [ʃism] n. m. – 1549 ; *cisme* XIIe ◊ latin religieux *schisma*, du grec *skhisma* «séparation», de *skhizein* «fendre» ■ 1 Séparation des fidèles d'une religion, qui reconnaissent des autorités différentes. ➤ scission. *«Avant l'imprimerie, la réforme n'eût été qu'un schisme, l'imprimerie la fait révolution»* HUGO. *Le schisme d'Orient* (entre les Églises d'Occident et d'Orient). *Faire schisme. «On ne peut s'y opposer ni lui désobéir* [à l'Église] *sans se rendre coupable de schisme»* BOSSUET. ■ 2 Scission (d'un groupe organisé, d'un parti). ➤ dissidence, division. ■ CONTR. Unification.

SCHISTE [ʃist] n. m. – 1742 ; *schistos* 1561 ; *scieste* hapax 1554 ◊ latin *schistus*, grec *skhistos* «qu'on peut fendre» ■ GÉOL. Roche ayant acquis une structure feuilletée sous l'influence de contraintes tectoniques. *Schiste argileux. «les lames des schistes, étincelants de mica»* ZOLA. *Schistes bitumineux*, noirs, riches en matières organiques. — *Gaz, huile de schiste*, hydrocarbures contenus dans des roches sédimentaires argileuses.

SCHISTEUX, EUSE [ʃistø, øz] adj. – 1762 ◊ de *schiste* ■ MINÉR. De la nature du schiste, propre au schiste. *Roche, pierre schisteuse. Structure schisteuse*, feuilletée. — Formé de schiste. *Falaise schisteuse.*

SCHISTOÏDE [ʃistɔid] adj. – 1830 ◊ de *schiste* et *-oïde* ■ GÉOL. Qui a l'apparence du schiste.

SCHISTOSOME [ʃistozom] n. m. – 1933 ◊ du grec *skhistos* «fendu» et *-some* ■ Bilharzie*.

SCHIZ(O)- ■ Élément, du grec *skhizein* «fendre».

SCHIZOGAMIE [skizɔgami] n. f. – 1903 ◊ de *schizo-* et *-gamie* ■ BIOL. Reproduction asexuée par division de l'organisme. *Schizogamie de certains vers polychètes.* ➤ scissiparité ; schizogenèse.

SCHIZOGENÈSE [skizɔʒənɛz] n. f. – 1903 ◊ latin scientifique *schizogenesis* (1866) ; cf. *schizo-* et *-genèse* ■ BIOL. Variété de schizogamie de certains annélides et turbellariés.

SCHIZOGONIE [skizɔgɔni] n. f. – 1897 ◊ de *schizo-* et *-gonie* ■ ZOOL. Cycle de reproduction asexuée des sporozoaires et de certains autres protozoaires.

SCHIZOÏDE [skizɔid] adj. et n. – 1922 ◊ de *schizo-* et *-oïde*, par l'allemand ■ PSYCHIATR. Relatif à la schizoïdie, qui en a les caractères. *Personnalité schizoïde.* ♦ Atteint de schizoïdie. — n. *Un, une schizoïde.*

SCHIZOÏDIE [skizɔidi] n. f. – 1922 ◊ de *schizoïde* ■ PSYCHIATR. Trouble de la personnalité caractérisé par un retrait des contacts sociaux et affectifs, et un goût pour les activités solitaires. ➤ schizothymie.

SCHIZOMÉTAMÉRIE [skizometameʀi] n. f. – milieu XXe ◊ de *schizo-* et *métamérie* ■ BIOL. Reproduction asexuée par bourgeonnement métamérique chez certains annélides (oligochètes et polychètes).

SCHIZONÉVROSE [skizonevʀoz] n. f. – v. 1965 ◊ de *schizo-* et *névrose* ■ PSYCHIATR. VX État pathologique intermédiaire entre la schizophrénie et la névrose, caractérisé par la coexistence de comportements névrotiques et de décompensations psychotiques. ➤ schizophrénie (affective).

SCHIZOPARAPHASIE [skizoparafazi] n. f. – 1966 ◊ de *schizo-* et *paraphasie* ■ PSYCHOPATHOL. Trouble profond du langage rencontré chez les schizophrènes et caractérisé par la dissociation entre le mot et ce qu'il désigne.

SCHIZOPHRÈNE [skizɔfʀɛn] adj. et n. – 1913 ◊ de *schizophrénie* ■ 1 PSYCHIATR. Atteint de schizophrénie. — n. *Un, une schizophrène. «un de ces rêveurs éveillés que la médecine nomme "schizophrènes" et dont le propre est, comme on sait, de ne pouvoir s'adapter au réel»* SARTRE. ■ 2 COUR. Caractérisé par l'ambivalence. *Une attitude schizophrène.* — ABRÉV. (1960) SCHIZO [skizo]. *Des schizos.*

SCHIZOPHRÉNIE [skizɔfʀeni] n. f. – 1911 ◊ de *schizo-* et grec *phrên* «esprit», par l'intermédiaire de l'allemand *Schizophrenie* (1911, Bleuler) ■ PSYCHIATR. Trouble psychotique caractérisé par une distorsion de la pensée et de la perception, la perte du contact avec la réalité, le retrait social et des difficultés cognitives. *«La schizophrénie se caractérise par une désintégration de la personnalité qui intervient généralement juste après l'âge de la puberté»* M. DUGAIN. *Schizophrénie paranoïde, catatonique.* — *Schizophrénie affective.* ➤ schizonévrose.

SCHIZOPHRÉNIQUE [skizɔfʀenik] adj. – 1912 ◊ de *schizophrénie* ■ 1 PSYCHIATR. Relatif à la schizophrénie. *Discordance schizophrénique.* ■ 2 FIG. Ambivalent, contradictoire. *Discours, attitude schizophrénique.* ➤ autiste, schizophrène.

SCHIZOSE [skizoz] n. f. – 1926 ◊ de *schiz(o)-* et 2 *-ose* ■ PSYCHIATR. Ensemble des symptômes rencontrés dans la schizoïdie et dans la schizophrénie.

SCHIZOTHYMIE [skizɔtimi] n. f. – 1922 ◊ de *schizo-* et *-thymie* ■ PSYCHIATR. VIEILLI Schizoïdie*. *Schizothymie et cyclothymie.*

SCHLAGUE [ʃlag] n. f. – 1815 ◊ allemand *Schlag* «coup» ■ 1 HIST. Punition (coups de baguette) autrefois en usage dans les armées allemandes. *Donner la schlague.* ■ 2 FIG. Manière brutale de se faire obéir. *«Je vous les conduirais à la schlague, moi, tous ces gars-là !»* ARAGON.

SCHLAMM [ʃlam] n. m. – 1804 ◊ mot allemand ■ TECHN. Résidu très fin qui provient du concassage, du bocardage d'un minerai et de différentes opérations industrielles d'affinage.

1 **SCHLASS** [ʃlɑs] adj. – 1901 ; *chlâsse* 1883 ; *slaze* n. m. 1873 ◊ mot allemand «très fatigué» ■ FAM. Ivre, soûl. *Elles sont complètement schlass.* — On écrit aussi *chlass* et *chlasse.*

2 **SCHLASS** [ʃlɑs] n. m. – 1932 ◊ anglais *slasher* «arme blanche» ■ POP. Couteau.

SCHLEU ➤ 2 CHLEUH

SCHLICH [ʃlik] n. m. – 1750 ◊ mot allemand ■ TECHN. Minerai broyé et prêt pour la fusion.

SCHLINGUER ➤ CHLINGUER

SCHLITTAGE [ʃlitaʒ] n. m. – 1870 ◊ de *schlitte* ■ RÉGION. ou TECHN. Transport du bois au moyen de la schlitte. *«Nous dégringolions un petit chemin de* schlitage [sic]*»* DAUDET.

SCHLITTE [ʃlit] n. f. – 1860 ◊ mot vosgien, allemand *Schlitten* «traîneau» ■ RÉGION. Traîneau qui sert dans certaines régions montagneuses et boisées (Vosges, Forêt-Noire) à descendre dans les vallées le bois abattu sur les hauteurs. *La schlitte glisse sur une voie en bois, le chemin de schlitte.*

SCHLITTER [ʃlite] v. tr. ⟨1⟩ – 1875 ◊ de *schlitte* ■ RÉGION. ou TECHN. Transporter (du bois) au moyen de la schlitte.

SCHLITTEUR [ʃlitœʀ] n. m. – 1789 ◊ de *schlitte* ■ RÉGION. ou TECHN. Ouvrier qui conduit une schlitte. *«j'étais schlitteur dans le temps* [...] *Je descendais le bois des montagnes et la schlitte un jour elle m'est passée dessus»* Y. QUEFFÉLEC.

SCHMILBLICK [ʃmilblik] n. m. – 1949, création de Pierre Dac, répandu à partir de 1969 ◊ mot d'apparence alsacienne, choisi sans doute pour sa graphie compliquée, diffusé par un jeu télévisé ■ LOC. FAM. *Faire avancer le schmilblick* : faire progresser les choses. *«En attendant, c'est pas ton avis qui va faire avancer le schmilblick, hargné-je, car on est injuste dans l'impuissance»* SAN-ANTONIO.

SCHNAPS [ʃnaps] n. m. – XVIIIe ◊ mot allemand, de *schnappen* «happer, aspirer» ■ Eau-de-vie de pomme de terre ou de grain, fabriquée en Allemagne. ♦ PAR PLAIS. Eau-de-vie. *Il «supportait de façon gaillarde ce qu'il appelait indistinctement le schnaps»* ARAGON. ➤ gnole.

SCHNAUZER [ʃnozɛʀ ; ʃnaozɛʀ] n. m. – 1933 ◊ mot suisse allemand, de l'allemand *Schnauze* «moustache» ■ Chien rappelant le griffon, assez grand, à poil dru.

SCHNOCK ➤ CHNOQUE

SCHNORKEL ou **SCHNORCHEL** [ʃnɔʀkɛl] n. m. – 1945, –1953 ◊ allemand *Schnorchel* «renifleur» ■ MAR. Tube qui permet aux sous-marins d'utiliser en plongée leurs moteurs diesels, en évacuant les gaz d'échappement et en aspirant l'air frais.

SCHNOUF ➤ CHNOUF

SCHOFAR [ʃɔfaʀ] n. m. – 1923 ◇ mot hébreu ■ Trompe faite d'une corne de bélier, instrument de musique à vent en usage dans le rituel israélite. ■ HOM. poss. Chauffard.

SCHOLIASTE ; SCHOLIE ➤ **SCOLIASTE ; SCOLIE**

SCHOONER [skunœʀ ; ʃunœʀ] n. m. – *scooner* 1751 ◇ mot anglais ■ ANCIENNT Petit navire à deux mâts, goélette utilisée pour la pêche et le commerce.

SCHORRE [ʃɔʀ] n. m. – 1420 ; *scor* 1285 ◇ mot flamand ■ GÉOL. Partie haute d'un marais littoral, constituée de vase solide, couverte d'herbe et submergée aux grandes marées.

SCHPROUM [ʃpʀum] n. m. – 1883 ◇ p.-ê. allemand *Sprung* «élan» ■ FAM. Bruit de violentes protestations. *Faire du schproum.* — Dispute violente. *Il va y avoir du schproum.* ➤ **bagarre.**

SCHUPO [ʃupo] n. m. – 1923 ◇ mot allemand, abrév. de *Schutzpolizist,* de *Schutzpolizei* «police de protection» (1920) ■ ANCIENNT Agent de police allemand. *Les schupos.*

SCHUSS [ʃus] n. m. et adv. – 1932 ◇ d'après l'allemand *Schussfahrt* «descente à skis en ligne droite» ■ SKI Descente directe qu'on effectue en suivant la plus grande pente. *Descendre en schuss.* adv. *Descendre schuss, tout schuss.*

SCHWA [ʃva] n. m. – *chva* 1905 ◇ hébreu *chav* «rien, vide» ■ Voyelle neutre, appelée *e* muet* en français.

SCIAGE [sjaʒ] n. m. – 1611 ; *soiage* 1294 ◇ de *scier* ■ **1** Opération qui consiste à scier (une substance, un matériau) ; procédé utilisé pour scier, manière dont une chose est sciée. *Le sciage du bois, de la pierre, des métaux. Sciage mécanique.* — *Bois de sciage* ou TECHN. *sciage :* bois de construction ou de menuiserie qui provient d'une pièce plus forte refendue dans sa longueur. ■ **2** (1922) TECHN. *Sciage du diamant* (pour le débarrasser de sa gangue). ➤ **fendage.**

SCIALYTIQUE [sjalitik] n. m. – *scialitique* 1923 ◇ marque déposée, d'après le grec *skia* «ombre» et radical *luein* «dissoudre» ■ Appareil d'éclairage qu'on utilise dans les salles d'opération et qui supprime les ombres portées. *«Le bloc est prêt. Le scialytique projette sur la table d'opération une lumière blanche, verticale»* KERANGAL. — adj. *Lampe, projecteur scialytique.*

SCIANT, SCIANTE [sjɑ̃, sjɑ̃t] adj. – 1801 ◇ de *scier* ■ FAM. et VX Ennuyeux, importun. ➤ **barbant ; scie,** 4°. *«Tu n'as pas idée de cet animal-là ! [...] C'est qu'il est sciant !»* GONCOURT. ■ HOM. Cyan.

SCIATALGIE [sjatalʒi] n. f. – 1956 ◇ du latin *sciaticus* «de la hanche» et *-algie* ■ MÉD. Douleur se projetant sur le trajet du grand nerf sciatique ou de ses branches. ➤ **sciatique** (2°).

SCIATIQUE [sjatik] adj. et n. f. – *siatike* 1256 ◇ bas latin *sciaticus,* de *ischiadicus,* grec *iskhiadikos,* radical *iskhion* «hanche» ■ **1** ANAT. Relatif à la hanche ou à l'ischion. *Grand nerf sciatique,* qui part du plexus sacré et innerve les muscles de la face postérieure de la cuisse, se divisant en deux branches terminales au niveau du creux du genou. ■ **2** n. f. (XVIe ◇ par ellipse de *goutte sciatique*) COUR. Douleur sur le trajet du nerf sciatique, due à l'inflammation ou à la compression de ses racines à leur émergence du canal vertébral et pouvant s'accompagner d'une faiblesse musculaire. ➤ **sciatalgie.** *Sciatique causée par un rhumatisme, une hernie discale. Avoir une sciatique. «le froid et quelque imprudence provoquèrent une crise de sciatique assez vive pour m'immobiliser»* BOSCO.

SCIE [si] n. f. – 1538 ; *sie* v. 1200 ◇ de *scier* ■ **1** Outil, instrument ou machine dont la pièce essentielle est une lame dentée (rectiligne ou circulaire), et qui sert à couper des matières dures, en imprimant à cette lame un mouvement de va-et-vient ou une rotation rapide. *«Une scie qui monte et descend, tandis qu'un mécanisme fort simple pousse contre cette scie une pièce de bois»* STENDHAL. *Scie à lame libre, munie d'une poignée* (➤ **égoïne**). *Scie à métaux. Scie à béton. Scies à bois. Scie à panneau,* à bout arrondi muni de dents. *Scie à dos,* pour la découpe des baguettes. *Scie à guichet :* égoïne à lame étroite. *Scies de menuisier, de marbrier* (➤ **sciotte**). *Scie à araser, à chantourner, à refendre ; à tenons, à placage.* — *Scies à main, scies mécaniques. Scie électrique. Scie circulaire,* à lame circulaire. *Scie sauteuse,* dont la lame est animée d'un mouvement de va-et-vient. — PAR EXT. *Scie à ruban,* dont la lame est constituée par un ruban d'acier tendu. — *Scie à chaîne et à moteur* (➤ **tronçonneuse**). — *Trait de scie :* trait de crayon qui sert à guider la scie. — *Couteau à scie, couteau-scie.* ➤ **couteau-scie.** ◆ LOC. **EN DENTS DE SCIE :** de forme dentée, dentelée. *La montagne «se découpe régulièrement en larges dents de scie»* FROMENTIN. FIG. Irrégulier. *Une évolution en dents de scie.* — ÉLECTRON. *Tension, courant en dents de scie :* forme d'onde périodique, possédant une croissance linéaire et une décroissance brutale, utilisée pour le balayage des tubes cathodiques. ■ **2** (1555 *scie de mer*) **POISSON-SCIE** ou **SCIE :** poisson sélacien, squale semblable au requin, dont le museau s'allonge en lame droite, plate et flexible, portant deux rangées de dents (qui lui donnent l'aspect d'une scie). *Des poissons-scies.* ■ **3** (1928) **SCIE MUSICALE :** instrument de musique fait d'une lame d'acier qu'on fait vibrer en la pliant plus ou moins. ■ **4** (1808) Chanson, formule, argumentation ressassée et usée. ➤ **rengaine.** *Deux clichés : «la "scie patriotique" et l'"embrassade universelle"»* BENDA. ◆ (1851) FAM. et VX Personne, chose désagréable ou ennuyeuse (➤ **sciant**). *«Quelle scie, alors, quelle scie, cette Angélique ! tous les jours maintenant la même histoire»* ARAGON. ■ HOM. Ci, si, sis, six.

SCIEMMENT [sjamɑ̃] adv. – 1375 ; *scientment* 1310 ◇ du latin *sciens, scientis* ■ En connaissance de cause. *Mentir sciemment. J'ai forcé la dose sciemment.* ➤ 2 **exprès, volontairement.** ■ CONTR. Étourdiment, inconsciemment, involontairement.

SCIENCE [sjɑ̃s] n. f. – début XIIe ◇ du latin *scientia,* famille de *scire* «savoir» → escient

I CONNAISSANCE ■ **1** VX ou LITTÉR. Connaissance exacte et approfondie. ➤ **connaissance,** 2 **savoir.** *L'arbre* de la science du bien et du mal. La science de l'avenir.* ➤ **prescience.** *Savoir qqch. de science certaine,* par des informations sûres (cf. De source* sûre). — MOD. LOC. *Avoir la science infuse*.* ◆ (1225) LITTÉR. Ensemble de connaissances, d'expériences. *«Son âge, sa sagesse et sa science dans les choses de la vie»* CHATEAUBRIAND. *«Mais je savais d'une science d'animal, d'une science de cheval dans ses brancards, que je ne pouvais ni me coucher, ni mourir»* VERCORS. ■ **2** (début XIIe) Ce qu'on sait pour l'avoir appris, connaissances étendues sur un objet d'étude d'intérêt général. ➤ 2 **culture, érudition.** *«Science sans conscience n'est que ruine de l'âme»* RABELAIS. *Un puits* de science. Étaler sa science.*

II SAVOIR-FAIRE ■ **1** (XIIe) LITTÉR. Savoir-faire que donnent les connaissances (expérimentales ou livresques), l'habileté. ➤ **art ;** 2 **adresse, capacité, compétence, expérience.** *«Il avait vraiment mené cette longue et difficile manœuvre avec une science consommée»* MADELIN. — PROV. *Patience passe science :* la persévérance fait plus que l'habileté et le savoir. — (Avec un compl. introduit par *de*) Manière habile et savante de mettre en œuvre. *Sa science des couleurs, du modelé.* ■ **2** (XVe) Art ou pratique qui nécessite des connaissances, des règles. ➤ **art, technique.** *La science de la guerre. «Elle sut tout de suite toute la science du chapeau, de la robe, du mantelet, cette science qui fait de la femme parisienne quelque chose de si charmant»* HUGO. *«Les anciens Peuls possédaient la science des cris pour lancer ou stopper les animaux»* HAMPATÉ BÂ.

III ENSEMBLE DE CONNAISSANCES A. UNE SCIENCE, LES SCIENCES ■ **1** (1559) Corps de connaissances ayant un objet déterminé et reconnu, et une méthode propre ; domaine organisé du savoir. *«Il n'y a de science que du général»* (trad. d'ARISTOTE). *L'Encyclopédie de Diderot, «Dictionnaire raisonné des sciences, des arts et des métiers». Science de l'être* (ontologie), *du beau* (esthétique). ➤ **philosophie.** *Sciences abstraites. Sciences occultes :* occultisme. ■ **2** (fin XIIIe) COUR. Ensemble de connaissances, d'études d'une valeur universelle, caractérisées par un objet (domaine) et une méthode déterminés, et fondées sur des relations objectives vérifiables (➤ **épistémologie**). *Un homme de science* (opposé à *homme de lettres*). ➤ **savant, scientifique.** *«La Physique, comme toutes les autres sciences, cherche à constater, à classer et à interpréter une certaine catégorie de phénomènes observables»* BROGLIE. — *Classement des sciences d'après leur méthode et leur objet.* (1751) *Sciences exactes* ou *pures, sciences fondamentales.* (1832) *Sciences expérimentales,* où l'objet d'étude est soumis à l'expérience. *Sciences d'observation,* où l'objet d'étude n'est que décrit, observé. *Sciences appliquées,* au service de la technique. ➤ aussi **nanosciences.** *Sciences cognitives*.* — *Sciences hypothéticodéductives. Sciences mathématiques.* — *Sciences physiques*.* VIEILLI *Sciences naturelles, sciences de la nature :* sciences d'observation qui étudient le monde naturel. ➤ **histoire** (naturelle) ; **astronomie, biologie, chimie, géologie ;** 2 **physique.** *Sciences de la vie.* ➤ **biologie ; biosciences.** *Sciences de la Terre.* ➤ **géologie ; géosciences.** *Sciences de la vie et de la Terre (SVT). Sciences de la matière* (physique, chimie). *Sciences de l'univers,* qui étudient la Terre, les océans et l'espace. *Sciences dures :* sciences de la matière utilisant le calcul ou l'expérimentation. *Sciences molles :* sciences humaines et sociales, étudiant des réalités difficilement mesurables. *Sciences de l'homme, sciences humaines,* qui étudient les cultures humaines (ex. anthropologie, histoire, psychologie, sociologie, linguistique ; dans l'enseignement secondaire : histoire, géographie, instruction civique). *«La science de l'homme aussi est une science naturelle, une science d'observation, la plus noble de toutes»* GÉRANDO. *Sciences sociales,* qui ont pour objet les sociétés humaines. *Sciences politiques. Sciences économiques. Sciences de gestion,* qui ont pour objet l'entreprise et ses fonctions (marketing, finance, logistique, ressources humaines, etc.). *Sciences et technologies de l'information et de la communication (STIC).* ◆ (1787) **LES SCIENCES :** les disciplines où le calcul, l'observation ont une grande part : mathématiques, astronomie, physique, chimie, sciences naturelles (➤ **savant, scientifique**). *Faculté des sciences. Étudiante en sciences. Doctorat ès sciences.*

B. LA SCIENCE ■ **1** (1751) Ensemble des travaux des sciences ; connaissance exacte, universelle et vérifiable exprimée par des lois. *«La science* [...] *mesure et calcule, en vue de prévoir et d'agir. Elle suppose d'abord, elle constate ensuite que l'univers est régi par des lois mathématiques»* BERGSON. *«On fait de la science avec des faits, comme on fait une maison avec des pierres ; mais une accumulation de faits n'est pas plus une science qu'un tas de pierres n'est une maison»* POINCARÉ. *«La pensée ne revêt le caractère de la science que lorsqu'elle a une valeur universelle»* GOBLOT. — *Les branches, les spécialités de la science.* ➤ **discipline.** *Les découvertes, les progrès de la science. Dans l'état actuel de la science. «La science n'a pas de patrie»* PASTEUR. *Donner son corps à la science* (pour servir d'objet d'étude). ■ **2** Les savants. *Le monde de la science.*

■ CONTR. (des sens I et II) Ignorance, maladresse.

SCIENCE-FICTION [sjɑ̃sfiksjɔ̃] **n. f.** – v. 1950 ◇ de *science* et *fiction,* d'après l'anglais *science fiction* ■ ANGLIC. Genre littéraire qui fait intervenir le scientifiquement possible dans l'imaginaire romanesque. *Livre, film de science-fiction.* ➤ **anticipation.** *Personnages de science-fiction.* ➤ **androïde, cyborg, droïde, humanoïde, robot.** *Le fantastique, la fantasy et la science-fiction. Des sciences-fictions.* — ABRÉV. FAM. (v. 1970) **S. F., S.-F.** ou **SF** [ɛsɛf].

SCIÈNE [sjɛn] **n. f.** – 1795 ; *sciœna* 1771 ◇ latin *sciæna,* grec *skiaina* ■ ZOOL. Poisson osseux *(perciformes),* à nageoires épineuses, de grande taille, carnassier, à la chair très estimée. *Sciène d'eau douce, sciène marine.* ➤ 2 **maigre.** ■ HOM. Sienne (sien).

SCIENTIFICITÉ [sjɑ̃tifisite] **n. f.** – v. 1968 ◇ de *scientifique* ■ Caractère de ce qui est scientifique. *La scientificité d'une théorie.*

SCIENTIFIQUE [sjɑ̃tifik] **adj.** et **n.** – 1370 ◇ bas latin *scientificus* ■ **1** Qui appartient aux sciences (III), à la science ; qui concerne les sciences (SPÉCIALT opposées aux lettres). *Discipline scientifique. Études, connaissances, culture, travaux scientifiques. Revue, congrès scientifique. Journaliste, vulgarisateur scientifique. Vocabulaire, mot scientifique.* ➤ **savant.** *Nom scientifique et nom courant d'une plante. Méthodes, lois, découvertes, progrès scientifiques.* — (En France) *Centre national de la recherche scientifique (CNRS).* — *Milieux scientifiques :* milieu des savants, des chercheurs. *Mission* scientifique.* ■ **2** (1664) Qui est conforme aux exigences d'objectivité, de précision, de méthode des sciences (III), de la science. *«Dans l'ordre des faits, ce qui n'est pas expérimental n'est pas scientifique»* RENAN. *La vérité scientifique. Examen, explication, travail scientifique.* — *Avoir un esprit scientifique.* ■ **3 n.** (1884) Personne qui étudie les sciences, savant spécialiste d'une science. ➤ **chercheur.** *Les littéraires et les scientifiques. On en fera une scientifique. «un scientifique ne croit pas, il bâtit des modèles, les contrôle»* A. JACQUARD.
■ CONTR. Empirique. Antiscientifique.

SCIENTIFIQUEMENT [sjɑ̃tifikmɑ̃] **adv.** – 1680 ◇ de *scientifique* ■ D'une manière scientifique. *«Le passage de l'état liquide à l'état gazeux, se définira scientifiquement comme un changement quantitatif»* SARTRE. ■ CONTR. Empiriquement.

SCIENTISME [sjɑ̃tism] **n. m.** – 1911 ◇ de *scientiste* ■ Attitude philosophique du scientiste.

SCIENTISTE [sjɑ̃tist] **adj.** et **n.** – 1898 ◇ du latin *scientia* ■ Qui prétend résoudre les problèmes philosophiques par la science. *Philosophe scientiste et matérialiste, scientiste et positiviste. Explication scientiste.* — **n.** *«Nous qu'on appelle les "scientistes"* [...] *Ce n'est pas parce que nous laissons l'homme dans la nature que nous avons pour lui moins de respect»* J. ROSTAND.

SCIER [sje] **v. tr.** ⟨7⟩ – v. 1200 *sier* ; v. 1130 *seier* ◇ latin *secare* «couper» **I** ■ **1** Couper, diviser avec une lame tranchante, dentée ou non (➤ **scie**), une chaîne mue à grande vitesse, etc. *Scier du bois, le bois, de la pierre. Scier du métal.* ◆ *Scier des planches :* faire des planches en sciant une pièce de bois, un tronc d'arbre (➤ **refendre**). ■ **2** INTRANS. ÉQUIT. *Scier du filet, du bidon :* faire aller transversalement l'embouchure du mors. **II** (1748) FAM. et VIEILLI *Scier qqn,* le fatiguer, l'ennuyer par une répétition monotone (➤ **sciant, scie**). *«La tragédie me scie»* STENDHAL. *«Mais diable ! son dîner me scie le dos»* MÉRIMÉE. — FAM. Étonner*, surprendre, suffoquer. *Cette nouvelle m'a scié* (cf. Couper bras* et jambes, couper le souffle*).
■ HOM. *Scierais :* cirais (cirer).

SCIERIE [siʀi] **n. f.** – 1801 ; *moulin à scier* XVIIIe ; *soioire* 1304 ◇ de *scier* ■ Atelier, usine où des scies mues par une source d'énergie débitent le bois, la pierre, etc. *«une scierie mécanique avait des grincements réguliers, pareils à de brusques déchirures dans une pièce de calicot»* ZOLA.

SCIEUR [sjœʀ] **n. m.** – 1247 ◇ de *scier* ■ Celui dont le métier est de scier (la pierre, le bois). *Scieur de bois, de pierre. «Scieurs occupés à débiter le marbre des Vosges»* BALZAC. — (XIVe) *Scieur de long :* scieur de bois de charpente, qui scie les troncs en long. ➤ **sagard.** ■ HOM. Sieur.

SCIEUSE [sjøz] **n. f.** – 1948 ◇ de *scier* ■ TECHN. Machine à scier.

SCILLE [sil] **n. f.** – XVIe ; *esquille* XIIIe ◇ latin *scilla,* grec *skilla* ■ Plante herbacée, bulbeuse *(liliacées),* très voisine de la jacinthe, dont certaines espèces sont ornementales, d'autres cultivées pour leurs propriétés médicinales (notamment cardiotoniques). *Scille maritime,* à fleurs blanches. *«les pervenches et les scilles ruissellent à travers l'ombre en coulées d'un bleu laiteux»* GENEVOIX. ■ HOM. Cil, sil.

SCINCIDÉS [sɛ̃side] **n. m. pl.** – 1904 ; *scincoïdiens* 1839 ◇ du latin moderne, de *scincus* → scinque ■ ZOOL. Famille de sauriens caractérisés par la dégradation de leurs membres, l'imbrication des écailles et une langue non extensible.

SCINDER [sɛ̃de] **v. tr.** ⟨1⟩ – 1790 ; «retrancher» 1539 ◇ latin *scindere* «fendre, diviser» ■ Couper, diviser (en parlant de choses abstraites ou de groupes). ➤ **décomposer.** *Scinder la question, le problème.* — PRONOM. *Le parti s'est scindé après le vote.* ➤ **éclater,** se **fractionner ; scission.** *«Notre existence est une, et ne se scinde pas. Nous vivons tous de la même vie»* BALZAC. *«Les de Villiers – ou plutôt, Devilliers : car leur nom s'était scindé»* R. ROLLAND. *Se scinder en deux.* ■ CONTR. Associer, unir.

SCINQUE [sɛ̃k] **n. m.** – 1611 ◇ latin *scincus,* grec *skigkos* ■ ZOOL. Reptile saurien *(lacertiliens),* au corps mince, muni de quatre pattes, vivant dans le sable ou l'humus d'Amérique centrale, d'Asie et d'Afrique. ■ HOM. Cinq.

SCINTIGRAMME [sɛ̃tigʀam] **n. m.** – milieu XXe ◇ de *scinti(llation)* et *-gramme* ■ MÉD. Enregistrement obtenu par scintigraphie*. — On a dit aussi *scintillogramme.*

SCINTIGRAPHIE [sɛ̃tigʀafi] **n. f.** – milieu XXe ◇ de *scinti(llation)* et *-graphie* ■ MÉD. Méthode d'exploration (d'un organe) consistant à injecter une substance radioactive ayant une affinité particulière pour l'organe examiné et à enregistrer la distribution de la substance à l'aide d'un scintillomètre. ➤ **gammagraphie.** *Scintigraphie de la glande thyroïde.* — On a dit aussi *scintillographie.*

SCINTILLANT, ANTE [sɛ̃tijɑ̃, ɑ̃t] **adj.** et **n. m.** – 1560 ◇ de *scintiller* ■ **1** Qui scintille, jette des éclats intermittents. ➤ 1 **brillant*, étincelant.** *Étoiles scintillantes.* ➤ **clignotant.** ■ **2 n. m.** (1949) Ornement de clinquant pour arbre, crèche de Noël, etc.

SCINTILLATEUR [sɛ̃tijatœʀ] **n. m.** – 1968 ◇ de *scintillation* ■ PHYS., CHIM. Détecteur d'un compteur à scintillation*, substance solide ou liquide qui émet des scintillations lorsqu'elle est traversée par des rayonnements. *Scintillateur solide,* à iodure de sodium dopé. *Scintillateur liquide,* solution aromatique dans le toluène.

SCINTILLATION [sɛ̃tijasjɔ̃] **n. f.** – 1740 ; «éclair» 1490 ◇ latin *scintillatio* ■ **1** Variation rapide, irrégulière, de la couleur et de l'éclat (des étoiles, des astres) produite par la turbulence atmosphérique. ◆ (1538) Scintillement (2°). *«Cette femme avait sur elle des scintillations nocturnes, comme une voie lactée. Ces pierreries semblaient des étoiles»* HUGO. ■ **2** PHYS. Émission très courte de lumière par l'impact d'une particule énergétique sur une substance capable de luminescence. *Compteur à scintillation :* appareil qui utilise cette propriété pour détecter les rayonnements qui traversent un corps solide ou liquide. ➤ **scintillateur, scintillomètre.** — Déplacement apparent rapide de la cible d'un radar par rapport à sa position moyenne.

SCINTILLEMENT [sɛ̃tijmɑ̃] **n. m.** – 1764 ◊ de *scintiller* ▪ **1** Scintillation (des étoiles). ➤ **clignotement.** ▪ **2** (1842) Éclat intermittent. *«des scintillements de vitres de villas, toutes lointaines, pareils à des scintillements de lustres de cristal»* GONCOURT. *«le scintillement de ses yeux bleus»* VILLIERS. ▪ **3** Fluctuation de l'intensité des images (de cinéma, de télévision).

SCINTILLER [sɛ̃tije] **v. intr.** ⟨1⟩ – *sintiller* 1375 ◊ du latin *scintillare*, de *scintilla* → étincelle ▪ **1** Briller d'un éclat inégal, caractérisé par le phénomène de la scintillation (en parlant des astres). *Les étoiles scintillent.* — PAR ANAL. *Lumières lointaines qui scintillent.* ➤ **clignoter.** *Le ciel scintille.* ▪ **2** (XVe) Étinceler, jeter de l'éclat par intervalles. ➤ **briller*.** *Diamants, pierreries qui scintillent. «Un charmant regard bleu [...] scintilla devant lui et disparut comme un feu follet»* GAUTIER.

SCINTILLOGRAMME ➤ **SCINTIGRAMME**

SCINTILLOMÈTRE [sɛ̃tijɔmɛtʀ] **n. m.** – 1858 ◊ de *scintillation* et *-mètre* ▪ PHYS. Appareil formé d'un compteur à scintillation* et d'un analyseur du spectre des impulsions détectées.

SCION [sjɔ̃] **n. m.** – XVIe ; *cion* XIIe ◊ p.-ê. francique *°kith* «rejeton» ▪ **1** Jeune branche droite et flexible (pousse de l'année, rejet ou rejeton d'un arbre). *«Souple et mince comme un scion de peuplier»* ZOLA. ♦ ARBOR. Jeune arbre greffé en pied à la fin de la première année de végétation du greffon. ▪ **2** (1904) PÊCHE Brin très fin qui termine une canne à pêche.

SCIOTTE [sjɔt] **n. f.** – *sciote* 1765 ; *ciot* «petite scie» 1560 ◊ de *scie* ▪ TECHN. Scie à main de marbrier, de tailleur de pierres.

SCIRPE [siʀp] **n. m.** – 1800 ; *scirpus* 1700 ◊ latin *scirpus* «jonc» ▪ BOT. Plante herbacée aquatique *(cypéracées)* qui croît dans les marais et les terrains humides, dont une espèce, appelée *jonc des chaisiers* (ou *des tonneliers*), est employée en vannerie.

SCISSILE [sisil] **adj.** – 1611 ; *la pierre nommée... scissile* 1561 ◊ latin *scissilis*, de *scindere* → scinder ▪ GÉOL. VIEILLI Qui peut être fendu en feuillets ou en lamelles (➤ **fissile**). *L'ardoise est une roche scissile.*

SCISSION [sisjɔ̃] **n. f.** – 1486 ◊ latin *scissio*, de *scindere* → scinder ▪ **1** Action, fait de se scinder (en parlant d'un groupe, d'un parti). ➤ **division, partage, schisme, séparation.** *Désaccord provoquant une scission. La scission du parti socialiste. Faire scission.* ➤ **dissidence, sécession.** ♦ SPÉCIALT, DR. Séparation du patrimoine (d'une société) en plusieurs patrimoines de nouvelles sociétés (opposé à *fusion*). ➤ aussi **spin-off.** ▪ **2** PHYS., BIOL. Fission, division, séparation. ▪ CONTR. Accord, association, coalition, concorde.

SCISSIONNISTE [sisjɔnist] **n. et adj.** – 1920 ; *scissionnaire* 1792 ◊ de *scission* ▪ Personne qui, dans un parti ou une assemblée, fait scission. ➤ **dissident.** ♦ **adj.** *Le groupe scissionniste. Activités scissionnistes.* — **n. m.** (1926) **SCISSIONNISME.**

SCISSIPARE [sisipaʀ] **adj.** – 1855 ◊ du latin *scissum* (de *scindere*) et *-pare* ▪ BIOL. Qui se reproduit par scissiparité*.

SCISSIPARITÉ [sisipaʀite] **n. f.** – 1845 ◊ de *scissipare* ▪ BIOL. Mode de reproduction asexuée par division simple de l'organisme. ➤ **segmentation.**

SCISSURE [sisyʀ] **n. f.** – avant 1478 ◊ latin *scissura*, de *scindere* ▪ ANAT. Ligne de soudure entre certains os (➤ **fissure, suture**). — Sillon séparant des hémisphères ou des lobes du cerveau, des lobes pulmonaires. *Scissure inter-hémisphérique*, qui sépare les deux hémisphères. *Grande scissure* ou *scissure médiane du cervelet. Scissure latérale* ou *scissure de Sylvius.*

SCIURE [sjyʀ] **n. f.** – fin XIVe *cyeure* ◊ de *scier* ▪ Déchets en poussière d'une matière qu'on scie. ➤ **débris.** *De la sciure de grès, de bois.* ♦ ABSOLT Sciure de bois. ➤ **bran.** *«le garçon balayait de la sciure dans la salle déserte»* CAMUS. *La sciure d'une piste de cirque. «Un de ces colliers à quatre sous comme on en ramasse dans la sciure des éventaires en plein vent»* C. SIMON.

SCIURIDÉS [sjyʀide] **n. m. pl.** – 1848 ; *sciuriens* 1809 ◊ du latin *sciurus*, grec *skiouros* «écureuil» ▪ ZOOL. Famille de rongeurs de petite taille, au pelage long, à queue touffue (ex. écureuil, marmotte).

SCLÉRAL, ALE, AUX [skleʀal, o] **adj.** – 1961 ◊ du grec *sklêros* «dur» ▪ ANAT. Relatif à la sclérotique. *Conjonctive sclérale.*

SCLÉRANTHE [skleʀɑ̃t] **n. m.** – 1839 ◊ de *sclér(o)-* et *-anthe* ▪ Petite plante très ramifiée *(caryophyllacées)*, mauvaise herbe très répandue en Europe.

SCLÉRENCHYME [skleʀɑ̃ʃim] **n. m.** – 1858 ◊ de *sclér(o)-* et *(par)enchyme* ▪ BOT. Tissu végétal de soutien constitué de cellules fusiformes à parois épaisses chargées en lignine.

SCLÉREUX, EUSE [skleʀø, øz] **adj.** – 1830 ◊ du grec *sklêros* «dur» ▪ PATHOL. Qui possède les caractères d'une sclérose, qui est atteint de sclérose. *Tissu scléreux. Veine scléreuse.* — BOT. *Cellule scléreuse*, précocement morte et dont la paroi est lignifiée.

SCLÉR(O)- ▪ Élément, du grec *sklêros* «dur».

SCLÉRODERMIE [skleʀɔdɛʀmi] **n. f.** – 1878 ◊ de *scléro-* et *-dermie* ▪ MÉD. Affection cutanée caractérisée par une sclérose des couches profondes de la peau, diffuse ou répartie en bandes, en nodules, en plaques, parfois associée à des scléroses viscérales.

SCLÉROGÈNE [skleʀɔʒɛn] **adj.** – 1895 ◊ de *scléro-* et *-gène* ▪ MÉD. Qui provoque la sclérose d'un tissu. *Maladie sclérogène.* — *Méthode sclérogène.*

SCLÉROPROTÉINE [skleʀopʀɔtein] **n. f.** – milieu XXe ◊ de *scléro-* et *protéine* ▪ BIOCHIM. Protéine complexe, très peu soluble, formant la charpente de nombreux tissus. ➤ **collagène, kératine.**

SCLÉROSE [skleʀoz] **n. f.** – 1858 ; autre sens 1812 ◊ grec *sklêrôsis*, de *sklêros* «dur» ▪ **1** Induration pathologique d'un organe ou d'un tissu, due à une prolifération de tissu conjonctif avec formation excessive de collagène. *Sclérose artérielle.* ➤ **artériosclérose.** *Sclérose des cordons postérieurs, de la moelle épinière* (➤ **tabès**). — **SCLÉROSE EN PLAQUES** *(SEP)* : maladie chronique lente du système nerveux central entraînant une paralysie progressive, au cours de laquelle la myéline est détruite et remplacée par du tissu cicatriciel, formant des plaques de sclérose. *Sclérose latérale amyotrophique* : maladie dégénérative du système nerveux se caractérisant par des lésions des neurones moteurs au niveau de la corne antérieure de la moelle épinière et du bulbe. ▪ **2** FIG. (1928) État, défaut de ce qui ne sait plus évoluer ni s'adapter, qui a perdu toute souplesse. ➤ **vieillissement.** *Sclérose des institutions, d'un parti. Une sclérose intellectuelle.* ▪ CONTR. Amollissement, développement.

SCLÉROSÉ, ÉE [skleʀoze] **adj.** – 1867 ◊ de *sclérose* ▪ **1** Atteint de sclérose. *Tissu sclérosé.* ▪ **2** FIG. Figé, qui n'évolue plus. *Une administration sclérosée.*

SCLÉROSER [skleʀoze] **v. tr.** ⟨1⟩ – 1891 ◊ de *sclérose*

I Provoquer la sclérose de (une veine). *Scléroser des varices.*

II **v. pron.** (1902) ▪ **1** Se durcir, être atteint de sclérose (organe, tissu). *«Passé une quarantaine d'années, l'organisme humain [...] commence à subir des transformations régressives. Certains tissus s'atrophient ou se sclérosent»* J. ROSTAND. ▪ **2** FIG. Se figer, ne plus évoluer. *Parti politique qui se sclérose. «Les formes et les concepts se sclérosent»* BACHELARD.

SCLÉROTIQUE [skleʀɔtik] **n. f.** – 1314 ◊ latin médiéval *sclerotica*, du grec *sklêrotês* «dureté» ▪ ANAT. Membrane fibreuse blanche qui entoure le globe oculaire, sauf dans sa partie antérieure occupée par la cornée (SYN. COUR. blanc de l'œil). *«Quant aux yeux, [...] la sclérotique en était pure, limpide, bleuâtre»* GAUTIER.

SCOLAIRE [skɔlɛʀ] **adj. et n.** – 1807 ◊ bas latin *scholaris*, de *schola* «école» ▪ **1** Relatif ou propre aux écoles, à l'enseignement qu'on y reçoit et aux élèves qui les fréquentent. *Enseignement, éducation scolaire. «Une culture scolaire, c'est-à-dire [...] une culture traditionnelle»* BACHELARD. *Établissement, groupe scolaire. Parcours, échec, succès scolaire. Élève en rupture scolaire.* ➤ **déscolarisé.** *Année scolaire* : période allant de la rentrée à la fin des classes. *Vacances scolaires. Fournitures scolaires. Carnet, livret* scolaire. Obligation scolaire* (Loi J. Ferry, 1882, sur l'instruction primaire obligatoire). *Âge scolaire* : âge légal de l'obligation scolaire. *Population scolaire*, qui fréquente les écoles, collèges et lycées. — *Livre, manuel scolaire. L'édition scolaire.* SUBST. *Le scolaire et le parascolaire.* ♦ **n. m.** (1889) Enfant qui fréquente l'école. ▪ **2** (1843) PÉJ. Qui évoque les exercices de l'école, qui a qqch. d'appris et de livresque, qui manque d'inventivité. *«Michelet a l'éloquence de l'orateur, mais rien de scolaire, d'affecté. Ses défauts ne sont pas appris»* HENRIOT.

SCOLAIREMENT [skɔlɛʀmɑ̃] adv. – 1933 ◇ de *scolaire* ■ De façon scolaire (2°). *Elle «récita presque scolairement une leçon qu'elle n'avait jamais apprise»* DURAS.

SCOLARISATION [skɔlaʀizasjɔ̃] n. f. – 1947 ◇ de *scolariser* ■ Action de scolariser ; le fait d'être scolarisé. *Taux de scolarisation d'un pays.*

SCOLARISER [skɔlaʀize] v. tr. ‹1› – 1904 ◇ de *scolaire* ■ Soumettre (qqn) à une scolarisation. — p. p. adj. *Être scolarisé.* ➤ RÉGION. **fréquenter.** *Enfants scolarisés.* ♦ (1964) Pourvoir (un lieu, une communauté) d'établissements scolaires et d'enseignement régulier. *Scolariser une zone rurale.* — adj. **SCOLARISABLE,** 1963.

SCOLARITÉ [skɔlaʀite] n. f. – 1861 ; *scholarité* «privilège de l'écolier» 1383 ◇ latin médiéval *scholaritas,* de *scholaris* → scolaire ■ Le fait de suivre régulièrement les cours d'un établissement scolaire. *Années de scolarité. Certificat de scolarité,* attestant l'inscription d'un élève à un établissement scolaire. *Frais de scolarité.* ➤ RÉGION. **écolage, minerval.** ♦ *Scolarité obligatoire* : temps d'études prescrit. ♦ Période pendant laquelle un enfant va à l'école, suit des études.

SCOLASTICAT [skɔlastika] n. m. – 1894 ◇ de *scolastique* ■ RELIG. Maison annexe d'un couvent, correspondant au grand séminaire diocésain, où les scolastiques (II, 3°) font leurs études ; durée de ces études.

SCOLASTIQUE [skɔlastik] adj. et n. – 1625 ; «scolaire» XIIᵉ ◇ latin *scholasticus,* grec *skholastikos,* de *skholê* → école
■ DIDACT. OU LITTÉR.

I adj. ■ **1** Relatif ou propre à l'École, à la scolastique. *Philosophie scolastique. Logique scolastique* (formelle). ■ **2** (1764) Qui concerne ou rappelle la scolastique décadente, par le formalisme, la logomachie, le traditionalisme. *«Le propre de ces cultures scolastiques est de fermer l'esprit à tout ce qui est délicat»* RENAN.

II n. ■ **1** n. f. (1670) Philosophie et théologie enseignées au Moyen Âge par l'Université ; enseignement et méthode qui s'y rapportent. *«La scolastique veut toujours un point de départ fixe et indubitable [...] elle l'emprunte à une source irrationnelle quelconque, telle qu'une révélation, une tradition»* C. BERNARD. ♦ (XVIIIᵉ) Philosophie présentant des caractères formalistes et abstraits. *La «scolastique marxiste»* R. JOLIVET. ■ **2** n. m. (1541) Philosophe et théologien scolastique du Moyen Âge. *«Mille scolastiques [...] qui tous ont été bien sûrs de connaître l'âme très clairement»* VOLTAIRE. ♦ PÉJ. Homme à l'esprit scolastique (I, 2°). *«Le scolastique ou le systématique, ce qui est la même chose, a l'esprit orgueilleux et intolérant et n'accepte pas la contradiction»* C. BERNARD. ■ **3** n. m. RELIG. Jeune religieux faisant ses études de théologie et de philosophie dans un scolasticat. ➤ **séminariste.**

SCOLEX [skɔlɛks] n. m. – 1839 ◇ grec *skôlêx* «ver» ■ ZOOL. Partie antérieure des vers cestodes, tête de ténia pourvue de ventouses, de crochets.

SCOLIASTE ou **SCHOLIASTE** [skɔljast] n. m. – 1674, -1552 ◇ de *scholie* ■ DIDACT. Commentateur ancien, auteur de scolies. *Les scoliastes d'Alexandrie.* ♦ PAR EXT. Annotateur, commentateur érudit.

SCOLIE ou **SCHOLIE** [skɔli] n. f. et m. – 1680, -1546 ◇ grec *skholion,* de *skholê* «école»

I n. f. DIDACT. Note philologique, historique, due à un commentateur ancien, et servant à l'interprétation d'un texte de l'Antiquité. ➤ **annotation.** ♦ Note critique. *«s'intéresser à des scholies et à des commentaires»* SAINTE-BEUVE.

II n. m. (1691) DIDACT. Remarque à propos d'un théorème ou d'une proposition. *«souvent après avoir démontré une proposition, on enseigne dans un scholie une autre manière de la démontrer»* D'ALEMBERT.

SCOLIOSE [skɔljoz] n. f. – 1820 ◇ grec *skoliôsis,* de *skolios* «tortueux» ■ MÉD. Déviation de la colonne vertébrale dans le sens transversal.

1 **SCOLOPENDRE** [skɔlɔpɑ̃dʀ] n. f. – XVᵉ ; *scolopendrie* 1314 ◇ latin *scolopendrium,* grec *skolopendrion* ■ Fougère à feuilles coriaces, qui croît sur les rochers, les vieux murs. *«Des touffes de scolopendre suspendues comme de longs rubans d'un vert pourpré»* BERNARDIN DE SAINT-PIERRE.

2 **SCOLOPENDRE** [skɔlɔpɑ̃dʀ] n. f. – 1558 ; «serpent fabuleux» 1552 ◇ latin *scolopendra,* mot grec, même origine que 1 *scolopendre* ■ Animal arthropode, au corps formé de vingt et un anneaux portant chacun une paire de pattes, couramment appelé *millepatte.*

SCOLYTE [skɔlit] n. m. – 1817 ; *scolite, scolyte* 1762 ◇ origine inconnue, p.-ê. du grec *skôlêx* «ver» ■ ZOOL. Insecte coléoptère qui vit sous l'écorce des arbres, creusant de nombreuses galeries.

SCOMBRIDÉS [skɔ̃bʀide] n. m. pl. – 1933 ; *scombéridés* 1842 ; *scombéroïdes* 1808 ◇ de *scombre* (1646) ; latin *scomber,* grec *skombros* «maquereau» ■ ZOOL. Famille de poissons téléostéens acanthoptérygiens au corps allongé, à la peau lisse (ex. maquereau, thon).

SCONE [skon] n. m. – 1946 ◇ mot anglais ■ Petit pain mollet d'origine anglaise, qui se mange avec le thé. *Des scones et des muffins.*

SCONSE [skɔ̃s] n. m. – *scunk* 1875 ; *scunck* «mouffette» 1764 ◇ anglais *skun(s),* de l'algonquin *seganku* ■ Fourrure de la mouffette, à poil demi-long, noire à bandes blanches. *Étole, manteau de sconse.* — On écrit aussi *skunks.*

SCOOP [skup] n. m. – 1957 ◇ mot anglais ■ ANGLIC. Nouvelle importante donnée en exclusivité par une agence de presse, un journaliste. Recomm. offic. *exclusivité**. ♦ FAM. Nouvelle sensationnelle.

SCOOTER [skutœʀ ; skutɛʀ] n. m. /SCOOTEUR/ – 1919 ◇ de l'anglais *to scoot* «filer» ■ ANGLIC. ■ **1** Motocycle léger, caréné, à cadre ouvert formant plancher et à petites roues. ➤ **vespa.** *Des scooters.* — ABRÉV. FAM. **SCOOT.** *Des scoots puissants.* ■ **2** *Scooter des neiges.* ➤ **motoneige** (recomm. offic.). — *Scooter des mers* : petit engin à moteur, rapide, pour se déplacer sur l'eau. ➤ **jet-ski,** RÉGION. **motomarine.**

SCOOTÉRISTE [skuteʀist] n. – 1951 ◇ de *scooter* ■ Personne qui conduit un scooter.

SCOPE [skɔp] n. m. – 1968 ◇ de *cinémascope* ■ Procédé de cinéma employant l'anamorphose horizontale de l'image au rapport 2.

-SCOPE, -SCOPIE ■ Éléments, du grec *-skopos, -skopia,* de *skopein* «examiner, observer».

SCOPIE [skɔpi] n. f. – 1948 ◇ de *radioscopie* ■ MÉD. FAM. Radioscopie*. ➤ 2 **radio.**

SCOPOLAMINE [skɔpɔlamin] n. f. – 1899 ◇ de *scopolie* (plante), de *Scopoli,* naturaliste du XVIIIᵉ s., et *amine* ■ BIOCHIM. Alcaloïde voisin de l'atropine, extrait de plusieurs plantes solanacées, et utilisé en médecine.

SCORBUT [skɔʀbyt] n. m. – fin XVIᵉ ◇ du néerlandais *scuerbuyck* (1557), refait sur le latin médiéval *scorbutus* ■ Maladie due à l'insuffisance de vitamine C dans l'alimentation, et caractérisée par des hémorragies et de la cachexie.

SCORBUTIQUE [skɔʀbytik] adj. – 1718 ; «bon contre le scorbut» 1642 ◇ de *scorbut* ■ Relatif, propre au scorbut ; causé par le scorbut. *Symptômes scorbutiques.* ♦ Atteint du scorbut. — n. *Un scorbutique.*

SCORE [skɔʀ] n. m. – 1896 ◇ mot anglais ■ ANGLIC. ■ **1** Marque, décompte des points au cours d'un match, d'une partie. ➤ RÉGION. **pointage.** Recomm. offic. *marque. Le score est de 3 à 1. Score nul, vierge. Un score sévère. Le score final.* LOC. *Mener au score* : devancer l'adversaire à la marque des points. *Ouvrir le score* : être le premier à marquer (un but). ■ **2** Résultat chiffré obtenu lors d'une sélection, dans un classement. *Score électoral. Améliorer son score.* ■ **3** MÉD. Échelle permettant d'apprécier la gravité ou l'évolutivité d'une maladie, l'état de santé d'un patient. *Score de Glasgow* (coma), *de Knodell* (lésions hépatiques).

SCORIACÉ, ÉE [skɔʀjase] adj. – 1775 ◇ de *scorie* ■ DIDACT. Qui a le caractère ou l'apparence des scories.

SCORIE [skɔʀi] n. f. – 1555 ; «alluvion» XIIIᵉ ◇ latin *scoria,* grec *skôria* «écume du fer» ■ (Rare au sing.) ■ **1** Résidu solide provenant de la fusion de minerais métalliques, de l'affinage de métaux, de la combustion de la houille, etc. ➤ **déchet, mâchefer.** *Scories de déphosphoration* (engrais). ■ **2** (1790) GÉOL. Fragment de lave vacuolaire de faible densité, hérissée de pointes et poreuse. ■ **3** FIG. Partie médiocre ou mauvaise. ➤ **déchet.** *«Toute cette masse de scories qui, chez les écrivains non artistes, souillent les meilleures intentions»* BAUDELAIRE.

SCORIFIER [skɔʀifje] v. tr. ‹7› – 1750 ◇ de *scorie* ■ TECHN. Réduire en scories ; produire la séparation du métal et des scories.

SCORPÈNE [skɔʀpɛn] n. f. – 1552 ; provençal *scorpena* (1445) ◇ latin *scorpæna,* grec *skorpaina* «scorpion de mer», de *skorpios* «scorpion» ■ ZOOL. Poisson acanthoptérygien, de petite dimension, à peau visqueuse, à tête forte et hérissée d'épines, communément appelé *diable de mer.* ➤ **rascasse.**

SCORPION [skɔʀpjɔ̃] **n. m.** – XIIe ; *escorpium* 1119 ◊ latin *scorpio*, grec *skorpios* ▪ **1** Arachnide pourvu d'appendices chélicères, et formé d'éléments articulés dont le dernier porte un aiguillon crochu et venimeux. *Pince du scorpion.* ➤ **pédipalpe.** *Scorpion noir, brun. Être piqué par un scorpion.* ▪ **2** PAR ANAL. *Scorpion de mer.* ➤ **scorpène.** *Scorpion d'eau.* ➤ **nèpe.** ▪ **3** (1273 ; *Scorpium* 1119) ASTRON. Constellation zodiacale de l'hémisphère austral. ♦ ASTROL. Huitième signe du zodiaque (23 octobre-21 novembre). — ELLIPT *Elle est Scorpion*, née sous le signe du Scorpion.

SCORSONÈRE [skɔʀsɔnɛʀ] **n. f.** – 1667 ; *scorsonera* 1615 ◊ italien *scorzonera*, plante qui soigne la morsure du serpent appelé *scorzone* ▪ BOT. Plante dicotylédone dont une variété à peau noire (➤ **salsifis**) est cultivée comme plante alimentaire.

1 **SCOTCH** [skɔtʃ] **n. m.** – 1936 ; *scotch whisky* 1855 ◊ mot anglais «écossais» ▪ Whisky écossais. *Un verre de scotch. Scotch pur malt.* ♦ Un verre de cet alcool. *Un scotch, un double scotch. Un baby* scotch. Des scotchs.* On emploie aussi le pluriel anglais *des scotches.*

2 **SCOTCH** [skɔtʃ] **n. m.** – 1955 ◊ marque déposée ; → 1 scotch ▪ ANGLIC. Ruban adhésif transparent. ➤ **adhésif** (n.).

SCOTCHER [skɔtʃe] **v. tr.** ⟨1⟩ – 1965 ◊ de 2 *scotch* (marque déposée) ▪ **1** ANGLIC. Coller avec du ruban adhésif. ▪ **2** FIG. et FAM. (surtout passif et p. p.) Attacher, immobiliser. *Être, rester scotché devant la télé.* ♦ FAM. *Être, rester scotché*, ébahi, stupéfait, admiratif. ➤ 1 **baba.** *J'en suis resté scotché. Là, il m'a scotché.* ➤ **bluffer, étonner, stupéfier.** «*Quand elle est arrivée, on était scotchés par son niveau*» V. DESPENTES.

SCOTCH-TERRIER [skɔtʃtɛʀje] **n. m.** – 1868 ◊ mot anglais, de *scotch* «écossais» et *terrier* «terrier» ▪ Race de chien terrier, de taille moyenne, à poil dur et dru, originaire d'Écosse. *Des scotch-terriers.* — On dit aussi *scottish-terrier* [skɔtiʃtɛʀje], 1898. *Des scottish-terriers.*

SCOTIE [skɔti] **n. f.** – 1640 ◊ latin *scotia*, mot grec ▪ ARCHIT. Moulure semi-circulaire concave.

SCOTISME [skɔtism] **n. m.** – 1740 ◊ de *Duns Scot*, philosophe anglais du XIIIe s. ▪ HIST. PHILOS. Doctrine de Duns Scot, qui s'écarte du thomisme, en particulier quant à la notion de la personne humaine du Christ et au motif de l'Incarnation. — **adj.** et **n. SCOTISTE.**

SCOTOME [skɔtɔm] **n. m.** – 1839 ◊ du grec *skotôma* «obscurcissement» ▪ MÉD. Lacune dans le champ visuel due à l'insensibilité de certains points de la rétine.

SCOTOMISATION [skɔtɔmizasjɔ̃] **n. f.** – 1926 ◊ du grec *skotôma* «obscurcissement» ▪ PSYCHAN. Exclusion inconsciente d'une réalité extérieure du champ de conscience ; déni de la réalité. ➤ **forclusion.**

SCOTOMISER [skɔtɔmize] **v. tr.** ⟨1⟩ – 1926 ◊ du grec *skotôma* «obscurcissement», d'après *scotomisation* ▪ PSYCHAN. Exclure inconsciemment du champ de la conscience.

SCOTOPIE [skɔtɔpi] **n. f.** – milieu XXe ◊ du grec *skotos* «obscurité» et *ops, opos* «vue» ▪ DIDACT. Vision crépusculaire, avec ajustement de l'œil à une lumière faible. — **adj. SCOTOPIQUE.**

SCOTTISH [skɔtiʃ] **n. f.** – 1872 ◊ mot anglais «écossais», par l'intermédiaire de l'allemand *Schottisch* ▪ Danse de bal du XIXe s., à quatre temps, variante de la polka.

SCOTTISH-TERRIER ➤ **SCOTCH-TERRIER**

SCOUBIDOU [skubidu] **n. m.** – 1958 ◊ p.-ê. syllabes du chant scat ▪ Tresse de fils de plastique multicolores. *Faire des scoubidous.*

SCOUMOUNE [skumun] **n. f.** – 1941 ; 1930 en français d'Algérie ◊ mot corse ou italien ▪ ARG. Malchance. *Avoir la scoumoune.* ➤ **poisse.**

SCOURED [skuʀɛd] **n. m.** – 1875 ◊ mot anglais, de *to scour* «laver» ▪ ANGLIC. TECHN. Laine lavée directement sur le dos du mouton, avant la tonte (SYN. **laine lavée à dos**).

SCOUT, SCOUTE [skut] **n. m.** et **adj.** – 1910 ◊ anglais *boy-scout*, de *scout* «éclaireur», de l'ancien français *escoute* ▪ Enfant, adolescent(e), SPÉCIALT âgé(e) de 11 à 15 ans, faisant partie d'un mouvement de scoutisme. ➤ **boy-scout, compagnon, éclaireur, louveteau, pionnier ; guide,** 2 **jeannette.** *Les scouts de France. Les scouts marins.* «*Un gros couteau de scout avec des vilebrequins, des scies*» QUENEAU. — **adj.** Propre aux scouts, au scoutisme. *Camp scout* (➤ aussi **jamboree**). *Mouvement scout. Fraternité scoute.* — FIG. Plein de bonnes intentions, mais naïf. *Son côté scout.* ➤ **boy-scout.** «*On est en pleine civilisation scoute*» BARTHES.

SCOUTISME [skutism] **n. m.** – 1913 ◊ de *scout* ▪ Mouvement éducatif, souvent rattaché à une confession (chrétienne, israélite...) destiné à compléter la formation de l'enfant, en offrant aux jeunes des activités de plein air et des jeux.

SCRABBLE [skʀabl] **n. m.** – 1962 ◊ marque déposée, de l'anglais *to scrabble* «gribouiller» ▪ ANGLIC. Jeu de société consistant à remplir une grille préétablie au moyen de jetons portant une lettre, de manière à former des mots. — **n. SCRABBLEUR, EUSE** [skʀablœʀ, øz], 1976.

SCRAMASAXE [skʀamasaks] **n. m.** – 1599 ◊ francique °*scramasachs*, de *sachs* «couteau» ▪ ARCHÉOL. Arme de guerre des Francs, long couteau ou sabre à un tranchant.

SCRAPBOOKING [skʀapbukiŋ] **n. m.** – 1999 ◊ de l'anglais *to scrapbook*, de *scrap* «fragment» et *book* «livre» ▪ FAUX ANGLIC. Loisir créatif qui consiste à personnaliser, notamment par collage, un album de photos, de souvenirs, un journal intime.

SCRAPEUR [skʀapœʀ] ou **SCRAPER** [skʀapœʀ ; skʀɛpœʀ] **n. m.** – 1933 ◊ anglais *scraper*, de *to scrap* «gratter» ▪ ANGLIC. TECHN. Engin de terrassement automoteur utilisé pour araser le sol et transporter des matériaux. Recomm. offic. *décapeuse* et *décapeur.*

1 **SCRATCH** [skʀatʃ] **adj. inv.** – 1854 ◊ mot anglais «rail, ligne de départ» ▪ ANGLIC., SPORT ▪ **1** *Course scratch*, dans laquelle tous les concurrents partent sur la même ligne, sans avantage ni handicap. ▪ **2** AUTOM. *Temps, classement scratch* : meilleur temps ou classement toutes catégories. ▪ **3** *Joueur scratch* : au golf, joueur qui fait le parcours dans le par (handicap 0).

2 **SCRATCH** [skʀatʃ] **n. m.** – 1983 ◊ faux anglicisme, de l'anglais *scratching*, de *to scratch* «rayer» ▪ ANGLIC. Effet produit en faisant patiner un disque vinyle sur une platine à l'aide des doigts. *Le scratch est très employé dans le rap, la techno, le hip-hop. Des scratchs.* On emploie aussi le pluriel anglais *des scratches.*

3 **SCRATCH** [skʀatʃ] **n. m.** – 1985 ◊ onomatopée ▪ Fermeture velcro. *Chaussures fermées par un scratch, par des scratchs.*

SCRATCHER [skʀatʃe] **v.** ⟨1⟩ – 1906 ◊ de l'anglais *to scratch* «rayer» ▪ SPORT **v. tr.** Rayer le nom de (un joueur qui ne se présente pas à temps). ♦ **v. intr.** Refuser de participer à une épreuve, en ne se présentant pas à temps.

SCRIBAN [skʀibɑ̃] **n. m.** – 1749 ; *scribane* 1694 ◊ du latin *scribere* «écrire» ▪ TECHN., COMM. (antiquaires) Secrétaire à tiroirs du XVIIe s., d'origine flamande, surmonté d'un corps d'armoire. — On dit aussi **SCRIBANNE** [skʀiban] **n. f.**

SCRIBE [skʀib] **n. m.** – 1365 sens 3° ◊ latin *scriba* «greffier», de *scribere* «écrire» ▪ **1** ANCIENNT Homme dont le métier était d'écrire à la main. ➤ **copiste, écrivain** (public), **greffier.** «*Toute loi écrite est déjà périmée. Car la main du scribe est lente*» FRANCE. — VIEILLI, PÉJ. Employé de bureau, commis aux écritures. ➤ **bureaucrate, gratte-papier, scribouillard.** «*Le bureaucrate, le commis* [...] *le vrai roi moderne, le scribe*» MICHELET. ▪ **2** ANTIQ. Homme qui écrivait les textes officiels, dans des civilisations sans imprimerie et où les lettrés étaient rares. *Scribes égyptiens* (➤ **hiérogrammate**), *grecs, romains.* ▪ **3** (*cribe* 1300) ANTIQ. JUIVE Docteur de la loi juive ➤ **massore.** *Scribes et pharisiens.* «*Les scribes, conducteurs et inspirateurs du judaïsme légaliste*» GUIGNEBERT.

SCRIBOUILLARD, ARDE [skʀibujaʀ, aʀd] **n.** – 1914 ◊ de *scribouiller* 1849 ; du radical de *scribe*, et rattaché à *Scribe* n. pr. ▪ FAM. Employé(e) aux écritures. ➤ **gratte-papier.** *Il* «*est scribouillard dans un vague état-major*» SARTRE.

1 **SCRIPT** [skʀipt] **n. m.** – 1856 ◊ anglais *scrip* (1762), abrév. de *subscription receipt* «reçu de prêt» ▪ ANGLIC., FIN. Écrit remis à un créancier, à un obligataire, par une collectivité qui ne peut payer les intérêts ou rembourser les capitaux intégralement. ▪ HOM. Scripte.

2 **SCRIPT** [skʀipt] **n. m.** – 1951 ◊ anglais *script*, du latin *scriptum* «écrit» ▪ ANGLIC.

I Type d'écriture à la main, proche des caractères d'imprimerie. *Écrire en script.* PAR APPOS. *Écriture script.*

II (1947) ▪ **1** Scénario d'un film, d'une émission, comprenant le découpage technique et les dialogues. ▪ **2** Séquence d'évènements représentant une action ordinaire, utilisée en intelligence artificielle pour représenter les connaissances. ▪ **3** INFORM. Suite de commandes, d'instructions permettant d'automatiser une tâche.

SCRIPTE [skʀipt] n. – 1958 ; *script* n. f. 1948 ◊ francisation de *script(-girl)* ■ Personne responsable, sous la direction du réalisateur, de la tenue des documents et de la continuité d'un film, d'une émission. ■ HOM. Script.

SCRIPTEUR, TRICE [skʀiptœʀ, tʀis] n. – 1611 ; hapax 1356 ◊ latin *scriptor* «celui qui écrit» ■ **1** n. m. RELIG. Officier de la chancellerie pontificale, qui écrit les bulles. ■ **2** (début XXe) DIDACT. Personne qui a écrit un texte manuscrit. — Personne qui écrit. *Les locuteurs et les scripteurs d'une langue.*

SCRIPT-GIRL [skʀiptgœʀl] n. f. /SCRIPTGIRL/ – 1923 ◊ mot anglais «assistante du réalisateur» ■ ANGLIC. ➤ **scripte** recomm. offic. *Des script-girls.*

SCRIPTURAIRE [skʀiptyʀɛʀ] adj. – 1851 ; «membre d'une secte juive» n. m. 1740 ◊ du latin *scriptura* «écriture» ■ DIDACT. ■ **1** Relatif à l'Écriture sainte. *Exégèse scripturaire.* ■ **2** RARE Relatif à l'écriture. ➤ **graphique.** *Système scripturaire,* de transcription graphique.

SCRIPTURAL, ALE, AUX [skʀiptyʀal, o] adj. – 1933 ; «qui sert à écrire» 1350 ◊ du latin *scriptura* «écriture» ■ **1** ÉCON. *Monnaie scripturale,* qui circule par simple jeu d'écriture. ➤ **chèque, virement.** *Change scriptural.* ■ **2** LING. De l'écriture, de la mise en graphie. *Compétence scripturale.* — SUBST. *Passage de l'oral au scriptural.*

SCROFULAIRE [skʀɔfylɛʀ] n. f. – XVe ◊ latin médiéval *scrofularia,* de *scrofula* «scrofule» ■ BOT. Plante herbacée vivace à l'odeur fétide. *La scrofulaire noueuse,* ou *herbe aux écrouelles.*

SCROFULE [skʀɔfyl] n. f. – v. 1363 ; *escrofila* 1304 ◊ bas latin *scrofulæ* ■ **1** MÉD. ANC., AU PLUR. Écrouelles. ■ **2** MOD. Lésion torpide (de la peau, des ganglions lymphatiques, des os) ayant tendance à provoquer des fistules. *«Sa lèvre gonflée dénonçait la scrofule»* BARRÈS.

SCROFULEUX, EUSE [skʀɔfylø, øz] adj. et n. – v. 1363 ◊ de *scrofule* ■ **1** Relatif aux écrouelles (ANCIENNT), à la scrofule. *Tumeur scrofuleuse.* ■ **2** (1549) Qui a les écrouelles ; atteint de scrofule. — n. *«Ce nabot, ce scrofuleux»* MAETERLINCK.

SCROGNEUGNEU [skʀɔɲøɲø] interj. – 1884 ◊ altération de *sacré nom de Dieu* ■ Interjection que l'on prête plaisamment aux vieux militaires bougons. — SUBST. Vieux bougon.

SCROLLER [skʀɔle] v. intr. ⟨1⟩ – 2004 ◊ anglais *to scroll* (1973), de *scroll* «rouleau, manuscrit», anglo-normand *escrowe,* ancien français *escroe,* du germanique *scroda* → 1 écrou ■ ANGLIC. Faire défiler un contenu sur un écran informatique. *Scrollez pour lire la suite de l'article.* — TRANS. *Scroller une page.*

SCROTUM [skʀɔtɔm] n. m. – 1538 ◊ mot latin ■ ANAT. Enveloppe cutanée des testicules. ➤ 1 **bourse.** — adj. **SCROTAL, ALE, AUX,** 1842.

SCRUB [skʀœb] n. m. – 1900 ◊ mot anglais ■ ANGLIC. GÉOGR. Brousse épaisse d'Australie, formée de buissons.

SCRUPULE [skʀypyl] n. m. – 1375 ◊ latin *scrupulus* «petite pierre pointue ; embarras», de *scrupus* «pierre pointue»

I ■ **1** Incertitude d'une conscience exigeante au regard de la conduite à avoir ou du caractère de faute d'une action passée ; inquiétude sur un point de morale. ➤ **doute, hésitation** (cf. État d'âme*). *«Les scrupules sont des craintes morales que des préjugés nous préparent»* GIDE. *«Cette déviation qui transporte les scrupules de conscience du domaine des affections et de la moralité aux questions de pure forme»* PROUST. *Scrupules religieux* (cf. Cas* de conscience). *«Une dévote tourmentée de scrupules»* SAND. *Être dénué de scrupules, sans scrupules :* agir par pur intérêt, sans se poser de problèmes moraux. *Étaler son luxe sans scrupule.* ➤ **pudeur.** *Les scrupules ne l'étouffent pas. Scrupule excessif. Ces scrupules vous honorent.* ◆ LOC. *Se faire scrupule de qqch. :* hésiter ou renoncer à faire cette chose par scrupule. *«Je ne me ferais aucun scrupule de le tuer comme un chien»* CHATEAUBRIAND. — *Avoir scrupule à faire qqch. :* hésiter à faire qqch. *J'aurais scrupule à vous en parler.* ■ **2** (1694 ; *scropule* 1611) Exigence, délicatesse morale très poussée ; tendance à juger avec rigueur sa propre conduite (selon des critères religieux, sociaux, personnels). *«L'excès de conscience dégénère en infirmité. Méfiez-vous des scrupules. Ils mènent loin»* HUGO. *«Elle était même portée aux scrupules. Les petits manquements ne la tracassaient pas moins que les gros péchés»* ROMAINS. — *Une personne de scrupule. Exactitude poussée jusqu'au scrupule.* ■ **3** (1549) Doute, souci, ou appréhension sur un point précis. *Des scrupules d'érudition.* ■ **4** (1907) PSYCHOL. *Maladie du scrupule :* forme de psychasthénie caractérisée par l'hésitation avant l'action, la manie de la vérification, etc.

II (*scrupel* XIVe, repris XVIIe ◊ latin *scrupulum* «petit caillou») MÉTROL. Ancienne unité de mesure de masse, qui valait 1/24 de l'once, soit 1,27 grammes. *Le scrupule valait 24 grains.*

SCRUPULEUSEMENT [skʀypyløzmɑ̃] adv. – 1374 ◊ de *scrupuleux* ■ Avec exactitude, rigueur. *Payer scrupuleusement ses dettes. Traduire scrupuleusement un texte.* ➤ **fidèlement.** ■ CONTR. Approximativement.

SCRUPULEUX, EUSE [skʀypylø, øz] adj. – fin XIIIe ◊ latin *scrupulosus,* de *scrupulus* ■ **1** Qui a des scrupules, qui est inquiet et exigeant sur le plan moral. ➤ **consciencieux.** *«C'est un homme si scrupuleux et si délicat sur l'honneur qu'il exagère quelquefois»* BEAUMARCHAIS. *Être scrupuleux en affaires.* ➤ **correct, honnête.** ◆ (CHOSES) Qui témoigne d'une grande exigence morale. *Scrupuleuse honnêteté.* ➤ **strict.** ■ **2** Qui respecte strictement les règles d'action, les prescriptions imposées ; qui fait un travail avec exactitude, minutie. ➤ **attentif, exact, méticuleux.** *«Ils sont scrupuleux dans l'accomplissement des ordres qu'ils reçoivent»* Mme DE STAËL. *Un artiste scrupuleux et exigeant.* ■ CONTR. Indélicat. Approximatif.

SCRUTATEUR, TRICE [skʀytatœʀ, tʀis] adj. et n. – 1495 ◊ latin *scrutator*

I adj. (1773) LITTÉR. Qui scrute, qui examine attentivement. *Regard scrutateur.* ➤ **inquisiteur.** *«Ma nature scrutatrice me forçait à regarder, à écouter»* SAND.

II n. (1680) Personne qui participe au dépouillement d'un scrutin. *Les cardinaux scrutateurs, pour l'élection d'un pape.* — *Les scrutateurs d'un bureau de vote.*

SCRUTATION [skʀytasjɔ̃] n. f. – 1531 ◊ de *scruter* ■ LITTÉR. Action de scruter. ◆ INFORM. Mode de gestion des interruptions* sur un ordinateur, consistant à explorer périodiquement les indicateurs liés aux sources d'interruption.

SCRUTER [skʀyte] v. tr. ⟨1⟩ – 1501, repris XVIIIe ; *escrutar* XIIIe ◊ latin *scrutari* «fouiller» ■ **1** Examiner avec une grande attention, pour découvrir ce qui est caché. ➤ **sonder.** *«Je ne me permettrai point de scruter les motifs de l'action de M. de Valmont»* LACLOS. *«Elle scrutait les profondeurs de son être»* MAURIAC. ■ **2** Examiner attentivement par la vue ; fouiller du regard. ➤ **inspecter, observer.** *Scruter l'horizon. «Il examinait les versants, notait les pentes, scrutait le bouquet d'arbres ; il semblait compter chaque buisson»* HUGO.

SCRUTIN [skʀytɛ̃] n. m. – *par voie de scrutin* 1465 ; *par crutine* «par vote secret» 1251 ◊ latin *scrutinium* «action de fouiller, de scruter» ■ **1** Vote au moyen de signes (bulletins) déposés dans un récipient (urne) d'où on les tire ensuite pour les compter. ■ **2** (1789) Opération électorale, comprenant le dépôt des bulletins, le dépouillement, la proclamation des résultats ; modalité particulière des élections. *Tours de scrutin. Ouverture, clôture d'un scrutin. «L'élection du président du collège électoral commence à neuf heures, le scrutin sera fermé à trois»* STENDHAL. — *Modes de scrutin. Scrutin uninominal,* où l'électeur désigne un seul candidat. *Scrutin de liste,* utilisé pour la représentation proportionnelle (ou *scrutin proportionnel*). *Scrutin avec ou sans panachage*. Scrutin majoritaire,* à majorité* relative ou à majorité absolue. — *Scrutin secret, public. Dépouiller le scrutin* (➤ **scrutateur**) ; *résultat du scrutin.*

SCUD [skyd ; skœd] n. m. – 1966 ◊ code donné à ce missile par l'Otan, d'un mot anglais désignant certaines masses nuageuses ■ **1** Missile tactique sol-sol conçu par l'Union soviétique au milieu du XXe s. ■ **2** FIG. et FAM. Attaque verbale. *Envoyer des scuds à qqn. Se prendre un scud.*

SCULL [skyl ; skœl] n. m. – 1876 ◊ mot anglais, du suédois *skal* ■ ANGLIC. SPORT Bateau d'aviron de compétition monté en couple. *Des sculls. Double-scull,* monté par deux rameurs ayant chacun deux avirons.

SCULPTER [skylte] v. tr. ⟨1⟩ – v. 1400, repris 1718 ◊ réfection de *sculper* ; latin *sculpere* ■ **1** Façonner, produire (une œuvre d'art en trois dimensions) en taillant une matière dure. *Sculpter un buste, une statue dans le marbre, le bois.* — *Figure sculptée dans la masse.* — FIG. ➤ **façonner, former.** *«Ces individus qui créent la société sont créés, pétris, sculptés par elle»* PAULHAN. ■ **2** Façonner (une matière dure) par une des techniques de la sculpture. *Sculpter un bloc de marbre, de la pierre, du bois.* — Orner de sculptures. *Sculpter un bâton avec un canif.* — ABSOLT Faire de la sculpture. *«Souvent, les maîtres d'œuvre médiévaux ne sculptaient pas eux-mêmes»* MALRAUX. *Sculpter en taille directe* (➤ **tailler**), *au ciseau* (➤ **ciseler**), *au burin, à l'ébauchoir.*

SCULPTEUR, TRICE [skyltœʀ, tʀis] **n.** – 1400 ◊ latin *sculptor,* de *sculpere* ■ Personne qui pratique l'art de la sculpture. *« Pétrir de la glaise ne lui semblait pas* [...] *l'œuvre d'un vrai sculpteur, d'un sculpteur frappant, à tour de bras, sur de la matière dure »* GONCOURT. *Sculpteur de figures* (➤ **statuaire**), *de bas-reliefs, d'ornements. Sculpteurs contemporains. Atelier, matériel du sculpteur. Les grands sculpteurs grecs. La sculptrice Germaine Richier.* On rencontre aussi le fém. SCULPTEUSE.

SCULPTURAL, ALE, AUX [skyltyʀal, o] **adj.** – 1765 ◊ de *sculpture* ■ **1** DIDACT. Relatif à la sculpture. *Art sculptural.* ➤ **plastique.** *« Des sensations picturales ou sculpturales »* C. MAUCLAIR. ■ **2** Qui évoque la sculpture. *« L'apparence grisâtre et* [...] *la précision sculpturale de la pierre »* PROUST. ■ **3** COUR. Qui a la beauté formelle des sculptures classiques. *Une femme majestueuse, sculpturale. Des formes sculpturales.*

SCULPTURE [skyltyʀ] **n. f.** – 1380 ◊ latin *sculptura* ■ **1** Représentation d'un objet dans l'espace, création d'une forme en trois dimensions au moyen d'une matière à laquelle on impose une forme déterminée, dans un but esthétique ; ensemble des techniques qui permettent cette création. ➤ **plastique.** *Sculpture en ronde-bosse, en haut-relief, en bas-relief. Sculpture par modelage* (de la cire, glaise). *Sculpture par soudure d'éléments métalliques. — Sculpture grecque, romane, gothique, baroque. « La sculpture s'installe dans le même milieu que celui qui la contemple. Chaque pas de l'observateur, chaque heure du jour, chaque lampe qui s'allume, engendre à une sculpture une certaine apparence,* toute différente des autres » VALÉRY. ■ **2** Œuvre sculptée (➤ **statue**) ; œuvre d'art plastique en trois dimensions. *Modeler, tailler, polir une sculpture. Souder, assembler les morceaux d'une sculpture. Reliefs, creux, méplats, plans d'une sculpture. Petite sculpture.* ➤ **figurine, statuette.** *Sculpture abstraite.* ■ **3** AU PLUR. Dessins en relief à la surface d'un pneu.

SCUTELLAIRE [skytelɛʀ] **n. f.** – 1820 ◊ du latin *scutella* « petite coupe, plateau » ■ BOT. Plante herbacée, vivace *(labiées),* à tige carrée, à fleurs bleues ornementales.

SCUTIFORME [skytifɔʀm] **adj.** – 1538 ◊ du latin *scutum* « écu » et *-forme* ■ ZOOL., ANAT. Qui a la forme d'une plaque arrondie ou d'un écusson.

SCUTUM [skytɔm] **n. m.** – 1765 ◊ mot latin qui a donné *écu* ■ **1** ARCHÉOL. Bouclier romain rectangulaire. ■ **2** (1842) ZOOL. Écusson* des insectes. *Des scutums* ou *des scuta* [skyta] (plur. lat.).

SCYPHOZOAIRES [sifɔzɔɛʀ] **n. m. pl.** – 1933 ◊ du grec *skuphos* « coupe » et *-zoaire* ■ ZOOL. Classe de cnidaires constituée par des invertébrés marins chez lesquels la phase méduse* est dominante. ➤ **acalèphes.** — On dit aussi **SCYPHOMÉDUSES** [sifo medyz] **n. f. pl.**

SCYTHE [sit] **adj. et n.** – avant 1580 ; *scytique* « barbare » XVIe ◊ latin *scythicus* ■ Qui est relatif à la Scythie, aux Scythes, peuple de l'Antiquité qui habitait le sud de la Russie actuelle. On dit aussi **SCYTHIQUE** [sitik] **adj.** ■ HOM. Site.

S. D. F. [ɛsdeɛf] **n.** – 1983 ◊ sigle de *sans domicile fixe* ■ Personne démunie qui n'a pas de logement régulier. *Les S. D. F.*

SE [sə] **pron. pers.** – XIe ◊ latin *se,* en position inaccentuée ■ REM. *Se* s'élide en *s'* devant une voyelle ou un *h* muet Pronom personnel réfléchi de la 3e personne du singulier et du pluriel pour les deux genres, qui peut renvoyer à un nom, à un pronom personnel de la 3e personne, à un pronom indéfini, ou à un relatif. ■ **1** (Compl. d'objet d'un v. pron. réfl. direct) *« Se contraindre. Comment peut-on se contraindre ? »* VALÉRY. — (Avec un inf.) *Il ne s'est pas vu mourir.* — (Compl. d'un v. pron. à l'inf. dépendant d'un autre v.) *Il veut se lancer dans les affaires.* ◆ (Compl. ind.) *Il s'attribua tout le mérite de la victoire.* ■ **2** (Compl. dir. d'un v. pron. récipr.) *« Se chercher* [...] *les unes les autres avec l'impatience de ne se point rencontrer »* LA BRUYÈRE. ◆ (Compl. ind.) *« Se dire des riens* [...] *s'apprendre réciproquement des choses dont on est également instruite »* LA BRUYÈRE. ■ **3** Formant des v. pron. purs *Elle s'évanouit à cette nouvelle. Il s'en va. « Les deux lignes s'échappèrent de leurs mains et se mirent à descendre la rivière »* MAUPASSANT. ■ **4** (Dans un v. pron. en fonction de pass.) *« Tout ne se sait pas mais tout se dit »* FRANCE. — (Avec un inf.) *Ce plat peut se manger froid.* VX *« Le soleil ni la mort ne se peuvent regarder fixement »* LA ROCHEFOUCAULD. ■ **5** (Dans un pron. impers.) *Il se peut que je vienne.* ■ **6** Valeur de possessif (avec un nom qui désigne une partie de l'individu) *Il se lave les mains :* il lave ses mains. *S'exercer la mémoire :* exercer sa mémoire. — REM. *Se* est omis devant un inf. pron. (après certains v.) : *« Sa forte voix sonnait, faisait retourner tout le monde »* DAUDET. *Envoyer promener qqn.* ■ HOM. Ce.

SEABORGIUM [sibɔʀgjɔm] **n. m.** – avant 1994 ◊ du n. du chimiste américain *Glenn T. Seaborg* ■ CHIM. Élément atomique artificiel (Sg ; n° at. 106), radioactif, dont l'isotope le plus stable a une demie-vie de 21 s.

SEA-LINE [silajn] **n. m.** – 1950 ◊ mot anglais, de *sea* « mer » et *(pipe)line* ■ ANGLIC. TECHN. Canalisation en partie sous-marine pour le transport des hydrocarbures. *Des sea-lines.* — Recomm. offic. *pipeline immergé.*

SÉANCE [seɑ̃s] **n. f.** – 1594 « le fait d'être assis » ◊ de *séant,* p. prés. de 1*seoir* ■ **1** VX Le fait de siéger (dans une assemblée). *Avoir droit de séance, avoir séance. « Les évêques, les abbés, ont séance à la diète d'Allemagne »* VOLTAIRE. ■ **2** (XVIe ; hapax 1356) MOD. Réunion des membres d'un corps constitué siégeant en vue d'accomplir certains travaux ; durée de cette réunion. *Les séances du Parlement.* ➤ **débat, session, vacation.** *Séances du conseil municipal. Séance d'un tribunal.* ➤ **audience.** *« Des séances de cour d'assises intéressantes »* BALZAC. *Séance publique. Séance extraordinaire. — Être en séance. Assemblée qui tient séance.* ➤ **délibérer.** *Présider une séance. Ouvrir, clore, lever la séance. La séance est ouverte, levée, suspendue* (formules que prononce le président). *Suspension de séance. — Ouverture de la séance de la Bourse.* ◆ LOC. **SÉANCE TENANTE :** la séance se poursuivant sans interruption ; au cours de la séance. FIG. Sur-le-champ ; immédiatement et sans retard. *Il accepta séance tenante.* ■ **3** PAR EXT. (1808) Durée consacrée à un travail, une occupation qui réunit deux ou plusieurs personnes. *Séance de pose chez un peintre. Séance photo.* ➤ ANGLIC. **shooting.** *Séances de travail, d'entraînement, de gymnastique. Séances de massage, de rééducation. « Les progrès de la guérison, d'ailleurs, sont apparents après chaque séance »* MAUPASSANT. ◆ (1886) Temps consacré à certains divertissements, spectacles ; le spectacle lui-même. *Séance récréative. « Alors j'ai eu une idée, c'est d'organiser une fête de charité. Deux séances, religieuse et profane »* MAUPASSANT. *Séance privée. Séance de cinéma,* comprenant traditionnellement une première partie (publicité, bandes-annonces, court métrage) et une seconde partie (film). ABSOLT *La prochaine séance est à 22 heures. La dernière séance.* ◆ FAM. Spectacle donné par qqn qui se comporte de façon bizarre ou insupportable. *Il nous a fait une de ces séances ! Une séance de cris et de larmes.* ➤ **scène.**

1**SÉANT** [seɑ̃] **n. m.** – XIIe ◊ de 1*seoir* ■ **1 SUR SON SÉANT :** en position assise (en parlant d'une personne qui était couchée). *Se dresser, se mettre sur son séant.* ■ **2** FAM. Derrière. *« Un coussin qu'aucun séant n'avait jamais aplati »* VAN DER MEERSCH. ■ HOM. Céans.

2**SÉANT, ANTE** [seɑ̃, ɑ̃t] **adj.** – 1080 ; *sedant* v. 1050 ◊ de 2*seoir* ■ VX ou LITTÉR. Qui sied, est convenable. ➤ **bienséant, décent.** *Le service militaire, « une calamité insupportable, à laquelle il était séant de chercher à se soustraire »* GIDE. ◆ LITTÉR. **SÉANT À...** ➤ **seyant.** *« Les sourcils noirs sont très séants aux blondes »* FRANCE. ■ CONTR. Malséant.

SEAU [so] **n. m.** – XIIIe ; *seel* XIIe ◊ latin populaire °*sitellus,* classique *sitella,* variante de *situla* ■ Récipient cylindrique ou tronconique, en général muni d'une anse, servant à transporter des liquides ou diverses matières. ➤ RÉGION. **chaudière.** *Seau en plastique, en métal, en bois, en toile. « Auprès de la fontaine, il y avait toujours un vieux seau, cabossé, percé »* GENEVOIX. *Puiser de l'eau avec un seau. Seau hygiénique. — Seau à vif(s)*. — Seau à charbon. Seau d'enfant,* pour jouer dans le sable. *Seau à glace. Seau à champagne,* dans lequel on met les bouteilles de champagne à rafraîchir. ◆ Contenu d'un seau, seau avec son contenu. *Un plein seau de charbon. Seau d'eau.* PAR HYPERB. *Il pleut à seaux,* abondamment. *« La pluie est tombée à seaux dès le premier jour des opérations »* MAUROIS. ■ HOM. Saut, sceau, sot.

SÉBACÉ, ÉE [sebase] **adj.** – 1734 ◊ latin *sebaceus,* de *sebum* « suif » ■ DIDACT. Relatif au sébum*. *Glandes sébacées :* glandes de la peau, en général annexées aux poils (➤ **pilosébacé**) et qui sécrètent le sébum.

SÉBASTE [sebast] **n. m.** – 1874 ◊ origine inconnue ■ ZOOL. Poisson acanthoptérygien, de taille moyenne, à tête écailleuse et épineuse, vivant dans les mers froides et tempérées.

SÉBILE [sebil] **n. f.** – 1417 ◊ origine inconnue ; p.-ê. de l'arabe *sabīl* « aumône » ■ Petite coupe destinée à recevoir de l'argent. *« Homo* [un loup], *une sébile dans sa gueule, faisait poliment la quête dans l'assistance »* HUGO. *Tendre la sébile.*

SEBKA [sɛpka] n. f. – 1833 ◇ arabe *sabkah* ■ GÉOGR. Au Sahara, Lac d'eau salée. ➤ **chott.** « *les étendues de pierrailles* [succédant] *aux sels scintillants des sebkas* » TOURNIER. — On écrit aussi *sebkha*.

SÉBORRHÉE [sebɔʀe] n. f. – 1855 ◇ du radical de *sebum* et *-rrhée* ■ Augmentation de la sécrétion des glandes sébacées. *La séborrhée est souvent compliquée d'acné. Séborrhée du cuir chevelu.*

SÉBORRHÉIQUE [sebɔʀeik] adj. – 1904 ◇ de *séborrhée* ■ Relatif à la séborrhée. *Eczéma séborrhéique.* — Affecté de séborrhée. *Cheveux séborrhéiques.*

SÉBUM [sebɔm] n. m. – fin XVIIe-début XVIIIe ◇ latin *sebum* « suif » ■ DIDACT. Matière grasse renfermant des substances protidiques, produit de sécrétion des glandes sébacées essentiellement composé de débris cellulaires.

SEC, SÈCHE [sɛk, sɛʃ] adj. et n. m. – fin Xe, au sens I, A, 3° ◇ du latin *siccus* « sec » et « froid, indifférent »

I ~ **adj. A. (CONCRET)** ■ **1** (début XIIe) Qui n'est pas ou est peu imprégné de liquide. ➤ **desséché.** *Feuilles sèches. Bois sec.* « *demandez de la pluie ; nos blés sont secs comme vos tibias* » MUSSET. *Terrain sec.* ➤ **aride, stérile.** *Lieu, endroit sec,* où le sol est sec. *Le linge n'est pas encore sec.* ◆ (milieu XIIe) Sans humidité atmosphérique, sans pluie. *Air, vent sec. Il fait sec. Climat, jours secs. Froid sec et piquant.* (fin XIVe) *Saison sèche* (opposé à *saison des pluies,* dans un climat tropical). « *C'était la saison sèche, et, dans toute la nature, on n'eût pas trouvé un atome de vapeur d'eau* » LOTI. — *Cale* sèche.* ◆ LOC. *Traverser une rivière à pied* sec.* (fin XVIe) *Avoir la gorge sèche, le gosier sec* : avoir soif. — *N'avoir plus un poil de sec* : transpirer abondamment. — *Regarder d'un œil sec,* sans être ému. « *Pour vouloir d'un œil sec voir mourir ce qu'on aime* » MOLIÈRE. — *Faire cul* sec.* ◆ (1936) FAM. *L'avoir sec* : éprouver une déception, une contrariété. ◆ *Whisky sec,* servi sans glace et sans eau, pur. ■ **2** (fin XIIIe) Déshydraté, séché en vue de la conservation. *Figues sèches. Raisins secs. Légumes secs* : graines de légumineuses séchées. — *Gâteaux secs.* ■ **3** (fin Xe) Qui n'est pas accompagné du liquide auquel il est généralement associé. (milieu XIIe) *Mur de pierres, de briques sèches,* sans ciment. (1871) *Orage sec,* sans pluie. — (début XIIIe) *Toux sèche,* sans expectoration. « *sa toux sèche d'asthmatique* » LE CLÉZIO. *Pleurésie* sèche.* (Partie du corps) *Peau sèche. Cheveux secs* (opposé à *gras*). — *Régime sec,* sans boisson. — *Nourrice sèche,* sans lait. *Panne sèche* : panne d'essence. — GRAV. *Pointe* sèche.* — *Batterie sèche,* sans électrolyte. ■ **4** (fin XIIIe) Non accompagné (des éléments habituels). (milieu XIVe) *Pain sec. Au pain sec et à l'eau. Perte* sèche. Licenciement sec,* sans mesure sociale d'accompagnement. *Vol sec,* vendu sans autre prestation touristique. — *Guitare* sèche.* — (CARTES) *Avoir la dame sèche,* sans autre carte de la couleur. *Il* « *classait ses cartes, six cœurs par roi dame valet et un as sec à trèfle* » P.-J. REMY. *Partie sèche,* non suivie d'une revanche et d'une belle. *Jouer en cinq secs* : à l'écarté, jouer en une seule manche de cinq points. — adv. *En cinq sec* ; FIG. rapidement. « *Séraphin la trouva rhabillée à côté de lui, en cinq sec, avant même d'avoir bougé* » P. MAGNAN. ■ **5** (milieu XIIe) (PERSONNES) Qui a peu de graisse, qui est peu charnu. ➤ 1 **maigre.** « *Elle était devenue plus maigre, jaune et sèche qu'un poisson fumé* » MAUPASSANT. — LOC. *Sec comme un coup de trique*.* ■ **6** (1676) Qui manque d'ampleur, de moelleux ou de douceur. *Contours, dessins secs,* trop marqués, très précis. ➤ **dur.** *Bruit, claquement sec,* sans résonance. *Voix sèche. Coup sec,* rapide et bref. (1636) *Lainage, tissu sec,* à tissage bien marqué. ◆ (fin XIe) *Vins secs,* peu sucrés (opposé à *vins doux, liquoreux*). *(Vin) blanc sec. Champagne brut, sec, demi-sec.* ➤ **dry.**

B. (ABSTRAIT) ■ **1** (début XIIIe) Qui manque de sensibilité, de tendresse. ➤ **dur, indifférent.** *Cœur sec. Un homme froid et sec.* — Qui marque qu'on ne se laisse pas attendrir ; qui témoigne d'une intention blessante. ➤ **aigre, désobligeant, glacial.** *Réponse sèche. Répondre d'un ton très sec.* ➤ **autoritaire,** 1 **bref, brusque, cassant.** *Sa lettre était sèche, à peine correcte.* ■ **2** (milieu XIIIe) Qui manque de grâce, de charme, de richesse naturelle. *Un style un peu sec.* « *La prose la plus sèche renferme toujours un peu de poésie* » SARTRE. ■ **3** (1866) FAM. *Être, rester sec,* incapable de répondre. « *je reste sec précisément parce que l'Autre me juge* » P. BRUCKNER. ➤ **sécher.**

II ~ **n. m.** ■ **1** Sécheresse. *Garder un objet au sec,* dans un endroit sec, à l'abri de l'humidité. « *Quiconque a nagé sous la pluie connaît cette absurde sensation que l'on a d'être "au sec" sous l'eau* » COUSTEAU. — AGRIC. *Le sec* : le fourrage sec. *Mettre son cheval au sec.* ■ **2 À SEC :** à l'état sec, sans eau. *Cours d'eau, source complètement à sec.* (fin XIIIe) *Mettre un étang à sec.* ➤ **assécher, vider.** — FIG. Dans l'état où l'on n'a plus d'idées, plus rien à dire. « *Sur ce chapitre on n'est jamais à sec* » MOLIÈRE. — (1536) FAM. Sans argent. ➤ **fauché.** « *Quand il était à sec, il n'avait qu'à dire à son ami : Cadenet, prête-moi donc cent écus* » BALZAC. ◆ (1904) MAR. *À sec de toile,* se dit d'un bâtiment qui navigue sans se servir de ses voiles. « *la nuit que nous passâmes à sec de toiles et les basses vergues amenées* » BOUGAINVILLE. ◆ TECHN. Sans eau (opposé à *mouillé*). *Filature à sec, au sec.*

III ~ **adv.** ■ **1** *Boire sec.* VIEILLI Boire sans mettre d'eau dans son vin. « *Fort bon vin ; et comme l'eau est douteuse* [...] *je bois sec* » GIDE. (1640) MOD. Boire beaucoup. ■ **2** (fin XVe) Rudement et rapidement. ➤ **brutalement.** *Démarrer sec. Boxeur qui frappe sec. Ça pète sec* (cf. aussi Pète-sec, SUBST.). ■ **3** LOC. FAM. (1904) *Aussi sec* : immédiatement, sans hésiter et sans tarder. « *Je les colle en prison, aussi sec* » AYMÉ.

IV ~ **interj.** ALPIN. Mot par lequel le grimpeur donne l'ordre de tendre la corde (cf. Dur !).

■ CONTR. Humide, mouillé. 1 Frais. ■ HOM. Sèche, seiche.

SÉCABLE [sekabl] adj. – 1691 ◇ latin *secabilis,* de *secare* « couper » ■ DIDACT. Qui peut être coupé, ou divisé. *Comprimé sécable.* « *Le prestige du bifteck tient à sa quasi-crudité : le sang y est visible, naturel, dense, compact et sécable à la fois* » BARTHES. ■ CONTR. Insécable.

SECAM ou **SÉCAM** [sekam] n. m. – 1959 ◇ abrév. de *séq(uentiel) à m(émoire)* ■ Système de télévision en couleur mis au point par H. de France, adopté par la France et divers pays. *Un magnétoscope pal/secam.* adj. *Le système secam.*

SÉCANT, ANTE [sekɑ̃, ɑ̃t] adj. et n. f. – 1542 ◇ latin *secans,* de *secare* « couper » ■ **1** Qui coupe (une ligne, un plan). *Droite, courbe sécante* (opposé à *parallèle, tangente*). *Plan sécant. Cercles sécants, sphères sécantes,* ayant des points communs (➤ **intersection**). ■ **2** n. f. (1634) **SÉCANTE :** droite qui coupe une ligne courbe en un ou plusieurs points ; SPÉCIALT Droite qui coupe une circonférence en deux points. — Fonction trigonométrique qui est l'inverse du cosinus (ABRÉV. sec). ➤ **cosécante.** *Sécante d'un arc, d'un angle.*

SÉCATEUR [sekatœʀ] n. m. – 1827 ◇ du latin *secare* « couper » ■ Outil de jardinage, forts ciseaux à ressort dont une lame est tranchante et l'autre sert de point d'appui. *Sécateur servant à la taille, au greffage, à émonder. Sécateur à haie.* ➤ **cisaille.**

SÉCESSION [sesesjɔ̃] n. f. – v. 1508 ; *cecession* « sédition » 1354 ◇ latin *secessio,* de *secedere* « se retirer » ■ **1** Action par laquelle une partie de la population d'un État se sépare, de façon pacifique ou violente, de l'ensemble de la collectivité, en vue de former un État distinct ou de se réunir à un autre. ➤ **dissidence, révolte, séparation,** et aussi **autonomie, indépendance.** *La guerre de Sécession,* entre le nord et le sud des États-Unis (1861-65). ■ **2** Action de se séparer d'un groupe. *Faire sécession.* ■ CONTR. Fédération, réunion.

SÉCESSIONNISTE [sesesjɔnist] adj. – 1861 ◇ de *sécession* ■ Qui fait sécession, lutte pour la sécession. *Les États sécessionnistes du sud des États-Unis.* SUBST. *Les sécessionnistes.* ➤ **indépendantiste, séparatiste.**

SÉCHAGE [seʃaʒ] n. m. – 1797 ; *saichaige* « droit du seigneur sur ce qui séchait dans son four » 1339 ◇ de *sécher* ■ Action de faire sécher ; opération destinée à éliminer un liquide. ➤ **dessiccation, évaporation.** *Séchage à l'air libre, au soleil, à l'air chaud, aux infrarouges. Le séchage du linge. Le séchage du bois, du tabac. Conservation des aliments par séchage.*

SÉCHANT, ANTE [seʃɑ̃, ɑ̃t] adj. – v. 1985 ◇ de *sécher* ■ Qui sèche. *Lave-linge séchant.*

SÈCHE [sɛʃ] n. f. – 1874 ◇ origine inconnue ■ FAM. VIEILLI Cigarette. ■ HOM. Sèche (sec), seiche.

SÈCHE-CHEVEUX [sɛʃʃəvø] n. m. inv. /SÈCHE-CHEVEU n. m./ – 1910 ◇ de *sécher* et *cheveu* ■ Appareil électrique qui souffle de l'air chaud pour sécher les cheveux. ➤ **séchoir ;** RÉGION. **foehn.** *Sèche-cheveux portatif. Sèche-cheveux intégré à un casque.* ➤ **casque.**

SÈCHE-LINGE [sɛʃlɛ̃ʒ] n. m. – 1953 ◇ de *sécher* et *linge* ■ Appareil qui permet de sécher le linge en le brassant dans un flux d'air chaud. ➤ RÉGION. **sécheuse.** *Des sèche-linges* ou *des sèche-linge* (inv.). — APPOS. *Des armoires sèche-linges* ou *sèche-linge* (inv.).

SÈCHE-MAIN n. m. ou **SÈCHE-MAINS** [sɛʃmɛ̃] n. m. inv. – XXe ◊ de *sécher* et *main* ■ Appareil fournissant un flux d'air chaud qui permet de sécher les mains après les avoir lavées. *Des sèche-mains.*

SÈCHEMENT [sɛʃmɑ̃] adv. – XVe ; *sekement* XIIe au fig. ◊ de *sec* ■ **1** D'une manière sèche, sans douceur. *Frapper sèchement la balle.* — « *Des bouquets de verdure sombre se dressant sèchement çà et là* » GONCOURT. ■ **2** Avec froideur, indifférence, dureté. *Parler, répliquer sèchement.* ➤ **durement.** « *Quoi ? qu'est-ce que c'est ? dit sèchement M. de Charlus* » PROUST. ■ **3** Sans charme, ni grâce. *C'est écrit bien sèchement.*

SÉCHER [seʃe] v. ‹6› – XIIe ; *sechier* 1170 ◊ latin *siccare*, de *siccus* « sec »
I v. tr. ■ **1** Rendre sec. ➤ **déshydrater, dessécher.** « *Comme tombe une fleur que la bise a séchée* » MALHERBE. ➤ 1 **flétrir ; faner.** *Le froid sèche la peau.* — SPÉCIALT *Sécher des viandes. Sécher des figues.* — p. p. adj. *Poisson séché, fruits séchés.* ➤ **sec.** — PRONOM. *Se sécher et se réchauffer devant le feu. Se sécher avec une serviette.* ➤ **s'éponger, s'essuyer.** — *Se sécher les cheveux.* ■ **2** Absorber ou évaporer (un liquide). « *Le vent printanier, à mesure, séchait ma sueur* » COLETTE. *Sécher les larmes de qqn, ses pleurs* (➤ **étancher**), FIG. le consoler. — FAM. *Sécher un verre,* le boire tout entier. ➤ **siffler** (cf. Faire cul* sec). « *un petit verre d'alcool qu'il sécha d'un trait* » CARCO. ■ **3** FAM. Manquer volontairement et sans être excusé. *Sécher un cours, la classe.* ➤ RÉGION. **brosser, courber ;** FAM. **zapper.** « *Nous fûmes gratifiés de deux messes quotidiennes, la sienne faisant double emploi avec celle de l'oblat, mais ne pouvant, par politesse, être "séchée"* » BAZIN.
II v. intr. ■ **1** Devenir sec. *Faire sécher du linge. Mettre du linge à sécher.* ➤ **étendre.** *Cette peinture sèche en une heure.* ♦ PAR EXT. S'évaporer. « *De maigres larmes séchaient dans ses yeux ardents* » FRANCE. ■ **2** FIG. Dépérir, languir. *Sécher d'impatience, d'envie.* « *Comment voulez-vous qu'une génération naissante se condamne à sécher de dépit et de frayeur ?* » RENAN. — LOC. *Sécher sur pied* (comme une plante) : s'ennuyer, se morfondre. ■ **3** (1866) FAM. Rester sec, ne pas savoir que répondre. « *Elle aurait obtenu la mention "très bien" si elle n'avait "séché" dans son examen d'espagnol* » PROUST. *Il a séché en histoire.*
■ CONTR. Arroser, 1 détremper, humecter, imbiber, inonder, mouiller. — (du p. p.) 1 Frais, humide.

SÉCHERESSE [sɛʃʀɛs] n. f. /SÈCHERESSE/ – 1120 ◊ de *sec* ■ **1** État, caractère de ce qui est sec, de ce qui manque d'humidité. *Sécheresse de la terre, du sol.* ➤ **aridité.** « *Une campagne déserte, d'une aridité, d'une sécheresse et d'une désolation dont rien ne peut donner l'idée* » GAUTIER. — *Sécheresse de la peau.* ♦ ABSOLT Temps sec, insuffisance des précipitations. « *La terre souffrait d'une terrible sécheresse, pas une goutte d'eau n'était tombée depuis six semaines* » ZOLA. *Impôt sécheresse.* ■ **2** Caractère de ce qui manque d'ampleur, de douceur. *Sécheresse des lignes, d'un dessin.* ■ **3** FIG. Dureté, froideur, insensibilité. *Sécheresse de cœur. Répondre avec sécheresse,* sèchement. ■ **4** Caractère de ce qui manque de charme, de richesse, d'agrément. *Sécheresse du style.* ➤ **austérité.** « *la sécheresse d'un vieux manuscrit !* » BARRÈS. ■ CONTR. Fraîcheur, humidité ; fertilité, luxuriance ; attendrissement.

SÉCHERIE [sɛʃʀi] n. f. /SÈCHERIE/ – 1333 région. ◊ de *sécher* ■ Lieu où l'on fait sécher diverses matières ou produits. *Sécherie de poisson.* ♦ Installation industrielle destinée au séchage (des poissons, des peaux, du bois, des tissus...).

SÉCHEUR [seʃœʀ] n. m. – 1871 ◊ de *sécher* ■ Appareil de séchage. ♦ (1907) Séchoir industriel.

SÉCHEUSE [seʃøz] n. f. – 1876 ◊ de *sécher* ■ Machine à sécher. — (1973) (Canada) Sèche-linge. *La sécheuse est en panne.*

SÉCHOIR [seʃwaʀ] n. m. – 1660 ◊ de *sécher* ■ **1** Lieu aménagé pour le séchage. *Séchoir à chanvre, à tabac.* ■ **2** Dispositif composé de tringles, sur lequel on étend des objets que l'on veut faire sécher. *Séchoir à linge.* ➤ **étendoir,** RÉGION. **tancarville.** ■ **3** (1907) Appareil servant à faire sécher des matières humides par évaporation accélérée (➤ **sèche-linge, sèche-main**). *Séchoir à bois. Séchoir rotatif. Séchoir à air chaud. Séchoir électrique.* — ABSOLT Séchoir à cheveux. ➤ **sèche-cheveux.**

SECOND, ONDE [s(ə)gɔ̃, ɔ̃d] adj. et n. – début XIIe ◊ du latin *secundus,* famille de *sequi* → suivre
I ~ adj. (généralt avant le n.) et n. ■ **1** Qui vient après une chose de même nature ; qui suit le premier. ➤ **deuxième** (on emploie plutôt *second* quand il n'y a que deux choses : *le Second Empire* [ləs(ə)gɔ̃tɑ̃piʀ]). *Pour la seconde fois. En second lieu,* après, ensuite, d'autre part. ➤ **deuxièmement, secundo.** *Au second degré*. Enseignement du second degré.* ➤ **secondaire.** (1723) *De seconde main,* qui vient d'un intermédiaire, indirectement. « *Le plus fort de tous nos amours n'est ni le premier, ni le dernier, comme beaucoup le croient ; c'est le second* » BARBEY. *Second tome, second chapitre ; livre second, chapitre second. Second acte.* ➤ **deux.** *La seconde moitié. La seconde personne du singulier d'un verbe. Second violon, ténor...,* qui joue, chante une partie plus basse que le premier violon, le premier ténor (sans idée de hiérarchie). MATH. *Dérivée seconde :* dérivée de la dérivée d'une fonction. *La dérivée seconde de la fonction f est appelée f seconde et notée f″.* — Se dit d'un symbole affecté de deux accents. *A, A prime (A′) et A seconde (A″).* — SUBST. *La seconde de ses filles.* ■ **2** Qui n'a pas la primauté, qui vient après le plus important, le meilleur (opposé à *premier*). *Seconde vendeuse.* LOC. *Second couteau*. Article de second choix. Billet de seconde classe. Second marché*.* — SUBST. (milieu XIIe) « *J'aime mieux, comme César, être le premier au village, que le second dans Rome* » MUSSET. — (1672) **EN SECOND :** en tant que second dans un ordre, une hiérarchie. *Capitaine en second. Passer en second,* après. — LITTÉR. et VIEILLI **À NULLE AUTRE SECONDE ; À NUL AUTRE SECOND** (RARE) : qui a la première place, la primauté. « *Et c'est une richesse à nulle autre seconde* » MOLIÈRE. ■ **3** (1538) Qui constitue une nouvelle forme d'une chose unique. ➤ **autre.** « *Le rêve est une seconde vie* » NERVAL. « *Si l'habitude est une seconde nature, elle nous empêche de connaître la première* » PROUST. *Don de seconde vue. Second souffle*.* — SUBST. (milieu XVe) LITTÉR. **SANS SECONDE, SANS SECOND :** sans pareil, unique, inégalable. « *Voilà la source d'un comique sans second, à mon goût* » SUARÈS. ■ **4** (1656) Qui dérive d'une chose première, primitive. (1690) *Causes secondes.* ♦ *État second :* état pathologique de qqn qui se livre à une activité coordonnée étrangère à sa personnalité manifeste. *État second des somnambules.* — COUR. *Être dans un état second,* où l'on n'est plus entièrement conscient de ses actes.
II ~ n. m. ■ **1** (1636) Personne qui aide qqn. ➤ **adjoint, assistant, bras** (droit), **collaborateur.** *Un brillant second. Second de cordée. Second de cuisine. Jouer les éternels seconds.* ♦ (1766) Officier de marine qui commande à bord, immédiatement après le commandant. ■ **2** (1720) Second étage d'un bâtiment. *Habiter au second.*
III ~ n. f. ■ **1** (1671) MUS. Intervalle de deux degrés. *De do à ré il y a une seconde. Seconde mineure, majeure.* ■ **2** (1718) Classe de l'enseignement secondaire qui précède la première. *Élève de seconde. Elle est en seconde littéraire, scientifique.* ■ **3** (1765) ESCR. Deuxième position de l'arme, dans la ligne du dehors, la pointe basse, le poignet en pronation. ➤ 1 **garde.** ■ **4** (1690) IMPRIM. Deuxième épreuve. *La seconde et la tierce.* ■ **5** Seconde classe, dans les transports publics. *Voiture de seconde. Voyager en seconde.* — Place de seconde. « *À la gare, on a pris des secondes* » CÉLINE. ■ **6** (1935) Seconde vitesse d'une automobile. *Passer en seconde.*
■ CONTR. Premier, primitif.

SECONDAIRE [s(ə)gɔ̃dɛʀ] adj. – 1370 ; *secundaire* 1287 ◊ latin *secundarius* « de second rang » ■ **1** Qui ne vient qu'au second rang, est de moindre importance. *Planètes secondaires.* — *Personnage secondaire,* de second plan (cf. Deuxième couteau*). *Ne jouer qu'un rôle secondaire.* ➤ **accessoire.** *Problèmes secondaires,* qui passent en second. *C'est secondaire, tout à fait secondaire.* ■ **2** (XVIIIe) Qui constitue un second ordre dans le temps. *Enseignement secondaire,* qui succède à l'enseignement primaire* et le complète. *Études secondaires.* SUBST. *Les professeurs du secondaire. Dans le secondaire.* ♦ *Ère secondaire,* ou n. m. *le secondaire :* ère géologique (environ 130 millions d'années) qui succède au primaire, comprenant le trias, le jurassique et le crétacé, caractérisée par le calme orogénique en Europe, les sédimentations, l'apogée des reptiles, l'apparition des oiseaux et des mammifères. ➤ **mésozoïque.** ♦ PSYCHOL. Qui ne réagit pas immédiatement aux circonstances présentes, mais se reporte à son passé ou à son avenir. *Les émotifs secondaires.* SUBST. *Les secondaires.* ■ **3** Qui se produit en un deuxième temps, une deuxième phase dérivant de la première. *Sédiments secondaires. Effets secondaires d'une réaction chimique.* ■ **4** Qui dérive ou dépend (de qqch. d'autre). BOT. *Tissu secondaire,* né de l'activité du cambium*, chez les végétaux supérieurs lignifiés. *Le liège est un tissu secondaire.* ♦ MÉD. *Accidents secondaires d'une maladie,* consécutifs à l'accident primaire. *Cancer secondaire du foie.* — *Effets secondaires d'un médicament,* manifestations pathologiques indésirables qu'il provoque. ➤ aussi **iatrogène.** ♦ CHIM. *Alcool, amine secon-*

daire, dont l'atome de carbone porteur de la fonction alcool ou amine est lié directement à deux atomes de carbone. — ÉLECTR. SUBST. *Le secondaire,* bobinage destiné à être relié aux appareils d'utilisation (opposé à *primaire*). ♦ ÉCON. *Secteur secondaire,* et SUBST. *le secondaire :* les activités productrices de matières transformées. ■ CONTR. 1 Capital, dominant, essentiel, fondamental, primordial, principal. Primaire, primitif.

SECONDAIREMENT [s(ə)gɔ̃dɛʀmɑ̃] **adv.** – 1586 ; *secumdeirement* 1377 ◇ de *secondaire* ■ D'une manière secondaire, accessoire.

SECONDARITÉ [s(ə)gɔ̃daʀite] **n. f.** – 1945 ◇ de *secondaire* ■ PSYCHOL. Caractère des personnes secondaires (opposé à *primarité*).

1 **SECONDE** ➤ **SECOND** (III)

2 **SECONDE** [s(ə)gɔ̃d] **n. f.** – 1671 ◇ du latin *minutum secundum,* proprt «partie menue résultant de la seconde division de l'heure ou du degré» ■ **1** Soixantième partie de la minute ; MÉTROL. unité SI de mesure de temps (SYMB. s). *La seconde fut d'abord définie en astronomie, comme la fraction 1/86 400 du jour solaire moyen, puis au moyen de la transition du césium. «La seconde est la durée de 9 192 631 770 périodes de la radiation correspondant à la transition entre les deux niveaux hyperfins de l'état fondamental de l'atome de césium 133»* (13e Conférence génér. des Poids et Mesures, 1967). *Il y a 3 600 secondes dans une heure. Aller à la vitesse de trois mètres par seconde. L'aiguille des secondes.* ➤ **trotteuse.** *«Trois mille six cents fois par heure, la Seconde chuchote : Souviens-toi !»* BAUDELAIRE. ♦ Temps très bref. ➤ 2 **instant.** *«Une seconde encore, et la barricade était prise»* HUGO. *Dans une seconde :* tout de suite, aussitôt. *En une, deux secondes :* très vite. *En une fraction de seconde :* très rapidement. *Une seconde !* attendez un instant. *«Il dit qu'il voulait bien entrer une seconde. – Une seconde, mon vieux, pas plus»* COURTELINE. ♦ Moment précis. *À la seconde où il la vit.* ■ **2** MÉTROL. GÉOM. Unité de mesure d'angle plan (SYMB. ″), valant 1/60 de minute. *Cercle gradué en degrés, minutes et secondes.*

SECONDEMENT [s(ə)gɔ̃dmɑ̃] **adv.** – 1529 ; *segondement* 1284 ◇ de *second* ■ En second lieu. ➤ **deuxièmement, secundo.**

SECONDER [s(ə)gɔ̃de] **v. tr.** ‹1› – 1529 ; *segonder* «suivre» 1343 ◇ de *second* ■ **1** Aider (qqn) en tant que second. ➤ **assister.** *Assistant, équipe qui seconde un chirurgien dans une opération.* — *Être bien, mal secondé.* ■ **2** Favoriser (les actions de qqn). *Seconder les desseins de qqn* (cf. Faire le jeu de). *Être secondé par les circonstances. «Il faut que l'érudition même seconde l'imagination»* Mme DE STAËL. ■ CONTR. Contrarier, 2 desservir.

SECOUÉ, ÉE [s(ə)kwe] **adj.** – 1967 ◇ de *secouer* ■ FAM. Fou, cinglé. *«T'es pas un peu secouée de tirer une pareille fortune du côté de chez nous ?»* PENNAC.

SECOUEMENT [s(ə)kumɑ̃] **n. m.** – 1538 ◇ de *secouer* ■ LITTÉR. Fait de secouer. *Un secouement de tête. «le perpétuel secouement nerveux de ses cheveux noirs»* GONCOURT.

SECOUER [s(ə)kwe] **v. tr.** ‹1› – 1532 ◇ réfection de *secourre* (XVe), d'après les formes *secouons, secouez ;* de l'ancien français *sequeurre,* latin *succutere* ■ **1** Remuer avec force, dans un sens puis dans l'autre (et généralement à plusieurs reprises). ➤ **agiter.** *Les ménagères secouaient leur tapis. Secouer la salade. Secouer le flacon avant de l'ouvrir. «Je sais que le fruit tombe au vent qui le secoue»* HUGO. — *Vitres secouées par une explosion.* ➤ **ébranler.** — *Voiture qui secoue ses passagers.* ➤ **ballotter, brimbaler, cahoter.** *«Un choc sourd secoua le navire»* TOURNIER. *Le bon vin ne doit pas être secoué.* — *Secouer qqn pour le réveiller.* LOC. *Secouer comme un prunier*. «des sanglots me secouèrent, des larmes ruisselèrent de mes yeux»* PROUST. *«solitaire et secoué de spasmes»* C. SIMON. ♦ MÉD. *Syndrome du bébé secoué :* ensemble de traumatismes consécutifs à de violentes secousses, observé chez un jeune enfant victime de maltraitance. *«la petite avait les deux bras cassés. Trop secouée par le père»* C. CUSSET. ■ **2** Mouvoir brusquement et à plusieurs reprises (une partie de son corps). *Secouer la tête,* en signe d'assentiment, de doute. ➤ **hocher.** *«la tête secouée de hochements approbatifs»* COURTELINE. — FAM. (EUPHÉMISME) *J'en ai rien à secouer,* rien à faire (cf. Rien à branler*, rien à foutre*). ■ **3** (1550) Se débarrasser de (qqch.) par des mouvements vifs et répétés. *Secouer la poussière, la neige. Elle secoua sa robe pleine de sable. «Secoue la vermine de tes haillons !»* FLAUBERT. — *Secouer les puces* à qqn.* ■ **4** (1538) FIG. *Secouer le joug. Secouer l'autorité de qqn, l'oppression. «Et tu hésites à secouer cette dépendance, à t'en délivrer ?»* VILLIERS. ➤ **s'affranchir,** se **libérer.** ■ **5** (1690) Ébranler par une commotion physique ou morale ; faire impression sur (qqn). *«j'ai été secoué par mes amours, je les ai vécus, je les ai sentis»* PROUST. — *Cette maladie, cette opération l'a bien secoué.* — INTRANS. (Sujet chose) Choquer. *Une nouvelle pareille, ça secoue !* ♦ FIG. (1531) FAM. *Secouer qqn,* le réprimander, l'inciter à l'action. — PRONOM. FIG. Se décider à l'action. *Secouez-vous, au travail ! Il faudrait un peu te secouer !* ➤ se **reprendre.** *«Elle se secouait, elle voulait prendre une résolution virile»* BALZAC. ➤ **réagir.**

SECOUEUR [s(ə)kwœʀ] **n. m.** – 1782 ; «personne qui secoue» 1611 ◇ de *secouer* ■ TECHN. Crible d'une batteuse, pour débarrasser les pailles des grains qu'elles pourraient entraîner. ♦ Instrument de fonderie employé pour détacher les moules de sable des pièces coulées.

SECOURABLE [s(ə)kuʀabl] **adj.** – XIIIe ; *socurable* XIIe ◇ de *secourir* ■ Qui secourt, aide volontiers les autres. ➤ 1 **bon, charitable, fraternel, humain, obligeant.** *«un forçat compatissant, doux, secourable»* HUGO. *«demeurer jusqu'à sa mort utile et secourable aux pauvres»* MAUPASSANT. — LOC. *Prêter, tendre à qqn une main secourable.*

SECOURIR [s(ə)kuʀiʀ] **v. tr.** ‹11› – XIIIe ; *secorre* XIIe ◇ adaptation, d'après *courir,* de *succurre* 1080 ; latin *succurrere,* de *sub* et *currere* «courir sous, vers» ■ **1** Aider (qqn) à se tirer d'un danger pressant ; assister dans le besoin. *Secourir un blessé. Secourir des skieurs en danger.* ➤ **sauver.** *Zadig «croyait que les lois étaient faites pour secourir les citoyens, autant que pour les intimider»* VOLTAIRE. ➤ **défendre, protéger.** *Secourir un ami dans la gêne.* — PAR EXT. VIEILLI *Secourir les besoins, les misères.* ➤ **soulager.** ■ **2** (1559) Apporter un secours moral à. *«Une prière jaillit de lui, courte et désespérée : Mon Dieu, secourez-moi»* MAUPASSANT. ♦ (CHOSES) Venir au secours de. *«Ou qu'un beau désespoir alors le secourût»* CORNEILLE. *«Et j'ai dit au poison perfide de secourir ma lâcheté»* BAUDELAIRE. — **n. SECOUREUR, EUSE,** XVe.

SECOURISME [s(ə)kuʀism] **n. m.** – 1943 ◇ de *secours* ■ Méthode de sauvetage et d'aide aux victimes d'un accident, aux blessés, etc. ➤ **secours.** *Brevet de secourisme.*

SECOURISTE [s(ə)kuʀist] **n.** – 1836 ; à propos des convulsionnaires, 1750 ◇ de *secours* ■ Personne qui fait partie d'une organisation de secours pour les blessés, les victimes d'accidents, de catastrophes, etc. ♦ Personne appliquant les méthodes de sauvetage du secourisme. ➤ **sauveteur.** *Les secouristes arrivèrent sur les lieux de l'accident.*

SECOURS [s(ə)kuʀ] **n. m.** – XIIIe ; *succors* 1080 ◇ latin *succursum,* de *succurrere* → secourir, succursale ■ **1** Tout ce qui sert à qqn pour sortir d'une situation difficile, pressante (danger, besoin) et qui vient d'un concours extérieur. ➤ 1 **aide, appui, assistance, réconfort, soutien.** *«mais dès l'instant qu'un homme eut besoin du secours d'un autre, [...] l'égalité disparut»* ROUSSEAU. *«un navigateur qui peut invoquer le secours de l'astronomie»* J. LECOMTE. — *Appeler, crier au secours.* ELLIPT *Au secours !* cri d'appel à l'aide. ➤ **S. O. S.** *Demander, aller chercher du secours. Aller, courir au secours de qqn. Porter, prêter secours à qqn.* ➤ **assister, secourir.** *Laisser qqn sans secours.* ■ **2** SPÉCIALT Aide matérielle ou financière. *Secours aux indigents.* ➤ **bienfaisance.** *Secours mutuel.* ➤ **entraide.** *Associations de secours mutuel,* d'assistance et de prévoyance. ➤ **mutualité.** ♦ **UN SECOURS.** ➤ **aumône,** 1 **don.** *«Il allait de porte en porte chercher dans la bourse d'autrui des secours qu'il n'était plus en état de puiser dans la sienne»* DIDEROT. *Recevoir un secours de la mairie. Secours publics.* ➤ **subside, subvention ; allocation.** *Secours aux sinistrés, aux sans-abris. «les secours envoyés par air et par route»* CAMUS. ■ **3** Aide militaire, moyens de défense ; troupe envoyée pour aider la résistance (➤ **renfort, rescousse**). *Les secours arriveront demain. «Il faut s'assurer avant tout, des secours de l'étranger»* MICHELET. ■ **4** Soins qu'on donne à un malade, à un blessé dans un état critique. *Secours d'urgence. Premiers secours aux asphyxiés, aux noyés. Secours en montagne.* ➤ **sauvetage.** *Organisation des secours* (cf. Plan* ORSEC). — (1890) *Poste de secours,* où l'on peut trouver médicaments, soins, etc. *Société de secours aux blessés.* ➤ **secourisme, secouriste** (cf. Croix*-Rouge). *Équipe de secours.* ♦ PAR MÉTON. plur. Services de secours. *Appelez les secours !* ■ **5** Aide surnaturelle. *«Demandez à Dieu son secours»* BOSSUET. ➤ **grâce.** *Notre-Dame du Bon Secours.* — *Les secours de la religion :* les sacrements. *«Le troisième jour, Claude expirait, privée des secours de la religion»* ARAGON. ■ **6** *(D'un... secours)* Ce qui est utile, sert dans une situation délicate. *«Le silence lui serait d'un meilleur secours que la contrition»* LOUŸS. — LOC. *Être d'un grand secours à qqn.* ➤ **utilité.** *Ses relations ne lui ont été d'aucun secours.* ■ **7** (CHOSES) **DE SECOURS :** qui est destiné à servir en cas de nécessité, d'urgence, de danger. *Porte de secours* [pɔʀtdəskuʀ] ; *issue, sortie de secours* [isy, sɔʀtidsəkuʀ], à utiliser en cas d'évacuation d'un lieu. *Roue de secours* [ʀudsəkuʀ], de rechange. ■ CONTR. Abandon, déréliction.

SECOUSSE [s(ə)kus] n. f. – 1460 ◊ de l'ancien français *secourre* «secouer» ■ **1** Mouvement brusque qui ébranle un corps. ➤ **choc, commotion, ébranlement.** *Violente secousse. «Il la poussa d'une secousse si rude, qu'elle s'en alla, défaillante, tomber assise contre le mur»* ZOLA. *«Au wagon-restaurant où, à cause des secousses, je buvais mon eau d'Évian par le nez»* MAURIAC. ➤ **à-coup, cahot, soubresaut.** — LOC. FAM. (1883) *Il n'en fiche pas une secousse :* il ne fait rien (cf. Il n'en fiche pas une rame*). — *Prendre une secousse électrique.* ➤ **décharge.** — SPÉCIALT (1690) *Secousses telluriques.* ➤ **séisme.** ♦ MÉD. *Secousse musculaire.* ➤ **convulsion, spasme.** ■ **2** FIG. Choc psychologique. *Ça a été pour lui une terrible secousse.* ➤ **traumatisme.** *La grande secousse de la révolution.* ➤ **bouleversement.** ■ **3** (Canada) Intervalle de temps assez long qui s'écoule entre deux évènements. *Cela fait une secousse qu'ils sont partis.* — LOC. *Par secousses :* de temps en temps ; de manière irrégulière. *Travailler par secousses.*

1 **SECRET, ÈTE** [səkʀɛ, ɛt] adj. – v. 1175 ◊ latin *secretus* «séparé, secret», de *secernere* «écarter» ■ **1** Qui n'est connu que d'un nombre limité de personnes ; qui est ou doit être caché des autres, du public. *Garder, tenir une chose secrète :* celer, taire. *Cause, raison secrète d'une affaire* (➤ 2 **dessous**). *Desseins, projets secrets. Dans le secret espoir de* (et inf.). *Manœuvres secrètes et illicites.* ➤ **clandestin.** *Intrigue secrète.* ➤ **souterrain.** — *Vie secrète,* intime et cachée. PAR EXT. *Mémoires secrets.* ➤ **intime.** ♦ SPÉCIALT (informations milit., polit.) *«Ils vont brûler des documents secrets. Tu parles d'un secret : des ordres que j'ai tapés moi-même»* SARTRE. *Top secret. Renseignements secrets, ultrasecrets.* ➤ **confidentiel.** *Caractères, codes secrets.* ➤ **cryptographie ; chiffre.** — *Assemblée, délibération secrète. Société secrète. Négociations secrètes.* ♦ *Fonds secrets,* dont un gouvernement peut disposer hors du budget normal, sans avoir à en rendre compte. ♦ *Police secrète* ou SUBST. *la secrète :* policiers qui dépendaient de la Sûreté nationale. — *Services secrets :* services dépendant soit du ministère de l'Intérieur, soit du ministère de la Défense nationale (deuxième Bureau), soit directement du Premier ministre (cf. FAM. Les grandes oreilles*). *Agent secret.* ➤ **espion.** ■ **2** (1690) Qui appartient à un domaine réservé ; qui est impénétrable à cause du mystère qui l'entoure. ➤ **ésotérique, hermétique ; cryptique, occulte.** *Rites secrets. «Des mouvements furtifs, [...] mystérieux. Ce langage secret forme en quelque sorte la franc-maçonnerie des passions»* BALZAC. ■ **3** Dissimulé, difficile à trouver (en parlant d'un lieu). ➤ **caché, dérobé.** *Escalier, tunnel secret ; issue secrète. Tiroir secret.* ♦ *Combinaison secrète d'un coffre-fort. Code secret d'une carte bancaire.* ■ **4** (1565) Qui ne se manifeste pas, qui correspond à une réalité profonde. ➤ **intérieur.** *Pensées secrètes. «Une vie dans la profondeur et dans la vérité secrète, qui est l'unique vérité, sans doute»* SUARÈS. *«Toutes les âmes ont leur part secrète»* BOSCO. *Jardin* secret.* — *Le sens secret d'un livre.* ➤ **caché, invisible, mystérieux, obscur.** ■ **5** (PERSONNES) LITTÉR. Qui ne se confie pas, qui se tient sur la réserve. ➤ **dissimulé, renfermé, réservé.** *Personne secrète et silencieuse, qui garde tout pour elle. «Être secret [...], et impénétrable dans ses motifs et dans ses projets»* LA BRUYÈRE. ■ CONTR. Apparent, public, visible. Ouvert.

2 **SECRET** [səkʀɛ] n. m. – début XIIe ◊ du latin *secretum* «lieu écarté, retraite» et «pensées secrètes, secret»

A. CONNAISSANCES, INFORMATIONS RÉSERVÉES ■ **1** Ensemble de connaissances, d'informations qui doivent être réservées à quelques-uns et que le détenteur ne doit pas révéler. *«Rien ne pèse tant qu'un secret»* LA FONTAINE. *Confier un secret (à qqn). Garder un secret. «Madame de Sanois [...] considérait que garder un secret consiste à ne le répéter qu'à une seule personne à la fois»* M. AUDIARD. *Trahir un secret,* le révéler. *Découvrir, dévoiler, percer un secret. Je n'ai pas de secret pour vous :* je ne vous cache rien. — (Sens affaibli) *C'est un secret :* je ne peux vous le dire. *Faire un secret de tout.* ➤ **cachotterie.** — *Un secret de Polichinelle*.* ♦ SPÉCIALT (→ 1 secret, 1°, spécialt) **UN SECRET D'ÉTAT :** une information dont la divulgation, nuisible aux intérêts de l'État, est punie de sanctions. *«il est clair que les secrets d'État ne sont pas bien gardés en démocratie»* FRANCE. FIG. *Il fait de son mariage un secret d'État,* un grand mystère. — *Secret-défense :* interdiction de rendre publique toute information qui a trait à la défense nationale d'un pays. *Informations sensibles qui relèvent du secret-défense.* ■ **2** (1775) **DANS LE SECRET DE :** au courant de (une chose réservée). *Mettre (qqn) dans le secret,* dans la confidence. LOC. FAM. *Être dans le secret des dieux :* tenir des informations de personnes haut placées, connaître les dessous d'une affaire. *«Nous autres, fonctionnaires, nous ne sommes pas dans les secrets des dieux»* ARAGON.

B. CE QUI NE PEUT PAS ÊTRE CONNU OU COMPRIS (milieu XIIe) *Le secret des cœurs, des consciences.* ➤ **repli, tréfonds.** *«Ce qui n'a pas de secret n'a pas de charmes»* FRANCE. — *Les secrets de la nature, de l'être humain. Le secret de la vie.* ➤ **mystère.** *L'atome, le gène livre ses secrets. Ce dossier n'a pas encore livré tous ses secrets,* recèle encore des éléments ignorés. — *Dans le secret du (de son) cœur** (II, 6°) (cf. For* intérieur).

C. MOYEN POUR OBTENIR UN RÉSULTAT ■ **1** (fin XIIIe) Moyen pour obtenir un résultat, connu seulement de quelques personnes qui se refusent à le répandre. *«Les procédés étaient de tradition. Il y avait quantité de secrets et de tours qui se passaient de maître à compagnon»* VALÉRY. ➤ 1 **truc.** *Secret de fabrication. C'est le secret de la fortune. Le secret de la réussite.* ➤ **recette.** — LOC. *Une de ces formules dont il a le secret,* qu'il est seul à trouver. ➤ **procédé.** ♦ **LE SECRET DE** (et l'inf.) : moyen particulier ; moyen infaillible. *«Le secret d'écrire aujourd'hui, c'est de se méfier des mots dont le sens est usé»* RENARD. *«Le secret d'ennuyer est celui de tout dire»* VOLTAIRE. ■ **2** (milieu XIIe) **DANS LE SECRET ; EN SECRET :** dans une situation où l'on n'est pas observé (cf. En cachette). *Il «fumait dans le secret les bouts de cigarettes»* MAURIAC. *Recevoir qqn en secret. «Faut-il donc s'accommoder d'être lu en secret, presque en cachette ?»* SARTRE. ➤ **catimini** (en).

D. AU SECRET Dans un lieu caché, sans communication avec l'extérieur. LOC. (1734) *Mettre un détenu au secret,* l'enfermer, le mettre à l'écart de tout contact. *«La mise au secret est le superlatif de l'emprisonnement»* BALZAC.

E. SILENCE SUR QQCH. (1667) Discrétion, silence sur une chose qui a été confiée ou que l'on a apprise. *Exiger le secret pour un procès* (cf. Huis* clos). *Négociations menées dans le plus grand secret. «Le secret est l'âme de toute opération militaire»* P.-L. COURIER. ♦ DR. *Le secret d'État :* «obligation qui s'impose à toute [...] personne de conserver le secret d'une négociation ou d'une expédition dont elle a été chargée» (Capitant)(cf. aussi ci-dessus, A, 1°). ♦ *Secret professionnel :* obligation de ne pas divulguer des faits confidentiels appris dans l'exercice de la profession, hors des cas prévus par la loi (➤ **déontologie**). *Secret professionnel des médecins, des avocats. «Le médecin est obligé au secret de la confession comme le prêtre»* BARBEY. *Se retrancher derrière le secret professionnel.* — *Secret de l'instruction judiciaire.* — *Secret bancaire :* obligation pour une banque de ne pas livrer d'informations sur ses clients à des tiers. ♦ *Sous le sceau* du secret.*

F. MÉCANISME Mécanisme qui ne joue que dans certaines conditions connues de certaines personnes (surtout dans *à secret*). *Cadenas à secret. «ces petits meubles à secret, pleins de tiroirs emboîtés les uns dans les autres»* FLAUBERT. ■ CONTR. Révélation.

SECRÉTAGE [səkʀetaʒ] n. m. – 1790 ◊ de *secréter* ■ TECHN. Opération qui consiste à secréter les peaux.

SECRÉTAIRE [s(ə)kʀetɛʀ] n. – *secretaire* 1370 ; «confident» 1265 ; «tabernacle» 1180 ◊ latin *secretarium* «retiré», de *secretus*

I ■ **1** ANCIENNT Celui qui était attaché à une personne de haut rang pour rédiger, transcrire des lettres, dépêches officielles (agent gouvernemental ou diplomatique). *Secrétaires du roi.* ♦ (1559 ◊ de l'espagnol) **SECRÉTAIRE D'ÉTAT :** titre de la personne qui remplit la charge de chef politique d'un département ministériel. *Secrétaire d'État aux Transports, à l'Écologie* (➤ **sous-secrétaire** [d'État]). *La secrétaire d'État au Tourisme.* — Ministre des Affaires étrangères des États-Unis, du Vatican. ♦ *Secrétaire d'ambassade :* agent diplomatique d'un grade inférieur à celui de ministre, d'ambassadeur. ■ **2** (1636) Personne qui rédige certaines pièces, s'occupe de l'organisation et du fonctionnement d'une assemblée, d'une société, d'un service administratif. *Secrétaire du bureau de l'Assemblée nationale.* — *Secrétaire d'une juridiction.* — *Secrétaire perpétuel de l'Académie française. «Chaque syndicat, chaque Bourse de travail, chaque Fédération, a son secrétaire, qui en est le centre et l'organe de transmission»* ROMAINS. ♦ Fonctionnaire ou employé(e) chargé(e) de la direction de certains services. *Secrétaire général de ministère ; de préfecture.* ♦ Fonctionnaire chargé(e) d'un service d'écritures (dans quelques titres). *Secrétaire d'administration,* chargé(e) de travaux de rédaction. *Secrétaire de mairie. Secrétaire général(e) :* titre de la personne qui assiste le directeur, organise effectivement le travail dans un organisme public ou privé. *Secrétaire général des Nations unies.* — (1907) *Secrétaire de rédaction d'un journal :* journaliste qui assiste le rédacteur en chef. — *Secrétaire de production,* qui assiste le producteur. ▪ **3** (XVIIe) Personne qui écrit, rédige pour le compte de qqn. *« Si je sors, le secrétaire m'accompagne ; il a un crayon et un papier. Je dicte toujours »* DAUDET. ♦ SPÉCIALT Employé(e) chargé(e) d'assurer la rédaction du courrier, de répondre aux communications téléphoniques, etc., pour le compte de qqn. ➤ **assistant.** *Secrétaire comptable. Secrétaire commercial(e), secrétaire de direction. Une secrétaire sténodactylo. Secrétaire trilingue. Secrétaire médical(e),* qui assiste un médecin, un dentiste. *Diplôme, métier de secrétaire.* ➤ **secrétariat** (4°).

II n. m. (1745) Meuble à tiroirs destiné à ranger des papiers et qui comprend un panneau rabattable servant de table à écrire (➤ **bureau ; bonheur-du-jour, scriban**). *Les tiroirs d'un secrétaire. Secrétaire en pente, « dos d'âne ». Secrétaire à cylindre.* — PAR EXT. Tout meuble sur lequel on écrit et où l'on range ses papiers.

III n. m. (1775) ZOOL. Serpentaire*.

SECRÉTAIRERIE [s(ə)kʀetɛʀʀi] n. f. – 1544 ; *secretairie* 1407 ◊ de *secrétaire* ▪ **1** Bureau, service d'un secrétaire. VX Fonction de secrétaire. ▪ **2** (1842) Fonction, services du cardinal secrétaire d'État au Vatican. *« les dîners diplomatiques [...] avaient lieu à la Secrétairerie d'État »* ZOLA.

SECRÉTARIAT [s(ə)kʀetaʀja] n. m. – 1538 ◊ de *secrétaire* ▪ **1** Fonction, poste de secrétaire. *Secrétariat général. Secrétariat de direction.* ▪ **2** (1680) Temps de fonction d'un secrétaire. ▪ **3** (1586) Bureaux, services dirigés par un secrétaire, un secrétaire général (dans une administration, une assemblée, une compagnie, une société). *Passez au secrétariat. Un secrétariat bien organisé.* — Le personnel d'un tel service (secrétaire[s], employés). *Le recrutement du secrétariat.* — *Secrétariat de rédaction* (dans un journal, etc.). ➤ **desk** (ANGLIC.). ▪ **4** (1933) Métier de secrétaire. *École de secrétariat.* — *Secrétariat électronique* (➤ **bureautique**). *Secrétariat à distance.* ➤ **télésecrétariat.**

SECRÈTEMENT [səkʀɛtmɑ̃] adv. – 1320 ; *secredement* v. 1120 ◊ de 1 *secret* ▪ **1** D'une manière secrète, en secret. ➤ **discrètement, furtivement, subrepticement** (cf. En cachette, en catimini, à la dérobée, en tapinois). *« Elle fit vendre secrètement à Paris les riches parures de diamants »* BALZAC. *Les financiers « participent secrètement aux délibérations du gouvernement qui a besoin d'eux »* MAUROIS. ➤ **confidentiellement.** *« Chacun des projets secrètement préparés par cette conjuration »* GIRAUDOUX. ➤ **clandestinement.** ▪ **2** LITTÉR. D'une manière non apparente, sans rien exprimer. *Désirer secrètement la venue de qqn.* ➤ **intérieurement.** ▪ CONTR. Ouvertement.

SECRÉTER [səkʀete] v. tr. ‹6› – 1776 ◊ de *secret,* nom de la préparation utilisée dans cette opération ▪ TECHN. Frotter avec le *secret* (solution de nitrate de mercure) pour faciliter le feutrage. *Secréter des peaux, des poils.*

SÉCRÉTER [sekʀete] v. tr. ‹6› – 1798 ◊ de *sécrétion* ▪ **1** Produire (une substance) par sécrétion. *Glandes qui sécrètent des hormones.* ▪ **2** Produire (une substance), laisser couler lentement. ➤ **distiller, exsuder** (FIG.). *« les murs peints de couleurs sans nom, sécrètent une sueur visqueuse »* DUHAMEL. ♦ FIG. *« presque tous les métiers sécrètent l'ennui à la longue »* ROMAINS. ➤ **distiller.** *« Un parti sécrétant sa propre idéologie comme l'Église sécrétait la sienne au moyen âge »* SARTRE.

SECRÉTEUR [səkʀetœʀ] n. m. – 1806 ◊ de *secréter* ▪ TECHN. Ouvrier qui procède au secrétage des peaux.

SÉCRÉTEUR, EUSE ou **TRICE** [sekʀetœʀ, øz ; tʀis] adj. – 1753 ; *sécrétrice* hapax XVIe ◊ de *sécrétion* ▪ Qui opère la sécrétion, qui sert à la sécrétion. *Canaux sécréteurs, glandes sécrétrices.*

SÉCRÉTINE [sekʀetin] n. f. – 1902 ◊ de *sécrétion* ▪ BIOCHIM. Hormone produite par la muqueuse du duodénum, qui stimule les sécrétions internes et externes du pancréas.

SÉCRÉTION [sekʀesjɔ̃] n. f. – 1711 ; « séparation » 1495 ◊ latin *secretio* « séparation, dissolution » ▪ **1** Production d'une substance spécifique par un tissu, qui est libérée dans le sang, s'écoule à la surface d'une muqueuse ou est déversée par un canal excréteur. ➤ **excrétion.** *Glandes à sécrétion interne* (➤ **endocrine**), *à sécrétion externe* (➤ **exocrine**). *Sécrétion du suc gastrique par l'estomac. Sécrétion anormalement élevée.* ➤ **hypersécrétion.** — PAR EXT. *Sécrétion de la gomme, de la résine.* ▪ **2** Substance ainsi produite (diastase, hormone, mucus, sébum, sérosité, etc.) libérée à l'extérieur de la cellule. — PAR EXT. *Sécrétions végétales* (résine, latex, etc.).

SÉCRÉTOIRE [sekʀetwaʀ] adj. – 1710 ◊ de *sécrétion* ▪ PHYSIOL. Qui a rapport à la sécrétion. *Cellules sécrétoires.*

SECTAIRE [sɛktɛʀ] n. et adj. – 1584 ; « protestant » 1566 ◊ de *secte* ▪ **1** Adhérent intolérant d'une secte religieuse (SPÉCIALT d'une secte hérétique). ▪ **2** (1825) Personne qui professe des opinions étroites, fait preuve d'intolérance (en politique, religion, philosophie). ♦ adj. *Un partisan sectaire.* ➤ **fanatique, intolérant.** *« j'ai l'impression qu'il n'est pas très homme de parti, [...] qu'il n'a rien de sectaire »* ROMAINS. — PAR EXT. *Une attitude, un comportement sectaire.* ▪ **3** adj. Relatif aux sectes (2°). *Le phénomène sectaire. Mouvements sectaires. Organisation sectaire. Dérive sectaire.* ▪ CONTR. Éclectique, libéral, tolérant.

SECTARISME [sɛktaʀism] n. m. – 1891 ◊ de *sectaire* ▪ LITTÉR. Attitude sectaire. ➤ **intolérance.** *Sectarisme et dogmatisme.* ▪ CONTR. Libéralisme.

SECTATEUR, TRICE [sɛktatœʀ, tʀis] n. – 1403 ◊ latin *sectator* ▪ VX Personne qui professe les opinions d'un philosophe, les croyances d'une secte. ➤ **adepte, partisan, séide.** *« Une philosophie ostentatrice qui [...] n'apprend rien tant à ses sectateurs qu'à beaucoup se montrer »* ROUSSEAU.

SECTE [sɛkt] n. f. – XVIe ; *sete* v. 1250 ; *siecte* « doctrine » XIIe ◊ latin *secta,* de *sequi* « suivre » ▪ **1** Groupe organisé de personnes qui ont la même doctrine au sein d'une religion. *Membre d'une secte.* ➤ **adepte, sectateur.** *Sectes religieuses. Les grandes sectes de l'islam. Une secte hérétique. Les Quakers, secte des Mormons. « des sectes bizarres, qui s'efforcent de s'ouvrir des chemins extraordinaires vers le bonheur éternel »* TOCQUEVILLE. ▪ **2** SPÉCIALT Communauté fermée, d'intention spiritualiste, où des guides, des maîtres exercent un pouvoir absolu sur les membres. *Les religions luttent contre les sectes. Sectes d'inspiration orientale. La secte Moon. Le gourou de la secte.* ▪ **3** (1630) VX Ensemble de personnes qui professent une même doctrine. ➤ **école.** *Sectes philosophiques de l'Antiquité.* ♦ MOD. et PÉJ. Coterie, clan. ➤ **chapelle.** *« Bien que l'art ne soit pas une religion, la secte obéit [...] à la définition même de la foi »* MALRAUX.

SECTEUR [sɛktœʀ] n. m. – 1542 *secteur d'une sphère* ◊ latin *sector* « coupeur », puis terme de géom., de *secare* « couper »

I PORTION, SUBDIVISION ▪ **1** MATH. *Secteur angulaire*. Secteur circulaire :* secteur angulaire découpant une partie d'un disque. *Secteur sphérique :* portion du volume d'une sphère limité par un angle* solide. ♦ INFORM. Partie d'une piste d'un disque de mémoire d'ordinateur pouvant contenir un bloc d'informations. *Un disque formaté en 35 pistes de 16 secteurs.* ▪ **2** (1762) TECHN. Instrument ou dispositif comportant une portion de surface de cercle. *Secteur astronomique :* instrument d'astronomie formé d'un arc de 20° à 30° muni d'une lunette (➤ **sextant**). — MÉCAN. Pièce d'une automobile, qui transmet le mouvement de la vis à la direction. ▪ **3** COUR. Partie d'un front ou d'un territoire qui constitue le terrain d'opération d'une unité (généralement une division). *Un secteur calme.* — (1916) MILIT. *Secteur postal (S. P.) :* portion d'une zone d'opérations affectée d'un numéro conventionnel (de manière que l'ennemi ne puisse connaître la nature ni l'emplacement des régiments engagés). — *Sous-secteur :* zone d'action d'un régiment. ▪ **4** (après 1914-1918 ◊ de la langue milit.) FAM. Endroit, lieu. ➤ **coin.** *Je n'ai pas vu de boulangerie dans le secteur.* ▪ **5** Division artificielle d'un territoire (en vue d'organiser une action d'ensemble, de répartir les tâches). ➤ **zone.** *Prospection commerciale organisée par secteurs.* — SPÉCIALT Subdivision administrative (d'une ville). *Il se présente aux élections dans le 13e secteur de Paris.* ♦ PSYCHIATR. Territoire donné, placé sous la responsabilité d'un médecin-chef de secteur. *Hôpital de secteur* (➤ **sectorisation**). ♦ (1907) Subdivision d'un réseau de distribution d'électricité. *Panne de secteur,* qui affecte tout le secteur. *« La boulangère a de la lumière, ce n'est donc pas une panne de secteur »* GAVALDA. — PAR EXT. *Brancher un appareil sur le secteur,* l'alimenter à partir du réseau alternatif. *Poste de radio qui fonctionne sur (le) secteur* (opposé à *à piles*). ♦ Zone, partie d'un ensemble caractérisée par la présence d'un phénomène particulier. *Secteur chaud d'un cyclone.* ♦ ANAT. Subdivision d'une partie d'organe parenchymateux. *Les secteurs des lobes droit et gauche du foie.* ▪ **6** FIG. Domaine ; partie. *Un secteur de la science, de la culture. « Le psychologue croyait encore que la conscience n'est qu'un secteur de l'être »* MERLEAU-PONTY.

II DOMAINE D'ACTIVITÉ Regroupement d'activités, d'entreprises ayant certaines caractéristiques communes. *Secteur privé :* ensemble des entreprises privées. *Le secteur privé comprend le secteur associatif.* — *Secteur public :* ensemble des entreprises dans lesquelles l'État exerce une influence prépondérante. *Secteur public industriel. Secteur nationalisé,* regroupant les entreprises nationalisées*. — *Secteur primaire*, secondaire*, tertiaire*, quaternaire*.* ♦ SPÉCIALT Ensemble d'entreprises exerçant la même activité principale ; cette activité. ➤ aussi **branche.** *Entreprise du secteur des industries agroalimentaires. Secteur du textile, de l'automobile, de l'informatique, du tourisme. Secteur-clé de l'économie nationale. Un secteur en difficulté, en pleine croissance, en expansion.*

SECTION [sɛksjɔ̃] **n. f.** – 1564 ; «action de couper» 1380 ; «scission» 1366 ◊ latin *sectio*

I REPRÉSENTATION D'UNE CHOSE COUPÉE ■ **1** MATH. Figure engendrée par l'intersection de deux autres. *Section plane d'un volume :* figure constituée par l'intersection de ce plan et de ce volume. *Sections coniques* (➤ **conique, n. f.**) : ellipse, hyperbole, parabole. *Section droite d'un prisme ou d'un cylindre :* section par un plan perpendiculaire aux arêtes et aux génératrices. — (1694) *Point de section :* point commun à deux lignes qui se coupent. ➤ **intersection.** ■ **2** Surface, forme que présente une chose coupée (réellement ou fictivement) selon un plan transversal. ➤ **profil.** *«Quelqu'un a imaginé de changer le tuyau, on en a mis un qui a une section double»* ARAGON. *Tuyau de 3 cm de section.* ➤ **diamètre.** ♦ HYDROGR. *Section mouillée* d'un cours d'eau.* ■ **3** Représentation graphique d'un ensemble artificiel complexe (édifice, navire, véhicule, machine, etc.) qu'on suppose coupé selon un plan vertical perpendiculaire à la longueur. ➤ **2 coupe.** *Section transversale d'un moteur.*

II ACTION DE COUPER ; SON RÉSULTAT ■ **1** Action de couper ; fait d'être coupé. *Section accidentelle de la moelle épinière.* ■ **2** Manière dont une chose est coupée, divisée. ■ **3** Aspect qu'une chose présente à l'endroit où elle est coupée. ➤ **coupure.** *Section irrégulière, nette.*

III ÉLÉMENT, PARTIE D'UN ENSEMBLE, D'UN GROUPE ■ **1** Élément, partie (d'un groupe, d'un ensemble). *Section locale d'un parti politique, d'une société secrète.* ➤ **cellule, groupe.** — *Section française de l'Internationale ouvrière (S. F. I. O.).* ♦ *Section électorale :* dans une grande ville, groupe d'électeurs qui votent dans un même bureau ; ce bureau. *La 24e section du 16e arrondissement de Paris.* ♦ *Sections du Conseil* d'État.* ♦ *La section des petits, des moyens, des grands, à l'école maternelle ;* PAR EXT. *petite, moyenne, grande section. Section littéraire, scientifique* (dans un lycée). *«Elle ne cherche pas à me pousser dans la section scientifique où tous les parents veulent voir leurs enfants. Je suis nulle en maths»* C. CUSSET. *Changer de section.* ♦ (1798) Subdivision d'une compagnie ou d'une batterie, qui comprend de trente à quarante soldats. *Une section d'infanterie. École de section. Chef de section :* gradé (lieutenant) qui commande une section. ♦ *Section homogène :* partie d'une entreprise, d'un atelier où le coût est proportionnel à une unité d'œuvre (heure de main-d'œuvre, kilogramme du produit, etc.). ■ **2** Partie (d'un ouvrage). *Sections d'un livre, d'un traité. Chapitres divisés en sections.* ➤ **paragraphe.** ■ **3** (1949) Partie (d'un trajet). *Section d'un parcours, d'une route, d'une voie ferrée.* — Partie (d'une ligne d'autobus, de tramway) qui constitue une unité pour le calcul du prix du trajet. ■ **4** (v. 1945) *Section rythmique d'un orchestre de jazz :* ensemble des instruments qui marquent le rythme. *Monk «réussit ce tour de force auquel les pianistes peuvent prétendre : quand il joue, il est une section rythmique à lui tout seul»* L. DE WILDE. *Section mélodique.* ■ **5** (milieu XXe) PHYS. NUCL. *Section efficace :* mesure de la probabilité d'interaction d'une particule avec une autre particule ou avec un noyau déterminé.

SECTIONNEMENT [sɛksjɔnmɑ̃] **n. m.** – 1871 ◊ de *section* ■ **1** (ABSTRAIT) Division en plusieurs sections (II), en plusieurs éléments. *Sectionnement d'une circonscription électorale.* ■ **2** (CONCRET) Opération qui consiste à couper net ; fait d'être coupé, tranché (➤ aussi **section,** II). *Sectionnement d'une artère, d'un tendon. Sectionnement d'un fil métallique.*

SECTIONNER [sɛksjɔne] **v. tr.** ⟨1⟩ – 1871 ; *sectionniser* 1793 ◊ de *section* ■ **1** Diviser (un ensemble) en plusieurs sections (II). ➤ **fractionner.** *Sectionner un département en quatre circonscriptions électorales.* ■ **2** Couper net. *Sectionner un tendon. Sectionner des barbelés avec une pince.* — COUR. Couper accidentellement. *Il a eu un doigt sectionné par une presse à découper.* ■ **3** PRONOM. Se diviser en plusieurs éléments ; être coupé. *Le câble s'est sectionné sous l'effet de la surcharge.*

SECTIONNEUR [sɛksjɔnœʀ] **n. m.** – 1924 ◊ de *section* ■ ÉLECTR. Appareil qui sert à couper le courant sur une section de ligne électrique pour y permettre les réparations. ➤ **disjoncteur.**

SECTORIEL, IELLE [sɛktɔʀjɛl] **adj.** – 1963 ◊ de *secteur,* d'après l'anglais *sectorial* ■ DIDACT. ■ **1** Relatif, appliqué à un secteur. *Analyse sectorielle de (la) productivité. Revendications sectorielles.* ➤ **catégoriel.** ■ **2** MATH. En forme de secteurs de cercles ; relatif aux secteurs.

SECTORISATION [sɛktɔʀizasjɔ̃] **n. f.** – v. 1960 ◊ de *secteur* ■ ADMIN. Organisation, répartition par secteurs (le plus souvent par zone géographique). *Sectorisation hospitalière, universitaire.*

SECTORISER [sɛktɔʀize] **v. tr.** ⟨1⟩ – v. 1960 ◊ de *sectorisation* ■ ADMIN. Organiser, répartir par secteurs (géographiques). *Affectation sectorisée.*

SÉCULAIRE [sekylɛʀ] **adj.** – 1611 ; *seculare* 1549 ◊ latin *sæcularis,* de *sæculum* «siècle» ■ **1** (Dans des expr. tirées du lat.) DIDACT. Qui a lieu tous les cent ans. *Jeux séculaires. Année séculaire,* celle qui termine le siècle. ■ **2** (1745) LITTÉR. Qui date d'un siècle, qui dure depuis un siècle. ➤ **centenaire.** *Un chêne séculaire. «Des habitations trois fois séculaires y sont encore solides, quoique construites en bois»* BALZAC. — Qui existe, dure depuis des siècles. *Arbres séculaires. Habitudes, tradition séculaires. «la haine séculaire, indomptable, du paysan contre les possesseurs du sol»* ZOLA. ■ **3** ASTRON. *Perturbations séculaires,* dont la période doit se calculer par siècles.

SÉCULAIREMENT [sekylɛʀmɑ̃] **adv.** – 1842 ◊ de *séculaire* ■ LITTÉR. Depuis des siècles, depuis très longtemps. *Un préjugé séculairement ancré.*

SÉCULARISATION [sekylaʀizasjɔ̃] **n. f.** – 1567 ◊ de *séculariser* ■ RELIG. ■ **1** Passage (d'une communauté régulière, d'un religieux) à la vie séculière ou à la vie laïque. ➤ **laïcisation.** *Bulle de sécularisation.* ■ **2** Passage (d'un bien de communauté religieuse ou d'établissement ecclésiastique) dans le domaine de l'État ou à une personne morale de droit public. *Sécularisation des biens du clergé* (2 novembre 1789). — (En parlant de fonctions jusqu'alors réservées au clergé) *Sécularisation de l'enseignement public :* laïcisation. ■ **3** (1964) Autorisation pour un religieux de porter l'habit séculier.

SÉCULARISER [sekylaʀize] **v. tr.** ⟨1⟩ – 1586 ◊ du latin religieux *sæcularis* → séculier ■ RELIG. ■ **1** Faire passer de l'état régulier à l'état séculier. *Séculariser un monastère.* — *«l'infirmière du quartier, qui est une religieuse sécularisée»* ROMAINS. ■ **2** (1765) Faire passer (un bien, une fonction) de l'état ecclésiastique à l'état laïque. *Les biens du clergé ont été sécularisés. Séculariser l'enseignement.* ➤ **laïciser.**

SÉCULIER, IÈRE [sekylje, jɛʀ] **adj.** – 1260 ; *seculer* v. 1190 ◊ latin religieux *sæcularis* «profane», de *sæculum* «monde» ■ **1** Qui appartient au «siècle», à la vie laïque (opposé à *ecclésiastique*). ➤ **laïque, temporel.** *«Aucune autorité ecclésiastique ou séculière»* BOSSUET. *Tribunaux séculiers.* — *Le bras* séculier.* ■ **2** Qui vit dans le siècle, dans le monde (opposé à *régulier*). *Clergé, prêtre séculier.* — **n. m.** *Un séculier :* un prêtre séculier (opposé à *moine, religieux*).

SÉCULIÈREMENT [sekyljɛʀmɑ̃] **adv.** – *seculerment* XIIe ◊ de *séculier* ■ RELIG. D'une manière séculière*. — (Au sens 1°) *Juger séculièrement une affaire.* — (Au sens 2°) *Vivre séculièrement,* dans le siècle, le monde ; comme un séculier.

SECUNDO [səgɔ̃do] **adv.** – 1419 ◊ adv. latin, de *secundus* ■ Secondement, en second lieu (dans une énumération commençant par *primo*). ➤ **deuxièmement,** FAM. **deuzio.**

SÉCURISANT, ANTE [sekyʀizɑ̃, ɑ̃t] **adj.** – 1959 ◊ de *sécuriser* ■ Propre à apporter un sentiment apaisant de sécurité. *Atmosphère, attitude sécurisante.* ➤ **apaisant, rassurant.** *Une voiture sécurisante.* ■ CONTR. Angoissant, dramatisant.

SÉCURISATION [sekyʀizasjɔ̃] **n. f.** – 1968 ◊ de *sécuriser* ■ Action de sécuriser ; son résultat. *Sécurisation de la voie publique. Compagnie de sécurisation,* qui soutient la police urbaine de proximité. *Sécurisation des données transitant sur un réseau informatique.* ♦ FIN., RARE ➤ **titrisation.**

SÉCURISER [sekyʀize] **v. tr.** ⟨1⟩ – 1969 ◊ du radical de *sécurité*

I Apporter un sentiment de sécurité, de confiance en soi à. ➤ **rassurer.** *Sécuriser un enfant. Discours pour sécuriser l'opinion* (➤ **sécurisant**). *Se sentir sécurisé.*

II ■ **1** Rendre (une entreprise) plus sûre. *Sécuriser le transport de fonds.* ♦ Mettre à l'abri du risque. ➤ **assurer, garantir.** *Sécuriser un investissement.* ■ **2** Assurer la sécurité dans (une zone qui comporte des dangers). *Sécuriser la frontière.* — **p. p. adj.** *Périmètre sécurisé.* ▪ **3** Munir d'un dispositif de sécurité, de protection. *Sécuriser son système informatique, le commerce électronique.* — **p. p. adj.** *Résidence sécurisée.* ◆ Protéger contre le piratage, la fraude, la falsification. *Sécuriser le paiement sur Internet.* — **p. p. adj.** *Ordonnance sécurisée. Accès sécurisé à Internet.*

SÉCURIT [sekyʀit] **n. m.** – 1959 ◇ marque déposée, de *sécurité* ▪ Verre de sécurité, qui se brise en très petits morceaux. — APPOS. *Verre sécurit.*

SÉCURITAIRE [sekyʀitɛʀ] **adj.** – 1972 sens 2° ◇ de *sécurité* ▪ **1** (1983) Qui tend à privilégier les problèmes de sécurité publique. *Politique, discours, campagne sécuritaire.* ▪ **2** (Canada) Qui assure la sécurité. *Un quartier sécuritaire.* ➤ **sûr.** ▪ CONTR. Insécuritaire.

SÉCURITÉ [sekyʀite] **n. f.** – 1190, rare avant XVIIᵉ ◇ latin *securitas*, de *securus* «sûr» ; doublet savant de *sûreté* ▪ **1** État d'esprit confiant et tranquille d'une personne qui se croit à l'abri du danger. ➤ **assurance, 1 calme, confiance, tranquillité.** *Sentiment, impression de sécurité.* «*l'insolente sécurité de cet homme, qui ose dormir tranquille*» LACLOS. — LOC. *En toute sécurité* : en éprouvant une entière sécurité. ▪ **2** (1780) Situation, état tranquille qui résulte de l'absence réelle de danger (d'ordre matériel ou moral). *Rechercher la sécurité matérielle, la sécurité de l'emploi. Il a devant lui «un tout petit avenir, [...] une petite sécurité, une retraite, un traitement»* SARRAUTE. *Veiller sur la sécurité de qqn.* ➤ **défendre, protéger.** *La sécurité des personnes et des biens.* — **EN SÉCURITÉ :** à l'abri du danger, en sûreté*. *Mettre qqch. en sécurité. On ne se sent pas en sécurité dans ce quartier.* ▪ **3** Organisation, conditions matérielles, économiques, politiques, propres à créer un tel état ; la situation ainsi obtenue. «*La sécurité des individus dans les sociétés modernes ne repose pas sur la terreur des supplices*» FRANCE. *Sécurité menacée par des troubles sociaux.* ➤ **ordre.** *Assurer la sécurité dans un territoire. Prendre des mesures de sécurité. Suivre les consignes de sécurité. Sécurité alimentaire* : situation permettant l'accès à une nourriture saine et suffisante pour mener une vie active. «*La sécurité de la vie publique comme celle du corps individuel, est fondée sur l'automatisme de sa défense*» GIRAUDOUX. *Sécurité informatique.* ➤ **cybersécurité.** — LOC. (En France) *Compagnies républicaines de sécurité* : formations mobiles mises à la disposition des préfets pour assurer l'ordre (➤ **C. R. S.**). *Adjoint(e) de sécurité* : agent chargé d'assister les fonctionnaires de police. *Direction générale de la sécurité intérieure (DGSI), extérieure (DGSE),* services de renseignement. — *Sécurité militaire* : service chargé d'assurer la protection de l'institution militaire contre la subversion. ◆ *Sécurité publique. Sécurité routière* : ensemble de mesures destinées à assurer la protection des usagers de la route. — *Sécurité nationale. Sécurité internationale* ou *collective,* reposant sur des garanties internationales. **CONSEIL DE SÉCURITÉ :** un des organes principaux de l'O. N. U. ◆ DR. *Quartier* de haute sécurité.* ▪ **4** (1945 ◇ anglais *Social Security* [1935]) **SÉCURITÉ SOCIALE :** organisation destinée à garantir les travailleurs et leurs familles contre les risques de toute nature susceptibles de réduire leur capacité de gain, à couvrir les charges de maternité et les charges de famille qu'ils supportent. ➤ **assurance.** *Carte, numéro d'immatriculation à la Sécurité sociale. Remboursements, prestations de la Sécurité sociale. Cotisations versées à la Sécurité sociale. Financement du déficit de la Sécurité sociale par la contribution sociale généralisée. Caisse de Sécurité sociale.* ◆ PAR EXT. Ensemble des régimes* assurant la protection des personnes contre les différents risques sociaux. *Régime général, régimes spéciaux de la Sécurité sociale.* — ABRÉV. FAM. (v. 1960) **SÉCU** [seky]. *La sécu.* ▪ **5 DE SÉCURITÉ,** se dit de choses capables d'assurer la sécurité des intéressés. ➤ **sûreté.** *Cran, manette de sécurité d'une arme. Rail* de sécurité. Ceinture de sécurité* (pour automobiliste). *Machine qui comporte un système de sécurité.* — *Marge* de sécurité. Coefficient de sécurité.* ▪ **6** PAR MÉTON. Dispositif, service assurant la sécurité. *Enlever la sécurité d'un pistolet.* «*Elle entrait dans le bâtiment moderne, devait passer deux fois la sécurité et montrer sa carte*» C. CUSSET. ▪ CONTR. Insécurité.

SEDAN [sədɑ̃] **n. m.** – 1803 ◇ n. de ville ▪ Drap fin et uni, fabriqué à l'origine à Sedan.

SÉDATER [sedate] **v. tr.** ⟨1⟩ – 1996 ◇ de *sédatif* ▪ MÉD., VÉTÉR. Mettre (qqn, un animal) sous tranquillisant. *Sédater un chat.*

SÉDATIF, IVE [sedatif, iv] **adj.** et **n. m.** – 1314 ◇ latin médiéval *sedativus*, du latin *sedatum*, de *sedare* «calmer» ▪ Qui calme, modère l'activité fonctionnelle exagérée d'un organe ou d'un appareil. *Propriété, action sédative. Eau sédative* : lotion ammoniacale camphrée. — **n. m.** *Un sédatif de la toux.* ➤ **calmant.** *Mettre un patient sous sédatif.* ➤ **sédater.**

SÉDATION [sedasjɔ̃] **n. f.** – 1314 ◇ latin *sedatio* ▪ DIDACT. Apaisement par un sédatif. *Sédation profonde et continue pour les malades en fin de vie* (loi Leonetti).

SÉDENTAIRE [sedɑ̃tɛʀ] **adj.** et **n.** – 1492 ; hapax 1075 ◇ latin *sedentarius*, de *sedere* «être assis» ▪ **1** Qui se passe, s'exerce dans un même lieu ; qui n'entraîne aucun déplacement (en parlant d'une occupation). *Vie, travail sédentaire.* «*Profession sédentaire et casanière, qui efféminé et ramollit*» ROUSSEAU. ▪ **2** (1611) Qui ne quitte guère son domicile. «*Elle devint sédentaire [...] Elle sortait rarement*» MUSSET. ➤ **casanier,** FAM. **pantouflard.** — **n.** «*un système de pensée de sédentaires, de tranquilles et de fonctionnaires*» PÉGUY. ▪ **3** (1611) Fixe, attaché à un lieu. *Commerçant sédentaire* (opposé à *forain*). *Troupes sédentaires* (opposé à *mobile*). — Se dit de populations qui vivent dans un lieu fixe. «*Toute région habitée par une population sédentaire se transfigure peu à peu*» VALÉRY. — *Oiseaux sédentaires.* ➤ **nicheur.** ◆ **n.** *Les sédentaires et les nomades.* ▪ CONTR. Ambulant, 1 errant, nomade.

SÉDENTARISER [sedɑ̃taʀize] **v. tr.** ⟨1⟩ – 1910 ; «fixer un employé» 1930 ◇ de *sédentaire* ▪ GÉOGR. Rendre sédentaire. ➤ **fixer.** — *Nomades sédentarisés.* — PRONOM. *L'homme se sédentarise au néolithique.* — **n. f. SÉDENTARISATION,** 1937.

SÉDENTARITÉ [sedɑ̃taʀite] **n. f.** – 1819 ◇ de *sédentaire* ▪ DIDACT. État de ce qui est sédentaire. *Sédentarité et nomadisme.*

SÉDIMENT [sedimɑ̃] **n. m.** – 1564 ◇ latin *sedimentum* «dépôt», de *sedere* «être assis, séjourner» ▪ **1** MÉD. Dépôt de matières en suspension ou en dissolution dans un liquide. *Sédiment urinaire.* ▪ **2** (1715) Ensemble constitué par la réunion de particules séparément précipitées, ou déposées après transport. ➤ **colluvion, couche, formation ; roche.** *Sédiments résultant de l'érosion. Sédiments glaciaires, fluviaux.* ➤ **alluvion.** ◆ PAR MÉTAPH. «*les sédiments d'expérience que je traîne*» QUIGNARD.

SÉDIMENTAIRE [sedimɑ̃tɛʀ] **adj.** – 1834 ◇ de *sédiment* ▪ Produit ou constitué par un sédiment. *Terrains, formations sédimentaires. Roches sédimentaires* (ex. calcaire, grès).

SÉDIMENTATION [sedimɑ̃tasjɔ̃] **n. f.** – 1861 ◇ de *sédiment* ▪ **1** MÉD. Formation de sédiment. *Sédimentation sanguine* : dépôt des globules rouges du sang rendu incoagulable, au fond du tube où il est laissé en repos. *Vitesse de sédimentation (VS),* dont la détermination permet de déceler certains états pathologiques surtout d'ordre inflammatoire. ▪ **2** Formation, mode de formation des sédiments. *Sédimentation détritique, chimique.*

SÉDIMENTER [sedimɑ̃te] **v. tr.** ⟨1⟩ – 1922 v. pron. ◇ de *sédiment* ▪ DIDACT. Former par sédimentation.

SÉDIMENTOLOGIE [sedimɑ̃tɔlɔʒi] **n. f.** – 1952 ◇ anglais *sedimentology* ▪ GÉOL. Étude des roches sédimentaires et des phénomènes qui concourent à leur formation.

SÉDITIEUX, IEUSE [sedisjø, jøz] **adj.** et **n.** – 1356 ◇ latin *seditiosus* ▪ **1** (PERSONNES) Qui prend part à une sédition, est disposé à faire une sédition. ➤ **factieux, insoumis.** *Officiers séditieux.* — **n.** (1413) «*le séditieux ! Ce sont ses propos sur le gouvernement qui l'ont mené là. C'est un rebelle*» HUGO. ➤ **agitateur, rebelle.** ▪ **2** (CHOSES) Qui tend à la sédition. *Attroupements séditieux.* «*Il confondit la répression des actes séditieux [...] avec les lois destructives de la liberté*» RENAN. *Écrits séditieux.* — **adv. SÉDITIEUSEMENT,** 1355.

SÉDITION [sedisjɔ̃] **n. f.** – 1209 ◇ latin *seditio* ▪ Révolte concertée contre l'autorité publique. «*on ne trouve qu'une sédition à Gand, en 1536, aisément réprimée, sans grande effusion de sang*» TAINE. ➤ **agitation, insurrection, révolte.** *Sédition militaire.* ➤ **pronunciamiento, putsch.** «*L'esprit de sédition contre les doctrines religieuses et monarchiques*» BALZAC. ➤ **3 fronde, indiscipline.**

SÉDON ➤ **SEDUM**

SÉDUCTEUR, TRICE [sedyktœʀ, tʀis] **n.** et **adj.** – 1370 ; *seduitor* v. 1160 ◇ latin ecclésiastique *seductor, seductrix*, de *seducere* → séduire ▪ **1** VX Corrupteur*. «*Leurs révolutions* [des peuples] *les livrent presque toujours à des séducteurs*» ROUSSEAU. ▪ **2** (1662) **n. m.** Celui qui séduit une fille, une femme ; celui qui multiplie les succès amoureux. «*Une loi par laquelle une fille abusée* *était punie avec le séducteur»* ROUSSEAU. ➤ **don juan, lovelace, play-boy, suborneur,** FAM. **tombeur** (cf. Bourreau* des cœurs, homme* à femmes). *« Un héros pour midinettes, un séducteur de photo-romans»* MALLET-JORIS. *« Le coup d'une nuit, le séducteur, celui qui ne s'attache pas, celui que les filles n'embobinent pas»* V. DESPENTES. — **n.** Personne séduisante. *Une séductrice.* ➤ **sirène, vamp** (cf. Mangeuse* d'hommes, mante* religieuse). ◆ **adj.** Se dit de qqn dont le comportement est déterminé par le souci de plaire. ➤ **charmeur, enjôleur, ensorceleur.** *Méfiez-vous de lui, il est très séducteur.* — PAR EXT. Séduisant (avec l'idée d'un charme quasi magique). *« Ce Mallarmé a vraiment une parole séductrice»* GONCOURT.

SÉDUCTION [sedyksjɔ̃] **n. f.** – XIIe, rare avant XVIIe ◊ latin *seductio* ■ **1** VX Action de séduire, de corrompre. DR. PÉN. *Séduction dolosive,* par laquelle on amène une femme (par manœuvre frauduleuse, abus d'autorité ou promesse de mariage) à consentir à des relations hors mariage. ➤ 2 **adultère.** *Séduction d'une personne mineure.* ➤ **détournement.** ■ **2** COUR. Action de séduire, d'entraîner. ➤ **attirance, ensorcellement, fascination.** *« Une région attirante comme la mer, pleine d'un pouvoir de séduction mystérieuse»* MAUPASSANT. *Pouvoir de séduction de l'argent, du luxe. « Tout art cherche à plaire. Il est mise en œuvre de moyens de séduction, qui lui sont propres»* CAILLOIS. *Exercer une séduction irrésistible.* ■ **3** Moyen de séduire ; charme ou attrait. ➤ **agrément,** 2 **ascendant.** *Les séductions de la nouveauté. La séduction de la jeunesse* (cf. La beauté* du diable). *« Une séduction puissante s'exhalait de cette jeune fille»* GOBINEAU. ■ CONTR. Répugnance.

SÉDUIRE [sedɥiʀ] **v. tr.** ⟨38⟩ – 1440 ; *suduire* 1120 ◊ latin *seducere* «séparer», sens moral en latin religieux ■ **1** VX Détourner (qqn) du bien, du droit chemin. ➤ **corrompre.** *« J'ai tenté de corrompre sa justice, en séduisant madame Goëzman par des propositions d'argent»* BEAUMARCHAIS. ➤ **acheter, suborner.** ■ **2** (1538) LITTÉR. Amener (qqn) à se donner sexuellement, (SPÉCIALT amener une femme à des rapports sexuels hors mariage). ➤ **débaucher, déshonorer,** FAM. 1 **tomber.** *Chercher à séduire une femme.* ➤ **baratiner, draguer, entreprendre** (cf. Faire du gringue, du plat). *Elle cherche à séduire tous les hommes.* ➤ **aguicher, enjôler, ensorceler, entortiller, envoûter ; allumer, vamper.** *« elle avait tenté de reprendre son mari, de le séduire avec des armes nouvelles»* R. GUÉRIN. *Il s'est laissé séduire* (cf. Écouter le chant des sirènes, succomber à la tentation). *« Le rêve d'un jeune précepteur laïque, nourri de philosophie matérialiste, est de séduire la fille de la maison»* ROMAINS. — VIEILLI *Séduite et abandonnée.* ■ **3** VIEILLI Détourner du vrai, faire tomber dans l'erreur. ➤ **abuser, égarer, tromper.** *Être séduit par des apparences.* ■ **4** Convaincre (qqn), en persuadant ou en touchant, avec l'intention de créer l'illusion, en employant tous les moyens de plaire. ➤ **appâter, conquérir.** *Séduire des clients, des électeurs. « l'apparence de ces preuves ou astuces, par quoi nous tentons de séduire un adversaire»* PAULHAN. ➤ **circonvenir.** — ABSOLT *« La volonté de séduire, c'est-à-dire de dominer»* COLETTE. *« Le visage humain est avant tout l'instrument qui sert à séduire»* BACHELARD. ■ **5** (Sujet chose) Attirer de façon puissante, irrésistible (sans créer ni entretenir d'illusion). ➤ **attacher, captiver, charmer, entraîner,** 2 **fasciner, plaire** (à). *Une formule qui séduira les plus exigeants. Son projet a séduit tout le monde. « toutes les qualités humaines qui peuvent nous séduire isolément»* MAUPASSANT. *« Le français, lui, m'a séduit»* GREEN. *Une vie qui m'aurait séduit.* ➤ **tenter.** ABSOLT *« Quand il s'agit d'un art du langage, séduire c'est à la fin persuader»* CAILLOIS. ■ CONTR. Choquer, déplaire.

SÉDUISANT, ANTE [sedɥizɑ̃, ɑ̃t] **adj.** – 1542 ; *suduiant* «fourbe» 1080 ◊ de *séduire* ■ **1** Qui séduit, ou peut séduire grâce à son charme, ou en employant les moyens de plaire. *Femme séduisante et belle.* ➤ **charmant, désirable.** *« On parlait de lui comme d'un homme très séduisant, presque irrésistible»* MAUPASSANT. ■ **2** (CHOSES) Qui attire fortement. *Beauté, grâce séduisante.* ➤ **enchanteur, enivrant.** *Visage séduisant.* — (Sens affaibli) Qui plaît, tente. *Idées, thèses séduisantes. Propositions séduisantes.* ➤ **attrayant, tentant.** *Tout cela n'est pas très séduisant.*

SEDUM ou **SÉDUM** [sedɔm] **n. m.** – 1714 ; *cedon* 1680 ◊ latin *sedum* «joubarbe» ■ BOT. Orpin*. *« il tenait à la main un gros bouquet de sedum, une fleur jaune qui vient dans le caillou des vignobles»* BALZAC. — On dit aussi **SÉDON** [sedɔ̃].

SEERSUCKER [siʀsœkœʀ] **n. m.** – 1838 ◊ mot anglais ■ ANGLIC. Tissu de coton gaufré écossais ou rayé.

SÉFARADE [sefaʀad] **n.** et **adj.** – *Séphardin* 1875 ◊ de l'hébreu *Sefarad* «Espagne» ■ HIST. Juif d'Espagne et du Portugal, au Moyen Âge. — MOD. Juif issu d'une communauté originaire des pays méditerranéens. *Les séfarades.* **adj.** *Les juifs séfarades et ashkénazes.* — On rencontre aussi la forme *sépharade.*

SÉGA [sega] **n. m.** – 1770, *tschiega* ◊ p.-ê. du swahili *sega* «relever, retrousser ses habits» ■ Danse populaire répandue dans certaines îles de l'océan Indien (Réunion, île Maurice, Seychelles, Madagascar). *Le séga et le maloya.* — Musique qui l'accompagne.

SÉGALA [segala] **n. m.** – 1868 ◊ mot dialectal méridional, du radical de *seigle* ■ RÉGION. (Massif central) Terre à seigle des plateaux.

SEGHIA ➤ **SÉGUIA**

SEGMENT [sɛgmɑ̃] **n. m.** – 1536 ◊ latin *segmentum,* de *secare* «couper» ■ **1** Portion, partie détachée d'un ensemble. ◆ MATH. *Segment de droite :* ensemble des points d'une droite compris entre deux points donnés de la droite. *Segment de sphère* ou *sphérique :* portion de sphère comprise entre deux plans parallèles. ◆ LING. Unité discrète minimale, dans certaines techniques d'analyse. ◆ ÉCON. Population (d'individus, d'organisations) présentant des caractéristiques communes. ➤ **segmentation** (4°). *Segment de marché. Segment de clientèle.* ■ **2** (1765 *segments de feuilles*) ANAT. Partie (d'un organe) distincte des autres. *Segments de l'intestin. Segments des membres des insectes.* ➤ **article.** — ZOOL. Chez les annélides, les arthropodes, Chacune des parties successives du corps qui présentent à peu près la même structure. ➤ **métamère.** ■ **3** MÉCAN. *Segment de piston :* anneau élastique logé dans la paroi d'un piston et destiné à assurer l'étanchéité dans le cylindre. *Changer les segments.* — *Segment de frein :* pièce en forme de croissant sur laquelle est rivée une garniture qui frotte contre le tambour du frein. ■ **4** INFORM. Partie (d'un programme) dont l'exécution ne requiert pas la disponibilité en mémoire des autres parties du programme.

SEGMENTAIRE [sɛgmɑ̃tɛʀ] **adj.** – 1834 ◊ de *segment* ■ MÉD. Qui concerne un segment, une partie d'organe. — *Anesthésie segmentaire,* correspondant au territoire innervé par une ou plusieurs racines nerveuses rachidiennes.

SEGMENTAL, ALE, AUX [sɛgmɑ̃tal, o] **adj.** – milieu XXe ◊ de *segment,* d'après l'anglais ■ DIDACT. Relatif à un segment, d'un segment. LING. *Trait pertinent segmental,* appartenant à un phonème (opposé à *suprasegmental*).

SEGMENTATION [sɛgmɑ̃tasjɔ̃] **n. f.** – 1847 ◊ de *segment* ■ **1** LITTÉR. Division en segments. ➤ **fractionnement, fragmentation.** ◆ INFORM. Découpage d'un programme en segments. ■ **2** EMBRYOL. Première étape du développement embryonnaire, au cours de laquelle l'œuf se divise. ➤ **blastomère.** ■ **3** BIOL. RARE Division d'un organisme par scissiparité*. ■ **4** ÉCON. Classification d'individus en groupes homogènes sur la base de certains critères. *Segmentation d'une population de consommateurs, en fonction des comportements d'achat.*

SEGMENTER [sɛgmɑ̃te] **v. tr.** ⟨1⟩ – 1873 ◊ de *segment* ■ LITTÉR. ou DIDACT. ■ **1** Partager en segments. ➤ **découper.** *Une fenêtre, « que la lumière électrique de l'intérieur, segmentée par les pleins des volets, striait de haut en bas de barres d'or parallèles»* PROUST. ➤ **couper.** ◆ GÉNÉT. *Gènes segmentés :* gènes discontinus dont les séquences codantes sont interrompues par des introns. ■ **2** PRONOM. Se diviser, être divisé. *Œuf qui se segmente.*

SÉGRAIRIE [segʀeʀi] **n. f.** – 1685 ; *segrairie* «office de *segrayer* (garde forestier)» 1286 ◊ bas latin *secretarius* ■ EAUX ET FORÊTS Possession indivise d'un bois (avec l'État ou des particuliers) ; ce bois.

SÉGRAIS [segʀɛ] **n. m.** – 1690 ◊ du latin *secretum,* neutre de *secretus* «séparé, secret» ■ EAUX et FORÊTS Bois séparé des grands bois, exploité à part.

SÉGRÉGATIF, IVE [segʀegatif, iv] **adj.** – 1846 ◊ de *ségrégation* ■ Qui tient de la ségrégation, entraîne une séparation. *« C'est un amour ségrégatif, celui du propriétaire qui emporte sa proie»* BARTHES.

SÉGRÉGATION [segʀegasjɔ̃] **n. f.** – 1550 ; *segregacion* 1374 ◊ latin *segregatio,* de *segregare* «séparer du troupeau» ■ **1** DIDACT. Action de mettre à part ; le fait de séparer (en parlant d'éléments d'une masse ou d'un groupe). ■ **2** COUR. *Ségrégation* raciale :* séparation absolue, organisée et réglementée, de la population de couleur d'avec les Blancs (dans les écoles, les transports, les magasins, etc.). ➤ **apartheid, discrimination** (raciale). — PAR EXT. Séparation imposée, plus ou moins radicale, de droit ou de fait, de personnes, de groupes sociaux ou de collectivités, suivant la condition sociale, le niveau d'instruction, l'âge, le sexe (➤ **sexisme**). *Ségrégation sociale, scolaire.* «*l'idée de ségrégation* [...] *s'appuie sur le slogan "Égaux, mais différents." On sait que l'idée "d'égalité dans la différence" en fait manifeste toujours un refus de l'égalité. La ségrégation a amené aussitôt la discrimination*» BEAUVOIR. ♦ BIOL. CELL. Distribution de paires de gènes alléliques dans des gamètes différents au cours de la méiose*. ■ CONTR. Déségrégation.

SÉGRÉGATIONNISME [segʀegasjɔnism] **n. m.** – v. 1950 ◊ de *ségrégation* ■ Politique de ségrégation* raciale ; opinions et méthodes procédant de l'idée de ségrégation.

SÉGRÉGATIONNISTE [segʀegasjɔnist] **adj. et n.** – v. 1950 ◊ de *ségrégation* ■ **1** Partisan de la ségrégation* raciale. *Des manifestants ségrégationnistes.* — **n.** *Un, une ségrégationniste.* ■ **2** Relatif à la ségrégation. *Troubles, bagarres ségrégationnistes.* — PAR EXT. Où règne la ségrégation. *La prison, milieu ségrégationniste.* ■ CONTR. Antiségrégationniste, fédérateur, intégrationniste.

SÉGRÉGUÉ, ÉE [segʀege] **adj.** – 1956 *ségrégé* ◊ de *ségrégation*, d'après l'anglais *segregated* ■ Qui est l'objet d'une ségrégation, d'une séparation. — On dit aussi **SÉGRÉGÉ, ÉE** [segʀeʒe]. «*tout groupe de quelques milliers d'individus, ségrégé* [...] *tend à acquérir les caractères d'une race homogène*» LEROI-GOURHAN.

SÉGRÉGUER [segʀege] **v. tr.** ⟨6⟩ – 1954 ◊ de *ségrégation* ■ Séparer par la ségrégation. — FIG. Séparer, mettre à part. — On dit aussi **SÉGRÉGER** ⟨3 et 6⟩ [segʀeʒe]. «*Peuples du Sud* [...] *le soir ségrégés dans les kraals de la misère*» SENGHOR.

SÉGUEDILLE [segədij] **n. f.** – 1687 ; *séquidille* 1630 ◊ espagnol *seguidilla*, de *seguida* «suite» ■ Danse espagnole, sur un rythme modérément rapide à trois temps ; musique et chant qui accompagnent cette danse.

SÉGUIA ou **SEGHIA** [segja] **n. f.** – 1866, -1897 ; *sekia* 1849 ◊ arabe maghrébin *segia*, classique *sakiya* → sakieh ■ Canal d'irrigation, en Afrique du Nord. «*Ruisseaux couverts, canaux (feuilles et fleurs mêlées) – qu'on appelle "seghias" parce que les eaux y sont lentes*» GIDE.

1 **SEICHE** [sɛʃ] **n. f.** – 1270 ; *sèche* XIIe ◊ latin *sepia*, grec *sêpia* ■ Mollusque céphalopode à coquille interne en forme de bouclier *(os de seiche)*, pourvu d'une poche à encre sécrétant un liquide brun foncé qu'il peut projeter pour s'abriter en cas d'attaque. ➤ **calmar ;** RÉGION. **supion.** *On met dans les cages des os de seiche pour que les oiseaux s'y aiguisent le bec.* ■ HOM. Sèche (sec), sèche.

2 **SEICHE** [sɛʃ] **n. f.** – 1742 ; de *sèche* «écueil à fleur d'eau» ◊ de *sec* ■ GÉOGR. Oscillation de la mer dans un golfe fermé ou de l'eau d'un lac. — PHYS. Onde superficielle stationnaire dans un liquide contenu entre deux parois.

SÉIDE [seid] **n. m.** – 1803 ◊ francisation de l'arabe *Zayd*, personnage de la tragédie de Voltaire «Mahomet», 1741 ■ Adepte fanatique des doctrines et exécutant aveugle des volontés (d'un maître, d'un chef). ➤ **sectateur.** «*Un assez pauvre homme, dévoué corps et âme à Napoléon,* [...] *un de ces dangereux séides*» MADELIN.

SEIGLE [sɛgl] **n. m.** – 1350 ; *segle* 1225 ; *soigle* 1172 ◊ latin *secale*, ou ancien provençal *segle* ■ **1** Céréale *(graminées)* dont les grains produisent une farine brune panifiable. «*un champ de seigle mûr, dont la blondeur était celle des jeunes Polonais*» GENET. *Paille de seigle.* ➤ **glui.** *Blé et seigle cultivés ensemble.* ➤ **champart, méteil.** *Hybride de blé et de seigle.* ➤ **triticale.** *Ergots* noirs des épis de seigle. Seigle ergoté dit* blé cornu. — *Les seigles :* les champs de seigle. ■ **2** Grain du seigle ; farine qu'on en tire. *Pain de seigle.*

SEIGNEUR [sɛɲœʀ] **n. m.** – 1080 *seignur* ; fin XIe *seinur, seignor* ; v. 1000 *senior* ; 842 *sendra* ◊ latin *senior* «ancien», terme de respect ■ **1** ANCIENNT et HIST. Celui de qui dépendent des terres, des personnes ; le maître, dans le système des relations féodales. ➤ **sire, suzerain.** *Les seigneurs féodaux et leurs vassaux. Possessions, terres d'un seigneur.* ➤ **fief, seigneurie.** *Grand, haut, puissant seigneur. Le seigneur d'un château.* ➤ **châtelain.** *Petit seigneur.* ➤ **hobereau.** — LOC. *Seigneur et maître :* celui qui a une autorité absolue sur (qqn ou qqch.). *La Révolution* «*a livré la France aux hommes d'argent qui depuis cent ans la dévorent. Ils y sont maîtres et seigneurs*» FRANCE. — PLAIS. *Mon seigneur et maître :* mon mari. — PROV. *À tout seigneur tout honneur*.* ■ **2** (1225 ; *senior* Xe) Titre honorifique donné jusqu'à la fin de l'Ancien Régime (et parfois après) aux personnages de haut rang. ➤ **gentilhomme, grand, noble.** *Un seigneur* et (plus cour.) *Un grand seigneur.* «*Tout bourgeois veut bâtir comme les grands seigneurs*» LA FONTAINE. «*Un grand seigneur méchant homme est une terrible chose*» MOLIÈRE. MOD. **GRAND SEIGNEUR :** personne riche, de condition sociale élevée ; FIG. personne qui agit ou prétend agir noblement. *Vivre en grand seigneur,* dans le luxe. *Faire le grand seigneur :* être très généreux, ou dépenser sans compter et de façon ostentatoire. *En grand seigneur, en seigneur :* avec noblesse. *Il* «*leur imposait par les façons de grand seigneur bienveillant qu'il prenait avec les garçons, les cochers*» ROMAINS. ♦ SPÉCIALT (1625 ◊ hapax 1050) Dans la langue classique, Terme de civilité. ➤ **monsieur.** «*Seigneur Sanguisuela, lui dit-il, ne pourriez-vous pas me prêter mille ducats ? – Seigneur capitaine, répondit l'usurier*» LESAGE. — Dans la tragédie, Terme désignant les principaux personnages masculins (toujours de haut rang). ■ **3** FIG. Maître. ➤ **prince.** «*Ce seigneur visible de la nature visible (je parle de l'homme)*» BAUDELAIRE. *Les* «*bonzes, pontifes, magnats et autres seigneurs des sciences et de la politique*» DUHAMEL. ■ **4** (XIIe ; *seinor* Xe) Dieu (SPÉCIALT dans le judéo-christianisme), en tant que souverain des créatures. «*Tu aimeras le Seigneur ton Dieu*» (prière). *Le Seigneur tout-puissant. Notre-Seigneur Jésus-Christ. Le jour du Seigneur :* dimanche. — **interj.** *Seigneur Dieu ! Seigneur !* ■ HOM. Saigneur.

SEIGNEURIAGE [sɛɲœʀjaʒ] **n. m.** – XIIIe ◊ réfection de l'ancien français *seignorage* (v. 1165) ; du v. *seigneurier*, de *seigneur* ■ HIST. Droit du seigneur. SPÉCIALT Droit de battre monnaie (pour certains seigneurs ou souverains).

SEIGNEURIAL, IALE, IAUX [sɛɲœʀjal, jo] **adj.** – 1408 ◊ réfection de *seignoril* (1080) ; de *seigneur* ■ **1** (*seignourel* 1174) HIST. Du seigneur. *Châteaux seigneuriaux. Terre seigneuriale.* ➤ **seigneurie.** «*L'évêque avait conservé le droit seigneurial de nommer les juges au tribunal criminel*» MICHELET. ■ **2** Digne d'un seigneur. ➤ **magnifique, noble.** «*Ce palais était un vrai logis seigneurial*» HUGO. ➤ **princier.**

SEIGNEURIE [sɛɲœʀi] **n. f.** – 1130 ; *seignorie* XIe fig. ◊ de *seigneur* ■ **1** HIST. Pouvoir, droits du seigneur sur les terres et sur les personnes. ■ **2** (1165) Terre d'un seigneur. ➤ **fief ; baronnie, châtellenie, 1 comté, duché, vicomté.** *Hiérarchie des seigneuries.* ■ **3** (1264) Droits féodaux d'une terre seigneuriale, indépendamment de la terre elle-même. ➤ **mouvance.** ■ **4** (Précédé d'un pron.) Titre donné à certains dignitaires (pairs d'Angleterre, de France sous la Restauration). *Votre, Sa Seigneurie.* — PAR PLAIS. «*cette mère, qui s'honorait de se dire la serve de ma Seigneurie*» LARBAUD.

SEILLE [sɛj] **n. f.** – 1180 ◊ latin *situla* → seau ■ VX ou RÉGION. Seau en bois ou en toile. ➤ **seillon.** *Seille à traire. Un bébé* «*qu'on baignait au soleil dans une seille*» A. COHEN.

SEILLON [sɛjɔ̃] **n. m.** – 1355 «petit seau» ; repris 1877 ◊ de *seille* ■ VX ou RÉGION. Baquet peu profond pour recueillir le vin qui s'égoutte, au soutirage. — Seille pour le transport du lait. ■ HOM. Sayon.

SEIME [sɛm] **n. f.** – 1665 ◊ p.-ê. ancien provençal *sem* «incomplet, imparfait», bas latin *semus*, de *semis* «moitié» ■ VÉTÉR. Maladie du sabot des équidés, fentes extérieures de la couronne à la sole. ■ HOM. Sème.

SEIN [sɛ̃] **n. m.** – v. 1130 ◊ latin *sinus* «courbure, pli», notamment «pli que forme la toge relevée sur l'épaule», d'où «poitrine»

I POITRINE ■ **1** LITTÉR. La partie antérieure du thorax humain, où se trouvent les mamelles. ➤ **poitrine.** *Serrer qqn, qqch. sur, contre son sein. Dans le sein, sur le sein :* dans les bras, contre la poitrine. — LOC. *Réchauffer un serpent* dans son sein.* — FIG. (1538) ➤ **cœur.** *S'épancher dans le sein d'un ami, de sa mère.* ♦ (XIIIe) *Le sein de Dieu :* le paradis. «*Le Dieu qui a créé l'homme recevra, après la mort terrestre, ce chef-d'œuvre dans son sein*» LAUTRÉAMONT. — (1681) *Le sein de l'Église :* la communion des fidèles de l'Église catholique. ■ **2** (1538) VX Poitrine (de la femme). ➤ **buste, gorge.** «*Couvrez ce sein que je ne saurais voir*» MOLIÈRE. — MOD. *Donner le sein à un enfant,* l'allaiter. «*l'idée de donner le sein lui plaisait, elle y voyait un prolongement de sa grossesse, qu'elle avait aimée*» W. LEWINO. *Enfant nourri au sein* (➤ **nourrice**). *Téter le sein de sa mère.* ■ **3** (1798) MOD. Chacune des mamelles de la femme. ➤ **téton ;** FAM. **airbag, lolo, néné, nibard, nichon, robert.** «*La main de l'honnête homme contient le sein d'une jolie femme ; et pourtant je ne suis pas un honnête homme*» CREVEL. *Une paire de seins.* ➤ FAM. **doudounes, rotoplots,** RÉGION. **tototte.** *Sein gauche, droit. Avoir de beaux seins, de gros seins. Elle a les seins qui tombent* (➤ **ptose**). *Elle n'a pas de seins* (cf. Elle est plate comme une limande*, une planche* à pain). *Prendre un bain de soleil seins nus.* «*Ses deux petits seins haut remontés étaient si ronds* *qu'ils avaient moins l'air de faire partie intégrante de son corps que d'y avoir mûri comme deux fruits»* PROUST. *Le soutien-gorge soutient les seins. Mettre en valeur ses seins avec un balconnet*, un bustier*. Bouts des seins.* ➤ **mamelon ; aréole.** *Les seins contiennent les glandes mammaires. Kyste au sein. Cancer du sein* (➤ **sénologie**). *Ablation du sein.* ➤ **mammectomie, mastectomie.** *Radiographie du sein.* ➤ **mammographie.** — FAM. *Ça me ferait mal* aux seins. — Faux seins. Prothèses de seins en silicone.* ◆ Cet organe, très peu développé, chez l'homme.

II UTÉRUS VIEILLI ou LITTÉR. (1672) Partie du corps de la femme où elle porte l'enfant qu'elle a conçu. ➤ **utérus, ventre ;** LITTÉR. **entrailles, flanc.** *«Dans quel sein vertueux avez-vous pris naissance ?»* RACINE. *«jumeaux du même sein»* BALZAC.

III LA PARTIE INTÉRIEURE, INTIME, LE MILIEU (XVIe ◇ «intérieur» XIIe) LITTÉR. La partie intérieure, intime, le milieu de. *Le sein de la terre, de l'océan.* ◆ LITTÉR. **AU SEIN DE ;** *dans le sein de* : au plus profond, au milieu de. *«Elle est au sein des flots, la jeune Tarentine»* A. CHÉNIER. *Dans le sein de la nature.* — (ABSTRAIT) *Au sein du bonheur, des plaisirs.* ◆ COUR. *«ils laisseront chaque pays s'administrer lui-même au sein d'une fédération européenne»* SARTRE (cf. Dans le cadre* de).
■ HOM. Sain, saint, seing ; cinq.

SEINE ou **SENNE** [sɛn] n. f. – 1452, – 1721 ◇ latin *sagena*, mot grec ■ PÊCHE Filets disposés en nappe et formant un demi-cercle. *«Des hommes agenouillés tirent une immense seine, dont les lièges frôlent les cygnes»* GONCOURT. *Seine remorquée, pour la pêche à la sardine.* ■ HOM. Cène, saine (1 sain), scène, sen.

SEING [sɛ̃] n. m. – 1373 ; «signe, marque» 1283 ◇ latin *signum* ■ **1** VX Signature. *«Le désavouerez-vous pour n'avoir pas de seing ? – Pourquoi désavouer un billet de ma main ?»* MOLIÈRE. ■ **2** DR. **SEING PRIVÉ :** signature d'un acte non reçu par un notaire. *Acte sous seing privé* ou *sous-seing privé.* ■ HOM. Sain, saint, sein ; cinq.

SÉISME [seism] n. m. – 1904 ; *sisme* 1890 ◇ grec *seismos* «tremblement de terre», de *seiein* «secouer» ■ Ensemble des secousses et vibrations du sol résultant d'une rupture brutale de la croûte terrestre (cf. Secousse sismique, tellurique). ➤ **tremblement** (de terre). *Intensité, magnitude d'un séisme. Épicentre, hypocentre d'un séisme. Séisme dû à des explosions volcaniques ; d'origine tectonique. Séisme sous-marin produisant des vagues de fond. Prévention des dégâts dus aux séismes* (➤ **antisismique, parasismique**). ◆ FIG. Bouleversement. *«l'impossible tâche de peindre en révolution et en séisme cet intermède patriarcal»* GIRAUDOUX.

SÉISMICITÉ ➤ **SISMICITÉ**

SÉISMIQUE ➤ **SISMIQUE**

SÉISM(O)- ➤ **SISM(O)-**

SÉISMOGRAPHE ➤ **SISMOGRAPHE**

SEITAN [seitan ; setɑ̃] n. m. – 1984 ◇ mot japonais, p.-ê. de *sei* «être» ou de *-sei* «de la nature de» et de *tan* «protéine» ■ Préparation alimentaire à base de gluten de blé, riche en protéines.

SEIZE [sɛz] adj. numér. inv. et n. m. inv. – 1250 ; *seze* XIIe ◇ latin *sedecim*, de *sex* «six» et *decem* «dix»

I adj. numér. card. Nombre entier naturel équivalant à dix plus six (16 ; XVI). ■ **1** Avec l'art. défini, désignant un groupe déterminé de seize unités *La ligne des seize mètres,* délimitant la surface de réparation*. ■ **2** Avec ou sans déterm. *Un jeune de seize ans. Poésie de seize vers* (ou n. m. **SEIZAIN**). *Film tourné en 16 millimètres* ou ELLIPT *en 16.* — (En composition pour former un nombre) *Soixante-seize. Seize mille kilomètres. Seize cents :* mille six cents. ■ **3** PRONOM. *Ils étaient seize. Plier un papier en seize.*

II adj. numér. ord. Seizième. ■ **1** *Louis XVI. — Le 16 mai. Le train de 16 h 05.* ■ **2** n. m. Objet, personne qui porte le numéro seize. *Nous sommes le 16. Habiter (au) 16, rue de... Il fallait jouer le 16. Le 16 a déclaré forfait.*

III n. m. inv. ■ **1** Sans déterm. *Deux fois huit, seize.* ■ **2** Avec déterm. Le chiffre, le numéro 16. — Note correspondant à seize points. *Avoir (un) 16 à un examen.*

SEIZIÈME [sɛzjɛm] adj. et n. – 1665 ; *sezime* 1138 ◇ de *seize*

I adj. ■ **1** adj. numér. ord. Qui suit le quinzième. *Le XVIe siècle. Le XVIe arrondissement de Paris* ou n. m. *le XVIe* (ou *16e*). EN APPOS., inv. Qui présente les caractères sociaux du XVIe arrondissement de Paris. *Des jeunes filles très seizième* (➤ **B. C. B. G., NAP**). — (Dans une compétition) *Arriver seizième à la course.* ◆ (En composition pour former des adj. ord.) *Soixante-seizième* (76e). ■ **2** adj. fractionnaire Se dit d'une partie d'un tout également divisé ou divisible en seize. — n. m. *Quinze seizièmes* (15/16). — SPORT *Seizième de finale :* phase éliminatoire opposant deux à deux les trente-deux concurrents ou équipes qualifiés lors des trente-deuxièmes de finale. *Les seizièmes sont terminés.*

II n. ■ **1** *Le, la seizième de la classe.* ■ **2** n. f. MUS. Intervalle de seize degrés.

SEIZIÈMEMENT [sɛzjɛmmɑ̃] adv. – 1797 ; *sezièmement* 1636 ◇ de *seizième* ■ En seizième lieu (en chiffres 16°).

SÉJOUR [seʒuʀ] n. m. – XVe ; *sujurn* 1080 ; *séjur* «arrêt, retard» 1138 ◇ de *séjourner* ■ **1** Le fait de séjourner, de demeurer un certain temps en un lieu. ➤ **résidence.** *«Le Roi accorde passage aux Autrichiens* [...] *Le passage ? ou le séjour ?* [...] *Qui sait s'ils ne resteront pas»* MICHELET. *Séjour forcé. Interdiction* de séjour. Carte* de séjour. Taxe de séjour.* ■ **2** Temps où l'on séjourne. *Bref séjour.* ➤ **arrêt, pause.** *«Un séjour en prison de près de quatre mois vous fait oublier un peu les usages»* AYMÉ. *Séjour à l'hôtel, à l'hôpital. Séjour d'été à la campagne.* ➤ **villégiature.** *Un séjour à l'étranger. Faire un séjour à la montagne, chez des amis. Prolonger son séjour. Pendant notre séjour.* — PAR EXT. et VIEILLI (CHOSES) *Le long séjour des eaux sur la terre. «Ces souffrances ne pouvaient avoir pour cause que le séjour d'un corps étranger qui était resté dans les chairs»* DIDEROT. ■ **3** (1955 ◇ traduction de l'anglais *living-room*) **SALLE DE SÉJOUR** ou ELLIPT (1960) **SÉJOUR :** pièce où l'on se tient habituellement. ➤ **living-room, pièce** (à vivre), **vivoir.** *Un trois pièces : séjour, deux chambres.* ■ **4** LITTÉR. Le lieu où l'on séjourne, où l'on demeure pendant un certain temps. ➤ **demeure, habitation.** *Séjour solitaire. Séjour enchanteur.* — VX Construction où l'on vit ; demeure. *«Plus me plaît le séjour qu'ont bâti mes aïeux»* DU BELLAY. — POÉT. VX *Le séjour éternel.* ➤ **ciel, paradis.** *Le séjour des dieux, des morts.*

SÉJOURNER [seʒuʀne] v. intr. ⟨1⟩ – 1530 ; *sujurner* 1138 ◇ latin populaire °*subdiurnare*, bas latin *diurnare* «vivre longtemps ; durer», de *diurnus* «jour» ■ **1** Rester assez longtemps dans un lieu pour y avoir sa demeure sans toutefois y être fixé. ➤ **demeurer, habiter.** *«Un foyer ne doit pas être un lieu où l'on séjourne, mais un lieu où l'on revient»* MONTHERLANT. *Séjourner chez des amis, à l'hôtel.* ■ **2** (Sujet chose) Rester longtemps à la même place. *«Dans ces contrées, les neiges séjournent longtemps sur les terres»* SÉGUR. *Eau qui séjourne dans un fond.* ➤ **croupir, stagner.** ■ CONTR. Passer.

SEL [sɛl] n. m. – v. 1120 ; *sau, sal* en ancien français ◇ latin *sal*

I SENS COURANTS ■ **1** Substance blanche, friable, soluble dans l'eau, d'un goût piquant, et qui sert à l'assaisonnement et à la conservation des aliments. *«Le sel est si abondant dans la mer que, si on le réunissait sur l'Amérique, il la couvrirait d'une montagne de 4 500 pieds d'épaisseur»* MICHELET. *Le sel commun, ordinaire, est du chlorure de sodium plus ou moins pur. Cristaux de sel.* ➤ **trémie.** *Récolte du sel marin, dans les marais salants* (➤ **salin, saline**). *Extraction du sel gemme* dans les mines de sel. Grenier* à sel. — Sel gris* ou *de cuisine. — Sel fin* ou *de table,* produit par évaporation des saumures. *Fleur de sel :* sel formé à la surface de l'eau, aux cristaux très blancs. **GROS SEL :** sel en cristaux assez gros. (LOC. INV.) *Gros sel,* se dit d'une viande cuite dans son bouillon et servie avec du gros sel. *Bœuf gros sel. Poulet au gros sel. Dorade en croûte de sel. — À la croque* au sel. — Grain de sel. Pincée de sel. Mettre du sel.* ➤ **saler.** *Plat qui manque de sel. Régime sans sel* (➤ **hyposodé**). *Pain sans sel. Faux sel :* substitut de sel. *Mélange de sel et de sésame.* ➤ **gomasio.** — *Ancien impôt sur le sel.* ➤ **gabelle.** LOC. BIBL. *Être changé en statue de sel :* être pétrifié, médusé. *Le sel de la terre :* l'élément actif, vivant, l'élite. — LOC. *Poivre* et sel. — Pâte* à sel.* ◆ (par anal. de fonction) *Sel de céleri,* mélange de sel fin et de poudre de céleri séché. ■ **2** FIG. Ce qui donne du piquant, de l'intérêt. *«les trésors durement rassemblés durant sa vie — qui étaient le sel de sa vie : livres, objets, tableaux...»* VERCORS. — SPÉCIALT Ce qui donne un intérêt vif et piquant aux discours, aux ouvrages de l'esprit. *Les anciens «appelaient sel, par métaphore, les traits d'esprit»* FRANCE. ➤ **esprit, finesse, gaieté, piment,** 2 **piquant.** *Une plaisanterie pleine de sel.* ➤ **spirituel.** *Cela ne manque pas de sel. Sel attique*.* LOC. *Ajouter, mettre son grain* de sel.* ■ **3** Produit à base de cristaux de chlorure de sodium à dissoudre dans l'eau. *Sels de bain parfumés. Sel régénérant.*

II DANS LES SCIENCES ■ **1** (XVIe) HIST. SC. Un des éléments (avec le soufre, le mercure), dans la doctrine de Paracelse. *Les acides, les alcalis et les sels.* — Solide soluble et ininflammable ressemblant au sel (I) en ce qu'il est produit par une évaporation de liquide. *La chimie du XVIIIe siècle distingue les sels acides, alcalins et neutres.* ◆ MOD. *Sels médici-*

naux. *Sel d'Epsom, d'Angleterre, de Sedlitz,* ou *sel de magnésie :* sulfate de magnésium. *Sel de Glauber :* sulfate de sodium. *Sel d'oseille :* oxalate acide de potassium. *Sel de Vichy :* bicarbonate de sodium. — *Sel volatil* ou *sels anglais :* carbonate d'ammonium officinal. ABSOLT *Respirer des sels.* «*tout ce que je pus faire fut d'ouvrir un flacon que j'avais apporté* [...] *et de respirer fortement les sels qu'il renfermait*» DUMAS FILS. — *Esprit* de sel.* ▪ **2** (fin XVIIIe) CHIM. Composé chimique dans lequel l'hydrogène d'un acide a été (en totalité ou en partie) remplacé par un métal. *Les sels se forment par action des acides* (ou des anhydrides d'acides) *sur les bases* (ou les oxydes métalliques) *; par action des acides sur les métaux,* etc. — *Les sels portent des noms dérivés de ceux des acides, suivis du nom du métal* (ex. chlor*ure* [NaCl], hypochlor*ite* [NaClO], chlor*ite* [$NaClO_2$], chlor*ate* [$NaClO_3$], perchlor*ate* [$NaClO_4$] de sodium). — *Sel acide,* dans lequel une partie seulement de l'hydrogène de l'acide a été remplacée par un métal (ex. bicarbonate de sodium [$NaHCO_3$]). *Sel basique. Sels d'argent, d'or.* ▪ **3** BIOCHIM. *Sels biliaires,* qui favorisent l'émulsion des graisses et activent la lipase pancréatique. — *Sels minéraux :* composants de l'organisme (sodium, calcium, magnésium...) indispensables à son bon fonctionnement. ➤ aussi **oligoélément.**

▪ HOM. Celle (celui), selle.

SÉLACIEN, IENNE [selasjɛ̃, jɛn] **adj.** et **n. m.** – 1827 ◊ du grec *selakhos* «poisson cartilagineux» ▪ ZOOL. Cartilagineux. — **n. m. pl.** LES SÉLACIENS : sous-ordre de poissons cartilagineux dépourvus de vessie natatoire, à la peau recouverte d'écailles en plaques. Au sing. *La raie est un sélacien.*

SÉLAGINELLE [selaʒinɛl] **n. f.** – 1839 ◊ du latin *selago, inis* ▪ BOT. Plante cryptogame vasculaire *(sélaginellacées),* voisine des lycopodes, à fines feuilles denticulées terminées par une épine, cultivée comme ornementale.

SÉLECT, ECTE [selɛkt] **adj.** – 1831 ; *sélecte* hapax XVIIe ◊ anglais *select* «choisi» ; latin *selectus* ▪ FAM. et VIEILLI Choisi, distingué (en parlant des gens, des réunions mondaines). ➤ **chic, élégant.** «*La clientèle de la ville haute, plus sélecte*» ARAGON. *Des réceptions sélectes, des restaurants sélects.* — On écrit aussi *select* (inv.). *Le* «*monde* select *et pourri de l'intelligence*» GONCOURT.

SÉLECTER [selɛkte] **v. tr.** ‹1› – 1903 ◊ de *sélection,* ou anglais *to select* ▪ TECHN. Effectuer la sélection de ; obtenir au moyen d'une opération de sélection.

SÉLECTEUR, TRICE [selɛktœr, tris] **n. m.** et **adj.** – 1905 ◊ de *sélection*

I **n. m.** TECHN. ▪ **1** Dispositif composé d'un relais électromagnétique à deux positions, servant à sélectionner des cartes dans une machine à cartes perforées. ▪ **2** Pédale de changement de vitesse d'une motocyclette. ▪ **3** Commutateur à plusieurs directions. *Sélecteurs d'un central téléphonique. Elle* «*a poussé le sélecteur de gammes d'ondes sur les ondes courtes*» F. WEYERGANS. *Sélecteur de température.*

II **adj.** Qui sélectionne. *Gène sélecteur,* qui sélectionne et active d'autres gènes dans une cascade d'activation de l'expression génétique. SUBST. «*l'homme choisisseur, sélecteur de caractères*» J. ROSTAND. ➤ **sélectionneur.**

SÉLECTIF, IVE [selɛktif, iv] **adj.** – 1871 ◊ de *sélection,* ou anglais *selective* ▪ **1** Qui constitue une sélection, un choix ; qui opère une sélection. *Classement sélectif. Tri sélectif, collecte sélective des déchets ménagers. Recrutement sélectif. Mémoire sélective.* ▪ **2** ÉLECTRON. *Circuit sélectif :* circuit opérant un filtrage de type passe-bande centré sur une fréquence d'accord. *Récepteur sélectif,* permettant d'éliminer au mieux le brouillage produit par des stations voisines d'une station captée.

SÉLECTION [selɛksjɔ̃] **n. f.** – 1609 «choix» (didact.) ◊ latin *selectio*

I ▪ **1** (rare avant XIXe) Action de choisir les objets, les individus qui conviennent le mieux. *Faire une première sélection parmi, entre des candidats.* ➤ **présélection.** *Critères de sélection. Étudiants opposés à la sélection. Sélection professionnelle.* «*La sélection, la classification, l'expression des faits* [...] *ne nous sont pas imposées par la nature des choses*» VALÉRY. ◆ SPÉCIALT, SPORT *Match, épreuve de sélection* (➤ **critérium**). *Comité de sélection.* ▪ **2** TECHN. Opération par laquelle on dirige une impulsion vers l'un des deux organes d'un système binaire. *Bouton de sélection des programmes sur un lave-vaisselle. La sélection d'une station de radio* (➤ aussi **présélection**). ◆ LING. Opération par laquelle le locuteur choisit une unité sur l'axe paradigmatique*. *Axe des sélections et axe des combinaisons.* ◆ PHYS. *Règles de sélection,* gouvernant les transitions électroniques. ▪ **3** Ensemble des choses choisies. *Une sélection des meilleurs poèmes* (anthologie). *Une sélection de films.* ➤ **choix.** *Notre sélection du mois.*

II (1801 ◊ de l'anglais) Choix, au sein d'un groupe, des individus présentant un avantage, en fonction des critères adoptés. *Sélection expérimentale. Sélection généalogique, récurrente.* — PAR EXT. *Sélection dans l'espèce humaine.* ➤ **eugénique.** ◆ (1866 ◊ traduction de Darwin : «*De l'origine des espèces par voie de sélection naturelle*») BIOL. **SÉLECTION NATURELLE :** théorie de Darwin, selon laquelle les individus les mieux adaptés à leur environnement laissent davantage de descendants que les autres, ce qui contribue à l'évolution de l'espèce. ➤ **darwinisme, lamarckisme.** «*La médecine, la chirurgie, l'hygiène* [...] *devaient concourir à gêner toujours davantage la fonction épuratrice de la sélection naturelle*» J. ROSTAND. *Pression de sélection :* contrainte exercée par des facteurs environnementaux qui favorisent sélectivement certaines mutations et orientent ainsi l'évolution d'une espèce vivante ou d'une structure biologique.

▪ CONTR. Panmixie.

SÉLECTIONNÉ, ÉE [selɛksjɔne] **adj.** – 1928 ◊ de *sélectionner* ▪ **1** Qui a été choisi après une épreuve, une compétition, un examen, pour participer à une autre épreuve. *Sportif sélectionné.* ➤ **capé.** *Candidats sélectionnés pour un concours.* — Qui est retenu comme candidat pour un prix, une distinction (recomm. offic. pour *nominé**). *La liste des acteurs sélectionnés pour le César du meilleur espoir masculin.* ▪ **2** (CHOSES) Qui a été trié, choisi. *Produits sélectionnés, graines sélectionnées* (cf. De premier choix).

SÉLECTIONNER [selɛksjɔne] **v. tr.** ‹1› – 1895 ◊ de *sélection* ▪ Choisir par sélection. *Sélectionner des élèves pour un examen, des athlètes pour un championnat. — Sélectionner des graines à semer.* ◆ *Mémoire qui sélectionne les souvenirs* (➤ **sélectif**).

SÉLECTIONNEUR, EUSE [selɛksjɔnœr, øz] **n.** – 1923 adj. appareil «qui permet la sélection» ◊ de *sélectionner* ▪ **1** TECHN. Personne dont le métier est de sélectionner (des choses). *Sélectionneur de graines. Sélectionneur de cuirs qui trie les peaux.* ▪ **2** Psychotechnicien(ne) qui s'occupe de sélection professionnelle. *Sélectionneur qui fait passer des tests.* ◆ Personne qui sélectionne les sportifs. *Le sélectionneur de l'équipe de France.*

SÉLECTIONNISME [selɛksjɔnism] **n. m.** – 1923 ◊ de *sélection* ▪ BIOL. Théorie selon laquelle l'évolution se fait par sélection naturelle. ▪ CONTR. Neutralisme.

SÉLECTIVEMENT [selɛktivmɑ̃] **adv.** – 1871 ◊ de *sélectif* ▪ D'une manière sélective, par une sélection.

SÉLECTIVITÉ [selɛktivite] **n. f.** – 1933 ◊ de *sélectif* ▪ **1** CHIM. Aptitude d'un composé à opérer un choix parmi les partenaires possibles d'une réaction. ➤ **spécificité.** ▪ **2** TÉLÉCOMM. Qualité d'un récepteur capable de distinguer, par une discrimination des fréquences, le signal cherché des signaux de fréquences voisines (cf. Bande* passante).

SÉLÈNE ➤ 2 **SÉLÉNITE** (2°)

-SÉLÈNE ➤ **SÉLÉNO-**

SÉLÉNIATE [selenjat] **n. m.** – 1820 ◊ de *séléni(um)* et suffixe chimique *-ate* ▪ CHIM. Sel de l'acide sélénique. *Séléniate de plomb.*

SÉLÉNIEN, IENNE ➤ 2 **SÉLÉNITE** (1°)

SÉLÉNIEUX [selenjø] **adj. m.** – 1827 ◊ de *sélénium* ▪ CHIM. Se dit d'un acide du sélénium (H_2SeO_3) qui se présente en cristaux, et de l'oxyde (anhydride) correspondant.

SÉLÉNIQUE [selenik] **adj. m.** – 1827 ; «relatif à la Lune» 1721 ◊ de *sélénium* ▪ CHIM. Se dit d'un acide du sélénium (H_2SeO_4), liquide huileux, et de l'anhydride correspondant.

1 **SÉLÉNITE** [selenit] **n. m.** – 1829 ◊ de *sélénium* ▪ CHIM. Sel de l'acide sélénieux.

2 **SÉLÉNITE** [selenit] **n.** et **adj.** – 1812 ◊ du grec *selênê* «Lune» ▪ DIDACT. ▪ **1** Habitant(e) autrefois présumé(e) de la Lune. *Les Terriens et les Sélénites.* — On dit aussi **SÉLÉNIEN, IENNE.** ▪ **2 adj.** (v. 1969) Relatif à la Lune. ➤ 1 **lunaire.** *Le sol sélénite.* On dit aussi **SÉLÈNE.**

SÉLÉNITEUX, EUSE [selenitø, øz] **adj.** – 1757 ◊ de *sélénite* «gypse» (1611) ▪ CHIM. Qui contient du sulfate de calcium. *Eau séléniteuse.*

SÉLÉNIUM [selenjɔm] **n. m.** – 1817 ◊ du grec *selênê* «Lune», à cause de sa ressemblance avec le tellure ▪ CHIM. Élément atomique (Se ; n° at. 34 ; m. at. 78,96) du même groupe que l'oxygène, le soufre et le tellure, qui existe sous diverses formes allotropiques. *Les cristaux de sélénium sont photoconducteurs.*

SÉLÉNIURE [selenjyʀ] **n. m.** – 1818 ◊ de *sélénium* ■ CHIM. Combinaison du sélénium avec un corps simple. *Séléniure de carbone* (CSe_2).

SÉLÉNO-, -SÉLÈNE ■ Éléments, du grec *selênê* « Lune ».

SÉLÉNOGRAPHIE [selenɔgʀafi] **n. f.** – 1648 ◊ de *séléno-* et *-graphie* ■ ASTRON. Description de la Lune. — **adj. SÉLÉNOGRAPHIQUE** (1690). *Carte sélénographique.*

SÉLÉNOLOGIE [selenɔlɔʒi] **n. f.** – v. 1969 ◊ de *séléno-* et *-logie* ■ DIDACT. Étude de la Lune. — **n. SÉLÉNOLOGUE.**

1 **SELF** [sɛlf] **n. f.** – 1894 ◊ mot anglais ■ FAM. Self-inductance.

2 **SELF** [sɛlf] **n. m.** – milieu XXe ◊ mot anglais « soi » ■ ANGLIC. ■ **1** MÉD. Spécificité immunologique de l'individu. ■ **2** PSYCHAN., PSYCHOL. ➤ **moi, soi ; personnalité.**

3 **SELF** [sɛlf] **n. m.** – 1961 ◊ abrév. de *self-service* ■ FAM. Self-service. *Manger au self. « Le self, c'est rapide et c'est propre. Et puis y a le choix »* TOURNIER. *Des selfs.*

SELF- ■ Élément, de l'anglais *self* « soi-même ». ➤ **auto-.**

SELF-CONTROL [sɛlfkɔ̃tʀol] **n. m.** – 1883 ◊ mot anglais ■ ANGLIC. Contrôle, maîtrise de soi. *Garder, perdre son self-control. Des self-controls.*

SELF-GOVERNMENT [sɛlfgɔvɛʀnmɛnt] **n. m.** – 1835 ◊ mot anglais « gouvernement par soi-même » ■ ANGLIC. Système britannique d'administration dans lequel les citoyens décident de toutes les affaires qui les concernent en particulier. *Des self-governments.* — PAR EXT. Autonomie (d'un pays).

SELFIE [sɛlfi] **n. m.** – 2013 ◊ mot anglais, de *self* « soi-même » ■ ANGLIC. Autoportrait numérique, généralement réalisé avec un smartphone et publié sur les réseaux sociaux. *Poster un selfie. Perche à selfie.* — REM. Au Québec, les mots privilégiés sont *égoportrait* et *autophoto.*

SELF-INDUCTANCE [sɛlfɛ̃dyktɑ̃s] **n. f.** – 1893 ◊ de *self-* et *inductance* ■ Inductance*. ➤ 1 **self.** *Des self-inductances.*

SELF-INDUCTION [sɛlfɛ̃dyksjɔ̃] **n. f.** – 1881 ◊ de *self* et *induction* ■ ANGLIC. PHYS. Propriété d'un courant électrique en vertu de laquelle il tend à s'opposer à un changement de son intensité. *Coefficient de self-induction.* ➤ **inductance.**

SELF-MADE-MAN [sɛlfmɛdman] **n. m.** – 1878 ◊ mot anglais « homme *(man)* qui s'est fait *(made)* lui-même *(self)* » ■ ANGLIC. Homme qui ne doit sa réussite matérielle et sociale qu'à lui-même. *« M. Brunel était un self-made-man, il faisait des affaires, il avait eu des débuts très durs »* ARAGON. *Des self-made-mans* ou *des self-made-men* [sɛlfmɛdmɛn] (plur. angl.).

SELF-SERVICE [sɛlfsɛʀvis] **n. m.** – 1949 ◊ mot anglais ■ ANGLIC. Magasin, restaurant où l'on se sert soi-même. ➤ **libre-service.** *Des self-services.* ➤ 3 **self.** APPOS. *Pompe à essence self-service. Des restaurants self-services.*

SELLE [sɛl] **n. f.** – XIIIe ; *sele* 1080 ◊ latin *sella* « siège », en latin populaire « selle de cheval »

I ■ **1** Pièce de cuir incurvée placée sur le dos du cheval, et qui sert de siège au cavalier. *« Elle allait à cheval sur une selle d'homme, en dépit de l'invention des selles de femme introduite en Angleterre au quatorzième siècle »* HUGO. *« Une selle arabe qui jetait des feux par tous ses clous »* GIONO. *Parties de la selle :* arçon, pommeau, quartier, troussequin. *Sangle, étriers attachés à une selle.* — *Cheval de selle,* qui sert de monture. **n. m.** *Un selle anglais. « des selles français étrillés et nerveux »* DEL AMO. *Monter un cheval sans selle* (cf. À cru, à poil). *Se mettre en selle :* monter à cheval. — LOC. *Mettre qqn en selle,* l'aider à commencer une entreprise (cf. Mettre le pied à l'étrier*). *Être bien en selle :* être affermi dans sa position. *Se remettre en selle :* se rétablir. ■ **2** (1892) Petit siège de cuir, triangulaire, généralement muni de ressorts, adapté à une bicyclette, une moto, un scooter. *Selle et tansad d'une moto. Rehausser la selle d'un vélo.* ■ **3** (1742) BOUCH. Région de la croupe (du mouton, du chevreuil) entre le gigot et la première côte. *Selle d'agneau.* — Plat élaboré avec ce morceau. *On servait « une selle de chevreuil à l'anglaise »* ZOLA. ■ **4** ANAT. *Selle turcique*.*

II (v. 1460 ; *sele* « chaise percée » XIIIe) *Aller à la selle :* déféquer. ♦ PAR EXT. (fin XIVe) *Les selles :* les matières fécales. ➤ **excrément.** *Analyse d'urine et de selles.*

III (1676) TECHN. (ARTS) Escabeau surmonté d'un plateau tournant sur lequel le sculpteur pose la matière à modeler. *« Rodin fait tourner sur les selles, les terres, grandeur nature, de ses six otages de Calais »* GONCOURT.

■ **HOM.** Celle (celui), sel.

SELLER [sele] **v. tr.** ‹1› – v. 1150 au p. p. ◊ de *selle* ■ Munir (un cheval, une monture) d'une selle. *Seller son cheval, un chameau.* — *Cheval sellé et bridé.* ■ **HOM.** Sceller.

SELLERIE [sɛlʀi] **n. f.** – *selerie* 1260 ◊ de *sellier* ■ **1** Métier, commerce du sellier ; ouvrages du sellier. *Articles de sellerie :* selles, harnais, coussins et garnitures pour voitures. *Bourrellerie et sellerie.* ■ **2** (*cellarie* 1360 ◊ de *selle*) Ensemble des selles et des harnais, lieu où on les range. *La sellerie d'une écurie de courses.* ■ **HOM.** Céleri.

SELLETTE [sɛlɛt] **n. f.** – XIIIe ◊ de *selle* ■ **1** ANCIENNT Petit siège bas sur lequel on faisait asseoir les accusés pour les interroger. *Mettre un accusé sur la sellette.* ♦ LOC. *Être* **SUR LA SELLETTE :** être accusé ; PAR EXT. être la personne dont on parle, dont on examine les torts et les mérites. *Mettre, tenir qqn sur la sellette,* l'interroger, le questionner comme un accusé. ■ **2** (1611) TECHN. Pièce d'un harnais d'attelage supportant la dossière qui soutient les brancards. ■ **3** (1875) Escabeau étroit de sculpteur. — Petit piédestal destiné à porter une statue (➤ **gaine**), une plante verte. ■ **4** (1774) TECHN. Petit siège suspendu à une corde utilisé par les ouvriers du bâtiment. ♦ Harnais fixé au parapente permettant position redressée (décollage) et position assise (vol).

SELLIER [selje] **n. m.** – 1260 ◊ de *selle* ■ Fabricant et marchand de selles, d'ouvrages de sellerie. ➤ **bourrelier.** *Métier, commerce du sellier. Le sellier travaille le cuir.* — APPOS. *Façon sellier,* par coutures à la main. ■ **HOM.** Cellier.

SELON [s(ə)lɔ̃] **prép.** – *sulunc* 1125 ◊ p.-ê. latin populaire °*sublongum* « le long de » ■ **1** En se conformant à, en prenant pour règle, pour modèle. ➤ **conformément** (à), 2 **suivant.** *Faire qqch. selon les règles.* — VIEILLI ou LITTÉR. (dans une loc. adj.) *Une personne selon mon cœur. La monarchie selon la Charte.* ♦ En prenant (telle forme), en suivant (tel chemin), en obéissant à (telle loi naturelle), etc. *La réflexion se fait selon un angle égal à l'angle d'incidence.* ♦ En proportion de. *À chacun selon ses besoins, selon ses mérites. Chacun donne selon ses moyens.* ♦ **loc. conj.** (VIEILLI) **SELON QUE** (et l'indic.) : de la manière que ; dans la mesure où. *Une justice « selon que Dieu nous l'a voulu révéler »* PASCAL. *« Or, les prêtres, selon qu'au livre il est écrit, S'assemblèrent »* HUGO. ■ **2** Si l'on se rapporte à. — (Servant à introduire un mot, une phrase que l'on présente) *Selon ses propres termes. Selon l'expression consacrée.* — (Servant à introduire une réserve ou indiquant que la pensée exprimée n'est qu'une opinion parmi d'autres possibles) D'après. *« après avoir fait, selon moi, la sottise ; selon vous, la belle œuvre de donner mon argent »* DIDEROT. — (Suivi d'un nom de chose) *Selon l'opinion de qqn.* ♦ Du point de vue de ; si l'on juge d'après tel principe, tel critère. *« Selon toute apparence le rêve est continu et porte trace d'organisation »* BRETON. *Selon toute vraisemblance.* ♦ *Évangile selon saint Jean :* évangile de saint Jean. ■ **3** Employé dans une phrase marquant l'alternative ➤ **dépendamment** (de). *Selon les circonstances. Selon les cas. Selon le temps qu'il fera.* ♦ **loc. conj. SELON QUE** (et l'indic.) : suivant que. *« Selon que vous serez puissant ou misérable »* LA FONTAINE. *« rose ou vert selon qu'il passe devant l'un ou l'autre de ses bocaux »* DAUDET. *« La pluie, la neige, la gelée, le soleil, devinrent ses ennemis ou ses complices, selon qu'ils nuisaient ou qu'ils aidaient à sa fortune »* MAURIAC. ■ **4** FAM. **C'EST SELON :** cela dépend des circonstances (cf. Cela dépend). ➤ **peut-être.** *« Je vous reverrai avant mon départ !... c'est selon »* DUMAS. ■ **CONTR.** Contre, dépit (en dépit de).

SELVE [sɛlv] **n. f.** – *selva* 1877 ◊ portugais du Brésil *selva,* du latin *silva* ■ GÉOGR. Forêt de type amazonien.

SEMAILLES [s(ə)maj] **n. f. pl.** – v. 1200 sens 2° ◊ de *semer,* ou latin *seminalia,* plur. neutre de *seminalis,* de *semen* « semence, graine » ■ **1** (XIIIe) Action de semer, d'ensemencer (➤ **ensemencement, semis**) ; période de l'année où l'on fait ce travail. *Les semailles et la moisson. « dans les labours restés nus, on avait commencé les semailles de printemps »* ZOLA. *Semailles en ligne, à la volée.* — PAR MÉTAPH. *« des semailles, qui prépareraient les moissons de la vérité »* CAMUS. ■ **2** Grain qu'on sème ou qu'on a semé. *« Heureux de jeter l'or à la volée comme des poignées de semailles »* DAUDET.

SEMAINE [s(ə)mɛn] **n. f.** – 1119 ; *samaine* 1050 ◊ latin religieux *septimana,* fém. de *septimanus* « relatif au nombre sept », de *septem* « sept » ■ **1** Dans les calendriers de type occidental et chrétien, Chacun des cycles de sept jours (➤ **lundi, mardi, mercredi, jeudi, vendredi, samedi, dimanche**) dont la succession, indépendante du système des mois et des années, partage conventionnellement le temps en périodes égales qui règlent le déroulement de la vie religieuse, professionnelle, sociale. REM. L'Organisation internationale de standardisation recommande de considérer le lundi comme le premier jour de la semaine. *Qui a lieu une fois* (➤ **hebdomadaire**), *deux fois* (➤ **bihebdomadaire**) *la semaine, par semaine, toutes les deux semaines* (➤ **bimensuel**). *Dans le courant de la semaine. Au milieu, à la fin de la semaine prochaine. — La semaine des quatre jeudis**. — **LA SEMAINE SAINTE :** semaine qui précède le dimanche de Pâques. ♦ Cette période, considérée du point de vue du nombre et de la répartition des heures de travail. *La semaine de trente-neuf heures.* — (1911) **SEMAINE ANGLAISE :** organisation du travail, d'abord en usage en Angleterre, qui accorde aux travailleurs, outre le repos du dimanche, celui du samedi après-midi ou même du samedi entier. — (cour. au Canada) *Fin de semaine* : samedi et dimanche. ➤ **week-end.** *Bonne fin de semaine !* ♦ (1875) L'ensemble des jours ordinaires, des jours ouvrables*, par opposition au dimanche et aux jours de fête. *Pendant la semaine, en semaine. « Vous connaissez peut-être cette auberge, hôtel de semaine, guinguette le dimanche »* DUMAS FILS. *J'ai eu une semaine chargée.* ▪ **2** Période de sept jours, quel que soit le jour initial. *La première semaine de novembre. Depuis une semaine. Dans une semaine* (➤ **huitaine**), *deux semaines* (➤ **quinzaine**) *à compter d'aujourd'hui* (cf. D'aujourd'hui en huit, en quinze). *Pendant une semaine, deux semaines* (cf. Pendant huit, quinze jours). — Cette période consacrée à une activité. *La semaine de bonté. Semaine commerciale. Il lui faudra cinq semaines de repos. Prendre deux semaines de vacances.* ♦ **À LA SEMAINE.** *Louer un gîte rural à la semaine. Travailler à la semaine.* — **À LA PETITE SEMAINE.** VX *Prêter à la petite semaine*, à très court terme et à taux très élevé. MOD. *Une politique à la petite semaine*, qui ne résulte pas d'un plan d'ensemble, de prévisions à longue échéance. *Gouverner à la petite semaine*, par une série d'expédients (cf. Au jour* le jour). ♦ **DE SEMAINE :** se dit d'un service que les membres d'un groupe assurent chacun à tour de rôle pendant une semaine. *Être de semaine* (cf. Prendre son tour). — *Officier, sous-officier de semaine.* ▪ **3** PAR EXT. (1823 ; hapax 1552) Salaire d'un ouvrier pour une semaine de travail ; argent de poche qu'on donne à un enfant pour une semaine. *Il a déjà dépensé la moitié de sa semaine.* ▪ **4** (1872) Bracelet (➤ **semainier**), bague à sept anneaux. ♦ Groupe (de sept objets semblables). *« Il s'était fait fabriquer une semaine de pipes d'écume de mer »* GONCOURT.

SEMAINIER, IÈRE [s(ə)menje, jɛʀ] n. – v. 1200 ◇ de *semaine* ▪ **1** Personne qui assure un service particulier pendant une semaine (dans un collège, un chapitre, une communauté religieuse). ➤ **hebdomadier.** ▪ **2** n. m. (1828) Agenda de bureau divisé selon les jours de la semaine. ♦ Petit meuble à sept tiroirs. ♦ Bracelet comportant sept anneaux. ➤ **semaine** (4°).

SÉMANTÈME [semɑ̃tɛm] n. m. – 1921 ◇ de *sémantique* ▪ LING. VIEILLI Élément du mot qui est le support de sa signification considéré en tant que représentation autonome (opposé à *morphème*). ➤ **lexème ; racine.** ♦ (1964) Ensemble des sèmes spécifiques d'une unité linguistique, dits *sèmes nucléaires.*

SÉMANTICIEN, IENNE [semɑ̃tisjɛ̃, jɛn] n. – 1913 ; *sémantiste* 1897 ◇ de *sémantique* ▪ DIDACT. Spécialiste de sémantique.

SÉMANTIQUE [semɑ̃tik] n. f. et adj. – 1879 ; « technique des signaux » 1875 ; *symentique* adj. 1561 ◇ grec *sêmantikos* « qui signifie », de *sêmainein* « signifier »

I n. f. (1879) ▪ **1** Étude du langage considéré du point de vue du sens (➤ **onomasiologie, sémasiologie**) ; théorie visant à rendre compte des phénomènes signifiants dans le langage. *Sémantique analytique, structurale, générative. Sémantique synchronique, diachronique* (ou *historique*). *La sémantique étudie les relations du signifiant au signifié, les changements de sens, la synonymie, la polysémie, la structure du vocabulaire* (➤ **lexicologie**). *Sémantique lexicale, de l'énoncé, de la phrase. Sémantique paradigmatique* (champs sémantiques), *syntagmatique.* ▪ **2** (anglais *general semantics*) *Sémantique générale* : sémiologie appliquée à la vie sociale. ▪ **3** LOG. Étude générale des relations entre les signes et leurs référents. *La sémantique, la syntaxe et la pragmatique.* ➤ **sémiotique.**

II adj. (1897) ▪ **1** Relatif à la sémantique ; de la signification, du sens. ➤ **sémique.** *Contenu sémantique.* ➤ **sémantisme.** *Aspect sémantique du langage, développement, différence sémantique. Trait sémantique.* ➤ **sème.** — (adaptation allemand) *Champ sémantique* : ensemble de mots et de notions qui se rapportent à un même domaine conceptuel ou psychologique. — *Composant* ou *composante sémantique*, d'une description linguistique, d'une grammaire générative. ♦ LOG. *Système sémantique* : tout système comportant un ensemble de symboles (son vocabulaire), des lois de formation ou règles permettant de former des propositions, des lois de désignation et des lois de vérité. ▪ **2** Se dit d'une phrase qui a un sens. *Phrase sémantique* (opposé à *asémantique*). — adv. (1919) **SÉMANTIQUEMENT.**

SÉMANTISME [semɑ̃tism] n. m. – 1913 ◇ de *sémantique* ▪ DIDACT. Contenu sémantique ; ensemble de valeurs prises en charge par un ou des signes. *Mot au riche sémantisme.*

SÉMAPHORE [semafɔʀ] n. m. – 1812 ◇ du grec *sêma* « signe » et *-phore* ▪ **1** Poste établi sur le littoral et grâce auquel on peut communiquer par signaux optiques avec les navires. ➤ **télégraphe** (aérien). ▪ **2** Dispositif (mât muni d'un bras mobile) qui indique si une voie de chemin de fer est libre ou non.

SÉMAPHORIQUE [semafɔʀik] adj. – 1829 ◇ de *sémaphore* ▪ TECHN. Qui appartient à un sémaphore. *Signal sémaphorique.*

SÉMASIOLOGIE [semazjɔlɔʒi] n. f. – 1884 ◇ mot allemand (1825) ; du grec *sêmasia* « signification » et *-logie* ▪ LING. Science des significations, partant du mot pour en étudier le sens (opposé à *onomasiologie*). ➤ **sémantique.**

SEMBLABLE [sɑ̃blabl] adj. et n. – fin XIIᵉ sens 2° ◇ de *sembler* ▪ **1** (1267) **SEMBLABLE À :** qui ressemble à, qui a de la ressemblance avec. ➤ **analogue, comparable, identique, pareil, similaire.** *« Une demeure d'un type londonien banal, rigoureusement semblable à ses voisines »* ROMAINS. *« une sagesse souriante ; assez semblable, somme toute, à celle de Montaigne »* GIDE. ♦ Qui ressemble à la chose en question. ➤ **même.** *« Des souvenirs de scènes semblables l'accablèrent »* HUYSMANS. *En semblable occasion. Je n'ai jamais rien vu de semblable.* ▪ **2** AU PLUR. Qui se ressemblent entre eux. *« aussi semblables que deux amandes philippines »* COLETTE. *Objets semblables entre eux. Ils sont semblables en tout.* — MATH. Qui se correspondent dans une similitude*. *Triangles semblables*, dont les angles sont égaux deux à deux et dont les côtés homologues sont proportionnels. ▪ **3** (Emploi dém. à valeur affective) De cette nature. ➤ **tel.** *« Qui a donc pu forger de semblables sornettes ? »* BALZAC. ▪ **4** n. (v. 1370) Être, personne semblable. *Vous et vos semblables.* ♦ Être humain considéré comme semblable aux autres. ➤ **prochain.** *Il constata « qu'il était sensible aux maux d'autrui* [...], *qu'il aimait ses semblables »* FRANCE. ▪ CONTR. Autre, différent, dissemblable, opposé.

SEMBLABLEMENT [sɑ̃blabləmɑ̃] adv. – 1267 *semblanblement* ◇ de *semblable* ▪ RARE Pareillement.

SEMBLANT [sɑ̃blɑ̃] n. m. – 1080 ◇ de *sembler* ▪ **1** VX Apparence (opposé à *réel*). *« Voilà donc la pensée qu'ils nous cachent sous tant de beaux semblants »* GAUTIER. — MOD. et LITTÉR. ➤ **faux-semblant.** ♦ *Un semblant de...* : qqch. qui n'a que l'apparence de..., qui n'est pas réellement (ce qu'on le nomme). ➤ **manière, simulacre.** *Un semblant de démocratie. « Une ombre de plaisir, un semblant de bonheur »* MUSSET. ▪ **2** COUR. loc. verb. **FAIRE SEMBLANT DE** (et inf.) : se donner l'apparence de, faire comme si. ➤ **feindre.** *« Il croyait que j'avais fait semblant d'oublier »* MAURIAC. *« Il faisait semblant de dormir, fermait à demi les yeux »* TOURNIER. ELLIPT *Il ne dort pas, il fait semblant.* — *(Ne) faire semblant de rien* : feindre l'ignorance ou l'indifférence.

SEMBLER [sɑ̃ble] v. intr. ⟨1⟩ – 1080 ◇ bas latin *similare*, de *similis* « semblable »

I ▪ **1** **SEMBLER À** qqn (suivi d'un attribut) : apparaître comme, à qqn. ➤ **paraître.** *Elle m'a semblé fatiguée. « Ces jours si longs pour moi lui sembleront trop courts »* RACINE. *« Le canon me semblait la voix de Bonaparte »* VIGNY. *Cela nous a semblé bon*, nous a plu. ♦ (Suivi d'un inf.) Donner l'impression, l'illusion de. *« L'atmosphère lui sembla s'être raréfiée »* MARTIN DU GARD. ▪ **2** (Sans compl. ind.) *Cela semble suffisant, être suffisant.* — (Avec ellipse de *être*) *Elle semble calmée.*

II **IL SEMBLE...** v. impers. ▪ **1** **SEMBLER À** qqn (suivi d'un attribut) : apparaître comme, à qqn. *Il me semble inutile de revenir là-dessus. « Il lui semblait nécessaire que quelque chose de divin s'accomplît »* FRANCE. — *Quand bon me semblera* : quand il me plaira. *Il peut « mettre à mort qui bon lui semble »* VALÉRY. *Ce que bon me semble.* ▪ **2** (1188) **IL SEMBLE QUE... :** les apparences donnent à penser que..., on a l'impression que... *« Il semble qu'il était impossible de parler autrement »* MICHAUX. *« Il semblait que des charbons ardents sortissent de ses lèvres »* FRANCE. — ELLIPT (en incise) *Il est content, semble-t-il.* ▪ **3** **IL ME (TE...) SEMBLE QUE... :** je (tu...) crois que... *« Il me semble parfois* [...] *qu'on peut s'exprimer mieux par des actes que par des mots »* GIDE. — ELLIPT (en incise) *« J'ai bien, ce me semble, le droit »* P. BENOIT. *« Les futures Albertine que je pourrais rencon-*

trer, et qui, me semblait-il, pourraient m'inspirer» PROUST. *Il est déjà parti, à ce qu'il me semble, me semble-t-il, il me semble.* ▪ **4 IL ME (TE, LUI...) SEMBLE...,** et l'inf. *«Il nous semble les connaître déjà»* GAUTIER. ▪ **5** VX ou LITTÉR. *Que vous en semble ?,* qu'en pensez-vous ? *«Que te semble de cette nouvelle acquisition ?»* STENDHAL. *«Ce qu'il lui semblait de cette personne»* MOLIÈRE.

SÈME [sɛm] **n. m.** – 1926 ; hapax 1822 ◊ du grec *sêmeion* «signe», d'après *phonème, morphème,* etc. ▪ LING. Unité minimale différentielle de signification. *Sèmes nucléaires* (du «noyau» de la signification). *Ensemble des sèmes d'une signification.* ➤ **sémème.** ▪ **HOM.** Seime.

SÉMÉIOLOGIE ➤ **SÉMIOLOGIE** (1°)

SEMELLE [s(ə)mɛl] **n. f.** – fin XIIe ◊ p.-ê. altération de *lemelle,* latin *lamella* «petite lame» ▪ **1** Pièce constituant la partie inférieure de la chaussure. *Semelles de cuir, d'élastomère, de crêpe. Espadrilles à semelles de corde. Semelles compensées*. Semelles trouées. Remettre des semelles.* ➤ **ressemeler.** — *Battre* la semelle.* — FIG. et FAM. Tranche de viande dure, coriace ou trop cuite. *Ce bifteck, c'est de la semelle !* ◆ Pièce découpée (de feutre, liège...) qu'on met à l'intérieur d'une chaussure. *Des souliers «fourrés de semelles en crin»* BALZAC. *Semelles orthopédiques.* ◆ Partie d'un bas, d'une chaussette, correspondant à la plante du pied. *La semelle et le talon.* ◆ Partie plane d'un ski, qui doit glisser sur la neige. *Farter les semelles.* ▪ **2** (d'abord terme d'escr.) Longueur d'un pied (dans *...d'une semelle*). *Il «n'osait plus ni avancer ni reculer d'une semelle»* ZOLA. LOC. *Ne pas lâcher, ne pas quitter qqn d'une semelle,* le suivre partout, s'attacher obstinément à ses pas. *«le capitaine de gendarmerie [...] ne le quittait jamais d'une semelle»* CÉLINE. ▪ **3** (1690) TECHN. Pièce plate de bois ou de métal, servant d'appui ou de renfort et disposée perpendiculairement à l'âme*. ➤ **patin.** *La semelle d'un rail, d'une poutre, d'une machine.* — *Semelle d'un fer à repasser,* la partie plate qui repasse.

SÉMÈME [semɛm] **n. m.** – 1949 ◊ anglais *sememe* (1926), du grec *sêmeion* «signe» ▪ LING. Faisceau de sèmes* (ensemble structuré) correspondant à un lexème.

SEMENCE [s(ə)mɑ̃s] **n. f.** – 1265 ◊ latin médiéval *sementia,* classique *sementis* ▪ **1** Organe ou fragment de végétal capable de produire un nouvel individu ; SPÉCIALT Graines qu'on sème ou qu'on enfouit. *Blé, pommes de terre de semence,* réservés pour servir de semence. *«Triant des semences une à une, leur donnant la terre qu'elles demandent»* ZOLA. *Personne, entreprise qui produit des semences* (**SEMENCIER, IÈRE** n. et adj.). ◆ FIG. Germe d'où naît qqch. *«Tout ce que je vois jette les semences d'une révolution»* VOLTAIRE. ▪ **2** (1549) Liquide séminal. ➤ **sperme.** ▪ **3** (1418) TECHN. (JOAILL.) *Semence de diamants, de perles :* ensemble de diamants, de perles de très petite dimension. ▪ **4** (1803) Clou à tête plate et à tige courte. *Semence de tapissier.*

SEMEN-CONTRA [semɛnkɔ̃tʀa] **n. m. inv.** – v. 1560 ◊ mots latins, proprt «semence contre (les vers)» ▪ PHARM. ANC. Capitules de certaines armoises contenant de la santonine*.

SEMER [s(ə)me] **v. tr.** ⟨5⟩ – v. 1130 ◊ latin *seminare* ▪ **1** Répandre en surface ou mettre en terre (des semences) après une préparation appropriée du sol. *Semer des graines et planter* un arbre. «Une terre noire et grasse [...] où l'on sème toujours du blé»* BALZAC. — ABSOLT *Semer à la volée.* — LOC. *Semer le bon grain :* répandre de bons principes, des idées fructueuses. *Récolter ce qu'on a semé :* avoir les résultats (mauvais) qu'on mérite. *Qui sème le vent récolte la tempête*. Semer la zizanie*.* ◆ RARE Ensemencer. *«La terre est labourée sans être semée»* SEIGNOBOS. ▪ **2** Répandre en dispersant, en diffusant. ➤ **disséminer, parsemer.** *La lune «commença à semer des diamants sur la mousse humide»* SAND. *«Les habitations semées çà et là par les champs»* MAUPASSANT. — FIG. *Séisme qui sème la mort.* ◆ **SEMER DE.** *Les marquis «semaient leurs propos de ces jurons que la civilité interdisait»* BRUNOT. *Un parcours semé d'embûches. «La vie est semée de ces miracles»* PROUST. ▪ **3** (1867) VIEILLI Quitter (qqn), planter là. ◆ (1880) Se débarrasser de la compagnie de (qqn qu'on devance, qu'on prend de vitesse). *Semer ses poursuivants.* ➤ **distancer.** *«Ayant piqué un galop [...] et semé tous ses officiers»* DORGELÈS.

SEMESTRE [s(ə)mɛstʀ] **n. m.** – fin XVIe ; adj. «semestriel» milieu XVIe ◊ latin *semestris,* adj. ▪ **1** Première ou deuxième moitié d'une année (civile ou scolaire) ; période de six mois consécutifs. *Passer un semestre dans une faculté, à l'étranger. Premier, deuxième semestre. Semestre d'hiver, d'été.* ▪ **2** (1829) Rente, pension qui se paye tous les six mois. *«l'idée lui vint de demander à son frère ce premier trimestre, ou même le semestre, soit quinze cents francs»* MAUPASSANT. ▪ **3** Emploi, service qui dure la moitié de l'année.

SEMESTRIEL, IELLE [s(ə)mɛstʀijɛl] **adj.** – 1818 ◊ de *semestre* ▪ Qui a lieu, qui paraît chaque semestre. *Assemblée, revue semestrielle. Examens semestriels.* — **adv. SEMESTRIELLEMENT,** 1873.

SEMEUR, EUSE [s(ə)mœʀ, øz] **n.** – fin XIIe ◊ de *semer* ▪ **1** Personne qui sème du grain, qui est chargée des semailles. *«Le geste auguste du semeur»* HUGO. — *La Semeuse,* figure symbolique d'anciens timbres-poste français. ▪ **2** FIG. *Semeur de... :* personne qui répand, propage. *«fauteur de troubles, semeur de discordes»* HENRIOT.

SEMI- ▪ Élément invariable, du latin *semi-* «à demi», servant à former de nombreux adjectifs et des noms. ➤ **demi-.**

SEMI-ARGENTÉ, ÉE [səmiaʀʒɑ̃te] **adj.** – milieu XXe ◊ de *semi-* et *argenté* ▪ TECHN. Se dit du verre recouvert d'une couche d'argent très mince, à la fois transparente et réfléchissante. *Lames semi-argentées.*

SEMI-ARIDE [səmiaʀid] **adj.** – 1912 ◊ de *semi-* et *aride* ▪ GÉOGR. Qui n'est pas complètement aride, est en bordure des régions arides. ➤ **subdésertique.** *Les steppes semi-arides.*

SEMI-AUTOMATIQUE [səmiɔtɔmatik] **adj.** – 1896 ◊ de *semi-* et *automatique* ▪ Qui est en partie automatique. *Arme semi-automatique,* dont le chargement est automatique, mais où le tireur doit armer et tirer. *Des fusils semi-automatiques.* — (ABSTRAIT) *«Un processus moteur semi-automatique»* BERGSON.

SEMI-AUTOPROPULSÉ, ÉE [səmiotopʀɔpylse] **adj.** – milieu XXe ◊ de *semi-* et *autopropulsé* ▪ MILIT. Se dit d'un projectile dont la vitesse initiale est obtenue par les procédés de propulsion classiques et qui est accéléré par fusée en cours de trajectoire. — PAR EXT. (en parlant de l'arme) *Mortier semi-autopropulsé.*

SEMI-AUXILIAIRE [səmioksiljɛʀ] **adj. et n. m.** – 1964 ◊ de *semi-* et *auxiliaire* ▪ *Verbe semi-auxiliaire,* ou ELLIPT *un semi-auxiliaire :* verbe pouvant servir d'auxiliaire, avec un infinitif. *Les semi-auxiliaires* (ex. aller, devoir, faire, laisser, paraître...).

SEMI-BALISTIQUE [səmibalistik] **adj.** – 1958 ◊ de *semi-* et *balistique* ▪ MILIT. Se dit d'un engin à très longue portée dont la trajectoire est d'abord balistique, puis comporte un vol plané ou une série de rebonds dans l'atmosphère. *Missiles semi-balistiques.*

SEMI-CHENILLÉ, ÉE [səmiʃ(ə)nije] **adj.** – 1964 ◊ de *semi-* et *chenillé* ▪ Se dit d'un véhicule chenillé dont les roues directrices sont libres. *Des engins semi-chenillés.* — SUBST. *Un semi-chenillé.* ➤ **half-track** (ANGLIC.).

SEMI-CIRCULAIRE [səmisiʀkylɛʀ] **adj.** – XIVe ◊ de *semi-* et *circulaire* ▪ Demi-circulaire. ANAT. *Canaux semi-circulaires :* canaux osseux et membraneux du labyrinthe de l'oreille interne, au nombre de trois, recourbés en fer à cheval et jouant un rôle important dans l'équilibration.

SEMI-COKE [səmikɔk] **n. m.** – 1937 ◊ de *semi-* et *coke* ▪ TECHN. Produit de la distillation de la houille, intermédiaire entre celle-ci et le coke. *Des semi-cokes.*

SEMI-CONDUCTEUR, TRICE [səmikɔ̃dyktœʀ, tʀis] **n. m. et adj.** – 1897, répandu v. 1945 ◊ de *semi-* et *conducteur* ▪ PHYS. ÉLECTRON. Élément dont la conductibilité électrique, intermédiaire entre celle des métaux et celle des isolants, est accrue par addition (➤ **dopage**) d'impuretés (indium, arsenic) dans une structure cristalline (germanium, silicium*). ➤ aussi **photoconductivité.** *Semi-conducteur dopé n* (➤ **donneur**), *dopé p* (➤ **accepteur**). *Jonctions* de semi-conducteurs.* — **adj.** *Propriétés semi-conductrices d'un composant.*

SEMI-CONSERVATIF, IVE [s(ə)mikɔ̃sɛʀvatif, iv] **adj.** – 1964 ◊ de l'anglais *semi-conservative* (1957) ; de *semi-* et *conservatif,* de *conserver* ▪ BIOL. MOL. Se dit du mécanisme de réplication de l'ADN, où chacun des deux brins de la molécule initiale sert de matrice à la synthèse d'un brin complémentaire avec lequel il forme une nouvelle molécule.

SEMI-CONSERVE [səmikɔ̃sɛʀv] **n. f.** – milieu XXe ◊ de *semi-* et *conserve* ▪ TECHN. Conserve partiellement stérilisée à la chaleur. *Semi-conserves de poissons à conserver au frais.* — Procédé de préparation de ces produits.

SEMI-CONSONNE [səmikɔ̃sɔn] **n. f.** – 1893 ✧ de *semi-* et *consonne* ■ PHONÉT. Voyelle ou groupe vocalique qui a une fonction de consonne. *Les semi-consonnes* [j], [ɥ], [w], *dans* lieu [ljø], lui [lɥi], louer [lwe]. ➤ **semi-voyelle.**

SEMI-DISTILLATION [səmidistilasjɔ̃] **n. f.** – milieu XXe ✧ de *semi-* et *distillation* ■ TECHN. Distillation (du charbon) à basse température.

SEMI-DOMINANCE [səmidɔminɑ̃s] **n. f.** – milieu XXe ✧ de *semi-* et *dominance* ■ GÉNÉT. Dominance incomplète d'un caractère génétique. *Chez un hétérozygote, la semi-dominance donne un phénotype intermédiaire de celui des homozygotes.*

SEMI-FINI, IE [səmifini] **adj.** – 1963 ✧ de *semi-* et *fini* ■ ÉCON., INDUSTR. Se dit de produits qui ont subi une transformation (opposé à *matières premières*), mais doivent en subir d'autres avant d'être commercialisés (opposé à *produits finis*). ➤ **semi-ouvré.** *Produits semi-finis.* ➤ **demi-produit, semi-produit.**

SEMI-GLISSEUR [səmiglisœʀ] **n. m.** – 1959 ✧ de *semi-* et *glisseur* ■ MAR. Bateau dont la vitesse relative normale (vitesse en mètres-seconde divisée par la racine carrée de sa longueur en mètres) est intermédiaire entre 1,3 et 3 (« second régime »). *Des semi-glisseurs.*

SEMI-GOTHIQUE [səmigɔtik] **adj.** – 1846 ✧ de *semi-* et *gothique* ■ DIDACT. Se dit d'une écriture gothique tardive comportant aussi des caractères onciaux.

SEMI-LIBERTÉ [səmilibɛʀte] **n. f.** – 1946 ; *foyer de semi-liberté* (pour jeunes délinquants) 1928 ✧ de *semi-* et *liberté* ■ **1** Liberté partielle. *Loups vivant en semi-liberté dans un parc.* ■ **2** (1970) DR. Mesure d'aménagement d'une peine de prison ferme qui permet au détenu de travailler à l'extérieur pendant la journée.

SÉMILLANT, ANTE [semijɑ̃, ɑ̃t] **adj.** – 1546 ✧ de l'ancien français *sémiller* « s'agiter » (XIIIe) ; de *semille* « descendance, action » ; latin *semen* « semence » ■ D'une vivacité plaisante, agréable. ➤ **fringant, gai, vif.** *« Le comte est charmant, sémillant, homme d'esprit, aimable au possible »* STENDHAL.

SÉMILLON [semijɔ̃] **n. m.** – 1736 ✧ mot région. du Midi, diminutif de l'ancien français *seme* « semence » (XIVe) ; latin *semen* ■ AGRIC. Cépage blanc de la Gironde, donnant des raisins très sucrés.

SEMI-LUNAIRE [səmilynɛʀ] **adj.** – 1721 ✧ de *semi-* et *lune*, d'après *lunaire* ■ ANAT. En forme de croissant, de demi-lune. *Valvules semi-lunaires. Ganglion semi-lunaire :* volumineux ganglion nerveux sensitif du nerf trijumeau, situé vers la pointe du rocher de l'os temporal. *Os semi-lunaire* ou ELLIPT *le semi-lunaire,* appartenant à la rangée supérieure des os du carpe.

SEMI-MARATHON [səmimaʀatɔ̃] **n. m.** – 1976 ✧ de *semi-* et *marathon* ■ Course à pied de grand fond (21,1 km), sur route.

SÉMINAIRE [seminɛʀ] **n. m.** – 1551 ✧ latin chrétien *seminarium* XVIe, proprt « pépinière », de *semen* « semence » ■ **1** *Séminaire* ou *Grand séminaire :* établissement religieux où étudient et se préparent les jeunes clercs qui doivent recevoir les ordres. — *Petit séminaire :* école secondaire catholique fréquentée par des élèves qui ne se destinent pas nécessairement au sacerdoce. *« Le petit séminaire de Saint-Nicolas n'avait point d'année de philosophie, la philosophie étant réservée pour le grand séminaire »* RENAN. ◆ Les maîtres et les élèves de cet établissement ; années d'études qu'y passe un élève. ■ **2** (1893 ✧ allemand *Seminar*) Groupe de travail dirigé par un professeur ou un assistant et où les étudiants participent activement. ➤ **cours.** *Assister à un séminaire* (➤ RÉGION. **séminariste**). *Séminaire de linguistique. Séminaire en ligne.* ➤ **webinaire.** — Réunion d'ingénieurs, de techniciens, de cadres, de chercheurs pour l'étude de certaines questions. ➤ **colloque, symposium.** *Être en séminaire. « le séminaire de vente au porte-à-porte »* PEREC. — Ensemble des participants.

SÉMINAL, ALE, AUX [seminal, o] **adj.** – 1372 ✧ latin *seminalis* ■ DIDACT. Relatif au sperme, aux spermatozoïdes. *Vésicules séminales.*

SÉMINARISTE [seminaʀist] **n. m.** – 1609 ✧ de *séminaire* ■ **1** Élève d'un séminaire. ➤ **scolastique.** *« ma jeunesse de séminariste, de vicaire et de curé »* JOUHANDEAU. ■ **2** (1970) RÉGION. (Maghreb, Afrique noire) Personne qui assiste à un séminaire (2°).

SEMI-NASAL, ALE [səminazal] **adj.** et **n. f.** – milieu XXe ✧ de *semi-* et *nasal* ■ PHONÉT. Se dit d'une consonne produite par la réalisation d'une consonne nasale, puis d'une consonne orale quasi simultanée, au même point d'articulation. *Des phonèmes semi-nasals. Une consonne semi-nasale* ou **n. f.** *une semi-nasale.*

SÉMINIFÈRE [seminifɛʀ] **adj.** – 1803 ✧ du latin *semen, seminis* « semence » et *-fère* ■ ANAT. Qui conduit le sperme. *Tubes séminifères.*

SEMI-NOMADE [səminɔmad] **adj.** et **n.** – 1830 ✧ de *semi-* et *nomade* ■ GÉOGR. Caractérisé par le semi-nomadisme, ou qui le pratique. *Populations semi-nomades.* — **n.** *Les semi-nomades et les sédentaires.*

SEMI-NOMADISME [səminɔmadism] **n. m.** – 1906 ✧ de *semi-* et *nomadisme* ■ GÉOGR. Genre de vie alliant l'agriculture à l'élevage nomade (notamment en bordure des déserts).

SÉMIOLOGIE [semjɔlɔʒi] **n. f.** – 1752 ✧ du grec *sêmeion* « signe » et *-logie* ■ DIDACT. ■ **1** MÉD. Science médicale qui étudie les signes et symptômes des maladies. ➤ **sémiotique, symptomatologie.** — On dit aussi **SÉMÉIOLOGIE.** ■ **2** (v. 1910, Saussure) LING. « Science qui étudie la vie des signes au sein de la vie sociale » (Saussure). ◆ Science étudiant les systèmes de signes (langues, codes, signalisations, etc.). *« Le mythe relève d'une science générale extensive à la linguistique, et qui est la sémiologie »* BARTHES. ➤ **sémiotique.**

SÉMIOLOGIQUE [semjɔlɔʒik] **adj.** – 1910 ; en méd. 1832 ✧ de *sémiologie* ■ DIDACT. De la sémiologie. ➤ **sémiotique.**

SÉMIOLOGUE [semjɔlɔg] **n.** – 1964 ✧ de *sémiologie* ■ DIDACT. Spécialiste de sémiologie. ➤ **sémioticien.**

SÉMIOMÉTRIE [semjɔmetʀi] **n. f.** – 1988 ✧ du grec *sêmeion* « signe » et *-métrie* ■ Méthode d'analyse cherchant à déterminer le système de valeurs d'un individu en le faisant réagir à une sélection de mots. *« une profonde désillusion que permet de constater et de mesurer la sémiométrie »* (Le Monde, 1998).

SÉMIOTICIEN, IENNE [semjɔtisjɛ̃, jɛn] **n.** – v. 1965 ; *séméioticien* 1765 en méd. ✧ de *sémiotique* ■ DIDACT. Spécialiste de la sémiotique. ➤ **sémiologue.**

SÉMIOTIQUE [semjɔtik] **n. f.** et **adj.** – 1555 ✧ grec *sêmeiôtikê*, de *sêmeion* « signe »

I VX, MÉD. Sémiologie (1°). — **adj.** Sémiologique.

II MOD. ■ **1** (v. 1940 ✧ anglais *semiotics*, répandu fin XIXe, du grec *sêmeiôtikê*, employé dans ce sens par Locke) PHILOS., LOG. Théorie générale des signes et de leur articulation dans la pensée. ➤ 1 **logique.** — Théorie des signes et du sens, et de leur circulation dans la société. ➤ **sémiologie** (2°). ■ **2 adj.** De la théorie générale des signes ; de la signification sous toutes ses formes (➤ **sémantique, adj. ; sémiologique**). PSYCHOL. *Fonction sémiotique :* capacité à utiliser des signes, des symboles (cf. Fonction symbolique*).

SEMI-OUVERT, ERTE [səmiuvɛʀ, ɛʀt] **adj.** – milieu XXe ✧ de *semi-* et *ouvert* ■ MATH. Ouvert d'un côté, fermé de l'autre. *Intervalles semi-ouverts.*

SEMI-OUVRÉ, ÉE [səmiuvʀe] **adj.** – milieu XXe ✧ de *semi-* et *ouvré* ■ TECHN., INDUSTR. Se dit d'un produit partiellement élaboré. ➤ **semi-fini.** *Des produits semi-ouvrés.*

SEMI-PERMÉABLE [səmipɛʀmeabl] **adj.** – 1895 ✧ de *semi-* et *perméable* ■ PHYS. *Paroi, membrane semi-perméable,* dont le diamètre des pores retient certaines particules (molécules de soluté, micelles des solutions colloïdales). ➤ **osmose.**

SEMI-PORTIQUE [səmipɔʀtik] **n. m.** – milieu XXe ✧ de *semi-* et *portique* ■ TECHN. Appareil de levage intermédiaire entre le portique et le pont roulant (un rail au sol ; un rail fixé à un bâtiment). *Des semi-portiques.*

SEMI-PRÉCIEUSE [səmipʀesjøz] **adj. f.** – 1931 ✧ de *semi-* et *précieux* ■ *Pierre semi-précieuse :* pierre fine. *L'agate, le jade, l'onyx sont des pierres semi-précieuses.*

SEMI-PRODUIT [səmipʀɔdɥi] **n. m.** – 1954 ✧ de *semi-* et *produit* ■ ÉCON. Produit partiellement élaboré (➤ **semi-fini, semi-ouvré**) et qui doit subir d'autres opérations avant d'être mis sur le marché. *Des semi-produits.*

SEMI-PUBLIC, IQUE [səmipyblik] **adj.** – 1928 ✧ de *semi-* et *public* ■ DR. Qui est en partie public, en partie privé. ➤ RÉGION. **parastatal.** *Organismes semi-publics. Entreprise semi-publique.*

SÉMIQUE [semik] **adj.** – 1943 ✧ de *sème* ■ LING. Qui concerne la structure du contenu (➤ **sémantique**) et les unités minimales de signification (➤ **sème**). *Analyse sémique.*

SEMI-REMORQUE [səmiʀ(ə)mɔʀk] **n. f.** et **m.** – 1951 ✧ de *semi-* et *remorque* ■ Remorque de camion dont la partie antérieure, sans roues, s'adapte au dispositif de traction. — **n. m.**

Ensemble formé par cette remorque et le tracteur. *Des semi-remorques.* ➤ **poids** (lourd).

SEMI-RIGIDE [səmiʀiʒid] **adj.** – 1924 ◇ de *semi-* et *rigide* ■ *Dirigeable semi-rigide,* à enveloppe souple et à quille rigide. *Bateaux pneumatiques semi-rigides.*

SEMIS [s(ə)mi] **n. m.** – 1742 ◇ de *semer* ■ **1** Action, manière de semer (SPÉCIALT en horticulture et sylviculture). ➤ **ensemencement, semailles.** *Semis à la volée, au semoir, en poquets, sur couches.* ■ **2** Plant provenant de graines, terrain ensemencé de jeunes plantes qui y poussent. *« les petits semis, les plantes fraîchement repiquées »* DUHAMEL. *Un semis de salade.* ■ **3** FIG. Ornement fait d'un petit motif répété. *Reliure ornée d'un semis de fleurs de lys. « La petite ville roupillait éperdument, sous un semis d'étoiles »* QUENEAU.

SEMI-SUBMERSIBLE [səmisybmɛʀsibl] **adj.** – 1970 ◇ de *semi-* et *submersible* ■ TECHN. Se dit d'une plateforme flottante de forage en mer, conçue pour limiter les mouvements dus à la houle. *Des plateformes semi-submersibles.*

SÉMITE [semit] **n.** et **adj.** – 1845 ◇ de *Sem,* nom d'un fils de Noé ■ Se dit des différents peuples provenant d'un groupe ethnique originaire d'Asie occidentale et parlant des langues apparentées (➤ **sémitique**). *Les Arabes, les Éthiopiens, les Juifs sont des Sémites.* ♦ COUR. (mais abusif) Juif. **adj.** *Avoir un type sémite,* israélite.

SÉMITIQUE [semitik] **adj.** et **n. m.** – 1812 ◇ allemand *semitisch* (1781) ; de *Sem* → sémite ■ Relatif aux Sémites. ♦ LING. Qui appartient à un groupe de langues d'Asie occidentale et d'Afrique, présentant des caractères communs (racines trilitères, richesse en consonnes, etc.). *Les langues sémitiques.* — **n. m.** *Le sémitique oriental* (akkadien, assyro-babylonien). *Le sémitique occidental* (groupe du Nord : cananéen ; phénicien, hébreu ; araméen ; syriaque – groupe du Sud : arabe, éthiopien).

SÉMITISANT, ANTE [semitizɑ̃, ɑ̃t] **adj.** et **n.** – 1862 ◇ de *sémite* ■ DIDACT. Qui étudie les langues et les civilisations sémitiques. ➤ **arabisant, hébraïsant.**

SÉMITISME [semitism] **n. m.** – 1857 ◇ de *sémite* ■ DIDACT. Ensemble de caractères propres aux Sémites, à leur civilisation, à leurs langues, etc.

SEMI-TUBULAIRE [səmitybylɛʀ] **adj.** – 1890 ◇ de *semi-* et *tubulaire* ■ TECHN. *Chaudière semi-tubulaire,* comprenant des tubes, mais dont la surface de chauffe est constituée en partie par les parois ou par des bouilleurs.

SEMI-VOYELLE [səmivwajɛl] **n. f.** – 1842 ◇ latin *semivocalis* ■ LING. ➤ **semi-consonne.** *Les semi-voyelles.*

SEMNOPITHÈQUE [sɛmnɔpitɛk] **n. m.** – 1816 ◇ du grec *semnos* « majestueux » et *pithêkos* « singe » ■ ZOOL. Singe de l'Inde, à longue queue, vivant en troupes dans les arbres.

SEMOIR [səmwaʀ] **n. m.** – 1328 ◇ de *semer* ■ **1** Sac où le semeur place le grain. ■ **2** (1751) Machine agricole destinée à semer le grain. — PAR ANAL. *Semoir à engrais :* distributeur d'engrais.

SEMONCE [səmɔ̃s] **n. f.** – XIIe ; *summonse* XIe ◇ p. p. fém. subst. de l'ancien français *somondre,* latin *submonere* « avertir en secret » ■ **1** VX Ordre de comparaître, convocation (émanant d'un roi, d'un seigneur). ♦ MOD. MAR. Ordre de montrer ses couleurs, de s'arrêter. LOC. **COUP DE SEMONCE :** coup de canon appuyant cet ordre. ➤ 1 **sommation.** FIG. Acte d'intimidation. *Tir de semonce :* tir en l'air ; FIG. avertissement. ■ **2** (milieu XVIIe) *Une, des semonces.* Avertissement sous forme de reproches. ➤ **admonestation, réprimande.** *Faire des semonces.*

SEMONCER [səmɔ̃se] **v. tr.** ‹3› – 1540 ◇ de *semonce* ■ **1** RARE Réprimander* (qqn). ■ **2** MAR. Adresser une semonce à (un navire).

SEMOULE [s(ə)mul] **n. f.** – 1694 ; *semole* 1583 ◇ italien *semola,* latin *simila* « fleur de farine » ■ Farine granulée qu'on tire des blés durs, utilisée pour la fabrication des pâtes, des potages, du couscous, des entremets, etc. *Semoule de blé dur. Gâteau de semoule. Semoule du couscous.* ➤ **graine.** FIG. *Pédaler* dans la semoule.* — PAR EXT. *Semoule de maïs.* ➤ **polenta.** ♦ APPOS. INV. *Sucre semoule,* en grains plus gros que le sucre en poudre.

SEMOULERIE [s(ə)mulʀi] **n. f.** – 1930 ◇ de *semoule* ■ TECHN. Usine où l'on fabrique de la semoule ; cette fabrication.

SEMOULIER, IÈRE [s(ə)mulje, jɛʀ] **n.** – 1955 ◇ de *semoule* ■ TECHN. Personne qui fabrique de la semoule, travaille dans la semoulerie (industriel ; ouvrier). ♦ **adj.** *Le secteur semoulier.*

SEMPERVIRENT, ENTE [sɛ̃pɛʀviʀɑ̃, ɑ̃t] **adj.** – 1969 ◇ latin *semper virens* « toujours vert » ■ BOT. *Plante sempervirente,* qui conserve un feuillage vert toute l'année. — On emploie aussi le lat. **SEMPER VIRENS** [sɛ̃pɛʀviʀɛ̃s], (1904).

SEMPERVIVUM [sɛ̃pɛʀvivɔm] **n. m.** – 1562 ◇ mot latin, de *semper* « toujours » et *vivus* « vivant » ■ BOT. Joubarbe. *Des sempervivum* ou *des sempervivums.*

SEMPITERNEL, ELLE [sɑ̃pitɛʀnɛl ; sɛ̃pitɛʀnɛl] **adj.** – v. 1265 ◇ latin *sempiternus,* de *semper* « toujours » et *aeternus* « éternel » ■ Continuel, de manière à lasser. ➤ **éternel, perpétuel.** *Il nous ennuie avec ses sempiternels reproches.*

SEMPITERNELLEMENT [sɑ̃pitɛʀnɛlmɑ̃ ; sɛ̃pitɛʀnɛlmɑ̃] **adv.** – 1527 ◇ de *sempiternel* ■ D'une manière sempiternelle. ➤ **éternellement ; continuellement.** *« Un "lamento" odieux, sempiternellement marmotté [...] à mon oreille »* COURTELINE.

SEMPLE [sɑ̃pl] **n. m.** – 1765 ◇ var. de *simple* « fil, ficelle » ■ TECHN. Ensemble de ficelles tendues, constituant une partie d'un métier à tisser la soie.

SEMTEX [sɛmtɛks] **n. m.** – 1980 ◇ de *Semt(ine),* nom d'une usine tchécoslovaque, et *ex(plosif)* ■ TECHN. Explosif possédant un fort pouvoir déflagrant, et utilisé sous forme de plastic.

SEN [sɛn] **n. m.** – 1878 ◇ mot japonais ■ Monnaie divisionnaire du Japon (centième du yen), et de divers pays d'Extrême-Orient. ■ HOM. Cène, saine (1 sain), scène, seine, senne.

SÉNAT [sena] **n. m.** – 1213 ◇ latin *senatus* « conseil des Anciens » ■ **1** HIST. Conseil souverain de la Rome antique sous la république. — Ce conseil sous l'Empire, avec des pouvoirs très diminués. ➤ 1 **curie.** *Décision votée par le sénat.* ➤ **sénatus-consulte.** ♦ Nom donné à certaines assemblées politiques des républiques de l'Antiquité, du Moyen Âge ou des Temps modernes. *Le sénat de Sparte, de Venise.* ■ **2** (1800) Sous le Consulat, le Premier et le Second Empire, Assemblée dont le rôle était celui d'un conseil constitutionnel. ♦ MOD. Dans certains régimes démocratiques à deux assemblées, Celle des deux assemblées législatives qui est élue au suffrage indirect ou dont les membres représentent des collectivités territoriales ; l'édifice où elle siège. *L'Assemblée nationale et le Sénat.* ➤ **parlement.** *Être élu au Sénat* (➤ **sénateur**). *Le Sénat français. Le Sénat des États-Unis.*

SÉNATEUR, TRICE [senatœʀ, tʀis] **n.** – fin XIIe ◇ latin *senator* ■ **n. m.** HIST. Membre d'un sénat. *Les sénateurs romains* (cf. Pères conscrits*). — **n.** MOD. *Sénateurs et députés.* ➤ 1 **parlementaire.** *La sénatrice de Paris.* REM. *Sénateur* s'emploie parfois pour une femme. — LOC. *Aller son train de sénateur,* lentement et majestueusement.

SÉNATORERIE [senatɔʀʀi] **n. f.** – 1803 ◇ de *sénateur* ■ HIST. Dotation foncière viagère accordée à un sénateur, sous le Consulat et le Premier Empire.

SÉNATORIAL, IALE, IAUX [senatɔʀjal, jo] **adj.** – 1518 ◇ du latin *senatorius* ■ Relatif à un sénat, aux sénateurs. HIST. *Ordre sénatorial :* classe dans laquelle se recrutaient les sénateurs romains. — MOD. *Élections sénatoriales.*

SÉNATUS-CONSULTE [senatyskɔ̃sylt] **n. m.** – 1477 ; *senatconsult* 1356 ◇ latin *senatus consultum* « décision du sénat » ■ HIST. Décret, décision du sénat romain. *« Les diverses lois et les sénatus-consultes qu'on fit à Rome »* MONTESQUIEU. ♦ (1800) Sous le Consulat, le Premier et le Second Empire, Acte émanant du Sénat et qui avait force de loi. *Le sénatus-consulte organique du 28 floréal an XII,* établissant l'Empire.

SENAU [səno] **n. m.** – 1687 ◇ néerlandais *snauw* ■ MAR. VX Ancien navire de commerce à deux mâts, gréé en brick*, mais avec un espar *(baguette de senau)* et une voile supplémentaire en arrière du grand mât. *Des senaus.*

SÉNÉ [sene] **n. m.** – XIIIe ◇ latin médiéval *sene,* arabe *sanas* ■ Arbrisseau *(légumineuses)* produisant des gousses dont on extrait une drogue laxative ; cette drogue. ➤ **cassier.** — LOC. FAM. VIEILLI *Je vous passe la casse, passez-moi le séné :* faisons-nous des concessions mutuelles.

SÉNÉCHAL, AUX [seneʃal, o] **n. m.** – *seneschal* v. 1119 ◇ francique °*siniskalk,* proprt « serviteur le plus âgé » ■ HIST. Officier de la cour chargé de présenter les plats à la table du roi. — Titre donné plus tard à certains grands officiers royaux ou seigneuriaux. *Grand-sénéchal de France.* ♦ Officier royal qui, dans certaines provinces, exerçait des fonctions analogues à celles d'un bailli (pour la justice, les finances, etc.).

SÉNÉCHAUSSÉE [seneʃose] **n. f.** – XIIIe ; «dignité de sénéchal» XIIe ◇ de *sénéchal* ■ HIST. Étendue de la juridiction d'un sénéchal ; tribunal du sénéchal (analogue au bailliage).

SÉNEÇON [sɛnsɔ̃] **n. m.** /SÈNEÇON/ – XIIIe ◇ latin *senecio*, de *senex* «vieux» à cause des aigrettes blanches ■ Plante herbacée *(composées)*, aux fleurs jaunes. ➤ **cinéraire, jacobée.**

SÉNÉGALISME [senegalism] **n. m.** – v. 1970 ◇ de *Sénégal, Sénégalais* ■ LING. Fait de langue (régionalisme) propre au français du Sénégal.

SENELLIER ➤ **CENELLIER**

SÉNESCENCE [senesɑ̃s] **n. f.** – 1876 ◇ du latin *senescere* «vieillir» ■ DIDACT. Processus physiologique du vieillissement. *Sénescence des tissus, des cellules. Facteurs de sénescence. Après sa maturité, le fruit entre en phase de sénescence.* — PAR EXT. Affaiblissement et ralentissement des fonctions vitales dus à la vieillesse. *Sénescence prématurée.* ➤ **gérontisme, sénilisme.**

SÉNESCENT, ENTE [senesɑ̃, ɑ̃t] **adj.** – fin XIVe, repris début XXe ◇ du latin *senescere* «vieillir» ■ DIDACT. Qui présente les caractères de la sénescence. *Sujet sénescent.* SUBST. *Un sénescent.*

SÉNESTRE [senɛstʀ] **adj.** – 1080 ◇ latin *sinister* → 1 sinistre ■ VX Gauche. ♦ (fin XVe) BLAS. *Le côté sénestre de l'écu,* le côté gauche (par rapport au personnage qui est censé le porter). VIEILLI *À sénestre :* à gauche. ♦ (1834) ZOOL. *Coquille sénestre,* dont l'enroulement se fait dans le sens inverse de celui des aiguilles d'une montre (si on la regarde par le sommet). — On écrit aussi *senestre.* ■ CONTR. Dextre.

SÉNESTROCHÈRE [senɛstʀɔkɛʀ] **n. m.** – 1690 ◇ de *sénestre* et grec *kheir* «main» ■ BLAS. Bras gauche représenté sur un écu. — On écrit aussi *senestrochère.*

SÉNESTRORSUM [senɛstʀɔʀsɔm] **adj. inv.** et **adv.** /adj. et adv./ – 1904 ◇ variante, d'après *sénestre,* de *sinistrorsum* (1875), mot latin ■ DIDACT. Se dit d'un enroulement sénestre (contraire au sens des aiguilles d'une montre). — On écrit aussi *senestrorsum.* ■ CONTR. Dextrorsum.

SÉNEVÉ [sɛnve] **n. m.** /SÈNEVÉ/ – 1256 ; *seneve* XIIe ◇ latin *sinapi,* mot grec ■ Moutarde sauvage ; graine de cette plante. ➤ **sanve.** *La parabole du grain de sénevé dans l'Évangile.*

SÉNILE [senil] **adj.** – XVe, puis 1512 ◇ latin *senilis,* de *senex* «vieillard» ■ **1** De vieillard, propre à la vieillesse. *«d'une voix sénile mais encore bien accentuée»* GAUTIER. ♦ MÉD. *Involution sénile :* ensemble des phénomènes de régression d'un organe ou de l'organisme tout entier, dus à la vieillesse. — *Démence sénile. Atrophie sénile de la peau.* ■ **2** Atteint de sénilité. *Malgré ses quatre-vingt-dix ans, elle n'est pas du tout sénile.* — **n.** *«Acheter un nounours à sa mère, c'est la ranger parmi les séniles, les demeurés»* C. ORBAN. ■ CONTR. Enfantin, infantile, juvénile.

SÉNILISME [senilism] **n. m.** – 1903 ◇ de *sénile* ■ Gérontisme*.

SÉNILITÉ [senilite] **n. f.** – 1832 ◇ de *sénile* ■ Ensemble des aspects pathologiques et régressifs caractéristiques de la vieillesse. *Sénilité précoce.*

SÉNIOR ou **SENIOR** [senjɔʀ] **n.** et **adj.** – 1884 ◇ anglais *senior,* du latin «plus âgé» → seigneur ■ **1** Sportif plus âgé que les juniors et plus jeune que les vétérans. *Catégorie sénior. Joueurs séniors.* ■ **2 n.** Personne âgée de plus de 45 ans. *L'emploi des séniors. «Dans mon domaine, les compétences des seniors sont très valorisées»* D. FOENKINOS. ♦ Jeune retraité. ■ **3** Personne expérimentée dans une activité professionnelle. — **adj.** *Éditeurs juniors et éditeurs séniors.* ➤ **confirmé.** ■ CONTR. Junior.

SÉNIORITÉ [senjɔʀite] **n. f.** – v. 1970 ◇ anglais *seniority* ■ ANGLIC. ETHNOL. Prééminence et garanties déterminées par l'ancienneté* (2°) au sein d'un groupe social.

SENNE ➤ **SEINE**

SÉNOLOGIE [senɔlɔʒi] **n. f.** – 1976 ◇ mot mal formé, de *sein* et *-logie* ■ MÉD. Spécialité médicale qui étudie les affections du sein. — **n.** (1976) **SÉNOLOGUE.**

1 **SENS** [sɑ̃s] **n. m.** – fin XIe, au sens II, 1° ◇ du latin *sensus,* de *sentire* → sentir. *Sens,* au sens II, 1°, est à l'origine de *forcené*

I SENSATION ■ **1** (début XIIe) Faculté d'éprouver les impressions que font les objets matériels, correspondant à un organe récepteur spécifique. *Les cinq sens traditionnels.* ➤ **goût, odorat, ouïe, 2 toucher, vue.** *Les organes des sens* (➤ **sensoriel**). *«La vue est le sens de l'oiseau, l'odorat celui du poisson»* MICHELET. (1667) *Reprendre (l'usage de) ses sens :* reprendre connaissance après un évanouissement, une émotion violente. — (1762) *Le sixième sens :* l'intuition. *«c'est le sixième sens qui aide le pigeon voyageur à retrouver son pigeonnier»* M. BLANC. ♦ SING. COLLECT. LOC. (1661) *Cela tombe sous le sens :* cela va de soi, c'est évident. ■ **2** (1636) AU PLUR. LITTÉR. et VIEILLI **LES SENS.** Chez l'être humain, Instinct sexuel, besoin de le satisfaire. ➤ **chair, libido, sensualité.** *Les plaisirs des sens. «Ces hommes grossiers qui ne prennent les transports de l'amour que pour une fièvre des sens»* ROUSSEAU. *«Ses sens que suffisait [...] à éveiller une chair saine, plantureuse et rose»* PROUST. ■ **3** (1765) **LE SENS DE... :** faculté de connaître d'une manière immédiate et intuitive (comme par une sensation). ➤ **instinct.** *Avoir le sens du rythme, de l'orientation, des affaires. Le sens de l'humour, le sens du ridicule.* — *Manquer de sens pratique.* ♦ (1761) *Le sens moral :* la conscience morale.

II JUGEMENT ■ **1** (fin XIe) VX Faculté de bien juger. ➤ **discernement.** ■ **2** (milieu XIIe) MOD. **BON SENS :** capacité de bien juger, sans passion, en présence de problèmes qui ne peuvent être résolus par un raisonnement scientifique. ➤ **raison, sagesse.** *«Le bon sens [...] c'est la continuité mouvante de notre attention à la vie»* BERGSON. (1721) *Une personne de bon sens.* ➤ **sensé.** *Le simple bon sens. Gros, robuste bon sens :* bon sens un peu rudimentaire. *En dépit* du bon sens.* — LOC. (1905) **(Canada)** *Sans bon sens :* exagérément, déraisonnablement. *Elle se tourmente sans bon sens. Cela n'a pas de bon sens,* c'est terrible, épouvantable. *«Ça n'a pas de bon sens de boire de même !»* M.-S. LABRÈCHE. ■ **3** (1534) **SENS COMMUN :** manière de juger, d'agir commune à tous (qui équivaut au bon sens). *«Il suffirait qu'une pensée fût extraordinaire, qu'elle choquât le sens commun»* MUSSET. *Ça n'a pas le sens commun :* c'est déraisonnable. ■ **4** (début XIIe) Manière de juger (d'une personne). ➤ **avis, opinion, sentiment.** *À mon sens :* à mon avis, selon moi. *Abonder* dans le sens de qqn. Ce que vous dites va dans mon sens,* est proche de ce que je pense. ♦ Manière de voir, point de vue particulier. (1688) *En un sens, dans un sens :* d'un certain point de vue, d'une certaine manière. *«l'amour de soi : passion primitive [...] dont toutes les autres ne sont, en un sens, que des modifications»* ROUSSEAU. — *En ce sens que :* dans la mesure où, c'est-à-dire que. *«Thérèse avait moins d'esprit que lui, en ce sens qu'elle était naturellement rêveuse»* SAND.

III SIGNIFICATION ■ **1** (début XIVe) Idée ou ensemble d'idées intelligible que représente un signe ou un ensemble de signes. *Chercher le sens d'un mot, d'une expression, d'une phrase. Avoir du sens, un sens* (➤ **signifiance**). *«Cette allégorie a un sens très profond»* Mme DE STAËL. *Mot dénué de sens, vidé de son sens. L'amour «est un mot qui n'a pas de sens»* LOUŸS. *Faire sens :* avoir un sens, être intelligible. ♦ (début XIIe) SPÉCIALT Concept évoqué par un mot, une expression, correspondant à une possibilité de désignation (objet, sentiment, relation, etc.). ➤ **acception, signification, signifié, valeur ; sémantique.** *«On parle de synonymie lorsque plusieurs mots ont le même sens, et de polysémie lorsqu'un seul mot a des sens différents»* S. ULLMANN. *Sens propre, figuré. Sens étymologique, primitif. Au sens strict, large du terme.* ➤ **lato sensu, stricto sensu.** *«Nous prenons le mot de "responsabilité" en son sens banal»* SARTRE. *Dans tous les sens du terme. Sens nouveaux d'un mot. Mot à double sens :* calembour, équivoque. ■ **2** Idée intelligible à laquelle un objet de pensée peut être rapporté et qui sert à expliquer, à justifier son existence (cf. Raison* d'être). *«Il s'agissait de savoir si la vie devait avoir un sens pour être vécue»* CAMUS. *«Allez demander à l'une de mes cellules hépatiques le sens de sa vie»* H. LABORIT. *«l'unique moyen dont il dispose pour donner un sens à son engagement consiste à le maintenir envers et contre tout»* CAILLOIS. *Sens et non-sens.* ■ CONTR. Absurdité, déraison, non-sens. ■ HOM. Cens.

2 **SENS** [sɑ̃s] **n. m.** – *sen* début XIIe ◇ germanique *sinno* «direction», avec influence de 1 *sens* ■ **1** Direction ; position d'une droite dans un plan, d'un plan dans un volume. *Dans le sens de la largeur. «La ville et l'université avaient chacune leur grande rue particulière qui courait dans le sens de leur longueur»* HUGO. *Dans le bon, dans le mauvais sens :* droit, de travers. *Le sens d'un tissu* (droit fil, biais). *Tailler dans le sens du bois,* en suivant les fibres. *Caresser un chat dans le sens du poil. Mot qui se lit dans les deux sens.* ➤ **palindrome.** *Cela va, part dans tous les sens* (FIG. n'importe comment). *En tous sens. «Le bariolage des vieilles affiches, collées dans tous les sens»* ZOLA. ♦ **loc. adv.** (1562 ◇ altération de l'ancien français *c'en dessus dessous,* c.-à-d. *ce* [qui était] *en dessus...*) **SENS DESSUS DESSOUS** [sɑ̃dsydsu] : dans une position telle que ce qui devrait être dessus se trouve dessous et inversement (cf. À l'envers). PAR EXT. Dans un grand désordre. *«le salon encore encombré et sens dessus dessous»* HUGO. FIG. Dans un état de trouble, de confusion extrême. *On criait «les résultats de l'élection présidentielle.*

Cela mit le restaurant sens dessus dessous» ARAGON. ♦ (XIVe ◊ altération de l'ancien français *ce* ou *c'en devant derrière*) **SENS DEVANT DERRIÈRE** [sɑ̃dvɑ̃dɛʀjɛʀ] : dans une position telle que ce qui doit être devant se trouve derrière et inversement. *Mettre un pull-over sens devant derrière* (cf. Devant* derrière). ▪ **2** Ordre dans lequel un mobile parcourt une série de points ; mouvement orienté. *Chaque direction* a deux sens opposés ; si l'un est pris pour sens positif, l'autre est de sens négatif.* — *«Les larges routes sont divisées en six pistes, trois dans chaque sens»* BEAUVOIR. *Voie à sens unique, à double sens.* FIG. *Amour à sens unique,* non réciproque. *Panneau de sens interdit. Sens giratoire*. Sens d'une rotation :* à droite (*sens des aiguilles d'une montre* ou *sens rétrograde* ➤ **dextrorsum**), quand le mobile a le centre de rotation à sa droite ; à gauche (dans le cas contraire : *sens direct, positif, trigonométrique* ➤ **sénestrorsum**). *Un camion venait en sens inverse. Vous tournez la manivelle dans le mauvais sens.* ▪ **3** (ABSTRAIT) Direction que prend une activité. *Ces mesures vont dans le bon sens. «Quand l'opinion force le gouvernement à agir dans le sens qu'elle désire»* RENAN. *«Son intelligence toujours exercée dans le même sens»* PROUST. *Il a agi dans (en) ce sens.* ♦ Succession ordonnée et irréversible des états (d'une chose en devenir). *Le sens de l'histoire. Aller dans le sens du progrès.*

SENSATION [sɑ̃sasjɔ̃] **n. f.** – 1370, repris XVIIe ◊ bas latin *sensatio* «compréhension» ▪ **1** Phénomène psychophysiologique par lequel une stimulation externe ou interne a un effet modificateur spécifique (➤ 1 **sens**, I) sur l'être vivant et conscient ; état ou changement d'état ainsi provoqué, à prédominance affective (plaisir, douleur) ou représentative (perception). *«L'équivoque du terme* sensation *employé pour exprimer les modes* passifs *comme* actifs *de* l'âme : *ceux qui* affectent *comme ceux qui* représentent*»* MAINE DE BIRAN. *Sensations externes et internes* (➤ **esthésie**). *Sensations auditives, olfactives, tactiles, visuelles. Sensations thermiques. Sensation de brûlure, d'étouffement, de vertige.* ▪ **2** COUR. État psychologique à forte composante affective (distinct du *sentiment* par son caractère immédiat, et par un caractère physiologique plus marqué). ➤ **émotion, impression, ressenti.** *«Je ne puis dire quelles sensations j'éprouvai* [...] : *j'étais ému, tremblant, palpitant»* RIVAROL. *«Il eut la sensation d'être soulevé : ivresse joyeuse de l'acte»* MARTIN DU GARD. *«Elle rencontra le mur* [...] *et eut la sensation qu'on l'y clouait»* GREEN. *Être avide de sensations nouvelles, intenses. Aimer les sensations fortes.* ▪ **3** Impression produite sur plusieurs personnes. *«Sensation profonde et prolongée. L'audience est comme suspendue»* HUGO. SPÉCIALT Forte impression. LOC. **FAIRE SENSATION.** *«elle réunissait tous les charmes capables de faire sensation»* SADE. — **loc. adj. À SENSATION :** qui fait ou est destiné à faire sensation. ➤ **sensationnel.** *La presse à sensation. Film à sensations.* ➤ **thriller.**

SENSATIONNALISME [sɑ̃sasjɔnalism] **n. m.** – 1909 ◊ de *sensationnel* ▪ Goût, recherche du sensationnel. *Presse assoiffée de sensationnalisme.*

SENSATIONNEL, ELLE [sɑ̃sasjɔnɛl] **adj.** – 1875 ; autre sens 1837 ◊ de *sensation* ▪ **1** Qui fait sensation, produit une vive impression sur le public. *Une nouvelle sensationnelle.* SUBST. *«À l'affût du sensationnel»* ROMAINS. ▪ **2** FAM. Remarquable, d'une valeur exceptionnelle (ABRÉV. FAM. et VIEILLI **SENSASS** [sɑ̃sas]). *«un jeu d'esquive sensationnel»* C. SIMON. ➤ **formidable,** FAM. **terrible.** *Un film sensationnel.* ➤ FAM. 2 **super** (cf. D'enfer).

SENSATIONNISME [sɑ̃sasjɔnism] **n. m.** – 1877 ◊ de *sensation* ▪ PHILOS. ➤ **sensualisme.** *Le sensationnisme de Condillac.* — **adj. et n. SENSATIONNISTE,** 1868.

SENSÉ, ÉE [sɑ̃se] **adj.** – 1580 ◊ de 1 *sens* ▪ Qui a du bon sens. ➤ **raisonnable, sage.** *Un homme sensé.* ♦ (CHOSES) Conforme à la raison. ➤ **judicieux, rationnel.** *Des paroles sensées.* ▪ CONTR. Absurde, déraisonnable, insensé. ▪ HOM. Censé.

SENSÉMENT [sɑ̃semɑ̃] **adv.** – 1531 *senseement* ◊ de *sensé* ▪ VX D'une manière sensée. *Agir sensément.* ▪ HOM. Censément.

SENSEUR [sɑ̃sœʀ] **n. m.** – v. 1970 ◊ anglais *sensor* ▪ ANGLIC. TECHN. ▪ **1** ABUSIVEMENT Capteur. ▪ **2** Dispositif optoélectronique de télédétection assurant le repérage de l'orientation dans l'espace d'un mobile. ▪ HOM. Censeur.

SENSIBILISATEUR, TRICE [sɑ̃sibilizatœʀ, tʀis] **adj. et n. m.** – 1858 ◊ du radical de *sensibilisation* ▪ **1** Qui sensibilise, peut sensibiliser. ♦ CHIM. Qui favorise une réaction. *Rôle sensibilisateur de l'eau.* ➤ **catalyseur.** — **n. m.** *Sensibilisateur chromatique :* colorant qui, ajouté à une émulsion photographique, la rend sensible à certains rayonnements. ▪ **2** IMMUNOL. *Substance sensibilisatrice :* substance qui apparaît dans le sérum d'un animal dans lequel se trouve introduit un antigène (qu'elle rend sensible à l'action de l'alexine).

SENSIBILISATION [sɑ̃sibilizasjɔ̃] **n. f.** – 1871 ; «action d'appliquer au concret» 1801 ◊ du latin *sensibilis* → sensible ▪ **1** PHOTOGR. Action de sensibiliser à la lumière, de rendre plus sensible à l'aide d'un sensibilisateur. ▪ **2** MÉD. Modification produite dans l'organisme par un agent physique, chimique ou biologique qui, précédemment supporté sans inconvénient, déclenche des manifestations pathologiques. *Sensibilisation aux antibiotiques.* ➤ **allergie, anaphylaxie, intolérance.** ▪ **3** FIG. Le fait de susciter l'intérêt (d'une personne, d'un groupe). *La sensibilisation de l'opinion à un problème.*

SENSIBILISER [sɑ̃sibilize] **v. tr.** ⟨1⟩ – 1839 ; «rendre perceptible» 1803 ◊ du radical latin de *sensible* ▪ **1** VX Rendre sensible, pénétrer de sensibilité. — **p. p. adj.** *«ce théisme doucement rationalisé et sensibilisé»* SAINTE-BEUVE. ▪ **2** (1859) Rendre sensible à l'action de la lumière (une plaque, une couche photographique). ▪ **3** MÉD. Provoquer une sensibilisation (2o) chez (un être vivant). ▪ **4** COUR. Rendre sensible, faire réagir à... (surtout au p. p.). *L'opinion publique est aujourd'hui sensibilisée à ce problème. «Je ne suis pas "sensibilisé" à cet événement»* VALÉRY. — PRONOM. *Le public s'est sensibilisé à ce problème.*

SENSIBILITÉ [sɑ̃sibilite] **n. f.** – 1314 ◊ bas latin *sensibilitas* ▪ **1** Propriété (d'un être vivant, d'un organe) d'être informé des modifications du milieu (extérieur ou intérieur) et d'y réagir par des sensations. ➤ **esthésie, excitabilité, réceptivité, sensation.** *Sensibilité tactile* ou *extéroceptive, viscérale* ou *intéroceptive, proprioceptive.* — *Sensibilité différentielle :* sensibilité à une différence entre deux stimulations. ▪ **2** Propriété de l'être humain sensible (I, 2o), traditionnellement distinguée de l'intelligence et de la volonté. ➤ **affectivité, cœur.** *«Un je ne sais quoi de frémissant qui trahissait une sensibilité restée vive et neuve»* BOURGET. *Une sensibilité à fleur* de peau. La sensibilité de l'artiste. «La sensibilité n'est guère la qualité d'un grand génie* [...] *Ce n'est pas son cœur, c'est sa tête qui fait tout»* DIDEROT. *Œuvre empreinte de sensibilité. «Des pages pleines de sensibilité»* GAUTIER. ➤ **émotion, sentiment.** *La sensibilité romantique,* propre aux artistes, aux personnes de l'époque romantique. ♦ SPÉCIALT Faculté d'éprouver la compassion, la sympathie. ➤ **humanité, pitié, tendresse.** *Manquer de sensibilité. «La sensibilité qui les rend humains»* MADELIN. ▪ **3** Aptitude à détecter et à amplifier de faibles variations (d'une grandeur). *La sensibilité d'un instrument de mesure.* — Aptitude à réagir rapidement à un contact. *Sensibilité d'un explosif.* — TÉLÉCOMM. *Sensibilité d'un récepteur,* son aptitude à capter les signaux. — PHOTOGR. Réponse d'une émulsion photographique à une quantité de lumière donnée (➤ **ASA, DIN, ISO**). *Mesure de sensibilité.* ➤ **sensitométrie.** — *Sensibilité à... :* le fait d'être sensible, de réagir à... ♦ PSYCHOL. *Sensibilité d'un test,* son degré d'aptitude à la discrimination et au classement des individus. ▪ **4** POLIT. Opinion, tendance, courant. *Les diverses sensibilités à l'intérieur d'un parti.* ▪ CONTR. Insensibilité ; froideur ; dureté.

SENSIBLE [sɑ̃sibl] **adj.** – XIIIe ◊ latin *sensibilis* «qui peut être senti» ; «qui peut sentir», en latin médiéval

I (SENS ACTIF) **QUI PEUT SENTIR, RÉAGIR** ▪ **1** Capable de sensation et de perception. *Les êtres sensibles. «avoir l'ouïe sensible, fine et juste»* ROUSSEAU. *«si le système nerveux n'est pas sensible jusqu'à la douleur ou jusqu'à l'extase»* MAUPASSANT. — **SENSIBLE À... :** excitable par..., capable de percevoir. *L'oreille humaine n'est pas sensible à certains sons. «Il semble que certaines réalités transcendantes émettent autour d'elles des rayons auxquels la foule est sensible»* PROUST. ♦ SPÉCIALT Que le moindre contact rend douloureux ou fait souffrir. *Endroit, point sensible.* ➤ **névralgique.** *Chaussures pour pieds sensibles. Rendre moins sensible.* ➤ **désensibiliser, insensibiliser.** — *Être sensible de la gorge,* fragile. ♦ PHILOS. Qui est le fait des sens. *L'intuition* sensible.* ▪ **2** (PERSONNES) Capable de sentiment, d'une vie affective intense ; apte à ressentir profondément les impressions et à y intéresser sa personne tout entière. ➤ **émotif, impressionnable.** *«Je résolus, par cela seul que j'étais sensible, de me montrer impassible»* LACLOS. *Les âmes sensibles. Tu es trop sensible.* ➤ **vulnérable.** *Film déconseillé aux personnes sensibles.* — SUBST. *C'est un, une sensible.* ➤ 2 **tendre.** ♦ SPÉCIALT Particulièrement prompt à éprouver les sentiments de compassion, d'humanité. ➤ 2 **aimant,** 1 **bon, compatissant, humain,** 2 **tendre.** *«Les généreux élans des cœurs sensibles»* MARTIN DU GARD. ♦ **SENSIBLE À... :** qui se laisse toucher par, ressent vivement. ➤ **accessible, réceptif.** *J'ai été très sensible à cette attention. L'opinion est sensible à ce problème.*

Sensible au charme de qqn, à la force de certains arguments. Elle n'est pas sensible à ton humour. ▪ **3** (CHOSES) Qui réagit au contact, à de faibles variations. *Balance sensible. — Faire vibrer la corde* sensible.* ♦ Qui est impressionné par la lumière. *Pellicule, plaque, émulsion sensible, ultrasensible,* rapide (➤ **sensitométrie**). ♦ MUS. *Note sensible* ou n. f. *la sensible :* septième degré de la gamme diatonique, un demi-ton au-dessous de la tonique.

II (SENS PASSIF) **QUI EST SENTI, PERÇU** (début XIVe) ▪ **1** Qui peut être perçu par les sens. ➤ **matériel, palpable, tangible, visible.** *Le monde sensible. «une coloration légère [...] à peine sensible»* (BAUDELAIRE, trad. de POE). — *Sensible à... :* qui peut être perçu par. ➤ **perceptible.** *Bruissement sensible à l'oreille. «La panne d'oxygène n'est pas sensible à l'organisme»* SAINT-EXUPÉRY. ▪ **2** Assez grand pour être perçu, et PAR EXT. non négligeable. ➤ **apparent, appréciable, notable.** *Sensible amélioration. Baisse sensible des prix.* ▪ **3** VIEILLI Qui se fait douloureusement sentir. ➤ **pénible.** *«vous m'avez fait les maux qui pouvaient m'être les plus sensibles»* ROUSSEAU. ▪ **4** ANGLIC. Très délicat, qui requiert une attention, des précautions particulières, à cause des réactions possibles. *Dossier sensible. Banlieues sensibles. «la situation économique de ces zones que les décrets qualifiaient de "sensibles"»* J. ALMIRA. *Quartier sensible.* ➤ **difficile.** *Matériel, technologie sensible.*

▪ CONTR. Insensible. Dur, 1froid.

SENSIBLEMENT [sɑ̃sibləmɑ̃] adv. – 1314 ◊ de *sensible* ▪ **1** VIEILLI D'une manière sensible (II). ➤ **visiblement.** *«Jamais mon zèle, ma confiance, ne se montrèrent plus sensiblement»* ROUSSEAU. ♦ MOD. Autant que les sens ou l'intuition puissent en juger, à peu près. *Ils sont sensiblement de la même taille.* ▪ **2** COUR. D'une manière appréciable. ➤ **notablement.** *«Votre conclusion déborde sensiblement vos prémisses»* GIDE. ▪ CONTR. Insensiblement.

SENSIBLERIE [sɑ̃sibləʀi] n. f. – 1782 ◊ de *sensible* ▪ Sensibilité outrée et déplacée, compassion un peu ridicule.

SENSITIF, IVE [sɑ̃sitif, iv] adj. – 1265 ◊ latin médiéval *sensitivus* ▪ **1** VX Qui appartient aux sens, à la sensibilité. *«La partie intelligente combat la partie sensitive»* BOSSUET. ♦ MOD. PHYSIOL. Relatif aux sensations. ➤ **sensoriel.** — SPÉCIALT Qui est capable de transformer une stimulation en influx nerveux et de le transmettre ou d'y réagir. *Nerfs moteurs et nerfs sensitifs.* ▪ **2** (1587) LITTÉR. Particulièrement sensible, qu'un rien peut blesser. — SUBST. *«Le sensitif et le tourmenté qu'il était»* BOURGET. ▪ **3** *Appareil à touches sensitives,* que l'on actionne par simple effleurement.

SENSITIVE [sɑ̃sitiv] n. f. – 1665 ; *herbe sensitive* 1639 ◊ de *sensitif* ▪ Mimosa dont les feuilles se rétractent au contact.

SENSITOMÉTRIE [sɑ̃sitɔmetʀi] n. f. – 1904 ◊ de *sensitomètre* «appareil à mesurer la sensibilité photographique», du radical de *sensible* et *-métrie* ▪ PHOTOGR. Étude, mesure de la sensibilité des émulsions photographiques. — adj. **SENSITOMÉTRIQUE,** 1904.

SENSORIEL, IELLE [sɑ̃sɔʀjɛl] adj. – 1839 ; *sensorial* 1830 ; *sensoire* 1541 ◊ du bas latin *sensorium* «organe d'un sens» ▪ PHYSIOL., PSYCHOL. Qui concerne les organes des sens, la sensation (considérée sous son aspect objectif, représentatif), les modalités différentes de la sensation. *Le système, les récepteurs sensoriels. Nerf sensoriel,* en relation avec un organe des sens.

SENSORIMÉTRIE [sɑ̃sɔʀimetʀi] n. f. – milieu XXe ◊ du radical de *sensoriel* et *-métrie* ▪ PSYCHOL. Partie de la psychophysique qui étudie les variations de la sensation par rapport aux variations du stimulus. — adj. **SENSORIMÉTRIQUE.**

SENSORIMOTEUR, TRICE [sɑ̃sɔʀimɔtœʀ, tʀis] adj. – 1879 ◊ du radical de *sensoriel* et *moteur* ▪ PHYSIOL., PSYCHOL. Qui concerne à la fois les fonctions sensorielles et la motricité. *Les «systèmes sensori-moteurs que l'habitude a organisés»* BERGSON.

SENSUALISME [sɑ̃sɥalism] n. m. – 1803 ◊ du latin *sensualis* «des sens» ▪ PHILOS. Doctrine d'après laquelle toutes les connaissances viennent des sensations. ➤ **sensationnisme.** *Le sensualisme de Condillac.* ♦ Doctrine selon laquelle le beau s'identifie à l'agréable.

SENSUALISTE [sɑ̃sɥalist] adj. et n. – 1801 ◊ de *sensualisme* ▪ PHILOS. Qui appartient au sensualisme, soutient le sensualisme. *«Le mot* sensualiste *appelle naturellement l'idée d'un matérialisme pratique qui sacrifie aux jouissances des sens [...] rien ne s'applique moins à Condillac»* SAINTE-BEUVE.

SENSUALITÉ [sɑ̃sɥalite] n. f. – 1490 ; «sensibilité» 1190 ◊ latin impérial *sensualitas* «sensibilité» → sensuel ▪ **1** LITTÉR. Tempérament, goût d'une personne sensuelle. *«cette sensualité qui faisait de moi une goutte d'eau traversée de soleil, traversée des formes et des couleurs du monde»* GIONO. ♦ SPÉCIALT et COUR. (dans l'amour physique) *«son comportement déborde du plus charnel amour, de sensualité»* GIDE. ➤ **érotisme, luxure.** ▪ **2** Caractère sensuel (de qqch.). *«la sensualité diffuse de l'étreinte»* BARTHES. ▪ CONTR. Froideur.

SENSUEL, ELLE [sɑ̃sɥɛl] adj. – 1370 ◊ bas latin *sensualis* «sensible, relatif aux sens» ▪ **1** Propre aux sens, émanant des sens. ➤ 2**animal, charnel.** *«L'amour sensuel ne peut se passer de la possession»* ROUSSEAU. ▪ **2** (PERSONNES) LITTÉR. Porté à rechercher et à goûter tout ce qui flatte les sens. ➤ **épicurien, sybarite, voluptueux.** *Cette «société tout imprégnée encore des mœurs du* XVIIIe *siècle, était sensuelle et non sentimentale»* MAUROIS. — SPÉCIALT et COUR. (dans l'amour physique) *«Une maîtresse sensuelle, infatigable, savante»* ROMAINS. ➤ **lascif, luxurieux.** ▪ **3** Qui annonce ou évoque la sensualité, un tempérament voluptueux. *Une bouche sensuelle. «il la déshabillait d'un regard connaisseur et sensuel»* SARTRE. — adv. **SENSUELLEMENT,** 1422.
▪ CONTR. Frigide, 1froid.

SENT-BON [sɑ̃bɔ̃] n. m. inv. – 1530 ◊ de *sentir* et 1*bon* ▪ FAM. lang. enfantin Parfum. *«le sent-bon quotidien du père : une essence de jasmin diluée dans l'alcool»* Y. QUEFFÉLEC.

SENTE [sɑ̃t] n. f. – milieu XIIe ◊ latin *semita* ▪ RÉGION. ou LITTÉR. Sentier.

SENTENCE [sɑ̃tɑ̃s] n. f. – 1190 ◊ latin *sententia,* de *sentire* «juger» ▪ **1** Décision rendue par un juge ou un arbitre. *Prononcer, rendre, exécuter une sentence.* ➤ **arrêt, décret, jugement, verdict.** *«sous le coup d'un arrêt de mort, entre la sentence et l'exécution»* CHATEAUBRIAND. ♦ Jugement, opinion. *«la sentence prononcée par le médecin de Paris»* BALZAC. ▪ **2** (1509) VIEILLI Pensée (surtout sur un point de morale) exprimée d'une manière dogmatique et littéraire. ➤ 1**adage, aphorisme, apophtegme, maxime.** *Ils «viennent à moi dans l'espoir de m'entendre prononcer quelques sentences mémorables»* GIDE.

SENTENCIEUSEMENT [sɑ̃tɑ̃sjøzmɑ̃] adv. – 1555 ◊ de *sentencieux* ▪ D'une manière sentencieuse. *«Quand on est bonne mère, ça fait tout pardonner, dit sentencieusement madame Maloir»* ZOLA.

SENTENCIEUX, IEUSE [sɑ̃tɑ̃sjø, jøz] adj. – XIIIe ◊ latin *sententiosus* ▪ **1** VX Qui contient des sentences. ➤ **gnomique.** ▪ **2** (XVIIe) MOD. ; PÉJ. ou IRON. Qui s'exprime de manière solennelle et affectée. ➤ **dogmatique, grave, pompeux.** *«sentencieux dans ses propos mais espiègle dans ses attitudes»* MARTIN DU GARD. *Un ton sentencieux.*

SENTEUR [sɑ̃tœʀ] n. f. – fin XIVe ◊ de *sentir* ▪ **1** LITTÉR. Odeur agréable, parfum. *La senteur des pins. Une senteur fraîche, balsamique. Eau de senteur :* parfum sans alcool. ♦ COUR. *Pois* de senteur.* ▪ **2** (Canada) Odeur (quelconque). *Une senteur de moisi, de fumée.*

SENTI, IE [sɑ̃ti] adj. et n. m. – 1758 ◊ de *sentir* ▪ **1** LITTÉR. Empreint de sincérité, de sensibilité. ♦ COUR. **BIEN SENTI :** exprimé avec conviction et habilement présenté. *«Profitez-en pour placer quelques mots bien sentis»* ROMAINS. ▪ **2** n. m. (XXe) PHILOS. *Le senti.* Ce qui est senti, ressenti ; le résultat de la faculté de sentir.

SENTIER [sɑ̃tje] n. m. – milieu XIIe ; *senter* 1080 ◊ p.-ê. latin populaire °*semitarius,* de *semita* → sente ▪ Chemin étroit pour les piétons et les bêtes. ➤ 2**laie,** 1**layon, sente.** *Sentier forestier, pédestre. Sentier balisé. Sentier de grande randonnée. «Le sentier de cette crique, plein de nœuds et de coudes, presque à pic, et meilleur pour les chèvres que pour les hommes»* HUGO. *Sentier muletier.* — FIG. *Les sentiers de la gloire.* — LOC. *Sentiers battus*.* (adaptation de l'anglais, à propos des Indiens d'Amérique) *Être sur le sentier de la guerre :* se préparer au combat, à l'affrontement.

SENTIMENT [sɑ̃timɑ̃] n. m. – 1314, réfection de *sentement* (1190) ◊ de *sentir*

I ▪ **1** VX Sensation, sensibilité (1°). *«Elle était sans sentiment et presque sans vie»* DIDEROT. ▪ **2** CHASSE Odorat ou odeur des bêtes.

II MOD. ▪ **1** Conscience plus ou moins claire, connaissance comportant des éléments affectifs et intuitifs. ➤ **impression.** *Avoir, éprouver un sentiment de solitude, d'impuissance. «Le sentiment momentané de mon isolement ne m'accablait plus»* LAMARTINE. — (Avec l'inf.) *Elle avait le sentiment d'avoir bien fait.* (Avec *que* et l'indic.) *J'ai le sentiment qu'il fait fausse route.* ▪ **2** Capacité de sentir, d'apprécier (un ordre de choses ou de valeurs). ➤ **instinct,** 1**sens.** *Le Français «n'a nullement le sentiment des arts ; [...] il a celui [...] du comique»* STENDHAL. ▪ **3** LITTÉR. Jugement, opinion qui se fonde sur une appréciation subjective (et non sur un raisonnement logique). ➤ **avis, idée, point de vue.** *Exposer son sentiment. C'est aussi mon sentiment.*

III COUR. ▪ **1** État affectif complexe, assez stable et durable, lié à des représentations. ➤ **émotion, passion.** *Sentiment et sensation. Éprouver un sentiment vague, indéfinissable. Manifester, exprimer ses sentiments.* «*un sentiment naît, grandit, s'épanouit, se dessèche comme une plante*» BOURGET. «*ces sentiments purs qui assurent l'intégrité des êtres et des cités, l'estime, le mépris, l'indignation, l'admiration*» GIRAUDOUX. *Sentiment religieux, esthétique, patriotique. Les grands sentiments* (souvent iron.). «*C'est avec les bons sentiments qu'on fait la mauvaise littérature*» GIDE. ◆ SPÉCIALT Amour. *Un sentiment profond, passionné.* «*Elle partage mes sentiments*» BLOY. LOC. (souvent iron.) *Ça n'empêche pas les sentiments,* ça ne veut pas dire qu'il n'y ait pas d'affection. ◆ *Les sentiments :* les sentiments généreux, les inclinations altruistes. «*Dans ce monde égoïste* [...] *on ne fait pas son chemin par les sentiments*» BALZAC. ◆ (Dans les formules de politesse) *L'expression de mes sentiments respectueux, distingués, dévoués. Avec mes meilleurs sentiments.* ▪ **2** ABSOLT *Le sentiment :* la vie affective, la sensibilité, par opposition à l'action, à la raison. «*c'est, non par la réflexion et l'intelligence, mais bien par le sentiment qu'on atteint les vérités les plus hautes et les plus pures*» FRANCE. ◆ FAM. Démonstrations sentimentales. *Pas tant de sentiment ! Tu ne m'auras pas au sentiment.* LOC. *Faire du sentiment :* mêler des éléments affectifs à une situation où ils n'ont pas à intervenir. FAM. *Il nous le fait (ou la fait) au sentiment.* ◆ Expression de la sensibilité. *Elle a chanté avec beaucoup de sentiment.*

SENTIMENTAL, ALE, AUX [sɑ̃timɑ̃tal, o] **adj.** – 1769, dans la traduction de *The Sentimental Journey,* de Sterne ◊ anglais *sentimental* (1749), de *sentiment,* emprunté au français ▪ **1** Qui concerne l'amour ; amoureux. «*la jalousie du passé, maladie des très jeunes gens aux débuts de leur vie sentimentale*» LARBAUD. «*L'Éducation sentimentale*», *roman de Flaubert.* ▪ **2** Qui provient de causes d'ordre affectif, n'est pas raisonné ni intéressé. «*L'attachement sentimental de chaque Américain pour son pays d'origine*» SARTRE. ▪ **3** Qui est sensible, rêveur, donne de l'importance aux sentiments tendres, et les manifeste volontiers. ➤ **romanesque,** 2 **tendre** (cf. Fleur* bleue). *Il est un peu trop sentimental.* — *Étant* «*plus sentimentale qu'artiste, cherchant des émotions et non des paysages*» FLAUBERT. — SUBST. *C'est une grande sentimentale.* ◆ CARACTÉROL. Émotif non actif (opposé à *actif*). ▪ **4** Empreint d'une sensibilité mièvre, de beaux sentiments plus que de pensée solide. *Des romances sentimentales.* ▪ CONTR. Insensible. Actif, 2 pratique.

SENTIMENTALEMENT [sɑ̃timɑ̃talmɑ̃] **adv.** – 1845 ◊ de *sentimental* ▪ D'une manière sentimentale. «*Je fis tresser les deux mèches ensemble et je les portai sentimentalement sur mon cœur*» GAUTIER.

SENTIMENTALISME [sɑ̃timɑ̃talism] **n. m.** – 1801 ◊ de *sentimental* ▪ Tendance à la sentimentalité*. «*On faisait de l'esprit* [...] ; *mais cela était empreint de sentimentalisme*» NERVAL.

SENTIMENTALITÉ [sɑ̃timɑ̃talite] **n. f.** – 1804 ◊ de *sentimental* ▪ Caractère d'une personne, d'une œuvre sentimentale (souvent péj.). *Une sentimentalité excessive, niaise, déplacée.* ➤ **sentimentalisme.**

SENTINE [sɑ̃tin] **n. f.** – fin XIIe ◊ latin *sentina* ▪ **1** MAR. Endroit de la cale d'un navire où s'amassent les eaux. ▪ **2** LITTÉR. Lieu sale et humide. ➤ **cloaque.** «*La cuisinière chasse les ordures de la maison en nettoyant cette sentine*» BALZAC. ◆ FIG. «*l'odieux Bicêtre* [...] *cette horrible sentine de vices*» JAURÈS.

SENTINELLE [sɑ̃tinɛl] **n. f.** – 1546 ◊ italien *sentinella,* de *sentire* «entendre», latin *sentire* ▪ **1** Personne, soldat qui a la charge de faire le guet devant un lieu occupé par l'armée, de protéger un lieu public, etc. ➤ **factionnaire, guetteur.** «*Il y a, devant des guérites, entre un haut mur et un fossé, des sentinelles*» ROMAINS. ▪ **2** (Dans des loc.) Guet, surveillance que fait un soldat. *Faire sentinelle* (VX), *être en sentinelle,* en faction. — PAR EXT. *Les concierges* «*en sentinelle sur le seuil*» ROMAINS. ▪ **3** APPOS. Qui permet de surveiller une situation, un processus. — MÉD. *Ganglion sentinelle,* témoin de l'évolution d'un cancer. ◆ ÉCOL. *Sentinelle (écologique) :* espèce animale ou végétale qui sert d'indicateur précoce des changements d'un écosystème. *Le poisson, sentinelle des milieux aquatiques. Les coquillages* «*sont considérés comme des sentinelles : leur état de santé reflète fidèlement la qualité de l'environnement*» ORSENNA. — APPOS. *Espèces sentinelles.*

SENTIR [sɑ̃tiʀ] **v. tr.** ‹16› – fin XIe au sens I, B, 2° ◊ du latin *sentire*

I LE SUJET EST UN ÊTRE SENSIBLE **A.** AVOIR UNE SENSATION (milieu XIIe) Avoir la sensation ou la perception de (un objet, un fait, une qualité). ➤ **percevoir.** REM. Ne s'emploie pas pour les sensations auditives. «*Pour sentir sur leurs paumes la fraîcheur vivante de l'eau*» GENEVOIX. «*Elle sentit cette main qui lui effleurait la joue*» MONTHERLANT. «*Une saveur âcre qu'elle sentait dans sa bouche*» FLAUBERT. *Il n'a pas senti la piqûre. Je n'ai rien senti :* je n'ai pas eu mal. LOC. FAM. *Le, la sentir passer.* ◆ FAM. *Je ne sens plus mes jambes :* je suis fatigué d'avoir trop marché. ◆ (milieu XIIe) SPÉCIALT Avoir la sensation de (une odeur). *Je sens une bonne odeur de soupe.* ➤ **flairer, humer, renifler.** *Cheval qui sent l'écurie*.* — LOC. FAM. (1788) *Ne pas pouvoir sentir qqn :* ne pas pouvoir le souffrir ; le détester. ➤ POP. **blairer, pifer.** *Les* «*Parisiens, qu'ils ne peuvent d'ailleurs pas sentir, sauf l'été*» G. PERROS.

B. AVOIR OU PRENDRE CONSCIENCE ▪ **1** (1555) Avoir ou prendre conscience plus ou moins nettement de... *Sentir le danger. Il ne sent pas sa force* (cf. Se rendre compte* de). «*Ils sentent alors leur néant sans le connaître*» PASCAL. — «*Un riche laboureur, sentant sa mort prochaine*» LA FONTAINE. (Suivi d'une complétive ou d'une interrogative indirecte) *Sentir que..., combien..., pourquoi... On sent qu'il est triste.* ▪ **2** (fin XIe) Connaître ou reconnaître par l'intuition. ➤ **deviner, discerner.** *Ce sont des choses qu'on sent.* «*Ce que notre instinct sentait, sans l'expliquer, c'est à notre raison de le prouver*» R. ROLLAND. ➤ **pressentir.** — FAM. *Ne pas sentir (qqch., qqn), le sentir bien :* avoir une mauvaise, une bonne impression (à propos de qqch., qqn). — «*J'annule cette mission : je ne la sens pas*» SAN-ANTONIO. *Fais comme tu (le) sens,* à ton idée, comme tu crois devoir faire.

C. ÉPROUVER, RESSENTIR ▪ **1** (1694) Avoir un sentiment esthétique de (qqch.). ➤ **apprécier,** 1 **goûter.** *Sentir la beauté d'une œuvre d'art.* ▪ **2** (milieu XIIe) Être affecté agréablement ou désagréablement par (qqch.). ➤ **éprouver, ressentir.** «*Cet élan que je sentirais pour mon pays s'il était menacé*» LOTI. — ABSOLT «*Quand je suis au travail, je n'essaye jamais de penser, seulement de sentir*» MATISSE. ▪ **3** (milieu XIIIe) *Faire sentir... :* faire qu'on sente, qu'on se rende compte de... «*Je voudrais essayer ici de faire sentir ce défaut*» SAINTE-BEUVE. «*Il me faisait sentir que je n'étais pas né comme lui*» GIDE. — (1690) (CHOSES) *Se faire sentir :* devenir sensible. ➤ **s'exercer,** se **manifester.** *Des divergences se sont fait sentir.*

II LE SUJET EST UNE CHOSE OU UNE PERSONNE, LE COMPLÉMENT EXPRIME UNE QUALITÉ DU SUJET ▪ **1** (milieu XIIIe) Dégager, répandre une odeur de. ➤ **fleurer.** *Cette fleur ne sent rien. Cette pièce sent le renfermé. Ce rôti sent bon.* ➤ **embaumer.** *Ça sent mauvais, ici !* ➤ **empester, puer ;** FAM. **chlinguer, cogner, fouetter.** ◆ ABSOLT, FAM. Sentir mauvais. *Il sent des pieds.* ◆ (1656) PAR MÉTAPHORE *Sentir le fagot*, le roussi*, le sapin*... Ça sent mauvais,* FAM. *ça sent le pâté :* les choses prennent une mauvaise tournure (cf. Ça pue). PROV. *La caque* sent toujours le hareng.* ▪ **2** FIG. (1527) Donner une impression de, évoquer à l'esprit l'idée de. ➤ **indiquer, révéler.** *Ça sent l'hiver.* «*Son costume bleu sent la confection à dix pas*» Z. OLDENBOURG.

III SE SENTIR v. pron. ▪ **1** (PASS.) (1637) Être senti. «*Le vrai bonheur ne se décrit pas, il se sent*» ROUSSEAU. *Mais voyons, ça se sent !,* c'est une chose qu'on sent, qui n'a pas besoin de démonstration. ▪ **2** (RÉFL.) (1662) VX Être maître de soi. — (1668) MOD. *Ne pas se sentir de :* être hors de soi, grisé de... «*À ces mots, le corbeau ne se sent pas de joie*» LA FONTAINE. FAM. *Depuis sa promotion, il ne se sent plus* (cf. Avoir la grosse tête*). ◆ (Avec un inf.) Avoir l'impression, le sentiment de. *Il se sentait renaître.* «*chacun se sentait se défaire du carcan de la semaine*» D. BOULANGER. FAM. *Il se sent plus pisser :* il ne se sent plus (de prétention). — (fin XIe) (Avec un attribut, un compl. d'état) Avoir l'impression, le sentiment d'être. *Se sentir tout drôle, bizarre.* «*Se sentir inutile est pire encore que de se sentir coupable*» RAMUZ. *Se sentir bien, mal dans sa peau. Le malade se sent mieux. Elle* «*s'éloigna, triste – se sentant si peu de chose*» MAURIAC. — FAM. *Se (s'en) sentir de* (et l'inf.) : avoir envie de. «*Je ne me sentais pas d'ainsi m'en aller rassurer chacun des membres de la sainte équipe*» DJIAN. ▪ **3** (1580) (RÉFL. IND.) Sentir comme étant en soi ou à soi. «*Elle se sentait un cœur toujours jeune*» MAUPASSANT. *Se sentir la force, le courage de* (et l'inf.) : avoir. *Il ne se sentit pas la force d'achever. Je ne m'en sens pas le courage.* — (Avec un attribut) «*Il se sentait le cœur plus libre*» DAUDET. ▪ **4** (RÉCIPR.) *Ils ne peuvent pas se sentir :* ils se détestent.

1 **SEOIR** [swaʀ] **v. intr.** ‹26 ; part. *séant*, sis**› – v. 1000 *seder* ◊ latin *sedere* ▪ VX Être assis. ▪ HOM. Soir.

2 **SEOIR** [swaʀ] **v. intr.** ‹26 ; seult 3e pers. prés., imp., fut., condit. et p. prés.› – XIIe ◊ latin *sedere* « être fixé dans l'esprit, être la volonté de qqn » ■ VIEILLI ou LITTÉR. Convenir, aller. *« la majestueuse sérénité qui sied seule à un souverain »* TOURNIER. *Un « prénom gentil qui seyait à sa carrure, comme une cravate de tulle à un rhinocéros »* COLETTE (➤ **seyant**). ◆ IMPERS. ➤ **convenir.** *Comme il sied* (➤ 2 **séant**). *« Il sied de se défier de ce qui vous flatte »* GIDE. *« Puisqu'on n'est pas rentier et qu'il sied qu'on travaille »* VERLAINE. ■ CONTR. Messeoir.

SEP ➤ **CEP** (2°)

SÉPALE [sepal] **n. m.** – 1790 ◊ latin des botanistes *sepalum*, grec *skepê* « enveloppe » et terminaison de *petalum* → pétale ■ BOT. Chaque foliole du calice d'une fleur. *Sépales libres, soudés* (➤ **gamosépale**). *En forme de sépale* (**SÉPALOÏDE adj.**, 1871).

SÉPARABLE [sepaʀabl] **adj.** – 1372 ◊ latin *separabilis* ■ Qui peut être séparé (d'autre chose, d'un ensemble). ➤ **dissociable, isolable.** *« Cette liberté politique paraît difficilement séparable des notions d'égalité »* VALÉRY. — *Particule séparable,* qui peut être séparée du mot avec lequel elle se combine (SPÉCIALT en allemand, préverbe susceptible d'être séparé du verbe). ■ CONTR. Inséparable.

SÉPARATEUR, TRICE [sepaʀatœʀ, tʀis] **adj.** et **n. m.** – v. 1560 ◊ latin *separator* ■ DIDACT., TECHN. ■ **1** Qui sépare, a la propriété de séparer. — PHYS. *Pouvoir séparateur d'un instrument d'optique, de l'œil,* sa capacité à distinguer séparément deux objets rapprochés. ➤ **résolvance** (cf. Limite de résolution*). ■ **2 n. m.** (1859) Appareil destiné à séparer les composants d'un mélange. — *Séparateur d'isotopes :* spectromètre de masse utilisé pour séparer des corps isotopes. — Appareil (dépoussiéreur, épurateur, filtre) permettant d'isoler certains éléments. ◆ CHIR. DENT. Instrument servant à écarter une dent de sa voisine. ◆ Cloison isolante entre les plaques d'un accumulateur. ◆ INFORM. Délimiteur*.

SÉPARATION [sepaʀasjɔ̃] **n. f.** – 1314 ◊ latin *separatio* ■ **1** Action de séparer, de se séparer, fait d'être séparé. ➤ **désagrégation, disjonction, dislocation, dispersion ; dis-.** *La séparation des éléments d'un mélange. Séparation des isotopes* (à partir d'un mélange, par centrifugation, diffusion thermique, spectrographie de masse, etc.). — *Séparation des attributions, des compétences.* ➤ **distinction.** *Le principe de la séparation des pouvoirs.* ➤ **cloisonnement.** *Séparation d'un parti en différentes tendances.* ➤ **scission.** — *Séparation de l'Église et de l'État.* ■ **2** (1456) (PERSONNES) Fait de se séparer, de se quitter (par suite d'un départ ou d'une rupture). *« bien souvent, pour que nous découvrions que nous sommes amoureux* [...] *il faut qu'arrive le jour de la séparation »* PROUST. ◆ DR. *Séparation de fait* (ou *amiable*) : état de deux époux qui ont convenu de vivre séparément. — COUR. *Séparation de corps :* suppression du devoir de cohabitation par décision juridictionnelle, sans qu'il y ait divorce. — *Séparation de biens :* régime matrimonial dans lequel chacun des époux conserve la propriété de ses biens personnels. *Être marié sous le régime de la séparation.* — *Séparation des patrimoines :* privilège accordé aux créanciers d'une succession sur les créanciers des héritiers. ■ **3** (1549) Objet ou espace qui empêche un objet, un lieu, etc., d'être réuni à un autre, de former un tout avec lui. ➤ **démarcation.** *Rideau servant de séparation entre deux parties d'une pièce. La surface* de séparation de deux milieux.* ◆ FIG. Différenciation, distinction. *« la séparation commune entre le signe et la chose, le mot et l'idée »* PAULHAN. ■ CONTR. Assemblage, jonction, réunion ; contact.

SÉPARATISME [sepaʀatism] **n. m.** – 1860 ; relig. 1721 ◊ de *séparatiste* ■ Tendance, mouvement séparatiste. ➤ **indépendantisme.**

SÉPARATISTE [sepaʀatist] **n.** – 1796 ; relig. 1650 ◊ de *séparer* ■ Personne qui réclame une séparation d'ordre politique, l'autonomie par rapport à un État, une fédération. ➤ **autonomiste, dissident, indépendantiste, sécessionniste.** *Les séparatistes du Sud* (sudistes), *aux États-Unis.* — **adj.** *Mouvement séparatiste basque.*

SÉPARÉ, ÉE [sepaʀe] **adj.** – 1314 ◊ de *séparer* ■ **1** Qui est à part, distinct. *« des choses sacrées, c'est-à-dire séparées, interdites »* DURKHEIM. *« Mille sons séparés et distincts »* DUHAMEL. ■ **2** (PERSONNES) Dans l'état de séparation. *« Nous ne pouvions vivre un instant séparés »* ROUSSEAU. *Des époux séparés.* ■ CONTR. Lié.

SÉPARÉMENT [sepaʀemɑ̃] **adv.** – v. 1370 ◊ de *séparé* ■ De façon séparée, à part l'un de l'autre. *Ces articles ne peuvent être vendus séparément. « Les livres de Balzac peuvent sans doute se lire séparément, mais ils se complètent l'un l'autre »* HENRIOT. ■ CONTR. Conjointement, 1 ensemble.

SÉPARER [sepaʀe] **v. tr.** ‹1› – 1314 ◊ latin *separare*

I **FAIRE CESSER D'ÊTRE ENSEMBLE OU DE FORMER UN TOUT** ■ **1** Faire cesser (une chose) d'être avec une autre ; faire cesser (plusieurs choses) d'être ensemble. ➤ **couper,** 1 **détacher, disjoindre,** 1 **écarter, isoler.** *Séparer une chose d'avec une autre, d'une autre. La tête avait été séparée du tronc. Cheveux séparés par une raie.* ➤ **diviser, partager.** ◆ SPÉCIALT Mettre à part (les différents éléments d'un tout hétérogène). *Séparer le blanc du jaune* (d'un œuf). *Séparer des gaz, des liquides.* ➤ **analyser, dissocier, extraire.** *Séparer une substance d'un composé. Séparer selon la classe, la catégorie.* ➤ **catégoriser, classer,** 1 **ranger.** — *Séparer le bon grain de l'ivraie*.* ➤ **trier.** ■ **2** (v. 1375) Faire en sorte que (des personnes) ne soient plus ensemble. *« Enlever Marthe !* [...] *Ce serait me l'enlever puisqu'on nous séparerait »* RADIGUET. — SPÉCIALT Empêcher (deux personnes) de continuer à se battre. *On sépara les combattants.* ◆ FIG. Faire que (des personnes) ne soient plus unies par des rapports affectifs, moraux. *Tout les séparait à première vue. La vie les a séparés.* ➤ **désunir, éloigner.** *« Mais la vie sépare ceux qui s'aiment tout doucement, sans faire de bruit »* PRÉVERT. ■ **3** Considérer comme étant à part, comme ne devant pas être confondues (deux qualités ou notions). ➤ **différencier, discerner, distinguer, isoler.** *« Une lucidité de l'esprit qui sépare à l'instant ce qui est digne d'admiration de ce qui n'est que faux brillant »* DELACROIX. *Il ne faut pas séparer la théorie et la pratique.*

II **CONSTITUER UNE SÉPARATION ENTRE** (Sujet chose) *La frontière qui sépare deux pays. « un espace de huit à dix mètres séparait les visiteurs des prisonniers »* CAMUS. *Les quelques jours qui le séparaient d'elle.* ◆ FIG. *« La différence qui sépare l'homme naturel de l'homme civilisé »* BALZAC.

III **SE SÉPARER** v. pron. ■ **1** (1398) RÉFL. Cesser d'être, de vivre avec. ➤ **se détacher, quitter.** *Rameau qui se sépare de la tige.* — *Elle s'est séparée de son mari. Se séparer d'un collaborateur.* ➤ **licencier, renvoyer.** *Ils ont dû se séparer de leur chien.* — Ne plus garder avec soi. *« Le plan des vingt arrondissements, dont ne se sépare jamais ce promeneur »* ROMAINS. ➤ se **départir.** ◆ Cesser d'être constitué, réuni. *Le cortège se sépara.* ➤ se **disloquer,** se **disperser.** *L'Assemblée, avant de se séparer, vota plusieurs lois.* ◆ Se diviser. *Nos routes se séparent ici. Le fleuve se sépare en deux bras.* ➤ se **scinder.** ■ **2** RÉCIPR. Cesser d'être, de vivre l'un avec l'autre. *Ses parents se sont séparés.* ■ CONTR. Assembler, attacher, réunir, unir. Confondre, englober, lier.

SÉPHARADE ➤ **SÉFARADE**

SÉPIA [sepja] **n. f.** – 1804 ◊ italien *seppia*, latin *sepia* « seiche » ■ **1** ZOOL. Liquide noirâtre sécrété par la seiche. ■ **2** Matière colorante d'un brun très foncé (d'abord extraite du liquide de la seiche), employée dans les dessins, les lavis. — ADJT INV. *De vieilles photos (couleur) sépia.* ◆ (1831) Dessin, lavis exécuté avec cette matière. *Des sépias.*

SÉPIOLITE [sepjɔlit] **n. f.** – 1868 ; *sépiolithe* 1873 ◊ allemand *Sepiolith* (1847), du grec *sêpion* « os de seiche » (→ sépia) et *-lithe* ■ MINÉR. Silicate hydraté naturel de magnésium. ➤ **écume** (de mer), **magnésite.**

SEPPUKU [sepuku] **n. m.** – attesté milieu XXe ◊ mot japonais ■ DIDACT. Suicide rituel, au Japon. ➤ **harakiri.** *Le seppuku des samouraïs. « Il considéra un instant son couteau à viande, comme s'il envisageait d'improviser un seppuku »* HOUELLEBECQ.

SEPS [sɛps] **n. m.** – 1562 ◊ latin *seps, sepis,* grec *sêps* ■ ZOOL. Lézard à pattes très courtes, des régions méditerranéennes.

-SEPSIE, -SEPTIQUE ■ Éléments, du grec *sêpsis* « putréfaction » et *sêptikos* « septique ».

SEPSIS [sɛpsis] **n. m.** – 1978 ◊ du grec *sêpsis* « putréfaction » ■ MÉD. Ensemble des manifestations inflammatoires générales et violentes de l'organisme en réponse à une infection bactérienne. *La forme la plus grave du sepsis est le choc septique.* ➤ **septicémie.**

SEPT [sɛt] **adj. numér. inv.** et **n. inv.** – XIIe ; *set* v. 1050 ; *sep* v. 980 ◊ latin *septem*

I **adj. numér. card.** Nombre entier naturel équivalant à six plus un (7 ; VII). ➤ **hepta-.** ■ **1** Avec l'art. défini, désignant un groupe déterminé de sept unités. *Les sept jours de la semaine*. Les sept péchés* capitaux. Les Sept Merveilles* du monde. Les sept collines* de Rome. Les sept couleurs de l'arc-en-ciel.* ■ **2** Avec ou sans déterm. *Les sept chaises.* — *Le chandelier* à sept branches. Les bottes de sept lieues*. Polygone à sept côtés.* ➤ **heptagone.** *Qui dure sept ans.* ➤ **septennal.** *Formation de sept musiciens.* ➤ **septuor.** *Tourner sept fois sa langue* dans sa bouche. Sept fois plus grand.* ➤ **septuple.** *Sept dizaines :*

soixante*-dix. ➤ RÉGION. **septante.** — (En composition pour former un nombre) *Vingt-sept euros. Sept cents grammes. Attendre cent* sept ans.* LOC. *De sept à soixante-dix-sept ans,* de tout âge (en parlant d'un public). ▪ **3** PRONOM. *Sur dix personnes, sept sont venues. Nous étions sept.*

II adj. numér. ord. Septième. ▪ **1** *Charles VII. Page 7. — Le 7 décembre. Il est 7 heures du soir.* — ELLIPT FAM. *De cinq à sept* (et n. m. inv. *un cinq* à sept*). ▪ **2** SUBST. MASC. Le septième jour du mois. *Il sera payé le 7.* ♦ Ce qui porte le numéro 7. *Habiter (au) 7, rue de... Le 7 a gagné une télévision.* ♦ Avec du Taille, dimension, pointure numéro 7 (d'un objet). *Des gants du 7.* ▪ **3** SUBST. FÉM. Chambre, table portant le numéro 7. *L'addition de la 7.*

III n. m. inv. ▪ **1** Sans déterm. *Multiplier par sept.* ➤ **septupler.** — *Sept pour cent* (ou *7 %*). ▪ **2** Avec déterm. Le chiffre, le numéro 7. *Confondre un 7 avec un 4.* — Note (II, 6°) correspondant à sept points. *Avoir (un) 7 en histoire.* — Carte marquée de sept signes. *Le sept de carreau. Brelan de sept.* ♦ n. m. inv. *Un 7,65* [œsɛtswasɑ̃tsɛ̃k] : pistolet d'un calibre de 7,65 mm.

▪ HOM. Cet, cette (1 ce), set.

SEPTAIN [sɛtɛ̃] n. m. – début XVIe ; « septième » XIIe ◊ de *sept* ▪ HIST. LITTÉR. Poème ou strophe de sept vers.

SEPTANTAINE [sɛptɑ̃tɛn] n. f. – 1842 ◊ de *septante* ▪ VX ou RÉGION. (Est ; Belgique, Luxembourg, Suisse) ▪ **1** Nombre de septante ou environ. ▪ **2** Âge de septante ans. *Il a passé la septantaine.*

SEPTANTE [sɛptɑ̃t] adj. numér. inv. et n. inv. – v. 1265 ; *setante* v. 1120 ◊ latin populaire °*septanta*, classique *septuaginta* ▪ VX ou RÉGION. (Belgique, Luxembourg, Suisse, est de la France, Vallée d'Aoste, R. D. du Congo, Rwanda) Soixante*-dix. *Il a septante-six ans.* — adj. numér. ord. **SEPTANTIÈME.**

SEPTEMBRE [sɛptɑ̃bʀ] n. m. – 1226 ; *setembre* XIIe ◊ latin *september*, de *septem* « sept », septième mois de l'ancienne année romaine qui commençait en mars ▪ Neuvième mois de l'année (correspondait à *fructidor*, vendémiaire**). *Le mois de septembre a 30 jours. « ce délicieux mois de septembre aux matinées aigrelettes et clairettes »* VERLAINE. *Des septembres brumeux.* — HIST. *Massacres de septembre* (1792) (ou *septembrisades* n. f. pl.) : massacre des prisonniers dans les prisons parisiennes par certains éléments révolutionnaires fanatiques.

SEPTEMVIR [sɛptɛmviʀ] n. m. – 1636 ◊ mot latin, de *septem* « sept » et *vir* « homme » ▪ ANTIQ. ROM. Chacun des sept membres d'une commission chargée du partage des terres. ♦ Épulon.

SEPTÉNAIRE [sɛptenɛʀ] adj. et n. m. – fin XIIIe ◊ latin *septenarius* ▪ **1** VX Qui dure sept jours ou sept ans (➤ **septennal**). *« l'idée des cycles septénaires, liée à celle du grand Cataclysme »* SENANCOUR. ▪ **2** n. m. DIDACT. Espace de sept jours ; cycle de sept ans. ♦ (1875) Vers latin de sept pieds et demi, correspondant au tétramètre* grec.

SEPTENNAL, ALE, AUX [sɛptenal, o] adj. – 1722 ; hapax 1330 ◊ bas latin *septennalis* ▪ DIDACT. ▪ **1** Qui revient tous les sept ans. ▪ **2** Qui dure sept ans. *Présidence septennale.*

SEPTENNAT [sɛptena] n. m. – 1873 ◊ du radical de *septennal* ▪ Durée de sept ans (d'une fonction). — SPÉCIALT Période pendant laquelle un président de la République est en fonction, en France. *La France est passée du septennat au quinquennat par voie référendaire* (septembre 2000).

SEPTENTRION [sɛptɑ̃tʀijɔ̃] n. m. – 1155 ◊ latin *septentrio*, proprt « les sept bœufs de labour », l'Ourse polaire ▪ POÉT. et VIEILLI Le nord.

SEPTENTRIONAL, ALE, AUX [sɛptɑ̃tʀijɔnal, o] adj. – XIVe ◊ latin *septentrionalis* ▪ DIDACT. Du nord, situé au nord. *L'Europe septentrionale.* ➤ **nordique.** ▪ CONTR. Méridional.

SEPTICÉMIE [sɛptisemi] n. f. – 1847 ◊ de *septique* et *-émie* ▪ MÉD. Infection générale grave provoquée par le développement de germes pathogènes dans le sang, leur dissémination dans l'organisme et l'action des toxines qu'ils produisent. — adj. **SEPTICÉMIQUE,** 1857.

SEPTIDI [sɛptidi] n. m. – 1793 ◊ du latin *septimus* « septième » et finale de *lundi, mardi,* etc. ▪ HIST. Septième jour de la décade, dans le calendrier* républicain.

SEPTIÈME [sɛtjɛm] adj. et n. – 1538 ; *setime* v. 1138 ◊ de *sept*

I adj. ▪ **1** adj. numér. ord. Qui suit le sixième. *« À la septième fois, les murailles tombèrent »* HUGO. *Le VIIe siècle. Le septième étage,* ou SUBST. *un septième sans ascenseur. Le VIIe arrondissement,* ou SUBST. MASC. *habiter (dans) le VIIe* (ou *7e*). *Elle en est à son septième mois* (de grossesse). — *Le septième art*. Le septième continent*. Être au septième ciel*.* — (Dans une compétition) *Arriver septième sur dix.* ♦ (En composition pour former des adj. ord.) *Quatre-vingt-septième* [katʀəvɛ̃sɛtjɛm]. ▪ **2** adj. fractionnaire Se dit d'une partie d'un tout également divisé ou divisible en sept. — SUBST. MASC. *Cinq septièmes* (5/7).

II n. ▪ **1** *Elle est la septième à partir.* ▪ **2** n. f. Deuxième année du cours moyen*, dans l'enseignement primaire français (cf. plus cour. CM2). *Les élèves de septième.* — (1643) MUS. Intervalle de sept degrés. *Septième majeure, mineure.*

SEPTIÈMEMENT [sɛtjɛmmɑ̃] adv. – 1479 ◊ de *septième* ▪ En septième lieu (en chiffres 7°).

SEPTIME [sɛptim] n. f. – 1859 ◊ latin *septimus* « septième » ▪ ESCR. Position d'engagement, pointe basse.

SEPTIQUE [sɛptik] adj. – 1538 ◊ latin *septicus*, grec *sêptikos*, de *sêpein* « pourrir » ▪ **1** MÉD. VX Qui produit la putréfaction. ♦ MOD. (depuis Pasteur) Qui produit l'infection, qui est porteur de germes. *« Pasteur découvrit le vibrion septique, responsable de tant de gangrènes »* MONDOR. ➤ **septicémie.** ▪ **2** (1910 ◊ anglais *septic tank* [1896]) COUR. **FOSSE SEPTIQUE :** fosse d'aisances aménagée de façon que les matières se transforment, sous l'action de microbes anaérobies, en composés minéraux inodores et inoffensifs. ▪ **3** MÉD. Qui est contaminé ou provoqué par des germes pathogènes. *Choc septique. Fièvre septique.* ▪ CONTR. Antiseptique, aseptique. ▪ HOM. Sceptique.

SEPTMONCEL [sɛmɔ̃sɛl] n. m. – 1803 *Sept-Moncel* ◊ nom d'un village du Jura ▪ Fromage à pâte persillée appelé aussi *bleu de Gex*, fabriqué avec du lait de vache dans le Jura et l'Ain. *Des septmoncels.*

SEPTUAGÉNAIRE [sɛptɥaʒenɛʀ] adj. et n. – fin XIVe ◊ bas latin *septuagenarius* ▪ Dont l'âge est compris entre soixante-dix et soixante-dix-neuf ans. — n. *Un, une septuagénaire.*

SEPTUM [sɛptɔm] n. m. – v. 1560 ◊ mot latin « cloison » ▪ ANAT., ZOOL. Cloison séparant deux cavités (d'un organe, d'un organisme). *Septum nasal. Septum interventriculaire, interauriculaire du cœur.* — adj. **SEPTAL, ALE, AUX.**

SEPTUOR [sɛptɥɔʀ] n. m. – 1805 ◊ de *sept*, d'après *quatuor* ▪ MUS. Composition vocale ou instrumentale à sept parties. ♦ Formation musicale de sept exécutants.

SEPTUPLE [sɛptypl] adj. – 1458 ◊ bas latin *septuplus* ▪ Qui vaut sept fois (la quantité désignée) ; formé de sept choses à peu près semblables. — SUBST. *Le septuple,* sept fois plus.

SEPTUPLER [sɛptyple] v. ⟨1⟩ – 1493 ◊ de *septuple* ▪ **1** v. tr. Multiplier par sept. *Septupler la mise.* ▪ **2** v. intr. (1871) Devenir sept fois plus élevé. *Ses bénéfices ont septuplé en deux ans.*

SÉPULCRAL, ALE, AUX [sepylkʀal, o] adj. – 1654 ; « funéraire » 1487 ◊ latin *sepulcralis* ▪ Qui évoque la tombe, la mort. ➤ **funèbre.** *Un silence sépulcral. Voix sépulcrale.* ➤ **caverneux** (cf. D'outre*-tombe).

SÉPULCRE [sepylkʀ] n. m. – fin Xe ◊ latin *sepulcrum* ▪ LITTÉR. Tombeau. *Le Saint-Sépulcre* (aussi *Saint Sépulcre*) : le tombeau du Christ à Jérusalem. — ALLUS. BIBL. (Évangile, saint Matthieu) *« Scribes et pharisiens hypocrites, qui êtes semblables à des sépulcres blanchis »,* qui avez de beaux dehors, tandis que votre âme est corrompue.

SÉPULTURE [sepyltyʀ] n. f. – début XIIe ◊ latin *sepultura* ▪ **1** VX ou LITTÉR. Inhumation, considérée surtout dans les formalités et cérémonies qui l'accompagnent. *Sépulture chrétienne. Antigone donna une sépulture à Polynice.* ➤ **ensevelir.** ▪ **2** Lieu où est déposé le corps d'un défunt (fosse, tombe, tombeau). *Profanation, violation de sépulture.*

SÉQUELLE [sekɛl] n. f. – 1369 ◊ latin *sequel(l)a* ▪ **1** VX PÉJ. Suite de gens attachés aux intérêts de qqn. ▪ **2** (1393) VX Conséquence. ♦ (1904 ◊ anglais *sequel*, du latin des médecins *sequela* [1793]) MOD. souvent plur. Suites, complications plus ou moins tardives et durables d'une maladie, d'un accident. *Des séquelles de tuberculose.* ♦ FIG. Effet ou contrecoup inévitable, mais isolé et passager, d'un évènement. ➤ **conséquence, répercussion, retombée.** *Les séquelles de la guerre du Golfe.*

SÉQUENÇAGE [sekɑ̃saʒ] n. m. – v. 1970 ◊ de *séquencer* ▪ BIOL. MOL. Technique qui permet de déterminer une séquence (6°). *Le séquençage d'un virus, d'une protéine. Le séquençage du génome humain, de l'ADN. Séquençage et génotypage.*

SÉQUENCE [sekɑ̃s] n. f. – 1170 ◊ bas latin *sequentia* ▪ **1** LITURG. Chant rythmé qui prolonge le verset de l'alléluia (à la messe) ou le trait (II, 5°). ▪ **2** (1534) À certains jeux, Série d'au moins trois cartes de même couleur qui se suivent (➤ 1 **quarte, tierce**) ; au poker, Série de cinq cartes qui se suivent, de couleur quelconque (➤ 1 **quinte**). ▪ **3** (1925) Suite de plans filmés constituant une scène, une unité narrative ou esthétique. *Tourner une séquence. Plan-séquence.* ➤ 2 **plan.** ▪ **4** (1964) LING. Suite quelconque d'unités langagières, dans le discours. ▪ **5** SC., INFORM. Suite ordonnée d'éléments, d'opérations (d'un algorithme, d'un programme, etc.). ▪ **6** BIOCHIM. Ordre d'enchaînement des éléments constitutifs (d'une protéine, d'un acide nucléique). *La séquence du génome humain. Séquence régulatrice, de signal. Séquence consensus* : séquence théorique établie par comparaison de séquences réelles, présentant en chaque position la base la plus fréquente.

SÉQUENCER [sekɑ̃se] **v. tr.** ‹3› – v. 1970 ◇ de *séquence* ▪ **1** BIOL. MOL. Déterminer la séquence de (une protéine, un acide nucléique). ▪ **2** TECHN. Découper (un film) en séquences.

SÉQUENCEUR [sekɑ̃sœʀ] **n. m.** – 1971 ◇ de l'anglais *sequencer* (1966), de *sequence* ▪ AUTOMAT. Dispositif numérique qui détermine l'ordre d'éléments dans une séquence, les phases d'un processus. ➤ **programmateur.** ◆ SPÉCIALT Dispositif (appareil ou logiciel) qui permet d'enregistrer, d'éditer et de rejouer des séquences de notes sur un instrument numérique (synthétiseur, boîte à rythmes...).

SÉQUENTIEL, IELLE [sekɑ̃sjɛl] **adj.** – 1952 ◇ adaptation de l'anglais *sequential* ; de *séquence* ▪ DIDACT. ▪ **1** Relatif à une séquence, une suite ordonnée (**opposé à** *simultané*). ➤ **récurrent, successif.** ◆ Partagé en séquences. *Ordre séquentiel.* — SPÉCIALT *Brûleur séquentiel,* qui fonctionne par intermittence en fonction de l'aliment à cuire. *Pilule séquentielle,* dont la composition varie au cours du cycle. ▪ **2** AUTOMAT. Se dit d'un circuit dont l'état actuel dépend à la fois de l'entrée et de l'état précédent. *Un circuit séquentiel possède une mémoire. Logique séquentielle.*

SÉQUESTRATION [sekɛstʀasjɔ̃] **n. f.** – 1810 ; «mise sous séquestre» 1390 ◇ latin *sequestratio* ▪ **1** Action de séquestrer (qqn), état d'une personne séquestrée. «*le travail est impossible en prison : le travail ne pouvant s'obtenir que dans une séquestration volontaire et non forcée*» GONCOURT. *Enlèvement et séquestration d'enfant* (➤ **kidnapping**). *La séquestration des otages a duré deux ans.* ▪ **2** DIDACT. *Séquestration du* CO_2 : absorption naturelle du dioxyde de carbone par les puits de carbone*.

SÉQUESTRE [sekɛstʀ] **n. m.** – 1281 ◇ latin *sequestrum*

I ▪ **1** DR. Dépôt d'une chose litigieuse entre les mains d'un tiers qui la conserve pendant la durée de la contestation. ➤ **saisie.** *Séquestre conventionnel, judiciaire.* — **SOUS SÉQUESTRE.** *Mise sous séquestre* : séquestre. *Biens mis, placés sous séquestre. Levée de séquestre.* ◆ Mainmise d'un État belligérant sur les biens que possèdent sur son territoire l'État ennemi et ses ressortissants. ▪ **2** (1380 ◇ latin *sequester*) RARE Dépositaire de biens litigieux mis sous séquestre. *Nommer un séquestre. Un administrateur séquestre.*

II (1805) PATHOL. Petit fragment d'os détaché au cours d'un processus de nécrose osseuse (infection d'une fracture, ostéomyélite).

SÉQUESTRER [sekɛstʀe] **v. tr.** ‹1› – 1463 ; au p. p. «isolé» milieu XIIIe ◇ latin *sequestrare* ▪ **1** DR. Mettre sous séquestre. ▪ **2** (XVIe) COUR. Enfermer et isoler rigoureusement (qqn). ➤ **claustrer.** *Séquestrer un malade mental.* ➤ **interner.** «*une femme qu'un homme qui l'aimait était arrivé véritablement à séquestrer*» PROUST. ◆ Retenir (qqn) contre son gré dans un lieu dont il ne peut s'échapper. ➤ **détenir.** *Séquestrer des otages.* — **p. p. adj.** *Une jeune fille séquestrée.* ➤ **prisonnier.** SUBST. «*Les Séquestrés d'Altona*», *pièce de Sartre.*

SEQUIN [səkɛ̃] **n. m.** – 1595 ; *chequin* 1540 ; *essequin* fin XIVe ◇ vénitien *zecchino,* arabe *sikki* «pièce de monnaie» ▪ **1** Ancienne monnaie d'or de Venise, qui avait cours en Italie et dans le Levant. ▪ **2** Petit disque de métal perforé cousu sur un tissu pour servir d'ornement. *Foulard à sequins.*

SÉQUOIA [sekɔja] **n. m.** – 1870 ◇ latin des botanistes *sequoia* (1847), du nom d'un célèbre chef indien *See-Quayah* ▪ Conifère *(taxodiacées)* originaire de Californie, remarquable par sa longévité et sa hauteur (jusqu'à 150 mètres). ➤ **wellingtonia.** *Une forêt de séquoias.*

SÉRAC [seʀak] **n. m.** – 1779 ◇ du savoyard *serai, serat* (XVe) «fromage blanc et compact», du latin populaire °*seraceum,* classique *serum* «petit-lait» ▪ Dans un glacier, Bloc de glace qui se forme, aux ruptures de pente, quand se produisent des crevasses transversales élargies par la fusion. «*la ligne menaçante des séracs* [...] *dont la moindre secousse pouvait déterminer l'éboulement*» DAUDET.

SÉRAIL [seʀaj] **n. m.** – fin XIVe ◇ italien *serraglio,* turco-persan *serâi* ▪ **1** Palais du sultan, dans l'Empire ottoman. *Les sérails de Constantinople.* «*Nourri dans le sérail, j'en connais les détours*» RACINE. — LOC. FIG. *Être né, élevé dans le sérail ; être, faire partie du sérail* : appartenir à une élite, un milieu influent fermé, par naissance ou cooptation (➤ **happy few, initié**). «*Il était né dans le sérail. Il avait tété les sacro-saintes valeurs*» PENNAC. ▪ **2** VX ou ABUSIF Harem. «*L'Enlèvement au sérail*», *opéra de Mozart.* — Femmes du harem.

SÉRANCER [seʀɑ̃se] **v. tr.** ‹3› – XIIIe ◇ de *séran* (XIe) «peigne», p.-ê. radical gaulois *ker-* «cerf, cornes de cerf» ▪ TECHN. Peigner (le lin, le chanvre roui). — **n. m. SÉRANCEUR,** 1765.

SERAPEUM ou **SÉRAPÉUM** [seʀapeɔm] **n. m.** – *sérapéon* 1752 ◇ mot latin, du grec *serapeion* ▪ ARCHÉOL. Nécropole du Hâpi (le taureau Apis), en Égypte. ◆ À l'époque hellénistique, Temple où l'on adorait les divinités gréco-égyptiennes.

1 **SÉRAPHIN** [seʀafɛ̃] **n. m.** – 1080 ◇ latin ecclésiastique *seraphim,* mot hébreu au plur., de *saraph* «brûler» ▪ Ange de la première hiérarchie, représenté avec trois paires d'ailes.

2 **SÉRAPHIN, INE** [seʀafɛ̃, in] **n.** – 1941 ◇ du n. d'un personnage de roman ▪ **(Canada)** Avare.

SÉRAPHIQUE [seʀafik] **adj.** – 1470 ◇ latin ecclésiastique *seraphicus,* de *seraphim* → 1 séraphin ▪ **1** RELIG. Propre aux séraphins. *L'ordre séraphique,* franciscain. ▪ **2** FIG. et LITTÉR. Qui évoque les séraphins, les anges, leur pureté. ➤ 1 **angélique, éthéré.** *Une beauté séraphique.* «*cette immatérialité séraphique de Fra Beato Angelico*» GAUTIER.

SERBE [sɛʀb] **adj. et n.** – 1842 ; *serve* 1441 ◇ de *Servie,* ancien nom de la Serbie ; serbe *srb* ▪ De Serbie. *Le slavon serbe* : variante du vieux slave. — **n.** *Les Serbes du Kosovo.* — **n. m.** *Le serbe* : langue slave du groupe méridional, écrite en alphabet cyrillique. *Le serbe est parlé en Serbie, au Monténégro, en Croatie, en Bosnie-Herzégovine.*

SERBO-CROATE [sɛʀbokʀɔat] **adj. et n. m.** – 1869 ◇ de *serbe* et *croate,* de *Croatie* ▪ Qui appartient à la Serbie et à la Croatie. — **n. m.** *Le serbo-croate* : langue slave du groupe méridional, qui était parlée en Yougoslavie. ➤ **croate, serbe.**

SERDAB [sɛʀdab] **n. m.** – 1869 ◇ du persan *sard-āb* «salle souterraine» ▪ ARCHÉOL. Dans les tombes et les monuments funéraires de l'Égypte ancienne, Petite salle contenant les effigies du mort.

SERDEAU [sɛʀdo] **n. m.** – 1440 ◇ altération de *sert d'eau* «celui qui sert de l'eau» ▪ HIST. Officier de bouche de la table du roi. ➤ **échanson.**

1 **SEREIN, EINE** [səʀɛ̃, ɛn] **adj.** – 1549 ; *serain* fin XIIe ◇ latin *serenus* ▪ **1** LITTÉR. Qui est à la fois pur et calme (conditions atmosphériques). ➤ 1 **beau, clair.** *Pas plus* «*qu'un voyageur ne doit se mettre en route en comptant sur un ciel toujours serein*» BALZAC. — PAR MÉTAPH. *Un coup de tonnerre dans un ciel serein.* ▪ **2** (ABSTRAIT) Dont le calme provient d'une paix morale qui n'est pas troublée. ➤ 2 **calme*, paisible, tranquille.** *Son âme était* «*sereine comme son regard*» FRANCE. *Être serein devant la mort. Un visage redevenu serein.* ➤ **rasséréné.** ▪ **CONTR.** Nuageux. Inquiet, tourmenté, troublé. ▪ **HOM.** Serin.

2 **SEREIN** [səʀɛ̃] **n. m.** – 1580 ; *sierain* fin XIIe ; «soir» début XIIe, proprt «(heure) calme» ◇ latin *serenus,* avec influence de *serum* «heure tardive» ▪ LITTÉR. ou RÉGION. Humidité ou fraîcheur qui tombe avec le soir après une belle journée. «*Le serein mouille un peu les bancs sous la charmille*» HUGO.

SEREINEMENT [səʀɛnmɑ̃] **adv.** – XVIe ◇ de 1 *serein* ▪ D'une manière sereine, impartiale. ➤ **tranquillement.** *Envisager l'avenir sereinement. Dormir sereinement.*

SÉRÉNADE [seʀenad] **n. f.** – 1556 ◇ italien *serenata,* d'abord «belle nuit», du latin *serenus* → 1 serein ▪ **1** Concert, chant exécuté la nuit sous les fenêtres de qqn qu'on voulait honorer ou divertir (et SPÉCIALT une femme aimée). *L'aubade et la sérénade.* ◆ Pièce de musique vocale ou instrumentale mélodieuse ; composition libre en plusieurs mouvements, écrite de préférence pour instruments à vent (bois). *Une sérénade de Mozart.* ▪ **2** FIG. et FAM. *C'est toujours la même sérénade.* ➤ **comédie, histoire, rengaine.**

SÉRENDIPITÉ [seʀɑ̃dipite] **n. f.** – 1953 ◇ de l'anglais *serendipity,* mot créé par Horace Walpole, de *Serendip,* n. pr. ▪ ANGLIC. Capacité à faire par hasard, lors d'une recherche, une découverte inattendue et à en saisir la portée.

SÉRÉNISSIME [seʀenisim] **adj.** – XIIIe ◊ italien *serenissimo,* superlatif de *sereno* «1 serein» ■ Titre honorifique donné à certains princes ou hauts personnages. *Altesse sérénissime,* titre donné aux princes en ligne collatérale. — HIST. *La sérénissime république,* OU ELLIPT *la Sérénissime :* la république de Venise.

SÉRÉNITÉ [seʀenite] **n. f.** – 1190 ◊ latin *serenitas* ■ État, caractère d'une personne sereine. ➤ 1 **calme, équanimité** (cf. Égalité* d'âme). *«J'ai retrouvé la sérénité, la tranquillité, la paix»* ROUSSEAU. *Aborder la vieillesse avec sérénité.* ♦ Caractère non passionnel. *«On voudrait revenir à la sérénité du raisonnement et de la logique»* TAINE. ■ CONTR. Agitation, émotion.

SÉREUX, EUSE [seʀø, øz] **adj.** – v. 1363 ◊ du latin *serum* ■ **1** VX Aqueux. ■ **2** MOD. MÉD. Qui ressemble au sérum, qui renferme du sérum. *Liquide séreux.* ➤ **sérosité.** *Otite séreuse. Membrane séreuse,* ELLIPT *une séreuse :* fine membrane de tissu conjonctif à deux feuillets dont l'un tapisse l'organe et l'autre la cavité dans laquelle il se trouve. *Le péritoine, la plèvre, le péricarde, les synoviales sont des séreuses. Gaine séreuse* (d'un tendon).

SERF, SERVE [sɛʀ(f), sɛʀv] **n.** – XIe ◊ latin *servus* «esclave» ■ HIST. Sous la féodalité, Personne qui n'avait pas de liberté personnelle complète, était attachée à une terre, frappée de diverses incapacités et assujettie à certaines obligations et redevances. ➤ **servage.** *Serfs taillables et corvéables à merci. Les serfs et les vilains.* — PAR ANAL. *Les serfs de l'ancienne Russie.* ■ HOM. Cerf, serre.

SERFOUETTE [sɛʀfwɛt] **n. f.** – 1534 ◊ de *serfouir* ■ Outil de jardinage dont le fer forme lame d'un côté et fourche ou langue de l'autre, qui sert à biner, sarcler, ameublir le sol.

SERFOUIR [sɛʀfwiʀ] **v. tr.** ⟨2⟩ – XVIe ◊ altération de *cerfoïr* (XIIe), du latin populaire °*circumfodire,* classique *circumfodere* → fouir ■ AGRIC. Sarcler, biner à la serfouette.

SERFOUISSAGE [sɛʀfwisaʒ] **n. m.** – 1812 ; *serfouage* fin XVIe ◊ de *serfouir* ■ AGRIC. Opération par laquelle on ameublit superficiellement le sol autour du collet des plantes. ➤ **binage.**

SERGE [sɛʀʒ] **n. f.** – 1360 ; *sarge* fin XIIe ◊ latin populaire °*sarica,* classique *serica* «étoffes de soie», de *sericus* «de soie» → sérici- ■ Tissu d'armure sergé en laine, sec et serré. *Un tailleur de serge.*

SERGÉ [sɛʀʒe] **n. m.** – 1820 ; adj. 1771 ◊ de *serge* ■ TECHN. Une des trois armures fondamentales, donnant un tissu à côtes obliques qui présente un endroit et un envers. APPOS. *Tissu d'armure sergé.* ➤ **coutil, denim, finette, gabardine, serge, twill.**

SERGENT, ENTE [sɛʀʒɑ̃, ɑ̃t] **n.** – *serjant* 1050 ◊ latin *serviens,* p. prés. de *servire* «être au service de» ■ **1** **n. m.** ANCIENNT Officier de justice chargé des poursuites, des saisies. ♦ (1829) **SERGENT DE VILLE :** agent de police. ■ **2** (1798) Sous-officier du grade le plus bas des armées de terre et de l'air (cf. Maréchal* des logis). *Sergent instructeur. «caporal en Afrique, sergent à Sébastopol, lieutenant après Solférino»* ZOLA. — *Sergent-chef :* sous-officier d'un grade immédiatement supérieur à celui de sergent. *Des sergents-chefs.* — *Sergent-major :* sous-officier (intermédiaire entre sergent-chef et adjudant), chargé de la comptabilité d'une compagnie. *Des sergents-majors. En France, le grade de sergent-major a été supprimé en 1971.* — *Sergent-fourrier*.* ■ **3** **n. m.** (1549 ◊ même métaph. que *valet*) TECHN. Serre-joint de menuisier.

SÉRIALISME [seʀjalism] **n. m.** – 1961 ◊ du radical de *(musique) sérielle* ■ MUS. Caractère, doctrine de la musique sérielle*. ➤ **dodécaphonisme.**

SÉRIATION [seʀjasjɔ̃] **n. f.** – 1843 ◊ de *sérier* ■ DIDACT. ■ **1** Fait de sérier (des problèmes, des questions). ■ **2** MATH. Relation asymétrique transitive entre les éléments d'une série.

SÉRICI- ■ Élément, du latin *sericus* «de soie», grec *sêrikos,* de *sêr* «ver à soie», de *Sêres* «les Sères», peuple de l'ouest de la Chine qui produisait de la soie.

SÉRICICOLE [seʀisikɔl] **adj.** – 1836 ◊ de *sérici-* et *-cole* ■ TECHN. Qui concerne la sériciculture.

SÉRICICULTEUR, TRICE [seʀisikyltœʀ, tʀis] **n.** – 1858 ◊ de *sériciculture* ■ TECHN. Personne qui élève des vers à soie. ➤ **magnanier.**

SÉRICICULTURE [seʀisikyltyʀ] **n. f.** – 1845 ◊ de *sérici-* et *-culture* ■ TECHN. Élevage des vers à soie. ➤ **magnanerie.**

SÉRICIGÈNE [seʀisiʒɛn] **adj.** – 1872 ◊ de *sérici-* et *-gène* ■ DIDACT. Qui produit la sécrétion de la soie. *Glandes séricigènes du bombyx. Chenilles, papillons séricigènes.*

SÉRICIGRAPHIE ➤ **SÉRIGRAPHIE**

SÉRICINE [seʀisin] **n. f.** – 1878 ◊ du latin *sericus* «de soie» ■ Scléroprotéine de la soie. *Séparer la fibroïne de la séricine.* ➤ **décreuser.**

SÉRIE [seʀi] **n. f.** – 1715 ◊ latin *series,* spécialisé dès le XVIIe en math.

I EN SCIENCES, SOMME, SUITE MATH. Somme d'un nombre fini de termes. *«la série naturelle des nombres»* GÉRANDO. *Série harmonique :* somme des inverses des entiers. *Série convergente,* telle que la somme de ses *n* premiers termes tend vers une limite quand *n* croît indéfiniment. *Série divergente,* telle que cette somme ne tend pas vers une limite. *Développer une fonction en série :* trouver une série convergente dont la somme représente cette fonction. ♦ DIDACT. (LOG., etc.) Suite de termes ordonnés d'après la variation d'un ou plusieurs caractères déterminants. *Série chronologique :* suite de valeurs prises par une grandeur au cours du temps. *Série statistique :* suite des mesures de fréquence avec laquelle une variable aléatoire peut prendre des valeurs données. ♦ VIEILLI CHIM. ORGAN. Suite de composés dérivés les uns des autres et qui ont une même formule générale. *La série des alcènes, de formule* C_nH_{2n}. *Séries (familles) radioactives*.*

II SUITE DE CHOSES DE MÊME NATURE ■ **1** (fin XVIIIe) COUR. Suite déterminée et limitée (de choses de même nature formant un ensemble, ou considérées comme telles). *Une série de casseroles. Émission d'une série de timbres. Compléter une série. Numéro spécial hors série, dossiers hors série* (d'un magazine). ➤ **hors-série.** — *Série noire :* suite de catastrophes. ➤ **succession.** *«Après le suicide de sa seconde femme, c'est une vraie série noire»* K. TUIL. *Une série d'attentats.* ➤ 1 **vague.** *La loi des séries,* selon laquelle les ennuis s'enchaînent. — *Accidents* **EN SÉRIE,** en cascade, en chaîne. — (anglais *serial killer*) *Tueur en série :* criminel qui commet plusieurs meurtres similaires à la suite. *Les tueurs en série.* ♦ SPÉCIALT Au billard, Suite de points réunis d'affilée par un joueur. — BOXE Suite rapide de coups. ♦ *Série de prix :* document administratif ou syndical dans lequel chaque acte de chaque métier est tarifé et auquel les parties se réfèrent pour établir les devis. — Collection de vêtements de confection, de chaussures, etc., comportant toutes les tailles. *Soldes de fins de séries.* ■ **2** MUS. Suite des douze demi-tons de la gamme chromatique, utilisée comme unité dans la musique atonale dodécaphonique (➤ **sériel**). ■ **3** Suite d'émissions télévisées ayant le même propos, mettant en scène un ou plusieurs personnages récurrents, chaque émission étant généralement la suite de la précédente. ➤ **feuilleton,** RÉGION. **téléroman.** *Série américaine.* ➤ aussi **sitcom, soap-opéra.** *Série policière. Épisode, saison d'une série. Spin-off d'une série.* ■ **4** (1881) ÉLECTR. **EN SÉRIE** (opposé à *en parallèle*), se dit d'un montage bout à bout de conducteurs, tels qu'ils soient traversés par un même courant. *Couplage en série.*

III PETIT GROUPE CONSTITUANT UNE SUBDIVISION D'UN CLASSEMENT *Classer, ranger par séries.* ➤ **catégorie.** ♦ SPORT Chaque groupe de concurrents disputant une épreuve de qualification. — Degré dans un classement sportif. *Joueur de tennis classé dans la première série.* PAR EXT. *Il est première, deuxième série. Tête de série.* ♦ CIN. *Film de série B,* à budget réduit et tournage plus rapide que les grandes productions. *«On se relève lentement, comme des zombis dans un film de série B»* D. LAFERRIÈRE. *Film de série Z,* à budget très réduit et de qualité médiocre.

IV DANS L'INDUSTRIE Grand nombre d'objets identiques fabriqués à la chaîne. *«La série domine tout, nous ne pouvons plus produire industriellement, à des prix normaux, hors série ; impossible de résoudre la question de l'habitation hors de la série»* LE CORBUSIER. **EN SÉRIE.** *Production, fabrication en série. «exécution mécanique d'objets faits "à la chaîne" ou en série»* VALÉRY. — *Voiture de série. Série limitée. Modèle hors série,* qui fait l'objet d'une commande particulière. — FIG. **loc. adj. HORS SÉRIE :** hors du commun, ET PAR EXT. exceptionnel. *Une personnalité hors série. «il voue une admiration sans bornes à l'homme hors série qui a su parvenir à un retranchement délibéré»* M. OUARY.

SÉRIEL, IELLE [seʀjɛl] **adj.** – 1843 ; *sérial* 1834 ◊ de *série* ■ DIDACT. Qui forme une série, appartient à la série. *Ordre sériel.* ♦ *Musique sérielle,* fondée sur la série, appliquée à d'autres paramètres que les intervalles. ➤ **dodécaphonique.**

SÉRIER [seʀje] **v. tr.** ⟨7⟩ – 1815 au p. p. ◊ de *série* ■ Distinguer et ordonner. *Il faut sérier les problèmes, les questions.*

SÉRIEUSEMENT [seʀjøzmɑ̃] adv. – 1380 ◊ de *sérieux* ▪ **1** Avec sérieux, avec réflexion et application. *Travailler sérieusement.* ➤ **consciencieusement.** ▪ **2** Sans rire, sans plaisanter. *Parlez-vous sérieusement ?* — ELLIPT *Sérieusement ?* ▪ **3** Réellement, pour de bon. ➤ **effectivement, vraiment.** *Je commence à m'inquiéter sérieusement. Il va falloir s'en occuper sérieusement.* ➤ **activement, énergiquement.** ▪ **4** Fortement. *« Ils durent pédaler sérieusement dans la côte »* ZOLA. *Il est sérieusement atteint.* ➤ **gravement, grièvement, sévèrement.**

SÉRIEUX, IEUSE [seʀjø, jøz] adj. et n. m. – fin XIVe ◊ du latin médiéval *seriosus,* de *serius* « sérieux »

I ~ adj. **A. CHOSES** ▪ **1** Qui ne peut prêter à rire ou être estimé sans conséquence, qui mérite considération. ➤ **important.** *« La philosophie est, selon les jours, une chose frivole [...] ou la seule chose sérieuse »* RENAN. *Revenons aux choses sérieuses.* — PAR EXT. Bon, valable. *« J'ai de sérieuses raisons de croire que la planète d'où venait le petit prince est l'astéroïde B 612 »* SAINT-EXUPÉRY. ◆ (1862) Qui compte, par la quantité ou la qualité. *Une sérieuse augmentation.* ➤ **conséquent, important.** *Il a eu de sérieux ennuis.* ➤ **gros.** ◆ (1718) Qui constitue un danger, une menace. ➤ **dangereux, grave, inquiétant.** *La situation est sérieuse.* ➤ 1 **critique, préoccupant.** ◆ adv. FAM. Sérieusement ; fortement, gravement. *« Le pot d'échappement commençait à chauffer sérieux »* TH. JONQUET. ▪ **2** (1580) Qui n'est pas fait, dit pour l'amusement. *Lecture sérieuse.* — (1757) HIST. LITTÉR. *Le genre sérieux,* défini par Diderot comme intermédiaire entre le genre tragique et le genre comique. — (calque de l'anglais *serious game*) *Jeu sérieux* : jeu vidéo associant à la fonction ludique une fonction utilitaire (formation, communication, information...). ▪ **3** Qui est fait avec soin, conscience. *Un travail sérieux.* ➤ **consciencieux.**

B. PERSONNES ▪ **1** (fin XVIIe) Qui prend en considération ce qui mérite de l'être et agit en conséquence, avec le sentiment de l'importance de ce qu'il fait. ➤ **posé, raisonnable, rassis, réfléchi, sage.** *Un élève sérieux et appliqué. Trève de plaisanteries, soyons sérieux. « On n'est pas sérieux, quand on a dix-sept ans »* RIMBAUD. ▪ **2** (1588) Qui ne rit pas, ne manifeste aucune gaieté. ➤ 1 **froid, grave.** LOC. FAM. *Sérieux comme un pape* : très sérieux. *« Toutes les femmes sont sérieuses comme la pluie, surtout quand elles sont frivoles »* DRIEU LA ROCHELLE. ▪ **3** (1872) Sur qui (ou sur quoi) l'on peut compter ; qui ne trompe pas, ne plaisante pas. ➤ **fiable, sûr.** *« Un homme sérieux a peu d'idées. Un homme à idées n'est jamais sérieux »* VALÉRY. *(Si) pas sérieux, pas sérieuse s'abstenir* (sur les sites de rencontres). — *Annonce, proposition sérieuse. Une maison sérieuse* (cf. De confiance). FAM. *Alors c'est sérieux, vous partez ?,* vous partez vraiment ? *Ce n'est pas sérieux !,* c'est une plaisanterie ! ▪ **4** (1690) Qui ne prend pas de liberté avec la morale sexuelle. ➤ **convenable, rangé, sage** (cf. Comme* il faut). *Jeune fille sérieuse. Son mari est très sérieux.* ➤ **fidèle.**

II ~ n. m. **LE SÉRIEUX** ▪ **1** (1647) État d'une personne qui ne rit pas, ne plaisante pas. ➤ **gravité.** *« Quelque folâtrerie accomplie du reste avec le sérieux d'un mystificateur anglais »* GONCOURT. *Avoir du mal à garder son sérieux,* à réprimer son envie de rire. ▪ **2** (1670) Qualité d'une personne posée, appliquée. *Esprit de sérieux,* par lequel on fait tout avec application et gravité. *Il manque de sérieux dans son travail.* ▪ **3** Caractère d'une chose sur laquelle on peut compter ou qu'on doit prendre en considération. *Le sérieux d'un projet, d'un propos, d'une relation.* ➤ **solidité.** ◆ (1694) **PRENDRE AU SÉRIEUX :** prendre pour réel, ou pour sincère. ➤ **croire (à).** *Un témoignage à prendre au sérieux. Il faut prendre ses menaces très au sérieux.* — (fin XVIIIe) Prendre pour important. *Le difficile « c'est de prendre au sérieux longtemps de suite la même chose »* GIDE. — *Se prendre au sérieux* : attacher une (trop) grande importance à ce qu'on est, ce qu'on dit ou ce qu'on fait. *« Un jeune garçon très prétentieux, se prenant tout à fait au sérieux »* DAUDET (cf. FAM. La ramener).

▪ **CONTR.** Dérisoire, frivole, futile ; amusant, comique, distrayant ; inconséquent, puéril. Enjoué, gai. Débauché. — Enjouement, gaieté ; légèreté.

SÉRIGRAPHIE [seʀigʀafi] n. f. – 1949 ◊ de *sérici-* et *-graphie* ▪ TECHN. Procédé d'impression sur bois, verre, etc., à l'aide d'un écran (en soie à l'origine) formé de mailles dont on laisse libres celles qui correspondent à l'image à imprimer. — On dit aussi **SÉRICIGRAPHIE** (rare).

SERIN [s(ə)ʀɛ̃] n. m. – 1478 ◊ grec *seirên* « sirène, animal ailé » ▪ **1** Petit oiseau chanteur *(passériformes),* à bec court et épais, au plumage généralement jaune. ➤ 1 **canari.** *Une cage à serins. Serin femelle* ou **SERINE** n. f. — APPOS. INV. *Jaune serin* : jaune clair et vif. ▪ **2** (1811) FAM. VIEILLI Niais, nigaud. *Un grand serin.* — adj. (parfois *serine* au fém.) *« Et puis, ma fille, que t'es serine ! »* ZOLA. ▪ **HOM.** Serein.

SÉRINE [seʀin] n. f. – 1901 ◊ de *séricine* ▪ BIOCHIM. L'un des vingt acides aminés constituants des protéines, qui possède une fonction alcool pouvant acquérir un radical phosphoryle.

SERINER [s(ə)ʀine] v. tr. ‹1› – 1808 ; « chanter » 1555 ◊ de *serin* ▪ **1** Instruire (un oiseau), lui apprendre un air, à l'aide d'un petit orgue mécanique appelé *serinette* (n. f.). ▪ **2** FIG. (1831) COUR. Répéter continuellement (une chose) à qqn pour faire apprendre. *« ils leur serinèrent les premières fables de La Fontaine »* FLAUBERT. — PAR EXT. *Seriner qqn,* l'importuner par une répétition fastidieuse. *Tu me serines à la fin !*

SERINGA ou **SERINGAT** [s(ə)ʀɛ̃ga] n. m. – 1600, -1652 ◊ latin des botanistes *syringa,* du latin d'origine grecque *syrinx* « roseau » ▪ Arbrisseau buissonnant *(saxifragacées)* à fleurs blanches très odorantes.

SERINGUE [s(ə)ʀɛ̃g] n. f. – *siringe* v. 1240 ◊ bas latin *syringa* ▪ **1** Petite pompe utilisée en médecine pour injecter des liquides dans l'organisme ou pour en prélever. *Seringue à injections, à instillations. Aiguille, canon, piston d'une seringue. Faire une piqûre, une prise de sang avec une seringue.* — LOC. FIG. *Être dans la seringue,* dans une situation sans liberté de manœuvre et dont l'issue (défavorable) est certaine (cf. Être coincé*). ▪ **2** (1885) ARG. Fusil, arme à feu. ➤ **sulfateuse.** *« Ils foutaient le camp en lâchant des coups de seringue »* VERCEL.

SÉRINGUÉRO [seʀiŋgweʀo] n. m. – *seringario* 1890 ◊ portugais *seringuero,* de *seringa,* nom portugais de certains hévéas ▪ Récolteur de caoutchouc par saignées des hévéas, au Brésil. *Des séringuéros.* — On écrit aussi *seringuero.*

SÉRIQUE [seʀik] adj. – 1924 ◊ de *sérum* ▪ MÉD. Relatif au sérum. *Albumine, fer sérique. Accident sérique* : réaction allergique provoquée par l'injection d'un sérum étranger.

SERMENT [sɛʀmɑ̃] n. m. – *sairement* v. 1160 ; *sagrament* 842 « *Serments* » de Strasbourg ◊ latin *sacramentum* ▪ **1** Affirmation ou promesse solennelle faite en invoquant un être ou un objet sacré, une valeur morale reconnue, comme gage de sa bonne foi. *Serment sur l'honneur.* ➤ **parole.** *« la fidélité au serment passait encore pour un devoir »* CHATEAUBRIAND. — SPÉCIALT Attestation solennelle de la vérité d'un fait ou de la sincérité d'une promesse. *Prestation de serment. Prêter serment.* ➤ **jurer.** *Témoigner sous serment, sous la foi du serment. Serment décisoire*.* ◆ Engagement solennel (personnel ou réciproque) prononcé en public ; la formule qui l'exprime. *Serment politique* : promesse de fidélité à une autorité. *Le serment du Jeu de paume* (1789). *Serment professionnel,* prononcé par les magistrats, les officiers ministériels. *Serment d'Hippocrate,* énonçant les principes de déontologie médicale. ▪ **2** Promesse ou affirmation particulièrement ferme. ➤ **protestation.** *Faire le serment de* (et l'inf.) : s'engager à. *« Comme dans les amitiés puériles, nous avions fait le serment de tout nous dire »* MAURIAC. *Je vous en fais le serment.* — *Serment d'ivrogne*.* ◆ Promesse d'amour durable, de fidélité. *Échanger des serments. « et jamais ne pardonne Aux traîtres à serments d'amour »* BALZAC. ▪ **HOM.** Serrement.

SERMON [sɛʀmɔ̃] n. m. – Xe ◊ latin *sermo* « conversation » ▪ **1** Discours prononcé en chaire par un prédicateur (en particulier, catholique). ➤ **homélie, prêche,** 1 **prédication.** *« Le sujet de son sermon était la charité »* HUGO. *Les sermons de Bossuet.* ◆ *Le Sermon sur la montagne,* au cours duquel Jésus énuméra à ses disciples les huit béatitudes*. ▪ **2** (1608) PÉJ. Discours moralisateur généralement long et ennuyeux. ➤ **prêchi-prêcha, remontrance** (cf. Leçon de morale). *« Il prenait la défense des petits, faisait des sermons aux grands »* PROUST. ➤ **sermonner.**

SERMONNAIRE [sɛʀmɔnɛʀ] n. m. – 1584 ◊ de *sermon* ▪ DIDACT. ▪ **1** Auteur de sermons. ➤ **prédicateur.** *« ces analyses des passions humaines [...] que les sermonnaires chrétiens sont si habiles à nous présenter »* FAGUET. ▪ **2** Recueil de sermons.

SERMONNER [sɛʀmɔne] v. tr. ‹1› – début XIIe intr. « prêcher » ◊ de *sermon* ▪ Adresser des conseils ou des remontrances à (qqn). ➤ **chapitrer, morigéner** (cf. Faire la morale). *Quand monsieur le Curé « apercevait Charles qui polissonnait dans la campagne, il l'appelait, le sermonnait »* FLAUBERT.

SÉRO- ▪ Élément, de *sérum.*

SÉROCONVERSION [seʀokɔ̃vɛʀsjɔ̃] n. f. – v. 1986 ◊ de *séro-* et *conversion* ▪ MÉD. Le fait, pour un sujet séronégatif, de devenir séropositif ou, plus rarement, l'inverse.

SÉRODIAGNOSTIC [serodjagnɔstik] n. m. – 1896 ◊ de *séro-* et *diagnostic* ■ MÉD. Diagnostic de certaines infections, fondé sur la recherche, dans le sérum du patient, d'anticorps spécifiques qui provoquent diverses réactions en présence des antigènes de l'agent infectieux responsable. *Sérodiagnostic du sida. Sérodiagnostic négatif.* ➤ **séronégatif.**

SÉROLOGIE [seʀɔlɔʒi] n. f. – 1916 ◊ de *séro-* et *-logie* ■ SC. Étude des sérums, de leurs propriétés, notamment du point de vue de l'immunologie (adj. **SÉROLOGIQUE**). — Plus cour. Dépistage des anticorps. *Faire une sérologie.*

SÉROLOGISTE [seʀɔlɔʒist] n. – 1916 ◊ de *sérologie* ■ DIDACT. Spécialiste en sérologie.

SÉRONÉGATIF, IVE [seʀonegatif, iv] adj. – début XXe ◊ de *séro(diagnostic)* et *négatif* ■ Dont le sérum ne contient pas d'anticorps spécifiques d'un antigène donné. — SPÉCIALT Dont l'analyse sanguine ne révèle pas la présence du virus du sida. SUBST. *Les séronégatifs.* — n. f. **SÉRONÉGATIVITÉ.** ■ CONTR. Séropositif.

SÉROPOSITIF, IVE [seʀopozitif, iv] adj. – début XXe ◊ de *séro(diagnostic)* et *positif* ■ Dont le sérum contient des anticorps spécifiques d'un antigène donné. — SPÉCIALT Dont l'analyse sanguine révèle la présence du virus du sida (anticorps anti-VIH). *Sujet séropositif.* SUBST. *Transmission du virus du sida par les séropositifs.* ABRÉV. FAM. (1989) **SÉROPO.** *Les séropos.* — n. f. **SÉROPOSITIVITÉ.** ■ CONTR. Séronégatif.

SÉROSITÉ [seʀozite] n. f. – *cerosite* 1495 ◊ du radical de *séreux* ■ MÉD. ■ **1** VX Partie aqueuse d'une humeur. ■ **2** (1805) MOD. Liquide organique transparent (lymphe interstitielle, etc.), et SPÉCIALT liquide contenu dans les séreuses, liquide non suppuré des hydropisies, des œdèmes, des phlyctènes. *Épanchement de sérosité.*

SÉROTHÉRAPIE [seʀoteʀapi] n. f. – 1888 ; *sérumthérapie* 1902 ◊ de *séro-* et *-thérapie* ■ MÉD. Emploi thérapeutique des sérums sanguins immunisants dans un but curatif ou préventif. — adj. **SÉROTHÉRAPIQUE,** 1894.

SÉROTONINE [seʀɔtɔnin] n. f. – après 1948 ◊ anglais *serotonin* ; cf. *séro-*, *ton(ique)* et *-ine* ■ BIOCHIM. Neurotransmetteur, dérivé du tryptophane, élaboré par certaines cellules de l'intestin et du tissu cérébral, véhiculé par les plaquettes sanguines. *La sérotonine joue des rôles physiologiques importants (vasoconstricteur, régulateur de la motilité intestinale et médiateur de l'activité du système nerveux central, régulateur du sommeil* ➤ **aussi mélatonine**). *« la sérotonine, ce messager chimique qui a pour fonction de contrôler la réactivité du système nerveux »* J.-P. DUBOIS.

SÉROVACCINATION [seʀovaksinasjɔ̃] n. f. – 1923 ◊ de *séro-* et *vaccination* ■ MÉD. Immunisation par l'action d'un sérum (qui apporte une protection immédiate mais temporaire) associé à un vaccin. *Sérovaccination antitétanique.*

SERPE [sɛʀp] n. f. – *sarpe* début XIIIe ◊ latin populaire °*sarpa*, de *sarpere* « tailler » ■ Outil (de bûcheron, de jardinier) formé d'une large lame tranchante recourbée en croissant, montée sur un manche, et servant à tailler le bois, à élaguer, à émonder : ébranchoir, fauchard, fauchette, gouet, serpette, vouge. *La serpe des druides.* — LOC. *Taillé à la serpe, à coups de serpe* : aux lignes rudes, grossières (cf. À coups de hache*). *« un visage long, coupé de plis, comme taillé à la serpe dans un nœud de chêne »* ZOLA.

SERPENT [sɛʀpɑ̃] n. m. – 1080 ◊ latin *serpens*, proprt « rampant » ■ **1** Reptile apode à corps cylindrique très allongé, qui se déplace par des ondulations latérales du corps (➤ **ophidien**). *Serpents venimeux, non venimeux. « Pas un serpent de nos pays, mais une bête tropicale, chargée de venins sûrs, et rapide à mordre »* BOSCO. *Morsure de serpent. Serpent aglyphe. La mue d'un serpent. Œuf de serpent.* LOC. *Avoir la prudence* du serpent.* — *Charmeur de serpent* : en Orient (Inde, etc.), homme qui donne en spectacle des serpents venimeux qu'il tient en respect en les « charmant » au son d'un instrument. ➤ 1 **psylle.** — (1875) *Serpent à lunettes* (➤ **cobra**), *à sonnette* (➤ **crotale**). *Serpent d'eau* : espèce de couleuvre aquatique ; PAR ANAL. poisson anguiforme (anguille, congre). ◆ Peau de serpent utilisée en maroquinerie. *Ceinture en serpent.* ■ **2** Représentation symbolique ou religieuse de cet animal. *Les Gorgones à chevelure de serpents. Serpents fabuleux.* ➤ **dragon, guivre, hydre, vouivre.** *Le serpent à plumes,* Quetzalcoatl, divinité de l'Amérique précolombienne. — *Serpent de mer* : animal marin fabuleux, mal identifié ; FIG. sujet d'article rebattu, utilisé périodiquement dans la presse, en l'absence d'informations plus importantes. *« les histoires de trésors cachés des S. S. et autres serpents de mer de la presse à grand tirage »* PEREC. ◆ Incarnation du démon qui tenta Ève dans le paradis terrestre. — Personne perfide et méchante. *« ces serpents de la littérature qui se nourrissent de fange et de venin »* VOLTAIRE. LOC. VIEILLI *Réchauffer, nourrir un serpent dans son sein* : protéger qqn qui cherche à vous nuire. ■ **3** Chose étirée, sinueuse. *« un gros serpent de fumée noire »* MAUPASSANT. ◆ Ancien instrument à vent plusieurs fois recourbé dont on se servait dans les églises sans orgues. ■ **4** (1972) ÉCON., FIN. *Serpent monétaire européen* : accord visant à limiter les marges de fluctuation des taux de change entre pays européens. ABSOLT *Être, entrer dans le serpent. Sortir du serpent.*

SERPENTAIRE [sɛʀpɑ̃tɛʀ] n. f. et m. – XIIIe ◊ latin *serpentaria* ■ **1** n. f. Variété d'arum. — Bistorte. ■ **2** n. m. (1819 ◊ latin des zoologistes *serpentarius*) Oiseau rapace diurne d'Afrique *(falconiformes)* qui se nourrit de reptiles. ➤ **secrétaire.** ■ **3** n. m. ASTRON. Constellation zodiacale de l'hémisphère boréal traversé par le Soleil du 30 novembre au 17 décembre. *Le Serpentaire n'est pas un signe du zodiaque.*

SERPENTE [sɛʀpɑ̃t] n. f. – 1680 ; « serpent » XIIIe ◊ de *serpent*, à cause du filigrane ■ TECHN. Papier très fin et transparent utilisé pour protéger les gravures des livres.

SERPENTEAU [sɛʀpɑ̃to] n. m. – XIIe ◊ diminutif de *serpent* ■ **1** RARE Jeune serpent. ■ **2** (1629) TECHN. Petite fusée volante à mouvement sinueux (feux d'artifices).

SERPENTER [sɛʀpɑ̃te] v. intr. ‹1› – XIVe ◊ de *serpent* ■ (CHOSES, VOIES) Suivre une ligne sinueuse, avec de nombreux tours et détours. ➤ **onduler, sinuer.** *« suivant les ondulations de la petite rivière, une grande ligne de peupliers serpentait »* MAUPASSANT. — n. m. **SERPENTEMENT,** 1614.

SERPENTIN, INE [sɛʀpɑ̃tɛ̃, in] adj. et n. m. – milieu XIIe ◊ latin *serpentinus*

I adj. ■ **1** LITTÉR. Qui a la forme, le mouvement d'un serpent qui rampe. ➤ **flexueux, onduleux, sinueux.** *« sa démarche onduleuse, souple et serpentine »* GAUTIER. ■ **2** (1534) Qui est marqué de taches rappelant la peau de serpent. *Marbre serpentin.* — *Colonne serpentine,* en marbre veiné, rubané.

II n. m. ■ **1** (1564) Tube en spirale ou à plusieurs coudes, utilisé dans les appareils de distillation ou de chauffage. *Le serpentin d'un alambic.* ■ **2** (1892) COUR. Accessoire de cotillon, petit ruban de papier coloré enroulé sur lui-même qui se déroule quand on le lance. *Lancer des serpentins et des confettis.*

SERPENTINE [sɛʀpɑ̃tin] n. f. – XIIIe ◊ de *serpentin* ■ MINÉR. Roche métamorphique (silicates de magnésium) dont la masse vert sombre est traversée de petits filons fibreux.

SERPETTE [sɛʀpɛt] n. f. – XIVe ◊ diminutif de *serpe* ■ Petite serpe. *Serpette de vigneron.*

SERPIGINEUX, EUSE [sɛʀpiʒinø, øz] adj. – 1560 ◊ de *serpigine* (XVe), du latin populaire °*serpigo*, bas latin *serpedo* « dartre, érysipèle » ■ MÉD. Se dit de certaines affections de la peau (ulcères, érysipèles, etc.) qui progressent de façon sinueuse en guérissant d'un côté et en s'étendant de l'autre.

SERPILLIÈRE ou **SERPILLÈRE** [sɛʀpijɛʀ] n. f. – 1403 ; *sarpilliere* « lainage » XIIe ◊ probablt latin populaire °*sirpicularia*, de *s(c)irpus* « jonc » ■ VX Grosse toile d'emballage ou à laver. ◆ (1934) MOD. Pièce de toile épaisse (généralement à tissage gaufré) servant à laver les sols, à éponger, etc. ➤ RÉGION. **loque, panosse, torchon, wassingue** (cf. Toile à laver). *Passer la serpillière sur le carrelage.* — LOC. *Traiter qqn comme une serpillière,* mal, avec mépris.

SERPOLET [sɛʀpɔlɛ] n. m. – début XVIe ◊ diminutif de l'ancien occitan *serpol*, latin *serpullum* ■ Variété de thym sauvage utilisée comme assaisonnement.

SERPULE [sɛʀpyl] n. f. – 1800 ◊ latin des zoologistes *serpula*, « petit serpent » en latin classique ■ ZOOL. Ver marin *(annélides polychètes)* vivant dans un tube calcaire.

SERRAGE [seʀaʒ] n. m. – 1845 ; « serres d'un navire » 1643 ◊ de *serrer* ■ Action de serrer ; son résultat. *Le serrage des freins. Collier de serrage.* ■ CONTR. Desserrage.

SERRAN [seʀɑ̃] n. m. – 1554 ◊ de *serre* XIIIe ; latin *serra* « scie de mer » ■ Poisson carnassier *(perciformes)* des mers chaudes, appelé aussi *perche de mer.*

SERRANO [seʀano] n. m. – 1937 ; répandu v. 1990 ◇ marque déposée ; espagnol *(jamón) serrano* «(jambon) de montagne», cf. 2 serre, sierra ■ Jambon cru séché (spécialité espagnole). *Une tranche de serrano.* — APPOS. *Jambon serrano.*

SERRATULE [seʀatyl] n. f. – 1732 ; *serratula* 1562 ◇ latin *serratula* proprt «petite scie» ■ Plante vivace *(astéracées)* à feuilles dentelées et fleurs violettes. ➤ **sarrette.**

1 **SERRE** [sɛʀ] n. f. – XIIe ◇ de *serrer* ■ **1** VX Endroit clos. ♦ (1660) MOD. Construction à parois translucides, parfois chauffée artificiellement, où l'on met les plantes à l'abri pendant l'hiver, où l'on cultive les végétaux exotiques ou délicats, où l'on fait les semis particulièrement fragiles. ➤ **forcerie.** *Serre vitrée, en plastique. Mettre, faire pousser une plante en serre. Tomates de serre.* — FIG. *Plante* de serre.* ♦ MÉTÉOR. *Effet de serre :* phénomène de rétention thermique dû à l'absorption sélective de l'atmosphère qui laisse passer la lumière visible mais arrête les infrarouges. *Gaz à effet de serre (GES) :* gaz (dioxyde de carbone, méthane, ozone...) présents dans l'atmosphère, qui absorbent le rayonnement infrarouge et contribuent à l'effet de serre. ■ **2** (1538) MAR. Chacune des pièces longitudinales qui croisent intérieurement les couples* d'un navire. ■ **3** (1549) Surtout au plur. *Les serres :* griffes ou ongles de certains oiseaux, SPÉCIALT des rapaces. *Les serres de l'aigle. «Il ramassa l'oiseau* [...], *les serres noires et brillantes se repliaient, inertes, au bout des pattes»* GENEVOIX. — FIG. *Tenir qqn dans ses serres :* retenir qqn prisonnier. ■ **4** (XVIe) TECHN. Chacun des pressurages successifs qu'on fait subir à une substance. *Donner une deuxième serre au raisin.* ■ HOM. Cerf, serf.

2 **SERRE** [sɛʀ] n. f. – v. 1190 «montagne» ; «colline, monticule» en ancien provençal (XIIIe) ; repris par les géographes au XXe ◇ latin *serra* «scie» ; cf. espagnol *sierra* ■ GÉOGR. Dans le sud de la France, Colline étroite et allongée résultant de la fragmentation d'un plateau par des vallées parallèles.

SERRÉ, ÉE [seʀe] adj. – XIIe ◇ de *serrer* ■ **1** Comprimé, contracté. *Avoir la gorge serrée. Le cœur serré.* ➤ **serrer.** ■ **2** RARE Qui est à l'étroit, resserré. *«un port serré où l'on étouffe entre deux montagnes»* MICHELET. ♦ COUR. Qui s'applique étroitement sur le corps. ➤ **ajusté.** *«habit boutonné, serré et pincé à la taille»* HUGO. *Pantalon serré.* ➤ **collant, moulant.** ♦ AU PLUR. Placés l'un contre l'autre, tout près l'un de l'autre. *En rangs serrés. Être serrés comme des harengs, des sardines*.* ➤ **encaqué.** — *Serré entre des objets* (cf. En sandwich*). ■ **3** (milieu XIIIe) Dont les éléments constitutifs sont très rapprochés et laissent peu de vide entre eux. ➤ **compact, dense, dru, épais.** *«les grappes sont déjà massives* [...], *si serrées qu'une guêpe n'y entrerait pas»* COLETTE. *Une écriture serrée. Une pluie serrée.* MILIT. *Ordre* serré.* — CIN., TÉLÉV. *Montage serré.* ♦ *Un café, un express serré,* fort. ➤ **tassé.** ■ **4** (1559) FIG. Qui dit beaucoup en peu de mots. ➤ **concis.** *«Dans les livres d'Edgar Poe le style est serré»* BAUDELAIRE. — *Négociation, discussion serrée,* menée avec précision, rigueur. ➤ **rigoureux.** ♦ *Un jeu serré,* prudent, mené avec une constante vigilance. ADVT *«C'est un piège sans doute, jouons serré»* STENDHAL. — *Une partie serrée,* extrêmement difficile du fait de l'égalité de force des adversaires. *«Nous jouons une partie serrée, et* [...] *pour la gagner, nous ne devons nous relâcher sur aucun point»* GIDE. — SPORT *Arrivée très serrée,* entre des concurrents qui se suivent de très près (cf. Dans un mouchoir*). ■ **5** Qui n'est pas financièrement à l'aise. ➤ **gêné.** ADVT *«Il vivait petitement et fort serré»* MICHELET. ➤ **chichement.** ■ CONTR. Large ; clairsemé ; lâche.

SERRE-FIL n. m. ou **SERRE-FILS** [sɛʀfil] n. m. inv. – 1869 ◇ de *serrer* et *fil* ■ TECHN. Dispositif qui sert à connecter deux fils électriques. *Des serre-fils.* ■ HOM. Serre-file.

SERRE-FILE [sɛʀfil] n. m. – 1678 ◇ de *serrer* et *file* ■ Gradé (ou soldat) placé en surveillance derrière une troupe qui défile. *Marcher en serre-file. Des serre-files.* ♦ (1835) Navire qui est placé le dernier dans une ligne de combat, dans un convoi. ■ HOM. Serre-fil.

SERRE-FREIN [sɛʀfʀɛ̃] n. m. – 1871 ◇ de *serrer* et *frein* ■ ANCIENNT Employé des chemins de fer chargé de la manœuvre des freins qui ne sont pas actionnés à partir de la locomotive. *Des serre-freins.*

SERRE-JOINT [sɛʀʒwɛ̃] n. m. – 1845 ◇ de *serrer* et *joint* ■ TECHN. Outil servant à maintenir provisoirement serrées les unes contre les autres des planches assemblées ou collées par les joints. ➤ **sergent** (3°). *Des serre-joints.*

SERRE-LIVRE n. m. ou **SERRE-LIVRES** [sɛʀlivʀ] n. m. inv. – 1936 ◇ de *serrer* et *livre* ■ Objet décoratif qui sert à maintenir plusieurs livres les uns contre les autres, debout sur leur tranche. *Des serre-livres.*

SERREMENT [sɛʀmɑ̃] n. m. – 1529 ◇ de *serrer* ■ **1** Action de serrer. *Serrement de main :* poignée de main. — Fait d'être serré, contracté. ➤ **contraction.** *«ce serrement de la gorge, ce spasme de la poitrine»* BOURGET. FIG. *Serrement de cœur :* oppression, tristesse. ➤ **pincement.** ■ **2** (1812) Cloison, barrage qui s'oppose, dans une galerie de mine, à l'invasion des eaux. ■ HOM. Serment.

SERRER [seʀe] v. ‹1› – début XIIe, au sens de «saisir» (2°) ◇ du latin populaire *serrare* «fermer», famille de *sera* «serrure», qui désignait à l'origine la barre de bois qui fermait la porte

I ~ v. tr. ■ **1** (milieu XIIe) VX Fermer. ♦ (début XIIIe) MOD. RÉGION. (Ouest, Sud-Ouest, Centre-Ouest, Provence, Franche-Comté, Canada, Réunion, Antilles) Mettre à l'abri ou en lieu sûr. ➤ 1 **ranger, remiser.** *«j'ai serré à mon retour à la maison le costume de lin que je portais ce jour-là dans la housse qui m'était attribuée»* J. STÉFAN. ■ **2** (début XIIe) Saisir ou maintenir vigoureusement de manière à ne pas laisser échapper, à comprimer. ➤ **empoigner, presser.** *«Il lui avait pris le poignet* [...] *et il le serrait si violemment qu'elle se tut»* MAUPASSANT. *Serrer la main* à qqn* (cf. Donner une poignée* de main). *Serrer le cou, le kiki à qqn.* ➤ **étrangler.** ♦ Prendre (qqn) entre ses bras et tenir pressé (contre soi). ➤ **embrasser, enlacer, étreindre.** *Il la serra contre lui.* ♦ (Sensation) Faire peser une sorte de pression, d'oppression sur (la gorge, le cœur). ➤ **comprimer, oppresser.** *«Son cœur était serré par une horrible angoisse»* DUMAS. — *Cela me serre le cœur, j'en ai le cœur serré,* j'en ai de la peine, cela me fait pitié. ■ **3** (1636) Disposer (des choses, des personnes) plus près les unes des autres afin d'occuper moins d'espace. ➤ **rapprocher.** *Serrer les lettres, les mots, en écrivant.* ➤ **resserrer.** *Serrez les rangs !* ou ABSOLT *Serrez !* FIG. *Serrer les rangs :* se grouper, se rapprocher pour affronter un danger, une difficulté. — *Se serrer les coudes*.* ■ **4** Maintenir énergiquement fermé. ➤ 2 **contracter, crisper.** *M. Charles «serra les poings, dans un élan d'indignation exaspérée»* ZOLA. ♦ (fin XIIIe) Rapprocher énergiquement. *Serrer les mâchoires, les dents*. Les lèvres serrées,* pincées. *«Elle avait une de ces bouches à lèvres serrées construites pour dire du mal comme la pince pour en faire»* HUGO. FAM. *Serrer les fesses*.* ■ **5** Comprimer en entourant ou en s'appliquant. *Ce pantalon me serre trop.* ➤ **boudiner, brider, mouler.** *Chaussures neuves qui serrent le pied. Une robe serrée par une ceinture.* — MAR. *Serrer une voile,* la plier et la fixer le long d'une vergue, d'un mât. ♦ (1527) Rendre plus étroit (un lien). *Serrer sa ceinture d'un cran. Serrer un nœud,* en tirant sur chaque extrémité de la corde. — *Se serrer la ceinture*.* ■ **6** Réduire le plus possible. *Serrer les prix, les délais.* ■ **7** (1690) Tourner, faire mouvoir (un élément mobile, un organe de fixation, un volant, une manette) de manière à rapprocher deux choses, à fixer une pièce, à mettre un dispositif en position fermée. *Serrer un frein, un robinet, une vis* (➤ **resserrer**). FIG. *Serrer la vis* à qqn. Serrer les boulons*.* ■ **8** Être comme appliqué ou pressé contre, rester tout près de (qqn qu'on suit, qu'on pousse). *Serrer de près l'ennemi.* ➤ **poursuivre, talonner.** — SPÉCIALT *Serrer une femme de près,* lui faire une cour pressante. *Un soldat «qui la chatouillait et la serrait de très près»* ARAGON. — FIG. *Serrer de près :* analyser, exprimer avec précision. *Cette traduction ne serre pas le texte original d'assez près. «Je serre le texte ; je l'étripe ; je l'étrangle»* G. DARIEN. ■ **9** FAM. Arrêter, appréhender. ➤ **coincer.** *Se faire serrer par les flics.* ➤ **pincer.** *«je me faisais serrer une fois par mois, minimum»* PENNAC. ■ **10** (1540) Pousser, presser (qqn) contre un obstacle. *Le bus a serré le cycliste contre le trottoir.* ➤ **coincer.** ♦ (1678) MAR. Longer en passant au plus près. ➤ **raser.** *Le navire serrait la terre. Serrer le vent :* naviguer au plus près.

II ~ v. intr. Se rapprocher, venir tout contre, tout près. *Véhicules lents, serrez à droite.*

III ~ v. pron. **SE SERRER** ■ **1** (milieu XIIe) Se mettre tout près, tout contre (qqn). ➤ se **blottir,** se **coller,** se **pelotonner.** *Elle se serra contre lui.* ■ **2** (RÉCIPR.) Se rapprocher jusqu'à se toucher. *«La grande table où l'on se serrait pour être plus ensemble»* ZOLA. *Se serrer l'un contre l'autre.*

■ CONTR. 1 Écarter, éclaircir, espacer. Desserrer, ouvrir. ■ HOM. *Serre :* sers (servir).

SERRE-TÊTE [sɛʀtɛt] n. m. – 1573 ◇ de *serrer* et *tête* ■ **1** Ruban, bandeau, demi-cercle flexible servant à maintenir les cheveux. *Des serre-têtes.* ■ **2** Coiffe, casque qui enserre les cheveux. *Serre-tête d'aviateur, de skieur.*

SERRETTE ➤ **SARRETTE**

SERRISTE [seʀist] n. – avant 1973 ◇ de 1serre ■ TECHN. Spécialiste des cultures en serres.

SERRURE [seʀyʀ] n. f. – v. 1170 ; serredure fin XIe ◇ de serrer «fermer» ■ Dispositif fixe de fermeture (d'une porte, d'un tiroir, d'un coffre) comportant un mécanisme qu'on manœuvre à l'aide d'une clé (➤ 1 gâche, mortaise, pêne). *La serrure d'une valise, d'une armoire, d'un bureau. Serrure de sûreté. Serrure multipoint. Mettre la clé dans la serrure. Regarder par le trou de la serrure. Crocheter, forcer une serrure. Serrure incrochetable.* ◆ CH. DE FER Dispositif de sécurité qui permet de bloquer le levier d'un signal, d'un aiguillage.

SERRURERIE [seʀyʀʀi] n. f. – 1393 ; serreurie v. 1260 ◇ de serrurier ■ 1 Métier de serrurier. ■ 2 TECHN. Confection d'ouvrages en fer. *Serrurerie d'art* : travail du fer forgé. ➤ ferronnerie. *Grosse serrurerie,* poutres métalliques, etc.

SERRURIER, IÈRE [seʀyʀje, jɛʀ] n. – sareuriers 1237 ◇ de serrure ■ 1 Artisan qui fait, répare, pose des serrures, des verrous, des blindages, fabrique des clés. *«ce trousseau de clefs informes qu'apportent les serruriers quand on les envoie chercher pour ouvrir la porte»* DUMAS. ■ 2 TECHN. Entrepreneur en serrurerie (2°). ➤ métallier.

SERTÃO [sɛʀtɑ̃] n. m. – 1822 sertaon ◇ mot portugais du Brésil ■ GÉOGR. Zone semi-aride du Brésil où l'on pratique l'élevage extensif. *Des sertãos.*

SERTE [sɛʀt] n. f. – 1765 ◇ de sertir ■ TECHN. Sertissage. ■ HOM. Certes.

SERTIR [sɛʀtiʀ] v. tr. ⟨2⟩ – 1636 ; sartir, sarcir «ajuster, recoudre» XIIe ◇ latin populaire °sartire, classique sarcire «réparer» ■ 1 Insérer (une pierre) dans la monture d'un bijou, le chaton d'une bague. ➤ enchâsser, monter. *«De bons gros diamants de famille [...] sertis dans de vieilles montures»* GAUTIER. ■ 2 (1871) TECHN. Assujettir, sans soudure (deux pièces métalliques). *Sertir le couvercle d'une boîte de conserve.* ◆ (1904) *Sertir une cartouche de chasse :* refouler à l'intérieur, au moyen du sertisseur, le carton de la douille. ■ CONTR. Dessertir.

SERTISSAGE [sɛʀtisaʒ] n. m. – 1871 ◇ de sertir ■ Opération par laquelle on sertit une pierre. ➤ serte. — Sertissure. ◆ Action de sertir (deux pièces métalliques). ■ CONTR. Dessertissage.

SERTISSEUR, EUSE [sɛʀtisœʀ, øz] n. – 1837 ◇ de sertir ■ TECHN. ■ 1 Artisan, ouvrier spécialisé dans le sertissage. ■ 2 n. m. (1902) Instrument qui sert à sertir les cartouches.

SERTISSURE [sɛʀtisyʀ] n. f. – 1701 ; «fixation d'un émail» 1328 ◇ de sertir ■ 1 Manière dont une pierre précieuse est sertie. ➤ sertissage. ■ 2 Partie du chaton qui maintient cette pierre.

SÉRUM [seʀɔm] n. m. – 1538 ; sérot 1478 ◇ latin serum «petit-lait» ■ 1 VX Liquide qui reste après la coagulation du lait. ➤ lactosérum, petit-lait. ■ 2 (1560) *Sérum sanguin :* partie liquide du sang constituée par le plasma débarrassé de fibrine, liquide transparent jaunâtre (environ 80 % d'eau) renfermant des matières azotées (protéines, urée, créatine, créatinine), minérales, des glucides, des enzymes, divers produits du métabolisme. ➤ plasma. ◆ (1888) *Sérum thérapeutique :* préparation à base de sérum provenant d'un animal immunisé ou d'un convalescent, contenant un anticorps spécifique, utilisé à titre curatif ou préventif (➤ sérothérapie). *Sérum antidiphtérique, antitétanique* (➤ vaccin). *Du sérum.* ➤ sérique. ◆ (1883) *Sérum physiologique :* solution saline de même composition moléculaire que le plasma sanguin. ◆ *Sérum de vérité :* dérivé barbiturique (penthotal notamment) qui produit un état de subnarcose au cours duquel le sujet révèle facilement des faits qu'il dissimule habituellement (➤ narcoanalyse). ■ 3 Produit de soin concentré, pour le visage. *Sérum anti-âge.*

SÉRUMALBUMINE [seʀɔmalbymin] n. f. – 1903 ◇ anglais serum albumin → sérum et albumine ■ BIOCHIM. Albumine qui constitue la principale protéine du plasma sanguin. *La sérumalbumine joue un rôle dans le maintien de la pression osmotique et dans le transport de diverses substances auxquelles elle s'unit (acides gras, bilirubine, médicaments, etc.).*

SERVAGE [sɛʀvaʒ] n. m. – XIIe ◇ de serf ■ 1 Condition du serf (institution féodale distincte de l'esclavage). ■ 2 FIG. Esclavage, servitude. *«Quand sera brisé l'infini servage de la femme»* RIMBAUD.

SERVAL [sɛʀval] n. m. – 1761 ◇ portugais cerval «cervier» ■ Petit félin de la savane, à la robe tigrée. *Des servals.*

SERVANT [sɛʀvɑ̃] adj. m. et n. m. – v. 1120 ◇ de servir ■ 1 VX (sauf en loc.) RELIG. *Frères servants :* frères convers employés aux modestes besognes. — *Cavalier, chevalier* servant.* ◆ DR. Assujetti à une servitude. *Fonds servant* (opposé à *dominant*). ■ 2 n. m. (XIIe) Clerc ou laïc qui sert le prêtre pendant la célébration de la messe basse. — *Servant d'autel :* enfant de chœur. ◆ (1812) Chacun des artilleurs qui se tiennent de chaque côté de la pièce et l'approvisionnent.

SERVANTE [sɛʀvɑ̃t] n. f. – avant 1350 ◇ fém. de servant ■ 1 VIEILLI ou RÉGION. Fille ou femme employée comme domestique. ➤ bonne, soubrette. *«La servante au grand cœur dont vous étiez jalouse»* BAUDELAIRE. ■ 2 (1879) Petite lampe de théâtre. *«L'avare lumière d'une "servante" à deux ampoules»* COLETTE.

SERVE ➤ SERF

SERVEUR, EUSE [sɛʀvœʀ, øz] n. – fin XIXe ; «serviteur» XIIIe ◇ de servir ■ 1 Personne chargée de servir les clients (dans un restaurant, un café). ➤ barmaid, garçon. *Demander l'addition à la serveuse.* ➤ RÉGION. sommelière. ◆ Personne qu'on prend en extra pour servir à table. ■ 2 TECHN. Ouvrier chargé d'alimenter une machine. ■ 3 Au tennis, au ping-pong, Joueur qui met la balle en jeu (opposé à *relanceur*). — Joueur qui donne, qui sert les cartes. ■ 4 n. m. INFORM. Système informatique chargé de fournir des services, des informations à d'autres systèmes, à des usagers connectés. *Serveur de base de données. Serveur Internet. Serveur mandataire :* recomm. offic. pour *proxy.* — Organisme qui exploite un tel système. Appos. *Des centres serveurs.* ◆ *Serveur vocal,* accessible par téléphone, qui délivre des messages enregistrés. *Serveur vocal d'un cinéma.*

SERVIABILITÉ [sɛʀvjabilite] n. f. – 1859 ; serviableté 1530 ◇ de serviable ■ Caractère d'une personne serviable. ➤ gentillesse, obligeance.

SERVIABLE [sɛʀvjabl] adj. – début XIIIe ; «utilisable, dressable» XIIe ◇ réfection d'après amiable de servisable, de service ■ Qui est toujours prêt à rendre service. ➤ complaisant, obligeant. *«Il était serviable, empressé même»* GIDE. *Être serviable avec qqn.*

SERVICE [sɛʀvis] n. m. – fin XIe ◇ du latin servitium pour le sens I et de servir pour les autres sens

I OBLIGATION ET ACTION DE SERVIR QUELQU'UN A. OBLIGATIONS, DEVOIRS ENVERS UNE AUTORITÉ ■ 1 Ensemble des devoirs que les citoyens ont envers l'État, la société, et des activités qui en résultent. ADMIN. *Service national, civil, civique.* (1771) COUR. **SERVICE MILITAIRE :** temps qu'un citoyen d'un pays doit passer dans l'armée. *En France, le service national obligatoire a été supprimé. Faire son service (militaire).* ➤ FAM. régiment. *Pendant son service,* quand il faisait son service. ◆ Métier des armes, vie militaire. *Prendre, reprendre du service. Terminer son temps de service. De brillants états de service.* — *Être bon pour le service,* en bonne santé. ■ 2 (1636) Travail particulier que l'on doit accomplir au cours d'une de ces activités (civiles ou militaires). ➤ fonction. *Service de surveillance. Être en service commandé,* occupé à un travail imposé par la fonction. (1671) *Être de service,* occupé par sa fonction à telle heure, tel jour. ➤ 1 garde, 2 quart. *«Le pompier de service, achevant sa ronde»* ZOLA. IRON. *«comme dirait l'anthropologue de service»* A. WABERI. — *Service minimum garanti :* maintien d'une activité minimale en cas de grève. ◆ (1718) Les personnes chargées d'assurer ce travail. **SERVICE D'ORDRE :** personnes qui assurent le bon ordre, la discipline, la surveillance (réunions, assemblées...). *«Un service d'ordre improvisé s'efforçait de disperser l'attroupement»* MARTIN DU GARD. ■ 3 (fin XIe) En religion, Ensemble des devoirs envers la divinité. *Le service divin.* ➤ culte. (milieu XIIe) *Service funèbre, mortuaire,* à l'occasion des funérailles. ■ 4 (fin XIIe) *(Au, en, de service)* Obligations d'une personne dont le métier est de servir un maître ; fonction d'employé de maison. ➤ domesticité. *Être au service de qqn, en service chez qqn. Entrée, escalier, porte de service,* affecté aux employés, aux fournisseurs, etc. ◆ (1964) Travail d'une personne chargée de servir des clients ; manière dont ce travail est fait. *Service rapide, soigné. Repas à vingt euros, service compris,* y compris la rémunération du personnel. *15 % de service. Le service est compris, mais pas le pourboire.*

B. À TABLE ■ 1 (fin XIIe) Action, manière de servir des convives, de servir les plats, à table. *Adrienne «changeait l'assiette d'Antoine, avançait la corbeille à pain, s'empressait à faire le service»* MARTIN DU GARD. — *Restaurant en libre service.* ➤ libre-service, self-service. ■ 2 (fin XIIe) VX ou RÉGION. (Canada) Ensemble des plats apportés en même temps sur la table. *«Un grand dîner à trois services»* BALZAC. — (1935) MOD. Série de repas servis en même temps (dans une cantine, un wagon-restaurant). *Premier, deuxième service.* ▪ **3** Assortiment d'objets utilisés pour servir à table. *Service à café, à thé* : tasses, sucrier, cafetière ou théière. *Service à liqueurs* : verres, carafes... (fin XVe) *Service de table* : linge de table. ➤ aussi **set.** — Ensemble assorti de plats, assiettes, saladiers, etc. *Un service de porcelaine.* — (Suisse) Plur. La cuillère, la fourchette et le couteau. ➤ 1 **couvert.**

II DÉCISION PERSONNELLE ET ACTION DE SERVIR LIBREMENT QQN ▪ **1** (fin XIIe) Fait de se mettre à la disposition de (qqn), par obligeance (dans *à, pour le service de qqn, son service*). (1661) *Je suis (tout) à votre service. À votre service !* (pour répondre à un remerciement). (Alsace ; Luxembourg, Suisse) *Service !*, de rien, je vous en prie. ➤ RÉGION. **bienvenue.** (1666) *Qu'y a-t-il pour votre service ?*, que puis-je faire pour vous ? — *Au service de... Au service d'une cause.* ▪ **2 UN SERVICE :** ce que l'on fait pour qqn, avantage qu'on lui procure bénévolement. ➤ 1 **aide, appui, bienfait, faveur, office, soin.** *Puis-je vous demander un petit service ? Il m'a rendu un grand, un fier service.* — (fin XIe) *Rendre un mauvais service à qqn*, lui nuire en croyant agir dans son intérêt (➤ 2 **desservir**). — (1612) **RENDRE SERVICE À qqn,** l'aider, lui être utile. *Il nous a rendu service en nous prêtant sa voiture.* ▪ **3** (milieu XIIe) Ce qu'on fait pour qqn contre paiement ou rémunération. *Offres de service.* « *Je serai obligé de me priver de vos services* [...] *Cherchez une place* » VALLÈS. *Bons et loyaux services.* ▪ **4** (1876) (généralt au plur.) Activité économique ayant pour objet de fournir des biens immatériels contre paiement. *Entreprise, société de services* (➤ **prestataire**). *Le secteur des services.* ➤ **tertiaire.** *Services à la personne* : aide aux personnes âgées, malades, handicapées, garde d'enfants, soutien scolaire... *Chèque* emploi service universel*, (Belgique) *titre-service.*

III ACTION DE SERVIR QQCH. ▪ **1** (1508) Usage, fonctionnement (dans des expr.). (1883) *Mettre en service. Être hors service.* ➤ **hors service.** ▪ **2** Ensemble d'opérations par lesquelles on fait fonctionner (qqch.). *Le service d'une pièce d'artillerie* (➤ **servant**). ▪ **3** (1669) Coup par lequel on sert la balle (au jeu de paume, au tennis, au volleyball, au ping-pong). *Faire un service.* ➤ **servir** (I). *Il a un bon service.* « *Il vient de réussir un premier service imparable... un ace* » SOLLERS. *Faute de service. Carré de service*, où se font les services. ▪ **4** (1875) Expédition, distribution. *On lui fait le service gratuit de la revue. Service de presse* (d'un livre aux journalistes). *Recevoir un ouvrage en service de presse (en S. P.).* ▪ **5** FIN. *Service de la dette* : remboursement du principal et paiement des intérêts d'un emprunt.

IV ENSEMBLE ORGANISÉ D'ACTIVITÉS D'UTILITÉ COLLECTIVE ; ORGANE QUI EN EST CHARGÉ ▪ **1** (1835) Fonction d'utilité commune, publique ; activité organisée qui la remplit. *Le service des postes. Services de transports* (aériens, maritimes). ◆ (Non qualifié) (1835) Le travail (SPÉCIALT dans les activités d'utilité publique : armée, administration). *Règlements, note de service. Réunion de service.* LOC. *Être à cheval* sur le service.* FAM. *Être service-service* : observer le règlement, les consignes, d'une manière rigide. « *C'était un homme de confiance, service-service* » CENDRARS. *Jamais pendant le service* (refus d'alcool). ▪ **2** Organisation chargée d'une branche d'activités correspondant à une fonction d'utilité sociale. ➤ **organisme ; département, direction, office.** *Chef de service. Services administratifs. Services généraux*, chargés de tout ce qui n'a pas directement trait à la production de l'entreprise. *Service de cardiologie d'un établissement hospitalier. Le service du professeur X. Service de publicité, de contentieux d'une entreprise.* ➤ **bureau.** *Service après-vente*. Changer de service.* ◆ Grande organisation de l'armée (à l'exclusion des unités combattantes). *Service des transmissions, de l'intendance. Service de santé.* ◆ Branche d'activité importante, correspondant à une mission d'intérêt national. *Les services généraux d'une nation. Services secrets*. Individu bien connu des services de police.* — **SERVICE PUBLIC :** fonction d'utilité collective, sociale ; activité organisée qui la remplit. *La justice, l'enseignement sont des services publics. Mission de service public*, d'intérêt général. Fonction de l'État pour la satisfaction des besoins de la collectivité nationale ; l'organisme qui en a la responsabilité. *Gratuité du service public.* « *Les travailleurs sociaux, les juges des enfants, les éducateurs,* [...] *toutes ces professions qu'on appelle le service public* » I. JABLONKA. — **SERVICES SOCIAUX :** organismes privés ou publics chargés des questions sociales (famille, enfance, santé, logement, etc.). *Service social d'une usine, de la mairie.*

SERVIETTE [sɛʀvjɛt] n. f. – 1361 ◊ de *servir* ▪ **1** Pièce de linge dont on se sert à table ou pour la toilette (pour éviter de se salir, pour s'essuyer, etc.). *Serviette de table. Plier, déplier sa serviette. Rond* de serviette. Il ne faut pas mélanger les torchons* avec les serviettes.* — *Serviette en papier.* — *Serviette de toilette.* ➤ **essuie-main ;** RÉGION. **essuie.** *Serviette de bain, de plage.* ➤ **drap.** *Serviette éponge. Serviette rafraîchissante.* ➤ aussi **lingette.** ◆ *Serviettes hygiéniques, périodiques* : bandes de matière absorbante que peuvent utiliser les femmes pendant les règles. ➤ aussi **protège-slip.** ▪ **2** (1840) Sac à compartiments, rectangulaire, généralement pliant, à poignée, servant à porter des papiers, des livres (➤ aussi **attaché-case, cartable, porte-document**).

SERVILE [sɛʀvil] adj. – milieu XIVe ◊ latin *servilis* ▪ **1** DIDACT. Propre aux esclaves et aux serfs, à leur état. *Condition, travail servile.* — THÉOL. *Œuvres serviles* (opposé à *libérales*) : travaux manuels. ▪ **2** FIG. (PLUS COUR.) Qui a un caractère de soumission avilissante et excessive. ➤ 1 **bas, obséquieux, rampant.** *Personnage servile.* ➤ VULG. **lèche-cul.** « *une admiration presque servile des supérieurs* » R. ROLLAND. ◆ (1629) Étroitement soumis à un modèle, dépourvu d'originalité. *Traducteur servile.* « *Les deux peintres virent dans ces toiles une servile imitation des paysages hollandais* » BALZAC. ▪ CONTR. Libre.

SERVILEMENT [sɛʀvilmɑ̃] adv. – 1538 ; « en qualité d'esclave » 1370 ◊ de *servile* ▪ D'une manière servile, basse ou sans originalité. *Obéir servilement à qqn. Imiter servilement.*

SERVILITÉ [sɛʀvilite] n. f. – 1542 ◊ de *servile* ▪ Caractère, comportement servile, bas. ➤ **bassesse, complaisance, obséquiosité.** *Servilité envers un supérieur.* ◆ Absence totale d'originalité. *Il imitait « avec une servilité naïve, jusqu'à sa façon de s'habiller »* A. HERMANT.

SERVIR [sɛʀviʀ] v. tr. ‹ 14 › – fin IXe ◊ du latin *servire* « être esclave » et « se mettre au service de qqn », famille de *servus* → serf

I ~ v. tr. dir. A. SERVIR QQN, UNE COLLECTIVITÉ ▪ **1** S'acquitter de certaines obligations ou de certaines tâches envers (qqn auquel on obéit, une collectivité). « *Ceux qui servent Dieu de tout leur cœur* » PASCAL. *Bien servir son pays, l'État.* — *Servir sa patrie*, se battre pour elle. — (SANS COMPL.) *Servir à la légion, dans l'infanterie, comme marin.* ◆ (À titre d'employé de maison) (fin XIe) *Servir chez qqn. On n'arrive plus à se faire servir*, à trouver du personnel de maison. — PROV. *On n'est jamais si bien servi que par soi-même.* ◆ (milieu XIIe) Pourvoir du nécessaire (qqn qui est à table) ; donner à manger à (qqn) selon les règles en usage. « *Sers-moi, je meurs de faim* » BALZAC. « *Madame est servie* », formule par laquelle un(e) employé(e) annonce à la maîtresse de maison qu'on peut passer à table. — *Servir un client*, lui fournir ce qu'il demande. *Le boucher nous a bien, mal servis aujourd'hui.* ◆ *Être servi* : à certains jeux, avoir en mains des cartes satisfaisantes, ne pas en demander d'autres. — FIG. et FAM. *En fait d'embêtements, nous avons été servis depuis quelque temps !*, nous en avons eu beaucoup. ➤ **gâter.** ◆ (1648) VIEILLI *Pour vous servir*, formule de politesse marquant qu'on est à la disposition de qqn, tout dévoué à ses ordres. ▪ **2** Aider, appuyer (qqn), en y employant sa peine, son crédit, en dehors de toute obligation. *Servir qqn, ses intérêts. Servir la justice, une cause.* ◆ (Sujet chose) Être utile, favorable à. ➤ **favoriser.** « *doué d'un certain flair* [...] *servi aussi par son esprit d'aventure* » MARTIN DU GARD. *Sa discrétion l'a servi.*

B. SERVIR QQCH. ▪ **1** Mettre à la disposition de qqn (une chose, pour être consommée, utilisée). *Elle « en profitait pour servir à Monseigneur quelque excellent poisson »* HUGO. *On leur a servi à boire.* ➤ **donner.** *Vin à servir frais. Servir le dîner, le dessert. À table ! c'est servi* : les plats sont prêts et disposés sur la table. (SANS COMPL.) *Servez chaud !* — FIG. (milieu XIIe) Donner, présenter. « *les objections pâteuses que je lui ai servies* » MARTIN DU GARD. ➤ 1 **débiter.** ◆ (1899) *Servir des cartes*, en donner au joueur qui en demande. *Servir la balle*, ou *servir*, la mettre en jeu (au tennis, volleyball, ping-pong). *À toi de servir* (➤ **service**). — (1835) *Servir une rente, un intérêt, une pension à qqn.* ➤ **verser.** ▪ **2** (1662) Mettre (une chose) en état de se dérouler ou de fonctionner normalement (en remplissant les conditions nécessaires ou en l'approvisionnant). (1680) *Servir la messe. Servir et desservir la table.* — *Servir une pièce d'artillerie*, l'alimenter en munitions.

C. (ANIMAUX) ▪ **1** (1687) Couvrir, monter (la femelle). ➤ **saillir.** ▪ **2** VÉN. Achever (une bête forcée) au poignard, avant la curée.

II ~ **v. tr. ind.** ■ **1** (milieu XIIe) Aider en étant utile ou utilisé. *Un édifice «qui servira aux générations futures»* TAINE. (SANS COMPL.) *Cela peut encore servir. Ce dictionnaire a beaucoup servi.* PROV. *Rien ne sert de courir, il faut partir à point.* ■ **2** (1553) **SERVIR À** (compl. de but, de conséquence) : être utile, utilisé à..., pour... *«l'espèce de couteau leur servant à dépecer les viandes»* FLAUBERT. — (Sans désignation d'utilisateur) *«Si la sympathie en ces occasions pouvait servir à quelque chose»* FLAUBERT. *Objet devenu inutile, qui ne sert plus à rien.* IMPERS. (1553) *«À quoi sert d'engager la discussion ?»* GIDE. — *À quoi ça sert, ce truc ? Cela ne sert à rien d'insister. «À quoi sert un terrain de golf ? à jouer au golf. – Un court de tennis ? à jouer au tennis. – Eh bien ! un camp de prisonniers, ça sert à s'évader...»* (J. RENOIR et CH. SPAAK, «La Grande Illusion», film). ■ **3** (fin XVe) (avec un compl. de manière à valeur d'attribut) *Servir à* (qqn) *de* : être utilisé (par qqn) en guise de (cf. Faire fonction, tenir lieu* de). *«la chambre qui me sert de cabinet de travail»* APOLLINAIRE. *Que ça te serve de leçon ! Servir de preuve. «Elle était toute fière [...] de lui servir de guide»* ROMAINS.

III ~ **v. pron. SE SERVIR A.** RÉFLÉCHI ■ **1** (1832) Prendre de ce qui est sur la table. *Servez-vous, servez-vous mieux. Servez-vous de rôti* : prenez du rôti. *Il se sert toujours le premier. Elle s'est bien servie ! Restaurant où l'on se sert soi-même.* ➤ **self-service.** — LOC. *Se servir sur la bête*.* — RÉFL. INDIR. *Ils se sont servi de l'eau.* ♦ (1832) Se fournir, s'approvisionner habituellement. *Se servir toujours chez le même boulanger.* ■ **2** (1538) (Avec un compl. d'instrument à valeur de compl. d'objet) **SE SERVIR DE... :** faire usage de..., utiliser. ➤ **employer.** *Se servir de sa voiture tous les jours. Elle s'est servie de son vélo hier. «Reconnaître un objet usuel consiste surtout à savoir s'en servir»* BERGSON. *Se servir de ses relations.* ➤ **user.** — *Se servir de qqn,* l'utiliser à son profit, l'exploiter.

B. PASSIF Être servi. *Ce vin doit se servir très frais.*

■ CONTR. Commander ; 2 desservir, gêner ; nuire. ■ HOM. *Sers* : serre (serrer).

SERVITEUR [sɛʀvitœʀ] **n. m.** – XIe ♦ bas latin *servitor* ■ **1** LITTÉR. Celui qui sert (qqn envers lequel il a des devoirs). *«Le souverain est le premier serviteur de l'État»* FRÉDÉRIC II. ♦ VIEILLI Domestique. — FIG. PÉJ. Personne qui se met entièrement au service (de qqn). ➤ **séide, valet.** *«les plus obséquieux serviteurs de Napoléon»* CHATEAUBRIAND. ■ **2** Support où l'on peut poser, accrocher des objets usuels. *Serviteur de salle de bains.* ➤ **valet.** ■ **3** VX (t. de politesse) *Votre très humble et très obéissant serviteur. Je suis votre serviteur,* ou ELLIPT *Serviteur,* ancienne formule de salut, de remerciement poli, ou IRON. de refus. ♦ MOD. IRON. *Votre serviteur* : moi-même. ■ CONTR. Maître.

SERVITUDE [sɛʀvityd] **n. f.** – fin XIIe ♦ bas latin *servitudo* ■ **1** VX Esclavage ; servage. — MOD. DR. *Crime d'esclavage et de servitude.* ♦ (XVe) MOD. État de dépendance totale d'une personne ou d'une nation soumise à une autre. ➤ **asservissement, soumission, sujétion.** *La servitude dans laquelle les femmes étaient tenues. «Servitude et Grandeur militaires», œuvre de Vigny. Maintenir une minorité dans la servitude.* ➤ **oppression.** ■ **2** LITTÉR. Ce qui crée ou peut créer un état de dépendance. ➤ **contrainte, lien, obligation.** *«Il avait l'horreur des servitudes bureaucratiques»* DUHAMEL. ♦ DR. CIV. Charge établie sur un immeuble pour l'usage et l'utilité d'un autre immeuble appartenant à un autre propriétaire. ➤ **hypothèque.** *Servitude d'appui, d'écoulement des eaux. Servitude de passage, de puisage, de pacage.* — DR. PUBL. Restriction au droit de propriété immobilière, pour une raison d'intérêt général ou d'utilité publique. ♦ MAR. *Bâtiments de servitude* : bateaux destinés au service des ports (chalands, pontons, etc.). ■ CONTR. Affranchissement, émancipation, liberté.

SERVO- ■ Élément, du latin *servus* «esclave», marquant un asservissement mécanique. ➤ **assisté.**

SERVOCOMMANDE [sɛʀvokɔmɑ̃d] **n. f.** – milieu XXe ♦ de *servo-* et *commande* ■ TECHN. Mécanisme auxiliaire assurant automatiquement, par amplification d'une force, le fonctionnement d'un ensemble.

SERVOFREIN [sɛʀvofʀɛ̃] **n. m.** – 1922 ♦ de *servo-* et *frein* ■ TECHN. Servocommande de freinage.

SERVOMÉCANISME [sɛʀvomekanism] **n. m.** – 1932 ♦ de *servo-* et *mécanisme* ■ AUTOMAT. Système asservi (➤ **asservissement**) à une information extérieure, permettant de maintenir l'équilibre de la réponse et de la commande quelles que soient les variations de celle-ci et les perturbations.

SERVOMOTEUR [sɛʀvomɔtœʀ] **n. m.** – 1869 ♦ de *servo-* et *moteur* ■ TECHN. Organe moteur servant à diriger et à régler le mouvement d'un moteur, d'un engin.

SERVOVALVE [sɛʀvovalv] **n. f.** – v. 1970 ♦ de *servo-* et *valve* ■ TECHN. Valve à ouverture commandée électriquement.

SES ➤ **1 SON**

SÉSAME [sezam] **n. m.** – 1570 ; *sisame* 1500 ; *suseman* XIIIe ♦ latin *sesamum* ■ **1** Plante oléagineuse, originaire de l'Inde. *Gâteau aux graines de sésame.* ■ **2** Graines de cette plante. *Huile de sésame. Pain, biscuits au sésame. Confiserie au sésame.* ➤ **halva.** *Mélange de sésame grillé et de sel.* ➤ **gomasio.** ■ **3** LOC. (par allus. au conte d'Ali Baba) *Sésame, ouvre-toi !* formule magique qui fait accéder à qqch., obtenir qqch. **n. m.** *Le sésame, le «sésame ouvre-toi». «Comme une formule incantatoire, le sésame ouvre-toi du paradis»* GIDE. *L'alternance, un sésame pour l'emploi.* ➤ **passeport, ticket.** *«le réseau des changeurs auprès desquels mon nom était un sésame»* RUFIN.

SÉSAMOÏDE [sezamɔid] **adj.** – 1552 ♦ grec *sêsamoeidês* «qui ressemble au (grain de) sésame» ■ ANAT. *Os sésamoïdes* : petits os situés dans l'épaisseur de certains tendons ou près du carpe et du tarse.

SESBANIA [sɛsbanja] **n. m.** – 1848 ; *sesban* 1694 ♦ latin des botanistes *sesbanus* fin XVIe ; arabo-persan *sisabân* ■ BOT. Arbrisseau des régions tropicales *(papilionacées),* cultivé dans l'Inde pour la filasse qu'on tire des tiges. — On dit aussi **SESBANIE n. f.,** 1848.

SESQUI- ■ Élément, du latin *sesqui* «une fois et demie», entrant dans la formation de termes scientifiques : *sesquihydraté, sesquiterpène.*

SESQUITERPÈNE [sɛskɥitɛʀpɛn] **n. m.** – 1886 ♦ de *sesqui-* et *terpène* ■ CHIM. Terpène aliphatique ou cyclique, formé de trois unités d'isoprène* ($C_{15}H_{24}$). *Les sesquiterpènes sont les plus abondants parmi les terpènes.*

SESSILE [sesil] **adj.** – 1611 ♦ latin *sessilis* ■ *Organe sessile,* attaché directement, dépourvu de tige, pédoncule ou pétiole. — BOT. *Les feuilles sessiles de l'œillet.* — MÉD. *Tumeur sessile,* sans pédicule. ■ CONTR. Pédonculé.

SESSION [sesjɔ̃] **n. f.** – 1657 ♦ de l'anglais *session,* du latin *sessio,* famille de *sedere* «asseoir» → 1 seoir ■ Période pendant laquelle une assemblée délibérante, un tribunal tient séance. *Sessions ordinaires* (fixées par la loi). *Session extraordinaire du parlement. Ouverture, clôture d'une session.* ➤ **aussi intersession.** *«Mon affaire était inscrite à la dernière session de la cour d'assises»* CAMUS. ♦ Période de l'année pendant laquelle siège un jury d'examen. *Session d'examens. Échouer à la session de juin.* ♦ RADIO. Tranche horaire occupée par un programme spécifique. ♦ INFORM. Durée d'exécution d'un programme ou de connexion à un service pour un utilisateur donné. *Entrer son mot de passe pour ouvrir une session. Votre session a expiré.* ■ HOM. Cession.

SESTERCE [sɛstɛʀs] **n. m.** – 1537 ♦ latin *sestertius* ■ Monnaie romaine d'argent, qui valait deux as et demi. ♦ Mille unités de cette monnaie.

SET [sɛt] **n. m.** – 1893 ♦ mot anglais

I ANGLIC. ■ **1** Manche d'un match de tennis, de ping-pong, de volleyball. *Gagner le premier set. Partie de tennis en cinq sets. Balle de set,* qui décide du gain du set. ■ **2** MUS. Partie de concert (jazz). *«un vieux standard [...] qui leur servait d'indicatif de début et fin de set»* CH. GAILLY. — *Le set d'un D. J.* ➤ **performance, prestation.**

II *Set* ou *set de table* : ensemble des napperons d'un service* de table, pouvant s'employer à la place d'une nappe ; ABUSIVEMENT un de ces napperons.

■ HOM. Cet, cette (1 ce), sept.

SÉTACÉ, ÉE [setase] **adj.** – 1778 ♦ du latin *saeta* «soie, poil» ■ BOT. Qui a les caractères morphologiques d'une soie de porcin (gracilité, raideur). *Feuilles sétacées de certaines mousses.* ■ HOM. Cétacés.

SETIER [sətje] **n. m.** – fin XIIe ♦ latin *sextarius* ■ **1** Ancienne mesure de capacité pour les grains (entre 150 et 300 litres environ). ♦ Ancienne mesure agraire dite aussi *sétérée* (n. f.). ■ **2** Ancienne mesure valant huit pintes.

SÉTON [setɔ̃] **n. m.** – avant 1478 «faisceau de crins pour drainer une plaie» ♦ latin médiéval *seto,* ancien provençal *sedon,* de *seda,* latin *saeta* → 1 soie ■ *Blessure, plaie en séton,* à deux orifices cutanés, d'entrée et de sortie, faits par un projectile ayant traversé des tissus mous.

SETTER [setɛʀ] **n. m.** – 1865 ♦ mot anglais, de *to set* «s'arrêter» ■ Chien d'arrêt anglais, de taille moyenne, à poils longs et ondulés. *Setter irlandais.*

SEUIL [sœj] **n. m.** – v. 1352 ; *sueil* fin XIIe ◊ latin *solea* «sandale», et «plancher» en bas latin ■ **1** Dalle ou pièce de bois, formant la partie inférieure de la baie d'une porte. *«un seuil de pierre très usé, où ont frotté bien des semelles»* BOSCO. — Entrée d'une maison ; sol qui entoure la porte d'entrée. ➤ 1 **pas** (de la porte). *Franchir le seuil. «Ce quartier où les gens vivaient toujours sur leur seuil»* CAMUS. ◆ FIG. Entrée, commencement. *Au seuil de la vie, de l'année nouvelle. «Jusqu'au seuil de la mort»* MAURIAC. ■ **2** (1907) GÉOGR. Exhaussement d'un fond fluvial, marin, ou glaciaire. ■ **3** (1865 ◊ traduction de l'allemand *Schwelle*) PHYSIOL. Caractéristiques minimales (intensité, durée...) à partir desquelles un stimulus* est perçu. *Seuil d'audibilité. Seuil absolu*, en deçà duquel il ne peut y avoir de réaction. *Seuil différentiel :* variation minimale entre deux stimulus pour que leur différence soit perçue. ◆ PHYS. Limite inférieure (ou, très rarement, supérieure) au-delà de laquelle un phénomène physique ne provoque plus un effet donné. *Effet de seuil.* — TECHN. *Système à seuil :* dispositif dont le fonctionnement ne s'opère qu'à partir d'un certain niveau de grandeur d'entrée. — PHYSIOL. *Seuil d'élimination :* concentration au-dessus de laquelle une substance du sang passe dans l'urine. ◆ PHYS., MATH. Niveau d'un facteur variable dont le franchissement détermine une brusque variation du phénomène lié à ce facteur. ➤ **saut.** — ÉCON. *Seuil de rentabilité.* ➤ 1 **point** (mort). ◆ COUR. *Seuil d'alerte. Seuil de déclenchement. Seuil d'intervention.* ◆ FIG. ➤ **limite,** 1 **point** (critique). *Le seuil critique du surpeuplement. Franchir un seuil. Au-delà d'un certain seuil. Seuil de tolérance,* au-delà duquel un phénomène devient intolérable.

SEUILLAGE [sœjaʒ] **n. m.** – 1985 ◊ de *seuil* ■ INGÉN. Opération effectuée dans la saisie numérique d'une image et consistant à définir un niveau de gris comme seuil, de part et d'autre duquel les pixels sont enregistrés soit noirs soit blancs.

SEUL, SEULE [sœl] **adj.** – fin XIe *sul* ; v. 1000 *sols* ◊ latin *solus*

I ATTRIBUT ■ **1** Qui se trouve être sans compagnie, séparé des autres. ➤ **isolé, solitaire.** *Elle «ne désirait rien que se trouver seule, derrière une porte bien close, à l'abri»* BERNANOS. *Enfant qui reste seul dans son coin. Il a toujours vécu seul.* ➤ **célibataire.** *Viendrez-vous seul ou accompagné ? Parler, rire tout seul,* sans interlocuteur (➤ **soliloque**). — *Mot employé seul.* PROV. *Un malheur n'arrive jamais seul.* — LOC. SUBST. *Seul en scène* (pour remplacer l'anglic. *one-man show*), *seule en scène* (pour remplacer l'anglic. *one-woman show*). *Son premier seule en scène. Des seuls en scène.* ◆ PAR EXT. *Être seul avec qqn,* sans autre compagnie. *«Puis je fus seul avec une grosse dame»* BOSCO. *Enfin seuls !* FIG. *«Il évite de rester seul avec ses pensées»* ROMAINS. *Être seul contre tous.* — LOC. **SEUL À SEUL :** en particulier. (Avec accord) *«ce qu'elle t'a confié, hier, seule à seul»* MUSSET. Plus cour., inv. *«Madame, il faut que je vous parle seul à seul»* GIDE (cf. En tête* à tête). ■ **2** Qui a peu de relations avec les autres personnes. ➤ **solitaire.** *«il n'y a que le méchant qui soit seul»* DIDEROT. ◆ Qui n'a pas les amitiés, les liens familiaux habituels. ➤ **abandonné, délaissé, esseulé.** *«L'exilé partout est seul»* LAMENNAIS. *«Il restait seul dans la vie»* MAUROIS. *Un orphelin seul au monde.* ■ **3** Unique, singulier. *«Il est seul de son espèce»* SAINTE-BEUVE. *Seul dans son genre :* sans égal.

II ÉPITHÈTE ■ **1** (Placé après le nom) Qui n'est pas avec d'autres semblables. *Il y avait à table deux femmes seules,* non accompagnées. *Faire cavalier* seul.* ■ **2** (Placé avant le nom) Qui est unique de son espèce. ➤ **un.** *«Un seul être vous manque, et tout est dépeuplé !»* LAMARTINE. *Une seule fois. D'une seule pièce, d'un seul tenant. Romain Gary et Émile Ajar sont un seul et même auteur. Ensemble à un seul élément* (➤ **singleton**). *D'un seul coup.* LOC. FAM. *D'un seul coup d'un seul.* — (Renforçant une négation) *«Il n'y avait plus une seule baraque»* HUGO (cf. Plus du tout*). *Pas un seul instant. «Pas un seul petit morceau De mouche ou de vermisseau»* LA FONTAINE. ◆ *La seule candidate reçue. «Les premières, les seules bonnes années de ma vie»* DAUDET. *«Le seul portrait gravé que j'aie vu d'elle»* SAINTE-BEUVE. — LOC. *Comme un seul homme :* unanimement, ensemble. *Ils se sont tous levés comme un seul homme. D'une seule voix.* ◆ *Il est seul propriétaire. Vous êtes seul juge.* ■ **3** Simple. *La seule pensée d'un danger le perturbe.*

III VALEUR ADVERBIALE ■ **1** (En fonction d'appos.) Seulement. ➤ **uniquement.** *«Seuls doivent compter les faits positifs»* P. HAZARD. — *Dieu seul le sait.* ■ **2** Sans aide. *Je pourrai le faire seul.* — **TOUT SEUL :** absolument seul. *Débrouillez-vous tout seul. Le feu n'a pas pris tout seul,* sans cause extérieure. *Ça ira tout seul,* facilement. ◆ (Renforçant un pron.) *Ce tableau vaut à lui seul une fortune. «Que pouvait-il faire à lui seul ?»* ROMAINS. ■ **3** (Renforçant une loc. causale ou finale) *Du seul fait que... À seule fin* de... Dans la seule intention de...*

IV EMPLOYÉ SUBSTANTIVEMENT *Un seul, une seule :* une seule personne, une seule chose. *Par la volonté d'un seul. Un seul d'entre ses films a été retrouvé.* ◆ *Le seul, la seule :* la seule personne, la seule chose. *«j'étais le seul avec une blouse»* DAUDET. *Tu n'es pas la seule à qui cela arrive, à penser ainsi. Vous n'êtes pas le seul !,* il y en a bien d'autres dans votre cas ! *C'est le seul qui n'est pas cassé.*

■ CONTR. 1 Ensemble.

SEULEMENT [sœlmɑ̃] **adv.** – XIIe ◊ de *seul* ■ **1** Sans rien d'autre que ce qui est mentionné. ➤ **exclusivement, rien** (que), **simplement, uniquement.** *Ces mesures concernent seulement les fonctionnaires,* les fonctionnaires seuls. *Il y avait trois pièces seulement* (cf. En tout et pour tout). *«L'homme ne vit pas seulement de pain»* RENAN. *Non seulement... mais encore.* ◆ (Modifiant un terme temporel) Pas avant (tel moment). *«Ce fut seulement vers dix heures que le docteur Finet reparut»* ZOLA. *Il est resté deux jours seulement.* — *Il vient seulement d'arriver.* ➤ **juste.** ◆ MATH., LOG. *Si et seulement si,* expression d'une condition nécessaire et suffisante. ■ **2** (En phrase négative ou interrog.) *Ne... seulement pas :* ne pas même*. *Il «ne savait seulement pas comment on charge un fusil»* MONTHERLANT. *«sans avoir seulement le temps d'avaler sa soupe»* ZOLA. ■ **3** *Si seulement :* si encore*, si au moins. *«Si seulement je pouvais dormir !»* GIDE. ■ **4** (1694) En tête de propos. Sert à introduire une restriction, une atténuation (en soulignant l'existence d'une *seule* chose à ajouter, à préciser). ➤ **cependant, mais, toutefois.** *C'est une bonne voiture, seulement elle coûte cher.* — FAM. *Seulement voilà...* ■ **5** FAM. (pour renforcer un impér.) *Essaie seulement !* (cf. Un peu). ■ **6** (1567) (Suisse) (pour atténuer un impératif) *Entrez seulement, ne restez pas dehors ! — Faites seulement,* je vous en prie, allez-y.

SEULET, ETTE [sœlɛ, ɛt] **adj.** – fin XIIe ◊ de *seul* ■ VX ou PLAISANT Tout seul. *Vous êtes bien seulette.*

SEUM [sœm] **n. m.** – 2004 ◊ mot arabe «venin», puis «jalousie» et «rage» ■ FAM. (langage des jeunes) *Avoir le seum :* éprouver du dépit, du ressentiment.

SÈVE [sɛv] **n. f.** – 1265 ◊ latin *sapa* «vin cuit, réduit» ■ **1** Liquide assurant la circulation des métabolites chez les végétaux vasculaires. *Sève brute* ou *sève ascendante :* solution aqueuse de sels minéraux venant du sol, qui emprunte les vaisseaux du bois. *Sève élaborée* ou *descendante,* enrichie en produits de la photosynthèse. *Montée de (la) sève au printemps. Arbre en pleine sève.* ■ **2** FIG. LITTÉR. Principe vital. ➤ **énergie, vie, vigueur, vitalité.** *«Tirant ainsi sa sève [...] Pompant sa vie»* SARRAUTE.

SÉVÈRE [sevɛʀ] **adj.** – fin XIIe ◊ latin *severus* ■ **1** (PERSONNES) Qui n'admet pas qu'on manque à la règle ; prompt à punir ou à blâmer. ➤ **dur, exigeant, strict,** FAM. **vache.** *Des parents sévères. Le juge s'est montré très sévère.* ➤ **impitoyable, implacable, inexorable.** *«elle était sévère pour les autres ; elle n'admettait aucune faute»* R. ROLLAND. *Sévère avec les autres et avec soi-même.* — *Un ton, un regard, un visage sévère.* ◆ (CHOSES) Qui punit durement, blâme sans indulgence. *Un verdict sévère. Adresser de sévères critiques à qqn.* ◆ Très rigoureux, très strict. *Une gestion sévère. Des mesures sévères.* ➤ **draconien.** *Faire un régime sévère.* ➤ **strict.** ■ **2** Qui impose par la gravité, le sérieux. ➤ **grave.** *«l'aspect un peu sévère de la femme, le sérieux de sa physionomie»* GONCOURT. ◆ Qui se caractérise par l'absence d'ornement. ➤ **austère, dépouillé.** *Une tenue sévère. Le style dorique est sévère.* ■ **3** (1914 ◊ anglais *severe*) Très grave, très difficile. *L'ennemi a essuyé des pertes sévères.* ➤ **lourd.** *«J'ai une lutte sévère à mener contre la police»* ROMAINS. ■ **4** ADVT FAM. Beaucoup, sérieusement, énormément. *Je vais m'énerver sévère si ça continue !* ■ CONTR. Clément, complaisant, débonnaire, indulgent, enjoué, plaisant. Léger.

SÉVÈREMENT [sevɛʀmɑ̃] **adv.** – 1539 ◊ de *sévère* ■ **1** D'une manière sévère, dure. ➤ **durement, rigoureusement.** *Punir, critiquer sévèrement. Enfant élevé sévèrement.* ■ **2** Gravement. *Sévèrement atteint, blessé.* ➤ **sérieusement.** ■ CONTR. Légèrement.

SÉVÉRITÉ [seveʀite] **n. f.** – fin XIIe ◊ latin *severitas* ■ **1** Caractère ou comportement d'une personne sévère. ➤ **dureté, rigueur.** *Élever un enfant avec sévérité.* ◆ Caractère sévère, rigoureux (d'une peine, d'une mesure). *La sévérité du verdict, de ses critiques.* ■ **2** LITTÉR. Caractère austère, sérieux. ➤ **austérité, gravité.** *«La sévérité des mœurs»* Mme DE STAËL. ■ **3** PAR EXT. (de *sévère,* 3°) Emploi critiqué Gravité, caractère dangereux. *«le docteur, aussitôt appelé déclara "préférer" la "sévérité," la* *“virulence” de la poussée fébrile»* PROUST. ■ **CONTR.** Douceur, indulgence.

SÉVICES [sevis] **n. m. pl.** – 1273 sing. ◇ latin *sævitia* «violence» ■ Mauvais traitements corporels exercés sur qqn qu'on a sous son autorité, sous sa garde. ➤ **brutalité, coup, violence.** *Sévices à enfants.* ➤ **maltraitance.** *Exercer des sévices sur qqn, infliger des sévices à qqn.* ➤ **brutaliser, martyriser.** *Tortures et sévices. Sévices sexuels.*

SÉVIR [seviʀ] **v. intr.** ‹2› – fin XVIe ; «être en colère» début XVe ◇ latin *sævire* ■ **1** Exercer la répression avec rigueur. *Le gouvernement sévira contre les spéculateurs.* — ABSOLT *Il faut sévir.* ➤ **punir.** ■ **2** (1845) Exercer ses ravages (en parlant d'un fléau). *Le froid, l'épidémie qui sévit. La bande de voyous qui sévit dans le quartier.* — (ABSTRAIT) *«Alors que le matérialisme sévit»* HUYSMANS. ■ **3** PLAIS. Exercer son activité (quelque part). *Ce journaliste a sévi dans différents journaux.*

SEVRAGE [səvʀaʒ] **n. m.** – 1741 ◇ de *sevrer* ■ **1** Action de sevrer (un nourrisson, un petit animal). ■ **2** MÉD. Action de priver un toxicomane ou un alcoolique de drogue ou d'alcool au cours d'une cure de désintoxication. *Syndrome de sevrage.* — *Sevrage tabagique.* ■ **3** HORTIC. Action de sevrer (une marcotte, un greffon).

SEVRER [səvʀe] **v. tr.** ‹5› – XIIIe ; «séparer» 1080 ◇ latin populaire °*seperare,* classique *separare* → séparer ■ **1** Cesser progressivement d'allaiter, d'alimenter en lait (un enfant, un petit animal), pour donner une nourriture plus solide. *«je sèvrerai notre Armand en décembre»* BALZAC. *Ce chaton est sevré.* ■ **2** (1660) HORTIC. Séparer du pied mère (une marcotte, un greffon). ■ **3** LITTÉR. Priver (qqn de qqch. d'agréable). *«accablé de travail, sevré de plaisirs»* BALZAC.

SÈVRES [sɛvʀ] **n. m.** – 1837 ◇ nom d'une localité près de Paris ■ Porcelaine fabriquée à la manufacture de Sèvres ; objet fait de cette porcelaine. *Du vieux sèvres.*

SÉVRIENNE [sevʀijɛn] **n. f.** – 1904 ◇ de *Sèvres,* localité près de Paris ■ Élève, ancienne élève de l'École normale supérieure de jeunes filles (naguère installée à Sèvres).

SÉVRUGA [sevʀyga] **n. m.** – milieu XXe ◇ mot russe ■ Caviar, l'un des plus appréciés, fourni par l'esturgeon de la variété *sévruga. Le bélouga et le sévruga.*

SEXAGE [sɛksaʒ] **n. m.** – 1962 ◇ de *sexer* ■ **1** ZOOTECHN. Reconnaissance du sexe (d'un jeune animal d'élevage). *Le sexage des poussins.* ■ **2** BIOL. Détermination à l'avance, par sélection, du sexe d'une descendance. *Sexage des embryons.*

SEXAGÉNAIRE [sɛksaʒenɛʀ] **adj.** et **n.** – 1425 ◇ latin *sexagenarius* ■ Dont l'âge est compris entre soixante et soixante-neuf ans. — **n.** *Un, une sexagénaire.*

SEXAGÉSIMAL, ALE, AUX [sɛgzaʒezimal, o] **adj.** – 1724 ◇ du latin *sexagesimus* «soixantième» ■ MATH. *Système sexagésimal :* système de numération de base 60, utilisé dans la mesure des angles, des arcs et, par voie de conséquence, dans la mesure horaire traditionnelle.

SEX-APPEAL ➤ **SEXE-APPEAL**

SEXE [sɛks] **n. m.** – *ses* «plaisir, satisfaction» fin XIIe ◇ latin *sexus*

A. (Dans l'espèce humaine) ■ **1** Conformation particulière qui distingue l'homme de la femme en leur assignant un rôle déterminé dans la génération et en leur conférant certains caractères distinctifs. *Enfant de sexe masculin, féminin. Qui présente les caractères des deux sexes.* ➤ **androgyne, hermaphrodite, intersexué.** *Changement de sexe* (➤ **transition, transsexualité**). *Sexe et genre.* — *Discuter sur le sexe des anges**. ■ **2** Qualité d'homme, qualité de femme (physique, psychique, sociale). *«cette part de l'autre sexe que nous contenons tous, et toutes»* LARBAUD. ■ **3** Ensemble des hommes ou des femmes. *Le sexe fort :* les hommes. *Le sexe faible, le deuxième sexe ; le beau sexe :* les femmes. *«le sexe faible a le seul tort de vouloir jouer au sexe fort et être son égal. Là est le désordre dans une société monarchiste paternaliste»* BADINTER. — (1847) *Le troisième sexe :* VIEILLI les homosexuels ; MOD. les personnes intersexuées (➤ **intersexe**) et les transgenres (➤ FAM. 2 **trans**). *Le sexe neutre**. ◆ ABSOLT, VX *Le sexe :* l'ensemble des femmes. *«Le sexe, à Paris, a la mine jolie, [...] la croupe rebondie»* REGNARD. *Une personne du sexe.* ■ **4** (1856) Sexualité. *Le sexe et l'argent. Dans ce type de film, il faut du sexe.* ➤ FAM. **cul.** *Homme porté sur le sexe.* ➤ FAM. **queutard.** *Le sexe en ligne.* ➤ **cybersexe.** ■ **5** (*sex* v. 1200 ; rare avant le XIXe) Parties sexuelles ; organes génitaux externes. ➤ FAM. **zigouigoui,** 2 **zizi ;** EUPHÉM. **bas-ventre, entrecuisse, entrejambe.** *Sexe de l'homme.* ➤ **pénis*, phallus, testicule,** FAM. **zigounette.** *Sexe de la femme.* ➤ **vagin, vulve*, clitoris ;** FAM. **chatte, foufoune, minou ; con** (I). *«la foule eut une espèce de ricanement, parce qu'on voyait le sexe et les poils»* ARAGON. ■ **6** ADJT FAM. Sexy. *Une blonde «toujours habillée plutôt sexe avec des talons hauts»* ECHENOZ.

B. BIOL. Ensemble des caractères et des fonctions qui distinguent le mâle de la femelle en leur assignant un rôle spécifique dans la reproduction, par la production de gamètes mâles ou femelles. *Sexe gonadique,* déterminé par le type des glandes sexuelles (gonades mâles ou gonades femelles). *Sexe chromosomique, génétique,* conditionné dès la fécondation par les chromosomes sexuels (dans l'espèce humaine : deux chromosomes X chez la femme, un chromosome X et un chromosome Y chez l'homme). *Présence des deux sexes* (➤ **bisexué, monoïque**), *d'un seul sexe* (➤ **unisexué, dioïque**) *chez le même individu. Séparation des sexes.* ➤ **gonochorisme.**

SEXE-APPEAL [sɛksapil] **n. m.** – *sexe appeal* 1929 ◇ anglais américain *sex appeal* «attrait du sexe» ■ ANGLIC. VIEILLI Attrait sexuel. *Elle a du sexe-appeal* (➤ **sexy**). *Des sexes-appeals.* — On écrit aussi *sex-appeal, des sex-appeals.*

SEXER [sɛkse] **v. tr.** ‹1› – 1967 ◇ de *sexe* ■ ZOOTECHN. Déterminer le sexe de (un jeune animal). *Sexer des pigeons.*

SEXE-RATIO [sɛksʀasjo] **n. m.** – 1948 ◇ anglais *sex ratio,* de *sex* «sexe» et *ratio* «pourcentage» ■ ANGLIC. DIDACT. Rapport entre le nombre des individus mâles et femelles dans une population. *Des sexes-ratios.* — On écrit aussi *sex-ratio, des sex-ratios.*

SEXE-SHOP [sɛksʃɔp] **n. m.** ou **f.** – 1970 ◇ anglais *sex shop, sex* «sexe» et *shop* «boutique» ■ ANGLIC. Boutique spécialisée dans la vente de photos et d'objets pornographiques (revues, films, accessoires, lingerie, tenues...). *Des sexes-shops.* — On écrit aussi *sex-shop, des sex-shops. Il «tonnait contre les sex-shops et le dévergondage»* CLAVEL.

SEXE-SYMBOLE [sɛkssɛ̃bɔl] **n. m.** – 1972 ◇ anglais *sex symbol* «symbole du sexe» ■ ANGLIC. Vedette symbolisant l'idéal sexuel masculin ou féminin. *Des sexes-symboles.* — On écrit aussi *sex-symbol, des sex-symbols.*

SEXE-TOY [sɛkstɔj] **n. m.** – 2002 ◇ anglais *sex toy,* de *sex* «sexe» et *toy* «jouet» ■ ANGLIC. Objet destiné à procurer du plaisir sexuel ou à l'augmenter. ➤ **godemiché, vibromasseur.** *Des sexe-toys.* — On écrit aussi *sex-toy, des sex-toys.*

SEXISME [sɛksism] **n. m.** – 1960 ◇ de *sexe,* d'après *racisme* ■ Attitude de discrimination fondée sur le sexe. ➤ **machisme, phallocratie ; misandrie, misogynie.**

SEXISTE [sɛksist] **n.** et **adj.** – 1972 ◇ de *sexe,* d'après *raciste* ■ **1** Personne dont les modes de pensée et le comportement sont plus ou moins consciemment imprégnés de sexisme. ➤ **machiste, misandre, misogyne, phallocrate.** — **adj.** *Un rapeur sexiste.* ■ **2** **adj.** Qui relève du sexisme. *Des insultes sexistes. Stéréotypes sexistes véhiculés par la publicité.*

SEXOLOGIE [sɛksɔlɔʒi] **n. f.** – 1932 ◇ de *sexe* et *-logie* ■ DIDACT. Étude médicale de la sexualité et de ses troubles. ➤ **érotologie, sexothérapie.** — **adj. SEXOLOGIQUE.**

SEXOLOGUE [sɛksɔlɔg] **n.** – 1946 ◇ de *sexologie* ■ DIDACT. Spécialiste en sexologie.

SEXONOMIE [sɛksɔnɔmi] **n. f.** – 1911 ◇ de *sexe* et *-nomie* ■ DIDACT. Étude des phénomènes et lois biologiques dont dépendent la production et la répartition des sexes.

SEXOTHÉRAPIE [sɛksoteʀapi] **n. f.** – v. 1970 ◇ de *sexe* et *-thérapie* ■ Traitement psychologique des difficultés sexuelles. — **n. SEXOTHÉRAPEUTE.**

SEX-RATIO ➤ **SEXE-RATIO**

SEX-SHOP ➤ **SEXE-SHOP**

SEX-SYMBOL ➤ **SEXE-SYMBOLE**

SEXTANT [sɛkstɑ̃] **n. m.** – 1639 ◇ latin scientifique *sextans* (1602), proprt «sixième» ■ ASTRON., MAR. Instrument composé d'un miroir tournant et d'un sixième de cercle gradué, permettant de mesurer la distance angulaire d'un astre avec l'horizon. *Faire le point avec le sextant et la boussole.*

SEXTE [sɛkst] **n. f.** – 1548 ; «sixième heure du jour» 1433 ◇ latin *sexta (hora)* «sixième (heure)» ■ LITURG. Petite heure de l'office qui se récite après tierce (vers 12 h).

SEXTIDI [sɛkstidi] **n. m.** – 1793 ◇ du latin *sextus* «sixième» et finale de *lundi, mardi,* etc. ■ HIST. Sixième jour de la décade, dans le calendrier* républicain.

SEXTILLION [sɛkstiljɔ̃] **n. m.** – 1948 ; «mille quintillions» XVIᵉ ◇ du radical latin *sex* «sixième» et *(m)illion* ■ (REM. cf. Billion) RARE Un million de quintillions, soit 10^{36}.

SEXTOLET [sɛkstɔlɛ] **n. m.** – 1837 ◇ latin *sex* «six», d'après *triolet* ■ MUS. Groupe de six notes égales qui s'exécutent dans le même temps que quatre notes simples de même valeur.

SEX-TOY ➤ **SEXE-TOY**

SEXTUOR [sɛkstɥɔʀ] **n. m.** – 1775 ◇ du latin *sex* «six», d'après *quatuor* ■ MUS. Composition vocale ou instrumentale à six parties. ◆ (1802) Orchestre de chambre formé de six instruments. *Sextuor à cordes.*

SEXTUPLE [sɛkstypl] **adj.** et **n. m.** – 1450 ◇ bas latin *sextuplus* ■ Qui est répété six fois, qui vaut six fois (la quantité désignée). — **n. m.** *Douze est le sextuple de deux.* ◆ Formé de six choses semblables. *«Ses mamelles sont sextuples, à la façon égyptienne»* BALZAC.

SEXTUPLER [sɛkstyple] **v.** ⟨1⟩ – début XVIIIᵉ ; hapax 1493 ◇ de *sextuple* ■ DIDACT. ■ **1 v. tr.** Multiplier par six. ■ **2 v. intr.** Devenir sextuple. *Les prix ont sextuplé en vingt ans.*

SEXUALISER [sɛksɥalize] **v. tr.** ⟨1⟩ – 1917 ◇ du radical de *sexuel* ■ DIDACT. Donner un caractère sexuel à (qqch.). *La psychanalyse a sexualisé la psychologie.* — **p. p. adj.** *Des relations sexualisées.* — **n. f. SEXUALISATION,** 1914.

SEXUALITÉ [sɛksɥalite] **n. f.** – 1838 ◇ de *sexuel* ■ **1** BIOL. Caractère de ce qui est sexué, ensemble des caractères propres à chaque sexe. *Sexualité des bactéries ; des plantes. Absence de sexualité.* ➤ **asexualité.** ■ **2** (1884) Ensemble des comportements relatifs à l'instinct sexuel et à sa satisfaction (liés ou non à la génitalité). ➤ **libido.** *Sexualité infantile, adulte. «Trois essais sur la théorie de la sexualité», de Freud. Stades oral, anal et génital de la sexualité* (➤ **sexuel**). — *Troubles de la sexualité :* anorgasmie, éjaculation précoce, frigidité, impuissance, nymphomanie, satyriasis.

SEXUÉ, ÉE [sɛksɥe] **adj.** – 1873 ◇ de *sexe* ■ **1** Qui a un sexe, est mâle ou femelle. *Les animaux supérieurs sont sexués.* ■ **2** (1899) Qui se fait par la conjonction des sexes. *La reproduction sexuée.* ■ CONTR. Asexué.

SEXUEL, ELLE [sɛksɥɛl] **adj.** – 1742 ◇ bas latin *sexualis* «du sexe de la femme» ■ **1** BIOL. Relatif au sexe, aux conformations et aux fonctions de reproduction particulières du mâle et de la femelle, de l'homme et de la femme. *Organes sexuels.* ➤ **génital.** *Caractères sexuels primaires, secondaires. Dimorphisme* sexuel. Hormones sexuelles. Chromosomes sexuels.* ➤ **hétérochromosome.** ■ **2** (Chez l'être humain) COUR. Qui concerne la sexualité, et SPÉCIALT les comportements liés à la satisfaction des besoins érotiques, à l'amour physique. *Instinct sexuel. Pulsions sexuelles. Désir sexuel. Acte sexuel.* ➤ **accouplement, coït, copulation ;** FAM. **baise,** EUPHÉM. **câlin.** *«L'acte sexuel est dans le temps ce que le tigre est dans l'espace»* G. BATAILLE. *Relations, rapports sexuels. Pratiques sexuelles.* ➤ **cunnilingus, fellation, masturbation, pénétration, sodomie.** *Plaisir sexuel.* ➤ **charnel,** 1 **physique ; orgasme ; jouir.** *Orientation sexuelle.* ➤ **bisexualité, hétérosexualité, homosexualité.** *Vie sexuelle.* ➤ **sexualité.** *Éducation sexuelle. — Activité sexuelle excessive.* ➤ **nymphomanie, satyriasis.** *Déviations, perversions* sexuelles, troubles de la préférence sexuelle* (exhibitionnisme, fétichisme, nécrophilie, pédophilie, sadomasochisme, voyeurisme, zoophilie...). *Sévices sexuels. Atteinte, agression sexuelle. Violences sexuelles. Harcèlement* sexuel. Obsédé, détraqué, maniaque sexuel. Mutilation sexuelle. — Tourisme* sexuel.* — FIG. *Une bombe* sexuelle.*

SEXUELLEMENT [sɛksɥɛlmɑ̃] **adv.** – 1882 ◇ de *sexuel* ■ D'un point de vue sexuel (2°). *Infections, maladies sexuellement transmissibles.* ➤ **IST, MST.**

SEXY [sɛksi] **adj.** – 1949 ; «osé» 1925 ◇ mot d'argot anglais américain ■ ANGLIC. ■ **1** Qui est sexuellement attirant, qui excite le désir. *Vêtement sexy.* ➤ **érotique.** *Des jupes sexys. Une vedette très sexy.* ➤ **sexe-symbole.** ■ **2** Plaisant, attrayant (hors du contexte sexuel). *Une nouvelle maquette sexy. Un «dandy décadent qui trouve sexy l'imagerie nazie»* E. CARRÈRE.

SEYANT, ANTE [sɛjɑ̃, ɑ̃t] **adj.** – 1769 *séyant* ◇ variante moderne de *séant,* de 2 *seoir,* d'après les formes de l'imparfait *seyait* ■ Qui va bien, donne un aspect agréable à la personne qui le porte. *Robe, coupe seyante.*

S. F. ➤ **SCIENCE-FICTION**

SFUMATO [sfumato] **n. m.** – 1758 ◇ mot italien «enfumé» ■ PEINT. Modelé vaporeux. *Les sfumatos de Vinci.*

S. G. D. G. Abrév. de *sans garantie* du gouvernement.*

SGRAFFITE [sgʀafit] **n. m.** – *sgrafit* 1680 ◇ italien *sgraffito* «égratigné» → graffiti ■ TECHN., ARTS Procédé de décoration murale en camaïeu, par grattage d'un enduit clair sur un fond de stuc sombre (➤ **fresque**).

SHABBAT ➤ **SABBAT**

SHAH ou **SCHAH** [ʃa] **n. m.** – *chaa* 1559 ; *siach* 1546 ◇ persan *shah* «roi» ■ Souverain de la Perse, puis de l'Iran (jusqu'en 1979). — PLÉONASME *Le shah de Perse, le shah d'Iran.* — On écrit aussi *chah.* ■ HOM. Chas, 1 chat.

SHAKESPEARIEN, IENNE [ʃɛkspiʀjɛ̃, jɛn] **adj.** – 1784 ◇ de *Shakespeare* ■ De Shakespeare, qui évoque son théâtre. *Un drame shakespearien. «il faut que tu acceptes qu'un homme, ou une femme, ait parfaitement le droit de quitter l'autre sans que cela se transforme en tragédie shakespearienne»* M. DUGAIN.

SHAKEUR ou **SHAKER** [ʃɛkœʀ] **n. m.** – 1895 ◇ anglais *shaker* «secoueur» ■ ANGLIC. ■ **1** Récipient (métallique, etc.), formé d'une double timbale, utilisé pour préparer des cocktails et boissons glacées. *«il secouait le shaker* [...] *: il jouait au barman»* SARTRE. ■ **2** Gobelet haut utilisé pour réaliser des mélanges (préparation protéinée, vinaigrette...).

SHAKO [ʃako] **n. m.** – 1828 ; *schako* 1761 ◇ hongrois *csákó* ■ Ancienne coiffure militaire rigide, à visière, imitée de celle des hussards hongrois. *Des shakos. — Shako de saint-cyrien orné du casoar.* — On écrit aussi *schako.*

SHAMALLOW ➤ **CHAMALLOW**

SHAMAN ➤ **CHAMAN**

SHAMISEN [ʃamisɛn] **n. m.** – 1882 ◇ mot japonais, du chinois *san* «trois» et *-hsien* «corde» ; d'abord *sam-sin* 1863 ■ MUS. Instrument traditionnel japonais, luth formé d'une caisse de résonance carrée tendue de peau, d'un long manche muni de chevilles et de trois cordes pincées au moyen d'un plectre. *«l'incantation, provoquée* [...] *par le shamisen et les mélodies polyphoniques des théâtres orientaux»* J. VILAR.

SHAMPOING [ʃɑ̃pwɛ̃] **n. m.** – 1877 *shampooing* ◇ anglais *shampooing,* proprt «massage», de *shampoo,* hindi *châmpo* «masser» ■ **1** Lavage des cheveux et du cuir chevelu au moyen d'un produit approprié. *Se faire un shampoing.* ■ **2** (1890) Produit pour ce lavage. *Shampoing pour cheveux secs, gras. Shampoing traitant, antipelliculaire.* ◆ PAR EXT. Produit moussant pour laver les sols, les tapis. *Shampoing à moquette.* — On écrit aussi *shampooing.*

SHAMPOUINER [ʃɑ̃pwine] **v. tr.** ⟨1⟩ – 1954 au p. p. ; *shampooinger* intr. 1894 ◇ de *shampo(o)ing* ■ Faire un shampoing à. *Se shampouiner les cheveux. — Shampouiner la moquette.* ➤ **nettoyer.** — On écrit aussi *shampooiner.*

SHAMPOUINEUR, EUSE [ʃɑ̃pwinœʀ, øz] **n.** – 1955 ◇ de *shampo(o)ing* ■ **1** Personne qui, dans un salon de coiffure, s'occupe surtout de faire les shampoings. ■ **2 n. f.** (1964) Appareil servant à appliquer un produit détergent sur les sols et les moquettes. — On écrit aussi *shampooineur, euse.*

SHANTUNG ou **CHANTOUNG** [ʃɑ̃tuŋ] **n. m.** – 1907 ◇ nom d'une province de Chine ■ Tissu de soie pure ou mélangée de tussah, sorte de pongé grossier.

SHARIA ➤ **CHARIA**

SHARPEÏ [ʃaʀpɛj] **n. m.** – 1992 ◇ chinois *sà péi,* de *sà* «sable» et *péi* «pelage» ■ Chien de taille moyenne, au corps trapu, à poil court et dur, avec des plis cutanés de la tête au garrot. *«le shar-pei, qui est comme noyé dans une peau beaucoup trop grande»* TOURNIER.

SHEIKH ➤ **CHEIK**

SHEKEL [ʃekɛl] **n. m.** – 1980 ◇ mot hébreu «pesée, poids» puis «monnaie» (→ sicle) ■ Unité monétaire israélienne.

SHÉOL ➤ **SCHÉOL**

SHÉRIF [ʃeʀif] **n. m.** – *chérif* 1601 ◇ anglais *sheriff,* littéralt «premier magistrat *(reeve)* du comté *(shire)*» ■ **1** En Angleterre, Magistrat responsable de l'application de la loi dans un comté. ■ **2** Aux États-Unis, Officier d'administration élu, chargé du maintien de l'ordre, de l'exécution des sentences..., dans un comté. *Le personnage du shérif dans les westerns* (cf. anglais américain *marshal*). *Étoile de shérif.* ■ HOM. Chérif.

SHERPA [ʃɛʀpa] **n. m.** – 1933 ◇ mot du Népal, nom d'un peuple montagnard ■ **1** Guide ou porteur de montagne, dans les régions himalayennes. ■ **2** FIG. et FAM. Personne qui participe à la préparation d'un sommet politique ou qui y représente un chef d'État.

SHERRY [ʃeʀi] **n. m.** – 1819 ◇ mot anglais, transcription de *Jerez* ■ ANGLIC. Xérès. *« sherrys pâles et secs pour l'apéritif »* MORAND. *Des sherrys.* On emploie aussi le pluriel anglais *des sherries.* ■ HOM. Chéri, cherry.

SHETLAND [ʃɛtlɑ̃d] **n. m.** – 1894 ◇ du nom des îles *Shetland* ■ Laine des moutons des îles Shetland. *Un pull-over de, en shetland,* ELLIPT *un shetland.* — Tissu de laine d'Écosse. *Un tailleur en shetland.*

SHIATSU [ʃiatsy] **n. m.** – 1976 ◇ mot japonais, de *shiatsuryōhō,* littéralt « traitement *(ryōhō)* par pression *(atsu-)* du doigt *(shi)* » ■ Méthode de relaxation et de bien-être d'origine japonaise, qui se pratique par pression des doigts sur les points d'acuponcture.

SHIBA INU [ʃibainu] **n. m.** – v. 1990 ◇ mot japonais, de *shiba* « gazon » et *inu* « chien » ■ Petit chien originaire du Japon, à fourrure beige, noire ou blanche, à la queue enroulée sur elle-même, apprécié pour son agilité. *Des shiba inus.* — ABRÉV. FAM. **SHIBA.** *Des shibas.*

SHIISME ; SHIITE ➤ **CHIISME ; CHIITE**

SHIITAKÉ [ʃiitake] **n. m.** – *shiitake* 1878 ◇ mot japonais ■ Champignon de culture très parfumé, employé dans la cuisine asiatique. *Des shiitakés.*

SHILLING [ʃiliŋ] **n. m.** – 1656 ; *chelin* 1558 ◇ mot anglais ■ **1** Ancienne unité monétaire anglaise, valant un vingtième de la livre, ou douze pence. ■ **2** Unité monétaire du Kenya, de l'Ouganda, la Somalie, la Tanzanie. ■ HOM. Schilling.

SHILOM [ʃilɔm] **n. m.** – v. 1970 ◇ mot emprunté au persan *chilam* ■ Petite pipe en forme d'entonnoir, dans laquelle on fume le haschich. — On écrit aussi *chilom.*

SHIMMY [ʃimi] **n. m.** – 1920 ◇ mot d'argot anglais américain, altération de l'anglais *chemise,* mot français ■ ANGLIC. ■ **1** ANCIENNT Danse d'origine américaine, en vogue vers 1920, qui s'exécutait avec un tremblement des épaules. ■ **2** (1925) Tremblement ou flottement des roues directrices d'une automobile, dû au mauvais équilibrage des roues. ■ HOM. Chimie.

SHINTOÏSME [ʃintɔism] **n. m.** – 1765 ◇ japonais *shintô* « voie des dieux » ■ Religion officielle du Japon jusqu'en 1945 ; polythéisme animiste se traduisant souvent par l'exaltation de l'empereur et de la nation japonaise. On dit aussi **SHINTO.** — **adj. et n. SHINTOÏSTE.** *Sanctuaires shintoïstes. Les shintoïstes.*

SHIPCHANDLER [ʃipʃɑ̃dlœʀ] **n. m.** – 1850 ◇ mot anglais, de *ship* « bateau » et *chandler* « fournisseur » ■ ANGLIC. Commerçant tenant un magasin de fournitures pour bateaux. — **Recomm. offic.** *avitailleur de navire.*

SHIT [ʃit] **n. m.** – v. 1970 ◇ mot anglais « merde » ■ ANGLIC. FAM. Haschich. *Fumer du shit.*

SHOCKING [ʃɔkiŋ] **adj. inv.** – 1842 ◇ mot anglais, de *to shock* « choquer » ■ ANGLIC. VX OU PLAISANT Choquant, inconvenant.

SHOGUN ou **SHOGOUN** [ʃɔgun] **n. m.** – 1881, -1872 ; 1830 *djogoun* ◇ mot japonais ■ HIST. Dictateur militaire au Japon, du XIIe au XIXe siècle.

SHOOT [ʃut] **n. m.** – 1893 ◇ mot anglais, de *to shoot* « lancer, tirer » ■ ANGLIC.

I Au football, Tir ou dégagement puissant.

II (v. 1960 ◇ mot anglais américain) FAM. Piqûre, injection d'un stupéfiant. ➤ 2 **fixe.** *Se faire un shoot d'héroïne. Salle de shoot :* salle de consommation*.

SHOOTÉ, ÉE [ʃute] **adj.** – 1982 ◇ de *se shooter* ■ FAM. Qui s'est injecté des stupéfiants. ➤ **camé, drogué.**

SHOOTER [ʃute] **v.** ‹1› – 1900 ◇ de *shoot* ■ ANGLIC.

I v. intr. Exécuter un shoot (I), un tir. ➤ **botter, dégager, tirer.** TRANS. *Shooter un pénalty.*

II v. tr. ■ **1** (v. 1970 ◇ de *shoot,* II) FAM. Injecter un stupéfiant à (qqn). ◆ PRONOM. *Se shooter.* ➤ **se piquer.** *Se shooter à l'héroïne.* — Se droguer. *Se shooter à la colle, à la cocaïne.* ◆ FIG. Se doper comme avec une drogue. *Il se shoote à la bière.* ■ **2** Photographier. *Photographe de mode qui shoote des top-modèles.*

SHOOTING [ʃutiŋ] **n. m.** – 1970 ◇ mot anglais « tournage, prise de vue » ■ ANGLIC. Séance photo avec un photographe professionnel. *Faire un shooting en studio. « c'était normal pour un photographe, les modèles féminins cherchent toujours des shootings »* C. LAURENS.

SHOPPING [ʃɔpiŋ] **n. m.** /SHOPING/ – 1804 ◇ mot anglais, de *shop* « boutique » ■ ANGLIC. Le fait d'aller de magasin en magasin pour regarder et acheter. ➤ **chalandage, lèche-vitrine,** RÉGION. 2 **magasinage.** *Faire du shopping.*

SHORT [ʃɔʀt] **n. m.** – 1910 ◇ anglais *shorts,* de *short* « court » ■ Culotte courte (pour le sport, les vacances). *Short de tennis. Être en short.* ➤ aussi **bermuda, boxer-short, combishort, flottant.** *Des shorts.* — LOC. FAM. *Tailler un short à qqn,* le frôler (en voiture).

SHORTY [ʃɔʀti] **n. m.** – fin XXe ◇ mot anglais, de *short* ■ ANGLIC. ■ **1** Combinaison de plongée s'arrêtant aux genoux. *Des shortys en néoprène.* ■ **2** Sous-vêtement pour homme ou femme, caleçon collant plus court que le boxer.

SHOT [ʃɔt] **n. m.** – 1965 au Canada ◇ mot anglais ■ ANGLIC. Dose d'alcool fort, servie dans un petit verre. *des « shots de vodka multicolores,* [...] *avalés cul sec »* BEIGBEDER. — REM. Le mot est féminin au Canada : *« une petite shot de cognac »* (Le Soleil, 2010). ■ HOM. Chott.

SHOW [ʃo] **n. m.** – 1930 ; « exhibition » fin XIXe ◇ mot anglais « spectacle » ■ ANGLIC. Spectacle de variétés centré sur une vedette ou exclusivement réservé à une vedette (➤ **one man show, stand-up**). *Show télévisé. Des shows.* — Apparition publique démonstrative. *Faire un show devant les journalistes.* ■ HOM. Chaud, chaux.

SHOW-BUSINESS [ʃobiznɛs] **n. m. inv.** /SHOWBUSINESS/ – 1954 ◇ mot anglais, de *show* « spectacle » et *business* « affaires » ■ ANGLIC. Industrie, métier du spectacle. — On écrit aussi *showbizness.* — ABRÉV. FAM. **SHOWBIZ** [ʃobiz]. *Le showbiz.*

SHOW-ROOM [ʃoʀum] **n. m.** /SHOWROOM/ – v. 1970 ◇ anglais *showroom* « magasin » ■ ANGLIC. Local dans lequel un créateur, une marque expose ses produits à la clientèle (cf. RÉGION. Salle de montre*). *Le showroom d'un cuisiniste, d'une styliste. Des show-rooms.* — **Recomm. offic.** *salle d'exposition.*

SHRAPNEL [ʃʀapnɛl] **n. m.** – 1827 ◇ mot anglais, de *Shrapnel,* nom de l'inventeur ■ Obus rempli de balles, qu'il projette en éclatant. — On écrit aussi *shrapnell.*

SHUNT [ʃœt] **n. m.** – 1881 ◇ mot anglais, de *to shunt* « dériver » ■ ANGLIC. ■ **1** ÉLECTR. Résistance, placée en dérivation, généralement aux bornes d'un appareil afin de modifier son calibre ou de le protéger. ➤ **court-circuit,** 1 **dérivation.** ■ **2** MÉD. Court-circuit dans la circulation du sang mettant en communication le circuit artériel et le circuit veineux. — Dispositif permettant de le réaliser. *Shunt carotidien.* ■ **3** RADIO ➤ **fondu** (II ; recomm. offic.).

SHUNTER [ʃœte] **v. tr.** ‹1› – 1881 ◇ de *shunt* ■ ANGLIC. ÉLECTR. Munir d'un shunt, monter en dérivation*. ➤ **court-circuiter.** — **n. m. SHUNTAGE.** ◆ FAM. Court-circuiter (FIG.).

1 **SI** [si] **conj. et n. m. inv.** – milieu IXe ◇ du latin *si* REM. *Si* devient *s'* devant *il, ils.*

I SI, HYPOTHÉTIQUE. Introduit soit une condition (à laquelle correspond une conséquence dans la principale), soit une simple supposition ou éventualité. ➤ 1 **cas** (au cas où), **supposé** (que). **A.** (DANS UNE PHRASE QUI COMPORTE NORMALEMENT DEUX MEMBRES COMPLETS EN CORRÉLATION) ■ **1** (Hypothèse pure et simple, avec l'indic.) *« si je suis triste, je me trouve grotesque »* GIDE. ➤ **quand.** *« Et s'il n'en reste qu'un, je serai celui-là »* HUGO. *Si tu peux le faire, fais-le.* — MATH. *Si et seulement* si.* ■ **2** (milieu Xe) (Potentiel : imparfait de l'indic. dans la subordonnée ; condit. prés. dans la principale) *« Si l'on y regardait bien, on verrait le lutin »* BEAUMARCHAIS. *Si c'était possible,* ou *si possible* (➤ **sinon**). ■ **3** (fin XIIe) (Irréel) *« Si vous étiez vivants, vous prendriez Narbonne »* HUGO. *Si j'avais su, je ne me serais pas dérangé. Si ce n'était que de moi... « Le nez de Cléopâtre : s'il eût été plus court, toute la face de la terre aurait changé »* PASCAL. LOC. VULG. *Si ma tante en avait (deux), on l'appellerait mon oncle.* ■ **4 MÊME SI...** renforce l'expression de la conséquence (dans la principale). *Même s'il s'excusait, je ne lui pardonnerais pas. Même si vous êtes débutant, vous pouvez postuler. Ce défi est motivant, même si beaucoup abandonneront.*

B. (DANS UNE PHRASE DONT LA CONCLUSION EST SOUS-ENTENDUE, INCOMPLÈTE) ■ **1** (Dans une phrase de compar.) *Il se conduit comme s'il était mon père,* comme il se conduirait s'il était mon père. *« J'ai plus de souvenirs que si j'avais mille ans »* BAUDELAIRE. *« Je me contemplai comme si j'eusse été un autre, ou plutôt comme si j'étais redevenu moi-même »* MAURIAC. *« Ainsi, partout, l'on triche. Partout, l'on fait comme si... c'est insupportable »* AUDIBERTI. — (Exclam., pour rejeter une idée) *« Comme si la raison pouvait mépriser aucun fait d'expérience ! »* BARRÈS. *Comme si tu ne le savais pas !* ■ **2** (fin XIIe) (En phrase interrog., pour présenter une éventualité, une suggestion) *«et si ? et si toutes ces tortures étaient inutiles ? et si la médecine n'y pouvait rien ? Et si ? Et si ?»* ORSENNA. *«si c'était moi qui te la donnais, la couronne»* GIDE. — (XIIIe) LITTÉR. *Ou si... «Êtes-vous souffrant, ou si c'est un méchant caprice ?»* MUSSET. ▪ **3** (En phrase exclam., la conclusion, aisément imaginable, restant implicite) *«Dieu ! s'il allait me parler à l'oreille ! S'il était là, debout et marchant à pas lents !»* HUGO. *Si j'avais su ! Si vous m'en aviez parlé plus tôt !* ▪ **4** (Optatif, exprimant un vœu) *«Si je pouvais être ce monsieur qui passe !»* MUSSET. *«Si seulement je pouvais dormir !»* GIDE. ◆ (Souhait appliqué au passé) *«Ah ! s'il avait pu l'empêcher ! si elle avait pu se fouler le pied avant de partir»* PROUST.

C. (DANS DES EXPRESSIONS) *S'il vous plaît*. Si on veut. Si je ne me trompe, si je ne m'abuse. Si j'ose dire. Si je puis dire. Si je peux me permettre. Si on peut dire. Si tant* est que...* ◆ **SI CE N'EST... :** même si ce n'est pas..., en admettant que ce ne soit pas. ➤ **sinon.** *Un des meilleurs, si ce n'est le meilleur.* — Sauf. *«Jésus leur défend de rien emporter si ce n'est des sandales et un bâton»* FLAUBERT. *Rien de neuf, si ce n'est que mon départ est avancé.*

D. ~ n. m. inv. (fin XIIIe) Hypothèse, supposition. *Trop de si et de mais.* LOC. (1718) *Avec des si, on mettrait Paris dans une bouteille, en bouteille :* tout est possible avec des suppositions ne tenant pas compte des réalités.

II SI, NON HYPOTHÉTIQUE. Sert à marquer la validité simultanée de deux faits. ▪ **1** (Introd. une comparaison-opposition) Une fois admis pour vrai que... LOG. MATH. *Si a < b alors b > a.* — COUR. (valeur concessive) *«Si la vie et la mort de Socrate sont d'un sage, la vie et la mort de Jésus sont d'un Dieu»* ROUSSEAU. ▪ **2** (1505) (En corrélation avec une explication, une précision) *«S'il s'acharne à rabaisser le génie, c'est par dépit»* ROMAINS. *S'il revient, c'est qu'il n'a pas d'amour-propre. S'il pleuvait, nous ne sortions pas,* chaque fois que. ➤ **lorsque.** ◆ LOC. *C'est bien le diable si... C'est tant mieux, tant pis si... C'est ma faute* si... C'est à peine si...* ▪ **3** (Introd. une propos. à valeur de complétive) *Douter, s'assurer, s'inquiéter si... Ne va pas t'étonner si...* ▪ **4** (fin Xe) (Introd. une interrog. ind.) *Demander, savoir si... «Vous verrez bien si je fais mal»* LACLOS. *Dites-moi si cela vous convient ; si c'est oui ou si c'est non.* ELLIPT *Si oui... et si non...* ◆ (Emploi exclam.) Combien, comme. *«Vous pensez s'ils étaient fiers !»* ROMAINS.

▪ HOM. Ci, scie, sis, six.

2**SI** [si] **adv.** – 842 ◇ latin *sic*

I (Affirmation ou opposition) ▪ **1** VX Ainsi. *«Et vraiment si ferai»* LA FONTAINE. — VIEILLI **SI FAIT :** mais oui (pour confirmer une affirmation). *«Si fait, mon cher hôte, si fait»* PROUST. ▪ **2** S'emploie obligatoirement pour OUI en réponse à une phrase négative. *On ne vous a pas prévenu ? – Si. «Ce n'est pas du poison ? [...] – Si ! c'est du poison»* HUGO. *«Il ne veut jamais. – Mais si, protesta Swann»* PROUST. — En subordonnée complétive, *oui* restant possible *Il dit que si.* — **QUE SI :** renforce la réponse. *«Ils n'ont pas besoin l'un de l'autre. – Que si»* ROMAINS. ◆ ELLIPT *«Je vous agaçais, je vous froissais [...] Si ! si ! Je vous ai souvent froissée»* FRANCE. ◆ *Il ne viendra pas, moi si,* je viendrai.

II adv. d'intensité ▪ **1** (Devant un adj. ou un adv.) À ce point, à un tel degré. ➤ **aussi, tellement.** *«Jamais il ne s'était senti si misérable, si inutile, si petit garçon»* ZOLA. *Nous sommes si peu de chose. Le temps passe si vite.* ▪ **2** (En corrélation avec une consécutive introduite par *que*) *«Le coup passa si près que le chapeau tomba»* HUGO. — **loc. conj. SI BIEN QUE... :** de sorte que... *Tant* et si bien que...* ◆ VX ou LITTÉR. (avec un rel. autre que *que*) *«Il n'est fruit si délicieux dont un souvenir amer ne risque de gâter la saveur»* DUHAMEL.

III adv. de compar. Au même degré (que). ➤ **aussi.** *«Rien ne nous rend si grands qu'une grande douleur»* MUSSET. *On n'est jamais si bien servi* que par soi-même. Il n'est pas si beau que ça, qu'on le dit.* (Sans t. de compar.) *Ce n'est pas si facile, si simple, si évident.* ➤ **tellement.**

IV SI... QUE, introduit une concessive impliquant une idée de degré variable. ➤ **aussi, pour** (pour... que...), **quelque** (quelque... que...). *«Si bref que soit un écrivain, il en dit toujours trop»* LÉAUTAUD. *Si peu* que ce soit.*

▪ CONTR. Non.

3**SI** [si] **n. m. inv.** – 1646 ◇ des initiales de *Sancte Iohannes* dans l'hymne à saint Jean Baptiste → ut ▪ Note de musique, deuxième degré de l'échelle fondamentale, septième son de la gamme naturelle. *Si naturel, si dièse, si bémol.* — Ton correspondant. *La messe en si de J.-S. Bach.* — Cette note représentée.

4**SI** ou **S. I.** Sigle de *système* international d'unités.*

SIAL [sjal] **n. m.** – 1918 ◇ de *Si* et *Al*, symb. chim. du silicium et de l'aluminium ▪ VX GÉOL. Couche superficielle de la lithosphère, essentiellement composée de silice et d'alumine. *Des sials.* — **adj. SIALIQUE.**

SIALAGOGUE [sjalagɔg] **adj. et n. m.** – 1741 ◇ du grec *sialon* «salive» et *-agogue* ▪ MÉD. Qui accroît la sécrétion de salive.

SIALIS [sjalis] **n. m.** – 1802 ◇ mot latin des zoologistes, désignant en grec un oiseau ▪ ZOOL. Insecte brun des prairies *(mégaloptères)* dont la larve est aquatique.

SIALORRHÉE [sjalɔʀe] **n. f.** – 1842 ◇ du grec *sialon* «salive» et *-rrhée* ▪ MÉD. RARE Ptyalisme.

SIAMOIS, OISE [sjamwa, waz] **adj. et n.** – 1686 ◇ de *Siam* ▪ **1** VIEILLI Thaïlandais. ◆ MOD. *Chat siamois* ou *un siamois :* chat à poil ras et aux yeux bleus, d'une race importée du Siam à la fin du XIXe s. ▪ **2** (1839) *Frères siamois, sœurs siamoises :* jumeaux, jumelles rattachés l'un à l'autre par deux parties homologues de leurs corps, tête, bas du dos, région épigastrique (comme les «frères siamois», jumeaux originaires du Siam, présentés en France en 1829). — FIG. Frères, amis inséparables.

SIBÉRIEN, IENNE [sibeʀjɛ̃, jɛn] **adj.** – 1814 ; nom de peuple 1610 ◇ de *Sibérie* ▪ De Sibérie. *La toundra sibérienne.* FIG. *Un froid sibérien,* très rigoureux.

SIBILANT, ANTE [sibilɑ̃, ɑ̃t] **adj.** – 1819 ◇ latin *sibilans*, p. prés. de *sibilare* «siffler» ▪ MÉD. Qui produit un sifflement. *Râle sibilant, évocateur d'une affection bronchique, en particulier un asthme.*

SIBYLLE [sibil] **n. f.** – avant 1140 *sibile* ◇ latin d'origine grecque *Sibylla* ▪ Dans l'Antiquité, Devineresse, femme inspirée qui prédisait l'avenir. *La sibylle de Cumes.*

SIBYLLIN, INE [sibilɛ̃, in] **adj.** – 1564 ; *sibillin* v. 1355 ◇ latin *sibyllinus* ▪ **1** MYTH. D'une sibylle. *Oracles sibyllins.* ▪ **2** Dont le sens est caché, comme celui des oracles. ➤ **cryptique, énigmatique, mystérieux, obscur.** *Des paroles sibyllines.* — (PERSONNES) *Il a été très sibyllin sur ce sujet.*

SIC [sik] **adv.** – 1771 ◇ mot latin «ainsi» ▪ Se met entre parenthèses à la suite d'une expression ou d'une phrase citée pour souligner qu'on cite textuellement, si étranges que paraissent les termes. ▪ HOM. Sikh.

SICAIRE [sikɛʀ] **n. m.** – v. 1300 ◇ latin *sicarius*, de *sica* «poignard» ▪ VX ou LITTÉR. Tueur à gages.

SICAV [sikav] **n. f. inv.** – 1964 ◇ acronyme de *Société d'Investissement à Capital Variable* ▪ Portefeuille diversifié de valeurs mobilières, détenu collectivement par des épargnants et géré par un établissement spécialisé (cf. Fonds* commun de placement) ; titre représentatif d'une part dans ce type de société. *Souscrire à une sicav. Des sicav obligataires, monétaires. Sicav de trésorerie.*

SICCATIF, IVE [sikatif, iv] **adj.** – 1723 ; v. 1300 au sens 2° ◇ bas latin *siccativus*, de *siccare* «sécher» ▪ **1** TECHN. Qui active la dessiccation des couleurs, en peinture. *Huile siccative,* à base de savon de manganèse ou de cobalt. **n. m.** *Un siccatif :* un produit siccatif. ▪ **2** MÉD. Qui favorise la cicatrisation par son action desséchante.

SICCITÉ [siksite] **n. f.** – 1380 ◇ latin *siccitas*, de *siccus* «sec» ▪ DIDACT. État de ce qui est sec. ➤ **sécheresse.** ▪ CONTR. Aquosité.

SICILIEN, IENNE [sisiljɛ̃, jɛn] **adj. et n.** – 1550 ; *Sycillien* n. début XIVe ◇ latin médiéval *sicilianus*, de *Sicilia* «Sicile» ▪ De Sicile. *La Mafia sicilienne. Le dialecte sicilien :* dialecte du groupe italien. — HIST. *Les Vêpres* siciliennes.* ◆ **n. f.** (1705) Danse, composition musicale de caractère pastoral, en vogue au XVIIIe siècle.

SICLE [sikl] **n. m.** – XIIe ◇ latin ecclésiastique *siclus*, du grec, de l'hébreu *chegel* ▪ HIST. Poids (de 6 grammes) et monnaie d'argent chez les Hébreux. ▪ HOM. Cycle.

SIDA [sida] **n. m.** – 1982 ◇ acronyme de *Syndrome d'Immunodéficience Acquise* ▪ Maladie virale transmissible par voie sexuelle et sanguine, caractérisée par une chute brutale des défenses immunitaires de l'organisme. *«le sida n'est pas vraiment une maladie, [...] c'est un état de faiblesse et d'abandon qui ouvre la cage de la bête qu'on avait en soi [...], à qui je laisse faire sur mon corps vivant ce qu'elle s'apprêtait à faire sur mon cadavre»* H. GUIBERT. *Virus du sida.* ➤ **HIV** (ANGLIC.), **LAV, VIH.** *Les malades du sida.* ➤ **sidatique, sidéen ;** aussi 2**arc, séropositif.** *Étude du sida.* ➤ **sidologie.** *Prévention du sida.* ➤ **antisida.** *Traitement du sida par trithérapie*.*

SIDATIQUE [sidatik] adj. et n. – 1985 ◊ de *sida* ■ Atteint du sida. ➤ sidéen. n. *Sidatique traité par l'AZT**. — On a dit aussi **SIDAÏQUE** [sidaik], PÉJ. 1987.

SIDE-CAR [sidkaʀ ; sajdkaʀ] n. m. /SIDECAR/ – 1912 ; «cabriolet irlandais» 1888 ◊ mot anglais, de *side* «côté» et *car* «voiture» ■ Habitacle à une roue et pour un passager, monté sur le côté d'une motocyclette. ◆ L'ensemble du véhicule. *Course de side-cars.*

SIDÉEN, ENNE [sideɛ̃, ɛn] adj. et n. – 1987 ◊ de *sida* ■ ➤ sidatique.

SIDÉNOLOGIE ➤ SIDOLOGIE

SIDÉRAL, ALE, AUX [sideʀal, o] adj. – XVIe ◊ latin *sideralis*, de *sidus, sideris* «astre» ■ ASTRON. Qui a rapport aux astres. ➤ astral. *Observations sidérales. Révolution sidérale* : rotation complète d'un objet céleste sur son orbite. *L'année sidérale de la Terre dure 365 jours 6 heures 9 minutes 11 secondes. Jour sidéral* : durée d'une rotation complète de la Terre sur son axe par rapport aux étoiles fixes (23 heures et 56 minutes). ◆ POÉT. Qui émane des astres. *«une clarté pure, blanche, sidérale, ne paraissant pas venir du soleil»* GAUTIER.

SIDÉRANT, ANTE [sideʀɑ̃, ɑ̃t] adj. – 1889 ◊ de *sidérer* ■ FAM. Qui sidère. ➤ stupéfiant. *Une nouvelle sidérante.*

SIDÉRATION [sideʀasjɔ̃] n. f. – 1754 ; en astrol. 1560 ◊ de *sidérer* ■ 1 MÉD. Anéantissement soudain des fonctions vitales, avec état de mort apparente, sous l'effet d'un choc émotionnel intense. ■ 2 COUR. Stupéfaction.

SIDÉRER [sideʀe] v. tr. (6) – 1894 ; *sidéré* XVIe «influencé par les astres» ◊ latin *siderari* «subir l'influence funeste des astres» ■ 1 MÉD. Mettre dans un état de sidération. ■ 2 FAM. Frapper de stupeur. ➤ abasourdir, stupéfier. *Cette nouvelle m'a sidéré. — Ils étaient tous sidérés.*

SIDÉRITE [sideʀit] n. f. – 1803 ; «aimant» 1430 ◊ latin d'origine grecque *siderites* ■ GÉOL. Sidérose (1°).

SIDÉR(O)- ■ Élément, du grec *sidêros* «fer».

SIDÉROGRAPHIE [sideʀɔgʀafi] n. f. – 1835 ◊ de *sidéro-* et *-graphie* ■ TECHN. RARE Gravure sur acier.

SIDÉROLITHIQUE ou **SIDÉROLITIQUE** [sideʀɔlitik] adj. – 1862, -1861 ◊ de *sidéro-* et *-lithique* ■ GÉOL. Qui est riche en concrétions ferrugineuses. *Argiles sidérolithiques.*

SIDÉROPHILINE [sideʀɔfilin] n. f. – 1903 ◊ de *sidéro-* et *-phile* ■ BIOCHIM. Glycoprotéine liant le fer. ➤ transferrine.

SIDÉROSE [sideʀoz] n. f. – 1832 ◊ de *sidér(o)-* et *-ose* ■ 1 GÉOL. Carbonate naturel de fer (minerai assez pauvre en fer), appelé aussi *fer spathique*. ➤ sidérite. ■ 2 (1884) MÉD. Pneumoconiose due à l'inhalation de poussières de fer.

SIDÉROSTAT [sideʀɔsta] n. m. – 1868 ◊ du latin *sidus, sideris* «astre», d'après *héliostat* ■ ASTRON. Cœlostat*.

SIDÉROXYLON [sideʀɔksilɔ̃] n. m. – 1765 ◊ de *sidéro-* et grec *xulon* «bois» ■ BOT. Arbre des régions subtropicales *(sapotacées)* qui fournit un bois très dur et imputrescible appelé *bois de fer.*

SIDÉRURGIE [sideʀyʀʒi] n. f. – 1812 ◊ grec *sidêrourgos* «forgeron» ■ Métallurgie* du fer, de la fonte, de l'acier et des alliages ferreux. *La sidérurgie française.*

SIDÉRURGIQUE [sideʀyʀʒik] adj. – 1872 ◊ de *sidérurgie* ■ Qui appartient à la sidérurgie. *Production sidérurgique. Usine sidérurgique.* ➤ métallurgique.

SIDÉRURGISTE [sideʀyʀʒist] n. – 1955 ◊ de *sidérurgie* ■ Métallurgiste qui produit de l'acier.

SIDI [sidi] n. m. – début XXe ; «monsieur, seigneur» 1847 ◊ mot arabe ■ PÉJ. et VIEILLI Nord-Africain établi en France. *«ceux qui traitent les Nord-Africains de bicots ou de sidis»* ÉTIEMBLE.

SIDOLOGIE [sidɔlɔʒi] n. f. – 1987 ◊ de *sida* et *-logie* ■ DIDACT. Branche de la médecine consacrée à l'étude et au traitement du sida. — On dit aussi *sidénologie* (1987).

SIDOLOGUE [sidɔlɔg] n. – 1985 ◊ du radical de *sida* et *-logue* ■ Médecin ou biologiste spécialiste du sida.

SIÈCLE [sjɛkl] n. m. – XIIIe ; *secle* 1080 ; *seule* X^e ◊ latin *sæculum* → séculaire, séculier

I ■ 1 Période de cent ans dont le début (ou la fin) est déterminé par rapport à un moment arbitrairement défini, et SPÉCIALT par rapport à l'ère chrétienne. *Le deuxième siècle avant Jésus-Christ* (de 199 à 100 av. J.-C.), *le troisième siècle après Jésus-Christ* (de 201 à 300). *Le quatrième siècle de l'hégire. Le dix-septième siècle* (XVIIe s.). *Dix siècles.* ➤ millénaire. *Au siècle dernier. Personnage fin* de siècle.* ■ 2 Période de cent années environ considérée comme une unité historique et culturelle présentant certains caractères. *On fait commencer le XVIIIe siècle français en 1715* (mort de Louis XIV). *Le Grand Siècle* : le XVIIe s. français. *Le Siècle des lumières* : le XVIIIe s. *Le siècle d'or* : le XVIe s. espagnol. ◆ *Le siècle de...* suivi d'un n. pr., désigne une période assez longue de l'histoire d'un peuple, dominée par une personnalité. *Le siècle de Périclès* : le Ve s. av. J.-C. en Grèce. *Le siècle de Louis XIV.* ◆ Époque. ➤ âge. *Au siècle où nous vivons. Ils «semblent être venus au monde trop tard : ils sont d'un autre siècle»* DIDEROT. *Idées, méthodes d'un autre siècle.* ➤ archaïque, dépassé. *De siècle en siècle* : d'âge en âge. ◆ ABSOLT *Le siècle* : époque où l'on vit, dont on parle. *Le mal du siècle. «Confession d'un enfant du siècle»*, de Musset. FAM. **DU SIÈCLE** : unique en son genre, le meilleur. *L'affaire, le match du siècle.* ■ 3 Durée de cent années. *Un lit «vieux d'un bon siècle»* BOSCO. *Bâtiment qui a plus d'un siècle.* ➤ centenaire, séculaire. *Pendant un quart de siècle, un demi-siècle.* ■ 4 AU PLUR. Très longue période. *Depuis des siècles* : depuis très longtemps. *Les siècles passés, futurs* : le passé, l'avenir. *«La Légende des siècles»*, œuvre de Victor Hugo. RELIG. *Jusqu'à la consommation*, la fin* des siècles. Dans les siècles des siècles* : éternellement. ◆ PAR EXAGÉR., FAM. *Il y a des siècles que je ne t'ai vu*, il y a longtemps (cf. Une éternité). AU SING. *Cela m'a paru un siècle*, très long.

II RELIG. *Le siècle* : la vie du monde, qui change avec les époques, par opposition à *la vie religieuse*, dont les valeurs sont éternelles. ➤ monde. *Vivre dans le siècle. «Ainsi le siècle pénétrait jusqu'à moi»* RENAN. *Les affaires, les plaisirs du siècle.* ➤ séculier, temporel.

SIÈGE [sjɛʒ] n. m. – 1080 ◊ latin populaire °*sedicum*, de °*sedicare*, de *sedere* «être assis»

I LIEU OÙ QUELQUE CHOSE SE TROUVE ■ 1 Lieu où se trouve la résidence principale (d'une autorité, d'une société). *Rome est le siège de la papauté. Siège d'un tribunal*, localité où il tient régulièrement ses audiences. — *Siège social* : domicile statutaire d'une société. *Le siège social de l'entreprise est à Paris, à Milan.* ABSOLT *Il a quitté l'agence, il est maintenant au siège.* ■ 2 LITTÉR. Centre d'action, lieu où réside la cause (d'un phénomène). *«Cette glande est le principal siège de l'âme»* DESCARTES. *Le siège d'un mal, d'une douleur. «une douleur exaspérée qui n'a plus de siège précis»* DUHAMEL. ➤ localisation.

II (CONTEXTE MILITAIRE) (XIIIe) Lieu où s'établit une armée, pour investir une place forte ; ensemble des opérations menées pour prendre une place forte. *Opérations, travaux, engins de siège.* ➤ poliorcétique. *Mettre le siège devant une ville, faire le siège d'une ville.* ➤ assiéger, investir. *Guerre de siège. — Lever le siège d'une place*, cesser de l'assiéger ; FIG. se retirer. *«Quand le café fut servi, [...] les convives bientôt levèrent le siège»* FLAUBERT. — **ÉTAT DE SIÈGE** : régime spécial comportant la mise en application d'une législation exceptionnelle qui soumet les libertés individuelles à une emprise renforcée de l'autorité publique. *L'état de siège est proclamé. Ville en état de siège. «Je me défie de l'état de siège. L'état de siège est le commencement des coups d'État. L'état de siège est le pont où passe la dictature»* HUGO. — LOC. FIG. *Faire le siège de qqn*, l'importuner jusqu'à ce qu'il cède.

III PLACE OÙ UNE PERSONNE S'ASSIED ■ 1 (fin XIIe) Objet fabriqué, meuble disposé pour qu'on puisse s'y asseoir. ➤ banc, banquette, bergère, canapé, chaise, chauffeuse, divan, escabeau, fauteuil, pliant, 2 pouf, stalle, strapontin, tabouret, trépied, trône. *Les bras, le dossier, les pieds d'un siège. Siège de bois, de rotin, métallique. Siège de cuisine, de bureau, de jardin, de camping. Siège pliant. Siège relax*. Donner, offrir un siège à qqn. Prenez un siège*, asseyez-vous. *«On n'avait que l'embarras du choix entre les sièges [...] : des stalles, des bancs, des tabourets, des chaises, des fauteuils»* R. PEYREFITTE. PAR EXT. *Le siège d'une balançoire. Le siège des toilettes.* ➤ lunette. — *Siège avant, arrière, siège baquet*, siège couchette, sièges transformables d'une voiture.* ➤ banquette. *Approcher, reculer son siège du volant. Siège-auto* : siège de sécurité pour enfant dans une automobile. *Des sièges-autos. Siège bébé. Siège éjectable de pilote.* ■ 2 DR. Place où se tient assis un magistrat. *Jugement rendu sur le siège*, aussitôt la clôture des débats (sans que les juges se soient retirés pour délibérer). *Magistrature du siège*, assise (par opposition à *magistrature du parquet*, debout). ◆ Place, fonction de député, ou place honorifique à pourvoir par élection. *Il «avait annoncé se présenter aux prochaines élections sénatoriales, en vue de reconquérir un siège qu'il avait perdu»* O. ADAM. *Le parti a gagné vingt sièges* *aux dernières élections. Siège vacant, à pourvoir. Siège d'académicien.* ➤ **fauteuil.** ▪ **3** Dignité d'évêque, de pontife (symbolisée par le siège qu'occupe le prélat). *Siège épiscopal, pontifical. Le siège apostolique :* le Saint-Siège (voir ce mot).

IV PARTIE DU CORPS (1538) Partie du corps humain sur laquelle on s'assied (dans quelques expr.). ➤ 2 **derrière, fondement.** *Bain de siège. Enfant qui se présente par le siège* (dans un accouchement).

SIÉGER [sjeʒe] **v. intr.** ‹3 et 6› – 1611 ◊ de *siège* ▪ **1** (Sujet personne) Tenir séance, être en séance. *« Les deux tiers des députés n'osaient plus venir siéger »* GAXOTTE. *« un procès où le procureur Maillard siégera au banc du Ministère public »* AYMÉ. ▪ **2** (Sujet chose) Avoir le siège de sa juridiction à tel endroit. *La Cour des comptes siège à Paris.* ◆ FIG. Résider, se trouver. *Voilà où siège le mal, la difficulté.*

SIEMENS [simɛns ; sjemɛ̃s] **n. m.** – 1949 ◊ n. pr. ▪ MÉTROL. Unité de mesure de conductance électrique (SYMB. S), correspondant à 1 ampère par volt. *L'admittance se mesure en siemens.*

SIEN, SIENNE [sjɛ̃, sjɛn] **adj. poss. et pron. poss.** – fin XIIe ; *suon* Xe ◊ accusatif latin *suum*
▪ Possessif de la troisième personne.

I adj. poss. ▪ **1** (En fonction d'épithète) VX ou LITTÉR. À lui, à elle ; de lui, d'elle. *« le patron jura qu'un vieux sien matelot était un cuisinier estimable »* MÉRIMÉE. *« Cette femme sienne »* ZOLA. ▪ **2** (En fonction d'attribut) *« l'un de ces hommes que Dieu a marqués comme siens »* BALZAC. *Faire siennes les affirmations de qqn,* les adopter, les prendre à son compte.

II pron. poss. LE SIEN, LA SIENNE, sert à désigner l'objet ou l'être lié à la troisième personne par un rapport de parenté, de possession, etc. *Élever un enfant qui n'est pas le sien. « Tout homme a deux pays, le sien et puis la France »* H. DE BORNIER.

III SUBST. ▪ **1** VX **LE SIEN :** son bien, sa propriété. — MOD. dans des expr. *Y mettre* du sien,* de la bonne volonté. ◆ LOC. FAM. *Faire des siennes :* faire ses bêtises habituelles ; produire des effets fâcheux. *Il a encore fait des siennes. « Le champagne commençait à faire des siennes parmi les convives »* DAUDET. ▪ **2 LES SIENS :** sa famille, ses amis, ses partisans. *« Il avait brisé les dernières attaches avec les siens »* MAUPASSANT. LOC. *On n'est jamais trahi que par les siens.*
▪ HOM. Sciène.

SIERRA [sjeʀa] **n. f.** – 1622 ◊ mot espagnol « scie » ▪ Dans les pays de langue espagnole, Montagne à relief allongé (dont le sommet peut être plat aussi bien qu'aigu). *La sierra Nevada.*

SIESTE [sjɛst] **n. f.** – 1715 ; *siesta* 1660, mot espagnol ◊ latin *sexta (hora)* « sixième (heure), midi » ▪ Repos (accompagné ou non de sommeil) pris après le repas de midi. ➤ **méridienne.** *Faire la sieste, une petite sieste. Sieste crapuleuse*.*

SIESTER [sjɛste] **v. intr.** ‹1› – 1872 ◊ de *sieste* ▪ FAM. ou RÉGION. (Afrique) Faire la sieste.

SIEUR [sjœʀ] **n. m.** – XVIIe ; « seigneur » XIIIe ◊ ancien cas régime de *sire* ▪ VX ou DR. Monsieur. *« Accompagné de maître Falconnet et du sieur Santerre »* BEAUMARCHAIS. ◆ PÉJ. ou IRON. *« Elle reçut la visite du sieur Lheureux, marchand de nouveautés »* FLAUBERT.
▪ HOM. Scieur.

SIEVERT [sivɛʀt] **n. m.** – 1977 ◊ du nom du physicien ▪ MÉTROL. Unité de mesure d'équivalent de dose et de dose efficace (SYMB. Sv), quantifiant l'impact biologique d'une exposition aux rayonnements ionisants.

SIFFLAGE [siflaʒ] **n. m.** – 1788 ◊ de *siffler* ▪ VÉTÉR. Cornage.

SIFFLANT, ANTE [siflɑ̃, ɑ̃t] **adj.** – 1552 ◊ de *siffler* ▪ Qui produit un sifflement, s'accompagne d'un sifflement. *« L'oiseau lançait son appel, une seule note sifflante et plaintive »* DUHAMEL. *Respiration sifflante.* ➤ **sibilant.** — (1857) PHONÉT. *Consonne sifflante,* ou ELLIPT *une sifflante :* consonne fricative dont l'émission est caractérisée par un bruit de sifflement [s, z].

SIFFLEMENT [sifləmɑ̃] **n. m.** – *ciflement* fin XIIe ◊ de *siffler* ▪ **1** Action de siffler, son émis en sifflant. *Sifflement d'appel, d'admiration. Les sifflements du merle. — Le sifflement des trains.* ▪ **2** Fait de siffler (I, 2°), production d'un son aigu. *« Un sifflement. Tiens, une balle perdue »* BARBUSSE. ◆ Bruit parasite perçu dans un récepteur de radio. ➤ aussi **larsen.** ▪ **3** *Sifflement d'oreilles :* sensation de sifflement perçue par l'oreille. ➤ **acouphène.**

SIFFLER [sifle] **v.** ‹1› – XIIe ◊ bas latin *sifilare,* classique *sibilare*

I v. intr. ▪ **1** Émettre un son aigu, modulé ou non, en faisant échapper l'air par une ouverture étroite (bouche, sifflet, instrument). *Il sait siffler, il siffle très bien. Siffler comme un merle, comme un pinson. « Il siffla pour la faire venir »* MONTHERLANT. — *« La locomotive siffla »* MARTIN DU GARD. ◆ Émettre un cri analogue, en parlant des animaux. *« Un oiseau siffle dans les branches »* GAUTIER. — *« Pour qui sont ces serpents qui sifflent sur vos têtes ? »* RACINE. ◆ Sortir d'un orifice avec un son aigu. *Ce gaz « qui siffle, qui chuinte »* DUHAMEL. ▪ **2** Produire un son aigu par un frottement, par un mouvement rapide de l'air. *« La froide bise sifflait »* HUGO. ▪ **3** *Avoir les oreilles qui sifflent :* éprouver une sensation de sifflement, sans cause extérieure. FIG. *Tes oreilles* ont dû siffler.*

II v. tr. ▪ **1** (XIVe) Appeler (qqn, un animal) en sifflant. *Siffler son chien. Agent qui siffle un contrevenant.* ◆ Signaler en sifflant. *L'arbitre a sifflé une faute, la mi-temps.* ▪ **2** (1549) Désapprouver bruyamment, par des sifflements, des cris, etc. (une personne qui se produit en public, une œuvre, un auteur dramatique). ➤ **conspuer, huer.** *Elle « siffle avec frénésie le même acteur »* MAUPASSANT. *Il s'est fait siffler.* ▪ **3** (fin XVIe) Moduler (un air) en sifflant. *Il sifflait une chanson à la mode.* ➤ **siffloter.** ▪ **4** (XVe) FAM. Avaler, boire d'un trait. *« les verres de punch et de champagne sifflés au passage »* DAUDET. ➤ **sécher.**
▪ CONTR. (du II, 2°) Acclamer, applaudir.

SIFFLET [siflɛ] **n. m.** – milieu XIIIe ◊ de *siffler* ▪ **1** Petit instrument formé d'un tuyau court à ouverture en biseau, servant à émettre un son aigu. *Le sifflet d'un agent de police, d'un arbitre. « Un sifflet de marine [...] pour moduler les trilles et les sons enflés des commandements officiels »* LOTI. — *En sifflet :* en biseau (comme l'ouverture du sifflet). *Fracture en sifflet.* ◆ **COUP DE SIFFLET :** son produit par un sifflet. *Les coups de sifflet de l'arbitre.* ▪ **2** Sifflement (d'un sifflet). *« Le sifflet plaintif d'un train en manœuvre »* R. ROLLAND. ◆ SPÉCIALT Fait de siffler pour signifier son mécontentement en public. *Des sifflets et des huées. Il y a « des sifflets qui sont plus doux pour l'orgueil que des bravos »* FLAUBERT. ▪ **3** (XVIe) FAM. et VX Gorge, gosier. MOD. LOC. *Couper le sifflet à qqn,* lui couper la parole ; l'empêcher de s'exprimer (cf. Couper la chique*, river* son clou).

SIFFLEUR, EUSE [siflœʀ, øz] **adj. et n.** – 1555 ◊ de *siffler* ▪ **1** Qui siffle. *Merle siffleur. Canard siffleur :* variété de canard sauvage. ▪ **2 n.** (1685) Personne qui siffle un spectacle, un artiste. *« le plan des siffleurs [...] est de tuer toutes les scènes et les mots à effet »* GONCOURT.

SIFFLEUX [siflø] **n. m.** – fin XVIIIe ; *siffleur* 1634 ◊ de *siffler* ▪ (Canada) Marmotte.

SIFFLOTEMENT [siflɔtmɑ̃] **n. m.** – 1837 ◊ de *siffloter* ▪ Action de siffloter ; air sifflоté.

SIFFLOTER [siflɔte] **v.** ‹1› – 1841 ◊ de *siffler* ▪ **v. intr.** Siffler négligemment en modulant un air. ◆ **v. tr.** *« il sifflote entre ses dents l'air du* Forgeron de la Paix *»* COURTELINE.

SIFILET [sifilɛ] **n. m.** – 1775 ◊ de *six* et *filet* ▪ Oiseau de paradis *(passériformes)* à plumage noir, dont le mâle porte sur la tête six longues plumes minces.

SIGILLAIRE [siʒilɛʀ] **adj. et n. f.** – 1456 ◊ bas latin *sigillarius* ▪ DIDACT. ▪ **1** Muni d'un sceau, d'un cachet. *Anneau sigillaire.* ◆ Relatif aux sceaux, à la sigillographie. *Histoire sigillaire.* ▪ **2 n. f.** (1821) PALÉONT. Arbre fossile du carbonifère *(lycopodiacées),* dont le tronc porte des empreintes régulières en forme de cachet.

SIGILLÉ, ÉE [siʒile] **adj.** – 1565 ◊ latin *sigillatus* ▪ DIDACT. Marqué d'un sceau. — *Vases sigillés :* vases gallo-romains de teinte brique, décorés de sceaux et de poinçons.

SIGILLOGRAPHIE [siʒilɔgʀafi] **n. f.** – 1851 ◊ du latin *sigillum* « sceau » et *-graphie* ▪ DIDACT. Étude scientifique des sceaux, et SPÉCIALT des sceaux de chartes médiévales. — **adj. SIGILLOGRAPHIQUE,** 1853.

SIGISBÉE [siʒizbe] **n. m.** – 1736 ◊ italien *cicisbeo* ▪ VX ou IRON. Chevalier* servant, compagnon empressé et galant.

SIGLAISON [siglɛzɔ̃] **n. f.** – 1964 ◊ de *sigle* ▪ DIDACT. Formation de sigles à partir des premiers éléments (lettres, noms des lettres, syllabes) des mots d'un syntagme.

SIGLE [sigl] **n. m.** – 1712 ◊ latin juridique *sigla* « signes abréviatifs » ▪ **1** HIST. Initiale servant d'abréviation. *Les sigles des manuscrits anciens.* ▪ **2** LING. Suite des initiales de plusieurs mots qui forme un mot unique prononcé avec les noms des lettres. O. N. U. *se prononce comme un sigle* [oɛny] *ou comme un acronyme** [ony]. *Dérivé formé sur un sigle* (ex. cégétiste, de C. G. T.)

SIGLÉ, ÉE [sigle] adj. – v. 1975 ◊ de *sigle* ■ COMM. Qui porte un sigle utilisé comme ornement. *Sac siglé.*

SIGMA [sigma] n. m. inv. – 1562 ◊ mot grec ■ **1** Dix-huitième lettre de l'alphabet grec (Σ, σ, ς), notant la sifflante sourde [s]. ■ **2** CHIM. *Électron* sigma,* faisant partie d'une *liaison* sigma.*

SIGMOÏDE [sigmɔid] adj. et n. – 1566 ◊ grec *sigmoeidês* ■ Qui a la forme d'un sigma majuscule (Σ). ANAT. *Valvules sigmoïdes,* à l'entrée de l'aorte et de l'artère pulmonaire. *Cavités sigmoïdes* (du cubitus, du radius). *Côlon sigmoïde,* ou n. m. *le sigmoïde :* segment du côlon, en forme d'anse, descendant du côté gauche de la cavité pelvienne et se continuant par le rectum (SYN. côlon pelvien). — MATH. *Courbe sigmoïde,* ou n. f. *une sigmoïde :* courbe sinueuse à deux vagues de croissance séparées par un point d'inflexion.

SIGNAL, AUX [siɲal, o] n. m. – 1540 ; «signe distinctif, cachet» début XIIIe ◊ réfection, d'après *signe,* de *seignal ;* bas latin *signale,* neutre subst. de *signalis* «qui sert de signe» ■ **1** Signe convenu (geste, son...) fait par qqn pour indiquer le moment d'agir. *Attendre le signal. À mon signal, vous entrerez.* PAR EXT. *Donner le signal de* (une action, un évènement) : déclencher, provoquer. *Donner le signal du départ. Il «donnait le signal des applaudissements»* VIGNY. ◆ Fait par lequel une action, un processus commence. ➤ **annonce.** *Cet article a été le signal d'une véritable campagne de presse.* ◆ PSYCHOL. Signe servant d'avertissement et déclenchant un certain comportement *(la réponse)* quand le conditionnement est réalisé. ■ **2** Signe (ou système) conventionnel destiné à faire savoir qqch. à qqn, à véhiculer une information. *Signal sonore, acoustique.* ➤ aussi **bip, eurosignal.** *Signaux visuels, optiques, lumineux.* ➤ 1 **balise.** *Signal d'alarme*, d'alerte, de détresse.* ➤ **S. O. S. ; avertisseur.** — SPÉCIALT *Signaux d'un navire* (pavillons, signaux à bras, phoniques, de détresse). *Signaux de port,* permettant la navigation près des ports (boules, pavillons et feux, balisage). — *Signaux de chemin de fer :* disques, feux réglant la circulation sur les voies. *Signaux de route :* feux, panneaux de signalisation, poteaux indicateurs. *Respecter un signal.* ◆ SC. Grandeur physique variable servant de support à une information. *Signal électrique. Circuit, code, système de signaux. Émission, réception, sélection de signaux. Traitement du signal.* ➤ **démodulation, modulation ; démultiplexage, multiplexage ; accentuation, désaccentuation, préaccentuation.** *Signaux horaires hertziens,* donnant l'heure. *Niveau de signal. Signal et bruit.* — Représentation analogique d'un phénomène physique. ■ **3** BIOL. Information transmise par des molécules (hormones, neurotransmetteurs, phéromones...) ou des séquences nucléotidiques, polypeptidiques, qui peut être interprétée et qui donne lieu à une réponse cellulaire. *Signal hormonal, nerveux.*

SIGNALÉ, ÉE [siɲale] adj. – *segnalé* 1562 ◊ italien *segnalato,* p. p. de *segnalare* «rendre illustre» ■ LITTÉR. (dans certaines loc.) Remarquable, insigne. *Il m'a rendu un signalé service. «je vous en promets la plus signalée récompense»* DIDEROT.

SIGNALEMENT [siɲalmɑ̃] n. m. – 1718 ◊ de *signaler un soldat* «l'inscrire» 1680 ■ **1** Description physique d'une personne qu'on veut faire reconnaître. *Donner le signalement de qqn. «Les douaniers ont votre signalement,* [...] *vous serez arrêté»* STENDHAL. *Faire un portrait-robot* à partir du signalement des témoins.* ■ **2** DR. Fait de signaler aux autorités judiciaires ou administratives des faits susceptibles de donner lieu à des poursuites. *Effectuer un signalement. Signalement judiciaire* (au procureur de la République), *administratif* (aux services départementaux de l'Aide sociale à l'enfance). *Signalement d'enfant en danger. «Signalement, services sociaux, juge des enfants, assistance éducative, placement, foyer»* I. JABLONKA.

SIGNALER [siɲale] v. tr. ⟨1⟩ – 1572 ◊ de *signalé* ■ **1** VX Rendre remarquable par quelque action. *«Cent guerriers s'y jetant signalent leur audace»* BOILEAU. ◆ PRONOM. MOD. Se faire remarquer, se distinguer (en bien ou en mal). *«la jeunesse se signale davantage par l'ardeur de ses passions que par l'ouverture de son esprit»* TOURNIER. ■ **2** (1773 ; «désigner» fin XVIe) Annoncer par un signal (ce qui se présente, un mouvement). *Le virage est signalé par un panneau. Mettre son clignotant pour signaler que l'on tourne. «La* Saône [un bateau] *était signalée aux sémaphores»* LOTI. ■ **3** (1835) Faire remarquer ou connaître en attirant l'attention. ➤ **montrer, souligner.** *Rien à signaler.* ➤ **R. A. S.** *Un seul journal a signalé leur présence à Paris. Permettez-moi de vous signaler que...* ➤ **avertir.** *Je vous signale que je ne serai pas là demain.* ➤ **informer.** ◆ Désigner, dénoncer. *De petits journaux «me signalaient à l'animadversion des écoles»* SAINTE-BEUVE.

SIGNALÉTIQUE [siɲaletik] adj. et n. f. – 1832 ◊ de *signaler* ■ **1** Qui donne un signalement. *Fiche signalétique.* ➤ **anthropométrique.** — *Bulletin signalétique,* donnant des références bibliographiques, documentaires. ■ **2** DIDACT. Qui concerne les signaux, la signalisation. ◆ n. f. Activité sémiotique qui concerne les signaux. — Ensemble des éléments d'une signalisation (dans un lieu public). *La signalétique de ce musée est bien faite.*

SIGNALEUR [siɲalœʀ] n. m. – 1869 ◊ de *signaler* ■ MILIT. Marin, soldat, employé chargé de la signalisation.

SIGNALISATION [siɲalizasjɔ̃] n. f. – 1909 ◊ de *signaliser* ■ **1** Emploi, disposition des signaux destinés à assurer la bonne utilisation d'une voie et la sécurité des usagers. ➤ **balisage.** *Accident dû à une erreur de signalisation. Signalisation ferroviaire, fluviale. Signalisation des routes* (bornes, signaux de route, feux, lignes). *Panneaux, feux de signalisation. Signalisation des aérodromes.* ◆ Ensemble des signaux utilisés pour communiquer (visuels, lumineux, acoustiques). *Signalisation automatique.* ■ **2** PSYCHOL. *Système de signalisation :* signaux (signaux concrets, mots, alphabet morse, etc.) déclenchant des réflexes conditionnés. ■ **3** BIOL. Ensemble des signaux* intégrés par la cellule, correspondant à une réponse spécifique ou mettant en jeu des intermédiaires particuliers. *Signalisation cellulaire. Signalisation calcique.*

SIGNALISER [siɲalize] v. tr. ⟨1⟩ – 1909 ◊ de *signal,* d'après l'anglais *to signalize* ■ Munir d'une signalisation. *Signaliser une route. Embranchement mal signalisé.*

SIGNATAIRE [siɲatɛʀ] n. – 1789 ; *signateur* 1541 ◊ de *signer,* d'après *signature* ■ Personne, autorité qui a signé (une lettre, un acte, un traité). *Les signataires d'un accord, d'une pétition.* — adj. *Les pays signataires.*

SIGNATURE [siɲatyʀ] n. f. – 1430 ◊ latin médiéval *signatura,* du latin classique *signator* «signataire» ■ **1** Inscription qu'une personne fait de son nom (sous une forme particulière et constante) pour affirmer l'exactitude, la sincérité d'un écrit ou en assumer la responsabilité. ➤ **émargement, endos, griffe, paraphe,** VX **seing, souscription ; signer.** *Apposer sa signature au bas d'un contrat. Une signature illisible. Sans signature.* ➤ **anonyme.** *Imiter, contrefaire, usurper une signature. Pétition qui a obtenu trois cents signatures.* — *Signature électronique* (ou *numérique*) : système de codification donnant à un document numérique la même valeur que l'inscription sur un document papier. ◆ *Signature d'un artiste* (sur un tableau ; une œuvre d'art). *Authentifier une signature. Signature d'un couturier.* ➤ **griffe,** 1 **marque.** ◆ *Signature sociale,* engageant la société. *Chaque associé a la signature.* ■ **2** Engagement signé. *«Les particuliers continuent* [...] *d'honorer leurs signatures lorsque les maîtres du monde renient la leur»* BERNANOS. ■ **3** Action de signer (un écrit, un acte). *Le décret est à la signature. Signature devant notaire.* — Action, pour un auteur, de dédicacer ses livres. *«Suivront dix séances de signatures que nous échelonnerons sur une semaine»* PENNAC. ➤ **dédicace.** — PAR EXT. Séance de dédicace. *«Je suis là pour un débat et une signature dans une librairie»* PH. BESSON. ■ **4** (1669) IMPRIM. Lettre, chiffre, signe servant à indiquer l'ordre des cahiers d'un volume. *«La "signature" persiste encore sous la forme d'un chiffre accompagné du titre abrégé de l'ouvrage placés à la première page de chaque cahier»* QUIGNARD. ■ **5** PUBLIC. Formulation publicitaire synthétisant les objectifs d'une stratégie de communication. ■ **6** TÉLÉDÉTECT. *Signature radar :* forme particulière d'un signal permettant l'identification d'une cible. ■ **7** APPOS. *Dessert, plat signature,* emblématique de la façon du pâtissier, du chef, qui a fait sa réputation.

SIGNE [siɲ] n. m. – fin Xe ◊ du latin *signum* (→ tocsin), qui a également donné *seing,* et dont un dérivé est à l'origine de *sceau*

I INDICE, ÉLÉMENT QUI PERMET DE PERCEVOIR QUELQUE CHOSE ■ **1** Chose perçue qui permet de conclure à l'existence ou à la vérité (d'une autre chose, à laquelle elle est liée). ➤ **indice, manifestation,** 1 **marque, preuve, symptôme.** *«Il y a un signe infaillible auquel on reconnaît que l'on aime quelqu'un d'amour»* TOURNIER. *Signe précurseur, avant-coureur.* ➤ **annonce, promesse.** *Signes extérieurs de richesse :* éléments du train de vie qui constituent un indice de hauts revenus pour l'administration fiscale. *Un bouton d'acné : «perfide signe extérieur de jeunesse»* A. JARDIN. — LOC. *Ne pas donner signe de vie :* paraître mort ; ne donner aucune nouvelle (cf. Faire le mort*). *Donner des signes de fatigue. Sa voiture montre des signes de faiblesse. C'est signe que :* cela veut dire que. *«C'est signe que l'on a perdu des semaines»* GIDE. *Cette brume est* *signe de beau temps.* — LOC. *C'est bon, c'est mauvais signe :* c'est l'annonce que ça va bien, mal. *« C'est bon signe qu'un adolescent soit en révolte »* MARTIN DU GARD. *C'est un signe qui ne trompe pas.* — *Signe fort :* acte marquant, révélateur. *Envoyer, lancer un signe fort. Les syndicats attendent un signe fort du gouvernement.* — (1535) *Signes des temps :* signes qui, selon les prophètes, font savoir que les temps messianiques sont arrivés. ■ **2** (XIIIe) Élément ou caractère (de qqn, de qqch.) qui permet de distinguer, de reconnaître. *« Vous rappelez-vous des signes franchement caractéristiques ? Grain de beauté ? [...] Cicatrices ? »* ROMAINS. *Signes particuliers : néant* (dans un signalement). *Signes distinctifs.* ♦ MÉD. *Signe clinique, pathologique,* que le médecin trouve lors de l'examen du malade ou qu'il provoque intentionnellement pour poser un diagnostic. ➤ **symptôme.** *La fièvre est signe d'infection.* ♦ FIG. (1881) *Signe des temps :* ce qui semble caractériser l'époque où l'on vit (souvent péj.). — Marque faite pour distinguer.

II MOUVEMENT VISIBLE, REPRÉSENTATION MATÉRIELLE DE QUELQUE CHOSE ■ **1** (début XIIe) Mouvement volontaire, conventionnel, destiné à communiquer avec qqn, à faire savoir qqch. ➤ 1 **geste, signal.** *Faire à qqn des signes d'intelligence. Communication par signes* (sans paroles). *Langue des signes :* langage iconique codé (signes, dactylologie, mimiques) utilisé par les personnes sourdes. *Langue des signes française (LSF). Signe de tête affirmatif, négatif. Faire un signe de la main. « Veux-tu que je te laisse ? Il me fit signe que non »* A. HERMANT. *« Et quand la mort lui a fait signe De labourer son dernier champ Il creusa lui-même sa tombe »* BRASSENS. — *Dès mon retour, je vous ferai signe,* j'entrerai en contact avec vous. ♦ **loc. prép.** *En signe de... :* pour manifester, exprimer... *En signe de protestation. Elle « secouait, en signe d'adieu, son mouchoir blanc »* MAC ORLAN. *S'habiller en noir en signe de deuil.* ■ **2** (1564) Objet matériel simple (figure, geste, couleur, etc.) qui, par rapport naturel ou par convention, est pris, dans une société donnée, pour tenir lieu d'une réalité complexe. ➤ **signal, symbole.** *Étude des signes.* ➤ **sémiotique ; herméneutique.** *Signes naturels, imagés* ou *iconiques* (➤ **icone**) (ex. S pour un virage), *conventionnels* (ex. le signe ×, multiplié par). *Signe positif* (+), *négatif* (–) *des nombres réels. Signe d'appartenance* (∈). *Signes alphabétiques :* les lettres. *Signes de ponctuation. La parenthèse, la virgule, le point sont des signes de ponctuation. Signes typographiques. Il « trace au-dessus du C et du R de petits signes qui ont l'air d'un accent circonflexe renversé »* KUNDERA. ■ **3** (1916, Saussure) LING. Unité linguistique formée d'une partie sensible ou signifiant* (sons, lettres) et d'une partie abstraite ou signifié*. *Le morphème, le mot sont des signes. Signe à deux faces. Arbitraire* du signe. Le référent d'un signe. Signe autonyme*. Signe motivé*. Les signes appartiennent à la première articulation* du langage.* ■ **4** (fin XIIe) Emblème, insigne (d'une société, d'une fonction). *Signes héraldiques :* armoiries. *Signes de ralliement. Le signe de la croix** (➤ **se signer**). ♦ (début XIIe) Chacune des figures représentant en astrologie les douze parties de l'écliptique que le Soleil semble parcourir dans l'intervalle d'une année tropique. *Les signes du zodiaque*. Quel est votre signe ? Signes d'eau, de terre, de feu, d'air. Être né sous le signe de Saturne,* pendant la période où le Soleil traverse cette partie de l'écliptique (➤ **horoscope**). *« Si je naissais ce mois-ci, il ne m'arriverait que des choses bien. Mars occupe mon signe »* F. WEYERGANS. — FIG. *Sous le signe de... :* dans une atmosphère de, dans des conditions créées par... *Sous le signe de la bonne humeur. « Toute vie est sous le signe du désir et de la crainte »* BERNANOS.

■ HOM. Cygne.

SIGNER [siɲe] **v. tr.** ⟨1⟩ – 1548 ; *seignier* 1080 ◇ latin *signare* ■ **1** VX Bénir en faisant le signe de la croix. ♦ MOD. PRONOM. Faire le signe de la croix sur soi. *Se signer en passant devant l'autel.* ■ **2** (XIVe) TECHN. Marquer. *Signer des pièces d'orfèvrerie* (au poinçon). ■ **3** (1521 au p. p.) COUR. Revêtir de sa signature. *Signer une lettre, un chèque, une pétition, un contrat, un acte, un traité. Courrier à signer.* ➤ **parapher.** *Signer sa déposition.* PAR EXT. *Signer la paix,* le traité de paix. — LOC. FIG. *C'est signé :* cela porte bien la marque de la personne en question. ♦ ABSOLT *Datez et signez. Signer d'une croix, de ses initiales. Signer en marge* (➤ **émarger**), *au dos* (➤ **endosser**). *Persister* et signer.* — Établir un acte officiel concluant une vente, un achat, un accord. *Signer chez le notaire.* ■ **4** *Signer un artiste,* le prendre sous contrat. *Un label qui signe un chanteur.* ■ **5** (1789) Reconnaître comme sien en mettant sa signature sur. *« Ingres, jugeant fidèle la copie que son élève [...] a faite, accepte de la signer »* MALRAUX. ➤ **attester. p. p. adj.** *Meuble signé* (par un ébéniste). ♦ Être l'auteur de. *Il a signé trois films.* ■ **6** (1939) Dédicacer (un ouvrage). *L'auteur signera son roman à 16 heures.* ■ **7** INTRANS. S'exprimer en langage des signes*. *Sourd qui apprend à signer.* ♦ TRANS. *Signer une question.* — **p. p. adj.** *Le français signé.*

SIGNET [siɲɛ] **n. m.** – 1377 ◇ de *signe* ■ **1** Réunion de petits rubans pour marquer les pages d'un missel, d'un bréviaire. ♦ (1718) Ruban fixé par un bout à la tranchefile supérieure d'un livre, servant à marquer un endroit du volume. — Bande de papier, de carton servant au même usage. ■ **2** (anglais *bookmark*) INFORM. Favori* (II, 4°).

SIGNIFIANCE [siɲifjɑ̃s] **n. f.** – 1973 ; v. 1100 autre sens ◇ de *signifier* ■ LING. Le fait d'avoir du sens.

SIGNIFIANT, IANTE [siɲifjɑ̃, jɑ̃t] **adj.** et **n. m.** – 1553 ◇ de *signifier* ■ **1** LITTÉR. Qui est plein de sens. *« déformer la réalité pour la rendre signifiante »* GIDE. ♦ LING., SÉMIOL. Qui a du sens (➤ **signifiance**). *Unité, phrase signifiante. La sémiologie étudie les systèmes signifiants.* ■ **2 n. m.** (1910) LING. Manifestation matérielle du signe ; suite de phonèmes ou de lettres, de caractères (graphèmes), qui constitue le support d'un sens. *Le signifiant et le signifié. Mots qui ont même signifiant.* ➤ **homographe, homophone.** ■ CONTR. Asémantique.

SIGNIFICATIF, IVE [siɲifikatif, iv] **adj.** – fin XVe ◇ bas latin *significativus* ■ **1** Qui signifie nettement, exprime clairement qqch. ➤ **éloquent, expressif.** *« Le plus significatif des symboles qu'imaginèrent jadis les Indiens pour figurer [...] Dieu »* LOTI. *Un fait significatif.* ♦ *Chiffres significatifs,* indispensables à la représentation d'une grandeur numérique. *Les deux derniers zéros de 10,300 ne sont pas significatifs.* — Dont on peut donner une interprétation. *Les résultats du sondage ne sont pas significatifs.* ■ **2** Qui renseigne sur qqch. ou confirme une opinion. ➤ **révélateur.** *Cette remarque est significative de son état d'esprit.* — **adv.** **SIGNIFICATIVEMENT.**

SIGNIFICATION [siɲifikasjɔ̃] **n. f.** – début XIIe ◇ latin *significatio* ■ **1** Ce que signifie (une chose, un fait). *« Je ne sais pas si ce monde a un sens qui le dépasse, [...] une signification hors de ma condition »* CAMUS. *La signification de la vie.* ♦ (1283) Sens (d'un signe, d'un ensemble de signes, et SPÉCIALT d'un mot). ➤ 2 **contenu.** *Les diverses significations d'un mot.* ➤ **polysémie.** ♦ LING. Rapport réciproque qui unit le signifiant et le signifié. ■ **2** (1347) DR. Action de signifier (un jugement, un exploit). *Signification d'un jugement. Signification à domicile, à personne, au parquet.* ➤ **dénonciation, notification.** ■ **3** GRAMM. *Degrés* de signification des adjectifs et des adverbes* (positif, comparatif, superlatif). ➤ **comparaison.**

SIGNIFIÉ [siɲifje] **n. m.** – 1910 ◇ de *signifier* ■ LING. Contenu* du signe linguistique (opposé et lié au *signifiant*). ➤ 1 **sens.** *L'étude des signifiés.* ➤ **sémantique.** *Signifié dénotatif, connotatif. « c'était un langage, puisque au moins pour une personne au monde, il y avait un signifiant et un signifié »* LE CLÉZIO.

SIGNIFIER [siɲifje] **v. tr.** ⟨7⟩ – fin XIIe ; *senefier* 1080 ◇ latin *significare* ■ **1** (Choses, faits) Avoir un sens, être le signe de (cf. Vouloir dire*). *« Avec un geste qui signifiait : "je l'écraserais d'une chiquenaude" »* FLAUBERT. *Cela ne signifie rien pour lui.* LOC. *Qu'est-ce que cela signifie ?* se dit pour exprimer son mécontentement. ♦ Avoir pour contenu, ou pour corrélatif. ➤ **équivaloir, impliquer.** *« Liberté ne signifie pas nécessairement désordre »* SIEGFRIED. ■ **2** (1546) (Signes, mots) Avoir pour sens. ➤ **désigner, exprimer.** *Le mot anglais* tree *signifie* arbre. *Que signifie ce symbole, ce signal, cet emblème ? « Qu'est-ce que signifie "apprivoiser ?" – C'est une chose trop oubliée, dit le renard. Ça signifie "créer des liens" »* SAINT-EXUPÉRY. ■ **3** Faire connaître par des signes, des termes exprès ; déclarer avec autorité. *Signifier ses intentions à qqn. Son chef « lui signifia qu'à l'avenir il lui défendait de s'absenter »* ZOLA. ♦ DR. Faire savoir légalement. ➤ **notifier.** *Signifier son congé à qqn. Huissier chargé de signifier un acte, un jugement.*

SIKH, SIKHE [sik] **n.** et **adj.** – 1846 ◇ sanskrit *cishya* « disciple » ■ Membre d'une communauté religieuse de l'Inde fondée au XVe s., rejetant le système des castes hindoues. *Les sikhs du Panjab.* — **adj.** *Les femmes sikhes portent le pantalon.* ■ HOM. Sic.

SIL [sil] **n. m.** – 1547 ◇ mot latin ■ TECHN. ANC. Argile ocreuse avec laquelle les Anciens faisaient des poteries rouges ou jaunes. ■ HOM. Cil, scille.

SILANE [silan] **n. m.** – *silicane* 1949 ◇ de *silicium* ■ CHIM. Composé de silicium et d'hydrogène, proche des alcanes.

SILENCE [silɑ̃s] **n. m.** – 1190 ◇ latin *silentium*

II FAIT DE NE PAS SE FAIRE ENTENDRE ▪ **1** Fait de ne pas parler ; attitude de qqn qui reste sans parler. ➤ **mutisme.** *« Le silence est un contrat tacite, une clause partagée. Il y a d'un côté celui qui se tait, et de l'autre celui qui ferme ses oreilles »* M. NIMIER. *Garder le silence :* se taire. *Travaillez en silence,* sans rien dire. *Imposer silence à qqn. Un silence éloquent. S'enfermer dans son silence. Rompre le silence.* ELLIPT *Silence !* taisez-vous ! ➤ **chut.** *« Qui donc ose parler lorsque j'ai dit : Silence ! »* HUGO. *Un peu de silence, s'il vous plaît ! Silence dans les rangs ! Silence, on tourne !* (pendant le tournage d'un film). — *Minute de silence :* hommage rendu à un mort en demeurant debout, immobile et silencieux. *« À midi précis, arrivée du ministre et du maire, et minute de silence en hommage à l'artificier mort au travail »* Y. QUEFFÉLEC. LOC. PROV. *La parole est d'argent et le silence est d'or :* si la parole est bonne et utile, le silence peut être plus précieux encore. ◆ Moment pendant lequel on ne dit rien. *Une conversation entrecoupée de silences.* ➤ 2 **blanc.** *Un long silence* (cf. Un ange* passe). *« Le silence se prolongeait. Il devenait de plus en plus épais, comme le brouillard du matin »* VERCORS. ▪ **2** (ABSTRAIT) Le fait de ne pas exprimer son opinion, de ne pas répondre, de ne pas divulguer ce qui est secret ; attitude de qqn qui ne veut ou ne peut s'exprimer. *Passer qqch. sous silence,* le taire. *Cette génération qui « put croire que le silence est salvateur, que l'on éteint la brûlure en la taisant »* A. FERNEY. *« il me faut une impénétrable discrétion et un silence absolu »* MAUPASSANT. ➤ 2 **secret.** *Silence gardé sur une information.* ➤ **black-out.** *Acheter le silence d'un témoin.* — *La loi du silence,* qui interdit aux membres des associations de malfaiteurs de renseigner la police sur les agissements de leurs associés (même quand ils en sont les victimes). ➤ **omerta.** *La conspiration du silence,* par laquelle un ensemble de personnes gardent qqch. secret. — Omission, lacune dans un texte juridique. *Le silence de la loi* (cf. Vide juridique*). — *Condamner, réduire l'opposition au silence,* l'empêcher de s'exprimer. ➤ **bâillonner, museler.** PAR EXT. *La raison d'État et « la convenance voulaient qu'il imposât silence aux scrupules de sa fierté »* GOBINEAU. — **EN SILENCE :** sans le faire savoir, en secret. *Souffrir en silence,* sans se plaindre. ◆ Le fait de ne pas répondre à une lettre, d'interrompre une correspondance, de ne plus se manifester. *Son silence m'inquiète.*

III ABSENCE DE BRUIT ▪ **1** (fin XIVe) Absence de bruit, d'agitation, état d'un lieu où aucun son n'est perceptible. ➤ 1 **calme, paix.** *« Le silence n'existe pas en soi, c'est le négatif du son, c'est le temps délesté de son poids sonore, c'est l'insupportable manque de paroles »* K. LEFÈVRE. *Travailler dans le silence. « Dans le silence et la solitude de la nuit »* BAUDELAIRE. *Un silence profond, absolu, assourdissant, de mort* (cf. On entendrait une mouche* voler). *« Un silence de cimetière plana sur l'assistance »* HAMPATÉ BÂ. ◆ TÉLÉCOMM. *Zone de silence,* dans laquelle la réception des ondes radioélectriques ne peut s'effectuer. ◆ *Silence radio :* MILIT. interruption volontaire de toute émission électromagnétique destinée à éviter de signaler sa position à l'ennemi ; FIG. absence de manifestation, de prise de position. Recomm. offic. pour *black-out.* *« J'ai insisté auprès des diverses instances : médicales, politiques, médias locaux... Silence radio partout »* J.-P. NOZIÈRE. ▪ **2** (1751) Interruption du son d'une durée déterminée, indiquée par des signes particuliers dans la notation musicale ; ces signes eux-mêmes (au nombre de sept). ➤ **pause, soupir.** ▪ CONTR. Parole ; aveu. — Bruit ; tapage.

SILENCIEUSEMENT [silɑ̃sjøzmɑ̃] **adv.** – 1586 ◇ de *silencieux* ▪ Sans parler, sans faire de bruit (cf. En silence). *« Le chat siamois bondit silencieusement »* ARAGON. ◆ En secret. *« Des illuminés qui préparaient silencieusement l'avenir »* NERVAL. ▪ CONTR. Bruyamment.

SILENCIEUX, IEUSE [silɑ̃sjø, jøz] **adj.** et **n. m.** – 1524 ◇ latin *silentiosus* ▪ **1** Où le silence et le calme règnent. *Quartier silencieux.* ➤ **tranquille.** *« Ce jardin paisible [...] ce cloître silencieux »* HUGO. ◆ (fin XVIIIe) Qui se fait, se passe sans bruit. *« Ses mouvements sont doux, feutrés, silencieux »* MARTIN DU GARD. — Qui fonctionne avec le minimum de bruit. *Un moteur silencieux. Lave-vaisselle silencieux.* ◆ **n. m.** (1898) Dispositif placé sur le pot* d'échappement pour amortir le bruit d'un moteur à explosion ou à réaction. — Dispositif qui étouffe le bruit d'une arme à feu. *Revolver à silencieux.* ▪ **2** (1611) Qui garde le silence. ➤ **muet.** *« Nous restions silencieux pour lui marquer une désapprobation qui ne pouvait être [...] qu'indirecte et muette »* MAUROIS. *La majorité* silencieuse.* — Peu communicatif. *« C'était une personne froide, digne, silencieuse »* Mme DE STAËL. ➤ 1 **discret, réservé, taciturne.** ◆ Qui ne s'accompagne pas de paroles. *« Le trajet fut silencieux [...] ils se regardaient sans parler »* MAUPASSANT. ◆ BIOL. Qui ne se manifeste, ne s'exprime pas. *Infection silencieuse.* ▪ CONTR. Bruyant, sonore. Bavard, volubile.

SILÈNE [silɛn] **n. m.** – 1765 ◇ de *Silène,* nom mythologique, latin *Silenus* ▪ Plante herbacée *(caryophyllacées),* à variétés ornementales. *« La soie mouchetée des silènes roses »* ZOLA.

SILENTBLOC [silɑ̃tblɔk ; silɛnt-] **n. m.** – 1928 ◇ nom déposé ; de l'anglais *silent* « silencieux » et *bloc* ▪ ANGLIC. TECHN. Petit bloc en caoutchouc traité et comprimé, interposé entre des pièces dont le mouvement relatif est très faible, pour absorber les bruits, les vibrations. *Utiliser les silentblocs pour la fixation d'un moteur* (d'automobile). Recomm. offic. *support élastique.*

SILEX [silɛks] **n. m.** – 1556 ◇ mot latin ▪ **1** Roche constituée de silice (calcédoine, quartz, opale) d'origine organique incluse dans des couches calcaires. ➤ **pierre** (à fusil, à briquet). *Frotter des silex. Silex taillé. Armes préhistoriques en silex.* ▪ **2** (1864) Outil, arme de silex. *Collection de silex.*

SILHOUETTE [silwɛt] **n. f.** – 1788 ; *à la silhouette* 1759 ◇ de *Silhouette,* ministre des Finances en 1759 ▪ **1** VX Portrait de profil exécuté en suivant l'ombre projetée par un visage. ◆ Ombre projetée dessinant nettement un contour. ▪ **2** Forme qui se profile en noir sur un fond clair. *Distinguer une silhouette dans le brouillard. « Le soir la cime de mes arbres [...] grave sa silhouette noire et dentelée sur l'horizon d'or »* CHATEAUBRIAND. ◆ Forme ou dessin aux contours schématiques. *Les étangs « avec la silhouette renversée des arbres dans une eau bleue »* FROMENTIN. ▪ **3** Allure ou ligne générale d'une personne. *Il a une silhouette très jeune. « Sa silhouette m'amuse, sa dégaine de gamine maigrelette »* COLETTE. — *Silhouettes de tir :* cibles découpées en forme de silhouettes humaines (debout, couché, à genoux). ◆ Forme générale d'un objet. *Silhouette d'une voiture.* ➤ **ligne.** ▪ **4** (1925) Petit rôle au cinéma ou au théâtre ; figurant disant quelques phrases. *« À peine plus qu'un figurant. Ce qu'on appelle une silhouette »* P. BAILLY.

SILHOUETTER [silwete] **v. tr.** ‹1› – 1863 ◇ de *silhouette* ▪ Représenter en silhouette, en faisant un croquis qui ne dessine que la silhouette. — PRONOM. Apparaître en silhouette. ➤ se **découper,** se **dessiner,** se **détacher,** se **profiler.** — *« Je la revois [...], silhouettée sur l'écran que lui fait, au fond, la mer »* PROUST.

SILICAGEL [silikaʒɛl] **n. m.** – 1926 ◇ probablt de l'anglais *silica gel* (1920), cf. *silice* et *gel* ▪ CHIM. Matériau poreux formé de silice plus ou moins fortement hydratée, utilisé comme agent dessicateur ou comme adsorbant en chromatographie. *Sachet de silicagel.*

SILICATE [silikat] **n. m.** – 1818 ◇ de *silice* ▪ Minéral composé essentiellement de silicium et d'oxygène. *Les silicates des roches magmatiques* sont les principaux constituants du globe terrestre. Silicate d'aluminium.* ➤ **bauxite, feldspath, kaolin.** *Roche qui contient des silicates* (adj. **SILICATÉ, ÉE,** 1834). — CHIM. Corps formé par la fusion de la silice et d'un autre oxyde. *Silicate de sodium.*

SILICE [silis] **n. f.** – 1787 ◇ du latin *silex, silicis* → silex ▪ Oxyde de silicium (SiO_2), corps solide de grande dureté, blanc ou incolore, très abondant dans la nature (constituant plus de la moitié de la croûte terrestre). *Silice pure cristallisée.* ➤ **quartz.** *Silice fondue* ou *vitreuse* ou *verre de silice :* silice non cristallisée, servant à fabriquer des instruments d'optique. *Silice amorphe, gel de silice.* ➤ **aérogel, silicagel.** *Inhalation de poussières de silice* (➤ **silicose**). ▪ HOM. Cilice.

SILICEUX, EUSE [silisø, øz] **adj.** – 1780 ◇ latin *siliceus* ▪ Formé de silice, contenant de la silice. *Roches siliceuses* (grès, sable, etc.). *Terrain siliceux.*

SILICICOLE [silisikɔl] **adj.** – 1872 ◇ de *silice* et *-cole* ▪ BOT. Qui croît de préférence en terrain siliceux. ➤ **calcifuge.** *Végétal silicicole.* ▪ CONTR. Calcicole.

SILICIUM [silisjɔm] **n. m.** – 1816 ◇ de *silice,* par l'anglais (1808) ▪ CHIM., PHYS. Élément atomique (Si ; n° at. 14 ; m. at. 28,086), du groupe du carbone, très abondant dans la nature sous forme de silice et de silicates, utilisé en chimie (➤ **silane, silicone**), et pour ses propriétés semi-conductrices dans la fabrication de dispositifs électroniques. *Diode, transistor au silicium.*

SILICIURE [silisjyʀ] **n. m.** – 1824 ◇ de *silicium* ▪ CHIM. Combinaison de silicium et d'un élément. *Siliciure de carbone* (➤ **carborundum**), *de magnésium.*

SILICONE [silikɔn] **n. f.** – 1906 ; autre sens 1874 ◊ de *silicium* ■ Nom générique des dérivés du silicium renfermant des atomes d'oxygène et des groupements organiques, et se présentant sous forme d'huiles, de résines et d'élastomères. *Huiles de silicones,* lubrifiantes. *Résines de silicones :* matières plastiques à usages multiples. *Moule à gâteau en silicone. Pommade aux silicones. Prothèse mammaire en silicone.*

SILICONER [silikɔne] **v. tr.** ⟨1⟩ – 1967 ; au p. p. 1963 ◊ de *silicone* ■ **1** Garnir, enduire de silicone. *Siliconer des câbles, des vitrages.* — **Au p. p.** *Parebrise siliconé.* ■ **2** Injecter du gel de silicone ou poser des prothèses garnies de silicone dans (une partie du corps). *Se faire siliconer les seins, les lèvres.* — **Au p. p.** (1981) «*des seins siliconés certes,* [...] *mais c'était une réussite, le chirurgien avait bien travaillé*» HOUELLEBECQ. — «*des comédiennes siliconées aux coiffures sculptées dans la masse*» ECHENOZ.

SILICOSE [silikoz] **n. f.** – 1945 ◊ de *silice* et *2-ose* ; cf. anglais *silicosis* (1891) ■ Pneumoconiose professionnelle due à l'inhalation de poussières de silice. *Silicose du mineur.*

SILICOTIQUE [silikɔtik] **adj.** – milieu XXe ◊ de *silicose* ■ MÉD. Relatif à la silicose. *Infiltration silicotique du poumon.* ◆ Atteint de silicose. — **n.** *Un, une silicotique.*

SILIONNE [siljɔn] **n. f.** – milieu XXe ◊ nom déposé, de *sili(ce)* et *(ray)onne* ■ TECHN. Fibre continue de verre, appelée antérieurement *rayonne de verre,* dans laquelle les fils sont constitués de brins d'un diamètre de 5 à 7 micromètres.

SILIQUE [silik] **n. f.** – 1762 ; «cosse» XIIIe ◊ latin *siliqua* ■ BOT. Fruit sec déhiscent, composé de deux carpelles, dont la cavité d'abord unique est tardivement divisée en deux par une fausse cloison. *Les siliques de la giroflée, du chou.*

SILLAGE [sijaʒ] **n. m.** – 1574 ◊ du radical de *sillon* ■ **1** Trace qu'une embarcation laisse derrière elle à la surface de l'eau. LOC. FIG. *Dans le sillage de... :* à la suite de... *Rester dans le sillage de qqn,* le suivre au milieu d'une foule. *Être dans le sillage de qqn,* suivre sa trace, s'abriter derrière son exemple et ses succès. ■ **2** PHYS. Partie d'un fluide (liquide, air) que laisse derrière lui un corps en mouvement ; perturbations qui s'y produisent. ◆ COUR. *Sillage d'un parfum,* l'odeur qu'il laisse derrière la personne parfumée. «*laissant persister derrière lui un aristocratique sillage de sueur chevaline, de cuirs astiqués*» C. SIMON.

SILLET [sijɛ] **n. m.** – *cillet* 1627 ◊ italien *ciglietto,* diminutif de *ciglio,* latin *cilium* «cils» ■ TECHN. (MUS.) Petite pièce située à la jonction entre la tête et le manche de certains instruments à cordes, pour surélever les cordes et empêcher qu'elles n'appuient sur la touche.

SILLON [sijɔ̃] **n. m.** – 1538 ; *seillon* fin XIIe ; ◊ p.-ê. d'un radical gaulois °*selj-* ■ **1** Longue tranchée ouverte dans la terre par la charrue. ➤ **3 rayon ; 1 enrayure.** *Tracer, creuser, ouvrir un sillon.* «*Faites un sillon, allant tout le jour dans le même sens et semez-y le blé*» CLAUDEL. *En forme de sillon* (➤ **sulciforme**). — AU PLUR. POÉT. Les champs cultivés. «*Qu'un sang impur abreuve nos sillons !*» («La Marseillaise»). ■ **2** Fente profonde. «*Le menton gras, creusé d'un sillon au milieu*» R. ROLLAND. — ANAT. *Les sillons du cerveau :* les rainures qui séparent les circonvolutions. ➤ **scissure.** ◆ SPÉCIALT (1888) Trace produite à la surface du disque par l'enregistrement phonographique (➤ **microsillon, piste**).

SILLONNER [sijɔne] **v. tr.** ⟨1⟩ – fin XVIe ; *seillonner* 1538 ◊ de *sillon* ■ **1** VX Labourer. ◆ MOD. Creuser en faisant des sillons, des fentes. «*D'énormes lézards sillonnent les murs*» BALZAC. — *Un visage sillonné de rides.* ■ **2** (fin XVIe) Traverser en laissant une trace, un sillage. *Océan sillonné par des bateaux. Les éclairs sillonnent le ciel.* ➤ **zébrer.** ■ **3** (milieu XIXe) Traverser, parcourir en tous sens. *Les routes qui sillonnent cette belle région.* — *Voitures qui sillonnent les routes.*

SILO [silo] **n. m.** – 1823 ; «cachot souterrain» 1685 ◊ espagnol *silo,* et ancien provençal *sil* (XIIIe) ; latin d'origine grecque *sirus* ■ **1** Excavation souterraine, réservoir (au-dessus ou au-dessous du sol) où l'on entrepose les produits agricoles pour les conserver. *Silos à céréales, à fourrages. Mettre en silo.* ➤ **ensiler.** ■ **2** MILIT. Site souterrain de lancement des missiles stratégiques. *Silo de lancement.*

SILOTAGE [silɔtaʒ] **n. m.** – 1923 ◊ de *silo* ■ TECHN. Ensilage.

SILPHE [silf] **n. m.** – 1803 ◊ grec *silphê* ■ ZOOL. Insecte coléoptère, au corps plat et noir, dont une espèce s'attaque aux betteraves. ■ HOM. Sylphe.

SILURE [silyʀ] **n. m.** – 1558 ◊ latin d'origine grecque *silurus* ■ Poisson d'eau douce *(siluriformes)* des pays tempérés, appelé aussi *poisson**-*chat* à cause de ses barbillons tactiles rappelant les vibrisses du chat.

SILURIEN, IENNE [silyʀjɛ̃, jɛn] **adj.** – 1839 ◊ anglais *silurian* (1835), du latin *Silures,* peuple breton de la région du Shropshire, en Angleterre, où ce type de terrain fut découvert ■ GÉOL. Se dit des terrains représentatifs d'une période de l'ère primaire et de ce qui s'y rapporte. *Système silurien. Faune silurienne.* — **n. m.** *Le silurien,* cette période.

SILVANER ➤ **SYLVANER**

SIMA [sima] **n. m.** – 1918 ◊ de *Si* et *Ma,* symb. chim. du silicium et du magnésium ■ GÉOL. Couche intermédiaire de l'écorce terrestre où prédominent la silice et le magnésium. *Le sial et le sima.*

SIMAGRÉE [simagʀe] **n. f.** – XIIIe ◊ origine inconnue ; l'ancien français *si m'agrée* «cela me plaît ainsi» est une source peu probable ■ (Surtout au plur.) Comportement affecté destiné à attirer l'attention, à tromper. ➤ **1 chichi, façon, grimace, manière, minauderie.** *Faire des simagrées. Arrête tes simagrées !* «*il entrait de la simagrée dans l'exagération de nos sentiments* [...], *mais nullement d'hypocrisie*» GIDE.

SIMARRE [simaʀ] **n. f.** – 1606 ◊ italien *zimarra ;* cf. *chamarrer* ■ ANCIENNT Longue robe d'homme ou de femme, d'une riche étoffe. ◆ MOD. Partie antérieure de la robe des magistrats. — RELIG. Soutane d'intérieur.

SIMARUBA [simaʀyba] **n. m.** – 1729 ; *chimalouba* 1665 ◊ mot guyanais ■ Arbre de l'Amérique tropicale, dont une espèce *(simaruba amer)* a une écorce contenant de la quassine.

SIMBLEAU [sɛ̃blo] **n. m.** – 1690 ◊ altération probable de *cingleau,* de *2 cingler* ■ TECHN. Cordeau servant à tracer des cercles (trop grands pour être faits au compas).

SIMIEN, IENNE [simjɛ̃, jɛn] **adj. et n. m.** – 1834 n. m. pl. ◊ du latin *simia* «singe» ■ ZOOL. Propre ou relatif aux singes. ◆ **n. m. pl. LES SIMIENS :** sous-ordre de primates, comprenant les singes proprement dits (platyrhiniens et catarhiniens).

SIMIESQUE [simjɛsk] **adj.** – 1843 ◊ du latin *simia* «singe» ■ Qui tient du singe, évoque le singe. *Visage simiesque.*

SIMILAIRE [similɛʀ] **adj.** – 1539 ◊ du latin *similis* «semblable» ■ **1** VX Homogène. — Proportionnel. ■ **2** (1611, repris XIXe) Qui est à peu près de même nature, de même ordre. ➤ **analogue, assimilable, semblable.** *Les produits importés et les produits nationaux similaires.* ■ CONTR. Différent.

SIMILARITÉ [similaʀite] **n. f.** – 1755 ◊ de *similaire* ■ Qualité des choses similaires (2°). ➤ **ressemblance, similitude.**

SIMILI [simili] **n. m. et f.** – 1881 ◊ de *simili-* ■ **1 n. m.** Imitation (d'une matière ou chose précieuse). *Du simili.* ➤ **1 faux ; 2 clinquant.** ◆ Cliché obtenu par similigravure. ◆ Coton similisé pour la couture. *Bobine de simili vert.* ■ **2 n. f.** FAM. Similigravure.

SIMILI- ■ Élément, du latin *similis* «semblable», marquant qu'il s'agit d'une imitation. ➤ **pseud(o)-.**

SIMILICUIR [similikɥiʀ] **n. m.** – *simili-cuir* 1900 ◊ de *simili-* et *cuir* ■ Matière plastique imitant le cuir. ➤ **skaï.** *Un sac en similicuir.*

SIMILIGRAVURE [similigʀavyʀ] **n. f.** – 1890 ◊ de *simili-* et *gravure* ■ Photogravure en demi-teinte au moyen de trames à travers lesquelles sont photographiés les objets ; cliché ainsi obtenu. ➤ **simili.**

SIMILISER [similize] **v. tr.** ⟨1⟩ – 1902 au p. p. ◊ de *simili- (soie)* ■ TECHN. Traiter (le coton) par un mercerisage qui lui donne un aspect soyeux. — **p. p. adj.** *Coton similisé,* mercerisé, qui a un aspect soyeux. ➤ **simili.** — **n. m. SIMILISAGE,** 1935.

SIMILISTE [similist] **n. m.** – 1901 ◊ de *simili* ■ TECHN. Spécialiste en similigravure, retoucheur de cliché.

SIMILITUDE [similityd] **n. f.** – 1225 ◊ latin *similitudo* ■ **1** Relation unissant deux choses exactement semblables. ➤ **analogie, ressemblance.** *Similitude de goûts entre deux personnes.* «*Entre* Faust *et la* Tentation *il y a similitude d'origines*» VALÉRY. ➤ **communauté, identité.** ◆ GÉOM. Produit, dans un plan, d'une rotation et d'une homothétie* de même centre (➤ **semblable**). *Cas de similitude des triangles,* les trois conditions nécessaires pour qu'ils soient semblables. ■ **2** RHÉT. Comparaison fondée sur l'existence de qualités communes à deux choses. ➤ **similarité.** ■ CONTR. Différence, dissimilitude.

SIMILOR [similɔʀ] n. m. – 1742 ◊ de *simili-* et 1 *or* ■ Métal imitant l'or. ➤ chrysocale.

SIMONIAQUE [simɔnjak] adj. – 1491 ; *symoniaque* 1372 ◊ latin ecclésiastique *simoniacus* ■ LITTÉR. Coupable ou entaché de simonie.

SIMONIE [simɔni] n. f. – XIIe ◊ latin ecclésiastique *simonia*, du nom de *Simon le Magicien* ■ RELIG. ou LITTÉR. Volonté réfléchie d'acheter ou de vendre à prix temporel une chose spirituelle (ou assimilable à une chose spirituelle).

SIMOUN [simun] n. m. – 1845 ◊ de l'arabe *samûm* ■ Vent chaud sec et violent, qui naît dans les régions désertiques de l'Arabie et souffle jusqu'en Libye. ➤ khamsin, siroco.

SIMPLE [sɛ̃pl] adj. et n. – milieu XIIe ◊ du latin *simplex*

I (PERSONNES) ■ **1** Qui agit selon ses sentiments, avec une honnêteté naturelle et une droiture spontanée. ➤ 1 droit, 2 franc. *Homme simple et bon. Une grande fille toute simple. « Un cœur simple », conte de Flaubert.* ➤ innocent, pur. ◆ Qui agit sans manifester de fierté, de prétention. ➤ modeste. *Il a su rester très simple malgré son succès.* ■ **2** (fin XIIe) Qui a peu de finesse, se laisse facilement tromper. ➤ crédule, niais, simplet. *« Dans sa tête primitive et simple »* ARAGON. *Il est un peu simple.* ➤ simplet. ◆ SIMPLE D'ESPRIT : qui n'a pas une intelligence normalement développée. ➤ arriéré. *Des gens simples d'esprit.* n. *Un, une simple d'esprit* : débile mental. ■ **3** Qui ignore ou dédaigne la délicatesse, le raffinement des usages. *« Simple dans sa mise »* FRANCE. *Avoir des goûts simples.* ■ **4** (milieu XIIe) Qui est d'un rang peu élevé ; de condition modeste. *Des gens simples.*

II (CHOSES) **A. FORMÉ D'UN SEUL ÉLÉMENT** ■ **1** PHILOS. Qui n'est pas composé, qu'il est impossible d'analyser. ➤ un. *La monade est « une substance simple [...] c'est-à-dire sans parties »* LEIBNIZ. ■ **2** (fin XVIe) Qui (au niveau considéré) n'est pas composé de parties, est indivisible. ➤ élémentaire. *Corps (chimique) simple*, dont tous les atomes appartiennent au même élément chimique. *Le morphème, unité simple.* ◆ (fin XIIe) Qui n'est pas double ou multiple. *Un aller simple* (opposé à *aller et retour*). *Nœud simple.* — *Épithélium simple*, formé d'une seule couche de cellules. *Fleur simple*, qui n'est pas composée. — *Comptabilité en partie* simple. Temps simples et temps composés d'un verbe. Passé simple.* — (fin XVe) MATH. Dont l'ordre de multiplicité est 1. *Arc de courbe simple. Racines simples d'un polynôme.* ◆ SUBST. *Varier du simple au double.* ■ **3** (Devant le nom) (milieu XIIe) Qui est uniquement (ce que le substantif désigne) et rien de plus. *« Une simple allusion ouvrait des perspectives insoupçonnées »* MARTIN DU GARD. *Pour la simple et bonne raison que... Une simple formalité.* ➤ pur, seul. *Tribunal de simple police*.* — (PERSONNES) (début XIIIe) *« Les autres sont des tâcherons [...] de simples salariés »* DUHAMEL. *Un simple soldat. Le simple citoyen.* ◆ (Après le nom) *Un plagiat pur* et simple.*

B. FORMÉ DE PEU D'ÉLÉMENTS ■ **1** Qui est formé (par rapport à d'autres choses de même espèce) d'un petit nombre de parties ou d'éléments. *« L'étude des phénomènes les plus généraux ou les plus simples »* COMTE. *Réduit à sa plus simple expression*.* ■ **2** (milieu XIIe) Qui, étant formé de peu d'éléments, est aisé à comprendre, à utiliser (opposé à *compliqué, difficile*). ➤ compréhensible, facile. *Un phénomène très simple. « Les moyens les plus simples sont ceux qui permettent le mieux au peintre de s'exprimer »* MATISSE. *« Ce serait vraiment trop beau, ce serait aussi trop simple »* DUHAMEL. ➤ 1 commode. *C'est simple comme bonjour*, très simple. — FAM. *C'est simple, tout simple, bien simple*, se dit pour présenter une évidence ou résumer une question. LOC. FAM. *Pour faire simple* : pour parler simplement, pour simplifier (dans une explication). IRON. *Pourquoi faire simple quand on peut faire compliqué !* ■ **3** (fin XIIe) Qui comporte peu d'éléments ajoutés, peu d'ornements. *« Un mouchoir tout simple et sans broderie »* HUGO. *Robe simple et de bon goût. Dans le plus simple appareil*.* ◆ *Une langue, un style simple*, peu orné, naturel. ➤ aisé, familier. ◆ Sans décorum, sans cérémonie. *Une réception très simple.*

III ~ n. m. ■ **1** (1546) VX Médicament formé d'une seule substance ou qui n'a pas subi de préparation. ◆ (1559) MOD. Plante médicinale. *« Les tisanes de simples [...] modifiaient peu l'état des patients et ne coûtaient pas cher »* J. BERNARD. ■ **2** (1894) Partie de tennis entre deux adversaires (opposé à *double*). *Gagnante du simple dames.* ■ **3** Recomm. offic. pour remplacer l'anglic. *single*.

■ CONTR. Affecté, orgueilleux. 2 Fin, rusé. — Complexe, compliqué, composé, difficile. Apprêté, étudié, recherché, sophistiqué.

SIMPLEMENT [sɛ̃pləmɑ̃] adv. – milieu XIIe ◊ de *simple* ■ **1** D'une manière simple, sans complication, sans affectation. *« Le dire simplement et sans aucune prétention »* STENDHAL. ➤ bonnement, naturellement, uniment. *Recevoir des amis très simplement*, sans cérémonie, sans façon (cf. À la bonne franquette*). ■ **2** (Sens faible) Seulement. ➤ uniquement. *« Ce sont des civils déracinés [...] ce sont simplement des hommes »* BARBUSSE. *Je voulais simplement vous le dire.* — *Purement* et simplement.* — IRON. *Ils ont tout simplement dévalisé la banque.*

SIMPLET, ETTE [sɛ̃plɛ, ɛt] adj. – v. 1205 ◊ de *simple* ■ **1** (PERSONNES) Qui est un peu simple d'esprit. ➤ 1 naïf, niais. ■ **2** (CHOSES) Un peu trop simple, un peu pauvre. *« Une mélodie assez simplette »* ARAGON.

SIMPLEXE [sɛ̃plɛks] n. m. – 1937 ◊ de *simple* ■ MATH. Ensemble formé par les parties d'un ensemble.

SIMPLICITÉ [sɛ̃plisite] n. f. – début XIIe ◊ latin *simplicitas*

I (PERSONNES) ■ **1** VIEILLI Honnêteté naturelle, sincérité sans détour. ➤ droiture, franchise. *« Une simplicité, une franchise, qu'Antoine n'avait jamais rencontrées ailleurs »* MARTIN DU GARD. ◆ Comportement naturel et spontané, absence de prétention. ➤ abandon, modestie, naturel. *Plus « de simplicité vraie, de cordialité »* PROUST. *Manquer de simplicité. En toute simplicité* : sans cérémonie. ■ **2** LITTÉR. Caractère de naïveté exagérée. ➤ candeur, ingénuité. *« si j'avais toujours eu la simplicité de croire que je fusse aimé de ma maîtresse »* ABBÉ PRÉVOST. ■ **3** Caractère d'une personne qui a des goûts simples, qui dédaigne le luxe, les raffinements. *« Il vivait avec une simplicité digne des héros de Plutarque »* BALZAC.

II (début XIVe) CHOSES ■ **1** Caractère de ce qui n'est pas composé ou décomposable, de ce qui a peu d'éléments. *« La géométrie et la mécanique [...], par l'extrême simplicité de leurs phénomènes »* COMTE. ◆ Caractère de ce qui est facile à comprendre, à utiliser. *Problème, mécanisme d'une grande simplicité. D'une simplicité biblique, enfantine* : d'une grande facilité de compréhension. ■ **2** (XVIe) Qualité de ce qui n'est pas chargé d'éléments superflus, de ce qui obtient un effet esthétique avec peu de moyens. *Un décor d'une élégante simplicité.*

■ CONTR. 2 Affectation, prétention ; finesse. Raffinement. — Complexité, complication, difficulté, recherche.

SIMPLIFIABLE [sɛ̃plifjabl] adj. – 1844 ◊ de *simplifier* ■ Qui peut être simplifié. *Fraction simplifiable.*

SIMPLIFICATEUR, TRICE [sɛ̃plifikatœʀ, tʀis] adj. – 1786 ◊ du radical de *simplification* ■ Qui a pour but ou pour effet de simplifier (souvent péj.). *Explication schématique et simplificatrice.*

SIMPLIFICATION [sɛ̃plifikasjɔ̃] n. f. – 1470 ◊ de *simplifier* ■ Action de simplifier ; son résultat. ➤ réduction, schématisation. *« l'appauvrissement qu'entraîne une simplification trop sommaire »* GIDE. ◆ MATH. *Simplification d'une fraction*, par réduction égale de chacun de ses termes. ■ CONTR. Complication.

SIMPLIFIÉ, IÉE [sɛ̃plifje] adj. – 1762 ◊ de *simplifier* ■ Qui a fait l'objet d'une simplification, d'une schématisation. *Formule simplifiée. « pour les rois, le monde est très simplifié. Tous les hommes sont des sujets »* SAINT-EXUPÉRY.

SIMPLIFIER [sɛ̃plifje] v. tr. ‹7› – 1470 ; *simplefier* début XVe ◊ latin médiéval *simplificare* ■ Rendre plus simple (II), moins complexe, moins chargé d'éléments accessoires. ➤ réduire. *Simplifier un processus, une recette, une méthode. Les formalités ont été simplifiées. Simplifier à l'excès.* ➤ caricaturer, schématiser ; simpliste. *Les machines qui simplifient notre travail, notre existence.* ➤ faciliter. *Ça nous simplifie la vie !* — *Simplifier une fraction*, en réduisant également les deux termes. — ABSOLT *« Tout art classique simplifie pour embellir »* TAINE. *Pour simplifier, nous dirons...* ■ CONTR. Compliquer, développer.

SIMPLISME [sɛ̃plism] n. m. – 1822 ◊ de *simpliste* ■ Défaut de l'esprit simpliste, de ce qui est simpliste. *Le simplisme d'un raisonnement.*

SIMPLISTE [sɛ̃plist] adj. – 1836 ; « marchand de simples » n. m. 1600 ◊ de *simple* ■ Qui ne considère qu'un aspect des choses et simplifie outre mesure. ➤ réducteur. *Esprit simpliste.* ➤ primaire. *Idées simplistes. Un discours simpliste mais efficace.*

SIMULACRE [simylakʀ] n. m. – fin XIIe ◊ latin *simulacrum* ■ **1** VX Image, idole. ■ **2** (1552) LITTÉR. Apparence sensible qui se donne pour une réalité. ➤ fantôme, illusion, semblant. *Un simulacre de procès.* ➤ parodie. *« Ce combat n'est plus que comme un simulacre de bataille »* GIDE. ■ **3** Objet qui en imite un autre. *Des « simulacres d'œufs en toutes sortes de matières sucrées »* BUTOR.

SIMULATEUR, TRICE [simylatœʀ, tʀis] **n.** – 1274 ◇ latin *simulator* ▪ **1** Personne qui simule un sentiment, prend une attitude trompeuse. « *Les simulateurs sont des hommes qui se défendent le mieux contre eux-mêmes* » NIZAN. ♦ SPÉCIALT Personne qui simule une maladie, notamment pour échapper à ce qu'elle doit faire (➤ **simulation**). ▪ **2 n. m.** (1954) Appareil qui permet de représenter artificiellement un fonctionnement réel. *Simulateur de vol. Essayer un satellite artificiel dans un simulateur.*

SIMULATION [simylasjɔ̃] **n. f.** – fin XIIe ◇ latin *simulatio* ▪ **1** DR. Fait de simuler (un acte juridique), de déguiser un acte sous l'apparence d'un autre. *Simulation de souscription frauduleuse.* ▪ **2** Action de simuler (un sentiment, une maladie). *C'est de la simulation !* ➤ **comédie** ; FAM. **chiqué, frime.** ♦ PSYCHOL. Manifestation extérieure qui tend, plus ou moins consciemment, à remplacer, à exagérer ou à prolonger un symptôme pathologique. *Simulation de troubles mentaux, de maladies* (➤ **pathomimie**). ▪ **3** (milieu XXe) Représentation du comportement de systèmes physiques (par des calculateurs analogiques, numériques, etc.) en simulant par des signaux* appropriés les grandeurs réelles. ➤ **modèle.** *Simulation de vol, d'accident.* ♦ Méthode, technique permettant de produire de manière explicite (en général formalisée) un processus quelconque. ➤ **émulation.** *Exercices de simulation. Logiciels de simulation.*

SIMULÉ, ÉE [simyle] **adj.** – 1375 ◇ de *simuler* ▪ **1** Feint. « *Avec une gravité simulée* » PROUST. *Avec une joie qui n'était pas simulée.* ▪ **2** Faux, postiche. « *Les colonnades simulées* » CH. CROS. ▪ CONTR. Vrai.

SIMULER [simyle] **v. tr.** ‹1› – XIVe ◇ latin *simulare* ▪ **1** DR. Faire paraître comme réel, effectif (ce qui ne l'est pas). *Simuler une vente, une donation.* ♦ Donner pour réel en imitant l'apparence de (la chose à laquelle on veut faire croire). ➤ 1 **affecter, feindre, jouer, singer.** *Simuler un sentiment, une maladie.* « *Elles simuleront l'ivresse de la passion, si elles ont un grand intérêt à vous tromper* » DIDEROT. « *des affections faciles à simuler – céphalées, courbatures –* » ECHENOZ. — VIEILLI « *Il simula n'avoir point écouté* » MAUPASSANT (cf. Faire semblant*). « *Toute sa vie elle avait simulé d'être malade* » DRIEU LA ROCHELLE. ♦ (1964) TECHN. Représenter artificiellement (un fonctionnement réel) (➤ **simulateur,** 2° ; **émuler**). — INGÉN. Reproduire à l'aide d'un système informatique les caractéristiques et l'évolution de (un processus). ➤ **modéliser.** ▪ **2** (1819) (CHOSES) Avoir l'apparence de. *Des cannelures rondes « simulent les plis d'une étoffe »* LOTI. ▪ CONTR. Éprouver.

SIMULIE [simyli] **n. f.** – 1802 ◇ latin des zoologistes *simulia,* p.-ê. du radical de *simulare* ▪ ZOOL. Insecte diptère, petit moucheron piqueur vecteur de l'onchocercose, très dangereux pour le bétail.

SIMULTANÉ, ÉE [simyltane] **adj. et n. f.** – 1740 ; n. f. 1701 ◇ latin *simultaneus,* de *simul* « ensemble »

I adj. ▪ **1** Se dit d'évènements distincts qui sont rapportés à un même moment du temps. ➤ **concomitant, synchrone.** *Mouvements simultanés des bras et des jambes.* ▪ **2** (Sens large) Qui se produit en même temps. « *Des heurts simultanés de toutes les épées* » LOTI. — *Traduction simultanée,* donnée en même temps que parle le locuteur.

II n. f. Prestation d'un joueur d'échecs affrontant en même temps plusieurs adversaires. *Partie jouée en simultanée.* ▪ CONTR. Récurrent, séquentiel, successif.

SIMULTANÉISME [simyltaneism] **n. m.** – v. 1910 ◇ de *simultané* ▪ HIST. LITTÉR. École poétique (Barzun, Divoire) concevant le lyrisme sous forme de chants simultanés. ♦ (1926) Procédé de narration qui consiste à présenter sans transition des évènements simultanés (appartenant à des actions parallèles). *Le simultanéisme des romans de Dos Passos.*

SIMULTANÉITÉ [simyltaneite] **n. f.** – 1754 ◇ de *simultané* ▪ Caractère de ce qui est simultané, existence simultanée (de plusieurs choses). ➤ **coïncidence, concomitance, synchronisme.** *Simultanéité de deux évènements, d'un évènement et d'un autre.* « *Le trait d'union entre ces deux termes, espace et durée, est la simultanéité* » BERGSON. ▪ CONTR. Succession.

SIMULTANÉMENT [simyltanemɑ̃] **adv.** – 1788 ◇ de *simultané* ▪ En même temps. ➤ 1 **ensemble.** « *Plusieurs examens se passaient simultanément* » FLAUBERT. ▪ CONTR. Alternativement, successivement.

SINANTHROPE [sinɑ̃tʀɔp] **n. m.** – 1931 *sinanthropus* ◇ de *sin(o)-* et *-anthrope* ▪ ANTHROP. Grand primate appartenant à une espèce fossile du genre pithécanthrope*, dont les restes ont été découverts en Chine, classé aujourd'hui dans l'espèce *Homo erectus.*

SINAPISÉ, ÉE [sinapize] **adj.** – avant 1478 ◇ latin *sinapizatus,* du grec *sinapi* « moutarde » ▪ Additionné ou saupoudré de farine de moutarde. *Bain, cataplasme sinapisé.*

SINAPISME [sinapism] **n. m.** – 1560 ◇ latin d'origine grecque *sinapismus* ▪ Traitement révulsif par application d'un cataplasme à base de farine de moutarde ; ce cataplasme ou emplâtre. ➤ **révulsif.** *Poser des sinapismes.*

SINCÈRE [sɛ̃sɛʀ] **adj.** – 1475 ◇ latin *sincerus* « pur, naturel » ▪ **1** Qui est disposé à reconnaître la vérité et à faire connaître ce qu'il pense et sent réellement, sans consentir à se tromper soi-même ni à tromper les autres. ➤ 2 **franc, loyal,** LITTÉR. **véracе.** « *Ces trois hommes évidemment sincères et de bonne foi* » HUGO. *Il est sincère, mais il fait erreur.* « *J'ai été sincère avec moi-même* » DIDEROT. « *La crainte de ne pas être sincère me tourmente* [...] *et m'empêche d'écrire* » GIDE. ♦ Qui est tel réellement et en toute bonne foi. ➤ **véritable.** *Un défenseur sincère des libertés.* ▪ **2** Réellement pensé ou senti. *Aveu, repentir sincère.* « *Mon admiration pour Bonaparte a toujours été grande et sincère* » CHATEAUBRIAND. — (Dans le lang. de la politesse) *Sincères condoléances. Sincères salutations.* ▪ **3** Authentique, non truqué. *Des élections sincères.* ▪ CONTR. Hypocrite, menteur, simulateur, tartufe ; affecté, feint, mensonger.

SINCÈREMENT [sɛ̃sɛʀmɑ̃] **adv.** – 1528 ◇ de *sincère* ▪ D'une manière sincère, de bonne foi. ➤ **franchement.** *Être sincèrement désolé. Je vous le dis bien sincèrement.* — ELLIPT *Sincèrement, je ne le crois pas.*

SINCÉRITÉ [sɛ̃seʀite] **n. f.** – v. 1280 « pureté » ◇ latin *sinceritas* ▪ **1** Qualité d'une personne sincère. ➤ **franchise, loyauté** (cf. Bonne foi*). « *Et la sincérité dont son âme se pique A quelque chose, en soi, de noble et d'héroïque* » MOLIÈRE. *En toute sincérité.* ➤ **sincèrement.** *Sincérité brutale.* ▪ **2** Caractère de ce qui est sincère. *Sincérité et vérité.* « *Vous doutez de la sincérité de mes paroles* » MUSSET. « *Ils échangeaient des confidences* [...] *avec une liberté, une sincérité d'accent* » ROMAINS. ▪ **3** Authenticité, absence de trucage. « *Le lieutenant Grappa se saisit de mes papiers, en vérifia la sincérité* » CÉLINE. ▪ CONTR. Hypocrisie, insincérité.

SINCIPUT [sɛ̃sipyt] **n. m.** – 1538 ◇ mot latin ▪ ANAT. Partie supérieure de la voûte du crâne. — **adj. SINCIPITAL, ALE, AUX,** 1793.

SINÉCURE [sinekyʀ] **n. f.** – 1820 ; n. m. 1803 ; *sinecura* 1715 ◇ anglais *sinecure,* du latin *sine cura,* abrév. de *beneficium sine cura* « bénéfice ecclésiastique sans travail » ▪ Charge ou emploi où l'on est rétribué sans avoir rien (ou presque rien) à faire ; situation de tout repos. ➤ FAM. **fromage, planque.** « *Oisifs, ou lotis de quelque sinécure dans quelque ministère* » R. ROLLAND. ♦ LOC. FAM. *Ce n'est pas une sinécure :* ce n'est pas de tout repos. *Voyager avec des enfants, ce n'est pas une sinécure.*

SINE DIE [sinedje] **loc. adv.** – 1890 ◇ mots latins « sans jour fixé » ▪ DR., ADMIN. Sans fixer de date pour une autre réunion, une autre séance. *Renvoyer, ajourner un débat, une affaire sine die.*

SINE QUA NON [sinekwanɔn] **loc. adj.** – 1565 ◇ du latin des écoles, littéralt « (condition) sans laquelle non » ▪ *Condition** (II, 1°) *sine qua non.*

SINGALETTE [sɛ̃galɛt] **n. f.** – 1933 ; *cingalette* 1783 ◇ de *Saint-Gall,* ville suisse ▪ Mousseline de coton très claire et très apprêtée dont on fait surtout des patrons en couture.

SINGE [sɛ̃ʒ] **n. m.** – 1170 ◇ latin *simius,* variante de *simia* ▪ **1** Mammifère primate caractérisé par une face nue, un cerveau développé, des membres préhensiles à cinq doigts. ➤ **simien.** *Singes du Nouveau Monde* (➤ **platyrhiniens**), *singes d'Amérique :* alouate, atèle, capucin, lagotriche, ouistiti, sagouin, saï, saïmiri, saki, sapajou, 2 tamarin. *Singes de l'Ancien Monde* (➤ **catarhiniens**), *singes d'Afrique et d'Asie :* babouin, cercopithèque, colobe, cynocéphale, 1 drill, hamadryas, macaque, 1 magot, mandrill, nasique, rhésus, semnopithèque ; *singes anthropoïdes,* dépourvus de queue, les plus proches de l'homme : chimpanzé, gorille, orang-outan *(grands singes),* bonobo, gibbon (➤ **hominoïdes**). *Primates fossiles intermédiaires entre l'être humain et le singe.* ➤ **anthropopithèque, pithécanthrope, sinanthrope.** « *Plus le singe imite l'homme, plus la différence se montre* » ALAIN. ♦ SPÉCIALT Mâle de l'espèce. *Un singe et une guenon.* ♦ *Pain* de singe.* ▪ **2** LOC. *Être adroit comme un singe,* très adroit. « *D'une adresse de singe à se rattraper des mains* » ZOLA. *Malin comme un singe :* astucieux, futé. *Laid comme un singe :* très laid. *Payer en monnaie de singe :* récompenser ou payer par de belles paroles, des promesses creuses. *Faire le singe,* des singeries.

LOC. PROV. *On n'apprend pas à un vieux singe à faire la grimace :* on n'apprend pas les ruses à une personne pleine d'expérience. ■ **3** FIG. Personne laide, contrefaite. ➤ **simiesque.** *Elles « m'ont alors montré l'enfant. – Quel petit singe ! ai-je dit »* BALZAC. ■ **4** Imitateur ; personne qui contrefait, imite. **adj.** *« Peuple caméléon, peuple singe du maître »* LA FONTAINE. *Quel singe !* ■ **5** (XVIIIe ; péj. XIXe) POP. Patron. ■ **6** (1895 argot des militaires) FAM. Bœuf en conserve. ➤ **corned-beef.**

SINGER [sɛ̃ʒe] **v. tr.** ‹3› – 1770 ◊ de *singe* ■ **1** Imiter (qqn) maladroitement ou d'une manière caricaturale, pour se moquer. *« Le gros père Guerbet avait singé madame Isaure [...] en se moquant de ses airs penchés, en imitant sa petite voix »* BALZAC. ➤ **contrefaire, parodier.** ■ **2** Mimer, simuler. ➤ **feindre.** *« Il avait souvent singé la passion ; il fut contraint de la connaître »* BAUDELAIRE.

SINGERIE [sɛ̃ʒʀi] **n. f.** – v. 1350 ◊ de *singe*

I ■ **1** Grimace, tour que fait un singe. ◆ Grimace, gambade, tour comique. ➤ **pitrerie.** *« Pour le distraire, elle faisait mille singeries »* MAUROIS. *Arrête tes singeries !* ■ **2** (ABSTRAIT) Imitation maladroite ou caricaturale.

II (1835) TECHN. Réunion, troupe de singes ; ménagerie, cage de singes. *La singerie du Jardin des Plantes.*

SINGLE [siŋgœl] **n. m.** – 1898 ◊ mot anglais « seul » ■ ANGLIC. ■ **1** TENNIS VIEILLI Simple. ■ **2** Compartiment de voitures-lits, chambre d'hôtel, cabine à une seule place. Recomm. offic. *compartiment individuel, cabine individuelle.* ■ **3** Disque de variétés comportant un seul morceau par face (disque vinyle), moins de quatre morceaux (disque compact). Recomm. offic. *simple* ou *format court.* ◆ PAR MÉTON. Morceau principal de ce disque. ◆ PAR EXT. Morceau, souvent extrait d'un album et vendu séparément, destiné à promouvoir cet album et à être diffusé à la radio. *Télécharger le dernier single d'une chanteuse.*

SINGLET [sɛ̃glɛ] **n. m.** – 1866 ◊ mot anglais, de *single* « (vêtement) non doublé » ■ (Belgique) Maillot de corps masculin, sans manche.

SINGLETON [sɛ̃glətɔ̃] **n. m.** – 1767 ◊ mot anglais, de *single* « seul » ■ **1** Unique carte d'une certaine couleur, dans la main d'un joueur (au boston, au whist, au bridge). ■ **2** MATH. Ensemble constitué d'un seul élément.

SINGULARISER [sɛ̃gylaʀize] **v. tr.** ‹1› – 1511, répandu XVIIIe ◊ de *singulier* ■ **1** Distinguer des autres par qqch. de peu courant. *« la cadette, folle de peinture, d'une hardiesse de goût qui la singularisait »* ZOLA. ■ **2 SE SINGULARISER v. pron.** Se faire remarquer par qqch. d'extraordinaire, d'extravagant, de bizarre. *Chercher à se singulariser. « Mais se singulariser, c'est très bête ! On se brouille avec tout le monde »* VALLÈS. ■ CONTR. Généraliser.

SINGULARITÉ [sɛ̃gylaʀite] **n. f.** – *singulariteit* 1190 ◊ bas latin *singularitas* « unicité » ■ **1** VX ou DIDACT. Caractère de ce qui est singulier (I), unique. ◆ SC. Objet individualisé, singulier (II, 1°). *Les corpuscules « constituant dans l'espace des sortes de singularités mobiles à existence permanente »* BROGLIE. ■ **2** LITTÉR. Caractère rare et exceptionnel de ce qui se distingue (en bien ou en mal). *Des idées « d'une singularité et d'une justesse remarquables »* GAUTIER. ➤ **bizarrerie, étrangeté, originalité.** ■ **3** COUR. *Une singularité :* action, chose singulière (II, 2°). ➤ **anomalie, bizarrerie, exception.** *« Des singularités qui le rendaient odieux aux hommes vulgaires »* STENDHAL. — Fait, trait singulier. *Cet objet présente une singularité.* ➤ **particularité.** ■ CONTR. Pluralité. Banalité.

SINGULET [sɛ̃gylɛ] **n. m.** – 1933 ◊ du latin *singulus* « singulier », d'après *doublet, triplet* ■ PHYS., CHIM. EN APPOS. *État singulet :* état d'un atome ou d'une molécule dont le spin est nul. *Oxygène singulet :* état excité du dioxygène, forme instable qui émet une luminescence rouge spontanée.

SINGULIER, IÈRE [sɛ̃gylje, jɛʀ] **adj.** et **n. m.** – 1295 ◊ latin *singularis* « seul »

I ■ **1** VX Individuel, particulier, distinct. *« On doit quelquefois plus à une erreur singulière qu'à une vérité commune »* DIDEROT. ◆ MOD., LOG. Qui concerne un seul individu (opposé à *général*). *Terme singulier. Le nom propre est singulier.* ■ **2** (*singuler* 1172) GRAMM. Qui concerne un seul individu (opposé à *pluriel*). *Nombre singulier* (cf. ci-dessous, III). ■ **3** LOC. COUR. (XVIe) *Combat singulier,* entre une personne et un seul adversaire.

II (XIVe) Qui se distingue des autres, par des caractères, des traits individuels qu'on remarque. ■ **1** (XVIe) LITTÉR. Différent des autres. ➤ **extraordinaire, isolé, particulier, spécial, unique.** *Un singulier personnage. « Le repliement sur soi-même n'est bon qu'aux natures singulières et fortes »* MONTHERLANT. — *L'art singulier,* qui se distingue des normes esthétiques. — MATH. *Point singulier,* qui présente des caractères propres à lui seul (➤ **singularité**). ■ **2** (XVIIe) COUR. Qui excite l'étonnement, est digne d'être remarqué (en bien ou en mal), par des traits peu communs. ➤ **bizarre*, étonnant, 2original, rare.** *« Une espèce de beauté fort singulière et qui a du prix par sa rareté »* NERVAL. — (Avant le nom) *« Une singulière propension à réfléchir à tout ce qui m'arrive »* MUSSET. ◆ (Valeur affaiblie) Bizarre, inexplicable. ➤ **drôle, étrange.** *« Je trouve singulier que je sois informée de vos projets par le général Larivière »* FRANCE. — IRON. Étrange au point d'être contraire à ce qu'il devrait être. *Singulière façon de voir les choses !*

III **n. m.** GRAMM. Catégorie grammaticale (➤ **nombre**) qui exprime l'unité. *Le singulier et le pluriel. Le singulier est le nombre* (II) des mots qui désignent un objet conçu ou envisagé comme unique. Singulier collectif. Mots qui n'ont pas de singulier* (ex. mœurs). *Au singulier. La première personne du singulier.* ◆ LOG. Ce qui relève d'un seul individu (opposé à *général*) ➤ **singularité** (1°).

■ CONTR. Collectif ; banal, commun, 1général, ordinaire ; normal, fréquent, régulier. — Pluriel.

SINGULIÈREMENT [sɛ̃gyljɛʀmɑ̃] **adv.** – 1317 ; *singularment* « l'un après l'autre » 1140 ◊ de *singulier* ■ **1** En se distinguant des autres. ➤ **particulièrement.** *« La lutte de l'individu contre la société et singulièrement contre l'État »* SARTRE. ➤ **notamment, principalement.** ■ **2** (Sens affaibli) Beaucoup. *Un exercice de style « qui m'a singulièrement aiguisé les idées »* GIRAUDOUX. (Modifiant un adj.) Très. *La drogue « singulièrement odorante »* BAUDELAIRE. ■ **3** LITTÉR. D'une manière singulière (II, 2°), étonnante, remarquable ou bizarre. *Il était singulièrement accoutré.* ➤ **bizarrement.** *Il s'y prend, il se conduit singulièrement.* ■ CONTR. Communément ; peu, ordinairement.

SINISATION [sinizasjɔ̃] **n. f.** – 1914 ◊ de *siniser* ■ DIDACT. Expansion de la civilisation chinoise (dans les pays de civilisation moins évoluée).

SINISER [sinize] **v. tr.** ‹1› – 1933, pronom. ◊ de *sin(o)-* ■ DIDACT. Répandre la civilisation chinoise dans (un pays) ; rendre chinois quant à la culture. — PRONOM. **SE SINISER :** adopter la culture chinoise.

SINISTRALITÉ [sinistʀalite] **n. f.** – 1986 ◊ de 2*sinistre* ■ DR. Taux des sinistres.

1**SINISTRE** [sinistʀ] **adj.** – v. 1415 ; « contraire, défavorable » XIVe ; *senester* « gauche » 1080 ◊ latin *sinister* « qui est à gauche » (→ sénestre) ■ **1** Qui fait craindre un malheur, une catastrophe. ➤ **funeste, mauvais, menaçant.** *Augure, présage sinistre. Sinistres prophéties. — Bruits, craquements sinistres.* ➤ **effrayant.** ◆ PAR EXT. Qui, par son aspect, semble menaçant ou accablant. ➤ **effrayant, funèbre, lugubre.** *« L'ombre autour d'eux s'emplit de sinistres clartés »* HUGO. — (En parlant de l'apparence d'une personne) VIEILLI Sombre et méchant, inquiétant. *Mine, air sinistre.* ➤ **patibulaire.** *« Est-ce que vous me trouvez l'air sinistre ? [...] Eh bien ! si je vous fais peur, nous n'avons qu'à nous séparer »* DIDEROT. ■ **2** LITTÉR. Malfaisant, dangereux par lui-même. *« Les desseins les plus sinistres »* MADELIN. — COUR. (intensif) *Un sinistre voyou, une sinistre crapule.* ➤ **sombre.** — PAR EXT. *Un sinistre imbécile.* ➤ **triste.** ■ **3** (Sens affaibli) Triste et ennuyeux. *Paysage sinistre. Un réveillon sinistre.* ➤ FAM. **glauque.** — *Un air froid et sinistre. Des convives sinistres.*

2**SINISTRE** [sinistʀ] **n. m.** – 1485 ◊ italien *sinistro,* même origine que 1*sinistre* ■ **1** Évènement catastrophique naturel, qui occasionne des dommages, des pertes (incendie, inondation, naufrage, séisme, etc.). *Se rendre sur les lieux du sinistre.* ■ **2** (1783) Dommages ou pertes subis par des objets assurés. *Le remboursement des sinistres. Taux de sinistres.* ➤ **sinistralité.**

SINISTRÉ, ÉE [sinistʀe] **adj.** et **n.** – 1870 ◊ de 2*sinistre* ■ **1** Qui a subi un sinistre. *Région sinistrée. Les populations sinistrées.* ◆ **n.** Personne qui a subi des dommages, du fait d'un sinistre. *Indemniser les sinistrés. « Les malheureux sinistrés, ruinés et sans asile, sur les décombres de leur maison »* DAUDET. ■ **2** Gravement atteint par la crise, les difficultés économiques. *Le textile, secteur sinistré.*

SINISTREMENT [sinistʀəmɑ̃] **adv.** – milieu XVe ; « méchamment » 1403 ◊ de *sinistre* ■ D'une manière sinistre. *« Une sorte de rire sinistrement burlesque, comme le rire des fous »* LOTI.

SINISTROSE [sinistʀoz] **n. f.** – 1908 ◊ de *sinistre* ■ **1** PSYCHOL. État mental de certains sinistrés ou accidentés qui s'exagèrent leur infirmité et développent des tendances revendicatrices. ■ **2** (1971) (Plutôt collectif) Pessimisme excessif, disposition à croire que les évènements prendront une tournure défavorable. *Période de frilosité et de sinistrose.*

SINITÉ [sinite] **n. f.** – 1957 ◊ de *sin(o)-* ■ DIDACT. Ensemble des caractères, des manières de penser, de sentir propres à la civilisation chinoise. « *Chinoise munie d'une pipe à opium (symbole obligé de la sinité)* » BARTHES.

SIN(O)- ■ Élément, du latin médiéval *Sinae* (nom grec d'une ville d'Extrême-Orient), signifiant « de la Chine ».

SINOLOGIE [sinɔlɔʒi] **n. f.** – 1814 ◊ de *sino-* et *-logie* ■ DIDACT. Ensemble des études relatives à la Chine (langue, civilisation, histoire).

SINOLOGUE [sinɔlɔg] **n.** – 1814 ◊ de *sino-* et *-logue* ■ DIDACT. Spécialiste de la Chine, de la langue, de la civilisation chinoises. *Sinologues et pékinologues.*

SINON [sinɔ̃] **conj.** – v. 1490 ; *se... non* 1080 ◊ de 1*si* et *non*

I (Introd. une exception ou une restriction hypothétique) ■ **1** (En corrélation avec une propos. négative) En dehors de..., abstraction faite de... ➤ 1**excepté, sauf.** « *Je ne sais plus bien ce qui me maintient encore en vie sinon l'habitude de vivre* » GIDE (cf. Si* ce n'est). *On ne jouit « de rien sinon de soi-même »* ROUSSEAU. « *Point de femmes, sinon quelques paysannes* » MÉRIMÉE. ■ **2** (En corrélation avec une propos. interrog., pour introduire une réponse anticipée, que l'on présente comme étant la seule possible) Si ce n'est. « *À quoi cette poésie peut-elle servir, sinon à égarer notre bon sens ?* » HUGO. ■ **3** VIEILLI Avec cette réserve que. ➤ 1**excepté** (que), **sauf** (que). « *Galant homme sinon qu'il était quelque peu paillard* » RABELAIS.

II (XVIe) (introduisant une concession, une restriction) ■ **1** En admettant que ce ne soit pas. « *Il faut travailler, sinon par goût, au moins par désespoir* » BAUDELAIRE (cf. À défaut* de, si ce n'est). « *Leur "morale"* [des fables] *est pleine de saveur, sinon toujours de moralité* » SIEGFRIED. ■ **2** (Pour surenchérir sur l'affirmation) Peut-être même. « *Une force indifférente sinon ennemie* » MAURIAC. ➤ **voire.**

III (Emploi absolu) Si la condition, la supposition énoncée ne se réalise pas. ➤ **autrement** (cf. Faute* de quoi, sans* quoi). « *Plains-moi !... sinon je te maudis !* » BAUDELAIRE. « *Elle n'avait pas encore quitté Paris, sinon elle fût repassée au Foyer pour prendre ses valises* » SARTRE. ◆ (Placé à l'intérieur de la propos.) « *Cette pensée était mienne* [...] *Elle serait sinon sans valeur* » GIDE.

■ HOM. Si non.

SINOPHONE [sinɔfɔn] **adj. et n.** – 1968 ◊ de *sino-* et *-phone* ■ DIDACT. Qui parle le chinois. — **n.** *Les sinophones.*

SINOPLE [sinɔpl] **n. m.** – v. 1260 « couleur verte » par une évolution obscure ; *sinopre* « rouge » 1138 ◊ grec *sinôpis* « terre rouge de *Sinope* » ■ BLAS. Un des émaux héraldiques, de couleur verte (lignes diagonales descendant de gauche à droite).

SINOQUE [sinɔk] **adj.** – 1936 ; *sinoc* 1926 ◊ de *sinoquet* « tête », de *sinoc* « bille à jouer », région. ■ FAM. et VIEILLI Fou*, folle. « *il n'y a rien de tel pour vous donner du génie que d'avoir un oncle cinglé ou une grand'mère sinoque* » QUENEAU. — On écrit aussi *cinoque.*

SINUER [sinɥe] **v. intr.** ⟨1⟩ – 1891 ; *sinué* « découpé » 1778 ◊ de *sinueux* ■ LITTÉR. Être sinueux, faire des détours, des sinuosités. ➤ **serpenter.** « *La route sinuait à flancs de falaise* » CÉLINE.

SINUEUX, EUSE [sinɥø, øz] **adj.** – 1539 ◊ latin *sinuosus* → 1sinus ■ **1** Qui présente une suite de courbes irrégulières et dans des sens différents. ➤ **courbe, ondoyant, ondulé, onduleux.** « *Les rues étroites, inégales, sinueuses, pleines d'angles et de tournants* » HUGO. « *Les lignes sinueuses, serpentines de son beau corps* » TAINE. ■ **2** FIG. Tortueux. « *Ses démarches sinueuses* » FRANCE. ■ CONTR. 1 Direct, 1 droit.

SINUOSITÉ [sinɥozite] **n. f.** – 1549 ◊ de *sinueux* ■ **1** RARE Caractère sinueux. *La sinuosité des côtes, d'un littoral.* ■ **2** COUR. Ligne sinueuse, courbe. ➤ **coude, courbe, détour, ondulation ;** RÉGION. 1**croche.** « *les sinuosités du labyrinthe de Crète* » J.-J. BARTHÉLEMY. *Les sinuosités d'un cours d'eau.* ➤ **méandre.** « *le chemin* [...] *décrivait des sinuosités si compliquées* [...] » (BAUDELAIRE, trad. de POE). ■ **3** FIG. *Les sinuosités d'une pensée, d'un raisonnement, d'une politique.*

1**SINUS** [sinys] **n. m.** – 1539 ◊ mot latin « courbe » → sein ■ ANAT. ■ **1** Cavité irrégulière (de certains os). *Sinus de la face,* de certains os de la face *(sinus frontal, maxillaire, sinus sphénoïdaux).* SPÉCIALT, COUR. *Inflammation des sinus* (de la face). ➤ **sinusite.** ■ **2** Renflement circonscrit ou dilatation d'un segment de certains vaisseaux. *Sinus veineux du crâne* (caverneux, latéraux). *Sinus carotidien,* à la bifurcation de l'artère carotide primitive.

2**SINUS** [sinys] **n. m.** – 1557 ◊ latin médiéval, traduction, d'après 1*sinus*, de l'arabe *djayb* « pli d'un vêtement » ■ GÉOM., MATH. ■ **1** VX « Ligne droite tirée d'une extrémité d'un arc perpendiculairement sur le rayon qui passe par l'autre extrémité » (d'Alembert). ■ **2** MOD. *Sinus de l'angle de deux axes :* le rapport de projection d'un axe sur un autre axe directement perpendiculaire au premier. *L'inverse du sinus :* la cosécante. *Fonction sinus* (ABRÉV. sin). ➤ **sinusoïde ; circulaire, trigonométrique ; cosinus, tangente.**

SINUSITE [sinyzit] **n. f.** – 1904 ◊ de 1*sinus* et *-ite* ■ Inflammation des sinus de la face. *Sinusite aiguë, chronique. Avoir de la sinusite.*

SINUSOÏDAL, ALE, AUX [sinyzɔidal, o] **adj.** – 1823 ◊ de *sinusoïde* ■ MATH. Relatif à la sinusoïde ; analogue à la fonction sinus. *Mouvement sinusoïdal. La fonction sinusoïdale est à la base de tous les mouvements vibratoires.*

SINUSOÏDE [sinyzɔid] **n. f.** – 1729 ◊ de 2*sinus* ■ MATH. Courbe représentative de la fonction sinus ou cosinus (dans un repère orthonormé), la variable étant exprimée en radians. *Formes en S des sinusoïdes.*

SIONISME [sjɔnism] **n. m.** – 1886 ◊ de *Sion*, montagne de Jérusalem ■ Mouvement politique visant à l'établissement puis à la consolidation d'un État juif *(la Nouvelle Sion)* en Palestine.

SIONISTE [sjɔnist] **adj. et n.** – 1886 ◊ de *sionisme* ■ Relatif ou favorable au sionisme. *Mouvement sioniste.* — **n.** *Les sionistes.*

SIOUX [sju] **n. et adj.** – 1724 ◊ altération de *nadoweisiw* « petit serpent », nom donné par les Chippewa aux Sioux ■ **1** Membre d'une nation amérindienne de l'Amérique du Nord. — **n. m.** *Le sioux :* la langue des Sioux. ◆ LOC. FAM. *Des ruses de Sioux,* très habiles. ■ **2** [sjuks] **adj.** FAM. Astucieux, rusé (personnes, actions). *C'est drôlement sioux.*

SIPHOÏDE [sifɔid] **adj.** – 1844 ◊ de *siphon* ■ TECHN. En forme de siphon. *Bonde siphoïde.*

SIPHOMYCÈTES [sifɔmisɛt] **n. m. pl.** – 1934 ◊ de *siphon* et *-mycète* ■ BOT. Ordre de champignons inférieurs à mycélium en tube allongé non cloisonné. — **Au sing.** *Un siphomycète.*

SIPHON [sifɔ̃] **n. m.** – 1639 ; « tuyau pour tirer du vin » 1546 ; *sifon* « trombe » v. 1320 ◊ latin *sipho*, grec *siphôn* ■ **1** Tube courbé utilisé pour transférer un liquide d'un niveau donné à un niveau inférieur, en passant par un niveau supérieur aux deux autres. *Amorcer un siphon.* — SC. Appareil permettant de faire écouler un liquide ou de faire communiquer deux liquides. ◆ COUR. Tube recourbé en S, placé à la sortie des appareils sanitaires, empêchant la remontée des mauvaises odeurs. *Siphon d'évier.* ■ **2** (1862) Bouteille en verre épais, hermétiquement close, remplie d'une boisson gazeuse, et munie d'un dispositif aspirateur et d'un bouchon à levier. *Siphon d'eau de Seltz.* ■ **3** ZOOL. Prolongement des orifices d'entrée et de sortie de l'eau des lamellibranches. ■ **4** SPÉLÉOL. Partie d'un conduit naturel souterrain envahie par les eaux.

SIPHONNÉ, ÉE [sifɔne] **adj.** – 1937 ◊ de *siphon* ■ FAM. Fou* (dont le cerveau est vidé comme par un siphon). *Il est complètement siphonné.*

SIPHONNER [sifɔne] **v. tr.** ⟨1⟩ – 1862 ◊ de *siphon* ■ **1** TECHN. Transvaser (un liquide) à l'aide d'un siphon. — Vider (un contenant) à l'aide d'un siphon. *Siphonner un réservoir d'essence.* ■ **2** FIG. Soutirer (2°). *Parti qui cherche à siphonner les voix d'un autre.* « *Internet nous siphonne des lecteurs, les recettes baissent* » M. DUGAIN. — **n. m. SIPHONNAGE.**

SIPHONOPHORE [sifɔnɔfɔʀ] **n. m.** – 1832 ◊ du latin scientifique *siphonophora* (Eschscholtz, 1829) ; cf. *siphon* et *-phore* ■ ZOOL. Organisme pélagique *(hydrozoaires)* qui forme des colonies composées de polypes et de méduses.

SIPO [sipo] **n. m.** – 1933 ◊ mot d'une langue de Côte d'Ivoire ■ TECHN. Bois d'un arbre africain, de couleur rougeâtre, utilisé en menuiserie industrielle. *Des sipos.*

SIRE [siʀ] **n. m.** – v. 1050 ; en parlant de Dieu X^e ◊ latin *senior* → seigneur ■ **1** VX Titre féodal donné à certains seigneurs. — (XIIe) Titre honorifique que prenaient des bourgeois pourvus de certains offices. PAR PLAIS. « *Sire Loup, sire Corbeau* » LA FONTAINE. ◆ (XIIe) VX Monsieur. MOD. LOC. *Pauvre sire :* pauvre homme. « *Manerville est un pauvre sire, sans esprit* » BALZAC. *Un triste sire :* un triste individu, peu recommandable. ▪ **2** (XIᵉ) Titre qu'on donne à un souverain quand on s'adresse à lui. *« Non, l'avenir n'est à personne ! Sire ! l'avenir est à Dieu »* HUGO. ▪ HOM. Cire, cirre.

SIRÈNE [siʀɛn] n. f. – 1377 ; *sierine* hapax 1180 ◊ bas latin *sirena*, latin *siren*, grec *seirên* ▪ **1** Animal fabuleux, à tête et torse de femme, avec un corps d'oiseau ou une queue de poisson, qui passait pour attirer, par la douceur de son chant, les navigateurs sur les écueils. *Ulysse et les sirènes.* LOC. *Écouter le chant des sirènes :* se laisser charmer, séduire. *Être sensible, succomber, céder aux sirènes de...* ➤ **tentation.** *« capables de résister aux sirènes de la violence »* NOURISSIER. PAR MÉTAPH. *Voix de sirène,* enchanteresse. ♦ FIG. et VIEILLI Femme douée d'un dangereux pouvoir de séduction. *« Vous me jugez donc très dangereuse ? Une sirène, n'est-ce pas ? »* JALOUX. ♦ PATHOL. *Syndrome de la sirène :* malformation fœtale caractérisée par la fusion des membres inférieurs, rappelant une queue de poisson. ▪ **2** ZOOL. Amphibien, de forme allongée et serpentine, ne possédant que des pattes antérieures. ▪ **3** (1819 « appareil qui émet des sons dans l'eau ») PHYS. Instrument acoustique produisant des sons pulsés et qui fonctionne par un jet continu de fluide passant à travers un disque rotatif percé de trous. — (1888) COUR. Puissant appareil sonore destiné à produire un signal. *« La sirène de la jetée hurla, rugissement sauvage et formidable »* MAUPASSANT. *Sirène d'alerte, d'alarme,* signalant un danger (bombardement, incendie, effraction, etc.). *« le hululement de la sirène d'alarme déclenchée par les palpeurs sismiques »* TOURNIER. *Sirène d'usine,* annonçant la reprise et la cessation du travail. *La sirène d'une ambulance, d'une voiture de pompiers.*

SIRÉNIENS [siʀenjɛ̃] n. m. pl. – 1811 ◊ de *sirène* ▪ ZOOL. Ordre de mammifères placentaires aquatiques, au corps pisciforme. ➤ **dugong, lamantin.**

SIREX [siʀɛks] n. m. – 1796 ◊ latin scientifique *sirex,* créé par Linné ▪ ZOOL. Insecte hyménoptère térébrant (mouche à scie). ➤ **tenthrède.**

SIRLI [siʀli] n. m. – 1778 ◊ onomat., comme l'anglais *to shirl, shrill* « pousser un cri perçant » ▪ Alouette de taille moyenne, vivant en Europe du Sud-Est et sur les hauts plateaux d'Afrique.

SIROCO ou **SIROCCO** [siʀɔko] n. m. – 1575, –1595 ; *siroc* 1441 ◊ italien *scirocco,* de l'arabe *sarqi* « vent oriental » ; marocain *chergui* ▪ Vent de sud-est extrêmement chaud et sec, d'origine saharienne, résultant des dépressions qui se forment sur la Méditerranée. *« Le siroco charrie du feu »* MAUPASSANT.

SIROP [siʀo] n. m. – v. 1175 ◊ latin médiéval *syrupus, sirupus,* de l'arabe *sarab* « boisson » ▪ **1** Solution de sucre dans de l'eau (pure ou additionnée de diverses substances), dans du jus de fruit. *Sirop de sucre, de fruits. Sirop de framboise, de groseille. Sirop d'orgeat, de grenadine. Fruits au sirop. — Sirops pharmaceutiques,* dans lesquels le sirop de sucre aromatisé masque le goût des médicaments. *Sirop contre la toux.* ♦ Boisson formée de sirop étendu d'eau. *Sirop à l'eau, à la limonade* (➤ **diabolo**). ▪ **2** *Sirop d'érable :* sève d'érable à sucre, bouillie et concentrée (➤ 1 **réduit**), de consommation courante au Canada. *« Les immenses chaudrons noirs servent à bouillir le sirop d'érable »* A. HÉBERT. ▪ **3** *Sirop de maïs,* composé de dextrine, de maltose et de dextrose, obtenu par hydrolyse de fécules de maïs. ▪ **4** FIG. et FAM. Œuvre mièvre, facile. *Cette musique, c'est du sirop* (➤ **sirupeux**).

SIROTER [siʀɔte] v. tr. ⟨1⟩ – 1680 ◊ de *sirop* ▪ Boire à petits coups en savourant. ➤ **déguster.** *« Les vrais amateurs sirotent leur vin »* BRILLAT-SAVARIN. *Siroter son café.*

SIRTAKI [siʀtaki] n. m. – v. 1965 ◊ mot à consonance grecque, créé à l'occasion d'un film ▪ Danse populaire grecque.

SIRUPEUX, EUSE [siʀypø, øz] adj. – 1742 ◊ du latin *sirupus* ▪ De la nature, de la consistance du sirop (du miel, de la mélasse). ➤ **doux, visqueux.** ♦ FIG. PÉJ. *Musique sirupeuse,* facile et écœurante.

SIRVENTE [siʀvɑ̃t] ou **SIRVENTÈS** [siʀvɑ̃tɛs ; siʀvɛ̃tɛs] n. m. – *sirventeis* v. 1155 ◊ ancien provençal *sirventes,* de *sirvent* « serviteur » ▪ HIST. LITTÉR. Poème moral ou satirique, inspiré le plus souvent de l'actualité politique.

SIS, SISE [si, siz] adj. – 1385 ◊ de 1 *seoir* ▪ DR. ou LITTÉR. Situé. *Domaine sis à tel endroit. Hameau sis à l'écart du village.* ▪ HOM. Ci, scie, si, six.

SISAL [sizal] n. m. – 1906 ◊ de *Sisal,* port du Yucatan ▪ Agave du Mexique, dont les feuilles fibreuses servent à faire une matière textile. *Des sisals.* — Cette matière. *Ficelle, tapis de sisal.*

SISMICITÉ [sismisite] n. f. – 1892 ; aussi *séismicité* 1904 ◊ de *sismique* ▪ DIDACT. Fréquence et intensité des séismes d'une région donnée.

SISMIQUE [sismik] adj. – 1861 ; *seismique* 1856 ◊ de *sisme,* var. vieillie de *séisme* ▪ Relatif aux séismes. *Mouvements, ondes, secousses sismiques. — Prospection sismique,* ou n. f. *la sismique :* prospection géophysique des séismes utilisant les enregistrements (➤ **sismogramme**) des ondes renvoyées par des explosions souterraines provoquées.

SISM(O)- ou **SÉISM(O)-** ▪ Élément, du grec *seismos* « secousse ».

SISMOGRAMME [sismɔgʀam] n. m. – 1903 ; *séismogramme* 1904 ◊ de *sismo-* et *-gramme* ▪ DIDACT. Tracé d'un sismographe.

SISMOGRAPHE [sismɔgʀaf] n. m. – 1871 ; *séismographe* 1858 ◊ de *sismo-* et *-graphe* ▪ Instrument qui enregistre les mesures (➤ **sismogramme**) des oscillations et séismes d'une région de l'écorce terrestre.

SISMOLOGIE [sismɔlɔʒi] n. f. – 1890 ; *séismologie* 1904 ◊ de *sismo-* et *-logie* ▪ Étude des séismes. *Sismologie et volcanologie. Sismologie des étoiles* (➤ **astérosismologie**), *du Soleil* (➤ **héliosismologie**).

SISMOLOGIQUE [sismɔlɔʒik] adj. – 1881 ; *séismologique* 1903 ◊ de *sismologie* ▪ Relatif à la sismologie.

SISMOLOGUE [sismɔlɔg] n. – 1909 ◊ de *sismologie* ▪ Spécialiste de la sismologie.

SISMOTHÉRAPIE [sismoteʀapi] n. f. – 1953 ◊ de *sismo-* et *-thérapie* ▪ MÉD. Traitement par des convulsions provoquées à l'aide du courant électrique (➤ **électrochoc**).

SISTERSHIP [sistœʀʃip] n. m. – 1934 ; *sister-chip* 1915 ◊ mot anglais, de *sister* « sœur » et *ship* « navire » ▪ Navire identique, construit suivant le même modèle (que les autres de la série). *Des sisterships.*

SISTRE [sistʀ] n. m. – 1527 ◊ latin *sistrum,* grec *seistron,* de *seîein* « agiter » ▪ Instrument de musique à percussion fait d'une tige d'où partent des branches garnies de métal. *Le sistre, instrument de culte dans l'Égypte antique. Les sistres de Nouvelle-Guinée, garnis de coquilles qui s'entrechoquent.* ▪ HOM. Cistre.

SISYMBRE [sizɛ̃bʀ] n. m. – 1555 ; *sisimbre* hapax XVᵉ ◊ latin *sisymbrium,* grec *sisumbrion* ▪ BOT. Plante annuelle des décombres et chemins *(crucifères),* dont une espèce appelée aussi *herbe aux chantres* était utilisée contre l'enrouement. *Sisymbre officinal.* ➤ **vélar.**

SITAR [sitaʀ] n. m. – 1844, répandu v. 1965 ◊ mot hindi ▪ MUS. Instrument de musique indien, à cordes pincées (voisin de la guitare). *Jouer du sitar.* — n. **SITARISTE.** ▪ HOM. Cithare.

SITCOM [sitkɔm] n. f. – 1985 ◊ mot-valise anglais américain, de *situation comedy* « comédie de situation » ▪ ANGLIC. Série télévisée humoristique importée des États-Unis, formée de brefs épisodes présentant des personnages dans des situations familières de la vie quotidienne. *Les personnages, les rires enregistrés des sitcoms.* — Recomm. offic. *comédie de situation.*

SITE [sit] n. m. – 1580 ◊ de l'italien *sito* « place, position » (1302), du latin *situs* ▪ **1** Paysage (considéré du point de vue de l'esthétique, du pittoresque). *Site grandiose. « Cette colonnade inscrit le sanctuaire juste comme il faut dans le site qui lui convient »* CAILLOIS. *« C'est très rare en Amérique que les sites remarquables ne soient pas classés et protégés »* BEAUVOIR. ▪ **2** Configuration du lieu, du terrain où s'élève une ville, manière dont elle est située (considérée du point de vue de son utilisation par un groupe humain : communications, facilités de développement). ➤ **situation.** ♦ PAR EXT. Configuration d'un lieu (en rapport avec sa destination). *Aménagement des sites de barrages de la Durance. — Site archéologique,* où l'on effectue des fouilles. — *Site industriel. Site stratégique. — Sites de plongée. Site (de pratique) :* recomm. offic. pour *spot* (4°). — *En site propre :* sur une partie de la chaussée réservée. *Transports en commun, piste cyclable en site propre.* ▪ **3** (1923) TECHN., ARTILL. *Angle de site* ou *site :* angle que forme, avec le plan horizontal, une ligne joignant un observateur à un point visé. *Le site s'évalue en millièmes.* ▪ **4** BIOCHIM. Emplacement précis où est localisée l'activité (d'une macromolécule, d'un métabolite, d'un organite). *Site de mutation sur un gène. Site de liaison :* région d'une protéine qui se lie spécifiquement à un ligand donné. *Site catalytique* ou *site actif :* ensemble des acides aminés d'une enzyme qui interviennent dans la transformation biochimique d'un substrat préalablement fixé. ▪ **5** INFORM. Serveur de données auquel on accède par un réseau (notamment Internet). *Site Internet. L'adresse d'un site. Site d'accès.* ➤ **portail.** *Site de rencontre(s)*. Visiter un site. «il a sa page sur le site de l'agence de photographes qui l'emploie»* S. AUDEGUY. *Site officiel. Site statique, dynamique,* selon le degré d'interactivité avec l'internaute. ▪ HOM. Scythe.

SIT-IN [sitin] **n. m. inv.** – 1967 ◇ mot anglais, de *to sit in* «prendre place, s'installer» ▪ ANGLIC. Forme de contestation non-violente consistant à s'asseoir par terre en groupes pour occuper des lieux publics. *Les étudiants ont organisé des sit-in.*

SITOGONIOMÈTRE [sitogɔnjɔmɛtʀ] **n. m.** – 1923 ◇ de *site* et *goniomètre* ▪ TECHN. Instrument qui sert à mesurer les angles de site*.

SITOGRAPHIE [sitɔgʀafi] **n. f.** – 2001 ◇ de *site* et *-graphie,* d'après *bibliographie* ▪ Liste de sites Internet, de pages web relatifs à un sujet donné. *Consulter la sitographie d'un mémoire.*

SITOLOGUE [sitɔlɔg] **n.** – 1973 ◇ de *site* et *-logue* ▪ Spécialiste de l'étude des sites. — **n. f.** (1971) **SITOLOGIE.**

SITOSTÉROL [sitosteʀɔl] **n. m.** – 1959 ◇ du grec *sitos* «blé» et *stérol* ▪ BIOCHIM. Stérol* commun chez les plantes supérieures, extrait des huiles de germe de blé, de coton, soja, maïs.

SITÔT [sito] **adv.** – XVIe ; *si tost que* XIIIe ◇ de 2*si* et *tôt*

I adv. de temps ▪ **1** VX Aussi rapidement. *«De cette fleur si tendre et sitôt moissonnée»* RACINE. *Sitôt* (ou *si tôt*) *que :* aussi vite (que). ▪ **2** LITTÉR. *Sitôt après... :* immédiatement après. ➤ **aussitôt.** ▪ **3 loc. adv. PAS DE SITÔT** (cf. Pas de si tôt*). *On ne le reverra pas de sitôt.*

II ▪ **1 loc. conj. SITÔT QUE** (et l'indic.) : immédiatement après que..., juste au moment où... ➤ **aussitôt** (que), **dès** (que). *Il partit sitôt qu'il le vit.* ▪ **2** (Dans une particip.) *Sitôt parti, il se perd. Sitôt dit, sitôt fait.* ➤ **aussitôt.** ▪ **3** LITTÉR. Employé comme prép. devant un nom ➤ **aussitôt, dès.** *Sitôt le seuil. «Les enfants morts sitôt le jour»* FRANCE.

▪ HOM. Si tôt.

SITTELLE [sitɛl] **n. f.** – 1778 ◇ du latin savant *sitta,* grec *sittê* «pic, pivert» ▪ Petit oiseau trapu *(passériformes)* au long bec pointu. ➤ **grimpereau.**

SITUATION [sitɥasjɔ̃] **n. f.** – 1375 «position (des étoiles)» ◇ de *situer* ▪ **1** (CONCRET) RARE Le fait d'être en un lieu ; manière dont une chose est disposée, située ou orientée. ➤ **emplacement,** 1**lieu, position.** ◆ (1447) COUR. Emplacement d'un édifice, d'une ville. *Situation d'une maison exposée au soleil levant, au midi.* ➤ **exposition, orientation, site** (2°). ▪ **2** (XVIIe) (ABSTRAIT) Ensemble des circonstances dans lesquelles une personne se trouve. ➤ **circonstance, condition, état ; place, position.** *Examiner la situation sous toutes ses faces. Maîtriser, dominer la situation. Être maître de la situation. Être dans une triste situation* (cf. En mauvaise posture*). *«Terrible situation : elle est infirme, enceinte et veuve»* MICHELET. *Situation délicate, précaire. La situation est grave mais pas désespérée. «Chaque jour la situation entre les époux devenait plus tendue, plus insoutenable»* ZOLA. *Renverser la situation. Retournement de situation.* — *Situation de fortune. Situation financière.* — *Situation de famille* (célibataire, marié, divorcé, etc.). LOC. FAM. VIEILLI *Elle est dans une situation intéressante :* elle attend un enfant. ➤ **position.** ▪ **3** Emploi, poste rémunérateur régulier et stable (impliquant un rang assez élevé dans la hiérarchie). ➤ **fonction, place.** *Avoir une très belle situation. Se faire une situation dans une entreprise. Perdre sa situation.* ▪ **4** LOC. **ÊTRE EN SITUATION DE** (et l'inf.) : être capable de ; en mesure, en passe de... ; être bien placé pour... ➤ 1**pouvoir.** *Être en situation de refuser.* ▪ **5** (1878) Ensemble des circonstances dans lesquelles un pays, une collectivité se trouve. *Situation politique. Situation de fait.* ➤ **conjoncture.** *La situation internationale est grave. Situation d'urgence.* ▪ **6** Ensemble des relations concrètes qui, à un moment donné, unissent un sujet ou un groupe au milieu et aux circonstances dans lesquels il doit vivre et agir. *La psychologie étudie l'être humain en situation. «Ma position au milieu du monde* [...] *voilà ce que nous nommons la* situation*»* SARTRE. — (1964) **EN SITUATION :** dans une situation aussi proche que possible de la réalité. *Mettre les gens en situation.* ◆ LING. Contexte situationnel d'une énonciation. ▪ **7** (1718) Moment, passage caractérisé par une scène importante, révélatrice. *Situation dramatique, comique.* — *Comédie de situation :* recomm. offic. pour *sitcom.* ▪ **8** FIN. État présentant le patrimoine (net) d'une personne, d'une entreprise, à un instant donné (➤ **bilan**). — SPÉCIALT, COMPTAB. *Situation nette (comptable) :* différence entre l'actif et le passif après affectation du résultat (cf. Capitaux* propres).

SITUATIONNEL, ELLE [sitɥasjɔnɛl] **adj.** – 1975 ◇ de *situation* ▪ DIDACT. De la situation (6°). *Contexte situationnel. Données situationnelles.*

SITUATIONNISME [sitɥasjɔnism] **n. m.** – 1958 ◇ de *situation* ▪ Mouvement d'avant-garde politique, littéraire et artistique de la fin des années cinquante, héritier du surréalisme et du lettrisme, qui s'est manifesté par des positions radicales lors des évènements de 1968. — **adj.** et **n. SITUATIONNISTE,** (1958).

SITUÉ, ÉE [sitɥe] **adj.** – de *situer* ▪ Placé (de telle façon). ➤ **sis.** *Sa maison est bien, mal située, située au midi.*

SITUER [sitɥe] **v. tr.** ‹1› – v. 1450 ; au p. p. v. 1290 ◇ latin médiéval *situare,* de *situs* «situation» ▪ **1** Placer par la pensée en un lieu. ➤ **localiser.** *«Toutes les commères s'accordaient pour situer le magot au fond de la cave»* BOSCO. — *Le romancier a situé cette scène à Lyon.* ▪ **2** (1549) RARE Placer en un lieu, disposer d'une certaine manière (par rapport à un système de coordonnées, de repères) ; bâtir, établir (➤ **situé**). *«Le petit bourgeois désireux de situer dans un décor évocateur un chalet suisse environné de rocailles»* ROMAINS. ▪ **3** Mettre effectivement ou par la pensée à une certaine place dans un ensemble, une hiérarchie, à un certain point de la durée. *Situer un évènement à telle époque.* FAM. *On ne le situe pas bien :* on ne voit pas quelle sorte d'homme c'est, quel est son milieu, etc. *«Je lui ai mentionné ton prénom, ta profession, ces choses à quoi on a recours pour définir les gens, pour les situer»* PH. BESSON. ◆ PRONOM. (PERSONNES) *Se situer dans une fratrie, une famille, une lignée.* — (CHOSES) *L'action se situe au* XVIe *siècle. La maison se situe sur une hauteur.*

SIX [sis] **adj. numér. et n. m.** – XIIIe ; *sis* 1080 ◇ latin *sex*

▪ REM. *Six* se prononce [si] devant un nom commençant par une consonne ; [siz] devant un nom commençant par une voyelle ; [sis] dans les autres cas.

I adj. numér. card. Nombre entier naturel équivalant à cinq plus un (6 ; VI). ➤ **demi-douzaine ; hexa-.** ▪ **1** Avec l'art. défini, désignant un groupe déterminé de six unités. *Les six bourgeois de Calais. Les six faces d'un dé.* — **n. m. pl.** *Les six-jours :* épreuve cycliste sur piste où chaque équipe tourne pendant six jours, par relais de deux coureurs. — *La guerre des Six Jours :* la troisième guerre israélo-arabe (juin 1967). ▪ **2** Avec ou sans déterm. *Leurs six enfants.* — *«Six personnages en quête d'auteur»,* de Pirandello. *Période de six mois.* ➤ **semestre.** *Polygone à six côtés.* ➤ **hexagone.** *Formation de six musiciens.* ➤ **sextuor.** *Strophe de six vers.* ➤ **sizain.** *Une voiture de six cylindres* (ou **n. f.** *une six-cylindres*). *Six dizaines.* ➤ **soixante.** *Six fois plus grand.* ➤ **sextuple.** — (En composition pour former un nombre) *Cinquante-six.* ▪ **3** PRONOM. *J'en ai vu six. Tous les six. Nous étions six.*

II adj. numér. ord. Sixième. ▪ **1** *Charles VI. Page 6.* — *Le 6 août. Il est 6 h 20.* ▪ **2** SUBST. MASC. Le sixième jour du mois. *Le 6 de chaque mois.* ◆ Ce qui porte le numéro 6. *Habiter (au) 6, rue de... Parier sur le 6.* ◆ Avec *du* Taille, dimension, pointure. *Gants du six.* ▪ **3** SUBST. FÉM. Chambre, table portant le numéro 6. *Le client de la 6.* PAR MÉTON. AU MASC. Personne qui y loge, y mange. *Monsieur le six :* surnom de Sade. — La sixième chaîne de télévision. *Les programmes de la 6.*

III n. m. [sis] ▪ **1** Sans déterminant *Trois fois six, dix-huit. Multiplier par six.* ➤ **sextupler.** — *Six pour cent* (ou *6 %*). ▪ **2** Avec déterminant Le chiffre, le numéro 6. *Il fait mal ses 6.* — Note (II, 6°) correspondant à six points. *Avoir (un) 6 en allemand.* — Carte, face d'un dé, moitié d'un domino portant six marques. *Le six de trèfle. Le double 6.*

▪ HOM. Ci, scie, si, sis ; cis.

SIXAIN ➤ **SIZAIN**

SIX-HUIT [sisɥit] **n. m. inv.** – 1703 ◇ de *six* et *huit* ▪ MUS. *Mesure à six-huit* (6/8) : mesure à deux temps dont la noire pointée est l'unité de temps.

SIXIÈME [sizjɛm] **adj. et n.** – 1538 ; *sesime* v. 1155 ◇ de *six*

I adj. ▪ **1 adj. numér. ord.** Qui suit le cinquième. *Le sixième étage* ou SUBST. *habiter au sixième. Le* VIe *arrondissement,* ou SUBST. *travailler dans le* VIe (ou *6e*). — *Le sixième sens*.* — (Dans une compétition) *Arriver sixième à la course.* ◆ (En composition pour former des adj. ord.) *Vingt-sixième* [vɛ̃tsizjɛm]. ▪ **2** (1606) **adj. fractionnaire** Se dit d'une partie d'un tout également divisé ou divisible en six. *La sixième partie de son volume.* — SUBST. MASC. *Cinq sixièmes* (5/6).

II n. ▪ **1** *Elle est la sixième à passer.* ▪ **2 n. f.** En France,

Première classe du premier cycle de l'enseignement secondaire. *Être, entrer en sixième. Les élèves de (la) sixième.*

SIXIÈMEMENT [sizjɛmmɑ̃] **adv.** – XVe ◊ de *sixième* ▪ En sixième lieu (en chiffres 6o).

SIX-QUATRE-DEUX (À LA) [alasiskatdø] **loc. adv.** – 1867 ◊ de *six, quatre* et *deux* ▪ FAM. Avec précipitation, à la hâte ; sans soin. ➤ **va-vite** (à la). *« Les fils, posés à la six-quatre-deux, en croisaient, en touchaient d'autres »* COCTEAU.

SIXTE [sikst] **n. f.** – *sexte* 1611 ; *siste* 1080 ◊ latin *sextus,* d'après *six* ▪ **1** MUS. Sixième degré de la gamme diatonique. — Intervalle de six degrés. *Sixte majeure.* ▪ **2** ESCR. L'une des positions en ligne haute, dite position de garde au fleuret et à l'épée.

SIXTIES [sikstiz] **n. f. pl.** – 1978 ◊ mot anglais ▪ ANGLIC. *Les sixties :* les années soixante. *« Ex-fan des sixties Où sont tes années folles Que sont devenues toutes tes idoles »* GAINSBOURG.

SIZAIN [sizɛ̃] **n. m.** – XVIe ; *sisain,* monnaie, 1299 ◊ de *six* ▪ **1** JEU Paquet de six jeux de cartes. ▪ **2** (1667) HIST. LITTÉR. Petite pièce de poésie, strophe composée de six vers et construite sur deux ou trois rimes (➤ **stance**). — On écrit aussi *sixain.*

SIZERIN [sizʀɛ̃] **n. m.** – 1775 ◊ flamand *sijsje ;* cf. allemand *Zeisig* « tarin, serin » ▪ Oiseau voisin de la linotte *(passériformes),* commun dans les forêts du nord de l'Europe et de l'Amérique.

SKA [ska] **n. m.** – 1980 ◊ mot anglais (1964), p.-ê. altération de *scat* ▪ Style musical issu du rock, du reggae et du jazz, né à la Jamaïque dans les années 1960, à la mode en Grande-Bretagne vers 1980. — APPOS. *Des groupes ska.* ♦ Danse associée à cette musique. *Danser le ska.*

SKAÏ [skaj] **n. m.** – v. 1955 ◊ n. déposé, origine inconnue ▪ Tissu enduit de matière synthétique et imitant le cuir. ➤ **similicuir.** *« des bottes courtes, style western, en skaï blanc »* LE CLÉZIO.

SKATE-BOARD [skɛtbɔʀd] **n. m.** /SKATEBOARD/ – 1977 ◊ mot anglais, de *skate* « patin » et *board* « planche » ▪ ANGLIC. Planche* à roulettes. *Des skate-boards.* — Sport qui consiste à se déplacer et à réaliser des figures acrobatiques à l'aide de cette planche. — ABRÉV. FAM. **SKATE** [skɛt]. *Des skates.* — **Recomm. offic.** *planche à roulettes, planche terrestre.*

SKATEPARK [skɛtpaʀk] **n. m.** – 1978 ◊ mot anglais (1970), de *skate* (→ skate-board) et *park* « parc » ▪ ANGLIC. Lieu aménagé pour la pratique du skate-board. *Des skateparks.*

SKATEUR, EUSE [skɛtœʀ, øz] **n.** – vers 1979 ◊ francisation de l'anglais *skater* (1977), de *skate-board* ▪ ANGLIC. Personne qui fait du skate-board. *« un édifice blanc énorme, sur le parvis duquel une trentaine de skateurs s'entraînent »* V. DESPENTES.

SKATING [skɛtiŋ] **n. m.** – 1871 ◊ mot anglais, de *to skate* « patiner » ▪ ANGLIC. Patinage avec des patins à roulettes. — Lieu, piste où l'on pratique ce sport.

SKELETON [skəletɔn] **n. m.** – 1898 ◊ origine incertaine, peut-être de l'anglais *skeleton* « structure » ▪ SPORT ▪ **1** Engin de glisse, petite luge métallique sur laquelle on se positionne sur le ventre. ▪ **2** Sport de glisse pratiqué avec cet engin, dans un couloir de glace. *Le skeleton est l'un des plus anciens sports de glisse.*

SKETCH [skɛtʃ] **n. m.** – 1908 ◊ mot anglais, proprt « esquisse » ▪ Courte scène, généralement comique et rapide, parfois improvisée, interprétée par un nombre restreint d'acteurs. ➤ **saynète.** *Des sketchs. Film à sketchs.* On emploie parfois le pluriel anglais *des sketches. Il « fit représenter de petits sketches, dans des décors et avec des costumes de lui »* PROUST. — LOC. FIG. *Faire un sketch (à qqn),* lui faire une scène, une comédie.

SKI [ski] **n. m.** – *skie* 1841 ; répandu fin XIXe, on disait *patin ; skier* n. m. 1678 ◊ norvégien *ski* ▪ **1** Longue lame de bois, de métal ou de plastique, relevée à l'avant, dont on se chausse pour glisser sur la neige. ➤ FAM. 1 **latte, planche ;** aussi **monoski, patinette, surf** (des neiges). *La semelle, la spatule, les carres, la fixation d'un ski. Ski parabolique,* plus étroit au niveau des fixations et évasé à chaque extrémité. *Ski amont, aval. Chausser* ses skis. Aller en skis, à skis. « Un client qui rentrait d'une promenade à ski »* TROYAT. *Farter ses skis. Bâtons* de skis.* ▪ **2** Sport de glisse ainsi pratiqué. *Faire du ski.* ➤ **skier ; chasse-neige, christiania, dérapage, godille, stem, traversée.** *Épreuves de ski.* ➤ **course, descente, saut, schuss, slalom ; combiné ; chamois, étoile,** 1 **flèche, fusée.** *Chaussures de ski :* chaussures montantes et rigides s'adaptant aux fixations des skis, pour le ski alpin. *Station, pistes de ski. École, moniteur de ski. Ski alpin, ski de piste* (sur des pistes balisées à forte pente). *Ski de fond* (sur des parcours à faible dénivellation). ➤ **stakning, stawug ; biathlon, skiathlon.** *Ski nordique,* regroupant toutes les disciplines d'inspiration scandinave (ski de fond, saut à ski, combiné nordique et biathlon). *Ski de randonnée. Ski hors-piste. Ski acrobatique. Ski sur bosses. Ski d'été,* sur glaciers. ♦ FAM. Sports d'hiver. ▪ **3 SKI NAUTIQUE :** sport nautique rappelant l'aquaplane* mais dans lequel on chausse un ou deux longs patins. ➤ aussi **barefoot.**

SKIABLE [skjabl] **adj.** – 1927 ◊ de *skier* ▪ Où l'on peut faire du ski. *Piste, neige skiable. Domaine skiable d'une station.*

SKIASCOPIE [skjaskɔpi] **n. f.** – 1900 ◊ du grec *skia* « ombre » et *-scopie* ▪ MÉD. Examen de l'ombre pupillaire pour déterminer le degré de réfraction de l'œil.

SKIATHLON [skiatlɔ̃] **n. m.** – 1984 ◊ de *ski,* d'après *pentathlon* ▪ SPORT Épreuve de ski de fond au cours de laquelle la distance est parcourue d'abord en style classique puis en style libre. ➤ **duathlon** (cf. Double poursuite*).

SKI-BOB [skibɔb] **n. m.** /SKIBOB/ – 1965 ◊ mot anglais, de *ski* et *to bob* « se balancer » ▪ ANGLIC. Sorte de bicyclette montée sur skis. ➤ **véloski.** *Des ski-bobs.* — La locomotion en ski-bob. *Faire du ski-bob.*

SKIER [skje] **v. intr.** ‹7› – 1894 ◊ de *ski* ▪ Aller en skis, faire du ski. *Apprendre à skier. Skier hors piste.*

SKIEUR, SKIEUSE [skjœʀ, skjøz] **n.** – 1904 ; var. *skier* « soldat chaussé de skis » 1905 ◊ de *ski* ▪ Personne qui fait du ski. ➤ **descendeur,** 2 **fondeur, godilleur, slalomeur.** *« Des skieurs s'élançaient, viraient derrière une dune de neige neuve »* COLETTE. ♦ PAR ANAL. *« courbé en avant, un skieur nautique tiré par un canot automobile glissait »* SARTRE.

SKIF ou **SKIFF** [skif] **n. m.** – 1851 ◊ anglais *skiff,* du français *esquif,* lombard °*skif* ▪ ANGLIC. Bateau de sport très long, effilé, pour un seul rameur, appelé *skifeur* ou *skiffeur.*

SKINHEAD [skinɛd] **n.** – 1971 *skin-head* ◊ mot anglais « crâne rasé » ▪ Garçon ou fille au crâne rasé portant des vêtements de style militaire, partisan d'une idéologie d'agressivité et de violence. *Des skinheads.* — ABRÉV. FAM. **SKIN** [skin]. *« des skins avec des chiens-loups que ça branchait de faire le salut hitlérien »* E. CARRÈRE.

SKIPPEUR, EUSE [skipœʀ, øz] **n.** – 1773 ◊ anglais *skipper* ▪ ANGLIC. MAR. ▪ **1** Capitaine d'un yacht de course-croisière. — **Recomm. offic.** *chef de bord.* ▪ **2** Barreur, barreuse d'un voilier participant à une régate. — On écrit aussi *skipper* au masculin.

SKUNKS ➤ **SCONSE**

SKYE-TERRIER [skajtɛʀje] **n. m.** – 1885 ◊ mot anglais, du nom de l'île de *Skye* et 2 *terrier* ▪ Petit chien terrier à longs poils, servant surtout de chien d'agrément. *Des skye-terriers.*

SLALOM [slalɔm] **n. m.** – 1908 ◊ mot norvégien ▪ Épreuve de ski alpin, descente sinueuse avec passage obligatoire entre plusieurs paires de piquets (➤ 1 **porte**). *Course de slalom, descente en slalom. Slalom géant* (➤ 1 **flèche**), *supergéant, spécial* (➤ **chamois**). ♦ *Slalom nautique :* épreuve de canoë et de kayak comportant des franchissements de portes. ♦ PAR ANAL. Parcours sinueux entre des obstacles. ➤ **zigzag.** *Faire du slalom entre les tables.*

SLALOMER [slalɔme] **v. intr.** ‹1› – 1939 ◊ de *slalom* ▪ SPORT Effectuer un slalom. ♦ PAR ANAL. *La moto slalome entre les autos dans les embouteillages.* ➤ **zigzaguer.**

SLALOMEUR, EUSE [slalɔmœʀ, øz] **n.** – 1936 ◊ de *slalom* ▪ Skieur, skieuse qui pratique le slalom. *Les slalomeurs et les descendeurs.*

SLAM [slam] **n. m.** – 1991 ◊ mot anglais, littéralt « claquement » ▪ ANGLIC. Forme d'art oratoire consistant à déclamer de manière très libre des textes poétiques. *Tournoi de slam.* — **n. SLAMEUR, EUSE.** — **v. intr.** ‹1› **SLAMER.**

SLASH [slaʃ] **n. m.** – v. 1980 ◊ mot anglais, de *to slash* « briser » ▪ ANGLIC. Signe typographique de séparation par une barre oblique (/). *Des slashs et des antislashs.*

SLAVE [slav] **adj.** et **n.** – 1575 ; *sclave* 1573 ◊ latin médiéval *sclavus ;* cf. *esclave* ▪ Se dit de peuples d'Europe centrale et orientale dont les langues sont apparentées. *Peuples slaves. Union slave.* ➤ **panslavisme.** *Le charme slave,* qu'on prête traditionnellement aux Russes. — **n.** *Les Slaves.* — *Langues slaves :* langues indo-européennes qui comprennent le *vieux slave* ou slavon, le macédonien, le bulgare, le polonais, le russe, le biélorusse, l'ukrainien, le bosniaque, le serbe, le croate, le slovène, le slovaque, le tchèque, ainsi que des dialectes d'Occident (plusieurs sont écrites en alphabet cyrillique*).

SLAVISANT, ANTE [slavizɑ̃, ɑ̃t] **n. et adj.** – 1906 ; *slaviste* 1876 ◊ de *slave* ■ DIDACT. ■ **1** Linguiste spécialiste des langues slaves. — On dit aussi *slaviste.* ■ **2 adj.** Qui a certains caractères slaves.

SLAVISER [slavize] **v. tr.** ‹1› – 1844 ◊ de *slave* ■ DIDACT. Rendre slave, en imposant une langue, une civilisation slave.

SLAVISTIQUE [slavistik] **n. f.** – 1917 ◊ de *slaviste* ■ DIDACT. Linguistique des langues slaves.

SLAVON, ONNE [slavɔ̃, ɔn] **adj. et n.** – 1575 «habitant de la Slavonie, ou Esclavonie» ; *slavonien* 1540 ; *esclavon* 1441 ◊ de *Slavonie* ■ De Slavonie. — **n.** *Les Slavons.* — **n. m.** LING. Langue liturgique des Slaves orthodoxes, au Moyen Âge (traduction des Évangiles, IXe s.), appelée aussi *vieux slave* ou *vieux bulgare.* ➤ **esclavon.**

SLAVOPHILE [slavɔfil] **adj. et n.** – 1852 ; d'abord en parlant des Russes hostiles à l'occidentalisation ◊ de *slave* et *-phile* ■ DIDACT. Qui aime les Slaves, les civilisations slaves.

SLEEPING [slipiŋ] **n. m.** – 1872 ◊ abrév. de l'anglais *sleeping-car,* de *car* «voiture» et *sleeping* «pour dormir» ■ ANGLIC. VX Voiture-couchette. ➤ **wagon-lit.** *Madone* des sleepings.*

SLICE [slajs] **n. m.** – 1924 golf ◊ mot anglais «tranche» ■ ANGLIC. Effet donné à une balle de tennis en la frappant latéralement et de haut en bas. *Le lift et le slice.* ◆ Au golf, Coup manqué qui dévie la balle vers la droite.

SLICER [slajse] **v. tr.** ‹3› – 1933 ◊ de *slice* ■ ANGLIC. Au tennis, Frapper (la balle) en faisant un slice. ➤ **couper. p. p. adj.** *Revers slicé.*

SLIM [slim] **n. m.** – 2005 ◊ mot anglais «mince» ■ ANGLIC. Pantalon, jean très moulant. *Un slim stretch. Des slims.* — APPOS. *Jean slim. Coupe slim.*

1 **SLIP** [slip] **n. m.** – 1903 ◊ mot anglais, de *to slip* «glisser» ■ ANGLIC. MAR. Plan incliné pour mettre à l'eau de petits bâtiments sur chariot ; pour hisser les baleines sur le pont d'un navire-usine.

2 **SLIP** [slip] **n. m.** – 1913 ◊ faux anglic., de l'anglais *slip* «combinaison de femme» ■ Culotte échancrée sur les cuisses, à ceinture basse, que l'on porte comme sous-vêtement ou comme culotte de bains. ➤ aussi **string.** *Slip ouvert,* pour hommes. *Slip kangourou*. Être en slip et en soutien-gorge. Slip de bain.* — LOC. FAM. et PLAIS. *C'est la fête du slip,* un moment de relâchement, de laisser-aller collectif.

SLOCHE [slɔʃ] **n. f.** – 1893 ◊ adaptation de l'anglais *slush* ■ (Québec) ANGLIC. (critiqué) FAM. Neige fondante qui, au sol, se détrempe et se souille. *«les traces de boue noirâtre — de* sloche, *comme on dit là-bas* [à Montréal]*»* D. NOGUEZ. — Recomm. offic. (Québec) : *gadoue.*

SLOGAN [slɔgɑ̃] **n. m.** – 1930 ; «cri de guerre» 1842 ◊ mot écossais, du gaélique «cri *(gairm)* d'un clan *(sluagh)*» ■ Formule concise et frappante, utilisée par la publicité, la propagande politique, etc. ➤ **devise.** *Slogan révolutionnaire, publicitaire. Lancer, répéter, scander un slogan.*

SLOOP [slup] **n. m.** – 1752 ◊ du néerlandais *sloep,* même origine que *chaloupe* ■ MAR. Petit navire à mât vertical gréé en cotre.

SLOUGHI [slugi] **n. m.** – *slougui* 1848 ◊ arabe maghrébin *slugi* ■ Lévrier d'Afrique du Nord. *Les «sloughis, ces fins lévriers du désert qui posent leur tête fuselée sur les genoux des seigneurs d'Afrique blanche»* TOURNIER.

SLOVAQUE [slɔvak] **adj. et n.** – *slowaque* 1841 ◊ de *Slovaquie* ■ De Slovaquie. *Les parlers slovaques s'écrivent en alphabet latin.* — **n.** *Les Slovaques.* — **n. m.** Langue slave occidentale parlée en Slovaquie.

SLOVÈNE [slɔvɛn] **adj. et n.** – 1825 ◊ de *Slovénie* ■ De Slovénie. — **n.** *Les Slovènes.* — **n. m.** *Le slovène :* langue slave méridionale (alphabet latin).

SLOW [slo] **n. m.** – 1925 ◊ mot anglais «lent» ■ Danse lente à pas glissés sur une musique à deux ou quatre temps ; cette musique. *Des slows langoureux.*

SLURP [slyʀp] **interj.** – 1976 ◊ anglais *to slurp* «boire bruyamment» ■ Bruit produit par qqn qui aspire un liquide, avale bruyamment.

SM [ɛsɛm] **n. m. et adj.** – XXe ◊ abréviation ■ FAM. ■ **1 n. m.** Sadomasochisme. *«les adeptes du SM auraient vu dans leurs pratiques l'apothéose de la sexualité»* HOUELLEBECQ. ■ **2 adj.** Sadomasochiste. *Pratiques SM.*

SMACK [smak] **interj.** – 1944 ◊ mot anglais «gros baiser» ■ Bruit d'un baiser sonore. — **n. m.** Ce baiser. *Lui qui «n'avait jamais reçu d'une fille un simple smack de sa vie»* N. FARGUES.

SMALA [smala] **n. f.** – 1847 ; *smalah* 1842 ◊ arabe *zmâla* ■ **1** Réunion de tentes abritant la famille, les équipages d'un chef arabe qui le suivent dans ses déplacements. *«la tente d'Abd-el-Kader, prise avec la Smala»* HUGO. ■ **2** (1861) FAM. et PÉJ. Famille ou suite nombreuse qui vit aux côtés de qqn, qui l'accompagne partout. ➤ **tribu.** *Il a débarqué avec sa smala.*

SMALT [smalt] **n. m.** – 1570 ; *semalte* 1536 ◊ italien *smalto* «émail» ■ TECHN. *Bleu de smalt* ou *smalt :* colorant bleu, verre pulvérisé (bleu d'azur).

SMALTITE [smaltit] **n. f.** – 1845 ◊ de *smalt* ■ MINÉR. Arséniure naturel de cobalt.

SMARAGDIN, INE [smaʀagdɛ̃, in] **adj.** – 1752 ; *(pierre) smaragdine* «émeraude» 1510 ◊ latin *smaragdinus,* du grec *smaragdos* «émeraude» ■ DIDACT. D'un vert émeraude.

SMARAGDITE [smaʀagdit] **n. f.** – 1796 ◊ de *smaragdin* ■ MINÉR. Silicate naturel de couleur verte.

SMART [smaʀt] **adj.** – 1898 ; hapax 1851 ◊ mot anglais (1851) ■ VIEILLI Élégant, chic. *Ce quartier «qui était si peu* smart *pour lui qui l'était tant»* PROUST. *Elles sont smarts* ou *smart* (inv.).

SMARTPHONE [smaʀtfɔn] **n. m.** – 1993 ◊ marque déposée ; mot anglais (1984), de *smart* «intelligent» et *phone* «téléphone» ■ ANGLIC. Téléphone portable qui assure des fonctions informatiques et multimédias (cf. Téléphone intelligent). *Les applications pour smartphone.* — Recomm. offic. ***terminal de poche*** ou *ordiphone.*

SMASH [sma(t)ʃ] **n. m.** – 1893 ◊ mot anglais «coup violent, qui écrase» ■ ANGLIC. Au tennis, Coup violent frappé de haut en bas, qui écrase la balle au sol et la fait rebondir hors de la portée de l'adversaire. *Faire un smash.* ➤ **smasher.** — Coup semblable, au ping-pong, au volleyball, au basketball, au badminton. *Des smashs.* On emploie aussi le pluriel anglais *des smashes.*

SMASHER [sma(t)ʃe] **v. intr.** ‹1› – *smacher* 1906 ◊ de *smash* ■ ANGLIC. Faire un smash.

SMECTIQUE [smɛktik] **adj.** – 1828 ; *smectin* n. m. «terre à foulon» 1740 ◊ grec *smêktikos* «propre à nettoyer», de *smên* «frotter, nettoyer» ■ **1** MINÉR. *Argile smectique :* terre à foulon pour dégraisser la laine. ■ **2** (1924) PHYS. *Phase smectique,* dans laquelle les molécules ne peuvent se déplacer qu'à l'intérieur des couches parallèles d'espacement régulier.

S. M. I. C. [smik] **n. m.** – 1968 ◊ acronyme ■ Salaire* minimum interprofessionnel de croissance. *Toucher le S. M. I. C. Être (payé) au S. M. I. C.* ➤ **smicard.**

SMICARD, ARDE [smikaʀ, aʀd] **n.** – 1971 ◊ de *S. M. I. C.* ■ FAM. Personne payée au S. M. I. C., qui ne touche que le salaire minimum ; salarié de la catégorie la plus défavorisée. *«quand j'ai du boulot, je suis smicarde»* V. DESPENTES.

SMILLE [smij] **n. f.** – 1676 ◊ p.-ê. latin *smila,* grec *smilê* «ciseau» ■ TECHN. Marteau à deux pointes avec lequel le carrier pique les moellons pour en régulariser les faces (opération du *smillage,* 1846).

SMITHSONITE [smitsɔnit] **n. f.** – 1832 ◊ de *Smithson,* n. d'un chimiste ■ MINÉR. Carbonate naturel de zinc.

SMOCKS [smɔk] **n. m. pl.** – 1920 ◊ de l'anglais *to smock* «froncer avec des fils entrecroisés», de *smock-frock* «blouse de paysan» ■ ANGLIC. Fronces décoratives, rebrodées sur l'endroit du tissu avec des fils de couleur. *Robe à smocks* (robe *smockée*).

SMOG [smɔg] **n. m.** – 1905 ◊ mot anglais, de *smoke* «fumée» et *fog* «brouillard» ■ ANGLIC. Brouillard épais formé de particules de suie et de gouttes d'eau, dans les régions humides et industrielles.

SMOKING [smɔkiŋ] **n. m.** – 1888 ◊ anglais *smoking-jacket* «veste d'intérieur», proprt «pour fumer» ■ Veston de cérémonie en drap et à revers de soie, généralement noir, que les hommes portent lorsque l'habit* n'est pas de rigueur. — Costume composé de ce veston, du pantalon à galon de soie et du gilet. — ABRÉV. FAM. **SMOK.**

SMOLT [smɔlt] **n. m.** – 1866 ◊ mot anglais ■ ANGLIC. PÊCHE Petit saumon qui redescend vers la mer au printemps. ➤ 2 **tacon.**

SMOOTHIE [smuzi] **n. m.** – v. 2000 ◇ mot anglais, de *smooth* «doux, onctueux» ■ ANGLIC. Boisson onctueuse à base de fruits frais mixés avec du lait, du yaourt ou un jus de fruit. ➤ aussi **milkshake.** *Smoothie aux fruits rouges. Bar à smoothies.*

SMORREBROD [smɔʀbʀɔd] **n. m.** – v. 1950 ◇ danois *smørrebrød*, proprt «pain beurré» ■ Petit canapé diversement garni qui peut constituer un repas, au Danemark.

SMS [ɛsɛmɛs] **n. m.** – 1996 ◇ sigle anglais, de *Short Message Service* ■ Service permettant d'envoyer et de recevoir de brefs messages écrits sur un téléphone mobile ; message ainsi échangé. ➤ 2 **texto.** *Recevoir des SMS.*

SMURF [smœʀf] **n. m.** – 1983 ◇ n. anglais du Schtroumpf, personnage de bande dessinée ■ Danse caractérisée par des mouvements syncopés et ondulatoires évoquant ceux du robot ou du mime. ➤ **breakdance. — v. intr.** ⟨1⟩ **SMURFER ; n. SMURFEUR, EUSE.**

SNACK-BAR ou **SNACKBAR** [snakbaʀ] **n. m.** – 1933 ◇ mot anglais américain, de *snack* «repas léger et hâtif» et *bar* ■ ANGLIC. Café-restaurant moderne où l'on sert rapidement des plats simples. ➤ **fast-food ;** RÉGION. **casse-croûte.** *Des snack-bars, des snackbars.* — ABRÉV. COUR. (1958) **SNACK** [snak]. *Des snacks.*

SNIF [snif] **interj.** – 1956 ◇ anglais américain *sniff*, de *to sniff* «renifler» ■ Onomatopée désignant un bruit de reniflement. *Quel chagrin ! Snif, snif ! «nos entreprises pas assez concurrentielles, les pauvres, qui, snif snif, ne peuvent pas embaucher autant qu'elles voudraient»* O. ADAM. — On écrit aussi *sniff.*

SNIFER [snife] **v. tr.** ⟨1⟩ – v. 1978 ◇ de l'anglais *to sniff* «renifler» ■ ANGLIC. **(arg. de la drogue)** Priser (un stupéfiant). ➤ **renifler.** *Snifer de la cocaïne.* — ABSOLT *«Oleg ne se cachait pas pour snifer. Il saupoudrait entre le pouce et l'index, me tendait sa main, je me bouchais une narine, j'inhalais la poudre, puis c'était son tour»* Y. HAENEL. — On écrit aussi *sniffer.* — **n. SNIFEUR, EUSE** (on écrit aussi *sniffeur, euse*). *Les snifeurs de colle.*

SNIPER [snaipœʀ] **n. m.** /SNIPEUR, EUSE **n.**/ – milieu XXᵉ ◇ mot anglais, de *to snipe* «canarder» ■ ANGLIC. Tireur embusqué et isolé. *Des snipers. «Le sniper, c'était la mort en personne qui frappe au moment le plus inattendu. De si loin. Invisible. Comme Dieu en personne»* T. BENACQUISTA. — Recomm. offic. *tireur isolé.*

SNOB [snɔb] **n. et adj.** – 1843 *le Snob*, sobriquet ◇ mot anglais «cordonnier», qui désignait en argot de l'université de Cambridge «celui qui n'était pas de l'université» ■ Personne qui admire et imite sans discernement les manières, les goûts, les modes en usage dans les milieux dits distingués. *«Le vrai "snob" est celui qui craint d'avouer qu'il s'ennuie quand il s'ennuie ; et qu'il s'amuse quand il s'amuse»* VALÉRY. *Une petite snob. Les snobs.* ♦ **adj.** *Elles sont un peu snobs.* ➤ FAM. **snobinard. (Parfois inv.)** *«Dans quelques cercles snob»* MONTHERLANT.

SNOBER [snɔbe] **v. tr.** ⟨1⟩ – 1921 ◇ de *snob* ■ Traiter (qqn) de haut, le mépriser, l'éviter par snobisme. ➤ FAM. 2 **bêcher.** *Il «ne cherchait pas à cacher que Charlus les snobait»* PROUST. — PAR EXT. *Snober une réunion*, s'abstenir de s'y rendre.

SNOBINARD, ARDE [snɔbinaʀ, aʀd] **adj. et n.** – 1955 adj. ◇ de *snob* ■ FAM. et PÉJ. Un peu snob. *Il a un côté snobinard.*

SNOBISME [snɔbism] **n. m.** – 1855 ◇ de *snob* ■ Comportement de snob. *Aimer un musicien par snobisme.* ➤ 2 **affectation, pose.**

SNOREAU [snɔʀo] **n.** – 1909 ◇ origine inconnue ■ **(Canada)** Enfant espiègle. ➤ **coquin.** — Personne rusée.

SNOWBOARD [snobɔʀd] **n. m.** – 1987 ◇ mot anglais, de *snow* «neige» et *board* «planche» ■ ANGLIC. Sport de glisse qui se pratique sur la neige, debout sur une planche. ➤ **halfpipe, surf** (des neiges). — Recomm. offic. *planche de neige.*

SNOW-BOOT ou **SNOWBOOT** [snobut] **n. m.** – 1888 ◇ de l'anglais *boot* «bottine» et *snow* «neige» ■ VIEILLI Bottillon, bottine de caoutchouc qui se porte par-dessus la chaussure. ➤ **caoutchouc,** RÉGION. 1 **claque** (II, 2°). *«mes snow-boots que j'avais pris par précaution contre la neige»* PROUST.

SNOWPARK [snopaʀk] **n. m.** – 1994 ◇ anglais américain *snow park*, de *snow* «neige» et *park* «parc» ■ Espace enneigé réservé aux surfeurs, avec des bosses et des tremplins pour exécuter des figures à ski.

SOAP-OPÉRA [sopɔpeʀa] **n. m.** – 1981 ◇ mot anglais, de *soap* «savon» et *opera*, ces feuilletons étant à l'origine produits par les lessiviers ■ ANGLIC. Feuilleton télévisé populaire, tourné rapidement. *Les soap-opéras.* — ABRÉV. FAM. **SOAP.** *Les soaps américains.*

SOBA [sɔba] **n. f.** – 1954 ; 1927 dans une traduction ◇ mot japonais «sarrasin» ■ AU PLUR. Pâtes japonaises à la farine de sarrasin, très fines, consommées chaudes ou froides. — APPOS. INV. *Nouilles soba.*

SOBRE [sɔbʀ] **adj.** – v. 1170 ◇ latin *sobrius* ■ **1** (1180) Qui mange, boit avec modération, ne consomme que l'indispensable. ➤ **frugal, modéré, tempérant.** *Ce «paysan sobre [...] vivant de pain et d'eau»* ZOLA. — LOC. FAM. *Être sobre comme un chameau*, très sobre. ♦ SPÉCIALT Qui boit peu ou pas d'alcool. ➤ **abstinent.** *«J'ai toujours remarqué que les gens faux sont sobres»* ROUSSEAU. ■ **2** LITTÉR. Mesuré, modéré. *«Joueur d'échecs, sobre de gestes, froid de paroles»* FROMENTIN. ➤ **réservé.** ♦ COUR. (CHOSES) Qui manifeste de la mesure, de la simplicité. *Vêtement de coupe sobre.* ➤ **classique,** 1 **discret, simple.** *Style sobre.* ➤ **concis*, dépouillé.** ■ CONTR. Goinfre, intempérant, ivrogne. Orné, surchargé. Excentrique, tapageur.

SOBREMENT [sɔbʀəmɑ̃] **adv.** – 1190 ◇ de *sobre* ■ De manière sobre, simple. *«sobrement décolletée, montrant à peine le sommet de ses belles épaules»* MAUPASSANT. ➤ **discrètement.**

SOBRIÉTÉ [sɔbʀijete] **n. f.** – v. 1180 ◇ latin *sobrietas* ■ **1** Comportement d'une personne, d'un animal qui boit et mange avec modération. ➤ **austérité, frugalité.** *«La sobriété est l'amour de la santé, ou l'impuissance de manger beaucoup»* LA ROCHEFOUCAULD. ♦ SPÉCIALT Le fait de boire peu ou pas d'alcool. ➤ **abstinence.** *Sobriété au volant.* ■ **2** (XVᵉ) LITTÉR. Modération, réserve (en une activité quelconque). ➤ **continence, retenue.** *«La parfaite raison fuit toute extrémité, Et veut que l'on soit sage avec sobriété»* MOLIÈRE. ➤ **mesure.** — *Sobriété de la tenue.* ➤ **discrétion.** ■ CONTR. Gloutonnerie, intempérance, ivrognerie. Excès, excentricité.

SOBRIQUET [sɔbʀikɛ] **n. m.** – *soubriquet* XVᵉ ; «coup sous le menton» 1355 ◇ origine inconnue ■ Surnom familier, souvent moqueur. *«Jadis les gens du peuple n'étaient connus que par un sobriquet tiré de leur profession, de leur pays»* BALZAC.

SOC [sɔk] **n. m.** – v. 1170 ◇ gaulois °*succos* ; cf. irlandais *socc* «ruisseau» ■ Pièce de charrue composée d'une lame métallique triangulaire qui tranche horizontalement la terre. *Soc de charrue. «le soc et le coutre détachaient avec peine la bande qu'ils tranchaient, dans ce labour»* ZOLA. ■ HOM. Socque.

SOCCER [sɔkœʀ] **n. m.** – 1973 ◇ mot anglais américain, de *association football* ■ ANGLIC. **(Canada)** Jeu de ballon collectif. ➤ **football.**

SOCIABILISER [sɔsjabilize] **v.** ⟨1⟩ – 1826 ; répandu fin XXᵉ ◇ de *sociable* ■ **1 v. tr.** Rendre sociable. *«Les sports d'équipe sont une façon de sociabiliser les enfants»* (Ouest-France, 2015). ■ **2 v. intr.** Rechercher et entretenir des relations humaines aimables. *Sociabiliser avec ses voisins.* — *«Elle avait parlé, écouté, ri,* sociabilisé *même»* GAVALDA. — **n. f. SOCIABILISATION** (1832).

SOCIABILITÉ [sɔsjabilite] **n. f.** – 1665 ◇ de *sociable* ■ **1** DIDACT. Aptitude à vivre en société. — SOCIOL. Principe des relations entre personnes. *Sociabilité spontanée, organisée.* ■ **2** COUR. Caractère d'une personne sociable, de commerce facile. ➤ **amabilité, civilité.** *«La sociabilité qui nous distingue, ce commerce charmant, facile et rapide»* CHATEAUBRIAND. ■ CONTR. Asociabilité, autisme, insociabilité, misanthropie.

SOCIABLE [sɔsjabl] **adj.** – 1540 ; «uni, lié» 1342 ◇ latin *sociabilis*, de *sociare* «associer» ■ **1** DIDACT. Capable de vivre en association permanente et paisible avec ses semblables. ➤ **social.** *L'être humain est un animal sociable. — Insectes sociables.* ■ **2** (1635) Qui est capable de relations humaines aimables, recherche la compagnie, le commerce de ses semblables. ➤ **accommodant, agréable, aimable.** *«Indulgent et sociable encore pendant la journée, il était impitoyable le soir»* BAUDELAIRE. — *Il est d'un caractère très sociable.* ➤ **facile, liant.** ♦ LITTÉR. Qui favorise les relations sociales (en parlant d'un milieu). *«Lyon, avec son génie éminemment sociable, unissant les peuples comme les fleuves»* MICHELET. ■ CONTR. Insociable. Sauvage ; bourru, 2 farouche, inadapté, misanthrope.

SOCIAL, IALE, IAUX [sɔsjal, jo] **adj.** – 1557 ; «agréable aux autres» 1506 ; «associé» 1352 ◇ latin *socialis* «sociable, relatif aux alliés», de *socius* «compagnon»

I RELATIF À UN GROUPE HUMAIN A. EN PARLANT DE LA SOCIÉTÉ CONSTITUÉE ■ **1** (répandu XVIIIᵉ) Relatif à un groupe d'individus, un groupe humain, conçu comme une réalité distincte (➤ **société**) ; qui appartient à un tel groupe et participe de ses caractères (opposé à *biologique, psychique, individuel*). *Vie sociale*, en société. *Rapports sociaux, relations sociales*, des personnes entre elles dans la société. *Le langage est un acte social. L'ordre social. «Il est également vain de refuser ou d'accepter l'ordre social : force nous est d'en subir* *les changements en mieux ou en pire avec un conformisme désespéré, comme nous subissons la naissance, l'amour, le climat et la mort»* CIORAN. ◆ Qui forme une société ou un élément de société. *La famille, élément social. L'édifice social.* — DIDACT. Qui constitue les humains en communauté, en société. *«Du Contrat social», œuvre de Rousseau. «Le Contrat social est une convention supposée entre deux personnages, l'un abstrait, c'est la totalité des individus* [...] *l'autre concret* [...] *c'est l'unanimité des individus pris isolément»* É. BOUTMY. ◆ Relatif aux rapports entre les personnes, au groupe. *Réseaux* sociaux. Médias* sociaux.* SOCIOL. *Faits, phénomènes sociaux,* qui résultent des relations réciproques entre les membres du groupe ou du tout organique que forme la société. *Psychologie sociale,* qui étudie l'interaction entre l'individu et les groupes auxquels il appartient. — PAR EXT. *Animaux sociaux,* qui vivent en société (par oppos. à *solitaire*). ➤ **sociable.** *Insectes sociaux* (abeilles, fourmis, termites). ◆ Qui étudie la société. *Les sciences sociales* : les sciences humaines envisagées d'un point de vue sociologique. ■ **2** (En parlant de la répartition des individus dans la société, du point de vue de la division du travail et de ses effets sur la société) Propre à la société constituée. *Classes, couches sociales. Milieu social.* ➤ **condition.** *Inégalités, injustices sociales. Fracture* sociale. Échelle, hiérarchie sociale. Réussite sociale.* — *Propriété sociale,* collective. ➤ **socialisme.** *Fonction d'utilité sociale,* qui concerne la collectivité. ➤ **service** (public).

B. RELATIF AUX RAPPORTS DE CLASSES (opposé à *économique, politique*). (v. 1830) *«La substitution des questions sociales aux questions politiques»* HUGO. *Climat social. Dialogue social. Cohésion sociale. Conflits sociaux. «la guerre sociale est la plus impitoyable de toutes les guerres»* SALACROU. *Paix sociale. Justice sociale.* — *République sociale.* ➤ **socialiste.** ELLIPT *Vive la sociale !* — Qui est destiné au bien de tous, à venir en aide aux personnes qui en ont besoin. *Assurances* sociales. Sécurité* sociale. Couverture* sociale. Service* social. Bureau d'aide sociale. SAMU social.* (PERSONNES) *Assistante* sociale. Cas* social.* — SPÉCIALT Qui concerne les conditions matérielles des travailleurs (généralement en vue de leur amélioration). *Lois, mesures sociales. Avantages sociaux. Législation sociale. Protection sociale. T. V. A.* sociale. Politique sociale,* concernant la situation matérielle de certains groupes sociaux particuliers (notamment pour corriger les disparités). *Mesures de politique sociale en faveur des plus défavorisés. Réinsertion* sociale. Plan social (d'accompagnement)* : mesures sociales et économiques accompagnant une série de licenciements économiques. (PERSONNES) *Partenaires* sociaux.* ◆ SUBST. *Faire du social. «Il suffit qu'on vive en dehors du social pour qu'on ne puisse plus s'entendre avec lui»* GIONO.

II RELATIF AUX RELATIONS ENTRE PERSONNES ■ **1** (1530, repris 1765) VIEILLI Favorable à la vie en commun (➤ **sociable**). *Qualités sociales.* ■ **2** MOD. Relatif à la vie mondaine, aux relations dans la société. *Conventions sociales. «Il nous suffira dans les trois quarts des circonstances de suivre sans nous en inquiéter davantage les impulsions du conformisme social»* L. BRUNSCHVICG.

III (1723) **RELATIF À UNE SOCIÉTÉ CIVILE OU COMMERCIALE** *Raison* sociale. Capital* social. Siège* social.*

■ CONTR. Individuel. Antisocial.

SOCIAL-DÉMOCRATE [sɔsjaldemɔkʀat] adj. et n. – 1893 *sozialdemokrate* ◇ allemand *Sozialdemokrat* ■ Partisan de la social-démocratie, dans différents pays. — n. *Les sociaux-démocrates.*

SOCIAL-DÉMOCRATIE [sɔsjaldemɔkʀasi] n. f. – 1899 ◇ de *social-démocrate* ■ POLIT. Socialisme allemand, de tendance réformiste. — PAR EXT. Socialisme réformiste. *Les social-démocraties scandinaves.*

SOCIALEMENT [sɔsjalmɑ̃] adv. – 1767 ; «d'une manière sociable» 1530 ; *sociellement* «en société» 1282 ◇ de *social* ■ Quant aux rapports humains dans la société, et SPÉCIALT aux rapports entre classes sociales. *Groupes socialement différenciés.*

SOCIALISATION [sɔsjalizasjɔ̃] n. f. – 1831 ◇ de *socialiser* ■ **1** VX ou DIDACT. Le fait de développer des relations sociales, de s'adapter et de s'intégrer à la vie sociale. *La socialisation du jeune enfant.* ■ **2** (1846) MOD. Le fait d'opter pour la propriété collective, publique. ➤ aussi **collectivisation, étatisation, nationalisation.** *La socialisation des moyens de production, des circuits de distribution.* ➤ aussi **coopérative.**

SOCIALISER [sɔsjalize] v. tr. ‹1› – 1786 ◇ de *social* ■ **1** DIDACT. Susciter ou développer les rapports sociaux chez (qqn), entre (les membres d'un groupe). *L'école socialise les enfants.* ◆ INTRANS. COUR. Faire connaissance. *Socialiser avec ses voisins.* ➤ **sympathiser.** *Deux filles «qui, à la table voisine, ne demandent qu'à socialiser»* E. CARRÈRE. ■ **2** (1859) Gagner au socialisme. ■ **3** (1865 «placer sous le régime de l'association») Gérer ou diriger au nom de la société entière (➤ **socialisme**). *Socialiser la propriété.* ➤ **collectiviser.** — *Médecine socialisée,* procurant tous les soins médicaux à une population et alimentée par les fonds publics.

SOCIALISME [sɔsjalism] n. m. – 1831 ◇ de *social,* d'après l'anglais *socialism* (1822) ou l'italien *socialismo* (1803) ■ Doctrine d'organisation sociale qui entend faire prévaloir l'intérêt, le bien général, sur les intérêts particuliers, au moyen d'une organisation concertée (opposé à *libéralisme*) ; organisation sociale qui tend aux mêmes buts, dans un souci de progrès social (➤ **progressisme**). *Socialisme démocratique ; autoritaire, collectiviste* (➤ **collectivisme**). *Socialisme d'État* (➤ **étatisation, étatisme**). *Socialisme réformiste et socialisme révolutionnaire. Socialisme de Saint-Simon* (➤ **saint-simonisme**), *de Fourier* (➤ **fouriérisme**), *de Marx* (➤ **marxisme**), *de Lénine* (➤ **léninisme**). *Socialisme et communisme*.* ◆ ABSOLT *Le socialisme* : en France, de nos jours, Les partis de gauche non communistes et non libéraux ; à l'étranger, Travaillisme, social-démocratie, etc. *«Il faut que le socialisme sache relier les deux pôles, le communisme ouvrier et l'individualisme paysan»* JAURÈS. ◆ VOC. MARXISTE Phase transitoire de l'évolution sociale, après l'élimination du capitalisme, mais avant que le communisme puisse être instauré. *Le socialisme soviétique.*

SOCIALISTE [sɔsjalist] adj. et n. – 1842 ; n. 1833 ; «antirévolutionnaire» 1798 ◇ de *social* ■ **1** Relatif à l'une des doctrines ou des organisations sociales appelées socialismes ; qui fait profession de socialisme. *Le parti socialiste (P. S.). Parti socialiste anglais* (➤ **travailliste**), *allemand* (➤ **social-démocrate**). — HIST. *Les Internationales socialistes. Le parti socialiste S. F. I. O.* (Section française de l'Internationale ouvrière). *Parti socialiste unifié (P. S. U.).* ◆ n. *Un, une socialiste. «Le socialiste par raison peut avoir tous les défauts du riche ; le socialiste par sentiments doit avoir toutes les vertus du pauvre»* RENARD. ■ **2** Qui appartient à un parti se réclamant du socialisme. *Député socialiste.* n. *«Les socialistes, les radicaux, tous les types plus ou moins vaguement "de gauche"»* SARTRE. ➤ aussi **radical-socialiste.** — VAR. FAM. **SOCIALO** [sɔsjalo]. *Les socialos. Les élus socialos.* ■ **3** Relatif au socialisme organisé dans certains pays. *Union des républiques socialistes soviétiques (U. R. S. S.).*

SOCIATRIE [sɔsjatʀi] n. f. – 1972 ◇ de *soci(o)-* et *-iatrie* ■ DIDACT. Psychothérapie du comportement social.

SOCIÉTAIRE [sɔsjetɛʀ] adj. et n. – 1779 ◇ de *société* ■ **1** Qui fait partie d'une société d'acteurs. *Membre sociétaire.* n. *Sociétaire de la Comédie-Française.* ■ **2** (En parlant d'autres sociétés, d'associations, de mutuelles) Associé. ➤ aussi **adhérent, membre.** *«Les femmes sociétaires se disposaient à voter contre lui»* LECOMTE. n. *Numéro de sociétaire.* ■ **3** DR. Qui est constitué en société. *Entreprise individuelle ou entreprise sociétaire. Exploitations agricoles sous forme sociétaire.*

SOCIÉTAL, ALE, AUX [sɔsjetal, o] adj. – 1923, répandu 1972 ◇ de *société* ■ Relatif à la société (II, 2°), à ses valeurs, ses institutions. *Débat sociétal. Enjeux, défis sociétaux.*

SOCIÉTARIAT [sɔsjetaʀja] n. m. – 1872 ◇ de *sociétaire* ■ ADMIN. Qualité de sociétaire. *Être admis par cooptation au sociétariat de la Comédie-Française.*

SOCIÉTÉ [sɔsjete] n. f. – fin XIIe, au sens I, 2° ◇ du latin *societas,* famille de *socius* «compagnon», «associé», «allié» et «voisin»

I RELATIONS ENTRE DES PERSONNES QUI ONT OU QUI METTENT QQCH. EN COMMUN ■ **1** DR. *Contrat de société* : acte par lequel plusieurs personnes (➤ **associé**) décident de mettre en commun des moyens, des biens et de partager ce qui en résulte ; la personne morale ainsi créée (cf. infra, III, 3°). — *Société coopérative.* ➤ **coopérative.** ■ **2** (fin XIIe) VX Relations entre des personnes ; vie en compagnie, en groupe. ➤ **commerce, relation.** *«Le plaisir de la société entre les amis se cultive par une ressemblance de goût»* LA BRUYÈRE. — COUR. **DE SOCIÉTÉ :** qui s'exerce en société, dans les réunions amicales, familiales. *Un talent de société. Jeux de société* : jeux distrayants qui peuvent se jouer à plusieurs. ■ **3** (1580, Montaigne) **LA SOCIÉTÉ DE (qqn) :** relations habituelles avec une ou plusieurs personnes. ➤ **compagnie.** *Rechercher la société des femmes.* ➤ **fréquentation.** — *En société, dans la société de qqn* (cf. En compagnie).

II GROUPE D'INDIVIDUS A. COEXISTENCE DURABLE ▪ **1** État particulier à certains êtres, qui vivent en groupes plus ou moins nombreux et organisés. *« La société est l'union des hommes, et non pas les hommes »* MONTESQUIEU. ➤ **communauté.** *La vie en société.* ➤ **social.** *Chez la fourmi, « le fait de vivre en société efface l'inhumanité de son existence »* QUENEAU. ▪ **2** (1670) Ensemble des individus entre lesquels existent des rapports durables et organisés, le plus souvent établis en institutions et garantis par des sanctions ; milieu humain par rapport aux individus, ensemble des forces du milieu agissant sur les individus (contrainte sociale). ➤ **communauté, groupe.** *Société politique. La société civile :* l'ensemble des citoyens qui n'appartiennent pas au monde politique. *« la séparation, devenue ritournelle, de la "société civile" et de "l'État" »* R. DEBRAY. *Relatif à la société.* ➤ **collectif, public, social.** *Phénomène, problème, fait de société.* ➤ **sociétal.** *Des « "faits de société," c'est-à-dire, pour employer le mot dont on se servait avant l'invention du néo-français, des mœurs »* DUTOURD. *Évolution de la société. Avoir une dette envers la société. Être au ban* de la société.* ◆ **UNE SOCIÉTÉ :** groupe social limité dans le temps et dans l'espace. *« Humaine ou animale, une société est une organisation »* BERGSON. *Sociétés d'abeilles, de termites.* ➤ **colonie.** *Les sociétés primitives. Société féodale. Les valeurs, la culture d'une société. Les institutions, les usages, les coutumes d'une société. « Une société ne saurait subsister sans un gouvernement »* MONTESQUIEU. — Type d'état social. *La société capitaliste. La société sans classes. La société de consommation*.* ▪ **3** DIDACT. Tout groupe social, important ou non, permanent ou non, organisé ou spontané. ➤ **association, collectivité, communauté ; clan, famille, tribu.** *« Toute société partielle, quand elle est étroite et bien unie, s'aliène de la grande »* ROUSSEAU.

B. COEXISTENCE DUE À UNE ACTIVITÉ ▪ **1** (1650) Ensemble de personnes réunies pour une activité commune ou par des intérêts communs. *« Je réunis autour de moi une société d'écrivains »* CHATEAUBRIAND. ➤ **entourage.** ◆ (1860) Groupe de personnes actuellement réunies. ➤ **assemblée, assistance, compagnie.** *Toute la société se mit debout.* ▪ **2** (1756) Les personnes qui ont une vie mondaine, les couches aisées. ➤ **monde.** *Les usages de la bonne société.* (1832) *La haute société,* ou *la société.* ➤ **aristocratie, gentry,** FAM. **gratin** (cf. Le grand monde*, la haute*). *La haute société internationale.* ➤ **jet-set** (ANGLIC.). *« Se mêler à ce que l'orgueil des gens riches appelle la société »* STENDHAL.

III GROUPE ORGANISÉ ET PERMANENT, INSTITUÉ POUR UN BUT PRÉCIS ▪ **1** (1656) Compagnie ou association religieuse. ➤ **congrégation.** *La Société de Jésus.* ▪ **2** (1668) Organisation fondée pour un travail commun ou une action commune. *Société savante* (➤ **institut**). *Société sportive.* ➤ 1 **club.** *Membres d'une société.* ➤ **sociétaire.** — (1842) *Société secrète :* organisation clandestine qui poursuit en secret des menées subversives (politiques, sociales). ▪ **3** (1636) Personne morale créée par un contrat de société, dont le patrimoine social est constitué par les apports de chaque associé. *Créer, fonder, vendre, dissoudre une société. Siège social d'une société. Gérant, directeur d'une société. Le capital d'une société. Détenir des parts, des actions dans une société* (➤ **actionnaire**). *Statuts* d'une société. Impôt sur les sociétés,* sur leurs bénéfices. — *Société privée, nationale, nationalisée.* ➤ **affaire, compagnie, entreprise, établissement, firme, maison.** *Société nationale des chemins de fer français (S. N. C. F.). Société d'économie* mixte. La société et ses filiales, ses succursales. Réunion de plusieurs sociétés.* ➤ **cartel, conglomérat, groupe, holding, trust.** *Société multinationale.* ◆ DR. *Société de moyens. Société de capitaux, société par actions*.* — *Société civile,* ayant une activité non commerciale. *Société civile professionnelle (S. C. P.),* entre personnes exerçant une même profession libérale ou entre officiers ministériels. *Société civile immobilière (S. C. I.),* qui a pour objet un bien immobilier. — *Société commerciale,* qui réalise des opérations commerciales à but lucratif. (1673) *Société anonyme (S. A.),* dont le capital est constitué par voie de souscription (➤ 2 **action**). *Société à responsabilité limitée (S. A. R. L.),* dont les parts sociales ne sont pas négociables. *Société de personnes, par intérêt,* dont la part de chaque associé est personnelle et généralement non cessible. (1857) *Société en nom collectif,* dont les associés ont la qualité de commerçants et sont personnellement et solidairement responsables de toutes les dettes sociales. *Société en commandite*.* ◆ *Société d'assurances.* ➤ **compagnie, mutuelle.** *Société de crédit.* ➤ **établissement.** *Société financière. Société d'ingénierie. Société de services. Société d'aménagement foncier et d'établissement rural (S. A. F. E. R.).* — FIN. *Société de Bourse,* qui a le monopole du courtage des opérations de Bourse (remplace l'agent* de change). *Société civile de placement immobilier (S. C. P. I.). Société d'investissement* (cf. Fonds* commun de placement). *Société d'investissement à capital variable.* ➤ **sicav.** ▪ **4** DR. INTERNAT. Association d'États. HIST. *La Société des Nations* ou *S. D. N.* (remplacée par l'Organisation des Nations unies, depuis 1946).

SOCINIANISME [sɔsinjanism] **n. m.** – 1691 ◊ de *socinien,* de *Socin, Sozini,* hérétique italien ▪ RELIG. Doctrine hérétique de Socin qui rejette la Trinité, la divinité de Jésus.

SOCIO ➤ **SOCIOLOGIE**

SOCIO- ▪ Élément, du radical de *social, société.*

SOCIOBIOLOGIE [sɔsjobjɔlɔʒi] **n. f.** – 1902, répandu 1977 ◊ de *socio-* et *biologie* ▪ DIDACT. Étude des fondements biologiques des comportements sociaux et animaux. — **adj. SOCIOBIOLOGIQUE ; n. SOCIOBIOLOGISTE.**

SOCIOCULTUREL, ELLE [sɔsjokyltyʀɛl] **adj.** – 1948 ◊ de *socio-* et *culturel* ▪ DIDACT. Qui concerne à la fois les structures sociales et la culture qui y correspond ; relatif à la culture d'un groupe social ou d'un type de groupe social. *Animateur socioculturel. Institution socioculturelle.*

SOCIODRAME [sɔsjodʀam] **n. m.** – 1950 ◊ de *socio-* et *drame,* d'après l'anglais *sociodrama* ▪ PSYCHOL. Technique de psychothérapie de groupe reposant sur l'improvisation, par les membres du groupe, de scènes dramatiques sur un thème donné. ➤ **psychodrame.**

SOCIOÉCONOMIQUE [sɔsjoekɔnɔmik] **adj.** – 1957 ◊ de *socio-* et *économique* ▪ DIDACT. Relatif aux phénomènes sociaux, économiques et à leurs relations. *Enquête, étude socioéconomique. Conditions socioéconomiques.* ➤ aussi **socioprofessionnel.** *« les difficultés socio-économiques, donc politiques »* SAUVY.

SOCIOGENÈSE [sɔsjoʒənɛz] **n. f.** – v. 1960 ◊ de *socio-* et *-genèse* ▪ DIDACT. Développement du comportement social de l'individu. ◆ Rôle joué par les facteurs sociaux dans la genèse des troubles psychiques.

SOCIOGRAMME [sɔsjogʀam] **n. m.** – milieu XXe ◊ de *socio-* et *-gramme* ▪ DIDACT. En sociologie descriptive, Représentation graphique des relations individuelles entre les différents membres d'un groupe.

SOCIOLECTE [sɔsjɔlɛkt] **n. m.** – 1974 ◊ de *socio-* et *(dia)lecte* ▪ LING. Parler d'un groupe social (à l'exception des usages liés à la zone géographique ➤ **dialecte**). *Sociolecte et idiolecte.*

SOCIOLINGUISTIQUE [sɔsjolɛ̃gɥistik] **n. f.** et **adj.** – v. 1950 ◊ de *socio-* et *linguistique,* d'après l'anglais ▪ DIDACT. Partie de la linguistique qui traite des relations entre langue, culture et société. — **adj.** *Étude sociolinguistique de la néologie.* — **n. SOCIOLINGUISTE.**

SOCIOLOGIE [sɔsjɔlɔʒi] **n. f.** – 1830, mot créé par Comte ◊ de *socio-* et *-logie* ▪ Étude scientifique des faits sociaux humains, considérés comme appartenant à un ordre particulier, et étudiés dans leur ensemble ou à un haut degré de généralité. *La sociologie dépend de la biologie* (au sens large), *de l'anthropologie.* ➤ **sociobiologie.** *« si on voit en elle, [...] un ensemble de recherches positives portant sur l'organisation et le fonctionnement des sociétés du type le plus complexe, la sociologie devient une spécialité de l'ethnographie »* LÉVI-STRAUSS. *Sociologie démographique, économique, politique. Sociologie du travail, de la religion, de l'art.* — ABRÉV. FAM. **SOCIO.** *Cours de socio.* ◆ PAR EXT. Étude de toutes les formes de sociabilité et de sociétés. *Sociologie végétale* (➤ **phytosociologie**), *animale.*

SOCIOLOGIQUE [sɔsjɔlɔʒik] **adj.** – 1850 ◊ de *sociologie* ▪ **1** De la sociologie. *Analyse, approche sociologique. Enquête, statistique sociologique.* ▪ **2** ABUSIVEMENT Relatif aux faits étudiés par la sociologie. *Un phénomène sociologique.* ➤ **social.**

SOCIOLOGIQUEMENT [sɔsjɔlɔʒikmɑ̃] **adv.** – 1907 ◊ de *sociologique* ▪ Du point de vue de la sociologie.

SOCIOLOGISME [sɔsjɔlɔʒism] **n. m.** – 1907 ◊ de *sociologie* ▪ DIDACT. Théorie affirmant la priorité épistémologique des faits sociaux.

SOCIOLOGUE [sɔsjɔlɔg] **n.** – 1888 ◊ de *sociologie* ▪ Spécialiste de sociologie.

SOCIOMÉTRIE [sɔsjɔmetʀi] **n. f.** – 1946 ◊ de *socio-* et *-métrie*, par l'anglais *sociometrics* (1937) ■ DIDACT. Méthode d'application de la mesure aux relations et réactions humaines (➤ **audimétrie**). — **adj. SOCIOMÉTRIQUE.**

SOCIOPATHE [sɔsjɔpat] **n. et adj.** – v. 1950 ◊ de *socio-* et *-pathe* ■ PSYCHIATR. Personne affectée de troubles de la personnalité entraînant un comportement asocial. *« C'était un vieil et sinistre individu, froid, sûr de lui, égotiste, dans l'île on l'aurait sans doute affublé du qualificatif de sociopathe à sang froid »* M. G. DANTEC.

SOCIOPOLITIQUE [sɔsjopɔlitik] **adj.** – 1864 ◊ de *socio-* et *politique* ■ Qui concerne à la fois les données sociales et politiques. *Profil sociopolitique des électeurs.*

SOCIOPROFESSIONNEL, ELLE [sɔsjopʀɔfesjɔnɛl] **adj.** – 1948 ◊ de *socio-* et *professionnel* ■ DIDACT. Se dit des catégories servant à classer la population dans les statistiques (économiques, professionnelles). ➤ **socioéconomique.** *Catégories socioprofessionnelles* (agriculteur, employé, ouvrier, cadre moyen, etc.). — **n.** Représentant de ces catégories. *Les socioprofessionnels.*

SOCIOTHÉRAPIE [sɔsjoteʀapi] **n. f.** – 1899 ◊ de *socio-* et *-thérapie* ■ DIDACT. ■ **1** Psychothérapie visant à l'intégration harmonieuse de l'individu à un groupe ou à une amélioration des relations dans le groupe (➤ **sociodrame**). ■ **2** Ensemble de mesures sociales mises en œuvre pour permettre à un malade mental de se réinsérer dans son milieu.

SOCKET ou **SOQUET** [sɔkɛ] **n. m.** – 1930 *soquet* ◊ anglais *socket*, de même sens ■ (Belgique) Douille dans laquelle on fixe le culot d'une ampoule. ♦ PAR MÉTON. Culot d'une ampoule. — REM. On écrit parfois *socquet*.

SOCLE [sɔkl] **n. m.** – 1636 ◊ italien *zoccolo* « sabot », du latin *socculus*, de *soccus* → socque ■ **1** Base sur laquelle repose un édifice, une colonne (➤ **soubassement, stylobate**), ou qui sert de support à une statue (➤ **acrotère, piédestal**), une pendule, une lampe, un vase (➤ **gaine**). *Un Bouddha géant « idole dorée de quinze à vingt mètres de haut, montée sur un énorme socle de bronze »* LOTI. ■ **2** GÉOL. Plateforme, soubassement. *Socle continental*, sur lequel reposent les mers peu profondes. ➤ **plateau.** ■ **3** FIG. Élément fondamental. ➤ **base, fondement.** ♦ DIDACT. (en France) *Le socle commun de connaissances et de compétences*, que les élèves doivent maîtriser à la fin de la scolarité obligatoire. — ELLIPT *L'école du socle.*

SOCQUE [sɔk] **n. m.** – 1611 ◊ latin *soccus* ■ ANTIQ. ROM. Chaussure basse que portaient les acteurs de la comédie. ♦ Chaussure sans quartier, généralement à semelle de bois (portée par certains religieux, ou à la campagne). ➤ **sabot.** *« Les socques de la vieille Marthe claquaient déjà sur les marches »* BERNANOS. ■ HOM. Soc.

SOCQUET ➤ **SOCKET**

SOCQUETTE [sɔkɛt] **n. f.** – v. 1930 ◊ de l'anglais *sock*, du latin *soccus*, et diminutif français *-ette* ■ Chaussette arrivant au-dessus de la cheville.

SOCRATIQUE [sɔkʀatik] **adj.** – 1540 ◊ latin *socraticus*, grec *sôkratikos* ■ DIDACT. Propre à Socrate, ou qui l'évoque. *Philosophie, dialogues socratiques. « Cette figure socratique à nez camus »* BALZAC. *Amour, mœurs socratiques* : pédérastie.

SODA [sɔda] **n. m.** – 1837 ◊ abrév. de l'anglais *soda-water* ; cf. ancien français *soda, sode* « soude » (v. 1370) ■ Boisson gazeuse aromatisée. ➤ RÉGION. **liqueur.** *Soda au citron* (➤ **limonade**), *à l'orange amère* (➤ **tonic**). — Eau gazéifiée, eau de Seltz. ELLIPT *Des whiskys soda.*

SODÉ, ÉE [sɔde] **adj.** – 1855 ◊ du radical de *soude* → soude ■ CHIM. Qui contient du sodium. *Alcool sodé. Camphre sodé.* ♦ (1872) Qui contient de la soude. *Chaux sodée.*

SODIQUE [sɔdik] **adj.** – 1826 ◊ de *sodium* ■ CHIM. Relatif au sodium, à la soude. *Sels sodiques.*

SODIUM [sɔdjɔm] **n. m.** – 1808 ◊ de l'anglais *soda* → soude ■ CHIM. Élément atomique (SYMB. Na ; n° at. 11 ; m. at. 22,99), métal alcalin mou très répandu, blanc d'argent, qui se ternit très rapidement à l'air, brûle à l'air, réagit violemment avec l'eau, avec formation de soude et dégagement d'hydrogène. *Le sodium ne se rencontre qu'en combinaisons. Hydroxyde de sodium* (soude caustique), *peroxyde de sodium ; carbonates de sodium* (bicarbonate ou sel de Vichy, cristaux ; ➤ **natron**), *chlorure de sodium* (➤ **sel**), *cyanure, nitrate* (salpêtre du Chili), *borate* (➤ **borax**), *hydrure de sodium.*

SODOKU [sɔdɔku] **n. m.** – 1916 ◊ du japonais *so* « rat » et *doku* « poison » ■ MÉD. Maladie infectieuse, due à un spirochète, transmise par la morsure de rongeurs (notamment du rat).

SODOMIE [sɔdɔmi] **n. f.** – XIIe ◊ de *Sodome*, n. d'une ville de Palestine, détruite avec Gomorrhe à cause de leur corruption ■ Pour un homme, Pratique du coït anal avec un homme (➤ **homosexualité, pédérastie**) ou avec une femme.

SODOMISER [sɔdɔmize] **v. tr.** ‹1› – 1587 ◊ de *sodomie* ■ Pratiquer la sodomie sur (qqn). ➤ VULG. **enculer.**

SODOMITE [sɔdɔmit] **n. m.** – XIIe ◊ latin religieux *sodomita* ■ VIEILLI Celui qui se livre à la sodomie, et SPÉCIALT homosexuel (actif ou passif). ➤ **aussi pédéraste.**

SŒUR [sœʀ] **n. f.** – 1533 ; v. 1225 *suer* ; 1080 *soer* (cas sujet) et *sorur* (cas régime) ◊ latin *soror* ■ **1** Personne de sexe féminin, considérée par rapport aux autres enfants des mêmes parents ; ou encore d'un même père *(sœur consanguine)* ou d'une même mère *(sœur utérine)* (➤ **demi-sœur** dans ces deux derniers cas). *Les frères et les sœurs sont des collatéraux parents au deuxième degré. Sœur aînée, cadette ;* FAM. *grande, petite sœur. Sœurs jumelles, siamoises**. *« Anne, ma sœur Anne, ne vois-tu rien venir ? »* PERRAULT. *La sœur de son conjoint* (➤ **belle-sœur**), *de sa mère ou de son père* (➤ **tante**). *Le mari* (➤ **beau-frère**), *les enfants de sa sœur* (➤ **neveu, nièce**). — MYTH. *Les neuf sœurs, les doctes sœurs* : les Muses. *Les sœurs filandières* : les trois Parques. ♦ LOC. *Vivre comme frère** *et sœur.* (1833 argot des militaires) FAM. IRON. *Et ta sœur ?*, pour inviter qqn à se mêler de ce qui le regarde, ou pour couper court à des propos insupportables ou invraisemblables. *« Tu crois qu'ils entreront à Tolède ? – Et ta sœur ? – T'emballe pas, Pepe ! »* MALRAUX. ♦ (1538) *Sœur de lait**. ♦ (Afrique noire) Enfant (fille) né de l'un des parents ou des deux parents, par rapport aux autres enfants. *Sœur même mère* (utérine), *même père* (consanguine), *même père même mère* (germaine). — Personne de sexe féminin de la même famille et de la même génération que la personne considérée. ➤ **demi-sœur ; cousine.** ■ **2** (*soer* 1080) Personne pour laquelle on a la tendresse que peut inspirer une sœur. *« Mon enfant, ma sœur »* BAUDELAIRE. ■ **3** FIG. (XVIe) Se dit de choses (de genre féminin) qui sont apparentées. *« un monde où l'action n'est pas la sœur du rêve »* BAUDELAIRE. *« Toutes les passions sont sœurs »* ROUSSEAU. ♦ EN APPOS. *Âme sœur*, se dit d'une personne qui est faite pour en bien comprendre une autre de sexe opposé. *« Les âmes sœurs finissent par se trouver quand elles savent s'attendre »* GAUTIER. ♦ (Formant un comp.) *Cellules-sœurs* : cellules identiques provenant de la division simple d'une cellule (dite *cellule-mère*). ■ **4** (XIIIe ; *seror* 1192) Titre donné aux religieuses dans la plupart des ordres ou des communautés. *La sœur Thérèse. Bonjour ma sœur.* — Religieuse non cloîtrée des ordres charitables et enseignants. *Sœurs de la Charité* (cf. Filles de la Charité*). *Petites sœurs des pauvres. « Une sœur ? – Oui, la sœur Luce, de Saint-Joseph »* P. BENOIT. — LOC. FAM. **BONNE SŒUR** : religieuse. ➤ **nonne.** *Les bonnes sœurs et les curés.*

SŒURETTE [sœʀɛt] **n. f.** – 1611 ◊ diminutif de *sœur* « religieuse » 1458 ■ Terme d'affection envers une sœur plus jeune.

SOFA [sɔfa] **n. m.** – 1519 ◊ arabe *soffah* ■ **1** HIST. Estrade élevée couverte de coussins, en Orient. *Le grand vizir donnait des audiences sur un sofa.* ■ **2** (1657) COUR. Lit de repos à trois appuis, servant aussi de siège. ➤ **canapé, divan.**

SOFFITE [sɔfit] **n. m.** – 1676 ◊ italien *soffitto*, latin populaire °*suffictus*, classique *suffixus*, de *suffigere* « fixer par-dessous, suspendre » ■ ARCHIT. Dessous d'un ouvrage, d'un larmier. — Plafond à caissons décorés de rosaces. *L'ancien plafond « s'était conservé avec ses caissons, ses soffites, ses losanges »* GAUTIER.

SOFT [sɔft] **adj. et n. m.** – 1976 ◊ mot anglais « doux » ■ ANGLIC. ■ **1** Sans violence, calme. *Une ambiance soft. Un débat soft.* ■ **2** SPÉCIALT Se dit de la forme allusive des images et des spectacles pornographiques. *Film porno soft. Des scènes softs* ou *soft* (inv.). — **n. m.** *« Le soft, c'est quand les acteurs font semblant et le hard c'est quand ils baisent pour de bon »* R. JORIF. ■ **3** **n. m.** (de l'anglais *soft drink*) Boisson sans alcool (soda, jus de fruit...). *La cafétéria sert de la bière et des softs.* ■ CONTR. Hard, hardcore.

SOFTBALL [sɔftbol] **n. m.** – 1980 ; au Canada 1967 ◊ mot anglais, de *soft* « mou » et *ball* « ballon » ■ ANGLIC. Sorte de baseball pratiqué sur un terrain plus petit avec une balle plus grosse et moins dure. ➤ RÉGION. **balle** (molle). *Une équipe féminine de softball.*

SOFTWARE [sɔftwaʀ ; sɔftwɛʀ] **n. m.** – 1965 ◊ mot anglais américain, dans l'argot des ingénieurs, de *soft* « doux, mou » et *ware*, suffixe d'instruments ; d'après *hardware* ■ ANGLIC. Moyens d'utilisation, programmes, etc., d'un système informatique (opposé à *hardware*). ➤ **progiciel, programmation.** — ABRÉV. FAM. *Le soft.* — Recomm. offic. *logiciel,* n. m.

SOI [swa] pron. pers. – fin xe ◊ du latin *se,* en position accentuée → se

Pronom personnel réfléchi de la 3e personne. ➤ **lui** (IV) ; et aussi **elle, eux** (cf. POP. Sa pomme).

I SE RAPPORTANT À DES PERSONNES A. REPRÉSENTANT UN SUJET INDÉTERMINÉ ▪ **1** En fonction d'attribut (avec l'inf. ou reprenant un indéterminé tel que *on, chacun, quiconque, personne*) Le même, la même. *Devenir, rester soi* (ou plus souvent *soi-même*). « *Mourir ! Ne plus être ! Ne plus être soi !* » R. ROLLAND. ▪ **2** En fonction de compl. d'objet dir. (après *ne... que*) *N'aimer que soi, n'estimer que soi.* ▪ **3** COUR. Introduit par une préposition (début xive) *À soi.* « *Tout dans la nature songe à soi et ne songe qu'à soi* » DIDEROT. *Rapporter tout à soi. Revenir* à soi. — L'amour de soi.* ➤ **propre.** *Rester maître de soi.* ➤ **self-control.** *Hors* de soi.* « *jouer la comédie est proprement une destruction de soi, une démolition* » JOUVET. *Confiance en soi. Chacun pour soi et Dieu pour tous. Prendre* sur soi.* « *Comme on voit devant soi un objet, il voyait devant lui ce fait* » MONTHERLANT. *Malgré soi. Rester, rentrer chez soi.* — *À part** soi (altération de *par soi*). ➤ **aparté.**

B. REPRÉSENTANT UN SUJET DÉTERMINÉ (fin xie) VX (on emploie plutôt *lui, elle*) « *Un homme droit, fermé, sûr de soi* » SARTRE. — (MOD., quand *lui [elle, eux]* serait ambigu) *Il* « *s'expliquait trop bien* [...] *que le comte fût à peine maître de soi* » BOURGET.

C. PHILOS. ▪ **1** Représentant tout sujet de personne, déterminé ou non (cf. ci-dessous, IV, 3° : Le soi). *La présence à soi :* la conscience. ▪ **2 POUR SOI,** se dit de la manière d'être, d'exister, de l'être conscient. « *Avoir conscience, c'est exister pour soi* » MAINE DE BIRAN. — SUBST. *Le pour-soi* (Sartre), opposé à *l'en-soi* ou au « pour-autrui ». « *Le pour soi, ou la conscience* » HAMELIN.

II REPRÉSENTANT UN SUJET DE CHOSE ▪ **1** Introduit par une préposition *La diligence descendait* « *entraînant après soi un long panache de poussière* » FLAUBERT. — LOC. *Cela va de soi :* c'est tout naturel, évident (cf. Ça coule* de source). *Cela ne va pas de soi :* ce n'est ni évident, ni simple. ▪ **2 EN SOI :** de par sa nature, abstraction faite de toute autre chose. « *Ce n'est pas la douleur en soi qui rachète, mais la douleur acceptée* » MAURIAC. ◆ PHILOS. **EN SOI :** qui existe indépendamment du contenu de l'esprit ; ou (chez Kant) indépendamment de l'apparence, de la connaissance humaine. *Le noumène est une chose en soi.* — Dans l'existentialisme, Mode d'être de ce qui n'est pas conscient. SUBST. *L'en-soi et le pour-soi.*

III SOI-MÊME (forme renforcée ; renvoie à un sujet de personne déterminé ou plus souvent indéterminé). ➤ **auto-.** ▪ **1** En appos. du sujet. *Ici, on fait tout soi-même.* — FAM. Lui-même (cf. En personne*). « *un grand pote à nous, Henri Pollak soi-même* » PEREC. ▪ **2** Attribut. « *Ce vœu cher aux amants : être à la fois soi-même et un autre que soi* » SARTRE. ▪ **3** Renforçant *se. Il est* « *plus difficile de se juger soi-même que de juger autrui* » SAINT-EXUPÉRY. ▪ **4** Compl. d'objet (après *ne... que,* une comparaison) « *On a beau chercher, on ne trouve jamais que soi-même* » FRANCE. *Aimer son prochain comme soi-même.* ▪ **5** Introduit par une préposition (fin xe) « *Il s'était dit à soi-même : "J'aime Donna Lucrezia"* » VAILLAND. *Sortir de soi-même.* PROV. *On n'est jamais si bien servi* que par soi-même. Charité bien ordonnée commence par soi-même.* ▪ **6** n. m. inv. (1640) *Un autre soi-même :* un ami intime. ➤ **alter ego.**

IV LE SOI n. m. inv. ▪ **1** La personnalité, le moi de chacun, de chaque sujet. ➤ **moi.** « *qu'est-ce que la discipline sinon l'empire du soi sur soi ?* » BOURGET. ▪ **2** (1948 ◊ traduction de l'allemand *Es* opposé à *Ich* « je » [Freud]) PSYCHAN. Ensemble des pulsions inconscientes. ➤ 2 **ça.** *Le soi, le moi et le surmoi.* ▪ **3** La conscience ; l'être en tant qu'il est pour lui-même. « *Le soi renvoie* [...] *précisément au sujet. Il indique un rapport du sujet avec lui-même* » SARTRE.

▪ CONTR. Autrui. ▪ HOM. Soie, soit.

SOI-DISANT [swadizɑ̃] adj. inv. et adv. – v. 1470 ◊ de *soi* et *disant,* de 1 *dire* ▪ **1** (PERSONNES) Qui se dit, qui prétend être tel. « *la soi-disant comtesse* » DAUDET. *Ces soi-disant héros. Le soi-disant plombier était un cambrioleur.* ▪ **2** (Emploi critiqué) Qui n'est pas ce qu'on en dit, qui n'est pas vraiment. ➤ **prétendu ; présumé.** *Le soi-disant escroc était un honorable diplomate.* « *La soi-disant liberté de pensée reste parfaitement illusoire* » GIDE. *Une soi-disant consultation populaire* (➤ **parodie**). ▪ **3** adv. (1790) Prétendument, d'une manière apparente, présumée. « *Notre père venu à Paris, soi-disant pour affaires* » H. BORDEAUX. — loc. conj. POP. *Soi-disant que* (et indic.) : il paraît, on prétend que. *Soi-disant qu'il n'a pas reçu ma lettre.*

1 **SOIE** [swa] n. f. – v. 1170 ; *seie* 1150 ◊ latin populaire *seta,* classique *saeta*

I ▪ **1** Substance filiforme sécrétée par quelques arthropodes (*ver à soie* ➤ **bombyx**), essentiellement constituée par deux protéines (séricine et fibroïne), utilisée comme matière textile. *Production de la soie.* ➤ **sériciculture ; magnanerie.** *Préparation de la soie grège* (ou *brute, crue, écrue*) : étouffage des cocons, dévidage, tirage aboutissant au *fil de soie. Moulinage* (ou *ouvraison*), *décreusage de la soie. Soie torse* (➤ **organsin**), *floche ; folle* (➤ **effiloche**). *Déchets de soie.* ➤ 1 **bourre, schappe.** *Industrie de la soie* (➤ **canut, soyeux**). — *Étoffes, tissus de soie* (brocart, crêpe, faille, foulard, lampas, pongé, reps, satin, shantung, surah, taffetas, tussor). *Gaze, jersey, mousseline, popeline, twill de soie. Bas de soie. Foulard, cravate en soie.* FAM. *Péter* dans la soie.* ◆ Tissu de soie. ➤ **soierie.** « *Des femmes enveloppées de la tête aux pieds dans des soies asiatiques étrangement lamées d'argent ou d'or* » LOTI. ◆ (1889 ; appellation interdite en 1934) VX *Soie artificielle.* ➤ **rayonne.** ▪ **2** *Papier de soie :* papier translucide et brillant, fait avec de la pâte de chiffon et de la pâte de bois. ▪ **3** *Soie sauvage :* matière filamenteuse produite par certaines chenilles de l'Inde, de la Chine et du Japon. ➤ **tussah.** — *Soie végétale :* fibre cellulosique fournie par les graines de certaines plantes, et qu'on a essayé d'utiliser comme textile.

II ▪ **1** (xiiie) Poil long et rude des porcins (➤ **sétacé**). *Soies du porc. Brosse, pinceau en soie de sanglier.* ➤ 2 **saie.** ▪ **2** (1803) BOT. Pédicelle des bryophytes.

▪ HOM. Soi, soit.

2 **SOIE** [swa] n. f. – 1680 ; *saye, soyée, soyette* xive « cheville d'un coffre » ◊ origine inconnue ▪ TECHN. Prolongement en pointe de la lame (d'un couteau, d'une épée, etc.) sur lequel on monte le manche ou la poignée. ➤ **talon.**

SOIERIE [swaʀi] n. f. – 1424 ; *sayerie* 1328 ◊ de 1 *soie* ▪ Tissu de soie. *Les soieries de Lyon. Rayon des soieries.* ◆ (1694) SING. COLLECT. *La soierie :* l'industrie et le commerce de la soie. *Être dans la soierie* (➤ **soyeux**).

SOIF [swaf] n. f. – xiie ; var. *sei, soi* xiie ; *soif,* p.-ê. d'après des mots du type *noif,* cas régime de *nois* « neige » ◊ latin *sitis* ▪ **1** Sensation correspondant à un besoin de l'organisme en eau. *La soif résulte de la dessiccation de la muqueuse de la bouche et du pharynx, et de la déshydratation. Soif pathologique.* ➤ **dipsomanie, potomanie.** *Donner soif.* ➤ **altérer.** *Avoir soif, grand'soif* (VX) (ou *grand-soif*), *très soif.* ➤ **assoiffé ; pépie.** POP. *Il fait soif. Souffrir de la soif. Haleter de soif.* ➤ **tirer** (la langue). *Mourir de soif.* PAR HYPERB. « *Harassé de fatigue, mourant de soif, brûlé par un soleil de plomb* » MÉRIMÉE. — « *La soif s'en va en buvant* » RABELAIS. *Étancher sa soif.* LOC. *Boire jusqu'à plus soif,* beaucoup, outre mesure. FIG. *Jusqu'à plus soif :* à satiété. — *Boire sans soif.* SUBST. FAM. *Un boit-sans-soif :* un soiffard. — *Rester sur sa soif :* n'avoir pas assez bu pour étancher sa soif ; FIG. éprouver encore le besoin d'une chose, n'être pas satisfait (cf. Rester sur sa faim*). « *Un concert sans Wagner ou Beethoven et nous demeurions sur notre soif* » DUHAMEL. — *Garder une poire* pour la soif.* ◆ FIG. Besoin d'eau (d'une terre, d'un végétal). *Les rosiers ont soif, il faut les arroser.* ▪ **2** Désir passionné et impatient. *Soif de l'or.* ➤ **avidité.** *Avoir soif de vengeance, de liberté, de tendresse.* « *On sait assez que l'inquiétude de cet âge est une soif d'aimer* » STENDHAL. « *J'ai soif d'indépendance pour mes dernières années* » CHATEAUBRIAND.

SOIFFARD, ARDE [swafaʀ, aʀd] adj. et n. – 1842 ; *soiffeur* 1830 ◊ de *soif* ▪ POP. Qui est toujours prêt à boire, qui boit exagérément (du vin, de l'alcool). ➤ **ivrogne.** « *Une jeunesse guerrière et soiffarde, à qui la guerre* [...] *créait momentanément des loisirs* » HENRIOT. — n. *Un sacré soiffard.*

SOIGNABLE [swaɲabl] adj. – xxe ◊ de *soigner* ▪ Que l'on peut soigner. *Cette maladie est aujourd'hui soignable.* ➤ **curable.**

▪ CONTR. Insoignable.

SOIGNANT, ANTE [swaɲɑ̃, ɑ̃t] adj. – 1910 ◊ de *soigner* ▪ Chargé des soins aux malades dans un établissement hospitalier. *Le personnel soignant, l'équipe soignante de la clinique. Un aide-soignant, une aide-soignante.* ➤ 2 **aide.** — n. *Les soignants et les patients.*

SOIGNÉ, ÉE [swaɲe] adj. – 1690 ◊ de *soigner* ▪ **1** Dont on a pris soin ; qui prend soin de sa personne. *Elle est très soignée de sa personne.* ➤ **impeccable ;** FAM. **clean.** — *Mains soignées.* ➤ 1 **net, propre.** ▪ **2** Fait avec soin, avec application. *Travail soigné.* ➤ **consciencieux ;** FAM. **chiadé.** *Cuisine soignée.* ▪ **3** FAM. IRON. Excessif (en parlant d'une chose désagréable). *Plutôt soignée l'addition !*

SOIGNER [swaɲe] v. ‹1› – *soignier* «procurer, fournir» XIIe ◊ origine controversée ; probablt du latin *somniare* «rêver, avoir un songe» → songer. Cf., pour le glissement de sens, *penser* et *panser*

I v. intr. VX Veiller (➤ **songer**). *«que vous soignez à fortifier un camp et à prendre une ville»* VOITURE.

II v. tr. (XVIe ; *soigner de qqn, qqch.* après 1350) MOD. ▪ **1** S'occuper du bien-être et du contentement de (qqn), du bon état de (qqch.). ➤ **bichonner, chouchouter, choyer, dorloter.** *Soigner ses hôtes, sa clientèle. «ma maison à tenir, mon mari à soigner»* FLAUBERT. FAM. *Soigner qqn aux petits oignons**. — *Soigner un sportif* (➤ **soigneur**). — *Soigner un cheval.* ➤ **panser.** — *Soigner des fleurs.* ➤ **cultiver.** *«ses bananiers exceptionnellement soignés, donneraient des fruits exceptionnellement beaux»* DURAS. *Soigner ses outils,* les entretenir avec grand soin. *Soigner ses ongles.* — PAR ANTIPHR. FAM. *Soigner qqn,* lui nuire, le voler. *Ils nous ont soignés, dans ce restaurant !* ➤ **arranger.** ♦ **v. pron.** S'occuper de son bien-être, de son apparence physique (par les soins du corps, ses tenues vestimentaires). *«Une femme qui se soigne* [...] *demeure jeune et désirable»* L. DAUDET. ▪ **2** Apporter du soin à (ce qu'on fait). *Soigner un travail, la présentation d'un travail. Soigner un menu.* — PAR EXT. *Soigner sa mise. «Les actions importantes de sa vie étaient savamment conduites ; mais il ne soignait pas les détails»* STENDHAL. ➤ **lécher, peaufiner ;** FAM. **fignoler.** ▪ **3** S'occuper de rétablir la santé de (qqn). *Soigner un malade, un animal blessé. Le médecin qui me soigne.* ➤ **traiter.** LOC. FAM. *Il faut te faire soigner :* tu es fou ! ♦ **v. pron. (réfl.)** *Soigne-toi bien ! Il se soigne lui-même* (➤ **automédication**). *Se soigner par les plantes.* — LOC. FAM. *Je suis* (et adj.) *mais je me soigne :* je tente de remédier à la situation. ▪ **4** S'occuper de guérir (un mal). *Soigner une brûlure. Esculape «soignait même les plus bénignes maladies en divertissant ses malades»* HENRIOT. *Soigner son rhume.* LOC. FAM. *Il faut soigner ça !* (en parlant d'un comportement fâcheux, anormal). *«C'est donc de la jalousie gratuite* [...] *Faut soigner cela !»* MAUPASSANT. ♦ **v. pron. (pass.)** Pouvoir ou devoir être soigné (maladie). *La tuberculose se soigne bien.* LOC. FAM. *Ça se soigne !* se dit à qqn dont on juge le comportement peu normal.

▪ CONTR. Maltraiter. Bâcler, négliger.

SOIGNEUR, EUSE [swaɲœʀ, øz] n. – 1903 ◊ de *soigner* ▪ **1** Personne chargée d'apporter des soins à un sportif (SPÉCIALT un boxeur, un catcheur, un cycliste), d'entretenir sa condition physique. ➤ **masseur.** *«un des soigneurs lui offrit de jeter dans le ring la serviette qui est le signal de l'abandon»* HÉMON. ▪ **2** Personne chargée des soins d'hygiène et de l'alimentation d'animaux. ➤ **animalier.** *Les soigneurs d'un zoo.*

SOIGNEUSEMENT [swaɲøzmɑ̃] adv. – XIIIe ; *soniousement* 1190 ◊ de *soigneux* ▪ D'une façon soigneuse, avec soin. *«la chevelure calamistrée et noire de danseur mondain soigneusement ordonnée»* C. SIMON. *«noter soigneusement et dans le plus grand détail tout ce qui se produit»* SARTRE. — *Éviter soigneusement qqch.*

SOIGNEUX, EUSE [swaɲø, øz] adj. – XIIIe ; *songnous* v. 1190 ◊ de *soigner* ▪ **1** *Soigneux de qqch.* : qui veille à, qui a soin, prend soin de. ➤ **soucieux (de).** *Louis-Philippe était «soigneux de sa santé, de sa fortune, de sa personne, de ses affaires»* HUGO. — (1538) *Soigneux à* (VX), *soigneux de* (VIEILLI) et l'inf. *«Soigneux d'étaler de l'érudition»* BOSSUET. ▪ **2** (XVIe) VIEILLI Qui est fait avec soin, avec méthode (en parlant d'une action). ➤ **soigné.** *Travail soigneux.* ➤ **appliqué.** *Des recherches soigneuses.* ➤ **sérieux.** ▪ **3** (1651) COUR. Qui soigne (II, 2°) ce qu'il fait, son ouvrage ; y apporte du soin. ➤ **appliqué, diligent, minutieux.** *Une employée très soigneuse.* ♦ (1782) Qui est propre et ordonné, ne salit, n'abîme pas. *Peintre en bâtiment soigneux.* ➤ **propre.** ▪ CONTR. Indifférent (à). Grossier, sommaire. Désordonné, négligent, sale.

SOIN [swɛ̃] n. m. – XIIIe ; v. 1155 *soing* ; 1080 *soign* ◊ probablt du latin *somnium, sonium* «rêve, songe» → soigner

I CE QUI PRÉOCCUPE ▪ **1** VX Préoccupation qui inquiète, tourmente. ➤ **inquiétude, 1 souci.** ♦ Effort, mal qu'on se donne pour obtenir ou éviter qqch. *«Cette femme vaut bien sans doute que je me donne tant de soins»* LACLOS. ▪ **2** VIEILLI OU LITTÉR. Pensée qui occupe l'esprit, relative à un objet auquel on s'intéresse, ou à un objet à réaliser. ➤ **préoccupation, 1 souci.** *«Le goût du plaisir nous attache au présent. Le soin de notre salut nous suspend à l'avenir»* BAUDELAIRE. ♦ MOD. *«mon premier soin fut de tisser d'abord les liens»* GIDE. — LOC. (1538) **AVOIR, PRENDRE SOIN DE** (et l'inf.) : penser à, s'occuper de. ➤ **songer, veiller (à)** (cf. Faire attention à, prendre garde à). *Il faut prendre soin d'arroser les fleurs. Le névrosé «garde ses réflexes sociaux et prend grand soin de rester dans les limites de la vie sociale»* MAUROIS. — **AVOIR SOIN QUE** (et subj.). *«ils ont grand soin que leurs "aveux" soient* [...] *dissimulés»* GIDE. ♦ PAR EXT. Occupation, travail dont on est chargé. ➤ **charge, responsabilité.** *Je vous laisse le soin de le prévenir, d'organiser la rencontre. On lui confia le soin de la maison, de l'affaire.* ➤ **conduite.** ▪ **3 AVOIR, PRENDRE SOIN DE (qqn, qqch.)** : soigner (II, 1°), s'occuper du bien-être de (qqn), du bon état de (qqch.). *Il a bien pris soin d'elle pendant sa maladie. «S'il avait soin de lui-même et de ses habits, il n'aurait pas l'air d'un va-nu-pied !»* BALZAC. *«permettez que ce soit moi qui prenne soin de vos vieux jours»* BEAUMARCHAIS.

II LES SOINS Actes par lesquels on soigne (II, 1°) qqn, qqch. ➤ **attention, prévenance, sollicitude.** *Les soins apportés à un enfant. «Gentil, plein de soins, d'égards, de tendresse»* MAUPASSANT. *«Pour vous rendre les soins que vous m'avez prodigués avec tant d'amitié»* RENAN. *Aux bons soins de Monsieur X,* se dit d'une lettre confiée à qqn pour qu'il la remette à son destinataire. ♦ (1655) VX Actions agréables à qqn, destinées à séduire, attacher. ➤ **assiduité.** — SPÉCIALT (1657) **PETITS SOINS :** attentions délicates. *«Billets-Doux, Petits-Soins»* MOLIÈRE. ➤ **cajolerie, douceur.** MOD. LOC. *Être aux petits soins pour qqn, avec qqn,* être très attentionné à son égard. *«L'équipe médicale qui l'entourait là-bas était aux petits soins, elle avait été dorlotée»* M. G. DANTEC. ♦ Actions par lesquelles on donne à son corps une apparence nette et avenante. *Les soins du corps.* ➤ **hygiène ; 2 manucure, pédicure.** *Soins de beauté.* — AU SING. *Se faire faire un soin dans un institut de beauté. Crème de soin.* ♦ (XVIe ; au sing. XVIIe) Actions par lesquelles on conserve ou on rétablit la santé (➤ **soigner,** II, 3°). *Premiers soins donnés à un blessé.* ➤ **secours ;** et aussi **SAMU.** *Recevoir des soins dans un hôpital.* ➤ aussi **nursage.** *Soins intensifs :* unité hospitalière recevant des patients nécessitant une surveillance constante, assurée par un équipement et un personnel spécialisés. ➤ **réanimation.** *Soins de suite**. *Soins à domicile. Soins palliatifs**. *Soins médicaux, dentaires.* ➤ aussi **traitement.** *Feuille** *de soins. Parcours** *de soins.*

III LE SOIN Manière appliquée, exacte, scrupuleuse (de faire qqch.). ➤ **application, minutie, sérieux ; soigneux.** *«Le soin que l'on apporte inconsciemment aux gestes les plus ordinaires»* GREEN. *Faire qqch. avec soin* (➤ **soigneusement**). ♦ Ordre et propreté ; aspect soigné. *Jardin entretenu avec soin. Un enfant sans soin. Un travail qui manque de soin.*

▪ CONTR. Mépris. Incurie, négligence, nonchalance.

SOIR [swaʀ] n. m. – XIIe ; *seir* 1080 ; *ser* 980 ◊ latin *sero* adv. «tard», de *serus* «tardif» ▪ **1** Déclin et fin du jour ; moments qui précèdent et qui suivent le coucher du soleil. ➤ **crépuscule** (cf. Déclin* du jour, tombée de la nuit*). *Le soir descend, tombe. «La tombée du soir imprégnait le parc de fraîcheur»* MAUPASSANT. *La mélancolie du soir.* ➤ **vespéral.** — *Prière, office du soir.* ➤ **complies, vêpres.** *Repas du soir.* ➤ **2 dîner.** *Salut du soir.* ➤ **bonsoir** (cf. Bonne nuit*). ♦ **(Compl. circonstanciel)** *Le soir :* à la fin du jour. ➤ **brune** (cf. Entre chien* et loup). *«C'est le matin et le soir que l'on pense au temps* [...] *Le soir on constate ; le matin on invente»* ALAIN. *Chaque soir, tous les soirs. «Vivement ce soir qu'on se couche !»* DABIT. *Médicament à prendre matin, midi et soir. Du matin** *au soir, du soir au matin.* ▪ **2** La partie de la journée pendant laquelle le soleil décline, se couche, et le début de la nuit, jusqu'à minuit. SPÉCIALT Les dernières heures du jour et les premières de la nuit (opposé à *après-midi*). ➤ **soirée.** *Sortir le soir. Robe du soir. La presse du soir. Le journal télévisé du soir.* — LOC. *Être du soir :* aimer se coucher tard, être actif le soir (➤ **couche-tard**). *Ce soir :* la soirée d'aujourd'hui. *À ce soir.* — *Hier soir ; hier, la veille au soir ; le quinze au soir. Venez dimanche soir. Demain soir.* — *Tous les samedis soir(s).* ♦ **UN SOIR :** un jour le soir, et PAR EXT. un jour. *«On est tout surpris, un beau soir, de trouver la satiété où l'on recherchait le bonheur»* BEAUMARCHAIS. ♦ *Le Grand Soir :* le jour de la Révolution sociale. ▪ **3** Temps qui va de midi à minuit (dans le décompte des heures). — COUR. Temps qui va de 4 ou 5 heures de l'après-midi à minuit. *Six heures du soir.* ➤ **P. M.** ▪ **4** FIG. et LITTÉR. Fin. *Le soir de la vie.* ➤ **vieillesse.** ▪ CONTR. Matin. ▪ HOM. Seoir.

SOIRÉE [swaʀe] n. f. – 1564 ◊ réfection de *serée* 1180 ; de *soir* ▪ **1** Temps compris entre le déclin du jour et le moment où l'on s'endort. ➤ **veillée ; soir.** *Les longues soirées d'hiver. Passer ses soirées à lire. Les programmes télévisés de la soirée. «Où finirai-je ma soirée ? Il est trop tôt pour me coucher»* DAUDET. *En fin de soirée.* ▪ **2** (1764 ; *serée* 1636) Réunion qui a lieu le soir, généralement après le dîner. *Donner une soirée dansante.* ➤ **bal, 2 boum ;** RÉGION. **ambiance.** *Soirée mondaine. Soirée littéraire.* ➤ **salon.** *Capitaine** *de soirée.* — IRON. *Charmante* *soirée !* se dit d'une soirée, et PAR EXT. d'un moment désagréable. — *Tenue de soirée*, très habillée. *Tenue de soirée de rigueur.* ◆ Séance de spectacle qui se donne le soir (opposé à *matinée*). *Projeter un film en soirée.* ■ CONTR. Matinée ; après-midi.

SOIT [swa] **conj. et adv.** – XIIIe ◇ troisième pers. du sing. du subj. prés. de 1*être*

I conj. ■ **1** (Marquant l'alternative) **SOIT... SOIT.** ➤ **ou.** *Soit l'un, soit l'autre.* « *Soit indifférence, soit crainte superstitieuse, elle ne parlait jamais de religion* » DAUDET. *Soit en bien, soit en mal ; soit avant, soit après.* « *Soit comme reines, soit comme favorites* » NERVAL. — (Avec un v. au sing.) « *Soit le pape, soit Venise mettrait* [...] *la main sur Rimini* » MONTHERLANT. — (Avec un v. au plur.) « *Mais, soit la poésie, soit l'ironie,* [...] *ont alors tout sauvé* » H. CLOUARD. — *Soit que..., soit que...* (et subj.). « *Soit que je me sentisse trop fatigué, soit que m'attirât davantage, dans les petites rues, le spectacle de la débauche* » GIDE. ◆ LITTÉR. (avec *ou**) *Soit qu'il se meuve ou non.* ■ **2** (Présentant une hypothèse ou une supposition) Étant donné. *Soit un triangle équilatéral A, B, C. Soit les deux hypothèses suivantes.* ◆ À savoir, c'est-à-dire. *Soixante secondes, soit une minute.* « *Des signes qui tombent sous le sens, soit bruit, son, image* » PAULHAN.

II adv. d'affirmation SOIT [swat] (valeur de concession). ➤ 1**bien**, 1**bon** (cf. Admettons, je veux bien). *Eh bien soit ! Soit : je te pardonne.* « *Il la pria de lui jouer encore quelque chose. – Soit, pour te faire plaisir !* » FLAUBERT (cf. D'accord).

■ HOM. (du I) Soi, soie.

SOIT-COMMUNIQUÉ [swakɔmynike] **n. m. inv.** – 1878 ◇ de 1*être* et *communiquer* ■ DR. CR. *Ordonnance de soit-communiqué*, rendue par le juge d'instruction pour transmettre la procédure au parquet lorsque la personne mise en examen demande sa mise en liberté provisoire, ou lorsque l'information est complète.

SOIXANTAINE [swasɑ̃tɛn] **n. f.** – 1399 ; *seisanteine* XIIe ◇ de *soixante* ■ **1** Nombre de soixante ou environ. *Une soixantaine d'années.* ■ **2** Âge de soixante ans. *Approcher de la soixantaine, friser la soixantaine* (➤ **sexagénaire**).

SOIXANTE [swasɑ̃t] **adj. numér. inv. et n. m. inv.** – 1380 ; *seisante* 1080 ◇ *soixante* d'après le latin *sexaginta*

I adj. numér. card. Nombre entier naturel équivalant à six fois dix (60 ; LX). ■ **1** Avec ou sans déterm. *Une heure a soixante minutes. Âgé de soixante ans.* ➤ **sexagénaire ; soixantaine.** — (En composition pour former un adj. card.) *Soixante et onze ; soixante-quinze. Soixante mille. Les soixante et un participants. Soixante et un mille voix* (ou RARE *soixante et une*). **ord.** *Page 61 (soixante et un ou soixante et une).* — **SOIXANTE-DIX (70 ; LXX).** ➤ **septante.** *Âgé de soixante-dix ans.* ➤ **septuagénaire.** *Un disque soixante-dix-huit tours.* **ord.** *La guerre de 70* (1870). ◆ **SOIXANTE-HUIT. ord.** *Les évènements de mai 68* (1968). ➤ **soixante-huitard.** ◆ (d'après la graphie 69) FAM. *Un soixante-neuf (69)* : position sexuelle dans laquelle les partenaires, étendus tête-bêche, pratiquent des relations buccogénitales (➤ **cunnilingus, fellation**). — (Pour former un adj. ord.) *Soixante et unième. Soixante et onzième.* ■ **2** PRONOM. *Ils sont venus à soixante.*

II adj. numér. ord. Soixantième. ■ **1** *Page 60.* — (En supprimant le quantième du siècle) *Les années 60* ou *soixante.* ➤ **sixties.** ■ **2** SUBST. MASC. Ce qui porte le numéro 60. *Il habite au 60. Le 60 est gagnant.* ◆ (Avec *du*) Taille, pointure numéro 60. *Ce chapeau, c'est du 60.* ■ **3** SUBST. FÉM. Chambre, table numéro 60. *L'addition de la 60.*

III n. m. inv. ■ **1** (Sans déterm.) *Soixante moins vingt, quarante. Système procédant par soixante.* ➤ **sexagésimal.** — *Soixante pour cent* (ou *60 %*). ■ **2** (Avec déterm.) Le chiffre, le numéro 60.

SOIXANTE-HUITARD, ARDE [swasɑ̃tɥitaʀ, aʀd] **adj. et n.** – 1970 ◇ de *soixante-huit*, d'après *quarante-huitard* ■ FAM. Qui concerne les évènements de mai 1968. *L'esprit soixante-huitard.* — **n.** Personne qui a participé à ces évènements, en a conservé l'esprit. « *Ils nous ont bien eus quand même, les soixante-huitards, en faisant mine de s'opposer à la société de consommation* » C. ONO-DIT-BIOT.

SOIXANTIÈME [swasɑ̃tjɛm] **adj. et n.** – v. 1307 ; *seissantisme* 1138 ◇ de *soixante* ■ **1 adj. numér. ord.** Qui a le numéro soixante pour rang. *Être dans sa soixantième année.* — (Dans une compétition) *Arriver soixantième à un concours.* **n.** *Être le, la soixantième sur la liste.* ◆ (En composition pour former des adj. ord.) *Sept cent soixantième* (760e). ■ **2 adj. fractionnaire** Se dit d'une partie d'un tout également divisé ou divisible en soixante. — SUBST. MASC. *Un soixantième* (1/60). *Sept cent-soixantièmes* (7/160).

SOJA [sɔʒa] **n. m.** – 1842 « sauce contenant des graines de soja » ; *soi, soui* 1765 ; *soya* 1745 ◇ mot mandchou, du japonais *soy*, par l'anglais *soja*, sous l'influence de l'allemand ■ Au Canada, on dit *soya* [sɔja]. ■ **1** Plante herbacée annuelle *(légumineuses papilionacées)*, originaire d'Extrême-Orient, cultivée pour ses graines oléoprotéagineuses. *Huile de soja. Lait de soja. Pâte de soja.* ➤ **miso, tofu.** *Tourteau, farine de soja.* ■ **2** Haricot d'une variété à petites graines verdâtres *(soja vert)* que l'on consomme germées *(pousses, germes de soja).*

1**SOL** [sɔl] **n. m.** – 1538 ; *soul* XVe ◇ latin *solum* ■ **1** Partie superficielle de la croûte terrestre, à l'état naturel ou aménagée pour le séjour des humains. *S'asseoir à même le sol, sur le sol. Avion qui touche le sol.* « *rasant le sol comme l'hirondelle avant l'orage* » BEAUMARCHAIS (➤ **rase-motte**). *Au ras du sol. Ramper sur le sol. Être cloué au sol. Feuilles qui jonchent le sol. Creuser le sol. Piscine hors sol. Sol dur, raviné, détrempé. Sol qui s'effondre, se dérobe. Les « collines dorées, derniers mouvements du sol »* FROMENTIN. ➤ **relief.** — *Essai au sol d'un avion* (opposé à *en vol*). — **loc. adj.** (1954) MILIT. **SOL-SOL, SOL-AIR,** se dit d'un engin lancé à partir du sol contre un objectif terrestre ou aérien. *Des missiles sol-sol.* — PAR EXT. *Atterrir sur le sol lunaire.* ■ **2** Terre, surface de terre (considérée comme objet de propriété). ➤ **fonds, tréfonds.** *Le sol français.* ➤ **territoire.** *Le sol natal.* ➤ **patrie.** *Le droit du sol*, permettant à un individu d'acquérir la nationalité du territoire de naissance (opposé à *droit du sang*). — *Surface au sol d'un bâtiment*, surface qu'il occupe sur le terrain. *Surface au sol et surface habitable**. — *Plan d'occupation des sols* (*P. O. S.* [pɔs], remplacé par le *plan local d'urbanisme** ou *PLU*). ■ **3** Surface plane, généralement horizontale, constituant la limite inférieure d'une pièce d'habitation, d'une construction. *Le sol d'une terrasse, d'un appartement. Revêtement de sol* : carrelage, linoléum, moquette, parquet. « *Le sol est en bois ordinaire, noirci par la boue et de grossiers lavages* » ROBBE-GRILLET. ➤ 1**plancher.** *Sol en terre battue. Entretien des sols. Du sol au plafond* (cf. De fond en comble*). — *Exercices* (de gymnastique) *au sol.* ◆ PAR EXT. *Tapis de sol d'une voiture.* ■ **4** GÉOL. « Formation naturelle de surface à structure meuble, d'épaisseur variable, résultant de la transformation de la roche mère sous-jacente sous l'influence de divers processus physiques, chimiques et biologiques » (A. Demolon). *Le sol et le sous-sol. Science du sol.* ➤ 2**pédologie.** *Genèse des sols* : désagrégation, altération et transformation des roches. ➤ **pédogenèse.** *Constituants des sols* : sable, calcaire, substances colloïdales (de nature minérale ou organique ; argile et humus). *Sols sablonneux, argileux, calcaires. Sols gelés.* ➤ **permafrost.** ◆ COUR. Terre. ➤ **terrain, terroir.** *Pauvreté, appauvrissement, richesse du sol. Culture, exploitation du sol. Tomates cultivées hors sol* (➤ **hors-sol**). FIG. *Une politique hors sol*, coupée des réalités, du terrain. *Un élu hors sol*, déconnecté. ■ HOM. Sole.

2**SOL** [sɔl] **n. m. inv.** – XIIIe ◇ 1re syll. du mot *solve*, dans l'hymne à saint Jean Baptiste → ut ■ Note de musique, septième degré de l'échelle fondamentale, cinquième son de la gamme naturelle. *Sol naturel, sol dièse, sol bémol. Dans la notation anglaise, sol est désigné par G. Clé* de sol. Gamme de sol.* — Ton correspondant. « *Concerto en sol majeur* », de Ravel. — Cette note représentée.

3**SOL** [sɔl] **n. m.** – 1933 ◇ mot anglais (avant 1869), de *solution* ■ CHIM. Dispersion colloïdale d'un solide dans un liquide ou un gaz, dont les micelles sont un peu plus petites que la longueur d'onde de la lumière. *Sol liquide. Sol gazeux.* ➤ **aérosol.**

SOLAGE [sɔlaʒ] **n. m.** – 1806 ◇ de 1*sol* ■ (Canada) Fondations (d'une construction). *Un bon solage.*

SOLAIRE [sɔlɛʀ] **adj.** – XIIIe ◇ latin *solaris*, de *sol* « soleil » ■ **1** Relatif au Soleil, à sa position ou à son mouvement apparent dans le ciel. *Année solaire. Jour solaire*, dont la durée est comprise entre deux passages du Soleil au méridien d'un lieu. *Cycle solaire utilisé dans le comput**. — MYTH. *Culte, mythe solaire.* « *Tous les héros sont solaires* » BACHELARD. ■ **2** Du Soleil. *Le disque solaire. La lumière solaire. Chaleur, énergie, rayonnement solaire. Vent* solaire. Spectre*, couronne* solaire. Atmosphère solaire.* ➤ **photosphère ; chromosphère.** *Taches, protubérances, facules solaires.* — *Système solaire* : ensemble des corps célestes formé par le Soleil et son champ de gravitation (➤ aussi **galaxie**) ; PAR ANAL. système analogue (autour d'une étoile). — ASTRON. *Éruption, tempête* ou *orage solaire* : série d'explosions qui se produisent à la surface du Soleil et qui projettent à grande vitesse du plasma ionisé dans l'espace. ▪ **3** Qui fonctionne grâce à la lumière, au rayonnement du soleil. *Cadran solaire.* ➤ **gnomon.** «*sur un vieux cadran solaire dansent les jeunes ombres de la lune*» PRÉVERT. *Four, moteur solaire. Pile solaire.* ➤ **photopile.** *Panneaux*, capteurs* solaires. Route solaire* : voie équipée de capteurs solaires. *Maison solaire,* chauffée par l'énergie solaire. *Avion solaire,* qui se déplace grâce à l'énergie fournie par des panneaux photovoltaïques. — SUBST. *Le solaire* : l'énergie solaire. *Le solaire photovoltaïque.* ▪ **4** Qui protège du soleil. *Crème solaire.* ➤ **bronzant.** *Il flottait* «*une odeur d'huile solaire et de mer*» A. REYES. ♦ **n. f. pl.** Lunettes de soleil. *Une paire de solaires.* ▪ **5** De forme rayonnante. ANAT. *Plexus* solaire.* ▪ **6** MÉD. Provoqué par le soleil. *Érythème solaire.*

SOLANACÉES [sɔlanase] **n. f. pl.** – 1834 ◊ du latin scientifique *solanaceae,* de *solanum* «morelle» ▪ BOT. Famille de plantes dicotylédones annuelles ou vivaces des régions tempérées et tropicales (ex. aubergine, belladone, pétunia, piment, pomme de terre, tabac, tomate...). — Au sing. *Une solanacée.*

SOLARISATION [sɔlaʀizasjɔ̃] **n. f.** – 1878 ◊ du radical du latin *solaris* «solaire» ▪ **1** PHOTOGR. Insolation d'une surface sensible au cours de son développement dans le but d'obtenir des effets spéciaux. ▪ **2** AGRIC. Technique de désinfection du sol par élévation de la température sous l'effet du rayonnement solaire.

SOLARIUM [sɔlaʀjɔm] **n. m.** – 1765 ◊ mot latin «lieu exposé au soleil» ▪ **1** ANTIQ. ROM. Terrasse surmontant certaines maisons. *Des solariums.* ▪ **2** (1909) Établissement où l'on pratique l'héliothérapie. ▪ **3** (1941) Lieu abrité où l'on prend des bains de soleil. *Le solarium d'une piscine.*

SOLDANELLE [sɔldanɛl] **n. f.** – 1776 ; «liseron» XVe ; *sousdanelle* «viande à la vinaigrette» v. 1240 ◊ du provençal *soldana,* de *soltz,* germanique *sülze,* ou de l'italien *soldo* «sou», en raison de la forme des feuilles ▪ Plante vivace *(primulacées),* à feuilles en rosettes et fleurs violettes, qui croît dans les régions montagneuses.

SOLDAT [sɔlda] **n. m.** – 1475 ◊ italien *soldato,* de *soldare* «payer une solde *(soldo)*», famille du latin *solidus* → sou. *Soldat* a remplacé *soudard* en ce sens. ▪ **1** Homme qui sert dans une armée, en temps de paix ou en temps de guerre (➤ **combattant**), comme mercenaire ou engagé volontaire à la solde d'un prince ou d'un État, ou, de nos jours, en vertu d'une obligation civique (service militaire, mobilisation) ou professionnelle. ➤ **militaire** (cf. Homme de guerre*). *Soldats de métier et soldats du contingent. Nos soldats.* ➤ **armée, troupe.** *Soldats des différentes armes.* ➤ **artilleur, fantassin, parachutiste ; cavalerie, génie, infanterie, train, transmission.** *Soldats de l'Empire* (➤ **grognard**), *de la Commune* (➤ **fédéré**). *Anciens soldats d'Afrique.* ➤ **méhariste, spahi, tirailleur, zouave.** *Soldats de la Légion.* ➤ **légionnaire.** — *Le métier de soldat.* «*Par tous les dieux, dit le soldat, mon métier est de tuer et d'être tué pour gagner ma vie*» VOLTAIRE (cf. FAM. Chair à canon*). LITTÉR. *Un grand soldat.* ➤ **conquérant, guerrier.** ♦ *Soldat de plomb*. Petit soldat* : figurine représentant un soldat. *Enfants qui jouent aux petits soldats.* ▪ **2** SPÉCIALT *Simple soldat,* ou *soldat* : homme de troupe*, militaire non gradé des armées de terre (fantassin) et de l'air (aviateur). ➤ **sans-grade ;** FAM. **bidasse, pioupiou, troufion ;** POP. **griveton,** ARG. **gus.** VIEILLI *Soldat de deuxième classe* (cf. FAM. Un deuxième pompe*). — *Jeunes soldats.* ➤ **appelé, bleu, conscrit, recrue.** *Les soldats et les marins. Soldat qui déserte* (➤ **déserteur**), *insoumis, réfractaire. Soldat engagé, mobilisé, rappelé, sursitaire. Soldat réformé, démobilisé. Soldat en permission. Soldat qui fait ses classes, le peloton.* «*Soldat, lève-toi, soldat, lève-toi,* [...] *La sonnerie reprenait aux quatre coins de la caserne*» ROMAINS. *L'armement, le paquetage du soldat. Soldat en uniforme, en tenue de combat, en treillis.* — *Elle est soldat.* APPOS. *Enfant soldat,* impliqué dans un conflit armé. *Des femmes soldats.* ➤ **soldate.** — *Soldats de la Grande Guerre.* ➤ 2 **poilu.** *La tombe du Soldat inconnu* (en France, sous l'Arc de Triomphe), où repose la dépouille anonyme d'un soldat de la guerre de 1914-1918. — LOC. *Un bon, un brave, un vaillant petit soldat* : une personne obéissante, dévouée, disciplinée. «*se remettre sur pied comme un vrai petit soldat, sans jamais se plaindre*» T. BENACQUISTA. ▪ **3** FIG. Celui qui combat pour la défense ou le triomphe de (une croyance, un idéal). ➤ **champion, défenseur, serviteur.** *Un soldat du Christ, de la liberté.*

SOLDATE [sɔldat] **n. f.** – 1606 ◊ de *soldat* ▪ Femme soldat.

SOLDATESQUE [sɔldatɛsk] **adj.** et **n. f.** – 1580 ◊ italien *soldatesco* ▪ **1** Propre aux soldats, qui rappelle le soldat. *Langage soldatesque.* ▪ **2 n. f.** (1611) PÉJ. Ensemble de soldats brutaux et indisciplinés. «*Il aimait le soldat, point la soldatesque*» MADELIN.

1 **SOLDE** [sɔld] **n. f.** – 1465 ; *sous* plur. 1170 ◊ italien *soldo,* proprt «sou» → soudoyer ▪ Rémunération versée aux militaires, et PAR EXT. à certains fonctionnaires civils assimilés. *Solde du soldat, du matelot. Toucher sa solde.* — *Congé sans solde accordé à un salarié* ➤ **salaire*.** ♦ (1413) PÉJ. **À LA SOLDE DE QQN :** payé, acheté par qqn (pour accomplir de basses besognes) (➤ **soudoyer, stipendier**). «*L'opinion accusait les assassins d'avoir été non seulement au service des Bourbons, mais à la solde d'Albion*» MADELIN. *Avoir qqn à sa solde,* le payer pour qu'il vous serve. *Les ministres* «*ont à leur solde des commis dévoués*» MICHAUX.

2 **SOLDE** [sɔld] **n. m.** – 1607 *saulde* sens 2° ◊ altération par 1 *solde* de *salde,* emprunté à l'italien *saldo,* de *saldare* → 2 solder ▪ **1** Dans un compte, Différence entre le crédit et le débit. ➤ 1 **balance, bilan.** *Calculer, établir le solde. Solde positif, créditeur* (➤ **excédent**), *négatif, débiteur* (➤ **déficit**). *Solde du budget de l'État.* — COMPTAB. *Solde du compte de résultat* d'une entreprise.* ➤ **bénéfice, perte.** — BANQUE *Solde créditeur, débiteur* (➤ 2 **découvert**) *d'un compte bancaire, postal.* ▪ **2** *Pour solde de (tout) compte,* s'emploie à l'occasion du paiement du reliquat (d'un compte établi entre deux personnes). ➤ **apurement, règlement.** ▪ **3** (1871) *Solde de marchandises,* ou ABSOLT *solde* : marchandises mises en vente au rabais. ➤ RÉGION. **aubaine.** «*c'est ma mère qui me l'a acheté* [un chapeau] *et sur ma demande. Seule certitude, c'était un solde soldé*» DURAS. *Articles vendus en solde. Des chaussures en solde.* ♦ AU PLUR. Marchandises mises en solde (parfois abusivt employé au fém.). ➤ **liquidation.** *Soldes d'été, d'hiver. Soldes permanents, flottants*. Vente de soldes.* ➤ **braderie, solderie.** — *Faire les soldes.*

1 **SOLDER** [sɔlde] **v. tr.** ⟨1⟩ – XVIe, repris en 1789 ◊ de 1 *solde* ▪ VX Avoir (qqn) à sa solde. ➤ **payer.**

2 **SOLDER** [sɔlde] **v. tr.** ⟨1⟩ – 1675 ◊ de 2 *solde* ; évince *souder* en ce sens (depuis 1636) repris de l'italien *saldare* ▪ **1** COMPTAB. Arrêter, clore (un compte) en établissant le solde, en faisant la balance. *Solder son compte en banque.* ➤ **clôturer.** ♦ PRONOM. (D'un compte, d'un budget, d'un bilan) **SE SOLDER EN..., PAR... :** faire apparaître, à la clôture, un solde consistant en (un débit ou un crédit). *Le budget de cette année se solde par un déficit de cinq millions.* — FIG. Aboutir en définitive à..., se traduire finalement par (une situation généralement défavorable). *Tentatives qui se soldent par un échec.* ▪ **2** (1679) Acquitter (un compte) en payant ce qui reste dû. «*la concussion pour solder l'usure*» BALZAC. ▪ **3** (1842) Mettre en solde, vendre en solde. ➤ **brader.** *Solder des invendus.* ➤ **sacrifier.** — *Un manteau soldé.*

SOLDERIE [sɔldəʀi] **n. f.** – v. 1985 ◊ n. déposé, de 2 *solde* ▪ Commerce spécialisé dans la vente au rabais. ➤ **discounteur.** «*ces cravates en skaï comme il s'en faisait il y a vingt ans et qu'on trouve encore dans les solderies*» L. MAUVIGNIER.

SOLDEUR, EUSE [sɔldœʀ, øz] **n.** – 1887 ◊ de 2 *solder* ▪ Personne qui fait le commerce d'articles en solde.

1 **SOLE** [sɔl] **n. f.** – 1678 ; «semelle» XIIIe ◊ latin populaire °*sola,* du latin *solea,* par attraction de *solum* «1 sol» ▪ ZOOL. ▪ **1** Partie cornée formant le dessous du sabot chez le cheval, le mulet, l'âne, etc. *Des* «*empreintes qui mêlaient les larges soles des chameaux aux petits trous des sabots des chèvres*» TOURNIER. ▪ **2** Base du pied des gastéropodes, servant à leur fixation et souvent à la locomotion. ▪ HOM. Sol.

2 **SOLE** [sɔl] **n. f.** – 1213 ◊ latin populaire °*sola* → 1 sole ▪ **1** Pièce de bois posée à plat et servant d'appui dans les charpentes. ▪ **2** (1842) TECHN. Partie d'un four qui reçoit les produits à traiter. *Sole plane, concave.*

3 **SOLE** [sɔl] **n. f.** – 1374 ◊ fig. de 2 *sole* ▪ AGRIC. Chacune des parties d'une terre soumise à l'assolement et à la rotation.

4 **SOLE** [sɔl] **n. f.** – XIIIe ◊ ancien provençal *sola,* latin populaire °*sola* → 1 sole ▪ Poisson plat, ovale *(pleuronectiformes),* qui vit couché sur les fonds sablonneux, et dont la chair est très estimée. *Filets de sole. Sole meunière. Limande*-sole. Petite sole.* ➤ RÉGION. **céteau.**

SOLÉAIRE [sɔleɛʀ] **adj.** – 1793 ; *solaire* 1560, jusqu'au XVIIIe ◊ du latin *solea* → 1 sole ▪ ANAT. *Muscle soléaire* : muscle large et épais de la face postérieure de la jambe (qui va du tibia et du péroné au tendon d'Achille, sur le calcanéum), un des principaux muscles de la marche et du saut.

SOLÉCISME [sɔlesism] **n. m.** – v. 1370 *solœcisme ; solercisme* hapax 1265 ◊ latin *solœcismus*, grec *soloikismos*, de *Soloi* «Soles», n. d'une ville de Cilicie dont les colons athéniens parlaient, disait-on, un grec très incorrect ■ Emploi syntaxique fautif, de formes existant par ailleurs dans la langue (ex. je suis été). *Barbarisme et solécisme.*

SOLEIL [sɔlɛj] **n. m.** – fin xe ◊ du latin populaire *soliculus*, de *sol, solis* «soleil», «le plein jour, la vie publique» et «grand homme»
I ASTRE ■ **1** Astre qui donne lumière et chaleur à la Terre, et rythme la vie à sa surface. *Le disque du soleil. «Le soleil ni la mort ne se peuvent regarder fixement»* LA ROCHEFOUCAULD. — *La course du soleil. Le soleil se lève.* ➤ 1 **aube, aurore, matin.** *Le lever du soleil.* (fin xie) *Soleil levant.* ➤ **levant, orient.** *L'Empire du Soleil levant :* le Japon. *Se lever avec le soleil,* de bon matin. — *Soleil au zénith, à midi* (à l'équateur). *Il «mangeait à treize heures juste (midi au soleil)»* MORDILLAT. *Le soleil se couche.* (milieu xiie) *Soleil couchant.* ➤ **couchant, occident.** *Le coucher du soleil. Un coucher de soleil. Un rayon de soleil. La lumière du soleil.* ➤ **jour.** *Le soleil luit.* — (1798) PROV. *Le soleil brille pour tout le monde :* il est certains avantages dont tout le monde peut profiter. LOC. (milieu xve) *Sous le soleil :* sur la terre (cf. Sous le ciel*). *Rien de nouveau sous le soleil.* — *Le soleil de minuit,* dans les régions polaires. *«Mais c'était surtout la nuit blanche du solstice d'été qui l'attirait, ce soleil de minuit éclairant gaiement des villes assoupies et silencieuses»* TOURNIER. — Allus. hist. *Le soleil d'Austerlitz,* au matin de la victoire de Napoléon à Austerlitz, le 2 décembre 1805. — POÉT. *«Le soleil noir de la mélancolie»* NERVAL. *«Les soleils mouillés»* BAUDELAIRE. ◆ (1557) Cet astre, considéré comme un personnage divin, objet d'un culte. *Amon-Râ, Apollon, dieux du Soleil. Le char, les chevaux du Soleil.* ■ **2** (milieu xiie) Lumière de cet astre ; temps ensoleillé. *Le soleil donne dans la pièce. Soleil pâle, voilé. Soleil de plomb. Un beau soleil. Soleil éclatant, éblouissant, radieux.* — *Il fait soleil, du soleil,* beau temps (➤ **ensoleillement, insolation**). *Les pays du soleil,* ceux où il fait souvent un temps ensoleillé. ◆ (milieu xiie) Rayons, rayonnement du soleil (opposé à *ombre*). *Herbe desséchée par le soleil.* LOC. *Fondre comme neige au soleil :* disparaître rapidement et totalement. — *Couleur qui passe au soleil. Déjeuner* de soleil.* — *Le soleil chauffe, tape.* ➤ RÉGION. **cagnard.** *Se protéger du soleil* (➤ **brise-soleil, ombrelle, parasol, pare-soleil**). *Lunettes, chapeau de soleil. S'exposer au soleil pour brunir, bronzer* (➤ **hâle**). *«Ève adorait le soleil et le soleil a doré Ève»* PRÉVERT. — **BAIN DE SOLEIL :** VX héliothérapie ; MOD. exposition au soleil pour bronzer. *Prendre un bain de soleil* (➤ **bronzette**). APPOS. *Robe bain de soleil :* robe d'été qui laisse les bras et le dos nus. — (1590) **COUP DE SOLEIL :** insolation, ou légère brûlure causée par le soleil. ➤ **actinite, érythème** (solaire), **lucite.** ◆ Lieu exposé aux rayons du soleil. *S'asseoir au soleil, chercher le soleil. En plein soleil.* — LOC. (1803) *Une place au soleil :* une place en vue, une situation où l'on profite de certains avantages. *«Ce musicien obscur et pauvre détestait le glorieux Maurice Ravel qu'il accusait de lui avoir volé sa place au soleil»* TOURNIER. (1611) *Avoir des biens au soleil,* des propriétés immobilières. *«J'ai rien au soleil. Et le camion, il est même pas à moi. Alors je peux toujours partir»* DURAS. — ALLUS. HIST. *Ôte-toi de mon soleil,* réponse de Diogène à Alexandre lui demandant ce qu'il désirait. ■ **3** (1686) ASTRON. *Le Soleil :* astre producteur et émetteur d'énergie, étoile moyenne du type naine jaune (rayon valant environ 109 fois celui de la Terre, masse valant 330 000 fois celle de la Terre), masse gazeuse à peu près sphérique, autour de laquelle gravitent, sur des orbites elliptiques, plusieurs planètes parmi lesquelles la Terre (➤ **solaire ; héli[o]-**). *«Le Soleil ne remonte pas à plus de 5 trillions d'années, quelle qu'ait pu être sa masse initiale»* P. COUDERC. *Température de rayonnement (5 870 °C), densité moyenne (1,4) du Soleil. «J'ai vu, grâce au coronographe, jaillir de la couronne du Soleil, de la surface extérieure, les grandes gerbes des éruptions solaires»* C. ROY. *Sismologie du Soleil* (➤ **héliosismologie**). *Granulation de la surface du Soleil* (photosphère). *Énergie émise par le Soleil :* lumière, rayonnement solaire. *Spectre ultraviolet du Soleil. Photographie, spectroscopie, radioastronomie du Soleil* (➤ **héliomètre, héliostat**). *Mouvement apparent du Soleil.* ➤ **écliptique, équinoxe, solstice.** *Éclipse de Soleil.* ◆ *Un soleil :* un astre au centre d'un système.
II CE QUI FAIT PENSER AU SOLEIL ■ **1** (milieu xve) Tout ce qui brille, répand son influence bienfaisante comme le soleil. SPÉCIALT Puissance royale. *Le Roi-Soleil :* Louis XIV. ◆ *Un rayon de soleil :* personne, chose qui console, réjouit. *Elle est mon rayon de soleil.* ■ **2** Image traditionnelle du soleil, cercle d'où partent de nombreux rayons divergents. *Le soleil, emblème de Louis XIV.* ◆ COUT. *Plissé soleil,* à plis divergents (cf. En éventail). ■ **3** (1752) Pièce d'artifice, cercle monté sur pivot, garni de fusées qui le font tourner en lançant leurs feux. ■ **4** (1882) Tour acrobatique d'une personne autour d'un axe horizontal. *Faire le grand soleil à la barre fixe. «Je tournais en soleil autour de la barre»* MAUROIS. — *Automobile qui fait un soleil,* qui capote. ■ **5** (1640) Fleur du tournesol. *«ces vastes fleurs jaunes que l'on nomme soleils dans les fermes et tournesols dans les livres»* BOUSQUET. ■ **6** *Piquer* un soleil.*
■ CONTR. 1 Ombre.

SOLEN [sɔlɛn] **n. m.** – 1694 ◊ mot latin, du grec *solên*, proprt «étui» ■ ZOOL. Mollusque comestible *(lamellibranches),* à coquille droite allongée, qui vit enfoncé verticalement dans le sable. ➤ **couteau.**

SOLENNEL, ELLE [sɔlanɛl] **adj.** – 1380 ; *sollempnal* 1250 ; *solene* 1190 ◊ latin religieux *solennis,* classique *sollemnis* ■ **1** Qui est célébré avec pompe, par des cérémonies publiques. *Fêtes solennelles.* ➤ **solennité.** *Obsèques solennelles. «Des honneurs solennels seraient rendus aux restes de Pie VI»* MADELIN. *Communion solennelle* (opposé à *communion privée*). — Qui se fait avec apparat. *Séance solennelle de l'Académie.* — PAR EXT. POÉT. *«L'ombre était nuptiale, auguste et solennelle»* HUGO. ■ **2** Accompagné de formalités, d'actes publics qui donnent une importance particulière. ➤ **authentique, officiel, public.** *Acte, contrat, serment solennel. Déclaration solennelle.* ■ **3** FIG. Qui a une gravité propre ou convenable aux grandes occasions. *Paroles solennelles.* — (Souvent péj.) *Air, ton solennel.* ➤ **affecté, cérémonieux, grave, emphatique, pompeux, pontifiant, sentencieux.** — *Personne solennelle,* grave et un peu guindée.
■ CONTR. Intime, privé. Familier.

SOLENNELLEMENT [sɔlanɛlmɑ̃] **adv.** – 1379 ; *solempnelment* 1223 ◊ de *solennel* ■ **1** D'une manière solennelle, en grande pompe. *Ministre qui inaugure solennellement un musée.* ■ **2** Publiquement, dans les formes. *J'affirme ici solennellement... «il dévidait solennellement des phrases filandreuses et sèches»* BALZAC.

SOLENNISER [sɔlanize] **v. tr.** ‹1› – 1360 ; *sollempnizer* 1309 ◊ du latin *sollemnizare* ■ Rendre solennel. *«par un coup de canon on solennise un grand événement»* JAURÈS.

SOLENNITÉ [sɔlanite] **n. f.** – 1120 ◊ latin *solennitas* ■ **1** Fête solennelle. ➤ **fête.** *Des «habits qui ne sortent de l'armoire que pour les solennités»* FLAUBERT (cf. Les grandes occasions*). ■ **2** Caractère solennel, majesté. ➤ **apparat,** 1 **pompe.** *Un discours «d'une gravité, d'une ampleur, d'une solennité admirables, sans emphase aucune»* GIDE. ◆ PÉJ. Gravité affectée. ■ **3** DIDACT. (surtout au plur.) Formes d'un acte solennel. ➤ **formalité.** *Rendre authentique un acte public en le revêtant des solennités requises.*

SOLÉNOÏDE [sɔlenɔid] **n. m.** – 1842 ◊ du grec *solên* «étui, tuyau» et *-oïde* ■ ÉLECTR. Bobine cylindrique de révolution constituée par une ou plusieurs couches de fil conducteur enroulé et traversé par un courant qui crée sur son axe un champ magnétique qui lui est proportionnel. ➤ **bobine.**

SOLERET [sɔlʀɛ] **n. m.** – fin xiie ◊ de l'ancien français *soller* «soulier» ■ Partie de l'armure qui protégeait le pied.

SOLEX [sɔlɛks] **n. m.** – v. 1945 ◊ de *Vélosolex,* marque déposée ■ Cyclomoteur de conception particulièrement simple.

SOLFATARE [sɔlfataʀ] **n. f.** – 1751 ; *sulfatare, soulfataria* 1621 ◊ italien *solfatara* ou *zolfatara,* n. d'un volcan, de *solfo* «soufre» ■ Terrain volcanique qui dégage des émanations de vapeur saturée d'hydrogène sulfuré qui, au contact de l'air, constitue des dépôts de soufre. *Solfatares d'Italie, d'Islande, du Mexique.* — adj. **SOLFATARIEN, IENNE,** 1889.

SOLFÈGE [sɔlfɛʒ] **n. m.** – 1790 ; *solfeggi* «composition musicale» 1768 ◊ italien *solfeggio,* de *solfeggiare* «solfier» ■ **1** Étude des principes élémentaires de la musique et de sa notation. *Apprendre le solfège. Exercices de solfège :* dictée musicale, lecture, déchiffrage. *Jouer d'un instrument sans connaître le solfège.* ■ **2** Livre de solfège.

SOLFIER [sɔlfje] **v. tr.** ‹7› – xiiie intr. ◊ du latin médiéval *solfa* «gamme» ■ MUS. Lire (un morceau de musique) en chantant et en nommant les notes. *Solfier un exercice en battant la mesure.* — ABSOLT *«Huit ou dix leçons, loin de me mettre en état de solfier, ne m'apprirent pas le quart des signes de la musique»* ROUSSEAU.

SOLIDAGE [sɔlidaʒ] **n. f.** – *solidago* 1829 ◊ du latin *solidare* «consolider», à cause de ses propriétés vulnéraires ■ BOT. Plante herbacée *(composacées)*, vivace, à fleurs jaunes groupées en grappes de capitules, communément appelée *verge d'or*.

SOLIDAIRE [sɔlidɛʁ] **adj.** – 1462, repris 1611 ◊ du latin juridique *in solidum* (vx) «pour le tout» ■ **1** DR. Commun à plusieurs personnes, de manière que chacun réponde de tout. *Obligation ou engagement solidaire. Responsabilité solidaire.* ♦ PAR EXT. (PERSONNES) Lié par un acte solidaire. *Débiteurs solidaires.* ■ **2** COUR. Se dit de personnes qui répondent en commun l'une pour l'autre d'une même chose (➤ **responsable**) ; qui se sentent liées par une responsabilité et des intérêts communs. *Être, rester solidaire de qqn, avec qqn. Se sentir solidaire de qqn. «En toute coopération, on est, en quelque sorte, dépendant de ses collaborateurs et solidaire avec eux»* SAINTE-BEUVE. *«solidaire de tous et rejeté par chacun,* [...] *je suis comme tout le monde»* SARTRE. ♦ Fondé sur la solidarité. *L'économie solidaire et le commerce équitable.* ■ **3** Se dit de choses qui dépendent l'une de l'autre, vont, fonctionnent ensemble dans une action, un processus. *Problèmes solidaires. «les manifestations de la vie mentale sont solidaires de l'état de l'encéphale»* CARREL. ■ **4** (1861) CONCRET Se dit de pièces liées dans un même mouvement par contact direct, par engrenage ou par intermédiaire (➤ **entraînement, transmission**). *Bielle solidaire d'un vilebrequin. Pignons solidaires.* ■ CONTR. Indépendant.

SOLIDAIREMENT [sɔlidɛʁmɑ̃] **adv.** – 1496 ◊ de *solidaire* ■ D'une manière solidaire. *Solidairement responsables. Fonctionner solidairement.*

SOLIDARISER [sɔlidaʁize] **v. tr.** ‹1› – 1842 ◊ de *solidaire* ■ **1** Rendre solidaire. *«l'accusation solidarise les deux accusés»* GIDE. — **v. pron. SE SOLIDARISER :** se rendre, se déclarer solidaire pour partager des responsabilités, défendre des intérêts communs. *«Des gens d'un tout autre métier se solidarisent avec les grévistes»* ARAGON. ■ **2** Assembler (deux pièces) en les rendant dépendantes l'une de l'autre. ■ CONTR. Désolidariser.

SOLIDARITÉ [sɔlidaʁite] **n. f.** – 1693 ◊ de *solidaire* ■ **1** DR. Caractère solidaire d'une obligation. État des débiteurs, des créanciers solidaires. *Solidarité stipulée, légale. La solidarité ne se présume pas.* ■ **2** COUR. Le fait d'être solidaire (2°) ; relation entre personnes ayant conscience d'une communauté d'intérêts, qui entraîne, pour les unes, l'obligation morale de ne pas desservir les autres et de leur porter assistance. *Solidarité entre plusieurs personnes.* ➤ **cohésion.** *Solidarité avec nos camarades ! Solidarité de classe, professionnelle* (cf. Esprit* de corps). *Organisation de solidarité.* ➤ **association, entraide, mutualité.** *Liens, sentiment de solidarité.* ➤ **camaraderie, fraternité, sororité.** *Agir par solidarité* (cf. Se serrer les coudes*). *«La solidarité profonde qui, du Nord au Midi, liait dès lors tout le peuple»* MICHELET. ♦ SPÉCIALT Le fait de faire contribuer certains membres d'une collectivité nationale à l'assistance (financière, matérielle) d'autres personnes (➤ **redistribution, répartition**). *Système des retraites fondé sur la solidarité. Impôt de solidarité. Revenu de solidarité active.* ➤ **RSA.** ■ **3** (CHOSES) Le fait d'être solidaire (3°). ➤ **dépendance.** *«l'étroite solidarité qui unit l'œuvre d'art aux circonstances dont elle lui paraissait issue»* R. HUYGHE. ■ CONTR. Indépendance, individualisme.

SOLIDE [sɔlid] **adj.** et **n. m.** – début XIVe ◊ du latin *solidus*, également à l'origine de *sou* et, par l'italien, de *solde*

I ~ adj. A. QUI A DE LA CONSISTANCE ■ **1** Qui a de la consistance, qui n'est pas liquide, tout en pouvant être plus ou moins mou. ➤ **consistant, dur.** *Nourriture solide,* qui se mange (opposé à *liquide*). *Aliments solides.* — (fin XVIe) PHYS. Se dit d'un corps, d'un état de la matière dans lequel les molécules sont très rapprochées les unes des autres et vibrent avec une très faible amplitude autour de leurs positions d'équilibre ; qui a de la cohésion, garde une forme relativement constante lorsqu'il n'est pas soumis à des forces extérieures. *L'état solide, un des trois états de la matière* (opposé à *gazeux* et *liquide*). *Passage de l'état solide à l'état fluide. Degré de dureté, résistance variable des corps solides. Devenir solide.* ➤ se **solidifier.** ■ **2** (1546) GÉOM. *Angle* solide.*

B. QUI A DE LA RÉSISTANCE ■ **1** (1495) Qui résiste aux efforts, à l'usure ; qui garde sa cohésion ou sa rigidité. ➤ **résistant.** *Une construction très solide.* ➤ **fiable, robuste.** *Matière solide et résistante.* ➤ **incassable, inusable.** *Cuir solide.* ➤ 1 **fort.** *«Tapant les objets, prouvant qu'il n'y en avait pas un de solide en les détruisant tous»* ZOLA. *Rendre plus solide.* ➤ **consolider, renforcer.** ♦ Qui garde sa position. ➤ 1 **ferme, inébranlable, stable.** *Être solide sur ses jambes.* ■ **2** FIG. (1544) Sur quoi l'on peut s'appuyer, compter ; qui est à la fois effectif et durable. ➤ **indéfectible, indestructible,** 1 **positif, sérieux, sûr.** *Bâtir sur des fondements solides* (opposé à *sur le sable*). *«L'esthétique ne repose sur rien de solide»* FRANCE. *Solide bon sens. Une amitié solide,* que rien ne peut détruire (cf. À toute épreuve*). *Avoir de solides raisons pour..., de...,* des raisons fondées, sérieuses. *Argument, preuve, alibi solide.* ➤ **fondé, valable.** *De solides connaissances.* ♦ (début XVIIe) Qui est sérieux et important, n'a rien de léger ou de frivole. *«ces qualités solides mille fois préférables qui inspirent au moins confiance»* SIEGFRIED. ■ **3** (PERSONNES) Qui est massif, puissant. ➤ 1 **fort, râblé.** *Un gaillard solide.* — Qui a de la force et de la résistance. *Poigne solide. Avoir les reins* solides.* ♦ (1846) Qui a une santé à toute épreuve, une grande endurance. ➤ **résistant, robuste, vigoureux ;** FAM. **increvable** (cf. Bâti à chaux* et à sable). *«Toujours couchée la dernière ! Pour n'en être pas crevée, il fallait qu'elle fût solide»* ZOLA. — LOC. (1913) *Être solide comme un roc, comme le Pont-Neuf,* très robuste. — (1874) *Avoir la tête solide :* supporter le surmenage, les soucis en gardant les idées claires. ♦ (1799) **SOLIDE AU POSTE,** se dit d'un soldat qui s'y maintient contre l'ennemi ; FIG. se dit de qqn qui exécute le même travail en dépit des difficultés, du temps, etc. ; inébranlable. ➤ **fidèle.** ■ **4** (1669) (Moral) Qui est équilibré, stable et sérieux. *«un chimiste illustre, esprit positif et solide, novateur prudent autant que hardi»* MICHELET. ■ **5** (1857) FAM. Important, intense. ➤ 1 **bon.** *Un solide coup de poing. Un solide appétit. «cette solide engueulade»* CÉLINE. ➤ **rude.**

II ~ n. m. A. LE SOLIDE, DU SOLIDE ■ **1** (1646) Substance qui n'est ni molle, ni liquide. *Marcher sur du solide.* ■ **2** (1725) Ce qui résiste ; ce qui s'use peu. *Ça, c'est du solide !* ➤ FAM. **costaud.**

B. UN SOLIDE, DES SOLIDES ■ **1** (1876) Corps solide. *Les liquides et les solides. La physique des solides.* ■ **2** (1613) Figure à trois dimensions, limitée par une surface fermée, à volume mesurable et dont les points sont à des distances invariables. ➤ **volume.** *Le cube, la sphère sont des solides.*

■ CONTR. Inconsistant, liquide ; fluide ; gazeux, fragile, labile. — Chimérique, creux, frivole, 1 incertain ; instable, précaire. Faible.

SOLIDEMENT [sɔlidmɑ̃] **adv.** – 1529 ◊ de *solide* ■ **1** D'une manière solide (II, 1°), de façon à résister aux efforts, à l'usure. ➤ **fortement.** *Crochet solidement fixé.* ■ **2** PAR MÉTAPH. Fermement, de façon inébranlable. *Une idée solidement ancrée. «une bonne et ancienne famille du pays* [...] *solidement enracinée dans ce terroir»* MAUROIS. ■ **3** Avec stabilité. *«Il se découvrait solidement assis»* SAINT-EXUPÉRY. — De façon sûre, sérieusement. *Solidement argumenté.* ■ **4** FAM. Avec force, puissance. *Il l'a solidement engueulé.* ➤ **rudement.** ■ CONTR. Faiblement, fragilement, gratuitement, insuffisamment, 2 mal.

SOLIDIFICATION [sɔlidifikasjɔ̃] **n. f.** – 1572, rare avant XIXe ◊ de *solide* ■ Action de solidifier, de se solidifier. ♦ PHYS., CHIM. Passage de l'état liquide à l'état solide. *Solidification commençante, finissante. Température de solidification. Solidification d'un corps par le froid.* ➤ **congélation.** ■ CONTR. Amollissement, fusion, liquéfaction.

SOLIDIFIER [sɔlidifje] **v. tr.** ‹7› – 1783 ◊ de *solide*, d'après *solidification* ■ **1** Donner une consistance solide (I, 1°) à. *Solidifier une substance* (➤ **coaguler**) *par le froid* (➤ **congeler, figer, geler**). ■ **2 v. pron. SE SOLIDIFIER :** devenir solide. ➤ **durcir** (II). *Ciment qui se solidifie. — Laves solidifiées.* ■ CONTR. Fluidifier, fondre, gazéifier, liquéfier, vaporiser.

SOLIDITÉ [sɔlidite] **n. f.** – 1300, rare avant XVIIIe ; aussi «solidarité» (1°) ◊ latin *soliditas* ■ **1** RARE État de ce qui est solide (I, 1°). ➤ **consistance.** ■ **2** COUR. Qualité de ce qui est solide (II, 1°). ➤ **force, résistance, robustesse.** *La solidité d'une construction, d'un meuble, d'un vêtement.* ♦ Qualité de ce qui est ferme, fixe, stable. ➤ **assiette, stabilité.** *Solidité d'une position.* ■ **3** Qualité de ce qui est effectif et durable. *«elle qui avait cru à la solidité, à la pérennité des choses, à la loyauté de l'avenir»* GREEN. *Solidité d'une union.* ■ **4** Qualité de ce qui est bien établi, bien pensé, sérieux. *Solidité d'un raisonnement.* ➤ **fermeté.** ■ CONTR. Fluidité. Fragilité. Caducité, faiblesse, précarité. Vulnérabilité.

SOLIER, IÈRE [sɔlje, jɛʁ] **n.** – 1976 ◊ de 1 *sol* ■ Professionnel(le) du bâtiment qui pose sur le sol, les murs, des revêtements autres que du carrelage et du parquet.

SOLIFLORE [sɔliflɔʁ] **n. m.** – 1967 ◊ du latin *solus* «seul*» et *flos, floris* «fleur» ■ Vase destiné à recevoir une seule fleur. *«un soliflore de Gallé contenant une ipomée à fleur pourpre»* PEREC.

SOLIFLUXION [sɔliflyksjɔ̃] **n. f.** – 1912 ◊ anglais *solifluction* (1906), du latin *solum* « sol » et *fluctio* « écoulement » ■ GÉOL. Glissement de terrain consistant en un lent écoulement de boue.

SOLILOQUE [sɔlilɔk] **n. m.** – v. 1600 ◊ bas latin *soliloquium*, de *solus* « seul » et *loqui* « parler » ■ **1** LITTÉR. Discours d'une personne qui se parle à elle-même ; monologue* intérieur. ■ **2** PAR EXT. Discours d'une personne qui, en compagnie, est seule à parler ou semble ne parler que pour elle. ➤ **monologue.** « *Comme chacun se taisait pour l'écouter, avec lui* [...] *la conversation dégénérait vite en soliloque* » GAUTIER. ■ CONTR. Dialogue.

SOLILOQUER [sɔlilɔke] **v. intr.** ‹ 1 › – 1883 ◊ de *soliloque* ■ Se livrer à des soliloques. ➤ **monologuer** (cf. FAM. Parler tout seul). « *il ne parlait plus guère à personne, soliloquait en marchant* » DAUDET. ➤ **marmonner.**

SOLIN [sɔlɛ̃] **n. m.** – 1348 ◊ de 2*sole* ■ TECHN. Espace compris entre deux solives. — Petite bande d'enduit permettant de raccorder les surfaces situées sur des plans différents, de combler les vides, d'assurer une étanchéité.

SOLIPÈDE [sɔlipɛd] **adj.** – 1556 ◊ latin *solidipes*, proprt « au pied *(pes)* massif *(solidus)* », devenu *solipède* par fausse étym., du latin *solus* « seul, unique » et *-pède* ■ ZOOL. VX Dont le pied, non fendu, ne présente qu'un seul sabot. *Le cheval, l'âne sont des animaux solipèdes.*

SOLIPSISME [sɔlipsism] **n. m.** – 1878 ◊ de l'ancien adj. *solipse*, du latin *solus* « seul » et *ipse* « même » ■ PHILOS. Théorie d'après laquelle il n'y aurait pour le sujet pensant d'autre réalité que lui-même. « *aucun subjectivisme ou autre solipsisme* » J. HAMBURGER.

SOLISTE [sɔlist] **n.** – 1836 ◊ italien *solista* ■ Musicien ou chanteur qui exécute une partie de solo, ou qui interprète une œuvre écrite pour un seul instrument ou une seule voix. *Un oratorio pour chœur et solistes.* « *Le chef d'orchestre est un étrange soliste* » VALÉRY.

SOLITAIRE [sɔlitɛʀ] **adj.** et **n.** – v. 1190 ◊ latin *solitarius*

I **adj.** ■ **1** Qui vit seul, dans la solitude. ➤ **esseulé, seul.** « *J'ai pu vivre aussi solitaire et retiré que dans les déserts les plus écartés* » DESCARTES. « *Mieux vaut vivre à deux que solitaire* » (BIBLE). ◆ Qui vit dans la solitude et s'y complaît. « *C'était un garçon solitaire, désadapté* » SARTRE. « *Les Rêveries du promeneur solitaire* », *ouvrage de J.-J. Rousseau.* — PAR EXT. *Humeur solitaire.* ◆ Qui se sent seul. « *Hélas ! je suis, Seigneur, puissant et solitaire* » VIGNY. ■ **2** SPÉCIALT, BOT. *Fleur solitaire*, portée au sommet d'une hampe qui n'est pas ramifiée (tulipe, etc.). — COUR. *Ver* solitaire.* ■ **3** Qu'on accomplit seul, qui se fait ou se passe dans la solitude. *Vie solitaire.* ➤ **reclus.** *Enfance solitaire.* « *La méditation est un vice solitaire* » VALÉRY. — *Plaisir solitaire* : masturbation. ■ **4** (1240) Où l'on est seul ; qui est inhabité ou éloigné des lieux habités. ➤ **abandonné, dépeuplé,** 2**écarté, isolé, retiré, sauvage.** « *Dans le vieux parc solitaire et glacé* » VERLAINE. « *L'endroit était solitaire. Il n'y avait que nous* » BOSCO.

II **n.** ■ **1** **n. m.** (v. 1200) Celui qui a choisi la vie érémitique ou monacale. ➤ **anachorète, ermite, moine.** *Les solitaires* (au XVIIe s.) : les Messieurs de Port-Royal. ■ **2** PAR EXT. (1680) Personne qui a l'habitude de vivre seule, qui se plaît dans la solitude. ➤ **misanthrope, sauvage ; ours.** « *Le solitaire est un diminutif du sauvage, accepté par la civilisation* » HUGO. *Une solitaire.* LOC. **EN SOLITAIRE.** *Vivre en solitaire. Traversée de l'Atlantique en solitaire* (cf. En solo).

III **n. m.** ■ **1** (1774) Diamant monté seul, en particulier sur une bague. ➤ 2**brillant.** « *un petit solitaire que j'ai eu aux fiançailles avec mon premier mari* » DURAS. ■ **2** (1834) VÉN. Sanglier mâle parmi les plus âgés (5 ans et au-delà), qui a définitivement quitté toute compagnie. ■ **3** Jeu de combinaison, à un seul joueur.

■ CONTR. Mondain, sociable. Fréquenté.

SOLITAIREMENT [sɔlitɛʀmɑ̃] **adv.** – v. 1190 ◊ de *solitaire* ■ En solitaire, dans la solitude. *Vivre solitairement.*

SOLITUDE [sɔlityd] **n. f.** – 1393 ; « état d'un lieu désert » 1213 ◊ latin *solitudo* ■ **1** Situation d'une personne qui est seule, de façon momentanée ou durable. ➤ **isolement.** *La solitude lui pèse.* « *La Solitude seule est la source des inspirations. La solitude est sainte* » VIGNY. « *Qui ne sait pas peupler sa solitude, ne sait pas non plus être seul dans une foule affairée* » BAUDELAIRE. *Avoir besoin de solitude. Troubler la solitude de qqn.* LOC. *Un (grand) moment de solitude* : une situation où l'on éprouve une gêne intense, un sentiment de honte, en public. — *Solitude à deux* : situation d'un couple qui s'isole. ◆ Situation d'une personne qui vit habituellement seule ou presque seule, qui a peu de contacts avec autrui. ➤ 1**retraite.** *Vivre dans la solitude. La solitude des inadaptés, des exclus.* « *La solitude effraye une âme de vingt ans* » MOLIÈRE. ◆ État d'abandon, de séparation, dans lequel se sent l'être humain, en face des consciences humaines ou de la société. ➤ **isolement.** *Solitude morale.* « *La pire souffrance est dans la solitude qui l'accompagne* » MALRAUX. « *Le sentiment d'une solitude universelle me glaçait* » BOSCO. ■ **2** VIEILLI ou POÉT. Lieu solitaire. « *Fleuves, rochers, forêts, solitudes si chères* » LAMARTINE. ◆ COUR. Caractère, aspect, atmosphère solitaire (d'un lieu). *La solitude des forêts, de la nuit.* « *La solitude de cet endroit où il s'était commis tant de crimes avait quelque chose d'affreux* » HUGO.

■ CONTR. Compagnie, société.

SOLIVE [sɔliv] **n. f.** – v. 1180 ◊ de 2*sole* ■ Pièce de charpente qui s'appuie sur les poutres et qui sert à fixer en dessus les planches du plancher, en dessous, les lattes du plafond. ➤ **sapine.** « *De larges solives de chêne rayaient le plafond* » GAUTIER. *Petite solive* (ou **SOLIVEAU n. m.**, 1382).

SOLLICITATION [sɔlisitasjɔ̃] **n. f.** – 1404 ◊ latin *sollicitatio* ■ Action de solliciter. ■ **1** LITTÉR. Invite, tentation insistante, susceptible d'entraîner. ➤ **appel, excitation, incitation.** « *une sollicitation nouvelle arrachait son esprit à ses douloureuses obsessions* » VAN DER MEERSCH. ■ **2** Demande instante, démarche pressante. ➤ **demande, prière, requête.** *Céder aux sollicitations de qqn.* ■ **3** TECHN. Ensemble des forces extérieures s'exerçant sur une structure, un objet. *Sollicitations mécaniques, thermiques.*

SOLLICITER [sɔlisite] **v. tr.** ‹ 1 › – 1332 ◊ latin *sollicitare*, proprt « remuer totalement », de *sollus* « tout » et *ciere* « mouvoir » ■ **1** VIEILLI ou LITTÉR. Inciter (qqn) de façon pressante et continue, de manière à entraîner. ➤ **appeler, inviter, provoquer.** « *Un soir, il fut attaqué par une de ces créatures qui sollicitent les passants* » DIDEROT. — (CHOSES) *Les plaisirs qui nous sollicitent.* ➤ **tenter.** *Être continuellement sollicité par la publicité.* ◆ MOD. Agir sur (qqch.) en éveillant, en entraînant, en stimulant. ➤ **exciter.** *Solliciter l'attention de qqn par des signes.* ➤ **attirer.** « *ces livres qui sollicitent sans cesse ma curiosité* » FRANCE. — (1584) Inciter (un animal) à agir. *Solliciter un cheval.* ■ **2** **SOLLICITER QQN :** prier (qqn), faire appel à lui de façon pressante, en vue d'obtenir qqch. ➤ **requérir.** VX « *Ne me refusez pas la grâce dont je vous sollicite* » MOLIÈRE. — MOD. « *J'ai eu le tort hier d'oublier de vous solliciter au sujet d'une décision académique* » SAINTE-BEUVE. *Solliciter qqn de faire qqch.*, le prier de faire qqch. ◆ **SOLLICITER QQCH. DE QQN :** demander (qqch.) dans les formes, comme le veut l'usage quand on s'adresse à une autorité ou à qqn d'influent. « *Toute distinction qu'il faut solliciter ne me tente pas* » COROT. *Solliciter une audience. Solliciter une faveur.* ➤ **quémander, quêter.** *Solliciter un emploi.* ➤ **postuler.** *Monsieur le Ministre, j'ai l'honneur de solliciter de votre haute bienveillance...* ■ **3** *Solliciter un texte*, en forcer l'interprétation. ■ **4** TECHN. Soumettre à des forces extérieures. *Solliciter une machine.* ■ CONTR. Obtenir.

SOLLICITEUR, EUSE [sɔlisitœʀ, øz] **n.** – 1527 ; en dr. 1347 ◊ de *solliciter* ■ **1** Personne qui sollicite une faveur, un emploi auprès de qqn d'influent ou d'une autorité. ➤ **demandeur, quémandeur.** *Éconduire une solliciteuse.* « *les solliciteurs des antichambres ministérielles* » COURTELINE. ■ **2** (1895 ◊ calque de l'anglais américain *General Solicitor* « adjoint de la justice ») Au Canada, *Solliciteur général, Solliciteure générale*, ministre chargé(e) de tâches judiciaires et policières.

SOLLICITUDE [sɔlisityd] **n. f.** – v. 1265 appliqué aux choses ◊ latin *sollicitudo* ■ **1** Attention soutenue, à la fois soucieuse et affectueuse. ➤ **intérêt ; affection.** « *Il veillait sur lui avec une sollicitude inquiète* » R. ROLLAND. *Une sollicitude toute maternelle. Écouter qqn avec sollicitude.* ■ **2** Témoignage de cette attention. *Il « était peu attendri par toutes les sollicitudes et toutes les tendresses de son grand-père »* HUGO. ■ CONTR. Indifférence.

SOLMISATION [sɔlmizasjɔ̃] **n. f.** – 1821 ; du v. *solmiser* (1812) ◊ de 2*sol* et *mi* ■ MUS. ANC. Action de solfier dans le système de l'hexacorde, avant l'emploi de la gamme actuelle.

SOLO [sɔlo] **n.** – 1703 ◊ mot italien, proprt « seul » ■ **1** **n. m.** Morceau ou passage joué ou chanté par un seul interprète (➤ **soliste**). *Solo de piano, de batterie (en jazz). Jouer en solo. Des solos* ou *des soli* (plur. it.). — APPOS. *Les violons solos.* ■ **2** PAR EXT. *En solo* : sans accompagnement. « *La voix de l'orateur se détache en solo* » DAUDET. FIG. Seul. *Escalade en solo* (cf. En solitaire). *Vie en solo* (opposé à *à deux, en couple*). « *vos supérieurs vous ont autorisé à opérer en solo* » L. BINET (cf. Faire cavalier* seul).

— PAR EXT. n. Personne qui vit seule (➤ **célibataire, divorcé, veuf**). *Club pour solos.* ■ **3** *Spectacle solo* ou n. m. *un solo* : recomm. offic. pour *one man show.* ■ CONTR. Chœur, 2 ensemble.

SOLSTICE [sɔlstis] n. m. – v. 1280 ◇ latin *solstitium,* de *sol* «Soleil» et *stare* «s'arrêter» ■ ASTRON. Chacune des deux époques où le Soleil atteint son plus grand éloignement angulaire du plan de l'équateur ; point de l'écliptique qui y correspond. — COUR. *Solstice d'hiver* (21 ou 22 décembre), *d'été* (21 ou 22 juin) : jour le plus court et jour le plus long de l'année dans l'hémisphère Nord (➤ **saison**).

SOLUBILISATION [sɔlybilizasjɔ̃] n. f. – 1886 ◇ de *solubiliser* ■ TECHN. Fait de rendre soluble ou plus soluble ; opération par laquelle on rend soluble (un produit).

SOLUBILISER [sɔlybilize] v. tr. ⟨1⟩ – 1877 ◇ de *soluble* ■ TECHN. Rendre soluble par un traitement préliminaire convenable. COUR. au p. p. *Cacao solubilisé.*

SOLUBILITÉ [sɔlybilite] n. f. – 1753 ◇ de *soluble* ■ Caractère, propriété de ce qui peut se dissoudre. ➤ **dissolubilité.** *La solubilité du calcaire.* ◆ CHIM. *Coefficient de solubilité* : quantité maximale de substance qui peut être dissoute dans une unité de volume de solvant. *Produit de solubilité* : produit des concentrations des ions donnés par un électrolyte en solution saturée. ■ CONTR. Insolubilité.

SOLUBLE [sɔlybl] adj. – 1690 sens 3° ◇ bas latin *solubilis,* de *solvere* «délier, dissoudre» ■ **1** (1741) Qui peut se dissoudre (dans un liquide). *Le sucre est soluble dans l'eau.* ➤ **hydrosoluble.** ■ **2** SPÉCIALT Que l'on dissout dans l'eau pour consommer. *Café soluble* (➤ **lyophiliser**). ■ **3** Qui peut être résolu. ➤ **résoluble.** *Problème soluble.* ■ CONTR. Insoluble.

SOLUTÉ [sɔlyte] n. m. – 1836 ; *solutum* 1814 ◇ du latin *solutus* «dissous» ■ PHARM. Préparation médicamenteuse liquide obtenue par la dissolution d'une ou de plusieurs substances dans un solvant. ➤ **solution.** *Soluté physiologique* : sérum artificiel. — CHIM. Substance dissoute dans un solvant.

SOLUTION [sɔlysjɔ̃] n. f. – début XIIIe ; 1119 *soluciun* ◇ latin *solutio*
I ■ **1** Opération mentale qui, en substituant une pluralité analysable à un ensemble complexe d'éléments entremêlés, parvient à surmonter une difficulté, à résoudre une question, un problème théorique ou pratique (➤ **résolution**) ; SPÉCIALT Son résultat, les connaissances qu'elle implique, la réalité qui y correspond. *«Il n'y a pas de problèmes, il n'y a que des solutions»* GIDE. *Solution d'une équation* (➤ **racine**). *Chercher, trouver la solution d'une énigme.* ➤ **clé.** *Donner la solution. Sans solution. «Il arrive assez souvent que la solution désirée nous vienne après un temps de désintéressement du problème»* VALÉRY. *Descartes «introduit l'idée admirable de déduire les solutions de la supposition du problème résolu»* VALÉRY. ■ **2** (De situations complexes et concrètes) Ensemble de décisions et d'actes qui peuvent résoudre une difficulté. *«Tout génie semble apporter à son art une solution définitive et exclusive»* GIDE. *«L'invention de solutions nouvelles à partir d'une situation définie»* SARTRE. *Trouver une solution.* ➤ **2 moyen.** *La solution militaire* : la guerre. *Solution de facilité,* qui exige le moindre effort. *Ce n'est pas une solution !* cela n'arrange rien ! — LOC. *La solution finale* : le projet d'extermination des juifs par les nazis lors de la Seconde Guerre mondiale. ◆ PAR EXT. Manière dont une situation compliquée se dénoue en une nouvelle situation ; évènements qui la terminent. ➤ **conclusion, dénouement, 1 fin, issue.** *Brusquer la solution d'une crise.*

II ■ **1** (1680 ; 1314 chir.) *Solution de continuité* : interruption de la continuité (choses concrètes ou abstraites) ; séparation, ce qui sépare. ➤ **coupure, hiatus, rupture.** *«Il y a solution de continuité, entre le présent et l'avenir»* HUGO. *Sans solution de continuité.* ◆ SPÉCIALT, MÉD. *Solution de continuité* : séparation des tissus qui sont normalement continus. *Solution de contiguïté* : séparation de structures qui sont normalement en contact, sans être réunies ni continues. ■ **2** (1676) CHIM. Action de dissoudre (un solide) dans un liquide ; fait de se dissoudre. ➤ **dissolution.** *Substance en solution.* ■ **3** (1821) CHIM. Résultat de la dissolution d'une ou plusieurs molécules dans une autre, mélange homogène ne formant qu'une seule phase. ➤ **soluté, solvant.** *Solution liquide. Solution solide* : solide homogène. ➤ **alliage.** *Solution colloïdale.* ➤ **gel, 3 sol.** *Solution normale**. *Solution saturée. Solution tampon. Solution médicamenteuse, pharmaceutique.* ➤ **soluté, teinture.** *Titre d'une solution alcoolique.* ◆ COUR. Liquide contenant un solide dissous.

SOLUTIONNER [sɔlysjɔne] v. tr. ⟨1⟩ – 1795, rare avant 1894 ◇ de *solution* ■ (Mot critiqué) Résoudre. *Solutionner un problème.*

SOLUTRÉEN, ENNE [sɔlytreɛ̃, ɛn] adj. et n. m. – 1868 ◇ de *Solutré,* n. d'une commune de Saône-et-Loire ■ Relatif à une période du paléolithique récent et à la culture qui y correspond. — n. m. *Le solutréen précède le magdalénien.*

SOLVABILITÉ [sɔlvabilite] n. f. – 1660 ◇ de *solvable* ■ Le fait d'être solvable ; possibilité de payer (ses dettes). *S'assurer de la solvabilité d'un acheteur ; certificat, garantie de solvabilité* (➤ **ducroire**). — SPÉCIALT État d'une personne (physique, morale) dont l'actif est supérieur au passif. *Marge de solvabilité d'une entreprise,* son patrimoine propre. *Indice de solvabilité* (➤ **rating**). ■ CONTR. Insolvabilité.

SOLVABLE [sɔlvabl] adj. – 1328, rare avant XVIe ◇ du latin *solvere* ■ Qui a les moyens de payer. *Client solvable.* ◆ COMM. *Demande solvable,* provenant d'une région, d'un pays où le niveau de vie des consommateurs est suffisamment élevé pour acheter un produit. *Marché solvable.* ◆ SPÉCIALT Qui peut respecter ses engagements financiers. *Débiteur solvable. Pays solvable.* ■ CONTR. Insolvable.

SOLVANT [sɔlvɑ̃] n. m. – 1808 ◇ du latin *solvere* «dissoudre» ■ Substance le plus souvent liquide, qui a le pouvoir de dissoudre d'autres substances (➤ **dissolvant**). — Constituant d'une solution dans laquelle a été dissous un soluté.

SOLVATATION [sɔlvatasjɔ̃] n. f. – 1935 ; *solvatisation* 1933 ◇ de *solvate* «combinaison d'un composé soluble avec un *solvant*» ■ CHIM. Proche association entre les molécules du solvant d'une solution et une molécule ou un ion du soluté, ou bien avec une particule colloïdale. ➤ **hydratation.**

SOLVATÉ, ÉE [sɔlvate] adj. – 1932 ◇ de *solvate* → solvatation ■ CHIM. Se dit d'une particule (molécule, ion, micelle) qui fixe des molécules de solvant à sa périphérie. *Tous les ions sont solvatés dans l'eau.*

SOMA [sɔma] n. m. – 1892 ◇ grec *sôma* «corps» ■ **1** BIOL. L'ensemble des lignées cellulaires non sexuelles de l'organisme (opposé à *germen*). ➤ aussi **hérédité.** ■ **2** BIOL. CELL. Corps cellulaire du neurone. *Le soma et l'axone.* ■ **3** PSYCHOL. Le corps (par opposition à l'esprit, la psyché).

SOMATION [sɔmasjɔ̃] n. f. – 1921 ◇ de *soma* ■ BIOL. Acquisition, au cours du développement, de caractères qui modifient le soma sans modifier le germen (c.-à-d. les chromosomes). ■ HOM. Sommation.

SOMATIQUE [sɔmatik] adj. – 1855 ◇ du grec *sômatikos* «du corps», de *sôma* ■ **1** MÉD., PSYCHOL. Qui concerne le corps (opposé à *psychique*). Qui est purement organique, qui provient de causes physiques. ➤ **physiologique.** *Aspects somatiques des crises d'angoisse* (➤ **psychosomatique**). ■ **2** (1892 ◇ de *soma*) BIOL. Relatif au soma (opposé à *germinal* ou *germinatif*). *Cellules somatiques et gamètes. «On appelle mutation somatique une mutation qui affecte, non pas une cellule germinale, mais une cellule du corps»* J. ROSTAND.

SOMATISATION [sɔmatizasjɔ̃] n. f. – 1960 ◇ de *somatiser* ■ Le fait de somatiser. ➤ **conversion.**

SOMATISER [sɔmatize] v. tr. ⟨1⟩ – 1967 ◇ de *soma(tique)* ■ Rendre somatique (1°) (un trouble psychique), en parlant de la personne affectée de ce trouble. *Il somatise son angoisse. «elle somatise par sa cécité un malheur, une humiliation. Somatisée, l'humiliation disparaît, mais elle ne disparaît qu'en se métamorphosant en une infirmité, la cécité justement»* TOURNIER. — ABSOLT *Il a tendance à somatiser.*

SOMATO- ■ Élément, du grec *sôma* «corps».

SOMATOSTATINE [sɔmatostatin] n. f. – 1972 ◇ de *somato-,* radical *stat-* et *-ine* ■ BIOCHIM. Hormone peptidique du cerveau, du tube digestif et du pancréas. *La somatostatine inhibe la sécrétion des hormones de croissance et des hormones digestives.*

SOMATOTROPE [sɔmatɔtʀɔp] adj. – 1941 ◇ de *somato-* et *-trope* ■ BIOL., MÉD. Qui agit sur le corps. *Hormones somatotropes,* sécrétées par l'hypophyse, qui interviennent dans le développement du soma et favorisent la croissance du corps (opposé à *gonadotrope*).

SOMATOTROPHINE [sɔmatɔtʀɔfin] ou **SOMATOTROPINE** [sɔmatɔtʀɔpin] n. f. – 1959 ◇ de *somato-* et grec *trophê* «nourriture», ou de *somatotrope* et *-ine* ■ BIOCHIM. Hormone de structure polypeptidique, sécrétée par le lobe antérieur de l'hypophyse, qui stimule l'assimilation des protéines et la croissance des tissus, appelée aussi *hormone de croissance, hormone somatotrope.*

SOMBRE [sɔ̃bʀ] **adj.** – 1530 « (temps) couvert » ; 1374 *sombre coup* « meurtrissure » ◊ probablt de l'ancien verbe *sombrer* « faire de l'ombre » ; bas latin *subumbrare*

I ■ **1** Qui est peu éclairé, reçoit peu de lumière. ➤ **noir, obscur.** *Pièce sombre.* « *L'église si sombre de Saint-Dominique* » STENDHAL. « *La nuit vint deux heures plus tôt, tant le ciel était sombre* » MAUPASSANT. *Il fait sombre.* — *Nuit sombre.* ➤ **ténébreux.** *Coupe* sombre.* ♦ **(Avec une idée de tristesse, de menace)** *Sombres abîmes.* — MYTH. *Le sombre empire, les sombres rivages.* ➤ **enfer.** ■ **2** Qui est mêlé de noir (➤ **noirâtre**), ou se rapproche du noir. *Couleur, teinte sombre. Costume sombre.* ➤ **foncé.** *Eau d'un bleu sombre. Cheveux sombres.*

II FIG. (1545) ■ **1** (PERSONNES) Dont les pensées, les sentiments sont empreints de tristesse, d'abattement, de douleur ou d'inquiétude. ➤ **1 amer, taciturne, ténébreux, triste*.** *Le plus sombre des misanthropes. Il était plutôt sombre, ce soir.* — *Visage, air sombre,* d'une sévérité triste ou menaçante. ➤ **1 sinistre.** *Être d'un tempérament sombre.* ➤ **atrabilaire, bilieux, mélancolique, pessimiste.** — PAR EXT. *S'abîmer dans de sombres réflexions* (cf. Broyer* du noir). ■ **2** (CHOSES) D'une tristesse tragique ou menaçante. ➤ **funèbre, funeste, inquiétant, 1 sinistre, tragique.** *L'avenir est sombre.* « *Nous entrons dans un temps sombre, de complots, de violences* » MICHELET. ■ **3** FAM. **(avant le nom)** Déplorable, lamentable. *Un sombre idiot, une sombre brute.* « *Une sombre histoire de sombre assassinat* » QUENEAU.

■ CONTR. Éclairé ; éblouissant, éclatant, illuminé ; clair. Gai, enjoué, jovial, joyeux.

SOMBRER [sɔ̃bʀe] **v. intr.** ⟨1⟩ – 1687 ; *sombrer sous les voiles* 1654 ; *soussoubrer* 1614 ◊ p.-ê. de l'espagnol *zozobrar*, ou du portugais *sossobrar* « chavirer », du catalan *sotsobre* « sens dessus dessous *(sots)* » ■ **1** Cesser de flotter, s'enfoncer dans l'eau, en parlant d'un bateau. ➤ **s'abîmer, chavirer, couler, s'engloutir** (cf. Faire naufrage*, périr* corps et biens). « *Le navire en détresse tire des coups de canon d'alarme, mais il sombre avec lenteur* [...] *avec majesté* » LAUTRÉAMONT. ■ **2** FIG. (XIXe) Disparaître, s'anéantir ou se perdre. *Sombrer dans l'ennui, le sommeil.* « *J'ai juré à maman de ne jamais sombrer dans la boisson* » ANOUILH. ➤ **glisser** (FIG.), **1 tomber.** — *Sa raison a sombré. Sombrer dans la démence, la folie.* ■ CONTR. 1 Flotter.

SOMBRÉRO [sɔ̃bʀeʀo] **n. m.** – 1615, rare jusqu'au XIXe ◊ espagnol *sombrero*, de *sombra* « ombre » ■ Chapeau à larges bords, porté surtout en Espagne, en Amérique latine. *Sombréro mexicain. Des sombréros.* — On écrit aussi *sombrero, des sombreros.*

-SOME ■ Élément, du grec *sôma* « corps » : *centrosome, chromosome, ribosome.*

SOMITE [sɔmit] **n. m.** – 1893 ◊ du grec *sôma* « corps », par l'anglais (1869) ■ EMBRYOL. Chacune des petites masses de tissu conjonctif résultant de la segmentation du mésoblaste situé de part et d'autre du tube neural (➤ **métamère, métamérie**), et dont dériveront par différenciation les vertèbres, le derme et les muscles striés squelettiques.

SOMMABLE [sɔmabl] **adj.** – 1942 ◊ de 2 *sommer* ■ DIDACT. Dont la somme peut être calculée ; qui peut faire l'objet d'une sommation. « *L'ensemble des observations est-il sommable ?* » VALÉRY. — Intégrable*. *Fonctions de carré sommable.*

SOMMAIRE [sɔmɛʀ] **adj. et n. m.** – 1538 ◊ latin *summarium* « abrégé », de *summa* « somme »

I adj. ■ **1** Qui est résumé brièvement. ➤ **1 court.** *Description sommaire.* ■ **2** Qui est fait promptement, sans formalité ou sans grandes formalités. ➤ **expéditif.** *Exécution sommaire.* — DR. *Procédure sommaire. Matières sommaires :* affaires qui doivent être jugées promptement. ■ **3** Qui est réduit à sa forme la plus simple. *Connaissances sommaires.* ➤ **élémentaire, rudimentaire, succinct.** *Repas sommaire.* ➤ **frugal.** *Examen sommaire.* ➤ **rapide, superficiel.** « *Des monuments ou des constructions anciennes qu'un agencement sommaire rendrait infiniment plus spacieux* » GIRAUDOUX.

II n. m. (XIVe) Bref exposé ; résumé. ➤ **abrégé, analyse, extrait, 2 précis.** — SPÉCIALT *Le sommaire d'un livre :* bref résumé des chapitres, en table des matières. *Sommaire d'une revue :* liste des articles et de leurs auteurs précédant généralement le texte.

■ CONTR. Détaillé, long. Complexe, minutieux.

SOMMAIREMENT [sɔmɛʀmɑ̃] **adv.** – 1288 ◊ de *sommaire* ■ **1** D'une façon sommaire, brièvement, en résumé. *Exposer sommairement des idées* (cf. aussi En substance). ■ **2** Sans formalités ; SPÉCIALT Sans les formes requises par la loi. *Être sommairement jugé. Exécuter sommairement des otages.* ■ **3** De façon sommaire, élémentaire. *Pièces meublées très sommairement.* ➤ **simplement.**

1 **SOMMATION** [sɔmasjɔ̃] **n. f.** – v. 1283 ◊ de 1 *sommer* ■ Action de sommer qqn (cf. Mise en demeure*). *Sommation de paraître en justice* (➤ **assignation, citation, intimation**), *de satisfaire à une obligation* (➤ **commandement, injonction**). *Avoir sommation de payer une dette. Sommation d'huissier,* enjoignant à un débiteur de payer ce qu'il doit, à une personne d'accomplir l'acte auquel elle s'est obligée. « *La sommation d'avoir à déguerpir* » ZOLA. *Après la troisième sommation, la sentinelle tira. Tirer sans sommation.* ♦ Demande, invitation impérative. ➤ **injonction, ordre.** « *Aussi cette sommation n'est-elle point un ultimatum* [...] *C'est une mise en demeure courtoise* » PÉGUY. ■ HOM. Somation.

2 **SOMMATION** [sɔmasjɔ̃] **n. f.** – 1611 ; *sommacion* 1486 ◊ de 2 *sommer* ■ **1** MATH. Action d'effectuer une somme, SPÉCIALT la somme des termes d'une série. — Intégration. ■ **2** PHYSIOL. Effet de l'addition de plusieurs stimulations ou d'une même stimulation répétée à brefs intervalles qui, isolément, seraient inefficaces.

1 **SOMME** [sɔm] **n. f.** – v. 1175 *some* « substance d'un écrit » ◊ latin *summa*, de *summus* « qui est au point le plus haut » ■ **1** MATH. Quantité formée de quantités additionnées ; résultat d'une addition. *Faire la somme de deux nombres.* « *C'est en apparence seulement qu'une somme est une unité* » SARTRE. — *Somme d'une série.* ➤ **2 sommation.** *Somme algébrique* (SYMB. Σ) : suite d'additions ou de soustractions portant sur des nombres ou des expressions algébriques. *La somme des trois angles d'un triangle vaut deux angles droits.* ♦ *Somme logique* (SYMB. ∨) : opération de réunion*, de disjonction* inclusive. ➤ **ou** (II). — Intégrale*. APPOS. *Signe somme :* opérateur de l'intégration* (SYMB. ∫). ■ **2** FIG. Ensemble de choses qui s'ajoutent. ➤ **total.** *La somme des pertes humaines est incalculable.* — PAR EXT. Quantité considérée dans son ensemble. *Une somme de travail considérable.* ➤ **1 masse, quantité.** « *C'est la masse des actions, leur poids, leur somme qui fait la valeur d'un être humain* » FRANCE. ♦ **loc. adv.** (1370 ◊ latin *in summa*) **EN SOMME :** tout bien considéré (cf. En conclusion, tout compte* fait). *C'est en somme assez facile.* — (1320 dr.) **SOMME TOUTE :** en résumé, après tout. ➤ **finalement** (cf. En définitive, au total). « *Une Révolution qui, somme toute, et en face de pareilles énormités a été légitime* » SAINTE-BEUVE. ■ **3** *Une somme d'argent,* et ABSOLT **SOMME :** quantité déterminée d'argent. *La somme de 30 euros.* ➤ **chiffre.** *Une faible, une grosse somme. Dépenser des sommes folles. Arrondir une somme.* ♦ ABSOLT Grosse somme. « *Il méprisait profondément les personnes pour qui cinq cents francs* [...] *est* une somme » PROUST. ■ **4** DIDACT. Œuvre qui résume toutes les connaissances relatives à une science, à un sujet. ➤ **compendium.** *Somme philosophique, encyclopédique.* ➤ **encyclopédie.** *Cet ouvrage est une somme.*

2 **SOMME** [sɔm] **n. f.** – 1596 ; *some* « bât, charge » début XIIe ◊ bas latin *sagma*, devenu *sauma* ■ **BÊTE DE SOMME :** bête de charge qui porte les fardeaux. *Le cheval, le chameau sont utilisés comme bêtes de somme.* LOC. FIG. **(d'une personne)** *Travailler comme une bête de somme,* avec acharnement et sans répit à des tâches pénibles.

3 **SOMME** [sɔm] **n. m.** – v. 1120 ◊ latin *somnus*, d'après *sommeil* ■ Action de dormir considérée dans sa durée, généralement courte. *Faire un somme, un petit somme.* ➤ **sieste ;** FAM. **roupillon.**

SOMMEIL [sɔmɛj] **n. m.** – XIVe ; v. 1140 *sumeil* ◊ bas latin *somniculus*, de *somnus* « sommeil » ■ **1** État d'une personne qui dort ; état physiologique normal et périodique caractérisé essentiellement par la suspension de la vigilance, la résolution musculaire, le ralentissement de la circulation et de la respiration, et par l'activité onirique. « *Le sommeil occupe le tiers de notre vie* [...] *mais je n'ai jamais éprouvé que le sommeil fût un repos. Une vie nouvelle commence* » NERVAL. *Avoir besoin de dix heures de sommeil. Sommeil nocturne, diurne* (➤ **sieste, 3 somme ; 1 dodo**). *Premier sommeil :* les premières heures qui suivent l'endormissement. *En plein sommeil. Sommeil profond, réparateur. Sommeil léger, agité. Dormir d'un sommeil de plomb,* très profondément. « *Un de ces sommeils où l'on tombe comme dans un trou. On appelle cela un sommeil de plomb* » PROUST. *Dormir du sommeil du juste*. Marchand* de sommeil. Succomber au sommeil.* ➤ **s'endormir.** *Nuit blanche, sans sommeil. Tirer qqn du sommeil.* ➤ **éveiller, réveiller.** *Les yeux lourds de sommeil.* ➤ **assoupissement, demi-sommeil, somnolence, torpeur.** — *Stades du sommeil. Sommeil lent. Sommeil paradoxal :* phase du sommeil correspondant aux périodes de rêve, et où se produisent des mouvements oculaires rapides. *Troubles du sommeil : apnée du sommeil,* hypersomnie, insomnie, narcolepsie ; cauchemars, noctambulisme, terreurs nocturnes. *Maladie du sommeil.* ➤ **trypanosomiase.** — *Sommeil provoqué.* ➤ **hypnose, hypnotisme, narcose.** *Cure de sommeil.* ➤ **narcothérapie.** *Agents qui produisent le sommeil.* ➤ **hypnotique, somnifère, soporifique.** ♦ PAR EXT. (1538 ; *sumel* 1180) Envie de dormir. *Avoir sommeil. Bâiller, mourir, tomber de sommeil* (cf. Dormir* debout). ■ **2** **(Animaux)** *Ce chien a un sommeil agité.* — PAR EXT. (XIXe) Ralentissement des fonctions vitales pendant les saisons froides, chez certains êtres vivants. *Sommeil hiémal, hibernal.* ➤ **engourdissement, hibernation.** ■ **3** (XVIe) LITTÉR. *Le sommeil éternel* : la mort. « *Le père et le fils dormaient, l'un, la gorge coupée, du sommeil éternel, l'autre du sommeil des ivrognes* » MAUPASSANT. *Veiller sur le sommeil d'un mort.* ➤ **repos** (FIG.). ■ **4** (XVIIe) FIG. État de ce qui est provisoirement inactif. ➤ 1 **calme, inactivité, inertie.** *Le sommeil de la nature.* — *Laisser, mettre une affaire en sommeil,* en suspens. ■ CONTR. Éveil, 1 réveil, veille, vigilance. Activité.

SOMMEILLER [sɔmeje] v. intr. ⟨1⟩ – *someillier* « dormir » v. 1220 ◊ de *sommeil* ■ **1** Dormir d'un sommeil léger et pendant peu de temps (➤ aussi **somnoler**). *Malade qui sommeille.* ■ **2** FIG. (XVIIe) Ne pas se manifester, exister à l'état latent. ➤ **somnoler.** *Sa raison sommeillait.* — LOC. PROV. *Tout homme a dans son cœur un cochon qui sommeille* : l'homme le plus réservé peut devenir salace à l'occasion. ■ CONTR. Réveiller (se).

SOMMEILLEUX, EUSE [sɔmejø, øz] adj. et n. – 1265, repris XXe ; *soumilleux* XIIe ◊ de *sommeil* ■ **1** LITTÉR. Qui sommeille, est plein de sommeil. « *Des nuits étirées dans une gaieté sommeilleuse* » AYMÉ. ■ **2** Atteint de la maladie du sommeil. — n. (1926) *Un sommeilleux.*

SOMMELIER, IÈRE [sɔməlje, jɛʀ] n. – XIVe ; « conducteur de bêtes de somme » 1250 ◊ ancien provençal *saumalier, saumadier,* de *saumada* « charge d'une bête de somme » ■ **1** ANCIENNT Personne qui a la charge de la table et des vivres, dans une maison, une communauté. — SPÉCIALT Échanson. ■ **2** (1812) MOD. Personne chargée de la cave, des vins dans un restaurant. ➤ **caviste.** *Maître d'hôtel et sommelier.* ■ **3** n. f. **(Suisse)** *Sommelière* : serveuse de café ou de restaurant. « *allons la chercher dans les cafés parce qu'il y a les sommelières* » RAMUZ.

SOMMELLERIE [sɔmɛlʀi] n. f. – *sommelerie* 1504 ◊ de *sommelier* ■ **1** Charge, fonction de sommelier. ■ **2** PAR EXT. (1671) Lieu où le sommelier range le vin, etc.

1 **SOMMER** [sɔme] v. tr. ⟨1⟩ – v. 1250 ◊ latin médiéval *summare* ; de *summa* « résumé, conclusion » ■ DR. Mettre (qqn) en demeure (de faire qqch. dans les formes établies) ; avertir par une sommation. ➤ **signifier.** *Sommer qqn de (à) comparaître.* ➤ **assigner, citer.** ♦ LITTÉR. Commander impérativement. « *Je vous somme au nom du peuple* [...] *de retirer vos canons et de rendre la Bastille* » MICHELET. ➤ **enjoindre, ordonner, requérir.**

2 **SOMMER** [sɔme] v. tr. ⟨1⟩ – fin XIIIe ◊ de 1 *somme* ■ MATH. Faire la somme de (plusieurs quantités). *Sommer les termes d'une série.* ➤ **additionner, totaliser.** — Intégrer (Io).

SOMMET [sɔmɛ] n. m. – XVIIe ; v. 1120 *sumet* en anglo-normand ◊ de l'ancien français *som,* du latin *summum* ■ Partie la plus élevée, extrême. ■ **1** Point ou partie qui se trouve en haut ; endroit le plus élevé d'une chose verticale. ➤ **faîte, haut.** *Sommet d'un toit, d'un arbre. Monter au sommet de la tour Eiffel.* ♦ Point culminant du relief. *Sommet pointu d'une montagne.* ➤ **aiguille, cime, crête, dent,** 4 **pic, pointe.** *Sommet arrondi d'une colline. Parvenir au sommet de la côte,* en haut. — ABSOLT *L'air pur des sommets.* ➤ **cime, montagne.** ♦ *Sommet de la tête* : la partie la plus haute de la voûte du crâne. ➤ **vertex.** — MÉD. *Présentation du sommet,* de la tête, lors de l'accouchement. ■ **2** PAR MÉTAPH. et FIG. Ce qui est le plus haut, ce qui domine ; degré le plus élevé, supérieur, suprême. ➤ **apogée*,** 1 **comble, pinacle.** *Le sommet de l'échelle sociale, de la hiérarchie,* une situation dominante. *Être au sommet du pouvoir, de la gloire, des honneurs.* « *Nous avons une bien belle conversation, dit-il ironiquement, je ne sais pourquoi nous abordons ces sommets* » PROUST. ♦ (calque de l'anglais *summit conference*) *Conférence* (internationale) *au sommet,* avec les dirigeants suprêmes. *Réunion, rencontre au sommet.* — ELLIPT Réunion de dirigeants. *Le sommet franco-arabe.* ■ **3** Intersection de deux côtés (d'un angle, d'un polygone) ; point commun à trois faces au moins d'un polyèdre, aux génératrices d'un cône. *Sommet d'un angle. Sommet d'un polygone,* l'intersection de deux côtés. *Les trois sommets du triangle. Sommet d'une conique,* ses points d'intersection avec ses axes de symétrie. *Sommet d'un cône,* le point unique de convergence des génératrices. ■ CONTR. 1 Bas, base, pied.

SOMMIER [sɔmje] n. m. – 1316 ; *sumer* « bête de somme » 1080 ◊ bas latin *sagmarium* « bête de somme » ■ **1** VX Poutre. — MOD. TECHN. Pièce de charpente servant de linteau à une baie (croisée, porte, fenêtre). ➤ **architrave, poitrail.** — (1418) Poutre servant de support (dans le montage des cloches, etc.). — Pièce métallique qui supporte les barreaux d'une grille. ♦ (1432) Pierre qui supporte la retombée d'une voûte, d'un cintre. *Sommiers d'un arc.* ➤ **claveau.** ♦ (1549) Dans les instruments à cordes et à clavier, Pièce qui reçoit les chevilles servant à tendre les cordes. *Sommier d'orgue.* ■ **2** (1492 « matelas ») COUR. Partie souple d'un lit, qui repose dans le cadre ou sur des pieds (divans, canapés-lits) et sur lequel s'étend le matelas. *Sommier à ressorts,* formé d'une caisse de bois à barres transversales garnies de ressorts et recouvert de tissu. *Sommier métallique,* à toile métallique tendue. *Sommier à lattes de bois. Sommier tapissier*.* ■ **3** (1684 ◊ par plais.) Gros registre ; dossier de documents financiers, juridiques, comptables. ➤ **comptabilité.** — FAM. *Les sommiers* : le service des casiers judiciaires, de l'anthropométrie (➤ **identité**). « *Il serait peut-être bon de vérifier ce nom-là aux sommiers* » SIMENON.

SOMMITAL, ALE, AUX [sɔ(m)mital, o] adj. – 1845 ◊ de *sommet* ■ DIDACT. Qui est au sommet.

SOMMITÉ [sɔ(m)mite] n. f. – 1369 « partie la plus élevée de qqch. » ◊ bas latin *sommitas, summitas,* de *summus* → sommet ■ **1** DIDACT. ou LITTÉR. Extrémité (d'une tige, d'une plante). *Sommités comestibles de l'asperge.* ➤ **pointe.** — SPÉCIALT (XVIe) Extrémité d'une tige garnie de petites fleurs groupées (inflorescence complexe). *Sommités d'ortie.* ■ **2** FIG. (1825) Personnage éminent. ➤ **personnalité ; lumière.** *C'est une sommité de la médecine. Des sommités mondiales, scientifiques.*

SOMNAMBULE [sɔmnɑ̃byl] n. et adj. – 1688 ◊ du latin *somnus* « sommeil » et *ambulare* « marcher » ■ **1** Personne qui, pendant son sommeil, effectue par automatisme des actes coordonnés (spécialement la marche). *Un somnambule qui se déplace les yeux ouverts.* adj. *Elle est somnambule.* — PAR COMPAR. *Agir, marcher comme un somnambule,* automatiquement. ■ **2** (1818) Personne qui, dans un sommeil hypnotique, peut agir ou parler.

SOMNAMBULIQUE [sɔmnɑ̃bylik] adj. – 1786 ◊ de *somnambule* ■ Relatif au somnambulisme. *Crise somnambulique.*

SOMNAMBULISME [sɔmnɑ̃bylism] n. m. – 1765 ◊ de *somnambule* ■ Altération de l'état de conscience qui se manifeste par des actes coordonnés durant le sommeil (marche ; automatisme ambulatoire). *Somnambulisme provoqué par hypnose.*

SOMNIFÈRE [sɔmnifɛʀ] adj. et n. m. – v. 1500 ◊ latin *somnifer,* de *somnus* « sommeil » et *ferre* « porter » ■ **1** RARE Qui provoque le sommeil. ➤ **soporifique.** *La mandragore,* « *une solanée somnifère et vénéneuse* » NODIER. ■ **2** n. m. COUR. Médicament destiné à faire dormir. *Combattre l'insomnie en prenant des somnifères.* ➤ **hypnotique, narcotique.**

SOMNOLENCE [sɔmnɔlɑ̃s] n. f. – v. 1380, rare avant XIXe, sens 2° ◊ bas latin *somnolentia* ■ **1** (1530) État intermédiaire entre la veille et le sommeil, perte de conscience et engourdissement momentanés. ➤ **demi-sommeil, torpeur.** *Médicament qui peut amener un état de somnolence.* ♦ Assoupissement peu profond mais insurmontable ; tendance irrésistible à s'assoupir. « *Là, des somnolences la prenaient ; brisée par les veilles, elle sommeillait, elle cédait à l'engourdissement voluptueux* » ZOLA. ■ **2** FIG. Inaction, mollesse. ➤ **atonie.** « *l'apparente somnolence des génies méditatifs* » BALZAC.

SOMNOLENT, ENTE [sɔmnɔlɑ̃, ɑ̃t] adj. – 1429, rare avant XIXe ◊ du radical de *somnolence* ■ **1** Qui est en état de somnolence, en demi-sommeil. ➤ **assoupi.** *Être somnolent après un bon repas.* ■ **2** Sans activités ; engourdi. ➤ **inactif,** 1 **mou.** « *la vie somnolente des casernes* » ZOLA. ♦ FIG. En sommeil, qui ne s'exprime pas. ➤ **latent.** « *La sympathie peut faire éclore bien des qualités somnolentes* » GIDE. ■ CONTR. Dispos, éveillé. Actif.

SOMNOLER [sɔmnɔle] v. intr. ⟨1⟩ – avant 1846 ◊ du radical de *somnolence* ■ **1** Être dans un état de somnolence, dormir à demi. ➤ FAM. **comater.** *Somnoler après le repas.* ■ **2** Être inactif, ne pas s'exprimer. ➤ **sommeiller.** « *Des vertus qui somnolent, faute de pouvoir se manifester* » DAUDET.

SOMPTUAIRE [sɔ̃ptɥɛʀ] adj. – *sumptuaire* 1520 ◊ latin *sumptuarius,* dans *lex sumptuaria* ■ **1** ANTIQ. ROM. *Loi somptuaire,* réglant les dépenses, et SPÉCIALT restreignant les dépenses de luxe. ■ **2** (1690) VX Relatif aux dépenses. ♦ **(Emploi critiqué ; par confus. avec *somptueux*)** *Arts somptuaires,* non utilitaires. *Dépenses somptuaires.*

SOMPTUEUSEMENT [sɔ̃ptɥøzmɑ̃] **adv.** – 1380 ◊ de *somptueux* ■ D'une manière somptueuse. *Elle était somptueusement vêtue, parée. Il nous a reçus somptueusement.*

SOMPTUEUX, EUSE [sɔ̃ptɥø, øz] **adj.** – *sumptueux* 1342 ◊ latin *sumptuosus,* de *sumptus* «dépense» ; de *sumere* «prendre, employer» ■ Qui a nécessité de grandes dépenses, et PAR EXT. Qui est d'une beauté coûteuse (➤ **riche**), d'un luxe visible extrême. ➤ **fastueux, luxueux, magnifique, splendide,** 2 **superbe.** *Décor somptueux. Un somptueux cadeau.* PAR EXT. *Mener un train de vie somptueux.* ■ CONTR. Pauvre, simple. Frugal.

SOMPTUOSITÉ [sɔ̃ptɥozite] **n. f.** – début XVe ◊ latin *sumptuositas* ■ Beauté de ce qui est riche, somptueux. ➤ **luxe, magnificence,** 1 **pompe, richesse, splendeur.** *«leurs vêtements d'une magnificence et d'une somptuosité bizarres»* GOBINEAU. ◆ PAR EXT. RARE Chose somptueuse. *«Les somptuosités du salon»* BALZAC.

1 **SON** [sɔ̃], **SA** [sa], **SES** [se] **adj. poss.** 3e **pers.** – *son* 842 ◊ formes atones des adj. latins *suus, sua, suos, suas* → sien
■ REM. Liaison : *Son amie* [sɔ̃nami] ou VIEILLI et RÉGION. [sɔnami].

I (PERSONNES) ■ **1** (Sens subjectif) Qui appartient, est propre, est relatif à la personne dont il est question. — Possession *Anne «a ses victoires, ses capitaines, ses gens de lettres, [...] Sa galerie de chefs-d'œuvre latérale à sa majesté. Sa cour, à elle aussi»* HUGO. — (Appartenance à la personne physique ou morale) *«Voilà ses yeux, sa bouche, et déjà son audace»* RACINE. *Être plus attaché à sa vie qu'à son devoir.* — SPÉCIALT (expr. consacrées) *Sa Majesté,* en parlant du roi. *Sa Sainteté,* en parlant du pape. ◆ (Appartenance habituelle, convenance, appropriation très large) *Ce n'est pas son genre. Faire ses études. Y perdre son latin. Rater son bus. «Elle n'avait son dimanche qu'une semaine sur deux»* ARAGON. *Elle a sa crise.* — (Participation à un milieu) *À son époque. Dans sa famille.* ◆ (Devant un nom de personne : rapports de parenté, de société, de travail) *Son fils, sa mère, son secrétaire, son amie.* — (Devant un n. pr.) IRON. *«Son Monsieur Trissotin me chagrine, m'assomme»* MOLIÈRE. ■ **2** Sens objectif (devant un nom désignant une action ou un agent) De lui, d'elle en tant qu'objet. — (Action) *«Je l'aurais reconnu du premier coup tant sa pensée m'était devenue familière»* MAUPASSANT. *«je pâlis à sa vue»* RACINE. — (Agent) *Son représentant, son lecteur, ses juges, ses persécuteurs.*

II (Se rapportant à une chose concrète ou abstraite ➤ 2 **en**) ■ **1** (Sens subjectif) Qui est propre ou relatif à la chose en question. *«Hong-Kong, sa rade, ses jonques, ses sampans»* ROBBE-GRILLET. *Un canard à l'orange et son riz. Une distinction qui a son importance.* ■ **2** (Sens objectif) Devant un subst. d'action *«L'œuvre d'art n'est jamais un phénomène accidentel, il faut chercher son explication, sa motivation»* GIDE. — (Devant un nom d'agent) *L'œuvre d'art échappe à son créateur.*

III Se rapportant à un indéf. (Avec *on*) *«À raconter ses maux souvent on les soulage»* CORNEILLE. — (Sujet sous-entendu) *Être content de son sort.* — (Avec *chacun*) *«Dieu envoie à chacun des tentations selon sa force»* GIDE. *Chacun son tour.* ➤ 2 **leur, notre, votre.** — (Avec d'autres indéf.) *Personne n'est satisfait de son état. Qui veut voyager loin* ménage sa monture.*
■ HOM. Ça, çà ; 1 c, ces (1 ce).

2 **SON** [sɔ̃] **n. m.** – v. 1160 ◊ latin *sonus* ■ **1** Sensation auditive causée par les perturbations d'un milieu matériel élastique fluide ou solide (spécialement l'air). — PHYSIOL. Résultat de «la stimulation des éléments sensoriels de l'oreille interne (cellules ciliées), le plus souvent par les ondes acoustiques» (H. Piéron) ; ce phénomène physique. ➤ **audition ; bruit.** *«Le son pur est une sorte de création. La nature n'a que des bruits»* VALÉRY. — *Écouter, entendre, percevoir un son. Son aigu, grave. «Un son faible d'abord, s'en échappa, puis grandit, s'accentua, vibrant, aigu, plainte du cuivre frappé»* MAUPASSANT. *Sons discordants* (➤ **cacophonie, canard, couac, désaccord**), *harmonieux* (➤ **eurythmie, harmonie**). — *Produire, émettre un son, des sons,* se dit d'une substance heurtée qui vibre, d'un instrument... ➤ **résonner, sonner ; sonore.** *Le son des guitares. Son de cloche*.* ➤ **sonnerie.** PROV. *Qui n'entend qu'une cloche* n'entend qu'un son.* — *Sons servant à la communication chez l'être humain et certains animaux.* ➤ **bruit, cri, voix.** *«Le son de sa voix qui était à la fois clair et un peu voilé»* MAUROIS. *«Les grands Singes émettent des sons variés»* J. ROSTAND. *Sons articulés, inarticulés. Le travail du son, dans le chant.* ➤ **sonorité, timbre, voix.** *Son filé.* — **AU SON DE... :** en écoutant, en suivant la musique de... *Danser au son de l'accordéon.* ◆ SPÉCIALT Tout élément du langage parlé ; la combinaison de ces éléments. ➤ **phonème ; prononciation.** *Son fermé, ouvert* (➤ **voyelle**) ; *son nasal*, guttural. Similitude de sons* (➤ **consonance, homophonie**). — *Succession harmonieuse des sons.* ➤ **euphonie.** *Notation des sons* (➤ **phonétique**). ■ **2** PHYS. Vibration d'un corps matériel transmise par une onde élastique. *Un son est caractérisé par sa hauteur* (➤ **fréquence**), *son intensité* (➤ 2 **bel, décibel, phone**), *son timbre* (➤ aussi **sonagramme**). *Célérité, vitesse de propagation du son dans l'air, l'eau, les métaux. Dépasser la vitesse du son* (➤ **mach ; hypersonique, supersonique**). *Mur* du son.* — *Son simple,* dû à une vibration sinusoïdale. *Son complexe.* ➤ **bruit.** ◆ COUR. *Sons musicaux :* sons simples ou complexes dont la hauteur tonale est déterminée. ➤ **note ; gamme,** 2 **ton, tonalité.** *Sons simultanés.* ➤ **accord.** *Organisation des sons par l'art musical.* ➤ **harmonie, polyphonie.** — *Enregistrement* du son* (➤ **stéréophonie ; dolby**). *Prise* de son* (➤ **microphone**). *Bande*-son. Reproduction du son* (➤ **audio ; baladeur, chaîne, magnétophone**). (Canada) (anglais *sound system*) *Système de son :* chaîne stéréo. *Transmission du son* (➤ **radiophonie, téléphonie**). FAM. *Gros son :* son puissant. PAR EXT. *Baisser le son* (d'un poste de radio, de télévision), l'intensité du son. — PAR EXT. *Ingénieur du son,* qui s'occupe de l'enregistrement, de la prise de son, du mixage. *Preneur* de son. L'équipe du son* (au cinéma). — PAR APPOS. *Spectacle son et lumière :* spectacle nocturne comportant l'illumination d'un monument accompagnée d'une évocation sonore, musicale... de son histoire.

3 **SON** [sɔ̃] **n. m.** – 1398 ; *saon, seon* «rebut» 1197 ◊ p.-ê. anglo-saxon *seon* ■ **1** Résidu de la mouture du blé ou d'autres céréales, provenant du péricarpe des grains. ➤ **issue, mouture.** *«Il faut séparer le son de la partie vraiment alimentaire du froment»* DUHAMEL. ➤ **blutage.** *Faire l'âne* pour avoir du son.* — *Farine de son,* mêlée de son. ➤ **recoupe, recoupette,** 1 **remoulage.** ELLIPT *Pain au son,* à la farine de son. ■ **2** (1871) Sciure servant à bourrer. *Poupée de son.* — FIG. *Taches de son,* de rousseur. ➤ **éphélide.** *Une grande rousse «aux joues brûlées, tachées de son»* MAUPASSANT.

SONAGRAMME [sɔnagʀam] **n. m.** – 1968 ◊ de 2 *son* et *-gramme* ■ ACOUST. Représentation graphique tridimensionnelle (amplitude, temps, fréquence) d'un son. ➤ **sonagraphe.**

SONAGRAPHE [sɔnagʀaf] **n. m.** – 1968 ◊ de 2 *son* et *-graphe* ■ ACOUST. Appareil permettant l'analyse spectrale des sons.

SONAL [sɔnal] **n. m.** – 1982 ◊ de 2 *son* ■ Jingle. *Des sonals.*

SONAR [sɔnaʀ] **n. m.** – 1949 ◊ mot anglais, acronyme de *Sound Navigation and Ranging,* d'après *radar* ■ TECHN. Dispositif de détection, d'écoute et de communications sous-marines analogue au radar, et utilisant des ondes acoustiques. ➤ **asdic.** *«Avec les cartes, on repère sa position, avec les sonars celle des autres»* M. DUGAIN.

SONATE [sɔnat] **n. f.** – 1695 ◊ italien *sonata,* de *sonare* «jouer sur un instrument» ■ **1** ANCIENNT Pièce instrumentale en plusieurs mouvements, alternativement lents et rapides, destinée à un petit nombre d'exécutants. *La sonate, née en Italie, s'est répandue en Europe vers la fin du XVIIIe siècle.* — *Sonates pour clavecin.* ◆ (fin XVIIIe) MOD. Pièce à trois ou quatre mouvements présentant une structure caractéristique. *Sonates pour piano et violon.* ■ **2** MUS. *Forme sonate :* structure ternaire, à deux thèmes, qui sert de cadre à la plus grande partie de la musique instrumentale classique (sonates, trios, quatuors, concertos, symphonies).

SONATINE [sɔnatin] **n. f.** – 1821 ◊ de *sonate* ■ Petite sonate, de caractère facile. *Les sonatines de Clementi.*

SONDAGE [sɔ̃daʒ] **n. m.** – 1769 ◊ de *sonder* ■ **1** Action de sonder, exploration locale et méthodique d'un milieu à l'aide d'une sonde ou de procédés techniques particuliers. *Sondage des profondeurs marines.* ➤ **bathymétrie.** *Sondage par ultrasons, par le son,* par la mesure du temps de réflexion d'une onde sonore. *Sondage atmosphérique par ballons-sondes. «Lancer des ballons en l'air et [...] les suivre à la lorgnette ; ça s'appelle faire un* sondage météorologique*»* BEAUVOIR. ◆ Forage d'un sol, pour en connaître la nature, rechercher des nappes d'eau, des gîtes minéraux (➤ **prospection**), établir un puits. *Sondages au trépan. Tige, tour de sondage. Les sondages de prospection pétrolière.* ■ **2** Introduction d'une sonde dans une cavité naturelle ou accidentelle de l'organisme. ➤ **cathétérisme, tubage.** ■ **3** (1841) FIG. Enquête, recherche, investigation discrète et rapide. ◆ STATIST. Étude des caractéristiques, de la distribution de certains caractères par l'intermédiaire d'un échantillon représentatif d'une population (d'individus, de choses). *Sondage d'un groupe de consommateurs pour une étude de marché* (➤ **panel**). — *Enquête par sondage ; sondage d'opinion :* enquête statistique visant à donner une indication quantitative des opinions, attitudes, comportements, dans une population donnée, en recueillant des réponses individuelles. ➤ aussi **micro-trottoir.** *D'après un récent sondage.*

Institut de sondage. Faire un sondage auprès des agriculteurs. «un sondage commandé par un grand quotidien du matin le donnait vainqueur au deuxième tour» M. DUGAIN.

SONDAGIER, IÈRE [sɔ̃daʒje, jɛʀ] **adj.** – 1989 ◊ de *sondage* ▪ Qui concerne les sondages d'opinion. *Tendances sondagières.*

SONDE [sɔ̃d] **n. f.** – 1529 *jeter la sonde* ◊ de l'ancien nordique *sund* «mer, détroit», dans *sundgyrd* «perche à sonder» ▪ **1** Instrument essentiellement composé d'un plomb attaché à une ligne divisée en brasses, qui sert à mesurer la profondeur de l'eau et à reconnaître la nature du fond. *Mouiller à la sonde. Naviguer à la sonde,* en l'utilisant fréquemment. *«La sonde ne marquait plus que quatre brasses sur un banc de sable»* CHATEAUBRIAND. ♦ PAR ANAL. Instrument ou appareil de mesure des profondeurs ou des altitudes. *Sonde aérienne* ou *ballon-sonde.* AVIAT. *Sonde radioaltimétrique.* ➤ **radiosonde.** ▪ **2** (1596) MÉD. Instrument rigide ou flexible, cylindrique, présentant ou non un canal central, et destiné à explorer un canal ou une cavité, naturels ou accidentels, à en évacuer le contenu ou y introduire une substance. ➤ **bougie, cathéter, drain, tube ; endoscope.** *Sonde gastrique, urétrale. «Les sondes* [...] *ne me donnaient cependant qu'un soulagement momentané»* ROUSSEAU. — Instrument servant à l'alimentation artificielle. ▪ **3** Appareil servant aux forages et aux sondages du sol. ➤ **tarière, trépan.** ♦ TECHN., COMM. Petit instrument permettant de prélever une parcelle à l'intérieur d'un produit. *Sonde à fromage.* ▪ **4** *Sonde spatiale* : engin spatial non habité lancé pour étudier le milieu interplanétaire ou certains astres du système solaire. *Sonde lunaire.* ▪ **5** MÉTROL. Dispositif qui, associé à un appareil de mesure, permet le relevé d'une grandeur en perturbant au minimum le système étudié. *Sonde d'oscilloscope, d'ampèremètre.* — Capteur. *Sonde de température.* ▪ **6** BIOL. MOL. *Sonde moléculaire* : séquence d'acides nucléiques utilisée pour des expériences d'hybridation.

SONDER [sɔ̃de] **v. tr.** ‹1› – 1382 ◊ de *sonde* ▪ **1** Reconnaître au moyen de la sonde, soumettre à un sondage. *Machine à sonder les fonds marins.* ➤ **sondeur.** ABSOLT *«Le chenal n'a pas assez de profondeur. Lui réplique : "Il faut sonder"»* ALAIN. — *Sonder l'atmosphère.* ♦ *Sonder une plaie.* — *Sonder un malade,* SPÉCIALT prélever l'urine de sa vessie avec une sonde. *«Je n'en finissais pas de le sonder, de le débarrasser, goutte à goutte»* CÉLINE. ♦ *Sonder un terrain.* ➤ **forer, percer.** — PAR MÉTAPH. Examiner soigneusement (une situation). *«Sonder longuement le terrain sur lequel il s'avancerait»* MADELIN. ♦ Examiner à la sonde. *Sonder des bagages à la douane.* ➤ **fouiller.** ▪ **2** FIG. (1556) Chercher à entrer dans le secret de. ➤ **approfondir, explorer, scruter.** *Dieu sonde les cœurs. «L'éclatant regard qui voulait sonder ma conscience»* FROMENTIN. ➤ **pénétrer.** *Sonder les reins* et les cœurs. Sonder l'avenir.* ♦ *Sonder qqn,* chercher à connaître son état d'esprit, ses intentions. ➤ **confesser, interroger.** *«Sonder mon père sur les sentiments où je suis»* MOLIÈRE. — SPÉCIALT *Sonder l'opinion* (➤ **sondage**). **p. p. adj.** *Les personnes sondées.* SUBST. *Un tiers des sondés se déclare favorable.*

SONDEUR, EUSE [sɔ̃dœʀ, øz] **n.** – 1572 ◊ de *sonder* ▪ **1** Personne qui fait des sondages. *Les sondeurs et les sondés.* ▪ **2 n. m.** (1871) TECHN. Appareil de sondage. *Sondeur à ultrasons.* — **adj.** *Tube sondeur.*

SONDEUSE [sɔ̃døz] **n. f.** – 1905 ◊ de *sonder* ▪ TECHN. Petite sonde pour forages peu profonds. ➤ **sondeur.**

SONGE [sɔ̃ʒ] **n. m.** – *sunge* v. 1155 ◊ latin *somnium* ▪ **1** VX ou LITTÉR. Rêve. *«c'est notre nature sincère qui s'exprime dans les songes»* ALAIN. *Le songe d'Athalie.* — *La clé des songes* : système d'interprétation traditionnel des rêves. — *En songe* : en rêve. *«ne l'ai-je pas vu en songe vous frappant ?»* JARRY. *Songes prophétiques.* ➤ **oniromancie.** PROV. *Songe, mensonge.* ♦ PAR COMPAR. Fiction, illusion. *«La vie n'est elle-même qu'un songe* [...] *dont nous nous éveillons à la mort»* PASCAL. *S'évanouir comme un songe.* ▪ **2** VIEILLI ou LITTÉR. Rêve, construction de l'imagination à l'état de veille. ➤ **chimère, fantasme, illusion, imagination.** *Ici a commencé «l'épanchement du songe dans la vie réelle»* NERVAL. ■ CONTR. Réalité.

SONGE-CREUX [sɔ̃ʒkʀø] **n. m. inv.** – 1554 adj. «qui réfléchit beaucoup» ; n. pr. 1527 ◊ de *songer* et *creux,* adv. ▪ Personne qui nourrit son esprit de chimères. *Bonaparte «estimait Sieyès trop spéculatif, un songe-creux politique»* MADELIN.

SONGER [sɔ̃ʒe] **v. tr. ind.** ‹3› – *sunjer que* 1080 ◊ latin *somniare* ▪ **1** VX Faire un songe, rêver. *Le pauvre «songe dans son dernier sommeil qu'il s'assied au haut bout de la table pour un festin»* SUARÈS. ▪ **2** (1278) ABSOLT Rêver, laisser errer sa pensée (➤ **rêverie**). *«Chacun songe en veillant, il n'est rien de plus doux»* LA FONTAINE. *«Tandis que je songeais, le coude sur mes livres»* HUGO. ➤ **méditer.** ▪ **3** (hapax XIIIe) **SONGER À** : penser à, réfléchir à. ♦ ➤ 1 **penser.** *«Comme je songeais à loisir à tout ceci, je pensais à une certaine pureté de la forme»* VALÉRY. *Songer à ce qu'on dit* (cf. Faire attention*). *«Vous vous moquez, Mercure, et vous n'y songez pas»* MOLIÈRE. *Songez-y bien !* se dit souvent en matière d'avertissement, de menace. — (Sens affaibli) Avoir dans l'esprit, en tête. ➤ **considérer.** *«Je songe à une formule vieille comme mon pays»* SAINT-EXUPÉRY. — Avoir présent à l'esprit. *Si Napoléon «eût songé à son infanterie, il eût gagné la bataille»* HUGO. — Évoquer par la mémoire, par l'imagination, ou par simple association d'idées. *«Songe aux cris des vainqueurs, songe aux cris des mourants»* RACINE. — **FAIRE SONGER À...,** se dit d'une chose, d'une personne qui en évoque une autre. ➤ **évoquer.** *Vous me faites songer à Robinson.* ▪ **4** (1538) Envisager en tant que projet qui demande réflexion, qui mérite attention et soin. ➤ 1 **penser.** *Songer au mariage. J'y songe. «Ce qu'on ne peut avoir, mieux vaut n'y point songer»* GIDE. *Il n'y faut pas songer, c'est impossible. Sans songer à mal.* ➤ **innocemment.** — (Avec l'inf.) *«Je songe à me venger»* BOILEAU. ♦ Donner tous ses soins à..., se préoccuper de..., s'intéresser à... *Songer à son avancement, au lendemain. «Monsieur ne songe à rien, monsieur dépense tout»* LA FONTAINE. — (Avec l'inf.) ➤ **s'occuper, veiller.** *Il faut songer à partir.* ▪ **5** (Suivi d'une complétive ou d'une interrog. ind.) Prendre en considération le fait que..., réfléchir au fait que. *«Avez-vous songé que voici des siècles* [...], *que notre pauvre humanité accomplit sa destinée»* MARTIN DU GARD. ➤ **s'aviser.** *«Songeant comment elles passent avec rapidité de la tendresse la plus ardente à la plus froide insensibilité»* FRANCE. — (En incise) *«"Ils parlent tous de Daniel comme d'une énigme," songeait Antoine»* MARTIN DU GARD. ♦ *Songer que...* ➤ **imaginer,** 1 **penser.** *«L'univers m'embarrasse et je ne puis songer Que cette horloge existe et n'ait point d'horloger»* VOLTAIRE. ■ CONTR. (du 3e) Omettre, oublier.

SONGERIE [sɔ̃ʒʀi] **n. f.** – 1495 ◊ de *songe* ▪ Rêverie. *«Ses songeries d'intellectuel inquiet»* DUHAMEL. *«Elle aimait les lectures, les romans* [...] *pour la songerie mélancolique et tendre qu'ils éveillaient en elle»* MAUPASSANT.

SONGEUR, EUSE [sɔ̃ʒœʀ, øz] **n. et adj.** – *songeor* 1190 ◊ de *songer* ▪ RARE Personne qui aime la rêverie. ➤ **rêveur.** ♦ **adj.** Perdu dans une rêverie empreinte de préoccupation. ➤ **pensif, préoccupé.** *Cette nouvelle le laissa songeur. «Elle demeura songeuse et comme plongée dans une pensée infinie»* BALZAC.

SONIQUE [sɔnik] **adj.** – 1949 ◊ de 2 *son* ▪ PHYS. Du son. *Vitesse sonique.* — SPÉCIALT Relatif aux phénomènes qui se manifestent à des vitesses voisines de la vitesse du son (➤ **supersonique**).

SONNAILLE [sɔnɑj] **n. f.** – v. 1300 ◊ de *sonner* ▪ **1** Cloche ou clochette attachée au cou d'un animal domestique, bétail ou bête de somme (➤ **campane, clarine**). ▪ **2** PAR EXT. Son, bruit de ces cloches. *«sonnailles des troupeaux de chevaux et de bœufs, tantôt retentissantes et sonores, tantôt diminuées»* DAUDET.

1 **SONNAILLER** [sɔnɑje] **n. m.** – *mouton sonnailler* 1379 ◊ de *sonnaille* ▪ Animal qui porte une sonnaille, et qui va en tête du troupeau.

2 **SONNAILLER** [sɔnɑje] **v. intr.** ‹1› – v. 1748 ◊ de *sonner* ▪ Sonner, tinter. *«son trousseau de clefs qui sonnaillaient au cordon du tablier»* A. COHEN.

SONNANT, ANTE [sɔnɑ̃, ɑ̃t] **adj.** – *sonant* 1380 ◊ de *sonner* ▪ **1** VX Qui résonne, tinte. — MOD. dans la loc. *Espèces sonnantes (et trébuchantes)* : monnaie métallique. ▪ **2** Qui sonne les heures. *Horloge, montre sonnante.* ▪ **3** COUR. Qui est en train de sonner, en parlant de l'heure. ➤ 3 **pile,** 1 **précis, tapant ;** FAM. **pétant.** *«j'étais rendu à mon hôtel à 10 heures sonnantes»* BILLY.

SONNÉ, ÉE [sɔne] **adj.** – 1680 ◊ de *sonner* ▪ **1** Annoncé par les cloches, par une sonnerie. *Il est midi sonné, trois heures bien sonnées.* ➤ 3 **passé.** ♦ FAM. *Il a soixante ans bien sonnés,* révolus. ▪ **2** (1814) FAM. Assommé, étourdi par un coup. *Boxeur sonné.* ➤ **groggy.** ♦ FIG. (1927) FAM. Fou*, cinglé.

SONNER [sɔne] **v.** ‹1› – 1080 *suner* ; v. 1000 *soner mot* «prononcer» ◊ latin *sonare,* de *sonus*

I ~ **v. intr.** ▪ **1** Produire le son qui leur est propre, en parlant de certains instruments à vent (cuivres). *Le cor, la trompette sonnent. Instrument qui sonne bien.* — PAR ANAL. *Les oreilles lui sonnent* (➤ **siffler, tinter**). ▪ **2** Vibrer, retentir sous un choc. ➤ **résonner, retentir, tinter.** *« les gros sous, les uns après les autres, sonnaient dans le plat d'argent »* FLAUBERT. *Dalles qui sonnent sous les pas. Sonner clair. — Sonner creux* ; FIG. donner une impression de vide. *« Oh ! que la science sonne creux quand on y vient heurter [...] une tête pleine de passions »* HUGO. ◆ SPÉCIALT (d'une cloche ou d'un gong, d'une cymbale, et PAR EXT. d'un timbre). *Les cloches sonnent.* ➤ **carillonner, tinter.** *Sonner à toute volée. — Faire sonner un réveil. Le téléphone sonne* (➤ **sonnerie**). — PAR EXT. Se manifester par une sonnerie particulière (heure). *« Vienne la nuit sonne l'heure »* APOLLINAIRE. *Midi a sonné. La fin des cours a sonné. « Il y a dix minutes que c'est sonné »* DURAS. IMPERS. *« Il sonne onze heures »* RAMUZ. LOC. *Son heure, sa dernière heure a sonné* : l'heure de sa mort est arrivée. ▪ **3** (1669) Être marqué nettement dans la prononciation. *Faire sonner la fin de ses phrases, le* s *de* plus. ◆ *Sonner bien, mal* : avoir des sons harmonieux, agréables ou non (d'un mot, d'une expression, etc.). *Ce prénom sonne bien.* — FIG. **SONNER JUSTE, FAUX** : donner une impression de vérité ou d'insincérité. *Un aveu qui sonne faux.* ▪ **4** Faire fonctionner une sonnerie, SPÉCIALT pour appeler qqn, ou pour se faire ouvrir. *Entrez sans sonner. J'ai sonné chez lui. On a sonné, va ouvrir.*

II ~ **v. tr. ind. SONNER DE** (1080) VX Faire rendre des sons (à un instrument). ➤ **jouer.** — MOD. Jouer (d'un instrument à vent, SPÉCIALT d'un cuivre). *Sonner du clairon, du cor. Sonner du biniou* (➤ **sonneur**). ABSOLT Jouer de la trompe de chasse. *« Une légère coupure à la lèvre qui l'empêchait de sonner »* MAC ORLAN.

III ~ **v. tr. dir.** ▪ **1** (1150) Faire résonner, vibrer. *Sonner une cloche* ; SPÉCIALT en faire frapper les deux côtés par le battant (opposé à *piquer*). — FIG. (1917) FAM. *Sonner les cloches* à qqn ; se faire sonner les cloches.* ▪ **2** Jouer de (un instrument à vent). *Sonner le clairon.* ▪ **3** (XIIe) Faire entendre (une sonnerie particulière) ; signaler par une sonnerie de cloches, de cuivres. ➤ **annoncer.** *Sonner les matines, le tocsin. Sonner l'hallali. Sonner l'alarme. Sonner trois coups brefs à la sonnette.* — (Sujet chose) *Le clairon sonne la charge.* ▪ **4** Annoncer (l'heure) par une sonnerie. *« L'horloge de Saint-Paul sonna onze heures »* HUGO. ▪ **5** Appeler (qqn) par une sonnerie, une sonnette. *Sonner l'infirmière de garde.* LOC. FAM. *On ne t'a pas sonné* : on ne te demande pas ton avis, mêle-toi de tes affaires. — FAM. *Si tu as besoin de moi, tu me sonnes.* ➤ **appeler.** ◆ RÉGION. (Belgique) Appeler (qqn) au téléphone. *Il m'a sonné hier.* ABSOLT Téléphoner. ▪ **6** (1486, répandu XIXe-XXe) FAM. Assommer, étourdir en heurtant la tête contre le pavé, et PAR EXT. d'un coup de poing (➤ **sonné**). — FIG. *Cette nouvelle nous a un peu sonnés.* ➤ **abasourdir, choquer, ébranler.**

▪ HOM. poss. Sauner.

SONNERIE [sɔnʀi] **n. f.** – v. 1210 ◇ de *sonner* ▪ **1** Son de ce qui sonne. *Sonneries des cloches. — Sonnerie de clairon. — La sonnerie d'une horloge, d'une sonnette, du téléphone. « une petite sonnerie ferme et claire vibra. C'était le timbre scellé dans le mur qui tintait »* HUGO. ◆ Air joué à la trompette, à la trompe de chasse pour constituer un signal. *« Depuis la sonnerie du réveil jusqu'à la sonnerie de l'extinction des feux »* ROMAINS. ▪ **2** (1636) Ensemble des cloches (d'une église, etc.). ◆ Mécanisme qui fait sonner une horloge, un réveil, d'après la disposition des aiguilles. *Remonter, mettre la sonnerie.* ◆ Appareil avertisseur, formé essentiellement d'un timbre que fait vibrer un marteau. *Sonnerie électrique,* dont le marteau est mû par le courant dans un électroaimant. *Sonnerie téléphonique. Sonnerie d'alarme. Bouton d'une sonnerie.* ➤ **sonnette.**

SONNET [sɔnɛ] **n. m.** – 1537 ◇ italien *sonnetto,* du français *sonet* « chansonnette » (1165) ; de *son* « poème » ▪ Poème de quatorze vers en deux quatrains sur deux rimes (embrassées), et deux tercets. *« Un sonnet sans défauts vaut seul un long poème »* BOILEAU. *Les sonnets de Ronsard. Sonnets irréguliers de Baudelaire.*

SONNETTE [sɔnɛt] **n. f.** – *sonete* v. 1250 ◇ de *sonner*

I ▪ **1** Petit instrument métallique qui sonne pour avertir. ➤ **clochette.** *« Une petite sonnette en cuivre à long manche »* QUENEAU. *Agiter une sonnette.* ➤ **sonner.** *Sonnette du président, dans une assemblée. La sonnette d'une porte.* ◆ Timbre, sonnerie électrique ; objet matériel qui sert à déclencher la sonnerie (bouton, poussoir). *Appuyer sur la sonnette. Coup de sonnette.* ➤ **sonnerie ; appel, avertisseur.** *Se pendre* à la sonnette. — Sonnette d'alarme* (dans une banque, etc.). *Tirer la sonnette d'alarme*.* ➤ **signal.** LOC. *Tirer les sonnettes, aller tirer à toutes les sonnettes* : quémander. ◆ FIG. *Serpent à sonnette* : crotale. ▪ **2** PAR EXT. Sonnerie produite par une sonnette (➤ **drelin, dring**). *Je n'ai pas entendu la sonnette.*

II (1690) TRAV. PUBL. Engin, formé d'un échafaudage élevé, qui sert à la manœuvre du mouton, ou du pilon de choc. ➤ **bélier.** *Enfoncer des pieux à la sonnette.*

SONNEUR, EUSE [sɔnœʀ, øz] **n.** – *souneur* 1260 ◇ de *soner,* puis *sonner* ▪ **1** Personne qui sonne les cloches. *Le « lien intime qui unissait le sonneur à l'église »* HUGO. LOC. *Dormir* comme un sonneur.* ◆ VIEILLI ou RÉGION. Musicien, personne qui joue d'un instrument. *« Les Maîtres sonneurs », roman de G. Sand. Sonneur de cornemuse, de bombarde. Les sonneurs d'un bagad.* ▪ **2** PAR ANAL. Ouvrier qui manœuvre la sonnette (II).

SONO [sɔno] **n. f.** – avant 1967 ◇ abrév. de *sonorisation* ▪ FAM. Sonorisation ; ensemble des appareils destinés à diffuser la musique dans un lieu public. *La sono d'une boîte de nuit.*

SONO- ▪ Élément, du latin *sonus* « son ».

SONOMÈTRE [sɔnɔmɛtʀ] **n. m.** – 1699 ◇ de *sono-* et *-mètre* ▪ **1** Monocorde*. ▪ **2** (1746) MÉTROL. Instrument de mesure de l'intensité des bruits en décibels. ➤ **audiomètre.**

SONORE [sɔnɔʀ] **adj.** – 1560 ◇ latin *sonorus,* de *sonus* ▪ **1** DIDACT. Qui rend des sons. ▪ **2** Qui a un son agréable et éclatant ; qui sonne bien ou qui résonne fort. *« Il parlait avec une voix plus sonore, [...] on sentait l'aplomb que donne l'argent »* MAUPASSANT. ➤ 1 **fort, retentissant.** *Rire sonore.* ➤ **éclatant.** *« Ils se déposaient mutuellement sur les deux joues des bécots sonores »* QUENEAU. ➤ **bruyant.** PÉJ. *Paroles sonores et creuses.* ➤ **emphatique, ronflant.** ◆ PHONÉT. *Consonne sonore,* ou ELLIPT *une sonore* : phonème dont l'émission s'accompagne de vibrations des cordes vocales. ➤ **voisé.** *Occlusives sonores* [b, d, g] *et sourdes correspondantes* [p, t, k]. ▪ **3** (Lieu) Qui renvoie ou propage bien le son (➤ **acoustique**). *« La vieille église, toute vibrante et toute sonore »* HUGO. *Rendre une pièce moins sonore.* ➤ **insonoriser.** ▪ **4** Relatif au son, phénomène physique ou sensation auditive ; de la nature du son. *Ondes, vibrations sonores. Source sonore. Relief sonore. Signal sonore. Avertisseur sonore.* ➤ **klaxon.** ◆ TECHN. *Film sonore,* qui comporte l'enregistrement des sons (➤ **parlant**), et des bruits. — *Effets sonores* : bruits, sons spéciaux qui accompagnent l'image, et ne sont ni des paroles ni de la musique (➤ **bruitage**). *Bande*, piste* sonore.* ▪ CONTR. Insonore, muet, silencieux. Étouffé, 2 mat, sourd.

SONORISATION [sɔnɔʀizasjɔ̃] **n. f.** – 1872 ◇ de *sonoriser* ▪ **1** PHONÉT. Passage d'une sourde à la sonore correspondante (opposé à *assourdissement*). ▪ **2** Ensemble des opérations par lesquelles on ajoute les éléments sonores appropriés à un spectacle purement visuel. *Montage et sonorisation d'un film. Sonorisation synchronisée.* ➤ **synchronisation.** ▪ **3** Action de sonoriser un lieu ; ensemble des appareils utilisés à cet effet. ➤ **sono.** *Sonorisation d'une place pour un bal public.*

SONORISER [sɔnɔʀize] **v. tr.** ⟨1⟩ – 1872 ◇ de *sonore* ▪ **1** PHONÉT. Rendre sonore (une consonne sourde). PRONOM. *Le* t *se sonorise en* d. ▪ **2** Rendre sonore (ce qui était silencieux, muet). *Sonoriser un film d'amateur à l'aide d'un magnétophone* (➤ **postsonorisation**). ▪ **3** Munir (un lieu) d'un matériel de reproduction, de diffusion du son, et spécialement du son enregistré. *Sonoriser une salle de cinéma.*

SONORITÉ [sɔnɔʀite] **n. f.** – 1380, rare avant XVIIe ◇ bas latin *sonoritas* ▪ **1** Qualité du son. ➤ **tonalité.** *La sonorité d'un instrument de musique,* la qualité (timbre, hauteur, intensité) des sons qu'il peut produire. *Une belle sonorité.* PAR EXT. *La sonorité d'un poste de radio. — Sonorité agréable d'une voix, d'un mot.* — AU PLUR. Inflexions, sons particuliers d'une voix. *« Sa voix avait des sonorités douces et caressantes dans les notes graves »* LOTI. — Harmonie, en littérature, en poésie. ◆ PHONÉT. Résonance* produite par la vibration des cordes vocales, qui accompagne l'émission des phonèmes sonores. ▪ **2** (1845) Propriété (d'une matière) de produire ou de conduire le son, les sons. *La sonorité extrême de l'air.* ▪ **3** Caractère d'un lieu, d'un édifice où les sons se transmettent ; qualité acoustique d'un local. *L'excellente sonorité d'une salle de concert, d'un auditorium.* ➤ **acoustique.** — PAR EXT., AU PLUR. Sons ainsi transmis. *« La steppe orientale où les sonorités s'étouffent »* PROUST.

SONOTHÈQUE [sɔnɔtɛk] **n. f.** – 1959 ◇ de *sono-* et *-thèque* ▪ DIDACT. Collection d'enregistrements de bruits, d'effets sonores. *La sonothèque de la Maison de la Radio.*

SONOTONE [sɔnɔtɔn ; sonoton] **n. m.** – milieu XXe ◇ nom déposé ; de *sono-* et de l'élément *-tone* de *atone, monotone...* ▪ Audiophone* très répandu. *Porter un sonotone.*

SOPALIN [sɔpalɛ̃] **n. m.** – 1946 ◊ marque déposée (1978) ; de *Société de Papier Linge*, nom de la société qui a créé ce papier ■ Papier absorbant résistant, à usage ménager. ➤ **essuie-tout.** *Du sopalin. Un rouleau de sopalin.* — *Un sopalin* : une feuille de ce papier.

-SOPHE, -SOPHIE ■ Éléments, du grec *sophos* « sage, savant », *sophia* « sagesse, science ».

SOPHISME [sɔfism] **n. m.** – fin XIIe ; *soffime* 1175 ◊ latin *sophisma*, mot grec ■ Argument, raisonnement faux (➤ **paralogisme**) malgré une apparence de vérité et généralement fait avec mauvaise foi. « *Un champ clos de disputes, retentissant de sophismes et de questions subtiles* » RENAN. — LOG. Raisonnement conforme aux règles de la logique mais aboutissant à une conclusion manifestement fausse. ➤ **paradoxe.** *Le sophisme de la flèche de Zénon.* « *Qu'est-ce que c'est que le sophisme de l'éphémère ? – C'est celui d'un être passager qui croit à l'immortalité des choses* » DIDEROT.

SOPHISTE [sɔfist] **n. m.** – 1370 ; *soffistre* 1236 ◊ latin *sophistes*, mot grec ■ **1** ANCIENNT Chez les Grecs, Maître de rhétorique et de philosophie qui allait de ville en ville pour enseigner l'art de parler en public, les moyens de l'emporter sur son adversaire dans une discussion, de défendre, par des raisonnements subtils ou captieux, n'importe quelle thèse. « *La Grèce est la mère des ergoteurs, des rhéteurs et des sophistes* » TAINE. ■ **2** Personne qui use d'arguments, de raisonnements spécieux. « *De tous les sophistes, notre propre raison est presque toujours celui qui nous abuse le moins* » ROUSSEAU.

SOPHISTICATION [sɔfistikasjɔ̃] **n. f.** – 1370, rare avant XIXe ◊ de *sophistiquer* ■ **1** VIEILLI Action de sophistiquer, de frelater (une substance). « *Ce qu'il a trouvé, ce siècle, c'est la falsification des denrées, la sophistication des produits* » HUYSMANS. ➤ **altération.** ■ **2** ANGLIC. Caractère sophistiqué, affecté, artificiel. *Un raffinement poussé jusqu'à la sophistication.* ♦ TECHN. Évolution (des techniques) dans le sens de la complexité ; haut niveau d'élaboration technique. *Un mécanisme d'une extrême sophistication.*

SOPHISTIQUE [sɔfistik] **adj. et n. f.** – v. 1265 ◊ latin *sophisticus*, grec *sophistikos* ■ **1** DIDACT. Qui est de la nature du sophisme, qui constitue un sophisme. *Argument, raisonnement sophistique.* « *Que cette interprétation de la loi parût sophistique* » ROMAINS. ➤ **captieux, 1 faux.** ♦ Qui est porté au sophisme, qui use volontiers de sophismes. *Esprit sophistique.* ■ **2 n. f.** PHILOS. Art des sophistes grecs ; le mouvement, la tendance philosophique qu'ils représentaient (➤ **aussi dialectique**). ♦ LITTÉR. PÉJ. *La sophistique du barreau* : les subtilités de la chicane.

SOPHISTIQUÉ, ÉE [sɔfistike] **adj.** – 1484 ◊ de *sophistiquer* ■ **1** VIEILLI Frelaté. *Vin sophistiqué.* ♦ FIG. et MOD. Alambiqué, affecté. ➤ **recherché.** *Style sophistiqué. Phrasé sophistiqué d'un musicien.* ■ **2** SPÉCIALT (1936 ◊ anglais américain *sophisticated*) Se dit d'un genre artificiel de beauté, d'élégance. « *ces filles de rêve* [...], *des filles sophistiquées au regard languide* » G. LEROY. ♦ FIG. et TECHN. Recherché, complexe, évolué, où interviennent des techniques de pointe. *Technologie sophistiquée.* ➤ **high-tech.** *Une alarme sophistiquée.* ■ CONTR. Naturel, simple.

SOPHISTIQUER [sɔfistike] **v. tr.** ‹1› – 1370 ◊ bas latin *sophisticari* ■ **1** VIEILLI Altérer frauduleusement (une substance). ➤ **dénaturer, frelater.** *Sophistiquer du vin.* ♦ (milieu XXe) Faire preuve de recherche dans (qqch.). *Sophistiquer sa toilette.* ■ **2 v. pron. réfl.** (v. 1965) Devenir de plus en plus perfectionné. ➤ **sophistiqué** (2°). *Les techniques se sophistiquent de plus en plus.*

SOPHORA [sɔfɔʀa] **n. m.** – *sophore* 1807 ◊ latin savant *sophora* (1737), de l'arabe *sophera* ■ Grand arbre exotique au feuillage composé *(légumineuses papilionacées)*, semblable au robinier, mais non épineux, utilisé pour l'ornement des parcs, des avenues.

SOPHROLOGIE [sɔfʀɔlɔʒi] **n. f.** – 1972 ◊ du grec *sôs* « harmonie », *phrên* « esprit » et *-logie* ■ DIDACT. Ensemble de pratiques visant à dominer les sensations douloureuses et les malaises psychiques, afin d'atteindre un développement plus harmonieux de la personnalité. — **n. SOPHROLOGUE,** 1976.

SOPORIFIQUE [sɔpɔʀifik] **adj. et n. m.** – XVIe ◊ du latin *sopor* « sommeil profond » et *-fique* ■ **1** Qui provoque le sommeil. ➤ **somnifère.** *Propriétés soporifiques de la morphine.* ➤ VX **dormitif.** — **n. m.** VIEILLI *Un soporifique* : un médicament pour dormir. ■ **2** FIG. et FAM. Endormant, ennuyeux*. *Un discours soporifique.* — **n. m.** *Ce livre est un vrai soporifique.*

SOPRANISTE [sɔpʀanist] **n. m.** – 1842 ◊ de *soprano* ■ MUS. Chanteur adulte qui a une voix de soprano. ➤ **aussi haute-contre.**

SOPRANO [sɔpʀano] **n.** – 1768 ◊ mot italien, littéralt « qui est au-dessus » ■ **1 n. m.** La plus élevée des voix de femme, partie la plus aiguë. ➤ 2 **dessus.** *Elle possède un joli soprano. Soprano léger* (➤ **colorature**), *lyrique, dramatique* (plus puissant). *Des sopranos*, parfois *des soprani* (plur. it.). « *un grondement de centaines de voix d'hommes que percent les soprani des vieilles filles* » BARJAVEL. ■ **2** *Soprane* ou *soprano* : personne (jeune garçon ou femme) qui a cette voix. ➤ **aussi sopraniste.** *Des sopranes, des sopranos* ou *des soprani.*

SOQUET ➤ **SOCKET**

SORBE [sɔʀb] **n. f.** – 1512 ; *sorba* XIIIe ◊ latin *sorbum* ■ Fruit du sorbier, baie brillante rouge orangé. *Les sorbes se consomment blettes ; on en tire une boisson fermentée.*

SORBET [sɔʀbɛ] **n. m.** – 1553 ◊ italien *sorbetto*, du turc *chorbet*, arabe populaire *chourba*, pour *charbât* « boisson » ; cf. *sirop* ■ **1** ANCIENNT Boisson à base de jus de fruits et de sucre, battus avec de l'eau. « *un sorbet mousseux et frais qu'on prendrait en été sous la treille* » SAINTE-BEUVE. ■ **2** MOD. Glace légère à base d'eau, de pulpe, de jus de fruits, de liqueur, etc. (opposé à *crème glacée**). ➤ **granité.** *Sorbet au citron* (➤ **aussi colonel**), *au kirsch. Sorbet citron.*

SORBETIÈRE [sɔʀbətjɛʀ] **n. f.** – 1782 ◊ de *sorbet* ■ Ustensile, appareil pour préparer les sorbets et les glaces. *Sorbetière électrique à pales.*

SORBIER [sɔʀbje] **n. m.** – XIIIe ◊ de *sorbe* ■ Arbre d'Europe et d'Asie occidentale à feuillage caduc *(rosacées)*, apprécié pour ses fruits (➤ **sorbe**), ses fleurs en corymbes et son bois. *Sorbier cultivé.* ➤ **cormier.** *Sorbier des oiseleurs*, ornemental, dont les baies rouges sont appréciées des oiseaux. « *des sorbiers à grains de corail du plus bel effet* » NERVAL.

SORBITOL [sɔʀbitɔl] **n. m.** – 1949 ◊ de *sorb(ier), ite* « sucre ne possédant que les fonctions alcool » et *-ol* ■ BIOCHIM. Sucre extrait des sorbes et autres baies, ou synthétisé à partir du glucose ou du fructose, employé comme édulcorant artificiel et comme cholérétique.

SORBONNARD, ARDE [sɔʀbɔnaʀ, aʀd] **n. et adj.** – fin XIXe ◊ de *Sorbonne*, faculté de Paris ■ VIEILLI et PÉJ. Étudiant, professeur de la Sorbonne. — **adj.** *Esprit sorbonnard.*

SORCELLERIE [sɔʀsɛlʀi] **n. f.** – 1549 ; *sorcelerie* 1220, pour *sorcererie* ◊ de *sorcier* ■ **1** Pratiques de sorcier (➤ **ensorcellement, incantation, maléfice**) ; magie de caractère populaire ou rudimentaire, qui accorde une grande place aux pratiques secrètes, illicites ou effrayantes (invocation des morts, appel aux esprits malfaisants...). *Lors de son procès, Jeanne d'Arc fut accusée de sorcellerie.* ■ **2** Chose, pratique efficace et incompréhensible. ➤ **magie.** *Cela tient de la sorcellerie.* « *Je m'enchantais en néophyte de la sorcellerie qui transmute les signes imprimés en récit* » BEAUVOIR.

SORCIER, IÈRE [sɔʀsje, jɛʀ] **n.** – XIIe ; *sorcerius* VIIIe ◊ latin populaire °*sortiarius* « diseur de sorts », du latin *sors* ■ **1** Personne qui pratique une magie de caractère primitif, secret et illicite (sorcellerie). ➤ **envoûteur, magicien.** *Les sorciers du Moyen Âge. Sorciers et guérisseurs en Afrique, en Sibérie* (➤ **chaman**). *Des* « *sorciers inconnus qui provoquaient à leur gré les orages* » GENEVOIX. *Des* « *paysannes, qui passent pour sorcières, guérissent* [...] *avec des sucs d'herbe* » BALZAC. *Balai, rhombe, chaudron, philtre de sorcière. Les trois sorcières de* « *Macbeth* » *de Shakespeare. La sorcière des contes de fées. L'apprenti* sorcier.* — *Herbe aux sorcières* : plante vivace *(onagrariacées)*, à fleurs blanches ou rosées ; verveine. ♦ LOC. (1950) *Chasse aux sorcières* : poursuite systématique d'opposants politiques, SPÉCIALT des procommunistes par le sénateur américain McCarthy (➤ **maccarthysme**) ; persécution organisée. ■ **2** PAR ANAL. (1573) FAM. PÉJ. *(Vieille) sorcière* : femme vieille, laide ou méchante, bizarrement accoutrée. « *une sorcière fardée, la bouche comme un marécage insalubre, les cheveux comme une chaise dépaillée* » MORAND. ■ **3** LOC. *Il ne faut pas être sorcier pour* (faire qqch.) : ➤ **adroit, habile.** — **adj.** *Ce n'est pas bien sorcier, cela n'a rien de sorcier* : ce n'est pas bien difficile. ➤ **malin.** « *Ce n'est pourtant pas sorcier ce que je vous demande* » HUYSMANS. *Écrire deux pages par jour, ça n'a rien de sorcier.*

SORDIDE [sɔʀdid] **adj.** – 1495 ◊ latin *sordidus*, de *sordes* « saleté » ■ **1** D'une saleté repoussante, qui dénote une misère extrême. ➤ **dégoûtant.** « *les sordides masures au visage couvert de suie* » DUHAMEL. ■ **2** FIG. Qui est bassement, honteusement intéressé, d'une mesquinerie ignoble. *Avarice sordide. Querelle sordide autour d'un héritage.* ➤ **répugnant.** *Ça devient sordide !* « *La vieille bourgeoisie française est connue dans le* *monde entier pour l'esprit d'intérêt sordide qu'elle apporte au mariage»* ***R. Rolland.*** — *Crime sordide.* ➤ **crapuleux.** *Compromis dans une affaire sordide.* — SUBST. *Le sordide d'une situation* (n. f. **SORDIDITÉ**). — adv. **SORDIDEMENT,** 1550. ■ CONTR. Propre. Désintéressé, généreux, noble.

SORGO ou **SORGHO** [sɔʀgo] n. m. – 1555, –1756 ; *sorgue* 1542 ◇ italien *sorgo*, probablt du latin *syricus* «de Syrie» ■ Plante herbacée des pays tropicaux *(graminées).* ➤ **kaoliang.** *Le sorgo commun est utilisé comme fourrage. Sorgo-grain. Le sorgo cultivé en Afrique et en Asie est appelé* gros mil. *Sorgo sucrier,* utilisé pour la fabrication de boissons. *Des sorgos, des sorghos.*

SORITE [sɔʀit] n. m. – 1558 ◇ latin *sorites*, du grec *sôreitês* ■ LOG. Raisonnement composé d'une série de propositions agencées de telle sorte que l'attribut de chacune devienne le sujet de la suivante, jusqu'à la dernière (conclusion) qui a pour sujet le sujet de la première proposition, et pour attribut l'attribut de l'avant-dernière (ex. tout A est B, or tout B est C, or tout C est D, donc tout A est D). ➤ aussi **syllogisme.**

SORNETTE [sɔʀnɛt] n. f. – v. 1420 ◇ p.-ê. de l'ancien français *sorne* «raillerie» ; cf. *sournois* ■ VIEILLI (surtout plur.) Propos frivoles et creux ; affirmations qui ne reposent sur rien. ➤ **baliverne, fadaise.** *Raconter, débiter des sornettes.*

SORORAL, ALE, AUX [sɔʀɔʀal, o] adj. – 1752 dr. ; *sororel* 1533 ◇ du latin *soror, sororis* «sœur» ■ VX ou DIDACT. Relatif à la sœur, aux sœurs. *Héritage sororal.*

SORORITÉ [sɔʀɔʀite] n. f. – 1970 ; «communauté de femmes» XVIe ◇ du latin *soror* «sœur», influence de *fraternité* et de l'anglais *sorority* ■ Solidarité entre femmes. *«aidée par une féministe amie, au nom de la fameuse sororité, ou solidarité féminine qu'elles s'en voudraient d'appeler* fraternité*»* ***J. Merlino.***

SORPTION [sɔʀpsjɔ̃] n. f. – avant 1970 ◇ radical de *absorption, désorption* ■ CHIM., PHYS. Fixation (➤ **absorption, adsorption**) ou libération (➤ **désorption**) de molécules de gaz au contact avec la surface d'un solide.

SORT [sɔʀ] n. m. – v. 1000 *sort en gitad* «les dés sont jetés (pour décider du partage de qqch.)» ◇ latin *sors, sortis* ■ **1** Effet magique, généralement néfaste, qui résulte de certaines opérations de sorcellerie. ➤ 2 **charme, ensorcellement, jettatura, maléfice, sortilège** (cf. Mauvais œil*). *Jeter un sort à qqn.* ➤ **ensorceler.** *«Les sorts jetés par des magiciens ou des bergers»* ***Huysmans.*** ■ **2** (v. 1120) Ce qui échoit, ce qui doit arriver (à une personne ou un groupe) du fait du hasard, des circonstances ou d'une prédestination supposée. ➤ **destin, destinée, fortune.** *Les infirmités sont le sort de la vieillesse.* ➤ **lot.** *S'inquiéter du sort des victimes.* ➤ **condition.** *Le sort qui l'attend.* ➤ 1 **avenir.** *Avoir confiance dans son sort.* ➤ **étoile.** *Abandonner qqn à son triste sort. Soissons, «où se décida le sort de la nation française, au sixième siècle»* ***Nerval.*** LOC. *Régler le sort de qqn, de qqch.* : résoudre une difficulté, trouver une solution pour. ◆ Issue. *«le hasard décide seul du sort des batailles»* ***France.*** — **FAIRE UN SORT À qqch.,** le mettre en valeur. *«un de ces types d'autrefois qui prennent des temps interminables et qui font un sort à chaque phrase»* ***Maurois.*** FAM. En finir d'une manière radicale. *Faire un sort à une bouteille,* la boire. ■ **3** Puissance imaginaire qui est supposée fixer le cours de la vie (souvent personnifiée). ➤ **chance, destin, destinée, fortune, hasard.** *Le sort est aveugle. «Ce fut un désastre. Le sort tourna devant Pavie»* ***Bainville.*** *Être le jouet du sort. Les coups, les caprices du sort. «Le sort fait les parents, le choix fait les amis»* ***Delille.*** *Par une ironie du sort.* — (Juron) *Coquin de sort ! «Bon sang de bon sort, est-ce qu'il se sentait déjà vieillir ?»* ***Aragon.*** — **MAUVAIS SORT.** ➤ **adversité.** *Conjurer le mauvais sort.* ■ **4** (v. 1150 *geter sort* «jeter les dés») Décision, désignation par le hasard (opposé à *choix, élection*). *«Le suffrage par le sort est de la nature de la démocratie»* ***Montesquieu.*** — *Le sort en est jeté* : la décision est prise irrévocablement (cf. loc. lat. *«Alea jacta est»* : les dés sont jetés). ◆ LOC. (1636) *Tirer au sort* : décider, désigner par le recours au hasard (cf. Tirer à la courte paille*). *Le tirage au sort* ; SPÉCIALT qui désignait les jeunes gens pour le service militaire. ■ HOM. Saur.

1 **SORTABLE** [sɔʀtabl] adj. – 1395 ◇ de 3 *sortir*, pour *sortissable*, antérieur ■ VX Propre à pourvoir, de nature à convenir. ➤ **convenable, décent.** *«Un parti sortable pour leur fille»* ***Balzac.***

2 **SORTABLE** [sɔʀtabl] adj. – 1891 ◇ de 1 *sortir* ■ **1** Que l'on peut sortir, montrer en public. *Vêtements sortables.* ➤ **mettable, présentable.** — (PERSONNES) Qui présente bien, a de bonnes manières. *Tu n'es vraiment pas sortable.* ■ **2** (Canada) *C'est sortable* : il est possible de sortir, d'aller dehors. *C'est pas sortable aujourd'hui, il fait trop froid.* ■ CONTR. Insortable.

SORTANT, ANTE [sɔʀtɑ̃, ɑ̃t] adj. – 1835 ; «qui ressort» XVIIe ◇ de 1 *sortir* ■ **1** Qui se produit par le fait du hasard (cf. 1 Sortir I, A, 8°). *Les numéros sortants* (au sort, au jeu, à la loterie). ➤ **gagnant.** ■ **2** Qui cesse de faire partie d'un corps, d'une assemblée. *Député sortant. «Le Dr Barbentane était conseiller sortant. Serait-il réélu ?»* ***Aragon.*** ■ **3** SUBST. (rare au fém.) *Les sortants* : les personnes qui sortent d'un lieu. *Les entrants et les sortants se bousculaient à la porte.*

SORTE [sɔʀt] n. f. – 1327 ; «société, compagnie» v. 1220 ◇ du latin *sors, sortis* «sort ; rang, condition, catégorie» ■ **1** Manière d'être ; ce qui permet de caractériser un objet individuel parmi d'autres ; ensemble d'objets ainsi caractérisés. ➤ **espèce, forme, genre ; classe, groupe.** *Plusieurs sortes d'objets de même qualité. Cette sorte de gens.* ➤ **catégorie.** *Choses de même sorte.* ➤ **nature, ordre.** *Un adversaire de cette sorte.* ➤ **acabit.** — **TOUTE SORTE DE.** VIEILLI (indétermination) *«La frayeur du voyage lui avait fait commettre toute sorte d'incongruités»* ***Loti.*** — **TOUTES SORTES DE.** MOD. (multiplicité, variété) *«J'ai vu se marier toutes sortes de gens. Des gens de basse souche et des grands de la terre»* ***Brassens.*** ■ **2 UNE SORTE DE...,** se dit d'une personne, d'une chose qu'on ne peut qualifier exactement, et qu'on rapproche d'une autre. ➤ **espèce, façon, manière.** *Une sorte de siège à pédales. Une sorte d'autorité naturelle. «Une sorte de poésie se dégageait de tout son être»* ***Gide.*** *«Une sorte de matamore, couvert de chaînes d'or»* ***Stendhal.*** ■ **3** (Dans quelques loc.) Façon d'accomplir une action. ➤ **manière.** — VIEILLI *De (la) bonne sorte ; de belle sorte* : comme il faut, et PAR IRON. sévèrement. — MOD. loc. adv. **DE LA SORTE :** de cette façon. ➤ **ainsi.** *Vous ne devriez pas sortir habillé de la sorte. «Un homme n'agit pas de la sorte !»* ***Montherlant.*** — (1629) **EN QUELQUE SORTE :** d'une certaine manière, et par ext. presque, pour ainsi dire. *«Une vieille ridée, momifiée en quelque sorte»* ***Gautier.*** — VIEILLI *En aucune sorte* : d'aucune façon. **DE SORTE À** (et l'inf.) : de manière à. *«Tu n'as pas toujours agi de sorte à dissiper leur malheureuse erreur»* ***France.*** — loc. conj. (1531) **DE (TELLE) SORTE QUE...** (conséquence) : de (telle) manière que, si bien que. *«Bafoué de telle sorte que, malgré sa douceur, il se fâcha»* ***France.*** *Articulez, de sorte que l'on vous comprenne bien.* ➤ **afin** (que). ◆ **EN SORTE QUE...** VIEILLI ou LITTÉR. (conséquence) *«Voilée, en sorte que je ne pouvais voir son visage»* ***Musset.*** — (1579) *Faire en sorte que* (et le subj.) : s'arranger pour que, veiller à ce que... ➤ **tâcher.** *«Fais en sorte que leurs chambres soient en ordre, le déjeuner soit bon»* ***Mérimée.*** — LITTÉR. *Faire en sorte de* (et l'inf.) : tâcher de... *«Il fit en sorte d'assoupir l'affaire»* ***Rousseau.***

1 **SORTEUR, EUSE** [sɔʀtœʀ, øz] ou **SORTEUX, EUSE** [sɔʀtø, øz] adj. et n. – 1871, – 1918 au Canada ◇ de 1 *sortir* ■ VIEILLI ou RÉGION. (Belgique) **SORTEUR,** RÉGION. (Basse-Normandie ; Canada) **SORTEUX.** Qui aime sortir, se distraire. *Elle n'est pas très sorteuse.* — n. *Une bande de sorteurs.* ➤ **fêtard,** RÉGION. **guindailleur.** ■ CONTR. Casanier, pantouflard.

2 **SORTEUR** [sɔʀtœʀ] n. m. – 1927, en France ◇ de 1 *sortir* (II, 3) ■ RÉGION. (Belgique) Videur, dans une boîte de nuit.

SORTIE [sɔʀti] n. f. – 1400 ◇ de 1 *sortir*

I ACTION DE SORTIR A. SENS CONCRET ■ **1** Action de quitter un lieu, moment où des personnes sortent. *Depuis ma sortie du pays.* ➤ 1 **départ.** *La sortie des élèves. À la sortie des théâtres,* lorsque les spectateurs sortent. — *Porte de sortie.* LOC. *Se ménager une porte* de sortie.* ◆ Action de quitter la scène. *Sortie d'un personnage. Fausse sortie* (au théâtre). ■ **2** Action de sortir pour faire qqch., SPÉCIALT pour se distraire, faire une course. *«Dara était toujours d'accord pour n'importe quelle sortie : cinéma, théâtre, music-hall, restaurant chinois»* ***P. Besson.*** *Une sortie pour prendre l'air.* ➤ **balade,** VX **échappée, promenade,** 3 **tour.** *Sortie en famille. Jour de sortie d'un pensionnaire.* ◆ LOC. **ÊTRE DE SORTIE.** (PERSONNES) Avoir le projet de sortir, se distraire, etc. *Aujourd'hui, nous sommes de sortie.* ■ **3** Attaque militaire pour sortir d'un lieu. *Les assiégés ont tenté une sortie.* — Mission de combat (d'un avion). *Avion qui fait une sortie.* — PAR ANAL. *Le gardien de but a fait une sortie imprudente.* ◆ FIG. Attaque verbale. ➤ **algarade, invective.** *Faire une sortie contre qqn.* — PAR EXT. Parole incongrue qui échappe à qqn. *«Elle est capable de n'importe quelle sortie devant les gens»* ***Sarraute.*** *«Jamais elle n'était plus agréable qu'après ces grandes sorties»* ***Léautaud.*** ■ **4** Fait pour (un produit, un objet) de sortir d'un lieu. *Prix à la sortie d'usine. Sortie en touche du ballon. Sortie d'angle, sortie de coin* : recomm. offic. pour 2 *corner.* — SPÉCIALT Le fait de sortir d'un pays (pour des marchandises d'exportation, des devises). *Sortie de marchandises du pays.* ➤ **exportation.** *Exportation en simple sortie,* sans réserve de retour. *Sortie de devises, de* capitaux. — COMPTAB., AU PLUR. *Tableau des entrées et des sorties.* ➤ 2 **débit, dépense.** ▪ **5** Le fait d'être produit, livré au public. *La sortie d'un nouveau modèle de voiture. La sortie d'un livre.* ➤ **publication.** ▪ **6** PLUR. Somme dépensée. ➤ **dépense.** *Il y a plus de sorties que de rentrées ce mois-ci.* ▪ **7** TECHN. Action de s'écouler (fluides). *La sortie des gaz.* — Réponse d'un mécanisme à la commande. *Signal de sortie.* ♦ INFORM. Émission d'information vers un périphérique (par oppos. à *entrée*). *Sortie laser.* ▪ **8** ALPIN. Action d'atteindre le sommet. *Amorcer la sortie en libre.* ▪ **9** *Sortie de route :* fait pour un véhicule de quitter accidentellement la route ; FIG. évènement fâcheux qui met fin à une carrière, un projet. ▪ **10** *La sortie du charbon, du nucléaire,* son abandon (pour d'autres sources d'énergie). — *La sortie de l'euro.*

B. SENS FIGURÉ Fait de sortir. *Dès la sortie de l'enfance.* ➤ 2 **sortir** (au sortir de). *À la sortie de l'hiver.* ➤ 1 **fin.**

II ENDROIT PAR OÙ L'ON SORT (1616) Endroit, passage, porte par où les personnes, les choses sortent. « *C'était bien la sortie, mais on ne pouvait sortir. L'arche était fermée d'une forte grille* » HUGO. *Sortie de secours. Sortie de garage. Gagner la sortie. Par ici la sortie ! Sortie de métro. À la sortie du village. Les sorties de Paris sont souvent encombrées.* — LOC. FIG. *Pousser qqn vers la sortie,* l'amener à quitter ses fonctions.

III VÊTEMENT (1907) VX *Sortie de bal :* vêtement chaud porté sur la robe de bal pour sortir. « *Maxime lui nouait sous le menton sa sortie de théâtre* » ZOLA. — MOD. *Sortie de bain :* peignoir ou vêtement en tissu éponge que l'on porte après le bain.

▪ CONTR. Accès, entrée.

SORTILÈGE [sɔʀtilɛʒ] **n. m.** – 1213 ◇ latin médiéval *sortilegium,* du latin *sortilegus* « choisi par le sort », « devin » ▪ Artifice de sorcier. ➤ 2 **charme, incantation, sort.** *Sortilège malfaisant.* ➤ **maléfice.** *Soumettre par un sortilège.* ➤ **ensorceler.** « *L'Enfant et les sortilèges* », *fantaisie lyrique de Ravel, sur un texte de Colette.* ♦ Action, influence qui semble magique. « *Il se sentait délivré d'elle, de ses sortilèges* » MARTIN DU GARD.

1 **SORTIR** [sɔʀtiʀ] **v.** ‹ 16 › – milieu XIIe, au sens I, B, 3° ◇ mot d'origine controversée, peut-être de 3 *sortir* ou d'un latin populaire *surctus,* d'une forme de *surgere* → sourdre et surgir. *Sortir* a définitivement supplanté *issir* (→ issu) à la fin du XVIe

I ~ v. intr. SORTIR DE ; SORTIR A. ALLER HORS D'UN LIEU, DU DEDANS AU-DEHORS ▪ **1** (fin XIIe) Aller hors (d'un lieu), en parlant des êtres animés. *Sortir de chez soi. Sortir de son lit.* « *Nous n'en sortirons que par la puissance des baïonnettes* » MIRABEAU. — *On n'est pas sorti de l'auberge*. Poussin qui sort de l'œuf. La faim* fait sortir le loup du bois.* ♦ Quitter une maison et ses occupants. ➤ **s'absenter,** 1 **partir,** se **retirer** (cf. Prendre la porte*). *Sortir discrètement.* ➤ **s'éclipser, s'esquiver.** *Faire sortir la foule.* ➤ **évacuer.** *Sortez !* ➤ **décamper, déguerpir, déloger** (cf. Débarrassez le plancher*, dehors !, à la porte !). ▪ **2** (1559) Aller dehors. *Je n'ai pas envie de sortir par ce temps.* — Se promener. *Sortir en bateau.* ▪ **3** Aller hors de chez soi pour se distraire (en visite, dans le monde, au spectacle). ➤ **sortie** (I, A, 2°). « *Elle s'est mise à sortir nettement trop* » R. FORLANI. *Nous sortons tous les soirs* (➤ RÉGION. 1 **sorteur**). FAM. *Voyons, il faut sortir !,* se tenir au courant, s'informer. ♦ *Sortir avec qqn,* pour se distraire. *Ce soir, je sors avec des collègues.* — FAM. Avoir une relation amoureuse avec qqn. *Il sort avec elle depuis un an.* ➤ **fréquenter, voir.** *Ils sortent ensemble.* ▪ **4** (fin XVe) Aller hors de..., en parlant d'objets en mouvement, de fluides, d'ondes. *De la fumée sort de la cheminée.* ➤ **s'échapper,** 1 **partir.** « *L'eau sort* [de la source] *à la température de 18°* » ROMAINS. ➤ **jaillir, sourdre.** « *De sa fourrure* [...] *sort un parfum si doux* » BAUDELAIRE. ➤ se **dégager, s'exhaler.** *La vérité* sort de la bouche des enfants.* FAM. *C'est sorti tout seul. Il fallait que ça sorte,* que ce soit dit. ▪ **5** Aller hors d'un contenant, d'un lieu, en parlant des choses qui doivent s'y maintenir. *Rivière qui sort de son lit.* ➤ **déborder,** se **répandre.** *Train qui sort des rails.* ➤ **dérailler.** *Voiture qui sort de la route. Balle qui sort du terrain, en touche*. Porte qui sort de ses gonds. — Sortir de ses gonds** (cf. Être hors* de soi). ♦ FIG. Ne plus être, ne plus appartenir à. *Objet, secret qui sort d'une famille,* qui ne lui appartient plus. — *Le rendez-vous m'était sorti de la tête, de l'esprit, de l'idée,* je l'ai oublié. *Cette histoire me sort par les yeux,* m'exaspère. ▪ **6** (fin XVe) Apparaître en se produisant à l'extérieur. *Plantes qui sortent de terre.* ➤ **pousser ; percer, poindre.** ♦ FIG. Être livré au public, mis dans le commerce. *Article qui vient de sortir.* LOC. FAM. *C'est nouveau, ça vient de sortir.* « *La cirrhose du bras droit ça existe ça ? C'est nouveau, ça vient de sortir ! Non ?* » COLUCHE. — **p. p. adj.** *Le dernier modèle sorti.* — Être publié, édité. ➤ **paraître.** *Son livre est sorti.* ▪ **7** Apparaître en totalité ou en partie hors de qqch. ➤ **saillir.** *Sa première dent est sortie.* « *Du long fourreau* [...] *sortaient deux bras ronds* » DAUDET. LOC. FIG. *Les yeux lui sortent de la tête,* sont exorbités (de fureur). ▪ **8** (1634) Se produire (au jeu, au tirage au sort). *Chiffre qui n'est sorti qu'une fois sur mille coups.* — *Question, sujet qui sort à un examen.* ▪ **9** (1905) ALPIN. Franchir un passage difficile. — (1946) Déboucher au sommet. « *l'idée bien arrêtée au départ de* faire le plus vite possible *pour sortir le deuxième jour* » M. HERZOG.

B. CESSER D'ÊTRE DANS TEL LIEU, DANS TEL ÉTAT, DE FAIRE TELLE CHOSE (XVIe) ▪ **1** Quitter (le lieu d'une occupation). *Sortir de table :* avoir fini de manger. — *Élève, employé qui sort à six heures,* finit son travail à six heures. ▪ **2** Quitter (une occupation). *Sortir d'un entretien.* FAM. Venir à bout d'une occupation. *J'ai trop à faire, je n'en sors pas.* — FAM. (avec l'inf.) « *Je sors de lire d'un trait* Honorine » M. BASHKIRTSEFF. ➤ **venir** (de). — LOC. FAM. *Sortir d'en prendre :* n'être pas près de recommencer. *Merci bien, je sors d'en prendre !* (cf. J'ai déjà donné*). ▪ **3** (milieu XIIe) Quitter (un état), faire ou voir cesser (une situation). *Sortir de l'enfance.* « *Payer toutes ses dettes et sortir de la gêne* » SUARÈS. LOC. *Sortir d'un mauvais pas.* ➤ se **dégager,** se **tirer** (cf. ci-dessous S'en sortir ; voir le bout du tunnel*). — (Sans art.) *Sortir d'affaire, d'embarras. Sortir de maladie. Il en sortira.* ➤ **guérir.** — (Avec un attribut) *Sortir indemne d'un accident.* ♦ *Sortir du nucléaire,* abandonner l'énergie nucléaire (pour d'autres sources d'énergie). ♦ Abandonner (un comportement naturel, habituel). « *Il n'est point sorti* [...] *de sa froideur habituelle* » STENDHAL. ➤ se **départir.** — (1559) **SORTIR DE SOI :** devenir un autre, temporairement ; cesser de s'intéresser uniquement à soi. — « *Lui, sorti de Valéry, de Gide, d'Apollinaire, de Max Jacob, il n'y avait plus personne !* » R. GUÉRIN (cf. En dehors de). ▪ **4** (fin XVe) Ne pas se tenir à (une chose fixée), passer outre. ➤ **dévier, s'écarter, s'éloigner.** « *La noblesse, la fortune, l'argent, les titres, elle ne sortait pas de là* » DAUDET. *Sortir du sujet. Sortir de la légalité.* ➤ **transgresser.** *Sortir de son rôle.* ➤ **déborder, outrepasser.** — (CHOSES) Cesser de faire partie de..., d'être concerné par... ; être en dehors de... *Cela sort de ma compétence.* ➤ **échapper** (à). *Ce modèle sort de l'ordinaire.*

C. VENIR, ÊTRE ISSU DE... ▪ **1** (fin XVe) Avoir son origine, sa source dans. ➤ **naître** (de), **provenir, venir** (de). « *Combien de saints,* [...] *de papes, sont sortis du peuple* » ROMAINS. FAM. *Ça sort du cœur !,* c'est direct et sincère (paroles). — IMPERS. *Il n'est rien sorti de nos recherches,* elles n'ont rien produit. *Que va-t-il en sortir ?* ➤ **résulter.** ▪ **2** (1633) Avoir pour ascendance. *Sortir d'une très ancienne famille.* FAM. *Se croire sorti de la cuisse* de Jupiter.* ♦ (1701) Avoir été formé (quelque part). *Ingénieur qui sort d'une grande école. Nouvellement sorti de l'université* (cf. Frais émoulu*). *Officiers sortis du rang.* — LOC. (1715) *D'où sort-il, celui-là ?,* se dit à propos d'une personne dont l'ignorance ou les manières étonnent, choquent. ▪ **3** Avoir été fait, fabriqué (quelque part). *Des robes qui sortent de chez les grands couturiers.*

II ~ v. tr. SORTIR QQN, QQCH. ▪ **1** (1596) Mener dehors (un être qui ne peut sortir seul). *Sortir un enfant, un malade. Sortir son chien.* — FAM. Accompagner (qqn) au spectacle, dans le monde..., en parlant de la personne qui a l'initiative de cette sortie. *Sortir un ami de province.* ▪ **2** (1611) Mettre dehors (qqch.), tirer (d'un lieu). *Sortir sa voiture du garage. Sortir un objet de sa poche, d'une boîte.* ➤ **extraire.** — Dégager (qqn) d'un lieu dont il ne peut sortir seul. *Sortir un blessé des décombres.* ➤ **dégager.** ▪ **3** (1888) FAM. Faire sortir, expulser (qqn). ➤ **vider, virer.** *À la porte ! Sortez-le ! Se faire sortir.* ♦ Éliminer, au cours d'une compétition sportive, d'une élection. *Au « tournoi de sumo d'Osaka, il s'est fait sortir par Akinoshima* » O. ROLIN. ➤ **battre ; éliminer.** ▪ **4** (début XVIIe) Faire sortir d'un état, d'une situation. *Je vais vous sortir d'affaire.* ➤ **tirer.** *Il faut le sortir de là. Sortir le pays du marasme.* ▪ **5** (1938) Produire pour le public, mettre dans le commerce. *Éditeur qui sort un livre.* ➤ **publier.** *Sortir un nouveau modèle.* ▪ **6** (1903) FAM. Dire, débiter. *Il nous en a sorti une bien bonne.*

III ~ v. pron. SE SORTIR ▪ **1** FAM. *Se sortir d'un lieu,* en sortir. *Sors-toi de là !* ▪ **2** Sortir d'une situation par ses propres moyens. ➤ se **tirer.** « *le jeune roi aurait pu se sortir de ce mauvais pas* » DANIEL-ROPS. ▪ **3 S'EN SORTIR :** venir à bout d'une situation pénible ; guérir. « *Il est trop tôt pour déterminer si je m'en sortirai ou pas* » É. GILLE. ▪ **4** Parvenir difficilement à équilibrer son budget. *Il arrivera toujours à s'en sortir.* « *En faisant attention, en s'arrangeant, on s'en sortait* » M. ROUANET.

▪ CONTR. Entrer, rentrer. — Enfoncer, enfouir, enfermer, introduire, rentrer.

▪ HOM. *Sors :* saure (saurer).

2 **SORTIR** [sɔʀtiʀ] **n. m.** – 1540 ◇ de 1*sortir* ■ **1** VX OU LITTÉR. L'action de sortir. ➤ **sortie.** « *Dès le sortir de ma première enfance* » GIDE. ■ **2** (1559) MOD. **AU SORTIR DE :** en sortant, à la sortie (d'un lieu). *Au sortir du lit* (➤ **saut**). — En sortant (d'un état, d'une situation). *Au sortir de l'hiver.* ➤ 1 **fin.** *Au sortir de l'enfance.* — En quittant (une occupation, le lieu d'une occupation). *Au sortir d'un entretien.* ➤ **issue.**

3 **SORTIR** [sɔʀtiʀ] **v. tr.** ‹2› – 1401 ; « tirer au sort » v. 1150 ◇ latin *sortiri* « tirer au sort » → 1 sortable ■ DR. Obtenir. *La sentence sortissait son plein et entier effet.*

S. O. S. [ɛsoɛs] **n. m.** – 1908 ◇ suite de trois lettres de l'alphabet Morse (trois points, trois traits, trois points) choisies pour la clarté du signal ■ Signal de détresse en morse transmis par radiotélégraphie. *Envoyer, lancer un S. O. S.* ◆ PAR EXT. Appel à secourir d'urgence des personnes en danger. *S. O. S. ! au secours !* — FAM. Demande pressante d'argent. *Envoyer un S. O. S. à ses parents.* ◆ Appel à intervenir. — *SOS-Racisme.*

SOSIE [sɔzi] **n. m.** – 1638, répandu 1668 ◇ de *Sosie*, n. de l'esclave d'Amphitryon dont Mercure prend l'aspect ■ Personne qui a une parfaite ressemblance avec une autre. *Être le sosie de qqn.*

SOSTÉNUTO [sɔstenuto] **adv.** – 1813 ◇ italien *sostenuto* « soutenu » ■ MUS. De façon égale et soutenue (indication de mouvement). *Jouer sosténuto.* ADJT INV. *Allégro sosténuto.* — On écrit aussi *sostenuto.*

SOT, SOTTE [so, sɔt] **adj.** et **n.** – XIIe ◇ origine inconnue ■ **1** VIEILLI OU RÉGION. Qui a peu d'intelligence et peu de jugement. ➤ **bête*, borné, imbécile, inintelligent, stupide.** « *On n'est pas jolie quand on est aussi sotte* » LÉAUTAUD. « *J'espère que tu ne me crois pas assez sot pour me fâcher* » MUSSET. — Privé momentanément d'intelligence, de jugement (du fait de la surprise, de l'embarras...). ➤ **confus, déconcerté.** *Se trouver sot, tout sot.* ➤ **bête, penaud.** — FAM. avec un sens affaibli *Qu'il est sot !* ➤ 2 **bêta,** RÉGION. **niaiseux, nunuche.** ◆ **n.** « *Un sot trouve toujours un plus sot qui l'admire* » BOILEAU. *Vous n'êtes qu'un sot.* ➤ **crétin, niais, nigaud*.** *Triple sot ! Un jeune sot.* ➤ **béjaune, blanc-bec, dadais.** *Jeune sotte.* ➤ **pécore, péronnelle.** ■ **2** (CHOSES) Qui dénote une absence d'intelligence, de jugement. ➤ **absurde, inepte, ridicule, stupide.** « *De toutes les fidélités, celle à soi-même est la plus sotte* » GIDE. *C'est sot, assez sot.* « *Dans un monde de voleurs, il est sot d'être honnête* » ALAIN. — PROV. *Il n'y a pas de sot métier* (il n'y a que de sottes gens). À sotte demande, point de réponse.* ■ **3** (XVe) HIST. LITTÉR. Personnage de fou, de bouffon ; acteur jouant dans les sotties* du Moyen Âge. « *Le fameux jongleur qui fonda le théâtre des Enfants-sans-Souci et porta le premier le titre de Prince des Sots* » NERVAL. ■ CONTR. Avisé, 2 fin, habile, intelligent, spirituel ; 1 brillant, éveillé. ■ HOM. Saut, sceau, seau.

SOTCH [sɔtʃ] **n. m.** – 1901 ◇ mot région., d'un prélatin °*tsotto-* « trou, creux du sol » ■ GÉOGR. Dans les Causses, Grande dépression fermée. ➤ **doline.** *Des sotchs.*

SOTÉRIOLOGIE [sɔteʀjɔlɔʒi] **n. f.** – 1871 ◇ du grec *sôterion* « salut », de *sôter* « sauveur », et *-logie* ■ RELIG. Doctrine du salut par un rédempteur.

SOT-L'Y-LAISSE [solilɛs] **n. m. inv.** – 1798 ◇ de *(le) sot l'y laisse* ■ Morceau à la chair très fine, de chaque côté de la carcasse d'une volaille, au-dessus du croupion (assez peu apparent pour que « le sot l'y laisse » par ignorance).

SOTTEMENT [sɔtmɑ̃] **adv.** – v. 1190 ◇ de *sot* ■ D'une manière sotte, comme un sot. ➤ **bêtement, étourdiment, stupidement.** « *Perdant tout à fait la tête, étourdiment, sottement, je pris la fuite* » FROMENTIN.

SOTTIE ou **SOTIE** [sɔti] **n. f.** – 1190 ; « sottise » XIIe ◇ de *sot* ■ HIST. LITTÉR. Farce de caractère satirique jouée au Moyen Âge, par des acteurs en costume de bouffon, représentant différents personnages d'un imaginaire « peuple sot », allégorie de la société du temps. « *Le Jeu du Prince des sots... Sottie, moralité et farce* », *de Pierre Gringoire* (1512).

SOTTISE [sɔtiz] **n. f.** – XIIIe ◇ de *sot* ■ **1** Défaut du sot (1°) ; manque d'intelligence et de jugement. ➤ **bêtise*, stupidité.** « *Histoire de l'esprit humain, histoire de la sottise humaine ! comme dit M. de Voltaire* » FLAUBERT. *Avoir la sottise de... :* être assez sot pour. ■ **2** Manifestation de ce défaut, parole ou action qui dénote peu d'intelligence. *Dire, écrire des sottises.* ➤ **absurdité, ânerie, bêtise*.** *Faire, commettre une sottise.* ➤ **bévue, faute, maladresse** (cf. Faire des siennes*, en faire de belles*). « *Il y a une foule de sottises que l'homme ne fait pas par paresse* » HUGO. ◆ SPÉCIALT Maladresse, acte de désobéissance d'enfant. *Il faisait « derrière son dos toutes les sottises possibles ; il cassait les jouets, renversait l'eau »* R. ROLLAND. ■ **3** FAM., AU PLUR. Mots injurieux. *Il m'a dit des sottises.* ■ **4** (1671) Chose de peu d'importance. *Perdre son temps à des sottises.* ➤ **bêtise, futilité.** ■ CONTR. Finesse, intelligence. Prouesse.

SOTTISIER [sɔtizje] **n. m.** – 1666 ; « celui qui fait des sottises » 1657 ◇ de *sottise* ■ Recueil de sottises, et spécialement de sottises ou de platitudes échappées à des auteurs connus. ➤ **bêtisier.**

SOU [su] **n. m.** – v. 1150 ◇ bas latin *sol(i)dus* « pièce d'or », substantivation de *solidus* « massif » ■ ANCIENNT Monnaie de billon, de nickel (à l'origine d'or) valant le vingtième de la livre. ➤ **denier,** 1 **liard.** ◆ VIEILLI Le vingtième du franc ou cinq centimes. « *Avec la première pièce de vingt sous de son enfance, il avait acheté une bourse de dix-neuf sous dans laquelle il avait mis le sou qui lui restait* » GONCOURT. — Au Canada, Cent* (2). *Une pièce de dix sous.* FAM. *Un sou noir :* pièce de un cent. FAM. *Un trente sous :* pièce de monnaie d'une valeur de vingt-cinq cents. « *Il sortit même plusieurs trente-sous à la vue de tout le monde* » GUÈVREMONT. — LOC. *Propre comme un sou neuf :* d'une propreté méticuleuse. ➤ FAM. **nickel.** *Appareil, machine à sous :* appareil où l'on joue des pièces de monnaie. ➤ **jackpot.** PROV. *Un sou est un sou :* il faut économiser, ne pas gaspiller. LOC. *Compter, économiser sou à sou, sou par sou,* petit à petit. *Jusqu'au dernier sou. Je n'ai pas un sou sur moi. N'avoir pas le sou,* pas du tout d'argent (cf. Pas un radis*, pas un rond*). *N'avoir ni sou, ni maille*. Ne pas avoir le premier sou pour* (un achat). *Être sans le sou,* sans argent. ➤ **sans-le-sou.** — *De quatre sous :* insignifiant, sans valeur. *Un bijou de quatre sous.* « *L'Opéra de quat'sous* », *titre français d'une œuvre de Brecht.* — *Cela coûte trois francs six sous,* très peu cher. *Il n'est pas compliqué pour un sou,* pas compliqué du tout. ➤ **nullement.** « *L'oncle, un vrai Français, pas héros pour deux sous* » O. ROLIN. *Il n'a pas un sou de bon sens.* ➤ **grain, gramme,** 1 **once.** *S'embêter à cent sous de l'heure*.* ◆ AU PLUR. FAM. Argent*. *Être près de ses sous :* regarder à la dépense. « *Nous étions près de nos sous lorsque nous sortions ensemble. Chacune payait son apéritif* » V. LEDUC. *Ça fait des sous !* de l'argent. — **GROS SOUS :** argent, intérêt financier. *Question de gros sous,* d'intérêt. *Parler gros sous.* ■ HOM. Soue, soûl, sous.

SOUAHÉLI, IE ➤ **SWAHILI**

SOUBASSEMENT [subasmɑ̃] **n. m.** – 1362 ◇ de l'ancien français *sous-basse*, de *sous* et 1 *bas* ■ **1** Partie inférieure (d'une construction) sur laquelle porte l'édifice. *Le soubassement repose sur les fondations.* ➤ **assiette, assise, base.** — *Soubassement d'une colonne, d'une statue.* ➤ **piédestal, podium, socle, stylobate.** ◆ Partie inférieure des murs (d'un appartement, d'une fenêtre). *Des murs nus « avec un soubassement marron »* C. SIMON. ■ **2** GÉOL. Socle sur lequel reposent les couches qui le recouvrent. ■ **3** FIG. Base. « *Les obscurs et sommeillants soubassements organiques des instincts* » PÉGUY.

SOUBRESAUT [subʀəso] **n. m.** – v. 1410 ; *soubersault* équit. 1369 ◇ provençal *sobresaut*, ou espagnol *sobresalto*, de *sobre* « sur » et *salto* « saut » ■ **1** Saut brusque et imprévu ; à-coup, secousse d'un véhicule. ➤ **saccade, trépidation.** *Des « pierres énormes qui nous causaient d'atroces soubresauts »* GAUTIER. ■ **2** Mouvement convulsif et violent (d'un corps, d'une partie du corps). ➤ **frisson, haut-le-corps, tressaillement.** « *La comtesse eut un soubresaut qui la souleva sur sa chaise* » MAUPASSANT. ■ **3** CHORÉGR. Saut effectué les jambes serrées. ■ **4** FIG. Mouvement irrégulier, intermittent. *Les soubresauts de la Bourse.*

SOUBRETTE [subʀɛt] **n. f.** – 1640 ◇ provençal *soubreto*, de *soubret* « affecté », de l'ancien provençal *sobrar* « être de trop », du latin *superare* ■ Suivante ou servante. « *Une soubrette est à vrai dire le grain de sel des comédies* » GAUTIER. ◆ FAM. Bonne, femme de chambre aimable et délurée.

SOUBREVESTE [subʀəvɛst] **n. f.** – XVe ◇ italien *sopravesta* « veste de dessus » ■ ANCIENNT Longue veste sans manches (des mousquetaires, des chevaliers de Malte).

SOUCHE [suʃ] **n. f.** – XIVe ; *çoche* XIIe ◇ gaulois °*tsukka* ; cf. allemand *Stock* « bâton » ■ **1** Ce qui reste du tronc, avec les racines, quand l'arbre a été coupé. *Arracher* (➤ **essoucher**), *brûler de vieilles souches.* — LOC. *Rester (planté) comme une souche,* inerte, immobile. *Dormir comme une souche,* profondément. ➤ 1 **bûche.** ◆ Pied de la plante (racines et organes associés). *Souche de vigne.* ➤ **cep.** ■ **2** FIG. (1376) Personne qui est à l'origine d'une famille, d'une suite de descendants, d'une lignée (dans quelques expr.). *Faire souche :* avoir des descendants. *Famille de vieille souche,* très ancienne. PAR EXT. *Français, Allemand de souche,* d'origine (opposé à *naturalisé*). « *les "Français de souche" — c'était tout dire, l'arbre, la terre* » A. ERNAUX. — DR. *Partage par souches,* par héritier représenté, dans le cas où un héritier a plusieurs représentants (opposé à *partage par tête**). ♦ BIOL. Ensemble d'organismes d'une même espèce et provenant d'un même ancêtre. ➤ **lignée.** — MICROBIOL. *Souches de bactéries, de virus.* ➤ **clone.** — PAR APPOS. BIOL. CELL. *Cellule souche* : cellule capable de se diviser indéfiniment et de donner naissance à des cellules différenciées. *Cellule souche totipotente,* pouvant donner un organisme complet. *Cellules souches embryonnaires.* ♦ Origine (d'une famille ethnique, linguistique). *Mot de souche latine.* PAR APPOS. *Mot souche.* ▪ **3** (1829) Partie (d'un document) qui reste fixée à un registre, à un carnet, quand on a détaché la partie à remettre à l'intéressé, et qui permet le contrôle par un raccord. ➤ **talon, 2 volant.** *Carnet, chéquier, registre à souche(s).* ♦ (Luxembourg) Coupon-réponse, partie détachable d'une annonce publicitaire, d'un questionnaire à envoyer. ▪ **4** ARCHIT. Massif de maçonnerie servant de base à une construction. — Base des tuyaux d'une cheminée, sur un comble.

1 **SOUCHET** [suʃɛ] n. m. – 1354 ✧ de *souche,* à cause des rhizomes de la plante ▪ BOT. Plante herbacée *(cypéracées)* poussant au bord de l'eau. *Souchet comestible dit* amande de terre ; *souchet à papier* (➤ **papyrus**).

2 **SOUCHET** [suʃɛ] n. m. – 1768 ; 1438 «sorte d'oiseau» ✧ origine inconnue ▪ ZOOL. Canard sauvage au bec noir très élargi à l'extrémité, vivant au bord des étangs et marais. APPOS. *Canards souchets.*

SOUCHETTE [suʃɛt] n. f. – début XXe ✧ de *souche,* parce qu'elle pousse sur les souches ▪ BOT. Champignon *(basidiomycètes)* à lames, à pied coriace.

SOUCHONG [suʃɔ̃g] n. m. – 1842 ✧ du chinois *siao-chung,* par l'anglais ▪ Thé noir de Chine à larges feuilles, de qualité médiocre. *Le souchong et le pekoe.*

1 **SOUCI** [susi] n. m. – *soucy* XIVe ; *soussi* v. 1200 ✧ de *soucier* ▪ **1** État de l'esprit qui est absorbé par un objet et que cette préoccupation inquiète ou trouble jusqu'à la souffrance morale. ➤ **alarme, inquiétude, peine, tourment.** *«Tout lui était souci, chagrin, blessure»* CHATEAUBRIAND. *«Cet argent qui vous semble une bagatelle, est pour moi un cuisant souci»* FRANCE. LOC. *Se faire du souci (pour qqn, qqch.)* : s'inquiéter (cf. Se faire de la bile*, du mauvais sang* ; du mouron*). *Avoir du souci à se faire,* des raisons de s'inquiéter. *Cela me donne bien du souci.* — *Être sans souci* (➤ **insouciant, sans-souci**). — LOC. FAM. *(Y a) pas de souci* : il n'y a pas de problème. *«Y a pas d'souci ! Tout baigne. Ça roule. Que de formules optimistes !»* PH. DELERM. ♦ Être, chose qui trouble ou inquiète l'esprit. ➤ **embarras,** FAM. **embêtement, ennui, tracas.** *Cet enfant n'est pas un souci pour ses parents. Avoir des soucis. Des soucis d'argent. Être accablé, rongé, dévoré de soucis. Oublier ses soucis. Cela vous épargnerait bien des soucis. «Une quantité de soucis, dont la plupart sont de petites craintes, de petites angoisses»* ROMAINS. ▪ **2** Attitude subjective d'une personne qui recherche un résultat ; état d'esprit de qui forme un projet. ➤ **préoccupation, soin ; intérêt.** *«Les grands soucis de la vie des peuples»* GIRAUDOUX. *Avoir le souci de la perfection. Par souci d'honnêteté. Mon premier souci fut de...,* ma préoccupation principale. — LITTÉR. *Avoir souci de* : se préoccuper de. *Avoir souci de plaire. «J'ai trop souci de la vérité»* GIDE. — *C'est le cadet* (le dernier, le moindre) de mes soucis.* ▪ CONTR. Agrément, joie, 1 plaisir.

2 **SOUCI** [susi] n. m. – 1538 ; *sousicle* 1334 ; *soussie* n. f. 1280 ✧ altération, d'après 1 *souci,* du bas latin *solsequia* «tournesol» ▪ Plante *(ostéracées)* commune dans les champs. *Souci des jardins,* cultivé pour ses fleurs jaunes ou orangées. — Les fleurs de cette plante. ➤ **calendula.** ♦ *Souci d'eau* : renoncule des marais. ➤ **populage.**

SOUCIER [susje] v. tr. ⟨7⟩ – v. 1240 ✧ du latin *sollicitare* → solliciter ▪ **1** Causer de l'inquiétude à (qqn). ➤ **ennuyer, préoccuper.** ▪ **2 SE SOUCIER** v. pron. VX ou LITTÉR. Se faire du souci. ➤ **se tourmenter.** *«Sans se soucier Que le monde à ses pieds souffre, existe ou périsse»* HUGO. ♦ **SE SOUCIER DE** : prendre intérêt à, avoir la préoccupation de (surtout au négatif). ➤ **s'embarrasser, s'inquiéter, se préoccuper.** *Il se soucie toujours des autres. Sans plus se soucier de rien. Je ne m'en soucie guère. S'en soucier comme de sa première chemise*. «En fait, elle se souciait fort peu de penser. Elle se souciait de manger, boire, chanter, danser»* R. ROLLAND.

SOUCIEUSEMENT [susjøzmɑ̃] adv. – avant 1850 ✧ de *soucieux* ▪ LITTÉR. Avec inquiétude ; avec un soin particulier. *«toute la montagne se prépare soucieusement à l'hiver»* BARRÈS.

SOUCIEUX, IEUSE [susjø, jøz] adj. – 1530 ; *soucieus* v. 1280 ✧ de 1 *souci* ▪ **1** Qui est absorbé par le souci, troublé par l'inquiétude, l'appréhension. ➤ **inquiet, préoccupé.** *Rendre soucieux. Le front soucieux. Air triste et soucieux.* ➤ **1 chagrin, pensif, songeur.** ▪ **2 SOUCIEUX DE...** : qui se préoccupe de. *«Il m'écoute patiemment, soucieux de me marquer sa déférence»* GIDE. *Des gens soucieux de leur tranquillité.* — *Soucieux que* (et subj.). *«Peu soucieux qu'on nous ignore ou qu'on nous voie»* VERLAINE. ▪ CONTR. Décontracté.

SOUCOUPE [sukup] n. f. – 1671 ; *souscoupe* 1640 ; *soutecouppe* 1615 ✧ italien *sottocoppa,* d'après *sous-,* et *coupe* ▪ Petite assiette qui se place sous une tasse, un gobelet (pour recevoir le liquide qui pourrait verser, poser la cuillère, etc.). ➤ RÉGION. **sous-tasse.** — LOC. *Ouvrir, faire des yeux comme des soucoupes,* les écarquiller d'étonnement. ♦ (1947 ✧ calque de l'anglais américain *flying saucer*) **SOUCOUPE VOLANTE** : objet volant d'origine inconnue, peut-être extraterrestre. ➤ **ovni.**

SOUDABLE [sudabl] adj. – 1842 ✧ de *souder* ▪ Qui peut être soudé.

SOUDAGE [sudaʒ] n. m. – 1459 ✧ de *souder* ▪ Opération par laquelle on soude (➤ **soudure**). *Soudage à plat, au chalumeau, autogène, à l'arc, par faisceau d'électrons. Soudage laser.* ♦ Résultat de cette opération. *Un soudage solide.*

SOUDAIN, AINE [sudɛ̃, ɛn] adj. et adv. – v. 1210 ; *sudein* v. 1120 ✧ latin populaire °*subitanus,* classique *subitaneus,* de *subitus* → subit

I adj. Qui arrive, se produit en très peu de temps. ➤ **brusque, imprévu, instantané, subit.** *Douleur, colère soudaine. Amour soudain* (cf. Coup de foudre*). *Peur soudaine. Envie soudaine. Idée soudaine. «Il y a des morts si soudaines de jeunes filles qu'elles ressemblent à des assassinats de la Mort»* GONCOURT.

II adv. (*soubdain* 1538) Dans l'instant même (➤ **aussitôt**) ; d'un seul mouvement, sans transition ni retard. ➤ **soudainement** (cf. Tout d'un coup*). *Il se mit soudain à pleuvoir. «Hier soir, soudain il s'est fâché»* MAUROIS. *«Soudain retentit un glas rauque»* GIDE.

▪ CONTR. Lent, prévu ; 2 graduel, progressif. — Lentement, progressivement.

SOUDAINEMENT [sudɛnmɑ̃] adv. – v. 1220 ; *sodainement* 1130 ✧ de *soudain* ▪ D'une manière rapide et imprévue ; tout à coup. REM. Alors que *soudain* (adv.) désigne la brusquerie, la rapidité d'un fait, *soudainement* caractérise la manière dont l'action se déroule. *De «rapides évolutions, où s'accomplissent soudainement des étapes décisives»* BROGLIE. ▪ CONTR. Lentement ; graduellement, progressivement.

SOUDAINETÉ [sudɛnte] n. f. – XIIIe ✧ de *soudain* ▪ Caractère de ce qui est rapide et imprévu. ➤ **brusquerie, rapidité.** *«qualités du journaliste : le brillant et la soudaineté de la pensée»* BALZAC. *Troupes surprises par la soudaineté de la riposte.* ▪ CONTR. Lenteur.

SOUDAN [sudɑ̃] n. m. – XVe ✧ de l'arabe *soltân* ▪ VX Sultan. ▪ HOM. Soudant.

SOUDANAIS, AISE [sudanɛ, ɛz] adj. et n. – 1846 ✧ de *Soudan,* de l'arabe *bled es soudan* «pays des Noirs» ▪ **1** Du Soudan, zone climatique d'Afrique divisée en plusieurs régions : occidentale (Sénégal, Guinée), centrale, orientale ou égyptienne. — On dit aussi **SOUDANIEN, IENNE.** *Climat soudanien.* ▪ **2** De la république du Soudan. — n. *Les Soudanais.*

SOUDANT, ANTE [sudɑ̃, ɑ̃t] adj. – 1872 ✧ de *souder* ▪ MÉTALL. Se dit de la température du blanc vif à laquelle on porte le fer pour le souder. *Blanc soudant.* ▪ HOM. Soudan.

SOUDARD [sudaʀ] n. m. – fin XIVe ; *souldars* 1356 ✧ de *soude* «solde» ; cf. *soudoyer* ▪ VX ou HIST. Soldat mercenaire. ♦ (1654) MOD. et LITTÉR. Homme de guerre brutal, grossier. ➤ **reître.** *«Les mauvais penchants du soudard : il était devenu brutal, buveur, fumeur»* BALZAC.

SOUDE [sud] n. f. – *soulde* 1527 ✧ latin médiéval *soda,* arabe *suwwâd* ▪ **1** *Soude (du commerce)* ou *soude Solvay* : carbonate de sodium ($Na_2CO_3 \cdot 10H_2O$). *Cristaux de soude. Qui contient de la soude* (➤ **sodé**). ♦ *Cendre de soude* (ANCIENNT *marc de soude*) : résidu de l'incinération d'algues, utilisé dans la fabrication des verres sodés. ▪ **2** (1787) CHIM. *Soude caustique* : hydroxyde de sodium (NaOH). *Solution, lessive de soude.* ▪ **3** PHARM. *Bicarbonate, sulfate de soude,* de sodium.

SOUDÉ, ÉE [sude] adj. – v. 1160 ✧ de *souder* ▪ **1** Uni par soudure. ▪ **2** (*sodé* 1268) DIDACT. Joint, uni. *Pétales, sépales soudés* (➤ **gamopétale, gamosépale**). — FIG. (PERSONNES) Étroitement unis. *Soudés face à l'ennemi.*

SOUDER [sude] v. tr. ‹1› – XIIe ; *solder* fin XIe ◊ latin *solidare* «affermir», de *solidus* → solide ▪ **1** Joindre, réunir ou faire adhérer (des pièces d'une matière solide, SPÉCIALT des pièces métalliques) par fusion de parties en contact, par l'intermédiaire d'une composition fusible (➤ **braser**) ou par réaction chimique. *Souder des pièces d'acier.* ➤ **aciérer.** *Souder du verre.* — ABSOLT *Fer à souder :* masse métallique fixée par une tige à un manche et chauffée pour faire fondre la soudure. *Lampe à souder* (➤ **chalumeau**). *«Pour souder, il enfilait un masque doté d'un petit hublot carré qui reflétait l'éclat bleu et orangé de la flamme»* A. DESARTHE. ▪ **2** DIDACT. Réunir par adhésion, faire adhérer. *Souder les parties d'une fracture.* PRONOM. *Des «organismes élémentaires distincts qui s'unissent, se soudent»* C. BERNARD. — FIG. *«Les cœurs s'ouvrent sans défiance, ils se soudent tout de suite»* LAMARTINE. ▪ CONTR. Dessouder. Diviser, rompre, séparer ; concasser.

SOUDEUR, EUSE [sudœʀ, øz] n. – 1313 ◊ de *souder* ▪ **1** Ouvrier qui soude, spécialiste de la soudure. *Soudeur à l'arc* (électrique), *au chalumeau. Le soudeur assemble les pièces préparées par le chaudronnier*. Soudeur en bijouterie.* ▪ **2** n. f. (1933) TECHN. Machine à souder.

SOUDIER, IÈRE [sudje, jɛʀ] adj. et n. – 1872 ; n. f. 1796 ◊ de *soude* ▪ TECHN. ▪ **1** Relatif à la soude, à sa production. ▪ **2** n. m. Ouvrier employé dans une fabrique de soude. ▪ **3** n. f. **SOUDIÈRE :** usine, fabrique de soude (carbonate de sodium).

SOUDOYER [sudwaje] v. tr. ‹8› – 1475 ; *soldoier* XIIe ◊ de l'ancien français *sold* «sou» → soldat, soudard ▪ **1** VX Payer une solde à (des gens de guerre). *Soudoyer une armée.* ▪ **2** (1732) MOD. S'assurer à prix d'argent le concours de (qqn). ➤ **acheter, corrompre, stipendier.** *«Ayant soudoyé l'une des servantes du gynécée, il prit sa place»* TOURNIER.

SOUDURE [sudyʀ] n. f. – XIIIe ◊ de *souder* ▪ **1** Alliage fusible servant à souder les métaux. *Soudure à l'étain, au cuivre.* ♦ TECHN. Plâtre servant aux raccords des enduits. ▪ **2** (v. 1300) DIDACT. Union, adhérence étroite (de deux parties). ➤ **jonction.** *La soudure des épiphyses.* ▪ **3** (1636) COUR. Opération par laquelle on réunit deux corps solides, et SPÉCIALT deux métaux, de manière qu'ils forment une masse indivise. ➤ **assemblage, soudage.** *«On voyait grésiller la petite flamme blanche de la soudure»* ZOLA. — (1847) *Soudure autogène,* sans autre matière que les deux parties à souder. *Soudure à l'arc* voltaïque. Soudure au chalumeau à hydrogène. Soudure du verre, du celluloïd. Soudure verre-métal.* ♦ Partie soudée ; façon dont les pièces métalliques sont soudées. *Tuyau dont la soudure se défait.* ▪ **4** FIG. *Faire la soudure :* satisfaire à la demande, aux besoins des consommateurs au moment où l'offre est la plus faible (avant une récolte, une importation, une rentrée). — PAR EXT. Assurer la transition entre deux systèmes ou deux personnes.

SOUE [su] n. f. – 1823 ◊ ancien mot dialectal, du latin médiéval *sutis,* d'origine gauloise ▪ AGRIC. ou RÉGION. (Canada) Étable à cochons (➤ **abri**). ▪ HOM. Sou, soûl, sous.

SOUFFLAGE [suflaʒ] n. m. – 1675 ; *soufflaige* «action de souffler» 1480 ◊ de *souffler*

I Action de souffler (qqch.). ▪ **1** (1723) Opération par laquelle on donne sa forme à un objet de verre en insufflant de l'air au moyen d'une tige creuse (canne) dans la masse de verre ramollie par la chaleur (procédé traditionnel de la verrerie). ▪ **2** (1893) MÉTALL. *Soufflage de la fonte,* procédé d'affinage dans lequel un courant d'air brûle les impuretés.

II MAR. Doublage extérieur sur le bord d'un navire, pour augmenter la stabilité. *Le soufflage des préceintes.* ♦ Exhaussement d'un pavage, par introduction de sable sous les pavés. — Décollement de la fleur d'un cuir.

SOUFFLANT, ANTE [suflɑ̃, ɑ̃t] adj. – 1807 ; «qui souffle» XIIe ◊ de *souffler* ▪ **1** Qui sert à souffler, à provoquer un effet de souffle. *Machine soufflante :* soufflerie, soufflets, pompes. *Radiateur soufflant.* ▪ **2** FIG. et FAM. Qui coupe le souffle. *C'est soufflant !* ➤ **époustouflant, étonnant, formidable.** ▪ **3** n. m. (1701) ARG. *Un soufflant :* un pistolet, un revolver.

SOUFFLANTE [suflɑ̃t] n. f. – 1931 ◊ de *souffler* ▪ TECHN. Compresseur utilisé pour le soufflage de l'air nécessaire au fonctionnement d'un haut-fourneau ou d'un convertisseur. ➤ **turbosoufflante.**

SOUFFLARD [suflaʀ] n. m. – 1875 «dégagement de grisou» ; «canon» fin XVe ◊ de *souffler* ▪ **1** MINES Dégagement de gaz naturel. ➤ **grisou.** ▪ **2** (1907) GÉOL. *Trou soufflard.* ➤ **souffleur** (I, 4°).

SOUFFLE [sufl] n. m. – XIIIe ; *sofle* 1150 ◊ de *souffler*

I MOUVEMENT RESPIRATOIRE ▪ **1** Mouvement de l'air que l'on produit en expirant avec une certaine force (➤ **souffler**). *Éteindre dix bougies d'un seul souffle. On le renverserait d'un souffle* (tant il est faible). ♦ Le fait ou la capacité de souffler fort, longtemps. *Pour jouer du clairon, il faut du souffle.* ▪ **2** (1553) Le fait d'expirer l'air qu'on rejette par la bouche, en respirant. ➤ **bouffée, expiration, haleine.** *Murmurer quelques mots dans un souffle. Recueillir le dernier souffle d'un agonisant.* ➤ **soupir.** *Jusqu'à son dernier souffle.* ♦ La respiration ; son bruit. *«Et j'entendais une respiration. Il y avait un souffle»* BOSCO. *Souffle saccadé et court :* halètement. *Retenir, reprendre son souffle.* LOC. *Couper le souffle (à qqn) :* interrompre la respiration régulière ; FIG. étonner vivement. *Un spectacle à vous couper le souffle.* ➤ **soufflant.** *Une femme d'une beauté à couper le souffle,* extrêmement belle. *J'en ai le souffle coupé.* — *Avoir le souffle court :* être vite essoufflé. — LOC. *Être à bout de souffle,* haletant de fatigue ; FIG. épuisé, à bout de course. *«À bout de souffle», film de J.-L. Godard.* — *Second souffle :* regain d'énergie après un ralentissement (en parlant d'un sportif, d'une entreprise, etc.). *Chercher, trouver un* (ou *son*) *second souffle.* ▪ **3** *Le souffle, du souffle :* capacité à ne pas s'essouffler, à garder son souffle, endurance. VIEILLI *Avoir du souffle :* être hardi. *Il ne manque pas de souffle !* (➤ **aplomb, culot ;** cf. Il ne manque pas d'air*). ▪ **4** FIG. Force qui anime, inspire, crée. ➤ **esprit.** *Le souffle vital.* ➤ 1 **élan.** *Le souffle créateur, divin. «ils apportent seuls sur la planète corrompue un souffle de grandeur et d'honnêteté»* CAILLOIS. *Communiquer par le souffle :* insuffler. *Le souffle d'un écrivain, du génie.* ➤ **inspiration.** LOC. *Avoir du souffle,* une inspiration puissante. *«Les travaux de Pasteur. Quelle ardeur, quel souffle !»* DUHAMEL. *Auteur qui manque de souffle.*

II DÉPLACEMENT D'AIR ▪ **1** (1611) Mouvement naturel (de l'air) dans l'atmosphère. ➤ **bouffée,** 2 **courant, vent.** *«Parfois un souffle d'air chargé d'aromes des champs s'engouffrait sous le portail»* MAUPASSANT. *Pas un souffle de vent !* — LITTÉR. Faible agitation de l'atmosphère. *«Les souffles de la nuit flottaient sur Galgala»* HUGO. *Fleurs agitées au moindre souffle. «Un souffle, une ombre, un rien»* LA FONTAINE. ▪ **2** Air, fluide déplacé (par une différence de pression). ➤ **poussée.** *Souffle d'un brasier. «De la cage d'escalier montait un souffle obscur et humide»* CAMUS. *Souffle d'un ventilateur, d'un réacteur.* — SPÉCIALT Déplacement d'air très considérable provoqué par une explosion. *Le souffle a pulvérisé les vitres. Effet de souffle d'un explosif* (bombe, obus). ➤ **blast.** *«Le souffle de l'explosion a projeté sur eux cinquante kilos de briquetage, plâtre, boiserie»* SAN-ANTONIO. ▪ **3** (1832 *bruit de souffle*) MÉD. Bruit anormal perçu à l'auscultation (du cœur, du poumon, etc.). PAR EXT., COUR. *Avoir un souffle au cœur,* une lésion des orifices des valvules déterminant un souffle. ▪ **4** Bruit blanc indésirable dans un récepteur d'ondes radioélectriques. *Réducteur de souffle.*

SOUFFLÉ, ÉE [sufle] adj. et n. m. – 1342 ◊ de *souffler* ▪ **1** Gonflé (par le souffle, par un gaz). — (1798) Qui a gonflé à la cuisson. *Beignets soufflés. Omelette soufflée. Pommes* (de terre) *soufflées.* ♦ n. m. (1808) Mets ou entremets de pâte légère, fluide (blancs d'œufs battus en neige), et qui monte à la cuisson. *Soufflé au fromage, au poisson. Soufflé sucré, à la liqueur. Moule à soufflé* (à haut bord). — LOC. FIG. *Le soufflé retombe,* l'élan est brisé, les espoirs déçus. ▪ **2** SC. (MINÉR., etc.) Qui contient des inclusions, des bulles de gaz. ▪ **3** (1935) FIG. et FAM. Abasourdi, très étonné. ➤ **stupéfait*.**

SOUFFLEMENT [sufləmɑ̃] n. m. – XIIIe ; *soflement* v. 1120 ◊ de *souffler* ▪ **1** RARE Action de souffler. ▪ **2** Bruit produit en soufflant.

SOUFFLER [sufle] v. ‹1› – XIIIe ; *sofler* 1120 ◊ latin *sufflare,* de *flare* «souffler»

I ~ v. intr. (et **tr. ind.**) **A. EXPULSER L'AIR DES POUMONS** ▪ **1** Expulser de l'air par la bouche ou par le nez, par une action volontaire (à la différence de l'acte réflexe de la respiration). ➤ **expirer.** *Souffler fort. Souffler dans, sur ses doigts* (pour les réchauffer), *sur sa soupe* (pour la refroidir). *Souffler sur le feu,* pour l'attiser ; FIG. exciter, attiser les passions (cf. Jeter de l'huile* sur le feu). *Souffler dans une trompette* (➤ **jouer, sonner**). *«Elle avait l'habitude de souffler en l'air pour écarter de son sourcil une mèche indisciplinée»* LARBAUD. *Souffler dans le ballon* (de l'alcootest). — FIG. et FAM. *Il croit qu'il va y arriver en soufflant dessus, qu'il n'y a qu'à souffler dessus,* que c'est une chose très facile. ▪ **2** (*sofler* XIIe) Respirer avec peine, en expirant fort, bruyamment. ➤ **haleter ; s'essouffler.** *«Il était gris, marchait avec peine, soufflait beaucoup»* MAUPASSANT. *Souffler comme un bœuf, comme un phoque, comme une* *locomotive. Laisser souffler son cheval,* lui laisser reprendre souffle. ◆ (1688) Prendre un peu de relâche, de repos. ➤ **se reposer.** *Dix minutes pour souffler entre deux cours.* ➤ **se détendre.** *« Reprendre haleine, souffler un peu »* LA BRUYÈRE. *Laisse-moi le temps de souffler.*

B. PRODUIRE UN DÉPLACEMENT D'AIR, DE FLUIDE ■ 1 TECHN. Faire fonctionner un soufflet, une soufflerie. *Souffler à l'orgue.* ■ **2** (1328) Déplacer un fluide ; produire un courant d'air (en parlant du vent). *Le vent souffle :* il y a du vent. *Le vent soufflait en rafales, en tempête.* IMPERS. *Il soufflait une brise du sud.* — PAR MÉTAPH. *« Le désir souffle parfois comme un coup de vent qui emporte la volonté »* MAUPASSANT. *Un vent de révolte soufflait.* LOC. *Regarder, voir d'où, de quel côté souffle le vent :* observer comment vont tourner des évènements. — BIBLE *L'Esprit souffle où il veut :* l'inspiration divine est imprévisible.

II ~ v. tr. dir. ■ 1 (XIIe) Envoyer un courant d'air, de gaz sur (qqch.). *Souffler une bougie.* ➤ **éteindre.** ◆ (1655) FIG. et FAM. *Souffler qqch. à qqn,* le lui enlever. ➤ **dérober, enlever, ôter, ravir ;** FAM. **piquer.** *Il lui a soufflé sa copine.* — Aux dames, *Souffler un pion,* le prendre quand il n'a pas pris (ancienne règle). ABSOLT *Souffler n'est pas jouer,* ne constitue pas un coup. ◆ (1942) Détruire par l'effet du souffle. *Maison soufflée par une explosion.* ■ **2** TECHN. Envoyer de l'air, du gaz dans (qqch.). *Souffler l'orgue,* au moyen de la soufflerie. *Souffler le verre, l'émail* (➤ **soufflage**). — Gonfler de gaz. *Souffler un ballon.* ■ **3** Envoyer, déplacer, pousser (un fluide, ce qui s'y trouve). *Le vent nous soufflait du sable dans les yeux.* ➤ **projeter.** *« La porte battait, soufflait une odeur forte de graillon »* ZOLA. ◆ (PERSONNES) Faire sortir en expirant, en soufflant. ➤ **exhaler, expirer.** *Souffler la fumée par la bouche, le nez.* LOC. FIG. *Souffler le chaud* et le froid.* ■ **4** (1538) Dire à voix basse. *Souffler qqch. à l'oreille de qqn,* le lui dire en confidence. ➤ **chuchoter, glisser, insinuer, 1 parler** (à l'oreille). — (En incise) *Chut, souffla-t-il.* — LOC. *Ne pas souffler mot :* ne rien dire. ◆ FIG. ➤ **suggérer.** *C'est toi qui m'as soufflé l'idée. « Voilà ce que me souffle l'instinct »* DUHAMEL. ➤ **inspirer.** *« Elle a prononcé le vôtre* [nom]. *– Quelqu'un le lui avait soufflé »* MONTHERLANT. ◆ Dire discrètement (qqch.) pour aider qqn. *Souffler une réplique à un acteur* (➤ **souffleur**). *Souffler la réponse* (à un élève). ABSOLT *On ne souffle pas !* ■ **5** (1940) FAM. Rendre stupéfait. ➤ **ahurir** (cf. Couper le souffle*). *Son culot nous a soufflés* (➤ **soufflant**).

SOUFFLERIE [suflәʀi] **n. f.** – 1636 ; « action de souffler » hapax XIIIe ◇ de *souffler* ■ **1** Ce qui sert à souffler ; machine soufflante et dispositifs qui conduisent le fluide soufflé. *Soufflerie d'un orgue. Soufflerie électrique. La soufflerie d'une forge, d'un four* (➤ **soufflante**). ■ **2** SPÉCIALT *Soufflerie aérodynamique :* installation permettant d'étudier les mouvements d'un fluide autour d'un matériel qui doit être soumis à de grandes vitesses. *Essais en soufflerie.*

SOUFFLET [suflɛ] **n. m.** – *souflet* fin XIIIe ◇ de *souffler*

I ■ 1 Instrument servant à souffler de l'air, formé de deux tablettes reliées par un assemblage souple qui se déplie en faisant entrer l'air et se replie en le chassant. *Attiser le feu avec un soufflet. Soufflet de forge.* ■ **2** Partie pliante ou souple entre deux parties rigides (ressemblant à un soufflet), destinée à donner de l'ampleur, à assurer de la souplesse. *Sac, poche, casquette à soufflets.* — *Soufflet de train,* passage articulé entre deux voitures. *« Il a peur quand ils passent d'un wagon à l'autre dans le soufflet où le tangage est si fort que l'on risque de tomber »* MODIANO. — *Soufflet d'appareil photographique :* partie pliée en accordéon servant à éloigner l'objectif de la plaque, du film (anciens appareils et appareils professionnels).

II (1396 ◇ à cause du bruit produit par le coup) VX ou LITTÉR. (sens pr.) Coup du plat ou du revers de la main appliqué sur la joue. ➤ **gifle*.** *Le soufflet reçu par Don Diègue* (dans « le Cid »). ◆ MOD., FIG. et LITTÉR. ➤ **affront, outrage.** *« C'était un démenti donné à toute ma vie, un soufflet appliqué à mes convictions »* COURTELINE. ➤ **camouflet.**

SOUFFLETER [suflәte] **v. tr.** ‹4 /5/› – 1542 ◇ de *soufflet* ■ VIEILLI Frapper d'un soufflet. ➤ **gifler.** *« Ell'souffleta flic, flac, L'garçon d'honneur Qui par bonheur Avait un' tête à claqu' »* BRASSENS. PAR ANAL. *« La tramontane vous soufflette à tous les coins de rues »* LARBAUD. ◆ MOD. (FIG. et LITTÉR.) Humilier, insulter, outrager. *« Ils foudroyaient le crime, ils souffletaient le vice »* HUGO.

SOUFFLEUR, EUSE [suflœʀ, øz] **n.** – XIIIe ◇ de *souffler*

I ■ 1 VX Personne qui souffle. — **n. m.** MOD. TECHN. Ouvrier qui façonne le verre à chaud par soufflage (à la bouche ou à l'air comprimé). *Souffleur à la canne, au chalumeau. Souffleur de bouteilles.* ■ **2** (1549) Dans un théâtre, Personne qui est chargée de prévenir les défaillances de mémoire des acteurs en leur soufflant leur rôle. *Le trou du souffleur,* ménagé dans la scène. *« la comédienne habituée à saisir au vol le murmure du souffleur »* GAUTIER. *« Son rôle, que dit tout haut la souffleuse »* GONCOURT. ■ **3** (1842) TECHN. Appareilleur chargé de surveiller le transport et la pose des pierres destinées à la construction. ■ **4** **n. m.** Orifice karstique par lequel passe un courant d'air. *Le souffleur* (ou *trou soufflard*) *révèle l'existence d'un réseau souterrain ventilé.*

II n. m. (XIIIe) Cétacé qui souffle de l'eau par des évents (baleine, cachalot).

III n. f. SOUFFLEUSE TECHN. ■ **1** (1964) Appareil agricole pour la manutention des grains. ■ **2** (Canada, milieu XXe) Chasse-neige muni d'un dispositif hélicoïdal qui projette la neige à distance. *« Attelé à la souffleuse, j'ai rouvert mon sentier jusqu'au lac »* R. DUCHARME. ■ **3** Appareil muni d'une soufflerie qui sert à rassembler les feuilles mortes.

SOUFFLURE [suflyʀ] **n. f.** – 1701 ; *suffleure* « action de souffler » 1280 ◇ de *souffler* ■ TECHN. Petite cavité contenant des gaz sous pression, qui se forme pendant la solidification d'un ouvrage de métal, de verre.

SOUFFRANCE [sufʀɑ̃s] **n. f.** – v. 1175 ; *soffrance* XIIe ◇ de *souffrir,* p.-ê. par le latin *sufferentia* « résignation, tolérance » ■ **1** VX Endurance, patience ; tolérance (➤ **souffrir,** I, 1°). ◆ MOD. **EN SOUFFRANCE :** en suspens, qui attend sa conclusion. *Projets en souffrance,* en attente. *Marchandises en souffrance,* qui n'ont pas été retirées par le destinataire. ■ **2** *La souffrance.* Le fait de souffrir (II). ➤ **douleur, peine.** *« Soyez béni, mon Dieu, qui donnez la souffrance Comme un divin remède à nos impuretés »* BAUDELAIRE. *« dans la souffrance, le corps se rabougrit, s'annule, se rétracte »* Y. HAENEL. *La souffrance au travail. La souffrance animale. Être en souffrance :* souffrir psychiquement. *Adolescents en souffrance.* ■ **3** *Une, des souffrances.* Douleur, accès de douleur physique ou morale. ➤ **malaise.** *Endurer d'atroces, de terribles souffrances. « Je trouvais dans une tendresse infinie* [...] *l'apaisement de mes souffrances »* PROUST. ■ CONTR. Bonheur, indolence, joie, 1 plaisir.

SOUFFRANT, ANTE [sufʀɑ̃, ɑ̃t] **adj.** – 1690 ; *soffrant* « patient » 1120 ◇ de *souffrir* ■ **1** LITTÉR. Qui souffre (II) habituellement, qui éprouve de la peine, des tourments. *L'humanité souffrante. « La cause du grand peuple laborieux, souffrant »* DUHAMEL. — *« Pascal, âme souffrante, où apparaît si merveilleusement le combat du doute et de l'ancienne foi »* MICHELET. — SPÉCIALT *L'Église* souffrante.* ■ **2** COUR. Légèrement malade. ➤ **fatigué, indisposé.** *Je suis souffrante, j'ai pris froid en sortant.*

SOUFFRE-DOULEUR [sufʀәdulœʀ] **n.** – 1607 adj. ◇ de *souffrir* et *douleur* ■ Personne qui est en butte à des mauvais traitements, à des tracasseries. *Être le souffre-douleur de ses camarades.* ➤ **victime** (cf. Tête* de Turc). *« Une pauvre créature rebutée, un souffre-douleur sur qui pleuvaient les plaisanteries »* BALZAC. *Des souffre-douleurs* ou *des souffre-douleur* (inv.).

SOUFFRETEUX, EUSE [sufʀәtø, øz] **adj.** – 1825 « qui éprouve un malaise » ; début XIIe *suffraitus* « nécessiteux, indigent » ◇ de l'ancien français *soufraite* « dénuement, privation », avec influence de *souffrir ;* latin populaire °*suffracta,* de *suffractus,* p. p. subst. de *suffringere* ■ Qui est de santé fragile, habituellement souffrant. ➤ **maladif ; égrotant, malingre.** *Un enfant souffreteux. Un air souffreteux.* — Qui a visiblement du mal à pousser. *Végétation souffreteuse.* ■ CONTR. Florissant.

SOUFFRIR [sufʀiʀ] **v.** ‹18› – v. 1050 *sofrir* ◇ latin populaire °*sufferire,* latin classique *sufferre,* de *ferre* « porter »

I v. tr. ■ 1 LITTÉR. Supporter (qqch. de pénible ou de désagréable). ➤ **endurer.** *« Qui sait tout souffrir peut tout oser »* VAUVENARGUES. *Il « n'avait nul sens du comique, ne pouvait souffrir la caricature »* FRANCE. ➤ **tolérer.** — FAM. *Ne pas pouvoir souffrir (qqch.) :* ne pas aimer, détester. *Il ne peut pas souffrir les haricots verts.* — (Avec *de* et l'inf.) *« Je ne pus souffrir de les voir si bien ensemble »* MOLIÈRE. ◆ (Surtout dans des tours négatifs) Supporter (qqn), supporter la présence, l'activité de (qqn). *Ne pas pouvoir souffrir qqn.* ➤ **sentir.** PRONOM. *Des hommes qui « ne peuvent se comprendre entre eux, ni même se souffrir »* DUHAMEL. ■ **2** LITTÉR. Permettre, tolérer. *Il ne souffrirait aucun acte d'autorité. « S'il m'arrivait de me "convertir," je ne souffrirais pas que cette conversion fût publique »* GIDE. ◆ (Sujet chose) ➤ **admettre.** *Cela ne souffre aucun retard, aucune discussion.* ■ **3** COUR. Éprouver douloureusement. *« Tout ce que j'ai souffert, mes craintes, mes transports »* RACINE. *Souffrir le martyre. Souffrir mille morts.*

II v. intr. ■ 1 (v. 1480) Éprouver une souffrance, des douleurs physiques ou morales (cf. Avoir mal*). *Où souffrez-vous ?*

«Plutôt souffrir que mourir» LA FONTAINE. *Souffrir en silence. Souffrir comme une bête, comme un damné,* beaucoup. *«Souffrir, c'est peut-être un enfantillage [...] j'entends souffrir, quand on est femme par un homme, quand on est homme par une femme»* COLETTE. *Il a souffert toute sa vie.* LOC. FAM. *Il faut souffrir pour être belle.* — *Faire souffrir.* ➤ **affliger, martyriser, torturer, tourmenter.** *«Notre besoin de voir nos souffrances apaisées par l'être qui nous a fait souffrir»* PROUST. ♦ **SOUFFRIR DE (origine, cause).** *Souffrir des dents, de la tête. Souffrir de rhumatismes. Souffrir du froid. «Il souffre de la solitude, il souffre de soi-même et des autres»* SUARÈS. — (Avec l'inf.) *«Comme tu dois souffrir de ne pas souffrir»* SARTRE. ♦ FAM. Avoir bien du mal, se donner beaucoup de peine. *J'ai souffert pour lui expliquer son problème. Nous avons gagné le match, mais ils nous ont fait souffrir !* ▪ **2** Éprouver, subir un dommage, un préjudice. ➤ **pâtir.** *Pays qui souffre d'un retard technique* (➤ **victime**). *«Mes rosiers et mes œillets ont souffert cette année»* ZOLA. *Le moteur a souffert dans l'accident. Sa réputation en a souffert.*
▪ CONTR. (du II) Jouir ; bénéficier. ▪ HOM. *Souffre* : soufre (soufrer).

SOUFISME [sufism] n. m. – 1853 ♦ de *soufi* «mystique de l'islam» ; de l'arabe *souf* «laine», à cause du vêtement de ces ascètes ▪ RELIG. Doctrine mystique islamique. — adj. et n. **SOUFI, IE.**

SOUFRAGE [sufʀaʒ] n. m. – 1832 ; 1763 pour les étoffes ♦ de *soufrer* ▪ TECHN. Opération qui consiste à soufrer. *Le soufrage des allumettes, de la laine. Soufrage d'une vigne.*

SOUFRE [sufʀ] n. m. – 1270 ; *sulfre* 1120 ♦ latin *sulfur* ▪ **1** ANCIENNT L'un des trois principes actifs de l'ancienne chimie, considéré comme une condensation de la matière du feu. ▪ **2** MOD. Élément (S ; n° at. 16 ; m. at. 32,066) du même groupe que l'oxygène, le sélénium, le tellure. *Soufre naturel,* en cristaux orthorhombiques jaunes. *Soufre amorphe,* jaune citron, pulvérulent, extrait des sels de soufre. ➤ **sulfate, sulfure.** *Fleur de soufre,* obtenue par condensation brusque des vapeurs de soufre. — PHARM. *Lait de soufre* : sol colloïdal obtenu par action d'un acide sur une solution d'hyposulfite. ♦ LOC. *Sentir le soufre* : être peu orthodoxe, sembler inspiré par le diable. *Écrits, propos qui sentent le soufre.* ➤ **sulfureux.** ▪ **3** Couleur d'un jaune clair semblable à celle du soufre. — APPOS. INV. *Jaune soufre.* ➤ **soufré.**

SOUFRÉ, ÉE [sufʀe] adj. – 1256 ♦ de *soufre* ▪ **1** Enduit, imprégné de soufre. *Mèche soufrée. Allumettes soufrées.* ▪ **2** (1784) D'une couleur jaune soufre. *«Un flacon blanc soufré, souligné de noir»* BARBUSSE.

SOUFRER [sufʀe] v. tr. ⟨1⟩ – 1636 ♦ de *soufre* ▪ **1** Imprégner, enduire de soufre. ▪ **2** (1857) Traiter (une plante) en répandant sur elle du soufre en poudre. *Soufrer la vigne.* ▪ **3** *Soufrer du vin,* le muter avec de l'anhydride sulfureux. ▪ **4** TECHN. Traiter au soufre, à l'anhydride sulfureux. *«Une très légère buée bleue – on a soufré les tonneaux – épaissit l'air»* COLETTE.
▪ HOM. *Soufre* : souffre (souffrir).

SOUFREUR, EUSE [sufʀœʀ, øz] n. – 1872 ♦ de *soufrer* ▪ TECHN. ▪ **1** Ouvrier, ouvrière qui prépare ou répand le soufre. ▪ **2** n. f. **SOUFREUSE** : appareil qui sert à pulvériser le soufre.

SOUFRIÈRE [sufʀijɛʀ] n. f. – 1497 ♦ de *soufre* ▪ Mine de soufre.

SOUHAIT [swɛ] n. m. – fin XIIe ; *sohet, sohait* v. 1170 ♦ de *souhaiter* ▪ **1** Désir d'obtenir qqch., de voir un évènement se produire. ➤ **aspiration, envie, vœu.** *Exprimer, formuler des souhaits de bonheur. Former le souhait de réussir, qu'il réussisse. Réaliser, accomplir un souhait. «Les souhaits que j'ai faits pour sa prospérité n'ont pas été remplis»* DIDEROT. *Décevoir, tromper les souhaits de qqn.* ➤ **attente.** — *Les souhaits de bonne année.* ➤ **vœu.** — FAM. *À vos souhaits !* formule à l'adresse d'une personne qui éternue (cf. Dieu vous bénisse*, à vos amours). ▪ **2** loc. adv. **À SOUHAIT** : autant qu'on peut le souhaiter ; autant que possible. *«Une besogne difficile et qui marche à souhait»* MAUPASSANT. *Fromage crémeux à souhait.* ▪ CONTR. Crainte.

SOUHAITABLE [swɛtabl] adj. – v. 1500 ♦ de *souhaiter* ▪ Qui peut ou qui doit être souhaité, recherché. ➤ **désirable, enviable.** *Votre présence est souhaitable. Il serait souhaitable qu'il trouve un travail. Il est souhaitable de l'aider. Ce n'est pas souhaitable.*

SOUHAITER [swete] v. tr. ⟨1⟩ – 1360 ; *sohaidier* 1170 ♦ gallo-roman °*subtus haitare,* de *subtus* «sous» et radical germanique °*haitan* «ordonner, promettre» ▪ **1** Désirer la possession, la présence de (qqch.), la réalisation de (un évènement). ➤ **aspirer** (à), **convoiter, espérer, rechercher, rêver** (de), 1 **vouloir.** *Je souhaite sa réussite, qu'il réussisse. Je ne l'ai pas souhaité.* — *«Tous les changements, même les plus souhaités, ont leur mélancolie»* FRANCE. ➤ **attendu.** *Anglais souhaité* (dans une offre d'emploi). — *Il souhaite partir au plus tôt. «Je ne souhaitais plus de les voir ni lui, ni sa mère»* MAURIAC. *«Ne serait-il pas à souhaiter qu'elle laissât passer ce mois !»* PROUST. ➤ **souhaitable.** — (Avec attribut d'objet) *«Vous me souhaitez déjà pendu peut-être !»* MÉRIMÉE. ▪ **2** Dire (à qqn) qu'on espère qu'il aura (qqch.). *«Contentez-vous de lui souhaiter, du fond du cœur, prospérité, hilarité, succès»* VOLTAIRE. *Il lui souhaita de se rétablir promptement.* — IRON. *Je vous souhaite bien du plaisir**. FAM. *Je vous en souhaite :* je prévois pour vous bien des désagréments. — *Souhaiter la bienvenue, le bonjour à qqn. Souhaiter bon voyage, bonne chance à qqn. Souhaiter un bon anniversaire à qqn. Fêtes à souhaiter.* — FAM. *Souhaiter la bonne année à qqn,* lui offrir ses vœux. ELLIPT et POP. *Je vous la souhaite bonne et heureuse.* ▪ CONTR. Craindre, regretter.

SOUILLARD [sujaʀ] n. m. – 1872 ; *soillard* «domestique sale» 1356 ♦ de l'ancien français *soil* → souiller ▪ TECHN. Trou percé dans une dalle, dans un mur, pour l'écoulement des eaux.

SOUILLARDE [sujaʀd] n. f. – 1731 ♦ de l'ancien français *souillard* «malpropre» ▪ RÉGION. Arrière-cuisine. *Elle réclama «une souillarde où mettre ses bouteilles vides, ses claies à fromage»* PEREC. — Baquet à lessive.

SOUILLE [suj] n. f. – 1346 ♦ de l'ancien français *soil, souil* → souiller ▪ **1** CHASSE Bourbier où le sanglier se vautre. ➤ **bauge.** ♦ Soue. *«Le pourceau grogne dans sa souille»* HUGO. ▪ **2** (1538) MAR. Enfoncement que forme un navire échoué dans la vase, le sable. ➤ **gîte.** ▪ **3** (1933) TECHN. Trace laissée sur le sol par un projectile qui a ricoché.

SOUILLER [suje] v. tr. ⟨1⟩ – XVIe ; *soillier* XIIe ♦ de l'ancien français *soil* «abîme de l'enfer ; bourbier» ; latin *solium* «baquet» ▪ **1** LITTÉR. Salir. *Malade qui souille ses draps. Souiller de boue.* — *«Vêtus de loques, souillés d'avoir été abandonnés dans leur ordure»* ZOLA. — SPÉCIALT Altérer l'état d'asepsie de. ➤ **corrompre, infecter, polluer.** ▪ **2** FIG. et LITTÉR. Salir par le contact d'une chose impure. *Puritains «que souille le seul contact des autres hommes»* MAUPASSANT. ➤ **contaminer.** *«Les vices dont furent souillés quelquefois ces asiles de la piété»* VOLTAIRE. ➤ **profaner.** — Salir, altérer (ce qui aurait dû être préservé, respecté). ➤ **avilir*, entacher.** *Souiller la mémoire de qqn. «Qu'est-ce donc que ce besoin de souiller, qui est chez la plupart, – souiller ce qui est pur en eux et dans les autres»* R. ROLLAND. ▪ CONTR. Blanchir, laver, purifier ; régénérer, sanctifier.

SOUILLON [sujɔ̃] n. m. et f. – 1510 ; «valet de cuisine» milieu XVe ♦ de *souiller* ▪ **1** n. m. VX Personne malpropre. *J'ai augmenté «ma servante Mélanie qui est pourtant un souillon»* AYMÉ. ▪ **2** n. f. MOD. Servante malpropre, sale. *«fagotée comme une souillon»* A. HERMANT.

SOUILLURE [sujyʀ] n. f. – 1630 ; *soilleüre* v. 1280 ♦ de *souiller* ▪ **1** RARE Marque laissée par ce qui souille (1°) ; saleté, tache. *Les Grecs «se purifiaient tous, et ils jetaient leurs souillures dans la mer»* LECONTE DE LISLE. ▪ **2** FIG. et LITTÉR. Avilissement, corruption, flétrissure. ➤ **péché, tache, tare.** *Souillure morale. «une intransigeance de cœur toute puritaine, qui ne pouvait admettre les souillures de la vie»* R. ROLLAND. ▪ CONTR. Propreté, pureté.

SOUIMANGA ou **SOUI-MANGA** [swimɑ̃ga] n. m. – 1770 ♦ mot malgache ▪ Petit passereau de l'Afrique tropicale, colibri au bec long et recourbé, au plumage riche et brillant. *Des souimangas, des soui-mangas.* — On écrit parfois *swi-manga.* *«Mais défaillent les swi-mangas sur les fleurs les feuilles absentes»* SENGHOR.

SOUK [suk] n. m. – 1848 ♦ mot arabe ▪ **1** Marché couvert des pays d'islam réunissant, dans un dédale de ruelles, des boutiques et ateliers. ➤ **bazar.** *«Tu te promènes comme à Tunis dans les bazars, dans les souks»* DAUDET. ▪ **2** FIG., FAM. Lieu où règne le désordre, le bruit. ➤ **bazar.** *Quel souk !* ♦ Grand désordre, tapage. *C'est fini, ce souk ! Il a fait son souk habituel.* ➤ **cirque.**

SOUL [saul ; sul] adj. inv. et n. f. – 1962 ♦ mot anglais américain, proprt «âme» ▪ ANGLIC. *Musique soul* ou n. f. *la soul :* style musical vocal créé par les Noirs américains dans les années 1960, issu du blues, du gospel, du jazz et du rhythm and blues. *James Brown, le roi de la soul. Le soul jazz.* ▪ HOM. Soûle (soûl).

SOÛL, SOÛLE [su, sul] adj. /SOUL, SOULE/ – 1265 *saoul* ♦ latin *satullus,* de *satur* «rassasié» ▪ On trouve aussi la graphie *saoul, saoule.* ▪ **1** VX Rassasié, repu. ♦ MOD. et LITTÉR. Rassasié au point d'être dégoûté. *«Soûl de plaisir»* TOULET. ♦ n. m. (XVe) **TOUT MON (TON, SON, etc.) SOÛL** : à satiété, autant qu'on veut. ➤ **content,**

suffisance (cf. Jusqu'à plus soif*). *Dormir, pleurer tout son soûl.* ■ **2** (1534) Ivre*. *Il était soûl comme un cochon, comme une grive*, comme un âne, comme un Polonais, comme une bourrique,* très ivre. *Fin soûl.* ◆ FIG. Enivré, grisé. « *Ces gens, soûls de paroles, sont les plus sobres du monde* » CONSTANTIN-WEYER. ■ HOM. Sou, soue, sous ; soul.

SOULAGEMENT [sulaʒmɑ̃] **n. m.** – fin XVe ; *soubzlegement* 1384 ◇ de *soulager* ■ **1** Action ou manière de soulager ; chose qui soulage. ➤ **adoucissement, 1 aide, allègement.** *Le soulagement d'une peine. Apporter un soulagement à qqn. Paroles de soulagement.* « *Obligé de chercher dans l'opium un soulagement à une douleur physique* » BAUDELAIRE. ■ **2** État d'une personne soulagée. ➤ **apaisement, détente.** « *Un soulagement d'autant plus vif que ses angoisses* [...] *avaient été plus cuisantes* » COURTELINE. *Un soupir de soulagement* (➤ **1 ouf**). *Voir qqch. avec soulagement.* ■ CONTR. Aggravation ; accablement.

SOULAGER [sulaʒe] **v. tr.** ‹3› – XIIIe ◇ réfection, d'après l'ancien français *soulas* « consolation » (latin *solacium*), de *suzlegier* 1160 ; latin populaire °*subleviare*, classique *sublevare* ■ **1** Débarrasser (qqn) d'une partie d'un fardeau, dispenser (d'un effort ou d'une fatigue). ➤ **décharger.** « *Ayez l'obligeance de porter notre casque* [...] *pour soulager notre personne* » JARRY. PLAISANT *Un pickpocket m'a soulagé de mon portefeuille.* ➤ **délester.** — (Compl. chose) *Soulager un mur, un linteau,* diminuer la poussée qui s'exerce sur lui. ■ **2** Débarrasser, partiellement (qqn) de ce qui pèse sur lui. *Soulager qqn d'une douleur, d'un souci. La morphine ne le soulage plus.* ➤ **apaiser, calmer.** « *Pleurez, cela vous soulagera* » FLAUBERT. « *Cela le soulageait de s'accuser* » DAUDET. *Elle a été soulagée d'apprendre son retour.* — *Soulager les entreprises par des aides, des exonérations.* ◆ Aider, secourir (les pauvres, les malheureux). « *Songer avant tout aux foules déshéritées et malheureuses, les soulager* » HUGO. ■ **3** Rendre moins pesant, moins pénible à supporter. ➤ **alléger.** *Soulager sa conscience.* ■ **4** PRONOM. FAM. Satisfaire un besoin naturel ; SPÉCIALT Uriner. « *un convive plein comme une barrique, sortait jusqu'aux arbres prochains, se soulageait* » MAUPASSANT. ◆ FIG. Se libérer de ce qui pèse ou oppresse. « *pour se soulager, il tenait un journal* » MAUROIS. ■ CONTR. Accabler, gêner ; aggraver.

SOULANE [sulan] **n. f.** – 1964 ; *soulan* 1907 ◇ ancien mot dialectal (cf. béarnais *soulano*), du latin *sol* « soleil » ■ RÉGION. Versant ensoleillé d'une montagne, dans les Pyrénées. ➤ **adret.**

SOÛLANT, ANTE [sulɑ̃, ɑ̃t] **adj.** /SOULANT, ANTE/ – 1896 ; « qui rassasie » 1690 ◇ de *soûler* ■ **1** Qui enivre. « *l'odeur est forte et soûlante* » ARAGON. ➤ **enivrant.** ■ **2** (1904) FAM. Qui ennuie, fatigue. *Il est soûlant avec ses commentaires.* ➤ **assommant, lassant.** *Musique soûlante à la longue.*

SOÛLARD, ARDE [sulaʀ, aʀd] **n. et adj.** /SOULARD, ARDE/ – 1690 ; « repu » milieu XVe ◇ de *soûl* ■ FAM. Ivrogne. ➤ **soûlaud,** RÉGION. **soûlon.** — On trouve aussi la graphie *saoulard, saoularde.*

SOÛLAUD, AUDE [sulo, od] **n.** /SOULAUD, AUDE/ – v. 1748 ; *saoulaud* « glouton » 1690 ◇ de *soûl* ■ FAM. Ivrogne. *Un vieux soûlaud.* ➤ **soûlard,** RÉGION. **soûlon.** — On dit aussi **SOÛLOT, OTE** [sulo, ɔt] /soulot, ote/.

SOÛLER [sule] **v. tr.** ‹1› /SOULER/ – 1553 ◇ de *soûl* ■ On trouve aussi la graphie *saouler* (v. 1220). ■ **1** LITTÉR. Rassasier. « *Il saoulerait de luxe cette petite fille pauvre* » MAURIAC. — COUR. *Soûler qqn de paroles,* lui parler beaucoup, jusqu'à l'épuiser, et lui faire perdre sa faculté de jugement. ■ **2** (milieu XVIIe) Faire boire (qqn) jusqu'à l'ivresse. ➤ **enivrer.** FAM. *Se soûler la gueule.* — PRONOM. S'enivrer. ➤ FAM. se **beurrer,** se **biturer,** se **cuiter,** se **murger,** se **noircir,** se **péter, picoler,** se **pinter,** se **torcher** (cf. FAM. Se piquer le nez* ; prendre une biture*, une cuite* ; se bourrer* la gueule). « *Il avait la gueule de bois, comme s'il s'était soûlé la veille* » SARTRE. *Se soûler au whisky, à la bière.* ■ **3** FIG. Griser. « *C'est ça, la magie de l'argent. Son odeur suffit à saouler les hommes* » ROMAINS. — PRONOM. *Se soûler de paroles.* ■ **4** FAM. Fatiguer, ennuyer (qqn). « *Je me suis levé pour mettre un disque, ils commençaient sérieusement à me soûler* » V. RAVALEC.

SOÛLERIE [sulʀi] **n. f.** /SOULERIE/ – 1857 ◇ de *soûler* ■ FAM. Beuverie. « *des soûleries qui duraient des jours et des nuits et se terminaient dans le délire et les souillures* » J. SAUCIER. — Ivresse. — On trouve aussi la graphie *saoulerie.*

SOULEVÉ [sul(ə)ve] **n. m.** – 1933 ◇ de *soulever* ■ SPORT Mouvement qui consiste à soulever un haltère, un poids de terre, à un ou deux bras.

SOULÈVEMENT [sulɛvmɑ̃] **n. m.** – fin XVIe ; « élévation morale » fin XIIe ◇ de *soulever* ■ **1** Fait de soulever, d'être soulevé. *Un soulèvement de terrain.* « *Des soulèvements font affleurer à la surface des couches anciennes* » PROUST. ■ **2** FIG. Mouvement massif de révolte. *Soulèvement contre un occupant, un dictateur.* ➤ **insurrection.** ■ CONTR. Affaissement.

SOULEVER [sul(ə)ve] **v. tr.** ‹5› – XIIIe ; *soslevar* 980 ◇ de *sous* et *lever,* d'après le latin *sublevare* ■ **1** Lever à une faible hauteur. « *Le fardeau que nous soulevons avec peine* » BERNANOS. « *Elle souleva doucement* [...] *le couvercle de la cocotte* » DUHAMEL. *Soulever qqn de terre.* — PRONOM. « *L'un d'eux, arc-bouté sur les poignets, se soulevait* » ALAIN-FOURNIER. ◆ Relever. « *J'ai été tout doucement à ma fenêtre. J'ai soulevé le rideau* » ROMAINS. « *je passai mes mains derrière son cou, en soulevant les nattes de ses cheveux* » PROUST. ■ **2** Faire s'élever. « *On soulève, en marchant, une épaisse poussière* » GIDE. — *Soulever le cœur**. ◆ FIG. (Sujet chose) Animer, exalter, transporter (qqn). « *Un souffle généreux le souleva* » MARTIN DU GARD. « *L'élan de gratitude qui la soulevait vers Dieu* » MAURIAC. ■ **3** Animer (qqn) de sentiments hostiles, indisposer. « *Il avait soulevé contre lui l'opinion* » R. ROLLAND. ◆ Exciter et entraîner à la révolte. « *les Frondeurs avaient voulu soulever le peuple* » RETZ. — PRONOM. Se révolter. ➤ se **rebeller.** *La population s'est soulevée contre l'occupant.* ■ **4** Exciter puissamment (un sentiment) ; faire naître (un évènement). ➤ **provoquer.** « *Des détails propres à exciter l'intérêt et à soulever l'enthousiasme* » MADELIN. *Ces mots soulevèrent une tempête de protestations.* ➤ **déchaîner.** « *Si vous n'aviez pas soulevé un incident inutile* » HUGO. *Soulever des objections.* ➤ **élever.** — Faire que se pose (une question, un problème). ➤ **poser.** « *La question sera soulevée à la prochaine session* » ARAGON. — *Soulever un lièvre**. ■ **5** FAM. Enlever, prendre. ➤ **souffler.** *Il lui a soulevé l'affaire. Soulever qqn,* le séduire et l'emmener. *Il lui a soulevé sa femme.* ➤ **piquer.** ■ CONTR. Abaisser, affaisser.

SOULIER [sulje] **n. m.** – début XIIIe ; *sol(l)er* XIIe ◇ latin populaire °*subtelare,* bas latin *subtel* « courbe de la plante du pied » ■ Chaussure à semelle résistante, qui couvre le pied sans monter beaucoup plus haut que la cheville. ➤ **chaussure*** ; FAM. **croquenot, godasse.** *Souliers bas, montants. Souliers plats. De vieux souliers. De gros souliers.* ◆ VIEILLI ou RÉGION. (Canada, Antilles) Chaussure. *Souliers* (de femme) *à talons hauts. Souliers de marche, habillés. Souliers vernis.* « *Le Soulier de satin* », *drame de P. Claudel.* ◆ LOC. *Être dans ses petits souliers :* être mal à l'aise, être dans l'embarras. — *N'être pas digne de dénouer les cordons* des souliers de qqn.*

SOULIGNAGE [suliɲaʒ] **n. m.** – v. 1850 ; *soulignement* 1828 ◇ de *souligner* ■ Action de souligner. — Trait dont on souligne.

SOULIGNER [suliɲe] **v. tr.** ‹1› – 1704 ◇ de *sous* et *ligne* ■ **1** Tirer une ligne, un trait sous (un ou plusieurs mots qu'on veut signaler à l'attention). *Soulignez les verbes en bleu. Souligner un passage d'un trait rouge.* ◆ Border d'un trait qui met en valeur. « *L'œil noir allongé, souligné par le crayon* » MAUPASSANT. ■ **2** FIG. (1794) Accentuer, mettre en valeur. ➤ **appuyer** (cf. Faire ressortir). « *Une seconde gifle souligne ces instructions péremptoires* » TOURNIER. ◆ Faire remarquer avec une insistance particulière. ➤ **insister** (sur), **signaler.** *L'auteur souligne l'importance de cet évènement.* « *Je n'ai pas besoin de souligner que, pour apprécier pleinement un orateur, il faut l'entendre et le voir* » ROMAINS.

SOÛLOGRAPHE [sulɔgʀaf] **n.** /SOULOGRAPHE/ – 1816 ◇ de *soûl* et *-graphe* ■ FAM. Ivrogne.

SOÛLOGRAPHIE [sulɔgʀafi] **n. f.** /SOULOGRAPHIE/ – 1835 ◇ de *soûl* et *-graphie,* formation plaisante ■ FAM. Ivrognerie. — Excès de boisson.

SOÛLON, ONNE [sulɔ̃, ɔn] **n.** /SOULON, ONNE/ – 1757 ◇ var. de *soûlard, soûlaud* ■ RÉGION. (Lorraine, Ain ; Suisse, Canada) Ivrogne. « *embarque les caisses de bière, embarque les trois soûlons* » R. DUCHARME.

SOÛLOT, OTE ➤ **SOÛLAUD**

SOULTE [sult] **n. f.** – 1581 ; *soute* XIIIe ; *solte* fin XIIe ◇ de *sout,* p. p. de l'ancien français *soldre* (XIIe), « payer », latin *solvere* ■ DR. Somme d'argent qui, dans un partage ou un échange, doit être versée par une des parties pour compenser l'inégalité de valeur des lots. ➤ **compensation.** « *dois-je accepter cet échange sans soulte ?* » BALZAC.

SOUMETTRE [sumɛtʀ] **v. tr.** ‹56› – v. 1380 ; *suzmetre* début XIIe ◇ latin *submittere* ■ **1** Mettre dans un état de dépendance, ramener à l'obéissance. *Les désirs « nous soumettent à autrui* *et nous rendent dépendants»* FRANCE. ◆ SPÉCIALT (par les armes, par la force) *Soumettre des rebelles.* ➤ **asservir, dompter, réduire, subjuguer.** *«Kheir ed Dîn s'absenta de Tunis plusieurs mois pour soumettre le sud du pays»* TOURNIER. ▪ **2** Mettre dans l'obligation d'obéir à une loi, d'accomplir un acte. ➤ **assujettir, astreindre.** *Soumettre la population à l'impôt. Les règlements, les formalités auxquels est soumis tout citoyen.* — (CHOSES) *Revenus soumis à l'impôt.* ▪ **3** Présenter, proposer au jugement, au choix. *Le maire a soumis le problème, le cas au préfet. Flaubert «se prit d'affection pour moi. J'osai lui soumettre quelques essais»* MAUPASSANT. ▪ **4** Exposer à une action, à un effet qu'on fait subir. *Soumettre un sportif à un entraînement sévère. Soumettre un prototype à des tests.* ▪ **5** PRONOM. Obéir, se conformer. *Se soumettre aux lois.* ➤ **se plier.** — ABSOLT *Se soumettre ou se démettre*.* ▪ CONTR. Délivrer. Exempter. ▪ HOM. Sous-maître.

SOUMIS, ISE [sumi, iz] **adj.** – 1652 ◇ de *soumettre* ▪ **1** Docile, obéissant. *Chien soumis devant son maître. «Il y voit un Jacques éteint, soumis, apathique, brisé»* MAUROIS. *«J'aime ces petites façons soumises et j'ai de la pente au despotisme oriental»* GAUTIER. ▪ **2** (1828-1829 ◇ parce qu'elle se *soumettait* au contrôle administratif et sanitaire) VX **FILLE SOUMISE :** prostituée. ▪ CONTR. Indocile.

SOUMISSION [sumisjɔ̃] **n. f.** – avant 1630 ; *soubzmission* 1507 ◇ latin *submissio* ▪ **1** Fait de se soumettre, d'être soumis (à une autorité, une loi). ➤ **obéissance, sujétion.** *«La soumission filiale à l'autorité souveraine de l'Église»* BLOY. *«Fonder l'ordre d'une société sur la soumission de chacun à des règles fixes»* SAINT-EXUPÉRY. — État d'une personne qui se soumet à une puissance autoritaire. *Un air de soumission,* soumis (1°). — Disposition à accepter la dépendance. ➤ **docilité.** ▪ **2** Fait de se soumettre après une guerre, d'accepter une autorité contre laquelle on a lutté. *Faire soumission, sa soumission.* ➤ **se rendre.** *«à la Deira d'Abd-el-Kader, peu d'années avant la soumission de l'émir»* FROMENTIN. ▪ **3** (1707) DR. Acte écrit par lequel un concurrent à un marché par adjudication fait connaître ses conditions et s'engage à respecter les clauses du cahier des charges. *Soumission à un appel d'offres.* ▪ **4** FISC. Engagement souscrit par une personne de régler dans un délai fixé les sommes dues à l'administration fiscale. *Produire une soumission de crédit d'enlèvement* (lors de l'importation de marchandises). ▪ CONTR. Commandement ; désobéissance, insoumission, résistance.

SOUMISSIONNAIRE [sumisjɔnɛʀ] **n.** – 1687 ◇ de *soumission* ▪ DR. Personne qui fait une soumission (3°).

SOUMISSIONNER [sumisjɔne] **v. tr.** ‹1› – 1687 ◇ de *soumission* ▪ DR. Proposer de fournir ou d'entreprendre (qqch.) en faisant une soumission (3°). *Soumissionner les travaux d'adduction d'eau dans une commune.* — ABSOLT *«Le C. I. E. B. se mit à soumissionner à tous les appels d'offre»* HAMPATÉ BÂ.

SOUPAPE [supap] **n. f.** – XVe ◇ probablt fig. de *souspape* (XIIe) «coup sous le menton», de *sous* et °*pape* «mâchoire», de l'ancien français *paper,* latin *pap(p)are* «manger» ▪ Obturateur mobile généralement maintenu en position fermée qu'une pression peut ouvrir momentanément. ➤ **clapet, valve.** *«deux arbres à cames attaquant directement l'un les soupapes d'admission, l'autre les soupapes d'échappement»* P. BENOIT. *Soupapes en tête,* au-dessus de la culasse, la tête en bas. *Ressort de soupape. Rodage de soupape.* — *Soupape de sûreté, de sécurité,* disposée sur la chaudière d'un appareil à vapeur pour empêcher l'explosion ; FIG. exutoire. *Soupape d'un autocuiseur. «la soupape se mit à baver, crachota, expulsa de petits jets d'eau bouillante bientôt suivis d'une farouche exhalaison de vapeur»* ECHENOZ.

SOUPÇON [supsɔ̃] **n. m.** – 1564 ; *sospeçon* XIIe ◇ bas latin *suspectio,* classique *suspicio* ▪ **1** Conjecture qui fait attribuer à qqn des actes ou intentions blâmables. ➤ **suspicion.** *Il est au-dessus, à l'abri de tout soupçon :* son honnêteté, sa bonne foi ne peuvent être mises en doute. *Avoir de vagues soupçons. De graves soupçons pèsent sur lui. Éveiller les soupçons d'un mari jaloux* (cf. Mettre la puce* à l'oreille). — Conjecture, idée mal justifiée, présomption. *Avoir des soupçons sur les raisons d'un départ.* ▪ **2** Fait de soupçonner (qqch.). *«Des luttes dont le public n'a pas soupçon»* ROMAINS. ▪ **3** Apparence qui laisse supposer la présence d'une chose ; très petite quantité. ➤ 1 **ombre, pointe.** *«Elle mettait un soupçon de rouge»* BALZAC. *Un soupçon de rhum.* ➤ 1 **goutte.** *Il n'y a pas chez lui un soupçon de vulgarité,* pas la moindre. ▪ CONTR. Certitude.

SOUPÇONNABLE [supsɔnabl] **adj.** – XIIIe ◇ de *soupçonner* ▪ RARE Sur qui, sur quoi peuvent peser des soupçons. ▪ CONTR. Insoupçonnable.

SOUPÇONNER [supsɔne] **v. tr.** ‹1› – 1225 ◇ de *soupçon* ▪ **1** Faire peser des soupçons sur (qqn). ➤ **suspecter.** LOC. PROV. *La femme de César ne doit pas même être soupçonnée,* se dit d'une personne qui doit se garder de tout ce qui pourrait attirer les soupçons sur elle. *«Chargé du crime affreux dont vous me soupçonnez»* RACINE. *«L'arrestation du comte d'Esgrignon, soupçonné d'avoir commis un faux»* BALZAC. ◆ Mettre en doute (qqch.). *Soupçonner la bonne foi de qqn.* ▪ **2** Concevoir ou pressentir d'après certains indices ; avoir une idée vague de. ➤ **deviner, se douter, entrevoir, flairer, pressentir.** *«on peut passer à côté de sentiments profonds* [...] *sans même en soupçonner la présence !»* MAUROIS. *Soupçonner une difficulté. «Ils soupçonnèrent* [...] *qu'il pouvait bien se faire* [...] *que les hommes fussent égaux»* MICHELET.

SOUPÇONNEUSEMENT [supsɔnøzmɑ̃] **adv.** – 1564 ; «de façon suspecte» fin XIVe ◇ de *soupçonneux* ▪ LITTÉR. En concevant des soupçons, avec suspicion.

SOUPÇONNEUX, EUSE [supsɔnø, øz] **adj.** – 1452 ; *sospeçonos* fin XIIe ◇ de *soupçon* ▪ Enclin aux soupçons. ➤ **défiant, méfiant, ombrageux.** *«les amoureux sont si soupçonneux qu'ils flairent tout de suite le mensonge»* PROUST. — *Un air, des regards soupçonneux.* ➤ **suspicieux.** ▪ CONTR. Crédule.

SOUPE [sup] **n. f.** – *sope* XIIe ◇ bas latin d'origine germanique *suppa* ▪ **1** VX Tranche de pain que l'on arrose de bouillon, de lait... *Tailler, tremper une soupe. «la soupe, ce pain imbibé de sauce qu'on laisse le plus souvent aux chiens»* C. MARTINEZ. — MOD. LOC. *Être trempé comme une soupe,* complètement trempé (par la pluie). ◆ (italien *zuppa inglese*) *Soupe anglaise :* gâteau servi avec une crème. ▪ **2** (milieu XIVe) Potage ou bouillon épaissi par des tranches de pain ou des aliments solides non passés. ➤ **bortch, chorba, garbure, gaspacho, minestrone, panade, phô, tourin.** *Soupe aux choux, soupe à l'oignon,* (Canada) *soupe aux pois. Soupe de légumes. «Une assiettée de cette soupe au thym, dans laquelle les cuisinières flamandes* [...] *mettent de petites boules de viande»* BALZAC. *Soupe de poissons.* ➤ **bouillabaisse, bourride, chaudrée, cotriade, pochouse, ttoro.** PAR EXT. Potage, bouillon. *Soupe instantanée, en sachet. Cuillère à soupe.* — LOC. *Monter comme une soupe au lait :* se mettre vite et facilement en colère. *C'est une soupe au lait, il est soupe au lait :* il est irascible. — *Cela vient comme un cheveu* sur la soupe. Marchand* de soupe.* FAM. *Un gros plein de soupe :* un homme, un enfant très gros. *Manger* la soupe sur la tête de qqn. La soupe à la grimace*.* PROV. *C'est dans les vieux pots* qu'on fait les bonnes soupes.* ◆ Soupe épaisse constituant le plat unique dans certaines communautés (armée, prison...). ➤ **rata.** *«les roulantes distribuaient la soupe»* CARCO. ▪ **3** FAM. Nourriture, repas. *Préparer la soupe. À la soupe !* à table ! — *Soupe populaire,* servie aux indigents. PAR EXT. *Aller à la soupe populaire,* au local où on sert cette soupe. ◆ LOC. FIG. et FAM. *Cracher dans la soupe :* affecter de mépriser ce dont on tire avantage, critiquer ce qui procure des moyens d'existence. *Par ici la bonne soupe !* à moi, à nous l'argent, le bénéfice. *Servir la soupe à qqn,* lui servir de faire-valoir. *Aller à la soupe :* profiter d'une source d'argent, sans se soucier de sa provenance. *Vendre sa soupe :* faire la promotion de (un spectacle, une idée, un point de vue). ➤ 1 **salade.** ▪ **4** Préparation à base de fruits frais et de sirop léger. *Soupe de fruits rouges.* ▪ **5** ARG. MILIT. Explosif. ▪ **6** (1926) Neige saturée d'eau. ▪ **7** (1976) BIOL. *Soupe primitive, primordiale, prébiotique :* milieu liquide dans lequel seraient apparues les premières molécules organiques à l'origine de la vie.

SOUPENTE [supɑ̃t] **n. f.** – 1338 ◇ de l'ancien français *so(u)spendre* «suspendre», d'après *pente* ▪ **1** Réduit aménagé dans la hauteur d'une pièce ou sous un escalier, pour servir de grenier, de logement sommaire. *Loger dans une soupente.* ▪ **2** TECHN. Barre soutenant la hotte d'une cheminée.

1 **SOUPER** [supe] **n. m.** – 980 ◇ de *soupe* ▪ **1** VX ou RÉGION. (Nord, Belgique, Canada, Suisse, Congo, Burundi, Rwanda, etc., là où *dîner* s'emploie pour «repas de milieu du jour») Repas du soir. ➤ 2 **dîner.** *«ces soupers de famille, le soir, autour de la lampe»* R. ROLLAND. ▪ **2** (1830) MOD. Repas ou collation qu'on prend à une heure avancée de la nuit. *Faire un souper après le spectacle. «Vers minuit, un joyeux souper terminait la séance de travail»* GAUTIER. ➤ **médianoche, réveillon.**

2 **SOUPER** [supe] v. intr. ‹ 1 › – 980 ◇ de *soupe* ■ **1** VX ou RÉGION. (Nord, Belgique, Canada, Suisse, Congo, Burundi, Rwanda). Prendre le repas du soir. ➤ 1 **dîner.** « *On dînait chez elle à deux heures, on soupait à neuf* » MUSSET. « *Pourquoi ne viendriez-vous pas souper avec moi, lundi ou mardi, vers les cinq heures et demie ?* » Y. BEAUCHEMIN. ■ **2** (v. 1830) MOD. Faire un souper. *Les « restaurants où l'on soupe après minuit »* FLAUBERT. *Aller souper dans un cabaret.* ■ **3** (1878) FIG. FAM. *J'en ai soupé* : j'en ai par-dessus la tête, j'en ai assez. *J'en ai soupé de les entendre !* « *Elle me répond qu'elle a soupé de la petite fleur bleue* » BERNANOS.

SOUPESER [supəze] v. tr. ‹ 5 › – 1200 ◇ de *sous* et *peser* ■ **1** Soulever et soutenir dans la main pour juger approximativement du poids. ■ **2** FIG. Peser, évaluer. *Soupeser les avantages, les risques.*

SOUPEUR, EUSE [supœʀ, øz] n. – XIIIe ◇ de 2 *souper* ■ **1** VX Dîneur. ■ **2** VIEILLI Personne qui participe, a l'habitude de participer à des soupers.

SOUPIÈRE [supjɛʀ] n. f. – 1729 ◇ de *soupe* ■ Pièce de vaisselle, récipient large et profond, généralement à anses et à couvercle, dans lequel on sert la soupe ou le potage ; son contenu.

SOUPIR [supiʀ] n. m. – XIIIe ; *sospir* XIIe ◇ de *soupirer* ■ **1** Inspiration ou respiration plus ou moins bruyante, qui exprime ou manifeste une émotion. *Pousser des soupirs. Un grand, un profond soupir. Soupir de résignation, de soulagement* (➤ 1 **ouf**). *Dire qqch. dans un soupir, avec un soupir.* — *Le dernier soupir,* celui du mourant. LOC. (1611) *Rendre le dernier soupir* : mourir. ➤ **expirer.** ◆ VIEILLI ou LITTÉR. Plainte, expression douloureuse de l'amour. « *Tu vis naître ma flamme et mes premiers soupirs* » RACINE. — Expression poétique de la souffrance, plainte lyrique. « *sur le ton consacré aux soupirs* » CHATEAUBRIAND. ■ **2** FIG. et LITTÉR. Chant ou son mélancolique. « *Des soupirs étouffés de cor* » ZOLA. ■ **3** (1546) Silence de la durée d'une noire, en musique ; signe indiquant ce silence. *Un quart de soupir.*

SOUPIRAIL, AUX [supiʀaj, o] n. m. – 1332 ; *suspiral* XIIe ◇ probablt de *soupirer,* d'après le latin *spiraculum* ■ Ouverture pratiquée au bas d'un bâtiment pour donner de l'air et du jour aux pièces en sous-sol et aux caves. « *Cette salle ressemblait à un cachot* [...] ; *un soupirail à barreaux l'éclairait de haut et mal* » MARTIN DU GARD.

SOUPIRANT, ANTE [supiʀɑ̃, ɑ̃t] adj. et n. m. – XIIIe ◇ de *soupirer* ■ **1** LITTÉR. Qui soupire, se plaint. « *la jeune Adèle, soupirante mais consentante* » COURTELINE. ■ **2** n. m. VIEILLI ou PLAISANT Amoureux. « *Je n'oublie pas qu'en me replaçant au nombre de vos soupirants, je dois me soumettre, de nouveau, à vos petites fantaisies* » LACLOS.

SOUPIRER [supiʀe] v. ‹ 1 › – v. 1160 *sospirer* ; v. 1000 *suspirer* ◇ latin *suspirare* ■ **1** v. intr. Pousser un soupir, des soupirs. *Une halte « où je puisse moi, manger, boire, soupirer d'aise »* BOSCO. *Soupirer d'ennui, de désespoir.* PROV. *Cœur qui soupire n'a pas ce qu'il désire.* ◆ VX Pousser des soupirs amoureux, être amoureux. *Soupirer pour une belle.* — VIEILLI *Soupirer après qqch.* : aspirer à qqch. « *Ce n'est pas le bonheur après quoi je soupire* » MOLIÈRE. ◆ POÉT. Faire entendre de doux sons, murmurer. « *Que le vent qui gémit, le roseau qui soupire* » LAMARTINE. ■ **2** v. tr. (1389) POÉT. Chanter sur le mode élégiaque. « *Les vers que je te soupire* » VERLAINE. ◆ COUR. Dire en soupirant. « *elle soupira : – Ce qu'il y a de plus lamentable* [...] *c'est de traîner, comme moi, une existence inutile* » FLAUBERT.

SOUPLE [supl] adj. – fin XIIe ; *sople* « humble » XIIe ◇ latin *supplex* « suppliant » **A.** ■ **1** (PERSONNES) Particulièrement docile, capable de s'adapter adroitement à la volonté d'autrui, aux exigences de la situation. « *Mazarin, toujours souple et insinuant* » VIGNY. *Être souple aux volontés de l'opinion.* ◆ Accommodant. *La direction est souple sur les horaires.* ■ **2** Capable d'adaptation intellectuelle. « *Fénelon avait l'esprit le plus souple qui fût au monde* » FAGUET. « *la plus souple des formes d'expression, qui est le dialogue* » VALÉRY. ■ **3** Qui donne une impression de gracieuse aisance et de liberté. ➤ **aisé.** « *Chaque année rendait le dessin de Gavarni plus souple, plus libre, plus large* » GAUTIER.

B. (CHOSES CONCRÈTES) ■ **1** (fin XIIIe) Qu'on peut plier et replier facilement, sans casser ni détériorer. ➤ **élastique, flexible, maniable.** *Les tiges souples de l'osier.* ■ **2** Qui se plie et se meut avec aisance (membres, corps). « *Jamais je n'eus le poignet assez souple* [...] *pour retenir mon fleuret* » ROUSSEAU. « *Un corps souple et musclé* » MAURIAC. ➤ **agile.** « *Cette démarche ailée, souple* » CÉLINE. ➤ **aisé, léger.** — LOC. (cf. supra A, 1°) *Avoir l'échine souple, les reins souples* : savoir céder ; supporter les humiliations. ■ **3** TECHN. *Moteur souple,* qui admet divers carburants. ■ CONTR. Buté, indocile, têtu ; intransigeant. 1 Ferme, raide, rigide.

SOUPLESSE [suplɛs] n. f. – 1530 ; « tour d'acrobate » fin XIIIe ◇ de *souple* ■ **1** Propriété de ce qui est souple (B), flexible. ➤ **élasticité, flexibilité, maniabilité.** « *Il courba la lame* [...] *afin d'en éprouver la souplesse* » GAUTIER. « *Ta taille a la souplesse aimable du roseau* » HUGO. *La souplesse des félins. Escalader un mur en souplesse.* ■ **2** FIG. (1580) Qualité d'une personne docile, qui sait s'adapter. *Elle manœuvre « avec la souplesse et la ruse de ces vieux renards »* MONTHERLANT. ➤ 2 **adresse, diplomatie.** ◆ Faculté d'adaptation intellectuelle ; aisance, liberté. ➤ **adaptabilité, plasticité.** *La souplesse exceptionnelle de son esprit.* ■ CONTR. Raideur. Intransigeance ; automatisme.

SOUPLEX [suplɛks] n. m. – 2010 ◇ mot-valise, de *sous-sol* et *duplex* ■ Appartement sur plusieurs niveaux dont un en sous-sol. « *Le souplex, ou duplex inversé, ultime remède à la crise du logement ?* » (L'Express, 2010).

SOUQUENILLE [suknij] n. f. – 1680 ; *souquenie* XVIe ; *soschanie* fin XIIe ◇ moyen haut allemand d'origine slave *sukenie* ■ VIEILLI Longue blouse de travail. *Souquenille de cocher, de palefrenier.* « *Dans sa flottante souquenille de Pierrot* » COLETTE.

SOUQUER [suke] v. ‹ 1 › – 1687 ◇ adaptation du gascon *souc* « serrer un nœud » ; gaulois *soca* « corde » ■ MAR. ■ **1** v. tr. Serrer fort. *Souquer un nœud, un cordage.* ■ **2** v. intr. (1868) Tirer fortement sur les avirons. *Souquer ferme, dur.* ➤ 1 **ramer.**

SOURATE [suʀat] n. f. – 1842 ; *surate* 1715 ; *sora* 1559 ◇ arabe *surah, suraht* « verset du Coran » ■ Chapitre du Coran. *Réciter une sourate.* On dit parfois *surate* [syʀat].

SOURCE [suʀs] n. f. – v. 1354 ; *sourse* XIIe ◇ fém. de *so(u)rs,* ancien p. p. de *sourdre* ■ **1** Eau qui sort de terre ; issue naturelle ou artificielle par laquelle une eau souterraine se déverse à la surface du sol. ➤ **fontaine, griffon,** 1 **point** (d'eau). *Source pérenne, intermittente. Source thermale. Capter une source. Eau de source.* — *Cela coule* de source.* ◆ SPÉCIALT *La source d'un cours d'eau,* celle qui lui donne naissance. « *Quatre grands fleuves, ayant leurs sources dans les mêmes montagnes* » CHATEAUBRIAND. ■ **2** FIG. Origine, principe. « *La source du vrai bonheur est en nous* » ROUSSEAU. *Le mal « a comme le bien sa source profonde dans la nature »* FRANCE. *Retour aux sources.* ➤ **ressourcement ; se ressourcer.** — Ce qui crée, produit (qqch.). ➤ **cause, occasion.** *Sources de revenus. Source d'inspiration. Cette voiture est une source de tracas.* « *Le langage est source de malentendus* » SAINT-EXUPÉRY. ■ **3** Origine d'une information. *Tenir, savoir de bonne source, de source sûre. Informations de source judiciaire, policière. Citer ses sources.* « *Le travail du journaliste est indissociable de ses sources, plus ou moins protégées, plus ou moins secrètes* » I. JABLONKA. ◆ Document, texte original. *La critique des sources. Puiser aux sources* : se référer aux auteurs, aux textes originaux. ◆ Origine. *Retenue, prélèvement à la source* : prélèvement fiscal au moment où l'assujetti perçoit son revenu. ◆ LITTÉR. Œuvre qui a fourni à un artiste ou à un écrivain un thème, une idée. *Étude de sources.* ◆ APPOS. INFORM., DIDACT. Information à laquelle on fait subir un traitement. *Fichier source,* sur lequel travaille un programme. *Des codes sources.* — LING. *Langue source* : dans le processus de traduction, langue que l'on traduit (opposé à *langue cible*). *Dans un dictionnaire anglais-français, la langue source est l'anglais.* — MATH. *Ensemble source d'une application.* ■ **4** Système, substance ou objet qui fournit de l'énergie ; lieu, point d'où la lumière, la chaleur rayonne et se propage. ➤ **foyer.** *Une source de chaleur, d'énergie, de lumière. Source lumineuse, sonore, radioactive.* « *Une source émettant dans diverses directions des électrons de même vitesse* » BROGLIE. ■ **5** ÉLECTRON. Électrode située à une des extrémités dopées du barreau semi-conducteur d'un transistor à effet de champ et servant à injecter le courant électrique.

SOURCER [suʀse] v. tr. ‹ 3 › – XXe ; « jaillir » 1564 ◇ de *source* ■ Indiquer la source, l'origine, la référence de (une information, des données). « Le Monde *est précis : les rédacteurs sourcent leurs informations* » FOTTORINO. — Au p. p. *Citation non sourcée.*

SOURCEUR, EUSE [suʀsœʀ, øz] n. – 1989 ◇ de *source* ■ COMM. Personne dont le métier est de rechercher ce qui peut satisfaire le client en explorant les sources d'idées, de produits, les ressources existantes. ➤ **acheteur, importateur.**

SOURCIER, IÈRE [suʀsje, jɛʀ] n. – 1781 ◇ de *source* ■ Personne censée être capable de découvrir les sources cachées, les nappes d'eau souterraines. ➤ **radiesthésiste, rhabdomancien.** « *La baguette du sourcier a une bien vieille histoire !* [...] *Son* *magnétisme est masculin. Même de nos jours* [...], *on ne parle guère de sourcières»* BACHELARD.

SOURCIL [suʀsi] **n. m.** – XIIIe ; *sorcil* 1160 ◊ latin *supercilium* ■ Saillie arquée, garnie de poils, au-dessus de l'orbite ; ces poils. *Sourcils broussailleux, épilés. «les arcs parfaits de deux sourcils»* VIGNY. *Froncer les sourcils.*

SOURCILIER, IÈRE [suʀsilje, jɛʀ] **adj.** – 1586 ◊ de *sourcil* ■ ANAT. Relatif aux sourcils. *Muscle sourcilier.* — COUR. *Arcade* sourcilière.*

SOURCILLER [suʀsije] **v. intr.** ‹1› – 1320 ; *sorcillier* début XIIIe ◊ de *sourcil* ■ **(En emploi négatif)** Manifester son trouble, son mécontentement. *«L'autre ne sourcilla pas et continua»* DAUDET. *Il a payé sans sourciller.*

SOURCILLEUX, EUSE [suʀsijø, øz] **adj.** – 1548 ; *supercilieux* 1477 ◊ latin *superciliosus* ■ **1** LITTÉR. Hautain ; sévère, renfrogné. *«De froid et sourcilleux, il devint* [...] *poliment empressé»* BALZAC. ■ **2** COUR. Qui montre une exigence pointilleuse, minutieuse. *Un chef sourcilleux. — Mettre un soin sourcilleux à démontrer qqch. «Notre législation actuelle sourcilleuse et si compliquée»* DUHAMEL.

SOURD, SOURDE [suʀ, suʀd] **adj.** et **n.** – XIIIe ; *surt* fin XIe ◊ latin *surdus*

I ■ **1** Qui perçoit mal les sons ou ne les perçoit pas du tout. ➤ PÉJ. **sourdingue.** *«Ce bruit me rendit non tout à fait sourd mais dur d'oreille»* ROUSSEAU. *Être sourd d'une oreille, de l'oreille gauche. Beethoven, Goya devinrent sourds. «les enfants sourds ont, par leurs yeux, des moyens de comprendre les gens»* DOLTO. LOC. *Sourd comme un pot :* complètement sourd. *Faire la sourde oreille :* refuser d'entendre, feindre d'ignorer une demande, une mise en garde. *Il vaut mieux entendre cela que d'être sourd,* se dit lorsqu'on entend une chose stupide ou insupportable. ◆ **n.** *Les sourds et les malentendants*.* LOC. *Crier*, frapper comme un sourd,* de toutes ses forces. *Ce n'est pas tombé dans l'oreille* d'un sourd. C'est comme si on parlait à un sourd,* se dit à propos d'une personne têtue, qui ne veut rien comprendre. *Dialogue de sourds,* entre des personnes qui ne s'écoutent pas l'une l'autre, qui ne tiennent pas compte de ce que dit l'autre. PROV. *Il n'est pire sourd que celui qui ne veut pas entendre :* l'incompréhension vient souvent d'un refus de comprendre. ■ **2** FIG. **SOURD À... :** qui refuse d'entendre, de comprendre, de prendre en compte, qui reste insensible à. *Sourd aux prières, aux menaces. «Rester sourd aux cris de ses frères»* HUGO. *«J'étais sourd aux leçons de la sagesse»* FRANCE.

II (CHOSES) ■ **1** (1552) Peu sonore, qui ne retentit pas. *«Un bruit lointain, sourd, faible encore»* FRANCE. *D'une voix sourde.* ➤ **étouffé, 1voilé.** PHONÉT. *Consonne sourde,* ou ELLIPT *une sourde :* consonne émise sans vibration des cordes vocales. [p] *est une occlusive sourde. Les sourdes et les sonores.* ◆ Où le son est étouffé. *La neige «rendait l'air muet et sourd»* FRANCE. — *Salle sourde,* dont les parois absorbent les bruits. ➤ **anéchoïque.** *Chambre* sourde.* ■ **2** Qui n'est pas vif, éclatant. ➤ **doux, 2mat.** *«un gris sourd que la vive lumière du matin parvenait à peine à dorer»* FROMENTIN. *Lanterne* sourde.* ■ **3** Qui est peu prononcé, qui ne se manifeste pas nettement. ➤ **3vague.** *Une douleur sourde. «Une colère sourde contre tout le monde couvait en lui»* MAUPASSANT. ◆ Qui s'accomplit dans l'ombre, sans qu'on en ait clairement conscience. ➤ **caché, 1secret.** *«Par un sourd travail intérieur»* TAINE. — Souterrain, ténébreux. *«Dans ce gouvernement* [...], *une lutte sourde divisait les ministres»* MADELIN.

■ CONTR. Éclatant, sonore. Vif. Aigu.

SOURDEMENT [suʀdəmɑ̃] **adv.** – XIIe ◊ de *sourd* ■ **1** Avec un bruit sourd. *«des canons continuaient à aboyer sourdement»* MARTIN DU GARD. ■ **2** FIG. D'une manière sourde, cachée. *«Une masse humaine* [...] *comme sourdement travaillée par des fermentations profondes»* CHARDONNE.

SOURDINE [suʀdin] **n. f.** – 1568 ◊ italien *sordina,* de *sordo* «sourd» ■ Dispositif qu'on adapte à des instruments de musique, pour amortir le son. *La sourdine d'un violon. Jouer de la trompette avec la sourdine* (cf. Trompette bouchée*). — FIG. *Mettre une sourdine à* (qqch.) : modérer, tempérer. *«Je vous demande de mettre désormais une sourdine à votre gaieté»* AYMÉ. ◆ **EN SOURDINE.** *Jouer en sourdine,* en modérant l'intensité du son. *«La radio jouait en sourdine»* MONTHERLANT. — FIG. Sans bruit, sans éclat. ➤ **discrètement.** *«Tout se passait d'ailleurs en sourdine»* MAURIAC.

SOURDINGUE [suʀdɛ̃g] **adj.** et **n.** – 1901 ◊ de *sourd* et suffixe argotique *-ingue* ■ **FAM.** et **PÉJ. (injurieux)** Sourd, malentendant. *«Tu te fous de moi ou bien t'es vraiment sourdingue !»* QUENEAU.

SOURD-MUET, SOURDE-MUETTE [suʀmɥɛ, suʀdəmɥɛt ; suʀdmɥɛt] **n.** et **adj.** – 1564 ◊ de *sourd* et *muet* ■ VIEILLI. PÉJ. Personne qui, atteinte de surdité congénitale ou très précoce, est aussi privée de l'usage de la parole (en l'absence de lésion de l'appareil phonatoire). *«Ces sourds-muets, muets parce qu'ils sont sourds»* SARTRE. *Démutiser un sourd-muet.* — **adj.** *Des enfants sourds-muets.*

SOURDRE [suʀdʀ] **v. intr.** ‹seult inf. et 3e pers. indic. : *il sourd, ils sourdent ; il sourdait, ils sourdaient*› – début XIIIe ; v. 1155 *sordre ;* 1080 *surdre* ◊ latin *surgere* ■ **1** VX ou LITTÉR. Sortir de la terre avec une faible puissance. ➤ **filtrer.** *«Un pays sans eau en apparence, mais où l'eau sourd et circule invisible»* BARRÈS. ■ **2** Naître, surgir. *«Comment lutter contre ce qui sourdait en lui»* MAURIAC.

SOURIANT, IANTE [suʀjɑ̃, jɑ̃t] **adj.** – 1830 ; hapax XIIIe ◊ de 1*sourire* ■ **1** Qui sourit, est aimable et gai. *Elle est toujours de bonne humeur, souriante. — Une mine souriante.* ➤ **réjoui.** ■ **2** Plaisant, agréable. *Une campagne souriante.* ■ CONTR. Grave.

SOURICEAU [suʀiso] **n. m.** – 1373 ◊ de 1*souris* ■ Petit d'une souris, jeune souris. *«Un souriceau tout jeune, et qui n'avait rien vu»* LA FONTAINE.

SOURICIÈRE [suʀisjɛʀ] **n. f.** – 1380 ◊ de 1*souris* ■ **1** Piège à souris. ➤ **ratière.** ■ **2** FIG. (1792) Piège tendu par la police qui surveille et cerne un endroit après s'être assurée que le suspect, le malfaiteur s'y rendrait. *«Sûr que le forçat* [...] *ne pouvait être loin, il établit des guets, il organisa des souricières»* HUGO. *Tomber dans une souricière.*

1**SOURIRE** [suʀiʀ] **v. intr.** ‹36› – XIIe ◊ latin *subridere* ■ **1** Faire un sourire. ➤ aussi 1**rire.** *«Les paupières mi-closes, la bouche entr'ouverte, elle sourit»* FRANCE. *Sourire à qqn,* lui adresser un sourire. *Il sourit de satisfaction.* ◆ S'amuser de qqch. (en manifestant ou non par l'expression du visage l'ironie, le dédain, etc.). *Elle souriait de le voir si coquet.* Un piano *«dont la forme mesquine fait sourire, quand on songe aux pianos à queue d'aujourd'hui»* NERVAL. ■ **2** (CHOSES) **SOURIRE À (qqn),** lui être agréable ou convenable. ➤ **convenir, plaire.** *«un mariage qui ne me sourit pas»* SAND. ◆ Être favorable. *Enfin la chance, la vie lui sourit.* ◆ POÉT. Être radieux. *«L'automne souriait»* HUGO.

2**SOURIRE** [suʀiʀ] **n. m.** – XIe ◊ subst. de 1*sourire* ■ Mouvement léger de la bouche et des yeux, qui exprime l'amusement ou l'ironie. ➤ VX 2**souris.** *«le regard de Rivarol était terne ; mais tout son esprit se retrouvait dans son sourire»* RIVAROL. *«Lui que les princesses accueillaient le sourire aux lèvres»* GAUTIER. *Les premiers sourires d'un bébé. Faire, adresser un sourire à qqn,* lui sourire. *Être tout sourire :* sourire largement. — LOC. FAM. *Avoir le sourire :* être enchanté de ce qui est arrivé, montrer sa satisfaction. *Garder le sourire :* rester souriant en dépit d'un échec, d'une déception (cf. Faire contre mauvaise fortune* bon cœur).

1**SOURIS** [suʀi] **n. f.** – XIVe ; *suriz* fin XIIe ◊ latin populaire °*sorix, icis* (*i* long), classique *sorex, icis* ■ **1** Petit mammifère rongeur *(muridés),* voisin du rat, dont l'espèce la plus répandue, au pelage gris, cause des dégâts dans les maisons. *Une souris grise. — Gris souris,* ton de gris. *«Un tailleur en velours souris»* COLETTE. ◆ *Souris blanche :* variété albinos utilisée comme sujet d'expérience en biologie. ◆ LOC. *Filer, trotter comme une souris,* silencieusement, furtivement. *C'est la montagne* qui accouche d'une souris. On le ferait rentrer dans un trou de souris :* il est très poltron, ou très gêné. *On entendrait trotter une souris :* le silence est total (cf. On entendrait une mouche* voler). *Je voudrais être une petite souris pour* (observer discrètement un évènement). *La (petite) souris va passer* (apporter un présent à un enfant qui a perdu une dent de lait). *«j'allais trouver D. pour qu'il me montre ce que lui avait apporté la souris»* QUIGNARD. *Jouer au chat* et à la souris.* — PROV. *Quand le chat n'est pas là, les souris dansent.* ■ **2** (1907) FAM. *Souris d'hôtel :* femme qui fait le «rat* d'hôtel». ◆ (1938) FAM. VIEILLI Jeune fille, jeune femme ; compagne. ➤ **nana.** *«Elle est drôlement roulée, sa souris, et elle n'a pas dix-huit ans»* SARTRE. ■ **3** PAR ANAL. (1694 ; «partie charnue du bras, de la jambe» milieu XIIIe) Muscle charnu à l'extrémité du gigot, en haut du manche. — Cette partie, très tendre. *Souris d'agneau aux herbes.* ◆ MÉD. *Souris articulaire :* petit fragment d'os ou de cartilage qui flotte librement dans une cavité articulaire et peut parfois en bloquer brièvement les mouvements. ■ **4** (1983 ◊ calque de l'anglais *mouse*) Boîtier connecté à un terminal ou à un micro-ordinateur, que l'on déplace sur une surface plane afin d'agir sur le curseur* à l'écran, pour désigner un point, sélectionner une commande. ➤ PLAIS.

mulot. *Cliquer avec la souris. Souris à boule. Souris sans fil. Souris optique. Tapis de souris.*

2 **SOURIS** [suʀi] **n. m.** – *soubris* 1538 ◊ de 1 *sourire*, d'après *ris* ■ VX ➤ 2 **sourire.**

SOURNOIS, OISE [suʀnwa, waz] **adj.** – 1668 ; «mélancolique» 1640 ◊ probablt du provençal *sourne*, ancien provençal *sorn* «sombre» ; cf. *sorne* «soir» (XVIe) ; du latin *surdus* ■ **1** Qui dissimule ses sentiments réels, souvent dans une intention malveillante. ➤ **dissimulé, fourbe.** *«Le Bas-Normand, rusé, cauteleux, sournois»* MAUPASSANT. SUBST. *«Ton petit précepteur m'inspire beaucoup de méfiance* [...] *C'est un sournois»* STENDHAL. ➤ **hypocrite.** *Petite sournoise !* ◆ **(Conduite, actions)** *«Une méchanceté sournoise de souffre-douleur»* ZOLA. *«Les louvoiements sournois à quoi cette fausse situation l'obligeait»* GIDE. ■ **2** FIG. Qui ne se manifeste pas franchement. *«un feu sournois qui rampe sous la brande»* MAURIAC. ■ CONTR. 2 Franc.

SOURNOISEMENT [suʀnwazmɑ̃] **adv.** – fin XVIIe ◊ de *sournois* ■ D'une manière sournoise. *Sa spécialité «c'était de s'immiscer sournoisement dans les choses qui ne le regardaient pas»* COURTELINE.

SOURNOISERIE [suʀnwazʀi] **n. f.** – 1814 ◊ de *sournois* ■ Caractère, comportement d'une personne sournoise. ➤ **dissimulation, fourberie.** *«Les trésors de rouerie* [...], *de sournoiserie ingénieuse»* COURTELINE. ■ CONTR. Candeur, franchise.

SOUS [su] **prép.** – v. 1180 ; fin XIe *soz, suz* ; v. 930 *sost* ◊ latin *subtus* «en dessous, par-dessous»

I MARQUE LA POSITION «EN BAS» OU «EN DEDANS» (REM. De nombreuses expressions citées ont un sens figuré qui est signalé au mot marqué d'un astérisque.) ■ **1 (Le compl. désignant la chose qui est en contact, qui s'appuie)** *«Un oreiller sous la tête, des coussins sous les bras»* LESAGE. *Sous la main**. *Sous la patte**, *la griffe**, *la dent**. *Sous presse**. *Sous le joug**. — *Plier sous le faix**, *le poids**. — *Sous l'eau* : sous la surface de l'eau. *Sous terre**. — PAR ANAL. *Sous clé**, *sous les verrous**. ■ **2 (Le compl. désignant une chose qui recouvre)** *«Me cachant à moitié sous l'édredon»* RADIGUET. *Mettre sous enveloppe**. *(Emballé) sous plastique. Sous les armes**. *Sous cape**. *Sous le manteau**. *Sous le masque**. *«Tous ces petits villages sous la neige»* RENARD. *«Sous la clarté diffuse des feux électriques du port»* MAUPASSANT. ◆ FIG. Derrière. *Elle «dissimulait tant de bonté sous des dehors austères»* MAURIAC. *Sous les traits de... Apparaître sous les traits, la forme de... Sous le nom, le titre de... Sous prétexte**, *couleur** *de.* ■ **3 (Le compl. désignant une chose qui domine, surplombe, sans contact avec l'autre)** *Rien de nouveau sous le soleil**. *Se promener sous la pluie. Sous un arbre. Dormir sous les ponts, sous la tente. Température sous abri. S'abriter sous un parapluie.* — *Sous les remparts.* ➤ **pied** (au pied de). *Sous les fenêtres de qqn,* devant chez lui. — *Naviguer sous pavillon français.* LOC. MAR. *Sous voiles**. *Sous le vent**. — *Sous les drapeaux**. *Inscrit sous tel numéro.* ◆ **(Le compl. désignant la chose à quoi on est exposé)** *«Quand la nation se trouve sous le canon des ennemis»* FRANCE. *Sous le feu. Sous les yeux, le regard de tout le monde.* ➤ 1 **devant.**

II SENS FIGURÉS ■ **1** (1363) Marquant un rapport de subordination ou de dépendance. *«Ce vieillard qui avait servi sous sept rois de France»* BALZAC. *Sous ses ordres, sa direction, sa responsabilité. Sous les auspices, le signe de... Être sous le coup d'une accusation.* — *Sous condition. Sous peine de... Sous réserve de...* — MÉD. Sous l'action de. *Un malade sous antibiotiques, sous traitement.* — Soumis à (une grandeur physique). *Un appareil électrique sous tension. Un pneu sous pression. Sous vide.* — INFORM. En utilisant (un système d'exploitation). *Travailler sous MS/DOS, sous Unix.* ■ **2** (1559) **(Valeur temporelle)** Pendant le règne de..., à l'époque de. *«C'est sous Charles X que la petite est née»* ARAGON. ◆ (1784) Avant que ne soit écoulé (tel espace de temps). ➤ **dans.** *Livraison sous huitaine. Sous peu :* bientôt. ■ **3** (XVIIe) **(Valeur causale)** Par l'effet de, du fait de l'influence de. *«Il est bon de frémir sous la caresse et davantage encore sous la morsure»* GIDE. *Avouer sous la torture. Sous la contrainte. Sous l'action du gel. Sous la pression, l'impulsion de qqn. Sous l'effet de la colère.* ■ **4** (1835) **Introd. un compl. de point de vue, de manière** *Sous cet angle, cet aspect, ce rapport. Sous un mauvais jour.* — *Sous le secret.* ■ CONTR. 1 Sur. ■ HOM. Sou, soue, soûl.

SOUS- ■ Préfixe à valeur de préposition *(sous-main)* ou d'adverbe *(sous-jacent),* marquant la position *(sous-sol, sous-muqueux),* la subordination *(sous-préfet),* la subdivision *(sous-règne),* le degré inférieur *(sous-littérature, sous-prolétariat)* et l'insuffisance *(sous-alimenté).* ➤ **hypo-, infra-, sub-.** — **(Avec un n. pr., marquant l'infériorité dans le même genre)** *Un sous-James Bond* : une médiocre imitation du personnage.

SOUS-ADMISSIBLE [suzadmisibl] **adj.** et **n.** – 1964 ◊ de *sous-* et *admissible* ■ Se dit d'un(e) candidat(e) ayant franchi la première étape pour être admissible. *Élèves sous-admissibles.*

SOUS-ALIMENTATION [suzalimɑ̃tasjɔ̃] **n. f.** – 1918 ◊ de *sous-* et *alimentation* ■ Insuffisance alimentaire capable à la longue de compromettre la santé ou la vie humaine ; état anormal qui en résulte. ➤ **dénutrition, famine.** ■ CONTR. Suralimentation.

SOUS-ALIMENTÉ, ÉE [suzalimɑ̃te] **adj.** – 1925 ◊ de *sous-* et *alimenté* ■ Victime de la sous-alimentation. *«la moitié de la population kabyle est en chômage et les trois quarts sont sous-alimentés»* CAMUS. ■ CONTR. Suralimenté.

SOUS-AMENDEMENT [suzamɑ̃dmɑ̃] **n. m.** – 1789 ◊ de *sous-* et *amendement* ■ DR. Amendement proposé ou apporté à un amendement. *Des sous-amendements.*

SOUS-ARBRISSEAU [suzaʀbʀiso] **n. m.** – 1556 ◊ de *sous-* et *arbrisseau* ■ BOT. Plante ligneuse à la base et dont les ramifications sont herbacées. *Le genêt, la bruyère sont des sous-arbrisseaux.*

SOUS-BARBE [subaʀb] **n. f.** – 1690 ; «coup sous le menton» 1611 ◊ de *sous-* et *barbe* ■ **1** HIPPOL. Partie postérieure de la mâchoire inférieure du cheval, sur laquelle porte la gourmette. ◆ Pièce du harnais qui réunit les deux montants du licol. ■ **2** (1730) MAR. Câble ou chaîne qui maintient le beaupré par-dessous. *Des sous-barbes.*

SOUS-BIBLIOTHÉCAIRE [subiblijɔtekɛʀ] **n.** – 1690 ◊ de *sous-* et *bibliothécaire* ■ Bibliothécaire en second. *«Deux bureaux occupés, l'un par un conservateur, l'autre par une sous-bibliothécaire et un sous-bibliothécaire adjoint»* PEREC. *Des sous-bibliothécaires.*

SOUS-BOIS [subwa] **n. m.** – 1869 ◊ de *sous-* et *bois* ■ **1** Végétation qui pousse sous les arbres, dans les futaies des forêts. *«La bure des vieilles feuilles continuait à couvrir le sous-bois»* GENEVOIX. ◆ Partie de la forêt où pousse cette végétation. ■ **2** Représentation de l'intérieur d'une forêt. *Les sous-bois de Courbet.*

SOUS-BRIGADIER [subʀigadje] **n. m.** – 1690 ◊ de *sous-* et *brigadier* ■ ANCIENNT Officier qui commandait sous le brigadier. ◆ (1875) MOD. Douanier, gardien de la paix qui a le rang immédiatement inférieur au brigadier. *Des sous-brigadiers.*

SOUS-CALIBRÉ, ÉE [sukalibʀe] **adj.** – 1964 ◊ de *sous-* et *calibrer* ■ TECHN. *Projectile sous-calibré,* d'un calibre inférieur à celui du canon. *Des obus sous-calibrés.*

SOUS-CHEF [suʃɛf] **n.** – 1791 ◊ de *sous-* et *chef* ■ Personne qui vient immédiatement après le chef, dans certaines hiérarchies. *Des sous-chefs de bureau. Sous-chef de gare. Sous-chef de cuisine.* ➤ **second.** — *Elle est sous-chef. La sous-chef.*

SOUS-CLASSE [suklɑs] **n. f.** – 1871 ◊ de *sous-* et *classe* ■ BOT., ZOOL. Subdivision de la classification des êtres vivants, immédiatement inférieure à la classe. *Les thériens forment l'une des sous-classes des mammifères.*

SOUS-CLAVIER, IÈRE [suklavje, jɛʀ] **adj.** – v. 1560 ◊ de *sous-* et radical de *clavicule* ■ ANAT. Qui est sous la clavicule. *Artère sous-clavière. Vaisseaux sous-claviers. Muscle sous-clavier.*

SOUS-COMMISSION [sukɔmisjɔ̃] **n. f.** – 1871 ◊ de *sous-* et *commission* ■ ADMIN. Commission secondaire qu'une commission nomme parmi ses membres. *Sous-commission parlementaire. Des sous-commissions.*

SOUS-CONSOMMATION [sukɔ̃sɔmasjɔ̃] **n. f.** – 1926 ◊ de *sous-* et *consommation* ■ ÉCON. Niveau de consommation inférieur aux possibilités quantitatives de l'offre. *Sous-consommation conjoncturelle.* — PAR EXT. Consommation inférieure à la normale. *Sous-consommation liée à la baisse du pouvoir d'achat.*

SOUS-CONTINENT [sukɔ̃tinɑ̃] **n. m.** – 1965 ; *sous-continental* 1893 ◊ de *sous-* et *continent* ■ GÉOGR. *Le sous-continent indien* : la partie de l'Asie située au sud de l'Himalaya (Inde, Pakistan, Bangladesh). *Des sous-continents.*

SOUS-COUCHE [sukuʃ] **n. f.** – 1871 ◊ de *sous-* et *couche* ■ **1** Première couche (d'un produit) qui sert de support ou prépare le support pour les couches suivantes. *Sous-couche d'impression avant peinture. Des sous-couches.* ■ **2** Couche de neige sous la neige fraîche.

SOUSCRIPTEUR, TRICE [suskʀiptœʀ, tʀis] n. – 1679 ◊ latin *subscriptor* ▪ **1** Personne qui souscrit (un billet, une lettre de change). *Les souscripteurs à un emprunt.* ▪ **2** (1721) Personne qui souscrit (à une publication). *Liste des souscripteurs.*

SOUSCRIPTION [suskʀipsjɔ̃] n. f. – fin XVIe ; *subscription* XIIIe ◊ latin *subscriptio* ▪ **1** RARE Apposition de signature. ▪ **2** (1717) Action de souscrire (à une publication, un emprunt), engagement de paiement ; somme versée pour sa part par le souscripteur. *Ouvrage vendu par, en souscription. La souscription à l'emprunt est close. Souscription à une œuvre d'entraide. Lancer une souscription.*

SOUSCRIRE [suskʀiʀ] v. tr. ‹39› – 1541 ; *subscrit* 1356 ◊ latin *subscribere*

I v. tr. dir. ▪ **1** VIEILLI Signer pour approuver. ♦ S'engager à payer, en signant. *« Bovary finit par souscrire un billet à six mois d'échéance »* FLAUBERT. *Souscrire un prêt, un abonnement.* — p. p. adj. *Capital entièrement souscrit.* ▪ **2** DIDACT. (au p. p.) Placé, écrit en dessous. **IOTA SOUSCRIT :** iota placé sous une longue, dans l'écriture du grec ancien.

II v. tr. ind. **SOUSCRIRE À.** ▪ **1** (1588) Donner son adhésion. ➤ **acquiescer, adhérer, consentir.** *« Disposez de moi comme il vous plaira [...] je souscris à tout »* DIDEROT. *« Un jour vient où nous souscrivons à l'erreur »* DUHAMEL. ▪ **2** (1721) S'engager à fournir une somme pour sa part. *Souscrire à une publication :* prendre l'engagement d'acheter, en versant une partie de la somme, un ouvrage en cours de publication. *Souscrire à un emprunt, à une émission d'actions d'une société* (➤ **souscripteur, souscription**).

SOUS-CULTURE [sukyltyʀ] n. f. – 1915 ◊ de *sous-* et *culture* ▪ Culture d'un groupe social déterminé, parfois considérée comme marginale ou inférieure.

SOUS-CUTANÉ, ÉE [sukytane] adj. – 1753 ◊ bas latin *subcutaneus* ▪ ANAT., MÉD. Situé sous la peau ou qui se fait sous la peau (➤ **hypodermique**). *Pannicule adipeux sous-cutané. Injections sous-cutanées.*

SOUS-DÉVELOPPÉ, ÉE [sudev(ə)lɔpe] adj. – 1950 ◊ de *sous-* et *développé*, d'après l'anglais *underdeveloped* ▪ *Économie sous-développée,* qui, faute d'une productivité suffisante, ne permet pas à ses agents de connaître des niveaux de consommation satisfaisants. *Pays sous-développés,* dont l'économie est sous-développée (pays d'Asie, Afrique, Amérique latine, dits plutôt aujourd'hui *en voie de développement*). — SPÉCIALT Dont le revenu annuel par habitant est inférieur au revenu annuel mondial. *Les pays les moins avancés (P. M. A.) parmi les pays sous-développés.* — PAR EXT. Insuffisamment équipé, modernisé, productif. ➤ **sous-équipé.** ♦ PAR EXT. et SUBST. (emploi critiqué) Habitant d'un pays sous-développé. *Les sous-développés.*

SOUS-DÉVELOPPEMENT [sudev(ə)lɔpmɑ̃] n. m. – 1952 ◊ de *sous-développé* ▪ Économie sous-développée. État d'un pays sous-développé. *Sous-développement chronique.*

SOUS-DIACONAT [sudjakɔna] n. m. – 1688 ◊ latin ecclésiastique *subdiaconatus* ▪ RELIG. Le troisième des ordres ecclésiastiques (et le premier des ordres majeurs).

SOUS-DIACRE [sudjakʀ] n. m. – 1690 ; *souzdiacre* XIIIe ◊ latin ecclésiastique *subdiaconus* ▪ Celui qui est promu au sous-diaconat. *Des sous-diacres.*

SOUS-DIRECTEUR, TRICE [sudiʀɛktœʀ, tʀis] n. – 1719 ◊ de *sous-* et *directeur* ▪ Directeur, directrice en second. *Les sous-directrices.*

SOUS-DOMINANTE [sudɔminɑ̃t] n. f. – avant 1765 ◊ de *sous-* et *dominante* ▪ MUS. Quatrième degré de la gamme diatonique. ▪ CONTR. Sus-dominante.

SOUS-EFFECTIF [suzefɛktif] n. m. – 1987 ◊ de *sous* et 2 *effectif* ▪ Effectif insuffisant, inférieur aux besoins. *Entreprise en sous-effectif. Des sous-effectifs.* ▪ CONTR. Sureffectif.

SOUS-EMBRANCHEMENT [suzɑ̃bʀɑ̃ʃmɑ̃] n. m. – 1890 ◊ de *sous-* et *embranchement* ▪ BOT., ZOOL. Subdivision d'un embranchement de la classification des êtres vivants. *Les sous-embranchements des arthropodes.*

SOUS-EMPLOI [suzɑ̃plwa] n. m. – 1942 ◊ de *sous-* et *emploi* ▪ **1** ÉCON. Emploi d'un nombre de travailleurs inférieur au nombre des travailleurs disponibles (➤ **chômage**). — État d'une personne active employée à temps partiel et souhaitant travailler davantage. *Les personnes en sous-emploi et les chômeurs.* ▪ **2** Utilisation insuffisante des compétences d'un employé. ▪ CONTR. Plein-emploi.

SOUS-EMPLOYER [suzɑ̃plwaje] v. tr. ‹8› – 1962 au p. p. ◊ de *sous-* et *employer* ▪ Utiliser en partie seulement les capacités, le temps, les possibilités de (qqn, qqch.). — p. p. adj. *Équipements sous-employés. Main-d'œuvre sous-employée.*

SOUS-ENSEMBLE [suzɑ̃sɑ̃bl] n. m. – avant 1937 ◊ de *sous-* et *ensemble* ▪ MATH. *Sous-ensemble de l'ensemble E :* ensemble dont tous les éléments appartiennent à E. *L'intersection de deux ensembles forme un sous-ensemble de chaque ensemble.*

SOUS-ENTENDRE [suzɑ̃tɑ̃dʀ] v. tr. ‹41› – 1643 ◊ de *sous-* et *entendre* ▪ Avoir dans l'esprit sans dire expressément, laisser entendre. ➤ **suggérer.** *Il faut sous-entendre que...* p. p. adj. *Mot sous-entendu.* IMPERS. *Il est sous-entendu que...,* il va sans dire que...

SOUS-ENTENDU [suzɑ̃tɑ̃dy] n. m. – 1706 ◊ p. p. subst. de *sous-entendre* ▪ Action de sous-entendre ; ce qui est sous-entendu (souvent dans une intention malveillante). ➤ **allusion, insinuation, restriction, réticence.** *Parler par sous-entendus. « Explique-toi donc [...] Je n'aime pas les sous-entendus »* SARTRE.

SOUS-ENTREPRENEUR, EUSE [suzɑ̃tʀəpʀənœʀ, øz] n. – 1848 ◊ de *sous-* et *entrepreneur* ▪ ÉCON. Entrepreneur qui prend en sous-ordre une partie des travaux d'un autre entrepreneur. ➤ **marchandeur, sous-traitant.**

SOUS-ÉQUIPÉ, ÉE [suzekipe] adj. – v. 1960 ◊ de *sous-* et *équiper* ▪ Dont l'équipement est insuffisant par rapport aux besoins. *Entreprise sous-équipée.* — SPÉCIALT *Région, ville sous-équipée,* dont les infrastructures collectives sont insuffisantes.

SOUS-ÉQUIPEMENT [suzekipmɑ̃] n. m. – v. 1960 ◊ de *sous-* et *équipement* ▪ Insuffisance en équipements, en infrastructures, par rapport aux besoins. *Sous-équipement social, médical, sanitaire, d'un pays.* ▪ CONTR. Suréquipement.

SOUS-ESPACE [suzɛspas] n. m. – v. 1968 ◊ de *sous-* et *espace* ▪ MATH. *Sous-espace vectoriel :* partie d'un espace vectoriel ayant elle-même une structure d'espace vectoriel. *Des sous-espaces.*

SOUS-ESPÈCE [suzɛspɛs] n. f. – 1872 ◊ de *sous-* et *espèce* ▪ PHYLOG. Subdivision de l'espèce. *Des sous-espèces.*

SOUS-ESTIMATION [suzɛstimasjɔ̃] n. f. – 1898 ◊ de *sous-* et *estimation* ▪ Action de sous-estimer. ➤ **sous-évaluation.** *Sous-estimation d'un bien, des capacités de qqn.* ▪ CONTR. Surestimation.

SOUS-ESTIMER [suzɛstime] v. tr. ‹1› – 1898 ◊ de *sous-* et *estimer* ▪ Estimer au-dessous de sa valeur, de son importance. ➤ **sous-évaluer.** *Sous-estimer son adversaire, l'action de certains facteurs.* ▪ CONTR. Surestimer.

SOUS-ÉTAGE [suzetaʒ] n. m. – 1869 ◊ de *sous-* et *étage* ▪ ÉCOL. Ensemble des espèces d'un peuplement forestier, dominé par les espèces les plus hautes. *Le taillis, sous-étage d'un bois de feuillus. Les sous-étages herbacés et arbustifs.*

SOUS-ÉVALUATION [suzevalɥasjɔ̃] n. f. – 1966 ◊ de *sous-* et *évaluation* ▪ Action de sous-évaluer. *Sous-évaluation d'un titre, d'un immeuble.*

SOUS-ÉVALUER [suzevalɥe] v. tr. ‹1› – 1856 ◊ de *sous-* et *évaluer* ▪ Estimer (qqch.) à une valeur inférieure à la valeur réelle, marchande. *« Nous avions singulièrement sous-évalué le trésor »* BAUDELAIRE. *Sous-évaluer les coûts de production.* — *Monnaie, devise sous-évaluée.* ▪ CONTR. Surévaluer.

SOUS-EXPOSER [suzɛkspoze] v. tr. ‹1› – 1894 ◊ de *sous-* et *exposer* ▪ Exposer insuffisamment (une pellicule, un film). — p. p. adj. *Photo sous-exposée* (ABRÉV. FAM. *sous-ex* [suzɛks]). ▪ CONTR. Surexposer.

SOUS-EXPOSITION [suzɛkspozisjɔ̃] n. f. – 1904 ◊ de *sous-* et *exposition* ▪ Exposition insuffisante (d'une pellicule photographique). ▪ CONTR. Surexposition.

SOUS-FAÎTE [sufɛt] n. m. /SOUS-FAITE/ – 1676 ◊ de *sous-* et *faîte* ▪ TECHN. Pièce de charpente posée horizontalement au-dessous du faîte. *Des sous-faîtes.*

SOUS-FAMILLE [sufamij] n. f. – 1904 ◊ de *sous-* et *famille* ▪ PHYLOG. Subdivision de la classification des animaux, inférieure à la famille. *Les bovinés, les ovinés forment des sous-familles.*

SOUS-FIFRE [sufifʀ] n. – 1904 ◊ de *sous-* et *fifre* populaire « homme maladroit » (1888) ; de *fifrelin* ▪ FAM. Subalterne, employé(e) d'un rang très modeste. *Des sous-fifres. Une sous-fifre.*

SOUS-GARDE [sugaʀd] n. f. – 1688 ◊ de *sous-* et *garde* ▪ TECHN. Pièce protégeant la détente (d'une arme à feu). *Sous-garde d'un fusil.* ➤ **pontet.**

SOUS-GENRE [suʒɑ̃ʀ] **n. m.** – 1855 ◇ de *sous-* et *genre* ■ PHYLOG. Division venant après le genre. *Des sous-genres.*

SOUS-GORGE [sugɔʀʒ] **n. f.** – 1611 ◇ de *sous-* et *gorge* ■ HIPPOL. Partie de la bride qui passe sous la gorge du cheval. *Des sous-gorges.*

SOUS-GOUVERNEUR [suguvɛʀnœʀ] **n. m.** – 1806 ; «précepteur adjoint» 1690 ◇ de *sous-* et *gouverneur* ■ Adjoint du gouverneur de certaines banques. *Sous-gouverneur de la Banque de France.*

SOUS-GROUPE [sugʀup] **n. m.** – 1891 ◇ de *sous-* et *groupe* ■ MATH. Partie d'un groupe* ayant elle-même une structure de groupe. — DIDACT. Groupe faisant partie d'un groupe plus important (dans une classification, une répartition). ➤ aussi **sous-ensemble.**

SOUS-HOMME [suzɔm] **n. m.** – 1903 ◇ de *sous-* et *homme* ■ Homme, être inférieur, privé de sa dignité humaine. *«des émigrants, des métèques, des épaves, des sous-hommes»* BEAUVOIR. ■ CONTR. Surhomme.

SOUS-HUMANITÉ [suzymanite] **n. f.** – 1938 ◇ de *sous-* et *humanité*, d'après *sous-homme* ■ État de sous-homme ; ensemble des sous-hommes, des êtres jugés inférieurs. *«En refoulant la quasi-totalité de l'humanité musulmane vers la sous-humanité»* P. NORA. ■ CONTR. Surhumanité.

SOUS-INFORMATION [suzɛ̃fɔʀmasjɔ̃] **n. f.** – v. 1965 ◇ de *sous-* et *information* ■ Insuffisance d'information.

SOUS-INFORMÉ, ÉE [suzɛ̃fɔʀme] **adj.** – v. 1965 ◇ de *sous-* et *informer* ■ Qui ne bénéficie pas d'une information suffisante. *Usagers sous-informés.*

SOUS-JACENT, ENTE [suʒasɑ̃, ɑ̃t] **adj.** – 1812 ◇ variante moderne de *subjacent* (1534), d'après *sous-* ; du latin *subjacere* ■ Qui s'étend, qui est situé au-dessous. *«Un fléchissement du pavé mal soutenu par le sable sous-jacent»* HUGO. ♦ FIG. Caché, profond. *Des tensions sous-jacentes.* — LITTÉR. *Sous-jacent à... «La profondeur est sous-jacente au sentiment»* SUARÈS.

SOUS-LIEUTENANT, ANTE [suljøt(ə)nɑ̃, ɑ̃t] **n.** – 1669 ; autre sens 1479 ◇ de *sous-* et *lieutenant* ■ Officier subalterne du premier grade des officiers, au-dessous du lieutenant. *On dit «mon lieutenant» à un sous-lieutenant. Des sous-lieutenants.*

SOUS-LOCATAIRE [sulɔkatɛʀ] **n.** – XVIᵉ ◇ de *sous-* et *locataire* ■ Personne qui prend un local en sous-location. *Des sous-locataires.*

SOUS-LOCATION [sulɔkasjɔ̃] **n. f.** – 1804 ◇ de *sous-* et *location* ■ Action de sous-louer, contrat passé entre un locataire principal et un sous-locataire.

SOUS-LOUER [sulwe] **v. tr.** ‹1› – 1557 ◇ de *sous-* et 2 *louer* ■ **1** Donner à loyer (ce dont on est soi-même locataire principal). *Elle voulut «sous-louer le premier étage qui, disait-elle, payerait toute la location»* BALZAC. ■ **2** Prendre en sous-location, louer au locataire principal. *Sous-louer une chambre.*

SOUS-MAIN [sumɛ̃] **n. m.** – 1559 ◇ de *sous-* et *main* ■ **1** VX Secret dessous des choses. ♦ **loc. adv.** (fin XIXᵉ) *En sous-main* : en secret. *Entreprise rachetée en sous-main.* ■ **2** (1870) COUR. Accessoire de bureau, sur lequel on place le papier pour écrire. *«On renouvelait tous les matins les feuilles de buvard de son sous-main»* LARBAUD. *Des sous-mains.*

SOUS-MAÎTRE [sumɛtʀ] **n. m.** /SOUS-MAITRE/ – 1410 ◇ de *sous-* et *maître* ■ **1** VX Surveillant et adjoint d'enseignement. *Des sous-maîtres.* ■ **2** MILIT. Sous-officier de l'école d'équitation de Saumur. ■ HOM. Soumettre.

SOUS-MAÎTRESSE [sumɛtʀɛs] **n. f.** /SOUS-MAITRESSE/ – 1769 ◇ de *sous-* et *maîtresse* ■ **1** VX Surveillante et adjointe d'enseignement dans certains établissements de jeunes filles. ■ **2** (1931) MOD. Surveillante d'une maison de tolérance (avant leur interdiction légale en France). ➤ **maquerelle.** *«Belhôtel lui avait promis qu'elle serait sous-maîtresse du bordel qu'il allait acheter»* QUENEAU. *Des sous-maîtresses.*

SOUS-MARIN, INE [sumaʀɛ̃, in] **adj.** et **n. m.** – 1555, repris 1729 ◇ de *sous-* et 1 *marin*

I ■ **1** Qui est dans la mer, au fond de la mer. ➤ **immergé, subaquatique.** *Relief sous-marin. «Il atteignit le fond, côtoya les roches sous-marines»* HUGO. ♦ (1858) Qui s'effectue, circule sous la surface de la mer. *Exploration sous-marine.* ➤ **bathyscaphe, bathysphère.** *Explorateur sous-marin.* ➤ **aquanaute, océanaute, plongeur.** *Faire de la plongée sous-marine avec un scaphandre. Pêche sous-marine. Fusil* sous-marin. «Vous ne devez jamais quitter ce bateau sous-marin»* J. VERNE. ■ **2** **n. m.** (1895) Navire capable de naviguer sous l'eau, en plongée. ➤ **submersible.** *Sous-marin nucléaire. Sous-marin de poche,* de petite dimension. *«Un sous-marin est tellement peu fait pour naviguer sur l'eau [...] qu'il roule et qu'il tangue sans merci pour ses hommes»* M. DUGAIN. ♦ PAR MÉTAPH. Personne qui agit secrètement. *Sous-marins qui noyautent une organisation.* ➤ **espion,** 1 **taupe.** — Camionnette banalisée utilisée par la police pour des surveillances prolongées depuis l'intérieur du véhicule en stationnement.

II **n. m.** (1978 ◇ calque de l'anglais *submarine*) **(Canada)** Long sandwich. *Sous-marin au poulet.*

SOUS-MARINIER [sumaʀinje] **n. m.** – 1934 ◇ de *sous-marin* ■ Marin faisant partie de l'équipage d'un sous-marin. *Des sous-mariniers.*

SOUS-MARQUE [sumaʀk] **n. f.** – 1983 ◇ de *sous-* et 1 *marque* ■ Marque utilisée par un fabricant qui exploite aussi une autre marque plus connue ou plus prestigieuse. *Les sous-marques.*

SOUS-MAXILLAIRE [sumaksilɛʀ] **adj.** – 1745 ◇ de *sous-* et *maxillaire* → sus-maxillaire ■ ANAT. Qui est placé sous la mâchoire. *Ganglions sous-maxillaires. Glande sous-maxillaire.*

SOUS-MINISTRE [suministʀ] **n.** – 1957 ◇ de *sous-* et *ministre* ■ **(Canada)** Haut fonctionnaire responsable de l'administration d'un ministère. *Des sous-ministres.*

SOUS-MULTIPLE [sumyltipl] **n. m.** et **adj.** – 1552 ◇ de *sous-* et *multiple* ■ Grandeur contenue un nombre entier de fois dans une autre grandeur de même espèce. *3 et 5 sont des sous-multiples de 15.* ➤ **diviseur.** — Quotient d'une unité de mesure par une puissance de 10. *Le décimètre, le centimètre sont des sous-multiples du mètre.* ■ CONTR. Multiple.

SOUS-MUNITION [sumynisjɔ̃] **n. f.** – 1982 ◇ probablt calque de l'anglais américain *submunition* ■ Chacune des charges explosives placées dans un conteneur (bombe, obus, missile ou roquette) destiné à s'ouvrir en les dispersant sur une vaste zone. *Bombes à sous-munitions.*

SOUS-NAPPE [sunap] **n. f.** – 1872 ◇ de *sous-* et *nappe* ■ Molleton, tapis qu'on met sous la nappe. ➤ **bulgomme.**

SOUS-NORMALE [sunɔʀmal] **n. f.** – 1762 ; *ligne sous-normale* 1755 ◇ de *sous-* et *normale* ■ MATH. Projection sur un axe de référence du segment de la normale en un point d'une courbe compris entre ce point et son intersection avec cet axe.

SOUS-OCCIPITAL, ALE, AUX [suzɔksipital, o] **adj.** – XVIIIᵉ ◇ de *sous-* et *occipital* ■ ANAT., MÉD. Qui est situé, ou qui s'effectue au-dessous de l'os occipital. *Artère sous-occipitale. Ponction sous-occipitale.*

SOUS-ŒUVRE (EN) [ɑ̃suzœvʀ] **loc. adv.** – 1742 ; *par dessous-œuvre, par sous-œuvre* 1694 ◇ de *sous-* et *œuvre* ■ TECHN. (CONSTR.) En reprenant les fondations, en reconstruisant les parties inférieures (sans abattre le bâtiment). *Reprise en sous-œuvre d'une construction.* ♦ FIG. Par la base. *«Reprendre en sous-œuvre le travail instinctif des siècles»* RENAN.

SOUS-OFFICIER, IÈRE [suzɔfisje, jɛʀ] **n.** – 1791 ; autre sens 1765 ◇ de *sous-* et *officier* ■ Militaire d'un grade qui en fait un(e) auxiliaire de l'officier. ➤ **adjudant, aspirant, maréchal** (des logis), **sergent.** *Sous-officiers de gendarmerie. Sous-officiers d'active, de réserve.* — ABRÉV. FAM. **SOUS-OFF** [suzɔf], 1861. *Des sous-offs.*

SOUS-ORBITAIRE [suzɔʀbitɛʀ] **adj.** – 1765 ◇ de *sous-* et *orbite* ■ ANAT. Situé au-dessous de l'orbite. *Artère sous-orbitaire.*

SOUS-ORDRE [suzɔʀdʀ] **n. m.** – 1690 ◇ de *sous-* et *ordre* ■ **1** DR. Procédure par laquelle les créanciers d'un débiteur, lui-même créancier dans une procédure d'ordre, prennent sa place et se partagent le montant de ce qui lui revient. *Créanciers en sous-ordre.* ♦ COMM. Ordre pris en second. *Prendre des travaux en sous-ordre* (➤ **sous-entrepreneur**). ■ **2** (1762) Employé subalterne qui n'a guère de responsabilités. *«Ils ont envoyé sur place un vague sous-ordre»* ROMAINS. ➤ **sous-fifre.** ■ **3** (fin XIXᵉ) PHYLOG. Subdivision de la classification des animaux, immédiatement inférieure à l'ordre. *Les mysticètes et les odontocètes forment les sous-ordres des cétacés.*

SOUS-PALAN [supalɑ̃] **adj.** et **adv.** – *livraison sous palan* 1878 ◇ de *sous-* et *palan* ■ MAR. Se dit d'une marchandise qui doit être livrée au port prête pour l'embarquement. **loc. adv.** *En sous-palan.*

SOUS-PAYER [supeje] **v. tr.** ‹8› – 1972 ◊ de *sous-* et *payer* ■ Payer insuffisamment ou au-dessous de la normale. *Sous-payer ses collaborateurs.* ➤ **exploiter.** — **p. p. adj.** *Des ouvriers sous-payés.*

SOUS-PEUPLÉ, ÉE [supœple] **adj.** – v. 1960 ◊ de *sous-* et *peupler* ■ Dont le peuplement est faible. *Régions sous-peuplées.* ■ CONTR. Surpeuplé.

SOUS-PEUPLEMENT [supœpləmɑ̃] **n. m.** – v. 1960 ◊ de *sous-* et *peuplement,* d'après *surpeuplement* ■ État d'un pays insuffisamment peuplé (compte tenu de ses ressources potentielles). ■ CONTR. Surpeuplement.

SOUS-PIED [supje] **n. m.** – 1803 ◊ de *sous-* et *pied* ■ Bande qui passe sous le pied et maintient tendu un pantalon ou une guêtre. *Pantalon fuseau à sous-pieds.*

SOUS-PLAT [supla] **n. m.** – 1900 en Belgique ◊ de *sous-* et 2*plat* ■ RÉGION. (Nord, Belgique, Luxembourg, Canada) Dessous-de-plat. *Des sous-plats.*

SOUS-PRÉFECTORAL, ALE, AUX [supʀefɛktɔʀal, o] **adj.** – 1842 ◊ de *sous-préfecture,* d'après *préfectoral* ■ ADMIN. Qui appartient, a rapport à une sous-préfecture, à un sous-préfet. *Administration sous-préfectorale.*

SOUS-PRÉFECTURE [supʀefɛktyʀ] **n. f.** – 1800 ◊ de *sous-* et *préfecture* ■ **1** VX Arrondissement. ◆ MOD. Partie du département qu'administre le sous-préfet. — (1845) Ville où réside le sous-préfet et où sont installés ses services ; bâtiment qui les abrite. *Des sous-préfectures.* ■ **2** Fonction de sous-préfet.

SOUS-PRÉFET, PRÉFÈTE [supʀefɛ, pʀefɛt] **n.** – 1800 ; autre sens 1665 ◊ de *sous-* et *préfet* ■ **1** Fonctionnaire représentant le pouvoir central dans un arrondissement. *«Le Sous-préfet aux champs», conte de Daudet. Des sous-préfets.* ■ **2** **n. f.** (1829) VIEILLI Femme d'un sous-préfet.

SOUS-PRODUCTION [supʀɔdyksjɔ̃] **n. f.** – 1926 ◊ de *sous-* et *production* ■ Production insuffisante pour satisfaire la demande. ■ CONTR. Surproduction.

SOUS-PRODUIT [supʀɔdɥi] **n. m.** – 1873 ◊ de *sous-* et *produit* ■ Produit secondaire obtenu au cours de la fabrication du produit principal. *Les sous-produits de la distillation du pétrole.* ◆ FIG. Mauvaise imitation. ➤ **ersatz.**

SOUS-PROGRAMME [supʀɔgʀam] **n. m.** – milieu XXe ◊ de *sous-* et *programme* ■ INFORM. Ensemble d'instructions constituant une unité de programme et pouvant être utilisé en plusieurs points d'un programme principal (➤ **module**). *Sous-programme récursif.*

SOUS-PROLÉTAIRE [supʀɔletɛʀ] **n. et adj.** – milieu XXe ◊ de *sous-* et *prolétaire* ■ Prolétaire particulièrement exploité, non protégé par les lois, etc.

SOUS-PROLÉTARIAT [supʀɔletaʀja] **n. m.** – 1945 ◊ de *sous-* et *prolétariat* ■ Partie la plus exploitée du prolétariat.

SOUS-PUBIEN, IENNE [supybjɛ̃, jɛn] **adj.** – 1812 ◊ de *sous-* et *pubien* ■ ANAT. Situé sous le pubis. *Ligament sous-pubien.*

SOUS-PULL [supyl] **n. m.** – 1975 ◊ de *sous-* et *pull* ■ Pull à col montant et à mailles très fines qui se porte sous un autre vêtement. *Des sous-pulls.*

SOUS-QUALIFIÉ, IÉE [sukalifje] **adj.** – 1965 ◊ de *sous-* et *qualifié* ■ Qui n'a pas la qualification nécessaire pour un emploi déterminé. *Main-d'œuvre sous-qualifiée.* — **n. f.** **SOUS-QUALIFICATION** (1966). *Elles «se sont portées volontaires pour les travaux les plus durs, sous-qualification oblige»* KERANGAL. ■ CONTR. Surqualifié.

SOUS-SCAPULAIRE [suskapylɛʀ] **adj.** – 1740 ◊ de *sous-* et *scapulaire* ■ ANAT. Situé sous l'omoplate. *Muscle sous-scapulaire.*

SOUS-SECRÉTAIRE [sus(ə)kʀetɛʀ] **n.** – 1767 ; «secrétaire adjoint» 1640 ◊ de *sous-* et *secrétaire* ■ *Sous-secrétaire d'État :* membre du gouvernement auquel est dévolue une partie de la compétence d'un ministre ou d'un secrétaire d'État.

SOUS-SECRÉTARIAT [sus(ə)kʀetaʀja] **n. m.** – 1834 ◊ de *sous-secrétaire* ■ *Sous-secrétariat (d'État) :* fonction, services d'un sous-secrétaire (d'État).

SOUS-SEING [susɛ̃] **n. m.** – 1786 ◊ de *sous-* et *seing* ■ DR. Acte sous seing* privé. *Des sous-seings.*

SOUSSIGNÉ, ÉE [susiɲe] **adj.** – 1507 ◊ de l'ancien français *soubsigner* (XIIIe) «souscrire», latin *subsignare* ■ DR. Qui a signé plus bas. *Je soussignée Une Telle... Les personnes soussignées s'engagent...* SUBST. *Les soussignés.*

SOUS-SOL [susɔl] **n. m.** – 1835 ◊ de *sous-* et *sol* ■ **1** Partie de l'écorce terrestre qui se trouve au-dessous de la couche arable. *Les richesses du sous-sol.* ■ **2** (1856) Partie d'une construction aménagée au-dessous du rez-de-chaussée ; étage souterrain. *Sous-sol occupé par un garage. Premier, second sous-sol. Les sous-sols. — Appartement en sous-sol.* ➤ **souplex.**

SOUS-SOLEUSE [susɔløz] **n. f.** – 1890 ; *charrue sous-sol* 1860 ◊ de *sous-* et *sol* ■ AGRIC. Charrue remuant le sol en profondeur et sans le retourner.

SOUS-STATION [sustasjɔ̃] **n. f.** – 1900 ◊ de *sous-* et *station* ■ Station secondaire (d'un réseau de distribution d'électricité).

SOUS-TANGENTE [sutɑ̃ʒɑ̃t] **n. f.** – 1690 ◊ de *sous-* et *tangente* ■ MATH. Projection sur un axe du segment de tangente à une courbe compris entre le point de contact et le point d'intersection de cette tangente avec l'axe considéré.

SOUS-TASSE [sutas] **n. f.** /SOUTASSE/ – 1768 ◊ de *sous-* et *tasse* ■ RÉGION. (Nord, Est, Languedoc ; Belgique, Luxembourg, Suisse, Burundi) Soucoupe. *Des sous-tasses.*

SOUS-TENDRE [sutɑ̃dʀ] **v. tr.** ‹41› – 1872 ◊ de *sous-* et 1*tendre* ■ **1** GÉOM. Contenir entre ses côtés, ses extrémités ; constituer la corde de (un arc). ■ **2** FIG. (1936) Servir de base plus ou moins nette à (un raisonnement, une politique). *Les arguments qui sous-tendent une hypothèse.*

SOUS-TENSION [sutɑ̃sjɔ̃] **n. f.** – milieu XXe ◊ de *sous-* et *tension* ■ ÉLECTR. Tension inférieure à la normale.

SOUS-TITRE [sutitʀ] **n. m.** – 1837 ◊ de *sous-* et *titre* ■ **1** Titre secondaire d'une publication (placé sous ou après le titre principal). *«Le sous-titre que M. Rimbaud avait donné à son manuscrit»* VERLAINE. ■ **2** (1912) Court texte intercalé entre les séquences d'un film muet. ➤ **intertitre.** ◆ MOD. Traduction des dialogues d'un film, projetée en surimpression en bas de l'image. *«un médiocre film français qui passait* [...] *en version originale avec sous-titres»* BUTOR.

SOUS-TITRER [sutitʀe] **v. tr.** ‹1› – 1923 ◊ de *sous-titre* ■ Mettre des sous-titres à (un film). **p. p. adj.** *Film en version originale sous-titrée.* — **n. m.** **SOUS-TITRAGE,** 1954.

SOUS-TOILÉ, ÉE [sutwale] **adj.** – 1971 ◊ de *sous-* et *toile* ■ Se dit d'un voilier muni d'une surface de voile réduite (opposé à *surtoilé*).

SOUSTRACTIF, IVE [sustʀaktif, iv] **adj.** – 1583 ◊ du radical de *soustraction* ■ MATH. Relatif à la soustraction.

SOUSTRACTION [sustʀaksjɔ̃] **n. f.** – 1484 ; *subtraction* XIIe ◊ bas latin *subtractio* ■ **1** VX Action de soustraire, de retirer. ◆ (1636) MOD. DR. Délit consistant à enlever une pièce d'un dossier ; crime commis par un fonctionnaire qui s'approprie des pièces qu'il détient. — *Soustraction de mineur :* fait d'enlever illégalement un mineur à la personne qui exerce l'autorité parentale ou chez qui il a sa résidence habituelle. *Délit de soustraction.* ■ **2** (*subtraction* XIIIe) COUR. Opération consistant à retrancher un nombre d'un autre, afin d'obtenir la différence entre les deux. ➤ **soustraire ; déduction.** *Faire une soustraction.* ■ CONTR. Addition.

SOUSTRAIRE [sustʀɛʀ] **v. tr.** ‹50› – XIIIe ; *sustraire, sostraire* XIIe ◊ latin *subtrahere* ■ **1** Enlever (qqch.) à qqn, le plus souvent par la ruse, la fraude. ➤ **dérober, ôter,** 2**voler*.** *Soustraire un héritage. — Les pièces soustraites du dossier.* ◆ DR. Enlever illégalement (un mineur) à la personne qui exerce l'autorité parentale ou chez qui il a sa résidence. *Parent qui soustrait ses enfants à son ex-conjoint.* ■ **2** (XVIe) Faire échapper à ce à quoi on est exposé. *«Un voile subtil qui leur permettrait de soustraire leur pensée à la curiosité indiscrète»* DUHAMEL. ◆ PRONOM. S'affranchir de. *Se soustraire à un devoir, à un engagement.* ➤ **échapper, manquer.** *«Il avait déjà pris un empire extraordinaire sur elle et elle ne pensait plus à s'y soustraire»* MÉRIMÉE. LITTÉR. *Se soustraire à la vue, aux regards de qqn.* ■ **3** (XIIIe) Retrancher par soustraction (un nombre d'un autre). ➤ **déduire, défalquer, enlever, ôter.** *De cette somme nous devons soustraire nos frais généraux.* ■ CONTR. Donner. Additionner, ajouter.

SOUS-TRAITANCE [sutʀɛtɑ̃s] **n. f.** – 1959 ◊ de *sous-traitant* ■ **1** DR. Opération contractuelle par laquelle un entrepreneur (donneur d'ordre) confie à un autre entrepreneur (sous-traitant, sous-entrepreneur) le soin de réaliser, pour son compte et selon ses directives, tout ou partie d'un travail destiné à ses propres clients. *Sous-traitance industrielle, de services* (➤ aussi **marchandage**). — Recours à un ou plusieurs sous-traitants. ■ **2** Activité du sous-traitant. *Travailler en sous-traitance.*

SOUS-TRAITANT [sutʀɛtɑ̃] n. m. – 1656 ◊ de *sous-traiter* ■ DR. Personne qui est chargée d'un travail pour le compte et selon les directives d'un entrepreneur principal (donneur d'ordre). ➤ aussi **marchandeur, sous-entrepreneur.** *Les équipementiers, sous-traitants de l'industrie automobile.*

SOUS-TRAITER [sutʀete] v. ‹1› – 1673 ◊ de *sous-* et *traiter* ■ **1** v. intr. DR. Agir comme sous-traitant d'un entrepreneur principal. TRANS. *Sous-traiter une affaire. Usine qui sous-traite la fabrication de certaines pièces.* ■ **2** v. tr. Confier à un sous-traitant. *La moitié de sa production est sous-traitée. Sous-traiter la maintenance.*

SOUS-UTILISER [suzytilize] v. tr. ‹1› – 1969 ◊ de *sous-* et *utiliser* ■ Utiliser de façon insuffisante. *Mobiliser les ressources sous-utilisées.*

SOUS-VENTRIÈRE [suvɑ̃tʀijɛʀ] n. f. – 1370 ◊ de *sous-* et *ventre* ■ Courroie attachée aux deux limons d'une voiture et qui passe sous le ventre du cheval. ♦ LOC. FAM. *Manger à s'en faire péter la sous-ventrière* : manger avec excès, s'empiffrer.

SOUS-VERGE [suvɛʀʒ] n. m. – 1780 ◊ de *sous-* et *verge* «fouet» ■ HIPPOL. Cheval non monté attelé à la droite d'un cheval monté. *Des sous-verges.*

SOUS-VERRE [suvɛʀ] n. m. – 1934 ◊ de *sous-* et *verre* ■ **1** Image ou document que l'on place entre une plaque de verre et un fond rigide ; cet encadrement. *Photos de famille dans un sous-verre. Des sous-verres.* ■ **2** RÉGION. (Nord, Belgique, Luxembourg) Petit support sur lequel on pose un verre. ➤ 2 **dessous** (de verre).

SOUS-VÊTEMENT [suvɛtmɑ̃] n. m. – 1925 ◊ de *sous-* et *vêtement* ■ Vêtement de dessous (de tissu, tricot, etc.). *Sous-vêtements d'homme* (➤ **linge** [de corps]), *de femme* (➤ 2 **dessous, lingerie**).

SOUS-VIRER [suviʀe] v. intr. ‹1› – 1964 ◊ de *sous-* et *virer* ■ TECHN. En parlant d'une automobile, Déraper par les roues avant, l'axe médian s'orientant vers l'extérieur du virage (opposé à *survirer*).

SOUS-VIREUR, EUSE [suviʀœʀ, øz] adj. – 1964 ◊ de *sous-virer* ■ AUTOM. Qui a tendance à sous-virer (opposé à *survireur*). *Une voiture sous-vireuse.*

SOUTACHE [sutaʃ] n. f. – 1838 ◊ hongrois *suitas* «bordure» ■ Galon, ganse servant d'ornement distinctif sur les anciens uniformes, ou à cacher les coutures d'un vêtement. *Soutache rouge du pantalon des douaniers.*

SOUTACHER [sutaʃe] v. tr. ‹1› – 1849 ◊ de *soutache* ■ Orner de soutaches. — p. p. adj. *«Des habits puérilement dorés, soutachés, galonnés»* ARAGON.

SOUTANE [sutan] n. f. – 1564 ; *sottane* 1550 ◊ italien *sottana* «jupe», de *sottano* «vêtement de dessous», de *sotto* «sous» ■ **1** ANCIENNT Longue robe que portaient les ecclésiastiques, les médecins et les gens de justice. ■ **2** Longue robe boutonnée par-devant, qui était depuis le XVIIIe s. la pièce principale du costume ecclésiastique traditionnel. *Soutane blanche du pape.* — *Prendre, endosser la soutane* : devenir prêtre. — FAM. *La soutane* : les prêtres. ➤ **calotte, goupillon.** *«L'adjoint, jadis l'ennemi de la soutane»* ZOLA.

SOUTANELLE [sutanɛl] n. f. – 1904 ; «petite soutane» 1680 ◊ italien *sottanella* ■ RARE Redingote à collet droit et sans revers, remplaçant la soutane dans certains pays.

SOUTASSE ➤ **SOUS-TASSE**

SOUTE [sut] n. f. – v. 1300 ◊ ancien provençal *sota* subst., de *sota* «dessous», latin populaire °*subta*, classique *subtus* ■ Magasin situé dans la cale ou l'entrepôt d'un navire. *Soute à charbon, à munitions. Matelot qui travaille dans les soutes.* ➤ **soutier.** PAR ANAL. *Soutes d'un avion de transport, d'un engin spatial. Soute à bagages.* ♦ TECHN., AU PLUR. Combustible liquide pour les navires.

SOUTENABLE [sut(ə)nabl] adj. – XVe ◊ de *soutenir* ■ **1** Qui peut être soutenu par des raisons plausibles. *Cette opinion, cette thèse est parfaitement soutenable.* ➤ **défendable.** ■ **2** VX Supportable. — MOD. (en tournure négative) *Cette scène n'était pas soutenable.* ■ CONTR. Insoutenable.

SOUTENANCE [sut(ə)nɑ̃s] n. f. – 1835 ; «soutien» XIIe ◊ de *soutenant* «personne qui soutient une thèse» ; de *soutenir* ■ Action de soutenir (un mémoire, une thèse de doctorat). *Assister à une soutenance de thèse.*

SOUTÈNEMENT [sutɛnmɑ̃] n. m. – 1426 ; «soutien» XIIe ◊ de *soutenir* ■ (Dans des expr.) Action, manière de soutenir (une poussée, une pression). *Mur de soutènement,* épaulant un remblai, une terrasse. — TECHN. *Soutènement marchant* : dans les mines, étançons qu'on déplace à mesure que le front de taille avance.

SOUTENEUR [sut(ə)nœʀ] n. m. – XIIe ◊ de *soutenir* ■ **1** VX Défenseur, partisan. ■ **2** (1718) MOD. Individu qui vit de proxénétisme. ➤ EUPHÉM. **protecteur, proxénète,** LITTÉR. **ruffian ;** FAM. 1 **barbeau ;** ARG. **jules, mac ;** POP. 2 **maquereau, marlou.**

SOUTENIR [sut(ə)niʀ] v. tr. ‹22› – début XIIIe ; *sostenir* X^e ◊ latin populaire °*sustenire*, classique *sustinere*, de *sub* «sous» et *tenere* «tenir»

I MAINTENIR EN POSITION, MAINTENIR DROIT **A.** (SPATIAL) ■ **1** Tenir (qqch.) par-dessous, en position de stabilité, en servant de support ou d'appui. ➤ **maintenir,** 1 **porter, supporter.** *«des étais de chêne soutenaient le toit»* ZOLA. *«La salle massive, obscure, soutenue par de lourds piliers»* HUYSMANS. ■ **2** Maintenir debout, empêcher (qqn) de tomber, de s'affaisser. *Soutenir un blessé. Soutenu par des béquilles.* — PRONOM. Se tenir debout, se maintenir droit. *«tellement pris de vin, qu'il ne pouvait se soutenir, et qu'il tomba à terre»* CHAMFORT. ■ **3** Empêcher (qqn) de défaillir, en rendant des forces. ➤ **fortifier, remonter, stimuler.** *Prenez du café, ça vous soutiendra. — On lui a fait une piqûre pour soutenir le cœur.*
B. (ABSTRAIT) ■ **1** Empêcher de fléchir, en apportant secours, réconfort. ➤ **aider, appuyer, encourager.** *Une société «soutenue par le dévouement des chefs et l'obéissance des fidèles»* TAINE. *Ces amitiés «m'ont soutenu dans la carrière»* BALZAC. — PRONOM. (RÉCIPR.) *«Le Créateur a fait les êtres pour s'aimer, se soutenir, se consoler»* MAUPASSANT. ➤ **s'épauler.** ♦ SPÉCIALT Aider en intervenant financièrement. *Soutenir de ses capitaux une entreprise.* ➤ **financer, subventionner ; commanditer ; parrainer, sponsoriser.** *Soutenir l'euro face au dollar.* ■ **2** Appuyer en prenant parti en faveur de (qqn, qqch.), en défendant. *Soutenir son père contre sa mère.* ➤ **défendre.** *Deux partis ont décidé de soutenir ce candidat.* ➤ **cautionner.** *«Un ministère qu'on soutient est un ministère qui tombe»* TALLEYRAND. ■ **3** Affirmer, faire valoir en appuyant par des raisons. *Soutenir une opinion, ses droits. «Quand on dit d'une théorie "qu'elle peut se soutenir", n'est-ce pas dire qu'il faut que quelqu'un* la soutienne *?»* VALÉRY. SPÉCIALT Présenter et défendre devant le jury (une thèse de doctorat) (➤ **soutenance**). *Il soutiendra sa thèse en juin.* ♦ *Je soutiens que ce n'est pas possible,* j'affirme, je prétends que. ➤ **assurer.** *Il a osé soutenir ceci devant moi. «la vieille soutint mordicus qu'elle* [la coutume] *devait être respectée, comme étant une tradition de la nation, gardienne de l'honneur»* ISTRATI. — PRONOM. Être affirmé, donné pour vrai. *Cela peut se soutenir.* ➤ **soutenable.** ■ **4** Faire que (qqch.) continue sans faiblir, ne retombe pas. *Soutenir la conversation.* ➤ **alimenter, entretenir.** *Orateur qui sait soutenir l'intérêt, la curiosité de l'auditoire. Soutenir sa réputation. Soutenez votre effort !* — PRONOM. Se maintenir, durer. *«Un amour sans possession se soutient par l'exaspération même des désirs»* BALZAC.

II SUBIR SANS FLÉCHIR (UNE FORCE, UNE ACTION) *«Soutenir le choc d'une armée fraîche»* MADELIN. LOC. *Soutenir le choc* : résister à une agression, supporter qqch. de pénible. SPÉCIALT *Soutenir le regard de qqn,* ne pas baisser les yeux devant lui. *«Les jeunes filles soutinrent hardiment tous les regards»* LARBAUD. ♦ FIG. *Soutenir la comparaison avec* (qqn, qqch.), s'en montrer l'égal. ➤ **rivaliser.** *«D'un vert si brillant qu'il pourrait soutenir la comparaison avec celui de la plus pure émeraude»* BAUDELAIRE.

■ CONTR. Abandonner. Contester.

SOUTENU, UE [sut(ə)ny] adj. – 1680 ◊ de *soutenir* ■ **1** (Style) Qui se maintient à un certain niveau de pureté, d'élégance, évite toute familiarité. ➤ **élevé, noble.** *Le style soutenu d'un discours académique.* ■ **2** (XVIIIe) Qui se soutient, est constant, régulier. *Travail, effort soutenu. Avec une attention soutenue.* — SPÉCIALT Qui se maintient à un niveau élevé. *Cours soutenu des valeurs. Activité soutenue sur les marchés financiers.* ■ **3** Accentué, prononcé. *«Les lignes, plus soutenues, sont d'un galbe plus gras»* GAUTIER. *Un bleu soutenu.* ➤ **intense.** ■ CONTR. Relâché. Irrégulier.

SOUTERRAIN, AINE [sutɛʀɛ̃, ɛn] adj. et n. m. – XIIe ◊ de *sous* et *terre*, d'après le latin *subterraneus* ■ **1** Qui est sous terre. *Galeries souterraines.* ➤ **tunnel.** *Passage souterrain. Nappe d'eau souterraine.* ♦ Qui se fait sous terre. ➤ aussi **endogé, hypogé.** *«La circulation souterraine, l'utilisation des catacombes»* GIRAUDOUX. *Travaux souterrains. Explosion atomique souterraine.*

♦ FIG. (1532) LITTÉR. Caché, obscur. *Des manœuvres souterraines. Une évolution souterraine.* — ÉCON. *Économie* souterraine.* ■ **2** n. m. (1701) VIEILLI Lieu souterrain. ♦ MOD. Passage souterrain, naturel ou artificiel. *Creuser un souterrain. Les souterrains d'un château. « Des souterrains murés dont les ramifications étaient inconnues »* CHATEAUBRIAND. — Passage souterrain emprunté par une voie de communication. *Le souterrain de la Concorde à Paris.* ➤ **tunnel.** ■ CONTR. Surface (en).

SOUTERRAINEMENT [suteʀɛnmɑ̃] **adv.** – 1575 ◊ de *souterrain* ■ RARE Par une voie souterraine. ♦ FIG. Secrètement.

SOUTIEN [sutjɛ̃] **n. m.** – milieu XIVe ◊ de *soutenir* ■ **1** RARE Action de soutenir (1°). — BOT. *Tissus de soutien,* qui assurent le port dressé d'un végétal. ♦ Ce qui soutient une chose, la maintient en telle ou telle position. ➤ **appui, support.** ■ **2** Action ou moyen de soutenir (dans l'ordre financier, politique, militaire, moral, spirituel, social). ➤ 1 **aide, appui, protection, secours.** *Notre parti apportera son soutien au gouvernement. Soutien électoral. Comité de soutien.* — *Unité de soutien,* destinée à venir en aide à une autre unité militaire. — *Soutien scolaire. Cours de soutien.* ➤ **rattrapage.** *Psychothérapie de soutien :* psychothérapie de courte durée, destinée à venir en aide à un patient traversant une période de crise. — ÉCON. Action destinée à maintenir (le prix, le cours) à un certain niveau. ■ **3** Personne qui soutient (une cause, un parti). *« C'est un des soutiens du parti, un banquier »* ARAGON. ➤ **pilier.** — DR. **SOUTIEN DE FAMILLE :** personne dont l'activité est indispensable pour assurer la subsistance de sa famille. ■ CONTR. Abandon. Adversaire.

SOUTIEN-GORGE [sutjɛ̃gɔʀʒ] **n. m.** – v. 1904 ◊ de *soutien* et *gorge* ■ Sous-vêtement féminin destiné à soutenir la poitrine. ➤ RÉGION. **brassière ; aussi balconnet, bustier.** *Soutien-gorge à armature. Bonnets, bretelles d'un soutien-gorge. En slip et en soutien-gorge. Des soutiens-gorges. Le soutien-gorge d'un maillot de bain deux-pièces.* — VAR. FAM. (p.-ê. d'après *calcif,* populaire pour *caleçon*) **SOUTIF.** *Des soutifs.*

SOUTIER [sutje] **n. m.** – 1870 ◊ de *soute* ■ Matelot chargé de l'arrimage des objets d'approvisionnement, et spécialement du service de la soute à charbon. ♦ FIG. Personne qui effectue une tâche ingrate (cf. Aller au charbon*) et est peu considérée.

SOUTIRAGE [sutiʀaʒ] **n. m.** – 1721 ◊ de *soutirer* ■ Action de soutirer (le vin, la bière).

SOUTIRER [sutiʀe] **v. tr.** ‹1› – 1721 ◊ de *sous-* et *tirer* ■ **1** Transvaser doucement (le vin, le cidre) d'un récipient à un autre, de façon à éliminer les dépôts qui doivent rester dans le premier. ➤ **clarifier.** ■ **2** (1773) *Soutirer qqch. à qqn,* obtenir de lui sans violence, mais par des moyens peu délicats, une chose qu'il ne céderait pas spontanément. ➤ **arracher, escroquer, extorquer.** *Soutirer de l'argent, un pourboire à qqn. « Une intrigue montée pour te soutirer des promesses »* SAND.

SOUTRA ou **SUTRA** [sutʀa] **n. m.** – 1842 ◊ mot sanskrit ■ DIDACT. Précepte sanskrit. — Recueil d'aphorismes de ce genre.

SOUVENANCE [suv(ə)nɑ̃s] **n. f.** – XIIIe, repris fin XVIIIe ◊ de 1 *souvenir* ■ VX Mémoire. ♦ MOD. et LITTÉR. *Avoir souvenance :* se souvenir. ➤ 2 **souvenir.** *« Tout ce dont j'avais gardé souvenance »* GIDE. *« J'ai une vague souvenance de vous avoir envoyé une lettre sans queue ni tête »* LOTI. *À ma souvenance.*

1 **SOUVENIR** [suv(ə)niʀ] **v.** ‹22› – *suvenir* 1080 ◊ latin *subvenire* « se présenter à l'esprit », de *venire*

I **v. intr.** (IMPERS.) LITTÉR. Revenir à la mémoire, à l'esprit. *« Te souvient-il de notre extase ancienne ? »* VERLAINE. *Il ne me souvient pas de les avoir rencontrés. « Faut-il qu'il m'en souvienne ? »* APOLLINAIRE.

II **SE SOUVENIR v. pron.** (XIIIe, rare jusqu'au XVIe) ■ **1** Avoir de nouveau présent à l'esprit (qqch. qui appartient à une expérience passée). ➤ **se rappeler, se remémorer, revoir.** *Se souvenir de qqch. « Je me souviens Des jours anciens Et je pleure »* VERLAINE. *Je m'en souviens. Elle s'est souvenue de la scène.* — *« Nous nous souvînmes de n'avoir regardé qu'imparfaitement »* BAUDELAIRE. *« Je me souvins l'avoir regardé de la véranda »* GREEN. — *Se souvenir que... « Il se souvenait qu'il avait posé le paquet à cette place »* ZOLA. *Je ne me souviens pas qu'il l'ait dit.* — *Je ne me souviens pas quand, si... Faire souvenir :* rappeler. *« Tu me fais souvenir que j'ai tout oublié »* HUGO. *« Le blé, qui est doré, me fera souvenir de toi »* SAINT-EXUPÉRY. — *Se souvenir de qqn,* l'avoir encore présent à l'esprit, l'évoquer. *« Qui se souvient d'Alexandrine, morte il y a vingt ans ? »* STENDHAL. *« Il s'est peut-être souvenu de vous comme militant »* ROMAINS. ♦ SPÉCIALT (avec reconnaissance ou rancune) *Se souvenir d'un bienfait. Je m'en souviendrai !* (menace). ■ **2** (XIIe) (À l'impér.) Ne pas manquer de considérer, ne pas oublier, penser à... *« Souviens-toi de ton nom »* CORNEILLE. *Souvenez-vous-en.*
■ CONTR. Oublier.

2 **SOUVENIR** [suv(ə)niʀ] **n. m.** – fin XIIIe sens 2° ◊ de 1 *souvenir* ■ **1** (1359) Mémoire. *« Serai-je assez heureux pour être encore logé dans un coin de votre souvenir ? »* BAUDELAIRE. *Rappelez-moi à son bon souvenir :* rappelez-lui mon amitié, ma sympathie. ■ **2** Le fait de se souvenir. *« Oh ! le souvenir [...] miroir horrible qui fait souffrir toutes les tortures ! »* MAUPASSANT. *Avoir souvenir de...* (➤ **souvenance**). *« Je n'ai pas souvenir d'avoir vu sa pareille »* BAUDELAIRE. *Je n'en ai pas souvenir. Conserver, perdre le souvenir d'un évènement.* ■ **3** Ce qui revient ou peut revenir à l'esprit des expériences passées ; image que garde et fournit la mémoire. ➤ **réminiscence.** *« J'ai plus de souvenirs que si j'avais mille ans »* BAUDELAIRE. *« Les souvenirs sont les armes secrètes que l'homme garde sur lui lorsqu'il est dépouillé, la dernière franchise qui oblige la franchise en retour »* KOLTÈS. *Souvenir fidèle, vague. Éveiller des souvenirs. Faire appel* à ses souvenirs.* — *Un souvenir d'enfance, de collège. Des souvenirs de lecture. Pays, séjour qui laisse de bons souvenirs. Évoquer le souvenir de qqn. « Ton souvenir en moi luit comme un ostensoir »* BAUDELAIRE. *Ce n'est plus qu'un mauvais souvenir :* cet évènement désagréable, pénible, appartient maintenant au passé. — (Dans les formules de politesse) *Mon bon souvenir à votre frère. Affectueux, meilleurs souvenirs.* ♦ (avant 1729) AU PLUR. Mémoires. *Noter, écrire ses souvenirs. Souvenirs,* titre de mémoires. *« Souvenirs d'enfance et de jeunesse »,* de Renan. ■ **4** (1823) **EN SOUVENIR DE :** pour garder le souvenir de (qqn, qqch.). *En souvenir de notre rencontre. Gardez ceci en souvenir de moi ;* ABSOLT. *en souvenir.* ■ **5** (1676) (Objets concrets) Ce qui fait souvenir, ce qui reste comme un témoignage (de qqch. qui appartient au passé). *Souvenirs de famille. « des gravures d'Audran, souvenirs d'un temps meilleur »* FLAUBERT. APPOS. *Des photos souvenirs.* ♦ Objet, cadeau qui rappelle la mémoire de qqn, qui fait qu'on pense à lui. *« Si pauvre qu'il fût, il trouvait moyen d'apporter un souvenir à chacun »* R. ROLLAND. — SPÉCIALT Bibelot qu'on vend aux touristes. *Sa famille « gérait un magasin de souvenirs. Des colliers de patelles rosées, de vernis luisants, des coffrets de carton décorés de coquillages [...], des boules où tourbillonnait la neige autour d'un phare »* M. ROUANET. *Souvenirs de Paris.* ■ CONTR. Oubli.

SOUVENT [suvɑ̃] **adv.** – v. 1050 ◊ latin *subinde* ■ **1** Plusieurs fois, à plusieurs reprises dans un espace de temps limité. ➤ **fréquemment.** *« J'ai souvent pensé à vous durant votre voyage »* SAINTE-BEUVE. *Pas très souvent. Peu souvent. Il ne vient pas souvent ici. Assez, bien, très souvent.* — LOC. *Plus souvent qu'à mon (ton, son...) tour :* plus souvent qu'il n'est normal pour moi (toi...). ♦ POP. et VX *Plus souvent !* sûrement pas ! jamais de la vie. *« Plus souvent qu'elle se donnerait encore du tintouin »* ZOLA. ■ **2** En de nombreux cas (cf. D'ordinaire, en général). *« On a souvent besoin d'un plus petit que soi »* LA FONTAINE. *C'est bien souvent le cas. Le plus souvent :* dans la plupart des cas. ➤ **généralement.** *« Ces événements bruyants, violents, qui souvent ne produisent rien »* FUSTEL DE COULANGES.
■ CONTR. Rarement.

SOUVERAIN, AINE [suv(ə)ʀɛ̃, ɛn] **adj.** et **n.** – v. 1050 ◊ latin médiéval *superanus,* classique *superus* « supérieur »

I **adj.** ■ **1** Qui est au-dessus des autres, dans son genre. ➤ **supérieur, suprême.** *Le souverain bien.* ♦ D'une efficacité absolue. *« L'étude a été pour moi le souverain remède contre les dégoûts de la vie »* MONTESQUIEU. ■ **2** Qui, dans son domaine, n'est subordonné à personne. *La puissance souveraine :* la souveraineté. — *Le souverain pontife :* le pape. ♦ Qui possède la souveraineté internationale, la capacité internationale normale. *État souverain.* ➤ **indépendant.** ♦ Qui juge sans appel, qui échappe au contrôle d'un organe supérieur. *Juge souverain. Cour, assemblée souveraine.* ■ **3** Qui manifeste, par son caractère absolu, un sentiment de supériorité extrême. *Un souverain mépris.* ➤ **extrême.** ■ **4** FIN. *Fonds souverain :* fonds de placement détenu par un État. — Au plur. Avoirs d'un État en monnaie étrangère. ♦ *Dette souveraine,* émise ou garantie par un État ou une banque centrale.

II **n.** (v. 1175) ■ **1** Chef d'État monarchique. ➤ **empereur, impératrice, monarque, prince, reine, roi.** *« personne ne voit plus dans le souverain le père de l'État, et chacun y aperçoit un maître »* TOCQUEVILLE. ♦ **n. m.** (répandu XVIIIe) DR. CONSTIT. La personne physique ou morale en qui réside la souveraineté. *« Il y avait l'Assemblée du peuple. C'était le vrai souverain »* FUSTEL DE COULANGES. ■ **2** FIG. Maître, maîtresse. *« La paix des cimetières d'alentour avait cependant fini par s'imposer en* *souveraine»* LOTI.

III **n. m.** ▪ **1** (1829 ◊ anglais *sovereign,* du français) Monnaie d'or anglaise de valeur égale à la livre sterling. ▪ **2** (Suisse) Le peuple en tant qu'ensemble des citoyens ayant le droit de vote. *Le souverain helvétique, vaudois.*

SOUVERAINEMENT [suv(ə)ʀɛnmɑ̃] **adv.** – 1377 ; «parfaitement» v. 1225 ◊ de *souverain* ▪ **1** Suprêmement. *«Un être souverainement parfait, qui est Dieu»* LA BRUYÈRE. ♦ Extrêmement, parfaitement. *«Il avait souverainement déplu au général»* STENDHAL. ▪ **2** Avec une autorité souveraine, sans appel. *«Décider souverainement en toute matière»* VALÉRY.

SOUVERAINETÉ [suv(ə)ʀɛnte] **n. f.** – 1283 ◊ de *souverain* ▪ **1** Autorité suprême (d'un souverain, d'un prince). ➤ **empire,** 2 **pouvoir, royauté.** *La souveraineté d'un prince sur un territoire.* ♦ Le principe abstrait d'autorité suprême dans le corps politique. *«La souveraineté est inaliénable, elle est indivisible»* ROUSSEAU. ▪ **2** (1631) Caractère d'un État ou d'un organe qui n'est soumis à aucun autre État ou organe. ➤ **indépendance.** *Souveraineté territoriale. Atteinte à la souveraineté d'un État.* ▪ **3** FIG. et LITTÉR. Puissance suprême. ➤ **empire.** *La souveraineté de la raison.* ▪ CONTR. Dépendance.

SOUVERAINISME [suv(ə)ʀenism] **n. m.** – 1973 ◊ mot créé au Canada, de *souverain* ▪ POLIT. ▪ **1** Au Canada, Mouvement qui soutient la souveraineté de la province du Québec. *Le souverainisme québécois.* ▪ **2** Mouvement qui défend la stricte souveraineté des États, à l'intérieur de l'Europe. ➤ **nationalisme.**

SOUVERAINISTE [suv(ə)ʀenist] **adj.** et **n.** – 1974 ◊ de *souverain* ▪ POLIT. ▪ **1** Au Canada, Partisan de la souveraineté du Québec. *La cause souverainiste.* — **n.** *Les souverainistes québécois.* ▪ **2** Partisan d'une Europe formée de nations souveraines. *La droite nationaliste et souverainiste.* — **n.** *Les souverainistes et les fédéralistes.*

SOVIET [sɔvjɛt] **n. m.** – 1917 ; «conseil (d'un pays slave)» 1840 ◊ mot russe «conseil» ▪ HIST. En Russie, Conseil de délégués ouvriers et soldats au moment de la révolution de 1917. — Chambre des représentants de la nation *(Soviet de l'Union)* et des républiques fédérées *(Soviet des nationalités)* qui formait le parlement de l'U. R. S. S. (ou *Soviet suprême*). *Le Présidium* du Soviet suprême.* ♦ *La république des Soviets, les Soviets,* l'Union soviétique.

SOVIÉTIQUE [sɔvjetik] **adj.** et **n.** – avant 1920 ◊ de *soviet* ▪ HIST. Relatif aux soviets révolutionnaires, et PAR EXT. à l'État fédéral socialiste, né de la Révolution en 1917 et dissous en 1991 (nommé *Union des Républiques Socialistes Soviétiques [U. R. S. S.] ou Union soviétique*). *L'armée soviétique :* l'armée rouge. — **n.** *Les Soviétiques.* ♦ (depuis 1991) *Ex-soviétique,* se dit de ce qui fut naguère soviétique.

SOVIÉTISER [sɔvjetize] **v. tr.** ⟨1⟩ – 1918 ◊ de *soviétique* ▪ HIST. Soumettre à l'autorité ou à l'influence de la Russie soviétique. **p. p. adj.** *États soviétisés.* ➤ **russifier.** — **n. f. SOVIÉTISATION.**

SOVIÉTOLOGUE [sɔvjetɔlɔg] **n.** – 1956 ◊ de *soviet* et *-logue* ▪ Spécialiste de la politique soviétique (➤ **kremlinologie**). — **n. f. SOVIÉTOLOGIE** (1956). *Les «contacts que j'ai gardés dans les milieux de feu la soviétologie»* J.-CH. RUFIN.

SOVKHOZE [sɔvkoz] **n. m.** – *sovkhoz* 1922 ◊ russe *sovkhoz,* abrév. de *sov(ietskoïé) khoz(iaïstvo)* «économie soviétique» ▪ HIST. En U. R. S. S., Ferme pilote qui appartenait à l'État.

SOYA ➤ **SOJA**

SOYER [swaje] **n. m.** – 1872 ◊ origine inconnue ▪ VX Sorte de sorbet au champagne.

SOYEUX, EUSE [swajø, øz] **adj.** et **n. m.** – 1549 ; *sayeux* 1488 ; *soieux* «(porc) couvert de soies» fin XIVe ◊ de *seie, soie* ▪ **1** VX De soie. ♦ (1690) MOD. Qui a l'apparence de la soie, est doux et brillant comme la soie. *Cheveux fins et soyeux. Le pelage soyeux des chats. «Sa longue et soyeuse moustache»* BARBEY. ▪ **2** **n. m.** (1897) À Lyon, Industriel de la soierie.

SPA [spa] **n. m.** – 1981 ◊ de *Spa,* n. d'une ville thermale belge ▪ **1** Bain à remous. ▪ **2** (1998) Centre de beauté et de remise en forme, dans un cadre luxueux. *Les «spas, centres de soins et de repos, où l'on remet sur pied les forçats du stress»* (Le Monde, 1999).

SPACIEUSEMENT [spasjøzmɑ̃] **adv.** – 1549 ◊ de *spacieux* ▪ RARE En étant au large. *Ils sont installés spacieusement.*

SPACIEUX, IEUSE [spasjø, jøz] **adj.** – 1379 ; *spacios* début XIIe ◊ latin *spatiosus* ▪ Où l'on a de l'espace, où l'on est au large. ➤ **ample, étendu, grand, vaste.** *«Qu'elle est spacieuse et claire, cette vieille cuisine provençale»* JALOUX. *Une voiture spacieuse.* ▪ CONTR. Étroit, petit.

SPADASSIN [spadasɛ̃] **n. m.** – 1559 ; *espadassin* 1548 ◊ italien *spadaccino,* de *spada* «épée» ▪ **1** VX Homme d'épée. ➤ **bretteur.** ▪ **2** MOD. et LITTÉR. Assassin à gages.

SPADICE [spadis] **n. m.** – 1805 ; *spadix* 1743 ◊ latin *spadix* d'origine grecque «branche de palmier» ▪ BOT. Inflorescence en épi ou en panicule enveloppée par une spathe*. *Les spadices des palmiers dattiers. «de longs spadices sanguinolents, imitant la forme de monstrueux phallus»* MIRBEAU.

SPAETZLE [ʃpɛtzœl(ə) ; ʃpɛtzlə] **n. m.** – 1898 *spätzli* ◊ mot alémanique «petit moineau» ▪ RÉGION. (Alsace) AU PLUR. Pâtes alimentaires en lanières. *Des spaetzles* (aussi *des spaetzle,* inv.).

SPAGHETTI [spageti] **n. m.** – 1872 au sing. ◊ mot italien, diminutif de *spago,* bas latin *spacus* «ficelle» ▪ AU PLUR. Pâtes alimentaires fines et longues. *Des spaghettis à la tomate. «Manger un plat de spaghettis, c'est comme imaginer le désarroi d'un être plongé dans un labyrinthe, dans une entropie inextricable de sens, dans un sac de nœuds»* T. BENACQUISTA. — PAR APPOS. (PLAISANT) *Western* spaghetti.*

SPAHI [spai] **n. m.** – 1829 ; «cavalier turc» 1538 ◊ turc *sipâhi,* d'origine persane → cipaye ▪ ANCIENNT Soldat des corps de cavalerie indigène créés par l'armée française en Afrique du Nord. *«Le Roman d'un spahi», de Loti. Les spahis.*

SPALAX [spalaks] **n. m.** – 1827 ◊ mot grec «taupe» ▪ ZOOL. Petit rongeur d'Europe centrale et orientale, sans queue, à oreilles courtes, à fourrure épaisse, appelé aussi *rat-taupe.*

SPALLATION [spalasjɔ̃] **n. f.** – 1953 ◊ mot anglais, de *to spall* «éclater» ▪ PHYS. Réaction nucléaire provoquée par des particules accélérées avec une si grande énergie que le noyau «éclate» en éjectant diverses particules.

SPALTER [spaltɛʀ] **n. m.** – 1876 ◊ de l'allemand *spalten* «fendre, crevasser» ▪ TECHN. Brosse de peintre en bâtiment, utilisée pour faire les faux bois.

SPAM [spam] **n. m.** – 1997 ◊ mot anglais américain, du n. d'une marque de jambon en boîte, répété dans un sketch, de *sp(iced) (h)am,* «jambon épicé» ▪ ANGLIC. Envoi d'un même message électronique, souvent de nature publicitaire, à un grand nombre d'internautes sans leur consentement ; ce type de messages. ➤ RÉGION. **pourriel.** *Lutter contre le spam. Filtrer les spams.* Recomm. offic. *arrosage.*

SPARADRAP [spaʀadʀa] **n. m.** – v. 1560 ; *speradrapu* 1314 ◊ latin médiéval *sparadrapum,* p.-ê. du latin *spargere* «étendre» et français *drap* ▪ Adhésif, souvent combiné avec un petit pansement. *Compresse maintenue par du sparadrap.*

SPARDECK [spaʀdɛk] **n. m.** – 1813 ◊ mot anglais, de *spar* «barre» et *deck* «pont» ▪ MAR. Pont supérieur qui s'étend sans interruption de l'avant à l'arrière (sans dunette ni gaillard).

SPARGANIER [spaʀganje] **n. m.** – 1842 ◊ latin des botanistes *sparganium* (1730), du grec *sparganion* ▪ BOT. Plante aquatique, communément appelée *ruban d'eau.*

SPARRING-PARTNER [spaʀiŋpaʀtnɛʀ] **n. m.** – 1909 ◊ mot anglais (1908), de *sparring* «combat» et *partner* «partenaire» ▪ ANGLIC. SPORTS Sportif servant, à l'entraînement (boxe, tennis, arts martiaux...), d'adversaire à un autre sportif. *Des sparring-partners.* — Recomm. offic. *partenaire d'entraînement.*

SPARTAKISTE [spaʀtakist] **n.** – 1916 ◊ allemand *Spartakist,* de *Spartakusbund* «groupe Spartacus», du nom du chef des esclaves romains révoltés en 71 av. J.-C. ▪ HIST. Membre d'un mouvement socialiste et communiste allemand (le *spartakisme*) animé par Karl Liebknecht et Rosa Luxemburg (1916-1919). — **adj.** *Le groupe spartakiste.*

SPARTE ou **SPART** [spaʀt] **n. m.** – 1845, -1532 ◊ latin *spartum,* grec *sparton* ▪ BOT. Genêt d'Espagne dont les fibres sont utilisées en sparterie. *Natte en sparte tressé.* ➤ **sparterie.**

SPARTÉINE [spaʀtein] **n. f.** – 1863 ◊ de *sparte,* d'après l'anglais (1851) ▪ MÉD., BIOCHIM. Alcaloïde extrait du genêt à balai, du cytise ou du lupin, utilisé comme antispasmodique.

SPARTERIE [spaʀt(ə)ʀi] **n. f.** – 1752 ◊ de *sparte* ▪ **1** Fabrication d'objets en fibres végétales (jonc, alfa, crin) vannées ou tissées. *Sparterie grossière* (cabas, nattes), *fine* (chapeaux). *Tapis, semelles d'espadrilles en sparterie.* ➤ **corde.** ▪ **2** Ouvrage ainsi fabriqué. *«ces merveilleuses sparteries dont la Provence semble avoir emprunté aux Maures l'art délicat»* DAUDET.

SPARTIATE [spaʀsjat] **n.** et **adj.** – 1580 ◊ latin d'origine grecque *spartiatês*, de *Spartê* «Sparte» ■ **1** Citoyen de l'ancienne Sparte. *Les lois sévères des Spartiates.* **adj.** *Les ilotes spartiates.* ■ **2 adj.** (1847) Digne des anciens citoyens de Sparte ; qui rappelle leur austérité, leur patriotisme. *Des mœurs spartiates. Un confort spartiate.* — **n.** *Il «tenait du spartiate et du puritain»* HUGO. ■ **3 n. f. pl.** (1947) Sandales montantes faites de lanières de cuir croisées.

SPASME [spasm] **n. m.** – 1314 ◊ latin *spasmus*, grec *spasmos* ■ Contraction brusque et violente, involontaire, d'un ou de plusieurs muscles. ➤ **convulsion, crampe, crispation.** *Spasme de l'estomac, de l'intestin. Médicament contre les spasmes* (➤ **antispasmodique**). *Tendance aux spasmes musculaires.* ➤ **spasmophilie.** *«Elle se débattit en des spasmes épouvantables, secouée de tremblements effrayants»* MAUPASSANT. — *Spasme de plaisir* (➤ **orgasme**). ◆ PAR EXT. Serrement. *«Il eut à la poitrine ce spasme qui ressemblait à l'étreinte de la peur»* MARTIN DU GARD.

SPASMODIQUE [spasmɔdik] **adj.** – 1721 ◊ du grec *spasmôdês* ■ Caractérisé par des spasmes, ou relatif aux spasmes. *Toux spasmodique. Rire spasmodique.* ➤ **convulsif.** *«Des frissons spasmodiques couraient sur son corps»* GAUTIER.

SPASMOLYTIQUE [spasmɔlitik] **adj.** – 1953 ◊ de *spasme* et *-lytique* ■ MÉD. Qui supprime les spasmes. — **n. m.** *Un spasmolytique.* ➤ **antispasmodique.**

SPASMOPHILE [spasmɔfil] **adj.** et **n.** – 1928 *diathèse spasmophile* ◊ de *spasmophilie* ■ MÉD. Atteint de spasmophilie.

SPASMOPHILIE [spasmɔfili] **n. f.** – 1907 ◊ de *spasme* et *-philie* ■ MÉD. Syndrome caractérisé par des spasmes musculaires et viscéraux et une excitabilité neuromusculaire excessive. ➤ **tétanie.**

SPASTICITÉ [spastisite] **n. f.** – 1970 ◊ de *spastique*, grec *spastikos* → spasme ■ MÉD. État caractérisé par une hypertonie musculaire d'origine neurologique.

SPASTIQUE [spastik] **adj.** – 1795 ◊ du latin *spasticus* «qui a des spasmes» ■ Qui a les caractères de la spasticité. *Démarche spastique.*

SPATANGUE [spatɑ̃g] **n. m.** – 1803 ; *spatangus* 1771 ◊ bas latin *spatangius*, grec *spataggês* ■ ZOOL. Oursin ovoïde, à piquants courts, vivant dans les sables vaseux.

SPATH [spat] **n. m.** – 1751 ◊ mot allemand ■ GÉOL., MINÉR. Roche aux faces cristallines nettement taillées. *Qui ressemble au spath.* ➤ **spathique.** *Spath d'Islande :* variété naturelle de calcite biréfringente dans laquelle on taille des prismes polariseurs. *Spath fluor :* principal minerai du fluor. ➤ **fluorine.** *Des spaths.* ■ HOM. Spathe.

SPATHE [spat] **n. f.** – 1765 sens 2 ◊ latin *spatha*, grec *spathê* ■ **1** (1803 n. m.) ARCHÉOL. Épée à large lame des Gaulois et des Germains. ■ **2** BOT. Grande bractée en forme de sac, de cornet, enveloppant un spadice*. *«d'énormes spathes, sortes de cornets évasés d'un violet foncé de pourriture»* MIRBEAU. ■ HOM. Spath.

SPATHIQUE [spatik] **adj.** – 1757 ◊ de *spath* ■ MINÉR. De la nature ou de l'aspect d'un spath. *Fer spathique.*

SPATIAL, IALE, IAUX [spasjal, jo] **adj.** – 1889 ◊ du latin *spatium* «espace» ■ **1** DIDACT. Qui se rapporte à l'espace, est du domaine de l'espace. *La physique spatiale. Cadre spatial et temporel.* ◆ *Charge spatiale :* excès de charge électrique dans une certaine région. ■ **2** COUR. Relatif à l'espace interplanétaire, interstellaire, à son exploration. *Voyage, engin spatial.* ➤ **cosmique.** *Vaisseau* spatial. Navette*, station* spatiale. Centre national d'études spatiales.*

SPATIALISATION [spasjalizasjɔ̃] **n. f.** – 1927 ◊ de *spatialiser* ■ DIDACT. Action de spatialiser, fait d'être spatialisé. *«La spatialisation du temps»* BROGLIE. ◆ PHYSIOL. Localisation dans l'espace d'un stimulus visuel ou auditif.

SPATIALISER [spasjalize] **v. tr.** ⟨1⟩ – 1907 ◊ de *spatial* ■ DIDACT. ■ **1** Donner à (qqch.) les caractères de l'espace. PRONOM. *«la matière se spatialise»* BERGSON. ■ **2** (v. 1970) Adapter (un engin, un appareillage...) aux conditions de l'espace.

SPATIALITÉ [spasjalite] **n. f.** – 1907 ◊ de *spatial* ■ DIDACT. Caractère de ce qui est spatial. *«La spatialité parfaite consisterait en une parfaite extériorité des parties les unes par rapport aux autres»* BERGSON.

SPATIO- ■ Élément, de *spatial*, qui signifie «espace».

SPATIOLOGIE [spasjɔlɔʒi] **n. f.** – 1984 ◊ de *spatio-* et *-logie* ■ DIDACT. Ensemble des sciences et des techniques spatiales.

SPATIONAUTE [spasjonot] **n.** – 1962 ◊ de *spatio-* et *-naute*, d'après *aéronaute* ■ RARE Membre de l'équipage d'un engin spatial. ➤ **astronaute.**

SPATIONEF [spasjɔnɛf] **n. m.** – 1963 ◊ de *spatio-* et *nef* ■ VIEILLI Vaisseau spatial.

SPATIOTEMPOREL, ELLE [spasjotɑ̃pɔʀɛl] **adj.** – 1904 ◊ de *spatio-* et *temporel* ■ DIDACT. Qui appartient à l'espace et au temps. *Notre univers est spatiotemporel. Repères spatiotemporels. Continuum* spatiotemporel.*

SPATULE [spatyl] **n. f.** – 1446 ; *espatule* 1377 ◊ latin *spat(h)ula*, de *spatha* → épée ■ **1** Baguette aplatie à un bout, utilisée pour remuer, étaler ; instrument formé d'un manche et d'une lame large. *Spatule de sculpteur. Spatule de maçon pour jointoyer. Spatule chirurgicale. Spatule pour l'examen du pharynx.* ➤ **abaisse-langue.** *Remuer son café avec une spatule.* ➤ FAM. **touillette.** *«des doigts en spatule [...] larges et carrés au bout»* GIDE. ◆ Extrémité évasée (d'un manche de cuillère, de fourchette). *Spatule ornée d'initiales.* ◆ Extrémité antérieure relevée d'un ski. ■ **2** (1664) ZOOL. Oiseau échassier à long bec en spatule, qui vit en colonies au bord de l'eau, dans les marais.

SPATULÉ, ÉE [spatyle] **adj.** – 1778 ◊ de *spatule* ■ SC. NAT. En spatule, large et plat du bout. *Bec spatulé.*

SPEAKEASY [spikizi] **n. m.** – 1930 ◊ mot anglais américain, de *to speak* «parler» et *easy* «doucement» ■ HIST. Local où l'on servait clandestinement des boissons alcoolisées, aux États-Unis, pendant la prohibition. *Des speakeasys* ou *des speakeasies* (plur. angl.).

SPEAKER [spikœʀ] **n. m.** /SPEAKEUR/ – 1649 ◊ mot anglais, proprt «celui qui parle» ■ **1** Président de la Chambre des communes, en Angleterre. ■ **2** (1926 ; «annonceur de résultats sportifs» 1904) ANGLIC. VIEILLI ➤ **animateur, présentateur.** *«Sabotage de la prononciation de notre belle langue par les speakers de la radio»* GIDE.

SPEAKERINE [spikʀin] **n. f.** – 1934 ◊ de *speaker*, avec un suffixe emprunté à l'allemand ■ FAUX ANGLIC., VIEILLI Annonceuse, présentatrice. *Les speakerines de la télévision.*

SPÉCIAL, IALE, IAUX [spesjal, jo] **adj.** – 1190 ; *especiel* v. 1130 ◊ latin *specialis* «relatif à l'espèce» ■ **1** Qui concerne une espèce, une sorte de choses (opposé à *général*). *Domaine spécial.* ➤ **spécialité.** *Des connaissances spéciales. Dictionnaire général et dictionnaires spéciaux. Spécial et spécifique*. — Mathématiques* spéciales ;* FAM. *maths spé.* ■ **2** Qui est propre, particulier à (une personne, un groupe, à l'exclusion des autres). *«Le parfum d'honnêteté sévère [...] spécial aux vieilles bonnes»* GONCOURT. ◆ Qui est destiné, par des caractères particuliers, à l'usage exclusif d'une personne ou d'une chose. *Train spécial. «l'isolement de leurs malades dans les salles spéciales de l'hôpital»* CAMUS. ◆ Qui constitue une exception, est employé pour les circonstances extraordinaires. *Autorisation spéciale. Services spéciaux de la police. Édition spéciale. Numéro spécial* (d'une publication). ➤ aussi **hors-série.** *L'envoyé spécial d'un journal* (opposé à *permanent*). ■ **3** Qui présente des caractères particuliers dans son genre. ➤ **atypique, particulier.** *Il «distingua aussitôt, parmi d'autres, une voix qui avait un timbre spécial»* MARTIN DU GARD. ◆ Qui n'est pas commun. ➤ **singulier.** *«Rien de spécial à citer»* FLAUBERT. *Effets spéciaux, au cinéma.* — Bizarre, non accepté par tous. *C'est spécial, un peu spécial chez eux.* — PAR EUPHÉM. *Des mœurs spéciales,* homosexuelles (VIEILLI) ; mœurs sexuelles s'écartant de la norme sociale. ■ CONTR. 1 Général ; ordinaire ; régulier.

SPÉCIALEMENT [spesjalmɑ̃] **adv.** – fin XIIe ◊ de *spécial* ■ **1** D'une manière spéciale, en particulier. ➤ **notamment.** *Il s'est déplacé spécialement pour vous.* — Dans un sens restreint (mot). ■ **2** À l'exclusion des autres. ➤ **particulièrement.** *Être spécialement désigné pour qqch., chargé de qqch.* ■ **3** D'une manière adéquate, tout exprès. *«Quant aux salles "spécialement équipées"»* CAMUS. ■ **4** D'une manière très caractéristique, plus qu'une autre chose du même genre. ➤ **particulièrement.** *«une partie de dominos, jeu spécialement silencieux et méditatif»* NERVAL. FAM. *Tu es pressé ? Pas spécialement* (cf. Pas vraiment*). *«non, pas spécialement beau»* MORAND.

SPÉCIALISATION [spesjalizasjɔ̃] **n. f.** – 1830 ◊ de *spécialiser* ■ **1** Action, fait de (se) spécialiser. *Spécialisation des fonctions d'un organe.* ◆ SPÉCIALT Action, fait de se spécialiser dans un domaine de la connaissance. *«Cette spécialisation tend [...] à isoler les unes des autres des catégories de chercheurs»* BROGLIE. — *Spécialisation du sens d'un mot.* ➤ **limitation.** ■ **2** Formation qui permet d'acquérir des connaissances particulières. *Faire une spécialisation en droit international. — Il a une spécialisation en gestion.*

SPÉCIALISÉ, ÉE [spesjalize] adj. – de *spécialiser* ■ Qui a une spécialité. *Ouvrier spécialisé (O. S.)* (sans C. A. P.). — *Ouvrages spécialisés. Revues spécialisées.* ♦ *Formation très spécialisée.* ➤ **pointu.**

SPÉCIALISER [spesjalize] v. tr. ‹1› – 1875 ; «spécifier» 1819 ; hapax 1535 ◊ de *spécial* ■ **1** Donner un emploi spécial, déterminé et restreint à. ■ **2** v. pron. Être cantonné, confiné dans un emploi spécial, restreint. «*le dérivé tend à s'isoler du mot simple, à se spécialiser*» DAUZAT. — Acquérir des connaissances approfondies dans un domaine particulier. *Médecin qui se spécialise* (➤ **spécialiste**). *Elle s'est spécialisée dans la génétique.*

SPÉCIALISTE [spesjalist] n. – 1838 ; «intuitif» 1832 ◊ de *spécial* ■ **1** Personne qui s'est spécialisée, qui a des connaissances approfondies dans un domaine déterminé et restreint (science, technique...). ➤ **expert.** *Un spécialiste de l'histoire d'Angleterre, de l'embryologie animale.* ♦ SPÉCIALT Médecin qui s'est spécialisé dans une branche particulière de la médecine (opposé à *généraliste*). «*Un spécialiste des maladies nerveuses*» PROUST. *Consulter un spécialiste en rhumatologie.* ■ **2** FIG. FAM. Personne qui s'y connaît (en qqch.), est coutumière (de qqch.). «*Un spécialiste de la guigne*» DUHAMEL. — adj. *Elle est spécialiste de ce genre de gaffes.* ■ CONTR. Amateur.

SPÉCIALITÉ [spesjalite] n. f. – début XIVe ; *especialité* milieu XIIIe ◊ bas latin *specialitas* ■ **1** DIDACT. Caractère de ce qui est spécial, propre à une espèce. ♦ DR. *Spécialité hypothécaire* : principe selon lequel tout acte constitutif d'hypothèque conventionnelle doit indiquer «l'espèce» du bien hypothéqué. *Spécialité administrative* : principe en vertu duquel les autorités ont chacune leur espèce d'attribution et doivent s'y cantonner. *Spécialité budgétaire* : règle par laquelle les crédits votés pour un chapitre ne peuvent servir à un autre. ■ **2** (1836) Ensemble de connaissances approfondies sur un objet d'étude limité. ➤ **branche.** «*un savant qui ne voit rien au delà de sa spécialité*» PROUST. *Langages, langues de spécialités* (➤ **terminologie ; 1 jargon**). — *Spécialité médicale* : branche de la médecine dans laquelle un médecin acquiert des connaissances approfondies par des études complémentaires (➤ **spécialiste,** 1°). ■ **3** Activité, production déterminée à laquelle se consacre qqn. ➤ **domaine, partie.** «*Dans les sujets qui font sa spécialité* [du peintre]» BAUDELAIRE. *La spécialité d'un restaurateur, du chef* : le mets qu'il réussit parfaitement. *Spécialités régionales.* «*une spécialité locale, comme le nougat à Montélimar ou la bêtise à Cambrai*» J.-CH. RUFIN. ♦ *Spécialité pharmaceutique* : médicament préparé industriellement par un laboratoire. *Les spécialités et les préparations.* ■ **4** FAM. Comportement particulier et personnel. «*Là était sa spécialité : [...] l'art délicat de vous passer la main dans le dos et le croc-en-jambe*» COURTELINE. *Il s'est encore trompé d'heure, c'est sa spécialité.*

SPÉCIATION [spesjasjɔ̃] n. f. – milieu XXe ◊ mot anglais, du latin *species* «espèce» ■ BIOL. Formation d'espèces nouvelles, différenciation des espèces au cours de l'évolution. *Spéciation allopatrique, sympatrique.*

SPÉCIEUSEMENT [spesjøzmɑ̃] adv. – 1690 ; «brillamment» 1569 ◊ de *spécieux* ■ LITTÉR. D'une manière spécieuse, en trompant avec les apparences de la vérité. «*que leurs aveux soient* [...] *si spécieusement dissimulés*» GIDE.

SPÉCIEUX, IEUSE [spesjø, jøz] adj. – fin XIVe ◊ latin *speciosus* ■ **1** VX Qui a une belle apparence. ➤ **séduisant.** ■ **2** (1646) MOD. LITTÉR. Qui n'a qu'une belle apparence, qui est sans réalité, sans valeur. *Sous un prétexte spécieux. Il lui est arrivé «de céder à des généralisations spécieuses»* MONDOR. ♦ Qui est destiné à induire en erreur, avec une apparence de vérité. ➤ **captieux, fallacieux.** *Raisonnement spécieux,* trompeur. «*Répondant à une question spécieuse*» GIDE. ■ CONTR. Sérieux, sincère.

SPÉCIFICATION [spesifikasjɔ̃] n. f. – 1341 ◊ latin médiéval *specificatio* ■ **1** DIDACT. Action de spécifier. *Sans spécification de l'heure ni du lieu.* ➤ **précision.** ■ **2** Définition (d'une espèce, d'une chose), détermination de ses caractères. *Spécification d'un produit industriel* : caractéristique, clause spécifiée dans son cahier de charges. — ÉLECTRON. *Feuille de spécifications d'un composant.* ■ **3** (1685) DR. Formation d'une chose nouvelle par le travail d'une personne sur la matière mobilière appartenant à une autre (➤ **propriété**).

SPÉCIFICITÉ [spesifisite] n. f. – 1834 ◊ de *spécifique* ■ DIDACT. ■ **1** Caractère de ce qui est spécifique ; différence spécifique. *Spécificité sensorielle* : modalité sensorielle spécifique d'un système récepteur déterminé. ♦ IMMUNOL., MÉD. *Spécificité immunologique* (d'une réaction entre un antigène et un anticorps), résultant de la capacité d'un antigène à provoquer la production d'un anticorps qui lui est spécifique, lorsqu'il est introduit dans l'organisme. ■ **2** Qualité de ce qui est spécifique. *La spécificité d'un art, d'une maladie. Perdre sa spécificité.*

SPÉCIFIER [spesifje] v. tr. ‹7› – XIVe ; *especefier* milieu XIIIe ◊ bas latin *specificare* ■ Mentionner de façon précise. ➤ **indiquer, préciser.** «*sous la forme d'un prêt, sans que la destination en fût spécifiée dans le reçu*» ROMAINS. — *Il a bien spécifié qu'il resterait deux jours.*

SPÉCIFIQUE [spesifik] adj. – 1402 ◊ bas latin *specificus* ■ **1** DIDACT. Propre à une espèce et à elle seule. *Nom, terme spécifique* (opposé à *générique*). *Différence* spécifique. La faculté «de se perfectionner, qui est le caractère spécifique de l'espèce humaine»* ROUSSEAU. VX *Poids spécifique* : poids volumique*. *Masse* spécifique.* — MOD. PHYS. Qui se rapporte à l'unité de masse. ➤ **massique.** *Chaleur* spécifique.* — DOUANE, FISC. *Droits, taxes spécifiques,* calculés sur une grandeur physique (poids, métrage, surface, etc.) caractéristique du produit (opposé à *ad valorem*). — CHIM. *Réaction spécifique,* caractéristique d'une substance. — MÉD. *Microbe spécifique,* pathogène pour une seule maladie. *Médicament spécifique,* propre à guérir une maladie particulière. — FIG. «*Le remède spécifique de la vanité est le rire*» BERGSON. ♦ COUR. Propre à une chose et à elle seule. ➤ **caractéristique, sui generis.** *L'odeur spécifique du cuir neuf.* ■ **2** Qui a son caractère en ses lois propres, ne peut se rattacher à autre chose ou en dépendre. *Il était plus facile «de voir en la peinture la représentation d'une fiction, que d'y voir un langage spécifique»* MALRAUX.

SPÉCIFIQUEMENT [spesifikmɑ̃] adv. – 1366 ◊ bas latin *specifice* ■ D'une manière spécifique, proprement. «*une trouvaille purement et spécifiquement bourgeoise*» MONTHERLANT. ➤ **typiquement.**

SPÉCIMEN [spesimɛn] n. m. – 1662 ◊ latin *specimen,* de *species* ■ **1** Individu qui donne une idée de l'espèce à laquelle il appartient ; unité ou partie d'un ensemble qui donne une idée du tout. ➤ **échantillon, 2 exemplaire, exemple, modèle, représentant.** «*un charmant* spécimen *de ce style Pompadour si bien nommé* rococo» BALZAC. *Un parfait spécimen du macho.* ■ **2** Exemplaire ou feuillet publicitaire (d'une revue, d'un manuel). *Il est interdit de revendre les spécimens.* — APPOS. *Numéros spécimens.* ■ **3** FAM. et IRON. Personne. ➤ **type, zèbre.** *Un drôle de spécimen.* ➤ **phénomène ;** FAM. **numéro.**

SPÉCIOSITÉ [spesjozite] n. f. – 1836 ; «beauté» 1512 ◊ du latin *speciosus* → spécieux ■ RARE Caractère de ce qui est spécieux. *La spéciosité d'un argument.*

SPÉCISME [spesism] n. m. – 1981 ◊ du latin *species* (→ espèce), d'après *racisme* et l'anglais *speciesism* (1970) ■ DIDACT. Idéologie qui postule une hiérarchie entre les espèces, SPÉCIALT la supériorité de l'être humain sur les animaux. «*La lutte contre le spécisme, c'est l'extension du principe d'égalité au monde animal*» (Le Matin, 2015). ♦ PAR EXT. Mauvais traitement, exploitation des animaux. ■ CONTR. Antispécisme.

SPÉCISTE [spesist] adj. et n. – 1986 ◊ de *spécisme* ■ DIDACT. Relatif au spécisme. «*On tue des bêtes pour les manger, on sacrifie des animaux de laboratoire pour la recherche, on enferme des singes dans des cages leur vie durant pour les montrer aux enfants. Ce sont des crimes spécistes particulièrement odieux*» J.-CH. RUFIN. ♦ Partisan du spécisme. — n. *Les spécistes.* ■ CONTR. Antispéciste.

SPECK [spɛk] n. m. – 1997 ◊ mot allemand «lard» ■ Jambon cru légèrement fumé et séché (spécialité du Tyrol du Sud). *Une tranche de speck.*

SPECTACLE [spɛktakl] n. m. – v. 1200 ◊ latin *spectaculum* ■ **1** Ensemble de choses ou de faits qui s'offre au regard. ➤ **aspect, tableau.** «*des vers que nous inspirait le spectacle de la nature*» CHATEAUBRIAND. — *Au spectacle de* : à la vue de. — *Donner qqch. en spectacle,* l'exposer, l'exhiber. *Se donner en spectacle* : s'afficher en public, se faire remarquer de façon déplacée (cf. Faire son numéro*). ■ **2** (fin XIIIe) Représentation théâtrale, cinématographique, chorégraphique ; pièce, film, ensemble des numéros qu'on présente au public au cours d'une même séance. *Une troupe de spectacle. Spectacle imprévu.* ➤ **happening.** *Salle de spectacle(s). Le* *clou* du spectacle. Spectacle à un seul personnage.* ➤ **one man show, solo, stand-up** (cf. Seul* en scène). *Spectacle musical.* ➤ 2 **musical** ANGLIC. *Courir les spectacles. Allez-vous souvent au spectacle ? Donner un spectacle de danse, de marionnettes. Cote de succès des spectacles.* ➤ **box-office.** — **(En composition)** Qui est un spectacle, se présente comme tel. *La politique-spectacle. Procès-spectacle.* ◆ Ensemble des activités concernant le théâtre, le cinéma, le music-hall, la télévision, etc. *Le monde, l'industrie du spectacle.* ➤ **show-business.** ◆ *Spectacle vivant :* type de spectacle animé par des comédiens, musiciens, chanteurs ou danseurs, qui se déroule en direct devant un public (théâtre, musique, danse, arts de la rue). ▪ **3** (1675) VX Mise en scène. ◆ (1835) MOD. LOC. *Pièce, revue à grand spectacle,* qui comporte une mise en scène somptueuse.

SPECTACULAIRE [spɛktakylɛʀ] **adj.** – 1908 ◊ du radical latin de *spectacle* ▪ Qui parle aux yeux, en impose à l'imagination. ➤ **frappant.** *Un accident plus spectaculaire que grave. Un changement spectaculaire dans l'attitude de qqn. « l'aspect "spectaculaire" de certains résultats de la science »* BROGLIE. — **adv. SPECTACULAIREMENT.**

SPECTATEUR, TRICE [spɛktatœʀ, tʀis] **n.** – 1375 ◊ latin *spectator* ▪ **1** Témoin oculaire d'un évènement ; personne qui regarde ce qui se passe sans y être mêlée. ➤ **observateur.** *« Le rôle du spectateur qui de sa fenêtre contemple une rixe »* BERNANOS. *Assister à un évènement en spectateur.* ◆ Personne qui regarde une œuvre d'art. *Les musées « ont imposé au spectateur une relation toute nouvelle avec l'œuvre d'art »* MALRAUX. ▪ **2** (1541) Personne qui assiste à un spectacle, à une cérémonie, à une manifestation sportive, etc. ➤ **assistant, auditeur, téléspectateur.** *L'ensemble des spectateurs.* ➤ **public.** ▪ CONTR. Acteur.

SPECTRAL, ALE, AUX [spɛktʀal, o] **adj.** – *analyse spectrale* 1859 ◊ de *spectre* ▪ **1** PHYS. Qui repose sur l'étude des spectres (2°). *Analyse spectrale :* ensemble des techniques d'étude et de détermination des spectres. ◆ Qui apparaît, est observé dans un spectre. *Couleurs spectrales :* les couleurs de l'arc-en-ciel. *Raies* spectrales caractéristiques des divers éléments.* ▪ **2** LITTÉR. Qui a l'apparence d'un spectre (1°), évoque un fantôme. ➤ **fantomatique.** *« des teintes livides, spectrales, de monde lunaire »* DAUDET.

SPECTRE [spɛktʀ] **n. m.** – 1586 ◊ latin *spectrum* ▪ **1** Apparition effrayante d'un mort. ➤ **fantôme, revenant.** *« l'Hamlet européen regarde des millions de spectres »* VALÉRY. — PAR COMPAR. *Une pâleur de spectre.* ◆ FIG. Ce qui menace. *Le spectre de la famine, de la guerre. « J'agitai le spectre du scandale »* MAUPASSANT. ➤ **épouvantail.** ▪ **2** (1720 ◊ anglais *spectrum* [Newton, 1671]) Images juxtaposées formant une suite ininterrompue de couleurs, et correspondant à la décomposition de la lumière blanche par réfraction (prisme) ou par diffraction (réseau). ➤ **arc-en-ciel.** *Spectre solaire.* ◆ PHYS. Variation dans l'intensité ou dans la phase d'un rayonnement complexe (suivant la longueur d'onde, la fréquence, l'énergie, etc.) ; distribution qui traduit cette variation ; PAR EXT. Distribution des fréquences d'un domaine continu et étendu (➤ **spectrométrie**). *Détermination du spectre d'un signal par un analyseur* de spectre. Spectre de phase. Spectre sonore,* représentant l'analyse en fréquence d'un son. — (1875) *Spectre d'absorption,* résultant du passage de l'émission d'une source intense à travers un milieu absorbant. *Spectre d'émission,* produit par le rayonnement d'une source (*spectre continu, discontinu* [bandes, raies]). *Spectre atomique,* correspondant au rayonnement des atomes excités. *Spectre d'étincelles,* produit par une décharge électrique. *Spectre infrarouge, ultraviolet. Spectre de particules des rayons β, de rayons X.* ◆ *Spectre de masse,* reflétant la distribution des masses dans les atomes ionisés, les molécules. ◆ Matérialisation des lignes de champ. *Spectre électrique, magnétique.* ▪ **3** Champ d'action, d'efficacité. *Antibiotique à large spectre.* ▪ **4** Ensemble de faits de même nature. *Un large spectre d'opinions, de croyances.* ➤ **éventail.** *« couvrir tout le spectre des pathologies du corps humain »* KERANGAL. ➤ 1 **champ.** *Trouble du spectre de l'autisme, du spectre autistique (TSA).* ➤ **domaine.**

SPECTROGRAMME [spɛktʀɔgʀam] **n. m.** – 1910 ◊ de *spectre* et *-gramme* ▪ PHYS. Photographie (ou dessin) reproduisant le spectre obtenu avec un spectrographe.

SPECTROGRAPHE [spɛktʀɔgʀaf] **n. m.** – 1902 ◊ de *spectre* et *-graphe* ▪ PHYS. Appareil permettant d'enregistrer un spectre (photographiquement ou par d'autres procédés), après avoir produit et sélectionné des rayonnements visibles ou invisibles. ➤ **spectromètre.**

SPECTROHÉLIOGRAPHE [spɛktʀoeljɔgʀaf] **n. m.** – 1904 ◊ de *spectre* et *héliographe* ▪ ASTRON. Appareil servant à photographier le Soleil, formé d'un spectrographe à haute résolution et muni d'une fente qui permet de sélectionner un seul rayonnement.

SPECTROMÈTRE [spɛktʀɔmɛtʀ] **n. m.** – 1863 ◊ de *spectre* et *-mètre* ▪ TECHN. Appareil de mesure utilisant la détermination de spectres. — *Spectromètre de masse,* permettant de séparer et d'identifier, par leur masse et leur charge électrique, des atomes, des radicaux, des molécules.

SPECTROMÉTRIE [spɛktʀɔmetʀi] **n. f.** – 1872 ◊ de *spectre* et *-métrie* ▪ TECHN. Ensemble des techniques associées à l'étude des spectres. ➤ **spectroscopie.** *Spectrométrie de masse.*

SPECTROPHOTOMÈTRE [spɛktʀofɔtɔmɛtʀ] **n. m.** – 1890 ◊ de *spectre* et *photomètre* ▪ TECHN. Appareil permettant de mesurer des grandeurs énergétiques associées aux spectres.

SPECTROSCOPE [spɛktʀɔskɔp] **n. m.** – 1863 ◊ de *spectre* et *-scope* ▪ PHYS. Instrument à observation visuelle directe, qui disperse un rayonnement sous forme de spectre*, permettant d'en analyser les constituants. *Spectroscope à prisme, à réseau, à ondes courtes.*

SPECTROSCOPIE [spɛktʀɔskɔpi] **n. f.** – 1864 ◊ de *spectre* et *scopie* ▪ PHYS. Analyse des constituants d'un corps par leur spectre d'absorption obtenu au moyen d'un spectroscope. *Utilisation de la spectroscopie en astrophysique, en biologie. Spectroscopie stellaire.* — **adj. SPECTROSCOPIQUE,** 1864.

SPÉCULAIRE [spekylɛʀ] **adj. et n. f.** – 1556 ◊ latin *specularis,* de *speculum* « miroir » ▪ **1** DIDACT. Qui réfléchit la lumière comme un miroir, en parlant d'un minéral. *Pierre spéculaire,* qui peut se diviser en feuillets minces, transparents et capables de réfléchir la lumière. *« Un petit miroir fait de pierre spéculaire »* GAUTIER. — *Fer spéculaire :* variété d'oligiste. *Fonte spéculaire :* spiegel. ▪ **2** Relatif au miroir, produit par un miroir. *Image spéculaire.* — *Écriture spéculaire :* écriture renversée où les lettres et les mots se suivent de droite à gauche (comme si l'écriture normale était réfléchie dans un miroir) (cf. Écriture en miroir*). ▪ **3 n. f.** (1839) Plante herbacée *(campanulacées),* à fleurs violettes, cultivée sous le nom de *miroir de Vénus.*

SPÉCULATEUR, TRICE [spekylatœʀ, tʀis] **n.** – 1745 ; « sentinelle, observateur » XIVe ◊ du radical de *spéculation,* d'après le latin *speculator* ▪ Personne qui fait des spéculations financières (➤ **agioteur, boursicoteur**), commerciales. *Un spéculateur malchanceux.*

SPÉCULATIF, IVE [spekylatif, iv] **adj.** – 1265 ◊ bas latin *speculativus* ▪ **1** PHILOS. Qui pratique la spéculation (1°), s'occupe de théorie (sans considérer la pratique). *Esprit spéculatif. « Toute recherche de science pure commence en général par avoir un caractère purement spéculatif »* BROGLIE. ▪ **2** (milieu XVIIIe) COUR. Relatif à la spéculation boursière et commerciale. *Valeurs spéculatives. Acheter à des fins spéculatives. Bulle* spéculative.* ▪ CONTR. (du 1°) 2 Pratique.

SPÉCULATION [spekylasjɔ̃] **n. f.** – XIIIe ◊ bas latin *speculatio* « espionnage ; contemplation » ▪ **1** DIDACT. Étude, recherche abstraite. ➤ **théorie.** *« Dans les profondeurs inouïes de l'abstraction et de la spéculation pure »* HUGO. ◆ Considération théorique. ➤ **conjecture, hypothèse, supposition.** *Spéculations mathématiques. « Les spéculations des [...] philosophes sur les qualités abstraites de la matière »* RENAN. ▪ **2** (1776) COUR. Opération financière ou commerciale qui consiste à profiter des fluctuations du marché en anticipant l'évolution du prix (d'une marchandise, d'une valeur) pour réaliser une plus-value ; pratique de ce genre d'opérations. *S'enrichir par la spéculation. Spéculations immobilières. Spéculation illicite* (cf. Délit d'initié*). ▪ **3** FIG. Action de miser sur qqch. ➤ 1 **calcul.** *Elles disent la vérité « par caprice ou par spéculation »* BALZAC. ▪ CONTR. (du 1°) 1 Pratique.

SPÉCULER [spekyle] **v. intr.** ⟨1⟩ – 1370 ; trans. « observer » 1345 ◊ latin *speculari* « observer » ▪ **1** PHILOS. Méditer, se livrer à la spéculation. *« Un philosophe qui spécule sur le monde, sur la connaissance »* VALÉRY. ▪ **2** (1792) COUR. Faire des spéculations financières, commerciales. ➤ 1 **placer ; jouer.** *Spéculer en Bourse.* ➤ **boursicoter.** *Spéculer à la hausse, à la baisse. « Il n'est crique où l'on ne bâtisse [...], où l'on ne spécule sur le prix du mètre carré »* BAINVILLE. ▪ **3** FIG. **SPÉCULER SUR (qqch.),** compter dessus pour réussir, obtenir qqch. *Elle comptait « spéculer sur la tendresse de son premier mari pour gagner son procès »* BALZAC.

SPÉCULOS ou **SPÉCULOOS** [spekylos] **n. m.** – 1889, -1896 ◊ néerlandais *speculaas* ■ Biscuit croquant à la cassonade, de couleur brune, parfois moulé en forme de figurine (d'origine belge). — REM. En Belgique, on écrit parfois *spéculaus*.

SPÉCULUM [spekylɔm] **n. m.** – XVe ◊ latin *speculum* «miroir» ■ MÉD. Instrument servant à explorer des cavités ou conduits de l'organisme, muni d'un dispositif permettant de les élargir en vue d'en faciliter l'examen. *Spéculum vaginal, anal, rectal. Examen gynécologique au spéculum. Des spéculums.* — On écrit parfois *speculum*.

SPEECH [spitʃ] **n. m.** – 1829 ◊ mot anglais ■ VIEILLI Petite allocution de circonstance, notamment en réponse à un toast. ➤ **discours** ; FAM. **laïus, topo.** «*en mourant, tous les hommes célèbres font un dernier speech*» BALZAC. *Des speechs.* On emploie aussi le pluriel anglais *des speeches*.

SPEED [spid] **n. m.** et **adj.** – 1968 ◊ mot anglais, proprt «vitesse» ■ ANGLIC. FAM. ■ **1** Amphétamine, L. S. D. *Prendre du speed.* «*Le speed coupe la faim et le sommeil mais à hautes doses, les capsules rendent fou, paranoïaque*» BEIGBEDER. ■ **2 adj.** Qui a pris des amphétamines. ♦ Très agité, excité. *Elle est speed, la directrice !*

SPEEDÉ, ÉE [spide] **adj.** – 1972 ◊ de l'anglais américain *speed* au sens argotique d'«amphétamine» ■ ANGLIC. ■ **1** ARG. (DROGUE) Qui est sous l'effet des amphétamines. «*des loulous complètement speedés avec une gonzesse* [...] *qui sniffait du trichlo*» Y. QUEFFÉLEC. ■ **2** FIG. (1984) FAM. Agité, hyperactif. ➤ **surexcité, survolté.**

SPEEDER [spide] **v.** ‹1› – 1981 v. tr. «droguer» ◊ de *speedé*, avec influence de l'anglais *to speed* ■ ANGLIC. FAM. ■ **1 v. tr.** Rendre nerveux, anxieux. *Du calme, tu nous speedes !* ■ **2 v. intr.** Faire vite, se dépêcher. *Il va falloir speeder.* «*Pour être tranquille, pas devoir speeder ni rien...*» V. DESPENTES.

SPEED-SAIL [spidsɛl] **n. m.** – 1977 ◊ n. déposé, de l'anglais *speed* «rapide» et *sail* «voile» ■ ANGLIC. Planche à roulettes munie d'une voile, utilisée sur les grandes plages éventées (cf. aussi Char* à voile). *Des speed-sails.*

SPEISS [spɛs] **n. m.** – 1765 ◊ allemand *Speiss* ou *Speise* ■ TECHN. Produit obtenu au cours de l'élaboration d'un métal, contenant divers arséniures (surtout de fer).

SPÉLÉO- ■ Élément, du grec *spêlaion* «caverne».

SPÉLÉOLOGIE [speleɔlɔʒi] **n. f.** – 1893 ◊ de *spéléo-* et *-logie* ■ Exploration et étude scientifique des cavités du sous-sol (grottes, cavernes, gouffres, eaux souterraines, etc.). *Faire de la spéléologie.* ABRÉV. FAM. **SPÉLÉO** [speleo]. — **adj. SPÉLÉOLOGIQUE,** 1894.

SPÉLÉOLOGUE [speleɔlɔg] **n.** – 1897 ◊ de *spéléologie* ■ Spécialiste de la spéléologie, explorateur des cavernes. — ABRÉV. FAM. **SPÉLÉO** [speleo]. *Des spéléos.*

SPÉLÉONAUTE [speleonot] **n.** – 1965 ◊ de *spéléo(logue)* et *-naute* ; cf. *astronaute* ■ Spéléologue qui se prête à des expérimentations scientifiques en séjournant longtemps sous la terre.

SPENCER [spɛnsœʀ ; spɛnsɛʀ] **n. m.** – 1797 ◊ mot anglais, du nom de lord *Spencer* ■ Veste courte ajustée et sans basques. — (1904) MILIT. Sorte de dolman ajusté. ♦ Courte veste de femme.

SPÉOS [speos] **n. m.** – 1828 ◊ grec *speos* «caverne» ■ ARCHÉOL. Temple d'Égypte creusé dans le roc.

SPERGULE [spɛʀgyl] **n. f.** – 1752 ; *spergula* 1615 ◊ latin médiéval *spergula*, du latin *asparagus* «asperge» ■ BOT. Petite plante herbacée *(caryophyllacées)*, à feuilles en lanières dont une variété est appelée *fourrage de disette*.

SPERMACÉTI ou **SPERMACETI** [spɛʀmaseti] **n. m.** – 1509 ◊ latin scientifique *spermaceti* ; bas latin *sperma*, mot grec «semence», et *cetus* «baleine» ■ DIDACT. Blanc de baleine*.

SPERMAPHYTES [spɛʀmafit] **n. m. pl.** – 1958 ◊ du grec *sperma* «semence» et *-phyte* ■ BOT. Embranchement du règne végétal regroupant les plantes à graines nues (➤ **gymnosperme**) ou contenues dans un fruit (➤ **angiosperme**). ➤ **phanérogame.** — On a dit *spermatophytes*, 1890.

SPERMATIDE [spɛʀmatid] **n. f.** – 1893 ◊ de *spermat(o)-* et *-ide* ■ BIOL. CELL. Cellule sexuelle mâle dont dérive le spermatozoïde lors de la spermatogenèse.

SPERMATIE [spɛʀmasi ; spɛʀmati] **n. f.** – 1876 ◊ latin des botanistes, de *sperma* ■ BOT. Spore à un seul noyau de certains champignons.

SPERMATIQUE [spɛʀmatik] **adj.** – 1314 ◊ bas latin d'origine grecque *spermaticus* ■ Séminal. ♦ ANAT. *Artères, veines spermatiques,* qui assurent l'irrigation du testicule et de l'épididyme. *Cordon spermatique* : pédicule du testicule renfermant le canal déférent, les vaisseaux (artères, veines, lymphatiques), les nerfs et les éléments conjonctifs de soutien de la glande.

SPERMAT(O)-, SPERMO- ■ Éléments, du grec *sperma, spermatos* «semence, graine».

SPERMATOCYTE [spɛʀmatɔsit] **n. m.** – 1880 ◊ de *spermato-* et *-cyte* ■ BIOL. CELL. Cellule germinale mâle qui devient une spermatide, puis un spermatozoïde lors de la spermatogenèse.

SPERMATOGENÈSE [spɛʀmatoʒənɛz] **n. f.** – 1877 ◊ de *spermato-* et *genèse* ■ BIOL. CELL. Ensemble des processus qui aboutissent à la formation des gamètes mâles.

SPERMATOGONIE [spɛʀmatɔgɔni] **n. f.** – 1877 ◊ de *spermato-* et *-gonie* ■ BIOL. CELL. Cellule du tube séminifère qui forme par division les spermatocytes.

SPERMATOPHYTES ➤ **SPERMAPHYTES**

SPERMATOZOÏDE [spɛʀmatɔzɔid] **n. m.** – 1842 ◊ de *spermato-* et grec *zôoeidês*, de *zôon* «animal» ■ **1** BIOL. Cellule reproductrice (gamète) mâle des animaux sexués. *Tête et flagelle du spermatozoïde.* ➤ aussi **acrosome.** *Fécondation de l'ovule par un spermatozoïde.* ■ **2** BOT. Cellule reproductrice mâle contenue dans le pollen des plantes à fleurs. ➤ **anthérozoïde.**

SPERME [spɛʀm] **n. m.** – XIIIe ◊ bas latin *sperma*, mot grec ■ Liquide blanchâtre émis par éjaculation, constitué par les sécrétions des différentes glandes génitales mâles et par les spermatozoïdes. ➤ **semence ;** VULG. 3 **foutre.** *Banque de sperme* (➤ **insémination**). *Examen du sperme.* ➤ **spermogramme.**

-SPERME ■ Élément, du grec *-spermos*, de *sperma* «semence, graine» : *gymnosperme*.

SPERMICIDE [spɛʀmisid] **n. m.** et **adj.** – v. 1965 ◊ de *sperme* et *-cide* ■ Contraceptif local qui détruit les spermatozoïdes. — **adj.** *Gelée, crème, ovule spermicide.*

SPERMINE [spɛʀmin] **n. f.** – 1903 ◊ de *sperme* et *(a)mine* ■ BIOCHIM. Polyamine qui stabilise l'ADN.

SPERMO- ➤ **SPERMAT(O)-**

SPERMOGONIE [spɛʀmɔgɔni] **n. f.** – 1855 ◊ de *spermo-* et *-gonie* ■ BOT. Appareil producteur des spermaties chez les champignons.

SPERMOGRAMME [spɛʀmɔgʀam] **n. m.** – 1959 ◊ de *spermo-* et *-gramme* ■ MÉD. Résultats fournis par l'examen en laboratoire du sperme.

SPERMOPHILE [spɛʀmɔfil] **n. m.** – 1823 ◊ latin des zoologistes *spermophilus*, du grec *sperma* «graine» et *philos* «qui aime» ■ ZOOL. Petit rongeur voisin de la marmotte, à abajoues volumineuses, qui vit dans des terriers où il entasse des graines.

SPHACÈLE [sfasɛl] **n. m.** – 1554 ; *sphacelos* 1520 ◊ du grec *sphakelos* «gangrène» ■ MÉD. Fragment de tissu nécrosé qui se détache d'une plaie.

SPHAGNALES [sfagnal] **n. f. pl.** – 1960 ; *sphagnoïdés* 1839 ◊ du latin des botanistes *sphagnum* ■ BOT. Ordre de mousses aquatiques. ➤ **sphaigne.**

SPHAIGNE [sfɛɲ] **n. f.** – 1791 ◊ latin des botanistes *sphagnum*, grec *sphagnos* ■ Mousse des marais, dont la décomposition est à l'origine de la formation de la tourbe.

SPHÉNISQUE [sfenisk] **n. m.** – 1815 ◊ grec *spheniskôs* «cheville» ■ ZOOL. VIEILLI Manchot de l'hémisphère Sud (manchot des Galapagos, de Humboldt, de Magellan, du Cap).

SPHÉNOÏDAL, ALE, AUX [sfenɔidal, o] **adj.** – 1690 ◊ de *sphénoïde* ■ ANAT. Qui appartient au sphénoïde. *Fente sphénoïdale,* qui fait communiquer la base du crâne avec la cavité de l'orbite. *Sinus sphénoïdaux.*

SPHÉNOÏDE [sfenɔid] **n. m.** – 1561 ◊ grec *sphênoeidês*, proprt «en forme de coin» ■ ANAT. Os constituant la partie moyenne de la base du crâne. — **adj.** *Os sphénoïde.*

SPHÈRE [sfɛʀ] **n. f.** – 1509 ; *espere* milieu XIIe ; d'abord terme d'astron. ◊ latin *sphæra*, grec *sphaira* ■ **1** Surface fermée dont tous les points sont situés à égale distance d'un point donné ; solide délimité par cette surface (➤ 1 **balle,** 1 **bille,** 1 **boule**). *Centre, rayon, diamètre, aire d'une sphère.* — *Sphère céleste* : sphère fictive de très grand rayon à la surface de laquelle les corps célestes semblent situés pour un observateur qui serait au centre. — *Sphère terrestre* : la Terre, considérée comme une sphère légèrement aplatie aux pôles. ◆ Représentation matérielle de la sphère céleste ou terrestre. ➤ **globe, mappemonde.** *Sphère armillaire**. ◆ Solide sphérique. *Sphère de plongée.* ▪ **2** FIG. (1688) Domaine circonscrit à l'intérieur duquel s'exerce une activité, une science, un art. *«Les esprits bornés et resserrés dans leur petite sphère»* LA BRUYÈRE. *«Dans la sphère limitée des souhaits possibles à un aveugle»* HUGO. ◆ Domaine, milieu. *«dans les sphères célestes de la philosophie»* FRANCE. *Les hautes sphères* (de qqch.) : les instances dirigeantes. *Les hautes sphères de la politique, de la finance.* ◆ *Sphère d'action* : espace où se manifeste une certaine force, un agent physique. ➤ 1 **champ.** — *Sphère d'influence* : zone territoriale dans laquelle une ou plusieurs puissances reconnaissent à une autre un droit d'intervention auprès des autorités locales. *Sphère d'attribution* : domaine, matière qui sont de la compétence d'une autorité. *«Vous commencez à entrevoir dans quelle sphère d'activité je vais vous introduire ?»* ROMAINS. ◆ *La sphère privée* : la vie privée, l'intimité. *«la majorité des agressions sexuelles surviennent dans la sphère familiale»* I. JABLONKA. ➤ **cellule, milieu.** *La sphère publique* : la vie publique ou le secteur public.

SPHÉRICITÉ [sfeʀisite] **n. f.** – 1671 ◇ de *sphérique* ▪ DIDACT. Forme sphérique. ➤ **rotondité.** — OPT. *Aberration de sphéricité* : distorsion due au fait que les rayons issus d'un point de l'objet ne convergent pas exactement vers le point image.

SPHÉRIQUE [sfeʀik] **adj.** – 1555 ; *sperique* 1370 ◇ bas latin *sphœricus* ▪ **1** En forme de sphère. ➤ **rond.** *Une bille parfaitement sphérique. Une boule à peu près sphérique* ➤ **sphéroïdal.** ▪ **2** GÉOM. Qui appartient à la sphère. *Anneau, calotte, secteur, segment sphérique. Triangle, trigonométrie sphérique.* — PHYS. *Miroir sphérique* : miroir dont la surface réfléchissante est une portion de sphère.

SPHÉROÏDAL, ALE, AUX [sfeʀɔidal, o] **adj.** – 1740 ◇ de *sphéroïde* ▪ DIDACT. En forme de sphéroïde ; propre à un sphéroïde. ◆ (1858) PHYS. *État sphéroïdal d'un liquide* (dans le phénomène de la caléfaction*).

SPHÉROÏDE [sfeʀɔid] **n. m.** – 1556 ◇ latin d'origine grecque *sphaeroides* ▪ DIDACT. Solide à peu près sphérique. *«Ces divers corps ne sont pas de véritables sphères, mais des sphéroïdes aplatis»* BAUDELAIRE. *La Terre est un sphéroïde.*

SPHÉROMÈTRE [sfeʀɔmɛtʀ] **n. m.** – 1776 ◇ de *sphère* et *-mètre* ▪ PHYS. Instrument servant à mesurer la courbure des surfaces sphériques (en particulier celles des verres d'optique).

SPHEX [sfɛks] **n. m.** – 1808 ◇ grec *sphêx* «guêpe» ▪ ZOOL. Insecte hyménoptère, sorte de grande guêpe qui creuse des terriers où elle dépose des proies paralysées (criquets, grillons).

SPHINCTER [sfɛ̃ktɛʀ] **n. m.** – 1548 ◇ mot latin d'origine grecque ▪ Muscle annulaire disposé autour d'un orifice naturel qu'il resserre et ferme en se contractant. *Sphincter de l'anus ; sphincter anal, vaginal.*

SPHINCTÉRIEN, IENNE [sfɛ̃kteʀjɛ̃, jɛn] **adj.** – 1878 ◇ de *sphincter* ▪ DIDACT. Relatif à un sphincter. *Muscles sphinctériens. Contrôle sphinctérien* (de l'anus).

SPHINGE [sfɛ̃ʒ] **n. f.** – 1546 ◇ forme fém. de *sphinx* ▪ **1** Sphinx à buste de femme. ▪ **2** Femme énigmatique.

SPHINX [sfɛ̃ks] **n. m.** – 1553 ; *sphinge* 1546 ◇ latin d'origine grecque *sphinx, sphingis* ▪ **1** Monstre fabuleux, lion ailé à tête et buste de femme, qui tuait les voyageurs quand ils ne résolvaient pas l'énigme qu'il leur proposait. *Le Sphinx se jeta du haut d'un rocher quand Œdipe fournit la solution de l'énigme.* ◆ Dans l'art égyptien, Statue de lion couché, à tête d'homme, de bélier ou d'épervier, représentant une divinité. *Le grand sphinx de Gizeh.* ◆ FIG. Personne énigmatique, figée dans une attitude mystérieuse. *«Ce sphinx perfide, au sourire douteux, à la voix ambiguë»* GAUTIER. ▪ **2** (1762 ; «chenille de ce papillon» 1736) Grand papillon crépusculaire au vol puissant. *Des sphinx tête-de-mort. Le vol «des grands sphinx de nuit, de ces larges papillons de velours sombre»* BOURGET. ▪ HOM. Sphynx.

SPHYGMO- ▪ Élément, du grec *sphugmos* «pouls, pulsation».

SPHYGMOGRAMME [sfigmɔgʀam] **n. m.** – 1899 ◇ de *sphygmo-* et *-gramme* ▪ MÉD. Tracé enregistré du pouls.

SPHYGMOGRAPHE [sfigmɔgʀaf] **n. m.** – 1860 ◇ de *sphygmo-* et *-graphe* ▪ MÉD. Instrument destiné à enregistrer les pulsations artérielles.

SPHYGMOMANOMÈTRE [sfigmomanɔmɛtʀ] **n. m.** – 1907 ; *sphygomètre* 1857 ◇ de *sphygmo-* et *manomètre* ▪ MÉD. Appareil composé essentiellement d'un manomètre et d'un manchon gonflable qu'on enroule autour du bras, servant à mesurer la tension artérielle. ➤ **tensiomètre.** — On dit aussi **SPHYGMOTENSIOMÈTRE.**

SPHYNX [sfɛ̃ks] **n. m.** – 1999 ◇ de *sphinx* ▪ Chat sans poil, appelé aussi *chat nu.* ▪ HOM. Sphinx.

SPHYRÈNE [sfiʀɛn] **n. f.** – 1803 ◇ latin d'origine grecque *sphyrœna* ▪ ZOOL. Grand poisson de mer, à la mâchoire inférieure saillante. *La sphyrène barracuda**.

SPI ➤ **SPINNAKER**

SPIC [spik] **n. m.** – XIIIe ; *espic* XIIe ◇ latin *spicus* «épi, herbe odoriférante» en latin médiéval ▪ Lavande dont on extrait une essence odorante, dite *huile de spic* (ou *d'aspic*).

SPICA [spika] **n. m.** – 1707 ; n. f. 1555 ◇ mot latin «épi» ▪ MÉD. Bandage croisé (à la façon des épillets de blé), appliqué au niveau de la racine d'un membre.

SPICIFORME [spisifɔʀm] **adj.** – 1834 ◇ du latin *spicus* «épi» et *-forme* ▪ BOT. En forme d'épi.

SPICILÈGE [spisilɛʒ] **n. m.** – 1697 ◇ latin *spicilegium* «glanage» ; de *spicum* «épi» et *legere* «recueillir» ▪ DIDACT. Recueil d'actes, de documents, de notes, d'essais.

SPICULE [spikyl] **n. m.** – 1830 ◇ latin *spiculum* «dard» ▪ **1** SC. NAT. Structure animale, végétale ou minérale, en forme d'épi ou de dard. — SPÉCIALT Chacun des petits bâtonnets calcaires ou siliceux constituant le squelette des éponges. ▪ **2** (1959) ASTRON. Jet de matière dans la chromosphère solaire, ayant l'apparence de flammes qui disparaissent en quelques minutes.

SPIDER [spidɛʀ] **n. m.** – 1877 ◇ mot anglais «araignée», à cause des hautes roues et des sièges surélevés ▪ ANCIENNT ▪ **1** Voiture hippomobile décapotable, à quatre roues, proche du phaéton. ▪ **2** (1930) Coffre aménagé à l'arrière d'un cabriolet automobile pour un passager, des bagages.

SPIEGEL [spigœl ; ʃpigœl] **n. m.** – 1890 ◇ abrév. de l'allemand *Spiegeleisen*, proprt «fer *(Eisen)* à miroir», à cause de la cassure miroitante de cet alliage ▪ MÉTALL. Alliage de fer, manganèse et carbone, employé dans la fabrication de l'acier par le procédé Bessemer (SYN. **fonte spéculaire**).

SPIN [spin] **n. m.** – 1928 ◇ mot anglais (1926) «rotation» ▪ PHYS. NUCL. Moment cinétique intrinsèque d'une particule. *«L'électron devait posséder une autre caractéristique, le spin, qui serait une sorte de rotation interne et qui le douerait d'un moment cinétique propre»* BROGLIE. *Il n'y a que deux états de spin pour l'électron, +1/2 et –1/2. La valeur de spin du boson de Higgs est 0. Spin total* : somme des spins électroniques d'un atome ou d'une molécule, qui détermine son état. — *Spin isotopique, isobare.* ➤ **isospin.**

SPINA-BIFIDA **n. m. inv.** ou **SPINABIFIDA** [spinabifida] **n. m.** – 1810 ◇ mots latins «épine (dorsale) bifide» ▪ MÉD. Malformation congénitale qui consiste en une fissure d'un ou de plusieurs arcs vertébraux postérieurs, pouvant se compliquer d'une hernie des méninges et de la moelle épinière. *Des spina-bifida, des spinabifidas.*

SPINAL, ALE, AUX [spinal, o] **adj.** – 1534 ◇ bas latin *spinalis* ▪ ANAT. Relatif ou qui appartient à la colonne vertébrale (➤ **rachidien**), ou à la moelle épinière (➤ **médullaire**). *Nerf spinal* : nerf crânien moteur. *Muscles spinaux*, des gouttières vertébrales.

SPINA-VENTOSA **n. m. inv.** ou **SPINAVENTOSA** [spinavɛ̃toza] **n. m.** – 1741 ◇ mots latins, proprt «épine venteuse» ▪ MÉD. Tuberculose osseuse siégeant au niveau des phalanges des doigts et caractérisée par la boursouflure du corps de l'os. *Des spina-ventosa, des spinaventosas.*

SPINELLE [spinɛl] **n. m.** – 1533 ◇ italien *spinella*, du latin *spina* «épine», ce minéral présentant des cristaux pointus ▪ Aluminate naturel de magnésium de couleur rouge, bleu-violet ou verdâtre, utilisé en joaillerie.

SPINNAKER [spinakɛʀ ; spinɛkœʀ] **n. m.** – 1878 ◇ mot anglais ▪ MAR. Voile d'avant, légère, très creuse et très grande, utilisée aux allures portantes sur les voiliers modernes. ABRÉV. FAM. **SPI.**

SPIN-OFF [spinɔf] n. m. inv. – 1976 ◊ mot anglais, de *to spin off* «dériver» ■ ANGLIC. ■ 1 Œuvre scénarisée (film, série, bande dessinée) dérivée d'une autre. *Des spin-off.* — Recomm. offic. *version dérivée.* ■ 2 FIN. Opération de scission visant à séparer les différentes activités d'une entreprise en créant de nouvelles sociétés. — Recomm. offic. *opération de recentrage.* ♦ Chacune des nouvelles sociétés ainsi créées.

SPINOZISME [spinozism] n. m. – 1697 ◊ du nom de *Spinoza* ■ DIDACT. Système philosophique de Spinoza. — On a écrit aussi *spinosisme* (1709).

SPIRACLE [spiʀakl] n. m. – 1924 ; «soupirail» XVIe ◊ latin *spiraculum* ■ ZOOL. Orifice de sortie de l'eau qui a baigné les branchies, chez les têtards de batraciens anoures.

SPIRAL, ALE, AUX [spiʀal, o] adj. – 1534 ◊ latin scolastique *spiralis,* de *spira* → spire ■ RARE (sauf avec quelques n.) Qui a la forme d'une courbe tournant autour d'un pôle dont elle s'éloigne. *Courbe, ligne spirale. Ressort spiral* : ressort plat dont la lame décrit des spires autour d'un axe, et qui sert à régulariser la rotation des rouages. ELLIPT *Un spiral de montre.* — ASTRON. *Galaxie spirale* : galaxie se présentant sous la forme d'un noyau central entouré de bras se développant en spirale.

SPIRALE [spiʀal] n. f. – 1691 ; *espiralle* fin XVIe ◊ pour *ligne spirale* ■ 1 GÉOM. Courbe plane qui décrit des révolutions autour d'un point fixe (ou pôle), en s'écartant de plus en plus. *Spirale d'Archimède,* où le rayon vecteur est proportionnel à l'angle polaire. *Spirale logarithmique,* qui coupe sous un même angle tous les rayons vecteurs. ♦ DESSIN Courbe plane ouverte formée d'arcs de cercle raccordés. ■ 2 COUR. Courbe qui tourne autour d'un axe, forme un enroulement. ➤ **hélice** (seul terme correct en science). «*Fuyons sous la spirale De l'escalier profond*» HUGO. ➤ **vis.** *Spirales de fumée.* ➤ **volute.** «*Des cheveux gris tombant en spirale sur les épaules*» FLAUBERT. *Cahier à spirale.* — FIG. Montée rapide et irrépressible d'un phénomène. *La spirale inflationniste. La spirale du surendettement.* ➤ **escalade.** *La* «*spirale infernale du toujours plus*» A. DESARTHE.

SPIRALÉ, ÉE [spiʀale] adj. – 1808 ◊ de *spirale* ■ DIDACT. Disposé en spirale.

SPIRANT, ANTE [spiʀɑ̃, ɑ̃t] adj. et n. f. – 1872 ◊ latin *spirans* «respirant, soufflant» ■ PHONÉT. *Consonne spirante* ou n. f. *une spirante* : consonne produite comme une fricative*, correspondant souvent à l'articulation d'une occlusive relâchée. ➤ **constrictive.**

SPIRE [spiʀ] n. f. – 1572 ; «tore» 1548 ◊ latin *spira,* grec *speira* ■ DIDACT. Tour complet dans une structure hélicoïdale. *Les spires d'un solénoïde.* ♦ Enroulement (d'une coquille).

SPIRÉE [spiʀe] n. f. – 1752 ; *spirœa* 1694 ◊ latin d'origine grecque *spirœa* ■ Plante herbacée, ou arbrisseau *(rosacées),* à fleurs décoratives. ➤ **filipendule, reine-des-prés.**

SPIRIFER [spiʀifɛʀ] n. m. – *spirifère* 1839 ◊ latin des zoologistes, proprt «qui porte des spires» ■ ZOOL. Brachiopode fossile du primaire, à supports brachiaux en spirale.

SPIRILLE [spiʀij] n. m. – 1864 ; *spirillum* 1848 ◊ latin des zoologistes *spirillum,* de *spira* «spire» ■ BACTÉRIOL. Micro-organisme mobile, en forme de filament ondulé ou contourné en spirale, à extrémités pourvues de flagelles. *Certains spirilles sont pathogènes* (➤ **spirillose**).

SPIRILLOSE [spiʀiloz] n. f. – 1903 ◊ de *spirille* et *2-ose* ■ MÉD. Maladie infectieuse provoquée par des spirilles. ➤ **sodoku.**

SPIRITAIN [spiʀitɛ̃] n. m. – 1703 ◊ de *esprit* (I, 1°) ■ RELIG., RARE Membre de la congrégation des *Pères du Saint-Esprit.*

SPIRITE [spiʀit] adj. et n. – 1857 ◊ anglais *spirit,* dans l'expr. *spirit-rapper* «esprit frappeur» ■ 1 Relatif aux esprits des morts, à leurs manifestations supposées ; propre au spiritisme. ■ 2 n. Personne qui évoque les esprits, par l'entremise d'un médium ; personne qui s'occupe de spiritisme. «*Cette théosophe, cette spirite, cette végétarienne*» MALLET-JORIS.

SPIRITISME [spiʀitism] n. m. – 1857 ◊ de *spirite* ■ Science occulte fondée sur l'existence, les manifestations et l'enseignement des esprits (évocation des esprits par les tables tournantes, etc.). «*Le spiritisme pose en dogme l'amélioration fatale de notre espèce*» FLAUBERT.

SPIRITUAL, ALS ➤ **NEGRO-SPIRITUAL**

SPIRITUALISATION [spiʀitɥalizasjɔ̃] n. f. – 1672 ◊ de *spiritualiser* ■ LITTÉR. Action de spiritualiser, fait d'être spiritualisé. *La spiritualisation de l'amour dans la poésie courtoise.*

SPIRITUALISER [spiʀitɥalize] v. tr. ‹1› – 1521 p. p. ◊ de *spirituel* ■ LITTÉR. Doter, imprégner de spiritualité ; dégager de la matière. «*Son visage, que ne spiritualise aucune flamme intérieure*» GIDE. ■ CONTR. Matérialiser.

SPIRITUALISME [spiʀitɥalism] n. m. – 1831 ; «idéalisme» 1771 ◊ de *spirituel* ■ PHILOS. Doctrine pour laquelle l'esprit constitue une réalité indépendante et supérieure (opposé à *matérialisme*). *Spiritualisme athée, agnostique.* — PAR EXT. Doctrine reconnaissant en outre l'existence de Dieu (➤ **déisme**) et des valeurs spirituelles constituant la fin propre de l'activité humaine. ■ CONTR. Matérialisme.

SPIRITUALISTE [spiʀitɥalist] adj. et n. – 1831 ; «idéaliste» 1771 ◊ de *spiritualisme* ■ PHILOS. Propre au spiritualisme. ♦ Partisan du spiritualisme. ■ CONTR. Matérialiste.

SPIRITUALITÉ [spiʀitɥalite] n. f. – XVIe ; *espiritualité* 1283 ◊ latin ecclésiastique *spiritualitas* ■ 1 PHILOS. Caractère de ce qui est spirituel (I), indépendant de la matière. *La spiritualité de l'âme.* ■ 2 Ensemble des croyances, des exercices qui concernent la vie spirituelle ; forme particulière que prennent ces croyances et ces pratiques. *La spiritualité franciscaine.* ♦ Vie spirituelle, attachement aux valeurs spirituelles, morales. «*art moderne, c'est-à-dire* [...] *spiritualité,* [...] *aspiration vers l'infini*» BAUDELAIRE. ■ CONTR. Matérialité.

SPIRITUEL, ELLE [spiʀitɥɛl] adj. – début XIIIe ; *spiritiel* Xe ◊ latin ecclésiastique *spirit(u)alis*

I ■ 1 PHILOS. Qui est esprit, de l'ordre de l'esprit considéré comme un principe indépendant. ➤ **immatériel, incorporel.** *L'âme conçue comme réalité spirituelle.* ■ 2 Propre ou relatif à l'âme, en tant qu'émanation et reflet d'un principe supérieur, divin. *Vie spirituelle. Exercices spirituels.* ■ 3 Qui est d'ordre moral, n'appartient pas à la mesure sensible, au monde physique. *Pouvoir spirituel* (Église) *et pouvoir temporel* (État). ➤ **religieux.** SUBST. *Le spirituel et le temporel. Les valeurs spirituelles d'une civilisation.* «*Il importe de sauver l'héritage spirituel*» SAINT-EXUPÉRY. *Fils* spirituel.* ■ 4 MUS. *Concert spirituel,* de musique sacrée.

II COUR. ■ 1 (1636) Qui a de l'esprit*, de la vivacité, de l'à-propos, qui sait briller et plaire. ➤ **amusant, 1 brillant, 2 fin, malicieux, vif.** «*Parfois ironique, spirituel, incisif*» RENAN. «*Ces yeux vifs, pétillants, spirituels, cette bouche railleuse*» LÉAUTAUD. ■ 2 Qui est plein d'esprit. ➤ **2 fin, 1 piquant.** *Une plaisanterie, une répartie spirituelle.* «*Nous ne saurions décider si le mot est comique ou spirituel. Il est risible simplement*» BERGSON. — *Une caricature très spirituelle.* ➤ **drôle.**

■ CONTR. Charnel, corporel, matériel, palpable, temporel. — Lourd, 1 plat.

SPIRITUELLEMENT [spiʀitɥɛlmɑ̃] adv. – 1541 ; *espiritelment* XIIe ◊ de *spirituel* ■ 1 En esprit, dans l'ordre de l'esprit, de la spiritualité. «*Permettre l'accomplissement de la personne humaine* [...] *matériellement et spirituellement*» DANIEL-ROPS. ■ 2 Avec un esprit fin et vif. «*Il eût écrit* Zadig *aussi spirituellement que l'écrivit Voltaire*» BALZAC. ■ CONTR. Charnellement, corporellement, matériellement.

SPIRITUEUX, EUSE [spiʀitɥø, øz] adj. et n. m. – 1687 ; «riche en esprits (II)» 1503 ◊ du latin *spiritus* ■ Qui contient une forte proportion d'alcool. *Boissons spiritueuses,* alcoolisées. ♦ n. m. COMM. Boisson forte en alcool. *Commerce de vins et spiritueux.* ➤ **alcool, liqueur.**

SPIROCHÈTE [spiʀɔkɛt] n. m. – 1875 ◊ du radical de *spire* et grec *khaitê* «longs cheveux, crinière» ■ BACTÉRIOL. Micro-organisme à corps grêle et spiralé, mobile par des mouvements en vrille. ➤ **leptospire, tréponème.**

SPIROCHÉTOSE [spiʀɔketoz] n. f. – 1909 ◊ de *spirochète* et *2-ose* ■ MÉD. Maladie causée par un spirochète.

SPIROGRAPHE [spiʀɔgʀaf] n. m. – 1839 ◊ latin des zoologistes *spirographis,* de *spira* «spire» et *graphis* «crayon, pinceau» ■ ZOOL. Annélide sédentaire dont les branchies céphaliques, fines et ondulées, forment un beau panache.

SPIROÏDAL, ALE, AUX [spiʀɔidal, o] adj. – 1868 ; *spiroïde* 1842 ◊ grec *speiroeidês* ■ DIDACT. En forme de spire, en spirale.

SPIROMÈTRE [spiʀɔmɛtʀ] n. m. – 1855 ◊ du radical du latin *spirare* «respirer» et *-mètre* ■ MÉD. Instrument servant à mesurer la capacité respiratoire des poumons.

SPIRORBE [spiʀɔʀb] n. m. – 1803 ◊ latin des zoologistes *spirorbis,* de *spira* «spire» et *orbis* «cercle» ■ ZOOL. Annélide sédentaire construisant un petit tube blanc spiralé.

SPIRULINE [spiʀylin] n. f. – 1827 ◊ du latin scientifique *spirulina*, diminutif de *spira* → spire ■ Algue bleue microscopique (➤ **cyanobactéries**) croissant dans les eaux saumâtres (Tchad, Mexique, Chine), aux propriétés nutritives très riches. *Spiruline en poudre.*

SPITANT, ANTE [spitɑ̃, ɑ̃t] adj. – attesté XXe ◊ emprunt au wallon (d'origine flamande) ■ RÉGION. (Belgique) Déluré, éveillé. *Une enfant très spitante.*

SPLANCHNIQUE [splɑ̃knik] adj. – 1729 ◊ grec *splagkhnikos* ■ ANAT. Qui appartient aux viscères. *Nerfs splanchniques pelviens, abdominaux.*

SPLANCHNOLOGIE [splɑ̃knɔlɔʒi] n. f. – 1654 ◊ du grec *splagkhnon* «viscère» et *-logie* ■ SC. Partie de l'anatomie qui traite des viscères.

SPLEEN [splin] n. m. – 1737 ◊ mot anglais «mélancolie», proprt «rate» (siège des humeurs noires) ; latin d'origine grecque *splen* ■ LITTÉR. Mélancolie sans cause apparente, caractérisée par le dégoût de toute chose. ➤ **cafard, ennui, hypocondrie, neurasthénie.** «*J'ai le spleen, et un tel spleen, que tout ce que je vois* [...] *m'est en dégoût profond*» VIGNY. «Spleen et idéal», partie des «Fleurs du Mal», de Baudelaire.

SPLEENÉTIQUE [splinetik] adj. – 1860 ; *splénétique* 1776 ◊ de *spleen*, d'après *splenetique* «splénique» (XIVe), latin *spleneticus* ■ RARE Qui ressent, exprime le spleen. «*Sous la coupole spleenétique du ciel*» BAUDELAIRE.

SPLENDEUR [splɑ̃dœʀ] n. f. – v. 1460 ; *splendur* v. 1120 ◊ latin *splendor* ■ 1 LITTÉR. Grand éclat de lumière. «*Le soleil a percé les brumes,* [...] *il monte et, soudain, c'est par tout l'espace, un ruissellement de splendeur*» L. BERTRAND. ■ 2 Beauté donnant une impression de luxe, de magnificence. ➤ **somptuosité.** *Des «nudités, encore rehaussées par la splendeur des draperies»* TAINE. — LOC. IRON. *Dans toute sa splendeur !* absolu, intégral. *C'est le macho dans toute sa splendeur !* ◆ Prospérité, gloire. «*D'introuvables pièces d'or portugaises datant de la splendeur de Goa*» LOTI. ■ 3 Chose splendide. *Cette tapisserie est une splendeur.*

SPLENDIDE [splɑ̃did] adj. – 1491 ◊ latin *splendidus* ■ 1 Plein d'éclat. ➤ **clair, rayonnant.** *Il fait un temps splendide.* ◆ Riche et beau. ➤ **magnifique, somptueux.** «*Au cours d'une fête splendide que Talleyrand* [...] *offrit à la noblesse polonaise*» MADELIN. ◆ *Le «splendide isolement*» de l'Angleterre.* ■ 2 D'une beauté éclatante. ➤ 1 **beau*, merveilleux,** 2 **superbe.** «*Le splendide panorama de la baie*» BARRÈS. *C'est une fille splendide.* ■ CONTR. 1 Terne ; laid.

SPLENDIDEMENT [splɑ̃didmɑ̃] adv. – 1500 ◊ de *splendide* ■ D'une manière splendide. ➤ **brillamment, magnifiquement, somptueusement.** «*Le palais splendidement illuminé*» HUGO.

SPLÉNECTOMIE [splenɛktɔmi] n. f. – 1823 ◊ du grec *splên* «rate» et *-ectomie* ■ CHIR. Ablation totale ou partielle de la rate.

SPLÉNIQUE [splenik] adj. – 1690 ; n. m. «personne qui souffre de la rate» 1555 ◊ latin d'origine grecque *splenicus* ■ ANAT. Qui appartient, est relatif à la rate. *Artère splénique.*

SPLÉNITE [splenit] n. f. – 1806 ; *splenitis* 1795 ◊ du latin d'origine grecque *splen* «rate» ■ MÉD. Inflammation de la rate.

SPLÉNOMÉGALIE [splenomegali] n. f. – 1904 ◊ du grec *splên* «rate» et *-mégalie* ■ MÉD. Augmentation du volume de la rate.

1 **SPOILER** [spɔjlœʀ] n. m. – 1975 ◊ mot anglais «aérofrein» ■ Élément de carrosserie d'un véhicule, destiné à améliorer l'aérodynamisme ou à réduire la portance. *Voiture de sport équipée de spoilers et de béquets.* — Recomm. offic. *déflecteur,* (AÉRONAUT.) *réducteur de portance.*

2 **SPOILER** [spɔjle] v. tr. ‹1› – 2007 ◊ anglais *to spoil* «gâcher», latin *spoliare* ■ ANGLIC. ■ 1 Gâcher l'effet de surprise en dévoilant un élément clé de (un film, une série, etc.). *Faire la critique d'un film sans le spoiler.* ■ 2 Révéler à (qqn) un élément important d'une intrigue. *Il m'a spoilé !* — L'emploi du mot-valise *divulgâcher* est recommandé en français du Canada.

SPOLIATEUR, TRICE [spɔljatœʀ, tʀis] n. et adj. – 1488 ◊ latin *spoliator* ■ DIDACT. Personne qui spolie. ◆ adj. *Une loi spoliatrice,* qui entraîne des spoliations.

SPOLIATION [spɔljasjɔ̃] n. f. – 1425 ◊ latin *spoliatio* ■ DIDACT. Action de spolier ; son résultat. *La spoliation des petits propriétaires. Son père «a fait fortune dans la spoliation des biens juifs»* D. DE VIGAN.

SPOLIER [spɔlje] v. tr. ‹7› – v. 1460 ◊ latin *spoliare* ■ DIDACT. Dépouiller (qqn) par violence, par fraude, par abus de pouvoir (en le privant de ce qui lui revenait). *Spolier qqn de son héritage. Il a été spolié par son frère.*

SPONDAÏQUE [spɔ̃daik] adj. – 1580 ◊ latin d'origine grecque *spondaicus* ■ DIDACT. *Vers spondaïque* : vers hexamètre dont le cinquième pied est un spondée.

SPONDÉE [spɔ̃de] n. m. – XIVe ◊ latin d'origine grecque *spondeus* ■ DIDACT. Pied de deux syllabes longues, dans la métrique gréco-latine. *Dactyles et spondées.*

SPONDIAS [spɔ̃djɑs] n. m. – 1765 ◊ du grec *spodias* ■ BOT. Arbre exotique *(anacardiacées)* à fruits comestibles dits *pommes de Cythère.*

SPONDYLARTHRITE [spɔ̃dilaʀtʀit] n. f. – 1945 ◊ de *spondyle* «vertèbre» et *arthrite* ■ MÉD. Arthrite de la colonne vertébrale. *Spondylarthrite ankylosante* : affection inflammatoire chronique de la colonne vertébrale avec ankylose douloureuse progressive.

SPONDYLARTHROSE [spɔ̃dilaʀtʀoz] n. f. – 1953 ◊ de *spondyle* «vertèbre» et *arthrose* ■ MÉD. Arthrose de la colonne vertébrale. — On dit aussi **SPONDYLOSE.**

SPONDYLITE [spɔ̃dilit] n. f. – 1823 ◊ de *spondyle* «vertèbre» et *-ite* ■ MÉD. Inflammation d'un ou de plusieurs corps vertébraux associée à celle des disques intervertébraux correspondants.

SPONDYLOLISTHÉSIS [spɔ̃dilolistezis] n. m. – 1879 ◊ anglais *spondylolisthesis* (1853), du grec *sphondulos* «vertèbre» et *olisthêsis* «glissement» ■ MÉD. Glissement vers l'avant d'une vertèbre (surtout vertèbre lombaire) sur une autre, par rupture de leurs moyens d'union postérieurs. *Le spondylolisthésis peut être postérieur ou latéral.*

SPONGIAIRES [spɔ̃ʒjɛʀ] n. m. pl. – 1827 ◊ du latin *spongia* «éponge» ■ ZOOL. Embranchement constitué par les éponges.

SPONGIEUX, IEUSE [spɔ̃ʒjø, jøz] adj. – XIIIe ◊ latin *spongiosus* ■ 1 Qui rappelle l'éponge, par sa structure alvéolaire ou poreuse, et sa consistance molle. ➤ aussi **spongiforme.** *Corps spongieux de l'urètre. Tissu osseux spongieux.* ■ 2 (1690) COUR. Qui est mou et s'imbibe, retient les liquides. *Sol spongieux.*

SPONGIFORME [spɔ̃ʒifɔʀm] adj. – 1834 ◊ du latin *spongia* «éponge» et *-forme* ■ DIDACT. Qui rappelle la structure alvéolaire de l'éponge. — *Encéphalopathie* spongiforme bovine.*

SPONGILLE [spɔ̃ʒil] n. f. – 1827 ◊ latin des zoologistes *spongilla*, de *spongia* «éponge» ■ ZOOL. Éponge d'eau douce. «*Des spongilles délicates*» MICHELET.

SPONGIOSITÉ [spɔ̃ʒjozite] n. f. – 1314 ◊ du latin *spongiosus* ■ RARE Caractère de ce qui est spongieux.

SPONSOR [spɔ̃sɔʀ ; spɔnsɔʀ] n. m. – 1954 ◊ mot anglais «parrain» ■ ANGLIC. Personne physique ou morale qui soutient financièrement une entreprise à des fins publicitaires. ➤ **commanditaire, parrain, parraineur.** *Sponsor d'un voilier, d'un coureur, d'une course. Chercher des sponsors. Sponsors d'une exposition, d'un film, d'une manifestation culturelle.* — Recomm. offic. *mécène, parraineur.*

SPONSORING [spɔ̃sɔʀiŋ ; spɔnsɔʀiŋ] n. m. – 1972 ◊ mot anglais ■ ANGLIC. Sponsorisation*.

SPONSORISATION [spɔ̃sɔʀizasjɔ̃] n. f. – 1982 ◊ de *sponsoriser* ■ FAUX ANGLIC. Aide financière apportée à des fins publicitaires à une action sportive ou culturelle. ➤ **mécénat, parrainage, sponsoring** (ANGLIC.) ; RÉGION. **commandite.** — Recomm. offic. *mécénat, parrainage.*

SPONSORISER [spɔ̃sɔʀize] v. tr. ‹1› – avant 1980 ◊ de *sponsor* ■ FAUX ANGLIC. Financer à des fins publicitaires (une entreprise, un sport). *Entreprise qui sponsorise une compétition sportive. Se faire sponsoriser par un industriel. Émission de télévision sponsorisée.* Recomm. offic. *parrainer.*

SPONTANÉ, ÉE [spɔ̃tane] adj. – 1690 ; *spontanée* XVIe ; *spontainne* fém. 1284 ◊ bas latin *spontaneus* ■ 1 Que l'on fait de soi-même, sans être incité ni contraint par autrui. ➤ **libre.** «*La tradition n'admettait que la discipline spontanée du groupe*» ROMAINS. — *Candidature spontanée* (à un poste). ■ 2 (1541) Qui se fait de soi-même, sans avoir été provoqué. ➤ **naturel.** «*L'émission spontanée, par les sels d'urane, de rayons d'une nature particulière*» MARIE CURIE. — *Génération* spontanée.* ■ 3 Qui se fait sans que la volonté intervienne. ➤ **involontaire.** «*Le rêve, qui est tout spontané*» HUGO. ◆ (milieu XIXe) Qui se fait, s'exprime directement, sans réflexion ni calcul. ➤ **instinctif, sincère.** *Une réaction spontanée.* ◆ (PERSONNES) Qui obéit au premier mouvement, ne calcule pas. *Être spontané avec qqn.* *« L'homme spontané voit la nature et l'histoire avec les yeux de l'enfance »* RENAN. ■ CONTR. Imposé. Provoqué. Volontaire. Apprêté, étudié ; 1 calculateur.

SPONTANÉISME [spɔ̃taneism] n. m. – 1934 ◇ de *spontané* ■ POLIT. Doctrine ou attitude qui repose sur la confiance dans la spontanéité révolutionnaire des masses, la spontanéité créatrice de l'individu.

SPONTANÉISTE [spɔ̃taneist] adj. et n. – 1934 ◇ de *spontané* ■ POLIT. Partisan du spontanéisme. *Maoïstes spontanéistes* (FAM. *Mao-spontex*).

SPONTANÉITÉ [spɔ̃taneite] n. f. – 1695 ◇ de *spontané* ■ **1** PHILOS. VX Caractère de ce qui est spontané, produit par l'initiative même de l'agent (➤ **spontanéisme**). *« Avec Claude Bernard* [...] *le fait physiologique dépouille sa spontanéité, sa fantaisie, sa liberté »* J. ROSTAND. ■ **2** Qualité d'une chose ou d'une personne spontanée (3°). ➤ **franchise, naturel, sincérité.** *Spontanéité d'une réponse.* *« l'émotion perdrait sa fleur de spontanéité sincère, à être analysée pour l'écrire »* GIDE. ■ CONTR. 1 Calcul.

SPONTANÉMENT [spɔ̃tanemɑ̃] adv. – 1381 ◇ de *spontané* ■ **1** Sans y être invité, sans y être contraint. *« Maréchal lui avait offert et prêté, spontanément, de l'argent »* MAUPASSANT. ◆ Sans intervention extérieure provoquant la chose. *« Les idées expérimentales ne sont point innées. Elles ne surgissent pas spontanément »* C. BERNARD. ■ **2** Instinctivement, naturellement, sans réfléchir. *« Pour ne pas les égarer, mets les choses toujours où tu les mettrais spontanément »* VALÉRY.

SPONTANISME [spɔ̃tanism] n. m. – 1945 ; *spontéparisme* 1907 ◇ de *spontané* ■ HIST. SC. Théorie de la génération spontanée.

SPORADICITÉ [spɔradisite] n. f. – 1872 ◇ de *sporadique* ■ DIDACT. Caractère de ce qui est sporadique.

SPORADIQUE [spɔradik] adj. – 1620 ◇ grec *sporadikos*, de *sporas* « épars », radical *speirein* « semer » ■ **1** MÉD. Se dit d'une maladie qui atteint quelques individus isolément (opposé à ***endémique, épidémique***) et au hasard (opposé à ***familial, héréditaire***). ◆ (1834) BIOL. Dispersé dans l'espace. *Espèce végétale sporadique.* ■ **2** (1864 *étoiles filantes sporadiques*) COUR. Qui apparaît, se produit çà et là et de temps à autre, d'une manière irrégulière. *Un fait sporadique. Crises sporadiques.* ■ CONTR. Constant, régulier.

SPORADIQUEMENT [spɔradikmɑ̃] adv. – 1845 ◇ de *sporadique* ■ D'une manière sporadique, irrégulière ; sous forme de cas isolés. *Des réactions se produisent sporadiquement.* ■ CONTR. Constamment.

SPORANGE [spɔrɑ̃ʒ] n. m. – 1817 ◇ de *spore* et grec *aggos* « réceptacle » ■ BOT. Organe formé d'une partie centrale fertile, siège de l'élaboration des spores et d'une partie périphérique stérile. *Les sporanges des phanérogames sont localisés dans les anthères.* ➤ **microsporange.**

SPORE [spɔr] n. f. – 1817 ◇ grec *spora* « semence » ■ BIOL. Structure reproductrice de nombreuses espèces végétales et de certains protozoaires. ➤ **asque, baside, conidie, macrospore, microspore, zoospore ; sporange, sporogone, sporophyte, sporulation.** *Spores des algues, des bactéries, des champignons, des mousses. Dissémination des spores. Spore bactérienne :* formation de résistance arrondie de certaines bactéries qui se trouvent dans des conditions défavorables. — SPÉCIALT Chez les végétaux supérieurs, Structure reproductrice produite dans les loges de l'anthère *(spores mâles)* et dans les nucelles *(spores femelles),* donnant des prothalles mâles et femelles. ■ HOM. Sport.

SPOROGONE [spɔrɔgɔn] n. m. – 1885 ◇ du latin scientifique *sporogonium* (Stahl, 1876) ; cf. *spore* et 2-*gone* ■ BOT. Appareil producteur des spores chez les bryophytes.

SPOROPHYTE [spɔrɔfit] n. m. – 1897 ◇ de *spore* et *-phyte* ■ BOT. ■ **1** Organisme producteur de spores d'une espèce à reproduction sexuée. ■ **2** Phase du cycle reproducteur de certains végétaux inférieurs et de tous les spermaphytes et ptéridophytes.

SPOROTRICHE [spɔrɔtriʃ] n. m. – 1904 ; *sporotrique* 1842 ◇ latin des botanistes *sporotrichum*, du grec *spora* (cf. *spore*) et *thrix, trikhos* « cheveu » ■ BOT. Moisissure parasite.

SPOROTRICHOSE [spɔrɔtrikoz] n. f. – 1903 ◇ de *sporotriche* et 2-*ose* ■ MÉD. Mycose provoquée par un sporotriche, dont les lésions caractéristiques sont des nodules inflammatoires sous-cutanés d'aspect gommeux (➤ **gomme**).

SPOROZOAIRES [spɔrɔzɔɛr] n. m. pl. – 1890 ◇ de *spore* et *-zoaire* ■ ZOOL. Classe de protozoaires parasites des cellules ou des tissus chez l'être humain et les animaux. Au sing. *Le parasite du paludisme (plasmodium) est un sporozoaire.*

SPORT [spɔr] n. m. – 1828 ◇ mot anglais, de *disport*, ancien français *desport, déport* « amusement », de *se deporter* « s'amuser »

I ~ n. m. A. LE SPORT Activité physique exercée dans le sens du jeu, de la lutte et de l'effort, et dont la pratique suppose un entraînement méthodique, le respect de certaines règles et disciplines. *« Le sport est l'art par lequel l'homme se libère de soi-même »* GIRAUDOUX. *« Le sport, élevé au rang de religion, avec ses pontifes et ses thuriféraires, était devenu un marché très porteur »* J. ALMIRA. — *La pratique du sport. Faire du sport, un peu de sport. Sport amateur et sport professionnel. Le sport à l'école* (cf. Éducation* physique). *Sport-études :* section aménagée pour concilier les études et la pratique sportive de haut niveau. *Sport pratiqué par les personnes en situation de handicap.* ➤ **handisport.** *La langue, le vocabulaire du sport. Voiture de sport,* rapide et légère. *« Il lui proposait de conduire sa Talbot Grand Sport qui atteignait le 200 »* NIMIER. *Terrain de sport. Salle de sport. Vêtements* (➤ **sportwear**), *chaussures, sac, articles de sport. Magasin de sport,* où l'on vend des articles de sport. ◆ FIG. et FAM. *C'est du sport !,* c'est un exercice, un travail très difficile ou dangereux. — *Il va y avoir du sport !,* de l'agitation, de la bagarre. *« Essaie donc ! je te jure qu'il y aurait du sport »* BEAUVOIR. *Faire qqch. pour le sport,* sans tirer d'avantage personnel (cf. Pour la beauté* du geste). *Plusieurs « sentirent qu'ils ne reviendraient jamais à Lorient et que, dans ce cas, il valait mieux mourir pour le sport, le plus près possible du pôle Sud »* MAC ORLAN.

B. UN SPORT ■ **1** Chacune des formes particulières et réglementées de cette activité. *Pratiquer plusieurs sports. Sports en salle, sports de plein air. Sports de compétition. Sport olympique,* faisant l'objet d'une compétition aux Jeux olympiques. *Sports de base.* ➤ **athlétisme, natation.** *Sports de combat.* ➤ **boxe, catch, escrime, full-contact, kickboxing, krav maga, lutte, savate** (cf. Arts martiaux*). *Sports individuels.* ➤ **alpinisme, badminton, 1 char** (à voile), **cyclisme, équitation, golf, gymnastique, hippisme, padel, paume, pelote, ping-pong, planche** (à roulettes), **speed-sail, squash, tennis, tir, trekking.** *Sports mécaniques.* ➤ **automobilisme, dragster, enduro, karting, motocyclisme.** *Sports aériens.* ➤ **aviation, deltaplane, parachutisme, parapente, U. L. M., 1 vol, voltige.** *Sports nautiques.* ➤ **aviron, barefoot, canoë, canyoning, joute, kitesurf, motomarine, motonautisme, offshore, paddle, planche** (à voile), **rafting, ski** (nautique), **surf, 2 voile, yachting.** *Sports d'équipe, sports collectifs* (*de balle, de ballon,* etc.). ➤ **baseball, basketball, cricket, football, handball, hockey, polo, rugby, ultimate, volleyball, waterpolo.** *Sports de glisse*.* — *Sports d'hiver**. ➤ **bobsleigh, curling, hockey, luge, 1 patinage, skeleton, ski, ski-bob, véloski.** PAR EXT. Activités de neige. — PAR PLAIS. *Sport en chambre :* ébats sexuels. ■ **2** FIG. Activité ou exercice comparable. *« ils étaient exercés à ce sport de la causerie française »* MAUPASSANT. LOC. *Sport national :* activité dans laquelle une nation excelle. *Le marchandage, sport national.* *« On se livre à la contrebande non pas tant pour faire fortune que pour pratiquer une espèce de sport national »* CENDRARS. — *Sport cérébral :* jeu nécessitant une habileté intellectuelle. — *Sport électronique :* pratique du jeu vidéo dans le cadre d'une compétition. ➤ ANGLIC. **e-sport.**

II ~ adj. inv. ■ **1** *Des chaussures sport,* pour la promenade, la campagne (opposé à *de ville* ou *habillé*). *Cette tenue est trop sport pour une soirée.* ■ **2** (1904) VIEILLI *Être sport :* être loyal et sans rancune, selon l'esprit du sport ; faire preuve de fair-play. ➤ **sportif.** *« C'était vraiment la plus chic, la plus sport des filles »* R. GUÉRIN.

■ HOM. Spore.

SPORTIF, IVE [spɔrtif, iv] adj. et n. – 1862 ◇ de *sport* ■ **1** Propre ou relatif au sport, aux différents sports. *Épreuves, compétitions sportives. La vie sportive. Journaux, reportages sportifs. Journaliste sportif,* de sport. *Résultats sportifs. Association sportive.* ➤ **1 club.** ◆ SPÉCIALT Qui a un caractère de sport, de compétition (et non de simple exercice). *Natation, pêche sportive.* — *Conduite sportive,* inspirée de celle des pilotes de course. ◆ FIG. et FAM. Mouvementé, tumultueux. ➤ **rock-and-roll.** *La réunion va être sportive.* ■ **2** Qui pratique, qui aime le sport. *Elle est très sportive.* — n. *« Le sportif est appelé à tout moment à évaluer et à comparer, et cela avec une grande rapidité »* DE COUBERTIN. ◆ Qui atteste la pratique du sport. *Allure sportive.* ◆ Qui respecte l'esprit du sport, manifeste de la sportivité*. ➤ **sport** (II, 2°). *Le public a été sportif, a gardé une attitude sportive.* ■ CONTR. Antisportif.

SPORTIVEMENT [spɔʀtivmɑ̃] **adv.** – 1893 ◇ de *sportif* ■ Avec un esprit sportif, une attitude sportive, loyale. *Accepter sportivement sa défaite.*

SPORTIVITÉ [spɔʀtivite] **n. f.** – 1898 ◇ de *sportif* ■ Esprit sportif, attitude sportive. ➤ **fair-play.**

SPORTULE [spɔʀtyl] **n. f.** – 1564 ◇ latin *sportula*, de *sporta* «panier» ■ DIDACT. (ANTIQ. ROM.) Don, en nature ou en argent, que les patrons accordaient chaque jour à leurs clients.

SPORTWEAR [spɔʀtwɛʀ] ou **SPORTSWEAR** [spɔʀtswɛʀ] **n. m.** – 1962 ◇ anglais américain *sportswear*, de *sport(s)* «sport» et *wear* «vêtements» ■ ANGLIC. Ensemble des vêtements de sport* réunissant les qualités de confort, de commodité et d'élégance. — **adj. inv.** *Des tissus sportwear.*

SPORULATION [spɔʀylasjɔ̃] **n. f.** – 1875 ◇ de *sporule* (1817) VX «conidie», de *spore* ■ BIOL. Formation des spores. *Sporulation des végétaux.* ♦ Production d'une spore par une bactérie, une levure ou une moisissure.

SPORULER [spɔʀyle] **v. intr.** ⟨1⟩ – 1877 ◇ de *sporule* → sporulation ■ BIOL. Se reproduire par spores, produire des spores.

SPOT [spɔt] **n. m.** et **adj. inv.** – 1889 ◇ mot anglais «tache, point» ■ ANGLIC.

I n. m. ■ **1** PHYS. Point lumineux réfléchi par le miroir de certains instruments de mesure (galvanomètre, etc.) qui se déplace le long d'une échelle graduée. ♦ Tache lumineuse produite par les électrons qui viennent frapper un écran fluorescent dans un tube cathodique. — TÉLÉV. *Vitesse de spot.* ■ **2** Petit projecteur à faisceau lumineux assez étroit, destiné à éclairer un acteur ou une partie du décor (SYN. **projecteur directif**). *Des spots de couleur.* — Projecteur analogue, servant de lampe d'intérieur. ■ **3** (Emploi critiqué) *Spot publicitaire* : bref message publicitaire. ■ **4** Site particulièrement favorable à la pratique d'un sport. *Spot de surf.* «*Ils surfent aussi, ils roulent dans des vans, ils vont de spot en spot chercher la vague*» M. DARRIEUSSECQ. *Spot de plongée, spot de grimpe.* Recomm. offic. *site (de pratique).* — PAR EXT. FAM. Lieu très prisé. *Le nouveau spot des amateurs de chocolat.*

II adj. inv. (1975) Ponctuel (en parlant d'un acte commercial, d'une transaction sur le marché du pétrole). *Marché spot.* FIN. *Crédit spot*, à court terme exceptionnel. — *Prix spot*, pratiqués sur le marché libre du pétrole.

SPOULE [spul] **n. m.** – 1983 ◇ anglais *spool* ■ INFORM. Mode d'exploitation d'un ordinateur en multiprogrammation ou d'un réseau d'ordinateurs, dans lequel les opérations d'entrée et de sortie sont dissociées des autres traitements par l'utilisation de mémoires tampons.

SPOUTNIK [sputnik] **n. m.** – 1957 ◇ mot russe, littéralt «compagnon de route», de *put'* «route» et suffixe d'agent *-nik* ■ Satellite artificiel lancé par l'Union soviétique.

SPRAT [spʀat] **n. m.** – 1772 ; *sprot* 1723 ◇ mot anglais ■ Petit poisson marin *(clupéiformes)*, voisin du hareng, appelé aussi *anchois de Norvège.* ➤ **harenguet.** *Sprat fumé.*

SPRAY [spʀɛ] **n. m.** – 1884 ◇ mot anglais ■ ANGLIC. Jet de liquide (parfum, déodorant, désodorisant, insecticide, etc.) projeté en fines gouttelettes par pulvérisation. ➤ **pulvérisation.** ♦ PAR EXT. L'appareil lui-même, son contenu. ➤ **aérosol, atomiseur, vaporisateur.** *Eau de toilette en spray. Des sprays.*

SPRECHGESANG [ʃpʀɛʃgesaŋ] **n. m.** – 1964 ◇ mot allemand ■ MUS. Style de chant déclamé et modulé d'après les intonations de la parole, utilisé par les compositeurs de l'école dodécaphonique de Vienne (Schönberg, Berg).

SPRINGBOK [spʀiŋbɔk] **n. m.** – 1781 ◇ mot néerlandais, proprt «bouc sauteur» ■ Antilope d'Afrique australe.

SPRINGER [spʀiŋgɛʀ] **n. m.** – 1867 ◇ mot anglais, de *to spring* «sauter» ■ Race anglaise de chiens de chasse.

SPRINT [spʀint] **n. m.** – 1895 ◇ mot anglais «course rapide et brève» ■ Allure la plus rapide possible, qu'un coureur prend à un moment déterminé d'une course, et notamment à la fin ; ce moment, cette fin de la course. ➤ **emballage, finish, pointe, rush.** *Battre son adversaire au sprint.* «*On ne connaît pas le sprint final à cette époque, [...] on n'ose pas réserver toute sa vitesse pour la déployer dans la dernière ligne droite*» ECHENOZ. — LOC. FAM. *Piquer un sprint* : courir très vite sur une petite distance (➤ **sprinter**). ♦ En athlétisme et en cyclisme, Course de vitesse sur petite distance.

SPRINTER [spʀinte] **v. intr.** ⟨1⟩ – 1898 ◇ de *sprint* ■ ANGLIC. SPORT Accélérer et soutenir l'allure la plus rapide possible, notamment en fin de course. — FAM. Courir, pédaler à toute vitesse (hors de toute compétition) (cf. Piquer un sprint*).

SPRINTEUR, EUSE [spʀintœʀ, øz] **n.** – 1887 *sprinter* ◇ anglais *sprinter* ■ Athlète, cycliste spécialiste des courses de vitesse ; coureur, coureuse remarquable au sprint. *C'est un bon rouleur, mais ce n'est pas un sprinteur. La sprinteuse s'élance.* — Au masculin, on écrit aussi *sprinter.*

SPRITZ [spʀits ; ʃpʀits] **n. m.** – 1882 ; répandu début XXIe ◇ mot italien, de l'allemand *spritzen* «arroser» ■ Cocktail d'origine vénitienne, composé de vin blanc sec ou pétillant (➤ **prosecco**), d'un amer et d'eau de Seltz.

SPRUE [spʀy] **n. f.** – 1923 ◇ mot anglais ■ MÉD. Affection intestinale chronique caractérisée par une diarrhée fréquente et abondante.

SPUMESCENT, ENTE [spymesɑ̃, ɑ̃t] **adj.** – 1817 ◇ latin *spumescens* ■ DIDACT. Qui est semblable à de l'écume ; qui produit de l'écume. ➤ **écumant.**

SPUMEUX, EUSE [spymø, øz] **adj.** – v. 1363 ◇ latin *spumosus* ■ DIDACT. Qui a l'aspect de l'écume, qui contient de l'écume. ➤ **écumeux.** MÉD. *Expectoration spumeuse.*

SPUMOSITÉ [spymozite] **n. f.** – v. 1363 ◇ du radical latin de *spumeux* ■ DIDACT. Caractère, aspect de ce qui est spumeux.

SQUALE [skwal] **n. m.** – 1754 ◇ latin *squalus* ■ Poisson cartilagineux *(sélaciens)* à corps fusiforme dépourvu de nageoire anale, à fentes branchiales latérales. ➤ **requin.**

SQUAME [skwam] **n. f.** – début XIVe ; *esquame* 1265 ◇ latin *squama* → desquamer ■ **1** VX ou LITTÉR. Écaille (de poisson, de serpent). ■ **2** (XIVe) MÉD. Lamelle qui se détache de l'épiderme dans certaines dermatoses.

SQUAMÉ, ÉE [skwame] **adj.** et **n. m.** – 1851 ◇ de *squame* ■ Couvert de petites écailles. — **n. m. pl.** *Les squamés* : ordre de la classe des reptiles, constitué par les lézards et les serpents couverts d'écailles. ➤ **ophidien, sauriens.**

SQUAMEUX, EUSE [skwamø, øz] **adj.** – 1529 ; *scamous* 1495 ◇ latin *squamosus* ■ **1** VX ou LITTÉR. Écailleux. *Une femme-poisson* «*dont la queue se scinde en deux longues branches squameuses, serpents étroitement nattés*» LEIRIS. ■ **2** MÉD. Couvert de squames, caractérisé par la présence de squames. *Dermatose squameuse.* ♦ ANAT. *Suture squameuse* : suture entre l'écaille de l'os temporal et l'os pariétal.

SQUAMIFÈRE [skwamifɛʀ] **adj.** – *squammifère* 1829 ; «classe de reptiles» 1823 ◇ latin *squamifer* ■ BIOL. Qui est recouvert d'écailles. ➤ **écailleux, squamé.**

SQUAMULE [skwamyl] **n. f.** – 1812 ◇ latin *squamula* ■ ZOOL. Petite écaille cornée ou membraneuse, à la base des ailes de certains insectes (comme le papillon).

SQUARE [skwaʀ] **n. m.** – 1715, puis milieu XIXe ◇ mot anglais, proprt «carré», de l'ancien français *esquarre* ; cf. *équerre* ■ Petit jardin public, généralement entouré d'une grille et aménagé au milieu d'une place. *Enfants qui jouent dans un square.* «*Square où tout est correct, les arbres et les fleurs*» RIMBAUD.

SQUASH [skwaʃ] **n. m.** – 1930 ◇ mot anglais, anglo-normand *esquacher*, de *esquasser* ■ ANGLIC. Sport dans lequel deux joueurs côte à côte se renvoient, à l'aide de raquettes, une balle de caoutchouc qui rebondit sur les murs d'un court fermé. *Jouer au squash. Faire du squash.* — Court, local aménagé pour pratiquer ce sport. *Des squashs.* On emploie aussi le pluriel anglais *des squashes.*

SQUAT [skwat] **n. m.** – v. 1975 ◇ de *squatter* ■ ANGLIC. ■ **1** Occupation d'un immeuble par des squatteurs. ■ **2** Habitation occupée par un squatteur. «*Ainsi les Tacheles sont devenus le premier grand squat officiel d'artistes, une sorte d'utopie alternative*» Y. HAENEL.

SQUATINE [skwatin] **n. m.** ou **f.** – *scatine* 1597 ◇ latin *squatina* ■ ZOOL. Poisson marin *(sélaciens)* appelé aussi *ange* de mer.*

SQUATTER [skwate] **v. tr.** ⟨1⟩ – 1969 ◇ anglais américain *to squat* ■ **1** Occuper illégalement (une habitation vide). — On dit aussi **SQUATTÉRISER** ⟨1⟩. «*l'immeuble vétuste dont les bohémiens avaient squattérisé le sous-sol*» LE CLÉZIO. ■ **2** Monopoliser, occuper indûment. *Le chat squatte le fauteuil.* — ABSOLT «*le hall couvert de graphes où des types squattaient et faisaient leurs petits trafics*» O. ADAM. ■ **3** *Squatter (chez) qqn*, s'y installer sans y être invité. *Des amis qu'on peut squatter.* «*Ils* *nous squattent depuis le début de la soirée, personne ne veut d'eux ici»* LIBERATI.

SQUATTEUR, EUSE [skwatœR, øz] n. – 1827 ◇ anglais américain *squatter,* de *to squat,* proprt «s'accroupir, se blottir» ■ **1** Aux États-Unis, Pionnier qui s'installait sur une terre inexploitée de l'Ouest, sans titre légal de propriété et sans payer de redevance. ■ **2** (1946) ANGLIC. Personne sans logement qui s'installe illégalement dans un local inoccupé. — On écrit aussi *squatter* au masculin.

SQUAW [skwo] n. f. – 1797 ; hapax 1686 ◇ mot algonquin, transmis par l'anglais américain ■ En Amérique du Nord, Épouse d'un Amérindien. VIEILLI Femme amérindienne. *Des squaws.*

SQUEEZER [skwize] v. tr. ‹1› – 1899 ◇ de l'anglais *to squeeze* «presser, comprimer» ■ ANGLIC. ■ **1** Au bridge, Obliger (l'adversaire) à se défausser, à supprimer sa garde dans les couleurs qui lui restent. *Action de squeezer l'adversaire* (n. m. **SQUEEZE**). ■ **2** FAM. Prendre l'avantage sur (qqn) en parvenant à bénéficier d'une supériorité. *Il s'est fait squeezer.*

SQUELETTE [skəlɛt] n. m. – *scelette, squelete* milieu XVIe ◇ grec *skeletos,* proprt «desséché»

I ■ **1** Ensemble des os constituant la charpente du corps de l'être humain et des vertébrés. ➤ **ossature.** *Maladies du squelette* (➤ **ostéite, ostéoporose**). — *Le squelette de la main.* — PAR EXT. Structure rigide jouant un rôle de soutien pour un organe. *Le squelette du nez, de la langue.* ◆ Ces os, dépouillés de tous les tissus mous, et conservés dans la position qu'ils ont dans le corps vivant. ➤ **carcasse, ossements.** *«on trouva parmi toutes ces carcasses hideuses, deux squelettes* [dont l'un] *était celui d'une femme»* HUGO. — *Squelette articulé* (d'un institut d'anatomie). — FAM. *Un squelette dans le placard**. ◆ FIG. Personne très maigre, qui n'a plus que la peau sur les os. *Quinze mois «avaient fait du frais Tourangeau aux joues satinées et brillantes un squelette parisien, hâve et jaune»* GAUTIER. *C'est un squelette ambulant* (cf. Sac d'os*). ■ **2** Ensemble des tissus plus ou moins durs qui servent d'armature ou de protection au corps d'un invertébré (test, carapace, coquille). *Squelette siliceux des radiolaires.* ■ **3** CHIM. Structure (d'une molécule organique) constituée par les atomes de carbone liés entre eux.

II ■ **1** (1690) Charpente (d'un navire, d'un édifice). — GÉOL. *Le squelette d'une montagne,* l'ensemble des parties les plus dures, qui résistent le mieux à l'érosion. ■ **2** FIG. Les grandes lignes (d'un ensemble abstrait, d'une œuvre). ➤ **architecture,** 3 **plan.** *«Je vous donne seulement l'essentiel* [...] *le squelette de sa conférence, sans chair, sans visage»* LEMAITRE. *«un dictionnaire sans citation est un squelette»* VOLTAIRE.

SQUELETTIQUE [skəletik] adj. – 1834 ◇ de *squelette* ■ **1** COUR. Qui évoque un squelette. *Maigreur squelettique. Il est squelettique,* d'une maigreur squelettique. ➤ **décharné,** 1 **maigre*.** ◆ FIG. Très réduit, peu nombreux. *Des effectifs squelettiques.* ◆ Trop schématique. *Un exposé squelettique.* ■ **2** (1872) ANAT. Qui est relatif, qui appartient au squelette.

SQUILLE [skij] n. f. – 1611 ◇ latin *squilla* ■ ZOOL. Crustacé *(malacostracés)* appelé aussi *sauterelle* ou *cigale de mer.*

SQUIRRHE ou **SQUIRRE** [skiR] n. m. – 1800, -1680 ; *schirre* 1538 ◇ grec *skirrhos* ■ PATHOL. Forme de cancer (épithélioma) de consistance dure du fait de la prédominance d'une sclérose avec rétraction des tissus. *Squirrhe du sein.*

SQUIRRHEUX, EUSE ou **SQUIRREUX, EUSE** [skiRø, øz] adj. – 1800, -1694 ; *scirreuse* 1542 ◇ de *squirrhe* ■ MÉD. Qui est de la nature du squirrhe, constitue un squirrhe.

SRAS [sRas] n. m. – 2003 ◇ acronyme de *Syndrome Respiratoire Aigu Sévère* ■ Pneumopathie fébrile d'origine virale, pouvant évoluer vers une insuffisance respiratoire sévère. *L'épidémie de SRAS, de Sras.*

S. S. [ˈɛsɛs] n. m. – 1930 ◇ sigle de l'allemand *Schutz-Staffel* «échelon de protection» ■ Membre des formations de police militarisées de l'Allemagne nazie, devenues en 1940 de véritables unités militaires. *Les S. S.* [leɛsɛs].

STABAT MATER [stabatmatɛR] n. m. inv. – 1771 ; *stabat* 1761 ◇ début d'une prose latine, *Stabat mater dolorosa...* «sa mère se tenait debout pleine de douleur...» ■ LITURG. Prose du missel romain rappelant la douleur de la mère du Christ crucifié. — Œuvre musicale sur les paroles de cette prose. *Le Stabat mater de Pergolèse.*

STABILE [stabil] n. m. – milieu XXe ◇ mot anglais américain, de *stable,* d'après *mobile* ■ ARTS Construction sculpturale non articulée et immobile. *Mobiles et stabiles de Calder.*

STABILISATEUR, TRICE [stabilizatœR, tRis] adj. et n. m. – 1877 ◇ de *stabiliser* ■ **1** Propre à stabiliser. *Exercer sur les prix une action stabilisatrice.* ■ **2** n. m. (1902) Dispositif de correction automatique des écarts et des erreurs, assurant à un véhicule la stabilité de route ; mécanisme servant à équilibrer (gyroscope, etc.). SPÉCIALT Chacune des petites roues à l'arrière d'une bicyclette d'enfant. — Dispositif destiné à augmenter la stabilité d'un navire (➤ **antiroulis**). ◆ (1907) CHIM. Substance employée pour stabiliser une autre substance (on dit aussi **STABILISANT**). *La terre d'infusoires est un bon stabilisateur de la nitroglycérine.*

STABILISATION [stabilizasjɔ̃] n. f. – 1780 ◇ de *stabiliser* ■ **1** Action, manière de stabiliser (1°). ◆ ÉCON. Interruption (spontanée ou volontaire) d'un mouvement de hausse ou de baisse à un niveau donné (palier). ➤ aussi **régulation.** *Stabilisation des prix. Plan de stabilisation.* — SPÉCIALT Limitation des mouvements de fluctuation (à la hausse, à la baisse). ➤ **régularisation.** *Stabilisation de l'euro, du dollar.* ■ **2** SC. Action de stabiliser (une substance, un système). ◆ MÉD. *La stabilisation d'une maladie, d'un processus morbide :* fait de ne plus évoluer ni vers une aggravation ni vers la guérison. ➤ **consolidation.** ■ **3** (fin XIXe) Action, manière d'assurer la stabilité de (un véhicule), de consolider (un sol). *Stabilisation d'une voie de chemin de fer.* ■ **4** (1926) *Stabilisation (d'orientation)* ou *stabilisation des fusées :* régulation de la trajectoire d'un engin spatial.

STABILISER [stabilize] v. tr. ‹1› – 1780 ◇ du radical latin de *stable* ■ **1** Rendre stable (la monnaie, les prix, les institutions, une situation). ➤ **fixer.** *L'évolution politique «consista non à innover, mais seulement à stabiliser les innovations antérieures»* SEIGNOBOS. ◆ PRONOM. Devenir, redevenir stable. *La situation s'est stabilisée. — Son poids s'est stabilisé,* il ne varie plus. p. p. adj. *Maladie stabilisée,* qui n'évolue plus. *Cancer stabilisé.* ■ **2** SC. Amener (un système, une substance) à la stabilité. *Stabiliser un explosif.* ■ **3** (fin XIXe) Assurer la stabilité de (un véhicule). ➤ **équilibrer.** ◆ Consolider, affermir (un sol, une surface de roulement). *Accotements non stabilisés.* ■ CONTR. Déséquilibrer, déstabiliser.

STABILITÉ [stabilite] n. f. – XIIe ◇ latin *stabilitas* ■ **1** Caractère de ce qui tend à demeurer dans le même état. ➤ **constance, continuité, fermeté, permanence.** *La stabilité des institutions anglaises. «la stabilité numérique d'une population animale* [...] *suggère l'existence de* systèmes régulateurs*»* J. HAMBURGER. — *Stabilité de la monnaie, des cours.* ➤ **fermeté.** *Compromettre la stabilité :* déstabiliser. ■ **2** (1549) État d'une construction capable de demeurer dans un équilibre permanent, sans ruptures ni tassements, et de résister à des contraintes normales. ➤ **aplomb, équilibre.** *«ces massifs piliers donnent* [...] *une ferme assiette et une stabilité extraordinaire au vaisseau de la cathédrale»* GAUTIER. ■ **3** (1845) Propriété d'un corps de revenir à sa position d'équilibre et de reprendre son mouvement après une modification passagère. *Stabilité d'un avion, d'un véhicule.* ■ **4** PHYS. Propriété d'un système qui demeure dans un état d'équilibre ou de régime permanent. *Stabilité de fréquence d'un émetteur. «Les mésons joueraient un rôle important dans cette stabilité des noyaux»* BROGLIE. ◆ CHIM. État d'une molécule qui ne subit aucune transformation spontanée. *Stabilité maximum :* état d'un atome qui atteint la structure électronique d'un gaz rare. ■ **5** AUTOMAT. Aptitude d'un système bouclé à ne pas osciller. *Critère de stabilité.* — Aptitude d'un système automatique à atteindre sa position d'équilibre avec un minimum d'oscillations. ■ CONTR. Instabilité, fluctuation. Déséquilibre.

STABLE [stabl] adj. – fin XIIe ◇ latin *stabilis* ■ **1** Qui n'est pas sujet à changer ou à disparaître ; qui demeure dans le même état. ➤ **constant, durable,** 1 **ferme, pérenne, permanent, solide.** *«Rien n'est stable dans la nature ; tout y est dans un perpétuel développement»* RENAN. *Équilibre* stable. Un gouvernement, un régime stable. Monnaie stable. Prix stables. Travail stable.* ➤ **permanent.** — *Une personne stable.* ➤ **équilibré.** ■ **2** (fin XVIe «solide») Qui est en équilibre stable. *L'échelle est stable.* — NAVIG. *Élément stable :* instrument, système qui garde son orientation indépendamment du mouvement. ■ **3** PHYS. *Élément atomique stable,* qui n'est pas radioactif ou dont la demi-vie est très longue. ◆ CHIM. *Molécule, composé stable,* qui ne participe pas spontanément à une réaction (➤ aussi **métastable**). ◆ AUTOMAT. *Système stable,* qui ne peut osciller (➤ aussi **bistable**). ■ CONTR. Instable, changeant. Déséquilibré.

STABULATION [stabylasjɔ̃] **n. f.** – 1833 ◊ latin *stabulatio*, de *stabulum* → étable ■ TECHN. Séjour des bestiaux en étable. *Stabulation libre*, où les animaux se déplacent dans l'étable, en sortent et y entrent librement.

STACCATO [stakato] **adv.** et **n. m.** – 1771 ◊ mot italien « détaché » ■ MUS. En détachant nettement les notes. *Jouer staccato.* ADJT INV. *Jeu staccato.* — **n. m.** Passage ainsi joué. ➤ 1 **piqué.** *Des staccatos.* ■ CONTR. Légato.

STADE [stad] **n. m.** – 1530 ; *estade* 1265 ; n. f. jusqu'au XVIIe ◊ latin *stadium*, grec *stadion* ■ **1** DIDACT. Mesure de longueur de la Grèce ancienne (environ 180 m). ◆ (1549) Piste de cette longueur où l'on disputait les courses ; enceintes comprenant cette piste et des emplacements aménagés pour d'autres exercices. *Les jeux du stade.* ◆ (1896) Grande enceinte, terrain aménagé pour la pratique des sports, et le plus souvent entouré de gradins, de tribunes. *Stade olympique, municipal. Un stade de dix mille places.* « *C'est un petit stade tout intime avec sa piste de deux cent cinquante mètres aux doux virages* » MONTHERLANT. — PAR EXT. *Le stade* : le sport, en général. *Les dieux du stade* : les grands athlètes. ■ **2** (1806 ◊ anglais *stadium* [1669, en ce sens]) MÉD. Chacune des périodes distinctes d'une maladie. *Stade éruptif d'une maladie infectieuse.* ◆ (1878) COUR. Chacune des étapes distinctes d'une évolution, d'un phénomène ; chaque forme que prend une réalité en devenir. ➤ **degré, période, phase.** *Les différents stades du développement de l'embryon.* PSYCHAN. *Stades oral**, *anal**, *phallique**, *génital** : stades successifs du développement psychique de l'enfant, caractérisés par des modes d'organisation spécifiques. — *Passé un certain stade.* ➤ 1 **point.** *Cette entreprise en est encore au stade artisanal. À quel stade en est-il dans ses études ? Passer à un, au stade supérieur.*

STADIA [stadja] **n. m.** – 1865 ◊ probablt du fém. du grec *stadios* « qui se tient debout, tout droit » ■ TECHN., SC. Instrument de mesure des distances, formé d'une mire graduée, observée par un instrument d'optique muni d'un réticule.

STADIER, IÈRE [stadje, jɛʀ] **n.** – 1997 ◊ de *stade* ■ Agent chargé d'une mission d'accueil et de sécurité auprès du public d'un stade (notamment lors des rencontres de football). — On trouve aussi *stadiaire*, **n.**

1 **STAFF** [staf] **n. m.** – 1884 ◊ mot allemand, de *staffieren* « garnir, orner » ■ Composition plastique de plâtre et de fibres végétales, employée dans la décoration et l'industrie.

2 **STAFF** [staf] **n. m.** – 1925 ◊ mot anglais américain ■ ANGLIC. ■ **1** Dans une entreprise, Équipe de personnes assurant une fonction spécifique dans un service, une catégorie d'activités. *Former, constituer un staff. Réunir le staff.* — SPÉCIALT Ensemble des personnes, des cadres assurant une fonction de conseil auprès de la direction générale. ➤ **état-major.** ■ **2** (de *staff meeting*) MÉD. Réunion de service, dans un hôpital, au cours de laquelle on présente les malades, on expose leur cas. — PAR EXT. Réunion de travail.

STAFFER [stafe] **v. tr.** ⟨1⟩ – 1904 ◊ de 1 *staff* ■ TECHN. Construire en staff*.

STAFFEUR, EUSE [stafœʀ, øz] **n.** – 1904 ◊ de *staffer* ■ TECHN. Ouvrier, ouvrière qui effectue la pose et le moulage d'ouvrages en staff*.

STAGE [staʒ] **n. m.** – début XVIIe ◊ latin médiéval et religieux *stagium*, de l'ancien français *estage* « séjour » → étage ■ **1** ANCIENNT Temps de résidence imposé à un nouveau chanoine avant qu'il puisse jouir de sa prébende. ■ **2** (1775) MOD. Période d'études pratiques imposée aux candidats à certaines professions libérales ou publiques. *Stage pédagogique. Il « se proposait d'y faire son stage afin d'entrer dans la magistrature »* BALZAC. ◆ Période de formation ou de perfectionnement dans un service d'une entreprise. *Être en stage. Suivre, faire un stage. Stages de formation, de perfectionnement, de réinsertion. Stage qualifiant, diplômant**.

STAGFLATION [stagflasjɔ̃] **n. f.** – 1970 ◊ mot anglais américain, de *stag(nation)* et *(in)flation* ■ ANGLIC. ÉCON. Situation économique d'un pays caractérisée par la stagnation de l'activité, de la production, et par l'inflation* des prix.

STAGIAIRE [staʒjɛʀ] **adj.** et **n.** – 1811 ; *stagier* n. 1743 ◊ de *stage* ■ Qui fait son stage. *Avocat, professeur stagiaire.* — **n.** *Une jeune stagiaire.*

STAGNANT, ANTE [stagnɑ̃, ɑ̃t] **adj.** – 1546 ◊ latin *stagnans* ; de *stagnare* → stagner ■ **1** Qui ne s'écoule pas, reste immobile (d'un fluide). ➤ **dormant.** *De grandes eaux qui « deviennent lentes et demeurent stagnantes, faute de pente »* TAINE. ■ **2** (fin XVIIIe) FIG. Qui est peu actif, ne fait aucun progrès. *Le commerce est stagnant.*

STAGNATION [stagnasjɔ̃] **n. f.** – 1741 ◊ du latin *stagnatum*, supin de *stagnare* → stagner ■ **1** État d'une eau stagnante, d'un fluide stagnant. ◆ PAR ANAL. MÉD. *Stagnation du pus dans une plaie.* ■ **2** (1764) FIG. État fâcheux d'immobilité, d'inactivité. ➤ **arrêt, inertie, marasme.** *La stagnation des affaires. Stagnation accompagnée d'inflation.* ➤ **stagflation.** « *la ville d'Issoudun est arrivée à une complète stagnation sociale* » BALZAC. *Une période de stagnation suivie d'une reprise.*

STAGNER [stagne] **v. intr.** ⟨1⟩ – 1787 ◊ latin *stagnare* ■ **1** Rester immobile sans couler, sans se renouveler (en parlant d'un fluide). ➤ **croupir.** « *La mare stagnait, écrasée sous le soleil* » PERGAUD. ■ **2** FIG. Être inerte, languir. « *ce dénuement où il stagnait depuis des mois* » CÉLINE.

STAKHANOVISME [stakanɔvism] **n. m.** – 1936 ◊ de *Stakhanov*, nom d'un mineur soviétique ■ HIST. En U. R. S. S., Méthode d'augmentation du rendement du travail par des initiatives des travailleurs. *Le* « Stakhanovisme *a été merveilleusement inventé pour secouer le nonchaloir* » GIDE.

STAKHANOVISTE [stakanɔvist] **n.** et **adj.** – 1936 ◊ de *stakhanovisme* ■ **1** Travailleur appliquant les principes du stakhanovisme. — **adj.** *Un ouvrier stakhanoviste.* ■ **2** **adj.** Qui relève du stakhanovisme. *Un rendement stakhanoviste.*

STAKNING [staknin̠] **n. m.** – 1930 ◊ mot norvégien ■ SKI Le fait d'avancer à ski en poussant simultanément sur les deux bâtons. ➤ **stawug.**

STALACTITE [stalaktit] **n. f.** – 1644 ◊ du grec *stalaktos* « qui coule goutte à goutte » ■ Concrétion calcaire qui se forme à la voûte d'une grotte par l'évaporation des gouttes d'eau qui filtrent. *Stalactites et stalagmites.* « *Une grotte que les stalactites ont décorée de piliers et de franges merveilleuses* » NERVAL. ◆ FIG. Motif décoratif qui pend à une coupole, à un encorbellement. *Les stalactites en bois, en stuc, de l'architecture islamique.*

STALAG [stalag] **n. m.** – 1940 ◊ mot allemand, abrév. de *Stammlager* « camp d'origine » ■ HIST. Camp allemand, pendant la guerre de 1939-1945, où étaient internés les prisonniers de guerre non officiers. *Stalags et oflags.* « *l'une avait son fils et l'autre son mari, prisonniers dans les stalags* » CARCO.

STALAGMITE [stalagmit] **n. f.** – 1644 ◊ du grec *stalagmos* « écoulement goutte à goutte » ■ GÉOL. Concrétion analogue à la stalactite*, mais s'élevant en colonne sur le sol. *Sol couvert de stalagmites.* — **adj. STALAGMITIQUE.**

STALAGMOMÈTRE [stalagmɔmɛtʀ] **n. m.** – 1875 ◊ du grec *stalagmos* « écoulement goutte à goutte » et *-mètre*, d'après l'anglais *stalagmometer* (1864) ■ PHYS. Instrument servant à mesurer la tension superficielle d'un liquide par la détermination du nombre de gouttes qui s'écoulent d'un tube gradué en un temps déterminé et pour une quantité totale connue du liquide.

STALAGMOMÉTRIE [stalagmɔmetʀi] **n. f.** – 1929 ◊ de *stalagmomètre* ■ PHYS. Mesure de la tension superficielle à l'aide d'un stalagmomètre.

STALINIEN, IENNE [stalinjɛ̃, jɛn] **adj.** et **n.** – 1926 ◊ de *Staline*, n. d'un homme d'État soviétique ■ De Staline, propre à Staline, au stalinisme. *La dictature stalinienne. Méthodes staliniennes.* ◆ Partisan de Staline et du stalinisme (SPÉCIALT qui reste fidèle à l'esprit stalinien malgré la « déstalinisation »). « *l'époque où la droite traitait de "staliniens" tous les hommes de gauche qui n'avaient pas encore proclamé sur tous les toits leur rupture avec le P. C.* » P. MERTENS. — ABRÉV. FAM. **STAL.** *Les vieux stals.*

STALINISME [stalinism] **n. m.** – 1929 ◊ de Staline ■ Politique stalinienne d'autorité, de contrainte. Théories et méthodes de Staline, déviation totalitaire du marxisme-léninisme.

STALLE [stal] **n. f.** – 1611 ◊ latin médiéval *stallum*, latinisation de l'ancien français *estal* (fin XIIe) ; francique °*stal* → étal ■ **1** Chacun des sièges de bois à dossier élevé qui garnissent les deux côtés du chœur d'une église, réservés aux membres du clergé. « *Rangés dans leurs stalles, les Pères ouvrent les gros antiphonaires* » BARRÈS. ■ **2** (1837) Dans une écurie, Compartiment cloisonné réservé à un cheval, et PAR EXT. à une voiture. ➤ 2 **box.** ◆ *Stalles de départ*, occupées par les chevaux avant le départ d'une course.

STAMINAL, ALE, AUX [staminal, o] **adj.** – 1803 ◊ du radical latin de 2*étamine* ▪ BOT. Qui appartient aux étamines. *Filet staminal.*

STAMINÉ, ÉE [stamine] **adj.** – 1791 ◊ du radical latin de 2*étamine* ▪ BOT. *Fleur staminée,* pourvue d'étamines.

STAMINIFÈRE [staminifɛʀ] **adj.** – 1783 ◊ du radical latin de 2*étamine* et *-fère* ▪ BOT. Qui porte des étamines.

STANCE [stɑ̃s] **n. f.** – *stanse* 1550 ◊ italien *stanza,* proprt «séjour», du latin *stare* ▪ **1** VX Strophe. «*Les stances avec grâce apprirent à tomber*» BOILEAU. ▪ **2** AU PLUR. Poème lyrique d'inspiration grave (religieuse, morale, élégiaque) composé d'un nombre variable de strophes habituellement du même type. *Les stances de Malherbe* (à Du Périer), *de Musset* (à la Malibran). *Les stances du Cid.*

1 **STAND** [stɑ̃d] **n. m.** – *stand de tir* 1875 ; *stan* 1542, en Suisse romande ◊ suisse allemand *Stand* ▪ Emplacement aménagé pour le tir à la cible. *Stand de tir.*

2 **STAND** [stɑ̃d] **n. m.** – 1883 ◊ mot anglais (XIIIe), de *to stand* «se tenir debout» ▪ **1** Dans une exposition, Emplacement réservé à un exposant, ou à une catégorie de produits ; ensemble des installations et des produits exposés. *Installer un stand* (➤ **standiste**). *Tenir un stand. Être sur un stand.* «*À l'entrée du stand, le public fait longuement la queue*» BARTHES. ▪ **2** *Stand de ravitaillement :* emplacement en bordure de piste, réservé à un concurrent, une écurie, dans une course automobile. ▪ **3** TECHN. Tablette destinée à recevoir une machine de bureau (machine à écrire, etc.).

1 **STANDARD** [stɑ̃daʀ] **n. m. et adj.** – 1857 ; hapax 1702 ◊ mot anglais «étalon, type», ancien français *estandard,* francique °*standhard* «inébranlable» → étendard ▪ **1** Type, norme de fabrication. — SPÉCIALT Ensemble des caractéristiques définissant un système* de télévision. ➤ **multistandard.** ♦ **adj. (inv. en genre)** Conforme à un type ou à une norme de fabrication en série. ➤ 1 **courant, normalisé.** *Pièces standards* ou *standard* **(inv.).** *Format standard. Modèle standard et modèle de luxe. Échange standard :* remplacement d'une pièce usée par une autre du même type. *Échange standard d'un moteur.* — PHYS., CHIM. *État standard, conditions standards :* état de référence, conditions normales. — FIG. Conforme au modèle habituel, sans originalité. «*Gloussements variés, sourires standard, réservés à une catégorie de citoyens dressés à la même gymnastique*» BERNANOS. ▪ **2** MUS. Thème classique de jazz, sur lequel on improvise. *Des standards.* ♦ PAR EXT. Chanson, morceau de musique célèbre et représentatif. *Un standard du rock. Les standards des Beatles.*

2 **STANDARD** [stɑ̃daʀ] **n. m.** – 1893 ◊ mot anglais «support, panneau» ▪ Dispositif permettant, dans un réseau téléphonique peu important, de mettre en relation la ligne du demandeur avec celle du demandé. ➤ **central.** «*Le téléphoniste plantait ses fiches dans le standard*» SAINT-EXUPÉRY. — SPÉCIALT Dispositif permettant de brancher les postes intérieurs (d'une administration, d'une entreprise) sur le réseau urbain ou de les mettre en communication entre eux. *Ligne directe qui permet de ne pas passer par le standard. Être employé au standard.* ➤ **standardiste.**

STANDARDISATION [stɑ̃daʀdizasjɔ̃] **n. f.** – 1904 ◊ anglais *standardization,* de *standard* ▪ Définition, mise en application de standards (afin d'abaisser les coûts, de faciliter l'utilisation). ➤ **normalisation.** *Standardisation d'une production,* dans une fabrication en série. *Standardisation du format des ampoules électriques.*

STANDARDISER [stɑ̃daʀdize] **v. tr.** ⟨1⟩ – 1904 ◊ anglais *to standardize,* de *standard* ▪ ANGLIC. ▪ **1** Normaliser (1°). ▪ **2** FIG. Uniformiser. — «*Le rendement industriel et la satisfaction standardisée*» VALÉRY.

STANDARDISTE [stɑ̃daʀdist] **n.** – 1933 ◊ de 2*standard* ▪ Téléphoniste qui assure le service d'un standard.

STAND-BY [stɑ̃dbaj] **n. m. inv. et adj. inv.** – 1975 ◊ adj. anglais, de *to stand by* «se tenir prêt» ▪ ANGLIC. ▪ **1** Embarquement de dernière minute dans un avion en fonction de places restées vacantes. *Voyager en stand-by.* — *Passager (en) stand-by,* placé sur une liste d'attente. Recomm. offic. *en attente.* — **adj. inv.** *Des billets stand-by.* ▪ **2** *Mode stand-by :* mode qui maintient en veille un appareil électrique quand il n'est pas utilisé. ♦ FIG. En suspens, à l'arrêt, en veilleuse. *Le projet est en stand-by.* ▪ **3** FIN. *Lettre de crédit stand-by :* garantie qu'offre une banque d'indemniser le bénéficaire en cas de défaillance du donneur d'ordre. — *Accord stand-by :* ligne de crédit du Fonds monétaire international accordée à un pays dans le cadre d'un accord négocié de réformes économiques.

STANDING [stɑ̃diŋ] **n. m.** – 1928 ◊ mot anglais «situation, position» ▪ ANGLIC. ▪ **1** (PERSONNES) Position économique et sociale. ➤ **niveau** (de vie), **prestige, rang.** *Améliorer son standing.* ▪ **2** (CHOSES) Grand confort, luxe. ➤ **classe.** *Immeuble, hôtel de bon, de grand standing.* — APPOS. INV. *Immeubles standing. Villas grand standing.*

STANDISTE [stɑ̃dist] **n.** – 1997 ◊ de 2*stand* ▪ Personne qui conçoit et réalise des stands d'exposition.

STAND-UP [stɑ̃dœp] **n. m.** – 1988 ◊ de l'anglais *stand-up comedy* de *to stand up* «être debout» et *comedy* → comédie ▪ ANGLIC. Spectacle au cours duquel un(e) humoriste s'adresse directement au public, sans interpréter de personnage. — Recomm. offic. *spectacle solo, solo, seul en scène.*

STANNEUX, EUSE [stanø, øz] **adj.** – 1831 ◊ du latin *stannum* «étain» ▪ CHIM. *Composés, sels stanneux,* de l'étain au degré d'oxydation + 2. *Sulfure stanneux.*

STANNIFÈRE [stanifɛʀ] **adj.** – 1823 ◊ du latin *stannum* «étain» et *-fère* ▪ MINÉR. Qui contient de l'étain. *Minerai, gîte stannifère.*

STANNIQUE [stanik] **adj.** – 1789 ◊ du latin *stannum* «étain» ▪ CHIM. *Sels stanniques,* de l'étain au degré d'oxydation + 4. *Oxyde stannique.* ➤ **cassitérite.**

STAPHISAIGRE [stafizɛgʀ] **n. f.** – 1544 ; *stafizegre* XIIIe ◊ latin *staphis agria,* mots grecs «raisin sauvage» ▪ BOT. Espèce du genre dauphinelle, à graines toxiques, utilisée en décoction comme insecticide (d'où son nom courant, *herbe aux poux*).

STAPHYLIER [stafilje] **n. m.** – 1803 ◊ a remplacé le latin *staphylodendron* 1730, du grec *staphulê* «grappe de raisin» et *dendron* «arbre» ▪ BOT. Arbrisseau d'Europe *(staphyléacées)* appelé aussi *faux pistachier,* dont les graines peuvent se consommer comme des pistaches.

1 **STAPHYLIN** [stafilɛ̃] **n. m.** – 1755 ◊ grec *staphulinos* ▪ ZOOL. Coléoptère à élytres très courts, carnassier et vorace.

2 **STAPHYLIN, INE** [stafilɛ̃, in] **adj.** – 1765 ; en composition 1752 ◊ du grec *staphulê* «luette» ▪ ANAT. Qui appartient à la luette.

STAPHYLOCOCCIE [stafilɔkɔksi] **n. f.** – 1896 ◊ de *staphylocoque* ▪ MÉD. Infection provoquée par un staphylocoque. *Staphylococcie cutanée.* ➤ **furonculose, impétigo, pyodermite.** — **adj. STAPHYLOCOCCIQUE,** (1892).

STAPHYLOCOQUE [stafilɔkɔk] **n. m.** – 1889 ◊ latin scientifique *staphylococcus* (1882), du grec *staphulê* «grappe de raisin» et *-coque* ▪ Bactérie sphérique, pathogène et souvent pyogène, se regroupant en grappes, agent de diverses infections (anthrax, furoncle). *Staphylocoque doré.* — ABRÉV. FAM. **STAPHYLO.**

STAPHYLOME [stafilom] **n. m.** – 1575 ◊ latin d'origine grecque *staphyloma* ▪ PATHOL. Saillie de la cornée ou de la sclérotique, due à un affaiblissement local de la paroi du globe oculaire (inflammation, traumatisme, anomalie congénitale).

STAR [staʀ] **n. f.** – 1919 ; au théâtre 1844 ◊ mot anglais «étoile» ▪ ANGLIC. Célèbre vedette de cinéma. ➤ **étoile ; superstar.** «*Les stars déterminent souvent l'existence et la fabrication des films*» E. MORIN. — PAR EXT. Personne très en vue. *Les stars de la politique, du sport. Des «stars en tous genres issues des sphères lyrique, télévisuelle et cinématographique, sportive ou politique voire culinaire»* ECHENOZ.

STARETS [staʀɛts] **n. m.** – 1922 ; *staretz, starietz* 1849 ◊ mot russe «vieillard» ▪ DIDACT. (HIST.) Dans l'ancienne Russie, Ermite ou pèlerin, considéré comme thaumaturge ou prophète, et souvent choisi comme maître spirituel. — On dit aussi **STARIETS** [staʀjɛts].

STARIE [staʀi] **n. f.** – 1870 ◊ provençal *estarié,* du latin *stare* «rester» ▪ MAR. Nombre de jours stipulés pour les opérations de chargement et de déchargement des marchandises d'un navire (cf. Jours de planche). ➤ **aussi surestarie.** — On dit aussi **ESTARIE.**

STARISATION [staʀizasjɔ̃] **n. f.** – 1967 ◊ de *stariser* ▪ Action de stariser ; son résultat. ➤ **vedettisation.** *Refuser la starisation.* — On dit aussi **STARIFICATION.** «*Une fierté de père dont la fille est en voie de starification*» R. JAUFFRET.

STARISER [staʀize] **v. tr.** ⟨1⟩ – 1936 ; hapax 1922 ◊ de *star* ▪ FAM. Transformer en star, en vedette. — On dit aussi **STARIFIER** ⟨7⟩.

STARKING [staʀkiŋ] **n. f.** – 1960 ◊ mot anglais ▪ Pomme rouge, originaire d'Amérique.

STARLETTE [staʀlɛt] **n. f.** – 1922 ◊ francisation de l'anglais *starlet*, diminutif de *star* ■ Jeune actrice de cinéma qui rêve d'une carrière de star. *Jouer les starlettes.*

STAROSTE [staʀɔst] **n. m.** – 1606 ◊ polonais *starosta* ■ HIST. Dans l'ancienne Pologne, Noble qui avait reçu en fief un domaine de la Couronne et en percevait les revenus, à charge de verser une redevance au roi.

STAR-SYSTÈME [staʀsistɛm] **n. m.** – 1948 ◊ anglais américain *star system* ■ ANGLIC. Dans le monde du spectacle, Organisation de la production, de la diffusion et de la promotion basée sur le culte de la vedette. — On écrit aussi *star-system.* « *les grands studios vivaient mal la fin du star-system* » LIBERATI.

STARTER [staʀtɛʀ] **n. m.** – 1861 ◊ mot anglais, de *to start* « faire partir » ■ ANGLIC. ■ **1** Personne qui est chargée de donner le départ d'une course de chevaux. *Les chevaux sont sous les ordres du starter,* le départ va être donné. ◆ PAR ANAL. Personne chargée de donner aux coureurs le signal du départ (généralement par un coup de pistolet). ■ **2** (1931) Dispositif spécial incorporé au carburateur, destiné à faciliter le démarrage à froid d'un moteur à explosion. *Démarrer au starter. Starter automatique. Des starters.* — Recomm. offic. *démarreur.* ◆ TECHNOL. Dispositif d'amorçage d'une lampe à décharge. *Starter d'un tube fluorescent.*

STARTING-BLOCK [staʀtiŋblɔk] **n. m.** – 1929 ◊ mot anglais « bloc pour partir » ■ ANGLIC. SPORT Dispositif formé de deux cales réglables sur lesquelles le sprinteur met ses pieds, au départ. *Des starting-blocks.* Recomm. offic. *bloc* (ou *cale*) *de départ. Les coureurs sont dans les starting-blocks.* — LOC. FIG. *Être dans les starting-blocks :* se tenir prêt à se lancer dans une compétition. *Tous les concurrents sont dans les starting-blocks pour remporter le marché.*

STARTING-GATE [staʀtiŋgɛt] **n. m.** – 1900 ◊ mot anglais « barrière pour partir » ■ ANGLIC. TURF Barrière faite de rubans élastiques tendus, de portes, devant laquelle s'alignent les chevaux, et qui donne le signal du départ en se relevant ou en s'ouvrant. *Des starting-gates.*

START-UP [staʀtœp] **n. f. inv.** /STARTUP **n. f.**/ – 1992 ◊ mot anglais « lancement, démarrage » ■ ANGLIC. Jeune entreprise de haute technologie, à fort potentiel de croissance, soutenue par le capital-risque ou les stock-options. ➤ **licorne.** — Recomm. offic. *jeune pousse.*

STASE [stɑz] **n. f.** – 1680 ; autre sens 1605 ◊ grec *stasis* ■ MÉD. Arrêt ou ralentissement considérable de la circulation ou de l'écoulement d'un liquide organique. ➤ **congestion.** *Stase papillaire :* stase veineuse au niveau de la papille optique, en cas d'hypertension intracrânienne.

STAT ➤ **STATISTIQUE** (I, 2°)

-STAT ■ Élément, du grec *-statês,* de *histanai* « (se) dresser, (se) tenir en équilibre » : *aérostat, thermostat.*

STATÈRE [statɛʀ] **n. m.** – 1376 ◊ bas latin *stater,* mot grec ■ ANTIQ. GR. Monnaie d'argent valant de deux à quatre drachmes. *Statère d'or :* étalon monétaire valant de vingt à vingt-huit drachmes. ◆ Poids de valeur variable, de 8 à 12 grammes.

STATHOUDER [statudɛʀ] **n. m.** – 1677 ◊ mot néerlandais (1563) « gouverneur », littéralt « qui tient *(houder)* la place *(stat)* du souverain », calque du latin *locum* (« lieu ») *tenens* (« tenant ») → lieutenant ■ HIST. Gouverneur de province, dans les Pays-Bas espagnols. — Dans les Provinces-Unies, Titre porté par les chefs de l'exécutif (notamment les princes d'Orange-Nassau).

STATHOUDÉRAT [statudeʀa] **n. m.** – 1701 ◊ de *stathouder* ■ HIST. Titre, fonction de stathouder.

STATICE [statis] **n. m.** – 1615 ◊ mot latin, grec *statikê* « qui arrête, astringent » ■ Plante herbacée à fleurs roses *(plombaginacées),* cultivée notamment pour faire des bordures.

STATIF [statif] **n. m.** – 1904 ◊ du latin *stativus,* de *stare* « être debout » ■ TECHNOL. Partie métallique massive servant de support à un appareil optique. *Le statif d'un microscope.*

STATINE [statin] **n. f.** – 1992 ◊ de *-statine,* élément tiré de *somatostatine,* d'après l'anglais *statin* (1987) ■ PHARM. Inhibiteur de l'enzyme qui contrôle la synthèse du cholestérol, utilisé dans le traitement de l'hypercholestérolémie.

STATION [stasjɔ̃] **n. f.** – fin XIIe ◊ du latin *statio,* famille de *stare* « se tenir debout », « se tenir immobile », et « se tenir fermement » (→ statue, 1 ester)

I ARRÊT ■ **1** Fait de s'arrêter au cours d'un déplacement. ➤ **arrêt, halte, pause.** *Une brève station.* « *on fit station devant une armoire vitrée où s'étalaient des bijoux* » TOURNIER. — SPÉCIALT *Stations de la croix :* les arrêts de Jésus, pendant la montée au Calvaire. *Deuxième, troisième station d'un chemin de croix**. PAR EXT. Chacune des images représentant ces arrêts. ■ **2** (1671) ASTRON. Arrêt apparent d'une planète qui passe du mouvement direct au mouvement rétrograde. — *Mise en station d'un télescope,* son positionnement suivant un système de coordonnées prédéfini.

II LIEU OÙ L'ON S'ARRÊTE ■ **1** (fin XIIe) RELIG. Autel devant lequel on s'arrête pour prier, au cours d'une procession ; cérémonie au cours de laquelle on fait ce genre de prières. — Église désignée pour ces prières (➤ **pèlerinage**). ◆ VX Chaire accordée à un prédicateur ; suite de sermons (pour l'Avent, le Carême, etc.). ■ **2** (1690) Endroit où l'on se place pour effectuer des observations. *Station géodésique. Station d'observation, de recherche :* ensemble d'installations scientifiques. *Station d'études biologiques. Station agronomique. Station météorologique, sismique.* ◆ Centre de production de courant électrique. ➤ **centrale.** — *Station radiophonique, de radiodiffusion. Stations émettrices d'une chaîne de télévision, de radio.* ➤ **relais.** *Station périphérique**. *Station radar.* ◆ (milieu XXe) ASTRONAUT. *Station spatiale :* « engin spatial ne disposant que de moyens autonomes de propulsion limités et destiné à assurer une mission déterminée avec une certaine permanence » (Journal officiel). *Station spatiale habitée, automatique. Station orbitale :* station spatiale sur orbite. ◆ Lieu où se fait un certain travail. *Station d'épuration, de pompage. Station de lavage, de graissage, dans un garage. Station d'essence.* ➤ 3 **poste, station-service** ; RÉGION. **essencerie.** ■ **3** (1761) COUR. Endroit aménagé pour l'arrêt momentané des véhicules de transport ; bâtiments et installations qu'il comporte. ➤ **arrêt.** *Station de métro, d'autobus* (➤ **abribus**). *La station Louvre. Descendez à la prochaine station. Tête de station.* — *Station de taxis :* emplacement réservé aux taxis. — *Station de chemin de fer :* gare de peu d'importance. ➤ **halte.** ■ **4** (1773) MAR. Étendue de mer où des bâtiments de guerre se tiennent pour exercer la police maritime ; ensemble des bâtiments chargés de ce service. *Relever la station.* ■ **5** VX *Stations thermales :* installations établies près des sources thermales et permettant de suivre un traitement. — MOD. Lieu de séjour où l'on prend les eaux. *Faire une cure dans une station thermale.* ABSOLT. *Une grande représentation* « *réunissait tous les baigneurs du lieu avec ceux des stations voisines* » MAUPASSANT. PAR ANAL. *Station balnéaire, climatique. Station de sports d'hiver, de ski. Une station à la mode, familiale.* ■ **6** (1812) BIOL. Lieu où vit une espèce végétale ou animale. — (milieu XXe) ÉCOL. Espace restreint défini par l'uniformité de ses facteurs écologiques. *Station favorable à la croissance de la lavande.* ◆ Lieu où l'on observe des vestiges d'un séjour humain. *Station préhistorique.* ■ **7** INFORM. *Station de travail :* installation affectée à une certaine tâche, reliée à un ordinateur central par un réseau.

III POSTURE (1800) Le fait de se tenir (de telle façon) et SPÉCIALT de se tenir debout, droit. ➤ **attitude, posture.** « *l'introduction de la station hanchée dans la statuaire* » P. RICHER. *Station verticale, debout* (➤ **orthostatique**). « *je ne peux plus supporter ces stations debout* » PROUST.

STATIONNAIRE [stasjɔnɛʀ] **adj.** et **n. m.** – milieu XIVe ◊ latin *stationarius*

I adj. ■ **1** DIDACT. Qui reste un certain temps à la même place. *Planète stationnaire,* qui fait une station. ■ **2** (XVIe) Qui demeure un certain temps dans le même état, qui ne change, n'évolue pas. ➤ **étale, invariable.** « *Le Berry est resté stationnaire* [...] *c'est le pays le plus* conservé *qui se puisse trouver* » SAND. *Population stationnaire.* — *Maladie stationnaire,* dont l'évolution est insensible. *État stationnaire,* qui n'évolue plus. ■ **3** SC. Qui conserve la même valeur, les mêmes propriétés physiques. — MATH. *Suite stationnaire,* dont les termes sont égaux à partir d'un certain rang. — PHYS. Se dit d'un phénomène physique qui se reproduit identiquement à lui-même au cours du temps. *État stationnaire :* en thermodynamique, état dont les variables sont indépendantes du temps ; en mécanique quantique, état d'un système dont l'énergie a une valeur déterminée. *Ondes stationnaires :* système d'ondes dans lequel les plans nodaux et ventraux sont stables. ◆ PHYS. NUCL. Se dit d'un réacteur thermonucléaire dont la réaction n'est ni instantanée ni explosive (opposé à *impulsionnel*).

II n. m. (fin XVIIe ◊ latin *stationarius* « qui est de garde », de *statio* au sens « poste de garde ») ■ **1** ANTIQ. ROM. Soldat d'un poste de police.

■ **2** (1800) Navire désigné pour exercer une surveillance. «*le stationnaire anglais le* Deerhound, *qui se promène dans les eaux du Bosphore*» LOTI.
■ CONTR. Variable.

STATIONNARITÉ [stasjɔnaʀite] **n. f.** – milieu XXe ◊ de *stationnaire* ■ DIDACT. État d'un facteur, d'un phénomène, d'un processus stationnaire. *Stationnarité démographique.*

STATIONNEMENT [stasjɔnmɑ̃] **n. m.** – 1835 ◊ de *stationner* ■ **1** Fait de stationner sur la voie publique (en parlant de véhicules). *Stationnement autorisé, interdit, payant, gênant. Voitures en stationnement. Parc* de stationnement. Disque* de stationnement. Compteur de stationnement.* ➤ **parcmètre.** *Radar* de stationnement. Stationnement bilatéral, unilatéral*, alterné*. Stationnement en bataille*, en épi*.* — **(Canada)** Parc de stationnement. *Mettre sa voiture au stationnement.* ➤ **parking.** — *Aire de stationnement des avions, sur un aérodrome* ➤ **tarmac.** ■ **2** DR. Fait d'occuper un emplacement sur le domaine public. *Droit de stationnement des riverains.* ■ **3** Fait d'être à l'arrêt. *Troupes en stationnement.*

STATIONNER [stasjɔne] **v. intr.** ⟨1⟩ – 1828 ; trans. «placer» 1596 ◊ de *station* ■ Faire une station, rester à la même place. «*Toute la journée, c'est un bruit sec et pressé de pas* [...] *personne ne stationne*» ZOLA. — Être rangé le long de la voie publique, en parlant d'un véhicule (➤ **garer**). *Défense de stationner. Stationner en double file*.* ♦ **Au p. p. (emploi critiqué, le v. étant intr.)** En stationnement. *Des «équipages stationnés à la grille»* BALZAC. — *Troupes stationnées dans un pays, une région,* basées. *Armes nucléaires stationnées en Europe.* ■ CONTR. Circuler.

STATION-SERVICE [stasjɔ̃sɛʀvis] **n. f.** – 1932 ◊ d'après l'anglais *service station* ■ Poste de distribution d'essence auquel sont généralement adjoints des ateliers pour l'entretien des automobiles. ➤ **station ;** RÉGION. **essencerie.** *S'arrêter à une station-service.* — Partie d'un garage, d'un atelier de réparations, consacrée à l'entretien des véhicules (vidange, graissage, vérifications courantes). *Des stations-services.*

STATIQUE [statik] **n. f. et adj.** – 1634 ◊ grec *statikos*

I n. f. MATH., PHYS. Branche de la mécanique qui étudie l'équilibre des forces auxquelles est soumis un système physique. *La statique des solides, des fluides.* «*Archimède, le fondateur de la statique*» COMTE. *Statique sociale* **(par oppos. à *dynamique** sociale*).**

II adj. (milieu XIXe) ■ **1** DIDACT. Relatif à l'équilibre des forces, aux états d'équilibre. *Force statique,* exercée sur un corps par les autres corps avec lesquels il est en équilibre. — *Électricité* statique.* ■ **2** Qui est fixé, n'évolue pas. «*Il y a une morale statique* [...] *elle s'est fixée dans les mœurs, les idées, les institutions*» BERGSON. *Un art statique et hiératique.*
■ CONTR. Dynamique.

STATIQUEMENT [statikmɑ̃] **adv.** – 1910 ◊ de *statique* ■ DIDACT. D'un point de vue statique, d'une manière statique.
■ CONTR. Dynamiquement.

STATISME [statism] **n. m.** – 1929 ◊ de *statique,* d'après *dynamisme* ■ DIDACT. État de ce qui est statique. ■ CONTR. Dynamisme.

STATISTICIEN, IENNE [statistisjɛ̃, jɛn] **n.** – 1805 ◊ de *statistique* ■ Spécialiste qui élabore et analyse des statistiques.

STATISTIQUE [statistik] **n. f. et adj.** – v. 1785 ◊ latin moderne *statisticus* (XVIIe) «relatif à l'État», du latin *status,* probablt d'après l'italien *statista* «homme d'État»

I n. f. ■ **1** VX Étude méthodique des faits sociaux, par des procédés numériques (classements, dénombrements, inventaires chiffrés, recensements), destinée à renseigner et aider les gouvernements. ♦ (1832) MOD. Branche des mathématiques appliquées qui utilise le calcul des probabilités pour établir des hypothèses à partir d'évènements réels et faire des prévisions concernant des circonstances analogues. ➤ **stochastique.** ♦ PHYS. Étude du comportement des systèmes à grand nombre d'objets. *La statistique classique des gaz parfaits. La statistique quantique des atomes, des particules.* ■ **2** Ensemble de données numériques concernant une catégorie de faits (et utilisable selon ces méthodes d'interprétation). *Statistiques démographiques, économiques. Statistiques de natalité, de morbidité.* «*La statistique annuelle du ministère de la Justice*» HUGO. (En France) *Institut national de la statistique et des études économiques (I. N. S. E. E.).* — ABRÉV. FAM. **STAT** [stat]. *Faire des stats.*

III adj. ■ **1** (1833) Relatif à la statistique. *Analyses, données, méthodes, rapports, théories statistiques. Distribution statistique* (➤ 1 **écart [type], médiane, variance ; quantile**). *Échantillon statistique.* ■ **2** Qui concerne les grands nombres, les phénomènes complexes. «*Les lois de l'hérédité n'autorisent ici que les prévisions de l'ordre statistique, fondées sur la loi des grands nombres*» J. ROSTAND. — MATH. *Analyse, calcul, série statistique. Théorie statistique de la communication. Variable statistique :* caractère quantitatif. — PHYS. *Mécanique statistique,* destinée à prédire le comportement moyen ou le plus probable des molécules.

STATISTIQUEMENT [statistikmɑ̃] **adv.** – 1828 ◊ de *statistique* ■ **1** Par des méthodes statistiques. *Indice de prix établi statistiquement.* ■ **2** En ce qui concerne les grands nombres. *C'est statistiquement possible.*

STATOR [statɔʀ] **n. m.** – 1901 ◊ du latin *status* «fixé» ■ TECHN. Partie fixe d'un générateur, d'un moteur électrique **(opposé à *rotor*).**

STATORÉACTEUR [statoʀeaktœʀ] **n. m.** – 1949 ◊ du latin *status* «fixé» et *réacteur* ■ AVIAT. Réacteur sans organe mobile, composé d'un diffuseur, d'une chambre de combustion et d'une tuyère. ➤ **pulsoréacteur.**

STATTHALTER [statalтɛʀ ; ʃtataltœʀ] **n. m.** – 1877 ◊ mot allemand ■ GERMANISME Gouverneur allemand, SPÉCIALT en Alsace-Lorraine, de 1879 à 1918.

STATUAIRE [statɥɛʀ] **n. et adj.** – 1495 ◊ latin *statuarius* ■ **1** LITTÉR. Sculpteur qui fait des statues. ■ **2 n. f.** (1549) Art de représenter en ronde-bosse la figure humaine ou animale. ➤ **sculpture.** «*De la résurrection de la sculpture antique date la fin de la grande statuaire occidentale*» MALRAUX. ■ **3 adj.** (1552) Qui consiste en statues, est destiné à faire des statues. *Marbre statuaire.*

STATUE [staty] **n. f.** – 1120 ◊ latin *statua* ■ Ouvrage de sculpture en ronde-bosse représentant en entier un être vivant (réel ou imaginaire). ➤ **atlante, cariatide, colosse, gisant, idole, image, orant, statuette.** *Statue équestre.* «*Les statues, personnages familiers des villes, très vite intégrées comme faisant partie d'elle, sont aussi les indispensables repères de la déambulation*» M. ROUANET. *La statue de la Liberté, à New York.* — *Droit, immobile comme une statue :* absolument immobile. *Être changé en statue de sel*. La statue du commandeur*.* ♦ FIG. Personne figée dans une attitude et qui semble représenter (un sentiment). «*Cette statue de la douleur qui présidait la table, Mme Agathe*» MAURIAC. ■ HOM. Statut.

STATUER [statɥe] **v. tr.** ⟨1⟩ – 1230 ◊ latin *statuere* ■ **1** VX Décider, ordonner, avec l'autorité que confère la loi ou la coutume. ➤ **établir, ordonner.** «*Le parlement statua des règlements*» VOLTAIRE. ■ **2 v. tr. ind. STATUER SUR.** MOD. Prendre une décision (sur un cas, une affaire). *La Cour de cassation ne statue pas sur le fond.* — FIG. «*une volonté grave et prudente statuait sur l'état de chacun*» DUHAMEL.

STATUETTE [statɥɛt] **n. f.** – 1627 ◊ de *statue* ■ Statue de très petite taille. *Statuette de Tanagra.* ➤ **tanagra.**

STATUFIER [statyfje] **v. tr.** ⟨7⟩ – 1888 ◊ de *statue* ■ **1** Représenter (qqn) par une statue, élever une statue à (qqn). — **p. p. adj.** «*La situation dans laquelle se trouvait le personnage statufié et l'inscription qui ornait le socle intriguèrent Valentin*» QUENEAU. ■ **2 (Sujet chose)** Rendre semblable à une statue. «*Un silence de mort statufiait les convives*» COCTEAU. ➤ **pétrifier.**

STATU QUO [statykwo] **n. m. inv.** /STATUQUO **n. m.**/ – 1764 ◊ de la loc. latine *in statu quo ante* «dans l'état où (les choses étaient) auparavant» ■ État actuel des choses. *Maintenir le statu quo. Revenir au statu quo.* «*le statu quo européen, déjà vermoulu et lézardé, craque du côté de Constantinople*» HUGO. — DR. *Statu quo ante bellum :* état de fait et de droit tel qu'il existait avant les hostilités.

STATURE [statyʀ] **n. f.** – XVe ; *estature* XIIe ◊ latin *statura* ■ Le corps considéré dans sa taille. *Une personne de haute stature.* «*Il était court de stature mais large de carrure*» ROUSSEAU. ♦ FIG. Importance (de qqn). ➤ **gabarit.** *C'est un écrivain, un homme d'État d'une tout autre stature que ses concurrents.*

STATUT [staty] **n. m.** – v. 1250 ◊ bas latin *statutum,* de *statuere* → statuer ■ **1** DR. VX Ce qui a été statué ; décision juridique. ■ **2** (1835) MOD. Ensemble des lois qui concernent l'état et la capacité d'une personne *(statut personnel),* les biens individuels *(statut réel).* ♦ Textes qui règlent la situation d'un groupe ; cette situation. *Statut des magistrats, des fonctionnaires.* «*donner un statut légal et administratif nettement défini aux malheureux qui pensent !*» VALÉRY. ■ **3** DR., SOCIOL. État, situation de fait, dans la société **(opposé à *contrat*).** *Le statut de la femme mariée.* — COUR. (sens critiqué) Situation de fait, position. «*L'insolite vocation de mon père s'explique, je crois,* *par son statut social»* Beauvoir. ▪ **4** (1653) AU PLUR. Acte écrit constitutif d'une société, d'une association, précisant objectif, moyens et règles de fonctionnement. *Les statuts d'une société commerciale. Rédiger, déposer, signer, faire enregistrer les statuts lors de la création d'une association. Modifier les statuts.* ▪ HOM. Statue.

STATUTAIRE [statytɛʀ] adj. – 1582 ◊ de *statut* ▪ Conforme aux statuts (4°). *Répartition statutaire d'un dividende. Gérant statutaire,* désigné dans les statuts. ♦ Conforme à une règle. *«Les contemporains croyaient de bonne foi ce régime normal, statutaire»* Siegfried.

STATUTAIREMENT [statytɛʀmɑ̃] adv. – 1869 ◊ de *statutaire* ▪ DR. Par des statuts, conformément aux statuts (4°). *Président statutairement désigné.*

STAWUG [stavyg] n. m. – 1969 ; *stavhugg* 1930 ◊ mot norvégien ▪ SKI Technique du ski de fond qui consiste à combiner le stakning* avec les pas alternatifs.

STAYER ou **STAYEUR** [stɛjœʀ] n. m. – 1875 ◊ anglais *stayer,* de *to stay* «soutenir l'allure», de l'ancien français *étai* ▪ ANGLIC. ▪ **1** TURF Cheval apte aux courses sur longue distance. ▪ **2** (1895) CYCLISME Coureur de demi-fond. — Coureur sur piste derrière moto.

STEAK [stɛk] n. m. – 1894 ◊ mot anglais, du norrois *steik* ▪ ANGLIC. Tranche de bœuf grillée. ➤ **bifteck ; chateaubriand,** 1 **pavé, tournedos.** *Un steak dans le filet. Steak frites,* avec des frites. *Steak salade. Un steak saignant, bleu, à point. Steak haché* (➤ **hamburger**). *Steak tartare*. Des steaks.* — FIG. et FAM. *Envoyer* du steak.*

STEAMER ou **STEAMEUR** [stimœʀ] n. m. – 1829 ◊ anglais *steamer,* de *steam* «vapeur» ▪ ANGLIC. VIEILLI Bateau à vapeur. ➤ **navire,** 2 **vapeur.**

STÉARATE [steaʀat] n. m. – 1823 ◊ de *stéarique* ▪ CHIM. Sel ou ester de l'acide stéarique.

STÉARINE [steaʀin] n. f. – 1814 ◊ de *stéarique* ▪ CHIM., BIOCHIM. Ester de l'acide stéarique* et du glycérol. — COUR. Corps solide, blanc, dur, obtenu par saponification des graisses naturelles. *Bougie, cierge en stéarine.*

STÉARIQUE [steaʀik] adj. – 1819 ◊ du grec *stear, steatos* «graisse» ▪ BIOCHIM. *Acide stéarique :* acide gras saturé, abondant sous forme d'ester dans le suif de bœuf et de mouton, présent en plus faibles quantités dans d'autres graisses animales et huiles végétales.

STÉATITE [steatit] n. f. – 1747 ◊ latin *steatitis,* mot grec ▪ MINÉR. Silicate de magnésium naturel, talc compact ou granulaire, dit *craie de Briançon.*

STÉAT(O)– ▪ Élément, du grec *stear, steatos* «graisse».

STÉATOPYGE [steatopiʒ] adj. – 1834 ◊ de *stéato-* et *-pyge* ▪ DIDACT. Dont le tissu adipeux est très développé au niveau des fesses ; qui a de très grosses fesses. *«Son corset descendant très bas, selon la mode, la faisait paraître stéatopyge»* Apollinaire. *La Vénus hottentote est stéatopyge.* ➤ aussi **callipyge.**

STÉATOSE [steatoz] n. f. – 1865 ◊ de *stéat(o)-* et 2 *-ose* ▪ PATHOL. Accumulation anormale de graisses dans les cellules (infiltration simple ou processus dégénératif). *Stéatose du foie due à l'alcoolisme.* ➤ **cirrhose.**

STEEPLE [stipl] n. m. – 1835 ◊ abrév. de *steeple-chase* ▪ ANGLIC. ▪ **1** Steeple-chase. ▪ **2** (1884) Course de fond (3 000 m) dans laquelle les coureurs doivent franchir divers obstacles dispersés sur la piste. *Des steeples.* APPOS. *Courir le 3 000 mètres steeple.*

STEEPLE–CHASE [stipœlʃɛz] n. m. – 1828 ◊ anglais *steeplechase* «course *(chase)* au clocher *(steeple)*» ▪ ANGLIC. Course d'obstacles pour les chevaux, comportant haies, murs, fossés. ➤ **steeple.** *Des steeple-chases.*

STÉGO– ▪ Élément, du grec *stegos* «toit».

STÉGOCÉPHALES [stegosefal] n. m. pl. – 1893 ; «famille de crustacés» 1842 ◊ de *stégo-* et *-céphale* ▪ PALÉONT. Groupe d'amphibiens fossiles, comprenant des formes géantes (➤ **stéréospondyles**) présentes durant le dévonien et le trias.

STÉGOMYIE [stegɔmii] n. f. – 1907 ◊ latin *stegomya ;* de *stégo-* et grec *muia* «mouche» à cause de sa forme ▪ ZOOL. Moustique des régions chaudes qui transmet la fièvre jaune, la filariose.

STÉGOSAURE [stegɔzɔʀ] n. m. – 1922 ; *stegosorus* 1891 ◊ de *stégo-* et *-saure* ▪ PALÉONT. Grand reptile dinosaurien du crétacé inférieur, qui présente sur le dos de larges plaques osseuses.

STEINBOCK [stɛnbɔk ; stɛjnbɔk] n. m. – 1904 ; «bouquetin» 1791 ◊ mot repris à l'afrikaans, de l'ancien haut allemand *steinboc* ▪ Petite antilope à oreilles noires, d'Afrique australe.

STÈLE [stɛl] n. f. – 1694 ◊ latin *stela,* grec *stêlê* ▪ Monument monolithe (colonne, cippe, pierre plate) qui porte une inscription, des ornements sculptés. *Stèle commémorative, funéraire. «C'était une de ces spacieuses sépultures familiales [...]. Une huitaine d'inscriptions couvraient la stèle»* Duhamel.

STELLAGE [stelaʒ] n. m. – 1907 ◊ de l'allemand *stellen* «mettre debout» ▪ BOURSE Opération à terme conditionnelle, concernant une quantité convenue de titres, dont l'opérateur peut se porter soit acquéreur, soit vendeur, à une échéance convenue ; les titres concernés par cette opération.

STELLAIRE [stelɛʀ] adj. et n. f. – 1778 ◊ bas latin *stellaris,* de *stella* «étoile» ▪ **1** DIDACT., LITTÉR. Des étoiles, relatif aux étoiles. ➤ **astral.** *Évolution stellaire. Spectroscopie stellaire.* ▪ **2** n. f. (1781 ; *stellaria* 1695) BOT. Plante *(caryophyllacées),* dont une variété est le mouron* des oiseaux.

STELLIONAT [steljɔna] n. m. – 1680 ; «fraude» 1577 ◊ latin *stellionatus,* de *stellio* «lézard de couleur changeante», en latin populaire «fourbe» ; cf. *caméléon* ▪ DR. Fraude consistant à vendre ou hypothéquer un immeuble dont on sait n'être pas propriétaire ou à présenter comme libre un bien hypothéqué, ou encore à déclarer des hypothèques moindres que celles dont le bien est chargé. ➤ **dol, escroquerie.**

STELLIONATAIRE [steljɔnatɛʀ] n. et adj. – 1655 ◊ de *stellionat* ▪ DR. Personne coupable de stellionat. ➤ **escroc.**

STELLITE [stelit] n. m. – 1923 ◊ n. déposé, probablt du latin *stella* «étoile» ▪ TECHN. Alliage à haute teneur en cobalt (plus de 40 %), contenant du chrome, du tungstène, etc. *Les stellites sont utilisés pour recouvrir les pièces soumises à la chaleur et à l'usure.*

STEM [stɛm] n. m. – 1934 ; *stemm* 1924 ◊ mot norvégien ▪ SKI Virage accompli en ouvrant le ski aval et en le rapprochant à la sortie de la courbe. — On écrit aussi *stemm.*

STEMMATE [stemat] n. m. – 1819 ◊ grec *stemma, atos* «couronne» ▪ ZOOL. Œil simple des larves d'insectes (➤ **ocelle**).

STENCIL [stɛnsil] n. m. – 1910 ◊ mot anglais «pochoir», de *to stencil* «enluminer», du français *étinceler* ▪ Papier paraffiné perforé à la main ou à la machine à écrire, et servant de pochoir, de cliché pour la polycopie. *Des stencils. Taper un stencil. Tirer un stencil à la ronéo.*

STÉNO [steno] n. – 1937 ◊ abrév. de *sténographe, sténographie* ▪ **1** Personne qui pratique à titre professionnel la sténographie (rare au masc.). ➤ **sténographe ; sténodactylo.** *Dicter un texte à une sténo. Des sténos.* ▪ **2** n. f. Sténographie*. *Écrire, prendre une lettre en sténo. Suivre des cours de sténo.* — APPOS. INV. *Un bloc sténo.* — *Il «exigeait en effet que l'on prît une sténo intégrale des débats»* Vian.

STÉNO– ▪ Élément, du grec *stenos* «étroit».

STÉNODACTYLO [stenodaktilo] n. – 1911 ◊ abrév. de *sténodactylographe* (1907) ; de *sténo(graphe)* et *dactylo(graphe)* ▪ Personne qui pratique la sténodactylographie à titre professionnel ; dactylo qui connaît la sténographie. *Engager une sténodactylo. Des sténodactylos.*

STÉNODACTYLOGRAPHIE [stenodaktilɔgʀafi] n. f. – 1907 ◊ de *sténo(graphie)* et *dactylographie* ▪ DIDACT. Emploi combiné de la sténographie et de la dactylographie. ABRÉV. COUR. **STÉNODACTYLO,** 1938.

STÉNOGRAMME [stenɔgʀam] n. m. – 1904 ◊ de *sténo-* et *-gramme* ▪ RARE ou TECHN. Tracé en sténographie d'une syllabe ou d'un mot.

STÉNOGRAPHE [stenɔgʀaf] n. – 1792 ◊ de *sténo-* et *-graphe* ▪ RARE Personne qui pratique à titre professionnel la sténographie. ➤ **sténodactylo.** — ABRÉV. COUR. ➤ **sténo.**

STÉNOGRAPHIE [stenɔgʀafi] n. f. – 1760 ; «reproduction résumée» hapax 1572 ◊ de *sténo-* et *-graphie* ▪ **1** Écriture abrégée et simplifiée, formée de signes conventionnels qui permettent de noter la parole à la vitesse de prononciation normale (➤ **sténotypie**). *«L'imprimerie et la sténographie, qui n'ont ni créé ni suppléé la littérature»* Baudelaire. ABRÉV. COUR. ➤ **sténo.** ▪ **2** Le métier de sténographe. *Sténographie commerciale.* ▪ **3** Compte rendu obtenu par le moyen de la sténographie (1°). *La sténographie intégrale d'un procès.* ABRÉV. COUR. ➤ **sténo.**

STÉNOGRAPHIER [stenɔgʀafje] v. tr. ‹7› – 1792 ◇ de *sténographie* ▪ Noter par la sténographie. *Sténographier une conversation.* — p. p. adj. *Discours sténographié.*

STÉNOGRAPHIQUE [stenɔgʀafik] adj. – 1775 ◇ de *sténographie* ▪ Relatif à la sténographie. *Signes sténographiques.* ♦ Qui a été recueilli par la sténographie. *Un compte rendu sténographique.*

STÉNOPÉ [stenɔpe] n. m. – 1904 ◇ de *sténo-* et grec *ôps* «œil» ▪ PHOTOGR. Petit trou faisant office d'objectif photographique.

STÉNOSAGE [stenozaʒ] n. m. – 1949 ◇ du grec *stenos* «étroit» ▪ TECHN. Traitement des fibres cellulosiques par le formol pour les durcir en les rétrécissant et les insolubiliser.

STÉNOSE [stenoz] n. f. – 1823 ◇ grec *stenôsis* ▪ PATHOL. Rétrécissement d'un canal ou d'un orifice. *Sténose du pylore. Sténose mitrale**. *Traitement des sténoses artérielles.* ➤ **angioplastie.**

STÉNOTYPE [stenɔtip] n. f. – 1907 ◇ de *sténo-* et *-type* ▪ TECHN. Appareil qui sert à sténographier mécaniquement. *Clavier, touches d'une sténotype.*

STÉNOTYPIE [stenɔtipi] n. f. – 1864 ◇ de *sténotype* ▪ Sténographie mécanique au moyen d'une sténotype.

STÉNOTYPISTE [stenɔtipist] n. – 1907 ◇ de *sténotype* ▪ Personne qui sténographie au moyen d'une sténotype.

STENT [stɛnt] n. m. – v. 1980 ◇ mot anglais, d'un n. propre ▪ ANGLIC. CHIR. Petite prothèse interne servant notamment à maintenir ouvert un vaisseau en cas de sténose.

STENTOR [stɑ̃tɔʀ] n. m. – 1610 ; *cris de Stentor* 1576 ◇ de *Stentor*, personnage de l'Iliade

I *Voix de stentor* : voix forte, retentissante. — PAR EXT. *Un stentor* : un homme à la voix forte.

II (1876) ZOOL. Protozoaire d'eau douce *(hétérotriches)* en forme de trompe.

STEPPAGE [stepaʒ] n. m. – avant 1893 ◇ de l'anglais *to step* «trotter» ▪ MÉD. Trouble de la marche obligeant à lever très haut la jambe à chaque pas pour éviter de heurter le sol, la flexion du pied sur la jambe étant impossible, et la pointe du pied étant constamment abaissée.

STEPPE [stɛp] n. f. – *step* 1679 ; rare avant XIXe ◇ russe *step* ▪ Grande plaine inculte, sans arbres, au climat sec, à la végétation pauvre et herbeuse. *La steppe russe.* ➤ **toundra.** *Steppes d'Asie centrale. Steppes d'Amérique du Sud* (➤ **pampa**), *du Nord* (➤ **prairie**), *d'Afrique australe* (➤ **veld**). ♦ ARCHÉOL., HIST. *Art, civilisation, peuple des steppes*, des plaines de la Russie méridionale, à l'époque protohistorique.

STEPPEUR [stepœʀ] n. m. – 1859 ; *stepper* 1842 ◇ anglais *stepper*, de *to step* «trotter» ▪ ANGLIC. HIPPOL. Cheval de trot à l'allure vive, qui lève haut et lance bien en avant ses membres antérieurs. — On écrit aussi *stepper.*

STEPPIQUE [stepik] adj. – 1909 ◇ de *steppe* ▪ DIDACT. ▪ **1** Des steppes, de la steppe. *Flore steppique. Étendues, plaines steppiques.* ▪ **2** Qui habite les steppes. *«invasions de rongeurs et d'oiseaux steppiques»* MARTONNE.

STÉRADIAN [steʀadjɑ̃] n. m. – 1923 ◇ anglais *steradian* (1881), du grec *stereos* «solide» (→ stéréo-) et *radian* ▪ MÉTROL. Unité de mesure d'angle* solide (SYMB. sr).

STERCORAIRE [stɛʀkɔʀɛʀ] n. m. et adj. – 1760 ◇ latin *stercorarius*, de *stercus, stercoris* «excrément ; fumier»

I n. m. ZOOL. Oiseau palmipède, appelé *mouette pillarde*, qui attaque les oiseaux de mer et les oblige à dégorger le poisson qu'ils viennent de saisir. ➤ **labbe.**

II adj. (1803) MÉD. Relatif aux excréments. ➤ **stercoral.** ♦ (1768) ÉCOL. Qui croît, qui vit sur les excréments (➤ **scatophile**) ; qui s'en nourrit (➤ **scatophage**). *Plante, insecte stercoraire. «Constellé d'escargots stercoraires»* ECHENOZ.

STERCORAL, ALE, AUX [stɛʀkɔʀal, o] adj. – 1795 ◇ de *stercor(aire)* ▪ SC., MÉD. Relatif aux excréments. ➤ **excrémentiel, stercoraire.** *Fistule stercorale. Matières stercorales.*

STERCORITE [stɛʀkɔʀit] n. f. – 1873 ◇ de *stercor(aire)* ▪ TECHN. Phosphate naturel d'ammonium et de sodium extrait des guanos.

STÈRE [stɛʀ] n. m. – 1794 ◇ grec *stereos* «solide» ▪ **1** MÉTROL. Unité usuelle de mesure de volume (SYMB. st), équivalant à 1 mètre cube, utilisée pour les bois de chauffage et de charpente. *Commander dix stères de bois.* ▪ **2** TECHN. Dispositif qui sert à mesurer le bois.

STÉRÉO [steʀeo] adj. et n. f. – 1957 ◇ abrév. de *stéréophonique, stéréophonie*

I adj. ➤ **stéréophonique.** *Disque, enregistrement stéréo. Chaîne stéréo. Casques stéréos.* — n. m. VIEILLI Récepteur stéréophonique. *«Je vous conseille le mono plutôt qu'un médiocre stéréo»* BEAUVOIR.

II n. f. ➤ **stéréophonie.** *Émission retransmise en stéréo.* ♦ VIEILLI Appareil, ensemble d'appareils de reproduction sonore en stéréophonie. *Il a la stéréo dans sa voiture.*

▪ CONTR. 1 Mono.

STÉRÉO- ▪ Élément, du grec *stereos* «solide».

STÉRÉOBATE [steʀeɔbat] n. m. – 1676 ◇ latin *stereobata* ▪ ARCHIT. VX Soubassement sans moulure, portant le plus souvent des colonnes sans base.

STÉRÉOCHIMIE [steʀeoʃimi] n. f. – 1891 ◇ de *stéréo-* et *chimie* ▪ DIDACT. Étude, science de la disposition dans l'espace des atomes d'une molécule, en relation avec les propriétés optiques et chimiques de cette molécule. — adj. **STÉRÉOCHIMIQUE.**

STÉRÉOCOMPARATEUR [steʀeokɔ̃paʀatœʀ] n. m. – 1903 ◇ de *stéréo-* et *comparateur* ▪ TOPOGR. Comparateur utilisé par la photographie dans les levés de plans, pour déduire la position de points topographiques à partir de mesures de coordonnées effectuées sur les clichés.

STÉRÉODUC [steʀeɔdyk] n. m. – 1971 ◇ de *stéréo-* et *-duc* ▪ TECHN. Transporteur de matières solides. ➤ **convoyeur.**

STÉRÉOGNOSIE [steʀeognozi] n. f. – 1938 ; *stéréognostique* 1898 ◇ de *stéréo-* et *-gnosie* ▪ DIDACT. Reconnaissance ou identification des objets par le toucher (cf. Gnosie* tactile).

STÉRÉOGRAMME [steʀeɔgʀam] n. m. – 1894 ◇ de *stéréo-* et *-gramme* ▪ TECHN. Épreuve photographique double, destinée à la vision stéréoscopique.

STÉRÉOGRAPHIE [steʀeɔgʀafi] n. f. – 1721 ◇ latin moderne *stereographia*, du grec *stereos* ▪ SC. Représentation des objets à trois dimensions sur un plan.

STÉRÉOGRAPHIQUE [steʀeɔgʀafik] adj. – 1613 ◇ de *stéréographie* ▪ SC. Qui relève de la stéréographie. *La projection stéréographique est utilisée en cartographie pour représenter la Terre sur un plan.*

STÉRÉO-ISOMÈRE [steʀeoizɔmɛʀ] n. m. – 1903 ◇ de *stéréo-* et *isomère* ▪ CHIM. Forme chimique, molécule ne différant des autres isomères que par sa configuration spatiale.

STÉRÉO-ISOMÉRIE [steʀeoizɔmeʀi] n. f. – 1895 ◇ de *stéréo-* et *isomérie* ▪ CHIM. Caractère des stéréo-isomères.

STÉRÉOMÉTRIE [steʀeɔmetʀi] n. f. – 1560 ◇ latin moderne *stereometria*, mot grec ▪ SC. Application pratique de la géométrie à la mesure des solides naturels (cubage, jaugeage, métrage). — adj. **STÉRÉOMÉTRIQUE,** 1812.

STÉRÉOPHONIE [steʀeɔfɔni] n. f. – 1944 ◇ de *stéréo-* et *-phonie* ▪ Ensemble des procédés d'enregistrement, de reproduction et de diffusion permettant de donner l'impression du relief acoustique. *Émission en stéréophonie. Stéréophonie et quadriphonie.* ABRÉV. COUR. ➤ **stéréo.**

STÉRÉOPHONIQUE [steʀeɔfɔnik] adj. – 1940 ◇ de *stéréophonie* ▪ Qui appartient à la stéréophonie (opposé à *monophonique*). *Effet stéréophonique. Prise de son stéréophonique. Bande stéréophonique.* ABRÉV. COUR. ➤ **stéréo.**

STÉRÉOPHOTOGRAPHIE [steʀeofɔtɔgʀafi] n. f. – 1904 ◇ de *stéréo(scopique)* et *photographie* ▪ TECHN. Photographie stéréoscopique.

STÉRÉORADIOGRAPHIE [steʀeoʀadjɔgʀafi] n. f. – 1904 ◇ de *stéréo(scopique)* et *radiographie* ▪ MÉD. Radiographie stéréoscopique.

STÉRÉORÉGULARITÉ [steʀeoʀegylaʀite] n. f. – 1973 ◇ de *stéréo-* et *régularité* ▪ CHIM. Caractère d'une polymérisation à structure géométrique régulière.

STÉRÉOSCOPE [steʀeɔskɔp] n. m. – 1841 ◇ de *stéréo-* et *-scope*, d'après l'anglais *stereoscope* (1838) ▪ SC. Instrument d'optique où l'observation des deux images simultanées prises par deux objectifs parallèles (dont la distance est voisine de celle des yeux) donne la sensation de la profondeur et du relief à des images à deux dimensions. *Ils «se penchaient sur les trous du stéréoscope comme sur les lucarnes de l'infini»* BAUDELAIRE.

STÉRÉOSCOPIE [steʀeɔskɔpi] **n. f.** – 1856 ◊ de *stéréoscope* ■ DIDACT. Procédé permettant d'obtenir l'impression de relief ; cette impression.

STÉRÉOSCOPIQUE [steʀeɔskɔpik] **adj.** – 1856 ◊ de *stéréoscope* ■ DIDACT. Relatif au stéréoscope et à la stéréoscopie. *Vision stéréoscopique,* du relief.

STÉRÉOSPÉCIFICITÉ [steʀeospesifisite] **n. f.** – 1973 ◊ de *stéréo-* et *spécificité* ■ CHIM. Propriété d'une réaction chimique catalysée qui peut conduire à plusieurs stéréo-isomères, mais qui n'en donne qu'un seul à cause du mécanisme de la réaction.

STÉRÉOSPONDYLES [steʀeospɔ̃dil] **n. m. pl.** – 1910 ◊ de *stéréo-* et *spondyle* «vertèbre» ■ PALÉONT. Groupe de stégocéphales très grands et massifs. ➤ **labyrinthodonte.**

STÉRÉOTAXIE [steʀeotaksi] **n. f.** – 1964 ◊ de *stéréo-* et *-taxie* ■ MÉD. Technique de repérage en trois dimensions, surtout utilisée lors d'interventions neurochirurgicales. — **adj. STÉRÉOTAXIQUE.** *Repérage stéréotaxique.*

STÉRÉOTOMIE [steʀeɔtɔmi] **n. f.** – 1691 ◊ de *stéréo-* et *-tomie* ; p.-ê. par le latin moderne ■ TECHN. Taille et coupe (des pierres et matériaux de construction). *Stéréotomie de la pierre, du bois.* — **adj. STÉRÉOTOMIQUE,** 1832.

STÉRÉOTYPE [steʀeɔtip] **n. m.** – 1954 ; adj. 1796 imprim. ◊ de *stéréo-* et *type* ■ **1** Opinion toute faite, réduisant les singularités. ➤ **cliché, 1 lieu** (commun). *«Qui n'a appris à l'école sur la Gaule et les Gaulois quelques formules fameuses, quelques stéréotypes ?»* H. LEFEBVRE. *Stéréotypes sexistes, stéréotypes filles-garçons.* ■ **2** DIDACT. Association stable d'éléments (images, idées, symboles, mots) formant une unité. — LING. Définition spéciale d'un objet dénommé à un moment donné.

STÉRÉOTYPÉ, ÉE [steʀeɔtipe] **adj.** – 1832 ◊ p. p. de *stéréotyper* «clicher» (1797), de *stéréotype* ■ **1** Qui paraît sortir d'un moule ; tout fait, figé. *«Ces sottises stéréotypées à l'usage des débutantes»* BALZAC. *L'orthodoxie «pétrifiée, stéréotypée dans ses formes»* RENAN. ■ **2** PSYCHOPATHOL. Se dit d'actes, de gestes habituels répétés involontairement mais ne présentant pas le caractère convulsif des tics (➤ **stéréotypie**).

STÉRÉOTYPIE [steʀeɔtipi] **n. f.** – 1797 «clichage» ◊ de *stéréotype* ■ DIDACT. Caractère stéréotypé. — PSYCHOPATHOL. Tendance à conserver la même attitude, à répéter le même geste ou les mêmes paroles, sans but intelligible. *Les stéréotypies d'un enfant autiste.*

STÉRER [steʀe] **v. tr.** ‹6› – 1872 ◊ de *stère* ■ TECHN. Mesurer (du bois) au stère.

STÉRIDE [steʀid] **n. m.** – 1941 ◊ de *stér(ol)* et suffixe *-ide* ■ BIOCHIM. Substance lipidique, ester d'un acide gras et d'un stérol. *Les stérides sont des constituants normaux des tissus animaux.*

STÉRILE [steʀil] **adj.** – 1370 ◊ latin *sterilis*

I ■ **1** Inapte à la génération, à la reproduction par défaut de production de spermatozoïdes (chez l'homme) ou d'ovules (chez la femme) ou par suite de circonstances s'opposant à la fécondation. ➤ **infécond ; stérilité.** *Homme stérile* (distinct de *impuissant**). *Femme stérile.* ➤ **bréhaigne.** — *Fleur stérile,* impropre à la fécondation. *Hybrides stériles.* ■ **2** (1490) Qui ne produit pas de végétaux utiles pour les humains. ➤ **aride, désertique, improductif, inculte, infertile.** *Terre, sol stérile. «la province d'Espagne la plus désolée et la plus stérile»* GAUTIER. ■ **3** (XVIe) FIG. Qui ne produit rien, ne donne naissance à aucune création, à aucun résultat positif. ➤ **improductif.** *Pensées stériles. Sujet stérile. «Les vérités découvertes par l'intelligence demeurent stériles. Le cœur est seul capable de féconder ses rêves»* FRANCE. ◆ Qui est inutile. ➤ **inefficace, vain.** *Effort, recherche stérile. Discussion, débat stérile.* ➤ **creux, oiseux, vide.** *«le stérile plaisir d'un contact mondain»* PROUST.

II (1891) Exempt de tout germe microbien (➤ **stérilisation,** 2°). *Flacon, compresse stérile. Milieu stérile.* ➤ **aseptique, axénique.**

■ CONTR. Fécond, fertile, généreux, prolifique ; 1 efficace, fructueux, utile. — Contaminé, pathogène.

STÉRILEMENT [steʀilmɑ̃] **adv.** – XVIe ◊ de *stérile* ■ LITTÉR. D'une manière stérile (I, 3°). ➤ **inutilement, vainement.** *Ce quatrain «stérilement dormait au fond de ma mémoire»* ARAGON.

STÉRILET [steʀilɛ] **n. m.** – avant 1960 ◊ de *stérile* ■ Dispositif contraceptif féminin destiné à être introduit dans l'utérus pour assurer une stérilité permanente mais réversible.

STÉRILISANT, ANTE [steʀilizɑ̃, ɑ̃t] **adj.** – 1859 ; *sterilizant* «qui rend impuissant» 1495 ◊ de *stériliser*

I Qui empêche les facultés intellectuelles, les sentiments de s'épanouir, de se développer. *«Qu'est-ce que la vertu sans imagination ? [...] quelque chose de dur, de cruel, de stérilisant»* BAUDELAIRE.

II Qui détruit tout germe microbien. *Une filtration stérilisante.*

■ CONTR. Épanouissant, stimulant.

STÉRILISATEUR [steʀilizatœʀ] **n. m.** – 1891 ◊ de *stériliser* ■ Appareil à stériliser. *Stérilisateur à biberons.*

STÉRILISATION [steʀilizasjɔ̃] **n. f.** – 1869 «stérilisation du sol» ◊ de *stériliser* ■ **1** Suppression définitive, accidentelle ou intentionnelle, de la capacité de procréer, SPÉCIALT dans l'espèce humaine, par des agents chimiques ou physiques, par l'excision des gonades, par la ligature des trompes utérines ou des canaux déférents. ➤ **castration, ovariectomie, vasectomie ; stériliser.** *Stérilisation chirurgicale.* ■ **2** (fin XIXe) Opération qui consiste à détruire les toxines et les microbes. ➤ **antisepsie, asepsie, désinfection.** *Stérilisation par le chauffage (autoclaves, étuves, stérilisateurs), l'ébullition, le flambage, les antiseptiques, les filtres. Conservation des aliments par stérilisation.* ➤ **appertisation, pasteurisation, tyndallisation, upérisation.** *Stérilisation du lait à ultra-haute température.* ➤ **U. H. T.** *La stérilisation des biberons.*

STÉRILISER [steʀilize] **v. tr.** ‹1› – fin XVIIIe ; *stérilizer* (un homme) hapax 1495 ◊ de *stérile*

I ■ **1** RARE Rendre impropre à la culture. ➤ **appauvrir, épuiser.** *«ce sable stérilise tout ce qu'il touche»* SAND. — PAR MÉTAPH. *«la vraie intelligence doit [...] féconder la vie, non la stériliser»* MONTHERLANT. ■ **2** Rendre (qqn) stérile. ➤ **castrer, châtrer, émasculer.** — MÉD. Pratiquer une stérilisation chirurgicale sur (un être vivant). *Faire stériliser un chat, une chatte.* ➤ **opérer** (EUPHÉM.). *Homme qui demande à être stérilisé.*

II (v. 1876) COUR. Opérer la stérilisation de (qqch.) en détruisant les toxines et les microbes pour éviter toute contamination. *Stériliser un instrument, un pansement.* ➤ **aseptiser, désinfecter, étuver.** *Stériliser des bocaux, des biberons.* — *Lait stérilisé.* ➤ **pasteurisé.** *«une nourriture de régime, insipide, stérilisée, pasteurisée»* SARRAUTE.

STÉRILITÉ [steʀilite] **n. f.** – XIIIe ◊ latin *sterilitas* ■ **1** Incapacité (pour un être vivant) de procréer. ➤ **infécondité, infertilité ; stérilisation.** *«Il la mena en vain aux sources réputées merveilleuses contre la stérilité»* APOLLINAIRE. *Stérilité masculine* (➤ **aspermie, azoospermie**), *féminine. Traitement de la stérilité. «la FIVÈTE ne sera plus seulement une recette contre la stérilité»* J. TESTART. *Stérilité de nombreux hybrides.* ◆ État de ce qui ne donne pas de fruits, de production végétale. ➤ **aridité, pauvreté.** *«l'âpreté Et la stérilité du paysage»* VERHAEREN. ■ **2** (XVIe) FIG. Caractère de ce qui, intellectuellement, ne produit rien. *Stérilité des idées. La stérilité d'un intellectuel* (cf. Fruit* sec), *d'un écrivain.* — Inefficacité, inutilité. *La stérilité d'un débat.* ■ **3** Absence de micro-organismes (sur un objet, dans une matière biologique, ou en un lieu). *Contrôler la stérilité des instruments chirurgicaux.* ■ CONTR. Conception, fécondité ; fertilité ; abondance ; efficacité.

STÉRIQUE [steʀik] **adj.** – 1922 ◊ anglais *steric* (1898), du grec *stereos* «solide, cubique» ■ CHIM. Relatif à la configuration spatiale d'un composé chimique. *Effet stérique. Empêchement stérique.*

STERLET [stɛʀlɛ] **n. m.** – 1575 ◊ russe *sterlyadi* ■ Variété d'esturgeon de la mer du Nord, de la mer Noire et des fleuves russes. *Œufs de sterlet.* ➤ **caviar.** *«Pour une fourchette délicate, le sterlet du [sic] Volga vaut le voyage»* GAUTIER.

STERLING [stɛʀliŋ] **adj. inv.** – 1656 ; ancien français *esterlin, sterlin* ◊ mot anglais, du germanique °*sterron* «étoile» ■ *Livre sterling.* ➤ **2 livre** (3°).

STERNAL, ALE, AUX [stɛʀnal, o] **adj.** – 1805 ◊ de *sternum* ■ ANAT. Qui a rapport au sternum. *Côtes sternales. Fourchette* sternale.*

STERNE [stɛʀn] **n. f.** – 1808 ; «étourneau» XVIe ◊ latin savant *sterna* (XVIe), de l'ancien anglais *stern* ■ Petit oiseau marin *(lariformes)* de la famille de la mouette et du goéland, appelé aussi *hirondelle de mer.*

STERNOCLÉIDOMASTOÏDIEN [stɛʀnokleidomastɔidjɛ̃] **adj. m. et n. m.** – 1740 ◊ du radical de *sternum,* du grec *kleis, kleidos* «clavicule» et *mastoïdien* ■ ANAT. Se dit d'un muscle qui s'insère sur le sternum, la clavicule et l'apophyse mastoïde. — On écrit aussi *sterno-cléido-mastoïdien.*

STERNUM [stɛʀnɔm] n. m. – 1555 ◊ latin des médecins, grec *sternon* ■ Os plat, allongé, situé au milieu de la face antérieure du thorax, s'articulant avec les sept premières paires de côtes et, par son segment supérieur (➤ **manubrium**), avec les deux clavicules. *Appendice xiphoïde du sternum. Sternum de l'oiseau.* ➤ **bréchet.** ◆ Région ventrale de chacun des anneaux thoraciques d'un insecte.

STERNUTATION [stɛʀnytasjɔ̃] n. f. – XVIe ; *sternutacion* 1360 ◊ latin *sternutatio*, de *sternutare*, de *sternuare* → éternuer ■ DIDACT. Fait d'éternuer ; éternuements répétés.

STERNUTATOIRE [stɛʀnytatwaʀ] adj. – 1429 ; subst. *esternuatore* hapax XIIIe ◊ de *sternutation* ■ MÉD. Qui provoque l'éternuement. *Poudre, médicament sternutatoire.*

STÉROÏDE [steʀɔid] n. m. et adj. – 1936 ◊ de *stérol*, du grec *stereos* «solide» (→ stéréo-) et *-ide* ■ BIOCHIM. Substance dont la structure de base comporte un stérol. *Le cholestérol est un stéroïde. Les stéroïdes sont liposolubles.* — SPÉCIALT Hormone ayant la structure d'un stérol. *Stéroïde hormonal* ou *hormone stéroïde.* ➤ **corticoïdes.** *Stéroïdes anabolisants.* ➤ **nandrolone, T. H. G.**

STÉROÏDIEN, IENNE [steʀɔidjɛ̃, jɛn] adj. – 1956 ◊ de *stéroïde* ■ **1** De la nature des stéroïdes. *Métabolisme stéroïdien. Hormones stéroïdiennes.* ■ **2** Relatif à l'emploi thérapeutique des stéroïdes. *Anti-inflammatoires stéroïdiens* (ex. corticoïdes), *non-stéroïdiens (AINS)* (ex. aspirine). — On trouve parfois *stéroïdique.*

STÉROL [steʀɔl] n. m. – 1913 ◊ du suffixe de *cholestérol* ■ BIOCHIM. Alcool polycyclique de masse moléculaire élevée, très répandu dans les règnes animal et végétal où il joue un rôle important. ➤ **cholestérol, ergostérol.** — adj. **STÉROLIQUE.**

STERTOR [stɛʀtɔʀ] n. m. – 1830 ; «râle» 1814 ◊ dérivé savant de forme latine, du latin *stertere* «ronfler» ■ MÉD. Respiration bruyante, ronflante (➤ **stertoreux**).

STERTOREUX, EUSE [stɛʀtɔʀø, øz] adj. – 1795 ◊ du latin *stertere* «ronfler» ■ MÉD. *Respiration stertoreuse* : respiration bruyante accompagnée de ronflement. ➤ **stertor.**

STÉTHOSCOPE [stetɔskɔp] n. m. – 1819 ◊ du grec *stêthos* «poitrine» et *-scope* ■ Instrument destiné à l'auscultation des bruits à travers les parois du corps. *Stéthoscope biauriculaire,* comportant une plaque réceptrice où convergent deux tubes flexibles qui s'introduisent dans les oreilles.

STETSON [stɛtsɔn] n. m. – milieu XXe ◊ anglais américain *Stetson hat*, de *Stetson*, n. de marque ■ Chapeau d'homme à larges bords relevés sur les côtés, aux États-Unis. *«le shérif, perplexe, tient maintenant son stetson du bout des doigts»* C. M. CLUNY.

STÉVIA [stevja] n. m. ou f. – 1992 ◊ du latin scientifique *stevia*, en hommage au médecin espagnol *P. J. Esteve* ■ Genre de plantes d'Amérique du Sud, dont une espèce présente des feuilles contenant un glucoside à fort pouvoir édulcorant. — Édulcorant naturel tiré de cette plante. *Stévia en poudre, en pastilles.*

STEWARD [stiwaʀt] n. m. – 1833 «majordome» ◊ mot anglais ■ **1** Maître d'hôtel ou garçon de service à bord d'un paquebot. ■ **2** COUR. Membre masculin du personnel de cabine d'un avion, chargé du service des passagers (cf. RÉGION. Agent de bord*). *Le steward et l'hôtesse.* — ABRÉV. **STEW** [stju], 1969.

STHÈNE [stɛn] n. m. – 1923 ◊ du grec *sthenos* «force» ■ MÉTROL. Ancienne unité de mesure de force du système M. T. S. (SYMB. sn), égale à mille newtons.

-STHÉNIE ■ Élément, du grec *sthenos* «force» : *hypersthénie.*

STIBIÉ, IÉE [stibje] adj. – 1703 ◊ du latin *stibium* «antimoine» ■ PHARM. Qui contient de l'antimoine. *Médicament stibié.*

STIBINE [stibin] n. f. – 1832 ◊ de *stibi(é)* ■ CHIM. Sulfure naturel d'antimoine Sb_2S_3.

STICHOMYTHIE [stikɔmiti] n. f. – 1865 ◊ du grec *stikhos* «vers» et *muthos* «récit» ■ HIST. LITTÉR. Débat tragique où les interlocuteurs se répondent d'une façon symétrique (vers pour vers, distique pour distique, etc.). *«La stichomythie* [...] *équivalent des coups alternés que se portent deux adversaires dans le combat singulier»* R. GIRARD.

1 **STICK** [stik] n. m. – 1795 ◊ mot anglais ■ ANGLIC. ■ **1** Canne mince et souple. ➤ **badine, baguette, cravache.** ■ **2** (1894) SPORT Crosse de hockey. ■ **3** (1928) Conditionnement d'un produit moulé en forme de bâtonnet. *Un stick de colle. Déodorant en stick.* — *Sticks de poisson* (surgelé).

2 **STICK** [stik] n. m. – 1956 ◊ mot anglais ■ ANGLIC. MILIT. Équipe de parachutistes sautant du même avion.

STICKER [stikœʀ] n. m. – 1987 ◊ mot anglais (1871), de *to stick* «coller» ■ Petit autocollant. *«Des militants pour les droits des animaux vendaient des stickers jaunes»* HOUELLEBECQ. — *Sticker mural* : panneau décoratif adhésif.

STIGMATE [stigmat] n. m. – 1406 ◊ latin *stigmata*, plur. de *stigma*, mot grec «piqûre, point»

I ■ **1** PLUR. Blessures, cicatrices, marques miraculeuses, disposées sur le corps comme les cinq blessures du Christ. *Les stigmates de saint François d'Assise. Recevoir les stigmates.* ■ **2** Marque laissée sur la peau (par une plaie, une maladie). ➤ **cicatrice,** 1 **marque.** *Les stigmates de la petite vérole. Un stigmate.* ◆ MÉD. Signe clinique permanent, permettant de poser le diagnostic d'un état morbide. *Des stigmates de dégénérescence.* ■ **3** (XVIe) ANCIENNT Marque imprimée au fer rouge sur le corps comme châtiment. ➤ 2 **flétrissure.** ■ **4** LITTÉR. Marque, signe qui révèle un état de détérioration. ➤ **empreinte, trace.** *Les stigmates de l'alcoolisme. «le visage marqué de tous les stigmates de la stupidité»* QUENEAU.

II SC. NAT. ■ **1** (1690) Chacun des orifices de la région latérale du corps (d'un insecte) par où l'air pénètre dans les trachées. ■ **2** (1747) BOT. Extrémité supérieure du pistil, partie terminale d'un carpelle qui retient le grain de pollen et où il germe (cf. Tube* pollinique). *Stigmates distincts ; soudés.*

STIGMATIQUE [stigmatik] adj. – 1808 bot. ◊ du grec *stigma* «point» ■ OPT. Qui présente la qualité de stigmatisme.

STIGMATISANT, ANTE [stigmatizɑ̃, ɑ̃t] adj. – 1991 ◊ de *stigmatiser* ■ Qui stigmatise, qui marque négativement. *Loi discriminatoire et stigmatisante.*

STIGMATISATION [stigmatizasjɔ̃] n. f. – 1766 ◊ de *stigmatiser* ■ **1** RELIG. Fait de recevoir les stigmates (I, 1o). ■ **2** LITTÉR. Action de stigmatiser, de flétrir. *La stigmatisation du racisme.* ■ **3** Fait de stigmatiser (3o). *Il avait «dénoncé publiquement la stigmatisation dont les populations* [de banlieue] *étaient l'objet»* K. TUIL.

STIGMATISÉ, ÉE [stigmatize] adj. – 1752 ; «qui porte les marques de cicatrices» 1532 ◊ de *stigmatiser* ■ RELIG. Qui a reçu les stigmates (I, 1o). *Un saint stigmatisé.*

STIGMATISER [stigmatize] v. tr. ‹1› – 1611 ; p. p. 1532 ◊ de *stigmate* ■ **1** ANCIENNT Marquer des stigmates (3o). ■ **2** (1793) MOD. Noter d'infamie, condamner définitivement et ignominieusement. *Stigmatiser la conduite de qqn.* ➤ **blâmer, condamner, dénoncer,** 2 **flétrir, fustiger.** *«j'approuvais le mouvement ouvrier et stigmatisais la rapacité, l'égoïsme des patrons»* É. GUILLAUMIN. ■ **3** Chercher à déconsidérer (une caractéristique, un groupe), souvent en raison de clichés. *Stigmatiser le handicap, les jeunes, les immigrés.* ABSOLT Mettre à l'écart, réprouver socialement. *Elle a «compris quelle sorte de maladie : de celles qui stigmatisent, pour lesquelles on se contente de porter un doigt à sa tempe et de le tourner»* C. CUSSET. ■ **4** MÉD. Marquer de stigmates (I, 2o), laisser des traces (en parlant d'une maladie).

STIGMATISME [stigmatism] n. m. – 1949 ◊ du grec *stigma* «point» → astigmate ■ OPT. Qualité d'un système optique qui donne une image nette d'un point objet (opposé à *astigmatisme*).

STIL-DE-GRAIN [stildəgʀɛ̃] n. m. – 1664 aussi *stil de grun* ◊ du néerlandais *schijtgroen* «vert *(groen)* d'excrément *(schijt)*» ■ TECHN. Colorant d'un jaune verdâtre. *Des stils-de-grain.*

STILETTO [stileto] n. m. – 1997 au Canada ◊ mot italien → stylet ■ Chaussure de femme au très haut talon effilé. *«Pieds nus, leurs stilettos à la main»* C. ONO-DIT-BIOT.

STILLATION [stilasjɔ̃] n. f. – XVe ◊ latin *stillatio*, de *stillare* ; cf. *distiller* ■ DIDACT. Écoulement d'un liquide qui tombe goutte à goutte. *Formation des stalactites par stillation de l'eau.*

STILLATOIRE [stilatwaʀ] adj. – 1605 ◊ de *stillation* ■ DIDACT. Qui tombe goutte à goutte.

STILLIGOUTTE [stiligut] n. m. – 1889 ◊ de *still(ation)* et *goutte* ■ DIDACT. Compte-goutte.

STILTON [stiltɔn] n. m. – 1788 ◊ mot anglais ■ Fromage de lait de vache à pâte persillée, d'origine anglaise. *«Du stilton, fort et moelleux, avec une salade composée»* MALLET-JORIS.

STIMUGÈNE [stimyʒɛn] n. m. et adj. – 1973 ◇ de *stimuler* et *-gène* ■ MÉD. Produit pharmaceutique stimulant les défenses naturelles de l'organisme.

STIMULANT, ANTE [stimylɑ̃, ɑ̃t] adj. et n. m. – 1752 ◇ de *stimuler* ■ **1** Qui accroît l'activité physique ou psychique. ➤ **vivifiant.** *Médicament stimulant.* ➤ **analeptique, dopant, excitant, fortifiant, remontant,** 1 **tonique.** *Substances stimulantes de l'activité mentale.* ➤ **antidépresseur, énergisant, psychoanaleptique, psychostimulant, psychotonique, psychotrope.** ◆ n. m. (1765) *« Sans un stimulant vigoureux, c'en était fait de lui »* BAUDELAIRE. — SPÉCIALT Médicament stimulant. ■ **2** (1772) Qui stimule, augmente l'énergie, l'ardeur de qqn. ➤ **dynamisant, encourageant, exaltant, motivant.** *Une émulation stimulante. « la popularité du sacré, son rôle alternativement inhibant et stimulant »* CAILLOIS. ◆ n. m. Ce qui stimule, excite. *« la libre concurrence, le stimulant ancien des affaires »* ARAGON. ■ CONTR. Décourageant, stérilisant.

STIMULATEUR, TRICE [stimylatœʀ, tʀis] adj. et n. m. – 1549 « personne qui excite à faire qqch. » ; repris en 1803 comme adj. ◇ du radical latin de *stimuler* ■ **1** LITTÉR. Qui stimule. ➤ **excitateur, stimulant.** *Action stimulatrice.* ■ **2** n. m. MÉD. Appareil électrique implanté dans l'organisme pour suppléer une commande nerveuse déficiente (recomm. offic.). ➤ **pacemaker** (ANGLIC.). *Stimulateur cardiaque* : prothèse cardiaque électronique.

STIMULATION [stimylasjɔ̃] n. f. – début XVe ◇ latin *stimulatio* ■ **1** Action de stimuler. *La stimulation des élèves par la compétitivité. Stimulation de la mémoire, de la créativité.* ■ **2** (1825) MÉD. Action des stimulants. ➤ **excitation** (cf. Coup de fouet*). *La stimulation de l'appétit.* — Augmentation de l'activité de fonctions organiques par l'action de stimulants. *Stimulation ovarienne, hormonale.* ■ **3** PHYSIOL. Action d'un stimulus sur une structure excitable. *Stimulation de l'œil par la lumière.*

STIMULER [stimyle] v. tr. ‹1› – 1356 ◇ latin *stimulare,* de *stimulus* « aiguillon » ■ **1** Augmenter l'énergie, l'activité de (qqn) ; inciter, inviter, pousser à faire qqch. *Stimuler les hésitants.* ➤ **encourager, exciter, motiver.** — *Les espérances « stimulèrent son amour-propre sans lui donner l'orgueil »* BALZAC. ➤ **animer, enflammer, éperonner, éveiller.** ■ **2** (XVIe) Augmenter l'activité de (une fonction organique). ➤ **accélérer, activer.** *Le grand air stimule l'appétit.* ➤ **aiguiser.** — Rendre (une activité) plus intense. *Stimuler les ventes par la publicité.* ➤ FAM. 2 **booster.** ◆ Redonner des forces, de l'ardeur à. ➤ **doper, réconforter, remonter** (cf. Donner un coup de fouet*). *« stimulé par ce bain de lumière, par ces odeurs de végétations naissantes »* FROMENTIN. ■ CONTR. Apaiser, calmer, endormir.

STIMULINE [stimylin] n. f. – 1904 ◇ de *stimuler* ■ PHYSIOL., BIOCHIM. Substance capable d'accroître l'activité d'un organe ou d'un tissu. *Les hormones sécrétées par l'hypophyse sont des stimulines.*

STIMULUS [stimylys] n. m. – 1795 ◇ mot latin scientifique formé sur *stimuler* ■ PHYSIOL. Cause externe ou interne capable de provoquer la réaction d'un système excitable. ➤ **excitant.** *« lorsque tel organe [...] se contracte ou frémit sous le stimulus »* MAINE DE BIRAN. ➤ **stimulation.** *Réflexe* conditionné déclenché par un stimulus artificiel. Des stimulus* ou *des stimuli* [stimyli] (plur. lat.). *Stimulus sensoriels et stimulus psychiques.*

STIPE [stip] n. m. – 1778 ◇ latin *stipes* « tige, souche » ■ BOT. Tige ligneuse de plantes arborescentes et des fougères, sans rameaux inférieurs. *Le stipe du palmier. Organe porté par un stipe.* ➤ **stipité.** ◆ Pied des champignons basidiomycètes. ➤ **pédicule.**

STIPENDIÉ, IÉE [stipɑ̃dje] adj. – fin XVIe ◇ de *stipendier* ■ LITTÉR. Acheté, corrompu. *Complice stipendié.* — SUBST. *« Les banques entendent soutenir [...] la politique du ministre qui a été leur stipendié »* GIRAUDOUX.

STIPENDIER [stipɑ̃dje] v. tr. ‹7› – 1581 ; « prendre à sa solde » 1479 ◇ latin *stipendiari,* de *stipendium* « solde » ■ **1** VX ou LITTÉR. Payer pour une besogne méprisable, ignoble. *« les gladiateurs stipendiés par le tribun »* GAUTIER. ■ **2** MOD. et LITTÉR. Corrompre pour de l'argent. ➤ **acheter, soudoyer ; stipendié.**

STIPITÉ, ÉE [stipite] adj. – 1803 ◇ de *stipe* ■ BOT. Qui est porté par un stipe.

STIPULAIRE [stipylɛʀ] adj. – 1812 ◇ de *stipule* ■ BOT. Stipulé. — Qui est le produit de stipules. *Vrilles, épines stipulaires.*

STIPULATION [stipylasjɔ̃] n. f. – 1231 ◇ latin *stipulatio* ■ **1** DR. Clause, condition, mention (énoncée dans un contrat). *Stipulation pour autrui.* ■ **2** COUR. Précision donnée expressément. *Sauf stipulation contraire.*

STIPULE [stipyl] n. f. – 1749 ◇ diminutif latin *stipula* ■ BOT. Chacun des deux organes foliacés insérés à la base du pétiole (d'une feuille).

STIPULÉ, ÉE [stipyle] adj. – 1778 ◇ de *stipule* ■ BOT. Muni de stipules. *Feuille stipulée.*

STIPULER [stipyle] v. tr. ‹1› – 1289 ◇ latin juridique *stipulare,* latin *stipulari* ; p.-ê. de « rompre la paille *(stipula)* » ; cf. *stipe, stipule* ■ **1** DR. Énoncer comme condition (dans un contrat, un acte). *Stipuler des avantages particuliers, un dédit. Le contrat stipule que les associés sont solidaires.* ■ **2** COUR. Faire savoir expressément. *Stipuler ses intentions. Il est stipulé dans l'annonce qu'il faut écrire au journal.* ➤ **préciser, spécifier.**

STOCHASTIQUE [stɔkastik] adj. et n. f. – 1953 ◇ du grec *stokhastikos* « conjectural » ■ DIDACT. ■ **1** Qui est le fruit du hasard, au moins en partie. ➤ **aléatoire.** *Phénomènes stochastiques,* dont le déterminisme* n'est pas absolu, et pouvant être étudiés par la statistique* (opposé à *déterministe*). ■ **2** Qui comporte la présence d'une variable aléatoire. *Équation stochastique.* ■ **3** n. f. Calcul des probabilités appliqué au traitement des données statistiques.

STOCK [stɔk] n. m. – hapax 1656, rare av. fin XIXe ◇ mot anglais « souche » ■ **1** Quantité de marchandises en réserve. *Stocks d'un magasin. Constituer, renouveler un stock.* ➤ **approvisionnement, provision, réserve.** *Avoir un article en stock. Stock disponible, épuisé. Être en rupture* de stock. « se débarrasser de son stock à bas prix »* ROBBE-GRILLET. *« les stocks de sécurité prévus par l'administration française compensaient les sécheresses »* CAMUS. *Stock invendable.* ➤ **surplus, surstock.** *Faire diminuer les stocks.* ➤ **déstocker.** ◆ COMPTAB. Ensemble des produits finis non vendus, des produits semi-ouvrés et des matières premières, détenu par une entreprise à une date donnée. *Gérer les stocks. La rotation des stocks dans un cycle de fabrication.* ■ **2** FAM. Choses en réserve. *Un petit stock de cigarettes.* — Choses possédées en grande quantité. *Gardez-le, j'en ai tout un stock, un vrai stock.* FIG. *Un stock de blagues.* ■ **3** BIOL. Ensemble des animaux issus de la même lignée (couple initial) par croisements consanguins. ◆ *Stock chromosomique* : ensemble des chromosomes contenus dans le noyau cellulaire. ➤ **génome.** *Stock génétique.* ➤ **génotype.**

STOCKAGE [stɔkaʒ] n. m. – fin XIXe ◇ de *stocker* ■ Action de stocker. *Stockage de marchandises en magasin, en entrepôt.* ◆ TECHN. *Stockage dynamique* : équipement et techniques assurant le transport des objets stockés. — *Stockage tournant* : équipement de stockage sur plateforme tournante. ◆ INFORM. *Stockage d'informations.* ■ CONTR. Déstockage, écoulement.

STOCK-CAR ou **STOCKCAR** [stɔkkaʀ] n. m. – 1950 ◇ anglais *stock car* « voiture de série » ■ ANGLIC. Course où de vieilles automobiles de série, munies de dispositifs de sécurité, se heurtent à des obstacles, font des carambolages. ◆ Véhicule de série aménagé pour de telles courses. *« la position d'un garçon livreur de tartelettes pris au milieu d'une course de stock-cars »* C. SIMON.

STOCKER [stɔke] v. tr. ‹1› – fin XIXe ◇ de *stock* ■ **1** Mettre en stock, faire une réserve de (qqch.). *Stocker des marchandises en magasin.* ➤ **emmagasiner, engranger, entreposer.** — ABSOLT *Stocker pour spéculer.* ■ **2** INFORM. Enregistrer sur ordinateur pour une utilisation ultérieure. *Stocker des informations.* ■ CONTR. Déstocker, écouler.

STOCKFISCH [stɔkfiʃ] n. m. – 1606 ; *stoquefiz* 1387 ◇ moyen néerlandais *stocvisch* « poisson *(visch)* séché sur des bâtons *(stoc)* » ■ Morue séchée à l'air. Poisson salé et séché. *Un stockfisch ; du stockfisch.*

STOCKISTE [stɔkist] n. – 1904 ◇ de *stock* ■ Commerçant(e), industriel(le) qui détient en magasin le stock disponible d'un fabricant. — Agent qui détient en dépôt les pièces détachées de machines, de véhicules d'un constructeur. ➤ **dépositaire.** — Responsable de la gestion d'un stock. *Stockiste-manutentionnaire. La stockiste d'une pharmacie.*

STOCK-OPTION [stɔkɔpsjɔ̃] n. f. – 1986 ◇ de *stock* et *option* ■ ÉCON. Système d'option sur achat d'actions, réservant un prix préférentiel aux cadres dirigeants de l'entreprise. *Des stock-options.* Recomm. offic. *option sur titres.*

STŒCHIOMÉTRIE [stekjɔmetʀi] n. f. – 1846 ; *stœcologie* « recherche et explication des éléments » phys. 1740 ◇ du grec *stoekheion* « élément » et *-métrie* ■ CHIM. Étude des proportions suivant lesquelles les corps chimiques réagissent ou se combinent entre eux.

STŒCHIOMÉTRIQUE [stekjɔmetrik] adj. – 1846 ◊ de *stœchiométrie* ▪ DIDACT. Relatif à la stœchiométrie. *Proportions stœchiométriques :* proportions dans lesquelles doivent se trouver les réactants pour que la réaction soit totale.

STOÏCIEN, IENNE [stɔisjɛ̃, jɛn] adj. et n. – v. 1300 ◊ du latin *stoicus*, grec *stoikos*, de *stoa* «portique (du Pécile)», lieu où enseignait Zénon ▪ **1** PHILOS. ANC. Qui suit la doctrine de Zénon (➤ **stoïcisme**). *Les sages stoïciens.* ◆ (1669) Qui appartient au stoïcisme. *Une «impassibilité plus stoïcienne que chrétienne»* BOSSUET. *La maxime stoïcienne : «Supporte et abstiens-toi».* ▪ **2** n. (1592) Philosophe, disciple de Zénon, qui professe le stoïcisme. *Le stoïcien Épictète. L'ataraxie du stoïcien.* ◆ (1694) LITTÉR. Personne stoïque.

STOÏCISME [stɔisism] n. m. – 1688 ◊ de *stoïque* ▪ **1** PHILOS. Doctrine de Zénon et de ses disciples, selon laquelle le bonheur est dans la vertu, et qui professe l'indifférence devant ce qui affecte la sensibilité. ▪ **2** COUR. Courage pour supporter la douleur, le malheur, les privations, avec les apparences de l'indifférence. ➤ **courage, héroïsme.** *Supporter une maladie avec stoïcisme. «Il y a une sorte de courage qui n'est qu'une forme de refus et qui porte, je crois, le nom de stoïcisme»* BERNANOS. *«dans son stoïcisme de paysan qui accepte la mort»* ZOLA.

STOÏQUE [stɔik] adj. et n. – 1488 ◊ latin *stoicus* ▪ **1** VX Stoïcien. *Les préceptes stoïques.* ▪ **2** MOD. Qui a du stoïcisme (2°). ➤ **courageux, dur, 1 ferme, héroïque, impassible, imperturbable, inébranlable.** *«stoïque, impassible, silencieux»* HUGO. *Rester stoïque devant le danger* (➤ **impavide**), *sous des injures. — Courage stoïque.* ◆ n. Personne stoïque. *C'est un, une stoïque. «Qu'un stoïque aux yeux secs vole embrasser la mort»* A. CHÉNIER.

STOÏQUEMENT [stɔikmɑ̃] adv. – 1555 ◊ de *stoïque* ▪ D'une manière stoïque (2°), avec un grand courage et sans se plaindre. ➤ **courageusement, héroïquement.** *Supporter stoïquement qqch. Nous allons «partager stoïquement le sort de nos pauvres soldats»* SAND.

STOKES [stɔks] n. m. – 1953 ◊ nom d'un physicien ▪ MÉTROL. Unité C. G. S. de mesure de viscosité cinématique (SYMB. St), égale à 10^{-4} mètre carré par seconde.

STOL [stɔl] n. m. – 1964 ◊ acronyme anglais, de *Short Taking-Off and Landing* ▪ TECHN. Avion susceptible de décoller ou d'atterrir sur une distance très courte. Recomm. offic. *adac* (avion à décollage et atterrissage courts).

STOLON [stɔlɔ̃] n. m. – 1808 ; «rejeton d'un noisetier» 1549 ◊ latin *stolo, stolonis* ▪ BIOL. ▪ **1** BOT. Tige provenant d'un bourgeon axillaire, qui croît couché sur le sol et s'enracine en produisant de nouveaux individus. *Multiplication végétative du fraisier par stolons.* ▪ **2** ZOOL. Long tube filiforme qui porte et relie les individus d'une colonie (ex. cnidaires, bryozoaires). — adj. **STOLONIAL, IALE, IAUX,** 1933.

STOLONIFÈRE [stɔlɔnifɛr] adj. – 1778 ◊ de *stolon* et *-fère* ▪ BOT. Qui produit des stolons. *Plante stolonifère.*

STOMACAL, ALE, AUX [stɔmakal, o] adj. – 1560 ; «salutaire à l'estomac» 1425, pour *stomachal* ◊ du latin *stomachus* ▪ Relatif à l'estomac. ➤ **gastrique.** *Dans la région stomacale. Douleurs stomacales.*

STOMACHIQUE [stɔmaʃik] adj. – 1694 ; «de l'estomac» 1537 ◊ latin *stomachicus*, de *stomachus* ▪ MÉD. Qui facilite la digestion gastrique. — n. m. *L'eau de mélisse est un stomachique.*

STOMATE [stɔmat] n. m. – 1817 ; nom d'un mollusque 1803 ◊ du grec *stoma* «bouche» ▪ BOT. Ouverture naturelle sur l'épiderme de la tige ou de la feuille, qui assure des échanges gazeux avec le milieu extérieur (respiration, excrétion). ➤ **pore.** *L'épicéa «boit avidement le soleil par ses quatre rangs de stomates»* MICHELET.

STOMATITE [stɔmatit] n. f. – 1830 ◊ de *stomat(o)-* et *-ite* ▪ MÉD. Inflammation de la muqueuse buccale. *Stomatite localisée aux gencives.* ➤ **gingivite.**

STOMAT(O)- ▪ Élément, du grec *stoma, atos* «bouche».

STOMATOLOGIE [stɔmatɔlɔʒi] n. f. – 1859 ◊ de *stomato-* et *-logie* ▪ DIDACT. Spécialité médicale qui traite des maladies de la bouche et des dents. ➤ **dentisterie.**

STOMATOLOGUE [stɔmatɔlɔg] n. – 1964 ; *stomatologiste* 1933 ◊ de *stomato-* et *-logue* ▪ MÉD. Médecin spécialisé en stomatologie* ou chirurgien-dentiste* qualifié pour exercer la stomatologie. ABRÉV. FAM. **STOMATO,** 1971. *Les stomatos.*

STOMATOPLASTIE [stɔmatoplasti] n. f. – 1849 ◊ de *stomato-* et *-plastie* ▪ CHIR. ▪ **1** Intervention de chirurgie plastique sur le col utérin, ayant pour but d'en élargir l'orifice externe. ▪ **2** Réfection par autoplastie* des malformations (congénitales ou accidentelles) de la cavité buccale.

STOMATORRAGIE [stɔmatɔraʒi] n. f. – 1843 ◊ de *stomato-* et *-rragie* ▪ MÉD. Hémorragie buccale. — adj. **STOMATORRAGIQUE,** 1876.

STOMATOSCOPE [stɔmatɔskɔp] n. m. – 1846 ◊ de *stomato-* et *-scope* ▪ MÉD. ▪ **1** Instrument assurant l'ouverture de la bouche durant un examen ou une intervention. ▪ **2** Instrument muni d'une source lumineuse, qui permet l'examen de la bouche.

STOMIE [stɔmi] n. f. – 1970 ; «dérivation d'un conduit naturel» 1894 ◊ du grec *stoma* «orifice», «bouche» ▪ Abouchement d'un viscère creux (estomac, jéjunum, côlon, uretère...) à la peau, créé chirurgicalement en raison d'une obstruction sous-jacente. — ABSOLT Colostomie.

-STOMIE ▪ Élément, du grec *stoma* «orifice, bouche», servant à former des mots désignant un abouchement chirurgical : *colostomie, trachéostomie.*

STOMISER [stɔmize] v. tr. ‹1› – 1986, comme n. ◊ de *stomie* ▪ Pratiquer une stomie sur (qqn). — p. p. adj. *Patient stomisé,* porteur d'une stomie. Subst. *Les stomisés.*

STOMOXE [stɔmɔks] n. m. – 1764 ◊ du grec *stoma* «bouche» et *oxus* «aigu» ▪ ZOOL. Mouche piqueuse susceptible de transmettre notamment le bacille du charbon (cf. Mouche charbonneuse*).

STOP [stɔp] interj. et n. m. – 1792 mar. ◊ mot anglais «arrêt» **A.** interj. ▪ **1** Commandement ou cri d'arrêt. *Il «arrêta la nage en criant : "Stop !"»* MAUPASSANT. — FIG. *Stop au gaspillage !* ➤ **halte.** ▪ **2** Mot employé dans les télégrammes pour séparer nettement les phrases.

B. n. m. ▪ **1** Arrêt. *«un véritable stop du cœur»* ROMAINS. ▪ **2** APPOS. INV. *Feu stop* ou n. m. *stop :* signal lumineux rouge qui s'allume à l'arrière d'un véhicule lorsqu'on actionne la commande de frein. *Des feux stop, des stops.* ▪ **3** Panneau routier obligeant tout véhicule à s'arrêter à une intersection et à céder le passage à droite et à gauche. *Brûler, ne pas respecter un stop.* — REM. Au Canada, on dit *arrêt.* ▪ **4** FAM. Autostop. ➤ RÉGION. **pouce.** *«Je lui demandais ce qu'il faisait... – Du stop [...], me répondit-il. Je fais le monde en stop»* DANINOS. *Prendre qqn en stop* (➤ 3 **stoppeur**). ◆ (Élément de composés, en parlant de tout moyen de transport accordé gratuitement) *Camion-stop. Bateau-stop.* PAR PLAIS. *Chameau-stop,* etc.

STOP-OVER [stɔpɔvœr] n. m. inv. – v. 1975 ◊ de l'anglais *to stop over* «faire escale» ▪ ANGLIC. Escale volontairement prolongée en un point du trajet aérien par le voyageur. *Sur ce vol charter, les stop-over sont interdits.*

STOPPAGE [stɔpaʒ] n. m. – 1893 ◊ de 2 *stopper* ▪ Opération par laquelle on stoppe un tissu. ➤ **raccommodage.**

1 **STOPPER** [stɔpe] v. ‹1› – 1841 ◊ anglais *to stop* **A.** v. tr. ▪ **1** Faire s'arrêter (un navire, une machine...). *Stopper l'ancre. — Le goal a stoppé le ballon.* ➤ 1 **bloquer.** ▪ **2** COUR. FIG. Arrêter, juguler ; empêcher de se continuer. *«l'invasion des rats était stoppée»* CAMUS.

B. v. intr. S'arrêter (en parlant de navires, de véhicules). *Le train «repartit pour stopper une seconde fois, en pleine montagne»* LOUŸS. ◆ FIG. *«Les paroles se bloquaient dans sa gorge, il stoppait net»* MARTIN DU GARD. ➤ **s'interrompre.** ▪ CONTR. Démarrer, 2 repartir.

2 **STOPPER** [stɔpe] v. tr. ‹1› – 1893 ◊ du v. région. *estauper* (1780) ; *restauper* 1730 ; de l'ancien français *estoper ;* néerlandais *stoppen* «étouper» ▪ Réparer (une déchirure) en refaisant la trame et la chaîne. ➤ **raccommoder.** *Stopper un accroc ;* PAR EXT. *un vêtement.*

1 **STOPPEUR, EUSE** [stɔpœr, øz] n. – 1893 ◊ de 2 *stopper* ▪ Personne dont le métier est de stopper les étoffes.

2 **STOPPEUR, EUSE** [stɔpœr, øz] n. – 1940 ◊ de l'anglais *to stop* «arrêter» ▪ Au football, Arrière central chargé de surveiller et d'arrêter l'attaque adverse. *Le stoppeur et le libéro.*

3 **STOPPEUR, EUSE** [stɔpœr, øz] n. – 1953 ◊ de *stop* (4°) ▪ FAM. Autostoppeur.

STORAX [stɔraks] n. m. – XVIe ; *storiaus* XIIIe ◊ de *styrax* ▪ DIDACT. et VX Résine du styrax*. PAR APPOS. *Baume storax,* contenant cette résine.

STORE [stɔʀ] **n. m.** – 1740 ; n. f. 1664 ; *stoire* «natte sous laquelle on s'abrite (à Venise)» 1275 ◊ italien dialectal *stora*, pour *stuoia* «natte», du latin *storea* «natte» ■ Rideau ou assemblage souple d'éléments, qui s'enroule ou se replie à son extrémité supérieure, à l'extérieur ou à l'intérieur d'une fenêtre. *Store en tissu, en bois, en bambou, en plastique. Store à enrouleur. Baisser, lever un store. Store vénitien*, à lamelles horizontales orientables. ◆ (1949) Grand rideau, à la devanture d'un magasin.

STORISTE [stɔʀist] **n.** – 1972 ◊ de *store* ■ COMM. Fabricant(e) ou commerçant(e) de stores et dispositifs analogues.

STORY-BOARD [stɔʀibɔʀd] **n. m.** /STORYBOARD/ – 1983 ◊ mot anglais, de *story* «histoire» et *board* «planche, tableau» ■ ANGLIC. Montage de dessins réalisé avant le tournage pour visualiser les plans d'une séquence cinématographique. *Des story-boards.* — Recomm. offic. *scénarimage.*

STORYTELLING [stɔʀitɛliŋ] **n. m.** – 2000 ; autre sens 1992 ◊ mot anglais ■ ANGLIC. Technique de communication utilisant le discours narratif (histoire, anecdote, témoignage).

STOUPA ou **STUPA** [stupa] **n. m.** – 1863 ◊ sanskrit *stūpa* ■ ARCHIT. Monument commémoratif ou reliquaire d'origine indienne. *Des stoupas.* «*une rangée régulière de stupas blancs, solidement accrochés à cette terre*» P.-J. REMY. *Le stoupa bouddhique de Borobudur.*

STOUT [staut ; stut] **n. m.** ou **f.** – 1844 ◊ mot anglais «épais» ■ Bière brune, épaisse et forte, d'origine britannique ou irlandaise, voisine du porter. «*Ils ronflent même certains* [...] *c'est la fatigue et puis la fumée et la Stout qu'est assoupissante*» CÉLINE.

STRABISME [stʀabism] **n. m.** – 1660 ; *strabismus* 1566 ◊ grec *strabismos*, de *strabos* «qui louche» ■ Défaut de parallélisme des axes visuels, se traduisant par la déviation d'un œil ou des deux yeux. ➤ VIEILLI **loucherie ; loucher.** *Strabisme convergent, divergent.* «*un rien de strabisme dans le regard*» GONCOURT (cf. Une coquetterie* dans l'œil). *Traitement du strabisme par la chirurgie, la rééducation* (➤ **orthoptie**). *Affecté de strabisme* (**n.** et **adj. STRABIQUE**).

STRADIOT, STRADIOTE ➤ **ESTRADIOT**

STRADIVARIUS [stʀadivaʀjys] **n. m.** – 1831 ◊ n. pr. ■ Violon, alto ou violoncelle fabriqué par le célèbre luthier Antonio Stradivari, dit Stradivarius. *Jouer sur un stradivarius. Des stradivarius.*

STRAMOINE [stʀamwan] **n. f.** – 1776 ; *stramonium* 1602 ; *strammonia* 1572 ◊ latin des botanistes, origine inconnue ■ BOT. Datura appelée aussi *pomme épineuse*, dont les feuilles contiennent plusieurs alcaloïdes toxiques, employés en thérapeutique (atropine, scopolamine) pour leurs propriétés sédatives et antispasmodiques. — On a dit *stramonium* [stʀamɔnjɔm] **n. m.** «*un homme de cœur qui, las de la vie, a pris une dose de stramonium*» STENDHAL.

STRANGULATION [stʀɑ̃gylasjɔ̃] **n. f.** – 1549 ◊ latin *strangulatio*, de *strangulare* ■ DIDACT. Le fait d'étrangler qqn. ➤ **étranglement.** *Asphyxie par strangulation.* «*la gorge était stigmatisée par des meurtrissures noires et de profondes traces d'ongles, comme si la mort avait eu lieu par strangulation*» BAUDELAIRE.

STRANGULER [stʀɑ̃gyle] **v. tr.** ⟨1⟩ – 1801 ◊ latin *strangulare* ■ LITTÉR. ou PLAISANT Étrangler.

STRAPONTIN [stʀapɔ̃tɛ̃] **n. m.** – XVIe ; d'abord «hamac» ; *strampontin* XVe ◊ italien *strapontino*, de *strapunto* «matelas», variante de *trapunto* «piqué à l'aiguille», de *puntare* «piquer»

I ■ **1** Siège d'appoint à abattant (dans une voiture, une salle de spectacle). *Ne pas utiliser les strapontins* (du métro) *aux heures d'affluence.* ■ **2** FIG. (1967) Place d'importance secondaire et souvent précaire (dans une assemblée, une conférence, un organisme). *Le syndicat a obtenu un strapontin à la commission.* «*Je ne dis pas qu'il vous réservera un fauteuil, ou même un strapontin, mais sûrement il ne fera pas le barrage*» J. AMILA.

II ANCIENNT Coussinet que les femmes attachaient par-derrière, à la taille, et qui faisait bouffer la robe. «*Les coussins, le "strapontin" de l'affreuse "tournure"*» PROUST.

STRAPPING [stʀapiŋ] **n. m.** – 1996 ◊ mot anglais, de *to strap* «maintenir avec une bande» ■ MÉD. Contention souple d'un segment de membre ou d'une articulation au moyen de bandes élastiques. *Immobilisation des articulations victimes d'entorse ou de luxation par strapping.*

STRASS [stʀas] **n. m.** – 1825 ; *stras* 1746 ◊ du nom de l'inventeur ■ Verre au plomb imitant certaines pierres précieuses. *Strass et paillettes.* «*Son épingle* [pouvait être] *en strass du Rhin ; mais l'effet en était assez riche aux lumières*» NERVAL. — FIG. (1762) Ce qui brille d'un éclat trompeur. ➤ 2 **clinquant,** 2 **toc.** ■ HOM. Strasse.

STRASSE [stʀas] **n. f.** – 1690 ◊ italien *straccio* «chiffon» ■ TECHN. Bourre, rebut de soie. ■ HOM. Strass.

STRATAGÈME [stʀataʒɛm] **n. m.** – 1564 ; *strategeme* «ruse de guerre» XVe ; *strategemmate* 1372 ◊ latin *strategema*, mot grec ; cf. *stratège* ■ Ruse habile, bien combinée. ➤ **subtilité,** 3 **tour.** «*Personne fertile en fourberies, ruses et stratagèmes*» GAUTIER. *Déjouer un stratagème.*

STRATE [stʀat] **n. f.** – 1805 ; *strata* 1765 ◊ latin *stratum* «chose étendue», de *sternere* «étendre» ■ **1** GÉOL. Chacune des couches de matériaux qui constituent un terrain, SPÉCIALT un terrain sédimentaire. ➤ **assise, banc, couche, lit.** ◆ BOT., ÉCOL. Chacun des lits successifs de végétation d'un biotope. *La strate herbacée, arbustive.* ■ **2** Couche, niveau (parmi plusieurs). *Les strates de cellules d'un tissu* (BIOL.). ➤ **stratum.** ◆ *Des strates de souvenirs* (➤ **stratification**).

STRATÈGE [stʀatɛʒ] **n.** – 1721 ◊ grec *stratêgos* «chef d'armée, général», de *stratos* «armée» et *agein* «conduire» ■ **1 n. m.** ANTIQ. Dans diverses cités grecques, notamment à Athènes, Magistrat chargé de toutes les questions militaires. ■ **2** (1845, répandu 1914-1918) Général en chef qui conduit des opérations de grande envergure. *Les grands stratèges français de la Première Guerre mondiale.* — IRON. «*Il était de ces stratèges en chambre qui expliquent Austerlitz et corrigent Waterloo*» R. ROLLAND. ◆ SPÉCIALT (opposé à *tacticien*) Spécialiste en stratégie (1°). «*l'antiquité n'a connu que la tactique. Annibal seul est stratège*» SUARÈS. ■ **3** FIG. Personne habile à élaborer des plans, à diriger une action dans un but précis. *Un stratège politique. Un fin stratège.* ➤ **manœuvrier.**

STRATÉGIE [stʀateʒi] **n. f.** – 1803 ; «gouvernement militaire» 1562 ◊ grec *stratêgia* → stratège ■ **1** (Opposé à *tactique*) Art de faire évoluer une armée sur un théâtre d'opérations jusqu'au moment où elle entre en contact avec l'ennemi. «*la tactique ruine la stratégie. La bataille d'ensemble gagnée sur la carte est perdue en détail sur les coteaux*» VALÉRY. ◆ (1876) Partie de la science militaire qui concerne la conduite générale de la guerre et l'organisation de la défense d'un pays (opérations de grande envergure, élaboration des plans). *Stratégie opérationnelle. Stratégie atomique, nucléaire. Stratégie navale, aérienne.* ■ **2** FIG. Ensemble d'actions coordonnées, de manœuvres en vue d'une victoire. *La stratégie d'un parti politique. Stratégie électorale, parlementaire.* ➤ **tactique.** *Une bonne, une mauvaise stratégie.* ➤ 3 **plan.** — *Jeux de stratégie.* ◆ (1973) ÉCON., GESTION Ensemble d'objectifs opérationnels choisis pour mettre en œuvre une politique préalablement définie. *Stratégie d'entreprise* (➤ **management**). — *Stratégie de communication* : base schématique servant à l'élaboration du texte et de l'image en publicité. *Stratégies de vente* (➤ **marchandisage, marchéage, marketing, mercatique**).

STRATÉGIQUE [stʀateʒik] **adj.** – 1819 ◊ grec *stratêgikos* ■ **1** (Opposé à *tactique*) Qui concerne la stratégie (1°). *Aviation stratégique*, destinée à bombarder les arrières de l'ennemi. *Armes stratégiques. L'objectif stratégique d'une opération. Repli stratégique.* ■ **2** (1872) COUR. Relatif à l'art de la guerre ; qui présente un intérêt militaire (opposé à *politique, économique*). ➤ **militaire, tactique ; géostratégie.** *Voies, sites stratégiques. Position stratégique.* «*Sa situation* [de la ville] *en faisait jadis un point stratégique*» BALZAC. ◆ FIG. D'une importance déterminante. *Un poste stratégique* (cf. Un poste-clé*). ■ **3** ÉCON., GESTION *Gestion stratégique. Diversification stratégique des produits, des activités.*

STRATÉGIQUEMENT [stʀateʒikmɑ̃] **adv.** – 1846 ◊ de *stratégique* ■ Selon les règles de la stratégie ; du point de vue de la stratégie. «*On peut être battu stratégiquement*» ARAGON.

STRATIFICATION [stʀatifikasjɔ̃] **n. f.** – 1620 chim. ◊ latin des alchimistes *stratificatio, onis* ■ **1** GÉOL. Disposition des matériaux par strates (dans les terrains sédimentaires) ; processus géologique par lequel les matériaux se sont ainsi disposés. *Stratification concordante, discordante, entrecroisée, horizontale, inclinée.* ■ **2** Couche (parmi d'autres disposées régulièrement). — SPÉCIALT (1872) HISTOL. Disposition des cellules en couches régulières. ◆ FIG. Disposition en couches superposées. *La stratification des souvenirs.* — Répartition en niveaux. *La stratification sociale.*

STRATIFIÉ, IÉE [stʀatifje] adj. – fin XVIIIe ◊ de *stratifier* ▪ 1 Qui est disposé en couches superposées, en strates. *Roches stratifiées* (➤ **stratification**). — HISTOL. *Épithélium stratifié.* ▪ 2 TECHN. Se dit d'un matériau rigide et léger qui est constitué par des couches (fibres de verre, lamelles de bois, feuilles de papier), liées par des résines ou des polymères (ex. formica). *Polyester stratifié.* — **n. m.** *Plan de travail en stratifié. Stratifié en papier de cellulose.* ➤ **lamifié.**

STRATIFIER [stʀatifje] v. tr. ⟨7⟩ – 1675 chim. ◊ latin des alchimistes *stratificare* ▪ Disposer en couches superposées.

STRATIGRAPHIE [stʀatigʀafi] n. f. – avant 1850 ◊ du radical de *stratifier* et *-graphie* ▪ 1 GÉOL. Étude de la succession des dépôts sédimentaires à la surface de la Terre. *La stratigraphie permet d'établir une chronologie de l'écorce terrestre.* — adj. **STRATIGRAPHIQUE,** 1862. ▪ 2 MÉD. Procédé de tomographie* où le tube émetteur reste fixe, le sujet et le film se déplaçant autour de deux axes parallèles.

STRATIOME [stʀatjom] n. m. – 1799 ◊ latin moderne, du grec *stratiôtês* « soldat » (à cause de l'aiguillon) et *muia* « mouche » ▪ ZOOL. Mouche à l'abdomen large et aplati, qui vit parmi les plantes aquatiques.

STRATO- ▪ Élément, du latin *stratum* « chose étendue ».

STRATOCUMULUS [stʀatokymylys] n. m. – 1842 ◊ de *strato-* et *cumulus* ▪ DIDACT. Couche nuageuse sombre ou ensemble de bancs nuageux minces et d'épaisseur régulière situés à une altitude moyenne de 2 000 m. ➤ **cumulostratus.**

STRATOPAUSE [stʀatopoz] n. f. – v. 1960 ◊ de *strato-* et du grec *pausis* « cessation, fin » ▪ GÉOPHYS. Limite supérieure de la stratosphère.

STRATOSPHÈRE [stʀatɔsfɛʀ] n. f. – 1898 ◊ de *strato-* et *sphère* ▪ Couche de l'atmosphère située de 18 à 50 km d'altitude (➤ **stratopause**), entre la troposphère et la mésosphère.

STRATOSPHÉRIQUE [stʀatɔsfeʀik] adj. – 1931 ◊ de *stratosphère* ▪ 1 Relatif à la stratosphère. *Température, air stratosphérique.* ♦ (1933) Qui sert à explorer la stratosphère, qui peut s'y déplacer. *Ballon-sonde, fusée stratosphérique.* ▪ 2 FIG. Très élevé. *Les ventes atteignent des chiffres stratosphériques.*

STRATUM [stʀatɔm] n. m. – XVIIIe chim. ◊ mot latin ▪ HISTOL. Couche.

STRATUS [stʀatys] n. m. – 1830 ◊ mot latin « étendu » → strate ▪ DIDACT. Nuage de grande étendue qui présente l'aspect d'un voile gris continu. ➤ **altostratus, cirrostratus, stratocumulus.** *Des stratus.*

STREAMING [stʀimiŋ] n. m. – 1998 ◊ mot anglais « flux », de *to stream* « couler » ▪ ANGLIC. Technique de diffusion en ligne et en continu de fichiers audios ou vidéos, par transfert de données en direct (ou en léger différé). *Émission de télévision disponible en streaming. « regarder la retransmission du match en streaming sur mon ordinateur »* J.-PH. TOUSSAINT. *Site de streaming musical.* — Recomm. offic. *(en) flux.*

STREET ART [stʀitaʀt] n. m. – 1982 ◊ mot anglais, de *street* « rue » et *art* → art ▪ ANGLIC. Mouvement artistique contemporain utilisant la rue, l'espace public comme champ d'intervention (➤ **hip-hop**). *« Le "street art", également appelé art urbain, réunit diverses pratiques : peintures murales, installations, performances... »* (Le Progrès, 2012).

STREPTO- ▪ Élément, du grec *streptos* « contourné, recourbé ».

STREPTOBACILLE [stʀɛptobasil] n. m. – fin XIXe ◊ de *strepto-* et *bacille* ▪ BACTÉRIOL. Bacille qui forme des colonies en chaînettes. ➤ **streptocoque.**

STREPTOCOCCIE [stʀɛptɔkɔksi] n. f. – 1893 ◊ de *streptocoque* ▪ MÉD. Infection par des streptocoques. — adj. **STREPTOCOCCIQUE.**

STREPTOCOQUE [stʀɛptɔkɔk] n. m. – 1887 ◊ latin sc. *streptococcus* (1874), de *strepto-* et *-coque* ▪ Bactérie gram-positive de forme arrondie, qui s'associe en chaînettes. *Pasteur « dessina le microbe en grains de chapelet [...] et dit : "Tenez, voici sa figure." C'était le streptocoque »* MONDOR. — ABRÉV. FAM. **STREPTO** [stʀɛpto]. *Des streptos.*

STREPTOMYCÈTE [stʀɛptomisɛt] n. m. – 1971 ◊ de *strepto-* et *-mycète* ▪ MICROBIOL. Micro-organisme d'aspect filamenteux appartenant au règne des bactéries. *Streptomycètes pathogènes, saprophytes.*

STREPTOMYCINE [stʀɛptomisin] n. f. – 1944 ◊ de *strepto-*, *-myce* et *-ine* ▪ Antibiotique (aminoside) produit par un actinomycète *(Streptomyces griseus)*, actif sur un grand nombre de bactéries, en particulier sur le bacille de la tuberculose.

STRESS [stʀɛs] n. m. – 1950 ◊ mot anglais « effort intense, tension » ▪ ANGLIC. BIOL., PSYCHOL. *Un, des stress.* Agent physique ou psychologique provoquant une réaction de l'organisme. — *Le stress :* ensemble des réactions non spécifiques (physiologique, métabolique, comportementale) à cet agent agressif. — BIOL. CELL. *Stress oxydant :* agression des cellules par des composés réactifs, qui présentent des radicaux libres et sont très toxiques. *Stress cellulaire :* vieillissement cellulaire et stress oxydant. ♦ COUR. Situation, fait traumatisant pour l'individu, tension nerveuse. *Les stress de la vie moderne.* ➤ **agression, pression.** ♦ DIDACT. *Stress hydrique :* insuffisance des ressources en eau par rapport aux besoins (sanitaires, agricoles, etc.). *« on aurait créé un maïs très tolérant au stress hydrique »* ORSENNA.

STRESSANT, ANTE [stʀesɑ̃, ɑ̃t] adj. – 1953 ◊ de *stresser* ▪ ANGLIC. Qui peut provoquer un stress. *Agent, facteur stressant. Situation, vie stressante.*

STRESSER [stʀese] v. tr. ⟨1⟩ – v. 1960 ◊ de *stress* ▪ ANGLIC. Causer un stress à (qqn). COUR. au pass. et p. p. *Être stressé.* — PRONOM. *Ne vous stressez pas, prenez votre temps.* INTRANS. FAM. *Arrête de stresser !* ➤ **angoisser.** *« Ça fait deux heures que je suis là à stresser comme une malade ! »* GAVALDA. ➤ 2 **flipper.**

STRETCH [stʀɛtʃ] n. m. – 1963 ◊ n. déposé, mot anglais, de *to stretch* « allonger, étendre » ▪ ANGLIC. TECHN. Procédé de traitement des tissus les rendant élastiques dans le sens horizontal. ♦ PAR EXT. Le tissu ainsi traité. *Du stretch. Des stretchs.* — PAR APPOS. *Pantalon en velours stretch.*

STRETCHING [stʀɛtʃiŋ] n. m. – 1982 ◊ mot anglais, de *to stretch* « s'étirer » ▪ ANGLIC. Gymnastique douce basée sur des étirements des fibres musculaires.

STRETTE [stʀɛt] n. f. – 1831 ; « attaque rapide » hapax XVIe ◊ italien *stretta* « étreinte, resserrement » ▪ MUS. Partie d'une fugue qui précède la conclusion et dans laquelle le sujet et la réponse se poursuivent avec des entrées de plus en plus rapprochées. *« la strette de l'Ave Maria, qui éclate et pétille »* HUGO.

STRIATION [stʀijasjɔ̃] n. f. – 1873 ◊ de *strier* ▪ DIDACT. Disposition par stries parallèles. Opération qui consiste à tracer des stries sur une surface. Ensemble de stries. ♦ PHYS. *Technique de striation :* procédé de visualisation des ondes sonores utilisant la propriété de réfraction de la lumière. ♦ Défaut (stries) des matériaux optiques.

STRICT, STRICTE [stʀikt] adj. – 1752, répandu XIXe ; cf. *strictement* (1503) ◊ latin *strictus* « serré, étroit ; rigoureux » ▪ 1 Qui laisse très peu de liberté d'action ou d'interprétation. ➤ **astreignant, étroit.** *Morale stricte. Principes stricts.* ➤ **sévère.** *Donner une interprétation stricte de la loi.* ♦ Rigoureusement conforme aux règles, à un modèle. ➤ **exact.** *La stricte observation du règlement.* ➤ **rigoureux.** *« un Juif de stricte observance »* TOURNIER. *C'est la stricte vérité.* ➤ **pur.** ▪ 2 (1829) (PERSONNES) Qui ne tolère (pour soi-même ou pour les autres) aucun relâchement, aucune négligence, aucune infraction. *Il est très strict sur la discipline.* ➤ **autoritaire, rigide, sévère** (cf. Être à cheval* sur). ▪ 3 (CHOSES) Qui constitue le minimum permis ou exigible. *C'est son droit le plus strict.* ♦ Réduit à la plus petite valeur. *Le strict nécessaire. Se borner au strict minimum. Dans la plus stricte intimité.* — *Sens strict d'un mot :* le sens qui a la plus petite extension. ➤ 1 **fort, littéral, propre.** *Au sens strict.* ➤ **stricto sensu.** — MATH. *Inégalité stricte,* excluant l'égalité. ▪ 4 (CHOSES) Très correct et dépourvu d'ornements ; qui est conforme à un type classique et un peu sévère. *Tenue très stricte.* ➤ **austère, sobre.** ▪ CONTR. Lâche, large ; approximatif. Laxiste, souple. Débraillé, fantaisie.

STRICTEMENT [stʀiktəmɑ̃] adv. – 1503 ◊ de *strict* ▪ 1 D'une manière stricte. ➤ **rigoureusement.** *Affaire strictement personnelle. Strictement confidentiel. « On s'est borné strictement aux citations »* RENAN. ➤ **étroitement, uniquement.** *Objets strictement semblables.* — MATH. *Strictement inférieur* (<), *supérieur* (>) : jamais égal. ▪ 2 D'une manière simple et sévère. *Strictement vêtu. « Elle avait des cheveux châtains, strictement coupés »* BEAUVOIR.

STRICTION [stʀiksjɔ̃] n. f. – 1761 ◊ latin *strictio* « pression » ▪ 1 MÉD. Constriction, resserrement. ▪ 2 PHYS. Resserrement, diminution de section (d'un fluide en écoulement, d'une pièce métallique soumise à une traction, d'un plasma soumis à des forces électromagnétiques).

STRICTO SENSU [striktosɛ̃sy] loc. adv. – attesté 1936 ◊ mots latins ■ Au sens strict. ➤ **littéralement, proprement.** ■ CONTR. Lato sensu.

STRIDENCE [stridɑ̃s] n. f. – 1883 ◊ de *strident* ■ LITTÉR. et RARE Bruit strident. « *Stridences d'une musique absolument ésotérique* » GRAINVILLE.

STRIDENT, ENTE [stridɑ̃, ɑ̃t] adj. – 1529, rare avant début XIXe ◊ latin *stridens, entis,* de *stridere* ■ Se dit d'un bruit, d'un son qui est à la fois aigu et intense. ➤ **perçant, sifflant.** *Un grincement strident.* « *Le sifflet strident d'une locomotive* » MAUPASSANT. *Pousser des cris stridents. Des* « *clameurs stridentes de jeune cochon qu'on égorge* » COURTELINE.

STRIDOR [stridɔr] n. m. – 1914 ◊ mot latin « sifflement » ■ MÉD. Bruit strident lors de l'inspiration, parfois provoqué par une obstruction partielle du larynx ou de la trachée. ➤ **stridulation.**

STRIDULANT, ANTE [stridylɑ̃, ɑ̃t] adj. – 1834 ◊ du latin *stridulus* ■ DIDACT. Qui produit une stridulation. *Insectes stridulants.*

STRIDULATION [stridylasjɔ̃] n. f. – 1838 ◊ du latin *stridulus* ■ DIDACT. Bruit modulé que produisent certains insectes en frottant l'un contre l'autre des organes striés. *La stridulation des cigales, des grillons, des criquets.* ➤ **cricri ; archet.** ♦ MÉD. Sifflement strident survenant au cours de la respiration. ➤ **stridor.**

STRIDULER [stridyle] v. intr. ⟨1⟩ – 1846 ◊ du radical latin *stridulus* ■ DIDACT. ou LITTÉR. Produire une stridulation. *La cigale stridule.* — TRANS. (au p. p.) « *la locomotive qui se met en marche, le sifflement saccadé de ses jets, ses cris stridulés* » HUYSMANS.

STRIDULEUX, EUSE [stridylø, øz] adj. – 1778 ◊ de *striduler* ■ MÉD. Qui a un son aigu et sifflant. *Respiration striduleuse. Laryngite striduleuse* : faux croup*.

STRIE [stri] n. f. – 1545, rare avant XVIIe ◊ latin *stria* « rainure » ■ **1** (Rare au sing.) Chacun des sillons parallèles, séparés par des arêtes saillantes. *Stries d'une coquille ; d'une lime.* ➤ **rainure, sillon.** *Une strie plus profonde. Marqué de stries profondes.* ➤ **strié ; striation.** *Disposition en stries* ➤ **striure.** ♦ (1872) Rayure d'une roche, due à l'action glaciaire. ■ **2** (1779) Chacune des rayures ou des lignes parallèles qui se détachent sur un fond. — *Des* « *pièces d'argent trouées se détachant sur une strie rouge* » GAUTIER. ■ **3** (1771) ARCHIT. Listel. — AU PLUR. Cannelures parallèles.

STRIÉ, STRIÉE [strije] adj. – 1534 ◊ latin *striatus* ■ **1** Couvert, marqué de stries, de raies (➤ **strier**). *Colonne, coquille, tige striée.* ♦ GÉOL. *Roche striée,* qui porte des stries dues au mouvement des glaciers. ■ **2** ANAT. *Muscles striés,* qui présentent, outre les stries longitudinales des fibrilles musculaires, des stries transversales résultant de l'alternance de disques sombres et de disques clairs des éléments contractiles du muscle (➤ **sarcomère**). *Muscles striés volontaires et muscles lisses viscéraux, involontaires.* ♦ (1751) **CORPS STRIÉ :** structure constituée par les trois amas de substance grise du cerveau : le noyau caudé, qui s'enroule autour de la couche optique, le noyau lenticulaire, situé en dehors du noyau caudé et de la couche optique, et l'avant-mur, mince lame grise à la face externe du noyau lenticulaire. — **AIRE STRIÉE :** aire du cortex occipital, zone de projection visuelle de la rétine.

STRIER [strije] v. tr. ⟨7⟩ – avant 1854 ◊ de *strie* ■ Couvrir, marquer, orner de stries, de raies. ➤ **bretteler, rayer.** « *des bandes violettes striaient les rougeurs du couchant* » NERVAL. *Pomme jaune striée de rouge.*

STRIGE [striʒ] n. f. – 1586 ◊ latin *striga,* de *strix, strigis,* grec *strigx, striggos* ■ LITTÉR. Vampire tenant de la femme et de la chienne. — On écrit aussi *stryge.* « *Ce pullulement de démons, larves, follets, stryges, goules, vampires* » HENRIOT.

STRIGIFORMES [striʒifɔrm] n. m. pl. – 1933 ◊ du latin *strix, strigis* « strige » ■ ZOOL. Ordre de rapaces nocturnes comprenant les chouettes, les effraies et les hiboux.

STRIGILE [striʒil] n. m. – 1544, rare avant XVIIIe ◊ latin *strigilis* → étrille ■ DIDACT. ■ **1** ANTIQ. Racloir pour nettoyer et frictionner le corps. ■ **2** (1872) ARCHÉOL. Cannelure en forme de S utilisée dans la décoration des sarcophages antiques.

STRIKE [strajk] n. m. – attesté en 1994 ◊ mot anglais, de *to strike* « frapper » ■ ANGLIC. Au bowling, Coup qui renverse les dix quilles à la première boule. *Faire un strike. La boule* « *partait complètement au centre de la piste pour abattre toutes les quilles dans un fracas de strike* » J.-PH. TOUSSAINT.

STRING [striŋ] n. m. – 1975 ◊ mot anglais « ficelle » ■ ANGLIC. Maillot de bain ou slip très petit, assemblé par des liens, laissant les fesses nues. ➤ **cache-sexe.**

STRIOSCOPIE [strijɔskɔpi] n. f. – 1949 ◊ de *strie* et *-scopie* ■ SC. Méthode photographique pour étudier les ondes de choc, les turbulences produites dans un fluide (notamment par un projectile dans l'air, ou par un profil d'aile d'avion dans une soufflerie). — adj. **STRIOSCOPIQUE,** 1953.

STRIPAGE [stripaʒ] n. m. – 1969 ◊ d'après l'anglais *stripping* ■ PHYS. NUCL. Réaction nucléaire dans laquelle certains nucléons du noyau projectile sont captés par le noyau cible, les autres étant diffusés.

1 **STRIPPER** [stripœr] n. m. /STRIPPEUR/ – 1964 ◊ mot anglais, de *to strip* « dépouiller » ■ ANGLIC. CHIR. Instrument utilisé en chirurgie pour pratiquer l'ablation des veines, dans le traitement contre les varices. ➤ **tire-veine** (recomm. offic.).

2 **STRIPPER** [stripe] v. tr. ⟨1⟩ – milieu XXe ◊ de l'anglais *to strip* ■ ANGLIC. TECHN. Dépouiller (un liquide) de ses fractions trop volatiles (opération de distillation). ➤ **stripping.**

STRIPPING [stripiŋ] n. m. – milieu XXe ◊ mot anglais ■ ANGLIC. ■ **1** TECHN. Entraînement des fractions trop volatiles d'un liquide (➤ 2 **stripper**). Recomm. offic. *extraction au gaz.* ■ **2** CHIR. Méthode d'ablation chirurgicale des varices. Recomm. offic. *éveinage.* ■ **3** PHYS. NUCL. ➤ **stripage.**

STRIPTEASE ou **STRIP-TEASE** [striptiz] n. m. – 1949 ◊ mot anglais, de *to strip* « déshabiller » et *to tease* « agacer, taquiner » ■ ANGLIC. ■ **1** Spectacle de cabaret au cours duquel une femme, ou parfois un homme, se déshabille progressivement, en musique. ➤ **burlesque, effeuillage.** *Numéro de striptease. Faire du striptease, un striptease. Des stripteases, des strip-teases.* — PAR EXT. Établissement proposant ce spectacle. « *J'irai partout* [aux États-Unis] *sur les plages de milliardaires, chez les derniers Indiens, dans les strip-teases minables* » REICHENBACH. ■ **2** FIG. Confidences, aveux complaisants, comportement exhibitionniste. ➤ **déballage.** « *Cette époque de strip-tease politique, social, vestimentaire* [...]. *Cette ère de déballage universel* » DANINOS.

STRIPTEASEUR, EUSE ou **STRIP-TEASEUR, EUSE** [striptizœr, øz] n. – v. 1950 au fém. ◊ de *striptease* ■ Surtout au fém. Artiste qui exécute un numéro de striptease. *Des stripteaseuses.* ➤ **effeuilleuse.** *Des stripteaseurs, des strip-teaseurs.*

STRIURE [strijyr] n. f. – 1751 ; *strieure* 1567 ◊ du latin *striatura* ■ Disposition par stries parallèles ; manière dont une chose est striée. *Striure d'une colonne. Striure du maïs* (maladie virale).

STROBILE [strɔbil] n. m. – 1798 ◊ latin *strobilus,* grec *strobilos* « toupie » ■ **1** BOT. Formation compacte en forme d'épi ou de cône (chez les fougères, les conifères, le houblon, etc.). ■ **2** ZOOL. Ensemble des segments (➤ **proglottis**) qui forme le corps du ténia.

STROBO- ■ Élément, du grec *strobos* « rotation, tournoiement ».

STROBOPHOTOGRAPHIE [strɔbofɔtɔgrafi] n. f. – 1974 ◊ de *strobo-* et *photographie* ■ DIDACT. (PHOTOGR.) Procédé de filmage qui permet de régler le nombre de photos par seconde.

STROBOSCOPE [strɔbɔskɔp] n. m. – 1866 ◊ de *strobo-* et *-scope* ■ **1** ANCIENNT Appareil rotatif (disque, cylindre) donnant l'illusion du mouvement par une suite d'images fixes. *Le stroboscope, ancêtre du cinéma, des dessins animés.* ■ **2** PHYS. Instrument qui émet de brefs éclairs lumineux à une certaine fréquence, destiné à faire apparaître immobile ou animé d'un mouvement lent ce qui est animé d'un mouvement périodique rapide.

STROBOSCOPIE [strɔbɔskɔpi] n. f. – 1890 ◊ de *stroboscope* ■ PHYS. Méthode d'observation du mouvement à l'aide du stroboscope (2°).

STROBOSCOPIQUE [strɔbɔskɔpik] adj. – 1846 ◊ de *stroboscope* ■ PHYS. Relatif à la stroboscopie. *Mouvement stroboscopique.* — COUR. *Éclairage stroboscopique. Effet stroboscopique.*

STROMA [strɔma] n. m. – 1846 ◊ grec *strôma* « tapis, couverture » ■ **1** BIOL. Trame conjonctive d'un tissu. *Stroma choroïdien, iridien.* — SPÉCIALT, PATHOL. Tissu conjonctif constituant la charpente d'une tumeur cancéreuse. ■ **2** BIOL. CELL. Espace à l'intérieur du chloroplaste où se trouvent les thylakoïdes et où se forment les sucres végétaux lors de la photosynthèse. ■ **3** BOT. Mycélium massif des thallophytes.

STROMBE [strɔ̃b] n. m. – 1808 ◊ latin des botanistes *strombus,* grec *strombos* « toupie » ■ ZOOL. Mollusque tropical de grande taille *(gastéropodes),* dont la coquille porte une large fente.

STROMBOLIEN, IENNE [stʀɔ̃bɔljɛ̃, jɛn] **adj.** – 1874 ◇ de *Stromboli* ■ Du Stromboli. — (1904) GÉOL. *Volcan du type strombolien,* caractérisé par une lave très fluide et des éruptions violentes avec projection de bombes et de petites pierres.

STRONGYLE [stʀɔ̃ʒil] **n. m.** – 1700 ◇ grec *stroggulos* «rond» ■ ZOOL. Long ver cylindrique *(nématodes)* parasite des mammifères, responsable de la strongylose*. — On dit aussi **STRONGLE** [stʀɔ̃gl].

STRONGYLOSE [stʀɔ̃ʒiloz] **n. f.** – 1897 ; *strongillose* 1906 ◇ de *strongyle* et *2-ose* ■ VÉTÉR. Maladie parasitaire des animaux domestiques, notamment les équidés, due au strongyle.

STRONTIANE [stʀɔ̃sjan] **n. f.** – 1795 ◇ de *Strontian,* nom d'un village d'Écosse ■ CHIM., TECHN. Hydroxyde de strontium utilisé dans les sucreries.

STRONTIUM [stʀɔ̃sjɔm] **n. m.** – 1829 ◇ mot anglais (1807), de *Strontian,* nom d'un village d'Écosse ■ CHIM. Élément (Sr ; n° at. 38 ; m. at. 87,63), métal alcalinoterreux, blanc argent, mou comme le plomb. *L'isotope 90 du strontium est un des plus dangereux parmi les «retombées radioactives». Les sels de strontium sont utilisés en pyrotechnie, en médecine.*

STROPHANTE [stʀɔfɑ̃t] **n. m.** – 1808 ◇ latin des botanistes *strophantus* (1802) ; du grec *strophos* «torsade» et *anthos* «fleur» ■ BOT. Liane *(apocynacées)* d'Afrique et d'Asie tropicale, dont les graines renferment des glucosides, dont l'un fournit l'ouabaïne*.

STROPHE [stʀɔf] **n. f.** – 1550 ◇ latin *stropha,* grec *strophê* «évolution du chœur», de *strephein* «tourner» ■ **1** DIDACT. Première des trois parties d'une pièce lyrique de la tragédie grecque antique chantée par le chœur. *Strophes, antistrophes et épodes.* ■ **2** (rare avant XVIIIe, on disait plutôt *stance*) Ensemble formé par plusieurs vers, avec une disposition déterminée de mètres et de rimes qui assure sa cohésion. ➤ **quatrain, septain, sizain, tercet.** *Poème divisé en strophes. Les strophes d'une chanson.* ➤ **couplet.** «*Pour qu'une strophe existe il faut* [...] *qu'on ne puisse pas en séparer les parties sans la* [...] *détruire complètement*» BANVILLE.

STRUCTURAL, ALE, AUX [stʀyktyʀal, o] **adj.** – 1877 ◇ de *structure* ■ DIDACT. ■ **1** De la structure, quant à la structure (2° et 3°). *Caractéristiques structurales d'un organe* (opposé à *fonctionnel*). *Coupe, carte structurale.* ÉCON. ➤ **structurel.** — MATH. *Topologie structurale,* étudiant la flexibilité des surfaces, des «carcasses». ■ **2** Qui étudie les structures (3°), en analyse les éléments. *Psychologie structurale,* qui résout les phénomènes en leurs éléments. ■ **3** (1929) Qui étudie les structures (4°), qui relève du structuralisme*. *Phonologie structurale. Linguistique structurale, fonctionnelle* (➤ **structuralisme, structurel,** 2°). «*L'objet de l'analyse structurale comparée n'est pas la langue française ou la langue anglaise, mais un certain nombre de structures que le linguiste peut atteindre à partir de ces objets empiriques*» LÉVI-STRAUSS. *Anthropologie structurale.* — *Exercices structuraux,* visant à faire acquérir une structure linguistique.

STRUCTURALISME [stʀyktyʀalism] **n. m.** – v. 1945 ◇ de *structural* ■ DIDACT. Théorie selon laquelle l'étude d'une catégorie de faits doit envisager principalement les structures (4°). ➤ **structural** (3°). *Le structuralisme de la psychologie de la forme* (cf. Gestaltisme), *de la linguistique moderne* (incluant la linguistique générative), *des sciences humaines.* «*Fonctionnalisme et structuralisme ne sont pas des points contradictoires, ni même divergents*» MARTINET. — SPÉCIALT, LING. Théorie descriptive de la langue en tant que système dans lequel les éléments entretiennent des relations mutuelles de solidarité (opposé à *linguistique générative*).

STRUCTURALISTE [stʀyktyʀalist] **adj.** et **n.** – 1951 n. ◇ de *structuralisme* ■ DIDACT. Relatif au structuralisme. ◆ Partisan du structuralisme.

STRUCTURANT, ANTE [stʀyktyʀɑ̃, ɑ̃t] **adj.** – v. 1969 ◇ de *structurer* ■ DIDACT. Qui favorise, détermine la structuration.

STRUCTURATION [stʀyktyʀasjɔ̃] **n. f.** – avant 1962 ◇ de *structurer* ■ DIDACT. Le fait de donner ou d'acquérir une structure. *Structuration de la personnalité.* INFORM. *Structuration de données. Langage de structuration de fichiers.* ➤ **HTML, XML.** ■ CONTR. Déstructuration.

STRUCTURE [stʀyktyʀ] **n. f.** – 1528 ; «construction» XIVe ◇ latin *structura,* de *struere* «construire»

I CHOSE CONCRÈTE ■ **1** Manière dont un édifice est construit ; agencement des parties d'un bâtiment. ➤ aussi **superstructure.** «*L'immobile structure des cathédrales*» HUYSMANS. TECHN., ARCHIT. *Conception, étude des structures.* «*deux structures de béton percées de trous sur lesquelles se dressait, tordue, souffrante, l'armature métallique*» M. NDIAYE. — PAR ANAL. *La structure métallique d'une chaise.* ◆ FIG. (1560) Disposition, arrangement des parties (d'une œuvre). ➤ **agencement, charpente, composition.** *Étudier la structure d'un poème, d'un récit. Structure narrative.* ■ **2** (fin XVIIe ; en parlant des organismes vivants 1560) Manière dont un ensemble concret, spatial, est envisagé dans ses parties, dans son organisation ; forme observable et analysable que présentent les éléments d'un objet. ➤ **constitution, contexture, disposition, forme ; ordre, organisation.** «*Nous ne vivons que pour maintenir notre structure biologique, nous sommes programmés depuis l'œuf fécondé pour cette seule fin*» H. LABORIT. *Structure homogène, hétérogène. Structure d'un tissu, d'un organe, d'une cellule. Structure osseuse. Relation entre la structure et la fonction biologique. Structure de l'écorce terrestre, des couches géologiques.* «*il y a une excellente corrélation entre la position des supernovæ et la structure spiralée*» H. REEVES. — MATH. Manière d'envisager un ensemble en fonction des relations dont il est muni. *Ensemble à structure de groupe, d'anneau.* ◆ CHIM., PHYS. Groupement de différentes parties d'un ensemble ou de points qui en permettent la cohésion. ➤ **configuration.** *Structure cristalline.* ➤ **réseau.** *Structure de la matière, de l'atome, du noyau. Structure moléculaire.* — BIOCHIM. *Structure d'une protéine : structure primaire,* la séquence de ses acides aminés ; *structure secondaire :* arrangement spatial des résidus d'acides aminés voisins dans la séquence ; *structure tertiaire,* sa structure tridimensionnelle totale ; *structure quaternaire :* agencement des sous-unités et nature de leurs contacts.

II CHOSE ABSTRAITE ■ **1** (XIXe ◇ influence de l'anglais) Disposition des parties d'un ensemble abstrait, d'un phénomène ou d'un système complexe, généralement envisagée comme caractéristique de cet ensemble et comme durable. ➤ **macrostructure, microstructure.** *Structure d'un État, de l'industrie française.* ➤ **armature, ossature ; 1 régime.** *Notre langue* «*est fameuse pour la clarté de sa structure*» VALÉRY. — (v. 1936) ÉCON., GESTION Combinaison de l'ensemble des éléments constitutifs d'une entité, d'un système. *Structures de production et d'échange. Structures commerciales.* — *Structure d'une entreprise.* ➤ **organisation.** *Structure hiérarchique, fonctionnelle.* ➤ **organigramme.** — Organisation complexe et importante, envisagée dans ses éléments essentiels. *Les grandes structures administratives. Réformes de structure* (➤ aussi **infrastructure**). ◆ (v. 1966) *Structure(s) d'accueil :* ensemble de services d'accueil (ravitaillement, dépannage pour les voyageurs ; orientation, documentation pour les touristes ; activités culturelles, équipements sportifs pour une population ; hébergement pour les personnes en difficulté ; garde d'enfants). «*C'est juste une structure d'accueil, comme ils disent. Un lieu où on débarque quand on sait pas où aller*» IZZO. ■ **2** (v. 1921) PHILOS., SC. Ensemble, système* formé de phénomènes solidaires, tels que «chacun dépend des autres et ne peut être ce qu'il est que dans et par sa relation avec eux» (Lalande). ➤ **forme.** *La structure, conçue comme ensemble organisé de rapports. Structures mathématiques, psychiques. Structures sociales. Structures de parenté.* ■ **3** (1905) LING. Agencement interne des unités qui forment un système linguistique. «*Décrire le langage comme étant essentiellement une entité autonome de dépendances internes, ou en un mot, une "structure"*» HJELMSLEV. *Structure profonde,* dans une grammaire générative «standard», se dit de la structure des suites produites par les règles de réécriture, que les transformations* feront passer au niveau des *structures de surface* (ou *superficielles*), manifestées dans les phrases observables. *Structures logiques étudiées par la logique des prédicats. Structure du lexique. Structures syntaxiques d'une langue.*

STRUCTURÉ, ÉE [stʀyktyʀe] **adj.** – avant 1868 ◇ de *structurer* ■ **1** DIDACT. Qui a une structure propre ; qui peut être défini par une structure. — INFORM. *Programmation structurée,* comprenant des règles méthodologiques rigides et précises pour faciliter la conception et la maintenance des programmes (➤ 3 **pascal**). ■ **2** COUR. Qui correspond à une structure (3°). ➤ **organisé.** *Mouvement, parti (peu, fortement) structuré.*

STRUCTUREL, ELLE [stʀyktyʀɛl] adj. – v. 1960 ◇ de *structure* ■ **1** ÉCON. Des structures (3°). *Déséquilibre structurel* (opposé à *conjoncturel*). ■ **2** LING. Qui a une structure (4°), qui concerne la structure (4°). ➤ **structural.** *Changement structurel ; analyse, description structurelle,* en grammaire générative. — adv. **STRUCTURELLEMENT.**

STRUCTURER [stʀyktyʀe] v. tr. ‹1› – avant 1868 ◇ de *structure* ■ Pourvoir d'une structure. *Structurer un mouvement.* — PRONOM. Acquérir une structure. ♦ Organiser les différentes parties de. *Structurer un récit.* ➤ **charpenter, construire.** ■ CONTR. Déstructurer.

STRUCTUROLOGIE [stʀyktyʀɔlɔʒi] n. f. – 1969 ◇ de *structure* ■ GÉOL. Étude de la structure des roches et de leurs déformations.

STRUDEL [ʃtʀudœl] n. m. – attesté XXe ◇ allemand *Apfelstrudel* «roulé aux pommes» ■ Pâtisserie garnie de morceaux de pomme et de raisins secs parfumés à la cannelle. *Des strudels.*

STRUME [stʀym] n. f. – *estrume* v. 1220 ◇ latin *struma* ■ MÉD. VX Scrofule. ♦ MOD. RARE Goitre.

STRUTHIONIFORMES [stʀytjɔnifɔʀm] n. m. pl. – 1904 ◇ du latin *struthio* «autruche» et *-forme* ■ ZOOL. Ordre d'oiseaux *(ratites)* comprenant les autruches.

STRYCHNINE [stʀiknin] n. f. – 1818 ◇ du latin des botanistes *strychnos* ■ Alcaloïde toxique extrait de la noix vomique ou obtenu par synthèse. *À faible dose, la strychnine stimule les nerfs moteurs. 50 mg de strychnine suffisent à entraîner la mort d'un être humain adulte.*

STRYCHNOS [stʀiknos ; -nɔs] n. m. – 1816 ◇ latin des botanistes, mot grec «vomiquier» ■ BOT. Arbre ou liane des régions tropicales *(loganiacées)*, dont plusieurs variétés contiennent des alcaloïdes toxiques (➤ **brucine, curare, strychnine, upas**). *Le vomiquier est un strychnos.*

STRYGE ➤ **STRIGE**

STUC [styk] n. m. – 1546 ; *estucq* 1524 ◇ italien *stucco*, mot germanique longobard °*stukki* ■ Composition de plâtre (ou de poussière de marbre) gâché avec une solution de colle forte, formant un enduit qui, poli, imite le marbre. ➤ **aggloméré,** 1 **staff.** *Décoration en stuc. Enduire de stuc.* ➤ **stuquer ; stucateur.** «*une espèce de stuc ou de marbre d'une solidité et d'un brillant singuliers*» GAUTIER. ♦ PAR EXT. Motif décoratif en stuc. *Des stucs rococo.*

STUCATEUR [stykatœʀ] n. m. – 1641 ◇ de *stuquer* ■ TECHN. Spécialiste qui prépare, applique ou travaille le stuc. — Sculpteur ornemaniste en stuc.

STUD-BOOK [stœdbuk] n. m. /STUDBOOK/ – 1828 ◇ mot anglais, de *stud* «haras» et *book* «livre» ■ ANGLIC. Registre portant les noms, les généalogies, les victoires des pur-sang. *Des stud-books.*

STUDETTE [stydɛt] n. f. – 1969 ◇ diminutif de *studio* ■ Petit studio (2°). «*Sept cents appartements, de la studette au cinq-pièces*» PEREC.

STUDIEUSEMENT [stydjøzmɑ̃] adv. – 1541 ; *studiousement* 1190 ◇ de *studieux* ■ D'une manière studieuse, appliquée et sérieuse. *Réviser studieusement.*

STUDIEUX, IEUSE [stydjø, jøz] adj. – v. 1498 ; «qui a du goût pour» 1380 ◇ latin *studiosus*, de *studium* «étude, zèle» ■ **1** Qui aime l'étude, le travail intellectuel ; qui travaille avec application. ➤ **appliqué.** *Un enfant, un élève studieux.* «*L'aîné de ces enfants, né grave et studieux, Lisait et méditait sans cesse*» FLORIAN. *Jeunesse studieuse.* — Qui atteste le goût de l'étude. *Air studieux et attentif.* ■ **2** Favorable ou consacré à l'étude. *Une retraite studieuse. De studieuses vacances.* ■ CONTR. Dissipé, oisif, paresseux.

STUDIO [stydjo] n. m. – 1829 ◇ mot anglais, de l'italien «atelier d'artiste», latin *studium* «étude» ■ **1** Atelier d'artiste. Atelier de photographe d'art. ♦ (1908) Ensemble des locaux aménagés pour les prises de vues cinématographiques. *Un studio de cinéma. Les grands studios d'Hollywood, de Rome. Tourner en studio* (cf. En intérieur*) *ou en extérieur. Plateaux, équipement électrique, sonore d'un studio.* — Local aménagé pour les enregistrements (radio, télévision, maison de disques). *Studio insonorisé. À vous les studios !* (après une émission en extérieur). ■ **2** Logement formé d'une seule pièce principale. *Petit studio.* ➤ **studette.** ■ **3** Salle de spectacle de petite dimension qui donne des spectacles, passe des films à audience restreinte. *Studios d'art et d'essai.*

STUPA ➤ **STOUPA**

STUPÉFACTION [stypefaksjɔ̃] n. f. – v. 1370 méd. ◇ du latin *stupefactus* → stupéfait ■ **1** État d'une personne stupéfaite. ➤ **ahurissement, ébahissement, étonnement, stupeur, surprise.** «*un air de surprise qui devint bientôt de la stupéfaction*» MUSSET. *À la stupéfaction générale.* ■ **2** (1590) État d'une personne stupéfiée (1°). ➤ **engourdissement.** «*dans un état de stupéfaction léthargique qui la rendait presque insensible*» MARTIN DU GARD.

STUPÉFAIRE [stypefɛʀ] v. tr. ‹60 ; rare sauf 3e pers. sing. prés. et temps comp.› – 1776 ◇ de *stupéfait*, d'après *faire* ■ Frapper de stupeur. ➤ **étonner, stupéfier.** «*on l'eût stupéfaite en prononçant le mot*» ROMAINS. *Ce qui «n'eût pas le moins stupéfait Séryeuse»* RADIGUET.

STUPÉFAIT, AITE [stypefɛ, ɛt] adj. – 1655 ◇ latin *stupefactus*, de *stupefieri*, pass. de *stupefacere* ■ Étonné au point de ne pouvoir agir ou réagir. ➤ **abasourdi, ahuri, coi, ébahi, ébaubi, éberlué,** 1 **interdit, interloqué, médusé, pantois, renversé, sidéré, suffoqué ; stupide ;** FAM. 1 **baba, épaté, époustouflé, estomaqué, soufflé.** *Être stupéfait* (cf. En rester bleu, coi, comme deux ronds de flan*, être frappé de stupeur, les bras m'en tombent). «*Oui, je suis stupéfait de ce dernier prodige*» MOLIÈRE. «*immobile et stupéfait* [...] *il semblait frappé de la foudre*» VIGNY. «*Stupéfaite de la voir en pantoufles dans la rue*» ZOLA.

STUPÉFIANT, IANTE [stypefjɑ̃, jɑ̃t] adj. et n. m. – v. 1600 ◇ de *stupéfier* ■ **1** Qui stupéfie (1°). «*une poudre stupéfiante qui passait pour magique et qui supprimait la douleur*» HUGO. ♦ n. m. (1824) Substance toxique agissant sur le système nerveux, soit comme narcotique*, soit comme euphorisant* et dont l'usage provoque une dépendance (➤ **toxicomanie**). *L'opium et ses dérivés, la cocaïne, le chanvre indien sont des stupéfiants.* «*Le tabac, ce stupéfiant*» GONCOURT. *Lutte contre le trafic et la consommation de stupéfiants.* ➤ **drogue.** *Brigade des stupéfiants.* ABRÉV. FAM. **STUP** [styp]. *La brigade des stups.* — FIG. «*Le travail est aussi un stupéfiant*» MAURIAC. ■ **2** (1842) Qui stupéfie (2°). ➤ **étonnant ; confondant, effarant, incroyable, prodigieux, renversant, sidérant, suffocant.** *Nouvelle stupéfiante.* ➤ **ahurissant, extraordinaire.** *L'abbaye «stupéfiante comme un palais de rêve»* MAUPASSANT. ■ CONTR. (du 1°) Stimulant.

STUPÉFIER [stypefje] v. tr. ‹7› – 1478 méd. ; *stupefar* XIVe ◇ du latin *stupefacere* ■ **1** LITTÉR. Engourdir par une sorte d'inhibition des centres nerveux. — «*Abruti par le salicylate,* [...] *il se plaint d'avoir le cerveau encore stupéfié*» GIDE. ➤ **paralysé.** — (Sens affaibli) ➤ **accabler, atterrer, consterner, étourdir.** «*Toujours le froid l'avait stupéfiée*» MONTHERLANT. ■ **2** (1732) COUR. Rendre stupéfait. ➤ **effarer, étonner*, sidérer, suffoquer.** «*Le travail fourni par le maître dépassait l'imagination et stupéfiait tous ceux qui l'approchaient*» MADELIN. ■ CONTR. (du 1°) Stimuler.

STUPEUR [stypœʀ] n. f. – 1333 ◇ latin *stupor* ■ **1** MÉD. État d'inertie et d'insensibilité profondes lié à un engourdissement général. ➤ **anéantissement.** «*La stupeur, qui l'envahissait de plus en plus, lui ôtait jusqu'à la sensation de souffrance*» ZOLA. ♦ PSYCHIATR. Cet état, traduit par l'immobilité du visage et le mutisme. *Stupeur observée dans les cas de mélancolie aiguë.* ➤ **hébétude, léthargie.** ■ **2** Étonnement profond. ➤ **stupéfaction.** *Frappé de stupeur.* ➤ **étonné, stupéfait*.** *À notre (grande) stupeur. Quelle n'est pas notre stupeur de voir...*

STUPIDE [stypid] adj. – 1599 ; «engourdi, paralysé» 1377 ◇ latin *stupidus* ■ **1** VX OU LITTÉR. Frappé de stupeur (2°), paralysé d'étonnement. ➤ **étonné, hébété,** 1 **interdit.** «*Il était stupide de surprise, dans un abîme d'étonnement*» FRANCE. *Ils «restaient béants, attendris et stupides en face de la Vierge de Murillo»* ZOLA. ■ **2** (1552) COUR. Qui est atteint d'une sorte d'inertie mentale ; qui a peu d'intelligence ou de sensibilité. ➤ **abruti, bête, borné, idiot, imbécile, inintelligent, sot ;** RÉGION. **sans-dessein.** «*La jeune recrue avait l'air tout à fait stupide*» SARTRE. *Je ne serai «pas assez stupide pour demander à une gitane de me révéler mon avenir»* MAC ORLAN. — PAR EXT. *Mener une vie stupide.* ALLUS. LITTÉR. «*Le stupide XIXe siècle*», phrase de BALZAC, reprise par L. DAUDET. ■ **3** (1654) Absurde, inepte, insensé (d'un comportement, d'un propos...). *Obstination stupide. C'est stupide.* — PAR EXT. *Accident stupide,* que rien ne laissait prévoir, qui aurait dû être évité. — *Un pari stupide.* ■ CONTR. Animé. 2 Fin, intelligent, judicieux.

STUPIDEMENT [stypidmɑ̃] adv. – 1588 ◇ de *stupide* ■ **1** D'une manière stupide (2°). ➤ **bêtement, sottement.** *Rire stupidement. Tu es «un débauché qui a mangé stupidement ta fortune»* BALZAC. ■ **2** Absurdement. *Il s'est tué stupidement sur la route.*

STUPIDITÉ [stypidite] **n. f.** – 1541 ◇ latin *stupiditas* ■ **1** Nature ou caractère d'une personne stupide (2°). ➤ **bêtise*, crétinisme, idiotie.** *« la férocité du duc [...] s'explique par sa stupidité. C'était une bête »* HUGO. — (CHOSES) ➤ **absurdité, ineptie.** *« La stupidité de l'opinion impose un modèle aux personnes »* VALÉRY. ■ **2** (1825) *Une, des stupidités.* Action ou parole stupide. ➤ **ânerie, imbécillité, sottise.** *« Voilà un quart d'heure perdu à des stupidités »* ZOLA. ■ CONTR. Intelligence ; finesse.

STUPRE [stypʀ] **n. m.** – 1684 ; « viol » 1378 ◇ latin *stuprum* ■ RARE et LITTÉR. Débauche honteuse, humiliante. ➤ **luxure.** *Vivre dans le stupre. « L'atmosphère invite aux voluptés sommaires, aux jeux, aux stupres »* GIDE.

STUQUER [styke] **v. tr.** ⟨1⟩ – 1893 ; au p. p. 1842 ◇ de *stuc* ■ Enduire de stuc. — **p. p. adj.** *« Les colonnes, stuquées et polies, jouaient le marbre à s'y méprendre »* GAUTIER. — **n. m. STUCAGE.**

STYLE [stil] **n. m.** – fin XIIIe, au sens de « manière d'agir » (III, 1°) ◇ du latin *stilus* qui désigne tout objet en forme de tige pointue, comme le *stylet* ou *style* servant à écrire, d'où l'art et la manière d'écrire (ci-dessous IV). L'orthographe avec *-y-*, qui apparaît dès le XVe, est due à l'influence du grec *stulos* « colonne, pointe », que l'on retrouve dans *péristyle* par exemple

I DANS LE LANGAGE ■ **1** (1536) Aspect de l'expression littéraire, dû à la mise en œuvre de moyens d'expression dont le choix résulte, dans la conception classique, des conditions du sujet et du genre, et dans la conception moderne, de la réaction personnelle de l'auteur en situation. ➤ **écriture, expression, langage, langue.** *« Le style est l'homme même »* BUFFON. *« On reconnaît souvent un excellent auteur [...] au mouvement de sa phrase et à l'allure de son style »* JOUBERT. *« Le style résulte d'une sensibilité spéciale à l'égard du langage. Cela ne s'acquiert pas ; mais cela se développe »* VALÉRY. Étude, science *du style.* ➤ **rhétorique, stylistique.** *Figures* de style.* — HIST. LITTÉR. *Style familier, noble. « le style familier, qui est si voisin du style simple et naïf »* VOLTAIRE. *Style burlesque, précieux, didactique, épistolaire, oratoire, narratif, historique, tragique, comique, épique, lyrique. — Le style de Rabelais.* ➤ **manière,** 2**ton.** *Imiter le style d'un auteur* (➤ **pastiche** ; cf. À la manière* de). *Style plat. Style concis, incisif, nerveux, dépouillé. Style académique. Mauvais style.* ➤ **cacographie, charabia, galimatias.** *Style clair, correct, pur. « un style qui vous entrerait dans l'idée comme un coup de stylet »* FLAUBERT. ◆ (Non qualifié) Bon style, style original, présentant des qualités artistiques. *Avoir du style. Exercice de style. « Le style rend singulières les choses les plus communes »* VOLTAIRE. ■ **2** (1872) LING. « L'aspect de l'énoncé qui résulte du choix des moyens d'expression déterminé par la nature et les intentions du sujet parlant ou écrivant » (P. Guiraud). *Classification (psychologique, sociologique, chronologique, etc.) des styles. Style parlé et écrit, familier et soutenu. Style télégraphique*. Clause* de style. Style administratif, publicitaire.* ➤ **phraséologie, terminologie.** *« un style volontairement impersonnel, mais sans la sécheresse obligée du style d'agence »* REVEL. — (1870) GRAMM. *Style direct*, indirect*, indirect libre* (➤ **discours**).

II EN ART ■ **1** (1699) Manière particulière (personnelle ou collective) de traiter la matière et les formes en vue de la réalisation d'une œuvre d'art ; ensemble des caractères d'une œuvre qui permettent de la classer avec d'autres dans un ensemble constituant un type esthétique. *Le style d'un peintre, d'une école.* ➤ 1**facture,** 2**faire, genre, goût, manière, touche.** *Style d'un tableau, d'une statue. Colonne, chapiteau de style corinthien, dorique.* ➤ **ordre.** *Style roman, gothique. Style Louis XIII, Louis XV, Empire, 1900* (➤ **modern style**), *contemporain. Style bistrot, style rustique. Meubles de style anglais. « La direction avait fait dans le style minimaliste, murs blancs, rares ampoules aux watts anémiés »* DAENINCKX. — *Les styles en musique. « On dit en France le style de Lully, de Rameau »* ROUSSEAU. *Style d'un ballet, d'un film. « Creuse ta sensation [...] Plus elle est nette, plus ton style s'affirme. (Style : tout ce qui n'est pas la technique) »* R. BRESSON. — *Des robes dans le style du Second Empire.* ➤ 1**mode.** ◆ **DE STYLE,** se dit d'un objet d'art appartenant à un style ancien bien défini. *Meubles de style et d'époque.* — Exécuté de nos jours dans un style ancien. *Reliure de style.* ■ **2** (Non qualifié) « Qualité supérieure de l'œuvre d'art, celle qui lui permet d'échapper au temps » (Focillon). *« les maisons sont trop basses pour avoir du style »* STENDHAL. *À « "Qu'est-ce que l'art ?," nous sommes portés à répondre : "Ce par quoi les formes deviennent style" »* MALRAUX.

III DANS LE COMPORTEMENT ■ **1** (fin XIIIe) Façon personnelle d'agir, de se comporter ; manière d'être. *Cette robe ne te va pas, ce n'est pas ton style. Chercher son style. Changer de style.* ➤ FAM. **look.** *Style de vie, d'action.* ➤ **genre, habitude.** *Se distinguer « moins par son niveau de vie que par son style de vie »* TH. MAULNIER. — *De grand style* : mettant en œuvre de puissants moyens d'action. *Opération policière de grand style.* ■ **2** Manière personnelle de pratiquer un sport, tendant à l'efficacité et à la beauté. *Le style d'un coureur. Un style puissant, souple.* (Non qualifié) *Nageur qui a du style.*

IV OBJET POINTU ■ **1** (fin XIVe) ANTIQ. Poinçon de fer ou d'os, dont une extrémité, pointue, servait à écrire sur la cire des tablettes, et l'autre, aplatie, à effacer. ➤ **stylet.** ◆ TECHN. Tige pointue et articulée servant à tracer une courbe sur un cylindre enregistreur. ■ **2** (1562) Tige dont l'ombre indique l'heure, sur un cadran solaire. ■ **3** (1749) BOT. Partie allongée du pistil (et du carpelle), reliant l'ovaire au(x) stigmate(s). *Ovaire à deux styles.*

V EN TYPOGRAPHIE ET EN INFORMATIQUE ■ **1** Variante du caractère dans un texte (gras, italique...). ■ **2** INFORM. Ensemble d'attributs de mise en forme d'un document. *Feuille* de styles.*

STYLÉ, ÉE [stile] **adj.** – *stilé* 1382 ◇ de *style* ■ **1** VIEILLI Formé, habitué à se conduire selon les règles qui conviennent. ◆ MOD. Qui accomplit son service dans les formes. *Un maître d'hôtel stylé.* ■ **2** Qui a du style, de l'allure. *Une coiffure stylée. « Ils se rendent en boîte de nuit tous les deux, stylés, gominés, parfumés »* P. BAILLY.

STYLET [stilɛ] **n. m.** – *stilet* 1586 ◇ italien *stiletto,* de *stilo* « poignard », latin *stilus* → style ■ **1** Poignard à lame mince et très pointue. ➤ **dague.** *Des « stylets à section triangulaire, avec une seule arête amincie et coupante »* ROBBE-GRILLET. ◆ Instrument pointu servant à écrire, dessiner. ➤ **style.** *« ils consulteront leur agenda électronique du bout de leur stylet »* S. AUDEGUY. ◆ CHIR. Petite tige métallique dont une extrémité est parfois percée d'un chas, destinée à explorer les canaux naturels, les plaies. ■ **2** ZOOL. Pièce buccale pointue d'insectes piqueurs et suceurs. ➤ **rostre.**

STYLISATION [stilizasjɔ̃] **n. f.** – 1907 ◇ de *styliser* ■ Action de styliser ; son résultat. *« un effet de stylisation qui ajoutait encore à l'interprétation du chanteur »* CAMUS.

STYLISER [stilize] **v. tr.** ⟨1⟩ – 1907 ; *stiliser* (qqn) « l'éduquer, le rendre stylé » 1700 ◇ de *style* ■ **1** Représenter (un objet naturel) en simplifiant les formes en vue d'un effet décoratif. — *Fleurs stylisées.* ■ **2** Représenter avec une volonté de style. *« la recherche de qualité que tout art porte en lui, le pousse bien plus à styliser les formes qu'à se soumettre à elles »* MALRAUX.

STYLISME [stilism] **n. m.** – 1846 ◇ de *style*

I LITTÉR. Souci extrême, souvent exagéré du style, de la forme.

II (milieu XXe) MOD. Activité, profession de styliste* (II). ➤ **design, esthétique** (industrielle). — **Recomm. offic. pour** *design.*

STYLISTE [stilist] **n.** – 1836 ◇ de *style*

I Écrivain remarquable par son style, son culte du style. *« Un grand styliste se reconnaît à son emploi du verbe »* THIBAUDET.

II Spécialiste de l'esthétique industrielle (recomm. offic.). ➤ **designer** (ANGLIC.). ◆ (milieu XXe) Personne chargée de créer de nouveaux modèles, d'élaborer une collection dans les métiers du textile, de la mode. *Les stylistes du bureau de style. Styliste modéliste. Styliste ensemblier.*

STYLISTICIEN, IENNE [stilistisjɛ̃, jɛn] **n.** – 1964 ◇ de *stylistique* ■ Spécialiste des études stylistiques. *Bally, Spitzer furent de grands stylisticiens.*

STYLISTIQUE [stilistik] **n. f. et adj.** – 1872 ◇ allemand *Stylistik* (fin XVIIIe) ■ **1** VIEILLI Connaissance pratique des particularités de style (figures, idiotismes, etc.) propres à une langue. *La stylistique latine.* ◆ (1902) MOD. LING. Étude scientifique du style (I, A, 2°), de ses procédés, de ses effets. *Stylistique comparée.* ■ **2 adj.** (1905) Relatif au style et à la stylistique. *Étude, analyse stylistique.* — Qui appartient à l'expressivité, à l'aspect non logique de l'expression. *Procédés stylistiques. Emplois stylistiques et emplois grammaticaux.*

STYLITE [stilit] **n. m.** – 1608 ◇ grec *stulitês* « de colonne » ■ DIDACT. Solitaire qui vivait au sommet d'une colonne ou d'une tour. *« ces saints, ces ermites, stylites ou quoi, qui passaient leur vie méditant sur le sommet d'une colonne »* C. SIMON. *« Je reste debout, comme un stylite »* BEAUVOIR.

STYLO [stilo] **n. m.** – 1912 ◊ abrév. de *stylographe* ■ Instrument pour écrire dont le corps contient une réserve d'encre. *Écrire au stylo ou au crayon. Des stylos (à) plume, à encre. Des stylos (à) bille, des stylos-billes.* ➤ 1**bic** (marque déposée), **crayon** (à bille). *Stylo à pointe feutre.* ➤ **feutre, marqueur, stylo-feutre.** *Cartouche, recharge pour stylo. Stylo qui fuit. Capuchon de stylo. — Stylo noir, bleu, rouge,* dont l'encre est de cette couleur. — Par anal. de forme *Stylo de colle. Stylo correcteur.*

STYLO- ■ Élément, de *styloïde,* signifiant « qui est commun à une apophyse styloïde et à l'organe désigné par le second terme » : *stylo-hyoïdien, stylo-mastoïdien.*

STYLOBATE [stilɔbat] **n. m.** – 1545 ◊ latin *stylobata,* grec *stulobatês* ■ ARCHIT. Soubassement continu, orné de moulures, supportant une colonnade.

STYLO-FEUTRE [stiloføtʀ] **n. m.** – 1970 ◊ de *stylo* et *feutre* ■ Crayon, stylo, dont la pointe est en feutre, en nylon. ➤ **feutre, marqueur, surligneur.** *Des stylos-feutres.*

STYLOGRAPHE [stilɔgʀaf] **n. m.** – 1848 ◊ d'un élément *stylo-,* du latin *stylus,* pour *stilus* « poinçon à écrire », et *-graphe* ■ VX Porte-plume à réservoir d'encre. ➤ **stylo.**

STYLOÏDE [stilɔid] **adj.** – 1590 ◊ grec *stuloeidês* « qui ressemble à une colonne » ■ ANAT. Se dit de certaines apophyses allongées (cf. Stylo-). *Apophyse styloïde du cubitus, du temporal.*

STYLOMINE [stilomin] **n. m.** – 1929 ◊ n. déposé, de *stylo* et 2*mine* ■ Portemine.

STYPTIQUE [stiptik] **adj.** – XVIe ; *stiptique* 1300 ; *stitique* 1265 ◊ latin *stypticus,* grec *stuptikos,* de *stuphein* « contracter » ■ MÉD. Astringent. SUBST. *Un styptique.*

STYRAX [stiʀaks] **n. m.** – 1611 sens 2° ; d'abord *storax* ◊ latin *styrax,* grec *sturax* « arbre », « baume » ■ **1** (1636) BOT. Nom scientifique de l'aliboufier *(styracacées)* dont certaines espèces fournissent des baumes. *Styrax benjoin, styrax tonkinois,* dont on tire le benjoin. *Styrax officinal,* dont on tirait le baume storax*. ■ **2** (1611) Baume extrait des arbres du genre liquidambar et styrax (aliboufiers), employé en parfumerie et en pharmacie. ➤ VX **storax.**

STYRÈNE [stiʀɛn] ou **STYROLÈNE** [stiʀɔlɛn] **n. m.** – 1936, –1867 ◊ de *styrax* ■ CHIM. Hydrocarbure benzénique ($C_6H_5CH{=}CH_2$), entrant dans la composition de nombreuses matières plastiques. ➤ **polystyrène.** « *Le styrène autrefois s'extrayait du benjoin Provenant du styrax, arbuste indonésien* » QUENEAU.

SU, SUE [sy] **adj.** et **n. m.** – XIIe ◊ de 1*savoir* ■ **1** Qui est connu, que l'on a appris, ou dont on a été informé. ➤ 1**savoir.** *Leçon bien sue, mal sue. — La nouvelle à peine sue...* ➤ **ébruité.** ■ **2 n. m.** (XIIe) VIEILLI *Le su :* la connaissance que l'on a d'une chose (dans des expr.). *Au su de qqn. Elle « vit au su de tout Combray avec un certain monsieur de Charlus »* PROUST. MOD. *Au vu* et au su de tout le monde.* ■ CONTR. (du 2°) Insu (à l'insu de). ■ HOM. Sus.

1**SUAGE** [sɥaʒ] **n. m.** – 1679 ; *souage* 1332 ◊ de l'ancien français *soue* « corde », bas latin *soca* ■ TECHN. Petit ourlet sur le bord d'un plat, d'une assiette d'étain. — Partie carrée du pied d'un flambeau.

2**SUAGE** [sɥaʒ] **n. m.** – 1773 ; « action de suer » 1611 ◊ de *suer* ■ MAR. Humidité qui sort des bois d'un vaisseau neuf. ♦ (1836) TECHN. Eau qui suinte (du bois chauffé, etc.).

SUAIRE [sɥɛʀ] **n. m.** – 1150 ◊ latin *sudarium* « linge pour essuyer la sueur du visage » ■ **1** LITTÉR. Linceul. « *La neige, sur la plaine où les morts sont couchés, Comme un suaire étend au loin ses nappes blanches* » LECONTE DE LISLE. SPÉCIALT Linceul blanc avec lequel on se représente les revenants, les fantômes. ■ **2** LOC. (1636) *Saint suaire :* relique sacrée, linceul dans lequel le Christ aurait été enseveli. *Le saint suaire de Turin.*

SUANT, SUANTE [sɥɑ̃, sɥɑ̃t] **adj.** – v. 1155 ◊ de *suer* ■ **1** En sueur, qui sue. « *Spectateurs crottés, poudreux, soûls, suants* » CHATEAUBRIAND. ■ **2** (1964) FAM. Qui fait suer, qui ennuie. ➤ **fatigant.** *Il est suant avec ses histoires !*

SUAVE [sɥav] **adj.** – 1490 ; *suaive* début XVe ◊ réfection de l'ancien français *soef* (1120) ; latin *suavis* ■ Qui a une douceur délicieuse. ➤ **agréable,** 1**bon, délicieux, doux, exquis.** *Parfum suave.* ➤ **fragrant.** *Musique suave.* « *Nous aimons mieux les figures douces et suaves* » SAND. ➤ **délicat, gracieux, harmonieux.** ♦ (ABSTRAIT) Doux, agréable. « *La tentation la plus [...] suave, la plus parée de tous les attraits : celle de se venger* » COLETTE. — **adv. SUAVEMENT,** 1503. ■ CONTR. Acide, âcre, 1amer, désagréable, fétide, rude.

SUAVITÉ [sɥavite] **n. f.** – 1512 ; *suaviteit* « joie céleste » 1190 ◊ latin *suavitas* ■ Qualité de ce qui est suave, douceur délicieuse. *Suavité des formes.* ➤ **délicatesse, grâce.** ♦ LITTÉR. Impression douce et agréable. « *des suavités de romance* » ZOLA. ■ CONTR. Acidité, âcreté, aigreur, amertume.

SUB- ■ Préfixe, du latin *sub* « sous », qui exprime la position en dessous (➤ **hypo-, infra-, sous-**), et FIG. le faible degré et l'approximation.

SUBAÉRIEN, IENNE [sybaeʀjɛ̃, jɛn] **adj.** – 1812 ◊ de *sub-* et *aérien* ■ DIDACT. Qui est au contact de la couche inférieure de l'atmosphère. — GÉOL. *Dépôts subaériens,* formés à l'air libre.

SUBAIGU, UË [sybegy] **adj.** /fém. SUBAIGÜE/ – 1833 ◊ de *sub-* et *aigu* ■ PATHOL. Dont les caractères sont intermédiaires entre l'état aigu et l'état chronique. *Inflammation, maladie subaiguë.*

SUBALPIN, INE [sybalpɛ̃, in] **adj.** – 1786 ◊ de *sub-* et *alpin* ■ GÉOGR. Qui est situé au pied des Alpes.

SUBALTERNE [sybaltɛʀn] **adj.** et **n.** – 1476 ◊ latin *subalternus,* de *alternus,* de *alter* « autre » ■ **1** Qui occupe un rang inférieur, est dans une position subordonnée laissant peu de part à l'initiative. *Officier, employé subalterne.* ➤ **inférieur.** — (CHOSES) Qui caractérise une position subordonnée. « *ce qui le maintient dans des emplois subalternes* » DUHAMEL. PAR EXT. *Un rôle subalterne.* ➤ **secondaire.** ■ **2 n.** (XVIe) Personne subalterne. *Être le, la subalterne de qqn.* « *Je ne puis charger de ce soin un subalterne* » MAUPASSANT. ➤ **inférieur, second,** FAM. **sous-fifre, sous-ordre, subordonné.** ■ CONTR. Chef, maître, supérieur.

SUBANTARCTIQUE [sybɑ̃taʀktik] **adj.** – 1913 ◊ de *sub-* et *antarctique* ■ DIDACT. Situé légèrement au nord de l'Antarctique. ➤ **antarctique.** *Les îles subantarctiques.*

SUBAQUATIQUE [sybakwatik] **adj.** – 1866 ◊ de *sub-* et *aquatique,* d'après l'anglais ■ DIDACT. Qui existe, qui a lieu sous l'eau. ➤ **immergé.** *Plongée subaquatique.* ➤ **sous-marin.**

SUBARCTIQUE [sybaʀktik] **adj.** – 1966 ◊ de *sub-* et *arctique* ■ Qui est situé ou qui concerne les régions situées immédiatement au sud de l'Arctique. ➤ **arctique.** *Les zones subarctiques, l'écologie subarctique. Les mers subarctiques.*

SUBATOMIQUE [sybatɔmik] **adj.** – 1903 ◊ de *sub-* et *atomique* ■ PHYS. Inférieur au niveau atomique. *Particules subatomiques,* situées à l'intérieur de l'atome, et notamment du noyau. ➤ **nucléaire.**

SUBCARPATIQUE [sybkaʀpatik] **adj.** – *subkarpathique* 1904 ◊ de *sub-* et *carpatique,* de *Carpates* ■ GÉOGR. Situé au pied des Carpates. *L'Ukraine subcarpatique.*

SUBCELLULAIRE [sybselylɛʀ] **adj.** – v. 1970 ◊ de *sub-* et *cellulaire* ■ BIOL. Qui se situe en deçà de l'unité cellulaire. *Système subcellulaire.*

SUBCLAQUANT, ANTE [sybklakɑ̃, ɑ̃t] **adj.** – 1908 ◊ de *sub-* et *claquer* « mourir » ■ FAM. Qui est à l'agonie. ➤ **moribond.**

SUBCONSCIENT, IENTE [sybkɔ̃sjɑ̃, jɑ̃t] **adj.** et **n. m.** – 1890 ◊ de *sub-* et *conscient* ■ **1** Faiblement conscient. ➤ **subliminal.** « *La partie subconsciente et créatrice de son esprit* » JARRY. ■ **2** Se dit d'un phénomène inconscient qui intervient comme élément de processus mentaux actifs. ■ **3 n. m.** (1895) VIEILLI Inconscient. « *nul ne peut se porter garant de son subconscient* » R. GARY. — Ce qui est subconscient. On a dit aussi *subconscience* **n. f.,** (1894).

SUBDÉLÉGUER [sybdelege] **v. tr.** ⟨6⟩ – avant 1596 ; 1381 *un subdélégué* ◊ de *sub-* et *déléguer* ■ Déléguer (qqn) dans une fonction pour laquelle on a été délégué soi-même (surtout p. p. ou pass.). *Être subdélégué.* SUBST. *Un subdélégué, une subdéléguée.* — **n. f. SUBDÉLÉGATION,** 1465.

SUBDÉSERTIQUE [sybdezɛʀtik] **adj.** – 1921 ◊ de *sub-* et *désertique* ■ GÉOGR. Dont les conditions biogéographiques sont voisines de celles du désert. ➤ **semi-aride.** *Climat subdésertique.*

SUBDIVISER [sybdivize] **v. tr.** ⟨1⟩ – 1375 ; *sous-diviser* 1314 ◊ de *sub-* et *diviser* ■ Diviser (un tout déjà divisé ; une partie d'un tout divisé). *Subdiviser un lot en parts, un chapitre en fragments. — « des fermes de trente mille hectares, divisées en sections, subdivisées en lots »* ZOLA. ♦ **v. pron. SE SUBDIVISER :** être divisé en de nombreuses parties. ➤ aussi **se ramifier.** « *de menues tranches, lesquelles se subdivisèrent à l'infini* » MIRBEAU.

SUBDIVISION [sybdivizjɔ̃] **n. f.** – 1690 ; sens 2° 1314 ◇ latin *subdivisio* ■ **1** Action de subdiviser, de se subdiviser. *La subdivision de la matière en corps isolés.* ■ **2** Partie obtenue en subdivisant ; partie de ce qui se subdivise. ➤ **division.** *Les subdivisions de l'espèce (sous-espèces, variétés...).* ➤ **ramification.** — *Subdivision militaire* (➤ **circonscription**), *administrative* (cf. mots formés avec *sous*). — **adj. SUBDIVISIONNAIRE,** 1865. ■ **3** (CONCRET) *Les subdivisions d'un classeur.* ➤ **case, compartiment.**

SUBDUCTION [sybdyksjɔ̃] **n. f.** – 1975 ; ancien français *suduction* «calcul» ◇ latin *subductio* «action de tirer les navires sur le rivage» ■ GÉOPHYS. Glissement d'une plaque lithosphérique océanique sous une plaque adjacente avançant en sens opposé. *Zone en subduction. Fosse, plan de subduction.*

SUBÉQUATORIAL, IALE, IAUX [sybekwatɔʀjal, jo] **adj.** – 1921 ◇ de *sub-* et *équatorial* ■ GÉOGR. Qui est proche de l'équateur ; dont les caractères biogéographiques sont proches de ceux de l'équateur. *Climat subéquatorial.*

SUBER [sybɛʀ] **n. m.** – 1765 ; *sieure* 1374 région. ◇ mot latin ■ BOT. Liège.

SUBÉREUX, EUSE [sybeʀø, øz] **adj.** – 1798 ◇ de *suber* ■ BOT. Qui est de la nature du liège. *Partie subéreuse de l'écorce des arbres. Assise subéreuse de la racine.*

SUBÉRINE [sybeʀin] **n. f.** – 1821 ◇ de *suber* ■ BIOCHIM. Substance lipidique qui se dépose sur les parois cellulosiques des cellules végétales.

SUBFÉBRILE [sybfebʀil] **adj.** – 1956 ◇ de *sub-* et *fébrile* ■ MÉD. Légèrement fébrile ; supérieur de peu à la température normale du corps. *État subfébrile.* ➤ **fébricule.**

SUBINTRANT, ANTE [sybɛ̃tʀɑ̃, ɑ̃t] **adj.** – 1478, repris 1741 ◇ latin *subintrans,* de *subintrare* «entrer dessous» ■ MÉD. Se dit d'accès (de fièvre, de convulsions) dont l'un commence avant que le précédent soit terminé. *«éclate une série d'accès subintrants se terminant [...] dans le coma»* H. WALLON.

SUBIR [sybiʀ] **v. tr.** ‹2› – 1567 ; «dépendre d'une juridiction» 1481 ◇ latin *subire* «aller *(ire)* sous» ■ **1** Être l'objet sur lequel s'exerce (une action, un pouvoir qu'on n'a pas voulu). *Subir un joug, une tutelle.* ➤ **supporter.** *Subir son destin. Subir qqch. avec calme.* ➤ **accepter,** se **résigner.** *Subir les conséquences de ses fautes* (➤ **payer**). *Subir le contrecoup d'un désastre. Subir un interrogatoire. Subir sa peine dans une prison.* ➤ **purger.** *Subir des violences* (➤ FAM. **déguster, écoper, prendre** [I, B, 3°], **trinquer**). *Subir une grave défaite. Subir des affronts, des sarcasmes.* ➤ **endurer, éprouver, essuyer, souffrir.** *Subir le charme de qqn.* — *La violence subie.* ◆ SPÉCIALT Avoir une attitude passive envers. *«Le fort fait ses événements, le faible subit ceux que la destinée lui impose»* VIGNY. — ABSOLT *Il faut agir, et non subir.* ■ **2** (1657) Se soumettre volontairement à (un traitement, un examen). *Malade qui subit une opération chirurgicale* (➤ **patient**). *Subir la visite médicale.* ➤ **passer.** *Il «leur annonçait le succès de ses examens au fur et à mesure qu'il les subissait»* MUSSET. ■ **3** *Subir qqn,* endurer son autorité, son pouvoir. FAM. Supporter effectivement (une personne qui déplaît, ennuie, agace). *Il va falloir le subir pendant toute une journée. «Il ne l'acceptait pas encore, mais il la subissait»* ZOLA. LOC. PROV. *On subit sa famille, on choisit ses amis.* ■ **4** (CHOSES) Être l'objet de (une action, une opération). *Corps qui subit l'action du feu. Faire subir une opération à la matière.* ➤ **soumettre.** ◆ Être l'objet de (une modification). ➤ **éprouver.** *Subir des pertes. Couleur qui subit une altération. Société qui subit de profondes mutations.* ■ CONTR. Imposer, infliger, provoquer ; agir, 1 faire.

SUBIT, ITE [sybi, it] **adj.** – XIIe, aussi adv. jusqu'au XVIe ◇ latin *subitus,* de *subire* → subir ■ Qui arrive, se produit en très peu de temps, de façon soudaine. ➤ **brusque, soudain.** *Mal subit.* ➤ **fulgurant.** *Un changement subit de situation. Un froid subit. «La mort est presque subite au milieu [...] des gaz délétères»* LAUTRÉAMONT. ➤ **foudroyant, immédiat, instantané.** *Mort subite du nourrisson.* ■ CONTR. 2 Graduel, progressif.

SUBITEMENT [sybitmɑ̃] **adv.** – v. 1190 ◇ de *subit* ■ D'une manière subite. ➤ **instantanément** (cf. Tout à coup*). *Réveillé subitement,* en sursaut*. *S'arrêter subitement.* ➤ **1 court.** *Arriver subitement,* à l'improviste. *Partir subitement.* ➤ **brusquement,** FAM. **subito.** *Disparaître subitement* (cf. Comme par enchantement*). *Il est mort subitement.* ➤ **brutalement.** ■ CONTR. Graduellement, peu (peu à peu).

SUBITO [sybito] **adv.** – 1509 ◇ mot latin ■ FAM. Subitement. *Partir subito. Subito presto*.*

SUBJACENT, ENTE [sybʒasɑ̃, ɑ̃t] **adj.** – XVIe, repris 1805 ◇ latin *subjacens,* de *subjacere* «être placé dessous» ■ LITTÉR. Sous-jacent. *«la sensation, presque physique, d'un autre monde subjacent»* BOSCO.

SUBJECTIF, IVE [sybʒɛktif, iv] **adj.** – 1350, repris XVIIIe ◇ latin scolastique *subjectivus* ■ **1** LOG. Qui appartient à un sujet d'attributs ou de prédicats. ➤ 3 **sujet** (III). — LING. Relatif au sujet. *Sens subjectif des adjectifs possessifs.* ■ **2** Qui concerne le sujet en tant qu'être conscient ; qui est du domaine du psychisme. *La pensée est un phénomène subjectif.* ■ **3** Propre à un ou plusieurs sujets déterminés (et non à tous les autres) ; qui repose sur l'affectivité du sujet. *Les goûts sont subjectifs.* ➤ **individuel, personnel.** *Une vision subjective du monde. Méthode, attitude subjective* (➤ **subjectivisme**). *«mieux comprendre ce qu'a de subjectif, par exemple l'amour»* PROUST. *«ces fameuses réactions "subjectives," haine, amour, crainte, sympathie»* SARTRE. — *Opinions, critiques subjectives,* personnelles et partiales. ◆ Qui dépend de la vie psychique plutôt que de conditions extérieures, objectives. *Les «créations purement subjectives, impuissantes, illusoires de mon tempérament»* PROUST. ■ **4** MÉD. Qui n'est pas observable directement de l'extérieur. *Signes objectifs et symptômes subjectifs.* ■ CONTR. 1 Objectif.

SUBJECTILE [sybʒɛktil] **n. m.** – 1888 ◇ du latin *subjectus* «placé dessous» ■ PEINT. Surface (mur, panneau, toile) servant de support à une peinture.

SUBJECTIVEMENT [sybʒɛktivmɑ̃] **adv.** – 1610 ; méd. «de soi-même, sans influence extérieure» 1495 ◇ de *subjectif* ■ **1** DIDACT. D'une manière subjective (2°), d'après les données psychiques. *Les états de conscience expriment subjectivement l'émotion.* ■ **2** COUR. D'une façon subjective (3°), toute personnelle. *Envisager les choses trop subjectivement.* ■ CONTR. Objectivement.

SUBJECTIVISME [sybʒɛktivism] **n. m.** – 1866 ◇ de *subjectif* ■ PHILOS., DIDACT. ■ **1** Tendance ou théorie qui ramène l'existence à celle du sujet* ou de la pensée (métaphysique), les jugements de valeur, les certitudes à des états de conscience, à des assentiments individuels (logique, morale, esthétique). *Subjectivisme poussé jusqu'au solipsisme*.* ■ **2** Attitude d'une personne qui ne tient compte que de ses sentiments et opinions individuels, qui refuse, méprise ou ignore la réalité objective.

SUBJECTIVISTE [sybʒɛktivist] **adj.** et **n.** – 1888 ◇ de *subjectivisme* ■ DIDACT. Du subjectivisme. *Attitude subjectiviste.* ◆ Partisan de cette doctrine.

SUBJECTIVITÉ [sybʒɛktivite] **n. f.** – 1801 ◇ de *subjectif* ■ **1** PHILOS. Caractère de ce qui appartient au sujet*, et SPÉCIALT au sujet seul (à l'individu ou à plusieurs). *«Éliminer la subjectivité en réduisant le monde, avec l'homme dedans, à un système d'objets»* SARTRE. *La subjectivité d'une analyse, d'un jugement.* — SPÉCIALT État d'une personne qui considère les choses d'une manière subjective en donnant la primauté à ses états de conscience. *«son désir, d'autant plus légitime qu'il ne dépendait pas d'une subjectivité capricieuse»* QUENEAU. ■ **2** Domaine des réalités subjectives ; la conscience, le moi. *«saisir autrui dans son être vrai, c'est-à-dire dans sa subjectivité»* SARTRE. ■ CONTR. Objectivité.

SUBJONCTIF, IVE [sybʒɔ̃ktif, iv] **adj.** et **n. m.** – 1550 ; autre sens XIVe ◇ latin *subjunctivus* «attaché sous..., subordonné» ; cf. *jonction* ■ *Mode subjonctif,* et **n. m. LE SUBJONCTIF :** mode personnel du verbe, considéré d'abord comme propre à exprimer une relation de dépendance, et de nos jours, comme mode de la tension psychologique (volonté, sentiment) et de la subjectivité (doute, incertitude ➤ aussi **potentiel**). *Un verbe au subjonctif. «Le véritable génie du subjonctif est d'indiquer une action ou une chose comme terme d'une volonté»* BESCHERELLE. *Les temps du subjonctif : subjonctif présent* (exprime aussi bien le futur que le présent) [ex. je veux que tu *viennes* me voir demain]. *Le subjonctif présent s'emploie couramment à la place de l'imparfait du subjonctif* (ex. je craignais qu'il ne se *fâche* pour je craignais qu'il ne se *fâchât*). *«Elle ne conversait la tante qu'à l'imparfait du subjonctif. C'étaient des modes périmées. Ça coupait la chique à tout le monde»* CÉLINE. — *Passé, plus-que-parfait du subjonctif* (marquent une antériorité par rapport au présent, à l'imparfait du verbe de la principale) [ex. je veux que tu *aies terminé* à temps ; je voulais que tu *eusses terminé*]. ◆ *Le subjonctif est surtout le mode de la subordonnée.* — Complétives par *que,* placées avant (ex. «Que Jacques *fût* vivant ne le surprenait guère» [Martin du Gard]), ou après les verbes de volonté, de sentiment, ou exprimant le doute, une ignorance (ex. j'ordonne que vous vous *taisiez.* « Je craignais que mon absence *fût* dénoncée » [H. Bordeaux].Je ne crois pas qu'il en *soit* capable) ; après des loc. impers. (ex. il est impossible qu'il ne le *sache* pas) ; dans les contextes interrogatifs ou négatifs de certains verbes d'opinions. — Circonstancielles : introduites par des loc. conjonctives exprimant le temps, la cause, la concession, le but, etc. (ex. sortez avant qu'il [ne] *pleuve.* Ce n'était pas qu'il *cherchât* les disputes. « Bien qu'on *ait* du cœur à l'ouvrage » [Baudelaire].Elle minaude pour qu'on la *flatte*). ◆ Relatives, exprimant la finalité ou dont l'antécédent est un interrogatif, une proposition négative, un superlatif (*le premier, le dernier, le seul,* etc.) [ex. « Est-il un trésor qui *vaille* le sommeil ? » (France).Le plus beau livre que j'*aie* jamais *lu*]. ◆ *Dans la principale, le subjonctif exprime le souhait, le regret, l'ordre, la défense, l'exhortation, l'éventualité, la supposition, la concession* (ex. *plût* au ciel qu'il soit heureux. *Vive* la France. *Advienne* que pourra. *Soient* deux triangles. « Que chacun se *retire* et qu'aucun n'*entre* ici » [Corneille]. « *Dussé*-je après dix ans voir mon palais en cendre » [Racine]. « Je ne *sache* pas que vous ayez rien à vous reprocher » [Marivaux]).

SUBJUGUER [sybʒyge] v. tr. ‹1› – XIVe ◊ bas latin *subjugare* (IVe) « faire passer sous *(sub)* le joug *(jugum)* » ■ **1** VIEILLI Réduire par les armes à la soumission complète ; mettre sous le joug*. ➤ **asservir, conquérir, dompter.** *Les Spartiates « subjuguèrent les Messéniens »* TAINE. ■ **2** (1752) VIEILLI ou LITTÉR. Mettre (qqn) dans l'impossibilité de résister, par l'ascendant, l'empire qu'on exerce sur lui. ➤ **dominer, imposer** (à). *Subjuguer les esprits.* — **(Sujet chose)** *« la crainte et la honte me subjuguent à tel point que je voudrais m'éclipser »* ROUSSEAU. ■ **3** (1855) COUR. Séduire complètement. ➤ **charmer, conquérir, enchanter, envoûter,** 2 **fasciner, gagner, ravir, séduire.** *Ces hommes « furent subjugués par l'admirable éloquence »* BALZAC. ■ CONTR. Affranchir, délivrer, émanciper.

SUBLIMATION [syblimasjɔ̃] n. f. – XIVe sens latin « élévation » ◊ latin des alchimistes *sublimatio,* de *sublimare* → sublimer ■ **1** (XVe) ALCHIM. Épuration d'un corps solide qu'on transforme en vapeur en le chauffant. ➤ **distillation, vaporisation, volatilisation.** — (1904) CHIM. Passage (d'un corps) de l'état solide à l'état gazeux sans passage par l'état liquide. ■ **2** (1486 aussi « vertu sublime », repris XIXe) FIG. et LITTÉR. Action de purifier, de transformer en élevant. ➤ **exaltation, purification.** *Sublimation des instincts,* leur dérivation vers des buts altruistes, spirituels. *« La sublimation n'est pas toujours la négation d'un désir* [...] *Elle peut être une sublimation pour un idéal »* BACHELARD. — (1908) PSYCHAN. Processus par lequel la pulsion sexuelle déplace son but sexuel initial vers un autre but, visant des objets socialement valorisés.

SUBLIME [syblim] adj. et n. m. – 1461 ; « sublimé » terme d'alchim. v. 1400 ◊ latin *sublimis* « élevé dans les airs, haut »

I adj. ■ **1** Qui est très haut, dans la hiérarchie des valeurs (morales, esthétiques) ; qui mérite l'admiration. ➤ 1 **beau, divin, élevé, éthéré, extraordinaire, noble, parfait, transcendant.** *De sublimes beautés. Paysages, ruines sublimes. La Sublime Porte*. Une musique sublime. « ce qu'il y a de plus sublime dans les œuvres de l'esprit humain est peut-être aussi ce qu'il y a de plus naïf »* HUGO. — PAR EXAGÉR. FAM. *Ce camembert est sublime,* excellent, délicieux. ■ **2** (PERSONNES) Dont le mérite est immense, qui fait preuve de génie ou d'une vertu exceptionnelle. *« Ce grand, ce sublime Corneille »* VOLTAIRE. *Elle est sublime dans ce rôle. Une âme sublime. Une personne sublime de dévouement.* — PAR EXT. *« Le lynx est sublime de férocité, de révolte »* GAUTIER. — adv. **SUBLIMEMENT,** 1564.

II n. m. ■ **1** (1680) Ce qu'il y a de plus élevé dans l'ordre moral, esthétique, intellectuel. ➤ **grandeur.** *Le sublime dans la nature, en art, en littérature. « Le sublime, c'est l'inutile »* MICHELET. *« Le sublime vient du cœur, l'esprit ne le trouve pas »* BALZAC. ■ **2** (1690) HIST. LITTÉR. Dans l'esthétique classique, Le style, le ton qui est propre aux sujets élevés. *Les romantiques ont préconisé le mélange du grotesque, du vulgaire et du sublime.*

■ CONTR. 1 Bas, vil, vulgaire.

SUBLIMÉ, ÉE [sublime] adj. et n. m. – 1314 ◊ de *sublimer* ■ **1** Produit par une sublimation. *Soufre sublimé.* ■ **2** n. m. (1461) CHIM. **UN SUBLIMÉ :** substance solide obtenue par condensation directe d'un produit de la sublimation (SPÉCIALT composés du mercure). *Sublimé corrosif* ou ABSOLT *sublimé* (chlorure mercurique), antiseptique.

SUBLIMER [syblime] v. tr. ‹1› – 1314 alchim. ; 1300 « élever, exalter » ◊ latin *sublimare* « élever », de *sublimis* → sublime ■ **1** ALCHIM. Opérer la sublimation de. — CHIM. Faire passer de l'état solide à l'état gazeux (➤ **gazéifier**). ■ **2** (XVIIIe) FIG. Épurer, raffiner. ➤ **idéaliser, magnifier.** ABSOLT *Michel-Ange « ne représente pas, il sublime »* MALRAUX. ■ **3** (1911) PSYCHAN. Transposer (les pulsions) sur un plan supérieur de réalisation de façon consciente ou non. *Sublimer ses tendances agressives. Le roman « est plus souvent destiné à échauffer les passions qu'à les sublimer »* CAILLOIS. — ABSOLT *Sublimer :* effectuer une sublimation*.

SUBLIMINAL, ALE, AUX [sybliminal, o] adj. – 1893 ◊ calque de l'allemand ; de *sub-* et latin *limen, inis* « seuil » ■ PSYCHOL. Qui est inférieur au seuil de la conscience. ➤ **subconscient.** *Perception subliminale.* ➤ **infraliminal.** — *Message subliminal,* qui s'adresse à l'inconscient, sans que le destinataire en ait conscience. *Publicité subliminale.* — On dit aussi **SUBLIMINAIRE.**

SUBLIMITÉ [syblimite] n. f. – XIIIe ◊ latin *sublimitas* ■ LITTÉR. ■ **1** Caractère de ce qui mérite une admiration enthousiaste (par sa beauté, sa perfection, sa valeur morale). *La sublimité d'un poème. « le vrai héros fait sa belle action sans se douter qu'elle est belle (du moins sans lui croire ce degré de sublimité que la postérité lui assigne) »* STENDHAL. ■ **2** *Une, des sublimités.* Pensée ou action sublime. *« Au lieu des sublimités qu'il attendait, il ne rencontra que des platitudes »* FLAUBERT.

SUBLINGUAL, ALE, AUX [syblɛ̃gwal, o] adj. – 1585 ◊ de *sub-* et *lingual* ■ ANAT. Qui est sous la langue. *Artère, glande salivaire sublinguale.* — MÉD. *Comprimé sublingual,* à faire fondre sous la langue.

SUBLUNAIRE [syblynɛʀ] adj. – 1548 sens 2° ◊ de *sub-* et *lunaire* ■ VX ■ **1** (1680) Situé plus bas que la Lune, entre la Terre et la Lune. ■ **2** PLAISANT De la Terre, d'ici-bas. *« notre boule sublunaire »* GAUTIER.

SUBMERGER [sybmɛʀʒe] v. tr. ‹3› – 1393 ; *somerger* v. 1190 ◊ latin *submergere,* de *sub* et *mergere* « plonger » ■ **1** Recouvrir complètement, en parlant d'un liquide ; mettre complètement dans un liquide, en parlant d'une cause naturelle. ➤ **couvrir, engloutir, inonder,** 1 **noyer.** *L'inondation, le fleuve, la marée submergea les terres. — Récifs submergés.* ➤ **immergé.** ◆ FIG. *L'obscurité submergeait tout. — Il a été entraîné et submergé par la foule. Pays submergé par l'ennemi.* ■ **2** (1680) Envahir, emplir complètement, en supprimant les autres émotions. *« Il sentit une ivresse le submerger »* FLAUBERT. *Être submergé par la douleur* (cf. Plongé* dans sa douleur). — SPÉCIALT **(pass. ou p. p.)** *Être submergé de travail.* ➤ **débordé.** ABSOLT *« Ma mère, complètement submergée, éberluée »* GIDE. ➤ **dépassé.**

SUBMERSIBLE [sybmɛʀsibl] adj. et n. m. – 1798 ◊ de *submersus,* p. p. de *submergere* → submerger ■ **1** BOT. Qui s'enfonce dans l'eau après la floraison. *Certaines plantes aquatiques sont submersibles.* ■ **2** (1842) GÉOGR. Qui peut être submergé. *Terrains submersibles.* — TECHN. *Machine submersible,* capable de fonctionner sous l'eau. ■ **3** (1899) COUR. *Navire submersible,* et n. m. *un submersible :* variété de sous-marin à ballasts extérieurs, conçu pour mieux naviguer en surface. — Sous-marin*. ■ CONTR. Insubmersible.

SUBMERSION [sybmɛʀsjɔ̃] n. f. – 1314 ; *somersion* v. 1160 ◊ latin *submersio* ■ DIDACT. Le fait de submerger ou d'être submergé. *Submersion d'une terre.* ➤ **inondation.** *La submersion d'un navire* (➤ **naufrage**). — *Asphyxie, mort par submersion.* ➤ **noyade.** ◆ Technique d'irrigation qui consiste à recouvrir (une terre) d'une nappe d'eau. *« la submersion des plaines par les eaux de vidange »* ZOLA.

SUBMILLIMÉTRIQUE [sybmilimetʀik] adj. – 1964 ◊ de *sub-* et *millimétrique* ■ SC. De l'ordre d'un dixième de millimètre. *Ondes submillimétriques.*

SUBNARCOSE [sybnaʀkoz] n. f. – 1959 ◊ de *sub-* et *narcose* ■ MÉD. Narcose* incomplète obtenue au moyen de barbituriques (➤ **narcoanalyse**).

SUBODORER [sybɔdɔʀe] v. tr. ‹1› – 1636, rare avant 1850 ◊ latin *subodorari,* de *sub* et *odorari* ■ **1** Pressentir. ➤ **deviner, flairer, soupçonner.** *Je subodore une manœuvre de dernière minute ; qu'ils nous préparent un mauvais coup. Une sensibilité « qui subodore en quelque sorte les défauts des autres mieux qu'eux-mêmes »* SAINTE-BEUVE. *« Je subodore en toi le lecteur de ces publications révoltées »* QUENEAU. ■ **2** (1808) RARE Flairer (une odeur), sentir de loin à la trace. *« un chien, mettant le nez au vent, essaie de subodorer le gibier »* BALZAC.

SUBORDINATION [sybɔʀdinasjɔ̃] **n. f.** – 1610 ◊ latin médiéval *subordinatio* → subordonner ■ **1** *Subordination à...* : le fait d'être soumis à l'autorité de (qqn). ➤ **assujettissement, dépendance, tutelle.** *La subordination des fonctionnaires les uns aux autres* (➤ **hiérarchie**). ♦ Soumission à (une chose). « *Une subordination inintelligente au réalisme* » GIDE. ■ **2** Le fait de subordonner une chose à une autre ; position inférieure d'un élément par rapport à un autre dans un ensemble. *La subordination de l'espèce au genre. Subordination des intérêts particuliers à l'intérêt général.* ABSOLT « *Toute hiérarchie et toute subordination disparaissent* » BAUDELAIRE. ■ **3** (1872) GRAMM. **(opposé à *juxtaposition* et à *coordination*)** Construction dans laquelle une proposition non autonome est liée à une autre proposition qui lui sert de support syntaxique et sémantique ; emploi de cette construction. ➤ **subordonné.** *Conjonctions* de subordination.* ■ CONTR. Autorité. Autonomie. Insubordination.

SUBORDONNANT, ANTE [sybɔʀdɔnɑ̃, ɑ̃t] **adj.** et **n. m.** – 1863 ◊ de *subordonner* ■ GRAMM. Qui établit un lien de subordination* (3°) entre deux propositions. *Conjonction subordonnante.* — **n. m.** *Les relatifs sont des subordonnants.*

SUBORDONNÉ, ÉE [sybɔʀdɔne] **adj.** et **n.** – 1690 ◊ de *subordonner* ■ **1** Qui est dans un état de dépendance ; qui est soumis à une autorité. ➤ **dépendant, inférieur, 1 sujet.** « *Toutes choses sont liées et subordonnées dans ce monde* » GIDE. ■ **2** (1770) GRAMM. **(opposé à *proposition indépendante, proposition principale*)** *Proposition subordonnée* : proposition qui est dans une relation de dépendance syntaxique (marquée explicitement par la présence d'un subordonnant ou par le mode) par rapport à une autre (dite *proposition principale*), et qui ne pourrait former sans cette principale une phrase complète du point de vue grammatical et formel. **n. f.** *Une subordonnée. Subordonnées classées selon le mot qui les introduit* (interrogatives, relatives), *selon leur fonction* (complétives, circonstancielles), *selon le mode du verbe qu'elles contiennent* (infinitives, participiales). ■ **3 n.** (1736) Personne placée sous l'autorité d'une autre (quand on la considère du point de vue de sa dépendance hiérarchique). ➤ **adjoint, inférieur,** FAM. **sous-fifre, subalterne.** *Il ne sait pas se faire obéir de ses subordonnés.* « *le subordonné est tenu de se courber toujours,* [...] *il ne doit ni désobéir, ni blâmer, ni discuter* » HUGO. ■ CONTR. Dominant, supérieur ; autonome, indépendant. Chef, directeur, supérieur.

SUBORDONNER [sybɔʀdɔne] **v. tr.** ‹1› – 1496, rare avant XVIIIe ; v. 1465, pron. ◊ latin médiéval *subordinare*, francisé d'après *ordonner* ■ **1** Placer (une personne, un groupe) sous l'autorité de qqn, dans un ensemble hiérarchisé. ➤ **soumettre.** *L'interne est subordonné au chef de service dans un hôpital.* — PRONOM. « *Aimer, c'est avoir pour but le bonheur d'un autre, se subordonner à lui* » TAINE. ■ **2** Donner à (une chose) une place inférieure ou une importance secondaire. « *Matière et couleur sont ici subordonnées* [...] *à des préoccupations de forme* » FROMENTIN. ➤ **soumettre.** « *Voué sans réserve à son idée, il y a subordonné toute chose* » RENAN. ■ **3** RARE Faire dépendre (une chose) de l'accomplissement d'une condition. ➤ **attacher.**

SUBORNATION [sybɔʀnasjɔ̃] **n. f.** – 1349 ◊ latin médiéval *subornatio* ■ DR. Action de suborner (un témoin). *La subornation de témoins est punie des mêmes peines que le faux témoignage.*

SUBORNER [sybɔʀne] **v. tr.** ‹1› – v. 1280 ◊ latin *subornare* « arranger en secret » ■ **1** VX Détourner du droit chemin, du devoir. *Suborner les serviteurs d'une maison,* les corrompre. — LITTÉR. *Suborner une jeune fille.* ➤ **séduire.** « *Le perfide, l'infâme, Tente le noir dessein de suborner ma femme* » MOLIÈRE. ■ **2** MOD. DR. Déterminer (une personne) à déposer en justice d'une façon contraire à la vérité. ➤ **corrompre.** *Suborner des témoins.*

SUBORNEUR, EUSE [sybɔʀnœʀ, øz] **adj.** et **n.** – 1488 « trompeur » ◊ de *suborner* ■ **1** VX ou LITTÉR. Qui détourne du devoir ; qui trompe. ■ **2 n. m.** (1538) VIEILLI Celui qui a séduit une jeune fille, une femme. ➤ **séducteur.** « *S'il peut rester dans l'âme d'un suborneur quelque sentiment d'honneur et d'humanité* » ROUSSEAU. — MOD., PLAIS. *Vil suborneur !*

SUBRÉCARGUE [sybʀekaʀg] **n. m.** – 1704 ; *soubrescart* 1666 ◊ italien *sopraccarico*, de *sopra* « sur » et *carico* « cargaison » ■ MAR. Agent embarqué en supplément de l'équipage normal, qui représente à bord les intérêts de l'armateur ou de l'affréteur et veille à la gestion de la cargaison.

SUBREPTICE [sybʀɛptis] **adj.** – 1346 ; *surreptice* XIIIe ◊ latin *subrepticius* « clandestin », de *subrepere* « se glisser sous » ■ **1** DR. Qu'on a obtenu illicitement par un faux exposé, en surprenant la bonne foi de l'autorité sollicitée. ■ **2** Qui est obtenu, qui se fait par surprise, à l'insu de qqn et contre sa volonté. ➤ **caché, clandestin, furtif, sournois, souterrain.** *Par un moyen, par une manœuvre subreptice.* « *étendue sous de subreptices baisers, dans l'ombre* » HUYSMANS. ■ CONTR. Légal, licite. 1 Manifeste, ostensible.

SUBREPTICEMENT [sybʀɛptismɑ̃] **adv.** – 1347 ; *surepticement* 1342 ◊ de *subreptice* ■ Par surprise, sans bruit ; d'une manière dissimulée, furtive. ➤ **clandestinement.** *Il s'est avancé subrepticement* (cf. En cachette, FAM. en douce). ■ CONTR. Ostensiblement, ouvertement.

SUBREPTION [sybʀɛpsjɔ̃] **n. f.** – 1341 ◊ latin juridique *subreptio* ■ DR. CAN. Le fait d'obtenir une grâce, un privilège d'une manière frauduleuse par la dissimulation de ce qui s'y opposerait.

SUBROGATIF, IVE [sybʀɔgatif, iv] **adj.** – 1872 ◊ de *subrogation* ■ DR. Qui produit ou constitue une subrogation.

SUBROGATION [sybʀɔgasjɔ̃] **n. f.** – 1401 ◊ latin *subrogatio* ■ DR. Substitution d'une personne à une autre dans une relation juridique *(subrogation personnelle)* ; transmission à une chose des qualités juridiques de celle qu'elle remplace dans un patrimoine ou une universalité *(subrogation réelle). Subrogation conventionnelle,* consentie par le créancier ou par le débiteur. *Subrogation légale. Acte de subrogation.*

SUBROGATOIRE [sybʀɔgatwaʀ] **adj.** – 1838 ◊ de *subrogation* ■ Qui produit subrogation. *Acte subrogatoire.*

SUBROGÉ, ÉE [sybʀɔʒe] **adj.** – 1633 ◊ de *subroger* ■ **1** DR. LOC. *Subrogé tuteur* ou *subrogé-tuteur* : personne choisie par le conseil de famille dans une ligne autre que celle du tuteur pour représenter les intérêts du pupille et pour surveiller la gestion du tuteur et représenter le mineur lorsque ses intérêts seront en opposition avec les intérêts de celui-ci. « *La tutelle comporte un subrogé tuteur nommé par le conseil de famille parmi ses membres* » (CODE CIVIL). — **n.** *Un, une subrogé(e)* : personne qui en remplace une autre par subrogation*. ■ **2** (1979 ◊ anglais *subrogate language*) ANGLIC. *Langage subrogé,* dérivé du langage naturel par un code (ex. javanais, verlan).

SUBROGER [sybʀɔʒe] **v. tr.** ‹3› – 1355 ; *subroguer* 1332 ◊ latin *subrogare* « proposer un magistrat à la place d'un autre » ■ **1** VX Mettre à la place de. ➤ **substituer.** *Jésus-Christ « subroge les prêtres en sa place »* BOSSUET. ■ **2** (1690) MOD. DR. *Subroger un rapporteur* : nommer (un juge) à la place d'un autre, comme rapporteur. — Substituer (une personne, une chose) à une autre par subrogation.

SUBSAHARIEN, IENNE [sybsaaʀjɛ̃, jɛn] **adj.** – 1869 ◊ de *sub-* et *saharien* ■ Relatif aux régions situées au sud du Sahara. *Afrique subsaharienne. L'islam subsaharien.*

SUBSÉQUEMMENT [sypsekamɑ̃] **adv.** – v. 1260 ◊ de *subséquent* ■ VX ou DR. Après cela ; en conséquence de quoi. ➤ **après, ensuite.** « *Rancé subséquemment jeta au feu ce qui lui restait du tirage de l'Anacréon* » CHATEAUBRIAND.

SUBSÉQUENT, ENTE [sypsekɑ̃, ɑ̃t] **adj.** – 1370 ◊ latin *subsequens, entis*, p. prés. de *subsequi* « suivre de près » ■ **1** VX ou LITTÉR. Qui suit (la chose dont on parle), qui vient après, dans le temps. « *J'étais resté sous le joug des faits subséquents* » CHATEAUBRIAND. — MOD. DR. Qui vient immédiatement après, du point de vue de la succession dans le temps ou du rang dans une série. *Le degré subséquent de parenté.* ■ **2** GÉOGR. *Rivière subséquente,* qui longe le pied de la côte, dans un relief de côte. ■ CONTR. Antécédent, précédent.

SUBSIDE [sybzid ; sypsid] **n. m.** – 1236 « assistance, secours » ; *succide* 1220 ◊ latin *subsidium* « renfort, ressources » ■ Somme versée à un particulier ou à un groupement à titre d'aide, de subvention, en rémunération de services. ➤ **1 aide, allocation, 1 don, subvention.** *Solliciter un subside. Vivre des subsides de qqn. Couper les subsides* (cf. Couper les vivres*). — (1694) Somme accordée par un État à un autre, à titre d'aide ou de prêt.

SUBSIDENCE [sypsidɑ̃s ; sybzidɑ̃s] **n. f.** – 1874 ; « sédiment, dépôt » méd. 1557 ◊ latin *subsidentia*, p.-ê. par l'anglais ■ GÉOL. Affaissement lent d'une partie de l'écorce terrestre sous le poids des sédiments. ♦ (1949) MÉTÉOROL. Mouvement d'affaissement d'une masse d'air. ■ CONTR. Surrection.

SUBSIDIAIRE [sybzidjɛʀ ; sypsidjɛʀ] **adj.** – XVIe ; « de renfort » 1352 ◊ latin *subsidiarius* « de réserve » en parlant de troupes ■ **1** Qui constitue un recours, qui doit venir à l'appui d'une chose plus importante si c'est nécessaire. *Motif, raison subsidiaire. Ressources subsidiaires. Question subsidiaire,* destinée à départager les gagnants d'un concours. — PAR EXT. Accessoire, secondaire. ■ 2 (1694) DR. *Conclusions subsidiaires* : conclusions qu'on prend avec les conclusions principales pour le cas où celles-ci ne seraient pas adjugées. ■ CONTR. Dominant, principal.

SUBSIDIAIREMENT [sybzidjɛʀmɑ̃ ; sypsidjɛʀmɑ̃] adv. – 1536 ◊ de *subsidiaire* ■ LITTÉR. ou DR. De manière subsidiaire, accessoire ; en second lieu.

SUBSIDIARITÉ [sybzidjaʀite ; sypsidjaʀite] n. f. – 1882 ◊ de *subsidiaire* ■ Qualité, statut de ce qui est subsidiaire. POLIT. *Principe de subsidiarité,* qui limite les pouvoirs de la Communauté européenne considérés comme subsidiaires (1°) par rapport à ceux des États membres et des régions.

SUBSIDIER [sybzidje ; sypsidje] v. tr. ‹7› – 1827 ◊ de *subside* ■ (Belgique, Luxembourg) Subventionner. *Association subsidiée par le ministère.* — n. f. **SUBSIDIATION** [sybzidjasjɔ̃ ; sypsi-].

SUBSISTANCE [sybzistɑ̃s] n. f. – XVIIe ; d'un édifice 1514 ◊ de *subsister* ■ 1 Le fait de subsister, de pourvoir à ses besoins ; ce qui sert à assurer l'existence matérielle. *Assurer la subsistance du ménage* (cf. Faire bouillir la marmite*). *On me condamna « à pourvoir à la subsistance et à l'éducation d'un enfant »* DIDEROT. *Moyens de subsistance.* — *Les oiseaux « ne peuvent trouver leur subsistance que dans une mer ouverte »* BUFFON. ➤ **nourriture.** — Approvisionnement, ravitaillement (d'une collectivité). *« Sa subsistance* [de Paris] *dépendait de tel arrivage d'un convoi de la Beauce »* MICHELET. ■ 2 ÉCON. *Économie de subsistance,* orientée vers la satisfaction directe des besoins matériels. ■ 3 (1774) VIEILLI *Les subsistances* : ensemble des vivres et des objets qui permettent de subsister (2°). ♦ (1730) MOD. MILIT. *Service des subsistances* : service de l'Intendance chargé de fournir ce qui est nécessaire à la nourriture des troupes. ■ 4 *Militaire en subsistance,* rattaché administrativement à une unité autre que la sienne.

SUBSISTANT, ANTE [sybzistɑ̃, ɑ̃t] adj. et n. – 1691 ; « qui existe de façon permanente » 1375 ◊ de *subsister* ■ 1 Qui existe encore, après la disparition des autres éléments. ➤ 2 **restant.** *La partie subsistante.* ■ 2 n. (1872) Militaire en subsistance*. ♦ (1964) ADMIN. Assuré(e) social(e) qui perçoit ses prestations d'une autre caisse que sa caisse d'affiliation.

SUBSISTER [sybziste] v. intr. ‹1› – 1375 ◊ latin *subsistere* « s'arrêter ; rester » ■ 1 (CHOSES) Continuer d'exister, après élimination des autres éléments, ou malgré le temps. ➤ se **conserver, demeurer, durer,** se **maintenir, persister, rester, survivre.** *Cette tradition subsiste dans le Nord. « Les expériences spirites pas plus que les dogmes religieux n'apportent de preuve que l'âme subsiste »* PROUST. *Des souvenirs qui subsistent malgré le temps.* ➤ **surnager.** — IMPERS. *Il ne subsiste que des ruines. Il subsiste quelques doutes quant à son innocence.* ■ 2 (1541) (PERSONNES) Entretenir son existence, pourvoir à ses besoins. ➤ **survivre.** *Subsister tant bien que mal.* ➤ **vivoter.** *Donner de l'argent à qqn pour lui permettre de subsister* (➤ **subside**). *Il a tout juste de quoi subsister. « La priant de lui prêter Quelque grain pour subsister »* LA FONTAINE. ■ CONTR. Changer, 1 devenir. Disparaître, périr.

SUBSONIQUE [sypsɔnik] adj. – v. 1950 ◊ de *sub-* et *sonique* ■ TECHN. Inférieur à la vitesse du son. *Vitesse subsonique.* — PAR EXT. *Avion subsonique.* ■ CONTR. Sonique, supersonique.

SUBSTANCE [sypstɑ̃s] n. f. – XIIe « être spirituel » ; *sustance* « biens, richesses » 1120 ◊ latin des philosophes *substantia,* de *substare* « se tenir *(stare)* dessous »

I PARTIE ESSENTIELLE ■ 1 (1532 ; *sustance* 1270) PHILOS. Ce qui est permanent dans un sujet susceptible de changer (opposé à *accident*). ➤ **essence, nature, substrat ; substantiel.** *Substance et apparence.* ➤ **réalité.** *Le temps n'a ni forme, ni substance. « on conçoit (sans imaginer) la substance comme le sujet identique et permanent de tous les modes composés et variables »* MAINE DE BIRAN. *« Il y a un être indivisible* [...] *non point une substance soutenant ses qualités comme de moindres êtres, mais un être qui est existence de part en part »* SARTRE. ■ 2 (v. 1265) Ce qu'il y a d'essentiel dans une pensée, un discours, un écrit. ➤ **essentiel** (n. m.), **fond, principal.** *Voici en quelques lignes la substance de cette discussion.* ➤ **objet,** 3 **sujet.** *Œuvre sans substance.* — **EN SUBSTANCE :** pour ne donner que l'idée essentielle, pour s'en tenir au fond. ➤ **sommairement, substantiellement** (cf. En gros, en résumé). *Voilà ce qu'ils auraient dit, en substance.*

II RÉALITÉ, MATIÈRE ■ 1 PHILOS. Ce qui existe par soi-même (n'étant ni un attribut, ni une relation). ➤ 2 **être** (cf. La chose* en soi). *Substance matérielle, immatérielle. La substance infinie :* Dieu. *« Je connus que j'étais une substance dont toute l'essence ou la nature n'est que de penser »* DESCARTES. — THÉOL. *Changement de substance du pain et du vin* (➤ **transsubstantiation**). *« L'unité parfaite du Père et du Fils* [...] *en substance »* BOSSUET (➤ **consubstantiel**). ■ 2 (XVe ; *sustance* XIIIe) Substance matérielle. ➤ **matière.** *La substance même des objets. Substance organique, vivante. Les chirurgiens « mettent les yeux et les mains dans la substance palpitante de nos êtres »* VALÉRY. — MÉD. *Perte de substance* : tissus manquants (dans une plaie). *Réparer une perte de substance par une greffe.* ■ 3 *Substance d'une chose abstraite,* ce qui la constitue ; sa matière, son contenu. *Plaisir riche de substance. La littérature a pour substance et pour agent la parole. « On n'a pas à demander aux poètes de séparer leurs œuvres de leurs passions ; celles-ci sont la substance de celles-là »* BENDA. ♦ LING. Ce qui est mis en œuvre par la forme*. *Substance de l'expression* (les sons), *du contenu* (les concepts) (opposé à *forme*). *« La langue est une forme et non une substance »* SAUSSURE. ■ 4 **UNE SUBSTANCE :** une matière caractérisée par ses propriétés. ➤ **corps.** *Substances chimiques, végétales. Substances toxiques, illicites. Il « prend la seringue, l'enfonce dans la chair, y décharge la substance »* QUENEAU. *« La Nuit est de la nuit, la nuit est une substance, la nuit est la matière nocturne »* BACHELARD. ■ 5 ANAT., HISTOL. *Substance blanche (des centres nerveux),* constituée par des fibres nerveuses à myéline (à la périphérie de la moelle épinière et au centre du cerveau). *Substance grise (des centres nerveux),* représentée par les corps des cellules nerveuses (au centre de la moelle épinière, à la surface du cerveau et à sa partie centrale sous forme de noyaux gris). ➤ **matière** (grise). *Substance noire :* zone située dans le mésencéphale, contenant des cellules dopaminergiques riches en pigment noir.

III NOURRITURE (v. 1450 « subsistance ») VX Ce qui nourrit l'esprit, les sentiments. ➤ **aliment, nourriture** (FIG.) ; **substantifique.** *Il lui « donnera la moelle et la substance toute mâchée* [de la leçon] » MONTAIGNE.

■ CONTR. Accident, apparence. — Attribut ; forme.

SUBSTANTIALISME [sypstɑ̃sjalism] n. m. – 1864 ◊ du latin *substantialis* ■ PHILOS. Doctrine qui admet l'existence d'une substance (I, 1° ou II, 1°). — adj. et n. **SUBSTANTIALISTE,** 1874. ■ CONTR. Phénoménisme.

SUBSTANTIALITÉ [sypstɑ̃sjalite] n. f. – 1706 ; *substancialité* « nécessaire à la subsistance » 1532 ◊ du latin *substantialis* ■ PHILOS. Caractère de ce qui est une substance.

SUBSTANTIEL, IELLE [sypstɑ̃sjɛl] adj. – *substanciel* 1265 ◊ du latin *substantialis* ■ 1 VX Essentiel. ■ 2 (1541) DIDACT. Qui appartient à la substance (I, II, 1°), à l'essence, à la chose en soi. *« les qualités originales ou substantielles, qui donnent l'être aux qualités sensibles »* DIDEROT. *« Il y a des limites formelles au mythe, il n'y en a pas de substantielles »* BARTHES. ■ 3 (1600) COUR. Qui nourrit beaucoup. *« un goûter champêtre aussi substantiel que le dîner »* Mme DE STAËL. ➤ **nourrissant, nutritif, riche.** ♦ FIG. *Une lecture substantielle.* ■ 4 Riche en substance par son contenu. *Un exposé très substantiel. Phrase nerveuse, substantielle.* ■ 5 (v. 1673) Important. ➤ **considérable.** *Des avantages substantiels. Une augmentation substantielle.* ➤ **appréciable, sérieux.** ■ CONTR. Formel. 1 Maigre, pauvre. Faible, nul. Négligeable.

SUBSTANTIELLEMENT [sypstɑ̃sjɛlmɑ̃] adv. – 1560 ; « relatif à la substance » 1486 ◊ de *substantiel* ■ 1 PHILOS. Quant à la substance, à ce qui est substantiel (1°, 2°). ■ 2 (1845) RARE En substance, pour ne dire que l'essentiel.

SUBSTANTIF, IVE [sypstɑ̃tif, iv] n. m. et adj. – 1365 ◊ latin des grammairiens *substantivum,* dans *verbum substantivum* ■ 1 Unité du lexique (mot ou groupe de mots) qui peut se combiner avec divers morphèmes exprimant des modalités particulières (articles ; pronoms démonstratifs, possessifs ; marques du genre et du nombre, etc.) et qui correspond sémantiquement à une substance (être ou classe d'êtres, choses, notions). ➤ **nom** (III, 1°). *Substantif masculin, singulier. Faire un substantif d'un adjectif.* ➤ **substantiver.** *Substantif verbal :* nom dérivé d'un verbe. ■ 2 adj. (1550) Qui a rapport au nom. *Proposition substantive ; relative substantive,* à valeur de nom. *Style substantif,* où dominent les noms employés au lieu de verbes ou d'adjectifs.

SUBSTANTIFIQUE [sypstɑ̃tifik] adj. – 1521 ◊ du latin *substantia* ■ ALLUS. LITTÉR. (Rabelais) *« La substantifique moelle »* : ce qu'il y a de plus riche en substance (III), dans un écrit. ➤ **quintessence.** *« Cette substantifique moelle qu'est le fric »* QUENEAU.

SUBSTANTIVATION [sypstɑ̃tivasjɔ̃] n. f. – 1922 ◊ de *substantiver* ■ LING. Transformation en substantif.

SUBSTANTIVEMENT [sypstɑ̃tivmɑ̃] adv. – 1606 ◊ de *substantif* ■ GRAMM. En tant que substantif. *Adjectif pris substantivement.*

SUBSTANTIVER [sypstɑ̃tive] v. tr. ‹1› – 1380 ◊ du latin *substantivus* «substantif» ■ GRAMM. Transformer en nom, en substantif. *Substantiver un adjectif, un infinitif. Adjectif, participe passé substantivé.*

SUBSTITUABLE [sypstitɥabl] adj. – 1870 ◊ de *substituer* ■ Qui peut être substitué. ➤ **commutable, interchangeable.** ÉCON. *Produit, service substituable* (opposé à *complémentaire*).

SUBSTITUANT [sypstitɥɑ̃] n. m. – 1891 ; *radical substituant* 1865 ◊ de *substituer* ■ CHIM. Atome ou groupe d'atomes qui prend la place d'un atome d'hydrogène dans une molécule organique.

SUBSTITUER [sypstitɥe] v. tr. ‹1› – 1318 ; *sustituer* 1270 ◊ latin *substituere* «mettre sous» ■ **1** Mettre (qqch., qqn) à la place (de qqch., qqn d'autre), pour faire jouer le même rôle. ➤ **remplacer, subroger.** *Substituer un mot à un autre. Substituer une peine plus faible à une première peine.* ➤ **commuer.** *«Et si vous détruisez la religion, que lui substituerez-vous ?»* DIDEROT. *«Substituant partout aux choses le symbole»* VIGNY. ■ **2** (v. 1355) DR. Appeler (qqn) à une succession en remplacement d'un autre. *Substituer qqn à son héritier principal.* — Laisser en héritage par substitution (1°). *Substituer un legs.* ■ **3** (XVIIe) **SE SUBSTITUER À :** se mettre à la place de (qqn), dans la même situation en l'évinçant, en le remplaçant, ou en s'identifiant à lui. *«c'était m'écarter encore de l'affaire, me réduire à zéro, et, en un certain sens, se substituer à moi»* CAMUS.

SUBSTITUT, UTE [sypstity, yt] n. – 1332 ◊ latin *substitutus*, de *substituere* → substituer ■ **1** DR. Magistrat(e) du ministère public, chargé(e) d'en suppléer un(e) autre, en cas d'absence ou d'empêchement. *Le substitut du procureur.* — REM. Si le féminin *substitute* est désormais courant, *substitut* s'emploie aussi en parlant d'une femme. ■ **2** n. m. (1819) DIDACT. Ce qui tient lieu d'autre chose, ce qui remplace, joue le même rôle. *Un substitut du champagne.* ➤ **ersatz, succédané.** *Substituts nicotiniques**. *Substitut de repas* : préparation équilibrée destinée à remplacer un repas dans le cadre d'un régime. — SPÉCIALT Élément perceptible qui joue le rôle d'un signifié absent. ➤ **signe, symbole.** ♦ (1956) LING. Élément qui peut en remplacer un autre pour éviter sa répétition dans l'énoncé. *Les pronoms sont des substituts* (➤ **anaphorique**).

SUBSTITUTIF, IVE [sypstitytif, iv] adj. – 1837 méd. ◊ de *substitut* ou latin *substitutivus* ■ DIDACT. Qui peut remplacer, tenir lieu de (qqch.). *Produit substitutif* (cf. De remplacement*). — DR. PÉN. *Peines substitutives*, qui permettent d'éviter l'emprisonnement (cf. Peine de substitution*). ♦ MÉD. Se dit d'un traitement destiné à suppléer à une déficience fonctionnelle ou organique. *Hormonothérapie* substitutive, traitement hormonal substitutif (THS) de la ménopause.*

SUBSTITUTION [sypstitysjɔ̃] n. f. – 1297 ; *sustitution* hapax XIIIe ◊ latin *substitutio* ■ **1** DR. Action de substituer (2°) ; disposition par laquelle on désigne une personne qui recueillera le don ou le legs au cas où le donataire, le légataire ne le recueillerait pas. ➤ **donation, héritage.** ■ **2** (1538) Action de substituer (1°), de remplacer par autre chose. — DR. *Substitution de noms sur un registre.* ➤ **transfert.** — *Peine de substitution* : peine que le tribunal peut prononcer à la place d'une peine d'emprisonnement. — *Droit de substitution*, autorisant le pharmacien à remplacer le médicament prescrit par un générique. ♦ Délégation de pouvoirs ou de fonctions. *Faculté de substitution du mandataire.* ■ **3** COUR. Le fait de substituer ; son résultat. ➤ **changement*, commutation, remplacement.** *Substitution de documents. «Le jeu de substitution d'une personne à une autre»* BRETON. *Mère* de substitution. «Nos guerres, nos mœurs, nos arts, sont à présent soumis à un régime de substitutions très rapides»* VALÉRY. *«L'ivresse n'est jamais qu'une substitution du bonheur»* GIDE. — *Substitution d'enfant* : fait de mettre un nouveau-né à la place d'un autre dont il prend l'état civil. ■ **4** (v. 1837) CHIM. Remplacement, dans un composé, d'atomes ou de radicaux par d'autres atomes ou radicaux (➤ **permutation**). *Réaction de substitution. Substitution électrophile, nucléophile. Dérivé de substitution. «des substitutions chimiques où des corps analogues peuvent tour à tour remplir les mêmes cadres»* RENAN. — (1725) MATH. Remplacement d'un élément d'un ensemble par un autre, d'une variable par une expression, une fonction la représentant. Passage d'une permutation* (2°) à une autre. Application biunivoque d'un ensemble sur lui-même. — LING. Opération qui consiste à remplacer un élément de la langue (phonème, monème) par un autre élément appartenant au même paradigme* (opposé à *permutation*). ➤ **commutation.** — ÉCON. Remplacement d'un produit par un autre supposé présenter des qualités similaires. *Effet de substitution* : augmentation de la demande d'un bien équivalant à un autre dont le prix a augmenté. *Substitution du capital au travail. Produits de substitution pour régimes allégés.* ➤ **substitut.** *La méthadone, produit de substitution à l'héroïne.*

SUBSTRAT [sypstʀa] n. m. – 1846 ; *substratum* 1745 ◊ latin *substratum*, de *substernere* «étendre sous» ■ **1** PHILOS. «Ce qui sert de support à une autre existence» (Lalande), ce sans quoi une réalité (conçue comme un mode, un accident) ne saurait subsister. ➤ **substance ; essence, fond.** *Cette phénoménologie «dont la matière vivante [...] est le substrat»* DUHAMEL. ♦ Ce sur quoi s'exerce une action. *«un substrat solide au développement des ambitions qu'il pouvait concevoir»* QUENEAU. ■ **2** (1890) GÉOL. Élément sur lequel repose une couche géologique. ♦ BIOCHIM. Substance qui s'associe à une enzyme et catalyse sa transformation chimique. *Le complexe enzyme-substrat.* ♦ ÉLECTRON. Monocristal semi-conducteur sur lequel est réalisé un circuit actif (➤ **transistor, MOS**) ou un circuit* intégré. ■ **3** (1820) LING. Parler supplanté par un autre parler (nettement distinct du premier) sur un territoire donné, dans des conditions telles que son influence est perceptible dans le second parler. *Le substrat gaulois en français. Étude des substrats dans les noms de lieux.* — *Substrat et superstrat.*

SUBSUMER [sypsyme] v. tr. ‹1› – 1835 ◊ latin moderne *subsumere*, de *sub* et *sumere* «prendre» ■ PHILOS. Penser (un objet individuel) comme compris dans un ensemble (un individu dans une espèce, une espèce dans un genre). *«La manie du commun dénominateur [...] subsume tous les individus sous le même genre»* JANKÉLÉVITCH.

SUBTERFUGE [syptɛʀfyʒ] n. m. – 1316 ◊ bas latin *subterfugium*, de *subterfugere* «fuir (*fugere*) en cachette» ■ Moyen habile et détourné pour échapper à une situation, pour se tirer d'embarras. ➤ **détour, échappatoire, faux-fuyant.** *Subterfuges de conscience* (restrictions mentales, faux prétextes). *Un gouvernement «résolu à entraîner son peuple dans la guerre, trouve toujours un subterfuge pour être attaqué»* MARTIN DU GARD. ♦ Moyen, procédé habile, plus ou moins recherché. ➤ **artifice, ruse, stratagème.** *Recourir à un habile subterfuge. User de subterfuges dans la discussion* (➤ **finasser**).

SUBTIL, ILE [syptil] adj. – fin XIIe ◊ réfection de l'ancien français *soutil* 1165 ; latin *subtilis* «fin, délié»

I (ABSTRAIT) ■ **1** (PERSONNES) Qui a de la finesse, qui est habile à percevoir, à sentir des nuances, des rapports que la plupart ne discernent pas, ou à agir avec une ingéniosité raffinée. ➤ **adroit, habile, 2 fin, perspicace, sagace.** *Un observateur, un négociateur subtil. «Le subtil Ulysse, l'homme avisé, prévoyant, rusé, fertile en expédients, inépuisable en mensonges»* TAINE. *«Robespierre était à la fois trop méfiant et trop subtil pour trouver la vérité»* MICHELET. — *Esprit subtil, intelligence subtile.* ➤ **clairvoyant, 1 délié, 2 fin, pénétrant.** ■ **2** (1636 ; *soutil* XIVe) VIEILLI Qui perçoit, qui sent avec acuité. ➤ **aigu.** *«Le goût n'est que le plus subtil des sens»* SAINTE-BEUVE. ■ **3** (1350 «raffiné» ; *soutil* XIIIe) CHOSES Qui est dit ou fait avec finesse, habileté. ➤ **délicat, élaboré, 2 fin, ingénieux, raffiné, sophistiqué.** *Une intuition subtile. Sa réponse est très subtile. «une opinion subtile et nuancée emporte toujours quelque vague soupçon d'hypocrisie»* PAULHAN. *Argumentation trop subtile.* ➤ **alambiqué** (cf. Tiré par les cheveux*).

II A. (CONCRET) ■ **1** (1564) VX Léger, menu. — SC. VX Se disait d'une substance très légère, presque imperceptible. *Fluide subtil* (➤ **1 éther**). ♦ Très fluide. *Un sang trop subtil.* ■ **2** (1530) VIEILLI ou LITTÉR. Aigu, pointu, fin. *«Leurs crêtes les plus subtiles* [des coquilles]*»* CUVIER. ■ **3** (XVIe) Qui s'insinue, pénètre facilement. *Parfum subtil. Odeur subtile.*

B. (ABSTRAIT) Qui est difficile à percevoir, à définir ou à préciser, par suite de son caractère délicat, fugitif ou indiscernable. *«Les lois ne doivent point être subtiles : elles sont faites pour des gens de médiocre entendement»* MONTESQUIEU. *Différence, nuance subtile.* ➤ **ténu.** *C'est très subtil ; c'est trop subtil pour moi.*

■ CONTR. Balourd, grossier, lourd ; épais ; évident, facile.

SUBTILEMENT [syptilmɑ̃] adv. – fin XIIe ; *sutilment* v. 1119 ◊ de *subtil* ■ **1** D'une manière subtile, avec finesse ; en faisant preuve de subtilité. *Pensée exprimée subtilement.* ➤ **délicatement.** ■ **2** D'une manière difficile à saisir, à définir. *«Même la peau de son crâne chauve participait subtilement aux incidents de sa pensée»* ROMAINS. ➤ **imperceptiblement.**

SUBTILISATION [syptilizasjɔ̃] **n. f.** – 1566 ◇ de *subtiliser* ▪ **1** RARE Action de subtiliser (II) ; son résultat. ▪ **2** (XIXe) Vol, escamotage (➤ **subtiliser,** I, 2o).

SUBTILISER [syptilize] **v.** ⟨1⟩ – 1480 ◇ de *subtil* ; cf. *soutillier, sotillier,* en ancien français
I v. tr. ▪ **1** VX Rendre subtil (II, 1o). — FIG. et LITTÉR. *«La maladie avait subtilisé et comme extasié ses traits»* GIDE. ➤ **affiner.** ▪ **2** (1784) Dérober avec adresse ; s'emparer avec habileté de (qqch.). ➤ **escamoter.** *Subtiliser une lettre à qqn. On lui a subtilisé son portefeuille dans le métro.*
II v. intr. (XVIe ; «réfléchir» 1380) PÉJ. Raffiner à l'extrême, à l'excès (dans le raisonnement, la pensée, le style). ➤ FAM. **chinoiser** (cf. Couper les cheveux* en quatre). *«Une foule de soi-disant grammairiens ont subtilisé sur les mots et les tours de phrase»* RENAN. — PRONOM. Devenir plus subtil (I). *«des moyens grossiers qui à la longue se subtilisent»* ARTAUD.

SUBTILITÉ [syptilite] **n. f.** – *subtiliteit* 1190 ◇ réfection de *soutilleté, sutiltet* v. 1119 ; latin *subtilitas,* de *subtilis* → subtil **A.** *La subtilité.* ▪ **1** (ABSTRAIT) Caractère d'une personne subtile ; aptitude à penser, à parler ou à agir avec finesse et habileté. ➤ 2 **adresse, délicatesse, finesse, raffinement.** *Les gamins «remplissent avec exactitude, parfois avec subtilité, des missions qui ne sont pas toujours commodes»* ROMAINS. *Subtilité d'esprit. «Sa subtilité à discuter* [les matières] *les plus délicates»* DIDEROT. ♦ Caractère de ce qui est subtil (I, 3o). *La subtilité d'une analyse, d'un stratagème. La subtilité d'un problème, d'une question.* ➤ **complexité, complication, difficulté.** ▪ **2** (CONCRET) LITTÉR. Caractère d'une substance subtile (II) ; fluidité extrême. *Un parfum d'une grande subtilité.*
B. *Une, des subtilités.* Pensée, parole ou action subtile (habile et fine ou difficile à percevoir, à comprendre). *Subtilités de langage, de raisonnement.* ➤ **abstraction, argutie, artifice, chicane.** *Subtilités orthographiques, théologiques. Disputer sur des subtilités.* ➤ **subtiliser.** ▪ CONTR. Bêtise, balourdise, épaisseur, lourdeur.

SUBTROPICAL, ALE, AUX [sybtʀɔpikal, o] **adj.** – 1875 ◇ de *sub-* et *tropical* ▪ GÉOGR. Situé sous le tropique (de l'hémisphère nord). *La partie subtropicale de l'Égypte.* ♦ Intertropical. *Zone tempérée et zone subtropicale.*

SUBULÉ, ÉE [sybyle] **adj.** – 1749 ◇ du latin *subula* «alène, poinçon» ▪ BIOL. Qui s'effile très progressivement en pointe suraiguë, comme une alène. ➤ **aigu, pointu.** *Antenne, feuille subulée.*

SUBURBAIN, AINE [sybyʀbɛ̃, ɛn] **adj.** – 1380, repris 1801 ◇ latin *suburbanus* «sous la ville» ▪ Qui est près d'une grande ville, qui l'entoure. *Zone suburbaine* (➤ **banlieue, faubourg**). *«Des sorties fréquentes dans les squares et les bois suburbains»* MIRBEAU. *Commune suburbaine.* ➤ **banlieusard.**

SUBURBICAIRE [sybyʀbikɛʀ] **adj.** – 1701 ◇ latin *suburbicarius,* de *Urbs* «la Ville (Rome)» ▪ RELIG. CATHOL. Qui appartient aux sept diocèses qui entourent Rome. *Évêques suburbicaires.*

SUBVENIR [sybvəniʀ] **v. tr. ind.** ⟨22 ; auxil. *avoir*⟩ – 1533 ; tr. 1380 ; *sovenir* «aider» 1270 ◇ latin *subvenire* «venir au secours de» ; cf. 1 *souvenir* ▪ **SUBVENIR À :** fournir en nature, en argent, ce qui est nécessaire à. ➤ **pourvoir, satisfaire.** *Subvenir aux dépenses, aux frais de qqn, d'une collectivité. L'État subvient aux besoins de certains groupements.* ➤ **subventionner.** *«dès que le besoin d'y subvenir ne nous oblige plus, nous ne savons que faire de notre vie»* GIDE.

SUBVENTION [sybvɑ̃sjɔ̃] **n. f.** – 1776 ; «subside demandé par l'État» v. 1330 ; *subvencion* 1214 ◇ bas latin *subventio,* de *subvenire* → subvenir ▪ Aide que l'État, qu'une association (de droit public ou privé) accorde à un groupement, une entreprise, une association. ➤ 1 **don, subside.** *Subventions de l'État aux collectivités locales. Subventions accordées aux théâtres.* ➤ **encouragement, secours.** *Subvention de fonctionnement. Voter une subvention. Obtenir une subvention.*

SUBVENTIONNEL, ELLE [sybvɑ̃sjɔnɛl] **adj.** – 1842 ; *subventionnal* 1775 ◇ de *subvention* ▪ DR., FIN. Qui constitue une subvention ; d'une subvention. *Aide subventionnelle.*

SUBVENTIONNER [sybvɑ̃sjɔne] **v. tr.** ⟨1⟩ – 1832 ◇ de *subvention* ▪ Aider financièrement, soutenir par une subvention. ➤ RÉGION. **subsidier.** *Subventionner un organisme, une collectivité.* — **p. p. adj.** *Théâtre subventionné,* recevant de l'État une partie de ses ressources.

SUBVERSIF, IVE [sybvɛʀsif, iv] **adj.** – 1780 ; *subvertif* 1455 ◇ du latin *subversum,* de *subvertere* → subvertir ▪ Qui renverse, détruit l'ordre établi ; qui est susceptible de menacer les valeurs reçues. ➤ **destructeur, séditieux.** *Opinions, théories, idées subversives. — Esprit subversif.* ♦ LOC. **GUERRE SUBVERSIVE :** action concertée dirigée contre les autorités d'un pays par des organisations clandestines.

SUBVERSION [sybvɛʀsjɔ̃] **n. f.** – 1190 ◇ latin *subversio,* de *subvertere* ▪ Bouleversement, renversement de l'ordre établi, des idées et des valeurs reçues, surtout dans le domaine de la politique. *Tentative de subversion de l'État. Subversion et révolte. — Le surréalisme «a voulu trouver dans la démence et la subversion une règle de construction»* CAMUS. ▪ CONTR. Appui, construction.

SUBVERSIVEMENT [sybvɛʀsivmɑ̃] **adv.** – 1877 ◇ de *subversif* ▪ LITTÉR. D'une manière subversive ; par la subversion.

SUBVERTIR [sybvɛʀtiʀ] **v. tr.** ⟨2⟩ – v. 1220 ◇ latin *subvertere,* de *vertere* ; cf. *version* ▪ DIDACT. Bouleverser, renverser (un ordre). *«Il aurait fallu, pour cela, subvertir la destinée»* FLAUBERT (➤ **subversion**).

SUC [syk] **n. m.** – 1488 ◇ latin *sucus, succus* ▪ **1** Liquide organique susceptible d'être extrait des tissus végétaux ou animaux. *Suc des plantes, des fruits.* ➤ **jus, sève.** *Sucs végétaux utilisés en pharmacie.* — PHYSIOL. Produit de sécrétion de consistance liquide. *Sucs digestifs : suc gastrique, pancréatique. Suc intestinal.* ➤ **chyle.** ▪ **2** FIG. Ce qu'il y a de plus substantiel. ➤ **quintessence** (2o), **substance** (III) (cf. La substantifique* moelle).

SUCCÉDANÉ [syksedane] **n. m.** – 1835 ; adj. 1690 ◇ latin *succedaneus,* de *succedere* «remplacer» → succéder ▪ **1** MÉD. Médicament, produit ayant les mêmes propriétés qu'un autre, auquel on peut le substituer. ▪ **2** (1812) COUR. Produit qui peut en remplacer un autre. ➤ **ersatz** (cf. Produit de remplacement*, de substitution*). *Un succédané de sucre.* ▪ **3** FIG. Ce qui peut remplacer, suppléer (une chose absente, insuffisante). ➤ **substitut.** *«Injures, quolibets, etc., sont marques d'impuissance, et même des lâchetés, étant des succédanés pour des meurtres»* VALÉRY. — PÉJ. *«Les sous-Rembrandt et les succédanés de Michel-Ange»* MALRAUX.

SUCCÉDER [syksede] **v. tr. ind.** ⟨6⟩ – v. 1355 tr. ; repris XVIe ◇ latin *succedere* «venir sous, à la place de»
I SUCCÉDER À. ▪ **1** (v. 1400) Venir après (qqn) de manière à prendre sa charge, sa place (➤ **successeur**). *Succéder à qqn. Roi, chef d'État qui succède à un autre. Son dauphin lui succédera. Elle a succédé à son père à la direction de l'usine,* elle a pris sa suite. ▪ **2** Recueillir par succession le patrimoine de (qqn). ➤ **hériter.** ▪ **3** VX Parvenir à (une dignité, une place) après la personne qui avait cette dignité, cette place. *Succéder à la couronne.* — SPÉCIALT Obtenir par droit de succession. ▪ **4** (CHOSES) Arriver, se produire, venir après, dans l'ordre chronologique. ➤ **remplacer, suivre.** *«Aux bravades succéda l'inquiétude, puis le découragement»* MÉRIMÉE. ▪ **5** (CHOSES) Être situé, venir après, dans l'espace. ➤ **alterner.** *Des champs succédaient aux vignes.*
II SE SUCCÉDER v. pron. ▪ **1** Venir l'un après l'autre. *«tous les gouvernements qui se sont succédé depuis soixante ans»* SAINTE-BEUVE. ▪ **2** Se produire, venir l'un après l'autre (en parlant de phénomènes, d'évènements distincts). ➤ **s'enchaîner, se suivre.** *Des semaines se succédèrent,* passèrent. *Les disputes se succèdent.* ▪ **3** (Dans l'espace) Être à la suite l'un (les uns) de l'autre (des autres). *«D'un bout à l'autre de l'immense paroi blanche, les inscriptions se succédaient»* LOUŸS.
▪ CONTR. Accompagner, coexister ; devancer.

SUCCENTURIÉ [syksɑ̃tyʀje] **adj. m.** – 1721 ; *succenturier* 1690 ◇ latin *succenturiatus* «qui remplace», d'abord terme milit. ; de *sub-* et *centuria* «centurie» ▪ ZOOL. *Ventricule succenturié :* renflement de l'œsophage des oiseaux.

SUCCÈS [syksɛ] **n. m.** – 1546 ◇ latin *successus,* p. p. de *succedere* ▪ **1** VX Ce qui arrive de bon ou de mauvais à la suite d'un acte, d'un fait initial. ➤ **issue ; fortune.** ▪ **2** (XVIIe) MOD. Heureux résultat (d'une décision, d'une entreprise, d'une suite d'évènements) ; caractère favorable de ce qui arrive. ➤ **réussite.** *Assurer le succès d'une entreprise* (cf. Mener à bien*). *Tentative couronnée de succès,* réussie. *Employer avec un égal succès divers moyens.* ➤ **bonheur.** *Sans succès :* sans résultat, sans y parvenir. *J'ai essayé à plusieurs reprises, sans succès. Le succès est assuré* (cf. L'affaire est dans le sac*). *Succès garanti, assuré* (d'un produit, d'un procédé). — *Succès ou échec à un examen. Je te félicite pour ton succès au concours.* ▪ **3** Le fait, pour qqn, d'obtenir ce qu'il a cherché, de parvenir à un résultat souhaité (➤ **réussir**). *Être sur le chemin du succès* (cf. Avoir le vent* en poupe). *Succès en affaires.* ➤ **prospérité, réussite.** *«On imagine difficilement À quel point le succès rend les gens stupides et tranquilles»* APOLLINAIRE. ▪ **4** *Un, des succès.*

Évènement particulier, circonstance qui constitue un résultat très heureux pour qqn. *Obtenir, remporter des succès. Se tailler un franc succès. Succès militaires, sportifs.* ➤ **victoire.** *Un beau succès.* ➤ **exploit, performance.** ▪ **5** Plus cour. Le fait d'obtenir une audience nombreuse et favorable, d'être connu du public. ➤ **réussite.** *Le succès d'un auteur, d'une pièce. Avoir du succès, beaucoup de succès* (cf. Faire fureur ; FAM. faire un malheur, un tabac ; casser* la baraque). *Succès d'estime*. Succès facile, inespéré. Succès rapide, brutal.* ➤ 1 **boum, malheur.** *Le succès, la célébrité.* — FAM. *Succès bœuf, succès monstre.* — ABSOLT «*Le succès est la loi ; et quand le succès dure, il n'y a qu'à s'incliner*» R. ROLLAND. — **loc. adj. À SUCCÈS :** qui a du succès *(un chanteur à succès)* ; qui procure du succès *(un rôle à succès).* ◆ *Un succès :* ce qui a du succès (pièce de théâtre, film, chanson). ➤ FAM. **carton.** *Le succès du moment, du jour. Cette chanson, ce disque est un succès.* ➤ **hit,** FAM. **tube.** *Un succès de librairie :* un livre qui se vend beaucoup. ➤ **best-seller.** ▪ **6** Le fait de plaire. «*Les succès que lui avaient valu ses grands yeux bleus*» STENDHAL. *Les succès féminins d'un don juan.* ■ CONTR. Insuccès. Déconfiture, échec, fiasco, four, revers.

SUCCESSEUR [syksesœʀ] **n.** – 1380 ; *successur* 1174 ◊ latin *successor,* de *succedere* → succéder ▪ **1** Personne qui succède ou doit succéder (à qqn). ➤ **continuateur, remplaçant.** *Le successeur d'un chef d'État, d'un roi.* ➤ 2 **dauphin.** *Elle sera bientôt sa successeur. Désigner, nommer son successeur.* PAR EXT. *Le capitaine* «*passa les consignes à son successeur*» MAC ORLAN. — Personne qui continue l'œuvre de. ➤ **continuateur ; épigone.** *Il passait* «*pour un grand naturaliste, pour le successeur de Buffon*» BALZAC. *Être le digne successeur de...* ▪ **2** DR. Personne appelée à recueillir une succession. *Héritiers et successeurs irréguliers.* — Personne qui prend la place d'une autre dans un commerce, une fonction. — REM. Au féminin, on écrit aussi *successeure* sur le modèle du français du Canada. ■ CONTR. Devancier, prédécesseur.

SUCCESSIBILITÉ [syksesibilite] **n. f.** – 1792 ◊ de *successible* ■ DR. Droit à la succession. — POLIT. *Ordre de successibilité au trône.*

SUCCESSIBLE [syksesibl] **adj.** – 1771 ◊ du latin *successum* ■ DR. ▪ **1** Qui est apte à recueillir une succession. *Donataires successibles. Prince successible.* ➤ **héréditaire.** — SUBST. *Les successibles :* les héritiers* présomptifs. ▪ **2** Qui donne droit à la succession. *Parent au degré successible.*

SUCCESSIF, IVE [syksesif, iv] **adj.** – 1372, didact. jusqu'au XIXe ◊ latin *successivus* ▪ **1** VIEILLI ➤ **continu.** ▪ **2** (répandu fin XVIIIe) AU PLUR. Qui succèdent à d'autres ; qui se succèdent, présentent un rapport de succession. *Il est découragé par ses échecs successifs.* «*Notre moi est fait de la superposition de nos états successifs*» PROUST. ■ CONTR. Simultané.

SUCCESSION [syksesjɔ̃] **n. f.** – v. 1275 *par succession* au sens II, 1° ◊ latin *successio* «fait de venir à la place» → succéder

I ▪ **1** (1283) DR. Transmission du patrimoine laissé par une personne décédée (l'auteur) à une ou plusieurs personnes vivantes (les ayants cause) ; manière dont se fait cette transmission. ➤ **héritage, legs ; testament ; successoral.** *Ordre* de succession. Recevoir, obtenir par voie de succession* (➤ **hériter**). *Exclure qqn d'une succession.* ➤ **déshériter.** *Ouverture, liquidation d'une succession. Payer des droits de succession. Succession vacante,* que personne ne réclame (➤ **déshérence**). *Répudier une succession.* ◆ Patrimoine transmis par une personne décédée à ses successeurs. ➤ 2 **bien, héritage, propriété.** *Accepter une succession sous bénéfice* d'inventaire. Actif, passif d'une succession. Parts de succession.* ▪ **2** (1559) Le fait de succéder à qqn, et SPÉCIALT d'obtenir le pouvoir d'un prédécesseur ; transmission du pouvoir politique selon les règles. *Succession par ordre de primogéniture.* «*L'ordre de succession est fondé, dans les monarchies, sur le bien de l'État*» MONTESQUIEU. *Lutte pour la succession au trône, au pouvoir. La succession d'Untel à la direction d'une société.* — *Guerre de la Succession d'Espagne.*

II ▪ **1** (1275 «série») Ensemble de termes (évènements, phénomènes) qui occupent dans le temps des moments voisins mais distincts, de manière à présenter un ordre ; rapport qui existe entre ces termes. ➤ **enchaînement, ordre, série, suite.** *Une succession ininterrompue. La succession des évènements.* ➤ 2 **courant, fil.** *La succession des saisons.* ➤ **alternance.** — (PERSONNES) *Une succession de visiteurs, d'importuns.* ➤ **défilé, procession.** ▪ **2** Suite, série de choses rapprochées dans l'espace, entre lesquelles on peut établir un ordre. — Suite ordonnée de termes. *La succession des nombres.*

■ CONTR. Coexistence, simultanéité.

SUCCESSIVEMENT [syksesivmɑ̃] **adv.** – 1314 ; *successivamen* 1281 ◊ de *successif* ■ Selon un ordre de succession, par éléments successifs (cf. Par degrés*, au fur* et à mesure ; l'un après l'autre, à la file*, de suite). *Nos souvenirs* «*déposés par les flots du temps qui passent successivement sur nous*» CHATEAUBRIAND. — *Successivement furieux et ravi.* ➤ **alternativement** (cf. Tantôt... tantôt, tour à tour). ■ CONTR. Fois (à la fois), simultanément.

SUCCESSORAL, ALE, AUX [syksesɔʀal, o] **adj.** – 1819 ◊ du latin *successor* → successeur ■ DR. Relatif aux successions (I). *Droits successoraux. Ordre successoral :* ordre selon lequel les héritiers d'une personne sont appelés à hériter de celle-ci. *Le degré de parenté définit l'ordre successoral.*

SUCCIN [syksɛ̃] **n. m.** – 1663 ◊ latin *succinum,* variante de *sucinum* ■ DIDACT. Ambre jaune. ■ HOM. Succinct.

SUCCINCT, INCTE [syksɛ̃, ɛ̃t] **adj.** – 1491 ◊ latin *succinctus* «court-vêtu», de *succingere* «retrousser» ■ Qui est dit, écrit en peu de mots. ➤ 1 **bref,** 1 **court, schématique, sommaire.** «*L'auteur y mêlait au récit succinct du mouvement quelques détails pittoresques*» MADELIN. *Un compte rendu succinct.* ◆ (PERSONNES) Qui s'exprime brièvement. ➤ 1 **bref, concis*, laconique.** *Soyez succinct.* ◆ FIG. PLAIS. *Un dîner succinct,* peu abondant. ➤ 1 **maigre, modeste, sommaire.** ■ CONTR. Long, verbeux. Prolixe. Abondant. ■ HOM. Succin.

SUCCINCTEMENT [syksɛ̃tmɑ̃] **adv.** – XIVe ◊ de *succinct* ■ D'une manière succincte. ➤ **brièvement, sommairement.** *Exprimer succinctement sa pensée.* — De façon peu abondante, sommaire. *Dîner succinctement.* ■ CONTR. Longuement.

SUCCINIQUE [syksinik] **adj.** – 1787 ◊ de *succin* ■ CHIM. *Acide succinique :* diacide organique $C_2H_4(COOH)_2$, présent dans tous les organismes vivants. *L'acide succinique intervient dans le métabolisme des lipides.*

SUCCION [sy(k)sjɔ̃] **n. f.** – 1314 ◊ pour *suction,* du latin *suctum,* de *sugere* «sucer» ▪ **1** DIDACT. Action de sucer (I), d'attirer un fluide dans la bouche en y faisant le vide. *Réflexe de succion du nouveau-né. La succion du mamelon* (➤ **téter**). *Bruit de succion.* ▪ **2** TECHN. Aspiration au moyen d'*appareils de succion* qui créent un vide partiel (trompes à eau, à mercure ; vases de dépression). — PAR MÉTAPH. «*Les ponts sont de singuliers appareils de succion qui aspirent la population*» HUGO.

SUCCOMBER [sykɔ̃be] **v. intr.** ‹1› – 1356 ◊ latin *succumbere,* proprt «tomber sous» ▪ **1** Être vaincu dans une lutte ; subir une défaite. «*Quand un être faible succombe, qui s'en aperçoit ! Mais, quand un être fort succombe le spectacle est inouï*» MICHAUX. *Sa foi a succombé.* ◆ (1512) VIEILLI *Femme qui succombe,* qui finit par se laisser séduire. ▪ **2** (1375) Mourir*. *Succomber au terme d'une longue maladie. Le blessé a succombé à ses blessures.* ▪ **3** S'affaisser (sous un poids trop lourd). *Succomber sous un fardeau.* — FIG. (XVIIe) *Succomber sous le poids de ses fautes.* ▪ **4** (1680) **SUCCOMBER À... :** se laisser aller à..., ne pas résister à. ➤ **s'abandonner, céder.** *Succomber au sommeil. Succomber à la tentation :* se laisser séduire, tenter. ➤ FAM. **craquer.** ■ CONTR. Résister.

SUCCUBE [sykyb] **n. m.** – XIVe ◊ latin *succuba* «concubine», de *sub* «sous» et *cubare* «coucher» ■ RELIG. CHRÉT. Démon femelle (➤ **diablesse**), qui vient la nuit s'unir à un homme. *Les incubes et les succubes.*

SUCCULENCE [sykylɑ̃s] **n. f.** – 1769 ◊ de *succulent* ■ LITTÉR. Caractère de ce qui est succulent. ➤ **délicatesse, saveur.** *La succulence d'un mets.* ◆ FIG. *Son langage* «*conserva la succulence faubourienne*» BLOY.

SUCCULENT, ENTE [sykylɑ̃, ɑ̃t] **adj.** – v. 1500 ◊ latin *succulentus,* de *sucus* «suc» ▪ **1** BOT. *Plante succulente* ou **n. f.** *succulente,* dont les tissus charnus sont riches en eau. SYN. **plante grasse.** ▪ **2** Qui a une saveur délicieuse. ➤ **délicieux, excellent, exquis, savoureux.** *Repas, plat succulent.* ◆ FIG. *Un récit succulent.* ■ CONTR. Mauvais.

SUCCURSALE [sykyʀsal] **adj.** et **n. f.** – 1675 ◊ du latin médiéval *succursus* «secours», de *succurrere* «aider, secourir» ▪ **1** RELIG. *Église succursale,* qui supplée à l'insuffisance de l'église paroissiale. ELLIPT *La succursale.* ▪ **2** **n. f.** (1818) COUR. Établissement (SPÉCIALT commerce) qui jouit d'une certaine autonomie par rapport à l'entreprise ou à la société qui l'a créé. ➤ **agence,** 2 **annexe, comptoir, dépôt ; filiale.** *Les succursales d'une banque. Magasin à succursales multiples.* ➤ **succursaliste.**

SUCCURSALISME [sykyʀsalism] **n. m.** – 1963 ◊ de *succursale* (2°) ■ COMM. Mode d'organisation commerciale par magasins à succursales multiples.

SUCCURSALISTE [sykyʀsalist] **adj. et n.** – 1963 ◊ de *succursalisme* ▪ COMM. Organisé selon les méthodes du succursalisme. ♦ **n. m.** Entreprise commerciale formée d'une chaîne de magasins. — **n.** Exploitant de plusieurs succursales.

SUCE [sys] **n. f.** – 1896 ◊ déverbal de *sucer* ▪ RÉGION. (Ouest, Sud-Ouest ; Canada) FAM. Tétine de biberon. — Sucette (2°). ▪ HOM. Sus.

SUCER [syse] **v. tr.** ‹3› – 1175 ; *sucier* 1120 ◊ latin populaire °*suctiare*, classique *sugere*, radical *succus* «suc»

I ▪ **1** Aspirer au moyen des lèvres, en faisant le vide dans la bouche (la partie liquide que renferme un corps solide). ➤ **absorber ; succion.** *Sucer le jus d'une orange.* LOC. *Sucer* (qqch.) *avec le lait,* l'apprendre dès sa plus tendre enfance. ▪ **2** (Plantes, animaux) Aspirer (un liquide nutritif) au moyen d'un organe qui pompe *(suçoir). Sangsue qui suce le sang.* ➤ 1 **boire.** ▪ **3** ABSOLT, FAM. Consommer du combustible. *Voiture qui suce beaucoup.*

II ▪ **1** Exercer une pression et une aspiration avec les lèvres, la langue, pour faire fondre (une substance) et en tirer le liquide. *Sucer une sucette, une pastille. Comprimé à sucer.* — PRONOM. (PASS.) Devoir être sucé. *Pastilles qui se sucent.* ♦ LOC. (1636) *Sucer qqn jusqu'à la moelle, jusqu'au dernier sou...,* lui soutirer progressivement toute son énergie, tout son argent. *«elle finit Steiner, elle le rendit au pavé, sucé jusqu'aux moelles»* ZOLA. ▪ **2** Exercer une succion sur (un corps que l'on a dans la bouche, que l'on porte à la bouche). *Réfléchir en suçant son crayon. Sucer son pouce.* LOC. FAM. *Se sucer la poire, la pomme :* s'embrasser. ♦ (Sens érotique) *Sucer qqn* (➤ **cunnilingus, fellation**). *«Je l'ai sucée tout doucement d'abord pour la rendre folle»* B. BLIER.

▪ HOM. *Suce :* susse (1 savoir).

SUCETTE [sysɛt] **n. f.** – 1869 ; «appareil aspirateur» 1869 ◊ de *sucer* ▪ **1** Bonbon fixé à l'extrémité d'un bâtonnet. ➤ RÉGION. **suçon.** *Sucette au caramel.* — LOC. FIG. FAM. *Partir, se barrer en sucette :* se détériorer, ne pas aboutir. ▪ **2** Petite tétine qu'on donne à un bébé pour l'empêcher de sucer son pouce. ➤ RÉGION. **suce, tétine.** ▪ **3** (1909) (Canada) Suçon. ▪ **4** FAM. Panneau d'information et d'affichage implanté par un pied sur la voie publique.

SUCEUR, EUSE [sysœʀ, øz] **n.** – 1764 ; «personne qui suce les plaies pour les guérir» XVIe ◊ de *sucer* ▪ **1** FIG. *Suceur de sang :* une personne qui vit des autres en les exploitant (cf. Vampire, sangsue, FIG.). ▪ **2** (1834) ZOOL. *Les suceurs* ou **adj.** *insectes suceurs :* insectes qui aspirent leur nourriture avec une trompe, sans piquer (papillons) ou en piquant (hémiptères, diptères). ▪ **3** VULG. Personne qui pratique la fellation. *«Je connais une boîte, je te dis pas, une bande de suceuses comme t'en as jamais vu !»* PENNAC. ▪ **4** **n. m.** Embout cylindrique qui s'adapte à l'extrémité d'un aspirateur. *«le choc du suceur butant contre les plinthes»* BAZIN. ▪ **5** **n. f.** Machine servant à aspirer une matière pulvérulente ou concassée. *«la suceuse automatique d'un grand cargo»* MICHAUX.

SUÇOIR [syswaʀ] **n. m.** – 1765 ◊ de *sucer* ▪ SC. ▪ **1** Trompe d'un insecte suceur. *Le suçoir d'un pou.* ▪ **2** Organe des plantes parasites qui s'implante et se ramifie dans les hôtes dont elles se nourrissent. *Suçoir situé sur les racines, sur les tiges.*

SUÇON [sysɔ̃] **n. m.** – 1690 ◊ de *sucer* ▪ **1** Légère ecchymose qu'on fait à la peau en la tirant par succion. *Faire un suçon à qqn.* ▪ **2** (1930) RÉGION. (Canada) Sucette. *«heureux comme un gamin à qui on aurait donné des suçons»* Y. BEAUCHEMIN.

SUÇOTER [sysɔte] **v. tr.** ‹1› – 1560 ◊ de *sucer* ▪ Sucer longuement et délicatement. *Suçoter un bonbon. Une petite fille «suçotait le coin d'un mouchoir qu'elle serrait contre sa bouche»* J.-M. GOURIO. — **n. m.** **SUÇOTEMENT.**

SUCRAGE [sykʀaʒ] **n. m.** – 1854 ◊ de *sucrer* ▪ RARE Action de sucrer. SPÉCIALT Dans la fabrication des vins, Addition de sucre au moût avant la fermentation, soit pour augmenter la teneur en alcool, soit pour que tout le sucre ne se transforme pas en alcool. ➤ **chaptalisation.**

SUCRANT, ANTE [sykʀɑ̃, ɑ̃t] **adj.** – 1808 ◊ de *sucrer* ▪ Qui sucre, en parlant d'une substance. *Le pouvoir sucrant de la saccharine. Matière sucrante.*

SUCRASE [sykʀɑz] **n. f.** – 1903 ◊ de *sucre* et *-ase* ▪ BIOCHIM. Saccharase.

SUCRATE [sykʀat] **n. m.** – avant 1864 ◊ de *sucre* ▪ BIOCHIM. Composé formé d'un sucre et d'un oxyde basique. ➤ **saccharate.**

SUCRE [sykʀ] **n. m.** – XIIe ◊ italien *zucchero,* de l'arabe *sukkar,* d'une langue indienne, cf. sanskrit *çarkarâ,* proprt «grain», d'où latin *saccharum* ▪ **1** Produit alimentaire, substance de saveur très douce, soluble dans l'eau, fabriquée industriellement avec la *canne à sucre* ou la betterave sucrière. *Sucre de canne, de betterave. Sucre roux,* (Belgique, Luxembourg) *sucre brun.* ➤ **cassonade, vergeoise.** *Sucre raffiné. Pain de sucre. Sucre en morceaux. Un morceau de sucre. Sucre cristallisé, sucre semoule* (Belgique, Luxembourg : *sucre fin*) ; *sucre en poudre, sucre glace** (Belgique, Luxembourg : *sucre impalpable* ou *sucre farine*). *Sucre vanillé. Pince à sucre. Sucre fondu dans l'eau.* ➤ **sirop ; caramel.** *Friandise à base de sucre.* ➤ **confiserie, sucrerie.** *Confiture pur sucre.* FIG. *Pur* sucre.* — *Au sucre :* servi avec du sucre en poudre. *Fraises, crêpe au sucre.* — *Vin de sucre :* vin de qualité inférieure obtenu en ajoutant du sucre dans un marc épuisé. ♦ (autre origine) *Sucre d'érable,* issu de la sève de l'érable à sucre. ABSOLT (Canada) *Cabane* à sucre. Partie* de sucre. Faire les sucres :* exploiter une érablière. *Temps, saison des sucres :* saison de production du sirop. ♦ *Succédané de sucre,* (FAM.) *faux sucre.* ➤ **édulcorant ; aspartame, polyol, saccharine, stévia ; sucrette.** *Coca-cola, chewing-gum sans sucre,* sans saccharose. ♦ LOC. *Casser* du sucre sur le dos de qqn. Être tout sucre tout miel*.* ▪ **2** *Un sucre :* un morceau de sucre. *Mettre deux sucres dans son café. Chien qui fait le beau pour avoir un sucre. Sucre trempé dans un alcool.* ➤ **canard.** ▪ **3** En confiserie, Sucre parfumé, coloré..., avec quoi sont faits certains bonbons, certaines friandises. *Bonhomme en sucre.* LOC. FAM. *Ne pas être en sucre :* ne pas être trop fragile. *Je peux bien vous aider, je ne suis pas en sucre !* — *En sucre,* terme d'affection. *Mon petit lapin en sucre.* — (1644) **SUCRE D'ORGE :** sucre cuit avec une décoction d'orge ou tout autre parfum. ➤ aussi RÉGION. **babelutte.** *Bâton de sucre d'orge.* PAR EXT. Le bâton lui-même. *Acheter des sucres d'orge.* — **SUCRE DE POMME :** sucre cuit parfumé à la pomme. — **SUCRE CANDI*.** — (1913) (Canada) *Sucre à la crème :* friandise. ▪ **4** CHIM. Saccharose ; excipient sucré (en pharmacie). ➤ **sacchari-.** *Inversion* du sucre.* ♦ Au sens large Substance qui possède plusieurs fonctions alcool avec au moins une fonction aldéhyde ou cétone, et qui a au moins quatre atomes de carbone dans sa molécule. *Les sucres.* ➤ **glucide, saccharose.** *Sucre d'amidon :* glucose dextrogyre. *Sucre de fruits.* ➤ **fructose, lévulose.** *Sucre de lait* (➤ **lactose**), *de malt* (➤ **maltose**). *Sucre de miel, de raisin.* ➤ **glucose.** — *«il existe un ferment alcoolique, la levure de bière, que l'on trouve partout où il y a du sucre qui se dédouble en alcool et en acide carbonique»* PASTEUR. *Transformation du sucre en alcool au cours de la fermentation* alcoolique.* — MÉD. *Présence de sucre dans les urines* (➤ **glycosurie**), *dans le sang* (➤ **diabète, glycémie**). *Insuffisance du taux de sucre dans le sang.* ➤ **hypoglycémie.** — *Sucres lents :* glucides complexes qui mettent longtemps à être absorbés par l'organisme. *Sucres rapides :* glucides simples d'absorption rapide.

SUCRÉ, ÉE [sykʀe] **adj.** – XIIIe *socré* ◊ de *sucre* ▪ **1** Qui a le goût du sucre ; se dit d'une des saveurs fondamentales, douce et agréable. *Fruit mûr, bien sucré. Un vin sucré* (➤ **doux**). *Liquide épais et sucré.* ➤ **sirupeux.** — Additionné de sucre. *Lait concentré non sucré. Biberon d'eau sucrée. Ce café est trop sucré.* ♦ SUBST. La saveur sucrée. *Le sucré et le salé.* ▪ **2** FIG. et PÉJ. D'une douceur affectée. ➤ **doucereux, hypocrite, mielleux.** *Un petit air sucré.* — SUBST. *Faire le sucré, la sucrée :* se montrer aimable avec affectation (cf. Être tout sucre tout miel*). ▪ **3** FIG. (CHOSES) Doux, mièvre. *Mélodie, pop sucrée.* ➤ **sirupeux.** *Un univers sucré.* ➤ **kawaï,** 2 **rose** (bonbon). ▪ CONTR. Aigre, 1 amer ; sec (vin).

SUCRER [sykʀe] **v. tr.** ‹1› – XVe ; au p. p. XIIIe ◊ de *sucre*

I ▪ **1** Additionner de sucre, ou d'une matière sucrante. ➤ **adoucir, édulcorer.** *Sucrer son café avec du sucre, avec une sucrette.* — PASS. *«Elle prépara un verre d'eau sucrée à la fleur d'oranger»* HUYSMANS. — *Sucrer les fraises*.* — LOC. FAM. (Canada) *Se sucrer le bec :* manger des sucreries. ▪ **2** ABSOLT Donner une saveur sucrée, en parlant d'une substance. *La saccharine sucre beaucoup plus que le sucre, à poids égal.* ▪ **3** (1901 «arrêter [qqn]») FAM. Supprimer, confisquer. *On lui a sucré, il s'est fait sucrer son permis de conduire. Sucrer un passage, une réplique* (théâtre).

II **SE SUCRER** **v. pron.** FAM. ▪ **1** (1872) Se servir en sucre (pour le café, le thé). *Sucrez-vous.* ▪ **2** FIG. (1926) Se servir amplement, faire de gros bénéfices (au détriment des autres). *Il «a déjà revendu le lot entièrement et il a dû se sucrer confortablement»* AYMÉ.

SUCRERIE [sykʀəʀi] **n. f.** – 1654 ◊ de *sucre* ■ **1** Usine où l'on fabrique le sucre de canne, de betterave ; SPÉCIALT Local où le jus sucré est traité, à l'exclusion de la râperie et de la raffinerie. ♦ PAR EXT. Raffinerie. ♦ (1780) **(Canada)** Fabrique de sucre d'érable, cabane* à sucre. ■ **2** (XVIIe) Friandise à base de sucre, ou mets très sucré **(général plur.)**. *Aimer les sucreries.* ➤ **bonbon, confiserie, confiture, gâteau ; douceur.**

SUCRETTE [sykʀɛt] **n. f.** – 1975 ; *sucrettes* n. déposé (1967) ◊ de *sucre* ■ Petite pastille à base d'édulcorant* de synthèse, qui remplace le sucre.

SUCRIER, IÈRE [sykʀije, ijɛʀ] **adj. et n. m.** – 1555 ◊ de *sucre* ■ **1** Qui produit du sucre. *Betterave sucrière. Région sucrière.* — *Industrie sucrière,* de la fabrication du sucre. ■ **2 n. m.** (1611 ; « confiseur » 1596) Pièce de vaisselle ou d'orfèvrerie, récipient où l'on met le sucre. « *un sucrier en cristal taillé et la pince à prendre le sucre* » BALZAC. *Sucrier verseur.* ➤ **saupoudreuse.**

SUCRINE [sykʀin] **n. f.** – 1995 ◊ de *sucrin* adj. « qui a un goût sucré » (1541, n.), de *sucre* ■ Variété de laitue pommée à feuilles épaisses et à saveur légèrement sucrée. *Cœurs de sucrine.*

SUD [syd] **n. m. inv.** – XIIe ◊ de l'ancien anglais *suth,* anglais moderne *south* ■ **1** Celui des quatre points cardinaux qui est diamétralement opposé au nord, direction de l'un des pôles (ABRÉV. S.). *Se diriger vers le sud.* ➤ **descendre.** *Mettre le cap au sud. Du nord au sud. Vent du sud.* ➤ **autan.** *Façade exposée au sud.* ➤ 1 **midi.** *Au sud de... :* dans une région située du côté du sud par rapport à la latitude d'un lieu. *Au sud de la Loire* (cf. Au-dessous de). ♦ APPOS. INV. Qui se trouve au sud. *Pôle Sud.* ➤ **antarctique.** *Hémisphère Sud.* ➤ **austral.** *Banlieue sud. Les quartiers sud.* ■ **2** **(Avec majuscule)** Ensemble des régions situées (au moins en majeure partie) dans l'hémisphère Sud. *Du Sud.* ➤ **méridional.** *Amérique, Afrique du Sud. Bleu des mers du Sud. Le Pacifique Sud.* ♦ Région sud d'un pays. *Dans le sud de l'Europe. Le sud de la France.* ➤ **midi.** *Le Sud algérien, marocain ; le grand Sud, l'extrême Sud.* ■ CONTR. Nord.

SUD-AFRICAIN, AINE [sydafʀikɛ̃, ɛn] **adj.** – 1890 ◊ de *sud* et *africain* ■ De l'Afrique du Sud, SPÉCIALT de l'*Union sud-africaine.* ♦ **n.** *Les Sud-Africains.* ➤ **afrikaner.**

SUD-AMÉRICAIN, AINE [sydameʀikɛ̃, ɛn] **adj.** – 1865 ◊ de *sud* et *américain* ■ De l'Amérique du Sud. *Les républiques sud-américaines. Musique sud-américaine.* ♦ **n.** *Les Sud-Américains.*

SUDAMINA [sydamina] **n. m.** – 1765 ◊ mot du latin des médecins, plur. de *sudamen,* du latin *sudare* → suer ■ MÉD. Éruption cutanée diffuse de minuscules vésicules emplies de liquide clair, consécutive à une transpiration brutale et abondante. *Le sudamina n'a aucun caractère de gravité et disparaît en deux jours. Des sudaminas.*

SUDATION [sydasjɔ̃] **n. f.** – v. 1370, repris 1812 ◊ latin *sudatio,* de *sudare* « suer » ■ **1** Transpiration abondante, physiologique (effort physique, chaleur) ou pathologique (maladie fébrile, hypoglycémie). *Sudation provoquée* (bains de vapeur, sauna...). *Éruption cutanée due à la sudation* (miliaire, suette). ■ **2** Transpiration. *Sudation insuffisante.*

SUDATOIRE [sydatwaʀ] **adj.** – 1812 ◊ latin *sudatorius* ■ DIDACT. Qui s'accompagne de sudation.

SUD-EST [sydɛst] **n. m. inv.** – milieu XIIe ◊ de *sud* et *est* ■ Point de l'horizon situé à égale distance entre le sud et l'est (ABRÉV. S.-E.). *Maison exposée au sud-est. Le sud-sud-est,* entre le sud et le sud-est. ♦ Partie d'un pays située dans cette direction. *Le Sud-Est asiatique. Le sud-est de la France,* et ELLIPT *le Sud-Est.* ➤ **midi.** — APPOS. INV. *La région sud-est d'un pays.* ♦ MAR. **On trouve SUET** [syɛ(t)]. *Un vent de suet.*

SUDISTE [sydist] **n. et adj.** – 1865 ◊ de *sud* ■ HIST. Partisan de l'esclavagisme et de l'indépendance des États du Sud, aux États-Unis, pendant la guerre de Sécession. ➤ **sécessionniste.** — **adj.** *Armée sudiste.* ➤ **confédéré.**

SUDOKU [sudoku] **n. m.** – 2005 ◊ du japonais *sûdoku,* abrév. de ***sûji* wa dokushin ni kagiru** « les chiffres *(sûji)* doivent être solitaires *(dokushin)* » ■ Jeu de chiffres d'origine japonaise consistant à compléter de manière logique une grille composée de neuf carrés de neuf cases avec des chiffres de 1 à 9. *Des sudokus.*

SUDORAL, ALE, AUX [sydɔʀal, o] **adj.** – XVe, repris 1836 ◊ du latin *sudor* « sueur » ■ MÉD. Relatif à la sueur. *Sécrétion sudorale.*

SUDORIFÈRE [sydɔʀifɛʀ] **adj.** – 1732 ◊ du latin *sudor* « sueur » et *-fère* ■ ANAT. Qui conduit la sueur. ➤ **sudoripare.** *Conduit sudorifère.*

SUDORIFIQUE [sydɔʀifik] **adj.** – XVIe ◊ du latin *sudor* « sueur » ■ MÉD. Qui provoque la sudation. ➤ **diaphorétique.** *Plantes sudorifiques.* — **n. m.** *Un sudorifique.*

SUDORIPARE [sydɔʀipaʀ] **adj.** – 1855 ◊ du latin *sudor* « sueur » et *-pare* ■ ANAT. Qui sécrète la sueur ; qui donne passage à la sueur (➤ **sudorifère**). *Glandes sudoripares. Pore sudoripare* (ou *sudorifère*).

SUD-OUEST [sydwɛst] **n. m. inv.** – XVe ◊ de *sud* et *ouest* ■ Point de l'horizon situé à égale distance entre le sud et l'ouest (ABRÉV. S.-O.). *Se diriger vers le sud-ouest. Vent du sud-ouest. Le sud-sud-ouest,* entre le sud et le sud-ouest. ♦ Partie d'un pays située dans cette direction. *Le sud-ouest de la France,* et ELLIPT *le Sud-Ouest. À Bergerac,* « *ils avaient tous l'accent du Sud-Ouest* » ROMAINS. — APPOS. INV. *Région sud-ouest.*

SUÈDE [sɥɛd] **n. m.** – 1840 ◊ de *Suède,* n. de pays ■ Peau dont le côté chair est à l'extérieur, employée surtout en ganterie. ➤ **suédé.** « *ses hauts gants de suède fauves* » HUYSMANS.

SUÉDÉ, ÉE [sɥede] **adj. et n. m.** – 1936 sens 2° ◊ de *suède* ■ TECHN., COMM. ■ **1** Se dit d'une peau, d'un cuir dont le côté chair est à l'extérieur. *Cuir suédé.* ➤ **daim, veau** (retourné). ■ **2** Qui imite l'aspect du suède*. *Tissu suédé.* ➤ **suédine.** ■ **3** *Du suédé :* cuir ou tissu suédé.

SUÉDINE [sɥedin] **n. f.** – 1932 ◊ de *suède* ■ Tissu suédé, imitant le suède, le daim. *Blouson de suédine.*

SUÉDOIS, OISE [sɥedwa, waz] **adj. et n.** – XVIe ◊ de *Suède,* adaptation de l'anglais *Sweden* ou de l'allemand *Schweden* ■ **1** De Suède (➤ **scandinave**). *Le peuple suédois. Mobilier suédois.* — LOC. (1892) *Gymnastique suédoise :* méthode de gymnastique due au Suédois Ling (1776-1839), comportant une série de mouvements simples et rationnels. — *Allumettes suédoises :* allumettes de sûreté (fabriquées selon le procédé dû au Suédois Lundstrom). ■ **2** **n.** Habitant de la Suède. *Les Suédois.* ♦ **n. m.** *Le suédois :* langue du groupe germanique nordique parlée en Suède et dans la partie de la Finlande proche de la Suède.

SUÉE [sɥe] **n. f.** – v. 1480 ◊ de *suer* ■ FAM. Transpiration abondante sous l'effet d'un travail, d'une inquiétude. *Prendre une suée.*

SUER [sɥe] **v.** ‹1› – XIIe ; *suder* 980 ◊ latin *sudare*

I **v. intr.** ■ **1** Rendre beaucoup de sueur, être en sueur. ➤ **transpirer.** *Suer abondamment, à grosses gouttes.* « *L'attelage suait, soufflait, était rendu* » LA FONTAINE. *Suer de fatigue, d'angoisse. Remède qui fait suer* (➤ **sudorifique**). ♦ PAR EXT. (1538) Se fatiguer, se donner beaucoup de mal. ➤ **peiner, travailler.** « *Nous suons, nous peinons, comme bêtes de somme* » LA FONTAINE. — (1911) LOC. *Faire suer le burnous :* exploiter durement (à la manière des colons qui exploitaient la main-d'œuvre locale). ■ **2** **FAIRE SUER.** (1678) FAM. Fatiguer, embêter (qqn). ➤ **ennuyer ;** FAM. **barber, raser ;** TRÈS FAM. **emmerder** (cf. Casser* les pieds, faire chier*). « *Ce qu'ils me faisaient suer avec leur petite femme, et leur gros bébé* » MIRBEAU. ♦ *Se faire suer :* s'ennuyer. ■ **3** TECHN. Dégager de l'humidité, se couvrir d'humidité. *Bois vert qui sue sous la flamme. Les plâtres suent.* ➤ **suinter.** — CUIS. *Faire suer des légumes, de la viande,* leur faire rendre de l'eau, le premier jus, par une première cuisson.

II **v. tr.** ■ **1** Rendre par les pores de la peau. ➤ **dégoutter, exsuder.** « *Et n'ai-je pas sué la sueur de tes nuits* » VERLAINE. LOC. (1588) *Suer sang et eau :* faire de grands efforts, se donner beaucoup de peine. ♦ PAR ANAL. « *Les boiseries suaient l'humidité par toutes leurs fentes* » ZOLA. ■ **2** Exhaler. ➤ **respirer.** *Ce lieu sue l'ennui. Il sue la bêtise.* ■ **3** LOC. FAM. (1888) *En suer une* (proprt exécuter en suant) : faire une danse, danser au bal.

■ HOM. *Sue :* sus (1 savoir).

SUET ➤ **SUD-EST**

SUETTE [sɥɛt] **n. f.** – XVIe ◊ de *suer* ■ MÉD. *Suette miliaire* :* maladie fébrile contagieuse caractérisée par une sudation abondante et une éruption cutanée de petites vésicules blanchâtres, succédant à une rougeur diffuse de la peau. « *surpris par une sueur étrange et annonçant peut-être la suette* » BALZAC.

SUEUR [sɥœʀ] **n. f.** – v. 1307 ; *suor* v. 1160 ; *sudor* 980 ◊ latin *sudorem,* accusatif de *sudor* ■ **1** PHYSIOL. Produit de la sécrétion des glandes sudoripares, liquide organique légèrement trouble, d'odeur plus ou moins forte, de saveur salée, essentiellement composé d'eau, de chlorure de sodium, d'autres sels et d'acides gras, qui, dans certaines conditions (chaleur, travail, émotion, etc.), au lieu de se vaporiser au contact de l'air (➤ **pers-**

piration), s'amasse à la surface de la peau, sous forme de gouttes ou de gouttelettes. ➤ **sudation, transpiration.** *« Quelques gouttes de sueur perlaient sur son front »* CAMUS. *Mouillé, trempé, baigné, ruisselant de sueur. En sueur, couvert de sueur* (cf. En eau, en nage). *« Une sueur d'effroi couvrit tout son corps »* BARRÈS. *Éruption due à la sueur.* ➤ **sudamina.** *La sueur de l'agonie.* — LOC. *Gagner son pain à la sueur de son front,* le gagner durement par son travail, allusion à la malédiction prononcée par Dieu après la faute d'Adam. ■ **2** PAR EXT. *Sueur de sang :* hématidrose. — SPÉCIALT *La sueur de sang du Christ.* ■ **3 UNE, DES SUEURS :** le fait de suer. ➤ **suée, transpiration.** *« J'avais des sueurs et des crachements de sang »* CHATEAUBRIAND. *Sueurs abondantes. — Sueur froide,* accompagnée d'une sensation de froid et de frisson, dans certains états émotifs ou pathologiques. LOC. FAM. *Cela me donne, j'en ai des sueurs froides :* cela me fait peur, m'inquiète vivement (cf. Cela me fait froid* dans le dos). ■ **4** *La sueur :* symbole du travail et de l'effort. *« J'aime les œuvres qui "sentent la sueur," celles où l'on voit les muscles à travers le linge »* FLAUBERT.

SUFFÈTE [syfɛt] **n. m.** – 1582 ◊ latin *sufes, sufetis,* mot punique ; cf. hébreu *schôfet* « juge » ■ ANTIQ. À Carthage, Chacun des deux premiers magistrats de la République revêtus du pouvoir exécutif et du commandement des armées.

SUFFIRE [syfiʀ] **v. tr. ind.** ‹37› – 1170 ; *soufire* 1120 ◊ réfection de l'ancien français d'après le latin *sufficere* intr. « supporter, résister »

I CHOSES ■ **1 SUFFIRE À :** représenter juste la quantité, la qualité, la force nécessaire à, pour (qqch.). *Je dissipe « le bien modeste [...] qui pouvait suffire à ma vie »* NERVAL. *Cela suffit à mon bonheur.* LOC. PROV. *À chaque jour suffit sa peine.* ◆ **SUFFIRE À, POUR** (et l'inf.). *« Il faut un siècle pour construire ce qu'un jour suffit à détruire »* R. ROLLAND. — **SUFFIRE POUR QUE** (et subj.). *Les moutons sont timides, « le moindre bruit extraordinaire suffit pour qu'ils se précipitent »* BUFFON. ■ **2 SUFFIRE À :** être de nature à contenter (qqn) sans qu'il ait besoin de plus ou d'autre chose. *Cela me suffit.* FAM. *Ça me suffit* [samsyfi]. *« Votre signature et vos promesses leur suffiront »* BALZAC. ■ **3** ABSOLT Être suffisant. *« Tout effort suffit lorsque le flot vous porte »* GIDE. *Un seul peut suffire. Cela ne suffit pas. — Ça suffira pour aujourd'hui.* ■ **4** IMPERS. **IL SUFFIT À (qqn) DE...** *Il lui suffit d'être tranquille :* il se contente de. *Il vous suffira de le lui dire.* ➤ 1 **avoir** (n'avoir qu'à...). *« Il ne leur a pas suffi d'exporter du coton, du cuivre »* SIEGFRIED. *« Ne te suffit-il pas de m'avoir tourmentée ! »* LACLOS. *Ça ne te suffit pas !* ◆ ABSOLT **IL SUFFIT DE.** *Il suffit de cinq minutes pour finir. Il suffirait de quelques efforts. Ça suffirait pour... Il suffit d'une fois !* — (Avec l'inf.) *Il suffisait d'y penser. « Il ne suffit pas de posséder une vérité, il faut que la vérité nous possède »* MAETERLINCK. — (Avec le subj.) *L'auteur « n'est pas tenu d'avoir du talent, il suffit qu'il soit exactement informé »* HENRIOT. — VX **IL SUFFIT :** cela suffit, c'est assez. *« L'honneur parle, il suffit »* RACINE. — **SUFFIT !** *« Suffit sur ce sujet, n'est-ce pas »* GIDE. — MOD. **ÇA SUFFIT ! ; ÇA SUFFIT COMME ÇA ! :** je suis (nous sommes) excédé(s). ➤ **assez** (cf. En voilà assez ; FAM. basta, ça va comme ça).

II PERSONNES **SUFFIRE À** ■ **1** Être capable de fournir ce qui est nécessaire à..., de satisfaire à (qqch.). *Il pouvait désormais suffire à tous ses besoins.* (Avec l'inf.) *Ils « ne suffisaient plus à servir les narguilés »* LOTI. *Je n'y suffis plus :* je suis débordé. ABSOLT *Je ne suffis plus.* ■ **2** (Compl. personne) Être pour qqn tel qu'il n'ait pas besoin d'une autre personne. *Sa famille lui suffit, il ne voit personne.*

III SE SUFFIRE v. pron. ■ **1** (RÉFL.) Avoir en soi-même, trouver par ses propres moyens de quoi satisfaire à ses besoins matériels ou à ses besoins morales. *« Pour se suffire, le paysan doit produire de tout »* ZOLA (➤ **autarcie, autosuffisance**). — PAR EXT. (CHOSES) *« la beauté pure n'a besoin d'aucun ornement et se suffit à elle-même »* LOUŸS. ■ **2** (1761) (RÉCIPR.) *« Ils se suffisaient, ils pensaient à deux la même pensée »* HUGO.

SUFFISAMMENT [syfizamɑ̃] **adv.** – v. 1380 ; *souffisamment* 1230 ◊ de *suffisant* ■ En quantité suffisante, d'une manière suffisante (1°). ➤ **assez.** *Suffisamment mais pas trop. Cette valise est suffisamment grande. « Aucune de mes convictions n'est solide suffisamment pour que la moindre objection aussitôt ne l'ébranle »* GIDE. ◆ *Suffisamment de... :* assez de. *Avoir suffisamment d'argent. Nous en avons suffisamment.* ■ CONTR. Insuffisamment.

SUFFISANCE [syfizɑ̃s] **n. f.** – XVe ; *suffisanche* XIIe ◊ de *suffisant* ■ **1** VX ou RÉGION. Quantité suffisante (à qqn). *J'en ai ma suffisance* (cf. Avoir son content*). *« Parce que, lui, il en a à sa suffisance [des lièvres, des lapins] ; il en mange tant qu'il veut »* GIONO. — ABSOLT *Boissons en suffisance.* ■ **2** (1640) Caractère, esprit suffisant (2°). ➤ **fatuité, orgueil, présomption, autosatisfaction, vanité.** *« Avec quel ton de suffisance il parlerait du précepteur de ses enfants ! »* STENDHAL. ■ CONTR. Insuffisance. Bonhomie, familiarité, modestie.

SUFFISANT, ANTE [syfizɑ̃, ɑ̃t] **adj.** – *suffisanz* v. 1120 ◊ de *suffire* ■ **1** (CHOSES) Qui suffit (I). VX *Suffisant à.* — MOD. **SUFFISANT POUR.** *Une milice « plus que suffisante pour la défense de l'État »* ROUSSEAU. *La lumière est suffisante pour faire des photos. Suffisant pour que* (et subj.). *C'est suffisant pour qu'il se mette en colère.* ◆ ABSOLT *En quantité suffisante. Je n'ai pas la place, la somme suffisante. « Tout ce qui n'est que suffisant ne suffit jamais »* MARIVAUX. *C'est plus que suffisant, amplement suffisant, bien suffisant.* ➤ **assez.** — *Résultats suffisants,* assez bons. ➤ **honnête, honorable, satisfaisant.** — PHILOS. *Condition suffisante,* qui suffit à elle seule pour entraîner une conséquence. *Condition nécessaire et suffisante.* — THÉOL. *Grâce suffisante et grâce efficace*.* ◆ SUBST. RÉGION. *Avoir son suffisant,* son content. ➤ **suffisance.** ■ **2** (XVIe-XVIIe ; *sufisanz* « satisfait » 1120) LITTÉR. ou VIEILLI Qui a une trop haute idée de soi et donne son opinion, décide sans douter de rien. ➤ **arrogant, fat, glorieux, prétentieux, vaniteux.** *Un homme « qui réduisait au silence les plus suffisants des clercs »* MICHELET. *Individu suffisant et antipathique.* — *Faire le suffisant,* l'important. — *Air, ton suffisant.* ➤ **avantageux, fier, pédant, satisfait.** ■ CONTR. Insuffisant. Modeste.

SUFFIXAL, ALE, AUX [syfiksal, o] **adj.** – fin XIXe ◊ de *suffixe* ■ LING. Relatif au suffixe ; qui constitue ou utilise un suffixe. *Élément suffixal. Dérivation suffixale.*

SUFFIXATION [syfiksasjɔ̃] **n. f.** – 1876 ◊ de *suffixe* ■ LING. Dérivation par suffixe.

SUFFIXE [syfiks] **n. m.** – 1838 ◊ latin *suffixus* « fixé dessous, après » ; cf. *affixe, infixe* ■ **1** GRAMM., LING. Élément de formation (affixe) placé après une racine, un radical, un thème, pour former un dérivé. ➤ **terminaison.** *Suffixe thématique, flexionnel* (➤ **désinence**). ◆ SPÉCIALT (à l'exclusion des désinences) *Dérivation par suffixe.* ➤ **suffixation.** *Suffixes diminutifs* (ex. -et, jardin/jardinet), *péjoratifs* (ex. -aille, fer/ferraille). *Suffixe populaire, savant.* ■ **2** INFORM. Partie finale (d'une adresse électronique) qui indique l'origine géographique ou le domaine d'activité. *« Le suffixe ".com" n'est-il pas devenu une sorte de marque emblématique des sites Internet ? »* (Le Monde, 2001).

SUFFIXER [syfikse] **v. tr.** ‹1› – 1876 p. p. ◊ de *suffixe* ■ LING. Pourvoir d'un suffixe. — *Mot suffixé.*

SUFFOCANT, ANTE [syfɔkɑ̃, ɑ̃t] **adj.** – fin XVIe ◊ de *suffoquer* ■ **1** Qui suffoque, qui gêne ou empêche la respiration. ➤ **asphyxiant, étouffant.** *Fumées suffocantes. Atmosphère suffocante. Chaleur suffocante.* ➤ **accablant.** ◆ RARE Où l'on suffoque. *« un escalier suffocant »* BLOY. ■ **2** FIG. Qui suffoque (qqn) d'étonnement, d'indignation. ➤ **ahurissant, étonnant, stupéfiant.** *Des révélations suffocantes.*

SUFFOCATION [syfɔkasjɔ̃] **n. f.** – 1380 ◊ latin *suffocatio* ■ **1** Fait de suffoquer ; impossibilité ou difficulté de respirer. ➤ **étouffement, oppression.** *« Dans le couloir, la suffocation augmentait encore »* ZOLA. ■ **2** État pathologique dans lequel l'accès normal de l'air dans les poumons est empêché ; asphyxie causée par un obstacle mécanique (à l'intérieur des voies respiratoires ; sur la bouche ou le nez). ➤ **asphyxie, étouffement.** *Une attaque, une crise de suffocation.* ➤ **asthme.** *Elle avait « des suffocations, pendant lesquelles elle croyait qu'elle allait mourir »* R. ROLLAND.

SUFFOQUER [syfɔke] **v.** ‹1› – 1380 ◊ latin *suffocare*

I v. tr. ■ **1** (Sujet chose) Empêcher (qqn) de respirer, rendre la respiration difficile, par manque d'oxygène, par modification du rythme respiratoire. ➤ **étouffer, oppresser.** *Une « convulsion de joie délirante menaçant réellement de la suffoquer »* NODIER. *« La voilà fondant en pleurs et suffoquée par ses sanglots »* DIDEROT. — ABSOLT *Une odeur, une fumée qui suffoque.* ➤ **suffocant.** ◆ VX (sujet personne) Tuer en empêchant de respirer. ➤ **étouffer.** *Fauste « fut suffoquée dans le bain »* BOSSUET. ■ **2** (XVIIIe ; « causer une gêne » XVIIe) FIG. Remplir d'une émotion vive de stupéfaction (cf. Couper le souffle). *« Une colère confuse et une telle émotion le suffoquaient »* MAUPASSANT. *« retenant sa colère, suffoqué par le sentiment de son impuissance »* FLAUBERT. ◆ (Sujet personne) ➤ **stupéfier ;** FAM. **estomaquer, sidérer, souffler.** *Il m'a suffoqué, avec ses déclarations.*

II v. intr. ■ **1** Respirer avec difficulté, perdre le souffle. ➤ **étouffer.** *« Elle suffoque, sans arriver à se délivrer par un sanglot »* ROMAINS. ◆ MÉD. Éprouver la suffocation. ■ **2** FIG. (1762) **SUFFOQUER DE :** être étouffé, oppressé par une émotion vive. *Suffoquer de colère, de rire.*

SUFFRAGANT, ANTE [syfʀagɑ̃, ɑ̃t] adj. m. et n. – v. 1180 ◊ latin religieux *suffraganeus,* de *suffragari* «voter pour, favoriser» ■ **1** DR. CAN. Se dit d'un évêque dépendant (de tel archevêque). *Évêque suffragant de l'archevêque de Tours.* n. m. *«Il ne s'agit que d'un suffragant de Paris»* ROMAINS. — Se dit d'un ministre protestant qui assiste un pasteur. ■ **2** n. Personne qui a droit de suffrage dans une assemblée, un jury de thèse.

SUFFRAGE [syfʀaʒ] n. m. – 1355 ; *suffrages d'oraison* «prières» 1289 ◊ latin *suffragium* «tesson avec lequel on votait», de *frangere* «briser» ■ **1** Acte par lequel on déclare sa volonté, son opinion (favorable), dans un choix, une délibération, une désignation, SPÉCIALT dans le domaine juridique, politique. ➤ **élection, scrutin, vote.** *Droit de suffrage :* droit d'exprimer sa volonté, dans les décisions politiques. — DR. CONSTIT. *Suffrage restreint :* système où le droit de suffrage est réservé à certains citoyens. *Suffrage censitaire.* ➤ **cens.** *Suffrage universel,* dans lequel l'électorat n'est pas restreint par des conditions de fortune, de capacité, d'hérédité, mais qui peut cependant comporter des exclusions (d'âge, de sexe, d'indignité...). ➤ **démocratie.** *Être élu au suffrage universel.* — *Suffrage direct :* système dans lequel les électeurs désignent les élus sans intermédiaire ; *suffrage indirect,* où le corps électoral désigne les électeurs du second degré (grands électeurs). — *Manière dont s'exerce le suffrage* (➤ **représentation, scrutin**). ◆ *Le suffrage d'un électeur ; un suffrage.* ➤ **voix.** *Minorité, majorité, unanimité des suffrages. Recueillir, obtenir tant de suffrages. Suffrages exprimés, abstentions et bulletins nuls.* ■ **2** VX ou LITTÉR. Opinion, avis favorable. ➤ **approbation.** *«Le suffrage d'un sot Fait plus de mal que sa critique»* FLORIAN. *Accorder son suffrage.* ➤ **adhésion, concours.** *Rallier, remporter tous les suffrages.* — PAR EXT. (CHOSES) *Un nouveau modèle qui mérite tous les suffrages.*

SUFFRAGETTE [syfʀaʒɛt] n. f. – 1907 ◊ mot anglais (1906), de *suffrage* ■ HIST. Femme qui, en Angleterre, militait pour le droit de vote féminin, avant la modification de la loi électorale. ➤ aussi **féministe.**

SUFFUSION [syfyzjɔ̃] n. f. – 1478 ; *suffision* v. 1370 ◊ latin *suffusio,* de *sub* «sous» et *fundere* «verser» ■ MÉD. Infiltration diffuse des tissus par un liquide organique (sang, sérosité). ➤ **épanchement.**

SUGGÉRER [sygʒeʀe] v. tr. ⟨6⟩ – XVᵉ ; *suggerir* 1380 ◊ latin *suggerere* «porter *(gerere)* sous» ■ **1** (Sujet personne) Faire concevoir, faire penser (qqch.) à qqn sans exprimer ni formuler. ➤ **insinuer, inspirer, souffler ; sous-entendre.** *«On vous aura dit que je suggérais les réponses aux autres»* BEAUMARCHAIS. ➤ **dicter.** *«Rien de tel que lui suggérer qu'elle* [la guerre] *ressemble à un match de boxe»* MAUROIS. ◆ SPÉCIALT Présenter (une idée, un projet) en tant que suggestion, conseil. *Ils s'ennuyaient, je leur ai suggéré d'aller au cinéma.* ➤ 1 **conseiller, proposer.** ■ **2** (Sujet chose) Faire naître (une idée, un sentiment...) dans l'esprit. *«toute bonne musique suggère les sentiments qu'elle veut suggérer»* BAUDELAIRE. *Ce parfum suggère la féminité.* ➤ **évoquer.** — PAR EXT. Susciter l'idée ou l'image de (qqch.) ; faire penser à (qqch.). *Mot qui en suggère un autre* (➤ **analogie**). *«La sculpture suggère le mouvement, la peinture suggère la profondeur ou la lumière»* SARTRE. ◆ ABSOLT Évoquer. *Ma phrase «suggère plutôt qu'elle n'affirme, et procède par insinuations»* GIDE. ■ **3** Faire penser ou exécuter (qqch.) par suggestion (3°). *«L'hypnotiseur peut lui suggérer, à distance, certains actes à accomplir»* CARREL.

SUGGESTIBLE [sygʒɛstibl] adj. – 1888 ◊ du latin *suggestio* ■ DIDACT. Qui accepte facilement les suggestions, est influençable par suggestion (3°). — n. f. **SUGGESTIBILITÉ,** (1887).

SUGGESTIF, IVE [sygʒɛstif, iv] adj. – 1857 ◊ anglais *suggestive,* de *to suggest* «suggérer» ■ **1** Qui a le pouvoir de suggérer des idées, des images, des sentiments. ➤ **évocateur, parlant.** *Une musique suggestive. «Delacroix est le plus suggestif de tous les peintres, celui dont les œuvres* [...] *font le plus penser»* BAUDELAIRE. ■ **2** (1889) Qui suggère des idées érotiques. *Une tenue très suggestive.* ➤ **aguichant, provocant.** *Des photos suggestives.*

SUGGESTION [sygʒɛstjɔ̃] n. f. – XIIᵉ ◊ latin *suggestio* ■ **1** LITTÉR. Action de suggérer. ➤ **influence.** *«la suggestion* [...] *qui consiste à faire dans l'esprit des autres une petite incision où l'on met une idée à soi»* HUGO. ◆ DR. Le fait d'influencer qqn, de lui dicter sa conduite pour en tirer profit. ■ **2** COUR. Ce qui est suggéré ; idée, image, projet que l'esprit reçoit de l'extérieur. ➤ **inspiration.** *«Les suggestions du démon»* BOSSUET. ◆ SPÉCIALT Idée, projet que l'on propose, en laissant la liberté d'accepter, de faire sien ou de rejeter. ➤ **conseil, proposition.** *C'est une simple suggestion que je te fais. Le général «adressait au gouvernement des suggestions, mais sur un ton si impérieux qu'elles semblaient des ordres»* MADELIN. ■ **3** PSYCHOL. Le fait d'avoir une croyance, une idée, un désir, par l'effet d'une influence extérieure sans prise de conscience de cette influence ; PAR EXT. Idée, croyance, désir suggéré. *«évoquer chez un sujet hypnotisé, par simple suggestion, des visions hallucinatoires»* BERGSON. (1884) *Suggestion (mentale) :* télépathie.

SUGGESTIONNER [sygʒɛstjɔne] v. tr. ⟨1⟩ – 1838 ; hapax 1465 ◊ de *suggestion* ■ Influencer, faire penser ou faire agir par la suggestion (1°, 3°). *Se laisser suggestionner.* ➤ **manipuler, mener.** ◆ v. pron. *Se suggestionner :* s'imposer une idée fixe, se faire des idées (➤ **autosuggestion**). *«Es-tu bien sûr de ne t'être pas suggestionné»* HUYSMANS.

SUGGESTIVITÉ [sygʒɛstivite] n. f. – 1904 ◊ de *suggestif* ■ RARE Caractère de ce qui est suggestif.

SUICIDAIRE [sɥisidɛʀ] adj. et n. – 1901 ◊ de *suicide* ■ **1** Du suicide ; qui mène, qui tend au suicide. *Tendances suicidaires. Comportement suicidaire. «Cette chambre basse et humide* [constituait] *un séjour suicidaire»* HUYSMANS. ■ **2** Qui, par sa psychologie, semble prédisposé au suicide. *Dépressif, mélancolique suicidaire.* ◆ n. *Un, une suicidaire.* ➤ **suicidant.** ■ **3** FIG. Qui mène à l'échec, à la faillite. *Une entreprise, un projet suicidaire.* — (PERSONNES) Qui a un comportement d'échec.

SUICIDANT, ANTE [sɥisidɑ̃, ɑ̃t] n. – 1855 ◊ de *se suicider* ■ PSYCHOL. Personne qui a fait une ou des tentatives de suicide, présente des risques de commettre un suicide.

SUICIDE [sɥisid] n. m. – 1734 ◊ du latin *sui* «de soi» et *-cide,* d'après *homicide* ■ Le fait de se tuer, de se donner la mort. ■ **1** Action de causer volontairement sa propre mort (ou de le tenter), pour échapper à une situation psychologique intolérable, lorsque cet acte, dans l'esprit de la personne qui le commet, doit entraîner à coup sûr la mort. ➤ **autolyse.** *Suicide rituel* (ex. harakiri). *Suicide collectif. Faire une tentative de suicide (TS). Pousser qqn au suicide.* FAM. *Candidat au suicide :* personne qui tente de se suicider. — *Suicide médicalement assisté* (autorisé pour les malades incurables dans certains pays et sous certaines conditions). ◆ Mort par suicide. *Meurtre maquillé en suicide.* ■ **2** PAR EXT. Le fait de risquer sa vie sans nécessité. *Rouler si vite sur une telle route, c'est un suicide ! ;* FAM. *c'est du suicide.* ■ **3** FIG. (1790) Action de se détruire, de se nuire. *Hitler «a voulu le suicide général, la destruction matérielle et politique de la nation allemande»* CAMUS. ■ **4** EN APPOS. (avec ou sans trait d'union) Qui comporte des risques mortels. *Opération, raid, commando, attentat suicide. Des missions suicides.* — *Avion-suicide,* dont le pilote est sacrifié. ➤ **kamikaze.**

SUICIDÉ, ÉE [sɥiside] adj. et n. – 1795 n. m. ◊ de *se suicider* ■ Qui s'est tué volontairement ; mort par suicide. *On refusait la sépulture chrétienne aux personnes suicidées.* ◆ n. *Un suicidé.* ➤ **désespéré** (1°, SPÉCIALT).

SUICIDER (SE) [sɥiside] v. pron. ⟨1⟩ – 1787 ◊ de *suicide ;* l'emploi pronominal a été critiqué ■ Se tuer par un suicide. ➤ **se détruire, se supprimer.** *Se suicider d'un coup de révolver, de fusil.* ➤ FAM. **se flinguer** (cf. Attenter* à ses jours, se brûler la cervelle*, se donner la mort, mettre fin à ses jours, en finir ; FAM. se tirer une balle*, se faire sauter le caisson*). *«Des personnes qui se suicident, les unes se font violence ; les autres au contraire cèdent à elles-mêmes»* VALÉRY. ◆ TRANS., IRON. *On l'a suicidé,* on a déguisé son meurtre en suicide. *«on l'avait attendu pour le suicider et faire croire à un drame familial»* M. DUGAIN.

SUIDÉS [sɥide] n. m. pl. – 1864 ◊ du latin *sus, suis* «porc» ■ ZOOL. Famille de mammifères *(artiodactyles)* au corps massif, couvert de soies, au groin fouisseur et aux pattes courtes. — Au sing. *Le phacochère est un suidé.*

SUIE [sɥi] n. f. – 1160 ◊ probablt du gaulois °*sudia ;* cf. vieil irlandais *suide* ■ Noir de fumée mêlé d'impuretés, que produisent les combustibles qui ne brûlent qu'incomplètement. *Dépôt de suie dans une cheminée, un tuyau. «ce faubourg souillé par la suie des usines»* FRANCE. *Enlever, racler la suie* (➤ **ramoner**). — *Suie de bois :* substance noire, obtenue lors de la pyrogénation du bois, utilisée comme engrais, comme couleur (➤ **bistre**). — LOC. *Noir comme de la suie.* ➤ **fuligineux.**

SUIF [sɥif] n. m. – 1190 ; *f* comme dans *soif,* ajouté par analogie ; *siu, sieu, sui* XIIᵉ ◊ latin *sebum* → sébum ■ **1** Graisse animale, composée de plusieurs glycérides ; SPÉCIALT Cette graisse fondue. *Suif de mouton, de bœuf,* composés de stéarine, margarine et oléine. *Chandelle de suif. Suif utilisé dans la préparation des savons* (savon animal), *dans le traitement des cuirs.* ♦ Corps gras végétal. *Arbre à suif.* — *Suif minéral :* variété de cire fossile. ♦ PÉJ. Graisse humaine. *« Boule de suif »,* nouvelle de Maupassant. ▪ **2** LOC. VIEILLI *Chercher du suif à qqn,* lui chercher querelle (cf. Chercher des crosses*, chercher noise* à qqn). *Il va y avoir du suif,* de la bagarre, du scandale.

SUIFFER [sɥife] v. tr. ⟨1⟩ – 1643 ; *suiver* 1636 ; *sieuver* 1537 ; *siever* fin XIVe ◇ de *sieu, suif* → suif ▪ Enduire de suif. ➤ **graisser.**

SUIFFEUX, EUSE [sɥifø, øz] adj. – 1808 ◇ de *suif* ▪ **1** De la nature du suif. *Matière grasse, suiffeuse.* ▪ **2** PÉJ. Très gras.

SUI GENERIS [sɥiʒeneʀis] loc. adj. – 1743 ◇ mots latins « de son espèce » ▪ Propre à une espèce, à une chose, qui n'appartient qu'à elle. ➤ **spécial, spécifique.** *« C'est un humoriste qui mérite une place à part ; il y a là une saveur* sui generis, *un goût fin qui se distingue de tous autres »* BAUDELAIRE. — SPÉCIALT, PAR EUPHÉM. *Odeur sui generis :* mauvaise odeur.

SUINT [sɥɛ̃] n. m. – 1309 ; *sun* 1302 ◇ de *suer* ▪ **1** Matière sébacée que sécrète la peau du mouton, et qui se mêle à la laine ; ensemble des matières grasses que contient la laine. *Le suint est un mélange de sels de potasse et d'acides gras. La lanoline est extraite du suint.* — *Toison, laine en suint,* non dessuintée. ▪ **2** TECHN. Scorie qui surnage sur le verre en fusion.

SUINTANT, ANTE [sɥɛ̃tɑ̃, ɑ̃t] adj. – 1819 ◇ de *suinter* ▪ Qui suinte (2°). *Pierres, roches suintantes.* ➤ **humide.**

SUINTEMENT [sɥɛ̃tmɑ̃] n. m. – 1635 ◇ de *suinter* ▪ Écoulement lent d'un liquide, goutte à goutte. ➤ **exsudation,** 2 **suage.** *Suintement des eaux sur des parois rocheuses.* ♦ MÉD. *Le suintement d'une plaie, d'un ulcère.*

SUINTER [sɥɛ̃te] v. intr. ⟨1⟩ – 1553 ◇ de *suint* ▪ **1** S'écouler très lentement, sortir goutte à goutte. ➤ **dégoutter, exsuder.** *« Il dégelait ; l'eau suintait au long des murs, tombait des toits »* MORAND. *Il retire l'aiguille, « essuie la place gonflée où suinte une perle rose »* MARTIN DU GARD. ➤ **perler.** ▪ **2** Produire un liquide qui s'écoule goutte à goutte. *Murailles qui suintent. « La montagne, pleine de sources, continue de suinter goutte à goutte dans la citerne »* HUGO. *La vigne suinte.* ➤ **pleurer.** — *Plaie qui suinte.* ♦ TRANS. FIG. ➤ **suer.** *« Une filandreuse chronique suintant la suffisance repue »* VILLIERS.

SUISSE [sɥis] adj. et n. – XVe ◇ allemand *Schweiz*

I De la Suisse. *Les Alpes suisses. La Confédération suisse est formée de cantons.* ➤ **helvétique.** *Le peuple suisse.* ➤ **helvète.** *Fromage suisse.* ➤ **appenzell, gruyère.** *Expressions, particularités suisses en français.* ➤ **helvétisme.** — *Franc suisse.* — HIST. *Régiments suisses,* qui servaient en France sous l'Ancien Régime. *Les cent-suisses.* ♦ n. *Un Suisse ; une Suisse ou une Suissesse. Suisses qui parlent le français* (➤ **romand**), *un dialecte germanique* (➤ **alémanique**), *l'italien, le romanche.*

II n. m. (1619) ▪ **1** VX Portier, concierge d'un hôtel particulier, aux XVIIe et XVIIIe s. (son costume rappelait celui des mercenaires suisses). ♦ LOC. PROV. *Point d'argent, point de Suisse :* on ne donne, on ne fait rien pour rien. — LOC. (1829 *boire avec son Suisse*) *Manger ou boire en suisse,* tout seul, sans personne ou en cachette. *« On sait que "je bois" – tout seul, en cachette – les jeunes gens disent* en suisse *»* BERNANOS. ▪ **2** MOD. Employé chargé de la garde d'une église, de l'ordonnance des processions, des cérémonies. ➤ **bedeau, gardien.** *« Le suisse se tenait sur le seuil [...] plumet en tête, rapière au mollet, canne au poing »* FLAUBERT. ▪ **3** Soldat de la garde suisse, au Vatican.

III n. m. (1791 ; au Canada 1632 ◇ de *suisse,* II, 3°) Écureuil rayé (sur la longueur) qui vit en Russie et en Amérique du Nord. ➤ **tamia.** *« Elle avait aussi adopté les tamias, les "suisses" au dos si joliment rayé »* RINGUET.

SUITE [sɥit] n. f. – milieu XIIe, au sens juridique ◇ du latin populaire *sequita,* d'une forme de *sequere* → suivre

I ACTION, SITUATION A. ACTION DE POURSUIVRE ▪ **1** DR. *Droit de suite :* droit qui permet au créancier hypothécaire de suivre l'immeuble hypothéqué dans les mains de tout détenteur et d'exiger de lui le paiement de la somme due. Droit par lequel un artiste peut prélever une certaine somme sur le produit de la vente publique de ses œuvres. ▪ **2** (1376) CHASSE Poursuite du gibier.

B. LE FAIT DE SUIVRE, DE SUCCÉDER À QQN OU À QQCH. (fin XIVe) ▪ **1** VX Action de suivre. ▪ **2** Situation de ce qui suit, vient après (dans des loc.). (1887) *Prendre la suite de qqn,* lui succéder. — (1805) **FAIRE SUITE À...** (Dans le temps) ➤ **succéder, suivre.** *Le vote qui fit suite à cette proposition.* — (Dans l'espace) ➤ **prolonger.** *« On déjeunait dans un appartement faisant suite à la laiterie »* FLAUBERT. ♦ (1573) **À LA SUITE DE** (dans l'espace) : en suivant derrière, en se faisant suivre par-derrière. *Le cortège marchait à la suite des mariés. Marcher à la suite les uns des autres,* les uns derrière les autres (cf. À la file, à la queue* leu leu). *Entraîner qqch. à sa suite,* après soi. — Derrière, en considérant un ordre donné. ➤ **après,** 1 **derrière.** *Tous attendaient : je me suis mise à la suite.* — (1804) (Dans le temps) Après, en suivant. ➤ **après.** *Trois coups furent tirés à la suite.* ➤ **successivement.** — (1588) (L'évènement suivant sa cause) À cause de, en raison de. *Il « s'était fait prêtre, à trente-deux ans, à la suite d'un chagrin d'amour »* MAUPASSANT. ▪ **3** (1580) Ordre de ce qui se suit en formant un sens. ➤ **liaison, lien.** *La suite d'un raisonnement, de la conversation.* ➤ **cours, déroulement, fil.** — Plus cour. (emplois négatifs) (1580) *Propos, mots sans suite,* incohérents, incompréhensibles. ♦ (milieu XVIIe) Le fait de suivre la même idée, le même projet. VX ou LITTÉR. *Étudier, lire avec suite,* avec persévérance. (1718) MOD. et COUR. **ESPRIT DE SUITE :** aptitude à suivre une direction avec constance (dans le raisonnement ou l'action). — LOC. (1859) *Avoir de la suite dans les idées :* tenir à ses idées, être opiniâtre ; IRON. être entêté. *« Ce que Richelieu nommait l'esprit de suite, ou mieux, de la suite dans les idées »* BALZAC. ▪ **4** (1538) **DE SUITE :** en se suivant exactement ; à la suite les uns des autres, sans interruption. *« Ce premier manuscrit était écrit de suite, sans section »* CHATEAUBRIAND. *Il « ne pouvait pas dire trois mots de suite sans y ajouter : C'est bien le cas de le dire »* DAUDET. *Conduire cinq heures de suite.* ➤ **consécutif** (cf. D'affilée). *Longtemps de suite.* — **ET AINSI DE SUITE :** en continuant de la même façon. *« Leur flot* [des Barbares] *entra [...] et, après le premier flot, un autre, puis encore un autre, et ainsi de suite pendant cinq cents ans »* TAINE. ▪ **5** (1688) **TOUT DE SUITE :** sans délai, sans plus attendre. ➤ **immédiatement, incessamment ;** FAM. **illico** (cf. À l'instant). *Venez tout de suite ! « Il a, d'ailleurs, cédé tout de suite, sans discussion »* BERNANOS. *Ce n'est pas pour tout de suite,* il est encore temps. — (Spatial) Immédiatement. *Prenez la première à droite, tout de suite après la poste.* ♦ VX, RÉGION. (Alsace, cour. au Canada) ou POP. (emploi critiqué) **DE SUITE :** immédiatement, incontinent. *« Elle voulait que je l'épouse de suite »* CÉLINE. *Je reviens de suite.*

II CE QUI SUIT, CE QUI SE SUIT ; CE QUI VIENT APRÈS, DERRIÈRE ▪ **1** (début XIIIe) Personnes qui se déplacent avec une autre dont elles sont les subordonnées. ➤ **appareil, cortège, équipage, escorte, train.** *La suite présidentielle. « Il part, c'est quelqu'un de ma suite. – Oui, de ta suite, ô roi ! de ta suite ! »* HUGO. ♦ (1559) Domestiques qui accompagnent leur maître. ➤ 1 **gens,** 1 **suivant.** *« Sa suite se composait d'un valet de chambre, de deux gardes-malades, et de sa gouvernante »* LARBAUD. ▪ **2** (fin XVIe) Ce qui suit qqch. ; ce qui vient après ce qui n'était pas terminé, entier. *La suite d'un roman. « J'ai souvent pensé tourner la suite des* Quatre Cents Coups *et je ne l'ai pas fait »* TRUFFAUT. — *La suite au prochain épisode, au prochain numéro* (cf. À suivre). — *La suite à demain ! Suite et fin :* suite qui termine l'histoire. — (fin XVe) *La suite* (d'un repas) : les prochains plats qu'on va servir. *« Valentin enlève les assiettes et va chercher la suite »* QUENEAU. ♦ COMM. *Article sans suite,* dont l'approvisionnement n'est pas renouvelé (opposé à *suivi*). ▪ **3** Temps qui vient après le fait ou l'action dont il est question. *Attendons la suite. On connaît la suite.* — MÉD. *Soins de suite (et de réadaptation) :* soins prodigués à un patient dans un établissement spécialisé à la suite d'un séjour hospitalier. *Centre de soins de suite.* ➤ **convalescence, postcure.** — (1662) **DANS LA SUITE :** dans la période qui a suivi, après cela. ➤ **depuis.** *Le chef « ne demandait pas une réponse vraie mais une réponse convenable ; j'en eus mille preuves dans la suite »* ALAIN. — (1739) Plus cour. **PAR LA SUITE :** dans la période qui a suivi ou qui suivra. *Nous déciderons par la suite.* ➤ **ensuite, tard** (plus tard). ▪ **4** (1538) Ce qui résulte (de qqch.). ➤ **aboutissement, conséquence, effet, résultat.** *La suite normale de ma démarche. Un projet qui n'a pas eu de suite. La suite donnée à une affaire. L'affaire est restée sans suite. Les suites d'une affaire.* ➤ **développement, prolongement.** *« Un éclat qui aurait eu de fâcheuses suites »* LESAGE. ➤ **conséquence, contrecoup, lendemain.** — AU PLUR. Accidents, troubles de santé qui se manifestent quand la cause a cessé d'agir. *Les suites d'une maladie.* ➤ **séquelle.** — **DONNER SUITE À** *un projet, une demande,* poursuivre son action pour lui donner un aboutissement. (SANS COMPL.) *Nous sommes sans nouvelles, ils n'ont pas donné suite.* ADMIN. *Suite à... (votre lettre, votre demande),* comme suite à, en réponse à. ♦ (1803) **PAR SUITE DE... :** à cause de, en conséquence de. *« Par suite d'un refroidissement, il lui vint une angine »* FLAUBERT. ▪ **5** (début XVIIe) Ensemble de choses, de personnes qui se suivent. *Suite de personnes.* ➤ **chaîne, file, procession, 1 queue, ribambelle.** « *Toute la rue semblait une suite de mairies, de sous-préfectures, de musées municipaux* » ROMAINS. ♦ Ensemble de cartes qui se suivent. ➤ **tierce, 2 quarte, 1 quinte.** ♦ (1538) Personnes, choses qui se succèdent dans le temps. ➤ **succession.** *Une longue suite de descendants.* ➤ **postérité.** « *Presque toute l'histoire n'est qu'une suite d'horreurs* » CHAMFORT. ♦ (1727) MATH. Ensemble de termes qui se présentent dans un ordre tel que celui des nombres entiers (➤ **progression, série**). *La suite des entiers naturels, des nombres premiers. Suite finie, infinie, transfinie. Suite stationnaire*.* ♦ LING. Succession d'éléments. ➤ **séquence** (4°). ■ **6** (1843) Ensemble des gravures d'un ouvrage. *Une double suite sur japon.* ♦ ARTS DÉCORATIFS Tenture composée de plusieurs tapisseries dont chacune représente un épisode d'une histoire. ■ **7** (1717) MUS. Composition musicale faite de plusieurs pièces de même tonalité. *Suite instrumentale. Suite pour piano et orchestre. Suite en ré. Suite d'orchestre,* composition de forme voisine. *Suite de danses.* ■ **8** (1913 ; fin XVIe *une chambre et sa suite*) Appartement de plusieurs pièces en enfilade, loué à un seul client, dans un hôtel de luxe. « *J'avais donc un appartement complet, une suite comme on dit dans les grands palaces* » A. COHEN. ♦ *Suite parentale :* grande chambre intégrant une salle de bains, un dressing.

SUITÉE [sɥite] **adj. f.** – 1872 ◇ de *suite* ■ ÉLEVAGE, CHASSE *Jument suitée,* suivie de son poulain. « *un spécialiste aurait reconnu à l'arrondi de leur ventre et à la proximité de leurs poulains des juments suitées* » M. DUGAIN. *Laie suitée,* suivie de ses marcassins.

1 **SUIVANT, ANTE** [sɥivɑ̃, ɑ̃t] **adj. et n.** – v. 1360 ; *siwant* « descendant » v. 1200 ◇ p. prés. de *suivre*

I ■ **1** Qui vient immédiatement après. ♦ **(Dans un ordre)** *L'échelon, le grade suivant.* SUBST. *Dans ces pages et dans les suivantes. Page 150 et suiv.* ou *sqq.* (abrév. du latin *sequantiaque*). — (PERSONNES) Qui vient tout de suite après une autre, à son tour. *La personne suivante.* SUBST. *Au suivant !* au tour du suivant. *Le suivant !, la suivante !* ELLIPT « *Suivant, dit l'homme* » LE CLÉZIO. ♦ **(Dans le temps)** *Les années suivantes.* ➤ **futur.** « *Nous attendons sans cesse l'heure suivante, le jour suivant, l'année suivante. Il nous faut à la fin une vie suivante* » SENANCOUR. *La fois suivante.* ➤ **autre, prochain.** ■ **2** Qui va suivre (dans un énoncé, une énumération). *L'exemple suivant,* ci-dessous, ci-après. SUBST. *Votre mission sera la suivante : accueillir et orienter les visiteurs.*

II Qui suit qqn. ■ **1** VX Qui suit en qualité de domestique. ♦ **n. f.** (1635) Autrefois, Dame de compagnie. « *La Suivante* », *comédie de Corneille.* ■ **2 n.** LITTÉR. Personne qui en accompagne une autre pour la servir. « *Le prêtre, ses suivants* » CAMUS.

■ **CONTR.** 1 Avant (d'), précédent.

2 **SUIVANT** [sɥivɑ̃] **prép.** – 1459 « le long de » ◇ du p. prés. de *suivre* ■ **1** (1538) Conformément à... ; en suivant... ➤ **selon.** *Suivant la loi, l'usage, la coutume. Suivant son habitude. Suivant un plan, un programme. Suivant la formule, l'expression consacrée. Suivant tel auteur* (cf. D'après). ■ **2** (1690) En fonction de. *Suivant une proportion géométrique, une progression.* ■ **3** Conformément à (des circonstances qui changent). ➤ **selon ;** RÉGION. **dépendamment.** « *Suivant le jour, l'heure et le vent, le lac ressemblait à une vitre ternie de buée ou à un marbre vert et noir* » CHARDONNE. ■ **4 loc. conj.** (1662) **SUIVANT QUE :** dans la mesure où..., selon que... « *C'est curieux comme le point de vue diffère suivant qu'on est le fruit du crime ou de la légitimité* » GIDE.

SUIVANTE ➤ 1 **SUIVANT** (II, 1°)

SUIVEUR, EUSE [sɥivœʀ, øz] **n. et adj.** – 1853 ; ancien français *sivor* v. 1190 ◇ de *suivre* ■ **1 n. m.** VX Homme qui suit les femmes, dans la rue. ♦ **n.** (1899) Personne qui suit une course, à titre officiel (observateur, journaliste). *La caravane des suiveurs du Tour de France.* — **adj.** *Les voitures suiveuses du Tour.* ■ **2** FIG. (1872) Personne qui s'inspire d'autrui, sans esprit critique, qui ne fait que suivre (un mouvement intellectuel, etc.). ➤ **imitateur.** *Les suiveurs et les épigones.* « *Je vois chez eux le malaise d'être des suiveurs, alors qu'ils auraient voulu être des précurseurs* » H. THOMAS. **adj.** « *Tous les faibles timorés et suiveurs* » LECOMTE. ■ **3** (calque de l'anglais *follower*) Personne abonnée aux messages publiés par un autre utilisateur d'un microblog. « *Lady Gaga, en mobilisant plus de 5 700 000 suiveurs sur Twitter* » J. ROLIN.

SUIVEZ-MOI-JEUNE-HOMME [sɥivemwaʒœnɔm] **n. m. inv.** – 1866 ◇ de *suivre, moi* et *jeune homme* ■ FAM. VIEILLI Pans d'un ruban de chapeau de femme, qui flottent sur la nuque.

SUIVI, IE [sɥivi] **adj. et n. m.** – 1585 ◇ de *suivre* ■ **1** Qu'on suit (II, 3°), qui se fait d'une manière continue. *Des habitudes suivies.* ➤ **régulier.** *Un travail suivi. Une correspondance suivie.* ♦ (1923) COMM. *Article suivi,* dont la vente est continue, que l'on peut se procurer régulièrement **(opposé à *sans suite*)*.** *Qualité suivie,* toujours égale à elle-même. ■ **2** (1679) Qui se suit (I, B, 1°), dont les éléments s'enchaînent pour former un tout. *Une histoire suivie. Un raisonnement suivi,* logique, ordonné. ■ **3** Dont on peut suivre le progrès, le parcours. ➤ **traçable.** *Lettre suivie.* ■ **4 n. m.** Action de suivre, de surveiller, pendant une période prolongée, en vue de contrôler. *Être assidu dans le suivi d'une affaire. Le suivi de la grossesse.* ■ **CONTR.** Inégal, irrégulier ; décousu.

SUIVISME [sɥivism] **n. m.** – 1927 ◇ de *suiveur* ■ Attitude du suiveur (2°) ; fait d'imiter un initiateur ou de suivre une consigne, une ligne politique, un programme sans examen. ➤ **panurgisme.**

SUIVISTE [sɥivist] **adj. et n.** – 1950 ◇ de *suivisme* ■ Caractérisé par le suivisme. *Attitude, politique suiviste.* — **n.** *Les suivistes.*

SUIVRE [sɥivʀ] **v. tr.** ‹ 40 › – fin XIe ◇ du latin *sequere*

I VENIR APRÈS A. AVEC MOUVEMENT ■ **1** Aller derrière (qqn qui marche, qqch. qui avance). *Suivre qqn de près* (➤ **talonner**), *pas à pas.* ➤ **emboîter** (le pas). « *Vous me suivez de trop près, monsieur Marius. Laissez-moi aller devant, et suivez-moi comme cela, sans faire semblant* » HUGO. — *Suivre une procession, un convoi. Suivez le guide !* — (SANS COMPL.) Passer derrière, après qqn **(opposé à *précéder*)**. *Tout le monde suit !* ♦ (1636) **(Sujet chose)** Être transporté après (qqn). *Bagages qui suivent un voyageur. Faire suivre son courrier.* (1883) *Faire suivre,* mention portée sur l'enveloppe d'une lettre afin que celle-ci puisse suivre le destinataire à sa nouvelle adresse. — ALLUS. LITTÉR. *Nos actes nous suivent* (titre d'un roman de P. Bourget) : nous subissons les conséquences de nos actes. ♦ (début XIVe) Arriver derrière, après (qqn, qqch.). « *Vous êtes venu seul ? – Non, ma femme me suit.* » *Lettre suit,* formule utilisée dans les messages brefs (télégrammes, etc.). ■ **2** (fin XIVe) Aller derrière pour rejoindre, rattraper, surveiller. ➤ **poursuivre.** *Suivre une bête,* et FIG. *qqn à la trace*, à la piste. Suivez cette voiture !* « *Grâce au téléphone, elle suivait mon père à la piste à travers la ville* » SIMENON. — *Policier qui suit un suspect.* ➤ **filer** (cf. Prendre en filature*). — PROV. *Fuis*-moi je te suis, suis-moi je te fuis.* ■ **3** (fin XIe) Aller avec (qqn qui a l'initiative d'un déplacement). ➤ **accompagner.** « *Si vous voulez me suivre par ici* [...] *nous serons beaucoup mieux* [...] *pour causer d'affaires* » BALZAC. *Suivre qqn partout* (cf. Être à la remorque*, aux trousses* de qqn). *Suivre qqn comme un caniche, un chien, un mouton, comme son ombre.* ➤ FAM. **coller** (cf. Ne pas lâcher qqn d'une semelle*). ALLUS. HIST. « *Qui m'aime me suive !* » (mot attribué à Philippe VI de Valois, que ses barons hésitaient à suivre dans son expédition en Flandre). — *Suivre le mouvement*.* ■ **4** *Suivre qqn, qqch. des yeux, du regard :* accompagner par le regard (ce qui se déplace). « *Et je suis longtemps, avec ma jumelle, les nuages roses et blancs* » MAUPASSANT. *Suivez mon regard :* vous voyez tous à qui je fais allusion.

B. SANS MOUVEMENT ■ **1** (1549) Être placé ou considéré après, dans un ordre donné. *La maison qui suit la mienne.* — *Conjonction suivie du subjonctif.* — (SANS COMPL.) *Je passe les pages qui suivent* (➤ 1 **suivant**). *Suivait une explication.* — **(Pour annoncer, présenter ce qui va venir)** *On le verra dans l'exemple qui suit.* IMPERS. *Procédez comme suit.* ■ **2** (1549) Venir, se produire après, dans le temps. ➤ **succéder** (à). « *Une chaleur orageuse suivait ces brusques ondées* » CAMUS. — (SANS COMPL.) *Le jour qui suit.* ➤ **lendemain.** ■ **3** (1640) Venir après comme effet, être produit par (➤ **conséquence, résultat, suite**). « *Je crains qu'un prompt effet n'ait suivi la menace* » RACINE. ■ **4** INTRANS. **SUIVRE DE...** VX Être la conséquence de. MOD. (LITTÉR.) IMPERS. **(pour exprimer une conséquence logique, dans un raisonnement)** *Il suit de là que ; d'où il suit que...* ➤ **s'ensuivre.**

II GARDER UNE DIRECTION ■ **1** (fin XIIe) Aller dans (une direction, une voie). ➤ **parcourir ; emprunter, prendre.** *Suivre un chemin.* « *Elle suivit la rue jusqu'au bout, en prit une autre* » GREEN. *Suivre un fleuve* (➤ **descendre, remonter**). — *Suivre la piste, les traces de qqn.* ♦ *Suivre une filière.* ➤ **remonter.** *Suivre le fil de ses idées.* « *Il nous est difficile, à nous, hommes politiques* [...] *de suivre longtemps une ligne d'action* » ROMAINS. — **SUIVRE SON COURS :** évoluer dans la même direction, continuer, se développer normalement. *La maladie suit son cours. L'affaire, l'enquête va suivre son cours.* ■ **2** (1783) Aller le long de. ➤ **longer.** *Une route suit la côte.* ■ **3** (XIIIe) (ABSTRAIT) Garder (une idée, etc.) avec constance. *Suivre son idée* (cf.

Suite* dans les idées, esprit de suite*). *Suivre sa pensée.* ♦ S'occuper régulièrement à (qqch.). *Suivre un cours,* assister aux leçons qu'il comporte. *« nous avions suivi pendant deux années consécutives le séminaire de vente »* PEREC. — *Des cours très suivis,* très fréquentés. — *Suivre un traitement :* pratiquer régulièrement certains soins, prendre assidûment des médicaments. *Suivre un régime*.* — JEU *Suivre un numéro à la roulette, un cheval aux courses,* parier toujours sur le même. — (SANS COMPL.) Au poker, Miser pour rester dans le jeu. *Je suis.* ♦ *Suivre un feuilleton à la télévision,* regarder chaque épisode. — **À SUIVRE,** mention indiquant qu'un récit se poursuivra dans d'autres numéros d'un périodique (cf. La suite* au prochain numéro). ♦ COMM. (emploi critiqué) *Suivre un produit, un article,* se réapprovisionner régulièrement (➤ **suivi**).

III SE CONFORMER À ▪ **1** (milieu XIIe) Aller dans le sens de (ses mouvements intérieurs, son destin) ; obéir à (une force, une impulsion). ➤ **s'abandonner.** *Suivre le caprice du moment.* ➤ **obéir** (à). *Suivre son premier mouvement, son penchant.* ▪ **2** (début XIIe) Penser ou agir selon (les idées, la conduite de qqn). ➤ **imiter.** *Exemple à suivre. Suivre l'opinion commune.* ➤ **adhérer** (à), **embrasser.** *Suivre la tradition.* (1665) *Suivre la mode.* ➤ **sacrifier** (à). — (milieu XIIe) Faire comme (qqn). ➤ **se joindre** (à). *« Caillaux, Clemenceau avaient marché contre leur ancien collaborateur. Mais Perchot, Herriot [...] ne les avaient pas suivis »* ARAGON. *Majorité qui suit le gouvernement.* ➤ **soutenir.** — Approuver* (qqn). *Là, je ne vous suis plus.* ♦ Se montrer apte à poursuivre (des études). *Suivre aisément sa classe.* — (SANS COMPL.) *Il ne pourra pas suivre en troisième,* poursuivre le cours des études (cf. aussi ci-dessous IV, 1° et 3°). ▪ **3** (CHOSES) Faire la même chose que. *Les salaires ne suivent pas l'inflation.* (SANS COMPL.) *Si les prix augmentent, les salaires doivent suivre.* ▪ **4** Se conformer à (un ordre, une recommandation). ➤ **obéir.** *Les consignes n'ont pas été suivies. Le mot d'ordre de grève a été bien suivi.* ➤ **respecter.** — (CHOSES) *« L'étendue, les forces, la durée, toutes les propriétés des choses naturelles ne suivent-elles pas la loi des nombres ? »* SENANCOUR. ▪ **5** Se conformer à (un projet, un modèle abstrait conçu comme une ligne, un chemin). *Suivre une méthode.* ➤ **observer.** *Suivre une politique. La marche* à suivre.*

IV PORTER SON ATTENTION SUR (QQCH. ; QQN) ▪ **1** (1694) Rester attentif à (un énoncé). *Suivre un discours, la conversation.* — Lire des yeux et simultanément (ce qui est lu à voix haute, ou joué). *Suivre une symphonie sur la partition.* ▪ **2** Observer attentivement et continûment dans son cours (l'évolution d'une action). *Suivre la messe. Suivre un match à la télévision.* — (1784) (En prenant connaissance des états successifs, en se tenant au courant) *Suivre l'actualité. Suivre une intrigue, une affaire.* LOC. *Affaire à suivre,* dont les suites peuvent être intéressantes. ♦ (1678) *Suivre qqn,* être attentif à son comportement, pour le surveiller, le diriger. *Professeur qui suit un élève. Médecin qui suit un malade. Il est bien suivi.* ♦ (calque de l'anglais *to follow*) Être abonné aux messages publiés par (un autre utilisateur d'un microblog, des réseaux sociaux). ▪ **3** (1284) Comprendre dans son déroulement (un énoncé, un raisonnement, un exposé). ➤ **comprendre.** *Suivre une démonstration. Je ne suis pas votre raisonnement.* (SANS COMPL.) *La moitié des étudiants ne suivaient plus. — Suivre qqn. Vous me suivez ?*

V SE SUIVRE v. pron. ▪ **1** (1690) Aller les uns derrière les autres. *Se suivre à la queue leu leu, à la file.* ▪ **2** Se présenter dans un ordre, sans qu'il manque un élément. *Nos numéros se suivent. Cartes qui se suivent* (➤ **séquence, série, suite**). ▪ **3** Venir les uns après les autres dans le temps. ➤ **se succéder.** *Évènements qui se suivent.* PROV. *Les jours se suivent et ne se ressemblent* pas.* ▪ **4** (1588) Former un tout dont les éléments s'enchaînent. *Une histoire qui se suit.* ▪ **5** VX *Il s'en suit, il s'en est suivi que...* ➤ **s'ensuivre.**

▪ CONTR. Devancer, précéder ; diriger. 1 Écarter (s'), éloigner (s'), fuir. Opposer (s'). ▪ HOM. *Suis :* suis (1 être).

1 **SUJET, ETTE** [syʒɛ, ɛt] adj. – 1120 *suget* « soumis » ◊ latin *subjectus,* de *subjicere* « mettre sous » ▪ **1** VX *Sujet à..., de...,* assujetti à... (par conquête). (1155) VIEILLI Qui est dans la dépendance d'une autorité supérieure. ➤ **soumis.** ▪ **2** VX ou DR. Soumis à une nécessité, à une loi ; dépendant de qqch. ➤ **astreint.** *Sujet à un droit, à une obligation.* — COUR. *Sujet à caution*.* ▪ **3** (XVe) COUR. Exposé à. ➤ **susceptible** (de). *Être sujet au mal de mer, au vertige.* — (Suivi de l'inf.) *« Les hommes les plus fermes [...] sont sujets à changer »* LESAGE. ▪ CONTR. Autonome, gouvernant.

2 **SUJET, ETTE** [syʒɛ, ɛt] n. – 1325 ◊ de 1 *sujet* ▪ **1** Personne soumise à une autorité souveraine (➤ **gouverné, inférieur**). *Le souverain et ses sujets. « pour les rois, le monde est très simplifié. Tous les hommes sont des sujets »* SAINT-EXUPÉRY. *Les sujets d'une démocratie, d'une république. « La France contient trente-six millions de sujets, sans compter les sujets de mécontentement »* H. ROCHEFORT. ▪ **2** Ressortissant d'un État. *Il est sujet britannique. « Nos Normands et les Basques, sujets de la Castille, étaient en intime rapport »* MICHELET. ▪ CONTR. Maître, souverain ; gouvernement.

3 **SUJET** [syʒɛ] n. m. – fin XIVe ◊ du latin *subjectum,* neutre de *subjectus* → 1 sujet

I THÈME DE RÉFLEXION, THÈME REPRÉSENTÉ ▪ **1** Ce qui est soumis à l'esprit, à la pensée ; ce sur quoi s'exerce la réflexion. — REM. Le *sujet* d'une discussion « est simplement ce dont elle traite ; l'*objet* est le but qu'on s'est proposé en l'instituant » (Lalande). *Des sujets de méditation, de pensée, de discussion.* — (1556) Ce dont il s'agit, dans la conversation, dans un écrit. ➤ **matière,** 1 **point, question.** *« La marquise et le jeune homme [...] abordèrent en un moment une multitude de sujets : la peinture, la musique, la littérature, la politique, les hommes, les événements et les choses »* BALZAC. *Passer d'un sujet à un autre. Revenons à notre sujet* (cf. Revenons à nos moutons*). *Entrer dans le cœur, dans le vif* du sujet. Discussion qui porte sur tel sujet. Sujet rebattu* (médias). ➤ **marronnier, serpent** (de mer). — (1580) *Sur le sujet de... ; sur ce sujet.* ➤ **article, chapitre.** *Assez sur le sujet !* (1588) *Au sujet de... :* à propos de. (1644) *C'est à quel sujet ?* ▪ **2** (1532) Ce qui, dans une œuvre littéraire, constitue le contenu de pensée sur lequel s'est exercé le talent créateur de l'auteur. ➤ **fond, idée, thème.** *Le sujet et le style. Un sujet de roman. Un bon sujet ; un sujet en or. « Le sujet d'un livre, on n'écrit que pour le chercher »* BOUSQUET. — *Un sujet de film. « refaire du sujet la raison même de la mise en scène »* GODARD. ▪ **3** (1580) Ce sur quoi s'applique la réflexion, dans un travail scientifique, une œuvre didactique. ➤ **problème, question.** *Bibliographie par sujets.* ➤ **thématique.** *Le sujet d'une dissertation. Sujet de thèse. Traiter un sujet. Devoir hors (du) sujet.* ▪ **4** (1690) Thème ou motif principal, SPÉCIALT dans la musique contrapontique. *Le sujet et les contresujets d'une fugue.* ▪ **5** (1660) Ce qui est représenté ou évoqué dans une œuvre graphique, plastique ; Représentation d'un motif anecdotique, littéraire, d'une action ; ce motif (opposé à *paysage, nature morte*). *Sujet de tableau.* ➤ **motif.** *« Gervaise demanda le sujet des* Noces de Cana *; c'était bête de ne pas écrire les sujets sur les cadres »* ZOLA. *Étude des sujets.* ➤ **iconographie.**

II MOTIF (DANS DES EXPRESSIONS) (1555) Ce qui fournit matière, occasion à (un sentiment, une action). ➤ **motif, occasion, raison.** *Sujet de chagrin, de mécontentement. « Non, ce n'était pas les sujets de satisfaction qui me manquaient »* TOURNIER. *Sujet de dispute.* ♦ (fin XVIe) *Avoir sujet de* (et l'inf.). *Je n'ai pas sujet de me plaindre.* — (1604) *Sans sujet :* sans raison.

III EN GRAMMAIRE ▪ **1** (1680) LOG. Dans une proposition attributive, L'être auquel est attribué le prédicat, l'attribut. ▪ **2** Terme considéré comme le point de départ de l'énoncé, que l'on définit d'une manière logique (terme à propos duquel on exprime qqch.) ou formelle (terme qui régit le verbe). *Le sujet grammatical d'une proposition. Sujet réel* (logique) *et sujet apparent* (formel). *Sujet, verbe et complément. Inversion du sujet. Phrase sans sujet.* APPOS. *Les pronoms sujets.*

IV ÊTRE VIVANT A. INDIVIDU ▪ **1** (1585) VX Être individuel, personne considérée comme le support d'une action, d'une influence. *« Vos inclinations se tournaient [...] sur un sujet digne »* LA BRUYÈRE. ♦ (1690) VIEILLI **BON SUJET,** qui se conduit bien. *« Sois certain que je t'estime, car tu me sembles un bon sujet et un travailleur »* ZOLA. — (1740) MOD. **MAUVAIS SUJET,** qui se conduit mal. — *Un brillant sujet, un sujet d'élite :* un très bon élève. ▪ **2** (1560) Être vivant soumis à l'observation ; individu présentant tel ou tel caractère. *Sujet d'étude, d'expérience.* ➤ **cobaye.** *« Vous ne voyez donc pas que vous êtes de simples sujets d'expériences extravagantes, qu'on essaie sur vous mille actions et mille substances inconnues ! »* VALÉRY. *« on admettra les multiples avantages du sujet humain sur le sujet animal »* J. TESTART. (1916) *Le sujet parlant, en linguistique.* ➤ **locuteur.** ▪ **3** (1754) DANSE Troisième échelon dans la hiérarchie du corps de ballet de l'Opéra. ▪ **4** (1936) DR. *Sujet de droit :* titulaire (d'un droit) ; personne considérée comme le support d'un droit.

B. EN PHILOSOPHIE, EN PSYCHOLOGIE (v. 1824, Maine de Biran ◊ traduction de l'allemand [Kant]) Être pensant, considéré comme le siège de la connaissance (opposé à *objet*). ➤ **conscience, esprit, 1 personne ; subjectif.** *Le sujet pensant.*

SUJÉTION [syʒesjɔ̃] **n. f.** – 1455 ; *subjection* 1155 ◊ d'après *sujet ;* latin *subjectio* « soumission », de *subjicere* → 1 sujet ▪ **1** Situation d'une personne soumise à une autorité, une domination souveraine. ➤ **assujettissement, dépendance, soumission ;** (FIG.) **chaîne, joug.** *Maintenir un pays, un peuple dans la sujétion.* ➤ **oppression. —** État d'un pays soumis (par conquête, etc.). *S'affranchir de la sujétion d'un dictateur. Rendre « l'Italie indépendante de l'Allemagne, après sept cents ans de sujétion, ou d'esclavage, ou de soumission »* VOLTAIRE. ▪ **2** LITTÉR. État, situation d'une personne qui est astreinte à une nécessité, qui n'est pas libre d'agir à sa guise. ➤ **assujettissement, contrainte.** FIG. *La sujétion aux passions.* ◆ COUR. Obligation pénible, contrainte ; situation qui en résulte. *La sujétion d'habiter loin de son lieu de travail.* ➤ **gêne, incommodité.** ▪ **3** Action de soumettre, autorité qui opprime. ➤ **oppression.** *« Un des ennuis de Gervaise [...] était de retomber sous la sujétion de quelque mauvaise bête »* ZOLA. ▪ CONTR. Indépendance.

SULCATURE [sylkatyʀ] **n. f.** – 1871 ◊ du latin *sulcare* « sillonner », de *sulcus* « sillon » ▪ GÉOL. Trace en forme de sillon.

SULCIFORME [sylsifɔʀm] **adj.** – 1834 ◊ du latin *sulcus* et *-forme* ▪ DIDACT. Qui a la forme d'un sillon, d'une rainure linéaire.

SULFAMIDE [sylfamid] **n. m.** – v. 1935 ; « sulfate d'ammoniaque anhydre » 1838 ◊ de *sulf(o)-* et *amide* ▪ CHIM. Composé de synthèse soufré, dont les dérivés sont utilisés dans le traitement de nombreuses maladies infectieuses.

SULFATAGE [sylfataʒ] **n. m.** – 1849 ◊ de *sulfater* ▪ Opération qui consiste à sulfater. — Traitement des cultures au sulfate de cuivre. *Le sulfatage des bois, de la vigne.*

SULFATE [sylfat] **n. m.** – 1787 ◊ de *sulf(o)-* et suffixe chimique *-ate* ▪ Sel, ion ou ester de l'acide sulfurique. ➤ VX **couperose, vitriol.** *Sulfates acides.* ➤ **bisulfate.** *Sulfates et persulfates. Sulfates naturels de plomb, de calcium hydraté.* ➤ **gypse.** *Sulfate de cuivre, utilisé pour sulfater les vignes* (cf. Bouillie* bordelaise).

SULFATÉ, ÉE [sylfate] **adj.** – 1801 ◊ de *sulfate* ▪ **1** CHIM. Qui contient un radical sulfate $-O-SO_3H$ dans sa composition. *Un amide sulfaté.* ◆ Qui contient un sulfate. *Eau minérale sulfatée. Source sulfatée.* ▪ **2** (de *sulfater*) COUR. Qui a subi un sulfatage. *Vignes sulfatées.*

SULFATER [sylfate] **v. tr.** ‹1› – 1872 ◊ de *sulfate* ▪ **1** Enduire de sulfate de cuivre (le bois) ; traiter (le vin, le moût) en y ajoutant du plâtre. ▪ **2** (1904) Traiter (la vigne) en pulvérisant sur ses tiges et ses feuilles une bouillie à base de sulfate de cuivre (et PAR EXT. d'un autre sel de cuivre), afin de la protéger contre les maladies cryptogamiques. — *Sulfater des grains ; un champ* (au sulfate de fer).

SULFATEUR, EUSE [sylfatœʀ, øz] **n.** – 1886 ; autre sens 1858 ◊ de *sulfater* ▪ Ouvrier, ouvrière agricole qui procède au sulfatage de la vigne.

SULFATEUSE [sylfatøz] **n. f.** – 1921 ◊ de *sulfater* ▪ Appareil qui sert à pulvériser le sulfate de cuivre sur la vigne. ➤ **pulvérisateur.** ◆ (1945) ARG. MILIT. Mitraillette.

SULFHÉMOGLOBINE [sylfemɔglɔbin] **n. f.** – 1953 ◊ de *sulf(o)-* et *hémoglobine* ▪ BIOCHIM. Combinaison irréversible de l'hémoglobine du sang avec l'hydrogène sulfuré lors d'une intoxication par ce gaz.

SULFHYDRIQUE [sylfidʀik] **adj. m.** – 1832 ◊ de *sulf(o)-* et *-hydrique* ▪ CHIM. VX *Acide sulfhydrique :* hydrogène sulfuré*. *Intoxication par l'acide sulfhydrique* (ou *sulfhydrisme* **n. m.**).

SULFINISATION [sylfinizasjɔ̃] **n. f.** – 1953 ◊ d'un radical chimique *sulfin-*, du latin *sulfur* → soufre ▪ MÉTALL. Cémentation (des alliages ferreux) par diffusion superficielle de soufre (pour en améliorer les propriétés de frottement).

SULFITAGE [sylfitaʒ] **n. m.** – 1904 ◊ de *sulfite* ▪ AGRIC. Traitement (des moûts) au sulfite acide de potasse (colorant) ou à l'anhydride sulfureux.

SULFITE [sylfit] **n. m.** – 1787 ◊ de *sulf(o)-* et *-ite* ▪ CHIM. Sel ou ion issu de l'acide sulfureux. *Sulfites et hyposulfites* (appelés aujourd'hui *thiosulfates**). *Le sulfite de sodium sert à blanchir le papier brut.*

SULF(O)- ▪ Élément, du latin *sulfur, uris* « soufre ». ➤ **thi(o)-.**

SULFOCARBONATE [sylfokaʀbɔnat] **n. m.** – 1834 ◊ de *sulfo-* et *carbonate* ▪ CHIM. VIEILLI Thiocarbonate.

SULFOCARBONIQUE [sylfokaʀbɔnik] **adj.** – 1848 ◊ de *sulfo-* et *carbonique* ▪ CHIM. Se dit des acides dérivant de l'acide carbonique par diverses substitutions du soufre à l'oxygène.

SULFONE [sylfɔn] **n. f.** – 1875 ◊ de l'allemand ; cf. *sulf(o)-* ▪ CHIM. Composé de formule générale R_2SO_2 obtenu par oxydation d'un sulfure.

SULFONÉ, ÉE [sylfɔne] **adj.** – 1867 ◊ de *sulf(o)-* ▪ CHIM. Se dit d'un dérivé renfermant le radical SO_3H dans sa molécule. *Dérivé aromatique sulfoné :* molécule aromatique où un atome d'hydrogène a été remplacé par un groupe SO_3H.

SULFOSEL [sylfosɛl] **n. m.** – 1834 ◊ de *sulfo-* et *sel* ▪ CHIM. Combinaison entre un sulfure métallique et un sulfure non métallique.

SULFURAGE [sylfyʀaʒ] **n. m.** – 1884 ◊ de *sulfurer* ▪ AGRIC. Destruction des parasites de la vigne (phylloxéra, etc.) par injection de sulfure de carbone dans le sol.

SULFURATION [sylfyʀasjɔ̃] **n. f.** – 1821 ◊ de *sulfure* ▪ CHIM. Combinaison d'une substance avec le soufre ; transformation d'un corps en sulfure.

SULFURE [sylfyʀ] **n. m.** – 1787 ◊ de *sulf(o)-* et *-ure* ▪ **1** CHIM. Composé du soufre avec un métal, l'hydrogène ou un cation complexe. ➤ **persulfure, polysulfure.** *Le sulfure de carbone est employé dans la lutte contre le phylloxéra* (➤ **sulfurage**), *dans la vulcanisation du caoutchouc. Sulfure d'hydrogène :* hydrogène sulfuré*. *De nombreux minerais sont des sulfures simples ou complexes :* alabandite (manganèse), blende (zinc), chalcopyrite (cuivre et fer), galène (plomb), mispickel, marcassite, pyrite (fer). ◆ Composé organique présentant un pont soufre et qui forme des sulfones par oxydation. ▪ **2** Objet en cristal, décoré dans la masse. *Une collection de sulfures.*

SULFURÉ, ÉE [sylfyʀe] **adj.** – 1785 ◊ de *sulfure* ▪ **1** CHIM. Combiné avec le soufre. *Composé sulfuré. Hydrogène sulfuré :* gaz incolore (acide sulfhydrique* H_2S) dont l'odeur forte se perçoit dans le pourrissement des œufs. *Eaux minérales sulfurées. Sources sulfurées.* ▪ **2** Qui est traité par le soufre.

SULFURER [sylfyʀe] **v. tr.** ‹1› – 1856 ◊ de *sulfuré* ▪ **1** CHIM. Combiner avec le soufre. ▪ **2** Recouvrir de soufre. VITIC. Traiter (une vigne) au sulfure de carbone pour la débarrasser du phylloxéra (➤ **sulfurage**).

SULFUREUX, EUSE [sylfyʀø, øz] **adj.** – 1549 ; *sulphureux* XIIIe ◊ latin *sulfurosus* ▪ **1** Qui contient du soufre libre ou à l'état d'ion sulfure ; qui est relatif au soufre. *Vapeurs, exhalaisons sulfureuses. « Le rayon sulfureux qu'en des songes funèbres Il nous apporte de l'enfer ! »* HUGO. ▪ **2** CHIM. *Anhydride sulfureux* ou *gaz sulfureux :* composé binaire du soufre (SO_2), gaz incolore, d'odeur suffocante, très soluble dans l'eau et très facilement liquéfiable, utilisé dans la fabrication de l'acide sulfurique, les industries de blanchiment, etc. ◆ (1765) *Acide sulfureux :* acide (H_2SO_3) connu seulement en solution. *Sels de l'acide sulfureux.* ➤ **sulfite.** ▪ **3** COUR. *Eau sulfureuse,* qui contient et dégage de l'hydrogène sulfuré. *Les eaux sulfureuses d'Enghien. Bains sulfureux* (contre l'eczéma, etc.). ▪ **4** FIG. et LITTÉR. Qui rappelle le démon, l'enfer, qui sent le soufre. *Un personnage sulfureux.*

SULFURIQUE [sylfyʀik] **adj.** – 1787 ; « qui produit des émanations sulfureuses » 1585 ◊ de *sulfure* ▪ CHIM. *Acide sulfurique* (H_2SO_4) : acide fort, corrosif, qui attaque les métaux sauf l'or et le platine. *Acide sulfurique fumant.* ➤ **oléum.** *Acide sulfurique concentré.* ➤ **vitriol.** *L'acide sulfurique est utilisé dans la fabrication des superphosphates, de produits chimiques, d'explosifs.* — *Anhydride sulfurique :* anhydride solide (SO_3), cristallisant en longues aiguilles blanches, soluble dans le sulfure de carbone, qui se combine énergiquement à l'eau pour donner de l'acide sulfurique.

SULFURISÉ, ÉE [sylfyʀize] **adj.** – 1907 ◊ de *sulfure* ▪ *Papier sulfurisé,* rendu imperméable par un trempage dans l'acide sulfurique dilué. *Papier sulfurisé servant à envelopper des denrées alimentaires.*

SULKY [sylki] **n. m.** – 1860 ◊ mot anglais, de *sulky* « boudeur », parce que cette voiture n'a qu'une place ▪ Voiture légère à deux roues, sans caisse, utilisée pour les courses de trot attelé. *Des sulkys.* On emploie aussi le pluriel anglais *des sulkies.*

SULPICIEN, IENNE [sylpisjɛ̃, jɛn] **adj.** et **n. m.** – 1721 ◊ de *saint Sulpice* ▪ **1** De la congrégation de Saint-Sulpice, congrégation de prêtres voués à l'instruction des jeunes ecclésiastiques, fondée par le P. Olier en 1644. ◆ **n. m.** Membre de cette congrégation ; élève, ancien élève du séminaire Saint-Sulpice. ▪ **2** (1897) Propre aux boutiques d'art religieux du quartier qui environne l'église Saint-Sulpice à Paris. ➤ **saint-sulpicien.** *Imagerie sulpicienne,* dont l'idéalisation et le bariolage sont de mauvais goût.

SULTAN [syltɑ̃] **n. m.** – 1540 ; var. *sou(l)dan* XIIe-XVIIIe ; *soltan* 1298 ◇ arabo-turc *soltân* ▪ Souverain de l'Empire ottoman. ➤ **padishah.** — Prince de certains pays musulmans. *Le sultan du Maroc.* ➤ **roi.** « *Je me plaisais à le considérer comme un Sultan au milieu de son sérail* » LACLOS.

SULTANAT [syltana] **n. m.** – 1842 ◇ de *sultan* ▪ **1** Dignité, règne d'un sultan. ▪ **2** État sous l'autorité d'un sultan. *Le sultanat d'Oman.*

SULTANE [syltan] **n. f.** – 1548 ; *soultane* 1541 ◇ de *sultan* ▪ **1** Chacune des femmes du sultan turc ; SPÉCIALT la *sultane favorite* ou *sultane régnante.* « *Au pays féerique où les blanches sultanes Baignent leurs corps polis* » BANVILLE. ▪ **2** (1628) MAR. Ancien vaisseau de guerre turc. ➤ **galère.** ▪ **3** (1671) APPOS. *Poule sultane :* oiseau échassier *(rallidés). Des poules sultanes.* ▪ **4** Canapé formé d'une banquette et de deux dossiers latéraux.

SUMAC [symak] **n. m.** – XIIIe ◇ arabe *summaq* ▪ Plante dicotylédone *(térébinthacées),* dont il existe de nombreuses espèces. *Sumac de Virginie.* ➤ **amarante.** *Sumac des teinturiers.* ➤ **fustet.** *Sumac de Sicile,* dont on utilise les feuilles en tannerie. *Sumac à bois glabre.* ➤ **vinaigrier.**

SUMÉRIEN, IENNE [symeʀjɛ̃, jɛn] **adj.** et **n.** – 1872 ◇ de *Sumer,* du babylonien *Sumeru* ▪ HIST. Relatif au pays de Sumer et à son peuple, qui s'installa vers le IVe millénaire dans la basse Mésopotamie. *Art sumérien.* « *Les basaltes sumériens de Goudéa* » MALRAUX. *Écriture sumérienne,* cunéiforme. — **n.** *Les Sumériens.* — **n. m.** *Le sumérien :* la langue sumérienne originelle, la plus vieille langue écrite de l'humanité. *L'akkadien a succédé au sumérien.*

SUMMUM [sɔ(m)mɔm] **n. m.** – 1806 ◇ mot latin, neutre substantivé de *summus* « le plus haut » ▪ Le plus haut point, le plus haut degré. ➤ **apogée*, faîte, sommet.** *Être au summum de la gloire. Atteindre le summum. Des summums.* « *Toutes les œuvres du génie sont le* summum *d'une civilisation* » BALZAC.

SUMO [symo] **n. m.** – 1981 *sumō ;* 1863 *soumo* ◇ mot japonais « lutte » ▪ **1** Lutte japonaise pratiquée par des adversaires exceptionnellement grands et corpulents, où chaque lutteur doit contraindre l'adversaire à sortir d'un espace très limité. *Tournoi de sumo. Lutteur de sumo.* ▪ **2** Lutteur de sumo (on dit aussi **SUMOTORI**). *Des sumos.*

SUNDAE [sœnde] **n. m.** – 1914 ◇ mot. anglais américain, p.-ê. altération de *sunday* « dimanche » ▪ (Canada) Crème glacée servie dans une coupe. *Un sundae au caramel. — La cerise* sur le sundae.*

SUNLIGHT [sœnlajt] **n. m.** – 1881 ◇ mot anglais américain, proprt « lumière *(light)* du soleil *(sun)* » ▪ ANGLIC. Projecteur puissant utilisé dans les studios cinématographiques. *Des sunlights.*

SUNNA [syna] **n. f.** – 1553 ◇ mot arabe « loi, règle traditionnelle » ▪ RELIG. Orthodoxie musulmane, d'après la tradition qui rapporte les paroles et les actions de Mahomet.

SUNNISME [synism] **n. m.** – 1841 ◇ de *sunna* ▪ RELIG. Doctrine des sunnites. *Sunnisme et chiisme.*

SUNNITE [synit] **adj.** et **n.** – 1697 ; *sonni* 1653 ◇ de *sunna* ▪ RELIG. Qui se conforme à la sunna. *Rites sunnites.* — **n.** *Les sunnites et les chiites*.*

1 **SUPER** [sypɛʀ] **n. m.** – 1956 ◇ de *supercarburant* ▪ Supercarburant. *Faire le plein de super. Rouler au super.* ▪ HOM. Supère.

2 **SUPER** [sypɛʀ] **adj.** et **adv.** – 1951 ◇ de *super-* ▪ FAM. ▪ **1** Supérieur, formidable, épatant. ➤ **extra, géant, génial, sensationnel.** *Un mec super. C'est une super idée. C'était super, cette fête !* ➤ **mortel,** 2 **top.** *Des soirées supers* ou *super* (inv.). *Un plan super* (cf. D'enfer). ▪ **2** adv. Remarquablement, très. *Des gens super sympas.* « *une petite fille, et super douée pour la gourmandise...* » Y. QUEFFÉLEC.

SUPER- ▪ **1** Élément, du latin *super* « au-dessus, sur » (➤ aussi **supra-, sus-**). ▪ **2** Préfixe de renforcement, marquant le plus haut degré ou la supériorité, servant à former de nombreux noms et adjectifs, surtout dans les domaines technique *(superciment, supersonique)* et publicitaire *(supermarché, superproduction, superfin).* ➤ aussi **hyper-, sur-.**

SUPERACIDE [sypɛʀasid] **n. m.** – 1965 ◇ de *super-* et *acide* ▪ CHIM. Acide capable de transférer un proton à des bases plus faibles que l'eau ; SPÉCIALT mélange d'acide fluorhydrique, d'anhydride sulfurique et de fluorure d'antimoine, qui constitue le plus fort acide connu à ce jour.

SUPERALIMENT [sypɛʀalimɑ̃] **n. m.** – 1911 ◇ de *super-* et *aliment,* d'après l'anglais *superfood* ▪ Aliment qui serait particulièrement bénéfique pour la santé. ➤ aussi **alicament.**

SUPERALLIAGE [sypɛʀaljaʒ] **n. m.** – 1962 ◇ de *super-* et *alliage* ▪ MÉTALL. Alliage réfractaire.

SUPERAMAS [sypɛʀamɑ] **n. m.** – v. 1970 ◇ de *super-* et *amas* ▪ ASTRON. Amas d'amas galactiques.

1 **SUPERBE** [sypɛʀb] **n. f.** – 1120 ◇ latin *superbia* « orgueil » ▪ **1** VX « Vanité qui rend orgueilleux » (Furetière). ➤ **orgueil.** « *Si l'on ne se connaît plein de superbe, d'ambition* » PASCAL. ➤ 2 **superbe.** ▪ **2** (repris XIXe) LITTÉR. Assurance orgueilleuse, qui se manifeste par l'air, le maintien. ➤ **fierté.** *Il n'a rien perdu de sa superbe.* ▪ CONTR. Humilité.

2 **SUPERBE** [sypɛʀb] **adj.** – 1120 n. ◇ latin *superbus* « orgueilleux », puis « magnifique » ▪ **1** VX ou LITTÉR. Orgueilleux ; plein de superbe (1). *L'histoire « rend les nations amères, superbes, insupportables et vaines »* VALÉRY. — Qui marque l'orgueil. *Un air superbe.* ➤ **glorieux.** ▪ **2** (1573) VX ou LITTÉR. Qui est plein de magnificence, donne une impression de grandeur et de luxe. ➤ **imposant, magnifique, somptueux.** « *Souvent, ce cabinet superbe et solitaire...* » RACINE. ▪ **3** (1617) COUR. Très beau*, d'une beauté évidente, magnifique. ➤ **splendide.** *Un superbe appartement. Un temps, une vue superbe.* « *L'une de ces superbes créatures [...] d'une beauté si réelle et si sûre d'être cultivée qu'elles ne la font point voir* » BALZAC. — (Sans valeur esthétique) Excellent, remarquable. *Une situation superbe.* — *Superbe de... :* qui tire sa beauté, sa perfection de... *Elle était superbe d'indifférence.* IRON. *Il est vraiment superbe d'inconscience.* ▪ CONTR. Humble ; affreux, laid.

SUPERBEMENT [sypɛʀbəmɑ̃] **adv.** – 1552 ◇ de 2 *superbe* ▪ **1** VX Orgueilleusement. ▪ **2** Magnifiquement. *Il était superbement habillé.*

SUPERBÉNÉFICE [sypɛʀbenefis] **n. m.** – 1951 ◇ de *super-* et *bénéfice* ▪ Bénéfice très élevé. ➤ **superprofit.**

SUPERCALCULATEUR [sypɛʀkalkylatœʀ] **n. m.** – v. 1985 ◇ de *super-* et *calculateur* ▪ Ordinateur d'une très grande puissance de calcul, possédant des temps de cycles d'instructions très courts, des ressources importantes et la possibilité d'effectuer des opérations en parallèle.

SUPERCARBURANT [sypɛʀkaʀbyʀɑ̃] **n. m.** – 1931 ◇ de *super-* et *carburant* ▪ Carburant de qualité supérieure, à indice d'octane plus élevé que l'essence ordinaire. ➤ 1 **super** (plus cour.). *Supercarburant sans plomb.*

SUPERCELLULAIRE [sypɛʀselylɛʀ] **adj.** – 1976 ; autre sens 1853 ◇ de *supercellule* ▪ MÉTÉOROL. *Orage supercellulaire :* orage violent causé par une supercellule (opposé à *monocellulaire, multicellulaire*).

SUPERCELLULE [sypɛʀselyl] **n. f.** – 1971 ; autre sens 1925 ◇ de *super-* et *cellule* ▪ MÉTÉOROL. Importante cellule* de convection atmosphérique au caractère persistant, à l'origine d'un orage violent ; PAR EXT. cet orage.

SUPERCHAMPION, IONNE [sypɛʀʃɑ̃pjɔ̃, jɔn] **n.** – 1931 ◇ p.-ê. traduction de l'italien *campionissimo ;* de *super-* et *champion* ▪ Champion célèbre qui obtient de nombreuses victoires.

SUPERCHERIE [sypɛʀʃəʀi] **n. f.** – 1611 ; « insulte » 1566 ◇ italien *soperchieria* « excès, affront », de *soperchio* « surabondant » ; latin populaire °*superculus* ▪ Tromperie qui implique généralement la substitution du faux à l'authentique (en matière d'intérêt, de droit, de commerce, d'art). ➤ **fraude.** *Les supercheries d'un faussaire. Par une habile supercherie. Découvrir la supercherie.*

SUPERCIMENT [sypɛʀsimɑ̃] **n. m.** – 1949 ◇ de *super-* et *ciment* ▪ TECHN. Ciment artificiel à haute résistance initiale, à durcissement rapide.

SUPERCLASSE [sypɛʀklɑs] **n. f.** – XXe ◇ de *super-* et *classe* ▪ PHYLOG. Subdivision de la classification des êtres vivants, dans l'embranchement des protozoaires.

SUPERCRITIQUE [sypɛʀkʀitik] **adj.** – 1964 ◇ de *super-* et *critique* ▪ AÉRONAUT. Se dit d'une aile d'avion dont le profil permet un vol sonique sans accroissement de la traînée.

SUPÈRE [sypɛʀ] adj. – 1770 ◇ latin *superus* «qui est au-dessus» ■ BOT. *Ovaire supère,* situé, ainsi que la fleur qui en naît, au-dessus du niveau d'insertion des autres pièces florales sur le pédoncule. *Fleur à ovaire supère.* ➤ **superovarié ; hypogyne.** ■ CONTR. Infère. ■ HOM. Super.

SUPÉRETTE [sypeʀɛt] n. f. – v. 1959 ◇ anglais américain *superette,* de *super(market)* et suffixe *-ette* ■ COMM. (seul *supermarché* est du lang. cour.) Magasin d'alimentation en libre-service d'une superficie comprise entre 120 et 400 m^2. ➤ **libre-service, supermarché.**

SUPERFAMILLE [sypɛʀfamij] n. f. – 1961 ◇ de *super-* et *famille* ■ PHYLOG. Subdivision de la classification des animaux qui regroupe plusieurs familles. — BIOCHIM. *Superfamille de gènes, de protéines :* ensemble de gènes ou de protéines présentant des similarités de séquence et de structure (➤ **domaine**) fortes, descendant probablement d'un même ancêtre commun.

SUPERFÉCONDATION [sypɛʀfekɔ̃dasjɔ̃] n. f. – 1883 ◇ du latin *super* «en plus» et *fécondation* ■ PHYSIOL. Fécondation multiple simultanée causée par une ovulation multiple.

SUPERFÉTATION [sypɛʀfetasjɔ̃] n. f. – 1560 ◇ latin médiéval *superfetatio,* de *superfetare* «concevoir de nouveau», radical *fetus* → fœtus ■ **1** BIOL. Fécondation d'un ovule supplémentaire, alors qu'une grossesse est déjà en développement (phénomène dont la réalité n'a pas été confirmée scientifiquement). ■ **2** (fin XVIIe) FIG. DIDACT. Production superfétatoire*, addition inutile. *«elle en découvrait assez pour que tout nouveau malheur ne lui parût qu'une superfétation»* ROMAINS.

SUPERFÉTATOIRE [sypɛʀfetatwaʀ] adj. – 1901 ◇ du latin *superfetatio* → superfétation ■ LITTÉR. Qui s'ajoute inutilement (à une autre chose utile). ➤ **superflu.** *Des accessoires «dont il ignorait l'usage et qu'il jugea par conséquent superfétatoires»* ROBBE-GRILLET.

SUPERFICIALITÉ [sypɛʀfisjalite] n. f. – 1731 ; «surface» 1512 ◇ de *superficiel* ■ DIDACT. Caractère superficiel. *«Frères humains, frères en misère et en superficialité»* A. COHEN.

SUPERFICIE [sypɛʀfisi] n. f. – v. 1265 ; *superfice* 1130 ◇ latin *superficies,* de *super* «sur» et *facies* «face» ■ **1** DIDACT. Surface d'un corps, considérée surtout dans son étendue et dans son caractère extérieur. *«Le toucher n'est qu'un contact de superficie»* BUFFON. ◆ Nombre caractérisant l'étendue d'une surface. ➤ 1 **aire** (2°). *Le mètre carré, unité de mesure de superficie. Calculer, mesurer la superficie d'un terrain, d'une exploitation* (➤ **acre, are, arpent, hectare**). ■ **2** FIG. et LITTÉR. Aspect superficiel (opposé à *fond*). ➤ **surface.** *S'en tenir à la superficie des choses.* ■ CONTR. Fond, profondeur.

SUPERFICIEL, IELLE [sypɛʀfisjɛl] adj. – 1314 ◇ latin impérial *superficialis* ■ **1** DIDACT. Relatif ou propre à la surface d'un corps. *Tension* superficielle.* ◆ Qui n'appartient qu'à la surface, n'intéresse que la surface. *Zone, couches superficielles de l'écorce terrestre. «Des phénomènes de diffraction correspondant à un réseau à deux dimensions, à un réseau purement superficiel»* BROGLIE. *Sensibilité superficielle.* — COUR. *Plaies, blessures, brûlures superficielles.* ■ **2** (1361) (ABSTRAIT) COUR. Qui n'est ni profond ni essentiel. ➤ **apparent.** *Une gaieté superficielle.* ◆ Qui, dans l'ordre de la connaissance, ne fait qu'effleurer sans approfondir. *Ce sont des esprits superficiels.* ➤ **frivole, futile, léger.** *Elle est gentille, mais un peu superficielle. — Idées, vues superficielles. «L'admiration absolue est toujours superficielle»* RENAN. ■ CONTR. Profond.

SUPERFICIELLEMENT [sypɛʀfisjɛlmɑ̃] adv. – *superficialment* 1314 ◇ de *superficiel* ■ **1** D'une manière superficielle. *Il a été blessé superficiellement.* ■ **2** (ABSTRAIT) *Connaître son sujet superficiellement.* ■ CONTR. Profondément ; fond (à fond).

SUPERFIN, INE [sypɛʀfɛ̃, in] adj. – 1544 ◇ de *super-* et 2 *fin* ■ COMM. Extrêmement fin ; d'une qualité supérieure. ➤ **surfin.** *Miel, beurre superfin. «un de ces dîners superfins que Mathurine cuisinait pour son évêque»* BALZAC.

SUPERFINITION [sypɛʀfinisjɔ̃] n. f. – 1949 ◇ de *super-* (2°) et *finition* ■ TECHN. Polissage très poussé (d'une pièce), destiné à éliminer la couche superficielle rendue amorphe par l'usinage.

SUPERFLU, UE [sypɛʀfly] adj. – 1314 ; hapax XIIIe ◇ latin impérial *superfluus,* du classique *superfluere* «déborder», de *fluere* «couler» ■ **1** Qui est en plus de ce qui est nécessaire, qui n'est pas strictement nécessaire. ➤ **dispensable.** *Biens superflus.* ➤ **superfétatoire, surabondant.** — PAR EUPHÉM. *Poils superflus,* jugés disgracieux et que l'on fait généralement disparaître. ◆ SUBST. *«Le superflu, chose très nécessaire»* VOLTAIRE. *«Le superflu ! [...] c'est la moitié du commerce des États, comme il est l'élégance de la vie»* BALZAC. ■ **2** Qui est en trop (discours, manifestations..., signes). ➤ **inutile, oiseux, vain.** *Propos, discours superflus. Développements superflus.* ➤ **redondant.** *«Il se montra parfait de tact, évitant même de se répandre en explications superflues»* COURTELINE. *Précautions superflues. Il est superflu d'insister, que vous insistiez.* ■ CONTR. Essentiel, indispensable, nécessaire, obligatoire, utile.

SUPERFLUIDE [sypɛʀflɥid] adj. et n. m. – v. 1960 ◇ de *super-* et *fluide* ■ PHYS. De viscosité nulle. — n. m. *L'hélium liquide est un superfluide.*

SUPERFLUIDITÉ [sypɛʀflɥidite] n. f. – v. 1960 ◇ de *super-* et *fluidité* ■ PHYS. État de l'hélium liquide à une température très basse (au-dessous de 2,17 K).

SUPERFLUITÉ [sypɛʀflɥite] n. f. – 1180 ◇ latin impérial *superfluitas* ■ **1** VX ou DIDACT. Abondance où il entre du superflu. ➤ **surabondance.** ■ **2** LITTÉR. *Une superfluité :* chose superflue, bien superflu. ➤ **luxe.** *«Marguerite retrancha les superfluités de la table, devint d'une parcimonie digne d'un avare»* BALZAC.

SUPERGÉANT [sypɛʀʒeɑ̃] n. m. – milieu XXe ◇ de *super-* et *géant* ■ Épreuve de ski alpin intermédiaire entre la descente et le slalom géant. *Des supergéants.* — ABRÉV. **SUPER-G** ou **SUPER G** [sypɛʀʒe]. *Des super-G, des super G.*

SUPERGRAND [sypɛʀgʀɑ̃] n. m. – 1966 ◇ de *super-* et *grand* ■ FAM. Grande puissance qui domine le monde. ➤ **grand, superpuissance.** *Les deux supergrands :* les États-Unis et l'U. R. S. S. avant sa disparition.

SUPER-HÉROS [sypɛʀeʀo] n. m. inv. /SUPERHÉROS/ – 1974 ◇ de *super-* et *héros,* par l'anglais ■ Personnage fantastique doué de pouvoirs surhumains. ➤ **superman.** *Les super-héros des comics.*

SUPERHÉTÉRODYNE [sypɛʀeteʀɔdin] adj. et n. m. – 1931 ◇ de *super-* et *hétérodyne* ■ ÉLECTRON. Se dit d'un récepteur (radio, télévision) dans lequel les oscillations de haute fréquence venant du signal reçu sont mélangées (➤ **mélangeur**) avec celles d'un oscillateur local, de manière à obtenir une fréquence plus basse, plus facile à utiliser. — n. m. *Un superhétérodyne.*

SUPER-HUIT [sypɛʀɥit] n. m. inv. et adj. inv. – 1965 ◇ de *super-* et *huit (millimètres)* ■ Format de film d'amateur intermédiaire entre le huit millimètres standard et le seize. *Filmer en super-huit.* ◆ adj. inv. *Caméra super-huit.* — On écrit aussi *super-8.*

SUPÉRIEUR, IEURE [sypeʀjœʀ] adj. et n. – milieu XIIe ◇ du latin *superior* «plus haut», «antérieur» et «plus fort», comparatif de *superus* «qui est au-dessus, en haut» (→ supère ; suprême) dont un dérivé est à l'origine de *souverain*

REM. On ne peut dire *plus, moins supérieur ;* mais *très, si, le plus supérieur* sont possibles : *«Les talents les plus supérieurs»* VOLTAIRE.

I IDÉE DE HAUTEUR ■ **1** Qui est plus haut, au-dessus, en haut. *La partie supérieure d'un objet.* ➤ **sommet.** *Les étages supérieurs d'un immeuble. Pont supérieur d'un navire. La mâchoire, la lèvre supérieure. Les membres supérieurs :* les bras. ■ **2** Dont l'altitude est plus grande ; plus haut. *Le cours supérieur d'un fleuve.* ■ **3** ASTRON. *Planètes supérieures,* plus éloignées du Soleil que la Terre (ex. Saturne).

II IDÉE DE VALEUR, DE GRANDEUR ■ **1** (1543) Qui a une valeur plus grande ; qui occupe une place, un degré au-dessus dans une hiérarchie. **SUPÉRIEUR À.** *«Les symphonies de Rameau sont supérieures à celles de Lulli et semblent moins faciles»* VOLTAIRE. *La vérité est «supérieure à toutes les fictions»* RENAN. ➤ **dépasser, surpasser, valoir** (mieux). *«Mégalo, c'est le type qui croit qu'il est supérieur aux autres»* BEDOS. *Être supérieur à qqn par une qualité* (cf. L'emporter sur). — (SANS COMPL.) (1588) Qui est au-dessus des autres. ➤ **suprême.** *Des intérêts supérieurs. Cet accord «doit se faire, au nom d'un principe supérieur. Ce principe, pour nous, est la justice»* CAMUS. *Qualité supérieure.* ➤ **excellent ;** 2 **extra-, super-.** *Une intelligence supérieure.* ➤ **éminent, transcendant, unique** (cf. Hors ligne*, hors pair*). *Les hommes supérieurs.* ■ **2** Plus grand que. *8 est supérieur à 7. Température supérieure à 0°,* positive. *Note supérieure à la moyenne.* — (Sans compl. en à) *Ennemi supérieur en nombre,* plus nombreux. *Passer à la vitesse supérieure. La limite supérieure. Stade supérieur.* ■ **3** SC. Se dit d'un organisme, d'une espèce considéré(e) comme étant plus complexe, donc plus avancé(e) dans une évolution. *Les* *organismes supérieurs. Animaux supérieurs,* nom donné généralement aux vertébrés. *Végétaux supérieurs,* nom donné généralement aux «plantes compliquées qui constituent la végétation la plus aisément visible des prairies, des champs et des jardins» (F. Moreau). ▪ **4** (1587) Plus élevé dans une hiérarchie politique, administrative, sociale. *Les classes dites supérieures de la société.* ➤ **dominant, prééminent, prépondérant.** *Conseil supérieur de la magistrature. Enseignement* supérieur, études* supérieures. Mathématiques supérieures ;* FAM. *maths sup. École normale supérieure* (ARG. SCOL. *Normale sup*). *École supérieure de commerce* (ARG. SCOL. *Sup de Co*). — *Officiers supérieurs. Cadres supérieurs ;* FAM. *cadres sup.* ▪ **5** (1548) **n. LE SUPÉRIEUR DE qqn :** personne hiérarchiquement placée au-dessus d'autres qui sont sous ses ordres. *Ma place «était juste en face de celle de ma supérieure directe»* A. NOTHOMB. *«Avec grande naïveté, je m'imaginais que mes supérieurs m'étaient supérieurs»* F. DARD. *Obéir, désobéir à ses supérieurs. Ses supérieurs hiérarchiques.* ▪ **6 n.** (v. 1510) Religieux ou religieuse assurant la direction d'une communauté ou d'un couvent. ➤ **doyen, 2 général, prieur.** *«La Supérieure [...] est l'âme de la maison et le chef de tous les membres qui la composent»* SAINTE-BEUVE. PAR APPOS. *Le Père supérieur, la Mère supérieure.* ▪ **7** (1852) Qui témoigne d'un sentiment de supériorité. ➤ **arrogant, condescendant, dédaigneux, fier, 2 superbe** (I°). *Air, ton, sourire supérieur.*

▪ CONTR. 1 Bas, 2 dessous (au-dessous), inférieur ; moindre ; médiocre, 1 mineur ; subalterne ; humble.

SUPÉRIEUREMENT [syperjœrmɑ̃] **adv.** – 1607 ◊ de *supérieur* ▪ D'une manière supérieure (II). ➤ **éminemment, excellemment, parfaitement.** *«Son style* [de Montaigne] *peint supérieurement son caractère»* STENDHAL. *Elle est supérieurement douée, intelligente.* FAM. *Supérieurement ennuyeux.* ➤ **très.**

SUPÉRIORITÉ [syperjɔrite] **n. f.** – v. 1450 ◊ latin médiéval *superioritas* ▪ **1** Fait d'être supérieur (II). ➤ **prééminence, suprématie.** *Supériorité numérique. Supériorité intellectuelle. C'est une supériorité qu'il a sur moi. Supériorité écrasante. Prouver, faire la preuve de sa supériorité.* — GRAMM. *Comparatif* de supériorité.* ➤ **plus.** ▪ **2** ABSOLT Qualité d'une personne supérieure. ➤ **excellence, transcendance.** *«Les grands hommes ne s'abusent point sur leur supériorité»* ROUSSEAU. *Avoir le sentiment de sa supériorité. Sentiment,* et ABUSIVEMENT *complexe de supériorité.* — *Air, sourire de supériorité,* supérieur (II, 7°). ➤ **condescendance, orgueil.** *«Ses premiers airs de supériorité, loin de créer l'enthousiasme, seraient couverts de ridicule»* STENDHAL. ▪ CONTR. Infériorité, insuffisance.

SUPERLATIF, IVE [sypɛrlatif, iv] **adj. et n. m.** – v. 1280 «supérieur, suprême» ◊ bas latin *superlativus,* de *superlatum,* supin de *superferre* «porter *(ferre)* au-dessus»

I adj. ▪ **1** (1550) GRAMM. Qui exprime le degré supérieur d'une qualité, défini absolument ou par rapport à un ensemble. *Préfixes superlatifs* (archi-, extra-, super-, sur-, ultra-). *Adverbes superlatifs.* ▪ **2** FIG. et VIEILLI Extrême. *«Un ennui superlatif»* (ACADÉMIE). ◆ Exagéré, excessif, hyperbolique. *Des compliments superlatifs.*

II n. m. ▪ **1** Terme qui exprime le degré supérieur d'une qualité. *Superlatifs italiens en* -issime. ◆ Terme exagéré, hyperbolique. *Abuser des superlatifs. Les «superlatifs qui chargeaient sa conversation où les moindres choses prenaient des proportions gigantesques»* BALZAC. ▪ **2** *Le superlatif :* l'ensemble des procédés grammaticaux qui expriment la qualité au degré le plus élevé. *Le positif, le comparatif et le superlatif. En français, le superlatif relatif est formé du comparatif précédé de l'article défini* (le plus, le moindre, le meilleur, le pire, le premier, le dernier). *Le superlatif absolu* (très). ◆ FIG. (1694) Le maximum. *«le superlatif de ses espérances»* BALZAC. *Au superlatif :* extrêmement, au plus haut degré. *Il m'ennuie au superlatif.*

SUPERLATIVEMENT [sypɛrlativmɑ̃] **adv.** – 1549 ◊ de *superlatif* ▪ FAM. et VIEILLI Extrêmement. *Un immense chapeau «à bords superlativement larges»* BAUDELAIRE.

SUPERLÉGER [sypɛrleʒe] **n. m.** – 1961 ◊ de *super-* et *léger* ▪ SPORT Boxeur de la catégorie de poids entre 60 et 63,5 kg. *Des superlégers.* — On écrit aussi *super-léger, des super-légers.*

SUPERMALLOY [sypɛrmalɔj ; sypɛrmalwa] **n. m.** – milieu XXe ◊ n. déposé, de *super-* et *(per)malloy* ▪ TECHN. Alliage de nickel, molybdène et fer.

SUPERMAN [sypɛrman] **n. m.** – 1949 ◊ mot anglais américain «surhomme», nom d'un héros de bandes dessinées ▪ ANGLIC. ▪ **1** Personnage fantastique doué d'une force colossale et de pouvoirs surhumains. ▪ **2** FAM. (souvent iron.) Homme supérieur. *Jouer les supermans.* On dit aussi *des supermen* [sypɛrmɛn] (plur. angl.). — On rencontre le féminin **SUPERWOMAN** [sypɛrwuman]. *Des superwomans* (plus rare *des superwomen* [sypɛrwumɛn], plur. angl.).

SUPERMARCHÉ [sypɛrmarʃe] **n. m.** – v. 1960 ◊ francisation de l'anglais *supermarket* ▪ Vaste magasin (de 400 à 2 500 m^2) vendant en libre-service des denrées alimentaires et des produits d'achat courant (cf. Grande surface*). *Linéaires, gondoles d'un supermarché. «dans le grand supermarché [...], Liana marche au hasard le long des rayons de marchandises : boîtes multicolores, paquets, viandes sous cellophane»* LE CLÉZIO. ➤ aussi **supérette ; hypermarché.**

SUPERNOVA, plur. **SUPERNOVÆ** [sypɛrnɔva, e] **n. f.** – 1949 ◊ de *super-* et *nova,* d'après l'anglais (1934) ▪ ASTRON. Explosion très lumineuse qui marque la fin de la vie de certaines étoiles ; étoile dans ce stade. *Des supernovæ /supernovas/.*

SUPERORDRE [sypɛrɔrdr] **n. m.** – 1964 ◊ de *super-* et *ordre* ▪ PHYLOG. Subdivision d'une sous-classe ou d'une classe de la classification des êtres vivants.

SUPEROVARIÉ, IÉE [sypɛrɔvarje] **adj.** – 1838 ◊ de *supère* et *ovarié* ▪ BOT. Dont l'ovaire est supère*. *Le myosotis est une plante superovariée.* ▪ CONTR. Inférovarié.

SUPEROXYDE [sypɛrɔksid] **n. m.** – 1868 ◊ de *super-* et *oxyde* ▪ CHIM. Anion de formule $O_2^{\,-}$, accompagné généralement d'un cation alcalin. *Superoxyde de potassium :* oxyde de formule KO_2 qui a plus d'oxygène que le peroxyde (K_2O_2).

SUPERPHOSPHATE [sypɛrfɔsfat] **n. m.** – 1858 ◊ de *super-* et *phosphate* ▪ CHIM. Engrais artificiel composé de phosphate acide et de sulfate de calcium.

SUPERPOSABLE [sypɛrpozabl] **adj.** – 1868 ◊ de *superposer* ▪ Que l'on peut superposer à... ➤ **applicable** (sur). *«Tous ces romans superposables les uns aux autres, comme les maisons verticalement entassées en hauteur»* PROUST. *Figures, solides superposables,* égaux (opposé à *symétrique*).

SUPERPOSER [sypɛrpoze] **v. tr.** ⟨1⟩ – 1762 ◊ latin *superponere,* d'après *poser* ▪ **1** Mettre, poser au-dessus, par-dessus ; disposer l'un au-dessus de l'autre. *Superposer une chose à une autre, plusieurs choses. «On superposa la pierre à la pierre»* HUGO. *Superposer des livres, des pavés.* ➤ **amonceler, entasser.** **p. p. adj.** *Couches superposées. Lits superposés.* — (Sujet chose) *«Deux étages qui superposent leurs terrasses»* CLAUDEL. ◆ GÉOM., DESS. Placer (une figure) au-dessus d'une autre, pour en constater ou en vérifier l'égalité. ➤ **appliquer ; superposable.** ▪ **2** FIG. Mettre en plus. ➤ **accumuler.** *«cette administration militaire qui [...] superpose les consignes aux consignes»* ALAIN. ▪ **3 SE SUPERPOSER v. pron.** *Les nuages «se superposant, empressés, rapides, obscurcissant tout»* LOTI. — FIG. S'ajouter. *«lorsque ces deux forces, l'intelligence et le pouvoir, se superposent»* HUGO. *Les images, les souvenirs se superposent.*

SUPERPOSITION [sypɛrpozisjɔ̃] **n. f.** – 1613 ◊ latin médiéval *superpositio* ▪ **1** Action de superposer ; état de ce qui est superposé. *Mécanismes combinés par superposition.* ➤ **assemblage.** *Superposition partielle.* ➤ **chevauchement.** *Superposition des couches géologiques, des strates.* ➤ **stratification.** ◆ MATH. Application de deux figures l'une sur l'autre. ➤ **coïncidence.** ◆ SC. Le fait, pour plusieurs systèmes physiques, de coexister en un même point de l'espace. *Principe de superposition,* selon lequel il y a proportionnalité des effets aux causes et addition des effets aux causes, dans les systèmes linéaires. ▪ **2** Ensemble de choses superposées. *«Un alcazar moresque [...] avec une superposition de terrasses»* GAUTIER. — FIG. *«Notre Moi est fait de la superposition de nos états successifs»* PROUST.

SUPER-PRÉFET [sypɛrprefɛ] **n. m.** – 1948 ◊ de *super-* et *préfet* ▪ ADMIN. (En France) Inspecteur général de l'Administration en mission extraordinaire (IGAME). *Des super-préfets.*

SUPERPRODUCTION [sypɛrprɔdyksjɔ̃] **n. f.** – 1921 ◊ mot anglais ▪ Film, et PAR EXT. spectacle réalisé à grands frais. ➤ ANGLIC. **blockbuster.** *«Nos cinéastes deviennent des esclaves de la superproduction et [...] ils se laissent dévorer, absorber par le standing des films»* TRUFFAUT.

SUPERPROFIT [sypɛrprɔfi] **n. m.** – 1924 ◊ de *super-* et *profit* ▪ Profit, bénéfice particulièrement important. ➤ **superbénéfice.**

SUPERPUISSANCE [sypɛrpɥisɑ̃s] **n. f.** – 1963 ◊ de *super-* et *puissance* ▪ Puissance, État qui surpasse les autres par son importance (politique ou économique). ➤ FAM. **supergrand.**

SUPERRÉACTION [sypɛʀʀeaksjɔ̃] n. f. – 1933 ◊ de *super-* et *réaction* ■ RADIO Phénomène par lequel une réaction est poussée jusqu'à l'amorçage d'oscillations à très haute fréquence, d'amplitude croissante.

SUPERSONIQUE [sypɛʀsɔnik] adj. – 1933 ◊ de *super-* et 2 *son* ■ PHYS. Dont les paramètres sont supérieurs à ceux du son. *Fréquence supersonique,* supérieure à la fréquence limite des sons audibles. *Ondes supersoniques. Vitesse supersonique,* supérieure à celle du son dans le même milieu. ➤ **hypersonique, sonique, ultrasonique.** — PAR EXT. *Avion supersonique,* ou n. m. *un supersonique :* avion qui atteint une vitesse supersonique (➤ **mach**). ■ CONTR. Subsonique.

SUPERSTAR [sypɛʀstaʀ] n. f. – 1966 ◊ mot anglais américain, de *super-* et *star* ■ ANGLIC. Vedette très célèbre. ➤ **star.** *Des superstars.* — Personnalité de premier plan. *Les superstars de la télévision.*

SUPERSTITIEUSEMENT [sypɛʀstisjøzmɑ̃] adv. – 1516 ◊ de *superstitieux* ■ D'une manière superstitieuse. *« Daudet dit superstitieusement, que la pierre précieuse est dangereuse »* GONCOURT.

SUPERSTITIEUX, IEUSE [sypɛʀstisjø, jøz] adj. et n. – 1375 ◊ latin *superstitiosus,* de *superstitio* ■ **1** Qui a de la superstition (1°). *Croyants superstitieux.* ♦ COUR. Qui voit des signes favorables ou néfastes dans certains faits. *« elle était follement superstitieuse, elle voyait des signes partout ; à table, les couteaux, les fourchettes en croix, le nombre des convives, la salière renversée »* R. ROLLAND. — n. (1589) *Un superstitieux.* ■ **2** Où entre de la superstition. *Pratiques superstitieuses.*

SUPERSTITION [sypɛʀstisjɔ̃] n. f. – 1375 « religion des idolâtres, culte des faux dieux » ◊ latin *superstitio,* probablt de *superstes* « survivant », de *superstare* « se tenir dessus », pour désigner ceux qui prient pour que leurs enfants leur survivent ■ **1** Comportement irrationnel, généralement formaliste et conventionnel, vis-à-vis du sacré ; attitude religieuse considérée comme vaine. *« La superstition semble n'être autre chose qu'une crainte mal réglée de la Divinité »* LA BRUYÈRE. *« la superstition consiste toujours* [...] *à expliquer des effets véritables par des causes surnaturelles »* ALAIN. ♦ (XVIIIe) HIST. Ensemble des traditions religieuses, des préjugés contraires à la raison (par opposition à la philosophie). *« la superstition, cette infâme »* VOLTAIRE. ■ **2** Plus cour. Le fait de croire que certains actes, certains signes entraînent, d'une manière occulte et automatique, des conséquences bonnes ou mauvaises (cf. Porter bonheur*, malheur*) ; croyance aux présages, aux signes. *Il ne veut pas passer sous une échelle, c'est de la superstition.* Croyance ou pratique qui en résulte. ■ **3** Attitude irrationnelle, magique, en quelque domaine que ce soit. *« Il numérotait tous les actes qu'il entendait accomplir* [...] *La superstition de l'ordre le torturait sans relâche »* DUHAMEL.

SUPERSTRAT [sypɛʀstʀa] n. m. – 1938 ◊ de *super-,* d'après *substrat* ■ LING. Ensemble de faits propres à une langue qui, s'étant introduite sur une nouvelle aire linguistique, peut disparaître en laissant des traces dans l'autre langue. *Le superstrat germanique en roman. Substrat et superstrat.*

SUPERSTRUCTURE [sypɛʀstʀyktyʀ] n. f. – 1872 ; « élément inutile » 1764 ◊ de *super-* et *structure* ■ **1** Partie (d'une construction) située au-dessus du sol, d'un niveau. *Superstructure d'un pont.* — Ensemble des travaux exécutés hors de terre. *Les superstructures d'une voie de chemin de fer.* — MAR. Ensemble des constructions situées au-dessus du pont d'un navire. ■ **2** (traduction de l'allemand) PHILOS. Dans le vocabulaire marxiste, Système d'institutions, d'idées..., correspondant à une forme déterminée de conscience sociale et dépendant d'une « base », d'une structure économique. *Les marxistes « font de la superstructure une synthèse qui émane certes des conditions de production et de vie matérielle, mais dont la nature et les lois de développement ont une réelle* indépendance » SARTRE. ■ CONTR. Fond, fondation. Infrastructure.

SUPERTANKER [sypɛʀtɑ̃kœʀ] n. m. – 1964 ◊ mot anglais ; de *super-* et *tanker* ■ ANGLIC. Pétrolier de très grande capacité (plus de 100 000 t).

SUPERVISER [sypɛʀvize] v. tr. ‹ 1 › – 1918 cin. ◊ anglais *to supervise,* du bas latin *supervidere* « inspecter » ■ Contrôler (un travail effectué par d'autres), sans entrer dans les détails. *« un metteur en scène se doit de superviser de fort près le montage de son film »* GODARD. ABSOLT *Sa secrétaire « lui apporte factures, commandes, correspondance* [...] *Il signe, il supervise, il dicte »* R. PINGET.

SUPERVISEUR, EUSE [sypɛʀvizœʀ, øz] n. – fin XVe « contrôleur » ; repris 1918 ◊ anglais *supervisor* ■ **1** Personne qui supervise. *La superviseuse des ventes.* ■ **2** n. m. INFORM. Programme du système d'exploitation d'un ordinateur assurant l'enchaînement des tâches et la gestion des ressources.

SUPERVISION [sypɛʀvizjɔ̃] n. f. – 1921 ◊ emprunté à l'anglais → superviser ■ Le fait de superviser.

SUPERWELTER [sypɛʀwɛltɛʀ] adj. et n. m. – 1964 ◊ de *super-* et *welter* ■ SPORT Boxeur pesant entre 67 et 71 kg.

SUPIN [sypɛ̃] n. m. – XIIIe ◊ latin scolastique *supinum,* de *supinus* « renversé en arrière » ■ GRAMM. LAT. Substantif verbal. *Le participe passé en -us s'est formé sur le supin.*

SUPINATEUR [sypinatœʀ] n. m. et adj. m. – 1560 ◊ du latin *supinare* « mettre sur le dos » ■ ANAT. Chacun des deux muscles de l'avant-bras *(long supinateur, court supinateur)* qui déterminent la supination. — adj. *Muscles supinateurs.*

SUPINATION [sypinasjɔ̃] n. f. – 1654 ◊ latin *supinatio* ■ PHYSIOL. Mouvement de rotation que la main et l'avant-bras exécutent de dedans en dehors sous l'action des muscles supinateurs ; position de la main après ce mouvement (opposé à *pronation*). PAR ANAL. *Supination du pied.*

SUPION [sypjɔ̃] n. m. – 1769 ◊ de l'occitan *sipia,* famille du latin *sepia* → 1 seiche ■ RÉGION. (côte méditerranéenne) Petite seiche. *Supions à l'encre.*

SUPPLANTER [syplɑ̃te] v. tr. ‹ 1 › – XIVe ; « renverser » v. 1120 ◊ latin *supplantare* « faire un croc-en-jambe à qqn », « évincer », en latin ecclésiastique, de *planta* « plante des pieds, pied » ■ **1** Passer devant (qqn), prendre la place de (qqn) en lui faisant perdre son crédit auprès de qqn. ➤ **évincer ;** FAM. **dégommer** (cf. Couper l'herbe* sous le pied de qqn). *Toujours prêt « à trahir l'un, à supplanter l'autre »* BOURDALOUE. — SPÉCIALT *Supplanter un rival. Être supplanté par un autre dans le cœur d'une femme.* — PRONOM. *Les deux fils « avaient aussitôt commencé à la courtiser, moins par désir de lui plaire que par envie de se supplanter »* MAUPASSANT. ■ **2** (Sujet chose) Éliminer (une chose) en la remplaçant dans ses usages, ses emplois. *Le disque compact supplante le microsillon.*

SUPPLÉANCE [sypleɑ̃s] n. f. – 1791 ◊ de *suppléer* ■ **1** Le fait de suppléer (I, 3°) qqn ; fonction de la personne qui supplée. *La suppléance d'un professeur. Obtenir une suppléance.* SPÉCIALT (opposé à *délégation*) Remplacement temporaire d'un agent empêché ou absent, selon le mode prévu par la loi. ■ **2** Fait de suppléer qqch. ➤ aussi **vicariance.**

SUPPLÉANT, ANTE [sypleɑ̃, ɑ̃t] adj. et n. – 1789, 1684 au féminin ◊ de *suppléer* ■ **1** Qui supplée qqn ou est chargé de le suppléer dans ses fonctions. ➤ **adjoint.** ♦ n. ➤ **remplaçant.** *Le juge ou ses suppléants.* ➤ **assesseur.** *Elle n'est pas titulaire, mais suppléante.* ■ **2** GRAMM. Se dit d'un terme qui en supplée, en remplace un autre. *« Faire » est un verbe suppléant.*

SUPPLÉER [syplee] v. tr. ‹ 1 › – 1305 ; *souploier* « abonder, se soumettre » v. 1200 ◊ latin *supplere* « remplir, compléter »

I v. tr. dir. LITTÉR. ■ **1** Mettre à la place de (ce qui est insuffisant) ; mettre en plus pour remplacer (ce qui manque). *Les procédés par lesquels on supplée la gravure.* ➤ **remplacer.** — SPÉCIALT *Suppléer un terme sous-entendu.* ■ **2** Combler, en remplaçant, en ajoutant. *Suppléer une lacune.* — Remédier à. *Suppléer un manque, un défaut.* ■ **3** Se mettre ou être mis à la place de... pour remplacer (ce qui manque) ou renforcer (ce qui est insuffisant). *Suppléer qqn,* remplir ses fonctions, sa place, son travail. *Suppléer un professeur* (➤ **suppléance**). *Il « suppléa de plus en plus son beau-père dans la direction de l'entreprise »* ROMAINS. ♦ Remplacer, jouer le rôle de (qqch.). *« Le poêle, quelque bien chauffé qu'il soit, supplée toujours imparfaitement le soleil »* GAUTIER.

II v. tr. ind. (1559) **SUPPLÉER À...** Plus cour. ■ **1** Apporter ce qu'il faut pour remplacer ou pour fournir (ce qui manque). *« La volonté puissante de Pierre* [le Grand] *suppléa à tout ce qui manquait »* MÉRIMÉE. ■ **2** Remédier à (un défaut, une insuffisance) en remplaçant, en compensant. ➤ **réparer.** *« Il ne disposait que d'un vocabulaire très pauvre et suppléait à cette indigence par l'image,* [...] *par l'accent »* MAURIAC. — (Sujet chose) Remédier à (un manque), en prenant la place de, en se substituant à (qqch.). ■ **3** Avoir la même fonction, la même utilité que. ➤ **remplacer.** *« aucun enseignement ne saurait suppléer chez l'homme à l'inspiration de sa nature* [de l'âme] » RENAN.

SUPPLÉMENT [syplemɑ̃] **n. m.** – 1361 ; *supploiement* 1313 ◊ latin *supplementum*, de *supplere* → suppléer ■ **1** RARE Ce qu'on fournit, ce qui est ajouté à (qqch.) pour compléter (➤ **complément**), rendre égal. ■ **2** (XVIe) VX Ce qui supplée, remplace, joue le rôle de (en complétant). ➤ **suppléer** (II). « *Bien que supplément obligé aux lois* [...], *le duel est affreux* » CHATEAUBRIAND. ■ **3** MOD. COUR. Ce qui est ajouté à une chose déjà complète ; addition extérieure (par oppos. à *complément*). ➤ **surplus ;** FAM. **rab, rabiot.** *Ajouter un supplément de mille euros à une somme.* ➤ FAM. **rallonge.** *Un supplément de travail.* ➤ **surcroît.** *Supplément d'information.* « *vos papiers que nous sommes obligés de retenir pour un supplément d'enquête* » BLONDIN. ■ **4** (1627) Ce qui est ajouté (à un livre, à une publication), d'abord pour suppléer ce qui manquait, et PAR EXT. pour toute autre raison. ➤ **addenda, appendice.** *Supplément illustré à une revue. Le supplément littéraire, économique d'un journal. — Supplément d'un dictionnaire.* ■ **5** (1765) GÉOM. Ce qu'il faut ajouter à un angle pour obtenir un angle plat. ■ **6** (1777) Dans un tarif (transports, théâtre, etc.), Somme payée en plus pour obtenir un bien ou un service supplémentaire, pour passer à une classe supérieure, etc. ; titre (billet, ticket) qui atteste le paiement d'un tel supplément. *Payer un supplément. Train, T. G. V. à supplément. Supplément pour excédent de bagages. — Supplément au menu dans un restaurant.* ■ **7 EN SUPPLÉMENT :** en plus, en sus (d'un nombre prescrit, fixé, indiqué ; d'un prix ; d'une quantité). *Vin en supplément* (au restaurant). ■ CONTR. Remise ; réduction.

SUPPLÉMENTAIRE [syplemɑ̃tɛʀ] **adj.** – 1790 ◊ de *supplément* ■ **1** VX ou DR. Qui supplée. *Jurés supplémentaires* (➤ **auxiliaire, supplétif**). ■ **2** MOD. COUR. Qui est en supplément. ➤ **accessoire.** *Crédits, dépenses supplémentaires. Demander un délai supplémentaire,* une prolongation. *Trains supplémentaires. Personnel supplémentaire.* ➤ **extra, renfort.** *Heures supplémentaires :* heures de travail faites en plus de l'horaire normal (ABRÉV. FAM. *heures sup*). MUS. *Lignes supplémentaires,* ajoutées à la portée. ■ **3** MATH. *Angles supplémentaires,* dont la somme est égale à l'angle plat. *Dièdres, trièdres supplémentaires,* dont l'intersection est nulle. ♦ *Espaces vectoriels supplémentaires,* n'ayant en commun que le vecteur nul.

SUPPLÉMENTAIREMENT [syplemɑ̃tɛʀmɑ̃] **adv.** – 1845 ◊ de *supplémentaire* ■ DIDACT. En s'ajoutant, en formant un supplément.

SUPPLÉMENTER [syplemɑ̃te] **v. tr.** ⟨1⟩ – 1845 ◊ de *supplément* ■ **1** Charger d'un supplément à payer. *Le contrôleur supplémente les voyageurs de première qui n'ont qu'un billet de seconde. —* PAR EXT. *Supplémenter un billet.* ■ **2** Enrichir (un aliment). *Lait supplémenté en vitamines.* **n. f. SUPPLÉMENTATION.**

SUPPLÉTIF, IVE [sypletif, iv] **adj.** et **n. m.** – 1539 ◊ latin médiéval *suppletivus,* de *supplere* ■ **1** VX Qui supplée, complète. *Articles supplétifs d'un traité.* ■ **2** MOD. *Forces militaires supplétives,* recrutées temporairement pour renforcer les forces régulières. — **n. m.** *Un supplétif :* soldat des forces supplétives.

SUPPLÉTOIRE [sypletwaʀ] **adj.** – 1790 ◊ latin médiéval *suppletorius* ■ DR. Qui est déféré pour suppléer les preuves insuffisantes. *Serment supplétoire.*

SUPPLIANT, IANTE [syplijɑ̃, ijɑ̃t] **adj.** et **n.** – XIVe ◊ de *supplier* ■ **1** Qui supplie. « *L'étranger suppliant* » A. CHÉNIER. FIG. « *Cette superbe raison humiliée et suppliante* » PASCAL. ♦ Qui exprime la supplication. *Air, regard suppliant. Attitude, voix suppliante.* ➤ **implorant.** « *elle rampait vers lui, ses cheveux dénoués, ses mains jetées en avant, plus suppliante encore que ses yeux pâlis d'angoisse* » BERNANOS. ■ **2 n.** Personne qui supplie. *Une suppliante.*

SUPPLICATION [syplikasjɔ̃] **n. f.** – 1160 ◊ latin *supplicatio* → supplier ■ **1** Prière faite avec instance et soumission. ➤ **adjuration, imploration.** « *On me mit à la porte* [...] *malgré les supplications de mes parents* » APOLLINAIRE. — ABSOLT « *La face levée, les mains ouvertes à la hauteur des épaules, dans l'attitude de la supplication* » MAUPASSANT. ■ **2** RELIG. Prière solennelle. ➤ **déprécation, obsécration.** ■ **3** HIST. Remontrance que le parlement pouvait adresser au roi.

SUPPLICE [syplis] **n. m.** – 1480 ◊ latin *supplicium* « supplication », d'où « sacrifice religieux célébré à l'occasion d'une exécution, pour laver le sang versé », par euphém. « supplice » ■ **1** Peine corporelle grave, très douloureuse, mortelle ou non, infligée par la justice à un condamné. ➤ **torture ; autodafé,** 1 **bûcher, crucifiement, décollation, écartèlement, écorchement, empalement, énervation, flagellation, lapidation, question.** *Les supplices des martyrs.* ➤ **martyre.** *Supplices infligés par l'Inquisition. Atroces supplices. Personne qui applique le supplice* (bourreau), *qui le subit* (patient, supplicié). *Instruments de supplice :* brodequin, bûcher, cangue, carcan, chevalet, corde, croix, estrapade, fouet, garrot, gibet, knout, pal, pilori, potence, roue, tenaille. *Le supplice des brodequins, de la roue. — Supplice chinois ;* FIG. tourment particulièrement cruel et raffiné. — « *Le Jardin des supplices* », œuvre d'Octave Mirbeau. ♦ SPÉCIALT (en particulier depuis la suppression des châtiments corporels graves autres que la peine capitale) *Le dernier supplice,* et ABSOLT *le supplice :* la peine de mort. ➤ **exécution.** *Les passions* « *qui peuvent le précipiter dans un cachot, le conduire à la torture ou au supplice* » TAINE. ■ **2** Souffrances infligées par les dieux, par Dieu, en punition des fautes humaines. *Le supplice de Prométhée, rongé par un vautour. Le supplice de Tantale ;* FIG. (sous l'influence de *tenter*) situation où l'on est proche de l'objet de ses désirs, sans pouvoir l'atteindre. ♦ RELIG. CHRÉT. Les souffrances du purgatoire, de l'enfer. ➤ **damnation.** ■ **3** Souffrance très vive (douleur physique ou, plus souvent, souffrance morale). ➤ **calvaire, martyre, tourment.** « *Les supplices moraux surpassent les douleurs physiques de toute la hauteur qui existe entre l'âme et le corps* » BALZAC. « *Les classes m'avaient toujours été un supplice* » RADIGUET. — **ÊTRE AU SUPPLICE :** souffrir beaucoup ; FIG. être dans une situation très pénible (inquiétude, agacement, impatience, colère réprimée, gêne, timidité). *Raconte, tu nous mets au supplice !*

SUPPLICIER [syplisje] **v. tr.** ⟨7⟩ – v. 1580 ◊ de *supplice* ■ **1** Livrer au supplice ; mettre à mort par un supplice. ➤ **exécuter, martyriser, torturer.** *Supplicier un condamné.* — P. P. SUBST. « *La nuit de l'exécution, en se partageant les dépouilles des suppliciés* [...] *les bourreaux* [...] *se battirent* » ZOLA. ■ **2** FIG. LITTÉR. Torturer moralement (cf. Mettre au supplice). *La jalousie le suppliciait.* ➤ **crucifier.** *Elle était* « *suppliciée par les souvenirs qu'il évoquait et qui venaient l'atteindre jusque dans la chair de sa chair* » BOURGET.

SUPPLIER [syplije] **v. tr.** ⟨7⟩ – 1360 ◊ réfection étymologique de *souploier* (XIIe), *souplier* (XIIIe) ; du latin *supplicare* « se plier (sur les genoux) », avec influence de *ploier* (ployer) ■ Prier (qqn) en demandant qqch. comme une grâce, avec une insistance humble et soumise. ➤ **adjurer, conjurer, implorer ; supplication.** *Supplier qqn à genoux* (cf. Tomber, se jeter aux genoux*, aux pieds* de qqn). « *souffrez qu'ici je me jette à vos pieds pour vous supplier d'une chose* » MOLIÈRE. « *Je la suppliais de m'aimer quand même* » RADIGUET. *Faites-le, je vous en supplie. — Supplier que* (et subj.). « *Elle a même supplié qu'on ne lui écrivît pas* » MAURIAC. ♦ PAR EXAGÉR. Prier instamment. *Je vous supplie de vous taire.* ➤ **prier.**

SUPPLIQUE [syplik] **n. f.** – 1629 ◊ italien *supplica,* du latin *supplicare* → supplier ■ Demande par laquelle on sollicite une grâce, une faveur d'un supérieur. ➤ **requête.**

SUPPORT [sypɔʀ] **n. m.** – 1466 ◊ de *supporter* ■ **1** VX Le fait, l'action de supporter, d'aider. ➤ **soutien.** ♦ Le fait de subir. « *Le support des imperfections d'autrui* » FÉNELON. ➤ **supporter.** ■ **2** (XVIe) MOD. Ce qui supporte ; ce sur quoi une chose repose ; SPÉCIALT Appui ou soutien d'une chose pesante. *Les supports, en architecture, en construction.* ➤ **colonne, pilier, pylône ; base, socle.** *Supports de charpente* (chantignole, chevalet, cintre, étai, poutre). ♦ Assemblage, objet manufacturé destiné à recevoir un objet, un instrument (➤ **chevalet, chèvre, pied, statif, trépied**). *Support à fourche, à pince, à plateau ; support universel,* utilisés dans les laboratoires. ♦ RÉGION. (Canada ; critiqué) Cintre, portemanteau. ♦ TECHN. Dispositif destiné à recevoir un composant électronique enfichable afin d'être câblé dans un appareil. ■ **3** FIG. Ce qui sert d'aide, d'appui. *Support technique :* service d'assistance. ➤ **hot-line.** ■ **4** DIDACT. Élément concret, matériel, qui sert de base à une œuvre graphique. ➤ **subjectile.** *Support d'un dessin,* le papier, le carton sur lequel il est fait. — INFORM. Élément matériel (bande magnétique, disquette, disque dur, disque optique, etc.) sur lequel sont enregistrées et stockées des informations. *Support magnétique, électronique, numérique. Support de mémoire, de stockage.* — MATH. *Support d'un vecteur,* la droite qui le porte. ■ **5** (ABSTRAIT) LITTÉR. Substrat matériel. *Le signe, le symbole, support de l'idée, du concept.* « *La vie, les êtres, les objets ont toujours un support arithmétique* » AYMÉ. — (v. 1964) *Support publicitaire :* moyen matériel (affiches, journaux, télévision, etc.) par lequel se fait une publicité ou se diffuse un message. *Ce média est un bon support. Plan* des supports. Campagne utilisant plusieurs supports* (➤ **multisupport**).

SUPPORTABLE [sypɔʀtabl] adj. – 1420 ◊ de *supporter* ■ **1** Qu'on peut supporter (II). *Douleur, peine supportable,* légère. ➤ **tolérable.** — SUBST. *C'est à la limite du supportable.* ■ **2** Qu'on peut tolérer. ➤ **excusable.** *Sa conduite n'est pas supportable.* — Qui est acceptable, qui peut passer. ➤ **passable.** « *Un acteur supportable* » VOLTAIRE. ■ CONTR. Insupportable, intolérable.

SUPPORT-CHAUSSETTE [sypɔʀʃosɛt] n. m. – 1964 ◊ de *support* et *chaussette* ■ ANCIENNT Bande élastique qui entoure la jambe au-dessus de la chaussette et la soutient. ➤ **fixe-chaussette.** *Des supports-chaussettes.*

SUPPORTER [sypɔʀte] v. tr. ‹1› – 1398 ; *sorporter* « endurer, emporter, entraîner » 1190 ◊ latin chrétien *supportare,* en latin classique « porter »

I **PORTER** ■ **1** Recevoir le poids, la poussée de (qqch.) sur soi, en maintenant. ➤ **soutenir ; 1 porter.** *Le géant Atlas supportant le monde.* « *Une athénienne supporterait un téléphone, un agenda de cuir* » PEREC. ◆ FIG. Constituer le support, le substrat de. *Les cas* « *où notre idée implique de soi l'illusion, et ne supporte, pour ainsi dire, point d'autre contenu* » PAULHAN. ■ **2** Avoir (qqch.) comme charge, comme obligation ; être assujetti à. *Supporter une responsabilité, des risques.* ➤ **assumer.** *Vous en supporterez les conséquences.* ➤ **subir.** *Supporter une dépense, un impôt, des frais. Produit qui supporte de fortes taxes.* ■ **3** INFORM. Permettre le fonctionnement de (un logiciel). *Cette configuration de micro-ordinateur ne supporte pas cette version du logiciel.* — Assurer le service après-vente de (un logiciel). ➤ **maintenir.**

II **ENDURER, TOLÉRER** (XVe ; *sorporter* XIIe) ■ **1** Subir, éprouver les effets pénibles de (qqch.) sans faiblir. ➤ **souffrir ; accepter, endurer.** *Supporter une épreuve, un malheur.* « *Nous avons tous assez de force pour supporter les maux d'autrui* » LA ROCHEFOUCAULD. « *elle supporta avec un courage d'héroïne d'abominables tortures* » MAUPASSANT. « *Qu'il nous aide seulement à supporter la vie, et l'art mérite encore notre gratitude* » DUHAMEL. *Supporter les conséquences d'une décision.* ➤ **assumer.** *Difficile, impossible à supporter :* insupportable. ◆ Éprouver avec plus ou moins de patience, de courage. « *Plus l'existence est difficile, mieux on supporte les peines* » ALAIN. *Comme un taureau* « *supporte avec impatience la piqûre du taon* » CHATEAUBRIAND. — *Supporter de* (et inf.). *Elle ne supporte pas de rester inactive.* ■ **2** Subir de la part d'autrui, sans réagir, sans se rebeller ou sans interdire. *Supporter un affront, une injure, des grossièretés.* ➤ FAM. **digérer, encaisser.** *Supporter par faiblesse, par indulgence.* ➤ **passer, permettre, tolérer.** *Tout supporter de qqn,* tout lui passer. « *il le harcelait de taquineries stupides, que l'autre supportait avec son inaltérable tranquillité* » R. ROLLAND. — *Supporter que* (et subj.). « *il ne supporte pas qu'il soit plus beau que lui* » Y. QUEFFÉLEC. ■ **3** *Supporter qqn,* admettre, tolérer sa présence, son comportement. *Il ne peut plus le supporter,* il l'a en aversion (cf. FAM. Il ne peut plus le sentir*, l'encadrer*, l'encaisser*, le voir en peinture*, le pifer, le blairer). « *Après les avoir adorés le premier jour, supportés le second, maudits le troisième* » MAUROIS. — *Il ne supporte pas les chats.* — PRONOM. (RÉCIPR.) *Il faut se supporter quand on vit ensemble.* ■ **4** Subir sans dommage (une action physique). *Hiver dur à supporter,* rigoureux. *Ne pas supporter le bruit, la vue du sang. Il supporte bien l'alcool.* ➤ **tenir.** *Elle a bien supporté l'opération.* — (Sujet chose) *Son estomac ne supporte aucune nourriture solide. Plat, verre qui supporte le feu,* qui va au feu. ➤ **résister** à. *Plante qui ne supporte pas le gel.* ◆ FIG. Résister à une épreuve. *Son livre ne supporte pas la comparaison avec le précédent.* ➤ **soutenir ; rivaliser.** — *Cette règle ne supporte aucune exception.* ➤ **admettre, souffrir.** ■ **5** Admettre, considérer comme acceptable. ➤ **tolérer.** *Il ne supporte pas la violence à la télévision.* — IRON. *On supporterait une petite laine.* — Trouver mangeable, buvable (la nourriture, la boisson). « *Aimez-vous les épinards ? – Avec des petits croûtons, je les supporte* » QUENEAU.

III **DÉFENDRE** (v. 1963 ◊ de 2 *supporter,* d'après l'anglais *to support* « soutenir ») ANGLIC. Encourager, soutenir (un sportif, une équipe sportive). ➤ **défendre ; supporteur.** — PAR EXT. Donner son appui à. *Supporter un parti politique, un candidat.* ➤ **cautionner.**

SUPPORTEUR, TRICE [sypɔʀtœʀ, tʀis] n. ou **SUPPORTER** [sypɔʀtɛʀ ; sypɔʀtœʀ] n. m. – 1907 ◊ anglais *supporter* « celui qui soutient » ■ Partisan (d'un sportif, d'une équipe), qui manifeste son appui. *Les supporteurs d'un coureur, d'un champion.* ➤ **aficionado, tifosi.** « *en Europe, les supporteurs de football sont majoritairement masculins, violents* » J.-PH. TOUSSAINT. *Groupe de supporteurs.* ➤ **kop.** ◆ Personne qui apporte son appui à qqn. *Les supporteurs du candidat.*

SUPPOSABLE [sypozabl] adj. – v. 1460 ◊ de *supposer* ■ RARE Qui peut être supposé. *Toutes les qualités supposables.* ➤ **imaginable.**

SUPPOSÉ, ÉE [sypoze] adj. – attesté XVIIe ◊ de *supposer* ■ **1** Admis comme hypothèse. — Considéré comme probable. *Le nombre supposé des victimes. L'auteur supposé du vol.* ➤ **présumé.** *Père supposé.* ➤ **putatif.** *L'auteur supposé d'un livre.* ➤ **prétendu.** ■ **2** Qui n'est pas authentique (➤ **supposer,** III). *Testament supposé.* ➤ **apocryphe.** *Sous un nom supposé.* ➤ **1 faux.** ◆ (1937) (Canada ; critiqué) *Être supposé de* (et inf.) : être censé. *Elle est supposée de venir.*

SUPPOSÉMENT [sypozemɑ̃] adv. – 1971 ◊ de *supposé* ■ (Canada) Prétendument.

SUPPOSER [sypoze] v. tr. ‹1› – 1265 ◊ francisation, d'après *poser,* du latin *supponere* « mettre sous, substituer » ; sens moderne d'après le latin scolastique *suppositivus* « hypothétique », calque du grec *hypothetikos*

I ■ **1** Poser à titre d'hypothèse n'impliquant aucun jugement et servant seulement de point de départ (➤ **imaginer**). « *On doit supposer* [en géométrie] *les idées abstraites de surface plane et de ligne droite* » D'ALEMBERT. — (Suivi d'un attribut du compl.) *Supposer le problème résolu. La température étant supposée constante.* — **SUPPOSER QUE** (et subj.). « *Supposez qu'on ait un pépin* » AYMÉ. *En supposant qu'il y arrive, que ce soit possible.* « *Et à supposer même qu'elle m'eût permis* » PROUST. — (Avec indic.) Poser en principe (pour une démonstration). « *Supposons donc maintenant que nous sommes endormis* » DESCARTES. ■ **2** Penser, admettre comme chose probable ou comme explication plausible, sans pouvoir affirmer de façon positive. ➤ **conjecturer, présumer.** « *Il y a ce que l'on sait* [et] *ce que l'on ignore. Entre les deux, il y a ce que l'on suppose* » GIDE. — *Supposer à qqn, chez qqn une qualité, une caractéristique,* supposer en lui l'existence de cette qualité, etc. « *Le goût que je suppose à mon élève pour la campagne* » ROUSSEAU. — (Suivi d'un attribut du compl.) ➤ **croire.** *Pourquoi le supposer infidèle ?* — (Avec un part.) *Les* « *élégances dont nous supposons doués les conquérants de cœurs féminins* » MAUPASSANT. *On la supposait menant joyeuse vie.* — *Supposer que...* et l'indic. (ou le subj. en phrase interrog. ou négative). *Je suppose qu'il est, qu'il était présent. On peut supposer que. Cela laisse supposer que. Il est à supposer que. Churchill* « *ne supposait pas que la ligne Maginot eût cette force* » DORGELÈS.

II (1361) (Sujet chose) Comporter comme condition nécessaire. ➤ **réclamer.** *Tout achat suppose une vente préalable.* — Comporter comme nécessairement lié. ➤ **impliquer.** « *un message suppose un expéditeur, un messager et un destinataire* » SARTRE. — *Réussir suppose qu'on a essayé. Cette détermination suppose un grand courage.*

III (1539) VX « Mettre une chose à la place d'une autre par fraude et tromperie » (Furetière). ➤ **substituer ; supposition** (II). « *On dira à l'audience qu'elle a supposé son enfant* » Mme DE SÉVIGNÉ. ◆ VÉN. Donner le change* en lançant sur la voie. ◆ DR. Donner pour authentique, en trompant. *Supposer un testament, une signature.* ➤ **supposé** (2°).

SUPPOSITION [sypozisjɔ̃] n. f. – 1370 ; « soumission » dr. 1291 ◊ latin *suppositio,* de *supponere* → supposer

I Action de supposer ; ce qu'on suppose (I). ■ **1** LITTÉR. Hypothèse de l'esprit. « *Un point géométrique est une supposition, une abstraction de l'esprit* » VOLTAIRE. *Dans cette supposition :* en supposant... ◆ ELLIPT, POP. **UNE SUPPOSITION (QUE)... :** supposons (que)... « *une supposition qu'on lui aurait donné une chiquenaude, à coup sûr, il ne se serait pas relevé* » ZOLA. ■ **2** COUR. Conjecture de l'esprit qui suppose (I, 2°) sans pouvoir affirmer. *Ce n'est pas une supposition gratuite, une simple supposition.* « *Une supposition très vraisemblable me traversa l'esprit ; celle qu'un de mes amis était venu pour me voir* » MAUPASSANT. « *la jalousie, qui passe son temps à faire des petites suppositions dans le faux, a peu d'imagination quand il s'agit de découvrir le vrai* » PROUST.

II (début XVIIe) VX Action de supposer (III) ; substitution frauduleuse (du faux à l'authentique). ➤ **fraude.** *Supposition de testament.* — MOD. DR. *Supposition d'enfant* ou *de part :* attribution à une femme d'un enfant dont elle n'est pas accouchée. *Supposition de nom.* ➤ **usurpation.**

SUPPOSITOIRE [sypozitwaʀ] n. m. – XIIIe ◊ latin *suppositorium,* de *supponere* « mettre au-dessous » ■ Préparation pharmaceutique, de consistance solide, de forme conique, que l'on introduit dans l'anus. *Mettre un suppositoire.* — ABRÉV. FAM. (1965) **SUPPO** [sypo]. *Des suppos.*

SUPPÔT [sypo] **n. m.** – fin XIIIe ◊ latin *suppositus* «placé au-dessous» ■ **1** VX Employé, subalterne. *«Suppôt de justice»* BOILEAU. ■ **2** (XVIIe) MOD. LITTÉR. Partisan (d'une personne nuisible). *Les suppôts d'un tyran,* et PAR EXT. *de la tyrannie.* ➤ 2 **agent, partisan, serviteur.** — LOC. COUR. *Suppôt de Satan, du diable :* démon ; personne méchante. ■ HOM. Suppo (suppositoire).

SUPPRESSEUR [sypresœr] **n. m. et adj. m.** – milieu XXe ◊ du radical de *suppression* ■ GÉNÉT. Gène dont la mutation est capable de supprimer les effets de mutations d'autres gènes. — **adj.** *Gène suppresseur.*

SUPPRESSION [sypresjɔ̃] **n. f.** – v. 1380 ◊ latin *suppressio,* de *suppressum,* supin de *supprimere* ■ Action de supprimer ; son résultat. ■ **1** DR. Le fait de cacher. *Suppression de part, d'enfant :* délit consistant à faire disparaître la preuve de son existence sur l'état civil. *Suppression d'état :* crime par lequel on prive qqn de son véritable état civil. ♦ COUR. Le fait de supprimer (2°). ➤ **abandon, abolition, abrogation, annulation.** *La suppression d'une disposition légale, d'un privilège. «Une révolution ne vaut la peine qu'on meure pour elle que si elle assure sans délai la suppression de la peine de mort»* CAMUS. ■ **2** Le fait de faire disparaître, de détruire. *Suppression d'une chose matérielle* (➤ **destruction**), *d'un phénomène ou de ses effets* (➤ **cessation**). *Suppression des libertés. Suppression d'emplois.* ➤ **débauchage, licenciement.** — Disparition (d'une personne). ➤ **assassinat.** *La suppression d'un témoin gênant.* ♦ SPÉCIALT Le fait d'enlever, de retrancher. ➤ **diminution, mutilation, retranchement.** *Faire des suppressions dans un texte.* ■ CONTR. Addition, adjonction, ajout, maintien.

SUPPRIMER [syprime] **v. tr.** ‹1› – v. 1380 ◊ latin *supprimere* «enfoncer, étouffer», de *premere* «presser» ■ **1** VX Empêcher de se manifester, en cachant, en n'exprimant pas. *«Le sommeil suffoque et supprime les facultés de notre âme»* MONTAIGNE. ➤ **bâillonner.** ■ **2** (1481) MOD. Rendre sans effet légal ; enlever de l'usage. ➤ **abolir, abroger, annuler, casser.** *Supprimer une loi, une institution. Supprimer des crédits, une taxe. Supprimer une interdiction.* ➤ 1 **lever.** ■ **3** COUR. Faire disparaître, faire cesser d'être en altérant profondément, en défaisant. ➤ **détruire ; anéantir, annihiler, éliminer.** *«En supprimant un autre mur, il agrandit son parc»* BALZAC. *Supprimer des difficultés, les obstacles. Ce procédé supprimerait des opérations inutiles.* ➤ **épargner, éviter.** *Supprimer un avantage.* ➤ FAM. **sucrer.** *Supprimer la douleur, le mal.* ➤ **arrêter, empêcher, inhiber.** *«Même un mauvais sommeil, s'il ne supprime pas la douleur, la dissimule»* ROMAINS. *«La brutalité du mariage [...] supprime la volonté, tue le choix»* HUGO. — PAR EXAGÉR. Réduire considérablement. *L'avion supprime les distances.* ♦ Faire cesser d'être dans (un ensemble), avec (qqch.). ➤ **amputer, éliminer, ôter, retirer, retrancher.** *Supprimer un mot, un passage (d'une œuvre, dans une œuvre).* ➤ **barrer, biffer, déléaturer, effacer, rayer.** *Il y a beaucoup à supprimer dans ce texte. Ce mot «devrait être supprimé du dictionnaire de la critique»* BAUDELAIRE. — *Supprimer qqch. à qqn.* ➤ **enlever, ôter ; priver (de).** *Supprimer le sel de son alimentation.* ■ **4** *Supprimer qqn,* faire disparaître en tuant. ➤ **éliminer, liquider.** *«La seule personne qu'il se devait de descendre était Barnabe. En supprimant Barnabe, Simon réduisait à néant sa filature»* CARCO. — PRONOM. (RÉFL.) Se tuer. ➤ **se suicider.** *Montherlant «a cru bon de se "supprimer" – comme si on pouvait... Nous sommes indestructibles»* GREEN. ■ CONTR. Instituer, maintenir, proroger. Additionner, adjoindre, introduire. 1 Faire, former.

SUPPURANT, ANTE [sypyrɑ̃, ɑ̃t] **adj.** – 1802 ◊ de *suppurer* ■ Qui suppure. *Plaie suppurante.* ➤ **purulent.**

SUPPURATIF, IVE [sypyratif, iv] **adj.** – 1363 ◊ du latin *suppurare* ■ MÉD. Qui facilite l'écoulement du pus. — SUBST. MASC. *Un suppuratif.*

SUPPURATION [sypyrasjɔ̃] **n. f.** – 1363 ◊ latin *suppuratio,* de *suppurare* ■ Production et écoulement de pus. ➤ **pyorrhée.**

SUPPURER [sypyre] **v. intr.** ‹1› – 1560 ; *supporer* 1515 ; *soupurer* XIIIe ◊ latin *suppurare,* de *pus, puris* «pus» ■ Laisser écouler du pus ; produire du pus. *La plaie suppure. Qui fait suppurer.* ➤ **pyogène.** — PAR MÉTAPH. *«Toutes les plaies de l'âme suppurent»* BERNANOS.

SUPPUTATION [sypytasjɔ̃] **n. f.** – 1532 ◊ latin *supputatio* ■ **1** Estimation numérique. SPÉCIALT Calculs chronologiques (sur le calendrier). ■ **2** Appréciation, estimation, généralement appliquée à l'avenir. *Ce ne sont que des supputations.*

SUPPUTER [sypyte] **v. tr.** ‹1› – 1552 ◊ latin impérial *supputare* «tailler, émonder», de *putare* «nettoyer ; calculer» ■ **1** Évaluer indirectement, par un calcul. ➤ **calculer, évaluer.** *«La raison ose à peine supputer les sommes que représentent ces magnificences»* GAUTIER. *Ils «supputaient, à un sou près, [...] quelle allait être la situation pécuniaire»* ZOLA. ♦ Estimer la valeur de. *«Un tailleur, en vous voyant, suppute instinctivement l'étoffe de votre habit»* PROUST. ■ **2** Évaluer empiriquement ; apprécier (les chances, la probabilité). ➤ **examiner.** *Supputer ses chances.*

SUPRA [sypra] **adv.** – 1828 ◊ mot latin «au-dessus» ■ Sert à renvoyer à un passage qui se trouve avant, dans un texte (cf. Plus haut*, ci*-dessus). ■ CONTR. Infra.

SUPRA- ■ Élément, du latin *supra* «au-dessus, au-delà» : *«une musique supranaturelle»* BARRÈS. *«ses dons supranormaux»* DANIEL-ROPS. *«cette réalité supra-humaine»* BEAUVOIR.

SUPRACONDUCTEUR, TRICE [syprakɔ̃dyktœr, tris] **adj. et n. m.** – 1964 ◊ de *supra-* et *conducteur* ■ PHYS. Doué de supraconductivité. *Matériau supraconducteur. Céramiques supraconductrices.* — **n. m.** *Les supraconducteurs à haute température.* ♦ Qui utilise la supraconductivité. *Électroaimant supraconducteur.*

SUPRACONDUCTIVITÉ [syprakɔ̃dyktivite] **n. f.** – 1927 ◊ de *supra-* et *conductivité* ■ PHYS. Phénomène par lequel la résistivité de certains matériaux *(supraconducteurs),* après avoir décru régulièrement à mesure que leur température s'abaissait, tombe brusquement à une valeur proche de zéro.

SUPRALIMINAIRE [sypraliminɛr] **adj.** – v. 1960 ◊ de *supra-* et *liminaire* ■ PSYCHOL., PHYSIOL. Supérieur au seuil. *Stimulus supraliminaire* (capable d'éveiller une sensation).

SUPRAMOLÉCULAIRE [sypramɔlekylɛr] **adj.** – 1980 ◊ de *supra-* et *moléculaire,* d'après l'anglais *supramolecular* (1961) ■ SC. Se dit d'une structure formée par l'assemblage non covalent de sous-unités moléculaires ou macromoléculaires préformées (ex. ribosomes, virus). *Chimie supramoléculaire,* qui étudie ce type de structures.

SUPRANATIONAL, ALE, AUX [sypranasjɔnal, o] **adj.** – *supranational* 1911 ◊ de *supra-* et *national* ■ DR. Placé au-dessus des institutions nationales. *Organisme supranational.* PAR EXT. *Décision supranationale.*

SUPRANATIONALISME [sypranasjɔnalism] **n. m.** – 1964 ◊ de *supranational* ■ POLIT. Doctrine ou tendance à défendre ou privilégier les institutions supranationales. — **adj.** et **n.** **SUPRANATIONALISTE.**

SUPRANATIONALITÉ [sypranasjɔnalite] **n. f.** – 1963 ◊ de *supranational* ■ POLIT. Caractère de ce qui est supranational.

SUPRASEGMENTAL, ALE, AUX [suprasɛgmɑ̃tal, o] **adj.** – v. 1960 ◊ de *supra-* et *segmental,* d'après l'anglais ■ LING. Se dit d'une caractéristique phonique affectant des unités plus longues que le segment. *L'intonation, l'accent et la durée sont des traits suprasegmentaux.* ■ CONTR. Segmental.

SUPRASENSIBLE [suprasɑ̃sibl] **adj.** – 1850 ◊ de *supra-* et *sensible* ■ Qui n'est pas accessible aux sens ; qui est considéré comme supérieur à la réalité sensible. ➤ **surnaturel.**

SUPRATERRESTRE [sypraterɛstr] **adj.** – 1889 ◊ de *supra-* et *terrestre* ■ De l'au-delà. *Paradis, monde supraterrestre. Puissance supraterrestre.*

SUPRÉMACISTE [sypremasist] **n. et adj.** – 1980 ◊ de *suprématie* ■ Partisan d'une idéologie qui postule la suprématie d'un groupe d'individus. — SPÉCIALT. *Suprémaciste (blanc) :* partisan d'une idéologie qui postule la suprématie de la «race» blanche. ➤ **raciste.** ♦ **adj.** *Thèses suprémacistes.* — **n. m.** **SUPRÉMACISME,** 1991.

SUPRÉMATIE [sypremasi] **n. f.** – 1651 hist. relig. ◊ anglais *supremacy,* de *supreme,* du français *suprême* ■ **1** Situation dominante, suprême (en matière politique, religieuse). ➤ **hégémonie, prééminence, prépondérance, primauté ; omnipotence.** *La suprématie politique, économique d'un pays.* ■ **2** (1686) Supériorité active. ➤ 2 **ascendant, domination, maîtrise, supériorité.** *«La suprématie de l'esprit»* FLAUBERT. *«le jeune ambitieux était excédé de la suprématie que son collègue exerçait en Lorraine»* BARRÈS. *Exercer sa suprématie sur...*

SUPRÊME [syprɛm] **adj. et n. m.** – v. 1500 ◊ latin *supremus,* superlatif de *superus* → supérieur

I **adj.** ■ **1** Qui est au-dessus de tous, dans son genre, dans son espèce. ➤ **supérieur.** *Autorité suprême.* ➤ **souverain ; souveraineté, suprématie.** *La Cour suprême :* organe juridictionnel le plus élevé, aux États-Unis. *Le Soviet suprême. Le chef suprême des armées.* — SPÉCIALT, RELIG. *L'Être* suprême. Le principe suprême.* ➤ **divin.** ♦ Le plus élevé en valeur. *Bonheur* *suprême.* «*la mission du prolétariat : faire surgir la suprême dignité de la suprême humiliation*» CAMUS. — (Av. le nom) Très grand. *Une suprême habileté. Suprême élégance. Suprême ennui.* — LOC. *Au suprême degré :* au plus haut, au dernier degré. ➤ **extrêmement, suprêmement.** ▪ **2** Le dernier (avec une idée de solennité ou de tragique). *Le matin suprême ; le jour, l'instant, le moment, l'heure suprême,* de la mort. *Dans un suprême effort.* ➤ **désespéré.**

II **n. m.** (1813) Blancs de volaille préparés en chaud-froid. *Un suprême de volaille.* ◆ Filets de gibier, de poisson, servis avec un velouté à la crème *(sauce suprême).*

▪ CONTR. Inférieur, infime.

SUPRÊMEMENT [sypʀɛmmɑ̃] **adv.** – 1575 ◇ de *suprême* ▪ Au suprême degré ; extrêmement. *Elle est suprêmement belle.* ➤ **divinement.** «*une de ses toilettes suprêmement chic*» GONCOURT.

1 **SUR** [syʀ] **prép.** – fin IXe, au sens II, 3° ◇ du latin *super.* Les anciennes formes *soure* (fin IXe), *sore* (milieu Xe), laissent la place, à partir du XIVe s., à *sur,* probablt sous l'influence de *sus*

I **MARQUANT LA POSITION «EN HAUT» OU «EN DEHORS»** ▪ **1** (fin Xe) (Devant un compl. désignant une surface ou une chose qui en porte ou en soutient une autre) *Poser un objet sur une table. S'asseoir sur une chaise. La casserole est sur le feu. Le terrain sur lequel on a construit.* ➤ **où.** *Sur la place, sur place**. *Sur les lieux. Déjeuner sur l'herbe. Marcher, passer sur* (un chemin, une route, etc.). *Sur la terre, sur terre et sur mer. Monter sur un âne, une bicyclette.* — *Avoir un chapeau sur la tête.* «*J'attendis jusqu'à ce qu'elle me retire ce truc de sur la tête*» DJIAN. FIG. *Avoir qqch. sur les bras**, *sur le cœur**. *Être sur pied**. «*Un énorme cheval brabançon... Sur ses pattes, comme une maison sur ses quatre murs*» MICHAUX. *Se coucher sur le dos. Être sur les genoux**, *sur les dents**. — *L'un sur l'autre. Les uns sur les autres,* serrés, à l'étroit. ◆ (début XIIIe) Contre (une surface verticale). *Épingler une carte sur un mur. La clé est sur la porte.* — *Un doigt sur les lèvres.* — *Porter un pull sur un chemisier.* ➤ 1 **dessus** (par-dessus). — *Sur soi :* avec soi, sur le corps, dans sa poche... *Un carnet qu'il avait sur lui. Je n'ai pas d'argent sur moi.* ▪ **2** *S'étendre sur... :* couvrir (telle distance). *Sur huit mètres de longueur. Sur telle longueur d'onde. Pièce de trois mètres sur cinq (3 × 5).* ▪ **3** (fin Xe) Avec l'idée de mouvement (devant un compl. désignant une surface ou une chose atteinte, modifiée) *Frapper, peser, presser sur. Appuyer sur un bouton. Tirer sur qqn.* — *Recevoir un coup sur la tête. Tomber, retomber sur qqch.* — *Appeler qqn sur son portable.* — FIG. *Rejeter une faute sur qqn. Agir, influer sur* (qqn, qqch.). — *Écrire, graver sur un registre, sur la pierre. Peinture sur soie. Doré sur tranche.* — (En lisant) *Vérifier sur la carte.* FAM. *C'est sur le journal* (➤ **dans**). ◆ (fin XIe) En enlevant, en ôtant à (ce qui subit l'action). *Prélever sur. Impôt sur le revenu. Retenue sur le salaire. Empiéter, mordre sur. Les puces vivent sur les chiens* (cf. Aux dépens de). — (Marquant une proportion) «*sur onze compagnons qu'ils étaient* [...] *il ne reste que trois hommes*» BARBUSSE. *Un jour sur deux. Sept jours sur sept :* tous les jours. *Une chance sur mille. Un cas sur cent.* ➤ **parmi.** *Mériter dix sur dix* (note). ▪ **4** (milieu Xe) (Devant un compl. désignant une chose qui est dominée par une autre sans être en contact avec elle) ➤ 2 **dessus** (au-dessus de). *Les nuages qui passent sur nos têtes. Les ponts sur la Moselle. Se pencher sur qqch.* ◆ (Dans le voisinage immédiat) ➤ **près.** *Bar-sur-Aube. Boulogne-sur-Mer.* ▪ **5** (fin XIe) (Le compl. désignant une direction) *Sur votre droite.* ➤ **à.** *Sur le côté. Donner, s'ouvrir sur un jardin. Vue sur la mer. Avoir pignon** *sur rue.* ◆ (fin Xe) (Avec un v. de mouvement) ➤ 1 **vers.** *Fondre, foncer, se jeter sur qqn. Elle articule* «*qu'elle ne va pas sur Toulouse mais à Toulouse, qu'il est regrettable et curieux que l'on confonde ces prépositions de plus en plus souvent*» ECHENOZ. — (Dans le temps) *Elle va sur ses vingt ans :* elle va bientôt avoir vingt ans.

II **(ABSTRAIT)** ▪ **1** (Avec un compl. désignant ce qui sert de base, de fondement) (cf. À cause* de, en considération* de, en raison* de). *Juger les gens sur la mine, sur les apparences* (cf. D'après). «*Que le monde juge sur les faits*» STENDHAL. *Sur ses conseils.* — *Sur un signe, sur une remarque du chef, il obéit.* ◆ (début XIIe) (Avec l'idée de garantie) *Compter, s'appuyer, se reposer sur qqn, qqch. Jurer sur son honneur.* «*Allez, ma fille, dis pas non, sur la vie de ma mère c'est un cadeau de mon cœur !*» PENNAC. *Être cru sur parole. Sur sa bonne mine, on lui a prêté mille euros.* ◆ (milieu XIIIe) (Avec l'idée de conformité, d'étalon, de modèle) (cf. D'après, conformément à). *Prendre exemple sur qqn, sur un modèle. Copier sur son voisin. Sur mesure**. ◆ (fin XIIe) Relativement à (une matière, un sujet, un propos). ➤ 1 **de** (cf. À propos de, quant à, au sujet de). *Apprendre qqch. sur qqn. Être fixé sur les intentions de qqn. Gémir sur ses malheurs. Sur ce sujet, sur ce point* (cf. Là-dessus*). *Essai, pensées, réflexions, propos sur...* — «*abandonnez cette habitude de pleurer sur vous-même*» DURAS. — *Laisser qqn sur une mauvaise impression.* — Pour désigner le sujet d'une occupation *Je suis sur ce travail depuis une semaine.* ▪ **2** (1568) (Valeur temporelle) Immédiatement après, à la suite de... *Sur le Coup**, *sur le moment, sur l'heure. Sur le champ**. *Être pris sur le fait**. «*ravie à l'idée de boire de la bière sur de la bénédictine*» QUENEAU. ◆ (Indiquant le cumul successif) ➤ **après.** *Coup** *sur coup. Fumer cigarette sur cigarette. Il fait bêtise sur bêtise.* — **SUR CE :** après quoi, là-dessus (ce représentant des paroles). *Sur ce, ils sont partis.* ◆ (fin XIIIe) (Approximation temporelle) ➤ **environ,** 1 **vers.** *Sur les onze heures. Sur le soir. Sur le tard**. *Être sur le départ, sur le retour,* près de partir, de revenir. — *Être sur le point de faire qqch.* ▪ **3** (fin IXe) (Pour marquer une supériorité) *Prendre l'avantage sur qqn. Victoire sur soi-même. Enchérir sur... Commander, régner sur. Veiller sur. Avoir des droits sur qqn.* ▪ **4** (Dans des loc. marquant un état, une situation, une manière) *Rester, se tenir sur la défensive. Être sur ses gardes, sur le qui-vive.* — *Sur ce ton.* «*Tout en chantant sur le mode mineur*» VERLAINE.

▪ CONTR. 2 Dessous (au-dessous de), sous. ▪ HOM. Sûr.

2 **SUR, SURE** [syʀ] **adj.** – 1160 ; mot région., répandu XIXe ◇ francique °*sur* ; cf. allemand *sauer* ▪ Qui a un goût acide, légèrement aigre. ➤ **acide, aigrelet ; suret.** *Pommes sures. Soupe qui devient sure.* ➤ **surir.** ▪ CONTR. Doux.

SUR- ▪ Élément, du latin *super* (d'ab. *sour-, sor-,* puis *sur-,* par attraction de *sus*), employé au sens spatial ou temporel de «au-dessus» *(surmonter, surlendemain)* ou pour marquer l'excès *(surabonder, surchauffer ; surenchère, surproduction ; suraigu, surfin).* ➤ **hyper-, super-, sus-.**

SÛR, SÛRE [syʀ] **adj.** – milieu XIIe ◇ du latin *securus* «libre de soucis», «qui ne demande pas de soin», famille de *cura* → 1 cure, sinécure

REM. Il est admis d'écrire *sure* au féminin, et *surs, sures* au pluriel.

I **SÛR DE... QUI SAIT DE MANIÈRE CERTAINE** ▪ **1** Qui envisage (les évènements) avec une confiance tranquille, sereine ; qui tient pour assuré (un évènement). ➤ **assuré, certain, convaincu ; confiant.** *Être sûr du résultat, du succès* (cf. Compter sur). LOC. *Être sûr de son coup.* — *Sûr de gagner, de réussir. Il n'est pas sûr d'y arriver.* — (Avec un temps passé, pour parler d'un évènement que l'on prévoyait) *Ça y est, j'en étais sûr...* ◆ (fin XIIe) *Être sûr de qqn, d'un ami,* avoir confiance en lui, être assuré de sa fidélité. — (1690) **SÛR DE SOI :** assuré de ce qu'on fera dans telle ou telle circonstance, de ses réactions futures. Qui se comporte avec assurance. *Elle est trop sûre d'elle.* «*Mais j'étais sûr de moi, sûr de tout*» CAMUS. — *Être sûr de ses moyens, de ses réflexes, de son jugement.* ▪ **2** (milieu XIIe) Qui sait avec certitude, qui est assuré de ne pas se tromper. *Être sûr de qqch. En êtes-vous sûr ? Être sûr de son fait**. — (1655) *Sûr de* (et inf.). «*Quand on est sûr de s'aimer* [...] *quelle sérénité dans l'âme*» MUSSET. — (fin XIIe) **SÛR QUE.** *Je suis sûr qu'il viendra.* (Négatif, avec l'indic. ou le subj.) *Je ne suis pas sûr qu'il viendra, qu'il vienne.* — FAM. (redondance critiquée) *J'en suis sûr et certain.*

II **QUI NE PRÉSENTE AUCUN RISQUE, AUCUN DOUTE A. IDÉE DE SÉCURITÉ, DE FIABILITÉ** ▪ **1** (fin XIIe) Où l'on ne risque rien ; où une personne, une chose est à l'abri du danger (➤ **sécurité, sûreté**). *Le quartier n'est pas très sûr, la nuit.* ➤ RÉGION. **sécuritaire.** *En lieu** *sûr.* — (En attribut) *C'est plus sûr :* cela constitue une sécurité, une garantie. — LOC. *Le plus sûr :* le mieux, le parti le meilleur. *Le plus sûr est de faire un bilan.* ▪ **2** (fin XIIe) En qui l'on peut avoir confiance ; qui ne saurait décevoir, tromper. ➤ 1 **bon, éprouvé.** *Un ami sûr.* ➤ **fidèle.** *Des personnes sûres,* qui ne trahissent pas, ne parlent pas, sont incorruptibles. ▪ **3** (début XIIIe) Sur quoi l'on peut compter. ➤ **fiable, sérieux, solide.** «*cette époque fabuleuse où un homme prudent tablait sur des valeurs sûres*» MAURIAC. *Raisonner sur des bases peu sûres. De source sûre. Placements sûrs.* ◆ (fin XVe) Qui produit les résultats escomptés ; qui est propre à réussir. *Moyen sûr.* ➤ **immanquable, infaillible.** *À coup** *sûr.* ▪ **4** (1549) Qui agit, fonctionne avec efficacité et exactitude, sans erreur. «*comme une sentinelle à l'œil perçant et sûr*» BAUDELAIRE. *Un projectile lancé d'une main sûre.* — *Une mémoire sûre. Un instinct, un goût très sûr.* ➤ **infaillible.** — Qui se fait avec assurance, exactitude. *Un diagnostic sûr.*

B. IDÉE DE CERTITUDE ▪ **1** (fin XIIe) Dont on ne peut douter, dont on est convaincu ; qui est considéré comme vrai ou inéluctable (surtout avec un nom indéterminé : *chose,* etc. ou un impers.). ➤ **assuré, authentique, avéré, certain*,** 2 **établi, évident, exact, indubitable, vrai.** *Une chose est sûre, c'est que... Tenir pour sûr. Cela n'a encore rien de sûr. Ce qui est sûr, c'est que je n'irai pas. Ce n'est pas si sûr. Rien n'est moins sûr :* c'est peu probable. — (1794) FAM. *Ça, c'est sûr, c'est sûr et certain.* ▪ **2** loc. adv. (1782) **BIEN SÛR** : c'est évident, cela va de soi. ➤ **certes, évidemment** (cf. Bien entendu*). *Bien sûr, vous serez rémunéré. Bien sûr que oui ; oui bien sûr. Bien sûr que c'est possible.* — LOC. FAM. *Bon sang, mais c'est bien sûr !* — (Pour introduire une concession) *« Bien sûr, il y a les possibilités nucléaires. Mais l'atome* [...] *»* TH. MAULNIER. ▪ **3** loc. adv. (1665) VX ou POP. **POUR SÛR** : certainement. *« Elle n'est pas meublée, pour sûr, comme à Paris »* MIRBEAU. *« Pour sûr que les anges applaudissent là-haut ! »* GIDE. ▪ **4** adv. (fin XIIe) FAM. Sûrement. *Tu crois qu'il viendra ? – Pas sûr...,* peut-être pas. *« sûr que j'ai quelque chose de brûlé dans l'intérieur »* FRANCE.

▪ CONTR. Méfiant, sceptique ; défiant, 1 incertain. — Dangereux, risqué ; infidèle. Aventureux, chanceux, illusoire, 1 incertain, problématique ; trompeur. Douteux, 1 faux, inexact. ▪ HOM. Sur.

SURABONDAMMENT [syʀabɔ̃damɑ̃] adv. – *sourhabondamment* v. 1350 ◊ de *surabondant* ▪ LITTÉR. D'une manière très abondante, plus que suffisamment. ➤ **excessivement, trop.** *Démontrer, expliquer surabondamment.*

SURABONDANCE [syʀabɔ̃dɑ̃s] n. f. – *sourhabondance* milieu XIVe ◊ de *sur-* et *abondance* ▪ Abondance extrême ou excessive. ➤ **excès, profusion.** *Surabondance de produits sur le marché.* ➤ **pléthore.** *Surabondance de blé.* ➤ **surproduction.** *Une surabondance de couleurs, de détails, d'ornements.* ➤ **débauche, exubérance, surcharge.** — (ABSTRAIT) *« Les inconvénients de Madame de Chateaubriand, si elle en a, découlent de la surabondance de ses qualités »* CHATEAUBRIAND. ▪ CONTR. Insuffisance, pénurie.

SURABONDANT, ANTE [syʀabɔ̃dɑ̃, ɑ̃t] adj. – 1588 ; *sorhabondant* v. 1200 ◊ de *sur-* et *abondant* ▪ Qui existe en quantité plus grande qu'il n'est nécessaire. ➤ **abondant, excessif, pléthorique.** *Production, récolte surabondante. « À la source de la révolte, il y a* [...] *un principe d'activité surabondante et d'énergie »* CAMUS. ▪ CONTR. Insuffisant.

SURABONDER [syʀabɔ̃de] v. intr. ‹1› – 1549 ; *sorhabonder* 1190 ◊ de *sur-* et *abonder* ▪ **1** Exister en quantité plus grande qu'il n'est nécessaire. ➤ **abonder.** *« Les Américains y abondent et les Allemands y surabondent* [à Capri] *»* GIDE. ▪ **2** *Surabonder de, en :* avoir en surabondance. ➤ **déborder** (de), **regorger** (de). *La région surabonde de richesses.* ▪ CONTR. Manquer.

SURACTIF, IVE [syʀaktif, iv] adj. – 1853 ◊ de *sur-* et *actif* ▪ Qui a une activité, une efficacité très grande. *Décapant suractif.* ➤ **surpuissant.** *Crème amincissante suractive.*

SURACTIVÉ, ÉE [syʀaktive] adj. – 1939 ◊ de *sur-* et *activer* ▪ Traité pour avoir une activité augmentée (CHIM., PHARM.). *Sérum suractivé.*

SURACTIVITÉ [syʀaktivite] n. f. – 1837 ◊ de *sur-* et *activité* ▪ Activité supérieure à la normale. *Une suractivité mentale.*

SURAH [syʀa] n. m. – 1883 ◊ de *Surate,* nom d'un centre textile de l'Inde ▪ Étoffe de soie croisée, légère et souple. *« des foulards d'une finesse de nuée, des surahs plus légers que les duvets envolés des arbres »* ZOLA.

SURAIGU, UË [syʀegy] adj. /fém. SURAIGÜE/ – 1721 ◊ de *sur-* et *aigu* ▪ Très aigu. *Cri, son suraigu.* ➤ **strident.** *« le bruit suraigu d'un outil qui frappe sur une pierre »* ALAIN. *« Les uns chantent d'une voix de tête suraiguë »* THARAUD. ◆ MÉD. *Angine suraiguë.*

SURAJOUTER [syʀaʒute] v. tr. ‹1› – 1314 ◊ de *sur-* et *ajouter* ▪ Ajouter à (ce qui est déjà complet) ; ajouter après coup. ➤ **ajouter.** *Ornements surajoutés.* — PRONOM. *Un contretemps s'est surajouté à tous ces ennuis.* ➤ **se greffer.**

SURAL, ALE, AUX [syʀal, o] adj. – XIIIe n. m. ◊ de l'ancien français *sure* « mollet », du latin *sura* ▪ ANAT. En relation avec le mollet. *Triceps sural,* formé des muscles jumeaux et soléaire.

SURALIMENTATION [syʀalimɑ̃tasjɔ̃] n. f. – 1891 ◊ de *sur-* et *alimentation* ▪ **1** Alimentation plus riche, plus abondante que la ration* d'entretien. *Le médecin « voulait du calme, de la détente, de la suralimentation »* COCTEAU. ▪ **2** PAR EXT. Introduction d'une quantité de combustible supérieure à la normale et augmentation proportionnelle de la masse d'air dans un moteur à combustion interne pour en augmenter la puissance. *Suralimentation par surcompression.* ▪ CONTR. Malnutrition, sous-alimentation.

SURALIMENTER [syʀalimɑ̃te] v. tr. ‹1› – 1896 ◊ de *sur-* et *alimenter* ▪ **1** Alimenter (qqn, un animal) au-delà de la normale (➤ **suralimentation**). — *« ces dégoûts de gens gavés, suralimentés »* SARRAUTE. ▪ **2** PAR EXT. *Suralimenter un moteur.* ▪ CONTR. (du p. p.) Sous-alimenté.

SURANNÉ, ÉE [syʀane] adj. – XVIe ; « qui a plus d'un an » XIIIe ◊ de *sur-* et *an* ▪ **1** VX, DR. Qui a cessé d'être valable, dont le délai est expiré. ▪ **2** (1661) MOD. Qui a cessé d'être en usage, qui évoque une époque révolue. ➤ **antique, démodé, désuet, obsolète, vieilli, vieillot.** *Il a des idées surannées.* ➤ **arriéré, dépassé, périmé, rétrograde.** *« une mère d'esprit suranné, tout imbu de vieilles choses »* MICHELET. ▪ **3** (PERSONNES) VX Qui est trop vieux pour le personnage qu'il joue. *« Galants surannés »* ROUSSEAU. — LITTÉR. Qui a un caractère vieillot. ▪ CONTR. Actuel, 2 neuf, nouveau.

SURARBITRE [syʀaʀbitʀ] n. m. – *sur-arbitre* 1470 ◊ de *sur-* et *arbitre* ▪ DR. Arbitre choisi pour trancher, en cas de contestation entre arbitres (cf. Tiers* arbitre).

SURARMEMENT [syʀaʀməmɑ̃] n. m. – 1910 ◊ de *sur-* et *armement* ▪ Armement excessif. *La course au surarmement.*

SURARMER [syʀaʀme] v. tr. ‹1› – 1938 ◊ de *sur-* et *armer* ▪ Armer en excès. — p. p. adj. *Pays surarmé.*

SURATE ➤ **SOURATE**

SURBAISSÉ, ÉE [syʀbese] adj. – 1611 ◊ de *sur-* et *baisser* ▪ ARCHIT. *Arc surbaissé,* dont la hauteur est inférieure à la moitié de l'ouverture. *Voûte, dôme surbaissés.* — AUTOM. *Voiture surbaissée,* d'une hauteur inférieure à la moyenne, très basse. ▪ CONTR. Surhaussé ; surélevé.

SURBAISSEMENT [syʀbɛsmɑ̃] n. m. – 1704 ◊ de *surbaissé* ▪ ARCHIT. Caractère d'un arc surbaissé, d'une voûte surbaissée ; cet arc, cette voûte. ◆ Différence entre la hauteur d'un arc surbaissé et la moitié de sa largeur.

SURBAISSER [syʀbese] v. tr. ‹1› – 1690 ◊ de *surbaissé* ▪ ARCHIT. Rendre surbaissé. *Surbaisser une voûte en restaurant un édifice.*

SURBOOKÉ, ÉE [syʀbuke] adj. – 1985 ◊ de *sur-* et anglais *overbooked* ▪ **1** Qui fait l'objet d'une surréservation. *Vol surbooké.* ▪ **2** (PERSONNES) Surchargé de travail, de rendez-vous.

SURBOOKING [syʀbukiŋ] n. m. – 1965 ◊ de *sur-* et anglais *(over)booking,* de *over* « sur- » et *booking* « réservation » ▪ FAUX ANGLIC. Surréservation (recomm. offic.).

SURBOUM [syʀbum] n. f. – 1947 ◊ de *sur(prise-partie)* et *boum,* var. de *boom* « fête d'une grande école » 1949 ▪ FAM. et VIEILLI Surprise-partie. ➤ 2 **boum.** *Des surboums.*

SURBRILLANCE [syʀbʀijɑ̃s] n. f. – 1991 ◊ de *sur-* et *brillance,* pour traduire l'anglais *brightening* ▪ INFORM. Mise en évidence à l'écran (d'un mot, d'un passage de texte) par un contraste lumineux ou un fond de couleur différente. *Mot, passage sélectionné apparaissant en surbrillance.*

SURCAPACITÉ [syʀkapasite] n. f. – 1966 ◊ de *sur-* et *capacité* ▪ ÉCON. Capacité de production supérieure aux besoins.

SURCAPITALISATION [syʀkapitalizasjɔ̃] n. f. – v. 1900 ◊ de *sur-* et *capitalisation* ▪ **1** ÉCON. Excès des ressources en biens de production par rapport aux besoins. ➤ **surinvestissement.** ▪ **2** FIN. *Surcapitalisation boursière :* cours excessif d'un titre de société par rapport à la valeur économique de cette dernière ; différence entre la valeur boursière (➤ **capitalisation**) et la valeur réelle des titres.

SURCHARGE [syʀʃaʀʒ] n. f. – 1500 ◊ de *surcharger*

I ▪ **1** Charge ajoutée à la charge ordinaire. ◆ SPÉCIALT, TURF Surplus de poids imposé à un cheval. ➤ **handicap.** ◆ FIG. ➤ **surcroît, surplus.** *Surcharge de dépenses, de travail.* — SPÉCIALT Impôt qui s'ajoute à une charge. ▪ **2** Charge qui excède la charge permise. *Surcharge de bagages.* ➤ **excédent.** ▪ **3** Le fait de surcharger, d'être surchargé. *La surcharge des voitures est dangereuse. Ascenseur en surcharge.* — ÉLECTROTECHN. *Surcharge d'un générateur.* ◆ MÉD. Présence en excès d'une substance dans des cellules où on la trouve normalement en plus petite quantité. *Surcharge du foie en glycogène. Surcharge ventriculaire :* hypertrophie ou dilatation des ventricules cardiaques. *Maladie de surcharge.* — *Surcharge pondérale*.* ▪ **4** (ABSTRAIT) Excès, surabondance. *« La chapelle est décorée avec une surcharge de colifichets, de fanfreluches et de dorures inimaginable »* GAUTIER. ➤ **débauche.** *« une surcharge fatigante d'observations techniques »* BACHELARD. ➤ **pléthore.**

II ▪ **1** Substitution d'un mot à un autre en surchargeant. PAR EXT. Mot écrit au-dessus d'un autre raturé. *Les seules corrections du manuscrit étaient quelques surcharges.* ◆ Inscription imprimée en recouvrant une autre, et ajoutée après coup. *Surcharge d'un timbre-poste, qui en modifie la valeur.* ▪ **2** PEINT. Morceau peint ou dessiné par-dessus un autre comme retouche ou effet spécial.

SURCHARGÉ, ÉE [syʀʃaʀʒe] adj. – XVIe ◊ de *surcharger* ■ **1** Qui est trop chargé. — Qui comporte trop d'occupants. ➤ **bondé, complet.** *Autobus surchargé. Classes surchargées* (➤ **pléthorique ; sureffectif**). ♦ Qui a trop d'ornements. *Une décoration surchargée.* ■ **2** Qui a trop d'occupations, de travail. *Être surchargé, surchargé de travail.* PAR EXT. *Emploi du temps, programme scolaire surchargé.* ➤ **écrasant, lourd.** ■ **3** Qui porte une surcharge (II, 1°). *Brouillons raturés et surchargés.*

SURCHARGER [syʀʃaʀʒe] v. tr. ⟨3⟩ – fin XIIe ◊ de *sur-* et *charger*
I ■ **1** Charger d'un poids qui excède la charge ordinaire ; charger à l'excès. *Surcharger dangereusement un bateau.* — (CHOSES) Constituer une surcharge pour. « *Elle fit tomber les* Fondements de la Morale *qui surchargeaient un faible guéridon* » BEDEL. ♦ FIG. Alourdir d'éléments inutiles. *Surcharger sa mémoire.* ➤ **charger, encombrer.** *Surcharger un exposé de chiffres.* ■ **2** Charger (qqn) à l'excès. ➤ **grever, imposer.** — PASS. *Être surchargé d'impôts.* ➤ **accabler, écraser.** — PAR EXT. *Être surchargé de soucis, de travail.*
II ■ **1** Écrire un mot sur un autre, pour corriger (un texte). PAR EXT. Ajouter des mots au-dessus des ratures de (un texte). ■ **2** PEINT. Recouvrir, reprendre par une surcharge.
■ CONTR. Alléger, décharger.

SURCHAUFFE [syʀʃof] n. f. – 1875 ◊ de *surchauffer* ■ **1** TECHN. Opération qui consiste à chauffer la vapeur pour améliorer le rendement d'une machine à vapeur. ➤ **resurchauffe.** ♦ PHYS. État d'un liquide chauffé au-dessus de sa température d'ébullition sans qu'il se vaporise. ■ **2** (1963) ÉCON. État de tension économique caractérisé par un déséquilibre entre la croissance de la demande et la saturation des facteurs de production (➤ **suremploi**).

SURCHAUFFÉ, ÉE [syʀʃofe] adj. – 1873 ◊ de *surchauffer* ■ **1** Se dit de l'air, et PAR EXT. d'un lieu chauffé ou chaud au-delà de ce qui convient. *Une piscine surchauffée.* ■ **2** FIG. Exalté. *Une imagination, une ambiance surchauffée.* ➤ **surexcité, survolté.** *Esprits surchauffés.*

SURCHAUFFER [syʀʃofe] v. tr. ⟨1⟩ – 1803 ◊ de *sur-* et *chauffer* ■ Chauffer à l'excès. ♦ TECHN. Réchauffer (ce qui était déjà chaud). *Surchauffer la vapeur d'eau pour en augmenter la tension* (➤ **surchauffe**). ♦ PHYS. Porter (un liquide) au-dessus de son point d'ébullition sans qu'il se vaporise.

SURCHAUFFEUR [syʀʃofœʀ] n. m. – 1873 ◊ de *surchauffer* ■ TECHN. Appareil à surchauffer la vapeur. *Surchauffeur de locomotive.*

SURCHEMISE [syʀʃ(ə)miz] n. f. – 1984 ◊ de *sur-* et *chemise* ■ Chemise large en tissu épais, portée sur un teeshirt ou un pull.

SURCHOIX [syʀʃwa] n. m. et adj. – 1816 ◊ de *sur-* et *choix* ■ COMM. VX Premier choix, première qualité. *Viande de surchoix.* — adj. MOD. *Un produit surchoix.* ➤ **extra, supérieur.**

SURCLASSER [syʀklɑse] v. tr. ⟨1⟩ – 1908 ; au p. p. 1899 ◊ de *sur-* et *classer* ■ **1** SPORT Avoir une incontestable supériorité de classe sur. *Coureur qui en surclasse un autre.* ■ **2** Être nettement supérieur à. ➤ **dépasser, surpasser.** « *Les anciens dispositifs oscillographiques* [...] *sont nettement "surclassés" par les oscillographes à électrons* » BROGLIE. *Cette voiture surclasse les autres par sa puissance.* ➤ **éclipser.**

SURCOMPENSATION [syʀkɔ̃pɑ̃sasjɔ̃] n. f. – 1957 ◊ de *sur-* et *compensation* ■ **1** ÉCON. Égalisation du rapport des charges et des recettes de plusieurs caisses. ■ **2** PSYCHOL. Conduite par laquelle une personne, surmontant une déficience, une infériorité, réussit particulièrement dans le domaine qui lui semblait inaccessible.

SURCOMPOSÉ, ÉE [syʀkɔ̃poze] adj. – 1749 ◊ de *sur-* et *composé* ■ GRAMM. Se dit d'un temps composé où l'auxiliaire est lui-même à un temps composé. *Passé surcomposé. Les temps surcomposés sont généralement employés en subordonnée lorsque le verbe de la principale est à un temps composé* (ex. Je suis parti quand j'ai eu terminé. Il serait arrivé quand j'aurais été partie).

SURCOMPRESSION [syʀkɔ̃pʀesjɔ̃] n. f. – 1844 ◊ de *sur-* et *compression* ■ TECHN. Augmentation de la compression d'un gaz, SPÉCIALT du mélange gazeux d'un moteur à explosion.

SURCOMPRIMER [syʀkɔ̃pʀime] v. tr. ⟨1⟩ – 1964 ◊ de *sur-* et *comprimer* ■ TECHN. Augmenter la compression de (un gaz déjà comprimé). ➤ **compresseur.** PAR EXT. *Moteur surcomprimé,* dont le mélange gazeux subit la surcompression (on dit abusivt *surcompressé*).

SURCONSOMMATION [syʀkɔ̃sɔmasjɔ̃] n. f. – 1955 ◊ de *sur-* et *consommation* ■ Consommation excessive. *Surconsommation de médicaments.* ■ CONTR. Sous-consommation.

SURCONTRER [syʀkɔ̃tʀe] v. tr. ⟨1⟩ – 1932 ◊ de *sur-* et *contrer* ■ Contrer (l'adversaire qui vient de contrer), au bridge. — n. m. **SURCONTRE.**

SURCOSTAL, ALE, AUX [syʀkɔstal, o] adj. – 1743 n. m. ◊ de *sur-* et *costal* ■ ANAT. Qui est situé sur les côtes. *Muscles surcostaux,* ou n. m. pl. *les surcostaux.*

SURCOT [syʀko] n. m. – 1re moitié XIIIe ; *sarcot* XIIe ◊ de *sur-* et *cotte* ■ ANCIENNT Vêtement porté sur la cotte, au Moyen Âge.

SURCOTE [syʀkɔt] n. f. – 1970 ◊ de *surcoter,* fin. « *coter* une valeur au-dessus de son prix » (1868) ■ **1** Écart positif entre la valeur (d'un objet) et son prix. *Surcote d'une monnaie.* ■ **2** Majoration de la pension de retraite d'un assuré qui choisit de travailler plus longtemps que le temps nécessaire pour bénéficier d'une pension à taux plein. *Surcote et décote.*

SURCOUPER [syʀkupe] v. tr. ⟨1⟩ – 1802 ◊ de *sur-* et *couper* ■ Aux cartes, Couper avec un atout supérieur à celui avec lequel un autre joueur vient de couper. *Surcouper le pique.* — ABSOLT *Joueur qui surcoupe.*

SURCOÛT [syʀku] n. m. /SURCOUT/ – 1978 ◊ de *sur-* et *coût* ■ Coût supplémentaire, additionnel. *Surcoût des travaux par rapport au devis. Un surcoût injustifié.*

SURCREUSEMENT [syʀkʀøzmɑ̃] n. m. – 1909 ◊ de *sur-* et *creusement* ■ GÉOL. Creusement d'un fond de vallée au-dessous de son profil limite.

SURCROÎT [syʀkʀwa] n. m. /SURCROIT/ – XIIIe ; de *surcroître* (vx) « croître au-delà de la mesure ordinaire » ◊ de *sur-* et *croître* ■ Ce qui apporte un accroissement, ce qui vient s'ajouter à ce que l'on a déjà. ➤ **augmentation, supplément, surplus.** *Un surcroît de travail.* ➤ **excédent, surcharge.** « *L'élégance du jeune Tiercelin, sa maîtrise de soi-même* [...] *lui valaient un surcroît de considération* » AYMÉ. — loc. adv. **DE SURCROÎT** (XVe) ; **PAR SURCROÎT** (1672) : en plus, en outre (cf. Par-dessus le marché*). « *la stupide pécore, impertinente par surcroît, qui se moquait de son accent* » R. ROLLAND. *Être donné, venir par surcroît,* comme un supplément naturel, nécessaire.

SURDENT [syʀdɑ̃] n. f. – 1560 ◊ de *sur-* et *dent* ■ RARE Dent surnuméraire, ou dent nouvelle qui pousse avant que la dent temporaire ne soit tombée. — VÉTÉR. Chez le cheval, Dent plus longue que les autres.

SURDÉTERMINANT, ANTE [syʀdetɛʀminɑ̃, ɑ̃t] adj. – 1928 ◊ de *sur-* et *déterminer,* d'après *surdétermination* ■ DIDACT. Qui produit une surdétermination ou qui y concourt. « *ces deux livres semblent bien* [...] *avoir joué un rôle* surdéterminant *des plus décisifs* » BRETON.

SURDÉTERMINATION [syʀdetɛʀminasjɔ̃] n. f. – 1906 ◊ de *sur-* et *détermination* ■ **1** PSYCHOL. Caractère d'une conduite déterminée par plusieurs motivations concourantes ; d'une image évoquée par des actions concourantes. ■ **2** (1956 ◊ allemand *Überdeterminierung* [Freud, 1895]) PSYCHAN. Fait qu'une formation de l'inconscient (rêve, fantasme, symptôme) renvoie à plusieurs facteurs déterminants (par condensation, etc.). ■ **3** LING. Restriction du sens d'un terme par un contexte.

SURDÉTERMINÉ, ÉE [syʀdetɛʀmine] adj. – 1913 ◊ de *sur-* et *déterminé,* d'après l'allemand (Freud, 1900) ■ PSYCHAN. Qui fait l'objet d'une surdétermination. *L'hystérie est surdéterminée.* « *chacun des éléments du contenu manifeste du rêve est surdéterminé, il est représenté plusieurs fois dans les pensées latentes du rêve* » (trad. de FREUD).

SURDIMENSIONNÉ, ÉE [syʀdimɑ̃sjɔne] adj. – 1979 ◊ de *sur-* et *dimension* ■ Dont les dimensions sont plus grandes qu'il n'est nécessaire ; trop important. ➤ **démesuré.** « *le regard masqué par des lunettes noires surdimensionnées* » J. ROLIN. *Avoir un ego surdimensionné.*

SURDIMUTITÉ [syʀdimytite] n. f. – 1833 ◊ de *surdité* et *mutité,* d'après *sourd-muet* ■ DIDACT. État d'une personne sourde qui ne peut produire les sons de la parole.

SURDITÉ [syʀdite] n. f. – *sourdité* XIVe ◊ latin *surditas* ■ Affaiblissement ou perte complète de l'ouïe (➤ **sourd**). *Surdité partielle* (➤ **hypoacousie ; malentendant** ; cf. Être dur* d'oreille). *Surdité complète. Surdité congénitale, entraînant la mutité.* ➤ **surdimutité.** ♦ MÉD. *Surdité verbale :* agnosie auditive, due à une lésion du cortex du lobe temporal.

SURDOS [syʀdo] n. m. – 1680 ◊ de *sur-* et *dos* ■ TECHN. Pièce de harnais, bande de cuir qui sert à retenir les traits, placée sur le dos du cheval.

SURDOSAGE [syʀdozaʒ] n. m. – 1964 ◊ de *sur-* et *dosage* ■ MÉD. Dosage excessif, en particulier de médicaments.

SURDOSE [syʀdoz] n. f. – 1964 ◊ de *sur-* et *dose* ■ Dose excessive et dangereuse, voire mortelle (➤ **overdose** ANGLIC.). ♦ FIG. *Une surdose de travail.*

SURDOUÉ, ÉE [syʀdwe] adj. et n. – 1932 ◊ de *sur-* et *doué* ■ Dont les capacités intellectuelles sont très supérieures à la moyenne. *Enfant surdoué.* ➤ **précoce.** « *peu d'enfants intellectuellement surdoués sont devenus de grands créateurs* » A. KAHN. — n. *Une surdouée.*

SUREAU [syʀo] n. m. – 1545 ; ancien champenois *suraut* (1360) ◊ de *seür* (1105), altération de *seü, saü,* latin *sabucus, sambucus* ■ Arbre ou arbrisseau *(caprifoliacées)* dont le bois très léger renferme un large canal médullaire et dont la fleur odorante donne des grappes de baies rouges *(sureau rouge)* ou noires *(sureau noir). Un « sureau laisse mûrir au soleil des myriades de baies noires et brillantes »* GENEVOIX. *Des sureaux. Évider une tige de sureau pour faire une sarbacane, un mirliton.* ■ HOM. Suros.

SUREFFECTIF [syʀefɛktif] n. m. – v. 1980 ◊ de *sur-* et *effectif* ■ Effectif trop important par rapport aux besoins. *Personnel en sureffectif. Réduire les sureffectifs.* ■ CONTR. Sous-effectif.

SURÉLÉVATION [syʀelevasjɔ̃] n. f. – 1846 ◊ de *surélever* ■ Action de surélever ; accroissement en hauteur. ➤ **exhaussement.**

SURÉLEVER [syʀel(ə)ve] v. tr. ⟨5⟩ – v. 1400 ◊ de *sur-* et *élever* ■ **1** Accroître la hauteur de, donner plus de hauteur à. ➤ **exhausser, hausser, surhausser.** *Surélever une maison ancienne d'un étage.* — *Rez-de-chaussée surélevé,* qui n'est pas de plain-pied. ■ **2** Mettre à un niveau plus haut. ➤ **rehausser.** *Surélever une chaise, un projecteur.* ■ CONTR. Abaisser.

SURELLE [syʀɛl] n. f. – XIIᵉ *surele* ◊ diminutif de 2 *sur* ■ RÉGION. Oseille.

SUREMBALLAGE [syʀɑ̃balaʒ] n. m. – 1975 ◊ de *sur-* et *emballage* ■ Emballage de protection ou de renfort autour de produits déjà emballés. *La multiplication des suremballages augmente la production de déchets.*

SÛREMENT [syʀmɑ̃] adv. /SUREMENT/ – 1080 *soürement* ◊ de *sûr* ■ **1** VIEILLI ou LITTÉR. D'une manière sûre, sans prendre de risques. PROV. *Qui va lentement va sûrement. Conduire sûrement. « Paris est encore le seul endroit de la France où l'on puisse cacher sûrement un homme »* BALZAC. ■ **2** D'une manière sûre, qui ne saurait manquer (cf. À coup sûr*, sans faute*). *« L'expérience instruit plus sûrement que le conseil »* GIDE. ■ **3** (Adv. de phrase) D'une manière certaine, évidente. ➤ **certainement, fatalement, immanquablement, inévitablement** (cf. Sans aucun doute*). *« Tout prince qui lève trop de soldats peut ruiner ses voisins, mais il ruine sûrement son État »* VOLTAIRE. — COUR. (en réponse) *Vous pensez venir nous voir ? – Sûrement !* ➤ **assurément.** *Sûrement pas.* FAM. *« Mais sûrement qu'elle ne les emportait pas avec elle, ses mille francs »* ZOLA. ➤ **sûr.** ■ **4** De façon très probable. ➤ **probablement, vraisemblablement.** *Tu connais sûrement des gens influents* (cf. Sans doute*). *Ça lui plaira sûrement.*

SURÉMINENT, ENTE [syʀeminɑ̃, ɑ̃t] adj. – 1657 ; *superéminent* XVᵉ ◊ de *sur-* et *éminent* ■ LITTÉR. Très éminent. *Qualités suréminentes.* ➤ **supérieur.**

SURÉMISSION [syʀemisjɔ̃] n. f. – 1866 ◊ de *sur-* et *émission* ■ FIN. Émission exagérée de papier-monnaie, PAR EXT. de monnaie scripturale. *Surémission monétaire à l'origine de l'inflation* (cf. Faire marcher la planche* à billets).

SUREMPLOI [syʀɑ̃plwa] n. m. – 1951 ◊ de *sur-* et *emploi* ■ ÉCON. Utilisation excessive d'une ressource, en raison d'une insuffisance des moyens disponibles. *Le suremploi des équipements.* — SPÉCIALT Emploi excessif de la main-d'œuvre disponible. ■ CONTR. Sous-emploi ; chômage.

SURENCHÈRE [syʀɑ̃ʃɛʀ] n. f. – 1569 ◊ de *sur-* et *enchère* ■ **1** DR. Enchère, offre d'un prix supérieur au prix déjà obtenu dans la vente ou l'adjudication d'un immeuble, d'un fonds de commerce. ➤ **suroffre.** ♦ COUR. Enchère plus élevée que l'enchère précédente. *Des surenchères successives.* ■ **2** FIG. Promesse, offre supérieure. *La surenchère électorale. Faire de la surenchère.* ➤ **rivaliser** (de). ♦ Action de renchérir. *Une surenchère de violences, de menaces.* ➤ **escalade, spirale.** *« le sensationnel, la surenchère et l'audace »* PAULHAN. *« les clichés qui nourrissaient la violence et l'incompréhension, la surenchère médiatique »* K. TUIL.

SURENCHÉRIR [syʀɑ̃ʃeʀiʀ] v. intr. ⟨2⟩ – 1560 ◊ de *surenchère* ■ **1** DR. Faire une surenchère, augmenter l'offre. *Surenchérir dans une adjudication.* ■ **2** FIG. *Surenchérir sur qqn,* promettre, en faire plus que lui. ■ **3** Devenir encore plus cher (➤ **augmenter, enchérir ; surenchérissement**).

SURENCHÉRISSEMENT [syʀɑ̃ʃeʀismɑ̃] n. m. – 1792 ◊ de *surenchérir* ■ Nouvel enchérissement. ➤ **renchérissement ; augmentation.** *« La hausse des salaires ne correspondant pas au surenchérissement de la vie »* GONCOURT.

SURENCHÉRISSEUR, EUSE [syʀɑ̃ʃeʀisœʀ, øz] n. – 1806 ◊ de *surenchérir* ■ DR. Personne qui fait une surenchère dans une adjudication.

SURENCOMBRÉ, ÉE [syʀɑ̃kɔ̃bʀe] adj. – v. 1970 ◊ de *sur-* et *encombré* ■ Très encombré. *Des rues surencombrées de voitures.*

SURENCOMBREMENT [syʀɑ̃kɔ̃bʀəmɑ̃] n. m. – 1901 ◊ de *sur-* et *encombrement* ■ Encombrement extrême. *Le « surencombrement des wagons »* JARRY.

SURENDETTÉ, ÉE [syʀɑ̃dete] adj. – 1985 ◊ de *sur-* et *endetté* ■ Endetté de manière excessive par rapport à ses ressources. *Pays surendetté. Entreprise suréquipée et surendettée.*

SURENDETTEMENT [syʀɑ̃dɛtmɑ̃] n. m. – 1972 ◊ de *sur-* et *endettement* ■ Endettement excessif. *Le surendettement des ménages.*

SURENTRAÎNEMENT [syʀɑ̃tʀɛnmɑ̃] n. m. /SURENTRAINEMENT/ – 1887 ◊ de *sur-* et *entraînement* ■ Entraînement exagéré, qui risque de surmener le sportif, le concurrent.

SURENTRAÎNER [syʀɑ̃tʀene] v. tr. ⟨1⟩ /SURENTRAINER/ – 1896 au p. p. ◊ de *sur-* et *entraîner* ■ Entraîner d'une manière trop poussée (par l'entraînement proprement dit, par des épreuves trop fréquentes). — *Cheval surentraîné.*

SURÉQUIPEMENT [syʀekipmɑ̃] n. m. – 1955 ◊ de *suréquiper* ■ Équipement supérieur aux besoins. ■ CONTR. Sous-équipement.

SURÉQUIPER [syʀekipe] v. tr. ⟨1⟩ – 1964 ◊ de *sur-* et *équiper* ■ Pourvoir d'un suréquipement. — p. p. adj. *Armée suréquipée* (➤ aussi **surarmer**).

SURÉROGATION [syʀeʀɔgasjɔ̃] n. f. – 1610 ; *supererogation* 1374 ◊ latin juridique *supererogatio,* de *supererogare* « payer en plus » ■ VX ou LITTÉR. Ce qu'on fait au-delà de ce qui est dû ou obligé.

SURÉROGATOIRE [syʀeʀɔgatwaʀ] adj. – fin XVIᵉ ◊ latin scolastique *supererogatorius* ■ LITTÉR. Qui est fait en surérogation. ♦ (1793) Supplémentaire. *« une discrimination surérogatoire entre l'essentiel et le superflu »* HENRIOT.

SURESTARIE [syʀɛstaʀi] n. f. – 1795 ◊ provençal *sobrestaria* « inspection », de *sobrestar* « dominer », latin *stare* → starie ■ MAR. Dépassement du temps convenu (➤ **starie**) par contrat pour les opérations de chargement ou de déchargement des marchandises d'un navire. PAR EXT. Somme que l'affréteur doit payer à l'armateur en compensation de ce dépassement.

SURESTIMATION [syʀɛstimasjɔ̃] n. f. – 1867 ◊ de *surestimer* ■ Le fait de surestimer ; son résultat. ➤ **majoration ; exagération, surévaluation.** ■ CONTR. Sous-estimation.

SURESTIMER [syʀɛstime] v. tr. ⟨1⟩ – v. 1600 ◊ de *sur-* et *estimer* ■ **1** Estimer au-delà de sa valeur. *Surestimer les frais, les bénéfices d'une opération.* — SPÉCIALT Évaluer au-delà de son prix réel. ➤ **surévaluer.** *L'expert a surestimé ce tableau.* ■ **2** Apprécier au-delà de son importance. *Surestimer l'importance d'un évènement.* ➤ **exagérer, gonfler, surfaire.** *Surestimer ses possibilités. Surestimer son appétit* (cf. Avoir les yeux plus grands que le ventre*). — PRONOM. Avoir une trop bonne opinion de soi (cf. Ne pas se moucher* du coude, se prendre* pour qqn). *Il se surestime un peu.* ■ CONTR. Sous-estimer.

SURET, ETTE [syʀɛ, ɛt] adj. – 1280 ◊ de 2 *sur* ■ Un peu sur*. ➤ **acidulé, aigrelet.** *Pommes surettes. Un goût suret.*

SÛRETÉ [syʀte] n. f. /SURETÉ/ – 1498 ; *seurté, seürté* XIIᵉ « gage, promesse ; assurance, absence de crainte » ◊ de *seur, sûr* d'après le latin *securitas*

I GARANTIE ■ **1** Ce par quoi une personne est rendue sûre (I, 1°) de qqn ou de qqch. ; ce qui garantit qu'une chose est sûre (II). ➤ **assurance, caution, garantie.** *Donner des sûretés à qqn.* — DR. Garantie fournie à un créancier pour le recouvrement de sa créance. ➤ **gage, hypothèque, nantissement, privilège, warrant.** *Sûreté conventionnelle, légale,* prévue par les parties, par la loi. *Sûreté réelle,* lorsque les biens du débiteur sont apportés en garantie de paiement. *Sûreté personnelle,* qui résulte de l'engagement d'un tiers au côté du débiteur. *Créance qui n'est assortie d'aucune sûreté* (➤ **chirographaire**). ▪ **2** VX Mesure de précaution. PROV. *« Deux sûretés valent mieux qu'une »* LA FONTAINE. ➤ **précaution.**

II SÉCURITÉ ▪ **1** VIEILLI État, situation d'une personne qui n'est pas en danger, qui ne risque rien. ➤ **sécurité.** *« je m'en tiens à te prier de veiller à ta sûreté »* LACLOS. PROV. *Prudence est mère de sûreté.* — *Pour plus de sûreté, ferme la porte à clé* (cf. Par précaution). — DR. *Sûreté individuelle,* garantie contre les arrestations, les détentions arbitraires (➤ **habeas corpus**). ♦ LOC. MOD. **EN SÛRETÉ** (cf. À l'abri, à couvert, en sécurité). *Être en sûreté. « Si vous avez tué un homme, allez dans le maquis de Porto-Vecchio, et vous y vivrez en sûreté »* MÉRIMÉE. *Mettre qqn en sûreté,* à l'abri du danger. PAR EXT. *Mettre qqch. en sûreté* (cf. En lieu sûr*). — **DE SÛRETÉ :** qui est destiné à assurer une protection, à éviter un danger. *Serrure, verrou de sûreté. Chaîne, fermeture de sûreté. Soupape* de sûreté. Allumettes de sûreté. Explosif de sûreté. Épingle* de sûreté. « un appareil de sûreté s'était immédiatement mis à fonctionner »* J. VERNE. ♦ *Une sûreté :* un dispositif de sûreté (chaîne, fermeture, cran d'arrêt). *Ce collier a deux sûretés.* ▪ **2** Situation d'un groupe social qui est à l'abri du danger (ou des membres du groupe). ➤ **sécurité ; ordre.** *La sûreté publique. « sous prétexte de pourvoir à la sûreté publique, on substitue partout la soldatesque aux officiers civils »* MARAT. DR. *Attentat, complot contre la sûreté de l'État.* DR. PÉN. *Maison de sûreté* (VX) : prison. *Chambre de sûreté,* où sont maintenus les individus arrêtés avant leur transfert. *Période, peine de sûreté,* ne comportant aucune mesure de sortie ni de suspension de peine. ▪ **3** (1867) (En France) *Sûreté générale* (jusqu'en 1934), *nationale,* et ABSOLT *la Sûreté :* ancien service d'information et de surveillance policière. *Services, agents de la Sûreté.* ➤ 1 **police, policier.**

III FIABILITÉ ▪ **1** Caractère de ce qui est sûr (II). *La sûreté des routes.* ♦ Caractère de ce qui ne risque pas d'échouer, de décevoir. *« la précision, la sûreté et l'aisance de ses coups* [d'un matador]*»* GAUTIER. ▪ **2** Efficacité. *Sûreté de main.* ➤ **précision.** *Sûreté du coup d'œil.* ➤ **justesse.** *« combien me plaît la façon d'écrire de Colette ! Quelle sûreté dans le choix des mots ! »* GIDE.

IV ASSURANCE, CERTITUDE LITTÉR. Caractère d'une personne confiante, certaine. ➤ **assurance, certitude.** *« Je ne vis là que sûreté de vous-même, sentiment de votre force et caprice »* BARBEY.

▪ CONTR. Danger, détresse, péril.

SURÉVALUATION [syʀevalɥasjɔ̃] **n. f.** – 1964 ◊ de *surévaluer* ▪ Évaluation excessive. ➤ **surestimation.**

SURÉVALUER [syʀevalɥe] **v. tr.** ‹1› – 1935 ◊ de *sur-* et *évaluer* ▪ Évaluer au-dessus de sa valeur réelle. *Surévaluer ses frais professionnels, ses coûts.* — SPÉCIALT Évaluer au-dessus de sa valeur marchande. ➤ aussi **surestimer. p. p. adj.** *Une action surévaluée.* ▪ CONTR. Sous-évaluer.

SUREXCITABLE [syʀɛksitabl] **adj.** – 1872 ◊ de *surexciter* ▪ Susceptible d'être surexcité. *Enfant surexcitable. Imagination surexcitable.*

SUREXCITANT, ANTE [syʀɛksitɑ̃, ɑ̃t] **adj.** – 1876 ◊ de *surexciter* ▪ Qui surexcite. ➤ **excitant.** *Une littérature « surexcitante et énervante »* GONCOURT.

SUREXCITATION [syʀɛksitasjɔ̃] **n. f.** – 1857 ◊ de *sur-* et *excitation* ▪ État d'excitation, de nervosité extrême. ➤ **énervement, exaltation.** *Il était « dans un état de surexcitation, et son cœur battait à grands coups »* AYMÉ. *« cette surexcitation de la tête par le cœur »* GONCOURT. ▪ CONTR. Abattement, apaisement, 1 calme.

SUREXCITÉ, ÉE [syʀɛksite] **adj.** – 1849 ◊ de *surexciter* ▪ Qui est dans un état d'excitation, d'agitation extrême. *Une imagination surexcitée.* ➤ **enflammé, exalté.** *Elle était « brisée de fatigue et surexcitée pourtant »* ZOLA. *Les enfants étaient surexcités* (cf. FAM. Monté sur ressort*). *Les esprits sont surexcités.* ➤ **survolté.** ▪ CONTR. 2 Calme.

SUREXCITER [syʀɛksite] **v. tr.** ‹1› – 1826 ◊ de *sur-* et *exciter* ▪ Exciter à l'extrême ; mettre dans un état d'exaltation, de nervosité extrême. ➤ **échauffer, enfiévrer, enflammer, exalter.** *Le départ a surexcité les enfants.* — (CHOSES) Porter au paroxysme. *Ces passions « que surexcite le sentiment de l'impossible »* GAUTIER. ➤ **exacerber, stimuler.** ▪ CONTR. Apaiser, calmer.

SUREXPLOITER [syʀɛksplwate] **v. tr.** ‹1› – 1918 ◊ de *sur-* et *exploiter* ▪ Exploiter outre mesure (surtout au p. p.). *Surexploiter la forêt, les ressources de la planète. Terre surexploitée.* ♦ *Travailleurs surexploités.* — **n. f. SUREXPLOITATION,** 1968.

SUREXPOSER [syʀɛkspoze] **v. tr.** ‹1› – 1894 ◊ de *sur-* et *exposer* ▪ Exposer la surface sensible de (une pellicule photographique) plus longtemps que la normale ; donner un temps de pose anormalement élevé à. *Surexposer un cliché par erreur de mise au point ; pour obtenir un effet artistique.* — **p. p. adj.** *Photo surexposée,* trop claire (ABRÉV. FAM. *surex*). ▪ CONTR. Sous-exposer.

SUREXPOSITION [syʀɛkspozisjɔ̃] **n. f.** – 1894 ◊ de *surexposer* ▪ Fait de surexposer ; son résultat. ▪ CONTR. Sous-exposition.

SUREXPRIMER [syʀɛkspʀime] **v. tr.** ‹1› – v. 1990 ◊ de *sur-* et *exprimer* IV ▪ GÉNÉT. Exprimer fortement (un gène, une protéine) par des méthodes expérimentales. *Surexprimer un gène pour étudier sa fonction.* — **p. p. adj.** *Protéine surexprimée.*

SURF [sœʀf] **n. m.** – 1961 ◊ anglais américain *surf-board,* de *surf* « déferlante » et *board* « planche » ▪ Sport nautique, d'origine polynésienne, qui consiste à se maintenir en équilibre debout sur une planche portée sur la crête d'une déferlante. ➤ aussi **bodyboard.** *Faire du surf.* ➤ **surfer ; surfeur.** — La planche elle-même. *Des « adolescents vêtus de combinaisons noires, s'allongeant sur leurs surfs et partant à l'assaut des vagues »* O. ADAM. ♦ PAR EXT. *Surf des neiges :* glisse pratiquée sur la poudreuse. ➤ **snowboard ; monoski.**

SURFAÇAGE [syʀfasaʒ] **n. m.** – 1933 ◊ de *surfacer* ▪ **1** TECHN. Polissage d'une surface. — Préparation d'une surface avant peinture. ▪ **2** Action de renouveler la terre autour de (une plante en pot).

SURFACE [syʀfas] **n. f.** – 1611 ; *superface* 1521 ◊ latin *superficies* → superficie ; de *sur-* et *face* ▪ **1** Partie extérieure (d'un corps), qui le limite en tous sens. ➤ **face.** *La surface de la Terre, la surface terrestre. À la surface du sol. « une surface pure et polie comme un miroir »* BAUDELAIRE. — Limite extérieure d'un liquide. *La surface de l'eau, de la mer. Poissons qui nagent en surface,* près de la surface. *Faire surface.* ➤ **émerger.** *« L'homme n'était pas remonté à la surface. Il avait disparu dans la mer sans y faire un pli »* HUGO. LOC. FIG. *Refaire surface :* réapparaître après une période d'absence ; FAM. se remettre après un évanouissement, une maladie, un choc psychologique (cf. Reprendre le dessus*). ▪ **2** FIG. Aspect apparent, directement accessible (opposé à *fond, profondeur*). ➤ **dehors,** 2 **extérieur, superficie.** *« Nous ne connaissons que la surface et l'écorce des choses »* P. NICOLE. ➤ **apparence.** *Rester à la surface des choses, en surface. Une politesse de surface.* — LING. *Structure* de surface.* ➤ **superficiel.** ♦ FAM. *En boucher* une surface à qqn.* ▪ **3** Étendue plane. ➤ 1 **aire.** *Surface de réparation*,* au football. — Nombre qui la mesure. ➤ **superficie.** *Cent mètres carrés de surface. Surface au sol*, surface habitable** (d'un logement). DR. *Surface corrigée :* surface réelle d'un local, à laquelle on applique certains coefficients (situation, confort, luminosité, etc.) et qui entre en compte dans le calcul du loyer. ♦ *Technicien* de surface.* ♦ **GRANDE SURFACE :** magasin vendant de nombreux produits en libre service, sur une vaste superficie. ➤ **hypermarché, supermarché** (cf. Grande distribution*). *Grande surface spécialisée.* ➤ **mégastore.** ♦ FIG. et FAM. Moyens, ressources, crédit reconnu. *Claudel « a plus de base et de surface* [...] *que moi »* GIDE. ➤ **envergure.** *La surface financière, médiatique de qqn.* ▪ **4** GÉOM. Ensemble des points du plan limités par une courbe fermée, dans $\mathbb{R}^2$. *Mesure d'une surface plane.* ➤ 1 **aire.** *Calculer la surface d'un triangle. Surface courbe :* ensemble des points qui limitent un volume dans $\mathbb{R}^3$. *La surface d'une sphère. Surface algébrique,* définie par une équation algébrique (relation entre les trois coordonnées *x, y* et *z* d'un de ses points). ▪ **5** PHYS. Limite entre deux milieux différents. *Surface de séparation.* ➤ **interface.** *Tension de surface.* ➤ **superficiel.** *Ondes de surface :* ondes de distorsion à la surface libre séparant deux milieux. — TECHN. *Surface de chauffe*.* ▪ CONTR. Fond, profondeur.

SURFACER [syʀfase] **v. tr.** ‹3› – 1933 ◊ de *surface* ▪ **1** TECHN. Polir mécaniquement (une surface) en opérant par bandes successives. ▪ **2** Renouveler la terre en surface autour de (une plante en pot). *Surfacer des géraniums.*

SURFACEUSE [syʀfasøz] **n. f.** – 1933 ◊ de *surfacer* ▪ TECHN. Machine à surfacer. *Ponceuse surfaceuse.*

SURFACTURER [syʀfaktyʀe] **v. tr.** ‹1› – 1921 ◊ de *sur-* et *facturer* ▪ Facturer à un prix supérieur au prix réel (➤ **gonfler**). *Surfacturer les appels téléphoniques.* — **n. f. SURFACTURATION.**

SURFAIRE [syʀfɛʀ] v. tr. ‹60 ; rare sauf inf. et prés. indic.› – XIIe ◊ de *sur-* et 1*faire* ■ LITTÉR. Estimer ou proposer à un prix exagéré. — FIG. Apprécier, vanter exagérément. ➤ **surestimer.** *« l'homme flatte l'objet désiré [...] et surfait ses charmes »* MONTHERLANT.

SURFAIT, AITE [syʀfɛ, ɛt] adj. – 1690 ; *sourfait* « excessif, immodéré » 1170 ◊ de *surfaire* ■ Qui est apprécié, estimé plus que de raison ; qui est inférieur à sa réputation. *Auteur, ouvrage surfait.* ■ HOM. Surfaix.

SURFAIX [syʀfɛ] n. m. – 1542 ◊ de *sur-* et *faix* ■ TECHN. Pièce du harnais, sangle servant à maintenir une charge sur le dos d'une bête. ■ HOM. Surfait.

SURFER [sœʀfe] v. intr. ‹1› – 1964 ◊ de *surf* ■ **1** Faire du surf. — FIG. *Surfer sur* : profiter d'un courant propice, tirer parti de. *Marque qui surfe sur son succès.* ◆ TRANS. *« il surfait la vague de C. Ouest »* M. DARRIEUSSECQ. ■ **2** Se déplacer dans un réseau télématique grâce aux liens hypertextuels. ➤ **naviguer.** *Surfer sur Internet.*

SURFEUR, EUSE [sœʀfœʀ, øz] n. – 1970 ; *surfer* 1963 ◊ anglais *surfer* ■ Personne qui pratique le surf. *Bermuda de surfeur. Les surfeurs de la Côte basque. « Le vent venait de la terre et creusait les vagues dans lesquelles s'enroulaient les surfeurs »* J.-P. DUBOIS.

SURFIL [syʀfil] n. m. – 1926 ◊ de *surfiler* ■ COUT. Action de surfiler (1°). ➤ **surfilage.**

SURFILAGE [syʀfilaʒ] n. m. – 1875 ◊ de *surfiler* ■ **1** TECHN. Supplément de torsion donné au fil. ■ **2** COUT. Surfil.

SURFILER [syʀfile] v. tr. ‹1› – 1873 ◊ de *sur-* et *filer* ■ **1** COUT. Passer un fil qui chevauche le bord de (un tissu) pour l'empêcher de s'effilocher. *Surfiler les dépassants d'une couture,* PAR EXT. *une couture, un vêtement.* — p. p. adj. *Ourlet surfilé.* ■ **2** (1877) TECHN. Augmenter la torsion de (un fil) pour le rendre plus fin.

SURFIN, INE [syʀfɛ̃, in] adj. – 1827 ◊ de *sur-* et 2*fin* ■ De la qualité la plus fine. ➤ **superfin.** *Chocolats surfins.*

SURFONDU, UE [syʀfɔ̃dy] adj. – 1867 ◊ de *sur-* et *fondre* ■ PHYS. En surfusion.

SURFUSION [syʀfyzjɔ̃] n. f. – 1856 ◊ de *sur-* et *fusion* ■ PHYS. État d'une substance qui reste liquide au-dessous de son point de solidification. *Un corps en surfusion est en équilibre métastable*.*

SURGÉLATEUR [syʀʒelatœʀ] n. m. – 1966 ◊ de *surgeler,* d'après *congélateur* ■ TECHN. Appareil servant à la surgélation. — adj. *Navire surgélateur.*

SURGÉLATION [syʀʒelasjɔ̃] n. f. – 1948 ◊ de *surgeler,* d'après *congélation* ■ TECHN. Congélation* précoce et rapide.

SURGELÉ, ÉE [syʀʒəle] adj. et n. m. – 1961 ◊ de *surgeler* ■ Qui a subi la surgélation. *Produits alimentaires surgelés.* — n. m. (1971) *Décongélation des surgelés.*

SURGELER [syʀʒəle] v. tr. ‹5› – 1960 au p. p. ◊ de *sur-* et *geler* ■ Traiter par surgélation* (un produit alimentaire). ➤ **congeler.** *Surgeler des légumes. — Poisson surgelé en mer.*

SURGÉNÉRATEUR, TRICE [syʀʒeneʀatœʀ, tʀis] adj. et n. m. – 1966 ◊ de *sur-* et *générateur* ■ TECHN. Qui produit plus de matière fissile qu'il n'en consomme. *Réacteur surgénérateur,* ou n. m. *un surgénérateur.* ➤ **surrégénérateur.** *Centrale surgénératrice.*

SURGEON [syʀʒɔ̃] n. m. – 1549 ; « source » XIIIe ◊ altération, d'après le latin *surgere,* de l'ancien français *sourjon* (XIIIe) ; de *sourjant,* p. prés. de *sourdre* ■ ARBOR. Drageon. *Surgeons d'un rosier.* — PAR MÉTAPH. *La grêle « frappe la vie en ses tendres surgeons »* ARAGON.

SURGEONNER [syʀʒɔne] v. intr. ‹1› – XVIe ◊ de *surgeon* ■ ARBOR. Pousser, produire des surgeons, des drageons. ➤ **drageonner.**

SURGIR [syʀʒiʀ] v. intr. ‹2› – 1808 ; hapax 1553 ◊ latin *surgere* « se lever, s'élever », pour remplacer *sourdre* ■ **1** Apparaître ou naître brusquement en s'élevant, en sortant de. ➤ **jaillir.** *« Un immense rocher qui surgit du milieu de la mer »* GAUTIER. *Le soleil surgit.* — (Êtres vivants) Se montrer brusquement. *Le loup surgit et bondit.* — (Avec l'auxil. *avoir*) *Il a surgi de l'ombre.* (Auxil. *être*) LITTÉR. *« il est surgi [...] une théorie de petits champignons »* GAUTIER. ■ **2** (ABSTRAIT) Se manifester brusquement. ➤ **naître.** *« Un dilemme qui venait de surgir dans son esprit »* HUGO. *Des problèmes, des difficultés surgissent de toutes parts.*

SURGISSEMENT [syʀʒismɑ̃] n. m. – 1863 ◊ de *surgir* ■ LITTÉR. Fait de surgir ; brusque apparition. *Le surgissement du soleil.*

SURHAUSSÉ, ÉE [syʀose] adj. – XVIIe ◊ de *surhausser* ■ ARCHIT. Dont la hauteur est supérieure à la moitié de l'ouverture. *Arc, cintre surhaussé. Voûte surhaussée.* ■ CONTR. Surbaissé.

SURHAUSSEMENT [syʀosmɑ̃] n. m. – 1706 ; fin. 1578 ◊ de *surhausser* ■ ARCHIT. Augmentation de la hauteur ; état de ce qui est surhaussé. ➤ **surélévation.** *Surhaussement d'un immeuble par ajout d'un étage.* ■ CONTR. Surbaissement.

SURHAUSSER [syʀose] v. tr. ‹1› – 1690 ◊ de *sur-* et *hausser* ■ RARE Surélever. ➤ **exhausser.**

SURHOMME [syʀɔm] n. m. – 1892 ◊ allemand *Übermensch* ■ **1** PHILOS. Chez Nietzsche, Type d'être supérieur que doit engendrer l'humanité quand elle se développera selon la « volonté de puissance* » après avoir rejeté la « morale des esclaves ». *« Le fascisme veut instaurer l'avènement du surhomme nietzschéen »* CAMUS. ■ **2** COUR. Être humain mythique, supérieur en tous genres à l'humanité ordinaire. ➤ **superman.** *Je ne suis pas un surhomme.* ◆ Homme supérieurement doué, génie qui semble dépasser les limites des facultés humaines. ➤ **géant.** *Balzac « ce surhomme, par endroits presque monstrueux, hors de toute proportion commune »* HENRIOT. ■ CONTR. Sous-homme.

SURHUMAIN, AINE [syʀymɛ̃, ɛn] adj. – 1555 ◊ de *sur-* et *humain* ■ Qui, dans le monde humain, apparaît au-dessus des forces et des aptitudes normales. *Effort, travail surhumain.* ➤ **titanesque.** — *Une mémoire surhumaine. Tubalcaïn « Construisit une ville énorme et surhumaine »* HUGO. *« Le héros de* Vol de Nuit, *non déshumanisé, certes, s'élève à une vertu surhumaine »* GIDE. — SUBST., LITTÉR. *« Un surhumain que reconnaissent les humains »* MALRAUX. ➤ **surhomme.** — adv. **SURHUMAINEMENT,** 1835.

SURHUMANITÉ [syʀymanite] n. f. – avant 1896 ◊ de *surhumain,* d'après *humanité* ■ LITTÉR. Condition surhumaine, état du surhomme. *L'imagination « est une faculté de surhumanité »* BACHELARD. ■ CONTR. Sous-humanité.

SURI, IE [syʀi] adj. – 1872 ◊ de *surir* ■ Qui est devenu aigre. ➤ 2**sur.** *Soupe surie.* — FIG. *« Elle semblait confite dans une innocence surie »* MAUPASSANT.

SURICATE [syʀikat] n. m. – 1765 *surikate* ◊ mot d'une langue d'Afrique du Sud ■ Mammifère carnivore *(viverridés)* d'Afrique australe, voisin de la mangouste.

SURIMI [syʀimi] n. m. – 1983 ◊ mot japonais ■ Succédané de crabe ou de langouste, etc., à base de pâte de poisson aromatisée, extrudée et colorée. *Bâtonnets de surimi.*

SURIMPOSER [syʀɛ̃poze] v. tr. ‹1› – 1674 ◊ de *sur-* et *imposer* ■ **1** Frapper d'un impôt supplémentaire, imposer à l'excès. ➤ **surtaxer.** ■ **2** (1766) VIEILLI Placer par-dessus. ■ **3** (1907 ◊ anglais *superimposed*) GÉOMORPH. au p. p. *Cours d'eau surimposés,* creusés par épigénie.

SURIMPOSITION [syʀɛ̃pozisjɔ̃] n. f. – 1611 ◊ de *surimposer* ■ **1** Surtaxe, surcroît d'impôt. ■ **2** (1964) GÉOMORPH. Épigénie. *Surimposition glaciaire.*

SURIMPRESSION [syʀɛ̃pʀesjɔ̃] n. f. – 1908 ◊ de *sur-* et *impression* ■ **1** PHOTOGR. Impression de deux ou plusieurs images sur une même surface sensible. *Le cinéma emploie la surimpression pour certains effets spéciaux.* ◆ FIG. *En surimpression,* se dit de ce qui est perçu en même temps qu'autre chose. ■ **2** IMPRIM. Impression d'une deuxième couleur par-dessus la première sur la même face d'une feuille.

SURIN [syʀɛ̃] n. m. – 1827 ; var. *sourin, chourin* ◊ tsigane *tchouri* ■ ARG. VIEILLI Couteau, poignard. *« Il a fui le temps des apaches Plus de surins et plus d'eustaches »* ARAGON. — v. tr. ‹1› **SURINER,** 1827 *Se faire suriner.*

SURINFECTER (SE) [syʀɛ̃fɛkte] v. pron. ‹1› – 1965 ; 1940 au p. p. ◊ de *sur-* et *infecter* ■ MÉD. S'infecter par de nouveaux germes pathogènes, au cours d'une infection, d'une maladie infectieuse. *Angine qui se surinfecte.* — p. p. adj. *Malades surinfectés. Plaie surinfectée.*

SURINFECTION [syʀɛ̃fɛksjɔ̃] n. f. – 1926 ◊ de *sur-* et *infection* ■ MÉD. Infection surajoutée, par des germes différents, survenant au cours d'une maladie infectieuse. *Surinfection bactérienne au cours de la grippe.*

SURINTENDANCE [syʀɛ̃tɑ̃dɑ̃s] n. f. – 1556 ◊ *superintendance* 1491 → surintendant ■ Charge, fonction, résidence du surintendant. — Direction, surveillance générale.

SURINTENDANT [syʀɛ̃tɑ̃dɑ̃] **n. m.** – 1556 ◇ de *sur-* et *intendant* ; *superintendant* ■ HIST. Officier qui était chargé de la haute surveillance d'une administration, sous l'Ancien Régime. *Surintendant des Finances,* ou ABSOLT *surintendant. Le surintendant Fouquet.*

SURINTENDANTE [syʀɛ̃tɑ̃dɑ̃t] **n. f.** – v. 1660 ; *superintendante* 1559 ◇ de *surintendant* ■ **1** HIST. Femme du surintendant des Finances ; dame placée à la tête de la Maison de la Reine. ■ **2** MOD. Titre de la directrice d'une maison d'éducation de la Légion d'honneur. ♦ *Surintendante d'usine* : assistante sociale exerçant dans une entreprise.

SURINTENSITÉ [syʀɛ̃tɑ̃site] **n. f.** – 1909 ◇ de *sur-* et *intensité* ■ ÉLECTR. Intensité anormalement forte (d'un courant).

SURINVESTIR [syʀɛ̃vɛstiʀ] **v. tr.** ‹2› – 1967 ◇ de *sur-* et *investir* ■ **1** FIN. Investir à l'excès. ■ **2** PSYCHOL. Trop investir dans (qqch.). *Surinvestir le travail scolaire.*

SURINVESTISSEMENT [syʀɛ̃vɛstismɑ̃] **n. m.** – 1946 ◇ de *sur-* et *investissement* ■ **1** FIN. Investissement supérieur aux besoins réels. ■ **2** PSYCHOL. Action de mettre trop d'énergie psychique dans (une activité, un objet déjà investi). *Surinvestissement affectif.*

SURIR [syʀiʀ] **v. intr.** ‹2› – 1694 ◇ de 2*sur* ■ Devenir sur, un peu aigre. ➤ **aigrir.** *Ce vin a un peu suri.* ➤ **suri.**

SURJALER [syʀʒale] **v. intr.** ‹1› – 1694 ◇ de *sur-* et *jouail,* latin *jugum* «joug» → 1jas ■ MAR. Être engagé sous le jas et faire un tour par-dessus (en parlant de la chaîne de l'ancre). — *Ancre surjalée.*

SURJECTIF, IVE [syʀʒɛktif, iv] **adj.** – milieu XXe ◇ d'après *injectif, bijectif* ■ MATH. *Application surjective* (ou **SURJECTION n. f.**), telle que tout élément de l'ensemble d'arrivée soit l'image d'au moins un élément de l'ensemble de départ.

SURJET [syʀʒɛ] **n. m.** – 1660 ; *sourget* 1393 ◇ de l'ancien verbe *surjeter* (XIIIe) «jeter par-dessus», de *sur* et *jeter* ■ Point serré, exécuté de gauche à droite en chevauchant deux bords de tissu, et servant à assembler deux lisières, ou un tissu et une dentelle. *Point de surjet.* ♦ CHIR. Suture réalisée au moyen d'un seul fil passé à la manière d'un surjet de couture le long des deux bords d'une plaie.

SURJETER [syʀʒəte] **v. tr.** ‹4› – 1660 ◇ de *surjet* ■ Coudre en surjet. ABSOLT *Machine à surjeter* (ou **SURJETEUSE n. f.**). — *Couture surjetée.*

SURJOUER [syʀʒwe] **v. tr.** ‹1› – 1987 ◇ de *sur-* et *jouer* ■ Jouer (un rôle, une œuvre) avec un excès fâcheux. — Exagérer l'intensité de (une émotion). *Je «vérifiais fiévreusement mes numéros* [de tombola] *et surjouais ma déception pour la faire rire»* E. CARRÈRE.

SUR-LE-CHAMP ➤ **CHAMP** (II, 2°)

SURLENDEMAIN [syʀlɑ̃d(ə)mɛ̃] **n. m.** – 1715 ◇ de *sur-* et *lendemain* ■ Jour qui suit le lendemain (➤ **après-demain**). *Il revint le lendemain et le surlendemain. Le surlendemain de son arrivée.*

SURLIGNER [syʀliɲe] **v. tr.** ‹1› – 1985 ; «tracer un trait au-dessus» 1968 ◇ de *sur-* et *ligne,* d'après *souligner* ■ Recouvrir (une partie d'un texte) d'un trait de surligneur* afin d'attirer l'attention.

SURLIGNEUR [syʀliɲœʀ] **n. m.** – 1985 ◇ de *sur-* et *ligne* ■ Marqueur à encre transparente et fluorescente. *Surligneur jaune, rose.*

SURLONGE [syʀlɔ̃ʒ] **n. f.** – 1393 ◇ de *sur-* et 1*longe* ■ Morceau de l'échine du bœuf, à la hauteur des trois premières vertèbres dorsales, utilisé surtout pour les ragoûts et les pots-au-feu. ➤ **flanchet.**

SURLOYER [syʀlwaje] **n. m.** – 1963 ◇ de *sur-* et *loyer* ■ ADMIN. Somme versée par le locataire d'un appartement, en plus du loyer principal et des charges locatives, dès lors que ses ressources excèdent un plafond déterminé. *Surloyer payé par certains locataires de H. L. M.*

SURMÉDIATISATION [syʀmedjatizasjɔ̃] **n. f.** – 1986 ◇ de *sur-* et *médiatisation* ou de *surmédiatiser* (1978, au p. p.) ■ Importance excessive accordée par les médias à qqn, qqch. *La surmédiatisation d'une vedette, d'un évènement.* — **v. tr.** ‹1› **SURMÉDIATISER.**

SURMÉDICALISER [syʀmedikalize] **v. tr.** ‹1› – 1976 ◇ de *sur-* et *médicaliser* ■ Médicaliser à l'excès. *Surmédicaliser la grossesse.* — **n. f. SURMÉDICALISATION.**

SURMENAGE [syʀmənaʒ] **n. m.** – 1845 ◇ de *surmener* ■ Fait de surmener qqn, de se surmener. *Surmenage des écoliers.* — MÉD. Ensemble des troubles résultant d'un exercice excessif, d'un excès de travail. *Dépression due à un surmenage intellectuel.*

SURMENANT, ANTE [syʀmənɑ̃, ɑ̃t] **adj.** – 1876 ◇ de *surmener* ■ Qui surmène, qui fatigue à l'excès. *«la vie de l'homme moderne est surmenante»* DUHAMEL.

SURMENÉ, ÉE [syʀməne] **adj.** – XIIIe ◇ de *surmener* ■ Fatigué à l'excès ; en état de surmenage. *Élève surmené.* — PAR EXT. *«une âme et une intelligence moins surmenées»* TAINE.

SURMENER [syʀməne] **v. tr.** ‹5› – fin XIIe, répandu XIXe ◇ de *sur-* et *mener* ■ **1** Fatiguer outre mesure (un cheval, une bête de somme). ➤ **forcer.** *«une jument noire que Châteaufort avait un peu surmenée et qui était menacée de devenir poussive»* MÉRIMÉE. ■ **2** Imposer un effort excessif à (qqn). ➤ **éreinter, fatiguer.** *Surmener ses collaborateurs.* — (CHOSES) *Son travail le surmène.* — PRONOM. *Il se surmène trop.*

SURMOI [syʀmwa] **n. m. inv.** – 1923 *Sur-Moi* ◇ allemand *Über-Ich* (1923, Freud), de *über* «au-dessus de» et *ich* «je, moi» ■ PSYCHAN. Élément de la structure psychique agissant inconsciemment sur le moi* comme moyen de défense contre les pulsions susceptibles de provoquer une culpabilisation, et qui se développe dès l'enfance par intériorisation des exigences et des interdits parentaux. *Le surmoi, le moi* et le ça* sont les trois instances de la personnalité. Le surmoi est le fondement du sens moral. Surmoi et censure*. «Et au-dessus du moi conscient, il y a le* surmoi, *une sorte de ciel habité par des idéaux, les principes moraux, la religion»* TOURNIER. — **adj. SURMOÏQUE** [syʀmɔik].

SURMONTABLE [syʀmɔ̃tabl] **adj.** – 1420 ◇ de *surmonter* ■ RARE Qu'on peut surmonter, dominer. *Difficultés, obstacles difficilement surmontables.* ■ CONTR. Insurmontable.

SURMONTER [syʀmɔ̃te] **v. tr.** ‹1› – début XIIe *surmunter* «vaincre, surpasser» ◇ de *sur-* et *monter*

I CONCRET ■ **1** VX Terrasser, mettre (son adversaire) à terre. ■ **2** MOD. Être placé, situé au-dessus de. *Une porte de bois «qu'une croix de fer surmonte»* SUARÈS. *La cheminée est surmontée d'une glace.*

II ABSTRAIT ■ **1** VX Surpasser. *«le scandale de ce procès surmonta* [...] *l'intérêt prodigieux des dernières élections»* BALZAC. ➤ **éclipser.** ♦ Dominer (qqn ou qqch.) par une influence irrésistible. *«Une espèce d'infini qui m'étonne et qui me surmonte»* FÉNELON. ➤ **dépasser.** ■ **2** MOD. Aller au-delà de, laisser derrière soi (ce qui gênait, constituait un obstacle) par un effort victorieux. ➤ **franchir, triompher** (de), **vaincre** (cf. Venir* à bout). *«quelles difficultés avez-vous eues à vaincre ? quels obstacles à surmonter ?»* LACLOS. ♦ Vaincre, par un effort volontaire (une difficulté psychologique). ➤ **dominer, dompter, maîtriser.** *Surmonter sa peur, sa timidité* (cf. Prendre son courage* à deux mains). *Le recensement «des anxiétés, de tous les doutes ; ça ne les détruit pas, mais les situe et permet de les surmonter un peu»* H. THOMAS. *«J'ai surmonté ma répugnance et suis allé voir maître Mouche»* FRANCE (cf. Passer outre*). ■ **3 SE SURMONTER v. pron.** Vaincre, dépasser par la volonté ses penchants. ➤ **se dominer.** *«il a trop à faire de lutter contre soi-même, de se surmonter»* BERNANOS. — (PASS.) Pouvoir être surmonté. *«Il n'est pas de destin qui ne se surmonte par le mépris»* CAMUS.

SURMORTALITÉ [syʀmɔʀtalite] **n. f.** – 1909 ◇ de *sur-* et *mortalité* ■ DÉMOGR. Supériorité d'un taux de mortalité par rapport à un autre. *«La surmortalité masculine, observée dans tous les pays»* SAUVY.

SURMOULAGE [syʀmulaʒ] **n. m.** – 1760 ◇ de *surmouler* ■ TECHN. Action de surmouler. *Moule en plâtre obtenu par surmoulage.* — Moulage pris sur un moulage. ➤ **surmoule.**

SURMOULE [syʀmul] **n. m.** – 1803 ◇ de *surmouler* ■ TECHN. Moule pris sur un moulage (➤ **surmoulage**), et servant à fabriquer des copies.

SURMOULER [syʀmule] **v. tr.** ‹1› – 1760 ◇ de *sur-* et *mouler* ■ TECHN. (SCULPT.) Mouler dans un moule obtenu sur un moulage (et non sur le modèle ou sur l'œuvre originale). — *Statues, médailles surmoulées.*

SURMULET [syʀmylɛ] **n. m.** – 1470 ; *sormulés* v. 1170 ◇ de l'ancien adj. *sor* «jaune brun» et 2*mulet* ■ Variété de rouget* de roche (Atlantique et Méditerranée), aux écailles roses. *«l'honneur exquis des tables normandes, le surmulet»* BARBEY.

SURMULOT [syʀmylo] **n. m.** – 1758 ◊ de *sur-* et *mulot* ▪ Rat commun (qui s'est répandu en Europe et en Amérique au XVIIIe s.), de grande taille, appelé aussi *rat gris, rat d'égout.*

SURMULTIPLICATION [syʀmyltiplikasjɔ̃] **n. f.** – 1932 ◊ de *surmultiplié,* d'après *multiplication* ▪ Dispositif d'un changement de vitesse qui permet d'obtenir une vitesse surmultipliée. ➤ **overdrive** (ANGLIC.).

SURMULTIPLIÉ, IÉE [syʀmyltiplije] **adj.** – avant 1947 ◊ de *sur-* et *multiplié* ▪ Se dit d'un dispositif permettant de donner à l'arbre de transmission une vitesse supérieure à celle du moteur (opposé à *démultiplié, en prise directe*). *Vitesse surmultipliée,* ou ELLIPT *la surmultipliée.* LOC. FAM. *Passer la surmultipliée :* accélérer, employer les grands moyens (cf. Mettre le turbo*).

SURNAGER [syʀnaʒe] **v. intr.** ‹3› – 1390 ; ancien français *sornoer* ◊ de *sur-* et *nager* ▪ **1** Se soutenir, rester à la surface d'un liquide, surtout en parlant de ce qui pourrait couler ou se dissoudre (alors que *flotter** est d'un emploi plus général). «*La* Matutina *s'en allait au hasard des vagues ;* [...] *elle ne voguait plus, elle surnageait*» HUGO. «*l'huile, qui, plus légère que l'eau, veut toujours surnager et remonter à la surface*» MICHELET. ▪ **2** (1684) FIG. Subsister, se maintenir (parmi ce qui disparaît). «*un reste de fierté qui surnageait dans sa détresse*» MAUPASSANT. ▪ CONTR. Enfoncer, 1 noyer, plonger.

SURNATALITÉ [syʀnatalite] **n. f.** – 1966 ◊ de *sur-* et *natalité* ▪ DÉMOGR. Taux de natalité supérieur à l'accroissement des biens de consommation. *Surnatalité et surpopulation**.

SURNATUREL, ELLE [syʀnatyʀɛl] **adj.** et **n. m.** – 1552 ; *supernaturel* 1375 ◊ de *sur-* et *naturel*

I **adj.** Qui est au-dessus de la nature, ne peut pas être expliqué par elle. ▪ **1** RELIG. Se dit de « ce qui, procédant d'une condescendance gratuite de Dieu, élève la créature intelligente à un état *[...]* qui ne saurait être ni réalisé, ni mérité, ni même conçu expressément par aucune force *naturelle* » (Blondel). ➤ **divin.** *Impulsion surnaturelle.* ➤ **grâce.** *Évènement surnaturel.* ➤ **miracle.** ▪ **2** COUR. Qui ne s'explique pas par les lois naturelles connues. ➤ **extraordinaire, magique, merveilleux.** «*si je croyais à ce que vous me dites, je croirais donc à la sorcellerie, à un pouvoir surnaturel*» BALZAC. *Les êtres surnaturels.* ➤ **démon, esprit, fée, génie.** ▪ **3** PAR EXT. Qui semble inexplicable, trop grand, trop intense pour être naturel. ➤ **extraordinaire, fabuleux, prodigieux.** «*Elle me semblait plus belle que le rêve et d'un éclat surnaturel*» FRANCE. ➤ **surhumain.** — **adv. SURNATURELLEMENT,** 1554.

II **n. m.** (1727) **LE SURNATUREL.** ▪ **1** La grâce. ▪ **2** Le sacré, le religieux ; la magie. *Croire au surnaturel.* ◆ Le fantastique. «*si mon esprit ennuyé du terre à terre de la vie, a besoin d'une distraction dans le surnaturel, dans le fantastique, c'est chez Poe, que je la trouve*» GONCOURT.

▪ CONTR. Naturel ; commun.

SURNOM [syʀnɔ̃] **n. m.** – *surnum* début XIIe ◊ de *sur-* et *nom* ▪ **1** ANCIENNT Nom ajouté au nom de baptême ou au prénom d'une personne, pour la distinguer par un caractère particulier de sa personne ou de sa vie. «*Comme on appelle moi et mes frères les Estiennes, du surnom de notre père*» H. ESTIENNE. ◆ MOD. Nom ajouté, lorsqu'il ne s'agit pas du nom de famille, du nom patronymique. «*Ces fiers surnoms, le grand, le beau, le fort, le juste*» HUGO. *Le Bien-Aimé, surnom de Louis XV.* ▪ **2** COUR. Désignation caractéristique que l'on substitue au véritable nom (d'une personne). *Le surnom n'a pas de valeur juridique. Pseudonyme et surnom. Surnom plaisant, moqueur.* ➤ **sobriquet.**

SURNOMBRE [syʀnɔ̃bʀ] **n. m.** – 1857 ◊ de *sur-* et *nombre* ▪ RARE Quantité qui dépasse un nombre fixé. — LOC. COUR. **EN SURNOMBRE :** en excédent, en trop par rapport à un nombre prévu, fixé. *Être en surnombre* (➤ **surnuméraire**). *Élèves en surnombre.*

SURNOMMER [syʀnɔme] **v. tr.** ‹1› – 1160 «appeler, nommer» ◊ de *surnom* ▪ Désigner par un surnom. «*Elle venait de la Suisse allemande, ce qui l'avait fait surnommer, "la Prussienne"*» LARBAUD. — *Louis XIV, surnommé le Roi-Soleil.* ➤ **dit.**

SURNUMÉRAIRE [syʀnymeʀɛʀ] **adj.** et **n.** – 1636 ; *supernuméraire* 1564 ◊ latin *supernumerarius,* de *numerus* «nombre» ▪ **1** Qui est en surnombre, en trop. *Doigt surnuméraire* (➤ **polydactylie**), *organes surnuméraires* (en tératologie). *Embryons surnuméraires* (lors d'une stimulation ovarienne, d'une fécondation in vitro). ▪ **2** (1817) ADMIN. Se disait (jusqu'en 1948) d'employés de grade inférieur, non titularisés. **n.** (1817 ; «employé en surnombre» dès 1718) «*Le surnuméraire est à l'Administration ce que l'enfant de chœur est à l'Église, ce que l'enfant de troupe est au Régiment*» BALZAC.

SUROFFRE [syʀɔfʀ] **n. f.** – 1810 ◊ de *sur-* et *offre,* ou de *suroffrir* (fin XVIIe) ▪ DR. Offre supérieure à une offre précédente. ➤ **surenchère.**

SUROÎT [syʀwa] **n. m.** /SUROIT/ – 1832 ; *syroest* 1483 ◊ du normand *surouet, surouest,* altération de *sud-ouest,* d'après *noroît* ▪ **1** MAR. Vent du sud-ouest. ▪ **2** VX Vareuse de marin. ◆ (1886) MOD. Chapeau imperméable dont le bord descend en arrière sur la nuque. *Le suroît des terre-neuvas.*

SUROS [syʀo] **n. m.** – 1393 ; *soros* 1160 ◊ de *sur-* et *os* ▪ VÉTÉR. Tumeur osseuse du canon du cheval. ➤ **exostose.** ▪ HOM. Sureau.

SUROXYDER [syʀɔkside] **v. tr.** ‹1› – 1818 ◊ de *sur-* et *oxyder* ▪ CHIM. Oxyder au maximum ; transformer (un oxyde) en peroxyde. ➤ **peroxyder.** — **n. f. SUROXYDATION.**

SURPASSEMENT [syʀpasmɑ̃] **n. m.** – 1931 ◊ de *surpasser* ▪ LITTÉR. Action de (se) surpasser. «*ce surpassement de soi qu'obtient la volonté tendue*» GIDE. ➤ **dépassement.**

SURPASSER [syʀpase] **v. tr.** ‹1› – 1530 ; «enfreindre» 1340 ◊ de *sur-* et *passer* ▪ **1** VIEILLI Dépasser, excéder. «*une entreprise qui surpasse les forces de l'esprit humain*» TAINE. ▪ **2** MOD. Faire mieux que. *Surpasser qqn.* ➤ **dépasser, distancer, dominer, éclipser, supplanter ;** FAM. **dégommer, enfoncer** (cf. L'emporter sur). *Surpasser en habileté, en connaissance, en mérite.* ➤ **battre, surclasser.** ◆ **SE SURPASSER v. pron.** (1559) Faire mieux qu'à l'ordinaire. *La cuisinière s'est surpassée.* «*Il inventait de nouvelles histoires, il se surpassait, on ne pouvait plus l'arrêter, ses exploits tenaient du délire*» CÉLINE. IRON. *Il s'est surpassé, il a été ignoble !*

SURPATTE [syʀpat] **n. f.** – 1959 ◊ de *surprise-partie,* p.-ê. avec influence de *patte* ▪ FAM. et VIEILLI Surprise-partie. ➤ **surboum.**

SURPAYER [syʀpeje] **v. tr.** ‹8› – 1570 ◊ de *sur-* et *payer* ▪ **1** Payer (qqn) au-dessus du salaire habituel, légal, ou de ce qu'il mérite. — **n. f. SURPAYE** [syʀpɛj], 1559. ▪ **2** Acheter (qqch.) trop cher. *Une maison qu'il a surpayée.* ▪ CONTR. Sous-payer.

SURPÊCHE [syʀpɛʃ] **n. f.** – 1987 ; au Canada 1985 ◊ de *sur-* et *pêche,* d'après l'anglais *overfishing* ▪ Pêche excessive compromettant le renouvellement des ressources halieutiques. «*Les fonds marins sont dévastés à cause de la surpêche : ils* [les requins] *viennent sur les côtes pour se nourrir*» C. ONO-DIT-BIOT.

SURPEUPLÉ, ÉE [syʀpœple] **adj.** – 1876 ◊ de *sur-* et *peuplé* ▪ Se dit d'une région où la population est trop nombreuse. *Le Japon, pays surpeuplé.* ◆ Où les occupants sont trop nombreux. *Des taudis surpeuplés.* «*Le jeune Français doit se frayer un chemin pénible dans des écoles maussades et surpeuplées*» GIRAUDOUX. ▪ CONTR. Dépeuplé, 1 désert, sous-peuplé, vide.

SURPEUPLEMENT [syʀpœpləmɑ̃] **n. m.** – 1909 ◊ de *surpeuplé* ▪ État d'une région surpeuplée (➤ **surpopulation**) ; PAR EXT. d'un local surpeuplé. ▪ CONTR. Sous-peuplement.

SURPIQÛRE [syʀpikyʀ] **n. f.** /SURPIQURE/ – 1965 ◊ de *sur-* et *piqûre* ▪ TECHN. Piqûre apparente, le plus souvent décorative, sur la couture d'un vêtement, d'un objet en cuir. *Les surpiqûres orange de certains jeans. Sac à surpiqûres.* — **v. tr.** ‹1› **SURPIQUER.** *Coutures surpiquées.*

SURPLACE ou **SUR-PLACE** ➤ **PLACE** (II, 1°)

SURPLIS [syʀpli] **n. m.** – *sorpliz* v. 1170 ◊ adaptation du latin médiéval *superpellicium* «ce qui est sur la pelisse» ▪ Vêtement de lin à manches larges, souvent plissé, que les prêtres portent sur la soutane, et qui descend à mi-jambe. *Surplis de prélat.* ➤ 1 **rochet.**

SURPLOMB [syʀplɔ̃] **n. m.** – 1691 ◊ de *surplomber* ▪ **1** ARCHIT. Partie qui surplombe, est en saillie par rapport à la base. ▪ **2** COUR. **EN SURPLOMB.** *Mur en surplomb,* qui penche. *Ascension d'une paroi en surplomb. Étages, balcons en surplomb.* ➤ **encorbellement.** *Falaise en surplomb,* dont la base est creusée par l'action des vagues.

SURPLOMBANT, ANTE [syʀplɔ̃bɑ̃, ɑ̃t] **adj.** – 1848 ◊ de *surplomber* ▪ Qui surplombe, fait saillie vers le haut. «*Les parois du bloc forment des murs gigantesques surplombants*» CHATEAUBRIAND.

SURPLOMBEMENT [syʀplɔ̃bmɑ̃] **n. m.** – 1696 ◊ de *surplomber* ▪ Fait de surplomber, d'être en surplomb. *Le surplombement d'un mur.*

SURPLOMBER [syʀplɔ̃be] v. ‹1› – 1694 ; ancien provençal *sobreplombar* (1447) ◇ de *sur-* et *plomb* ■ **1** v. intr. TECHN. Dépasser par le sommet la ligne de l'aplomb. *Mur qui surplombe,* qui n'est pas d'aplomb, qui penche. ■ **2** v. tr. COUR. Dominer en se trouvant au-dessus et en surplomb ; faire saillie au-dessus de. *Les rochers qui surplombent la mer. Le premier étage surplombe la rue.*

SURPLUS [syʀply] n. m. – v. 1090 ◇ de *sur-* et *plus* ■ **1** Ce qui excède la quantité voulue. ➤ **excédent, excès, reste.** *Le surplus d'une somme d'argent. En surplus.* ➤ **supplément.** ♦ ÉCON. Excédent de l'offre par rapport à la demande, conduisant à une baisse des prix (➤ aussi **surproduction**) ; stock constitué par cet excédent. *Surplus agricoles.* — *Surplus américains :* stocks de matériel militaire écoulés après la guerre de 1939-1945. *« Un blouson des surplus américains,* [...] *ces stocks dont la guerre elle-même n'avait plus voulu »* C. SIMON. ■ **2** VX Ce qui vient s'ajouter à ce qui a déjà été mentionné. ➤ **reste.** *« Elle a lu dans mon cœur ; vous savez le surplus »* CORNEILLE. ♦ loc. adv. (v. 1330) MOD. **AU SURPLUS :** au reste, de plus, mais aussi. *« Au surplus, mon devoir est ici »* DUHAMEL. ■ **3** ÉCON. Gain de productivité. *Comptes de surplus,* qui mesurent ce gain de productivité et sa distribution entre différents bénéficiaires (consommateurs, travailleurs, actionnaires, État, etc.).

SURPOIDS [syʀpwa] n. m. – 1588 ◇ de *sur-* et *poids* ■ Poids excessif ; surplus de poids.

SURPOPULATION [syʀpɔpylasjɔ̃] n. f. – 1910 ◇ de *sur-* et *population* ■ GÉOGR. Population trop nombreuse par rapport à l'accroissement de la production, ou par rapport aux capacités d'accueil. ➤ **surpeuplement.** *« une surpopulation que les pauvres encouragent parce que les enfants sont leur seule richesse »* M. DUGAIN. *Surpopulation résultant de la surnatalité*, d'une immigration massive. Surpopulation carcérale.*

SURPRENANT, ANTE [syʀpʀənɑ̃, ɑ̃t] adj. – 1644 ◇ de *surprendre* ■ **1** Qui surprend (6°), étonne. — (En arrivant à l'improviste). *Apparition surprenante.* ➤ **inattendu, inopiné.** — (En étant autre que ce qu'on attend). *L'effet est plus surprenant que douloureux.* ➤ **déconcertant, étonnant, saisissant.** *Nouvelle surprenante. Une histoire surprenante. Ça, c'est surprenant.* ➤ **bizarre*.** *Une tenue surprenante.* ➤ **improbable.** ■ **2** Remarquable, étonnant (HYPERB.). *Des progrès surprenants.* ➤ **frappant.** *Son esprit « donnait une vie surprenante à tout ce qu'elle racontait »* RENAN. *Il n'est pas surprenant qu'il ait échoué.*

SURPRENDRE [syʀpʀɑ̃dʀ] v. tr. ‹58› – 1549 ; *sorprendre* 1160 ◇ de *sur-* et *prendre* ■ **1** VX Prendre, saisir à l'improviste. ➤ **saisir.** *Se laisser surprendre à... :* se laisser prendre inopinément à. ■ **2** VX ou LITTÉR. Gagner artificieusement, obtenir par fraude. *Surprendre la confiance de qqn.* — VX Abuser, tromper (qqn). MOD. *Surprendre la bonne foi de qqn. « De cette façon, la bonne foi* [...] *de la Bourgeoisie ne serait pas surprise »* VILLIERS. ■ **3** Prendre sur le fait. VIEILLI *Surprendre un voleur.* ➤ **pincer.** MOD. *« Il avait surpris un soir les deux amoureux derrière une meule »* ZOLA. *Surprendre qqn en train de faire qqch.* ■ **4** (milieu XVIIe) Découvrir (ce que qqn cache). *Surprendre un secret,* le découvrir par hasard. *« J'étais là à guetter le moment de surprendre leurs manigances »* ROMAINS. ♦ PAR EXT. Apercevoir, déceler (une chose fugitive). *« Il crut surprendre dans sa voix un léger trouble »* MARTIN DU GARD. ♦ PRONOM. (1688) **SE SURPRENDRE À** (et inf.) : constater soudain qu'on fait (ce qu'on ne pensait pas, ce qu'on ne voulait pas faire). *« On se surprend* [...] *à soutenir une opinion qui n'est pas la sienne »* STENDHAL. ■ **5** Prendre (qqn) au dépourvu. *« Elle ne m'entendit point venir* [...] *J'allais la surprendre »* BARBEY. — Se présenter inopinément à, chez (qqn). SPÉCIALT Attaquer par surprise. *Surprendre l'ennemi.* ♦ (CHOSES) *La pluie m'a surpris.* — **SE LAISSER SURPRENDRE.** *« Il ne se laissait pas surprendre par la marée »* HUGO. *Se laisser surprendre à* (et inf.). *« Humiliée de s'être laissé surprendre à préparer un mensonge aussi naïf »* SAINT-EXUPÉRY. ■ **6** Frapper l'esprit de (qqn) en se présentant sans être attendu ou en étant autre que ce qu'on attendait. ➤ **déconcerter, ébahir, étonner*.** *Vous me surprenez, cela semble incroyable. « Rappelez-vous qu'on ne me prend pas au dépourvu, ne venez pas vous vanter de m'avoir surpris »* SARTRE. *Cela me surprendrait :* je ne crois pas que ce soit possible. ♦ Passif et p. p. **ÊTRE SURPRIS :** être frappé ou troublé, faute de préparation, d'imagination. ➤ **étonné, stupéfait.** *« il fut surpris de l'étendue de son savoir »* STENDHAL. *Vous m'en voyez surprise.* — (Avec l'inf.) *« Je suis surpris de trouver une chose que j'attendais si peu de vous »* VOLTAIRE. *Être agréablement, désagréablement surpris.* — (Suivi de *que* et du subj.) *« Il fut presque surpris qu'elle parlât, qu'elle pensât »* FRANCE.

SURPRESSION [syʀpʀesjɔ̃] n. f. – 1844 ◇ de *sur-* et *pression* ■ DIDACT. Pression supérieure à la normale. *Surpression pulmonaire.* — FIG. *« un art où se manifeste la "surpression" de la vie moderne »* G. BESSON.

SURPRIME [syʀpʀim] n. f. – 1874 ◇ de *sur-* et *prime* ■ COMM. « Prime supplémentaire d'assurance due en cas d'aggravation du risque couvert ou de garantie d'un risque nouveau auquel doit s'étendre la police » (Capitant). ➤ aussi **malus.** *Surprime jeune conducteur.*

SURPRIS, ISE ➤ **SURPRENDRE**

SURPRISE [syʀpʀiz] n. f. – XVIe ; « impôt extraordinaire » XIIe ◇ de *surprendre* ■ **1** VX Action par laquelle on prend ou l'on est pris à l'improviste. *« La Surprise de l'amour », comédie de Marivaux.* ■ **2** VX Action d'attaquer à l'improviste. ♦ (1549) MOD. **PAR SURPRISE :** par une attaque brusque, à l'improviste. *« ne jamais nous laisser arracher une décision par surprise »* MAUROIS. *L'orage nous a pris par surprise.* ■ **3** (v. 1650) COUR. État d'une personne surprise (➤ **surprendre,** 6°), émotion provoquée par qqch. d'inattendu. ➤ **étonnement ; ébahissement, stupéfaction, stupeur.** *« Cette surprise qui avertit d'un bonheur auquel on ne croyait pas, ou qu'on n'attendait pas »* SENANCOUR. *« Il me regarda d'un air de surprise et de reproche qui me fendit le cœur »* FRANCE. *Rester muet de surprise. Un effet de surprise. Quelle n'a pas été sa surprise de constater que* (et indic.). *Surprise agréable, désagréable. Cri, exclamation de surprise* (oh !, par exemple !, pas possible !, ça alors !, non ?, sans blague !...). *À ma grande surprise... « À la surprise de tout Limoges, madame Graslin refusa »* BALZAC. *Ne pas revenir de sa surprise.* ■ **4** Ce qui surprend ; chose inattendue. *Ces régions inexplorées « pleines de dangers neufs, de surprises »* GIDE. *Une mauvaise surprise l'attend. Un voyage sans surprise(s),* qui se passe normalement, sans rien d'insolite. — (1842) *Boîte à surprise(s),* qui projette, quand on l'ouvre, une figure grotesque, un objet inattendu. *Pochette*-surprise.* ♦ *La surprise du chef :* plat spécial dont le chef cuisinier a le secret. LOC. *C'est la surprise du chef :* on ne saura ce que c'est qu'au dernier moment. *« Le cœur battant d'impatience, je dois attendre pour savoir qui monte mes trois étages et sonne à ma porte. C'est la surprise du chef »* TOURNIER. ♦ (Élément de composés) Inattendu, soudain, brusque. *Attaque-surprise, visite-surprise.* — *Grève*-surprise.* ■ **5** (1782) Plaisir ou cadeau fait à qqn de manière à le surprendre agréablement. *Apporter une petite surprise à qqn. Ne regardez pas encore, c'est une surprise.* ■ **6** APPOS. *Pain surprise :* grand pain rond évidé dans lequel sont placés des petits sandwichs triangulaires confectionnés avec la mie. *Les pains surprises d'un buffet.*

SURPRISE-PARTIE [syʀpʀizpaʀti] n. f. – 1882 ◇ anglais américain *surprise party* ■ **1** VX Réunion de personnes qui s'invitent (en principe à l'improviste) chez qqn en apportant les éléments du repas (on disait *piquenique*). ■ **2** (v. 1940) VIEILLI Soirée ou après-midi dansante de jeunes gens, qui a lieu chez l'un d'entre eux. ➤ 2 **boum, surboum,** FAM. **surpatte.** *Être invité à une surprise-partie. Des surprises-parties.* — On écrit aussi *une surprise-party, des surprise-partys.*

SURPRODUCTEUR, TRICE [syʀpʀɔdyktœʀ, tʀis] adj. – 1963 ◇ de *sur-* et *producteur,* d'après *surproduction* ■ Qui produit en excès. *Pays surproducteurs.*

SURPRODUCTION [syʀpʀɔdyksjɔ̃] n. f. – 1846 ◇ de *sur-* et *production* ■ Production excessive par rapport à la demande solvable ; son résultat (➤ **surplus,** 1°). *Crise de surproduction. Surproduction agricole, laitière.* ■ CONTR. Sous-production.

SURPRODUIRE [syʀpʀɔdɥiʀ] v. tr. ‹38› – 1897 ◇ de *surproduction,* d'après *produire* ■ Produire en excès. *Votre but est « de posséder, de surproduire et de vendre »* P. ADAM.

SURPROTECTEUR, TRICE [syʀpʀɔtɛktœʀ, tʀis] adj. – v. 1970 ◇ de *sur-* et *protecteur* ■ PSYCHOL. Se dit de qqn qui protège excessivement, manifeste une attention excessive. *« des mères surprotectrices, contrastant avec des pères absents »* F.-B. MICHEL.

SURPROTECTION [syʀpʀɔtɛksjɔ̃] n. f. – 1966 ◇ de *sur-* et *protection* ■ PSYCHOL. Manifestations excessives d'amour parental et de protection.

SURPROTÉGER [syʀpʀɔteʒe] v. tr. ‹6 et 3› – 1970 ◇ de *sur-* et *protéger* ■ Manifester une attention excessive pour protéger à l'excès. ➤ **couver ; surprotecteur, surprotection.** — *« parce que j'étais la petite dernière, j'ai longtemps eu le sentiment d'être surprotégée »* S. VEIL.

SURPUISSANT, ANTE [syʀpɥisɑ̃, ɑ̃t] adj. – 1939 ◇ de *sur-* et *puissant* ■ Très puissant. *Moteur surpuissant. Nettoyant surpuissant.* ➤ **suractif.** — n. f. (1931) **SURPUISSANCE.**

SURQUALIFIÉ, IÉE [syʀkalifje] adj. – v. 1970 ♢ de *sur-* et *qualifié,* d'après *surqualification* ■ Qui a un niveau de qualification trop élevé par rapport au travail à effectuer. *Des employés surqualifiés.* — n. f. **SURQUALIFICATION.** ■ CONTR. Sous-qualifié.

SURRÉAGIR [syʀʀeaʒiʀ] v. intr. ⟨2⟩ – 1982 ♢ de *sur-* et *réagir* ■ Réagir de manière exagérée.

SURRÉALISME [syʀʀealism] n. m. – 1917 ♢ de *surréaliste* ■ Ensemble de procédés de création et d'expression utilisant toutes les forces psychiques (automatisme, rêve, inconscient) libérées du contrôle de la raison et en lutte contre les valeurs reçues ; mouvement intellectuel révolutionnaire affirmant la supériorité de ces procédés. *Le surréalisme, suite du mouvement dada*. «Manifeste du surréalisme», d'André Breton.* ■ CONTR. Naturalisme, réalisme ; rationalisme.

SURRÉALISTE [syʀʀealist] adj. et n. – 1920 ; «surnaturaliste» 1917 ♢ de *sur-* et *réaliste* ■ **1** Du surréalisme. *Les images, les techniques surréalistes* (ex. écriture automatique). *Poème, tableau, film ; objet surréaliste. — Peintre, poète surréaliste.* n. *Les surréalistes.* ■ **2** FAM. Se dit de ce qui évoque l'art surréaliste (par l'étrangeté, la bizarrerie). *«un yacht d'armateur qui héberge une clientèle surréaliste»* DANINOS. ➤ **extravagant.**

SURRÉALITÉ [syʀʀealite] n. f. – 1919 ♢ de *sur-* et *réalité,* d'après *surréalisme* ■ LITTÉR. Ce qui dépasse la réalité courante. *«Je crois à la résolution future de ces deux états [...] que sont le rêve et la réalité, en une sorte de réalité absolue, de "surréalité," si l'on peut ainsi dire»* BRETON.

SURRECTION [sy(ʀ)ʀɛksjɔ̃] n. f. – 1886 ; «résurrection» XIIe ♢ latin *surrectio,* de *surgere* «surgir» ■ GÉOL. Le fait de se soulever ; soulèvement lent et progressif d'une zone de l'écorce terrestre. ■ CONTR. Subsidence.

SURRÉEL, ELLE [syʀʀeɛl] adj. – 1924 ♢ de *sur-* et *réel* ■ LITTÉR. Qui est au-delà du réel. — SUBST. *Le surréel.*

SURRÉGÉNÉRATEUR [syʀʀeʒeneʀatœʀ] n. m. – 1966 ♢ de *sur-* et *régénérateur* ■ TECHN. Réacteur surgénérateur. ➤ **surgénérateur.** *La technique des surrégénérateurs a été développée particulièrement en France.*

SURRÉGIME [syʀʀeʒim] n. m. – 1970 ♢ de *sur-* et 1 *régime* ■ AUTOM. Régime (d'un moteur) supérieur à celui pour lequel il a été prévu. *Tourner en surrégime.* — FIG. Activité excessive, trop rapide.

SURRÉNAL, ALE, AUX [sy(ʀ)ʀenal, o] adj. – 1762 ♢ de *sur-* et *rénal* ■ Placé au-dessus du rein. *Région surrénale.* — SPÉCIALT *Capsules, glandes surrénales,* et n. f. *les surrénales* : glandes endocrines situées sur le sommet des reins, constituées de deux parties distinctes : corticosurrénale et médullosurrénale. PAR EXT. Relatif aux glandes surrénales (du point de vue anatomique). *Artère surrénale.* — Du point de vue fonctionnel, on dit plutôt **SURRÉNALIEN, IENNE** (1929). *Cortex surrénalien.*

SURRÉNALITE [sy(ʀ)ʀenalit] n. f. – 1903 ♢ de *surrénale* et *-ite* ■ MÉD. Inflammation des glandes surrénales pouvant survenir comme complication d'une maladie infectieuse.

SURREPRÉSENTÉ, ÉE [syʀʀəpʀezɑ̃te] adj. – 1968 ♢ de l'anglais *overrepresented,* famille de *to represent* emprunté au français *représenter* ■ Représenté en trop grand nombre, par rapport à sa situation statistique globale. *Les femmes sont surreprésentées dans cette profession.* — n. f. **SURREPRÉSENTATION.**

SURRÉSERVATION [syʀʀezɛʀvasjɔ̃] n. f. – 1973 ♢ de *sur-* et *réservation* ■ Réservation de places (transports, hôtels, spectacles) en surnombre par rapport au nombre de places réelles (par erreur ou en prévision des défections). Recomm. offic. pour *surbooking.*

SURSALAIRE [syʀsalɛʀ] n. m. – 1925 ♢ de *sur-* et *salaire* ■ ÉCON. Supplément au salaire normal. *La convention «stipulait, en plus du paiement du caoutchouc [...] ce qu'on nommait un "sursalaire" qui consistait en une ristourne»* GIDE.

SURSATURANT, ANTE [syʀsatyʀɑ̃, ɑ̃t] adj. – 1964 ♢ de *sursaturé* ■ SC. Qui cause la sursaturation. *Vapeur sursaturante.*

SURSATURATION [syʀsatyʀasjɔ̃] n. f. – *sur-saturation* 1819 ♢ de *sursaturé,* d'après *saturation* ■ SC. État de faux équilibre d'une solution contenant une quantité de substance dissoute supérieure à celle qui est normalement nécessaire à la saturation de la solution. *L'addition à la solution d'une parcelle solide* (germe) *de la substance en sursaturation suffit à faire cesser le phénomène et à produire la cristallisation.* ♦ État d'un gaz contenant une quantité de vapeur supérieure à celle qui serait nécessaire pour le saturer.

SURSATURÉ, ÉE [syʀsatyʀe] adj. – 1787 ♢ de *sur-* et *saturé* ■ **1** SC. Qui est dans un état de sursaturation. *Solution sursaturée. — Air sursaturé en vapeur d'eau.* ■ **2** FIG., LITTÉR. Saturé (2°) à l'extrême. *«Mathieu était sursaturé de réalité, de vérité, transi par l'esprit de la Troisième République»* SARTRE.

SURSAUT [syʀso] n. m. – *en sorsaut* XIIe ♢ de *sur-* et *saut* → soubresaut ■ **1** loc. adv. **EN SURSAUT** : d'une manière brusque, par un mouvement brusque (avec une idée de surprise et d'émotion). *Se réveiller en sursaut.* ■ **2** (XIVe-XVe) Mouvement brusque, réaction physiologique subite par laquelle on se dresse ou on se redresse brusquement (➤ **frisson, haut-le-corps**). *«Mme Roland, toujours si calme, eut un sursaut qui révéla le trouble de ses nerfs au docteur»* MAUPASSANT. ♦ SPORT Petit rebondissement fautif à la réception d'un saut. ■ **3** FIG. Regain subit (d'un sentiment conduisant à une réaction vive). *Dans un dernier sursaut.* ➤ **effort.** *Sursaut d'énergie, d'orgueil. «le sursaut d'indignation que donne à tout homme juste le spectacle d'une scandaleuse injustice»* PÉGUY. ■ **4** PHYS. Brève émission du rayonnement d'un astre.

SURSAUTER [syʀsote] v. intr. ⟨1⟩ – 1554, répandu XIXe ♢ de *sursaut* ■ Avoir un mouvement brusque, un sursaut ; réagir par un sursaut. ➤ **sauter, tressauter.** *Sursauter de frayeur. «Des sortes de rires atrocement exagérés, pas loin dans la nuit, me firent sursauter»* CÉLINE.

SURSÉANCE [syʀseɑ̃s] n. f. – 1372 ♢ de *surseoir,* d'après *séance* ■ VX Le fait de surseoir, délai pendant lequel on sursoit. *«Faire surséance à une exécution»* MOLIÈRE.

SURSEMER [syʀsəme] v. tr. ⟨5⟩ – *sorsemer* 1530 ; hapax XIIe ♢ de *sur-* et *semer* ■ AGRIC. Semer dans une terre déjà ensemencée.

SURSEOIR [syʀswaʀ] v. tr. ⟨26 ; fut. *je surseoirai*⟩ /SURSOIR/ – début XIIe, intr. «s'abstenir» ♢ de *sur-* et *seoir,* d'après le latin *supersedere* ■ **1** v. tr. dir. VX Remettre pour un temps. ➤ 2 **différer, suspendre ; surséance.** ■ **2** v. tr. ind. (1636) DR. ou LITTÉR. **SURSEOIR À** : attendre l'expiration d'un délai pour procéder à. ➤ 2 **différer, reculer, remettre.** *Surseoir à l'exécution, au jugement, aux poursuites. Il venait «me prier de surseoir à la publication de certain livre»* GIDE. ■ CONTR. Avancer.

SURSIS [syʀsi] n. m. – 1690 ; adj. «échappé» XIIIe ♢ de *surseoir* ■ **1** Ajournement, remise à une date postérieure. *Sursis à l'exécution des peines, des poursuites,* accordé sous condition par le tribunal au délinquant qui n'a pas subi de condamnation antérieure. — ABSOLT *Trois ans de prison avec sursis. — Sursis d'appel, d'incorporation* : remise de l'incorporation sous les drapeaux à une date postérieure à la date normale (➤ **sursitaire**). ■ **2** Délai par lequel on sursoit à qqch. *«Un sursis de départ de deux jours»* LOTI. ♦ COUR. Période de répit, délai. *Un condamné, un mort en sursis. «Cette année d'étude n'était pour elle qu'un sursis»* BEAUVOIR.

SURSITAIRE [syʀsitɛʀ] adj. et n. – 1916 ♢ de *sursis* ■ Qui bénéficie d'un sursis. *Condamnés sursitaires.* ♦ Qui bénéficie d'un sursis d'incorporation. *Les appelés sursitaires. Étudiant sursitaire.* — n. *Un, des sursitaires.*

SURSOUFFLAGE [syʀsuflaʒ] n. m. – 1893 ♢ de *sur-* et *soufflage* ■ TECHN. Alimentation forcée en air soufflé (des convertisseurs, lors de l'affinage de l'acier).

SURSTOCK [syʀstɔk] n. m. – v. 1970 ♢ de *sur-* et *stock* ■ Stock en excédent par rapport à un quota habituel, à une demande. *Surstock créé par anticipation sur les besoins. Réalisation de surstocks* ou **SURSTOCKAGE** n. m. — v. tr. ⟨1⟩ **SURSTOCKER.**

SURTAUX [syʀto] n. m. – 1611 ♢ de *sur-* et *taux* ■ DR. Taux excessif. *Se plaindre d'un surtaux.*

SURTAXE [syʀtaks] n. f. – 1770 ♢ de *sur-* et *taxe* ■ **1** ADMIN., COMM. Taxe excessive illégale. ■ **2** (1785) COUR. Majoration d'une taxe ; droit perçu en même temps qu'une autre taxe. *Surtaxe à l'importation. Surtaxe pour affranchissement insuffisant. Surtaxes locales,* pour le remboursement des emprunts des collectivités locales. *Surtaxe progressive* : impôt personnel sur les revenus (institué en 1948).

SURTAXER [syʀtakse] v. tr. ⟨1⟩ – 1559 ♢ de *sur-* et *taxer* ■ **1** Taxer excessivement. ■ **2** Frapper d'une surtaxe (2°). — *Numéros de téléphone surtaxés.*

SURTENSION [syʀtɑ̃sjɔ̃] n. f. – 1905 ♢ de *sur-* et *tension* ■ **1** ÉLECTR. Élévation, supérieure à la normale, de la différence de potentiel appliquée à un appareil. ➤ **survoltage.** ♦ PHYS. Tension apparaissant aux bornes du condensateur ou de l'inductance d'un circuit oscillant*, et dont l'amplitude est supérieure à celle appliquée à l'ensemble du circuit. *Coefficient de surtension mesuré à l'aide d'un Q-mètre.* ■ **2** LITTÉR. Tension extrême. *« Cette surtension d'esprit »* GIDE.

SURTOILÉ, ÉE [syrtwale] **adj.** – 1985 *surtoiler* v. tr. ◇ de *sur-* et *toile* ■ MAR. Se dit d'un voilier muni d'une surface de voile supérieure à la normale (opposé à *sous-toilé*).

SURTONDRE [syrtɔ̃dr] **v. tr.** ‹41› – 1765 ◇ de *sur-* et *tondre* ■ TECHN. Couper les extrémités de (la laine, le poil), après le lavage des peaux. — **n. f. SURTONTE.**

1 **SURTOUT** [syrtu] **adv.** – 1539 ; cf. ancien français *seur-, sor-, sourquetot* ◇ de *sur-* et *tout* ■ **1** VIEILLI Par-dessus tout, plus que tout autre chose. *« J'aime surtout les vers »* MUSSET (cf. Avant tout). ◆ MOD. (renforçant un conseil, un ordre...) *« Ils enverront des motards en reconnaissance. Surtout ne tirez pas dessus »* SARTRE. *« Ah ! non ! pas de lettre, surtout ! [...] Ce sont toujours les lettres qui nous perdent »* MAURIAC. *N'entrez surtout pas.* ■ **2** Plus particulièrement (qualifie un élément plus important parmi plusieurs). *« adroite, soigneuse, diligente et surtout fidèle »* MOLIÈRE. — (Introd. une circonstance ou condition privilégiée) ➤ **principalement.** *« Les femmes ont toutes l'art de cacher leur fureur, surtout quand elle est vive »* ROUSSEAU. ➤ **particulièrement, spécialement.** ■ **3** FAM. (emploi critiqué) **SURTOUT QUE... :** d'autant plus que. *« Il eut le temps de lire [...] deux journaux. Surtout que c'était gai de lire les journaux : on rappelait les permissionnaires »* TRIOLET.

2 **SURTOUT** [syrtu] **n. m.** – 1684 ◇ de *sur-* et *tout* ■ **1** VX Vêtement de dessus, cape ou grand manteau ample. ➤ **caban, casaque.** *Deux officiers « dont l'uniforme était caché par des surtouts en drap »* BALZAC. ■ **2** (1694) Pièce de vaisselle ou d'orfèvrerie décorative, qu'on place sur une table. ➤ **milieu** (de table).

SURVALEUR [syrvalœr] **n. f.** – 1611 ◇ de *sur-* et *valeur* ■ **1** DIDACT. Valeur excessive attribuée à qqch. ■ **2** (XXe ◇ calque de l'allemand *Mehrwert*) COMPTAB. Plus-value résultant de variables n'ayant pas de réalité comptable. *Survaleur immobilière d'un quartier.* ◆ FIN. Écart positif entre la valeur d'acquisition d'une entreprise et sa valeur comptable.

SURVALORISER [syrvalɔrize] **v. tr.** ‹1› – 1946 ◇ de *sur-* et *valoriser* ■ Accorder une valeur excessive à. *Survaloriser la performance, le progrès.* — **n. f. SURVALORISATION.** ■ CONTR. Dévaloriser, minimiser.

SURVEILLANCE [syrvɛjɑ̃s] **n. f.** – 1663 ◇ de *surveiller* ■ **1** Le fait de surveiller ; ensemble des actes par lesquels on exerce un contrôle suivi. ➤ 1 **garde, inspection, vigilance.** *Déjouer, tromper la surveillance des hommes de garde. Surveillance attentive. Laisser un enfant sans surveillance. Être sous la surveillance de qqn, de la police.* — *La surveillance des travaux* (➤ **conduite, contrôle, direction**), *d'une opération technique. « La surveillance de l'étude était confiée, pour la première fois, à un jeune répétiteur »* LARBAUD (➤ **surveillant**). — SPÉCIALT *Surveillance militaire.* ➤ **faction, guet, sentinelle.** *Poste, ronde* (➤ **patrouille**), *service de surveillance. Régime de surveillance policière.* ➤ FAM. et PÉJ. **flicage.** *Haute surveillance :* régime spécial, dans un établissement pénitentiaire. *Quartier de haute surveillance. Société de surveillance. Surveillance à distance* (➤ **télésurveillance, vidéosurveillance**). — *Bâtiment, navire, avion en surveillance,* qui effectue une mission de surveillance. — (En France) ANCIENNT *Direction de la surveillance du territoire (D. S. T.),* qui était chargée du contre-espionnage. — DR. *Surveillance légale :* garde judiciaire. — *Surveillance électronique,* grâce à un appareillage électronique qui enregistre toutes les fonctions importantes du patient. ➤ **monitoring.** ■ **2** Situation d'une personne surveillée. *Être, rester en surveillance à l'hôpital.* ➤ **observation.**

SURVEILLANT, ANTE [syrvɛjɑ̃, ɑ̃t] **n.** – 1535 « celui qui veille sur, qui a soin de » ; aussi adj. jusqu'au XVIIIe ◇ de *surveiller* ■ **1** Personne qui surveille ce dont elle a la responsabilité, la charge. ➤ 2 **garde, gardien.** *« Cent cinquante mille ouvriers, sous la férule de trois mille six cents surveillants, s'affairèrent »* DANIEL-ROPS. — SPÉCIALT *Surveillants d'établissement pénitentiaire.* ➤ VX **argousin, garde-chiourme, gardien,** ARG. **maton.** ◆ TECHN. Agent de maîtrise, contremaître, ouvrier qualifié chargé de surveiller des travaux. *Surveillant technique. Surveillant de travaux* (➤ aussi **conducteur**), *de mine* (porion) ; *de gare, de la voie.* ■ **2** (1875) Personne chargée de la discipline, dans un établissement d'enseignement, une communauté. *Surveillant d'étude, d'internat.* ➤ **maître, répétiteur ;** FAM. 1 **pion.** — *La surveillante,* qui, dans un hôpital, dirige les infirmières, surveille la bonne marche du service. ◆ ANCIENNT *Surveillant(e) général(e),* chargé(e) de l'administration intérieure, de la discipline, etc., dans un établissement d'enseignement (ARG. SCOL. *surgé* [syrʒe], 1920) ; appelé(e) *conseiller* principal d'éducation* depuis 1970.

SURVEILLÉ, ÉE [syrveje] **adj.** – 1762 ◇ de *surveiller* ■ *Externe surveillé :* élève externe qui reste aux études surveillées. — *Liberté surveillée :* situation des délinquants qui ne sont pas en prison mais doivent se présenter régulièrement à la police pour rendre compte de leurs activités.

SURVEILLER [syrveje] **v. tr.** ‹1› – 1586, répandu XIXe (plutôt *surveiller à...* dans la langue classique) ◇ de *sur-* et *veiller* ■ **1** Observer avec une attention soutenue, de manière à exercer un contrôle, une vérification. ➤ **contrôler, examiner.** ◆ *Surveiller qqn,* observer son comportement pour vérifier qu'il ne manque pas à son devoir, pour l'empêcher de mal faire. *Il « la surveillait du matin au soir, exigeant d'elle l'emploi de chacune de ses minutes »* ZOLA. *Surveiller qqn de près. Surveiller ce que qqn fait.* ➤ 2 **épier.** *Surveiller qqn du coin de l'œil* (cf. Avoir l'œil sur, avoir à l'œil*). — Avoir autorité pour contrôler. *Surveiller des élèves. Surveiller un prisonnier.* ➤ **garder** (à vue). — Veiller avec attention et autorité sur. *Surveiller des enfants.* ➤ **garder.** ◆ *Surveiller qqch.* ➤ **contrôler, inspecter.** *Chef d'équipe qui surveille les travaux* (cf. Conducteur de travaux). *Surveiller des réparations, la construction d'une maison. « Au bruit du marteau [...], il sortait pour surveiller les emballages »* FLAUBERT. *Surveiller la cuisson du rôti.* ◆ *Être, se sentir surveillé. Travaux surveillés.* ■ **2** Observer attentivement, fixer son attention sur, pour éviter ou prévenir un danger, une action. ➤ **observer ; veiller.** *Surveiller ses bagages. Animal qui surveille sa proie* (pour l'empêcher de s'enfuir). *Malgré Anna « et son regard froid qui le surveillait, il s'est mis à pleurer »* MARTIN DU GARD. ■ **3** Exercer une surveillance policière ou militaire sur (qqn, qqch.), par l'observation, les moyens de défense ou de répression. ➤ **guetter.** *« Surveiller et punir », ouvrage de M. Foucault.* — SPORT *Surveiller l'adversaire.* ■ **4** Être attentif à (ce que l'on fait, ce que l'on dit). *Surveiller son langage. Surveiller ses expressions, ses sentiments.* — *Surveiller sa santé, sa ligne.* ■ **5 SE SURVEILLER v. pron.** (réfl.) Être attentif à ce qu'on dit, à ce qu'on fait. ➤ **s'observer.** — Prendre soin de sa santé, de sa ligne. *« Tu sais, je me surveille : une biscotte à midi, avec des fruits »* D. DECOIN.

SURVENANCE [syrvənɑ̃s] **n. f.** – XVe ◇ de *survenir* ■ (1740) DR. Le fait de survenir. ➤ **apparition, création.**

SURVENANT, ANTE [syrvənɑ̃, ɑ̃t] **n.** – 1894 ◇ du p. prés. de *survenir* ■ RÉGION. (Canada) Personne qui survient.

SURVENIR [syrvənir] **v. intr.** ‹22› – XIIe *sorvenir* ◇ de *sur-* et *venir* ■ **1** VX ou DR. (CHOSES) **SURVENIR À :** venir après, par surcroît, s'ajouter à. *« L'hypothèque s'étend aux améliorations qui surviennent à l'immeuble »* (CODE CIVIL). ■ **2** COUR. Arriver, venir à l'improviste, brusquement. *Personne qui survient quand on parle d'elle* (cf. Quand on parle du loup*, on en voit la queue). *Changements qui surviennent dans une société.* ➤ **apparaître, se manifester, se produire.** *Quand survint la Révolution. Au moindre tracas qui survient.* ➤ **advenir, arriver, intervenir.** — IMPERS. *S'il survenait un témoin.* ➤ **se présenter.**

SURVENTE [syrvɑ̃t] **n. f.** – 1640 ◇ de *sur-* et *vente* ■ COMM. Vente à un prix trop élevé. *Tout « lui fut prodigué : [...] les éditions sans cesse renouvelées, la survente des vieux brouillons »* BLOY.

SURVENUE [syrvəny] **n. f.** – XIIe, repris XIXe ◇ de *survenir* et *venue* ■ LITTÉR. Action de survenir, d'arriver à l'improviste. *« Il y a toujours, après la mort de quelqu'un, comme une stupéfaction qui se dégage, tant il est difficile de comprendre cette survenue du néant »* FLAUBERT.

SURVESTE [syrvɛst] **n. f.** – 1985 ◇ de *sur-* et *veste* ■ Veste large qui se porte par-dessus une autre. *Tailleur et surveste assortie.*

SURVÊTEMENT [syrvɛtmɑ̃] **n. m.** – 1939 ; *sur-vestement* « vêtement mis sur un autre » 1606 ◇ de *sur-* et *vêtement* ■ Blouson, pantalon molletonné que les sportifs passent sur leur tenue de sport lorsqu'ils interrompent leurs exercices. ◆ PAR EXT. COUR. Vêtement de sport ou de détente, composé d'un blouson (ou d'un sweat-shirt) et d'un pantalon. ➤ **jogging, training.** — ABRÉV. FAM. **SURVÊT** [syrvɛt].

SURVIE [syrvi] **n. f.** – 1544 ; *sourvie* XVIe ◇ de *sur-* et *vie* ■ **1** DR. État d'une personne qui survit à qqn. *Présomption de survie,* établie sur l'âge et le sexe lorsque plusieurs personnes appelées à une même succession périssent dans un accident sans qu'on puisse savoir l'ordre de leur décès (théorie des « comourants »). ▪ **2** Vie après la mort (dans les croyances religieuses). *Ceux « qui espèrent alternativement soit une survie incompréhensible [...], soit un néant rassurant »* PROUST. *« Je ne crois pas à une autre survie, que celle dans la mémoire des hommes »* GIDE. ➤ **immortalité.** ▪ **3** Le fait de survivre, de se maintenir en vie. *Chances de survie d'un blessé. « Quelle survie puis-je espérer ? Dix secondes ? Vingt secondes ? »* SAINT-EXUPÉRY. *Équipement**, *techniques, expériences de survie. Couverture de survie* : film de polyéthylène recouvert d'aluminium, isolant du froid et conservant la température du corps. *Formule 1 équipée de cellule de survie*, capable de résister aux chocs. — (1872) *Table de survie* : tableau statistique établi d'après la table de mortalité et qui donne, dans un pays, le nombre de personnes en vie (survivants) à chaque âge. ◆ FIG. *La survie d'une entreprise. La survie d'une mode, d'une amitié. J'entretenais « la survie pénible d'une ou deux liaisons fatiguées »* CAMUS.

SURVIRAGE [syʀviʀaʒ] n. m. – 1964 ◇ de *sur-* et *virage* ▪ AUTOM. Fait de survirer.

SURVIRER [syʀviʀe] v. intr. ‹1› – 1964 ◇ de *sur-* et *virer* ▪ AUTOM. Déraper par l'arrière, l'axe médian du véhicule s'orientant vers l'intérieur du virage (opposé à *sous-virer*). — adj. **SURVIREUR, EUSE.** *Voiture survireuse.*

SURVITAMINÉ, ÉE [syʀvitamine] adj. – 1935 « qui a reçu trop de vitamines » ◇ de *sur-* et *vitaminé* ▪ Auquel on a incorporé une quantité importante de vitamines. *Boisson survitaminée.* ◆ FIG. et FAM. Très énergique, plein d'entrain. *« une personne anorexique mais survitaminée »* ECHENOZ. ➤ **dynamique.** — *Concert survitaminé.*

SURVITRAGE [syʀvitʀaʒ] n. m. – 1975 ◇ de *sur-* et *vitrage* ▪ TECHN. Seconde vitre mise en place sur une autre en ménageant un espace qui contribue à une meilleure isolation (cf. Double vitrage*).

SURVIVALISME [syʀvivalism] n. m. – 1981 ◇ anglais *survivalism* (1928), de *survival* « survie » ▪ ANGLIC. Mouvement, attitude des survivalistes.

SURVIVALISTE [syʀvivalist] n. et adj. – 1984 ◇ anglais *survivalist*, de *survivalism* → survivalisme ▪ ANGLIC. Personne qui se prépare à survivre dans un monde dévasté par une catastrophe. — adj. *Le mouvement survivaliste.*

SURVIVANCE [syʀvivɑ̃s] n. f. – 1606 ; dr. 1521 ◇ de *survivre* ▪ **1** LITTÉR. Survie (2°). *Croire à la survivance de l'âme.* ➤ **immortalité.** ▪ **2** (1845) Ce qui survit, ce qui subsiste d'une chose disparue. ➤ **vestige.** *L'anoblissement, survivance de la chevalerie du Moyen Âge. Ce sens est une survivance du passé* (➤ **archaïsme**). ▪ **3** LITTÉR. Le fait de continuer à vivre, de se maintenir en vie. ➤ **survie** (3°). *« Vivre, survivre [...] le besoin de survivance est si vif chez nous, femmes »* COLETTE.

SURVIVANT, ANTE [syʀvivɑ̃, ɑ̃t] adj. et n. – 1538 ; n. v. 1119 ◇ de *survivre* ▪ **1** Qui survit à qqn, à d'autres. *L'époux survivant* (cf. Le dernier vivant). n. *« La survivante ne parle [...] de la morte qu'avec [...] des réticences perfides »* BARBEY. DR. *La totalité de la communauté appartiendra au survivant.* ▪ **2** Qui survit à l'époque, à la société à laquelle il appartenait. n. *« l'ultime survivant, l'ultime naufragé d'une tradition engloutie »* LACARRIÈRE. ◆ (CHOSES) Qui subsiste. *« fragment survivant d'une vie disparue »* PROUST. ▪ **3** Qui a échappé à la mort là où d'autres sont morts. ➤ **rescapé.** *Les passagers survivants d'une catastrophe aérienne.* — n. *Il n'y a aucun survivant.*

SURVIVRE [syʀvivʀ] v. ‹46› – 1080 ◇ de *sur-* et *vivre*

I v. tr. dir. VX *Survivre qqn*, demeurer en vie après lui. *« Le roi ne survécut guère le prince son fils »* Mme DE LA FAYETTE.

II v. tr. ind. (1538) MOD. **SURVIVRE À.** ▪ **1** Demeurer en vie après la mort de (qqn). *Il a survécu à tous les siens* (cf. Il les a tous enterrés). *« Songez à ménager votre vie, car je ne vous survivrai pas d'une heure »* STENDHAL. ◆ Vivre encore après (un temps révolu, une chose passée, disparue). *Survivre à une époque, à une génération.* — FIG. *« Il y a de grands hommes qui survivent à leur génie »* R. ROLLAND. ▪ **2** (v. 1580) (CHOSES) Exister encore après qu'une personne, une chose a disparu ; durer plus longtemps que. *L'œuvre d'art survit à l'artiste. « Nous, nous changeons dans des villes immuables et nos maisons, nos quartiers nous survivent »* SARTRE. ▪ **3** (XVIe) Continuer à vivre après (une chose insupportable). *Survivre à la honte, à l'humiliation. Je n'y survivrai pas* (cf. J'en mourrai). ▪ **4** Échapper à (une mort violente et collective). *Survivre à une catastrophe* (➤ **survivant**). ◆ Résister à (ce qui fait disparaître). *« le christianisme survivait, plus fort que jamais, à l'entreprise philosophique »* MADELIN.

III v. intr. ▪ **1** Continuer à vivre après une cause de mort, rester en vie. *L'espoir de survivre.* ▪ **2** (CHOSES) ➤ **se conserver, demeurer, subsister.** *« Rien ou à peu près ne survivait du beau fonctionnement d'une maison sagement ordonnée naguère »* COURTELINE.

IV **SE SURVIVRE** v. pron. ▪ **1** Vivre encore (dans qqn, qqch. qui perpétue le souvenir) après sa mort. *Se survivre dans ses enfants, dans la mémoire collective.* ➤ **se perpétuer.** *Ils se sont survécu dans leur œuvre.* ▪ **2** (1718 *se survivre à soi-même*) Vivre encore alors qu'on n'est plus soi-même, qu'on a perdu sa force, ses qualités. *Cet auteur se survit, il n'écrit plus rien de bon.* ▪ **3** Vivre encore alors qu'on a failli mourir ou que l'on estime sa vie achevée. *« les journaux font grand bruit de mon testament : ça me donne comme l'impression de me survivre »* GONCOURT.

SURVOL [syʀvɔl] n. m. – 1911 ◇ de *survoler* ▪ **1** Action, fait de survoler. *Le survol à basse altitude d'une ville.* ▪ **2** FIG. Examen rapide et superficiel.

SURVOLER [syʀvɔle] v. tr. ‹1› – XVe fig. « dépasser » ◇ de *sur-* et 1 *voler* ▪ **1** Voler au-dessus de, en parlant d'un oiseau (XVIe), d'un avion (1911). *« Brasselier sent la panique l'envahir, comme le flamant rose survolé par le busard »* R. FLORIOT. — PAR EXT. *Mesdames, messieurs, nous survolons actuellement les Baléares.* ▪ **2** FIG. Passer rapidement sur, lire ou examiner de façon superficielle. *Survoler un article* (cf. Lire en diagonale*). *Le conférencier n'a fait que survoler la question.*

SURVOLTAGE [syʀvɔltaʒ] n. m. – 1908 ◇ de *sur-* et *voltage* ▪ ÉLECTR. Augmentation anormale de la tension. ➤ **surtension.** ▪ CONTR. Dévoltage.

SURVOLTÉ, ÉE [syʀvɔlte] adj. – 1938 ◇ de *survolter* ▪ **1** *Lampe survoltée*, alimentée par une tension supérieure à la normale. ▪ **2** FIG. Très excité (cf. FAM. Monté sur ressort*). ➤ **surexcité.** *Les esprits étaient survoltés.*

SURVOLTER [syʀvɔlte] v. tr. ‹1› – 1908 ◇ de *survoltage* ▪ **1** ÉLECTR. Augmenter la tension de (qqch.) au-delà de la valeur normale. ▪ **2** RARE Rendre survolté (2°). ➤ **surexciter.** ▪ CONTR. Dévolter.

SURVOLTEUR [syʀvɔltœʀ] n. m. – 1900 ◇ de *survolter* ▪ ÉLECTR. Appareil destiné à survolter le courant. APPOS. *Transformateurs survolteurs.*

SURVOLTEUR-DÉVOLTEUR [syʀvɔltœʀdevɔltœʀ] n. m. – 1932 ◇ de *survolteur* et *dévolteur*, de *dévolter* ▪ ÉLECTR. Transformateur qui augmente ou diminue la tension à volonté. *Des survolteurs-dévolteurs.*

SUS [sy(s)] adv. – Xe ◇ du latin *susum*, variante de *sursum* « en haut » ▪ **1** VX *Courir sus à l'ennemi*, l'attaquer. — ELLIPT *Sus à l'ennemi !* ▪ **2** loc. adv. VIEILLI **EN SUS** : en plus, par-dessus le marché. *Ces animaux « ont des yeux [...], parfois même en sus, des antennes d'une sensibilité prodigieuse »* GIDE. *Taxe et frais en sus.* — loc. prép. MOD. (DR., ADMIN.) **EN SUS DE.** *« L'honoraire est ce que le client doit, en sus des frais, à son avoué »* BALZAC. ▪ HOM. Su ; suce.

SUS- ▪ Élément, de l'adv. *sus*, signifiant « au-dessus », « ci-dessus, plus haut ».

SUSCEPTIBILITÉ [sysɛptibilite] n. f. – 1752 ◇ de *susceptible* ▪ **1** Le fait d'être susceptible ; vive sensibilité. *« le tempérament des individus et leur susceptibilité nerveuse »* BAUDELAIRE. ◆ SPÉCIALT, DIDACT. *Susceptibilité à une maladie.* ➤ **prédisposition, réceptivité.** *« la vieille notion de "terrain" génétique qui définit une susceptibilité à une maladie »* (La Recherche, 1985). *Gènes de susceptibilité ou de résistance au cancer.* ▪ **2** Caractère de qqn dont l'amour-propre est très sensible. *Choquer la susceptibilité de qqn. Veillez à ménager les susceptibilités.* ◆ Domaine, occasion où se manifeste ce caractère. *« Vous froissiez une susceptibilité familiale »* CHARDONNE. ▪ **3** PHYS. *Susceptibilité magnétique* : constante de proportionnalité entre la magnétisation et le champ magnétisant.

SUSCEPTIBLE [sysɛptibl] adj. – 1520 méd. ; 1372 *susceptible de*, en parlant d'une personne ; répandu XVIIe ◇ bas latin *susceptibilis*, de *susceptum*, supin de *suscipere* « prendre par-dessous, subir », de *sub* « sous » et *capere* « prendre » ▪ **1** (1760) VX Sensible. *« ce sentiment des pères pour leurs filles, où il entre tant de respect, une pudeur si susceptible »* MAURIAC. ◆ MOD. Particulièrement sensible dans son amour-propre ; qui se vexe, s'offense facilement. ➤ **chatouilleux, ombrageux ; susceptibilité.** *« très fière, très susceptible, jetant à la tête de tout le monde son ancienne position de femme établie »* ZOLA. *« D'ailleurs susceptible, incapable de souffrir la plus légère moquerie »* MAURIAC. ▪ **2** **SUSCEPTIBLE**

DE... : qui peut éprouver, ressentir (une impression, un sentiment). ➤ VX **capable.** *« Il n'y a point d'âme si vile et de cœur si barbare qui ne soit susceptible de quelque sorte d'attachement »* ROUSSEAU. ◆ (v. 1494) Qui peut éventuellement (alors que *capable* implique une capacité permanente et reconnue). ➤ **apte, capable.** *Un texte susceptible d'être amélioré, d'améliorations. Des propositions susceptibles de vous intéresser. Une offre susceptible d'être acceptée.*

SUSCITER [sysite] **v. tr.** ‹ 1 › – 1279 ; « ressusciter » x^e ◇ latin *suscitare*, de *subs, sub* « sous » et *citare*, de *ciere* « mouvoir » ■ **1** LITTÉR. Faire naître (qqn, qqch.) pour aider ou pour contrecarrer. *« Avant même qu'il* [Hercule] *fût né, elle* [Junon] *lui suscita un rival futur »* HENRIOT. *Susciter des querelles, des troubles.* ➤ **fomenter.** ■ **2** COUR. Faire naître (un sentiment, une idée). ➤ **éveiller, évoquer.** *Susciter l'admiration.* ➤ **soulever.** *« L'affaire suscitait* [...] *un intérêt profond »* AYMÉ. ◆ Produire, faire apparaître en tant que cause ou occasion déterminante. ➤ 1 **causer, créer, occasionner, provoquer.** *« les chefs-d'œuvre ne sont pleinement eux-mêmes que lorsqu'ils suscitent la naissance d'autres chefs-d'œuvre »* TOURNIER. ■ CONTR. Détruire.

SUSCRIPTION [syskʀipsjɔ̃] **n. f.** – XVIe ; hapax 1215 ◇ adaptation du bas latin *superscriptio* ■ ADMIN. Adresse d'une lettre, écrite sur le pli extérieur ou sur l'enveloppe. *« un rectangle de papier vert dont il relut plusieurs fois la suscription »* AYMÉ.

SUSDIT, DITE [sysdi, dit] **adj.** et **n.** – 1318 ◇ de *sus-* et *dit* ■ DR. Dit, mentionné ci-dessus. ➤ **susmentionné.**

SUS-DOMINANTE [sysdɔminɑ̃t] **n. f.** – 1812 ◇ de *sus-* et *dominante* ■ MUS. Sixième degré de la gamme diatonique (en ut, le la). ■ CONTR. Sous-dominante.

SUS-HÉPATIQUE [syzepatik] **adj.** – 1843 ◇ de *sus-* et *hépatique* ■ ANAT. Qui est au-dessus du foie, qui concerne la partie supérieure du foie. *Veines sus-hépatiques.*

SUSHI [suʃi] **n. m.** – 1971 ◇ mot japonais ■ Mets japonais fait de poisson cru ou cuit, accompagné de riz assaisonné, souvent roulé dans une feuille d'algue. ➤ 2 **maki.** *Des sushis et des sashimis. « les gens acceptent toujours quand on leur propose des sushis, les gastronomes les plus exigeants comme les femmes les plus soucieuses de leur ligne »* HOUELLEBECQ.

SUS-MAXILLAIRE [sysmaksilɛʀ] **adj.** – 1843 ◇ de *sus-* et *maxillaire* ■ ANAT. De la mâchoire supérieure. *Les os sus-maxillaires.*

SUSMENTIONNÉ, ÉE [sysmɑ̃sjɔne] **adj.** – XVe ◇ de *sus-* et *mentionné* ■ ADMIN. Mentionné plus haut. ➤ **susdit.**

SUSNOMMÉ, ÉE [sysnɔme] **adj.** – 1514 ◇ de *sus-* et *nommé* ■ ADMIN. Nommé plus haut. ➤ **prénommé.** — SUBST. *Les susnommés.*

SUSPECT, ECTE [syspɛ(kt), ɛkt] **adj.** et **n.** – 1355 ◇ latin *suspectus*, de *suspicere* « regarder de bas en haut » ■ **1** (PERSONNES) Qui est soupçonné ou qui prête au soupçon, éveille les soupçons. *« Un être étrange, inquiétant, suspect à tous »* FRANCE. *Ils me sont suspects. Individus suspects.* ➤ **douteux, équivoque, interlope,** 1 **louche.** *« deux hommes qui jasent sont moins suspects qu'un seul qui se promène »* BEAUMARCHAIS. *« Si même il est reconnu innocent, il demeure toujours suspect »* NERVAL. — **n.** *La police interroge les suspects.* HIST. *La loi des suspects,* votée par la Convention le 17 septembre 1793. — **SUSPECT DE :** qu'on soupçonne de. *« suspect d'anglophilie* [...] *il eut bientôt la nation contre lui »* MORAND. ■ **2** (CHOSES) Qui éveille les soupçons ; dont la valeur, l'intérêt, la sûreté sont douteux. *« Toute pensée non conforme devient suspecte et est aussitôt dénoncée »* GIDE. *Témoignage suspect.* ➤ **douteux.** *« Toute histoire qui n'est pas contemporaine est suspecte »* PASCAL. *Une voiture suspecte.* — **SUSPECT DE.** *« Les journaux, peu suspects de puritanisme »* MADELIN. ■ **3** MÉD. Qui est susceptible d'avoir une maladie contagieuse (d'après les symptômes, etc.), grave (maligne). *Malades suspects. — Lésions suspectes.* ■ CONTR. Certain, sûr.

SUSPECTER [syspɛkte] **v. tr.** ‹ 1 › – v. 1500, repris 1726 ◇ de *suspect* ■ Tenir pour suspect (qqn, qqch.). ➤ **incriminer, soupçonner** (cf. Mettre en cause*, en doute*). REM. *Suspecter* est nettement plus péj. que *soupçonner*. *« Delhomme déclarait que le tirage avait eu lieu honnêtement, et Grosbois, très blessé, parlait de s'en aller, si l'on suspectait sa bonne foi »* ZOLA. — *Suspecter qqn de qqch., de faire qqch. Il est suspecté de sympathies anarchistes, d'être proche du pouvoir.* PRONOM. *« On se blâme, on s'accuse, on se suspecte »* DIDEROT.

SUSPENDRE [syspɑ̃dʀ] **v. tr.** ‹ 41 › – v. 1460 ◇ de *sus-* et *pendre* ; de l'ancien français *soupendre, souspendre* « interrompre, arrêter » (1190) ; latin *suspendere*

I (Sens temporel) Rendre pour un temps immobile, inactif ; supprimer pour un temps. ■ **1** Interrompre (une action). ➤ **arrêter.** *Suspendre les combats.* ➤ **cesser.** *« Ô temps, suspends ton vol ! »* LAMARTINE. *Les narrateurs qui « suspendent une narration à l'endroit le plus intéressant, afin que la foule revienne le lendemain »* NERVAL. ■ **2** Mettre un terme aux activités, aux effets de. *Suspendre la constitution, les garanties constitutionnelles. Suspendre un journal, la publication.* ◆ *Suspendre qqn,* le destituer provisoirement (cf. Mettre à pied*). ■ **3** Remettre, reporter à plus tard. ➤ **surseoir** (à). *Suspendre les paiements. Suspendre son jugement :* attendre pour juger d'avoir pu se former une opinion.

II Faire pendre. ■ **1** Tenir ou faire tenir (une chose), de manière à ce qu'elle pende. ➤ **fixer, pendre** (II, 1°). *Suspendre un lustre au plafond* (➤ **suspension**). *Suspendre un hamac entre deux arbres. Suspendre à* (ou *par*) *un clou, un crochet.* ➤ **accrocher.** *Suspendre des vêtements à un portemanteau, dans une penderie.* ■ **2** VX Faire tenir dans une position élevée (➤ **suspendu**). *« Les pêcheurs du Pausilippe, qui suspendent leurs cabanes à ses rochers »* LAMARTINE. ■ **3 SE SUSPENDRE v. pron.** Se pendre, se tenir pendu. — PAR EXT. *« Les enfants se suspendaient aux jupons de leurs mères »* BAUDELAIRE. ➤ **s'accrocher.** ■ **4** LOC. *Être suspendu aux lèvres, aux paroles de qqn,* l'écouter avec avidité (cf. Boire* les paroles de qqn ; être tout ouïe*).
■ CONTR. Continuer, prolonger ; maintenir. — Décrocher, 2 dépendre.

SUSPENDU, UE [syspɑ̃dy] **adj.** – XVIe ◇ de *suspendre*

I ■ **1** Momentanément arrêté. *Séance suspendue.* — Remis à plus tard. *Jugement suspendu.* ◆ (PERSONNES) À qui on a interdit l'exercice de ses fonctions. *Magistrat suspendu.* ■ **2** *Café, pain suspendu,* que l'on paye par avance à un commerçant qui en fera profiter une personne dans le besoin.

II ■ **1** Attaché, soutenu de manière à pendre. *Objet, ornement suspendu à un fil, par une chaîne. Une gourde « suspendue par une ficelle à leur cou »* BALZAC. — *Suspendu en l'air, dans le vide, au-dessus du précipice.* ◆ (1859) **PONT SUSPENDU,** dont le tablier est soutenu par des chaînes, des câbles ancrés aux deux extrémités du pont. *Autoroute suspendue.* ◆ (1800) *Voiture suspendue,* dont le corps, le châssis ne porte pas sur les essieux, mais repose sur des ressorts (➤ **suspension**). *Voiture bien, mal suspendue,* dont la suspension est plus ou moins souple. ■ **2** Qui tient ou se tient à une certaine hauteur, et semble être accroché. *Les jardins suspendus de Babylone.*

SUSPENS [syspɑ̃] **adj. m.** et **n. m.** – 1377 ◇ latin *suspensus*, de *suspendere* → suspendre (II) ■ **1** DR. CAN. Se dit d'un ecclésiastique qui a été suspendu de ses fonctions. *Un prêtre suspens. L'abbé n'est pas interdit, il n'est que suspens.* ■ **2** loc. adv. (XVe) **EN SUSPENS :** dans l'incertitude, l'indécision. *Être, demeurer, rester en suspens,* irrésolu (➤ **balancer, hésiter**). *« Son art de brouiller l'intrigue,* [...] *de tenir le lecteur en suspens »* HENRIOT. ◆ Arrêté momentanément. *La question reste en suspens.* — Remis à plus tard. *Affaires, projets en suspens* (cf. En plan, en souffrance). *« la question du partage entre les deux sœurs, laissée en suspens »* ZOLA. ◆ Suspendu, en suspension. *« Une fine fumée flotte encore, mêlée à de la poussière en suspens »* ROMAINS. — FIG. *« Une seconde encore il lui sembla qu'il restait en suspens dans le vide avec une intolérable impression de liberté »* SARTRE. ■ **3 n. m.** (1886, Mallarmé) REM. En ce sens, pourrait remplacer l'anglic. *suspense.* LITTÉR. Suspense (2). ◆ Attente, incertitude. *« elle-même n'était rien qu'attente, suspens »* SARRAUTE.

1 **SUSPENSE** [syspɑ̃s] **n. f.** – 1312 *souspense* « suspension de droits » ; « indécision, délai, suspens » en ancien français ◇ de *suspendre* (I) ■ DR. CAN. Censure ecclésiastique par laquelle un clerc, un prêtre est privé de son bénéfice et parfois aussi de ses pouvoirs. ➤ **suspens** (1°). *Interdiction et suspense.*

2 **SUSPENSE** [syspɛns] **n. m.** – 1951 ◇ mot. anglais, du français *suspens* ■ ANGLIC. Moment ou passage d'un récit, d'un spectacle de nature à faire naître un sentiment d'attente angoissée ; caractère de ce qui est susceptible de provoquer ce sentiment. *Film, roman à suspense. « J'insistai pour que Sartre introduisît dans son récit un peu du suspense qui nous plaisait dans les romans policiers »* BEAUVOIR. ◆ Situation d'attente angoissée, dans la vie courante. *« Nous avons vécu un fameux suspense »* J. CAU. ➤ **suspens** (3°).

SUSPENSEUR [syspɑ̃sœʀ] **adj. m.** et **n. m.** – v. 1560 ◇ bas latin *suspensor* ■ ANAT. Qui soutient. *Ligaments suspenseurs (du foie, de l'œsophage).* ◆ **n. m.** BOT. Ensemble des cellules allongées qui surmontent les cellules embryonnaires de l'étage inférieur, dans le développement de l'embryon (plantule) des spermaphytes.

SUSPENSIF, IVE [syspɑ̃sif, iv] **adj.** – 1355 gramm. ◊ latin scolastique *suspensivus* ■ **1** Qui suspend (II). ■ **2** (XVIe) DR. Qui constitue ou qui provoque la suspension (I). *Appel suspensif. Veto suspensif.* ■ **3** VX *Points suspensifs,* de suspension.

SUSPENSION [syspɑ̃sjɔ̃] **n. f.** – *suspenciun* «délai, incertitude» 1170 ◊ latin *suspensio,* de *suspendere*

I Le fait de suspendre (I), d'interrompre ou d'interdire ; son résultat. ■ **1** VX ou DR. (sauf dans des loc.) Interruption ou remise à plus tard. *La suspension des hostilités.* ➤ **abandon, arrêt, cessation.** LOC. *Suspension d'armes :* arrêt concerté, local et momentané, des opérations. ➤ **trêve.** — DR. *Suspension d'audience,* son interruption par le président du tribunal. ABSOLT *«Après cinq minutes de suspension pendant lesquelles mon avocat m'a dit que tout allait pour le mieux»* CAMUS. *Suspension de prescription. Suspension des poursuites. Suspension de peine.* ➤ **remise.** — *Suspension de paiements* (➤ **moratoire**). ♦ Fait de retirer ses fonctions (à un agent, à un magistrat, à un fonctionnaire) à titre de sanction disciplinaire (➤ **suspendu**). *Suspension d'un maire par le préfet.* ■ **2** VX Figure de style qui consiste à tenir les auditeurs en suspens. GRAMM. Interruption du sens. — MOD. LOC. *Points de suspension :* signe de ponctuation (...) servant à remplacer une partie de l'énoncé ou à interrompre l'énoncé. *«les points de suspension [...] tiennent en suspens ce qui ne doit pas être dit explicitement»* BACHELARD.

II ■ **1** (1718) Manière dont un objet suspendu est maintenu en équilibre stable. *Point de suspension d'une balance. La suspension d'un balancier. Suspension du tablier d'un pont.* ♦ Appui élastique d'un véhicule (châssis, coque) sur ses roues ; et des roues sur le sol (par les pneumatiques). *Ressorts de suspension :* ressorts à lames, barres de torsion, ressorts hélicoïdaux. *Amortisseurs de suspension.* — *Suspension hydropneumatique, oléopneumatique.* — Ensemble des pièces (amortisseurs, ressorts, jumelles, joints) assurant la liaison élastique du véhicule et des roues. *La suspension est raide.* ■ **2** RARE Le fait d'être suspendu, l'action de suspendre. *La vertigineuse horreur «qu'inspire la suspension au-dessus d'un gouffre»* GAUTIER. ■ **3** CHIM. État d'une substance formée de particules solides finement divisées dans un liquide ou dans un gaz (milieu dispersif). *Poussières en suspension dans l'air. Colloïde en suspension.* — *Une suspension :* système formé par une ou plusieurs phases en suspension dans un milieu dispersif. ➤ **colloïde, suspensoïde.** ■ **4** (1867) VX Support suspendu au plafond. *Suspension contenant des fleurs.* — MOD. Appareil d'éclairage destiné à être suspendu. ➤ 2 **lustre.** *«une petite suspension aux branches de cuivre ajouré qui semble une copie en réduction d'un lustre d'intérieur hollandais»* PEREC.

■ CONTR. Continuité.

SUSPENSOÏDE [syspɑ̃sɔid] **adj.** – 1933 ◊ du radical de *suspension* et *-oïde* ■ CHIM. VX *Colloïdes suspensoïdes* (dits *irréversibles*), qui, après évaporation de la solution colloïdale, ne reprennent pas l'état colloïdal quand ils se trouvent de nouveau au contact du liquide.

SUSPENSOIR [syspɑ̃swaʀ] **n. m.** – 1714 ; *suspensoire* 1314 ◊ latin scolastique *suspensorium* ■ **1** Bandage, dispositif destiné à soutenir un organe, et SPÉCIALT le scrotum, les testicules. ■ **2** MAR. Crochet, sangle. *Le suspensoir des marchepieds de vergues.*

SUSPENTE [syspɑ̃t] **n. f.** – 1803 ; *surpente* 1680 ◊ var. de *soupente,* de l'ancien verbe *souspendre* → suspendre ■ **1** MAR. Cordage ou chaîne qui entoure un mât et sert à supporter la basse vergue. ■ **2** Organe de suspension (corde, câble, filin...) reliant la voilure d'un parachute, d'un parapente au harnais ou rattachant la nacelle au filet d'un ballon. ■ **3** TECHN. Pièce métallique verticale soutenant une masse suspendue par effet de traction. — Organe reliant les câbles porteurs d'un pont suspendu à la charpente d'un tablier. ■ **4** RÉGION. (Suisse) Boucle de ganse permettant de suspendre un vêtement, un torchon, etc. (➤ **bride, ruban**).

SUSPICIEUSEMENT [syspisjøzmɑ̃] **adv.** – 1942 ◊ de *suspicieux* ■ Avec suspicion. *«après avoir reniflé suspicieusement son assiette»* QUENEAU.

SUSPICIEUX, IEUSE [syspisjø, jøz] **adj.** – 1967 ; «suspect» 1314 ◊ de *suspicion* ■ Plein de suspicion. ➤ **soupçonneux.** *Des regards suspicieux. Une remarque suspicieuse.*

SUSPICION [syspisjɔ̃] **n. f.** – XIIe ◊ latin *suspicio,* de *suspicere* → soupçon ■ Le fait de tenir pour suspect, de ne pas avoir confiance. ➤ **défiance, méfiance.** *Avoir de la suspicion à l'égard de, contre qqn. Regard plein de suspicion.* — LITTÉR. *Tenir en suspicion. «M. Gosselin, opposé à tous les excès, en suspicion contre les singularités et les nouveautés»* RENAN. ♦ RARE Fait d'être suspect ou soupçonné ; soupçon. *«nous ne pouvons nous débarrasser de deux suspicions auprès du public : la suspicion de la richesse et de la noblesse»* GONCOURT. ♦ DR. *Suspicion légitime :* crainte légitime qu'un tribunal puisse juger avec partialité. *Renvoi pour cause de suspicion.* ■ CONTR. Confiance.

SUSTENTATEUR, TRICE [systɑ̃tatœʀ, tʀis] **adj.** – 1909 ◊ du latin *sustentare* ■ Qui assure la sustentation. *Surfaces sustentatrices d'un avion,* sur lesquelles s'exerce la portance (ailes). *Plan sustentateur :* recomm. offic. pour *foil.*

SUSTENTATION [systɑ̃tasjɔ̃] **n. f.** – XIIIe, rare avant XVIe ◊ latin *sustentatio* ■ DIDACT. ■ **1** VX Fait de nourrir, de sustenter. — MOD. MÉD. *Sustentation d'un malade,* par un régime et un traitement appropriés. ■ **2** (1842) Fait de soutenir, de maintenir en équilibre. *Plan, base* ou *polygone de sustentation :* polygone que l'on obtient en joignant les points d'appui les plus extérieurs d'un corps posé sur une surface et à l'intérieur duquel doit se trouver la projection du centre de gravité du corps pour qu'il y ait équilibre stable. ♦ Maintien en équilibre d'un appareil se déplaçant sans contact avec le sol. ➤ **portance.** *Train à sustentation magnétique. Rotor assurant la sustentation d'un hélicoptère.*

SUSTENTER [systɑ̃te] **v. tr.** ‹1› – XIIe, rare avant XVIe ◊ latin *sustentare,* de *sustinere* → soutenir ■ **1** DIDACT. VIEILLI Soutenir les forces de (qqn) par la nourriture. ➤ **alimenter, nourrir.** *«faute d'une bouchée de pain pour sustenter leurs expirants nourrissons»* CHATEAUBRIAND. — FIG. *La lecture sustente l'esprit.* ■ **2** **v. pron. SE SUSTENTER.** MOD. PLAIS. Se nourrir. ➤ 1 **manger*, se restaurer.**

SUS-TONIQUE [systɔnik] **n. f.** – 1831 ◊ de *sus-* et *tonique* ■ MUS. Deuxième degré de la gamme diatonique.

SUSURRANT, ANTE [sysyʀɑ̃, ɑ̃t] **adj.** – 1805 ◊ de *susurrer* ■ Qui susurre. *Une voix susurrante.*

SUSURRATION [sysyʀasjɔ̃] **n. f.** – 1797 ; «médisance» hapax XVIe ◊ bas latin *susurratio* ■ RARE Bruit de ce qui susurre. *«la susurration des mouches se confondait avec le battement de ses artères»* FLAUBERT.

SUSURREMENT [sysyʀmɑ̃] **n. m.** – 1829 ◊ de *susurrer* ■ Action de susurrer ; bruit de ce qui susurre. ➤ **murmure.** *«le susurrement des lèvres qui prient»* GONCOURT.

SUSURRER [sysyʀe] **v.** ‹1› – 1539 ◊ bas latin *susurrare,* onomatopée ■ **1** **v. intr.** Murmurer doucement. ➤ **chuchoter.** *«Sa voix fade susurrait, comme un ruisseau qui coule»* FLAUBERT. ■ **2** **v. tr.** *«Elle susurre quelques mots que je n'entends pas»* C. ORBAN.

SUSVISÉ, ÉE [sysvize] **adj.** – 1964 ◊ de *sus-* et *visé* ■ ADMIN. Visé plus haut. *Les articles susvisés.*

SUTRA ➤ **SOUTRA**

SUTURAL, ALE, AUX [sytyʀal, o] **adj.** – 1803 ◊ de *suture* ■ DIDACT. Relatif à une suture.

SUTURE [sytyʀ] **n. f.** – 1540 ◊ latin des médecins *sutura,* de *suere* «coudre» ■ **1** Réunion, à l'aide de fils, de parties divisées à la suite d'un accident ou d'une intervention chirurgicale (lèvres d'une plaie, extrémités d'un tendon coupé). *Faire une suture. Suture en surjet. Points de suture.* — PAR EXT. *«Pencroff comptait former la suture des bandes d'écorce avec des clous rivés»* J. VERNE. ■ **2** ANAT. Articulation immobile caractérisée par deux surfaces articulaires réunies par du tissu fibreux. *Sutures dentées. Sutures du crâne.* ■ **3** SC. Ligne apparente constituant la jonction entre deux organes, deux parties. *La suture des carpelles d'un fruit.*

SUTURER [sytyʀe] **v. tr.** ‹1› – 1834, au p. p. ◊ de *suture* ■ Réunir par une suture (1°). *Suturer les bords d'une plaie.* ➤ **coudre, recoudre.** *Le «chirurgien, sûr de sa méthode, qui lie les artères et suture la plaie»* SUARÈS.

SUV [ɛsyve] **n. m.** – 1996 ◊ mot anglais (1986), sigle de *sport utility vehicle* «véhicule utilitaire sportif» ■ ANGLIC. Véhicule de loisir, haut et spacieux, à caisse autoporteuse, souvent équipé de quatre roues motrices. *SUV et crossovers.* — **Recomm. offic.** ***tout-terrain de loisir (TTL).*** — REM. Au Canada, on emploie *VUS* [veyɛs].

SUZERAIN, AINE [syz(ə)ʀɛ̃, ɛn] **n.** – avant XIVe ; pour *suserain* ◊ de l'adv. *sus* «au-dessus», d'après *souverain* ■ Dans le système féodal, Seigneur qui était au-dessus de tous les autres, dans un territoire donné. SPÉCIALT Seigneur qui a concédé un fief à un vassal. *Le vassal et son suzerain, sa suzeraine.* — APPOS. *Dames suzeraines.*

SUZERAINETÉ [syz(ə)ʀɛnte] **n. f.** – *suserenete* 1306 ◊ de *suzerain* ■ Qualité de suzerain. *Droit de suzeraineté. Reconnaître la suzeraineté d'un seigneur.* ♦ FIG. et LITTÉR. *Suzeraineté d'un État sur un autre.* «*il vous a reconnu de son propre chef une autorité, une espèce de suzeraineté*» ROMAINS. ➤ **souveraineté.**

SVASTIKA [svastika] **n. m.** – 1828 ◊ mot sanskrit «de bon augure», de *svasti* «salut» ■ Symbole sacré de l'Inde, en forme de croix à branches coudées. — *Le svastika à branches orientées vers la droite, emblème du parti nazi* (cf. Croix gammée*). — On écrit aussi *swastika.*

SVELTE [svɛlt] **adj.** – 1642, répandu XVIIIe ◊ italien *svelto,* de *svellere, svegliere* «arracher, dégager» ■ ARTS Qui produit une impression de légèreté, d'élégance, par sa forme élancée, sa finesse. ➤ **dégagé,** 2 **fin, léger.** «*Dôme svelte*» VOLTAIRE. ♦ COUR. Mince et souple, en parlant du corps. *Formes sveltes.* ➤ **élancé.** *Taille svelte.* — *Une svelte jeune fille.* «*Elle est si svelte, si légère, si vaporeuse, qu'elle doit être diaphane*» BALZAC. ■ CONTR. Épais, lourd, massif.

SVELTESSE [svɛltɛs] **n. f.** – 1843 ; peint. 1765 ◊ italien *sveltezza,* de *svelto* ■ Caractère de ce qui est svelte. ➤ **élégance.** «*la sveltesse de son corps enfantin*» GIDE.

S. V. P. [silvuplɛ] – 1738 ◊ abrév. ■ S'il vous plaît* (abrév. écrite). — FAM. (à l'oral) *Fermez la porte, S. V. P.* [ɛsvepe].

SWAHILI, IE [swaili] ou **SOUAHÉLI, IE** [swaeli] **n. m.** et **adj.** – 1881, -1902 ; *souhahili* 1873 ◊ arabe *sawâhil,* par l'anglais ■ Langue bantoue parlée au Kenya, en Tanzanie, et écrite depuis le XVIe s. en caractères arabes. *Le swahili est une langue véhiculaire.* — **adj.** *Grammaire swahilie.*

SWAP [swap] **n. m.** – 1963 ◊ mot anglais «troc, échange» ■ ANGLIC. FIN. Accord de crédit réciproque. ➤ **report.** *Accord de swap entre banques.* — Recomm. offic. *crédit croisé, échange financier.*

SWASTIKA ➤ **SVASTIKA**

SWEATER [switœʀ ; swɛtœʀ] **n. m.** /SWEATEUR/ – 1902 ◊ mot anglais, de *to sweat* «suer» ■ VIEILLI Tricot de sportif pour l'entraînement. ♦ PAR EXT. Gilet de laine, de coton, à manches longues. «*Marie Laurencin exquise dans une sorte de sweater très ouvert, gris et vert-artichaut*» GIDE.

SWEAT-SHIRT [switʃœʀt ; swɛtʃœʀt] **n. m.** /SWEATSHIRT/ – 1939 ◊ mot anglais «survêtement d'athlète», de *sweat* «sueur» et *shirt* «chemise» ■ ANGLIC. Pull-over de sport en coton molletonné ou en tissu éponge, ras le cou ou à col montant, terminé à la taille et aux poignets par un bord* côtes. *Des sweat-shirts.* — ABRÉV. COUR. **SWEAT.** *Des sweats.*

SWEEPSTAKE [swipstɛk] **n. m.** – 1827, répandu v. 1934 ◊ mot anglais, de *to sweep* «enlever, rafler» et *stake* «enjeu» ■ TURF Loterie par souscription entre les propriétaires des chevaux engagés dans une course. — PAR ANAL. Loterie où l'attribution des prix dépend à la fois d'un tirage et du résultat d'une course. *Un billet de sweepstake.*

SWI-MANGA ➤ **SOUIMANGA**

SWING [swiŋ] **n. m.** – 1895 ◊ mot anglais, de *to swing* «balancer» ■ ANGLIC.

I ■ **1** BOXE Coup de poing donné en ramenant le bras de l'extérieur à l'intérieur. «*Joe Mitchell, d'un furieux swing du droit, fendit l'arcade sourcilière de son adversaire*» HÉMON. ■ **2** GOLF Mouvement décrit par le club lors de l'exécution d'un coup.

II ■ **1** (1933) Qualité rythmique propre à la musique de jazz. ➤ **rythme.** ■ **2** Danse, manière de danser sur une musique très rythmée, inspirée du jazz américain, à la mode entre 1940 et 1945. *Danser le swing. Orchestre de swing.* «*Et le jazz, le swing, cette brève contorsion. Horreur de la civilisation américaine étendue à toute la terre*» DRIEU LA ROCHELLE. ■ **3** APPOS. INV. ANCIENNT Qui suivait la mode vestimentaire, les comportements inspirés d'une certaine image de l'Amérique entre 1940 et 1950.

SWINGUER [swiŋge] **v. intr.** ‹1› – v. 1950 ◊ de *swing* ■ Jouer avec swing ; avoir du swing. *Ça swingue bien.*

SYBARITE [sibaʀit] **n.** et **adj.** – 1530, rare avant XVIIIe ◊ latin *Sybarita,* grec *Subaritês* «habitant de *Sybaris*», vivant dans le luxe et la mollesse ■ LITTÉR. Personne qui recherche les plaisirs de la vie dans une atmosphère de luxe et de raffinement. ➤ **délicat, jouisseur, sensuel, voluptueux.** *Les «anciens locataires, des sybarites à en juger par l'élégance des estampes»* J.-PH. TOUSSAINT. — **adj. SYBARITIQUE,** 1553. ■ CONTR. Ascète.

SYBARITISME [sibaʀitism] **n. m.** – 1770 *sybarisme* ◊ de *sybarite* ■ LITTÉR. Goût, vie de sybarite. ➤ **indolence, mollesse, sensualité.** *Il «s'attarde à sa toilette avec sybaritisme»* J.-R. BLOCH. ■ CONTR. Ascétisme.

SYCOMORE [sikɔmɔʀ] **n. m.** – *sicamor* 1160 ◊ latin *sycomorus,* grec *sukomoros,* de *sukon* «figue» et *moron* «mûre» ■ **1** Figuier originaire d'Égypte, aux fruits comestibles, au bois très léger et incorruptible. ■ **2** (XVIe) Érable blanc *(Acer pseudoplatanus),* dit *érable sycomore, faux platane.*

SYCOPHANTE [sikɔfɑ̃t] **n. m.** – XVe ◊ latin *sycophanta,* grec *sukophantês,* proprt «dénonciateur des voleurs de figues *(sukon)*» ■ LITTÉR. et VX Délateur, mouchard, et PAR EXT. Espion, fourbe. «*Guillot le sycophante approche doucement*» LA FONTAINE.

SYCOSIS [sikozis] **n. m.** – 1872 ; *sycose* 1752 ◊ grec *sukôsis* «tumeur en forme de figue *(sukon)*» ■ MÉD. Folliculite suppurée des poils de la barbe et de la moustache, provoquée par des staphylocoques.

SYÉNITE [sjenit] **n. f.** – 1765 ; *siémite* 1611 ◊ latin *syenites,* grec *suênitês* «de Syène», ancien nom d'Assouan ■ MINÉR. Roche plutonique grenue, composée essentiellement de feldspath alcalin, d'un peu de biotite et de hornblende, de couleur blanche, rosée ou rouge.

SYL- ➤ **SYN-**

SYLLABAIRE [si(l)labɛʀ] **n. m.** – 1752 ◊ de *syllabe* ■ Manuel, livre élémentaire de lecture présentant les mots décomposés en syllabes. ♦ DIDACT. Série de signes graphiques correspondant aux syllabes d'une langue (analogue à un alphabet).

SYLLABATION [si(l)labasjɔ̃] **n. f.** – 1872 «lecture par syllabes» ◊ de *syllabe* ■ LING. «Répartition d'un système d'articulations en syllabes, soit opérée spontanément par le sujet parlant, soit reconnue par le phonéticien d'après la définition qu'il adopte de la syllabe» (Marouzeau).

SYLLABE [si(l)lab] **n. f.** – 1174 ; *silebe* 1160 ◊ latin *syllaba,* grec *sullabê,* de *sullambanein* «rassembler» ■ Unité phonétique fondamentale, groupe de consonnes et/ou de voyelles qui se prononcent d'une seule émission de voix. *Les syllabes «a» et «mour» de «amour». Détacher les syllabes* (➤ **syllabation**). *Mot d'une syllabe* (➤ **monosyllabe**), *de plusieurs syllabes* (➤ **polysyllabe**). *Vers de douze syllabes* (➤ **alexandrin**). «*Notre métrique est basée sur le nombre des syllabes sans aucun compte tenu du poids et de l'accent de celles-ci*» GIDE. *Syllabe initiale, finale d'un mot. Syllabe accentuée. Syllabe muette,* terminée par un *e* muet. PHONÉT. *Syllabe ouverte,* terminée par une voyelle prononcée ; *fermée,* terminée par une consonne prononcée. ♦ (Dans des loc.) Mot, parole. *Ne pas prononcer une syllabe.* «*Jeanne écoutait sans perdre une syllabe*» ROMAINS.

SYLLABIQUE [si(l)labik] **adj.** – 1529 ◊ de *syllabe* ■ Qui a rapport à la syllabe. *Écriture syllabique,* où chaque syllabe est représentée par un seul signe. ➤ **syllabaire.** *Vers syllabique,* qui se mesure par le nombre de syllabes (vers français). *Méthode syllabique d'apprentissage de la lecture.*

SYLLABUS [si(l)labys] **n. m.** – 1865 ◊ mot latin ecclésiastique «sommaire, table», altération de *syllibus* ou *sillybus* ; grec *sillubos* «bande portant le titre d'un volume» ■ **1** RELIG. Liste de propositions émanant de l'autorité ecclésiastique. — SPÉCIALT *Le Syllabus :* document publié par Pie IX en 1864, ensemble des idées condamnées par le pape. ■ **2** RÉGION. (Belgique) Support de cours, dans l'enseignement supérieur. ➤ **polycopié.** *Un syllabus de chimie.*

SYLLEPSE [silɛps] **n. f.** – 1660 ◊ latin *syllepsis ;* grec *sullêpsis,* proprt «compréhension» ■ GRAMM. Accord selon le sens et non selon les règles grammaticales. *Accord par syllepse. Syllepse de nombre* (ex. Minuit sonnèrent). *Syllepse de genre* (ex. «C'est la sentinelle qui le premier s'inquiète» [Perret]). — **adj. SYLLEPTIQUE,** 1765.

SYLLOGISME [silɔʒism] **n. m.** – XIVe ; *silogime* 1265 ◊ latin *syllogismus,* grec *sullogismos,* proprt «calcul, raisonnement» ■ **1** LOG. Raisonnement déductif rigoureux qui ne suppose aucune proposition étrangère sous-entendue. ➤ **déduction, démonstration, raisonnement.** — LOG. FORMELLE Opération par laquelle, du rapport de deux termes avec un même troisième appelé moyen terme, on conclut à leur rapport mutuel. *Prémisses (majeure et mineure) et conclusion d'un syllogisme* (ex. Tous les hommes sont mortels [majeure], or je suis un homme [mineure], donc je suis mortel [conclusion]). ■ **2** PÉJ. et COUR. Raisonnement purement formel, étranger au réel. *Ces syllogismes ne convaincront personne.*

SYLLOGISTIQUE [silɔʒistik] adj. et n. f. – 1551 ◊ latin *syllogisticus* ■ DIDACT. Qui concerne le syllogisme, procède par syllogisme. *« lui, un esprit précis, concret, syllogistique »* GONCOURT. ♦ n. f. *La syllogistique* : la partie de la logique qui traite du syllogisme.

SYLLOGOMANIE [silɔgɔmani] n. f. – 2005 ◊ du grec *sullogos* « rassemblement, réunion » et *-manie* ■ DIDACT. Accumulation pathologique d'objets.

SYLPHE [silf] n. m. – 1670 ; *sylfe* 1604 ◊ du latin des inscriptions *sylphus* « génie », p.-ê. d'origine gauloise ■ Génie de l'air (dans les mythologies celtique, gauloise et germanique). ➤ **elfe.** *Ariel, le sylphe de « La Tempête » de Shakespeare. « Je suis l'enfant de l'air, un sylphe, moins qu'un rêve »* HUGO. ■ HOM. Silphe.

SYLPHIDE [silfid] n. f. – 1670 ◊ de *sylphe* ■ Génie aérien féminin plein de grâce. *Avoir une taille de sylphide*, très mince. ♦ FIG. Femme mince et gracieuse ; créature féminine de rêve. *« cette légèreté de sylphide qui semble changer les lois de la pesanteur »* BALZAC.

SYLVAIN [silvɛ̃] n. m. – *silvain* 1488 ◊ latin *silvanus*, de *silva* « forêt » ■ DIDACT. Divinité des forêts, dans la mythologie latine. ➤ **dryade,** 1 **faune.** *« Le faune aux doigts palmés, le sylvain aux yeux verts »* HUGO.

SYLVANER [silvanɛʀ] n. m. – 1845 ◊ allemand *Silvaner*, p.-ê. de °*transsilvaner* « de Transylvanie », du latin *silva* « forêt » ■ Cépage blanc cultivé en Alsace, en Allemagne. — Vin blanc sec issu de ce cépage. *Une bouteille de sylvaner. Des sylvaners.* — On écrit aussi *silvaner. Des silvaners.*

SYLVE [silv] n. f. – *les Sylves* 1846 ; *silve, selve* en ancien français ◊ latin *silva* « forêt » ■ POÉT. Forêt, bois. *« les sylves de l'enfance — celles des contes, celles du loup et de la fée, des cailloux blancs et du renard »* KERANGAL.

SYLVESTRE [silvɛstʀ] adj. – 1836 ; autre sens 1802 ; *silvestre* « (animal) sauvage » v. 1265 ◊ latin *silvestris* ■ Propre aux forêts, aux bois. ➤ **forestier.** *Le vieux forestier « sait fort bien discerner les bruits humains des rumeurs sylvestres »* PERGAUD. ♦ *Pin sylvestre* : espèce de pin commun et résistant, au tronc orangé vers la cime.

SYLV(I)- ■ Élément, du latin *silva* « forêt ».

SYLVICOLE [silvikɔl] adj. – 1832 ; *silvicole* début XVIe ◊ latin *silvicola* « qui habite *(colere)* la forêt *(silva)* » ■ 1 ÉCOL. Qui vit dans les forêts (en parlant de plantes, d'oiseaux). ■ 2 TECHN. Relatif à la sylviculture. ➤ **forestier.** *Problèmes sylvicoles.*

SYLVICULTEUR, TRICE [silvikyltœʀ, tʀis] n. – 1872 ◊ de *sylvi-* et *-culteur* ■ Exploitant de forêts. ➤ **arboriculteur, forestier.**

SYLVICULTURE [silvikyltyʀ] n. f. – 1835 ◊ de *sylvi-* et *culture* ■ Exploitation rationnelle des arbres forestiers (conservation, entretien, régénération, reboisement, etc.). ➤ **arboriculture, foresterie.**

SYLVINITE [silvinit] n. f. – 1923 ; *sylvinine* 1904 ◊ de *sylvine* « chlorure naturel de potassium » (1832), du n. du savant hollandais *Sylvius* (1614-1672), d'après le terme médical (vx) *sel de Sylvius* ■ TECHN. Minerai de potassium constitué d'un mélange de chlorure de potassium et de chlorure de sodium, utilisé comme engrais.

SYM- ➤ **SYN-**

SYMBIONTE [sɛ̃bjɔ̃t] n. m. – attesté 1940 n. f. ◊ allemand *Symbiont* (1878) ■ BIOL., ÉCOL. VIEILLI ➤ **symbiote.**

SYMBIOSE [sɛ̃bjoz] n. f. – 1879 ◊ mot allemand, du grec *sumbiôsis*, de *sumbioun* « vivre *(bioun)* ensemble *(sun)* » ■ 1 BIOL., ÉCOL. Association durable et réciproquement bénéfique entre deux organismes vivants d'espèces différentes. ➤ **commensalisme, mutualisme.** *Le lichen est formé de l'association d'une algue et d'un champignon vivant en symbiose. Symbiose entre micro-organismes. Symbiose et parasitisme.* ■ 2 Étroite union. *Symbiose entre deux théories. « Ainsi vivions-nous, elle* [ma mère] *et moi, en une sorte de symbiose »* BEAUVOIR.

SYMBIOTE [sɛ̃bjɔt] n. m. – 1879, d'abord adj. ◊ de *symbiose* ■ BIOL., ÉCOL. Chacun des êtres vivants associés en symbiose. ➤ **symbionte.** *Les symbiotes du rumen des ruminants.*

SYMBIOTIQUE [sɛ̃bjɔtik] adj. – 1890 ◊ de *symbiose* ■ BIOL., ÉCOL. Relatif à la symbiose, caractérisé par la symbiose. *Association symbiotique.*

SYMBOLE [sɛ̃bɔl] n. m. – 1380 ◊ latin chrétien *symbolum* « symbole de foi », classique *symbolus* « signe de reconnaissance », du grec *sumbolon* « objet coupé en deux constituant un signe de reconnaissance quand les porteurs pouvaient assembler *(sumballein)* les deux morceaux »

I RELIG. CATHOL. Formule dans laquelle l'Église résume sa foi. ➤ **credo.** *Symbole des apôtres, de Nicée.*

II Ce qui représente autre chose (signe*) en vertu d'une correspondance analogique. ■ 1 COUR. Objet ou fait naturel de caractère imagé qui évoque, par sa forme ou sa nature, une association d'idées spontanée (dans un groupe social donné) avec qqch. d'abstrait ou d'absent. ➤ **attribut, emblème,** 2 **insigne, représentation.** *La colombe, symbole de la paix. « Vieil océan, tu es le symbole de l'identité. Toujours égal à toi-même »* LAUTRÉAMONT. *« La couronne de sang symbole du malheur »* ARAGON. *Interprétation des symboles.* ➤ **herméneutique.** ♦ SPÉCIALT ; MYTH., SOCIOL. Objet ou image ayant une valeur évocatrice, magique et mystique. *Mythes et symboles. « Ces symboles* [les masques africains] *sont chargés de pouvoirs »* HENRIOT. *Symboles solaires, lunaires. Les symboles de la libido dans le rêve.* ♦ LITTÉR. Élément ou énoncé descriptif ou narratif qui est susceptible d'une double interprétation, sur le plan réaliste et sur le plan des idées. ➤ **allégorie, figure, image, métaphore.** *Les symboles dans la poésie symboliste*. « Un* SYMBOLE *est, en somme, une comparaison prolongée dont on ne nous donne que le second terme »* LEMAITRE. ♦ LING. *Le symbole opposé au signe par Saussure.* REM. L'emploi suivant (2°) domine en sémiotique. ■ 2 Ce qui, en vertu d'une convention arbitraire, correspond à une chose ou à une opération qu'il désigne. ➤ **algorithme, alphabet, notation, signe.** *Symboles alphanumériques, algébriques. Symbole logique.* ➤ **quantificateur.** *Symbole d'opérateur.* ♦ SÉMIOTIQUE Signe établissant un rapport non causal (à la différence de l'indice) et non analogique (à la différence de l'icone) (s'oppose dans cet emploi au sens 1°). ♦ *Symbole chimique*, constitué par une lettre majuscule (ou deux lettres dont la première est une majuscule) représentant un élément, un corps simple (ex. O pour l'oxygène). ♦ Lettre ou groupe de lettres représentant une unité de mesure. *Les symboles ne prennent pas la marque du pluriel. Le symbole du kilomètre* (km), *de l'ampère* (A). *Le litre a deux symboles (l et L).* ♦ TECHN. Graphisme utilisé dans un organigramme pour représenter une opération de décision. — NUMISM. Marque d'atelier. — *Symbole d'une marque, d'un produit.* ➤ **logo.** ■ 3 Personne qui incarne, qui personnifie de façon exemplaire. ➤ **personnification.** *« Piero* [della Francesca] *est le symbole même de la sensibilité moderne »* MALRAUX.

SYMBOLIQUE [sɛ̃bɔlik] adj. et n. – 1552 ◊ latin impérial *symbolicus* ; grec *sumbolikos*

I adj. ■ 1 Qui constitue un symbole (II), repose sur des symboles. ➤ **allégorique, emblématique, figuratif.** *Objets, figures, peintures symboliques. La signification, la valeur symbolique de qqch. Un mythe est « une fable symbolique »* ROUGEMONT. — SPÉCIALT *Écriture symbolique*, pictographique. *Pensée symbolique*, qui procède par images, par analogies (opposé à *pensée logique*). *Logique symbolique.* ➤ **logistique.** *Fonction symbolique.* ■ 2 (XXe) Qui, tout en étant réel, n'a pas d'efficacité ou de valeur en soi, mais en tant que signe d'autre chose. *Geste symbolique, purement symbolique. Il a obtenu l'euro symbolique de dommages et intérêts.*

II n. f. DIDACT. ■ 1 (fin XVIIe ◊ de *symbole*, II, 2°) Logique symbolique. ■ 2 (1825 ◊ allemand *Symbolik* [1810]) Science, théorie générale des symboles (II, 1°), SPÉCIALT en histoire des religions, mythologie, sociologie. *La symbolique des rêves, chez Freud.* ■ 3 *La symbolique de...* : système de symboles relatif à (un domaine déterminé, un peuple, une époque, un système éthique ou politique). ➤ **symbolisme.** *La symbolique des pierres précieuses, des fleurs.* ➤ **langage** (FIG.). *« La symbolique du droit »* MICHELET. — *La symbolique médiévale. La symbolique romane*, propre à l'art roman.

III n. m. (de I, 1°) *Le symbolique* : le domaine des symboles (II, 1°), et PAR EXT. des signes arbitraires, notamment, acceptés et véhiculés par la culture (peut s'opposer à *sémiotique*). ♦ SPÉCIALT, PSYCHAN. « L'ordre des phénomènes auxquels la psychanalyse a à faire en tant qu'ils sont structurés comme un langage » (Lacan).

SYMBOLIQUEMENT [sɛ̃bɔlikmɑ̃] adv. – 1561 ◊ de *symbolique* ■ D'une manière symbolique. *« un langage dans lequel peuvent s'exprimer symboliquement des états autrement informulables »* PALMADE.

SYMBOLISATION [sɛ̃bɔlizasjɔ̃] n. f. – 1827 ; « fait d'être en relation d'analogie » 1374 ◊ de *symboliser* ■ 1 Action de symboliser. *« La littérature n'est pas en effet autre chose que* [...] *la symbolisation de l'idée au moyen de héros imaginaires »* R. DE GOURMONT. ♦ PSYCHAN. Élaboration des symboles du rêve. ■ 2 Fait d'utiliser des symboles (II, 2°). *Symbolisation en mathématiques, en logique.* ➤ **formalisation.**

SYMBOLISER [sɛ̃bɔlize] **v. tr.** ‹1› – 1796 ; tr. ind. «être en rapport avec qqch.» XIVe ◊ latin scolastique *symbolizare*, du grec *sumballein* «joindre, rapprocher» ; cf. *symbole* ■ **1** Représenter, exprimer ou matérialiser par un symbole. *Symboliser la mort par un squelette armé d'une faux.* «*l'idée de symboliser l'amour involontaire, irrésistible et éternel par ce breuvage* [le philtre de "Tristan et Iseult"]» G. PARIS. ■ **2** Être le symbole de. «*Ce chariot poursuivant son voyage symbolisait la vie*» GAUTIER.

SYMBOLISME [sɛ̃bɔlism] **n. m.** – 1827 ◊ de *symbole* ■ **1** Emploi de symboles ; figuration par des symboles (II) ; système de symboles. *Symbolisme religieux.* «*Quand un symbolisme puise ses forces dans le cœur même, combien grandissent les visions !*» BACHELARD. — *Symbolisme de... :* signification symbolique de, ensemble des symboles rattachés à (tel objet, telle figure). «*Symbolisme du cercle et de la coupole*», ouvrage *de L. Hautecœur.* ➤ **symbolique,** II, 3°. ■ **2** PHILOS. Théorie des symboles ; interprétation symbolique des évènements de l'histoire. ■ **3** (v. 1886) HIST. LITTÉR. Mouvement littéraire et poétique français qui, en réaction contre le naturalisme et le Parnasse, s'efforça de fonder l'art sur une vision symbolique et spirituelle du monde, traduite par des moyens d'expression nouveaux (Verlaine, Rimbaud, Mallarmé). «*lorsque le symbolisme découvre l'étroite parenté de la beauté et de la mort*» SARTRE. — PAR EXT. *Le symbolisme dans la peinture, la musique.* «*Le mot* symbolisme *fait songer les uns d'obscurité, d'étrangeté, de recherche excessive dans les arts ; d'autres y découvrent je ne sais quel spiritualisme esthétique, ou quelle correspondance des choses visibles avec celles qui ne le sont pas*» VALÉRY.

SYMBOLISTE [sɛ̃bɔlist] **adj. et n.** – 1885 ; autre sens 1856 ◊ de *symbolisme* ■ Propre au symbolisme (3°), partisan du symbolisme. *Mouvement, poésie symboliste. Peintre symboliste.* — **n.** *Les symbolistes.*

SYMÉTRIE [simetʀi] **n. f.** – 1530 archit. ◊ latin *symmetria*, mot grec «juste proportion», de *sun* «avec» et *metron* «mesure»

I ■ **1** VX Juste proportion, accord des parties d'un bâtiment entre elles et avec l'ensemble, qui concourt à la beauté de l'architecture. ➤ **harmonie, régularité.** «*Ceux qui font de fausses fenêtres pour la symétrie*» PASCAL. *Symétrie des volumes.* ➤ **équilibre.** ■ **2** LITTÉR. Régularité et harmonie, dans les parties d'un objet ou dans la disposition d'objets semblables. «*Il y a en architecture, comme en musique, des rythmes carrés d'une symétrie harmonieuse qui charment l'œil et l'oreille*» GAUTIER.

II (XVIIIe) MOD. ■ **1** Correspondance exacte en forme, taille et position de parties opposées ; distribution régulière de parties, d'objets semblables de part et d'autre d'un axe, autour d'un centre. *La symétrie des deux ailes d'un château, des parterres séparés par une allée centrale. Vases, flambeaux disposés avec symétrie. Briser la symétrie. Un défaut de symétrie.* VX *Faire symétrie à...* ➤ 2 **pendant.** ◆ Similitude des deux moitiés (d'une chose). *Symétrie d'un bâtiment, d'un vêtement, d'un ornement.* — PAR EXT. Similitude (entre deux ou plusieurs phénomènes, situations). ➤ **concordance, correspondance.** «*une périlleuse symétrie où l'angoisse de l'un sollicite l'insécurité et l'anxiété de l'autre*» R. GARY. «*La vie n'est pas équipollente. Elle conjugue symétrie et orientation*» CAILLOIS. ■ **2** GÉOM. Transformation géométrique (➤ **involution**) qui ne change ni la forme, ni les dimensions d'une figure. *Symétrie de deux points par rapport à un point O,* telle que O soit le milieu du segment formé par ces deux points. *Symétrie par rapport à une droite, un plan,* telle que la droite soit la médiatrice, le plan soit le plan médiateur des segments. *Symétrie de deux figures par rapport à un point, une droite ou un plan,* symétrie entre tous les points des deux figures. ◆ *Symétrie d'une figure :* caractère d'une figure géométrique telle qu'il y ait symétrie entre ses parties, par rapport à un point, une droite ou un plan. *Centre, axe, plan de symétrie.* ◆ *Symétrie vectorielle. Symétrie orthogonale.* ■ **3** SC. NAT. *Symétrie bilatérale des artiozoaires,* dont le corps peut être divisé par un plan en deux moitiés semblables (➤ **bilatérien**). *Organes impairs coupés par le plan de symétrie.* ◆ *Symétrie axiale de la tige et de la racine des plantes vasculaires. Symétrie rayonnée, radiaire* (d'une fleur, d'une étoile de mer). ◆ CRISTALLOGR. Mode de répartition dans l'espace des éléments semblables d'un cristal. *Éléments de symétrie : axes, centres et plans de symétrie d'un cristal.* ◆ CHIM. *Symétrie moléculaire.* ➤ **chiralité, isomérie.**

■ CONTR. Désordre, irrégularité. — Asymétrie, dissymétrie.

SYMÉTRIQUE [simetʀik] **adj.** – *symmétrique* 1530 ◊ de *symétrie* ■ **1** VX ou LITTÉR. Qui a de la symétrie (I). ➤ **régulier.** *Dans ces lettres, «tout est mesquin, symétrique et rabougri»* GAUTIER. ■ **2** COUR. Qui présente une symétrie, est en rapport de symétrie (II). «*La nature a fait l'animal symétrique*» DIDEROT. ◆ Se dit de deux choses semblables et opposées. *Ailes symétriques d'un bâtiment. Dessins symétriques obtenus par calque. Les deux mains sont symétriques.* ◆ Se dit d'une de ces choses par rapport à l'autre. *La main droite est symétrique de la main gauche.* — SUBST. «*Des systèmes de muscles et de nerfs complexes jouissent d'un repos absolu, il me semble, pendant que leur "symétrique" travaille*» JARRY. ◆ (ABSTRAIT) Qui correspond(ent) point par point. *Considérer deux systèmes, deux théories comme symétriques.* ■ **3** GÉOM. Se dit de deux figures en rapport de symétrie. *Figures symétriques par rapport à un point, une droite, un plan.* — SUBST. *Une figure plane est égale à sa symétrique. Le symétrique d'un point.* ◆ Qui a un axe de symétrie. ➤ **axisymétrique.** *Le triangle isocèle est symétrique.* ■ **4** ALG. *Fonction symétrique :* fonction algébrique dont la valeur ne change pas lorsqu'on échange ses variables entre elles par une permutation. *Relation symétrique :* relation binaire dans un ensemble, qui si elle est établie pour les éléments *x* et *y*, l'est aussi pour *y* et *x*. ◆ *Éléments symétriques :* éléments qui, associés dans une loi de composition interne, forment l'élément neutre (➤ **inverse, opposé**). ■ CONTR. Antisymétrique, asymétrique, dissymétrique, irrégulier.

SYMÉTRIQUEMENT [simetʀikmɑ̃] **adv.** – *symmetriquement* 1529 ◊ de *symétrie* ■ Avec symétrie (II). *Objets disposés symétriquement.* GÉOM. *Points symétriquement opposés par rapport à un point, à une droite.*

SYMPA [sɛ̃pa] **adj.** – 1906 ◊ abrév. de *sympathique* (II) ■ FAM. Sympathique. *Un gars sympa. Ils sont très sympas.* ◆ (CHOSES) Agréable. *Une ambiance sympa. Oui, venez, ça serait sympa.* ➤ FAM. 2 **chouette,** 2 **super.**

SYMPATHECTOMIE [sɛ̃patɛktɔmi] **n. f.** – 1900 ◊ de *sympathique* et *-ectomie* ■ MÉD. Résection d'un nerf, d'un ganglion ou d'une chaîne de ganglions du système sympathique. — On dit aussi **SYMPATHICECTOMIE.**

SYMPATHIC(O)- ■ Élément, de *sympathique* (I).

SYMPATHICOTONIE [sɛ̃patikɔtɔni] **n. f.** – 1916 ◊ de *sympathico-* et *-tonie* ■ PHYSIOL. Sensibilité spéciale de l'orthosympathique. ■ CONTR. Vagotonie.

SYMPATHIE [sɛ̃pati] **n. f.** – 1420 ◊ latin *sympathia* «fait d'éprouver les mêmes sentiments» ; grec *sumpatheia* «participation à la souffrance d'autrui» ■ **1** VX Affinité morale, similitude de sentiments entre deux ou plusieurs personnes. «*À une anecdote, il leur arrivait de rire au même endroit* [...] *Pour tout exprimer par un bon vieux mot, il y avait entre eux sympathie*» MUSSET. — «*j'avais été entraîné vers Pierre par cette sympathie d'âge qui rapproche si vite les jeunes gens*» NODIER. ◆ HIST. SC. Affinité. ■ **2** MOD. Relations entre personnes qui, ayant des affinités, se conviennent, se plaisent spontanément (cf. Atomes crochus*). *La sympathie qui existe entre eux.* ■ **3** COUR. Sentiment chaleureux et spontané, qu'une personne éprouve (pour une autre). *Avoir de la sympathie, ressentir une vive sympathie pour qqn.* ➤ **inclination, penchant.** *Montrer, témoigner de la sympathie à qqn.* ➤ **amitié, bienveillance, cordialité.** *Attirer, inspirer la sympathie :* être sympathique. «*il avait toujours eu la sympathie de ses camarades, la confiance de ses maîtres*» MARTIN DU GARD. ■ **4** PAR EXT. Bonne disposition (à l'égard d'une action, d'une production humaine). *Accueillir une idée, un projet avec sympathie. Je n'ai aucune sympathie pour ce genre d'idées. On voit très bien où vont ses sympathies.* ■ **5** (du sens grec) LITTÉR. Participation à la douleur d'autrui, fait de ressentir tout ce qui le touche. *Être en sympathie avec les malheureux. Témoignages de sympathie à l'occasion d'un décès.* ➤ **condoléances.** — COUR. (formule de politesse) *Croyez à toute ma sympathie.* ■ CONTR. Disparité, opposition ; animosité, antipathie, aversion ; prévention ; indifférence.

SYMPATHIQUE [sɛ̃patik] **adj. et n. m.** – 1590 méd. ◊ de *sympathie*

I VX ou SPÉCIALT ■ **1** VX Qui est en relation, en affinité avec (autre chose) ; qui sont liés par une affinité. «*L'intelligence et le cœur sont deux régions sympathiques et parallèles*» HUGO. ■ **2** VX Qui agit par affinité avec certains corps, qui peut guérir à distance. *Poudre sympathique.* — MOD. **ENCRE SYMPATHIQUE,** qui reste incolore et donc invisible tant qu'on ne la soumet pas à l'action d'un réactif ou d'une température élevée. ■ **3** MÉD. *Ophtalmie sympathique :* inflammation grave de l'œil sain, survenant comme complication d'une blessure importante de l'autre œil. ▪ **4** (1765) PHYSIOL., ANAT. Relatif au système nerveux végétatif. ➤ **neurovégétatif.** ◆ SPÉCIALT Orthosympathique*. *Cellule, nerf, ganglion sympathique.* — **n. m. LE SYMPATHIQUE,** ou VX *le grand sympathique* : le système nerveux périphérique qui commande la vie organique et végétative. ➤ **orthosympathique, parasympathique.** ▪ **5** LITTÉR. Relatif aux affinités morales. *«Les liens sympathiques, les affinités mystérieuses qui* [...] *m'unissent avec ce qui est aimable et beau»* LOTI. ◆ (XIXe) DIDACT. Qui fait participer aux souffrances et PAR EXT. à tous les sentiments d'autrui. *«plaisirs égoïstes et plaisirs sympathiques»* RIBOT.

II ▪ **1** (1853) VIEILLI Qui a de la sympathie pour qqn. ➤ **amical.** *Les cinq hommes «s'approchèrent, affables, contents, sympathiques au prêtre»* MAUPASSANT. ◆ Qui a de la sympathie (pour qqch.). ➤ **favorable.** *«les femmes sont toujours sympathiques aux sentiments passionnés»* A. HERMANT. ▪ **2** (1849) MOD. et COUR. Qui inspire la sympathie. ➤ **agréable, aimable, plaisant,** FAM. **sympa.** *Trouver qqn sympathique. Sympathique à qqn et antipathique à d'autres. «Sympathique d'ailleurs, discret, et cherchant plus à s'effacer qu'à épater»* GIDE. ◆ PAR EXT. *Un comportement, un geste sympathique.* ▪ **3** (CHOSES) FAM. Très agréable. ➤ **sympa.** *Une soirée très sympathique.* ➤ **charmant.** *Une petite plage sympathique. «On réserve à Bibi – tu piges ? – cette très* sympathique *cabine»* MORAND.

▪ CONTR. Indifférent. Malveillant ; hostile. Antipathique, désagréable, déplaisant.

SYMPATHIQUEMENT [sɛ̃patikmɑ̃] **adv.** – 1653 ◇ de *sympathique* ▪ Avec sympathie, d'une façon sympathique (II). *Accueillir sympathiquement qqn.* ➤ **amicalement, chaleureusement, favorablement.** *«Il n'y a pas de nom qui soit plus sympathiquement attendu»* ROMAINS.

SYMPATHISANT, ANTE [sɛ̃patizɑ̃, ɑ̃t] **adj. et n.** – XVIe ◇ de *sympathiser* ▪ **1** VX *Sympathisant avec.* Qui sympathise (Io) avec, a les mêmes goûts. *«Je le crois fort sympathisant Avec messieurs les rats»* LA FONTAINE. ▪ **2** (1872) MOD. sans compl. Qui, sans appartenir à un parti, en adopte les vues, approuve l'essentiel de sa politique. — **n.** ➤ **adepte.** *«On demande tout à un homme du parti. On peut demander plus que tout à un sympathisant»* DUHAMEL. *Les militants et les sympathisants d'un parti.*

SYMPATHISER [sɛ̃patize] **v. intr.** ⟨1⟩ – milieu XVIe ◇ de *sympathie* ▪ **1** Être en affinité morale, avoir les mêmes goûts. *«nous sympathisons vous et moi»* MOLIÈRE. — *Sympathiser avec qqn,* avoir un contact sympathique avec lui. ▪ **2** *Sympathiser avec un parti,* en adopter les vues, approuver l'essentiel de sa politique, sans en être membre (➤ **sympathisant**). ▪ **3** Participer par sympathie, s'identifier à. *«Cette imagination* [de Michelet] *sympathise avec la vie des siècles comme avec la vie des individus»* TAINE.

SYMPATRIQUE [sɛ̃patrik] **adj.** – 1964 ◇ anglais *sympatric* (1904), de *syn-* et grec *patris* «patrie» ▪ ÉCOL. Se dit d'espèces voisines vivant dans la même aire géographique, sans s'hybrider. *Spéciation sympatrique.* ▪ CONTR. Allopatrique.

SYMPHONIE [sɛ̃fɔni] **n. f.** – XIIIe ; «instrument de musique» XIIe ◇ latin *symphonia,* du grec *sumphônia* «accord, ensemble de sons» ▪ **1** VX Ensemble de sons consonants. ➤ **consonance, homophonie.** — Ensemble de sons musicaux. ➤ **polyphonie ; concert.** *«La symphonie* [de l'opéra d'*Atys*] *est toute de basses»* Mme DE SÉVIGNÉ. ▪ **2** (XVIIe) HIST. MUS. Morceau de musique ancienne pour un ensemble d'instruments (sonates polyphoniques, ouvertures, etc.) ; pièce d'orchestre. *Les symphonies de Lully.* ▪ **3** (XVIIIe) MOD. Composition musicale symphonique assez ample, à plusieurs mouvements (allégro ; andante, adagio ou largo ; menuet ; finale), construite sur le plan de la sonate et exécutée par un nombre important d'instrumentistes. *Les symphonies de Mozart. Les neuf symphonies de Beethoven. «La Symphonie inachevée», de Schubert. «La Symphonie fantastique», de Berlioz. «La Symphonie du Nouveau Monde», de Dvorák.* — PAR EXT. *Symphonie concertante*.* ▪ **4** FIG. et LITTÉR. Ensemble de choses qui concourent à un effet. ➤ **chœur, harmonie.** *«Cette grande symphonie aurorale que les vieux poètes appelaient le renouveau»* HUGO. *«Symphonie en blanc majeur»* GAUTIER.

SYMPHONIQUE [sɛ̃fɔnik] **adj.** – XVIIIe «consonant» ◇ de *symphonie* ▪ **1** (1872 ◇ allemand *symphonische Dichtung* [1848]) **POÈME SYMPHONIQUE :** composition musicale assez ample, écrite pour tout l'orchestre (en général), et illustrant un thème. *«Le sujet de ce poème symphonique* [le Rouet d'Omphale] *est la séduction féminine»* SAINT-SAËNS. ▪ **2** De la symphonie ; de la musique classique pour grand orchestre. *Œuvres symphoniques. Orchestre symphonique,* comportant la plus grande variété instrumentale et de nombreux exécutants. ➤ **philharmonique.** *Musique symphonique* (par opposition, notamment, à la musique de chambre).

SYMPHONISTE [sɛ̃fɔnist] **n.** – 1678 ◇ de *symphonie* ▪ **1** VX Musicien compositeur. ▪ **2** Auteur de symphonies. ▪ **3** Musicien(ne) qui joue dans un orchestre symphonique.

SYMPHORINE [sɛ̃fɔʀin] **n. f.** – 1845 ; *symphorée, symphoricarpe* 1839 ◇ du latin des botanistes *symphoricarpos* ; du grec *sumphoros* «qui accompagne» ▪ Arbuste buissonnant *(caprifoliacées),* à petites fleurs roses. *Symphorine à fruits blancs,* appelée aussi *boule de cire.*

SYMPHYSE [sɛ̃fiz] **n. f.** – 1560 ◇ grec *sumphusis* «union, cohésion» ▪ **1** ANAT. Articulation peu mobile. ➤ **amphiarthrose.** *La symphyse pubienne.* ▪ **2** MÉD. Adhérence de deux feuillets d'une séreuse. *Symphyse cardiaque, pleurale, rénale.* — **adj. SYMPHYSAIRE,** XIXe.

SYMPLECTIQUE [sɛ̃plɛktik] **adj.** – 1834 minér. ◇ latin scientifique *symplecticus* ; grec *sumplektikos* «qui entrelace» ▪ DIDACT. Qui est entrelacé (avec un autre corps, une autre partie).

SYMPOSIUM [sɛ̃pozjɔm] **n. m.** – 1951 ; «banquet» 1876 ◇ mot anglais 1711 ; grec *sumposion* «banquet», par allus. au *Banquet* de Platon ▪ Congrès scientifique réunissant un nombre restreint de spécialistes et traitant un sujet particulier. ➤ **colloque, forum, séminaire.** *Des symposiums.*

SYMPTOMATIQUE [sɛ̃ptɔmatik] **adj.** – 1538 ; *simphomatique* 1478 ◇ latin *symptomaticus,* du grec → symptôme ▪ **1** MÉD. Qui constitue un symptôme. *Fièvre, douleur symptomatique de telle maladie. Maladie symptomatique,* qui est la conséquence d'une autre, dont elle constitue le signe. ◆ Qui concerne les symptômes, vise à supprimer des symptômes. *Analyse symptomatique.* ➤ **symptomatologie.** *Médication, thérapeutique symptomatique. Guérison symptomatique :* disparition des symptômes. ▪ **2** COUR. Qui révèle ou fait prévoir (un état ou un processus caché). ➤ **caractéristique.** *«des effets rétroactifs et symptomatiques des événements futurs»* CHATEAUBRIAND. *«Ça n'est rien* [...] *Mais c'est tout de même symptomatique»* SARTRE. ➤ **révélateur.**

SYMPTOMATIQUEMENT [sɛ̃ptɔmatikmɑ̃] **adv.** – 1875 ◇ de *symptomatique* ▪ D'une manière symptomatique, par un symptôme. *«cette lettre que malheureusement et sans doute symptomatiquement j'ai perdue»* BRETON.

SYMPTOMATOLOGIE [sɛ̃ptɔmatɔlɔʒi] **n. f.** – 1765 ◇ du grec *symptôma, atos* (→ symptôme) et *-logie* ▪ MÉD. Étude des symptômes des maladies. ➤ **sémiologie** (Io). ◆ Ensemble des symptômes étudiés. *La symptomatologie d'une maladie.* — **adj. SYMPTOMATOLOGIQUE,** 1829.

SYMPTÔME [sɛ̃ptom] **n. m.** – 1538 ; *sinthome* v. 1370 ◇ latin des médecins *symptoma* ; grec *sumptôma* ▪ **1** Phénomène, caractère perceptible ou observable lié à un état ou à une évolution (le plus souvent morbide) qu'il permet de déceler. ➤ **indice, signe.** *Symptômes subjectifs :* troubles perçus et signalés par le patient. *Symptômes objectifs,* constatés par le médecin. ➤ **signe.** *Ensemble de symptômes.* ➤ **syndrome.** *Symptôme avant-coureur.* ➤ **prodrome.** *Symptôme pathognomonique** (➤ **diagnostic**). *Étude des symptômes.* ➤ **sémiologie, symptomatologie.** ▪ **2** Ce qui manifeste, révèle ou permet de prévoir (un état, une évolution). ➤ 1 **marque, présage, signe.** *«Les symptômes de l'admiration et du plaisir viennent se mêler sur mon visage avec ceux de la joie»* DIDEROT. *Les symptômes avant-coureurs d'une panne, d'un krach.* — LING. *Fonction de symptôme du signe.*

SYN- ▪ Élément, de la prép. grecque *sun* «avec», qui marque l'idée de réunion dans l'espace ou le temps (var. *sy-, syl-, sym-*). ➤ **co-.**

SYNAGOGUE [sinagɔg] **n. f.** – *sinagoge* 1080 ◇ latin chrétien *synagoga* ; grec *sunagogê* «assemblée, réunion» ▪ **1** Édifice qui sert à une communauté juive de lieu de prière publique et de réunion, de centre d'enseignement religieux, etc. *Le rabbin d'une synagogue. «La synagogue est forcément nue* [...] *: une chaire pour le rabbin qui commente la Bible, une tribune pour les musiciens qui chantent les psaumes, un tabernacle où sont renfermées les tables de la loi, et c'est tout»* GAUTIER. ▪ **2** HIST. Dans l'Antiquité, Communauté juive comprenant les fidèles d'un village, d'une ville ou d'un quartier. ▪ **3** DIDACT. L'ensemble des fidèles juifs ; la religion juive. *Le Livre des psaumes «est devenu le livre de prières par excellence de la Synagogue»* A. DUPONT-SOMMER.

SYNALÈPHE [sinalɛf] n. f. – XVe ◊ latin des grammairiens *synalœpha* ; grec *sunaloiphê* ■ GRAMM. Fusion de deux ou de plusieurs syllabes en une seule, par élision, synérèse ou contraction.

SYNALLAGMATIQUE [sinalagmatik] adj. – 1603 ◊ grec *sunallagmatikos*, de *sunallagma* «contrat» ■ DR. Qui comporte obligation réciproque entre les parties. ➤ **bilatéral, réciproque.** *Contrat, convention synallagmatique.* ■ CONTR. Unilatéral.

SYNANTHÉRÉ, ÉE [sinɑ̃teʀe] adj. – 1823 ◊ de *syn-* et *anthère* ■ BOT. *Étamines synanthérées*, soudées par leurs anthères. — PAR EXT. *Plante synanthérée.*

SYNAPSE [sinaps] n. f. – 1897 ◊ anglais *synapsis* ; grec *sunapsis* «liaison ; point de jonction» ■ **1** ANAT. Région de contact de deux neurones assurant le passage d'un signal. *Synapse chimique, électrique.* — PAR EXT. *Synapse neuromusculaire* : contact entre un neurone et le muscle qu'il innerve. ■ **2** (1924 ; *synapsis* 1904) BIOL. CELL. Appariement de deux chromatides «sœurs», correspondant à des chromosomes homologues et qui se produit au cours de la méiose.

SYNAPTIQUE [sinaptik] adj. – 1904 ◊ de *synapse* ■ DIDACT. Qui se rapporte à une synapse. *Vésicules synaptiques.*

SYNARCHIE [sinaʀʃi] n. f. – 1873 ◊ grec *sunarkhia* «pouvoir commun» (→ syn- et -archie) ■ DIDACT. Gouvernement d'un État, autorité exercée par plusieurs personnes ou plusieurs groupements à la fois. ➤ **oligarchie.**

SYNARTHROSE [sinaʀtʀoz] n. f. – 1560 ◊ grec *sunarthrôsis*, de *arthron* «articulation» ■ ANAT. Articulation fixe de deux os, qui ne permet pas le mouvement. ➤ **synchondrose.**

SYNCHONDROSE [sɛ̃kɔ̃dʀoz] n. f. – 1560 ◊ grec *sugkhondrôsis*, de *khondros* «cartilage» ■ ANAT. Synarthrose* dans laquelle l'union des pièces osseuses est assurée par du tissu cartilagineux.

SYNCHROCYCLOTRON [sɛ̃kʀosiklɔtʀɔ̃] n. m. – v. 1950 ◊ de *synchro(ne)* et *cyclotron* ; cf. *synchrotron* ■ PHYS. Cyclotron dans lequel le synchronisme des corpuscules avec la tension haute fréquence est obtenu par une modulation de fréquence de cette tension.

SYNCHRONE [sɛ̃kʀon] adj. – 1743 ◊ latin tardif *synchronus* «contemporain» ; grec *sunkhronos* ■ **1** DIDACT. Qui se produit dans le même temps ou à des intervalles de temps égaux ; qui a la même période, la même vitesse. ➤ **simultané, synchronique.** *Mouvements, oscillations synchrones. «un souffle lent, qui n'était pas synchrone avec les battements du cœur»* ARAGON. *Les rues «résonnaient sous leurs pas synchrones»* PEREC. ■ **2** TECHN. Qui produit des mouvements synchrones. *Pendules synchrones. Moteur synchrone*, dont la vitesse de rotation est telle qu'il tourne en synchronisme avec la fréquence du courant. ♦ INFORM., AUTOMAT. Dont le fonctionnement (acquisition et production d'informations) s'effectue simultanément en tous points à des instants déterminés par une horloge. *Électronique numérique synchrone.* ■ CONTR. Asynchrone.

SYNCHRONIE [sɛ̃kʀɔni] n. f. – v. 1906-1911, Saussure ; «art de comparer les dates» 1827 ◊ de *synchronique* ■ **1** LING. Ensemble des faits linguistiques considérés comme formant un système fonctionnel, à un moment déterminé de l'évolution d'une langue (opposé à *diachronie*). *Étude en synchronie d'un phénomène phonétique.* ■ **2** Ensemble d'évènements considérés comme simultanés, PAR EXT. comme en accord. *«ils avaient l'impression d'une synchronie parfaite : ils étaient à l'unisson du monde»* PEREC.

SYNCHRONIQUE [sɛ̃kʀɔnik] adj. – 1750 ◊ de *synchrone* ■ **1** VX Synchrone. ■ **2** Qui étudie ou présente des évènements survenus à la même époque mais dans des lieux différents, des domaines séparés ; relatif aux aspects différents d'un même ensemble à un même moment d'une évolution. — *Linguistique synchronique, description synchronique d'une langue.* ➤ **synchronie.** *Étude, perspective synchronique.* ■ CONTR. Diachronique.

SYNCHRONIQUEMENT [sɛ̃kʀɔnikmɑ̃] adv. – 1876 ◊ de *synchronique* ■ De manière synchronique ; dans le même temps.

SYNCHRONISATION [sɛ̃kʀɔnizasjɔ̃] n. f. – 1888 ◊ de *synchroniser* ■ **1** Opération qui consiste à synchroniser ; le fait d'être synchronisé. ➤ **concordance.** *La synchronisation de deux pendules. Synchronisation de l'image en télévision.* ♦ CIN. *Synchronisation des images avec le son.* ➤ **sonorisation.** *Synchronisation d'un film doublé.* ➤ **postsynchronisation.** — ABRÉV. FAM. **SYNCHRO** [sɛ̃kʀo]. ■ **2** PAR EXT. Service, spécialistes de la synchronisation.

SYNCHRONISÉ, ÉE [sɛ̃kʀɔnize] adj. – 1909 ◊ de *synchroniser* ■ **1** Rendu synchrone. *Opérations parfaitement synchronisées.* — *Vitesses synchronisées* : combinaison de certains changements de vitesse qui permet d'éviter le choc des engrenages. — *Feux de signalisation synchronisés*, dont le fonctionnement est coordonné avec celui des autres signaux, de manière à assurer une circulation régulière. ♦ *Natation* synchronisée.* ■ **2** COUR. Qui se fait en même temps. *«Avec ensemble, dans un acquiescement rapide, identique et parfaitement synchronisé, elles inclinent toutes les trois la tête»* ROBBE-GRILLET.

SYNCHRONISER [sɛ̃kʀɔnize] v. tr. ⟨1⟩ – 1890 ; «reconnaître une chose comme contemporaine» 1865 ◊ de *synchronique* ■ TECHN. Rendre synchrones (des phénomènes, des mouvements, des mécanismes). *Synchroniser un processus avec un autre ; deux processus. Synchroniser deux alternateurs. Synchroniser des mouvements.* ➤ **coordonner.** — CIN. Mettre en concordance la piste sonore et la bande des images de (un film). ♦ COUR. Faire se produire ou s'accomplir simultanément (plusieurs faits, plusieurs actions appartenant à des séries différentes). ■ CONTR. Désynchroniser.

SYNCHRONISEUR [sɛ̃kʀɔnizœʀ] n. m. – v. 1930 ◊ de *synchroniser* ■ **1** ÉLECTR. Système qui permet de coupler automatiquement deux alternateurs au moment où ils sont en synchronisme. ♦ Dispositif de vitesses synchronisées. ■ **2** BIOL. Phénomène cyclique entraînant un rythme biologique. *Les synchroniseurs contrôlent la phase et la période du rythme biologique. La photopériode est un synchroniseur.*

SYNCHRONISME [sɛ̃kʀɔnism] n. m. – 1727 ◊ du grec *sunkhronismos* → synchrone ■ **1** Coïncidence de dates, identité d'époques (en parlant d'évènements historiques). ➤ **concordance, correspondance, simultanéité.** ■ **2** TECHN. Caractère de ce qui est synchrone* ; fait de se produire en même temps, à la même vitesse (de phénomènes périodiques). *Synchronisme des oscillations de deux pendules.* ■ **3** COUR. Caractère de ce qui est synchronisé. *Ils se levèrent tous ensemble, avec un synchronisme parfait*, exactement au même moment, en même temps.

SYNCHROTRON [sɛ̃kʀɔtʀɔ̃] n. m. – 1953 ◊ de *synchro(ne)* et *(cyclo)tron* ; cf. *synchrocyclotron* ■ PHYS. Cyclotron dans lequel l'augmentation de la masse relativiste des particules est compensée par une variation du champ magnétique. *Synchrotron à électrons, à particules lourdes. Rayonnement de synchrotron* : lumière émise par les électrons de haute énergie dans les anneaux de stockage du synchrotron. — adj. **SYNCHROTRONIQUE.**

SYNCLINAL, ALE, AUX [sɛ̃klinal, o] n. m. et adj. – 1873 ◊ mot anglais, du grec *sun* «avec» et *klinein* «incliner, plier» ■ **1** GÉOL., GÉOGR. Pli qui présente une concavité. ➤ **auge, géosynclinal.** *Flancs, axe, charnière d'un synclinal.* ■ **2** adj. Qui appartient à un synclinal ; qui constitue un synclinal. *Pli synclinal. Charnière synclinale.* ■ CONTR. Anticlinal.

SYNCOPAL, ALE, AUX [sɛ̃kɔpal, o] adj. – v. 1780 ; *sincopal* 1495 ◊ de *syncope* ■ MÉD. Relatif à la syncope (1°) ; qui s'accompagne de syncopes fréquentes. *Fièvre syncopale.*

SYNCOPE [sɛ̃kɔp] n. f. – *sincope* 1314 ◊ latin *syncopa* ; grec *sugkopê*, de *sugkoptein* «briser» ■ **1** Perte de connaissance brutale, parfois causée par un arrêt cardiaque. ➤ **éblouissement, étourdissement, évanouissement, lipothymie.** *Avoir une syncope, tomber en syncope* : s'évanouir, se trouver mal. *«à ce cri de détresse de son père, il s'exagère encore le danger et tombe en une syncope dont on ne put le faire revenir que le soir»* JOUHANDEAU. ■ **2** (1380) DIDACT. (GRAMM. ANC.) Suppression d'une lettre ou d'une syllabe à l'intérieur d'un mot (ex. l'orthographe *dénoûment* pour *dénouement*). ■ **3** (1631) MUS. Prolongation sur un temps fort d'un élément accentué d'un temps faible produisant un effet de rupture dans le rythme. ➤ **contretemps** (2°). *Importance de la syncope dans le jazz traditionnel. «mesures bancales avec syncopes indéfiniment retenues, suspendues»* CH. GAILLY.

SYNCOPÉ, ÉE [sɛ̃kɔpe] adj. – *sincopé* fin XIIIe ◊ de *syncoper* ■ **1** VERSIF. *Vers syncopé* : vers dans lequel deux demi-pieds sont remplacés par une longue. ■ **2** (1690) MUS. Caractérisé par un emploi systématique de la syncope. *Musique syncopée. Le rythme syncopé du jazz.* ♦ COUR. (abusif en mus.) Fortement accentué, au rythme marqué.

SYNCOPER [sɛ̃kɔpe] v. ⟨1⟩ – 1385 ◊ de *syncope*

I v. tr. MUS. Unir (une note à la note suivante) en formant une syncope.

II v. intr. MUS. Former une syncope (3°). *Notes qui syncopent.*

SYNCRÉTIQUE [sɛ̃kʀetik] adj. – 1846 *poésie syncrétique* ◊ de *syncrétisme* ■ DIDACT. ■ **1** Relatif au syncrétisme (1°). ■ **2** Qui forme un ensemble perçu globalement. « *Complexes syncrétiques globalement identifiés* » H. PIÉRON.

SYNCRÉTISME [sɛ̃kʀetism] n. m. – 1687 ; autre sens 1611 ◊ grec *sugkrêtismos* « union des Crétois » ■ DIDACT. ■ **1** Combinaison relativement cohérente (à la différence de l'éclectisme), mélange de doctrines, de systèmes. « *C'est donc l'esprit de syncrétisme qui a engendré les sectes juives, jusqu'en Palestine* [...] *Par lui, les croyances diverses tendent à se rapprocher, à se combiner* » GUIGNEBERT. ♦ ETHNOL. Fusion de deux éléments culturels, religieux différents. ■ **2** (XIXe) Appréhension globale et plus ou moins confuse d'un tout. ♦ PSYCHOL. Appréhension globale et indifférenciée qui précède la perception et la pensée par objets nettement distincts les uns des autres.

SYNCRÉTISTE [sɛ̃kʀetist] adj. et n. – v. 1703 ◊ de *syncrétisme* ■ DIDACT. ■ **1** Partisan d'un syncrétisme (1°) philosophique ou religieux. ■ **2** Qui approuve, qui a adopté le syncrétisme. *Philosophe, secte syncrétiste.* — Relatif au syncrétisme (1°) ; qui constitue un syncrétisme. *Doctrine syncrétiste.*

SYNCRISTALLISER [sɛ̃kʀistalize] v. intr. ‹ 1 › – 1923 ◊ de *syn-* et *cristalliser* ■ CHIM. Cristalliser ensemble. — n. f. **SYNCRISTALLISATION.**

SYNCYTIUM [sɛ̃sitjɔm] n. m. – 1897 ◊ mot allemand v. 1870 ; de *syn-* et grec *kutos* « cellule » ■ BIOL. Masse cytoplasmique qui renferme plusieurs noyaux. *Syncytium du blastoderme de l'embryon de drosophile.* — adj. **SYNCYTIAL, IALE, IAUX.**

SYNDACTYLIE [sɛ̃daktili] n. f. – 1827 ◊ de *syn-* et *-dactyle* ■ PATHOL. Malformation caractérisée par la soudure de deux ou plusieurs doigts ou orteils. — adj. **SYNDACTYLE.**

SYNDERME [sɛ̃dɛʀm] n. m. – avant 1947 ◊ de *syn(thétique)* et grec *derma* « peau » ■ TECHN. Cuir synthétique formé par des fibres de cuir agglomérées par du latex.

SYNDIC [sɛ̃dik] n. – *syndiques* 1257 ◊ latin tardif *syndicus* ; grec *sundikos* « celui qui assiste qqn en justice » ■ **1** n. m. HIST. Dans une ville franche, Chacun des représentants des habitants auprès du seigneur suzerain de la ville. — Dans une paroisse rurale, Chacun des habitants élus pour faire exécuter les décisions de l'assemblée générale de la paroisse. ♦ « *Les Syndics des drapiers* », *toile de Rembrandt,* représentant l'assemblée des « régents » d'une corporation. ■ **2** MOD. (En France) Membre du bureau du conseil municipal de Paris chargé de l'aménagement et de la surveillance des locaux réservés au conseil, de l'organisation des fêtes et des réceptions. ♦ *Syndic des gens de mer* : représentant(e) de l'Inscription maritime. ♦ Membre d'une chambre de discipline chargé de surveiller les officiers ministériels. *Le syndic d'une chambre d'huissiers, de notaires.* ■ **3** DR. COMM. *Syndic de faillite* : mandataire désigné(e) par le tribunal, pour représenter les créanciers du débiteur et assister ou représenter ce dernier, notamment pour la gestion et la liquidation de ses biens (profession supprimée en 1985). ➤ **liquidateur.** ■ **4** Mandataire choisi(e) par les copropriétaires d'un immeuble pour faire exécuter les décisions de l'assemblée (cf. Administrateur de biens*). ■ **5** En Suisse (cantons de Vaud et de Fribourg) et dans la Vallée d'Aoste, Premier magistrat (d'une ville, d'une commune). ➤ RÉGION. **président.** « *D'un syndic d'un village suisse de la plaine du Rhône, j'avais appris l'existence d'une demeure en ruine* » CHESSEX. Au fém. (1993) **SYNDIQUE.**

SYNDICAL, ALE, AUX [sɛ̃dikal, o] adj. – 1701 ; *sindiqual* n. m. « procès-verbal » v. 1400 ◊ de *syndic* ■ **1** Relatif à une association professionnelle, à un syndicat (II, 2°). *Chambre syndicale* : syndicat patronal (au XIXe s., l'expr. s'appliquait aussi aux syndicats ouvriers). ■ **2** Relatif à un syndicat de salariés, au syndicalisme. *Action syndicale ; mouvement, droit syndical. Délégué, dirigeant syndical.* ➤ **syndicaliste.** *Carte syndicale. Fédération, union, organisation syndicale. Confédération, centrale syndicale* (ex. en France, C. G. T., C. F. D. T., F. O.). *Réunion syndicale. Revendications syndicales.* — *Tarif syndical,* fixé par le syndicat. ■ **3** *Conseil syndical* : organe chargé d'assister le syndic de copropriété et de contrôler sa gestion.

SYNDICALISATION [sɛ̃dikalizasjɔ̃] n. f. – 1921 ◊ de *syndicaliser* ■ Fait d'adhérer ou d'appartenir à un syndicat. *Taux de syndicalisation dans une profession, une entreprise. Campagne de syndicalisation.*

SYNDICALISER [sɛ̃dikalize] v. tr. ‹ 1 › – 1926 ◊ de *syndical* ■ Établir une certaine force syndicale dans (un milieu professionnel). *Syndicaliser un secteur économique.* — *Activité plus ou moins syndicalisée.*

SYNDICALISME [sɛ̃dikalism] n. m. – 1894 ◊ de *syndical* ■ **1** Le mouvement syndical, le fait social et politique que représentent l'existence et l'action des syndicats de travailleurs salariés ; doctrine sociale, économique et politique de ces syndicats. *Syndicalisme et corporatisme. Syndicalisme ouvrier. Syndicalisme anarchiste.* ➤ **anarchosyndicalisme.** *Syndicalisme révolutionnaire, réformiste, chrétien.* ♦ *Syndicalisme patronal, agricole.* ■ **2** Activité exercée dans un syndicat. *Faire du syndicalisme.*

SYNDICALISTE [sɛ̃dikalist] n. et adj. – 1875 ◊ de *syndical* ■ **1** Personne qui fait partie d'un syndicat et y joue un rôle actif (permanent, secrétaire, dirigeant). *Syndicalistes et syndiqués. Syndicalistes révolutionnaires, réformistes.* ■ **2** adj. Relatif aux syndicats, au syndicalisme. ➤ **syndical.** *Chefs syndicalistes. Doctrine, idéal, esprit, mouvement syndicaliste.*

SYNDICAT [sɛ̃dika] n. m. – 1477 ◊ de *syndic*

I ■ **1** HIST. Fonction de syndic ; sa durée. ♦ Régime administratif auquel étaient soumises les paroisses rurales représentées par des syndics (1°). ■ **2** MAR. Subdivision d'une région maritime, administrée par un syndic (2°).

II (XIXe) MOD. Association qui a pour objet la défense d'intérêts communs. ■ **1** *Syndicat financier* : groupement constitué par des banques (➤ **syndicataire**) pour assurer le placement de titres lors de leur émission. ➤ **consortium, pool.** — PAR EXT. Groupement d'organismes de placement en vue d'une action concertée sur le marché financier. — *Syndicat de propriétaires,* qui a pour objet la réalisation de travaux d'utilité générale intéressant plusieurs propriétés. ♦ DR. ADMIN. *Syndicat de communes, syndicat interdépartemental,* qui gère des services communs. ♦ (1895) VIEILLI **SYNDICAT D'INITIATIVE** : office de tourisme*. ■ **2** COUR. Association qui a pour objet la défense d'intérêts professionnels (amélioration des conditions de production, d'exploitation, d'achat, de vente ; relations entre employeurs et salariés ; salaires, conditions de travail, etc. ; représentation auprès des pouvoirs publics). ➤ **groupement.** *Syndicat national de l'édition. Syndicat patronal ; syndicat de producteurs* (comptoir d'achat, consortium, chambre syndicale, trust). ♦ SPÉCIALT (1839) Syndicat groupant uniquement des salariés. *Syndicats ouvriers* (➤ **syndicalisme**). *Regroupement de syndicats* (➤ **intersyndical**). *Syndicat de mineurs, de fonctionnaires. Les syndicats C. F. D. T., C. G. T., chrétiens. Syndicat anglais.* ➤ **trade-union.** *Adhérer à un syndicat.* ➤ **se syndiquer.** *Adhérents d'un syndicat.* ➤ **syndiqué.** *Militants, responsables, délégués, dirigeants, permanents d'un syndicat* (➤ **syndicaliste**). *Négociations entre syndicats et patronat. Mot d'ordre de grève lancé par les syndicats. Les syndicats et la base*.* ♦ LOC. *Le syndicat du crime* : la Mafia.

SYNDICATAIRE [sɛ̃dikatɛʀ] n. et adj. – 1868 ◊ de *syndicat* (II, 1°) ■ DR. Membre d'un syndicat financier, d'un syndicat de propriétaires. — adj. Qui est relatif à un tel syndicat ; qui en fait partie.

SYNDICATION [sɛ̃dikasjɔ̃] n. f. – 1987, pour les journaux ◊ mot anglais ■ **1** FIN. Opération par laquelle un groupement de banques (➤ **syndicat**) est constitué pour participer à une opération spécifique. ■ **2** PRESSE, AUDIOVIS. Pratique consistant pour un média (télévision, journal...) à vendre le droit de reproduire, de diffuser un contenu, un programme à plusieurs diffuseurs. ■ **3** INFORM. *Syndication de contenu(s), de données* : regroupement d'informations provenant d'un ensemble de sites web, au fur et à mesure de leur actualisation (➤ **agrégateur, RSS**).

SYNDIQUÉ, ÉE [sɛ̃dike] adj. – 1894 ◊ de *syndiquer* ■ Qui fait partie d'un syndicat. *Ouvriers syndiqués. Camarades syndiqués !* — n. *Syndiqués et syndicalistes.*

SYNDIQUER [sɛ̃dike] v. tr. ‹ 1 › – 1768 ; « critiquer, censurer » 1546 ◊ de *syndicat* ■ **1** Grouper (des personnes), organiser (une profession) en syndicat. ➤ **associer.** ■ **2** **SE SYNDIQUER** v. pron. (1783) Se grouper en une association, en un syndicat professionnel. ♦ Adhérer à un syndicat. ■ **3** FIN. Réaliser par syndication (1°). *Syndiquer un prêt bancaire.* — Au p. p. *Crédit syndiqué.*

SYNDROME [sɛ̃dʀom] n. m. – 1824 ; n. f. de 1547 à 1872 ◊ grec *sundromê* « réunion », par le latin ■ MÉD. Association de plusieurs symptômes, signes ou anomalies constituant une entité clinique reconnaissable, soit par l'uniformité de l'association des manifestations morbides, soit par le fait qu'elle traduit l'atteinte d'un organe ou d'un système bien défini. ➤ **affection, maladie.** *Syndrome clinique, biologique.* ◆ FIG. Ensemble des signes révélateurs d'une situation jugée mauvaise.

SYNECDOQUE [sinɛkdɔk] **n. f.** – 1730 ; *sinodoche* 1521 ◊ latin *synecdoche* ; grec *sunekdokhê* «compréhension simultanée» ■ DIDACT. Figure de rhétorique qui consiste à prendre le plus pour le moins, la matière pour l'objet, l'espèce pour le genre, la partie pour le tout, le singulier pour le pluriel ou inversement (ex. les mortels pour les humains ; un fer pour une épée ; une voile pour un navire). ➤ **métonymie.**

SYNÉCHIE [sineʃi] **n. f.** – 1808 ◊ du grec *sunekheia* «continuité» ■ PATHOL. Fusion de deux tissus contigus qui sont normalement séparés.

SYNÉRÈSE [sineʀɛz] **n. f.** – 1540 ◊ latin *synæresis* ; grec *sunairesis* «rapprochement» ■ **1** PHONÉT. Prononciation groupant en une seule syllabe deux voyelles contiguës d'un même mot, la première devenant une semi-voyelle (ex. violon, prononciation courante [vjɔlɔ̃], poétique [vijɔlɔ̃]). ➤ **contraction.** ■ **2** (XXe) CHIM. Agrégation spontanée des particules d'un gel. ■ CONTR. (du 1°) Diérèse.

SYNERGIE [sinɛʀʒi] **n. f.** – 1778 ◊ grec *sunergia* «coopération» ■ DIDACT. ■ **1** Action coordonnée de plusieurs organes, association de plusieurs facteurs qui concourent à une action, à un effet unique. *Synergie musculaire* : contraction coordonnée de plusieurs muscles pour l'exécution d'un même mouvement. *Synergie médicamenteuse* (par effet additif ou potentialisation). *«Aucun sport n'exige une telle économie des mouvements, ni une telle synergie fonctionnelle* [que la boxe]*»* MONTHERLANT. ■ **2** Action coordonnée de plusieurs éléments. ➤ aussi **interopérabilité.** *Travailler en synergie avec d'autres professions. Effet de synergie.* ■ CONTR. Antagonisme.

SYNERGIQUE [sinɛʀʒik] **adj.** – 1843 ◊ de *synergie* ■ **1** DIDACT. Relatif à la synergie. *Muscles synergiques.* ■ **2** Relatif à une coordination dynamique. *«le groupe synergique de fonctions»* G. SIMONDON. *Théorie synergique de l'évolution* : théorie conciliant darwinisme et mutationnisme et intégrant l'action synergique de la multiplicité des facteurs participant à l'évolution des espèces biologiques.

SYNESTHÉSIE [sinɛstezi] **n. f.** – 1865 ◊ grec *sunaisthêsis* «perception simultanée» ■ **1** MÉD. Trouble de la perception sensorielle caractérisé par la perception d'une sensation supplémentaire à celle perçue normalement, dans une autre région du corps ou concernant un autre domaine sensoriel. ➤ **synopsie.** — REM. Ne pas confondre avec *cénesthésie.* ■ **2** Figure de style qui consiste à employer pour se référer à une perception sensorielle un mot se référant d'ordinaire à la perception par un autre sens (ex. une couleur criarde, un parfum mélodieux).

SYNGNATHE [sɛ̃gnat] **n. m.** – 1803 au pl. ◊ latin savant, du grec *sun* «avec» et *gnathos* «mâchoire» ■ ZOOL Poisson de mer *(lophobranches),* au corps long et grêle, au museau allongé, qu'on appelle aussi *aiguille, trompette* ou *serpent de mer.*

SYNODAL, ALE, AUX [sinɔdal, o] **adj.** – 1315 ◊ latin tardif *synodalis* ■ Relatif à un synode ; qui constitue un synode. *Assemblée, réunion synodale.*

SYNODE [sinɔd] **n. m.** – 1511 fém. ◊ latin *synodus* ; grec *sunodos* «assemblée», littéralt «chemin *(hodos)* ensemble *(sun)*» ■ RELIG. ■ **1** VX Concile. — MOD. Assemblée d'ecclésiastiques convoquée par l'évêque ou l'archevêque pour délibérer sur les affaires du diocèse ou de la province, les problèmes généraux de l'Église. *Synode diocésain, épiscopal.* — Réunion de pasteurs (dans certaines Églises protestantes). ➤ **consistoire.** — (Dans l'Église orthodoxe) *Le saint-synode* : le conseil suprême de l'Église russe. *Les saints-synodes.* ■ **2** Assemblée de fidèles du diocèse réunis pour proposer des idées. *Actes du synode.*

SYNODIQUE [sinɔdik] **adj.** et **n. m.** – 1556 ◊ latin *synodicus* ; grec *sunodikos* ■ **1** ASTRON. Relatif à une conjonction d'astres. *Révolution, période synodique d'une planète* : temps qui sépare deux conjonctions consécutives de cette planète avec le Soleil. — *Mois synodique* : révolution synodique de la Lune (➤ **lunaison**). — *Année synodique* : temps que met la Terre pour revenir à la longitude d'une planète déterminée. ■ **2** (1721) RELIG. Relatif à un synode. ◆ **n. m.** Recueil des décisions des synodes.

SYNONYME [sinɔnim] **adj.** et **n. m.** – 1380 ◊ latin des grammairiens *synonymus,* grec *sunônumos,* de *sun* (cf. *syn-*) et *onoma* «nom», pour «mots de sens différent désignant un même genre» ■ **1** Se dit de mots ou d'expressions qui ont une signification très voisine et, à la limite, le même sens. *Mots, termes synonymes.* ◆ FIG. *Être synonyme de* : évoquer une notion équivalente, correspondre à. *Le «fox-trot qui, là-bas, est synonyme de débauche capitaliste et occidentale»* MORAND. ■ **2** **n. m.** Mot ou expression synonyme (d'une autre). *Les synonymes parfaits n'existent qu'abstraitement, hors usage. Chercher un synonyme à un terme* (➤ aussi **paraphrase, périphrase**). *Dictionnaire des synonymes. Synonymes distingués par une différence d'intensité* (fatigué, épuisé ; aimer, adorer), *d'emploi ou d'affectation* (salaire, traitement, appointements), *de niveau social ou stylistique* (ennuyer, embêter ; voiture, bagnole). *Synonymes partiels* (magazine, *synonyme de* revue, *seulement quand ce mot désigne un périodique*). *«des synonymes comme* redouter, craindre, avoir peur *n'ont de valeur propre que par leur opposition ; si* redouter *n'existait pas, tout son contenu irait à ses concurrents»* SAUSSURE. ■ CONTR. Antonyme, contraire.

SYNONYMIE [sinɔnimi] **n. f.** – 1582 ◊ latin des grammairiens *synonymia* ; grec *sunônumia* ■ Relation entre deux mots ou deux expressions synonymes ; fait linguistique que constitue l'existence de mots synonymes. *Synonymie étroite, approximative entre deux mots, deux expressions.* ■ CONTR. Antonymie.

SYNONYMIQUE [sinɔnimik] **adj.** – 1801 ◊ de *synonymie* ■ VX *Mots synonymiques,* synonymes. — MOD. Relatif aux synonymes, à la synonymie. *Série synonymique. Rapports synonymiques.*

SYNOPSE [sinɔps] **n. f.** – 1872 ◊ grec *sunopsis* «vue d'ensemble» ■ RELIG. Livre qui présente les Évangiles de manière parallèle, en rapprochant autant que possible les passages relatifs aux mêmes évènements. ➤ **synoptique** (2°).

SYNOPSIE [sinɔpsi] **n. f.** – 1893 ◊ de *syn-* et *-opsie* ■ MÉD. Synesthésie dans laquelle un sujet perçoit un son, une voyelle comme étant d'une couleur déterminée.

SYNOPSIS [sinɔpsis] **n. f.** et **m.** – 1834 ◊ mot grec → synopse

I **n. f.** DIDACT. Vue générale, tableau synoptique (d'une science, d'une question). ➤ **synopse.**

II **n. f.** puis **m.** (1919 ◊ mot anglais américain) CIN. Récit très bref qui constitue un schéma de scénario. *«même des auteurs célèbres* [...] *fournissent d'abord un résumé, une synopsis»* ROMAINS.

SYNOPTIQUE [sinɔptik] **adj.** – 1610 ◊ grec *sunoptikos* «qui embrasse d'un coup d'œil» ■ **1** DIDACT. Qui permet de voir un ensemble d'un seul coup d'œil, qui donne une vue générale. *«un tableau synoptique du mouvement de la main-d'œuvre»* AYMÉ. ■ **2** RELIG. *Les Évangiles synoptiques,* ou SUBST. *les Synoptiques* : les trois Évangiles (de saint Matthieu, de saint Marc, de saint Luc) dont les plans sont à peu près semblables, ce qui permet de comparer les relations qu'ils donnent d'un même évènement (➤ **concordance, synopse**).

SYNOSTOSE [sinɔstoz] **n. f.** – 1858 ◊ de *syn-* et grec *osteon* «os» ■ **1** ANAT. Soudure intime de deux os primitivement séparés. *Les sutures de la voûte du crâne sont des synostoses.* ■ **2** MÉD. Malformation caractérisée par la soudure de deux ou plusieurs os.

SYNOVIAL, IALE, IAUX [sinɔvjal, jo] **adj.** – 1735 ◊ de *synovie* ■ ANAT. Relatif à la synovie, qui contient, sécrète la synovie. *Capsule synoviale. Membrane synoviale,* ou **n. f.** (1828) *la synoviale* : membrane séreuse qui tapisse l'intérieur des cavités des articulations mobiles, sauf sur les surfaces articulaires. *Gaine synoviale* (d'un ligament, d'un tendon).

SYNOVIE [sinɔvi] **n. f.** – 1694 ◊ latin moderne *synovia* (XVIe) ■ PHYSIOL., MÉD. Liquide d'aspect filant qui est sécrété par les membranes synoviales et qui lubrifie les articulations mobiles. COUR. *Épanchement de synovie* (au genou). ➤ **hydarthrose.**

SYNOVITE [sinɔvit] **n. f.** – 1833 ◊ de *synovie* et *-ite* ■ MÉD. Inflammation d'une membrane synoviale ou d'une gaine synoviale. *Synovite du genou, du poignet, du coude* (➤ **tennis-elbow**). *Synovite transitoire aiguë de la hanche,* affectant certains petits garçons d'une boiterie passagère, et appelée couramment *rhume de hanche.*

SYNTACTICIEN, IENNE [sɛ̃taktisjɛ̃, jɛn] **n.** – 1953 ◊ de 1 et 2 *syntactique* ■ DIDACT. Linguiste spécialiste de la syntaxe. ➤ **grammairien.**

1**SYNTACTIQUE** ➤ **SYNTAXIQUE**

2 **SYNTACTIQUE** [sɛ̃taktik] **n. f.** – 1861 ◊ emprunté à l'allemand ▪ LOG. « Science des combinaisons et de l'ordre » (A. Cournot) ; syntaxe ou syntagmatique logique. ♦ (anglais *syntactics,* Morris) L'une des parties de la sémiotique (avec la sémantique et la pragmatique).

SYNTAGMATIQUE [sɛ̃tagmatik] **adj. et n. f.** – 1906 ◊ de *syntagme* ▪ LING. Du syntagme. *Rapports syntagmatiques* (dans le discours) *et rapports paradigmatiques. Axe syntagmatique* (opposé à *paradigmatique*) : axe de succession des unités linguistiques. — En grammaire générative, *Règles syntagmatiques,* qui consistent à récrire une catégorie linguistique sous la forme d'une structure formelle (arbre) rendant compte de ses constituants*. *Grammaire syntagmatique :* ensemble ordonné de règles syntagmatiques. ♦ **n. f.** *La syntagmatique :* l'étude des syntagmes. *« la syntaxe [...] rentre dans la syntagmatique »* SAUSSURE. — Succession de signes, en tant que résultant de rapports syntagmatiques. *Syntagmatique cinématographique.*

SYNTAGME [sɛ̃tagm] **n. m.** – 1916 ◊ *sintasme* « ordre, disposition » 1699 ; grec *suntagma* → syntaxe ▪ LING. Groupe de morphèmes ou de mots qui se suivent avec un sens (ex. relire, crayons rouges, sans s'arrêter). — SPÉCIALT Ce groupe formant unité dans une organisation hiérarchisée de la phrase (cf. Constituant* immédiat). *Syntagme verbal, nominal* (ABRÉV. SV, SN), *adjectival, adverbial. Syntagme terminologique.* ➤ **terme.** *Syntagme codé, lexicalisé* (formant locution, lexie complexe).

SYNTAXE [sɛ̃taks] **n. f.** – 1572 ◊ latin *syntaxis,* grec *suntaxis,* de *taxis* « ordre, arrangement » ▪ **1** GRAMM. Étude des relations entre les formes élémentaires du discours (mot, syntagme). COUR. Étude des règles qui président à l'ordre des mots et à la construction des phrases, dans une langue ; ces règles. ➤ **grammaire.** *Respecter la syntaxe. Syntaxe fautive. Les mots « sont esclaves et libres, soumis à la discipline de la syntaxe »* Mme DE STAËL. ♦ Étude descriptive des relations existant entre les unités linguistiques (dans le discours) et des fonctions qui leur sont attachées. *Syntaxe et morphologie. Syntaxe et syntagmatique*.* ♦ Ouvrage de syntaxe. ➤ **grammaire.** *La syntaxe de Sandfeld, de G. et R. Le Bidois.* ▪ **2** Relations qui existent entre les unités linguistiques, considérées abstraitement (dans la langue) ou concrètement (dans la parole, le discours). *« phrases bien construites [...] dont la syntaxe accoutumée règle l'ordonnance »* CAILLOIS. *Étudier la syntaxe d'un tour, d'une expression, d'une phrase.* ➤ **construction.** ▪ **3** INFORM. Ensemble des règles qui régissent l'écriture des instructions d'un programme dans un langage donné.

SYNTAXIQUE [sɛ̃taksik] **adj.** – 1819 ◊ de *syntaxe* ▪ De la syntaxe ; qui concerne les relations entre unités linguistiques, la construction grammaticale. ➤ **grammatical.** *Procédés syntaxiques. Analyse syntaxique* (dite « logique », dans les écoles). On dit aussi **SYNTACTIQUE,** 1872. — **adv. SYNTAXIQUEMENT.**

SYNTHÈSE [sɛ̃tɛz] **n. f.** – 1576 ◊ grec *sunthesis* « réunion, composition »

I Opération qui procède du simple au composé, de l'élément au tout. **A.** Activité de l'esprit sur des objets de pensée. ▪ **1** LOG., PHILOS. Suite d'opérations mentales qui permettent d'aller des notions ou propositions simples aux composées (opposé à *analyse*). ➤ **association, combinaison** (des concepts, des idées). *« Il est admis en général que la synthèse reconstitue ce que l'analyse avait séparé, et qu'à ce titre la synthèse vérifie l'analyse »* C. BERNARD. ▪ **2** SC. Démarche de l'esprit qui va de propositions certaines (le plus simple étant considéré, au XVIIe s., comme le plus certainement connu) à des propositions qui en sont la conséquence. ➤ **déduction.** *Démonstration par synthèse.* ▪ **3** Opération intellectuelle par laquelle on rassemble les éléments de connaissance concernant un objet de pensée en un ensemble cohérent ; vue d'ensemble. *Esprit de synthèse :* tendance à envisager un objet d'étude comme un tout. *« L'effort de synthèse, c'est une activité dirigée ; ce n'est pas une réalisation prématurée »* H. BERR.

B. Fusion, réunion d'éléments concrets ou abstraits en un tout. ▪ **1** Formation (d'un tout matériel) au moyen d'éléments. ➤ **composition, constitution, reconstitution, réunion.** *Synthèse totale* (les éléments étant considérés comme « simples ») ; *synthèse partielle* (les éléments provenant eux-mêmes d'une synthèse). — CHIM. Préparation (d'un composé) à partir des éléments constituants ou d'un composé de formule plus simple. ➤ **combinaison.** *Faire la synthèse d'un composé organique. Produits de synthèse.* ➤ **synthétique.** BIOL. *Synthèse d'une substance dans l'organisme.* ➤ **biosynthèse ;** aussi **chimiosynthèse, photosynthèse.** *Synthèse protéique.* ➤ **traduction.** ▪ **2** PSYCHOL. Réunion d'éléments psychiques en un tout structuré, présentant des qualités ou des valeurs nouvelles par rapport aux éléments. *Synthèse mentale.* ▪ **3** TECHN., INFORM. Reconstruction de phénomènes naturels par des procédés techniques utilisant notamment des moyens informatiques. *Synthèse musicale.* ➤ **synthétiseur.** *Synthèse de la parole* ou *synthèse vocale :* production artificielle du langage parlé (➤ **vocodeur**). *Image de synthèse :* image vidéo produite par des moyens informatiques et électroniques. ➤ **infographie.**

II Ensemble constitué par les éléments réunis ; résultat d'une synthèse (I). ▪ **1** Ensemble complexe (d'objets de pensée). *« La philosophie n'est pas une synthèse des sciences particulières »* BERGSON. — SPÉCIALT Exposé d'ensemble. *Une vaste synthèse. Rapport de synthèse.* ▪ **2** PHILOS. Notion ou proposition qui réalise l'accord de la thèse et de l'antithèse en les faisant passer à un niveau supérieur ; réalité nouvelle qui embrasse la thèse et l'antithèse en un tout (➤ **dialectique**). *« il y a toujours plus dans la synthèse que dans la thèse et dans l'antithèse réunies »* SARTRE.

▪ CONTR. Analyse ; dissociation, dissolution. Élément.

SYNTHÉTASE [sɛ̃tetɑz] **n. f.** – 1985 ◊ du radical de *synthèse* et *-ase* ▪ BIOCHIM. Enzyme catalysant la réunion de deux molécules avec hydrolyse concomitante d'ATP ou de pyrophosphate. *ATP synthétase.*

SYNTHÉTIQUE [sɛ̃tetik] **adj.** – 1602 ◊ grec *sunthetikos* ▪ **1** Qui constitue une synthèse ou provient d'une synthèse. *La fin est l'unité synthétique des moyens employés. Méthode synthétique.* — LOG. *Jugement, proposition synthétique,* qui fait une synthèse du sujet et du prédicat et ne peut être vrai(e) que par rapport aux faits (ex. Paul est à Paris). ➤ **empirique** (opposé à *analytique*). ♦ PAR EXT. Qui envisage la totalité. *Un exposé synthétique. « certaines théories modernes – comme celle d'Einstein – sont synthétiques [...] chaque réalité se définit par rapport à l'univers »* SARTRE. ▪ **2** (1866) Produit par synthèse chimique, artificiellement. *Caoutchouc, résines synthétiques. Parfums synthétiques. Fibres, textiles synthétiques :* polyamides, polyesters, etc. — **n. m.** *Le synthétique :* les textiles synthétiques. ♦ Artificiel, de fabrication humaine ; de synthèse. *« une voix basse, froide, neutre, comme ces voix synthétiques des machines à traduire »* ECHENOZ. *Sons synthétiques* (de la « *musique synthétique* »). ▪ **3** (emprunté à l'allemand) LING. *Langue synthétique,* où une seule forme, un seul élément linguistique correspond à plusieurs éléments conceptuels et où les rapports grammaticaux se marquent par des modifications internes. ➤ **polysynthétique.** — *Comparatifs synthétiques,* qui joignent en un seul mot le sens d'un adjectif et le degré de comparaison (ex. meilleur, mieux, moindre, pire, pis, supérieur). ▪ **4** (1861) Qui est apte à la synthèse (I, A). *Esprits synthétiques et esprits analytiques.*

▪ CONTR. Analytique. Naturel.

SYNTHÉTIQUEMENT [sɛ̃tetikmɑ̃] **adv.** – 1762 ◊ de *synthétique* ▪ Par une synthèse (I, A ou B). *Parfum fabriqué synthétiquement.*

SYNTHÉTISER [sɛ̃tetize] **v. tr.** ‹1› – 1833 ◊ de *synthèse* ▪ **1** Associer, combiner, réunir (des éléments abstraits) par une synthèse. *Synthétiser les éléments d'une théorie.* ▪ **2** CHIM. Produire par synthèse. *Synthétiser une protéine.* ➤ **traduire.**

SYNTHÉTISEUR [sɛ̃tetizœʀ] **n. m.** – v. 1960 ◊ de *synthétiser* ▪ TECHN. Appareil électroacoustique capable de transformer des éléments sonores (langage humain, motifs musicaux, bruits) et d'en faire la synthèse à partir de leurs constituants. *Synthétiseur de parole,* recomposant le langage humain. ♦ SPÉCIALT Instrument électronique synthétisant les sons musicaux. *Jouer du synthétiseur* (➤ **claviériste**). *Nappes* de synthétiseur. « Le quatrième objet est un orgue électrique, abusivement baptisé synthétiseur »* PEREC. — ABRÉV. FAM. **SYNTHÉ,** 1976. *Des synthés.*

SYNTONE [sɛ̃tɔn] **adj.** – début XXe ◊ grec *suntonos,* par l'anglais et l'allemand ▪ **1** PHYS. RARE Qui est en syntonie. ▪ **2** (1922) PSYCHOL. Dont les sentiments, les tendances sont en harmonie.

SYNTONIE [sɛ̃tɔni] **n. f.** – 1903 ◊ du grec *suntonos* ▪ **1** PHYS. Égalité de fréquence des oscillations libres de deux ou plusieurs circuits (➤ **accord**) ; état de systèmes susceptibles d'émettre et de recevoir des ondes radioélectriques de même fréquence. *Circuits en syntonie,* accordés sur la même longueur d'ondes. ▪ **2** (1922) PSYCHOL. Caractère du sujet syntone.

SYNTONISATION [sɛ̃tɔnizasjɔ̃] **n. f.** – 1900 ◊ de *syntoniser* ▪ PHYS. Accord de deux circuits oscillants. Réglage de résonance qui assure le rendement maximum.

SYNTONISER [sɛ̃tɔnize] v. tr. ‹1› – 1903 au p. p. ◊ de *syntonie* ■ **1** PHYS. Mettre en état de syntonie. *Syntoniser deux circuits.* — **p. p. adj.** *Système syntonisé.* ■ **2** (1952) **(Canada)** Sélectionner (une fréquence). *Syntoniser une station de radio.*

SYNTONISEUR [sɛ̃tɔnizœʀ] n. m. – 1985 ◊ de *syntoniser* ■ Recomm. offic. pour *tuner**.

SYPHILIGRAPHE [sifiligʀaf] n. – 1843 ◊ du radical de *syphilis* et *-graphe* ■ DIDACT. Médecin spécialiste de la syphilis.

SYPHILIGRAPHIE [sifiligʀafi] n. f. – 1842 ; *syphilographie* 1836 ◊ du radical de *syphilis* et *-graphie* ■ DIDACT. Étude médicale de la syphilis.

SYPHILIS [sifilis] n. f. – 1659 méd. ; répandu v. 1868 ; le mot cour. était *vérole* ◊ latin moderne *syphilis,* de *Syphilus* n. pr., altération de *Sipylus,* personnage d'Ovide ■ Maladie sexuellement transmissible et inoculable causée par le tréponème. ➤ ARG. **chtouille,** FAM. **vérole.** *Accident primaire de la syphilis :* chancre. *Stade secondaire* (➤ **roséole**), *stade tertiaire de la syphilis* (➤ **gomme**). *Syphilis congénitale* (appelée autrefois incorrectement *hérédosyphilis*). *Thérapeutiques de la syphilis par le mercure, aux XVIIIe et XIXe s., puis par l'arsenic et ses composés, puis par les sels de bismuth, enfin par la pénicilline.*

SYPHILITIQUE [sifilitik] adj. et n. – 1664, répandu début XXe ◊ de *syphilis* ■ **1** Relatif à la syphilis. *Aortite, méningite, chancre syphilitique.* ■ **2** Atteint de syphilis. — **n.** *Un, une syphilitique.*

SYRAH [siʀa] n. f. – 1874 ; 1781 *sira* ◊ origine inconnue, p.-ê. de *Chiraz* ou *Syracuse,* n. de villes ■ Cépage noir cultivé principalement dans la vallée du Rhône, produisant des vins rouges aromatiques (côtes du Rhône septentrionales).

SYRIAQUE [siʀjak] n. m. – 1611 ◊ latin *syriacus,* du grec ■ LING. Langue sémitique ancienne du groupe araméen (Syrie, Arabie, Palestine), en usage à Édesse, devenue langue littéraire chrétienne (du IIIe au XIIIe s.). **adj.** *Langue syriaque.*

SYRINGE [siʀɛ̃ʒ] n. f. – «syrinx» 1808 ◊ latin *syringœ, syringes ;* grec *surigx* ■ ARCHÉOL. Tombe royale d'Égypte pharaonique, creusée dans le roc en forme de galerie.

SYRINGOMYÉLIE [siʀɛ̃gomjeli] n. f. – 1823 ◊ du grec *surigx* «tuyau» et *muelos* «moelle» ■ MÉD. Affection chronique de la moelle épinière, caractérisée par la formation d'une cavité allongée siégeant près du canal central.

SYRINX [siʀɛ̃ks] n. f. ou rare m. – 1752 ◊ grec *surigx* «tuyau» ■ **1** Flûte de Pan. *«Syrinx», de Cl. Debussy.* ■ **2** ZOOL. Larynx inférieur des oiseaux.

SYRPHE [siʀf] n. m. – 1803 ◊ grec *surphos* «mouche» ■ ZOOL. Insecte *(diptères)* aux antennes courtes, mouche à abdomen jaune et noir, au vol rapide.

SYRTE [siʀt] n. f. – 1660 ; *cyrtes* XIIIe ◊ latin *syrtes ;* grec *surtis* «sables mouvants», de *surein* «entraîner, balayer» ■ **1** VX, AU PLUR. Banc de sables mouvants. ■ **2** Région côtière sablonneuse ; SPÉCIALT Golfe désertique. *La Grande et la Petite Syrte, golfes de Libye. «Le Rivage des Syrtes», roman de J. Gracq.*

SYSTÉMATICIEN, IENNE [sistematisjɛ̃, jɛn] n. – 1943 ◊ de *systématique* (II) ■ SC. NAT. Spécialiste de la systématique, de la classification. ➤ **taxinomiste.** *Isoler «les types ou espèces qui paraissaient répondre à des groupes d'individus bien définis* [...] *Ce fut l'œuvre des grands systématiciens»* J. ROSTAND.

SYSTÉMATIQUE [sistematik] adj. et n. f. – 1552, répandu XIXe ◊ latin *systematicus ;* grec *sustematikos*

I adj. ■ **1** DIDACT. Qui appartient à un système (I), est intégré dans un système. *Opinion systématique.* ◆ Qui constitue un système. *«Dès que l'esprit commence à se faire une représentation systématique de la nature»* FRANCE. ■ **2** Relatif à un système (II). MÉD. *Affections systématiques,* limitées à un système de fibres de même fonction. *Lésion systématique.* — Qui forme un système abstrait. *Raisonnement systématique. Délire systématique.* ➤ **systématisé.** ■ **3** COUR. Qui procède avec méthode, dans un ordre défini, pour un but déterminé. ➤ **méthodique, réglé.** *Un travail, une discussion systématique.* ◆ (XXe) Souvent péj. Cohérent, soutenu ; qui ne se dément pas. *Intention, volonté systématique de nuire. Une exploitation, un vol systématique.* ➤ **organisé.** *Un refus systématique,* entêté. *Soutien systématique à une politique,* absolu, inconditionnel. — FAM. *C'est systématique chez lui.* ➤ **habituel, invariable.** PAR MÉTON. *Un menteur systématique* (qui ment systématiquement, toujours). ■ **4** Qui pense ou agit selon un système. *Esprit systématique.* ➤ **déductif,** 2 **logique, méthodique.** — PÉJ. Qui est péremptoire et dogmatique, préfère son système à toute autre raison. ➤ **doctrinaire, dogmatique.**

II n. f. (début XXe) BIOL. Science des classifications des formes vivantes. ➤ **phylogénétique, taxinomie.** *Systématique évolutive, cladistique. «La systématique cherche à établir une classification naturelle reposant sur la phylogénèse»* A. TÉTRY. ◆ Ensemble de vues et de méthodes relevant d'un système de pensée. *«la systématique freudienne»* RICŒUR.

■ CONTR. Empirique.

SYSTÉMATIQUEMENT [sistematikmɑ̃] adv. – 1752 ◊ de *systématique* (I) ■ **1** D'une manière systématique ; selon un système (I). *«Mais je n'eus pas assez de bon sens pour arranger systématiquement ma vie»* STENDHAL. ■ **2** COUR. D'une manière constante, suivie. *«Un gouvernement ne doit ni résister systématiquement à l'opinion ni la suivre aveuglément»* RENAN.

SYSTÉMATISATION [sistematizasjɔ̃] n. f. – 1824 ◊ de *systématiser* ■ DIDACT. Réunion en un système (surtout abstrait). *La systématisation d'une théorie. Une volonté de systématisation.*

SYSTÉMATISÉ, ÉE [sistematize] adj. – de *systématiser* ■ Qui forme un système (I ou II). — PSYCHIATR. *Délire systématisé,* où les idées délirantes sont ordonnées.

SYSTÉMATISER [sistematize] v. tr. ‹1› – 1740 ◊ de *systématique* ■ **1** Réunir (plusieurs éléments) en un système (I). *«Ce plan généralisait, systématisait les mesures que la nécessité avait imposées»* MICHELET. ■ **2** Constituer un système (II) (au pass. ou au pron.). *Délire qui se systématise.* ■ **3** Rendre systématique (3o). *Systématiser les contrôles.*

SYSTÈME [sistɛm] n. m. – 1552 ◊ du grec *sustêma* «ensemble», «constitution politique» et «système philosophique». Rare jusqu'au milieu du XVIIe s., le mot se répand à la fin du XVIIIe s.

I ENSEMBLE ORGANISÉ D'ÉLÉMENTS INTELLECTUELS ■ **1** HIST. SC. Ensemble conçu par l'esprit (à titre d'hypothèse, de croyance) d'objets de pensée unis par une loi. ➤ **théorie.** *Les divers systèmes du monde, de la nature, élaborés dans l'Antiquité. Le système astronomique de Ptolémée. Les systèmes médicaux, chimiques des XVIIe et XVIIIe s.* ◆ (v. 1777) Distribution d'un ensemble d'objets de connaissance selon un ordre qui en rend l'étude plus facile (➤ **systématique**) ; classification qui en résulte. ➤ **méthode.** *Le système de Linné* («Systema naturae»). *La terminologie d'un système.* ■ **2** (1694) Ensemble d'idées, logiquement solidaires, considérées dans leurs relations ; construction théorique que forme l'esprit sur un vaste sujet (philosophique, scientifique). ➤ **doctrine, idéologie, opinion, philosophie, théorie, thèse.** *Le système philosophique de Descartes* (cartésianisme), *de Kant* (criticisme, kantisme). *«Mon système de l'harmonie préétablie»* LEIBNIZ. *«Mais tout système est une entreprise de l'esprit contre lui-même»* VALÉRY. *«Système des beaux-arts», ouvrage d'Alain.* ■ **3** (fin XVIIe) Ensemble coordonné de pratiques tendant à obtenir un résultat (➤ **manière, méthode,** 2 **moyen,** 3 **plan**) ou présentant simplement une certaine unité. *«Un système de vie, où la règle primordiale serait de ne se dérober à aucune entreprise»* ROMAINS. *Le système de défense d'un accusé.* ◆ (1739) FAM. Moyen habile. ➤ **combinaison, combine.** *Je connais le système. C'est un bon système.* LOC. (début XXe) *Le système débrouille, le système D*.* ■ **4** (1762) Ensemble de pratiques, de méthodes et d'institutions formant à la fois une construction théorique et une méthode pratique. *Système de législation, d'enseignement.* ➤ 2 **politique.** *Système scolaire. Système judiciaire. Système électoral. Système fédéral. Système politique, économique.* ➤ 1 **régime.** *Système bancaire. Systèmes monétaires*. Systèmes financiers.* ◆ **(Non qualifié)** L'armature économique, politique, morale d'une société donnée considérée comme aliénante, contraignante. *Être dans le système.* ➤ **intégré.** *«ils n'ont que ça à la bouche : la société pourrie, la lutte des classes, le "système"»* L. BINET. *Contester le système* (➤ **antisystème**). *Marginal qui refuse le système. Être récupéré par le système.* ◆ HIST. *Le Système :* le système financier de Law. ■ **5** (1751) **ESPRIT DE SYSTÈME :** tendance à organiser, à relier les connaissances particulières en ensembles cohérents. *«les bons esprits ont à la fois l'esprit de finesse et l'esprit de système»* BENDA. — PÉJ. Tendance à faire prévaloir la cohérence interne, l'intégration à un système, sur la juste appréciation du réel. ➤ **systématisation.**

II ENSEMBLE POSSÉDANT UNE STRUCTURE CONSTITUANT UN TOUT ORGANIQUE ➤ 2 **ensemble, structure, tout.** ■ **1** (1762, Rousseau) Ensemble structuré d'éléments naturels de même espèce ou de même fonction. *«le système du monde»* D'ALEMBERT. *«un système d'objets reliés par des rapports universels»* SARTRE. *Le système de la langue.* ➤ **code.** — (1778) SC. Région de la matière contenant une quantité définie de substance ; plan d'arrangement des termes d'un ensemble matériel. *Système planétaire, solaire, galactique. Système de forces, de vecteurs. Systèmes cristallins,* caractérisés par l'ensemble des directions des forces. *Corps qui cristallise dans tel système. Systèmes moléculaires, atomiques.* — GÉOL. Ensemble de terrains appartenant à une période. ♦ (1690) BIOL. Ensemble d'organes ayant une structure analogue (en langage courant, on appelle aussi *systèmes* divers appareils anatomiques). *Les organes et les systèmes d'un organisme. Système nerveux central, périphérique. Système neurovégétatif (parasympathique), orthosympathique. Système cardiovasculaire* (artériel, veineux, lymphatique). *Système digestif, endocrinien, génital, immunitaire, lymphatique, musculaire, nerveux, urinaire, etc. Biologie des systèmes :* étude du fonctionnement des systèmes biologiques. — *Système respiratoire. Système pileux* (➤ pilosité). — (Non qualifié) (1867) FAM. *Le système :* les nerfs (dans quelques expr.). *Courir, porter, taper sur le système (à qqn) :* énerver. *La question « recommence à me taper sur le système »* FLAUBERT. ■ **2** (1765) SC. Appareil, dispositif formé par une réunion d'organes, d'éléments analogues constituant un ensemble cohérent. *Système articulé :* assemblage de solides liés deux à deux. *Systèmes optiques. Systèmes électriques, électroniques. Système isolé. Système échangeant de la chaleur, du travail avec l'environnement. Système dynamique,* où intervient la notion du temps (opposé à *statique*). *Systèmes asservis.* — INFORM. *Système de traitement de l'information. Système d'exploitation**. APPOS. *Ingénieur système :* responsable de la mise en place des systèmes d'exploitation et des logiciels. *Des ingénieurs systèmes. Système expert**. — *Système de gestion de bases de données :* logiciel permettant de gérer une base* de données. — MILIT. *Système d'arme :* ensemble comprenant les moyens de détection, de calcul de trajectoire et de déclenchement de tir d'arme. AUDIOVIS. *Système secam**, *pal**. ■ **3** COUR. Appareil plus ou moins complexe. *Un « système compliqué de béquilles et de jambes de bois »* HUGO. — MAR. Tolets mobiles d'une embarcation à avirons. ■ **4** Ensemble structuré (de choses abstraites). *Un système de concepts, de notions, de relations. Système consistant**. *« Une religion est un système solidaire de croyances, de pratiques »* DURKHEIM. ♦ SC., MATH. *Système d'équations. Système de forces.* — *Système de numération**. *Système décimal.* — *Système d'unités :* ensemble d'unités choisies de manière à pouvoir exprimer les mesures des grandeurs physiques de base. *Système métrique, système international. Système C. G. S., M. K. S. A., S. I. Système impérial* (anglo-saxon). *Système pratique,* en électricité (avec des unités multiples des unités C. G. S.). — *Système de coordonnées, système de référence** (➤ repère).

SYSTÉMICIEN, IENNE [sistemisjɛ̃, jɛn] n. – v. 1970 ◇ de *systémique* ■ DIDACT., TECHN. Spécialiste de la systémique (2°). — adj. *Ingénieur systémicien.*

SYSTÉMIQUE [sistemik] adj. et n. f. – v. 1970 ◇ anglais *systemic* ■ DIDACT. ■ **1** Qui se rapporte à un système ou l'affecte dans son ensemble. ♦ SPÉCIALT Relatif à la circulation sanguine générale. *Médicament systémique* (opposé à *topique*). — *Insecticide systémique,* qui contamine toute la plante rendue toxique aux insectes qui l'attaquent. ■ **2** n. f. *La systémique :* technique des systèmes complexes.

SYSTOLE [sistɔl] n. f. – 1541 ◇ latin *systole,* grec *sustolê* « contraction » ■ PHYSIOL. Contraction du cœur par laquelle le sang est chassé dans les artères, qui commence par la contraction simultanée des deux oreillettes *(systole auriculaire),* suivie de celle des deux ventricules *(systole ventriculaire). Systole et diastole**.

SYSTOLIQUE [sistɔlik] adj. – avant 1553 ; variante *systaltique* 1741 ◇ de *systole* ■ PHYSIOL. Relatif à la systole. *Bruit systolique* (« premier bruit »), correspondant à la fermeture des valvules entre les oreillettes et les ventricules correspondants. — MÉD. *Souffle systolique.*

SYSTYLE [sistil] n. m. et adj. – 1691 ◇ latin *systylos,* d'origine grecque « aux colonnes rapprochées » ■ ARCHIT. Ordonnance où les entrecolonnements sont de deux diamètres de colonnes (quatre modules). adj. *Temple, péristyle, portique systyle.*

SYZYGIE [siziʒi] n. f. – 1584 ◇ latin *syzygia,* d'origine grecque « assemblage, réunion » ■ ASTRON. Position de la Lune (et PAR EXT. d'une planète) en conjonction ou en opposition avec le Soleil (nouvelle lune et pleine lune). ➤ éclipse, occultation, transit. *« cette marée, qui était une marée de syzygie, menaçait d'être très forte »* J. VERNE.

T

1**T** [te] **n. m. inv.** ▪ **1** Vingtième lettre et seizième consonne de l'alphabet : *t majuscule* (T), *t minuscule* (t). *Ne pas oublier la barre du t.* «*et, qui plus est, vous ne barrez point vos t*» FRANCE. — PRONONC. Lettre qui, prononcée, note l'occlusive dentale sourde [t] *(tard, bateau, hotte, pirouette, ouest),* sauf devant un *i* suivi d'une voyelle où *t* note généralement [s] (*initiation* [inisjasjɔ̃], *confidentiel, ambitieux, inertie*), s'il n'est pas précédé du son [s] *(amnistie, bestial, mixtion).* — *Digramme comportant t : th,* qui note [t] dans des mots issus du grec *(théâtre, thon, thym). Le t euphonique,* intercalé entre le verbe et le pronom sujet postposé commençant par une voyelle pour éviter l'hiatus *(comment va-t-il ?).* FAM. OU RÉGION. *Ça va-t-il ?* [savati]. *J'y va-ti, j'y va-ti pas ?* ▪ **2** PAR ANAL. Forme du T majuscule. *Bandage, antenne en T.* «*la place Royale, espèce de T ou plutôt de maillet à manche tronqué*» NERVAL. PAR EXT. Objet qui a cette forme. ➤ 1**té.** ▪ HOM. Té, tes (1 ton), thé.

2**T** **abrév. et symboles** ▪ **1** **T** [tera] **n. m. inv.** Téra-. ▪ **2** **T** [tesla] **n. m. inv.** Tesla. ▪ **3** **T** [tu(t)ti] **n. m. inv.** Tutti. ▪ **4** **t.** [tɔm] **n. m. inv.** Tome. ▪ **5** **t** [tɔn] **n. f. inv.** Tonne. ▪ **6** **T** [te] Temps. *Le temps T, l'instant T,* celui où s'effectue une mesure.

T' ➤ **TE**

TA ➤ 1**TON**

1**TABAC** [taba] **n. m.** – 1599 ; *tabacco* 1555 ◊ espagnol *tabaco,* du haïtien *tsibatl* ▪ **1** Plante *(solanacées)* originaire d'Amérique, haute et à larges feuilles, qui contient un alcaloïde toxique, la nicotine. *Le tabac fut introduit en France par Jean Nicot* (cf. Nicotine) *sous François II. Pied, champ de tabac. La mosaïque* du tabac.* ▪ **2** (1629) Produit manufacturé, vendu sous diverses formes, fait de feuilles de tabac séchées et préparées, pour priser, chiquer, fumer. ➤ POP. 1**perlot,** VX **pétun.** *Tabac brun* (ou *noir*) ; *blond, d'Orient. Tabac fort, léger. Tabacs étrangers.* ➤ **havane, maryland, virginie.** *Tabac à mâcher, à chiquer.* ➤ **chique.** *Tabac à priser.* «*Levant le nez pour humer une prise de tabac*» FRANCE. *Tabac découpé pour fumer.* ➤ **scaferlati.** *Tabac gris.* ➤ **caporal.** *Du tabac pour bourrer sa pipe, rouler des cigarettes. Blague*, pot* à tabac.* «*J'ai du bon tabac dans ma tabatière*» (chans. pop.). *Tabac dénicotinisé. Fumée de tabac. Abus du tabac, intoxication par le tabac.* ➤ **nicotinisme, tabacomanie, tabagisme.** *Doigts jaunis par le tabac. Débit*, bureau* de tabac.* ➤ RÉGION. **tabagie** (cf. ci-dessous 3°). ◆ *Les tabacs :* l'administration des tabacs (en France). ◆ LOC. FAM. (1888) *C'est toujours le même tabac :* c'est toujours la même chose. «*Quelle vie. Toujours la même histoire. Toujours le même tabac*» QUENEAU. — *Du même tabac :* du même genre. ◆ *Couleur de tabac, couleur tabac* ; ADJT INV. *tabac :* d'un brun-roux. *Des gants tabac.* ▪ **3** Bureau de tabac. *Aller au tabac. Tenir un tabac* (➤ **buraliste**). (Élément de composés) *Bar-tabac, café-tabac :* café où se trouve un bureau de tabac. *Des bars-tabacs. La carotte*, enseigne du tabac.* «*dans un café-tabac, aux agréments ordinaires des bars s'ajoute celui d'un va-et-vient perpétuel*» ROMAINS. «*un tabac et un P. M. U. y attiraient un supplément de clientèle*» QUENEAU.

2**TABAC** [taba] **n. m.** – 1802 argot ; répandu 2e moitié XIXe ◊ de *tabasser,* d'après 1*tabac* ▪ FAM. ▪ **1** VX Bataille, volée de coups. — (1879) MOD. *Passage à tabac :* violences sur une personne qui ne peut se défendre. ➤ **tabassage.** *Passer qqn à tabac.* ➤ **tabasser.** ◆ (1864) *Coup de tabac :* tempête, mauvais temps. ▪ **2** LOC. (v. 1950 ; argot du théâtre *avoir le gros tabac* 1901) *Faire un tabac :* avoir un grand succès. *La pièce a fait un tabac pendant plusieurs mois.* — PAR EXT. *Quel tabac !*

TABACOLOGIE [tabakɔlɔʒi] **n. f.** – 1990 ; autre sens 1839 ◊ de 1*tabac* et *-logie* ▪ MÉD. Discipline médicale qui traite des troubles liés au tabagisme et vise à prévenir la dépendance. — **n.** **TABACOLOGUE,** 1996.

TABACOMANIE [tabakɔmani] **n. f.** – 1848 ◊ de 1*tabac* et *-manie* ▪ DIDACT. Abus du tabac. ➤ **nicotinisme, tabagisme.**

TABACULTEUR, TRICE [tabakyltœʀ, tʀis] **n.** – 1973 ◊ de *tabac,* d'après *agriculteur* ▪ AGRIC. Cultivateur spécialisé dans la culture du tabac.

TABAGIE [tabaʒi] **n. f.** – 1603 ◊ mot algonquin «festin» ; rattaché à 1*tabac* au XVIIIe s. ▪ **1** VX Estaminet où l'on allait fumer. MOD. Endroit mal aéré où l'on a fumé beaucoup. *Quelle tabagie ici !* ▪ **2** RÉGION. (Canada) Établissement où l'on vend du tabac, des cigares et cigarettes, des articles pour fumeurs, des journaux. ➤ **bureau** (de tabac).

TABAGIQUE [tabaʒik] **adj.** et **n.** – 1860 ◊ de *tabagie* ▪ **1** VX Relatif à la tabagie. ▪ **2** MOD. MÉD. Relatif au tabagisme. *Intoxication, dépendance tabagique.* ◆ **n.** Personne qui abuse du tabac.

TABAGISME [tabaʒism] **n. m.** – 1896 ◊ de *tabagie* ▪ MÉD. Intoxication au tabac. ➤ **nicotinisme.** *Tabagisme passif,* des non-fumeurs, par inhalation involontaire de la fumée dégagée par des fumeurs. *Lutte contre le tabagisme* (➤ **antitabac ; tabacologie**). Toxicomanie des personnes qui sont dépendantes du tabac. ➤ **tabacomanie.**

TABARD [tabaʀ] **n. m.** – v. 1280 ; *tabar* v. 1240 ◊ origine inconnue ▪ Au Moyen Âge, Manteau court, ample, à manches formant ailerons et à fentes latérales, porté sur l'armure.

TABASCO [tabasko] **n. m.** – date inconnue ◊ marque déposée ; n. d'un État mexicain ▪ Condiment à base de piments rouges, de vinaigre et d'épices. *Quelques gouttes de tabasco. Des tabascos.*

TABASSAGE [tabasaʒ] **n. m.** – 1937 ◊ de *tabasser* ▪ FAM. Action de tabasser (cf. Passage à tabac*), de se tabasser. — On a dit aussi *tabassée* **n. f.**

TABASSER [tabase] **v. tr.** ⟨1⟩ – 1918, très antérieur région. ◊ d'un radical *tabb-,* idée de «frapper» ▪ FAM. Battre*, rouer de coups, passer à tabac. ➤ **bastonner.** *Elle s'est fait tabasser.* — PRONOM. (RÉCIPR.) *Ils se sont tabassés.*

TABATIÈRE [tabatjɛʀ] **n. f.** – 1665 ; *tabaquière* 1650 ◊ de 1*tabac* ■ **1** Petite boîte à couvercle dans laquelle on mettait le tabac à priser, et qu'on emportait dans sa poche. « *Il prisait dans une tabatière d'or* » BALZAC. ■ **2** PAR ANAL. (1831) Vitre d'une lucarne à charnière. *Fenêtre, châssis à tabatière.* PAR MÉTON. La lucarne. « *une tabatière s'ouvrait sur un carré de ciel* » MARTIN DU GARD. ■ **3** ANAT. *Tabatière anatomique* : dépression de la partie latérale et postérieure du poignet, formée par la saillie des tendons des muscles extenseurs long et court du pouce, lorsque ces derniers se contractent (on déposait les poudres à priser dans cette dépression).

TABELLAIRE [tabelɛʀ] **adj.** – 1828 ◊ de *tabelle* (vx), latin *tabella* « tablette » ■ TYPOGR. *Impression tabellaire,* qui se faisait avec des planches gravées, avant l'invention des caractères mobiles.

TABELLION [tabeljɔ̃] **n. m.** – 1265 « notaire subalterne » ◊ latin juridique *tabellio* « qui écrit sur des tablettes » ■ **1** VX Officier chargé de conserver les actes rédigés par les notaires et d'en délivrer les grosses. ■ **2** (1869) PAR PLAIS., LITTÉR. et PÉJ. Notaire.

TABERNACLE [tabɛʀnakl] **n. m.** – 1120 ◊ latin *tabernaculum* « tente » ■ **1** RELIG. Tente des Juifs de l'Antiquité. *Fête des tabernacles,* célébrée après la moisson sous des abris de feuillage (fête appelée par les juifs *fête des Cabanes, des Tentes*). — SPÉCIALT Construction démontable où les Hébreux déposaient l'Arche d'Alliance et les objets sacrés, avant la construction du temple de Jérusalem. ■ **2** (1160) Petite armoire fermant à clé, qui occupe le milieu de l'autel d'une église et contient le ciboire. ■ **3** (1842) TECHN. Espace libre maçonné autour d'un robinet souterrain.

TABÈS [tabɛs] **n. m.** – 1874, repris à l'allemand ◊ latin *tabes dorsalis* (1827), de *tabes* « écoulement », fig. « langueur, consomption » (1520) ■ MÉD. Forme tardive nerveuse de syphilis par atteinte dégénérative des cordons postérieurs de la moelle épinière et des racines nerveuses rachidiennes qui en émergent, caractérisée par une hypotonie et une ataxie* locomotrice, de violentes douleurs (gastriques, vésicales, intestinales ou oculaires) et des troubles trophiques cutanés, articulaires ou osseux. ➤ aussi **paralysie** (générale). *Tabès héréditaire.* — On écrit aussi *tabes.*

TABÉTIQUE [tabetik] **adj.** – 1880 ◊ de *tabès* ■ MÉD. Qui appartient au tabès. *Démarche tabétique.* ◆ Atteint du tabès. — **n.** *Un, une tabétique.*

TABLA [tabla] **n. m.** – milieu XXe ◊ mot hindi ■ Instrument de musique indienne, petites timbales dont on joue sans mailloches, avec la main.

TABLARD ou **TABLAR** [tablaʀ] **n. m.** – *tabla* 1487 ◊ mot franco-provençal ; du latin *tabula* « table » ■ (Suisse) ■ **1** Étagère. ■ **2** Terrasse, parcelle (de vigne) soutenue par un mur.

TABLATURE [tablatyʀ] **n. f.** – 1596 ; *tabulature* 1529 ◊ latin médiéval *tabulatura* ; de *tabula,* francisé d'après *table* ■ **1** MUS. Figuration graphique des sons musicaux propres à un instrument. *La tablature d'un orgue. Tablature de luth, de guitare.* ■ **2** VX Leçon. — LOC. FIG. (1669) *Donner de la tablature à qqn,* des difficultés.

TABLE [tabl] **n. f.** – fin XIe ◊ du latin *tabula* « planche, tablette pour écrire » et « table de jeu » qui a évincé en Gaule *mensa* « table », conservé dans des sens techniques (→ moise) ou didactiques (→ mense, commensal)

I MEUBLE FORMÉ D'UNE SURFACE PLANE HORIZONTALE Objet formé essentiellement d'une surface plane horizontale, généralement supporté par un pied, des pieds, sur lequel on peut poser des objets. **A. DANS LE CONTEXTE DES REPAS, DE LA NOURRITURE** ■ **1** Surface plane dressée à une hauteur convenable pour recevoir tout ce qui est nécessaire aux repas ; SPÉCIALT de nos jours, Meuble sur pieds construit pour cet usage. *Table de bois, de marbre. Table ronde, ovale, rectangulaire ; à rallonges.* MAR. *Table à roulis.* ➤ **violon.** « *une de ces vieilles tables de bistro, pieds de fonte et dessus de marbre blanc* » DJIAN. — *Poser un plat sur la table.* — PAR EXT. *Dresser, mettre la table* : disposer, mettre sur la table tout ce qu'il faut pour manger (cf. Mettre le couvert*). « *le maître d'hôtel avait dressé la table dans le salon, une table où tenaient vingt-cinq couverts, un peu serrés* » ZOLA. *Desservir, débarrasser la table.* — **DE TABLE :** qui sert au repas, qui se met sur la table. *Ustensiles de table* (vaisselle, couverts, verres). *Linge de table* : nappe, serviette, set. *Service de table. Tapis, jeté* de table. Chemin* de table. Poubelle de table.* — *Raisin de table,* destiné à être mangé (et non à faire le vin). *Vin de table,* de qualité courante. ◆ *Table d'hôte*. Réserver, retenir une table au restaurant. Table de six couverts.* ◆ (1549) **LA TABLE** (en parlant du repas). *Majordome qui fait le service de la table.* — *Arts de la table* : design appliqué à la vaisselle et au linge de table. — **À TABLE.** *Servir à table* : servir le repas aux convives. *Aller, s'asseoir, se mettre à table* : s'attabler pour manger. LOC. FAM. *Se mettre à table* : avouer (cf. Manger le morceau*). *À table !,* mettez-vous, mettons-nous à table. *Passons à table. Être à table,* en train de prendre un repas. « *Il se fit la réflexion que les manières à table étaient un critère de discrimination sociale* » M. DESPLECHIN. *Être treize* à table. Plan de table* : disposition des convives. *Inviter, recevoir qqn à sa table.* LOC. (1606) *Tenir table ouverte* : inviter toutes les personnes qui se présentent. « *C'est toujours table ouverte, ici. Mais ce n'est pas déplaisant. On voit des figures nouvelles* » R. GUÉRIN. — *Se mettre les pieds sous la table* : se laisser servir. *Se tenir bien à table,* s'y comporter selon les usages. « *Même si on se tient bien à table, manger à sa faim en temps de disette c'est bâfrer* » BEAUVOIR. — *Se lever de table, quitter la table. Sortir de table.* — *Faire longue table* : rester longtemps à table. — *Rouler sous la table* : s'enivrer au cours du repas. ◆ RÉGION. (Nord-Est, Belgique) *Heure de table* : pause déjeuner. ■ **2** (début XIIIe) **LA TABLE :** la nourriture servie à table. *Le logement, le gîte et la table. Les plaisirs de la table.* ➤ **gastronomie.** « *Le nombre des gens que la table a ruinés* » BALZAC. *Bonne table.* ➤ **chère.** *La meilleure table de la région.* ◆ (1732) Personnes qui prennent leur repas, qui sont à table. ➤ **tablée.** *Présider la table.* « *Cette table, assez nombreuse, était très gaie, sans être bruyante* » ROUSSEAU.

B. AUTRES CONTEXTES ■ **1** (fin XIIe) Meuble formé d'une surface plane supportée par des pieds, et servant à divers usages. *S'appuyer contre, sur une table. Table basse, haute. Petite table décorative.* ➤ **console, guéridon.** *Table de cuisine. Table de jardin, en rotin, en métal. Tables gigognes*. Table pliante, escamotable. Table roulante.* ➤ 2**desserte.** *Table de télévision,* qui supporte l'appareil. — *Table de travail.* ➤ **bureau.** *Tables d'école* (➤ **pupitre**). *Table de réunion.* — *Table d'architecte. Table à dessin. Table lumineuse,* pour regarder des photos, des films. — *Table d'opération.* ➤ FAM. **billard.** *Table gynécologique.* — *Table à repasser*.* ➤ **planche.** — *Table de jeu, table à jouer. Table de bridge,* légère, à pieds pliants, recouverte de drap vert. *Jouer cartes* sur table.* — *Table de ping-pong.* (de l'anglais) *Tennis de table* : le ping-pong. — *Table de mixage*.* ◆ (1854) SPIRITISME *Table tournante,* dont les mouvements sont censés transmettre un message des esprits (➤ **typtologie**). *Faire tourner les tables.* « *Ils m'ont dit de ne pas croire au miracle, si les tables tournent c'est que quelqu'un les pousse du pied* » ARAGON. ■ **2** LOC. (d'après l'anglais *round table* [*conference*]) **TABLE RONDE :** réunion, caractérisée par le principe d'égalité entre participants à l'image de la table ronde autour de laquelle peuvent s'asseoir les convives, sans hiérarchie ni préséance, pour discuter de questions d'intérêt commun, généralement litigieuses, d'ordre international (➤ **conférence, congrès**), politique (➤ **assemblée, meeting, réunion**), scientifique, professionnel, syndical, etc. (➤ **colloque, journée** [d'étude], **séance** [de travail], **séminaire, symposium**). *Animer une table ronde. Participer à une table ronde.* — *La table des négociations.* — *Mettre les problèmes sur la table,* en débattre franchement, ouvertement. *Se mettre autour d'une table* : entamer le dialogue, des négociations. *Taper du poing* sur la table.* — *Mettre de l'argent sur la table* : être prêt à payer une certaine somme pour obtenir qqch. *Passer de l'argent sous la table,* en secret (➤ **dessous-de-table**). ◆ **TOUR DE TABLE :** prise de parole successive des participants à une discussion. *Faire un tour de table.* — Ensemble des personnes apportant des capitaux dans une entreprise, une affaire. ➤ **consortium, pool.** *Organiser un tour de table pour l'achat d'une entreprise.* « *Ils annonçaient en tout cas avoir bouclé leur tour de table, et qu'ils ouvriraient normalement dès la prochaine rentrée* » HOUELLEBECQ. ■ **3** Objet mobilier d'usage domestique comprenant, outre un support plat, différentes parties (tiroirs, coffre, tablettes) et pouvant constituer un meuble fermé. — (1717) **TABLE DE NUIT ;** (1913) **TABLE DE CHEVET :** petit meuble placé au chevet du lit. « *une de ces tables de nuit ancien style, avec compartiment pour vase nocturne et à dessus de marbre épais* » L. MALET. — **TABLE À LANGER :** petit meuble sur lequel on change un bébé, et dans lequel sont rangés les objets nécessaires à la toilette. — **TABLE À OUVRAGE :** travailleuse, tricoteuse. — **TABLE DE TOILETTE,** comportant un emplacement pour une cuvette et un pot, surmontée d'une glace, de tablettes. ■ **4** **TABLE D'ORIENTATION.** Table circulaire de pierre, sur laquelle sont figurés les directions des points cardinaux et les principaux accidents topographiques visibles du lieu où elle se trouve.

▪ **5** (fin XIIe) Partie supérieure de l'autel. (1630) *La sainte table :* l'autel. « *Max Jacob allant à la sainte table, chez les Bénédictines de la rue Monsieur* » GREEN. ▪ **6** (1967) (Afrique noire) Étal de vendeur sur la voie publique. ➤ **tablier.**

II PARTIE PLANE D'UN OBJET, D'UN DISPOSITIF (début XIVe) *Porte surmontée d'une table moulurée* (➤ **entablement**). *Table de machine-outil. Table de foyer.* **TABLE DE CUISSON :** plaque servant de support pour des brûleurs à gaz ou des plaques électriques, encastrée indépendamment du four dans un élément de cuisine. *Table de cuisson vitrocéramique.* ➤ **plaque.** TECHN. *Plomb, ardoise, marbre en table.* (1532) *Diamant en table,* taillé de façon à présenter une facette horizontale supérieure, dite *table. Table de roulement :* surface de roulement d'un rail. — (1845) Partie plane de l'enclume. — Plateau de fonte sur lequel se fait la coulée du verre. — Surface plane sur laquelle on coule le plomb. ◆ (1611) Partie plane ou légèrement incurvée d'un instrument de musique sur laquelle les cordes sont tendues. *Table d'harmonie* ou *Table,* sur laquelle repose le chevalet. *La table et le fond sont réunis par des éclisses.* « *les quatre notes de l'accord fondamental jaillirent de la table d'harmonie en quintes limpides* » H. LE PORRIER. ◆ Tableau. *Table interurbaine d'un standard.* PAR EXT. *Table d'écoute**. — INFORM. *Table traçante :* unité de sortie d'un ordinateur qui permet le tracé de courbes et de graphiques. ◆ ASTRONAUT. *Table de lancement :* « dispositif assurant le support et le maintien d'un véhicule spatial et permettant un décollage vertical ou voisin de la verticale » (Journal officiel). ◆ Surface plane naturelle. *Table de roc. Table calcaire, glaciaire* (➤ **tabulaire**). « *Je vis la table de Henri IV. C'est une roche étendue, d'une surface plane, unie, au milieu du Rhône* » A. PERDIGUIER.

III SUPPORT D'ÉCRITURE OU D'INFORMATIONS A. SURFACE POUR ÉCRIRE (fin XIIe) (Dans quelques emplois) Surface plane sur laquelle on peut écrire, graver. *Table rase**. — Ce qui est écrit. (1680) *Les Tables de la Loi.* ➤ **décalogue.** — (1680) ANTIQ. ROM. *Loi des Douze Tables,* publiée vers 450 av. J.-C., par les décemvirs.

B. LISTE, TABLEAU ▪ **1** (1549) Présentation méthodique, sous forme de liste, d'un ensemble de données, d'informations. ➤ **index.** *Table alphabétique, analytique, méthodique.* (1690) *Table des chapitres, des matières :* dans un livre, énumération des chapitres, des questions traitées (dans un ordre déterminé). ➤ **inventaire, répertoire, sommaire.** — Ensemble de données dont chaque article peut être identifié sans ambiguïté au moyen d'un ou plusieurs arguments (abscisse, ordonnée ; figures, symboles). ➤ **tableau** (III, 2°). *Table de contingence, de corrélation. Tables chronologiques, généalogiques, démographiques (table de mortalité, de natalité, de morbidité...).* ▪ **2** SC. Recueil d'informations, de données (numériques, expérimentales), groupées de façon systématique, en vue d'une consultation aisée. (1631) *Tables astronomiques :* éphémérides, annuaire du Bureau des longitudes. — *Tables de multiplication**. FAM. *La table de six.* « *n'ai-je pas tout le temps nécessaire pour apprendre les tables et faire les exercices de conjugaison* » A. ERNAUX. — *Table de logarithmes.* — LOG. *Table de vérité :* tableau formé de cases indiquant par « vrai » ou « faux » le résultat d'une opération logique sur des propositions selon tous les cas possibles où chacune d'elles est vraie ou fausse. *Table de décision :* table de vérité portant sur des choix. — *Table de Pythagore :* tableau donnant les composés d'une loi à l'intersection des lignes et des colonnes représentatives des composants. — CHIM. *Table de constantes :* recueil de données chimiques et physiques concernant les corps purs. — *Table de Mendeleïev :* classification* périodique des éléments. — *Tables de tir,* contenant les éléments de calcul de trajectoires, pour une bouche à feu. — SPORT Tableau de cotation des différentes performances, indiquant les équivalences conventionnelles en points. « *Table internationale* » *pour les classements du pentathlon et du décathlon.* — *Tables de Bacon :* recueil systématique d'exemples concernant un phénomène ou une qualité dont on veut découvrir l'essence.

TABLEAU [tablo] n. m. – milieu XIVe ◊ de *table*

I REPRÉSENTATION PICTURALE OU CE QUI L'ÉVOQUE ▪ **1** Œuvre picturale exécutée sur un support rigide et autonome. ➤ **panneau, peinture, toile.** *Tableau de chevalet**. *Tableau à plusieurs volets.* ➤ **diptyque, polyptyque, triptyque.** *Tableau sur bois, toile, papier, carton, isorel, etc. Tableau peint à l'huile, à la gouache, à l'acrylique, au pastel. Nettoyer, restaurer, revernir, rentoiler, maroufler un tableau.* « *un tableau est un espace à émouvoir* » GIDE. « *chez moi, un tableau est une somme de destructions* » PICASSO. *Un mauvais tableau.* ➤ **croûte.** *Tableaux religieux, d'église, d'autel.* ➤ **prédelle, retable.** *Tableau de genre* (représentant un intérieur, des animaux). *Tableau figuratif.* ➤ 1 **marine, nature morte, paysage, portrait.** *Tableau abstrait, non figuratif. Tableau de maître. La reproduction** *d'un tableau.* — LOC. *Il y a une ombre** *au tableau.* — *Exposer ses tableaux. Marchand de tableaux. Galerie de tableaux. Amateur, collectionneur de tableaux.* — *Accrocher un tableau au mur, à une cimaise. Faire encadrer un tableau.* — PAR EXT. Image encadrée (lithographie, reproduction, gravure). ▪ **2** (1838) **TABLEAU VIVANT :** spectacle constitué d'un groupe de personnes disposées sur la scène de manière à reproduire ou à évoquer un tableau célèbre ; groupe de personnages immobiles. ▪ **3** FIG. (1889) VIEILLI **VIEUX TABLEAU :** vieille femme trop fardée. ▪ **4** FIG. (1559) Image, scène réelle qui évoque une représentation picturale. « *Nous devions, à nous deux, former un gentil petit tableau* » H. CALET. — FAM. et IRON. *Tu vois le tableau !,* la scène. ▪ **5 TABLEAU DE CHASSE :** ensemble des animaux abattus, rangés par espèces. FIG. Ensemble de succès. *Aviateur qui a un beau tableau de chasse,* qui a abattu beaucoup d'avions ennemis. *Le tableau de chasse d'un don juan,* ses conquêtes féminines. ▪ **6** (1612) Description ou évocation imagée, par la parole ou par l'écrit. ➤ **image, récit.** *Brosser, faire un tableau de la situation,* en faire une rapide description, en donner une vue d'ensemble. *Le tableau est complet. Noircir le tableau.* — LOC. *Pour achever le tableau :* pour comble. ◆ *Tableau clinique**. ▪ **7** (1842) Subdivision d'un acte qui correspond à un changement de décor, au théâtre. *Drame, opérette en vingt tableaux.*

II PANNEAU PLAT ▪ **1** (milieu XIVe) Panneau destiné à recevoir une inscription, une annonce ; PAR EXT. Cadre de bois où l'on affiche une feuille d'avis, etc. *Tableau d'affichage. Tableau indicateur. Tableau des départs, des arrivées,* dans une gare. ▪ **2** (1835) **TABLEAU NOIR** ou **TABLEAU :** panneau (noir à l'origine, vert foncé ou blanc) sur lequel on écrit à la craie ou au feutre dans une salle de classe. *Écrire au tableau. Élève X, au tableau !* — *Tableau blanc interactif (TBI)* ou *tableau numérique interactif (TNI) :* écran blanc de grande taille relié à un ordinateur et à un vidéoprojecteur, qui permet de travailler de manière interactive. — *Tableau aimanté.* ▪ **3** (1560) TECHN. Parois latérales encadrant une baie de porte ou de fenêtre. — *Tableau* ou *tableau de baie :* partie de l'épaisseur du mur entre la feuillure et le parement extérieur. ▪ **4** (1701) MAR. Partie plate de la poupe (d'un navire en bois). *Le tableau porte le nom du navire.* ▪ **5** (1784) VX À certains jeux d'argent, Surface, emplacement où l'on mise. — MOD. LOC. *Jouer, miser sur les deux tableaux, sur tous les tableaux :* se ménager un intérêt dans deux partis, deux côtés opposés, afin de ne pas perdre. « *Gagner à tout coup, tantôt sur l'un, tantôt sur l'autre tableau* » MONTHERLANT. ▪ **6** (1890) Support plat réunissant plusieurs objets ou appareils. *Le tableau des clés,* dans un hôtel. — ÉLECTR. Support des appareils de commande, de mesure d'un réseau électrique. *Tableau de distribution. Tableau indicateur. Tableau d'une installation téléphonique. Tableau de commande* (d'un appareil ménager : cuisinière, machine à laver, lave-vaisselle, sèche-linge, etc.). *Tableau de contrôle* (d'une machine, d'une installation, d'un réseau), réunissant les appareils de commande, de réglage et de sécurité. ▪ **7** (1914) **TABLEAU DE BORD :** panneau où sont réunis les instruments de bord. *Tableau de bord d'un avion, d'une automobile, d'un bateau à moteur. Les voyants d'un tableau de bord.* — FIG. Document de gestion présentant des indicateurs. *Le tableau de bord de l'économie.*

III CE QUI EST ÉCRIT SUR UN TABLEAU ▪ **1** (1549) Liste par ordre des personnes appartenant à une compagnie, à un corps. *Tableau de l'ordre des avocats. Inscription au tableau ; être rayé du tableau.* — (1888) *Tableau d'avancement :* liste des personnes prévues pour un avancement hiérarchique, par ordre de préférence. — *Tableau d'honneur :* liste des élèves les plus méritants. *Être inscrit au tableau d'honneur.* ◆ (1783) Liste de prescriptions, de renseignements, affichée ou consultable. *Tableau de service. Tableau de marche des trains.* ▪ **2** (fin XVIIIe) Série de données, de renseignements, disposés en lignes et en colonnes, d'une manière claire et ordonnée, parfois figurée, pour faciliter la consultation. *Les tableaux d'un inventaire, d'une comptabilité* (➤ **bilan**). *Tableau de prix* (➤ **tarif**). *Tableau des emplois et des ressources.* ➤ **grille.** — ÉCON. *Tableau économique d'ensemble (T. E. E.). Tableau des entrées-sorties (T. E. S.),* présentant l'équilibre entre les ressources et les emplois (de biens, de services). *Tableau chronologique, statistique. Données économiques présentées en* *tableau* (➤ **tableur**). *Tableau des conjugaisons. Tableau synchronique, synoptique.* ➤ **table** (III, B). *Tableau de Boole :* table* de vérité. *Tableau de Mendeleïev :* classification* périodique des éléments. — PHARM. *Tableau A, B, C :* listes où sont répartis les médicaments dangereux, toxiques et stupéfiants, délivrés uniquement sur ordonnance. *Médicament inscrit au tableau C.*

TABLEAUTIN [tablotɛ̃] **n. m.** – 1823 ◊ de *tableau* ■ Tableau de petite dimension.

TABLÉE [table] **n. f.** – XIIIe ◊ de *table* ■ Ensemble des personnes assises à une même table, qui prennent ensemble leur repas. ➤ **table.** *Une joyeuse tablée.*

TABLER [table] **v. tr. ind.** ⟨1⟩ – 1690 ; «se mettre à table» 1290 ◊ de *table* ■ **TABLER SUR (qqn, qqch.).** ➤ **compter.** *On ne peut tabler sur sa présence.* — SPÉCIALT Baser une estimation, un calcul sur (ce qu'on croit sûr). *Tabler sur une augmentation de salaire.*

TABLETIER, IÈRE [tablətje, jɛʀ] **n.** – v. 1260 ◊ de *table* «échiquier, damier» ■ TECHN. Ouvrier spécialiste du travail de certains bois, du corozo, de l'os, de l'ivoire pour la fabrication des articles de jeu (damiers, échiquiers...).

TABLETTE [tablɛt] **n. f.** – 1220 ◊ de *table*

I VX Petite table (III, 1°) ; planchette ou petite surface plane destinée à recevoir une image, ou plus souvent une inscription. — ARCHÉOL. *Tablette à écrire, tablette de cire.* ♦ AU PLUR., LOC. *Écrire, noter, marquer qqch. sur ses tablettes,* en prendre bonne note. *Rayer de ses tablettes :* effacer de son souvenir.

II (*tavelette* 1460) Petite planche horizontale. ➤ **planchette,** 2 **rayon.** *Les tablettes d'une armoire, d'un meuble de rangement, d'un bureau, d'un secrétaire. Tablette à glissière.* — (Canada) LOC. FAM. *Être, mettre sur la tablette, sur une tablette,* à l'écart. ➤ **tabletter.** ♦ Plaque d'une matière dure, servant de support, d'appui, d'ornement. *Tablette d'une cheminée :* plaque posée sur les montants. *Tablette recouvrant un radiateur de chauffage central. Tablette de lavabo.* ♦ Dalle mince couvrant l'appui d'une fenêtre. ♦ Appui d'un balustre, d'une balustrade.

III (XVIe) Médicament, et PAR EXT. Produit alimentaire solide, solidifié, présenté en petites plaques de forme rectangulaire. *Tablette de chocolat* (➤ **plaque ;** RÉGION. **palette**), *de chewing-gum.* FIG. et FAM. *Tablettes de chocolat :* abdominaux saillants. *«il était torse nu avec des tablettes de chocolat de dessins animés»* F. GUÈNE. — *Bouillon en tablette.* ♦ PAR EXT. *Tablettes de combustible* (métaldéhyde). ♦ CRISTALLOGR. Cristal dont l'une des dimensions est très faible par rapport aux deux autres.

IV (calque de l'anglais *tablet*) ■ **1** (1987) *Tablette graphique :* périphérique d'ordinateur associant un plateau à un stylet et qui, à l'aide d'un logiciel, permet de dessiner, de retoucher des photos, etc. ■ **2** (1990) *Tablette (numérique, tactile) :* ordinateur ou terminal d'ordinateur portable dont l'écran tactile recouvre toute la surface. *Télécharger un livre, lire le journal sur sa tablette. «il saisit sa tablette posée près du lit, l'ouvre sur un journal en ligne»* ECHENOZ.

TABLETTER [tablete] **v. tr.** ⟨1⟩ – 1979, mais antérieur ◊ de *tablette* ■ (Canada) FAM. ■ **1** Mettre (qqn) à l'écart, sur la touche. *Le sous-ministre s'est fait tabletter.* ■ **2** Mettre (qqch.) de côté (cf. Mettre aux oubliettes, au placard). — *Une étude tablettée.* — **n. m.** (1957) **TABLETTAGE.**

TABLETTERIE [tablɛtʀi] **n. f.** – 1380 ◊ de *tabletier* ■ **1** Métier, commerce du tabletier. *La tabletterie utilise le placage, l'incrustation, la sculpture...* ■ **2** (1694) Objets de tabletterie (coffrets, échiquiers, damiers ; éventails, peignes ; objets pour fumeurs). *Tabletterie de laque.*

TABLEUR [tablœʀ] **n. m.** – 1983 ◊ du radical de *tableau* ■ INFORM. Progiciel permettant la création, la manipulation et l'édition de données organisées sous forme de tableaux.

TABLIER [tablije] **n. m.** – 1160 ◊ de *table*

I ■ **1** ANCIENNT Surface plane sur laquelle se jouent certains jeux (échecs, dames, trictrac). ■ **2** (1838 ; «partie d'un pont-levis» 1793) Plateforme qui constitue le plancher d'un pont. *«Grâce au toit du pont, il n'y avait pas de neige sur le tablier»* HUGO. ■ **3** (1967 ◊ de *table* «étal») (Afrique noire) Étal de vendeur des rues. ➤ **table.** — *Marchand tablier* ou *tablier* (fém. rare *tablière*) : vendeur des rues.

II ■ **1** (1530 ; «toile qui protège la table» XIIe) COUR. Vêtement de protection constitué par une pièce de matière souple maintenue par des attaches, qui garantit le devant du corps. *Tablier à bavette. Tablier de boucher. Tablier de cuir.* — *Tablier de sapeur,* en cuir. RÉGION. (Lyonnais) Préparation culinaire à base de gras-double. ARG. FAM. Toison pubienne abondante (d'une femme). — *Tablier de franc-maçon.* LOC. *Ceindre le tablier :* devenir franc-maçon. — LOC. FAM. *Ça lui va comme un tablier à une vache,* très mal. ♦ SPÉCIALT Tablier de domestique. LOC. *Rendre son tablier :* se démettre d'une fonction, démissionner. ♦ PAR EXT. Blouse de protection. *«le coiffeur vous a délivré du tablier de nylon»* PH. DELERM. *Robe-tablier.* ➤ **robe.** ■ **2** (1875) TECHN. Dispositif (plaque ou assemblage de plaques) servant à protéger. *Tablier de laminoir.* COUR. *Tablier de cheminée. «il essaya vainement de lever le tablier rouillé de la cheminée»* ALAIN-FOURNIER. ➤ **rideau.** ♦ AUTOM. Séparation du compartiment moteur et de l'intérieur de la carrosserie. *Le tableau de bord est monté sur le tablier.* — Sur un scooter, un vélomoteur, Pièce de métal verticale qui sépare le conducteur de la roue avant. — Accessoire de protection qui couvre les jambes du conducteur d'un deux-roues motorisé.

TABLOÏD ou **TABLOÏDE** [tablɔid] **n. m.** – 1893 ◊ anglais *tabloid* (nom déposé, 1884) ■ ANGLIC. ■ **1** PHARM. RARE ➤ **comprimé.** ■ **2** (1955) Quotidien de demi-format. — PAR EXT. Périodique de petit format. EN APPOS. *Format tabloïd. Publications tabloïds.*

TABOU, E [tabu] **n. m. et adj.** – 1822 ; *taboo* 1782, dans une traduction du voyage de Cook (1777) ◊ anglais *taboo,* du polynésien *tapu* «interdit, sacré» ■ **1** Système d'interdictions de caractère religieux appliquées à ce qui est considéré comme sacré ou impur ; interdiction rituelle. *«Le tabou se présente comme un impératif catégorique négatif»* CAILLOIS. — **adj.** Qui est soumis au tabou, exclu de l'usage commun par le tabou. *Des armes taboues.* ■ **2** (1908) Ce sur quoi on fait silence, par crainte, pudeur. *Les tabous sexuels. Briser un tabou. «divorces, licenciements et autres tabous, à peine évoqués dans un milieu qui préfère cacher ses faiblesses»* DUTEURTRE. — **adj.** (parfois inv.) ➤ 1 **interdit.** *Sujets tabous. «Une maison d'édition dont tous les auteurs sont tabou»* GIRAUDOUX. *«les choses de la chair restaient taboues pour moi»* BEAUVOIR.

TABOUISER [tabuize] **v. tr.** ⟨1⟩ – 1953 ; *tabouer* 1822 ◊ de *tabou* ■ DIDACT. Déclarer, rendre tabou (dans nos sociétés) ; conférer un caractère sacré à (qqch., qqn).

TABOULÉ [tabule] **n. m.** – 1975 ◊ de l'arabe dialectal (Liban, Syrie, Palestine) *tabbūle* ■ Mets d'origine syro-libanaise préparé avec du blé concassé (ou de la semoule), du persil, de la menthe, des oignons et des tomates hachés, assaisonné d'huile d'olive et de jus de citron.

TABOURET [tabuʀɛ] **n. m.** – 1525 ; «pelote à aiguilles» 1442 ◊ de l'ancien français *tabour* (→ tambour), à cause de la forme ronde de ce siège ■ Siège sans bras ni dossier, à pied(s). *Tabouret de cuisine. Tabouret de piano,* monté sur vis pour en régler la hauteur. *Tabouret de bar,* assez haut pour que les consommateurs assis soient au niveau du bar. — *S'asseoir ; monter, grimper ; être juché sur un tabouret.* ♦ PAR EXT. Petit meuble où l'on pose les pieds, lorsqu'on est assis.

TABULAIRE [tabylɛʀ] **adj.** – v. 1493 «inscrit sur une table» ; 1355 «caissier, dans la Rome antique» ◊ du latin *tabularius* «caissier» ■ **1** (1819) SC. Disposé en tables, en tableaux. *Logarithmes tabulaires.* ■ **2** (1829) DIDACT. En forme de table. GÉOGR. Se dit d'un relief relativement plat, moins vaste que le plateau, et qui domine les environs. ➤ **mésa, table.** *Massif tabulaire.*

TABULATEUR [tabylatœʀ] **n. m.** – 1908 ◊ du latin *tabula* ■ TECHN. Dispositif d'une machine bureautique, d'une machine à écrire, permettant d'aligner des signes (chiffres, etc.) en colonnes, de manière à former des tables, des tableaux.

TABULATION [tabylasjɔ̃] **n. f.** – 1964 ◊ de *tabuler* «utiliser le tabulateur», du latin scientifique *tabula* «tableau» ■ TECHN. Espacement prédéfini sur la ligne de frappe ; positionnement du chariot, du curseur qui lui correspond. — INFORM. Caractère remplaçant plusieurs espaces. *Touche de tabulation* (➤ **tabulateur**).

TABULATRICE [tabylatʀis] **n. f.** – 1921 ◊ de *tabulaire* ■ Machine qui traitait les cartes perforées. ♦ Imprimante* fonctionnant ligne par ligne.

TABUN [tabun] **n. m.** – 1969 ◊ allemand *Tabun* (1936) ■ Gaz de combat, de la famille des organophosphorés.

TAC [tak] **interj. et n. m.** – 1480 ◊ onomatopée ■ Bruit sec. — *Tac, tac, tac, tac !...* bruit de mitrailleuse. *Tacatac,* bruit de tir ininterrompu. ♦ **n. m.** (1877) ESCR. Bruit du fer frappant le fer. *Parade de tac. Riposter* **DU TAC AU TAC :** répondre à un tac par un tac. — FIG. (1901) *Répondre, riposter du tac au tac :* répondre à un mot désagréable en rendant aussitôt la pareille ; répondre immédiatement et sur le même ton. ■ HOM. Taque.

TACAUD [tako] n. m. – 1771 ◇ breton *takohed* ■ Poisson de petite taille *(gadiformes)*, commun sur les côtes de l'Atlantique. ■ HOM. Taco, tacot.

TACCA [taka] n. m. – 1827 ◇ malais *takah* «dentelé» ■ BOT. Plante herbacée tropicale *(taccacées)*, à grandes feuilles découpées, dont les tubercules fournissent une fécule comestible.

TACET [tasɛt] n. m. – 1622 ; *faire le tacet* «ne rien dire» 1613 ◇ mot latin «il se tait» ■ HIST. MUS. Silence d'un instrument, d'une voix, pendant une partie d'un morceau, indiqué sur la partition par le mot *tacet*. ■ HOM. poss. Tassette.

TACHE [taʃ] n. f. – v. 1175 ; fin XIe *taje* ◇ origine inconnue, p.-ê. du gotique *taikns* «signe» ou d'un latin populaire °*tagicare*, de *tangere* «toucher»

I MARQUE, ZONE COLORÉE ■ **1** (XIIe) Altération à la surface d'une substance, petite étendue de couleur, d'aspect différent du reste. — (Sur la peau) *Tache de naissance. Taches de rousseur, de son.* ➤ **éphélide.** *«le teint moucheté de taches de rousseur»* VERLAINE. *Taches rouges.* ➤ 1 **macule, rougeur.** *Tache de vin.* ➤ **envie, nævus.** *Taches brunes, taches de vieillesse. «sa main parsemée de ces taches qu'on appelle taches de cimetières»* P. BRUCKNER. *Taches provenant d'un coup.* ➤ **bleu ; ecchymose.** ■ **2** (1550) Marque colorée naturelle sur le poil, les plumes, le tégument (des êtres vivants). *Taches du léopard, de la panthère. Taches du plumage d'un oiseau.* ➤ 1 **maille.** *«une salamandre noire marbrée de taches orangées»* GENEVOIX. *Semis de taches.* ➤ **moucheture, tacheture, tiqueture.** — RELIG. JUD. *Animal sans tache offert en holocauste.* FIG. *L'Agneau sans tache* : Jésus-Christ. ♦ ANAT. *Tache jaune de l'œil.* ➤ **macula.** — *Taches auditives* : formations blanchâtres sur la surface intérieure de l'utricule et du saccule de l'oreille interne, où se termine le nerf auditif. ■ **3** (1671) ASTRON. *Tache solaire* : région sombre et circulaire de la photosphère, plus froide que celle-ci. *Les taches apparaissent généralement dans les facules**. ■ **4** (milieu XIXe) Élément coloré qui apparaît dans le champ visuel sur un fond de couleur plus ou moins uniforme. *«Quelques joncs verts faisaient une tache crue»* MAUPASSANT. *Le soleil «jetait des taches d'or»* FLAUBERT. ♦ (XVIIIe ◇ d'abord péj.) PEINT. *«Au Salon, il n'y a plus que des taches, un portrait n'est plus qu'une tache, des figures ne sont plus que des taches, rien que des taches»* ZOLA. — (v. 1890) Petit élément d'un tableau dont la couleur tranche sur le reste. *«Noirceurs vagues çà et là piquées d'une tache vive»* TAINE. — (depuis les impressionnistes) Chacune des touches de couleur uniforme, juxtaposées dans un tableau (➤ **tachisme**). *«insoucieux du relief, il* [le Japonais] *ne peint que par le contour et la tache»* CLAUDEL.

II SALISSURE, SOUILLURE ■ **1** Surface salie par une substance étrangère ; cette substance. ➤ **éclaboussure, salissure, souillure.** *Tache d'huile, de graisse, de cambouis, d'encre, de rouille, d'humidité.* PAR EXT. *Tache de doigts gras.* ➤ 1 **marque, trace.** *Sans tache* (➤ **immaculé**). *Faire des ratures et des taches en écrivant.* ➤ **bavure, pâté.** — *Se faire des taches. Il a fait une tache à, sur sa cravate. Jupe pleine, couverte de taches. Enlever, ôter les taches* (➤ 2 **détacher ; antitache, détachant**). *Tache indélébile.* ♦ **FAIRE TACHE :** rompre une harmonie de couleurs ou toute autre harmonie. *Ce vase fait tache dans le salon.* ➤ **détonner.** FIG. (1830, Stendhal) *«et le chef de chantier, François, lui me regardait d'un sale œil, j'avais l'air de faire le tapin, je faisais tache»* CH. ROCHEFORT. — *Faire tache d'huile**. ■ **2** FIG. Souillure morale. ➤ **déshonneur, tare.** *Une vie sans tache. C'est une tache à sa réputation.* — (1560) Chose impure, contraire à la religion. ➤ **impureté, péché.** *La tache originelle* : le péché originel. *«L'innocence, une pureté sans tache»* VAUVENARGUES. SPÉCIALT, IRON. *Pur et sans tache* : vierge. ■ **3** FAM. Personne méprisable. *«pauvre tache ! S'il savait à quel point je l'emmerde...»* PENNAC.

■ HOM. poss. Tâche.

TÂCHE [tɑʃ] n. f. – v. 1393 ; v. 1180 *tasche* «travail rémunéré» ◇ latin médiéval *tasc(h)a* «redevance» ■ **1** Travail déterminé qu'on doit exécuter. ➤ **besogne, ouvrage.** *Assigner à chacun sa tâche. Tâche pénible. Accomplir les tâches quotidiennes. S'acquitter d'une tâche ; remplir une tâche. S'atteler à une tâche. Vous ne me facilitez pas la tâche. Avoir la tâche de, avoir pour tâche de (faire qqch.).* — (1606) **À LA TÂCHE,** se dit des ouvriers, des artisans qui sont payés selon l'ouvrage exécuté (et non à l'heure ou à la journée). *Travailler à la tâche* (➤ **pièce,** 1 **pige**). ♦ INFORM. Élément de programme susceptible d'être activé par le système d'exploitation. ♦ FIG. (1640) LITTÉR. *Prendre à tâche de...* : s'efforcer de, avoir à cœur de... *«Elles semblent avoir pris à tâche de justifier cette réputation qu'on nous fait à l'étranger»* GIDE. ■ **2** Ce qu'il faut faire ; conduite commandée par une nécessité ou dont on se fait une obligation. ➤ 2 **devoir, mission, rôle.** *Une rude tâche. Une tâche difficile. «la noble tâche d'encourager les jeunes talents»* HUGO. *«La tâche de l'historien consiste essentiellement à abréger»* BAINVILLE.

■ HOM. poss. Tache.

TACHÉ, ÉE [taʃe] adj. – 1450 ; *tachié* fig. fin XIIe ◇ de *tache* ■ **1** Sali d'une tache, de plusieurs taches. ➤ **maculé.** *Un gilet taché. Mains tachées d'encre.* ■ **2** (1791 ; *takié* 1311) Qui porte naturellement une tache (I, 1°, 2°), des taches (➤ **tacheté**). *Chat blanc taché de roux. Marbres tachés de gris. «ces mains tachées de son»* CHARDONNE. — *Fruits tachés.* ➤ **talé, tavelé.** ■ CONTR. Immaculé, propre, uni.

TACHÉO- ■ Élément, du grec *takheos* «rapide». ➤ **tachy-.**

TACHÉOGRAPHE [takeɔgʀaf] n. m. – 1903 (inventé en 1898) ◇ de *tachéo-* et *-graphe* ■ TECHN. Appareil de visée utilisé en planimétrie et altimétrie (levée des cartes et plans).

TACHÉOMÈTRE [takeɔmɛtʀ] n. m. – 1875 (inventé en 1835) ◇ de *tachéo-* et *-mètre* ■ TECHN. Instrument dérivé du théodolite, permettant de lever rapidement un plan nivelé. — n. f. **TACHÉOMÉTRIE,** 1858.

TACHER [taʃe] v. tr. ‹1› – 1530 ◇ de *tache*

I ■ **1** Salir en faisant une tache, des taches. ➤ **maculer, salir, souiller ;** FAM. **baptiser.** — (Sujet personne) *Tacher ses vêtements, un meuble, un livre.* ♦ (Sujet chose) ABSOLT *Le vin rouge tache.* FAM. *Du gros (rouge) qui tache* : vin rouge de mauvaise qualité. ■ **2** (hapax XIIIe) VX Souiller au moral, ternir (l'honneur, la réputation). ➤ **entacher.** *«Si de mes libertés j'ai taché votre nom»* MOLIÈRE. ■ **3** Colorer d'une tache (I, 3°). *«les cailloux qui tachaient le sol à perte de vue»* MAC ORLAN.

II SE TACHER v. pron. (1819) ■ **1** Faire des taches sur soi, sur ses vêtements. *Elle s'est encore tachée.* ■ **2** Recevoir des taches, se salir, en parlant d'une chose. *Une nappe blanche se tache vite.* ■ **3** Se couvrir de taches (I, 1°, 2°). *Les bananes se tachent de points noirs en mûrissant.*

■ CONTR. 2 Détacher. ■ HOM. poss. Tâcher.

TÂCHER [tɑʃe] v. ‹1› – v. 1460 ◇ de *tâche*

I ■ **1** v. tr. ind. Faire des efforts, faire ce qu'il faut pour... ➤ **s'efforcer, essayer.** VX **TÂCHER À** (et l'inf.). *Il «tâchait à nous convaincre d'ignorance»* DUHAMEL. ♦ (1538) MOD. **TÂCHER DE** (et l'inf.). *Je vais tâcher d'y penser. «Les orgueilleux tâchent d'abaisser tous les autres hommes»* DESCARTES. — À l'impér., par euphém., pour donner un ordre *Tâche d'être à l'heure ! «Tâchez de parler de votre maître avec un peu plus de ménagement !»* MARIVAUX. — (par croisement de *tâcher de...* et *trouver moyen*) POP. **TÂCHER MOYEN.** *«C'est vrai qu'il faudrait "tâcher moyen" de penser à autre chose qu'à ça»* MAURIAC. ■ **2** v. tr. dir. (1549) **TÂCHER QUE** (et subj.) : faire en sorte que. *Tâchez que cela ne se reproduise plus.*

II v. intr. LITTÉR. RARE Travailler péniblement, en tâcheron. *«il tâchait dans les maisons de passe de la presse»* HUYSMANS.

■ CONTR. Éviter. ■ HOM. poss. Tacher.

TÂCHERON, ONNE [tɑʃ(ə)ʀɔ̃, ɔn] n. – 1506, repris fin XIXe ◇ de *tâche* ■ **1** TECHN. Ouvrier agricole à la tâche. — Sous-entrepreneur du bâtiment à qui l'entrepreneur cède sa tâche moyennant un prix forfaitaire. ■ **2** COUR. Personne qui travaille avec assiduité et application. ♦ PÉJ. Personne qui effectue sans initiative des besognes de commande, des travaux ingrats. *«tous les irréguliers de la ville,* [...] *tâcherons, saisonniers, trimardeurs»* TOURNIER.

TACHETÉ, ÉE [taʃ(ə)te] adj. – 1538 ; *tachelé* XIIe ◇ de l'ancien français *tachele, tachete* «petite tache» ■ Qui présente de nombreuses petites taches (I, 2°). *Chiens à robe blanche tachetée de brun. Bananes tachetées.* ➤ **tigré.** ♦ Coloré de taches (I, 3°) par endroits. *«gras pâturages tachetés de bestiaux»* GAUTIER. — Orné de petites taches de couleur. *Papier, tissu, linoléum tacheté de points multicolores.* ➤ **marqueté, moucheté.**

TACHETER [taʃ(ə)te] v. tr. ‹4 /5/› – 1538 ◇ de *tacheté* ■ Marquer, couvrir de nombreuses petites taches (I). ➤ **moucheter.**

TACHETURE [taʃ(ə)tyʀ] n. f. – 1611 ◇ de *tacheter* ■ Marques de ce qui est tacheté ; aspect tacheté.

TACHINE [takin] n. m. ou f. – 1804 ◇ latin des zoologistes *tachina*, du grec *takinos* «rapide» ■ ZOOL. Grosse mouche, qui vit sur les fleurs et dont les larves sont parasites des chenilles. ■ HOM. Taquine (taquin).

TACHISME [taʃism] **n. m.** – 1897 ◊ de *tache* ▪ **1** VIEILLI Dans la peinture figurative, Façon de peindre par taches de couleur uniformes juxtaposées. ➤ **pointillisme.** ▪ **2** (1953) Dans la peinture abstraite, Façon de peindre par éléments colorés de forme imprécise.

TACHISTE [taʃist] **adj.** et **n.** – 1882 ◊ de *tache* ▪ **1** Relatif au tachisme (1° ou 2°). *Abstraction tachiste.* ▪ **2 n.** Peintre qui fait du tachisme (1° ou 2°). ➤ **pointilliste.**

TACHISTOSCOPE [takistɔskɔp] **n. m.** – 1945 ◊ de *tach(éo)-*, grec *-istos* «le plus» et *-scope* ▪ TECHN. Appareil de projection pour l'exposition d'images lumineuses à différentes vitesses, utilisé pour l'entraînement à la lecture rapide et pour des recherches commerciales de mesure de la perception. — **adj. TACHISTOSCOPIQUE** (1964) ou **TACHISCOPIQUE.**

TACHY- ▪ Élément, du grec *takhus* «rapide». ➤ **tachéo-.** ▪ CONTR. Brady-.

TACHYARYTHMIE [takiaritmi] **n. f.** – 1912 ◊ de *tachy-* et *arythmie* ▪ MÉD. Accélération et irrégularité des battements du cœur.

TACHYCARDIE [takikardi] **n. f.** – 1871 ◊ de *tachy-* et *-cardie*, d'après l'allemand *Tachykardie* (1882) ▪ MÉD. Accélération du rythme des battements du cœur. *Crise de tachycardie.* ▪ CONTR. Bradycardie.

TACHYGENÈSE [takiʒənɛz] **n. f.** – 1896 ◊ de *tachy-* et *-genèse* ▪ EMBRYOL. VIEILLI Développement embryonnaire particulièrement rapide de certains crustacés et insectes, du fait de l'absence de certains stades ancestraux et adaptatifs. — **adj. TACHYGÉNÉTIQUE.**

TACHYGRAPHE [takigraf] **n. m.** – 1881 ◊ de *tachy-* et *-graphe* ▪ TECHN. Appareil enregistreur de vitesse, notamment pour les véhicules automobiles.

TACHYMÈTRE [takimɛtr] **n. m.** – 1834 ◊ de *tachy-* et *-mètre* ▪ MÉTROL. Appareil de mesure de la vitesse angulaire d'un arbre en rotation (➤ **cinémomètre, compte-tour**). *Mesure des vitesses au tachymètre.* — **n. f. TACHYMÉTRIE.**

TACHYON [takjɔ̃] **n. m.** – 1970 ◊ de *tachy-* et *-on* des n. de particules ▪ PHYS. Particule hypothétique, de vitesse supérieure à celle de la lumière dans le vide.

TACHYPHAGIE [takifaʒi] **n. f.** – 1908 ◊ de *tachy-* et *-phagie* ▪ MÉD. Action de manger trop vite.

TACHYPHÉMIE [takifemi] **n. f.** – 1923 ◊ de *tachy-* et grec *phêmê* «parole» ▪ DIDACT. Trouble de la parole caractérisé par l'accélération du rythme d'émission des mots.

TACHYPHYLAXIE [takifilaksi] **n. f.** – 1916 ◊ de *tachy-* et *(pro)phylaxie* ▪ MÉD. Immunisation rapide contre l'action d'une dose mortelle de poison, par inoculation préalable d'une dose non mortelle du même poison.

TACITE [tasit] **adj.** – 1466 «muet» ; 1286 gascon «sous-entendu» ◊ latin *tacitus*, de *tacere* «se taire» ▪ Non exprimé, sous-entendu entre plusieurs personnes. ➤ **implicite, inexprimé.** *Accord, reconnaissance tacite.* — (XVIe) DR. *Convention tacite. Tacite reconduction.* ▪ CONTR. Exprimé, formel, 1 manifeste.

TACITEMENT [tasitmɑ̃] **adv.** – 1474 ◊ de *tacite* ▪ De façon tacite. ➤ **implicitement.** *Contrat tacitement reconductible.*

TACITURNE [tasityrn] **adj.** – 1530 ; «où il y a peu de bruit» 1485 ◊ latin *taciturnus* ▪ Qui par nature parle peu, reste silencieux. «*comme les vrais hommes d'action, il est le plus souvent taciturne*» DUHAMEL. **n.** *Guillaume le Taciturne* (ou *le Taiseux*) : Guillaume Ier d'Orange. ◆ **Plus cour.** Qui n'est pas d'humeur à faire la conversation. ➤ 1 **morose, sombre.** *Une femme sérieuse* «*qui, avec l'âge, devient taciturne, impérieuse, austère et brusque*» SENANCOUR. ▪ CONTR. Communicatif, disert, loquace, parleur.

TACITURNITÉ [tasityrnite] **n. f.** – 1375 ◊ latin *taciturnitas* ▪ LITTÉR. Comportement, humeur ou caractère d'une personne taciturne. «*je me réfugiais dans une taciturnité profonde*» CONSTANT.

TACLE [takl] **n. m.** – 1955 ; *tackling* 1907 ◊ mot anglais, de *to tackle* «saisir» ▪ SPORT Au football, Action de déposséder un adversaire du ballon, en effectuant une glissade. *Effectuer un tacle.* ➤ **tacler.**

TACLER [takle] **v. intr.** ⟨1⟩ – 1966 ; *tackler* 1954 ◊ de *tacle* ▪ SPORT Faire un tacle. — FIG. TRANS. *Tacler son adversaire politique.* «*L'argent ? La pression médiatique ? Il suffit de les tacler...*» (Le Monde, 1998).

TACO [tako] **n. m.** – 1988 ◊ du nahuatl ▪ Plat mexicain fait d'une galette de maïs (➤ **tortilla**), pliée en deux et fourrée. *Des tacos* [takɔs] *au poulet.* ▪ HOM. Tacaud, tacot.

1 **TACON** [takɔ̃] **n. m.** – 1436 ◊ mot franco-provençal ; ancien francique °*takko* «dentelure» ▪ RÉGION. (Doubs, Jura, Rhône, Loire, Isère, Alpes ; Suisse) Pièce servant à raccommoder les vêtements.

2 **TACON** [takɔ̃] **n. m.** – 1555 ◊ bas latin *tec(c)o* (VIe), probablt mot gaulois ▪ RARE. Jeune saumon. *Tacon qui va vers la mer.* ➤ **smolt.**

TACONÉOS ou **TACONEOS** [takɔneɔs ; -neos] **n. m. pl.** – milieu XXe ◊ espagnol *taconeos*, de *taconear* «frapper du talon» ▪ DIDACT. Martèlement rythmé des talons, dans la danse flamenco.

TACOT [tako] **n. m.** – 1904 ; t. de métier à tisser 1803 ◊ de *tac* ▪ FAM. Vieille voiture automobile qui n'avance pas. ➤ **chignole, guimbarde ;** RÉGION. **bazou.** *Un vieux tacot.* ▪ HOM. Tacaud, taco.

TACT [takt] **n. m.** – 1354, repris v. 1570 ◊ latin *tactus*, de *tangere* «toucher» ▪ **1** VX Toucher. «*Le plaisir du tact*» VOLTAIRE. ◆ MOD. PHYSIOL. Sens du toucher* permettant d'apprécier les divers stimulus mécaniques qui s'exercent sur la peau et les muqueuses (contact léger, pression, traction). ▪ **2** FIG. VX Intuition (de qqch.). «*Le tact de ce qui est décent*» FRANCE. ◆ (1757) MOD. Appréciation intuitive, spontanée et délicate, de ce qu'il convient de dire, de faire ou d'éviter dans les relations humaines. ➤ **délicatesse, doigté.** *Avoir du tact. Agir avec tact et circonspection. Manque de tact.*

TACTICIEN, IENNE [taktisjɛ̃, jɛn] **n.** – 1757 ◊ de *tactique* ▪ **1** Spécialiste de la tactique. ▪ **2** Personne qui est habile en tactique (2°). ➤ **stratège.** *Un négociateur et un fin tacticien.*

TACTILE [taktil] **adj.** – 1541 ◊ latin *tactilis* ▪ **1** DIDACT. Qui est perçu par le toucher. *Corps tactile.* ➤ **palpable.** ▪ **2** (1762) Qui concerne le tact. *Perceptions tactiles.* ZOOL. *Poils tactiles,* qui chez certains animaux servent au tact (ex. moustaches du chat). ➤ **vibrisse.** ▪ **3** Qui aime toucher les autres, qui a des contacts physiques spontanés avec ses interlocuteurs. «*elle n'aime pas les gens tactiles. Ceux qui touchent les mains, l'épaule, la cuisse dans des mouvements innocents*» I. BAYARD. ▪ **4** INFORM. *Écran tactile :* écran de visualisation réactif au toucher, par le simple contact du doigt ou d'un stylet. *Écran tactile d'un GPS, d'un smartphone, d'un guichet de billetterie automatique.* — *Pavé tactile :* dispositif de pointage qui remplace la souris sur un ordinateur portable et fonctionne par pression du doigt (recomm. offic. pour remplacer l'anglic. *touchpad*).

TACTIQUE [taktik] **n. f.** et **adj.** – v. 1657 ◊ grec *taktikhê (tekhnê)* «art de ranger, de disposer»

I **n. f.** ▪ **1** Art de combiner tous les moyens militaires (troupes, armements) au combat ; exécution locale, adaptée aux circonstances, des plans de la stratégie*. *Tactique d'infanterie. Tactique aérienne, navale.* — PAR ANAL. *La tactique d'une équipe de football, d'un boxeur.* ▪ **2** FIG. (1788) Ensemble des moyens coordonnés que l'on emploie pour parvenir à un résultat. ➤ 3 **plan, stratégie.** «*Tactique parlementaire*» MIRABEAU. «*L'ordinaire tactique de son père était de la ramener ainsi à la maison*» ZOLA. *Changer de tactique. Essayer une nouvelle tactique. Ce n'est pas la bonne tactique.*

II **adj.** (1860) Relatif à la tactique. *Aviation tactique. Arme nucléaire tactique.* ➤ **préstratégique.** — (Au sens large) ➤ **stratégique.** *Un plan tactique d'ensemble.* — **adv. TACTIQUEMENT.**

TACTISME [taktism] **n. m.** – 1897 ◊ du grec *taktos* «réglé, ordonné» ▪ BIOL. Taxie* observée chez les cellules isolées et mobiles. *Tactismes et tropismes.*

TADELAKT [tadlak(t)] **n. m.** – 1998 ◊ du berbère (chleuh), de *dlek* «malaxer, mélanger», d'origine arabe ▪ Enduit à la chaux coloré, hydrofuge, poli avec un galet et du savon noir. *Le tadelakt est utilisé traditionnellement au Maroc.*

TADORNE [tadɔrn] **n. m.** – 1465 ◊ du latin *anas tadorna* ▪ ZOOL. Oiseau aquatique migrateur *(ansériformes)*, plus grand que le canard.

TÆDIUM VITÆ [tedjɔmvite] **n. m.** – 1767 ◊ loc. latine «dégoût de la vie» ▪ PATHOL. État permanent de lassitude, de manque d'appétence, sans cause observable, chez des sujets lucides menant une vie sociale et professionnelle assez normale. ➤ **mélancolie, spleen.** *La religion* «*n'a pas de mal à s'établir sur cette effroyable vacance et sur ce* tædium vitæ» GIDE.

TAEKWONDO [tekwɔ̃do] **n. m.** – v. 1980 ◊ mot coréen ▪ DIDACT. Sport de combat d'origine coréenne. *Des taekwondos.*

TAEL [taɛl] **n. m.** – 1732 ◊ malais *tahil, tail,* par le portugais ▪ Ancienne monnaie de compte chinoise, qui équivalait à 36 grammes d'argent. *Des taels.*

TÆNIA ➤ **TÉNIA**

TAF ou **TAFFE** [taf] **n. m.** – XVIᵉ *tafe* ◊ origine obscure ■ ARG. ■ **1** Peur. *Avoir, foutre le taf (à qqn).* ■ **2** (1899) Part de butin. ➤ **pied.** *Avoir son taf,* sa part, son compte. ■ **3** Action, efficacité. *Y mettre le taf :* y aller carrément (cf. Mettre le paquet). ♦ Métier, job ; travail. *Aller au taf. Question taf, c'est un peu galère.* ■ **HOM.** Taffe.

TAFFE [taf] **n. f.** – *taf* «part de butin» argot 1899 ◊ origine inconnue ■ FAM. Bouffée de cigarette. *File-moi une taffe.* ■ **HOM.** Taf.

TAFFER [tafe] **v. intr.** ‹1› – 1994 ◊ de *taf* ■ ARG. Travailler. «*Pendant un temps j'ai taffé à Paris, RER matin et soir*» O. ADAM.

TAFFETAS [tafta] **n. m.** – *taphetas* 1314 ◊ italien *taffeta,* du turco-persan *taftâ* «tissé» ■ Tissu de soie à armure unie. *Taffetas ordinaire,* aux deux faces semblables. *Taffetas changeant,* dont la chaîne et la trame sont de nuances différentes. «*une grande robe en taffetas flambé, qui criait du froissement de ses plis*» NERVAL. *Ruban de taffetas.*

TAFIA [tafja] **n. m.** – *taffia* 1659 ◊ mot créole → ratafia ■ ANCIENNT Eau-de-vie tirée des mélasses de canne à sucre. ➤ **rhum.**

TAG [tag] **n. m.** – 1981 ◊ mot anglais «insigne» ■ ANGLIC. ■ **1** Signature codée formant un dessin d'intention décorative, sur une surface (mur, voiture de métro...). ➤ **graffiti ; taguer.** ♦ PAR EXT. Inscription faite à la bombe. ➤ **bombage.** *Mur couvert de tags antifascistes.* ■ **2** INFORM. Étiquette, marqueur ou mot-clé permettant de décrire, d'identifier un élément ou un document dans une base de données ou un site web. ➤ aussi **hashtag.** Recomm. offic. *balise.*

TAGAL [tagal] **n. m.** – 1846 *tagale* adj. ◊ du malais *taga* «indigène» ■ **1** LING. Langue malayo-polynésienne, parlée par les Tagals, peuple de l'île de Luçon (Philippines). — On dit aussi **TAGALOG** [tagalɔg]. ■ **2** (1905) Fibre végétale tirée de certains palmiers. *Chapeaux en tagal. Des tagals.*

TAGÈTE [taʒɛt] **n. m.** – 1765 ◊ latin des botanistes *tagetes* (XVIᵉ), de *Tages,* divinité étrusque ■ BOT. Plante herbacée *(astéracées),* cultivée pour ses fleurs ornementales jaunes ou orangées à senteur poivrée, appelée communément *œillet, rose d'Inde.*

TAGGER ➤ **TAGUEUR**

TAGINE ➤ **TAJINE**

TAGLIATELLE [taljatɛl] **n. f.** /TALIATELLE/ – 1963 ; *tagliati* 1874 ◊ mot italien «petites tranches», de *tagliare,* même origine que le français *tailler* ■ AU PLUR. Pâtes alimentaires en minces lanières. *Des tagliatelles.*

TAGUER [tage] **v. tr.** ‹1› – 1988 ◊ de *tag* ■ **1** Dessiner des tags sur. ➤ 1 **bomber, graffer, graffiter.** *Taguer des affiches.* — ABSOLT *Ils taguent dans le métro.* — **Au p. p.** *Dégraffitage des murs tagués.* ■ **2** INFORM. Marquer (une information) dans une liste, un ensemble de documents, une base de données, pour pouvoir la retrouver. ➤ **indexer.** *Taguer une photo, un document.* ♦ COUR. Mentionner le nom de (qqn, qqch.) dans un tag (2°). *Taguer ses amis sur une photo. Taguer un lieu public, une marque de vêtements.*

TAGUEUR, EUSE [tagœʀ, øz] **n.** – 1988 ◊ de *tag, taguer* ■ Personne qui dessine des tags. ➤ **bombeur, graffiteur.** — Au masculin, on écrit aussi *tagger.*

TAÏAUT [tajo] **interj.** – 1661 ; *taho* v. 1300 ◊ onomatopée ■ Dans la chasse à courre, Cri du veneur pour signaler la bête. *Taïaut !* — On écrit parfois *tayaut.*

TAÏ-CHI-CHUAN [tajʃiʃɥan] ou **TAÏ-CHI** [tajʃi] **n. m.** /TAÏCHICHUAN ou TAÏCHI/ – 1978 ◊ mot chinois ■ DIDACT. Gymnastique chinoise, série de mouvements lents et très précis. «*je fis quelques mouvements de taï-chi dans l'herbe, art inoffensif que le taï-chi, que l'on voit souvent pratiqué par de paisibles vieux Chinois*» J.-PH. TOUSSAINT.

TAIE [tɛ] **n. f.** – *teie* XIIᵉ ◊ du latin *theca,* grec *thêkê* «étui, fourreau» ■ **1** Enveloppe de tissu destinée à recouvrir (un oreiller). ➤ RÉGION. **fourre.** *Taie d'oreiller. Taies brodées assorties aux draps.* — *Taie de traversin.* ■ **2** (XIVᵉ) Tache opaque de la cornée, constituée par une cicatrice à la suite d'une inflammation, d'un traumatisme ou de lésions dégénératives. ➤ **albugo, leucome, néphélion.** *Taie sur la prunelle.* ➤ 1 **maille.** — FIG. et LITTÉR. *Avoir une taie sur l'œil :* être aveuglé (par les préjugés, etc.). ■ **HOM.** 1 Têt.

TAÏGA [taiga ; tajga] **n. f.** – 1905 ◊ mot russe ■ GÉOGR. Forêt de conifères, entrecoupée de tourbières, qui borde la toundra en Amérique septentrionale et en Asie.

TAÏKONAUTE [taikonot ; taj-] **n.** – 1999 ◊ du chinois *taikong* «espace ; cosmos» et *-naute* ■ Membre d'un équipage spatial chinois.

TAILLABLE [tajabl] **adj.** – 1283 ◊ de 1 *taille* ■ HIST. Qui est soumis à l'impôt de la taille. *Les serfs étaient taillables et corvéables à merci,* étaient soumis à la taille selon un taux que le seigneur fixait arbitrairement. ♦ LOC. LITTÉR. *Être taillable et corvéable (à merci) :* être bon pour toutes les corvées, être destiné à payer, à être exploité.

TAILLADE [tajad] **n. f.** – 1532 ; «sorte d'épée pour frapper de taille» XVᵉ ◊ italien *tagliata,* même racine que *tailler* ■ **1** Coupure faite dans les chairs avec un instrument tranchant. ➤ **balafre, entaille, estafilade.** ♦ PAR EXT. Incision. *Taillade dans un tronc d'arbre.* ■ **2** (XVIᵉ) ANCIENNT Ouverture allongée faite dans l'étoffe d'un vêtement pour laisser apparaître la doublure ou un vêtement de dessous. *Manches à taillades.* ➤ **crevé.**

TAILLADER [tajade] **v. tr.** ‹1› – 1532 ◊ de *taillade* ■ **1** Entamer, couper par des taillades (les chairs, la peau). *Il s'est tailladé le menton en se rasant.* ➤ **balafrer, entailler.** *Se taillader les veines.* ♦ PAR EXT. *Taillader sa table avec un canif.* ♦ PAR MÉTAPH. Couper. «*Ce vent glacé qui lui tailladait le visage*» MARTIN DU GARD. ■ **2** Pratiquer des taillades sur. ♦ **p. p. adj.** *Pourpoint tailladé,* à taillades (2°).

TAILLAGE [tajaʒ] **n. m.** – *tailliage* «coupe (des arbres)» 1289 ; *tallage* 1255 ◊ de 1 *taille* ■ RARE Action de tailler. ➤ 1 **taille.** ♦ (1904) TECHN. Découpage de la terre à briques en tranches minces. ♦ Usinage spécial de certaines pièces métalliques. *Le taillage d'une roue dentée.*

TAILLANDERIE [tajɑ̃dʀi] **n. f.** – 1611 ; «métier de tailleur» 1430 ◊ de *taillandier* ■ TECHN. Commerce, métier de taillandier ; fabrication des outils et fers tranchants et de certains outils agricoles ou de terrassement (bêches, etc.). *Coutellerie et taillanderie.* ♦ Ensemble des articles fabriqués par le taillandier.

TAILLANDIER [tajɑ̃dje] **n. m.** – 1213 ◊ de *tailler* ■ TECHN. Artisan, ouvrier qui fabrique les outils et fers tranchants utilisés par les cultivateurs et certains artisans. — PAR APPOS. *Ouvriers taillandiers.*

1 **TAILLE** [taj] **n. f.** – fin XIIᵉ ◊ de *tailler*

I FAIT DE TAILLER, D'INCISER ■ **1** Opération qui consiste à tailler (3°) qqch. ; manière particulière de tailler ; forme qu'on donne à une chose en la taillant. ♦ SPÉCIALT *Taille des pierres.* — SCULPT. *Taille de la pierre, du bois.* — LOC. (fin XIIIᵉ) *Pierre de taille,* taillée. — GRAV. *Taille d'épargne*. Taille douce.* ➤ **taille-douce.** — *La taille d'un diamant, d'une pierre précieuse par un lapidaire.* ♦ (1562) *Taille des arbres, des arbustes, de la vigne.* ➤ **élagage, émondage.** *Taille au sécateur. Taille d'hiver, d'été* (ou *taille en vert*). ♦ Forme donnée en taillant. *Taille* (d'une pierre) *en brillant, en étoile, en rose. Taille d'un cristal en biseau.* — *Taille* (d'un arbre) *en berceau, en boule, en cône, en espalier, en rideau.* ➤ **topiaire.** ♦ Bois, rameau coupé et qui commence à repousser. ➤ **taillis.** «*Les gardes et les chiens vont dans les jeunes tailles*» FLORIAN. ■ **2** (milieu XIIᵉ) Opération qui consiste à faire des incisions dans une matière ; son résultat. — (1621) SPÉCIALT Chacune des incisions faites avec le burin dans le cuivre, en gravure. «*à gratter le cuivre, à découvrir, sous les tailles et les égratignures, l'or rouge du trait dans le vernis noir*» GONCOURT. ♦ TECHN. La manière dont une lime est striée. *Taille simple, croisée, douce, ronde, bâtarde. Lime de grosse taille* (entailles écartées de 2 mm). ■ **3** (1636) CHIR. Incision d'un organe creux (surtout la vessie) pour en extraire un calcul. ➤ **cystotomie.** ■ **4** (1765) Galerie où l'on extrait, où l'on «taille» la houille ou un minerai. «*la taille s'ouvrait, montait ainsi qu'une large cheminée*» ZOLA. *Base, tête, front de taille.* ■ **5** (fin XIIIᵉ) **(opposé à *pointe*)** Tranchant de l'épée, du sabre, qui sert à tailler (1°). *Recevoir un coup de taille.* «*Le sabre gaulois ne frappait que de taille*» MICHELET. — LOC. *Frapper d'estoc* et de taille.*

II IMPÔT (fin XIIᵉ) HIST. *Taille seigneuriale :* redevance payée au seigneur par les serfs et les roturiers. — *Taille royale :* impôt direct au profit du trésor royal, payé principalement par les roturiers. *Le receveur, le collecteur des tailles.* «*Les premières traces de la "taille" [...] datent des environs de 1090*» DUBY.

III EN MUSIQUE ■ **1** (fin XIVᵉ) VX Partie intermédiaire entre la basse et la haute-contre. — Ténor. ■ **2** MOD. Basse-taille.
■ **HOM.** poss. Thaï.

2 TAILLE [taj] **n. f.** – 1538 ◊ de 1 *taille*, qui, à la fin du XIIe, avait le sens de « coupe, manière dont on coupe les vêtements », vêtements que l'on taillait aux mesures de la personne

I HAUTEUR, DIMENSION A. DU CORPS HUMAIN ■ 1 Hauteur du corps humain, debout et droit, mesurée du sol au sommet du crâne. ➤ **stature.** *Mensuration de la taille avec une toise. Une taille de 1,75 m. Haute taille. Taille moyenne. Personne de petite taille, de grande taille. Avoir la taille requise pour être mannequin. Se redresser de toute sa taille. « Il avait une démarche de canard et tirait sur son cou pour se donner de la taille »* A. CHEDID. ◆ FIG. Envergure, stature. *Un conquérant de la taille d'Alexandre,* comparable à Alexandre. — **À LA TAILLE DE ; DE LA TAILLE DE... :** en rapport avec. *« Un sujet à sa taille, à la taille de son génie »* GIDE. ◆ (1636) **ÊTRE DE TAILLE À** (et l'inf.) : avoir la force suffisante, les qualités nécessaires pour... ; être capable de. *Elle est de taille à se défendre.* — (Négatif, sans compl.) *Ne pas être de taille* (cf. Ne pas faire le poids*). *Le pauvre, il n'est vraiment pas de taille !* ■ **2** (début XIVe) Grandeur, grosseur et conformation du corps, par rapport aux vêtements. *Cette veste n'est pas à ma taille.* ◆ Chacun des types standards dans une série de confection. *Grande taille, petite taille ; taille courante. Ce pantalon existe en plusieurs tailles.* FAM. *Quelle taille faites-vous ? Taille 40. Taille française, italienne, américaine. Il faudrait la taille au-dessus.* ➤ aussi **pointure.**

B. GROSSEUR OU GRANDEUR (D'UN OBJET) (1677) *Une pierre de grande, de belle taille.* ➤ **dimension.** *La taille d'un cigare.* ➤ **grosseur, longueur.** *Fruits de tailles différentes.* ➤ **calibre.** *Photo de la taille d'une carte postale.* ➤ **dimension, format.** — *La taille d'une entreprise.* — FIG. *Une erreur de cette taille.* ➤ **importance.** — (1957) FAM. **DE TAILLE :** très grand, très important. *Il est de taille, votre parapluie ! C'est une erreur de taille* (➤ **énorme, monumental**). ◆ Grandeur, grosseur (d'un animal). *« Il existe un rapport entre le nombre d'espèces et la taille des animaux »* J. RUFFIÉ.

II PARTIE RESSERRÉE DU BUSTE OU D'UN VÊTEMENT A. CORPS ■ 1 (1657) VX Formes du buste. *« J'ai bon air, bonne mine, les dents belles surtout et la taille fort fine »* MOLIÈRE. — LOC. VIEILLI *Avoir la taille bien prise,* être bien fait, avoir la taille fine. ■ **2** (1718) MOD. Partie plus ou moins resserrée du tronc entre les côtes et les hanches. *Avoir de l'eau jusqu'à la taille. Taille cambrée.* (Surtout d'une femme) *Avoir la taille épaisse, fine. « De ne pas manger, ça t'a rendu la taille fine comme une guêpe, ma fille »* E. SUE. LOC. (1840) *Taille de guêpe,* très fine. *N'avoir pas de taille :* ne pas avoir une taille bien marquée. *Tour de taille,* mesuré à la ceinture. *Ceinture qui marque bien la taille. Un « habit boutonné, serré et pincé à la taille »* HUGO. *Prendre qqn par la taille.*

B. VÊTEMENT ■ 1 (1839) Partie plus ou moins resserrée (d'un vêtement) à cet endroit du corps. *Manteau à taille marquée, pincée, ajustée, cintrée. Robe à taille haute* (sous la poitrine), *basse* (sur les hanches). *Jean (à) taille basse.* ■ **2** (1842) VX Corsage d'une robe de femme. — LOC. (1877) VX ou PLAIS. *En taille :* sans manteau, sans pardessus. *Sortir en taille. « Comme d'habitude, ils ne quittaient pas leurs pardessus. Moi, j'étais en taille »* MODIANO.

TAILLÉ, ÉE [taje] **adj.** – XIIe ◊ de *tailler* ■ **1** Fait (du corps humain). *Il est taillé en Hercule, en athlète ; en force.* ➤ 1 **bâti.** *Visage taillé à coups de serpe*.* — FIG. *Être taillé pour :* être fait pour, apte à. ■ **2** Coupé, rendu moins long. *Moustache taillée. Ongles bien taillés.* — Élagué. *Arbres taillés.* ◆ **TAILLÉ EN :** qu'on a taillé en donnant la forme de. *Cheveux taillés en brosse. Crayon taillé en pointe. Arbre taillé en cône.* ◆ *Cote* mal taillée.*

TAILLE-CRAYON [tajkʀɛjɔ̃] **n. m.** – 1828 ◊ de *tailler* et *crayon* ■ Petit instrument avec lequel on taille les crayons, en les faisant tourner dans une cavité conique comportant une lame. *Des taille-crayons.* — Instrument analogue, plus grand, à manivelle.

TAILLE-DOUCE [tajdus] **n. f.** – XVIe ◊ de 1 *taille* et *doux* ■ Procédé de gravure en creux, et SPÉCIALT (par oppos. à *eau-forte*) Gravure sur cuivre au burin ; planche ainsi gravée. *Graveur en taille-douce.* ◆ PAR EXT. Estampe tirée au moyen d'une telle planche. *Ouvrage orné de tailles-douces.*

TAILLE-HAIE [tajɛ] **n. m.** – 1981 ◊ de *tailler* et *haie* ■ Cisaille électrique munie de lames superposées, utilisée pour tailler les haies. *Des taille-haies.*

TAILLER [taje] **v.** ‹1› – XIIe ; v. 1000 *talier* ◊ latin tardif *taliare,* du classique *talea* « bouture, scion »

I v. tr. ■ 1 (1080) VX Trancher, couper net. FIG. *Tailler des croupières* à qqn.* ◆ Frapper avec une arme tranchante. — PAR EXT. MOD. *Tailler une armée en pièces.* — VX Frapper de taille (opposé à *pointer*). — *Tailler la route*.* ■ **2** Couper, travailler (une matière, un objet) avec un instrument tranchant, de manière à lui donner une forme déterminée. *Tailler qqch. en pointe, en biseau. Tailler une pièce de bois.* ➤ **chantourner, équarrir,** RÉGION. **gosser.** *Tailler la pierre.* ➤ **épanneler.** *Tailler un diamant en brillant, en table*.* ➤ **polir.** *Tailler un crayon,* le tailler en pointe pour dégager la mine (➤ **taille-crayon**). VIEILLI *Se tailler les moustaches, les ongles.* ➤ **couper.** ■ **3** (1283) *Tailler un arbre, un arbuste,* en couper certains bourgeons, rameaux ou branches pour le débarrasser d'un excès de feuillage, lui donner une forme régulière, améliorer la production des fruits. ➤ **élaguer, émonder, ravaler.** *Tailler la vigne au sécateur. Tailler un if en cône* (➤ **topiaire**). *Tailler une haie* (➤ **taille-haie**). ■ **4** (XIIe) Confectionner, obtenir (une chose) en *taillant* (3°), en découpant une matière et en en retranchant ce qui est inutile. *« C'était un grand Vaisseau taillé dans l'or massif »* NELLIGAN. — *Tailler un vêtement :* découper les morceaux que l'on coud ensuite pour faire le vêtement. ➤ **couper.** — PAR MÉTAPH. *« On a taillé sur ce patron plusieurs millions d'êtres absolument semblables »* TAINE. ◆ FAM. *Tailler un costard (un costume), une veste à qqn,* dire du mal de lui en son absence (cf. Habiller* qqn pour l'hiver). *Tailler une bavette*.* ◆ *Se tailler qqch. « c'est avec son couteau qu'il se taillait des bâtons de voyage »* FRANCE. — *Se tailler la part du lion*. Se tailler un empire commercial.* — FIG. Obtenir. *Se tailler un franc succès.*

II v. intr. ■ 1 (XIIe) Faire des incisions, des entailles. SPÉCIALT (dans la chair) *Les chirurgiens « taillaient à même la chair »* DUHAMEL. — LOC. *Tailler dans la chair, dans le vif.* ■ **2** (D'un vêtement) *Modèle, marque qui taille petit, grand,* qui est petit, grand pour la taille annoncée.

III SE TAILLER v. pron. (1945) POP. Partir, s'enfuir*. ➤ **se casser, se tirer** (cf. Tailler la route*). *Ils se sont taillés. Taillez-vous !*

TAILLERIE [tajʀi] **n. f.** – 1867 ; « boutique de tailleur » 1304 ; « métier de tailleur » 1293 ◊ de 1 *taille* ■ Atelier où l'on taille des pierres précieuses ou semi-précieuses. *Taillerie de diamants.* ◆ Industrie, art de la taille de ces pierres.

TAILLEUR, EUSE [tajœʀ, øz] **n.** – *tailleor* 1188 ◊ de *tailler* **A. n. m.** ■ **1** Artisan, ouvrier qui fait des vêtements sur mesure pour hommes ; personne qui exploite et dirige l'atelier où on les confectionne, ainsi que le magasin où l'on reçoit les clients. *Se faire faire un costume chez un tailleur. Tailleur qui prend les mesures de son client, coupe, bâtit, fait essayer, coud, pique, retouche un vêtement.* — EN APPOS. *Maître, ouvrier tailleur.* ■ **2 EN TAILLEUR** (par allus. à la manière dont les tailleurs d'autrefois s'asseyaient pour travailler). *S'asseoir en tailleur,* par terre, les jambes à plat sur le sol et repliées, les genoux écartés. ■ **3** (1904 ◊ de *costume tailleur*) Tenue féminine constituée d'une veste et d'une jupe de même tissu. *Tailleur sport, habillé. Tailleur de lin bleu marine.* — (1969) *Tailleur-pantalon,* composé d'un pantalon et d'une veste assortie. *Des tailleurs-pantalons.* — EN APPOS. *Col tailleur,* qui a la forme d'un col de veston masculin.

B. (v. 1170) **TAILLEUR, EUSE DE... :** ouvrier, ouvrière qui taille (3°), qui façonne (qqch.) par la taille (I, 1°). VX *Tailleur d'images :* imagier sculpteur. ◆ MOD. **TAILLEUR, EUSE DE PIERRE(S) :** ouvrier, ouvrière qui taille les pierres à bâtir. — (1534) *Tailleur de diamants, de pierres précieuses.* ➤ **lapidaire.** ◆ *Tailleur de verres d'optique.* — *Tailleur de bouchons de liège.* ◆ Ouvrier, ouvrière agricole qui taille les arbres, les plantes.

TAILLIS [taji] **n. m.** – 1215 ◊ de *tailler* ■ Partie d'un bois ou d'une forêt où il n'y a que des arbres de faible dimension issus de souches et de drageons et qu'on coupe à intervalles rapprochés ; ces arbres eux-mêmes. *Taillis et futaie. Taillis composé* ou *taillis sous futaie,* où sont réservés certains arbres au milieu des coupes. *Taillis simple. Battre, fouiller les taillis.* — **adj.** (1538) *Bois taillis.*

TAILLOIR [tajwaʀ] **n. m.** – 1175 ◊ de *tailler* ■ **1** ARCHÉOL. ou RÉGION. Plat de bois ou de métal sur lequel on découpait la viande avant de la servir. ■ **2** (1537) ARCHIT. Partie supérieure d'un chapiteau, tablette carrée ou polygonale sur laquelle repose la retombée des voûtes. ➤ **abaque.**

TAILLOLE [tajɔl] **n. f.** – 1665 ◊ du provençal *talhola* (début XIVe), latin *taliare* « tailler » ■ RÉGION. (Provence) Ceinture de laine enroulée autour de la taille. *« Comme un vrai bohémien, pieds nus [...], la taillole en lambeaux »* DAUDET.

TAIN [tɛ̃] **n. m.** – v. 1200 ◊ altération de *étain* ■ **1** Amalgame métallique (étain et mercure) qu'on applique derrière une glace pour qu'elle puisse réfléchir la lumière. *Le tain d'un miroir. Glace sans tain.* ■ **2** TECHN. Bain d'étain dans lequel on plonge un métal, pour l'étamer. ■ HOM. Teint, thym, tin.

TAIRE [tɛʀ] **v. tr.** ‹54 ; sauf *il tait* sans accent circonflexe, et p. p. fém. *tue*› – 980 ◊ réfection de *taisir* 1145 ; du latin *tacere*

I SE TAIRE v. pron. ■ **1** Rester sans parler, s'abstenir de parler. «*Il est bon de parler et meilleur de se taire*» LA FONTAINE. SPÉCIALT Ne pas exprimer qqch. «*Quand on manque de preuves, on se tait*» MUSSET. — LOC. FAM. *Il a manqué, perdu une belle occasion de se taire* : il a parlé mal à propos. *Tu aurais mieux fait de te taire.* — Ne pas exprimer sa douleur, son chagrin. *Souffrir et se taire* : ne pas se plaindre. — Celer (un secret, etc.). *Savoir se taire* : être discret. ◆ *Se taire sur qqch.*, à propos de qqch. «*Celui qui ne sait pas se taire sur un secret*» FÉNELON. *Je préfère me taire là-dessus.* ◆ FIG. Être silencieux. «*L'affreuse immensité se tait lugubrement*» HUGO. ■ **2** Cesser de parler (ou de crier, de pleurer). *Brusquement, elle se tut. Il a fini par se taire. Elles se sont tues à notre approche. Tais-toi ! Taisez-vous !* ➤ **chut, silence.** — *Allez-vous vous taire ?* — (Avec ellipse de *se*) **FAIRE TAIRE** : empêcher de parler, de crier, de pleurer ; forcer à se taire (cf. Couper le sifflet*, clouer* le bec). *Faites-les taire.* PAR EXT. *Faire taire les récriminations*, les faire cesser. FIG. *Faire taire l'opposition.* ➤ **museler.** ◆ TRANS. (XIIIe) FAM. *Taire sa gueule* : se taire (cf. Fermer sa gueule, la fermer). «*La tairas-tu ? dit-il. La tairas-tu ta grande gueule ?*» SARTRE. ◆ FIG. Ne plus se faire entendre. ➤ **s'éteindre.** «*L'inflexion des voix chères qui se sont tues*» VERLAINE.

II v. tr. (XVIe) Moins cour. Ne pas dire ; s'abstenir ou refuser d'exprimer. ➤ **cacher, celer** (cf. Passer sous silence*). *Taire ses raisons.* «*Taire la vérité, n'est-ce pas déjà mentir ?*» PÉGUY. «*quelqu'un dont je tairai le nom*» MOLIÈRE. ◆ LITTÉR. Ne pas laisser paraître. *Taire son chagrin, sa douleur.*

■ CONTR. 1 Dire, 1 parler. Bavarder. — Confesser, publier. ■ HOM. 1 Ter, terre ; *tairez* : terrez (terrer) ; *tus* : tue (tuer).

TAISEUX, EUSE [tɛzø, øz] **n.** – XIVe adj. ; d'abord régional (Nord, Belgique) ◊ de *taire*, variante de *taiseur*, du latin *tacere* ■ FAM. Personne qui, par nature, ne parle guère. *Guillaume le Taiseux.* ➤ **taciturne.** «*Des taiseux. Ici, les phrases peinaient, prudentes, soupçonneuses, tâtant le terrain à chaque mot*» F. VARGAS. — **adj.** «*Flamands taiseux et sages*» BREL.

TAJINE [taʒin] **n. m.** – 1962 ; *tagine* n. f. 1938 ; *tâjîn* 1903 ◊ mot arabe ■ Ragoût de mouton, de poulet, cuit à l'étouffée (cuisine marocaine). *Tajine d'agneau aux citrons confits.* — Plat en terre muni d'un couvercle conique, dans lequel cuit ce ragoût. — On écrit parfois *tagine.*

TAKE-OFF [tɛkɔf] **n. m. inv.** – 1961 ◊ mot anglais, de *to take off* «décoller (avion)» ■ ANGLIC. ÉCON. Phase de démarrage (d'une entreprise, d'une unité sociale) ; croissance auto-entretenue (d'un pays, d'une économie en voie de développement). ➤ **décollage** (recomm. offic.).

TALA [tala] **adj. et n.** – 1883 ◊ p.-ê. abrév. iron. de *talapoin* «moine, prêtre» ; on a proposé aussi *(ceux qui von)t à la (messe)* ■ ARG. École normale supérieure Catholique militant(e).

TALC [talk] **n. m.** – *talk* 1553 ◊ arabe *talq* ■ **1** Silicate naturel de magnésium, qui se présente sous la forme de fines paillettes nacrées dans les roches métamorphiques. ■ **2** Poudre commercialisée de cette substance. *Saupoudrer de talc.* ➤ **talquer.**

TALÉ, ÉE [tale] **adj.** – *taulé* «broyé» v. 1330 ; repris 1860 ◊ de *taler* ■ Meurtri, taché, en parlant des fruits. ➤ RÉGION. **maché.** *Pêches talées.* ■ HOM. Taller.

TALEB [talɛb] **n. m.** – 1832 ◊ de l'arabe *talîb* → taliban ■ **1** (Maghreb) Étudiant en théologie musulmane. ■ **2** (Algérie) Guérisseur qui s'appuie sur sa connaissance, supposée ou réelle, du Coran. ■ **3** (Maroc) Lettré qui enseigne le Coran et qui, moyennant rétribution, psalmodie les versets du Coran lors de fêtes ou de manifestations religieuses. — REM. Le pluriel arabe *tolba(s)* est plus courant que *talebs.*

TALENT [talɑ̃] **n. m.** – *talant* «état d'esprit» 980 ◊ latin *talentum*, grec *talanton* «plateau de balance»

I (1170) ANTIQ. Poids de 20 à 27 kg, dans la Grèce antique. ◆ PAR EXT. Monnaie de compte équivalant à un talent d'or ou d'argent. *La parabole des talents, dans l'Évangile.*

II (XVIIe) Don, aptitude. ■ **1** VIEILLI Disposition naturelle ou acquise «pour réussir en quelque chose» (Furetière). ➤ **aptitude, capacité, 1 don.** «*Être franc et sincère est mon plus grand talent*» MOLIÈRE. «*Ne forçons point notre talent*» LA FONTAINE. *Exercer un, son talent, ses talents.* «*il avait en outre le talent de prédire l'avenir par la cartomancie*» NERVAL. ◆ (1624) MOD. Aptitude particulière, dans une activité. «*Celui qui se fait connaître par quelque talent*» CHAMFORT. FAM. ou PLAISANT *Montrez-nous vos talents*, ce que vous savez faire. *Talent de société*, qui intéresse, divertit en société. *Talent d'amateur. Talent littéraire. Talent de virtuose. Avoir des talents cachés.* ➤ **1 don.** ■ **2** ABSOLT **LE TALENT** : aptitude remarquable dans le domaine intellectuel ou artistique. *Avoir du talent. Manquer de talent. N'avoir aucun talent. Artiste sans talent.* «*Le génie est peut-être au talent ce que l'instinct est à la raison*» RENARD. «*Sans travail, le talent est un feu d'artifice*» MARTIN DU GARD. *La facilité* «*c'est le talent tourné contre lui-même*» SARTRE. *Un écrivain de grand talent.* ◆ Personne qui a un talent particulier (artistique, politique, etc.), du talent. «*encourager les jeunes talents*» HUGO. — COLLECT. *Le talent* : les gens de talent.

TALENTUEUX, EUSE [talɑ̃tɥø, øz] **adj.** – 1876 ; *talenteux* 1857 ◊ de *talent* ■ Qui a du talent. *Un écrivain talentueux.* — **adv. TALENTUEUSEMENT.**

TALER [tale] **v. tr.** ‹1› – 1417 ◊ du germanique °*tâlôn* ■ Fouler, meurtrir (SPÉCIALT les fruits). ➤ **talé.** ◆ FIG. et RÉGION. Importuner. «*Sa conscience ne le talait presque plus*» AYMÉ. ■ HOM. Taller.

TALETH [talɛt] **n. m.** – 1732 ; *taled* 1674 ◊ hébreu *tallith*, de *talal* «couvrir» ■ RELIG. Châle pourvu de franges, dont les juifs se couvrent les épaules pour prier.

TALIBAN, ANE [talibɑ̃, an] **n. et adj.** – 1995 ◊ mot afghan, emprunté à l'arabe, plur. de *talîb* «étudiant», d'abord «étudiant en théologie» ■ Membre d'un mouvement islamiste militaire afghan prétendant appliquer intégralement la loi coranique. *Des talibans*, parfois *des taliban.* — **adj.** *Offensives talibanes.*

TALION [taljɔ̃] **n. m.** – v. 1395 ◊ latin *talio*, de *talis* «tel» ■ ANC. DR. Châtiment qui consiste à infliger au coupable le traitement même qu'il a fait subir à sa victime. *La loi du talion* : l'institution de telles peines. ◆ FIG. Le fait de rendre la pareille, de se venger avec rigueur (cf. Œil pour œil, dent pour dent). «*Tu m'as pris Josépha, j'ai ta femme !... C'est la vieille loi du talion !*» BALZAC.

TALIPOT ➤ **TALLIPOT**

TALISMAN [talismɑ̃] **n. m.** – 1592 ◊ arabe *tilsam*, du bas grec *telesma* «rite religieux» ■ Objet (pierre, anneau, etc.) sur lequel sont gravés ou inscrits des signes consacrés, et auquel on attribue des vertus magiques de protection, de pouvoir. ➤ **amulette.** «*des talismans, enveloppés dans des sachets de cuir et contenant parfois des écritures mystérieuses, censés protéger leur porteur du mauvais œil et des maladies*» A. MAALOUF. ◆ PAR EXT. Objet ou image porte-bonheur. ➤ **mascotte.** ◆ FIG. Ce qui a un effet souverain, merveilleux. *Elle croyait* «*sa beauté un talisman auquel rien ne pouvait résister*» MUSSET.

TALISMANIQUE [talismanik] **adj.** – 1592 ◊ de *talisman* ■ DIDACT. Qui figure sur les talismans. «*Caractère talismanique*» LESAGE. — Qui a le pouvoir d'un talisman. *La fonction talismanique d'un objet.*

TALITRE [talitʀ] **n. m.** – 1802 ◊ latin scientifique *talitrus*, de *talitrum* «chiquenaude», à cause du saut de l'animal ■ ZOOL. Petit crustacé sauteur qui vit au bord des plages, appelé couramment *puce de sable, de mer.*

TALKIE-WALKIE [tokiwoki ; tɔlkiwɔlki] **n. m.** – 1945 ◊ mot anglais américain (d'un mot de pidgin des Antilles), de *talkee-(talkee)* «bavardage» et *walk* «promenade» ■ ANGLIC. Petit poste émetteur-récepteur portatif de radio, à faible portée. *Des talkies-walkies.* — On dit aussi **WALKIE-TALKIE,** 1956.

TALK-SHOW [tɔ(l)kʃo] **n. m.** – 1987 ◊ mot anglais américain (1965), de *to talk* «parler» et *show* «spectacle» ■ ANGLIC. Émission de télévision consistant en une conversation entre un animateur et ses invités. *Des talk-shows.* «*le* talk-show, *tranches de vie, exhibitions sans voiles d'expériences vécues, souvent extrêmes et propres à satisfaire une forme de voyeurisme et d'exhibitionnisme*» BOURDIEU. — Recomm. offic. *débat-spectacle, émission-débat.*

TALLAGE [talaʒ] **n. m.** – 1860 ◊ de *taller* ■ AGRIC. ■ **1** Ensemble des talles ; quantité des tiges adventices produites par un pied (d'une plante herbacée). *Le tallage d'une variété de blé.* ■ **2** Production des talles. — PAR EXT. Phase de la pousse des céréales qui se termine à l'apparition des talles. — SPÉCIALT *Provoquer le tallage du gazon au rouleau.*

TALLE [tal] **n. f.** – XVe-XVIe puis 1549 ◊ latin *thallus*, grec *thallos* → thalle ■ **1** BOT. Ramification se formant au niveau du collet d'une plante, dont l'ensemble forme la touffe. ➤ **rejeton.** *Pousser des talles.* ➤ **taller.** ■ **2** (Canada) Bouquet d'arbustes, groupe de plantes. *Une talle de bleuets.* ■ HOM. Thalle.

TALLER [tale] **v. intr.** ‹1› – *thaller* 1467 ◊ de *talle* ■ AGRIC. Émettre des tiges secondaires à la base de sa tige. *Plus le blé talle, plus il produit.* — SPÉCIALT Émettre un grand nombre de talles ramifiées qui s'étendent sur le sol. ■ HOM. Talé, taler.

TALLIPOT ou **TALIPOT** [talipo] **n. m.** – 1683 ◊ anglais *talipot*, du malayalam *talipat*, hindi *talpat* ■ BOT. Palmier de Chine à larges feuilles en éventail qui pousse en Asie du Sud, au Sri Lanka.

TALMOUSE [talmuz] **n. f.** – 1564 ; *talemouse* v. 1393 ◊ arabe *talmusa* «pâtisserie» ■ VX Pâtisserie triangulaire au fromage.

TALMUD [talmyd] **n. m.** – *thalmud* 1512 ◊ mot hébreu «étude, enseignement», de *lamad* «apprendre» ■ RELIG. JUD. Recueil comprenant la Loi orale et les enseignements des grands rabbins, conservés dans deux rédactions dites *Talmud de Jérusalem* et *Talmud de Babylone.* — Le livre lui-même. *Une bible et un talmud.*

TALMUDIQUE [talmydik] **adj.** – 1721 ; hapax 1546 ◊ de *talmud* ■ RELIG. JUD. Relatif au Talmud ; du Talmud. *Recueil talmudique. Lectures, commentaires talmudiques.*

TALMUDISTE [talmydist] **n. m.** – *thalmudiste* 1532 ◊ de *talmud* ■ RELIG. JUD. Commentateur et exégète du Talmud. ♦ Auteur, compilateur du Talmud.

1 **TALOCHE** [talɔʃ] **n. f.** – 1606 ◊ de *taler* et suffixe populaire *-oche* ■ FAM. Gifle* (surtout à un enfant). *Donner, flanquer une taloche à qqn* (**TALOCHER v. tr.** ‹1› 1808, VIEILLI).

2 **TALOCHE** [talɔʃ] **n. f.** – 1842 ; spécialisation de l'ancien français *taloche* «bouclier» 1320 ◊ bas latin °*talapacium*, d'origine gauloise, avec influence de 1*taloche* ■ TECHN. Planche munie d'un manche sur une de ses faces servant à étendre un enduit (plâtre, mortier...). ♦ Petite pelle avec laquelle on frappe les meules de culture des champignons. — **v. tr.** ‹1› **TALOCHER ; n. m. TALOCHAGE.**

TALON [talɔ̃] **n. m.** – 1155 ◊ latin populaire °*talo, onis*, classique *talus*

I PARTIE DU PIED OU DE LA CHAUSSURE ■ **1** Partie postérieure du pied (chez l'être humain), dont la face inférieure touche le sol pendant la marche. *Talon et pointe du pied. Os du talon.* ➤ **calcanéum.** *Le dieu romain Mercure porte des ailes aux talons* (➤ **talonnière**). *Chaussure sans quartier qui découvre le talon.* — *S'asseoir, être accroupi sur ses talons. Pivoter sur ses talons. Écraser qqch. d'un coup de talon.* ♦ LOC. *Marcher, être* **SUR LES TALONS** *de qqn*, le suivre de tout près. *La police était sur ses talons.* ➤ **talonner.** — *Tourner les talons :* partir, s'enfuir. — FAM. *Avoir l'estomac dans les talons :* avoir très faim. — ALLUS. MYTH. *C'est son talon d'Achille*, son seul point faible (cf. Le défaut de la cuirasse). *«À nouveau il cherchait le talon d'Achille de ce personnage déroutant»* J.-F. COATMEUR. ■ **2** HIPPOL. Partie du pied du cheval, en arrière de la fourchette et opposée à la pince. — PAR EXT. Chacune des deux extrémités du fer à cheval. ■ **3** (1530) Partie d'un bas, d'une chaussette, etc., qui couvre le talon. *Talons renforcés. Chaussette trouée au talon.* ■ **4** Pièce rigide et saillante qui pose sur le sol et exhausse le derrière d'une chaussure. *Talon de bois, de cuir. Talons plats. Hauts talons. Chaussures à talons hauts.* PAR MÉTON. *«Ce jour-là je dois porter cette fameuse paire de talons hauts en lamé or»* DURAS. *Talons aiguilles*, hauts et fins ; *talons bottier*, moyens et larges. *Talons bobines*, évidés, à courbes concaves. *«de hautes bottines blanches à lacets et talons "bobines"»* CÉLINE. *Talons compensés. Talons éculés, usés.* — ABSOLT *Des chaussures à talons*, à talons hauts. ♦ Partie rapportée (en cuir, en caoutchouc, etc.) de cette pièce qui touche le sol. *Faire remettre des talons à ses chaussures.* ♦ FIG. (1750 ◊ d'après les souliers à talon rouge de la noblesse) **TALON ROUGE :** nobles élégants du XVIIe s. qui portaient de hauts talons rouges. — VX OU LITTÉR. Personne élégante et aux belles manières. **adj.** *«Très talon rouge, l'O. P. A. se contentant d'opposer des faits constatés aux grossiers mensonges de la fillette, parlant d'une voix égale»* SIMONIN.

II EXTRÉMITÉ POSTÉRIEURE, PARTIE RESTANTE (D'OBJETS) ■ **1** Extrémité inférieure et postérieure (de certains objets). — (1643) MAR. *Talon de quille :* extrémité postérieure de la quille sur laquelle repose l'étambot. — (1621) *Talon de lame* (d'un couteau, etc.) : partie opposée à la pointe, qui s'appuie sur le manche ou y pénètre. ➤ 2 **soie.** — *Talon d'archet :* partie par laquelle on tient l'archet. — *Talon de pipe :* saillie à la partie inférieure de certaines pipes. — SKI Extrémité arrière du ski (opposé à *spatule*). ■ **2** (1694) Reste, bout d'un pain, d'un fromage, où il y a beaucoup de croûte. PAR EXT. Croûton du pain. — Morceau (de viande), une fois que la majeure partie a été détaillée. *Talon de jambon, de romsteck.* ■ **3** (1645) Ce qui reste d'un jeu de cartes après la première distribution. *Piocher dans le talon. «les véritables patiences se font généralement sans talon. C'est-à-dire que, lorsque la distribution est achevée, toutes les cartes sont étalées sur la table»* TROYAT. ■ **4** (1835) Partie d'une feuille de carnet, de registre, qui demeure fixée à la souche après qu'on en a ôté la partie détachable (volant), et qui porte les mêmes mentions. *Le talon du chèque fait foi.* ■ **5** (1676) DÉCORATION Moulure à profil alternativement concave et convexe de haut en bas.

TALONNADE [talɔnad] **n. f.** – 1894, au rugby ◊ de *talonner* ■ SPORT Au football, Geste technique consistant à frapper la balle en arrière, avec le talon. *Faire une talonnade.*

TALONNAGE [talɔnaʒ] **n. m.** – 1783 ◊ de *talonner* ■ **1** Action, fait de talonner (II). ■ **2** (1894) RUGBY Action de talonner le ballon.

TALONNEMENT [talɔnmɑ̃] **n. m.** – 1559 ◊ de *talonner* ■ **1** Action de talonner (un cheval). ■ **2** FIG. Harcèlement.

TALONNER [talɔne] **v.** ‹1› – 1461 «renverser du pied» ; *taluner* «frapper d'un coup» 1190 ◊ de *talon*

I v. tr. ■ **1** (1573) Suivre ou poursuivre de très près. *Ses poursuivants le talonnent.* ➤ **serrer** (de près). — FIG. *«quand on se sent, certains jours, talonné par la mort»* GONCOURT. ■ **2** (1538) Presser (un cheval) du talon, de l'éperon pour le faire avancer. ♦ (1588) FIG. Presser vivement et sans relâche. ➤ **harceler.** *Ses créanciers le talonnent.* — (CHOSES) *La faim le talonne. «Il était talonné par ses autres engagements»* R. ROLLAND. ■ **3** Frapper du talon. *«Les pieds talonnaient la route»* DORGELÈS. — RUGBY *Talonner le ballon*, et ABSOLT *talonner :* lors d'une mêlée, envoyer le ballon dans son camp d'un coup de talon (➤ **talonneur**). — FOOTBALL Faire une passe en arrière d'un coup de talon.

II v. intr. (1773) MAR. Toucher, heurter le fond par l'arrière. *«en retombant le brick talonna»* BAUDELAIRE.

TALONNETTE [talɔnɛt] **n. f.** – 1824 ◊ de *talon* ■ **1** VX Pièce de tricot qui renforce le talon d'un bas. ■ **2** Lame de liège que l'on place sous le talon dans la chaussure. *Talonnette orthopédique.* ■ **3** Extrafort cousu à l'extrémité intérieure des jambes d'un pantalon, afin d'en éviter l'usure. *Poser, coudre une talonnette.*

TALONNEUR [talɔnœʀ] **n. m.** – 1924 ◊ de *talonner* ■ Joueur de rugby chargé de talonner.

TALONNIÈRE [talɔnjɛʀ] **n. f.** – 1510 ◊ de *talon* ■ **1** ICONOGR. Aile que Mercure porte à chaque talon. ■ **2** (1875) ARTS Petite cale de bois que l'on place sous le talon du modèle vivant pour l'aider à tenir la pose. ♦ MÉD. Étrier de contention d'une table d'opération.

TALPACK [talpak] **n. m.** – 1871 ; *talpock* 1764 ◊ mot turc ■ ANCIENNT Bonnet d'astrakan porté, sous le second Empire, par les chasseurs à cheval de l'armée française.

TALQUER [talke] **v. tr.** ‹1› – 1903 ◊ de *talc* ■ Enduire, saupoudrer de talc. — **p. p. adj.** *Gants de caoutchouc talqués.*

TALQUEUX, EUSE [talkø, øz] **adj.** – 1732 ◊ de *talc* ■ MINÉR. Formé de talc. *Schiste talqueux.*

TALURE [talyʀ] **n. f.** – 1611 «meurtrissure» ◊ de *taler* ■ RARE Meurtrissure d'un fruit.

1 **TALUS** [taly] **n. m.** – 1573 ; *tallut* 1467 ; *talu* «étançon» 1156 ◊ latin *talutium*, du gaulois °*talo* «front» ■ **1** VX OU TECHN. Pente, inclinaison. *«Les pylônes* [égyptiens] *aux angles en talus»* GAUTIER. *Tailler en talus*, en biseau, obliquement. ■ **2** (1467) Terrain à forte pente. *Le double talus d'un ravin.* ♦ GÉOGR. Terrain en pente modérée. *Escarpements et talus. Talus d'éboulis. Talus continental :* forte pente entre les fonds pélagiques et le plateau continental*. ■ **3** Terrain en pente très inclinée, aménagé par des travaux de terrassement. *Talus de déblai*, qui borde une excavation. *Talus de remblai*, fait de terre rapportée et qui s'élève au-dessus du sol. *Les talus qui bordent un chemin, les côtés d'une voie de chemin de fer. Talus herbeux, gazonné. Talus protégeant les cultures.* ➤ **ados.** ♦ Ouvrage de fortifications. *Talus avancé.* ➤ 1 **glacis.** *«Gardes nationaux tués sur le talus de la redoute»* HUGO.

2 **TALUS** [talys] **adj. m.** – 1872 ◊ mot latin ■ PATHOL. *Pied talus :* pied bot dont le seul point d'appui est le talon, le reste du pied remontant vers la jambe.

TALWEG [talvɛg] **n. m.** – 1812 ; *thalweg* XVIIe ◊ mot allemand, de *Tal,* (vx) *Thal* «vallée» et *Weg* «chemin» ■ **1** GÉOGR. Ligne de fond d'une vallée. *Dans une vallée drainée, le talweg est le lit du cours d'eau.* ■ **2** MÉTÉOROL. Zone de basses pressions prolongeant une dépression (**opposé à** *dorsale*). — On écrit parfois *thalweg.*

TAMANDUA [tamɑ̃dɥa] **n. m.** – 1640 ; *tamendoa* 1603 ◊ mot tupi, par le portugais ■ ZOOL. Mammifère édenté du Nouveau Monde, fourmilier* arboricole des forêts tropicales, à la queue préhensile.

TAMANOIR [tamanwaʀ] **n. m.** – 1763 ◊ de *tamanoa,* mot caraïbe, même origine que *tamandua* ■ Mammifère *(édentés)* communément appelé *grand fourmilier,* qui peut dépasser 2 m, à museau très long, et dont la langue, effilée et visqueuse, lui sert à capturer les fourmis dont il se nourrit.

1 **TAMARIN** [tamaʀɛ̃] **n. m.** – XVe ; *tamarandi* 1298 ◊ latin médiéval *tamarindus,* arabe *tamar hindi* «datte de l'Inde» ■ **1** Fruit du tamarinier, longue gousse dont la pulpe (ou *tamar* **n. m.**) est utilisée comme laxatif. *«Ils sucent des graines de tamarin, qu'ils extraient de la longue gousse dorée»* LE CLÉZIO. ◆ PAR EXT. Tamarinier. ■ **2** RARE Tamaris.

2 **TAMARIN** [tamaʀɛ̃] **n. m.** – 1745 ; *tamary* 1614 ◊ d'un mot caraïbe ■ ZOOL. Singe de petite taille *(platyrhiniens)* qui vit en Amérique du Sud. *«L'ouistiti est encore plus petit que le tamarin»* BUFFON.

TAMARINIER [tamaʀinje] **n. m.** – 1733 ; *tamarindier* 1604 ◊ de 1 *tamarin* ■ Grand arbre à feuilles persistantes *(légumineuses césalpiniacées)* à fleurs en grappes, qui pousse dans les régions tropicales. *«Quand les tamariniers aux senteurs de citron allument leurs étoiles d'or»* SENGHOR.

TAMARIS [tamaʀis] **n. m.** – XIIIe ; *thamarisque* 1213 ◊ du bas latin *tamariscus,* probablt racine arabe *tamar,* comme 1 *tamarin* ■ Arbuste originaire d'Orient *(tamaricacées),* à petites feuilles en écailles, à fines fleurs roses en épi, très décoratif, qui croît dans les sables du littoral (appelé parfois aussi *tamarin*). *Allée de tamaris.* — Parfois *tamarix* [tamaʀiks]. *«tamarix blonds, tamarix verts* [...] *dont les branches flottent et ondulent dans l'air»* MIRBEAU. — *Tamaris à manne :* tamaris d'Afrique qui donne une exsudation sucrée.

TAMAZIGHT [tamazigt] **adj. et n.** – 1940 ◊ du berbère ■ RÉGION. (Maghreb) Relatif au peuple berbère. *La culture, la langue tamazight.* — **n.** *Les Tamazights.* — **n. m.** *Le tamazight,* la langue berbère. ➤ **amazigh.**

TAMBOUILLE [tɑ̃buj] **n. f.** – 1866 ◊ p.-ê. abrév. de *pot-en-bouille,* variante de *pot-bouille,* ou de l'italien *tampone* «bombance» ■ FAM. ■ **1** Plat grossier, grosse cuisine médiocre. ➤ **ratatouille.** ■ **2** Cuisine (2°). *Faire la tambouille.*

TAMBOUR [tɑ̃buʀ] **n. m.** – 1300 ; *tabour* 1080 (→ tabouret) ◊ p.-ê. du persan *tabir,* nasalisé sous l'influence de l'arabe *at-tambour,* instrument à cordes

I **INSTRUMENT DE MUSIQUE** ■ **1** Instrument à percussion, formé de deux peaux tendues sur un cadre cylindrique (➤ **caisse**) et que l'on fait résonner à l'aide de baguettes. *Tambour militaire. Tambour plat :* caisse* claire. *Battement, roulement de tambour. Batteries de tambour.* — *Clairons et tambours d'un régiment.* ➤ **clique, fanfare.** ◆ Bruit, son du tambour. *«Nous fûmes réveillés par les tambours de la mobilisation»* MAUROIS. ◆ LOC. *Tambour battant*.* — *Battre* le tambour.* — *Sans tambour ni trompette :* sans attirer l'attention. *«Toujours est-il qu'elle repart comme elle était venue, sans tambour ni trompette»* E. SUE. — FAM. *Raisonner* (résonner) *comme un tambour,* très mal. ■ **2** PAR EXT. Celui qui bat le tambour. *Les tambours du régiment.* *«Trois jeunes tambours S'en revenaient de guerre»* (chans. pop.). *Tambour-major* (**voir ce mot**). ANCIENNT *Tambour de ville :* garde champêtre qui faisait des annonces au son du tambour. ➤ **tambourinaire.** ■ **3** PAR EXT. Tout instrument à percussion à membrane tendue. ➤ **timbale.** *Tambour de basque :* petit cerceau de bois muni d'une peau tendue et entouré de grelots. ➤ **tambourin.** *Tambours africains.* ➤ **djembé, tam-tam.** *«je les avais regardé passer, avec leur cortège de griots,* [...] *de sonneurs de tambours et de tam-tam»* C. LAYE. *Tambour d'aisselle. Message transmis par tambour* (➤ **tambouriner**). *Tambour arabe* (➤ **darbouka**), *cubain* (➤ **bongo, conga**). ◆ MUS. Instrument à percussion formé d'une cavité résonnante (quelles qu'en soient la matière et la forme). *Tambour de bois* (Afrique, Extrême-Orient). *Tambour d'eau* (où l'eau forme caisse de résonance). *Tambour de bronze d'Extrême-Orient,* où la membrane est remplacée par une plaque de bronze.

II **(PAR ANAL. DE FORME) CYLINDRE** ■ **1** (1630) Petite entrée à double porte (comme un sas), servant à mieux isoler l'intérieur d'un édifice. *Tambour d'église.* — PAR EXT. Tourniquet formé de quatre portes vitrées, en croix, à l'entrée d'un édifice public, d'un hôtel. *Tambour cylindrique. Porte à tambour d'un hôtel, d'un musée.* ■ **2** (1630) Cylindre sur lequel s'enroulait la chaîne d'une horloge ; boîtier de ressort d'une montre. ■ **3** (1732) Assise cylindrique d'un fût de colonne. ◆ Soubassement cylindrique d'une coupole. ■ **4** (1765) Métier circulaire pour broder à l'aiguille. *Broderie au tambour.* *«Nathalie Andreievna quitte la table et reprend son petit tambour à broder»* Z. OLDENBOURG. ■ **5** (XVIIIe) TECHN. Cylindre d'un treuil. *Câble enroulé sur le tambour. Tambour de remorque. Tambour de moulinet* (pêche). — Cylindre (dans un mécanisme, une machine). *Le tambour d'un lave-linge.* TYPOGR. *Tambour de justification,* utilisé en monotype. — Poulie large à jante non bombée. — Roue de loterie. — INFORM. *Tambour magnétique :* mémoire de masse d'un ordinateur, en forme de cylindre. *Tambour d'impression d'une imprimante laser.* ■ **6** (1906) Bouton gradué permettant d'effectuer des mesures. *Tambour de frein :* pièce cylindrique solidaire de la roue, à l'intérieur de laquelle frottent les segments. *Freins à tambour.* ■ **7** PÊCHE Engin de pêche cylindrique (en filet, en fil de fer), sorte de verveux à deux ouvertures.

TAMBOURIN [tɑ̃buʀɛ̃] **n. m.** – 1460 ; *tabourin* 1449 ◊ de l'ancien français *tabour* «tambour» ■ **1** COUR. Tambour de basque. *«elle faisait tourner son tambourin à la pointe de son doigt, et le jetait en l'air en dansant des sarabandes»* HUGO. ◆ PAR ANAL. Cercle de bois tendu de peau, sur lequel on fait rebondir une balle, un volant ; jeu qui se joue avec cet instrument. ■ **2** (1765) MUS. Tambour haut et étroit, que l'on bat d'une seule baguette (l'autre main étant libre pour jouer d'un instrument à vent). *Tambourin provençal, oriental* (➤ **bendir**). ■ **3** Danse folklorique provençale. — Au XVIIIe s., Danse de théâtre à deux temps, très rapide ; musique de cette danse.

TAMBOURINAGE [tɑ̃buʀinaʒ] **n. m.** – *tabourinage* 1558 ◊ de *tambouriner* ■ **1** Action de tambouriner. ■ **2** Action de produire un bruit de roulement en frappant un objet dur.

TAMBOURINAIRE [tɑ̃buʀinɛʀ] **n. m.** – 1867 ◊ de *tambourin* ■ **1** Joueur de tambourin provençal. ■ **2** Tambour de ville. *Les annonces du tambourinaire.* ■ **3** Joueur de tambour d'Afrique noire. *«les tambourinaires exécutaient du bout des doigts des roulements étouffés»* DIABATÉ.

TAMBOURINEMENT [tɑ̃buʀinmɑ̃] **n. m.** – 1870 ◊ de *tambouriner* ■ **1** Bruit, roulement de tambour. ■ **2** PAR EXT. (début XXe) Roulement semblable à celui du tambour. *«Un tambourinement lointain ébranlait le sol»* MARTIN DU GARD.

TAMBOURINER [tɑ̃buʀine] **v.** ‹1› – 1648 ; *tabouriner* XVe ◊ de *tambour*

I **v. intr.** ■ **1** VX Jouer du tambour, du tambourin. ■ **2** MOD. Faire un bruit de roulement, de batterie, avec un objet dur, avec ses poings, ses doigts. *Tambouriner contre une vitre.* PAR ANAL. *La pluie tambourine sur le toit.*

II **v. tr.** ■ **1** Jouer (un air), sur un tambour, un tambourin. *Tambouriner une marche.* **p. p. adj.** *Langages tambourinés d'Afrique :* code servant à transmettre des messages par le son rythmé de tambours. ■ **2** VIEILLI Annoncer au son du tambour. ◆ FIG. *Tambouriner une nouvelle,* la publier bruyamment.

TAMBOURINEUR, EUSE [tɑ̃buʀinœʀ, øz] **n.** – 1556 ; *tabourineur* 1534 ◊ de *tambouriner* ■ **1** RARE Personne qui joue du tambourin. ➤ **tambourinaire.** ■ **2** Joueur de tambour, de tam-tam, etc., en Afrique et en Asie. — Personne qui transmet un message en langage tambouriné.

TAMBOUR-MAJOR [tɑ̃buʀmaʒɔʀ] **n.** – 1651 ◊ de *tambour* et *major* ■ Sous-officier, sous-officière qui dirige une formation musicale militaire. *Des tambours-majors.*

TAMIA [tamja] **n. m.** – fin XVIIIe ◊ latin scientifique *tamia ;* p.-ê. du grec *tamias* «économe» ■ Petit écureuil de l'Amérique du Nord et de l'Asie septentrionale, au pelage rayé dans le sens de l'échine. ➤ **suisse.**

TAMIER [tamje] **n. m.** – 1791 ◊ de l'ancien français *tam* «plante grimpante» ; latin *thamnum,* du grec *thamnos* «buisson» ■ BOT. Plante grimpante *(dioscoréacées),* aux baies rutilantes et aux feuilles cordées.

TAMIL ➤ **TAMOUL**

TAMIS [tami] **n. m.** – 1197 ◊ latin populaire °*tamisium*, probablt d'origine gauloise ■ Instrument formé d'un réseau plus ou moins serré (toile, vannerie) ou d'une surface percée de petits trous, et d'un cadre, qui sert à maintenir la substance à passer et à séparer les éléments d'un mélange, selon la dimension des particules. ➤ **crible, sas.** *Secouer un tamis. Passer au tamis. Tamis à farine* (➤ **blutoir**), *à sable, à plâtre. Tamis de cuisine* (➤ **chinois, passoire**). ♦ PAR EXT. SC. *Tamis moléculaire* : composés chimiques ayant de petits pores uniformes dans leur réseau cristallin et qui permettent la filtration et la séparation des molécules assez petites pour entrer dans les pores. ♦ *Tamis d'une raquette* : surface de cordage d'une raquette.

TAMISAGE [tamizaʒ] **n. m.** – 1832 ; *tamisaige* hapax 1356 ◊ de *tamiser* ■ Passage au tamis ; opération par laquelle on tamise. *Tamisage de la farine.* ➤ **blutage.**

TAMISER [tamize] **v.** ⟨1⟩ – 1165 ◊ de *tamis* ■ **1 v. tr.** Trier au tamis, faire passer par le tamis. ➤ **cribler, sasser.** *Tamiser de la farine* (➤ **bluter**), *du sable, de la terre.* — **p. p. adj.** *Farine tamisée,* sans grumeaux. « *Une légère couche de sable de mer soigneusement tamisée* » GAUTIER. ■ **2 v. tr.** (XIXe) Laisser passer (la lumière) en partie. ➤ 1 **voiler.** *Store qui tamise la lumière.* — **p. p. adj.** (début XIXe) *Lumière tamisée,* filtrée ; douce, voilée. « *une lumière tamisée venant on ne sait d'où* [...] *joue avec discrétion sur les vastes surfaces unies* » SARRAUTE. ■ **3 v. intr.** TECHN. Passer par un tamis ; être tamisé. *Poudre qui tamise bien.*

TAMISERIE [tamizʀi] **n. f.** – 1872 ◊ de *tamiser* ■ TECHN. Fabrique de tamis, cribles, sas. ♦ Commerce, fabrication de ces instruments.

TAMISEUR, EUSE [tamizœʀ, øz] **n.** – 1360 ; fém. 1534 ◊ de *tamiser* ■ TECHN. ■ **1** Personne qui tamise certaines substances (en verrerie, droguerie, meunerie, etc.). ■ **2 n. m.** (1875) Tamis grossier, crible pour les cendres du foyer. ■ **3 n. f.** (1907) Machine à tamiser (industries alimentaires).

TAMISIER, IÈRE [tamizje, jɛʀ] **n.** – 1793 ; *tamissier* 1422 ◊ de *tamiser* ■ TECHN. Fabricant(e), commerçant(e) spécialisé(e) en tamiserie.

TAMOUL, E [tamul] **adj.** et **n.** – 1872 *tamil* ; *tamul* 1740 ◊ de *davila,* en pali ; *dramila,* en sanskrit → dravidien ■ Des Tamouls, peuples du sud-est de l'Inde. « *La langue tamoule est composée de mots ayant en moyenne six syllabes* » MICHAUX. ♦ **n. m.** Langue dravidienne des Tamouls.

TAMOURÉ [tamuʀe] **n. m.** – 1956 ◊ mot polynésien (Tahiti) ■ Danse polynésienne à deux temps.

TAMPICO [tɑ̃piko] **n. m.** – 1875 ◊ nom d'une ville du Mexique ■ Crin végétal provenant d'un agave du Mexique. *Des tampicos.*

TAMPON [tɑ̃pɔ̃] **n. m.** – 1430 ◊ variante nasalisée de *tapon,* francique °*tappo* (→ 1 taper), du francique °*tappon*

I MASSE DE MATIÈRE SERVANT À BOUCHER, À FERMER ■ **1** Petite masse dure ou d'une matière souple, pressée, qui sert à boucher un trou, à empêcher l'écoulement d'un liquide. ➤ **bouchon.** *Tampon de liège, de bois, de tissu.* — SPÉCIALT Bonde d'un étang. ♦ TECHN. Cylindre servant à calibrer les trous. ■ **2** (1676) Cheville qu'on plante dans un mur, une cloison, pour y fixer un clou, une vis. ■ **3** (XVIIIe) TECHN. Plaque métallique servant à fermer une ouverture. *Tampon d'écubier.* — Couvercle, dalle qui ferme un puisard, un égout. ■ **4** (1676) Petite masse formée de tissu entortillé, roulé en boule ou pressé, et PAR EXT. Masse garnie d'une matière souple, servant à étendre un liquide. *Vernir un meuble au tampon.* — PAR ANAL. *Tampon métallique, à récurer,* formé d'une masse de fils métalliques. ♦ (1907) *Tampon encreur* : coussinet imprégné d'encre, servant à encrer un timbre ; la boîte qui le contient. ♦ *Tampon buvard* : objet de bureau formé d'un support courbe muni d'une poignée et recouvert d'une feuille de buvard. ■ **5** (v. 1820) Petite masse de gaze, d'ouate, de charpie roulée en boule, servant à étancher le sang, à nettoyer la peau, etc. *Tampon imbibé d'éther.* ♦ (milieu XXe) *Tampons hygiéniques* ou *périodiques,* introduits dans le vagin pendant les règles. « *Si le tampon ne vous dépanne pas vous, vous pouvez être sûrs qu'il dépannera une copine* » M. DESPLECHIN. ■ **6 EN TAMPON :** froissé en boule (papier, tissu). *Elle* « *mordit son mouchoir qu'elle avait roulé en tampon* » GREEN. ➤ **tapon.**

II OBJET SERVANT À AMORTIR LES CHOCS, À MAINTENIR UN ÉQUILIBRE ■ **1** (1856) Plateau métallique vertical destiné à recevoir et à amortir les chocs. *Les tampons d'un wagon, d'une locomotive. Tampon d'un butoir. Coup de tampon* : choc des tampons (➤ **tamponner**). « *les tampons de quarante ou cinquante wagons, percutés l'un après l'autre, créaient une suite de chocs métalliques* » BOSCO. ■ **2** FIG. Ce qui amortit les chocs, empêche les heurts (**sens concret ou abstrait**). *Servir de tampon entre deux personnes qui se disputent.* — (avant 1906) *État tampon,* dont la situation intermédiaire entre deux autres États empêche les conflits directs. *Zone tampon* : zone de protection (➤ **couverture**). *Des zones tampons.* ■ **3** APPOS. *Solution* (II, 3°) *tampon* ou *tampon* : solution conçue pour que son pH ne varie pratiquement pas en cas d'ajout d'une petite quantité d'acide ou de base. *Les mélanges d'un acide et de sa base conjuguée constituent de bons tampons. Des solutions tampons.* — PAR EXT. PHYSIOL. Substance alcaline (SPÉCIALT le bicarbonate de sodium) assurant la stabilité de l'équilibre acide-base du sang. ■ **4** AUTOMAT. Dispositif placé entre deux organes associés et destiné à réduire leurs interactions. EN APPOS., INFORM. *Mémoire tampon* : zone de mémoire permettant d'adapter les vitesses de transfert d'information d'une unité de traitement et d'utilisation des informations par un périphérique.

III OBJET SERVANT À MARQUER ■ **1** (milieu XXe) Timbre (qu'on encre sur un tampon encreur) qui sert à marquer, à oblitérer. *Apposer le tampon sur une lettre. Donner un coup de tampon sur un passeport.* ■ **2** Cachet, oblitération. *Le tampon de la poste sert à dater les lettres.*

TAMPONNADE [tɑ̃pɔnad] **n. f.** – 1968 ◊ d'après l'allemand *(Herz-)tamponade* ■ MÉD. Compression brutale du cœur par épanchement péricardique et pouvant provoquer une mort subite. ➤ **tamponnement** (**du cœur**).

TAMPONNAGE [tɑ̃pɔnaʒ] **n. m.** – 1746 ◊ de *tamponner* ■ **1** CHIM. Action de tamponner (une solution). ■ **2** MÉD. Action de passer un liquide approprié (sur une partie du corps) à l'aide d'un tampon d'étoffe. ➤ **tamponnement.**

TAMPONNEMENT [tɑ̃pɔnmɑ̃] **n. m.** – 1771 ◊ de *tamponner* ■ **1** Le fait de tamponner (1°, 2°) ; son résultat. ➤ **tamponnage** (2°). — MÉD. Introduction de tampons très serrés dans une cavité où s'est produite une hémorragie. *Tamponnement des fosses nasales.* ■ **2** (1890) Le fait de heurter avec les tampons. *Ils entendaient* « *le bruit des tamponnements qui roulait jusqu'au bout des rames* » NIZAN. PAR EXT. Accident résultant du heurt de deux trains. ■ **3** *Tamponnement du cœur.* ➤ **tamponnade.**

TAMPONNER [tɑ̃pɔne] **v. tr.** ⟨1⟩ – 1547 ; hapax XVe ◊ de *tampon* ■ **1** VIEILLI Boucher avec un tampon. — TECHN. Placer des tampons, des chevilles dans (un mur). ■ **2** (1765) Étendre un liquide sur (qqch.) à l'aide d'un tampon. ♦ (1845) Essuyer, étancher, nettoyer avec un tampon. « *Un gosse pleurait, sa mère lui tamponnait les yeux, avec un mouchoir* » SARTRE. ♦ LOC. FAM. *S'en tamponner le coquillard* : s'en moquer. « *À vrai dire, on s'en tamponnait le coquillard de son histoire à la flan* » PEREC. ABSOLT « *il s'en tamponnait, du second bachot* » ARAGON. ■ **3** (1872) Heurter avec les tampons (7°). *Ne pas tamponner* (inscription sur certains wagons). ♦ PAR EXT. Heurter violemment (en parlant de véhicules). — PRONOM. « *Les autos électriques commençaient à se tamponner sur la piste* » QUENEAU. ➤ **tamponneur.** ■ **4** (1964) Timbrer. *Faire tamponner une autorisation.* ■ **5** (1969) CHIM. *Tamponner une solution* : ajouter une solution tampon* à un liquide pour en maintenir le pH. *Aspirine tamponnée.*

TAMPONNEUR, EUSE [tɑ̃pɔnœʀ, øz] **adj.** et **n.** – 1880 ; impr. 1833 ◊ de *tamponner* ■ **1** Se dit d'un véhicule qui en tamponne un autre. *Le train tamponneur.* — (1922) **AUTOS TAMPONNEUSES :** attraction foraine où de petites voitures électriques, protégées par un bourrelet de caoutchouc, circulent et se heurtent sur une piste. ➤ RÉGION. **auto-scooter.** ■ **2 n.** Personne qui tamponne (des papiers, etc.).

TAMPONNOIR [tɑ̃pɔnwaʀ] **n. m.** – 1904 ◊ de *tamponner* ■ TECHN. Mèche d'acier avec laquelle on perce les murs, les cloisons pour y placer un tampon, une cheville, un taquet.

TAM-TAM [tamtam] **n. m. inv.** /TAMTAM **n. m.**/ – 1773 ◊ onomat. créole (cf. anglais *tom-tom* [1693]) « tambour indien » ■ **1** RARE Sorte de tambour en usage dans l'Inde et l'océan Indien. ♦ (1791) MUS. Tambour de bronze d'Extrême-Orient. ➤ **gong.** — PAR EXT. Sorte de gong utilisé dans les orchestres classiques. ■ **2** (1881) COUR. Tambour en usage en Afrique noire comme instrument de musique et pour la transmission de messages (➤ **tambour, tambouriner**). *Danse rythmée par les tam-tam.* « *L'entendez-vous le tam-tam, remplissant la brousse et le village de ses notes grêles, chaudes, sourdes, pathétiques !* » B. DADIÉ. ■ **3** FIG. (1878) Charivari. ♦ Bruit, publicité tapageuse, scandale bruyant. ➤ **ramdam.** *Faire du tam-tam autour d'un évènement.*

TAN [tɑ̃] **n. m.** – XIIIe ◇ p.-ê. gaulois °*tann-* «chêne» ; cf. breton *tann* ■ Écorce de chêne pulvérisée utilisée pour la préparation des cuirs (➤ **tanin, tanner**). *Moulin à tan.* ■ **HOM.** Tant, taon, temps.

TANAGRA [tanagʀa] **n. m. ou f.** – avant 1872 ◇ nom d'un bourg de Béotie en Grèce ■ Statuette, figurine en terre cuite de Tanagra, d'une grâce simple. ♦ **FIG.** Jeune fille, jeune femme fine et gracieuse. *Une vraie tanagra.*

TANAISIE [tanezi] **n. f.** – 1530 ; *tanezie* XIIe ◇ latin populaire °*tanacita,* de *tanacetum* ■ **BOT.** Plante des talus *(composacées),* à fleurs jaunes, appelée communément *barbotine, herbe aux coqs, aux mites.*

TANCARVILLE [tɑ̃kaʀvil] **n. m.** – 1983 ◇ marque enregistrée ; de *Tancarville,* par analogie avec les haubans du pont suspendu ■ **RÉGION. (Ouest)** Séchoir à linge pliable, sur pieds. *«un tancarville rempli de chaussettes et de caleçons»* **O. BOURDEAUT.**

TANCER [tɑ̃se] **v. tr.** ⟨3⟩ – *tencier* 1080 ◇ latin populaire °*tentiare,* de *tentus,* p. p. de *tendere* «tendre ; combattre» ■ **LITTÉR.** Réprimander*. ➤ **admonester, morigéner.** *«Sa colère fut grande et il tança vertement son fils»* **MÉRIMÉE.**

TANCHE [tɑ̃ʃ] **n. f.** – *tenche* XIIIe ◇ bas latin *tinca,* mot gaulois ■ Poisson *(cypriniformes)* vivant dans les eaux douces, à peau sombre et gluante, à chair délicate. *«des tanches d'un vert sombre et sonore, dégouttelantes de la vase où elles se tenaient blotties»* **GENEVOIX.**

TANDEM [tɑ̃dɛm] **n. m.** – 1816 ◇ mot anglais, du latin «enfin», pris au sens de «à la longue, en longueur» ■ **1** **ANCIENNT** Cabriolet à deux chevaux en flèche. — *Attelage en tandem,* en flèche. ♦ (1887) **TECHN.** *Cylindres en tandem,* l'un derrière l'autre, en ligne. ■ **2** (1884) **COUR.** Bicyclette à deux sièges et deux pédaliers placés l'un derrière l'autre. *Se promener en tandem. «des couples, montés sur des tandems, qui pédalaient vers les portes de Paris»* **BEAUVOIR.** ■ **3** **FIG.** (1904) **FAM.** Se dit de deux personnes associées, d'un couple. *Le tandem Boileau-Narcejac.* — **LOC.** *En tandem :* en collaboration, à deux. *Travailler en tandem.* ♦ **(CHOSES)** *Le tandem voiture-conducteur.* — Ensemble composé de deux éléments complémentaires.

TANDIS QUE [tɑ̃dik(ə)] **loc. conj.** – 1170 ◇ du latin *tamdiu* «aussi longtemps» ■ **1** Pendant le temps que, dans le même moment que... **(marquant la simultanéité).** ➤ **alors (que), comme, cependant (que),** 3 **pendant (que).** *Des «impressions anciennes nous revenaient en mémoire, tandis que lentement nous regagnions la maison»* **ALAIN-FOURNIER.** ■ **2** **(Marquant l'opposition dans la simultanéité, et par ext. l'opposition)** ➤ **alors (que).** *Tandis que l'un travaille, l'autre se repose. «Plaire n'est pour lui qu'un moyen de succès ; tandis que pour elle, c'est le succès même»* **LACLOS.**

TANDOURI [tɑ̃duʀi] **adj. et n. m.** – date inconnue ◇ de l'hindi *tandour, tandoor* «four à pain» (cf. anglais *tanduri* [1958]), altération de l'arabe *tannur,* même sens ■ **CUIS.** Mariné dans une sauce épicée et cuit au four, à l'indienne, en parlant d'une viande. *Poulet tandouri.* — **n. m.** *Un tandouri.* — On écrit aussi *tandoori. «il y a aussi des kebabs et des tandooris, leur cuisinier est pakistanais»* **HOUELLEBECQ.**

TANGAGE [tɑ̃gaʒ] **n. m.** – 1667 ◇ de *tanguer* ■ **1** Mouvement alternatif d'un navire dont l'avant et l'arrière plongent successivement. *Le tangage et le roulis. Il y a du tangage.* — **PAR ANAL.** *Tangage d'un avion.* ■ **2** **ASTRONAUT.** Déplacement angulaire d'un engin spatial autour d'un axe défini comme étant son axe transversal **(opposé à *roulis* et à *lacet*).**

TANGARA [tɑ̃gaʀa] **n. m.** – 1614 ◇ mot tupi ■ Oiseau passereau d'Amérique du Sud *(passériformes),* au plumage à vives couleurs. *Le tangara écarlate.*

TANGÉLO [tɑ̃ʒelo] **n. m.** – 1906 ◇ mot-valise, de *tangerine* et *pomélo* ■ Agrume de la taille d'une grosse orange, issu du croisement du pomélo et de la mandarine. ➤ **minnéola.** *Hybride de tangélo et de clémentine.* ➤ **clémenvilla.** *Des tangélos.*

TANGENCE [tɑ̃ʒɑ̃s] **n. f.** – 1815 ◇ de *tangente* ■ **GÉOM.** Position de ce qui est tangent. *Point de tangence,* où deux lignes, deux surfaces sont tangentes.

TANGENT, ENTE [tɑ̃ʒɑ̃, ɑ̃t] **adj.** – 1683 ◇ latin *tangens, entis,* de *tangere* «toucher» ■ **1** **GÉOM.** Qui n'a qu'un point de contact en un seul point. (1705) *Plan tangent à une surface :* ensemble des tangentes en un point à cette surface, formant généralement un plan. *Espace, plan tangent, droite, surface tangente à* (un autre espace, etc.) *en un point M. Courbe tangente à une autre, à un plan. «Le disque* [du Soleil] *est tangent à l'horizon»* **VALÉRY.** ♦ Qui a un ensemble de points de contacts. *Droite d'un plan tangente à un cylindre.* ■ **2** (1906 «candidat presque admis») Qui se fait de justesse. *Il a été reçu au bac, mais c'était tangent* (cf. **FAM.** C'était moins* une). — **PAR EXT.** *Le candidat était tangent.* ■ **CONTR.** Distant, sécant.

TANGENTE [tɑ̃ʒɑ̃t] **n. f.** – 1626 ◇ latin *tangens, entis* → tangent ■ **1** **GÉOM.** *Tangente à une courbe, à une surface :* droite tangente en un point à cette courbe, à cette surface. *Les tangentes à un cercle sont perpendiculaires aux rayons. Mener d'un point extérieur une tangente à une surface, à une courbe de cette surface.* ♦ **TRIGONOMÉTRIE** *Tangente (tg) d'un arc, d'un angle :* rapport du sinus au cosinus de cet arc, de cet angle. **APPOS.** *Fonction tangente.* — *Inverse de la tangente.* ➤ **cotangente.** ■ **2** **LOC. FIG. et FAM.** (1870) *Prendre la tangente :* se sauver sans être vu. ➤ **s'esquiver, filer** (cf. Prendre le large, **RÉGION.** le bord).

TANGENTIEL, IELLE [tɑ̃ʒɑ̃sjɛl] **adj. et n. f.** – 1816 ◇ de *tangente* ■ **1** **GÉOM.** Relatif aux tangentes. *Systèmes de coordonnées tangentielles d'un espace affine de dimension* n : système décrivant une surface, une courbe par ses tangentes, selon une *équation tangentielle.* — *Accélération tangentielle d'un mobile ponctuel.* ♦ (1821) **MÉCAN.** *Force tangentielle,* exercée dans le sens de la tangente à une courbe. **GÉOL.** Force horizontale qui produit des plis couchés, des nappes de charriage. ■ **2** **n. f.** Liaison de banlieue à banlieue.

TANGENTIELLEMENT [tɑ̃ʒɑ̃sjɛlmɑ̃] **adv.** – 1798 ◇ de *tangentiel* ■ **SC.** D'une façon tangentielle.

TANGERINE [tɑ̃ʒ(ə)ʀin] **n. f.** – 1909 ◇ mot anglais «mandarine», proprt «(orange) de *Tanger*» ■ Hybride de mandarine et d'orange amère.

TANGIBILITÉ [tɑ̃ʒibilite] **n. f.** – 1800 ◇ de *tangible* ■ **DIDACT.** Caractère de ce qui est tangible.

TANGIBLE [tɑ̃ʒibl] **adj.** – XIVe ◇ bas latin *tangibilis,* de *tangere* «toucher» ■ **1** Qui tombe sous le sens du tact, que l'on peut connaître en touchant. *La réalité tangible.* ➤ **palpable.** — **PAR EXT.** *Des plaisirs plus tangibles.* ➤ **charnel, matériel.** ♦ **SUBST.** *«Le visible et le tangible»* **HUGO.** ■ **2** **FIG.** (1502) Dont la réalité est évidente, qu'on peut «toucher du doigt». — *Preuves tangibles. Un fait tangible.* ➤ **concret, matériel, palpable.** — **adv. TANGIBLEMENT,** 1876.

TANGO [tɑ̃go] **n. m.** – 1864 ◇ mot hispano-américain, p.-ê. d'origine africaine, répandu en France en 1912 ■ **1** Danse originaire de l'Argentine, sur un rythme assez lent à deux temps. *Le tango argentin. Un tango langoureux.* ♦ **PAR EXT.** La musique de cette danse. *Jouer des tangos au bandonéon.* ■ **2** **n. m et adjt inv.** (1914) Orange foncé, couleur mise à la mode lors de la vogue du tango. *«son grand sac de toile brodé tango»* **ARAGON.** ■ **3** (1975) Demi de bière additionné de grenadine.

TANGON [tɑ̃gɔ̃] **n. m.** – 1778 ◇ p.-ê. du moyen néerlandais *tange ;* cf. ancien français *tanque* (1448) ■ **MAR.** Poutre mobile établie horizontalement à l'extérieur d'un navire à la hauteur du pont supérieur et perpendiculairement à la coque, sur laquelle on amarre les embarcations lorsque le navire est à l'ancre. ♦ Sur les thoniers, Longue perche au pied du grand mât, s'abaissant à l'horizontale, et à laquelle on attache les lignes. ♦ *Tangon de spinnaker :* long espar servant à maintenir l'ouverture du spinnaker.

TANGUE [tɑ̃g] **n. f.** – XIIe ◇ de l'ancien nordique *thang* «goémon», p.-ê. confondu avec *tangi* «langue de terre» ■ **RÉGION.** Sable vaseux, calcaire, très fin, grisâtre, du littoral de la Manche, qu'on utilise comme engrais.

TANGUER [tɑ̃ge] **v. intr.** ⟨1⟩ – 1654 ◇ p.-ê. de l'ancien nordique *tangi* «pointe» ; cf. ancien français *tangre* ■ Se balancer par un mouvement de tangage (bateau). *Navire qui roule et qui tangue. Ça tangue !* ♦ **PAR EXT.** Remuer par un mouvement alternatif d'avant en arrière, et **ABUSIVEMENT** par un mouvement latéral **(on devrait dire *rouler*).** *Un autorail suivait «une voie tortueuse, en tanguant dangereusement»* **BEAUVOIR.** *Tout tanguait autour de lui.* ➤ **vaciller.**

TANGUIÈRE [tɑ̃gjɛʀ] **n. f.** – 1853 ◇ de *tangue* ■ **RÉGION.** Sablière où l'on prend la tangue.

TANIÈRE [tanjɛʀ] **n. f.** – XVe ; *tainiere* v. 1190 ◇ latin populaire *taxonaria,* du gaulois *taxo* «blaireau» ■ **1** Retraite d'une bête sauvage (caverne, lieu abrité ou souterrain). ➤ **antre, gîte, repaire,** 1 **terrier.** *L'ours dans sa tanière. «Une bête cernée au fond de sa tanière»* **GREEN.** ♦ **PAR EXT.** Habitation sordide. ➤ **taudis.** *«Ils se retirent la nuit dans des tanières, où ils vivent de pain noir»*

LA BRUYÈRE. ▪ **2** Logis dans lequel on s'isole, on se cache. *Faire sortir un malfaiteur de sa tanière.* ➤ **trou.** — LOC. *Rentrer dans sa tanière :* retourner à sa solitude.

TANIN ou **TANNIN** [tanɛ̃] **n. m.** – 1797 ◊ de *tan* ▪ Substance d'origine végétale, contenant des groupes acides et phénoliques, rendant les peaux imputrescibles. *Tanin d'écorce de chêne* (➤ **tan**), *de châtaignier, de saule.* ABSOLT *Le tanin :* tanin de chêne ou acide tannique, utilisé en tannerie. — *Tanin officinal,* tiré de la noix de galle, utilisé en pharmacie comme remède hémostatique, astringent et tonique. ◆ Plus cour. *Tanin du vin,* présent dans le vin rouge, provenant des pépins et des rafles du raisin. *Ajouter du tanin à un moût.* ➤ **taniser.**

TANIQUE ➤ **TANNIQUE**

TANISAGE ou **TANNISAGE** [tanizaʒ] **n. m.** – 1877 *tannisage* ◊ de *taniser* ▪ TECHN. ▪ **1** Action de taniser (1°). ▪ **2** Addition de tanin (à un moût).

TANISER ou **TANNISER** [tanize] **v. tr.** ‹1› – 1877 *tanniser* ◊ de *tan* ▪ TECHN. ▪ **1** Ajouter du tan à (une substance). ▪ **2** Ajouter du tanin à (un moût, un vin).

TANK [tɑ̃k] **n. m.** – 1857 ◊ mot anglais «réservoir» ; *tanque* «citerne pour se baigner, aux Indes» 1617 ; mot portugais ▪ **1** Citerne d'un navire pétrolier. — Cylindre métallique de grandes dimensions utilisé comme réservoir dans certaines industries. — *Tank à lait :* cuve réfrigérée pour le stockage du lait à la ferme. ▪ **2** (1916 ◊ par anal. d'aspect et nom de code) MILIT. VIEILLI Char* d'assaut. *«Des tanks et des automitrailleuses prennent position aux principaux points de passage»* TOURNIER. ◆ FAM. Grosse automobile peu élégante.

TANKER [tɑ̃kœʀ] **n. m.** – 1933 ◊ mot anglais → tank (1°) ▪ ANGLIC. Bateau-citerne transportant des produits pétroliers. *Dégazage des tankers.* Recomm. offic. *navire-citerne* (➤ **navire**), *pétrolier.*

TANKISTE [tɑ̃kist] **n. m.** – 1919 ◊ de *tank* ▪ Soldat d'une unité de tanks, de blindés. *«Les tankistes regagnent précipitamment leurs habitacles, les capots se referment, les tourelles tournent sur elles-mêmes»* ECHENOZ.

TANNAGE [tanaʒ] **n. m.** – 1370 ◊ de *tanner* ▪ Action de tanner les peaux ; ensemble des opérations qu'on fait subir aux peaux brutes pour en faire des cuirs, avant le corroyage. *Tannage végétal au tan, aux extraits tanniques. Tannage rapide à l'alun de chrome. Tannage des peaux fines à l'alun et au sel* (➤ **mégisserie**), *à l'huile de poisson* (➤ **chamoisage**).

TANNANT, ANTE [tanɑ̃, ɑ̃t] **adj.** – 1762 ◊ de *tanner* ▪ **1** TECHN. Qui tanne. *Substances tannantes :* produits autres que le tan et qui ont la même action sur les peaux (tanin, extraits tanniques, alun de chrome, naphtol, formol). ▪ **2** FIG. et FAM. Qui tanne (2°), lasse. *Il est tannant avec ses questions.* ➤ **ennuyeux*,** RÉGION. **pelant.**

TANNE [tan] **n. f.** – 1600 ◊ de *tanner* ▪ **1** TECHN. Marque brune qui reste sur une peau après le tannage. ▪ **2** MÉD. Kyste sébacé formé par la rétention de sébum dans un conduit pilosébacé de la peau. ➤ **loupe.** ▪ HOM. Thane.

TANNÉ, ÉE [tane] **adj.** – v. 1220 ◊ de *tan* ▪ **1** Qui a subi le tannage. *Peau tannée.* ➤ **cuir.** ◆ FIG. (milieu XXe) Qui a pris l'aspect du cuir. *Avoir la peau tannée.* ▪ **2** (1380) VX D'une couleur brun clair (comme celle du tan). ◆ De couleur brun clair, brun-roux, en parlant de la peau. *«Les Indiens méridionaux ne sont pas tannés»* BUFFON. ➤ **basané, bistre.** *«Une vieille ridée, tannée, momifiée en quelque sorte»* GAUTIER. — (avec influence du sens 1° fig.) *Un vieux loup de mer au visage tanné.*

TANNÉE [tane] **n. f.** – 1680 ◊ de *tanner* ▪ **1** TECHN. Résidu du tan, qui ne contient plus de tanin. *La tannée est utilisée en jardinage pour faire des couches.* ▪ **2** (1895) FAM. VIEILLI Volée de coups, raclée. *Il a reçu une sacrée tannée.* ◆ FIG. Lourde défaite. *Prendre une tannée.*

TANNER [tane] **v. tr.** ‹1› – 1260 ; *tenner* «fatiguer» 1195 ◊ de *tan* ▪ **1** Préparer (les peaux) avec du tan pour les rendre imputrescibles et en faire du cuir. ABUSIVEMENT *Tanner le cuir.* — PAR EXT. Préparer (les peaux) avec d'autres substances tannantes*, pour en faire du cuir. ➤ **mégir.** ◆ LOC. FAM. (1856) *Tanner le cuir à qqn,* le rosser (➤ **tannée**). ▪ **2** FIG. (XIIIe, repris XIXe) FAM. Agacer, importuner (cf. Casser les pieds). *Tu nous tannes !* ➤ **gonfler.** *Il tanne ses parents pour avoir de l'argent.* ➤ **harceler.** — (Louisiane, Canada) FAM. *Être tanné de (qqch.),* en avoir assez. *Elle était tannée de sa vie, de vivre. «C'est rien... Juste tannée de tout... Plus capable...»* R. DUCHARME. ▪ **3** Rendre tanné, brun. ➤ **boucaner, bronzer, hâler.** *«Les climats perdus me tanneront»* RIMBAUD. *«Le vent tanna sa peau»* FLAUBERT.

TANNERIE [tanʀi] **n. f.** – 1216 ◊ de *tanner* ▪ **1** Établissement où l'on tanne les peaux. *Les foulons des tanneries.* ▪ **2** Ensemble des opérations de tannage. *La tannerie et le corroyage.*

TANNEUR, EUSE [tanœʀ, øz] **n.** – v. 1226 ◊ de *tanner* ▪ Ouvrier, artisan qui tanne les peaux. *«la cité des tanneurs avec leurs ateliers aux odeurs infectes [...], leurs entassements de cuirs et de peaux»* PEREC. ◆ Personne qui possède une tannerie et vend des cuirs.

TANNIN ➤ **TANIN**

TANNIQUE ou **TANIQUE** [tanik] **adj.** – 1848 ◊ de *tan* ▪ TECHN. Constitué par le tanin ; qui contient du tanin. *Vin rouge tannique.* ◆ CHIM. *Acide tannique :* solide blanc amorphe dérivé du phénol, qu'on extrait de la noix de galle.

TANNISAGE ; TANNISER ➤ **TANISAGE ; TANISER**

TANREC ou **TENREC** [tɑ̃ʀɛk] **n. m.** – 1761, -1791 ◊ du malgache *tandraka,* variante dialectale de *trandraka* ▪ ZOOL. Mammifère insectivore de Madagascar, à museau pointu, au corps couvert de poils et de piquants.

TANSAD [tɑ̃sad] **n. m.** – 1919 *tan-sad* ◊ abrév. de l'anglais *tandem saddle* «selle en tandem» ▪ ANGLIC. Selle pour passager, derrière la selle d'une motocyclette. *Des tansads.*

TANT [tɑ̃] **adv.** et **n.inal** – fin Xe ◊ du latin *tantum*

I ~ adv. de quantité MARQUANT L'INTENSITÉ **A.** SUIVI DE *QUE* Sert à marquer qu'une action ou une qualité portée à un très haut degré entraîne une conséquence. ▪ **1** (1080) **TANT QUE :** tellement (cf. À tel point* que). *Il souffre tant qu'il est incapable de se lever. Il a tant plu que la rivière est en crue.* — LOC. PROV. *Tant va la cruche* à l'eau qu'à la fin elle se casse.* ▪ **2** (milieu XIIe) **TANT DE... QUE... :** une si grande quantité, un si grand nombre de... que... *Elle éprouvait «tant de rancœur qu'elle souhaita de mourir»* MARTIN DU GARD. — SANS COMPL. Tant de choses. *Il en a tant fait qu'on l'a licencié. «On a tant rendu à César qu'il n'y en a plus que pour lui»* GIDE. LOC. **TANT ET SI BIEN QUE** [tɑ̃tesibjɛ̃] : de telle manière que, tellement bien que. *Il fit tant et si bien que la corde a cassé. «Tant et si bien que les assaillants se retirèrent en déroute»* BARRÈS. — LITTÉR. **À TANT FAIRE QUE DE... :** si l'on fait tout ce qu'il faut pour, si l'on va jusqu'à. *«À tant faire que faire des choses qu'on déteste, pourquoi pas une de plus !»* VIALATTE. COUR. *Tant qu'à faire* (cf. infra III, 5°).

B. (SANS *QUE*) Tellement. ▪ **1** (fin XIe) (Avec le v.) *Il vous a tant aimé. «Mais je voudrais tant avoir fini ce roman»* FLAUBERT. *«Oh ! argent que j'ai tant méprisé»* CHATEAUBRIAND. ▪ **2** (fin XIe) **TANT DE :** une si grande, une telle quantité de. ➤ **autant.** *«Seigneur, tant de prudence entraîne trop de soin»* RACINE. *Celui-là et tant d'autres. Je lui ai dit tant de fois ! Des gens comme il y en a tant.* ➤ **beaucoup.** *Ne faites pas tant d'histoires ! «À quoi bon tant de haine, Et faire tant de mal, et prendre tant de peine !»* HUGO. LOC. FAM. *Vous m'en direz tant !,* je ne suis plus étonné après ce que vous m'avez dit. ◆ **TANT SOIT PEU :** si peu que ce soit (que la quantité que vous imaginez soit aussi petite que possible). *S'il est (un) tant soit peu délicat, il comprendra.* — **TANT S'EN FAUT :** il s'en faut* de beaucoup (cf. Loin* s'en faut). ▪ **3** LITTÉR. (en tête de la proposition introduisant la cause) *Il n'ose plus rien espérer, tant il a été déçu. «Rien ne touche son goût, tant il est difficile»* MOLIÈRE. ◆ LOC. *Tant il est vrai que...,* introduit une vérité qui découle de ce qui vient d'être dit.

II ~ n.inal (fin XIVe) Exprimant à titre d'exemple une quantité qu'on ne précise pas mais qui est supposée définie *Être payé à tant par mois, à tant la page. Toucher tant,* telle somme. *«Tant pour vous marier ; ah ! vous mourez ; c'est tant»* HUGO. FAM. *Ça fait tant,* tel prix. — *Tant pour cent.* — **TANT DE.** *«tu mesures tant de centimètres, tu pèses tant de kilogrammes, tu as tant de litres de sang, etc.»* AYMÉ. ◆ **LE TANT :** tel jour du mois. ➤ **quantième.** *Du tant au tant.* ◆ **TANT ET PLUS** [tɑ̃teply(s)] : la quantité dont on parle et plus encore. ➤ **beaucoup, énormément.** *«J'eus aussi des visites de Genève tant et plus»* ROUSSEAU. ◆ VX **ENTRE TANT.** ➤ **entre-temps.**

III EXPRIMANT UNE COMPARAISON ▪ **1** (fin XIIe) **TANT... TANT...,** marquant l'égalité (le plus souvent avec *valoir*). *«tant valait l'instituteur primaire, tant vaudrait l'enseignement»* ZOLA. ▪ **2** (début XIIIe) **TANT... QUE,** marquant l'égalité, dans des propositions négatives ou interrogatives. Autant. *«L'intimité n'est pas tant le bonheur parfait que le dernier pas pour y arriver»* STENDHAL. ◆ (fin XIIe)

TANT QUE…, en phrase affirmative. Autant. *Elle cria tant qu'elle put.* PAR EXT. FAM. *Tant que…* (et le v. *pouvoir*) : beaucoup, énormément. *Il pleut tant que ça peut.* — *Tant que ça* : tellement, à ce point. *« Dis-moi pourquoi tu tiens à lui tant que ça »* SARTRE. *Pas tant que ça ! « Je te croyais bête, Pluvinel, mais pas tant, vrai ! »* GONCOURT. ◆ (milieu XIIe) **SI TANT EST QUE…** [sitɑ̃tɛkə] (et subj.) : exprime une supposition très improbable ; à supposer que, en admettant que. *« Voilà de l'argent qui n'est guère propre, si tant est qu'il y en ait qui le soit »* MIRBEAU. — **TOUS TANT QUE** (et v. *être* au plur.) : tous, autant qu'il y en a, sans exception. *« quelle idée vous faites-vous de nos devoirs, à tous tant que nous sommes ! »* VIGNY. ▪ **3** (1530 ◇ du latin *in tantum quantum*) **EN TANT QUE…** (avec un v.) : dans la mesure où… *« La loi est la raison humaine, en tant qu'elle gouverne tous les peuples de la terre »* MONTESQUIEU. ◆ (Avec un nom) Considéré comme. *Le cinéma en tant qu'art. En tant que spécialiste, je suis d'un tout autre avis* (cf. En ma qualité de). ▪ **4 TANT… QUE… :** aussi bien… que. *« La liberté, tant civile que politique »* ROUSSEAU. — (milieu XVIIe) **TANT BIEN QUE MAL :** ni bien ni mal, médiocrement. ➤ **cahin-caha.** *« Les choses vont ainsi, tant bien que mal et plutôt bien que mal »* DUHAMEL. *Il s'y efforce tant bien que mal.* ▪ **5** (1905) **TANT QU'À…** et l'inf. : puisqu'il faut… (cour. pour *à tant faire que de…*). *« tant qu'à m'ennuyer, je préfère que ce ne soit pas avec M. »* GIDE. *Tant qu'à faire, faites-le bien.* ▪ **6** (début XVIe) **TANT MIEUX ;** (1559) **TANT PIS,** locutions exprimant qu'un fait est heureux ou malheureux pour qqn. *« et comment vas-tu depuis que je suis mort mal allons tant mieux »* ALBERT-BIROT. *C'est tant mieux ! Il n'est pas là, tant pis, je reviendrai. Tant pis pour toi, pour lui,* c'est dommage, mais c'est mérité, c'est bien fait. — FAM. *Docteur Tant Mieux, docteur Tant Pis,* optimiste, pessimiste pour ses patients.

IV TANT QUE (fin XIIe) Aussi longtemps que. *« Il soutenait ses ministres, tant qu'ils avaient la majorité »* CHATEAUBRIAND. *« Et nul ne se connaît tant qu'il n'a pas souffert »* MUSSET. — LOC. FAM. *Tant qu'il y a de la vie, il y a de l'espoir. Tant qu'on a la santé…* ◆ Pendant que. *Sortons tant qu'il y a du soleil.* IRON. *Tant que tu y es, que vous y êtes* (pour renchérir sur une demande qui déplaît). *« Il faut qu'il prenne des leçons d'équitation… Mais oui, bien sûr ! et des leçons de danse, tant que tu y es ! »* MAURIAC.

▪ HOM. Tan, taon, temps.

TANTALE [tɑ̃tal] n. m. – XVIIe « celui qui a des désirs irréalisables » → supplice (de *Tantale*) ◇ latin *Tantalus*

I (1754) ZOOL. Oiseau échassier d'Amérique centrale, voisin de la cigogne.

II (1802 ◇ latin scientifique *tantalum*, par allus. à la difficulté d'en préparer des composés) CHIM. Élément (Ta ; n° at. 73 ; m. at. 180,95), métal d'aspect analogue à celui de l'argent ou du platine, mais légèrement bleuté, d'une grande densité, très réfractaire. *Le tantale accompagne le niobium et le vanadium* (métaux du même groupe) *dans ses minerais. Alliages, aciers au tantale* (instruments chirurgicaux, appareils dentaires, etc.). *Condensateur au tantale.*

TANTE [tɑ̃t] n. f. – v. 1160 ◇ de *ta* et ancien français *ante*, avec élision et agglutination du déterminant ; latin *amita* « tante paternelle », de *amma* « maman » ▪ **1** Sœur du père ou de la mère, et PAR EXT. Belle-sœur du père ou de la mère. ➤ **tantine, 1 tata,** ENFANTIN ; aussi **grand-tante.** *Les tantes font partie des parents collatéraux. Tante paternelle, maternelle. Tante Léonie. Mon oncle et ma tante.* — (APPELLATIF) *Oui ma tante.* — *Tante à la mode de Bretagne :* cousine germaine du père ou de la mère. ▪ **2** (1823 ◇ fém. de *oncle* « prêteur sur gage », Belgique 1642) POP. *Ma tante :* le Crédit municipal (« terme ironique à l'adresse de ceux qui déguisent la source d'un emprunt en disant qu'ils ont eu recours à leur famille » [L. Larchey]). ➤ **clou, mont-de-piété.** ▪ **3** (1834) FAM. et VULG. Homosexuel efféminé. ➤ **pédé, tantouze, 1 tata.** *« Je fais mon numéro habillé en femme dans une boîte de tantes mais ça veut rien dire »* QUENEAU. ▪ HOM. Tente.

TANTIÈME [tɑ̃tjɛm] adj. et n. m. – 1665 ◇ de *tant* ▪ **1** VX Qui représente une fraction déterminée mais non précisée d'une grandeur. *La tantième partie d'un nombre.* — adj. ord. *Le tantième jour,* et n. m. (*tantiesme* 1562) *le tantième courant* (style commercial). ▪ **2** n. m. (1824) Pourcentage d'un tout. — FIN., AU PLUR. Fraction spécifique des bénéfices distribuables d'une société attribuée aux administrateurs (supprimés en 1975). ➤ aussi **jeton** (de présence).

TANTINE [tɑ̃tin] n. f. – 1898 ; en Anjou v. 1765 ◇ diminutif de *tante* ▪ APPELLATIF ENFANTIN Ma tante. *Bonjour, tantine.*

TANTINET [tɑ̃tinɛ] n. m. – 1380 ◇ de *tant* ▪ **1** VIEILLI *Un tantinet de :* un tout petit peu* de. *Donne-moi un tantinet de pain.* ▪ **2** loc. adv. Un petit peu, légèrement. *Tu exagères un tantinet* (cf. Un brin). *« des petites histoires d'enfance, insignifiantes et un tantinet ridicules »* R. ROLLAND.

TANT MIEUX ➤ **TANT** (III, 6°)

TANTÔT [tɑ̃to] adv. et n. m. – *tantost* « aussitôt » 1160 ◇ de *tant* et *tôt* ▪ **1** VX Dans un temps prochain, un proche avenir. ➤ **bientôt.** *« Vous en verrez tantôt la suite »* LA FONTAINE. ◆ VX À peu près (dans le passé). *« Il y a bien tantôt trois semaines de cela »* GAUTIER. ◆ VX Presque (avec un état). *« Vous n'avez tantôt plus que la peau sur les os »* RACINE. ▪ **2** VX ou RÉGION. (Belgique, Luxembourg, Canada, Afrique noire) Dans un passé ou un futur proche, dans une même journée. *« Un ressentiment de l'affaire de tantôt »* MOLIÈRE. *À tantôt :* à bientôt, à tout à l'heure. ▪ **3** MOD. Cet après-midi. *Venez tantôt prendre le thé. À tantôt.* — n. m. (*sur le tantôt* 1872) FAM. et RÉGION. (de la Bretagne aux Pyrénées, de la Haute-Marne à la Provence) Après-midi. *« Ils sont restés encore, comme ce tantôt, la bouche pleine, à écouter »* GIONO. ▪ **4** (*tantost* 1507) **TANTÔT…, TANTÔT…** (souvent répété plusieurs fois) : à tel moment…, à un autre moment (pour exprimer des états différents d'une même chose). ➤ **parfois.** *Il est tantôt timide, tantôt grossier. Tantôt bien, tantôt mal. « Tantôt à pied, tantôt avec toute la vitesse de son automobile »* PROUST.

TANTOUZE [tɑ̃tuz] n. f. – 1900 ◇ de *tante* (3°) ▪ FAM. et VULG. Homosexuel efféminé. ➤ **tante, 1 tata.** — On écrit aussi *tantouse.*

TANT PIS ➤ **TANT** (III, 6°)

TANTRISME [tɑ̃tʀism] n. m. – 1904 ◇ du sanskrit *tantra* « doctrine, règle » ▪ RELIG. Forme de l'hindouisme, religion inspirée des livres sacrés ésotériques (les *tantras* n. m.) fondée sur l'utilisation de toutes les énergies intérieures positives et dont les fidèles s'adonnent au culte des divinités féminines. — adj. **TANTRIQUE.**

TAOÏSME [taoism] n. m. – 1886 ; *taossisme* 1846 ◇ du chinois *tao* « raison, être suprême » ▪ Religion populaire d'Extrême-Orient, fondée par Lao-Tseu au VIe s. av. J.-C., qui est un mélange de sa philosophie (➤ **yang, yin**) et de croyances, de pratiques plus populaires. *Le taoïsme et le confucianisme.*

TAOÏSTE [taoist] n. – 1890 ; *taosse* 1827 ; *tausu* 1616 ◇ → taoïsme ▪ Adepte du taoïsme. — adj. *Prêtre taoïste.*

TAON [tɑ̃] n. m. – 1175 *toon* ◇ bas latin *tabo, onis,* classique *tabanus* ▪ Grosse mouche piqueuse et suceuse *(tabanidés),* dont la femelle se nourrit du sang des animaux. *« L'air bourdonne de taons »* COLETTE. ▪ HOM. Tan, tant, temps.

TAPAGE [tapaʒ] n. m. – 1695 ◇ de *2 taper* ▪ **1** Bruit violent, confus, désordonné produit par un groupe de personnes. ➤ **raffut, ramdam, vacarme* ;** RÉGION. **train.** *Un tapage effroyable, infernal. « Au commencement de la classe, il se faisait un grand tapage »* DAUDET. — DR. *Tapage injurieux, tapage nocturne,* consistant à troubler la tranquillité des habitants en faisant du bruit, notamment la nuit, sans motif légitime. ▪ **2** FIG. (1764) ➤ **éclat, esclandre, scandale.** *« Le discours de réception de La Bruyère, qui fit bruit et même tapage »* SAINTE-BEUVE. *On a fait beaucoup de tapage autour de ce divorce.* ➤ **publicité.** ◆ LITTÉR. Éclat, contraste violent de couleurs (➤ **tapageur**). *« un tapage de toilettes claires, bleues et roses »* ZOLA. ▪ CONTR. Silence.

TAPAGER [tapaʒe] v. intr. ⟨3⟩ – 1757 ◇ de *tapage* ▪ RARE Faire du tapage. *Les députés « se lèvent, tapagent »* BARRÈS.

TAPAGEUR, EUSE [tapaʒœʀ, øz] adj. – 1770 ; n. m. 1743 ◇ de *tapage* ▪ **1** Qui fait du tapage. *Un enfant tapageur.* PAR EXT. *« une musique tapageuse et stridente »* GONCOURT. ◆ SUBST., RARE Personne qui fait du tapage. ▪ **2** (1869) Qui fait du tapage, du bruit, du scandale. *Une liaison tapageuse.* ◆ Qui se fait remarquer par l'outrance, le contraste des couleurs. ➤ **criard, voyant.** *Toilette tapageuse.* ➤ **tape-à-l'œil.** *Une élégance tapageuse. Étaler un luxe tapageur.* — adv. **TAPAGEUSEMENT,** 1866.

TAPANT, ANTE [tapɑ̃, ɑ̃t] adj. – 1890 ◇ de *2 taper* ▪ (Après un nom d'heure) À l'instant même où sonne telle ou telle heure. *À midi, à minuit tapant. Soyez là à neuf heures tapantes.* ➤ **1 précis, sonnant ;** FAM. **pétant.** — Avec une valeur particip. *À neuf heures tapant.* ➤ **3 pile.**

TAPAS [tapas] n. f. pl. – 1987 ◇ de l'espagnol *tapa* « couvercle », de la rondelle ou tranche de charcuterie placée sur le verre ▪ Assortiment de petites entrées variées, à l'espagnole, servi à l'apéritif. *Un bar à tapas.*

1**TAPE** [tap] **n. f.** – 1743 ◊ ancien provençal *tap* «bouchon» ; de 1*taper* ■ MAR. Bouchon servant à boucher les écubiers. — ANCIENNT Bouchon pour fermer la bouche d'un canon.

2**TAPE** [tap] **n. f.** – 1360 ◊ de 2*taper* ■ Coup* donné avec le plat de la main. *Donner des tapes à qqn.* ➤ 2**taper.** *Tape sur la figure.* ➤ 1**claque, gifle.** *La vieille «lui appliqua légèrement une tape sur le derrière»* BALZAC. ➤ **fessée.** — *Tape amicale, petite tape. Une grande tape dans le dos.*

TAPÉ, ÉE [tape] **adj.** – 1694 ◊ de 2*taper* ■ **1** S'est dit de fruits que l'on aplatit et que l'on fait sécher au four. *Des poires tapées.* — MOD. Trop mûr, taché par endroits. ➤ **talé.** *Pommes tapées pour la compote.* ◆ FIG. (1758) FAM. Marqué par l'âge, la fatigue. *«ses joues tapées et bises»* CÉLINE. PAR EXT. *Elle est un peu tapée.* ■ **2** FAM. **BIEN TAPÉ :** réussi, bien fait. *Une réponse bien tapée,* bien envoyée. — Bien servi. *Un demi bien tapé.* ➤ **tassé.** ■ **3** (1857) FAM. Fou*.

TAPE-À-L'ŒIL [tapalœj] **adj. inv.** et **n. m. inv.** – 1904 ; «celui qui a une tache sur l'œil» 1867 ◊ de 2*taper* et *œil* ■ Qui attire l'attention par des couleurs voyantes, un luxe tapageur. *Une décoration un peu tape-à-l'œil. Des bijoux tape-à-l'œil.* ◆ **n. m. inv.** *C'est du tape-à-l'œil :* cela fait beaucoup d'effet mais a peu de valeur. *«Je déteste le tape-à-l'œil»* BAZIN.

TAPECUL [tapky] **n. m.** – 1453 ◊ de 2*taper* et *cul* ■ On écrit aussi *tape-cul, des tape-culs.* ■ **1** Bascule à contrepoids fermant l'entrée d'une barrière. ■ **2** Balançoire rudimentaire formant bascule et qui «tape le cul» en touchant le sol. *Des tapeculs.* ■ **3** (1678) MAR. Petite voile à l'arrière de certaines embarcations, pour résister à la dérive. *Cotre à tapecul.* ➤ **ketch.** ■ **4** (1792) Voiture à cheval mal suspendue. *«Une petite voiture à une place, une sorte de petit tape-cul»* GIDE. — Automobile mal suspendue. ◆ ARG. CH. DE FER Autorail omnibus. ■ **5** (1883) ÉQUIT. Monte du cavalier inexpérimenté qui tape du derrière contre le dos du cheval à chaque trot. *Faire du tapecul* (comme exercice). *Passer du tapecul au trot* enlevé.* ◆ Brimade consistant à soulever qqn par les pieds et les épaules et à lui taper le derrière par terre.

TAPÉE [tape] **n. f.** – 1727 ◊ de 2*taper* ■ FAM. Grande quantité. ➤ **chiée.** *Ils ont une tapée d'enfants.* ➤ **flopée, ribambelle, tripotée ;** RÉGION. **trâlée.** *«Il paraît qu'il y a eu des tapées d'arrestations»* NIZAN. ➤ 1**masse.**

TAPEMENT [tapmɑ̃] **n. m.** – 1556, repris 1823 ◊ de 2*taper* ■ Action de taper. *Des tapements de pieds.* ◆ Bruit ainsi produit. *On entend un tapement sourd.*

TAPENADE [tap(ə)nad] **n. f.** – 1910 ◊ provençal *tapenado,* de *tapeno* «câpre» ■ Préparation à base de câpres, d'olives noires et d'anchois écrasés, additionnée d'huile d'olive.

1**TAPER** [tape] **v. tr.** ‹1› – 1752 ◊ ancien provençal *tapar* (XIVe), d'un germanique °*tappon,* néerlandais *tap* «bouchon» ■ MAR. Boucher avec une tape. *Taper les écubiers.*

2**TAPER** [tape] **v.** ‹1› – 1181 ◊ onomat., ou du moyen néerlandais *tappe* «patte» ou du germanique °*tappon*

I ~ v. tr. ■ **1** Frapper (qqn) du plat de la main ou avec un objet. ➤ **battre.** REM. Surtout à propos des enfants. *Maman, il m'a tapé !* ■ **2** Donner des coups sur (qqch.). *Taper la table du poing. Taper les tapis.* ➤ **battre ; tapette.** ◆ LOC. *C'est à se taper la tête contre les murs :* c'est une situation révoltante et sans issue. — FAM. *Se taper les cuisses,* en signe de contentement ; se réjouir bruyamment. — *Il y a de quoi se taper le derrière (le cul) par terre :* c'est une chose risible, grotesque. — *Se taper la cloche*.* — *Taper le carton*, la belote.* ■ **3** Produire (un bruit) en tapant (II). *Taper trois coups à la porte.* PÉJ. *Taper un air sur un piano,* le jouer médiocrement. ➤ **pianoter, tapoter.** ◆ (1917) Écrire (un texte) au moyen de la machine à écrire (➤ **dactylographier ;** 1**frappe**), du micro-ordinateur (➤ **saisir**). *Faire taper une lettre.* — *Tapez votre mot de passe, votre code.* ➤ **composer.** ■ **4** (1866 ; *tappé* «grugé» 1650) FAM. Emprunter de l'argent à (qqn). *«Nous décidâmes d'aller taper notre ancien patron»* CÉLINE. — *Il m'a tapé (de) dix euros, une cigarette.* ➤ **taxer.** ■ **5** FAM. Atteindre (une vitesse). *Sa bagnole tape le 200.*

II ~ v. intr. ■ **1** Donner une tape. *Taper dans le dos de qqn.* *«Quelqu'un qui lui tapait sur l'épaule»* SAND. ◆ Donner un coup, des coups. *Taper sur un clou avec un marteau. Taper à la porte, au mur. Taper des mains.* ➤ **battre.** *«Un quadrille où l'on tapait dans ses mains»* ZOLA. *Taper des poings, des pieds* (sur, contre qqn, qqch.). Taper dur. Taper comme un sourd.* ➤ **cogner.** *Taper sur qqn, lui taper dessus,* le frapper. LOC. FAM. *En prendre un pour taper sur l'autre :* formule de menace lorsqu'on est excédé du comportement de deux personnes (SPÉCIALT deux enfants). *Je vais en prendre un pour taper sur l'autre !* — *Taper sur un piano,* en jouer brutalement. *Taper dans un ballon.* — (Choses) *Une porte qui tape. Bateau qui tape,* dont le fond heurte chaque lame. ◆ FIG. et FAM. *Taper sur qqn,* dire du mal de lui en son absence. ➤ **critiquer*, médire** (cf. Casser* du sucre sur le dos de qqn). *Taper sur qqch.,* en médire. ◆ LOC. FAM. *Se faire taper sur les doigts*. Taper sur le ventre de qqn,* le traiter avec une familiarité excessive. — *Taper sur les nerfs, sur le système à qqn,* l'agacer. — *Taper dans l'œil à qqn,* lui plaire vivement. *Elle lui a tapé dans l'œil, c'est le coup de foudre.* — *Taper dans le mille :* réussir ; deviner juste. *Taper à côté :* manquer son but ; se tromper. ■ **2** PAR EXT. Écrire en tapant sur les touches d'une machine, sur un clavier. *Taper à la machine. Cette claviste tape vite. Faute faite en tapant :* faute de frappe, de saisie*. ■ **3** (fig. de *taper sur la tête*) Se dit du vin qui monte* à la tête. *Un vin qui tape.* ➤ **cogner.** ◆ *Le soleil tape dur,* chauffe très fort. FAM. *Ça tape aujourd'hui.* ■ **4** FAM. Prendre dans, se servir de. *Taper dans les réserves.* ➤ **entamer.** *Taper dans la caisse.* ➤ **puiser.** *Tapez dans le tas ! Tapez dedans !*

III SE TAPER A. v. pron. ■ **1** (RÉCIPR.) Se frapper l'un l'autre. *Ils se sont tapés dessus.* ■ **2** (RÉFL.) *Se taper sur les cuisses* (de contentement ; cf. ci-dessus Se taper les cuisses). ■ **3** FAM. Se priver de qqch. *Tu peux toujours te taper :* tu n'auras pas ce que tu demandes. ➤ se **brosser, courir,** se **fouiller.** ◆ FAM. *S'en taper :* s'en moquer (cf. S'en balancer, s'en battre* l'œil, s'en ficher, s'en foutre). *Vos histoires, je m'en tape.*

B. (Avec un complément) ■ **1** (1766) FAM. Manger*, boire* (qqch.). ➤ **s'enfiler, s'envoyer.** *Se taper un bon gueuleton. «Elle se tape encore son kil de rouge dans la journée»* SARTRE. ■ **2** VULG. *Se taper qqn :* avoir des relations sexuelles avec qqn. ➤ **se faire, se farcir.** *«Ça débecte [...] les vieux qu'elles se tapent»* CÉLINE. ■ **3** FAM. Faire (une corvée). ➤ **s'appuyer.** *Se taper tout le travail. Il s'est tapé le trajet à pied.* — PÉJ. Supporter. *Il va falloir encore se taper la famille.* ➤ **se farcir.**

TAPETTE [tapɛt] **n. f.** – 1562 ◊ de *taper*

I (de 1*taper*) TECHN. Palette de bois pour enfoncer les bouchons. *Tapette de tonnelier.* ➤ **batte.** ◆ Tampon de graveur.

II (de 2*taper*) ■ **1** (milieu XVIIIe) Petite tape. *«Le premier (de nous deux) qui rira aura une tapette»* (chans. enfantine). ■ **2** Sorte de raquette d'osier pour battre les tapis ; pour tuer les mouches. ■ **3** Piège à souris, à rats dans lequel un crochet actionné par une planchette tue l'animal. ■ **4** Jeu de billes dans lequel la bille doit toucher les autres après avoir tapé contre un mur. — Jeu de ballon où l'on lance la balle contre le mur. ■ **5** (1867) FAM. Langue bien pendue, loquacité. *Il a une de ces tapettes !* il est très bavard. — PAR EXT. *Quelle tapette, cette concierge !* ■ **6** (1854) FAM. et VULG. Homosexuel efféminé. ➤ **folle, tante.** *«scandaleux et provocants comme des tapettes»* SARTRE.

TAPEUR, EUSE [tapœʀ, øz] **n.** – 1866 ◊ de 2*taper* ■ Personne qui emprunte souvent de l'argent. *«un traîne-misère, ou un tapeur professionnel venait nous demander cent sous»* BEAUVOIR.

TAPHOPHILIE [tafɔfili] **n. f.** – 1969 ◊ du grec *taphos* «tombeau» et *-philie* ■ PSYCHIATR., PSYCHAN. Attrait pathologique pour les tombes et les cimetières.

TAPI, IE [tapi] **adj.** – XVIIe ◊ de *se tapir* ■ **1** Caché, dans une posture ramassée. *«Une pauvre alouette tapie dans les blés»* HUGO. — FIG. *«La France, tapie derrière la ligne Maginot»* SARTRE. ■ **2** (ABSTRAIT) Caché, d'une manière plus ou moins menaçante. ➤ **embusqué.** *«Un mal guettait Joseph, déjà tapi en lui»* MAURIAC. ■ HOM. Tapis.

TAPIN [tapɛ̃] **n. m.** – XVIIIe ◊ de 2*taper*

I FAM. et VX Celui qui bat du tambour. *«une école de tapins»* GONCOURT.

II LOC. ARG. (1837) *Faire le tapin :* racoler, se prostituer. ➤ **tapiner** (cf. Faire le trottoir*). ◆ PAR MÉTON. *Un tapin.* ➤ **prostitué, tapineur.**

TAPINER [tapine] **v. intr.** ‹1› – 1920 ◊ de *tapin* II ■ ARG. Racoler ; faire le tapin. *Elles «tapinent en clandé jusqu'à l'âge requis pour la carte»* SARRAZIN.

TAPINEUR, EUSE [tapinœʀ, øz] **n.** – XIXe ◊ de *tapiner* ■ ARG. Prostitué(e). ➤ **tapin.**

TAPINOIS (EN) [ɑ̃tapinwa] **loc. adv.** – 1470 ◊ de l'ancienne loc. *en tapin* «en cachette», de *se tapir* ■ En se cachant, à la dérobée, avec dissimulation. ➤ **catimini** (en), **sournoisement.** *«Un monsieur à lorgnon s'était approché en tapinois d'un de ces appareils»* SARTRE.

TAPIOCA [tapjɔka] **n. m.** – 1783 ; *tapiocha* 1651 ◊ mot portugais, du tupi-guarani *tipioca*, de *tipi* « résidu » et *ok-* « presser » ■ Fécule amylacée, extraite de la racine de manioc, cuite, concassée en flocons et séchée. *Potage au tapioca*, OU ELLIPT *un tapioca, du tapioca.*

TAPIR [tapiʀ] **n. m.** – *tapihire* 1558 ◊ mot tupi ■ **1** Mammifère ongulé *(tapiridés)*, herbivore d'assez grande taille (jusqu'à 1 m), au corps massif, aux membres courts, dont le nez se prolonge en une courte trompe préhensile. *Tapir d'Amérique du Sud.* ■ **2** (1896 ◊ par métaph. plais., le *tapir* étant un animal apprivoisable et comestible) ARG. **École normale** Élève qui prend des leçons particulières.

TAPIR (SE) [tapiʀ] **v. pron.** ‹2› – 1160 ◊ francique °*tappjan* « fermer » ■ Se cacher, se dissimuler en se blottissant. *Hannibal* [le chat] *« s'alla tapir sous une bibliothèque »* FRANCE. — Se retirer, se mettre à l'abri. *Se tapir chez soi.* ➤ **se terrer.** ◆ FIG. Se cacher. *« Cette profondeur, où se tapit un orgueil de père et de Dieu »* BALZAC. ■ HOM. *Tapissent* : tapisse (tapisser).

TAPIS [tapi] **n. m.** – *tapiz* 1160 ◊ grec byzantin *tapêtion*, diminutif de *tapês, êtos* « couverture, tapis »

A. PIÈCE DE TEXTILE ÉTENDUE SUR LE SOL ■ **1** Ouvrage de fibres textiles, destiné à être étendu sur le sol pour s'asseoir, s'agenouiller *(tapis de prière)*, en Orient ; et en Occident, pour décorer le sol des maisons, étouffer les bruits, les pas. ➤ **carpette, descente** (de lit). *Tapis à points noués. Tapis de haute laine, de soie. Tapis anciens. Tapis d'Orient. Tapis persan. Tapis de la Savonnerie, d'Aubusson. Tapis noué main, mécanique. Tapis tissé.* ➤ **kilim, lirette.** — *Franges, dessins d'un tapis* (➤ 1 **fleurage**). — *Battre, brosser, secouer les tapis. Tapis cloué.* ➤ **moquette.** (Belgique) *Tapis plain* (parfois *plein*) : moquette. *Tapis de couloir, d'escalier* (➤ **chemin**). ◆ LOC. *Dérouler le tapis rouge* : recevoir qqn avec tous les honneurs. *Tirer le tapis sous les pieds de qqn* : tenter de le faire échouer (cf. Savonner* la planche). — *Le tapis volant,* dans les contes orientaux. — *Se prendre les pieds dans le tapis* : commettre une maladresse, cafouiller (cf. S'emmêler* les pinceaux). — (Canada) *S'enfarger* dans les fleurs du tapis. Balayer (qqch.) sous le tapis* : cacher, dissimuler. *La méthode « sèche, rigide, les sentiments sous le tapis »* PH. JAENADA. — *Marchand de tapis* : marchand ambulant qui propose des tapis. FIG. et PÉJ. Personne qui a les manières d'un marchand trop insistant, qui marchande âprement. *Discussion, négociation de marchand de tapis* ; FIG. discussion longue et âpre. ■ **2** PAR EXT. Revêtement souple de sol. *Tapis de sparterie* (alfa, jonc, etc.). ➤ **natte.** *Tapis de caoutchouc, de linoléum. Tapis de bain. Tapis de sol,* dans une tente de camping, une voiture. *Tapis de judo.* ➤ **tatami.** — (1929) **TAPIS-BROSSE,** en fibres végétales, pour s'essuyer les pieds. ➤ **paillasson.** *Des tapis-brosses.* — (1908) BOXE *Aller au tapis ; envoyer son adversaire au tapis,* au sol, à terre (➤ **knock-out**). FIG. *Envoyer qqn au tapis,* le vaincre ; l'empêcher d'agir. *Le favori au tapis,* éliminé. — (SPORT) *Tapis de course* : tapis mécanique sur lequel on peut courir. ◆ PAR EXT. **TAPIS ROULANT** : dispositif formé d'une surface plane animée d'un mouvement de translation et servant à transporter des personnes, des marchandises. ➤ **convoyeur, transporteur.** — *Tapis de caisse* : tapis roulant des caisses de supermarchés sur lequel les clients déposent leurs achats. — TECHN. **TAPIS DIPLODOCUS** : tapis roulant fait d'éléments plats articulés, qui livre les bagages dans une aérogare. — **TAPIS SURFACE-GRIFFE** : tapis transporteur muni de griffes pour retenir la charge sur un plan incliné.

B. CE QUI RECOUVRE ■ **1** (XVIe) FIG. Couche, surface qui évoque un tapis par sa matière, son aspect. *Un tapis de gazon, de fleurs, de feuilles mortes. Un épais tapis de mousse.* ◆ MILIT. *Tapis de bombes* : nombreuses bombes très rapprochées. *« Un beau tapis de bombes, avec quatre mille morts pardessus ! »* R. PEYREFITTE. ■ **2** Pièce de tissu recouvrant un meuble, une table. *Tapis de table. Tapis de billard.* ◆ *Tapis d'une table de jeu,* généralement vert. ABSOLT *Mettre un enjeu sur le tapis.* — PAR EXT. La table de jeu. *Les « trois tapis verts dont le plus entouré est celui du* trente et quarante *»* NERVAL. LOC. *Le tapis brûle,* se dit lorsqu'un joueur a oublié de déposer sa mise avant que les jeux soient faits. *Éclairer*, amuser* le tapis.* ◆ **TAPIS VERT.** *Le tapis vert d'une table de conseil d'administration, d'un bureau. Discuter, négocier autour du tapis vert.* — LOC. FIG. *Mettre une affaire, une question* **SUR LE TAPIS,** la faire venir en discussion. *« Les La Reynie venaient aussi parfois sur "le tapis". Catherine se demandait comment Amélie pouvait être aussi bien renseignée sur eux »* CLANCIER. ■ **3** *Tapis de souris* : petit rectangle de mousse ou de plastique sur lequel on déplace une souris d'ordinateur. ■ **4** (Belgique) Papier peint. ➤ **tapisserie** (3°). ■ HOM. Tapi.

TAPISSER [tapise] **v. tr.** ‹1› – XVe ◊ de *tapis* « tenture, étoffe » ■ **1** Couvrir de tapisseries, tentures, étoffes, etc., pour orner. *Tapisser un mur, une paroi,* PAR EXT. *une chambre.* ➤ 1 **tendre.** *Tapisser un mur de papier peint.* ABSOLT *Rouleau de papier à tapisser.* ◆ PAR EXT. *Tapisser sa chambre de photos, d'affiches.* ■ **2** (Sujet chose) Recouvrir (un mur, une paroi) en manière d'ornement. *Tenture qui tapisse un appartement.* ◆ PAR ANAL. Recouvrir parfaitement. *« Vallons que tapissait le givre du matin »* LAMARTINE. *Le lierre tapisse le mur. Grotte tapissée de mousse.* — *Muqueuse qui tapisse un organe.* ■ HOM. *Tapisse* : tapissent (se tapir).

TAPISSERIE [tapisʀi] **n. f.** – 1379 ◊ de *tapis* « tenture » ■ **1** Tenture d'ameublement, généralement faite de tapisserie (2° ou 4°) ; tissu dont elle est faite. *« Une petite porte battante, masquée par une tapisserie »* MUSSET. ◆ LOC. FIG. *L'envers de la tapisserie* : la réalité cachée derrière une apparence flatteuse (cf. L'envers* du décor, le revers* de la médaille). — *Faire tapisserie* : être le long du mur, sans bouger. *« Les maîtres d'hôtel et les valets vont faire tapisserie »* R. PINGET. SPÉCIALT Ne pas être invitée à danser, dans un lieu où l'on danse. ■ **2** Ouvrage d'art en tissu, effectué au métier, dans lequel le dessin résulte de l'armure même et qui est destiné à former des panneaux verticaux ; un de ces panneaux. *Tapisserie de haute lice, de basse lice. Carton de tapisserie* : œuvre d'art d'après laquelle la tapisserie est exécutée. *Tapisseries des Flandres. Tapisseries des Gobelins, de Beauvais, d'Aubusson.* — ABUSIVEMENT *La tapisserie de Bayeux est une broderie.* ◆ PAR EXT. Art de ces ouvrages ; ces ouvrages. *« la tapisserie est un art perdu »* GONCOURT. ■ **3** (1820) Papier peint tendu sur les murs. *La tapisserie se décolle. Refaire la tapisserie d'une pièce.* ■ **4** Ouvrage de dame à l'aiguille, dans lequel on recouvre entièrement un canevas avec des fils de laine, de soie, de coton, suivant le tracé d'un dessin. *Faire une tapisserie. Une tapisserie au point de croix. Bergères recouvertes de tapisserie.* ◆ L'art de fabriquer ces ouvrages. *Points de tapisserie. Métier à tapisserie* : cadre mobile sur lequel est tendu le canevas. *« Ma vocation pour la tapisserie [...] n'est pas récente »* COLETTE.

TAPISSIER, IÈRE [tapisje, jɛʀ] **n.** – 1226 ; fém. 1636 ; *tapiciere* 1297 ◊ de *tapis* (1°) ■ **1** Personne qui exécute à la main des tapis sur métier, des tapisseries. ➤ **licier.** ■ **2** Personne qui tapisse (1°) une pièce, une maison, pose les papiers peints. *Tapissier-décorateur. Peintres et tapissiers.* ■ **3** Personne qui vend et qui pose les tissus, les cuirs d'ameublement. *Tapissier qui capitonne, rembourre, recouvre un siège.* ➤ RÉGION. **rembourreur.** *Marteau, clous de tapissier.* — APPOS. *Sommier tapissier,* recouvert d'un coutil.

TAPOCHER [tapɔʃe] **v. tr.** ‹1› – 1880 ◊ de *taper,* p.-ê. avec influence de *talocher* → 1 taloche ■ (Canada) FAM. Donner des coups à (qqn). *Se faire tapocher.* — PRONOM. *« on se tapochait de joie »* J. GODBOUT. ◆ INTRANS. *Tapocher sur sa batterie. « sa femme lui tapoche sur la tête parce qu'il court après les autres femmes »* Y. BEAUCHEMIN.

TAPON [tapɔ̃] **n. m.** – 1690 ; « bouchon » 1382 ◊ francique °*tappo* → tampon ■ VIEILLI Petite boule de matière pressée, chiffonnée. ➤ **tampon.** *« des tuyauteries de lavabo encrassées [...] par un tapon de cheveux noirs »* FALLET. *« quelques effets roulés en tapon »* MARTIN DU GARD.

TAPONNER [tapɔne] **v.** ‹1› – 1880 ◊ mot normand (XVIIe) « tamponner », de *tapon* ■ (Canada) FAM. ■ **1 v. tr.** Toucher, tripoter. *Elle « plonge dans sa sacoche, farfouillant, taponnant dans le vide »* M. LABERGE. ➤ **tâtonner.** ■ **2 v. intr.** Perdre son temps. *On va encore taponner à l'aéroport.* — **n. m.** (1930) **TAPONNAGE.**

TAPOTEMENT [tapɔtmɑ̃] **n. m.** – 1859 ◊ de *tapoter* ■ Fait de tapoter ; son résultat. *« tournant dans leur danse, au tapotement du piano »* GONCOURT. ◆ (1891) Massage par petits coups légers à l'aide des doigts ou du bord de la main.

TAPOTER [tapɔte] **v. tr.** ‹1› – v. 1270 ◊ de 2 *taper* ■ **1** Frapper légèrement à petits coups répétés. *Tapoter une cigarette, pour faire tomber la cendre. Tapoter affectueusement la joue d'un enfant.* — INTRANS. *Tapoter sur la table.* ➤ **pianoter, tambouriner.** ■ **2** (1843) Jouer mal ou négligemment sur un piano. *Tapoter une sonate.* ABSOLT *« Paule ne pouvait souffrir d'entendre "tapoter" son mari »* MAURIAC. ➤ **pianoter.** — PAR EXT. *Tapoter à la machine à écrire, à l'ordinateur.*

TAPUSCRIT [tapyskʀi] **n. m.** – v. 1970 ◊ mot mal formé, de 2 *taper* et *manuscrit* ■ TECHN. Texte dactylographié envoyé à la composition. ➤ **manuscrit.**

TAQUE [tak] **n. f.** – 1568, au sens 3° ◇ du bas allemand *tak* «plaque de cheminée» ■ RÉGION. (Bourgogne, Franche-Comté, Lorraine ; Belgique) ■ **1** (1973) Dessus de cuisinière, de poêle. ■ **2** Couvercle d'une citerne ou d'une bouche d'égout. ■ **3** (Luxembourg) Plaque de fonte appliquée sur le contrecœur du foyer. ■ HOM. Tac.

TAQUER [take] **v. tr.** ‹1› – 1723 ◇ p.-ê. de *tac*, onomat. ■ IMPRIM. ANCIENNT Mettre de niveau (les caractères) avec un outil en bois (appelé *taquoir*, n. m.). — n. m. (1878) **TAQUAGE.**

TAQUET [takɛ] **n. m.** – 1643 ; *taque* 1392 ; rare avant XIXe ◇ de l'ancien normand *(es)taque*, francique °*stakka* «poteau» ■ **1** Pièce de bois qui maintient en place qqch. *Taquet soutenant un tasseau. Les taquets qui calent un meuble.* — Piquet qu'on enfonce en terre pour servir de repère. ➤ **témoin.** — Morceau de bois qui tourne autour d'un axe et sert à maintenir une porte fermée. ➤ **loquet.** — Butée métallique réglable servant à régler les arrêts du chariot d'une machine à écrire. ♦ MAR. Pièce (de bois, de métal) servant à tourner, à amarrer des cordages, des manœuvres. ♦ CH. DE FER *Taquet d'arrêt* : pièce de charpente mobile placée à une bifurcation pour arrêter un wagon. ♦ LOC. FAM. *Au taquet* : au maximum, à fond. *Être au taquet. «J'ai été au taquet durant tout le match, se félicitait la numéro 1 française»* (L'Équipe, 2009). ■ **2** *Taquet d'escalier* : ensemble composé de deux pièces en équerre, dont l'une est réglable à hauteur voulue pour les travaux dans les escaliers. — *Taquet d'échelle* : ensemble comprenant deux pièces métalliques articulées et fixées sur les barreaux d'une échelle pour y monter et travailler.

TAQUIN, INE [takɛ̃, in] **adj.** – 1442 «homme violent, querelleur» ; *tacain* «gueux» 1411 ◇ de l'ancien français *taquehan* «émeute» (1244), du moyen néerlandais *takehan* ■ Qui prend plaisir à taquiner autrui. *Un enfant taquin. «Elle me faisait faire des châteaux de cartes* [...] *Mon oncle, qui était taquin, se retournait pour souffler dessus»* SAND. PAR EXT. *Caractère taquin.* ➤ **malicieux.** — SUBST. *Un taquin, une taquine.* ■ HOM. Tachine.

TAQUINER [takine] **v. tr.** ‹1› – 1798 ; «chicaner pour des riens» 1785 ; «lésiner» 1660 ◇ de *taquin* ■ **1** S'amuser à contrarier dans de petites choses, sans y mettre de méchanceté. ➤ **chambrer,** 2 **chiner ;** FAM. **asticoter, embêter,** RÉGION. **niaiser** (cf. Faire enrager, faire marcher). *Jean «la taquinait parfois, mentant exprès, soutenant des choses injustes, pour s'amuser à la voir s'étrangler de colère»* ZOLA. — PRONOM. (RÉCIPR.) *«On se lance des petites pointes très légères pour s'émoustiller, pour se taquiner un peu»* SARRAUTE. ■ **2** (Sujet chose) Être la cause de petites contrariétés, d'une douleur légère pour (qqn). *«ces petites misères qui taquinent le génie»* GAUTIER. ➤ **inquiéter.** *J'ai une dent qui me taquine.* ➤ **agacer.** ■ **3** LOC. FAM. *Taquiner le goujon* : pêcher à la ligne. *Taquiner la muse* : faire des vers en amateur, sans prétention.

TAQUINERIE [takinʀi] **n. f.** – XIXe ; «caractère querelleur» 1762 ; «avarice» 1553 ◇ de *taquin* ■ **1** Caractère d'une personne taquine. ■ **2** Comportement taquin. ♦ Action de taquiner ; parole taquine. *Harceler de taquineries.*

TARA [taʀa] **n. m.** – 1881 ◇ mot d'une langue africaine ■ En Afrique noire, Lit bas fait de fibres végétales. *Le spahi «s'étendit sur un tara, sorte de sofa en lattes légères»* LOTI.

TARABISCOT [taʀabisko] **n. m.** – 1808 ◇ origine inconnue ■ MENUIS. VX ■ **1** Petite rainure qui sépare deux éléments d'une moulure. ■ **2** PAR EXT. Outil servant à creuser cette rainure.

TARABISCOTAGE [taʀabiskɔtaʒ] **n. m.** – 1894 ◇ de *tarabiscoter* ■ Caractère de ce qui est tarabiscoté.

TARABISCOTÉ, ÉE [taʀabiskɔte] **adj.** – 1848 ◇ de *tarabiscot* ■ **1** Qui comprend beaucoup de moulures (➤ **tarabiscot**), d'ornements. *«leurs anciens plafonds fouillés, tarabiscotés, pleins d'amours, de chicorées et de rocailles»* GAUTIER. ■ **2** (ABSTRAIT) Affecté, contourné. *Style tarabiscoté.* ➤ **alambiqué.** — v. tr. ‹1› **TARABISCOTER,** 1866, RARE. ■ CONTR. Simple, sobre.

TARABUSTER [taʀabyste] **v. tr.** ‹1› – v. 1540 «faire du bruit» ◇ de *tarabustis* «désordre, querelle» (1387) ; provençal *tarabustar*, croisement de *tabustar* «faire du bruit» et *rabasta* «querelle, bruit» ■ Importuner par des paroles, des interventions renouvelées. ➤ **asticoter, harceler, tourmenter.** *«mes patrons me tarabustaient pour que j'accepte enfin de partir en congé»* P. BENOIT. ♦ (Sujet chose) Causer de la contrariété, de l'inquiétude, de l'agitation à (qqn). *Cette affaire le tarabuste.* ➤ **ennuyer*, préoccuper, tracasser, travailler, turlupiner.**

TARAGE [taʀaʒ] **n. m.** – 1847 ◇ de *tarer* ■ COMM. Opération qui consiste à tarer un récipient ou un emballage avant de le remplir.

TARAMA [taʀama] **n. m.** – v. 1960 ◇ grec moderne *taramas* «œufs de poisson salés» ■ Préparation culinaire à base d'œufs de poisson (cabillaud, mulet), d'huile d'olive et de citron.

TARARE [taʀaʀ] **n. m.** – 1785 ◇ p.-ê. onomat. du bruit de la machine ■ AGRIC. Appareil qui sépare les grains de blé de la balle, par ventilation. ➤ **vanneuse.** *Trémie, grilles, cribles d'un tarare.*

TARASQUE [taʀask] **n. f.** – 1655 ◇ ancien provençal *tarasco* (1369), de *Tarascon*, nom de ville ■ **1** Animal fabuleux, dragon des légendes provençales ; sa représentation que l'on promène en procession dans certaines villes méridionales. — PAR EXT. Monstre sculpté, sorte de gargouille. ■ **2** FIG. et LITTÉR. Danger fabuleux. *«On a pris l'habitude de considérer la grève générale un peu comme la tarasque»* ARAGON.

TARATATA [taʀatata] **interj.** – 1809 ◇ onomatopée ■ Onomatopée exprimant l'incrédulité, la défiance, le mépris (en réponse à ce qui vient d'être dit). ➤ **ta, ta, ta.** *«Je vous ai attendue toute cette semaine, la semaine dernière aussi. – Taratata. Pourquoi pas depuis un an»* BECQUE.

TARAUD [taʀo] **n. m.** – *tarault* 1538 ◇ altération de °*tareau*, variante de *tarel*, de *tarere* → tarière ■ TECHN. Outil d'acier à main ou à machine servant à faire des pas de vis. ■ HOM. Taro, tarot.

TARAUDAGE [taʀodaʒ] **n. m.** – 1842 ◇ de *tarauder* ■ TECHN. ■ **1** Action de tarauder ; son résultat. *Taraudage en grande série, à la machine* (perceuse, tour à décolleter, taraudeuse). *Taraudage unitaire ou en petite série* (à la main, avec un tourne-à-gauche). ➤ 1 **filetage.** ■ **2** Filetage intérieur d'un trou cylindrique.

TARAUDANT, ANTE [taʀodɑ̃, ɑ̃t] **adj.** – milieu XXe ◇ de *tarauder* ■ LITTÉR. Qui taraude (3°), transperce. ➤ **taraudeur.** *«De taraudantes inquiétudes»* DUHAMEL.

TARAUDER [taʀode] **v. tr.** ‹1› – 1676 ◇ de *taraud* ■ **1** TECHN. Creuser, percer (une matière dure) pour y pratiquer un filetage, à l'aide du taraud ou d'une machine. *Tarauder une plaque d'acier, une planche.* — PAR EXT. *Tarauder un écrou.* ♦ ABUSIVEMENT *Tarauder une vis.* ➤ 1 **fileter.** *«Les taraudeuses* [...] *taraudant les boulons et leurs écrous»* ZOLA. ■ **2** PAR ANAL. Percer avec une tarière. *Le «bruit d'un insecte qui taraudait une poutre»* BOSCO. ■ **3** FIG. et LITTÉR. Tourmenter moralement. *Cette question le taraude.* ➤ **torturer ;** FAM. **tarabuster.** *Être taraudé par le doute.*

TARAUDEUR, EUSE [taʀodœʀ, øz] **n. et adj.** – 1787 ◇ de *tarauder* ■ **1** n. m. Ouvrier qui taille des filets en creux. ♦ n. f. **TARAUDEUSE :** machine-outil servant à tarauder (et à fileter). ➤ **filière.** ■ **2** adj. Qui taraude, transperce. *Insecte taraudeur.* — FIG. *«Torturé par mille pensées taraudeuses»* DUHAMEL. ➤ **taraudant.**

TARAVELLE [taʀavɛl] **n. f.** – 1600 ◇ du latin *terebellum*, de *terebra* «tarière», de *terere* ■ RÉGION. Plantoir en forme d'étrier, employé par les viticulteurs du Bordelais et des Charentes, pour planter la vigne.

TARBOUCHE [taʀbuʃ] **n. m.** – 1869 ; *tarbouch* 1836 ◇ arabe égyptien *tarbūš* ■ Coiffure masculine orientale, bonnet rouge cylindrique portant un gland de soie (souvent appelée à tort *chéchia*). — On écrit aussi *tarbouch.*

TARD [taʀ] **adv.** – XIVe ; *tart* 1050 ◇ latin *tarde* «lentement», d'où «tardivement» ■ **1** Après le moment habituel ; après un temps (journée, année, vie humaine, période historique, etc.) considéré comme long. *Se lever tard. «Je ne me suis mis à l'anglais que très tard»* GIDE. ➤ **tardivement.** — PROV. *Mieux vaut tard que jamais.* — (1530) **TÔT OU TARD** [to(t)utaʀ] : inévitablement, mais à un moment qu'on ne peut prévoir avec certitude (cf. Un jour ou l'autre). *«On a beau déguiser la vérité là-dessus, elle se venge tôt ou tard»* MARIVAUX. — **UN PEU TARD ; BIEN TARD ; TROP TARD :** après un temps trop long, après le moment convenable, quand l'occasion est passée. *«Le corbeau, honteux et confus, Jura, mais un peu tard, qu'on ne l'y prendrait plus»* LA FONTAINE. *Votre lettre est arrivée trop tard, j'étais déjà parti. «Je suis venu trop tard dans un monde trop vieux»* MUSSET. — (Avec être) *Il est trop tard.* PROV. *Il n'est jamais trop tard pour bien faire.* ELLIPT *«Trop tard, les amis !»* LOTI. — **LE PLUS TARD.** *«De toutes les facultés de l'homme, la raison est celle qui se développe le plus difficilement et le plus tard»* ROUSSEAU. *Le plus tard possible.* (1636) *Au plus tard* : en prenant le délai le plus long, qu'on puisse admettre comme vraisemblable. *«J'aurai achevé dans un mois au plus tard»* SAINTE-BEUVE (cf. Dernier délai*). — **PLUS TARD :** dans l'avenir. ➤ **ultérieurement.** *Ce sera pour plus tard* (cf. Pour une autre fois, un autre jour). *Remettre qqch., un rendez-vous à plus tard. Sans attendre plus tard. Quelques minutes plus tard.* ➤ **après.** *« Il faut y aller, pourtant. Mieux vaut plus tôt que plus tard »* MAUPASSANT. — *Il me l'a encore affirmé pas plus tard qu'hier,* tout récemment. ■ **2** À la fin d'une période, d'un temps, SPÉCIALT À une heure avancée du jour ou de la nuit. *Tard dans la saison. Tard dans la matinée, dans la soirée. « Il la vit seule le soir très tard »* FLAUBERT. *Tard dans la nuit. Rentrer tard. Se coucher tard* (➤ **couche-tard**). ◆ **adj.** (XVIIe) *Il est, il se fait tard :* l'heure est avancée. ■ **3** SUBST. (1376) **SUR LE TARD :** VX à la fin de la journée ; MOD. à un âge considéré comme avancé. *Se marier sur le tard.* ■ CONTR. Tôt. ■ HOM. Tare.

TARDER [taʀde] **v. intr.** ⟨1⟩ – XIIe ; *targer* 1080 ◇ latin *tardare,* de *tardus* ■ **1** Se faire attendre ; être lent à venir. *« je languis après une lettre qui tarde »* APOLLINAIRE. *Les résultats ne tarderont pas. Ça n'a pas tardé !* ■ **2** (XIIe) (PERSONNES) Mettre beaucoup de temps, être lent à faire qqch. ; rester longtemps avant de commencer à agir. *Ne tardez pas, décidez-vous. Venez sans (plus) tarder.* ➤ **promptement, rapidement, vite.** ◆ **TARDER À** (et l'inf.). *« Mais pourquoi tant tarder à m'ouvrir cette porte ? »* HUGO. *Un homme qui « ne tarderait guère à découvrir la fourberie »* LESAGE. *Je ne vais pas tarder à partir.* ■ **3** (CHOSES) **TARDER À QQN :** VX sembler long à venir, être attendu avec impatience. *« Que ton retour tardait à mon impatience ! »* RACINE. — MOD. (avec un pron.) *Le temps me tarde d'arriver chez vous.* ◆ IMPERS. (avec l'inf.) Exprime l'impatience de faire, de voir se produire qqch. *Il me tarde d'avoir les résultats* (cf. Avoir hâte de, être pressé de). — (Avec *que* et subj.) *« Il me tarde que ce cahier soit achevé »* GIDE. ■ CONTR. Dépêcher (se), hâter (se).

TARDIF, IVE [taʀdif, iv] **adj.** – 1160 ◇ bas latin *tardivus,* classique *tardus* ■ **1** VX Lent à agir. ◆ VX ou POÉT. Qui est long à venir. *« Ô toi tardive aurore Viens-tu ? vas-tu venir ? »* A. CHÉNIER. ■ **2** (XVIe) MOD. Qui apparaît, qui a lieu tard, vers la fin d'une période, d'une évolution. *Maturité tardive. Grossesse tardive. « Mon goût tardif des déplacements et du voyage »* COLETTE. — Qui a lieu tard dans la journée, la matinée ou la soirée. *Repas tardif. « Malgré l'heure tardive, la jeune femme était encore au lit »* GREEN. ➤ **avancé.** *« Mes rentrées tardives, les soirs où j'étais allé retrouver mon amie »* ROMAINS. ◆ Qui vient, qui se fait trop tard, quand il n'est plus temps. *Des remords tardifs.* ■ **3** (Opposé à *précoce*) Qui se forme, se développe plus lentement ou plus tard que la moyenne, après la pleine saison. *Fruit tardif. Tulipes tardives.* ■ CONTR. Anticipé, prématuré. Hâtif, précoce.

TARDIGRADE [taʀdigʀad] **n. m. et adj.** – 1615 « tortue » ; rare avant XVIIIe ◇ latin *tardigradus* « qui marche lentement »

I n. m. (1795) ZOOL. ■ **1** VX *Les tardigrades.* ➤ **édenté.** ■ **2** MOD. Petit acarien pourvu de quatre paires de pattes non articulées, qui vit dans les mousses ou l'eau. *« les rotifères et les tardigrades peuvent être chauffés à une température voisine de l'ébullition, sans perdre nécessairement leur vitalité »* LAUTRÉAMONT.

II adj. (1842, d'un animal) DIDACT. et VX Qui marche lentement. ◆ PLAISANT *« Quelque vieux lord tardigrade s'en allant pesamment »* HUGO.

TARDIVEMENT [taʀdivmɑ̃] **adv.** – 1320 ; *tardiement* v. 1200 ◇ de *tardif* ■ D'une manière tardive, à une période ou à une heure tardive. ➤ **tard.** *Rentrer tardivement. Une lettre reçue tardivement.* ■ CONTR. Hâtivement, précocement.

TARE [taʀ] **n. f.** – 1318 ◇ italien *tara,* de l'arabe *tarha* « déduction, décompte »

I TECHN. ■ **1** Poids de l'emballage, du récipient pesé avec une marchandise, et qu'il faut déduire du poids brut pour obtenir le poids net. ■ **2** Poids non marqué (grenaille de plomb, etc.) qu'on place sur le plateau d'une balance pour faire équilibre à un objet (récipient, etc.) placé sur l'autre plateau et qu'on ne veut pas compter dans le poids total. *Faire la tare :* mettre dans un plateau un poids égal à celui du récipient placé sur l'autre plateau. ➤ **tarer.**

II ■ **1** COMM. Défaut qui déprécie l'objet d'une transaction commerciale, vice rédhibitoire*. *Les tares d'un cheval.* ■ **2** (XVe) Ce qui diminue la valeur, le mérite de qqn ; grave défaut (d'une personne, d'une société, d'une institution). *« les ridicules et les tares humaines »* LÉAUTAUD. ■ **3** Déficience héréditaire, plus ou moins grave, d'ordre physique ou psychique. *« la régression de nombreuses "tares" et de pathologies héréditaires »* R. FRYDMAN.

■ HOM. Tard.

1 **TARÉ, ÉE** [taʀe] **adj.** – v. 1500 ◇ de *tare* ■ **1** COMM. Affecté d'une tare (II, 1o). *Cheval taré.* ■ **2** FIG. VX Affecté de tares morales. *Politicien taré.* ➤ **corrompu.** *Régime taré.* ■ **3** VIEILLI Atteint d'une tare physique ou psychique. ➤ **dégénéré.** *« écarter de la reproduction les sujets gravement tarés »* J. ROSTAND. ■ **4** (milieu XXe) FAM. Dénué d'intelligence. *Il est taré, ce mec !* ➤ **crétin, débile, idiot.** — **n.** *Quel taré ! Bande de tarés ! Les « vannes que balancent les tarés quand ils croisent une fille »* DJIAN. ◆ Fou. *Il conduit comme un taré !*

2 **TARÉ** [taʀe] **adj. m.** – 1611 ◇ de *tare* « grille du casque » ■ BLAS. Tourné. *Casque taré de trois quarts, de profil, de front.*

TARENTE [taʀɑ̃t] **n. f.** – 1721 ; « tarentule » XIIe ◇ de *Tarente,* n. pr. ■ RÉGION. (Midi) Gecko.

TARENTELLE [taʀɑ̃tɛl] **n. f.** – 1787 ; « tarentule » 1553 ◇ italien *tarantella* « danse de *Tarente* » ■ Danse du sud de l'Italie, à trois temps, dont le rythme va s'accélérant. ◆ PAR EXT. Cet air lui-même.

TARENTULE [taʀɑ̃tyl] **n. f.** – XVIe ; *tarantule* 1307 ◇ italien *tarantola,* de *Taranto* « Tarente » ■ Grosse araignée dont la piqûre est douloureuse, commune dans la région de Tarente. ➤ **lycose.** — LOC. VX *Être piqué de la tarentule :* être fou.

TARER [taʀe] **v. tr.** ⟨1⟩ – 1723 ◇ de *tare* ■ COMM. Peser (un emballage, un récipient) avant de le remplir afin de pouvoir déduire son poids du poids brut.

TARET [taʀɛ] **n. m.** – 1756 ◇ de *tarière* ■ Mollusque *(lamellibranches),* au corps vermiforme, à coquille très réduite, qui creuse des galeries dans les bois immergés (pilotis, carènes, etc.). *On protège le bois contre les tarets en l'imprégnant de créosote.*

TARGE [taʀʒ] **n. f.** – 1080 ◇ francique °*targa* → se targuer ■ DIDACT. Petit bouclier en usage au Moyen Âge.

TARGETTE [taʀʒɛt] **n. f.** – 1550 ; « petite targe » 1322 ; « ornement » 1301 ◇ diminutif de *targe* ■ Petit verrou, généralement à tige plate, que l'on manœuvre en poussant ou en tournant un bouton. *Mettre, pousser ; tirer, ouvrir la targette.*

TARGUER (SE) [taʀge] **v. pron.** ⟨1⟩ – XVIIe ; *se targer de qqn* « se mettre sous sa protection » XIVe ◇ de l'ancien français *se targer* « se couvrir d'une *targe* » ■ LITTÉR. **SE TARGUER DE** (qqch.) **:** se prévaloir avec ostentation, se vanter de. ➤ **se flatter, se piquer, se vanter.** *« Certes, vous vous targuez d'un bien faible avantage »* MOLIÈRE. *« La seule vertu dont je me targue : le scrupule »* COLETTE. (Suivi d'un inf.) *Il se targue d'y parvenir* (cf. Se faire fort* de). *« Vous vous targuez de ce qu'on parle allemand à Strasbourg »* FUSTEL DE COULANGES.

TARGUI, IE [taʀgi] **adj. sing. et n. sing.** – 1857 ◇ arabe *tarqi* ■ DIDACT. Qui appartient aux populations nomades du Sahara, de langue berbère. *« la piste invisible qu'ouvre* [...] *le guide targui »* LE CLÉZIO. **n.** *Un Targui, des Touareg.* ➤ **touareg.** — REM. Le singulier *targui* est plus didactique que le pluriel *touareg**.

TARI, IE [taʀi] **adj.** – 1694 ◇ de *tarir* ■ Sans eau ; qui ne peut plus couler. *Rivière tarie* (cf. À sec). *« Aux Borisols, la source était presque tarie »* BOSCO. ◆ FIG. et LITTÉR. Épuisé. *Les ressources sont taries.*

TARICHEUTE [taʀikøt] **n. m.** – 1846 ◇ grec *tarikheutês* ■ HIST. Embaumeur de l'Égypte ancienne.

TARIÈRE [taʀjɛʀ] **n. f.** – XIIIe ; *tariedre* XIe ◇ bas latin *taratrum,* d'origine gauloise, p.-ê. influence de *tarier* « exciter » XIIe s. ■ **1** TECHN. Grande vrille pour percer des trous dans le bois. ➤ **queue-de-cochon, taraud.** *Tarière de menuisier, de charron.* ◆ Instrument qui sert à faire des forages dans le sol. *Tarière de mine.* ◆ CHIR. Instrument en forme de vrille servant à percer des trous dans les os. ■ **2** (1835) ZOOL. Prolongement de l'abdomen, sorte de tube qui sert à la femelle de certains insectes (➤ **térébrant**) à creuser des trous pour y déposer ses œufs. ➤ **ovipositeur.**

TARIF [taʀif] **n. m.** – 1641 ; *tariffe* 1572 ◇ italien *tariffa,* de l'arabe *ta'rif* « notification » ■ **1** Tableau qui indique le montant des droits à acquitter, liste des prix fixés pour certaines marchandises ou certains services ; l'ensemble de ces prix. *Tarif d'un impôt.* ➤ **taux** (1o) **; contribution, taxe.** *Tarif douanier. Tarif des chemins de fer. Plein tarif,* sans réduction. *Payer plein tarif. Tarif de groupe. Tarif réduit.* ➤ **demi-tarif.** *Tarifs postaux.* — *Tarif de responsabilité :* barème de base fixé par la Sécurité sociale pour le remboursement des frais de santé. — (En parlant des salaires) *Tarif syndical,* fixé par un syndicat. *Tarif horaire.* ◆ *Tarifs aériens. Tarif des consomma-*

tions dans un café. Afficher les tarifs. ▪ **2** (1844) Le prix tarifé ou usuel (d'une marchandise, d'un travail). ➤ **barème, taux** (2°). *Il faut compter dans les deux cents euros, c'est le tarif.* — FIG. et FAM. *« Soixante jours pour ce qui s'est passé au bar, répliqua le sheriff sans hésitation. C'est le tarif »* SIMENON. ◆ LOC. FAM. *C'est le même tarif :* cela se fera de toutes façons (cf. C'est le même prix*). *À ce tarif-là :* dans ces conditions.

TARIFAIRE [taʀifɛʀ] adj. – 1919 ◇ de *tarif* ▪ COMM. Relatif à un tarif. *Dispositions tarifaires.*

TARIFER [taʀife] v. tr. ‹1› – 1762 ; *tariffer* 1733 ◇ de *tarif* ▪ **1** RARE Soumettre (qqn) à un tarif (pour le paiement des impôts, etc.). ▪ **2** Fixer le montant de (droits à acquitter), le prix de (une marchandise, un service). — p. p. adj. **TARIFÉ, ÉE :** dont le prix est déterminé selon un tarif. *Acte tarifé.* PAR EUPHÉM. *L'amour, le sexe tarifé :* la prostitution. ➤ **vénal.** *« J'ai déjà eu des relations avec des femmes, toujours tarifées »* É. CHERRIÈRE.

TARIFICATION [taʀifikasjɔ̃] n. f. – 1823 ◇ de *tarif* ▪ COMM. Fixation selon un tarif précis (des droits à acquitter, du prix de marchandises). *La tarification des services bancaires.*

1 **TARIN** [taʀɛ̃] n. m. – avant 1350 ◇ p.-ê. onomat. d'après le chant de l'oiseau ▪ Petit chardonneret jaune, vert et noir qui vit surtout en Europe septentrionale. *Tarin des aulnes.*

2 **TARIN** [taʀɛ̃] n. m. – 1904 ◇ origine inconnue, p.-ê. de 1 *tarin* à cause du bec ▪ FAM. Nez.

TARIR [taʀiʀ] v. ‹2› – fin XIIe ◇ francique °*tharrjan* « sécher »

I v. intr. ▪ **1** Cesser de couler, s'épuiser. *Source qui peut tarir* (*tarissable* adj.). *« Les yeux troublés par les larmes, qui ne tarissaient plus »* APOLLINAIRE. ◆ FIG. et LITTÉR. Cesser. *« De peur que la pitié dans les cœurs ne tarisse »* HUGO. ▪ **2** (XIIIe) FIG. *L'entretien, la conversation tarit,* s'arrête parce qu'on n'a plus rien à se dire. — (PERSONNES) **NE PAS TARIR :** ne pas cesser de dire, de parler. *Il ne tarit pas sur ce sujet* (➤ **intarissable**). *« Il ne tarissait pas de détails sur la vie de la petite malade »* MARTIN DU GARD. *Il ne tarit pas d'éloges sur vous.*

II v. tr. (1549) Faire cesser de couler ; mettre à sec. ➤ **assécher, épuiser.** *La sécheresse a tari la source, le puits.* — PRONOM. *La source s'est tarie.* — LOC. LITTÉR. *Tarir les larmes de qqn,* le consoler. ◆ PAR MÉTAPH. *« L'individualisme ne tarit d'abord que la source des vertus publiques »* TOCQUEVILLE. FIG. *« Le contact avec la misère avait comme tari son imagination »* CHARDONNE. — PRONOM. *Sa veine poétique s'est tarie.* ➤ **s'épuiser.**

TARISSEMENT [taʀismɑ̃] n. m. – 1585 ◇ de *tarir* ▪ Fait de tarir ; état d'une source, d'une rivière, etc., qui est tarie. ➤ **épuisement.**

TARLATANE [taʀlatan] n. f. – 1752 ; *tarnadane* 1701 ◇ portugais *tarlatana,* p.-ê. altération de *tiritana,* issu du français *tiretaine* ▪ Étoffe de coton très légère, très peu serrée et chargée d'apprêt. ➤ **singalette.** *Jupe de danseuse en tarlatane.*

TARLOUZE [taʀluz] n. f. – 1995 ◇ origine inconnue ▪ VULG. (injurieux) Homosexuel*. *« pas les tatouages de tarlouzes que les gamines portent aujourd'hui »* V. DESPENTES. — On écrit aussi *tarlouse.*

TARMAC [taʀmak] n. m. – 1910 ◇ mot anglais, abrév. de *tarmacadam,* de *tar* « goudron » et *macadam* → macadam 2° ▪ Dans un aérodrome, Partie réservée à la circulation et au stationnement des avions.

TARO [taʀo] n. m. – 1768 ◇ mot tahitien ▪ BOT. Plante tropicale *(aracées)* cultivée pour son tubercule alimentaire. ➤ **colocase.** *Des taros.* ▪ HOM. Taraud, tarot.

TAROT [taʀo] n. m. – 1564 ; *tarau* 1534 ◇ italien *tarocco,* d'origine inconnue ▪ Carte à jouer plus longue que les cartes ordinaires et portant des figures symboliques toutes différentes. ➤ **arcane, lame.** *« Des titres légendaient parfois les bords inférieurs des tarots : le Bateleur, le Chariot, la Tempérance, la Lune, la Mort »* Y. QUEFFÉLEC. — *Un tarot :* un jeu de tarots. *Un tarot comprend soixante-dix-huit cartes. Tarot de Marseille,* utilisé pour la divination. ◆ Jeu qui se joue avec ces cartes. *Tarot à trois, à cinq. Jouer au tarot, aux tarots.* ▪ HOM. Taraud, taro.

TAROTÉ, ÉE [taʀɔte] adj. – 1694 ; *tarotté* 1642 ◇ de *tarot* ▪ JEU *Cartes tarotées,* dont le dos est marqué de compartiments en grisaille comme celui des tarots.

TARPAN [taʀpɑ̃] n. m. – 1776 ◇ mot kirghiz ▪ Cheval retourné à l'état sauvage, dans les steppes de l'Asie occidentale.

TARPON [taʀpɔ̃] n. m. – 1889 ◇ mot anglais, d'origine inconnue ▪ Gros poisson marin très primitif *(élopiformes)* de l'Atlantique tropical, recherché pour ses écailles.

TARSE [taʀs] n. m. – 1560 ; *talse* 1363 ◇ grec *tarsos* « claie », d'où « plat du pied » ▪ **1** ANAT. Partie du squelette du pied constituée par une double rangée d'os courts située au-dessous de la jambe. *Tarse antérieur* (cuboïde, scaphoïde et les trois cunéiformes), *tarse postérieur* (astragale et calcanéum). *Prolongement du tarse.* ➤ **métatarse.** ◆ *Tarse palpébral :* lame de tissu conjonctif assez dense formant le bord libre de la paupière. ▪ **2** (1812) ZOOL. Troisième article du pied (d'un oiseau). — (1762) Partie terminale de la patte (des insectes), formée de plusieurs articles.

TARSECTOMIE [taʀsɛktɔmi] n. f. – 1854 ◇ de *tarse* et *-ectomie* ▪ MÉD. ▪ **1** Ablation totale ou partielle des os du tarse. ▪ **2** Excision d'une partie du tarse palpébral.

TARSIEN, IENNE [taʀsjɛ̃, jɛn] adj. – 1800 ◇ de *tarse* ▪ ANAT. Relatif au tarse, qui constitue le tarse. *Articulation tarsienne. Os tarsiens.* ◆ Relatif au tarse palpébral. *Conjonctive tarsienne.*

TARSIER [taʀsje] n. m. – 1765 ◇ de *tarse* ▪ ZOOL. Petit primate *(prosimiens)* d'Asie, nocturne et arboricole, à la face aplatie, aux yeux globuleux.

1 **TARTAN** [taʀtɑ̃] n. m. – 1792 ◇ mot anglais, p.-ê. de même origine que *tarlatane* ▪ **1** Étoffe de laine à bandes de couleur se coupant à angle droit, vêtement traditionnel des montagnards d'Écosse (➤ 2 **plaid**). — Vêtement fait de cette étoffe. ◆ Dessin particulier à chaque clan écossais. ▪ **2** PAR EXT. Tissu écossais de laine ou de coton. *Imperméable doublé de tartan.*

2 **TARTAN** [taʀtɑ̃] n. m. – avant 1968 ◇ nom déposé par une société qui vend des produits dont le conditionnement porte un dessin de *tartan* (1°) ▪ Aggloméré à base de granulés de caoutchouc, de résine de polyuréthane, utilisé comme revêtement des pistes d'athlétisme et des courts de tennis.

TARTANE [taʀtan] n. f. – 1622 ◇ italien *tartana,* p.-ê. de l'ancien provençal *tartana* « buse » ▪ Petit navire de la Méditerranée, portant un grand mât avec antenne, un beaupré, parfois un tapecul, et utilisé pour la pêche et le cabotage.

TARTARE [taʀtaʀ] adj. et n. – XIVe ; *tartaire* XIIIe ◇ mot d'origine turco-mongole, altéré sous l'influence du latin *tartarus* ▪ **1** Relatif aux populations d'Asie centrale (Turcs et Mongols). ➤ **tatar.** — n. *« ces Tartares de Mongolie auréolés de légendes »* BODARD. ▪ **2** (1790) CUIS. APPOS. *Sauce tartare :* mayonnaise aux câpres assez relevée. ◆ (1951 ; *bifteck tartare* 1900) *Un steak tartare,* ou n. m. (1936) *un tartare :* viande de bœuf (ou de cheval) hachée, servie crue avec des aromates et des condiments (oignons, câpres, ketchup, etc.). ➤ RÉGION. **cannibale** (cf. Filet américain*). *Des steaks tartares* ou *tartare* (inv.). *« La vogue du steak tartare [...] est une opération d'exorcisme contre l'association romantique de la sensibilité et de la maladivité : il y a dans cette préparation tous les états germinants de la matière : la purée sanguine et le glaireux de l'œuf, un concert de substances molles et vives »* BARTHES. — *Tartare de poisson :* poisson servi haché et cru.

TARTARIN [taʀtaʀɛ̃] n. m. – 1938 ◇ de *Tartarin (de Tarascon),* personnage de Daudet (1872) ▪ FAM. Fanfaron, vantard. *Vantardise digne d'un tartarin* (*tartarinade* n. f.).

TARTE [taʀt] n. f. et adj. – XIIIe ; *tarta* dialectal 1163 ◇ p.-ê. var. de *tourte,* par influence du latin médiéval *tartarum* (→ tartre)

I n. f. ▪ **1** Pâtisserie formée d'un fond de pâte entouré d'un rebord et garni (de confiture, de fruits, de crème). *Pâte à tarte. Moule à tarte. Une part de tarte. Tarte individuelle.* ➤ **tartelette.** *Tarte aux fruits. Tarte au citron. Tarte aux pommes. Tarte Tatin.* ➤ **tatin.** *Tarte fine,* à pâte très fine. — *Tarte à la crème* (➤ **entarter**). ◆ FIG. ALLUS. LITTÉR. (Molière) *Tarte à la crème :* formule vide et prétentieuse par laquelle on prétend avoir réponse à tout. *« Les intellectuels, c'est la tarte à la crème de ces messieurs »* PROUST. ◆ LOC. FAM. (1950) *C'est pas de la tarte :* ce n'est pas facile (cf. Il faut le faire*, c'est pas du gâteau*). *« Pour fabriquer une bombe "A" Mes enfants croyez-moi C'est vraiment de la tarte »* VIAN. ▪ **2** Cette même pâtisserie avec une garniture salée, servie en entrée. ➤ **tourte.** *Tarte aux poireaux.* ➤ **flamiche.** *Tarte flambée.* ➤ **flammekueche.** ▪ **3** (1895) FAM. Coup, gifle. *« il aurait pu lui foutre une tarte qui lui aurait fait sauter deux ou trois dents, à la mouflette »* QUENEAU.

II adj. (v. 1900 argot) (accordé ou inv.) FAM. (PERSONNES) Laid ; sot et ridicule, peu dégourdi. ➤ 2 **cloche, cruche, tocard.** *« Il les trouvait toujours soit trop dindes, soit trop tartes »* QUENEAU. *« Les gens sont tartes de s'acharner à conserver des objets »* SAN-ANTONIO. *« Ce qu'ils sont tarte, tout de même, ces provinciaux ! »* ARAGON. — (CHOSES) *Il est un peu tarte, son blouson !* ➤ **mochard, tartignolle.** *Ça fait tarte !* ➤ **moche.**

TARTELETTE [taʀtəlɛt] **n. f.** – 1349 ◊ diminutif de *tarte* ■ Petite tarte individuelle. ➤ aussi **barquette.**

TARTEMPION [taʀtɑ̃pjɔ̃] **n. pr. et n. m.** – 1839 ◊ nom burlesque, de *tarte* et *pion* ■ PÉJ. Nom propre utilisé pour parler d'une personne quelconque. ➤ **machin,** 1 **truc.** « *Roberti devient sous-secrétaire d'État sans portefeuille dans le cabinet Tartempion qui dure une semaine* » DUTOURD. ♦ Individu quelconque. *Un vague tartempion.*

TARTIFLETTE [taʀtiflɛt] **n. f.** – v. 1990 ◊ de *tartifle* « pomme de terre », mot région. (Savoie), du latin *tuber* « truffe » ■ Gratin de pommes de terre au reblochon (plat savoyard).

TARTIGNOLLE ou **TARTIGNOLE** [taʀtiɲɔl] **adj.** – 1925 ◊ de *tarte* ■ FAM. Sans intérêt et un peu ridicule. ➤ **tarte.** *Elle est vraiment tartignolle. Un manteau tartignolle.*

TARTINADE [taʀtinad] **n. f.** – 1980 ◊ marque déposée (1987), de *tartiner* ■ (COUR. au Canada) Pâte à tartiner, salée ou sucrée. *Tartinade au saumon, au chocolat. Tartinade de fraises.*

TARTINE [taʀtin] **n. f.** – v. 1500 ◊ de *tarte* ■ **1** Tranche de pain recouverte de beurre, de confiture, ou destinée à l'être. ➤ RÉGION. **beurrée.** *Tartines grillées.* ➤ **rôtie, toast.** *Tartine de pain beurré. Étaler du beurre sur une tartine.* — PAR EXT. *Tartine de confiture, de tarama.* ■ **2** (1823) FAM. Développement interminable sur un sujet quelconque. ➤ **laïus, tirade.** *Il a fait là-dessus toute une tartine.*

TARTINER [taʀtine] **v.** ⟨1⟩ – 1839 sens 2° ◊ de *tartine* ■ **1 v. tr.** (1894) Étaler (du beurre, etc.) sur une tranche de pain pour faire une tartine. *Fromage à tartiner :* fromage fondu, facile à étendre sur du pain. *Pâte à tartiner.* ➤ **tartinade.** ■ **2 v. intr.** FAM. Faire un long développement.

TARTIR [taʀtiʀ] **v. intr.** ⟨2⟩ – 1827 ◊ de l'argot italien ancien *tartire*, de l'ancien français *tortir* (XIIIe) « se tordre » ■ **1** ARG. Déféquer. ➤ **chier.** ■ **2** FIG. et POP. *Envoyer tartir quelqu'un,* le rembarrer (cf. Envoyer* promener). *Faire tartir quelqu'un.* ➤ **emmerder.** « *ça me faisait salement tartir d'abandonner le coin, pour longtemps peut-être, sans m'être farci cette poupée* » SIMONIN.

TARTRATE [taʀtʀat] **n. m.** – 1795 ◊ de *tartre* ■ CHIM. Sel ou ion issu de l'acide tartrique. *Le tartrate acide de potassium forme avec la soude le sel de Seignette qui, en présence de cuivre, permet de doser les sucres en solution.*

TARTRE [taʀtʀ] **n. m.** – 1560 ; *tartaire* XIVe ◊ latin médiéval *tartarum*, p.-ê. croisement de *Tartarus* « Enfer » et arabe *durdi* « sédiment, dépôt » ■ **1** Dépôt de tartrate acide de potassium qui se forme dans le vin et recouvre les parois des récipients (➤ **tartrique**). — PHARM. *Tartre stibié* (servant d'émétique). ■ **2** (1765) Dépôt de matières organiques, de phosphates et de carbonates qui se forme sur les dents, surtout au niveau du collet (cf. Plaque dentaire*). *Des dents « brunies et haut cerclées de tartre verdâtre »* CÉLINE. ■ **3** (1861) Dépôt de carbonate de calcium laissé par l'eau (dans les ustensiles, conduits, chaudières) (➤ **entartrer**). *Rincer le radiateur d'une auto pour enlever le tartre.* ➤ **détartrer.**

TARTRÉ, ÉE [taʀtʀe] **adj.** – 1948 ◊ de *tartre* ■ TECHN. Additionné de tartre (1°).

TARTREUX, EUSE [taʀtʀø, øz] **adj.** – 1750 ; *tartareux* 1620 ◊ d'après le radical du bas latin *tartarum* ■ Relatif au tartre ; constitué par du tartre ; qui contient du tartre. *Une croûte tartreuse.*

TARTRIQUE [taʀtʀik] **adj.** – 1823 ; *tartarique* 1787 ◊ de *tartre* ■ *Acide tartrique :* acide-alcool extrait du tartre (1°), utilisé pour la fabrication des levures chimiques, des sels effervescents. *Sel de l'acide tartrique.* ➤ **tartrate.**

TARTUFE ou **TARTUFFE** [taʀtyf] **n. m. et adj.** – 1665 ◊ de *Tartufo*, personnage de la comédie italienne, italien *tartufo* « truffe », repris par Molière en 1664 ■ VIEILLI Faux dévot. ➤ **bigot, cagot.** ♦ MOD. Personne hypocrite. ➤ **hypocrite.** « *il s'y entend pour prendre des airs de tartufe, quand il veut* » R. GUÉRIN. — **adj.** *Il, elle est un peu tartufe.*

TARTUFERIE ou **TARTUFFERIE** [taʀtyfʀi] **n. f.** – 1669 ◊ de *tartufe* ■ Conduite d'un tartufe. ➤ **hypocrisie.** *Sa tartuferie est bien connue. — La tartuferie révoltante d'un procédé.* ■ CONTR. Loyauté.

TARZAN [taʀzɑ̃] **n. m.** – v. 1935 ◊ personnage de roman et de film américain, homme de la nature élevé dans la brousse par une guenon, ami des bêtes sauvages ■ FAM. et PLAISANT Bel athlète. *Il joue les Tarzans (les tarzans) sur la plage.*

TAS [tɑ] **n. m.** – 1155 ◊ francique °*tas* ; cf. néerlandais *tas* « tas de blé » ■ **1** Amas (de matériaux, de morceaux, d'objets) s'élevant sur une large base. ➤ **amas, monceau.** *Un, des tas de pierres, de gravats. Tas d'ordures. Tas de sable, de charbon. Tas de foin.* ➤ 2 **meule.** *Tas de cendres.* FAM. *Tas de boue*, de ferraille*, de merde*. — Mettre en tas.* ➤ **entasser.** — LOC. FAM. *Aller au tas :* se dit d'un véhicule qui est renversé, qui fait une sortie de route ; FIG. être éliminé. *Envoyer ses concurrents au tas.* ■ **2** FAM. et PÉJ. Personne lourde et peu agile. *Un gros tas.* ■ **3** FIG. Grande quantité, grand nombre (de choses). ➤ **quantité.** « *Ce garçon emmagasine un tas de curiosités à bon marché* » BALZAC. *Un tas de détails inutiles. S'intéresser à des tas de choses.* ➤ 1 **masse.** « *on a acheté des tas de bonnes choses : des cigarettes, des cigarillos* » PEREC. *Un tas de trucs.* « *je me lançais dans des tas de commentaires* » CÉLINE. FAM. *Il y en a des tas et des tas ; (il n')y en a pas des tas.* ➤ **beaucoup.** — *Taper* dans le tas.* ♦ (1155) PÉJ. ou FAM. Grand nombre (de personnes). ➤ **multitude.** « *Un tas d'hommes perdus de dettes et de crimes* » CORNEILLE. ➤ **ramassis.** « *J'ai ainsi eu, au cours de ma vie, des tas de contacts avec des tas de gens sérieux* » SAINT-EXUPÉRY. *Un tas de gens :* beaucoup de gens. *Dans le tas :* dans le grand nombre de gens en question. *Il doit bien y en avoir un dans le tas qui... Foncer dans le tas. Tirer dans le tas,* dans un groupe, sans viser précisément qqn. — EXCLAM. (injure à un groupe) *Tas de salauds !* ➤ 2 **bande.** ■ **4** ARCHIT. Bâtisse en construction, chantier à pied d'œuvre. *Tailler les pierres sur le tas,* à l'endroit même où on les emploie (et non à la carrière). — PAR EXT. (1872) *Sur le tas :* sur le lieu du travail, au travail. *Grève* sur le tas.* FAM. *Formation de spécialistes sur le tas.* ■ **5** (1567) TECHN. *Tas de charge :* masse de pierre en forme de coussinet où prennent naissance les arcdoubleaux, les formerets et les ogives. ■ CONTR. Éparpillement. ■ HOM. poss. Ta (1 ton).

TASER [tazɛʀ] **n. m.** – 2003 ◊ marque déposée ; nom de l'entreprise qui le commercialise ■ Pistolet à impulsion électrique à effet paralysant.

TASSAGE [tɑsaʒ] **n. m.** – 1890 ; *tassaige* dialectal 1422 ◊ de *tasser* ■ Action, fait de tasser. — (1906) SPORT Action de tasser* un adversaire.

TASSE [tɑs] **n. f.** – v. 1365 ◊ arabe *tâssa* ■ Petit récipient à anse ou à oreille, servant à boire. *Tasse de faïence, de porcelaine. Tasse pour goûter le vin.* ➤ **taste-vin.** *Tasses à thé, à café.* ➤ aussi **mug.** *Petite assiette placée sous une tasse.* ➤ **soucoupe, sous-tasse.** ♦ PAR MÉTON. Contenu d'une tasse. « *Il dînait d'une tasse de café au lait bouillant* » MAUROIS. ♦ LOC. FAM. ANGLIC. *Ce n'est pas ma tasse de thé :* cela ne me convient guère (cf. FAM. Ce n'est pas mon truc*, mon trip*). — *Boire une tasse, la tasse :* avaler involontairement de l'eau en se baignant ; FIG. subir des pertes, un échec (cf. Boire le bouillon*).

TASSÉ, ÉE [tɑse] **adj.** – 1690 ◊ de *tasser* ■ **1** Qu'on a tassé. *Terre tassée. — Voyageurs tassés dans un compartiment.* ➤ **entassé.** « *On était si tassé qu'on avait peine à remuer les coudes* » FLAUBERT. ■ **2** (1848) Affaissé. « *façades tassées, affaissées sur elles-mêmes* » BOURGET. — (PERSONNES) *Elle était tassée, avachie.* ➤ **recroquevillé.** ■ **3** (1903) FAM. **BIEN TASSÉ :** qui remplit bien le verre. *Un demi bien tassé.* ➤ **tapé.** — *Un café, un pastis bien tassé,* avec peu d'eau, bien fort. ➤ **serré.** « *un pernod qu'à sa couleur on devinait bien tassé* » SIMENON. FIG. (Avec un numér.) Au moins, pour le moins. *Il a cinquante ans bien tassés.*

TASSEAU [tɑso] **n. m.** – 1676 ; *tassiaul* 1410 ; *tassel* « plaque qui maintient les agrafes d'un manteau » 1155 ◊ latin populaire °*tassellus*, croisement de *taxillus* « dé à jouer » puis « tasseau » et *tessella* « cube, dé » ■ Petite pièce (de bois, de métal...) destinée à soutenir l'extrémité d'une tablette. ➤ **support.** *Tasseaux soutenus par des taquets. Planche supportée par deux tasseaux.*

TASSEMENT [tɑsmɑ̃] **n. m.** – 1801 ; « palissade » v. 1370 ◊ de *tasser* ■ **1** Action de tasser ; fait de se tasser. ➤ **affaissement.** *Tassement provoquant des ruptures dans un bâtiment. — Tassement du sol. Tassement des neiges. Sédiments consolidés par tassement.* — MÉD. *Tassement de vertèbres.* ■ **2** FIG. (1941) Perte de vitesse dans un mouvement croissant, une progression. *Le tassement des ventes.*

TASSER [tɑse] **v.** ⟨1⟩ – v. 1190 (des personnes) ◊ de *tas*

I v. tr. ■ **1** Comprimer le plus possible, en tapant, poussant, serrant. *Tasser du foin, de la neige* (➤ **damer**). *Tasser la terre dans un pot de fleurs. Tasser le tabac dans sa pipe.* ➤ **bourrer.** *Tasser le contenu d'une valise.* ♦ (Compl. personne) *Tasser des prisonniers dans un wagon.* ➤ **entasser.** — SPORT Serrer irrégulièrement (un adversaire) contre le bord de la piste ou contre d'autres coureurs, en ne conservant pas sa ligne

(➤ tassage). ▪ **2** FAM. *Se tasser qqch.*, prendre, absorber. ➤ **s'envoyer**, se **taper**. *Qu'est-ce qu'on s'est tassé comme gâteaux !* ▪ **3** (Canada) FAM. Pousser, déplacer. *Tasse ta chaise.*

II v. intr. AGRIC. Croître en s'épaississant, pousser en touffe compacte. *L'oseille commence à tasser.*

III v. pron. (1832) **SE TASSER.** ▪ **1** S'affaisser sur soi-même. *Sols, terrains qui se tassent.* — (PERSONNES) *Se tasser avec l'âge.* ▪ **2** FIG. FAM. Revenir à la normale, après quelque incident (avec un sujet impers.). ➤ **s'arranger.** *Il y a des difficultés ; ça se tassera ! Les choses vont se tasser.* ▪ **3** (Canada) FAM. Se reculer, se ranger. *Je vais me tasser pour vous laisser passer.*

TASSETTE [tasɛt] n. f. – 1524 ; «petite bourse» 1342 ◊ diminutif de l'ancien français *tasse* «poche, bourse» ; cf. allemand *Tasche* ▪ ARCHÉOL. Plaque d'acier articulée qui, dans les armures, protégeait le haut des cuisses. ▪ HOM. poss. Tacet.

TASSILI [tasili] n. m. – 1907 ◊ mot berbère «plateau» ▪ GÉOGR. Vaste plateau de grès limité par un front abrupt. *Le tassili du Hoggar.*

TASTE-VIN [tastəvɛ̃] n. m. inv. – 1517 ; «ivrogne» 1490 ◊ de *taster*, *tâter* «goûter» et *vin* ▪ Petite tasse d'argent, ou pipette servant aux dégustateurs de vin. *Chevaliers du taste-vin* : confrérie bourguignonne de connaisseurs en vins. — On dit aussi **TÂTE-VIN** [tatvɛ̃] n. m. inv. /n. m./ (1872).

T. A. T. [teate] ou **TAT** [tat] n. m. – 1950 ◊ sigle anglais de *Thematic Apperception Test* ▪ PSYCHOL. Test thématique d'aperception, test projectif couramment utilisé.

1 **TATA** [tata] n. f. – 1782 ; var. *tatan* 1793 ◊ formation enfantine à redoublement, de *tante* ▪ **1** LANG. ENFANTIN Tante. *Tata Marie. Tata et tonton.* On dit aussi **TATIE** ou **TATI** [tati]. ▪ **2** (1881) POP. Homosexuel efféminé. ➤ **tante, tantouze.** *Une tata. «Le tonton est une tata. – C'est pas vrai, gueula Gridoux»* QUENEAU.

2 **TATA** [tata] n. m. – 1930 ◊ mot anglais ▪ (Canada) FAM. Geste de la main pour saluer. *«Elle envoya quelques tatas aux femmes des premiers rangs»* TREMBLAY. — interj. *Tata !* ➤ **salut.**

TATAMI [tatami] n. m. – 1904 ; *tatames* plur. 1830 ◊ mot japonais ▪ Tapis, natte couvrant le sol des locaux où l'on pratique les sports de combat japonais. *Des tatamis.*

TATANE [tatan] n. f. – 1916 ◊ de *titine* «bottine» ▪ FAM. Chaussure. *«J'enfile les tatanes, je cache les vieilles mules bleues»* SARRAZIN. — *Coup de tatane*, coup de pied.

TATAOUINER [tatawine] v. intr. ‹1› – 1980 ◊ p.-ê. redoublement expressif du radical de *tâtonner* ou du dialectal *tatiller* «hésiter», et de *ouiner* «pleurnicher» (Normandie), d'un radical *win-* → chouiner, couiner ▪ (Canada) TRÈS FAM. Hésiter, tergiverser. — n. m. (1973) **TATAOUINAGE.**

TATAR, ARE [tataʀ] adj. et n. – 1756 ◊ p.-ê. d'après le russe → tartare ▪ Se disait des populations d'Asie centrale (Mongols) et de Russie orientale. ◆ n. m. Langue turque parlée dans la vallée de la Volga, les monts Oural et la Sibérie.

TA, TA, TA [tatata] interj. – 1847 ◊ onomat. → taratata ▪ Exprime le dédain, la défiance ou le désir d'écarter un argument. *«Douvrin eut un geste de défi. – Ta, ta, ta !, reprit Nodiard. Je crois que tu te fais une idée fausse des brigades centrales»* ROMAINS. ➤ aussi **tss-tss.**

TÂTER [tɑte] v. tr. ‹1› – *taster* 1120 ◊ latin populaire °*tastare*, classique *taxare*, de *tangere* «toucher» ▪ **1** Toucher attentivement avec la main, afin d'explorer, d'éprouver, de reconnaître. ➤ **manier, palper.** *Tâter des pêches. «Je tâte votre habit : l'étoffe en est moelleuse»* MOLIÈRE. *«Tâtant les murs pour essayer de retrouver mon chemin»* DAUDET. *Tâter le pouls* d'un malade.* — PAR EXT. *Un pied «qui tâte l'eau d'une source»* ZOLA. *Mulet qui tâte le chemin.* FIG. *Tâter le terrain*.* ▪ **2** (XIIIe) FIG. Chercher à connaître les forces ou les dispositions de (qqn), en le questionnant avec prudence. ➤ **ausculter, sonder.** *Tâter l'ennemi, l'adversaire. Tâter l'opinion.* — PRONOM. S'étudier avec attention ; s'interroger longuement. ➤ **hésiter.** *«Il a beau se tâter : il ne se trouve nulle part du courage»* ROMAINS. *Il n'a rien décidé, il se tâte.* ▪ **3** v. tr. ind. (XIIe) VX OU LITTÉR. **TÂTER DE** : goûter de. *Jupiter «reprendrait l'appétit en tâtant d'un tel mets»* LA FONTAINE. ◆ FIG. ET MOD. Faire l'expérience de. ➤ **essayer.** *«J'ai tâté un peu de l'agonie»* VOLTAIRE. *Tâter de la prison.* — FAM. Se livrer momentanément à (une activité, un jeu). *«il avait tâté du travail d'O. S. [...] peu après son arrivée en France»* TOURNIER. *Y tâter.*

TÂTEUR [tɑtœʀ] n. m. – 1948 ◊ de *tâter* ▪ TECHN. Organe de contrôle d'une décolleteuse, d'une planteuse.

TÂTE-VIN ➤ **TASTE-VIN**

TATIE ou **TATI** ➤ 1 **TATA**

TATILLON, ONNE [tatijɔ̃, ɔn] adj. – 1695 n. pr. ◊ de *tâter* ▪ Exagérément minutieux, exigeant, attaché aux détails des règlements. ➤ **pointilleux, vétilleux.** *Un bureaucrate tatillon. Un esprit tatillon. Il «se montra tatillon sur le choix des termes»* CAMUS. — n. *Un tatillon, une tatillonne.*

TATIN [tatɛ̃] n. f. – 1934 ; *tarte (des demoiselles) Tatin* 1923 ◊ n. pr. ▪ Tarte composée de quartiers de pommes caramélisées recouverts d'une abaisse de pâte, que l'on retourne après cuisson. *La tatin se sert souvent tiède.*

TÂTONNANT, ANTE [tɑtɔnɑ̃, ɑ̃t] adj. – 1778 ◊ de *tâtonner* ▪ **1** Qui tâtonne. *Gestes tâtonnants.* ▪ **2** FIG. Hésitant. *«Un effort de mémoire [...] beaucoup plus tâtonnant»* ROMAINS.

TÂTONNEMENT [tɑtɔnmɑ̃] n. m. – fin XIVe ◊ de *tâtonner* ▪ **1** Action de tâtonner. ▪ **2** (XVIIIe) FIG. Essai hésitant et renouvelé pour trouver qqch. *«procéder par tâtonnement»* (COLETTE), *par tâtonnements. «Peut-être, après bien des tâtonnements infructueux, reviendra-t-on à nos modestes solutions empiriques»* RENAN.

TÂTONNER [tɑtɔne] v. intr. ‹1› – XVe ; *tastoner* «toucher, caresser» v. 1150 ◊ de *tâter* ▪ **1** Tâter plusieurs fois le sol, les objets autour de soi, pour se diriger ou trouver qqch. dans l'obscurité. *«il se mit à tâtonner le long des murs sans pouvoir retrouver son lit»* DIDEROT. ▪ **2** FIG. Hésiter, faute de compréhension suffisante. *«le lecteur qui hésite et tâtonne»* PAULHAN. ◆ (1640) Faire des essais en divers sens afin de trouver sa voie, de découvrir la solution. ➤ **essayer.**

TÂTONS (À) [atɑtɔ̃] loc. adv. – *à tastons* 1175 ◊ de *tâter* ▪ **1** En tâtonnant (1°). ➤ **aveuglette (à l').** *Avancer à tâtons dans l'obscurité. Chercher l'interrupteur à tâtons.* ▪ **2** FIG. (XVIe) Au hasard, sans méthode. *«je fais tout à tâtons et à la grâce de Dieu»* MONTHERLANT.

TATOU [tatu] n. m. – 1553 ◊ tupi *tatu* ▪ Mammifère d'Amérique *(édentés)*, cuirassé de plaques cornées disposées en bandes articulées. *Des tatous. Grand tatou, tatou géant.* ➤ **priodonte.** *Le «grand tatou – cet animal fouisseur dont la taille dépasse un mètre»* LÉVI-STRAUSS.

TATOUAGE [tatwaʒ] n. m. – 1778 ◊ de *tatouer* ▪ **1** Action de tatouer. ◆ Signe, dessin exécuté en tatouant la peau. *«un tatouage [...] est une amulette permanente, un bijou vivant qu'on ne peut enlever»* TOURNIER. ▪ **2** INFORM. *Tatouage (numérique)* : technique de marquage (d'un document numérique) indétectable et indélébile. *Le tatouage permet de lutter contre la fraude et le piratage.*

TATOUER [tatwe] v. tr. ‹1› – 1769 ◊ anglais *to tattoo*, polynésien *tatau* ▪ **1** Marquer, orner (une partie du corps) d'inscriptions ou de dessins indélébiles en introduisant des matières colorantes sous l'épiderme au moyen de piqûres. *Marin qui se fait tatouer la poitrine.* ABSOLT *Appareil à tatouer.* ➤ **dermographe.** — *Chat tatoué dans l'oreille* (pour son identité). ▪ **2** (1801) Exécuter (un dessin) par tatouage. *«une ancre tatouée sur l'avant-bras gauche»* SARTRE. ▪ **3** INFORM. Effectuer le tatouage (2°) de. *Tatouer une photo.*

TATOUEUR, EUSE [tatwœʀ, øz] n. – 1797 ◊ de *tatouer* ▪ Personne qui pratique l'art du tatouage.

TAU [to] n. m. inv. – 1655 ◊ mot grec ▪ **1** Lettre grecque correspondant au t (Τ, τ). ▪ **2** (1671) BLAS. Figure en forme de T appelée aussi croix de Saint-Antoine. ◆ Bâton pastoral en forme de potence ou de béquille. ▪ HOM. Taud, taux, tôt.

TAUD [to] n. m. – 1825 ; *tialz* XIIe ◊ de l'ancien normand *tjald* «tente» ▪ MAR. Abri de toile goudronnée, qu'on établit sur le pont d'une embarcation lorsqu'il pleut. *«une table dressée sous le taud protégeant la barre»* SIMENON. *Couvrir avec un taud* (v. tr. ‹1› **TAUDER**). ◆ Étui pour protéger les voiles serrées. ▪ HOM. Tau, taux, tôt.

TAUDIS [todi] n. m. – 1611 ; «abri de fortification» 1309 ◊ de l'ancien français *se tauder* «s'abriter», de l'ancien normand *tjald* → taud ▪ Logement misérable qui ne satisfait pas aux conditions de confort et d'hygiène minimales. ➤ **galetas.** *«Le taudis [...] était abject, sale, fétide»* HUGO. *Les taudis des îlots insalubres. Lutte contre les taudis et les bidonvilles.* ◆ PAR EXT. (1690) Maison mal tenue. ➤ **turne.** *Ta chambre est un vrai taudis.*

TAULARD, ARDE [tolaʀ, aʀd] n. – 1940 ◊ de *taule* ▪ ARG. FAM. Détenu(e). *Un ancien taulard. «je connais bien la taule, je ne connais pas bien les taulardes»* SARRAZIN. — On écrit aussi *tôlard, arde* (1918).

TAULE [tol] **n. f.** – 1833 *tolle* «maison», *taule* «chambre» ◊ de *tôle* «fer en lames», les deux graphies étant des formes dialectales de *table* ■ **1** FAM. Chambre ; chambre d'hôtel (➤ **taulier**). *Louer une taule. «Il n'y a pas d'électricité dans cette taule»* MAC ORLAN. ➤ **piaule.** ■ **2** (1881 *la grosse tôle*) ARG. FAM. Prison. *Aller en taule, faire de la taule* (➤ **taulard**). — On écrit aussi *tôle.* ■ **HOM.** Tôle.

TAULIER, IÈRE [tolje, jɛR] **n.** – 1901 ; 1889 *tollier* ◊ de *taule* ■ **FAM.** Propriétaire ou gérant(e) d'un hôtel. *Le taulier lui a réclamé la note.* — On écrit aussi *tôlier, ière.*

1 **TAUPE** T **n. f.** – v. 1250 ◊ latin *talpa* ■ **1** Petit mammifère fouisseur *(insectivores)* aux yeux très petits, à beau poil sombre, dont les membres antérieurs aux doigts réunis par une membrane forment une sorte de pelle, et qui vit sous terre en creusant de longues galeries décelables à la surface du sol par des monticules de terre rejetée (➤ **taupinière**). *La taupe vit dans l'obscurité, mais n'est pas aveugle. Piège à taupes* (➤ **taupière**). ♦ LOC. *Myope comme une taupe :* très myope. — FIG. *Vieille taupe :* vieille femme désagréable. ♦ ADJT INV. De couleur grise à reflets bruns. *Des robes taupe.* ■ **2** Fourrure à poil court et soyeux de cet animal. *Col, bonnet de taupe.* ■ **3** *Rat-taupe.* ➤ **spalax.** ♦ Squale pélagique, mesurant jusqu'à 3 ou 4 m, et qui vit dans l'Atlantique. ➤ **lamie.** ■ **4** (1973) TECHN. Engin de génie civil servant à creuser des tunnels. ➤ **tunnelier.** ■ **5** FAM. Espion infiltré dans le milieu qu'il observe. ➤ **sous-marin.** *«un travail d'indic et de taupe où il jouait les clochards pour mieux voir et écouter ce qui se passait autour de lui»* MODIANO.

2 **TAUPE** T **n. f.** – 1888 «ensemble des taupins» ◊ de *taupin* ■ ARG. SCOL. Classe de mathématiques spéciales préparant aux grandes écoles, à Polytechnique. *Hypotaupe et taupe. Être en taupe* (➤ **taupin**).

TAUPÉ, ÉE [tope] **adj.** – 1877 ◊ de 1 *taupe* ■ Se dit d'un feutre dont l'aspect, le toucher rappellent la fourrure de la taupe. *Feutre taupé.* ♦ **n. m.** Chapeau de feutre taupé. *Chasseur qui porte un taupé vert.* ■ **HOM.** poss. Toper.

TAUPE-GRILLON [topgʀijɔ̃] **n. m.** – 1700 ◊ de 1 *taupe* et *grillon,* d'après le latin scientifique *grillotalpa* ■ Courtilière. *Des taupes-grillons.*

TAUPIER [topje] **n. m.** – 1690 ◊ de 1 *taupe* ■ AGRIC. Ouvrier chargé de détruire les taupes.

TAUPIÈRE [topjɛʀ] **n. f.** – 1600 ; «taupinière» XIVe ◊ de 1 *taupe* ■ AGRIC. Piège à taupes.

TAUPIN [topɛ̃] **n. m.** – *topin* 1521 ◊ de 1 *taupe* ■ **1** VX Soldat qui pose des mines sous terre. ■ **2** (XVIIe) ZOOL. Insecte *(coléoptères)* dont la larve filiforme appelée *ver fil de fer* ou *ver jaune* cause de grands dégâts dans les cultures en sectionnant les jeunes racines. ➤ **agriote.** ■ **3** (1841 ◊ du sens 1°) ARG. SCOL. VIEILLI Élève qui se prépare à Polytechnique (d'où sortent les officiers du Génie) ; PAR EXT. Élève de mathématiques spéciales (➤ 2 **taupe**).

TAUPINIÈRE [topinjɛʀ] **n. f.** – 1671 ; *taupinée* XIIIe ◊ de 1 *taupe* ■ **1** Monticule de terre formé par les rejets de la taupe lorsqu'elle creuse ses galeries. — PAR EXT. Petit monticule. *«ce que je prenais pour de hautes montagnes, en 1800, n'étaient la plupart que des taupinières»* STENDHAL. ■ **2** Galeries et chambres creusées par une taupe. *Vivre comme une taupe dans sa taupinière.* ♦ PAR MÉTAPH. *Les égouts, «taupinière titanique»* HUGO.

TAURE [tɔʀ] **n. f.** – XVIe ◊ latin *taura,* fém. de *taurus* «taureau» ■ RÉGION. OU TECHN. Génisse. ■ **HOM.** Tore, torr, tors, tort.

TAUREAU [tɔʀo] **n. m.** – *toriau* 1177 ◊ de l'ancien français *tor* ; latin *taurus,* grec *taurôs* ■ **1** Mammifère *(ruminants),* bovidé domestique, mâle de la vache. *Jeune taureau.* ➤ **taurillon.** *Taureaux qui mugissent, beuglent. «Un taureau furieux, cornes en avant, et qui grattait le sable avec son pied»* FLAUBERT. *Mener une vache au taureau. — Le Minotaure, homme à tête de taureau. Taureaux ailés de l'art assyrien.* ♦ LOC. *Un cou* de taureau. Fort comme un taureau :* très fort. *Prendre le taureau par les cornes*.* ♦ **TAUREAU DE COMBAT :** taureau sélectionné d'élevages spéciaux (➤ **ganadéria**), destiné à être combattu (➤ **toréro**) lors des *courses de taureaux.* ➤ **corrida ; taurin, tauromachie ; toril.** *Jeune taureau.* ➤ **novillo.** *La course de taureaux a lieu dans des arènes : elle comprend les jeux de cape, la pique* (➤ **picador**), *la pose des banderilles, les passes de cape* (➤ 2 **véronique**) *et de muléta et la mise à mort* (➤ **estocade ; matador**). *Amateur de courses de taureaux.* ➤ **aficionado.** ■ **2** (1487) ASTRON. Constellation zodiacale de l'hémisphère boréal comprenant les Hyades* et les Pléiades*. ➤ **taurides.** ♦ Deuxième signe du zodiaque (21 avril-20 mai). — ELLIPT *Elle est Taureau,* née sous le signe du Taureau. ■ **3** *Grenouille-taureau.* ➤ **ouaouaron.**

TAURIDES [tɔʀid] **n. f. pl.** – 1877 ◊ de *taureau* ■ ASTRON. Groupe de météores observables, en novembre, dans la constellation du Taureau. ■ **HOM.** Torride.

TAURILLON [tɔʀijɔ̃] **n. m.** – *torillon* XIVe ◊ de *taureau* ■ Jeune taureau qui ne s'est pas encore accouplé.

TAURIN, INE [tɔʀɛ̃, in] **adj.** – 1515, repris 1842 ◊ de *taureau,* d'après *bovin* ■ Relatif au taureau, SPÉCIALT au taureau de combat, et PAR EXT. à la tauromachie. *Spectacle taurin.* ➤ **corrida, novillada.** *L'école taurine de Nîmes.*

TAURINE [tɔʀin] **n. f.** – 1833 ◊ du latin *(fel) tauri* «(bile) de taureau» dans laquelle cette substance a été isolée ■ BIOCHIM. Acide aminé, dérivé de la cystéine, synthétisé naturellement par le corps humain. *La taurine est présente dans la viande, les laitages. Boisson énergisante à la taurine.*

TAUROBOLE [tɔʀɔbɔl] **n. m.** – 1721 ◊ latin *taurobolium,* grec *taurobolos* «où l'on frappe le taureau» ■ RELIG. ANC. Sacrifice expiatoire, dans les cultes de Cybèle et de Mithra, où le prêtre se faisait arroser du sang d'un taureau égorgé.

TAUROMACHIE [tɔʀɔmaʃi] **n. f.** – 1724 ◊ de *taureau* et *-machie* ■ **1** VX Course de taureaux. *Les tauromachies de Goya,* suite d'eaux-fortes. ■ **2** MOD. Art de combattre les taureaux dans l'arène. *Les lois, les règles de la tauromachie.* — **adj. TAUROMACHIQUE,** 1831.

TAUTO- ■ Élément, du grec *tauto* «le même».

TAUTOCHRONE [totokʀon] **adj.** – 1741 ◊ de *tauto-* et *-chrone* ■ MATH. *Courbe tautochrone,* telle que le temps de déplacement d'un mobile partant avec une vitesse initiale nulle est indépendant de son point de départ sur la courbe.

TAUTOLOGIE [totɔlɔʒi] **n. f.** – 1596 ◊ bas latin *tautologia,* mot grec ■ **1** Vice logique consistant à présenter, comme ayant un sens différent, une proposition dont le prédicat ne dit rien de plus que le sujet. *La tautologie est un truisme** (➤ **lapalissade**). — Répétition inutile de la même idée sous une autre forme. ➤ **pléonasme, redondance.** ■ **2** (XXe) LOG. Proposition complexe qui reste vraie en vertu de sa forme seule, quelle que soit la valeur de vérité des propositions qui la composent. *La tautologie est le fondement des lois logiques.*

TAUTOLOGIQUE [totɔlɔʒik] **adj.** – 1721 ◊ de *tautologie* ■ **1** Qui a le caractère d'une tautologie (1°). *Un raisonnement tautologique.* ■ **2** LOG. Se dit de toute relation ou expression logique qui peut se réduire par analyse à une tautologie ; qui est toujours vrai. ➤ **analytique** (II, 1°). *La relation d'identité est tautologique. — Science tautologique.* ➤ 1 **logique** (I).

TAUTOMÈRE [totɔmɛʀ] **adj.** et **n. m.** – 1886 ◊ de *tauto-* et *-mère* ■ DIDACT. ■ **1** ANAT. Se dit des organes entièrement situés du même côté du corps. — *Neurone tautomère.* ■ **2** CHIM. **n. m.** Isomère dont la structure diffère de celle d'un autre par la position d'un atome d'hydrogène et d'une liaison double et pouvant aisément et réversiblement se transformer en cet autre isomère. — **adj.** *Composés tautomères.*

TAUTOMÉRIE [totɔmeʀi] **n. f.** – 1886 ◊ de *tauto-* et *-mérie* ■ CHIM. Transformation d'une molécule par migration simultanée d'un atome d'hydrogène et d'une double liaison ; propriété d'un composé d'exister sous deux formes tautomères.

TAUX [to] **n. m.** – 1320 ◊ de l'ancien français *tauxer,* var. de *taxer* ■ **1** Pourcentage appliqué à la base imposable pour déterminer le montant de l'impôt dû pour chaque contribuable. ➤ **taxe.** *Taux de l'impôt. Imposition à taux proportionnel, à taux progressif. «Le taux augmente en même temps qu'augmente la quantité de matière imposable»* DUVERGER. — Élément d'un barème réglementé. *Taux des cotisations sociales.* ■ **2** Montant d'un prix réglementé, fixé par l'État. *Le taux de la journée de travail ; le taux horaire du S. M. I. C.* (➤ **salaire**). — *Taux de salaire.* ■ **3 TAUX D'INTÉRÊT :** rapport entre l'intérêt annuel et la valeur nominale d'une somme prêtée ou empruntée. Montant annuel produit (ou à payer) pour un dépôt, exprimé en pourcentage de la somme déposée. ➤ **pourcentage.** *Taux d'intérêt fixe, progressif, indexé. Baisse des taux d'intérêt.* ♦ ABSOLT *Taux débiteur,* payé pour un découvert (➤ **agio**), par l'emprunteur. *Taux créditeur. — Taux actuariel* brut, net. — Taux bas, élevé, excessif. Taux de l'usure :* taux d'intérêt maximum autorisé (par le ministère des

Finances). — *Taux central ; taux de la Banque de France ; taux d'escompte**. ▪ **4** PAR EXT. Expression mathématique d'une variation relative dans le temps ou d'un rapport entre deux grandeurs à un instant donné. ➤ aussi **quotient, ratio.** *Taux d'activité* : rapport de la population active sur la population totale. *Taux de capitalisation* boursière.* MATH. *Taux d'accroissement d'une fonction.* MÉD. *Taux d'urée sanguin.* « *Taux de cicatrisation d'une plaie* » CARREL. *Taux d'alcool* (➤ **alcoolémie**), *de lipides* (➤ **lipidémie**) *dans le sang. Taux d'incapacité permanente.* ♦ DÉMOGR. Rapport de deux grandeurs. *Taux de nuptialité.* « *Taux de mortalité générale appelé parfois simplement mortalité* » SAUVY. — SOCIOL. *Taux d'immigration, d'émigration. Taux de scolarisation d'un pays.* ♦ ÉCON. Variation relative d'une grandeur économique entre deux instants donnés. *Taux de croissance (économique)* : variation relative de la production nationale (➤ aussi **P. I. B., P. N. B.**). *Taux d'inflation.* — *Taux de pénétration**. ♦ COMPTAB. *Taux de rotation des stocks, de la main-d'œuvre* : rythme auquel ils se renouvellent. ➤ **turnover.** *Taux d'amortissement d'un prêt.* ➤ **remboursement.** *Taux d'actualisation**. ♦ FIN. **TAUX DE CHANGE** : valeur de la monnaie nationale exprimée en monnaie étrangère. ➤ **cours, 1 pair, parité.** *Régime des taux de change fixes, flottants* (cf. Système monétaire* international). ♦ TECHN. *Taux de défaillance d'un matériel.* ➤ **fiabilité.** *Taux de compression** (d'un moteur). *Taux de modulation.* ÉLECTRON. *Taux de distorsion* ou *taux d'harmoniques.* ▪ HOM. Tau, taud, tôt.

TAUZIN [tozɛ̃] n. m. – avant 1828 ◇ origine inconnue ▪ *Tauzin* ou *Chêne tauzin* : chêne noir du sud-ouest de la France, à feuilles cotonneuses *(Quercus tozza).*

TAVAÏOLLE [tavajɔl] n. f. – 1571 ◇ italien *tovagliola* « serviette », diminutif de *tovaglia*, ancien français *touaille, toaille* ▪ LITURG. CATHOL. Linge d'église garni de dentelles, servant à présenter une offrande, un enfant au baptême.

TAVELÉ, ÉE [tav(ə)le] adj. – v. 1300 ◇ de l'ancien français *tavel* n. m., *tavelle* n. f. « ruban » ; du latin *tabella* « planchette » → tablette ▪ Marqué de petites taches. *Mains tavelées. Fruit tavelé.*

TAVELURE [tav(ə)lyʀ] n. f. – 1546 ◇ de *tavelé* ▪ Tache de ce qui est tavelé. *Tavelures de la peau ; d'une poire.* ♦ Maladie cryptogamique des feuilles et des fruits du pommier et du poirier.

TAVERNE [tavɛʀn] n. f. – fin XIIe ◇ latin *taberna* ▪ **1** ANCIENNT Lieu public où l'on mangeait et l'on buvait en payant. ➤ **auberge, cabaret.** « *Un coureur de tavernes* » ROUSSEAU. ▪ **2** Petit café, gargote ou restaurant populaire, dans certains pays. — Au Canada, Débit de boissons qui était réservé aux hommes (opposé à *brasserie*). ♦ Café-restaurant de genre ancien et rustique. ➤ **hostellerie.**

TAVERNIER, IÈRE [tavɛʀnje, jɛʀ] n. – v. 1200 ◇ du latin *tabernarius* ▪ ANCIENNT ou PLAISANT Cafetier, restaurateur tenant une taverne.

TAVILLON [tavijɔ̃] n. m. – 1286 *tavellon* ◇ du latin *tabella* ▪ RÉGION. (Suisse) Petit bardeau servant à recouvrir les toits.

TAXABLE [taksabl] adj. – 1788 ◇ de *taxer* ▪ Qui peut être taxé, soumis à une taxe (3°). ➤ **imposable.** *Gains taxables.*

TAXAGE [taksaʒ] n. m. – 1975 ◇ de *taxer* (I, 4°) ▪ (Québec) Racket opéré entre jeunes.

TAXATEUR, TRICE [taksatœʀ, tʀis] n. et adj. – 1669 ◇ de *taxer* ▪ **1** Personne qui fixe autoritairement une somme à payer, une taxe (I°). *Taxateur des dépens.* adj. *Le juge taxateur.* ▪ **2** Personne qui fixe une imposition, applique une taxe. adj. « *Des jurys taxateurs* » MADELIN.

TAXATION [taksasjɔ̃] n. f. – *taussacion* 1283 ◇ latin *taxatio* ▪ Le fait de taxer (I) ; son résultat. ▪ **1** Fixation par voie administrative, réglementaire, du prix maximum (parfois minimum) applicable à certains biens, certains services. *Taxation de denrées alimentaires. La taxation des prix est un moyen, actuellement peu utilisé, de lutte contre l'inflation.* ▪ **2** Le fait de soumettre à une imposition, à une taxe. ➤ **imposition.** *Taxation d'office* : détermination de l'assiette de l'impôt par le fisc en l'absence d'une déclaration par le contribuable. ▪ CONTR. Détaxation.

TAXE [taks] n. f. – 1405 ◇ latin médiéval *taxa* → tâche, taux ▪ **1** Prix fixé d'une manière autoritaire. « *Un boulanger qui vend plus cher que la taxe* » FURETIÈRE. ♦ DR. Fixation, contrôle, ou révision de l'état des frais. *La taxe des dépens.* ➤ **taxation.** ▪ **2** (1461) Part d'imposition que doit payer un particulier ; somme fixée pour l'imposition. ➤ **contribution, impôt.** « *Le privilégié évite ou repousse la taxe* » TAINE. *Taxe majorée.* ➤ **surtaxe.** ▪ **3** FIN. Procédé de répartition des charges publiques proportionnellement aux services rendus ; somme établie par ce procédé, et que doit payer le bénéficiaire d'une prestation fournie par l'autorité publique. *Services payants, financés par des taxes administratives. Taxe de séjour*, perçue à raison du séjour dans une station thermale, touristique. *Taxe d'apprentissage**. ♦ Imposition obligatoire, qui, lorsqu'elle correspond à un service, n'est pas proportionnelle à ce service. *Taxes locales : taxes foncières, taxe d'habitation, taxe professionnelle. Taxe sur les activités polluantes, taxe écologique.* ➤ **écoparticipation, écotaxe.** — *Taxe de luxe.* — *Taxe professionnelle* : impôt qui a remplacé la patente*. *Taxe sur le chiffre d'affaires*, groupant les impôts sur le chiffre d'affaires des entreprises commerciales et industrielles. *Taxe sur la valeur ajoutée* (➤ **T. V. A.**) ; *taxe parafiscale ; taxe sur les prestations de service ; taxe locale* (sur le chiffre d'affaires). — *Prix de revient, taxes comprises. Prix hors taxes (H. T.), toutes taxes comprises* (*T. T. C.* [tetese]). *Prix T. T. C. Boutique hors taxes*, vendant des produits hors taxes (cf. Boutique franche*). ▪ CONTR. Détaxe, remise.

TAXER [takse] v. tr. ⟨1⟩ – 1464 ; *tausser* « évaluer » XIIIe ◇ latin *taxare*, du grec *taxis*, de *tassein* « ranger, fixer »

I ▪ **1** Fixer à une somme déterminée, en parlant de l'État, d'un tribunal. *Taxer la valeur, le prix d'une chose à tant. Prix taxés. Taxer les dépens.* ▪ **2** Soumettre à une imposition, une taxe (2°). ▪ **3** Frapper (un service, une transaction, et PAR EXT. ce qui en fait l'objet) d'une taxe (3°) ; percevoir une taxe sur. ➤ **imposer.** *Taxer les objets de luxe, les boissons.* « *On taxe tout, hormis l'air* » BAINVILLE. ▪ **4** FAM. Extorquer de force, voler. ➤ **piquer.** *Taxer une clope.* « *C'est ma montre. Je l'ai taxée sur la plage à une baigneuse* » Y. QUEFFÉLEC. *Il m'a taxé (de) cent balles.* ➤ **2 taper.**

II FIG. (1538 ◇ latin *taxare* « frapper ; blâmer », de *tangere* « toucher ») **TAXER QQN DE...** : accuser de. *Taxer qqn de négligence, de vanité.* ♦ PAR EXT. Qualifier (qqn, qqch.) de. ➤ **appeler, qualifier.** « *Ces révoltes contre la froide raison que les esprits médiocres taxent de folie* » RENAN. « *L'adolescence taxe volontiers l'âge mûr de frivolité* » TOURNIER.

1 **TAXI** [taksi] n. m. – 1907 ◇ abrév. de *taximètre* ▪ **1** Voiture automobile de place, munie d'un compteur (➤ **taximètre**) qui indique le prix de la course. ➤ FAM. **bahut.** *Héler, appeler, arrêter, prendre un taxi. Hep taxi !* — *Appeler, réserver un taxi par téléphone.* ➤ **radio-taxi.** — *Chauffeur de taxi* : personne qui conduit un taxi, employée par une compagnie ou possédant sa voiture personnelle. ➤ RÉGION. **taximan.** *Station de taxis* (➤ **borne**). *Taxi en stationnement, en maraude, qui prend, qui charge un client* (➤ **course**, II, 1°). *Taxi libre, occupé.* — *Taxi collectif.* (En Afrique) *Taxi-brousse**. — ALLUS. HIST. *Les taxis de la Marne* : les taxis parisiens réquisitionnés par Gallieni pour transporter des renforts en septembre 1914. ♦ PAR ANAL. *Avion-taxi. Moto, vélo faisant office de taxi.* ➤ **mototaxi, vélotaxi.** ▪ **2** (1922) FAM. Chauffeur de taxi. *Il, elle fait le taxi. Elle est taxi.* — Le métier de chauffeur de taxi. « *Un homme qu'a un métier. Un bon métier, car c'est bon, le taxi, pas vrai !* » QUENEAU. ▪ HOM. Taxie.

2 **TAXI** [taksi] n. m. – v. 1950 ◇ altération de *taxeur*, de *taxe* ▪ FAM. Personne qui fournit de fausses factures. — EN APPOS. *Société taxi. Comptes taxis.*

TAXI-, TAXO-, -TAXIE ▪ Éléments, du grec *taxis* « arrangement, ordre », et SPÉCIALT « fixation d'une imposition » (➤ **taxe**).

TAXIDERMIE [taksidɛʀmi] n. f. – 1806 ◇ de *taxi-* et grec *derma* « peau » ▪ DIDACT. Art de préparer (SPÉCIALT d'empailler) les animaux morts pour les conserver avec l'apparence de la vie. ➤ **empaillage, naturalisation.**

TAXIDERMISTE [taksidɛʀmist] n. – 1818 ◇ de *taxidermie* ▪ Spécialiste en taxidermie. ➤ **empailleur, naturaliste.**

TAXIE [taksi] n. f. – v. 1900 ◇ du grec *taxis* « arrangement, ordre » ▪ BIOL. Mouvement ou réaction d'orientation, déclenché ou entretenu par des agents physicochimiques externes, chez les organismes se déplaçant librement dans l'espace. ▪ HOM. Taxi.

TAXIGIRL ou **TAXI-GIRL** [taksigœʀl] n. f. – 1931 ◇ de l'anglais américain *taxi dancer* ou *taxi girl* « jeune femme attachée à un dancing et payée en tickets par les clients pour danser avec eux » ▪ ANGLIC. Jeune femme qui loue ses services comme partenaire de danse, dans un bar, un cabaret. ➤ **entraîneuse.** « *Les taxi-girls n'avaient guère de clients et dansaient entre elles* » COURCHAY.

TAXIMAN [taksiman] **n. m.** – 1956 ◊ faux anglicisme, de *taxi* et d'un élément *-man*, de l'anglais *man* «homme» ▪ RÉGION. **(Est ; Belgique, Maghreb, Congo, Madagascar)** Chauffeur de taxi. *Des taximen* **(plur. angl.)** ou, plus rare, *des taximans.*

TAXIMÈTRE [taksimɛtʀ] **n. m.** – 1905 ; *taxamètre* 1901 ◊ allemand *Taxameter* (1890), refait d'après *taxi* et *-mètre* ▪ Compteur horokilométrique déterminant la somme à payer pour un trajet en taxi, d'après la distance parcourue et la durée du trajet. ♦ PAR EXT. (1907) VX Voiture hippomobile ou automobile munie d'un tel compteur. ➤ 1 **taxi.**

TAXINOMIE [taksinɔmi] **n. f.** – 1824 ◊ de *taxi-* et *-nomie* ▪ **1** DIDACT. Étude théorique des bases, lois, règles, principes d'une classification. — MATH. Domaine des mathématiques appliquées consacré à la classification des données. ▪ **2** BIOL. Science qui décrit, identifie et classe les êtres vivants en taxons* selon leurs ressemblances. ➤ **classification.** *Taxinomie botanique* (➤ **terminologie**). — On dit aussi **TAXONOMIE** (1795).

TAXINOMIQUE [taksinɔmik] **adj.** – 1842 ◊ de *taxinomie* ▪ DIDACT. De la classification. — On dit aussi **TAXONOMIQUE.**

TAXINOMISTE [taksinɔmist] **n.** – 1897 ◊ de *taxinomie* ▪ DIDACT. Spécialiste en taxinomie. — On dit aussi **TAXONOMISTE.**

TAXIPHONE [taksifɔn] **n. m.** – 1923 ◊ marque déposée, de *taxi-* et *(télé)phone* ▪ VX Téléphone public.

TAXIWAY [taksiwɛ] **n. m.** – 1953 ◊ mot anglais ▪ ANGLIC. TECHN. Dans un aéroport, Voie de circulation des avions, chemin de roulement. ➤ **tarmac.** *Il est interdit de décoller ou d'atterrir sur les taxiways.*

TAXODIUM [taksɔdjɔm] **n. m.** – avant 1817 ◊ mot latin scientifique, du grec *taxos* «if» ▪ BOT. Grand conifère ornemental *(taxodiacées)*, à feuilles caduques, appelé aussi *cyprès de la Louisiane* ou *cyprès chauve.*

TAXOL [taksɔl] **n. m.** – 1981 ◊ du grec *taxos* «if», probablement par l'anglais (1971) ▪ BIOCHIM. Terpène extrait de plusieurs espèces d'if, aux propriétés cytotoxiques et anticancéreuses.

TAXON [taksɔ̃] **n. m.** – 1964 ◊ du grec *taxis* → taxi- ▪ PHYLOG. Unité formelle représentée par un groupe d'organismes, à chaque niveau de la classification (➤ **cladogramme**). *Taxon de rang spécifique, de rang familial. Taxon monophylétique* (➤ **clade**), *paraphylétique.*

TAXONOMIE ; TAXONOMIQUE ; TAXONOMISTE ➤ **TAXINOMIE ; TAXINOMIQUE ; TAXINOMISTE**

TAYAUT ➤ **TAÏAUT**

TAYLORISATION [tɛlɔʀizasjɔ̃] **n. f.** – v. 1920 ◊ de *tayloriser* ▪ ÉCON. Application du taylorisme.

TAYLORISER [tɛlɔʀize] **v. tr.** ‹1› – v. 1920 ◊ de *taylorisme* ▪ ÉCON. Appliquer le taylorisme à. — *Usine taylorisée. Production taylorisée.*

TAYLORISME [tɛlɔʀism] **n. m.** – v. 1918 ◊ anglais américain *taylorism,* de l'ingénieur *F. Taylor* (1856-1915) ▪ Méthode d'organisation scientifique de la gestion d'entreprise appelée aussi *système Taylor,* s'appuyant sur la rationalisation du travail industriel, un système de rémunération stimulant (afin d'améliorer le rendement) et une spécialisation stricte par fonction (cf. Division* du travail). ➤ **aussi fordisme, ohnisme.**

TCHADANTHROPE [tʃadɑ̃tʀɔp] **n. m.** – 1961 ◊ de *Tchad,* nom de pays, et *-anthrope* ▪ PALÉONT. Hominien fossile découvert au nord du Tchad.

TCHADOR [tʃadɔʀ] **n. m.** – répandu 1978 ; *tchadour* 1935 ; *chadir* 1819 ◊ mot persan ▪ Voile noir recouvrant la tête et le corps, porté par les musulmanes chiites, en particulier en Iran (cf. Foulard* islamique). *«Toutes ces femmes jetant leurs voiles au feu, leur tchador»* SOLLERS.

TCHAO ou **CIAO** [tʃao] **interj.** – 1953 ; *tchaû* 1916 ◊ italien *ciao,* du vénitien *schiao,* de *schiavo* «esclave». Cf. la formule de salut : *«(je suis) votre serviteur»* ▪ FAM. Au revoir. ➤ **bye-bye, salut.** — **n. m.** *Des tchaos sonores.*

TCHAPALO [tʃapalo] **n. m.** – 1901 ◊ mot d'une langue africaine (Bénin, Burkina) ▪ En Afrique, Bière de petit mil ou de sorgo. *Des tchapalos.*

TCHARCHAF [tʃaʀʃaf] **n. m.** – *tchartchaf* 1875 ◊ mot turc ▪ Voile souvent noir avec lequel les femmes turques se cachaient le visage (➤ **aussi tchador**).

TCHAT ➤ 2 **CHAT**

TCHATCHE [tʃatʃ] **n. f.** – 1959 ◊ de l'espagnol *chacharear* «bavarder» ▪ FAM. ▪ **1** Disposition à s'exprimer facilement, à parler beaucoup. ➤ **bagou.** *Avoir de la tchatche. «la tchatche, comme tous les Marseillais, je me débrouille très bien»* IZZO. ▪ **2** Langage argotique des cités (verlan, etc.).

TCHATCHER [tʃatʃe] **v. intr.** ‹1› – 1983 ◊ de *tchatche* ▪ FAM. Parler abondamment, avoir du bagou. ➤ **bavarder.** — **n. TCHATCHEUR, EUSE.**

TCHATTER ; TCHATTEUR ➤ **CHATTER ; CHATTEUR**

TCHÈQUE [tʃɛk] **adj. et n.** – 1842 ; *Czekhes* 1762 ◊ tchèque *cezky* ▪ De la partie de la Tchécoslovaquie comprenant la Bohême et la Moravie, devenue indépendante en 1993 sous le nom de *République tchèque. Langue, littérature tchèque.* — **n.** *Les Tchèques.* ♦ **n. m.** *Le tchèque,* langue du groupe slave occidental. ▪ HOM. Check.

TCHÉRÉMISSE [tʃeʀemis] **n. m.** – 1846 ; *czérémisses* 1701 ◊ mot russe ▪ Langue finno-ougrienne parlée dans la région de la haute Volga.

TCHERNOZIOM [tʃɛʀnozjɔm] **n. m.** – 1876 ◊ mot russe «terre noire» ▪ GÉOGR. Type de sol russe très fertile caractérisé par sa couleur noire.

TCHERVONETS, plur. **TCHERVONTSY** [tʃɛʀvɔn(j)ɛts, tʃɛʀvɔntsi] **n. m.** – 1924 ◊ mot russe ▪ Ancienne monnaie russe, reprise en U. R. S. S. en 1922 avec valeur de 10 roubles or, puis remplacée par le nouveau rouble. *Des tchervontsy* (parfois *des tchervonets*).

TCHIN-TCHIN [tʃintʃin] **interj.** – 1829 ◊ du pidgin-english de Canton *tsing-tsing* «salut» ▪ FAM. Mot que prononcent les gens qui trinquent ensemble (cf. À votre bonne santé, à la vôtre). *«Tchin'Tchin' – Tchin'Tchin', répéta Cuivre, et ils vidèrent leurs verres tous les trois»* VIAN. — SUBST. *«Pour ce verre-là, je veux attendre le tchin-tchin de nos retrouvailles»* SARRAZIN.

TCHITOLA [tʃitɔla] **n. m.** – 1964 ◊ mot d'une langue africaine ▪ TECHN. Bois d'Afrique, résineux et grossier, brun-rouge, utilisé en menuiserie et pour le contreplaqué.

TCHOULER [tʃule] **v. intr.** ‹1› – attesté 1992 ◊ mot wallon ▪ **(Belgique)** FAM. Pleurer abondamment. *Arrête de tchouler !*

TE [tə] **pron. pers.** – Xe ◊ de l'accusatif latin *te* → toi, tu ▪ Pronom personnel de la deuxième personne du singulier des deux genres, employé comme complément. REM. *Te* s'élide en *t'* devant une voyelle ou un *h* muet. ▪ **1 (Compl. d'objet dir.)** *«Je t'ai prise avec plaisir, je te quitte sans regret»* LACLOS. *«De quel nom te nommer ?»* HUGO. *Cela va te rendre malade.* ▪ **2 (Compl. d'objet ind.)** À toi, pour toi. *«Je te donnerai quinze cents francs»* BALZAC. *«Je vais te faire une redingote»* VALLÈS. — PAR EXT. FAM. *Elle te court après,* après toi. *Ils te tomberont dessus,* sur toi. ♦ **(Compl. de l'attribut)** *Cela peut t'être utile. Elle t'est devenue étrangère.* — **(Avec un nom désignant une partie du corps, une faculté)** *Si cela te vient à l'esprit.* ♦ FAM. **(explétif et emphat.)** *Et je te frotte et je te brique* : je frotte et je brique tant que je peux. *«Si c'était mon fils, je te le dresserais»* MAURIAC. ▪ **3 Avec un v. pron.** *Tu te perdras. Tu t'en souviens. (Ne) t'en fais pas.* ▪ **4 (Avec *voici, voilà*)** *Te voilà enfin.*

1 **TÉ** [te] **n. m.** – 1704 ◊ nom de la lettre *t* ▪ TECHN. Objet, instrument ayant la forme du T majuscule ou dont la section est en T. — SPÉCIALT Règle plate, faite de deux branches en équerre, destinée au dessin sur la planchette. — *Té d'atterrissage* : té placé à côté d'une piste en vue d'indiquer au pilote d'un avion la direction de l'atterrissage. — CONSTR. *Fer en té, fer à double té,* employés en construction. — MENUIS. Ferrure ou équerre permettant de consolider des assemblages. ▪ HOM. 1 T, tes (1 ton), thé.

2 **TÉ** [te] **interj.** – 1859 ◊ déformation phonétique de *tiens !* ▪ Exclamation méridionale marquant la surprise. *«Té ! vé ! [...] c'est Tartarin»* DAUDET.

TEASER [tizœʀ] **n. m.** – 1988 ◊ mot anglais, de *to tease* «taquiner» ▪ ANGLIC. ▪ **1** PUBLIC. Premier message d'une campagne publicitaire, conçu de manière à éveiller la curiosité du public (➤ **teasing**). — **Recomm. offic.** *aguiche.* ▪ **2** Courte vidéo réalisée pour attirer l'attention sur la sortie prochaine (d'un film, d'une série). — **Recomm. offic.** *accroche.*

TEASING [tiziŋ] **n. m.** – 1983 ◊ mot anglais, de *to tease* «taquiner» ▪ ANGLIC. PUBLIC. Procédé publicitaire qui cherche à éveiller la curiosité du public par un message plus ou moins mystérieux (➤ **teaser**). — **Recomm. offic.** *aguichage.*

TEC [tɛk] **n. f. inv.** – 1968 ◊ acronyme de *Tonne Équivalent Charbon* ■ MÉTROL. Unité de mesure thermique correspondant au pouvoir calorifique d'une tonne de charbon (soit 2,93 10^{10} joules). ➤ aussi **tep.** ■ HOM. Teck, thèque.

TECHNÈME [tɛknɛm] **n. m.** – 1972 ◊ de *technique*, d'après *phonème*, *morphème*, etc. ■ DIDACT. Élément technique minimum.

TECHNÉTIUM [tɛknesjɔm] **n. m.** – 1937 ; appelé *masurium* à sa découverte en 1925 ◊ du grec savant *tekhnêtos* «artificiel» ■ CHIM. Élément atomique radioactif artificiel (Tc ; n° at. 43 ; m. at. 98,90).

TECHNÉTRONIQUE [tɛknetʀɔnik] **adj.** – v. 1969 ◊ de *techn(ologie)* et *(élec)tronique* ■ DIDACT. Qui est fondé à la fois sur la technologie et l'électronique. *Ère technétronique.*

TECHNICIEN, IENNE [tɛknisjɛ̃, jɛn] **n. et adj.** – 1836 ◊ de *technique*, sur le modèle de *physicien* ■ **1** Personne qui possède, connaît une technique particulière. ➤ **professionnel, spécialiste.** *Technicien de... «découvrir en Balzac, sous le romancier, un technicien parfait de toutes les questions traitées»* HENRIOT. *«agacement du technicien devant le profane»* MAUROIS. — (1965) MILIT. *Officier technicien* : officier de l'armée de terre ou de l'air appartenant à un corps de spécialistes. ♦ *Technicien(ne) de surface* : personne chargée de l'entretien et du ménage dans les lieux publics, les bureaux. ■ **2** Personne qui connaît et contrôle professionnellement telle ou telle des applications pratiques des diverses sciences dans le domaine de la production et de l'organisation économique (opposé à *théoricien*). *Pays qui a besoin de techniciens.* ■ **3** Agent spécialisé qui travaille sous les ordres directs de l'ingénieur, dans une industrie, une entreprise. *Brevet de technicien supérieur* (➤ **B. T. S.**). ■ **4 adj.** (v. 1930) De la technique ; qui fait prévaloir la technique. *Une civilisation technicienne.*

TECHNICISER [tɛknisize] **v. tr.** ⟨1⟩ – v. 1964 ◊ de *technique* ■ DIDACT. Rendre technique ; pourvoir de moyens techniques. — **n. f. TECHNICISATION.** *La technicisation de la médecine.*

TECHNICISME [tɛknisism] **n. m.** – 1935 ◊ de *technique* ■ Tendance à privilégier la technique dans tous les domaines. *Scientisme et technicisme.* — **adj. TECHNICISTE.**

TECHNICITÉ [tɛknisite] **n. f.** – 1823 ◊ de *technique* ■ **1** Caractère technique (I, 1°). *Technicité d'un terme, d'un exposé. Travail d'une haute technicité.* ■ **2** (1970) Emploi critiqué L'art, l'habileté du technicien. ➤ **technique.** *«sans avoir les technicités ou l'utilité requises»* SAUVY.

TECHNICO-COMMERCIAL, IALE, IAUX [tɛknikokɔmɛʀsjal, jo] **adj.** – 1960 ◊ de *technique* et *commercial* ■ DIDACT. Qui relève à la fois des domaines commercial et technique. — *Agent, cadre, ingénieur technico-commercial,* possédant des connaissances techniques sur la marchandise à vendre. **n.** *Un technico-commercial.*

TECHNICOLOR [tɛknikɔlɔʀ] **n. m.** – 1938 ◊ n. déposé, mot anglais, de *technic* «technique» et *color* «couleur» ■ Procédé de cinéma en couleurs. *Film en technicolor. Une «superproduction en technicolor avec martyrs, fauves et bains de dames»* BUTOR. — PAR EXT. FAM. *En technicolor* : en couleurs, de couleurs vives et peu naturelles. *Un paysage en technicolor.*

-TECHNIE, -TECHNIQUE ■ Éléments, du grec *tekhnê* «art, métier», et *tekhnikos* : *zootechnie, polytechnique.*

TECHNIQUE [tɛknik] **adj. et n.** – 1750 ; *vers techniques*, «faits pour aider la mémoire en y rappelant en peu de mots beaucoup de faits» (1624) ◊ latin *technicus*, du grec *tekhnikos*, famille de *tekhnê* «art, métier»

I adj. ■ **1** (Opposé à *commun, général, courant*) Qui appartient à un domaine particulier, spécialisé, de l'activité ou de la connaissance. ➤ **spécial.** *Revues techniques. Mots, termes techniques,* qui ne sont employés que par les techniciens, les spécialistes. *Langage, terminologie, vocabulaire technique.* ■ **2** (Opposé à *esthétique*) Qui, dans le domaine de l'art, concerne les procédés de travail et d'expression plus que l'inspiration. *Habileté technique. Pianiste qui maîtrise parfaitement les difficultés techniques.* ■ **3** Qui concerne les applications de la connaissance théorique, dans le domaine de la production et de l'économie. *Progrès techniques. Enseignement technique,* et SUBST. *le technique. Collèges techniques. Agent technique.* ➤ **technicien.** *Cadre technique. Conseillers techniques d'un ministère.* ♦ Qui concerne les objets, les mécanismes nécessaires à une action. *Incident technique,* dû à une défaillance du matériel. *Escale technique,* effectuée par un avion pour se ravitailler ou faire une réparation. ■ **4** *Fibre technique* : fibre textile utilisée pour ses propriétés particulières (isolation, résistance, etc.). *Gants de protection en fibre technique.* — *Tissu, vêtement technique,* fabriqué avec cette fibre.

II n. f. (1832) ■ **1** Ensemble de procédés employés pour produire une œuvre ou obtenir un résultat déterminé. ➤ **art, méthode, métier, procédé.** *Des techniques nouvelles. La technique du théâtre, du cinéma. Technique de combat. Technique de la fresque.* ♦ Habileté, savoir-faire dans la pratique d'une activité. *Pianiste qui a une très bonne technique. Améliorer sa technique.* — FAM. *N'avoir pas la bonne technique, la technique* : ne pas savoir s'y prendre. ■ **2** Ensemble de procédés méthodiques, fondés sur des connaissances scientifiques, employés à la production. *L'histoire des techniques. L'homme crée «les industries et les techniques»* J. ROSTAND. *Techniques de pointe. «La technique radioélectrique»* BROGLIE. *Techniques informatiques.* ♦ ABSOLT *La technique.* Ensemble de procédés ordonnés, scientifiquement mis au point, qui sont employés à l'investigation et à la transformation de la nature. *Technique et machinisme.*

TECHNIQUEMENT [tɛknikmɑ̃] **adv.** – 1790 ◊ de *technique* ■ Selon des procédés techniques, du point de vue technique. *C'est techniquement possible.*

TECHNO [tɛkno] **n. f. et adj.** – 1987 ◊ mot anglais, abréviation de *technological* «technologique» ■ Musique électronique à rythme constant, et peu mélodique. — **adj.** *La culture techno. Fête techno* : recomm. offic. pour *rave party.* ➤ 2 **rave.** *Des soirées technos.*

TECHNO- ■ Élément, du grec *tekhnê* «métier, procédé».

TECHNOBUREAUCRATIQUE [tɛknobyʀokʀatik] **adj.** – 1968 ◊ de *techno-* et *bureaucratique* ■ DIDACT. Qui est caractérisé à la fois par la bureaucratie et la technique.

TECHNOCRATE [tɛknɔkʀat] **n.** – 1933 ◊ de l'anglais *technocrat* (1932) ■ (Souvent péj.) Ministre, haut fonctionnaire technicien (1°) (➤ **énarque**), tendant à faire prévaloir les aspects techniques d'un problème sur les considérations sociales et humaines (➤ aussi **eurocrate**).

TECHNOCRATIE [tɛknɔkʀasi] **n. f.** – 1930 ◊ de *techno-* et *-cratie*, par l'intermédiaire de l'anglais *technocracy* (1919) ■ Système politique dans lequel les techniciens (➤ **technocrate**) ont un pouvoir prédominant (au détriment de la vie politique proprement dite). — **adj. TECHNOCRATIQUE,** 1933.

TECHNOCRATISER [tɛknɔkʀatize] **v. tr.** ⟨1⟩ – 1964 ; 1957 au p. p. ◊ de *technocratie* ■ DIDACT. Rendre technocratique ; soumettre à l'autorité des technocrates. — *Production technocratisée.* — **n. f. TECHNOCRATISATION.**

TECHNOCRATISME [tɛknɔkʀatism] **n. m.** – 1936 ◊ de *technocratie* ■ POLIT. Système qui préconise ou favorise la technocratie*. *Les milieux de la publicité «plus aisément définissables par le technocratisme, le culte de l'efficience, de la modernité, de la complexité»* PEREC.

TECHNOLOGIE [tɛknɔlɔʒi] **n. f.** – 1803 ; «traité des arts en général» 1750 ; «terminologie» 1656 ◊ grec *tekhnologia* ■ **1** DIDACT. Théorie générale et études spécifiques (outils, machines, procédés...) des techniques (II, 2°). *Institut universitaire de technologie (I. U. T.).* ■ **2** ANGLIC. COUR. Technique moderne et complexe. *Les technologies de pointe* (➤ **high-tech**), *les technologies avancées.* ➤ aussi **biotechnologie.** *Les nouvelles technologies (de l'information et de la communication)* (*NTIC* ou *TIC*), intégrant les télécommunications, l'informatique, le multimédia (réseaux informatiques, Internet, vidéocommunication, téléphonie mobile...). *Les technologies de l'information et de la communication dans l'enseignement (TICE).* — *Transfert de technologie* : fait pour un pays développé d'exporter, à l'aide d'opérations financières, sa compétence technique vers un autre pays moins industrialisé (vente d'usine clés en main, cession de licence, assistance technique...). — ABRÉV. FAM. **TECHNO** [tɛkno]. *Les nouvelles technos.*

TECHNOLOGIQUE [tɛknɔlɔʒik] **adj.** – 1795 ◊ grec *teckhnologikos* ■ **1** Qui appartient à la technologie. *Vocabulaire technologique. Enseignement technologique.* ■ **2** ANGLIC. De la technologie (2°). *Le progrès technologique.* ➤ **technique** (I, 3°). — ABRÉV. FAM. **TECHNO** [tɛkno]. *Produits technos.* — **adv. TECHNOLOGIQUEMENT.**

TECHNOLOGUE [tɛknɔlɔg] **n.** – 1872 ◊ de *technologie* ■ DIDACT. Spécialiste de la technologie (1°). — On dit aussi **TECHNOLOGISTE,** 1839.

TECHNOPOLE [tɛknɔpɔl] n. f. – 1983 ◊ de *techno-* et *-pole* ■ Centre urbain disposant de structures de recherche et d'enseignement propices au développement d'industries de pointe. ➤ **technopôle.**

TECHNOPÔLE [tɛknopol] n. m. – 1986 ◊ de *techno-* et *pôle* ■ **1** Site aménagé pour accueillir des entreprises, en favoriser la création et le développement. ■ **2** ➤ **technopole.**

TECHNOSTRUCTURE [tɛknostʀyktyʀ] n. f. – 1968 ◊ de *techno-* et *structure*, d'après l'anglais américain (Galbraith) ■ ÉCON., POLIT., SOCIOL. Ensemble des services et des personnels de caractère technique. *Les technostructures hospitalières.*

TECK [tɛk] n. m. – 1772 ; *teca* 1614 ◊ portugais *teca*, de *tekku*, mot de Malabar ■ **1** Arbre des zones d'Asie tropicale *(verbénacées)* qui fournit un bois apprécié. ■ **2** Bois brunâtre, dur, très dense, imputrescible, provenant de cet arbre. *Pont latté en teck.* — On écrit aussi *tek.* ■ HOM. Tec, thèque.

TECKEL [tekɛl] n. m. – 1898 ◊ mot allemand «chien pour la chasse au blaireau», diminutif de *Dachs* «blaireau» ■ Basset allemand, à pattes très courtes. *Teckel à poil ras, à poil long.*

TECKTONIK [tɛktɔnik] n. f. – 2003 ◊ de *Tecktonik killer*, marque déposée, nom des soirées au cours desquelles cette danse fut popularisée ■ Danse inspirée du hip-hop, caractérisée par des mouvements très rapides et saccadés des bras et des jambes et qui se danse sur de la musique électro. — On trouve parfois la graphie *tektonik.* ■ HOM. Tectonique.

TECTONIQUE [tɛktɔnik] n. f. et adj. – 1894 ◊ allemand *Tektonik*, grec *tektonikos* «propre au charpentier (*tektôn*)» ■ GÉOL. **A.** n. f. ■ **1** Étude des déformations de l'écorce terrestre sous l'effet des forces internes. *La tectonique des Alpes.* ■ **2** Ensemble des déformations subies par les couches géologiques déjà formées. — *Tectonique des plaques* : théorie d'après laquelle la lithosphère* est formée de plaques rigides flottant sur l'asthénosphère* sous-jacente. ➤ **subduction ; dérive** (des continents).

B. adj. (1900) Qui concerne la tectonique (étude de structure). *Dislocations, déformations tectoniques. Plaques tectoniques* (africaine, nord-américaine, sud-américaine, eurasiatique, sud- et nord-pacifique). ■ HOM. Tecktonik.

TECTRICE [tɛktʀis] adj. f. et n. f. – 1803 n. f. ◊ du latin *tectus* «couvert» ■ ZOOL. *Les plumes tectrices* ou *les tectrices* : plumes du dos des oiseaux.

TEDDY-BEAR [tedibɛʀ] n. m. /TEDDYBEAR/ – *Teddy-bear* 1910, n. d'ours en peluche ◊ de l'anglais américain *Teddy*, diminutif de *Theodore (Roosevelt)*, chasseur d'ours célèbre, et *bear* «ours» ■ ANGLIC. ■ **1** VIEILLI Ours en peluche ou en tissu synthétique imitant la fourrure. *Des teddy-bears.* ■ **2** (1922) Fourrure synthétique imitant la peluche. ABRÉV. COUR. **TEDDY.** *Du teddy. Manteau en teddy. Des teddys.*

TE DEUM [tedeɔm] n. m. inv. – milieu XIVe ◊ du cantique *Te Deum laudamus* «nous te louons, Dieu» ■ Chant latin de louange et d'action de grâces ; cérémonie qui l'accompagne. *«tandis que les deux rois faisaient chanter des Te Deum»* VOLTAIRE. ♦ PAR EXT. Composition musicale pour cette cérémonie. *Le Te Deum de Berlioz.*

TEE [ti] n. m. – 1906 ; «point de départ» 1875 ◊ mot anglais ■ ANGLIC. GOLF ■ **1** Aire de départ d'un trou. ■ **2** Petit socle sur lequel on place une balle de golf afin de la lancer.

TEENAGER [tinɛdʒœʀ] n. – *teen-ager* 1946 ◊ mot anglais américain, de *teen*, l'âge de l'adolescence d'après la finale des nombres de «thirteen» à «nineteen» (de 13 à 19 ans) et *age* «âge» ■ ANGLIC. Adolescent de 13 à 19 ans. *Les teenagers.* ➤ **ado.**

TEESHIRT ou **TEE-SHIRT** [tiʃœʀt] n. m. – 1950 ◊ anglais américain *tee-shirt*, de *T(ee)* «T» et *shirt* «chemise», littéralt «chemise en forme de T» ■ ANGLIC. Maillot de coton à manches courtes ou longues, en forme de T (porté à l'origine par les joueurs de baseball). *Porter un jean et un teeshirt blanc. Des teeshirts, des tee-shirts.* — On écrit parfois *t-shirt, des t-shirts.*

TÉFLON [teflɔ̃] n. m. – 1948 ◊ anglais américain *teflon*, nom déposé, d'après *té(tra)fl(uoroéthylène)* et suffixe *-on* des matières plastiques ■ Matière plastique dérivée de l'éthylène et du fluor, dont on fait les joints et les garnitures, très résistante aux agents chimiques et à la température. *Poêle à revêtement de téflon. «Elle étrenne cet ustensile traité au téflon. Ils nous ont garanti que ça ne collerait pas au fond»* R. DUCHARME.

TÉGÉNAIRE [teʒenɛʀ] n. f. – 1859 ; *tégénerie* 1846 ◊ latin des zoologistes *tegenaria*, 1805, d'après le latin médiéval *tegenarius*, de *tegetarius* «fabricant de nattes, couvertures», de *tegere* → tégument ■ ZOOL. Araignée sédentaire *(tubitèles)* qui tend ses vastes toiles dans les greniers, les caves.

TÉGÉVISTE [teʒevist] n. – 1988 ◊ de *T. G. V.* ■ Personne qui conduit un T. G. V.

TÉGUMENT [tegymɑ̃] n. m. – 1539 ; «couverture» 1294 ◊ latin *tegumentum*, de *tegere* «couvrir» ■ DIDACT. ANAT. Tissu différencié (peau, carapace, écailles...) couvrant le corps d'un animal. ♦ (1805) BOT. Enveloppe protectrice. *Le tégument de la graine.*

TÉGUMENTAIRE [tegymɑ̃tɛʀ] adj. – 1835 ◊ de *tégument* ■ DIDACT. Propre aux téguments ; de la nature des téguments, qui sert de tégument. *Membrane tégumentaire.*

TEIGNE [tɛɲ] n. f. – v. 1120 ◊ latin *tinea* ■ **1** Petit papillon de couleur terne *(tinéidés).* ➤ **mite.** *Teigne des jardins.* ■ **2** Dermatose parasitaire du cuir chevelu causée par des champignons microscopiques, pouvant entraîner la chute des cheveux. ➤ **favus, pelade.** *Avoir la teigne.* ♦ LOC. (1867) *Méchant, mauvais comme une teigne*, très méchant. ■ **3** FIG. Personne méchante, hargneuse. ➤ **gale, peste.** *Sale teigne !* ♦ (Canada) Personne importune, tenace. ➤ **crampon.**

TEIGNEUX, EUSE [tɛɲø, øz] adj. – v. 1350 ; *tigneuse* fin XIIe ◊ latin *tineosus* ■ **1** Qui a la teigne. SUBST. *Un teigneux.* ■ **2** FAM. Hargneux, agressif. *«C'est plus tard que je suis devenu teigneux, vers les dix-onze ans»* CAVANNA.

TEILLAGE [tɛjaʒ] n. m. – 1803 ◊ de *teille* ■ TECHN. Opération consistant à teiller (le chanvre, le lin). — On dit aussi **TILLAGE.**

TEILLE [tɛj] n. f. – 1542 ; *tille* «corde faite d'écorce de tilleul» v. 1200 ◊ latin *tilia* «écorce de tilleul», et par ext. «écorce» ■ **1** TECHN. Liber du tilleul, dont on fait des cordes, des nattes. ■ **2** Écorce de la tige de chanvre. — On dit aussi **TILLE.** *Les «chaussons de tille, ou écorce de tilleul, que les paysans russes portent dans les romans»* J.-L. TRASSARD.

TEILLER [teje] v. tr. ‹1› – milieu XVe ; *tiller* v. 1200 ◊ de *teille* ■ TECHN. Débarrasser (le chanvre, le lin) de la teille, séparer les parties ligneuses de la fibre. — On dit aussi **TILLER** ‹1.› ■ HOM. Théier.

TEILLEUR, EUSE [tɛjœʀ, øz] n. – 1680 ◊ de *teiller* ■ TECHN. ■ **1** Ouvrier, ouvrière qui teille, capable d'assurer les opérations de rouissage et de teillage. ■ **2** n. f. (1874) Machine à teiller. — On dit aussi **TILLEUR, EUSE.**

TEINDRE [tɛ̃dʀ] v. tr. ‹52› – 1080 sens 2° ◊ du latin *tingere* ■ **1** (1160) Imprégner d'une substance colorante par teinture. *Substance qui sert à teindre.* ➤ **tinctorial.** *Faire teindre un vêtement. Elle a teint ses cheveux, s'est fait teindre les cheveux en blond. Il se teint la barbe.* ♦ Teindre les cheveux de (qqn). *Se faire teindre.* ♦ **SE TEINDRE** v. pron. Teindre ses cheveux. — (PASS.) *Ce bois se teint mal.* ■ **2** LITTÉR. Colorer. ➤ **teinter.** *«Jonque de nuages teinte d'un violet épais»* COLETTE. — PRONOM. *«Les sainfoins se teignaient d'amarante»* FROMENTIN. ■ HOM. *Teins* : tins (tenir).

1 **TEINT** [tɛ̃] n. m. – *taint* v. 1160 ◊ p. p. subst. de *teindre* ■ **1** Manière de teindre, couleur obtenue par la teinture (dans les expr.) *Tissu bon teint, grand teint*, dont la teinture résiste au lavage et à la lumière. — FIG. et PLAIS. loc. adj. inv. **BON TEINT**, qui ne change pas, solide. *«Son socialisme n'était pas encore de très bon teint»* ARAGON. *Un catholique bon teint. «Une trentaine de poivrots grand teint»* J. VAUTRIN. ■ **2** (v. 1470) Nuance ou aspect particulier de la couleur du visage. ➤ **carnation.** *Teint clair. Un teint de blonde. Teint basané, cuivré, foncé, olivâtre. Teint mat ; teint coloré. — Avoir le teint frais, éblouissant, éclatant. Teint pâle, bilieux, blafard, brouillé, cireux, terreux. Cette couleur va bien au teint. «Un teint vif, sain, un peu rouge, un teint de plein air»* COLETTE. ♦ *Fond** (I, C, 5°) *de teint.* ■ HOM. Tain, thym, tin.

2 **TEINT, TEINTE** [tɛ̃, tɛ̃t] adj. – 1080 «pâle, pâli» ◊ de *teindre* ■ Qu'on a teint. *Laine teinte. Cheveux teints.* — FAM. *Un vieillard teint*, aux cheveux teints.

TEINTANT, ANTE [tɛ̃tɑ̃, ɑ̃t] adj. – 1967 ◊ de *teinter* ■ Qui sert à teinter. ➤ **colorant.** *Crème teintante pour le cuir.*

TEINTE [tɛ̃t] n. f. – 1265 sens 2° ; rare avant XVIIe ◊ repris par l'italien *tinta* ; de *teindre* ■ **1** Couleur complexe obtenue par mélange. ➤ **nuance,** 2 **ton.** *Les «huit cent dix-neuf teintes de la palette»* DIDEROT. *Teinte adoucie.* ➤ **demi-teinte.** *Teinte plate*.* — (En parlant d'étoffes) *Toilette aux teintes vives.* ■ **2** (Dans la nature)

Couleur plus ou moins mêlée, plus ou moins intense ; nuance d'une couleur. « *La teinte rougeâtre des chênes* » NERVAL. « *Le ciel prenait la teinte des ardoises* » FLAUBERT. ■ **3** FIG. (XVIIIe) Apparence peu marquée ; petite dose. « *Ces chagrins d'enfance qui laissent une teinte de sauvagerie difficile à effacer* » VIGNY. « *Une légère teinte de rigorisme* » SAINTE-BEUVE.

TEINTÉ, ÉE [tɛ̃te] adj. – 1752 ◊ de *teinter* ■ Légèrement coloré. *Crème teintée pour la peau. Lunettes à verres teintés.* ➤ 1 **fumé.** *Des « véhicules de grosse cylindrée, aux vitres invariablement teintées (impossible de reconnaître quiconque à l'intérieur)* » J. ROLIN.

TEINTER [tɛ̃te] v. tr. ⟨1⟩ – 1410 « teindre » ; repris XVIIIe ◊ latin médiéval *tinctare,* classique *tingere* ■ (1835) Couvrir uniformément d'une teinte légère, colorer légèrement. *Teinter un papier.* — PRONOM. *Les dorades « se teintaient d'une pointe de carmin »* ZOLA. ◆ Plus cour. au p. p. *Blanc teinté de rose.* — FIG. Revêtir d'une teinte. « *Notre littérature teintée d'espagnolisme* » GIDE.
■ HOM. Tinter ; *teinte* : tintes (tenir).

TEINTURE [tɛ̃tyʀ] n. f. – *tainture* v. 1175 ◊ latin *tinctura,* de *tingere* « teindre » ■ **1** Action de teindre, de fixer une matière colorante (sur une matière). *La teinture du coton, de la laine, du cuir. Bain de teinture.* SPÉCIALT *Produit pour la teinture des cheveux. Décoloration suivie de teinture.* ➤ **coloration, couleur.** ◆ Résultat de cette action ; couleur obtenue. *Teinture solide.* ➤ 1 **teint** (1°). *Matière qui prend bien la teinture.* ■ **2** FIG. (1588) **TEINTURE DE... :** connaissance superficielle. ➤ **vernis.** « *Ils ont quelque teinture de cette science* » PASCAL. ■ **3** Substance colorante, végétale ou synthétique, servant à cette opération. ➤ **colorant.** *Plonger un vêtement dans la teinture. Teinture végétale.* « *Les Vénitiennes se trempaient les cheveux dans une teinture blonde* » FRANCE. ■ **4** (1516) PHARM. Préparation à base d'alcool où l'on a incorporé une ou plusieurs substances médicamenteuses. *Teinture d'iode. Teinture d'arnica. Teinture composée.* ➤ **élixir.**

TEINTURERIE [tɛ̃tyʀʀi] n. f. – 1260 ◊ de *teinture* ■ **1** Industrie de la teinture, métier de teinturier. ■ **2** Boutique de teinturier. *Donner un costume à la teinturerie.* ➤ **pressing.**

TEINTURIER, IÈRE [tɛ̃tyʀje, jɛʀ] n. – v. 1175 ◊ de *teinture* ■ **1** TECHN. Personne qui assure les diverses opérations de la teinture. *Teinturier en cuirs et peaux.* ■ **2** (1853) COUR. Personne dont le métier est d'entretenir les vêtements (nettoyage, dégraissage, repassage, et aussi teinture). *Boutique de teinturier. Porter un costume chez le teinturier* (➤ **teinturerie**).

TEK ➤ **TECK**

TEKTONIK ➤ **TECKTONIK**

TEL, TELLE [tɛl] adj., pron. et n.inal – Xe ◊ latin *talis*
I MARQUANT LA RESSEMBLANCE, LA SIMILITUDE ■ **1** Semblable, du même genre. ➤ **pareil.** *Je suis étonné qu'il tienne de tels propos. A-t-on jamais rien vu de tel ? « Il n'y a rien de tel dans le manuscrit conservé à Rome »* MADELIN. — LITTÉR. *Le livre « demeurait aux mains d'une élite fort étroite. Tel, il assurait, non sans fautes, la conservation de la connaissance »* DUHAMEL. ➤ **ainsi.** — (Attribut) « *Une âme atroce connue pour telle* » BEAUMARCHAIS. *S'ils ne sont pas menteurs, ils passent pour tels.* (En tête de la propos., avec inversion du sujet) « *Tel j'étais au grand séminaire, tel je suis resté* » BERNANOS. *Telle est ma décision. Tel n'est pas le cas.* — **COMME TEL, EN TANT QUE TEL :** en cette qualité, à ce titre. *Il a toujours été considéré comme tel.* « *La qualité en tant que telle* » SARTRE. ◆ (Redoublé et représentant deux personnes ou deux choses différentes) *Tel père, tel fils :* le père et le fils sont semblables. *Tel maître, tel valet.* ■ **2 TEL QUE... :** comme (suivi d'un nom ou d'un pron.). *Une personne telle que vous.* « *Un ami tel que lui* » DIDEROT. — Servant à présenter un exemple ou une énumération *Certains fruits tels que les bananes* (mais *certains fruits, telles les bananes*). « *Ces déités impalpables, [...] telles que les Fées, les Gnomes* » BAUDELAIRE. ◆ (Suivi d'un v. à l'indic.) « *Si vos fautes sont telles que vous dites* » FRANCE. *S'accepter tel qu'on est. Tel que je le connais, il refusera. Je suis, tel que vous me voyez, âgé de trente ans.* ALLUS. LITTÉR. « *Tel qu'en Lui-même enfin l'éternité le change* » MALLARMÉ. COUR. *Tel qu'en lui-même,* comme il est. ■ **3** LITTÉR. (pour introduire une compar.) Comme. *Il a filé, telle une flèche.* « *Le fjord dort entre les monts à pic, tel un long lac tortueux* » SUARÈS. ■ **4** (*tieus quieus* 1209) **TEL QUEL :** sans arrangement ; sans modification. « *la nature telle quelle* » VALÉRY. *Laisser les choses telles quelles,* telles qu'elles sont, en l'état. — POP. et INCORRECT *Laissez-les telles que. Elle m'a dit ça, tel que !,* tel que je vous le rapporte.

II EXPRIMANT L'INTENSITÉ Si grand, si fort, qui atteint un degré si élevé. ➤ **pareil, semblable.** *Jamais je n'ai eu une telle peur.* « *Qui se hasarderait contre un tel adversaire ?* » CORNEILLE. — **À TEL POINT.** ➤ **tellement.** — *De telle manière, de telle sorte* que. À telle enseigne* que.* — **RIEN DE TEL :** rien de si efficace. *Rien de tel qu'une bonne nuit de sommeil. Le travail, il n'y a rien de tel.* — (Introd. une conséquence) *J'ai eu une peur telle que je me suis enfui.* — (Avec le subj. à la négative) *Je n'en ai pas un besoin tel que je ne puisse attendre.*

III AVEC VALEUR D'INDÉFINI Un... particulier. ■ **1** adj. (sans art.) « *L'homme en général, et non tel homme* » TAINE. *Tel ou tel :* un... ou un autre. « *Que m'importe que tel ou tel numéro sorte de l'urne* » VALÉRY. ◆ (Désignant une chose précise qu'on ne nomme pas) *Telle quantité de.* ➤ **tant.** *Il faut telle longueur de fil.* « *Il fut convenu que je prendrai le train tel jour, à telle heure, pour telle gare* » MIRBEAU. ■ **2** PRONOM. (LITTÉR.) Certain, quelqu'un. « *Tel consent à être trompé pourvu qu'on le lui dise, tel autre qu'on le lui cache* » PROUST. — PROV. « *Tel est pris, qui croyait prendre* » LA FONTAINE. ◆ MOD. **UN TEL, UNE TELLE,** tenant lieu d'un nom propre. *J'ai rencontré un tel, une telle.* ➤ **machin, tartempion.** « *Machin, chose, un tel, une telle Tous ceux du commun des mortels* » BRASSENS. — (En un seul mot et avec une majuscule) *Madame Untel. La famille Untel. Les Untel.*
■ HOM. Tell.

TÉLAMON [telamɔ̃] n. m. – 1547 ◊ latin *telamon,* mot grec, de *talân* « supporter » ■ ARCHIT. Statue qui supporte une corniche, un entablement. ➤ **atlante, cariatide.**

TÉLÉ [tele] n. f. – v. 1952 ◊ abrév. de *télévision* ■ FAM. ■ **1** Télévision. *Regarder la télé. Une émission de télé.* — APPOS. INV. *Les séries télé.* ■ **2** Poste de télévision. ➤ **téléviseur.** *Allumer, éteindre la télé.* — VAR. TRÈS FAM. **TÉLOCHE** [telɔʃ].

1 **TÉLÉ-** ■ Élément, du grec *têle* « loin », signifiant « au loin, à distance » : *télévision, téléphone, télégramme.*

2 **TÉLÉ-** ■ Élément, de *télévision,* signifiant « de télévision, par télévision » : *télédiffusion, téléfilm, télévente.*

3 **TÉLÉ-** ■ Élément, de *téléférique : télécabine, télésiège.*

4 **TÉLÉ-** ■ Élément, de *téléphone, télécommunication : télécarte, téléconseiller.*

TÉLÉACHAT [teleaʃa] n. m. – 1987 ◊ de 2 *télé* et *achat,* d'après l'anglais *teleshopping* ■ Offre à la vente de produits ou de services par l'intermédiaire d'un support audiovisuel. ➤ **télévente.** — SPÉCIALT Présentation à la télévision de produits que le téléspectateur peut commander. — On écrit parfois *télé-achat, des télé-achats.*

TÉLÉACTEUR, TRICE [teleaktœʀ, tʀis] n. – 1988 ◊ de 4 *télé-* et *acteur* ■ Personne qui réalise des enquêtes, de la prospection par téléphone.

TÉLÉAFFICHAGE [teleafiʃaʒ] n. m. – 1969 ; autre sens 1949 ◊ de 1 *télé-* et *affichage* ■ Affichage télécommandé d'informations d'actualité immédiate. *Téléaffichage d'horaires dans les gares, les aéroports.*

TÉLÉALARME [telealaʀm] n. f. – 1982 ◊ de 1 *télé-* et *alarme* ■ Dispositif d'alerte des secours que la personne en difficulté peut déclencher d'un simple geste.

TÉLÉASTE [teleast] n. – 1963 ◊ de 2 *télé,* d'après *cinéaste* ■ RARE Personne assurant une activité créatrice ou technique à la télévision (cf. Vidéaste).

TÉLÉAVERTISSEUR [teleavɛʀtisœʀ] n. m. – v. 1970 ◊ de 1 *télé-* et *avertisseur* ■ (Canada) Petit appareil permettant d'être joint à partir d'un téléphone ; récepteur de radiomessagerie. ➤ **alphapage, bipeur.**

TÉLÉBENNE [telebɛn] n. f. – v. 1920 ◊ de 3 *télé-* et *benne* ■ Téléférique à un seul câble et à plusieurs petites cabines ; chacune de ces cabines. ➤ **œuf, télécabine.**

TÉLÉBOUTIQUE [telebutik] n. f. – 1977 ◊ de 4 *télé-* et *boutique* ■ **1** Agence de téléphonie. ■ **2** (2000) Boutique équipée de cabines téléphoniques permettant de téléphoner à l'étranger à des tarifs compétitifs.

TÉLÉCABINE [telekabin] n. f. – milieu XXe ◊ de 3 *télé-* et *cabine* ■ Syn. de *télébenne*.*

TÉLÉCARTE [telekaʀt] n. f. – 1984 ◊ nom déposé ; de 4 *télé-* et *carte* ■ Carte de téléphone à mémoire utilisable dans les cabines publiques.

TÉLÉCHARGEMENT [teleʃaʀʒəmɑ̃] **n. m.** – v. 1985 ◇ de 1 *télé-* et *chargement* ■ INFORM. Opération qui consiste à télécharger des données. *Téléchargement illégal. Téléchargement d'une émission de radio.* ➤ aussi **podcast**

TÉLÉCHARGER [teleʃaʀʒe] **v. tr.** ⟨3⟩ – 1987 ◇ de 1 *télé-* et *charger* ■ INFORM. Transférer (des données) entre ordinateurs par l'intermédiaire d'un réseau téléinformatique. — Transférer (des données) d'un serveur vers son ordinateur. *Télécharger un logiciel, de la musique. «ses deux bécanes qui téléchargeaient des films illégalement et en continu»* F. THILLIEZ. *Télécharger le contenu d'un site.* ➤ **aspirer, capturer.**

TÉLÉCHIRURGIE [teleʃiʀyʀʒi] **n. f.** – 1990 ◇ de 1 *télé-* et *chirurgie* ■ DIDACT. Chirurgie réalisée avec l'aide d'un robot commandé par ordinateur.

TÉLÉCINÉMA [telesinema] **n. m.** – 1933 ◇ de 2 *télé-* et *cinéma* ■ Appareil servant à transmettre par télévision un film.

TÉLÉCOMMANDE [telekɔmɑ̃d] **n. f.** – 1939 ◇ de 1 *télé-* et *commande* ■ Transmission à distance d'un signal déclenchant l'exécution d'un ordre par un dispositif. ➤ **radiocommande.** *Télécommande des aiguillages, des machines-outils, des avions* (➤ **téléguidage**). — PAR EXT. L'équipement assurant cette transmission. *Antenne de télécommande.* — *La télécommande d'un téléviseur.* ➤ FAM. **zappette, zappeur.** *La télécommande permet de zapper*.*

TÉLÉCOMMANDER [telekɔmɑ̃de] **v. tr.** ⟨1⟩ – 1945 ◇ de 1 *télé-* et *commander* ■ Commander à distance (une opération). *Télécommander la mise à feu d'une fusée.* — FIG. (1967) *Manœuvre télécommandée de l'étranger.* ➤ **téléguider.**

TÉLÉCOMMUNICATION [telekɔmynikasjɔ̃] **n. f.** – 1904 ◇ de 1 *télé-* et *communication* ■ Ensemble des procédés de transmission d'informations à distance par tout moyen électrique, radioélectrique, optique ou électromagnétique. ➤ **radiocommunication, télégraphe, télématique, téléphone, télévision, vidéographie.** *Satellite* de télécommunications. Réseau, opérateur de télécommunications. Les télécommunications.* — ABRÉV. FAM. **TÉLÉCOM** [telekɔm]. *Réseau télécom* (de télécommunication). *Les télécoms.*

TÉLÉCONFÉRENCE [telekɔ̃feʀɑ̃s] **n. f.** – 1974 ◇ de 4 *télé-* et *conférence* ■ Discussion entre des interlocuteurs qui se trouvent dans des lieux différents et sont reliés entre eux par des moyens de télécommunication. ➤ **audioconférence, vidéoconférence, visioconférence.**

TÉLÉCONSEILLER, ÈRE [telekɔ̃seje, ɛʀ] **n.** – 1994 ◇ de 4 *télé-* et 2 *conseiller* ■ Personne qui fournit une assistance téléphonique aux clients d'une entreprise, qui les renseigne à partir d'un centre d'appels. *Les téléconseillers d'une banque, d'une compagnie d'assurances.*

TÉLÉCOPIE [telekɔpi] **n. f.** – 1973 ◇ de 4 *télé-* et *copie* ■ Procédé permettant la reproduction à distance d'un document graphique, par l'intermédiaire du réseau téléphonique (recomm. offic.). ➤ **fax.**

TÉLÉCOPIEUR [telekɔpjœʀ] **n. m.** – v. 1973 ◇ de *télécopie* ■ Appareil permettant la télécopie (recomm. offic.). ➤ **fax.**

TÉLÉDÉCLARATION [teledeklaʀasjɔ̃] **n. f.** – 1989 ◇ de 1 *télé-* et *déclaration* ■ Action de remplir sa déclaration de revenus sur Internet.

TÉLÉDÉTECTION [teledetɛksjɔ̃] **n. f.** – v. 1960 ◇ de 1 *télé-* et *détection* ■ DIDACT. Science et techniques de la détection à distance. *Télédétection par satellite, aérospatiale.*

TÉLÉDIFFUSER [teledifyze] **v. tr.** ⟨1⟩ – v. 1960 ◇ de 2 *télé-* et *diffuser*, d'après *radiodiffuser* ■ TECHN. (surtout au p. p.) Diffuser par la télévision. ➤ **téléviser.**

TÉLÉDIFFUSEUR [teledifyzœʀ] **n. m.** – 1962 ◇ de 2 *télé-* et *diffuseur* ■ (Canada) Société, organisme qui diffuse des programmes télévisés.

TÉLÉDIFFUSION [teledifyzjɔ̃] **n. f.** – v. 1960 ◇ de 2 *télé-* et *diffusion*, d'après *radiodiffusion* ■ TECHN. Diffusion par télévision. *Télédiffusion par satellite.*

TÉLÉDISTRIBUTION [teledistʀibysjɔ̃] **n. f.** – v. 1960 ◇ de 2 *télé-* et *distribution* ■ TECHN. Procédé de diffusion de programmes télévisés par câbles* (➤ **câblodistribution**) ou par relais hertziens, utilisé pour la retransmission d'enregistrements vidéos en circuit fermé à l'intention d'un réseau d'abonnés, de plusieurs salles de projection, etc.

TÉLÉÉCRITURE [teleekʀityʀ] **n. f.** – 1979 ◇ de 1 *télé-* et *écriture* ■ INFORM. Transmission d'informations manuscrites et graphiques en temps* (I, A, 6°) réel.

TÉLÉENSEIGNEMENT [teleɑ̃sɛɲmɑ̃] **n. m.** – v. 1960 ◇ de 1 *télé-* et *enseignement* ■ Enseignement par correspondance. — Enseignement utilisant des moyens multimédias. ➤ **autoformation.**

TÉLÉFAX ➤ **FAX**

TÉLÉFÉRAGE ou **TÉLÉPHÉRAGE** [telefeʀaʒ] **n. m.** – 1884 ◇ de 1 *télé-* et du grec *pherein* «porter», d'après l'anglais *telpherage* (1883) ■ TECHN. Procédé de transport par des véhicules suspendus et portés par des câbles aériens. *Téléférage du charbon, de passagers dans des bennes* (➤ **télébenne, téléférique**).

TÉLÉFÉRIQUE ou **TÉLÉPHÉRIQUE** [teleferik] **adj. et n. m.** – 1920, –1923 adj. ◇ de *téléphér(age)* ■ **1** TECHN. Relatif au téléférage. *Appareils, câbles téléfériques.* ◆ **n. m.** (1924) Câble de transport par téléférage. ■ **2** **n. m.** (v. 1930) COUR. Dispositif de transport par cabine suspendue à un câble, en montagne surtout. ➤ aussi **télébenne, télécabine, télésiège.** *Station, ligne de téléférique. Téléférique sous-marin.* ➤ **téléscaphe.**

TÉLÉFILM [telefilm] **n. m.** – 1965 ◇ de 2 *télé-* et *film* ■ Film produit pour la télévision. *Série* de téléfilms. Téléfilm s'inspirant d'évènements réels.* ➤ **docudrame, docufiction.**

TÉLÉGA [telega] ou **TÉLÈGUE** [telɛg] **n. f.** – 1812, –1872 ◇ mot russe ■ Charrette à quatre roues, utilisée en Russie.

TÉLÉGÉNIQUE [teleʒenik] **adj.** – 1947 ◇ de 2 *télé-*, d'après *photogénique* ■ Qui fait bel effet à la télévision. *Un chanteur télégénique. «le visage éminemment télégénique, dont rien ne trahissait l'âge»* O. ADAM. — **n. f. TÉLÉGÉNIE.**

TÉLÉGESTION [teleʒɛstjɔ̃] **n. f.** – 1966 ◇ de 1 *télé-* et *gestion* ■ INFORM. Mode de traitement des informations à distance au moyen d'un système téléinformatique*. ➤ **télétraitement.**

TÉLÉGRAMME [telegʀam] **n. m.** – 1859 ◇ de 1 *télé-* et *-gramme* ■ Communication transmise par le télégraphe ou par radiotélégraphie ; contenu de cette communication ; feuille sur laquelle elle est inscrite. ➤ VIEILLI **câblogramme, dépêche.** *Rédiger, envoyer un télégramme.*

TÉLÉGRAPHE [telegʀaf] **n. m.** – 1792 ◇ de 1 *télé-* et *-graphe* ■ Appareil permettant de communiquer à distance. ■ **1** *Télégraphe aérien, télégraphe de Chappe* : appareil transmettant des signaux par une combinaison de bras mobiles. ➤ **sémaphore.** ■ **2** (1842) *Télégraphe électrique, télégraphe (de) Morse*, et ABSOLT *le télégraphe* : système de transmission codé sur une ligne électrique. *Télégraphe sous-marin. Télégraphe imprimeur.* ➤ **téléimprimeur, téléscripteur.**

TÉLÉGRAPHIE [telegʀafi] **n. f.** – 1801 ◇ de *télégraphe* ■ **1** VX Construction et mise en œuvre des télégraphes aériens. ◆ *Télégraphie optique* : ensemble des procédés et des techniques de transmission à distance au moyen de signaux conventionnels. ■ **2** (1797) DIDACT. Technique, science de la transmission par télégraphe électrique. ■ **3** (1884) VX ou ADMIN. *Télégraphie sans fil.* ➤ **T. S. F.**

TÉLÉGRAPHIER [telegʀafje] **v. tr.** ⟨7⟩ – 1842 ◇ de *télégraphie* ■ **1** Transmettre par télégraphe. *Télégraphier une dépêche, un message.* ➤ **câbler. p. p. adj.** *Message télégraphié.* ➤ **télégramme.** ◆ ABSOLT Envoyer un télégramme. *Il faut lui télégraphier.* ■ **2** Faire connaître par télégramme. *Télégraphier une nouvelle à un ami.*

TÉLÉGRAPHIQUE [telegʀafik] **adj.** – 1798 ; autre sens 1689 ◇ de *télégraphe* ■ **1** Du télégraphe. *Alphabet, code télégraphique. Signaux télégraphiques transmis par manipulateur. Poteaux, fils télégraphiques.* ■ **2** Expédié par télégraphe ou sous forme de télégramme. *Message, mandat, réponse télégraphique.* ■ **3** (1916) *Style télégraphique*, abrégé comme dans les télégrammes.

TÉLÉGRAPHIQUEMENT [telegʀafikmɑ̃] **adv.** – 1818 ◇ de *télégraphique* ■ Par télégraphie ; par télégramme. *Prévenir qqn télégraphiquement.*

TÉLÉGRAPHISTE [telegʀafist] **n.** – 1801 ◇ de *télégraphe* ■ **1** Spécialiste de la transmission et de la réception des messages par télégraphe électrique ou sans fil (➤ **radiotélégraphiste**). ■ **2** Personne qui portait les télégrammes et autres messages urgents. *Un petit télégraphiste.*

TÉLÈGUE ➤ **TÉLÉGA**

TÉLÉGUIDAGE [telegidaʒ] **n. m.** – 1949 ◇ de 1*télé-* et *guidage* ■ Ensemble des procédés de guidage à distance d'un véhicule ou d'un engin, sans intervention d'un pilote. ➤ **télécommande.**

TÉLÉGUIDER [telegide] **v. tr.** ‹1› – 1947 ◇ de 1*télé-* et *guider* ■ **1** Diriger par téléguidage. ♦ **p. p. adj.** *Char, avion téléguidé* (➤ aussi 1**téléopérateur**). *Fusées téléguidées.* ■ **2** FIG. (v. 1965) Diriger de loin, souvent de manière occulte. — *Attentat terroriste téléguidé de l'étranger.* ➤ **télécommander.**

TÉLÉIMPRIMEUR [teleɛ̃pʀimœʀ] **n. m.** – 1948 ◇ de 1*télé-* et *imprimeur* ■ TECHN. Appareil télégraphique qui permet l'envoi direct d'un texte par clavier dactylographique et son inscription au poste de réception. ➤ **téléscripteur, télétype, télex.**

TÉLÉINFORMATIQUE [teleɛ̃fɔʀmatik] **n. f. et adj.** – v. 1968 ◇ de 1*télé-* et *informatique* ■ Informatique faisant appel à des moyens de transmission à distance. ➤ **télécommunication, télématique, télétraitement.** — **adj.** *Une unité de recherche téléinformatique.*

TÉLÉJOURNAL, AUX [teleʒuʀnal, o] **n. m.** – 1964 au Canada ◇ de 2*télé-* et *journal* ■ (Suisse, Canada) Journal télévisé. *Le téléjournal de 18 heures.*

TÉLÉKINÉSIE [telekinezi] **n. f.** – 1893 ◇ de 1*télé-* et grec *kinesis* «mouvement» ■ DIDACT. Mouvement spontané d'objet sans intervention d'une énergie observable. ➤ **psychokinésie.**

TÉLÉMAINTENANCE [telemɛ̃t(ə)nɑ̃s] **n. f.** – v. 1970 ◇ de 1*télé-* et *maintenance* ■ TECHN. Maintenance à distance d'un véhicule spatial au moyen de liaisons de télémesure et de télécommande.

TÉLÉMANIPULATEUR [telemanipylatœʀ] **n. m.** – milieu XXe ◇ de 1*télé-* et *manipulateur* ■ TECHN. Dispositif permettant de manipuler derrière un écran de protection des substances dangereuses, des objets inaccessibles directement.

TÉLÉMANIPULATION [telemanipylasjɔ̃] **n. f.** – 1974 ◇ de 1*télé-* et *manipulation* ■ TECHN. Manipulation à distance (de substances dangereuses, d'objets inaccessibles...).

TÉLÉMARK [telemaʀk] **n. m.** – 1896 ◇ nom d'une localité de Norvège ■ SKI Technique de ski alpin laissant le talon libre. — Virage accompli en fente avant prononcée (un genou près du sol).

TÉLÉMATIQUE [telematik] **n. f. et adj.** – 1977 ◇ de 1*télé-* et *(infor)matique* ■ Ensemble des techniques et des services qui combinent les moyens de l'informatique avec ceux des télécommunications. ➤ **téléinformatique.** — **adj.** *Services télématiques* (**ex.** alphapage, eurosignal, minitel, pageur, cartes de crédit, etc.).

TÉLÉMÉDECINE [telemed(ə)sin] **n. f.** – 1985 ◇ de 1*télé-* et *médecine* ■ Ensemble des actes médicaux réalisés à distance à l'aide des technologies de l'information et de la communication.

TÉLÉMESURE [telem(ə)zyʀ] **n. f.** – 1949 ◇ de 1*télé-* et *mesure* ■ TECHN. Transmission à distance d'un signal porteur d'un résultat de mesure. *Télémesure de maintenance. Émetteurs de télémesure conçus pour les vols spatiaux.*

TÉLÉMÈTRE [telemɛtʀ] **n. m.** – 1836 ◇ de 1*télé-* et *-mètre* ■ Appareil de mesure des distances par procédés acoustiques, optiques ou radioélectriques. *Télémètre d'artillerie, de marine.* — PHOTOGR. *Télémètre couplé* (à l'objectif). — *Télémètre (à) laser.*

TÉLÉMÉTREUR, EUSE [telemetʀœʀ, øz] **n.** – 1923 ◇ de *télémètre* ■ TECHN. Spécialiste des mesures au télémètre. — APPOS. *Pointeur télémétreur.*

TÉLÉMÉTRIE [telemetʀi] **n. f.** – 1842 ◇ de *télémètre* ■ TECHN. Mesure des distances par procédé optique, acoustique ou radioélectrique. *Télémétrie laser.* — **adj. TÉLÉMÉTRIQUE,** 1836.

TÉLENCÉPHALE [telɑ̃sefal] **n. m.** – 1904 ◇ du grec *tel(os)* «1 fin» et *encéphale* ■ ANAT. Partie du cerveau qui provient de la vésicule cérébrale antérieure de l'embryon, formée par les deux hémisphères cérébraux et les lobes olfactifs.

TÉLÉO-, TÉLO- ■ Éléments, du grec *telos, teleos* «fin, but», et *teleios* «complet, achevé».

TÉLÉOBJECTIF [teleɔbʒɛktif] **n. m.** – 1903 ◇ de 1*télé-* et *objectif* ■ Objectif photographique à longue distance focale et de faible encombrement mécanique, capable d'agrandir l'image et servant à photographier des objets éloignés. *Détail d'architecture pris au téléobjectif. Le téléobjectif d'un zoom*. «les séquences filmées au téléobjectif où l'on voit des chevaux galoper sans qu'ils progressent»* P. GUIMARD.

TÉLÉOLOGIE [teleɔlɔʒi] **n. f.** – 1765 ◇ de *téléo-* et *-logie* ■ PHILOS. Étude de la finalité. Science des fins de l'humanité. ➤ **téléonomie.** *«Téléologie n'est pas finalité»* RICŒUR. — SPÉCIALT Doctrine qui considère le monde comme un système de rapports entre moyens et fins.

TÉLÉOLOGIQUE [teleɔlɔʒik] **adj.** – 1812 ◇ de *téléologie* ■ PHILOS. Relatif à la téléologie ; qui constitue un rapport de finalité. *Argument, «preuve» téléologique de l'existence de Dieu.* ➤ **physicothéologique.**

TÉLÉONOMIE [teleɔnɔmi] **n. f.** – 1970 ◇ de *téléo-* et *-nomie,* d'après l'anglais *teleonomy* (1958) ■ BIOL., PHILOS. Interprétation des processus en termes de causes et de fins ; équivalent mécanique de la finalité. ➤ **téléologie.** *«l'invariance précède nécessairement la téléonomie»* J. MONOD. — **adj. TÉLÉONOMIQUE,** 1970.

1**TÉLÉOPÉRATEUR** [teleɔpeʀatœʀ] **n. m.** – 1973 ◇ de 1*télé-* et *opérateur* ■ TECHN. Véhicule tout-terrain téléguidé, équipé de télémanipulateurs et de caméras de télévision.

2**TÉLÉOPÉRATEUR, TRICE** [teleɔpeʀatœʀ, tʀis] **n.** – 1989 ◇ de 4*télé-* et *opérateur* ■ Personne qui effectue des opérations de marketing téléphonique, agent d'un centre d'appels. ➤ **téléprospecteur.** *Les téléopérateurs d'un institut de sondage.*

TÉLÉOSAURE [teleɔzɔʀ] **n. m.** – 1830 ◇ latin scientifique *teleosaurus* → téléo- et -saure ■ PALÉONT. Crocodile fossile du jurassique, au long museau et à la cuirasse épaisse.

TÉLÉOSTÉENS [teleɔsteɛ̃] **n. m. pl.** – 1873 ◇ du latin des zoologistes *teleostei,* du grec *teleios* «achevé» et *osteon* «os» ■ ZOOL. Superordre de poissons vertébrés *(ostéichtyens),* au squelette complètement ossifié, à nageoire caudale homocerque.

TÉLÉPAIEMENT [telepɛmɑ̃] **n. m.** – 1983 ◇ de 4*télé-* et *paiement* ■ Paiement à distance par des moyens électroniques. *Télépaiement sécurisé sur Internet. Télédéclaration et télépaiement de l'impôt sur le revenu.*

TÉLÉPATHE [telepat] **n. et adj.** – 1913 adj. ◇ de *télépathie* ■ Personne qui a le sentiment d'une communication à distance extrasensorielle. *Médiums et télépathes.*

TÉLÉPATHIE [telepati] **n. f.** – 1891 ◇ de 1*télé-* et *-pathie,* d'après l'anglais *telepathy* (1882) ■ Sentiment de communication à distance par la pensée ; communication réelle extrasensorielle. ➤ **transmission** (de pensée).

TÉLÉPATHIQUE [telepatik] **adj.** – 1882 ◇ de *télépathie* ■ Relatif à la télépathie. *Phénomènes télépathiques.*

TÉLÉPÉAGE [telepeaʒ] **n. m.** – 1988 ◇ de 1*télé-* et *péage* ■ Péage autoroutier automatique par identification informatique à distance des usagers, sans arrêt du véhicule. *Autoroute urbaine à télépéage.*

TÉLÉPHÉRAGE ; TÉLÉPHÉRIQUE ➤ **TÉLÉFÉRAGE ; TÉLÉFÉRIQUE**

TÉLÉPHONAGE [telefɔnaʒ] **n. m.** – 1906 ◇ de *téléphoner* ■ **1** RARE Le fait de téléphoner (cf. plus cour. Appel* téléphonique, coup* de fil, de téléphone). ■ **2** TECHN. Transmission des télégrammes par téléphone.

TÉLÉPHONE [telefɔn] **n. m.** – 1834 «appareil acoustique» ; répandu v. 1880 ◇ de 1*télé-* et *-phone* ■ **1** Instrument qui permet de transmettre à distance des sons, par l'intermédiaire d'un dispositif approprié, suivi d'un circuit électrique et d'un récepteur. — PAR EXT. Ensemble des procédés et des dispositifs permettant la liaison d'un grand nombre de personnes au moyen de cet appareil (système d'appel, d'interconnexion) ; réseau téléphonique. ➤ **central, ligne,** 2**standard.** *Avoir le téléphone. Numéro de téléphone. Annuaire du téléphone :* liste des abonnés. ➤ **bottin.** *Appeler, avoir qqn au téléphone* (➤ **appel ; allo**). *Être au téléphone* (cf. Être en ligne*). — *Sonnerie du téléphone.* ♦ **COUP DE TÉLÉPHONE :** appel, communication téléphonique (cf. Coup de fil*, FAM. de bigophone*). *Donner, passer un coup de téléphone.* ♦ SPÉCIALT *Téléphone rouge :* ligne téléphonique spéciale réservée à des échanges d'informations militaires, politiques, entre chefs d'États. — *Téléphone rose :* réseau téléphonique à finalité érotique. ♦ *Téléphone transmettant l'image du correspondant.* ➤ **visiophone.** ■ **2** (1876) Appareil constitué d'un combiné* microphone-récepteur qui repose sur un support ou une base *(téléphone fixe, téléphone sans fil)* ou qui est autonome *(téléphone portable, mobile). Téléphone de campagne* (MILIT.). *Téléphone automatique à cadran mobile, à touches. Téléphone de voiture. Téléphone cellulaire. Téléphone hert-*

zien. ➤ **radiotéléphone.** *Téléphone mobile.* ➤ **mobile.** *Téléphone portable.* ➤ **portable.** *Téléphone intelligent.* ➤ **smartphone.** — *Téléphone fixe. Téléphone filaire, à fil.* — *Téléphone intérieur.* ➤ **interphone,** RÉGION. **parlophone.** *Téléphone public.* ➤ **publiphone, taxiphone.** *Carte de téléphone.* ➤ **télécarte.** ANCIENNT *Jeton de téléphone.* ▪ **3** AU PLUR. VIEILLI Organisation du service qui assure les liaisons téléphoniques. *L'administration des téléphones.* ➤ MOD. **télécommunication.** ANCIENNT *Postes, Télégraphes et Téléphones (P. T. T.).* ➤ 2**poste.** ▪ **4** FIG. (attesté 1967) *Téléphone arabe ; téléphone de brousse :* transmission rapide des nouvelles par des relais de messagers ou d'informateurs. ➤ RÉGION. **radio-trottoir.**

TÉLÉPHONER [telefɔne] v. ‹1› – 1883 trans. ind. ◇ de *téléphone* ▪ **1** v. tr. Communiquer, transmettre par téléphone. *Téléphoner une nouvelle à qqn. Téléphone-lui de venir.* — p. p. adj. (1892) *Message, télégramme téléphoné.* ◆ FIG. (1937) SPORT Faire connaître, faire prévoir par une préparation trop visible. — p. p. adj. *« Tes crochets sont encore trop larges, trop "téléphonés" »* J. CAU. — PAR EXT. *C'est téléphoné :* c'est trop prévisible. *« Ça, c'est trop téléphoné, dit l'éditeur, trop commun. Il faut une fin à laquelle personne ne s'attend »* PUÉRTOLAS. ▪ **2** v. tr. ind. et intr. Se mettre, être en communication par téléphone. *Téléphoner à, chez qqn* (cf. Donner, passer un coup de fil*). *Téléphonez-moi demain.* ➤ **appeler.** *Il est parti téléphoner. « Il ignorait qu'on peut téléphoner dans tous les cafés »* MONTHERLANT. — PRONOM. Se parler au téléphone. *Ils se sont téléphoné longuement.*

TÉLÉPHONIE [telefɔni] n. f. – 1836 ◇ de *téléphone* ▪ **1** DIDACT. Technique de la transmission des sons à distance ; correspondance par un système de sons. *Téléphonie automatique.* PAR EXT. *Téléphonie sans fil, téléphonie mobile.* ➤ **radiotéléphonie.** ▪ **2** (1857) TECHN. Ensemble des connaissances, des techniques et des opérations concernant le téléphone électrique et notamment la transmission de la parole (par modulation). ➤ aussi **péritéléphonie, vidéophonie.** *Ingénieur en téléphonie.*

TÉLÉPHONIQUE [telefɔnik] adj. – 1838 ◇ de *téléphone* ▪ Relatif au téléphone (appareil, réseau de liaison ou organisation). *Ligne, réseau ; central, standard téléphonique. Communication, liaison ; appel téléphonique. Démarchage, vente téléphonique. Cabine téléphonique. Répondeur téléphonique.*

TÉLÉPHONIQUEMENT [telefɔnikmɑ̃] adv. – 1883 ◇ de *téléphonique* ▪ RARE Par téléphone. *« ces écluses sont reliées téléphoniquement entre elles »* SIMENON.

TÉLÉPHONISTE [telefɔnist] n. – 1880 ◇ de *téléphone* ▪ Personne chargée d'assurer les liaisons, les transmissions téléphoniques. ➤ **standardiste.**

TÉLÉPHOTOGRAPHIE [telefɔtɔgʀafi] n. f. – 1890 ◇ de 1*télé-* et *photographie* ▪ **1** TECHN. Transmission des images par l'intermédiaire d'un courant électrique ; cette transmission. ➤ **bélinographe.** ▪ **2** (1907) TECHN. Technique de la photographie des objets éloignés par un montage optique approprié (téléobjectif). ◆ PAR EXT. Cliché pris selon cette technique.

TÉLÉPOINTAGE [telepwɛ̃taʒ] n. m. – 1943 ◇ de 1*télé-* et *pointage* ▪ MILIT. Dispositif qui permet le pointage à distance des canons d'un navire de guerre, à partir d'un poste central de tir.

TÉLÉPORT [telepɔʀ] n. m. – 1986 ◇ de 4*télé-* et *port* ▪ TÉLÉCOMM. Complexe de télécommunication hors monopole, destiné à recevoir et à distribuer des informations à des utilisateurs dans une zone d'activité.

TÉLÉPORTATION [telepɔʀtasjɔ̃] n. f. – 1970 ◇ anglais américain *teleportation* (1931), de *tele-* (→ 1 télé-) et *(trans)portation* « transport » ▪ Transfert instantané d'un corps à travers l'espace, sans déplacement physique. *« les voyages dans le temps existent, au niveau quantique, de même que la téléportation »* F. THILLIEZ.

TÉLÉPROSPECTEUR, TRICE [telepʀɔspɛktœʀ, tʀis] n. – 1987 ◇ de 4*télé-* et *prospecteur* ▪ Personne qui fait de la téléprospection. ➤ 2**téléopérateur.**

TÉLÉPROSPECTION [telepʀɔspɛksjɔ̃] n. f. – 1978 ◇ de 4*télé-* et *prospection* ▪ Prospection par téléphone.

TÉLÉRADAR [teleʀadaʀ] n. m. – 1964 ◇ de 2*télé-* et *radar* ▪ TECHN. Technique d'émission ou de réception d'une image radar au moyen de la télévision.

TÉLÉRADIOGRAPHIE [teleʀadjɔgʀafi] n. f. – 1951 ◇ de 1*télé-* et *radiographie* ▪ MÉD. Radiographie effectuée à une distance d'au moins 1,50 m, donnant une image grandeur nature de l'organe et supprimant la déformation conique de l'image. — ABRÉV. **TÉLÉRADIO.**

TÉLÉRÉALITÉ [teleʀealite] n. f. – 1990 ◇ calque de l'anglais *reality-TV* ▪ Genre télévisuel qui consiste à filmer la vie quotidienne de candidats sélectionnés placés dans des situations déterminées. *Émission, programme de téléréalité. « Comment oser parler de télé-réalité alors que cette prétendue réalité n'est qu'un leurre, une situation artificielle mise en place de façon plus ou moins perverse ! »* A. JACQUARD.

TÉLÉREPORTAGE [teleʀ(ə)pɔʀtaʒ] n. m. – 1942 ◇ de 2*télé-* et *reportage* ▪ Reportage télévisé.

TÉLÉROMAN [teleʀɔmɑ̃] n. m. – 1976 ◇ de 2*télé-* et 1*roman* ▪ (Canada) Feuilleton télévisé.

TÉLÉSCAPHE [teleskaf] n. m. – 1966 ◇ de 3*télé-* et *-scaphe* ▪ TECHN. Téléférique sous-marin composé de cabines de plexiglas transparent soutenues par des câbles.

TÉLESCOPAGE [telɛskɔpaʒ] n. m. – avant 1896 ◇ de *télescoper* ▪ Le fait de télescoper, de se télescoper. *Télescopage de voitures.* ➤ **carambolage.** ◆ FIG. Fait de se confondre, de s'interpénétrer. *Télescopage d'images, de souvenirs.*

TÉLESCOPE [telɛskɔp] n. m. – 1614 ◇ italien *telescopio* ou latin moderne *telescopium* (1611), formé sur le grec ▪ **1** Instrument d'optique destiné à l'observation des objets éloignés, et SPÉCIALT des astres. ➤ **lunette** (astronomique). *Lentilles, miroirs de télescope.* ▪ **2** Instrument d'optique astronomique utilisant un ou plusieurs miroirs (le terme de *lunette* est réservé aux instruments à lentilles). ➤ **radiotélescope.** *Pouvoir amplifiant, grossissement d'un télescope.*

TÉLESCOPER [telɛskɔpe] v. tr. ‹1› – 1873 pron. ◇ anglais américain *to telescope,* de l'anglais *telescope* « lunette d'approche à tubes emboîtés » ▪ Rentrer dans, enfoncer par un choc violent (un autre véhicule). ➤ **caramboler, heurter, tamponner.** *Le train a télescopé la voiture au passage à niveau.* ◆ PRONOM. *Wagons qui se télescopent.* — FIG. S'interpénétrer. *« Certains souvenirs chevauchent, se télescopent, se juxtaposent »* GIDE.

TÉLESCOPIQUE [telɛskɔpik] adj. – 1666 ◇ de *télescope* ▪ **1** Qui se fait à l'aide du télescope. *Observations télescopiques.* PAR EXT. *Planètes, astéroïdes télescopiques,* invisibles à l'œil nu. ◆ Du télescope. *Miroir télescopique.* ▪ **2** (1846 ◇ anglais *telescopic*) Dont les éléments s'emboîtent les uns dans les autres, comme les éléments du tube d'une lunette d'approche, d'une longue-vue. *Canne à pêche, antenne télescopique.*

TÉLÉSCRIPTEUR [teleskʀiptœʀ] n. m. – 1897 ◇ de 1*télé-* et latin *scriptor* → scripteur ▪ Appareil de transmission électrique des dépêches. ➤ **téléimprimeur, télétype.** *Les téléscripteurs d'une agence de presse, d'un journal. « des dépêches crachées dans un bruit de scie égoïne par de consciencieux téléscripteurs »* FOTTORINO.

TÉLÉSECRÉTARIAT [telesəkʀetaʀja] n. m. – 1990 ◇ de 4*télé-* et *secrétariat* ▪ Travaux de secrétariat effectués à distance par des télétravailleurs. *Entreprise qui fait appel à un service de télésecrétariat.*

TÉLÉSIÈGE [telesjɛʒ] n. m. – 1948 ◇ de 3*télé-* et *siège* ▪ Remontée mécanique constituée par une série de sièges suspendus à un câble unique.

TÉLÉSIGNALISATION [telesiɲalizasjɔ̃] n. f. – 1966 ◇ de 1*télé-* et *signalisation* ▪ TECHN. Signalisation à distance, par câbles ou par voie hertzienne, pouvant servir à déclencher l'alarme ou à communiquer des informations codées.

TÉLÉSKI [teleski] n. m. – 1935 ◇ de 3*télé-* et *ski* ▪ Remonte-pente pour les skieurs. ➤ **tire-fesses.**

TÉLÉSOUFFLEUR [telesuflœʀ] n. m. – 1983 ◇ de 2*télé-* et *souffleur* ▪ Prompteur.

TÉLÉSPECTATEUR, TRICE [telespɛktatœʀ, tʀis] n. – 1947 ◇ de 2*télé-* et *spectateur* ▪ Spectateur et auditeur de la télévision. *Les téléspectateurs d'une chaîne.* ➤ **audience.**

TÉLESTHÉSIE [telɛstezi] n. f. – 1908 ◇ de 1*télé-* et *-esthésie,* d'après l'anglais *telæsthesia* (1882) ▪ DIDACT. Perception à distance de phénomènes, d'événements.

TÉLÉSURVEILLANCE [telesyʀvɛjɑ̃s] n. f. – 1968 ◇ de 1*télé-* et *surveillance* ▪ TECHN. Surveillance effectuée à distance (notamment à l'aide de moyens électroniques).

TÉLÉTEX [teletɛks] n. m. – v. 1980 ◇ nom déposé ; anglais *teletex* ▪ TÉLÉCOMM. Service de transmission de données alliant télex et traitement de texte.

TÉLÉTEXTE [teletɛkst] **n. m.** – 1977 ◊ calque de l'anglais *teletext* (1974) ; cf. *télé-* et *texte* ■ Diffusion d'informations graphiques et alphanumériques par l'intermédiaire d'un signal de télévision. ➤ **vidéographie.** *Sous-titrage par télétexte.* — APPOS. *Décodeurs télétextes.*

TÉLÉTHÈQUE [teletɛk] **n. f.** – 1967 ◊ de 2 *télé-* et *-thèque*, d'après *bibliothèque, discothèque*, etc. ■ DIDACT. Endroit où l'on conserve des documents d'archives de télévision.

TÉLÉTHON [teletɔ̃] **n. m.** – 1987 ◊ marque déposée ; emprunté à l'anglais américain *telethon* (1940), de *tele(vision)* et *(mara)thon* ■ Très longue émission de télévision destinée à recueillir des fonds (en particulier, pour la recherche médicale).

TÉLÉTOXIQUE [teletɔksik] **adj.** – v. 1950 ◊ de 1 *télé-* et *toxique* ■ BOT. *Espèce télétoxique*, dont la toxicité envers d'autres espèces se manifeste à distance.

TÉLÉTRAITEMENT [teletʀɛtmɑ̃] **n. m.** – v. 1950 ◊ de 1 *télé-* et *traitement* ■ INFORM. Traitement (d'une information) à distance éloignée de l'unité centrale d'un ordinateur. ➤ **télégestion, téléinformatique.**

TÉLÉTRANSMETTRE [teletʀɑ̃smɛtʀ] **v. tr.** ⟨56⟩ – 1991 ◊ de 1 *télé-* et *transmettre* ■ Transmettre (des informations) à distance par le réseau télématique (Internet). *Les médecins et les pharmaciens télétransmettent les feuilles de soins des patients à la Sécurité sociale.*

TÉLÉTRANSMISSION [teletʀɑ̃smisjɔ̃] **n. f.** – 1947 ◊ de 1 *télé-* et *transmission* ■ Transmission d'information à distance. ➤ **télécommunication.**

TÉLÉTRAVAIL [teletʀavaj] **n. m.** – 1978 ◊ de 1 *télé-* et 1 *travail* ■ Activité professionnelle exercée hors de l'entreprise (notamment à domicile) grâce à la télématique. — **n. TÉLÉTRAVAILLEUR, EUSE.**

TÉLÉTYPE [teletip] **n. m.** – 1905 ◊ marque déposée ; anglais *teletype*, de *teletype(writer)* «machine à écrire *(typewriter)* à distance» ■ ANGLIC. Téléimprimeur de la marque de ce nom.

TÉLÉVANGÉLISTE [televɑ̃ʒelist] **n.** – 1987 ◊ de l'anglais américain *televangelist* (1975), mot-valise formé de *tele(vision)* et *evangelist* ■ Aux États-Unis, Prédicateur qui anime des émissions religieuses à la télévision.

TÉLÉVENTE [televɑ̃t] **n. f.** – 1971 ◊ de 4 *télé-* et *vente* ■ Vente à distance, effectuée par téléphone ou télématique ; prospection par téléphone. *Téléachat* et télévente.* — **n. TÉLÉVENDEUR, EUSE.**

TÉLÉVISÉ, ÉE [televize] **adj.** – 1929 ◊ de *téléviser* ■ Transmis par la télévision. *Journal télévisé. Jeux télévisés.*

TÉLÉVISER [televize] **v. tr.** ⟨1⟩ – 1929 ◊ de *télévision* ■ Transmettre par télévision. ➤ **télédiffuser.** *Téléviser un procès. Voilà «que je suis applaudi et que la télévision me télévise»* MAURIAC.

TÉLÉVISEUR [televizœʀ] **n. m.** – 1929 ◊ de *télévision* ■ Poste récepteur de télévision. ➤ **télé, télévision** (cf. Le petit écran*). *Téléviseur couleur*, pour la télévision en couleur. *«et on entend les voix des téléviseurs qui grognent, qui ricanent, qui chantonnent»* LE CLÉZIO.

TÉLÉVISION [televizjɔ̃] **n. f.** – 1913 dans l'usage sc. ; en techn. v. 1925-1930 ; répandu après 1945 ; sens large «transmission de l'image à distance» 1900 ◊ de 1 *télé-* et *vision* ■ **1** Ensemble des procédés et techniques employés pour la transmission des images instantanées d'objets fixes ou en mouvement, par ondes hertziennes ou réseau câblé. ➤ FAM. **télé, tévé.** *Caméra de télévision*, dans laquelle un objectif produit une image sur la cible photosensible d'un tube produisant un signal électrique qui est ensuite transmis, après amplification et modulation, au récepteur. ➤ **caméscope, vidéo.** *Station émettrice, station de réception de télévision. Télévision en couleur* (NTSC, Pal, Secam). *Satellite de télévision. Télévision en circuit fermé, par câble* (➤ **câblodistribution, télédistribution**), *à péage. Télévision numérique terrestre (T. N. T.). Télévision haute définition*. Télévision interactive* : télédistribution* avec voie de retour vidéo. ◆ PAR EXT. Ensemble des activités et des services assurant l'élaboration et la diffusion (par des techniques de transmission des images et des sons) d'informations et de spectacles, à un grand nombre de personnes ; art et technique de mise en œuvre de ces programmes. *Télévision publique, privée. Studios, plateaux de télévision. Chaîne, canal de télévision. Émission de télévision en direct ou en différé. Programmes de télévision. Réalisateur, opérateur, cadreur, présentateur, scripte, annonceur, producteur de télévision.* ➤ **téléaste.** *Télévision de rattrapage* : recomm. offic. pour *replay.* — *Film pour la télévision.* ➤ **téléfilm.** *La télévision et le cinéma. «La télévision a changé ma vie. On reste assis devant la barbarie du monde, la violence de la terre, qui entre en soi par les yeux»* A. FERNEY. — *Télévision scolaire, médicale*, etc. — (Au Canada) *Télévision communautaire* : chaîne mise à la disposition de collectivités, de groupes. ◆ Ces programmes. *Passer à la télévision*, dans une émission. *Regarder la télévision. Critique de télévision.* ■ **2** (1952) Poste récepteur de télévision. ➤ **télé, téléviseur.** *Télévision à écran plat.* — *Rester devant la télévision*, devant le poste en marche.

TÉLÉVISUEL, ELLE [televizɥɛl] **adj.** – 1930 ◊ de *télé(vision)* et *visuel* ■ DIDACT. De la télévision, en tant que moyen d'expression (artistique, surtout). *Création télévisuelle. Langage télévisuel.*

TÉLEX [telɛks] **n. m.** – 1946 ◊ anglais *telex*, de *tel(eprinter)* et *ex(change)* ■ Service de dactylographie à distance par téléscripteur. *Les abonnés du télex. Confirmer par télex.* — Message transmis par télex. *Envoyer des télex.*

TÉLEXER [telɛkse] **v. tr.** ⟨1⟩ – milieu XXe ◊ de *télex* ■ Transmettre par télex. *Télexer une dépêche.*

TÉLEXISTE [telɛksist] **n.** – 1958 ◊ de *télex* ■ TECHN. Personne chargée d'assurer les liaisons par télex.

TELL [tɛl] **n. m.** – 1866 ◊ mot arabe «colline» ■ ARCHÉOL. Colline artificielle, tertre ou tumulus formé par des ruines. *«les premières cités édifiées sur les "tells" surhaussés par la ruine des villages précédents»* LEROI-GOURHAN. ■ HOM. Tel.

TELLEMENT [tɛlmɑ̃] **adv.** – v. 1250 ◊ de *tel* ■ **1** VX OU LITTÉR. D'une manière telle (que) ; de telle façon que. ■ **2** MOD. À un degré si élevé, d'une manière si intense. ➤ **aussi,** 2 **si.** *«Ce livre si fort, tellement historique»* MICHELET. *«Un être tellement au-dessus de moi»* BOURGET. — FAM. *Pas tellement, plus tellement*, pas autant qu'on pourrait le penser, pas très, pas beaucoup. *«Sans barbe, tu n'es plus* TELLEMENT *respectable»* GIDE. *Vous aimez ça ? Pas tellement.* ◆ (Suivi d'une propos. de conséquence) **TELLEMENT... QUE...** *Il allait tellement vite qu'il ne nous a pas vus.* ➤ 2 **si.** *«Les feux chauffaient tellement la pièce, qu'on laissait larges ouvertes les deux fenêtres et la porte»* ZOLA (cf. Au point*, à tel point*... que...). — (Avec le subj., à la négative) *Il n'est pas tellement vieux qu'il ne puisse travailler.* ◆ (Devant un compar.) *Ce serait tellement mieux ! «Oriane était tellement plus intelligente, tellement plus riche, surtout tellement plus à la mode que ses sœurs»* PROUST. ■ **3** FAM. **TELLEMENT DE...** Une telle quantité de. ➤ **tant.** *J'ai tellement de soucis, de travail.* ■ **4** (Suivi d'une propos. de cause) Tant. *«On aurait dit que leur peau allait craquer, tellement elle était tendue»* DAUDET.

TELLIÈRE [teljɛʀ] **n. m. et adj.** – *à la Tellière* 1723 ◊ de *Le Tellier* (1603-1685), n. du chancelier qui imposa ce format ■ Format de papier (34×44). *Papier tellière* ou *tellière. Le papier ministre est une variété de tellière.*

TELLURATE [telyʀat] **n. m.** – 1832 ◊ de *tellure* ■ CHIM. Sel ou ester de l'acide tellurique.

TELLURE [telyʀ] **n. m.** – 1800 ◊ latin moderne *tellurium*, de *tellus* «terre» ■ CHIM. Élément atomique (Te ; n° at. 52 ; m. at. 127,60) peu abondant, du même groupe que l'oxygène et le sélénium, qui se rencontre à l'état natif en cristaux blancs hexagonaux ou le plus souvent associé à des métaux (or, argent, mercure, fer) sous forme de tellurures. *Le tellure est un semi-conducteur utilisé pour améliorer les propriétés de certains métaux ou alliages. Hydrure de tellure* (H_2Te) : acide appelé aussi *acide tellurhydrique*, dont les sels sont des tellures.

TELLUREUX, EUSE [telyʀø, øz] **adj.** – 1835 ◊ de *tellure* ■ CHIM. Se dit d'un acide H_2TeO_3 dérivé du tellure.

TELLURHYDRIQUE [telyʀidʀik] **adj.** – 1842 ◊ de *tellure* et *-hydrique* ■ CHIM. Se dit d'un acide H_2Te, appelé aussi *hydrure de tellure*.*

1 **TELLURIQUE** [telyʀik] **adj.** – 1839 ◊ du latin *tellus, uris* «terre» ■ SC. De la Terre ; qui provient de la Terre. *Secousse tellurique* : tremblement de terre. ➤ **séisme.** *Eaux telluriques*, souterraines. — *Courants telluriques* : courants électriques créés par des champs externes se propageant à faible profondeur ou à la surface de la Terre. — PHYS. *Raies telluriques* : raies sombres d'absorption de l'atmosphère terrestre se détachant sur le fond continu de la photosphère solaire. — ASTRON. *Planètes telluriques* : planètes dont la composition est proche de celle de la Terre (Mercure, Vénus, Mars).

2**TELLURIQUE** [telyʀik] **adj.** – 1823 ◊ de *tellure* ■ CHIM. *Acide tellurique* (H_6TeO_6), *anhydride tellurique* (TeO_3), les plus stables des composés oxygénés du tellure.

TELLURISME [telyʀism] **n. m.** – 1846 ◊ de *tellurique* ■ DIDACT. Influence de la Terre, du sol sur les êtres qui y vivent, et SPÉCIALT sur les mœurs de l'individu en société.

TELLURURE [telyʀyʀ] **n. m.** – 1826 ◊ de *tellure* ■ CHIM. Combinaison de tellure* avec des éléments. — Sel ou ester de l'acide tellurhydrique.

TÉLO- ➤ **TÉLÉO-**

TÉLOLÉCITHE [telɔlesit] **adj.** – 1900 ; *télolécithal* 1884 ◊ de *télo-* et grec *lekithos* «jaune d'œuf» ■ BIOL. *Œuf télolécithe,* caractérisé par un volume considérable de vitellus localisé à l'un des pôles (reptiles, oiseaux).

TÉLOMÉRASE [telɔmeʀɑz] **n. f.** – 1994 ◊ de *télomère* et *-ase* ■ BIOCHIM. Enzyme permettant de conserver la longueur du télomère lors de la réplication de l'ADN. *La télomérase protège les chromosomes de l'érosion et retarde le vieillissement cellulaire. La télomérase est très active dans les cellules cancéreuses et les rend immortelles.*

TÉLOMÈRE [telɔmɛʀ] **n. m.** – milieu XXe ◊ de *télo-* et *-mère* ■ GÉNÉT., BIOL. CELL. Extrémité d'un chromosome, caractérisée par une séquence répétée de nucléotides, non codante, et dont la taille diminue à chaque cycle cellulaire. *Les télomères sont impliqués dans le vieillissement cellulaire* (➤ **télomérase**).

TÉLOPHASE [telɔfɑz] **n. f.** – 1897 ◊ de *télo-* et *phase* ■ BIOL. CELL. Phase terminale de la mitose* qui comprend la reconstitution des noyaux cellulaires des deux cellules filles. *Télophase et cytodiérèse, dernières étapes de la mitose.*

TELSON [tɛlsɔ̃] **n. m.** – 1890 ◊ mot grec «limite», par l'anglais (1855) ■ ZOOL. Dernier anneau de l'abdomen, chez les arthropodes. *Le telson des scorpions porte l'aiguillon.*

TÉMÉRAIRE [temeʀɛʀ] **adj.** – 1361 ◊ latin *temerarius* «accidentel», d'où «inconsidéré» ■ **1** (PERSONNES) Hardi à l'excès, avec imprudence. ➤ **aventureux, imprudent ; présomptueux.** *Audacieux mais pas téméraire. Être téméraire dans ses jugements, dans ses raisonnements.* ◆ (sans valeur péj.) Très hardi. *Charles le Téméraire.* ■ **2** Plus cour. (CHOSES) Qui dénote une hardiesse imprudente. *Entreprise téméraire.* ➤ **aventuré, hasardé, hasardeux.** *Jugement téméraire,* porté à la légère, sans base solide. IMPERS. *«Il est téméraire de poser des bornes au pouvoir réformateur de la raison»* RENAN. ■ CONTR. Lâche, peureux, timoré. Réfléchi ; prudent, sage.

TÉMÉRAIREMENT [temeʀɛʀmɑ̃] **adv.** – v. 1488 ◊ de *téméraire* ■ LITTÉR. Avec une hardiesse inconsidérée, imprudente. *«Des voyages entrepris témérairement»* AUBIGNÉ. *Décider, juger témérairement,* à la légère. ■ CONTR. Prudemment.

TÉMÉRITÉ [temeʀite] **n. f.** – 1380 ◊ latin *temeritas* ■ Disposition à oser, à entreprendre sans réflexion ou sans prudence. ➤ **audace, imprudence, hardiesse.** *Agir avec une folle témérité. «Une témérité qui nous porte au delà de nos forces»* ROUSSEAU. *Intelligence «audacieuse parfois jusqu'à la témérité»* MADELIN. *«Tu seras châtié de ta témérité»* LA FONTAINE. ■ CONTR. Circonspection, prudence.

TÉMOIGNAGE [temwaɲaʒ] **n. m.** – *tesmoignaige* 1190 ◊ de *témoigner* ■ **1** Fait de témoigner ; déclaration de ce qu'on a vu, entendu, perçu, servant à l'établissement de la vérité. ➤ **attestation, rapport.** *Écouter, recevoir un témoignage. Invoquer un témoignage* (pour prouver). *D'après, selon, sur le témoignage de qqn. «Je n'entends, par ce mot histoire, rien autre chose que les actes du temps, les témoignages sérieux»* MICHELET. *Témoignage irrécusable. Critique des témoignages* (en histoire, en psychologie). — PAR EXT. *Écrivain qui porte un témoignage sur son temps.* — LOC. *Rendre, porter témoignage de...* ◆ SPÉCIALT Témoignage favorable. *Si «j'avais besoin d'un témoignage de probité»* BEAUMARCHAIS. *Rendre témoignage à, pour qqn,* témoigner en sa faveur. ■ **2** (1538) Informations fournies par (une fonction psychophysiologique de connaissance). *Le témoignage des sens.* ■ **3** Déclaration d'un témoin. ➤ **déposition.** *Produire des témoignages. Témoignages accablants contre un accusé.* — **FAUX TÉMOIGNAGE :** témoignage inexact d'un témoin de mauvaise foi. *«C'est le crime de faux témoignage* [...] *Cinq ans de prison, peut-être plus»* ROMAINS. ■ **4** (1209) Le fait de donner des marques extérieures, de témoigner par des paroles ou des actes ; ces marques (paroles ou actes). ➤ **démonstration, gage, manifestation,** 1**marque, preuve.** *Des témoignages d'affection, de reconnaissance.* — *En témoignage de ma reconnaissance.* ◆ (D'une chose) Ce qui constitue la preuve, la marque (d'une chose, d'un être). *Acceptez ce modeste témoignage de ma reconnaissance.*

TÉMOIGNER [temwaɲe] **v. tr.** ‹1› – *tesmoignier* 1131 ; refait sur *témoin ; testimonier* «porter témoignage contre» 1120 ◊ du latin *testimonium* «témoignage»

I v. tr. dir. ■ **1** Certifier qu'on a vu ou entendu ; attester la vérité ou la véracité de. ➤ **attester.** (Avec *que* ou l'inf. passé) *Il a témoigné qu'il l'a vu, l'avoir vu.* ◆ Déclarer en justice, en tant que témoin. *«Alors tu veux que j'aille témoigner que j'étais à* La Vielleuse *avec vous !»* ROMAINS. ABSOLT Déposer en tant que témoin. *Témoigner en justice. Témoigner en faveur de qqn, contre qqn.* ◆ PAR EXT. Attester par son comportement ; porter témoignage. *«Je meurs pour témoigner qu'il est impossible de vivre»* SARTRE. ■ **2** (1590) Exprimer, faire connaître ou faire paraître. ➤ **manifester, montrer.** *Témoigner ses sentiments à qqn par des paroles, des actes. Je lui témoignais de la tendresse. Elle désirait «témoigner au prochain* [...] *qu'elle ne le méprisait pas»* PROUST. ■ **3** (1580) (CHOSES) Être l'indice, la preuve, le signe de. ➤ **attester, montrer, révéler.** — VX *«Je n'en trouve aucun* [vice] *qui témoigne tant de lâcheté»* MONTAIGNE. — MOD. et LITTÉR. (avec *que, combien*) *Ce geste témoigne qu'il vous est attaché, combien il vous est attaché.*

II v. tr. ind. (XVIIe) **TÉMOIGNER DE :** confirmer la vérité, la valeur de (qqch.), par des paroles, des déclarations ou par ses actes, son existence même. ➤ **témoin ; témoignage.** *Il était d'accord, je peux en témoigner. Les martyrs témoignent de leur Dieu. «Ses œuvres témoigneront de ce qu'il fut* [l'écrivain]*»* CAMUS. — PAR EXT. Manifester. *«Les gardes de nuit qui marchaient en laissant traîner derrière eux leurs bâtons ferrés* [...] *pour témoigner de leur vigilance»* GAUTIER. ◆ (1863) (Sujet chose) Être la marque, le signe de. *Son œuvre qui témoigne d'une grande imagination.*

TÉMOIN [temwɛ̃] **n. m.** – milieu XIIe, au sens III ◊ du latin *testimonium,* de *testis* «témoin», dont un dérivé a donné *testicule,* à l'origine «témoin (de virilité)»

I TÉMOIGNAGE (fin XIIe) VX, sauf en loc. **PRENDRE À TÉMOIN** (inv.) : invoquer le témoignage de. *«Ô fleuves* [...] *Je vous prends à témoin que cet homme est méchant»* HUGO. — Parfois accordé, par confusion avec *témoin* (II)

II PERSONNE QUI TÉMOIGNE, FAIT UN TÉMOIGNAGE — REM. Le féminin, rare, est *la témoin.* ■ **1** (fin XIIe) Personne qui certifie ou peut certifier qqch., qui peut en témoigner. *«L'histoire ayant pour matière* [ce] *qui a pu tomber sous le sens de quelque témoin»* VALÉRY. *Témoin auriculaire, oculaire, témoin direct. Témoin indirect, médiat,* qui ne sait que par l'intermédiaire d'autres personnes. *Témoin impartial.* — LOC. *Dieu, le ciel m'est témoin :* j'atteste la véracité de ce que je dis. ■ **2** (début XIIIe) SPÉCIALT Personne en présence de qui s'est accompli un fait et qui est appelée à l'attester en justice. *«Le meilleur témoin est celui qui laisse couler ses confidences, mêlant le fait, l'opinion, le vraisemblable, le probable»* ALAIN. *Assignation, comparution, déposition de témoins. Audition des témoins. Elle est témoin à charge* ; à décharge*. Confrontation de témoins. Témoin défaillant. Témoin assisté :* personne mise en cause dans un crime ou un délit sans être mise en examen, pouvant être assistée par un avocat. — (fin XIIIe) *Faux témoin :* personne qui fait un faux témoignage. — *Preuve par témoins.* ➤ **testimonial.** ◆ *Témoin muet :* pièce à conviction, preuve. ◆ Personne qui doit certifier les identités, l'exactitude des déclarations, lorsqu'un acte est dressé. *Les témoins d'un mariage, d'une vente.* ◆ Personne chargée de régler les conditions d'un duel. ◆ *Témoin de moralité,* qui atteste la bonne moralité d'une personne. ■ **3** LITTÉR. Personne qui porte témoignage, affirme une croyance ou atteste une vérité par ses déclarations, ses actes, son existence. *Les Témoins du Christ, de Jéhovah,* nom de sectes religieuses. ■ **4** (1667) Personne qui assiste à un évènement, un fait, et le perçoit (sans qu'elle soit forcément amenée à en témoigner). ➤ **spectateur.** *On recherche des témoins de l'incident. Un appel à témoins a été lancé. J'ai été témoin de l'accident, de leur dispute. Elle est témoin qu'il a refusé de m'écouter,* elle l'a vu. *Parler devant témoins,* devant des tiers. *Faire qqch. sans témoins,* seul. *Se débarrasser d'un témoin gênant.* — FIG. *«Couchés dans le foin Avec le soleil pour témoin»* J. NOHAIN. ◆ (1543) (Opposé à *acteur*) Simple spectateur, qui n'intervient pas. *«L'homme n'est qu'un témoin frémissant d'épouvante»* HUGO.

III CE QUI SERT DE PREUVE, CE QUI ATTESTE, MANIFESTE ■ **1** (fin XIIe) **TÉMOIN...** en tête de phrase, inv. À preuve. *«Une religion chargée de beaucoup de pratiques attache plus à elle* *qu'une autre qui l'est moins* [...] : *témoin l'obstination tenace des mahométans et des juifs»* MONTESQUIEU. *«Témoin trois procureurs»* RACINE. ▪ **2** (fin XIIe) DIDACT., LITTÉR. Chose qui, par sa présence, son existence, atteste, permet de constater, de vérifier... *«Certains êtres sont les derniers témoins d'une forme de vie que la nature a abandonnée»* PROUST. *«une réserve zoologique où on nourrit des témoins remarquables de la faune africaine»* TOURNIER. ▪ **3** (1690) RELIURE Feuillet non rogné, laissé intact par le relieur, attestant que les marges ont été épargnées au maximum. ▪ **4** TECHN. Petits débris (tuiles, ardoises) enfouis sous les bornes d'une propriété, pour vérifier par la suite leur emplacement. — (1935) Scellement de plâtre ou de ciment daté, placé en travers d'une fissure, afin d'en contrôler l'évolution. *«des maçons, sous la surveillance d'un architecte, avaient posé des témoins en plâtre à certains endroits des murs»* RINALDI. ▪ **5** (1690) Objet (piquet, taquet, etc.) qui sert à marquer un emplacement, en arpentage. ▪ **6** (1676) Hauteur, butte laissée intacte au cours de fouilles, d'excavations. — GÉOL. *Butte*-témoin.* ♦ Espace non nettoyé, après la restauration d'un tableau, etc. ▪ **7** SPORT Bâtonnet que doivent se passer les coureurs de relais. *Passage, transmission du témoin.* FIG. *«Du fondateur des Éditions de Minuit à moi, je voyais un passage de témoin»* F. MASPERO. ▪ **8** (1884) SC. Élément qui sert de repère, de point de comparaison (dans une expérience, un essai), par oppos. à *index.* APPOS. *Animaux, plantes, sujets témoins,* sur lesquels on n'a pas fait d'expérience et que l'on compare à ceux sur lesquels on en a fait. — Chose servant de point de repère, de modèle. *Un secteur-témoin de l'industrie. Visitez l'appartement*-témoin.* ▪ **9** Dispositif de contrôle. *Lampe témoin,* dont l'allumage permet de contrôler une opération, un fonctionnement. ➤ **voyant.** — INFORM. *Témoin de connexion :* recomm. offic. pour *cookie*.*

1 **TEMPE** [tɑ̃p] **n. f.** – 1530 ; *temple* 1080 m. ◊ latin populaire °*tempula,* classique *tempora,* plur. de *tempus* ▪ Région latérale de la tête, entre le coin de l'œil et le haut de l'oreille, correspondant à la fosse temporale* du crâne. *Le méplat des tempes. Il «lui avait expliqué par gestes – en se vissant l'index dans la tempe – que l'homme était fou»* H. CALET. *Des tempes grisonnantes.*

2 **TEMPE** [tɑ̃p] **n. f.** – 1812 ; autre sens 1281 ◊ p.-ê. de *templum,* au sens de «traverse» ▪ TECHN. Morceau de bois au moyen duquel le boucher tient ouvert le ventre d'un animal.

TEMPERA (A) [atɑ̃pera] **loc. adj.** /À TEMPÉRA/ – 1884 ◊ mots italiens «à détrempe» ▪ PEINT. Se dit d'une couleur délayée dans de l'eau additionnée d'un agglutinant (gomme, colle, œuf), et du procédé de peinture avec cette couleur. ➤ 1 **détrempe.** — **loc. adv.** *Peindre a tempera.* — On dit aussi À LA TEMPERA [à la tempéra]. *Une peinture à la tempera.*

TEMPÉRAMENT [tɑ̃peʀamɑ̃] **n. m.** – 1478 ; hapax XIIIe ◊ latin impérial *temperamentum* «juste proportion», d'où «action de tempérer», de *temperare* «adoucir»

I ▪ **1** (1583) VX OU LITTÉR. Équilibre d'un mélange, d'une composition. *«Ce tempérament de mes tendances»* VALÉRY. ▪ **2** (1522) VX Mesure dans les jugements, la conduite. *«Une hardiesse qui se maintienne dans un juste tempérament»* GAUTIER. ♦ VIEILLI Solution mesurée, moyen terme. *«nous trouvâmes un tempérament raisonnable, qui fut de louer une maison»* ABBÉ PRÉVOST. ▪ **3** (repris au latin) DIDACT. Modification qui tempère, mitige. ➤ **adoucissement, atténuation.** ♦ (1636) MUS. Organisation de l'échelle des sons, de manière à égaliser les intervalles. *Tempérament égal :* division de l'octave en douze demi-tons chromatiques égaux. *Tempérament inégal, moyen,* comprenant huit tierces par octave. ➤ aussi **enharmonique ; tempéré** (2°). ♦ (1867) COUR. *Vente, achat* **À TEMPÉRAMENT,** permettant de disposer de l'objet et de le payer en plusieurs versements (cf. À crédit, à terme). *«les pièges des ventes à tempérament»* PEREC.

II ▪ **1** (1478) Type humain considéré dans les caractères généraux congénitaux de son fonctionnement (expliqués à l'origine par le dosage, le tempérament [I, 1°], des quatre humeurs selon Hippocrate). *Tempérament lymphatique, nerveux, sanguin. «Le sage médecin étudie le tempérament du malade»* ROUSSEAU. ➤ **idiosyncrasie.** — LOC. FAM. *Se tuer, s'esquinter le tempérament :* s'user la santé. ▪ **2** (1649) Caractère (d'une personne). ➤ **naturel** (III). *«Elle était d'un tempérament romanesque»* LARBAUD. *«le Français est frondeur de tempérament. On ne va pas contre sa nature»* AYMÉ. ♦ Plus cour. Ensemble de caractères innés chez une personne, complexe psychophysiologique qui détermine ses comportements. ➤ **nature.** *Un tempérament actif, ardent, combatif, fougueux, froid. «Le tempérament de chaque artiste»* BAUDELAIRE. *«j'ai voulu étudier des tempéraments et non des caractères»* ZOLA. ➤ **personnalité.** — ABSOLT *C'est un tempérament,* une forte personnalité. ▪ **3** (XVIIIe) Constitution, quant aux appétits sexuels. *Être de tempérament amoureux, ardent, froid. «Un tempérament très exigeant»* ROUSSEAU. ♦ (1762) ABSOLT Appétit sexuel, propension à l'amour. ➤ **sensualité.** *«Il indiqua les symptômes auxquels on reconnaissait qu'une femme avait du tempérament»* FLAUBERT.

TEMPÉRAMENTAL, ALE, AUX [tɑ̃peʀamɑ̃tal, o] **adj.** – 1845 ◊ de *tempérament* ▪ DIDACT. Qui a trait, se rapporte au tempérament constitutionnel d'un individu. *Les dominantes tempéramentales différencient les réactions.*

TEMPÉRANCE [tɑ̃peʀɑ̃s] **n. f.** – 1549 ; *temprance* v. 1120 ◊ latin *temperantia* ▪ VIEILLI ▪ **1** DIDACT. Modération dans tous les plaisirs des sens. ➤ **continence, mesure.** *La tempérance est une vertu cardinale.* ▪ **2** (1611) Modération dans le boire et le manger. ➤ **frugalité, sobriété.** SPÉCIALT Modération dans la consommation des boissons alcoolisées. *Sociétés de tempérance,* qui combattent l'alcoolisme. ▪ CONTR. Excès, intempérance. Gourmandise ; alcoolisme.

TEMPÉRANT, ANTE [tɑ̃peʀɑ̃, ɑ̃t] **adj.** – 1553 ◊ latin *temperans* ▪ VIEILLI Qui a de la tempérance (1° et 2°). ➤ 1 **continent, frugal, sobre.** ▪ CONTR. Intempérant.

TEMPÉRATURE [tɑ̃peʀatyʀ] **n. f.** – 1562 ; «tempérament» 1538 ◊ latin *temperatura,* de *temperare* ▪ **1** Degré de chaleur ou de froid de l'atmosphère en un lieu, lié à la sensation éprouvée par le corps et qui peut être exprimée par le thermomètre. *La température, facteur du climat, est fonction de la latitude, de l'altitude, de l'insolation, de la situation géographique, des courants marins. Moyennes de température, courbes des températures.* ➤ **isotherme.** *Température sous abri. Température en hausse, en baisse. La température a baissé de dix degrés. Températures négatives* (➤ **gel, gelée**). *Température qui s'adoucit.* ➤ **redoux.** *Température clémente, douce. Température ressentie :* température perçue par le corps humain selon les conditions atmosphériques (humidité, vent, etc.). ♦ PAR EXT. L'air d'un lieu considéré dans son état thermique. *La température ambiante. Température maintenue égale et agréable* (➤ **climatisation, conditionnement, thermostat**). ♦ Degré de chaleur ou de froid (d'une substance, d'un corps inanimé). *La température du bain, du biberon d'un bébé. Température de l'eau.* ♦ (Canada) FAM. Le temps qu'il fait. *Profiter de la belle température. En cas de mauvaise température.* ▪ **2** Degré de chaleur du corps. *Animaux à température constante* (➤ **homéotherme**), *variable* (➤ **poïkilotherme**). *Prendre sa température avec un thermomètre. Température buccale, rectale, axillaire. Température qui monte, baisse, descend. Courbe, feuille de température. «la brutalité saccadée de la courbe de température pareille à une coupe schématique du massif de l'Himalaya»* VIALATTE. *Température au-dessous de la normale.* ➤ **hypothermie.** ♦ ABSOLT Température au-dessus de la normale ; hyperthermie. ➤ **fièvre.** *Avoir de la température.* ♦ FIG. *«quand il y avait des élections* [...], *la température montait»* ARAGON. *Prendre la température d'une assemblée, d'un groupe,* etc., prendre connaissance de son état d'esprit. *«Grâce à ces contacts, nous connaissons, de manière permanente, la température du quartier»* DAENINCKX. ▪ **3** PHYS. Manifestation de l'énergie cinétique d'un système thermodynamique due à l'agitation des constituants de la matière. *On doit se référer à certaines propriétés physiques* (dilatation, changement de résistance électrique, variation de pression des gaz ou des vapeurs, modification dans la viscosité des fluides, etc.), *afin de définir une échelle arbitraire de température* (ABRÉV. t°), *grâce à laquelle on peut repérer la température d'un corps.* ABUSIVEMENT *Mesure d'une température,* son rapport à une échelle arbitraire divisée en degrés* (➤ **thermomètre**). *Échelles de température : échelle centésimale ; échelle Celsius, Fahrenheit, Kelvin* (qui débute au zéro* absolu). *Unité de mesure de température thermodynamique :* kelvin (unité SI). *Quantité de chaleur* (mesurée en joules) *nécessaire pour augmenter la température. Température d'ébullition, de fusion d'un corps.* ➤ 1 **point.** *Température critique d'un gaz. Physique des basses températures.* ➤ **cryophysique.**

TEMPÉRÉ, ÉE [tɑ̃peʀe] **adj.** – *tempered* 1119 ◊ de *tempérer* ▪ **1** VX OU LITTÉR. Modéré. *«Un esprit tempéré»* GAUTIER. *«Un modernisme bien tempéré»* VALÉRY. ♦ (v. 1375) GÉOGR. *Climat tempéré,* ni très chaud ni très froid. ➤ **doux.** *Zone tempérée,* où règne ce climat. *Les pays tempérés.* ♦ *Monarchie tempérée,* constitutionnelle. ▪ **2** (avant 1745) MUS. *Gamme tempérée,* à tempérament* égal. PAR EXT. *«Le Clavecin* (ou *clavier*) *bien tempéré»,* suite de préludes et fugues de J.-S. Bach. ▪ **3** VIROL. *Bactériophage* *tempéré,* non lytique, dont l'ADN s'insère en un point du chromosome bactérien. ■ CONTR. Excessif, extrême.

TEMPÉRER [tɑ̃pere] v. tr. ‹6› – 1155 ◊ latin *temperare* «mélanger», fig. «adoucir, modérer» → tremper ■ **1** (XVIe) VX Modérer par un mélange la force de (un fluide). *Tempérer une boisson.* ➤ **couper.** ♦ FIG. et PRONOM. LITTÉR. *Un mélange ethnique «dont les éléments se complètent et se tempèrent»* VALÉRY. ■ **2** Adoucir l'intensité de (les conditions climatiques). *Courant chaud qui tempère un climat. Les vents «tempèrent la rigueur des hivers»* FÉNELON. ■ **3** FIG. et LITTÉR. Adoucir, modérer. *«tempérer les douleurs de l'absence»* ROUSSEAU. ➤ **atténuer.** *«Tempérer son ardeur combative»* R. ROLLAND. ➤ **assagir, calmer.** — ALLUS. LITTÉR. *«Le gouvernement de la France était une monarchie absolue, tempérée par des chansons»* CHAMFORT. ♦ PRONOM. *«un sourire où la colère se tempérait de pitié»* ROMAINS. ■ CONTR. Exciter, renforcer.

TEMPÊTE [tɑ̃pɛt] n. f. – *tempeste* 1080 ◊ latin populaire °*tempesta* «temps», et par ext. «mauvais temps», classique *tempestus* «qui vient à temps», de *tempus* «temps» ■ **1** Violente perturbation atmosphérique près du centre d'une dépression ; vent rapide qui souffle en violentes rafales, souvent accompagné d'orage et de précipitations. ➤ **bourrasque, cyclone, ouragan, tourmente.** — SPÉCIALT Ce temps sur mer, qui provoque l'agitation des eaux et met les navires en péril. ➤ **houle** (cf. Coup de chien*, gros temps*). *Le cap des Tempêtes :* ancien nom du cap de Bonne-Espérance. *Tempête qui se lève, souffle, se déchaîne, fait rage. Affronter, essuyer des tempêtes. «La tempête allait commencer ses attaques, et déjà le ciel s'obscurcissait»* LAUTRÉAMONT. *Avis de tempête force 10* (vitesse du vent comprise entre 48 et 63 nœuds). — PAR ANAL. *Tempête de neige :* chutes de neige avec un vent violent. *Tempête de sable :* vent violent qui soulève le sable en tourbillons. — ASTRON. *Tempête solaire*, magnétique*.* ♦ (Élément de composés) *Lampe-tempête, briquet-tempête,* dont la flamme protégée ne s'éteint pas par grand vent. *Des lampes-tempêtes.* ■ **2** FIG. (1585) Agitation. *«Une tempête qui s'éleva dans mon sang»* ROUSSEAU. LOC. *Une tempête dans un verre d'eau :* beaucoup d'agitation pour rien. ALLUS. LITTÉR. *Une tempête sous un crâne :* agitation mentale face à une difficulté. ♦ Trouble, difficultés qui mettent en péril. *«Je m'assure un port dans la tempête»* RACINE. ♦ Agitation dans l'opinion ; mécontentement, protestations. *Cette loi va déchaîner la tempête, des tempêtes.* — PROV. *Qui sème le vent récolte la tempête :* une personne qui incite à la violence, à la révolte, s'expose à de grands périls. ■ **3** FIG. Bruit violent qui rappelle celui de la tempête. *«On n'entend plus les tempêtes des grandes orgues»* HUYSMANS. ➤ **fracas.** *Une tempête d'applaudissements, d'acclamations, de vivats ; de rires.* ➤ **tonnerre.** ■ CONTR. Bonace, 1 calme, embellie, sérénité.

TEMPÊTER [tɑ̃pete] v. intr. ‹1› – fin XIIe ; *tempester* «faire de la tempête» 1156 ◊ de *tempête* ■ Manifester à grand bruit son mécontentement, sa colère. ➤ **fulminer,** FAM. **gueuler, pester, tonner.** *«Le patron et ses deux acolytes juraient, tempêtaient»* GAUTIER. *Tempêter contre qqn, qqch.*

TEMPÉTUEUX, EUSE [tɑ̃petɥø, øz] adj. – v. 1300 ; *tempestous* «orageux» fin XIIe ◊ bas latin *tempestuosus* ■ VX ou LITTÉR. Où les tempêtes sont fréquentes. ♦ (1588) FIG. Plein d'agitation, de trouble. *«Dans le courant tempétueux de la vie»* TAINE. ➤ **tumultueux.** ■ CONTR. 2 Calme.

TEMPLE [tɑ̃pl] n. m. – *temple de Salomon* 1080 ◊ latin *templum* ■ **1** (1170) DIDACT. Édifice public consacré au culte d'une divinité. ➤ aussi **église, mosquée, pagode, synagogue.** *«La crainte a élevé des temples»* VALÉRY. *Consacrer ; profaner un temple.* ■ **2** COUR. Édifice religieux consacré à (un certain culte). *Temple égyptien à salle hypostyle ; à pylônes.* ➤ aussi **spéos.** *Temple mésopotamien* (➤ **ziggourat**), *grec, romain. Temple dorique. Temple d'Apollon, de Minerve, de tous les dieux.* ➤ **panthéon.** *L'autel, le sanctuaire d'un temple.* ♦ *Le temple de Salomon,* et ABSOLT *le Temple,* construit par Salomon, détruit puis rebâti au VIe s. av. J.-C., et qui fut anéanti à la prise de Jérusalem (en 70). *Le Saint* des Saints du Temple.* RELIG. *Jésus chassant les marchands du Temple.* ♦ (1535) Édifice où les protestants célèbrent leur culte. *Aller au temple. Pasteur «nommé au temple de l'Oratoire»* CHARDONNE. ■ **3** *Ordre du Temple,* et ABSOLT (v. 1190) *le Temple :* ordre religieux et militaire fondé à Jérusalem lors des premières croisades (1119) pour protéger les pèlerins en route vers la Terre sainte, et supprimé en 1312 (➤ **templier**). ♦ PAR EXT. Ancien monastère fortifié des Templiers, à Paris. *Louis XVI et sa famille furent détenus au Temple, dans la tour du Temple.* ■ **4** VX ou LITTÉR. Lieu où l'on rend un culte. *Temple de Thémis :* le palais de justice. *Votre maison «est pour moi le temple de la vertu»* ROUSSEAU. *«Ce temple de l'amour»* LACLOS. *«Le Temple du goût», de Voltaire.* — *Gardien(ne) du temple :* partisan(e) du respect de l'orthodoxie (dans un groupe, un parti). *«sa position unique de gardien du temple des valeurs des États-Unis d'Amérique»* M. DUGAIN.

TEMPLIER [tɑ̃plije] n. m. – *tramplier* 1205 ◊ de *temple* ■ Chevalier de l'ordre du Temple*. *Le grand maître des Templiers. Le trésor des Templiers.*

TEMPO [tɛmpo ; tɛ̃po] n. m. – 1842 ; *tempo di gavotta, di minuetto* 1771 ◊ mot italien, du latin *tempus* «temps» ■ **1** MUS. Mouvement* dans lequel s'exécute une œuvre musicale. *Indication des tempos* ou *des tempi* (plur. it.). *Changement de tempo.* ➤ **agogique.** *Tempo lent, rapide.* ■ **2** PAR EXT. (v. 1922) Allure, rythme qu'un auteur donne au déroulement d'une action. *Tempo d'un roman, d'un film.* — Rythme d'une action. *«Vie exténuante [...]. Mais c'est ce "tempo" qui, pour l'instant, le rend invulnérable»* MAURIAC.

TEMPORAIRE [tɑ̃pɔʀɛʀ] adj. – 1556, rare avant XVIIIe relig. ; répandu fin XVIIIe admin. ◊ du latin *temporarius* ; de *tempus* «temps» ■ Qui ne dure ou ne doit durer qu'un temps limité. ➤ **momentané, passager, provisoire.** *Fonctions, pouvoirs temporaires. Nomination à titre temporaire. Travail temporaire. Exposition temporaire.* ♦ Qui n'exerce ses activités que pour un temps. *Président temporaire. Personnel temporaire.* ➤ **intérimaire.** ■ CONTR. Définitif, durable, permanent.

TEMPORAIREMENT [tɑ̃pɔʀɛʀmɑ̃] adv. – 1801 ◊ de *temporaire* ■ À titre temporaire, pour un temps. ➤ **momentanément.**

TEMPORAL, ALE, AUX [tɑ̃pɔʀal, o] adj. – 1520 ; *timporal* v. 1370 ◊ bas latin *temporalis,* du classique *tempus, oris* «tempe» ■ ANAT. Qui appartient aux tempes. *Région temporale. Lobe temporal du cerveau. Os temporal,* ou SUBST. *le temporal :* os formant les parties latérales et inférieures du crâne. *L'écaille, le rocher et la mastoïde sont les trois parties du temporal.*

TEMPORALITÉ [tɑ̃pɔʀalite] n. f. – 1906 ; *temporaliteiz* «caractère temporel (Ire)» 1190 ◊ latin ecclésiastique *temporalitas,* de *temporalis* ■ GRAMM. Caractère temporel, valeur temporelle. ♦ (1939) PHILOS. Caractère de ce qui est dans le temps ; le temps vécu, conçu comme une succession. *«nous confondons la temporalité avec la chronologie»* SARTRE. ■ CONTR. Intemporalité.

TEMPOREL, ELLE [tɑ̃pɔʀɛl] adj. – fin XIIe ◊ du latin ecclésiastique *temporalis* «du monde», classique «temporaire» ■ **1** RELIG. Qui est du domaine du temps, des choses qui passent (opposé à *éternel*). *«Son propre destin, reflet temporel de son éternité»* DANIEL-ROPS. *«cet espoir du bonheur temporel»* ROUSSEAU. ♦ PAR EXT. Qui est du domaine des choses matérielles (opposé à *spirituel,* I, 3°). ➤ **séculier, terrestre.** *Biens temporels. Puissance temporelle de l'Église.* ♦ SUBST. *Le spirituel et le temporel. Saint Louis «c'est aussi [...] un administrateur du temporel»* BERNANOS. ■ **2** (fin XIVe) GRAMM. Qui concerne, qui marque le temps, les temps. *Subordonnées temporelles :* propositions circonstancielles de temps. ■ **3** (1888) PHILOS. Relatif au temps ; situé dans le temps (surtout opposé à *spatial*). *«mesurer [une œuvre] selon sa nature, spatiale ou temporelle»* VALÉRY. ➤ **spatiotemporel.** *Déroulement temporel.* ■ CONTR. Éternel, intemporel ; spirituel.

TEMPORELLEMENT [tɑ̃pɔʀɛlmɑ̃] adv. – v. 1283 ; *temporelment,* opposé à *éternellement,* v. 1190 ◊ de *temporel* ■ **1** Dans l'ordre temporel (opposé à *spirituellement*). ■ **2** (XXe) PHILOS. Relativement au temps.

TEMPORISATEUR, TRICE [tɑ̃pɔʀizatœʀ, tʀis] n. et adj. – 1788 ; *temporiseur* 1552 ◊ de *temporiser*

I Personne qui temporise, a l'habitude de temporiser. — adj. *Politique temporisatrice.* ➤ **dilatoire.**

II n. m. (v. 1950) TECHN. Appareil commandant le changement d'opération d'un dispositif électrique au temps voulu ou un certain temps après la commande.

TEMPORISATION [tɑ̃pɔʀizasjɔ̃] n. f. – 1737 ; *temporisement* 1468 ◊ de *temporiser* ■ **1** Action, habitude de temporiser. ➤ **attentisme.** ♦ MÉD. Attitude d'attente et d'observation d'une maladie avant d'adopter une thérapeutique appropriée. ■ **2** TECHN. Retard, d'une durée déterminée, à l'exécution d'une action. *Introduire une temporisation dans une commande.*

TEMPORISER [tɑ̃pɔʀize] v. ‹1› – XVe ; «durer, vivre» 1395 ◊ latin médiéval *temporizare* «passer le temps», de *tempus, oris* «temps» ■ **1** v. intr. Différer d'agir, par calcul, dans l'attente d'un moment plus favorable. ➤ **attendre.** *«J'ai forcé à combattre l'ennemi qui ne voulait que temporiser»* LACLOS. ■ **2** v. tr. TECHNOL. Doter d'une temporisation. *Temporiser le déclenchement* *d'une alarme.* ➤ **retarder.** p. p. adj. *Relais temporisé.* ■ CONTR. Hâter (se).

TEMPS [tɑ̃] n. m. – fin xe, au sens d'«espace de temps» (I, A, 2°) ◊ du latin *tempus*

I **(SENS TEMPOREL) LE TEMPS QUI PASSE** Milieu indéfini où paraissent se dérouler irréversiblement les existences dans leur changement, les évènements et les phénomènes dans leur succession. *«Le temps s'en va, le temps s'en va, Madame, Las ! le temps non, mais nous nous en allons»* RONSARD. **A.** **CONSIDÉRÉ DANS SA DURÉE** ■ **1** Durée globale. *Perdre, gagner du temps. Gain, perte de temps. Rattraper le temps perdu. Le temps c'est de l'argent*.* ALLUS. *«Il faut laisser du temps au temps»* (CERVANTÈS, repris par MITTERRAND), permettre au temps d'agir. *Peu de temps avant, après. Dans, sous peu de temps.* ➤ **prochainement.** *Combien de temps dure ce film ? Un laps, un bout de temps. Espace, intervalle de temps. En peu de temps.* ➤ **rapidement.** LOC. *En un rien* de temps. En moins de temps qu'il n'en faut pour le dire. Avec le temps* (cf. À la longue). ◆ (Considéré comme une grandeur mesurable) *Mesure du temps,* traditionnellement fondée sur l'hypothèse de la constance de la vitesse de rotation de la Terre. *La seconde, unité de base de mesure de temps des systèmes C. G. S., M. K. S. A. et SI. Unités de temps.* ➤ **jour ; heure, minute,** 2**seconde.** *Instruments anciens* (➤ **clepsydre, sablier**), *modernes* (➤ **chronomètre, horloge,** 2**montre,** 2**pendule**) *servant à mesurer le temps. Division du temps.* ➤ **calendrier, chronologie ; semaine, mois, année, siècle, millénaire.** ■ **2** (fin xe) Portion limitée de cette durée globale ; espace de temps (I°). ➤ **moment, période.** *Un long temps. Trouver le temps long. Le temps lui dure. Ça fait passer le temps. Le temps presse. Le temps est compté. Emploi du temps. Travailler à plein temps, à temps complet ; à temps partiel, à mi-temps. Le temps qui nous est imparti. Avoir du temps (de) libre, du temps à soi.* ➤ **loisir.** *Temps d'arrêt.* ➤ **pause.** *Soldat qui a fini son temps* (de service). — *Unité* de temps* (au théâtre). — *Durant, pendant ce temps, tout ce temps.* (Belgique) *Sur ce temps-là :* pendant ce temps. *Pendant un certain temps. Il perd patience au bout d'un certain temps. Pendant, depuis quelque temps. Quelque temps après. Pour un temps.* LOC. *N'avoir, ne durer qu'un temps :* être éphémère, provisoire. *Tout cela n'aura qu'un temps,* ne durera pas. *Condamnation, travaux forcés à temps,* pour un temps limité, fixé (opposé à *à perpétuité, à vie*). *«les condamnés à temps pouvaient librement circuler dans toute la longueur de la salle»* J. VERNE. — loc. conj. *Depuis le temps que... Depuis le temps que tu le sais, tu aurais pu me prévenir. Il y a beau temps que... :* il y a longtemps que... ◆ Employé comme adv. (sans prép.) *Il attendit un temps, un certain temps, quelque temps,* pendant quelque temps. (Belgique) *Tout un temps :* pendant un certain temps. *«Il avait habité ici, tout un temps, à la Boule d'Or»* SIMENON. *Ça va un temps. C'est comme cela la plupart, la moitié, les trois quarts du temps :* presque toujours, le plus souvent. (1869) **TOUT LE TEMPS :** continuellement, sans cesse. *Il répète tout le temps la même chose.* ◆ Durée passée à (qqch.). *Temps d'activité, de fonctionnement. «Le Flamand alluma le plafonnier, s'accouda à la fenêtre le temps d'une cigarette»* DAENINCKX. — **LE TEMPS DE** (et inf.) : le temps nécessaire pour... *Avoir, n'avoir pas le temps de s'amuser.* ➤ **loisir.** *Je n'ai pas trouvé le temps d'y aller. Prends le temps de respirer.* ELLIPT *«je me disais que j'avais le temps : ça, c'est la grande connerie des hommes, on se dit toujours qu'on a le temps, qu'on pourrait faire cela le lendemain, trois jours plus tard, l'an prochain, deux heures après»* PH. CLAUDEL. *Vous avez tout le temps. Je n'ai pas le temps. Le temps matériel*.* — *Le temps de* (et inf.), *le temps que* (et subj.), locutions introduisant une proposition qui précise une durée antérieure, une durée d'attente. *«Le temps de lire, comme le temps d'aimer, dilatent le temps de vivre»* PENNAC. *Le temps de mettre mon manteau et j'arrive. Laissez-lui le temps de terminer. Le temps que tu y ailles, je serais déjà revenu.* — RÉGION. (Franche-Comté, Savoie ; Suisse) LOC. *Avoir meilleur temps de :* avoir intérêt à, être plus avisé de. *Tu aurais meilleur temps d'y aller en voiture.* ◆ **MON, SON TEMPS...** *Passer, employer, occuper, consacrer son temps à un travail, à travailler. Cette activité occupe tout son temps* (➤ **chronophage**). *Perdre son temps.* ➤ FAM. **glander.** *«Ceux qui payent de leur temps et de leur personne»* BALZAC. LOC. *Le plus clair de son temps. Nous avons tout notre temps :* nous ne sommes pas pressés. *Prendre (tout) son temps :* ne pas se presser. — *Avoir fait son temps :* avoir terminé sa carrière ; (CHOSES) être hors d'usage ; dépassé, périmé. *Ce moteur a fait son temps. «J'ai fait mon temps – Il n'est pas d'expression qu'on puisse proférer avec plus d'à-propos à n'importe quel moment d'une vie»* CIORAN. ◆ SPÉCIALT Espace de temps mesuré. *Temps qu'un mobile emploie à parcourir un espace. Variable de temps.* ◆ Au plur. Durée déterminée de travail. *Les temps humains, techno-humains* (individu et machine). ■ **3** (1677) Chacune des divisions égales de la mesure, en musique. *Une noire, une croche par temps. Temps fort,* qui doit être fortement accentué ; FIG. le moment crucial, le point culminant. *Les temps forts du match. Temps faible,* qui ne doit pas être accentué. *Valse à trois temps.* — CHORÉGR. Pas composé de plusieurs mouvements. *Temps levé.* ◆ (1677, en escrime) GYMN., ESCR. Chacun des mouvements simples, d'une certaine durée, qui interviennent dans l'exécution d'un mouvement ou d'un exercice composé. LOC. FAM. (par allusion à la rapidité d'un maniement d'armes) *En deux temps, trois mouvements :* très rapidement (cf. En deux coups de cuillère* à pot). *«En deux temps, trois mouvements, j'ai signé tout ce qu'il a fallu»* AVELINE. *Au temps pour moi :* se dit lorsqu'on admet son erreur (souvent écrit à tort *autant pour moi*). ■ **4** Chacune des phases d'une action, d'une opération, d'un cycle de fonctionnement. *Vous procéderez en deux temps.* ➤ **étape.** *Dans un premier temps, vous lirez ce texte, dans un deuxième temps, vous me ferez un compte rendu.* ➤ **abord** (d'abord) ; **ensuite.** — (1889) SPÉCIALT *Moteur à quatre temps* (admission ou aspiration, compression, combustion ou explosion, échappement), *à deux temps* (où ces quatre phases sont réalisées en deux courses de piston). SUBST. *Un deux temps.* ■ **5** (1860) SPORT Durée chronométrée d'une course. *Réaliser le meilleur temps. Faire un bon temps.* — AU PLUR. *Être dans les temps,* à l'heure. — LOC. **TEMPS MORT,** pendant lequel l'arbitre interrompt un match, et qui s'ajoute à la durée totale prévue. FIG. Temps d'inactivité ; moment où il ne se passe rien. *Un film d'action sans temps mort.* — LOC. *En un temps record*.* ■ **6** (v. 1960 ◊ anglais *time-sharing*) INFORM. *Temps partagé* ou *partage de temps :* découpage du temps permettant à un ordinateur d'exploiter périodiquement plusieurs voies à un rythme assez rapide pour donner à leurs utilisateurs l'impression d'un traitement simultané. — (anglais *real time*) *Temps réel :* intervalle de temps compatible avec le rythme réel d'arrivée des données et à l'intérieur duquel un ordinateur peut effectuer les traitements nécessaires. *Travailler en temps réel.* — ÉLECTRON. *Temps de retard,* que met un signal à transiter dans un système.

B. **CONSIDÉRÉ DANS SA SUCCESSION (CHRONOLOGIE)** ■ **1** (fin xe) Point repérable dans une succession par référence à un «avant» et un «après». ➤ **date, époque, moment ;** et aussi 1**passé,** 1**présent,** 1**avenir, futur.** *«Il me souvient d'un temps fort éloigné»* VALÉRY. *Le temps n'est pas loin où... En ce temps-là. Depuis ce temps-là :* depuis lors. *«À la recherche du temps perdu», œuvre romanesque de Marcel Proust, «Le Temps retrouvé» (titre du dernier tome).* — LOC. *En temps utile* [ɑ̃tɑ̃zytil], *voulu, opportun :* dans les délais, au moment convenable. (1489 *en temps et heure*) *En temps et en heure :* au bon moment. *En temps et lieu.* — *Chaque chose en son temps :* on ne peut s'occuper de tout en même temps, il faut procéder par ordre. *«elle se savait destinée à quelque chose d'à la fois magnifique, rapide et atroce qui viendrait en son temps»* C. SIMON. *Il y a un temps pour tout.* — GRAMM. *Adverbes, compléments de temps,* marquant un temps. *Subordonnées de temps.* ➤ **temporel.** ◆ ASTRON., PHYS. Ce point déterminé par le calcul. *Échelle de temps :* système de référence indépendant de l'espace (en mécanique classique ; *temps absolu*) ou qui lui est lié (en mécanique relativiste ; *temps propre* ou *temps local*) (cf. Espace*-temps). *Temps solaire vrai :* angle horaire du Soleil à l'instant considéré. *Temps sidéral :* angle horaire du point vernal* à l'instant considéré. *Temps moyen* ou *astronomique :* temps solaire vrai, dépouillé de ses inégalités séculaires ou périodiques (la différence constitue *l'équation* du temps*). *Temps civil :* temps moyen avancé de 12 heures. *Temps universel (T. U.) :* temps civil du méridien d'origine. (REM. Comme il s'agit du temps civil et non du temps moyen de Greenwich, l'expression *temps moyen de Greenwich,* TMG [ou GMT] est proscrite.) *Temps légal :* pour un État, temps universel corrigé du nombre entier d'heures le plus voisin de sa longitude moyenne. ➤ **fuseau** (horaire) ; **heure** (légale). *Temps atomique international (T. A. I.) :* échelle de temps basée sur la transition entre deux niveaux d'énergie atomique ou moléculaire (cf. Horloge* atomique). *«On appelle "temps zéro" cet instant au-delà duquel nous ne pouvons rien affirmer»* H. REEVES. ■ **2** (fin xie) La suite des évènements, dans l'histoire. ➤ **ère, époque, génération, siècle.** *Ce temps,* le temps dont il est question. *Notre temps,* celui où nous vivons. *Être de son temps,* en avoir les mœurs, les idées. *Il faut vivre avec son temps. Être en avance sur son temps. Le temps actuel, le temps présent.* FAM. *Par le(s) temps qui cour(en)t :* les choses de ce temps étant ce qu'elles sont. *Le temps passé ; l'ancien, le bon vieux temps. «Ballade des dames du temps jadis», de Villon. «Le bon historien n'est d'aucun temps ni d'aucun pays»* FÉNELON. *De tous les temps. — Ça se passait du temps, au temps des croisades.* — **TEMPS DE...**, occupé, caractérisé par... *En temps de paix, de guerre. En temps normal,* ordinaire, sans évènements exceptionnels. — **LES TEMPS** (avec une nuance d'indétermination). *Les temps les plus reculés. Temps bibliques, héroïques, fabuleux. Depuis la nuit* des temps. L'échelle des temps géologiques. Les temps modernes, futurs. La suite des temps. Autres temps, autres mœurs. «Ô temps, ô mœurs !»* LA FONTAINE (cf. lat. *O tempora ! o mores !* [Cicéron]). LOC. *Les temps sont durs :* l'époque est difficile. — Lang. bibl. Ce qui a été prophétisé. *Les temps approchent.* LOC. *La consommation des temps. Signe* des temps. — Dans les premiers, derniers temps (de qqch.) :* au début, à la fin. *«Dans les derniers temps de l'Empire»* RENAN. Employé comme adv. *Je l'ai vu ces derniers temps, ces temps derniers. Les premiers temps :* au début. *Elle est un peu fatiguée ces temps-ci :* en ce moment. ▪ **3** Époque de la vie. ➤ **âge.** — (Avec un possessif) *De mon temps,* quand j'étais jeune. *«Je sais pas, de votre temps, mais de mon temps, on ne grandissait pas si vite ! dit madame Salorde»* DUVERT. — (début XIIIe) **BON TEMPS :** moments agréables, de plaisir. (1561) *Se donner, se payer, prendre du bon temps,* s'amuser, profiter des plaisirs de la vie. *C'était le bon temps,* une époque où l'on était plus jeune et plus heureux. ◆ (début XIIIe) Époque de l'année. ➤ **saison.** *Le temps des moissons, des vendanges. Le temps des cerises. «Le temps des lilas approchait de sa fin»* PROUST. *Le temps des vacances.* — Moment de l'année liturgique. *Le temps de carême. Les quatre temps.* ➤ **quatre-temps.** *Le propre* du temps.* ◆ **LE TEMPS DE** (et inf.) : le temps où il convient de... *«Ai-je passé le temps d'aimer ?»* LA FONTAINE. *Le temps est venu de prendre une décision. Il sera toujours temps d'aviser. Il est plus que temps de partir.* LITTÉR. *Il n'en est plus temps. Il est (grand) temps que* (et subj., avec une idée d'urgence). *Il était temps que les secours arrivent.* SANS COMPL. *Il était temps !* (cf. Il était moins* une). ▪ **4** loc. adv. (fin XIe) **À TEMPS :** juste assez tôt ; à point nommé. *«Nous arrivâmes à temps pour voir rentrer la procession»* DAUDET. ◆ **EN MÊME TEMPS :** simultanément. *Ils sont arrivés tous les deux en même temps. Faire deux choses en même temps.* ➤ **parallèlement.** À la fois. *Le père «était en même temps juge et maître»* FUSTEL DE COULANGES. — Aussi bien. *«Eugène Delacroix était, en même temps qu'un peintre épris de son métier, un homme d'éducation générale»* BAUDELAIRE. — FAM. (Exprime une restriction, une opposition) ➤ **cependant.** *Il n'a pas les compétences requises ; en même temps, il est très motivé.* — **ENTRE TEMPS.** ➤ **entre-temps.** — **DANS LE MÊME TEMPS :** simultanément, parallèlement. — **DE TEMPS EN TEMPS** [d(ə)tɑ̃zɑ̃tɑ̃] ; *de temps à autre* [d(ə)tɑ̃zaotʀ] : à des intervalles de temps plus ou moins longs et irréguliers. ➤ **parfois, quelquefois.** *Il vient de temps en temps.* — **DE TOUT TEMPS :** depuis toujours (cf. De toute éternité*). — **EN TOUT TEMPS :** pas plus à une époque qu'à une autre, toujours. — (1831) FAM. **DANS LE TEMPS :** autrefois, jadis. *«C'est sans doute pour cela, [...] que dans le temps il a refusé de m'épouser»* STENDHAL. *«elle s'est mise à parler [...] des hivers de "dans le temps"»* LARBAUD. — loc. conj. (XVIIe) **DU TEMPS QUE** (et indic.) : lorsque. *Du temps que les bêtes parlaient... «du temps qu'Arcachon n'était qu'un village»* MAURIAC. **DANS LE TEMPS, AU TEMPS, DU TEMPS OÙ... :** alors que..., quand. (Belgique) *Sur le temps que :* pendant que. ▪ **5** (fin XIIe) GRAMM. Forme verbale particulière à valeur temporelle (➤ **conjugaison**). *Temps et modes. Temps et aspect. Temps simples :* présent, imparfait, passé simple, futur. *Temps composés,* formés avec les auxiliaires de temps : futur antérieur, passé composé, passé antérieur, plus-que-parfait. *Temps surcomposés*. Concordance* des temps.*

C. DANS DES REPRÉSENTATIONS PSYCHIQUES OU INTELLECTUELLES ▪ **1** (début XIIIe) **LE TEMPS :** entité (souvent personnifiée) représentative du changement continuel de l'univers. *«le temps n'a point de rive. Il coule et nous passons !»* LAMARTINE. *Écoulement, fuite du temps. Le cours, la marche du temps. «Ô temps, suspends ton vol !»* LAMARTINE. *L'action, les injures, les outrages du temps. Défier le temps, être plus fort que le temps* (➤ **éternel, immortel**) ; *être hors du temps* (➤ **intemporel**). — LOC. *Tuer le temps :* échapper à l'ennui, faire passer le temps en s'occupant ou en se distrayant avec peu de chose. *«Il y a mille manières de tuer le temps [...], mille façons de ne rien attendre»* PEREC. ▪ **2** (XVIIe, Pascal) Catégorie fondamentale de l'entendement, objet de la réflexion philosophique et scientifique lié à l'expérience de la durée. *«L'erreur de Kant a été de prendre le temps pour un milieu homogène»* BERGSON. *«Le temps est l'horizon de toute conscience»* HEIDEGGER. *Le temps et l'espace* (cf. Espace*-temps). *Hors du temps. Temps réel, vécu ; temps objectif, mesurable, opératoire.* ➤ **durée, temporalité.**

II (SENS MÉTÉOROLOGIQUE) **LE TEMPS QU'IL FAIT** (milieu XIIe) État de l'atmosphère à un moment donné considéré surtout dans son influence sur la vie et l'activité humaines (➤ 1 **air, ciel, température, vent**). *Temps chaud, froid ; sec, pluvieux. Quel beau temps ! Quel temps fait-il ? Il fait un temps superbe, magnifique. — Mauvais, vilain temps. Temps affreux, épouvantable. Quel sale temps !* MAR. *Gros temps* (➤ **tempête**), *petit temps, temps calme* (➤ **bonace**). LOC. FAM. *Un temps de saison,* considéré comme normal pour la saison. — (Aspect du ciel) *Temps couvert, gris. Temps clair, serein.* — (Impression produite) *Temps lourd, maussade, triste, pourri, incertain. Un temps de chien*, de cochon*. Un temps à ne pas mettre un chien dehors. — Le temps se gâte, menace, se met au beau, au froid ; se rafraîchit, se radoucit, se lève, s'éclaircit. Le temps est au beau, est à la pluie. Sortir par tous les temps* (cf. Qu'il neige ou qu'il vente*). — *Étude et prévision scientifiques du temps.* ➤ **météorologie ; baromètre.** ◆ LOC. *Vivre de l'air* du temps. La pluie* et le beau temps.* PROV. *Il faut prendre le temps comme il vient,* savoir s'accommoder aux circonstances avec philosophie.

▪ HOM. Tan, tant, taon.

TEMPURA [tɛmpuʀa] n. m. – 1909 ◇ mot japonais, emprunté au portugais ▪ Beignet très léger de légumes ou de poisson. *Les sushis et les tempuras.*

TENABLE [t(ə)nabl] adj. – XIIe «que l'on peut tenir» ◇ de *tenir* ▪ **1** Où l'on peut se tenir, demeurer (en emploi négatif). *«Ce n'est plus tenable, nous grillons»* ZOLA. ➤ **supportable, tolérable.** ▪ **2** (PERSONNES) Que l'on peut faire tenir tranquille, maîtriser. *«fallait pas l'exciter... Il était plus tenable [...] dès qu'on croisait les militaires»* CÉLINE. ▪ CONTR. Intenable.

TENACE [tənas] adj. – 1501 ◇ latin *tenax, acis,* de *tenere* «tenir» ▪ **1** VIEILLI OU DIDACT. Qui tient, demeure avec autre chose en y adhérant, s'y accrochant. *Colle tenace.* ➤ **adhérent.** *«Le sec et tenace chiendent»* CLAUDEL. ◆ PAR ANAL. *Odeur, parfum tenace,* qui persiste pendant longtemps. *Tache tenace.* ▪ **2** (XVIe) FIG. Difficile à détruire. *Une douleur tenace. «Espoir tenace de survivre toujours»* BARBUSSE. ➤ **irréductible.** *Préjugés tenaces.* ➤ **durable.** *«Les illusions de l'esprit sont tenaces»* PAULHAN. ▪ **3** (1762) PERSONNES Qui tient avec opiniâtreté à ses opinions, à ses décisions. ➤ **entêté,** 1 **ferme, obstiné, têtu.** *«un solliciteur trop tenace»* ROMAINS. ➤ **collant,** FAM. **crampon.** — PAR EXT. Qui implique la ténacité, l'obstination. *«Tenace volonté»* MAUROIS. *Résistance tenace.* ➤ **opiniâtre.** — adv. **TENACEMENT,** 1557.
▪ CONTR. Fugace ; volatil. Changeant, versatile.

TÉNACITÉ [tenasite] n. f. – 1370 ◇ latin *tenacitas* ▪ Caractère de ce qui est tenace. ▪ **1** DIDACT. Caractère gluant, visqueux. *Ténacité du gluten* (dans la préparation de la pâte à pain). — Solidité. *Ténacité d'un alliage mesurée par la charge, la limite de rupture.* ◆ COUR. Caractère persistant. *Ténacité d'une odeur.* ▪ **2** FIG. Caractère tenace (2°). *Ténacité d'un souvenir, d'un espoir, d'un préjugé.* ▪ **3** Caractère d'une personne tenace, attachement opiniâtre à une idée, un projet, une volonté. ➤ **fermeté, obstination, opiniâtreté, persévérance.** *«Avec le courage et la ténacité d'un désespéré»* PERGAUD. ▪ CONTR. Fragilité, fugacité, versatilité.

TENAILLANT, ANTE [tənajɑ̃, ɑ̃t] adj. – 1836 ◇ de *tenailler* ▪ Qui tenaille (2°), fait souffrir. *Une faim tenaillante. «Quelque chose de plus pénible et de plus tenaillant que tout ce qu'il avait ressenti»* MAUPASSANT.

TENAILLE [t(ə)naj] n. f. – XIIe ◇ du bas latin *tenacula,* plur. de *tenaculum* «lien, attache», de *tenere* «tenir» ▪ **1** (Surtout au plur.) Outil de métal, formé de deux branches croisées et articulées qui se terminent par des mors. ➤ **pince.** *Tenailles de charpentier, de menuisier,* à mâchoires courbes. *Arracher un clou avec des tenailles. «le maréchal se saisit du fer rouge avec de grandes tenailles»* ARAGON. ◆ ANCIENNT Instrument de supplice en forme de tenailles. ◆ FIG. Ce qui serre, étreint (➤ **tenailler**). *«Les tenailles de l'imagination»* FRANCE. ➤ **étau.** LOC. *Être pris en tenailles,* prisonnier d'une situation. ▪ **2** FORTIF. Ouvrage présentant un angle rentrant (face à l'ennemi).

TENAILLEMENT [tənajmɑ̃] n. m. – 1611 ◇ de *tenailler* ▪ **1** ANCIENNT Supplice des tenailles. ▪ **2** FIG. Action de tenailler (2°). *Le tenaillement du remords.*

TENAILLER [tənaje] **v. tr.** ‹1› – 1549 ◊ de *tenaille* ■ **1** ANCIENNT Supplicier, torturer avec des tenailles rougies. *« Damiens fut tenaillé avec de grosses pinces ardentes »* VOLTAIRE. — PAR ANAL. Serrer, pincer comme avec des tenailles. *Il « me tenailla de ses doigts de fer »* FRANCE. ■ **2** FIG. (XVIᵉ) Faire souffrir moralement ou physiquement. ➤ **torturer, tourmenter.** *La faim le tenaille. Tenaillé par le remords.*

TENANCIER, IÈRE [tənɑ̃sje, jɛʀ] **n.** – 1490 ; fém. 1690 ◊ de l'ancien français *tenance* « propriété, tenure » ; de *tenir* ■ **1** FÉOD. Personne qui tenait en roture des terres dépendant d'un fief. ♦ (1617) MOD. Personne qui tient une exploitation (fermier, métayer...), et SPÉCIALT une petite métairie dépendant d'une plus grosse ferme. ■ **2** ADMIN. ou PÉJ. Personne qui dirige, qui gère un établissement soumis à une réglementation ou à une surveillance des pouvoirs publics (➤ **directeur, gérant**). — (1893) *Tenancier d'une maison de jeux. Tenancière d'une maison de prostitution.* — (Sans valeur péj.) *Tenancier d'un hôtel.* ➤ 1 **patron,** FAM. **taulier.**

TENANT, ANTE [tənɑ̃, ɑ̃t] **adj. et n.** – XIIIᵉ « tenace » ; 1160 « stable, ferme » ◊ de *tenir*

I **adj.** ■ **1** Qui « se tient », ne s'interrompt pas. *Séance* tenante.* ■ **2** (milieu XXᵉ) *Chemise à col tenant,* qui tient, n'est pas séparé (opposé à *faux col, col dur*).

II **n.** ■ **1** (Dans quelques emplois) Personne qui tient. **n. m.** ANCIENNT Tenancier de terres en roture. — **n.** MOD. SPORT *Le tenant, la tenante du titre,* la personne qui le détient. ➤ **détenteur.** ♦ **n. m.** FÉOD. Chevalier, combattant dans un tournoi, qui entreprenait de tenir contre tout assaillant. ■ **2** **n. m.** (avant 1685) Personne qui tient pour, qui soutient. ➤ **adepte, champion, défenseur, partisan.** *Les tenants d'une doctrine, d'une opinion, d'un parti. Les tenants d'un homme.* ➤ **disciple.** ■ **3** **n. m.** BLAS. Figure qui tient, soutient l'écu. ■ **4** **n. m.** (1160) Ce qui n'est pas séparé, forme un ensemble qui se tient ; seult dans les loc. *d'un tenant, d'un seul tenant :* d'une seule pièce. *Un domaine de 10 hectares d'un seul tenant.* ♦ DR. *Les tenants :* les terres qui bornent une propriété ; SPÉCIALT ses dépendances. *Les tenants et aboutissants d'une pièce de terre.* — FIG. (XIVᵉ) COUR. *Les tenants et les aboutissants* d'une affaire.*

■ CONTR. Adversaire.

TENDANCE [tɑ̃dɑ̃s] **n. f.** – XIIIᵉ « inclination amoureuse » ; rare avant 1734 ◊ de 1 *tendre* ■ **1** PHYS. VX Attraction des corps. ■ **2** (répandu XIXᵉ) COUR. Ce qui porte qqn à agir, à se comporter de telle ou telle façon. ➤ **disposition, inclination, penchant, pente, prédisposition, propension.** *Des tendances égoïstes. Une fâcheuse tendance. Tendances contradictoires. « Cet équilibre entre nos tendances profondes »* SARTRE. *« grande, bien en chair, avec une tendance à l'embonpoint »* GUILLOUX. — **AVOIR TENDANCE À** (et l'inf.) : être enclin à. *« Les hommes ont tendance à trop croire à leurs mérites »* TRUFFAUT. *Avoir tendance à grossir.* ♦ (1896) PSYCHOL. Principe dynamique, considéré comme la cause de l'orientation des activités humaines. *« La tendance n'est jamais que l'orientation spontanée d'un certain nombre de besoins vers les objets qui en assurent la satisfaction »* M. PRADINES. PSYCHAN. *Tendances inconscientes.* ➤ **pulsion.** *Tendances refoulées.* ■ **3** (fin XVIIIᵉ) Orientation commune à une catégorie de personnes. *Toutes tendances politiques confondues.* ➤ 2 **courant, mouvance** (cf. Couleur* politique). *Tendance artistique ou intellectuelle.* ➤ **école, mouvement.** *Il faut que le critique « comprenne et explique toutes les tendances [...] et admette les recherches d'art les plus diverses »* MAUPASSANT. ■ **4** (rare avant XIXᵉ) Évolution (de qqch.) dans un même sens. ➤ **direction, orientation.** *Tendances du cinéma. Les dernières tendances de la mode.* ADJT INV., FAM. *Des bottes très tendance.* — *Tendance à la hausse. Avoir tendance à :* s'orienter vers. *Les prix ont tendance à monter.* ➤ 1 **tendre** (à). ÉCON. *Indicateur* de tendance.* ♦ *La tendance d'un livre, d'un discours :* son intention, son orientation intellectuelle. *Faire à qqn un procès de tendance,* le juger sur les intentions qu'il a ou qu'on lui prête, sans attendre les actes (cf. Un procès d'intention*). ♦ STATIST. *Tendance fondamentale, de fond :* tendance durable pouvant être explicitée graphiquement.

TENDANCEUR, EUSE [tɑ̃dɑ̃sœʀ, øz] **n.** – 1999 ◊ de *tendance* ■ Personne dont le métier consiste à repérer les nouvelles tendances, SPÉCIALT dans le domaine de la mode.

TENDANCIEL, IELLE [tɑ̃dɑ̃sjɛl] **adj.** – 1874 ◊ de *tendance* ■ DIDACT. Qui marque une tendance, une orientation déterminée (dans une évolution, un phénomène). *Loi tendancielle.* — **adv. TENDANCIELLEMENT.**

TENDANCIEUX, IEUSE [tɑ̃dɑ̃sjø, jøz] **adj.** – 1802 ◊ de *tendance* ■ PÉJ. Qui manifeste ou trahit une tendance intellectuelle, idéologique inexprimée, des préjugés. ➤ **partial.** *Interprétation tendancieuse d'un texte* (➤ **solliciter**). *Récit tendancieux,* peu objectif (avec une intention cachée). *Tenir des propos tendancieux.* — **adv. TENDANCIEUSEMENT** (1887). ■ CONTR. 1 Objectif.

TENDE [tɑ̃d] **n. f.** – 1845 ◊ de 1 *tendre,* comme *tendon ; tende* a remplacé *tente* (1845-1875) ■ BOUCH. *Tende de tranche :* morceau de bœuf situé sur la face interne de la cuisse. ➤ **tranche.**

TENDELLE [tɑ̃dɛl] **n. f.** – 1875 ◊ de *tendre (un piège)* ■ Collet pour prendre les grives.

TENDER [tɑ̃dɛʀ] **n. m.** – 1837 ◊ mot anglais, de *to tend* « assister, accompagner (qqn) » ■ Wagon qui suit une locomotive à vapeur et contient le combustible et l'eau nécessaires. *« debout sur la plaque de tôle qui reliait la machine au tender »* ZOLA.

TENDERIE [tɑ̃dʀi] **n. f.** – 1555, rare avant XVIIIᵉ ; *tendrie* « action de tendre » XIVᵉ ◊ de 1 *tendre* ■ Chasse où l'on tend des pièges (aux oiseaux) ; terrain où l'on a tendu ces pièges.

TENDEUR, EUSE [tɑ̃dœʀ, øz] **n.** – 1262 ◊ de 1 *tendre* ■ **1** Personne qui tend qqch. SPÉCIALT *Tendeur de tapisseries, de tentures. Tendeur de pièges.* ■ **2** **n. m.** (1858) Appareil, dispositif servant à tendre, à maintenir tendue une chose souple. *Tendeurs de fils métalliques. Tendeur d'une courroie de transmission.* ♦ COUR. Câble extensible muni d'un crochet à chaque extrémité. ➤ **sandow.** *Arrimer des bagages sur une galerie avec des tendeurs.* ➤ **araignée, pieuvre.**

TENDINEUX, EUSE [tɑ̃dinø, øz] **adj.** – XVIᵉ ◊ du latin *tendinis* → tendon ■ **1** ANAT. Des tendons. *Fibre, gaine tendineuse.* ■ **2** Qui contient beaucoup de tendons. *Viande tendineuse.*

TENDINITE [tɑ̃dinit] **n. f.** – 1867 ◊ du radical de *tendineux* et *-ite* ■ PATHOL. Inflammation d'un tendon. *Tendinite rhumatismale, traumatique. Tendinite d'un sportif. « Les muscles sont fourbus, ses bras raidis par les tendinites »* DEL AMO.

TENDON [tɑ̃dɔ̃] **n. m.** – 1536 ; « mauvaise herbe » XIVᵉ ◊ de 1 *tendre* et suffixe *-on* ■ Structure conjonctive fibreuse, blanche nacrée, par laquelle un muscle s'insère sur un os. ➤ **nerf** (I, 1° VX). *« Sa nuque était délicate, montrant à peine les deux tendons sous les courts cheveux clairs »* LARBAUD. *Tendon d'Achille :* gros tendon du talon par lequel les muscles jumeaux (de la jambe) et le muscle soléaire s'insèrent sur la face postérieure du calcanéum. *Section d'un tendon.* ➤ **ténotomie.**

1 **TENDRE** [tɑ̃dʀ] **v. tr.** ‹41› – v. 1000 ◊ latin *tendere*

I **~ v. tr.** ■ **1** Soumettre (une chose souple ou élastique) à une tension, une traction et la rendre droite. ➤ **bander, raidir.** *Tendre une chaîne, un élastique. Tendre un arc. Tendre les voiles.* ➤ **étarquer.** *« le poids du seau tendait et roidissait ses bras »* HUGO. — *Tendre un ressort en remontant un mécanisme.* — *Tendre ses muscles.* ➤ 2 **contracter.** — PRONOM. *Le câble se tendit.* ♦ PAR EXT. Déployer en allongeant en tous sens. *« Quatre femmes tendent un châle par les quatre bouts »* LOUŸS. — SPÉCIALT *Tendre un filet. Araignée qui tend sa toile.* PAR EXT. (au pr. et au fig.) *Tendre un piège. Tendre une embuscade.* ➤ **dresser.** ♦ Disposer en étendant. *Tendre une tapisserie,* l'installer. *Tendre une bâche sur une remorque.* ■ **2** Recouvrir (de qqch. qui est tendu) en guise de décoration. *Tendre un mur de tapisserie.* ➤ **tapisser ; tenture.** *Chambre tendue d'un papier fleuri.* ■ **3** FIG. Soumettre à un état de tension morale. *Son éclat a tendu l'atmosphère.* — PRONOM. Menacer de rompre, devenir tendu (liens, rapports). ➤ **tension.** *« les rapports de Sartre et d'Olga se tendirent. Ils eurent quelques sérieuses disputes »* BEAUVOIR. ■ **4** Allonger ou porter en avant (une partie du corps). *Tendre le cou. Chien qui tend l'oreille,* qui la dresse. FIG. *Tendre l'oreille,* s'efforcer d'entendre. — *Tendre le bras* (pour prendre, tenir, présenter, saluer). *Tendre les bras* (pour accueillir, embrasser ; pour appeler, invoquer). — *Tendre le poing*, la main*.* — PRONOM. *Les mains se tendent vers les bonbons.* ■ **5** PAR EXT. Présenter (qqch.) à qqn. *Tendre un stylo à qqn.* ➤ **donner.** *Tendre un micro. Tendre son verre. Tendre la perche* à qqn.* ♦ SPÉCIALT Présenter (aux coups, aux mauvais traitements). *Tendre l'autre joue*.* — *Tendre le dos, l'échine ;* FIG. supporter l'adversité. *« j'ai tenu le coup de mon mieux, tendant le dos, espérant des lendemains meilleurs »* COURTELINE.

II **~ v. tr. ind. TENDRE À, VERS** (980) ■ **1** VIEILLI Aller. *Des gens « qui couraient sans savoir où tendaient leurs pas »* FÉNELON. ■ **2** (XVᵉ) Avoir un but, une fin et agir pour s'en rapprocher. ➤ **aspirer** à, 1 **viser** à. *Tendre à la perfection, vers la perfection.*

➤ **chercher.** *«je tends au travers de mille douleurs à vivre heureux»* ABBÉ PRÉVOST. ➤ **s'attacher à, s'efforcer de.** ♦ (D'un sentiment, d'un acte volontaire) Aller intentionnellement vers (tel but). *Activités, décisions, paroles qui tendent à..., vers...* ➤ **s'orienter.** *«Tout doit tendre au bon sens»* BOILEAU. *Efforts qui tendent au même résultat.* ➤ **concourir, contribuer, converger.** ▪ **3** (CHOSES) Avoir tendance à, évoluer de façon à (et l'inf.). *Cette coutume tend à disparaître* (cf. Être en voie de disparition*). — *Les corps pesants tendent à tomber.* ♦ (Sens affaibli) Conduire, mener à (tel effet) sans le réaliser pleinement. *«Ce qui tendrait à prouver [...] qu'il y a une chance pour les fous, un Dieu pour les téméraires»* LOTI. ➤ **sembler.** ▪ **4** S'approcher d'une valeur limite sans l'atteindre. *Tendre vers l'infini. Bénéfices qui tendent vers zéro.*

▪ CONTR. Détendre, relâcher ; décontracter.

2 **TENDRE** [tɑ̃dʀ] adj. et n. – v. 1050 ♦ latin *tener, eri*

I ~ adj. ▪ **1** (CHOSES) Qui se laisse facilement entamer, qui oppose une résistance relativement faible. ➤ 1 **mou.** *Chair, peau tendre.* — (Des choses comestibles) Facile à couper, à mâcher. *Des haricots verts très tendres. Viande tendre* (➤ **tendreté**), *tendre comme la rosée**. *«l'herbe tendre»* LA FONTAINE. ♦ Moins dur, moins résistant que d'autres, dans son genre. *Le calcaire est une pierre tendre.* ▪ **2** VIEILLI Qui peut être très éprouvé par les actions physiques (➤ **délicat, fragile**) parce qu'il est au début de son développement. *Bourgeon tendre. «un enfant, dont les organes encore tendres sont vivement frappés»* MONTESQUIEU. — PAR MÉTON. *L'âge* tendre. Depuis ma tendre enfance.* ▪ **3** (1080) PERSONNES Porté à la sensibilité, aux affections douces (➤ **tendresse**) ; très accessible aux émotions et aux sentiments d'attachement. ➤ **sensible.** *Un cœur, une âme tendre. «la plus tendre des mères»* ROUSSEAU. ➤ **affectueux,** 2 **aimant, doux.** *Tendre épouse. «Plus voluptueuse que tendre»* BALZAC. n. *C'est un tendre.* ➤ **sentimental.** ♦ Qui manifeste de la tendresse. *Il devient tendre avec moi.* ➤ **câlin.** *«On se garderait bien ailleurs de se montrer faible et tendre ; on craindrait le ridicule. En Italie point»* MICHELET. — FAM. *Ne pas être tendre pour, avec qqn,* être sévère, impitoyable. *La critique n'a pas été tendre avec lui.* ▪ **4** (sentiments) Qui présente un caractère de douceur et de délicatesse. *Une tendre affection, amitié. Amour tendre,* où le sentiment d'affection domine. *«Deux pigeons s'aimaient d'amour tendre»* LA FONTAINE. — PSYCHOL. *L'émotion tendre* : la tendance altruiste fondamentale (d'après Ribot). ➤ **tendresse.** ♦ PAR EXT. Qui manifeste l'affection, l'amour tendre. *Tendre aveu. Dire des mots tendres.* ➤ **doux.** *Les Méditations de Lamartine, «épanchements tendres et mélancoliques»* DE GENOUDE. ➤ **élégiaque.** *«Ses lettres devinrent moins tendres»* Mme DE STAËL. — *Regard, air tendre.* ➤ **caressant, doux, langoureux.** ▪ **5** VX Qui suscite une émotion. ➤ **attendrissant,** 2 **touchant.** *Le tendre Racine.* ▪ **6** Doux, atténué. *Couleurs, coloris tendres.* ➤ **pâle,** 2 **pastel.** *Bleu, rose, vert tendre.*

II ~ n. m. LE TENDRE VX Les sentiments, les émotions tendres (emploi à la mode au XVIIe). *«le doux, le tendre et le passionné»* MOLIÈRE. — *Le pays, le royaume de Tendre,* conçu par Mlle de Scudéry, qui en imagina la carte, dite *carte de* (ou COUR. *du*) *Tendre.*

▪ CONTR. Coriace, dur, cruel, 1 froid, insensible, sec. Criard, vif.

TENDREMENT [tɑ̃dʀəmɑ̃] adv. – 1155 ♦ de *tendre* ▪ Avec tendresse. *Aimer, embrasser tendrement.*

TENDRESSE [tɑ̃dʀɛs] n. f. – XVIIe ; «enfance» 1319 ♦ de 2 *tendre* ▪ **1** Sentiment tendre pour qqn. ➤ **affection, attachement.** *«La tendresse est le repos de la passion»* JOUBERT. *Avoir, ressentir, éprouver de la tendresse pour qqn. Élan de tendresse.* ➤ **effusion, épanchement.** *Geste de tendresse. «Un regard si chargé de tendresse»* GAUTIER. *Tendresse maternelle.* ♦ PAR EXT. Sentiment fondamental de sympathie, d'altruisme. *«Le lait de la tendresse humaine»* (trad. de SHAKESPEARE). ▪ **2** AU PLUR. Expressions, témoignages de tendresse. *Mille tendresses* (au bas d'une lettre). ▪ **3** FAM. Préférence complaisante. ➤ **faible, penchant.** *«Garder des tendresses orléanistes»* ZOLA. *Je n'ai aucune tendresse pour ce genre de procédé* : cela me déplaît. ▪ CONTR. Dureté, froideur.

TENDRETÉ [tɑ̃dʀəte] n. f. – *tanreté* XIIe ; critiqué au XVIIe, repris XVIIIe ♦ de 2 *tendre* ▪ Caractère de ce qui est tendre (1°). *«Tendreté des tiges du blé»* BERNARDIN DE SAINT-PIERRE. *La tendreté de la viande, d'un fruit.* ▪ CONTR. Dureté.

TENDRON [tɑ̃dʀɔ̃] n. m. – *tendrum* 1175 ♦ latin populaire °*tenerumen,* de *tener* «tendre», d'après 2 *tendre* ▪ **1** VX Partie molle, tendre ; cartilage. — MOD. *Tendron de veau* : morceau de viande constituant la paroi inférieure du thorax. ▪ **2** (XIIe «bourgeon, rejeton») FAM. et VIEILLI Très jeune fille en âge d'être aimée, relativement à un homme plus âgé. ➤ **jeunesse.** *Il lui faut des tendrons.*

TENDU, UE [tɑ̃dy] adj. – *nerfs tendus* XIe-XIIe ♦ de 1 *tendre* ▪ **1** Rendu droit par traction. *Corde tendue. Toile tendue sur un châssis. Muscles tendus.* ➤ **contracté.** *Jarret tendu.* ♦ *Ressort tendu,* remonté. ♦ *Tir tendu,* dont la trajectoire, ou une partie, est proche d'une droite (opposé à *courbe*). ▪ **2** FIG. (XVIIe) *Esprit tendu, volonté tendue,* qui s'applique avec effort à un objet. — (PERSONNES) Dans un état de tension morale. ➤ **contracté, stressé.** *«Il est tellement préoccupé, tendu, irritable»* AYMÉ. *Vous êtes tout tendu, détendez-vous !* LOC. *Être tendu comme un arc, comme une arbalète,* FAM. *comme un string,* très tendu. *Les «gars sont là, devant et derrière lui, tendus comme des arcs, prêts à bondir vers la cote 113»* P. LEMAITRE. — *Visage, traits tendus.* ➤ **crispé, tiré.** ▪ **3** Qui menace de se dégrader, de rompre. ➤ **difficile.** *Avoir des rapports tendus avec qqn. Situation politique tendue.* ▪ **4** Que l'on tend, que l'on avance. *«le doigt tendu vers moi»* CAMUS. ➤ **pointé.** LOC. *À bras tendus* : à bout de bras. *Poings tendus,* levés. *Politique de la main* tendue.* ▪ **5** PHONOL. Se dit d'un phonème dont l'articulation se caractérise par une déformation plus grande de l'appareil vocal (opposé à *lâche*) par rapport à sa position de repos. ▪ CONTR. Ballant, 1 flasque, lâche. Décontracté, détendu, 1 serein.

TÉNÈBRES [tenɛbʀ] n. f. pl. – 1080 ♦ latin *tenebræ* ▪ **1** Obscurité profonde, considérée le plus souvent comme un milieu matériel. *«Sombre nuit, aveugles ténèbres»* RACINE. *Dans les ténèbres d'un cachot.* ➤ **obscurité,** 1 **ombre ; noir.** *Les ténèbres s'épaississaient, se dissipaient.* ♦ PAR MÉTAPH. *«Ce n'était qu'une lueur dans les ténèbres»* FRANCE. *Les ténèbres de l'inconscient. Les ténèbres de la superstition, de la barbarie.* ➤ **obscurantisme.** ▪ **2** RELIG. (opposé à *la lumière de Dieu*) *Le prince des ténèbres.* ➤ **démon.** *L'empire des ténèbres.* ➤ **enfer.** ▪ CONTR. Lumière.

TÉNÉBREUX, EUSE [tenebʀø, øz] adj. – *tenebros* 1080 ♦ latin *tenebrosus* ▪ **1** LITTÉR. (le plus souvent avec une valeur morale) Où il y a des ténèbres, où il fait noir. ➤ **obscur, sombre.** *Bois ténébreux. «Ma jeunesse ne fut qu'un ténébreux orage»* BAUDELAIRE. ▪ **2** Qui fait le mal en se cachant. *«Le labyrinthe des consciences les plus ténébreuses»* BALZAC. ♦ Qui se cache, se trame dans l'ombre. *Une ténébreuse intrigue. Ténébreux desseins.* ▪ **3** Obscur pour l'esprit, difficile à comprendre, à élucider. ➤ **incompréhensible, mystérieux,** 1 **secret.** *«Poètes [...] soyez ténébreux»* DIDEROT. — Secret et dangereux. ➤ **sombre.** *«Une ténébreuse affaire», roman de Balzac.* ▪ **4** (PERSONNES) Sombre et mélancolique. SUBST. *«Je suis le ténébreux, le veuf, l'inconsolé»* NERVAL. — ALLUS. LITTÉR. *Le Beau Ténébreux* : surnom d'Amadis de Gaule qui, repoussé par celle qu'il aimait, se retira dans un ermitage. — PAR PLAIS. *Un beau ténébreux* : un bel homme à l'air mystérieux et mélancolique. ▪ CONTR. 1 Brillant, clair, lumineux.

TÉNÉBRION [tenebʀijɔ̃] n. m. – 1768 ; «lutin des ténèbres» 1546 ♦ latin *tenebrio* «ami des ténèbres» ▪ ZOOL. Insecte coléoptère *(ténébrionidés)* d'un noir profond, qui habite les lieux sombres et dont la larve vit dans la farine (ver de farine).

TÈNEMENT [tɛnmɑ̃] n. m. – XIIe ♦ de *tenir* ▪ **1** FÉOD. Terre tenue d'un seigneur. ➤ **tenure.** ▪ **2** RÉGION. Réunion de propriétés contiguës. *«La Jassine et Théotime formeraient désormais un seul tènement dans les mains du dernier héritier de la race»* BOSCO.

TÉNESME [tenɛsm] n. m. – 1554 ; *tenasmon* v. 1370 ♦ latin *tenesmus,* grec *teinesmos,* de *teinein* «tendre» ▪ MÉD. Tension douloureuse avec sensation de brûlure et envies continuelles d'aller à la selle ou d'uriner. ➤ **épreintes.**

1 **TENEUR** [tənœʀ] n. f. – XIIe ♦ latin juridique *tenor* «contenu (d'un acte)», classique «continuité», de *tenere* «tenir» ▪ **1** Contenu exact, texte littéral (d'un écrit, d'une communication orale). *La teneur d'un article, d'une lettre. La teneur d'un discours.* ▪ **2** (1872) Quantité (d'une matière) contenue dans (un corps). ➤ **titre.** *Teneur en or d'un minerai. La teneur du sang en hémoglobine.* — *Teneur isotopique* : rapport du nombre des atomes d'un isotope d'un élément chimique au nombre total des atomes de l'élément contenus dans une matière. — *Teneur moléculaire.* ➤ **molarité.**

2 **TENEUR, EUSE** [tənœʀ, øz] n. – *teneor* «possesseur» XIIe ♦ de *tenir* → tenancier ▪ VX Personne qui tient. ♦ (1670) MOD. *Teneur, teneuse de livres* : personne qui tient les livres de comptabilité. — *Teneur de compte,* qui tient un compte de titres.

TÉNIA [tenja] **n. m.** – 1764 ; *taenia* 1872 ; *toenia* v. 1560 ; *tynia* XVe ◊ latin *tænia*, grec *tainia*, proprt «bandelette» ■ Ver plathelminthe *(cestodes)*, parasite de l'intestin des mammifères, au corps formé d'un grand nombre d'anneaux plats, muni de ventouses ou de crochets de fixation. ➤ **bothriocéphale.** *Larves du ténia.* ➤ **cysticerque.** *Le ténia de l'être humain, ou ver solitaire, est long de 4 à 12 mètres. Anneau du ténia.* ➤ **cucurbitain.** *Ténia du chien* (➤ **échinocoque**), *du mouton* (➤ **cénure**). — On écrit aussi *tænia.*

TÉNIFUGE [tenifyʒ] **adj. et n. m.** – 1833 ◊ de *téni(a)* et *-fuge* ■ MÉD. Qui provoque l'expulsion des ténias. *Remède ténifuge.* **n. m.** Vermifuge contre le ténia.

TENIR [t(ə)niʀ] **v.** ⟨22⟩ – fin Xe, au sens d'«occuper une charge» (I, E, 3°) ◊ du latin populaire *tenire*, de *tenere*. *Tenez* (I, D, 2°) était utilisé au jeu de paume pour prévenir l'adversaire lorsque la balle était lancée. Emprunté par l'anglais au Moyen Âge, cette formule est devenue *tennis.* → tennis

I ~ **v. tr. A. MAINTENIR AVEC SOI, CONTRE SOI, DANS UNE POSITION OU UN ÉTAT** ■ **1** (fin XIe) Avoir (un objet) avec soi en le serrant afin qu'il ne tombe pas, ne s'échappe pas. *Tenir son chapeau à la main. Tenir un objet par le milieu, à l'envers. «Il tenait un luth d'une main, De l'autre un bouquet d'églantine»* MUSSET. *Tenir qqn dans ses bras.* ➤ **embrasser, étreindre, serrer.** — PAR EXT. *Ma main tenait la sienne.* — *Tenir la porte à qqn* (pour le laisser passer). ■ **2** Avoir (un objet) à la main, dans les mains en serrant. *Tenir les rênes d'un cheval, la laisse d'un chien ; la rampe d'un escalier.* — LOC. *Tenir bon la rampe*. Tenir la queue de la poêle*. Tenir la dragée* haute à qqn. Tenir la bride* haute à qqn. Tenir les cordons de la bourse*. Tenir la chandelle*. Tenir le bon bout*.* PAR EXT. *Se tenir le ventre de douleur.* — *Tenir un enfant par la main*, tenir sa main. *Il la tient par la taille. Je te tiens, tu me tiens par la barbichette* (chanson enfantine). *Se tenir les côtes de rire. Tenir la jambe* à qqn.* ■ **3** (milieu XIIe) (CHOSES) Faire rester en place. ➤ **retenir.** *Des sandales tenues par une lanière.* — FIG. (1563) Conserver, garder. *Tenir une pose. Piano qui tient l'accord.* ◆ (PERSONNES) *Tenir sa langue*, son sérieux.* (Attribut) *Tenir qqch. secret.* ■ **4** (fin XIe) Faire rester dans un certain état, pendant un certain temps. ➤ **maintenir.** *Il lui a tenu la tête sous l'eau. Le médecin m'a tenu là pendant une demi-heure.* ➤ **garder.** LOC. *Tenir qqn en respect* avec un révolver. Tenir qqn en échec*, en haleine*. Tenir qqn au courant*. Il tenait les yeux baissés. Ces travaux me tiendront occupé jusqu'en juillet. Un vêtement qui tient chaud.* — *Tenir un plat au chaud.* — *Tenir une note*, en prolonger le son (➤ **ténuto**).

B. SAISIR (CE QUI S'ÉCHAPPE), S'EMPARER DE *Tenir qqn*, être maître de lui, de sa liberté, de son indépendance. ➤ **maîtriser.** *Nous tenons les voleurs. «Pour la première fois, une femme me tenait. J'étais son esclave, je ne désirais qu'elle»* MIRBEAU. *Si je le tenais !* (il verrait cela). *Professeur qui sait tenir ses élèves*, qui a de l'autorité. — *«Amour, amour quand tu nous tiens»* LA FONTAINE.

C. RÉSISTER À (dans quelques expressions). *Un navire qui tient bien la mer*, qui ne risque pas de chavirer. — *Tenir l'alcool* : être capable de boire beaucoup sans être ivre. *«Y avait pas à dire, elle aimait le rhum. Et elle le tenait rudement bien»* R. GUÉRIN. — FAM. *Tenir bon. Tenir le choc*, le coup*, le cap.* — *Tenir tête* à.*

D. DÉTENIR ■ **1** (milieu XIIe) Avoir en sa possession. ➤ **1 avoir, détenir, posséder.** *Il croit tenir la vérité. Tenir sa revanche. Le bonheur «lorsqu'on le tient, ce n'est plus rien de bon»* ALAIN. — MILIT. *Troupes qui tiennent un territoire, une position*, qui en sont maîtres. — PROV. *Mieux vaut tenir que courir* : il vaut mieux avoir effectivement qqch. qu'entretenir de grands espoirs de l'obtenir. — (fin XIIe) *Un tiens vaut mieux que deux tu l'auras* : mieux vaut avoir effectivement une chose, que la promesse d'une chose de plus grande valeur. ◆ FAM. *Tenir une bonne cuite*. Il en tient une bonne ! Je tiens un de ces rhumes. Il tient une de ces couches !* : il est très bête. ■ **2** (1624) LITTÉR. **FAIRE TENIR qqch. À qqn :** faire parvenir. *«Une petite fille nommée Carmen, à qui je fis tenir [...] une lettre dans laquelle je lui exprimais mon amour»* RADIGUET. ◆ (fin XIe) **TIENS, TENEZ !,** prends, prenez. *Tenez, voilà votre argent. «Il gifla le gosse. "Tiens, ça t'apprendra !"»* ARAGON. (Pour présenter qqch.) *Tenez, je l'ai vu hier. Ça m'écœure, tiens !* — **TIENS ! (pour marquer l'étonnement).** *Tiens ! je ne l'aurais pas cru.* ➤ **2 té.** *Tiens, tiens ! C'est bien étrange.* ◆ **TENIR EN :** avoir en. *Tenir qqn en estime.* ■ **3** (fin XVe) **TENIR qqch. DE qqn,** l'avoir appris par lui. *«J'ai su par H. G. qui le tenait de P. que V. lui avait téléphoné pour savoir où j'étais»* H. GUIBERT. *De qui tenez-vous ce renseignement ? Nous tenons de source sûre, de bonne source que...* ◆ FIG. Avoir par hérédité. *Il tient cela de son père. «Je tenais de ma grand-mère d'être dénué d'amour-propre»* PROUST.

E. OCCUPER, REMPLIR (UN ESPACE, UNE ACTIVITÉ) ■ **1** Occuper (un certain espace). *«L'enseigne, qui tenait toute la largeur de la boutique»* FLAUBERT. — *Bouteille qui tient le litre.* ➤ **contenir.** ■ **2** (1573) Occuper (un lieu), sans s'en écarter. *Conducteur qui tient sa droite.* LOC. *Tenir la route*. Tenir le haut du pavé*.* ◆ FIG. *Sa famille tient une grande place dans sa vie. Tenir son rang.* — LOC. *Tenir lieu* de...* ■ **3** (fin Xe) Remplir (une activité). ➤ **exercer.** *Tenir une charge, un emploi, un poste. Tenir son rôle. Tenir compagnie. La conduite à tenir.* — (milieu XIVe) Avoir sous sa direction, sous son autorité... ➤ **diriger, gérer.** *Tenir un hôtel, un café* (➤ **tenancier**). *«Elle tenait bien sa maison, c'est-à-dire qu'avec le minimum d'argent elle arrivait à nourrir et à habiller sa famille»* A. ERNAUX. *Tenir boutique.* PAR EXT. *«Dans la fanfare littéraire, je tiens la grosse caisse»* F. DARD. *Le greffier tient les notes d'audience. Tenir un registre, un journal. Tenir une rubrique dans un journal. Tenir la caisse, la comptabilité, les livres de comptes* (➤ **2 teneur**). LOC. *Tenir compte* de.* ■ **4** Présider (une réunion), prendre part à. *Tenir une assemblée, un concile, une conférence... Tenir conseil, séance.* ➤ **délibérer, discuter.** ◆ PAR EXT. *Tenir un langage, des discours, des propos* (et adj. ou déterminant), s'exprimer (de telle façon). *«Le discours intérieur qu'elle se tenait à elle-même»* BOURGET. *Tenir des propos scandaleux.*

F. TENIR... POUR (fin XIe) Considérer, croire. *Tenir un fait pour assuré, certain. Je le tiens pour responsable de l'accident. Tout le monde la tient pour une imbécile. Tenez-vous-le pour dit. «Elle se l'était tenu pour dit et n'essayait plus»* CH. ROCHEFORT.

G. OBSERVER FIDÈLEMENT (CE QU'ON A PROMIS) (milieu XIIe) *Tenir parole, sa parole, ses engagements, ses promesses.* — SANS COMPL. *Promettre et tenir sont deux choses différentes.* — Mettre un enjeu équivalent, au jeu. *Je tiens ! Pari tenu.*

II ~ **v. intr.** ■ **1** (fin XIIe) Être attaché, fixé, se maintenir dans la même position. *Des lunettes qui tiennent sur le bout du nez. Je ne tiens plus debout.* FIG. *Votre histoire ne tient pas debout*, elle est invraisemblable. *Il ne peut tenir en place*. Un échafaudage qui tient en équilibre.* ◆ PAR EXT. Être contigu. *Le jardin tient à la maison* (➤ **attenant**). ◆ FIG. *«Je tiens encore par mille liens au monde dans lequel j'ai vécu»* FRANCE. *Cela n'a tenu qu'à un fil*, un cheveu*.* ■ **2** (milieu XIIe) CHOSES Être solide, ne pas céder, ne pas rompre. *Faites un double nœud, cela tiendra mieux. Des chaînes «qu'on croit rompues et qui tiennent toujours»* MAUPASSANT. *«La neige, plus épaisse, commençait à tenir sur le sol»* IZZO. *Tenir bon* : bien résister. *«L'arbre tient bon, le roseau plie»* LA FONTAINE. FIG. *Il n'y a pas de raison qui tienne*, qui puisse s'opposer à... ◆ Ne pas se défaire. *Coiffure, maquillage qui ne tient pas. Un plissé qui tient. «Les cheveux : comment les laver, comment les teindre, comment les faire tenir»* PEREC. ◆ Résister à l'épreuve du temps ; rester valable. ➤ **durer.** *Cette pièce n'a pas tenu, quel four ! Leur mariage tient toujours.* FAM. (en parlant d'une invitation, d'un projet) *Cela tient toujours pour jeudi ?* — Résister à l'analyse. *Son raisonnement ne tient pas.* ■ **3** (PERSONNES) Résister. *Tenir ferme contre l'ennemi. Il faut tenir bon*, ne pas céder, ne pas flancher. *«Je tiendrai bien jusqu'à demain soir. – Tu es trop tendue, tu ne tiendras pas. Ton courage t'abandonnera tout d'un coup»* SARTRE. ◆ *Ne plus pouvoir tenir, ne pouvoir y tenir* : être au comble de l'impatience, à bout, hors de soi. *«Je n'y puis plus tenir, j'enrage»* MOLIÈRE. *N'y tenant plus, il est parti en claquant la porte.* ◆ PAR EXT. VIEILLI OU RÉGION. (Nord, Belgique) *Tenir pour, avec qqn* : ne pas abandonner son parti. ➤ **soutenir.** *Tu tiens pour qui, Lille ou Lens ? «Les médecins qui tenaient pour les anciens intentèrent un procès»* VOLTAIRE. ■ **4** Être contenu dans un certain espace. *Tous mes vêtements tiennent dans cette armoire.* ➤ **entrer.** *«Une voiture démodée où l'on pouvait tenir à dix»* SIMENON.

III ~ **v. tr. ind. A. TENIR À (qqn, qqch.)** ■ **1** (milieu XIIIe) Être attaché à (qqn, qqch.) par un sentiment durable. *«Il doit tenir à cette femme-là»* BALZAC. *J'y tiens comme à la prunelle* de mes yeux. Tenir à la vie, à la liberté. «Il y a longtemps que je me serais quitté si je ne tenais si évidemment à ma peau»* G. PERROS. ◆ (Avec une proposition) Vouloir absolument. *J'ai tenu à les inviter. Si vous y tenez, on peut vérifier une seconde fois. Il ne tient pas à ce que je vienne.* ■ **2** (CHOSES) **TENIR À qqch. :** avoir un rapport de dépendance, d'effet à cause. ➤ **provenir, résulter.** *«Cette médiocrité ne tenait pas au genre, elle tenait au talent insuffisant des auteurs»* CAILLOIS. IMPERS. (négatif) *Il ne tient qu'à vous qu'il obtienne satisfaction*, il ne dépend que de vous. *S'il ne tenait qu'à moi... Qu'à cela ne tienne !*, peu importe, que cela ne soit pas un obstacle.

B. TENIR DE (qqn, qqch.) ▪ **1** (1580) Avoir des rapports de filiation, de parenté, d'analogie qui amènent une ressemblance avec (qqn, qqch.). ➤ **ressembler (à),** RÉGION. **retenir (de).** *« les gens qui ont la manie d'examiner les gosses pour découvrir de qui ils tiennent »* HYVERNAUD. *Il a de qui tenir :* ses parents ont bien ce trait qu'il possède (cf. Les chiens ne font pas des chats). ▪ **2** Participer de la nature de (qqch.). *Cela tient du miracle, du prodige. « Quand il se prenait à crier, ça tenait du tonnerre et de la locomotive bien lancée »* CALAFERTE.

IV ~ v. pron. **SE TENIR A.** (RÉFL.) ▪ **1 SE TENIR À qqch. :** tenir qqch. afin de ne pas tomber, de ne pas changer de position. ➤ **s'accrocher,** s'**agripper,** se **cramponner,** se **retenir.** *Se tenir à la rampe. Le blessé se tenait au mur.* ➤ **s'appuyer.** — *Tiens-toi bien, ça glisse !* ▪ **2** Être, demeurer (en telle position). *Se tenir debout. Se tenir penché, à genoux. Se tenir immobile, au garde-à-vous. Tiens-toi droit ! Façon de se tenir.* ➤ **attitude, maintien,** 2 **port, tenue.** *Savoir se tenir à cheval :* avoir une bonne assiette*. ✦ FIG. et SANS COMPL. Être formé d'éléments cohérents qui entraînent la vraisemblance. *Un raisonnement qui se tient,* qui est crédible. ▪ **3** Être (quelque part). *Il se tenait au milieu de la pièce. Se tenir près, auprès de qqn. « Elle se tenait à l'écart modestement »* FLAUBERT. — (1559) CHOSES *Le congrès se tiendra à Paris. Où se tient la réunion ?* ➤ se **dérouler.** ▪ **4** (fin XIIe) Être et rester (dans un certain état). *Se tenir prêt. Se tenir caché, à carreau*, sur la réserve*, sur ses gardes. Se tenir tranquille :* ne pas bouger ; FIG. ne pas agir, rester sage. *Se tenir à l'écart*, au courant*.* ✦ (1667) *Se tenir bien, mal :* se conduire en personne bien, mal élevée. — FAM. *N'avoir qu'à bien se tenir :* devoir rester vigilant, sur ses gardes. *Tiens-toi bien, tenez-vous bien !,* formule servant à renforcer une assertion et à susciter une vive réaction chez l'interlocuteur. *Se tenir bien à table*.* — SANS COMPL. *Se tenir :* se tenir bien. *Il sait se tenir en société.* ▪ **5** (fin XIIe) VX **NE POUVOIR SE TENIR DE... :** ne pouvoir s'empêcher, se retenir* de (faire telle chose). ▪ **6** LITTÉR. **SE TENIR À qqch. :** observer, pratiquer fidèlement et exclusivement. *« Tu parles d'or, maman, et je me tiens à ton avis »* BEAUMARCHAIS. ✦ COUR. **S'EN TENIR À qqch. :** ne pas aller au-delà, ne vouloir rien de plus. ➤ se **borner.** *« ils s'en tenaient aux lieux communs »* FLAUBERT. *S'en tenir là :* s'arrêter. *Tenez-vous-en là. — Savoir à quoi s'en tenir :* être fixé, informé (cf. En avoir le cœur net). *« J'en suis malade, à la fin, de ne pas savoir à quoi m'en tenir. Il me faut un oui ou un non »* ZOLA. ▪ **7 SE TENIR POUR... :** se considérer comme. *« Un mot de plus, et je me tiens pour insulté »* GOBINEAU. *— Se tenir pour averti*.*

B. (RÉCIPR.) ▪ **1** Se tenir l'un l'autre. *Se tenir par la main, la taille.* ▪ **2** Être dans une dépendance réciproque. *« Ces choses complexes où tout se tient, [...] et où l'on ne peut rien changer sans faire crouler l'ensemble »* RENAN. ▪ **3** Être très proches, très voisins, pour qqn qui juge. *Les deux candidats se tiennent, ce qui rend le choix difficile.* ➤ se **valoir.**

▪ **CONTR.** 1 Lâcher, laisser, quitter. Abandonner, capituler, céder, fléchir. — Branler, chanceler. Manquer (à). ▪ **HOM.** *Tins :* teins (teindre) ; *tintes :* teinte (teinter), tinte (tinter).

TENNESSINE [tenesin] **n. m.** – 2016 ✧ de *Tennessee,* nom d'un État américain ▪ **CHIM.** Élément atomique artificiel (Ts ; n° at. 117).

TENNIS [tenis] **n. m. et f.** – 1880 ; *lawn-tennis* 1877 ; aussi « jeu de paume » ✧ mot anglais, emprunté au français *tenez* (*tenetz* anglais 1400), exclam. du joueur lançant la balle

I A. n. m. ▪ **1** Sport dans lequel deux ou quatre joueurs (➤ **simple ; double**) se renvoient alternativement une balle, à l'aide de raquettes, de part et d'autre d'un filet, sur un terrain de dimensions déterminées (➤ 2 **court**). *Jouer au tennis. Faire une partie de tennis* (➤ **jeu, set**). *Coups au tennis.* ➤ **lob, passing-shot, slice, smash, volée ;** 1 **drive,** 1 **droit** (coup droit), **revers ; ace, service ; amortir, couper, servir.** *Match, tournoi de tennis. Tennis sur terre battue, sur gazon, sur revêtement synthétique* (➤ **quick**). *Short, jupe de tennis. Chaussures de tennis.* ▪ **2** PAR EXT. (1891) Terrain de tennis, comprenant le court proprement dit et une enceinte aménagée. *Les tennis d'un club sportif. Un tennis couvert.* ▪ **3** Cotonnade d'armure sergé. ▪ **4** APPOS. *Rayures tennis :* fines rayures verticales.

B. n. f. ou, vieilli, **n. m.** (1894) Chaussure basse, à semelle de caoutchouc souple et adhérente. ➤ **basket.** *Mettre des tennis pour faire du sport, se promener. Tennis en toile, en cuir.*

II n. m. (1901) **TENNIS DE TABLE :** sport apparenté au tennis, qui se joue sur une table partagée par un filet bas avec des raquettes pleines et des balles de celluloïd. ➤ **ping-pong.**

TENNIS-ELBOW [teniselbo] **n. m.** – 1964 ✧ anglais *tennis elbow* (1883), de *tennis* et *elbow* « coude » ▪ **ANGLIC.** Synovite du coude, fréquente chez les joueurs de tennis. ➤ **épicondylite.** *Des tennis-elbows.*

TENNISMAN [tenisman] **n. m.** – 1903 ✧ pseudo-anglic. sur le modèle de *sportsman ;* de *tennis* et *man* « homme » ▪ Joueur de tennis. *Des tennismans.* On dit aussi *des tennismen* [tenismɛn] (d'après l'anglais).

TENNISTIQUE [tenistik] **adj.** – 1922 ✧ de *tennis* ▪ Relatif au tennis. *Expert tennistique. Tradition tennistique.*

TENON [tənɔ̃] **n. m.** – 1380 ; *tenoun* XIIIe ✧ de *tenir* ▪ **TECHN.** Partie saillante, à l'extrémité d'une pièce, destinée à s'ajuster dans une partie creuse correspondante (➤ **mortaise**). *Tenon en queue d'aronde, en cheville.* ✦ **ARCHIT.** Crampon métallique qui relie les assises d'une construction. ✦ **CHIR. DENT.** Fil métallique destiné à la fixation d'une couronne ou d'une dent artificielle. *Dent à tenon.* ➤ **pivot.**

TENONNER [tənɔne] **v. tr.** ‹1› – 1872 ✧ de *tenon* ▪ **TECHN.** Pratiquer un tenon sur (une pièce de bois).

TÉNOR [tenɔʀ] **n. m.** – 1444, rare avant XVIIIe ✧ italien *tenore ;* latin *tenor,* de *tenere* « tenir » ▪ **1** Voix d'homme de registre aigu, au-dessus du baryton (➤ 1 **taille ;** aussi **contre-ténor**) ; chanteur qui a ce type de voix. *Voix de ténor. Ténor léger, ténor lyrique, fort ténor. Chanter la partie de ténor.* ✦ **adj.** Se dit des instruments dont l'étendue correspond à celle de la voix de ténor. *Saxophone ténor,* et SUBST. *un ténor.* ▪ **2** (1869) Personnage très en vue dans l'activité qu'il exerce. *Les grands ténors de la politique, du barreau, du sport. « un de ces procès historiques qui font les ténors »* R. JAUFFRET.

TÉNORINO [tenɔʀino] **n. m.** – 1879 ✧ italien *tenorino,* diminutif de *tenore* ▪ **MUS.** Ténor très léger, qui doit utiliser la voix de tête dans l'aigu. *Des ténorinos.* — On écrit aussi *tenorino, des tenorini* (plur. it.).

TÉNORISER [tenɔʀize] **v. intr.** ‹1› – 1770 au fig. ✧ de *ténor* ▪ **MUS.** Chanter comme un ténor, dans le registre du ténor. *Baryton qui ténorise.*

TÉNORITE [tenɔʀit] **n. f.** – 1848 ✧ de *G. Tenore,* naturaliste italien ▪ **MINÉR.** Oxyde naturel de cuivre.

TÉNOTOMIE [tenɔtɔmi] **n. f.** – 1836 ✧ du grec *tenôn* « tendon » et *-tomie* ▪ **CHIR.** Section d'un tendon. — ABUSIVEMENT Section des brides fibreuses cicatricielles.

TENREC ➤ **TANREC**

TENSEUR [tɑ̃sœʀ] **n. m. et adj. m.** – 1830 ✧ du latin *tensum,* de *tendere* « 1 tendre » ▪ **1** Muscle qui tend, produit une tension. *Tenseur,* ou **adj.** *muscle tenseur du fascia lata :* muscle de la face externe de la cuisse, qui tend l'aponévrose fémorale. ▪ **2** (1877) MÉCAN. Tendeur. PAR APPOS. *Poids tenseur.* ▪ **3** (1900 ✧ anglais *tensor*) MATH. Être mathématique constituant une généralisation du vecteur, défini dans un espace à *n* dimensions par n^k *composantes* (*k* étant l'*ordre* du tenseur) et dont les propriétés sont indépendantes du système d'axes de coordonnées choisi. *Un vecteur est un tenseur d'ordre 1. Utilisation des tenseurs pour représenter des contraintes mécaniques. Relatif aux tenseurs.* ➤ **tensoriel.** — PHYS. *Tenseur d'inertie, d'élasticité. Tenseur de conductivité électrique.*

TENSIOACTIF, IVE [tɑ̃sjoaktif, iv] **adj. et n. m.** – 1957 ✧ du latin *tensio* « tension » et *actif* ▪ **CHIM.** Susceptible d'augmenter les propriétés d'étalement, de mouillage d'un liquide, en abaissant sa tension superficielle. *Agent, produit tensioactif.* ➤ **détergent, détersif.** — **n. m.** *Les tensioactifs non ioniques.*

TENSIOMÈTRE [tɑ̃sjɔmɛtʀ] **n. m.** – 1868 ✧ du latin *tensio* « tension » et *-mètre* ▪ **1** SC. Appareil de mesure des déformations d'un corps soumis à des contraintes mécaniques. — Appareil servant à mesurer la tension superficielle d'un liquide. ▪ **2** MÉD. Appareil servant à mesurer la tension artérielle. ➤ **sphygmomanomètre.**

TENSION [tɑ̃sjɔ̃] **n. f.** – 1490 ✧ latin *tensio*

I CONCRET ▪ **1** PHYSIOL. État d'un tissu, d'un organe tendu, dilaté. — Résistance opposée par la paroi d'un organe creux aux liquides, aux gaz contenus dans la cavité qu'elle limite. *Tension de la paroi abdominale.* ▪ **2** (1680) État d'une substance souple ou élastique tendue. *Tension d'un élastique, d'une courroie. Régler la tension d'une corde de violon. Corde de tension* (d'une scie). ✦ État des muscles contractés. ➤ **contraction, raidissement, tonus.** ✦ PHONÉT. Effort des muscles, lors de la phase initiale de l'émission d'un phonème. — Première phase de l'articulation d'un phonème. ▪ **3** PHYS. Force qui agit de manière à écarter, à séparer les parties constitutives d'un corps. — *Tension superficielle :* force (en newton par mètre) due aux interactions moléculaires, qui s'exerce à la surface d'un liquide au contact d'un autre fluide. *C'est par la tension superficielle que les liquides ont tendance à présenter une surface sphérique* (formation des gouttes, ménisques). ◆ MÉCAN. *Tension mécanique* : force interne ou contrainte qui agit dans un corps en équilibre (➤ **tensoriel**). ■ **4** (1821) PHYS. Pression. *Tension de vapeur* : pression à une température donnée à laquelle la phase solide ou liquide est en équilibre thermodynamique avec la phase vapeur. *Mesure des tensions à l'aide d'un manomètre. — Tension osmotique.* ◆ MÉD. *Tension vasculaire. Tension oculaire.* — (1859) COUR. *Tension artérielle, veineuse* : pression du sang. *Prendre la tension de qqn au sphygmomanomètre**. *«Tu sors ton appareil à tension et ton stéthoscope. Je te tends le bras droit, tu me passes le brassard, tu visses la molette et tu te mets à gonfler. Ça serre»* M. WINCKLER. *Tension trop élevée* (➤ **hypertension**), *trop basse* (➤ **hypotension**). *Chute de tension.* FIG. et FAM. *Avoir deux de tension* : manquer d'énergie. — ABSOLT Hypertension. *Avoir de la tension.* ■ **5** (1864 ; dès 1802 en italien) ÉLECTR. Différence de potentiel entre deux points d'un circuit. ➤ **voltage.** *Le volt, unité de mesure de tension. Tension continue, alternative. Tension mesurée avec un voltmètre, un oscilloscope. Mettre un appareil sous tension. Tension de 220 volts. Haute tension (H. T.)* : tension élevée, de plusieurs milliers de volts. *Lignes à haute tension. Très haute tension (T. H. T.)* : tension très élevée utilisée pour l'alimentation des tubes électroniques. *Basse tension (B. T.). Baisse de tension.* — PAR MÉTAPH. *«Un courant de haute tension la faisait frémir* [la foule]*»* MARTIN DU GARD. FIG. *Des élections sous haute tension.*

II ABSTRAIT ■ **1** (1690) Effort intellectuel soutenu. ➤ **application, attention, concentration, 1 contention.** *Tension d'esprit. «Il en faut de la volonté et de la tension pour ne jamais être distrait !»* CAMUS. ■ **2** (1836) État de ce qui menace de rompre. *Tension des relations.* ➤ **crispation.** *Tension diplomatique. Tension au Proche-Orient. Tensions sociales, interethniques. Regain de tension dans la région.* ◆ ÉCON. Pression, à la limite du seuil de rupture d'équilibre. *Fortes tensions inflationnistes.* ■ **3** État psychique où le besoin d'une détente se fait sentir. *Un sentiment «est une tension de l'âme»* SARTRE. *Pulsions et tension. «On connaît la tension prodigieuse de la vie moderne pour les hommes de travail»* MICHELET. *Tension nerveuse,* énervement. ➤ **nervosité, stress.** *Être sous tension.* ➤ **pression.** ■ **4** (de 1 *tendre*) DIDACT. Le fait de se diriger vers, de tendre à... *«Cette foi, qui n'était qu'une pure tension vers le royaume à venir»* CAMUS.

■ CONTR. Laxité, relâchement. — Abandon, détente.

TENSON [tɑ̃sɔ̃] n. f. – milieu XVe ◊ «querelle» XIIe → tancer ■ HIST. LITTÉR. Genre poétique dialogué du Moyen Âge, où les interlocuteurs s'opposent sur un sujet donné.

TENSORIEL, IELLE [tɑ̃sɔʀjɛl] adj. – 1898 ◊ de *tenseur* ■ DIDACT. Qui concerne les tenseurs. *Calcul tensoriel. Analyse, algèbre tensorielle.*

TENTACULAIRE [tɑ̃takylɛʀ] adj. – 1801 ; autre sens 1797 ◊ de *tentacule* ■ **1** ZOOL. Des tentacules. *Bras tentaculaires du poulpe.* ■ **2** (1895) Qui se développe dans toutes les directions, de façon envahissante et peu maîtrisée. *«Les Villes tentaculaires», de Verhaeren. Organisation tentaculaire.*

TENTACULE [tɑ̃takyl] n. m. – 1767 ◊ latin moderne *tentaculum,* de *tentare* «tâter, palper» ■ ZOOL. Appendice allongé et souple, servant généralement au tact et à la préhension (chez les infusoires, les vers, les mollusques). ◆ COUR. Bras des céphalopodes (poulpes, calmars), organes allongés munis de ventouses. *Les longs tentacules de la pieuvre.* — FIG. (➤ **tentaculaire**).

TENTANT, ANTE [tɑ̃tɑ̃, ɑ̃t] adj. – avant 1466 *temptant* ◊ de 1 *tenter* ■ Qui tente (3°), inspire ou excite le désir. ➤ **alléchant, engageant, séduisant.** *Un menu tentant.*

TENTATEUR, TRICE [tɑ̃tatœʀ, tʀis] n. et adj. – 1536 ; *temptateur* 1496 ◊ latin *temptator* «séducteur» ■ **1** n. m. RELIG. Démon qui tente les humains, les induit au mal. — adj. *L'esprit tentateur.* ■ **2** (début XVIe) Personne qui cherche à tenter, à séduire. *«La grande sainte devenait courtisane et se faisait tentatrice»* GAUTIER. — adj. *Beauté tentatrice.*

TENTATION [tɑ̃tasjɔ̃] n. f. – *temptacium* 1120 ◊ latin *temptatio* ■ **1** Ce qui porte à enfreindre une loi religieuse, morale ; impulsion qui pousse au péché, au mal, en éveillant le désir. *La tentation, les tentations de la chair. Succomber à des tentations ; résister à la tentation. Induire en tentation.* ■ **2** Action du tentateur. *La tentation de Jésus dans le désert. La tentation de saint Antoine.* ■ **3** (avant 1650) Ce qui incite (à une action) en éveillant le désir. Tendance qui se manifeste alors. ➤ **envie ; désir.** *On avait envie de tout acheter, que de tentations ! «Ne cède point à la tentation de briller, garde le silence»* STENDHAL. FAM. *Attachez-le au cas où il aurait la tentation de s'évader.*

TENTATIVE [tɑ̃tativ] n. f. – XVIIe ; «épreuve de théologie» 1546 ◊ latin scolastique *tentativa,* de *tentare* «tenter» ■ Action par laquelle on s'efforce, on essaie* d'obtenir un résultat. ➤ **essai.** *Tentative d'évasion. Tentative de suicide. Tentative de greffe d'un organe. Tentative fructueuse, infructueuse, maladroite, malheureuse. Tentative hésitante.* ➤ **velléité.** *Réussir à la première tentative* (cf. Du premier coup*). *«Leurs vaines tentatives pour combattre ces barbares»* MICHELET. *Tentative de conciliation. Elle renonça après plusieurs tentatives. Faire une tentative auprès de qqn pour obtenir qqch.* ➤ **démarche.** ◆ DR. Volonté de commettre une infraction, manifestée par un commencement d'exécution interrompu par des circonstances indépendantes de la volonté de son auteur. *Tentative d'homicide.*

TENTE [tɑ̃t] n. f. – 1150 ◊ du latin *tenta* (ou °*tendita*), fém. de *tentus* (ou °*tenditus*), p. p. de *tendere* ■ **1** Abri provisoire et transportable fait d'une matière souple tendue sur des supports rigides. ➤ VX **pavillon.** *Mâts, piquets, arceaux, toile de tente. Monter une tente, planter sa tente quelque part. Tente de plage ; de camping* (➤ **canadienne**). *Tente de soldats.* ➤ **guitoune.** *Tente d'un cirque.* ➤ **chapiteau.** *Tente des nomades d'Asie centrale.* ➤ **yourte.** *Tente des Indiens.* ➤ **tipi, wigwam.** *Tente berbère. «Le douar ne comptait pas plus de quinze ou vingt tentes»* FROMENTIN. *Vivre sous la tente.* ➤ **camper.** — RÉGION. (Canada) *Tente-caravane, tente-roulotte* : caravane pliante. ◆ LOC. (par allus. à Achille qui, irrité contre Agamemnon, se tint à l'écart des combats) LITTÉR. *Se retirer sous sa tente* : abandonner une cause par dépit. FAM. *Planter sa tente quelque part* : s'installer, emménager (quelque part). ◆ *Tente à oxygène* : abri étanche où l'on place un malade dans une atmosphère d'oxygène. ■ **2** (1767) ANAT. Prolongement de la dure-mère, entre le cerveau et le cervelet *(tente du cervelet)* ; repli de la dure-mère recouvrant l'hypophyse *(tente hypophysaire).* ■ HOM. Tante.

TENTER [tɑ̃te] v. tr. ⟨1⟩ – 1250 «sonder une plaie» ; 1120 *tenter Dieu* ◊ latin *temptare,* confondu avec *tentare* «agiter», fréquentatif de *tendere* «tendre» ■ **1** VX Faire apparaître par une épreuve la valeur de (qqn). ➤ **éprouver.** *«Dieu tenta Abraham»* (BIBLE). ◆ MOD. LOC. LITTÉR. *Vous tentez Dieu* : vous vous exposez à de grands dangers (comme si vous demandiez à Dieu de faire pour vous un miracle). COUR. *Il ne faut pas tenter le diable,* présenter à qqn ce qui le fera succomber à la tentation. *Rangez ces bijoux, il ne faut pas tenter le diable.* ■ **2** (*tempter* 1112) Essayer d'entraîner au mal, au péché. *Le démon tenta Ève. — «Ce qui nous est défendu n'est pas d'être tentés, mais de nous laisser vaincre aux tentations»* ROUSSEAU. ◆ Constituer une incitation au péché, en éveillant le désir. *Un dindon «dont le fumet aurait tenté un saint»* BRILLAT-SAVARIN. ■ **3** (XIIIe) Éveiller le désir, l'envie de (qqn). ➤ **allécher, séduire.** *Ce ruban «me tenta, je le volai»* ROUSSEAU. *Ça ne me tente guère.* ➤ **plaire** (cf. Ça ne me dit* rien). — *Se laisser tenter* : céder (à une envie, un désir). ➤ FAM. **craquer.** **ÊTRE TENTÉ,** *très tenté* (par une chose), en avoir envie, SPÉCIALT avoir envie de l'acheter. ◆ Avoir envie de, tendance à. *«Les identifications qu'on pourrait être tenté d'établir»* RENAN. *Être tenté de croire, de penser...* ■ **4** Éprouver (les chances de réussite) ; commencer, en vue de réussir (➤ **essayer ; tentative**). *Tenter une action téméraire.* ➤ **oser.** *Tenter l'ascension d'un sommet. Tentez l'expérience.* LOC. *Tenter le tout pour le tout* : risquer de tout perdre pour tout gagner (cf. Jouer à quitte* ou double). *Les médecins ont tout tenté pour le sauver. — Tenter de* (et inf.). ➤ **chercher** (à), **essayer** (de). *Tenter de battre un record. «A-t-elle jamais tenté de s'enfuir ?»* VILLIERS. *Il a tenté de se suicider.* ◆ *Tenter sa chance, tenter fortune* : tenter de gagner, de réussir. *Laissez-moi tenter ma chance.*

TENTHRÈDE [tɑ̃tʀɛd] n. f. – 1803 ◊ latin scientifique *tenthredo* (1748), du grec *tenthrêdôn* «sorte de guêpe» ■ ZOOL. Insecte hyménoptère *(tenthrédinidés),* appelé *mouche à scie. Les tenthrèdes mangent les feuilles des végétaux. Tenthrèdes du pin, du mélèze.*

TENTURE [tɑ̃tyʀ] n. f. – 1538 ◊ réfection, d'après *tente,* de l'ancien français *tendeüre,* de 1 *tendre* ■ **1** Ensemble des éléments destinés à recouvrir et décorer les murs d'une pièce. *Tenture formée d'une suite de tapisseries.* ■ **2** (1589) Pièce de tissu, et PAR EXT. de cuir, de papier, servant d'élément de décoration murale. ➤ **tapisserie.** *Cordon retenant une tenture. Tentures de cretonne, de velours. Tentures pour les services funèbres* : tentures noires qu'on pose à la porte du décédé, dans l'église.

▪ **3** (Belgique, Luxembourg) Rideau de tissu épais (cf. Doubles rideaux*).

TENU, UE [t(ə)ny] p. p. et adj. – 1283 ◊ de *tenir* ▪ **1 ÊTRE TENU À :** être obligé à (une action). *Le médecin est tenu au secret professionnel.* LOC. PROV. *À l'impossible nul n'est tenu.* — (Avec l'inf.) «*Le prince était tenu à ne point quitter le sol de l'Inde*» LOTI. ◆ DR. **ÊTRE TENU DE... :** être responsable de... *Le preneur est tenu des dégradations.* — (Avec l'inf.) Être obligé de. «*Ce devoir de refus et de rébellion est le dernier dont ils se croient tenus de s'acquitter*» CAILLOIS. ▪ **2** (CHOSES) *Bien tenu :* en bon état de propreté et d'ordre, bien entretenu. *Maison bien tenue, mal tenue. Fichiers mal tenus.* ▪ **3** (1907) BOURSE Dont le cours est ferme. *Valeurs bien tenues,* ou ABSOLT *tenues.* ▪ **4** *Note tenue :* note de musique dont on prolonge la durée (➤ **ténuto**). ▪ **5** n. m. SPORT Faute qui consiste à immobiliser trop longtemps le ballon (basketball, handball, rugby à quinze).

TÉNU, UE [teny] adj. – 1515 ◊ latin *tenuis* ▪ **1** Très mince, très fin, très petit. *Fil ténu. Particules ténues.* — Léger. *Brume ténue. Voix ténue,* de peu d'ampleur, de force. ▪ **2** Peu perceptible, subtil. *Une différence très ténue.* «*Des nuances si ténues de sentiment*» RIBOT. ▪ CONTR. Épais, gros.

TENUE [t(ə)ny] n. f. – 1156 «tenure» ◊ de *tenir* ▪ **1** (XVIe) VX Continuité, durée, suite. «*Une tenue incroyable dans les idées*» DIDEROT. *Tout d'une tenue ; d'une seule tenue :* sans interruption. ◆ (1690) MUS. Émission prolongée d'un son. «*La tenue des trémolos de violon*» PROUST. *Les tenues d'un chanteur.* ◆ BOURSE Fermeté du cours d'une valeur boursière. ◆ TURF Qualité d'un cheval capable de soutenir un effort prolongé. *Cheval de tenue.* ▪ **2** DIDACT. Le fait de tenir séance ; la durée d'une audience, d'une séance, d'une réunion. *Tenue des assises. Tenue d'un congrès à Genève.* — SPÉCIALT Séance de travail en loge maçonnique. *Être en tenue.* ▪ **3** (XIXe) Le fait, la manière de gérer, de tenir (I, E, 3°) (un établissement) ; la manière dont la discipline, l'économie, y sont assurées. ➤ **ordre.** *Veiller à la bonne tenue d'un établissement.* — *La tenue de la maison,* son entretien et l'organisation de la vie domestique. ◆ *La tenue de la comptabilité, des livres de comptes,* le fait de s'en occuper. ▪ **4** Action, manière de tenir un objet. *Tenue d'un instrument de musique. Mauvaise tenue du stylo.* ▪ **5** (XVIe) Action de se tenir à cheval ; assiette du cavalier. ▪ **6** Dignité de la conduite, correction des manières. *Manquer de tenue. Un peu de tenue !* surveillez vos manières. ◆ Manière de se conduire, de se tenir. *Bonne tenue en classe, à table.* «*Elle faisait exprès de parler haut et d'avoir une mauvaise tenue*» LARBAUD. — Attitude du corps. ➤ **maintien.** *Mauvaise tenue d'un élève courbé sur son cahier.* ▪ **7** (1798) Manière dont une personne est habillée ; son aspect. ➤ **allure, équipage, mise, présentation.** *Dans une tenue très élégante ; en tenue légère, en petite tenue :* en sous-vêtements, en vêtement de nuit, en déshabillé. *En tenue d'Adam, d'Ève :* nu, nue. *Une tenue débraillée, négligée.* «*Que rien ne clochât dans ma tenue*» PROUST. *Quelle tenue ! On est prié d'entrer dans ce lieu saint en tenue décente.* ◆ Ensemble des vêtements et des accessoires particuliers (à une profession, à une activité). ➤ **costume.** *Elle* «*entend par* tenue de sport *l'équipement complet : haut et bas de survêtement, authentiques baskets*» D. DE VIGAN. *Tenue de voyage, de sport, de travail. Tenue de ski, de tennis. Tenue d'infirmière, d'alpiniste, d'homme-grenouille, d'astronaute* (➤ aussi **panoplie**). *Se mettre en tenue :* revêtir la tenue qui convient à un travail, une activité. *Changer de tenue pour sortir.* — *Tenue de soirée :* habit ou smoking, robe du soir. — *Tenue de rechange.* ➤ **change.** ◆ SPÉCIALT *Tenue militaire.* ➤ **uniforme.** *Militaire en tenue* (opposé à *en civil*). *Tenue de service, de sortie, de cérémonie, de combat*, de campagne*. Tenue léopard. Tenue de vol d'un aviateur. Se mettre en grande tenue.* ▪ **8** *Tenue de route :* aptitude d'un véhicule à se maintenir dans la direction commandée par le conducteur, manière dont une voiture tient la route. *Bonne, mauvaise tenue de route d'une automobile.*

TÉNUIROSTRE [tenɥirɔstʀ] adj. – 1800 ◊ latin *tenuis* «fin» et *-rostre* ▪ ZOOL. Qui a le bec fin. *Oiseau ténuirostre.*

TÉNUITÉ [tenɥite] n. f. – 1377 ; *tenveté, tenvieté* XIIe ◊ latin *tenuitas* ▪ LITTÉR. Caractère de ce qui est ténu. ◆ FIG. «*Une grande finesse d'observation qui va parfois jusqu'à la ténuité*» BAUDELAIRE.

TENURE [tənyʀ] n. f. – *teneüre* 1156 ◊ de *tenir* ▪ FÉOD. Mode de concession d'une terre ; cette terre elle-même. *Tenure noble, féodale,* concédée par un seigneur à un autre (➤ **fief**). *Tenure roturière, servile.* ◆ Relation de dépendance (d'un fief par rapport à un autre). ➤ **mouvance.** *Cette terre était dans la tenure, de la tenure de tel comté.* ▪ CONTR. Franc-alleu.

TÉNUTO [tenuto] adv. – 1788 ◊ italien *tenuto* «tenu» ▪ MUS. En soutenant les sons pendant toute la durée de leur émission (ABRÉV. ten). — On écrit aussi *tenuto.*

TÉOCALLI [teɔkali] n. m. – 1809 ◊ nahuatl *teucalli* «maison *(calli)* de Dieu *(teotl)*» ▪ ARCHÉOL. Chez les Aztèques, Pyramide tronquée à quatre côtés, portant un temple et un autel sur son sommet.

TÉORBE ou **THÉORBE** [teɔʀb] n. m. – 1640 *teorbe ; tuorbe* début XVIIe ◊ italien *tiorba,* origine inconnue ▪ Sorte de luth à deux manches, à son plus grave que celui du luth ordinaire. «*un théorbe à caisse ovale, un de ces luths à double manche dont la vogue éphémère s'instaura au seizième siècle, culmina sous Louis XIV*» PEREC.

TEP [tɛp] n. f. inv. – 1976 ◊ acronyme de *Tonne Équivalent Pétrole* ▪ MÉTROL. Unité de mesure thermique, correspondant au pouvoir calorifique d'une tonne de pétrole (soit 4,186 10^{10} joules). *La tep a remplacé la tec.*

TÉPHILLIN n. m. ou **TEPHILLIN** [tefilin] n. m. inv. – 1605 *tephilin* ◊ hébreu *t'phillin,* plur. de *t'phillah* «prière» ▪ RELIG. Phylactère. *Juifs portant les téphillins, les tephillin.*

TÉPHROCHRONOLOGIE [tefʀokʀɔnɔlɔʒi] n. f. – 1963 ◊ du grec *tephra* «cendre» et *chronologie* ▪ GÉOL. Procédé de datation basé sur l'analyse stratigraphique comparée des cendres volcaniques réparties sur le globe par les vents.

TÉPHROSIE [tefʀozi] n. f. – 1827 ◊ latin des botanistes *tephrosia,* du grec *tephra* «cendre», à cause de l'aspect cendré de cette plante ▪ BOT. Plante exotique *(légumineuses),* dont une espèce fournit un indigo et une autre un insecticide.

TEPIDARIUM ou **TÉPIDARIUM** [tepidaʀjɔm] n. m. – 1765 ◊ mot latin, de *tepidus* «tiède» ▪ ANTIQ. Partie des bains romains dans laquelle on maintenait une température modérée et qui servait de transition entre le caldarium et le frigidarium. *Des tepidariums, des tépidariums.*

TÉQUILA ou **TEQUILA** [tekila] n. f. – 1933 ◊ de *(l'agave) tequilana,* de *Tequila,* nom d'une ville du Mexique ▪ Alcool d'agave du Mexique. *On boit la téquila avec une pincée de sel.*

1 **TER** [tɛʀ] adv. – 1792 ◊ mot latin «trois fois» ▪ **1** MUS. Indication d'avoir à répéter un passage, un refrain trois fois. ▪ **2** (1854) Indique la répétition, une troisième fois, du numéro (sur une maison, devant un paragraphe...). *Le 12, le 12 bis et le 12 ter de la rue Balzac.* ▪ HOM. Taire, terre.

2 **TER** [teøɛʀ] n. m. inv. – 1987 ◊ sigle de *train express régional* ▪ En France, Train de voyageurs reliant les pôles d'une région. *La circulation des TER.*

TÉRA- ▪ MÉTROL. Préfixe du système international (SYMB. T), du grec *teras* (➤ **térato-**), qui indique la multiplication par un million de millions (10^{12}), et PAR EXT. par un très grand nombre, de l'unité dont il précède le nom : *térahertz (THz), térawatt.* ◆ INFORM. Élément qui multiplie par 2^{40} l'unité d'information dont il précède le nom : *térabit, téraoctet.*

TÉRAGONE [teʀagɔn ; -gon] n. m. – 1978 ◊ de *téra-* et *-gone* ▪ MATH. Polygone qui a un très grand nombre de côtés.

TÉRATO- ▪ Élément, du grec *teras, teratos* «monstre».

TÉRATOGÈNE [teʀatɔʒɛn] adj. – 1904 ◊ de *térato-* et *-gène* ▪ MÉD., EMBRYOL. Qui, par son action sur l'embryon, peut produire des malformations au cours du développement. *Le thalidomide est tératogène.*

TÉRATOGENÈSE [teʀatoʒənɛz] n. f. – 1897 ◊ de *térato-* et *-genèse* ▪ EMBRYOL. Formation et développement in utero d'anomalies aboutissant à des malformations. ➤ **tératogénie.** *Tératogenèse expérimentale* (travaux d'Étienne Wolff).

TÉRATOGÉNIE [teʀatɔʒeni] n. f. – 1842 ◊ de *térato-* et *-génie* ▪ EMBRYOL. Développement de malformations chez l'embryon. ➤ **tératogenèse.**

TÉRATOLOGIE [teʀatɔlɔʒi] n. f. – 1752 ◊ de *térato-* et *-logie* ▪ BIOL. Science qui étudie les malformations des êtres vivants et leur mise en place au cours du développement. *Tératologie expérimentale* (par action sur l'embryon d'un animal). *Tératologie végétale et morphogenèse.*

TÉRATOLOGIQUE [teʀatɔlɔʒik] adj. – 1832 ◊ de *tératologie* ▪ DIDACT. Relatif à la tératologie. *Anatomie tératologique.* — Qui relève de la tératologie. *Cas tératologique.*

TÉRATOLOGUE [teʀatɔlɔg] **n.** – 1845 ; aussi *tératologiste* 1872 ◊ de *tératologie* ■ DIDACT. Spécialiste de la tératologie.

TÉRATOME [teʀatom] **n. m.** – 1897 ◊ de *térat(o)-* et *-ome* ■ MÉD., BIOL. CELL. Tumeur des cellules germinales de mammifères qui garde la capacité de se différencier en structures embryonnaires précoces.

TERBIUM [tɛʀbjɔm] **n. m.** – 1873 ◊ de *Ytterby*, nom de la localité suédoise où fut découvert le minerai ■ CHIM. Élément atomique du groupe des terres rares (Tb ; n° at. 65 ; m. at. 158,92).

TERCER ➤ **TIERCER**

TERCET [tɛʀsɛ] **n. m.** – 1674 ; *tiercet* v. 1500 ◊ italien *terzetto*, de *terzo* «troisième, tiers» ■ Couplet, strophe de trois vers. *Les deux quatrains et les deux tercets d'un sonnet.*

TÉRÉBELLE [teʀebɛl] **n. f.** – 1801 ◊ latin *terebella*, de *terebra* «tarière», de *terere* ■ ZOOL. Ver marin *(annélides)* dont le corps est enfermé dans un tube fait de sable agglutiné et dont une extrémité porte des branchies rouges et des tentacules, l'autre étant plongée dans le sable.

TÉRÉBELLUM [teʀebelɔm] **n. m.** – 1859 *terebellum* ◊ latin *terebellum*, de *terebra* «tarière», de *terere* ■ ZOOL. Mollusque *(gastéropodes)* vivant dans l'océan Indien et communément appelé *tarière*. — On écrit aussi *terebellum*.

TÉRÉBENTHINE [teʀebɑ̃tin] **n. f.** – XIVe ; *terbentine* 1160 ◊ latin *terebinthina (resina)* «(résine) de térébinthe», du grec → térébinthe ■ Huile essentielle résineuse durcissant par oxydation lente à l'air, recueillie par incision ou perforation de conifères ou de térébinthacées. *Térébenthine de Bordeaux* (➤ **galipot**). *Térébenthine de Venise* ou *de Briançon* (extraite de certains pins, du mélèze), *de Chypre* ou *de Chio* (extraite du térébinthe). *Odeur de térébenthine. — Essence de térébenthine,* obtenue par distillation de térébenthines.

TÉRÉBINTHACÉES [teʀebɛ̃tase] **n. f. pl.** – 1803 ◊ de *térébinthe* ■ BOT. Famille de plantes phanérogames angiospermes *(dicotylédones dialypétales)*, qui comprend des arbres et des arbrisseaux lactescents ou résineux (anacardier ; lentisque, manguier, pistachier, térébinthe). — **Au sing.** *Une térébinthacée.*

TÉRÉBINTHE [teʀebɛ̃t] **n. m.** – XIIIe ; *val de terebinte* 1170 ◊ latin *terebinthus*, mot grec ■ Pistachier qui donne une résine très aromatique dite *térébenthine de Chio.*

TÉRÉBRANT, ANTE [teʀebʀɑ̃, ɑ̃t] **adj.** – 1823 ◊ latin *terebrans*, de *terebrare* «percer avec une tarière *(terebrum)*», de *terere* ■ **1** ZOOL. Qui perce des trous, creuse des galeries. *Insecte térébrant.* ➤ **perforant.** *«Bestioles piquantes, suçantes ou térébrantes, rougets, taons, guêpes, frelons, mille-pattes, fourmis, perce-oreilles»* BAZIN. *Coquille térébrante :* coquille bivalve des mollusques qui ont la faculté de faire des trous dans la pierre. ■ **2** (1835) MÉD. Qui tend à pénétrer profondément dans les tissus. *Ulcération térébrante. — Douleur térébrante,* qui donne l'impression qu'une pointe s'enfonce dans la partie douloureuse. ♦ FIG. et LITTÉR. Aigu. ➤ **taraudant.** *Une angoisse térébrante.* — Douloureux. *«Travail térébrant : assistance à des vieillards moribonds»* LE CLÉZIO.

TÉRÉBRATION [teʀebʀasjɔ̃] **n. f.** – 1540 ◊ latin *terebratio* ■ MÉD. Perforation chirurgicale ou spontanée.

TÉRÉBRATULE [teʀebʀatyl] **n. f.** – 1769 ; *térébratulite* 1765 ◊ latin moderne *terebratula* (1699), à cause du crochet perforé de la valve ventrale ■ ZOOL. Animal marin *(brachiopodes)* à coquille lisse en forme de V ou de W. *Térébratules fossiles.*

TÉRÉPHTALIQUE [teʀeftalik] **adj.** – 1874 ◊ de *téré(benthine)* et *phtalique* ■ CHIM. *Acide téréphtalique :* isomère de l'acide phtalique, de formule $C_6H_4(CO_2H)_2$, dont les sels réagissent avec les glycols pour former des résines polyesters (➤ **2 PET, tergal**).

TERGAL [tɛʀgal] **n. m.** – 1955 ◊ nom déposé, de acide *tér(éphtalique)* ■ Fibre textile polyester* fabriquée en France. ➤ **dacron.** *Pantalon de tergal, en tergal. Des tergals.*

TERGIVERSATION [tɛʀʒivɛʀsasjɔ̃] **n. f.** – 1300 ◊ latin *tergiversatio* ■ Le fait de tergiverser ; attitude, conduite de qqn qui tergiverse. ➤ **atermoiement, faux-fuyant, hésitation.** *Assez de tergiversations !*

TERGIVERSER [tɛʀʒivɛʀse] **v. intr.** ‹1› – 1532 ◊ latin *tergiversari*, littéralt «tourner *(versare)* le dos *(tergum)*» ■ LITTÉR. User de détours, de faux-fuyants pour éviter de donner une réponse nette, pour retarder le moment de la décision. ➤ **atermoyer ;** RÉGION. **tataouiner, zigonner.** *«Trop de projets. Ne sachant auquel donner le pas, je tergiverse et le temps fuit»* GIDE. *Sans tergiverser.*

TERIYAKI [teʀ(i)jaki] **n. m.** – 1976 ◊ mot japonais, de *teri* «laqué» et *yaki* «grillé» ■ Plat de viande ou de poisson grillé après avoir mariné dans une sauce à base de soja et de saké doux. *Des teriyakis de poulet.* — APPOS. *Bœuf teriyaki.* ♦ Cette sauce.

TERMAILLAGE [tɛʀmɑjaʒ] **n. m.** – 1974 ◊ de *ter(me)* et *maille*, d'après l'anglais *leads and lags* ■ FIN. Décalage des règlements des transactions internationales, afin de mettre à profit les variations des taux de change. *Jeu du termaillage*, sur les termes de paiement. ➤ **spéculation.**

TERME [tɛʀm] **n. m.** – fin XIe, au sens d'«échéance» (I, 2°) ◊ du latin *terminus* → terminus

I LIMITE ■ **1** (fin XIVe) Limite fixée dans l'espace. VX *«La nature a donné des termes à la stature d'un homme bien conformé»* ROUSSEAU. ➤ **borne.** — MOD. Limite fixée dans le temps. *«Philosophiquement, je ne demande pas mieux que l'homme soit apparu au terme d'une évolution»* SARTRE. *Passé ce terme, le billet n'est plus valable.* ➤ **délai.** (1706) *Mettre un terme à :* faire cesser. ■ **2** (fin XIe) DR. Échéance, limite fixée dans le temps. *Le terme est l'expiration d'un délai. Terme suspensif :* date limite à laquelle une obligation, SPÉCIALT une dette retardée par contrat ou par la loi, doit être exécutée. *Terme extinctif :* date à laquelle est fixée l'extinction d'une obligation. *«Tout ce qui est payable par année ou à des termes périodiques plus courts»* (CODE CIVIL). *Terme de grâce*. — **À TERME :** dont l'exécution ou l'extinction correspond à un terme fixé (opposé à *au comptant**). *Vente, achat à terme. Crédit, emprunt à court, moyen, long terme.* ♦ FIG. *À court terme, à long terme :* à brève, longue échéance*. *Vision à court terme* (➤ **court-termisme**). *À moyen terme.* ♦ BOURSE Date postérieure à la négociation (➤ **liquidation**), fixée pour la livraison et le règlement des valeurs boursières. (1832) *Marché à terme,* à règlement mensuel. *Opérations à terme.* ♦ AU PLUR. *Termes de paiement :* échéance et modalités prévues pour le règlement d'une transaction. *Jouer sur les termes de paiement* (➤ **termaillage**). ■ **3** (début XVe) Époque fixée pour le paiement des baux. ➤ **délai, échéance.** *Payer à terme échu. «Au terme d'octobre, elle [...] se trouvait en retard d'un jour sur son loyer»* ZOLA. ♦ (1688) Période (généralement de trois mois) qui s'achève au terme. ♦ Somme due au terme. *Payer son terme. «Son propriétaire, auquel il devait trois termes, le menaçait d'une saisie»* AYMÉ. ■ **4** (fin XIIIe) LITTÉR. Dernier élément, dernier stade de ce qui a une durée. ➤ **bout, 1 fin.** *Le terme de la vie :* la mort. *Toucher au terme de son voyage, de ses épreuves. Mener une œuvre à terme,* l'accomplir jusqu'au bout. *«Une période dont il n'apercevait pas le terme»* CAMUS. *«Au terme de l'analyse qu'il a fait porter sur l'humour»* BRETON. ♦ (milieu XIIe) COUR. *Terme (de la grossesse) :* temps normal de la naissance, neuf mois après la conception, chez la femme. *Accoucher à terme ; avant terme. Enfant né avant terme* (➤ **prématuré**). *«Elle n'était pas à terme, l'enfantement n'étant prévu que pour septembre»* MAUPASSANT. ■ **5** (milieu XVe) Relation (bonne, mauvaise...) avec qqn. *Être en bons termes, en mauvais termes avec qqn.* ➤ **rapport, relation.** *En quels termes étiez-vous avec lui !*

II MOT OU ÉLÉMENT SIMPLE **A.** MOT ■ **1** (fin XIVe) Mot ou expression. *Le sens d'un terme. Dans tous les sens du terme. Dans toute la force du terme. Le terme exact.* — SPÉCIALT Unité de dénomination (➤ **nom**) appartenant à une terminologie* (1°). ♦ AU PLUR. Ensemble de mots et d'expressions choisis pour faire savoir qqch. ; manière de s'exprimer. *Termes d'un contrat.* ➤ **formule.** *Respecter les termes d'un contrat. «Aux termes du Code il restait honnête homme»* BALZAC. *En ces termes. En d'autres termes :* pour donner une équivalence à l'aide d'autres mots. *Termes choisis, respectueux, voilés. «Ah ! qu'en termes galants ces choses-là sont mises !»* MOLIÈRE. ■ **2** (fin XIVe) Mot appartenant à un vocabulaire spécial, qui n'est pas d'un usage courant dans la langue commune. *Termes régionaux. Terme technique* (➤ **terminologie**). *Terme scientifique. Terme philosophique, didactique, judiciaire. Termes du commerce international* (➤ **incoterm**). — *En termes de poésie :* dans le vocabulaire de la poésie.

B. ÉLÉMENT SIMPLE ■ **1** (1660) LOG. Chacun des éléments simples entre lesquels on établit une relation. *Les termes d'une proposition. Les trois termes d'un syllogisme.* — FIG. (1762) *Moyen terme :* solution, situation intermédiaire. ♦ PAR EXT. GRAMM. *Les termes de la proposition. Le second terme d'une comparaison.* ■ **2** (1740 géom., alg.) MATH. Élément simple en relation avec d'autres. *Terme d'une série, d'une progression :*

quantité déterminée correspondant à l'un des éléments d'une série, d'une progression. *Les deux termes d'une fraction,* son numérateur et son dénominateur. ◆ ALG. Monôme en relation avec d'autres. *Les termes d'une somme, d'un polynôme, d'une équation.*

III STATUE (XVIe) Statue dont la partie inférieure est terminée en gaine (comme celles du dieu latin *Terminus* qui servaient de bornes). *« Il se leva et resta planté comme un terme derrière sa chaise »* R. JORIF.

■ CONTR. Commencement, début, 1 départ. ■ HOM. Thermes.

TERMINAISON [tɛʀminɛzɔ̃] n. f. – 1370 sens 3° ; « mort » v. 1160 ◊ de *terminer,* d'après le latin *terminatio* ■ **1** RARE Action de mettre fin à ; de se terminer. *Pour la terminaison de cette affaire.* ➤ **conclusion.** MÉD. *Les chirurgiens « déploraient des terminaisons si funestes »* MONDOR. ➤ **issue.** ◆ CHIM. Dernière étape (d'une réaction en chaîne) consistant en la recombinaison de deux radicaux. ◆ GÉNÉT. Phase finale de la transcription, arrêt de la synthèse de la molécule d'ARN. ■ **2** RARE Ce qui termine qqch. dans l'espace. ➤ **bout, extrémité.** ■ **3** ANAT. *Terminaison d'un nerf* (➤ aussi **synapse**). *Terminaisons nerveuses des organes des sens* (➤ 1 **récepteur**). ■ **4** (1550) COUR. Fin d'un mot considéré sous un aspect quelconque (phonique, graphique, morphologique). ➤ 1 **finale.** *Terminaisons des mots en fin de vers.* ➤ **assonance, consonance, rime.** ◆ SPÉCIALT Dernier élément d'un mot qui s'ajoute au radical, à la racine. ➤ **désinence, suffixe.** *Terminaisons des formes conjuguées d'un verbe. Terminaison en « -ation ».* ■ CONTR. Commencement, début.

1 **TERMINAL, ALE, AUX** [tɛʀminal, o] adj. et n. f. – 1763 bot. ; v. 1530 « qui peut se terminer » ◊ latin *terminalis* ■ **1** DIDACT. Qui termine, qui forme l'extrémité de qqch. *Bourgeon terminal,* qui se développe à l'extrémité de la tige. — *Partie terminale d'un organe.* ■ **2** (fin XIXe) COUR. Qui forme le dernier élément, la fin. ➤ **final.** *Formule terminale d'une lettre. Stade terminal d'une maladie,* qui précède la mort. *Malade en phase terminale.* ◆ *Classe terminale* (du lycée) ou n. f. *la terminale :* dernière classe du lycée, où l'on prépare le baccalauréat. *Élève de terminale. Être en terminale L, S... Programmes de terminale.* ■ CONTR. Initial, premier.

2 **TERMINAL, AUX** [tɛʀminal, o] n. m. – v. 1950 ◊ mot anglais « terminus » ■ ANGLIC. Élément final, point d'aboutissement (d'une chaîne, d'une ligne de communication). ■ **1** Ensemble des installations pour le déchargement des pétroliers et le stockage des produits pétroliers, à l'extrémité d'un pipeline. *Terminal maritime.* ◆ (v. 1970) Lieu équipé pour la réception et l'expédition des conteneurs. ◆ (v. 1970) Gare, aérogare* urbaine servant de point de départ et d'arrivée pour les passagers. *Une navette relie l'aérodrome au terminal.* ■ **2** (v. 1960) Périphérique d'entrée et de sortie d'un ordinateur distant (cf. aussi Station* de travail). *Console d'un terminal. Terminal graphique, vocal. « Les votes seront enregistrés sur des terminaux reliés eux-mêmes à Bruxelles »* LE CLÉZIO. *Terminal de poche :* **recomm. offic.** pour *smartphone.* ■ **3** *Terminal de cuisson**.

TERMINER [tɛʀmine] v. tr. ⟨1⟩ – XIIe ◊ latin *terminare,* de *terminus* « fin »

I ■ **1** VIEILLI Arrêter en formant une limite (dans l'espace). ➤ **borner, limiter.** *« de grandes bruyères terminées par des forêts »* CHATEAUBRIAND. ◆ MOD. Faire cesser dans le temps par une décision. *Terminer une séance, un débat.* ➤ **clore, clôturer, fermer,** 1 **lever.** ■ **2** Faire arriver à son terme, mener à terme (ce qui est commencé). ➤ **achever, finir.** *Terminer un travail. « Ce barrage fut terminé vers le milieu du mois d'août »* BALZAC. — *En avoir terminé avec qqch., qqn :* avoir enfin fini. *La hâte d'en avoir terminé avec une tâche fastidieuse. Quand j'en aurai terminé avec Monsieur, je m'occupe de vous.* ◆ Passer la dernière partie de (un temps). *On terminera la soirée chez Paul.* ◆ *Terminer une chose par...,* lui donner comme fin... *« C'était toujours par la saline qu'il terminait son inspection »* ZOLA. *« La morale par laquelle on termine la plupart des fables »* ROUSSEAU. ■ **3** Constituer, former le dernier élément de (qqch.). — (Dans l'espace) *Un revers termine la manche. L'élément qui termine la série. Phrase terminée par un point.* ◆ (Dans le temps) *« des vivats et des fanfares terminèrent cette singulière cérémonie »* LOTI.

II SE TERMINER v. pron. (XVIe-XVIIe) ■ **1** Prendre fin. — (Dans l'espace) *Rue qui commence à la Seine et se termine (au) boulevard Saint-Germain.* ◆ (Dans le temps) *« Leur déjeuner venait de se terminer »* CÉLINE. *La discussion se termine tard dans la nuit ; se termine dans la confusion. Se terminer bien, mal* (➤ **dénouement**). *« Ainsi se termina cette échauffourée »* VIGNY. ■ **2 SE TERMINER PAR...** (Dans l'espace) Avoir pour dernier élément, pour extrémité. *« Les manches non coudées* [des marionnettes] *se terminent par des mains de bois »* GASTON BATY. *Les mots qui se terminent par un* x *ne prennent pas l's du pluriel* (➤ **terminaison**). ◆ (Dans le temps) Avoir pour dernier moment, dernière phase ou pour conclusion. *« La soirée se termine par un petit bal »* GAUTIER. *Ces luttes « qui ne se peuvent terminer que par l'écrasement du vaincu »* MADELIN. ■ **3 SE TERMINER EN...** (Dans l'espace) Avoir (telle forme) à son extrémité. *Clocher qui se termine en pointe, terminé en pointe. Les verbes qui se terminent en -er.* ◆ (Dans le temps) Prendre (tel aspect) à sa fin. *L'histoire se termine en queue de poisson. « une comédie d'alcôve se terminant en drame »* FAGUET.

■ CONTR. Ouvrir. Amorcer, commencer, continuer, engager ; durer.

TERMINOLOGIE [tɛʀminɔlɔʒi] n. f. – milieu XIXe ; « abus de termes techniques » 1801 ◊ du latin *terminus* (→ terme, II) et *-logie* ■ **1** Vocabulaire particulier utilisé dans un domaine de la connaissance ou un domaine professionnel ; ensemble structuré de termes. ➤ 1 **jargon.** *La terminologie de la médecine ; de la critique cinématographique, de la publicité. Terminologie grammaticale. Choisir, créer une terminologie. Dans la terminologie française, anglaise* (d'une science). *La terminologie de Leibniz, de Martinet.* ◆ Vocabulaire didactique d'un groupe social. *« La vieille terminologie humanitaire et libérale de 1848 »* MARTIN DU GARD. ■ **2** Étude systématique des « termes » ou mots et syntagmes spéciaux servant à dénommer classes d'objets et concepts (➤ **lexicographie**) ; principes généraux qui président à cette étude. *La terminologie relève largement de la lexicologie*. « La création, dans chaque ministère, des commissions de terminologie »* J. CHIRAC.

TERMINOLOGIQUE [tɛʀminɔlɔʒik] adj. – 1799 ◊ de *terminologie* ■ DIDACT. De la terminologie. *Études terminologiques. Distinction terminologique.*

TERMINOLOGUE [tɛʀminɔlɔg] n. – v. 1960 ◊ de *terminologie* ■ DIDACT. Spécialiste de la terminologie (2°).

TERMINUS [tɛʀminys] n. m. – 1840 ◊ mot anglais, du latin « fin » ■ Dernière station d'une ligne de transports. *Aller jusqu'au terminus. Terminus ! Tout le monde descend ;* FIG. formule soulignant la fin d'une activité. PAR APPOS. *Gare terminus. Station terminus.* ■ CONTR. Tête (de ligne).

TERMITE [tɛʀmit] n. m. – 1797 ◊ mot anglais, du bas latin *termes, termitis,* classique *tarmes* ■ Insecte archiptère à quatre ailes, à pièces buccales broyeuses, à métamorphoses incomplètes, appelé aussi *fourmi blanche,* qui vit en société dans des termitières*, et ronge les pièces de bois par l'intérieur. *Chaque colonie de termites a une femelle féconde* (reine), *des ouvrières, des soldats* (stériles) *et un mâle ailé.* — LOC. *Travail de termite :* travail de destruction lent et caché. ■ HOM. Thermite.

TERMITIÈRE [tɛʀmitjɛʀ] n. f. – 1830 ◊ de *termite* ■ Nid de termites, monticule de terre durcie provenant des rejets des termites, pouvant atteindre plusieurs mètres de haut et percé de galeries ventilées. — FIG. *« Dans cette termitière qu'est l'usine »* MARTIN DU GARD. ➤ **fourmilière.**

TERNAIRE [tɛʀnɛʀ] adj. – v. 1390 ◊ latin *ternarius,* de *terni* « par trois ; trois » ■ DIDACT. Composé de trois éléments, de trois unités. ◆ MATH. *Système ternaire de numération,* qui possède les trois éléments 0, 1 et 2. ◆ CHIM. *Composé ternaire,* formé de trois éléments chimiques (ex. soude $NaOH$). *Diagramme ternaire :* diagramme en forme de triangle qui indique la température de fusion des mélanges de constituants situés aux sommets du triangle. ◆ (1636) Qui se compose de trois éléments rythmiques. *Mesure, rythme ternaire.*

1 **TERNE** [tɛʀn] adj. – 1533 « livide » ; rare avant XVIIIe ◊ de *ternir* ■ **1** Qui manque de brillant, qui reflète peu ou mal la lumière ; sans éclat. *Coloris, couleurs ternes.* ➤ **éteint, fade.** *Peinture mate et terne. Blanc terne,* sale. — *Teint pâle et terne.* ➤ **blafard, blême.** *Œil, regard terne,* sans éclat ni expression. ■ **2** Qui n'attire ni ne retient l'intérêt ; que son manque de caractère rend ennuyeux. *Style terne. Conversation terne et languissante.* — *Vie terne et grise ; journées ternes.* ➤ 1 **morne.** *« Tout devient terne, et la mer, et le ciel, et nos cœurs »* LOTI. ◆ (PERSONNES) Falot, insignifiant. *Gens « insipides et ternes »* TAINE. ■ CONTR. 1 Brillant, éclatant, étincelant, 1 frais, luisant, radieux. Expressif, intéressant.

2 **TERNE** [tɛʀn] n. m. – 1155 ◊ latin *ternas,* fém. plur. de *terni* → ternaire ■ **1** JEU Coup où chacun des deux dés amène un trois. *Amener un terne ou un quaterne.* — Au loto, Groupe

de trois numéros sortis sur une même ligne. ▪ **2** (1780) ANCIENNT À la loterie, Groupe de trois numéros qui doivent sortir au même tirage pour gagner. ➤ **tiercé.** ▪ **3** (1949 ; n. f. 1903) ÉLECTR. Ensemble des trois câbles de transport d'un courant triphasé.

TERNIR [tɛʀniʀ] **v. tr.** ‹2› – 1338 ◊ probablt d'origine germanique ; cf. ancien haut allemand *tarnjan* «cacher, obscurcir» ; cf. aussi gallo-roman °*tetrinus*, du latin *tetricus* «sombre» ▪ **1** Rendre terne. *«La vapeur des chaudières qui ternissait les vitres du bureau»* MAUROIS. *«Pas un grain de poussière ne ternissait les meubles»* ZOLA. — PRONOM. *L'argenterie se ternit.* — **p. p. adj.** *Miroir terni.* ➤ 1 **terne.** ▪ **2** (1559) Porter atteinte (à la valeur morale, intellectuelle de qqn). ➤ 2 **flétrir.** *Ternir la mémoire, la réputation, l'honneur de qqn. Le «jugement dont il osa ternir, à l'étourdie, l'auguste mémoire de mon père»* VILLIERS. — **p. p. adj.** *Réputation ternie.* ▪ CONTR. Aviver, polir. Briller. — (du p. p.) 1 Brillant, éclatant, 2 net.

TERNISSEMENT [tɛʀnismɑ̃] **n. m.** – v. 1560 ◊ de *ternir* ▪ RARE Action de ternir.

TERNISSURE [tɛʀnisyʀ] **n. f.** – 1542 ◊ de *ternir* ▪ TECHN. État de ce qui est terni ; endroit où qqch. est terni. *La ternissure d'une glace, d'une vitre.*

TERPÈNE [tɛʀpɛn] **n. m.** – 1871 ◊ allemand *Terpene* (1866), de *Terpentin* «térébenthine» ▪ CHIM. Hydrocarbure insaturé ($C_{10}H_{16}$), dimère de l'isoprène, liquide, extrait des huiles essentielles et des résines végétales.

TERPÉNIQUE [tɛʀpenik] **adj.** – 1878 ◊ de *terpène* ▪ CHIM. Relatif au terpène. *Composés terpéniques* (ex. géraniol).

TERPINOL [tɛʀpinɔl] **n. m.** – 1849 ◊ de *terpine*, de l'anglais *turp(ent)ine* «térébenthine» ▪ CHIM. Isomère d'un des trois alcools $C_{10}H_{17}OH$, trouvé dans les essences naturelles.

TERRAGE [teʀaʒ] **n. m.** – 1225 ◊ de *terre* ▪ FÉOD. Champart.

TERRAIN [teʀɛ̃] **n. m.** – 1155 ◊ du latin *terrenum*, de l'adj. *terrenus* «formé de terre»

I LE TERRAIN, UN TERRAIN. A. SOL, TERRE ▪ **1** Étendue de terre (considérée dans son relief ou sa situation). ➤ 1 **sol.** *Terrain plat, accidenté. Accident, plis de terrain, du terrain. La route épouse tous les mouvements du terrain.* ◆ (Considérée dans sa nature, son état) *Bon terrain, terrain fertile.* ➤ **terre.** *Terrain boisé. Terrain compact, léger ; perméable, imperméable. Glissement, affaissement de terrain. L'état du terrain* (en hippisme, en football). *Terrain lourd, sec.* — **loc. adj. TOUT TERRAIN.** *«des véhicules tout terrain»* TOURNIER. ➤ **tout-terrain.** FIG. Adapté à toutes les circonstances ; à toute épreuve. *«leur assurance tout terrain, le genre qui vous décoche un clin d'œil en vous serrant la main»* P. BAILLY. ◆ COLLECT. *Acheter du terrain, deux hectares de terrain.* ➤ **terre.** ▪ **2** (1830) GÉOGR., GÉOL. (généralt au plur.) Portion de l'écorce terrestre, considérée quant à sa nature, son origine ou son âge. ➤ **formation.** *Terrains crétacés. Terrains glaciaires, alluviaux, volcaniques.* ▪ **3** (1690) Lieux où se déroulent des opérations militaires. *Disputer le terrain. Avoir l'avantage du terrain,* de la situation, de l'emplacement. *Reconnaître le terrain,* le champ de bataille. *Le terrain conquis, perdu, repris.* — LOC. FIG. *Se croire en terrain conquis :* occuper les lieux comme si on en était maître. *«Ann avançait dans la ville comme en terrain conquis, comme une Américaine fait son shopping, ça je veux, ça je veux»* ORSENNA. — SPÉCIALT Lieu où se déroule un duel. *Aller sur le terrain.* ➤ **pré.** LOC. *Sur le terrain :* sur les lieux mêmes du combat, sur place. — FIG. *Un homme, une femme de terrain,* une personne (scientifique, commercial, politique) qui observe et agit sur les lieux mêmes de l'action. *«Des "hommes de terrain", ces poilus en étaient, mais comme M. Jourdain, avec la prose, ils ne le savaient pas»* DANINOS. — *Géologie de terrain* (opposé à *de laboratoire*).

B. FIGURÉ ▪ **1** (Dans une lutte, une compétition, une rivalité) *Gagner, perdre, céder du terrain.* ➤ **avancer, reculer.** *Regagner le terrain perdu :* reprendre l'avantage. *Être sur son terrain,* dans un domaine familier, où l'on est à l'aise. *Occuper le terrain :* imposer sa présence dans un domaine, un champ d'activité. *Je ne vous suivrai pas sur ce terrain,* dans ce domaine, dans vos jugements. *Chercher, trouver un terrain d'entente,* une base, un sujet sur lequel on s'entende, lorsqu'on s'oppose. *Reconnaître, préparer, tâter le terrain :* s'assurer, en prenant tous les renseignements utiles, qu'on peut agir sans trop de risques. — *Terrain glissant :* situation dangereuse, hasardeuse. ▪ **2** MÉD. État d'un organisme, quant à sa résistance aux agents pathogènes ou à sa prédisposition à diverses affections. *Terrain allergique. «Ces remèdes qui tuent ou qui sauvent suivant le terrain qu'ils rencontrent»* CAILLOIS.

II UN TERRAIN, DES TERRAINS. PARCELLE ▪ **1** (v. 1160) Espace, étendue de terres de forme et de dimensions déterminées. ➤ **emplacement, parcelle.** *Acheter, vendre un terrain. Un terrain cultivé, laissé en friche. Terrain cadastré, borné, clos.* SPÉCIALT Fonds sur lequel on construit, on peut construire. *Terrains à bâtir, à lotir. Terrain viabilisé. Spéculation sur les terrains.* — *Terrain vague*.* — *Terrain militaire,* appartenant à l'armée. ▪ **2** Emplacement aménagé pour une activité particulière. *Terrain de camping. Terrain de jeu. Terrain d'exercice, de tir* (➤ **polygone**). — *Terrain de football, de tennis* (➤ 2 **court**), *de golf* (➤ **links**). — *Terrain d'aviation.* ➤ **aérodrome.**

1 **TERRAMARE** [teʀamaʀ] **n. f.** – 1867 ◊ mot italien, de *terra* «terre» et *amara* «amère» ▪ AGRIC. Terre ammoniacale utilisée comme engrais.

2 **TERRAMARE** [teʀamaʀ] **n. f.** – 1865 ◊ mot italien, altération de *terra mala* «mauvaise terre» ▪ DIDACT. Butte de terre constituant un type d'habitat préhistorique, en haute Italie.

TERRAQUÉ, ÉE [teʀake] **adj.** – 1747 ◊ bas latin *terraqueus,* de *terra* «terre*» et *aqua* «eau» ▪ VX OU LITTÉR. Composé de terre et d'eau, en parlant de notre monde. *Le globe terraqué, la planète terraquée :* la Terre. — *«Terraqué», recueil de poèmes de* Guillevic (1942).

TERRARIUM [teʀaʀjɔm] **n. m.** – 1873 ◊ de *terre,* d'après *aquarium* ▪ TECHN. Terrain, emplacement aménagé pour l'élevage et l'observation de divers animaux. *Reptiles, batraciens, araignées d'un terrarium.* ➤ **vivarium.**

TERRA ROSSA [teʀaʀɔsa] **n. f.** – 1933 ◊ mots italiens «terre rouge» ▪ DIDACT. Formation de sol consistant en terre argileuse rouge, commune en Méditerranée.

TERRASSE [teʀas] **n. f.** – XIIe variante *terrace* «sol ; torchis» ◊ de *terre*

I (1380) TECHN. Surface d'un socle plat ; ce socle. *Terrasse d'une statue, d'une pièce d'argenterie.*

II (1295 ; *terrace* 1165 ◊ ancien provençal *terrassa,* de *terra*) COUR. ▪ **1** Levée de terre formant plateforme, ordinairement soutenue par de la maçonnerie. *Les terrasses d'un jardin, d'un parc. «une superposition de terrasses»* GAUTIER. *Balustrade, parapet d'une terrasse. Terrasse devant une maison.* ◆ *Cultures en terrasses :* dans les terrains en pente, cultures en étages, soutenues par de petits murs. *Rizières en terrasses.* ◆ PAR EXT. Terrain, espace en gradins. *Terrasse fluviale :* fond de vallée entaillé par une rivière. ▪ **2** Plateforme en plein air d'un étage de maison en retrait sur l'étage inférieur. *Appartement au 5e étage avec terrasse.* PAR EXT. Balcon en saillie de grandes dimensions. — Toiture plate, accessible, parfois aménagée. *Terrasse avec piscine. Toiture en terrasse,* plate. *Toit-terrasse.* ▪ **3** (1883) Emplacement sur le trottoir, où l'on dispose des tables et des chaises pour les consommateurs, devant un café, un restaurant. *Terrasse en plein air ; couverte l'hiver. «on est allés boire un pot à la terrasse du Select»* PEREC. — PAR MÉTON. *«son patron mettait le nez dehors pour décider de sortir ou non la terrasse»* T. BENACQUISTA.

III Métier, travail de terrassier. *«Ouvrier tourneur, il était devenu terrassier depuis la crise et se plaisait mieux maintenant dans la terrasse qu'à l'usine»* G. NAVEL.

TERRASSEMENT [teʀasmɑ̃] **n. m.** – 1543 ◊ de *terrasser* (I) ▪ Opération par laquelle on creuse, on remue ou on déplace la terre ; travaux destinés à modifier la forme naturelle du terrain. *Travaux de terrassement. Outils de terrassement* (pelle, pioche). *Engins de terrassement.* ➤ **angledozer, bulldozer, décapeuse, défonceuse, dragline, dumper, excavateur, niveleuse, pelleteuse, scrapeur.** ◆ PAR EXT. Matériaux déplacés et disposés par des travaux de terrassement. ➤ **remblai.** *Les terrassements d'une voie ferrée.*

1 **TERRASSER** [teʀase] **v. tr.** ‹1› – 1547 *terracer* ◊ de *terrace, terrasse* ▪ **1** VX Soutenir par une masse de terre. *Terrasser un mur.* ◆ MOD. TECHN. Creuser, remuer la terre de. *«Terrasser un arpent de vigne»* P.-L. COURIER. ▪ **2** RÉGION. Recouvrir (la neige) de cendres et de terre pour la faire fondre. *Terrasser la neige pour labourer.*

2 **TERRASSER** [teʀase] **v. tr.** ‹1› – 1534 «battre» ◊ de *(jeter à) terre* ▪ **1** Abattre, renverser (qqn), mettre ou jeter à terre dans une lutte. *Terrasser son adversaire. «Il fut colleté, terrassé, garrotté»* HUGO. — Dompter, vaincre. FIG. *Terrasser une maladie.* ▪ **2** (1690) (Sujet chose) Abattre, rendre incapable de

réagir, de résister. ➤ **anéantir.** «*La puissante fatigue enfin le terrassa*» MAUPASSANT. «*La violence du venin* [...] *me terrasse*» RIMBAUD. ➤ **foudroyer.** *Être terrassé par la maladie. Terrassé par l'émotion.*

TERRASSIER [tеʀasje] **n. m.** – 1690 ; *tarracier* XVIe ◊ de *terrasser*
■ Ouvrier employé aux travaux de terrassement. *Terrassiers qui creusent, remblayent.*

TERRE [tɛʀ] **n. f.** – fin Xe ◊ du latin *terra*
I ÉLÉMENT SOLIDE QUI SUPPORTE LES ÊTRES VIVANTS ET OÙ POUSSENT LES VÉGÉTAUX A. SURFACE ■ **1** Surface sur laquelle les humains, les animaux se tiennent et marchent. *Tomber à terre, face contre terre. Se coucher sur la terre, à même la terre. — Sauter à terre. Mettre pied à terre :* descendre de cheval, d'un véhicule à deux roues. LOC. *Mettre (un adversaire) à terre,* le vaincre. *Mettre un genou en terre. Toucher terre, la terre.* ➤ 1 **sol.** *À fleur, à ras de terre.* «*Il saluait... Il s'inclinait jusqu'à terre*» HUGO. — LOC. *Courir ventre à terre* (d'abord en parlant d'un cheval), très vite. *— Soulever de terre. Sous terre,* sous le niveau du sol (➤ **souterrain**). ■ **2** LOC. *Vouloir rentrer sous terre* (de honte). *Il aurait voulu être à cent pieds sous terre. Avoir les pieds sur terre :* être réaliste. *Ne plus toucher terre :* perdre contact avec la réalité, être transporté (cf. La tête dans les étoiles, être sur un petit nuage). *Revenir sur terre,* sur le plan des réalités concrètes et non de l'imagination (➤ **terre à terre**). ♦ (fin XIIe) **PAR TERRE :** sur le sol. *Tomber par terre. S'asseoir, se coucher, se rouler par terre.* — FAM. *À se rouler* par terre. À tomber* par terre. — Dormir par terre* (cf. Sur la dure*). *Par terre, c'est de la pierre, du parquet. Ne jetez pas vos papiers par terre. Prendre ce qui est par terre* (➤ **ramasser**). *Mettez-le, posez-le par terre. Laver par terre,* le sol. POP. SUBST. *Laver le par terre.*
B. MATIÈRE ■ **1** (fin XIe) Matière qui forme la couche superficielle de la croûte terrestre. «*La terre des allées, détrempée par la pluie*» CHATEAUBRIAND. *Chemin de terre,* non revêtu. *Un sol de terre battue. Élévation, monticule de terre.* ➤ **levée, remblai,** 1 **talus, tumulus.** *Terre pulvérulente.* ➤ **poussière.** *Mottes de terre. Creuser, remuer la terre. Cacher, enfouir dans la terre.* ➤ **enterrer.** *Mettre, porter un mort en terre.* «*Et son ombre sera légère à la terre où je dormirai*» MUSSET. *Ver* de terre.* VIEILLI *Charbon de terre :* houille (**opposé à** *charbon de bois*). «*les sacs de charbon de terre coûtaient cher, et les boulets se changeaient vite en cendre*» Z. OLDENBOURG. ■ **2** AU PLUR. Quantité de terre. *Terres rapportées.* ■ **3** (début XIIIe) Élément où poussent les végétaux ; étendue de cet élément. *La terre et la roche, et le sous-sol. Terre aride, inculte, fertile.* ➤ **terrain.** *Bonne terre. Terre arable, cultivée. Terre légère ; grasse et compacte* (➤ **glaise**) ; *calcaire. Terre de bruyère*. Terre végétale.* ➤ **humus, terreau.** *Terre noire.* ➤ **tchernoziom.** *Terre rouge.* ➤ **latérite, terra rossa.** «*Je sens encore sur mon visage la chaleur de la terre rouge et de la fournaise*» LE CLÉZIO. *Coin, lopin, lot, parcelle, pièce de terre. Labourer, retourner, cultiver, travailler la terre* (➤ **agriculture**). «*notre travail c'est la terre* [...] *notre vie c'est la terre*» GIONO. *Les fruits, les produits de la terre. — La terre s'épuise, s'appauvrit. Terre usée. Amender, fertiliser la terre par des engrais. Laisser reposer la terre. Terre en friche, en jachère.* — (1690) **EN PLEINE TERRE :** dans une terre qui n'est pas dans un contenant. *Planter un arbuste en pleine terre. Culture de pleine terre* (cf. De plein champ). ■ **4 LA TERRE :** les activités de la campagne, de la vie paysanne. ➤ **glèbe.** *Aimer la terre ; avoir le goût, la passion de la terre. — Le retour à la terre,* aux activités agricoles, à la vie rurale.
C. ÉTENDUE ■ **1** (fin XIe) Étendue indéterminée de terrain où poussent les végétaux. *Terres incultes. Terres à blé, à céréales, à pâturages ; à vignes,* propres à ces usages, à ces cultures. *Terres cultivées, labourées.* ➤ **labour.** *Défricher les terres vierges.* — LOC. *Politique de la terre brûlée,* de destruction des récoltes et des villages, des ressources et des moyens de production dans une retraite militaire ; FIG. pratique consistant à détruire des ressources utilisables par un adversaire, quitte à s'empêcher d'y avoir soi-même recours. ■ **2** Étendue limitée, bornée, de surfaces cultivables, considérée comme objet de possession. ➤ 2 **bien, domaine, héritage, propriété.** *Acquérir, acheter, vendre... une terre ; affermer une terre. La terre d'un seigneur, la terre seigneuriale.* PROV. *Qui terre a guerre* a.* — AU PLUR. *Vivre de ses terres. Propriétaire de terres.* ➤ **terrien.** *Partage des terres. Se retirer sur ses terres.* ■ **3** (fin XIe) Vaste étendue de la surface solide du globe. ➤ **territoire, zone.** *Terres arctiques, australes, boréales.* «*Entre ces deux caps, il y a des terres basses, pardessus lesquelles il y en a de très hautes*» J. CARTIER. *La terre des dieux :* la Grèce. «*Grèce, ô mère des arts, terre d'idolâtrie*» MUSSET. «*je me suis donc endormi sur le sable à mille milles de toute terre habitée*» SAINT-EXUPÉRY. — *La Terre promise :* Canaan, la Judée ; FIG. pays d'abondance. *Terre sainte :* les lieux où vécut Jésus, selon les Évangiles. «*La terre natale* [...] *sera toujours plus qu'une simple terre : c'est toute la Terre !*» C. LAYE. ■ **4** (fin XIe) **LA TERRE, LES TERRES,** opposée(s) à la mer, à l'air. ➤ 2 **continent, île.** «*Homme qui court la terre et les mers*» LA ROCHEFOUCAULD. (1539) *La terre ferme* (cf. Le plancher* des vaches). *Transports par air, par mer et par terre. L'armée de terre* (**opposé à** *la marine, l'aviation*). *Un village dans les terres,* éloigné du rivage, de la côte. *Rochefort-en-terre et Rochefort-sur-mer. Navire qui touche terre.* ➤ **aborder.** *Aller à terre.* ➤ **débarquer.** *Terre !,* exclamation poussée par le premier qui aperçoit la terre. «*je criai d'une voix forte : "Terre par tribord devant !"*» J. VERNE. — *Avion qui se pose à terre.* ➤ **atterrir.** ■ **5** ARTS Le sol, dans un paysage (**opposé à** *ciel, eaux*). «*Le point précis où commençait le ciel et où finissait la terre*» GAUTIER. *Entre ciel* et terre.* ■ **6** MATH. *Ligne de terre,* intersection des plans de projection horizontal et vertical, en géométrie descriptive.
D. CROÛTE TERRESTRE La croûte terrestre (considérée dans son ensemble ou dans un lieu déterminé). *La terre tremble, gronde. Tremblement de terre.* ➤ **séisme.** *Les secousses de la terre.* ➤ 1 **tellurique.**
E. (ÉLECTRICITÉ) LE SOL ■ **1** Le sol, qui a un potentiel électrique égal à zéro. *Prise de terre.* ■ **2** Réseau de conducteurs enterré, à potentiel constant. *Mettre à la terre :* relier à la terre par un conducteur. ■ **3** Masse* jouant dans un circuit électrique le même rôle que le sol. ■ **4** Conducteur allant de l'appareil à la terre.

II LE MONDE DES HUMAINS A. MILIEU ■ **1** Ensemble des lieux où l'être humain peut aller (avant les voyages spatiaux), considérés à l'échelle humaine. *Cet homme* «*qui avait parcouru vingt-cinq ans la terre entière*» FRANCE. «*Dieu créa le Ciel et la Terre*» (GENÈSE). ■ **2** Le milieu où vit l'humanité, considéré d'une manière abstraite et générale. «*Tant qu'il y aura des hommes sur la terre*» FRANCE. *Être seul sur la terre,* au monde. «*Ces gens-là, les plus malheureux de la terre*» MONTESQUIEU. *Être sur terre.* ➤ **exister,** 1 **vivre.** *Sur toute la terre.* ➤ **mondial, planétaire, universel.** LOC. *La terre entière :* tout le monde. *Elle en veut à la terre entière.* ■ **3** RELIG. Le lieu où l'être humain passe sa vie matérielle (**opposé à** *ciel,* **à** *vie éternelle*). ➤ **terrestre.** *La terre et le ciel.* «*Paix sur la terre aux hommes de bonne volonté*» (ÉVANGILE, saint Luc). *Le pape, représentant de Dieu sur la terre.* — PAR EXT. *Le paradis sur la terre.* — LOC. *Le sel* de la terre. Remuer* ciel et terre.*
B. ASTRE ■ **1** (XVIe) Notre monde considéré comme un astre, un corps sphérique. ➤ **globe.** *Faire le tour de la terre.* ■ **2 LA TERRE.** (1543) Planète appartenant au système solaire, animée d'un mouvement de rotation sur elle-même et de révolution autour du Soleil. *La Lune, satellite de la Terre. Clair* de Terre. Mouvements de la Terre et mesure du temps.* «*La Terre est le prototype de la planète vivante*» H. REEVES. *Noyau interne de la Terre. — Parties solide* (➤ **géosphère, lithosphère**), *liquide* (➤ **hydrosphère**), *vivante* (➤ **biosphère**) *et gazeuse* (➤ **atmosphère**), *de la Terre.* ■ **3** SPÉCIALT Ensemble formé par la lithosphère (écorce terrestre) et l'hydrosphère, étudié par la géographie et la géologie. *Les sciences* de la vie et de la Terre. — Représentation de la Terre.* ➤ **cartographie ; mappemonde, planisphère.** *Coordonnées d'un point de la Terre* (➤ **latitude, longitude**).

III MATIÈRE EXTRAITE DU SOL ■ **1** Matière, substance particulière extraite du sol ou considérée comme caractéristique de l'élément solide de notre globe (dans l'ancienne science). ♦ (milieu XIIe) L'un des quatre éléments, chez Empédocle, Aristote et dans la science médiévale. CHIM. ANC. L'un des principes ou éléments constitutifs de toutes les substances. ♦ (1904) CHIM. MOD. *Les* **TERRES :** les métaux de la 3e colonne de la classification périodique et les *terres rares.* **TERRES RARES :** oxydes métalliques, à propriétés très voisines, existant en proportion variable dans des minerais disséminés, rarement en quantité suffisante pour être exploitables. ➤ **lanthanides.** — PAR EXT. Les métaux correspondant à ces oxydes (de n° at. 57 à 71). *Le lanthane, l'europium, le terbium, l'holmium sont des terres rares.* ■ **2** (milieu XIIe) Matière pulvérulente dans la composition de laquelle entre généralement l'argile, et qui sert à fabriquer des objets. *Terre à porcelaine* (➤ **kaolin**), *à briques. Terre à potier,* utilisée en céramique, en poterie. *Terre anglaise :* mélange d'argile plastique et de quartz (pour la faïence). *Terre de pipe :* terre anglaise additionnée de chaux. «*Avec quel plaisir je retrouvai mon assiette en terre de pipe !*» SAND.

— SANS COMPL. *Pipe en terre. Terre à foulon*. Terre glaise.* ♦ (1536) **TERRE CUITE :** argile ordinaire ferrugineuse durcie par la chaleur ; ensemble des produits céramiques fabriqués avec cette substance. *Briques, tuiles, carreaux, poteries de terre cuite ; cruches, statuettes en terre cuite. Plat de terre vernissée.* LOC. *La lutte du pot* de terre contre le pot de fer.* — PAR EXT. *Une terre cuite* : un objet en terre cuite. ▪ **3** Nom de différents colorants (couleurs minérales). *Terre de Sienne* ou *terre d'ombre**, colorants bruns. ➤ **ocre.** *Terre verte,* à base de carbonate de cuivre hydraté.
▪ **HOM.** Taire, 1 ter.

TERRE À TERRE [tɛʀatɛʀ] **loc. adj. inv.** – 1623 ; «près du sol» 1611 ◊ de *terre* ▪ Matériel et peu poétique. *Un esprit terre à terre.* «*La bourgeoisie des habitudes, la vie terre à terre*» HUGO. ➤ **matériel, 1 positif.** *Les préoccupations terre à terre du ménage.* ➤ **prosaïque.**

TERREAU [tɛʀo] **n. m.** – 1611 ◊ de *terre* ▪ **1** Engrais naturel, formé d'un mélange de terre végétale et de produits de décomposition. ➤ **humus.** *Terreau de couche ; de feuilles. L'odeur du terreau. Les salades «grasses encore de terreau»* ZOLA. ▪ **2** FIG. Terrain favorable à l'épanouissement (de qqch.). *Le terreau du fanatisme. «les fantasmes d'une poignée d'individus malades, les réseaux criminels qui prospéraient sur ce terreau abject»* A. POSTEL.

TERREAUTER [tɛʀote] **v. tr.** ⟨1⟩ – 1796 ; *terroter* 1732 ◊ de *terreau* ▪ HORTIC. Améliorer (un sol, une terre) avec du terreau.

TERRE-NEUVAS [tɛʀnœva] ou **TERRE-NEUVIER** [tɛʀnœvje] **n. m. et adj.** – 1691, -1610 *terreneufuiers* ◊ de *Terre-Neuve* ▪ **1 n. m.** Navire qui pêche à Terre-Neuve (dans ce sens on dit surtout *terre-neuvier*). ♦ Professionnel de la grande pêche à Terre-Neuve. *Les terre-neuvas.* ▪ **2 adj.** (1904) Qui participe à une campagne de pêche à la morue sur les bancs de Terre-Neuve. *Navire, pêcheur terre-neuvier* (ou *terre-neuvas*).

TERRE-NEUVE [tɛʀnœv] **n. m. inv.** – 1837 ◊ de *(chien de) Terre-Neuve* ▪ Gros chien à tête large, à longs poils, dont la race est originaire de Terre-Neuve. *Des terre-neuve.*

TERRE-PLEIN [tɛʀplɛ̃] **n. m.** /TERREPLEIN/ – 1561 ◊ italien *terrapieno* «rempli de terre», de *pieno* «plein», attraction de sens de *plain* «plat» ▪ **1** FORTIF. Partie horizontale d'un rempart, d'une batterie. ▪ **2** Plateforme, levée de terre. *Le terre-plein d'une terrasse. Terre-plein central d'une autoroute.* ➤ RÉGION. **berme** (cf. aussi Îlot* directionnel). *Des terre-pleins.*

TERRER [teʀe] **v. tr.** ⟨1⟩ – XIIe ◊ de *terre* ▪ **1** HORTIC. Mettre de la nouvelle terre, une terre d'engrais sur, au pied de. *Terrer une vigne. Terrer une pelouse.* ▪ **2 v. pron.** (1680) COUR. **SE TERRER :** se cacher dans un terrier ou se blottir contre terre (en parlant d'un animal). PAR MÉTAPH. «*Si nous ne nous étions pas terrés comme des cloportes sous une pierre*» JALOUX. ♦ (1694) Se mettre à l'abri, se cacher dans un lieu couvert, souterrain. *Se terrer chez soi. Fugitif, criminel qui se terre. Terré dans la cave.* ▪ **HOM.** *Terrez* : tairez (taire).

TERRESTRE [teʀɛstʀ] **adj.** – 1050 ◊ latin *terrestris* ▪ **1** (Opposé à *céleste*) Du monde où vit l'être humain ; d'ici-bas. «*Au terrestre séjour*» LAMARTINE. *Le paradis* terrestre. La vie terrestre. Les choses terrestres,* temporelles, matérielles. «*La parfaite abnégation des avantages terrestres nécessaires à un prêtre*» STENDHAL. ▪ **2** De la planète Terre. *Le globe terrestre* : la Terre. — *La croûte, l'écorce, la surface terrestre.* — *Magnétisme* terrestre.* ▪ **3** Des terres émergées. *Habitat terrestre.* ♦ (XVIe) Qui vit sur la terre ferme (opposé à *aquatique, marin*). *Animaux terrestres ou amphibies. La flore terrestre.* ♦ Qui est, qui se déplace sur le sol (opposé à *aérien, maritime*). *Locomotion, transport terrestre.* ▪ **CONTR.** Céleste, religieux, spirituel. Aquatique, 1 marin ; aérien.

TERREUR [tɛʀœʀ] **n. f.** – 1355 ; *terror* XIIIe ◊ latin *terror, terroris* ▪ **1** Peur extrême qui bouleverse, paralyse. ➤ **effroi, épouvante, frayeur.** *Terreur affreuse, folle. Terreur panique. Être glacé, muet de terreur. Vivre dans la terreur. Inspirer de la terreur à qqn* (➤ **terrifier, terroriser**). *Une nouvelle qui sème la terreur. La terreur des gendarmes,* qu'inspirent les gendarmes. «*Nous avons grandi dans la terreur de nos pères, le silence inquiet de nos mères*» O. ADAM. *Avoir la terreur d'être assassiné.* ♦ AU PLUR. ➤ **alarme.** *Vaines, fausses terreurs.* ♦ PAR EXT. Vive angoisse. «*Je voyais avec terreur que ma paresse allait être impunie*» RADIGUET. — *Terreurs nocturnes* : crises d'angoisse chez l'enfant, entraînant le réveil, mais ne laissant aucun souvenir. ➤ aussi **cauchemar.** «*Une de ces terreurs nocturnes, tellement propres à l'enfance mais qui persistent parfois à l'âge adulte*» C. MARTINEZ. ▪ **2** (depuis 1789) Peur collective qu'on fait régner dans une population pour briser sa résistance ; régime politique fondé sur cette peur, sur l'emploi des mesures d'exception (➤ **terrorisme**). *Gouverner par la terreur. «dénoncer le régime de terreur, d'exception, de délation»* HENRIOT. — HIST. Ensemble des mesures d'exception prises par le gouvernement révolutionnaire depuis la chute des Girondins (juin 1793) jusqu'à celle de Robespierre (27 juillet 1794, 9 Thermidor). «*La terreur n'est autre chose que la justice prompte, sévère, inflexible*» ROBESPIERRE. — Cette période. *Pendant la Terreur.* — *Terreur blanche* : nom donné aux deux périodes de terreur que les royalistes firent régner en France, la première en 1795, la seconde en 1815. ▪ **3** (1561) Être ou chose qui fait régner, qui inspire une grande peur. «*Attila... La terreur des mortels et le fléau de Dieu*» CORNEILLE. ♦ (1749 argot) FAM. Individu dangereux qui fait régner la terreur autour de lui. *Dans le milieu, il passe pour une terreur. Jouer les terreurs.* ➤ **dur.**

TERREUX, EUSE [tɛʀø, øz] **adj.** – XIIIe ; *tiereux* «recouvert de terre» v. 1180 ◊ bas latin *terrosus* ▪ **1** Qui appartient à la terre, qui est de la nature de la terre (I, 2o). *Substance terreuse. Goût terreux. Odeur terreuse.* ▪ **2** (1412) Mêlé, souillé de terre. *Sable terreux. Mains, chaussures terreuses.* ➤ 1 **boueux.** *Salade terreuse.* ▪ **3** (1690) D'une couleur grisâtre, jaunâtre ou brunâtre sans éclat ni fraîcheur. «*L'uniformité terreuse du vaste ciel*» ZOLA. — SPÉCIALT *Teint terreux.* ➤ **blafard, cireux.** «*Les malades aux physionomies terreuses et verdâtres*» GAUTIER.

TERRIBLE [teʀibl] **adj.** – 1160 ◊ latin *terribilis* ▪ **1** (CHOSES) Qui inspire de la terreur (1o), qui amène ou peut amener de grands malheurs. ➤ **effrayant, redoutable, terrifiant.** *Cauchemar terrible.* ➤ **affreux** (1o). *Une terrible maladie. Une terrible catastrophe.* ➤ **effroyable, épouvantable, tragique.** «*L'Année terrible*», *de Victor Hugo,* journal en vers du siège et de la Commune. ♦ (PERSONNES) Dur, sans pitié. *Ivan le Terrible.* «*Daignez d'un roi terrible apaiser le courroux*» RACINE. «*un terrible monsieur saignant à blanc les artistes*» ZOLA. ▪ **2** (1587) Sens affaibli Très pénible, très grave, très fort. *Vent, froid terrible.* ➤ **excessif.** *Une terrible sécheresse. Bruit terrible.* ➤ **infernal.** *Le terrible punch d'un boxeur.* ➤ **foudroyant.** — *C'est terrible ce qui lui arrive. Cela n'a rien de terrible, ce n'est pas bien grave !* ♦ (1690 «fatigant») Agressif, turbulent, très désagréable... *Il est terrible avec sa manie de s'occuper de ce qui ne le regarde pas.* — «*Les Enfants terribles*», *roman de Cocteau.* FIG. *Enfant terrible* : personne qui se signale par certaine turbulence, dans un groupe. *L'enfant terrible du parti.* ♦ (Antéposé) *C'est un terrible bavard* : il est très bavard. ▪ **3** (1664) Extraordinaire, très grand. ➤ **formidable.** «*C'est un terrible avantage de n'avoir rien fait, mais il ne faut pas en abuser*» RIVAROL. *Une envie, un appétit terrible.* ♦ FAM. Imbattable, remarquable, excellent. *Un truc terrible. Ce film n'a rien de terrible.* FAM. *Pas terrible* : médiocre. — (PERSONNES) FAM. *C'est un type terrible,* très fort. ➤ **étonnant.** — **adv.** (v. 1960) FAM. Très bien. ➤ **formidablement.** *Ça chauffe terrible.* ▪ **CONTR.** Débonnaire.

TERRIBLEMENT [teʀibləmɑ̃] **adv.** – 1375 ◊ de *terrible* ▪ **1** VIEILLI D'une manière terrible (1o). ▪ **2** (1470) D'une manière très dure, très violente, très intense ; à l'extrême. ➤ **formidablement, très*.** *Il fait terriblement chaud. Il a terriblement grossi.*

TERRICOLE [teʀikɔl] **adj.** – 1834 ◊ du latin *terra* «terre» et *-cole* ▪ ZOOL. Qui vit dans la terre ou dans la vase. — SUBST. *Un terricole.*

TERRIEN, IENNE [tɛʀjɛ̃, jɛn] **adj. et n.** – 1210 ; «terrestre» v. 1140 ◊ de *terre* ▪ **1** Qui possède des terres. *Propriétaire terrien.* ➤ **foncier.** ▪ **2** (XIXe) Qui concerne la terre, la campagne, qui est propre aux paysans (opposé à *citadin*). *Ascendance terrienne.* ➤ **paysan, rural.** «*Les plus vieilles vertus terriennes*» THARAUD. — SUBST. *Buteau «était un vrai terrien, attaché au sol,* [...] *n'ayant rien vu, au-delà du plat horizon de la Beauce»* ZOLA. ▪ **3 n.** (1270 «homme») Habitant(e) de la planète Terre (opposé à *extraterrestre, martien*). «*En l'an 2000, on nous dit qu'un Terrien sur deux vivra dans une ville*» GREEN. ▪ **4** Qui vit dans l'intérieur des terres (I, 6o) et non sur les côtes (opposé à *marin, maritime*). «*Il a toujours été difficile d'intéresser le Français terrien aux choses de la mer*» BAINVILLE. — **n.** (1690) MAR. *Les terriens* : ceux qui ne sont pas des gens de mer. ➤ ARG. **éléphant.** ▪ **HOM.** Thériens.

1 **TERRIER** [tɛʀje] **n. m.** – 1375 ; *terrer* «rempart, levée de terre» 1170 ◊ de *terre* ▪ Trou, galerie ou ensemble de galeries que certains animaux creusent dans la terre et qui leur sert d'abri et de retraite. ➤ **tanière.** *Le terrier d'un lièvre* (➤ **gîte**), *d'un renard.* «*Comme un furet attaque le lapin au plus profond du*

terrier» MAURIAC. *Faire sortir un animal de son terrier.* ➤ **débusquer.**

2 **TERRIER, IÈRE** [tɛʀje, jɛʀ] **n.** – 1690 ; *chien terrier* 1375 ◊ de 1 *terrier* ■ Chien utilisé autrefois pour la chasse des animaux à terrier. ➤ **airedale, bull-terrier, fox-terrier, scotch-terrier, yorkshire-terrier.** *Les terriers sont de bons chiens de garde. «ma petite terrière brabançonne»* COLETTE.

TERRIFIANT, IANTE [teʀifjɑ̃, jɑ̃t] **adj.** – 1558 ◊ de *terrifier* ou du latin *terrificare* ■ Qui terrifie, qui est propre à inspirer de la terreur, de l'horreur. ➤ **effrayant, paniquant, terrible.** *Cris terrifiants. «Les masques terrifiants ou hilares»* CARCOPINO. ◆ PAR EXT. Très intense, très grand, très remarquable, et qui effraye un peu. ➤ **terrible (2° et 3°).** *C'est terrifiant comme il a vieilli !*

TERRIFIER [teʀifje] **v. tr.** ⟨7⟩ – 1794 ◊ latin *terrificare* ■ Frapper de terreur, d'une vive crainte. ➤ **effrayer, terroriser.** *Leurs cris terrifiaient l'enfant.* — **p. p. adj.** *Un enfant terrifié.* ■ CONTR. Rassurer.

TERRIGÈNE [teʀiʒɛn] **adj.** – 1843 ; «né de la terre» v. 1370 ◊ latin *terrigena* ■ **1** GÉOL. Qui a été arraché à la terre par l'érosion ou entraîné par un courant d'eau. ■ **2** BIOL. D'origine terrestre. *Bactéries terrigènes.*

TERRIL [teʀi(l)] **n. m.** – 1923 ; *terri* 1885 ◊ mot du Nord-Est ; de *terre* ■ Monticule de déchets miniers ou métallurgiques, au voisinage d'une mine. ➤ **crassier.** *«des montagnes artificielles, les terrils, ces tas de débris charbonneux qui hérissent tous les espaces miniers»* J. ANGLADE.

TERRINE [teʀin] **n. f.** – 1549 ; *therine* 1412 ◊ fém. subst. de l'ancien adj. *terrin* «de terre», du latin populaire °*terrinus* ■ **1** Récipient de terre (et PAR EXT. de métal) en forme de tronc de cône évasé vers le haut ; contenu de ce récipient. *«Une grande terrine à fond d'émail vert»* SAND. — **(Antilles)** Bassine pour la toilette personnelle. *«Je sortais de la terrine, j'enfilais une culotte et me mettais au soleil»* S. SCHWARZ-BART. ■ **2** (1413) Récipient de terre, assez profond, muni d'un couvercle, où l'on fait cuire et où l'on conserve certaines viandes ; son contenu que l'on sert en tranches. *Foie gras en terrine. Terrine de lapin. La terrine du chef.* ➤ **pâté.** — *Terrine de légumes.* ➤ **pain.** *Terrine de poisson.*

TERRITOIRE [teʀitwaʀ] **n. m.** – 1380, rare avant XVIIe ; *terretoire* 1278 ◊ latin *territorium* → terroir ■ **1** Étendue de la surface terrestre sur laquelle vit un groupe humain, et SPÉCIALT une collectivité politique nationale (➤ **état, nation,** 1 **pays).** *Le territoire national, français. Territoire enclavé.* ➤ **enclave.** *Territoires occupés. — Défendre le territoire de son pays. Conquête, occupation d'un territoire. En territoire ennemi. Direction de la surveillance du territoire (D. S. T.).* ◆ DR. *Le territoire :* élément constitutif de la collectivité ou limite de compétence. — ÉCON. *Aménagement du territoire :* politique qui tend à distribuer les activités économiques selon un plan régional. *Délégation à l'aménagement du territoire et à l'action régionale (D. A. T. A. R.).* HIST. *Territoire d'outre-mer* (*T. O. M.* [tɔm]) : collectivité territoriale de la République française, appelée *collectivité d'outre-mer* depuis 2003. ■ **2** Étendue de pays sur laquelle s'exerce une autorité, une juridiction. *Le territoire d'un évêque, d'un juge.* — Surface (d'une subdivision administrative). *Le territoire de l'arrondissement, du canton, de la commune.* ◆ SPÉCIALT Étendue de pays qui jouit d'une personnalité propre mais ne constitue pas un État souverain. *Territoires coloniaux. Territoires sous mandat, sous tutelle, associés. — Territoires assignés aux Indiens.* ➤ **réserve.** ■ **3** MÉD. Zone, région précisément déterminée. *Douleurs dans le territoire d'un nerf. Territoires cellulaires.* ■ **4** Zone qu'un animal se réserve et dont il interdit l'accès à ses congénères. *Lion qui marque son territoire.* — FIG. (PERSONNES) Endroit qu'une personne s'approprie en y mettant des objets personnels.

TERRITORIAL, IALE, IAUX [teʀitɔʀjal, jo] **adj.** – 1748 ◊ latin *territorialis* ■ **1** Qui consiste en un territoire, le concerne. *Intégrité territoriale. Modifications territoriales. — Puissance territoriale et puissance maritime d'un État.* ◆ VX Qui consiste en terre. *«L'antique fortune territoriale de la famille»* BALZAC. ■ **2** DR. Dont la qualité, l'existence juridique dépend du territoire. *Compétence territoriale* **(opposé à *personnel, matériel*).** *Eaux territoriales :* zone d'eau, intermédiaire entre la côte et la haute mer, sur laquelle s'exerce la souveraineté d'un État riverain. ■ **3** Qui concerne la défense du territoire national. ANCIENNT *Armée territoriale,* et SUBST. *la territoriale :* ensemble des troupes mobilisables des classes les plus anciennes. — **n. m. (surtout au plur.)** *Les territoriaux. «L'adjudant commandant le détachement des territoriaux»* BARBUSSE. — **adv. TERRITORIALEMENT.** *Territorialement compétent.*

TERRITORIALITÉ [teʀitɔʀjalite] **n. f.** – 1852 ◊ de *territorial* ■ DR. Qualité juridique tenant au territoire. *Territorialité ou personnalité du droit. Territorialité d'un impôt.*

TERROIR [tɛʀwaʀ] **n. m.** – 1246 ; *tieroer* 1198 ◊ latin populaire °*terratorium,* altération gallo-romane de *territorium* → territoire ■ **1** Étendue limitée de terre considérée du point de vue de ses aptitudes agricoles. ➤ 1 **sol, terrain.** — SPÉCIALT Sol apte à la culture d'un vin. *Terroir produisant un grand cru. Vin qui a un goût de terroir,* un goût particulier tenant à la nature du sol où pousse la vigne. ■ **2** (XIXe) FIG. Région rurale, provinciale, considérée comme influant sur ses habitants. *Une famille «solidement enracinée dans ce terroir»* MAUROIS. — *«Idiotismes qui sentent leur terroir»* GAUTIER. *Accent du terroir. Poètes du terroir.*

TERRORISANT, ANTE [teʀɔʀizɑ̃, ɑ̃t] **adj.** – 1938 ◊ de *terroriser* ■ Qui terrorise. ➤ **terrible, terrifiant.** *«La terrorisante apparition du Mal»* ARTAUD.

TERRORISER [teʀɔʀize] **v. tr.** ⟨1⟩ – 1866 ; «frapper de mesures d'exception» sous la Terreur 1796 ◊ de *terreur* ■ **1** HIST. Frapper de crainte (au moyen des mesures d'exception prises par le gouvernement révolutionnaire). ➤ **terreur.** ■ **2** COUR. Faire vivre dans la terreur, sous la menace. *La mafia terrorise le pays.* — (PASS.) *Être terrorisé :* être annihilé par la peur (de qqn). *Un jeune élève terrorisé par son professeur, son examinateur.*

TERRORISME [teʀɔʀism] **n. m.** – 1794 ◊ de *terreur* ■ **1** HIST. Politique de terreur des années 1793-1794 en France. ➤ **terreur.** ■ **2** COUR. Emploi systématique de la violence pour atteindre un but politique (prise, conservation, exercice du pouvoir...) ou idéologique, et SPÉCIALT Ensemble des actes de violence, des attentats, des prises d'otages civils qu'une organisation commet pour frapper un pays (le sien ou un autre). *«Le terrorisme peut être une méthode de gouvernement»* ROMAINS. *Le terrorisme russe de 1905* (nihilisme). *Le terrorisme islamiste. Terrorisme international. Lutte contre le terrorisme.* ➤ **antiterrorisme, contre-terrorisme.** *Apologie du terrorisme, incitation au terrorisme* (délits). *Cet acte de terrorisme n'a pas été revendiqué.* ■ **3** Attitude d'intimidation. *Terrorisme intellectuel.*

TERRORISTE [teʀɔʀist] **n. et adj.** – 1794 ◊ de *terreur*

I **n.** ■ **1** **n. m.** HIST. Personne qui appliqua la politique de la terreur pendant la Révolution française. ■ **2** (1831) Membre d'une organisation qui use du terrorisme comme moyen d'action. *Un, une terroriste. Terroristes et contre-terroristes. Un commando de terroristes en cagoules. Terroristes qui détournent un avion.*

II **adj.** ■ **1** HIST. Relatif au terrorisme (1°), à la Terreur. ■ **2** (1860) COUR. Relatif au terrorisme (2°) ; qui utilise le terrorisme comme moyen d'action. *Attentat terroriste. «Les activités "terroristes" se multiplièrent en dépit des répressions ; les collaborateurs se déchaînèrent»* BEAUVOIR. *Organisation, groupe terroriste.* ■ **3** Qui terrorise (2°), qui cherche à rallier par la menace, le mépris. *Écrivain, article terroriste.*

TERSER ➤ **TIERCER**

TERTIAIRE [tɛʀsjɛʀ] **adj. et n.** – 1786 ◊ latin *tertiarius* «d'un tiers», de *tertius* «troisième», sur le modèle de *primaire*

I **adj.** ■ **1** GÉOL. *Ère tertiaire,* ou SUBST. *le tertiaire :* ère géologique (environ 70 millions d'années) qui a succédé à l'ère secondaire. ➤ **cénozoïque.** *Les plissements alpins datant du tertiaire.* ◆ PAR EXT. De l'ère tertiaire. *Terrains tertiaires. La faune tertiaire se caractérise par l'abondance des nummulites* et l'épanouissement des mammifères.* ■ **2** (milieu XIXe) MÉD. Qui constitue la troisième phase d'une évolution. *Accidents tertiaires de la syphilis* (ou **TERTIARISME n. m.**). ■ **3** (1947) *Secteur tertiaire :* secteur comprenant toutes les activités non directement productrices de biens de consommation. ➤ **service** (II, 4°). *«Les biens tertiaires [...] sont en général fournis par le commerce, l'administration, les professions libérales, l'artisanat, etc.»* FOURASTIÉ. ◆ SUBST. (1959) *Travailler dans le tertiaire.* ■ **4** CHIM. *Alcool, amine tertiaire,* dont l'atome de carbone porteur de la fonction organique est lié directement à trois atomes de carbone.

II **n.** (1641 ◊ latin ecclésiastique *tertiarius,* de *tertius [ordo]* «troisième [ordre]») RELIG. CATHOL. Membre d'un tiers ordre*.

TERTIARISATION [tɛʀsjaʀizasjɔ̃] **n. f.** – v. 1970 ◊ de *tertiaire* (I, 3°) ■ ÉCON. Développement du secteur tertiaire. *Tertiarisation de l'économie.* — On dit aussi **TERTIAIRISATION.**

TERTIO [tɛʀsjo] **adv.** – 1419 ◊ mot latin ■ En troisième lieu (après *primo* et *secundo*). ➤ **troisièmement.**

TERTRE [tɛʀtʀ] **n. m.** – 1080 ◊ latin populaire °*termes*, croisement de *termen, inis* (de *terminus* «borne») avec *limes, itis* «limite» ■ Petite éminence isolée à sommet aplati. ➤ **butte, monticule.** *Maison bâtie sur un tertre.* ◆ (v. 1650) *Tertre* ou *tertre funéraire* : élévation de terre recouvrant une sépulture. ➤ **tumulus.**

TERZA RIMA [tɛʀtsaʀima ; tɛʀdza-] **n. f.** – 1837 ◊ mots italiens, proprt «troisième rime» ■ HIST. LITTÉR. Type de poème composé de tercets dont le premier et le troisième vers riment ensemble, tandis que le second fournit les rimes extrêmes du tercet suivant (a, b, a, – b, c, b, – c, d, c, etc.).

TES ➤ 1 **TON**

TESLA [tɛsla] **n. m.** – milieu XXe ; «dispositif de couplage» 1930 ◊ nom d'un physicien yougoslave (1856-1943) ■ MÉTROL. Unité de mesure d'induction magnétique (SYMB. T), correspondant à l'induction magnétique qui, répartie normalement et uniformément sur une surface de 1 mètre carré, produit à travers cette surface un flux d'induction magnétique de 1 weber. *Un champ magnétique de 4 teslas.*

TESSELLE [tesɛl] **n. f.** – 1827 ◊ italien *tessella*, latin *tessella*, de *tessera* → tessère ■ TECHN. Pièce qui fait partie d'une composition ornementale formée de petits éléments juxtaposés (mosaïque [➤ **abacule**], pavement, etc.). *Tesselles en ivoire et en ébène d'un échiquier.*

TESSÈRE [tesɛʀ] **n. f.** – 1765 ◊ latin *tessera* «dé», probablt abrév. du grec *tessaragônos* «carré» ■ ANTIQ. ROM. Tablette ou jeton. *Tessère frumentaire* : bon de distribution de blé. *Tessère de théâtre* : jeton d'entrée.

TESSITURE [tesityʀ] **n. f.** – fin XIXe ◊ italien *tessitura*, proprt «texture, trame», de *tessere* «tisser» ■ MUS. Échelle des sons qui peuvent être émis par une voix sans difficulté. ➤ **ambitus, registre.** ◆ PAR EXT. Échelle des sons d'un instrument.

TESSON [tesɔ̃] **n. m.** – 1283 ◊ de 1*têt* ■ Débris d'un objet de verre ou d'une poterie. *Tessons de bouteille.* «*l'enceinte hexagonale de la Prison,* [...] *son haut rempart à la cime hérissée de tessons*» BUTOR.

1 **TEST** [tɛst] **n. m.** – XVIe ; «coquille» v. 1200 ◊ latin *testa* «coquille dure» → tête ■ ZOOL. Enveloppe calcaire ou chitineuse (coquille, coque, carapace) qui protège le corps de nombreux invertébrés (➤ **testacé**). *Test globuleux de l'oursin.*

2 **TEST** [tɛst] **n. m.** – 1893 ◊ anglais *mental test* (1890), proprt «épreuve psychologique», de l'ancien français *test, têt*, du latin *testum* «pot de terre» ; cf. 1*têt* ■ ANGLIC. Procédé d'évaluation des caractéristiques d'une substance, d'un corps, d'un organisme ou d'une fonction. ➤ **épreuve, essai, réaction.** — TECHN. Essai partiel de fonctionnement. ➤ **mesure, vérification.** — STATIST. Épreuve de validité. ■ **1** *Test (psychologique)* : épreuve, impliquant une tâche à remplir, avec une technique d'évaluation précise. *Soumettre qqn à un test. Batterie de tests. Administrer, faire passer un test. Tests verbaux ; tests non verbaux* ou *de performance. Test d'âge* (ou *échelle de développement*) ; *test d'aptitude(s).* — *Test d'efficience* (intellectuelle, sensorimotrice) ou *test psychométrique* : suite d'opérations destinées à mesurer soit le quotient intellectuel du sujet, soit des fonctions particulières (mémoire, raisonnement, attention, concentration, etc.). ➤ **épreuve.** «*La méthode des "tests," appliquée aux enfants, a permis de se faire une idée nette et objective de l'inégalité de leurs aptitudes intellectuelles*» J. ROSTAND. — *Test de personnalité, test de projection* ou *projectif*, destiné à évaluer le comportement dans une situation donnée. ◆ *Test pédagogique* ou *scolaire.* ➤ **docimologie.** ◆ *Test d'orientation scolaire, professionnelle*, servant à déterminer les aptitudes du sujet et le choix d'un métier. ◆ *Test sociométrique* : diagramme des choix préférentiels et discriminatoires de chacun des membres du groupe parmi les autres membres. ◆ Examen, contrôle périodique. *Moniteur faisant passer des tests d'aptitude au pilotage.* ■ **2** Épreuve biologique ou chimique, biopsie, essai de laboratoire. ➤ aussi **kit.** *Test de grossesse. Test génétique. Test de dépistage du VIH.* ➤ aussi **autotest.** «*Ce genre de test d'ADN ne se pratiquait pas il y a dix ans*» A. NOTHOMB. ■ **3** (1908) COUR. Épreuve ou expérience décisive, opération ou fait témoin permettant de juger (➤ **critère**), de confronter un fait avec une hypothèse, une idée a priori. *Le test de sa bonne foi.* ➤ **critérium** (cf. Pierre* de touche). ◆ PAR APPOS. Fait, lieu, chose servant de référence, constituant une expérience. ➤ **essai, expérience, expérimentation.** *Zone test. Élection test. Des produits tests.*

3 **TEST** ➤ 1 **TÊT**

TESTABILITÉ [tɛstabilite] **n. f.** – 1906 ◊ du latin *testabilis* «apte à témoigner» ■ PSYCHOL. Caractère d'un fait plus ou moins propre à devenir objet de témoignage.

TESTABLE [tɛstabl] **adj.** – v. 1900 ◊ de 2*tester* ■ Qui peut être mesuré, évalué, contrôlé ; qui peut être éprouvé.

TESTACÉ, ÉE [tɛstase] **adj.** – 1690 ; n. f. 1578 ◊ latin *testaceus*, de *testa* «terre cuite, coquille» → 1 test ■ ZOOL. Couvert d'une coquille, d'un test.

TESTACELLE [tɛstasɛl] **n. f.** – 1801 ◊ latin scientifique *testacella*, de *testa* ■ ZOOL. Mollusque gastéropode, pourvu d'une petite coquille à l'arrière du corps, qui vit généralement enfoui dans le sol, et se nourrit de vers. *Les testacelles sont souvent confondues avec les limaces.*

TESTAGE [tɛstaʒ] **n. m.** – v. 1950 ◊ de 2*test* ■ ZOOTECHN. Méthode de sélection des reproducteurs d'après la valeur de leurs descendants. *Le testage des mâles destinés à l'insémination artificielle.*

TESTAMENT [tɛstamɑ̃] **n. m.** – 1120 ◊ latin ecclésiastique *testamentum*, pour traduire le grec *diathêkê* «disposition testamentaire, convention», et pour traduire l'hébreu *berith* «alliance»

I RELIG. CHRÉT. ■ **1** VX Alliance. «*Ils ne sont point demeurés dans mon testament, et moi je les ai rejetés*» BOSSUET. ■ **2** (Avec majuscule) Nom de deux parties de l'Écriture sainte (livres de l'ancienne et de la nouvelle alliance). *L'Ancien et le Nouveau Testament.* ➤ **bible.**

II (v. 1175 ◊ latin *testamentum*, de *testari*) ■ **1** Acte unilatéral, révocable jusqu'au décès de son auteur, par lequel celui-ci dispose de tout ou partie des biens qu'il laissera en mourant (➤ **héritage, succession**). *Testament olographe**. *Testament authentique* ou *par acte public*, dicté par le testateur à un notaire en présence d'un second notaire et de deux ou quatre témoins. *Testament mystique*, écrit par le testateur, ou par un tiers, et signé par le testateur, remis clos et scellé à un notaire qui, en présence de deux témoins, rédige sur l'enveloppe un acte de suscription. «*La principale disposition de son testament par laquelle il institue votre fils* [...] *son légataire universel*» MAUPASSANT. *Clauses, codicille d'un testament. Léguer par testament* (➤ **legs**). *Mettre, coucher qqn sur son testament*, l'y inscrire comme légataire. *Révoquer un testament. Ouverture, lecture d'un testament. Ceci est mon testament* (cf. Dernières volontés*). *Décédé sans testament.* ➤ **ab intestat.** ■ **2** *Testament politique* : écrit politique posthume attribué à une personne de pouvoir, exposé de ses principes et projets politiques. *Le testament politique de Richelieu.* ◆ FIG. Dernière œuvre d'un artiste, suprême expression de sa pensée et de son art. «*Nous regardons ses dernières figures* [du Greco] *comme un testament*» MALRAUX.

TESTAMENTAIRE [tɛstamɑ̃tɛʀ] **adj.** – 1435 ; *testamentari* 1300 ◊ latin *testamentarius* ■ Qui se fait par testament, se rapporte à un testament. *Dispositions testamentaires. Donation entre vifs ou testamentaire.* ➤ **legs.** *Héritier testamentaire*, institué par testament. *Exécuteur** *testamentaire. Succession testamentaire* (opposé à *succession légale*).

TESTATEUR, TRICE [tɛstatœʀ, tʀis] **n.** – XIIIe ◊ latin *testator* ■ DR. Auteur d'un testament.

1 **TESTER** [tɛste] **v. intr.** ⟨1⟩ – 1406 ; «témoigner» v. tr. 1290 ◊ latin *testari* «prendre à témoin, témoigner» ■ Disposer de ses biens par testament, faire un testament. «*Le droit de tester, c'est-à-dire de disposer de ses biens après sa mort*» FUSTEL DE COULANGES.

2 **TESTER** [tɛste] **v. tr.** ⟨1⟩ – 1941 ◊ de 2*test* ■ **1** Soumettre à un test*, à des tests. *Tester des élèves.* «*Pour éprouver ou "tester" chaque animal, on lui faisait exécuter une vingtaine d'essais*» J. ROSTAND. ■ **2** PAR EXT. Contrôler, éprouver, essayer, expérimenter. *Tester un nouveau produit.*

TESTEUR, EUSE [tɛstœʀ, øz] **n.** – 1952 ◊ de 2*test* ■ **1** Personne qui administre des tests. ■ **2** **n. m.** TECHN. Appareil de contrôle pour l'observation de certains phénomènes. ➤ **contrôleur.** ◆ INGÉN. Appareil effectuant des diagnostics* sur des composants ou des équipements. ■ **3** INFORM. Personne dont le métier est de tester des logiciels.

TESTICULAIRE [tɛstikylɛʀ] **adj.** – 1805 ◊ de *testicule* ■ Qui concerne les testicules. *Atrophie testiculaire. Hormones testiculaires.*

TESTICULE [tɛstikyl] **n. m.** – 1304 ◊ latin *testiculus,* de *testis* «témoin (de virilité)» ■ Gonade mâle de forme ovale, suspendue dans le scrotum, glande productrice des spermatozoïdes. — SPÉCIALT Cet organe et ses enveloppes (➤ 1 **bourse, scrotum**), chez les vertébrés supérieurs. *Les deux testicules.* ➤ FAM. et VULG. **burettes, burnes, coucougnettes, couille,** RÉGION. 2 **gosse, roubignoles, roupettes, roustons, valseuses.** *Le pénis et les testicules* (cf. Les bijoux de famille). «*Les testicules et les ovaires* [...] *donnent naissance aux cellules mâle ou femelle dont l'union produit le nouvel être humain*» CARREL. *Ablation des testicules.* ➤ **castration.** *Inflammation du testicule.* ➤ **orchite.**

TESTIMONIAL, IALE, IAUX [tɛstimɔnjal, jo] **adj.** – 1274 ◊ latin *testimonialis,* de *testimonium* → témoin ■ Qui repose sur des témoignages. DR. *Preuve testimoniale. Publicité testimoniale.*

TESTOLOGIE [tɛstɔlɔʒi] **n. f.** – 1958 ◊ de 2*test* et *-logie* ■ DIDACT. Science qui a pour objet la conception et l'interprétation des tests psychologiques (➤ **psychométrie**). *Alfred Binet «fut le fondateur de la testologie clinique»* J. DELAY.

TESTOSTÉRONE [tɛstosteʀɔn] **n. f.** – 1935 ◊ de *test(icule), stér(ol)* et *(horm)one* ■ BIOCHIM. Hormone mâle sécrétée par les testicules, qui stimule le développement des organes génitaux mâles et détermine l'apparition des caractères sexuels mâles secondaires. *Préparations naturelles et synthétiques de la testostérone employées en thérapeutique.*

1 **TÊT** [tɛ(t)] ou **TEST** [tɛst] **n. m.** – 1129 *test* ◊ latin *testum* «pot de terre» ■ **1** VX Tesson ; pot de terre. SPÉCIALT, ALCHIM. Pot servant à l'essai de l'or. ■ **2** MOD. CHIM. *Têt à rôtir* : petite capsule en terre réfractaire employée pour la calcination ou l'oxydation de certaines substances. ➤ **coupelle.** *Têt à gaz* : support en terre cuite destiné à soutenir une éprouvette à gaz. ■ HOM. Taie ; tête, tette.

2 **TÊT** [tɛt] **n. m.** – 1842 ◊ mot vietnamien ■ Premier jour de l'année vietnamienne. *La fête du Têt.* ■ HOM. Tête, tette.

TÉTANIE [tetani] **n. f.** – 1852 ◊ de *tétanos* ■ MÉD. Excitabilité neuromusculaire anormalement élevée se traduisant par des accès de contractures ou de spasmes musculaires, causée par un manque de calcium ou une alcalose* respiratoire. ➤ **spasmophilie.**

TÉTANIQUE [tetanik] **adj.** – 1830 ; n. 1554 ◊ grec *tetanikos* ■ MÉD. ■ **1** Propre au tétanos, de la nature du tétanos. *Rigidité, convulsions tétaniques.* ♦ Atteint du tétanos. *Une malade tétanique.* — **n.** «*l'épouvantable simagrée du* trismus *des tétaniques*» BLOY. ♦ Qui cause le tétanos. *Bacille tétanique* (appelé aussi *bacille de Nicolaïer*). ■ **2** *Contraction tétanique* : contraction musculaire persistante provoquée expérimentalement par des stimulations nerveuses répétées et fréquentes.

TÉTANISATION [tetanizasjɔ̃] **n. f.** – 1872 ◊ de *tétaniser* ■ PHYSIOL., MÉD. Fait pour un muscle de se tétaniser. *Tétanisation utérine* (complication au cours de l'accouchement). ♦ Production expérimentale de la tétanie musculaire.

TÉTANISER [tetanize] **v. tr.** ⟨1⟩ – 1862 au p. p. ◊ de *tétanos* ■ PHYSIOL. Mettre en état de tétanos physiologique. — PRONOM. *Muscle qui se tétanise.* ♦ FIG. Paralyser. *La peur le tétanise.*

TÉTANOS [tetanos] **n. m.** – v. 1560 ; *tetanus* 1541 ◊ grec *tetanos* «tension, rigidité», de *teinein* «tendre» ■ **1** Maladie infectieuse grave et souvent mortelle, causée par le bacille tétanique* introduit dans l'organisme par une blessure souillée de terre, de rouille, et qui produit une toxine agissant sur le système nerveux, caractérisée par des contractures douloureuses des muscles masticateurs (➤ **trismus**), puis de tous les muscles. *Se faire vacciner contre le tétanos.* ■ **2** PHYSIOL. *Tétanos physiologique* ou ABSOLT *tétanos* : contracture tétanique (2°).

TÊTARD [tɛtaʀ] **n. m.** – 1690 ; *testard* 1611 ; adj. *testard* «à grosse tête» ou «têtu» 1303 ◊ de *tête* ■ **1** Larve de batracien, à grosse tête prolongée par un corps effilé, à respiration branchiale. «*la pêche aux têtards qu'on garde dans un aquarium avec l'espoir de les voir se transformer en grenouilles*» LEIRIS. ■ **2** (1765) ARBOR. Arbre écimé et taillé de façon à favoriser le développement des repousses supérieures. *Saules taillés en têtards.* — APPOS. *Chênes têtards.* ■ **3** ARG. Enfant. ➤ **mioche, moutard.**

TÊTE [tɛt] **n. f.** – fin XIe ◊ du latin *testa* «tuile», «vase en terre cuite, pot, cruche», «tesson» et «coquille, carapace» → 1 test

I **PARTIE DU CORPS** **A. ANIMAUX** ■ **1** Partie, extrémité antérieure (et supérieure chez les animaux à station verticale) du corps, qui porte la bouche et les principaux organes des sens, ainsi nommée lorsque cette partie est distincte et reconnaissable (on dit autrement [ZOOL.] *région, extrémité céphalique*). ➤ **céphal(o)-.** *Animaux à tête entourée de tentacules.* ➤ **céphalopodes.** *Tête et thorax d'un insecte.* ➤ **céphalothorax.** *Tête de poisson ; de sanglier* (➤ **hure**) ; *tête de cheval. Créature sans tête* (➤ **acéphale**), *à plusieurs têtes* (➤ **polycéphale**). — *Le Minotaure, homme à tête de taureau. Tête de Méduse.* ■ **2** (début XVe) Cette partie d'un animal préparée pour la consommation. *Tête de cochon. Tête de veau vinaigrette. Fromage* de tête* ou (Belgique, Luxembourg) *tête pressée.*

B. ÊTRES HUMAINS ■ **1** (fin XIe) Partie supérieure du corps de l'être humain contenant le cerveau et les principaux organes des sens, qui est de forme arrondie et tient au tronc par le cou. ➤ VX **chef.** *Sommet* (➤ **sinciput**), *derrière* (➤ **occiput**), *devant* (➤ **face**), *côtés* (➤ 1 **tempe**) *de la tête. Squelette de la tête.* ➤ 1 **crâne.** *Forme de la tête* (➤ **brachycéphale, dolichocéphale**). «*la tête plutôt enfoncée, grosse, sans être énorme, et d'une forme très singulière : peu de menton, peu de crâne*» ROMAINS. — LOC. *De la tête aux pieds*, des pieds* à la tête. Coûter* les yeux de la tête. Avoir la tête sur les épaules*. Voix de tête* : voix de registre aigu, pour laquelle la résonance se fait essentiellement dans la boîte crânienne (opposé à *voix de poitrine**). ➤ 1 **fausset ; haute-contre.** ♦ *Mal de tête.* ➤ **céphalée, migraine** (cf. Mal de crâne*). *Tête lourde. La tête lui tourne* (➤ **étourdissement, vertige**). *Vin qui monte* à la tête, qui fait tourner la tête* (➤ **griser**). *Crier à tue-tête.* ➤ **tue-tête (à).** ♦ *Port* de tête. La tête haute,* relevée par rapport à la poitrine ; FIG. sans honte, sans avoir rien à se reprocher. *Partir la tête haute. La tête basse,* penchée sur la poitrine ; FIG. ➤ **confus, honteux.** *Baisser, courber, redresser la tête. Renverser la tête. Tourner, détourner la tête. Tête (à) gauche, tête (à) droite,* commandements militaires pour tourner la tête. *Hocher la tête. Acquiescer de la tête. Signe de tête.* — *La tête en bas. Cul* par-dessus tête.* FIG. *Garder la tête hors de l'eau,* ne pas sombrer. *Tomber sur la tête. Piquer* une tête. Tomber, se jeter la tête la première*. Se jeter tête baissée* dans qqch. Se taper la tête contre les murs*. Se mettre la tête dans le sable*.* — LOC. FAM. *Passer une tête* : se manifester auprès de qqn, lui faire une visite rapide. ♦ LOC. FIG. *Ne savoir où donner de la tête* : ne savoir que faire, avoir trop d'occupations. — *En avoir par-dessus* la tête.* ➤ **assez.** — *Jeter* qqch. à la tête de qqn.* ♦ (1671) FAM. *Se jeter à la tête de qqn,* se présenter à lui brusquement ; FIG. lui faire des avances. *Donner un coup sur la tête.* ➤ FAM. **caboche, cafetière, carafe, carafon,** 1 **cassis,** 1 **citron, citrouille, coloquinte, tirelire...** *Faire une tête au carré*, une grosse tête à qqn.* VX *casser* la tête* (➤ **casse-tête**). — *Couper, trancher la tête,* le cou. ➤ **décapiter, guillotiner ; décollation.** *J'en donnerais ma tête à couper*, j'en mettrais ma tête sur le billot*.* — *Tête réduite* d'Indien.* ♦ (1560, à propos des bêtes qui luttent tête contre tête) **FAIRE TÊTE :** faire front, s'opposer efficacement à. «*Il faisait tête, comme un gibier courageux qui cherche où rendre les coups dont il saigne*» TOULET. — (Sujet n. de chose) «*Les machines forcent le régime, le bateau fait tête vers la sortie de la rade*» M. SERRES. — (1585) **TENIR TÊTE :** résister (à l'adversaire). *Tenir tête à l'ennemi.* — S'opposer avec fermeté (à la volonté de qqn). *Tenir tête à son père, à l'opinion.* ♦ **loc. adv.** (1549) **TÊTE À TÊTE :** ensemble et seuls (en parlant de deux personnes) ; seul (avec qqn ; cf. Seul à seul). «*le petit entretien que vous avez en tête à tête avec lui*» MARIVAUX. *Laissons ces amoureux en tête à tête. Nous nous sommes retrouvés tête à tête.* ➤ **tête-à-tête (n. m.).** ■ **2** (fin XIe) Partie de la tête où poussent les cheveux, cuir chevelu. *Se gratter la tête. Tête chauve.* ➤ FAM. 1 **boule** (de billard), **caillou.** *Tête nue, nu-tête* (cf. En cheveux). — *Laver* la tête à qqn. Faire dresser les cheveux* sur la tête. Nos chères têtes blondes*. Chercher des poux* dans la tête à qqn.* ■ **3** (fin XIe) *La tête,* considérée comme la partie vitale. ➤ **vie.** «*Sur la tête de mes enfants, je jure que je vous ai dit la vérité*» MAUPASSANT. *Réclamer la tête de qqn,* l'échafaud, la peine de mort ; FIG. sa destitution. *L'accusé a sauvé sa tête. Mettre à prix* la tête de qqn. Risquer sa tête. Faire tomber des têtes* : faire tuer des gens ; (sens atténué) démettre de ses fonctions. *La direction a fait tomber des têtes. Des têtes vont tomber.* ■ **4** (1330 *teste*) Le visage, quant aux traits et à l'expression. ➤ **face, figure,** FAM. **gueule.** «*Belle tête, dit-il, mais de cervelle point*» LA FONTAINE. *Une tête sympathique. Une sale tête.* ➤ FAM. **tronche.** *Il a une tête qui ne me revient pas* : il ne m'est pas sympathique. VULG. *Tête de con. Tête de nœud*. Avoir une tête comique, bizarre.* ➤ FAM. 1 **bille,** 2 **binette, fiole, trombine.** *Avoir une bonne tête,* qui inspire confiance. ➤ FAM. 2 **bouille.** *À la tête du client* : selon les apparences de la personne. *Avoir une tête à claques*. Se payer* la tête de qqn. Avoir ses têtes* : manifester de la sympathie ou de l'hostilité suivant l'apparence, sans autre motif. «*Le président est un* *homme qui a ses têtes»* SAN-ANTONIO. *Quelle tête il a !*, se dit d'une personne qui a un air défait, fatigué. — *La tête*, dont l'expression manifeste l'humeur. *Faire une drôle de tête.* ➤ 1 **mine** ; FAM. **bobine, poire.** *«Qu'est-ce qu'il a le petit ? il en fait une tête»* PRÉVERT. *Faire une tête de six pieds de long* : être triste, maussade. *Une tête d'enterrement**. ➤ **gueule.** *Avoir, faire sa (la) tête des mauvais jours* : sembler préoccupé, contrarié, de mauvaise humeur. *Il «avait sa tête des mauvais jours, ses sourcils froncés se rejoignaient au milieu du front»* FOTTORINO. — (1907) **FAIRE LA TÊTE,** (Belgique) *tirer la tête.* ➤ **bouder** (cf. FAM. Faire la gueule). *«Allons, ne faites pas la tête, trinquez avec moi»* D. BOULANGER. ▪ **5** (1888) VIEILLI Visage qu'on a grimé et paré pour se divertir. *«Chacun semblait s'être "fait une tête," généralement poudrée»* PROUST. — PAR EXT. Personne ainsi grimée. *Un bal, un dîner de têtes.* ▪ **6** Partie d'une chose où l'on pose la tête ; emplacement de la tête. *Tête de lit.* ➤ **chevet.** *Le pied et la tête d'un lit.*

C. **REPRÉSENTATION DE CETTE PARTIE DU CORPS** (milieu XIVe) *Tête sculptée, peinte. «Une tête gothique est rarement plus belle que brisée»* MALRAUX. — *Tête d'une médaille ; côté tête.* ➤ **avers, face.** *Tête de pipe**. — (1866) **TÊTE DE TURC :** dynamomètre sur lequel on s'exerçait dans les foires en frappant sur une partie représentant une tête coiffée d'un turban. FIG. *Être la tête de Turc de qqn, servir de tête de Turc* : être sans cesse en butte aux plaisanteries, aux railleries de qqn. ➤ **souffre-douleur** (cf. Bouc* émissaire). *«Les têtes de Turc, par-dessus lesquelles il tape sur ses contemporains»* GONCOURT. ◆ Carte à jouer figurant un personnage (roi, dame, cavalier, valet). ➤ **figure, honneur.**

D. **MESURE DE CETTE PARTIE DU CORPS** ▪ **1** (fin XIIe) Hauteur d'une tête humaine. *«des enfants debout sur une chaise, fiers de dépasser d'une tête les grandes personnes»* RADIGUET. *Il a une tête de plus qu'elle.* ▪ **2** (1855) Longueur d'une tête de cheval, dans une course. *Cheval qui gagne d'une tête, d'une courte tête.* FIG. *Gagner d'une courte tête*, de justesse.

E. **EMPLOIS SPÉCIAUX** ▪ **1** (fin XIIe) VÉN. Bois ou cornes des bêtes fauves (cerf, daim, chevreuil). *Cerf qui fait sa tête*, dont le bois pousse. ▪ **2** FOOTBALL Coup de tête dans le ballon. *Joueur qui fait une tête.*

II **TÊTE DE MORT** (1562) ▪ **1** FAM. Crâne, os provenant de la tête d'un mort. *«Une tête de mort véritable, avec ses trous, ses sutures, ses apophyses»* DUHAMEL. ▪ **2** Emblème de la mort, représentation de ce squelette ou de la face de ce squelette sur papier, sur tissu. *Pavillon à tête de mort des pirates.* ADJT INV. *Sphinx* tête-de-mort.* ▪ **3** (1862) Fromage de Hollande à croûte rouge. ➤ **tête-de-Maure.**

III **SIÈGE DE LA PENSÉE** ▪ **1** (fin XIIe) Le siège des idées, de la mémoire, du jugement. ➤ **cerveau.** *Une tête qui pense. Une tête pensante**. *«choisir un conducteur* [précepteur] *qui eût plutôt la tête bien faite que bien pleine»* MONTAIGNE. *N'avoir rien dans la tête* (➤ FAM. **chou,** 2 **cigare**), *avoir une petite tête* : n'avoir ni idées ni jugement. — APPELLATIF *Petite tête ! — Tête sans cervelle. Tête d'oiseau, de linotte**. *Tête en l'air**. *Avoir, mettre du plomb* dans la tête.* ➤ **cervelle.** LOC. (Canada) *Ne pas être la tête à Papineau* : ne pas être très intelligent (cf. Ne pas avoir inventé l'eau chaude, le fil à couper le beurre). — FAM. *Une grosse tête* : une personne trop sûre de son pouvoir. LOC. FAM. *Avoir la* (ou *une*) *grosse tête* : avoir des prétentions ; PÉJ. être prétentieux. *Depuis qu'il a réussi dans la vie, il a la grosse tête* (cf. Attraper le melon*). — (v. 1965 ◊ traduction de l'anglais américain *egghead*) FIG. et PÉJ. *Tête d'œuf* : intellectuel ; (plus cour. ; insulte, en interj.) abruti, imbécile. — *Avoir de la tête*, du jugement et de la mémoire. *Il n'a pas de tête* : il est écervelé, oublie tout. PROV. *Quand on n'a pas de tête, il faut avoir des jambes. Une femme* de tête.* — FAM. *C'est une tête*, une personne qui a un gros potentiel intellectuel. ➤ **cerveau.** *Des «filles trop scientifiques pour être dangereuses. C'étaient des têtes»* V. OLMI. *Chasseur* de têtes.* — (Opposé à *cœur*). ➤ **raison, réflexion.** *«On n'écrit pas avec son cœur, mais avec sa tête»* FLAUBERT. — (1766) *De tête* : mentalement. *Calculer de tête.* — *Avoir une idée dans la tête, en tête. Moi, je crois «que vous avez quelque nouvel amour en tête»* MOLIÈRE. *N'avoir qu'une idée, qu'un souci en tête*, ne penser qu'à cette idée, ce souci. *Ce qu'il a dans la tête*, ses idées, ses intentions. ➤ **esprit.** *On ne sait pas bien ce qu'il a dans la tête. Il a une idée derrière la tête*, une intention cachée. *Avoir la tête vide* : ne plus pouvoir réfléchir, se souvenir. *Mettre, fourrer qqch. dans la tête.* ➤ **apprendre.** *Idée qui passe* par la tête. — Se mettre dans la tête, en tête de..., que...* : décider de..., que... et ne pas en démordre. *Il s'est mis dans la tête de vous attendre, qu'il vous attendrait.* Imaginer, se persuader que. *Elle s'est mis dans la tête que vous viendriez la voir. Mets-toi bien ça dans la tête !* ➤ **enfoncer.** — *Chercher dans sa tête.* ➤ 1 **mémoire.** *Se creuser*, se casser* la tête.* ➤ FAM. **ciboulot.** *S'aérer* la tête.* ▪ **2** (fin XIVe) Le siège des états psychologiques. — (Caractère) *Avoir la tête chaude*, près du bonnet*. Avoir la tête froide. Avoir la tête dure*, avoir une tête de cochon**. PAR EXT. (de la personne) *C'est une tête de cochon* ; dans le même sens, *une tête de lard*, de mule*, de pioche** (aussi injure, en interj.). — *Une tête brûlée**. — (1907 ; «esprit plein de jugement» 1690) *Une forte tête* : une personne qui s'oppose aux autres et fait ce qu'elle veut. ➤ **indiscipliné.** *«Le régiment où on l'incorpore a la réputation méritée de savoir s'occuper des fortes têtes»* S. AUDEGUY. *Faire la forte tête.* — (1538) *Une mauvaise tête* : une personne obstinée, querelleuse, boudeuse. *«Les mauvaises têtes agissent souvent en héros»* ALAIN. ◆ (États passagers) *Se monter* la tête.* ➤ **bobèche, bourrichon.** *Se mettre martel* en tête. Yves «auquel ce pays de plaisir tourne un peu la tête»* LOTI. *«L'idée de devoir me déguiser me mit la tête à l'envers»* GIDE. ➤ **égarer, griser, séduire** (cf. Rendre fou). *Retourner* la tête à qqn.* (XVIIIe) *Perdre la tête* : perdre son sang-froid. ➤ 1 **boule, boussole ; s'affoler.** *Examiner qqch. à tête reposée**. *Avoir la tête à ce qu'on fait*, y appliquer son esprit, son attention. *Avoir la tête à son ouvrage. Avoir la tête ailleurs* : penser à autre chose (cf. Être dans la lune). *«Mais elle n'avait pas la tête à cela, elle se taisait, elle ne lâchait que des paroles brèves»* ZOLA. *Où avais-je la tête ?*, comment se fait-il que je n'y aie pas pensé ? *Avoir la tête dans les étoiles**. (XVe) *N'en faire qu'à sa tête* : agir selon son idée, sa fantaisie, selon l'humeur du moment. *«Fais à ta tête, Père Ubu, il t'en cuira»* JARRY. — (1440) **UN COUP DE TÊTE :** une décision, une action inconsidérée, irréfléchie. *Faire qqch. sur un coup de tête.* ▪ **3** (fin XIIe) (En loc.) *La tête*, symbole de l'état mental. FAM. *Être bien, être jeune dans sa tête. Avoir la tête fêlée, être tombé sur la tête* : être un peu fou, déraisonner. — *Perdre la tête* : devenir fou (➤ **raison ;** FAM. **dérailler, disjoncter, yoyoter**) ou gâteux. *«Elle perdait la tête. Cela s'appelle la maladie d'Alzheimer»* A. ERNAUX. *Tu as perdu la tête !* (cf. C'est de la folie). *N'avoir plus sa tête à soi. Avoir toute sa tête.* ➤ **lucidité** (cf. Avoir tout son bon sens*). PLAIS. *Ne pas être tout seul dans sa tête* : être fou. ◆ FAM. *Ça va pas la tête ?*, se dit à qqn dont on juge le comportement déraisonnable. — *Ça (me) prend la tête* : cela me tracasse, cela devient une obsession. ➤ **excéder.** *Il me prend la tête avec ses histoires* (cf. Prendre le chou*). *«Diane est très bavarde, ça m'arrange, mais parfois aussi elle me prend la tête»* H. GUIBERT. *Quelle prise de tête ! — Se prendre la tête* : se poser des questions, faire de gros efforts de réflexion. *Ne te prends pas la tête avec ça. «Tout le monde n'a pas envie de se prendre la tête tout le temps comme toi. On a besoin de se détendre aussi un peu»* O. ADAM. — *Se prendre la tête avec qqn* : se disputer, avoir des mots avec lui.

IV **ÊTRE ANIMÉ A.** **PERSONNE** ▪ **1** (fin XIIIe) *Attirer la haine sur sa tête*, sur soi. ➤ **soi.** *Prendre une chose sur sa tête*, en prendre la responsabilité. *Faute qui retombe sur la tête de qqn.* ◆ La personne elle-même. *Une tête couronnée. Mettre un nom sur une tête.* — DR. *Partage par tête*, personnel (opposé à *par souche**). ▪ **2** (fin XIIIe) **PAR TÊTE :** par personne. *«Bonnes gens donc, qui journellement dînez à trente francs par tête»* NERVAL. HIST. *Vote par ordre ou par tête.* ▪ **3** Personne qui conçoit et dirige (comme le cerveau fait agir le corps). *«Sire, j'en suis la tête, il n'en est que le bras»* CORNEILLE. *C'est à la tête qu'il faut frapper.* ➤ **chef.** *Direction à deux têtes.* ➤ **bicéphale.**

B. **ANIMAL (D'UN TROUPEAU)** *Cent têtes de bétail.* ➤ **pièce.** *«un cerf, bellement quatrième tête, grand, large de ramure, portant haut, un beau cerf de chasse»* GENEVOIX.

V **LE HAUT, LE BOUT D'UNE CHOSE ORIENTÉE** ▪ **1** (1560) Partie supérieure (d'une chose), notamment lorsqu'elle est arrondie. *La tête des arbres.* ➤ **cime.** *Couper la tête d'un arbre.* ➤ **étêter ;** RÉGION. **têteau.** *Ce tableau est accroché la tête en bas.* — RELIURE Tranche supérieure. *Tête dorée.* — BILLARD *Frapper, prendre la bille* en tête.* — AUTOM. *Moteur à soupapes en tête*, qui s'ouvrent à la partie supérieure du cylindre. ▪ **2** (début XIVe) Partie terminale, extrémité (d'une chose, grosse et arrondie). *Tête du fémur, de la clavicule. — Tête d'ail* : bulbe de l'ail. *Tête de champignon.* ➤ **chapeau.** — *Tête d'épingle, de clou. Vis à tête fraisée. Tête de bielle.* ◆ *Tête de lecture* : dispositif capable de reproduire les sons, les images enregistrés sur un support magnétique ou optique. *Tête de lecture, d'enregistrement d'un magnétophone, d'un magnétoscope. — Tête d'impression d'une imprimante.*

VI **CE QUI SE PRÉSENTE EN PREMIER (DANS L'ESPACE OU DANS LE TEMPS) A.** **PARTIE ANTÉRIEURE** ▪ **1** Partie antérieure (d'une chose qui se déplace). *Tête d'un engin propulsé, d'un missile ; tête nucléaire, thermonucléaire.* ➤ **ogive.** *Fusée à têtes* *multiples.* ◆ **TÊTE CHERCHEUSE.** (1954) *Fusée à tête chercheuse,* munie d'un dispositif pouvant modifier sa trajectoire vers l'objectif. — INFORM. *Tête chercheuse :* dispositif d'un classeur électronique destiné à la recherche des informations. ◆ *Virer tête à queue, tête sur queue.* ➤ **tête-à-queue.** ▪ **2** (1580) Premier(s) élément(s) (d'un ensemble de véhicules, d'un groupe de personnes qui se déplacent). *La tête d'un train, d'un cortège.* ▪ **3** (1694) Partie antérieure (d'une chose orientée), ou première partie (de ce qui se présente dans un ordre). (1869) *Tête de ligne :* station, gare de chemin de fer, de métro, d'autobus... où commence la ligne ; point de départ. *Tête de pont*. Tête de chapitre. Tête de liste,* premier nom d'une liste. (1790) PAR EXT. La personne elle-même. *Élire une tête de liste. Tête d'affiche,* nom imprimé en gros caractères sur une affiche ; PAR EXT. vedette principale. SPORT *Tête de série*. — Sans queue* ni tête.*

B. POSITION, LIEU, SITUATION («À L'AVANT» OU «AU DÉBUT») ▪ **1** Place de ce qui est à l'avant (surtout dans *de, en tête*). ➤ 2 **avant.** *Voiture de tête. Sortie du quai en tête ou en queue. Prendre la tête du cortège* (cf. Ouvrir* la marche). *Musique en tête. Faites-le passer en tête.* ➤ 2 **devant, premier.** *Coureur en tête du peloton.* ➤ **lièvre ; mener.** ▪ **2** PAR EXT. Première place dans un classement, une compétition quelconque. *La France «est, je le crois, à la tête du monde par ses artistes»* BALZAC. *Être à la tête de sa classe :* être le premier, le meilleur élève. *«Elle est sérieuse comme tout, Sophie, bien calme, bosseuse, la vraie tête de classe»* M. DESPLECHIN. ▪ **3** Place de ce qui est en avant, devant, au début. *Article de tête d'un journal. Mot en tête de phrase. Impression en tête d'un papier.* ➤ **entête.** — (1892) CHIM. INDUSTR. *Produits de tête,* sortant en tête de la colonne de fractionnement d'une unité de distillation de pétrole brut. — *Tête de cuvée :* vin issu de la première pressée. ▪ **4** FIG. (1660) Place de la personne qui dirige, commande. *Le général est à la tête de ses troupes. Prendre la tête d'un mouvement* (➤ **leader, meneur**). *Personne à la tête d'une entreprise.* ➤ **chef, directeur.** — PAR ANAL. *Se trouver à la tête d'une fortune :* être en mesure d'en disposer. ➤ **posséder.**

▪ CONTR. Pied, 1 queue. 2 Arrière, 1 fin. ▪ HOM. Têt, tette.

TÊTE-À-QUEUE [tɛtakø] n. m. inv. – 1872 ◇ de *tête* et *queue* ▪ **1** Mouvement du cheval qui pivote brusquement sur lui-même. ▪ **2** Brusque changement de direction d'un véhicule qui se retrouve en sens contraire. *L'automobile a dérapé et fait un tête-à-queue. Des tête-à-queue.*

TÊTE-À-TÊTE [tɛtatɛt] n. m. inv. – 1636 ◇ de *tête* ▪ **1** Situation de deux personnes qui se trouvent seules ensemble, et SPÉCIALT qui s'isolent ensemble. *Un tête-à-tête amoureux. Elle essaya de nous ménager un tête-à-tête.* ➤ **entrevue.** ▪ **2** (1780) Petit canapé à deux places (pour rester en tête à tête). ▪ **3** (1896) Service à petit-déjeuner pour deux personnes. *Offrir un tête-à-tête à de jeunes mariés.*

TÊTEAU [tɛto] n. m. – 1777 ◇ de *tête* ▪ RÉGION. Arbre étêté qui commence à refaire des branches. *«les branches épaisses et encore fraîches d'un têteau de chêne»* SAND.

TÊTE-BÊCHE ou **TÊTEBÊCHE** [tɛtbɛʃ] adv. – 1818 ; *à tête beschevet* av. 1577 ◇ altération de *à tête béchevet,* renforcement de *béchevet,* proprt «double tête», de *bes, bis* «deux fois» et *chevet,* qui n'était plus compris ▪ Dans la position de deux personnes dont l'une a la tête du côté où l'autre a les pieds ; parallèlement et en sens inverse, opposé. *Coucher des enfants tête-bêche dans un lit. Ranger des bouteilles tête-bêche.* ➤ **bêcheveter.** *Timbres tête-bêche.*

TÈTE-CHÈVRE [tɛtʃɛvʀ] n. m. – fin XVIIe ; proprt «qui tète les chèvres», ancienne croyance populaire ◇ de *téter* et *chèvre* ▪ RÉGION. Engoulevent (oiseau). *Des tète-chèvres.*

TÊTE-DE-CLOU [tɛtdəklu] n. m. – 1827 ; autre sens 1795 ◇ de *tête* et *clou* ▪ ARCHIT. Petite pyramide à quatre faces qui sert d'ornement. *Têtes-de-clou d'un portail roman.*

TÊTE-DE-LOUP [tɛtdəlu] n. f. – 1862 ◇ par anal. d'aspect avec la *tête* velue du *loup* ▪ Brosse ronde munie d'un long manche, pour nettoyer les plafonds. *Des têtes-de-loup. «le tintement des lustres époussetés à la tête-de-loup»* ORSENNA.

TÊTE-DE-MAURE [tɛtdəmɔʀ] n. f. – 1726 blas. ◇ de *tête* et *Maure,* à cause de la couleur ▪ Fromage de Hollande de forme sphérique (cf. Tête* de mort). *Des têtes-de-Maure.*

TÊTE-DE-NÈGRE [tɛtdənɛgʀ] adj. inv. et n. – 1818 ◇ par anal. d'aspect ▪ **1** De couleur marron foncé. *Des cuirs tête-de-nègre.* — n. m. inv. *«d'un brun tirant sur le tête-de-nègre et le chocolat»* ROBBE-GRILLET. ▪ **2** n. f. Pâtisserie composée d'une meringue sphérique enrobée de chocolat, aussi appelée *tête, boule au chocolat.* ▪ **3** n. f. COUR. Bolet bronzé. *Des têtes-de-nègre.*

TÉTÉE [tete] n. f. – *tettée* 1611 ◇ de *téter* ▪ **1** Action de téter. ▪ **2** Repas du nourrisson au sein, quantité de lait qu'il absorbe en un de ces repas. ➤ **allaitement.** *Donner sept tétées par jour. Heure des tétées.*

TÉTER [tete] v. tr. ⟨6⟩ – 1743 ; *teter* 1190 ◇ de *tette* ▪ **1** Boire (le lait) par succion répétée sur le mamelon, et PAR EXT. sur une tétine. *Téter le lait.* ◆ Plus cour. Sucer (le mamelon, le sein) de manière à boire le lait. ABSOLT *Bébé, jeune animal qui tète. Donner à téter à son enfant.* ➤ **allaiter, nourrir** (cf. Donner le sein*). *Cesser de donner à téter.* ➤ **sevrer.** — PAR MÉTON. *Téter sa mère.* ▪ **2** PAR EXT. FAM. Sucer avec délectation. ➤ **suçoter.** *Enfant qui tète son pouce. Téter sa pipe, son cigare.*

TÉTERELLE [tetʀɛl] n. f. /TÈTERELLE/ – 1851 ◇ de *téter* ▪ MÉD. Petit appareil qu'on applique au bout du sein pour faciliter l'allaitement de l'enfant (surtout en cas de crevasses du mamelon).

TÊTIÈRE [tɛtjɛʀ] n. f. – XIIIe ; *testière* XIIe ◇ de *tête* ▪ **1** ANCIENNT Pièce d'armure couvrant entièrement la tête du cheval. — (*testiere* XIIIe) MOD. Partie de la bride (➤ **caveçon**) qui passe derrière les oreilles et soutient le mors. ➤ **frontail.** *«ces ânes étaient harnachés de bâts, de têtières et de croupières»* GAUTIER. ▪ **2** (*testière* 1639) COUR. Garniture ou petit coussin, qu'on fixe au dossier d'un fauteuil, d'un divan, à l'endroit où on appuie la tête. *Des têtières de filet, de dentelle.* ▪ **3** (1771) MAR. Partie supérieure d'une voile carrée. *Ralingue de têtière.* ▪ **4** TYPOGR. Garniture que l'on place en tête des pages à l'imposition. *«des têtières sobres mais aussitôt repérables»* FOTTORINO.

TÉTIN [tetɛ̃] n. m. – XVe-XVIe ; «sein» 1398 ◇ de *tette* ▪ VIEILLI Mamelon du sein. ◆ Tétine. *«Et des truies aux tétins roses comme des lobes»* APOLLINAIRE.

TÉTINE [tetin] n. f. – 1393 ; «sein» 1165 ◇ de *tétin* ▪ **1** Mamelle (de certains mammifères, notamment de la vache et de la truie). ➤ 1 **pis.** — *Tétine de vache,* ou ABSOLT *tétine :* morceau de triperie vendu cuit à l'eau. ▪ **2** (1834 ; «bout de sein artificiel» XVIe) Embouchure de caoutchouc (ou de silicone) percée de trous et ajustée à un biberon, que tète le nourrisson. *Stérilisation des tétines. Tétine à débit réglable.* ◆ (1948) Embout de caoutchouc (ou de silicone) ayant la forme d'un mamelon que suce le bébé pour se calmer. ➤ **sucette ;** RÉGION. **suce, tototte.** *Tétine physiologique.*

TÉTON [tetɔ̃] n. m. – 1480 ◇ de *tétine* ▪ **1** FAM. Sein (surtout de la femme). ➤ FAM. **nichon.** *«L'un des seins est voilé, l'autre découvert... quel téton !»* FLAUBERT. ◆ Mamelon (de l'homme ou de la femme). ▪ **2** (1876) TECHN. Petite saillie sur une pièce métallique, permettant de l'assujettir à une autre pièce.

TÉTONNIÈRE [tetɔnjɛʀ] n. f. – 1771 ; «sorte de soutien-gorge» 1701 ◇ de *téton* ▪ VX Femme qui a une grosse poitrine.

TÉTRA [tetʀa] n. m. – 1985 ◇ origine inconnue ▪ Poisson exotique d'eau douce *(cypriniformes),* dont les nombreuses espèces sont recherchées pour les aquariums. ▪ HOM. poss. Tétras.

TÉTRA- ▪ Élément, du grec *tetra-,* de *tettares* «quatre».

TÉTRACHLORURE [tetʀaklɔʀyʀ] n. m. – 1844 ◇ de *tétra-* et *chlorure* ▪ CHIM. Composé dont la molécule comporte quatre atomes de chlore. *Tétrachlorure de carbone* (CCl_4), employé comme détachant.

TÉTRACORDE [tetʀakɔʀd] n. m. – 1361 ◇ de *tétra-* et *corde,* d'après le latin *tetrachordon,* mot grec ▪ **1** MUS. Système coordonné de quatre sons conjoints, dont les deux extrêmes sont à distance de quarte juste. *Les cinq tétracordes de la musique antique.* ▪ **2** (1547) Lyre à quatre cordes.

TÉTRACYCLINE [tetʀasiklin] n. f. – 1954 ◇ de *tétra, cycle* et *-ine* ▪ MÉD. Antibiotique à large spectre d'action, produit par une espèce de streptomycète ou obtenu par synthèse et dont les dérivés sont utilisés en thérapeutique.

TÉTRADACTYLE [tetʀadaktil] adj. – 1808 ◇ de *tétra-* et *-dactyle* ▪ ZOOL. Qui a quatre doigts au pied.

TÉTRADE [tetʀad] n. f. – 1546 ◇ du grec *tetras, tetrados* «groupe de quatre» ▪ DIDACT. Groupe de quatre éléments. *Libération du pollen sous forme de tétrades.* SPÉCIALT ▪ **1** (1897) BIOL. Ensemble formé par une paire de chromosomes dédoublés, lors de la méiose. ▪ **2** (1888) MÉD. *Tétrade de Fallot :* forme typique de la maladie bleue*, qui comporte quatre malformations associées (SYN. SC. tétralogie de Fallot).

TÉTRAÈDRE [tetʀaɛdʀ] **n. m.** – 1690 ; *tetraedron* 1542 ◊ de *tétra-* et *-èdre* ■ GÉOM. Polyèdre à quatre faces triangulaires. ➤ **pyramide.** *Tétraèdre régulier,* dont les quatre faces sont des triangles équilatéraux. ♦ **adj.** *Figure tétraèdre* (ou **TÉTRAÉDRIQUE,** 1801).

TÉTRAGONE [tetʀagɔn] **n. f.** – 1808 ; *tetragonia* 1765 ; géom. adj. «qui a quatre angles» 1361 ◊ latin *tetragonus,* mot grec (à cause de la forme de ses graines) ■ Plante potagère *(aizoacées)* à feuilles épaisses, appelée parfois *épinard d'été.*

TÉTRAHYDRONAPHTALÈNE [tetʀaidʀonaftalɛn] **n. m.** – 1948 ◊ de *tétra-, hydro-* et *naphtalène* ■ CHIM. Hydrocarbure, $C_{10}H_{12}$, solvant peu volatil qui peut servir de carburant pour les moteurs à injection. ➤ **tétraline.**

TÉTRALINE [tetʀalin] **n. f.** – 1949 ◊ de *tétrahydronaphtalène* ■ CHIM. Tétrahydronaphtalène*.

TÉTRALOGIE [tetʀalɔʒi] **n. f.** – 1752 ◊ grec *tetralogia* ■ **1** ANTIQ. GR. Ensemble de quatre pièces que les premiers poètes grecs présentaient aux concours dramatiques des dionysies. ♦ PAR EXT. (1861) Les quatre opéras de Wagner constituant *L'Anneau des Niebelungen.* «*Quatre autres opéras formant une tétralogie, dont le sujet est tiré des Niebelungen*» BAUDELAIRE. — LITTÉR. Ensemble de quatre œuvres distinctes présentant une certaine unité d'inspiration. ■ **2** MÉD. *Tétralogie de Fallot.* ➤ **tétrade** (2°). ELLIPT «*La réparation complète de la tétralogie ne peut donc être tentée*» C. D'ALLAINES.

TÉTRAMÈRE [tetʀamɛʀ] **adj.** et **n. m.** – 1834 ◊ grec *tetramerês* ■ **1** ZOOL. Se dit des insectes dont les tarses sont composés de quatre articles. ■ **2** **n. m.** BIOCHIM. Oligomère formé de quatre monomères.

TÉTRAMÈTRE [tetʀamɛtʀ] **n. m.** – 1587 ◊ latin des grammairiens *tetrametrus,* du grec ■ Vers composé de quatre groupes de deux pieds (quatre mètres*), dans la prosodie grecque.

TÉTRAPLÉGIE [tetʀapleʒi] **n. f.** – 1904 ◊ de *tétra-* et *-plégie* ■ MÉD. Paralysie des quatre membres.

TÉTRAPLÉGIQUE [tetʀapleʒik] **adj.** et **n.** – milieu XXe ◊ de *tétraplégie* ■ Relatif à la tétraplégie. ♦ Atteint de tétraplégie. — **n.** *Un, une tétraplégique.*

TÉTRAPLOÏDE [tetʀaplɔid] **adj.** – 1931 ◊ du grec *tetraplous* «quadruple» ; cf. *diploïde* ■ BIOL. Se dit d'un individu dont les cellules ont quatre jeux de chromosomes (ou génomes) au lieu de deux. *Embryon tétraploïde. Plantes tétraploïdes.* — *Noyau tétraploïde.* — **n. f.** (1932) **TÉTRAPLOÏDIE.**

TÉTRAPODE [tetʀapɔd] **n. m.** et **adj.** – milieu XXe ; «quadrupède» 1803 ◊ grec *tetrapous, podos*

I **n. m. pl.** ZOOL. **LES TÉTRAPODES :** ensemble de vertébrés dont le squelette comporte deux paires d'appendices de structure semblable appelés membres, que ces membres soient apparents ou non (batraciens, reptiles, oiseaux, mammifères). ➤ aussi **quadrumane.** *Les poissons et les tétrapodes.* — **adj.** *Animal tétrapode.*

II (1968) TRAV. PUBL. (marque déposée) Bloc de béton à quatre pieds, utilisé dans la construction des barrages, digues et jetées de protection, pour briser l'action des vagues.

TÉTRAPTÈRE [tetʀaptɛʀ] **adj.** et **n. m.** – 1762 ◊ grec *tetrapteros* ■ ZOOL. Se dit des insectes à deux paires d'ailes.

TÉTRARCHAT [tetʀaʀka] **n. m.** – 1750 ◊ de *tétrarque* ■ DIDACT. Fonctions, dignité de tétrarque ; durée de ces fonctions.

TÉTRARCHIE [tetʀaʀʃi] **n. f.** – 1450 ◊ latin *tetrarchia,* du grec ■ HIST. ANC. Partie d'une province sous l'autorité d'un tétrarque. ♦ Organisation de l'Empire romain sous Dioclétien, en un gouvernement collégial de quatre empereurs.

TÉTRARQUE [tetʀaʀk] **n. m.** – avant 1494 ; *tetrarche* 1213 ◊ latin *tetrarches,* grec *tetrarkhês* ■ HIST. ANC. Gouverneur d'une partie d'une province divisée en quatre régions. *Hérode était tétrarque de Galilée.*

TÉTRAS [tetʀɑ(s)] **n. m.** – 1770 ; *tetrax* 1752 ◊ latin *tetrax,* du grec ■ ZOOL. Oiseau sauvage *(galliformes),* de grande taille, qui vit en compagnies dans les forêts et les prairies montagneuses. *Le grand tétras :* grand coq de bruyère. *Le tétras-lyre, appelé aussi* coq des bouleaux, coq de montagne *ou* petit coq de bruyère. *Des tétras-lyres.* ■ HOM. poss. Tétra.

TÉTRASTYLE [tetʀastil] **adj.** – 1740 ; n. m. 1676 ◊ latin *tetrastylus,* grec *tetrastulos* ■ ARCHIT. Dont la façade présente quatre colonnes de front. *Un temple tétrastyle,* et SUBST. *un tétrastyle.*

TÉTRASYLLABE [tetʀasi(l)lab] **n. m.** – 1611 ◊ latin des grammairiens *tetrasyllabus,* du grec ■ DIDACT. Mot, vers qui a quatre syllabes. ➤ **quadrisyllabe.** — **adj.** *Mot, vers tétrasyllabe.*

TÉTRASYLLABIQUE [tetʀasi(l)labik] **adj.** – 1836 ◊ de *tétrasyllabe* ■ DIDACT. Qui a quatre syllabes. ➤ **quadrisyllabique.** *Mot, vers tétrasyllabique.* ➤ **tétrasyllabe.**

TÉTRATOMIQUE [tetʀatɔmik] **adj.** – 1869 ◊ de *tétra-* et *atome* ■ CHIM. Se dit d'un corps qui contient quatre atomes par molécule (ex. le phosphore blanc P_4). — **n. f.** **TÉTRATOMICITÉ,** 1872.

TÉTRAVALENT, ENTE [tetʀavalɑ̃, ɑ̃t] **adj.** – 1871 ◊ de *tétra-* et *-valent* ■ CHIM. Qui a pour valence chimique 4 ou qui est au degré d'oxydation + 4 ou – 4. ➤ **quadrivalent.** — **n. f.** **TÉTRAVALENCE.** *La tétravalence du carbone est à la base de la chimie organique.*

TÉTRODE [tetʀɔd] **n. f.** – 1930 ◊ anglais 1919, formé sur le grec *tettares* «quatre» (→ tétra) et *(électr)ode* ■ Tube électronique possédant quatre électrodes.

TÉTRODON [tetʀɔdɔ̃] **n. m.** – 1803 ◊ latin des zoologistes *tetrodon* (1766), du grec *tetra-* «quatre» et *odous, odontos* «dent» ■ **1** ZOOL. Poisson *(gymnodontes)* au corps ovale, massif (qui peut augmenter de volume à volonté), appelé aussi *poisson coffre. Tétrodon du Nil* (cf. Hérisson* de mer). ■ **2** (1974) ARCHIT. Construction modulaire susceptible d'agrandissement.

TETTE [tɛt] **n. f.** – XIIe ◊ germanique occidental °*titta* ; cf. allemand *Zitze,* anglais *teat* «mamelon» → téter ■ ZOOL. Bout de la mamelle, chez les animaux. ■ HOM. Têt, tête.

TÊTU, UE [tety] **adj.** – *testu* 1265 ◊ de *tête* ■ Qui est par nature, par caractère, attaché à ce qu'il a en tête (III), au point que rien ne peut le faire changer d'avis. ➤ **buté, entêté, obstiné, opiniâtre ;** FAM. **cabochard** (cf. Avoir la tête dure). «*On est ferme par principe, et têtu par tempérament*» JOUBERT. *Têtu comme une bourrique, comme une mule*, comme un mulet.* — SUBST. «*Ce têtu, qui dira toujours non*» ZOLA. ♦ Qui dénote un certain entêtement. *Un air têtu.* «*Obstinément silencieuse, elle baissait un front étroit et têtu*» MAURIAC. — LOC. PROV. *Les faits sont têtus :* les faits sont là, la réalité demeure. ■ CONTR. Souple.

TEUF [tœf] **n. f.** – 1984 ◊ verlan, avec apocope, de *fête* ■ FAM. Fête. *Des musiques* «*juste bonnes à faire la "teuf"*» (Le Monde, 1998).

TEUFEUR, EUSE [tœfœʀ, øz] **n.** – 1997 ◊ de *teuf* ■ FAM. Personne qui participe à une teuf, à une rave. ➤ **fêtard, raveur.**

TEUF-TEUF **n. m. inv.** ou **TEUFTEUF** [tœftœf] **n. m.** – 1897 ◊ onomat. ■ **1** Bruit du moteur à explosion. ■ **2** (1898) FAM. VIEILLI Automobile ancienne, poussive. ➤ **tacot.** *Des teuf-teuf, des teufteufs.*

TEURGOULE [tœʀgul] **n. f.** – 1929 ; 1926 *tord-goule* ◊ normand *teurt-goule* «qui tord la gueule» ■ RÉGION. (Basse-Normandie) Dessert traditionnel à base de riz et de lait, cuit longuement au four dans une terrine.

TEUTON, ONNE [tøtɔ̃, ɔn] **adj.** et **n.** – 1654 ◊ du latin *Teutoni* ou *Teutones* m. pl., nom d'une peuplade de la Germanie du Nord ■ Relatif aux anciens Teutons ou aux anciens peuples de la Germanie. ➤ 2 **germain.** ♦ PÉJ. VIEILLI Allemand, germanique. ➤ **tudesque.** — **n.** *Les Teutons.*

TEUTONIQUE [tøtɔnik] **adj.** – *teuthonique* 1489 ; n. 1512 ◊ latin *teutonicus* ■ HIST. Qui appartient au pays des anciens Teutons, à la Germanie. *Ordre teutonique, des chevaliers teutoniques :* ordre de chevalerie fondé en 1128, disparu au XVIe s. après sa sécularisation. ♦ PÉJ. VIEILLI Relatif aux Allemands (dans un contexte de guerre). ➤ **teuton.** «*dans l'ivresse de la fureur teutonique*» ROMAINS.

TÉVÉ [teve] **n. f.** – 1958 *TV* ◊ de l'anglais *T. V.,* abrév. de *television* ■ ANGLIC. FAM. ; VIEILLI OU RÉGION. (Belgique, Suisse, Canada) Télévision.

TEX [tɛks] **n. m.** – 1956 ◊ abrév. de *textile* ■ MÉTROL. Unité de mesure de masse linéique d'un fil textile (SYMB. tex), correspondant à un gramme au kilomètre de fil (➤ **décitex**).

TEX-MEX ou **TEXMEX** [tɛksmɛks] **adj.** – 1987 ◊ mot américain, de *tex(an)* «texan» et *mex(ican)* «mexicain» ■ Se dit de la cuisine mexicaine adaptée par les Texans. *Les restaurants tex-mex.* — **n. m.** *La vogue du tex-mex.*

TEXTE [tɛkst] **n. m.** – 1265 ; «évangéliaire, missel» 1175 ◊ latin *textus* «enchaînement d'un récit, texte», proprt «tissu ; trame», de *texere* «tisser» ■ **1** **LE TEXTE, UN TEXTE :** la suite des mots, des phrases qui constitue un écrit ou une œuvre (écrite ou orale). *Le texte, opposé aux commentaires, aux notes. Le texte, opposé à la traduction ou à la paraphrase.* ➤ 1 **original.** *Lire Platon dans le texte,* dans l'original grec. *En français dans le texte* (note dans une traduction). *Restituer un texte. Variantes d'un texte.*

Se reporter au texte. Texte d'une pièce. Apprendre son texte, son rôle. *Texte écrit à la main, tapé à la machine, saisi* (➤ **manuscrit, tapuscrit**), *imprimé* (➤ **incunable ; édition**). *Traitement* de texte.* — INFORM. *Recherche en texte intégral* ou *plein texte* : indexation de documents permettant de trouver rapidement une chaîne de caractères (mot, phrase...) dans un corpus informatisé. — Transcription écrite des paroles d'un enregistrement sonore. ◆ *Texte d'une loi, d'une Constitution.* ➤ **rédaction,** 1 **teneur.** *Texte d'un acte.* ➤ **formule, libellé.** ◆ *Le texte d'une chanson, d'un opéra.* ➤ **livret, parole.** ▪ **2** TYPOGR. La composition, la page imprimée. *Les marges et le texte. Illustration dans le texte* (opposé à *hors-texte*). ▪ **3** Écrit considéré dans sa rédaction originale et authentique. *Édition des textes. Vieux textes conservés dans les archives.* ➤ **document.** *Les textes anciens. Textes hiéroglyphiques, cunéiformes. Solliciter* les textes. — Textes juridiques, législatifs. Texte d'un testament.* ◆ Œuvre littéraire. *Texte bien écrit. Texte accepté, refusé par un éditeur. Rapprochements entre deux textes* (➤ **intertextualité**). ➤ aussi **épitexte, paratexte, péritexte.** ▪ **4** Sujet. *Le texte d'un devoir, d'une dissertation.* ➤ **énoncé.** *Cahier de textes* : cahier où l'élève inscrit les sujets des divers exercices et devoirs à faire (cf. RÉGION. Journal* de classe). ▪ **5** Page, fragment d'une œuvre, caractéristique de la pensée ou de l'art de l'auteur. *Choix de textes, textes choisis.* ➤ **morceau ; anthologie.** *Explication de textes. Citer un texte.* ➤ **citation.** *Tiré du texte.* ➤ **textuel.** ▪ **6** Document écrit prévoyant un ordre déterminé d'opérations à la radio, à la télévision, au cinéma et au théâtre. ➤ **conducteur,** 3 **plan** (de travail).

TEXTER [tɛkste] **v.** ‹ 1 › – 2004 ◇ anglais *to text* (1998). ▪ REM. On dit aussi *textoter* ‹ 1 ›.

I **v. intr.** Rédiger, envoyer un texto. *Il passe son temps à texter.*

II **v. tr.** ▪ **1** Envoyer un texto à (qqn). *Deux « qui se sont mises à texter un copain une copine »* M. WINCKLER. ▪ **2** Envoyer par texto. *Texter une adresse à qqn.*

TEXTILE [tɛkstil] **adj.** et **n. m.** – 1752 ◇ latin *textilis*, de *texere* « tisser » ▪ **1** Susceptible d'être tissé ; d'être divisé en fils que l'on peut tisser. *Matières textiles végétales* (ex. bambou, chanvre, coton, jute, lin, ramie, raphia, sisal...), *minérales* (amiante), *synthétiques* (nylon), *animales* (laine, poil, soie...). *Longueur, élasticité, finesse* (➤ **tex**), *résistance d'une fibre textile. Plantes, végétaux textiles,* dont on tire des fibres textiles. ◆ **n. m.** (1872) Fibre, matière textile. *Battage, peignage, étirage d'un textile. Textiles artificiels* (acétate, cupro, fibranne, modal, rayonne, viscose) *ou synthétiques* (dacron, nylon, orlon, rhodia, tergal). ▪ **2** (1864) Qui concerne la fabrication des tissus, depuis la préparation de la matière première jusqu'à la vente du produit fini. *Industries textiles.* ➤ **filature, tissage.** — PAR EXT. *Machine, usine textile.* — **n. m.** (1929) *La crise du textile.*

1 **TEXTO** [tɛksto] **adv.** – milieu XXe ◇ abrév. de *textuellement* ▪ FAM. Textuellement. *Je te répète texto ce qu'il m'a dit.*

2 **TEXTO** [tɛksto] **n. m.** – 1998 ◇ de *texte* et suffixe diminutif ▪ Bref message écrit échangé entre téléphones portables. ➤ **SMS.** *Envoyer des textos.* ➤ **texter.** *« Aucun message depuis notre engueulade, hier soir, pas un texto »* Y. QUEFFÉLEC.

TEXTOTER ➤ **TEXTER**

TEXTUEL, ELLE [tɛkstɥɛl] **adj.** – *textual* v. 1444 ◇ du latin *textus* → texte ▪ **1** DIDACT. Qui est tiré du texte, figure dans le texte. *Passage textuel.* ▪ **2** (1812) COUR. Conforme au texte. *Copie textuelle.* ➤ **exact.** *Traduction textuelle.* ➤ **littéral** (cf. Mot à mot). ◆ PAR EXT. *Textuel !* ce sont ses propres mots. ➤ **sic,** FAM. 1 **texto.** ▪ **3** DIDACT. Du texte. *Analyse textuelle.*

TEXTUELLEMENT [tɛkstɥɛlmɑ̃] **adv.** – 1491 ◇ de *textuel* ▪ D'une manière exactement conforme (au texte, aux paroles) (cf. Mot à mot). *Rapporter textuellement les paroles de qqn. Il m'a dit textuellement ceci.* ➤ FAM. 1 **texto.**

TEXTURANT [tɛkstyʀɑ̃] **n. m.** – v. 1970 ◇ de *texture* ▪ TECHN. Agent de texture*.

TEXTURE [tɛkstyʀ] **n. f.** – 1380 ◇ latin *textura* ▪ **1** VX Disposition des fils (d'une chose tissée). ➤ **tissage.** ▪ **2** PAR ANAL. (1503) Arrangement, disposition (des éléments d'une matière). ➤ **constitution, contexture, structure.** *Texture spongieuse des matériaux volcaniques. Texture des sols.* (D'une composition liquide) *Texture d'une crème, d'un lait de beauté.* — TECHN. *Agent de texture* : additif alimentaire utilisé pour obtenir une consistance particulière. ➤ **texturant ; émulsifiant, épaississant, gélifiant.** ◆ DIDACT. Arrangement de la matière et des pores à l'intérieur des grains d'un solide divisé ou poreux. ▪ **3** FIG. (1547) Agencement des parties, des éléments (d'une œuvre, d'un tout).

TEXTURER [tɛkstyʀe] **v. tr.** ‹ 1 › – 1964 ◇ de *texture* ▪ TECHN. Traiter (les fils de matières synthétiques) par des procédés propres à différencier leurs caractéristiques et leurs usages (fibres mousse, fibres frisées, gonflées, etc.). — **p. p. adj.** *Bas texturés.* — **n. f. TEXTURATION.**

TÉZIGUE [tezig] **pron. pers.** 2e **pers.** – 1830 ◇ formé avec *tes*, d'après *mézigue* ▪ POP. Toi. *« Tes petits mitrailleurs et tézigue, vaudrait mieux vous déguiser en clandestins »* SIMONIN.

T. G. V. [teʒeve] **n. m.** – v. 1970 ◇ marque déposée ; sigle ▪ **1** Train* à grande vitesse. *Le T. G. V. Atlantique. Conducteur de T. G. V.* ➤ **tégéviste.** ▪ **2** Cocktail à base de téquila, gin et vodka.

THAÏ, THAÏE [taj] **adj.** et **n.** – 1826 ◇ mot de la langue thaïe ▪ **1** Se dit de langues de l'Asie du Sud-Est, parlées par les Thaïlandais, les Laotiens et les populations de la Birmanie et du sud de la Chine. *Langues thaïes, groupe thaï.* — Se dit des populations dont la langue est le thaï (cf. Thaïlandais). **n.** *Les Thaïs.* ▪ **2** **n. m.** *Le thaï* : les langues du groupe thaï. ▪ HOM. poss. Taille.

THAÏLANDAIS, AISE [tajlɑ̃dɛ, ɛz] **adj.** et **n.** – 1939 ◇ de *Thaïlande*, du thaï *Muang Thaï* « pays des hommes libres » ▪ Relatif à la Thaïlande ; de Thaïlande. *Cuisine thaïlandaise.* ➤ **pad thaï.** — **n.** *Un Thaïlandais, une Thaïlandaise.* ➤ **siamois** (VIEILLI).

THALAMIQUE [talamik] **adj.** – 1905 ; 1834 bot. ◇ de *thalamus* ▪ ANAT., MÉD. Du thalamus. *Faisceau thalamique. Hémorragie thalamique.*

THALAMUS [talamys] **n. m.** – 1877 ◇ latin savant *thalami nervorum opticorum* (1704) « lits (couches) des nerfs optiques », du grec *thalamos* « lit » ▪ ANAT. Les deux gros noyaux sensitifs de substance grise situés de part et d'autre du troisième ventricule cérébral, jouant un rôle de relais pour les voies sensitives.

THALASSÉMIE [talasemi] **n. f.** – 1959 ◇ du grec *thalassa* « mer » et *-émie* ▪ PATHOL., GÉNÉT. Maladie génétique caractérisée par la synthèse défectueuse d'une ou plusieurs chaînes polypeptidiques de l'hémoglobine, affectant principalement les populations du bassin méditerranéen. — **adj. THALASSÉMIQUE.**

THALASSO- ▪ Élément, du grec *thalassa* « mer ».

THALASSOTHÉRAPIE [talasoteʀapi] **n. f.** – 1865 ◇ de *thalasso-* et *-thérapie* ▪ Usage thérapeutique de l'eau de mer, du climat marin. ➤ **balnéothérapie.** *Centre, institut de thalassothérapie.* — ABRÉV. FAM. (1979) **THALASSO.**

THALASSOTOQUE [talasɔtɔk] **adj.** – 1927 ◇ de *thalasso-* et grec *tokos* « frai » ▪ ZOOL. *Poisson thalassotoque* : poisson migrateur qui vit en eau douce et se reproduit en mer. *L'anguille est thalassotoque.* **n. m.** *Un thalassotoque.* ▪ CONTR. Anadrome.

THALER [talɛʀ] **n. m.** – 1566 ◇ mot allemand, de *Joachimsthal*, abrév. de *Joachimsthaler* (→ dollar) ▪ Ancienne monnaie allemande d'argent.

THALIDOMIDE [talidɔmid] **n. m.** (acad. pharm.) ou **f.** (cour.) – v. 1960 ◇ de *(acide N-ph)thal(y-glutamique)*, *-ide* et *imide*, de *amide* ▪ MÉD. Dérivé de l'acide glutamique, utilisé comme sédatif et anti-inflammatoire. *Le thalidomide s'est révélé tératogène dans les années 60.*

THALLE [tal] **n. m.** – 1815 ◇ grec *thallos* « rameau, pousse » ▪ BOT. Appareil végétatif des plantes inférieures sans feuilles, tiges ni racines, constitué par un tissu plus ou moins différencié, non vascularisé. *Thalle des algues, des champignons* (➤ **mycélium**), *des lichens. Végétaux possédant un thalle ou un prothalle** : thallophytes*. ▪ HOM. Talle.

THALLIUM [taljɔm] **n. m.** – 1862 ◇ du grec *thallos* « rameau vert », à cause de la raie verte caractéristique de son spectre, par l'anglais (1861) ▪ CHIM. Élément atomique (Tl ; n° at. 81 ; m. at. 204,39), métal blanc bleuâtre, très malléable, de toxicité voisine de celle du plomb. *La mort-aux-rats contient du thallium.*

THALLOPHYTES [talɔfit] **n. f. pl.** – 1824 ◇ de *thalle* et *-phyte* ▪ BOT. Ensemble des végétaux inférieurs non vascularisés, sans feuilles, tiges ni racines. ➤ **algue, bactérie, champignon, lichen,** 1 **mousse.** *Thallophytes unicellulaires.* ➤ **protophyte.** REM. On trouve encore parfois ce mot au masc. — **Au sing.** *Une thallophyte.*

THALWEG ➤ **TALWEG**

THANATO- ▪ Élément, du grec *thanatos* « mort » : *thanatophobie.*

THANATOLOGIE [tanatɔlɔʒi] **n. f.** – avant 1830 ◊ de *thanato-* et *-logie* ▪ DIDACT. ▪ **1** SOCIOL. Étude des aspects biologiques et sociologiques de la mort. ▪ **2** Étude médicolégale des circonstances ayant entraîné la mort. — n. **THANATOLOGUE** (vers 1950).

THANATOPRAXIE [tanatopʀaksi] **n. f.** – 1970 ◊ de *thanato-* et *praxie*, d'après *chiropraxie* ▪ DIDACT. Technique de l'embaumement des cadavres. — n. **THANATOPRACTEUR, TRICE.**

THANATOS [tanatɔs ; tanatos] **n. m.** – 1906 ◊ mot grec «mort», nom du dieu grec de la mort, fils de la Nuit et frère d'Hypnos ▪ PSYCHAN. Ensemble des pulsions de mort (opposé à *éros*).

THANE [tan] **n. m.** – 1765 ; *thain* ou *than* 1740 ◊ mot anglais, ancien anglais *thegn* «soldat, héros», ancien teuton *thegno*, du grec *teknos* «enfant» ▪ HIST. En Écosse, Titre que le roi accordait à certains nobles, à certains hommes d'armes, et qui, plus tard, fut assimilé au titre de baron. *Macbeth, thane de Cawdor.* ▪ HOM. Tanne.

THAUMATURGE [tomatyʀʒ] **adj.** et **n. m.** – 1610 ◊ grec *thaumatourgos* «faiseur de miracles», de *thauma* «miracle» ▪ LITTÉR. Qui fait des miracles. *L'Orient «fait peu de cas d'un sage qui n'est pas thaumaturge»* RENAN. — n. m. (XVIIe) Faiseur de miracles. ➤ **magicien.**

THAUMATURGIE [tomatyʀʒi] **n. f.** – 1663 ◊ de *thaumaturge* ▪ DIDACT. Magie, pouvoir des thaumaturges. — adj. **THAUMATURGIQUE,** 1623.

THÉ [te] **n. m.** – 1648 ; *cia* 1589 ◊ du chinois dialectal *t'e* ou malais *teh*, par le néerlandais ; la forme *thé* vient du latin moderne ▪ **1** Arbre ou arbrisseau *(ternstrœmiacées)*, à fleurs blanches, à feuilles persistantes, originaire d'Extrême-Orient (➤ 2 **théier**), cultivé pour ses feuilles qui contiennent des alcaloïdes (➤ **théine, théobromine, théophylline**). *Culture du thé.* ◆ Feuilles de thé, cueillies jeunes, séchées *(thé vert)* ou fermentées et séchées *(thé noir).* ➤ **darjeeling, earl grey, oolong, pekoe, souchong.** *Thé vert en poudre.* ➤ **matcha.** *Sachet de thé. Thé de Ceylan. Les «thés de Chine qui gardent un fin parfum de laque, ceux de Formose, presque incolores»* CHARDONNE. — *Arbre à thé :* le thé ou théier. ▪ **2** PAR EXT. (1657) Boisson préparée avec des feuilles de thé infusées. *Faire du thé. Laisser infuser le thé dans la théière. Bouilloire à thé.* ➤ **samovar.** *Passoire à thé.* ➤ **passe-thé.** *Thé léger, fort. Thé au lait, au citron. Thé parfumé. Thé à la menthe, au jasmin, à la bergamote. «Un thé vert à la menthe, saturé de sucre, versé de très haut dans des tasses minuscules»* TOURNIER. *Thé glacé. Une tasse de thé.* — FIG. *Ce n'est pas ma tasse* de thé.* ◆ Consommation, tasse de thé. *Un thé citron.* ◆ Collation où l'on boit du thé. *Service à thé. Prendre le thé. Salon de thé. Le thé de cinq heures.* — (XVIIIe) Réunion où l'on sert du thé, des gâteaux. *Il «était très content d'aller à un thé»* QUENEAU. PAR EXT. *Thé dansant :* réunion dansante à l'heure du thé. ▪ **3** PAR ANAL. *Thé du Brésil* (➤ **maté**), *du Mexique* (➤ **ambroisie**), *d'Europe* (➤ 1 **véronique**). *Thé rouge.* ➤ **rooibos.** — RÉGION. (Alsace ; Belgique, Luxembourg, Suisse) Infusion, tisane. *Thé de menthe, de thym.* (Le thé, 2°, se disant *thé noir.*) ▪ **4** (1821) PAR APPOS. *Une rose thé* ou *rose-thé* (de la couleur de la boisson). *«Le ciel était jaune de la nuance jaune rosée d'une rose thé»* GONCOURT. ▪ HOM. 1 T, té, tes (1 ton).

THÉATIN [teatɛ̃] **n. m.** – 1611 ◊ ordre fondé en 1524 par P. Carafa, évêque de *Theato* (Chieti) ▪ Religieux de l'ordre fondé par Gaétan de Tiene et P. Carafa, pour réformer les mœurs du clergé.

THÉÂTRAL, ALE, AUX [teatʀal, o] **adj.** – 1520 ◊ latin *theatralis*, de *theatrum* → théâtre ▪ **1** Qui appartient au théâtre ; de théâtre (II, 1°). ➤ **dramatique.** *Représentation théâtrale. L'art théâtral.* — SPÉCIALT Du théâtre (II, 3°), genre littéraire. *Œuvre théâtrale.* ◆ Qui concerne le théâtre. *Chronique théâtrale.* — PAR EXT. *Saison théâtrale :* l'époque de l'année où les théâtres (d'une ville) jouent régulièrement. ▪ **2** (1750) Qui a les caractères spécifiques du théâtre. *Situation, intrigue théâtrale.* ➤ **scénique, spectaculaire.** *«Certes, la littérature est faite pour nous embarrasser si elle est littéraire, le roman s'il est romanesque ou le théâtre théâtral»* PAULHAN. ▪ **3** FIG. (1851) PÉJ. Qui a le côté artificiel, emphatique, outré du théâtre. *«un petit effet, déclamatoire et théâtral, contraire à la vraie harmonie»* SAINTE-BEUVE. — (PERSONNES) *Un personnage théâtral.* — SUBST. *«Le théâtral est la caricature du sublime»* MALRAUX.

THÉÂTRALEMENT [teatʀalmɑ̃] **adv.** – 1764 ◊ de *théâtral* ▪ **1** Conformément aux lois, aux règles du théâtre. ▪ **2** FIG. D'une manière théâtrale (3°). *S'exprimer, gesticuler théâtralement.*

THÉÂTRALISER [teatʀalize] **v. tr.** ⟨1⟩ – 1927 ◊ de *théâtre* ▪ DIDACT. (THÉÂTRE) Donner le caractère de théâtralité* à. *Théâtraliser un roman pour la scène.* — n. f. **THÉÂTRALISATION,** 1969.

THÉÂTRALISME [teatʀalism] **n. m.** – 1915 ◊ de *théâtral* ▪ PSYCHIATR. «Tendance aux manifestations émotives spectaculaires» (H. Piéron). *Le théâtralisme est fréquent dans l'hystérie.* ◆ PAR EXT. LITTÉR. Attitude théâtrale (3°).

THÉÂTRALITÉ [teatʀalite] **n. f.** – 1842 ◊ de *théâtral* ▪ DIDACT. (THÉÂTRE) Éléments stylistiques du système théâtral ; conformité d'une œuvre (dramatique, musicale, etc.) aux exigences fondamentales de la construction théâtrale. *La théâtralité du dialogue.*

THÉÂTRE [teatʀ] **n. m.** – début XIIIe ◊ du latin *theatrum*, mot d'origine grecque, famille de *thea* «vue, spectacle»

I **ÉDIFICE** ▪ **1** ANTIQ. Construction en plein air, généralement adossée à une colline creusée en hémicycle et comprenant quatre parties : le *«theatron»* (enceinte destinée au spectateur), l'hyposcenium, le proscenium et l'orchestre. ➤ **amphithéâtre.** *Théâtres grecs d'Épidaure, de Delphes. Théâtres antiques d'Orange, d'Autun.* — SPÉCIALT Le *«theatron».* ◆ (fin XIVe) MOD. Construction ou salle destinée aux spectacles se rattachant à l'art dramatique (➤ aussi **auditorium**). *Un grand théâtre. Disposition, aménagements* (➤ **scénographie**), *parties, éléments d'un théâtre.* ➤ **salle, scène ; avant-scène, baignoire, balcon, cintre, corbeille, coulisse,** 1 **dessous, fauteuil, foyer, galerie, loge, manteau** (d'Arlequin), **orchestre, paradis, parterre, planche, plateau, poulailler, praticable, projecteur, promenoir, rampe, rideau, trou** (du souffleur). ▪ **2** (1558) VX L'endroit où les acteurs jouent. ➤ **scène.** — SPÉCIALT Sorte de scène mobile construite sur des tréteaux (utilisée au Moyen Âge par les troupes ambulantes). *«La charrette-théâtre existe encore. C'est sur des théâtres roulants de ce genre qu'au seizième et au dix-septième siècle on a joué»* HUGO. ▪ **3** (fin XIVe) Cette construction, cette salle lorsqu'un spectacle est présenté au public ; le spectacle auquel on assiste. *Aller au théâtre.* ➤ **spectacle.** *La sortie des théâtres. Jumelles de théâtre.* ▪ **4** (1690) Entreprise de spectacles dramatiques, généralement attachée à une salle (théâtre, 1°). ➤ aussi **compagnie, troupe.** *Le Théâtre-Français :* la Comédie*-Française. *Théâtre de l'Odéon. Théâtre national populaire (T. N. P.). Le théâtre national de l'Opéra de Paris. Les théâtres subventionnés.* ➤ aussi **café-théâtre.** — *Théâtre aux armées :* spectacle en tournée, réservé aux soldats de la zone de combat. — *Théâtre qui joue, qui donne, monte une pièce, un spectacle.* ➤ **matinée, première, représentation, séance, soirée ; reprise, saison.** *Répertoire d'un théâtre. Théâtre qui fait relâche. Répétitions de théâtre. Directeur, troupe et personnel d'un théâtre.* ➤ **accessoiriste, acteur, comédien, costumier, décorateur, figurant, habilleur, machiniste, maquilleur,** 2 **ouvreur, placeur, régisseur, revuiste, souffleur** (cf. aussi Metteur* en scène). *Un homme de théâtre. «quand l'homme de chair perce la peau de l'homme de théâtre»* CENDRARS. ▪ **5** Construction, petite scène, écran où l'on donne un spectacle sans acteurs. *Théâtre d'ombres, de marionnettes* (➤ **castelet**). ▪ **6** (1671 ◊ par anal., de I, 2°) *Théâtre d'eau, théâtre de verdure :* aménagement artistique dans un parc de pièces d'eau, d'arbres et de plantes. ▪ **7** FIG. (XVIe) **LE THÉÂTRE DE :** le cadre, le lieu où se passe un évènement. ➤ **scène.** *Cette plaine a été le théâtre de nombreux combats. «Ce que dans la langue du ministère public on nomme le théâtre du crime»* BALZAC. — MILIT. *Théâtre d'opérations :* zone d'opérations militaires. *Théâtre d'opérations extérieur (T. O. E.)*, situé hors de France. *«Ce monde objectif qu'une étonnante métaphore nomme théâtre des hostilités»* M. SERRES.

II **ART** ▪ **1** Art visant à représenter devant un public, selon des conventions qui ont varié avec les époques et les civilisations, une suite d'évènements (➤ 1 **action**) où sont engagés des êtres humains agissant et parlant. ➤ **scène, spectacle ; dramatique, scénique, théâtral.** *«Nous concevons le théâtre comme une véritable opération de magie»* ARTAUD. *«Pour moi le théâtre est fondamentalement un cérémonial, avec ses rites, ses conventions, sa liturgie»* GRACQ. *Théâtre et mime. Personnages, rôles de théâtre. Théâtre total,* impliquant toutes les formes de théâtre. *Accessoires, costumes, décors de théâtre.* ➤ **décor.** *Grimage, maquillage, masques de théâtre :* procédés par lesquels l'apparence physique du comédien est modifiée de façon à réaliser le personnage. *Artifices, trucs de théâtre.* ➤ **machine.** — *Critique de théâtre,* qui juge les spectacles. — **PIÈCE DE THÉÂTRE :** texte littéraire qui expose une action dramatique, généralement sous forme de dialogue entre des personnages. ➤ **comédie, drame,** 2 **farce, livret, mélodrame, opéra, revue, saynète, sketch, tragédie, tragicomédie, vau-**

deville. *« L'usage véritable d'une pièce de théâtre est d'y réchauffer son corps et son cœur »* JOUVET. — *Parties, éléments d'une pièce de théâtre.* ➤ 2 **acte, dialogue, exposition, intrigue, monologue, prologue, réplique, rôle, scène, situation,** 3 **sujet, tirade.** *Théâtre improvisé* (➤ **commedia dell'arte**). *Théâtre filmé :* film d'une représentation théâtrale (avec gros plans, etc.) ; PAR EXT. film dont la mise en scène est théâtrale (caméra peu mobile, jeu des acteurs, etc.). — **COUP DE THÉÂTRE :** retournement brutal d'une situation dans une pièce, destiné à accroître l'intérêt de l'action. ➤ **péripétie, rebondissement.** *« Un incident imprévu qui se passe en action, et qui change subitement l'état des personnages, est un coup de théâtre »* DIDEROT. FIG. (1762) Brusque changement imprévu. *Coup de théâtre dans le procès du siècle !* ▪ **2** FIG. VIEILLI **DE THÉÂTRE :** théâtral (3°). ▪ **3** Genre littéraire ; ensemble des textes destinés à être représentés en action devant un public. ➤ **comédie, drame, tragédie.** *« Il y a le vrai théâtre, l'étude des mœurs, la peinture des caractères, la satire des tares et des travers humains, ce grand théâtre comique »* LÉAUTAUD. ▪ **4** (1552) Ensemble d'œuvres dramatiques présentant des caractères communs, une origine commune. ➤ **œuvre.** *Le théâtre d'Eschyle, de Shakespeare, de Corneille, de Beckett. — Le théâtre antique. Le théâtre espagnol. Le théâtre japonais* (➤ **kabuki, nô**). *Le théâtre religieux du Moyen Âge.* ➤ **miracle, mystère.** *Théâtre profane. Le théâtre élisabéthain, classique, réaliste. « Plusieurs auteurs reviennent au théâtre de situation. Plus de caractères : les héros sont les libertés prises au piège, comme nous tous »* SARTRE. *Théâtre à thèse. — Théâtre de boulevard*.* ▪ **5** (1657) Activités de l'acteur ; profession de comédien de théâtre. *Cours de théâtre,* d'art dramatique. *Faire du théâtre.* ➤ **jouer** (cf. Monter sur les planches*).

THÉÂTREUX, EUSE [teatʀø, øz] n. et adj. – 1896 *théâtreuse* ◊ de *théâtre* ▪ **1** n. f. VIEILLI, PÉJ. Comédienne de théâtre sans talent. ▪ **2** MOD. Professionnel(le) du théâtre. ▪ **3** adj. Relatif au monde du théâtre professionnel.

THÉÂTROTHÉRAPIE [teatʀoteʀapi] n. f. – 1955 ◊ de *théâtre* et *-thérapie* ▪ DIDACT. (PSYCHOL.) Thérapie à base d'inspiration théâtrale. *Psychodrame et sociodrame sont deux formes de théâtrothérapie.*

THÉBAÏDE [tebaid] n. f. – 1674 ◊ latin *Thebais,* contrée voisine de *Thèbes* (Égypte), dans laquelle vécurent beaucoup de pieux solitaires ▪ LITTÉR. Lieu isolé et sauvage, endroit retiré et paisible où l'on mène une vie austère, calme, solitaire. ➤ 2 **désert,** 1 **retraite, solitude.** *« elle était la première à violer le secret de cette thébaïde »* LE CLÉZIO.

THÉBAÏNE [tebain] n. f. – 1837 ◊ de *thébaïque* ▪ CHIM. Alcaloïde très toxique extrait de l'opium.

THÉBAÏQUE [tebaik] adj. – 1833 ; *pierre thébaïque* « granit d'Égypte » 1776 ◊ latin *thebaicus,* du grec *thêbaikos* ; *Thèbes,* en Égypte, étant autrefois un centre important du commerce de l'opium ▪ DIDACT. Relatif à l'opium, qui contient de l'opium. ➤ **opiacé.** *Extrait, sirop, poudre thébaïque. Pilules thébaïques.*

THÉBAÏSME [tebaism] n. m. – 1892 ◊ de *thébaïque* ▪ DIDACT. Intoxication due à l'opium (➤ **opiomanie**).

-THÉE ▪ Élément, du grec *theos* « dieu ».

1 **THÉIER, IÈRE** [teje, jɛʀ] adj. – 1872 ◊ de *thé* ▪ RARE Relatif au thé, à son commerce. *Port théier. Industrie théière.* ▪ HOM. Teiller.

2 **THÉIER** [teje] n. m. – 1936 ◊ de *thé,* sur le modèle de *caféier* ▪ Arbre à thé. ➤ **thé** (1°).

THÉIÈRE [tejɛʀ] n. f. – 1723 ; aussi *thétière* 1715 ◊ de *thé* ▪ Récipient dans lequel on fait infuser le thé. *Théière d'argent, de porcelaine.*

THÉINE [tein] n. f. – 1834 ◊ de *thé* ▪ BIOCHIM. Caféine* contenue dans les feuilles de thé (alcaloïde).

1 **THÉISME** [teism] n. m. – 1756 ◊ anglais *theism,* du radical grec *theos* « dieu » ▪ DIDACT. Doctrine indépendante de toute religion positive, qui admet l'existence d'un Dieu unique, personnel, distinct du monde mais exerçant une action sur lui (➤ **déisme**). *« Ce théisme a fait depuis des progrès prodigieux dans le reste du monde »* VOLTAIRE. ▪ CONTR. Athéisme (plus cour.).

2 **THÉISME** [teism] n. m. – 1871 ◊ de *thé* ▪ MÉD. Ensemble des accidents aigus ou chroniques dus à l'abus de la consommation de thé (➤ **théine**).

-THÉISME, -THÉISTE ▪ Éléments, du grec *theos* « dieu » : *monothéisme, polythéiste.*

THÉISTE [teist] n. et adj. – 1705 ◊ anglais *theist,* du grec *theos* « dieu » ▪ DIDACT. ▪ **1** Personne qui professe le théisme. *« on ne saurait trop respecter ce grand nom de* théiste *»* VOLTAIRE. — adj. *Philosophe théiste.* ➤ **croyant, déiste.** ▪ **2** adj. Relatif, conforme au théisme. *Théorie théiste.* ▪ CONTR. Athée (plus cour.).

THÉMATIQUE [tematik] adj. et n. f. – 1836 ; « relatif au thème (1°) » 1572 ◊ grec *thematikos*

I adj. Relatif à un thème. *Regroupement thématique. Action thématique programmée. Chaîne de télévision thématique* (opposé à *généraliste*). *Critique littéraire thématique,* qui s'attache à la présence dans une œuvre de thèmes constants. ◆ PHILOS. Qui pose ou est posé comme objet de l'activité mentale. ➤ **thétique.** ◆ MUS. *Catalogue, table thématique,* qui contient les premières mesures de chaque morceau dans un recueil d'airs d'opéra, etc. ◆ LING. Se dit d'un lexème qui appartient à un thème de pensée, à une terminologie. *Vocabulaire thématique.* — (1872) *Voyelle thématique,* qui s'ajoute à la racine pour constituer le thème (5°) portant les désinences.

II n. f. (1936) Ensemble, système organisé de thèmes (conscients et inconscients). *La thématique d'une œuvre, d'une époque ; d'un programme. Regrouper des documents en fonction d'une thématique. « Chaque ensemble de symboles se lie à une* thématique *»* H. LEFEBVRE. *« La manière dont la philosophie procède et enchaîne est seule pertinente ; son architecture commente sa thématique »* RICŒUR.

▪ CONTR. Athématique.

THÉMATISME [tematism] n. m. – 1951 ◊ de *thème* ▪ PHILOS. Rapport d'un thème aux phénomènes qu'il dirige. Caractère des phénomènes dirigés par un thème. *Thématisme affectif inconscient des associations d'idées.*

THÈME [tɛm] n. m. – 1538, surtout didact. jusqu'au XIXe ; *tesme* 1265 ◊ latin *thema,* mot grec, littéralt « ce qui est posé » ▪ **1** Sujet, idée, proposition qu'on développe (dans un discours, un ouvrage didactique ou littéraire). ➤ **fond, idée,** 3 **sujet.** *Thème d'un discours. Thèmes lyriques. « Tout écrivain a ses thèmes personnels »* MAUROIS. Ensemble de thèmes. ➤ **thématique.** — PAR ANAL. *Thème de composition d'un peintre.* ➤ 3 **sujet.** ◆ Idée, pensée qui constitue le sujet des propos d'une personne, le centre de ses préoccupations ; ce sur quoi s'exerce la réflexion ou l'activité. ➤ **objet, propos,** 3 **sujet.** *Débat sur le thème de la paix. Un thème de réflexion. « par un procédé oratoire habile, le Père avait donné en une seule fois, comme on assène un coup, le thème de son prêche entier »* CAMUS. — PSYCHOPATHOL. *Thèmes délirants,* de persécution, etc. — MILIT. *Thème tactique.* — *Dîner, soirée, voyage à thème,* organisé autour d'un thème (sujet de discussion, activité sportive ou culturelle, etc.). ▪ **2** (1690 ; « composition d'écolier » 1580) Exercice scolaire qui consiste à traduire un texte de sa langue maternelle dans une langue étrangère (➤ **traduction**) ; ce texte lui-même. *Thème et version. Thème latin, anglais. « THÈME. Au collège, prouve l'application, comme la version prouve l'intelligence »* FLAUBERT. — **UN FORT EN THÈME :** un très bon élève (➤ **as,** 1 **crack**) ; PÉJ. un élève, une personne de culture essentiellement livresque. *« Les polissons l'emportent toujours sur les forts en thème »* COCTEAU. ▪ **3** (1807 *théma*) Dessin mélodique qui constitue le sujet d'une composition musicale et qui est l'objet de variations. ➤ aussi **motif, programme,** 3 **sujet ;** 1 **standard.** *Répétition d'un thème* (➤ **leitmotiv ;** 2 **canon**). *Thème et variations. « un thème de quelques notes, sur lequel il improvise aussitôt de brillantes fioritures »* GIDE. — PAR MÉTAPH. *« Le gagman est une sorte d'humoriste professionnel dont le rôle consiste à corser d'inventions drôles le thème d'un scénario »* A. DELPUECH. ▪ **4** (1690) ASTROL. *Thème astral, généthliaque*, de nativité* :* représentation symbolique de l'état du ciel au moment de la naissance de qqn, permettant d'établir son horoscope. ▪ **5** (1842) LING. Dans certaines langues à flexion, Partie du mot composée de la racine, élargie parfois d'un élément thématique*, à laquelle on ajoute les désinences. ➤ **radical.** *Thèmes nominaux, verbaux. Mots latins à thème en* -i (civis), *en* -u (manus).

THÉNAR [tenaʀ] n. m. – *tenar* XVIe ◊ grec *thenar* « paume » ▪ ANAT. *Thénar,* ou EN APPOS. *éminence thénar :* saillie formée sur la paume de la main par les muscles courts du pouce. ➤ **hypothénar.**

THÉO- ▪ Élément, du grec *theos* « dieu ».

THÉOBROMINE [teɔbʀɔmin] n. f. – 1843 ◊ de *théobroma* (1765) « mets des dieux », nom sc. du cacaoyer, du grec *theos* « dieu » et *brôma* « nourriture » ▪ BIOCHIM. Alcaloïde principal du cacao, qui se trouve également dans le thé, le café, la noix de cola. *La* *théobromine est un diurétique, un cardiotonique et un vasodilatateur des artères coronaires.*

THÉOCRATIE [teɔkʀasi] **n. f.** – 1679 ◇ grec *theocratia* ■ DIDACT. Mode de gouvernement dans lequel l'autorité, censée émaner directement de la Divinité, est exercée par une caste sacerdotale ou par un souverain considéré comme le représentant de Dieu sur la terre (parfois même comme un dieu incarné). *« Dans la haute antiquité, la force était dans la théocratie ; le prêtre tenait le glaive et l'encensoir »* BALZAC. ◆ PAR EXT. Régime où l'Église, les prêtres jouent un rôle politique important.

THÉOCRATIQUE [teɔkʀatik] **adj.** – 1701 ◇ de *théocratie* ■ DIDACT. Relatif à la théocratie, qui est de la nature de la théocratie. *« Le royaume de Neustrie était réellement une république théocratique »* MICHELET.

THÉODICÉE [teɔdise] **n. f.** – 1710, Leibniz ◇ de *théo-* et grec *dikê* « justice » ■ DIDACT. ■ **1** Justification de la bonté de Dieu par la réfutation des arguments tirés de l'existence du mal. *« La théologie dégénérant en théodicée comme si elle avait à justifier, à disculper Dieu des désordres de l'histoire »* GARAUDY. ■ **2** (1839) VX L'une des quatre parties (avec la psychologie, la morale et la logique) de la philosophie telle qu'on l'enseignait dans les lycées et les collèges. — Théologie naturelle (ou rationnelle). ➤ aussi 1 **métaphysique.**

THÉODOLITE [teɔdɔlit] **n. m.** – 1704 « instrument d'arpentage » ◇ latin scientifique *theodolitus* (1571) ; origine inconnue ■ SC. Appareil, instrument de visée muni d'une lunette, qui sert en géodésie à mesurer les angles horizontaux (➤ **azimut**) et verticaux (➤ **site**), à lever les plans. *En météorologie, le théodolite sert à observer le mouvement d'un ballon-sonde.*

THÉOGONIE [teɔgɔni] **n. f.** – 1556 ◇ grec *theogonia* ■ DIDACT. Dans les religions polythéistes, Système, récit qui explique la naissance des dieux et présente leur généalogie. ➤ **mythologie.** *« théogonies phéniciennes, persanes, syriennes, indiennes, égyptiennes »* VOLTAIRE.

THÉOGONIQUE [teɔgɔnik] **adj.** – 1839 ◇ de *théogonie* ■ DIDACT. Relatif à une théogonie, qui constitue une théogonie. *Système théogonique.*

THÉOLOGAL, ALE, AUX [teɔlɔgal, o] **adj.** et **n. m.** – 1375 ◇ de *théologie* ■ **1** RELIG. CATHOL. *Vertus théologales* : vertus qui ont Dieu lui-même pour objet et qui sont les plus importantes pour le salut. *Les trois vertus théologales sont la foi, l'espérance et la charité.* ■ **2** **n. m.** Chanoine du chapitre d'une cathédrale chargé d'enseigner la théologie. *Des théologaux.*

THÉOLOGIE [teɔlɔʒi] **n. f.** – XIIIe ◇ latin chrétien *theologia*, mot grec ; cf. *théo-* et *-logie* ■ **1** Étude des questions religieuses fondée principalement sur les textes sacrés, les dogmes et la tradition (➤ **révélation**). *Théologie catholique, protestante, juive, musulmane. Théologie scolastique* ou *spéculative* : systématisation rationnelle des données fournies par la *théologie positive* (connaissance des dogmes d'après l'Écriture sainte, les Pères de l'Église). *Théologie dogmatique* ou *morale.* ➤ aussi **casuistique.** *« Si le christianisme est chose révélée, l'occupation capitale du chrétien n'est-elle pas l'étude de cette révélation même, c'est-à-dire la théologie ? »* RENAN. — *Théologie polémique.* ➤ **apologétique.** *Importance de la théologie au Moyen Âge.* ➤ **scolastique.** *École, faculté, professeur, études de théologie.* ■ **2** (Avec un déterm.) Doctrine de l'Église, étude théologique portant sur un point déterminé de dogme, de morale, etc. *La théologie sacramentaire.*

THÉOLOGIEN, IENNE [teɔlɔʒjɛ̃, jɛn] **n.** – 1280 ◇ de *théologie* ■ Spécialiste de théologie. ➤ **docteur ; casuiste.** *« Théologiens, physiciens, métaphysiciens [...] ont écrit à ce propos un grand nombre de thèses »* AYMÉ.

THÉOLOGIQUE [teɔlɔʒik] **adj.** – 1375 ◇ latin tardif *theologicus*, d'origine grecque ■ De théologie, relatif à la théologie. *Études, querelles théologiques. Preuves théologiques de l'existence de Dieu.* ◆ PHILOS. (chez Comte) *État théologique* ou *fictif* : état le plus primitif du développement de l'esprit humain, dans lequel « il se représente les phénomènes comme produits par l'action directe et continue d'agents surnaturels » (Comte). *Étapes de l'état théologique* : fétichisme, polythéisme, monothéisme.

THÉOPHILANTHROPE [teofilɑ̃tʀɔp] **n.** – v. 1796 ; formation abusive pour « ami de Dieu et des hommes » ◇ de *théo-*, *-phile* et *-anthrope* ■ HIST. Adepte d'un système philosophique et religieux d'inspiration déiste qui fut à la mode entre 1796 et 1801 et s'opposa au catholicisme. *« Lui, il était plutôt théophilanthrope [...] il était contre les figurations de la divinité »* ARAGON. — **n. f. THÉOPHILANTHROPIE.**

THÉOPHYLLINE [teofilin] **n. f.** – 1889 ◇ de *thé* et grec *phullon* « feuille » ■ BIOCHIM. Principal alcaloïde des feuilles de thé, obtenu également par synthèse. *La théophylline est un diurétique, un vasodilatateur des coronaires et un dilatateur des bronches.*

THÉORBE ➤ **TÉORBE**

THÉORÉMATIQUE [teɔʀematik] **adj.** – 1901 ◇ grec *theôrêmatikos* ■ DIDACT. Qui a le caractère d'un théorème. *Sciences théorématiques,* énonçant des rapports, des lois (opposé à *sciences historiques, normatives*).

THÉORÈME [teɔʀɛm] **n. m.** – 1539 ◇ latin *theorema*, mot grec « objet d'étude, principe », de *theôrein* → théorie ■ Proposition démontrable qui résulte d'autres propositions déjà posées (opposé à *définition, axiome, postulat, principe*). *Démontrer un théorème.* ➤ **démonstration.** *Théorème de géométrie, de mathématique. Le théorème de Pythagore.* — *« Tout ce qui précédait n'avait été dit que pour en venir là ; c'était comme une espèce de théorème : C. Q. F. D. »* LARBAUD.

THÉORÉTIQUE [teɔʀetik] **adj.** et **n. f.** – 1607 ◇ latin *theoreticus* ■ DIDACT. ■ **1** HIST. PHILOS. (Aristote) Qui vise à la connaissance et non à l'action. ➤ **théorique ; spéculatif.** ◆ SPÉCIALT Qui a pour objet la théorie. *Doctrine théorétique.* ■ **2** **n. f.** Étude de la connaissance qui « voit l'absolu dans la connaissance » (G. Berger)et renonce aux considérations ontologiques.

THÉORICIEN, IENNE [teɔʀisjɛ̃, jɛn] **n.** – 1550, rare avant XIXe ◇ de *théorie* ■ **1** Personne qui connaît la théorie, les principes d'un art, d'une science. *« l'expérimentateur doit être à la fois théoricien et praticien »* C. BERNARD. ■ **2** (1901) Personne qui élabore, professe, défend une théorie sur un sujet. *« Pisarev, théoricien du nihilisme russe »* CAMUS. ■ **3** (Sans compl.) Personne qui, dans un domaine déterminé, se préoccupe surtout de connaissance abstraite et spéculative, souvent organisée en système, et non de la pratique, des applications. *Théoriciens et techniciens. « Ce n'était pas* [Solon] *un de ces théoriciens qui ont rêvé dans le silence du cabinet la transformation du monde, mais un homme d'expérience et de pratique »* FUSTEL DE COULANGES.

THÉORIE [teɔʀi] **n. f.** – 1496 ; « science de la contemplation » 1380 ; rare avant XVIIe ◇ latin ecclésiastique *theoria*, mot grec « observation, contemplation », de *theôrein* « observer »

I ■ **1** Ensemble d'idées, de concepts abstraits, plus ou moins organisés, appliqué à un domaine particulier. ➤ **spéculation ; conception, doctrine, opinion, système, thèse.** *Bâtir une théorie. Théories artistiques. Les théories politiques. La théorie du complot*. « Si une théorie me convainquait [...] elle changeait mon rapport au monde, elle colorait mon expérience »* BEAUVOIR. *« Une œuvre où il y a des théories est comme un objet sur lequel on laisse la marque du prix »* PROUST. *« Dans les arts, les théories ne valent pas grand-chose »* VALÉRY. *Mettre une théorie en application. D'après, selon telle théorie...* ◆ ABSOLT **LA THÉORIE** (opposé à *la pratique*). *« Le savant complet est celui qui embrasse à la fois la théorie et la pratique expérimentale »* C. BERNARD. — **EN THÉORIE :** en envisageant la question d'une manière abstraite, spéculative (cf. En principe ; sur le papier ; dans l'abstrait), PAR EXT. et PÉJ. d'une manière irréalisable, inapplicable. *C'est très beau en théorie, mais en fait il en est autrement.* ■ **2** SC. Construction intellectuelle méthodique et organisée, de caractère hypothétique (au moins en certaines de ses parties) et synthétique. ➤ **hypothèse, système.** *Principes et lois d'une théorie. Théorie des ensembles*. Théorie de la relativité*. Théorie des quanta*. Théorie de l'information* (➤ **informatique**). *« La théorie n'est que l'idée scientifique contrôlée par l'expérience »* C. BERNARD. — Éléments de connaissance organisés en système (dans un but didactique). *La théorie musicale. « En solfège, je ne mordais qu'à la théorie ; je chantais faux et ratais lamentablement mes dictées musicales »* BEAUVOIR. ◆ (1636) MILIT. Les principes de la manœuvre. *Cours de théorie.*

II (1788 ◇ grec *theôria* « procession ») ■ **1** ANTIQ. Députation envoyée par une ville à une fête solennelle, à un grand temple. Procession solennelle. ■ **2** PAR EXT. (1859) LITTÉR. Groupe de personnes qui s'avancent les unes derrière les autres. ➤ **cortège, défilé, procession.** *« Des théories de femmes se rendaient aux lieux où leurs proches se trouvaient enterrés »* CAMUS. — Suite, file (de choses). *« Notre théorie de camions réquisitionnés s'ébranlait »* GUTH.

THÉORIQUE [teɔʀik] **adj.** – 1380 ; *theorike* n. f. 1256 ◊ latin *theoricus*, grec *theôrikos* ■ **1** Qui consiste en connaissance abstraite, théories (I, 1°), spéculations. ➤ **spéculatif.** *Cours, enseignement théorique. Physique théorique et physique appliquée. Jugement théorique et jugement pratique. La raison théorique et la raison pratique* (chez Kant). ■ **2** (1901) **(Souvent péj.)** Qui est conçu, considéré, défini, étudié d'une manière abstraite et souvent incorrecte **(opposé à *expérimental, réel, vécu*).** « *Une égalité théorique recouvre de grandes inégalités de fait* » CAMUS. *Une décision toute théorique,* irréalisable, sans rapport avec la réalité. ♦ PHYS. *Rendement théorique d'une machine.* ➤ 1 **idéal.** ■ CONTR. 2 Pratique ; clinique, empirique, expérimental ; agissant, 1 efficace, réel.

THÉORIQUEMENT [teɔʀikmɑ̃] **adv.** – 1557, répandu XIXe ◊ de *théorique* ■ **1** Par la théorie, la spéculation abstraite. *Justifier théoriquement une œuvre,* par une théorie. — SC. En théorie ; envisagé par la théorie. ■ **2** (1936) D'après une conception, une décision abstraite, générale, qui ne tient pas compte de la réalité (cf. En principe ; sur le papier). « *cet idéal internationaliste auquel on adhère théoriquement* » MARTIN DU GARD. — Selon ce qui est prévu, attendu. *Théoriquement, on devrait arriver vers midi* (➤ **normalement**). ■ CONTR. Pratiquement.

THÉORISER [teɔʀize] **v.** ⟨1⟩ – 1823 ◊ de *théorie* ■ DIDACT. ■ **1 v. intr.** Émettre, présenter une théorie. *Théoriser sur un problème.* ■ **2 v. tr.** (1902) Mettre en théorie. *Théoriser une opinion (politique, scientifique, philosophique,* etc.). — **n. f. THÉORISATION,** 1891.

THÉOSOPHE [teɔzɔf] **n.** – 1765 ◊ grec *theosophos* « qui connaît les choses divines » ■ DIDACT. Adepte de la théosophie. *Swedenborg, théosophe célèbre. Une théosophe.*

THÉOSOPHIE [teɔzɔfi] **n. f.** – 1710 ◊ grec *theosophia* ■ DIDACT. Doctrine imprégnée de magie et de mysticisme, qui vise à la connaissance de Dieu par l'approfondissement de la vie intérieure et à l'action sur l'univers par des moyens surnaturels. ➤ **cabale, gnose, magie, occultisme, spiritisme.** « *La Théosophie, qui attend et reçoit communication d'une lumière immédiate* » VALÉRY.

THÈQUE [tɛk] **n. f.** – 1923 ; bot. 1834 ◊ du grec *thêkê* « loge » ■ BIOL. Enveloppe, gaine. *Thèque cellulosique d'algues unicellulaires. Thèque du follicule ovarien* (➤ aussi **oothèque**). ■ HOM. Tec, teck.

-THÈQUE ■ Élément, du grec *thêkê* « loge, réceptacle, armoire » : *bibliothèque, cinémathèque, discothèque, phonothèque, sonothèque.*

THÉRAPEUTE [teʀapøt] **n.** – 1732 ; « qui sert Dieu » 1704 ◊ grec *therapeutês*, de *thêrapeuein* « soigner » ■ **1** ANTIQ. Ascète juif de l'Antiquité qui vivait en communauté non loin d'Alexandrie. ■ **2** (1877) DIDACT. Personne qui soigne les malades (➤ **thérapeutique ; guérisseur, médecin**). « *Le thérapeute des salons, l'exorciste délicat des petites névroses distinguées* » BLOY. — SPÉCIALT Psychothérapeute*.

THÉRAPEUTIQUE [teʀapøtik] **adj.** et **n. f.** – v. 1379 n. ◊ grec *therapeutikos* → thérapeute ■ **1** (v. 1500) Qui concerne l'ensemble des actions et pratiques destinées à guérir, à traiter les maladies ; apte à guérir. ➤ **curatif, médical, médicinal.** « *l'action thérapeutique sur l'organisme des agents anormaux ou médicaments* » C. BERNARD. *Vertus thérapeutiques d'une eau minérale. Procédés* (➤ **remède**), *substances thérapeutiques* (➤ **médicament**). *Clonage* thérapeutique. Avortement* thérapeutique. Acharnement*, aléa* thérapeutique.* ■ **2 n. f.** Partie de la médecine qui étudie et met en application les moyens propres à guérir et à soulager les malades. ➤ **médecine ; chirurgie, médication, soin, traitement ; allopathie, homéopathie ; -thérapie.** « *en la mer, on découvrirait toute une thérapeutique* » MICHELET. — PAR ANAL. *Thérapeutique des animaux* (➤ **vétérinaire**), *des chevaux* (➤ **hippiatrie**). ♦ SPÉCIALT Ensemble de procédés concernant un traitement déterminé. ➤ **thérapie.** *Une thérapeutique nouvelle.*

THÉRAPIE [teʀapi] **n. f.** – 1669, repris 1866 ◊ allemand *Therapie* ; grec *therapeia* « soin, cure » ■ DIDACT. Thérapeutique* (2°). *Thérapie génique*.* ➤ **génothérapie.** *Thérapie cellulaire :* technique médicale consistant à utiliser des cellules souches provenant du patient à traiter (ou éventuellement d'un donneur) pour réparer un tissu défaillant ou corriger un défaut génétique. ♦ PSYCHIATR. *Thérapie comportementale :* méthode de conditionnement et de déconditionnement utilisée dans le traitement de certaines névroses ou troubles du comportement. « *Les thérapies comportementales [...] considèrent les symptômes psychiatriques comme des conditionnements erronés* » É. ZARIFIAN. *Thérapie psychanalytique.* ➤ **analyse, psychanalyse ; psychothérapie.** *Thérapie familiale, de groupe* (➤ **gestalt-thérapie, psychodrame, sociodrame**). *Thérapie cognitive,* visant à faire évoluer un jugement erroné du patient sur lui-même ou sa propre situation.

-THÉRAPIE ■ Élément, du grec *therapeia* « soin, cure » : *électrothérapie, héliothérapie, psychothérapie.*

THÉRIAQUE [teʀjak] **n. f.** – 1478 ; *tiriaque* XIIe ◊ latin des médecins *theriace* ; grec *thêriakê*, de *thêrion* « bête sauvage » ; ancien français *triacle* ■ MÉD. ANC. Électuaire contenant de nombreux principes actifs (dont l'opium), qui était employé contre la morsure des serpents. « *Ma langue est une vipère qui porte le venin et la thériaque tout ensemble* » CYRANO.

THÉRIDION [teʀidjɔ̃] ou **THERIDIUM** [teʀidjɔm] **n. m.** – 1810 ◊ grec *thêridion*, diminutif de *thêrion* « bête sauvage » ■ ZOOL. Petite araignée aux couleurs vives qui construit une toile irrégulière.

THÉRIENS [teʀjɛ̃] **n. m. pl.** – milieu XXe ◊ du grec *thêrion* « bête sauvage » ■ ZOOL. Sous-classe de mammifères évolués qui portent leurs petits en développement, ne pondent pas d'œufs. ■ HOM. Terrien.

THERMAL, ALE, AUX [tɛʀmal, o] **adj.** – 1625 ◊ de *thermes* ■ **1** Qui a une température élevée à la source et des propriétés thérapeutiques (➤ **thermes**). *Eaux thermales chargées de principes minéralisateurs.* ➤ **minéral.** *Émanations thermales :* sources, geysers, salses, solfatares. — *Source thermale.* ■ **2** PAR EXT. Où l'on utilise les eaux médicinales (eaux minérales chaudes ou non). *Établissement thermal.* ➤ **hydrominéral ; thermes.** *Station thermale,* où l'on vient prendre les eaux thermales. *Cure thermale.*

THERMALISME [tɛʀmalism] **n. m.** – 1845 ◊ de *thermal* ■ DIDACT. Science de l'utilisation et de l'exploitation des eaux minérales. ♦ PAR EXT. Tout ce qui concerne l'organisation, l'aménagement et l'exploitation des stations thermales. — **adj. THERMALISTE.** *Médecin thermaliste.*

THERMALITÉ [tɛʀmalite] **n. f.** – 1834 ◊ de *thermal* ■ DIDACT. Propriété d'une eau naturelle qui sort de la source à une température relativement élevée (plus de 20-25 °C).

-THERME, -THERMIE, -THERMIQUE ■ Éléments, du grec *thermos* « chaud » ou *thermainein* « chauffer » (➤ **therm(o)-**) : *isotherme, diathermie, endothermique.*

THERMES [tɛʀm] **n. m. pl.** – 1213 ◊ latin *thermæ* « bains chauds » ; grec *therma* ■ **1** ANCIENNT ou ARCHIT. Établissement de bains publics de l'Antiquité. ➤ **bain.** *Hypocauste des thermes.* « *Puis, c'était aussi, plus loin, à l'horizon, une autre ruine cyclopéenne, les thermes de Caracalla* » ZOLA. ■ **2** MOD. Établissement thermal. ■ HOM. Terme.

THERMICIEN, IENNE [tɛʀmisjɛ̃, jɛn] **n.** – 1964 ◊ de *thermique* ■ Spécialiste de l'énergie thermique. ➤ **énergéticien.**

THERMICITÉ [tɛʀmisite] **n. f.** – v. 1950 ◊ de *thermique* ■ PHYS. Le fait d'avoir un effet thermique.

THERMIDOR [tɛʀmidɔʀ] **n. m.** – 1793 ◊ du grec *thermon* « chaleur estivale » et *dôron* « présent », le *i* d'après *fructidor* ■ Onzième mois du calendrier républicain (19 juillet-18 août). HIST. *Le 9 thermidor* (an II ; 27 juillet 1794) et ELLIPT *thermidor :* journée de la chute et de l'arrestation de Robespierre. ♦ APPOS. INV. *Style thermidor :* style à l'antique, à la mode après thermidor et jusqu'au Directoire. — CUIS. *Homard thermidor,* accompagné d'une sauce et gratiné au four. *Des homards thermidor.*

THERMIDORIEN, IENNE [tɛʀmidɔʀjɛ̃, jɛn] **adj.** et **n.** – 1794 ◊ de *thermidor* ■ HIST. ■ **1** Relatif à la coalition qui renversa Robespierre le 9 thermidor. *Le parti thermidorien.* — *Période thermidorienne de la Révolution,* du 9 thermidor à la fin de la Convention. ■ **2 n.** *Les thermidoriens :* les coalisés, députés faisant partie de la coalition de thermidor.

THERMIE [tɛʀmi] **n. f.** – 1920 ◊ de *therm(o)-*, d'après *calorie* ■ MÉTROL. Ancienne unité de mesure de quantité de chaleur du système M. T. S. (SYMB. th), égale à 4,185. 10^6 joules.

-THERMIE, -THERMIQUE ➤ **-THERME**

THERMIQUE [tɛʀmik] **adj.** – 1847 ◊ du grec *thermos* « chaud » ■ **1** PHYS. Relatif à la forme d'énergie appelée chaleur, qui se traduit par des sensations spécifiques chez l'être humain (➤ **chaud,** 2 **froid**), par des phénomènes physiques, et à laquelle correspond la température. *Effet thermique :*

échange d'énergie thermique par conduction, convection ou rayonnement. ➤ **calorifique.** *Interaction thermique entre un système et un thermostat. Équilibre thermique. Conductibilité thermique.* — *Science thermique* ou **n. f.** *la thermique.* ➤ **thermodynamique.** — ÉLECTR. *Bruit thermique,* résultant de l'agitation des électrons provoquée par l'effet thermique. ♦ TECHN. *Isolation thermique. Barrière* thermique, bouclier* thermique. Captation thermique. Analyse thermique :* enregistrement continu des variations de température d'un système, en fonction du temps. ▪ **2** COUR. *Moteur thermique,* qui transforme l'énergie thermique en énergie mécanique (machine à vapeur, moteur à explosion, à réaction). *Propulsion thermique.* ➤ **thermopropulsion.** *Voiture thermique* (opposé à *électrique*). *Centrale thermique,* fonctionnant au gaz, au charbon ou au fioul. *Pollution thermique,* résultant de la décharge d'air ou de liquide chauffés dans les lacs ou les rivières, à l'origine d'une élévation de la température de l'eau et du déséquilibre de la balance écologique. — INFORM. *Imprimante thermique,* utilisant un papier thermosensible. *Papier thermique.* — MÉTROL. (appareils de mesure) Dont l'indication est liée à une dissipation de chaleur. *Voltmètre thermique.* — BIOL. *Choc thermique :* brusque élévation de température. — adv. **THERMIQUEMENT.**

THERMISATION [tɛʀmizasjɔ̃] n. f. – v. 1960 ◊ de *thermique* ▪ TECHN. Traitement thermique doux que l'on fait subir au lait de fromagerie pour en réduire la flore microbienne.

THERMISTANCE [tɛʀmistɑ̃s] n. f. – 1964 ◊ de *therm(o)-* et *(rés)istance* ▪ PHYS. Dipôle semi-conducteur dont la résistance varie selon la température.

THERMITE [tɛʀmit] n. f. – 1903 ◊ du grec *thermê* «chaleur» ▪ TECHN. Mélange pulvérisé d'aluminium et d'oxyde ferrique utilisé en aluminothermie. ▪ HOM. Termite.

THERM(O)- ▪ Élément, du grec *thermos* «chaud», ou *thermon* «chaleur». ➤ **-therme.**

THERMOACIDOPHILE [tɛʀmoasidɔfil] adj. et n. m. – milieu XXe ◊ de *thermo-* et *acidophile* ▪ BACTÉRIOL., ÉCOL. Se dit d'une archéobactérie qui croît à température élevée (55 à 85 °C) et en milieu très acide. — n. m. *Les thermoacidophiles forment un groupe hétérogène.*

THERMOCAUTÈRE [tɛʀmɔkotɛʀ ; tɛʀmokotɛʀ] n. m. – 1833 ◊ de *thermo-* et *cautère* ▪ MÉD., CHIR. Instrument formé d'une tige creuse en platine maintenue incandescente par un courant d'air carburé et utilisé pour cautériser.

THERMOCHIMIE [tɛʀmoʃimi] n. f. – 1835 ◊ de *thermo-* et *chimie* ▪ SC. Étude et mesure des échanges thermiques qui accompagnent les réactions chimiques. — adj. **THERMOCHIMIQUE,** 1876.

THERMOCLINE [tɛʀmoklin] n. f. – 1891 ◊ de *thermo-* et grec *klinein* «incliner» ▪ GÉOPHYS. Couche d'eau marine à fort gradient vertical de température, entre l'eau chaude de surface et l'eau froide des fonds.

THERMOCOLLANT, ANTE [tɛʀmokɔlɑ̃, ɑ̃t] adj. – 1974 ◊ de *thermo-* et *collant* ▪ Que la chaleur rend adhésif. *Galon thermocollant pour fixer l'ourlet d'un pantalon.*

THERMOCOUPLE [tɛʀmokupl] n. m. – 1895 ◊ de *thermo-* et *couple* ▪ PHYS. Couple thermoélectrique*, capteur qui permet la mesure des températures.

THERMODURCISSABLE [tɛʀmodyʀsisabl] adj. – 1945 ◊ de *thermo-* et *durcissable* ▪ TECHN. Se dit des matières plastiques auxquelles un échauffement prolongé fait perdre leur plasticité (ex. bakélite). — SUBST. *Un thermodurcissable.*

THERMODYNAMICIEN, IENNE [tɛʀmodinamisjɛ̃, jɛn] n. – avant 1887 ; *thermodynamiste* avant 1883 ◊ de *thermodynamique* ▪ SC. Spécialiste de la thermodynamique. ➤ **énergéticien.**

THERMODYNAMIQUE [tɛʀmodinamik] n. f. et adj. – 1861 ◊ de *thermo-* et *dynamique,* d'après l'anglais *thermodynamics* (v. 1850) ▪ SC. Branche de la physique qui étudie tous les phénomènes dans lesquels interviennent les échanges thermiques. *Principes de (la) thermodynamique* (➤ **énergie** [interne], **enthalpie, entropie**). — adj. *Équilibre thermodynamique d'un système.*

THERMOÉLECTRICITÉ [tɛʀmoelɛktʀisite] n. f. – 1798 ◊ de *thermo-* et *électricité* ▪ SC. ▪ **1** Étude des relations entre les phénomènes thermiques et électriques. ▪ **2** Électricité produite à partir d'énergie thermique.

THERMOÉLECTRIQUE [tɛʀmoelɛktʀik] adj. – 1795 ◊ de *thermo-* et *électrique* ▪ Relatif à la thermoélectricité. *Effet thermoélectrique :* phénomène réciproque de transformation d'énergie thermique en énergie électrique. *Couple thermoélectrique.* ➤ **thermocouple.** *Pile thermoélectrique* (ou *thermopile* n. f.), composée de deux rangées de soudures entre des éléments différents et produisant un courant lorsque l'une de ces rangées reçoit un rayonnement électromagnétique.

THERMOÉLECTRONIQUE [tɛʀmoelɛktʀɔnik] adj. – 1919 ◊ de *thermo-* et *électronique* ▪ PHYS. *Effet thermoélectronique :* émission d'électrons par les métaux incandescents. ➤ **thermoïonique.**

THERMOFORMAGE [tɛʀmofɔʀmaʒ] n. m. – 1973 ◊ de *thermo-* et *formage* ▪ TECHN. Technique permettant la réalisation de formes d'un matériau par chauffage.

THERMOGÈNE [tɛʀmɔʒɛn] adj. – 1798 ◊ de *thermo-* et *-gène* ▪ PHYS. Qui produit la chaleur. — *Ouate thermogène :* coton rubéfiant dont le principe est une teinture de poivre d'Espagne.

THERMOGENÈSE [tɛʀmɔʒənɛz] n. f. – 1849 ◊ de *thermo-* et *-genèse* ▪ PHYSIOL. Production de la chaleur physiologique (cf. Chaleur* animale).

THERMOGÉNIE [tɛʀmɔʒeni] n. f. – 1877 ◊ de *thermo-* et *-génie* ▪ PHYS. Ensemble des techniques ayant pour objet la production d'énergie calorifique. — adj. **THERMOGÉNIQUE.**

THERMOGRAPHE [tɛʀmɔgʀaf] n. m. – 1789 ◊ de *thermo-* et *-graphe* ▪ SC., TECHN. Thermomètre enregistreur, appareil qui inscrit les variations de température.

THERMOGRAPHIE [tɛʀmɔgʀafi] n. f. – 1835 ◊ de *thermographe* ▪ Technique d'enregistrement graphique des températures des divers points d'un corps par détection du rayonnement infrarouge qu'il émet. *Utilisation de la thermographie dans la détection des déperditions de chaleur.*

THERMOGRAVIMÉTRIE [tɛʀmogʀavimetʀi] n. f. – 1951 ◊ de *thermo-* et *gravimétrie* ▪ PHYS. Technique consistant à enregistrer les variations de masse d'un échantillon (solide ou liquide) en fonction de la température et du temps. — adj. **THERMOGRAVIMÉTRIQUE.**

THERMOÏONIQUE [tɛʀmojɔnik] adj. – 1913 ◊ de *thermo-* et 2 *ionique* ▪ PHYS. ➤ **thermoélectronique.** — On écrit aussi *thermo-ionique.*

THERMOLABILE [tɛʀmolabil] adj. – 1901 ◊ de *thermo-* et *labile* ▪ SC. Qui peut subir des modifications ou qui perd de ses propriétés lors d'une élévation de température. *Protéines thermolabiles.* ▪ CONTR. Thermostable.

THERMOLUMINESCENCE [tɛʀmolyminesɑ̃s] n. f. – 1897 ◊ de *thermo-* et *luminescence* ▪ SC. Luminescence provoquée par l'élévation de la température d'une substance préalablement excitée par irradiation. *Datation par thermoluminescence* (ou *datation TL*) *d'objets préhistoriques.*

THERMOLYSE [tɛʀmɔliz] n. f. – 1903 ◊ de *thermo-* et *-lyse* ▪ **1** CHIM. Décomposition d'un corps par la chaleur. ➤ **pyrolyse.** ▪ **2** PHYSIOL. Déperdition de chaleur par l'organisme, faisant partie du mécanisme normal de thermorégulation*.

THERMOMAGNÉTIQUE [tɛʀmomaɲetik] adj. – 1834 ◊ de *thermo-* et *magnétique* ▪ PHYS. Qui concerne le magnétisme lié à la température. *Effet thermomagnétique.* — n. m. **THERMOMAGNÉTISME** (1842).

THERMOMÉCANIQUE [tɛʀmomekanik] adj. – 1862 ◊ de *thermo-* et *mécanique* ▪ PHYS. Où interviennent simultanément des phénomènes mécaniques et thermiques. *Effet thermomécanique. Céramiques thermomécaniques.*

THERMOMÈTRE [tɛʀmɔmɛtʀ] n. m. – 1624 ◊ de *thermo-* et *-mètre* ▪ **1** Instrument destiné à la mesure des températures, généralement grâce à la dilatation d'un liquide (mercure, alcool, toluène, pentane) ou d'un gaz (hélium, hydrogène, azote) contenu dans un réservoir que l'on plonge dans le milieu dont on désire connaître la température. *Thermomètre à mercure, à alcool, à gaz, à résistance de platine. Thermomètre thermoélectrique.* ➤ aussi **pyromètre.** *Thermomètre gradué en degrés Celsius, Fahrenheit. Thermomètre différentiel.* (1830) *Thermomètre à maximum et minimum,* où les températures extrêmes restent indiquées. — *Thermomètre médical,* destiné à indiquer la température interne du corps. *«Enfin, au grand scandale de M. le curé, ils avaient pris la mode nouvelle d'introduire des thermomètres dans les derrières»* FLAUBERT. LOC.

FIG. *Casser le thermomètre :* nier un problème que l'on ne sait pas résoudre. ♦ PAR EXT. La colonne de liquide. *Le thermomètre monte, descend.* ■ **2** FIG. (1687) Indice qui permet de déterminer, d'évaluer (qqch.). ➤ **baromètre.** *« La table est le plus sûr thermomètre de la fortune dans les ménages parisiens »* BALZAC

THERMOMÉTRIE [tɛʀmɔmetʀi] **n. f.** – 1781 ◊ de *thermomètre* ■ SC. Mesure des températures au moyen de points fixes (ébullition, fusion, solidification de certaines substances dans des conditions déterminées) ; constitution d'une échelle internationale et d'une échelle thermodynamique des températures.

THERMOMÉTRIQUE [tɛʀmɔmetʀik] **adj.** – 1754 ◊ de *thermométrie* ■ Relatif au thermomètre, à la température. *Échelle thermométrique.*

THERMONUCLÉAIRE [tɛʀmonykleɛʀ] **adj.** – 1945 ◊ de *thermo-* et *nucléaire* ■ PHYS. NUCL. Relatif à la réaction de fusion de deux noyaux d'atomes légers. *Fusion thermonucléaire :* réaction entre deux noyaux légers, produisant un noyau plus lourd et dégageant une grande quantité d'énergie. *Énergie thermonucléaire. Bombe* thermonucléaire.*

THERMOPHILE [tɛʀmɔfil] **adj. et n. m.** – 1845 ; 1834 bot. ◊ de *thermo-* et *-phile* ■ BIOL., ÉCOL. Se dit des organismes qui vivent dans des conditions optimales à des températures élevées (supérieures à 55 °C). — **n. m.** *Des thermophiles.*

THERMOPLASTIQUE [tɛʀmoplastik] **adj.** – 1892 ◊ de *thermo-* et *plastique* ■ TECHN. Se dit d'une matière malléable à la chaleur. — SUBST. *Un thermoplastique* (ou *thermoplaste*).

THERMOPLONGEUR [tɛʀmoplɔ̃ʒœʀ] **n. m.** – 1926 ◊ de *thermo-* et *plongeur* ■ Petit appareil portatif constitué d'une résistance électrique, que l'on plonge dans de l'eau pour la faire chauffer.

THERMOPOMPE [tɛʀmopɔ̃p] **n. f.** – 1875 ◊ de *thermo-* et *pompe* ■ TECHN. Pompe* à chaleur.

THERMOPROPULSION [tɛʀmopʀɔpylsjɔ̃] **n. f.** – 1949 ◊ de *thermo-* et *propulsion* ■ SC. Propulsion d'un mobile obtenue directement par l'énergie thermique d'une combustion, sans transformation en travail mécanique par un moteur. ➤ **statoréacteur, tuyère.** *Qui assure la thermopropulsion* (*thermopropulsif, ive* **adj.**). — **adj. THERMOPROPULSÉ, ÉE** (1938).

THERMORÉCEPTEUR [tɛʀmoʀesɛptœʀ] **n. m.** – 1904 ◊ de *thermo-* et 1 *récepteur*, probablt d'après l'anglais *thermoreceptor* ■ BIOL. Récepteur sensoriel (neurone sensitif) impliqué dans la perception des variations de température du corps (➤ **thermorégulation**).

THERMORÉGULATEUR, TRICE [tɛʀmoʀegylatœʀ, tʀis] **n. m. et adj.** – 1851 ◊ de *thermo-* et *régulateur* ■ **1** Appareil permettant de régler la chaleur dans les fourneaux sécheurs, et dans divers autres appareils. ■ **2 adj.** (1885) SC. Qui concerne la thermorégulation. *L'hypothalamus, centre thermorégulateur de l'organisme.*

THERMORÉGULATION [tɛʀmoʀegylasjɔ̃] **n. f.** – 1894 ◊ de *thermo-* et *régulation* ■ PHYSIOL. Processus de régulation par lequel la température interne du corps des animaux homéothermes (mammifères et oiseaux) se maintient constante. ➤ **thermogénèse, thermolyse, thermorécepteur.**

THERMORÉSISTANT, ANTE [tɛʀmoʀezistɑ̃, ɑ̃t] **adj.** – 1924 ◊ de *thermo-* et *résistant* ■ **1** TECHN. Se dit d'une matière plastique qui, après avoir été soumise à la chaleur ou à la pression, ne se déforme plus sous l'action de la chaleur. ■ **2** BIOL. Se dit d'un organisme qui résiste à des températures élevées.

THERMOS [tɛʀmos] **n. m. ou f.** – 1907 ◊ marque déposée, mot grec « chaud » ■ Récipient isolant à double paroi de verre séparée par un vide, qui maintient durant quelques heures la température du liquide qu'il contient. *Mettre du café dans un thermos. Des thermos.* PAR APPOS. *Bouteille thermos.*

THERMOSENSIBLE [tɛʀmosɑ̃sibl] **adj.** – 1939 ◊ de *thermo-* et *sensible* ■ Sensible à une élévation de température, dont les propriétés peuvent varier sous l'effet de la chaleur. *Papier thermosensible. Organismes thermosensibles. Mutant* thermosensible.*

THERMOSIPHON [tɛʀmosifɔ̃] **n. m.** – 1845 ◊ de *thermo-* et *siphon* ■ TECHN. Mode de circulation naturelle de l'eau chaude dans une installation de chauffage.

THERMOSPHÈRE [tɛʀmɔsfɛʀ] **n. f.** – 1951 ; « aérostat thermique » 1893 ◊ de *thermo-* et *sphère* ■ PHYS. Couche de l'atmosphère située au-dessus de la mésosphère, caractérisée par une augmentation continue de la température avec l'altitude.

THERMOSTABLE [tɛʀmostabl] **adj.** – 1914 ; *thermostabile* 1901 ◊ de *thermo-* et *stable* ■ SC. Qui garde ses propriétés lors d'une élévation de température. ➤ **réfractaire.** ■ CONTR. Thermolabile.

THERMOSTAT [tɛʀmɔsta] **n. m.** – 1890 ; autre sens 1828 ◊ de *thermo-* et *-stat* ■ Appareil ou dispositif qui permet d'obtenir une température constante dans une enceinte fermée. *Thermostat électrique. Four à thermostat. Régler le thermostat.*

THERMOSTATIQUE [tɛʀmɔstatik] **adj.** – 1835 ◊ de *thermostat* ■ Qui permet de maintenir une température constante. *Régulation thermostatique.*

THÉSARD, ARDE [tezaʀ, aʀd] **n.** – 1930 ◊ de *thèse* ■ FAM. (arg. universitaire) Personne qui prépare une thèse (de doctorat). ➤ **doctorant.** *« de jeunes thésards brillants sortant de grandes universités »* C. CUSSET.

THÉSAURISATION [tezɔʀizasjɔ̃] **n. f.** – 1719 ◊ de *thésauriser* ■ DIDACT. Action de thésauriser. ➤ aussi **épargne.** ♦ ÉCON. Fait de constituer une épargne, sans l'affecter à un placement productif.

THÉSAURISER [tezɔʀize] **v.** ⟨1⟩ – 1350 ◊ bas latin *thesaurizare*, de *thesaurus* « trésor » ■ LITTÉR. ■ **1 v. intr.** Amasser des valeurs pour les garder, sans les faire circuler, sans les placer. ➤ **économiser, entasser, épargner.** *« Le paysan a de l'argent, mais la campagne n'achète jamais ; elle thésaurise »* MAUROIS. ■ **2 v. tr.** Amasser (de l'argent) de manière à se constituer un trésor. *« Il a trouvé le moyen [...] de thésauriser quarante écus de vingt francs »* GIDE. — **n. THÉSAURISEUR, EUSE.** ■ CONTR. Dépenser.

THÉSAURUS [tezɔʀys] **n. m.** – 1904 ◊ latin *thesaurus* « trésor » ■ DIDACT. ■ **1** Recueil ou lexique de philologie ou d'archéologie. ■ **2** (milieu XXe ◊ sous l'influence de l'anglais) DOC., LING. Répertoire alphabétique de termes normalisés pour l'analyse de contenu et le classement des documents d'information. *Les thésaurus techniques.* — On écrit aussi *thesaurus.*

THÈSE [tɛz] **n. f.** – 1579 ◊ latin de rhétorique *thesis*, mot grec, proprt « action de poser » ■ **1** Proposition ou théorie particulière qu'on tient pour vraie et qu'on s'engage à défendre par des arguments. *Avancer, soutenir, défendre une thèse. Réfuter la thèse adverse. À l'appui de cette thèse. Thèses économiques, philosophiques.* ➤ **doctrine, opinion.** — LITTÉR. *Pièce, roman à thèse,* qui illustre une thèse (philosophique, morale, politique, etc.) que l'auteur propose au public. *« Toute cette littérature est à thèse puisque ces auteurs, bien qu'ils protestent avec virulence du contraire, défendent tous des idéologies »* SARTRE. ■ **2** (1680) ANCIENNT Proposition ou série de propositions que le candidat à un grade de bachelier, de licencié, de docteur, etc., s'engageait à soutenir. *« La thèse pour son baccalauréat »* GIDE. — (depuis le XIXe) Ouvrage présenté pour l'obtention du doctorat. *Préparer, soutenir une thèse de doctorat* (➤ FAM. **thésard**). *Soutenance de thèse.* — PAR EXT. La thèse imprimée. *Envoyer sa thèse à un collègue.* ■ **3** (1904) PHILOS. (Hegel) Premier moment de la démarche dialectique auquel s'oppose l'*antithèse**, jusqu'à ce que ces contraires soient conciliés par la synthèse. ♦ Simple position par la pensée de quelque réalité ou vérité, qui n'implique pas une affirmation, dans la phénoménologie. ■ CONTR. Antithèse.

THESMOPHORIES [tɛsmɔfɔʀi] **n. f. pl.** – 1618 ◊ grec *thesmophoria*, de *thesmophoros* « législateur », appellation de Déméter ■ ANTIQ. GR. Fêtes en l'honneur de Déméter, célébrées par les femmes.

THÊTA [teta] **n. m. inv.** – 1580 ◊ mot grec ■ Huitième lettre de l'alphabet grec (Θ, θ) à laquelle correspond *th*, dans les mots français issus du grec.

THÉTIQUE [tetik] **adj.** – 1912 opposé à *antithétique* ◊ latin *theticus*, d'origine grecque ■ PHILOS. Qui concerne une thèse (3°). *Termes, jugements thétiques.* ♦ Qui pose qqch. en tant qu'existant. *Conscience thétique, non thétique.* ➤ **existentiel.**

THÉURGIE [teyʀʒi] **n. f.** – 1375 ◊ latin tardif *theurgia* ; grec *theourgia* « opération divine » ■ DIDACT. Magie faisant appel aux divinités célestes et aux esprits surnaturels dont on utilise les pouvoirs. ➤ **théosophie.** *« Si le thaumaturge eût effacé dans Jésus le moraliste et le réformateur religieux, il fût sorti de lui une école de théurgie »* RENAN.

T. H. G. [teaʃʒe] **n. f.** – 2003 ◊ sigle de *tétrahydrogestrinone*, de *tétra-*, *hydro-* et *gestrinone* (de *gestation*, *tri-* et *-one* de *cétone*) ■ Stéroïde anabolisant de synthèse. *Dopage à la T. H. G.*

THIAMINE [tjamin] n. f. – 1888 ◊ de *thi(o)-* et *amine* ■ BIOCHIM. Vitamine B1. *Administration de thiamine dans le traitement des polynévrites.*

THIBAUDE [tibod] n. f. – 1830 ◊ de *Thibaud,* nom traditionnel de berger ■ Molleton de tissu grossier ou de feutre qu'on met entre le sol et les tapis. *Clouer une thibaude. Le parquet «sera déposé et remplacé par une chape de ciment que viendront recouvrir une thibaude et une moquette»* PEREC.

THI(O)- ■ Élément, du grec *theion* «soufre», qui, en chimie, indique la substitution d'un atome de soufre à un atome d'oxygène dans une molécule : *thioalcool, thiosulfate.*

THIOALCOOL [tjoalkɔl] n. m. – 1906 ◊ de *thio-* et *alcool* ■ CHIM. Alcool ou phénol sulfuré contenant le groupe –SH (ABRÉV. **THIOL** [tjɔl]). ➤ **mercaptan.**

THIOCARBONATE [tjokaʀbɔnat] n. m. – 1834 ◊ de *thio-* et *carbonate* ■ CHIM. Sel ou ester dérivé des carbonates par substitution du soufre à l'oxygène. ➤ **sulfocarbonate.**

THIOCYANATE [tjosjanat] n. m. – 1892 ◊ de *thio-* et *cyanate* «ester ou sel de l'acide cyanique», de *cyanure,* peut-être d'après l'anglais (1877) ■ CHIM. Ion SCN^-. *En présence d'ions ferriques, l'ion thiocyanate forme un complexe de thiocyanate ferrique d'une intense couleur rouge sang.*

THIONINE [tjɔnin] n. f. – 1897 ◊ de *thion-* (var. de *thio-*) et *-ine* ■ CHIM. Matière colorante, dite aussi *violet de Lauth.*

THIONIQUE [tjɔnik] adj. – 1858 ◊ de *thion-* (var. de *thio-*) et *-ique* ■ CHIM. Qui concerne le soufre. *Série thionique :* série des acides contenant deux ou plusieurs atomes de soufre directement reliés entre eux.

THIOSULFATE [tjosylfat] n. m. – 1876 ◊ de *thio-* et *sulfate* ■ CHIM. Sulfate dans lequel un atome périphérique d'oxygène est remplacé par un atome de soufre, formant l'ion $S_2O_3{}^{2-}$.

THIOSULFURIQUE [tjosylfyʀik] adj. – 1949 ◊ de *thio-* et *sulfurique* ■ CHIM. *Acide thiosulfurique :* acide instable $H_2S_2O_3$ qui se décompose en soufre et acide sulfureux. ➤ VX **hyposulfureux.**

THIO-URÉE [tjoyʀe] n. f. – 1903 ◊ de *thio-* et *urée* ■ CHIM. Composé $NH_2–CS–NH_2$ qui dérive de l'urée par substitution de soufre à l'oxygène. *Oxydation des thio-urées.*

THIXOTROPE [tiksɔtʀɔp] adj. – 1964 ◊ de *thixotropie* (1933), du grec *thixis* «action de toucher» et *-tropie* ■ CHIM. Se dit de gels qui se liquéfient par agitation et se régénèrent au repos. ◆ GÉOL. *Sédiments, sols thixotropes.*

THLASPI [tlaspi] n. m. – 1533 ◊ mot latin, du grec ■ BOT. Plante des lieux incultes *(crucifèracées),* à fleurs en grappes. ➤ **ibéris.**

THOLOS [tɔlɔs] n. f. – 1876 ; *tholus* fin XVIIe ; *thole* «voûte» 1627 ◊ mot grec ■ DIDACT. ■ **1** Sépulture préhistorique, à rotonde et coupole. ■ **2** Temple grec circulaire. *Des tholos.*

THOMISE [tɔmiz] n. m. – 1810 ◊ latin des zoologistes *thomisus* (1805), du latin *thomix,* grec *thômigx* «corde, fil» ■ ZOOL. Araignée à marche oblique, dite *araignée-crabe,* qui tend des fils isolés, sans faire de toile, et change de couleur pour capturer les insectes.

THOMISME [tɔmism] n. m. – 1689 ◊ de *thomiste* ■ PHILOS. Système théologique et philosophique de saint Thomas d'Aquin exposé dans la *«Somme théologique».* ➤ **scolastique.** ◆ Doctrine, mouvement philosophique qui s'en inspire à l'époque moderne. ➤ **néothomisme.**

THOMISTE [tɔmist] adj. et n. – 1606 ◊ de *saint Thomas d'Aquin* ■ PHILOS. ■ **1** Partisan du thomisme. ■ **2** Relatif, propre au thomisme.

THON [tɔ̃] n. m. – 1393 ◊ du latin *thunnus,* grec *thunnos* ■ **1** Poisson à sang chaud, de grande taille *(scombridés),* qui vit dans l'Atlantique et la Méditerranée. *Thon rouge ; thon blanc.* ➤ **germon.** *Petits thons de la Méditerranée.* ➤ **bonite, thonine.** *Pêche au thon. Thon frais. Thon en conserve ; thon au naturel, à l'huile. Miettes de thon.* ■ **2** FAM. PÉJ. Fille, femme vilaine, peu attirante. *«il aime ça, assassiner une belle fille. Les thons, il nous les refile»* A. NOTHOMB. ■ HOM. Ton.

THONAIRE [tɔnɛʀ] n. m. – 1680 ◊ de *thon* ■ PÊCHE Série de filets amarrés bout à bout, dont une extrémité est fixée à la côte et l'autre au bateau. ■ HOM. Toner, tonnerre.

THONIER [tɔnje] n. m. – fin XIXe ◊ de *thon* ■ Navire pour la pêche au thon.

THONINE [tɔnin] n. f. – *tonnine* 1552 ◊ de *thon* ■ PÊCHE Petit thon propre à la Méditerranée.

THORA ➤ **TORAH**

THORACENTÈSE [tɔʀasɛ̃tɛz ; -sɑ̃tɛz] n. f. – 1823 ◊ de *thora(co)-* et *-centèse* ■ CHIR. Ponction de la paroi thoracique, destinée à évacuer une collection liquide de la plèvre.

THORACIQUE [tɔʀasik] adj. – 1560 ◊ grec *thôrakikos* ■ Qui appartient au thorax. *Cage* thoracique. Cavité thoracique. Partie médiane de la cavité thoracique.* ➤ **médiastin.** *Canal thoracique :* tronc collecteur du système lymphatique. *Capacité* thoracique.*

THORAC(O)- ■ Élément, du grec *thôrax, thôrakos* «thorax».

THORACOPLASTIE [tɔʀakɔplasti] n. f. – 1890 ◊ de *thoraco-* et *-plastie* ■ CHIR. Résection d'une ou plusieurs côtes, ou parties de côtes, pratiquée dans certains cas de tuberculose pulmonaire, pour provoquer l'affaissement du poumon malade, qui cesse alors de fonctionner. — ABRÉV. FAM. *thoraco.*

THORAX [tɔʀaks] n. m. – 1478 ; *thorace* n. f. 1314 ◊ mot latin, du grec *thôrax, thôrakos* ■ Chez l'être humain, Partie supérieure du tronc limitée par le diaphragme (qui la sépare de l'abdomen), délimitée en arrière par la colonne vertébrale dorsale, en avant par le sternum et latéralement par les arcs dorsaux, et dont l'intérieur constitue la cavité thoracique où sont logés le cœur et les poumons. *«Il avait le tronc assez noueux et le poil qui dessinait une palme régulière de l'abdomen au thorax»* ARAGON. ➤ **poitrine, torse.** — Chez les vertébrés, Partie antérieure du tronc qui fait immédiatement suite à la tête, sans être nettement séparée de l'abdomen (sauf chez les mammifères). ◆ Partie du corps de l'insecte portant les organes locomoteurs. ➤ **céphalothorax, écusson** (3°), **mésothorax, métathorax, prothorax.**

THORITE [tɔʀit] n. f. – 1838 ◊ de *thorium* ■ MINÉR. Silicate naturel de thorium ($ThSiO_4$), brun orange.

THORIUM [tɔʀjɔm] n. m. – 1834 ◊ mot suédois (Berzelius, 1828), de *thorjord* «terre de *Thor* (dieu scandinave)» ; a remplacé *thorine* (1817) ■ CHIM. Élément chimique radioactif (Th ; n° at. 90 ; m. at. 232,04), métal gris de la série des actinides. *Minerais de thorium* (➤ **monazite, thorite**). *Le thorium est employé dans la fabrication des filaments et tubes à vide, et la production d'uranium.*

THORON [tɔʀɔ̃] n. m. – 1923 ◊ allemand *Thoron,* de *thor(ium)* et *-on* ■ CHIM. Émanation du thorium*, isotope du radon*. *Utilisation du thoron en radiothérapie.* ■ HOM. Toron.

THRÉO- ■ Préfixe, de *érythro-,* qui, en chimie, caractérise un couple d'énantiomères dont les substituants des deux atomes chiraux voisins pointent dans des directions opposées, en projection de Fischer (opposé à *érythro-, méso-*).

THRÉONINE [tʀeɔnin] n. f. – après 1935 ◊ anglais *threonine,* de *threose* mot allemand, altération de *erythrose,* et *-ine* ■ BIOCHIM. Acide aminé essentiel, possédant une fonction alcool secondaire, l'un des principaux constituants des protéines.

THRIDACE [tʀidas] n. f. – 1842 ◊ latin *thridax,* mot grec «laitue» ■ PHARM. Extrait sec préparé avec du suc de laitue, employé comme calmant *(lactucarium).*

THRILLER [sʀilœʀ] n. m. /THRILLEUR/ – 1927 ◊ mot anglais (en anglais américain *thriller-diller*), de *to thrill* «tressaillir, frissonner» ■ ANGLIC. Film (policier, fantastique), roman, pièce qui procure des sensations fortes. *«un* thriller *comme on dit en Amérique, avec une énigme, du sadisme, un suspense savamment entretenu»* F. DARD.

THRIPS [tʀips] n. m. – 1765 ◊ mot grec ■ ZOOL. Insecte archiptère *(thysanoptères)* de petite taille, qui s'attaque à de nombreuses plantes. *Thrips de la vigne, du pois.*

THROMBINE [tʀɔ̃bin] n. f. – 1903 ◊ de *thromb(o)-* et *-ine* ■ BIOCHIM. Enzyme provenant de la prothrombine, provoquant la transformation du fibrinogène en fibrine. *La thrombine, facteur de la coagulation sanguine.* ■ HOM. Trombine.

THROMB(O)- ■ Élément, du grec *thrombos* «caillot».

THROMBOCYTE [tʀɔ̃bɔsit] n. m. – fin XIXe ◊ de *thrombo-* et *-cyte* ■ MÉD. Plaquette* sanguine. *Diminution du nombre des thrombocytes.* ➤ **thrombopénie.**

THROMBOKINASE [tʀɔ̃bokinaz] n. f. – 1953 ◊ de *thrombo-* et *kinase* ■ BIOCHIM. Enzyme protéolytique sécrétée par les plaquettes sanguines (appelée autrefois *thromboplastine*).

THROMBOPÉNIE [tʀɔ̃bɔpeni] **n. f.** – 1931 ◊ de *thrombo-* et *-pénie,* élément tiré du grec *penia* «pauvreté» ■ MÉD. Diminution du nombre des plaquettes sanguines (➤ **thrombocyte**). *La thrombopénie entraîne un trouble de la coagulation sanguine exposant aux hémorragies.* — **adj. THROMBOPÉNIQUE.** *Purpura thrombopénique.*

THROMBOPHLÉBITE [tʀɔ̃boflebit] **n. f.** – 1933 ◊ de *thrombo-* et *phlébite* ■ MÉD. Inflammation des parois d'une veine, compliquée de thrombose.

THROMBOSE [tʀɔ̃boz] **n. f.** – 1823 ◊ latin moderne, du grec *thrombôsis* «coagulation» ■ MÉD. Formation d'un caillot dans un vaisseau sanguin ou dans une des cavités du cœur. *Thrombose veineuse.* — **adj. THROMBOTIQUE.** ◆ PAR MÉTAPH. *Grève thrombose :* grève paralysante.

THROMBUS [tʀɔ̃bys] **n. m.** – 1539 ; *trumbe* v. 1370 ◊ mot latin, du grec *thrombos* ■ MÉD. Masse sanguine coagulée dans un vaisseau, où elle détermine une thrombose.

THULIUM [tyljɔm] **n. m.** – 1904 ◊ latin scientifique, nom donné par le chimiste suédois Clève, du latin *Thule,* grec *Thoulê,* nom de la Scandinavie ■ CHIM. Élément atomique (Tm ; n° at. 69 ; m. at. 168,93), métal blanc argenté, du groupe des terres rares, utilisé dans la fabrication des ferrites. *Avec l'isotope 170 du thulium, on fabrique des sources portables de rayons X.*

THUNE ou **TUNE** [tyn] **n. f.** – 1800 ; «aumône» 1628 ◊ origine inconnue ■ **1** ARG. VX Pièce de cinq francs. *«le petit dada sur lequel il risquera deux thunes»* QUENEAU. ◆ MOD. Argent. *Ils ont de la thune. «des types du cinéma ou des Russes pétés de thune»* O. ADAM. *Je n'ai plus une thune,* plus un sou, plus d'argent*. ■ **2** (Suisse) Pièce de cinq francs suisses.

THURIFÉRAIRE [tyʀifeʀɛʀ] **n. m.** – 1690 ◊ latin ecclésiastique *thuriferarius,* latin *t(h)urifer,* proprt «qui porte *(ferre)* l'encens *(tus, turis)*» ■ **1** LITURG. Porteur d'encensoir (dans divers cultes). *«Les thuriféraires, qui, marchant à reculons, balançaient dans les airs leurs encensoirs»* NERVAL. ■ **2** (1801) FIG. et LITTÉR. Encenseur, flatteur, laudateur. ➤ **flagorneur.** *Ils étaient «d'aussi intrépides thuriféraires que quiconque ; – leur manière de louer a même quelque chose d'effronté naïf»* GAUTIER.

THURNE ➤ **TURNE**

THUYA [tyja] **n. m.** – 1553 ◊ grec *thuia* ■ Grand conifère *(cupressacées)* d'origine exotique, proche du genévrier et du cyprès, dont une espèce fournit la sandaraque. ◆ *Thuya d'Occident.* ➤ RÉGION. **cèdre (blanc).**

THYADE [tjad] **n. f.** – 1546 ◊ latin *thyas, thyadis,* grec *thuias* ■ MYTH. GR. Bacchante.

THYLACINE [tilasin] **n. m.** – 1827 ◊ latin des zoologistes *thylacinus,* du grec *thulakos* «poche, bourse» ■ ZOOL. Mammifère carnivore *(marsupiaux)* appelé aussi *loup de Tasmanie.*

THYLAKOÏDE ou **THYLACOÏDE** [tilakɔid] **n. m.** – 1967 *thylakoïde* ◊ de l'anglais *thylakoid* (1962), du grec *thulakos* «poche, bourse» ■ BIOL. CELL. Ensemble de membranes lipidiques du stroma des chloroplastes, contenant les protéines et pigments impliqués dans la photosynthèse. *Les thylakoïdes ont la forme de petits sacs aplatis, orientés parallèlement au grand axe du chloroplaste.*

THYM [tɛ̃] **n. m.** – 1538 ; *tym* XIIIe ◊ latin *thymum,* grec *thumon* ■ Plante ligneuse *(labiacées),* sous-arbrisseau aromatique des régions tempérées, abondant dans les garrigues et les maquis. *Thym commun,* employé comme aromate, assaisonnement, condiment. ➤ **farigoule.** *Le bouquet garni comporte du thym, du laurier et du persil. «De la maison venait une odeur exquise de thym, de céleri, d'aubergine. On cuisinait»* BOSCO. *Thym sauvage.* ➤ **serpolet.** ■ HOM. Tain, teint, tin.

THYMIE [timi] **n. f.** – 1945 ◊ du grec *thumos* «cœur, affectivité» ■ PSYCHOL. RARE Humeur, disposition affective de base.

-THYMIE ■ Élément, du grec *-thumia,* de *thumos* «cœur, affectivité» : *cyclothymie.*

THYMINE [timin] **n. f.** – 1877 ◊ de *thymus* et *-ine* ■ BIOCHIM. Base pyrimidique entrant dans la composition des acides désoxyribonucléiques.

1 **THYMIQUE** [timik] **adj.** – 1964 ◊ de *thymie* ■ PSYCHOL. Qui concerne les thymies, l'humeur en général. *Fonction thymique,* dont dépendrait la régulation de l'humeur.

2 **THYMIQUE** [timik] **adj.** – 1611 ◊ de *thymus* ■ MÉD. Qui appartient au thymus. *Veines thymiques. Loge* ou *capsule thymique :* enveloppe du thymus. ◆ Du thymus. *Involution thymique :* régression physiologique du thymus chez l'adulte.

THYMOANALEPTIQUE [timoanalɛptik] **adj.** et **n. m.** – 1836 ◊ du radical de *thymie* et *analeptique* ■ PSYCHIATR. Se dit d'un médicament psychotrope et antidépresseur. — **n. m.** *Un thymoanaleptique.* ➤ **antidépresseur.**

THYMOCYTE [timɔsit] **n. m.** – 1921 ◊ de *thymus* et *-cyte* ■ IMMUNOL., BIOL. CELL. Cellule du système immunitaire se différenciant dans le thymus en lymphocyte* T.

THYMOL [timɔl] **n. m.** – v. 1860 ◊ de *thym* et *(crés)ol* ■ CHIM. Crésol*, d'odeur agréable, qui se trouve dans les essences de thym, de serpolet et d'une ombellifère de l'Inde. *Le thymol est employé comme antiseptique.*

THYMUS [timys] **n. m.** – 1541 ◊ mot latin, du grec *thumos,* méd. «excroissance charnue» ■ ANAT. Organe glandulaire situé à la partie inférieure du cou, composé de deux lobes, très développé pendant l'enfance et régressant après la puberté. *Rôle du thymus dans les processus immunitaires.* — *Thymus du veau.* ➤ 3 **ris.**

THYRATRON [tiʀatʀɔ̃] **n. m.** – 1928 ◊ n. déposé, du grec *thura* «porte» et *-tron,* de *électron* ■ ÉLECTRON. Tube triode à gaz dont l'amorçage est déclenché par une grille de commande. *Les thyratrons sont utilisés comme relais, redresseurs ou oscillateurs.*

THYRÉO-, THYRO- ■ Éléments, signifiant «thyroïde».

THYRÉOSTIMULINE [tiʀeostimylin] **n. f.** – 1932 ◊ de *thyréo-* et *stimuline* ■ BIOCHIM. Hormone du lobe antérieur de l'hypophyse qui commande la production de l'hormone thyroïdienne. *La sécrétion de thyréostimuline dépend du taux de thyroxine dans le sang.* — ABRÉV. (ANGLIC.) **TSH** (sigle de l'anglais *Thyroid Stimulating Hormone*).

THYRÉOTROPE [tiʀeɔtʀɔp] **adj.** – 1911 ◊ de *thyréo-* et *-trope* ■ MÉD., BIOL. Se dit d'une substance qui possède une activité stimulante sur la sécrétion de la glande thyroïde. *Hormone thyréotrope.*

THYRISTOR [tiʀistɔʀ] **n. m.** – 1968 ◊ de *thyr(atron)* et *(trans)istor* ■ ÉLECTRON. Composant semi-conducteur à conduction unidirectionnelle, possédant une électrode de commande permettant de déclencher le passage du courant. *Les thyristors sont utilisés pour les commandes et régulations électriques de puissance.* — **adj. THYRISTORISÉ, ÉE,** v. 1960.

THYROGLOBULINE [tiʀoglɔbylin] **n. f.** – 1899 ◊ de *thyro-* et *globuline,* d'après l'allemand (1901) ■ BIOCHIM. Protéine iodée des vésicules thyroïdiennes (➤ **thyroxine**). — On dit aussi **THYRÉOGLOBULINE,** 1904.

THYROÏDE [tiʀɔid] **adj.** et **n. f.** – 1560 ◊ calque du grec *thuroeidês* «en forme de porte», altération de *thureoeidês* «en forme de bouclier» ■ **1** ANAT. *Cartilage thyroïde :* cartilage du larynx, situé à la partie antérieure supérieure du cou, constitué de deux lames dont la réunion sur la ligne médiane forme, chez l'homme, une saillie (pomme* d'Adam). ■ **2** (1695) *Corps, glande thyroïde,* ou **n. f.** (1753) *la thyroïde :* glande endocrine, située à la partie antérieure et inférieure du cou, comprenant deux lobes réunis par un isthme, composée de vésicules remplies d'une substance visqueuse qui contient la thyroglobuline* dont proviennent les hormones thyroïdiennes (➤ **calcitonine, thyroxine**). *Action de la thyroïde sur la croissance, sur les métabolismes, sur le système nerveux,* etc. *Troubles dus à une sécrétion insuffisante* (hypothyroïdie ; ➤ aussi **crétinisme, myxœdème**) *ou excessive* (hyperthyroïdie) *de la thyroïde. Tumeur de la thyroïde.* ➤ **goitre.**

THYROÏDECTOMIE [tiʀɔidɛktɔmi] **n. f.** – 1890 ◊ de *thyroïde* et *-ectomie* ■ CHIR. Ablation totale ou partielle de la thyroïde.

THYROÏDIEN, IENNE [tiʀɔidjɛ̃, jɛn] **adj.** – 1765 n. f. «artère thyroïdienne» ◊ de *thyroïde* ■ BIOL., MÉD. Qui appartient, est relatif à la thyroïde. *Veines thyroïdiennes. Insuffisance thyroïdienne. Hormone thyroïdienne. «quelques centigrammes d'extrait thyroïdien transforment une dame paisible en mégère agitée»* J. BERNARD.

THYROÏDITE [tiʀɔidit] **n. f.** – 1846 ◊ de *thyroïde* et *-ite* ■ MÉD. Inflammation de la glande thyroïde (SYN. **goitre inflammatoire**). *Thyroïdite infectieuse, parasitaire.*

THYROXINE [tiʀɔksin] **n. f.** – 1933 ◊ mot anglais (1915), de *thyr(oïde)* et radical de *oxyde* ■ BIOCHIM. L'une des principales hormones thyroïdiennes, libérée dans le sang par l'hydrolyse de la thyroglobuline*, et contenant de l'iode. ➤ **thyréostimuline.** *La thyroxine augmente le métabolisme de base.*

THYRSE [tiʀs] **n. m.** – fin XVe ◊ latin *thyrsus,* grec *thursos* ■ **1** ANTIQ. Attribut de Bacchus, bâton entouré de feuilles de lierre ou de vigne, et surmonté d'une pomme de pin, que portaient les bacchantes. ■ **2** (1742) BOT. Inflorescence en grappe fusiforme. *Thyrses de lilas, de marronnier.*

THYSANOURES [tizanuʀ] **n. m. pl.** – 1827 ◊ latin des zoologistes *thysanuros* (XVIIIe), du grec *thusanos* «frange» et *-oure* ■ ZOOL. Ordre d'insectes aptères, au corps lisse et plat, sans métamorphoses, vivant dans les endroits humides. — **Au sing.** *Le lépisme est un thysanoure.*

TIAN [tjɑ̃] **n. m.** – 1391 ◊ du grec *teganon* ■ **RÉGION. (Provence)** Récipient de terre cuite (écuelle, plat, etc.). *«Renée entassait sa vaisselle dans un tian»* CENDRARS. — (1921) Plat provençal, flan aux légumes cuit dans ce récipient. *Tian d'aubergines.*

TIARE [tjaʀ] **n. f.** – début XVIe ; *thiaire* 1382 ; *tiara* 1374 ◊ latin *tiara,* origine persane ■ **1** Coiffure circulaire, entourée de trois couronnes, que portait le pape dans certaines circonstances solennelles. *Tiare pontificale.* ➤ **trirègne.** — *Ceindre, coiffer, porter la tiare :* devenir, être pape. — PAR MÉTON. (1680) Dignité papale. ■ **2** (1511) Coiffure de forme conique portée par certains dignitaires, dans l'Orient antique. — RÉLIG. JUIVE Coiffure du grand prêtre.

TIARÉ [tjaʀe] **n. m.** – 1880 ◊ mot polynésien ■ Plante de Polynésie dont les fleurs sont utilisées pour préparer le monoï*. *Collier de fleurs de tiaré.*

TIBÉTAIN, AINE [tibetɛ̃, ɛn] **adj. et n.** – *thibétain* 1842 ; *tibetin* 1765 ◊ de *Tibet* ■ Du Tibet. *Le lamaïsme tibétain.* ◆ **n.** *Les Tibétains.* — **n. m.** *Le tibétain :* langue littéraire, du même groupe que le birman (langues *tibéto-birmanes*), dont l'écriture est empruntée à l'Inde du Nord.

TIBIA [tibja] **n. m.** – 1541 ◊ mot latin «flûte», puis «os» à l'époque impériale ■ Le plus gros des deux os de la jambe, en forme de prisme triangulaire. *Tibia et péroné. Fracture du tibia.* — Partie antérieure de la jambe, où se trouve le tibia. *Tibias des hockeyeurs protégés par des jambières. Un coup de pied dans les tibias.* — Cet os dessiné, symbole de mort. *Tibias croisés et tête de mort du drapeau des pirates.* ◆ (1805) ZOOL. Troisième article (insectes), cinquième division (arachnides) de la patte des arthropodes.

TIBIAL, IALE, IAUX [tibjal, jo] **adj.** – 1690 ◊ latin *tibialis* ■ ANAT. Du tibia. *Nerfs tibiaux. Artère tibiale antérieure, postérieure. Ponction tibiale.*

TIC [tik] **n. m.** – *ticq* 1611 ◊ formation onomat. ; cf. italien *ticchio* «caprice» ■ **1** Chez le cheval, Déglutition ou régurgitation spasmodique d'air, accompagnée de contraction de certains muscles (➤ **tiqueur**). ■ **2** (1654) COUR. Mouvement convulsif, geste bref automatique, répété involontairement sans but fonctionnel. *Il a des tics, il est plein de tics. «Cette espèce de tic qui faisait trembler sa lèvre inférieure sans qu'il pût rien faire pour l'empêcher»* C. SIMON. *«possédé d'un tic nerveux, il roulait des yeux terribles et remuait le nez de la racine aux ailes»* FRANCE. ■ **3** PAR EXT. Geste, attitude habituels, que la répétition rend plus ou moins ridicule. ➤ **habitude, manie.** *«assis, il avait le tic de prendre les basques de son habit, et de les croiser sur ses cuisses»* DIDEROT. ◆ *Tic de langage :* emploi d'un mot, d'un tour qui revient anormalement souvent dans le discours de qqn. *«certains tics du style contemporain»* ARTAUD. ■ **HOM.** Tique.

TICKET [tikɛ] **n. m.** – *tiket* 1727 ◊ mot anglais, de l'ancien français *estiquet* «billet de logement» XVe s. → étiquette ■ **1** Billet*, rectangle de carton, de papier, donnant droit à un service, à l'entrée dans un lieu, etc. *Ticket de métro, de tramway ; carnet de tickets. Ticket poinçonné. Composteur à tickets. Ticket magnétique. Ticket d'entrée. Ticket de caisse.* ➤ 1 **reçu.** — FIG. *Un ticket pour qqch. :* la possibilité d'accéder à qqch. *L'équipe a décroché un ticket pour la finale.* ◆ SPÉCIALT *Tickets de rationnement. «un ticket de cent grammes de pain»* AYMÉ. *Sans tickets :* en vente libre. — *Ticket-repas, ticket-restaurant*.* — VAR. FAM. **TICKSON** [tiksɔ̃], 1907. ■ **2** (1936) *Ticket modérateur :* quote-part de frais laissée à la charge du malade, dans les sociétés de secours mutuel, la Sécurité sociale. ■ **3** (1937) FAM. Billet de mille anciens francs. *Il faisait ses huit cents tickets par mois.* ■ **4** LOC. FAM. (1950) *Avoir un ticket avec qqn,* lui plaire manifestement (cf. Avoir une touche). *«James a un sérieux ticket avec la petite Martinez !»* DANINOS. ■ **5** (1901 ◊ anglais américain «liste») Aux États-Unis, Couple formé par les deux candidats du même parti à la présidence et à la vice-présidence. *Le ticket démocrate. «La bataille pour les tickets présidentiels s'était terminée à la fin juin»* J. DICKER. — PAR EXT. Alliance ponctuelle entre deux personnages politiques du même bord. ■ **6** (Canada ; anglic. critiqué) Contravention. *«Je me fais coller un ticket, pour conduite dangereuse»* R. DUCHARME.

TIC-TAC [tiktak] **interj. et n. m. inv.** – v. 1500 ◊ onomat. ■ Bruit sec et uniformément répété d'un mécanisme, surtout d'un mécanisme d'horlogerie. *Faire tic-tac. Le tic-tac d'une montre. «Il y a un réveille-matin ; la petite s'en plaint ; elle dit que le tic-tac l'empêche de dormir»* GIDE.

TIE-BREAK [tajbʀɛk] **n. m.** /TIEBREAK/ – 1970 ◊ mot anglais américain, de *tie* «égalité» et *break* «écart» ■ ANGLIC. Au tennis, Type de jeu écourté qui se pratique lorsque les joueurs sont à six jeux partout. *Des tie-breaks.* — **Recomm. offic.** ***jeu décisif.*** ◆ Au volleyball, Échange qui conclut une manche en cas d'égalité à seize points partout. **Recomm. offic.** ***échange décisif.*** — Manche qui conclut une partie en cas d'égalité à deux manches partout. **Recomm. offic.** ***manche décisive.***

TIÉDASSE [tjedas] **adj.** – 1883 ◊ de *tiède* et suffixe péj. *-asse* ■ D'une tiédeur désagréable. *Une bière, un café tiédasse.*

TIÈDE [tjɛd] **adj.** – v. 1380 ; *tieve* v. 1172 ◊ du latin *tepidum* ■ **1** Qui procure une sensation thermique modérée, entre le chaud et le froid. — SPÉCIALT Légèrement chaud. *Devenir, rendre tiède,* moins chaud ou moins froid. ➤ **attiédir, tiédir.** *Eau tiède. Café tiède,* refroidi. *Vent tiède. Température tiède et agréable.* ➤ **doux.** FAM. *Il fait tiède. «On était aux beaux jours de la tiède saison»* HUGO. — *«de petites mains frémissantes et tièdes comme des oiseaux»* GIONO. — **adv.** *Boire tiède.* ■ **2** FIG. (XIVe) Qui a peu d'ardeur, de zèle ; sans ferveur. ➤ **indifférent, nonchalant.** *«réchauffer le zèle de ce chrétien si tiède»* LARBAUD. *Des militants un peu tièdes. «S'ils n'étaient que joueurs et libertins, mais ils sont tièdes, ils sont indolents»* HUYSMANS. — *Sentiment tiède.* ◆ SUBST. *«Les saintes effusions des mystiques dont les tièdes se scandalisent»* MAURIAC. ■ **3** LITTÉR. Doux et agréable, comme une légère chaleur. *«Les tièdes voluptés des nuits mélancoliques»* MUSSET. ■ **CONTR.** Brûlant ; 1 frais, 1 froid. Ardent, chaleureux, fanatique, fervent.

TIÈDEMENT [tjɛdmɑ̃] **adv.** – fin XIIIe ; *tevement* milieu XIIIe ◊ de *tiède* ■ D'une manière tiède (2°), nonchalante ou indifférente, sans ardeur. *Tièdement soutenu par son parti.*

TIÉDEUR [tjedœʀ] **n. f.** – 1538 ; *tevor* région. XIIe au sens 2° ◊ de *tiède* ■ **1** État, température de ce qui est tiède ; chaleur modérée. *«La molle tiédeur du bain»* GAUTIER. *La tiédeur du climat.* LITTÉR. AU PLUR. *Les premières tiédeurs du printemps.* ■ **2** FIG. Défaut d'ardeur, de passion, de zèle. ➤ **indifférence, nonchalance.** *La tiédeur d'un partisan. «La tiédeur des vieilles gens»* LA ROCHEFOUCAULD. *La tiédeur d'un accueil* (➤ **fraîcheur**). ■ **3** FIG. Douceur agréable. *La tiédeur de l'amour maternel, du nid.* ■ **CONTR.** Fraîcheur, 2 froid. Ardeur, chaleur, ferveur, zèle.

TIÉDIR [tjediʀ] **v.** ⟨2⟩ – v. 1380 ◊ de *tiède* ■ **1 v. intr.** Devenir tiède (1°). *Faire tiédir l'eau.* ➤ **attiédir.** *«une sorte de buffet chauffant où l'on mettait tiédir les assiettes»* ROMAINS. — **n. m. TIÉDISSEMENT,** 1845. ■ **2** FIG. RARE Devenir tiède (2°), perdre de son ardeur. *Sa passion tiédit.* ■ **3 v. tr.** Rendre tiède (1°), réchauffer légèrement. *Tiédir l'eau. «L'air tiédi par un petit poêle»* CHARDONNE. ■ **CONTR.** Refroidir.

TIELLE [tjɛl] **n. f.** – 1990 ◊ origine inconnue ■ **RÉGION. (Sète et Sud-Est)** Tourte aux poulpes à la sauce tomate (spécialité sétoise).

TIEN, TIENNE [tjɛ̃, tjɛn] **adj. et pron. poss. de la 2e pers. du sing.** – XIIIe ◊ latin *tuum,* devenu *toon, toen, tuen,* puis *tien* → mien, sien

I adj. poss. VX OU LITTÉR. **(épithète)** De toi. ➤ 1 **ton.** *Un tien parent.* — **(Attribut)** LITTÉR. À toi. *«Je suis tien, tien de l'ongle à la prunelle»* R. ROLLAND.

II pron. poss. *Le tien, la tienne, les tiens, les tiennes,* l'objet ou l'être lié par un rapport à la personne à qui l'on s'adresse et qu'on tutoie. *«Voilà mon excuse, à moi, j'attends la tienne»* BALZAC. *«Voilà ce qui arrive quand le bon Dieu se mêle de nos affaires. Et toi, mêle-toi des tiennes !»* CLAUDEL. — FAM. *À la tienne !* formule accompagnant un toast (cf. À ta santé !). PLAISANT **(pour l'assonance)** *À la tienne, Étienne !* — **(Attribut)** *Ce n'est pas le tien, c'est le mien.*

III SUBST. ■ **1 LE TIEN (opposé à** ***le mien*****)** : ce qui est à toi, ta propriété ; ce qui est à autrui. *«J'aimerais mieux tout céder que de disputer sur le tien et le mien»* SAND. ■ **2 DU TIEN (partitif).** *Il faut y mettre du tien :* il faut que tu fasses un effort. ■ **3 DES TIENNES :** des folies, des fredaines (➤ **sien**). *Tu as encore fait des tiennes !* ■ **4 LES TIENS :** tes parents, tes amis, tes partisans. *«Tu fais pour elle ce que tu n'aurais fait pour aucun* *des tiens»* GIDE. *«On dirait qu'il n'y a que toi et les tiens au monde»* MAURIAC.

TIERCE [tjɛʀs] n. f. – 1119 ◊ fém. subst. de *tiers* ■ **1** LITURG. CATHOL. Petite heure* de l'office, qui se récite après prime à la troisième heure de la computation juive (vers 9 h). *«Les carillons chantant les heures canoniales, les primes et les tierces»* HUYSMANS. ■ **2** (1252) FÉOD. Droit d'un tiers perçu par le seigneur sur les fruits de la terre. ■ **3** (1372) MUS. Troisième degré de la gamme diatonique. ➤ **médiante.** *Intervalle de tierce* ou *une tierce :* intervalle de trois degrés (ex. do-mi). — (1633) *Tierce majeure,* de deux tons ; *mineure,* d'un ton et un demi-ton. *Tierce augmentée, diminuée.* ■ **4** (1653) ESCR. Troisième position, protégeant le bras armé, surtout au sabre. *«Un dégagé de quarte en tierce»* BARBEY. ■ **5** (1677) Trois cartes de même couleur qui se suivent. *Tierce majeure,* commençant par la carte la plus forte. *Avoir une tierce à carreau.* ■ **6** IMPRIM. Troisième et dernière épreuve d'un travail avant tirage ; première feuille sortie de machine après calage de la forme. *Vérifier les tierces.* ■ **7** MÉTROL. Ancienne unité de mesure de temps (SYMB. t), égale à 1/60 seconde. REM. On utilise aujourd'hui les dixièmes* et centièmes de seconde.

TIERCÉ, ÉE [tjɛʀse] adj. et n. m. – 1283 «soumis au droit de tierce» ◊ de *tiercer* ■ **1** (1843) AGRIC. Qui a subi un troisième labour. *Champ tiercé.* ■ **2** (1581) BLAS. Divisé en trois. *Tiercé en bande, en pal.* ◆ (1545) *Rime tiercée* (la *terza rima* italienne) : rimes ordonnées par groupe de trois vers. ■ **3** (1954 ◊ marque déposée) COUR. *Pari tiercé,* et n. m. *le tiercé :* forme de pari* mutuel où l'on parie sur trois chevaux engagés dans la même course, en précisant l'ordre d'arrivée (➤ **P. M. U.**). *Tiercé dans l'ordre,* si l'on a désigné le gagnant et les deux chevaux placés*, dans l'ordre. *Tiercé dans le désordre. Les rapports du tiercé. Personne qui joue au tiercé* (**TIERCÉISTE** n.). — La course sur laquelle on parie. *Le tiercé s'est couru à Deauville.* ◆ PAR MÉTON. Somme gagnée à ce pari. *Il a touché un beau, un gros tiercé.*

TIERCELET [tjɛʀsəlɛ] n. m. – 1373 ◊ diminutif de l'ancien français *terçuel* (XIIIe), latin populaire °*tertiolus,* de *tertius* «tiers» ■ FAUCONN. Mâle de certains oiseaux de proie, plus petit d'un tiers que la femelle. *Tiercelet de faucon, d'épervier.* — ABSOLT Faucon mâle.

TIERCER [tjɛʀse] v. tr. ⟨3⟩ – XVe-XVIe ; *tiercier* «soumettre au droit de tierce» 1283 ◊ de *tierce* ■ AGRIC. Donner un troisième labour, une troisième façon à (une terre). *Tiercer une vigne.* — On dit aussi **TERCER** ⟨3,⟩ **TERSER** ⟨1.⟩

TIERCERON [tjɛʀsəʀɔ̃] n. m. – 1490 ◊ de *tiers* ■ ARCHIT. Nervure supplémentaire de certaines voûtes gothiques, unissant l'extrémité de la lierne aux angles de la voûte.

TIERS, TIERCE [tjɛʀ, tjɛʀs] adj. et n. m. – XIIIe ; *tierz* v. 1160 ; *terce* 980 ◊ latin *tertius*

I ~ adj. ■ **1** VX Troisième. *«Le Tiers Livre», de Rabelais. «Je vous défendrais de le voir [...] soit dans ma maison, soit dans une maison tierce»* MUSSET. ■ **2** MOD. LOC. *Une tierce personne :* une troisième personne, et PAR EXT. une personne extérieure à un groupe, une affaire. *Un pays tiers.* — (1765) DR. *Tiers arbitre* (ou *tiers-arbitre*) : personne qui a mission de départager des arbitres en désaccord. ➤ **surarbitre.** *Tierce opposition,* exercée par une personne sur un jugement qui porte préjudice à ses droits (mais où elle n'a été ni partie ni représentée). *Tiers porteur d'un effet de commerce :* personne à qui l'effet est transmis par endossement. — *Assurance tierce collision,* qui, en plus de l'assurance au tiers illimité (cf. infra II, 1°), rembourse au souscripteur les dommages causés par autrui, si le tiers est identifié. *Assurance tierce* (autrefois *assurance tous risques*), qui offre au souscripteur un remboursement des dommages subis ou causés par son véhicule, dans tous les cas. — *Tiers monde.* ➤ **tiers-monde.** *Le tiers état** [tjɛʀzeta], ELLIPT *le tiers. Le tiers ordre** (➤ **tertiaire**). — IMPRIM. *Tierce épreuve.* ➤ **tierce.** — *Tierce rime :* rime tiercée*. — MÉD. *Fièvre tierce :* fièvre récurrente dont les accès se produisent un jour sur trois (forme fébrile du paludisme). ■ **3 TIERS TEMPS.** Temps supplémentaire accordé lors d'épreuves, d'examens, à des personnes en difficulté ou en situation de handicap. ◆ SPORT Chacune des trois périodes de vingt minutes qui constituent une partie de hockey.

II ~ n. m. ■ **1** Troisième personne. *Un couple et un tiers.* — (1676) *«mon ami m'accompagnait ; le sieur Santerre était en tiers»* BEAUMARCHAIS. — LOC. (1656) *Le tiers et le quart :* la troisième, la quatrième personne quelconque ; n'importe qui. FAM. *Se moquer, se fiche du tiers comme du quart,* des uns comme des autres. *«Il racontait de vieilles histoires, se moquait du tiers et du quart, faisait de bons mots»* BEAUVOIR. *S'en moquer du tiers comme du quart* (incorrect) : s'en moquer complètement. ◆ DR. Personne qui n'est et n'a pas été partie à un contrat, à un jugement. — Ayant cause à titre particulier. *Testament fait à un tiers.* — *Assurance au tiers (illimité) :* garantie automobile qui ne rembourse que les dommages que le souscripteur a causés à autrui. ◆ PAR EXT. Personne étrangère (à une affaire, à un groupe). ➤ **étranger, inconnu.** *Apprendre qqch. par un tiers. Je me refuse «à voter la mort, fût-ce d'une seule personne, devant un tiers qui nous écoute»* GIRAUDOUX. ■ **2** LOG. Troisième terme, troisième élément. *Principe du tiers exclu.* ➤ **milieu** (II, 2°). ■ **3** La troisième partie d'un tout ; fraction d'un tout divisé en trois parties égales. *«Description trop longue au moins d'un tiers»* CHATEAUBRIAND. *Les deux tiers* (d'un tout). *Les deux premiers tiers du XIVe siècle. J'en suis au tiers du livre. Rempli aux deux tiers.* ◆ (1959) DR. FISC. *Tiers provisionnel :* acompte que doit verser aux mois de février et mai toute personne assujettie à l'impôt sur le revenu, n'ayant pas opté pour sa mensualisation, et qui est égal au tiers de l'imposition de l'année précédente. ◆ LÉGISL. SOC. *Tiers payant :* modalité d'application des assurances (maladie, maternité, accidents du travail) selon laquelle l'organisme assureur paie directement le praticien traitant, l'établissement d'hospitalisation, etc., l'assuré n'ayant à sa charge que le ticket* modérateur.

TIERS-MONDE [tjɛʀmɔ̃d] n. m. – 1952 ◊ de *tiers* et *monde* ■ Ensemble des pays en voie de développement. ➤ 1 **P. M. A.** *«ce Tiers-Monde ignoré, exploité, méprisé comme le Tiers-État»* SAUVY. *Des tiers-mondes.*

TIERS-MONDISATION [tjɛʀmɔ̃dizasjɔ̃] n. f. – v. 1980 ◊ de *tiers-monde* ■ Évolution économique caractérisée par un appauvrissement et une absence de croissance, qui affecte un pays qui ne fait pas partie du tiers-monde. *Pays au bord de l'éclatement et de la tiers-mondisation.*

TIERS-MONDISME [tjɛʀmɔ̃dism] n. m. – v. 1970 ◊ de *tiers-monde* ■ Idéologie mettant l'accent sur les potentialités novatrices du tiers-monde ; attitude de solidarité avec le tiers-monde.

TIERS-MONDISTE [tjɛʀmɔ̃dist] adj. et n. – v. 1970 ◊ de *tiers-monde* ■ Qui a rapport au tiers-monde ou au tiers-mondisme. *Idéologie, utopie tiers-mondiste.* ◆ Partisan du tiers-mondisme. — n. *Les tiers-mondistes.*

TIERS-POINT [tjɛʀpwɛ̃] n. m. – 1611 ◊ de *tiers* et *point* ■ **1** ARCHIT. Sommet d'un triangle équilatéral. *Arc en tiers-point,* inscrit dans un triangle équilatéral (arc brisé équilatéral ➤ **ogive** abusivt). *Des tiers-points.* ■ **2** (1765) TECHN. Lime, poinçon à section triangulaire.

TIF [tif] n. m. – 1883 ◊ de l'ancien français *tifer* (1170 ; du germanique *tipfon*) «parer, orner», et spécialt (1789) «coiffer» ; ancien français *tiffeure* «parure ; coiffure» XIIe ; → attifer ■ FAM. Cheveu. *Elle s'arrache les tifs.*

TIFOSI [tifozi] n. m. – 1934 ◊ mot italien, plur. de *tifoso* «supporteur, mordu», de *tifo* «typhus» ■ Supporteur, fan italien (surtout pour le football, le cyclisme). *La joie des tifosis.* On écrit aussi *des tifosi* (plur. it.).

TIGE [tiʒ] n. f. – 1080 ◊ du latin *tibia* (→ tibia) «tige», en latin populaire

I ■ **1** Partie allongée (des plantes vasculaires) à symétrie axiale, qui naît au-dessus de la racine, croît en sens contraire de la racine, et porte les feuilles. *Mouvement de la sève dans la tige. Tige qui se ramifie* (➤ **branche, rameau**). *Tige qui naît de la souche.* ➤ 1 **rejet.** *Tige des plantes herbacées* (➤ **herbe**) ; *tige souterraine* (➤ **rhizome**). *Tige aérienne dressée ; grimpante, rampante, volubile. Tige ligneuse* (➤ **stipe, tronc**). *Tige d'un palmier.* (REM. Dans l'usage courant, on dit *le tronc* et non *la tige,* pour les arbres.) *Écorce, bois, liber de la tige* (➤ **caulinaire**). *Tige médulleuse**. LOC. (1872) *Arbre de haute tige,* ELLIPT *haute tige,* dont on laisse la tige s'élever. *Arbre de basse tige,* ELLIPT *basse tige.* ■ **2** Cette partie chez les plantes herbacées, lorsqu'elle n'est pas ligneuse (➤ **-caule**). *Tige droite, épineuse. Tige des céréales.* ➤ **chaume, paille, tuyau** (2°) ; **éteule.** *Tige comestible de l'asperge, de la rhubarbe. Tige qui porte la fleur.* ➤ 1 **hampe, pédoncule,** 1 **queue.** *Rose à longue tige.* — Fleur avec sa tige. *Une tige de muguet.* ➤ **brin.** ■ **3** ARBOR. Jeune plant d'un arbre à une seule tige. *Tiges de cerisiers. Pommier en tige ou en palmette.*

II FIG. ■ **1** (1555) *Tige de l'arbre généalogique :* personne dont sont issues les branches d'une famille. — LOC. *Faire tige :* avoir des descendants. ➤ **lignée, souche.** *«Les marquis de Lusace ont une haute tige [...] Ils ont pour père Antée, ancêtre d'Attila»* HUGO. ■ **2** ZOOL. Axe d'une plume d'oiseau, au-dessus du tuyau. ▪ **3** Partie d'une chaussure, d'une botte qui est au-dessus du pied, qui éventuellement couvre la jambe. *Bottines à tige. « une paire de mocassins à forte tige »* PEREC. ▪ **4** Partie mince et allongée. *Tige d'un guéridon.* ➤ **pied.** *Tige d'une colonne.* ➤ **fût.** — Pièce métallique allongée droite et mince. ➤ **barre, tringle.** *« Une lampe-tempête énorme, d'ordinaire accrochée à une tige de fer »* BOSCO. *Tige d'une crémone. Tige d'une pompe. Tige de démarreur. Tige de forage. Tiges de parasol.* — Barre de petit diamètre pour l'armature du béton. *« Dans mon ciment je noie des tiges »* ROMAINS. — FAM. Cigarette. *« t'allumes une tige »* SAN-ANTONIO. ▪ **5** LOC. FAM. *Les vieilles tiges :* les premiers pilotes d'avion.

TIGELLE [tiʒɛl] **n. f.** – 1815 ◇ de *tige* ▪ BOT. Partie de l'embryon comprise entre la radicule et le(s) cotylédon(s), et qui devient la tige.

TIGETTE [tiʒɛt] **n. f.** – 1676 ; « petite tige » 1549 ◇ diminutif de *tige* ▪ ARCHIT. Tige ornée de feuilles en volutes, du chapiteau corinthien.

TIGLON ➤ **TIGRON**

TIGNASSE [tiɲas] **n. f.** – 1690 ; « vilaine perruque » 1680 ◇ de *tigne,* forme dialectale de *teigne,* par compar. avec la chevelure du teigneux ▪ Chevelure touffue, rebelle, mal peignée. *« Le dur et délicat visage [...] sous la tignasse rouge, drue, sauvage »* C. SIMON. ♦ FAM. ET PÉJ. Chevelure, cheveux. *« Il l'avait prise par la tignasse et lui martelait la figure à coups de poing »* CARCO.

TIGRE, TIGRESSE [tigʀ, tigʀɛs] **n.** – 1165 ; fém. 1546 (on disait *une tigre*) ◇ latin *tigris,* mot grec, origine iranienne ▪ **1** VX Félin à robe tachetée (léopard, panthère, etc.) ou rayée (➤ **tigré**). ▪ **2** MOD. Le plus grand des félins, au pelage jaune roux rayé de bandes noires transversales, vivant en Sibérie et en Asie du Sud-Est. *« Le tigre [...] ne craint ni l'aspect ni les armes de l'homme, il égorge, il dévaste les troupeaux »* BUFFON. *Tigre royal* ou *tigre du Bengale. Tigresse avec ses petits. Le tigre feule, râle, rauque. Chasse au tigre. Peau de tigre,* utilisée comme tapis, descente de lit. ♦ *Jaloux* comme un tigre.* LOC. (calque du chinois) *Tigre de papier :* adversaire arrogant mais inoffensif. *« l'impérialisme à long terme* tigre de papier *»* LEIRIS. ▪ **3** (1640) VX OU LITTÉR. Personne cruelle, impitoyable. *« Tigre altéré de sang qui me défend les larmes »* CORNEILLE. MOD. *Une tigresse :* une femme très agressive, très jalouse. ▪ **4** DANSE *Tigre :* danseuse du corps de ballet, au-dessus du rat. ▪ **5** (1680 ◇ par anal. d'aspect) *Punaise tigre* ou *tigre du poirier :* insecte hémiptère, aux élytres tachés de brun, qui s'attaque aux feuilles du poirier.

TIGRÉ, ÉE [tigʀe] **adj.** – XVIIe ◇ de *tigre* ▪ **1** Marqué de taches arrondies. ➤ **moucheté, tacheté.** *« Un épouvantable banquier tigré de petite vérole »* HUGO. *Bananes tigrées. Cheval tigré,* tacheté de sombre (taches intermédiaires entre le « pommelé » et le « moucheté »). ▪ **2** (XIXe) Qui est marqué de bandes foncées. ➤ **rayé, zébré.** *Chat gris tigré.*

TIGRIDIE [tigʀidi] **n. f.** – 1823 ; *tigridia* 1805 ◇ du latin *tigris* ▪ BOT. Plante herbacée, bulbeuse *(iridacées),* à sépales violets mouchetés de jaune et de rouge, dite aussi *œil-de-paon.* — On dit aussi **TIGRIDIA n. m.**

TIGRON [tigʀɔ̃] **n. m.** – v. 1937 ◇ de *tigre* et *lion* ▪ ZOOL. Félin, hybride d'une lionne et d'un tigre. — On dit aussi **TIGLON.**

TIGUIDOU [tigidu] **adj.** – 1969 ◇ origine obscure ▪ **(Canada)** FAM. Très bien, parfait. *Et hop ! C'est tiguidou !*

TILAPIA [tilapja] **n. m.** – 1866 ◇ mot du latin scientifique (Smith, 1840), adaptation du tswana (langue bantoue du Botswana) *thiape* « poisson » ▪ Poisson d'eau douce comestible *(cichlidés),* présent en Afrique, en Amérique centrale et en Asie du Sud-Est. *Le tilapia du Nil. Élevage de tilapias.*

TILBURY [tilbyʀi] **n. m.** – 1819 *tilburi* ◇ mot anglais, nom d'un carrossier ▪ ANCIENNT Voiture à cheval, cabriolet à deux places, découvert et léger. *Des tilburys.* ♦ AGRIC. Charrue à siège qui se manœuvre au moyen de leviers.

TILDE [tild(e)] **n. m.** – 1834 ◇ mot espagnol fém., latin *titulus* proprt « ce qui est placé au-dessus » → titre ▪ **1** Signe en forme de S couché (˜) qui se met au-dessus du *n* en espagnol, lorsqu'il se prononce [ɲ]. *Mettre des tildes.* ▪ **2** (1917) Signe utilisé en transcription phonétique pour indiquer une prononciation nasale (ex. pleine [plɛn] et plein [plɛ̃]). ▪ **3** Dans les dictionnaires bilingues, Symbole qui, parfois, remplace l'entrée dans l'exemple.

TILLAC [tijak] **n. m.** – 1369 ◇ p.-ê. de l'ancien nordique *thilja* « planche », au plur. « pont (de bateau) », ou du latin *tegulum* « toit » ▪ MAR. ANC. Pont supérieur d'un navire.

TILLAGE ➤ **TEILLAGE**

TILLANDSIE [tilɑ̃dsi] **n. f.** – 1788 ◇ latin savant *tillandsia* (1735, Linné) du nom du botaniste suédois *Elias Tillands* ▪ BOT. Plante d'Amérique tropicale *(broméliacées)* aux variétés nombreuses, le plus souvent épiphytes. *Une tillandsie est utilisée comme crin végétal.* — On dit aussi **TILLANDSIA** [tilɑ̃dsja] **n. m.,** 1933.

TILLE ; TILLER ➤ **TEILLE ; TEILLER**

TILLEUL [tijœl] **n. m.** – XVe ; *tilluel* 1178 ◇ latin populaire °*tiliolus,* du latin *tilia* → teille ▪ **1** Arbre des régions tempérées *(tiliacées),* à feuilles alternes simples, stipulées, à fleurs blanches ou jaunâtres, très odorantes et disposées en cymes. *Tilleul des bois, tilleul argenté, de Hollande. Une allée de tilleuls. « En mai, à l'époque des fleurs, le tilleul distille un exquis parfum de fraîcheur et d'amour »* GIONO. *Liber* de tilleul.* ➤ **teille.** ♦ *Vert tilleul,* ELLIPT *tilleul :* couleur d'un vert clair, très doux. *« Lit impeccable et son dessus tilleul légèrement brillant »* J.-P. AMETTE. *Des gants tilleul.* ▪ **2** (1855) Les inflorescences et les bractées membraneuses de cet arbre, séchées pour faire des infusions. *« le tilleul, cueilli chez la voisine, blond, translucide, aux feuilles arrondies soudées deux à deux comme des ailes »* M. ROUANET. *Le tilleul est un calmant.* — (1829) Cette infusion. *Une tasse de tilleul. Tilleul-menthe :* infusion de tilleul et de menthe. ♦ Tasse, consommation de tilleul. *Garçon, un café et deux tilleuls.* ▪ **3** (1409) Le bois de cet arbre, tendre et léger, utilisé surtout en tabletterie et par les luthiers. *Sabots en tilleul.*

TILT [tilt] **n. m.** – 1957 ◇ mot anglais « action de basculer » ▪ ANGLIC. Au billard électrique, Signal indiquant que la partie est interrompue. ➤ **déclic.** *Le tilt s'est allumé. Faire tilt,* déclencher ce signal (qui marque l'échec) ; FIG. (1964) frapper soudain l'attention, donner une inspiration subite (cf. Avoir un flash). *Cette phrase a fait tilt dans son esprit. Ça a fait tilt :* j'ai soudain compris (➤ **tilter**).

TILTER [tilte] **v. intr.** ‹1› – 1986 ◇ de *tilt* ▪ FAM. Comprendre soudainement, avoir une inspiration subite (cf. Faire tilt). *En voyant la photo, il a tilté.* ➤ **réagir, réaliser.**

TIMBALE [tɛ̃bal] **n. f.** – 1471 *tinballe* ◇ altération, d'après *cymbale,* de *tamballe* (1471), lui-même altération de l'espagnol *atabal* (mot arabo-persan), d'après *tambour* ▪ **1** MUS. Instrument à percussion, sorte de tambour formé d'un bassin hémisphérique en laiton couvert d'une peau tendue (dont la tension est réglable par des vis) sur laquelle on frappe avec des baguettes, et qu'on utilise généralement par paires accordées à des sons différents. *Timbales d'orchestre qui font partie de la batterie. « Ces timbales étincelantes Qui, sous sa main toujours tremblantes, Sonnent et font bondir le cœur ! »* HUGO. — *Timbales indiennes.* ➤ **tabla.** ▪ **2** (1758 ◇ par anal. d'aspect) COUR. Gobelet de métal de forme cylindrique, sans pied. *Une timbale en argent.* PAR EXT. Son contenu. — LOC. FAM. (1877) *Décrocher la timbale* (PROPRT la timbale accrochée au mât de cocagne) : obtenir une chose disputée, un résultat important (cf. Gagner le gros lot*, décrocher le pompon*, la queue* du Mickey). — PAR ANTIPHR. S'attirer des ennuis à force de maladresse. ▪ **3** (1828) CUIS. Moule de forme circulaire. ♦ (1804) Préparation culinaire (viande, crustacés, pâtes, etc., en sauce) entourée d'une pâte et cuite dans ce moule. ➤ **vol-au-vent.** *Une timbale de queues d'écrevisses.*

TIMBALIER, IÈRE [tɛ̃balje, jɛʀ] **n.** – 1667 ◇ de *timbale* ▪ **n. m.** Cavalier qui bat les timbales. *« La Fiancée du timbalier », poème de V. Hugo. « Le timbalier marchait en tête »* GAUTIER. — **n.** (1671) Musicien(ne) aux timbales, dans un orchestre. ➤ **percussionniste.**

TIMBRAGE [tɛ̃bʀaʒ] **n. m.** – 1792 ; *timbraige* blas. 1575 ◇ de *timbrer* ▪ **1** Opération qui consiste à timbrer un document. SPÉCIALT Oblitération par le timbre de la poste. *Envoi dispensé de timbrage* (cf. Franchise* postale). ♦ (1871) Procédé d'impression en creux doublé d'un estampage. ▪ **2** TECHN. Apposition d'un poinçon sur une chaudière à vapeur, pour indiquer qu'elle a subi avec succès les épreuves de pression.

TIMBRE [tɛ̃bʀ] **n. m.** – fin XIVe ◇ du grec médiéval *tumbanon,* de *tumpanon* qui a aussi donné *tympan*

I CE QUI PRODUIT UN SON ▪ **1** ANCIENNT Cloche immobile frappée par un marteau. *Timbres d'un carillon.* — (1858) MOD. Calotte de métal qui, frappée par un petit marteau ou un vibreur, joue le rôle d'une sonnette. *Timbre d'appartement.*

« J'entends un timbre ; c'est un bruit net, sec, mécanique qui dit qu'on sonne et non qui sonne » GONCOURT. *Timbre de bicyclette.* ➤ **sonnette.** *Timbre électrique.* ➤ **sonnerie.** ♦ LOC. FAM. (1608) VIEILLI *Avoir le timbre un peu fêlé* : être un peu fou. ➤ **timbré.** ■ **2** (1762) Qualité spécifique des sons produits par un instrument, indépendante de leur hauteur, de leur intensité et de leur durée. ➤ **sonorité.** *Le timbre de la flûte. Le timbre d'un son est caractérisé par l'intensité relative de ses harmoniques.* — PAR ANAL. *Le timbre de la voix.* ➤ 2 **son.** *Une voix au timbre clair.* — *Voix qui a du timbre,* dont la sonorité est pleine, riche (cf. Voix cuivrée, bien timbrée). *Une voix sans timbre,* blanche. — PHONÉT. « Qualité spécifique du son, qui nous permet *[...]* de distinguer par exemple *[...]* un *a* d'un *o*, un *e* ouvert [ɛ] d'un *e* fermé [e] » (Marouzeau). *Timbre d'une voyelle.* ■ **3** (1680) *Timbre* ou *corde de timbre* : corde à boyau tendue en double contre la peau inférieure d'un tambour *(peau de timbre)* pour augmenter sa résonance.

II CASQUE (par analogie de forme avec la cloche) VX Partie du casque qui protégeait le crâne. ♦ (1352) BLAS. Casque, ornement (couronne, tiare, mitre, mortier) placé au-dessus des armoiries pour indiquer la qualité de la personne qui le porte.

III MARQUE, VIGNETTE A. MARQUE OFFICIELLE, CACHET ■ **1** (XVIIe) MOD. Marque, cachet que doivent porter certains documents à caractère officiel, et qui donne lieu à la perception d'un droit au profit de l'État ; ce droit. *Le droit de timbre est recouvré par l'Enregistrement**. *Acte soumis à l'obligation du timbre fiscal* (cf. Papier timbré*). *Droit de timbre sur les passeports, les cartes d'identité...* ■ **2** Marque qu'une administration, un établissement public, une entreprise privée appose sur un document ou un objet pour en garantir l'origine. ➤ **cachet,** 1 **marque, poinçon, tampon.** *Effets émis par le Trésor public avec son timbre. « Eusèbe prenait une enveloppe* [...], *imprimait sur le coin le timbre de la maison »* AYMÉ. ■ **3** TECHN. Poinçon ou plaque qu'on appose sur une chaudière à vapeur pour indiquer la pression maximale qu'elle peut supporter ; le chiffre qui exprime cette pression. ■ **4** (1881) Instrument qui sert à imprimer la marque appelée *timbre.* ➤ **cachet, tampon.** *Timbre de cuivre, de caoutchouc. Timbre dateur, horodateur.*

B. MARQUE, VIGNETTE POSTALE ■ **1** (1798) ANCIENNT Marque postale, cachet que la poste apposait sur une lettre pour indiquer le bureau d'origine et certifier que le port avait été payé par l'expéditeur. *« des timbres oblongs, carrés, triangulaires, rouges, bleus, apposés sur une lettre »* BALZAC. — MOD. Cachet sur une lettre, un colis postal, etc., qui indique le lieu, la date et l'heure du départ. ➤ **cachet, oblitération.** ■ **2** (1798 ; mis en vente le 1er janvier 1849) **TIMBRE** ou **TIMBRE-POSTE** [tɛ̃bʀəpɔst]. Petite vignette, au verso enduit de gomme, vendue par La Poste et qui, collée sur un objet qui lui est confié, a une valeur d'affranchissement* conventionnelle. *Des timbres-poste. Carnet, feuille de timbres. Timbre autocollant. Acheter des timbres à la poste, au bureau de tabac. Surcharge d'un timbre-poste. Coller, mettre un timbre sur une enveloppe. Timbre oblitéré**. *Émission de timbres. Collection de timbres* (➤ **philatélie**). *Album de timbres. Marché aux timbres. « ayant la veille vendu mes timbres-poste les plus rares à la Bourse aux timbres »* RADIGUET. — *Format timbre-poste* ; FIG. très petit. *Des shorts format timbre-poste.* ■ **3** (1858) *Timbre-taxe* : timbre indiquant le port à percevoir du destinataire pour une correspondance insuffisamment affranchie ou non acquittée. *Des timbres-taxes.*

C. VIGNETTE ■ **1** DR. FISC. Vignette gommée représentant une valeur déterminée, que l'on colle sur un acte pour attester le paiement du droit de timbre (on dit parfois *timbre mobile,* par oppos. au *papier timbré**). *Timbre de quittance* ou *timbre-quittance,* sur une quittance, un reçu, une décharge. *Des timbres-quittances. Timbres fiscaux.* — (1967) *Timbre-amende* : vignette qui atteste le paiement d'une amende. *Des timbres-amendes.* ■ **2** Vignette qui atteste le paiement d'une cotisation et que l'on colle sur une carte d'adhérent. ♦ Vignette vendue au profit d'œuvres. *Vente de timbres antituberculeux.* ■ **3** MÉD. Pastille adhésive imprégnée d'un médicament, d'une substance qui pénètre dans l'organisme par voie percutanée (➤ **patch**). *Timbre tuberculinique.*

TIMBRÉ, ÉE [tɛ̃bʀe] adj. – XVIIe ◊ de *timbre*

I ■ **1** FAM. Un peu fou*. ➤ **cinglé,** 1 **piqué ; timbre** (I, 1°). *« Le brave homme est un peu timbré ; c'est le malheur et le chagrin »* MÉRIMÉE. SUBST. *Un timbré.* ■ **2** (1836) Qui a un beau timbre (I, 2°) ; qui a du timbre. *Une voix bien timbrée.*

II (de *timbrer*) ■ **1** (1690) *Acte timbré,* marqué d'un cachet, d'un timbre (II, B, 1°), du timbre fiscal. COUR. **PAPIER TIMBRÉ :** papier émis par le gouvernement, destiné à la rédaction d'actes civils ou judiciaires soumis au droit de timbre*, et portant une vignette de valeur déterminée correspondant au montant du droit à acquitter (opposé à *papier libre*). ■ **2** Qui porte un timbre (II, C, 2°). *Joindre une enveloppe timbrée pour la réponse.*

TIMBRER [tɛ̃bʀe] v. tr. ⟨1⟩ – v. 1340 ; « battre du timbre (tambour) » XIIe ◊ de *timbre* ■ **1** BLAS. *Timbrer un écu,* mettre un timbre au-dessus de lui. — (Surtout p. p.) *Armoiries timbrées d'une couronne comtale.* ■ **2** *Timbrer un document, un acte,* mettre en haut de la feuille la date et le sommaire du contenu. ■ **3** Marquer (un acte, un document) du timbre fiscal. *Faire timbrer un effet de commerce à l'Enregistrement.* ■ **4** Marquer (un document, un objet) d'un cachet, d'un timbre. ➤ **estampiller, marquer, tamponner.** *« Le directeur des postes reçoit ici, depuis un an, des lettres timbrées d'Odessa »* BALZAC. — (1873) Apposer sur (un appareil à vapeur) un poinçon indiquant la pression maximale. *« L'heure de vérifier la pression et de timbrer les chaudières »* J.-R. BLOCH. ■ **5** *Timbrer une lettre, un envoi postal,* y coller un ou plusieurs timbres dont la valeur représente le prix du port. ➤ **affranchir.**

TIMIDE [timid] adj. – 1528 ; « craintif » 1518 ◊ latin *timidus,* de *timere* « craindre » ■ **1** VIEILLI Qui manque d'audace et de décision. ➤ **hésitant, indécis, pusillanime, timoré.** *« Racine, à travers lui, paraît, malgré lui, gris, timide, étriqué »* GIDE. — MOD. (CHOSES) *Mesures, tentatives timides.* ➤ **frileux.** *Une protestation bien timide.* ■ **2** MOD. Qui manque d'aisance et d'assurance dans ses rapports avec autrui. ➤ RÉGION. **gêné, pogné.** *« Sara paraissait si timide, elle avait si peur d'être importune »* NERVAL. ➤ **timoré.** *Il est timide avec les femmes.* ➤ **complexé, inhibé ;** FAM. **coincé.** *« les pudeurs et les retenues d'un amoureux timide »* FALLET. ➤ 2 **transi.** — SUBST. *« Le timide s'évade souvent de sa faiblesse par quelque manifestation de violence »* DUHAMEL. *C'est un grand timide.* — PAR EXT. *Manières timides.* ➤ **embarrassé, emprunté, gauche, humble.** *D'une voix timide.* ■ CONTR. Brave, courageux, 1 fort. Audacieux, énergique, entreprenant, hardi. Assuré, cynique, effronté, outrecuidant.

TIMIDEMENT [timidmɑ̃] adv. – 1549 ◊ de *timide* ■ D'une manière timide, avec timidité. *Frapper timidement. Il exposa timidement sa requête.* ■ CONTR. Bravement, carrément, hardiment, violemment.

TIMIDITÉ [timidite] n. f. – v. 1400 « peur, crainte » ◊ latin *timiditas* ■ **1** VIEILLI Manque d'audace et de décision dans l'action ou la pensée. ➤ **pusillanimité.** *« Il cherchait les voix moyennes, par timidité plus encore que par sagesse »* JAURÈS. — MOD. (CHOSES) *La timidité d'une réaction. La timidité de la reprise économique.* ➤ **frilosité.** ■ **2** Manque d'aisance et d'assurance en société ; comportement, caractère d'une personne timide. ➤ **confusion, embarras, gaucherie, gêne, honte, inhibition, modestie.** *Il n'a pas osé, par timidité. Elle est d'une timidité maladive. Surmonter sa timidité. « Delamere était d'une timidité bavarde. Par peur que le silence ne s'installe entre eux »* M. DUGAIN. ■ CONTR. Audace, hardiesse. Aplomb, cynisme, effronterie, insolence, outrecuidance, sans-gêne.

TIMING [tajmiŋ] n. m. – 1909 ◊ mot anglais, de *to time* « régler, mesurer le temps » ■ ANGLIC. Répartition dans le temps des différentes tâches à effectuer. ➤ **calendrier, programme** (cf. Emploi* du temps). *Un timing précis.* — Recomm. offic. *calendrier, minutage.*

TIMON [timɔ̃] n. m. – XIIe ◊ latin populaire *timo, timonis,* classique *temo* ■ **1** Longue pièce de bois disposée à l'avant (d'une voiture ou d'une charrue), selon son axe longitudinal, et de chaque côté de laquelle on attelle une bête de trait. ➤ 1 **flèche, palonnier.** *Timon articulé à l'armon d'un carrosse.* — Longeron métallique qui supporte la caisse (d'une remorque) et assure la liaison avec le véhicule. ■ **2** VX MAR. Gouvernail. *Timon d'un navire.*

TIMONERIE [timɔnʀi] n. f. – 1791 ◊ de *timonier*

I MAR. ■ **1** Fonction, spécialité de timonier, service dont sont chargés les timoniers (1°). *Chef, quartier-maître de timonerie. Journal de la timonerie.* ■ **2** Ensemble des matelots affectés à ce service. ■ **3** Partie du navire qui abrite la roue du gouvernail et les divers appareils de navigation. *« Il y avait là, comme en haut, un compas, un chadburn, une boîte de morse, et un second poste de timonerie »* VERCEL.

II TECHN. Ensemble des organes de transmission qui servent à commander la direction et les freins d'une automobile, à appliquer sur les gouvernes les ordres donnés sur les commandes de vol d'un avion.

TIMONIER, IÈRE [timɔnje, jɛʀ] n. – XIIIe ; *tomonier* XIIe ◇ de *timon* ■ **1** MAR. Marin qui tient le timon (2°), la barre du gouvernail (cf. Homme de barre*) ; chacun des matelots ou des gradés qui s'occupent de la surveillance de la route, de la direction du navire, de la sonde, des signaux, de la transmission des ordres. ■ **2** (1636) Chacun des chevaux attelés de part et d'autre du timon.

TIMORÉ, ÉE [timɔʀe] adj. – 1578 ◇ latin *timoratus* «qui craint Dieu», de *timor* «crainte» ■ **1** (d'abord relig.) Scrupuleux* à l'extrême. *«vos scrupules proviennent d'une délicatesse trop grande. Votre conscience est timorée»* JAMMES. ■ **2** (XVIIIe) COUR. Qui est trop méfiant, trop attaché à ses habitudes, qui craint le risque, les responsabilités, l'imprévu. ➤ **craintif, frileux, indécis, pusillanime, timide.** *Caractère timoré. «elle était trop timorée, attachée à sa petite ville, à son église, à sa maison, elle avait peur des voyages»* R. ROLLAND. — SUBST. *Ce sont des timorés.* ■ CONTR. Audacieux, courageux, effronté, entreprenant, hardi, téméraire.

TIN [tɛ̃] n. m. – 1465 ◇ du moyen français *tin, tind* ■ MAR. Pièce de bois qui supporte la quille d'un navire en construction. ➤ **béquille, billot, chantier.** *Tin de ber*.* ■ HOM. Tain, teint, thym.

TINAMOU [tinamu] n. m. – 1741 ◇ caraïbe *tinamu* ■ ZOOL. Oiseau gallinacé à ailes réduites et à queue très courte, qui niche sur le sol et vit en Amérique du Sud. *Des tinamous.*

TINCAL [tɛ̃kal] n. m. – 1752 ; *tinkal* 1765 ◇ malais *tingkal* ■ MINÉR. Forme impure du borax* (borate de soude). *Des tincals.*

TINCTORIAL, IALE, IAUX [tɛ̃ktɔʀjal, jo] adj. – 1796 ◇ du latin *tinctorius*, de *tingere* «teindre» ■ DIDACT. Qui sert à teindre. *Plantes, matières tinctoriales.* ➤ **colorant, teinture.** — Relatif à la teinture. *Opérations tinctoriales.*

TINETTE [tinɛt] n. f. – XIIIe ◇ diminutif de *tine* «tonneau, baquet» (1231) ; latin *tina* «vase pour le vin» ■ **1** TECHN. Tonnelet dont le fond est plus large que le haut, pour le transport du beurre fondu. ■ **2** (1836) Baquet servant au transport des matières fécales, qui suppléait à l'absence de fosse d'aisances. *«ceux qui vident les poubelles et ceux qui promènent dans la nuit nauséabonde les énormes tinettes»* ARAGON. *Corvée de tinettes* (➤ **vidange**). ◆ FAM. et VIEILLI Lieux d'aisances (surtout aux armées). ➤ **chiotte, goguenots.**

TINTAMARRE [tɛ̃tamaʀ] n. m. – 1490 ◇ de *tinter* et suffixe obscur ■ Grand bruit discordant. *Le tintamarre des klaxons. Faire du tintamarre.* ➤ 2**boucan, tapage, vacarme*.** ■ CONTR. 1Calme.

TINTEMENT [tɛ̃tmɑ̃] n. m. – 1490 ◇ de *tinter* ■ Bruit (de ce qui tinte). *Tintement de cloche. «une sonnette dont le tintement aigu annonçait l'entrée des clientes»* ZOLA. ➤ **carillon.** — PAR EXT. Bruit semblable provoqué par des objets frappés, heurtés, qui résonnent. ◆ (1501) *Tintement d'oreilles* : bourdonnement analogue à celui d'une cloche qui tinte. *«Sans écouter ni les tintements de mon oreille, ni les battements précipités de mon cœur»* BALZAC.

TINTER [tɛ̃te] v. ‹1› – 1190 «résonner» ; *ne tinter mot* 1080 ◇ bas latin *tinnitare*, fréquentatif de *tinnire*

I v. intr. ■ **1** Produire des sons aigus qui se succèdent lentement (en parlant d'une cloche dont le battant ne frappe qu'un côté). ➤ **résonner, sonner.** *«j'entendis le son lointain d'une cloche qui tintait : elle appelait les fidèles à la prière»* CHATEAUBRIAND. *Timbre d'ambulance qui tinte.* ■ **2** Produire des sons clairs, aux harmonies aiguës. *«Le trousseau de clefs qu'il avait tiré de sa poche tinta gaiement»* MARTIN DU GARD. — *Les oreilles me tintent* (➤ **tintement**). FIG. *Les oreilles* ont dû vous tinter.*

II v. tr. (XVe) Faire tinter. *«Vous tintez le glas pour le traître Et pour le brave, le tocsin»* HUGO. — *Tinter la messe* : sonner les cloches pour annoncer l'office.

■ HOM. Teinter ; *tinte* : tîntes (tenir).

TINTIN [tɛ̃tɛ̃] n. m. – XIIIe «bruits des verres qui s'entrechoquent» ◇ onomat. ■ LOC. FAM. (1935) *Faire tintin* : être privé, frustré de qqch. (cf. Se mettre la ceinture*). *Pour l'héritage, ils peuvent faire tintin !* ELLIPT *Tintin !* rien du tout (cf. La peau !). *«Tintin, conclut-elle en se tapant le menton avec l'index et le médius de la main droite»* QUENEAU. *C'est, ça va être tintin* : c'est, cela ne sera pas possible.

TINTINNABULER [tɛ̃tinabyle] v. intr. ‹1› – 1839 ; aussi *tintinnuler* ◇ du latin *tintinnabulum* «clochette», même origine que *tinter* ■ LITTÉR. Se dit d'une clochette, d'un grelot qui sonne, et PAR EXT. de ce qui tinte comme un grelot. *«un paquet de breloques tintinnabulant»* BALZAC.

TINTOUIN [tɛ̃twɛ̃] n. m. – 1490 ◇ de *tinter* ou *tintin* ■ FAM. ■ **1** Bruit fatigant, vacarme. *Quel tintouin dans la rue !* ➤ **tintamarre.** *Ils ont fait du tintouin toute la nuit.* ■ **2** FIG. Souci, tracas. *«Quel tintouin, ces gosses»* AYMÉ. *Avoir du tintouin. Se donner du tintouin*, du mal.

TIPI [tipi] n. m. – 1890 ◇ du sioux (dakota), par l'anglais *tepee* ■ Tente de forme conique des Indiens d'Amérique du Nord.

TIP-TOP ou **TIP TOP** [tiptɔp] adj. inv. – 1994 ; 1968 en Suisse, par l'allemand ◇ anglais *tip-top*, de *tip* «extrémité» et *top* «sommet» → 2top ■ ANGLIC. FAM. Parfait, impeccable, génial. *Un hôtel tip-top. C'est tip-top.*

TIPULE [tipyl] n. f. – v. 1600 ◇ latin *tippula* «araignée d'eau» ■ ZOOL. Insecte diptère de grande taille *(tipulidés)*, à longues pattes grêles, dont les larves rongent les racines des plantes.

TIQUE [tik] n. f. – 1464 ◇ moyen néerlandais *tike*, p.-ê. par l'anglais *tick* ■ Acarien parasite des animaux, se nourrissant de sang, qui peut piquer l'être humain et transmettre des maladies infectieuses. ➤ **ixode.** *Ce chien a des tiques. Les tiques sont vecteurs de maladies (borréliose, bartonellose, piroplasmose, rickettsiose, leishmaniose, tularémie...).* ■ HOM. Tic.

TIQUER [tike] v. intr. ‹1› – 1664 ◇ de *tic* ■ **1** VÉTÉR. Avoir le tic (1°), en parlant du cheval. *«Dans l'écurie on entendait Bayard tirer sa chaîne et tiquer contre sa mangeoire»* GAUTIER. ■ **2** (1888) RARE Avoir un tic. ■ **3** FIG. et COUR. Manifester, par la physionomie ou par un mouvement involontaire, son mécontentement, sa désapprobation, son dépit. *Ma proposition l'a fait tiquer* (➤ **indisposer**). *Il a tiqué sur le prix. «Le curé tiquait bien un peu sur ces plaisanteries»* CÉLINE. ➤ **rechigner.** — PAR EXT. (FAM.) Réagir. *Le prix élevé ne l'a pas fait tiquer.*

TIQUETÉ, ÉE [tik(ə)te] adj. – *ticqueté* 1578 ◇ du néerlandais *tik* «piqûre légère, point» ■ Marqué de petites taches. ➤ **piqueté, tacheté.** *«la peau épaisse et tiquetée sur un fond de hâle»* GONCOURT. *«ceux qui récoltent dans les broussailles les œufs tiquetés de vert»* SAINT-JOHN PERSE. *Des fruits tiquetés.* ➤ **tavelé.**

TIQUETURE [tik(ə)tyʀ] n. f. – 1845 ◇ de *tiqueté* ■ DIDACT. État de ce qui est tiqueté. *La tiqueture d'une fleur.*

TIQUEUR, EUSE [tikœʀ, øz] adj. et n. – 1664 ◇ de *tiquer* ■ **1** VÉTÉR. Qui tique (1°). *Cheval tiqueur.* ■ **2** n. PSYCHIATR. Personne qui a un tic. *Un tiqueur, une tiqueuse.*

TIR [tiʀ] n. m. – 1660 ; *vol à tir* «à tire-d'aile» hapax XIIIe ◇ de *tirer*

I ■ **1** Le fait de tirer (IV), de lancer une arme de trait ou des projectiles (à l'aide d'une arme ; SPÉCIALT d'une arme à feu) ; l'art et la manière de tirer. *Tir à l'arc, au fusil, au pistolet.* — *Tir au vol* (des oiseaux). *Concours, champion de tir.* — *Exercices de tir*, dans l'armée. *Faire du tir. Champ, polygone, stand de tir.* — *Tir à blanc*. Mettre une pièce en position de tir* (cf. En batterie). ◆ *Ligne de tir* : droite passant par l'axe de la bouche à feu indéfiniment prolongée. *Angle de tir* : angle de la ligne de tir avec le plan horizontal. *Plan de tir* : plan vertical contenant la ligne de tir. ◆ (1959) Lancement (d'une fusée, d'un engin). *Tir planétaire, lunaire.* ■ **2** Direction selon laquelle une arme à feu lance ses projectiles ; leur trajectoire. *Tir précis. «Ployé sur ses jambes, les deux bras tendus vers l'avant pour assurer l'équilibre de son tir»* J. VAUTRIN. *Ajuster, régler, corriger le tir.* ➤ **hausse, mire** (ligne de mire) ; 1**pointer,** 1**viser.** *Rectifier* le tir. Tir direct, de plein fouet*. Tir courbe, d'écharpe* (oblique), *d'enfilade, à revers.* ■ **3** Série de projectiles envoyés par une ou plusieurs armes (considérée dans ses effets). *Tir de mitrailleuse, d'artillerie.* ➤ **coup,** 1**salve, rafale.** *Offrir une cible au tir ennemi.* ➤ 1**feu.** *Tir de barrage* : tir d'artillerie effectué en avant des troupes ennemies pour arrêter leur attaque, leur interdire le débouché ; FIG. manœuvres destinées à faire échouer une entreprise, à faire reculer un adversaire. *Tir de harcèlement, de neutralisation.* — *Tir croisé*. Tir groupé* ; FIG. convergence de critiques virulentes ; série de réussites sportives en peu de temps. — *Concentrer, diriger le tir sur. «Le tir, d'abord bloqué devant le bois, s'était élargi sur toute la ligne ennemie»* DORGELÈS. *Préparation du tir* : calcul des trajectoires *(tables de tir)*. — *Puissance de tir d'une arme, d'une unité*, quantité de projectiles d'une puissance donnée qu'elles peuvent lancer dans un temps déterminé. ■ **4** Manière dont une arme envoie ses projectiles. *Armes à tir automatique, semi-automatique. Canon à tir rapide.* ■ **5** Le fait de tirer (IV, 4°), au jeu de boules. *Les règles de tir sont propres à la pétanque.* ◆ Au football, Coup pour envoyer le ballon au but. ➤ **shoot.** *Épreuve des tirs au but* : série de pénaltys pour départager deux équipes dans le cas d'un match nul qui ne

peut être rejoué.
II (1826) Emplacement aménagé pour s'exercer au tir à la cible. ➤ 1 **stand.** *Les « tenancières des tirs forains leur proposant d'essayer leur adresse »* PRÉVERT. — **TIR AU PIGEON :** dispositif pour s'exercer au tir des oiseaux au vol (oiseaux vivants ou projection de simulacres ➤ **balltrap**) ; emplacement où l'on s'exerce à ce tir.
■ HOM. Tire.

TIRADE [tiʀad] n. f. – 1610 ; hapax XVe ◊ de *tirer* ■ **1** Développement continu et assez long (d'une même idée). *« Des tirades d'amour conjugal »* LACLOS. — Développement littéraire. ■ **2** (1672) Longue suite de phrases, de vers, récitée sans interruption par un personnage de théâtre. ➤ **monologue.** *« considérer les longues tirades de Phèdre, tout indépendamment de l'ensemble, comme des poèmes »* GIDE. *La tirade du nez, dans le « Cyrano » de Rostand.* — (Souvent péj.) Long développement, longue phrase emphatique. *Il nous a fait toute une tirade sur le bonheur.* ➤ **discours,** FAM. **laïus.** *Interrompre une tirade.*

TIRAGE [tiʀaʒ] n. m. – avant 1600 ; « halage » 1479 ◊ de *tirer*
I Le fait de tirer (I) ; son résultat. ■ **1** (v. 1600) Allongement, étirage. *Tirage de la soie,* afin de former le fil. *Dévidage et tirage.* — MÉTALL. *Tirage des métaux* (à la filière*, etc.). ➤ **étirage, tréfilage.** — *Tirage des étoffes.* ■ **2** Déplacement. ➤ **traction,** 1 **trait.** VX *Le tirage d'un bateau.* ➤ **halage.** *Chevaux de tirage.* — MOD. *Tirage d'un cordon, d'une corde, etc.,* pour déclencher un mécanisme. *« Le cordon de tirage [...] fit résonner une petite sonnette »* BALZAC. *Cordon de tirage des doubles rideaux.* ■ **3** LOC. FAM. (1842) *Il y a du tirage,* des difficultés, des frictions entre personnes en désaccord. *Il y a du tirage entre eux.* ■ **4** (1783) Attraction par le foyer de l'oxygène nécessaire à une combustion ; mouvement de l'air qui en résulte. *Tirage d'une cheminée. Régler, activer le tirage.*
II (1680 ◊ de *tirer,* III, 2°) ■ **1** Le fait d'imprimer, de reproduire par impression. ➤ **impression ; imprimerie.** *Tirage à la main, à la presse mécanique, à la rotative.* ■ **2** Ce qui est ainsi imprimé. *Un beau tirage sur papier glacé.* ◆ (1837) Ensemble des exemplaires, quantité d'exemplaires tirés, sortis de presse en une fois. *Tirage à mille exemplaires. Premier tirage. Tirage limité. Tirages à part* (d'un article, d'une revue). PAR EXT. (d'un exemplaire) ➤ **tiré à part.** *Tirage de luxe, numéroté, sur alfa...* ➤ **édition.** — Quantité totale d'exemplaires. *Journal à grand, fort tirage. Le tirage et la diffusion.* ■ **3** (1680) Opération par laquelle on reproduit sous son aspect définitif sur papier, etc. (une œuvre gravée). ➤ **gravure.** *Tirage d'une estampe, d'une planche.* ◆ (1853) PHOTOGR. Opération par laquelle on obtient une image positive (épreuve), soit en transmettant l'image négative sur une émulsion positive *(tirage par contact),* soit en transformant chimiquement le négatif *(tirage par inversion). Développement* et tirage. Tirage sur papier mat, brillant. Le tirage d'un film.*
III ■ **1** (1752) Désignation par le sort ; fait de tirer (V) au hasard un ou plusieurs numéros. *Tirage au sort*. Tirage du loto. Le tirage des numéros gagnants. Jeux de tirage* (loterie, loto...). ■ **2** Le fait de tirer le vin. *Le bouchon « indiquait d'une manière certaine qu'il y avait longtemps que le tirage avait eu lieu »* BRILLAT-SAVARIN. ■ **3** Émission (d'une lettre de change, d'un chèque). *Tirage en l'air, fictif* (d'une traite qui ne correspond à aucune créance du tireur sur le tiré). *Droit de tirage spécial (D. T. S.).* ➤ 3 **droit** (I, 4°).

TIRAILLEMENT [tiʀajmɑ̃] n. m. – XVIe ◊ de *tirailler* ■ **1** Le fait de tirer à plusieurs reprises, en divers sens. ■ **2** FIG. Le fait d'être tiraillé, tourmenté, ballotté (entre divers sentiments, désirs, etc.). *« l'ère des doutes, tiraillements de la pensée qui provoquent les crampes d'estomac »* FLAUBERT. ◆ Difficulté résultant de volontés ou d'intérêts contradictoires. ➤ **conflit, désaccord, tiraillerie.** *« Tiraillements entre l'autorité nationale et l'administration »* MIRABEAU. ■ **3** (1721) Sensation douloureuse de tension variable ; spasme* qui donne cette sensation (➤ **crampe**). *Tiraillement d'estomac, d'intestin. « les tiraillements douloureux des plaies qui se cicatrisent »* MAUPASSANT.

TIRAILLER [tiʀaje] v. ⟨1⟩ – 1542 ◊ de *tirer*
I v. tr. ■ **1** Tirer à plusieurs reprises, en diverses directions. *« Toute une légion de monstres se suspendent à son manteau et le tiraillent de tous côtés pour lui faire perdre l'équilibre »* MUSSET. — *Tirailler qqn par le bras, par la manche.* ■ **2** FIG. Agir d'une manière fréquente et importune sur..., en sollicitant contradictoirement. ➤ **harceler, houspiller, importuner.** *Il était tiraillé entre les solutions qui s'offraient à lui.* ➤ **ballotter, écarteler.** *« Il établit le pour et le contre, changeant à tout moment de résolution, combattu, malheureux, tiraillé par les raisons les plus contraires »* MAUPASSANT.
II v. intr. (XVIIe ◊ de *tirer,* IV) Tirer souvent, irrégulièrement, en divers sens. *Des chasseurs qui tiraillaient dans les bois.* ◆ SPÉCIALT Faire un tir irrégulier, à volonté. *Tirailler sur l'ennemi, pour le harceler* (➤ **tirailleur**).

TIRAILLERIE [tiʀajʀi] n. f. – 1975 ; « feu de tirailleur » 1757 ◊ de *tirailler* ■ Tiraillement (2°).

TIRAILLEUR [tiʀajœʀ] n. m. – 1740 ; « celui qui tire en tous sens » 1578 ◊ de *tirailler* ■ **1** Soldat détaché pour tirer à volonté sur l'ennemi. *Francs-tireurs* et tirailleurs. Soldats déployés en tirailleurs,* en lignes espacées, sans profondeur. — FIG. Personne qui agit, se bat isolément, en franc-tireur. ■ **2** (1841) ANCIENNT Soldat de certaines troupes d'infanterie, hors du territoire métropolitain, formées d'autochtones encadrés par des Français. *Tirailleurs sénégalais, algériens.*

TIRAMISU [tiʀamisu] n. m. – v. 1990 ◊ italien *tira mi su* « remonte-moi » à cause des vertus roboratives du plat ■ Entremets italien à base de mascarpone, d'œufs, de biscuit, parfumé au café et à la liqueur et saupoudré de cacao.

TIRANT [tiʀɑ̃] n. m. – 1300 ancien provençal « corde pour tirer » ◊ de *tirer* (I) ■ **1** Ce qui sert à tirer. SPÉCIALT (1573) *Les tirants d'une bourse.* ➤ **cordon.** ◆ (1660) Pièce de cuir, de tissu, servant à chausser des bottes (en les tirant). — *Tirants d'une chaussure,* les parties qui sont de chaque côté, sur le cou-de-pied, et qui portent les attaches (œillets, crochets, etc.). ■ **2** (1335) ARCHIT. Pièce, généralement horizontale, soumise à un effort de traction. *Tirant d'une ferme de comble.* ➤ **entrait.** *Tirants sous des arcades* (pour en empêcher l'écartement). ■ **3** (1677) **TIRANT D'EAU** ou *tirant :* quantité, volume d'eau que déplace, « tire » un navire ; distance verticale entre la ligne de flottaison et la quille. ➤ **calaison.** *Tirant avant, arrière.* ■ **4** (1949) NAVIG. *Tirant d'air :* hauteur maximale entre la flottaison et le sommet des superstructures. PAR EXT. Hauteur libre d'un pont. ■ **5** BOUCH. Tendon. ■ HOM. Tyran.

TIRASSE [tiʀas] n. f. – 1379 ◊ de *tirer ;* cf. ancien provençal *tirassar* « traîner par terre » ■ **1** CHASSE Filet pour prendre certains oiseaux (cailles, perdrix). ■ **2** (1808) MUS. Combinaison de leviers qui permettent d'accoupler le pédalier d'un orgue aux claviers manuels, ou bien les claviers manuels entre eux ; commande de ce dispositif. ➤ **pédale.**

1 **TIRE** [tiʀ] n. f. – 1690 ; *tiere* « rangée » XIIe ; aussi *à tire, d'une tire* « sans interruption » ◊ du francique °*têri* « suite ordonnée » ■ BLAS. Trait ou rangée horizontale du vair. ■ HOM. Tir.

2 **TIRE** [tiʀ] n. f. – 1817 ◊ de *tirer* ■ **1** LOC. *Vol à la tire,* en tirant qqch. de la poche, du sac de qqn. *Voleur à la tire* (➤ **pickpocket, tireur**). ■ **2** (1935) ARG. Automobile. *« Charles avait trouvé une place pour garer sa tire »* QUENEAU.

3 **TIRE** [tiʀ] n. f. – 1810 ◊ de *tirer* ■ (Canada) Sirop* d'érable très épaissi, ayant la consistance du miel. *Le réduit et la tire. Du sirop qui « devenait une belle tire odorante et couleur de miel »* G. ROY. — Confiserie à la mélasse ou au sirop d'érable.

TIRÉ, ÉE [tiʀe] adj. – 1534 ◊ de *tirer* ■ **1** Qui a été tiré, tendu, ajusté. *Ses cheveux « bien peignés, bien tirés »* SAND. *Être tiré à quatre épingles*.* ◆ PAR EXT. (1699) Allongé, amaigri par la fatigue (visage). *« son pauvre visage tout tiré sous le fard »* SARRAUTE. *Avoir les traits tirés.* ➤ **fatigué.** ■ **2** Qui a été tiré (I, A, 2°). *« Le verrou tiré, il se crut imprenable »* HUGO. — *Tiré par les cheveux*.* ■ **3** (1536) Qui a été tiré (III), tracé, imprimé. ◆ Reproduit. *Articles tirés à part.* ➤ **tiré à part.** *Objets tirés à des milliers d'exemplaires* (cf. Fabriqués en série*). ■ **4** Qui est tiré (IV). *Des coups de fusil tirés au hasard.* ◆ SUBST. : CHASSE **UN TIRÉ :** chasse au fusil. *« Il n'y a pas de tiré plus difficile »* BUFFON. — Lieu d'un terrain de chasse réservé au tir. *Layons pratiqués dans un tiré.* ■ **5** Qui est tiré, que l'on a tiré (V) d'un lieu, d'un ensemble. *Sujet de roman tiré d'un fait divers.* — (PERSONNES) *Tiré du danger, de l'indécision.* — *Tiré d'affaire*.* — *Être à couteaux* tirés.* ■ **6** *Chèque tiré sur qqn,* émis de façon à prélever une somme sur le crédit de son compte. PAR EXT. *La personne tirée,* et SUBST. (1860) **LE TIRÉ :** personne désignée comme devant effectuer le paiement à l'échéance.

TIRÉ À PART [tiʀeapaʀ] n. m. – 1680 ◊ de *tirer, à* et *part* ■ Extrait d'une revue ou d'un ouvrage relié à part en un petit livret. *Des tirés à part réservés aux auteurs.*

TIRE-AU-CUL [tiʀoky] n. inv. – 1887 ◊ de *tirer, au* et *cul* ■ FAM. Personne paresseuse. ➤ **tire-au-flanc.**

TIRE-AU-FLANC [tiʀoflɑ̃] **n. inv.** – 1887 ◊ de *tirer, au* et *flanc* ■ FAM. ■ **1 n. m.** Soldat qui tire au flanc*, cherche à échapper aux corvées. ■ **2** PAR EXT. Personne paresseuse. ➤ **feignant, flemmard, tire-au-cul.**

TIRE-BALLE [tiʀbal] **n. m.** – 1564 ◊ de *tirer* «extraire» et *balle* ■ CHIR. Instrument servant à extraire une balle, un projectile d'une plaie profonde. *Des tire-balles.*

TIRE-BONDE [tiʀbɔ̃d] **n. m.** – 1836 ◊ de *tirer* et *bonde* ■ TECHN. Outil servant à retirer la bonde d'un tonneau. *Des tire-bondes.*

TIRE-BOTTE [tiʀbɔt] **n. m.** – 1690 ◊ de *tirer* et *botte* ■ **1** (de *tirer*, I) Crochet que l'on passe dans le tirant d'une botte (pour la mettre). *Des tire-bottes.* ■ **2** (de *tirer*, V) Planchette entaillée où l'on emboîte le talon, qui sert à se débotter. *Dans ce cloaque «il nous semblait à chaque pas qu'un tire-botte invisible empoignait nos chaussures par le talon»* GAUTIER.

TIREBOUCHON ou **TIRE-BOUCHON** [tiʀbuʃɔ̃] **n. m.** – 1718 ◊ de *tirer* (V) et *bouchon* ■ **1** Instrument, formé d'une hélice de métal et d'un manche, qu'on enfonce en tournant dans le bouchon d'une bouteille pour le tirer. ➤ aussi **limonadier.** *Tirebouchon à vis, à levier. Des tirebouchons, des tire-bouchons.* ■ **2** LOC. (1784) *En tirebouchon :* en hélice (circulaire), en «spirale». *Queue en tirebouchon* (des cochons). *«Un escalier en tire-bouchon menait au premier»* J.-R. BLOCH. ■ **3** VX Mèche de cheveux frisés en hélice. ➤ **anglaise.**

TIREBOUCHONNER [tiʀbuʃɔne] **v.** ‹1› – 1819 ◊ de *tirebouchon* ■ On écrit aussi *tire-bouchonner.* ■ **1 v. tr.** RARE Mettre en tirebouchon, en spirale. *«ces bourrelets de plis, que Gavarni tirebouchonne au bas de ses pantalons»* GONCOURT. ◆ **p. p. adj.** (1840) COUR. *Pantalons tirebouchonnés.* ■ **2 v. intr.** (1881) Former un, des tirebouchons. *Ses chaussettes tirebouchonnent.* ■ **3 v. pron.** Se tortiller. ➤ **se tordre.** *«Tenez, en y pensant, je me tords, je me tire-bouchonne, je vais crever de rire !»* LARBAUD.

TIRE-BRAISE [tiʀbʀɛz] **n. m.** – 1828 ; ancien provençal *tirabrasa* (XIVe) ◊ de *tirer* (V) et *braise* ■ TECHN. Ringard* de boulanger, servant à retirer la braise du four. *Des tire-braises.*

TIRE-CLOU [tiʀklu] **n. m.** – 1676 ◊ de *tirer* (V) et *clou* ■ TECHN. Outil formé d'une tige plate et dentée, pour arracher les clous. *Des tire-clous de couvreur.*

TIRE-D'AILE (À) [atiʀdɛl] **loc. adv.** – 1564 ◊ de *tire* n. f. «le fait de voler» (XVIe), croisement entre *tirer* (II) et 1 *tire* (du francique), et *aile* ; cf. ancien français *voler à tire, de tire* «sans s'arrêter» ■ Avec des coups d'ailes, des battements rapides et ininterrompus. *Oiseaux qui volent à tire-d'aile.* — (1532) LITTÉR. Très vite, comme un oiseau. ➤ **rapidement.** *Le temps fuit à tire-d'aile.*

TIRÉE [tiʀe] **n. f.** – 1927 ; *tout d'une tirée* «sans interruption» 1596 ; «ligne qu'on tire» 1573 ◊ de *tirer* → 1 tire ■ FAM. Longue distance pénible à parcourir. ➤ **trotte.** *Il y a une tirée jusqu'à chez toi.*

TIRE-FESSES [tiʀfɛs] **n. m. inv.** /TIRE-FESSE **n. m.**/ – 1960 ◊ de *tirer* (I) et *fesse* ■ FAM. Téléski, remonte-pente.

TIRE-FILET [tiʀfilɛ] **n. m.** – 1765 ◊ de *tirer* (III) et *filet* ■ TECHN. Outil pour tracer des traits fins sur bois ou sur métal. *Des tire-filets.*

TIRE-FOND [tiʀfɔ̃] **n. m.** /TIREFOND/ – 1470 ; ancien provençal (1405) ◊ de *tirer* (I) et *fond* ■ **1** Longue vis dont la tête est un anneau. *Tire-fond fixé dans un plafond pour y suspendre un lustre.* ■ **2** Longue vis à bois, à tête carrée, servant à divers assemblages. — (1890) CH. DE FER *Tire-fond fixant un coussinet, un rail à la traverse. Des tire-fonds.*

TIRE-JUS [tiʀʒy] **n. m. inv.** – v. 1805 ◊ de *tirer* (V) et *jus* ■ POP. Mouchoir.

TIRE-LAIT [tiʀlɛ] **n. m.** – 1844 ◊ de *tirer* (V) et *lait* ■ Petit appareil permettant d'aspirer le lait du sein. *Des tire-laits.*

TIRE-LARIGOT (À) ou **TIRELARIGOT (À)** [atiʀlaʀigo] **loc. adv.** – 1536 ◊ de *tirer* (V, A, 2°) et *larigot* ■ FAM. Beaucoup, en quantité. *«Deviens gras, mon Antoine, bois et mange à tire-larigot»* JOUHANDEAU (cf. À gogo).

TIRE-LIGNE [tiʀliɲ] **n. m.** – 1679 ◊ de *tirer* (III) et *ligne* ■ Petit instrument de métal dont l'extrémité est formée de deux becs serrés par une vis, et servant à tracer des lignes de largeur constante. *Compas à tire-ligne. Des tire-lignes.* — FIG. *Des «voies tracées au tire-ligne et se coupant à angle droit»* ROBBE-GRILLET.

TIRELIRE [tiʀliʀ] **n. f.** – XIIIe ◊ probablt même mot que *tire-lire*, refrain de chanson, onomat. désignant le chant de l'alouette, p.-ê. à cause du bruit que font les pièces de monnaie ■ **1** Petit récipient percé d'une fente par où on introduit des pièces de monnaie. ➤ **cagnotte, caisse.** *Casser sa tirelire,* pour avoir les pièces de monnaie ; FAM. dépenser toutes ses économies. *«Il était touchant, ce gosse, il avait dû briser sa tirelire pour la fête des mères»* Y. QUEFFÉLEC. — (1863) FAM. *«Bouche fendue en tirelire»* GAUTIER. ■ **2** FAM. et VIEILLI Estomac, ventre. ◆ (v. 1625) Tête. *Il a reçu un coup sur la tirelire.* ◆ Sexe féminin. *«les épaules au fil de l'onde, nez à nez, pratiquement, avec la tirelire d'une petite fille plus grande que moi»* J.-PH. TOUSSAINT.

TIRE-PIED [tiʀpje] **n. m.** – 1611 ◊ de *tirer* (I) et *pied* ■ TECHN. Courroie, lanière de cuir dont se servent les cordonniers pour fixer l'ouvrage sur leurs genoux. *Des tire-pieds.*

TIRER [tiʀe] **v.** ‹1› – fin XIe, au sens V ◊ mot d'origine obscure. L'explication par l'ancien verbe *martirier* «martyriser» à partir de *martirant* (au participe présent), qui aurait été analysé en *mar* «malheureusement» et *tiran(t)* «bourreau» (→ tyran), est difficilement acceptable.

I EXERCER UN EFFORT SUR..., DE MANIÈRE À ALLONGER, À TENDRE, OU À FAIRE MOUVOIR A. ~ v. tr. dir. ■ **1** Amener vers soi une extrémité, ou éloigner les extrémités de (qqch.), de manière à étendre, à tendre. ➤ **allonger, distendre, étendre, étirer, raidir, 1 tendre.** *Tirer une corde. Tirer sa jupe vers le bas. Tirer ses chaussettes.* ➤ **relever, remonter.** — *Se tirer les cheveux en arrière. Tirer les oreilles* à qqn.* LOC. FIG. *Se faire tirer l'oreille :* se faire prier. — *Tirer la chaîne d'une sonnette. «C'était l'heure d'aller tirer la cloche»* GUILLOUX. *Tirer la sonnette d'alarme. Tirer la chasse*. Tirer les fils des marionnettes.* — LOC. *Tirer les cordes* (VIEILLI), *les ficelles :* faire agir, manœuvrer. — (Sujet chose) *Le froid tire la peau. «Le sparadrap, collé sur sa joue, en tirait obliquement la peau tendue»* FLAUBERT. — FAM. *Se faire tirer (la peau) :* se faire retendre la peau (du visage). ➤ **lifter ; lifting.** *«On n'y voyait [...] aucun romancier pensif et soucieux de se tirer la peau, d'effacer ses rides»* P. HERBART. — *Tirer la gueule, la tronche,* (Belgique, Luxembourg) *la tête :* faire la tête, bouder. *«T'as l'intention de me tirer la tronche pendant combien d'années, comme ça ?»* A. NOTHOMB. ◆ TECHN. Étirer. *Tirer du métal en fils* (➤ **ductile**). — LOC. FIG. *Tirer (une réunion, une séance) en longueur :* faire durer à l'excès. ➤ **allonger.** LOC. *Tirer sa flemme*.* ◆ VX (hapax XIIe «torturer») *Tirer un supplicié à quatre chevaux.* ➤ **écarteler.** *«Monsieur de Ubu est un fort bon gentilhomme qui se ferait tirer à quatre chevaux pour mon service»* JARRY. — (1530) RÉGION. *Tirer une vache.* ➤ **traire.** ■ **2** (v. 1150) Faire aller dans une direction, en exerçant une action, une force sur la partie qu'on amène vers soi (tout en restant immobile). ➤ **attirer.** *Tirer un tiroir,* pour l'ouvrir. *Tirer le frein à main. Tirer l'échelle,* le haut de l'échelle, qui était appuyé (contre un mur, etc.). *Il faut tirer l'échelle*.* — *Tirer une porte derrière soi, sur soi.* ➤ **fermer.** — *Tirer l'aiguille,* l'amener, la ramener vers soi ; PAR EXT. coudre. — **TIRER (qqch.) À SOI,** l'accaparer, le prendre. ➤ RÉGION. **haler.** LOC. *Tirer la couverture* à soi. «Ursus, se mettant de moitié dans le succès de Gwynplaine, et tirant la nappe à lui, comme on dit en langue cabotine»* HUGO. — FIG. *Tirer* (qqch.) *à soi.* ➤ **1 amener, attirer.** *Tirer un auteur, un texte à soi* (en l'expliquant), le solliciter, lui faire dire ce qu'on veut. ◆ Faire mouvoir latéralement pour ouvrir, fermer. *Tirer le verrou. Tirer les rideaux.* LOC. *Tirer le rideau*, un voile* sur qqch.* ◆ *Tirer le diable* par la queue.* — *Tirer sa révérence* à qqn.* ■ **3** Faire avancer, mouvoir ; déplacer derrière soi. ➤ **traîner ; entraîner.** *Tirer un enfant par la main. «Six forts chevaux tiraient un coche»* LA FONTAINE. *Le remorqueur tire un paquebot.* ➤ **haler, remorquer, touer.** *Tracteur qui tire une machine* ➤ **1 tracter.** ◆ *Tirer la jambe.* ➤ **traîner.** ■ **4** FIG. (fin XVe) VX Attirer. *Tirer l'attention, le regard. «Tirer l'œil, par sa mise, sa force, sa beauté, c'est tenter le diable»* TOURNIER.

B. ~ v. tr. ind. ou **intr.** ■ **1** (v. 1160) **TIRER SUR... :** exercer une traction, faire effort sur..., pour tendre ou pour amener vers soi. *Tirer sur une ficelle.* LOC. FAM. *Tirer sur la ficelle, sur la corde :* exagérer, aller trop loin dans la recherche d'avantages. *«Il y a un moment dans la discussion où il ne faut plus tirer sur la corde»* H. GUIBERT. — *Tirer sur les rênes,* pour arrêter un cheval. ◆ INTRANS. *«Ses crocs s'enfonçaient dans le cuir de ma veste. Il tirait, glissait, tirait encore»* BOSCO. *Tirer de toutes ses forces.* — LOC. *Tirer à hue* et à dia.* ■ **2** (début XXe) **TIRER SUR :** exercer une forte aspiration sur. ➤ **aspirer.** *Tirer sur une cigarette. «tirer tant qu'on veut sur le tuyau de sa pipe et amener à soi toute la quantité de fumée qu'on veut»* RAMUZ. ◆ SANS COMPL. (avant 1850) Avoir une bonne circulation d'air.

Poêle, cheminée qui tire bien (➤ **tirage**). ▪ **3** v. intr. Subir une tension, éprouver une sensation de tension. *La peau lui tire.*

II SE RAPPROCHER, TENDRE VERS QQCH. (DANS L'ESPACE OU DANS LE TEMPS) A. ~ v. intr. ▪ **1** (1170 «tendre vers») **TIRER À.** VX Aller vers. — MOD. *Tirer au flanc*, au cul** (➤ **tire-au-cul, tire-au-flanc**). ♦ (1669 ; *tirer à fin* XVe) Approcher de sa fin. ➤ 1 **toucher.** *L'hiver tire à sa fin.* ♦ FIG. *Cela ne tire pas à conséquence* : cela n'est pas grave. «*Comme il était amoureux d'une quinzaine de personnes, cette passion ne tirait pas à conséquence*» NIMIER. ▪ **2** FIG. **TIRER À** (XIVe), **VERS, SUR, APRÈS** (fin XVe ; VX ou RÉGION. [Belgique]) : se rapprocher de (qqch.), avoir un rapport (de ressemblance, d'évocation). ➤ **ressembler** (à). «*le mur d'un or* [...] *tirant un peu sur le beige*» SARRAUTE.

B. ~ v. tr. dir. (*tirer la voie* «s'acheminer» 1210) ▪ **1** MAR. *Tirer des bordées*. Tirer des bords*.* ♦ (Bateau) Déplacer une certaine masse d'eau. *Paquebot qui tire six mètres* (➤ **tirant**). «*Les bâtiments qui tirent trop d'eau pour pouvoir entrer dans cette anse mouillent à la pointe de Lara*» BOUGAINVILLE. ▪ **2** (1789) FAM. Passer péniblement (une durée, un laps de temps). «*je n'ai plus que 10 950 jours à tirer, 262 000 heures, moins les heures de sommeil*» CALAFERTE. ➤ 1 **faire.** *Tirer une peine de prison.* ➤ **accomplir.**

III ~ v. tr. ▪ **1** (1538) Allonger sur le papier (une figure) en écrivant, en dessinant, en gravant. ➤ **tracer.** *Tirer une ligne* (➤ **tire-ligne**), *un trait. Tirer une perpendiculaire.* ➤ **abaisser.** — *Platebande tirée au cordeau*.* — TECHN. Tracer sur le terrain, en creusant, etc. *Tirer des canaux.* — *Tirer un plan*, le tracer ; FIG. l'élaborer. LOC. *Tirer des plans sur la comète*.* — *Tirer l'horoscope*, l'établir (➤ **astrologie**). ▪ **2** VX ou PLAISANT Représenter ou reproduire graphiquement. «*Diderot fut victime d'un petit accident* [...] *Garand en profita pour tirer son portrait à l'huile*» BILLY. *Se faire tirer le portrait* : se faire dessiner, peindre, PAR EXT. photographier. — (1898) *Tirer une épreuve* (gravure, lithographie). *Tirer des épreuves photographiques* (➤ **tirage**). ♦ SPÉCIALT (1669) Imprimer. *Tirer un livre à mille exemplaires.* — Fabriquer en plusieurs exemplaires. — Être fabriqué en plusieurs exemplaires. *Journal qui tire à trente mille exemplaires.* — (1835) **BON À TIRER** : mention portée sur les épreuves corrigées, bonnes pour l'impression. SUBST. *Les bons à tirer*, ces épreuves. *Les bons à tirer sont déjà chez l'imprimeur.* ABRÉV. *b. à t.*

IV FAIRE PARTIR (QQCH.) AU LOIN (*tirar* provençal 1280) ▪ **1** Envoyer au loin (une arme de trait, un projectile) au moyen d'une arme (➤ **tir**). *Tirer une flèche, une balle.* — *Tirer un coup de révolver ; de fusil, de canon. Tirer un coup de feu sur qqn.* — (De l'arme) «*C'était encore la petite pièce de canon* [...] *elle tirait cinq coups par minute*» STENDHAL. ♦ v. intr. Envoyer un projectile avec une arme (cf. Faire feu*). *Tirez !* ➤ 1 **feu.** *Dégainer, viser et tirer.* ALLUS. HIST. *Messieurs les Anglais, tirez les premiers !*, paroles des soldats français à Fontenoy (1745). — PAR EXT. Se servir d'une arme à feu. *Apprendre à tirer. Tirer bien, mal. Tirer dans toutes les directions.* ➤ **canarder, tirailler.** *Tirer à vue. Tirer sur une cible, à la cible ; tirer au but* : faire mouche. *Tirer sur une ambulance*. Tirer sur qqn.* ➤ FAM. **allumer, flinguer.** *Tirer sur tout ce qui bouge. Ne tirez pas sur le pianiste*.* — PRONOM. (RÉCIPR.) *Se tirer dessus.* — *Tirer contre* (un objectif). — *Tirer dans le dos, dans les pattes*, dans les jambes*.* — *Tirer à bout* portant sur qqn* (au pr. et au fig.). *Tirer en l'air. Tirer à blanc*.* — *Tirer dans le tas*, sur un groupe, sans viser d'individu. ♦ **TIRER À**, avec (telle arme). *Tirer à l'arc, au fusil, au pistolet.* — (Projectiles, explosifs) «*Des compagnies de gardes françaises qui tiraient, à poudre d'abord, puis à balles*» MICHELET. LOC. *Tirer à boulets* rouges sur qqn.* ▪ **2** (1490) Faire partir (une arme à feu), faire exploser. ➤ **décharger.** *Tirer le canon.* — *Tirer des fusées. Tirer un feu d'artifice* (➤ **pyrotechnie**). ▪ **3** (1490) Tirer un coup de feu, ou décocher un trait, de façon à atteindre, abattre (une personne, un animal). *Tirer un oiseau au vol. Ils l'ont tiré comme un lapin.* «*Mais oui, t'as tiré vingt parachutistes et tu as arrêté un tank à toi tout seul*» SARTRE. ➤ FAM. **descendre.** ▪ **4** Lancer (la boule) de manière à heurter le cochonnet ou une autre boule. *Tirer la boule, ou tirer. Tu la tires ou tu la pointes ?* — FOOTBALL Shooter. *Tirer un corner.* — INTRANS. *Tirer au but.* ▪ **5** LOC. FAM. *Tirer un, son coup* : avoir un rapport sexuel (homme). — VULG. *Tirer (une femme)* : avoir des rapports sexuels avec elle. «*Je l'ai tirée derrière, dans la cambuse* [...], *mais manque de bol, cette fois-ci, le patron nous a coincés*» T. TOPIN. — ABSOLT *Tirer* : avoir un rapport sexuel. ➤ 1 **baiser.**

V FAIRE SORTIR (fin XIe) **A. EXTRAIRE (QQCH., QQN) DE** ▪ **1** Faire sortir (qqch.) d'un contenant. ➤ **extraire, retirer.** *Tirer un mouchoir de sa poche, de son sac.* ➤ **prendre,** 1 **sortir.** — *Tirer des seaux d'eau d'un puits.* ➤ **puiser.** — LOC. *Tirer les marrons* du feu.* — *Tirer qqn du lit*, le forcer à se lever. — *Tirer la langue*, l'allonger hors de la bouche. *Ce chien tire la langue, il a soif.* FIG. *Tirer la langue*.* — *Tirer une plante de terre* (➤ **arracher**). — LOC. *Tirer les vers* du nez, une épine* du pied. Tirer son épingle* du jeu.* ▪ **2** Faire sortir, faire couler (un liquide) en le faisant monter, en l'exprimant (➤ **exprimer, extraire**). *Tirer le jus d'un citron. Tirer une bière* (à la pression) (➤ **tireuse**). *Tirer le vin* (du tonneau). PROV. *Quand le vin est tiré, il faut le boire* : il faut supporter les conséquences de ses actes. — *Tirer au clair*.* — *Tirer des larmes à qqn*, le faire pleurer. ▪ **3** SPÉCIALT *Tirer l'épée du fourreau.* ➤ **dégainer.** PAR EXT. *Tirer l'épée* : se battre à l'épée. — *Tirer des armes, les armes* : faire de l'escrime. SANS COMPL. *Il va tirer à la salle d'armes.* ▪ **4** (1580 ◊ des expr. *tirer une carte du jeu, un billet d'un chapeau*, etc.) Choisir parmi d'autres, dans un jeu de hasard. *Tirer une carte, un numéro de loterie. Tirer le bon, le mauvais numéro*.* — *Tirer les cartes* : dire la bonne aventure, prédire l'avenir à l'aide des cartes, des tarots (➤ **cartomancie**). *Se faire tirer les cartes.* — *Tirer la fève.* PAR EXT. *Tirer les rois*, à l'Épiphanie. — Désigner, faire désigner ou être désigné par un procédé de hasard. *Tirer les lots au sort*. Tirer à la courte paille*.* (Canada) *Faire tirer qqch.* : faire gagner qqch. par un tirage au sort. ▪ **5** Enlever, ôter (un vêtement, un ornement). *Tirer son chapeau* (pour saluer). «*Je lui tire tout de même ma casquette*» ARAGON. *Je vous tire mon chapeau* : je salue ce que vous avez fait. ▪ **6** (Compl. personne) Faire cesser d'être dans un lieu, une situation où l'on est retenu. ➤ **délivrer.** *Tirer des blessés des décombres.* ➤ **dégager.** *Tirer qqn de prison. Tirez-moi de là !* — (D'une situation pénible) *Tirer d'affaire, d'embarras, d'un mauvais pas.* ➤ **dépêtrer,** 1 **sortir.** «*il les tire du sale pétrin où ils venaient de se fourrer*» CÉLINE. — «*Ce succès qui le tirait de l'obscurité*» GAUTIER. ♦ FIG. Faire cesser d'être dans un état. *Tirer qqn du sommeil.* ➤ **réveiller.** *Un bruit le tira de sa rêverie.* — *Tirer qqn du doute, de l'erreur* (➤ **désabuser, détromper**).

B. OBTENIR EN SÉPARANT, EN SORTANT DE ▪ **1** (v. 1370) Obtenir (un produit) en utilisant une matière première, une source, une origine. *L'opium est tiré d'un pavot.* ➤ **provenir.** — *Tirer des sons d'un instrument.* ➤ **produire.** *Un cabanon* «*qui tire son jour de ces petites cours intérieures*» BALZAC. ▪ **2** Obtenir (qqch.) d'une personne ou d'une chose. ➤ **gagner, recevoir, recueillir.** «*savoir tirer de l'instant qui passe toutes les joies qu'il peut donner*» LOUŸS. — LOC. *Tirer avantage*, parti*, profit* de...* ➤ **profiter.** *Tirer gloire, vanité de* (qqch.) : s'enorgueillir, se prévaloir de. «*Il tirait argument et avantage de ce qu'il m'en coûtait de céder à mon désir*» GIDE. ♦ Obtenir (des paroles, des renseignements) de qqn. «*il interrogeait un député, dont il tâchait de tirer adroitement des nouvelles*» ZOLA. *On ne peut rien en tirer* : il reste muet. «*il m'est impossible de rien tirer d'elle. Elle est plus fermée qu'une jeune fille*» MORAND. — PAR EXT. Obtenir (un comportement, une action) de qqn. *On ne peut rien en tirer, il n'y a pas grand-chose à en tirer.* ▪ **3** Obtenir (de l'argent, un avantage matériel). ➤ **retirer.** *Tirer de l'argent de qqn.* ➤ **extorquer** (à), **soutirer** (à) ; **racketter.** *Tirer un revenu, de l'argent d'un capital, d'un immeuble.* ➤ **percevoir.** *Tirer sa subsistance de* (un travail...). ➤ **gagner.** *Je n'ai pas pu tirer grand-chose de ma vieille voiture.* ♦ FAM. Voler. *Se faire tirer son blouson.* ➤ **chouraver, piquer.** ♦ FIN. *Tirer une lettre de change, un chèque*, de manière à prélever une somme sur le crédit d'un compte. ➤ **émettre ; tiré, tireur.** «*Elle tira sans doute aussi des traites sur l'avenir et dépensa sans compter la petite fortune qui lui tombait*» M. SACHS. — ELLIPT *Tirer sur le compte de qqn, sur qqn.* «*chacun tirait ce dont il avait besoin sur le compte joint, que ce soit pour le loyer, la bouffe ou les sorties*» DAENINCKX.

C. (ABSTRAIT) (1636) ▪ **1** Faire venir (une chose) de. ➤ **dégager ; déduire, inférer.** *Tirer des conséquences d'une formule. Tirer des conclusions.* ➤ **conclure.** *Il ne faudrait pas en tirer la conclusion que...* ▪ **2** (1691) Emprunter (son origine, sa raison d'être [de] qqch.). ➤ **prendre.** *Tirer son origine, sa source de* : descendre, venir de. ➤ **provenir.** «*Un héros. De lui la tribu tirait son nom*» FUSTEL DE COULANGES. — *Tirer sa force, son pouvoir, son importance de...* ♦ Dégager d'un ensemble (un élément) pour l'utiliser. ➤ **prendre, puiser.** *Tirer la matière d'un roman d'un fait divers. Tirer des citations d'un texte.* ➤ **extraire.** — (CHOSES) *Les langues romanes tirent la plupart de leurs mots du latin.* ➤ **emprunter.** ▪ **3** Élaborer, faire, en utilisant des éléments que l'on a extraits. *Tirer une morale d'une doctrine.* ➤ **dégager, interpréter.** *Tirer la leçon* d'une expérience.* «*L'esprit philosophique sait tirer philosophie de toute chose*» RENAN.

VI ~ **v. pron. SE TIRER** ▪ **1** FAM. Partir, s'en aller ; s'enfuir*. *«Ah ! sur ce, je me tire... il est grand temps»* SARRAUTE. *Se tirer en douce. Tire-toi, et vite !* — LOC. *Se tirer des flûtes*.* ▪ **2** (1835) FAM. S'écouler lentement, en parlant d'une durée ; toucher à sa fin, en parlant d'une tâche. *Et ce stage ? – Ça se tire.* ▪ **3** (v. 1500) **SE TIRER DE... :** échapper, sortir de (un lieu où l'on est retenu, une situation fâcheuse). *Tirons-nous d'ici !* ➤ 1 **sortir.** *Se tirer des pattes* de qqn.* ➤ **échapper.** *Se tirer d'affaire*, d'un mauvais pas*,* FAM. *du pétrin.* ➤ 1 **sortir** (s'en sortir). ◆ Venir à bout (d'une chose difficile). ➤ **se débrouiller,** se **dépêtrer,** se **sortir.** *Se tirer avec habileté d'une mission délicate.* ▪ **4** (1642) **S'EN TIRER :** en réchapper, en sortir indemne. *Il est très malade, mais il s'en tirera. Il s'en est tiré à bon compte.* Réussir une chose délicate, difficile. *Il s'en est bien tiré.* ➤ **réussir.** *Ils n'ont pas beaucoup pour vivre, mais ils s'en tirent.* ➤ **débrouiller.** *«Vivre seule, on s'en tire, on s'y fait»* COLETTE. ◆ En être quitte pour. *«Avec de la protection, tu t'en tireras avec dix-huit mois de service»* ARAGON.

▪ CONTR. Détendre, relâcher. Pousser. Éloigner, 1 repousser. — Enfoncer, entrer.

TIRET [tiʀɛ] **n. m.** – 1552 ; typogr. 1611 ◊ de *tirer* (III) ▪ **1** Petit trait que l'on place après un mot interrompu en fin de ligne, faute d'espace, pour renvoyer à la fin du mot, au début de la ligne suivante. ➤ **division.** ▪ **2** Trait un peu plus long qui sépare d'un contexte une proposition, une phrase (pour les détacher, les séparer) ou qui indique un changement d'interlocuteur dans un dialogue. *«je m'évadais des longues descriptions [...] vers les tirets libérateurs, ouvrant sur les dialogues»* SARRAUTE. ▪ **3** ABUSIVEMENT Trait* d'union. *«Il y aurait, gravées sur sa tombe, deux dates côte à côte, 1876-1925, séparées par un tiret. Ce tiret était sa vie»* GIRAUDOUX.

TIRETTE [tiʀɛt] **n. f.** – 1777 ; «tiroir» 1589 ◊ de *tirer* (I) ▪ **1** VX Cordon pour tirer. ▪ **2** (1812) Pièce métallique mobile servant à obturer le tuyau de cheminée de certains fours. — Tige métallique que l'on peut tirer pour provoquer un fonctionnement. *Tirette d'aération. «Il fit jouer une tirette sous le capot qu'il laissa béant»* ECHENOZ. ▪ **3** (1923) Planchette mobile adaptée à certains meubles. *Table, bureau à tirette.* ➤ **tablette.** ▪ **4** (Belgique, Luxembourg, Burundi) Fermeture à glissière. ▪ **5** FAM. Distributeur de billets de banque. *Passer à la tirette.*

TIREUR, EUSE [tiʀœʀ, øz] **n.** – XIVe *tireor* ◊ de *tirer* ▪ **1** (de *tirer,* I) RARE Personne qui tire. — (1392) TECHN. Étireur. *Tireur d'or, d'argent.* ▪ **2** (de *tirer,* III) Personne qui effectue le tirage* (II). *Tireur de copies. Photographe tireur développeur.* ▪ **3** (1447 ◊ de *tirer,* IV) Personne qui se sert d'une arme à feu (➤ **tir**). *Tireur d'élite. Tireur isolé* (recomm. offic.), *embusqué.* ➤ **sniper** (ANGLIC.). *Tireur au fusil, au pistolet-mitrailleur. Un bon, un fin tireur.* ➤ **fusil, gâchette.** — MILIT. Parmi les servants d'une pièce automatique, d'un canon, Celui qui est chargé de déclencher le feu. ◆ (1906) Au jeu de boules, Joueur chargé spécialement de tirer (opposé à *pointeur*). — (1932) FOOTBALL Footballeur qui tire au but. ▪ **4** (Dans quelques expr.) Personne qui extrait, sort qqch. de... ◆ TECHN. (noms de métiers) *Tireur de bois flotté. «le louchet est une caisse sans couvercle, que le tireur* [de tourbe] *enfonce sous l'eau, sous le sol»* ARAGON. ◆ (XVIe) ESCR. Escrimeur en action. ◆ (1812) *Tireuse de cartes :* cartomancienne. ▪ **5 n. m.** (1663) Personne qui tire* une lettre de change, une traite, un chèque (➤ **émetteur**). *Le tireur et le tiré.* ◆ (1821) Voleur à la tire*.

TIREUSE [tiʀøz] **n. f.** – 1921 ◊ de *tirer* ▪ TECHN. ▪ **1** Appareil effectuant le tirage des films positifs. ▪ **2** (avant 1941) Appareil remplissant les bouteilles automatiquement. ▪ **3** Dispositif permettant de tirer la bière à la pression, dans un café.

TIRE-VEILLE [tiʀvɛj] **n. m.** – 1687 ◊ altération de *tire-vieille* (1678), ancienne plaisanterie de marins ; de *tirer* et *veille* ▪ MAR. Corde, filin bordant l'échelle de coupée d'un navire, et servant de rampe*. *Des tire-veilles.* — Chacun des deux filins reliés au gouvernail et permettant de le manœuvrer.

TIRE-VEINE [tiʀvɛn] **n. m.** – 1974 ◊ de *tirer* et *veine* ▪ MÉD. Appareil utilisé pour l'ablation d'un segment de veine. *Des tire-veines.* — Recomm. offic. pour 1 *stripper.*

TIROIR [tiʀwaʀ] **n. m.** – *tirouer* 1530 ; *tyroire* «outil de tonnelier» XIVe ◊ de *tirer* (I, A, 2o) ▪ **1** Compartiment coulissant emboîté dans un emplacement réservé (d'un meuble, etc.). *Ouvrir, tirer ; fermer, pousser un tiroir. Les tiroirs d'une commode, d'un bureau. Tiroir à secret, tiroir secret. Mettre, ranger dans un tiroir.* — *Avoir un polichinelle* dans le tiroir.* — **FOND DE TIROIR :** ce qu'on met au fond d'un tiroir, ce qu'on y oublie, PAR EXT. chose vieille, sans valeur. *Auteur qui publie ses fonds de tiroirs.* — *Racler* les fonds de tiroirs.* ◆ PAR MÉTAPH. Case, casier. *«Il a parlé lui-même des tiroirs de son cerveau»* MADELIN. ➤ **compartiment.** ▪ **2 À TIROIRS.** — (1752) *Pièce à tiroirs,* dont l'intrigue comprend des scènes étrangères à l'action principale, intercalées et comme emboîtées dedans. *Roman à tiroirs,* présentant des histoires imbriquées les unes dans les autres. — *Charade à tiroirs,* basée sur des jeux de mots successifs. *«il s'était lancé dans une de ces improvisations à tiroirs que son érudition vertigineuse lui permettait»* J.-P. MILOVANOFF. — FAM. *Nom à tiroirs* (cf. À rallonge[s]). ▪ **3** (1854) MÉCAN. Dans une machine à vapeur, Dispositif destiné à distribuer la vapeur dans le cylindre (alternativement, de part et d'autre du piston). ➤ 2 **recouvrement.** *Tiroir de Watt, à garnitures. Arbre, tige, boîte de tiroir.*

TIROIR-CAISSE [tiʀwaʀkɛs] **n. m.** – 1848 ◊ de *tiroir* et *caisse* ▪ Caisse où l'argent est renfermé dans un tiroir qu'un mécanisme peut ouvrir lorsqu'un crédit est enregistré. *Tiroir-caisse d'un magasin. Des tiroirs-caisses.* — Le contenu de la caisse. *Partir avec le tiroir-caisse.*

1 **TISANE** [tizan] **n. f.** – 1690 ; *tisene* «décoction d'orge mondé» XIIIe ◊ bas latin *tisana,* latin *ptisana,* grec *ptisanê,* proprt «orge mondé» ▪ **1** Boisson contenant une faible proportion d'une substance médicamenteuse végétale (obtenue par macération, solution, infusion ou décoction de plantes dans de l'eau). ➤ **décoction, infusion,** RÉGION. **thé ; boldo, bourrache, camomille ; citronnelle, menthe, tilleul, verveine,** etc. *«des tisanes d'herbes, toutes fleuries et qui descendaient en moi, chaudes, parfumées»* GIONO. *Tisane des quatre fleurs, de queues de cerises. Boire une tisane le soir.* ▪ **2** (1872) *Tisane de champagne :* champagne léger et sucré. PÉJ. Mauvais champagne ; PAR EXT. mauvaise boisson alcoolisée. *«C'est méchant sur le Pernod, le champagne. Même celui-là, de la tisane»* ARAGON.

2 **TISANE** [tizan] **n. f.** – 1830 ◊ p.-ê. de *tiser* «administrer des coups» ; du radical de *tison, tisonnier* (cf. *attiser*) ▪ FAM. Coup, correction, raclée. *Il lui a passé une tisane. Recevoir une bonne tisane.*

TISANIÈRE [tizanjɛʀ] **n. f.** – v. 1800, repris 1967 ◊ de 1 *tisane* ▪ Pot à infusion, parfois posé sur une veilleuse et permettant de garder la tisane chaude toute la nuit. — Grande tasse à couvercle pour la tisane.

TISER [tize] **v. intr.** ‹1› – 1995 ◊ probablt de *tisane* «boisson alcoolisée», cf. *être de tisane* «soûl» (1884) ▪ POP. Boire, s'enivrer. *«Faute d'amphétamines, ils avaient bien tisé»* V. DESPENTES.

TISON [tizɔ̃] **n. m.** – v. 1180 *tisun* ◊ latin *titio* → attiser ▪ Reste d'un morceau de bois, d'une bûche dont une partie a brûlé. *Tisons rougeoyants. Souffler sur les tisons. Tisons et braises.* PROV. *Noël* au balcon, Pâques au(x) tison(s).*

TISONNÉ, ÉE [tizɔne] **adj.** – XVIe ◊ de *tisonner* ▪ HIPPOL. Se dit d'un cheval à la robe semée de taches noires allongées. ➤ **tacheté.** *Cheval ; poil tisonné.*

TISONNER [tizɔne] **v. tr.** ‹1› – XIIIe ◊ de *tison* ▪ Remuer les tisons, la braise de (un foyer, un feu) pour attiser, faire tomber la cendre. ➤ **fourgonner.** *Tisonner le feu avec un tisonnier.* — *«Marthe s'était de nouveau étendue le long de la cheminée, tisonnant la braise»* RADIGUET.

TISONNIER [tizɔnje] **n. m.** – 1496 ; *tisenier* 1417 ◊ de *tison* ▪ Longue barre de fer à extrémité un peu relevée, avec laquelle on remue les tisons, la braise pour attiser le feu. ➤ 1 **fourgon,** 1 **ringard.** *«Elle remit en place le tisonnier avec lequel elle n'avait cessé, depuis un moment, de tracasser le feu»* P. BENOIT.

TISSAGE [tisaʒ] **n. m.** – 1262, rare avant le XVIIIe s. (1764) ◊ de *tisser*

A. ▪ **1** Action de tisser. *«Le tissage s'effectuait rapidement, et bientôt une riche étoffe apparut à nos yeux»* R. ROUSSEL. Ensemble d'opérations consistant à entrelacer des fils textiles (➤ **chaîne, trame**) pour produire des étoffes (➤ **tissu**). *Tissage des tapis, des tapisseries.* ➤ 2 **lice.** ▪ **2** Façon dont une étoffe est tissée. *«Beauté de ce tissage [...]»* GIDE. ▪ **3** Établissement, ateliers où s'exécutent ces opérations.

B. FIG. Action de tisser (2o) ; son résultat. *«C'est* [un paysage] *un embrouillamini de tissage avec des nœuds, des couleurs placées, des pâtés noirâtres»* LE CLÉZIO.

TISSER [tise] **v. tr.** ‹1› – 1361 ; v. 1160 *tistre* ◊ latin *texere* ▪ **1** (p. p. *tissé*) Fabriquer (un tissu) par tissage. *Tisser une toile.* — Transformer (un textile) en tissu. *Tisser de la laine.* ABSOLT *Métier à tisser.* — PAR ANAL. *L'araignée tisse sa toile.* ▪ **2** FIG. (p. p. *tissu* et *tissé*) Former, élaborer, disposer les éléments de (qqch.) comme par tissage. ➤ **ourdir, tramer.** *Tisser des intrigues compliquées. «une de ces tristesses [...] dont ma vie* *d'enfant était tissée»* LOTI. — LITTÉR. *«une grammaire surprenante, compliquée, tissue de règles strictes et d'exceptions à la règle»* DUHAMEL.

TISSERAND, ANDE [tisʀɑ̃, ɑ̃d] n. – 1239 *tisseranz* plur. ; *toisserand* 1224 ◊ de *tisser* ■ Ouvrier, ouvrière qui fabrique des tissus sur métier à bras ou qui surveille la marche des métiers à tisser Jacquard. ➤ **tisseur.** *«Les tisserands de village, ceux qui travaillent sur des machines qu'on leur fournit»* ARAGON.

TISSERIN [tisʀɛ̃] n. m. – 1817 ◊ de *tisser* ■ Petit oiseau de la savane africaine *(passériformes)*, qui tisse un grand nid de feuilles où peuvent s'abriter plusieurs femelles et leurs couvées.

TISSEUR, EUSE [tisœʀ, øz] n. – 1567 ; *tissur* 1170 ◊ de *tisser* ■ Ouvrier, ouvrière sur métier à tisser. ➤ **tisserand.** *Tisseur de lices.* ➤ **licier.** *Tisseur d'Aubusson, des Gobelins. Tisseur de tapis.*

TISSU [tisy] n. m. – XIIIe ◊ p. p. subst. de l'ancien verbe *tistre* → tisser ■ **1** Surface souple et résistante constituée par un assemblage régulier de fils textiles entrelacés, soit tissés (➤ **tissage**), soit maillés (➤ 1 **maille, tricot ;** 3 **filet, réseau, tulle**). ➤ **étoffe, tapis, tapisserie.** *Armure, chaîne, trame d'un tissu. Endroit, envers d'un tissu. Tissus de laine* (➤ **drap,** 1 **lainage**), *de soie* (➤ **soierie**), *de lin et de chanvre* (➤ **toile**), *de coton* (➤ **cotonnade**). *Tissus de fibres synthétiques* (➤ **acrylique ; dacron, goretex, lycra, nylon, orlon,** 2 **perlon, rhovyl, tergal**). *Tissu feutré* (➤ **feutrine**). *Tissus chinés, brochés. Fond, dessins d'un tissu. Tissu imprimé, uni. — Tissu de crin, de jonc.* ➤ **sparterie.** *Tissu élastique* (➤ **stretch**), *plastique, imperméable. Tissu éponge.* ➤ 1 **éponge.** *Tissu imitant le cuir* (➤ **skaï**). *Tissu d'ameublement. — Tissu lâche, serré. Tissu irrétrécissable, infroissable, grand teint. Coupe d'un tissu.* ➤ **biais, fil** (droit fil) ; **chute, coupon, métrage, recoupe, retaille.** ■ **2** FIG. (➤ **tisser,** 2°). Suite ininterrompue (de choses regrettables ou désagréables). ➤ **enchaînement, enchevêtrement, mélange.** *Un tissu d'incohérences, d'inepties, de mensonges. «le tissu de puérilités et même d'absurdités qu'était leur religion»* BERGSON. ■ **3** (1751 ; *tissu cellulaire* 1744 ; théorie générale des *tissus* 1800, Bichat) BIOL. Ensemble de cellules de même morphologie qui, agencées de manière particulière, remplissent une fonction spécialisée (➤ **hist[o]-**). *Analyse, étude des tissus.* ➤ **histochimie, histologie.** *Formation, destruction des tissus.* ➤ **histogenèse, histolyse.** *Calcification, sclérose, dégénérescence, régénération d'un tissu. «Les divers tissus d'un même organe peuvent être isolément malades»* COMTE. *La peau de la baleine, «finement organisée, de six tissus distincts, frémit et vibre à tout»* MICHELET. *Culture de tissus. Tissus organiques, osseux, musculaires. Tissu épithélial, nerveux. La cellulose est le constituant fondamental des tissus végétaux. Tissu libérien* (bois). *Tissu conjonctif. Tissus conducteurs et tissus de soutien* (➤ **parenchyme ; collenchyme, sclérenchyme**). ■ **4** (v. 1968) SOCIOL. Ensemble d'éléments de mêmes fonctions, organisés en un tout homogène. *Tissu industriel. Le tissu urbain est de plus en plus dense dans le centre des villes. Tissu associatif. «parce que le tissu des relations sociales se desserrait, il redevenait visible»* TOURNIER. *Tissu social.*

TISSULAIRE [tisylɛʀ] adj. – 1834 ◊ de *tissu* ■ BIOL. Relatif aux tissus cellulaires. *Culture tissulaire. Respiration tissulaire. Groupe* tissulaire* (➤ **histocompatibilité**).

TITAN [titɑ̃] n. m. – 1831 ; n. pr. XIVe ◊ latin *Titan,* mot grec, nom des enfants d'Ouranos (le Ciel) et de Gaia (la Terre), dont l'aîné était *Titan* ■ (Dans certains emplois) Géant. *Une œuvre, un travail de titan* (➤ **titanesque**). *«Ce Titan de l'Art* [Michel-Ange] *avait entassé le Panthéon sur le Parthénon, et fait Saint-Pierre de Rome»* HUGO.

TITANE [titan] n. m. – 1803 ◊ du latin moderne *titanium* (1795) ; de *Titan,* d'après *uranium* ■ CHIM. Élément atomique (Ti ; n° at. 22 ; m. at. 47,867), métal blanc brillant utilisé en alliages. *Blanc de titane :* oxyde utilisé en peinture.

TITANESQUE [titanɛsk] adj. – 1842 ; *titanique* 1552 ◊ de *Titan* ■ Gigantesque, démesuré. ➤ **colossal, cyclopéen.** *Orgueil titanesque.* ◆ Gigantesque et difficile. *Une entreprise titanesque.*

1 **TITI** [titi] n. m. – 1830 ◊ mot populaire de formation enfantine ■ Gamin déluré et malicieux. ➤ **gavroche.** *Un titi parisien. «cette drôlerie qui tient lieu d'esprit aux titis mâles et femelles éclos sur le pavé de Paris»* MAUPASSANT.

2 **TITI (EN)** [titi] loc. adv. – 1954 ◊ peut-être de *titi* «petit», par antiphrase ■ (Canada) FAM. et PLAIS. Très, beaucoup. *Il neige en titi. C'est beau en titi.*

TITILLATION [titijasjɔ̃ ; titilasjɔ̃] n. f. – 1327 ◊ latin *titillatio* ■ LITTÉR. ou PLAISANT Action de titiller, sensation qu'elle provoque. ➤ **chatouillement.** *«un chatouillement si vif, des titillations de volupté si piquantes»* SADE. — FIG. *«Cette âme, fière et dure, était plus sensible aux titillations de la haine qu'elle ne l'avait été naguère aux caresses de l'amour»* BALZAC.

TITILLER [titije] v. tr. ⟨1⟩ – *tetiller* 1190 ; rare avant fin XVIIIe ◊ latin *titillare* ■ LITTÉR. ou PLAISANT Chatouiller de manière à provoquer une démangeaison légère et agréable. — FIG. et FAM. Démanger. ➤ **chatouiller.** *Cette idée me titille depuis un moment. «l'œil allumé par la convoitise, les doigts titillés par d'irrésistibles envies»* GAUTIER.

TITRAGE [titʀaʒ] n. m. – 1841 ◊ de *titre* ■ **1** CHIM. Opération par laquelle on procède au dosage volumétrique des solutions, en ajoutant progressivement une solution de réactif. *Titrage des alcools.* ■ **2** Action de titrer un film. ■ **3** TECHN. Opération qui a pour objet de déterminer le titre (d'un fil). — Valeur du titre.

TITRAILLE [titʀɑj] n. f. – 1835 ◊ de *titre* ■ TYPOGR., JOURNAL. Ensemble des titres d'une publication (incluant les sous-titres, intertitres, etc.). ◆ Composition de ces titres. *Moderniser la titraille.*

TITRE [titʀ] n. m. – fin XIIe ◊ du latin *titulus,* à l'origine également de l'espagnol *tilde* → tilde

I QUALITÉ, FONCTION (DE QQN) ■ **1** Désignation honorifique exprimant une distinction de rang, une dignité. *Titres de noblesse, titres nobiliaires* (➤ **noble, noblesse**). *Titres de fonctions. «des titres aussi vides de sens que les fonctions dépourvues d'utilité»* SEGALEN. *Porter un titre. Conférer un titre* (➤ **titrer**). — *Titres de souverains* (empereur, président, prince, roi). *Grades et titres. Le titre de maréchal, de grand amiral.* ◆ Appellation d'une personne qui a un titre ou à qui l'on veut marquer du respect et à laquelle on s'adresse à la troisième personne (ex. altesse, éminence, excellence, grâce, grandeur, hautesse, honneur, révérend, sainteté, seigneur). ■ **2** Désignation correspondant à une charge, une fonction, un grade. *Le titre de directeur, de président, de docteur, de professeur. Candidat à un titre. Titres universitaires. «Monsieur le commissaire, dis-je alors (parce qu'il faut toujours donner leurs titres aux personnes)»* NERVAL. *Recrutement sur titre.* ◆ loc. adj. **EN TITRE :** qui a effectivement le titre de la fonction qu'il exerce (opposé à *auxiliaire, suppléant, honoraire, intérimaire*). *Professeur en titre.* ➤ **titulaire.** — PAR EXT. Qui est reconnu pour tel à l'exclusion d'autres ayant le même emploi. *Fournisseur en titre d'une maison.* ➤ **attitré, officiel.** *Je suis «sa maîtresse en titre, je vous dis. C'est plus que sa femme, n'est-ce pas !»* G. DARIEN. ■ **3** Qualité de gagnant, de champion (dans une compétition). *Disputer, remporter un titre dans un championnat. Tenir, détenir le titre ; défendre son titre. Le tenant d'un titre. Match qui met un titre en jeu. Boxeur qui remet son titre en jeu. Ravir le titre de champion du monde à un adversaire.* ■ **4** LITTÉR. Nom qui qualifie. ➤ **nom, qualification.** *«J'ai donc refusé la précieuse amitié et m'en suis tenu à mon titre d'Amant»* LACLOS. *Le titre de citoyen américain.* ■ **5** loc. prép. **À TITRE DE :** en tant que, comme. — (D'une personne) *«il entra chez un marchand de toile, à titre de commis»* ZOLA. — (D'une chose) *Argent remis à titre d'indemnité. À titre d'essai, d'exemple* (cf. En guise de). — *À ce titre :* pour cette qualité, cette raison (le titre donnant un droit). *«Suis-je son parent et puis-je, à ce titre, provoquer son internement dans une maison de santé !»* COURTELINE. — *À quel titre !,* de quel droit, pour quelles raisons ? *À quel titre se permet-il de nous juger !* ◆ **AU MÊME TITRE :** de la même manière. *Une hypothèse, un postulat sont au même titre des principes du raisonnement.* — loc. conj. *Au même titre que :* de la même manière que, de même que. ◆ **À TITRE** (suivi d'un adj. ; avec la valeur d'adv. de manière). *À titre amical :* amicalement. *À titre temporaire, exceptionnel, personnel. À titre consultatif*. «Mon compatriote à double titre»* CHATEAUBRIAND. *À aucun titre :* en aucune façon. *À plus d'un titre, à plusieurs titres :* pour plusieurs raisons.

II CE QUI ÉTABLIT UN DROIT ■ **1** Écrit qui établit le droit à un titre (I, 1°) de noblesse, à une dignité, à une fonction. ➤ **brevet, parchemin ; diplôme, patente.** ◆ (1283 «acte juridique») DR. Écrit qui constate un acte juridique ou un acte matériel pouvant produire des effets juridiques. ➤ 1 **acte, certificat, document, instrument, papier, pièce.** *Authenticité d'un titre. Droit de titre. Enregistrement d'un titre. Titre exécutoire,* permettant au bénéficiaire de recourir à l'exécution forcée. — COUR. *Titre de propriété. En fait de meubles*, possession vaut* *titre.* — *Titres de transport.* ➤ **billet, carte, coupon, ticket ; connaissement** (cf. Lettre* de voiture, de transport). *« Le contrôleur passa. Francis dut payer un titre taxé »* Y. QUEFFÉLEC. — *Titre-restaurant*.* — *Titre de crédit, de créance.* ➤ **billet,** 2 **bon, effet, traite, warrant.** *Titre à vue. Titre interbancaire, titre universel de paiement (T. I. P., T. U. P.) :* imprimé édité par le créancier, la signature du débiteur autorisant un prélèvement ponctuel sur son compte afin d'effectuer un paiement déterminé. ◆ (1853 ; *titre de monnaie* milieu XVIe) Certificat représentatif d'une valeur de Bourse. *Titre de rente :* action, obligation, part de fondateur. ➤ **valeur.** *Titre nominatif,* qui mentionne le nom de son titulaire. *Titre au porteur,* transmissible par simple tradition*. *Titre à ordre,* transmissible par endossement. *Titre participatif*.* *« Évidemment, le vieux avait des titres cachés, dont il touchait les coupons, chaque trimestre »* ZOLA. *Vendre des titres. Gérer un portefeuille de titres. Devise*-titre. Option sur titres :* recomm. offic. pour *stock-option.* ▪ **2** LOC. **À JUSTE TITRE :** à bon droit, avec fondement, raison. *Je porte plainte à juste titre.* ▪ **3** Modalité d'un droit, manière d'aliéner et d'acquérir. *Acquérir à titre universel* (succession), *à titre particulier* (achat, etc.). *Acquérir à titre lucratif* (don), *ou onéreux* (paiement). *Occupant à titre gratuit. À titre révocable ; à titre précaire. Chose remise à titre de louage.* ▪ **4** LITTÉR. Qualité ou service qui donne droit à qqch.

III PROPORTION ▪ **1** Proportion d'or ou d'argent contenue dans un alliage. ➤ **aloi ;** 2 **fin** (II, A, 1°). *Or au titre* (autorisé par la loi). *Titre d'une monnaie. Reconnaître le titre par la pierre de touche et le touchau.* ▪ **2** CHIM. Rapport de la masse (ou du volume) d'une substance dissoute à la masse (ou au volume) de la solution ; concentration exprimée en mole de soluté par litre de solution. ➤ **degré, titrage.** *Le titre d'alcool d'un vin.* ▪ **3** Masse linéique d'un fil ou d'une fibre. *Le titre d'un fil se mesure en tex.*

IV EXPRESSION D'UN SUJET, D'UN PROPOS ▪ **1** Désignation du sujet traité (dans un livre) ; nom donné (à une œuvre littéraire) par son auteur, et qui évoque plus ou moins clairement son contenu. *« Les titres des livres sont souvent d'effrontés imposteurs »* BALZAC. *« romanciers, qui se croient tenus, quand ils ont leur titre, d'écrire en supplément le roman lui-même »* GIRAUDOUX. *Deuxième titre d'un ouvrage.* ➤ **sous-titre.** — IMPRIM. *Page de titre,* et PAR EXT. *titre :* page qui porte le titre entier, le sous-titre, le nom de l'auteur, etc. — *Faux-titre :* titre simple sur la page précédant la page de titre. *Des faux-titres.* — *Titre courant :* titre imprimé en bas ou en haut de chaque page. *« Le "titre courant" consista, dès le XVe siècle, dans l'impression dans la tête de chaque page du titre de l'ouvrage, ou du chapitre en cours »* QUIGNARD. *Grand titre d'un ouvrage.* ➤ **frontispice.** ◆ PAR EXT. Livre. *Les dix meilleurs titres de l'année.* ▪ **2** Nom d'une œuvre (autre qu'un livre). *Le titre d'un poème, d'un chapitre.* — PAR EXT. *Le titre d'une chanson, d'une émission de radio, de télévision, d'un journal. Le titre d'un tableau, d'une œuvre musicale, d'un opéra. Œuvre sans titre. Le titre d'un film. Rôle-titre :* rôle correspondant au nom propre servant de titre à l'œuvre (➤ **éponyme**). ▪ **3** Expression, phrase, généralement en gros caractères, qui présente un article de journal. ➤ **rubrique.** *Titre sur cinq colonnes à la une.* ➤ **manchette.** *Cette affaire a fait les titres, les gros titres des journaux. Titre d'un paragraphe.* ➤ **intertitre.** *Composition des titres.* ➤ **titraille.** — (Sur une affiche, un prospectus) *« une affiche avec un gros titre :* CANAILLES ! *»* ARAGON. ▪ **4** DR. Subdivision d'un recueil juridique, législatif, portant souvent un chiffre romain. *Livres, titres, chapitres, sections et articles des codes français. « Je suis au titre XIV du IIe livre des* Institutes *»* FLAUBERT.

TITRER [titʀe] v. tr. ‹1› – *titler* XIIIe ◇ de *titre* ▪ **1** VX Qualifier d'un titre (I, 1°). ▪ **2** Conférer un titre de noblesse à (qqn). PRONOM. *Une gueuse qui « se titrera marquise »* TH. CORNEILLE. — *« Les femmes les plus titrées de France »* MAUPASSANT. — *Terre titrée,* à laquelle est attaché un titre. ◆ Conférer un titre (I, 3°) à. — Au p. p. *La nageuse la plus titrée.* ▪ **3** (1872) Déterminer le titre (III), la proportion de. *Titrer un alliage, une solution. Liqueur titrée :* solution dont le titre est parfaitement déterminé (utilisée comme réactif). — Avoir (tant de degrés) pour titre. *Les liqueurs doivent titrer 15 degrés minimum.* ▪ **4** (XIXe) Donner un titre (IV) à. ➤ **intituler.** *« Que de fois j'ai eu envie d'écrire un petit livre, titré "Sur la Seine" »* MAUPASSANT. — *Titrer un film,* y joindre les textes de présentation des séquences, SPÉCIALT dans les films muets, les versions post-synchronisées, etc. (➤ **sous-titrer**).

TITREUSE [titʀøz] n. f. – 1936 ◇ de *titrer* ▪ TECHN. ▪ **1** CIN. Appareil permettant de filmer titres et sous-titres. ▪ **2** IMPRIM. Machine utilisée pour composer les gros titres.

TITRISATION [titʀizasjɔ̃] n. f. – 1987 ◇ de *titre* ▪ FIN. Mobilisation par une banque des créances qu'elle détient.

TITUBANT, ANTE [titybɑ̃, ɑ̃t] adj. – XVIe ◇ de *tituber* ▪ Qui titube. ➤ **chancelant, vacillant.** *Un ivrogne titubant.* — PAR EXT. *Jambes titubantes. Démarche titubante.*

TITUBER [titybe] v. intr. ‹1› – 1446, rare avant fin XVIIIe ◇ latin *titubare* ▪ Vaciller sur ses jambes, aller de droite et de gauche en marchant. ➤ **chanceler.** *Ivrogne qui titube. « il tituberait jusqu'à son lit et s'y laisserait tomber »* SARTRE.

TITULAIRE [titylɛʀ] adj. et n. – 1502 ◇ du latin *titulus* → titre ▪ **1** RARE Qui est revêtu d'un titre (I, 1°). ▪ **2** RELIG. Qui donne son nom à une église. *Patron titulaire,* ou SUBST. *le titulaire d'une église :* personne, saint dont l'église porte le nom (ex. église Notre-Dame). ▪ **3** RELIG. Qui n'a que le nom d'un diocèse ou d'une église, sans avoir de pouvoir juridictionnel. *Évêques titulaires.* ▪ **4** COUR. Qui a une fonction, une charge pour laquelle il a été personnellement nommé, en vertu d'un titre (II). *Professeur titulaire. Rendre titulaire.* ➤ **titulariser.** — n. *Le, la titulaire d'un poste.* ▪ **5** Qui possède juridiquement. *Être titulaire d'un droit, d'un diplôme. Les personnes titulaires du permis de conduire.* — n. *Le, la titulaire d'un droit, d'un marché public.* ▪ CONTR. (du 4°) Auxiliaire ; adjoint, suppléant, surnuméraire.

TITULARISATION [titylaʀizasjɔ̃] n. f. – v. 1857 ◇ de *titulariser* ▪ Action de titulariser. *Demande de titularisation. « Il avait accepté cet emploi, on lui avait fait espérer, disait-il, une "titularisation" rapide »* CAMUS.

TITULARISER [titylaʀize] v. tr. ‹1› – v. 1857 ◇ de *titulaire* ▪ Rendre (une personne) titulaire (4°) d'une fonction, d'une charge qu'elle remplit. *Titulariser un contractuel, un stagiaire. Être titularisé.*

TMÈSE [tmɛz] n. f. – 1818 ; *tmesis* 1540 ◇ latin des grammairiens *tmesis,* mot grec, racine *temnein* « couper » ▪ RHÉT. Séparation de deux éléments d'un mot habituellement liés, et intercalation d'un ou plusieurs autres mots (ex. « Puis donc que vous trouvez la mienne inconcevable » [Corneille]).

TNF [teɛnɛf] n. m. – date inconnue ◇ sigle anglais, de *Tumor Necrosis Factor* ▪ BIOCHIM. *TNF alpha :* facteur ayant la capacité de nécroser, détruire les cellules, les tumeurs (➤ **cytokine**). *Le TNF alpha, produit principalement par les macrophages, est un des médiateurs de l'immunité.*

1 **T. N. T.** [teɛnte] n. m. – 1964 ◇ sigle ▪ Trinitrotoluène*, puissant explosif. *Trois tonnes de T. N. T.*

2 **T. N. T.** [teɛnte] n. f. – 2001 ◇ sigle ▪ Télévision numérique terrestre. *Regarder la T. N. T. sur son ordinateur.*

TOARCIEN, IENNE [tɔaʀsjɛ̃, jɛn] adj. et n. m. – 1842 ◇ de *Thouars* (latin *Toarcium*), ville des Deux-Sèvres ▪ GÉOL. Qui appartient à un étage du jurassique (liasique supérieur). *Roches toarciennes.* — n. m. *Le toarcien.*

TOAST [tost] n. m. – XIXe ; *toste* 1750 ◇ mot anglais « pain grillé », et fig. au sens 1° ; de l'ancien français *toster* « griller » du latin *tostus,* p. p. de *torrere* « griller » → torréfier ▪ **1** Action (fait de lever son verre) ou discours par quoi l'on propose de boire en l'honneur de qqn ou de qqch. ; fait de boire à la santé de qqn, à l'accomplissement d'un vœu, etc. *Porter un toast à qqn. Toast de bienvenue. « Il commanda le champagne, balbutia un toast »* ROMAINS. ▪ **2** (1769, répandu fin XIXe) Tranche de pain de mie grillée. ➤ **rôtie** (cf. Pain grillé). *Des toasts beurrés.*

TOASTER [toste] v. tr. ‹1› – 1967 *pain toasté* au Québec ◇ de *toast* ▪ Faire légèrement griller. — P. p. adj. *Brioche toastée.*

TOASTEUR [tostœʀ] n. m. – 1959 ; *toaster* 1926 ◇ anglais *toaster,* de *to toast* « (faire) griller » ▪ Ustensile électrique pour griller les toasts. ➤ **grille-pain.**

TOBOGGAN [tɔbɔgɑ̃] n. m. – 1890 ; *tobagane* 1691 ◇ mot d'origine algonquine *otaban* « traîne », repris au canadien ▪ **1** Traîneau à longs patins métalliques. *Piste de toboggan.* — Au Canada, Traîneau sans patins, fait de planches minces recourbées à l'avant, appelé aussi *traîne sauvage.* ◆ Piste où l'on fait des descentes en toboggan (➤ **bobsleigh**). ▪ **2** COUR. Longue rampe inclinée du haut de laquelle on se laisse glisser (jeu dans les foires, les parcs de jeux, les piscines). *« on retournait au sol en se lançant pour un bref dévalement, sur un toboggan qui consistait en un plan incliné fait d'une large planche cirée »* LEIRIS. — *Toboggans d'évacuation d'un avion.* ▪ **3** Glissière. SPÉCIALT Appareil de manutention formé d'une glissière. ▪ **4** (1967) Voie de circulation automobile (viaduc métallique démontable) qui enjambe un carrefour. ➤ **autopont.**

1TOC [tɔk] **interj.** et **adj. inv.** – 1543 ◇ onomat. → toquer ▪ **1** Onomatopée d'un bruit, d'un heurt (souvent répété). *« J'ai frappé à la porte, carrément. Toc, toc ! Qui est là ? »* MIRBEAU (➤ **toquer**). — FIG. et FAM. *Et toc !* bien envoyé ! (cf. Et vlan !). ▪ **2** **adj. inv.** (1888) FAM. *Être toc toc,* un peu fou. ➤ **toqué.** ▪ HOM. Toque.

2TOC [tɔk] **n. m.** et **adj. inv.** – 1835 ◇ même origine que 1*toc* ▪ FAM. Imitation d'une matière précieuse, d'un objet de valeur. *C'est du toc !* ➤ **camelote.** *Bijou en toc. « une porte arrondie en bois apparent, ça faisait d'un toc* [...] *vulgaire, prétentieux »* SARRAUTE. FIG. Ce qui est sans valeur. ♦ **adj. inv.** Sans valeur ; faux et prétentieux. ➤ **tocard.** *Ça fait toc.*

TOCADE ou **TOQUADE** [tɔkad] **n. f.** – 1850 ◇ de *se toquer* (de qqch., qqn) ▪ FAM. Goût très vif, généralement passager, souvent bizarre et déraisonnable, pour une chose ou pour une personne. ➤ **caprice, engouement, passade.** *Avoir une tocade pour qqn. C'est sa nouvelle tocade.* ➤ **foucade, manie.**

TOCANTE [tɔkɑ̃t] **n. f.** – 1832 ; *toquante* 1725 ◇ de 1*toc* ou de 1*toquer* ▪ FAM. Montre. *« De temps en temps, il regardait sa petite tocante en plaqué or »* AYMÉ. — On écrit aussi *toquante.*

TOCARD, ARDE [tɔkaʀ, aʀd] **adj.** et **n.** – 1855 ◇ de 2*toc* ▪ **1** FAM. Ridicule, laid. ➤ **tarte, tartignolle.** *Cette poignée hideuse « qui donne à la porte* [...] *cet air faux, tocard »* SARRAUTE. ▪ **2** **n. m.** (1884 ◇ normand *toquart* « tête », de *toquer*) TURF Mauvais cheval, aux performances irrégulières. *Parier sur un tocard.* ♦ **n.** FAM. Personne incapable, sans valeur. ➤ 2**ringard.** *Quel tocard !* — On écrit aussi *toquard, arde.*

TOCCATA [tɔkata] **n. f.** – 1703 ◇ mot italien, p. p. fém. de *toccare* « (pièce de musique à) toucher » ▪ MUS. Pièce instrumentale sans structure précise, écrite pour le clavier et organisée à la manière d'un mouvement perpétuel. *Toccata servant de prélude. Toccatas* (ou plur. it. *toccate* [tɔkate]) *et fugues de J.-S. Bach.*

TOCO-, -TOCIE ▪ Éléments, du grec *tokos* « accouchement » : *dystocie.*

TOCOPHÉROL [tɔkɔfeʀɔl] **n. m.** – 1948 ◇ de *toco-* et grec *pherein* « transporter » ▪ BIOCHIM. Vitamine E, aux propriétés antioxydantes.

TOCSIN [tɔksɛ̃] **n. m.** – 1611 ; *touquesain* 1379 ◇ ancien provençal *tocasenh,* de *tocar* « frapper » et *senh* « cloche », du latin *signum* ▪ Sonnerie de cloche répétée et prolongée, pour donner l'alarme. ➤ **signal.** *Sonner le tocsin* (pour signaler un incendie, une émeute, la guerre). *Ils « sonnèrent furieusement le tocsin. Toute la banlieue l'entendait* [...] *Est-ce le feu ? est-ce l'ennemi ? »* MICHELET. *« Je suis réveillé par le tocsin, le tintement lugubre »* GONCOURT. — LOC. VX *Sonner le tocsin :* exciter, ameuter. *« Mon livre était le tocsin de l'anarchie »* ROUSSEAU.

TOFFEE [tɔfe ; tɔfi] **n. m.** – 1898 ◇ mot anglais ▪ ANGLIC. Bonbon anglais caramélisé. ➤ **caramel.** *Des toffees.*

TOFU [tɔfu] **n. m.** – v. 1985 ◇ mot japonais ▪ Pâté de soja.

TOGE [tɔʒ] **n. f.** – 1546 ; *togue* 1213 ◇ latin *toga* ▪ ANTIQ. Ample pièce d'étoffe sans coutures dans laquelle les Romains se drapaient. *Toge prétexte*, toge virile*.* ➤ **robe.** ♦ MOD. Habit long, robe de cérémonie, dans certaines professions. *Toge et épitoge de professeur, de magistrat, d'avocat.*

TOHU-BOHU [tɔybɔy] **n. m. inv.** /TOHUBOHU **n. m.**/ – 1764 ; *toroul boroul* XIIIe ; cf. *les isles de Thohu et Bohu* (Rabelais, 1552) ◇ traduction de la locution hébraïque *tohou vabohou* « informe et vide » ▪ **1** DIDACT. État de la terre, dans le chaos primitif. *« Le cosmos est sorti du chaos. L'ère du tohu-bohu est close »* CAILLOIS. ▪ **2** (1819) VIEILLI Désordre, confusion de choses mêlées. *« Un tohu-bohu de fioles »* HUYSMANS. ♦ COUR. Bruit confus, tumulte. ➤ **brouhaha, charivari, tintamarre.** *« au milieu du tohu-bohu des visites et de l'appareillage »* LOTI. *Le tohu-bohu des voitures.*

TOI [twa] **pron. pers.** et **n.inal** – v. 1170 ; *tei* XIe ◇ latin *te,* en position accentuée → te

Pronom personnel (forme tonique) de la 2e pers. du sing. et des deux genres, qui représente la personne à qui l'on s'adresse. ➤ **te, tu ;** POP. **tézigue.**

I ~ pron. pers. A. SANS PRÉPOSITION (SUJET OU COMPL.) ▪ **1** Compl. d'un verbe pron. à l'impér. *« Aide-toi, le ciel t'aidera »* LA FONTAINE. *Dépêche-toi. Tais-toi ! Dis-toi bien...* REM. Devant *en* et *y, toi* s'élide en *t'.* ➤ **te.** *Garde-t'en bien. Mets-t'y* (POP. *mets-toi-z'y*). ▪ **2** Suivi d'un verbe à l'inf. (« vocatif ») *Toi, nous quitter en ce moment !* (ACADÉMIE). — (Sujet d'un participe) *« Toi parti, j'ai couru ici pour te revoir encore »* H. BORDEAUX. — (Sujet d'une propos. elliptique) *« C'est moi. – Qui, toi ? »* ZOLA. *« Moi d'abord, toi ensuite »* MÉRIMÉE. ▪ **3** Sujet ou compl., coordonné à un nom, un pron. — (Sujet) *Toi ou moi* (nous) *irons ; toi ou lui* (vous) *irez. Nous deux, toi et moi... « Il n'y a que toi pour y voir clair »* GIDE. — (Compl.) *Pour tes parents et toi.* — (Dans une phrase compar.) *Il est plus gentil que toi. Un autre que toi. Elle est grande comme toi,* aussi grande. ▪ **4** Renforçant le pron. *« Et toi, tu n'as pas le droit de me juger »* SARTRE. *« de quelle école sors-tu donc, toi ? »* BALZAC. — (Compl. ; renforçant le pron. compl. *te*) *« T'épouser, toi, mais tu es folle ! »* COCTEAU. ▪ **5 TOI QUI...,** suivi du verbe à la 2e pers. du sing. *« Toi l'étranger qui sans façon D'un air malheureux m'as souri »* BRASSENS. — **TOI QUE...** *« Ô toi que j'eusse aimée, ô toi qui le savais »* BAUDELAIRE. *« Dis, qu'as-tu fait, toi que voilà, De ta jeunesse ? »* VERLAINE. — *Toi dont, à qui, pour qui...* ▪ **6** (En fonction de vocatif) *Hé toi, viens avec moi. « Toi Louis ! il t'arrivera malheur »* APOLLINAIRE. *« Et maintenant, toi, Hortense, couche-toi ! »* COURTELINE. ▪ **7 TOI,** attribut. *« Oui, te voilà, c'est toi, ma blonde, C'est toi, ma maîtresse et ma sœur ! »* MUSSET. — *Si j'étais toi... :* à ta place. — (Suivi d'une relative) *« Hippolyte ? Grands dieux ! – C'est toi qui l'as nommé »* RACINE.

B. PRÉCÉDÉ D'UNE PRÉPOSITION *Prends garde à toi. Malheur à toi. — Être à tu* et à toi avec qqn. — Après, avant toi. Chez toi. Je suis fier de toi. De toi à moi. « Sous tous ces noms divers, je crois en toi, Seigneur »* LAMARTINE. *« Que serais-je sans toi qui vins à ma rencontre »* ARAGON. — (Renforçant le poss. *ton*) *« Tes questions à toi »* ROMAINS.

C. (RENFORCÉ) TOI-MÊME. *Connais-toi toi-même.* — **TOI SEUL.** *« Toi seule es jeune, ô Cora ; toi seule es pure, ô vierge »* RENAN. — *Toi aussi. Toi non plus.*

II ~ n. m. inv. *Le moi et le toi.* ➤ **autrui.** *« Au diable ton "moi !" Pense donc un peu au "toi !" »* R. ROLLAND.

▪ HOM. Toit.

TOILE [twal] **n. f.** – milieu XIIe ◇ du latin *tela,* famille de *texere* → tisser

I TISSU A. SENS GÉNÉRAL ▪ **1 LA TOILE.** Tissu de l'armure la plus simple (armure unie), fait de fils de lin, de coton, de chanvre, etc. *Tisser la toile, une toile. Chanson* de toile. Toiles de coton.* ➤ **coutil, indienne, mousseline, vichy, zéphyr.** *Toile de chanvre, d'étoupe de chanvre* (➤ **serpillière**). *Toile de jute. Toile de lin, de fil* (de lin). ➤ **batiste, hollande, linon.** *Toile pur chanvre, pur lin, métisse. — Grosse toile,* tissée lâche. *Toile fine,* serrée. *Toile écrue*. — Toile à matelas, à torchons. Toile d'emballage ; toile à sac, à bâches. Toile à voile. Toile de parachute. Toile d'avion* (utilisée dans la fabrication des ailes d'avions légers). *« Les draps de toile étaient fins et frais »* BOSCO. *Pantalon, robe de toile.* ♦ *Toile caoutchoutée, plastifiée, vernie* (➤ **linoléum, moleskine**). *Toile imperméable, imperméabilisée. Toile émeri*.* — **n. m.** *Papier-toile :* toile fine collée sur papier fort (pour la peinture). *Des papiers-toiles.* ♦ PAR EXT. *Toile de laine :* tissu de laine à armure unie (mousseline de laine, certains draps). *Toile de soie. — Toile d'amiante. Toile métallique.* ▪ **2** Tissu décoratif utilisé comme tenture ; pièce de ce tissu. *Toiles imprimées, à dessins.* ➤ **indienne,** 2**perse.** *Toile de Jouy :* toile imprimée fabriquée depuis 1760 (d'abord à Jouy-en-Josas) pour concurrencer les indiennes importées. ▪ **3** *Une, des toiles.* Pièce de toile. *Toile à laver.* ➤ **serpillière, wassingue.** — **TOILE CIRÉE :** pièce de toile vernie servant de nappe, de revêtement. *« la grande table couverte d'une toile cirée à grands carreaux rouges et blancs »* Z. OLDENBOURG. — *Toile de tente. — Village de toile :* agglomération de tentes, munie de services communs organisés. ➤ **camping.** — SPÉCIALT et FAM. *Les toiles :* les draps. *Se mettre dans les toiles :* se coucher. *« alors je me suis enfoncé profond dans mes toiles et j'ai lâché prise »* SAN-ANTONIO. — ALLUS. MYTH. *La toile de Pénélope,* se dit d'une entreprise interminable.

B. MORCEAU DE TOILE SERVANT À DES USAGES PARTICULIERS ▪ **1** SPÉCIALT (1604) Pièce de toile, d'abord marouflée sur bois, puis montée sur un châssis, poncée et enduite d'un côté, pour servir de support pour une œuvre peinte. *Au XVIe siècle, la toile l'a emporté sur le panneau de bois. Fixer sur la toile :* peindre. *Changer, restaurer la toile d'un tableau.* ➤ **rentoiler.** ♦ (1646) Œuvre peinte sur toile. ➤ **peinture, tableau.** *Toile de maître. « C'était une toile de cinq mètres sur trois, entièrement couverte, mais dont quelques morceaux à peine se dégageaient de l'ébauche »* ZOLA. ♦ Décor de théâtre. *« La crudité criarde des toiles foraines et des peintures de paravent »* HUGO. ▪ **2 TOILE DE FOND :** toile verticale, au fond de la scène, représentant les derniers plans des décors. FIG. Ce sur quoi se détache une description, etc. ➤ **arrière-plan.** *Avoir pour toile de fond.* ♦ Écran de cinéma. — FAM. *Se faire, se payer une toile :* aller au cinéma. ▪ **3** (1688) VIEILLI Rideau de théâtre (toile représentant un rideau, etc.). *« La toile tombait au milieu d'une salve prolongée d'applaudissements »* ZOLA. ▪ **4** (fin XIIIe) MAR. Ensemble des voiles déployées d'un navire (➤ **sous-toilé, surtoilé**).

Navire chargé de toile, ayant toutes voiles dehors. *Réduire la toile.* «*le brick du capitaine Chataud venant de Tripoli de Syrie fit son entrée avec peu de toile dans le port de Marseille*» MAC ORLAN.

II RÉSEAU ■ **1** (XIIIe) Réseau de fils que font les araignées. *Toile d'araignée. Araignée qui file, tisse sa toile.* — FIG. Réseau auquel on se prend comme les mouches dans la toile de l'araignée ; piège. *Il* «*vint de lui-même se prendre à sa toile et s'y empêtrer*» MAURIAC. — *Tisser sa toile :* développer un réseau, un marché. ♦ (calque québécois de l'anglais *the Web*) *La Toile :* le réseau télématique mondial. ➤ **internet, web.** *Naviguer, surfer sur la Toile.* ■ **2** (1904) BOT. Maladie de certaines plantes en semis ou en bouture, formation d'un réseau de filaments produits par un champignon.

TOILÉ, ÉE [twale] **adj.** – XXe ; «tissé de fil, lin ou chanvre» 1582 ◇ de *toile* ■ Garni, couvert de toile. *Reliure toilée.* — *Papier toilé,* dont le grain imite la toile.

TOILERIE [twalʀi] **n. f.** – 1636 ; *telerie* 1409 ◇ de *toile* ■ Fabrication, commerce des toiles de lin, coton, chanvre. — Atelier, fabrique de toiles.

TOILETTAGE [twaletaʒ] **n. m.** – 1904 ◇ de *toiletter* ■ **1** Soins de propreté donnés à un animal de compagnie. *Le toilettage d'un caniche.* ■ **2** FIG. Retouche légère, réforme partielle. ➤ **lifting.** *Le toilettage d'une loi, d'une institution.*

TOILETTE [twalɛt] **n. f.** – fin XIVe ; *tellete* 1352 ◇ de *toile*

I PETITE TOILE ■ **1** VX Petite pièce de toile. — Pièce de toile dans laquelle certains artisans ou commerçants enveloppaient leur marchandise. «*Mon père portait le gros baluchon, une énorme "toilette" bourrée de marchandises*» CÉLINE. — LOC. ANCIENNT *Marchande, revendeuse à la toilette,* qui vendait des vêtements, des objets de parure (d'occasion), et qui, souvent, pratiquait l'usure. *Elle* «*commence à sortir d'un grand sac* [...] *tout un bazar d'objets hétéroclites qu'elle dispose par terre autour d'elle, comme une marchande à la toilette*» FERNANDEZ. ■ **2** TECHN. Emballage fait de roseaux fendus, assemblés en claies, en caissettes. ■ **3** BOUCH. Membrane dont on se sert en boucherie, en charcuterie, pour envelopper certains morceaux. ➤ **crépine.**

II CE QUI A RAPPORT À LA PARURE ■ **1** (1661) VX Objets de parure. ♦ (1749) MOD. Meuble (table, console, etc.) sur lequel on place ce qui est nécessaire à se parer. ➤ **coiffeuse, poudreuse.** «*Il y avait un miroir devant elle au-dessus d'une toilette en bois tourné*» SIMENON. ■ **2** (XVIIe-XVIIIe) Action de se préparer, de s'apprêter (de se peigner, se farder, s'habiller) pour paraître en public. *Meuble, table de toilette. Passer beaucoup de temps à sa toilette.* «*La mariée faisait sa toilette de nuit*» ZOLA. — SPÉCIALT *Toilette des condamnés :* dernière toilette à laquelle on soumettait le condamné à mort, avant de le conduire à l'échafaud. ■ **3** Fait de s'habiller et de se parer. ➤ **ajustement, habillement.** *Avoir le goût de la toilette :* être coquet. *Jamais* «*madame ne s'est donné tant de soins pour sa toilette ; elle change de robes deux ou trois fois par jour*» STENDHAL. ■ **4** (fin XVIIIe) L'habillement, la manière dont une femme est vêtue et apprêtée. ➤ **mise, vêtement.** *Être en grande toilette, en toilette de bal.* «*En toilette de bal, les belles sont moins accessibles qu'en toilette du matin*» GIONO. *Changer de toilette.* ➤ **tenue.** *Elle porte bien la toilette. Parler toilette.* ➤ **chiffon.** ♦ **UNE TOILETTE :** les vêtements que porte une femme. *Une toilette élégante, tapageuse.*

III CE QUI CONCERNE L'HYGIÈNE, LA PROPRETÉ ■ **1** (XIXe) Ensemble des soins de propreté du corps. *Faire sa toilette avant de s'habiller.* ➤ se **laver.** «*la jeune fille ouvrait sa fenêtre, prenait une serviette* [...] *et, à pleins seaux d'eau, elle se faisait une longue toilette*» GIONO. *Faire la toilette d'un bébé, d'un malade.* PAR ANAL. *Le chat fait sa toilette,* se lèche pour nettoyer son pelage. *Faire un brin de toilette, une toilette de chat. Linge, serviette, gant de toilette. Nécessaire, trousse de toilette.* «*J'ai pris ma trousse de toilette, avec rasoir, savon et brosse*» LE CLÉZIO. *Produits de toilette* (savon, déodorant, shampoing...). *Savon de toilette* (➤ **savonnette**). *Eau de toilette.* — *Cabinet* de toilette.* ■ **2** *Les toilettes* ou (Belgique, Luxembourg, Canada) *la toilette :* cabinets d'aisance. ➤ **toilettes.** *Aller à la toilette.* «*les meilleurs désinfectants à utiliser pour la toilette*» Y. BEAUCHEMIN. — **n. m.** (1902) *Papier-toilette :* papier* hygiénique. ■ **3** Le fait de nettoyer, d'apprêter (une chose). ➤ **astiquage.** *Faire la toilette d'un instrument.* ♦ *Toilette d'un texte :* préparation d'un manuscrit pour l'édition.

TOILETTER [twalete] **v. tr.** ⟨1⟩ – 1831 pronom. ◇ de *toilette* ■ **1** Faire la toilette de (un animal de compagnie). ➤ **toilettage.** ■ **2** FIG. Retoucher légèrement. *Toiletter un dictionnaire.*

TOILETTES [twalɛt] **n. f. pl.** – 1945 ◇ de *toilette* ■ PAR EUPHÉM. Lieux d'aisances. ➤ **cabinets, latrines, lavabo, sanitaires, waters, w.-c.** ; FAM. **chiottes, goguenots, pipi-room, vécés** ; RÉGION. **cour** (cf. Le petit coin*, le petit endroit*). *Toilettes publiques.* ➤ **sanisette** ; **pissotière, vespasienne.** *Toilettes d'un appartement, d'un train, d'un avion. Aller aux toilettes* (cf. Aller quelque part*, RÉGION. à la toilette). *Le siège des toilettes* ou ELLIPT *les toilettes.* ➤ FAM. **trône.** — *Toilettes sèches,* dont le fonctionnement ne nécessite pas d'eau (*toilettes à compost, à copeaux* ou *à sciure de bois*).

TOILETTEUR, EUSE [twaletœʀ, øz] **n.** – milieu XXe ◇ de *toiletter* ■ Personne qui procède au toilettage des animaux. *Toiletteuse pour chiens.*

TOILEUSE [twaløz] **n. f.** – 1955 ◇ de *toile* ■ TECHN. Piqueuse à la machine qui travaille les toiles.

TOILIER, IÈRE [twalje, jɛʀ] **n.** et **adj.** – 1280 ; *telier* fin XIIe ◇ de *toile* ■ TECHN. ■ **1** Personne qui fabrique ou vend de la toile. ■ **2 adj.** (1845) Qui concerne la toile, sa fabrication. *Industrie toilière* (tissage).

TOISE [twaz] **n. f.** – milieu XIIe variante *teise* ◇ latin médiéval *teisa,* de *tensa* «étendue», du p. p. de *tendere* «tendre» ■ **1** MÉTROL. Ancienne unité de mesure de longueur valant six pieds (soit 1,949 mètre) ; longueur de six pieds. *Trois toises font une perche.* ■ **2** (1875 ◇ de *toiser*) Tige verticale graduée, munie d'une coulisse horizontale, qui sert à mesurer la taille des personnes. *Passer des soldats à la toise. Se mettre sous la toise,* sous la coulisse de la toise.

TOISÉ [twaze] **n. m.** – 1644 ◇ de *toiser* ■ TECHN. Mesurage à la toise. — Évaluation de travaux (➤ **métré**).

TOISER [twaze] **v. tr.** ⟨1⟩ – 1268 ; *toisier* 1260 ; *teser* XIIe ◇ de *toise* ■ **1** VIEILLI Estimer à la vue (une quantité). «*Il avait fini par toiser d'un coup d'œil le prix d'une page*» BALZAC. ■ **2** (XVIIIe) FIG. et MOD. Regarder avec défi, ou plus souvent, avec dédain, mépris. «*elle le couvrit de son mépris en le toisant des pieds à la tête*» BALZAC. — PRONOM. «*Ils se toisèrent. Même rage froide, même rancune*» MARTIN DU GARD.

TOISON [twazɔ̃] **n. f.** – XIIe ◇ bas latin *tonsio, onis,* de *tondere* → tondre ■ **1** Pelage laineux des ovidés ; ensemble des poils mêlés de suint de ces animaux. *Toisons des moutons.* ♦ Ce pelage, enlevé par la tonte ; peau de mouton préparée avec ses poils. *Toison en suint.* «*Les toisons se présentaient sous forme de paquets de laine grasse, comprimés par le séjour dans une balle*» MAUROIS. ♦ (XIIIe) MYTH. *La Toison d'or :* toison d'un bélier fabuleux, que Jason et les Argonautes allèrent conquérir en Colchide. — Ordre de chevalerie institué en 1429 ; collier que portent les membres de l'ordre. ■ **2** (milieu XIXe) Chevelure très fournie ou d'apparence laineuse. «*Ô toison, moutonnant jusque sur l'encolure !*» BAUDELAIRE. — Poils abondants de certains animaux ou de l'être humain. «*Sur ses épaules nues, il y avait une toison fauve*» ARAGON. *La toison pubienne.*

TOIT [twa] **n. m.** – fin XIIe ; v. 1170 *teit* ◇ latin *tectum* ■ **1** Surface supérieure d'un édifice, inclinée ou horizontale ; agencement approprié de matériaux recouvrant une construction et la protégeant contre les intempéries. ➤ **couverture** (I, 1o), **toiture.** *Toit de tuiles, d'ardoises, de lauzes. Toit de zinc, de tôle. Toit de chaume. Toit vitré.* ➤ **verrière.** *Chanlattes, charpente, chéneaux, crête, faîtage, gouttières, rampants, solives, voliges d'un toit. Saillie d'un toit.* ➤ **auvent, avant-toit.** *Ouverture pratiquée dans un toit.* ➤ **lucarne ; chien-assis.** *Toit pointu, en poivrière. Toit en pente. Maison à toit plat,* faiblement incliné, ou horizontal. ➤ **terrasse.** *Les toits de Paris. Quarante maisons* «*avec de vastes toits en pente douce, de vieux toits d'argile cuite, roux et mauves*» BOSCO. «*Le ciel est, par-dessus le toit, Si bleu, si calme !*» VERLAINE. — *Habiter, loger sous le toit, sous les toits,* au dernier étage d'un immeuble, dans une mansarde (cf. Sous les combles*). ♦ (milieu XVIe ◇ expr. empruntée au langage biblique, d'après l'usage des Orientaux qui montent sur les terrasses pour converser d'une maison à l'autre) FIG. *Crier* qqch. sur les toits.* — (1887) *Le toit du monde :* la région du Pamir, en Asie centrale ; le Tibet ; l'Himalaya (SPÉCIALT le mont Everest). ■ **2** PAR MÉTON. (XIVe) Maison, abri où l'on peut vivre. ➤ **domicile, habitation, logement.** *Posséder un toit. Être sans toit.* «*Un homme sans toit Occupe un banc de bois On le montre aux enfants qui n'obéissent pas*» TH. FERSEN. *Sous le toit de... :* dans la maison de... ➤ **chez.** *Recevoir qqn sous son toit. Ils vivent sous le même toit.* ■ **3** (1765) Paroi supérieure, plafond d'une galerie de mine. — GÉOL., GÉOGR. *Toit d'une nappe aquifère, d'une salle souterraine.* ♦ ANAT. *Toit de la caisse :* paroi supérieure de la caisse du tympan. *Toit du quatrième ventricule.* ♦ COUR. Paroi supérieure (d'un véhicule). *Toit d'une automobile. Voiture à toit ouvrant.* — Partie supérieure d'une tente. *Tente à double toit.* ■ HOM. Toi.

TOITURE [twatyʀ] n. f. – 1768 ; «toit» 1594 ◇ de *toit* ■ Ensemble constitué par la couverture d'un édifice et son armature. *La maison «n'avait encore ni auvent, ni plancher, ni toiture»* LOTI. *Toiture à redents,* en dents de scie, couvrant des bâtiments industriels.

TOKAMAK [tɔkamak] n. m. – 1973 ◇ mot russe ■ PHYS. Dispositif de confinement d'un plasma par action d'un champ magnétique, dans lequel sont étudiées les réactions de fusion thermonucléaire.

TOKAY [tɔkɛ] n. m. – 1701 ◇ du n. d'une région de Hongrie ■ **1** Vin de liqueur de Hongrie. *Des tokays.* ■ **2** Vin obtenu en Alsace et dans le midi de la France avec le pinot gris, appelé abusivement *tokay.*

TOKHARIEN, IENNE [tɔkaʀjɛ̃, jɛn] n. m. et adj. – 1911 ◇ du grec *Tokharoi,* désignant un peuple d'Asie centrale ■ LING. Langue du groupe indo-européen, encore parlée au VIIe s. dans le Turkestan et dont on a retrouvé quelques textes.

TÔLARD, ARDE ➤ **TAULARD**

TOLBUTAMIDE [tɔlbytamid] n. m. – v. 1960 ◇ de *tol(yle), but(yle)* et *amide* ■ MÉD. Sulfamide administré par voie buccale dans le traitement du diabète.

1 **TÔLE** [tol] n. f. – 1642 ; *fer en taule* XVIe région. ◇ forme dialectale de *table* ■ **1** Feuille de fer ou d'acier obtenue par laminage. *Grosses tôles. Tôles et feuillards. Tôle étamée* (➤ **fer-blanc**), *galvanisée, émaillée. Découper, souder une tôle. Tôle emboutie, profilée.* — **TÔLE ONDULÉE :** tôle de fer, présentant des plis courbes alternés, qui sert à couvrir des hangars, des bâtiments industriels, etc. *Toit en tôle ondulée.* FIG. Sol, revêtement de route qui forme des plis transversaux. ■ **2** PAR EXT. *Tôle d'aluminium, de métal léger.* ■ **3** LOC. FAM. *Se prendre une tôle :* faire une chute ; subir un échec cuisant (cf. Ramasser, prendre une gamelle*). ■ HOM. Taule.

2 **TÔLE** ➤ **TAULE**

TÔLÉ, ÉE [tole] adj. – 1924 ◇ de *tôle* «neige durcie» ■ *Neige tôlée :* neige qui a regelé après un début de fusion, particulièrement dangereuse pour les skieurs. ■ HOM. poss. Tollé.

TOLÉRABLE [tɔleʀabl] adj. – 1314 ◇ latin *tolerabilis* ■ **1** Qu'on peut tolérer, considérer avec indulgence, excuser. ➤ **acceptable, admissible, excusable.** *«Une négligence continuelle n'est pas tolérable»* VOLTAIRE. ■ **2** (fin XIVe) Qu'on peut supporter. ➤ **supportable.** *Tout le monde «est assommant. Il n'y a de tolérables que les gens qui me plaisent»* MAUPASSANT. — SUBST. *À la limite du tolérable.* ■ CONTR. Impossible, intolérable.

TOLÉRANCE [tɔleʀɑ̃s] n. f. – 1561 ; hapax 1361 ◇ latin *tolerantia* ■ **1** Fait de tolérer, de ne pas interdire ou exiger, alors qu'on le pourrait ; liberté qui résulte de cette abstention. *Ce n'est pas un droit, c'est une tolérance. «Jusqu'à quel point tiendrait, devant l'abus, une tolérance faite, en partie, d'inertie et d'habitude prise»* COURTELINE. *Tolérance zéro :* politique de répression systématique des infractions. *«Les altercations sont rares. La méthode du patron, c'est zéro tolérance»* É. CHERRIÈRE. DR. *Jour** (II, 1°) *de tolérance* (ou *de souffrance*). — *Tolérance orthographique, grammaticale :* liberté de ne pas appliquer la règle stricte, dans certains cas. ♦ (1840) ANCIENNT *Maison de tolérance :* maison de prostitution (qui était tolérée par la loi avant 1946). ■ **2** Attitude qui consiste à admettre chez autrui une manière de penser ou d'agir différente de celle qu'on adopte soi-même. ➤ **compréhension, indulgence.** *Faire preuve d'intelligence et de tolérance* (cf. Avoir l'esprit large*). *«L'esprit de tolérance s'en va aujourd'hui à vau-l'eau, bien que la notion même de tolérance soit une récente conquête»* J. HAMBURGER. ■ **3** (fin XVIe) HIST. RELIG. *Tolérance théologique, ecclésiastique, religieuse :* indulgence à l'égard de l'opinion d'autrui sur les points de dogme que l'Église ne considère pas comme essentiels. *Tolérance civile :* liberté de pratique religieuse. — (1562) HIST. *Édit de tolérance,* qui accordait aux protestants le libre exercice de leur culte. ♦ (1681) COUR. Fait de respecter la liberté d'autrui en matière de religion, d'opinions philosophiques, politiques. *«J'observerai ici que la tolérance, la liberté des opinions et des croyances est toujours chose fort tardive»* VALÉRY. ■ **4** MÉD. Aptitude de l'organisme (variable suivant les sujets et les circonstances) à supporter sans symptômes morbides l'action d'un médicament, d'un agent chimique ou physique déterminé, etc. ♦ Aptitude d'un individu, d'un groupe à supporter les effets d'un facteur extérieur. *Seuil* de tolérance.* ■ **5** TECHN. Limite de l'écart admis entre les caractéristiques réelles d'un objet fabriqué ou d'un produit et les caractéristiques prévues. *Marge de tolérance.* ■ CONTR. 1 Défense ; intolérance.

TOLÉRANT, ANTE [tɔleʀɑ̃, ɑ̃t] adj. – 1544 ◇ latin *tolerans* ■ **1** Qui fait preuve de tolérance (2°). ➤ **compréhensif, libéral.** *Ses parents sont très tolérants.* ➤ **indulgent.** ■ **2** Qui fait preuve de tolérance en matière d'opinion. *Doctrine, religion tolérante.* — SUBST. *Les tolérants.* ■ CONTR. Borné, dogmatique, intolérant.

TOLÉRANTISME [tɔleʀɑ̃tism] n. m. – 1713 ◇ de *tolérant* ■ **1** HIST. RELIG. Opinion, attitude de ceux qui poussent trop loin la tolérance théologique. ■ **2** VIEILLI Tolérance religieuse.

TOLÉRER [tɔleʀe] v. tr. ⟨6⟩ – 1393 ◇ latin *tolerare* ■ **1** Laisser se produire ou subsister (une chose qu'on aurait le droit ou la possibilité d'empêcher). ➤ **autoriser, permettre.** *«Sachant tolérer, quand il le fallait, les petits vols des clients riches»* ZOLA. *«Ils n'auraient pas toléré qu'on fermât ce cercle* [de jeu]*»* MORAND. *Stationnement toléré sur le trottoir.* ♦ Considérer avec indulgence (une chose qu'on n'approuve pas et qu'on pourrait blâmer). ➤ **excuser, pardonner** (cf. Fermer les yeux*). *«Il voulait bien tolérer certains vices du régime, passer l'éponge sur certains scandales»* MARTIN DU GARD. *«S'il fallait tolérer aux autres tout ce qu'on se permet à soi-même»* COURTELINE. ■ **2** Supporter avec patience (ce qu'on trouve désagréable, injuste). ➤ **endurer, supporter.** *Une douleur qu'on ne peut tolérer* (➤ **intolérable**). *Tolérer que* (et subj.). *Tolérer qqch. de qqn. Il tolère tout de son fils.* ■ **3** (1689) *Tolérer qqn,* admettre sa présence à contrecœur. — Supporter (qqn) malgré ses défauts. PRONOM. *Apprendre à se tolérer et à vivre ensemble.* ■ **4** (milieu XIXe) Supporter sans réaction fâcheuse (en parlant de l'organisme). *Tolérer un médicament. Matériau bien toléré* (prothèse). ➤ **biocompatible.** ■ CONTR. Défendre, interdire, réprimer.

TÔLERIE [tolʀi] n. f. – 1836 ; autre sens 1771 ◇ de *tôle* ■ **1** Fabrication, travail ou commerce de la tôle. ■ **2** Atelier où l'on travaille la tôle. *Envoyer une voiture accidentée à la tôlerie.* ➤ **carrosserie.** ■ **3** COLLECT. Articles en tôle ; ensemble des tôles d'un ouvrage. *La tôlerie d'une automobile, d'un réservoir.*

TOLET [tɔlɛ] n. m. – *tollet* 1611 ◇ mot normand ; de l'ancien nordique *thollr* ■ Cheville de fer ou de bois enfoncée dans la toletière, qui sert de point d'appui à l'aviron. *«il reprit ses avirons ; et le claquement des tolets coupait la clameur de la tempête»* FLAUBERT.

TOLETIÈRE [tɔltjɛʀ] n. f. – 1812 ; *touletière* 1679 ◇ de *tolet* ■ TECHN. Pièce de bois fixée sur le plat-bord d'une embarcation et dans laquelle s'enfoncent les tolets.

1 **TÔLIER** [tolje] n. m. – 1836 ◇ de *tôle* ■ Celui qui fabrique, travaille ou vend la tôle. *Tôlier de bâtiment. Tôlier en voitures,* travaillant aux carrosseries métalliques d'une automobile. ➤ **carrossier,** RÉGION. **débosseleur.** ■ HOM. Taulier.

2 **TÔLIER, IÈRE** ➤ **TAULIER**

TOLITE [tɔlit] n. f. – 1913 ◇ de *tol(uène)* ■ TECHN. Trinitrotoluène*.

TOLLÉ [tɔ(l)le] n. m. – 1690 ; *crier tollé* 1560 ◇ de l'ancien français *tolez,* impératif de *toldre* «ôter» ; latin *tollere,* devenu un cri de protestation, d'après le latin *tolle hunc* «enlève-le, prends-le» ■ Clameur de protestation ; mouvement collectif d'indignation. ➤ **bronca, clameur, huée.** *Cette accusation a provoqué, déclenché un tollé. Le «tollé général qui s'élèvera contre vous dans les journaux libéraux»* BALZAC. *Des tollés.* ■ CONTR. Acclamation. ■ HOM. poss. Tôlé.

TOLUÈNE [tɔlɥɛn] n. m. – 1850 ◇ de *(baume de) Tolu,* ville de Colombie ■ Hydrocarbure benzénique (C_7H_8), extrait autrefois du baume de Tolu et, de nos jours, des benzols des goudrons de houille, employé notamment comme solvant. *Dérivé aminé du toluène* (n. f. **TOLUIDINE**). *Toluène brut* (n. m. **TOLUOL**).

TOMAHAWK [tɔmaok] n. m. – 1707 ◇ mot anglais, d'une langue du groupe algonquin ■ Hache de guerre dont se servaient les Indiens d'Amérique du Nord. — On rencontre parfois *tomawak* [tɔmawak] (1904). *«Au lieu de tomawaks et de masques indiens on vend des lampes à pétrole»* BEAUVOIR.

TOMAISON [tɔmɛzɔ̃] n. f. – 1829 ◇ de *tome* ■ IMPRIM. Indication du numéro du tome (sur les pages de titre, au dos des reliures). — Division d'un ouvrage par tomes.

TOMAN [tɔmɑ̃] **n. m.** – XIIIe ✧ de l'arabo-persan *tûmân* «dix mille» ▪ Ancienne monnaie d'or de la Perse (encore utilisée comme monnaie de compte).

TOMATE [tɔmat] **n. f.** – milieu XVIIIe ; hapax 1598 ✧ espagnol *tomata*, du nahuatl *tomatl* ▪ **1** Plante potagère annuelle *(solanacées)*, cultivée pour ses fruits. *Planter des tomates. Tomate de Marmande. Tomate cœur*-de-bœuf. Tomate cerise, tomate cocktail,* à petits fruits. *Tomates (en) grappe,* vendues sur leur tige. ▪ **2** Fruit sphérique, le plus souvent rouge, de cette plante (cf. Pomme* d'amour). *Tomate ronde, oblongue* (➤ **olivette**). *Tomates crues, en salade, cuites. Tomates confites, séchées. Tomates à la provençale, farcies. Sauce à la tomate,* ELLIPT *sauce tomate* (➤ **ketchup**). *Concentré de tomates. Jus de tomate* (boisson). — *Être rouge* comme une tomate.* ◆ (Servant de projectile lancé par des spectateurs mécontents, des manifestants). *Envoyer, lancer des tomates pourries à qqn. Recevoir des tomates. Recevoir qqn à coups de tomates.* ▪ **3** (1938) Mélange de pastis et de grenadine.

TOMAWAK ➤ **TOMAHAWK**

TOMBAC [tɔ̃bak] **n. m.** – 1700 ; *tombacque* 1664 ; *tambagle* 1604 ✧ siamois *tambac* ou *tambaga* «cuivre» ▪ TECHN. Alliage de cuivre et de zinc (laiton) contenant plus de 80 % de cuivre, et pouvant renfermer de petites quantités d'étain.

TOMBAL, ALE, AUX [tɔ̃bal, o] **adj.** – 1761 ✧ de *tombe* ▪ Qui appartient à une tombe, aux tombes. *Pierre tombale* : dalle qui recouvre une tombe. *Inscriptions tombales.*

TOMBANT, ANTE [tɔ̃bɑ̃, ɑ̃t] **adj.** – 1556 ✧ de 1*tomber* ▪ **1** RARE Qui tombe (I, B, 2°). *«Lumières mobiles, tombantes, tournantes»* MORAND. COUR. *À la nuit tombante* : au crépuscule. ▪ **2** Qui s'étend de haut en bas, pend. *Draperies tombantes. Chien aux oreilles tombantes.* ➤ 1**pendant.** — Qui s'affaisse au-delà de la normale. *Épaules tombantes. Seins tombants.*

TOMBE [tɔ̃b] **n. f.** – v. 1150 ✧ latin ecclésiastique *tumba*, grec *tumbos* ▪ **1** Lieu où l'on ensevelit un mort, fosse recouverte d'une dalle (parfois d'un monument). ➤ **sépulture, tombeau.** *Descendre un cercueil dans une tombe. Tombes d'un cimetière, d'une nécropole. «La tombe présentait une dalle de pierre dure à double pente, une stèle au fond, surmontée d'une croix, une grille»* ROMAINS. *Se recueillir sur la tombe de qqn. «L'œil était dans la tombe et regardait Caïn»* HUGO. *Goût des tombes.* ➤ **taphophilie.** *Profanation de tombes.* LOC. *Il doit se retourner dans sa tombe* (en entendant cela), se dit d'un défunt qu'on imagine bouleversé, soulevé d'indignation par qqch. — PAR COMPAR. *Silencieux, froid, triste... comme une tombe.* ▪ **2** Pierre tombale ; monument funéraire. *Épitaphe gravée sur une tombe.* ▪ **3** LOC. FIG. *Être au bord de la tombe, avoir déjà un pied dans la tombe* : être près de mourir. VIEILLI *Descendre dans la tombe* : mourir. *Suivre qqn dans la tombe,* mourir peu après lui. *Creuser* sa tombe avec les dents. — Outre-tombe.* ➤ 2**outre.** ▪ **4** (PERSONNES) *Être muet comme une tombe ; être une tombe* : être capable de garder un secret.

TOMBÉ, ÉE [tɔ̃be] **adj.** et **n. m.** – XVIIe ✧ de 1*tomber* ▪ **1** Déchu. *«L'homme est un dieu tombé qui se souvient des cieux»* LAMARTINE. ▪ **2** **n. m.** *Le tombé d'un tissu, d'un vêtement,* le fait de bien tomber, de bien s'adapter au corps.

TOMBEAU [tɔ̃bo] **n. m.** – XIIIe ; *tombel* 1160 ✧ de *tombe* ▪ **1** Monument funéraire servant de sépulture pour un ou plusieurs morts. ➤ **caveau, cavurne, hypogée, mastaba, mausolée, sarcophage, sépulcre, tombe ;** et aussi **cénotaphe, cippe, koubba, stèle.** *Tombeau en marbre. «À la tête du tombeau, une effigie d'Osiris [...] semblait veiller sur le sommeil du mort»* GAUTIER. *Ensevelir dans un tombeau, mettre au tombeau. «Le cadavre embaumé* [de Cromwell] *fut enterré dans le tombeau des rois»* VOLTAIRE. — *Mise au tombeau* : représentation de l'ensevelissement du Christ. ◆ TECHN. *Tiroir en tombeau,* galbé. *«un immense meuble de marqueterie hollandaise, aux tiroirs en tombeaux»* GONCOURT. ▪ **2** FIG. LITTÉR. Raison, cause de la fin de (qqch.). *«cet enfoncement progressif dans la drogue, tombeau de ma génération»* M. DUGAIN. ◆ PAR MÉTAPH. (Symbole de la mort). ➤ **tombe** (3°). *«Le bien a pour tombeau l'ingratitude humaine»* MUSSET. LOC. *Descendre au tombeau* : mourir. *Fidèle jusqu'au tombeau,* jusqu'à la mort. ◆ LOC. COUR. **À TOMBEAU OUVERT :** à une vitesse telle que l'on risque un accident mortel. *Rouler à tombeau ouvert. «le champion du triporteur, l'homme qui avait descendu à tombeau grand ouvert la rue de la Gare»* FALLET. ▪ **3** PAR ANAL. Lieu clos, sombre, d'aspect funèbre. *Cette maison est un vrai tombeau.* ▪ **4** *Le tombeau de...* : composition poétique, œuvre musicale en l'honneur de (qqn). *«Le Tombeau d'Edgar Poe, de Charles Baudelaire», de Mallarmé. «Le Tombeau de Couperin», de Ravel.*

TOMBÉE [tɔ̃be] **n. f.** – 1477 ; *tumée, tumeie* XIIIe ✧ de 1*tomber* ▪ **1** LITTÉR. Chute. *La tombée de la neige, de la pluie. «regardant la tombée muette et sans fin des flocons»* ZOLA. ▪ **2** *Tombée de la nuit, du jour* : moment où la nuit tombe, où le jour tombe. ➤ **crépuscule,** 2**tomber.** *«à la tombée d'un beau jour d'été»* FRANCE.

TOMBELLE [tɔ̃bɛl] **n. f.** – 1625 ✧ de *tombe* ▪ ARCHÉOL. Petite butte funéraire. ➤ **tumulus.**

1**TOMBER** [tɔ̃be] **v.** ‹1› – fin XIIe ✧ de l'onomatopée *tumb-* évoquant le bruit d'un saut ou d'une chute. Ce mot était probablt utilisé, à l'origine, par les jongleurs du Moyen Âge, *tomber* ayant eu le sens de «danser, sauter, faire la culbute»

I ~ **v. intr.** (AUXILIAIRE *ÊTRE*) **A.** ÊTRE ENTRAÎNÉ À TERRE EN PERDANT SON ÉQUILIBRE OU SON ASSISE ▪ **1** (Êtres vivants) *Il s'est fait mal en tombant. Trébucher, vaciller avant de tomber. Tomber par terre, à terre.* ➤ LITTÉR. **choir,** FAM. **chuter ; chute** (cf. Se casser* la figure, la gueule, se fiche* par terre, prendre un billet de parterre*, ramasser* une bûche, un gadin, une gamelle, une pelle). *Tomber dans les escaliers.* ➤ **dégringoler ;** RÉGION. **débarouler. loc. adj.** FAM. *À tomber (par terre), à tomber raide* : extraordinaire, hors du commun, sublime. *Un spectacle à tomber par terre* (tellement il est beau). *Tomber de tout son long*, à la renverse, les quatre fers* en l'air, la tête la première*.* ➤ FAM. **s'étaler,** se **gaufrer,** se **vautrer.** *Le chien l'a fait tomber.* ➤ **renverser ;** RÉGION. **enfarger.** *Tomber dans les pommes*. Tomber mort, raide mort.* — PAR EXAGÉR. *Tomber de fatigue, de sommeil.* LOC. *Tomber de son haut*.* ◆ Se laisser aller, choir (sans aller à terre). *Tomber sur un divan, un fauteuil.* — *Tomber dans les bras de qqn.* ◆ SPÉCIALT Tomber mort, mortellement blessé. ➤ **mourir, succomber.** *Soldats tombés au champ d'honneur.* LOC. *Tomber comme des mouches*.* ◆ VIEILLI Avoir une défaillance d'ordre moral. ➤ **pécher.** *«Oh ! n'insultez jamais une femme qui tombe !»* HUGO. ◆ ARG. Être arrêté. *Voyou tombé pour proxénétisme.* ▪ **2** (CHOSES) Crouler. ➤ **s'affaisser, s'écrouler.** *Immeubles qui tombent sous les bombardements.* — **TOMBER EN :** tomber en se réduisant à l'état de... *Maison qui tombe en ruine. Ces vieux livres tombent en poussière.* ▪ **3** FIG. (PERSONNES) Cesser de régner, être déchu, renversé. *«Un ministère qu'on soutient est un ministère qui tombe»* TALLEYRAND. *Le gouvernement est tombé.* ◆ (CHOSES) Être détruit ou disparaître. ➤ **s'effondrer.** *L'obstacle, l'objection, la difficulté tombe.* — LOC. *Tomber à plat*.* ▪ **4** Perdre de sa force, ne pas se soutenir. ➤ **s'affaiblir, diminuer*.** *Le jour tombe.* ➤ **décliner.** *Le vent tomba. «Les restes d'une voix qui tombe et d'une ardeur qui s'éteint»* BOSSUET. *Sa colère était tombée.* ➤ **apaiser,** se **calmer.**

B. DESCENDRE RAPIDEMENT EN ÉTANT ENTRAÎNÉ (fin XVe) ▪ **1** Être entraîné vers le sol, d'un lieu élevé à un lieu bas ou profond, quand ce qui retenait ou soutenait vient à manquer. ➤ **dégringoler.** *Tomber dans un abîme, un gouffre.* ➤ **s'abîmer, dévaler, rouler.** *La voiture est tombée dans le vide.* ➤ **basculer.** *«Nous eûmes le malheur de perdre un homme qui tomba à la mer»* BAUDELAIRE. *Tomber de cheval.* — LOC. *Être tombé du lit*. Tomber des nues*, de la lune. Tomber du ciel.* — *Tomber de sa chaise, tomber de l'armoire* : être très étonné, stupéfait. *Tomber de haut*.* — *Ne pas être tombé de la dernière pluie*.* ◆ (CHOSES) *Corps qui tombe en chute libre* (➤ **gravitation**). *«Une énorme tuile, arrachée par le vent, tombe et assomme un passant»* BERGSON. *La foudre est tombée. L'avion tombe en flammes.* ➤ **s'abattre, piquer.** *Eau, ruisseau qui tombe en cascade. «Un liquide sombre tombait de sa main fermée»* LOTI. — SPÉCIALT (précipitations atmosphériques) *La pluie, la grêle tombe.* IMPERS. *Il tombe de la neige.* — Se détacher, cesser d'être tenu. *Feuilles qui tombent des arbres.* **p. p. adj.** *Ramasser les fruits tombés.* — *Ses cheveux tombent, il va bientôt être chauve. Ce livre me tombe des mains* (d'ennui, de fatigue). — Paraître. *L'édition du soir tombe* (des presses) *à cinq heures. Un fax, une dépêche vient de tomber.* ◆ **LAISSER TOMBER :** laisser échapper. ➤ 1**lâcher, répandre ;** FAM. 2**droper, larguer.** *«Il ouvre un large bec, laisse tomber sa proie»* LA FONTAINE. — FIG. et FAM. *Laisser tomber qqch.* : ne plus s'en occuper, ne pas y donner suite. ➤ **abandonner, négliger.** *Il a laissé tomber le piano. Laisser tomber qqn,* ne plus s'intéresser à lui, l'oublier. *Il a laissé tomber sa femme.* ➤ **plaquer, quitter.** *«Que de femmes j'ai aimées, moi qui en ai laissé tomber tant !»* DRIEU LA ROCHELLE. FAM. *Laisse, laissez tomber,* invitation à abandonner (un projet, une attitude) ; (v. 1970 ✧ verlan) *Laisse béton. «Tu es ridicule de te monter comme ça... laisse donc tomber, ne te fatigue pas»* SARRAUTE. ➤ FAM. **écraser.** ▪ **2** (Lumière, son, paroles...) Arriver, parvenir du haut. ➤ **frapper.** *«Le soleil dont un rayon lui tombait sur les yeux»* BALZAC. *«Cette obscure clarté qui* *tombe des étoiles»* CORNEILLE. — *La nuit, le soir tombe.* — *À la nuit tombée,* le soir. — *Des glas «lugubres, dont les notes tombaient une à une»* DAUDET. *Mots, paroles qui tombent de la bouche, des lèvres de qqn. Ce n'est pas tombé dans l'oreille* d'un sourd. «parole fatale, qui ne tomba pas en vain dans l'oreille du jeune roi»* MICHELET. ▪ **3** Baisser (de façon mesurable). ➤ **descendre.** *Cours, prix qui tombent. Le titre est tombé sous la barre des vingt dollars. Sa température est tombée de cinq dixièmes. Tomber à rien, à zéro.* ➤ se **réduire.** ▪ **4** FIG. Être en décadence. ➤ **déchoir, dégénérer.** *«C'est être d'autant plus misérable qu'on est tombé de plus haut»* PASCAL. *Il est tombé bien bas.* ▪ **5** (CHOSES) S'abaisser en certaines parties, tout en restant suspendu ou soutenu. ➤ **pendre.** *«une forêt de grands cheveux noirs [...] qui lui tombaient au jarret»* ROUSSEAU. *Manteau qui tombe jusqu'aux talons.* — SPÉCIALT *Veste qui tombe bien,* qui s'adapte bien aux lignes du corps (➤ **tombé**). ◆ Donner l'impression de s'affaisser. *Épaules qui tombent.* ➤ **tombant.** *«Jamais, bien que Jim sentît parfois ses paupières tomber, ils ne dormirent»* H.-P. ROCHÉ. FIG. *Les bras* m'en tombent.* ▪ **6** S'incliner fortement. ➤ **descendre.** *«Les toits à pente rapide tombaient bien bas sur les fenêtres»* GREEN. — MAR. *Navire qui tombe sur l'avant, sur l'arrière,* qui cale plus d'eau qu'il ne devrait à l'avant, à l'arrière.

C. SE TROUVER BRUTALEMENT DANS UNE SITUATION CRITIQUE, FÂCHEUSE ▪ **1** (Par analogie avec la rapidité, la brutalité de la chute) **TOMBER SUR :** s'élancer de toute sa force, et en exploitant l'effet de la surprise, sur..., contre... ➤ **attaquer, charger, foncer, fondre,** se **jeter,** se **précipiter.** *Tomber sur qqn à bras* raccourcis.* FAM. *Tomber sur le dos*, le paletot*, le poil*, le râble* à qqn.* — FIG. *Tomber sur qqn,* l'accuser ou le critiquer sans ménagement, l'accabler. *«ce serait sur lui qu'on tomberait pour se débarrasser d'un témoin gênant»* ZOLA. *Tout le monde lui est tombé dessus.* — (CHOSES) *«L'opprobre et les malheurs tombent sur moi comme d'eux-mêmes»* ROUSSEAU. ▪ **2 TOMBER EN, DANS :** se trouver, généralement de façon soudaine, entraîné dans (un état critique, une situation fâcheuse). *Tomber dans le désespoir. Tomber en syncope. Tomber dans un piège, une embuscade. Tomber dans le panneau*. Tomber entre, dans les mains, aux mains, au pouvoir de qqn. Tomber en disgrâce*.* — FAM. *L'informatique, les enfants d'aujourd'hui sont tombés dedans quand ils étaient petits,* ils l'ont toujours connue. — *Chien qui tombe en arrêt,* qui se met brusquement en arrêt. *Tomber en panne.* — *Tomber dans une erreur, un excès.* — *Tomber d'un excès dans un autre, dans l'autre.* ➤ 1 **aller, passer.** *«D'un mal il tomba dans un pire»* LA FONTAINE. LOC. *Tomber de Charybde en Scylla :* échapper à un inconvénient, à un danger, pour tomber dans un autre plus grave. — (CHOSES) *Tomber dans le lac*, à l'eau*. Tomber en quenouille*. Un acte qui tombe sous le coup* de la loi. «cette nation tombée de son opulence dans l'asservissement et les déchirements»* TOURNIER. ▪ **3** (XVIe) (En fonction de verbe d'état, suivi d'un attribut) Être, devenir (après une évolution rapide). *Tomber malade. Tomber amoureux.* — *Il est tombé d'accord* que..., pour..., sur...*

D. ARRIVER DE MANIÈRE IMPRÉVUE ▪ **1** Arriver ou se présenter inopinément et par l'effet du hasard, à tel endroit ou tel moment. ➤ **survenir.** *«Avant-hier tombe ici, pour m'emmener dîner chez lui, Verdurin»* PROUST. *Tomber dans, en... Tomber en pleine réunion.* ◆ **TOMBER SUR (qqn, qqch.) :** rencontrer ou toucher par hasard. *«vous tombez sur moi, mais vous pourriez tomber sur un imbécile»* COCTEAU. *Je suis tombé sur le livre que je cherchais.* ➤ **trouver.** LOC. FAM. *Tomber sur un bec*, un os*.* ◆ **TOMBER SOUS... :** se présenter à portée de... *Il attrape tout ce qui lui tombe sous la main. Il mange ce qui lui tombe sous la dent.* — FIG. *Tomber sous le sens :* être compréhensible, évident (cf. Crever les yeux*, sauter aux yeux*). — *Tomber sous le charme (de qqn),* y être sensible. ◆ **TOMBER BIEN, MAL :** arriver à propos ou non. *«Il fut charmant, confus d'être si mal tombé»* COURTELINE. *«Elle raffolait des fêtes foraines [...] Ça tombait bien !»* CÉLINE. LOC. *Tomber à point*, à propos, à pic, pile, pile-poil :* être très à propos. ▪ **2** Arriver, par une coïncidence remarquable. *«La paye de la grande quinzaine qui tombait ce samedi-là»* ZOLA. *Noël tombe un lundi, cette année. Fêtes tombant le même jour,* occurrentes. *Tomber juste*. «voilà typiquement le genre de sujet qui peut tomber au bac»* PH. BESSON. — LOC. RÉGION. (Nord, Belgique) et FAM. *Si ça tombe :* si ça se trouve*.

II ~ **v. tr.** AUXILIAIRE *AVOIR* (XIIIe, cour. en ancien français, repris XIXe) ▪ **1** RÉGION. (Centre, Sud-Est) Faire tomber, laisser choir. *«une pilule "petite, petite que si tu la tombes, tu la retrouves pas"»* M. ROUANET. ▪ **2** SPORT À la lutte, Vaincre (l'adversaire) en le faisant tomber et en lui faisant toucher le sol des deux épaules pendant quelques secondes. — PAR EXT. *«Un pari à qui tomberait l'autre»* GONCOURT. ◆ FAM. *Tomber une femme,* la séduire, faire sa conquête (➤ **tombeur**). *Il «décida de mettre à profit l'absence de sa patronne pour "tomber" la bonne, comme il s'en était vanté auprès des copains»* DABIT. ▪ **3** FAM. *Tomber la veste,* l'enlever (cf. Se mettre en manches de chemise*).

▪ CONTR. Relever (se) ; monter, remonter.

2**TOMBER** [tɔ̃be] **n. m.** – 1829 ◊ de 1*tomber* ▪ RARE Tombée. *«Je pris donc l'habitude de l'aller voir, au tomber du jour»* JALOUX. — SPORT Action de tomber un adversaire.

TOMBEREAU [tɔ̃bʀo] **n. m.** – XVe ; *tumeriaus* XIIIe ◊ de 1*tomber* ▪ **1** Voiture de charge, faite d'une caisse montée sur deux roues, susceptible d'être déchargée en basculant à l'arrière. ➤ **banne.** *«Le faubourg secoué par les lourds tombereaux»* BAUDELAIRE. — Contenu de cette voiture. *Un tombereau de sable.* — FIG. Grande quantité. ▪ **2** Engin de terrassement muni d'une benne basculante. — Recomm. offic. pour *dumper*.*

TOMBEUR, EUSE [tɔ̃bœʀ, øz] **n.** – 1845 ◊ de 1*tomber* ▪ **1** SPORT Lutteur qui tombe (son adversaire). — PAR EXT. Vainqueur (d'un adversaire sportif ou politique). ▪ **2** FIG. et FAM. Séducteur, séductrice aux nombreux succès. ➤ **bourreau** (des cœurs). *Un tombeur (de femmes).* ➤ **don juan.** *Une sacrée tombeuse.*

TOMBOLA [tɔ̃bɔla] **n. f.** – v. 1800 ◊ mot italien «culbute», puis «loto» ▪ Loterie de société où chaque gagnant reçoit un lot en nature. *Billet de tombola. Organiser, tirer une tombola. Les lots de la tombola.*

TOMBOLO [tɔ̃bɔlo] **n. m.** – 1909 ◊ mot italien «tumulus, tertre», par l'anglais (1899) ▪ GÉOGR. Cordon littoral constitué par une levée de galets ou de sable, reliant une île au continent. *Des tombolos.*

TOME [tɔm] **n. m.** – 1530 ◊ latin *tomus,* grec *tomos* «portion» ▪ Division d'un ouvrage, prévue (comme le livre ou le chapitre) par l'auteur ou l'éditeur, et ne correspondant pas forcément au volume (➤ **tomaison**). *L'édition originale de «La Princesse de Clèves», divisée en quatre tomes, se trouve habituellement en deux volumes. Tome I, II, premier, second.* ◆ Volume. *«Il ouvrait sur la table, un tome pesant du dictionnaire de Littré»* DUHAMEL. ▪ HOM. Tomme.

-TOME, -TOMIE ▪ Éléments, du grec *-tomos,* et *-tomia,* radical *temnein* «couper, découper» : *atome ; anatomie.*

TOMENTEUX, EUSE [tɔmɑ̃tø, øz] **adj.** – 1801 ◊ du latin *tomentum* «bourre, duvet» ▪ BOT. Couvert de poils ou d'un duvet. *Des feuilles «épaisses, tomenteuses (je veux dire couvertes d'une épaisse peluche)»* GIDE.

TOMER [tɔme] **v. tr.** ‹1› – 1801 ◊ de *tome* ▪ TECHN. Diviser en tomes ; marquer de l'indication du tome.

TOMETTE [tɔmɛt] **n. f.** – *tommette* 1877 ◊ du dauphinois *tometa,* de *toma* «fromage plat» → tomme ▪ Petite brique de carrelage, généralement hexagonale et de couleur rouge, originaire du sud de la France (Dauphiné, Provence). *Sol recouvert de tomettes.*

TOMME [tɔm] **n. f.** – 1581 ◊ ancien provençal *toma* (XIIIe), du latin populaire °*toma,* probablt d'origine prélatine ▪ Fromage à pâte pressée non cuite, en forme de disque. *Tomme de Savoie.* — *Tomme fraîche :* pâte issue de la première maturation du cantal, utilisée pour l'aligot. ▪ HOM. Tome.

TOMMY [tɔmi] **n. m.** – 1901 ◊ mot anglais, diminutif de *Thomas Atkins,* nom traditionnel du simple soldat (1815) ▪ VIEILLI Soldat anglais. *Les tommys* ou *les tommies* (plur. angl.).

TOMODENSITOMÈTRE [tomodɑ̃sitɔmɛtʀ] **n. m.** – 1976 ◊ du grec *tomos* «morceau coupé», *densité* et *-mètre* ▪ ➤ 1**scanner.**

TOMODENSITOMÉTRIE [tomodɑ̃sitɔmetʀi] **n. f.** – 1976 ◊ du grec *tomos* «morceau coupé», *densité* et *-métrie* ▪ ➤ **scanographie.**

TOMOGRAPHIE [tɔmɔgʀafi] **n. f.** – v. 1930 ◊ du grec *tomos* «morceau coupé» et *(radio)graphie* ▪ MÉD. Procédé d'exploration radiologique permettant d'obtenir la radiographie d'une mince couche d'organe à une profondeur voulue. ➤ **stratigraphie.** *Tomographie pulmonaire. Tomographie informatisée.* ➤ **scanographie.** *Tomographie par émission de positrons (TEP).* ABRÉV. FAM. **TOMO** [tɔmo]. — adj. **TOMOGRAPHIQUE.** *Imagerie tomographique.*

TOM-POUCE [tɔmpus] **n. m. inv.** – 1845 ◊ traduction de l'anglais *Tom Thumb,* nain des contes (XVIe) ▪ VIEILLI ▪ **1** FAM. PÉJ. Homme de très petite taille, nain. ▪ **2** (v. 1930) Petit parapluie à manche court.

1 **TON** [tɔ̃], **TA** [ta], **TES** [te] **adj. poss.** – *ta* fin XIe ◊ formes atones des adj. latins *tuum, tua* → tien

I (Sens subjectif) ▪ **1** Qui est à toi, t'appartient. « *Poète, prends ton luth* » MUSSET. — « *Tu rateras ton avenir, toi* » MAUPASSANT. — ARG. *Ta pomme,* toi. ➤ **tézigue.** ▪ **2** (Devant un nom de personne) Marque des rapports de parenté, d'amitié, de vie sociale. *Ton père et le mien.* « *Tu dis toujours "ton fils," quand tu as à te plaindre de lui* » GÉRALDY. ▪ **3** PAR EXT. Marque l'« intérêt personnel » ou des rapports d'appropriation très larges (emplois styl.). « *Ton Pierre, mais il n'est pas célèbre du tout* » JAMMES. — *Ferme donc ta porte. Ne fais pas ta maligne.*

II (Sens objectif) *Ton juge,* celui qui te juge. *Ta condamnation. À ta vue. Tes lecteurs.*

▪ HOM. Thon ; 1 t, té, thé ; poss. tas.

2 **TON** [tɔ̃] **n. m.** – fin XIIe ◊ du latin *tonus,* mot d'origine grecque

I HAUTEUR D'UN SON A. SENS COURANTS ▪ **1** Hauteur de la voix à un moment donné ; hauteur moyenne de la voix. *Ton aigu, élevé ; bas, grave.* ➤ **voix.** « *Il prenait une voix de tête, des tons aigus, nasillards, martelés, solennels* » R. ROLLAND. *Changement de ton :* inflexion. — PAR EXT. Qualité sonore de la voix (timbre, etc.). *Ton criard, nasillard.* SPÉCIALT Inflexions, intonations dans l'énoncé. *Ton égal, uniforme ; montant, descendant.* ▪ **2** (v. 1200) Qualité de la voix humaine, en hauteur (*ton* proprement dit), en timbre et en intensité, caractéristique de l'expression des états psychologiques et du contenu du discours. ➤ **accent, expression, intonation.** *Ton familier, simple. Ton détaché, froid, dédaigneux. Déclarer d'un ton, sur un ton convaincu, passionné...* « *ce petit ton sec que les femmes seules savent prendre entre elles* » GAUTIER. *Dire sur le ton de la conversation, de la plaisanterie. Parler d'un ton calme. Prendre un ton moqueur. Ne le prenez pas sur ce ton,* de si haut. LOC. *Hausser, élever le ton :* parler plus fort, sur un ton de menace. *Baisser le ton :* se montrer moins arrogant (cf. FAM. Mettre un bémol*). *Durcir le ton :* s'exprimer d'une manière plus ferme. *Faire baisser le ton à* (qqn) (cf. Rabattre le caquet*). « *Quand j'ai dit que j'étais fonctionnaire du gouvernement, l'officier a vite changé de ton avec moi* » COSSERY. — *Dire, répéter sur tous les tons,* de toutes les manières. ▪ **3** (milieu XVIIe) Manière de s'exprimer, dans un écrit. *Le ton amical d'une lettre.* ➤ **forme, manière, style.** — SPÉCIALT Manière individuelle d'écrire (indépendamment du genre qu'on adopte). *Le style et le ton d'un auteur.* « *Ce qui frappe le plus dans une page de Stendhal, c'est le* Ton. *Il possède, et d'ailleurs affecte, le ton le plus individuel qu'il soit en littérature* » VALÉRY. ▪ **4** LITTÉR. Manière de parler et de se comporter en société ; manière d'être (d'une action) quant aux convenances. « *Le ton où il avait placé leurs relations, le parti pris d'élégance* » ROMAINS. — LOC. **DE BON TON :** qui a des manières considérées comme bonnes, raffinées (cf. Comme il faut*, bon genre*, de bon goût*). *Une élégance de bon ton.* — (1751) *Le bon ton :* les manières correctes, reçues ou qui prévalent (dans un milieu donné).

B. SENS SPÉCIALISÉS ▪ **1** (1616) PHONÉT. Hauteur (et PAR EXT. changement de hauteur) du son de la voix, à un moment donné ; son particulier prononcé sur une note plus élevée (accent de hauteur ➤ 1 **tonique**). LING. *Langues à ton,* où la hauteur d'une syllabe est un trait pertinent (ex. chinois). *Ton haut, bas, montant, descendant. Ton ou ton aigu :* en grec, élévation de la voix sur un son. — *Ton frappé :* accent de hauteur sur le début de l'émission vocalique. — COUR. *Mettre le ton* (en lisant, en récitant) : lire à voix haute avec la juste intonation. « *elle lisait en mettant le ton, sans être jamais fatiguée de le mettre* » A. FERNEY. ▪ **2** (1578) MUS. Intervalle fondamental, qui s'exprime par le rapport des fréquences de 8 à 9 (*ton majeur :* do-ré ; fa-sol) ou de 9 à 10 (*ton mineur :* ré-mi ; la-si) et correspond à la seconde majeure (intervalle de la quarte à la quinte). *Échelle musicale divisant l'octave en sept échelons* (➤ **note**) *et procédant par tons et demi-tons* (➤ **diatonique ; gamme**) *ou en douze échelons tempérés* (➤ **chromatique**). *Quart de ton.* PAR EXT. Chaque degré de l'échelle diatonique. ▪ **3** MUS. Hauteur absolue d'une échelle de sons musicaux (réglée par le diapason) ; échelle musicale d'une hauteur déterminée (désignée par le nom de sa tonique) et possédant la même structure interne (à la différence des modes). *Passage d'un ton à un autre.* ➤ **modulation.** *Ton principal d'un morceau.* — *Le ton de si bémol majeur, mineur :* la modalité majeure, mineure du ton de si bémol. — HIST. MUS. (ANTIQ.) *Ton phrygien,* etc. ABUSIVEMENT Mode (2, 2o) de la musique médiévale. ▪ **4** COUR. Hauteur des sons émis par la voix dans le chant ou par un instrument, définie par un repère. *Donner le ton. Sortir du ton.* ➤ **détonner.** *Se mettre dans le ton :* s'accorder. FIG. LOC. *Être, se mettre dans le ton,* en accord avec les normes d'un groupe (cf. Être dans la note*, se mettre au diapason*). « *je tâchais de me mettre au ton de la jeunesse dorée de Rome* » YOURCENAR. *Ne pas être dans le ton.* ➤ **détonner** (FIG.). *Donner le ton :* fixer, par ses propres manières, le ton admis, reçu dans une société. ▪ **5** MUS. Instrument (sorte de sifflet à coulisse) servant à donner le ton (comme le diapason). ▪ **6** CHASSE Se dit de certaines sonneries, définies par leur ton, leur hauteur. *Tons de chasse. Ton de quête* (recherche du gibier).

II INTENSITÉ D'UNE COULEUR (1669) Couleur, considérée dans sa force, son intensité ; degré d'une couleur. ➤ **teinte, nuance.** *Tons purs. Tons criards, ternes, passés. Ton chaud, froid. Ton vif, pastel.* « *Ce qui me frappe d'abord dans ces tableaux* [de Manet], *c'est une justesse très délicate dans les rapports de tons entre eux* » ZOLA. *Ton sur ton :* dans une même couleur nuancée, claire et foncée.

III TONUS (1771 ◊ grec *tonos* « tension », d'après *tonique*) MÉD. VX État normal d'élasticité et de fermeté des tissus. ➤ **tonicité, tonus.**

TONAL, ALE, AUX ou **ALS** [tɔnal, o] **adj.** – 1828 ◊ de 2 *ton* ▪ **1** Qui concerne ou définit un ton, une hauteur caractéristique. *Hauteur tonale des sons musicaux.* ▪ **2** Qui concerne la tonalité (I, 2o), qui est organisé selon ses principes. *Musique tonale,* où l'harmonie et la mélodie sont réglées par l'obligation de respecter un ton principal. *Systèmes tonaux. Arpèges tonals.* ▪ **3** PHONÉT., LING. Qui a rapport au ton (I, B, 1o). *Langues tonales d'Asie.* ▪ CONTR. Atonal. ▪ HOM. Tonneau.

TONALITÉ [tɔnalite] **n. f.** – 1821 ◊ de *tonal*

I MUS. ▪ **1** VX Tout système musical défini par l'ordre des intervalles dans l'échelle des sons (modes et tons proprement dits). ▪ **2** MOD. Organisation de l'ensemble des sons musicaux selon une échelle type, où les intervalles (tons et demi-tons) se succèdent dans le même ordre, et où le premier degré de chaque gamme (➤ 2 **tonique**) se trouve au centre de deux quintes caractéristiques. *La tonalité s'est dégagée à la Renaissance du système modal.* ▪ **3** (Emploi critiqué) Ton (I, B, 3o). *L'armature de la clé donne la tonalité principale du morceau.*

II COUR. **A.** ▪ **1** Ensemble des caractères (hauteur, timbre) d'un ensemble de sons, d'une voix. « *Des inflexions vocales, une sorte de tonalité chantante* » DUHAMEL. *La bonne tonalité d'un récepteur de radio.* ▪ **2** Valeur moyenne, impression générale produite par un ensemble de tons (II), de nuances. *La tonalité d'un tableau.* « *Il n'y a en peinture que la tonalité et la beauté de la pâte* » GONCOURT. ▪ **3** (ABSTRAIT) Impression générale, « coloration » particulière qui distingue un état affectif. *La tonalité affective d'un rêve.* « *L'ivresse* [du haschisch] *gardera toujours la tonalité particulière de l'individu* » BAUDELAIRE.

B. Son émis par certains téléphones avant la composition du numéro d'appel.

TONCA ➤ **TONKA**

TONDAGE [tɔ̃daʒ] **n. m.** – 1337 ◊ de *tondre* → tonte ▪ **1** TECHN. Opération par laquelle on égalise les poils d'un drap. ➤ **apprêt.** ▪ **2** (1845) Le fait de tondre le poil (de certains animaux). *Tondage du cheval.*

TONDEUR, EUSE [tɔ̃dœʀ, øz] **n.** – 1229 « tondeur de drap » ◊ de *tondre* ▪ Personne dont le métier est de tondre (le drap, les animaux). ANCIENNT *Tondeur de chiens.* ➤ **toiletteur.** — MOD. TECHN. *Tondeuse en chapellerie. Tondeurs de draps* (à la main, à la machine). *Tondeur de moutons.*

TONDEUSE [tɔ̃døz] **n. f.** – 1832 ◊ de *tondre* ▪ **1** TECHN. Machine ou instrument destiné à couper court, et d'une manière égale, les poils de certains tissus (draps). ▪ **2** Instrument formé de deux lames agissant par va-et-vient, et destiné à tondre le poil des animaux, les cheveux. *Le coiffeur passe la tondeuse sur le cou. Tondeuse mécanique.* ▪ **3** *Tondeuse à gazon :* petite faucheuse rotative. *Tondeuse électrique, autotractée.*

TONDRE [tɔ̃dʀ] **v. tr.** ‹41› – 1130 ◊ latin populaire °*tondere* (*e* bref), classique *tondere* (*e* long) ▪ **1** Couper à ras (les poils, et SPÉCIALT la laine). *Tondre la toison d'un mouton, le poil d'un chien.* — *Tondre les cheveux,* les couper très court, sans toutefois les raser. — *Tondre la laine* sur le dos à qqn.* ▪ **2** Dépouiller (un animal) de son pelage, de sa toison, en coupant les poils ras. *Tondre les moutons, un caniche.* — FAM. *Se faire tondre :* se faire couper les cheveux très court. ➤ **raser, ratiboiser.** *Se faire tondre la nuque, le crâne.* ◆ FIG. (XIIe) FAM. *Tondre qqn,* le dépouiller. « *il y a pourtant un art de tondre le contribuable* sans le faire crier» FRANCE. LOC. *Il tondrait un œuf* : il est d'une extrême avarice. ▪ **3** (XIIe) Couper à ras ; égaliser en coupant. *Tondre le drap, le feutre,* couper l'extrémité des poils pour le rendre uni. *Tondre le gazon,* le couper à la tondeuse. PAR PLAIS. «*Le pré est tondu par le mouton, le mouton est tondu par le berger*» HUGO.

TONDU, UE [tɔ̃dy] adj. – *tundu* v. 1180 ◇ de *tondre* ▪ **1** Coupé à ras. *Pré tondu,* récemment fauché. *Poils, cheveux tondus.* ➤ 3 **ras.** ▪ **2** Dont le poil a été coupé à ras. *Crâne tondu des skinheads. Caniche tondu. Moine tondu* (➤ **tonsure**). *Femmes tondues à la Libération* (pour avoir eu des relations avec l'occupant). ◆ SUBST. *Le Petit Tondu,* surnom du général Bonaparte. — *Trois pelés* et un tondu.*

TONER [tɔnɛʀ] n. m. – 1977 ; autre sens 1969 ◇ mot anglais (1954), de *tone* «ton» ▪ Poudre pigmentée composée de résine thermosensible qui se dépose sur le papier, utilisée dans les copieurs, les imprimantes lasers. *Cartouche de toner.*
▪ HOM. Thonaire, tonnerre.

TONÉTIQUE [tɔnetik] n. f. – v. 1950 ◇ de 2 *ton,* d'après *phonétique* ▪ DIDACT. Partie de la phonétique qui s'attache à l'étude des tons.

TONFA [tɔ̃fa] n. m. – 1974 ◇ mot d'une langue des îles Ryūkyū apparentée au japonais ▪ Arme constituée d'un bâton muni d'une poignée perpendiculaire, employée dans certains arts martiaux. *Le tonfa est utilisé comme arme de défense par la police.* ➤ **matraque.**

TONG [tɔ̃g] n. f. – v. 1965 ◇ de l'anglais *thong* «lanière», puis «sandale» ▪ Sandale de plage de plastique léger, formée d'une semelle et d'une bride en V. ➤ RÉGION. **gougoune.** *Être chaussé de tongs.*

TONIC [tɔnik] n. m. – v. 1970 ◇ mot anglais, abrév. de *tonic water* ▪ ANGLIC. Soda à base d'écorces d'oranges amères et de quinquina. *Bouteille, verre de tonic.* — *Gin* tonic.* ▪ HOM. Tonique.

TONICARDIAQUE [tɔnikaʀdjak] adj. – 1894 ◇ de *toni(que)* et *cardiaque* ▪ MÉD. Qui exerce un effet tonique sur le cœur. ➤ **cardiotonique.** — n. m. *L'adrénaline est un tonicardiaque.*

TONICITÉ [tɔnisite] n. f. – 1803 ◇ de *tonique* ▪ **1** PHYSIOL. Tonus* musculaire. *Absence, insuffisance, excès de tonicité.* ➤ **atonie, hypertonie, hypotonie.** ▪ **2** Caractère de ce qui est tonique, stimulant. «*la tonicité salée de la Méditerranée*» MICHELET.

TONIE [tɔni] n. f. – 1964 ◇ de 2 *ton* ▪ PHYSIOL. Caractère de la sensation auditive, dépendant de la fréquence de la vibration.

-TONIE ▪ Élément, du grec *tonos* «tension».

TONIFIANT, IANTE [tɔnifjɑ̃, jɑ̃t] adj. et n. m. – v. 1860 ◇ de *tonifier* ▪ Qui tonifie. *Lotion tonifiante. Climat tonifiant.* ➤ **revigorant.** «*Les forêts de pins rivalisent avec la mer en émanations salubres. Les leurs, toutes résineuses, sont tonifiantes*» MICHELET. — n. m. Remède tonique.

TONIFIER [tɔnifje] v. tr. ⟨7⟩ – 1837 ◇ du radical de *tonique* et *-fier* ▪ **1** Rendre plus élastique, plus tonique (I, 1°). ➤ **raffermir.** *Lotion qui tonifie l'épiderme.* ▪ **2** PAR EXT. Avoir un effet tonique (I, 2°) sur. *Tonifier l'organisme.* ➤ **fortifier.** *Bergson dit qu'*«*il n'est pas d'œuvre d'art vraiment grande qui n'exalte et ne tonifie l'âme*» MAUROIS.

1 **TONIQUE** [tɔnik] adj. et n. m. – 1538 «qui présente de la force, de l'élasticité» méd. ◇ grec *tonikos* «qui se tend», de *tonos* → 2 ton

I MÉD. ▪ **1** PHYSIOL. Relatif au tonus* musculaire. — PAR EXT. Se dit d'une contraction musculaire anormale prolongée, se traduisant par une rigidité des muscles atteints. *Convulsion tonique. Spasme tonique.* ◆ (PERSONNES) Fort, plein de tonus. *Un bébé très tonique.* ▪ **2** (1762) Qui fortifie, stimule les forces de l'organisme. *Médicament tonique.* ➤ **réconfortant, reconstituant, tonifiant.** — SUBST. *Les amers, le cola sont des toniques.* ➤ **fortifiant, remontant, stimulant.** «*Il jugea qu'une rapide croissance exigeait des toniques*» SAND. — *Les toniques du cœur.* ➤ **cardiotonique, tonicardiaque.** ▪ **3** Qui raffermit la peau, l'épiderme. *Lotion tonique et astringente.* — n. m. (1941) *Un tonique.* ▪ **4** FIG. (1832) Qui stimule, augmente la force vitale, rend plus vif. *Un climat, un froid tonique.* — (ABSTRAIT) *Sa présence exerçait un effet tonique.* ➤ **dynamisant.** «*Cette idée que tout est dit n'est point déprimante ; bien au contraire, tonique*» ALAIN.

II ▪ **1** (1762) MUS. VX *Note tonique.* ➤ 2 **tonique.** ▪ **2** (1842) PHONÉT. Qui porte le ton. *Voyelle, syllabe tonique.* PAR EXT. *Formes toniques et formes atones des pronoms.* — Qui marque le ton. *Accent* tonique.*
▪ CONTR. Amollissant, débilitant. Atone. ▪ HOM. Tonic.

2 **TONIQUE** [tɔnik] n. f. – 1762 ◇ pour *note tonique* ▪ MUS. Note fondamentale, premier degré de l'échelle des sons dans le système tonal, dont la hauteur caractérise le ton qu'elle établit.

TONITRUANT, ANTE [tɔnitʀyɑ̃, ɑ̃t] adj. – 1866 ◇ du latin *tonitruare* «tonner» ▪ Qui fait un bruit de tonnerre, énorme. *D'une voix tonitruante.* ➤ **tonnant.** «*le hihan tonitruant de l'âne*» TOURNIER. — PAR EXT. (PERSONNES) «*Le gros, l'épais* [...] *le tonitruant Balzac*» HENRIOT.

TONITRUER [tɔnitʀye] v. intr. ⟨1⟩ – 1869 ◇ latin *tonitruare* ▪ Faire un bruit de tonnerre ; parler, crier d'une voix tonitruante. ➤ **fulminer, tempêter, tonner.** «*De vastes obus qui tonitruent de temps en temps en nous secouant dans notre sous-sol*» BARBUSSE.

TONKA [tɔ̃ka] n. m. /TONCA/ – 1816 ◇ mot guyanais ▪ Fruit d'un arbre d'Amérique tropicale, d'où l'on extrait la coumarine*. APPOS. *Des fèves tonkas.*

TONLIEU [tɔ̃ljø] n. m. – 1159 ; *tolneu* «bureau de douane» v. 1155 ◇ latin *teloneum,* grec *telônion* «bureau du percepteur» ▪ FÉOD. Impôt ou taxe que l'on percevait sur les marchandises transportées. Droit payé par les marchands pour étaler dans les foires et marchés. «*un ensemble de taxes levées sur la circulation, les "tonlieux," perçus à l'entrée des cités*» DUBY.

TONNAGE [tɔnaʒ] n. m. – 1656 ◇ mot anglais, de l'ancien français (1300) «droit sur le vin en tonneau», de 1 *tonne* ▪ **1** MAR. Droit payé par un navire d'après sa capacité. ▪ **2** COUR. Capacité de transport d'un navire de commerce (évaluée par son volume intérieur dont l'unité de mesure est le tonneau). ➤ **jauge.** *Tonnage brut* : capacité intérieure totale ; *tonnage net,* capacité pour un contenu commercial (marchandises, passagers). *Bâtiment d'un gros, d'un fort tonnage.* ◆ STATIST. Capacité des navires marchands entrant dans un port ou en sortant, de tous les navires de commerce d'un pays.

TONNANT, ANTE [tɔnɑ̃, ɑ̃t] adj. – v. 1155 ◇ de *tonner* ▪ **1** Qui tonne. *Jupiter tonnant.* ▪ **2** (début XVIe) Qui fait un bruit de tonnerre. *Voix tonnante.* ➤ **éclatant, retentissant, tonitruant.** «*une acclamation tonnante partit jusqu'aux nues*» SAINTE-BEUVE. ▪ **3** CHIM. *Gaz tonnant, mélange tonnant* : mélange de dihydrogène et de dioxygène dans la proportion volumétrique de 2 à 1.

1 **TONNE** [tɔn] n. f. – fin XIIIe ◇ du latin médiéval *tonna* «jarre, tonneau», de *tunna,* probablt d'origine celtique ▪ **1** TECHN. (AGRIC., PÊCHE) Grand récipient, plus large que le tonneau, fait de douves assemblées au moyen de cerceaux. «*Le vin de Moselle ne se conserve pas dans d'immenses tonnes, comme celles d'Heidelberg et d'autres lieux*» NERVAL. ◆ (par anal. de forme) MAR. Bouée arrondie, en bois ou en fer. *Tonnes et balises. Droit de tonnes,* perçu pour l'entretien des bouées. ◆ ZOOL. Coquille univalve arrondie. ▪ **2** (1842 ; «mesure de capacité» 1681) MAR. Unité de poids de 1 000 kilogrammes servant à évaluer le déplacement ou le port en lourd d'un navire. *Un paquebot de 16 000 tonnes.* ◆ MÉTROL. Unité de mesure de masse (SYMB. t), valant 1 000 kilogrammes. «*Il brûlait à quai* [...] *des tonnes et des tonnes de charbon*» VERCEL. (Canada) *Tonne métrique.* — (Canada) Unité de mesure de masse (SYMB. tn), équivalant à 2 000 livres soit 907 kilogrammes. *Tonne impériale.* ◆ *Tonne équivalent pétrole* (➤ **tep**), *équivalent charbon* (➤ **tec**). *Tonne de T. N. T.* ➤ **kilotonne, mégatonne.** PAR EXAGÉR. Énorme quantité (de choses). «*elles aidaient leur mère et leur grand-mère à mettre en bocaux des tonnes de fruits et de légumes*» BEAUVOIR. — LOC. FAM. *En faire des tonnes* : en faire beaucoup trop (cf. En faire des caisses*, des kilos*). — STATIST. *Tonne kilométrique* : unité de calcul du prix de transport des marchandises par voie ferrée (transport d'une tonne sur un kilomètre). ◆ Mesure du poids des véhicules, SPÉCIALT des poids lourds. *Un camion de 7 tonnes,* et SUBST. *un 7 tonnes. Pont interdit aux véhicules de plus de 3 tonnes.*

2 **TONNE** [tɔn] n. f. – 1841 ◇ mot lyonnais «tonnelle», famille du latin *tunna* → 1 tonne ▪ RÉGION. (Puy-de-Dôme) Cabane dans les vignes.

3 **TONNE** [tɔn] n. f. – début XXe ◇ de l'occitan *tonna* «filet à perdrix» ou de 1 *tonne,* tous deux du latin *tunna* ▪ RÉGION. (côte atlantique sud) Cabane servant d'affût pour la chasse au gibier d'eau. *Chasse à la tonne.*

TONNEAU [tɔno] n. m. – *tonniou* 1380 ; *tonnel* 1150 ◇ de 1 *tonne*

I ▪ **1** Grand récipient cylindrique, en bois, renflé au milieu, fait de douves assemblées et cerclées, fermé par deux fonds de bois. ➤ **baril, barrique, feuillette,** 2 **foudre, fût, futaille, muid, pièce** (III, 2°), **quartaut, tonnelet.** *Bonde, cerceau, chantepleure, douve, fond, jable, panse, robinet... d'un ton-*

neau. *Mettre en tonneau.* ➤ 1 **entonner.** *Tonneau de vin, de bière ; de poudre.* ◆ ABSOLT Tonneau de vin. *Mettre un tonneau en perce. Ouiller un tonneau. Vin au tonneau et vin bouché* (en bouteille). *Fond de tonneau :* ce qui reste au fond du tonneau, où il y a de la lie ; mauvais vin ; FIG. résidu. *Rinçure de tonneau :* mauvais vin. LOC. FIG. *C'est le tonneau des Danaïdes,* une tâche infinie, interminable. — *Du même tonneau :* du même genre. ◆ Récipient de métal monté sur roues dont on distribue le contenu en divers lieux. *Tonneau d'arrosage,* pour arroser les voies publiques. ▪ **2** (1888) Voiture à cheval découverte, à deux roues, dans laquelle on pénétrait par-derrière. ▪ **3** Coffre (d'abord *tonneau*) dont le dessus est percé de trous (affectés d'un chiffre) dans lesquels le joueur s'efforce de lancer un palet de métal. *« une caisse – où l'on essayait de lancer un palet de métal, et que l'on appelait un tonneau »* PEREC. — PAR EXT. Le jeu lui-même. *Jouer au tonneau.* ▪ **4** Mouvement d'acrobatie aérienne ; tour complet de l'appareil autour de son axe longitudinal. *Le cascadeur a exécuté une série de tonneaux. Demi-tonneau :* demi-tour. ◆ Accident par lequel une automobile fait un tour complet en pivotant autour de son axe longitudinal. *La voiture a fait plusieurs tonneaux.*

II (XVIe « tonne » néerlandais) MÉTROL. MAR. Unité internationale de mesure de volume, employée pour déterminer la capacité des navires (➤ **jauge, tonnage**), et valant 100 pieds cubes, soit 2,83 mètres cubes. *« Ce brick, d'une jauge de trois à quatre cents tonneaux »* J. VERNE.

▪ **HOM.** Tonaux (tonal).

TONNELAGE [tɔn(ə)laʒ] **n. m.** – 1730 ; « droit pour la mise en tonneaux du vin » 1334 ◇ de l'ancien français *tonnel* « tonneau » ▪ COMM. *Marchandises de tonnelage,* qu'on met en tonneaux.

TONNELET [tɔnlɛ] **n. m.** – 1295 ◇ diminutif de l'ancien français *tonnel* « tonneau » ▪ Petit tonneau, petit fût. ➤ **baril,** RÉGION. **barricot.** *Un tonnelet d'eau-de-vie.*

TONNELIER [tɔnəlje] **n. m.** – 1255 ◇ de l'ancien français *tonnel* « tonneau » ▪ Artisan, ouvrier qui fabrique et répare les tonneaux et récipients en bois. *« un tonnelier ; il est en train d'assembler au maillet des douves de cèdre pour en fait un baril »* GIONO.

TONNELLE [tɔnɛl] **n. f.** – 1340 ◇ de 2 *tonne* → tunnel ▪ **1** Petite construction circulaire à sommet arrondi, faite de lattes en treillis soutenues par des cerceaux, sur laquelle on fait grimper des plantes et qui sert d'abri. ➤ **charmille, gloriette, pergola** (cf. Pavillon* de verdure). *« nous goûtions sous une tonnelle d'aristoloche, de chèvrefeuille, de vigne vierge »* RADIGUET. ▪ **2** (fin XIVe) CHASSE Filet pour la chasse aux perdrix. ▪ **3** (1906) ARCHÉOL. Partie de l'armure du cheval qui recouvrait la croupe.

TONNELLERIE [tɔnɛlʀi] **n. f.** – 1295 ◇ de *tonnelier* ▪ Métier, atelier, industrie, commerce du tonnelier. — Articles fabriqués par le tonnelier.

TONNER [tɔne] **v. intr.** ‹1› – v. 1120 ◇ latin *tonare* ▪ **1** RARE Faire éclater le tonnerre. *Jupiter tonne.* ➤ **tonnant.** *« un vacarme à ne pas entendre Dieu tonner »* MÉRIMÉE. — *« le ciel qui tonne, grêle et pleut à torrents »* SAINTE-BEUVE. ▪ **2** IMPERS. COUR. Éclater (tonnerre). *« sans s'inquiéter s'il pleut ou s'il vente, s'il grêle ou s'il tonne »* FLAUBERT. ▪ **3** Faire un bruit de tonnerre. *« une artillerie plus puissante, celle de la presse, tonnait désormais à l'oreille du peuple »* MICHELET. ▪ **4** (1622 ; trans. v. 1550) Exprimer violemment sa colère en parlant très fort. ➤ **crier, fulminer, gronder, tonitruer.** *Tonner contre l'injustice.*

TONNERRE [tɔnɛʀ] **n. m.** – 1560 ; *tuneire* 1080 ◇ latin *tonitrus* ▪ **1** Bruit de la foudre, accompagnant l'éclair (perçu plus ou moins longtemps après lui, et plus ou moins violent selon l'éloignement du phénomène par rapport à l'observateur). *Coup de tonnerre. Le tonnerre retentit. On entend le tonnerre. Grondement, roulement de tonnerre. « Un tonnerre inouï, dont nul fracas terrestre ne saurait donner l'idée, déchira, accabla toutes les oreilles alentour »* FARRÈRE. ▪ **2** VX ou LITTÉR. Foudre. *« Le tonnerre tombe où il veut, et quand il veut. Mais les sommets l'attirent »* R. ROLLAND. ➤ aussi **paratonnerre.** ◆ Faisceau enflammé qui représente la foudre. ▪ **3** LOC. COUR. (1623) **COUP DE TONNERRE :** évènement brutal et imprévu. ➤ 1 **bombe.** *« Cette vie tranquille fut troublée par un coup de tonnerre : Mina perdit sa mère »* STENDHAL. ▪ **4 DE TONNERRE,** se dit de bruits semblables au tonnerre. *« un lointain grondement de tonnerre ébranla toute la mine [...] la galerie s'effondrait »* ZOLA. *Une voix de tonnerre.* ➤ **tonitruant, tonnant** (cf. Une voix de stentor*). ◆ FAM. (loc. employée avec une valeur de superlatif exprimant l'admiration) **DU TONNERRE.** ➤ **formidable, terrible** (cf. Du feu* de Dieu). *Une fille du tonnerre. « Il faisait très beau, un soleil du tonnerre »* ZOLA. — *Du tonnerre de Dieu. La voiture a marché du (le) tonnerre,* très bien, à toute allure. ▪ **5** EXCLAM. (en interj. pour exprimer la violence, la menace) *« Tonnerre de Dieu, n'allons pas fumer sur le tonneau de poudre, citoyens ! »* BALZAC. *Tonnerre ! Mille tonnerres ! Tonnerre de Brest* (juron de marins, à l'origine). ▪ **6** Bruit assourdissant. *« les laitiers faisaient un tonnerre de fer-blanc sur le pavé »* ARAGON. — Manifestation bruyante (d'approbation ou de désapprobation). *Un tonnerre d'applaudissements, d'acclamations.* ➤ **tempête.** *« Le discours de Mirabeau fut accueilli d'un tonnerre d'indignation, d'une tempête d'imprécations et d'insultes »* MICHELET. ▪ **HOM.** Thonaire, toner.

TONOMÉTRIE [tɔnɔmetʀi] **n. f.** – 1903 ◇ du grec *tonos* « tension » et *-métrie* ▪ PHYS. Détermination de la masse molaire du soluté dans une solution diluée, à l'aide d'un *tonomètre.* — MÉD. Mesure des tensions (artérielle, veineuse, oculaire).

TONSURE [tɔ̃syʀ] **n. f.** – 1245 ◇ latin *tonsura* ▪ Petit cercle rasé au sommet de la tête des ecclésiastiques. *Porter la tonsure.* ◆ FAM. Calvitie circulaire au sommet de la tête.

TONSURER [tɔ̃syʀe] **v. tr.** ‹1› – fin XIVe ◇ de *tonsure* ▪ Conférer la tonsure à (un clerc). *« si vous n'êtes monsieur l'abbé que pour avoir été tonsuré »* VOLTAIRE. — **p. p. adj.** *Clerc tonsuré,* qui porte la tonsure. SUBST. M. *Un tonsuré.*

TONTE [tɔ̃t] **n. f.** – 1387 ◇ fém. subst. de l'ancien p. p. de *tondre* ▪ **1** Action de tondre. *Tonte des moutons. — Tonte des gazons. « La première tonte de l'année avait un parfum unique, profond, organique, qui remontait du ventre de la terre »* J.-P. DUBOIS. *Déchets de tonte.* ▪ **2** (1694) Laine obtenue en tondant les moutons. *Produit de la tonte.*

TONTINE [tɔ̃tin] **n. f.** – 1652 ◇ de *Tonti,* n. de l'inventeur de ce système ▪ **1** DR. Opération par laquelle plusieurs personnes constituent un fonds commun afin de jouir d'une rente viagère ou de se partager, à échéance, le capital accumulé, la part d'un des associés étant reportée à son décès sur l'ensemble des survivants. ▪ **2** (1737) ANCIENNT Jeu de cartes réunissant de nombreux joueurs dont finalement un seul, après élimination des concurrents, raflait tous les enjeux. ▪ **3** En Afrique, Association de personnes versant régulièrement de l'argent à une caisse commune dont le montant est remis à tour de rôle à chaque membre ; ce montant. ▪ **4** (1906 ◇ origine inconnue) HORTIC. Corbeille de mousse ou paillon servant à protéger un arbuste emmotté pendant le transport.

TONTINER [tɔ̃tine] **v. tr.** ‹1› – 1907 ◇ de *tontine* (4°) ▪ HORTIC. Garnir d'une tontine. — *Plant tontiné.*

TONTISSE [tɔ̃tis] **adj.** – 1690 ; *tondiche* XIIIe ◇ d'un ancien p. p. de *tondre* ▪ TECHN. Qui vient de la tonture du drap. *Bourre tontisse :* poussière de laine faite des poils des draps rasés. *Toile, papier tontisse :* toile et papier à tapisser sur lesquels on applique de la *bourre tontisse,* pour leur donner un aspect velouté.

TONTON [tɔ̃tɔ̃] **n. m.** – 1712 ◇ formation enfantine à redoublement, altération de *oncle,* d'après *tante, tantine* ▪ Oncle (lang. enfantin). *Tonton Pierre. Mon tonton.* APPELLATIF *Oui, tonton !* FAM. *Le tonton et la tata. — « Les Tontons flingueurs », film de Lautner. Tonton macoute*.*

TONTURE [tɔ̃tyʀ] **n. f.** – XIIIe ◇ de *tonte* ▪ **1** TECHN. Action de tondre le drap ; le poil tondu. ➤ **tondage.** ▪ **2** (1643 ◇ du sens ancien « élagage, émondage ») MAR. VX Plancher de revêtement des préceintes ; manière dont les préceintes se relèvent. ◆ MOD. Courbure des ponts des navires, légèrement relevés aux extrémités.

TONUS [tɔnys] **n. m.** – 1865 ◇ mot latin, du grec *tonos* « tension » ▪ **1** PHYSIOL. *Tonus musculaire :* état de légère tension des muscles au repos, résultant d'une stimulation continue réflexe de leurs nerfs moteurs. ➤ **tonicité.** *Tonus nerveux :* excitabilité des nerfs, propriété latente du tissu nerveux. ▪ **2** (1916) COUR. Énergie, dynamisme. *Manquer de tonus.* ➤ 2 **punch.**

1 **TOP** [tɔp] **n. m.** – 1859 ◇ onomat. ▪ **1** Signal sonore qu'on donne pour déterminer ou enregistrer avec précision le début ou la fin d'une opération. *Envoyer, donner le top. Top départ.* ➤ aussi 2 **go.** — Bref signal sonore, utilisé dans certains systèmes de diffusion pour indiquer l'heure avec précision. *Au quatrième top, il sera exactement 8 heures 12 minutes. « il*

appela l'horloge parlante et l'écouta ressasser les minutes, les secondes, les tops » Y. QUEFFÉLEC. ■ **2** TÉLÉV. Impulsion électrique de synchronisation. *Top d'image.*

2 **TOP** [tɔp] **n. m. et adj. inv.** – 1977 ◊ de *top niveau* ■ FAM. ■ **1** *Le top (de qqch.)* : ce qu'il y a de mieux (dans un domaine). ➤ **must.** *Le top du confort. « vue sur la mer, climatisation, le top ! »* SAN-ANTONIO. *C'est le top. Le top du top.* ■ **2** *Être au top* : avoir atteint le plus haut niveau, être au mieux de ses capacités. *« Ils maintiennent le moral de la troupe au top »* Y. KHADRA. ■ **3** **adj. inv.** ➤ **extraordinaire, remarquable,** 2 **super.** *Une nana vraiment top.*

3 **TOP** [tɔp] **n. m.** – v. 1990 ◊ mot anglais « haut » ■ ANGLIC. Haut (d'une tenue vestimentaire féminine). *Un top en soie.*

TOPAZE [tɔpɑz] **n. f.** – 1080 ◊ latin *topazus*, grec *topazos*, nom d'une île de la mer Rouge ■ Pierre fine (silicate d'aluminium naturel), translucide, de teinte variant du blanc au jaune d'or (mais parfois rose, violette, verdâtre, brune...). ➤ **chrysolithe.** *Topaze du Brésil. Topaze brûlée,* devenue rose par chauffage. — Cette pierre taillée, montée en bijou. ◆ PAR EXT. Autres pierres jaunes. *Topaze dorée, topaze d'Espagne* : quartz chauffé. *Topaze d'Orient* : alumine cristallisée, corindon jaune. ◆ *Couleur topaze* : d'un jaune vif et transparent. *« Les ales d'or et le whisky, couleur topaze »* VERHAEREN.

TOPER [tɔpe] **v. intr.** ⟨1⟩ – 1659 ; « appliquer en jetant » XIIe ◊ du radical expressif *topp-* ■ Accepter un défi, un enjeu ; taper dans la main, heurter le verre... (du partenaire) pour signifier qu'on accepte, qu'on conclut le marché. « Qui tope à tout, *disait le vieux Séchard,* ne paye rien » BALZAC. *« Topez là ! [...] Il n'y a point d'affaire conclue quand les parties n'ont pas trinqué »* FRANCE. ■ HOM. poss. Taupé.

TOPETTE [tɔpɛt] **n. f.** – 1785 ; *taupette* 1745 ◊ mot dialectal ; variantes méridionales *topin, tupin...* ; francique °*toppin* « pot » ■ Petite bouteille longue et étroite. *Topette de vin.*

TOPHUS [tɔfys] **n. m.** – 1765 ; *tophe* 1560 ◊ latin *tofus* ou *tophus* → tuf ■ MÉD. Concrétion d'urate de sodium ou de calcium qui se forme, chez les goutteux, aux articulations et parfois au bord du pavillon de l'oreille. *« la craie des tophus perçait partout sous la peau, en pointes blanchâtres »* ZOLA. — **adj. TOPHACÉ, ÉE,** 1803.

TOPIAIRE [tɔpjɛʀ] **n. f.** – 1964 ; adj. v. 1500 ◊ du latin *topiarius* « jardinier » ■ DIDACT. Art de tailler architecturalement les arbres des jardins. — **adj.** *L'art topiaire.*

TOPINAMBOUR [tɔpinɑ̃buʀ] **n. m.** – 1658 ; plur. *topinambaulx* XVIe ◊ de *Topinambous* 1578, peuplade du Brésil (→ tupi) ■ **1** Hélianthe* tubéreux. ■ **2** Tubercule de cette plante, riche en inuline, consommé comme légume ou destiné au bétail. *Velouté de topinambour. On leur servit « contre un ticket de cent grammes de pain, un sandwich aux topinambours »* AYMÉ. *Topinambours et rutabagas.*

TOPIQUE [tɔpik] **adj. et n.** – 1370 ◊ latin *topicus*, grec *topikos*, de *topos* « lieu » → topo- ■ **1** HIST. PHILOS. Relatif aux lieux communs (tradition aristotélicienne). — **n. m.** *Un topique* : un lieu commun. — **n. f.** *La topique* : théorie des catégories générales. ■ **2** (1538) MÉD. *Médicament topique,* ou **n. m.** *un topique* : médicament qui agit à l'endroit où il est appliqué, sur la peau ou une muqueuse (pommade, collyre, teinture, etc.). *Traitement topique* (➤ **local**) *et traitement systémique.* ■ **3** (1697) VX Relatif à un lieu donné. *Divinité topique,* qui règne sur un lieu, le protège. ■ **4** (1865) DIDACT. Qui se rapporte exactement au sujet dont on parle. *Argument topique.* ➤ **caractéristique, typique.** *« Les citations qu'il fait pourraient être mieux choisies, plus topiques »* GIDE.

TOP-MODÈLE ou **TOP MODEL** [tɔpmɔdɛl] **n.** – 1973 ◊ anglais *top model,* de *top* « du plus haut niveau » et *model* « mannequin » ■ ANGLIC. Mannequin vedette à la carrière internationale (d'une femme). *C'est une (ou un) top-modèle. Des top-modèles, des top models.* ABRÉV. FAM. **TOP** [tɔp]. *Le salaire des tops.* — Recomm. offic. *mannequin vedette.*

TOP NIVEAU [tɔpnivo] **n. m.** – v. 1970 ◊ de l'anglais *top* « le plus haut » et *niveau* ; cf. anglais américain *top level* (1951) ■ FAM. Niveau supérieur. ➤ **sommet.** *« ces pianistes qui ont besoin de jouer tous les jours pour rester au top niveau »* P. BESSON.

TOPO [tɔpo] **n. m.** – 1859 ; « topographie » 1855 ◊ abrév. de *topographie* ■ FAM. ■ **1** VX Croquis, plan. ◆ Description, illustrée de plans, d'un itinéraire, avec mention de la longueur des étapes, à l'intention des alpinistes, des randonneurs. ➤ **topoguide.** ■ **2** Discours ; exposé. ➤ **laïus, speech.** *Faire un petit topo sur une question.* — *C'est toujours le même topo,* la même histoire. ➤ **chanson, refrain, rengaine.** — *Tu vois un peu le topo ?* tu vois ce que je veux dire ?

TOPO-, -TOPE ■ Éléments, du grec *topo-,* de *topos* « lieu ».

TOPOGRAPHE [tɔpɔgʀaf] **n.** – 1757 ; « celui qui décrit les pays étrangers » 1580 ◊ de *topographie* ■ Spécialiste de la topographie.

TOPOGRAPHIE [tɔpɔgʀafi] **n. f.** – *topografie* v. 1494 ◊ bas latin *topographia,* mot grec ■ **1** RARE Description de la configuration (d'un lieu, d'un pays). *« Il se lança dans une topographie touffue »* COURTELINE. ■ **2** (1757) Technique du levé des cartes et des plans de terrains assez étendus (à la différence de la planimétrie) à échelle relativement petite et en supposant la Terre plane (à la différence de la géodésie). ➤ **cartographie, géodésie, nivellement, planimétrie, triangulation.** *Topographie maritime,* du fond des mers. ➤ **hydrographie.** ◆ Représentation graphique (d'un terrain, d'une portion de territoire), avec l'indication de son relief. ■ **3** Configuration, relief (d'un lieu, terrain ou pays). *« Ils habitaient le hameau, dont la topographie n'était guère compliquée »* ROBBE-GRILLET.

TOPOGRAPHIQUE [tɔpɔgʀafik] **adj.** – 1757 ; sens plus vague 1567 ◊ de *topographie* ■ **1** Relatif à la topographie. *Levés topographiques. Carte topographique* : carte très détaillée d'une partie de territoire avec des indications précises sur les cotes de nivellement. — **adv. TOPOGRAPHIQUEMENT,** 1818. ■ **2** SC. *Anatomie topographique,* qui étudie les relations et les connexions entre les organes.

TOPOGUIDE [tɔpogid] **n. m.** – *topo-guide* 1910 ◊ de *topo* et *guide* ■ Guide topographique destiné aux randonneurs. ➤ **topo** (1°). *Topoguide de sentiers de grande randonnée.*

TOPOLOGIE [tɔpɔlɔʒi] **n. f.** – 1933 ◊ de *topo-* et *-logie,* d'après l'anglais *topology* (1883) ■ Branche des mathématiques qui étudie dans l'espace réel les propriétés liées au concept de voisinage et invariantes dans les déformations continues. — Structure où interviennent ces propriétés dans un ensemble. *La topologie a d'abord été appelée* géométrie de situation. *Topologie sur un ensemble. Topologie produit, quotient.*

TOPOLOGIQUE [tɔpɔlɔʒik] **adj.** – 1964 ; « relatif aux lieux » 1846 ◊ de *topologie* ■ MATH. Relatif à la topologie. *Algèbre topologique. Espace topologique* : ensemble sur lequel on a défini une topologie.

TOPOMÉTRIE [tɔpɔmetʀi] **n. f.** – 1888 ◊ de *topo-* et *-métrie* ■ Ensemble des travaux effectués sur le terrain pour procéder aux relevés métriques nécessaires à l'établissement d'une carte.

TOPONYME [tɔpɔnim] **n. m.** – 1876 ◊ de *toponymie* ■ LING. Nom de lieu.

TOPONYMIE [tɔpɔnimi] **n. f.** – avant 1869 ◊ de *top(o)-* et *-onymie* ■ LING. ■ **1** Ensemble des noms de lieux (d'une région, d'une langue). *Toponymie de la France* (couche pré-indo-européenne, couche italo-celtique, gauloise, romaine). ■ **2** Partie de la linguistique qui étudie les noms de lieux. *La toponymie et l'anthroponymie forment l'onomastique*. Toponymie des noms de villes, de montagnes* (➤ **oronymie**), *de cours d'eau* (➤ **hydronymie**). — **adj. TOPONYMIQUE,** 1853.

TOPONYMISTE [tɔpɔnimist] **n.** – 1939 ◊ de *toponymie* ■ LING. Spécialiste de la toponymie.

TOP SECRET [tɔpsəkʀɛ] **adj. inv.** – 1953 ◊ anglais *top-secret,* de *top* « du plus haut niveau » et *secret* ■ ANGLIC. Absolument confidentiel, ultrasecret. — On écrit aussi *top-secret. « les armes chimiques top-secret »* (Le Monde, 1997).

TOQUADE ➤ **TOCADE**

TOQUANTE ➤ **TOCANTE**

TOQUARD, ARDE ➤ **TOCARD**

TOQUE [tɔk] **n. f.** – 1549 ; *tocque* 1454 ◊ espagnol *toca* ou italien *tocca* « étoffe de soie », d'origine inconnue ■ **1** Coiffure en usage aux XVe et XVIe s. *Toque de page.* ■ **2** Coiffure sans bords ou à très petits bords, de forme cylindrique ou tronconique. *Toque de juge. Toque de fourrure. « Cuisinier, il s'affublait [...] d'une toque blanche monumentale en calicot »* JOUHANDEAU. — Symbole de la gastronomie. *Restaurant à toque.* ◆ PAR MÉTON. *Une grande toque* : un chef de cuisine, un restaurateur renommé. ■ **3** Casquette hémisphérique (de jockey). *Yves Saint-Martin, toque bleue, casaque blanche* (➤ aussi 1 **bombe**). ■ HOM. Toc.

TOQUÉ, ÉE [tɔke] adj. et n. – 1829 ◇ de *toquer* ; cf. *avoir le timbre fêlé* ■ FAM. Un peu fou*, bizarre. ➤ **cinglé, timbré.** *«Thénardier s'exclama : – Êtes-vous fous ! êtes-vous toqués !»* HUGO. n. *«des folles créatures, des toquées, des extravagantes»* GONCOURT. ♦ (1847) *Toqué de...* : amoureux fou de... *«Puisque j'en suis folle, moi, de cet homme-là, pourquoi donc les autres n'en seraient-elles pas aussi toquées !»* MAUPASSANT.

TOQUER [tɔke] v. intr. ‹1› – XVe s. tr. ◇ du radical expressif *tokk-* → 1 toucher ■ FAM. Frapper légèrement, pour signaler sa présence. ➤ 1 **toc.** *Ils «vont toquer à la vitre de l'unique taxi»* KERANGAL.

TOQUER (SE) [tɔke] v. pron. ‹1› – 1662 ◇ de *toqué* ou de *toque* ; cf. *se coiffer de* ■ FAM. *Se toquer de...* : avoir une tocade pour (qqn). ➤ **s'amouracher, s'engouer, s'enticher.** *«un homme si respectable, qui se toquait d'une petite coureuse»* ZOLA.

TORAH ou **THORA** [tɔʀa] n. f. – 1666 *thore* milieu XIVe ◇ mot hébreu «doctrine, enseignement, loi» ■ RELIG. Nom que les juifs donnent au Pentateuque. PAR EXT. Ensemble formé par les livres du canon biblique et le Talmud. *Torah écrite et Torah orale. Les Lévites «passionnément attachés [...] au texte de la torah»* DANIEL-ROPS. — Rouleau de parchemin enroulé autour de deux baguettes, portant le texte du Pentateuque copié à la main, selon des rites stricts. *Ornements de la Torah. Torah déposée dans l'arche de la synagogue.*

TORCHE [tɔʀʃ] n. f. – XIIIe ; *torce, torque* début XIIe ◇ latin populaire °*torca,* classique *torques* «torsade, collier» ■ **1** TECHN. Bouchon fait d'un tortis de paille qui protège les arêtes des pierres de taille pendant leur transport. — Bord d'osier roulé d'ouvrages de vannerie. ♦ Rouleau de fil (de fer, de cuivre). ➤ **torque.** ♦ AÉRONAUT. *Mise en torche* : ouverture incomplète d'un parachute, qui se met en torsade au lieu de se déployer. *Parachute en torche.* ■ **2** COUR. Flambeau grossier (d'abord matière inflammable, tortillée, puis bâton de bois résineux, etc.). *Torche de paille.* ➤ **brandon** (1°). *Elle avait allumé «une de ces torches de résine semblables à celles que les pêcheurs penchent la nuit au bord de leurs barques»* BARBEY. — PAR MÉTAPH. *Être transformé en torche vivante* : brûler vif. ■ **3** *Torche électrique* : lampe électrique de poche, de forme cylindrique. *«Il portait à la main une torche électrique, dont il dirigea le faisceau puissant vers la forêt»* HENRIOT. ■ **4** TECHN. *Torche à plasma* : générateur de plasma à très haute tension utilisé dans les industries sidérurgiques et aérospatiales.

TORCHÉ, ÉE [tɔʀʃe] adj. – 1767 ◇ de *torcher* ■ **1** Peint avec vigueur, bien enlevé. — FAM. *Bien torché,* réussi. *Une lettre bien torchée,* bien tournée. ■ **2** Bâclé ; fait trop vite (➤ **torchonner**). ■ **3** FAM. Ivre. *Il était sacrément torché.*

TORCHE-CUL [tɔʀʃəky] n. m. – 1489 ◇ de *torcher* et *cul* ■ VX FAM. Linge, papier avec lequel on s'essuie après être allé à la selle. *Des torche-culs. «Comment Grandgousier connut l'esprit merveilleux de Gargantua à l'invention d'un torchecul»* RABELAIS. ♦ FIG. et FAM. Écrit méprisable, livre, journal sans valeur ; texte très mal présenté. *«il tâchait de me faire aimer ces fadaises [...] Pour lui complaire, je prenais ces précieux torche-culs»* ROUSSEAU.

TORCHÉE [tɔʀʃe] n. f. – 1735 ◇ mot dialectal *torche, torchon* XVe, de *torcher* (3°) ■ FAM. Volée de coups, correction. ➤ **raclée.** *«Les torchées que je lui ai flanquées»* AYMÉ.

TORCHER [tɔʀʃe] v. tr. ‹1› – XVe ; *torchier* milieu XIIe ◇ de *torche* (1°)
I (de *torche,* 1°) ■ **1** FAM. Essuyer pour nettoyer. *«Petit-Pouce venait de torcher la dernière goutte de jus»* QUENEAU. *Torcher son assiette. Torcher un plat,* manger tout son contenu. *«D'un dos de main, Wolf se torcha les babines»* VIAN. ■ **2** FAM. Essuyer les excréments de. *Torcher le derrière d'un enfant, torcher un enfant. «Aie donc des mioches, torche-les, mouche-les»* HUGO. FAM. *Se torcher le derrière, le cul* (VULG.), ou ABSOLT *se torcher.* FIG. *Je m'en torche* : je m'en moque totalement (cf. S'en foutre*). ■ **3** (XIIIe) TECHN. Construire (un mur, etc.) en torchis. ➤ **bousiller.** ♦ FIG. (1798) FAM. Bâcler, faire vite et mal. ➤ **cochonner, saloper, torchonner.** *Torcher son travail. «pour ce qui est de torcher un papier, ça s'apprend vite»* BEAUVOIR. ■ **4** (XIIIe) FAM. et VIEILLI Battre. ■ **5** FAM. (peut-être de *torcher un verre* «le vider») *Se torcher (la gueule)* : s'enivrer. *Il s'est torché à la vodka. «se rejoindre à la même taverne [...] pour s'y torcher gravement la gueule»* P. DEVILLE.
II (de *torche,* 3°) (Afrique noire) Éclairer à l'aide d'une torche, d'une lampe électrique. *Je vais vous torcher.*

TORCHÈRE [tɔʀʃɛʀ] n. f. – 1653 ◇ de *torche* ■ **1** ANCIENNT Grand chandelier qui recevait de gros flambeaux de cire. *Une paire de torchères Louis XIV.* ♦ Grand vase métallique dans lequel on faisait brûler des matières combustibles pour éclairer une rue, une place (au cours d'une fête, d'une cérémonie funèbre). ■ **2** Candélabre monumental ; applique qui porte plusieurs sources lumineuses. ➤ **flambeau.** *«Aux murs, des torchères de zinc singeaient le bronze»* COURTELINE. *Torchère électrique.* ♦ RÉGION. Lampadaire. ■ **3** (1975) PÉTR. Installation en forme de haute cheminée pour le brûlage atmosphérique des sous-produits pétroliers. *«des torchères agitent leur langue de flamme»* TOURNIER.

TORCHIS [tɔʀʃi] n. m. – XIVe ; *torcheïs* XIIIe ◇ de *torcher* ■ Matériau composé d'un mélange de terre argileuse et de fibres végétales (paille, foin) [utilisé pour lier les pierres d'un mur, pour former le hourdis d'une construction en colombage]. ➤ **bousillage, mortier.** *«ses murs de torchis, épaulés de poutres, badigeonnés de chaux»* ARAGON.

TORCHON [tɔʀʃɔ̃] n. m. – fin XIIe ◇ de *torcher* ■ **1** TECHN. Torche (1°). ■ **2** (1330) COUR. Morceau de toile qui sert à essuyer la vaisselle, les meubles. ➤ **essuie-main, essuie-verre ;** RÉGION. **drap, essuie,** 2 **patte.** *Donner un coup de torchon sur la table.* — SPÉCIALT (Belgique, Luxembourg) Serpillière. ➤ RÉGION. **loque.** ♦ *Papier torchon* : papier spécial, fait avec certains chiffons, pour le dessin, l'aquarelle, la gouache. ♦ LOC. FAM. *Il ne faut pas mélanger les torchons et les serviettes* : il faut séparer, traiter différemment les gens selon leur condition sociale, les choses selon leur valeur. — (1798 ◇ probablt d'un ancien sens de *torchon* «torche» XVe) *Le torchon brûle* (entre deux ou plusieurs personnes) : il y a désaccord, l'atmosphère est à la dispute (cf. Il y a de l'eau dans le gaz*). *Entre eux, le torchon brûle.* ♦ (v. 1803 ◇ d'abord argot des militaires) *Coup de torchon* : coup dur ; bagarre, vive altercation. — Coup de balai, épuration dans un groupe, une société. *«Un fameux nettoyage, un coup de torchon comme il n'y en a jamais eu !»* ZOLA. ■ **3** FIG. et FAM. Écrit sans valeur. *Ce journal est un vrai torchon. «Couper des arbres pour imprimer des torchons pareils, c'est criminel»* J. DICKER. — Texte très mal présenté. *Regardez-moi ce torchon !*

TORCHONNER [tɔʀʃɔne] v. tr. ‹1› – 1872 ; «rosser» 1452 ◇ de *torchon* ■ FAM. Exécuter (un travail) rapidement et sans soin. ➤ **bâcler, torcher.** — p. p. adj. *Du travail torchonné,* bâclé.

TORCOL [tɔʀkɔl] n. m. – *torcou* 1555 ◇ de *tordre* et *col* ■ Oiseau grimpeur *(passériformes),* à cou flexible.

TORDAGE [tɔʀdaʒ] n. m. – 1723 ; autre sens 1333 ◇ de *tordre* ■ TECHN. Opération qui consiste à joindre bout à bout en les tordant les fils d'une chaîne nouvelle à ceux d'une chaîne terminée. *Le tordage de la soie.*

TORDANT, ANTE [tɔʀdɑ̃, ɑ̃t] adj. – 1896 ◇ de *tordre* ■ FAM. Très drôle*, très amusant. ➤ **comique ;** FAM. **bidonnant, marrant, poilant.** *C'est une histoire tordante* (cf. À se tordre).

TORD-BOYAU n. m. ou **TORD-BOYAUX** [tɔʀbwajo] n. m. inv. – 1855 ◇ de *tordre* et *boyau* ■ FAM. Eau-de-vie très forte, de mauvaise qualité. ➤ **casse-patte.** *«avalant le bon petit tord-boyaux de notre honnête camarade»* BAUDELAIRE. *Des tord-boyaux.*

TORDEUR, EUSE [tɔʀdœʀ, øz] n. – XIVe ◇ de *tordre* ■ **1** TECHN. Moulineur, retordeur ; préposé au tordage. ♦ n. f. (1872) Machine qui sert à tordre les fils de fer pour en faire des câbles. ■ **2** n. f. (1803) **TORDEUSE :** chenille de divers papillons qui attaque les végétaux et roule les feuilles en cornets pour s'isoler dans un étui protecteur. *La tordeuse du chêne. La tordeuse des bourgeons de l'épinette,* qui ravage les conifères d'Amérique du Nord.

TORD-NEZ [tɔʀne] n. m. inv. – 1837 ◇ de *tordre* et *nez* ■ VÉTÉR. Instrument à l'aide duquel on saisit le nez d'un cheval que l'on veut contenir. ➤ **moraille** (1°).

TORDOIR [tɔʀdwaʀ] n. m. – 1377 ; «pressoir» 1254 ◇ de *tordre* ■ TECHN. Bâton qui sert à tordre et à serrer une corde (pour assujettir une charge sur une voiture). — Appareil à tordre le linge. — Machine à tordre les fils.

TORDRE [tɔʀdʀ] v. tr. ‹41› – v. 1160 ; v. 1140 *tortre* ; 1119 *tortant* «courbant» ◇ latin populaire °*torcere,* classique *torquere*
I **A.** ■ **1** Déformer par torsion, enrouler en torsade. *«elle releva et tordit ses cheveux à la diable»* MAUPASSANT. *Tordre un mouchoir entre ses mains.* — SPÉCIALT Enrouler (plusieurs brins) les uns autour des autres (pour en faire une seule corde,

un seul câble). ➤ **câbler, retordre, toronner.** ▪ **2** (XIIIe) Soumettre (un membre, une partie du corps) à une torsion. *Tordre le bras, les poignets à qqn.* « *je pourrais te prendre les bras, les tordre comme un linge lavé dont on exprime l'eau* » LAUTRÉAMONT. — *Tuer un poulet en lui tordant le cou**. LOC. FAM. *Tordre le cou à qqn,* le tuer. *Tordre le cou à qqch.* : y mettre fin. *Tordre le cou aux idées reçues.* ◆ FIG. « *L'angoisse lui tordait l'estomac* » MALRAUX. ➤ **serrer.** FAM. *Tordre les boyaux* : donner des coliques (➤ **tord-boyau**).

B. Déformer par flexion ; plier. ▪ **1** ➤ **courber, gauchir ;** RÉGION. **mailler.** *Tordre une barre de fer.* « *Une mauvaise rafale de montagne tordait les branches des arbres* » LOTI. ▪ **2** Plier brutalement (une articulation, en la forçant). *Se tordre le pied, la cheville, le poignet* (➤ **entorse**). ▪ **3** Plier, déformer. « *La contrariété lui tordait la bouche, d'un mauvais sourire* » SUARÈS.

II SE TORDRE v. pron. (1847) ▪ **1** Se plier en deux (sous l'effet de la douleur, d'une émotion vive). *Se tordre de douleur. Se tordre de rire,* ou ABSOLT *se tordre.* ➤ FAM. se **boyauter,** se **gondoler.** *Un spectacle à se tordre* (➤ **tordant**). « *Oui, dit-il* [Gavroche], *je pouffe, je me tords* » HUGO. ▪ **2** Se plier, se courber dans tous les sens. ➤ se **replier,** se **tortiller.** *De gigantesques cactus « aux tronçons difformes, se tordent hideusement comme des boas monstrueux »* GAUTIER.

TORDU, UE [tɔʀdy] adj. – 1680 ◇ de *tordre* ▪ **1** Qui est dévié, tourné de travers ; qui n'est pas droit, suit une ligne sinueuse. *Règle tordue. Jambes tordues.* ➤ **cagneux,** 1 **tors ;** RÉGION. 1 **croche.** *Un vieil homme tout tordu.* — FIG. *Coup tordu* : acte malveillant. ▪ **2** FIG. *Avoir l'esprit tordu,* bizarre, mal fait, compliqué. ◆ FAM. *Il est complètement tordu,* fou*. — SUBST. (t. d'injure) *Quel tordu ! C'est une vraie tordue.*

TORE [tɔʀ] n. m. – *thore* 1545 ◇ latin *torus* « renflement » ▪ **1** ARCHIT. Moulure ronde, demi-cylindrique, unie ou décorée qui entoure la base d'une colonne, d'un pilier. ➤ **boudin ; scotie.** ▪ **2** (1837) GÉOM. Surface de révolution engendrée par un cercle qui tourne autour d'un axe situé dans son plan et ne passant pas par son centre (➤ **toroïdal**). ▪ **3** (1959) Petit anneau constituant, grâce à ses propriétés magnétiques, certaines mémoires d'ordinateur. *Mémoire à tores. Tore de ferrite.* ▪ HOM. Taure, torr, tors, tort.

TORÉADOR [tɔʀeadɔʀ] n. m. – 1659 ; *tauréador* XVIIIe ◇ espagnol *toreador,* qui ne s'emploie plus dans ce sens ▪ VX Toréro, matador. « *On ne dit pas* [...] toreador, *mais bien* torero » GAUTIER. — REM. Ce mot, qui a dû sa vogue au livret de « *Carmen* » (de Meilhac et Halévy), est inusité dans le langage de la tauromachie.

TORÉER [tɔʀee] v. intr. ‹1› – 1926 ◇ espagnol *torear,* de *toro* « taureau » ▪ Combattre, « travailler » le taureau, selon les règles de la tauromachie.

TORÉRO ou **TORERO** [tɔʀeʀo] n. m. – 1782 ◇ espagnol *torero* ▪ Homme qui affronte le taureau, dans une corrida. ➤ **banderilléro, espada, matador, novilléro, picador, puntilléro, raseteur ; cuadrilla.** « *l'adresse déployée par les toreros* » GAUTIER. — SPÉCIALT Le matador. « *Si l'on pouvait lasser le torero et retarder un peu la mise à mort !* » JACCOTTET. — Pour une femme, on emploie *femme toréro, une toréra* ou *une torera* [tɔʀeʀa].

TORGNOLE [tɔʀɲɔl] n. f. – 1761 ◇ de l'ancien français *tourniole* « mouvement circulaire » XIIIe, de *tornier, tournoyer ;* cf. *tournée* ▪ FAM. Coup, gifle (qui fait tournoyer). ➤ 1 **taloche.** « *Les torgnoles aplatissent au mur tout ce qui ne peut pas se défendre* » CÉLINE.

TORII [tɔʀii] n. m. inv. /n. m./ – 1882 *tori* ◇ mot japonais ▪ ARTS Portique ornemental des temples japonais shintoïstes.

TORIL [tɔʀil] n. m. – 1765 ◇ mot espagnol ▪ Enceinte où l'on tient enfermés les taureaux, avant la corrida.

TORIQUE [tɔʀik] adj. – 1890 ◇ de *tore* ▪ Qui a la forme d'un tore. *Joint torique,* de section circulaire.

TORMENTILLE [tɔʀmɑ̃tij] n. f. – 1314 ; *tormentine* fin XIIIe ◇ latin médiéval *tormentilla,* de *tormentum* « tourment » ▪ Potentille à fleurs jaunes, variété dont le rhizome était employé comme astringent.

TORNADE [tɔʀnad] n. f. – 1655 ; *tornado* 1663 ◇ espagnol *tornado* (par l'anglais, au XVIIe), de *tornar* « tourner » ▪ Perturbation atmosphérique tourbillonnante, de petite dimension mais très intense. ➤ **bourrasque, cyclone, ouragan.** « *Les fureurs de la tornade équatoriale* » CÉLINE. — PAR COMPAR. *Il est entré comme une tornade,* brusquement, en coup de vent.

TOROÏDAL, ALE, AUX [tɔʀɔidal, o] adj. – 1908 ◇ de *tore* ▪ En forme de tore. *Enroulement toroïdal.*

TORON [tɔʀɔ̃] n. m. – 1677 ◇ du latin *torus* « corde » ▪ Réunion de fils de caret* tordus ensemble. — TECHNOL. Câble multiconducteur de section circulaire constitué de conducteurs électriques tordus ensemble. ▪ HOM. Thoron.

TORONNER [tɔʀɔne] v. tr. ‹1› – 1889 ◇ de *toron* ▪ Assembler (des fils) en toron.

TORONNEUSE [tɔʀɔnøz] n. f. – 1948 ◇ de *toronner* ▪ TECHN. Machine qui tord les torons.

TORPÉDO [tɔʀpedo] n. f. – 1910 ; « torpille » 1820 ◇ anglais *torpedo,* du latin par l'espagnol, proprt « torpille » ▪ VX Automobile décapotable de forme allongée (en torpille fusiforme). *Torpédo grand sport. Des torpédos.*

TORPEUR [tɔʀpœʀ] n. f. – 1470, rare avant fin XVIIIe ◇ latin *torpor* ▪ Ralentissement des fonctions vitales, diminution de la sensibilité, de l'activité (sans perte de conscience). ➤ **assoupissement, engourdissement, léthargie.** *Une douce torpeur l'engourdissait.* « *dans l'état de demi-torpeur qui précède le grand sommeil* » R. ROLLAND. ➤ **somnolence.** ◆ Ralentissement de l'activité psychique. ➤ **abattement, dépression, inaction.** *Faire sortir, tirer qqn de sa torpeur.* ▪ CONTR. Activité, animation.

TORPIDE [tɔʀpid] adj. – 1823 ; « froid, stagnant » 1531 ◇ latin *torpidus* ▪ DIDACT. ▪ **1** LITTÉR. Qui est dans un état de torpeur ; qui a le caractère de la torpeur. « *un engourdissement torpide* » GIDE. ▪ **2** (1845) MÉD. Qui ne manifeste aucune tendance à l'amélioration ni à l'aggravation. *Lésion, plaie, ulcère torpide.*

TORPILLAGE [tɔʀpijaʒ] n. m. – 1915 ◇ de *torpiller* ▪ Action de torpiller ; son résultat. *Le torpillage d'un navire.* — FIG. *Le torpillage d'un plan de paix, d'un projet de loi.*

TORPILLE [tɔʀpij] n. f. – 1549 ; *torpile* 1538 ◇ provençal *torpin,* du latin *torpedo* « poisson qui engourdit » ▪ **1** Poisson sélacien, voisin des raies, au corps presque circulaire et plat, à la queue courte, caractérisé par son aptitude à produire des décharges électriques. APPOS. *Des poissons torpilles.* ▪ **2** (1812 ◇ pour traduire l'anglais *torpedo*) Engin de guerre rempli d'explosifs, utilisé sous l'eau. *Torpilles fixes* (appelées plus souvent *mines*), *dérivées* (flottantes à la dérive), *portées, remorquées.* ◆ COUR. Engin automobile lancé d'un navire ➤ **torpilleur** pour frapper un objectif sous l'eau (➤ **lance-torpille**). ◆ PAR ANAL. *Torpille aérienne* : bombe à ailettes.

TORPILLER [tɔʀpije] v. tr. ‹1› – 1904 ; « miner » 1872 ◇ de *torpille* ▪ **1** Attaquer, faire sauter à l'aide de torpilles, ET SPÉCIALT de torpilles automobiles. *Torpiller un objectif. Sous-marin qui torpille un navire.* ▪ **2** FIG. (1897) Attaquer sournoisement, faire échouer par des manœuvres occultes. *Torpiller un projet.* « *la caste militaire essaie de torpiller la paix* » MARTIN DU GARD. ◆ Critiquer vivement. *La ministre a torpillé son homologue.*

TORPILLEUR [tɔʀpijœʀ] n. m. – 1872 ◇ de *torpille* ▪ **1** VX Marin, officier chargé de la manœuvre des torpilles. ▪ **2** (1876 ; appellation abandonnée depuis quelques années) Bâtiment de surface de faible tonnage dont l'arme principale était la torpille. ➤ **contre-torpilleur, destroyer.**

TORQUE [tɔʀk] n. m. et f. – XIIIe ◇ latin *torques* → torche ▪ **1** n. m. ARCHÉOL. Collier métallique rigide des Gaulois, puis des soldats romains. ▪ **2** n. f. (1419) TECHN. Rouleau de fil de fer. ◆ (1690) BLAS. Bourrelet d'étoffe tortillée figurant le cimier sur un heaume.

TORR [tɔʀ] n. m. – 1953 ; *tor* proposé dès 1913 ◇ du nom propre *Torricelli* ▪ MÉTROL. Unité pratique de mesure des faibles pressions (SYMB. Torr), correspondant à la pression exercée par une colonne de 1 millimètre* de mercure et valant 133,32 pascals. ▪ HOM. Taure, tore, tors, tort.

TORRÉFACTEUR, TRICE [tɔʀefaktœʀ, tʀis] n. – 1856 ◇ du radical de *torréfaction* ▪ **1** n. m. TECHN. Appareil servant à torréfier certaines substances. ➤ **brûloir.** *Torréfacteur à tabac, à café.* ▪ **2** Commerçant(e) qui vend le café torréfié par ses soins (➤ **brûlerie**).

TORRÉFACTION [tɔʀefaksjɔ̃] n. f. – 1576 ◇ latin savant *torrefactio,* de *torrefacere* → torréfier ▪ Début de calcination à feu nu, que l'on fait subir à certaines matières organiques (pour éliminer un principe nuisible, provoquer la dessiccation, faire apparaître des essences aromatiques...). *La torréfaction du tabac ; du cacao, du café.*

TORRÉFIER [tɔʀefje] v. tr. ‹7› – début XVIe ◇ latin *torrefacere* ▪ Soumettre à la torréfaction. *Torréfier du café, du malt.*

TORRENT [tɔʀɑ̃] n. m. – XIIe, rare avant XVe ◇ latin *torrens*, p. prés. subst. de *torrere* «brûler», au sens de «dévorant, impétueux» ▪ **1** Cours d'eau à forte pente, à rives encaissées, à débit rapide et irrégulier. ➤ **gave.** *Torrent impétueux, rapide. Torrent à sec. Lit d'un torrent.* — GÉOGR. Cours d'eau à forte déclivité qui coule sur des pentes assez fortes pour entraîner toutes les eaux de pluie. *Cône de déjection d'un torrent.* ▪ **2** (1607) Écoulement rapide et brutal (➤ **torrentiel**). «*Des torrents d'eau s'écoulaient en tourbillonnant comme au débouché d'une écluse*» CHATEAUBRIAND. *Il pleut à torrents, la pluie tombe à torrents,* abondamment (cf. En cataracte, à verse). *Torrents de lave en fusion.* PAR EXT. «*L'énorme tuyau de la machine* [...] *crachait des torrents d'une fumée noire*» DAUDET. ▪ **3** FIG. (XIIe) Grande abondance (de ce qui afflue violemment). *Verser des torrents de larmes.* ➤ **déluge.** «*Des torrents de lumière inondaient le cirque*» GAUTIER. ◆ *Torrent d'injures.* ➤ **bordée, flot.**

TORRENTIEL, IELLE [tɔʀɑ̃sjɛl] adj. – 1832 ◇ de *torrent* ▪ **1** GÉOGR. D'un torrent ; qui caractérise les torrents. *Cours d'eau d'allure torrentielle. Régime torrentiel* (des eaux). ▪ **2** (1844) COUR. Qui coule à flots, comme un torrent. *Une pluie torrentielle.* ➤ **diluvien.** — adv. (1843) **TORRENTIELLEMENT.**

TORRENTUEUX, EUSE [tɔʀɑ̃tɥø, øz] adj. – 1823 ◇ de *torrent* ▪ LITTÉR. ▪ **1** Qui forme, constitue un torrent. *Ruisseau torrentueux.* ▪ **2** FIG. Impétueux, mouvementé. «*Emportés par leur existence torrentueuse*» BALZAC. — adv. **TORRENTUEUSEMENT.**

TORRIDE [tɔʀid] adj. – 1495 ◇ latin *torridus*, de *torrere* «brûler» ; cf. *torréfier* ▪ **1** Où la chaleur est extrême. ➤ **brûlant, chaud.** *Climat torride. Pays, zone torride.* ➤ **tropical ; équatorial.** *Un été torride, des jours torrides.* — PAR EXT. *Chaleur torride,* extrême. ▪ **2** FIG. Sensuel, ardent. *Ambiance, érotisme torride.* ▪ CONTR. 1 Froid. ▪ HOM. Taurides.

1 **TORS, TORSE** [tɔʀ, tɔʀs] adj. – XIIe ◇ ancien p. p. de *tordre* ▪ **1** Qui est tordu (matière souple). *Fil tors. Soie torse :* organsin. — (1671) ARCHIT. *Colonne torse,* à fût contourné en spirale. ▪ **2** Qui est tordu, présente des courbes anormales (parties du corps). ➤ **difforme, tordu.** *Jambes arquées et torses.* «*Danton, la bouche torse* [...] *dans sa laideur royale*» MICHELET. ▪ HOM. Taure, tore, torr, tort ; torse.

2 **TORS** [tɔʀ] n. m. – 1754 ; «torsade» v. 1180 ◇ de 1 *tors* ▪ TECHN. Torsion donnée aux brins pour former un fil, une corde. *Tors droit, gauche.*

TORSADE [tɔʀsad] n. f. – 1496 ◇ de 1 *tors* ▪ **1** Rouleau de fils, cordons tordus en hélice, en spirale, pour servir d'ornement. *Torsade retenant une tenture. Rideau à torsades.* — *Pull à torsades,* tricoté de manière à former des torsades. — *Torsade de cheveux :* cheveux longs réunis et tordus ensemble. ▪ **2** ARCHIT. Motif ornemental imitant la torsade. ▪ **3** *En torsade :* en hélice. *Cheveux en torsade. Pâtes en torsade.*

TORSADER [tɔʀsade] v. tr. ⟨1⟩ – 1845 ◇ de *torsade* ▪ Rouler, de manière à faire une torsade. *Torsader des brins d'osier, une frange.* — p. p. adj. «*des cheveux d'une blondeur sans égale, torsadés d'une façon savante*» PEREC. *Pull torsadé,* à torsades.

TORSE [tɔʀs] n. m. – 1676 ◇ italien *torso* ; du latin *tursus*, forme parlée de *thyrsus* → thyrse ▪ **1** Figure humaine tronquée, sans tête ni membres. «*un torse grec, sans tête, sans bras et sans jambe*» GAUTIER. — PAR EXT. Buste d'une statue entière. ▪ **2** (1831) Buste, poitrine. «*le torse moulé dans un maillot de coton*» MAC ORLAN. *Bomber* le torse. Torse nu :* sans rien sur le haut du corps. *Être torse nu.* ▪ HOM. Torse (1 tors).

TORSEUR [tɔʀsœʀ] n. m. – 1901 ◇ de 1 *tors* ▪ MATH. Système de glisseurs*.

TORSION [tɔʀsjɔ̃] n. f. – début XIVe ; *tortion* «colique» XIIIe ◇ bas latin *tortio* ▪ **1** Action de tordre (I) ; déformation que l'on fait subir à un solide en imprimant à l'une de ses parties un mouvement de rotation transversal (les autres parties restant fixes ou étant soumises à un mouvement de sens contraire). *Procéder à la torsion de fils métalliques.* ◆ *Barre de torsion :* type de ressort utilisant la force d'une barre élastique. PHYS. *Couple de torsion :* couple d'élasticité tendant à ramener le corps à sa forme primitive. ◆ PHYSIOL. Mouvement conjugué de rotation des deux yeux autour de l'axe de fixation antéropostérieur des globes oculaires, s'effectuant du côté interne ou externe. ➤ **giration.** ▪ **2** État, position de ce qui subit cette déformation, de ce qui est tordu. ➤ **courbure, distorsion.** «*s'arc-boutant des pieds,* [il] *se renversait avec une torsion de la taille*» FLAUBERT. *Torsion de la bouche, des traits,* dans une grimace. ➤ **contraction, crispation.** — *Torsion du pied, de la cheville. Torsion du cou.* ➤ **torticolis.**

TORT [tɔʀ] n. m. – fin Xe, dans la locution *à tort* (2°) ◇ du latin populaire *tortum*, famille de *torquere* → tordre

A. SANS ARTICLE, EN LOCUTION ▪ **1** (fin XIe) **AVOIR TORT :** ne pas avoir le droit, la raison de son côté (opposé à *avoir raison*). «*Prouver que j'ai raison serait accorder que je puis avoir tort*» BEAUMARCHAIS. ➤ **se tromper** (cf. Être dans l'erreur*). *Il n'a pas tort ; pas tout à fait tort.* PROV. *Les absents* ont toujours tort.* «*les absents ayant toujours tort quand ils sont absents par hasard, et bien plus tort encore lorsqu'on profite de leur absence*» DUMAS. — **AVOIR TORT DE** (et inf.) *On aurait tort de dire, de croire que... Il a tort de s'entêter.* ◆ (1783) **DONNER TORT À :** décider, déclarer que (qqn) a tort. ➤ **accuser, désapprouver.** *On ne peut que lui donner tort.* «*je serais bien embarrassé de donner tort ou raison à quelqu'un*» SAND. — (Sujet chose) *Les faits vous ont donné tort,* ont montré que vous aviez tort. ▪ **2** loc. adv. (fin Xe) **À TORT :** pour de mauvaises, de fausses raisons ; d'une manière erronée, en se trompant. ➤ **faussement, indûment, injustement.** *Soupçonner, condamner, accuser à tort.* «*ceux qu'elle regarde* [...] *à tort, je le sais, comme ses meurtriers*» MÉRIMÉE. *C'est à tort qu'on a prétendu cela* (opposé à *avec raison, à bon droit*). ◆ **À TORT OU À RAISON :** sans motifs ou avec de justes motifs. «*Je passe, à tort ou à raison, pour un esprit fort*» BERNANOS. ◆ **À TORT ET À TRAVERS :** sans raison ni justesse. ➤ **inconsidérément** (cf. À la légère, sans discernement). *Dépenser, parler à tort et à travers.* «*ces petits garçons, bavards comme on l'est au comble de la fatigue, avaient parlé à tort et à travers*» ARAGON. ▪ **3** (1671) **DANS SON TORT :** dans la situation d'une personne qui a tort relativement à la loi, à une autre (opposé à *dans son droit*). «*Le personnage racinien parle constamment pour mettre l'adversaire dans son tort*» PÉGUY. *Le cycliste qui brûle un feu rouge est, se met dans son tort. Se sentir dans son tort.* ➤ **coupable.** ◆ (XXe) **EN TORT.** «*Malheureusement en avril il avait eu de grosses réparations sur sa voiture, et en plus il était en tort*» HOUELLEBECQ.

B. UN TORT, DES TORTS ▪ **1** Action, attitude blâmable (envers qqn). *Avoir des torts envers qqn. Il n'a aucun tort :* il est sans reproche. *Chercher des torts à qqn. Avouer, reconnaître ses torts.* ➤ **faute.** *Tous les torts sont de son côté. Divorce prononcé aux torts d'un conjoint, aux torts exclusifs, réciproques. Torts partagés.* — Action, attitude qui constitue une erreur, une faute que l'on blâme. «*Avoir un tort, ce n'est pas avoir tort*» HUGO. *Son seul tort a été de lui faire confiance.* ➤ **défaut.** *Vous faites comme ceci ! C'est un tort.* ▪ **2** (fin XIIe) Dommage causé indûment. ➤ 3 **mal, outrage, préjudice.** *Demander réparation d'un tort* (cf. Demander justice*, raison*). *Réparer ses torts, le tort qu'on a causé.* LOC. *Redresseur* de torts.* ◆ VIEILLI **FAIRE TORT À... :** léser, nuire. «*Il semble toujours qu'on lui ait fait tort de quelque chose*» GIONO. — (Sujet chose) *Il sentait que «tôt ou tard, cette aventure lui ferait tort»* LACLOS. MOD. **FAIRE DU TORT À...** *Il nous a fait du tort. Cela ne fait de tort à personne* (➤ **nuire**). ▪ CONTR. 3 Droit, raison. Bienfait. ▪ HOM. Taure, tore, torr, tors.

TORTELLINI [tɔʀtelini] n. m. – 1907 ◇ mot italien, plur. de *tortellino* ▪ AU PLUR. Pâtes alimentaires farcies d'un hachis d'herbes ou de viande et façonnées en petites couronnes torsadées. *Des tortellinis.*

TORTICOLIS [tɔʀtikɔli] n. m. – 1562 ; n. pr. *Torticollis* plur. «bigots» 1535 ◇ du plur. italien de *torto collo*, proprt «cou tordu», par allus. à l'attitude dévote des bigots ▪ Torsion involontaire du cou avec inclinaison de la tête accompagnée de sensations douloureuses dans les muscles. *Avoir, attraper un torticolis.* — PAR EXT. Douleur, gêne provenant d'une position pénible du cou.

TORTIL [tɔʀtil] n. m. – 1581 ◇ forme de *tortis* ▪ BLAS. Ruban, collier de perles qui s'enroule autour d'une couronne de baron. PAR EXT. Cette couronne. «*une main aristocratique, où l'on voyait une bague avec un tortil de baron*» ARAGON.

TORTILLA [tɔʀtija] n. f. – 1856 ◇ mot espagnol du Mexique «galette» ; «omelette» en espagnol d'Espagne, de *torta* → tourte ▪ **1** Galette plate de farine de maïs (parfois de blé), plat populaire au Mexique. *Tortilla fourrée.* ➤ **enchilada, fajita, taco ; wrap.** ▪ **2** AU PLUR. Chips de maïs, d'origine mexicaine. ➤ **nacho.**

TORTILLARD [tɔʀtijaʀ] adj. m. et n. m. – 1681 ◇ de *tortiller* ▪ **1** RÉGION. *Orme tortillard :* variété d'orme à fibres contournées. ▪ **2** n. m. (fin XIXe) Train d'intérêt local sur une voie de chemin de fer qui fait de nombreux détours. «*le petit chemin de fer d'intérêt local* [...] *On l'appelait* [...] *le* Tortillard, *à cause de ses innombrables détours*» PROUST.

TORTILLE [tɔʀtij] n. f. – 1835 ; a remplacé *tortillère* 1437 ◊ de *tortiller* ▪ VX Allée étroite et tortueuse dans un parc, un jardin.

TORTILLEMENT [tɔʀtijmɑ̃] n. m. – 1547 ◊ de *tortiller* ▪ Action de tortiller, de se tortiller. *Elle marchait avec un léger tortillement des hanches.*

TORTILLER [tɔʀtije] v. ‹1› – 1419 ; *tortoillier* v. 1200 ◊ probablt réduction de *entortiller*

I v. tr. Tordre à plusieurs tours (une chose souple), notamment par nervosité. *Tortiller ses cheveux, sa moustache. «Je restai debout au milieu de la pièce, en tortillant mon chapeau entre mes doigts»* DAUDET. — *Se tortiller les doigts,* les remuer en les tordant.

II v. intr. ▪ **1** (1640) Se remuer en ondulant. *«Ces jolies personnes qui vont trottant menu [...] et tortillant un peu des hanches»* BEAUMARCHAIS. ➤ **balancer, remuer.** *Danser en tortillant des fesses.* ▪ **2** LOC. FIG. FAM. *Il n'y a pas à tortiller,* à prendre des détours, à hésiter. ➤ **tergiverser.** *«Il lui faut son argent [...], il n'y a pas à tortiller»* BALZAC.

III v. pron. (1768) **SE TORTILLER.** Se tourner de côté et d'autre sur soi-même. *Se tortiller comme un ver. Se tortiller sur sa chaise. «Il se tortillait comme une anguille [...] mais je l'avais bien bâillonné»* MAUPASSANT. — FIG. *«nos artistes se tortillent à chercher du nouveau»* ALAIN.

▪ CONTR. Détortiller.

TORTILLON [tɔʀtijɔ̃] n. m. – 1402 ◊ de *tortiller* ▪ Chose tortillée. *Tortillon de cheveux enroulés en chignon. Tortillon de tissu, de papier. Le bonbon «était enveloppé d'un papier bleu [...] il défit le tortillon»* ROBBE-GRILLET. — SPÉCIALT Linge tortillé en bourrelet qu'on met sur la tête comme coiffure ou pour porter un fardeau. ◆ Estompe en papier enroulé, employée pour modeler les dessins au fusain ou les pastels.

TORTIONNAIRE [tɔʀsjɔnɛʀ] n. – 1832 ; adj. «injuste» 1412 ◊ latin médiéval *tortionarius* «injuste», du bas latin *tortionare* «tourmenter» ▪ n. m. Bourreau chargé de torturer les condamnés. *Les tortionnaires de l'Inquisition.* ◆ n. Personne qui fait subir des tortures (I°, MOD.). ➤ **bourreau.** *Les tortionnaires des résistants.* adj. *Militaires, policiers tortionnaires.*

TORTIS [tɔʀti] n. m. – 1740 ; adj. «tortueux» XIIe ◊ de *tort(e),* ancien p. p. de *tordre* ▪ TECHN. Assemblage de plusieurs fils tordus ensemble. *Tortis de chanvre.*

TORTORE [tɔʀtɔʀ] n. f. – 1878 ◊ de *tortorer* ▪ ARG. Nourriture. ➤ 2 **bouffe.** *«Si tu bannis la tortore de ta vie, il te reste quoi, à cet âge ?»* SAN-ANTONIO.

TORTORER [tɔʀtɔʀe] v. tr. ‹1› – 1866 ◊ de l'occitan *tourtoura* «tordre» → tortiller ▪ ARG. Manger*.

TORTU, UE [tɔʀty] adj. – v. 1230 ◊ de *tort(e),* ancien p. p. de *tordre* ▪ VX ou LITTÉR. Tordu, tortueux. *«un chemin tortu, bossu, qui fait un coude considérable»* NERVAL. ◆ FIG. et LITTÉR. Qui manque de justesse ou de droiture. ➤ **retors, tortueux.** ▪ CONTR. 1 Droit. ▪ HOM. Tortue.

TORTUE [tɔʀty] n. f. – v. 1190 ◊ latin populaire °*tartaruca (bestia),* de °*tartarucus,* classique *tartareus* «du Tartare, infernal» ▪ **1** Reptile *(chéloniens)* à quatre pattes courtes, à corps enfermé dans une carapace, à tête munie d'un bec corné, à marche lente. *La carapace et le plastron de la tortue. Écaille de tortue. Tortue géante. Tortues terrestres, d'eau douce, marines.* ➤ **caouane,** 2 **caret, cistude, trionyx.** — *Fausse tortue* ou *tortue luth*. — «Le lièvre et la tortue»,* fable de La Fontaine. ◆ LOC. *Marcher d'un pas de tortue, avancer comme une tortue,* très lentement (cf. Aller, avancer comme un escargot*). *«Cette pauvre petite est à m'obéir d'une lenteur de tortue»* BALZAC. ▪ **2** (XVIe ◊ par anal. avec la carapace protectrice) Sorte de toit que les soldats romains formaient avec leurs boucliers levés, afin de s'abriter des projectiles des assiégés. — Machine de guerre couverte. ▪ HOM. Tortu.

TORTUEUX, EUSE [tɔʀtɥø, øz] adj. – 1314 ; *tortuous* «compliqué» hapax 1200 ◊ latin *tortuosus,* de *tortus,* de *torquere* «tordre» ▪ **1** Qui fait des tours et des détours, présente des courbes irrégulières. ➤ **sinueux.** *«un labyrinthe de ruelles, emmêlées, tortueuses»* MAUPASSANT. ▪ **2** FIG. (1688) Plein de détours, qui ne se manifeste pas franchement. *Des manœuvres tortueuses.* ➤ **hypocrite, oblique.** *Un esprit tortueux.* ➤ **retors.** *«Une allure tortueuse, des mouvements sournois de sacristain»* MIRBEAU. — adv. **TORTUEUSEMENT.** ▪ CONTR. 1 Droit. 1 Direct, 2 franc, 2 net.

TORTURANT, ANTE [tɔʀtyʀɑ̃, ɑ̃t] adj. – 1845 ; hapax 1480 ◊ de *torturer* ▪ Qui fait subir une torture morale. *Un remords torturant. «une passion brûlante, torturante»* MAUPASSANT.

TORTURE [tɔʀtyʀ] n. f. – fin XIIe sens 3° ◊ bas latin *tortura* ▪ **1** (1459) ANCIENNT Peine grave, supplice pouvant entraîner la mort. ➤ **supplice.** *Faire subir, infliger la torture à qqn. Torture destinée à arracher des aveux.* ➤ **gégène, question.** *Instruments, chambre de torture.* ◆ MOD. Souffrances physiques infligées à qqn pour lui faire avouer ce qu'il refuse de révéler. *«la torture est d'abord une entreprise d'avilissement»* SARTRE. *Parler, avouer sous la torture. Comité contre la torture.* ▪ **2** LOC. FIG. *Instruments de torture,* se dit d'instruments, d'objets qui font souffrir. *Les instruments de torture du dentiste.* — *Mettre qqn à la torture,* le mettre au supplice, l'embarrasser ou le laisser dans l'incertitude. *Se mettre l'esprit à la torture :* se creuser la tête, faire des efforts pénibles pour se rappeler, pour combiner qqch. ▪ **3** Souffrance physique ou morale intolérable. ➤ **martyre, peine, tourment.** *«Dévoré par la gangrène et souffrant d'atroces tortures»* BLOY. *La torture de la soif. «J'ai trop cruellement pensé à toi dans les tortures de l'absence»* FRANCE. — PAR EXT. *«Ce lui était une torture de travailler»* R. ROLLAND. ➤ **pénible.**

TORTURER [tɔʀtyʀe] v. tr. ‹1› – 1480 ◊ de *torture* ▪ **1** Infliger la torture (I°) à (qqn). *Torturer un condamné.* ➤ **supplicier.** ◆ Faire subir des tortures à (qqn) par esprit de vengeance, pour faire avouer. *Torturer par des coups, des brûlures ; par l'électricité* (➤ **gégène**), *l'eau. Torturer des rebelles, des civils, des otages. Des résistants affreusement torturés. Personne qui torture.* ➤ **bourreau, tortionnaire.** ▪ **2** (XVIIIe) Faire beaucoup souffrir. ➤ **martyriser.** *Torturer un animal. «cet esprit triomphait dans l'art de torturer les amours-propres et de leur infliger des blessures cruelles»* STENDHAL. *Torturer qqn de, par des questions.* — *Se torturer le cerveau, l'esprit,* le mettre à la torture*. — PRONOM. (RÉCIPR.) *«ils se torturaient jusque dans leurs caresses»* DAUDET. — (Sujet chose) *«Il souffrait moins du froid, la faim surtout le torturait»* ZOLA. ➤ **tenailler.** — *La jalousie, le doute le torture.* ➤ **tourmenter.** *«C'est cette idée fixe qui revenait sans cesse, qui le torturait, qui lui mordait la cervelle»* HUGO. ▪ **3** Faire grimacer. *«les expressions les plus violentes de la joie et de la douleur ont fini par grimer, torturer ses traits»* BALZAC. ➤ **ravager.** — *Visage torturé.* ◆ Transformer par force. *Torturer un texte,* l'altérer en le transformant. ➤ **forcer** (I, 7°). — *Style torturé.*

TORVE [tɔʀv] adj. – 1532, rare avant 1846 ◊ latin *torvus* ▪ *Œil torve,* dont le regard est oblique, menaçant. ➤ 2 **farouche,** 1 **louche.** *Il m'a regardé d'un œil torve.*

TORY [tɔʀi] n. m. – 1704 ◊ mot anglais ▪ Membre du parti conservateur en Grande-Bretagne. *Les torys* ou *les tories* (plur. angl.). — adj. *Le parti tory.* — n. m. **TORYSME.**

TOSCAN, ANE [tɔskɑ̃, an] adj. et n. – 1540 ◊ italien *toscano,* latin *tuscanus* «étrusque, toscan» ▪ De la Toscane. ARCHIT. *Ordre toscan,* ou ELLIPT *le toscan :* un des cinq ordres de l'architecture classique (forme simplifiée du dorique grec). *Basilique de style toscan.* — n. m. LING. *Le toscan :* dialecte du groupe italien, parlé à Florence et dans la Toscane, qui est devenu la base essentielle de l'italien.

TOSSER [tɔse] v. intr. ‹1› – date inconnue ◊ origine inconnue, p.-ê. de l'anglais *to toss* «lancer» ▪ MAR. Cogner fortement et de manière répétée sous l'effet du ressac. *Bateau qui tosse contre le quai.*

TÔT [to] adv. – IXe ◊ probablt latin populaire °*tostum,* neutre adverbial de *tostus* «grillé, brûlé», de *torrere,* par une métaph. semblable aux emplois fig. de *brûler, griller (une étape)* ▪ **1** VX Rapidement. *«Dépêchez. – Faites tôt et hâtez nos plaisirs»* MOLIÈRE. ◆ MOD. *Avoir tôt fait de,* vite fait de... *Ils eurent tôt fait de s'associer.* ▪ **2** MOD. Au bout de peu de temps et sensiblement avant le moment habituel ou normal. *«le soleil ride et confit [...] la grappe tôt mûrie»* COLETTE. ➤ **précocement.** *Très tôt. Il a su lire très tôt. Trop tôt.* LOC. FAM. *Ce n'est pas trop tôt !* cela s'est longtemps fait attendre. *Tôt ou tard** [to(t)utaʀ]. *«Il est déjà un peu tard pour aller dîner en ville, encore un peu tôt pour se rendre au spectacle»* ROMAINS. ◆ (XIIIe) **PLUS TÔT :** avant le moment où l'on est ou dont on parle. ➤ **auparavant,** 1 **avant.** (REM. Ne pas confondre avec *plutôt.*) *«Que ne l'avait-il dit plus tôt»* CAILLOIS. *Beaucoup plus tôt :* bien avant. *Un peu plus tôt ou un peu plus tard ; un jour plus tôt, un jour plus tard. Il est arrivé plus tôt que moi, plus tôt que je ne pensais.* ◆ *Pas de si tôt* (mieux que *pas de sitôt*) : pas dans un proche avenir et peut-être même jamais. *Elle ne reviendra pas de si tôt. Répondez-nous aussi tôt que possible* (ne pas confondre avec *aussitôt*). ◆ loc. conj. *Ne... pas plus tôt... que... :* à peine... que... *«Nous n'étions pas plus tôt rentrés à Paris qu'une dépêche rappelait ma mère au Havre»* GIDE. ◆ (1549) **LE PLUS TÔT...** *Le plus tôt que vous pourrez, le plus tôt possible :*

dès que vous pourrez. SUBST. *Le plus tôt sera le mieux.* ◆ **AU PLUS TÔT :** le plus tôt possible, dans un délai aussi court que possible. *Revenez au plus tôt.* En admettant la date la plus avancée. *Mon travail sera terminé dans quinze jours au plus tôt.* ▪ **3** (v. 1180) Au commencement d'une portion déterminée de temps, et SPÉCIALT de la journée. *Se lever* tôt,* de bonne heure. *Se coucher tôt. «le soleil était déjà installé sur les toits comme un couvreur matinal qui commence tôt son ouvrage»* PROUST. ▪ CONTR. Tard. ▪ HOM. Tau, taud, taux.

TOTAL, ALE, AUX [tɔtal, o] adj. et n. – 1361 ◇ latin médiéval *totalis,* du classique *totus* «tous» ▪ **1** (Actions) Qui affecte toutes les parties, tous les éléments (de la chose ou de la personne considérée). ➤ 1 **complet,** 1 **général.** *Destruction totale. Éclipse totale. Guerre* totale. «Une séparation aussi totale n'est pas compréhensible»* ROMAINS. — (État, sentiment) Qui n'est réduit, altéré, entamé par rien. ➤ **absolu.** *«Dans le silence et l'obscurité totale»* DANIEL-ROPS. *«Une heure de liberté totale»* DUHAMEL. ➤ **plein.** *Confiance totale.* ➤ **entier, parfait.** ◆ (Surtout apr. un subst. précédé de l'art. déf.) Pris dans son entier, dans la somme de toutes ses parties. *Le nombre total, la somme totale. La hauteur, la longueur, la quantité totale. Le revenu total.* ➤ **global.** ▪ **2** n. m. (XVIe) Nombre total, quantité totale. ➤ **montant,** 1 **somme.** *Le total des recettes. Faire le total :* additionner le tout. *Un total impressionnant.* ◆ **AU TOTAL :** en additionnant, en comptant tous les éléments (cf. En tout). *Au total : dix mille euros.* — ELLIPT *«Perte d'hommes* [...] *À Waterloo, Français, cinquante-six pour cent ; alliés, trente et un. Total pour Waterloo : quarante et un pour cent»* HUGO. FIG. *Au total :* tout compte fait, tout bien considéré, somme toute (cf. En somme, dans l'ensemble). *Au total, ce n'est pas une mauvaise affaire !* — (1854) FAM. (en tête de phrase, pour introduire une conclusion, un résultat final) *«tu as voulu jouir de la vie, et total, ton pays se trouve dans la détresse»* AYMÉ. ➤ FAM. **résultat.** ▪ **3** n. f. POP. Hystérectomie* totale. *On lui a fait une totale.* ◆ LOC. FIG. *C'est la totale !* toutes les catastrophes arrivent ensemble. (Sens atténué) *«il a essayé de se barrer : feux rouges, sens interdit, il nous a fait la totale»* PENNAC. — PAR EXT. *La totale !* le comble, le summum. ▪ CONTR. Fractionnaire, fragmentaire, partiel. ▪ HOM. Toto.

TOTALEMENT [tɔtalmɑ̃] adv. – 1361 ◇ de *total* ▪ D'une manière totale. ➤ 1 **complètement, entièrement.** *Une espèce totalement disparue. Il est totalement guéri.* ➤ **parfaitement** (cf. Tout* à fait). *Il en est totalement incapable.* ➤ **absolument.** ▪ CONTR. Partiellement.

TOTALISANT, ANTE [tɔtalizɑ̃, ɑ̃t] adj. – 1946 ◇ de *totaliser* ▪ PHILOS. Qui synthétise. *Proposition totalisante :* proposition universelle dont la vérité se fonde sur l'observation antérieure de chacun des individus qu'on y réunit dans une même assertion. *«le progrès dialectique est totalisant : à chaque nouvelle étape il se retourne sur l'ensemble des positions dépassées et les embrasse toutes en son sein»* SARTRE.

TOTALISATEUR, TRICE [tɔtalizatœʀ, tʀis] adj. et n. m. – 1869 ◇ de *totaliser* ▪ Se dit d'appareils enregistreurs et (ou) compteurs, donnant le total d'une série d'opérations. *Appareil totalisateur, machine totalisatrice.* ➤ aussi **accumulateur.** — n. m. *Un totalisateur.*

TOTALISATION [tɔtalizasjɔ̃] n. f. – 1818 ◇ de *totaliser* ▪ Opération consistant à totaliser.

TOTALISER [tɔtalize] v. tr. ‹1› – 1802 ◇ de *total* ▪ **1** Réunir, rassembler en un total. ➤ **additionner.** *Totaliser les bénéfices réalisés.* ▪ **2** Compter au total. *L'équipe qui totalise le plus grand nombre de points.*

TOTALITAIRE [tɔtalitɛʀ] adj. – 1927 ◇ de *totalité* ▪ **1** DIDACT. Qui englobe ou prétend englober la totalité des éléments d'un ensemble donné. *Philosophie, religion totalitaire.* ▪ **2** COUR. (d'abord en parlant du fascisme italien) *Régime totalitaire :* régime à parti unique, n'admettant aucune opposition organisée, dans lequel le pouvoir politique dirige souverainement et tend à confisquer la totalité des activités de la société qu'il domine. ➤ **absolu.** *États totalitaires. «La chrétienté n'avait pas été totalitaire : les États totalitaires sont nés de la volonté de trouver une totalité sans religion»* MALRAUX. ▪ CONTR. Libéral.

TOTALITARISME [tɔtalitaʀism] n. m. – 1936 ◇ de *totalitaire* (2°) ▪ Système politique des régimes totalitaires. ▪ CONTR. Libéralisme.

TOTALITÉ [tɔtalite] n. f. – 1375 ◇ de *total* ▪ **1** Réunion totale des parties ou éléments constitutifs (d'un ensemble, d'un tout). ➤ 2 **ensemble, entièreté, globalité, intégralité,** 1 **masse, total, universalité.** *«Elle léguait la totalité de ses biens à l'hôpital»* BALZAC. *La presque totalité du personnel.* — *En totalité.* ➤ **intégralement, totalement** (cf. En bloc, au complet). *Dans sa totalité. Les électeurs, dans leur totalité.* ▪ **2** PHILOS. (Kant) Une des catégories de l'entendement faisant la synthèse de l'unité et de la pluralité. ◆ *Principe de totalité :* dans les théories de la forme, principe d'après lequel un tout organisé (ou *totalité organique*) agit comme un tout, a des propriétés qui manquent à ses éléments constitutifs. *«Le ressort de toute dialectique, c'est l'idée de totalité»* SARTRE. ➤ **structure.** ▪ CONTR. Fraction, partie.

TOTEM [tɔtɛm] n. m. – *totam* 1794 ◇ anglais *totem* (1776), d'un mot algonquin ▪ ETHNOL., SOCIOL. Animal (quelquefois végétal, et très rarement chose) considéré comme l'ancêtre et par suite le protecteur d'un clan, objet de tabous et de devoirs particuliers. — *Totem personnel,* avec lequel chaque individu a des rapports analogues à ceux du clan et du totem. ◆ Représentation de l'animal choisi pour totem.

TOTÉMIQUE [tɔtemik] adj. – 1896 ◇ de *totem* ▪ ETHNOL. Où intervient, où apparaît un totem, le culte du totem. *Clan totémique. Mât, poteau totémique,* portant l'emblème du totem. ◆ Propre au totémisme. *Système totémique.*

TOTÉMISME [tɔtemism] n. m. – 1833 ◇ de *totem,* d'après l'anglais *totemism* ▪ Organisation sociale, familiale fondée sur les totems et leur culte. — PAR EXT. Théorie d'après laquelle le culte du totem constitue la forme primitive de la religion (Durkheim), et les tabous*, dont le totem est l'objet, la forme primitive de la morale (Freud).

TOTIPOTENT, ENTE [tɔtipɔtɑ̃, ɑ̃t] adj. – 1897 ◇ latin *totus* «tout entier», d'après *omnipotent* ▪ BIOL. Se dit de cellules embryonnaires non encore différenciées capables de se développer en un organisme entier (ex. la cellule-œuf). — n. f. **TOTIPOTENCE.**

TOTO [tɔto ; toto] n. m. – 1902 ◇ mot champenois répandu en 1914-1918 ; formation populaire par redoublement ▪ FAM. Pou. *Avoir des totos.* ▪ HOM. Totaux (total).

TOTON [tɔtɔ̃] n. m. – 1680 ; *totum* 1606 ◇ latin *totum* «tout (l'enjeu)», marqué T sur une face du dé ▪ Dé traversé par une cheville pour qu'on puisse le faire tourner sur lui-même. *«L'Enfant au toton», tableau de Chardin.* PAR EXT. Petite toupie qu'on fait tourner en prenant la tige supérieure entre le pouce et l'index. *Tourner comme un toton.*

TOTOTTE ou **TOTOTE** [tɔtɔt] n. f. – 1892 ◇ famille de *tette* ▪ FAM. ▪ **1** RÉGION. (Nord) Sein de femme. *«Elle a des grosses totottes Ma tante Charlotte»* (chanson populaire). ▪ **2** Tétine (2°). — En Belgique, dans le nord et le nord-est de la France, on dit aussi *tutute* [tytyt] et *tute* [tyt].

TOUAGE [twaʒ] n. m. – *thouage* XIIIe ◇ de *touer* ▪ Action de touer ; système de traction, au moyen d'un dispositif spécial *(tambours de touage),* sur une chaîne immergée ; remorquage des navires par un remorqueur (➤ **toueur**) muni de ce dispositif.

TOUAREG [twaʀɛg] adj. inv. et n. – *touariks* 1839 ◇ mot arabe, masc. plur. de *targui* ▪ Relatif à la population nomade du Sahara, parlant une langue berbère. *Des guerriers touareg. La langue touareg. «Poésies touareg», du père de Foucauld.* — n. *Un Targui, des Touareg* ou *des Touaregs.* On dit aussi couramment *un Touareg, des Touaregs.*

TOUBAB [tubab] n. et adj. – *toubabe* 1821 ◇ origine obscure ▪ (En français d'Afrique puis, en France, dans le langage des banlieues) Européen, Blanc. *Une toubab. Les toubabs.* — Au féminin, on trouve aussi *toubabe* et *toubabesse. «ce parent, venu de France, avait une épouse toubabesse»* SEMBENE. ◆ PAR EXT. PÉJ. Africain ayant adopté le mode de vie occidental. *«Bounama les hait, ces jeunes "toubabs" noirs en complet»* A. SADJI.

TOUBIB [tubib] n. – 1863 ; *tabib* hapax 1617 ◇ arabe d'Algérie *tbib,* classique *tabib* «médecin» ▪ FAM. Médecin. *Appeler le toubib.*

TOUCAN [tukɑ̃] n. m. – 1557 ◇ mot tupi (Brésil) ▪ Oiseau tropical frugivore *(rhamphastidés)* à bec jaune et orange énorme, qui vit dans les régions montagneuses de l'Amérique du Sud.

1 **TOUCHANT** [tuʃɑ̃] prép. – XIVe ◇ p. prés. de 1 *toucher* ▪ VX ou LITTÉR. Au sujet de... ➤ **concernant,** 1 **sur** (cf. Relativement à). *Diverses opinions touchant une même question.*

2TOUCHANT, ANTE [tuʃɑ̃, ɑ̃t] **adj.** – milieu XVIIe ◊ p. prés. de 1toucher ■ **1** LITTÉR. Qui touche, fait naître de la compassion. ➤ **attendrissant, émouvant.** *Des paroles touchantes.* — SUBST. *Le touchant et le sublime.* ■ **2** COUR. Qui émeut, attendrit d'une manière douce et agréable. *«Lui jetant un regard empreint d'une touchante reconnaissance»* BALZAC. ◆ (Avec une légère ironie) *«Une docilité d'esprit presque touchante»* LEMAITRE. *Comme c'est touchant !* — (PERSONNES) Attendrissant (IRON.). *Il est touchant de maladresse.*

TOUCHAU [tuʃo] **n. m.** – 1399 ◊ de *toucher* ■ TECHN. Ensemble de petites plaques d'alliage d'or ou d'argent de titres différents, disposées sur un support en étoile, permettant de déterminer le titre d'un bijou, en comparant les empreintes laissées sur la pierre* de touche. *Essai au touchau.*

TOUCHE [tuʃ] **n. f.** – v. 1160 ◊ de 1toucher

I (Action, manière de toucher). ■ **1** Épreuve, essai de l'or et de l'argent (au moyen de la *pierre* de touche,* du touchau). ■ **2** (1585) Fait de toucher l'adversaire, à l'escrime. *Remporter l'assaut par cinq touches à quatre.* ◆ PÊCHE Action du poisson qui touche, qui mord à l'hameçon. *Pas la moindre touche aujourd'hui, je n'ai rien pris.* — LOC. FAM. (1925) *Faire une touche* : être remarqué par qqn à qui l'on plaît physiquement. *On dirait que tu as fait une touche ! — Avoir la (une) touche (avec qqn)* : plaire manifestement à qqn (cf. Avoir le ticket). ■ **3** (fin XVIIe) Action, manière de poser la couleur, les tons sur la toile. *«Que le dessin est beau ! Que la touche est fière !»* DIDEROT. — Couleur posée d'un coup de pinceau. *«La puissance d'une touche mise à sa place»* GAUTIER. FIG. *Mettre une touche de gaieté, une touche exotique* (dans un décor, une toilette, une description, etc.). ➤ **note.** ■ **4** (1872) FAM. Aspect d'ensemble. ➤ **allure,** FAM. **dégaine,** 1**tournure.** *Quelle drôle de touche il a ! «nous avions toute la touche de sortir d'un orphelinat de province»* LARBAUD. ■ **5** (1870) POP. *La sainte touche* : le jour où l'on touche (sa paye). ■ **6** (fin XIXe ◊ anglais *touch*) Au rugby, au football, *Ligne de touche,* ou *la touche* : chacune des limites latérales du champ de jeu, perpendiculaire aux lignes de but. *Tirer, botter en touche,* pour dégager son camp. *Remise en touche* : remise en jeu faite à partir de la touche. *Arbitre de touche. Juge de touche,* chargé de désigner les points de sortie en touche, de signaler les hors-jeux, etc. ➤ **assesseur.** *Remplaçant qui reste sur la touche.* — LOC. FIG. (1927) *Être, rester, être mis sur la touche,* à l'écart, dans une position de non-activité, de non-intervention. ➤ RÉGION. **tabletter.** *Botter, dégager en touche* : se dégager d'une situation embarrassante en éludant la difficulté. *«Il n'a répondu ni oui ni non, botté en touche»* E. CARRÈRE. ◆ Sortie du ballon en touche. *Il y a touche. Jouer la touche.* — Remise en jeu du ballon à partir de la ligne de touche. *Touche longue, courte.*

II (v. 1310) ■ **1** Chacun des petits leviers que l'on frappe des doigts et qui constituent le clavier d'un instrument de musique. ➤ **note.** *«Il ouvre son piano, et fait courir ses doigts effilés sur les touches d'ivoire»* LAUTRÉAMONT. *Touches d'accordéon.* ◆ Pièce d'ébène collée sur le manche d'un instrument à cordes pincées ou frottées, où appuient les doigts, pour raccourcir la corde ; touchette. *Touches d'une guitare.* ■ **2** (1903) Chacun des boutons ou leviers d'un appareil à clavier. *Touches d'un clavier d'ordinateur, d'une calculette, d'une télécommande* ➤ RÉGION. **piton.** *Téléphone à touches. Appuyer sur la touche «étoile» du téléphone. Touche à effleurement*.*

TOUCHE-À-TOUT [tuʃatu] **n. inv.** – 1836 ◊ de *toucher à tout* ■ Personne, enfant qui touche à tout. ◆ Parfois péj. Personne qui se disperse en activités multiples. *«L'homme, un enragé d'activité, mais un peu brouillon, comme tous les trop actifs, et un touche-à-tout tyrannique»* GONCOURT. *Une touche-à-tout de talent.*

TOUCHE-PIPI [tuʃpipi] **n. m.** – 1946 ◊ de 1*toucher* et *pipi* «sexe» ■ FAM. Attouchements des parties génitales. *Jouer à touche-pipi. Les «délices émaciantes du touche-pipi»* R. JORIF. — PÉJ. Activité sexuelle puérile. *Des touche-pipis.*

1TOUCHER [tuʃe] **v. tr.** ‹1› – fin XIe ◊ du latin populaire *toccare* «heurter, frapper», de l'onomatopée *tok* évoquant le bruit de deux objets qui s'entrechoquent

I ~ **v. tr. dir. A. AVEC MOUVEMENT** ■ **1** (Êtres vivants) Entrer en contact avec (qqn, qqch.) en éprouvant les sensations du toucher. *Toucher un objet.* ➤ **palper, tâter.** *Elle «va toucher le radiateur* [...] *le fer est froid»* PLISNIER. *«Suivez-moi, dit Antoine, en lui touchant doucement l'épaule»* MARTIN DU GARD. *Je n'ai jamais touché une carte,* jamais joué. *Toucher du bois*.* — (cf. ancien français et provençal *tocar, touchier* «jouer, sonner») Manipuler (les éléments d'un instrument de musique) pour en tirer des sons. *«Le prince touchait languissamment les cordes de sa guitare»* VIGNY. *Voilà des années que je n'ai pas touché un piano.* ➤ **jouer.** — *Toucher une personne, un animal.* ➤ **atteindre, attraper.** *«À l'école, souvent, il* [Gandhi] *touchait les intouchables»* R. ROLLAND. *Ne me touche pas !* — (En indiquant la partie du corps qui touche) *Toucher du doigt.* FIG. *Toucher qqch. du doigt*. Toucher du bout des doigts.* ➤ **effleurer.** *Toucher à pleines mains.* ➤ **manier.** *Lutteur qui touche le sol des deux épaules. Se prosterner en touchant le sol du front.* ◆ Avoir, mettre le pied sur. *Nous marchions «avec tant de vitesse et de légèreté, qu'à peine touchions-nous la terre»* LESAGE. *Toucher le fond*.* ◆ Avoir des contacts érotiques, des relations sexuelles avec (qqn). *Il «ne la touchait plus du tout, la traitait en camarade»* ZOLA. *«Paraît qu'il touchait les gosses dans le métro»* Y. QUEFFÉLEC. ➤ FAM. **peloter, tripoter ; attouchement.** — **v. pron.** FAM. *Se toucher* : se masturber. *«Tu te touches, n'est-ce pas ? Tu te caresses... (Elle doit avoir horreur comme lui du mot masturber.)»* LINZE. ◆ (Sans contact direct du corps) *Toucher qqn, qqch. avec un bâton. Il n'est pas à toucher avec des pincettes*. Toucher* (avec le fleuret, le sabre) *l'adversaire.* ➤ **touche.** (SANS COMPL.) *«À la fin de l'envoi, je touche»* ROSTAND. *Toucher les bœufs,* les faire avancer en les piquant légèrement de l'aiguillon. — *Toucher la balle de sa raquette. Toucher sa bille*.* ◆ (Avec un projectile ou un coup porté) ➤ **atteindre.** *Toucher qqn au menton.* ➤ **frapper.** *Toucher la cible, le but. Il tira et toucha son adversaire à l'épaule.* ➤ **blesser.** — *Il a été gravement touché. Touché coulé.* ◆ FIG. Joindre, arriver à rencontrer (qqn), par un intermédiaire (lettre, téléphone). ➤ **atteindre, contacter.** *Où peut-on vous toucher ?* ■ **2** (Sujet chose) Entrer en contact avec (qqn, qqch.) au terme d'un mouvement. ➤ **atteindre.** *Le bruit commun «à la cuiller qui touche l'assiette et au marteau qui frappe sur la roue»* PROUST. *Être touché par une balle,* blessé. *«l'ombre ne touchait pas encore les hautes terres»* BOSCO. ◆ MAR. *Toucher le port* : faire escale, mouiller. *Nous avons touché terre à dix heures.* LOC. *Ne pas toucher terre* : ne pas avoir le sens des réalités. (SANS COMPL.) *Navire qui touche,* qui entre légèrement en contact avec le fond, ou le quai, ou un autre navire, etc. ➤ **heurter ;** aussi **tosser.** ■ **3** (1585) Entrer en possession de, prendre livraison de (une somme d'argent). ➤ **recevoir.** *Toucher de l'argent.* ➤ **gagner ;** FAM. **palper.** *Toucher un traitement, son salaire, une pension, des mensualités* (➤ **émarger**). *Toucher tant par jour, par mois. Toucher une prime, le gros lot. Toucher un chèque.* ➤ **encaisser.** — TURF *Toucher un gagnant, un placé, le tiercé.* — (SANS COMPL.) Percevoir de l'argent. *«vouloir toucher à deux guichets* [...] *vouloir cumuler les avantages les plus contradictoires»* PÉGUY. ◆ Percevoir (autre chose que de l'argent). *«D'autres, qui ont déjà touché les nouvelles capotes bleu horizon, font les farauds»* DORGELÈS. ■ **4** (ABSTRAIT) (XIIe) Procurer une émotion à (qqn), faire réagir en suscitant l'intérêt affectif. ➤ **émouvoir, intéresser.** *«Pour plaire aux autres, il faut parler de ce qu'ils aiment et de ce qui les touche»* LA ROCHEFOUCAULD. *Ce reproche l'a touché.* ➤ **atteindre, blesser.** *Elle est touchée au vif* (➤ **offenser, piquer, vexer**). — *Sa mort nous a cruellement touchés.* ➤ 3**affecter, éprouver.** ◆ (1610) Plus cour. Émouvoir en excitant la compassion, la sympathie et une certaine tendresse. ➤ **attendrir ;** 2**touchant.** *«J'essaie parfois d'imaginer l'absence totale qui ferait que plus rien ne me toucherait»* H. THOMAS. — *Nous sommes très touchés de votre sympathie. Je suis profondément touché par votre geste.* ■ **5** FIG. *Toucher un mot de* (qqch. à qqn) : dire un mot de (qqch. à qqn). *«faut-il vendre, faut-il pas vendre ? Si demain matin j'en touchais un mot au père Deutsch ?»* COLETTE.

B. SANS MOUVEMENT ■ **1** Se trouver en contact avec ; être tout proche de. ➤ **jouxter.** *Qui touche une surface.* ➤ **tangent.** *«La maison de Mme Loiseau, qu'elle* [l'église] *touchait sans aucune séparation»* PROUST. ➤ **contigu.** ■ **2** FIG. Avoir des rapports de parenté avec. *Toucher de près qqn, une famille.* ■ **3** Concerner ; avoir un rapport avec. ➤ **regarder.** *«Une chose qui leur est si importante et qui les touche de si près»* PASCAL. ◆ **v. pron. (récipr.)** Être en rapport étroit. LOC. *Les extrêmes* se touchent.* — FIG. *«Nous nous touchons par tant de points !»* BALZAC.

II ~ **v. tr. ind. TOUCHER À... A. AVEC MOUVEMENT** ■ **1** (Êtres vivants) Porter la main sur, pour prendre, utiliser. REM. Cet emploi est plus abstrait que le trans. dir. ; il exclut la sensation de la personne qui touche. *«Ne pas toucher aux objets exposés»* SARTRE. *«Il défendit expressément qu'on touchât à rien, qu'on entretînt ni qu'on réparât rien»* FRANCE. *Cet enfant touche à tout.* ➤ **touche-à-tout.** *Je te défends d'y toucher !* (SANS COMPL.) *Défense de tou-*

cher. FAM. *Pas touche !* ♦ (1564) **(Négatif)** *Ne pas toucher à :* ne pas utiliser, consommer. *« Il ne toucha pas au dîner »* Y. QUEFFÉLEC. *Ne pas toucher à la drogue. Ne pas toucher à son capital.* ➤ **entamer.** *Il n'a jamais touché à une arme, à un volant :* il n'a jamais tiré avec une arme ; jamais conduit. *« Touchez pas au grisbi »,* film de J. Becker. ♦ (1283) (ABSTRAIT) Se mêler, s'occuper de (qqch.). *« Qu'il est délicat de toucher à ce sujet ! »* MAURIAC. ➤ **aborder.** — S'en prendre (à qqch.), pour modifier, corriger. *Personne n'ose toucher à cette coutume. Ton travail est parfait, n'y touche plus.* — *« Toucher à cette légende, c'était s'attaquer à la religion de la monarchie »* MICHELET. — LOC. *Touche pas à mon pote*.* ♦ **Y TOUCHER :** (VIEILLI) être mêlé à qqch., y avoir part ou en être responsable. *« Dirait-on qu'elle y touche avec sa mine froide ? »* MOLIÈRE. — MOD. *Un air de ne pas y toucher,* faussement ingénu. ➤ **sainte nitouche.** ▪ **2** LITTÉR. ou DIDACT. Atteindre, arriver à (un point qu'on touche ou dont on approche). *Toucher au port. Toucher au but.* — (À un point dans le temps). *Toucher à son terme, à sa fin.* — *Nous touchons ici à...,* formule par laquelle un auteur signale qu'à ce point de son exposé il se trouve en présence de tel problème, qu'il est amené à le considérer. *« Et nous touchons ici à une des lacunes de la radio »* DUHAMEL.

B. SANS MOUVEMENT ▪ **1** Être en contact avec. *Des poutres « qui touchent presque aux façades des maisons »* SARTRE. ▪ **2** (ABSTRAIT) Concerner. *Des secrets qui touchent à la défense nationale. Il connaît bien tout ce qui touche à l'histoire romaine* (cf. Avoir trait). ▪ **3** Avoir presque le caractère de. ➤ **confiner.** *« La maison, dont la simplicité touchait au dénuement »* ROBBE-GRILLET.

2**TOUCHER** [tuʃe] **n. m.** – *tochier* v. 1150 ◇ de 1*toucher* ▪ **1** Un des cinq sens* traditionnels, correspondant à la sensibilité cutanée qui intervient dans l'exploration des objets par palpation. ➤ **tact ; haptique.** *« Le toucher n'est qu'un contact de superficie »* BUFFON. ▪ **2** Action ou manière de toucher. ➤ **attouchement, contact.** *Doux, rude au toucher.* — LITTÉR. *Jouir « du toucher d'une chose agréable »* GONCOURT. ♦ *Toucher de balle :* manière de frapper un ballon, une balle. ♦ MUS. Manière de jouer, d'appuyer sur les touches, qui fait la qualité de la sonorité. *Pianiste qui a un beau toucher.* ♦ MÉD., CHIR. Mode d'exploration consistant à introduire un ou plusieurs doigts dans une cavité naturelle. *Toucher rectal.* ▪ **3** Qualité que présente un corps pour la main qui le touche. *« Cela avait le toucher de la soie tricotée avec du dur à l'intérieur »* ARAGON.

TOUCHE-TOUCHE (À) [atuʃtuʃ] **loc. adv.** – 1920 ◇ de 1*toucher* ▪ FAM. En se touchant presque ; en se suivant de près (en parlant de véhicules ; de personnes réunies...). *Les « camions à touche-touche sur la rampe d'accès »* Y. QUEFFÉLEC.

TOUCHETTE [tuʃɛt] **n. f.** – 1844 ◇ de *touche* ▪ **1** MUS. Chacune des petites pièces incrustées dans le manche d'une guitare, d'une mandoline, qui permettent de produire les demi-tons. ▪ **2** (1965 *aller à la touchette*) FAM. Léger heurt sans gravité d'un obstacle, d'un autre véhicule.

TOUÉE [twe] **n. f.** – 1415 ◇ de *touer* ▪ MAR. ▪ **1** Câble, chaîne servant à touer. — Longueur de câble de remorque servant au halage. ▪ **2** PAR EXT. Longueur de chaîne filée en mouillant l'ancre. — FIG. Longueur à parcourir.

TOUER [twe] **v. tr.** ‹1› – XVe ◇ francique °*togôn* ▪ Faire avancer (un navire, une embarcation) en tirant à bord sur une amarre. *Touer à bras, au cabestan.* — Haler par traction sur un câble, une chaîne fixée (à une amarre ou mouillée au fond de l'eau). PRONOM. *Navire qui se toue.*

TOUEUR [twœʀ] **n. m.** – 1855 ◇ de *touer* ▪ Remorqueur qui avance par touage et tire des péniches (qui ne sont pas reliées à la chaîne immergée). *« Le toueur enroulant sa chaîne Et le remorqueur jamais las »* H. DE RÉGNIER.

TOUFFE [tuf] **n. f.** – 1352 sens 2° ◇ probablt ancien alémanique °*topf* ▪ **1** Assemblage naturel de plantes, de poils, de brins..., rapprochés par la base. ➤ 1**bouquet, épi, houppe.** *Touffe d'herbe. En touffes.* ➤ **touffu ; cespiteux.** *« Des touffes de cresson ou de menthe »* RADIGUET. ➤ RÉGION. **bouillée.** ▪ **2** LITTÉR. Groupe serré (de grands végétaux). ➤ 1**bouquet.** *« Une maison presque enfouie dans une touffe de luxuriante végétation »* GAUTIER. ▪ **3** Ensemble de poils, de brins, etc., rassemblés à la base. *Touffe de poils, de cheveux.* ➤ **épi,** 1**mèche, toupet.** — *Yoyoter* de la touffe.*

TOUFFEUR [tufœʀ] **n. f.** – v. 1620 *touffeure* ; *toufeur* hapax fin XIIe ◇ d'un adjectif *touffe* « accablant de chaleur », de *étouffer,* sur le modèle de *froid/froideur, tiède/tiédeur* ▪ VX ou LITTÉR. Atmosphère étouffante et chaude. *« dans la touffeur de sa chambre, haletante, en sueur »* LARBAUD.

TOUFFU, UE [tufy] **adj.** – 1549 ; *tuffu* 1438 ◇ de *touffe* ▪ **1** Qui est en touffes, qui est épais et dense. ➤ **dru, fourni, luxuriant.** *Haie touffue. « Des grappes de glycines touffues »* MAUROIS. — *Poil touffu et en désordre.* ➤ **hirsute.** ▪ **2** Qui présente des formes compliquées, exubérantes. *Le produit « multiforme, touffu, hérissé, efflorescent de l'ogive »* HUGO. ▪ **3** FIG. Qui présente en trop peu d'espace des éléments abondants et complexes. ➤ **chargé, compliqué, dense.** *Un livre touffu.* ▪ CONTR. Clairsemé, 1maigre. Concis, simple.

TOUILLAGE [tujaʒ] **n. m.** – 1793 ◇ de *touiller* ▪ FAM. Action de touiller.

TOUILLE [tuj] **n. m.** – 1765 ; *toil* 1285 ◇ de *touiller* ▪ RÉGION. Lamie.

TOUILLER [tuje] **v. tr.** ‹1› – *toullier* 1393 ; *toailler, toueillier* XIIe ◇ latin *tudiculare* « piler, broyer », de *tundere* ▪ **1** FAM. Remuer, agiter (une pâte, un liquide). *Touiller une sauce. Touiller un mélange de peinture.* ▪ **2** PAR EXT. FAM. *Touiller la salade.* ➤ **fatiguer.** — (1842) TECHN. Brasser, agiter pour épurer. *Touiller la fécule.*

TOUILLETTE [tujɛt] **n. f.** – 1994 ◇ de *touiller* ▪ FAM. Petite spatule qui sert à remuer les boissons chaudes délivrées par un distributeur automatique, à mélanger les cocktails. ➤ **agitateur.** *Elle « tournait une touillette vert fluo dans un cocktail écarlate »* A. POSTEL.

TOUJOURS [tuʒuʀ] **adv.** – *tuzjurs* 1080 ◇ de *tous* (tout) et *jour(s)* ▪ **1** Dans la totalité du temps. ➤ **éternellement, perpétuellement** (cf. Sans fin*). *« L'Être éternel est toujours, s'il est une fois »* PASCAL. ▪ **2** Dans la totalité du temps considéré (ex. la vie, le souvenir) ou pendant tout un ensemble d'instants discontinus ; à chaque instant considéré, sans exception. ➤ **constamment, continuellement** (cf. Sans cesse, à toute heure, en tout temps). *« Ce qui a été cru par tous, et toujours et partout, a toutes les chances d'être faux »* VALÉRY. *« Tu crois que tu m'aimeras toujours, enfant. Toujours ! quelle présomption dans une bouche humaine ! »* FLAUBERT. *Les absents* ont toujours tort.* — **(Marquant la coïncidence avec une circonstance).** *Il grognait toujours, quand...* (cf. Chaque fois* que...). — *Il est en retard, lui toujours si ponctuel.* ➤ **généralement.** *Il arrive toujours à cinq heures.* ➤ **invariablement.** ♦ **(Qualifiant un adj., un participe)** *La vie « se déroule, toujours pareille, avec la mort au bout »* MAUPASSANT. — LITTÉR. **(entre l'art. et l'adj. épithète)** *« La toujours placide Ligeia »* BAUDELAIRE. — LITTÉR. **(après l'adj.)** *« La tristesse, éloquente toujours, impérieuse toujours »* ALAIN. — *Toujours plus..., toujours moins* **(et adj.)** : de plus en plus, de moins en moins. *« Toujours plus nombreux sont ceux qu'assomme le vacarme des autobus et des taxis »* MAURIAC. ♦ **COMME TOUJOURS :** de même que dans tous les autres cas, les autres occasions. *« Pensant à elle comme toujours, je l'aperçus »* STENDHAL. — **PRESQUE TOUJOURS :** très fréquemment, très souvent. ➤ **habituellement, ordinairement.** — **NE... PAS TOUJOURS :** pendant une partie seulement d'une durée ou pendant certains instants et pas à d'autres. *On ne vivra pas toujours. « Nous n'aimons pas toujours ceux que nous admirons »* LA ROCHEFOUCAULD. — **DE TOUJOURS :** qui est toujours le même. *Ce sont des amis de toujours. Le public de toujours.* — **DEPUIS TOUJOURS** (cf. De tout temps). — **POUR TOUJOURS** ➤ **définitivement** (cf. À jamais, sans retour). *« je l'assurais qu'elle était maintenant guérie pour toujours »* PROUST. ▪ **3** **(Indiquant la persistance d'un état jusqu'à un moment donné)** Encore maintenant, encore au moment considéré. ➤ **encore.** *« Ou plutôt je sentis que je l'aimais toujours »* RACINE. *« La guerre est finie et ils attendent toujours »* SARTRE. *L'assassin court toujours.* — *Il ne dormait toujours pas. « Albertine, toujours pas venue »* PROUST. ▪ **4** En tout cas, de toute façon, quelles que soient les circonstances. ➤ **cependant.** *« Il vient toujours une heure dans l'histoire où celui qui ose dire que deux et deux font quatre est puni de mort »* CAMUS. — LOC. *C'est toujours ça de pris* sur l'ennemi. C'est toujours mieux que rien. Ça peut toujours servir.* FAM. *Il peut toujours courir*. Cause* toujours !* ♦ **interj. (à la fin d'une phrase négative)** *« Où est-elle cette preuve ? – Pas dans ma poche, toujours ! »* DAUDET. ♦ **TOUJOURS EST-IL (QUE)... :** sert à introduire un fait ou un jugement que l'on pose comme certain, en opposition avec d'autres qui viennent d'être présentés sous le signe de l'hésitation ou de la probabilité. ▪ CONTR. Jamais ; parfois ; exceptionnellement.

TOUK-TOUK [tuktuk] **n. m.** – 1975 ◇ mot thaï d'origine onomatopéique ▪ Tricycle motorisé aménagé pour le transport des passagers et faisant office de taxi dans certains pays d'Asie et d'Afrique. *Des touk-touks.* — REM. On écrit aussi *tuk-tuk* : « *une telle densité de piétons, de vélomoteurs et de tuk-tuks* » C. CUSSET.

TOULADI [tuladi] **n. m.** – 1888 ♦ mot d'origine amérindienne ■ Grosse truite grise d'Amérique du Nord.

TOULOUPE [tulup] **n. f.** – 1780 ; *touloppe* 1768 ♦ mot russe ■ Peau d'agneau, de mouton ; veste en peau de mouton, portée par les paysans russes. « *La touloupe se met la laine en dedans, et quand elle est neuve, la peau tannée est d'une couleur saumon pâle* » GAUTIER.

TOUNDRA [tundʀa] **n. f.** – 1830 ♦ russe *tundra,* mot lapon ■ Steppe de la zone arctique, entre la taïga et la limite polaire, dont le sol est gelé en profondeur une partie de l'année, et qui est caractérisée par des associations végétales de mousses et de lichens, des bruyères et quelques plantes herbacées. *La toundra sibérienne.*

TOUNGOUZE [tunguz] **n. m. et adj.** – 1765 ; *tunguse* 1699 ♦ nom turc d'un peuple d'Asie ■ Groupe de langues de la famille ouralo-altaïque, comprenant le mandchou, parlées par un ensemble de populations établies en Eurasie et en Asie septentrionale.

TOUPET [tupɛ] **n. m.** – v. 1145 ♦ de l'ancien français *top,* francique °*top* « sommet, pointe » ■ **1** Mèches de cheveux relevées au-dessus du front. *La mode des toupets.* ■ **2** FIG. (1808) FAM. Hardiesse, assurance effrontée. ➤ **aplomb, audace,** FAM. **culot, effronterie.** « *Il avait un sacré aplomb, un toupet du tonnerre* » ZOLA. *Quel toupet ! Il ne manque pas de toupet* (cf. Il ne manque pas d'air*, il est gonflé*). *Avoir le toupet de* (et inf.). *Elle a eu le toupet de venir chez moi.*

TOUPIE [tupi] **n. f.** – 1530 ; *tourp(o)ie* XIVe ; *topoie* 1205 ♦ de l'ancien anglais *top* « toupie » ■ **1** Jouet d'enfant, formé d'une masse conique, sphéroïdale, munie d'une pointe sur laquelle elle peut se maintenir en équilibre en tournant. ➤ **sabot ; toton.** *Lancer, fouetter une toupie. Toupie à musique.* — PAR COMPAR. *Patineur qui tourne comme une toupie.* ■ **2** (1876) TECHNOL. Outil de plombier, de forme conique, utilisé pour évaser l'extrémité d'un tube. — Machine rotative pour le travail du bois servant à la réalisation des moulures, des entailles longitudinales. — Benne qui tourne sur elle-même servant au transport du béton prêt à l'emploi. ♦ Pied de meuble, tourné et évasé (style Louis XVI). ■ **3** FIG. (1754) VX Femme peu vertueuse. MOD. *Vieille toupie,* terme d'injure à l'adresse d'une femme sotte et affectée, ridicule et désagréable.

TOUPILLER [tupije] **v. tr.** ‹1› – 1904 ; « tourner comme une toupie » 1547 ; *toupier, topier* 1288 ♦ de *toupie* ■ TECHN. Travailler, évider avec la toupie (2°). *Toupiller le bois.*

TOUPILLEUR [tupijœʀ] **n. m.** – 1876 ♦ de *toupiller* ■ TECHN. Ouvrier du bois travaillant à la toupie.

TOUPILLEUSE [tupijøz] **n. f.** – 1948 ♦ de *toupiller* ■ TECHN. Tour, machine-outil munie d'une toupie* (2°).

TOUPILLON [tupijɔ̃] **n. m.** – 1414 ♦ de *toupet* ■ VX Petit toupet. ♦ Petite touffe, bouquet de branches. ♦ Touffe de poils de la queue des bovidés.

TOUPINER [tupine] **v. intr.** ‹1› – v. 1250 ♦ de *toupin,* var. de *toupie* ■ RÉGION. Tourner comme une toupie. « *Vers la fin de la danse elle commença de toupiner* » GIDE. ♦ Se dit d'une bête attachée à un arbre, un piquet, qui enroule sa longe en tournant autour.

TOUQUE [tuk] **n. f.** – 1470 ♦ p.-ê. provençal *touco* « vase en terre » ; variante méridionale *tuco* « courge, gourde », radical prélatin °*tukka* « courge » ■ Récipient métallique pour la conservation et le transport des poudres, pâtes, liquides (eau douce, sur les navires ; produits pétroliers, etc.). ➤ **fût.**

1 **TOUR** [tuʀ] **n. f.** – XIIe ; *tur* 1080 ♦ latin *turris* ■ **1** Bâtiment construit en hauteur, dominant un édifice ou un ensemble architectural (souvent destiné à la protection militaire). *Tour ronde, quadrangulaire. Tour d'un château.* ➤ **donjon.** *Enceinte de tours. Tour qui flanque un mur.* « *La tour, prends garde De te laisser abattre* » (chans. pop.). *Tour de guet.* ➤ **beffroi.** *La tour de Nesle,* où Marguerite de Bourgogne, selon une tradition populaire, recevait ses amants avant de les jeter dans la Seine. — *La tour de Londres :* le château bâti près de la Tamise par Guillaume le Conquérant. ♦ *Tours d'église* (➤ **campanile**). « *Ses deux tours de pierre brune, inégales et carrées, qui dressaient* [...] *leurs silhouettes anciennes plus pareilles à des défenses de château fort, qu'à des clochers de monument sacré* » MAUPASSANT. *Tours de beffroi.* « *Médine aux mille tours, d'aiguilles hérissées, Avec ses flèches d'or* » HUGO. *Tour d'une mosquée.* ➤ **minaret.** *La tour penchée de Pise,* le campanile. *Les tours de Notre-Dame* (de Paris). — *La tour de Babel,* élevée par les descendants de Noé et dont le sommet devait atteindre le ciel (orgueil que Dieu punit par la confusion des langues). FIG. *Une tour de Babel :* un lieu où l'on parle toutes les langues. ♦ Bâtiment indépendant, de grande hauteur, à usage d'habitation ou de bureaux. ➤ **immeuble.** (Ce mot tend à remplacer *gratte-ciel.*) *La tour Montparnasse. Les tours de la Défense. Il habite au 25e étage d'une tour.* ■ **2** ARCHÉOL. Machine de guerre, haute construction mobile servant à assiéger des remparts. ➤ **hélépole.** « *toute l'armée attaqua : la tour de Godefroi fut approchée des murs* » MICHELET. ♦ Pièce en forme de tour crénelée, placée au départ à l'angle de l'échiquier et qui avance en droite ligne (horizontale ou verticale) (a remplacé *roc* ➤ **roquer**). ■ **3** (1830 ♦ d'après le latin chrétien *turris eburnea*) **TOUR D'IVOIRE :** retraite hautaine ; position indépendante et solitaire d'une personne qui refuse de s'engager, de se compromettre. « *Il ne nous restait pour asile que cette tour d'ivoire des poètes, où nous montions toujours plus haut pour nous isoler de la foule* » NERVAL. ■ **4** Construction en hauteur. *Tour métallique. La tour Eiffel* (construite à Paris de 1887 à 1889). — *Tour de contrôle :* local surélevé d'où s'effectue le contrôle des activités d'un aérodrome, d'une piste. *Tour de lancement* (pour fusées, engins). — *Tour de forage :* recomm. offic. pour *derrick.* ■ **5** INFORM. Ordinateur dont l'unité centrale est contenue dans un boîtier vertical. ■ **6** FIG. et FAM. Personne grosse, massive. ■ HOM. Tourd.

2 **TOUR** [tuʀ] **n. m.** – XIIIe ; « treuil » XIIe ; variantes *torn, tor* ♦ latin *tornus,* grec *tornos* « tour de tourneur » ■ **1** Dispositif, machine-outil qui sert à façonner des pièces en leur imprimant un mouvement de rotation. *Banc, chariot, poupée, touret d'un tour. Travailler au tour.* ➤ **tourner ; tourneur.** *Tour de potier.* « *Une motte de pâte tourbillonnant sur un tour* » CHARDONNE. TECHN. *Tour à aléser, à décolleter, à tarauder, à fileter...* (aléseuse, décolleteuse, taraudeuse...). ■ **2** (1549) Armoire cylindrique tournant sur pivot. *Les tours des couvents et des hospices* (➤ **tourier**). — *Tour pour passer les plats de la cuisine à la salle à manger* (cf. Passe-plat).

3 **TOUR** [tuʀ] **n. m.** – début XIIe, au sens V, 1° ♦ de *tourner*

I LIGNE A. LIGNE COURBE FERMÉE ; MOUVEMENT QUI LA DÉCRIT ■ **1** (fin XIIe) Limite d'un corps, d'un lieu circulaire. ➤ **circonférence.** « *une piste de cent mètres de tour* » ZOLA. *Faire soixante centimètres de tour de taille. Mesurer son tour de poitrine, de hanches.* ♦ Ligne extérieure, courbe fermée qui limite une surface. ➤ **bordure, contour, pourtour.** *Le tour des yeux. Le tour du visage,* l'ovale. ■ **2** (1373) Chose qui en recouvre une autre en l'entourant (vêtements, garnitures). *Tour de cou* (fourrure, foulard, bijou...). — *Tour de lit :* draperie, bordure d'étoffe qui entoure un lit. ■ **3** (fin XVIe) **FAIRE LE TOUR (de qqch.) :** aller autour (d'un lieu, d'un espace). *Faire le tour du pâté de maisons. Faire le tour du monde ;* PAR EXT. voyager dans le monde entier. *Faire le tour du propriétaire*. Faire le tour de* (plusieurs endroits, plusieurs personnes), les voir successivement. « *Angelo vint me prendre le soir "pour faire le tour des buvettes"* » P. HERBART. — *Faire un tour de table*.* ♦ FIG. Passer en revue, examiner tous les éléments. *Faire le tour de la question, de la situation.* « *la meilleure façon de faire le tour d'un domaine scientifique est de l'exposer, de l'enseigner, d'en faire un livre* » A. JACQUARD. ♦ (CHOSES) *L'aiguille fait le tour du cadran ;* FIG. ➤ **cadran.** — (1690) Entourer en s'étendant autour. « *La courbe de tes yeux fait le tour de mon cœur* » ÉLUARD. « *J'avais autrefois un royaume tellement grand qu'il faisait le tour presque complet de la Terre* » MICHAUX. ■ **4** (début XIIIe) **FAIRE UN, DES TOURS,** un déplacement bref (où l'on revient en principe au point de départ). « *Ma commère la carpe y faisait mille tours* » LA FONTAINE (cf. Allées* et venues). — (1660) **FAIRE UN TOUR :** sortir pour revenir bientôt, faire une petite promenade. ➤ FAM. **virée.** *Faire un tour en ville, au marché.* ■ **5** Parcours, voyage où l'on revient au point de départ. ➤ **circuit, périple, tournée.** « *Le Tour du monde en quatre-vingts jours* », œuvre de Jules Verne. — (SANS COMPL.) Voyage touristique. *Un tour organisé.* — *Le tour de France des compagnons* (2°). ♦ **LE TOUR DE FRANCE :** course cycliste disputée (depuis 1903) chaque année, par étapes, sur un long circuit de routes françaises (cf. La grande boucle). *L'organisation du Tour de France* ou *du Tour.* — Les coureurs du Tour, la caravane qui les suit. ♦ Circuit bouclé par un athlète, un coureur, sur une longueur de piste. *Parcourir un tour en x secondes. Tour de piste :* tour effectué sur une piste par un coureur. *Tour de circuit. Tour de chauffe*.* — LOC. FAM. *C'est reparti pour un tour* : on recommence.

B. LIGNE SINUEUSE ➤ **détour.** *La route, la rivière fait des tours et des détours.*

II MOUVEMENT SUR SOI-MÊME ▪ **1** Mouvement giratoire. ➤ **révolution, rotation.** *Tours de roue. « Le rayon d'une roue était cassé et frottait un peu, à chaque tour, contre la fourche »* GASCAR. *Tour de manivelle.* LOC. **AU QUART DE TOUR.** *Moteur qui part au quart de tour,* à la première impulsion donnée par le démarreur. FIG. *Partir au quart de tour,* immédiatement et sans difficulté (fonctionnement, etc.). *Compteur de tours* (➤ **compte-tour**). *Monter, grimper dans les tours :* augmenter le régime moteur ; FIG. s'énerver, s'emporter. *« elle grimpe dans les tours et gueule qu'elle est sûre qu'il couche encore avec sa vieille »* V. DESPENTES. — *Donner un tour de vis, de clé. S'enfermer, fermer la porte à double tour,* en donnant deux tours de clé ; hermétiquement. ◆ *Tour d'une personne sur elle-même* (➤ **demi-tour ; se retourner**). *Tour ou suite de tours d'un danseur, d'un acrobate.* ➤ **pirouette, virevolte.** *Tour de valse. Quarante-cinq tours, trente-trois tours,* disques microsillons. ◆ **TOUR D'HORIZON :** observation circulaire (complète ou non) du terrain d'opérations militaires. FIG. Examen. ▪ **2** (début XVIe) **À TOUR DE BRAS** (le bras décrivant un tour, pour prendre de l'élan) : de toute la force du bras. *« La balle, lancée à tour de bras* [...] *rebondit »* LOTI. — FIG. *« C'est très gentil de promettre à tour de bras... et puis... »* I. NÉMIROVSKY. ◆ (1640) **EN UN TOUR DE MAIN :** très vite (cf. En un tournemain). — *Tour de main :* mouvement adroit qu'accomplit la main, et que l'apprentissage et l'aptitude permettent d'exécuter. *Tour de main d'un artisan.* ➤ 2 **adresse, habileté, métier, savoir-faire.** *« On me jette à l'eau avec les poignets liés, sans m'apprendre le tour de main qui me permettrait de me dégager »* MONTHERLANT. — LOC. (Belgique, Canada) *Avoir le tour :* avoir la manière, savoir s'y prendre. ▪ **3** (1640) VIEILLI *Tour de reins :* torsion, faux mouvement dans la région des lombes ; douleur qui en résulte. ➤ **lumbago.**

III ACTION HABILE ▪ **1** Mouvement, exercice difficile à exécuter, montré en spectacle pour étonner le public. *Tours d'un acrobate, d'un jongleur, d'un prestidigitateur. Tours de magie. Tours d'adresse, d'agilité. Tours de passe-passe*.* — *Tours de cartes :* tours d'adresse faits avec des cartes à jouer. ◆ **TOUR DE FORCE :** exercice qui exige de la force. *« On fit des tours de force, on portait des poids »* FLAUBERT. — Action difficile accomplie avec une habileté remarquable. ➤ **exploit, performance.** *Il « a réussi ce tour de force : il m'a protégée de l'isolement sans me priver de la solitude »* BEAUVOIR. ▪ **2** Action ou moyen d'action qui suppose de l'adresse, de l'habileté, de la malice, de la ruse. *Avoir plus d'un tour dans son sac*. « C'était un vieux routier, il savait plus d'un tour »* LA FONTAINE. ➤ **artifice, combine, stratagème,** 1 **truc.** ◆ (XVe) **FAIRE, JOUER** *(un, des...)* **TOUR(S) :** agir au détriment de qqn. *« Faire un mauvais tour, qui est la même chose qu'un bon tour »* HUGO. *Il ne songeait qu'à « taquiner, à jouer de mauvais tours à tout le monde »* SAND. *Un tour pendable*.* FAM. *Un tour de cochon*.* ➤ 2 **crasse, entourloupette.** — *Méfiez-vous, cela vous jouera des tours,* cela vous nuira. *« Pardonnez-moi si je l'ai oublié. Ma mémoire me joue de ces tours »* MAURIAC. — *Le tour est joué,* c'est accompli, terminé.

IV ASPECT, MANIÈRE (XVIIe) ▪ **1** Aspect que présente une chose selon la façon dont elle est faite, la manière dont elle évolue. ➤ 1 **tournure ; allure, façon, forme.** *Sa vie a pris un tour nouveau. Observer le tour des évènements.* ➤ **direction, évolution.** *« L'affaire prend un tour romanesque »* AYMÉ. ▪ **2 TOUR DE PHRASE :** manière de présenter la pensée selon l'agencement des mots dans un énoncé. *« Le tour de phrase de La Fontaine est une nouveauté* [...] *au XVIIe siècle »* FAGUET. *Un tour de phrase :* une expression syntactique. *Ce tour de phrase appartient à la langue juridique.* — (Sans *de phrase*) ➤ 1 **tournure.** *« Il a des tours neufs, des expressions hardies »* LESAGE. ▪ **3** (1659) VIEILLI *Tour d'esprit*.*

V MOMENT (DANS UNE SUCCESSION) VX (sauf en loc.) ▪ **1** (début XIIe) Moment auquel (ou durant lequel) une personne se présente, accomplit qqch. dans un ordre, une succession d'actions du même genre. *Chacun parlera à son tour. C'est à ton tour de parler. « Il se défendit en l'accusant à son tour »* MAUPASSANT. FAM. *Plus souvent qu'à son tour,* plus souvent qu'il ne conviendrait. — *Attendre, passer son tour.* — *C'est son tour :* c'est à lui, à elle (de faire qqch.). — *Chacun son tour,* à son tour. *Les gens « attendaient le tramway. Chacun son tour »* ARAGON. — *Tour de faveur :* tour dont on bénéficie par faveur spéciale, sans y avoir expressément droit. ➤ **priorité.** ▪ **2** *Tour de chant :* série de morceaux interprétés par un chanteur, une chanteuse. — *Tour de scrutin* ou *tour :* chaque vote, dans un scrutin qui en comporte plusieurs. *Le premier, le second tour* (d'élections). ▪ **3** LOC. (1538) **TOUR À TOUR :** l'un, puis l'autre (l'un après l'autre). *« Nous lisions haut et tour à tour »* LAMARTINE. — D'abord telle chose, puis une autre. ➤ **alternativement, successivement.** *Émouvoir et faire rire tour à tour. Des acteurs tour à tour chanteurs, danseurs, clowns.* — (Avec alternance dans la qualité ou l'état du sujet) *La comtesse « se montra tour à tour, souple, fière, caressante, confiante »* BALZAC. ◆ **À TOUR DE RÔLE*.**

TOURAILLE [tuʀɑj] n. f. – 1597 ; *toraille* XIIIe ◇ du latin *torrere* « rôtir, brûler » ▪ TECHN. Étuve dans laquelle on sèche l'orge germée pour arrêter la germination. — n. m. **TOURAILLAGE,** 1880.

TOURANIEN, IENNE [tuʀanjɛ̃, jɛn] adj. – 1845 ◇ du persan *Turan* (opposé par Firdousi à *Iran*), terme vague désignant les pays d'Asie centrale ▪ LING. S'est dit autrefois des langues ouralo-altaïques (➤ **ouralien**), considérées comme les rameaux d'une même famille linguistique (théorie abandonnée). — n. m. *Le touranien.*

1 **TOURBE** [tuʀb] n. f. – XVIe ; *torbe* XIe ◇ latin *turba* ▪ PÉJ. et VIEILLI La foule, la multitude. ➤ **peuple, populace.** *« Je me figurais au milieu d'une foule turbulente, grossièrement ambitieuse* [...] *et il fallait se mêler à cette tourbe »* RENAN. — Ramassis. *« Toute une tourbe de socialistes dilettantes, de petits arrivistes »* R. ROLLAND.

2 **TOURBE** [tuʀb] n. f. – 1200 ◇ francique °*turba ;* cf. *turf* ▪ **1** Matière spongieuse et légère, qui résulte de la décomposition de végétaux à l'abri de l'air, et utilisée comme combustible (médiocre). ➤ 1 **bousin.** *Tourbe mousseuse, superficielle,* à filaments végétaux. *Tourbe feuilletée. Tourbe compacte* ou *noire. Feu de tourbe.* — *Tourbe limoneuse,* formant une boue noirâtre que l'on extrait à la drague. ▪ **2** RÉGION. (Canada) Gazon en plaque, en rouleau.

TOURBER [tuʀbe] v. intr. ‹1› – 1248 ◇ de 2 *tourbe* ▪ **1** TECHN. Extraire la tourbe. ▪ **2** p. p. adj. *Whisky tourbé,* qui a un goût fumé.

TOURBEUX, EUSE [tuʀbø, øz] adj. – 1752 ◇ de 2 *tourbe* ▪ Qui est de la nature de la tourbe. *Boue tourbeuse.* — Qui contient de la tourbe. *Terrains, sols tourbeux* (cultivables après assainissement). ◆ Qui croît dans les tourbières. *La sphaigne, plante tourbeuse.*

TOURBIER, IÈRE [tuʀbje, jɛʀ] n. et adj. – XIIIe, repris 1832 ◇ de 2 *tourbe* ▪ **1** Ouvrier, ouvrière qui travaille à l'extraction, à la préparation de la tourbe. ◆ Propriétaire, exploitant d'une tourbière. ▪ **2** adj. (1832) Qui contient suffisamment de tourbe pour qu'on l'exploite. *Terrain tourbier.*

TOURBIÈRE [tuʀbjɛʀ] n. f. – XIIIe, repris 1765 ◇ de 2 *tourbe* ▪ **1** GÉOGR. Association végétale décomposée qui forme une certaine épaisseur de tourbe. *Tourbières noires et rouges d'Irlande.* ▪ **2** COUR. Gisement de tourbe en quantité exploitable.

TOURBILLON [tuʀbijɔ̃] n. m. – 1487 ; *torbeillon* XIIe ◇ latin populaire °*turbiculus,* du latin *turbo, inis* ▪ **1** Masse d'air qui tournoie rapidement. ➤ **cyclone, tornade.** *« Soudain, un tourbillon de vent souleva la poussière, tordit les arbres, les fouetta furieusement »* R. ROLLAND. ▪ **2** Mouvement tournant et rapide (en hélice) d'un fluide, ou de particules entraînées par l'air. ➤ **remous.** *Tourbillon de poussière. « Le vent qui soufflait très fort, chassait des tourbillons de sable »* FLAUBERT. ◆ Masse d'eau animée d'un mouvement hélicoïdal rapide et formant un creux. ➤ **gyre, maelstrom, vortex.** *Tourbillons d'une rivière.* ▪ **3** Tournoiement rapide. *« elle exécuta autour de moi, en me tenant la main, un tournoiement plein de grâce, dans le tourbillon duquel je me sentais emporté »* PROUST. ▪ **4** HIST. SC. Système matériel animé d'un mouvement de rotation. *Newton ruina la théorie des tourbillons de Descartes.* ▪ **5** FIG. et LITTÉR. Ce qui emporte, entraîne dans un mouvement rapide, irrésistible. *Le tourbillon de la vie. Un tourbillon de plaisirs, de fêtes.*

TOURBILLONNAIRE [tuʀbijɔnɛʀ] adj. – 1834 ◇ de *tourbillon* ▪ Qui forme, constitue un, des tourbillons. *Mouvement tourbillonnaire de l'air, de l'eau.* — Affecté par des tourbillons. *Filets de fluide tourbillonnaires.* ➤ **turbulent.** *Zone tourbillonnaire.*

TOURBILLONNANT, ANTE [tuʀbijɔnɑ̃, ɑ̃t] adj. – 1772 ◇ de *tourbillonner* ▪ **1** DIDACT. Qui forme un, des tourbillons. *« Des mouvements circulaires et des impulsions tourbillonnantes »* BUFFON. ▪ **2** COUR. Tournoyant. *Jupes tourbillonnantes d'une danseuse. La neige tombait « par larges étoiles tourbillonnantes »* BOURGET.

TOURBILLONNEMENT [tuʀbijɔnmɑ̃] n. m. – 1767 ◊ de *tourbillonner* ■ Mouvement de ce qui tourbillonne, de ce qui forme un tourbillon. *Un tourbillonnement rapide.*

TOURBILLONNER [tuʀbijɔne] v. intr. ‹1› – 1529 ◊ de *tourbillon* ■ Former un tourbillon ; aller ou être emporté en un tournoiement rapide. ➤ **tourner, tournoyer.** *La neige tourbillonne.* ➤ RÉGION. **rafaler.** — PAR EXT. *« Un long vol de corbeaux tourbillonnait dans l'air »* LECONTE DE LISLE. *« ses pensées tourbillonnaient comme des feuilles dans un cyclone »* MAURIAC.

TOURD [tuʀ] n. m. – fin XIVe ◊ latin *turdus* ■ **1** VX Nom de certaines grives et, notamment, de la litorne. ■ **2** (1606) Labre (poisson de mer). ■ HOM. Tour.

TOURDILLE [tuʀdij] adj. m. – 1664 ◊ espagnol *tordillo,* proprt « couleur de grive », de *tordo,* latin *turdus* → tourd ■ HIPPOL. *Gris tourdille* : couleur gris-jaune de la robe d'un cheval.

TOURELLE [tuʀɛl] n. f. – XIIe ◊ de 1*tour* ■ **1** Petite tour, sur fondations ou en encorbellement. *Château flanqué de deux tourelles. Tourelle ronde, à plusieurs pans. Tourelle ajourée* (surmontant un dôme, un comble, etc.). ➤ **lanterne.** ■ **2** TECHN. (MUS.) Faisceau de tuyaux sur la façade d'un buffet d'orgue. ■ **3** Abri blindé, fixe ou mobile, contenant une ou plusieurs pièces d'artillerie. *Tourelles d'une ligne fortifiée, d'un blockhaus.* ➤ **casemate.** *Tourelle mobile d'un char d'assaut.* — *Tourelles d'un navire* (croiseur, cuirassé). *Tourelle de télépointage.* ■ **4** TECHN. (CIN.) Monture circulaire et tournante portant plusieurs objectifs et permettant d'en changer rapidement. *Caméra à tourelle.*

TOURET [tuʀɛ] n. m. – 1240 ; *toret* XIIe ◊ de 2*tour* « treuil »
I ■ **1** VX Nom donné à divers rouets, dévidoirs, moulinets, etc. ■ **2** (1676) TECHN. Petit tour de graveur en pierres fines. ♦ Petite machine-outil agissant par la rotation de meules ou de disques de feutre. *Touret à meuler, à polir.*
II (de 3*tour*) VX *Touret de nez* : petit loup (6o).

TOURIE [tuʀi] n. f. – 1773 ◊ origine inconnue, p.-ê. du radical latin *torrere* (cf. *touraille*) ou *torus* (cf. *tore, toron*) ■ TECHN. Grande bouteille, bonbonne entourée de paille, d'osier. *Tourie de verre, de grès,* servant au transport des acides.

TOURIER, IÈRE [tuʀje, jɛʀ] adj. et n. – XIIIe ; fém. 1549 ◊ de 2*tour,* 2o ■ Se dit du religieux, de la religieuse non cloîtré(e), chargé(e) de faire passer au tour des choses apportées au couvent, et PAR EXT. qui s'occupe des relations avec l'extérieur. *Frère tourier ; sœur tourière.* — n. *« une grosse tourière qu'on voyait toujours se hâter dans les corridors avec son trousseau de clefs »* HUGO.

TOURILLON [tuʀijɔ̃] n. m. – 1680 ; *torrillon* XIIe ◊ de 2*tour* ■ TECHN. ■ **1** Pièce cylindrique servant d'axe ; SPÉCIALT Partie d'un axe qui tourne dans un support. — Gros pivot. *Tourillons de porte cochère.* — Axe ou pivot d'une arme lourde (canon, etc.). ■ **2** Cheville de bois rainurée servant à assembler des pièces de menuiserie. *Un assemblage à tourillons.*

TOURILLONNEUSE [tuʀijɔnøz] n. f. – 1953 ◊ de *tourillon* ■ TECHN. Machine-outil dont les outils de coupe sont disposés en couronne.

TOURIN [tuʀɛ̃] n. m. – 1802 ◊ mot béarnais, de *torrer* « cuire », latin *torrere* ■ Soupe à l'oignon, à l'ail, généralement liée avec un jaune d'œuf, spécialité du Périgord.

TOURISME [tuʀism] n. m. – 1841 ◊ anglais *tourism* (1811) → touriste ■ **1** Le fait de voyager, de parcourir pour son plaisir un lieu autre que celui où l'on vit habituellement (même s'il s'agit d'un petit déplacement ou si le but principal du voyage est autre). *Profiter d'un voyage d'affaires pour faire du tourisme. Tourisme culturel et écotourisme**. *Tourisme en zone rurale.* ➤ **agrotourisme.** *Tourisme à bicyclette.* ➤ **cyclotourisme.** *Tourisme sexuel,* pratiqué dans le but de vivre des expériences sexuelles avec des autochtones, parfois mineurs, dans des pays tolérant ces pratiques. *Tourisme pédophile,* impliquant des enfants. ■ **2** Ensemble des activités liées aux déplacements des touristes, et PAR EXT. (ADMIN., ÉCON.) aux séjours des étrangers. *Entrée de devises liée au tourisme. Office de tourisme,* auprès duquel les touristes peuvent se renseigner sur les hébergements, les activités. ➤ **syndicat** (d'initiative). *Agence de tourisme. Tourisme organisé. Tourisme de masse.* ♦ loc. adj. **DE TOURISME** : destiné aux déplacements privés et non utilitaires. *Avion, voiture de tourisme.*

TOURISTA [tuʀista] n. f. – 1973 *turista* ◊ espagnol *turista* « touriste » ■ FAM. Diarrhée, généralement d'origine infectieuse, qui touche de nombreux voyageurs. — On écrit parfois *turista.*

TOURISTE [tuʀist] n. – 1803 ◊ anglais *tourist* (1780), de *tour* « voyage », du français 3*tour* ■ Personne qui se déplace, voyage pour son plaisir. *« Aix-la-Chapelle, pour le malade, c'est une fontaine minérale [...] pour le touriste, c'est un pays de redoutes et de concerts »* HUGO. *Touristes étrangers. Groupe de touristes d'un voyage organisé. Touristes et vacanciers.* ➤ aussi **croisiériste.** *Séjourner en touriste dans une ville,* pour la visiter. *« les voitures des touristes, des types pourvus de casquettes blanches, de chemises à carreaux, d'appareils de photos et de compagnes en shorts »* C. SIMON. ♦ *Classe touriste* : classe économique* (en avion) (opposé à *classe affaires*).

TOURISTIQUE [tuʀistik] adj. – 1894 ◊ de *touriste* ■ **1** Qui concerne les voyages, les déplacements des touristes. *Guide touristique.* ■ **2** Relatif au tourisme. *Activités touristiques,* hôtellerie, agences de voyage, guides, etc. *Voyage, séjour touristique.* ➤ aussi **circuit, croisière.** ♦ SPÉCIALT *Menu touristique,* dont les prix sont spécialement étudiés. ■ **3** Qui attire les touristes, les visiteurs. *Ville touristique. Site touristique.*

TOURMALINE [tuʀmalin] n. f. – 1759 ; *tourmalin* 1758 ◊ du cinghalais *toromalli* ■ Pierre fine aux tons divers (vert, noir, rose...), silicate et borate naturel d'alumine (➤ **rubellite**).

TOURMENT [tuʀmɑ̃] n. m. – XIIe ; *torment* fin Xe ◊ latin *tormentum,* de *torquere* « tordre » ■ **1** VX Supplice, torture. *Le tourment de la question.* ■ **2** (XIIe) LITTÉR. Très grande douleur physique ; vive souffrance morale. ➤ **affres, déchirement, martyre, peine, supplice, torture.** *« L'incertitude est de tous les tourments le plus difficile à supporter »* MUSSET. ■ **3** Cause de tourment. *Pourquoi « suis-je devenu pour toi un tourment, un fléau, un spectre ! »* SAND. ■ CONTR. Consolation, 1 plaisir.

TOURMENTANT, ANTE [tuʀmɑ̃tɑ̃, ɑ̃t] adj. – 1538 ◊ de *tourmenter* ■ VX Qui cause du tourment. *« cette plénitude de vie, à la fois tourmentante et délicieuse »* ROUSSEAU.

TOURMENTE [tuʀmɑ̃t] n. f. – 1530 ; *turmente* 1155 ◊ latin populaire °*tormenta,* plur. neutre de *tormentum,* pris comme fém. sing. ■ **1** VX ou LITTÉR. Tempête soudaine et violente. ➤ **bourrasque, orage, ouragan.** *Une tourmente de neige. « Pendant la tourmente, La mer écumante Grondait à nos yeux »* MUSSET. *Pris dans la tourmente.* ■ **2** FIG. Troubles (politiques ou sociaux) violents et profonds. ➤ **révolution.** *« Puis était venue la grande tourmente révolutionnaire [...] elle avait secoué de fond en comble tout le vieil édifice de la nation française »* BROGLIE.

TOURMENTÉ, ÉE [tuʀmɑ̃te] adj. – 1465 ◊ de *tourmenter* ■ **1** Qui est en proie aux tourments, aux soucis, déchiré par les scrupules, l'angoisse. ➤ **angoissé, anxieux, inquiet.** *Un être tourmenté. « les scrupules qui harcèlent les consciences tourmentées »* MAURIAC. *Visage tourmenté.* ■ **2** En proie à une violente agitation. *Mer tourmentée* : mer très grosse, où les vagues se heurtent violemment. ■ **3** LITTÉR. Qui s'accomplit dans l'agitation, le tumulte. *Vie tourmentée.* ➤ **agité.** *Époque tourmentée.* ➤ **troublé.** ■ **4** (XVIIIe) De forme tordue, très irrégulière. *Branches aux formes tourmentées. Une côte tourmentée.* ➤ **accidenté.** ■ CONTR. 2 Calme ; égal ; simple.

TOURMENTER [tuʀmɑ̃te] v. tr. ‹1› – 1380 ; *tormenter* 1120 ◊ de *tourment*
I ■ **1** VX Supplicier, torturer. ■ **2** VIEILLI ou LITTÉR. Affliger de souffrances physiques ou morales ; faire vivre dans l'angoisse, être un objet de vives préoccupations pour (qqn). *« ces maîtresses emportées et difficiles [...] qui tourmentent leurs domestiques »* LESAGE. ➤ **maltraiter, martyriser, tarabuster.** *« Je le tourmentais de questions et de reproches »* MAUROIS. ➤ **assaillir, harceler, importuner.** ♦ (Sujet chose) plus cour. Faire souffrir. *« Il n'y a que la faim qui me tourmente un peu »* SAND. *Être tourmenté par la jalousie, les remords, les scrupules.* ➤ **déchirer, ronger, torturer.** *« le plus lancinant des soucis qui tourmentaient sa femme »* MAURIAC. ➤ **obséder, préoccuper, tracasser,** FAM. **turlupiner.** ■ **3** LITTÉR. Exciter vivement (en parlant d'un besoin, d'un désir). *L'ambition qui le tourmente.* ➤ **agiter, dévorer, travailler.**
II **SE TOURMENTER** v. pron. Se faire des soucis, éprouver de l'inquiétude, de l'angoisse, des scrupules. ➤ **s'inquiéter,** se **tracasser** (cf. FAM. Se biler, s'en faire). *Ne vous tourmentez pas pour si peu.*

TOURMENTEUR, EUSE [tuʀmɑ̃tœʀ, øz] n. – XIIe ◊ de *tourmenter* ■ **1** VX Bourreau. ■ **2** LITTÉR. Personne qui tourmente, persécute qqn. ➤ **persécuteur.** — FIG. *« mon ennemi, mon tourmenteur : l'amour »* COLETTE.

TOURMENTIN [tuʀmɑ̃tɛ̃] **n. m.** – 1678 ◇ de *tourmente* ▪ **1** MAR. VX Perroquet de beaupré. — MOD. Petit foc en toile très résistante qu'on utilise par gros temps. ▪ **2** (1765) Pétrel.

TOURNAGE [tuʀnaʒ] **n. m.** – 1588 ◇ de *tourner* ▪ **1** Action de façonner au tour (2). *Tournage sur bois, sur métaux.* ▪ **2** (1773) MAR. Cabillot, taquet. ▪ **3** (1918) Action de tourner un film, de mettre le scénario en images. ➤ **réalisation.** *Tournage d'un film, d'une émission de télévision. Équipe de tournage (acteurs, techniciens, machinistes, électriciens). Séance de tournage.*

TOURNAILLER [tuʀnɑje] **v. intr.** ‹1› – 1785 ; «tergiverser» fin XVIe ◇ de *tourner* ▪ Aller et venir en tournant, sans but précis. ➤ FAM. **tournicoter** (cf. Tourner* en rond). *«Fargue, je le verrai toujours tournailler autour de sa lampe, autour de sa table en désordre»* F. JOURDAIN.

1**TOURNANT, ANTE** [tuʀnɑ̃, ɑ̃t] **adj.** – 1385 ; *tornant* «changeant» XIIe ◇ de *tourner* **A.** (CONCRET) ▪ **1** Qui tourne (II), pivote sur soi-même. *Plaque* tournante. Scène tournante d'un théâtre. Fauteuil tournant. — Le feu tournant d'un phare, d'une voiture de police.* ➤ **gyrophare.** PAR MÉTAPH. *«Les feux tournants de la jalousie»* PROUST. — SPÉCIALT *Tables* tournantes.* ▪ **2** Qui contourne, prend à revers. *Mouvement tournant,* pour contourner l'ennemi, l'encercler, le couper de ses arrières ; FIG. manœuvre pour circonvenir qqn. ▪ **3** Qui fait des détours, présente des courbes. ➤ **sinueux.** *«ce célèbre labyrinthe aux couloirs tournants, retournants»* HENRIOT. *Escalier tournant,* en colimaçon.
B. (ABSTRAIT) Qui se fait par roulement, par rotation. *Grève* tournante. Présidence tournante de l'Union européenne* (cf. À tour de rôle).

2**TOURNANT** [tuʀnɑ̃] **n. m.** – 1671 ; «pivot, meule» 1272 ◇ de 1*tournant* ▪ **1** Endroit où une voie tourne (➤ **angle, coin**) ; portion plus ou moins courbe d'une rue, d'une route. ➤ **coude.** *Les tournants d'une route en lacet, en zigzag. Tournant relevé. Tournant dangereux, en épingle à cheveux. Automobiliste qui prend bien, mal son tournant.* ➤ **virage.** *Prendre un tournant à la corde*. «ils prenaient les tournants, très à droite, tout à fait en dedans de la ligne jaune»* BAZIN. — LOC. FAM. *Je t'attends, je l'aurai, je le rattraperai au tournant :* je me vengerai de lui dès que l'occasion s'en présentera. *«La vie avait rattrapé Jeaudine au tournant. Elle était en train de finir sa thèse quand elle était morte du sida»* C. CUSSET. ▪ **2** FIG. Moment où ce qui évolue change de direction, devient autre. *Il est à un tournant de sa carrière. «roulé et volé à tous les tournants de sa vie»* MAURIAC. *Au tournant du siècle. Marquer un tournant :* manifester un changement important. *Fait qui marque un tournant dans l'histoire. Prendre le tournant :* opérer une reconversion, un changement complet d'orientation. *Il a bien su prendre le tournant.* ▪ **3** (1798) TECHN. Roue motrice d'un moulin à eau. *«les hautes constructions en bois d'un moulin à plusieurs tournants»* BALZAC.

TOURNANTE [tuʀnɑ̃t] **n. f.** – v. 1995, répandu 2000 ◇ p.-ê. de *tourner* au sens argotique de «passer d'un fumeur à l'autre (d'un joint)» ▪ ARG. Viol* collectif commis par un groupe de jeunes sur une adolescente.

1**TOURNE** [tuʀn] **n. f.** – XXe ; «carte qu'on retourne» 1690 ; autres sens en ancien français ◇ de *tourner (une page)* ▪ JOURNAL. Suite d'un article commencé sur une page et se terminant sur une autre. *Débuter à la une et la tourne en page six.*

2**TOURNE** [tuʀn] **n. f.** – 1878 ◇ de *tourner* ▪ TECHN. Action de tourner (II, B, 3°), de s'altérer. *La tourne du lait. Tourne du vin :* altération due à des bactéries.

TOURNÉ, ÉE [tuʀne] **adj.** – fin XIIIe ◇ de *tourner* ▪ **1** VIEILLI Fait (de telle manière). *«Une petite brune bien tournée»* ARAGON. ➤ FAM. **roulé.** *«Un mollet parfaitement tourné»* GAUTIER. ◆ MOD. LOC. (1694) *Avoir l'esprit mal tourné :* être disposé à prendre les choses en mauvaise part, et SPÉCIALT à les interpréter d'une manière scabreuse. ▪ **2** Exprimé de telle manière. *Un compliment bien tourné.* ▪ **3** Aigri. *Lait, vin tourné.* ◆ *Sauce, mayonnaise tournée,* dont les éléments se sont dissociés.

TOURNE-À-GAUCHE [tuʀnagoʃ] **n. m. inv.** – 1676 ◇ de *tourner, à* et *gauche* ▪ TECHN. Outil formé d'un levier, simple ou double, et creusé d'un œil ou d'une encoche, servant à ployer, à tordre, à faire tourner une pièce.

TOURNEBOULER [tuʀnəbule] **v. tr.** ‹1› – XVIe, repris XXe ◇ de l'ancien français *torneboele* «culbute» (XIIe), proprt «tourne boyau», avec influence de 1*boule* ▪ FAM. Mettre l'esprit de (qqn) à l'envers, bouleverser. *Cette nouvelle l'a tourneboulé.* ➤ **chambouler, retourner.** *«une espèce de manie qui lui tourneboule ainsi l'entendement»* MONTAIGNE. — **p. p. adj.** *Elle était toute tourneboulée par cette nouvelle.*

TOURNEBROCHE [tuʀnəbʀɔʃ] **n. m.** – 1581 ; *tourne-brocque* 1461 ◇ de *tourner* et *broche* ▪ **1** Mécanisme servant à faire tourner une broche. ➤ **rôtissoire.** *Four électrique muni d'un tournebroche.* ▪ **2** VX Jeune garçon qui tournait la broche.

TOURNE-DISQUE [tuʀnədisk] **n. m.** – 1948 ◇ de *tourner* et *disque* ▪ VIEILLI Appareil électrique composé d'un plateau tournant sur lequel on met un disque, d'une tête de lecture, et qui se branche sur un amplificateur et un haut-parleur. ➤ 1**platine.** *Des tourne-disques.* ◆ Ensemble formé par cet appareil et le dispositif d'amplification. ➤ **électrophone.** — APPOS. *Platine tourne-disque.*

TOURNEDOS [tuʀnədo] **n. m.** – 1864 ◇ de *tourner* et *dos,* selon Littré parce qu'à l'origine le plat circulait derrière les convives ▪ Tranche de filet de bœuf qui est bardée et que l'on fait cuire à la poêle. *Des tournedos bien tendres. Tournedos Rossini,* servi avec du foie gras.

TOURNÉE [tuʀne] **n. f.** – 1680 ; «voyage» XIIIe ◇ de *tourner* ▪ **1** Voyage professionnel à itinéraire fixé, comportant des visites, des arrêts déterminés. *Tournée d'inspection. La tournée du facteur. Tournée électorale d'un député. Voyageur de commerce en tournée.* — Voyage d'une compagnie d'acteurs, d'artistes qui donnent des représentations en province, à l'étranger ; cette compagnie. *Tournée théâtrale ; tournée d'un chanteur. Troupe en tournée à l'étranger.* ▪ **2** Tour dans lequel on visite des endroits de même sorte. ➤ 3**tour,** FAM. **virée.** *Faire la tournée des châteaux de la Loire. — Faire la tournée des boîtes de nuit.* FAM. *Faire la tournée des grands-ducs* (➤ **grand-duc**). ▪ **3** (1828) FAM. Ensemble des consommations offertes par qqn, au café. *«Il avait payé le repas et quatre tournées de pastis»* SARTRE. *C'est ma tournée. La tournée du patron.* ▪ **4** (1790) FAM. Volée* de coups. ➤ **raclée.** *Recevoir une tournée. «Oui, oui,... elle a eu une tournée. Et quand je tape, moi, je tape»* ARAGON.

TOURNEMAIN (EN UN) [ɑ̃nœtuʀnəmɛ̃] **loc. adv.** – 1566 ◇ temps qu'il faut pour *tourner* la *main* ▪ LITTÉR. En un instant (cf. En un tour* de main). *Il improvise un repas en un tournemain.*

TOURNE-PIERRE [tuʀnəpjɛʀ] **n. m.** – 1780 ◇ de *tourner* et *pierre,* d'après l'anglais *turnstone* ▪ Oiseau échassier *(charadriidés),* qui se nourrit de petits animaux qu'il trouve sous les pierres. *Des tourne-pierres.*

TOURNER [tuʀne] **v.** ‹1› – fin X^e, comme verbe pronominal ◇ du latin *tornare* «façonner au tour, arrondir»

I ~ **v. tr. A.** FAÇONNER ▪ **1** (milieu XIIIe) Façonner au tour (2°). *Tourner le buis, l'ivoire.* ▪ **2** FIG. (XVIe) Agencer, arranger (les mots) d'une certaine manière, selon un certain style. *Tourner un compliment. «Le bon duc tournait assez joliment les vers»* FRANCE.
B. DÉPLACER PAR UN MOUVEMENT DE ROTATION ▪ **1** (XIIIe) Faire mouvoir autour d'un axe, d'un centre ; imprimer un mouvement de rotation à (qqch.). *Tourner une manivelle. «Félicité, qui tournait son rouet dans la cuisine»* FLAUBERT. *— Tourner la poignée. Tourner la clé dans la serrure. Tourner les boutons d'un appareil. — Se tourner les pouces*. Tourner sa langue* sept fois dans sa bouche avant de parler.* ◆ Agiter, remuer (pour délayer, mélanger, etc.). *Tourner une pâte, une sauce.* ➤ FAM. **touiller.** *Tourner la salade.* ◆ (1640) *Vin qui tourne la tête,* étourdit, grise. FIG. *Cette fille lui a tourné la tête,* l'a rendu fou d'amour. ◆ LOC. FAM. *Tourner le sang, les sangs :* causer une vive émotion. ➤ **bouleverser.** ▪ **2** (1530) Mettre à l'envers, sur une face opposée. ➤ **retourner.** *Tourner les pages d'un livre.* ➤ **feuilleter.** *Tourner la page*. — Tourner et retourner :* manier en tous sens. *«Le vieux maraîcher ne se servait jamais de son briquet sans l'avoir d'abord manié, tourné, examiné avec soin»* IKOR. FIG. Examiner sous toutes ses faces. *Il a tourné et retourné cet épineux problème.* ▪ **3** (1080) Mettre, présenter (qqch.) en sens inverse, ou en accomplissant dans une certaine direction un mouvement approprié (demi-tour, mouvement latéral). *Tourner le dos* à qqn, à qqch. Tourner bride*. Tourner casaque*. Tourner les talons*.*
C. DIRIGER ▪ **1** (980) Diriger, par un mouvement courbe. *Tourner le canon dans la direction de l'objectif* (➤ **braquer**). *Plante qui tourne ses feuilles vers la lumière. «Je l'interpellai, rien que pour lui faire tourner la tête de mon côté»* CÉLINE. *Tourner les yeux, son regard vers qqn,* se mettre à le regarder. ◆ (ABSTRAIT) *Tourner toutes ses pensées vers.* ➤ **appliquer, diriger.** *«Peut-être pourrais-je tourner mes idées d'un autre côté»* P.-L. COURIER. *L'homme «tourne les trois quarts de son effort vers*

l'acquisition du bien-être» **TAINE.** ➤ **orienter.** ▪ **2** (1680 ; «faire le tour de» XIVe) Suivre, longer en changeant de direction. *Tourner le coin de l'avenue.* ◆ Prendre à revers. *Tourner les positions de l'ennemi.* ➤ **contourner, déborder.** — FIG. (En évitant, en éludant). *Tourner l'obstacle, la difficulté. Tourner la loi. «c'était à qui contrarierait ses instructions ou tournerait sournoisement les ordres qu'il donnait»* **DORGELÈS.**

D. CHANGER (XIIe) **TOURNER EN, À :** transformer (qqn ou qqch.) en donnant un aspect, un caractère différent. *Tourner qqn, qqch. en ridicule*, en dérision. Tourner une chose en plaisanterie. «J'entends tourner tout à profit»* **GIDE.** *«La fortune tourne tout à l'avantage de ceux qu'elle favorise»* **LA ROCHEFOUCAULD.**

E. AU CINÉMA (1908 absolt ◇ par allus. à la manivelle des premières caméras) *Tourner un film :* faire un film (➤ **tournage**). *Tourner une scène.* ➤ **filmer.** (Sans compl. d'obj. dir.) *Silence, on tourne !* — Interpréter un rôle, jouer. *Cette actrice a tourné avec les plus grands réalisateurs.*

II ~ v. intr. A. ÊTRE EN ROTATION ▪ **1** (fin X^e) Se mouvoir circulairement (exécuter un mouvement de rotation, de giration) ou décrire une ligne courbe (autour de qqch.). *Faire tourner une roue sur elle-même.* ➤ **rouler.** *La Terre tourne autour du Soleil.* ➤ **graviter.** ALLUS. HIST. *Et pourtant* elle tourne. «On voyait une lente fumée s'élever en tournant»* **VIGNY.** ➤ **tourbillonner, tournoyer.** — *Voir tout tourner :* avoir le vertige. ◆ (PERSONNES) Décrire une courbe, un cercle. *«Des écuyers prestes tournèrent sur la piste»* **MAURIAC.** ➤ **évoluer.** — LOC. *Tourner en rond :* être désœuvré, ne pas savoir quoi faire. *Tourner comme un ours* en cage.* ◆ **TOURNER AUTOUR :** évoluer sans s'éloigner. ➤ **tournailler, tournicoter, tourniquer.** *«Les gamins qui tournaient autour du défilé, comme des mouches»* **MAUPASSANT.** — *Tourner autour d'une femme :* rester auprès d'elle, la suivre, et FIG. lui faire la cour. *«Où as-tu traîné* [...] *? Sur la Piazza à tourner autour des filles»* **ROMAINS.** — *Tourner autour du pot*.* — (CHOSES) Avoir pour centre d'intérêt. *«La seconde partie de l'entrevue tourna autour de la confection du thé»* **ROMAINS.** — Être proche par excès ou par défaut (d'un chiffre). *Le résultat tourne autour de 20 %.* ➤ **approcher, avoisiner.** *Le prix tourne autour de deux cents euros.* ◆ Faire une tournée (commerciale, artistique). *Représentant qui tourne dans une région. Ce groupe tourne dans de nombreux festivals.* ▪ **2** Avoir un mouvement circulaire (sans que l'ensemble de l'objet se déplace). *Tourner autour d'un axe, d'un pivot.* ➤ **pivoter.** *Tourner sur soi-même comme une toupie.* ➤ RÉGION. **toupiner.** *«Je vis et flairais le rôti tournant à la broche»* **ROUSSEAU.** *Faire tourner les tables*.* ◆ Se mouvoir autour d'un axe fixe. *La porte «qui tourna aussitôt sur ses gonds rouillés»* **BALZAC.** *«L'aiguille tourne et le temps grince»* **ARAGON.** — FAM. *L'heure tourne :* le temps passe. ▪ **3** Fonctionner, en parlant de mécanismes dont une ou plusieurs pièces ont un mouvement de rotation. *Le moulin tourne. «Tu n'entends pas le moteur, comme il tourne régulier»* **SARTRE.** *Tourner rond*. Tourner à vide*, à plein régime*, au ralenti.* ◆ *Faire tourner un lave-linge. Faire tourner une usine, une entreprise,* la faire marcher. ▪ **4** (CHOSES) S'enrouler, être disposé en rond. *«La gaze enveloppait le crâne et tournait autour du cou»* **ARAGON.** ▪ **5** LOC. (1606) *La tête lui tourne, il a la tête qui tourne :* il est étourdi, perd le sens de l'équilibre. *Ça me fait tourner la tête :* ça m'étourdit, me donne le vertige. — *Tourner de l'œil*.*

B. CHANGER ▪ **1** (fin XIe) Changer de direction. *Tourner à droite, à gauche.* ➤ **obliquer.** *Tourner dans une rue, par la rue X.* (En parlant d'une voie) *Angle où l'avenue tourne.* ➤ 2 **tournant.** — FIG. *Tourner court :* passer d'une chose à une autre sans transition ; s'arrêter brutalement. *La conversation a tourné court.* ▪ **2** (XIIe) (ABSTRAIT) Changer. *La chance a tourné.* ◆ **TOURNER À..., EN... :** changer d'aspect, d'état, pour aboutir à (tel résultat). ➤ **dégénérer,** se **transformer.** *Le temps tourne à l'orage. «Jamais amourette n'a si promptement tourné en mariage d'inclination»* **BALZAC.** — *Tourner à l'aigre*, au vinaigre*, au cauchemar.* — *Faire tourner qqn en bourrique*.* ◆ **TOURNER BIEN, MAL :** être en bonne, en mauvaise voie. ➤ **marcher.** *L'affaire a mal tourné.* ➤ se **gâter.** — (PERSONNES) *Tourner mal,* se dit de qqn dont la conduite devient condamnable. *«l'assassin courant, le petit gars qui a mal tourné»* **SIMENON.** — *«S'il tourne bien, comme tout porte à le croire, il sera notre héritier»* **MAUPASSANT.** ◆ FAM. Devenir. *«Il changeait de couleur. Il tournait violet»* **CÉLINE.** ➤ **virer** (à). ▪ **3** (XVIIe ; *se tourner* 1393) Devenir aigre. *Le lait a tourné.* ➤ **cailler.** — *Mayonnaise qui tourne,* se décompose.

III ~ v. pron. SE TOURNER ▪ **1** (fin X^e) Aller, se mettre en sens inverse ou dans une certaine direction. *«La jeune fille se tourna tout d'une pièce comme sur un tabouret de piano»* **TOULET.** ➤ se **retourner.** *Se tourner vers le public. «Tournez-vous un peu plus de profil, voulez-vous !»* **MAUROIS.** *Se tourner de l'autre côté.* ➤ se **détourner.** ◆ FIG. Se diriger. *Elle «s'était tournée vers la couture pour dames»* **PROUST.** *Se tourner vers l'avenir. Ne plus savoir de quel côté se tourner.* ▪ **2** Changer de position. ➤ se **retourner.** *Se tourner et se retourner dans son lit.* ▪ **3** VX ou LITTÉR. Se changer (en), passer (d'un état à un autre). *L'enthousiasme «se tourna en un pessimisme amer»* **SEIGNOBOS.**

TOURNESOL [tuʀnəsɔl] **n. m.** – 1360 ◇ italien *tornasole,* ou espagnol *tornasol* «qui se tourne vers le soleil» ▪ **1** ANCIENNT Colorant bleu tiré du croton. — CHIM. Substance d'un bleu-violet qu'on tire de certaines plantes (orseille), qui vire au rouge sous l'action des acides et au bleu sous celle des bases. *Papier de tournesol,* imprégné de ce réactif. ▪ **2** (1671) Grande plante herbacée, dont les gros capitules portant des fleurs jaunes peuvent s'orienter face au soleil levant. ➤ **hélianthe.** *«Les tournesols cernaient d'une crinière d'or leur grande tonsure monastique noire»* **HUYSMANS.** *Fleur de tournesol.* ➤ **soleil.** *Huile de tournesol,* fournie par les graines.

TOURNETTE [tuʀnɛt] **n. f.** – 1363 ◇ de *tourner* ▪ **1** VX ou TECHN. Dévidoir tournant sur un pivot vertical. ▪ **2** (1872) TECHN. Instrument des vitriers, des relieurs (➤ **roulette**), fait d'un manche et d'une petite roue très coupante.

TOURNEUR, EUSE [tuʀnœʀ, øz] **n. et adj.** – XIIIe ◇ de *tourner* ▪ **1** Artisan, ouvrier, qui travaille au tour (à main ou automatique). *Tourneur sur bois, sur métaux, sur ivoire. «Le plus gros travail du tourneur est de dégager au crochet les copeaux qui sortent brûlants de la coupe»* **HAMP.** ◆ (1397) Personne qui tourne une meule, un rouet, un cylindre... *Tourneur de corderie.* ▪ **2 adj.** (1835) *Derviche tourneur,* qui tourne sur lui-même en dansant (pratique religieuse). *Les derviches tourneurs.* ▪ **3 n. m.** (1933) Organisateur de tournées de spectacles.

TOURNEVIS [tuʀnəvis] **n. m.** – 1676 ◇ de *tourner* et *vis* ▪ Outil pour tourner les vis, fait d'une tige d'acier emmanchée et présentant à son extrémité une forme s'adaptant dans l'empreinte de la tête de vis (en fente ou cruciforme). *Visser, dévisser à l'aide d'un tournevis. Tournevis cruciforme. Tournevis d'électricien.*

TOURNICOTER [tuʀnikɔte] **v. intr.** ⟨1⟩ – 1936 ◇ de *tourniquer* ▪ FAM. Tourner, tourniquer. *«une compagnie de recrues tourniquait, tournicotait et pivotait sous les ordres d'un petit sous-off»* **GUILLOUX.**

TOURNIOLE [tuʀnjɔl] **n. f.** – 1812 ◇ de *tourner* → torgnole ▪ FAM. Panaris* siégeant au pourtour de l'ongle.

TOURNIQUER [tuʀnike] **v. intr.** ⟨1⟩ – 1910 ; «valser» 1866 ◇ de *tourner,* d'après *tourniquet* ▪ Tourner, aller et venir sur place, sans but. ➤ **tournailler,** FAM. **tournicoter.** *Fais quelque chose, cesse de tourniquer autour de moi !*

TOURNIQUET [tuʀnikɛ] **n. m.** – 1669 ; t. de fortif. 1575 ◇ de *tourner* ▪ **1** Appareil formé d'une croix tournant autour d'un pivot, placé à l'entrée d'un chemin ou d'un édifice afin de livrer passage aux personnes chacune à son tour. *Passer dans un tourniquet. Le tourniquet du métro.* — Porte à tambour. *Tourniquet d'un hôtel.* ◆ Plateforme horizontale tournant sur un pivot servant de jeu de plein air pour les enfants. *Le tourniquet d'un square.* ▪ **2** (1680) TECHN. Morceau de bois tournant qui sert à soutenir un châssis à coulisse, une partie pliante. ◆ Lame de fer en S, mobile sur un pivot, qui sert de fermeture à une fenêtre, ou à maintenir un volet ouvert. ◆ (1836) MAR. Rouleau mobile sur un pivot. ➤ **moulinet.** — Treuil de mine. ◆ Cylindre métallique à volets, tournant sur un pivot, et servant de présentoir. ➤ **présentoir.** *«un tourniquet de cartes postales grinçait sur son axe lorsqu'on le poussait du doigt»* **GREEN.** ▪ **3** (1752) CHIR. Garrot servant à arrêter une hémorragie. ▪ **4** *Tourniquet hydraulique :* récipient auquel la force de l'eau, sortant par deux issues recourbées en sens contraire, imprime un mouvement rotatoire. — *Tourniquet de jardinier, tourniquet d'arrosage :* arroseur qui tourne selon le même principe. *«Il a mis en marche le tourniquet qui allait de gauche à droite en aspergeant la pelouse puis revenait au point de départ, d'une secousse nerveuse»* **MODIANO.** ▪ **5** (1769) COUR. Gyrin* (insecte). ▪ **6** (1888 argot) Conseil de guerre. *Passer au tourniquet.*

TOURNIS [tuʀni] **n. m.** – 1803 *tournie ; tourniche* adj. f. «qui a le tournis» à Lille XIIIe ◇ de *tourner* ▪ Maladie des bêtes à cornes (surtout du mouton), provoquée par la présence du cénure du ténia dans l'encéphale, et qui se manifeste notamment par le tournoiement de la bête atteinte. *«la brebis qui,* *poussée par le* tournis, *se brise la tête contre un arbre»* BALZAC. ♦ FIG. et FAM. Vertige. *«ne vous retournez pas tout le temps comme ça, à droite et à gauche ; vous me donnez le tournis»* SARTRE.

TOURNISSE [tuʀnis] n. f. – 1765 ♦ de l'ancien français *tourn(e)is* adj. «qui tourne» ■ TECHN. Pièce de charpente servant de remplissage entre les poteaux d'une cloison.

TOURNOI [tuʀnwa] n. m. – XIIIe ; *tornoi, tornei* XIIe ♦ de *tournoyer* ■ **1** Combat courtois entre plusieurs chevaliers par couples en champ clos. *Tournois et joutes.* ■ **2** FIG. et LITTÉR. Lutte d'émulation. ➤ **assaut, concours.** *Un tournoi d'éloquence* (cf. Joute oratoire). ■ **3** Concours, compétition à plusieurs séries d'épreuves ou de manches. ➤ **championnat.** *Tournoi de bridge, d'échecs. Tournoi de tennis. Le tournoi des six nations* (rugby). ■ HOM. Tournois.

TOURNOIEMENT [tuʀnwamɑ̃] n. m. – XIIIe ; *torneiement* «tournoi, combat» XIIe ♦ de *tournoyer* ■ Action de tournoyer, mouvement de ce qui tournoie. *Des tournoiements de feuilles mortes. «des tournoiements de spirales blêmes qui étaient des tourbillons de neige»* HUGO.

TOURNOIS [tuʀnwa] adj. – 1370 ; n. fin XIIe ♦ latin *turonensis* «monnaie frappée à *Tours*» ■ ANCIENNT Se disait de la monnaie frappée à Tours, devenue par la suite monnaie royale. *Livre, denier tournois et parisis.* ■ HOM. Tournoi.

TOURNOYANT, ANTE [tuʀnwajɑ̃, ɑ̃t] adj. – 1538 ♦ de *tournoyer* ■ Qui tournoie, tourbillonne. ➤ **tourbillonnant.** *«le mouvement tournoyant des valses»* MAUPASSANT.

TOURNOYER [tuʀnwaje] v. intr. ⟨8⟩ – XIIIe ; *turneer* XIIe ♦ de *tourner* ■ **1** Décrire des courbes, des cercles inégaux sans s'éloigner. *Aigle qui tournoie.* ■ **2** ANCIENNT Combattre en tournoi. ■ **3** Tourner sur soi (➤ **pivoter**) ou tourner en spirale, en hélice (➤ **tourbillonner**). *«Une fumée blanche, qui quelquefois s'élevait dans le ciel en tournoyant»* STENDHAL. *«Les vents soufflèrent de tous les côtés, la barque tournoya comme une toupie»* BALZAC.

1 **TOURNURE** [tuʀnyʀ] n. f. – 1509 ♦ latin médiéval *tornatura*, de *tornare* → tourner

I Forme donnée à l'expression, quant à la construction et la syntaxe. *La tournure d'une phrase. Tournure impersonnelle. Tournure élégante, lourde.* ♦ Expression, groupe de mots dont la construction est déterminée. ➤ 3 **tour** (IV). *Tournure propre au français, à l'anglais, à l'espagnol...* (gallicisme, anglicisme, hispanisme...).

II ■ **1** (1512) VIEILLI Forme, maintien du corps. ➤ **allure,** 2 **port.** *«Une figure aimable, une tournure élégante, un port de tête assuré»* SAINTE-BEUVE. ■ **2** MOD. Air, apparence (d'une chose). ➤ **allure.** *«En un tour de main, le cabinet eut une autre tournure»* ZOLA. ■ **3** FIG. (1773) Aspect général que prend une évolution. *Agir selon la tournure des évènements.* ➤ **cours.** *Affaire qui prend une mauvaise tournure. Le projet commence à prendre tournure,* à se dessiner. ■ **4** (1701) *Tournure d'esprit*.*

III (1828 ♦ du sens II, 1°) ANCIENNT Rembourrage porté sous la robe, au bas du dos (cf. Faux cul*).

2 **TOURNURE** [tuʀnyʀ] n. f. – 1832 ; «objet façonné au tour» XIIIe ♦ de *tourner* (I) ■ TECHN. Fragment métallique détaché par l'outil d'un tour. *Tournure de fer, de cuivre.*

TOURON [tuʀɔ̃ ; tuʀɔn] n. m. – 1595 *torron* ♦ espagnol *turron,* du latin *torrere* «griller» ■ Confiserie aux amandes, aux noisettes, sorte de nougat très tendre.

TOUR-OPÉRATEUR [tuʀɔpeʀatœʀ] n. m. – 1973 ♦ anglais *tour operator* ■ ANGLIC. Entreprise qui organise et commercialise des voyages à forfait. *Des tour-opérateurs.* — Recomm. offic. *voyagiste, organisateur de voyages.*

TOURTE [tuʀt] n. f. – v. 1200 ♦ latin *torta (panis)* «(pain) rond» ■ **1** RÉGION. Pain rond. ■ **2** (1393) COUR. Pâtisserie de forme ronde semblable à la tarte, mais garnie de produits salés, et que l'on consomme chaude en entrée. *Tourte au saumon, à la viande* (➤ RÉGION. **tourtière**). *Tourte aux poireaux* (➤ RÉGION. **flamiche**), *aux épinards. Tourte aux lardons.* ➤ **quiche.** ■ **3** adj. (1879 n.) FAM. Peu intelligent. *«une très belle fille, riche, élégante, mais plutôt tourte»* AYMÉ. ➤ **cruche, gourde.**

1 **TOURTEAU** [tuʀto] n. m. – XIIIe ♦ de *tourte* ■ **1** AGRIC. Résidu de graines, de fruits oléagineux dont on a extrait l'huile ; gâteau cylindrique fait de ce résidu, servant d'aliment pour le bétail ou d'engrais. *Tourteaux de colza, de lin, d'olives* (➤ **pain**). ■ **2** (v. 1230) BLAS. Figure circulaire en émail (analogue au besant*). ■ **3** (1864) *Tourteau (fromager) :* gâteau sphérique au fromage de chèvre frais (spécialité du Poitou).

2 **TOURTEAU** [tuʀto] n. m. – 1611 ♦ de l'ancien français *tort, tourt* «tordu» → tordre ■ Gros crabe de l'Atlantique, à chair très estimée. ➤ **dormeur.** *«Des pêcheurs de tourteaux – ces crabes à carapace lisse, encore appelés* dormeurs*»* ROBBE-GRILLET.

TOURTEREAU [tuʀtəʀo] n. m. – 1694 ; *turtrel* «tourterelle mâle» v. 1180 ♦ de *tourterelle* ■ **1** RARE Jeune tourterelle. ■ **2** (1798) FIG. *Des tourtereaux :* de jeunes amoureux. *«les tourtereaux finissaient par être ennuyeux, tant ils s'embrassaient»* ZOLA.

TOURTERELLE [tuʀtəʀɛl] n. f. – v. 1380 ; *turtrele* 1050 ♦ latin populaire °*turturella,* classique *turturilla,* de *turtur* ■ Oiseau voisin du pigeon*, mais plus petit. *Tourterelle à collier. La tourterelle roucoule, gémit. «des tourterelles au bec écarlate, grasses du jabot* [...] *bombant leur gorge grise et rose sous leur collerette précieuse, noire et blanche»* GENEVOIX. — APPOS. INV. *Gris tourterelle,* gris très doux (comme le plumage d'une tourterelle). *Des draps gris tourterelle.*

TOURTIÈRE [tuʀtjɛʀ] n. f. – 1573 ♦ de *tourte* ■ **1** Ustensile de cuisine utilisé pour faire des tourtes. ■ **2** (1836) (Canada) Tourte à base de viande. *La tourtière du Lac-Saint-Jean.* ■ **3** RÉGION. (Sud-Ouest) Gâteau de pâte feuilletée très fine, avec des morceaux de fruits. ➤ **pastis.** *Tourtière aux pommes, aux pruneaux.*

TOUS ➤ **TOUT**

TOUSSAILLER [tusaje] v. intr. ⟨1⟩ – 1821 ♦ de *tousser* ■ Tousser un peu et souvent.

TOUSSAINT [tusɛ̃] n. f. – fin XVIIe ; *Toussains* v. 1180 ♦ de *tous (toz)* et *saint* ■ Fête catholique en l'honneur de tous les saints, le 1er novembre. *Aller au cimetière à la Toussaint. Un temps de Toussaint,* gris et froid. *«La Toussaint de cette année-là ne fut pas ce qu'elle était d'ordinaire* [...] *cette année-là, personne ne voulait plus penser aux morts»* CAMUS.

TOUSSER [tuse] v. intr. ⟨1⟩ – 1534 ; *toussir* fin XIIIe ♦ latin *tussire ;* de *toux* ■ **1** Avoir un accès de toux. ➤ **toussailler, toussoter.** *«sur un petit coup de froid* [...] *je me suis mis à tousser sans arrêt»* CÉLINE. ♦ *Moteur qui tousse,* qui a des ratés. ■ **2** Se racler la gorge, volontairement (pour éclaircir sa voix avant de parler ou faire signe à qqn, l'avertir). *Elle «toussa comme font souvent les personnes qui parlent seules* [...] *pour faire croire* [...] *qu'elles s'éclaircissent la gorge»* GREEN.

TOUSSEUR, EUSE [tusœʀ, øz] n. – 1580 ♦ de *tousser* ■ Personne qui tousse.

TOUSSOTEMENT [tusɔtmɑ̃] n. m. – 1845 ♦ de *toussoter* ■ Action de toussoter. *«un mince cri, semblable à un toussotement»* P. BENOIT.

TOUSSOTER [tusɔte] v. intr. ⟨1⟩ – 1606 ♦ de *tousser* ■ Tousser d'une petite toux peu bruyante.

TOUT [tu] ; **TOUTE** [tut] ; **TOUS** [tu] (adj.), [tus] (pron.) ; **TOUTES** [tut] adj., pron., adv. et n. – fin IXe, comme pronom ♦ du latin *totus*

I ~ adj. **TOUT, TOUTE. COMPLET, ENTIER, INTÉGRAL** ■ **1** (fin Xe) (Devant un nom précédé d'un article, d'un possessif, d'un démonstratif). **TOUT LE, LA, LES** (et nom). *Tout le jour, toute la nuit. Tout le temps.* ➤ **toujours.** *L'armoire occupe toute la hauteur.* — **TOUT LE MONDE :** l'ensemble des gens (selon le contexte) ; chacun d'eux. *Tout le reste,* l'ensemble des choses qui restent à mentionner. — *Tout le village est venu* (PAR EXAGÉR. : il y a eu grande affluence). — *C'est toute la question. C'est tout le portrait de son père* (cf. C'est son père tout craché*). ♦ **TOUT UN, TOUTE UNE** [tutœ̃, tutyn]. *Tout un hiver. «Toute une nuit j'ai cru que mon âme était morte»* ARAGON. — *C'est toute une affaire, toute une histoire,* une véritable, une grave affaire. *«C'était toute une science»* HUGO. REM. Devant un titre, *tout* est souvent invariable : *Lire tout «Une ténébreuse affaire» de Balzac ;* tout (ou toute) *«La Chartreuse de Parme».* ♦ **TOUT MON, TON, SON...** *Tout son soûl*. J'ai tout mon temps. Toute sa petite famille.* — *De tout mon cœur.* ♦ **TOUT CE, CET...** *Tout cet été. Toute cette semaine.* — *Tout ceci, cela. «Tout ce que je sais, c'est que monsieur Tournesol a disparu»* HERGÉ. FAM. *Tout ça :* l'ensemble du contexte. *«Je vais à Paris avec ma mère, viens avec nous, on va se balader... tout ça»* P. CAUVIN. — (Désignant des personnes) *«Tout ce que la paroisse pouvait fournir de prêtres et d'enfants de chœur précédait le char»* MAURIAC. ♦ **TOUT CE QU'IL Y A DE** (suivi d'un nom pluriel ; accord facultatif du verbe). *«Tout ce qu'il y avait de gens éclairés l'accueillirent»* SAINTE-BEUVE. *«Tout ce qu'il y a de grands hommes çà et là étouffés me semble composer* [...] *un cœur mystérieux»* SAINTE-BEUVE. — FAM. *Tout ce qu'il y a de plus* (et adj.

ou subst. adjectivé) : très. *«Sérieux, alors ! [...] – Tout ce qu'il y a de plus sérieux !»* DAUDET. (Accord facultatif de l'adj.) *«Des embuscades tout ce qu'il y a de plus classiques»* PERRET. *«Des gens tout ce qu'il y a de plus honorable»* ROMAINS. — *Avoir* peut toujours rester au présent : *«C'était un bel et bon chalet, tout ce qu'il y a de plus suffisant»* RAMUZ. ▪ **2** Devant un nom sans art. — (En loc.) *Avoir toute liberté*... Donner toute satisfaction.* ➤ **plein.** *Avoir tout intérêt,* un intérêt évident et grand. *Tout compte* fait.* — *À toute force*. À toute extrémité*. À toute allure, à toute vitesse :* à la vitesse la plus grande possible. — *De toute éternité*. De tout temps. De toute beauté,* très beau. *De tout cœur.* — *En toute franchise. En tout bien* tout honneur. En toute hâte. En toute simplicité. Selon toute apparence :* d'une manière très probable. — *«La solitude est tout mouvement et toute harmonie»* CHATEAUBRIAND. *Cet homme «était envers moi toute simplicité et bienveillance»* ROMAINS. ◆ FAM. **C'EST TOUT** (et nom) : la collection entière (désignée par ce) présente tel caractère. *«À les prendre un à un, remarquez, c'est tout bons garçons»* AYMÉ. ◆ **POUR TOUT** (et subst. sans art.) : en fait de..., sans qu'il y ait rien d'autre. *Pour tout repas. «Ils avaient pour tout domestique une servante»* HUGO. ◆ (Devant le nom d'un auteur) *Lire tout Racine :* toute l'œuvre de Racine. — (Devant un nom de ville) Toute la ville, tous ses habitants. *Il «voyait tout Nagasaki»* FARRÈRE. *«Tout Rognes fauchait»* ZOLA. — (v. 1820) **TOUT-PARIS ; LE TOUT-PARIS :** les personnes les plus notables, tout ce qui compte à Paris. *«Je n'avais aucune envie de faire partie du Tout-Paris et de parader en vêtements de fête»* BEAUVOIR. ▪ **3** (Employé en apposition) Entièrement ; tout entier. *Elle était toute à son travail,* entièrement absorbée par son travail. — *Tout, toute de... :* entièrement (fait[e]) de... *Une existence «toute de conquête spirituelle»* MAURIAC. ▪ **4 SOMME* TOUTE.** ➤ 1 somme.

II ~ **adj. indéf. A. AU PLURIEL TOUS** [tu], **TOUTES** ▪ **1** (fin Xe) L'ensemble, la totalité de, sans excepter une unité ; le plus grand nombre de. *Tous les hommes. Tous les autres.* ➤ **tutti quanti.** *«La chair est triste, hélas ! et j'ai lu tous les livres»* MALLARMÉ. *Tous les moyens sont bons. Toutes les fois que... :* chaque fois que. *Tous nos amis. Tous ces gens-là. «Tous les instincts et les sens de l'homme primitif»* MAUPASSANT. LOC. *L'année de tous les dangers,* où tout est à craindre. ◆ (Devant un nom sans art.) *«N'importe quel vivant [...] est un récepteur admirable de toutes ondes, sons, lumière, chaleur»* ALAIN. *Toutes sortes de choses. Cesser toutes relations. Avoir tous pouvoirs, tout pouvoir sur qqn.* — (Devant un nom de nombre, avec ou sans art.) *Tous deux, tous trois. «Elle nous donna tort à tous les deux»* MAURIAC. — Suivi d'un nom (sans art.) et d'un participe ou d'un adjectif. *Toutes affaires cessantes. Rouler tous feux éteints. Toutes proportions gardées.* — (Dans des tours prépositionnels, avec ou sans art.) *À tous les coins de rue. À tous les coups. À tous égards. À toutes jambes. — De tous côtés, de tous les côtés. De toutes les façons. De toutes parts. Dans tous les cas. — Dans tous les sens. En toutes lettres*.* ▪ **2** LITTÉR. (devant un nom sans art.) pour récapituler une suite de termes, sans en excepter un. ➤ **autant** (de). *«Novepont, Clairefontaine, Martinville-le-Sec [...] toutes terres vassales de Guermantes»* PROUST. *«Un petit bordeaux, un petit bourgogne [...] enfin tous vins qui t'iront droit au cœur»* VILDRAC. ▪ **3** (XIVe) (marquant la périodicité). ➤ **chaque.** *Tous les jours, tous les ans :* une fois par jour, par an. *Tous les matins. Tous les premiers lundis du mois. Tous les trente-six du mois :* jamais. *Tous les combien ? Toutes les cinq, les dix minutes :* à chaque instant. — *Une borne tous les kilomètres.*

B. AU SINGULIER TOUT, TOUTE (suivi d'un nom sans article) ▪ **1** Un quelconque, n'importe quel ; un individu pris au hasard parmi la totalité des individus semblables. *«Tout Français jouira des droits civils»* (CODE CIVIL). *Toute personne.* ➤ **quiconque.** PROV. *Toute peine mérite salaire. Toute sorte de...* — (Avec une prép.) *À tout âge. À toute heure. À tout hasard*. À toute épreuve*. Contre toute attente*. — De toute façon*. En tout cas*. En tout état de cause :* quelle que soit la situation. — *Avant toute chose, sur toute chose :* avant tout, plus que tout (premièrement, préférablement). ▪ **2** LOC. (XVIIe) *Tout un chacun :* chaque personne, tout le monde. *Elle espère, comme tout un chacun.* ◆ (v. 1200) **TOUT AUTRE, TOUTE AUTRE...** *«Tout autre que mon père l'éprouverait sur l'heure»* CORNEILLE. *«Toute autre se serait rendue à leurs discours»* RACINE. (Pour l'accord, voir infra V, 1°)

III ~ **pron. A. AU PLURIEL TOUS** [tus], **TOUTES** ▪ **1** (fin IXe) (Représentant un ou plusieurs noms, pronoms, exprimés avant) *«Ils ne mouraient pas tous, mais tous étaient frappés»* LA FONTAINE. *«Elles les gênaient et les intimidaient [...] Si railleuses, toutes»* LOTI. — *La première, la dernière de toutes. Une fois* pour toutes. «Alors, il se livra aux sports, avec fureur. Il essaya de tous, il les pratiqua tous»* R. ROLLAND. — *Tous ensemble :* en masse. *Tous autant que nous sommes :* nous tous, sans exception. *«cette part de l'autre sexe que nous contenons tous, et toutes»* LARBAUD. (Avec un impér.) *Regardez tous ! «Vous tous, soyez témoins !»* HUGO. — (Récapitulant une énumération) *«Vieillards, hommes, femmes, enfants, tous voulaient me voir»* MONTESQUIEU. — *Nous tous le souhaitons.* ▪ **2** (En emploi nominal) Tous les individus, tout le monde ; une collectivité entière. *«À ce mot, tous s'inclinèrent»* FLAUBERT. *Envers* et contre tous. «Elle dînait chez toutes»* FRANCE. — *«Comment parler en leur nom à tous»* SARTRE.

B. AU SINGULIER TOUT, pron. ou n.inal (neutre ou collectif). ▪ **1** L'ensemble des choses dont il est question (soit toutes choses : *«Le temps qui détruit tout»* [La Fontaine] ; soit la plupart des choses en question : *«Je consens qu'une femme ait des clartés de tout»* [Molière]). *Elle est systématiquement contre tout.* ➤ **antitout.** — *Tout* (opposé à *rien*). *C'est tout ou rien,* il n'y a pas de moyen terme. *Elle «avait tout pour elle : la fortune, la beauté, l'intelligence»* J. STERNBERG. — *«Un seul être vous manque, et tout est dépeuplé !»* LAMARTINE. *Tout va bien.* LOC. PROV. *Tout est bien qui finit bien :* ce qui finit bien peut être considéré comme entièrement bon, heureux (malgré les difficultés passagères). — *Tout est là :* là réside tout le problème ; il n'y a rien d'autre. — *Il sait tout. «Elle a tout ressenti, tout supporté, tout souffert, tout perdu, tout pleuré»* HUGO. *Pour tout dire :* en somme. — *À tout faire :* utilisable en toutes circonstances, pour toutes sortes de choses. *Bonne* à tout faire. À tout casser*.* — *À tout prendre :* tout bien considéré. — *Il faut de tout pour faire un monde. On s'habitue à tout.* — (Souvent péj.) N'importe quoi. *Capable de tout. Il fait tout et n'importe quoi !* — **TOUT** (résumant une série de termes). *«court de bras, de jambes, de cou, de nez, de tout»* MAUPASSANT. *«Il fallait tout oser, pour empêcher la guerre, tout !»* DORGELÈS. ◆ **TOUT** (attribut). *Être tout pour qqn :* avoir une extrême importance pour lui. — (XVIIe) **C'EST TOUT** (marquant la fin d'une énumération ou d'une déclaration catégorique). *Et c'est tout. Ce sera tout pour aujourd'hui. Un point, c'est tout.* — *Ce n'est pas tout :* il reste encore qqch. — (1668) *Ce n'est pas tout de..., que de... :* ce n'est pas assez. *«Ce n'est pas tout de boire, il faut sortir d'ici»* LA FONTAINE. FAM. *C'est pas tout de s'amuser :* il y a autre chose à faire. — (1784) **VOILÀ TOUT,** pour marquer que ce qui est ainsi fini, borné n'était pas très important. — *Après* tout.* — *Malgré tout.* — *Avant tout. Par-dessus tout* (➤ 1 **surtout**). *Au-dessus de tout.* — *Comme* tout :* extrêmement. ◆ **EN TOUT.** De tout point, à tous égards, complètement. *«Mon exposé était en tout conforme aux dépositions des témoins»* BEAUMARCHAIS. — Au total. *«En tout, douze serviteurs»* ZOLA. *Il y avait en tout et pour tout trois personnes.* — FAM. *Et tout :* et le reste. *Et tout et tout. «Moi qu'étais si heureuse, si contente et tout»* QUENEAU. ◆ **TOUT DE...** *Il ignore tout de cette affaire.* — (fin XIXe) FAM. *Avoir tout de... :* avoir toutes les qualités, les caractéristiques... de. *«Pour Fanny, elle avait tout d'une mère, la patience infatigable, l'inquiétude...»* DAUDET. ▪ **2** VIEILLI **TOUT** (nominal) : tout le monde. *«Tout dormait dans la voiture»* MICHELET.

IV ~ **n. m. A. LE TOUT, UN TOUT ; DES TOUTS. COLLECTION, ENSEMBLE.** ➤ **totalité.** ▪ **1** L'ensemble dont les éléments viennent d'être désignés. *«Il montra son passeport, sa lettre de mission. Il prépara quelques autres papiers [...] Le fonctionnaire examina le tout»* ROMAINS. *Vendez le tout. Risquer le tout pour le tout :* risquer de tout perdre pour pouvoir tout gagner. ▪ **2** L'ensemble des choses dont on parle, l'unité qu'elles forment. *Le tout et la partie. Former un tout. L'intégrité, la structure du tout. L'homme est «un tout à l'égard du néant»* PASCAL. *Il «avait envie de penser à lui-même et à son existence comme à des touts»* ROMAINS. *«L'établissement était un vrai "tout en un :" restaurant, boîte de nuit, casino, etc...»* HAMPATÉ BÂ. ◆ BLAS. L'ensemble de l'écu. *Brochant* sur le tout.* — (1842) Le mot à trouver dans une charade*. *Mon premier, mon second... ; mon tout.* ▪ **3** L'ensemble de toutes choses. *Le tout, le grand tout* (souvent écrit avec la majuscule). ➤ **univers.** *«Il faut dans le grand tout tôt ou tard s'absorber»* HUGO. ▪ **4** Ce qu'il y a de plus important, d'essentiel ; le point capital. *Le tout est de* (et l'inf.). *Le tout est de commencer.* FAM. *C'est pas le tout de rigoler.* ▪ **5** (XVIe) VX ou LITTÉR. Ce qui compte le plus pour qqn ; son seul centre d'intérêt. *«Enfin il en est fou, c'est son tout, son héros»* MOLIÈRE.

B. DU TOUT (1213 ; *del tut* 1080) ▪ **1** VX ou LITTÉR. Complètement, absolument. *Il doit veiller «à ce que le fait soit du tout semblable à ce qu'il veut prouver»* PAULHAN. — (1694) MOD. *Du tout au tout* [dytutotu] : complètement, en parlant d'un changement (toutes les circonstances envisagées étant modifiées en leur inverse). *Changer du tout au tout.* ▪ **2** (XIIe) **PAS DU TOUT :** absolument pas (renforçant la négation, *du tout* jouant le rôle d'un adverbe). *Il ne fait pas froid du tout. Plus du tout. Rien du tout. « Je commençais chaque phrase sans du tout savoir comment je la finirais »* GIDE. ELLIPT *Du tout :* pas du tout. *« Croyez-vous que je le blâme ? du tout »* BALZAC.

V ~ adv. de quantité ENTIÈREMENT, COMPLÈTEMENT ➤ **absolument, 1 bien, exactement, extrêmement** (avec une valeur moins précise que ces adverbes). ▪ **1** (fin Xe) Devant quelques adjectifs courants, des participes présents et passés, et devant les autres adj., avec une valeur littéraire. REM. sur l'accord de *tout :* en anc. fr., *tout* était normalement accordé, en tant qu'adjectif : *« Une chose qui vous est toute acquise »* (MOLIÈRE) ; *« Divers stratagèmes tous prêts à se produire »* (MOLIÈRE). – Aujourd'hui, *tout* est invariable au masculin, et devant les adj. fém. commençant par une voyelle ou un *h* muet : *« Ces vers tout remplis d'elle »* (ARVERS) ; *« Tout enfant elle s'escrimait à faire des vers »* (MÉRIMÉE) ; *« une certaine licence, tout humble, toute plébéienne »* (BARRÈS). – *Tout* est variable en genre et en nombre devant les adj. fém. commençant par une consonne ou par un *h* aspiré : *Toute belle ; portes qui s'ouvrent toutes grandes ; elle est toute honteuse. Tout jeune. Tout ému. Tout entière. Tout fait, tout préparé. Tout petit. Un tout petit. Tout enfant ;* FAM. *Tout gosse. Tout nu. Ils sont tout nus. Tout seul. C'est tout naturel. — Une toute jeune fille ; une toute petite mare.* — (Suisse) *Un tout grand merci :* merci beaucoup. — **TOUT AUTRE :** entièrement autre, complètement différent. *C'est une tout autre affaire. « Dire tout autre chose que ce que nous voulions dire »* SARTRE. REM. *Tout* s'accorde en genre avec *autre* quand *tout* est adjectif indéfini et que *autre* est pronom (*toute autre qu'elle aurait accepté :* « n'importe qui d'autre ») [v. supra II, B, 2o], mais reste invariable quand *tout* est adverbe et que *autre* est adjectif (*c'est tout autre chose :* « c'est entièrement autre chose »). — *C'est tout l'un ou tout l'autre. — Le tout premier, la toute première :* celui, celle qui est exactement, réellement le premier. *« Il fit ses toutes premières classes au collège Louis-le-Grand »* SAINTE-BEUVE. *« Les tout derniers chapitres me paraissent beaucoup moins bons »* GIDE. ◆ Devant un pron. pers. *C'est tout moi, ça :* c'est bien moi. ◆ **TOUT EN, À, etc.** *« Il y avait de grands espaces pleins de bruyères tout en fleurs »* FLAUBERT. *Elle était tout en larmes. — Elle est tout à ses projets,* entièrement à ses projets. ◆ (dès 980) **TOUT** (inv., devant un adv. ou une prép.). *Tout autrement. Tout simplement. Tout doucement. Tout autant, tout aussi peu. À tout jamais*. Tout bas, tout haut. Tout juste. — Tout ensemble. Je vous le dis tout net. Tout près. Tout autour. Tout en haut, tout en bas. Tout droit. Tout de travers.* — LOC. *Tout à coup, tout d'un coup*. — Tout à l'heure*. — Tout au moins. Tout au plus* (renforçant *au plus*) (cf. Au grand maximum*). — *Tout d'abord. — Pour tout de bon. Tout de même*. Tout de suite*. — Tout le premier :* le premier, avant tout le monde. *C'est tout le contraire.* ◆ **TOUT À FAIT** (renforce l'anc. loc. *à fait* « à mesure que... »). ➤ **absolument, 1 complètement, entièrement, pleinement, totalement.** *Ce n'est pas tout à fait pareil.* ➤ **exactement.** *Il est tout à fait soûl.* ➤ **2 fin.** — En réponse positive à une question. *« Êtes-vous d'accord ? – Tout à fait ! »,* oui, certes. ▪ **2 TOUT EN...** suivi d'un part. prés. (gérondif), marque la simultanéité. *« Tout en chantant sur le mode mineur »* VERLAINE. — (Marquant l'opposition). *« tout en me souhaitant du génie, elle se réjouissait que je fusse sans esprit »* FRANCE. — RÉGION. *Elle arriva tout courant :* en courant. ▪ **3** (XVe) **TOUT...** (nom ou adj. attribut) **QUE...,** exprime la concession (cf. Quelque... que ; si... que, bien que). *« Tout riche que je suis »* MOLIÈRE. *« Toute dépaysée et terrifiée qu'elle était, elle goûtait le soulagement »* ROMAINS. — (Avec le subj.) *« Tout formidable que soit ce sublime »* CHATEAUBRIAND. ▪ **4** FAM. (modifiant un verbe) *Je me suis tout écorché la main.* ▪ **5** LITTÉR. Renforçant un nom épithète ou attribut *« ces deux existences, celle du comte, tout action, tout agitation, tout émotion ; celle de la comtesse, tout passivité, tout inactivité, tout immobilité »* BALZAC. REM. Avec un nom fém., l'usage moderne préfère la caractérisation par l'adj. (cf. ci-dessus I, 2o). — LOC. *Il était tout yeux tout oreilles. Je suis tout ouïe*.* — COMM. *Cravate tout soie.* ➤ **pur.** ▪ **6** Dans des tours elliptiques, formant un composé à valeur d'adjectif ou de nom. *Chauffage tout électrique. Le tout nucléaire, le tout numérique.*

▪ CONTR. Aucun, nul, rien. Division, élément, fraction, lot, morceau, partie, pièce.
▪ HOM. Toux.

TOUT-À-L'ÉGOUT [tutalegu] **n. m. inv.** – 1886 ◇ de *tout,* nominal, et *égout* ▪ Système de vidange qui consiste à envoyer directement à l'égout les eaux ménagères, résiduelles, les matières fécales, en faisant circuler de l'eau dans les canalisations.

TOUTE-BOÎTE ou **TOUTES-BOÎTES** [tutbwat] **n. m.** – 1984 ◇ de *tout* et *boîte* ▪ RÉGION. (Nord, Belgique) Imprimé publicitaire, publication gratuite, distribués dans toutes les boîtes aux lettres. *Avertir la population par un toute-boîte, un toutes-boîtes. Des toutes-boîtes.* — EN APPOS. *Un journal toute-boîte, des journaux toutes-boîtes.*

TOUTE-BONNE [tutbɔn] **n. f.** – 1740 ◇ de *tout* et *bon* ▪ Variété de sauge. ◆ Variété de poire. *Des toutes-bonnes.*

TOUTE-ÉPICE [tutepis] **n. f.** – 1808 ◇ de *tout* et *épice* ▪ Nom donné à la nigelle*, au myrte* piment. *Des toutes-épices* [tutepis].

TOUTEFOIS [tutfwa] **adv.** – 1456 ◇ de *tout* et *fois* ▪ En considérant toutes les raisons, toutes les circonstances (qui pourraient s'y opposer), et malgré elles. ➤ **cependant, néanmoins, pourtant.** — (En tête de phrase ou de propos.) *« Toutefois, il convient que la raison entreprenne sur le sentiment »* FRANCE. — (Après le verbe) *« Je ressentis toutefois ces événements... »* VALÉRY. — (En fin de phrase) *« Il vous regarde avec confiance, sans naïveté toutefois »* ROMAINS. ◆ *« Sans toutefois que la France renonçât à ses droits »* MICHELET. *Si toutefois vous n'y voyez pas d'inconvénient. J'accepte à condition toutefois que...*

TOUTE-PUISSANCE [tutpɥisɑ̃s] **n. f.** – 1377 ◇ de *tout* et *puissance* ▪ Puissance, autorité absolue. ➤ **omnipotence.** *La toute-puissance de Dieu.* — PAR EXT. *« la raison du plus fort [...], la toute-puissance de l'épée »* ZOLA. *Les toutes-puissances.*

TOUT-FOU [tufu] **adj. m. et n. m.** – milieu XXe ◇ de *tout,* adv., et *fou* ▪ FAM. Très excité, un peu fou. ➤ **écervelé.** *Ils sont tout-fous.*

TOUTIM [tutim] **n. m.** – *toutime* 1596 ◇ de *tout* ▪ ARG. *Et (tout) le toutim :* et le tout, et tout le reste.

TOUTOU [tutu] **n. m.** – 1640 ◇ mot expressif de formation enfantine ▪ **1** Chien, bon chien, chien fidèle. *« Un caniche très maigre vint à passer. Gavroche s'apitoya. – Mon pauvre toutou, lui dit-il »* HUGO. — PAR COMPAR. *Il la suit comme un toutou.* ◆ *En peau de toutou :* de médiocre qualité, nul. ▪ **2** (Canada) LANG. ENFANTIN Jouet, animal en peluche. *Enfant qui dort avec son toutou.*

TOUT-PETIT [tup(ə)ti] **n. m.** – 1936 ◇ de *tout,* adv., et *petit* ▪ Très jeune enfant ; bébé. *Les tout-petits. « L'être moral du tout-petit est sans proportions avec sa taille minuscule »* R. ROLLAND.

TOUT-PUISSANT, TOUTE-PUISSANTE [tupɥisɑ̃, tutpɥisɑ̃t] **adj.** – v. 1180 ◇ de *tout* et *puissant* ▪ Qui peut tout, dont la puissance est absolue, illimitée. ➤ **omnipotent.** RELIG. *Dieu tout-puissant, le Père tout-puissant.* — SUBST. *Le Tout-Puissant :* Dieu. ◆ PAR EXT. Qui a un très grand pouvoir. *« le prince, tout-puissant pour faire le bien, a les mains liées pour faire du mal »* VOLTAIRE. *« un lien invisible et tout-puissant les rivait l'un à l'autre »* PERGAUD. *Des monarques tout-puissants. Des assemblées toutes-puissantes.*

TOUT-TERRAIN [tuterɛ̃] **adj. inv. et n. inv.** – v. 1970 ◇ de *tout* et *terrain* ▪ Se dit d'un véhicule capable de rouler hors des routes, sur toutes sortes de terrains (sol détrempé, fortes déclivités, etc.). *Voitures, véhicules tout-terrain.* ELLIPT *Des tout-terrain.* ➤ **jeep, quad, quatre-quatre.** *Vélo tout-terrain :* bicyclette robuste adaptée aux parcours accidentés. ➤ **BMX, VTT.** — **n. m.** Sport pratiqué avec ces véhicules. *Faire du tout-terrain motorisé.*

TOUT VA (À) [atuva] **loc. adv.** – 1953 ◇ de l'expression *tout va* utilisée dans les casinos pour indiquer que la mise n'est pas limitée ou que l'argent sur le tapis est remis en jeu ; cf. *va-tout* ▪ Sans limite, sans retenue. *« Sa soupe à l'oignon, elle la débitait à tout va aux tables »* SIMONIN. — On écrit parfois *à tout-va.*

TOUT-VENANT [tuv(ə)nɑ̃] **n. m. inv.** – 1837 ◇ de *tout* et *venir* ▪ **1** TECHN. Houille non triée, mêlée de poussier. ▪ **2** (v. 1930) COUR. Tout ce qui se présente (sans triage, sans classement préalable). *« il y avait des colonels, des généraux [...] le tout-venant, grenadiers, mousquetaires, gendarmes, gardes, tous avec leurs brevets d'officiers achetés »* ARAGON.

TOUX [tu] **n. f.** – 1414 ; *tos* XIIe ◇ latin *tussis* ▪ Expulsion forcée et bruyante d'air à travers la glotte rétrécie, due le plus souvent à une irritation des muqueuses des voies respiratoires (➤ **tousser**). *Toux grasse, sèche,* avec, sans expectoration. *Toux caverneuse, rauque. Accès, quintes de toux. Toux nerveuse. Petite toux.* ➤ **toussotement.** ▪ HOM. Tout.

TOWNSHIP [tɔnʃip ; taonʃip] **n. f. ou m.** – 1985 ◇ mot anglais « commune » ▪ ANGLIC. Ghetto noir à la périphérie des grandes villes d'Afrique du Sud.

TOXÉMIE [tɔksemi] **n. f.** – 1855 ◊ du radical de *toxique* et *-émie* ■ PHYSIOL., MÉD. Présence de toxines dans le sang. *Toxémie endogène,* par suite d'un trouble de l'élimination des produits toxiques résultant du métabolisme. *Toxémie exogène.* ➤ **empoisonnement, intoxication.** *Toxémie gravidique :* affection survenant en fin de grossesse et caractérisée par une hypertension, de l'albuminurie et des œdèmes. — **adj. TOXÉMIQUE.**

TOXICITÉ [tɔksisite] **n. f.** – 1865 ◊ de *toxique* ■ Caractère toxique. *Coefficient de toxicité,* OU ELLIPT *Toxicité :* dose mortelle minimale d'une substance toxique.

TOXICO ➤ **TOXICOMANE**

TOXICO- ■ Élément, du latin *toxicum* « poison ». ➤ **toxique.**

TOXICODÉPENDANCE [tɔksikodepɑ̃dɑ̃s] **n. f.** – 1970 ◊ de *toxico-* et *dépendance* ■ DIDACT. État d'une personne qui ne peut se passer d'une drogue qu'elle a l'habitude de consommer. — **adj.** et **n. TOXICODÉPENDANT, ANTE.** ➤ **addict.**

TOXICODERMIE [tɔksikodɛʀmi] **n. f.** – 1949 ; *toxidermie* 1907 ◊ de *toxico-* et *-dermie* ■ MÉD. Dermatose d'origine toxique.

TOXICOLOGIE [tɔksikɔlɔʒi] **n. f.** – 1803 ◊ de *toxico-* et *-logie* ■ DIDACT. Science qui étudie les poisons (détection, effets, remèdes). *Toxicologie appliquée à la criminologie. Traité de toxicologie.* — **adj. TOXICOLOGIQUE.**

TOXICOLOGUE [tɔksikɔlɔg] **n.** – 1842 ◊ de *toxicologie* ■ MÉD. Spécialiste en toxicologie.

TOXICOMANE [tɔksikɔman] **adj.** et **n.** – 1844 ◊ de *toxico-* et *-mane* ■ MÉD. Atteint de toxicomanie. — **n.** *Un toxicomane.* ➤ **drogué* ; cocaïnomane, éthéromane, héroïnomane, morphinomane, opiomane ; polytoxicomanie.** — ABRÉV. FAM. (1936) **TOXICO** [tɔksiko]. *« tous les marginaux de Nantes, tous les toxicos, les prostituées »* FOTTORINO.

TOXICOMANIE [tɔksikɔmani] **n. f.** – 1863 ◊ de *toxico-* et *-manie* ■ MÉD. État d'intoxication* engendré par la prise répétée de substances toxiques (➤ **drogue, stupéfiant**), créant un état de dépendance psychique et physique à l'égard de ses effets. ➤ aussi **accoutumance ; cocaïnomanie, éthéromanie, héroïnomanie, morphinomanie, opiomanie.** — **adj. TOXICOMANIAQUE.**

TOXICOSE [tɔksikoz] **n. f.** – 1787-1830 ◊ de *toxico-* et 2 *-ose* ■ MÉD. Intoxication endogène. *Toxicose aiguë du nourrisson :* altération brutale et très grave de l'état général, due à une infection intestinale avec diarrhée, déshydratation aiguë.

TOXICOVIGILANCE [tɔksikoviʒilɑ̃s] **n. f.** – 1979 ◊ de *toxico-* et *vigilance* ■ DIDACT. Surveillance des effets toxiques de certains produits, notamment en milieu professionnel.

TOXI-INFECTION [tɔksiɛ̃fɛksjɔ̃] **n. f.** /TOXIINFECTION/ – 1892 ◊ de *toxi(que)* et *infection* ■ MÉD. État infectieux dû à des toxines produites par des micro-organismes. *Les toxi-infections alimentaires.* ➤ **intoxication.** — **adj. TOXI-INFECTIEUX, IEUSE** /toxiinfectieux, ieuse/.

TOXINE [tɔksin] **n. f.** – 1889 ◊ du radical de *toxique,* d'après l'anglais *toxin* (1886) ■ **1** BIOL., MÉD. Substance toxique élaborée par un organisme vivant (bactérie, champignon, végétal, animal) auquel elle confère son pouvoir pathogène. ➤ **endotoxine, exotoxine ; bactériocine, entérotoxine, mycotoxine ; poison.** *Toxine botulique*.* ➤ **botox.** *Toxine végétale* (ex. curare, ricine). ■ **2** COUR. Substance en excès dans l'organisme, empêchant son fonctionnement optimum. *Éliminer les toxines.*

TOXIQUE [tɔksik] **n. m.** et **adj.** – 1584 ; *tosique* XIIe ◊ latin *toxicum,* du grec *toxikon* « poison pour flèches », de *toxon* « arc, flèche »

I **n. m.** CHIM., BIOL. Poison. *Toxiques gazeux* ou *volatils, minéraux, organiques.*

II **adj.** ■ **1** (1845) Qui agit comme un poison. *Substance toxique* (➤ aussi **venin**). *Gaz toxiques.* ➤ **délétère, méphitique.** *Supprimer les effets toxiques.* ➤ **détoxiquer.** *Champignons toxiques.* ➤ **vénéneux.** ■ **2** (PERSONNES) Qui a une influence nocive, pernicieuse sur (qqn). *Parents toxiques. « nuits blanches en compagnie des égéries les plus toxiques de Hollywood »* J. ROLIN. ■ **3** FIN. Se dit de produits, d'opérations qui présentent un risque pour les emprunteurs ou les investisseurs. *Produits toxiques. Emprunt, dette toxique.*

■ CONTR. Inoffensif.

TOXOCAROSE [tɔksokaʀoz] **n. f.** – 1972 ◊ du nom sc. du parasite *Toxocara canis* et de 2 *-ose* ■ MÉD. Maladie transmise par un parasite présent dans les excréments des animaux domestiques et atteignant surtout les enfants.

TOXOPLASME [tɔksoplasm] **n. m.** – 1908 ◊ du grec *toxon* « arc » et *-plasme* ■ MICROBIOL. Genre de sporozoaires en forme de croissant, vivant en parasite dans les cellules du système lymphatique et de divers organes (➤ **toxoplasmose**).

TOXOPLASMOSE [tɔksoplasmoz] **n. f.** – 1913 ◊ de *toxoplasme* et 2 *-ose,* d'après l'anglais *toxoplasmosis* (1934) ■ MÉD. Maladie causée par les toxoplasmes, généralement bénigne, sauf chez la femme enceinte chez qui elle peut entraîner une embryopathie. *Toxoplasmose congénitale.*

TRABE [tʀab] **n. f.** – 1690 ; « poutre » début XVIe ◊ latin *trabs, trabis* « poutre » ■ BLAS. Hampe d'une bannière.

TRABÉE [tʀabe] **n. f.** – 1611 ◊ latin *trabea* ■ ANTIQ. ROM. Toge de pourpre, ou ornée de bandes de pourpre horizontales.

TRABENDISTE [tʀabɛndist] **n.** – 1989 ◊ de *trabendo* ■ (Algérie, Maroc) Personne qui pratique le trabendo, le commerce illicite. *« Quelques porteurs de valises —* trabendistes, *pour les initiés ; inoxydables contrebandiers issus des pénuries et de l'instinct de survie »* Y. KHADRA.

TRABENDO [tʀabɛndo] **n. m.** – 1987 ◊ emprunt à l'arabe dialectal, p.-ê. de l'espagnol *trabando* « contrebande » ■ (Algérie, Maroc) Économie informelle, marché noir.

TRABOULE [tʀabul] **n. f.** – 1907 ◊ de *traboule*r ■ RÉGION. (Lyon) Allée qui traboule. *« Juliette s'enfonçait* [...] *dans une traboule de la maison d'en face »* TRIOLET.

TRABOULER [tʀabule] **v. intr.** ⟨1⟩ – 1894 ◊ probablt latin populaire °*trabulare,* de *transambulare,* de *trans* « à travers » et *ambulare* « aller » ■ RÉGION. (Lyon) Se dit d'un passage qui traverse un pâté de maisons, des cours d'immeubles et permet de passer d'une rue à une rue parallèle.

TRAC [tʀak] **n. m.** – *traque* 1830 ◊ origine inconnue, p.-ê. formation expressive ou du même radical que *traquer ;* cf. *tracasser* ■ VIEILLI Peur, frousse. *« Vous lui avez tellement fichu le trac »* ROMAINS. ◆ (1833) MOD. Peur ou angoisse irraisonnée que l'on ressent avant d'affronter le public, de subir une épreuve, d'exécuter une résolution, et que l'action dissipe généralement. *Avoir le trac, un trac fou. Le jeune acteur « était blême, avait visiblement le trac »* GREEN. ■ HOM. Traque.

TRAC (TOUT À) [tutatʀak] **loc. adv.** – 1549, rare av. 1888 ; *tout d'un trac* « sans s'arrêter » 1493 ◊ de *trac* n. m. début XVe « trace, piste » → traquer ■ VIEILLI En s'exprimant d'une façon brusque, soudainement et sans préparation (cf. De but* en blanc). *« ne se gênant pas pour dire tout à trac* [...] *ce qui lui passait par la tête »* HENRIOT.

TRAÇABILITÉ [tʀasabilite] **n. f.** – 1994 ◊ anglais *traceability* ■ Possibilité d'identifier l'origine et de reconstituer le parcours (d'un produit), depuis sa production jusqu'à sa diffusion. *Traçabilité des produits sanguins, de la viande bovine.*

TRAÇABLE [tʀasabl] **adj.** – 1996 ◊ anglais *traceable* (1646) ■ Dont on peut identifier l'origine et reconstituer le parcours. *Produits alimentaires traçables. Courrier traçable.* ➤ **suivi.**

TRAÇAGE [tʀasaʒ] **n. m.** – 1873 ◊ de *tracer* ■ TECHN. Opération consistant à exécuter le tracé d'un schéma, d'une pièce à exécuter, etc. *Traçage à plat, en l'air. Traçage optique,* par projection sur le sol. ◆ INGÉN. *Exploitation par traçages :* creusement de galeries parallèles pour l'exploitation des mines.

TRAÇANT, ANTE [tʀasɑ̃, ɑ̃t] **adj.** – 1694 ◊ de *tracer* ■ BOT. Se dit d'une racine qui s'étend horizontalement entre deux terres. ➤ **stolon.** ◆ (1937) Se dit d'un projectile garni au culot d'une composition combustible qui laisse derrière lui un sillage lumineux. *Balle traçante.* ➤ **traceur.** ◆ Se dit de tout appareil qui permet d'obtenir un tracé. *Table* traçante.*

TRACAS [tʀaka] **n. m.** – 1588 ; *traquas* début XVIe ◊ de *tracasser* ■ VIEILLI (au sing.) Embarras, agitation où mettent les affaires. *Se donner bien du tracas.* ◆ MOD. (souvent au plur.) Souci ou dérangement causé par des préoccupations d'ordre matériel, harcelantes sinon graves. ➤ **difficulté*, ennui.** *Tracas domestiques. Leur déchéance « me consolait un peu de mes tracas personnels »* CÉLINE.

TRACASSER [tʀakase] **v. tr.** ⟨1⟩ – 1580 ; « traquer » XVe ◊ du radical de *traquer* ■ Tourmenter avec insistance, physiquement ou moralement, de façon plus agaçante que douloureuse. ➤ **obséder, travailler, turlupiner ;** RÉGION. **chicaner, chicoter, chipoter.** *« Les petits manquements ne la tracassaient pas moins que les gros péchés »* ROMAINS. ◆ PRONOM. Se donner du tracas, s'inquiéter. *Ne vous tracassez pas pour si peu* (cf. S'en faire*).

TRACASSERIE [tʀakasʀi] **n. f.** – 1580 ◊ de *tracasser* ■ Difficulté ou ennui qu'on suscite à qqn dans un esprit de chicane et de vexation mesquine. *Exposé « aux soupçons et aux tracasseries de la police »* CHATEAUBRIAND. *Les tracasseries administratives.*

TRACASSIER, IÈRE [tʀakasje, jɛʀ] **adj.** – 1680 ◊ de *tracasser* ■ Qui se plaît à tracasser les gens, fait subir des tracasseries. *Un directeur tracassier. Une bureaucratie tracassière. « L'affection des vieilles gens est souvent minutieuse et tracassière »* BALZAC. — SUBST. *« J'avais affaire à un tracassier, qui mettait l'astuce à la place du savoir »* ROUSSEAU.

TRACASSIN [tʀakasɛ̃] **n. m.** – v. 1860 ; région. « charivari » 1846 ◊ de *tracasser* ■ FAM. Humeur inquiète, chagrine. ♦ Souci. *« il s'inquiéta pour l'usine* [...] *Il lui fallait un tracassin et toujours se tourmenter pour quelque chose »* HAMP.

TRACE [tʀas] **n. f.** – début XIIe ◊ de *tracer* ■ **1** Empreinte ou suite d'empreintes, de marques que laisse le passage d'un être ou d'un objet. *« des traces de pas sur la neige conduisaient à un pavillon »* CARCO. *Disparaître sans laisser de traces. Perdre, retrouver la trace d'un fugitif.* ➤ **piste.** *Les traces d'une bête.* ➤ **brisées, foulée,** 1 **pas, passée.** *Suivre un gibier à la trace,* en se guidant sur ses traces. LOC. *Suivre les traces, marcher sur les traces de qqn :* suivre son exemple. — SPORT *Trace directe :* position (et mouvement) du skieur lorsque sa direction est celle de l'axe des skis parallèles. ➤ **descente, schuss.** ■ **2** Marque laissée par une action quelconque. *« il n'y avait nulle trace d'effraction »* RENAN. *Traces de freinage. Traces de coups.* — FIG. *« Un poète doit laisser des traces de son passage, non des preuves. Seules les traces font rêver »* R. CHAR. — *Traces de sang, d'encre,* que laisse une chose tachée de sang, d'encre. ➤ **tache.** *Trace de transpiration.* ➤ **auréole.** ♦ Ce à quoi on reconnaît que qqch. a existé, ce qui subsiste d'une chose passée. ➤ **reste, vestige.** *« la pioche minutieuse des archéologues découvre, couche par couche, la trace émouvante des civilisations »* DANIEL-ROPS. ■ **3** Très petite quantité perceptible. *L'autopsie a révélé des traces de poison. Traces d'albumine* (dans des analyses). — FIG. *« Sans éprouver nulle trace d'ennui »* ROMAINS. ♦ CHIM. *Élément trace,* en très faible concentration. ■ **4** (1799) MATH. *Trace d'une droite sur un plan, d'un plan sur un plan,* leur point d'intersection. *Trace frontale, horizontale. Trace d'une matrice carrée, d'un tenseur,* la somme de leurs éléments diagonaux.

TRACÉ [tʀase] **n. m.** – 1798 ; *tracée* milieu XIVe ◊ de *tracer* ■ Ensemble des lignes constituant le plan d'un ouvrage à exécuter et art de reporter ces lignes sur le terrain. ➤ **graphique,** 3 **plan.** *Le tracé de la future autoroute.* — Contours d'un dessin au trait, d'une écriture. ➤ **graphisme.** ♦ Ligne continue, dans la nature. *Tracé sinueux d'une rivière. « L'action des forces responsables du tracé de la côte »* MARTONNE.

TRACELET ➤ **TRACERET**

TRACEMENT [tʀasmɑ̃] **n. m.** – *trachement* 1476 ◊ de *tracer* ■ RARE Action de tracer (une ligne, un dessin).

TRACER [tʀase] **v.** ‹3› – XVe ; *tracier* XIIe ◊ latin populaire °*tractiare,* classique *trahere* « tirer, traîner »

I **v. tr.** ■ **1** VX Suivre à la trace, poursuivre. — MOD. *Tracer le gibier.* ♦ Suivre le parcours de (qqch.) (➤ **traçabilité**). *Tracer un colis, des marchandises.* — Retrouver l'origine, la source de (qqch.). *« J'ai eu votre adresse par les Renseignements intérieurs, ils ont tracé le coup de fil que vous avez passé de ma voiture »* R. JAUFFRET. ■ **2** (milieu XVIe) Indiquer et ouvrir plus ou moins (un chemin) en faisant une trace. ➤ **frayer.** *« Des pistes tracées par les troupes et les convois »* BARBUSSE. — FIG. *Tracer le chemin, la voie :* indiquer la route à suivre, donner l'exemple. *Un chemin tout tracé.* FAM. *Tracer sa route :* poursuivre ses objectifs. ■ **3** (1637) Mener (une ligne) dans une direction en marquant sur le papier ou sur le terrain ; former ou présenter (une telle ligne). *« En ne traçant que des lignes droites et des cercles »* DESCARTES. *« des éclairs traçaient une raie violâtre »* ZOLA. *Tracer au cordeau. Tracer un trait.* ➤ **tirer.** ♦ Former, en faisant plusieurs traits. ➤ **dessiner.** *Tracer des lettres, des chiffres, une figure géométrique.* FIG. *Le tableau qu'en trace cet écrivain.* ♦ Former par les traits de l'écriture. ➤ **écrire.** *« Au bas de la lettre Balzac avait tracé ces mots »* GAUTIER. ■ **4** VIEILLI Représenter au moyen de traits, d'un dessin au trait. ➤ **dessiner, esquisser.** *Tracer le contour. Ils « savent tracer* [...] *les yeux fermés* [...] *une tête de Christ ou le chapeau de l'empereur »* BAUDELAIRE.

II **v. intr.** ■ **1** (XIIIe) FAM. Aller vite, courir. *Ils ont dû drôlement tracer pour arriver avant nous.* ➤ **cavaler.** ■ **2** (1694) BOT. Être traçant. *Racine qui trace.*

TRACERET [tʀasʀɛ] **n. m.** – 1676 ◊ de *tracer* ■ TECHN. Traçoir (de charpentier, etc.) ; instrument de précision servant à tracer les divisions sur les appareils de mesure. — On dit aussi **TRACELET.**

TRACEUR, EUSE [tʀasœʀ, øz] **n.** – 1582 ◊ de *tracer* ■ **1** TECHN. Spécialiste exécutant des tracés, ou chargé(e) des opérations de traçage et d'ajustage. — Personne qui établit le tracé d'un parcours de compétition ou d'une piste de ski. ■ **2** **n. m.** (1958) SC. Isotope radioactif ou substance chimique dont on suit l'évolution, dans certains phénomènes, par des méthodes de détection. ➤ **marqueur.** *Traceur isotopique radioactif. Traceurs utilisés pour le dépistage de certaines maladies.* — **adj.** Qui laisse une trace. *Balle traceuse.* ➤ **traçant.** ■ **3** **n. m.** MÉCAN. *Traceur de courbes :* machine représentant des informations sous forme de courbes à deux dimensions. ■ **4** **n. m.** IMPRIM. Épreuve de contrôle fournie par l'imprimeur, avant tirage. ➤ **ozalid.** *Le traceur de la couverture. Correction faite sur traceurs.*

TRACHÉAL, ALE, AUX [tʀakeal, o] **adj.** – 1765 ◊ de *trachée* ■ ANAT. Qui appartient à la trachée. *Muscle trachéal. Intubation trachéale.*

TRACHÉE [tʀaʃe] **n. f.** – fin XIVe ◊ bas latin d'origine grecque *trachia* → trachée-artère ■ **1** Portion du conduit aérifère comprise entre l'extrémité inférieure du larynx et l'origine des bronches. ■ **2** (1734) ZOOL. Chacun des très nombreux petits tubes membraneux, assurant la respiration des arthropodes en transportant l'air depuis la peau (stigmates*) jusqu'aux organes. ♦ (1748) BOT. *Trachées :* vaisseaux annelés et spiralés.

TRACHÉE-ARTÈRE [tʀaʃeaʀtɛʀ] **n. f.** – avant 1478 ◊ grec *artêria trakheia,* proprt « conduit respiratoire raboteux » ■ VX Trachée. *Des trachées-artères.*

TRACHÉEN, ENNE [tʀakeɛ̃, ɛn] **adj.** – 1834 ◊ de *trachée* ■ ZOOL. Relatif aux trachées. *Respiration trachéenne des insectes.*

TRACHÉITE [tʀakeit] **n. f.** – 1823 ; *trachésite* 1801 ◊ de *trachée* et *-ite* ■ Inflammation de la trachée, parfois associée à une bronchite. ➤ **trachéobronchite.**

TRACHÉOBRONCHITE [tʀakeobʀɔ̃ʃit] **n. f.** – 1855 ◊ de *trachée, bronche* et *-ite* ■ MÉD. Inflammation simultanée de la trachée et des bronches. *Trachéobronchite tabagique. Des trachéobronchites.*

TRACHÉOSTOMIE [tʀakeɔstɔmi] **n. f.** – 1921 ◊ de *trachée* et *-stomie* ■ CHIR. Trachéotomie* avec suture des lèvres de la plaie à la peau pour faciliter l'introduction d'une canule.

TRACHÉOTOMIE [tʀakeɔtɔmi] **n. f.** – 1772 ◊ de *trachée* et *-tomie* ■ MÉD. Ouverture chirurgicale de la trachée à travers la région antérieure du cou, destinée à rétablir le passage de l'air et permettant d'introduire une canule (➤ **intubation ; trachéostomie**). *Pratiquer une trachéotomie dans un cas de tétanos.* — **adj. et n. TRACHÉOTOMISÉ, ÉE.**

TRACHOME [tʀakom] **n. m.** – 1752 ◊ grec *trakhôma,* proprt « aspérité » ■ MÉD. Conjonctivite granuleuse contagieuse et chronique, d'origine bactérienne, endémique dans certains pays chauds, pouvant entraîner la cécité par l'atteinte secondaire de la cornée avec formation de cicatrices opaques.

TRACHYTE [tʀakit] **n. m.** – 1801 ◊ du grec *trakhus* « raboteux » ■ MINÉR. Roche volcanique, souvent rude au toucher, composée surtout de feldspath et contenant 60 à 65 % de silice. ➤ **obsidienne.** — **adj. TRACHYTIQUE.**

TRAÇOIR [tʀaswaʀ] **n. m.** – 1676 ◊ de *tracer* ■ Poinçon servant à faire des tracés sur le bois, le métal, etc. ➤ **traceret.** — Outil de jardinier servant à tracer les limites des massifs, des semis, etc.

TRACT [tʀakt] **n. m.** – 1832 ◊ mot anglais, abrév. de *tractate* « traité » ■ Petite feuille ou brochure gratuite de propagande religieuse, politique, etc. *Distribuer, afficher des tracts. Tracts lâchés d'un avion. Tract annonçant un spectacle.* ➤ **flyer.**

TRACTABLE [tʀaktabl] **adj.** – v. 1965 ◊ de 1 *tracter* ■ Qu'on peut tracter. *Caravane tractable.*

1 **TRACTAGE** [tʀaktaʒ] **n. m.** – 1909 ◊ de 1 *tracter* ■ Action de tracter. ➤ **remorquage.** *Tractage d'une caravane.*

2 **TRACTAGE** [tʀaktaʒ] **n. m.** – 1992 ◊ de 2 *tracter* ■ Distribution de tracts. *Campagne de tractage et d'affichage.*

TRACTATION [tʀaktasjɔ̃] **n. f.** – 1872 ; « négociation » XVe ◊ latin *tractatio* ■ (Surtout au plur.) Négociation officieuse et occulte, où interviennent des manœuvres ou des marchandages. *Tractations entre l'armée et les rebelles.*

TRACTÉ, ÉE [tʀakte] **adj.** – 1943 ◊ de *tracteur* ■ MILIT. Tiré par un tracteur. *Artillerie tractée.* ➤ aussi **autotracté.**

1 **TRACTER** [tʀakte] **v. tr.** ‹ 1 › – 1965 ◊ de *tracté* ■ Tirer au moyen d'un véhicule (tracteur, auto, camion) ou d'un procédé mécanique (remonte-pente). *Tracter une caravane avec une voiture.* ➤ **remorquer.** *Tracter un skieur en haut d'une piste.*

2 **TRACTER** [tʀakte] **v. intr.** ‹ 1 › – 1992 ◊ de *tract* ■ Distribuer des tracts. « *Les militants tractent comme des fous* » (Le Monde, 2002).

1 **TRACTEUR** [tʀaktœʀ] **n. m.** – 1876 ◊ du latin *tractum*, supin de *trahere* « tirer » ■ Véhicule automobile destiné à tirer un ou plusieurs véhicules, en particulier des remorques ou des engins roulants *(tracteurs d'artillerie lourde)*, ou des instruments et machines agricoles. ➤ **locotracteur, microtracteur, tractopelle.** *Semi-remorque formé d'un tracteur et d'une remorque. Tracteurs à roues, à chenilles.* — SPÉCIALT Tracteur agricole. *Charrue, herse attelée au tracteur.*

2 **TRACTEUR, TRICE** [tʀaktœʀ, tʀis] **adj.** – v. 1950 ◊ même origine que 1 *tracteur* ■ Capable de tracter. *Voiture tractrice d'une caravane.* ♦ HYDROGR. *Force tractrice d'un cours d'eau*, sa capacité à entraîner avec lui des matériaux solides.

TRACTIF, IVE [tʀaktif, iv] **adj.** – 1836 ◊ radical latin *tractum* ; cf. *tracteur* ■ DIDACT. Qui exerce une traction. *Forces tractives.*

TRACTION [tʀaksjɔ̃] **n. f.** – 1503 ◊ bas latin *tractio*, de *trahere* → 1 tracteur ■ Action de tirer ; son effet. ■ **1** TECHN. Action de tirer en tendant, en étendant ; force longitudinale provoquant l'allongement ou l'extension. *Résistance des matériaux à la traction. Force de traction* (➤ **tractif**). ■ **2** Action de tirer en amenant vers soi sans se déplacer. *Tractions rythmées de la langue*, pratiquées en cas d'asphyxie. — Mouvement de gymnastique consistant à tirer le corps (suspendu à une corde, à des anneaux, etc.) en amenant les épaules à la hauteur des mains, ou à relever le corps (étendu à terre, bras repliés sur les avant-bras) en tendant et raidissant les bras. *Faire des tractions pour développer les biceps.* ➤ FAM. 2 **pompe.** ■ **3** Action de traîner, d'entraîner. ➤ **remorquage.** *Traction animale, mécanique. Traction à vapeur, électrique.* ➤ **locomotion.** *Service du matériel et de la traction*, un des grands services d'une région ferroviaire (➤ **tractionnaire**). — (1934) **TRACTION AVANT :** dispositif dans lequel la transmission de l'effort moteur est répartie entre les roues avant de l'automobile ; voiture équipée de ce dispositif. *Véhicule à traction* (opposé à *à propulsion*). FAM. **TRACTION :** ancienne 11 CV ou 15 CV Citroën. ■ CONTR. Compression, poussée.

TRACTIONNAIRE [tʀaksjɔnɛʀ] **n. m.** – 1961 ◊ de *traction* ■ CH. DE FER Membre du service de la traction (3°). ♦ Conducteur de camions avec remorque (➤ 2 **routier**, 3°).

TRACTOPELLE [tʀaktopɛl] **n. f.** – v. 1970 ◊ de 1 *tracteur* et *pelle* ■ Tracteur muni d'une pelle mécanique.

TRACTORISTE [tʀaktɔʀist] **n.** – 1964 ◊ de 1 *tracteur* ■ Conducteur, conductrice de tracteur.

TRACTUS [tʀaktys] **n. m.** – 1867 ◊ mot latin « traînée » ■ ANAT. Faisceaux de fibres (nerveuses, musculaires, conjonctives). ♦ Ensemble d'organes qui constitue un appareil. *Le tractus gastro-intestinal.*

TRADER [tʀɛdœʀ] **n. m.** ou **TRADEUR, EUSE** [tʀɛdœʀ, øz] **n.** – v. 1980 ◊ anglais *trader* « marchand » ■ ANGLIC. Opérateur de marchés financiers. ➤ **broker.** — Recomm. offic. *opérateur, trice de marché.*

TRADESCANTIA [tʀadɛskɑ̃sja] **n. m.** – 1902 ; *tradescante* 1839 ; latin des botanistes (1718) ◊ de *Tradescant*, botaniste hollandais ■ BOT. Plante exotique ornementale *(scrofulariacées)*, aux longues tiges rampantes, communément appelée *misère.*

TRADE-UNION [tʀɛdynjɔ̃ ; tʀɛdjunjɔn] **n. f.** – 1876 ◊ mot anglais, de *trade* « métier » et *union* « union » ■ En Grande-Bretagne, Syndicat ouvrier corporatiste. *Les trade-unions.* — **n. m. TRADE-UNIONISME** [tʀɛdynjɔnism] ; **adj.** et **n. TRADE-UNIONISTE.** ■ HOM. Trait d'union.

TRADITEUR [tʀaditœʀ] **n. m.** – fin XVIIe ; « traître » 1487 ◊ latin *traditor* ■ HIST. RELIG. Chrétien qui, durant les persécutions des premiers siècles, livrait aux païens les livres et les vases sacrés pour échapper au supplice.

TRADITION [tʀadisjɔ̃] **n. f.** – 1291 ◊ latin *traditio*, de *tradere* « remettre, transmettre »

I DR. Remise matérielle (d'une chose mobilière) en vue d'en transférer la propriété ou d'exécuter une obligation de délivrance. ➤ **délivrance, livraison.**

II (Transmission non matérielle). ■ **1** (1488) Doctrine, pratique religieuse ou morale, transmise de siècle en siècle, originellement par la parole ou l'exemple. « *non sur des croyances et des traditions populaires, mais sur la révélation d'une vérité* » SEIGNOBOS. ♦ Ensemble de doctrines et pratiques ainsi transmises. *La tradition juive* (Kabbale, Talmud), *islamique* (hadiths). — SPÉCIALT, RELIG. CATHOL. *Traditions divines*, relatives à la foi et aux mœurs (considérées comme fondées par Jésus-Christ). *Traditions ecclésiastiques* : coutumes pieuses (souvent passagères). — *La Tradition* (par opposition et parallèlement à *l'Écriture*) : ensemble des manifestations de la pensée et de la vie chrétienne depuis les premières communautés fondées par les Apôtres. ■ **2** Information, plus ou moins légendaire, relative au passé, transmise d'abord oralement de génération en génération ; ensemble d'informations de ce genre. ➤ **légende, mythe.** *Tradition orale.* « *Vers l'an 750, selon quelques traditions, on faisait usage d'un papier de coton* » BALZAC. *La tradition populaire.* ➤ **folklore.** ■ **3** Manière de penser, de faire ou d'agir, qui est un héritage du passé. ➤ **coutume, habitude.** *Maintenir, respecter, bousculer les traditions. Cette peinture rompait « avec les traditions académiques »* GAUTIER. *Ce socialisme « était dans la tradition française »* PÉGUY. — **loc. adv.** *Par tradition.* — **loc. adj.** *De tradition* : traditionnel. *Baguette de tradition.* APPOS. *Baguette tradition* ou **n. f.** *une tradition.*

TRADITIONALISME [tʀadisjɔnalism] **n. m.** – 1851 ◊ de *traditionaliste* ■ **1** THÉOL. Doctrine d'après laquelle on ne peut rien connaître que par une révélation primitive et par la tradition de l'Église. *Le traditionalisme de Bonald.* ♦ (v. 1975) Doctrine religieuse extrémiste prônant un retour aux traditions. ➤ **fondamentalisme, intégrisme.** ■ **2** PHILOS. Doctrine d'après laquelle il faut conserver les formes politiques et religieuses traditionnelles comme l'expression naturelle des besoins d'une société, même si la raison ne peut les justifier. ■ **3** COUR. Attachement aux notions et aux techniques traditionnelles. ➤ **conformisme, conservatisme.**

TRADITIONALISTE [tʀadisjɔnalist] **adj.** et **n.** – 1849 ◊ de *traditionnel* ■ Propre au traditionalisme ; partisan du traditionalisme. ➤ **conformiste, conservateur.** « *les traditionalistes pour lesquels un abus a force de loi parce qu'il s'est éternisé* » BARBUSSE. ♦ (v. 1975) SPÉCIALT Partisan du traditionalisme religieux. ➤ **fondamentaliste, intégriste.**

TRADITIONNAIRE [tʀadisjɔnɛʀ] **adj.** et **n.** – 1696 ◊ de *tradition* ■ RELIG. JUD. (VX) Qui interprète la Bible selon la tradition talmudique.

TRADITIONNEL, ELLE [tʀadisjɔnɛl] **adj.** – 1722 ◊ de *tradition* ■ Qui est fondé sur la tradition, correspond à une tradition (religieuse, sociale, politique, etc.). ➤ **orthodoxe.** *Grammaire traditionnelle.* ➤ **classique.** *Une morale traditionnelle.* ➤ **conformiste, conventionnel.** *Musique traditionnelle.* ➤ **folklorique.** *Une interprétation « déterministe conforme [...] aux conceptions traditionnelles de la physique »* BROGLIE. ♦ D'un usage ancien et familier, consacré par la tradition. ➤ **habituel.** *Le traditionnel gigot pascal.* — **adv. TRADITIONNELLEMENT,** 1784.

TRADUCTEUR, TRICE [tʀadyktœʀ, tʀis] **n.** – 1540 ◊ de *traduire*, d'après le latin *traductor* ■ **1** Auteur d'une traduction. « *Le traducteur est un peseur perpétuel d'acceptions* » HUGO. — *Traducteur, traductrice interprète* : professionnel(le) chargé(e) de traduire des textes oralement et par écrit. *Des traducteurs interprètes.* DR. *Traducteur expert.* — **n. m.** et **n. f.** Appareil électronique fournissant des éléments de traduction (mots, phrases simples). *Traducteur, traductrice de poche.* ■ **2** **n. m.** (1860) TECHN. Dispositif servant à transformer un courant électrique en impressions lumineuses ou des variations de courant en impressions sonores.

TRADUCTION [tʀadyksjɔ̃] **n. f.** – 1530 ; « livraison » XIIIe ◊ de *traduire*, d'après le latin *traductio* ■ **1** Action, manière de traduire. « *Sa traduction peut paraître très exacte et fidèlement calquée sur l'original* » SAINTE-BEUVE. *Traduction littérale*, mot à mot* (➤ aussi **calque**). *Traduction fidèle. Traduction libre.* ➤ **adaptation, para-**

phrase. — *Traduction automatique,* opérée par des machines électroniques. *Traduction orale, simultanée.* ➤ aussi **interprétation.** ◆ Texte ou ouvrage donnant dans une autre langue l'équivalent du texte original qu'on a traduit. ➤ **version.** *La traduction de la Bible en latin* (➤ **vulgate**), *en français.* «*des traductions d'Edgar Poe* [...] *tellement excellentes qu'elles semblent des œuvres originales*» GAUTIER. «*une comparaison entre deux traductions, anglaises ou françaises, d'un même texte*» LARBAUD. *Langue source et langue cible d'une traduction.* — PAR EXT. *Chercher la traduction d'un mot dans un dictionnaire bilingue.* ➤ 2 **équivalent.** ▪ **2** FIG. (fin XVIIIe) Expression, transposition. «*La peinture de Delacroix me paraît la traduction de ces beaux jours de l'esprit*» BAUDELAIRE. ▪ **3** BIOCHIM. Synthèse protéique, ainsi dénommée parce que l'alphabet à quatre lettres des acides nucléiques est traduit en alphabet à vingt lettres des protéines. «*l'ARN de transfert, dont le rôle est capital dans la traduction du message génétique*» (La Recherche, 1988). *Les ribosomes assurent la traduction dans la cellule.*

TRADUIRE [tʀadɥiʀ] **v. tr.** ⟨38⟩ – 1480 ◇ latin *traducere,* proprt «faire passer»

I DR. Citer, déférer. *Traduire qqn en justice, devant le tribunal, aux assises. Le président des États-Unis peut être traduit devant le Sénat.*

II ▪ **1** (1520) Faire que ce qui était énoncé dans une langue naturelle le soit dans une autre, en tendant à l'équivalence sémantique et expressive des deux énoncés. ➤ **rendre.** *Traduire un texte russe en français. Roman traduit de l'anglais.* ABSOLT *Machine* à traduire.* ➤ **traducteur** (cf. Traduction automatique). — PAR EXT. *Traduire un auteur.* — *Auteur traduit en vingt langues.* — PRONOM. (PASS.) *Les noms propres ne se traduisent pas.* ◆ (Sans changement de langue) *Traduisez...* : autrement dit... *Il a des difficultés (traduisez : il est bête).* ▪ **2** (fin XVIIe, répandu XIXe) Exprimer, de façon plus ou moins directe, en utilisant les moyens du langage ou d'un art. «*traduisant par les mille combinaisons du son les tumultes de l'âme*» BAUDELAIRE. — «*Les mots qui doivent traduire votre pensée*» DUHAMEL. PRONOM. (PASS.) «*La joie des spectateurs se traduisait en exclamations*» GAUTIER. ▪ **3** Manifester aux yeux d'un observateur (un enchaînement, un rapport). «*Les mythes traduisent les règles de conduite d'un groupe social*» ROUGEMONT. *La fièvre traduit les réactions de défense de l'organisme. Traduire sa volonté dans des actes.* — PRONOM. Prendre la forme (de). *Cette haine* «*se traduit par un vague* [...] *désir de nuire*» HUGO. *Sa politique s'est traduite par un échec.* ➤ **se solder.** ▪ **4** PAR EXT. ➤ **transcoder.** *Traduire un programme informatique en langage machine.* ➤ **compiler.** ◆ BIOCHIM. Synthétiser (une protéine) d'après la séquence d'un ARN messager (➤ **traduction,** 3°). *Un ARN messager peut être traduit par plusieurs ribosomes à la fois.*

TRADUISIBLE [tʀadɥizibl] **adj.** – 1725 ◇ de *traduire* ▪ Qui peut être traduit. *Ce jeu de mots n'est guère traduisible.* ▪ **CONTR.** Intraduisible.

TRAFIC [tʀafik] **n. m.** – milieu XIVe ◇ de l'italien *traffico,* de *trafficare* → trafiquer

I VIEILLI Commerce. *Faire trafic de (qqch.)* : négocier. ◆ MOD. PÉJ. Commerce plus ou moins clandestin, immoral et illicite. *Trafic des bénéfices ecclésiastiques.* ➤ **simonie.** «*l'effroyable trafic de chair humaine qui si longtemps ravagea les côtes de l'Afrique*» JAURÈS. *Trafic d'esclaves* (➤ **traite**). *Faire du trafic d'armes ; de drogue* (➤ **narcotrafic**). — DR. *Trafic d'influence* : fait d'agréer des offres ou de recevoir des présents pour faire obtenir de l'autorité publique un avantage quelconque. ➤ **concussion, malversation, prévarication ; pot-de-vin.** ◆ FIG. *Qu'est-ce que c'est que tout ce trafic ?* ➤ **magouille.**

II (milieu XIXe ◇ anglais *traffic*) ▪ **1** Mouvement général des trains ; fréquence des convois sur une même ligne. *Un trafic intense.* — PAR EXT. *Trafic maritime, routier, aérien.* ▪ **2** Circulation des véhicules. *Trafic dense sur le périphérique.* ▪ **3** Nombre de visiteurs d'un site web. ➤ **audience.** *Le trafic d'un blog.*

TRAFICOTER [tʀafikɔte] **v. intr.** ⟨1⟩ – 1873 ◇ de *trafiquer* ▪ FAM. Trafiquer (2°). *Un petit escroc qui traficote.* — **n. m. TRAFICOTAGE.**

TRAFIQUANT, ANTE [tʀafikɑ̃, ɑ̃t] **n.** – 1585 ◇ de *trafiquer* ▪ PÉJ. Commerçant. «*Les affaires se traitent à demi-voix, avec* [...] *les cachotteries du trafiquant arabe*» FROMENTIN. *Trafiquant de drogue* (➤ **dealeur**), *d'armes.* ◆ Personne malhonnête qui trafique de tout. ➤ FAM. **fricoteur.** «*dans un système politique libéral, réglé par le marchandage* [...] *tout appartient aux trafiquants*» BARRÈS.

TRAFIQUER [tʀafike] **v. tr.** ⟨1⟩ – milieu XVe ◇ de l'italien *trafficare,* emprunté au catalan *trafegar* «transvaser», d'un latin *transfaecare* «purifier», famille de *faex* «lie» ▪ **1** Faire trafic de..., acheter et vendre, en réalisant des profits illicites. «*j'allais trafiquer avec eux des ivoires,* [...] *des oiseaux*» CÉLINE. — TR. IND. «*Un cadet de famille trafiquait d'un régiment ainsi que d'une marchandise*» ZOLA. — ABSOLT «*quand M. de Talleyrand ne conspire pas, il trafique*» CHATEAUBRIAND. ▪ **2** FAM. Se livrer à diverses manipulations sur (un objet, un produit), en vue de tromper sur la marchandise. ➤ **falsifier.** *Trafiquer un vin.* ➤ **frelater.** *Voiture d'occasion dont le moteur a été trafiqué.* ➤ **bricoler.** ▪ **3** FAM. Faire (qqch. de plus ou moins mystérieux). *Qu'est-ce que tu es en train de trafiquer ?* ➤ **fabriquer.**

TRAGÉDIE [tʀaʒedi] **n. f.** – début XIVe ◇ latin d'origine grecque *tragœdia* ▪ **1** Dans la Grèce antique, Œuvre lyrique et dramatique en vers, née du dithyrambe, représentant quelque grand malheur arrivé à des personnages célèbres de la légende ou de l'histoire, et propre à exciter la terreur ou la pitié ; genre dramatique auquel appartient ce type de pièce. *Melpomène, muse de la tragédie. Tragédies d'Eschyle, de Sophocle, d'Euripide.* ➤ **trilogie.** *Tragédies latines,* pour la plupart, adaptations des tragédies grecques. ◆ (v. 1500) HIST. LITTÉR. FR. Œuvre dramatique en vers, présentant une action tragique (1°) dont les évènements, par le jeu de certaines règles ou bienséances se traduisent essentiellement en conflits intérieurs chez des personnages illustres aux prises avec un destin exceptionnel ; le genre auquel appartient ce type de pièce (opposé à *comédie*). *Tragédies de Corneille, de Racine. L'exposition, le nœud, l'action, le dénouement d'une tragédie.* «*Nous avons en France des tragédies estimées, qui sont plutôt des conversations qu'elles ne sont la représentation d'un événement*» VOLTAIRE. *Héroïne de tragédie.* ▪ **2** FIG. (1552) Évènement ou ensemble d'évènements tragiques (2°). ➤ **drame.** *Cet accident est une tragédie.* «*Lamentable tragédie que la vie d'Edgar Poe !*» BAUDELAIRE.

TRAGÉDIEN, IENNE [tʀaʒedjɛ̃, jɛn] **n.** – 1764 fém. ; hapax 1372 ◇ de *tragédie* ▪ Acteur, actrice qui joue spécialement les rôles tragiques (tragédie ou drame). *Mlle Rachel* «*cette jeune tragédienne* [...] *ne déclame point, elle parle*» MUSSET.

TRAGICOMÉDIE [tʀaʒikɔmedi] **n. f.** – 1527 ◇ d'après le latin *tragi(co) comœdia* ▪ HIST. LITT. Tragédie dont l'action est romanesque et le dénouement heureux (ex. «Le Cid»). *Des tragicomédies.* ◆ FIG. Évènement, situation où le comique se mêle au tragique.

TRAGICOMIQUE [tʀaʒikɔmik] **adj.** – 1624 ◇ de *tragicomédie,* d'après *comique* ▪ HIST. LITTÉR. Qui appartient à la tragicomédie. ◆ COUR. Où le tragique et le comique se mêlent. *Des aventures tragicomiques.*

TRAGIQUE [tʀaʒik] **adj.** et **n. m.** – début XVe ◇ latin d'origine grecque *tragicus* ▪ **1** De la tragédie (1°). *Le genre tragique. Les personnages tragiques. Auteur, poète tragique,* qui compose des tragédies. SUBST. *Les tragiques* : les poètes tragiques. ◆ Qui est propre à la tragédie, évoque une situation où l'individu prend douloureusement conscience d'un destin ou d'une fatalité qui pèse sur sa vie, sa nature ou sa condition même. *L'action tragique.* «*les héros poursuivis par la fatalité tragique*» DUHAMEL. — **n. m.** *Le tragique et le comique.* ▪ **2** (1596) Qui inspire une émotion intense, par son caractère effrayant ou funeste. ➤ **dramatique, émouvant, terrible.** *Situation tragique. Il a eu une fin tragique. Une tragique méprise. Air, ton tragique.* ➤ **pathétique.** — FAM. *Ce n'est pas tragique* : ce n'est pas bien grave. — **n. m.** *La situation tourne au tragique.* «*Il y a un tragique quotidien*» MAETERLINCK. LOC. *Prendre une chose au tragique,* la considérer comme tragique, s'en alarmer à l'excès. ➤ **dramatiser.** «*Il faut tout prendre au sérieux, mais rien au tragique*» THIERS. ▪ **CONTR.** Comique.

TRAGIQUEMENT [tʀaʒikmɑ̃] **adv.** – 1549 ◇ de *tragique* ▪ D'une manière tragique (2°). *Mourir tragiquement.*

TRAGUS [tʀagys] **n. m.** – 1751 ◇ latinisation du grec *tragos* «bouc» ▪ ANAT. Saillie aplatie triangulaire à la partie antérieure de la conque de l'oreille, au-dessous de l'hélix.

TRAHIR [tʀaiʀ] **v. tr.** ⟨2⟩ – *traïr* 1080 ◇ latin *tradere* «livrer» ▪ **1** Livrer, ou abandonner (qqn à qui l'on doit fidélité). ➤ **dénoncer, donner, vendre.** *Judas trahit Jésus. Trahir ses complices.* — Abandonner (son camp, son armée) en passant à l'ennemi. ➤ **déserter.** *Trahir sa patrie* (➤ **traître**). ABSOLT «*capable de tout pour sauver sa peau, de fuir, de trahir*» SARTRE. ▪ **2** Cesser d'être fidèle à (qqn auquel on est lié par une parole donnée ou par solidarité). *Trahir un ami. Il a*

« *constamment trahi Alexandre au profit de Napoléon* » SARTRE. PROV. *On n'est jamais trahi que par les siens.* — PAR EXT. *Tu as trahi sa confiance. Trahir sa promesse.* ◆ (Sujet chose) Desservir par son caractère révélateur. « *toute fille amoureuse commet une imprudence qui la trahit* » BALZAC. *Son lapsus l'a trahi.* ■ **3** Abandonner (une personne aimée) pour une autre. ➤ **tromper.** « *À vingt et un ans* [...] *Augustine se vit trahie pour une femme de trente-six ans* » BALZAC. ■ **4** (Sujet chose) Lâcher, cesser de seconder (cf. Faire défaut*). « *Mes nerfs m'ont trahi* » BOURGET. ➤ **abandonner.** ◆ Exprimer infidèlement. « *le sentiment que les mots m'entraînaient* [...] *trahissaient ma vraie pensée* » MARTIN DU GARD. *Le traducteur a trahi l'auteur.* ■ **5** Livrer (un secret). ➤ **divulguer, révéler.** « *Il trahit, au cours de libations trop capiteuses* [...] *le secret de la négociation* » MADELIN. ◆ Laisser voir (ce qu'on veut cacher). « *de peur de trahir l'émotion trop vive* » MUSSET. ◆ (Sujet chose) Être le signe, l'indice de (une chose peu évidente ou dissimulée). ➤ **déceler, dénoncer, manifester, révéler.** « *Une contraction, vite réprimée, du petit visage trahit la déception de l'enfant* » MARTIN DU GARD. ■ **6** v. pron. (réfl.) Laisser apparaître, laisser échapper ce qu'on voulait cacher. *Il s'est trahi par cette question.* ➤ **se couper.** « *je me trahirais ; je ne pourrais retenir l'expression du dédain qu'ils m'inspirent* » STENDHAL. ◆ (Sujet chose) Se manifester, se révéler. « *C'est par lui* [l'amour] *que se trahit la faiblesse des êtres* » FRANCE. ■ CONTR. Seconder, servir ; cacher.

TRAHISON [tʀaizɔ̃] n. f. – *traïsun* 1080 ◇ de *trahir* ■ **1** Crime d'une personne qui trahit, passe à l'ennemi. ➤ **défection, désertion.** « *on peut décider a priori que les trahisons sont toujours motivées par l'intérêt et l'ambition* » SARTRE. ◆ *Haute trahison* : intelligence avec une puissance étrangère ou ennemie, en vue ou en cours de guerre. — Manquement grave, de la part du président de la République, aux devoirs de sa charge. ■ **2** Action de trahir (2°), de manquer au devoir de fidélité. ➤ **déloyauté, félonie, parjure, perfidie, traîtrise.** *Payer* « *de quelque trahison* [...] *une tranquillité précaire* » PÉGUY. ■ **3** Grave infidélité en amour (➤ 2 **adultère**). « *Les réciproques trahisons Font qu'on se quitte un jour, sans larmes* » CH. CROS. ■ **4** Action de dénaturer une pensée. *Cette traduction est une trahison de la pensée de l'auteur.* ■ CONTR. Fidélité.

TRAIL [tʀɛ(j)l] n. m. – v. 1985 ◇ de l'anglais *trail bike* (1969) « moto de motocross », de *trail* « piste, sentier » ■ ANGLIC. ■ **1** Moto légère, polyvalente, dotée de suspensions à grand débattement. *Des trails.* ■ **2** SPORT Course à pied de longue distance en terrain accidenté.

TRAILLE [tʀɑj] n. f. – 1409 ◇ latin *tragula* ■ Câble tendu d'une rive à l'autre le long duquel se déplace une embarcation servant de bac ; ce bac lui-même.

TRAIN [tʀɛ̃] n. m. – début XIIIe ◇ de *traîner*

I SUITE, ENSEMBLE DE CHOSES, D'ANIMAUX OU DE PERSONNES ■ **1** VX File de bêtes de somme qui suivent qqn. *Train de mulets.* ◆ MOD. File de choses traînées ou entraînées. « *un train de péniches derrière un remorqueur* » VERCEL. *Train de bois de flottage** : troncs d'arbres réunis et remorqués. ➤ RÉGION. 2 **flotte.** « *Il avait rencontré un train de tombereaux chargés de pierre* » LARBAUD. *Train routier* : tracteur entraînant plusieurs remorques. — (v. 1960) *Train spatial* : ensemble de capsules ou modules circulant soit arrimés ensemble, soit séparément, lors d'une expédition interplanétaire. ■ **2** TECHN. Suite ou ensemble de choses semblables qui fonctionnent en même temps. *Train de roues d'engrenage. Train de pneus* : ensemble de pneus d'une automobile. *Train de laminoirs. Train de roulement. Train de forage* (ou *de sonde*) : ensemble du trépan et des tiges de forage. ◆ PHYS. *Train d'ondes**. ◆ (v. 1960) (ABSTRAIT) Série d'actes de caractère administratif, social, politique, émanant du gouvernement. *Train de mesures, de décisions, de réformes. Train d'ordonnances* : ensemble de décrets faisant partie d'une législation nouvelle dans un domaine déterminé. ■ **3** MILIT. *Train des équipages**. *Train de combat.* — *Le train.* *Unités, soldats du train.* ■ **4** (début XIIIe) VX Ensemble de domestiques, chevaux, voitures qui accompagnaient une personne. ➤ **équipage, suite.** — *Train de maison* : personnel qui sert dans une maison. Employés, commodités, dépenses d'une maison. « *il prit un train de maison, voiture, table ouverte et le petit hôtel de la Chaussée d'Antin* » MICHELET. LOC. *Mener* **GRAND TRAIN** : vivre dans un luxe ostentatoire (cf. Vivre sur un grand pied*).

II TRANSPORT FERROVIAIRE (1829 ◇ de I, 1°) ■ **1** La locomotive et l'ensemble des voitures (➤ **wagon**) qu'elle traîne. ➤ **convoi,** 3 **rame ;** ARG. **dur ; autorail.** *Le train de Paris,* qui va à Paris, ou qui vient de Paris. *Chef, contrôleur, conducteur de train. Prendre le train de 6 h 50,* qui part à 6 h 50. *Billet de train. Monter dans le train, descendre du train. Voyager en train. Compartiments, couloir d'un train. Avoir, manquer, rater son train. Le train entre en gare. Le train est à quai. Déraillement d'un train. Train à vapeur, électrique. Train à turbine.* ➤ **turbotrain.** *Train omnibus*, direct*, express*, rapide*. Train à grande vitesse.* ➤ **T. G. V.** *Train corail*. Train monorail.* ➤ **aérotrain.** *Train express régional.* ➤ 2 **TER.** *Train d'intérêt local.* ➤ **tortillard.** *Train de banlieue. Train de voyageurs, de marchandises. Train mixte,* transportant à la fois des voyageurs et des marchandises. — *Train de neige* : train de voyageurs qui vont aux sports d'hiver. *Train autocouchette.* ➤ **autocouchette.** *Train transporté par bateau.* ➤ **ferry-boat.** *Train postal.* ◆ LOC. *Comme une vache regarde passer un train* : avec un air passif, abruti. — *Prendre le train en marche* : s'associer à une action déjà en cours ; assumer la continuité d'une entreprise. *Louper le train de...* : laisser passer l'occasion de... — *Un train peut en cacher* un autre.* — FAM. *Avoir un train de retard**. ■ **2** *Le train* : moyen de transport ferroviaire. *Voyager par le train.* ➤ **chemin de fer, rail.** ■ **3** Jouet d'enfant représentant un train en miniature, avec sa voie ferrée. *Offrir un train électrique à un enfant.*

III ALLURE, MARCHE, PROGRESSION A. MANIÈRE D'ÉVOLUER ■ **1** (1580) VIEILLI Manière d'aller, d'évoluer, marche (des choses). « *leur existence avait pris le train actif et monotone des campagnes* » ZOLA. MOD. *Du train où vont les choses* : si les choses continuent comme cela. *Du train où vont les choses, nous ne serons jamais prêts à temps.* « *Au train dont va la science* » BERGSON. *Aller son train* : continuer sa marche, sa progression de la même manière (cf. Suivre son cours*). ➤ **traintrain.** ◆ (1553) **TRAIN DE VIE :** VIEILLI genre de vie, manière de vivre. MOD. Manière de vivre, relativement aux dépenses de la vie courante que permet la situation des gens. *Éléments du train de vie* (cf. Signes* extérieurs de richesse). *Réduire son train de vie.* ■ **2** Allure du cheval, d'une monture ; d'un véhicule ou d'un coureur, d'un marcheur. « *Quatre chevaux qu'il ne pouvait retenir accéléraient leur train* » FLAUBERT. *Aller à fond de train, un train d'enfer,* à toute vitesse. *Aller bon train,* vite. FIG. *Les rumeurs vont bon train. Train de sénateur*. À ce train-là, au train où il va, il ne sera jamais à l'heure.* — Allure du peloton de tête, dans une course. *Le train est rapide, soutenu. Mener, suivre le train. Faux train* : allure qui donne l'illusion d'être rapide, mais laisse au concurrent de tête assez de ressources pour accélérer. ■ **3** VX OU RÉGION. (Canada) Tumulte ; vacarme, tapage. « *Le train qu'ils faisaient avec les autres enfants, c'était à devenir fou* » G. ROY.

B. EN TRAIN (DE) ■ **1** loc. adv. (1636) **EN TRAIN :** en mouvement, en action, ou en humeur d'agir. *Se mettre en train.* ➤ **branle.** « *Ce qui mettrait un autre hors de combat ne fait que le mettre, lui, plus en train* » SAINTE-BEUVE. *Je ne suis pas en train* : je ne me sens pas bien disposé. *Mettre qqn en train,* le mettre de bonne humeur, l'inciter à la gaieté (➤ **boute-en-train**). ◆ *Mettre un travail en train,* commencer à l'exécuter (cf. En chantier, en route). *Mise en train* : début d'exécution, travaux préparatoires. ■ **2** loc. prép. (1666) **EN TRAIN DE...** (en tour négatif) : disposé à. *Elle n'est pas en train de s'amuser,* elle n'a pas l'esprit à cela. ◆ (1735) Marque l'action en cours, l'aspect duratif du verbe. *Il est en train de travailler* : il travaille en ce moment. *Le gâteau est en train de cuire.*

IV PARTIE QUI TRAÎNE ■ **1** (fin XVe) Partie qui porte le corps d'une voiture et à laquelle sont attachées les roues. *Train avant, arrière d'une automobile* : ensemble des roues avant et de l'essieu avant, des roues arrière et du pont arrière. — (1912) *Train d'atterrissage* : parties d'un avion destinées à être en contact avec le sol. ■ **2** (XVIe) Partie de devant, de derrière des animaux de trait, des quadrupèdes. *Train de devant* (➤ **avant-train**), *de derrière* (➤ **arrière-train**). *L'animal* « *traînant dans la poussière son train de derrière brisé* » MARTIN DU GARD. ◆ POP. Derrière. ➤ **cul*.** *Je vais te botter le train ! Se manier* le train. Filer le train à qqn,* le suivre de près. « *Je pouvais difficilement* [...] *me faire filmer alors que toutes les polices du pays me filaient le train...* » DAENINCKX (cf. Avoir la police aux trousses*). *Il nous colle* au train.*

■ HOM. Trin.

TRAÎNAGE [tʀɛnaʒ] n. m. /TRAINAGE/ – 1531 ◇ de *traîner* ■ Transport par traîneaux. — Dans les mines, les carrières, Transport des matériaux dans des chariots tirés par un câble.

TRAÎNAILLER [tʀɛnɑje] v. intr. ⟨1⟩ /TRAINAILLER/ – 1877 ◇ de *traîner* ■ FAM. Traîner, être inoccupé. ➤ FAM. **traînasser.** *Il* « *traînaillait dans la boutique, ne se décidait pas à partir* » ZOLA.

TRAÎNANT, ANTE [tʀɛnɑ̃, ɑ̃t] adj. /TRAINANT, ANTE/ – XIIe ◊ de *traîner* ■ **1** Qui traîne par terre, qui pend. «*Des couvertures traînantes et souillées*» BAUDELAIRE. ■ **2** (1580) Monotone et lent, qui traîne, en parlant de sons. *Voix traînante.* «*une musique lourde, aux accents traînants*» LE CLÉZIO. ■ **3** PÊCHE *Engins traînants* (opposé à *dormants*) : haveneaux, chaluts, dragues, lignes de traîne...

TRAÎNARD, ARDE [tʀɛnaʀ, aʀd] n. /TRAINARD, ARDE/ – 1594 ◊ de *traîner* ■ Personne qui traîne, reste en arrière d'un groupe en marche (SPÉCIALT d'une troupe). «*cette route du malheur, semée de traînards, de chevaux morts*» ARAGON. ♦ Personne trop lente dans son travail. ➤ **lambin.**

TRAÎNASSER [tʀɛnase] v. ‹1› /TRAINASSER/ – fin XVe ◊ de *traîner* ■ FAM. ■ **1** v. tr. VX PÉJ. Traîner. «*Traînassant ta faiblesse et ta simplicité*» VERLAINE. ■ **2** v. intr. (1845) Traîner, être trop long (à faire qqch.). ➤ **lambiner.** ♦ Errer inoccupé. ➤ FAM. **glander, traînailler.** *Traînasser dans les cafés.*

TRAÎNE [tʀɛn] n. f. /TRAINE/ – *à traîne* «en traînées irrégulières» XIIe ◊ de *traîner* ■ **1** loc. adv. **À LA TRAÎNE :** en amarrant à l'arrière (ce qu'on traîne). «*en remorquant notre trophée à la traîne*» BAUDELAIRE. ♦ En arrière d'un groupe de personnes qui avance (cf. À la remorque). *Rester à la traîne* (➤ **traînard**). — FIG. Qui ne parvient pas à suivre, à s'adapter. ➤ FAM. **largué** (cf. À la ramasse). ♦ En désordre, comme qqch. qui traîne à l'abandon. «*une poignée de cravates à la traîne sur la barre de cuivre du lit*» C. SIMON. ■ **2** (1553) Filet de pêche que l'on traîne. ➤ **seine.** «*Tirer sur les sables* [...] *la traîne pleine de poissons*» HUGO. *Pêche à la traîne.* ♦ MAR. Objet qu'on file à l'arrière à l'aide d'un filin. ■ **3** (1843) Bas d'un vêtement qui traîne à terre derrière une personne qui marche. ➤ 1 **queue.** *Robe de mariée à traîne.* «*On releva donc la traîne par un ruban à la ceinture*» LOTI. ■ **4** (1841) RÉGION. Haie ou buisson bordant un chemin ; chemin creux. «*quelques traînes semblables à celles* [...] *du Berry, indiquaient les cours d'eau*» BALZAC. ■ **5** (1880) (Canada) *Traîne sauvage.* ➤ **toboggan.** *Elle «l'emmène glisser en traîne sauvage sur les Plaines»* M. LABERGE. ■ **6** MÉTÉOROL. Secteur postérieur d'un système nuageux à l'arrière d'un front froid. *Ciel de traîne.* «*nuages filants d'un ciel de traîne*» PH. BESSON.

TRAÎNEAU [tʀɛno] n. m. /TRAINEAU/ – 1549 ; *trainneaul* fin XIVe ; *traneau* 1227 ◊ de *traîner* ■ **1** Véhicule à patins servant au transport du bois (➤ **schlitte**), du charbon dans les mines, etc. ♦ (fin XVIe) Voiture à patins que l'on traîne (ou pousse) sur la neige. ➤ **luge, troïka ;** RÉGION. **glisse, toboggan, traîne** (sauvage). *Traîneau tiré par des chevaux, des rennes, des chiens. Chien de traîneau.* ➤ **husky, samoyède.** *La neige «était merveilleusement glissante et fuyait sous les patins du traîneau»* HÉMON. *Voyager en traîneau.* ♦ EN APPOS. Que l'on traîne. *Des aspirateurs traîneaux.* ■ **2** (fin XIIIe) Grand filet de pêche ou de chasse que l'on traîne. ➤ **seine, traîne.**

TRAÎNE-BÛCHE [tʀɛnbyʃ] n. m. /TRAINE-BUCHE/ – 1923 ◊ de *traîner* et *bûche* ■ Larve aquatique de la phrygane. *Des traîne-bûches.*

TRAÎNE-BUISSON [tʀɛnbɥisɔ̃] n. m. /TRAINE-BUISSON/ – 1778 ◊ de *traîner* et *buisson* ■ RÉGION. Fauvette d'hiver. «*un traîne-buisson voletait de broussaille en broussaille*» GENEVOIX. *Des traîne-buissons.*

TRAÎNÉE [tʀene] n. f. /TRAINÉE/ – 1375 ◊ de *traîner*

I ■ **1** Longue trace laissée sur une surface par une substance répandue. *Traînées de sang.* — *Traînée de poudre :* poudre à canon répandue selon une ligne, pour communiquer le feu à l'amorce. FIG. *Comme une traînée de poudre :* très rapidement, de proche en proche. *La nouvelle s'est répandue comme une traînée de poudre.* ■ **2** (1701) Ce qui suit un corps en mouvement et semble émaner de lui. *Traînée lumineuse d'une comète* (➤ **chevelure**). «*la Circé s'en allait* [...] *laissant derrière elle* [...] *son éternelle traînée bruissante*» LOTI. ➤ **sillage.** ♦ Bande allongée de matière, de couleur différente, sur une surface ou dans l'espace. «*Quelques minces traînées de vapeur* [...] *au-dessus de l'horizon*» FROMENTIN. ■ **3** (1872) PÊCHE Longue ligne de fond. ■ **4** (1949) TECHN. Composante des forces aérodynamiques sur le vecteur vitesse ; résistance à l'avancement (opposé à *poussée*). *Coefficient de traînée* (ABRÉV. Cx).

II (fin XVe) FAM. Femme de mauvaise vie (qui «traîne» avec tous les hommes). ➤ **prostituée,** 1 **vadrouille.** «*Une sale traînée, qui a déjà disparu avec un autre homme*» ZOLA. — (Injurieux) *Espèce de traînée !*

TRAÎNEMENT [tʀɛnmɑ̃] n. m. /TRAINEMENT/ – 1501 ; «effort» 1295 ◊ de *traîner* ■ Action de traîner (les pieds, la jambe). «*Le traînement de jambe du cavalier*» GAUTIER.

TRAÎNE-MISÈRE [tʀɛnmizɛʀ] n. /TRAINE-MISÈRE/ – 1893 ◊ de *traîner* et *misère* ■ Personne qui traîne partout sa misère. ➤ **gueux, miséreux.** *Une traîne-misère.* «*Souvent un ivrogne, un traîne-misère* [...] *venait nous demander cent sous*» BEAUVOIR. *Des traîne-misère* (inv.) ou *des traîne-misères.*

TRAÎNER [tʀene] v. ‹1› /TRAINER/ – début XIIe, au sens d'«emmener qqn de force» (I, 2o) ◊ du latin tardif *traginare,* famille de *trahere* → traire

I ~ **v. tr.** ■ **1** (fin XIIe) Tirer après soi (un véhicule ou un objet quelconque). *La voiture traînait une caravane.* ♦ Déplacer en tirant derrière soi sans soulever. «*Je traînai une chaise-longue près de la cheminée*» BOSCO. *Le corps de la victime a été traîné sur plusieurs mètres.* — *Traîner la jambe, la patte :* avoir de la difficulté à marcher. *Traîner les pieds :* marcher sans soulever les pieds du sol ; FIG. obéir sans empressement, renâcler à faire qqch. *Traîner la semelle, la savate* : vivre misérablement (➤ **traîne-savate, traîne-semelle**). FAM. *Traîner ses bottes, ses guêtres quelque part :* traînasser. — FIG. *Traîner qqn dans la boue*.* ♦ Entraîner dans sa marche (une entrave). *Traîner un boulet*, une casserole*.* ■ **2** (début XIIe) Forcer (qqn) à aller (quelque part). «*On vous traîne au supplice*» MUSSET. *Elle a traîné son mari au théâtre.* — *Traîner qqn en justice.* ■ **3** (v. 1200) Amener, avoir partout avec soi par nécessité (les gens ou les choses dont on voudrait pouvoir se libérer). ➤ FAM. **trimbaler.** *Elle est obligée de traîner ses enfants partout.* FIG. *Traîner sa tristesse.* — FAM. *Qu'est-ce qu'il traîne !,* qu'il est bête ! ♦ Supporter (une chose pénible qui se prolonge). «*J'ai traîné un rhume mêlé de toux durant tout le mois*» A. ERNAUX. ■ **4** (v. 1175) Faire durer, faire se prolonger. «*sa façon dormante et voluptueuse de traîner la fin des phrases*» HUGO.

II ~ **v. intr.** ■ **1** (milieu XIIe) Pendre à terre en balayant le sol. *Attention, vos lacets traînent par terre.* ♦ Pendre. «*Une lévite longue à souhait, traînant jusqu'aux pieds*» JOUHANDEAU. ■ **2** Être étendu. «*Les goémons traînant à terre*» LOTI. ♦ S'étendre comme une traînée. «*le ciel pâle, où traînent des nuées transparentes*» MAUROIS. ♦ FIG. Subsister. «*Des restes de barbarie traînent encore* [...] *dans la civilisation moderne*» FRANCE. ■ **3** (milieu XVe) Durer trop longtemps, ne pas finir. ➤ **s'éterniser.** «*Le repas traînait avec une lenteur désespérante*» COSSERY. *Ça n'a pas traîné !,* ç'a été vite expédié. ➤ **tarder.** *Faire traîner les choses en longueur.* ➤ **éterniser.** ♦ Poursuivre une vie pénible, s'acheminer vers la mort. *Elle a traîné plusieurs mois avant de mourir.* ♦ Émettre des sons anormalement lents et bas (➤ **traînant**). «*sa voix s'habitua à traîner et prit un accent gnian-gnian*» GONCOURT. ■ **4** (1671) Être posé ou laissé sans être rangé. «*Des savates traînaient sur le tapis, des vêtements sur les fauteuils*» FLAUBERT. *Laisser traîner ses affaires.* — ABSTRAIT «*des vieilleries qui traînent depuis quinze cents ans dans les écoles de la Grèce*» CHATEAUBRIAND. *Ça traîne partout :* c'est rebattu, usé. ■ **5** (1718) Rester en arrière d'un groupe qui avance. *Des enfants traînaient à quelque distance* (➤ **traînard**). ♦ Aller trop lentement, s'attarder. *Ne traîne pas en rentrant de l'école.* LOC. *Avoir une oreille qui traîne :* chercher à entendre discrètement qqch. qui ne vous est pas destiné. — Agir trop lentement. ➤ **lambiner ;** FAM. **traînailler, traînasser.** «*Il était lancé, il ne voulait pas traîner*» NIZAN. ■ **6** (1628) PÉJ. Aller sans but ou rester longtemps (en un lieu peu recommandable ou peu intéressant). ➤ **errer, vagabonder,** FAM. **zoner.** «*On traîne dans les bistrots, on va les uns chez les autres*» SARRAUTE. *Elle avait «un peu traîné avec de petits jeunes gens mal élevés»* FRANCE.

III ~ **v. pron. SE TRAÎNER** ■ **1** (fin XIIe) Avancer, marcher avec peine (par infirmité, maladie, fatigue). «*Il lui fallut une canne pour se traîner dans la salle à manger*» ZOLA. FAM. *Voiture qui se traîne,* qui avance lentement. ■ **2** Aller à contrecœur. *Il faut encore se traîner à cette soirée !* ■ **3** (XVe) Avancer à plat ventre ou à genoux. — FIG. *Se traîner aux pieds de qqn,* le supplier à genoux, s'abaisser à des humiliations. ■ **4** (1807) S'étirer en longueur, dans le temps. *La journée se traîne.* «*Puis la conversation reprit, faible et languissante, et se traîna en propos intimes*» FRANCE. ➤ **se prolonger.**

■ CONTR. Pousser, soulever. — Élever (s'), monter, 2 planer. Dépêcher (se). — Courir.

TRAÎNERIE [tʀɛnʀi] n. f. /TRAINERIE/ – 1841 ; «fait de traîner» v. 1600 ◊ de *traîner* ■ (Canada) FAM. Chose qui traîne, qui n'est pas rangée à sa place. «*Ramassez vos traîneries, pis allez vous coucher*» J. BARBEAU.

TRAÎNE-SAVATE [tʀɛnsavat] n. /TRAINE-SAVATE/ – 1794 ◊ de *traîner* et *savate* ■ FAM. Personne oisive, indigente. ➤ **traîne-semelle.** *Des traîne-savates.*

TRAÎNE-SEMELLE [tʀɛnsəmɛl] n. /TRAINE-SEMELLE/ – 1951 ◊ de *traîner* et *semelle* ■ FAM. Personne vivant dans l'oisiveté et l'indigence. ➤ traîne-savate. « *des gagne-petit de tout poil, des traîne-semelles, des tourne-pouces* » FALLET.

TRAÎNEUR, EUSE [tʀɛnœʀ, øz] n. /TRAINEUR, EUSE/ – *trahineresse* f. v. 1330 ◊ de *traîner* ■ 1 Personne qui traîne (qqch.). *Traîneur de chariot.* FIG. *Traîneur de sabre*.* ■ 2 (1689) VX Traînard. ■ 3 (1834) Personne qui a l'habitude de traîner (II, 6°). *Traîneur de cafés, de rues.*

TRAÎNEUX, EUSE [tʀɛnø, øz] n. et adj. /TRAINEUX, EUSE/ – 1780 ◊ altération de *traîneur* ■ VX OU RÉGION. (Canada), FAM. ■ 1 Personne désœuvrée, qui traîne dans la rue. ➤ clochard, vagabond. *Traîneux et robineux.* ■ 2 Personne qui tarde à agir, agit avec lenteur. ➤ lambin, traînard. ■ 3 Personne désordonnée, qui laisse traîner ses affaires. — adj. *Il est un peu traîneux.*

TRAINGLOT ➤ **TRINGLOT**

TRAINING [tʀeniŋ] n. m. – 1854 ◊ mot anglais « éducation, entraînement » ■ ANGLIC. ■ 1 Entraînement (sportif). ■ 2 (1958) PSYCHOL. Méthode de relaxation par autosuggestion. *Training autogène.* ■ 3 (1956) Survêtement. ➤ jogging.

TRAINTRAIN n. m. ou **TRAIN-TRAIN** [tʀɛ̃tʀɛ̃] n. m. inv. – fin XVIIIe ◊ altération de *trantran* « son du cor » (1561 onomat.) sous l'influence de *train* ■ Marche régulière sans imprévu. ➤ routine. « *le train-train universitaire, d'ordinaire si emmitouflé, si routinier dans l'habitude et si morne* » GRACQ. *Des traintrains, des train-train.*

TRAIRE [tʀɛʀ] v. tr. ‹50› – fin XIe ◊ latin populaire °*tragere*, classique *trahere* ■ 1 VX Tirer. ♦ MOD. (au p. p.) *Or trait,* passé à la filière. ■ 2 (v. 1122) Tirer le lait de (la femelle de certains animaux domestiques) en pressant le pis manuellement ou mécaniquement (➤ trayeuse). *Traire une vache, une brebis, une chèvre. Les* « *bêtes, qui n'avaient pas été traites de tout le jour* » RAMUZ. PAR EXT. « *Un lait qu'on avait trait pour nous* » GIDE.

1 **TRAIT** [tʀɛ] n. m. – milieu XIIe ◊ du latin *tractus,* forme de *trahere* « tirer ». Certains sens viennent de *trait,* participe passé de *traire*

I CE QUI EST FAIT EN UNE SEULE FOIS En loc. Fait d'aspirer d'une manière continue pour boire. *Boire à grands, à longs traits.* « *Elle vida son verre d'un trait et en commanda un deuxième* » KUNDERA. ➤ coup. ♦ FIG. (1305) « *Il dormit d'un trait jusqu'au lendemain* » R. ROLLAND (cf. D'une traite).

II FAIT DE TIRER ■ 1 (fin XVe) VIEILLI Projectile lancé à la main (javelot, lance) ou à l'aide d'une arme (flèche). *Décocher, lancer un trait.* — MOD. *Filer, partir comme un trait,* comme une flèche. — FIG., LITTÉR. « *Les traits du céleste courroux* » LA FONTAINE. ♦ (milieu XIVe) Action d'envoyer un projectile. *Armes de trait.* ➤ 1 jet. ♦ *Trait de lumière* : rayon ; FIG. brusque lueur par laquelle on comprend subitement (cf. ci-dessous, IV, 1° Trait de génie). ♦ *Avoir le trait* : jouer le premier coup d'une partie aux échecs et aux dames. ■ 2 (fin XIIe) VX Traction. — (1549) MOD. *Cheval, bête* **DE TRAIT,** destinés à tirer des voitures. *Pêche au trait,* avec un engin de capture remorqué. ♦ (XIIIe) Corde, lanière servant à tirer une voiture. « *Les canonniers coupèrent les traits des attelages* » GOBINEAU.

III LIGNE ■ 1 (début XIIIe) Action de dessiner une ligne ou un ensemble de lignes. *Dessin au trait,* sans ombres ni modelé, fait de lignes. « *Mon dessin au trait est la traduction directe et la plus pure de mon émotion* » MATISSE. — **À GRANDS TRAITS.** *Esquisser à grands traits,* en traçant rapidement les linéaments. FIG. *Décrire, raconter à grands traits,* sans entrer dans le détail. ♦ Marque allongée, exécutée dans une direction déterminée (ligne droite ou courbe ouverte), surtout quand on la forme sans lever l'instrument (crayon, pinceau, plume...). ➤ ligne. « *avec un crayon à mine dure* [...] *il obtenait un trait net et bien noir* » ROBBE-GRILLET. *Faire, tirer, tracer un trait.* FIG. *Tirer un trait sur qqch.,* y renoncer, l'oublier. — *Barrer, rayer d'un trait.* ➤ rature. FIG. Supprimer brutalement. « *Vingt-deux ans de guerres* [...] *étaient rayés d'un trait de plume* » MADELIN. — *Les traits qui composent une écriture, un dessin. Copier, reproduire trait pour trait,* exactement. *Peindre sous les traits de,* sous l'apparence de. — *Trait de scie* : marque, repère. — (NON QUALIFIÉ) **LE TRAIT** : l'élément purement graphique. ➤ contour. « *La hardiesse du trait, l'éclat de la couleur* » GAUTIER. LOC. *Forcer le trait* : exagérer, en rajouter. ♦ (XIVe) TECHN. Tracé préparatoire (d'une taille de pierres, d'une construction, d'un assemblage...). *Assemblage à trait de Jupiter,* selon une ligne brisée (celle de la foudre, attribut de Jupiter). ♦ TÉLÉCOMM. Signal de longue durée dans la transmission en morse et représenté par un trait. *Un trait, un point* (lettre N). ■ 2 (1573 ; au sing. 1538 ; hapax v. 1225) AU PLUR. Les lignes caractéristiques de la face humaine ; l'aspect général du visage. ➤ physionomie. *Traits réguliers, fins, délicats, grossiers. Avoir les traits tirés.* « *Son air grave contrastait avec l'extrême jeunesse de ses traits* » TOURNIER.

IV ÉLÉMENT CARACTÉRISTIQUE ■ 1 (milieu XIIe) Acte, fait qui constitue une marque, un signe (d'une qualité, d'une capacité). *Un trait de bravoure. Un trait d'esprit* : une parole, une remarque vive et spirituelle. « *ce n'est pas pour faire un trait d'esprit que je parle de cette façon* » QUIGNARD. *Trait de génie* : idée remarquable et soudaine. ➤ illumination. ■ 2 loc. verb. (1579 ◊ de l'ancien français *traire à* « ressembler à ») **AVOIR TRAIT À** : se rapporter à, être relatif à. *Tout ce qui a trait à cette période de notre histoire.* ➤ concerner, intéresser. ■ 3 (1713) Élément caractéristique qui permet d'identifier, de reconnaître (qqn, qqch.). ➤ caractère, caractéristique. *Trait dominant, essentiel, saillant, caractéristique. Trait pertinent.* « *Des traits communs qui forment les écoles, et des traits distinctifs qui caractérisent les individus* » TAINE. *Trait de caractère. Des traits de ressemblance. C'est son père, trait pour trait.* ■ 4 (1635 *trait d'esprit*) Acte ou parole qui manifeste un esprit médisant ou piquant. *Les traits de la satire, de la calomnie.* ➤ 2 brocard, épigramme, 1 flèche, raillerie, sarcasme. ♦ Expression heureuse et spirituelle, dans la conversation ou dans le style. ➤ mot, pointe, saillie. « *de belles pensées, de jolis traits* » SAINTE-BEUVE. ♦ MUS. Passage brillant formé d'une suite de notes rapides. *Elle* « *avait du mécanisme, perlait les traits* » PROUST.

■ HOM. Très.

2 **TRAIT, TRAITE** ➤ **TRAIRE**

TRAITABLE [tʀɛtabl] adj. – fin XIIIe ◊ latin *tractabilis,* d'après *traiter* ■ LITTÉR. Qu'on peut influencer, apprivoiser. ➤ accommodant, facile, maniable. *J'espère que mon créancier sera plus traitable.* ■ CONTR. Inflexible, intraitable.

TRAITANT, ANTE [tʀɛtɑ̃, ɑ̃t] n. m. et adj. – 1628 ◊ de *traiter* ■ 1 HIST. Financier qui, ayant fait un « traité » avec le roi, obtenait le droit de lever certains droits et impôts. *Traitants et fermiers généraux.* ■ 2 adj. (1872) Se dit du médecin qui traite les malades d'une manière suivie. *Médecin consultant* et médecin traitant.* — (CHOSES) Qui traite. *Shampoing traitant. Lotion traitante.* ■ 3 *Officier traitant,* ou n. m. *Traitant* : agent d'un service de renseignements en contact avec un espion ou un indicateur.

TRAIT D'UNION [tʀɛdynjɔ̃] n. m. – 1754 ◊ de *trait* et *union* ■ 1 Signe écrit ou typographique, en forme de petit trait horizontal, servant de liaison entre les éléments de certains composés (ex. arc-en-ciel) et entre le verbe et le pronom postposé (ex. Crois-tu ? Prends-le). *Des traits d'union.* ■ 2 FIG. (milieu XIXe) Personne, chose qui sert d'intermédiaire, de pont entre deux êtres ou objets. ■ HOM. Trade-union.

TRAITE [tʀɛt] n. f. – XIVe ◊ subst. au fém. du p. p. de *traire* « tirer »

I ■ 1 VX Action de faire venir, de transporter. ➤ transport. ♦ (1690) ANCIENNT *Traite des nègres, des noirs* : commerce et transport des esclaves noirs. — *Traite des femmes,* VIEILLI (1846) *des blanches* : délit consistant à entraîner ou détourner des femmes en vue de la prostitution. *Réseaux de traite.* « *La traite des nègres nous émeut à bon droit* [...] *Mais sachons mettre à nu aussi un autre ulcère* [...] *la traite des blanches* » HUGO. — « *son long passage à la répression de la traite des êtres humains* » F. THILLIEZ. ■ 2 (1675) VX Action de retirer (de l'argent, par lettre de change). ♦ (1723) MOD. Lettre de change ; billet, effet (de commerce). *Tirer une traite. Escompter, payer une traite. Des traites à rembourser.*

II (XVe) VIEILLI Trajet effectué sans s'arrêter. ➤ chemin, parcours. « *Il ne comptait pas faire une longue traite* » BALZAC. MOD. loc. adv. **D'UNE TRAITE.** « *Il reprit sa course, arriva d'une traite rue d'Amsterdam* » DAUDET. *Faire le voyage d'une traite, d'une seule traite.* FIG. *D'une (seule) traite* : sans interruption. *Dormir d'une seule traite.*

III (1538) Opération par laquelle on trait les vaches, les animaux domestiques. ➤ mulsion. *Traite mécanique.*

TRAITÉ [tʀete] n. m. – 1300 ◊ de *traiter* ■ 1 DR. VIEILLI Convention entre des particuliers, ou entre un particulier et une autorité. ➤ contrat. ■ 2 (XIIe ◊ latin *tractatus*) Ouvrage didactique, où est exposé d'une manière systématique un sujet ou un ensemble de sujets concernant une matière. ➤ -graphie, -logie. « *Traité de l'éducation des filles* », de Fénelon. « *Traité de radioactivité* », de Marie Curie. ■ 3 (fin XIVe) Acte juridique par lequel des gouvernements d'États compétents établissent des règles ou des décisions. ➤ accord, engagement,

entente, pacte, protocole. *Traité d'alliance. Traité de paix.* ➤ **paix.** *Traité de commerce. Conditions, clauses, articles, stipulations d'un traité. Négocier, conclure, signer, ratifier un traité. Le respect des traités. Le traité de Versailles* (1919). *Le traité de Rome* (1957), instituant la C. E. E. *Traité de Maastricht,* de l'Union européenne (7 février 1992).

TRAITEMENT [tʀɛtmɑ̃] **n. m.** – début XVIe ; «négociation, traité» XIIIe ◇ de *traiter* ■ **1** Comportement à l'égard de qqn ; actes traduisant ce comportement. *Jouir d'un traitement de faveur. Le traitement indigne qu'ils réservent aux prisonniers.* SPÉCIALT *Mauvais traitements :* coups, sévices. ➤ **maltraitance.** ■ **2** (1536) VX Action de nourrir, de soigner (qqn). ◆ MOD. Manière de soigner (un malade, une maladie) ; ensemble des moyens (médicaments, prescriptions hygiéniques et diététiques) employés pour guérir. ➤ 1 **cure, médication, soin, thérapeutique.** *Le traitement ordonné, prescrit par le médecin. Suivre un traitement. Être sous traitement. Malade en traitement. Traitement chirurgical, homéopathique. Traitement curatif, palliatif. Traitement de choc.* ■ **3** (1533) Rémunération d'un fonctionnaire ; PAR EXT. Gain attaché à un emploi régulier d'une certaine importance sociale. ➤ **appointements, émoluments, salaire*.** *Toucher son traitement.* ■ **4** (1765) Manière de traiter (une substance) ; opération, procédé permettant de modifier (une matière). *Traitement du minerai. Traitement thermique d'un métal. Traitement de surface d'une pièce métallique. Traitement du bois, de l'eau. Traitement des déchets radioactifs.* ➤ **retraitement.** ◆ PAR ANAL. *Traitement de l'information :* déroulement systématique d'une suite d'opérations logiques et mathématiques effectuées par des moyens automatiques (➤ 2 **calculateur,** 2 **ordinateur**) sur des données pour les exploiter selon un programme. ➤ **informatique.** *Traitement intégré*. Traitement de données en temps* réel, en temps* partagé. Traitement à distance.* ➤ **télétraitement.** *Traitement des images.* ➤ **infographie ; visionique.** *Traitement automatique de la parole. Traitement automatique des langues (TAL).* — *Progiciel de traitement de texte,* pour composer, corriger, éditer des textes. *Machine à traitement de texte(s).* ◆ MILIT. Attaque, destruction, mise hors service. *Traitement d'un objectif.* ■ **5** Manière de traiter un sujet, un problème. *Cette question mériterait un traitement spécial.*

TRAITER [tʀete] **v. tr.** ‹1› – XIIe ◇ latin *tractare*

I ~ v. tr. dir. A. TRAITER QQN ■ **1** Agir, se conduire envers (qqn) de telle ou telle manière. *«les domestiques sont traités avec une douceur familière»* GAUTIER. *Traiter qqn avec beaucoup d'égards ; très mal, comme un chien* (➤ **maltraiter**). *Traiter qqn d'égal à égal, en parent* pauvre.* VIEILLI *Traiter qqn de haut en bas,* avec un mépris hautain. ■ **2** (1531) LITTÉR. Convier ou recevoir à sa table. *«J'ai mon club, c'est là que je traite mes amis»* DUHAMEL. *Traiter qqn en lui offrant un bon repas.* ➤ 2 **régaler.** ■ **3** (1539) Soumettre à un traitement médical. ➤ **soigner.** *Médecin qui traite un malade* (➤ **traitant**). — *Maladie traitée par les antibiotiques* (➤ **traitement**). ■ **4** (1643) Qualifier, appeler (de tel ou tel nom). *«Il me traita d'Excellence»* FRANCE. PÉJ. *«le baron m'a traitée de pécore, hier soir»* MUSSET. *Il l'a traité de tous les noms. Il s'est fait traiter de fou.* PRONOM. (RÉCIPR.) *Ils se sont traités d'idiots.* ◆ FAM. *Traiter qqn,* l'insulter. *«entendre la Mère crier Aïe ! Aïe ! ça me fait rire, parce que si c'était moi elle me traiterait, mais son petit docteur [...]»* M. WINCKLER.

B. TRAITER QQCH. ■ **1** (1120) Régler (une affaire) en discutant, en négociant. *Traiter une affaire avec qqn. «L'habitude de traiter les affaires»* BALZAC. ➤ 1 **brasser.** PRONOM. (PASS.) *«Les affaires se traitent à demi-voix»* FROMENTIN. ■ **2** (1765) Soumettre (une substance) à l'action d'agents physiques ou chimiques, de manière à la modifier, la transformer (➤ **traitement**). *Il «traitait par le froid la lessive des cendres»* ZOLA. *Traiter le bois contre les insectes. Traiter le cuir.* ➤ **travailler.** *Traiter un minerai* (pour obtenir le métal qu'il contient). ➤ **transformer.** *Incinérateur pour traiter les déchets.* ◆ Soumettre (des cultures) à l'action de produits chimiques (engrais, insecticides). *Traiter un champ au D. D. T. Citrons non traités.* ■ **3** (1964) INFORM. Soumettre (une information) à un programme. *Traiter les résultats d'un sondage.* ■ **4** (v. 1165) Soumettre (un objet) à la pensée en vue d'étudier, d'exposer. ➤ **aborder, examiner.** *Traiter une question, un problème.* ➤ **agiter, discuter.** *«Assortir toujours son style à la matière qu'on traite»* VOLTAIRE. *L'élève n'a pas traité le sujet. Traiter un dossier, une plainte.* ◆ Mettre en œuvre de telle ou telle manière, en art. *«la même scène traitée tour à tour par [...] Vinci, Michel-Ange et Corrège»* TAINE. ➤ **représenter.** *«L'hôtel et l'établissement hydrominéral étaient traités dans un style tout différent»* ROMAINS. ■ **5** MILIT. Détruire. *Traiter un objectif derrière les lignes ennemies.* ➤ **bombarder.**

II ~ v. tr. ind. ■ **1** (XIIe) **TRAITER DE :** disserter, exposer ses vues sur (une science, un sujet). *Montesquieu «se contenta de traiter du droit positif des gouvernements établis»* ROUSSEAU. — *Article qui traite de politique.* ➤ 1 **parler.** ■ **2** (début XIIe) Entrer en pourparlers, pour régler une affaire, conclure un marché. ➤ **négocier, parlementer.** *Je ne peux pas traiter avec vous sur cette base-là. Traiter d'égal* à égal avec qqn. «J'ai traité pour trente mille francs comptant»* BALZAC.

TRAITEUR [tʀɛtœʀ] **n. m.** – 1628 ; «négociateur» 1275 ◇ de *traiter* ■ VX Restaurateur. ◆ (1758) MOD. Personne, entreprise qui prépare des repas, des plats à emporter et à consommer chez soi. *S'adresser à un traiteur pour organiser un cocktail.* APPOS. *Des charcutiers traiteurs.* — REM. Le féminin *(une traiteuse)* semble inusité.

TRAITILLÉ [tʀetije] **n. m.** – 1955 ◇ de 1 *trait,* d'après *pointillé* ■ (Suisse) Trait discontinu formé d'une succession de petits traits. *Découpez suivant le traitillé.*

TRAÎTRE, TRAÎTRESSE [tʀɛtʀ, tʀɛtʀɛs] **n. et adj.** /TRAITRE, TRAITRESSE/ – 1080 *traïtre* ◇ latin *traditor*

I n. ■ **1** Personne qui trahit, se rend coupable d'une trahison. ➤ **délateur, judas, parjure, renégat, transfuge.** *«Le véritable traître [...] c'est celui qui vend sa foi, qui vend son âme»* PÉGUY. — LOC. *Prendre qqn* **EN TRAÎTRE,** d'une manière perfide, sournoise. ■ **2** PAR EXAGÉR. VIEILLI Perfide, scélérat. *«Traître, tu me gardais ce trait pour le dernier»* MOLIÈRE.

II adj. ■ **1** (XIIe) Qui trahit ou est capable de trahir. *On l'accusa d'être traître à sa patrie, à sa cause,* d'avoir trahi sa patrie. ➤ **déloyal,** 1 **faux, félon, fourbe, infidèle.** ■ **2** (1552) Qui est dangereux sans le paraître, sans qu'on s'en doute. *Une plaque de verglas traîtresse. «c'est traître le soleil d'aujourd'hui, disait la concierge [...] et on risque d'attraper du mal»* SARRAUTE. ◆ LOC. (1798) *Pas un traître mot :* pas un seul mot. *Il n'a pas dit un traître mot. Je ne savais pas un traître mot de cette affaire.*

■ **CONTR.** Fidèle, loyal.

TRAÎTREUSEMENT [tʀɛtʀøzmɑ̃] **adv.** /TRAITREUSEMENT/ – début XIVe ◇ de l'ancien français *traîtreux* (XIIIe), de *traître* ■ Avec traîtrise, en prenant en traître. ➤ **perfidement, sournoisement.** *Ils ont été traîtreusement attaqués après l'arrêt des hostilités.*

TRAÎTRISE [tʀetʀiz] **n. f.** /TRAITRISE/ – 1810 ◇ de *traître* ■ **1** Caractère, comportement de traître. ➤ **déloyauté, fourberie.** *«J'ai une preuve de ta traîtrise»* RADIGUET. ◆ Acte de traître, coup fourré*. *Il l'a eu par traîtrise.* ➤ **ruse.** *«une perfidie préméditée [...] une traîtrise»* VILLIERS. ■ **2** Danger que présente ce qui est traître (II, 2°). *«l'eau-forte est un art profond et dangereux, plein de traîtrises»* BAUDELAIRE.

TRAJECTOGRAPHIE [tʀaʒɛktɔgʀafi] **n. f.** – 1963 ◇ de *traject(oire)* et *-graphie* ■ ASTRONAUT. Technique de l'étude de la trajectoire des engins spatiaux. *Calculs de trajectographie.* — **adj. TRAJECTOGRAPHIQUE.**

TRAJECTOIRE [tʀaʒɛktwaʀ] **n. f.** – 1747 ; «conduit, tube» v. 1370 méd. ◇ latin scientifique *trajectoria,* de *trajectus* «traversée, trajet» ■ **1** MÉCAN. Courbe décrite par le centre de gravité d'un mobile. *Trajectoire d'une comète, d'une planète.* ➤ **orbite.** *Fusée qui change de trajectoire.* ◆ Ligne (parabole) décrite par un projectile, après sa projection hors de l'arme. *Trajectoire d'un obus, d'un missile.* ■ **2** (1765) GÉOM. Courbe ayant une propriété donnée.

TRAJET [tʀaʒɛ] **n. m.** – *traject* 1553 ◇ italien *tragetto,* latin *trajectus* «traversée» ■ **1** VX Espace à traverser. — MOD. Espace, étendue à parcourir. *Un trajet de trois kilomètres. C'est sur mon trajet.* FIG. *Le trajet parcouru par un penseur.* ➤ **chemin.** ■ **2** Le fait de parcourir un certain espace, pour aller d'un lieu à un autre ; le chemin ainsi parcouru. ➤ **parcours, voyage.** *«Nous fîmes le trajet en calèche»* GAUTIER. *Une heure de trajet en autobus, en métro. «Durant le trajet de l'hôpital à la maison»* AYMÉ. ■ **3** ANAT. Parcours linéaire (d'un nerf, d'un vaisseau, d'un conduit organique). *Le trajet d'une artère. Douleur sur le trajet d'un nerf.*

TRALALA [tʀalala] **n. m.** – 1860 ; comme refrain de chanson (1790) ◇ onomatopée ■ FAM. Luxe recherché et voyant. ➤ **flafla.** *Recevoir à dîner en grand tralala. — Et tout le tralala :* et tout ce qui s'ensuit. ◆ Apparat, cérémonial. ➤ 1 **chichi.** *«j'aime les tralalas et les manières»* GIONO.

TRÂLÉE [tʀale] **n. f.** – 1744 ◇ p. p. subst. du v. *trôler,* du latin populaire *tragulare,* de *trahere* «tirer, traîner» → traire ■ RÉGION. **(Ouest ; Suisse, Canada, Antilles)** Grande quantité, longue file, longue suite. *Une trâlée d'enfants.* ➤ **ribambelle.** *«la maison sera pas assez grande pour toute notre trâlée»* M. LABERGE.

TRAM [tʀam] **n. m.** – 1829 ◊ abrév. de *tramway* ▪ Tramway. *Des trams.* ▪ **HOM.** Trame.

TRAMAIL [tʀamaj] **n. m.** – 1197 ◊ latin médiéval *tremaculum* « à trois mailles » ▪ Grand filet de pêche formé de trois nappes superposées. *Des tramails.* — On dit aussi **TRÉMAIL.** *Des trémails.*

TRAME [tʀam] **n. f.** – 1549 ; *traime* XIIe ◊ latin *trama*

I ▪ **1** Ensemble des fils passés au travers des fils de chaîne, dans le sens de la largeur, pour constituer un tissu. *Tapis qui montre la trame, usé jusqu'à la trame.* ➤ **corde.** — *Fil de trame,* ou ELLIPT *la trame* : fil qui sert à former les duites. *Envider, dévider la trame.* ▪ **2** (1764) SC. Structure d'un réseau. *Trame bronchovasculaire du poumon.* ◆ TECHNOL. Fin quadrillage sur verre ou film transparent, interposé entre l'original et la couche sensible dans les procédés de reproduction graphique (➤ **photogravure**). « *La reproduction, en photogravure à trame trop grosse* » SIMENON. ◆ AUDIOVIS. Ensemble des lignes horizontales explorées au cours d'un balayage vertical d'une image de télévision. ◆ INFORM. Ensemble d'informations binaires véhiculé dans une procédure de transmission synchrone.

II FIG. ▪ **1** (XVIe) VX Ce qui se déroule comme un fil. « *Comment se noue et se dénoue la trame de nos destinées* » MARMONTEL. ◆ (fin XVIe) VX Intrigue, complot. « *des intrigues qui s'élaborent* [...], *des trames qui s'ourdissent* » BALZAC. ▪ **2** (1829) MOD. Ce qui constitue le fond et la liaison d'une chose organisée. ➤ **texture.** « *Je n'ai jamais la trame d'un roman à l'esprit quand je le commence* » H. QUEFFÉLEC. « *ces petits faits insignifiants et délicieux qui forment le fond même, la trame de l'existence* » MAUPASSANT.

▪ **HOM.** Tram.

TRAMER [tʀame] **v. tr.** ‹1› – XIIIe ◊ latin populaire °*tramare,* de *trama* → trame ▪ **1** Former (un tissu) en croisant les fils de trame avec les fils tendus de la chaîne. ➤ **tisser.** — Former avec le fil de trame (des dessins, des rayures). ◆ PHOTOGR. Tirer ou agrandir (un phototype) avec une trame. **p. p. adj.** *Clichés tramés,* ou SUBST. *des tramés.* ▪ **2** FIG. (XVIe) Élaborer par des manœuvres cachées. ➤ **combiner, machiner, ourdir.** « *l'évasion fut tramée chez un Portugais, dirigée par un Suédois* » MICHELET. — PRONOM. (PASS.) « *vous me tiendrez au courant de ce qui pourrait se tramer contre moi* » MAURIAC. IMPERS. *Il se trame quelque chose.*

TRAMINOT, OTE [tʀamino, ɔt] **n.** – 1930 ◊ de *tram,* d'après *cheminot* ▪ Employé(e) de tramway.

TRAMONTANE [tʀamɔ̃tan] **n. f.** – 1549 ; *tresmontaigne* début XIIIe ◊ italien *tramontana (stella)* « (étoile) qui est au-delà des monts », latin *transmontanus* ▪ **1** VX Étoile polaire. LOC. FIG. *Perdre la tramontane* : être désorienté, perdre le nord. *Tous ces corps nus « chatouillaient sa libido et lui faisaient perdre la tramontane »* P. MAGNAN. ▪ **2** (début XIVe) Vent froid venant du nord-ouest qui souffle sur le Languedoc et le Roussillon. *Mistral et tramontane.*

TRAMPING [tʀɑ̃piŋ] **n. m.** – 1930 ◊ mot anglais, de *tramp* « vagabond » ▪ ANGLIC. Mode d'exploitation d'un cargo (*tramp* [tʀɑ̃p] **n. m.**) qui touche tous les ports où se trouve du fret, sans itinéraire fixe. — Recomm. offic. *transport maritime à la demande.*

TRAMPOLINE [tʀɑ̃pɔlin] **n. m.** – 1961 ◊ italien *trampolino,* p.-ê. par l'anglais → tremplin ▪ Engin de gymnastique composé d'une toile tendue à une certaine hauteur du sol et fixée par des ressorts à un cadre métallique sur lequel on effectue des sauts. — Le sport ainsi pratiqué. *Le trampoline, discipline olympique.*

TRAMWAY [tʀamwɛ] **n. m.** – 1860 ; autre sens 1818 ◊ mot anglais, de *tram* « rail » et *way* « voie, chemin » ▪ Chemin de fer à rails plats servant surtout aux transports urbains ; voiture qui circule sur ce type de rails. ➤ **tram.** *Des tramways. Tramway électrique à trolley.* « *Armand apprit à conduire un tramway. On le mit sur une des motrices* [...], *à côté du wattman* » ARAGON. *Employé de tramway.* ➤ **traminot.**

TRANCHAGE [tʀɑ̃ʃaʒ] **n. m.** – 1863 ◊ de *trancher* ▪ **1** TECHN. Opération par laquelle on débite le bois destiné aux placages. ◆ Découpage des métaux au tranchet. ▪ **2** Action de trancher (un aliment).

TRANCHANT, ANTE [tʀɑ̃ʃɑ̃, ɑ̃t] **adj.** et **n. m.** – 1080 ◊ de *trancher*

I **adj.** ▪ **1** Qui est dur et effilé, peut diviser, couper. ➤ **coupant.** *Instrument tranchant,* comportant généralement une ou plusieurs lames, et destiné à couper (ciseaux, couteau, hache, sabre). *Le côté tranchant d'une lame. Rendre plus tranchant.* ➤ **aiguiser.** ◆ (1530) ANCIENNT Chargé de découper les viandes. *Écuyer tranchant.* ▪ **2** FIG. (XIIIe) Qui tranche, décide d'une manière péremptoire. ➤ **affirmatif, cassant, dogmatique.** « *J'aime les gens tranchants* » FLAUBERT. *Vous avez eu « un ton tranchant en lançant votre arrêt »* BALZAC.

II **n. m.** (XIIe) ▪ **1** Côté mince, destiné à couper, d'un instrument tranchant. ➤ **fil,** 1 **taille.** *Pointe et tranchant d'un sabre. Couteau, hache, arme à deux tranchants, à double tranchant.* LOC. FIG. *À double tranchant,* se dit d'un argument, d'un procédé dont l'emploi peut provoquer des effets opposés (et se retourner contre la personne qui les emploie). ◆ PAR ANAL. *Le tranchant de la main* : le côté de la main tendue opposé au pouce (qui peut donner un coup et briser). « *Léon balaya la table du tranchant de la main* » COLETTE. ▪ **2** Instrument formé d'une lame et d'un manche. *Tranchant d'apiculteur, de tanneur.* ▪ **3** FIG. (1538) Caractère tranchant, incisif. *Tant « de réprimandes perdent tout leur tranchant »* GIDE. ➤ **mordant.**

▪ **CONTR.** Contondant, émoussé. Conciliant.

TRANCHE [tʀɑ̃ʃ] **n. f.** – 1213 ◊ de *trancher*
Ce qui est coupé, tranché.

I **SENS CONCRET** ▪ **1** Morceau assez mince, coupé sur toute la largeur d'une chose comestible. ➤ **portion.** *Tranche de pain.* ➤ **tartine, toast.** *Tranche de viande, de bœuf* (➤ **bifteck**), *de veau* (➤ **escalope**). *Tranche de pâté, de jambon. Tranche de saucisson.* ➤ **rondelle.** *Tranche de poisson, de saumon.* ➤ **darne.** *Tranche d'ananas, de pastèque.* ➤ **quartier.** *Distribuer à chacun une tranche de gâteau.* ➤ 1 **part.** *Tranche épaisse, fine. Couper en tranches très minces* (➤ **émincer**). *Cake vendu en tranches* (➤ **prétranché**). ◆ *Tranche napolitaine* : glace à plusieurs parfums ayant la forme d'une tranche (de gâteau). ▪ **2** (1680) BOUCH. Partie moyenne de la cuisse de bœuf, au-dessus du gîte. *Bifteck dans la tranche. Tende, rond de tranche. Tranche grasse,* située en avant de la cuisse. ▪ **3** (XVe) Partie visible que présentent les feuillets d'un livre qui est rognée, « tranchée », pour présenter une surface unie. *Le dos et la tranche. Tranche supérieure* (ou *tête*), *latérale, inférieure. Livre doré sur tranches.* « *ses petits doigts glissés dans la tranche d'un missel* » P. MICHON. ▪ **4** (1690) Tour d'une pièce de monnaie. *Faire rouler une pièce sur la tranche.* ▪ **5** Bord de faible épaisseur. *Des tables « portant sur la tranche de nombreuses morsures de canif »* ROMAINS. ➤ **bord, côté.** *Tranche d'un ski* (➤ **carre**). ▪ **6** (1845) Terre que la charrue soulève en traçant le sillon, en « tranchant » la terre (➤ **ados**). ▪ **7** Représentation graphique, dessin de la partie d'un objet comprise entre deux plans parallèles rapprochés. ➤ 2 **coupe.**

II **SENS ABSTRAIT** ▪ **1** (1771) ARITHM. Séries de chiffres. *On divise habituellement les nombres en tranches de trois chiffres de droite à gauche* (4 000 000). ▪ **2** (1871) Partie séparée arbitrairement (dans le temps) d'une opération de longue haleine. *Tranche d'émission de warrants.* « *J'ai reçu, ce matin même, une première tranche, la moitié. Le reste viendra ces jours-ci* » DUHAMEL. ◆ « *la pensée réclame de larges tranches de temps* » RIMBAUD. *Tranche horaire.* ➤ 2 **plage.** *Une tranche de vie* : une scène, un récit réaliste. « *des nouvelles racontées à la première personne, tranches de vie souvent saignantes et sordides* » TOURNIER. — LOC. FAM. *S'en payer une tranche* (de bon temps) : s'amuser beaucoup (cf. Se payer une pinte de bon sang). ◆ *Tranche d'âge* : âge compris entre deux limites. *Population répartie par tranche(s) d'âge.* ➤ **classe.** ▪ **3** Partie séparée arbitrairement (d'une série, d'une opération). *Travaux effectués en plusieurs tranches. Livraison de la première tranche d'un programme immobilier. Tranches de salaires, tranches de revenus. Tranches d'imposition du revenu. Sauter une tranche.* ▪ **4** *Tranche (nucléaire)* : unité de production électrique composée du réacteur et du turboalternateur. *La plupart des centrales comportent plusieurs tranches. Arrêt de tranche.*

TRANCHÉ, ÉE [tʀɑ̃ʃe] **adj.** – fin XIIe ◊ de *trancher* ▪ **1** Coupé, sectionné. ◆ (1581) BLAS. *Écu tranché,* divisé par une diagonale de droite à gauche. SUBST. M. Cette division. *Tranché crénelé.* ◆ Coupé en tranches. *Pain tranché. Saumon tranché* (➤ aussi **prétranché**). ▪ **2** (avant 1770) FIG. Nettement séparé des choses semblables ou comparables ; qui se distingue par des caractères très apparents. ➤ 2 **net, séparé ; différent.** *Des espèces tranchées.* ➤ **distinct.** « *Il n'y a pas de ligne de démarcation tranchée entre l'instinct de l'animal et le travail organisateur de la matière vivante* » BERGSON. *Couleurs tranchées.* ➤ 2 **franc,** 2 **net.** « *deux partis bien nets, bien tranchés* » STENDHAL. ◆ SPÉCIALT (XIIIe) Qui est bien net, qui est affirmé avec franchise, catégoriquement. *Opinion tranchée.* ▪ **CONTR.** Confus, indistinct.

TRANCHÉE [tʀɑ̃ʃe] **n. f.** – XIIe *tranchiée* ◊ de *trancher*

I ▪ **1** Excavation pratiquée en longueur dans le sol. ➤ **cavité, fossé, sillon.** *Creuser, faire, ouvrir une tranchée. Tran-*

chées creusées pour enfouir des conduites, des câbles. Tranchées de drainage, d'écoulement (➤ **canal**). — CONSTR. *Tranchées de fondation.* ♦ Fouille en longueur, généralement aménagée (par des murs de soutènement, etc.) pour donner passage à une voie de communication (route, canal, voie ferrée). ➤ **encaissement.** *«Cette route était et est encore une tranchée dans la plus grande partie de son parcours ; tranchée creuse quelquefois d'une douzaine de pieds»* HUGO. ▪ **2** (XIIe) ANCIENNT Fossé allongé creusé pour s'approcher à couvert d'une place, dans la guerre de siège. ➤ **circonvallation, fortification, retranchement,** 2 **sape.** *Parapet d'une tranchée.* ♦ (1915) MOD. Dispositif allongé, creusé à proximité des lignes ennemies, et où la troupe demeure à couvert. *Guerre de tranchées* (opposé à *guerre de mouvement*), s'est dit spécialement de la guerre de 1914-1918, après la bataille de la Marne ; FIG. conflit où les adversaires s'observent, campent sur leurs positions. *Abri de tranchée.* ➤ **cagna.** *Réseau, ligne de tranchées.* ➤ **boyau, parallèle.** *«Sur les vingt-cinq kilomètres de largeur qui forment le front de l'armée, il faut compter mille kilomètres de lignes creuses, tranchées, boyaux, sapes»* BARBUSSE. — LOC. *Nettoyer la tranchée, une tranchée,* la prendre, en tuant ou en chassant ses occupants. ▪ **3** (1872) Chemin ouvert dans une forêt, et formant comme un fossé entre les arbres. *Tranchée pare-feu.* ▪ **4** (1699) TECHN. Entaille creusée en longueur dans un mur (pour recevoir une solive, etc.).

II (1538) AU PLUR. *Tranchées utérines,* ou ABSOLT *tranchées* : contractions douloureuses de l'utérus après l'accouchement, faisant évacuer les lochies*.

TRANCHÉE-ABRI [tʀɑ̃ʃeabʀi] **n. f.** – 1892 ◇ de *tranchée* et *abri* ▪ Tranchée aménagée, couverte pour servir d'abri. *«il paraît que les Allemands se sont marrés quand ils ont vu nos tranchées-abris»* BEAUVOIR.

TRANCHEFILE [tʀɑ̃ʃfil] **n. f.** – 1611 ; *trenquefille, tranchefille...* (XVe et XVIe) «corde, chaînette, etc.» ◇ de *trancher* et *filer* ▪ TECHN. ▪ **1** Petit bourrelet entouré de fils, qui garnit et renforce le haut et le bas du dos d'une reliure, pour maintenir les cahiers assemblés. *Garnir un livre d'une tranchefile* (**v. tr.** ⟨1⟩ **TRANCHEFILER**). ▪ **2** Couture formant bordure, à l'intérieur des souliers. *Des tranchefiles.*

TRANCHE-MONTAGNE [tʀɑ̃ʃmɔ̃taɲ] **n. m.** – avant 1573 ; n. pr. 1389 ◇ de *trancher* «traverser» et *montagne* ▪ VX ou LITTÉR. Fanfaron qui se vante d'exploits fabuleux. ➤ **matamore, vantard.** *Des tranche-montagnes. «Ce n'était pas non plus un violent, un tranche-montagne* [...] *Il était pacifiquement professeur agrégé d'histoire»* DORGELÈS.

TRANCHER [tʀɑ̃ʃe] **v.** ⟨1⟩ – 1080 ◇ latin populaire °*trinicare* «couper en trois» (latin *trini*) ; cf. pour le sens *écarter, esquinter*

I **v. tr.** ▪ **1** Diviser, séparer (une chose en parties, deux choses unies) d'une manière nette, au moyen d'un instrument dur et fin (instrument *tranchant*). ➤ **couper, tailler.** *Trancher une corde. «un matelot prit une hache pour trancher le câble d'amarre. Trancher, signe de hâte ; quand on a le temps, on dénoue»* HUGO. ♦ SPÉCIALT *Trancher la tête à qqn* : tuer en détachant la tête du tronc. ➤ **décapiter, guillotiner ; décollation.** *«Envoie-moi à la guillotine, moi aussi, fais-moi trancher la tête !»* FRANCE. *Trancher la gorge* : égorger. *«il tira de sa poche son couteau ouvert et il trancha la carotide au matelot»* GENET. ♦ (Emploi récent) Couper en tranches. *Trancher du jambon. Saumon tranché fin.* ABSOLT *Machine à trancher.* ➤ **trancheuse.** ▪ **2** PAR MÉTAPH. Couper, diviser net. ➤ **interrompre.** *Trancher le nœud* gordien.* — *«tu as tranché tes attaches bourgeoises»* SARTRE. ➤ **rompre.** ▪ **3** FIG. (fin XIIe) VX Mettre brutalement fin à (qqch.) ; abréger, couper court à. *«Le premier Consul savait la résumer* [la discussion], *la trancher d'un seul mot»* THIERS. ABSOLT *Tranchons là.* ➤ **briser.** ♦ (1565) MOD. Terminer par une décision, un choix ; résoudre en terminant (une affaire, un litige, une question). ➤ **résoudre.** *Trancher un différend. «Nous ne tranchions pas la question»* BERGSON. *«des paysans venaient en foule le supplier de trancher des procès vieux de vingt ans. Il les tranchait en contentant les deux parties»* GIRAUDOUX.

II **v. intr.** ou ABSOLT (XIIe ; «être tranchant» en parlant d'une lame 1080) ▪ **1** VX Couper. ♦ (1872) MOD. LOC. *Trancher dans le vif* : couper dans la chair encore saine, pour empêcher la gangrène de s'étendre ; FIG. agir de manière très énergique (cf. Employer les grands moyens*). ▪ **2** (1306) Décider d'une manière franche, catégorique. *Il faut trancher sans plus hésiter. «Elle parle haut, affirme et tranche ; n'hésite jamais»* LARBAUD. ▪ **3** (1690) **TRANCHER SUR, AVEC :** se distinguer avec netteté ; former un contraste, une opposition. ➤ **contraster,** se **détacher,** 1 **ressortir.** *Couleur qui tranche sur un fond. «la pâleur de son visage, qui tranchait en blanc sur le fond noir de la nuit»* FLAUBERT. *«le site un peu romantique tranchait sur la mollesse uniforme de la contrée»* GIDE. *Le «ton singulier qui règne dans cet ouvrage, et qui tranche si prodigieusement avec celui du précédent»* ROUSSEAU.

TRANCHET [tʀɑ̃ʃɛ] **n. m.** – 1288 ◇ de *trancher* ▪ Outil formé d'une lame plate, sans manche, et qui sert à couper le cuir. *Tranchet de bourrelier, de sellier.* ♦ Outil de plombier, de serrurier pour couper le plomb, le métal chauffé.

TRANCHEUR, EUSE [tʀɑ̃ʃœʀ, øz] **n.** – 1208 ; *trancheor* «sapeur» début XIIIe ◇ de *trancher* ▪ **1** **n. m.** (1876) TECHN. Mineur qui travaille en galerie et détache le minerai. ▪ **2** **n. m.** (1765) MAR. Matelot qui ouvre les morues et les prépare, au moyen d'un couteau spécial. ▪ **3** Ouvrier chargé d'opérations de tranchage. — **n. f.** Ouvrière qui effectue certains découpages à la machine (confection). ▪ **4** **n. f.** (1948) **TRANCHEUSE.** TECHN. Machine à trancher le bois. *Trancheuse à disques.* ♦ Engin de terrassement destiné à creuser des tranchées. ♦ *Trancheuse à jambon* : machine employée pour débiter en tranches le jambon désossé.

TRANCHOIR [tʀɑ̃ʃwaʀ] **n. m.** – 1206 *tranchor, trancheor* ◇ de *trancher* ▪ **1** Plateau de bois sur lequel on place la viande à découper. ➤ **tailloir.** ♦ Planchette sur laquelle on coupe le fromage. ▪ **2** (début XIIIe) Instrument tranchant, sorte de large couteau, de hachoir. ▪ **3** Zancle.

TRANQUILLE [tʀɑ̃kil] **adj.** – 1460 ◇ latin *tranquillus* ▪ **1** Où règnent des conditions relativement stables ; où se manifestent un ordre et un équilibre qui ne sont affectés par aucun changement soudain ou radical (mouvement, bruit...). ➤ **immobile, silencieux.** REM. *Calme* est plus objectif que *tranquille* qui implique une idée de paix et de sécurité. *Mer tranquille. «C'était l'heure tranquille où les lions vont boire»* HUGO. *Un endroit, un coin tranquille. Quartier, rues tranquilles.* ♦ Que rien ne vient troubler. *«Une impression de chez-soi, un tranquille bien-être»* LOTI. *Sommeil tranquille.* — Qui s'effectue sans agitation, de façon régulière (mouvement). *Un pas tranquille. Un grand navire fait «une entrée tranquille et silencieuse»* ROMAINS. ADVT FAM. *Marcher tranquille.* ♦ (Êtres vivants) Qui est, par nature, peu remuant, n'éprouve pas le besoin de mouvement, de bruit. ➤ **paisible.** *«Une vieille femme tranquille qui tricotait toujours»* CHATEAUBRIAND. *Des voisins tranquilles.* FAM. *Un père tranquille.* — Qui est momentanément en repos, qui ne bouge pas. ➤ **coi.** *«Il se tenait bien droit et tranquille»* GENEVOIX. *Se tenir tranquille. Les enfants, restez tranquilles !* ➤ 2 **gentil, sage.** — PAR MÉTAPH. *«Sois sage, ô ma Douleur, et tiens-toi plus tranquille»* BAUDELAIRE. ▪ **2** (1680) Qui éprouve un sentiment de sécurité, de paix. *«Fernand pouvait dormir tranquille : il n'avait jamais été trahi»* MAURIAC. *«Je ne puis être tranquille quand tu seras inquiète»* LACLOS. *Soyez tranquille* : ne vous inquiétez pas. PAR ANTIPHR. (formule de menace) *Soyez tranquille, nous nous retrouverons !* — (1808) *Tranquille comme Baptiste* (type comique de niais, au calme imperturbable) : en paix. — *Laisser qqn tranquille,* s'abstenir ou cesser de l'inquiéter, de le tourmenter. *Laisse-nous tranquilles* (cf. Fiche*-moi la paix). *Laissez-moi tranquille avec cette affaire* : cessez de m'en parler. — *Laisse ça tranquille* : n'y touche pas, ne t'en occupe plus. *«Laissez donc tout ça tranquille. Le nécessaire est fait»* MONTHERLANT. — *«Je lui ai dit de me laisser travailler tranquille»* LE CLÉZIO. ♦ *Avoir l'esprit, la conscience tranquille* : n'avoir rien à se reprocher. *Assurance, conviction tranquille.* ➤ 1 **serein.** *Courage tranquille. La force tranquille,* devise du parti socialiste. ▪ **3** (XIXe) FAM. Qui ne se pose pas de problème quant à la réalité de la chose en question, qui est sûr de ce qui a été dit. *Il ne reviendra pas, je suis tranquille,* j'en suis certain. *Vous pouvez être tranquille qu'il n'est pas bien loin.* ▪ **4** *Vin tranquille,* non effervescent. ▪ **5** PHARM. *Baume tranquille,* qui tranquillise. ▪ CONTR. Animé, bruyant ; agité. Anxieux, inquiet ; troublé.

TRANQUILLEMENT [tʀɑ̃kilmɑ̃] **adv.** – 1541 ◇ de *tranquille* ▪ **1** D'une manière tranquille ; sans agitation. ➤ **calmement, paisiblement, sereinement,** FAM. **tranquille.** *Discuter tranquillement.* ▪ **2** Sans émotion, sans inquiétude. *Répondre tranquillement aux questions de la police.* SPÉCIALT Sans l'émotion qui serait naturelle en pareil cas, avec audace ou inconscience. *«Il vit tranquillement dans les ignominies»* HUGO. ▪ CONTR. Anxieusement.

TRANQUILLISANT, ANTE [tʀɑ̃kilizɑ̃, ɑ̃t] **adj.** et **n. m.** – 1788 ◇ de *tranquilliser*

I Qui tranquillise. ➤ **rassurant.** *Propos tranquillisants.*

II **n. m.** (1960 ◇ adaptation de l'anglais *tranquillizer*) Médicament qui agit comme calmant global (➤ **neuroleptique**) ou en faisant disparaître l'état d'angoisse (➤ **anxiolytique**). « *Elle se gave de tranquillisants, décontrariants et d'harmonisateurs* » BEAUVOIR. — **adj.** *Médicament tranquillisant* (ex. benzodiazépine, chlorpromazine).

TRANQUILLISER [tʀɑ̃kilize] **v. tr.** ‹1› – 1420 ◊ du latin *tranquillus* → tranquille ■ Rendre tranquille ; délivrer de l'inquiétude. ➤ **calmer, rassurer.** *Cette idée « me console, me tranquillise, et m'aide à me résigner »* ROUSSEAU. — PRONOM. *Tranquillisez-vous.* — **p. p. adj.** *Je suis tranquillisé.* ■ CONTR. Affoler, alarmer, angoisser, effrayer, inquiéter.

TRANQUILLITÉ [tʀɑ̃kilite] **n. f.** – 1190 ◊ latin *tranquillitas* ■ **1** État stable, constant, ou modifié régulièrement et lentement. *Rien ne troublait la tranquillité de son sommeil. « cette tranquillité très particulière des soirs où la mer se calme »* LOTI. ➤ 1 **calme.** — *Troubler la tranquillité publique. En toute tranquillité :* sans être dérangé, en toute quiétude. ■ **2** Stabilité morale ; état tranquille (2°). ➤ 1 **calme, paix, quiétude, sérénité.** *Défendre sa tranquillité. Tranquillité matérielle :* absence de souci d'ordre matériel. *Tranquillité d'esprit. « J'aurais détesté la grande réputation : j'aime trop ma tranquillité »* LÉAUTAUD. ◆ (Sens polit.) Ordre, paix dans les rapports humains, dans une société. *« La base sur laquelle repose la tranquillité des peuples »* MONTESQUIEU. ■ CONTR. Agitation, angoisse, appréhension, inquiétude ; désordre, 2 trouble.

1 **TRANS** [tʀɑ̃s] **adj.** – 1905 ◊ mot latin « par-delà » ■ CHIM. Se dit d'un stéréo-isomère dans lequel les atomes ou groupes d'atomes portés par les atomes de carbone sont situés de part et d'autre d'un plan de symétrie. ■ CONTR. Cis. ■ HOM. Transe.

TRANS- ■ Préfixe, du latin *trans* « par-delà », prép. et préverbe, qui a en français le sens de « au-delà de » *(transalpin),* « à travers » *(transpercer),* et qui marque le passage ou le changement *(transition, transformation).* ➤ aussi **travers, traverser, trépas, trépasser.**

2 **TRANS** [tʀɑ̃s] **n. et adj.** – XXe ◊ abréviation ■ FAM. ■ **1** Transsexuel. *« la nécessité absolue de protéger les trans contre les bouchers qui exercent dans ce pays »* M. WINCKLER. — **adj.** *La communauté trans.* ■ **2** Transgenre (1°). *Un, une trans.*

TRANSACTION [tʀɑ̃zaksjɔ̃] **n. f.** – 1281 ◊ latin *transactio,* de *transigere* → transiger ■ **1** DR. Acte par lequel on transige. Contrat par lequel les contractants terminent ou préviennent une contestation en renonçant chacun à une partie de leurs prétentions. ➤ **composition, concordat.** *« la plus mauvaise transaction* [...] *est meilleure que le meilleur procès »* BALZAC. — LÉGISL. FIN. Convention par laquelle une administration fiscale consent, au cas d'infraction, à n'exercer aucune poursuite moyennant une amende. ◆ (début XIXe) COUR. Arrangement, compromis. *« les petites misérables transactions de la conscience »* GONCOURT. ◆ Recomm. offic. pour *deal.* ■ **2** (1826) ÉCON. Contrat entre un acheteur et un vendeur. *Transaction immobilière.* — Opération effectuée sur les marchés commerciaux, financiers. ➤ **échange.** *Activité, sécurité des transactions. Taxe sur les transactions.* ■ **3** ANGLIC. INFORM. Opération d'échange d'informations entre systèmes éloignés utilisant des mémoires de masse.

TRANSACTIONNEL, ELLE [tʀɑ̃zaksjɔnɛl] **adj.** – 1823 ◊ de *transaction* ■ **1** DR. Qui concerne une transaction, a le caractère d'une transaction (1°). *Règlement transactionnel. Formule transactionnelle.* ■ **2** (1976 ◊ de l'anglais *transaction* « échange ») ANGLIC. PSYCHOL. *Analyse transactionnelle :* thérapie de groupe visant à améliorer les relations interpersonnelles considérées comme des passages, des échanges entre trois modes alternatifs de comportement (moi parent, moi enfant, moi adulte) réglant la conduite d'un individu et ses relations avec autrui, dans des situations données.

TRANSAFRICAIN, AINE [tʀɑ̃zafʀikɛ̃, ɛn] **adj.** – 1892 ◊ de *trans-* et *Afrique* ■ Qui traverse l'Afrique. *Chemin de fer transafricain,* du Cap au Caire.

TRANSALPIN, INE [tʀɑ̃zalpɛ̃, in] **adj.** – fin XIVe ◊ latin *transalpinus* ■ **1** Qui est au-delà des Alpes. ➤ **ultramontain.** *Gaule cisalpine* et Gaule transalpine* (par rapport à l'Italie). — PAR EXT. Italien. *Les restaurants transalpins à Paris.* ■ **2** Qui traverse les Alpes. *Parcours transalpin. Axe transalpin France-Italie.*

TRANSAMAZONIEN, IENNE [tʀɑ̃zamazɔnjɛ̃, jɛn] **adj.** – milieu XXe ◊ de *trans-* et *Amazonie* ■ Qui traverse l'Amazonie. *Route transamazonienne,* ou **n. f.** *la transamazonienne.*

TRANSAMINASE [tʀɑ̃zaminaz] **n. f.** – 1964 ◊ de *trans-, amine* et *-ase* ■ BIOCHIM. Enzyme qui transporte le groupement moléculaire NH_2 d'un corps à un autre. *Élévation du taux de transaminases dans le sang lors d'une hépatite.*

TRANSANDIN, INE [tʀɑ̃zɑ̃dɛ̃, in] **adj.** – 1872 ◊ de *trans-* et *Andes* ■ Qui traverse les Andes. *Chemin de fer transandin.*

TRANSAT [tʀɑ̃zat] **n. m. et f.** – 1912 ◊ abrév. de *transatlantique* ■ **1 n. m.** VX Paquebot transatlantique. ◆ (1936) MOD. Chaise longue pliante en toile, d'abord en usage sur les ponts des paquebots, puis sur les plages, les terrasses, dans les jardins. *S'étendre sur un transat.* ■ **2 n. f.** Course transatlantique de voiliers. *La transat en double, en solitaire.*

TRANSATLANTIQUE [tʀɑ̃zatlɑ̃tik] **adj. et n. m.** – 1818 ◊ de *trans-* et *atlantique* ■ **1** Qui traverse l'Atlantique. ➤ RÉGION. **océanique.** *Paquebot transatlantique.* — **n. m.** (1870) *Un transatlantique :* paquebot faisant le service entre l'Europe et l'Amérique. ◆ PAR EXT. *Compagnie générale transatlantique. Lignes transatlantiques. Câble transatlantique.* ◆ *Course transatlantique :* course de voiliers traversant l'océan Atlantique. ➤ **transat** (2°). ■ **2 n. m.** (1933) Chaise longue. ➤ **transat** (1°). *Jeanne « était étendue de tout son long dans le transatlantique »* SIMENON.

TRANSBAHUTER [tʀɑ̃sbayte] **v. tr.** ‹1› – 1883 ◊ de *trans-* et *bahuter,* ancien dérivé de *bahut* ■ FAM. Transporter d'un lieu dans un autre sans délicatesse. *Transbahuter une armoire. « le taxi les transbahuta à vive allure jusqu'aux portes du Fort »* PEREC.

TRANSBORDEMENT [tʀɑ̃sbɔʀdəmɑ̃] **n. m.** – 1792 ◊ de *transborder* ■ Action de transborder ; son résultat. *Transbordement de marchandises, de passagers.*

TRANSBORDER [tʀɑ̃sbɔʀde] **v. tr.** ‹1› – 1792 ◊ de *trans-* et *bord* ■ Faire passer d'un bord, d'un navire à un autre, et PAR EXT. d'un train, d'un wagon à un autre.

TRANSBORDEUR [tʀɑ̃sbɔʀdœʀ] **n. m.** – 1898 ; « ferry-boat » 1878 ◊ de *transborder* ■ *Transbordeur* ou APPOS. *pont transbordeur :* pont mobile, plateforme qui glisse le long d'un tablier. *Des ponts transbordeurs.* ◆ *Transbordeur* ou APPOS. *navire transbordeur :* recomm. offic. pour *car-ferry, ferry-boat.*

TRANSCANADIEN, IENNE [tʀɑ̃skanadjɛ̃, jɛn] **adj. et n. f.** – 1891 ◊ mot canadien, de *trans-* et *Canada* ■ Qui traverse le Canada d'un océan à l'autre. *La route transcanadienne,* et **n. f.** *la Transcanadienne.*

TRANSCASPIEN, IENNE [tʀɑ̃skaspjɛ̃, jɛn] **adj.** – 1877 ◊ de *trans-* et *Caspienne* ■ Qui est au-delà de la mer Caspienne. *Chemin de fer transcaspien.*

TRANSCAUCASIEN, IENNE [tʀɑ̃skokazjɛ̃, jɛn] **adj.** – 1837 ◊ de *trans-* et *Caucase* ■ Qui est au-delà du Caucase.

TRANSCENDANCE [tʀɑ̃sɑ̃dɑ̃s] **n. f.** – 1605 ◊ de *transcendant* ■ **1** Caractère de ce qui est transcendant. — PHILOS. *Transcendance de Dieu,* par rapport au monde et aux consciences. *La transcendance du monde* (par rapport aux consciences). *La transcendance :* l'existence de réalités transcendantes (Dieu – substances permanentes et choses en soi – rapports de droit ou de vérité immuables indépendants des faits – objets extérieurs aux consciences, – d'après Sartre). ■ **2** Action de transcender ou de se transcender. *Morale de la transcendance,* plaçant la moralité dans le fait de se transcender. ■ **3** (1735) COUR. et VIEILLI Supériorité, qualité éminente. ➤ **excellence.** ■ CONTR. Immanence.

TRANSCENDANT, ANTE [tʀɑ̃sɑ̃dɑ̃, ɑ̃t] **adj.** – *transcendent* XIVe ◊ latin *transcendens,* de *transcendere,* de *trans* et *ascendere* « monter » ■ **1** Qui s'élève au-dessus d'un niveau donné, ou au-dessus du niveau moyen. ➤ **sublime, supérieur.** *« ses lumières transcendantes de martyr et d'ascète »* RENAN. — FAM. *Il n'est pas transcendant* (cf. Ce n'est pas un aigle). ■ **2** (1538 log.) PHILOS. VX Se disait des termes qui sont d'une signification si universelle qu'ils dépassent toutes les catégories (ex. Un, Être, Vrai, etc.). ◆ MOD. Qui dépasse un ordre de réalités déterminé, « ne résulte pas du jeu naturel d'une certaine classe d'êtres ou d'actions, mais suppose l'intervention d'un principe extérieur et supérieur à celle-ci » (Lalande). *« un ensemble de croyances exprimant la valeur transcendante de la vie »* RENAN. *Transcendant à... :* d'une nature radicalement supérieure à... ou (en phénoménologie) extérieure à... *Le phénomène, l'objet conçus comme transcendants* (à la conscience). SUBST. *Le transcendant.* ■ **3** (1704) MATH. Non algébrique. *Équation, courbe transcendante. Nombre transcendant. L'exponentielle, la fonction logarithmique, les fonctions sinusoïdales sont transcendantes.* — VX *Géométrie transcen-*

dante (d'Alemb.), *analyse transcendante* (Comte). ■ CONTR. Élémentaire ; immanent ; algébrique.

TRANSCENDANTAL, ALE, AUX [tʀɑ̃sɑ̃dɑ̃tal, o] **adj.** – 1503 ◊ latin scolastique *transcendentalis,* de *transcendens* → transcendant ■ **1** VX (LOG., MÉTAPHYS. et MATH.) Transcendant. *Relation transcendantale* : chez les scolastiques, relation essentielle. ■ **2** (Chez Kant) Qui constitue ou exprime une condition a priori de l'expérience. *Esthétique transcendantale. Idéalisme transcendantal.* ■ **3** *Le moi, le sujet transcendantal* : chez Kant, « principe d'activité connaissante unifiant le divers de l'expérience interne » ; chez les phénoménologues, « la conscience pure, c.-à-d. dégagée de toutes les données de l'expérience soit externe, soit interne » (P. Foulquié), seule réalité irréductible. ◆ *Méditation transcendantale* : technique de relaxation obtenue par un effort de l'esprit pour s'abstraire des réalités sensorielles.

TRANSCENDANTALISME [tʀɑ̃sɑ̃dɑ̃talism] **n. m.** – 1801 ◊ de *transcendantal* ■ PHILOS. Système admettant des formes et concepts a priori dominant l'expérience. ■ CONTR. Immanentisme.

TRANSCENDER [tʀɑ̃sɑ̃de] **v. tr.** ‹1› – 1903 ◊ du radical de *transcendant* ■ Dépasser en étant supérieur ou d'un autre ordre, se situer au-delà de... « *Quelque lié qu'il soit à la civilisation où il naît, l'art la déborde souvent – la transcende peut-être* » MALRAUX. — PRONOM. *Se transcender* : se dépasser, aller au-delà des possibilités apparentes de sa propre nature.

TRANSCODAGE [tʀɑ̃skɔdaʒ] **n. m.** – 1966 ◊ de *trans-* et *codage* ■ Traduction (d'une information) d'un système de codage à un autre. *Transcodage PAL-SECAM.* — SPÉCIALT Dans un ordinateur, Transcription des instructions du programme dans un code interne. — PAR EXT. Activité intellectuelle permettant de passer d'une forme de message à une autre. *Transcodage d'un schéma en texte.*

TRANSCODER [tʀɑ̃skɔde] **v. tr.** ‹1› – v. 1960 ◊ de *trans-* et *coder* ■ TECHN. Traduire dans un code différent.

TRANSCODEUR [tʀɑ̃skɔdœʀ] **n. m.** – 1967 ◊ de *transcoder* ■ TECHN. Dispositif capable d'opérer un transcodage*.

TRANSCONTENEUR [tʀɑ̃skɔ̃t(ə)nœʀ] **n. m.** – 1975 ; *transcontainer* 1968 ◊ de *trans-* et *conteneur* ■ TECHN. Conteneur conçu pour un transport par plusieurs moyens successifs, sans difficultés de transbordement. — Navire porte-conteneur.

TRANSCONTINENTAL, ALE, AUX [tʀɑ̃skɔ̃tinɑ̃tal, o] **adj.** – 1872 ◊ de *trans-* et *continental* ■ Qui traverse un continent d'un bout à l'autre. *Chemin de fer transcontinental.*

TRANSCRIPTASE [tʀɑ̃skʀiptaz] **n. f.** – 1975 ◊ mot anglais, de *transcription* et *-ase* ■ BIOCHIM., GÉNÉT. *Transcriptase inverse* : enzyme qui catalyse la synthèse d'ADN à partir d'une matrice d'ARN. ➤ **rétrotranscription.**

TRANSCRIPTEUR, TRICE [tʀɑ̃skʀiptœʀ, tʀis] **n.** – 1556 ◊ du radical de *transcription* ■ Personne qui transcrit. *Ce pianiste est un transcripteur génial. Une transcriptrice de braille.* ◆ **n. m.** Appareil qui transcrit.

TRANSCRIPTION [tʀɑ̃skʀipsjɔ̃] **n. f.** – 1338 ◊ latin *transcriptio,* de *transcribere* → transcrire ■ **1** Action de transcrire ; son résultat. ➤ **copie, enregistrement, report.** DR. FR. *Transcription à l'état civil. Transcription hypothécaire* : « formalité consistant dans le dépôt au bureau de la conservation des hypothèques, d'un exemplaire de tous actes translatifs, déclaratifs ou modificatifs de propriété » (Capitant). *Droit de transcription.* ■ **2** Notation des mots d'une langue dans un autre alphabet. ➤ **translittération.** *Transcription phonétique* : notation faisant correspondre à chaque son différent un symbole différent, et facilitant l'apprentissage de la prononciation des langues. ➤ **alphabet** (phonétique), **notation.** ■ **3** (1828) Arrangement (d'une œuvre musicale) pour un ou plusieurs instruments ou voix autres que ceux pour lesquels elle a été écrite. ■ **4** (1964) GÉNÉT. Synthèse d'une molécule d'ARN à partir d'une séquence complémentaire d'ADN copiée par l'ARN polymérase. ➤ aussi **rétrotranscription.** *La transcription et la traduction sont les deux grandes étapes de l'expression des gènes. Étapes de la transcription* : initiation, élongation, terminaison.

TRANSCRIRE [tʀɑ̃skʀiʀ] **v. tr.** ‹39› – 1234 ◊ latin *transcribere,* d'après *écrire* ■ **1** Copier très exactement, en reportant. ➤ **copier, enregistrer.** *Transcrire un texte.* « *Il n'y en a pas un* [de mes manuscrits] *qu'il ne m'ait fallu transcrire quatre ou cinq fois* » ROUSSEAU. *Transcrire des comptes sur un registre.* — (fin XIXe) Effectuer la transcription de. *Transcrire un texte grec en caractères latins.* ➤ **translittérer.** ■ **2** Écrire (ce qui est oral). *Transcrire un exposé, une interview.* — *L'oral transcrit est beaucoup plus négligé que l'écrit.* ■ **3** (1823) Opérer la transcription de (une œuvre musicale). *Liszt a transcrit pour le piano des pièces d'orgue de Bach.* ■ **4** BIOL. Effectuer la copie de (un gène) en ARN messager (➤ **transcription,** 4°, **transcrit**). ■ CONTR. Oraliser.

TRANSCRIT [tʀɑ̃skʀi] **adj. m.** et **n. m.** – 1989 ◊ de *transcrire* ■ GÉNÉT. ■ **1** Qui subit la transcription. *Brin transcrit et brin codant.* ■ **2 n. m.** Molécule d'ARN obtenue après transcription de l'ADN. *La maturation de l'ARN* (➤ **épissage**) *transforme le transcrit primaire en ARN messager.*

TRANSCULTUREL, ELLE [tʀɑ̃skyltyʀɛl] **adj.** – milieu XXe ◊ de *trans-* et *culturel* ■ DIDACT. Qui concerne les relations entre cultures différentes. *La recherche transculturelle.*

TRANSDISCIPLINAIRE [tʀɑ̃sdisiplinɛʀ] **adj.** – 1974 ◊ de *trans-* et *discipline* ■ DIDACT. Qui traverse les frontières entre disciplines. ➤ **interdisciplinaire.** — **n. f.** (1974) **TRANSDISCIPLINARITÉ**

TRANSDUCTEUR [tʀɑ̃sdyktœʀ ; tʀɑ̃z-] **n. m.** – 1943 ◊ de *trans-* et *(con)ducteur,* d'après l'anglais *transducer* ■ TECHNOL. Dispositif assurant la transformation d'une grandeur physique en une autre. *Transducteur transformant une grandeur physique en signal électrique* (➤ **capteur**), *un signal électrique en grandeur physique* (➤ **effecteur**). *Transducteur électroacoustique.* ➤ **haut-parleur, microphone.**

TRANSDUCTION [tʀɑ̃sdyksjɔ̃ ; tʀɑ̃z-] **n. f.** – 1941 ◊ de *trans-* et *-duction,* d'après *conduction* ■ BIOL. Transfert génétique entre bactéries s'effectuant sous l'action d'un bactériophage. *Transduction de signaux biochimiques. Transduction génétique.*

TRANSE [tʀɑ̃s] **n. f.** – v. 1360 ; « agonie » XIe ◊ de *transir* ■ **1** VX ou LITTÉR. (au sing.) Inquiétude ou appréhension extrêmement vive. ➤ **affres, crainte.** *Être dans les transes, dans des transes mortelles.* « *J'aime mieux mettre la clef sous la porte* [...] *que de continuer à vivre des transes pareilles* » ZOLA. *Être dans les transes de* (et l'inf.), *dans les transes que* (et le subj.). « *Christophe fut dans des transes qu'un article nouveau n'éveillât la susceptibilité de Georges* » R. ROLLAND. ■ **2** (1891 ; *trance* 1884 ◊ anglais *trance* « exaltation, transport ») SPIRITISME État du médium dépersonnalisé comme si l'esprit étranger s'était substitué à lui. COUR. **EN TRANSE.** *Médium qui entre en transe.* ➤ **hypnose.** « *L'apparition est formée par le fluide dégagé du médium en transe* » HUYSMANS. ◆ PAR EXT. *Être, entrer en transe* : s'énerver, être hors de soi. « *ma belle-mère n'abordait jamais ce sujet, de sang-froid,* [...] *elle entrait aussitôt en transe* » MAURIAC. ■ HOM. Trans.

TRANSEPT [tʀɑ̃sɛpt] **n. m.** – 1802 ; anglais *transept* (XVIe) ◊ du latin *trans-* et *sæptum* « enclos » ■ ARCHIT. Nef transversale qui coupe la nef principale d'une église et lui donne la forme symbolique d'une croix. *La croisée* du transept. Transept nord ; sud.*

TRANSFECTER [tʀɑ̃sfɛkte] **v. tr.** ‹1› – 1975 ◊ de *trans-* et *infecter,* par l'anglais *to transfect* ■ BIOL. MOL. Introduire une séquence nucléotidique étrangère dans (une cellule hôte). « *Chez l'animal, on sait également transfecter des cellules de tendon, pour leur faire produire des cellules de croissance, afin d'en accélérer la cicatrisation* » (Libération, 2005). — **n. f.** (1968) **TRANSFECTION.** *Transfection et transduction.*

TRANSFÉRABLE [tʀɑ̃sfeʀabl] **adj.** – 1596, repris 1819 ◊ de *transférer* ■ DR. Qui peut être transféré. *Valeur transférable.* ➤ **cessible, négociable.**

TRANSFÈREMENT [tʀɑ̃sfɛʀmɑ̃] **n. m.** – 1704 ◊ de *transférer* ■ Action de transférer (un prisonnier ou une personne assimilée) d'un lieu à un autre. *Transfèrement judiciaire.* ➤ **translation** (3°).

TRANSFÉRENTIEL, IELLE [tʀɑ̃sfeʀɑ̃sjɛl] **adj.** – 1955 ◊ de *transfert,* d'après l'anglais *transferential* ■ PSYCHAN. Relatif au transfert. *Manifestations transférentielles.*

TRANSFÉRER [tʀɑ̃sfeʀe] **v. tr.** ‹6› – 1356 ◊ latin *transferre* ■ **1** Transporter en observant les formalités prescrites. *Transférer un prisonnier. Transférer le corps, les cendres d'un mort. Joueur de football transféré d'un club à un autre.* — *Transférer le siège d'une organisation dans tel endroit.* ➤ **délocaliser.** ◆ INFORM. *Transférer des données,* les copier ou les déplacer d'un support de mémoire à un autre. ➤ **téléchargement, transfert.** *Transférer un fichier d'un ordinateur à* *un autre, sur un disque dur externe.* ◆ (1550) DR. Transmettre la propriété de (un bien ou un droit) d'une personne à une autre selon les formalités requises. *Transférer des titres de propriété.* ■ 2 (ABSTRAIT) Étendre (un sentiment) à un autre objet, par un transfert (3°). « *L'amant transfère le sentiment causé d'abord par la personne de sa maîtresse, à ses vêtements, ses meubles, sa maison* » RIBOT. ■ CONTR. Fixer.

TRANSFERRINE [tʀɑ̃sfeʀin] **n. f.** – 1953 ◇ anglais *transferrin* (1947), formé sur le latin *trans* et *ferrum* « fer » ■ BIOCHIM. Sidérophiline, synthétisée dans le foie, qui transporte le fer dans le sang. *Ferritine et transferrine.*

TRANSFERT [tʀɑ̃sfɛʀ] **n. m.** – 1724 ◇ latin *transfert* « il transfère », de *transferre* → transférer

I ACTION DE TRANSFÉRER, DE DÉPLACER ■ 1 Déplacement d'une personne à une autre. DR. Acte par lequel une personne transmet un droit à une autre. *Transfert de propriété.* ➤ **aliénation, cession, translation, transmission.** *Transfert des valeurs mobilières* (av. 1984). — LÉGISL. FIN. Substitution du nom du nouveau contribuable sur le rôle des contributions directes à la suite d'un changement de propriété. *Transfert de l'impôt.* ➤ **répercussion.** ◆ ÉCON. Répartition à but social ou économique, sous forme de versements en espèces ou en nature, sans contrepartie apparente et directe. ➤ **redistribution.** *Les allocations, prestations et subventions accordées par l'État sont les principales formes de transfert.* ■ 2 (1874) Déplacement d'un lieu à un autre. ➤ **translation, transport.** *Le transfert des cendres de Napoléon. — Transfert de capitaux d'un pays à un autre. Transfert de fonds.* ➤ **virement.** — TÉLÉCOMM. *Transfert d'appel* : service téléphonique qui dirige les appels destinés à une ligne sur une autre ligne choisie par l'abonné. — *Transfert de technologie**. — *Le transfert d'un footballeur* (d'un club à un autre). *Marché des transferts* : **recomm. offic.** pour *mercato. Transfert d'une entreprise en province, d'une usine à l'étranger.* ➤ **délocalisation.** *Transfert de populations* : déplacement massif et forcé (➤ **déportation, expulsion, transplantation**). — *Transfert d'embryon,* d'une éprouvette à l'utérus après fécondation in vitro. ➤ **fivète.** ◆ MÉCAN. Passage automatique (de chacune des pièces en cours de fabrication) d'un poste de travail au suivant. *Machine à transfert,* ou *machine transfert* : machine-outil à postes multiples, dans laquelle les pièces à usiner se déplacent automatiquement après usinage d'un poste de travail au suivant. *Des machines transferts.* ◆ Décalcomanie, motif reporté sur un vêtement. ◆ INFORM. Déplacement (d'une information) d'un organe à un autre en vue de son traitement*. *Transfert de données.* ➤ **téléchargement.** *Fonction de transfert d'un système* : correspondance mathématique entre le signal de sortie et le signal d'entrée définissant l'opération qu'effectue ce système. ◆ BIOCHIM. *ARN de transfert (ARNt)* : ARN de faible poids moléculaire, qui apporte, au cours du processus de traduction (3°), l'acide aminé correspondant à chaque codon qu'il identifie sur l'ARN messager*. *Transfert d'électrons lors de la photosynthèse.* — BIOL. MOL. *Techniques de transfert* : méthodes d'étude et de séparation de molécules ou de fragments d'ARN, d'ADN ou de protéines.

II PHÉNOMÈNE PSYCHOLOGIQUE ■ 1 (1879) PSYCHOL. Phénomène par lequel un état affectif éprouvé pour un objet est étendu à un objet différent, normalement en vertu d'une association. *Transfert des sentiments.* ➤ aussi **identification, projection.** *Elle me démontrera « que je prends pour de l'amour ce qui n'en est pas, que j'ai fait un transfert... »* M. CARDINAL. ■ 2 (1910 ◇ traduction de l'allemand *Übertragung*) PSYCHAN. Acte par lequel un sujet, au cours de la cure, reporte sur l'analyste soit une affection *(transfert positif),* soit une hostilité *(transfert négatif)* qu'il éprouvait primitivement, surtout dans l'enfance, pour une autre personne (père, mère, etc.). *Transfert et contre-transfert.* ■ 3 PSYCHOTECHN. « Phénomène par lequel les progrès obtenus au cours de l'apprentissage d'une certaine forme d'activité entraînent une amélioration dans l'exercice d'une activité différente, plus ou moins voisine » (H. Piéron).

TRANSFIGURATEUR, TRICE [tʀɑ̃sfigyʀatœʀ, tʀis] **adj.** – 1839 ◇ latin ecclésiastique *transfigurator* ■ LITTÉR. Qui transfigure, est capable de transfigurer. « *Ces visions sont quelquefois transfiguratrices* » HUGO.

TRANSFIGURATION [tʀɑ̃sfigyʀasjɔ̃] **n. f.** – 1265 ◇ latin *transfiguratio* ■ 1 RELIG. CHRÉT. Changement miraculeux dans l'apparence du Christ transfiguré. *Fête de la Transfiguration* (6 août). ■ 2 Action de transfigurer, état de ce qui est transfiguré. « *À partir de ce moment [...] il fut un autre homme. Ce fut plus qu'une transformation, ce fut une transfiguration* » HUGO.

TRANSFIGURER [tʀɑ̃sfigyʀe] **v. tr.** ‹1› – XIIᵉ s. pron. ◇ latin *transfigurare,* du radical *figura* « forme, figure » ■ 1 Transformer en revêtant d'un aspect éclatant et glorieux. *Jésus fut transfiguré sur le mont Thabor.* ■ 2 Transformer en donnant une beauté et un éclat inhabituels. ➤ **embellir.** « *Le soleil, qui est le grand magicien de ce pays* [l'Inde], *et qui transfigure toutes choses* » LOTI. « *L'exercice des vertus* [...], *la pureté de la pensée avaient transfiguré mon oncle, qui de laid devint très beau* » BALZAC. ➤ **métamorphoser.** ◆ (ABSTRAIT) Transformer en améliorant. « *je subis cette influence profonde, qui amena dans mon être une complète transformation. M. Dupanloup m'avait à la lettre transfiguré* » RENAN.

TRANSFILER [tʀɑ̃sfile] **v. tr.** ‹1› – 1836 ◇ variante de *tranchefiler* (→ tranchefile), par influence de *trans-* ■ MAR. Joindre (deux toiles) bord à bord en passant un bout de ligne dans les œillets de l'une et de l'autre alternativement. ◆ Filer, laisser glisser (une amarre) sur le treuil.

TRANSFINI, IE [tʀɑ̃sfini] **adj.** – 1890 ◇ allemand *transfinit* (1883), formé sur le latin *trans* et *finitus* « fini » ■ MATH. *Nombre transfini* ou *cardinal infini* : nombre d'éléments d'un ensemble infini, qu'on ne peut compter.

TRANSFIXION [tʀɑ̃sfiksjɔ̃] **n. f.** – 1859 ◇ du latin *transfixum,* supin de *transfigere* « transpercer » ■ CHIR. Procédé d'amputation qui consiste à traverser d'un coup, avec le couteau ou le bistouri, la partie que l'on veut amputer et à couper les chairs de dedans en dehors.

TRANSFORMABLE [tʀɑ̃sfɔʀmabl] **adj.** – 1587, repris 1845 ◇ de *transformer* ■ Qui peut être transformé, prendre une autre forme, une autre position. *Ensemble transformable. Siège, canapé transformable* (en lit). ➤ **convertible.**

TRANSFORMATEUR, TRICE [tʀɑ̃sfɔʀmatœʀ, tʀis] **adj. et n. m.** – 1823 ; n. m. 1616 ◇ de *transformer* ■ 1 Qui transforme. *Action transformatrice, pouvoir transformateur.* ■ 2 **n. m.** (1842) ÉLECTR. Appareil servant à modifier la tension (➤ **dévolter, survolter**) et le courant électrique alternatif. *Enroulement* primaire, secondaire d'un transformateur. Rapport de transformation* d'un transformateur.* ABRÉV. FAM. (1929) **TRANSFO** [tʀɑ̃sfo]. *Des transfos.*

TRANSFORMATION [tʀɑ̃sfɔʀmasjɔ̃] **n. f.** – 1375 ◇ latin *transformatio* ■ 1 Action de transformer, opération par laquelle on transforme. ➤ **conversion.** *La transformation des matières premières. Industrie de transformation.* « *un de ces théoriciens qui ont rêvé* [...] *la transformation du monde* » FUSTEL DE COULANGES. *Faire des transformations dans une maison.* ➤ **amélioration, aménagement, modification, rénovation.** « *Qu'on déplore ou qu'on glorifie les transformations sociales advenues, il faut prendre la nation telle qu'elle est* » CHATEAUBRIAND. ◆ MATH. En géométrie et en topologie, Fonction. *Transformation identique, linéaire. Transformation ponctuelle.* ➤ **affinité, homothétie, inversion, rotation, similitude, translation.** *Groupe de transformations,* qui possède une structure de groupe pour la loi de composition des applications. ◆ Action de transformer en... *Machine qui effectue la transformation de la chaleur en travail. Rapport de transformation* (d'un transformateur) : rapport de la tension de sortie à la tension d'entrée. ◆ Au rugby, Action de transformer un essai (en points). « *On marque la transformation. Trois points seulement de regagnés* » J. PRÉVOST. ■ 2 Le fait de se transformer ; modification qui en résulte. ➤ **changement*, métamorphose.** *Transformation de l'œuf, d'un organisme.* ➤ **développement, différenciation.** *Transformation de l'énergie* (II). « *Plus même qu'à l'art de l'acteur, c'était à celui de certains prodigieux mimes* [...] *que faisaient penser ces fabuleuses transformations* » PROUST. *Transformation lente* (➤ **évolution, transition**), *brutale* (➤ **mutation, révolution**). *Un univers, un monde en transformation.* ◆ CHIM., PHYS. *Transformation chimique* : modification de la composition d'un corps, d'un mélange dans une réaction. — *Transformation thermodynamique* : modification dans un système en relation mécanique et thermique avec le milieu extérieur. ◆ (Avec *de* et *en*) Action de se transformer en... ; passage d'une forme à une autre. *Transformation des végétaux en houille. Transformation de mouvement en chaleur, d'une substance chimique en une autre.* ◆ LING. Opération (permutation, suppression, addition, déplacement, substitution) permettant le passage de la structure* profonde des phrases à leur structure superficielle. ▪ **3** BIOL. Modification du patrimoine génétique d'une cellule par introduction d'une information génétique étrangère. — MÉD. *Transformation tumorale :* acquisition spontanée ou induite de nouvelles caractéristiques de croissance d'une cellule eucaryote. ▪ CONTR. Maintien. Fixité, permanence.

TRANSFORMATIONNEL, ELLE [tʀɑ̃sfɔʀmasjɔnɛl] adj. – v. 1960 ◇ de *transformation* ▪ LING. Qui relève des transformations. *Grammaire transformationnelle :* ensemble des règles de réécriture régissant les transformations.

TRANSFORMÉE [tʀɑ̃sfɔʀme] n. f. – 1765 ◇ de *transformer* ▪ MATH. Fonction résultant d'une transformation. *La transformée de Fourier, de Laplace.*

TRANSFORMER [tʀɑ̃sfɔʀme] v. tr. ‹1› – v. 1295 ◇ latin *transformare* «former *(formare)* au-delà *(trans)* »

I ▪ **1** Faire passer d'une forme à une autre, donner un autre aspect, d'autres caractères formels à. ➤ **changer, modifier, renouveler.** *Transformer une maison, un vêtement. Transformer une matière première.* ➤ **élaborer, traiter.** *Vouloir transformer la société. Transformer en améliorant, en altérant.* — (CHOSES) *«l'art n'épuise rien : il transforme tout ce qu'il touche, il ajoute aux choses»* FROMENTIN. — SPÉCIALT (compl. personne) Améliorer, régénérer de façon visible. *Son séjour à l'étranger l'a transformé. Je l'ai retrouvé transformé.* ♦ *Transformer un essai :* au rugby, envoyer le ballon, qu'on a posé au sol, entre les poteaux du but adverse. *L'essai transformé vaut six points.* — FIG. Relever un défi avec succès. *«sa capacité à transformer l'essai du décollage économique»* (Le Monde, 1998). ▪ **2 TRANSFORMER EN... :** faire prendre la forme, l'aspect, la nature de. ➤ **changer, convertir, métamorphoser.** *Transformer le plomb en or.* ➤ **transmuer.** *Il n'y avait plus «un seul lieu public qui ne fût transformé en hôpital ou en lazaret»* CAMUS. (CHOSES) Être la cause de la transformation de (qqch.) ou y contribuer fortement. *«Les herses de cierges qui transformaient l'abside en un buisson ardent»* MARTIN DU GARD.

II SE TRANSFORMER v. pron. (milieu XIVe) ▪ **1** Prendre une autre forme, un autre aspect. *Animaux à métamorphoses qui se transforment au cours de leur vie.* ♦ Devenir différent. ➤ **changer, évoluer.** *«Il n'est pas dans la nature du droit d'être absolu et immuable ; il se modifie et se transforme, comme toute œuvre humaine»* FUSTEL DE COULANGES. ▪ **2 SE TRANSFORMER EN... :** devenir différent ou autre en prenant la forme, l'aspect, la nature de. ➤ 1 **devenir.** *«Un gland se transforme en chêne, un œuf en oiseau»* VOLTAIRE. *«Un mariage de raison qui s'était transformé [...] en mariage d'amour»* MAUROIS. ➤ **tourner** (à).

▪ CONTR. Maintenir. Rester (le même).

TRANSFORMISME [tʀɑ̃sfɔʀmism] n. m. – 1867 ◇ de *transformer* ▪ **1** SC. Théorie de l'évolution selon laquelle les espèces dérivent les unes des autres par des transformations successives (➤ **évolutionnisme**) expliquées de diverses façons. ➤ **darwinisme, lamarckisme ; mutationnisme.** ▪ **2** Art du transformiste. *Spectacle de transformisme.* ▪ CONTR. Fixisme.

TRANSFORMISTE [tʀɑ̃sfɔʀmist] n. et adj. – 1867 ◇ de *transformisme* ▪ **1** SC. Partisan du transformisme. — adj. *Théories transformistes.* ➤ **évolutionniste.** ▪ **2** Artiste de music-hall qui interprète de nombreux personnages en changeant de costume. ▪ CONTR. Fixiste.

TRANSFRONTALIER, IÈRE [tʀɑ̃sfʀɔ̃talje, jɛʀ] adj. – 1977 ◇ de *trans-* et *frontalier* ▪ Qui concerne les deux côtés d'une frontière. *Les relations transfrontalières. Travailleur transfrontalier,* qui travaille sur le territoire d'un État et réside sur celui d'un État limitrophe. n. *Les transfrontaliers belges et français qui travaillent au Luxembourg.*

TRANSFUGE [tʀɑ̃sfyʒ] n. – 1355 ◇ latin *transfuga,* radical *fugere* «fuir» ▪ **1** n. m. Militaire qui déserte en temps de guerre pour passer à l'ennemi. ➤ **traître.** ▪ **2** (début XVIIIe) Personne qui abandonne son parti pour rallier le parti adverse ; personne qui trahit sa cause, sa mission. ➤ **dissident.** *«qu'était-ce après tout que Lord Clancharlie ? un transfuge. Il avait quitté son camp, l'aristocratie»* HUGO. — (Sens atténué). *Un transfuge de l'Administration.* ▪ CONTR. Fidèle.

TRANSFUSER [tʀɑ̃sfyze] v. tr. ‹1› – 1668 ◇ de *transfusum,* supin de *transfundere* «répandre *(fundere)* au-delà *(trans)* » ▪ Faire passer (du sang d'un individu) dans le corps d'un autre. ➤ **transfusion.** p. p. adj. *Sang transfusé.* ♦ FAM. Soumettre à une transfusion sanguine. *Transfuser un hémophile.* — SUBST. (1882) *Un transfusé :* le receveur du sang transfusé (opposé à *donneur*). ➤ aussi **polytransfusé.**

TRANSFUSEUR, EUSE [tʀɑ̃sfyzœʀ, øz] n. – 1667 «partisan de la transfusion» ◇ de *transfuser* ▪ **1** n. m. TECHN. Appareil servant à la transfusion directe du sang d'un donneur à un receveur. — Dispositif mécanique de l'appareillage employé pour la transfusion de sang conservé. ▪ **2** Médecin, infirmier qui effectue une transfusion sanguine.

TRANSFUSION [tʀɑ̃sfyzjɔ̃] n. f. – 1665 ; «changement» 1307 ◇ latin *transfusio* «transvasement», de *transfundere* → transfuser ▪ **1** ANCIENNT Opération qui consistait à faire passer dans une veine d'un malade (généralement après saignée) une certaine quantité de sang animal. *La transfusion de sang animal fut interdite en 1668.* ▪ **2** (depuis 1865) *Transfusion sanguine :* injection de sang humain (ou d'éléments sanguins) qui passe de la veine du donneur à celle du receveur (de bras à bras), ou encore introduction dans le bras du patient de sang préalablement donné et conservé (➤ **perfusion**). — adj. **TRANSFUSIONNEL, ELLE,** milieu XXe s. *Sida post-transfusionnel.*

TRANSGÈNE [tʀɑ̃sʒɛn] n. m. – 1981 n. d'une société biomédicale ◇ de *trans-* et *gène* ▪ GÉNÉT. Gène étranger ajouté au patrimoine génétique d'un être vivant.

TRANSGÉNÉRATIONNEL, ELLE [tʀɑ̃sʒeneʀasjɔnɛl] adj. – 1971 ◇ de *trans-* et *générationnel* ▪ Qui concerne plusieurs générations. ➤ **multigénérationnel.** *Conflit transgénérationnel. «la tragédie transgénérationnelle que notre discours social récite actuellement»* B. CYRULNIK. *Analyse transgénérationnelle.* ➤ **psychogénéalogie.**

TRANSGENÈSE [tʀɑ̃sʒənɛz] n. f. – 1989 ; *transgénose* 1985 ◇ de *trans-* et *-genèse* ▪ GÉNÉT. Intégration provisoire ou permanente d'un ou de plusieurs gènes étrangers au patrimoine génétique d'un être vivant. *Transgenèse végétale, animale.* ➤ **OGM.**

TRANSGÉNIQUE [tʀɑ̃sʒenik] adj. – 1984 ◇ de *trans-* et *génique* ▪ GÉNÉT. *Animal, plante transgénique,* à qui on a transféré un ou plusieurs gènes étrangers qui se comportent comme de nouveaux caractères mendéliens. ➤ **OGM.** *Maïs, tomates transgéniques. «on fabrique du cochon moderne, du cochon transgénique dans des fermes expérimentales»* J. SORMAN.

TRANSGENRE [tʀɑ̃sʒɑ̃ʀ] adj. et n. – 1997 ◇ calque de l'anglais *transgender* (1979) ▪ **1** Qui concerne une personne dont l'identité sexuelle psychique et sociale ne correspond pas au sexe biologique. *Les communautés lesbiennes, gays, bisexuelles et transgenres.* ➤ **LGBT.** — n. *Les transgenres.* ➤ FAM. 2 **trans.** ▪ **2** Qui mélange les genres, brouille les codes. *Un polar transgenre.*

TRANSGRESSER [tʀɑ̃sgʀese] v. tr. ‹1› – 1385 ◇ du radical de *transgression,* d'après le latin *transgressum* ▪ Passer par-dessus (un ordre, une obligation, une loi). ➤ **contrevenir** (à), **désobéir** (à), **enfreindre, violer.** *Transgresser des ordres. «Presque tous les poètes ont fait des vers admirables en transgressant les règles»* ARAGON. ▪ CONTR. Observer, respecter.

TRANSGRESSEUR [tʀɑ̃sgʀesœʀ] n. m. – 1370 ◇ latin ecclésiastique *transgressor* ▪ LITTÉR. Personne qui transgresse. *Transgresseur de la loi. «la puissance sinistre dont a fait preuve le transgresseur des règles sacrées»* CAILLOIS.

TRANSGRESSIF, IVE [tʀɑ̃sgʀesif, iv] adj. – 1819 géol. ; 1801 gramm. ◇ de *transgression,* d'après *progressif* ▪ Qui transgresse. *Acte transgressif.* ♦ GÉOL. Qui résulte d'une transgression (2°). — *Eaux transgressives :* eaux chaudes remontant des zones tropicales vers le nord.

TRANSGRESSION [tʀɑ̃sgʀesjɔ̃] n. f. – 1174 ◇ latin *transgressio,* de *transgredi* «passer outre» ▪ **1** Action de transgresser. ➤ **désobéissance** (à), **violation.** *Transgression de la loi, d'une interdiction.* ➤ **contravention, infraction.** — ETHNOL. Le fait de transgresser un interdit, un rite. *«La transgression organisée forme avec l'interdit un ensemble qui définit la vie sociale»* G. BATAILLE. ▪ **2** (1903) GÉOL. Mouvement de la mer qui déborde sur les aires continentales avoisinantes ou sur les bords des géosynclinaux (mouvements épirogéniques ou variations du niveau de la mer). ▪ CONTR. Obéissance, respect. Régression.

TRANSHUMANCE [tʀɑ̃zymɑ̃s] n. f. – 1818 ; *transhumation* 1804 ◇ de *transhumer* ▪ Migration périodique du bétail de la plaine, qui change de pacage en été et s'établit en montagne (➤ **estivage**). *Chemin de transhumance.* ➤ 2 **draille.**

TRANSHUMANISME [tʀɑ̃zymanism] n. m. – 2003 ; autre sens 1939 ◇ de *trans-* et *humanisme* ▪ DIDACT. Courant de pensée selon lequel les capacités physiques et intellectuelles de l'être humain pourraient être accrues grâce au progrès scientifique et technique (cf. Être humain augmenté*). *Transhumanisme et intelligence artificielle.* — adj. et n. **TRANSHUMANISTE.**

TRANSHUMANT, ANTE [tʀɑ̃zymɑ̃, ɑ̃t] **adj.** – 1791 ◊ de *transhumer* ■ Qui transhume. *Troupeaux transhumants.*

TRANSHUMER [tʀɑ̃zyme] **v.** ‹1› – 1798 ◊ espagnol *trashumar,* du latin *trans* «au-delà» et *humus* «terre» ■ **1 v. tr.** Mener (les troupeaux) paître en montagne pendant l'été. ■ **2 v. intr.** Aller paître dans la montagne l'été.

1 **TRANSI** [tʀɑ̃zi] **n. m.** – 1964 ◊ ancien français *transi* «mort» XIIe s. → transir ■ ARCHÉOL. Figure sculptée du Moyen Âge ou de la Renaissance, représentant un cadavre décomposé.

2 **TRANSI, IE** [tʀɑ̃zi] **adj.** – XIVe ◊ de *transir* ■ Pénétré, engourdi de froid (➤ **gelé**). *Je suis transi.* FIG. *Un amoureux transi,* que son amour rend timide et paralyse.

TRANSIGER [tʀɑ̃ziʒe] **v. intr.** ‹3› – 1342 ◊ latin *transigere,* de *agere* «mener» ■ **1** Faire des concessions réciproques, de manière à régler, à terminer un différend. ➤ **s'arranger, composer ; transaction.** DR. Faire une transaction avec l'autre partie. *Mieux vaut transiger que plaider. «Que faire, monsieur le comte ? [...] Il n'y a qu'un moyen, transiger»* BALZAC. ■ **2** Se prêter à des accommodements, faire des concessions. *«Il fallut transiger avec elle»* SAND. ◆ FIG. (1780) Ne pas se montrer ferme, céder ou faire des concessions, par faiblesse. *Transiger sur l'honneur. «Il n'y a rien à gagner à transiger avec l'erreur ou l'injustice»* É. DE GIRARDIN. ➤ **pactiser.** *Je ne transigerai pas là-dessus* (➤ **intransigeant**). *«Cette noble créature ne savait pas transiger avec la probité»* BALZAC. — PAR EXT. *«Les intérêts transigent plus facilement que les sentiments !»* MARTIN DU GARD. ■ CONTR. Entêter (s'), opiniâtrer (s').

TRANSIR [tʀɑ̃ziʀ] **v.** ‹2 ; seult prés. indic., temps composés et inf.› – XVe ; «mourir» v. 1140 ◊ latin *transire,* proprt «aller au-delà» ■ **1 v. tr.** LITTÉR. Pénétrer en engourdissant, transpercer (en parlant d'une impression, d'une sensation, SPÉCIALT [XVIIe] du froid). ➤ **glacer, saisir.** *«Un air inerte, qui sans être froid nous transit»* GENEVOIX. ◆ FIG. Glacer, pénétrer. *«la peur avait transi leur âme et ôté le mouvement à leur bras»* LAMENNAIS. *«ses dents claquaient. Il était transi de peur»* BALZAC. ■ **2 v. intr.** VX ou LITTÉR. Être pénétré d'une sensation, d'un sentiment qui glace, engourdit. *«Je sentis tout mon corps et transir et brûler»* RACINE.

TRANSISTOR [tʀɑ̃zistɔʀ] **n. m.** – 1952 ◊ mot anglais, de *transfer resistor* «résistance de transfert» ■ **1** ÉLECTRON. Composant électronique actif associant en deux jonctions trois régions semi-conductrices différemment dopées, munies d'électrodes (➤ **base, collecteur, émetteur**) et utilisé comme amplificateur, modulateur, oscillateur, interrupteur. *Transistor de puissance, hyperfréquence, à faible bruit. Les transistors remplacent souvent les tubes* électroniques.* — *Transistor à effet de champ :* composant électronique actif formé d'un barreau semi-conducteur dont la résistance varie en fonction du champ électrique appliqué par l'intermédiaire d'une électrode de commande (➤ **grille**) et qui remplit les mêmes fonctions électroniques que le transistor. ➤ **MOS.** ■ **2** (1960) COUR. Récepteur portatif de radio équipé de ces dispositifs et alimenté par des piles.

TRANSISTORISER [tʀɑ̃zistɔʀize] **v. tr.** ‹1› – 1960 ◊ de *transistor* ■ TECHN. Équiper de transistors. — **p. p. adj.** *Téléviseur portatif transistorisé.* — **n. f. TRANSISTORISATION,** 1962.

TRANSIT [tʀɑ̃zit] **n. m.** – 1534 ◊ italien *transito,* latin *transitus* «passage» ■ **1** COMM. Dérogation au paiement des droits (de douane, d'octroi), accordée à une marchandise qui ne fait que traverser un territoire ; passage en franchise. *Marchandises en transit. Documents de transit.* ➤ **acquit-à-caution, passavant.** ■ **2** (1835) Passage, transport de marchandises (indépendamment de leur situation douanière) ; marchandises transportées (➤ **transitaire**). *Transit international routier* (*T. I. R.* [tiʀ]). ◆ Situation de voyageurs à une escale (aérienne, maritime...), lorsqu'ils ne franchissent pas les contrôles de police, de douane. *Les salles de transit de Roissy. Passagers en transit.* ◆ *Cité de transit :* centre d'hébergement provisoire destiné aux mal logés, aux immigrés et réfugiés. ■ **3** (1922) PHYSIOL. Passage des aliments à travers les voies digestives. *Transit intestinal.* — MÉD. *Transit baryté :* examen radiologique du tube digestif après l'ingestion d'une bouillie contenant du sulfate de baryum (opaque aux rayons X). ■ **4** ASTRON. Passage d'un objet céleste devant un autre objet céleste, généralement une étoile, vu par un observateur. *Planète en transit. Le transit de Mercure, de Vénus* (devant le Soleil). *Satellites galiléens en transit devant Jupiter.* ◆ ASTROL. Passage d'une planète (dans le «ciel» de l'horoscope). ➤ **transition.** ■ **5** PHYS. Déplacement (des électrons) d'un point à un autre. *Temps de transit.*

TRANSITAIRE [tʀɑ̃zitɛʀ] **adj.** et **n.** – 1838 ◊ de *transit* ■ **1** Où s'effectue le transit. *Pays transitaire.* ◆ Qui se fait en transit. *Commerce transitaire.* ■ **2 n.** Commissionnaire de transport ou mandataire qui assure les opérations liées à l'exportation et à l'importation de marchandises. ➤ **consignataire.** *Transitaire maritime, aérien. Transitaire agréé en douane.*

TRANSITER [tʀɑ̃zite] **v.** ‹1› – avant 1754 ◊ de *transit* ■ **1 v. tr.** Faire passer (des marchandises, etc.) en transit. ■ **2 v. intr.** Passer, voyager en transit. *Transiter par un pays.*

TRANSITIF, IVE [tʀɑ̃zitif, iv] **adj.** – 1550 ; «passager, changeant» 1310 ◊ latin *transitivus,* de *transire* «passer» ■ **1** (latin *verbum transitivum*) Se dit d'un verbe qui régit son complément sans intermédiaire, par un passage direct du sujet à l'objet. ◆ Se dit de tout verbe dont l'énoncé appelle un complément d'objet. *Verbes transitifs directs. Verbes transitifs indirects,* dont le complément est construit avec une préposition (à, de). *Emploi absolu* des verbes transitifs. Discours transitif. Construction transitive.* ■ **2** PHILOS., LOG. Qui modifie, agit sur autre chose que l'agent. *Action, causalité transitive.* — LOG. Se dit d'une opération ou d'une relation qui, lorsqu'elle lie un premier terme à un second, et ce dernier à un troisième, lie de la même façon le premier terme au troisième (et ainsi de suite). *Les relations «égale», «plus grand», «plus petit que...», «antérieur», «postérieur à...», «implique...» sont transitives. Relations réflexives, symétriques, transitives.* ➤ **équivalence.** ■ CONTR. Intransitif, neutre.

TRANSITION [tʀɑ̃zisjɔ̃] **n. f.** – 1501 «procédé rhétorique» ◊ latin *transitio,* proprt «passage» ■ **1** Manière de passer de l'expression d'une idée à une autre, de lier les parties d'un discours. ➤ **passage.** *L'art des transitions. Ménager les transitions. Passer sans transition d'un sujet à l'autre* (➤ **coq-à-l'âne**). — MUS. Élément servant de passage entre deux thèmes (➤ **pont**). — CIN. Passage d'un plan à un autre (notamment par fondu). PEINT. Manière de passer progressivement d'un ton à un autre. ■ **2** (1807) LITTÉR. Passage d'un état à un autre, d'une situation à une autre. *Transition brutale, rapide. Passer sans transition de l'exaltation au désespoir.* ◆ MOD. Passage lent, graduel, d'une transformation progressive. ➤ **changement, évolution.** *«Ce fut d'abord de larges gouttes [...] puis sans transition, un déluge»* COURTELINE. — *Transition énergétique :* passage progressif à une économie moins dépendante du pétrole et du nucléaire et à une meilleure efficacité énergétique. *Transition écologique :* passage progressif à des usages plus respectueux de l'environnement (transition énergétique, développement durable, maintien de la biodiversité, etc.). ◆ *De transition :* qui constitue un intermédiaire ; envisagé comme simple passage entre deux états. ➤ **transitoire.** *Régime de transition entre deux constitutions. Gouvernement de transition.* — *«Ces édifices de la transition du roman au gothique»* HUGO. ■ **3** (XVIIIe) ASTROL. ➤ **transit.** — PHYS. Passage d'un état stationnaire à un autre. *Chaleur, énergie de transition.* — Passage d'un électron d'un niveau d'énergie quantifiée à un autre. — CHIM. *Élément de transition :* élément atomique dont une sous-couche électronique interne est incomplète. *Métaux de transition. État de transition :* CHIM. état instable intermédiaire entre l'état initial et l'état final d'une réaction chimique ; ENZYMOL. état le plus instable entre le substrat et le produit d'une réaction enzymatique. ■ **4** Ce qui constitue un état intermédiaire, ce qui conduit d'un état à un autre. *«La plus délicate des transitions, l'adolescence»* HUGO. ■ **5** Démarche volontaire visant à faire correspondre son expression de genre à son identité de genre (➤ **transgenre, transsexualité**). *Faire sa transition. La transition peut comprendre un changement de nom, un traitement hormonal et une opération chirurgicale.*

TRANSITIONNEL, ELLE [tʀɑ̃zisjɔnɛl] **adj.** – 1865 ◊ de *transition* ■ **1** Qui marque une transition ; qui a un caractère de transition. ➤ **transitoire** (2°). *«de ces êtres nuancés ou transitionnels, on ne trouve aucune trace»* J. ROSTAND. ■ **2** (anglais *transitional*) PSYCHAN. *Objet transitionnel :* objet matériel (pouce, bout de couverture, ours en peluche...) fortement investi par le jeune enfant et lui assurant la transition entre la première relation orale à la mère et la relation d'objet. ➤ FAM. 2 **doudou.**

TRANSITIVEMENT [tʀɑ̃zitivmɑ̃] **adv.** – 1845 ◊ de *transitif* ■ D'une manière transitive, avec la construction d'un verbe transitif direct. *Employer transitivement un verbe intransitif* (ex. dormez votre sommeil ; vivre sa vie).

TRANSITIVITÉ [tʀɑ̃zitivite] **n. f.** – 1903 ◊ de *transitif* ■ DIDACT. Caractère de ce qui est transitif. *Transitivité d'un verbe, d'une relation logique.*

TRANSITOIRE [tʀɑ̃zitwaʀ] adj. – 1170 ◇ latin *transitorius* «qui sert de passage», de *transire* ▪ **1** Qui passe, ne dure pas. ➤ **fugitif, passager.** SUBST. «*La modernité, c'est le transitoire, le fugitif, le contingent*» BAUDELAIRE. ▪ **2** (1798) Qui constitue une transition, qui remplit l'espace de temps entre deux états. *Régime transitoire, dispositions transitoires.* ➤ **provisoire.** *Fonction, charge transitoire.* ➤ **intérimaire.** ▪ **3** GÉNÉT. *Expression transitoire :* expression d'un gène nouvellement introduit dans une cellule et non intégré dans le génome. ▪ CONTR. Durable, permanent.

TRANSITOIREMENT [tʀɑ̃zitwaʀmɑ̃] adv. – 1405 «de manière superficielle» ◇ de *transitoire* ▪ RARE D'une manière passagère ou provisoire.

TRANSLATIF, IVE [tʀɑ̃slatif, iv] adj. – 1373 ◇ latin *translativus* ▪ DR. Par lequel on cède, on transfère à qqn. *Acte, contrat translatif de propriété.* ➤ **cession, donation, vente.**

TRANSLATION [tʀɑ̃slasjɔ̃] n. f. – début XIIIe ; «traduction» 1170 ◇ latin *translatio*, de *transferre* ▪ **1** LITTÉR. Le fait de transporter (les restes, le corps d'une personne). ➤ **transfert.** «*La translation des restes de Napoléon est une faute contre la renommée*» CHATEAUBRIAND. ▪ **2** (1363) DR. Le fait de transférer d'une personne à une autre. *Translation de propriété. — Translation de l'impôt.* ➤ **répercussion, transfert.** ▪ **3** (1474) DR. Le fait de transporter d'un lieu à un autre (un dignitaire, une juridiction). *Translation d'un tribunal, d'un évêque.* — (v. 1665) Transport d'un prisonnier. ➤ **transfèrement.** ▪ **4** (1680) LITURG. Remise (d'une fête) à une date ultérieure. ▪ **5** (1796) SC. Déplacement, mouvement (d'un corps, d'une figure) au cours duquel les positions d'une même droite liée à la figure ou au corps restent parallèles. *Mouvement de translation uniforme.* «*ces images fixes projetées sur écran, tirées sur le côté par translation, l'une chassant l'autre*» C. SIMON. — GÉOM. Transformation ponctuelle faisant correspondre à chaque point de l'espace un autre point par un vecteur fixe.

TRANSLITTÉRATION [tʀɑ̃sliteʀasjɔ̃] n. f. – 1874 ◇ de *trans-*, d'après *transcription*, et latin *littera* «lettre» ▪ LING. Transcription lettre par lettre, dans laquelle on fait correspondre à chaque signe d'un système d'écriture un signe dans un autre système. *Translittération du russe, du grec en caractères latins.*

TRANSLITTÉRER [tʀɑ̃sliteʀe] v. tr. ‹6› – v. 1950 ◇ de *translittération* ▪ LING. Faire correspondre à (un signe d'une écriture) un signe d'une autre écriture.

TRANSLOCATION [tʀɑ̃slɔkasjɔ̃] n. f. – 1941 ◇ anglais *translocation* ; de *trans-* et latin *locatio* ▪ **1** CHIR. Modification du trajet d'un tendon pour en changer la fonction. ▪ **2** GÉNÉT. Mutation génétique due à la cassure d'un segment de chromosome puis à son transfert sur un chromosome non homologue. *Translocation réciproque*, avec échange de segments entre deux chromosomes.

TRANSLUCIDE [tʀɑ̃slysid] adj. – 1556, rare avant 1802 ◇ latin *translucidus* ▪ DIDACT. Qui est perméable à la lumière, la laisse passer, mais ne permet pas de distinguer nettement les objets. ➤ **diaphane.** *Matière, papier translucide. Verre translucide,* dépoli. ▪ CONTR. Opaque.

TRANSLUCIDITÉ [tʀɑ̃slysidite] n. f. – 1567 ◇ de *translucide* ▪ DIDACT. État, caractère d'un corps translucide. «*l'eau passe de la transparence à la translucidité*» BACHELARD. ▪ CONTR. Opacité.

TRANSMETTEUR, EUSE [tʀɑ̃smetœʀ, øz] n. – v. 1450 ◇ de *transmettre* ▪ **1** VX ou LITTÉR. Personne qui transmet. *Les transmetteuses de la tradition.* ◆ Technicien(ne) travaillant dans les services de transmissions. ▪ **2** n. m. (1860) Appareil qui sert à transmettre les signaux. — MAR. *Transmetteur d'ordres* (du capitaine au mécanicien), dispositif mécanique ou électrique. ➤ **chadburn.**

TRANSMETTRE [tʀɑ̃smɛtʀ] v. tr. ‹56› – v. 1170 ; *trametre* «envoyer» X^e ◇ latin *transmittere*, d'après *mettre* ▪ Faire passer d'une personne à une autre, d'un lieu à un autre (le plus souvent lorsqu'il y a un ou plusieurs intermédiaires). ▪ **1** DR. Faire passer d'une personne à une autre par une voie légale (➤ **transmission**). *Transmettre un héritage.* ➤ **léguer.** — PRONOM. *La propriété s'acquiert et se transmet par succession.* — PAR EXT. *Transmettre son autorité, son pouvoir à qqn.* ➤ **déléguer.** PRONOM. (PASS.) «*Le pouvoir peut bien se transmettre mais non pas la volonté*» ROUSSEAU. ▪ **2** Faire passer (un objet matériel) d'une personne à une autre. *Joueur qui transmet (le ballon), au rugby* (➤ 1 **passe**). *Transmettre le flambeau.* ▪ **3** SPÉCIALT Faire passer, laisser à ses descendants, à la postérité (un bien matériel ou moral). *Transmettre un nom, des traditions. — Caractères transmis héréditairement* (opposé à *acquis*). ▪ **4** Faire passer d'une personne à une autre (un écrit, des paroles, etc.) ; faire changer de lieu, en vue d'une utilisation. *Transmettre un message à qqn* (cf. Faire parvenir). *Ordre, consigne à transmettre. Transmettre une information* (➤ **véhiculer**), *une nouvelle.* ➤ **communiquer, répercuter.** — (Dans une formule de politesse) *Transmettez mon souvenir, mes amitiés à M. X.* — (En parlant du moyen de transmission) «*J'ai appris que la poste de Senlis avait mis dix-sept heures pour vous transmettre une lettre*» NERVAL. ◆ SPÉCIALT Faire connaître, diffuser par radio. ▪ **5** Faire connaître ; faire passer à un autre ou à d'autres (des connaissances). *Une recette «dont le secret était transmis de mère à fille»* CHARDONNE. ▪ **6** (XVIIe) Faire parvenir (un phénomène physique) d'un lieu à un autre. ➤ **conduire.** *Milieu qui transmet le son.* ➤ **propager.** *Transmettre un mouvement. Corps qui transmettent l'électricité* (➤ **conductibilité**). *Dispositif qui transmet des informations, des signaux sous forme d'impulsions électriques* (➤ **transmission**). ◆ PHYSIOL. Faire passer d'un point à un autre d'un organisme (les effets psychophysiologiques d'une excitation). *L'excitation de la rétine est transmise par le nerf optique.* ▪ **7** Faire passer (un germe pathogène) d'un organisme à un autre. *Parasite, insecte qui transmet un microbe, une maladie.* ➤ **véhiculer ; vecteur.** *Son mari lui a transmis cette maladie.* ➤ **contaminer, donner.** — PRONOM. ➤ **se propager.** ◆ Donner par hérédité. PRONOM. *L'hémophilie se transmet par les femmes.* ▪ CONTR. Acquérir, garder, hériter, recevoir.

TRANSMIGRATION [tʀɑ̃smigʀasjɔ̃] n. f. – v. 1494 ; «migration» v. 1190 ◇ latin *transmigratio* ▪ RELIG. Passage (d'une âme) d'un corps dans un autre. *Croyance dans la transmigration successive des âmes.* ➤ **métempsychose.** «*Enfin, Tsing-Chüng ayant complété ses transmigrations, il arriva pour reprendre son corps*» RESTIF.

TRANSMIGRER [tʀɑ̃smigʀe] v. intr. ‹1› – 1767 ; «émigrer» 1546 ◇ latin *transmigrare* ▪ RELIG. Passer d'un corps dans un autre. *Les pythagoriciens croyaient que les âmes transmigrent.*

TRANSMISSIBILITÉ [tʀɑ̃smisibilite] n. f. – 1789 ◇ de *transmissible* ▪ DIDACT. Qualité, caractère de ce qui est transmissible. *La grande question «de la transmissibilité des caractères acquis»* J. ROSTAND.

TRANSMISSIBLE [tʀɑ̃smisibl] adj. – 1583 ◇ latin *transmissum*, supin de *transmittere* ▪ DIDACT. ▪ **1** Qui peut être transmis. *Patrimoine, droit transmissible. Titres transmissibles aux descendants.* ◆ MÉD. *Maladie transmissible,* causée par un agent infectieux ou le produit toxique qu'il élabore, soit directement d'un sujet à un autre, soit par l'intermédiaire d'un hôte, d'un vecteur biologique ou d'un milieu inanimé. ➤ **contagieux, infectieux.** *Infection, maladie sexuellement transmissible* (dite autrefois *vénérienne*). ➤ **IST, MST.** — GÉNÉT. *Caractères génétiques transmissibles* (➤ **hérédité**). ▪ **2** (1690) ABSTRAIT «*Le principe juif et chrétien repose précisément sur l'idée contraire. Le péché y est transmissible. Le mérite aussi*» MICHELET. ▪ CONTR. Incommunicable, intransmissible.

TRANSMISSION [tʀɑ̃smisjɔ̃] n. f. – XIVe s., répandu XVIIIe-XIXe ◇ latin *transmissio*

I Fait, manière de transmettre, de se transmettre. ▪ **1** Action de transmettre (1°). *Transmission d'un bien, d'un droit à une autre personne.* ➤ **cession.** *La transmission des pouvoirs.* ➤ **passation.** ▪ **2** Le fait de laisser à ses descendants, à la postérité. *La transmission des biens par voie de succession.* «*La transmission constante, de père en fils, du patrimoine et du nom*» BAUDELAIRE. «*Plus de transmission du mérite, abolition de la noblesse*» MICHELET. ◆ (1793) GÉNÉT. *La transmission des caractères.* ➤ **hérédité** (II). ◆ MÉD. *Transmission d'une maladie* (➤ **contagion, infection**). ▪ **3** Action de faire connaître. *Transmission d'un message, d'un ordre. Erreur de transmission.* ◆ *Transmission des connaissances, des idées...* ➤ **communication.** *Transmission de pensée :* télépathie. ◆ Information de la situation nécessaire à la continuité de la prise en charge, transmise à l'équipe de relève (dans un établissement hospitalier, une crèche, etc.). *Cahier de transmissions.* ▪ **4** (1765) PHYS. Transport d'un lieu à un autre par un système physique. *Ondes électromagnétiques propagées par transmission* (par oppos. à *par réflexion*). *Facteur de transmission :* quotient du flux énergétique incident sur le flux transmis après traversée d'une ou plusieurs interfaces entre deux milieux. *Ligne de transmission.* ➤ **guide** (d'ondes). *Transmission du son par l'électricité.* ➤ **télégraphe, téléphone, T. S. F.** *Transmission d'ondes sonores.* ➤ **diffusion, émission, sonar.** *Transmission d'ondes électromagnétiques* (➤ **antenne, radar**), *d'informations*

(➤ **télécommunication**) *par fil, par câble, par voie hertzienne, par radiodiffusion. — Transmission du mouvement dans une machine, dans une automobile. Organes, arbre, chaîne, courroie* de transmission.*

II Ce qui transmet ou sert à transmettre. ▪ **1** MÉCAN. Organe ou ensemble d'organes servant à transporter la puissance d'un producteur d'énergie (moteur) au mécanisme utilisateur. *Transmission par traction, par propulsion. Transmission intégrale.* ▪ **2** (1933) AU PLUR. Ensemble des moyens destinés à transmettre les informations (renseignements, troupes). *Services des transmissions* (personnel de liaison, signaux, téléphone, radio, etc.). ◆ Troupes spécialisées qui mettent en œuvre ces moyens. *Servir dans les transmissions.*

TRANSMODULATION [tʀɑ̃smɔdylasjɔ̃] **n. f.** – 1934 ◇ de *trans-* et *modulation* ▪ RADIO Effet indésirable de modulation résultant d'une interférence entre l'onde sur laquelle un récepteur est accordé et l'onde modulée d'un émetteur voisin.

TRANSMUABLE [tʀɑ̃smɥabl] **adj.** – v. 1300 ◇ de *transmuer* ▪ RARE Qui peut être transmué.

TRANSMUER [tʀɑ̃smɥe] **v. tr.** ⟨1⟩ – v. 1265 ◇ du latin *transmutare* ▪ **1** Transformer (une substance) en altérant profondément sa nature. ➤ **changer, convertir.** *La pierre philosophale passait pour transmuer les métaux vils en métaux nobles. Cette liqueur «tournera au rouge et acquerra la vertu de transmuer l'argent en or»* FRANCE. ▪ **2** (ABSTRAIT) Changer en une autre chose. *Le poète «domine, transmue son déchirement»* LEIRIS. PRONOM. *«Il n'est rien en nous, même le pire (surtout le pire), qui ne doive se transmuer en richesse»* MAURIAC. — On dit parfois *transmuter* ⟨1,⟩ avant 1869.

TRANSMUTABLE [tʀɑ̃smytabl] **adj.** – 1812 ◇ de *transmuter* ▪ RARE Qui peut être transmué, transmuté. ➤ **transmuable.** — **n. f. TRANSMUTABILITÉ,** 1721.

TRANSMUTANT, ANTE [tʀɑ̃smytɑ̃, ɑ̃t] **adj.** – 1949 ◇ de *transmuter* ▪ SC. Qui peut provoquer une transmutation atomique.

TRANSMUTATION [tʀɑ̃smytasjɔ̃] **n. f.** – v. 1165 ◇ latin *transmutatio* ▪ **1** Changement d'une substance en une autre, et notamment d'un corps chimique en un autre. *Les alchimistes cherchaient à réussir la transmutation des métaux.* ◆ (1934) PHYS. Transformation d'un élément chimique en un autre par modification du noyau atomique. *Les transmutations se réalisent spontanément par désintégration radioactive ou sont provoquées par des réactions nucléaires.* ▪ **2** LITTÉR. Changement* de nature, transformation totale. *«Quelle singulière transmutation des commerces, et quelle bizarre transfiguration des boutiques !»* GONCOURT.

TRANSMUTER ➤ **TRANSMUER**

TRANSNATIONAL, ALE, AUX [tʀɑ̃snasjɔnal, o] **adj.** – 1920, répandu v. 1965 avec influence de l'anglais ◇ de *trans-* et *national,* d'après *international* ▪ DIDACT. Qui dépasse le cadre national, concerne plusieurs nations. ➤ **multinational.** *Organisme transnational.*

TRANSNEPTUNIEN, IENNE [tʀɑ̃snɛptynjɛ̃, jɛn] **adj.** – 1880 ◇ de *trans-* et *neptunien* «relatif à la planète *Neptune*» ; cf. anglais *transneptunian* (1879) ▪ ASTRON. *Objet transneptunien :* objet céleste du système solaire dont la majeure partie ou la totalité de l'orbite se situe au-delà de celle de Neptune. *La planète naine Pluton est le premier objet transneptunien à avoir été observé.*

TRANSOCÉANIQUE [tʀɑ̃zɔseanik] **adj.** – 1865 ◇ de *trans-* et *océan* ▪ DIDACT. Qui est au-delà de l'océan. *Région transocéanique.* ◆ Qui se fait à travers l'océan. *Navigation, télégraphie transocéanique.*

TRANSPARAÎTRE [tʀɑ̃spaʀɛtʀ] **v. intr.** ⟨57⟩ /TRANSPARAITRE/ – 1640, repris XIXe ; *transparoir* 1573 ◇ de *trans-* et *paraître* ▪ **1** Se montrer au travers de qqch. ➤ **apparaître, paraître.** *La forme du corps transparaît au travers du voile. Le jour transparaissait à travers les rideaux.* ▪ **2** FIG. Apparaître, se montrer. *Laisser transparaître ses intentions, ses sentiments.*

TRANSPARENCE [tʀɑ̃spaʀɑ̃s] **n. f.** – v. 1380 ◇ de *transparent* ▪ **1** Qualité d'un corps transparent. *La transparence du cristal, de l'eau pure. «Le sable fin brillait à travers la transparence d'une eau profonde»* LAMARTINE. ➤ **limpidité.** *«ces climats où l'atmosphère, entièrement privée d'humidité, reste d'une transparence parfaite»* GAUTIER. ▪ **2** Phénomène par lequel les rayons lumineux visibles sont perçus à travers certaines substances. *Par transparence :* à travers un milieu transparent ou translucide. *Effets par transparence,* derrière un écran, une substance translucide, porcelaine (➤ **lithophanie**), verre dépoli, etc. *Un écran éclairé par transparence.* ◆ TECHN. (CIN.) *Une transparence :* projection d'un film sur un écran transparent, servant de décor devant lequel évoluent les personnages réels. ▪ **3** Translucidité (ce dernier mot étant plus rare). *«un peigne en écaille blonde d'une transparence rare»* LOTI. — PAR EXT. *La transparence du teint,* sa clarté et sa finesse. PAR EXAGÉR. *«La transparence maladive de ses mains»* DAUDET. ▪ **4** LITTÉR. Qualité de ce qui laisse paraître la réalité tout entière, de ce qui exprime la vérité sans l'altérer. ➤ **limpidité.** *«Toute la personne de Cosette était* [...] *ingénuité, transparence, blancheur, candeur»* HUGO. ◆ *Transparence d'un texte,* dont le sens est littéral, non ambigu. LING. *Transparence du signe,* dont on use pour son signifié (le signifiant étant effacé). ▪ **5** SPÉCIALT Caractère d'une donnée accessible à tous, en matière économique, politique, administrative... *Transparence des salaires dans une entreprise. Transparence fiscale. Politique de la transparence* (➤ **glasnost**). *Jouer la transparence. Haut Comité pour la transparence et l'information sur la sécurité nucléaire.* ▪ **6** INFORM., TÉLÉCOMM. Qualité d'un système, d'un mode de fonctionnement qui peut être ignoré de l'utilisateur. ▪ CONTR. Opacité.

TRANSPARENT, ENTE [tʀɑ̃spaʀɑ̃, ɑ̃t] **adj.** et **n. m.** – 1370 ; *tresparent* XIIIe ◇ latin médiéval *transparens,* radical *parere* «paraître»

I adj. ▪ **1** Qui laisse passer la lumière et paraître avec netteté les objets qui se trouvent derrière. *«L'onde était transparente ainsi qu'aux plus beaux jours»* LA FONTAINE. ➤ **cristallin, limpide.** *«Chaque aéroport vantait son temps clair, son ciel transparent»* SAINT-EXUPÉRY. — *Tissus transparents,* assez fins pour qu'on puisse voir au travers. ➤ **vaporeux.** *«des mousselines de Dacca* [...] *transparentes comme le jour»* BERNARDIN DE SAINT-PIERRE. *Papiers transparents :* calque, papier cristal. ◆ PHYS. *Corps, milieu transparent,* doué d'un coefficient de transmission voisin de l'unité. — ANAT. *Milieux transparents de l'œil.* ▪ **2** PAR EXT. Translucide, diaphane. *«les feuilles printanières, raides et transparentes comme des lames de jade sous le soleil»* COLETTE. — *Teint transparent,* clair et délicat. *Peau transparente.* ▪ **3** Qui laisse voir clairement la réalité psychologique. *«Son âme était transparente et pure comme son teint»* FRANCE. — *«c'était un homme assez transparent* [...] *On lisait facilement dans sa pensée»* ROMAINS. ◆ (v. 1790) Qui laisse voir le sens. *Allégorie, allusion transparente,* facilement déchiffrable. ➤ **clair, évident.** ▪ **4** Visible par tous, non dissimulé (en matière fiscale, dans les affaires). *Comptabilité transparente.* ▪ **5** INFORM., TÉLÉCOMM. Qui présente la qualité de la transparence (5°). *Mode de gestion de la mémoire transparent pour l'utilisateur.*

II n. m. ▪ **1** (1664 ; hapax XVIe) Panneau de matière très fine, peint ou non, derrière lequel on dispose des lumières pour produire un effet décoratif par transparence. ▪ **2** ARCHIT., SCULPT. Motif décoratif sculpté à jour et destiné à être éclairé par-derrière (dans le gothique flamboyant, le baroque). ▪ **3** (1718) Feuille de papier réglée que l'on met sous une autre feuille pour écrire droit (par transparence). ➤ **guide-âne.** ▪ **4** Document sur support transparent destiné à être projeté à l'aide d'un rétroprojecteur.

▪ CONTR. Opaque, 1 trouble ; brumeux. Épais. Caché, obscur.

TRANSPARTISAN, ANE [tʀɑ̃spaʀtizɑ̃, an] **adj.** – 1966 ◇ de *trans* et *partisan* ▪ Qui dépasse les clivages politiques. *Une initiative transpartisane.*

TRANSPERCEMENT [tʀɑ̃spɛʀsəmɑ̃] **n. m.** – 1845 ◇ de *transpercer* ▪ LITTÉR. ou TECHN. Fait de transpercer ; état de ce qui est transpercé. *«et les poumons que ça vous saccage d'un vif atroce transpercement !»* CÉLINE.

TRANSPERCER [tʀɑ̃spɛʀse] **v. tr.** ⟨3⟩ – v. 1210 ; *trespercier* 1138 ◇ de *trans-* et *percer* ▪ **1** Percer de part en part. *«il plongea l'épée* [...] *c'était une douce chair, facile à transpercer comme l'agneau»* GIRAUDOUX. — FIG. *Froid qui transperce les promeneurs. «le soleil direct vous transperce le crâne, comme avec des vrilles ardentes»* FROMENTIN. ◆ FIG. (1393) Atteindre profondément, en faisant souffrir. ➤ **percer.** *Perte, rupture qui transperce le cœur.* ▪ **2** (1690) Pénétrer ; passer au travers de. *La pluie a transpercé mes vêtements.* ➤ **traverser.**

TRANSPHOBIE [tʀɑ̃sfɔbi] **n. f.** – 2000 ◇ de 2 *trans* et *-phobie* ▪ DIDACT. Attitude d'hostilité, de discrimination envers les personnes transsexuelles ou transgenres. — **adj.** et **n. TRANSPHOBE.**

TRANSPHRASTIQUE [tʀɑ̃sfʀastik] **adj.** – 1970 ◇ de *trans-* et *phrastique* ▪ LING. Qui concerne les unités de discours d'un niveau supérieur à la phrase. *Sémantique transphrastique.*

TRANSPIRANT, ANTE [tʀɑ̃spiʀɑ̃, ɑ̃t] **adj.** – 1932 ◇ de *transpirer* ▪ Qui transpire, est en sueur. ➤ **suant.** *Ces livres « aux pages cornées, souillées par les doigts transpirants »* LE CLÉZIO.

TRANSPIRATION [tʀɑ̃spiʀasjɔ̃] **n. f.** – 1503 ◇ latin médiéval *transpiratio* ▪ **1** Excrétion de la sueur par les glandes sudoripares de la peau. ➤ **diaphorèse, moiteur, sudation ; perspiration.** *Transpiration provoquée par la chaleur, l'effort, l'émotion. Diminution de la transpiration.* ➤ **anhidrose ; antisudoral.** *Être en transpiration* : être couvert de sueur (cf. En nage, en eau). ➤ **transpirer.** ▪ **2** Sueur. *« mouillé par ma transpiration comme s'il eût plu à verse »* GAUTIER. ▪ **3** (1764) BOT. *Transpiration végétale* : évacuation dans l'atmosphère de l'eau excédentaire des plantes, à l'état de vapeur.

TRANSPIRER [tʀɑ̃spiʀe] **v.** ‹ 1 › – 1503 ◇ latin médiéval *transpirare*, de *trans-* et *spirare* « respirer, exhaler »

I **v. intr.** ▪ **1** Éliminer la sueur par les pores de la peau. ➤ **suer.** *Transpirer à grosses gouttes. « Brunet se sent sale et moite : il a transpiré pendant la nuit »* SARTRE. *Transpirer des pieds.* ◆ ABSOLT, FAM. Travailler dur. *Il a transpiré sur son devoir.* ▪ **2** (XVIIe ; « sortir à la surface de la peau » XVIe) LITTÉR. Paraître au jour, finir par être connu. *La nouvelle a transpiré.* ➤ **filtrer.** *« Ce projet accompli si mystérieusement ne transpira que la veille du jour où l'exécution devait avoir lieu »* BALZAC.

II **v. tr.** Exhaler (un liquide) par transpiration. *« le bois transpirait encore un peu d'humidité rouge »* J. ROUMAIN.

TRANSPLANT [tʀɑ̃splɑ̃] **n. m.** – 1956 ; « action de transplanter » 1556 ◇ de *transplanter* ▪ BIOL. Organe, tissu transplanté. ➤ **greffon.**

TRANSPLANTABLE [tʀɑ̃splɑ̃tabl] **adj.** – 1600 ◇ de *transplanter* ▪ Qui peut être transplanté.

TRANSPLANTATION [tʀɑ̃splɑ̃tasjɔ̃] **n. f.** – 1556 ◇ de *transplanter* ▪ **1** Action de transplanter (une plante, un arbre). ➤ **plantation.** ◆ (1864) BIOL. Greffe* d'un organe entier provenant d'un donneur, avec rétablissement de ses connexions vasculaires. *Transplantation cardiaque, rénale, hépatique, pulmonaire.* — Action de transplanter (un embryon). *Transplantation d'embryons bovins.* ▪ **2** (1768) FIG. Déplacement (de personnes, d'animaux) de leur lieu d'origine dans un autre lieu. *Des chevaux « excellents aux lieux où ils naissent, et sujets à changer par leur transplantation »* BALZAC. — On a dit aussi *transplantement* **n. m.**, 1600.

TRANSPLANTÉ, ÉE [tʀɑ̃splɑ̃te] **n.** – 1967 ◇ de *transplanter* ▪ **1** Personne transportée, installée dans un autre lieu que son lieu d'origine. ▪ **2** Personne qui a bénéficié d'une transplantation d'organe.

TRANSPLANTER [tʀɑ̃splɑ̃te] **v. tr.** ‹ 1 › – 1528 ; hapax 1373 ◇ latin *transplantare* ▪ **1** Sortir (un végétal) de la terre pour le replanter ailleurs. *Transplanter un jeune arbre, des plantes à fleurs.* ➤ **dépoter, repiquer.** ◆ BIOL. Opérer la transplantation de (un organe). ➤ **greffer.** — Déposer (un embryon) dans un autre utérus que celui de la mère, pour qu'il s'y développe. ▪ **2** (1580) FIG. Transporter d'un pays dans un autre, d'un milieu dans un autre. *« Probus fut obligé de transplanter de la Germanie des hommes et des bœufs pour cultiver la Gaule »* MICHELET. — PRONOM. *« À nos âges, tu le sais bien, on ne se transplante pas facilement »* SARRAUTE.

TRANSPLANTOIR [tʀɑ̃splɑ̃twaʀ] **n. m.** – 1796 ◇ de *transplanter* ▪ AGRIC. Outil pour transplanter.

TRANSPOLAIRE [tʀɑ̃spɔlɛʀ] **adj.** – 1954 ◇ de *trans-* et *polaire* ▪ Qui passe par le pôle. *Ligne aérienne transpolaire.*

TRANSPONDEUR [tʀɑ̃spɔ̃dœʀ] **n. m.** – 1968 ◇ anglais *transponder* ; cf. *transmetteur* et *répondeur* ▪ TECHN. Appareil émetteur-récepteur qui répond automatiquement un message d'identification au signal d'un radar. *Transpondeur d'un avion, d'un bateau, d'un satellite. Identification par transpondeur* (➤ **RFID**).

TRANSPORT [tʀɑ̃spɔʀ] **n. m.** – début XIVe ◇ de *transporter*

I **FAIT DE FAIRE CHANGER DE PLACE A. FAIT DE DÉPLACER DES ÊTRES OU DES CHOSES** ▪ **1** (1538) Fait de porter pour faire parvenir en un autre lieu ; manière de déplacer ou de faire parvenir par un procédé particulier. *Transport d'un colis, d'une marchandise... Transport à la main, à dos d'homme* (➤ **portage**). *Transport par bêtes de somme.* — *Transport d'un blessé sur un brancard, en ambulance.* ◆ Déplacement (de choses, de personnes) sur une assez longue distance et par des moyens spéciaux (le plus souvent par un intermédiaire), ou à des fins commerciales, économiques. ➤ **circulation.** *Transport de marchandises* (➤ **factage**), *de lettres* (➤ **2 poste**). *Transport de fonds. Marchandises détériorées pendant le transport.* — *Transport des voyageurs. Avoir deux heures de transport tous les jours. Titre* de transport. « Le père et la mère avaient des cartes de transport gratuit à cause de leurs nombreux enfants »* DURAS. — *Transports par terre, par voie de terre ; par chemin de fer, par route* (➤ **ferroutage**). *Transport intermodal*. Transport à petite, à grande vitesse* (➤ **messagerie**). *Transport express.* — *Transports automobiles* (par camion, autobus, car...). ➤ **camionnage.** — *Transport par voie d'eau.* ➤ **batellerie, navigation.** *Transport maritime à la demande.* ➤ **tramping.** *Transport par avion, par hélicoptère.* — *Matériel de transport et de manutention* : matériel roulant, navigant et aérien ; ensemble des dispositifs servant à déplacer marchandises et voyageurs. *Moyen de transport* : matériel utilisé pour transporter les marchandises ou les personnes (véhicules, avions, navires, conteneurs). — *Entreprise, entrepreneur de transports.* ➤ **transporteur, voiturier.** *Transport exécuté par le transitaire* pour le compte du chargeur*. Frais de transport.* ➤ **fret, 2 port.** — *Transports en commun* : transport des voyageurs dans des véhicules publics. *Utiliser, prendre les transports en commun. Transports urbains, métropolitains* (➤ **1 métro**). *Régie* autonome des transports parisiens (R. A. T. P.).* FAM. *Les transports* : les transports en commun. *Une grève des transports paralyse la capitale.* ◆ *Les transports* : ensemble des moyens employés pour transporter les marchandises et les personnes. ➤ **communication.** *Développement des transports aériens, routiers. Difficultés des transports en région parisienne. Le mal des transports.* ◆ *Transport du gaz, du courant électrique.* ▪ **2** (1560) SC. Fait de déplacer ou d'être déplacé, par une cause naturelle. ➤ **mouvement.** *Transport de masse, de chaleur, de quantité de mouvement.* ◆ BIOCHIM. *Transport membranaire* : passage d'une molécule à travers la membrane cellulaire, assuré par une protéine (➤ **transporteur**). *Transport nucléaire, vésiculaire. Transport actif, passif,* consommateur, ou non, d'ATP. *Transport primaire, secondaire,* consommateur direct, ou indirect, d'ATP. ◆ (XVIIe) COUR. *Transport au cerveau* : congestion cérébrale.

B. EN DROIT ▪ **1** Cession (d'un droit, d'une créance). *« L'endossement opère le transport »* (CODE DE COMMERCE). ▪ **2** (1668) Fait de se transporter sur les lieux, pour procéder à une mesure d'instruction *(transport de justice). Transport sur les lieux* : constatations, saisies, reconstitutions opérées par le procureur, le juge d'instruction, en matière répressive. ▪ **3** INFORM. Utilisation (d'un logiciel) sur une autre machine que celle pour laquelle il a été conçu (➤ aussi **portable**). *Transport d'un logiciel de C. A. O.*

C. CE QUI SERT À TRANSPORTER (1787) Ce qui sert à transporter des marchandises, des voyageurs (navire ; voitures). *Un transport de troupes. « Le transport continuait sa route à travers l'océan Indien »* LOTI.

II **LITTÉR. FAIT D'AGITER PAR UN SENTIMENT VIOLENT** ▪ **1** (1604) Vive émotion, sentiment passionné (qui émeut, entraîne) ; état de la personne qui l'éprouve. ➤ **agitation, 1 élan, enthousiasme, exaltation, ivresse.** *« L'orateur est celui qui sait se mettre à volonté dans un état de transport, et le poète aussi »* CLAUDEL. *Transports de colère.* ➤ **emportement.** *Transports de joie. « La vue de la campagne sembla nouvelle à madame de Rênal ; son admiration allait jusqu'aux transports »* STENDHAL. — *Transports amoureux* : ivresse sentimentale ou sensuelle. ▪ **2** VX ou LITTÉR. Manifestation de passion. *« Si la main était nue [...] Marie, au passage, en baisait le bout des doigts devant les passants qui s'étonnaient de ce transport »* JOUHANDEAU.

TRANSPORTABLE [tʀɑ̃spɔʀtabl] **adj.** – 1758 ; autre sens 1556 ◇ de *transporter* ▪ Qui peut être transporté (dans certaines conditions). *Marchandise, matière transportable par train, par avion. Malade transportable,* qui peut être transporté sans danger. ◆ INFORM. Qui peut être utilisé sur diverses machines. *Logiciel facilement transportable.* ▪ CONTR. Intransportable.

TRANSPORTATION [tʀɑ̃spɔʀtasjɔ̃] **n. f.** – avant 1778 ; hapax 1519 ◇ latin *transportatio* « émigration » ▪ **1** VX Déportation, exil forcé (d'un peuple, d'un groupe). ▪ **2** DR. Institution par laquelle les condamnés aux travaux forcés étaient transportés dans une colonie pour y subir leur peine. ➤ **relégation.** *La déportation, à la différence de la transportation, est une peine politique. Transportation en Guyane.*

TRANSPORTÉ, ÉE [tʀɑ̃spɔʀte] **adj.** – 1549 ◇ de *transporter* ▪ Qu'un sentiment violent transporte. ➤ **enivré, éperdu, ivre.** *Transporté d'admiration, de joie. « j'étais beaucoup plus qu'heureuse, j'étais transportée. Jamais rien ne m'a donné une extase comparable »* J.-R. BLOCH.

TRANSPORTER [tʀɑ̃spɔʀte] **v. tr.** ⟨1⟩ – v. 1180 ◊ latin *transportare,* de *portare* «porter»

I Faire changer de place. **A.** (Compl. concret) ▪ **1** Déplacer d'un lieu à un autre en portant. *Transporter un colis chez qqn. Transporter ses meubles, ses affaires.* ➤ **déménager ;** FAM. **transbahuter,** POP. **trimarder, trimbaler.** *Transporter un blessé. Véhicule qui transporte des marchandises, des voyageurs. Transporter des fonds.* ➤ **convoyer.** *Transporter en camion, en voiture.* ➤ **camionner, voiturer.** *Transporter par terre, par eau.* — PAR MÉTAPH. *«Lorsque le rêve nous transporte dans une autre planète»* GAUTIER. PRONOM. *Transportez-vous par la pensée à Pékin ; en 1789...* ▪ **2** (1748 ; «déporter» 1564) Obliger (qqn) à aller dans un autre lieu. *«Théophile fut arrêté [...] et transporté à la Conciergerie»* GAUTIER. — DR. Faire subir la peine de la transportation à (qqn) ; condamner au bannissement. ➤ **déporter.** ▪ **3** Faire passer d'un point à un autre. ➤ **transmettre.** *Les ondes transportent l'énergie à distance. Transporter l'énergie par des lignes à haute tension. Vent qui transporte des graines.* — GÉOL. Amener (des matériaux géologiques) d'un point à un autre.

B. (Compl. abstrait) ▪ **1** (fin XIIe) DR. Céder (un droit). ▪ **2** VX ou DIDACT. Faire passer (un pouvoir, une juridiction...) d'un lieu à un autre (➤ **translation**). ▪ **3** (1541) Faire passer à un autre endroit, dans un autre contexte. *Transporter un thème, une idée dans une œuvre.* ➤ **introduire.** *Transporter un fait divers sur la scène.* ➤ **transposer.**

C. SE TRANSPORTER v. pron. (1356). Se déplacer, aller. SPÉCIALT *Le procureur s'est transporté sur les lieux.*

II (v. 1290) Agiter (qqn) par un sentiment violent ; mettre hors de soi. ➤ **enivrer, exalter, ravir.** *«certains cours me transportent : je crois qu'il est impossible de ne pas éprouver une espèce de vertige, à ces premiers contacts avec la science»* MARTIN DU GARD. ➤ **enthousiasmer.**

TRANSPORTEUR [tʀɑ̃spɔʀtœʀ] **n. m.** – 1380, repris XVIe ◊ de *transporter* ▪ **1** Personne qui transporte. PAR APPOS. *Voituriers transporteurs.* ➤ **roulier, 2 routier.** ▪ **2** (1869) Personne qui, par contrat, se charge de transporter (des marchandises ou des personnes) ; entrepreneur, commissionnaire de transport. ➤ **camionneur.** *Transporteur international.* ➤ aussi **transitaire.** *Responsabilité du transporteur.* ▪ **3** (1906) Appareil, dispositif servant à transporter des marchandises d'un point à un autre. *Transporteur automatique.* ➤ **convoyeur, stéréoduc.** *Transporteur aérien.* ➤ **téléférique.** *Les transporteurs sont des appareils de manutention continue* (tapis, chemins roulants). — Navire qui transporte (un produit). *Transporteur de pétrole* (➤ **pétrolier**). ▪ **4** SC. Élément intermédiaire capable de faire passer (une substance), de transmettre. *Transporteurs d'hydrogène :* corps capables de passer de la forme oxydée à la forme réduite et inversement, et de capter ou de restituer ainsi l'hydrogène aux cellules. BIOCHIM. *Chaîne de transporteurs. Transporteur d'électrons :* molécule transférant un électron d'un donneur à un receveur. *Transporteur membranaire.* — BIOL. *Transporteur mécanique :* hôte qui transmet l'infection sans subir d'évolution (opposé à *vecteur*). ▪ **5** TÉLÉCOMM. Organisme gérant un réseau* de télécommunication par lequel les utilisateurs accèdent aux centres serveurs.

TRANSPOSABLE [tʀɑ̃spozabl] **adj.** – 1829 ◊ de *transposer* ▪ **1** Qui peut être changé de place, interverti. *Propositions transposables, dans une phrase.* — *Éléments génétiques transposables.* ▪ **2** Qui peut être transposé en autre chose. *Les résultats transposables d'un domaine à un autre* (➤ aussi **extrapolable**). ▪ **3** MUS. Qui peut être transposé (II) dans un autre ton.

TRANSPOSER [tʀɑ̃spoze] **v. tr.** ⟨1⟩ – 1606 ; autre sens 1350 ; *tresposer* «transférer» 1265 ◊ de *trans-* et *poser*

I ▪ **1** (compl. plur. ou collectif) Placer en intervertissant l'ordre. ➤ **intervertir.** *Transposer les mots d'une phrase. L'Orient «transpose, il intervertit tout ; il renverse les harmonies dont le paysage a vécu depuis des siècles»* FROMENTIN. — MATH. *Transposer une matrice,* en écrire une autre, dont les lignes sont les colonnes de la première, et dont les colonnes sont les lignes de la première. ▪ **2** Faire changer de forme ou de contenu en faisant passer dans un autre domaine. ➤ **traduire.** *«Un monde visible de courbes, [...] de diagrammes qui transposent les propriétés en figures»* VALÉRY.

II (1684) MUS. Faire passer (une structure musicale) dans un autre ton sans l'altérer.

TRANSPOSITEUR [tʀɑ̃spozitœʀ] **n. m.** – 1761 ◊ de *transposer* ▪ Dispositif adapté à un instrument, qui transpose la musique dans plusieurs tons. **adj. m.** *Piano, harmonium, clavier transpositeur.*

TRANSPOSITION [tʀɑ̃spozisjɔ̃] **n. f.** – v. 1370 ◊ de *transposer* ▪ **1** Changement de place, et SPÉCIALT (XVIe) Interversion. *«Par une transposition de sens, M. de Cambremer vous regardait avec son nez»* PROUST. — PATHOL. *Transposition vasculaire :* anomalie congénitale dans laquelle les gros vaisseaux du cœur (aorte et artère pulmonaire) se trouvent en position inversée par rapport à leur situation normale. — GÉNÉT. Mouvement d'un fragment d'ADN d'une localisation initiale à une autre au sein du génome. — Déplacement ou interversion dans l'ordre des éléments de la langue. *Transposition de phonèmes, de lettres, de syllabes* (dans les mots). ➤ **anagramme, métathèse.** *Transposition des mots d'une phrase.* — MATH., LOG. Permutation. ▪ **2** Fait de transposer, de faire passer dans un autre domaine. *Transposition de la réalité dans une œuvre littéraire. Transposition d'une nouvelle à la télévision.* ➤ **adaptation.** ▪ **3** (1694) MUS. Fait de transposer un morceau de musique (ou un fragment) en modifiant la hauteur des degrés de la gamme d'après laquelle il est composé. — Art de transposer. ♦ Morceau transposé. ➤ **arrangement.** *Transposition pour baryton d'un lied pour ténor.*

TRANSPOSON [tʀɑ̃spozɔ̃] **n. m.** – 1984 ◊ de *transposer* ▪ GÉNÉT. Élément génétique transposable au sein du génome, composé d'ADN dont les terminaisons sont constituées de séquences identiques inversées, capable de réplication autonome.

TRANSPYRÉNÉEN, ENNE [tʀɑ̃spiʀeneɛ̃, ɛn] **adj.** – 1842 ◊ de *trans-* et *Pyrénées* ▪ GÉOGR. ▪ **1** Situé au-delà des Pyrénées. ▪ **2** Qui traverse les Pyrénées.

TRANSSAHARIEN, IENNE [tʀɑ̃(s)saaʀjɛ̃, jɛn] **adj.** – 1842 ◊ de *trans-* et *Sahara* ▪ Qui traverse le Sahara.

TRANSSEXUALISME [tʀɑ̃(s)sɛksɥalism] **n. m.** – 1956 ◊ anglais *transsexualism* ▪ PSYCHIATR. Sentiment d'appartenir au sexe opposé, le plus souvent associé au désir de changer de sexe.

TRANSSEXUALITÉ [tʀɑ̃(s)sɛksɥalite] **n. f.** – v. 1960 ◊ de *transsexuel* ▪ DIDACT. Situation d'une personne qui change, a changé de sexe.

TRANSSEXUEL, ELLE [tʀɑ̃(s)sɛksɥɛl] **adj. et n.** – v. 1965 ◊ anglais *transsexual ;* de *trans-* et *sexuel* ▪ **1** DIDACT. Caractérisé par le transsexualisme ou la transsexualité. *La condition transsexuelle.* ▪ **2** Qui a le sentiment d'appartenir au sexe opposé à son sexe biologique. ➤ **transgenre.** — Qui a changé de sexe. ♦ **n.** *Un(e) transsexuel(le).* ➤ FAM. **2 trans.**

TRANSSIBÉRIEN, IENNE [tʀɑ̃(s)sibeʀjɛ̃, jɛn] **adj.** – 1889 ◊ de *trans-* et *Sibérie* ▪ GÉOGR. Situé au-delà de la Sibérie. — Qui traverse la Sibérie. *Chemin de fer transsibérien,* et **n. m.** *le Transsibérien.*

TRANSSONIQUE [tʀɑ̃(s)sɔnik] **adj.** – 1947 ◊ de *trans-* et *2 son* ▪ PHYS. *Vitesse transsonique,* voisine de celle du son.

TRANSSUBSTANTIATION [tʀɑ̃(s)sypstɑ̃sjasjɔ̃] **n. f.** – 1495 ; *transustanciacion* 1374 ◊ latin ecclésiastique *transsubstantiatio,* de *substantia* ▪ **1** RELIG. CHRÉT. Changement de toute la substance du pain et du vin (➤ **espèce**) en toute la substance du corps et du sang de Jésus-Christ. ➤ **eucharistie.** *Les protestants n'acceptent pas le dogme de la transsubstantiation.* ▪ **2** DIDACT. Changement complet d'une substance en une autre.

TRANSSUDAT [tʀɑ̃(s)syda] **n. m.** – 1933 ◊ de *transsudation,* d'après *exsudat* ▪ MÉD. Liquide séreux, pauvre en albumine, accumulé dans une cavité ou un tissu par transsudation*.

TRANSSUDATION [tʀɑ̃(s)sydasjɔ̃] **n. f.** – 1714 ◊ de *transsuder* ▪ DIDACT. OU LITTÉR. Action de transsuder. ➤ **exsudation, suintement.** *Transsudation de l'eau au travers d'un vase.* — MÉD. Passage de liquide séreux du plasma à travers les parois vasculaires intactes, à la suite d'une stase sanguine ou d'une modification de la pression osmotique du plasma. ♦ FIG. *«Une vague transsudation de clarté se dégage parfois d'un entassement fermé et sombre»* HUGO.

TRANSSUDER [tʀɑ̃(s)syde] **v.** ⟨1⟩ – 1700 ; ancien français *tressuer* (XIIe) ◊ du latin *trans* et *sudare* «suer» ▪ DIDACT. OU LITTÉR. ▪ **1 v. intr.** Passer au travers des pores, sortir des pores d'un corps en fines gouttelettes (comme fait la sueur). ➤ **exsuder, filtrer, suinter.** — FIG. *«De toute cette figure transsudait, au contraire, une bonté joyeuse et active»* BLOY. ♦ MÉD. Passer par transsudation*. ▪ **2 v. tr.** (1779) Émettre en laissant passer par les pores.

TRANSURANIEN, IENNE [trɑ̃zyranjɛ̃, jɛn] adj. et n. m. – 1940 ◊ de *trans-* et *uranium* ■ CHIM. Se dit de tout élément de nombre atomique supérieur à celui de l'uranium* (92). *Les éléments transuraniens (américium, neptunium, plutonium, etc.), instables, radioactifs, sont obtenus à partir de noyaux lourds par capture de particules.* — n. m. *Les transuraniens.*

TRANSVASEMENT [trɑ̃svɑzmɑ̃] n. m. – 1611 ; *transvasation* 1570 ◊ de *transvaser* ■ Action de transvaser. *Transvasement d'un liquide d'un récipient dans un autre.*

TRANSVASER [trɑ̃svɑze] v. tr. ‹1› – 1570 ◊ de *trans-* et *vase* ■ Verser, faire couler d'un récipient dans un autre. ➤ **transvider.** *Transvaser du vin.* ➤ **soutirer.** ♦ FIG. PLAISANT «*Deux heures plus tard, nous sommes encore transvasés dans une nouvelle patache*» NERVAL.

TRANSVERSAL, ALE, AUX [trɑ̃svɛrsal, o] adj. – 1534 ; provençal XIIIe ◊ du latin *transversus* ■ **1** DIDACT. Qui traverse une chose en la coupant perpendiculairement à sa plus grande dimension (longueur ou hauteur). *Coupe transversale et coupe longitudinale. Stries transversales.* PHYS. *Onde transversale,* qui vibre dans le plan perpendiculaire à sa direction de propagation. — (1721) ANAT. *Artère, veine transversale de la face. Sillon transversal de la nuque.* ➤ **transverse.** — GÉOGR. *Vallée transversale,* qui coupe une large vallée. ■ **2** COUR. Qui traverse, est en travers. «*son front, plein de rides transversales*» BALZAC. ■ **3** FIG. Qui utilise, prend en compte, recouvre plusieurs domaines ou techniques. *Mener une action transversale pour résoudre un problème. Le management, discipline transversale* (➤ **pluridisciplinaire**).

TRANSVERSALEMENT [trɑ̃svɛrsalmɑ̃] adv. – 1490 ◊ de *transversal* ■ Dans une position transversale, horizontalement. «*des jardins aux clôtures de planches posées transversalement*» GAUTIER.

TRANSVERSE [trɑ̃svɛrs] adj. – 1503 ◊ latin *transversus* «tourné en travers» ■ ANAT. Qui est en travers (en parlant d'un organe). *Apophyses transverses des vertèbres. Côlon transverse :* partie horizontale du côlon.

TRANSVESTISME [trɑ̃svɛstism] n. m. – milieu XXe ◊ anglais *transvestism* ■ PSYCHIATR. ➤ **travestisme.**

TRANSVIDER [trɑ̃svide] v. tr. ‹1› – 1829 ◊ mot dialectal ; de *trans-* et *vider* ■ Faire passer (un contenu) dans un autre récipient. *Transvider le sucre du paquet dans un sucrier. Transvider un liquide dans une carafe.* ➤ **transvaser.**

TRAPÈZE [trapɛz] n. m. – 1542 ◊ latin *trapezium,* grec *trapezion,* de *trapeza* «table à quatre pieds» ■ **1** Quadrilatère dont deux côtés sont parallèles (SPÉCIALT lorsqu'ils sont inégaux). *Trapèze isocèle, rectangle. Petite et grande base d'un trapèze,* les côtés parallèles. *En forme de trapèze, en trapèze.* ➤ **trapézoïdal.** ♦ (v. 1560) ANAT. *Muscle trapèze,* et ELLIPT *le trapèze :* muscle plat qui occupe la partie postérieure et supérieure du tronc. — (1872) *Os trapèze* ou *le trapèze :* le premier os de la seconde rangée du carpe, en partant du pouce. ♦ HIPPOL. Partie du cheval entre l'encolure et le garrot. ■ **2** (1830) Appareil de gymnastique, d'acrobatie ; barre horizontale suspendue par les extrémités à deux cordes. *Trapèze d'un portique* (➤ **agrès**). *Acrobate, gymnaste qui fait des exercices au trapèze. Faire du trapèze ; du trapèze volant* (sauter d'un trapèze à l'autre en se balançant). ♦ MAR. Dispositif d'un bateau à voile qui permet de se suspendre à l'extérieur de la coque, pour faire contrepoids.

TRAPÉZISTE [trapezist] n. – 1879 ◊ de *trapèze* (2°) ■ Gymnaste, acrobate spécialisé(e) dans les exercices au trapèze. «*mille exercices, dans lesquels le corps du trapéziste semble prendre quelque chose de voltigeant, d'aérien*» GONCOURT. *Une trapéziste de cirque.*

TRAPÉZOÏDAL, ALE, AUX [trapezɔidal, o] adj. – 1803 ◊ grec *trapezoeidês* ■ En forme de trapèze. *Prisme à bases trapézoïdales.*

TRAPÉZOÏDE [trapezɔid] adj. – 1652 ◊ grec *trapezoeidês* ■ DIDACT. Qui ressemble à un trapèze. — ANAT. *Os trapézoïde,* de la rangée inférieure du carpe* (compris entre le trapèze et le grand os).

1 **TRAPPE** [trap] n. f. – v. 1175 ◊ bas latin *trappa,* francique °*trappa* ■ **1** CHASSE Piège pour prendre des bêtes, formé d'un trou recouvert de branchages ou d'une bascule. ➤ **chausse-trape.** «*l'animal qui la veut saisir* [l'amorce] *s'introduit sous la planche, tire à soi l'appât, abat la trappe, est écrasé*» CHATEAUBRIAND. ■ **2** (1260) COUR. Ouverture à abattant pratiquée dans un plancher ou dans un plafond, pour donner accès à une cave, ou à un grenier, une terrasse. «*on grimpait sur les toits, on passait par* [...] *toutes les trappes*» GIDE. *Trappe de départ d'un avion,* par laquelle sautent les parachutistes. LOC. *Passer à la trappe :* être rejeté, tomber dans l'oubli. *Homme politique, projet qui passe à la trappe.* (1845) Partie mobile du plancher d'une scène. «*la trappe des apparitions féeriques s'ouvrit sous ses pieds*» BEDEL. — Ouverture basculante. *Trappe de visite d'une baignoire encastrée,* qui permet d'accéder aux conduites et mécanismes. — LOC. (Canada) FAM. *Se fermer la trappe :* se taire. *Ferme ta grande trappe !* ■ **3** PAR ANAL. (1694) Tablier de cheminée. — Châssis d'une fenêtre à coulisse.

2 **TRAPPE** [trap] n. f. – fin XVIIe ◊ de *Notre-Dame-de-la-Trappe,* abbaye fondée en 1140 ■ Ordre religieux des trappistes*. «*la Trappe est l'ordre le plus rigide qui ait été imposé aux hommes*» HUYSMANS. «*Il fit vœu de quitter le monde et se retira à la Trappe*» NERVAL. — PAR EXT. (prend généralt une majuscule pour la maison mère, une minuscule pour les autres maisons) Maison de trappistes. *La clôture d'une trappe.*

TRAPPEUR, EUSE [trapœr, øz] n. – 1827 ◊ anglais *trapper* «qui chasse à la trappe», de *to trap ;* cf. ancien français *trapper* (1530) ■ Chasseur, chasseuse professionnel(le) du nord des États-Unis et du Canada qui fait commerce des fourrures (cf. RÉGION. Coureur* des bois). *Cabane de trappeur. Ils «s'étaient faits coureurs et trappeurs et vivaient avec les Indiens dans les tentes»* C. MINARD.

TRAPPILLON [trapijɔ̃] n. m. – 1772 ◊ de 1 *trappe* ■ THÉÂTRE Ouverture dans le plancher de la scène pour livrer passage aux fermes* (3, 2°).

TRAPPISTE [trapist] n. m. et n. f. – 1803 ◊ de 2 *trappe*

I n. m. Moine cistercien qui observe la règle réformée de la Trappe (instituée en 1664 par Rancé), selon laquelle les paroles sont interdites. «*des officiers qui s'enfermaient dans un silence de trappiste*» VIGNY.

II n. f. Bière de fermentation haute, de couleur foncée, brassée dans des abbayes de trappistes en Belgique et aux Pays-Bas.

TRAPPISTINE [trapistin] n. f. – 1844 ◊ de *trappiste* ■ **1** Religieuse qui suit la règle cistercienne réformée de Rancé (ordre fondé en 1827). ■ **2** Liqueur fabriquée par les trappistes.

TRAPU, UE [trapy] adj. – 1584 ; *trap(p)e* XVe ◊ p.-ê. de °*trape,* pour *tarpe* «grosse patte» ■ **1** (PERSONNES) Qui est court et large, ramassé sur soi-même, donnant une impression de robustesse, de force. «*Cet homme trapu, robuste, vivace*» GAUTIER. «*Enfants trapus et comme tassés*» SAND. ♦ (CHOSES) Ramassé, massif. «*des arcades à piliers trapus*» GAUTIER. ■ **2** (1886) FAM. Fort, très savant. *Un élève, un candidat trapu.* ➤ **calé.** ♦ Difficile*, ardu. *Problème trapu.* ■ CONTR. Élancé.

TRAQUE [trak] n. f. – 1798 ◊ de *traquer* ■ **1** CHASSE Action de traquer le gibier. ➤ **battue.** *Les jours, les nuits «qu'ils passaient dans la forêt, à la traque, à l'affût, à la piste»* GENEVOIX. ■ **2** FIG. Action de poursuivre (qqn) (cf. Chasse* à l'homme). ■ HOM. Trac.

TRAQUENARD [traknar] n. m. – 1622 ; «amble» 1534 ◊ du gascon *traconart,* de *traca,* même racine que *traquer* ■ **1** CHASSE Piège pour prendre les animaux nuisibles, sorte de trébuchet. ■ **2** COUR. FIG. Piège. *Ils lui ont tendu un traquenard. Tomber dans un traquenard. Le français «est une langue très difficile, pleine de menus traquenards»* GIDE. ➤ **embûche.**

TRAQUER [trake] v. tr. ‹1› – 1743 ; «s'emparer de (qqn)» milieu XVe ◊ de l'ancien français *trac* «piste», cf. *tout à trac ;* probablt radical expressif *trak-* ■ **1** Poursuivre (le gibier d'un bois) en resserrant toujours le cercle qu'on fait autour de lui. ➤ **forcer.** — Rabattre (le gibier) vers les chasseurs (cf. Battre* les buissons). — p. p. adj. *Un air de bête traquée. Un regard traqué.* ■ **2** Poursuivre (qqn), le forcer dans sa retraite. «*On a beau vanter la pêche et la chasse, traquer l'homme dans Paris est une partie bien plus intéressante*» BALZAC. *Être traqué par la police. Paparazzis qui traquent les célébrités.*

TRAQUET [trakɛ] n. m. – 1458 ; aussi «crécelle» ◊ radical expressif *trak-*

I TECHN. Morceau de bois qui passe au travers de la trémie d'un moulin et dont le mouvement fait tomber le blé sous la meule. ➤ 1 **battant.**

II (1555) Oiseau passereau au croupion blanc, appelé aussi *cul-blanc, motteux.*

TRAQUEUR, EUSE [tʀakœʀ, øz] **n.** – 1798 ◊ de *traquer* ■ CHASSE Chasseur qu'on emploie pour traquer, rabattre le gibier.

TRASH [tʀaʃ] **adj. inv.** et **n. m.** – 1989 ◊ mot anglais américain « déchet ; poubelle » ■ ANGLIC. FAM. D'un goût douteux ; qui flatte les bas instincts. *Un humour trash.* « *ses passages dans les émissions trash* » DAENINCKX. — **n. m.** « *le trash, la mort, le cynisme* » HOUELLEBECQ.

TRATTORIA [tʀatɔʀja] **n. f.** – 1836 ◊ mot italien ; cf. *traiteur* ■ Restaurant populaire et traditionnel, en Italie.

TRAUMA [tʀoma] **n. m.** – 1876 ◊ mot grec « blessure » ■ DIDACT. MÉD. Lésion, blessure locale produite par un agent extérieur agissant mécaniquement. — PSYCHOL. **(emploi critiqué)** Émotion violente qui modifie la personnalité d'un sujet en la sensibilisant aux émotions de même nature.

TRAUMATIQUE [tʀomatik] **adj.** – 1806 ; « vulnéraire » 1549 ◊ latin *traumaticus,* grec *traumatikos,* de *trauma* « blessure » ■ DIDACT. Qui a rapport aux plaies, aux blessures. *Hémorragie, tétanos traumatique. Choc traumatique :* ébranlement de l'organisme après une blessure grave, une opération, un accident.

TRAUMATISANT, ANTE [tʀomatizɑ̃, ɑ̃t] **adj.** – 1926 ◊ de *traumatiser* ■ Qui traumatise. *Une expérience traumatisante.* — MÉD. *Occlusion traumatisante des dents* (provoquant des lésions des dents et des tissus environnants).

TRAUMATISER [tʀomatize] **v. tr.** ‹1› – 1922 ◊ de *traumatique,* d'après le grec *traumatizein* ■ DIDACT. Provoquer un traumatisme chez (qqn). MÉD. *Cet accident l'a traumatisé.* ➤ **choquer.** ◆ COUR. Causer un choc psychologique à (qqn). *Cette découverte l'a traumatisé.* « *Le peuple, traumatisé par la mort de César* » BARTHES.

TRAUMATISME [tʀomatism] **n. m.** – 1855 ◊ grec *traumatismos* ■ **1** MÉD. Ensemble des troubles physiques ou psychiques provoqués dans l'organisme par le trauma*. *Traumatisme crânien. Traumatismes multiples* (➤ **polytraumatisé**). ■ **2** *Traumatisme (psychique) :* ensemble des perturbations résultant d'un violent choc émotionnel. — PSYCHAN. Évènement déclenchant chez un sujet un afflux d'excitations dépassant le seuil de tolérance de son appareil psychique.

TRAUMATOLOGIE [tʀomatɔlɔʒi] **n. f.** – avant 1836 ◊ du radical de *traumatique* et *-logie* ■ MÉD. Spécialité de la médecine qui traite des accidents (accidents du travail, de la circulation, soins d'urgence aux blessés, etc.). *Service de traumatologie d'un hôpital. Traumatologie sportive.*

TRAUMATOLOGIQUE [tʀomatɔlɔʒik] **adj.** – 1845 ◊ de *traumatologie* ■ MÉD. Relatif à la traumatologie, et PAR EXT. aux traumatismes. *Chirurgie traumatologique.*

TRAUMATOLOGISTE [tʀomatɔlɔʒist] **n.** – 1969 ◊ de *traumatologie* ■ Médecin spécialiste de traumatologie.

1 **TRAVAIL, AUX** [tʀavaj, o] **n. m.** – milieu XIIe ◊ de *travailler*

I ÉTAT PÉNIBLE ■ **1** VX État d'une personne qui souffre, qui est tourmentée ; activité pénible. « *Les grands travaux que Notre-Seigneur a soufferts* » BOSSUET. ■ **2** (milieu XIIe) MOD. Période de l'accouchement* pendant laquelle se produisent les contractions utérines aboutissant à l'expulsion du fœtus (cf. Douleurs de l'enfantement*). *Salle de travail d'une maternité. Femme en travail.* ➤ **gésine.** — FIG. « *La montagne en travail enfante une souris* » LA FONTAINE.

II ENSEMBLE DES ACTIVITÉS HUMAINES ORIENTÉES VERS UN BUT ■ **1** (fin XVe) Ensemble des activités humaines coordonnées en vue de produire qqch. ; état, situation d'une personne qui agit en vue de produire qqch. ➤ 1 **action, activité, labeur.** *Le travail et le repos.* « *Aie le souci et l'orgueil du travail bien fait* » JAURÈS. « *Le travail guérit de tout* » MATISSE. PLAISANT *Le travail, c'est la santé. Application, assiduité au travail. Se mettre au travail :* commencer à travailler. *Être au travail.* — *Excès de travail. Se tuer de travail.* — *Cabinet, table de travail.* ➤ **bureau.** *Lieu de travail* (cf. infra IV, 1o)*: Espace de travail partagé* (➤ **coworking**). *Méthode, plan de travail.* — *Séance de travail. Groupe de travail.* ➤ **atelier, séminaire.** *Déjeuner, dîner de travail.* — *Travail manuel, physique. Rééducation par le travail manuel.* ➤ **ergothérapie.** *Travail intellectuel. Travail créateur, personnel. Travail scolaire.* ➤ **étude ;** 2 **devoir** (4o). ◆ Activité nécessaire à l'accomplissement d'une tâche. *Entreprise qui demande beaucoup de travail. Être surchargé de travail. Avoir beaucoup de travail* (cf. Avoir du pain sur la planche*), *trop de travail, un travail fou. Rester sans travail.* ■ **2** *Le travail de* (qqch.) : action ou façon de travailler (I, B) une matière ; de manier un instrument. *Le travail du bois, du marbre.* ■ **3** *Un travail ; le travail de qqn :* ensemble des activités exercées pour parvenir à un résultat (œuvre, production). ➤ **ouvrage ;** FAM. 2 **boulot.** *Travail imposé* (➤ **besogne** 2o, **tâche**)*, forcé* (➤ **corvée**). *Commencer, entreprendre un travail. Accomplir, faire un travail. Il* « *abattait à lui seul le travail de dix journaliers* » DAUDET. — LOC. *Un travail de Romain,* long et difficile, pénible. — *Travail de longue haleine. Chacun vaquait à ses travaux. Travaux de l'esprit. Travail de bénédictin :* travail intellectuel, long, difficile et minutieux. *Un travail de fourmi,* long et demandant beaucoup d'effort. ■ **4** (1690) Manière dont un ouvrage, une chose ont été exécutés. ➤ **façon,** 1 **facture.** *Ce napperon* « *ce n'est pas du travail fin, mais c'est gentil* » COLETTE. *Travail soigné. L'organisation de la fête était impeccable : du beau travail !* ➤ 2 **boulot.** *C'est du travail d'amateur,* mal fait ou peu soigné. — IRON. *C'est du beau travail ! Regardez-moi ce travail ! Tu vois le travail !* — **(Positif)** *Et voilà le travail !* ■ **5** Ouvrage. « *Si ce remarquable travail de peinture sur la lave eût décoré une chapelle* » GAUTIER. **TRAVAUX D'ART :** constructions de travaux publics (ponts, viaducs, etc.). ◆ Ouvrage de l'esprit (considéré comme le résultat d'une suite d'opérations intellectuelles). ➤ **étude,** 1 **livre, œuvre, ouvrage.** *Un travail consciencieux, bâclé.*

III LES TRAVAUX (du sens I) ■ **1** (1611) VX ou LITTÉR. Entreprises difficiles et glorieuses. « *Et ne suis-je blanchi dans les travaux guerriers* » CORNEILLE. — *Les douze travaux d'Hercule.* ■ **2** MOD. et COUR. Suite d'entreprises, d'opérations exigeant l'activité physique suivie d'une ou de plusieurs personnes et l'emploi de moyens particuliers. *Les travaux des champs* (➤ **agriculture,** 1 **culture**). — *Travaux domestiques, ménagers,* qu'exige la bonne tenue du ménage. *Gros travaux,* pénibles et n'exigeant pas une habileté particulière. — *Travaux de dames, travaux d'aiguille.* ➤ **ouvrage.** — *Travaux d'amateur,* en photographie. — IMPRIM. *Travaux de ville* et labeur*.* — *Travaux d'urbanisme. Pendant la durée des travaux, le magasin reste ouvert. Travaux d'entretien, de réfection des routes. Ralentir, travaux !* — *Travaux de construction. Faire faire des travaux dans sa maison. Surveiller les travaux. Conducteurs de travaux.* — (En France) *Travaux d'intérêt général (TIG),* peine de substitution pour les petits délinquants. — **GRANDS TRAVAUX :** grands chantiers d'importance nationale (routes, ports, aéroports, barrages, irrigation, etc.). — PAR PLAIS. *Inspecteur* des travaux finis.* ◆ (XVIIIe) **TRAVAUX PUBLICS :** travaux immobiliers d'utilité générale faits pour le compte d'une personne morale administrative. *Chantier de travaux publics. Le secteur du bâtiment et des travaux publics (B. T. P.).* ➤ **construction.** — *Les Travaux publics :* l'administration, le ministère des Travaux publics (cf. Ponts* et chaussées). ◆ (XVIIe) MILIT. Opérations (SPÉCIALT terrassements) par lesquelles on établit les lignes, les fortifications. *Travaux de défense ; d'approche. Travaux de siège.* — FIG. *Travaux d'approche*.* ◆ (fin XVIIIe) ANCIENNT **TRAVAUX FORCÉS :** peine de droit commun, afflictive et infamante, qui s'exécutait dans les bagnes, puis par la transportation. *Travaux forcés à perpétuité, à temps.* ■ **3** Suite de recherches dans un domaine intellectuel. *Travaux scientifiques.* « *Les travaux* [de Max Planck] *sur le rayonnement noir* » BROGLIE. — *Travaux scolaires. Travaux pratiques*. Travaux dirigés*.* ◆ Délibérations, discussions suivies, devant aboutir à une décision. *L'assemblée poursuit ses travaux. Travaux préparatoires d'une assemblée.*

IV LE TRAVAIL. ACTIVITÉ LABORIEUSE (sens développé au XIXe) ■ **1** Activité laborieuse professionnelle et rétribuée. ➤ **emploi, fonction, gagne-pain, métier, profession, spécialité ;** FAM. 2 **boulot,** 2 **job,** POP. **turbin.** *Avoir un travail régulier, un bon travail. Conditions de travail. Travail à mi-temps, à temps partiel, à plein temps. Travail temporaire, intérimaire. Travail précaire*. Un travail facile et bien payé.* ➤ **sinécure ;** POP. **filon, planque.** *Travail sous-payé, surpayé. Travail qualifié. Rémunération du travail.* ➤ **appointements, émoluments, gages, honoraires, rétribution, salaire, traitement.** *Arrêt de travail :* grève* momentanée, débrayage ; interruption de travail pour cause de maladie. « *Le travail avait cessé. Celui qui n'a que ses bras, son travail du jour pour nourrir le jour, allait chercher du travail, n'en trouvait pas* » MICHELET. *Être sans travail.* ➤ **chômeur.** « *Il fallait proclamer le droit au travail. Ils ont proclamé le droit au fusil* » HUGO. *À travail égal, salaire égal* (revendication égalitaire de justice, notamment féministe). ◆ Exercice effectif de l'activité professionnelle. *Aller au travail.* ➤ FAM. **turf.** *Pendant le travail.* ➤ **service.** *Aménagement, réduction du temps de travail (RTT). Heure de travail. Travail à l'heure, aux pièces.* — *Travail continu,* exécuté sans interruption par une équipe. *Travail de nuit. Travail posté. Travail par équipes, par roulement.*

Travail à domicile (➤ aussi **télétravail**). — *Lieu de travail.* ➤ **atelier, bureau, chantier, local, usine ;** FAM. **boîte, boutique.** FAM. *Il quitte son travail à 18 heures,* son lieu de travail. — *Vêtement de travail,* utilisé dans l'exercice des activités professionnelles. *« Une multitude de vêtements de travail de toute nature : blouses d'infirmière,* [...] *survêtements de professeurs de gymnastique, tabliers de serveuse,* [...] *combinaisons, blousons, vareuses »* PEREC. *Bleu de travail.* ➤ **combinaison, cotte, salopette.** *Instruments de travail.* — DR. *Législation, droit du travail. Code du travail. Accident du travail,* survenu par le fait ou à l'occasion du travail, donnant lieu à des réparations. *Inspecteur, inspection du travail. Médecine* du travail. Carte, autorisation de travail* (pour les travailleurs étrangers). — *Contrat* de travail,* établi entre un salarié et son employeur. *Centre d'aide par le travail (CAT)* (ANCIENNT), *établissements et services d'aide par le travail (ESAT),* pour les personnes en situation de handicap. *Travail au noir*. Travail clandestin. Camp de travail :* lieu de détention avec travaux forcés (➤ **goulag**). ▪ **2** ÉCON. Activité économique des individus (aidés ou non par les machines), organisée en vue de produire des biens et des services répondant aux besoins individuels et collectifs. ➤ **emploi.** *Le travail, facteur de production. Travail et capital. Le marché du travail* (de l'emploi). *Le prix du travail.* ➤ **salaire.** *Analyse, mesure, organisation scientifique du travail.* ➤ **taylorisme ; productivité, rendement.** *Division* du travail. Travail à la chaîne. Travail productif, improductif.* — *Psychologie, sociologie du travail.* ▪ **3** L'ensemble des travailleurs considérés dans le groupe social (« population active ») ; les travailleurs salariés des secteurs agricole et industriel. ➤ **ouvrier, paysan, prolétariat ; main-d'œuvre.** *Le monde du travail. Association capital-travail. Il parle « du temps prochain, où le capital sera l'esclave du travail »* GONCOURT. — *Bourse* du travail. Confédération générale du travail (C. G. T.). Confédération française et démocratique du travail (C. F. D. T.).* — *Ministère du Travail.*

V EN SCIENCES (XVIIIe) ▪ **1** Action continue, progressive (d'une cause naturelle), aboutissant à un effet que l'on peut constater ; cet effet. *Le travail de la fermentation. « Le travail des eaux »* BUFFON. — Effet de certaines contraintes. *Le travail du bois.* ➤ **gauchissement.** — (ABSTRAIT) Élaboration ou modification progressive. *« Le temps avait fait son travail et rendu à ce visage la fatigue qui l'habitait au moment de la photo »* BEN JELLOUN. *Le travail de l'inconscient. Le travail de deuil*. Le travail du rêve.* ▪ **2** (1790) Le fait de produire un effet utile, par son activité. ➤ **fonctionnement, force.** *Le travail d'une machine, d'un mécanisme.* — *Travail musculaire :* quantité de *travail* (au sens 3°, ci-dessous) fournie par l'ensemble des muscles d'un organisme. ▪ **3** (1829) PHYS. Énergie fournie par une force lorsque son point d'application se déplace. *L'unité de mesure du travail est le joule. Travail et énergie. Quantité de travail que peut fournir une machine par unité de temps.* ➤ **puissance.**

▪ **CONTR.** Inaction, oisiveté, repos ; loisir, vacances ; chômage.

2 **TRAVAIL** [tʀavaj] **n. m.** — v. 1200 ◊ bas latin *trepalium,* variante de *tripalium* « instrument de torture », du latin classique *tripalis* « à trois pieux » ▪ TECHN. Dispositif servant à immobiliser les chevaux, les bœufs, pour les ferrer, les soigner. *Des travails. « le colossal travail de bois où le maréchal-ferrant faisait entrer à reculons les chevaux pour les immobiliser avant qu'il les ferrât »* QUIGNARD.

TRAVAILLANT, ANTE [tʀavajɑ̃, ɑ̃t] **adj.** et **n.** — 1680, n. ◊ de *travailler* ▪ (Canada, Louisiane, Haïti) Travailleur, qui travaille beaucoup. ➤ **bosseur, bûcheur.** *« elle est "travaillante", une vraie bourrique, Mme Puñez »* J. S. ALEXIS. ◆ **n.** Ouvrier, employé salarié. — LOC. *L'heure des travaillants,* l'heure d'affluence.

▪ **CONTR.** Fainéant, paresseux.

TRAVAILLÉ, ÉE [tʀavaje] **adj.** — 1559 ; « inquiet » 1080 ◊ de *travailler* ▪ Ouvragé. *« Des donjons travaillés comme de la dentelle »* GOBINEAU. ◆ Exécuté, élaboré avec le plus grand soin. *Poèmes « en prose rythmée, travaillée et polie »* GAUTIER.

TRAVAILLER [tʀavaje] **v.** ‹1› — fin XIe ◊ du latin populaire *tripaliare* « torturer », de *tripalium* → 2 travail

I ~ v. tr. A. TOURMENTER (QQN) ▪ **1** VX (sauf dans quelques emplois) Faire souffrir, tourmenter, torturer. *« La goutte me travaille les membres »* FRANCE. ◆ MOD. Inquiéter en obsédant. *« Il se reconnut travaillé et tourmenté d'irrésistibles envies de contradiction »* GONCOURT. ▪ **2** FAM. Préoccuper. *Ça le travaille, cette histoire.* ▪ **3** LITTÉR. Agiter, troubler. *« Cette très jolie jeune femme qui, travaillée par eux, était toute disposée à nous accueillir favorablement »* MIRBEAU. *Travailler les esprits,* les pousser au mécontentement, à la révolte. ➤ **exciter.** *Ils « travaillaient le peuple par leurs brochures, par leurs agents »* MICHELET. ▪ **4** POP. Battre, malmener. *« Au premier flic qui me travaille, je me dégonfle »* CÉLINE. — *Boxeur qui travaille son adversaire au corps.* FIG. *Travailler qqn au corps,* le harceler pour le persuader. *« il faudrait les convaincre, les travailler au corps »* KERANGAL.

B. MODIFIER PAR LE TRAVAIL (II) (v. 1200) ▪ **1** Soumettre à une action suivie, pour donner forme (ou changer de forme), rendre plus utile ou utilisable. ➤ **élaborer.** *Travailler une matière première, un morceau de bois.* ➤ **façonner.** *Le boulanger travaille la pâte.* ➤ **pétrir.** — *Travailler la terre.* ➤ **cultiver.** ▪ **2** (1599 au p. p.) Soumettre à un travail intellectuel, pour améliorer. *Travailler son style.* ➤ **ciseler, fignoler.** *Elle « regardait pendant de longues soirées son mari travailler des phrases »* HUYSMANS. ▪ **3** (1875) Chercher à acquérir ou à perfectionner, par l'exercice, l'étude, la connaissance ou la pratique de (une science, un art). *Travailler la philosophie, les sciences.* ➤ FAM. 2 **bûcher, chiader, potasser.** — *Travailler un morceau de piano. Travailler son piano.* — SPORT *Travailler son revers, le passage du témoin...* ▪ **4** Soumettre à un exercice, à un entraînement. *Travailler un cheval.* — *Travailler le taureau,* lui faire accomplir les mouvements requis par les règles de la corrida. ▪ **5** TENNIS *Travailler une balle,* la couper, pour que le rebond surprenne l'adversaire.

C. TRAVAILLER À (suivi d'un compl. ou de l'inf.) (XIIIe) Faire tous ses efforts pour obtenir (un résultat) ; apporter ses soins à. *« Travaillons à ce que nous croyons utile et bon »* FRANCE. *Travailler à la perte de qqn. « Travaillons donc à bien penser »* PASCAL. ➤ **s'efforcer, tâcher,** 1 **tendre.** *Il travaille à sa réélection.* ➤ **préparer.** *Travailler à l'œuvre commune.* ➤ **collaborer.**

II ~ v. intr. A. EXERCER UN EFFORT SUIVI POUR ATTEINDRE DES OBJECTIFS ▪ **1** (fin XIIe) Agir d'une manière suivie, avec plus ou moins d'effort, pour obtenir un résultat utile. ➤ **besogner, œuvrer ;** FAM. ou POP. 2 **bosser, boulonner,** 2 **bûcher, gratter,** 1 **marner, trimer,** 1 **turbiner.** *« Travaillez, prenez de la peine »* LA FONTAINE. *« Travailler est moins ennuyeux que s'amuser »* BAUDELAIRE. *Travailler dur, d'arrache-pied.* ➤ FAM. **cravacher** (cf. Mettre du cœur* à l'ouvrage, en mettre un coup*, abattre de la besogne, retrousser ses manches, ne pas compter* ses heures). *Travailler comme un esclave, un forçat, un nègre*, un bœuf, une bête de somme :* travailler à des ouvrages pénibles, en se fatiguant beaucoup. ➤ FAM. **se crever, galérer,** 1 **ramer.** *Travailler mollement, sans se presser.* ➤ **travailloter** (cf. Tirer au cul). *Il ne travaille pas* (cf. Il n'en fiche* pas une rame, une secousse). ◆ (Travail intellectuel) *« Je travaille savamment, longuement, avec des attentes infinies des moments les plus précieux ; avec des choix jamais achevés »* VALÉRY. — FAM. *Faire travailler sa matière grise, son cerveau :* réfléchir. *Il travaille sur son nouveau roman.* — Faire des exercices intellectuels (au cours des études). ➤ **apprendre, étudier.** *Cesse de jouer et va travailler ! Travailler avec application.* ➤ **s'appliquer.** ▪ **2** (1534) Exercer une activité professionnelle, un métier. *De « véritables francs, de ceux qu'on gagne en travaillant »* ALAIN. *Il travaille depuis l'âge de seize ans* (cf. Il gagne* sa vie). *Faire travailler des ouvriers, du personnel.* ➤ **employer.** *Travailler pour un patron, à son compte. Travailler en usine, à l'atelier ; aux champs ; dans un bureau. Travailler à plein temps, à temps partiel. Travailler aux pièces*.* ◆ (1623) Voler. Pratiquer la prostitution. ▪ **3** (1859) S'exercer ; effectuer un exercice. *Acrobates qui travaillent sans filet. Le boxeur « travaillait avec régularité. Il portait ces coups durs, appuyés* [...] *des poids lourds »* MORAND. ▪ **4** (XVIIe) Agir. *Travailler pour qqn* (➤ **servir**), *contre qqn, contre ses intérêts* (➤ 2 **desservir**). *« La rapidité du temps, qui travaille autant contre nous que pour nous »* Mme DE SÉVIGNÉ. — *Travailler pour le roi* de Prusse.* ▪ **5** (1675) Produire un revenu. *Faire travailler l'argent.* ➤ **fructifier, produire, rendre.** ▪ **6** (1723) Fonctionner pour la production. *Industrie qui travaille pour une clientèle. Travailler à perte*.*

B. (CHOSES) SUBIR UNE FORCE, UNE ACTION ▪ **1** (1690) Subir une ou plusieurs forces (pression, traction, poussée) qui déforme. *Cordage, poutre qui travaille. Panneau de bois qui travaille.* ➤ **gondoler.** *Maçonnerie qui travaille,* s'affaisse, se tasse. ◆ Fermenter, subir une action interne. *« Le vin, comme on sait, travaille dans les caves. À l'intérieur des bouteilles continue une vie mystérieuse »* J.-C. BAILLY. *La pâte travaille,* lève. ▪ **2** FIG. (1721) Être agité. *Son imagination, son esprit travaille.* ◆ FAM. (PERSONNES) *Travailler du chapeau :* être fou*. *« Un homme comme lui, qui travaillait tellement de la tête, sans parler du chapeau »* GUILLOUX.

▪ **CONTR.** Amuser (s'), chômer, flâner, 1 reposer (se).

TRAVAILLEUR, EUSE [tʀavajœʀ, øz] **n. et adj.** – 1552 ; *travailleor* «bourreau» XIIIe ◊ de *travailler*

I n. ■ **1** Personne qui travaille. «*Les bons travailleurs ont toujours le sentiment qu'ils pourraient travailler davantage*» GIDE. *C'est un grand travailleur.* ➤ FAM. **bosseur.** ■ **2** (1587) Personne qui fait un travail physique ou intellectuel. «*L'angoisse de la mort est un luxe qui touche beaucoup plus l'oisif que le travailleur, asphyxié par sa propre tâche*» CAMUS. ■ **3** SPÉCIALT (1761 «ouvrier d'une fabrique») Personne qui exerce une profession, un métier. *Travailleurs manuels.* ➤ **ouvrier.** «*Mains gourdes et gonflées des travailleurs de force*» MONTHERLANT. — *Travailleurs intellectuels. Travailleurs indépendants,* non salariés. *Travailleurs occasionnels, intermittents, intérimaires. Travailleurs immigrés. Travailleurs pauvres*. Les travailleurs du sexe* ou *travailleurs sexuels* : les prostitué(e)s et les personnes qui travaillent dans l'industrie du sexe. — (En France) *Travailleurs sociaux* : éducateurs, assistantes sociales. *Travailleur familial,* aidant ponctuellement à effectuer les tâches familiales et ménagères. ◆ ABSOLT (milieu XIXe) *Les travailleurs* : les salariés, et SPÉCIALT les ouvriers de l'industrie. ➤ **prolétaire.** *La condition des travailleurs. Syndicats de travailleurs et syndicats patronaux.*

II adj. (XVIIe) ■ **1** Qui aime le travail. ➤ **laborieux ;** FAM. **bosseur,** RÉGION. **travaillant.** *Élève travailleur* (➤ **appliqué, consciencieux ; bûcheur**). «*Une brave petite âme, honnête et travailleuse*» R. ROLLAND. ■ **2** LITTÉR. Qui est caractérisé par le travail. «*Des rues ouvrières, travailleuses*» BALZAC. ■ **3** Qui concerne les travailleurs (I, 3°). *Les masses travailleuses* : l'ensemble des salariés. ➤ **laborieux.**

■ CONTR. Inactif, oisif ; fainéant, paresseux.

TRAVAILLEUSE [tʀavajøz] **n. f.** – 1830 ◊ de *travailleur* ■ Petit meuble, table à ouvrage pour les travaux de dames.

TRAVAILLISME [tʀavajism] **n. m.** – 1925 ◊ de *travailliste* ■ Doctrine politique et sociale du parti travailliste britannique. ➤ **socialisme.**

TRAVAILLISTE [tʀavajist] **n. et adj.** – 1921 ; «socialiste russe» 1907 ◊ de *travail,* pour traduire l'anglais *Labour party* ■ Membre d'un parti britannique de tendance socialiste. — **adj.** (1931) Relatif à ce parti. *Député, gouvernement travailliste.*

TRAVAILLOTER [tʀavajɔte] **v. intr.** ⟨1⟩ – 1906 ◊ de *travailler* ■ Travailler peu, sans se fatiguer.

TRAVÉE [tʀave] **n. f.** – 1356 ◊ de l'ancien français *tref* ; latin *trabs, trabis* «poutre» ■ **1** TECHN. Portée d'une poutre (de plafond, de plancher). ◆ Portion de voûte, de comble, de pont... comprise entre deux points d'appui (colonnes, piles, piliers, etc.). «*Chaque travée, chaque cellule de la nef, fortement rythmée, se répercute dans les travées des nefs latérales*» FOCILLON. *Nef à cinq travées.* ■ **2** (v. 1740) Partie d'un édifice, d'un local, comprise entre deux supports, ou séparée d'une autre par un cloisonnement. ■ **3** (1835) VX Tribune. «*j'étais monté dans les travées, [...] puis dans les combles*» HUGO. ■ **4** (1903) Rangée de tables, de bancs placés les uns derrière les autres. *Les travées d'un amphithéâtre.* — Ensemble des rayons d'une bibliothèque compris entre deux montants.

TRAVELAGE [tʀav(ə)laʒ] **n. m.** – 1894 «mise en place des traverses» ◊ de *traveau, travel,* variante ancienne de *travée* ■ TECHN. Ensemble des traverses d'une voie ferrée ; nombre de traverses au kilomètre.

TRAVELLER'S CHÈQUE ou **TRAVELLER'S CHECK** [tʀavlœʀ(s)ʃɛk] **n. m.** – *travellers checks* plur. 1925 ◊ anglais *traveller's cheque,* anglais américain *traveler's check,* de *travel(l)er* «voyageur» et *check* «chèque» ■ ANGLIC. Chèque* de voyage (**recomm. offic.**), payable en espèces dans tout établissement bancaire du pays où l'on se rend. — ABRÉV. *Un traveller. Changer ses travellers* [tʀavlœʀ].

TRAVELLING ou **TRAVELING** [tʀavliŋ] **n. m.** – 1930 ; *travelling-camera* 1927 ◊ mot anglais «fait de voyager» ■ Mouvement de la caméra de cinéma placée généralement sur un chariot qui glisse sur des rails disposés selon les besoins. *Travelling avant, arrière, latéral.* — Dispositif permettant ce mouvement. ◆ *Travelling optique* : effet de mouvement obtenu par la variation de la distance focale.

TRAVELO [tʀavlo] **n. m.** – 1970 ◊ de *travesti* et suffixe populaire *-lo* ■ FAM. Travesti (2°). «*un café-tabac de Pigalle [...] où se côtoyaient les habitants du quartier, des travelos à la barbe bleue*» MORDILLAT.

TRAVERS [tʀavɛʀ] **n. m.** – v. 1150 ; *en traver* «directement» 1080 ◊ latin *tra(ns)versus* «transversal, oblique»

I EN LOCUTIONS ■ **1 EN TRAVERS :** dans une position transversale par rapport à un axe de position ou de direction habituel. ➤ **transversalement.** *Sur le lit* «*il vit l'habillement qu'on lui avait vu la veille, posé en travers en façon de couvre-pied*» BALZAC. *En travers de... Véhicule en travers de la route.* FIG. et LITTÉR. *Se mettre, se jeter en travers de* : s'opposer, faire obstacle à. «*Il ne faut pas, pour nos goûts personnels, [...] nous mettre en travers de ce que fait notre temps*» RENAN. — LOC. FAM. *Ça m'est resté en travers (de la gorge) ; je l'ai en travers (de la gorge)* : je ne parviens pas à l'accepter. ◆ (XVe ; «de travers» XIIe) **À TRAVERS :** par un mouvement transversal d'un bout à l'autre d'une surface ou d'un milieu qui constitue un obstacle. *À travers qqch.* ➤ **entre, milieu** (au milieu de), 1 **par, parmi.** *Passer à travers champs, à travers bois* : couper, traverser. *La troupe* «*escalade le talus de la berge à travers les broussailles épineuses*» LE CLÉZIO. *Se frayer un chemin à travers la foule. Passer à travers les mailles* du filet.* «*De tes traîtres yeux, Brillant à travers leurs larmes*» BAUDELAIRE. *Voir, distinguer à travers une vitre, à travers le prisme* de...* «*Quels cheveux sans couleur [...] On dirait que le jour passe à travers*» STENDHAL. — FIG. *À travers les âges. À travers le monde* : dans le monde entier. «*l'art ne naît de la vie qu'à travers un art antérieur*» MALRAUX. ◆ (v. 1210) **AU TRAVERS :** en passant d'un bout à l'autre ; de part en part. «*Lunettes noires ou mélancolie éteignent les couleurs du monde ; mais, au travers, le soleil et la mort se peuvent regarder fixement*» COCTEAU. FIG. *Passer au travers* : échapper à un danger, à qqch. de fâcheux. — *Au travers de...* : en traversant de part en part. «*Elle regardait au travers de la grille blonde de ses cils*» HUYSMANS. FIG. *Découvrir un auteur au travers de son œuvre* (cf. Par l'intermédiaire). ■ **2** MAR. **EN TRAVERS, PAR LE TRAVERS :** perpendiculairement à l'axe longitudinal du navire. *Apercevoir un phare par le travers. Vent de travers,* perpendiculaire à la route suivie. *Bâtiment en travers,* que le vent, le courant frappe sur le côté. «*Les deux bâtiments s'approchent [...], se mettent en travers*» CHATEAUBRIAND. — *Être travers à la lame* : présenter le côté du navire à la lame. ■ **3 loc. adv.** (v. 1150) **DE TRAVERS :** dans une direction, une position oblique par rapport à la normale ; qui n'est pas droit, qui est placé ou dirigé autrement qu'il ne faut. *Avoir le nez, les dents de travers.* ➤ **dévié, tordu ;** RÉGION. 1 **croche.** *Mettre sa casquette de travers,* sur l'œil (cf. De guingois, FAM. de traviole). *Un peu, tout de travers. Avaler* de travers. Les maisons* «*s'éparpillent joyeusement dans la plaine, sans ordre et tout de travers*» HUGO. ➤ en **désordre.** *Les paysans* «*tous ivres, vont de travers, de gauche à droite, de droite à gauche*» JOUHANDEAU. ◆ FIG. *Regarder qqn de travers,* avec animosité, suspicion. — *Raisonner, comprendre, entendre de travers, tout de travers,* à contresens. — *Aller, marcher de travers.* ➤ 2 **mal.** *Tout va de travers* : rien ne se passe comme il faut. — «*Encore un qui fait de travers ce qu'il pourrait faire comme il faut*» SUPERVIELLE. — *Prendre qqch. de travers,* avec susceptibilité, irritation. — LOC. FAM. *Avoir un pet* de travers.* ■ **4 À TORT* ET À TRAVERS.**

II UN TRAVERS, LE TRAVERS A. D'UNE CHOSE ■ **1** (1545) VIEILLI Étendue transversale, largeur. *Un travers de doigt.* ■ **2** Sens oblique d'une surface. *Couper un tissu dans le travers.* ➤ **biais** ■ **3** *Travers de porc* : extrémité des côtes, coupées en travers.

B. D'UNE PERSONNE (1637) Petit défaut, faiblesse. ➤ **faible, imperfection.** *Chacun a ses petits travers.* «*Montrer les travers, les ridicules et les tares humaines, pour nous en faire rire*» LÉAUTAUD. *Ne tombez pas dans le travers du simplisme.*

TRAVERSABLE [tʀavɛʀsabl] **adj.** – 1819 ◊ de *traverser* ■ Qui peut être traversé. *Rivière traversable à gué.*

TRAVERSANT, ANTE [tʀavɛʀsɑ̃, ɑ̃t] **adj. et n. m.** – 1961 ◊ de *traverser* ■ *Appartement traversant,*dont une pièce ou une enfilade de pièces donne sur l'avant et l'arrière de l'immeuble. — **n. m.** *Un traversant avec terrasse.*

TRAVERSE [tʀavɛʀs] **n. f.** – *à traverse* XIIe ◊ latin populaire °*traversa,* fém. subst. de *tra(ns)versus* → travers

I ■ **1 loc. adv. À LA TRAVERSE** VX De travers, de côté. ◆ (XIIIe) VX ou LITTÉR. En travers, en faisant obstacle. **loc. prép.** «*Encore un rêve qui vient à la traverse des autres !*» FLAUBERT. ■ **2 loc. adj. DE TRAVERSE** *Chemin de traverse,* ou ELLIPT (RÉGION.) *une traverse* : chemin qui coupe. ➤ 1 **direct ; raccourci.** «*par la traverse il y a trois lieues et demie*» ALAIN-FOURNIER. ■ **3** (1387) Barre ou pièce rigide, disposée en travers, servant à assembler ou à consolider des montants, des barreaux. ➤ **barlotière, traversine.** *Traverses d'une fenêtre.* «*Un assemblage de planches vermoulues, grossièrement reliées par des traverses*» HUGO. ◆ Pièce de bois, d'acier ou de béton placée en travers de la voie pour maintenir les rails et transmettre les charges du rail au ballast. ➤ RÉGION. 2 **bille.** « *Il y a de l'herbe sur le ballast, et les traverses sont déglinguées* » LE CLÉZIO. ♦ MAR. *Traverses de baux.* ➤ **traversin** (2°). ■ **4** FIG. (1495) VX ou LITTÉR. Difficulté* qui se dresse sur la route de qqn, qui fait obstacle à ses projets. ➤ **contrariété, épreuve, revers.** « *je regrette pour vous de vous voir partager notre mauvaise fortune, mais ce sont traverses passagères* » GAUTIER.

II (1865 ◊ de *traverser*) RÉGION. (Canada) Point de passage d'un cours d'eau, exploité par un service de traversier. *La traverse Québec-Lévis.*

TRAVERSÉE [tʀavɛʀse] n. f. – 1678 ◊ de *traverser* ■ **1** Action de traverser une importante étendue d'eau (mer, océan, lac, fleuve). *La traversée de Calais à Douvres. Longue, bonne traversée.* « *Un navire qui fait une traversée est une armée qui livre une bataille* » HUGO. ■ **2** PAR EXT. (1848) Action de traverser (un espace) d'un bout à l'autre. ➤ **passage.** *La traversée du Sahara, d'un glacier. La traversée d'une ville en voiture. La première traversée de la Manche, de l'Atlantique, en avion.* — FIG. *Traversée du désert*.* ■ **3** ÉLECTROTECHN. Borne isolée permettant le passage du courant au travers d'une paroi.

TRAVERSER [tʀavɛʀse] v. tr. ⟨1⟩ – 980 ◊ latin populaire °*traversare*, classique *transversare*, de *transversus* → travers

I ■ **1** Passer, pénétrer de part en part, à travers (un corps, un milieu interposé). ➤ **percer, transpercer.** « *Il faut* [pour creuser le puits] *traverser trois couches de terre et deux couches d'eau* » GIDE. *Rayonnement qui traverse un milieu.* — *L'eau traverse la toile.* ➤ **filtrer.** — FIG. « *Une douleur fulgurante* [...] *le traverse d'une épaule à l'autre* » BERNANOS. ■ **2** Se frayer un passage à travers (des personnes rassemblées). « *Pour arriver seulement à la porte, les magistrats municipaux devaient d'abord, au péril de leur vie, traverser la foule ameutée* » MICHELET.

II ■ **1** (1080) Parcourir (un espace) d'une extrémité, d'un bord à l'autre. ➤ **franchir, parcourir.** « *Il allait par monts et par vaux* [...], *il traversait d'antiques forêts, de vastes bruyères* » CHATEAUBRIAND. *Traverser l'Atlantique à la voile. Traverser une ville.* ♦ Couper (une voie de communication), aller d'un bord à l'autre. *Traverser la rue, la route.* ABSOLT « *Des gens attendaient cinq minutes avant de pouvoir traverser, tant la queue des voitures s'allongeait* » ZOLA. — *Traverser un pont :* aller d'un bout à l'autre du pont. ♦ (En parlant de choses mobiles) *Le train traverse une plaine. Les bateaux traversent l'estuaire.* — *Une rivière traverse la ville.* ➤ **arroser.** ■ **2** (Choses sans mouvement) Être, s'étendre au travers de. *Route qui traverse une montagne. La route traverse une voie ferrée.* ➤ **croiser.** — *Le front* « *traversé d'une profonde balafre* » MARTIN DU GARD. ➤ **barrer.** ■ **3** Aller d'un bout à l'autre de (un espace de temps), dépasser (un état durable). *Traverser une période, une époque.* « *Ô malheureux ! vos noms traverseront l'histoire* » HUGO. « *J'ai traversé bien des hasards* » MAUPASSANT. ■ **4** (fin XVIe) Se présenter à (l'esprit), passer par (la tête). « *Une lubie meurtrière qui venait de lui traverser l'esprit* » CAILLOIS. « *Des théories analogues ont plusieurs fois traversé l'imagination des hommes* » TAINE.

III ■ **1** (XIIe) ÉQUIT. Mettre de travers. *Traverser le cheval.* PRONOM. *Cheval qui se traverse.* ■ **2** VX Se mettre en travers de, s'opposer à. ➤ **empêcher.** *Traverser les desseins de qqn.*

TRAVERSIER, IÈRE [tʀavɛʀsje, jɛʀ] adj. et n. m. – XIIIe ◊ latin populaire *traversarius*, classique *transversarius* « transversal »

I ■ **1** RARE (ou en loc.) Dirigé, disposé en travers. *Rue traversière,* de traverse. — MAR. *Navire traversier,* qui coupe la route que l'on suit. — *Flûte traversière :* grande flûte métallique, qui se tient horizontalement. ■ **2** n. m. (1691) **TRAVERSIER** MAR. Traversin (2°) d'une embarcation.

II ■ **1** (1607 ◊ de *traverse* « traversée ») MAR. Qui sert à traverser, à faire une traversée. *Barque traversière,* faisant le va-et-vient entre deux points peu éloignés. ■ **2** n. m. (1877) RÉGION. (Canada) **TRAVERSIER.** Bateau servant à franchir un cours d'eau, un lac. ➤ 1 **bac, ferry-boat.** *Le traversier de Lévis, face à Québec.*

TRAVERSIN [tʀavɛʀsɛ̃] n. m. – 1368 ; sens divers en ancien français ◊ de *traversain* « qui est en travers » (XIIe) ; de *travers* ■ **1** Long coussin de chevet qui tient toute la largeur du lit. ➤ **polochon ;** RÉGION. **boudin.** *Elle se tournait* « *dans son lit, cherchant sur le traversin un endroit que le poids de sa tête n'eût pas encore creusé* » GREEN. ■ **2** (1396) VX ou TECHN. Traverse (3°). *Les traversins d'une embarcation.* — Traverse renforçant le fond d'un tonneau. ♦ (1671) Fléau de balance.

TRAVERSINE [tʀavɛʀsin] n. f. – 1752 ◊ de l'ancien adj. *traversain* → traversin ■ TECHN. Traverse reliant des pilotis. Traverse reliant les éléments d'un train de bois flotté. ♦ Traverse d'une palissade, d'un grillage.

TRAVERTIN [tʀavɛʀtɛ̃] n. m. – 1611 ◊ italien populaire *travertino*, de *tivertino* ; latin *tiburtinus* « de *Tibur* » (Tivoli) ■ Roche calcaire déposée en lits irréguliers avec de petites cavités inégalement réparties. « *Le Colisée est bâti presque en entier de blocs de travertin, assez vilaine pierre remplie de trous comme le tuf* » STENDHAL.

1 **TRAVESTI, IE** [tʀavɛsti] adj. et n. m. – *transvesti* 1569 ◊ de *travestir* ■ **1** Revêtu d'un déguisement. *Un acteur travesti,* ELLIPT *un travesti :* un acteur qui se travestit (notamment, homme qui joue un rôle féminin). — *Rôle travesti,* joué par un acteur travesti. *Chérubin, rôle travesti.* ♦ (XIXe) *Bal travesti,* costumé, masqué. « *Une fête travestie* » PROUST. ■ **2** n. m. (1923) Homme (souvent homosexuel) habillé en femme et qui manifeste de manière volontaire des caractères apparents de la féminité (caractères sexuels secondaires, stéréotypes vestimentaires...). ➤ FAM. **travelo ;** ANGLIC. **drag-queen ; transgenre, travestisme.** *Spectacle de travestis d'une boîte de nuit.* ■ **3** (XVIIe) VX ou HIST. LITTÉR. Transposé en vers burlesques. « *Le Virgile travesti* », *de Scarron.*

2 **TRAVESTI** [tʀavɛsti] n. m. – 1907 ◊ de 1 *travesti* ■ VIEILLI Déguisement pour une mascarade, un bal masqué.

TRAVESTIR [tʀavɛstiʀ] v. tr. ⟨2⟩ – 1580 ; *transvesti* 1569 ◊ italien *travestire*, de *tra-* (latin *trans*) et *vestire* « vêtir » ■ **1** Déguiser pour une fête ou un rôle de théâtre. — PRONOM. *Se travestir pour un bal costumé.* SPÉCIALT (1669) Se déguiser pour prendre l'apparence de l'autre sexe ➤ 1 **travesti.** ■ **2** (1690) (ABSTRAIT) Transformer en revêtant d'un aspect mensonger qui défigure, dénature. ➤ **déformer, fausser.** *Travestir les faits, la réalité. Travestir la pensée de qqn,* en donner une expression fausse. ➤ **falsifier.** « *nous travestissons en calculs et en systèmes nos impuissances ou nos faiblesses* » CONSTANT. ➤ **maquiller.**

TRAVESTISME [tʀavɛstism] n. m. – 1964 ◊ de 1 *travesti*, d'après l'allemand ■ PSYCHIATR. Adoption habituelle des vêtements et des habitudes de l'autre sexe. ➤ **transvestisme, travestissement.**

TRAVESTISSEMENT [tʀavɛstismɑ̃] n. m. – 1651 ◊ de *travestir* ■ **1** Action ou manière de travestir, de se travestir. ➤ **déguisement.** *Goût du travestissement. Pièce, rôle à travestissement,* où l'acteur se travestit plusieurs fois pour jouer des personnages différents. ♦ DIDACT. Utilisation par un individu des vêtements propres à des personnes d'une autre condition ou de l'autre sexe (➤ **travestisme**). ■ **2** (ABSTRAIT) Déformation, parodie. « *L'hypocrisie ne saurait être poussée plus loin, ni le mensonge avec plus d'impudence. C'est un monstrueux travestissement de la vérité* » GIDE.

TRAVIOLE (DE) [d(ə)tʀavjɔl] loc. adv. – 1866 ◊ altération de *de travers* ■ FAM. De travers. « *Le calot crânement posé de traviole sur le sinciput* » PEREC.

TRAYEUR, EUSE [tʀɛjœʀ, øz] n. – 1400 ◊ de *traire* ■ Personne chargée de traire. ♦ n. f. (1923) **TRAYEUSE.** Machine effectuant la traite.

TRAYON [tʀɛjɔ̃] n. m. – 1583 ; *traion* 1551 ; *treon* XIIIe ◊ de *traire* ■ Chacune des tettes placées à la partie inférieure du pis, correspondant à une glande mammaire. *Il* « *s'assura de la longueur des pis et de l'élasticité des trayons, placés carrément et bien percés* » ZOLA.

TRÉBUCHANT, ANTE [tʀebyʃɑ̃, ɑ̃t] adj. – 1539 ◊ de *trébucher* ■ **1** Qui trébuche ; chancelant. *Ivrogne titubant et trébuchant. Démarche trébuchante.* ♦ FIG. Qui hésite à chaque difficulté, dont le cours est incertain. *Les* « *notes trébuchantes d'un piano désaccordé* » THARAUD. ■ **2** (1557) VX Se disait d'une pièce qui a le poids requis. MOD. *Espèces sonnantes* et trébuchantes.*

TRÉBUCHEMENT [tʀebyʃmɑ̃] n. m. – 1549 ; « chute, faute » XIIe ◊ de *trébucher* ■ RARE Le fait de trébucher (cf. Faux pas). « *à force de temps, de retours, de trébuchements* » J.-R. BLOCH.

TRÉBUCHER [tʀebyʃe] v. ⟨1⟩ – 1080 ◊ de *tres-* « au-delà » (→ trans-) et ancien français *buc* « tronc du corps », francique °*bûk*

I v. intr. ■ **1** VX Tomber. ♦ MOD. Perdre soudain l'équilibre, faire un faux pas*. ➤ **chanceler ;** RÉGION. **s'empierger, s'encoubler, s'enfarger.** « *Parfois, un homme trébuchait et s'abattait de tout son long* » DORGELÈS. *Trébucher contre, sur qqch.* ➤ **broncher,** 2 **buter.** ■ **2** FIG. Être arrêté par une difficulté, faire une erreur. « *la mémoire des acteurs et des actrices, à tout moment, tré-*

buche sur votre prose» GONCOURT.

II v. tr. (1329) TECHN. Peser au trébuchet. *Trébucher des pièces d'or.*

TRÉBUCHET [tʀebyʃɛ] n. m. – XIIe ◊ de *trébucher* ■ **1** Piège à prendre les petits oiseaux, cage dont le haut est muni d'une bascule sur laquelle on met des grains. *«après avoir échappé à la glu de la mare, au trébuchet de l'oiseleur»* PERGAUD. ■ **2** (1326) Petite balance à plateaux très précise. *Trébuchet des orfèvres, des pharmaciens.*

TRÉCHEUR ➤ **TRESCHEUR**

TRÉFILAGE [tʀefilaʒ] n. m. – 1873 ◊ de *tréfiler* ■ TECHN. Opération consistant à tréfiler (un métal).

TRÉFILER [tʀefile] v. tr. ‹1› – 1800 ◊ de *tréfilerie* ■ TECHN. Étirer (un métal) en le faisant passer au travers des trous d'une filière. *Tréfiler du fer, du laiton.* ➤ 1 **fileter.**

TRÉFILERIE [tʀefilʀi] n. f. – milieu XIIIe ◊ de l'ancien français *trefilier* «tréfileur» ; de *tré-, tres-* «à travers» (cf. *trans-*) et *fil, filière* ■ TECHN. Atelier, usine où se fait le tréfilage des métaux. *Les tréfileries du Havre.*

TRÉFILEUR [tʀefilœʀ] n. m. – 1800 ◊ de *tréfiler* ■ TECHN. Ouvrier employé au tréfilage.

TRÈFLE [tʀɛfl] n. m. – 1530 ; *tresfle* 1314 ◊ du grec de Marseille *triphullon* «à trois feuilles» ■ **1** Plante herbacée, aux feuilles composées de trois folioles, aux fleurs groupées en capitules ou en épis, qui pousse dans les prairies des régions tempérées. *Trèfle blanc,* ou *rampant. Trèfle des prés* ou *trèfle rouge* (à fleurs roses, mauves). *Trèfle incarnat* ou *trèfle anglais.* ➤ 1 **farouche.** *Trèfle jaune.* ➤ **anthyllis.** *«Le troupeau mangeait dans les jachères, dans les trèfles et les luzernes»* ZOLA. ◆ Plante dont la feuille a trois folioles. *Trèfle cornu.* ➤ **lotier.** *Trèfle d'eau.* ➤ **ményanthe.** ■ **2** Feuille à trois folioles de cette plante. — *Trèfle à quatre feuilles :* feuille de trèfle qui comporte anormalement quatre folioles (certaines en ont 5, 6 et 7) et que l'on considère comme un porte-bonheur. *Chercher des trèfles à quatre feuilles.* ■ **3** Forme, motif décoratif évoquant cette triple feuille. *«les volets, percés de trèfles et de cœurs»* BEAUVOIR. ◆ (1694) ARCHIT. Ornement trilobé. *«la haute et frêle galerie d'arcades à trèfle»* HUGO. ■ **4** (1552) Aux cartes, Couleur noire représentant un trèfle. *Roi, valet de trèfle. Jouer trèfle.* PAR EXT. Carte de cette couleur. *Avoir trois trèfles en main.* ◆ *As de trèfle, croisement en trèfle* ou *trèfle :* croisement de grandes routes, à niveaux séparés, dessinant un double huit. ■ **5** (1865) FAM. et VX Argent*. ◆ (1725) Tabac.

TRÉFLÉ, ÉE [tʀefle] adj. – 1629 ◊ de *trèfle* ■ DIDACT. En forme de trèfle. *Église à plan tréflé,* dont le chevet présente trois absides en éventail.

TRÉFLIÈRE [tʀeflijɛʀ] n. f. – 1872 ; *tréflier* 1842 ◊ de *trèfle* ■ AGRIC. Champ semé de trèfle. — On dit *tréflerie* [tʀɛfləʀi] /*trèflerie*/ en Normandie.

TRÉFONDS [tʀefɔ̃] n. m. – XIIIe ◊ de *tres-* (latin *trans*) et *fonds* ■ **1** DR. VIEILLI Sous-sol possédé comme un fonds. ■ **2** (par attraction de *fond*) LITTÉR. Ce qu'il y a de plus profond, de plus secret. *Au tréfonds de son âme, de son être. Les tréfonds de la mémoire.*

TRÉHALOSE [tʀealoz] n. m. – 1857 ◊ de *tréhala* «galle du chardon» (du turc *tigalah*) et 1 *-ose* ■ BIOCHIM. Disaccharide présent dans certains champignons.

TREILLAGE [tʀɛjaʒ] n. m. – 1600 ◊ de *treille* ■ Assemblage de lattes, d'échalas posés parallèlement ou croisés, dans un plan vertical. *Le treillage d'un espalier. Treillage en voûte.* ➤ **berceau, tonnelle.** ◆ (1611) Clôture à claire-voie. ➤ 2 **treillis.** *Le domaine était clos «de haies très épaisses ou d'un treillage»* ROMAINS.

TREILLAGER [tʀɛjaʒe] v. tr. ‹3› – 1767 ◊ de *treillage* ■ Garnir ou protéger d'un treillage. *Treillager un mur. Treillager une fenêtre.* — *«De petits enclos, treillagés de bambous»* MIRBEAU. ◆ FIG. Recouvrir de choses entrelacées comme les mailles d'un filet. *«Tous les magasins des rues avoisinant la place Vendôme ont leurs glaces treillagées de bandes de papier»* GONCOURT.

TREILLAGEUR [tʀɛjaʒœʀ] n. m. – 1767 ◊ de *treillager* ■ Ouvrier qui fait des treillages. *Treillageur en bois, en métal.*

TREILLE [tʀɛj] n. f. – fin XIe ; aussi «treillage» en ancien français ◊ latin *trichila* ■ **1** Berceau de ceps de vigne soutenus par un treillage ; tonnelle où grimpe la vigne. *«Un sorbet mousseux et frais qu'on prendrait en été sous la treille»* SAINTE-BEUVE. ■ **2** (avant 1220) Vigne que l'on fait pousser contre un support (treillage, mur, espalier...), SPÉCIALT pour la production du raisin de table. *La façade «prend un peu d'ombre d'une treille où pendent quelques grappes de muscat»* BOSCO. — PLAISANT *Le jus de la treille :* le vin. ■ **3** TECHN. Maille du tulle.

1 **TREILLIS** [tʀeji] n. m. – *treilliz* XIVe ◊ de l'ancien adj. *treliz* (XIIe) ; latin populaire °*trilicius,* de *trilix* «à trois fils», de *licium* → 2 lice ■ Toile de chanvre très résistante. *Pantalon de treillis.* ◆ PAR EXT. (1951) Tenue militaire d'exercice ou de combat. *Soldat en treillis.*

2 **TREILLIS** [tʀeji] n. m. – *treilleiz* 1283 ◊ de *treille* ■ **1** Entrecroisement de lattes, de fils métalliques formant claire-voie. ➤ **treillage.** *Treillis métallique d'un garde-manger.* — SPÉCIALT Armature d'un vitrail, d'une verrière, en croisillons de fer. ◆ ARCHIT. Assemblage de poutrelles métalliques rivetées. *Pont en treillis.* ■ **2** MATH. Ensemble ordonné, dont chacun des couples admet une borne supérieure et une borne inférieure.

TREILLISSER [tʀejise] v. tr. ‹1› – 1497 ; au p. p. 1374 ◊ de 2 *treillis* ■ Garnir d'un treillis. *Treillisser une fenêtre.* — p. p. adj. Ajouré en treillis. *Corbeille de faïence à bord treillissé.*

TREIZE [tʀɛz] adj. numér. inv. et n. inv. – *treze* XIIe ◊ latin *tredecim*

I adj. numér. card. Nombre entier équivalant à dix plus trois (13 ; XIII). ■ **1** Avec ou sans déterm. *Les treize personnes qui sont venues.* — *Être payé sur treize mois.* — ELLIPT LOC. FAM. *Treize à la douzaine :* treize choses pour le prix de douze ; PAR EXT. beaucoup trop, à ne savoir qu'en faire. — (En composition pour former un nombre) *Treize cents* (ou *mille trois cents*). ■ **2** PRONOM. *Il en a pris treize.* — LOC. *Être treize à table* (circonstance qui passe pour porter malheur, d'après une tradition qui remonterait à un passage des Évangiles, le treizième de la Cène étant Judas). ◆ SPORT *Jeu à treize : rugby* à treize.*

II adj. numér. ord. Treizième. ■ **1** *Louis XIII. Numéro 13.* — *Le 13 août. L'an 1300* ([tʀɛzsɑ̃] ou [miltʀwasɑ̃]). *Il est 13 heures,* une heure de l'après-midi. ■ **2** SUBST. M. Le treizième jour du mois. *Vendredi 13 :* jour qui passe pour porter malheur, et, pour certains, bonheur. ◆ Ce qui porte le numéro 13. *Le 13 vient de franchir la ligne.* — REM. Par superstition, les hôtels et hôpitaux n'ont, en France, généralt pas de chambre numéro *13.*

III n. m. inv. ■ **1** (Sans déterm.) *Treize est un nombre premier.* — *Treize pour cent* (ou *13 %*). ■ **2** (Avec déterm.) Le chiffre, le numéro 13. *Le 13 porte malheur ou pour certains porte chance.* — Note (II, 6°) correspondant à treize points. *Avoir un 13 en physique.*

TREIZIÈME [tʀɛzjɛm] adj. et n. – 1380 ; *treszime* v. 1138 ◊ de *treize* ■ **1** adj. numér. ord. Qui suit le douzième. *Le XIIIe siècle. Le XIIIe arrondissement.* — *Elle est treizième en anglais.* n. *Être le, la treizième.* ◆ (En composition pour former des adj. ord.) *Quatre-vingt-treizième* (93e). ■ **2** adj. fractionnaire Se dit d'une partie d'un tout également divisé ou divisible en treize. — SUBST. M. *Un treizième* (1/13) *de la somme. Huit treizièmes* (8/13).

TREIZIÈMEMENT [tʀɛzjɛmmɑ̃] adv. – 1636 ◊ de *treizième* ■ En treizième lieu.

TREIZISTE [tʀezist] n. m. – 1935 ◊ de *treize* ■ SPORT Joueur de rugby à treize.

TREKKER [tʀeke] v. intr. ‹1› – 1995 ◊ de *trek* ■ Pratiquer le trekking. *Partir trekker au Népal.*

TREKKEUR, EUSE [tʀɛkœʀ, øz] n. – 1974 ◊ de *trekking* ■ Personne qui pratique le trekking.

TREKKING [tʀekiŋ] ou **TREK** [tʀɛk] n. m. – v. 1975 ◊ mot anglais, de *to trek* «avancer» ■ ANGLIC. Randonnée pédestre dans des régions montagneuses difficilement accessibles. *Faire un trekking au Népal.*

TRÉLINGAGE [tʀelɛ̃gaʒ] n. m. – 1678 ◊ italien *trinlingaggio* ■ MAR. Cordage, filin qui attache les bas haubans de bâbord avec ceux de tribord.

TRÉMA [tʀema] n. m. – 1762 ; *points tremaz* 1600 ◊ grec *trêma* «trou, points sur un dé» ■ Signe formé de deux points juxtaposés que l'on met sur les voyelles *e, i, u,* pour indiquer que la voyelle qui précède doit être prononcée séparément, et sur les voyelles *a* et *o* dans certains emprunts. *«Astéroïde» s'écrit avec un i tréma.*

TRÉMAIL ➤ **TRAMAIL**

TRÉMATAGE [tʀemataʒ] n. m. – 1872 ◊ de *trémater* ■ MAR. Droit de priorité accordé à certains bateaux pour passer les écluses.

TRÉMATER [tʀemate] v. tr. ⟨1⟩ – 1765 ; *tremarter* 1415 ◊ p.-ê. du bas latin *trema*, classique *trames* «sentier» ■ MAR. Dépasser (un bateau) sur une voie fluviale.

TRÉMATODES [tʀematɔd] n. m. pl. – 1817 ◊ grec *trêmatôdês* «troué», de *trêma* «trou» ■ ZOOL. Ordre de vers plathelminthes parasites, à corps non segmenté, possédant des ventouses. *Les bilharzies et les douves sont des trématodes.*

TREMBLAIE [tʀɑ̃blɛ] n. f. – 1294 ◊ de *tremble* ■ RÉGION. Terrain planté de trembles.

TREMBLANT, ANTE [tʀɑ̃blɑ̃, ɑ̃t] adj. – fin XIIe ◊ de *trembler*

I ■ **1** Qui tremble. *«j'étais ému, tremblant, palpitant»* RIVAROL. *«elle rentre en hâte, les jambes tremblantes, à bout de souffle»* MAURIAC. ➤ **chancelant.** *Tremblant de peur, de froid, d'émotion.* — (CHOSES) *«L'anémone sauvage aux corolles tremblantes»* MUSSET. *«Des remous propagés et tremblants comme une clarté»* PROUST. *Lueur tremblante.* ➤ **vacillant.** *Voix tremblante et cassée.* ➤ **chevrotant.** ■ **2** Qui n'est pas solide, tremble à la moindre impulsion. *Une passerelle tremblante.* ◆ (ABSTRAIT) Chancelant, fragile. *«Et vous, l'un des soutiens de ce tremblant État»* RACINE. ■ **3** Qui tremble (4°), craint..., qui a peur. ➤ **craintif.** *Il se sentait «lâche et un peu tremblant»* COLETTE.

II *Maladie tremblante des moutons,* ou n. f. *la* **TREMBLANTE :** prurigo lombaire des ovins, caractérisé par des troubles nerveux et causé par la protéine prion*.

■ CONTR. 1 Ferme, immobile, stable ; hardi.

TREMBLE [tʀɑ̃bl] n. m. – 1138 ◊ bas latin *tremulus* «le tremblant» ■ Peuplier à écorce lisse, à tige droite, dont les feuilles à minces pétioles frissonnent au moindre souffle. *«C'étaient des trembles. Ils déroulaient des montagnes de feuillages qu'argentait l'éclatante lumière de la lune»* BOSCO.

TREMBLÉ, ÉE [tʀɑ̃ble] adj. et n. m. – 1765 ◊ de *trembler* ■ **1** Tracé par une main tremblante. *Dessin tremblé ; écriture tremblée.* ◆ (1829) TYPOGR. Se dit d'un filet sinueux, alternativement gras et maigre. — n. m. *Un tremblé.* ■ **2** (XIXe) Qui tremble (son ; voix). ➤ **tremblant.** *Une voix «un peu tremblée»* CHARDONNE.

TREMBLEMENT [tʀɑ̃bləmɑ̃] n. m. – XIIe ◊ de *trembler* ■ **1** LITTÉR. État de peur ou d'angoisse intense. *«Se mortifier, jeûner, prier avec tremblement»* TAINE. ■ **2** (1361) Suite d'oscillations, de secousses répétées qui agitent une chose solide jusque-là immobile (➤ **trembler,** 3°). *Tremblement des vitres, du sol après une explosion.* ➤ **ébranlement.** ◆ **TREMBLEMENT DE TERRE :** ensemble des phénomènes liés à la déformation de l'écorce terrestre en un lieu, dans la mesure où ils sont perçus par la population. ➤ **séisme.** *«Un pays qui ne connaît guère les tremblements de terre, les cyclones, les raz-de-marée»* NIZAN. ◆ (début XVIe) Mouvement, oscillations de ce qui tremble. *Le tremblement des feuilles. La main «tremble d'une façon à peine perceptible : le tremblement d'une aiguille aimantée»* MARTIN DU GARD. — *Tremblement d'une lumière, d'une lueur, des reflets.* ➤ **vacillement.** *Tremblement d'un son, d'une note ; de la voix* (➤ **chevrotement**). *«avec un tremblement d'émotion inaccoutumé et sympathique dans la voix»* JOUHANDEAU. ■ **3** (1549) Agitation du corps ou d'une partie du corps par petites oscillations rapides, involontaires. ➤ **trémulation.** *Tremblement léger.* ➤ **frémissement.** *Tremblement convulsif, violent* (➤ **convulsion, spasme**). — *Tremblement de fièvre, de froid* (➤ **frisson**), causé par la fièvre, le froid. *Tremblement de peur, de colère, de fatigue. «Que lui est-il arrivé ! dit la pauvre mère saisie d'un tremblement qui la secoua comme une feuille est secouée par le vent d'automne»* BALZAC. ■ **4** LOC. FAM. (1827) *Et tout le tremblement :* et tout le reste, tout ce qui va avec (cf. Et tout le bataclan*). *«une forte tornade (avec éclairs, tonnerre et tout le tremblement)»* GIDE. *«ils viennent nous causer honneur, loyauté et tout le tremblement»* AYMÉ. ■ CONTR. Fermeté, immobilité.

TREMBLER [tʀɑ̃ble] v. intr. ⟨1⟩ – v. 1120 ◊ latin populaire °*tremulare,* de *tremulus* «tremblant», de *tremere* «trembler» ■ **1** Être agité par une suite de petites contractions involontaires des muscles. ➤ **frémir, frissonner.** *«Ses dents claquent, tout son corps tremble»* THARAUD. *«Son corps tremblait [...] de froid, de fatigue et de fièvre»* BERNANOS. ➤ **grelotter.** *Avoir les jambes qui tremblent.* ➤ **flageoler.** LOC. *Trembler comme une feuille* (de peur, de froid). — *Trembler de colère, d'excitation. «Voilà ce que ceux qui tremblent de vieillesse enseignent à ceux qui tremblent de peur !»* HUGO. ◆ TRANS. VX *Trembler le frisson. «Je les laisse trembler leurs fièvres»* HUGO. ■ **2** (début XIIIe) (CHOSES) Être agité de petits mouvements répétés, autour d'une position d'équilibre. ➤ **s'agiter, frémir, frissonner, remuer.** *«Sous le long rideau blanc qui tremble et se soulève»* RIMBAUD. *Gelée qui tremble.* ➤ **trembloter.** ◆ Produire une image vacillante ; varier rapidement d'intensité. *Lumière, reflet qui tremble.* ➤ **tremblant.** ◆ Ne pas conserver la même hauteur et la même intensité. *Son, voix qui tremble.* ➤ **chevroter.** ■ **3** Faire une suite d'oscillations. *La terre tremble.* ➤ **tremblement** (de terre). *«la lointaine canonnade fait trembler le sol»* GIDE. ➤ **ébranler.** *«Il attaque le grand air de Boris Godounov, les vitres tremblèrent»* BEAUVOIR. ➤ **vibrer.** ■ **4** FIG. (1382) Éprouver une violente émotion, un trouble intense sous l'effet de la peur. *Un lieu «où l'on n'ose se hasarder qu'en tremblant»* GAUTIER. *«J'ai toujours tremblé devant les hommes, devant leurs lois iniques»* MAUPASSANT. — *Trembler pour* (qqn ou qqch.) : craindre un malheur, un danger pour. — *«je tremble à cette idée horrible que je pourrais perdre sa trace»* LOTI. — *Trembler de* (et l'inf.). ➤ **appréhender, craindre** (cf. Avoir peur* de). *«Je tremble toujours de n'avoir écrit qu'un soupir, quand je crois avoir noté une vérité»* STENDHAL. (Avec *que* et le subj.) *Je tremble qu'il ne l'apprenne.*

TREMBLEUR, EUSE [tʀɑ̃blœʀ, øz] n. et adj. – 1657 «quaker» ; hapax XVe ◊ de *trembler*

I n. ■ **1** RARE Personne extrêmement peureuse ou timide. *«Je ne m'en irai pas comme un trembleur»* ACHARD. ■ **2** n. m. (1861) TECHN. Dispositif animé d'une vibration. ◆ (1867) Sonnerie sans marteau ni timbre, où un bras vibre au passage du courant. ➤ **vibreur.**

II adj. RARE Tremblant. *«Mon verre est plein d'un vin trembleur comme une flamme»* APOLLINAIRE.

TREMBLEUSE [tʀɑ̃bløz] n. f. – 1872 ◊ de *trembleur* ■ Petite tasse retenue dans une soucoupe (par un évidement). ◆ PÊCHE *Pêche à la trembleuse,* où l'on agite la ligne.

TREMBLOTANT, ANTE [tʀɑ̃blɔtɑ̃, ɑ̃t] adj. – 1553 ◊ de *trembloter* ■ Qui tremblote. ➤ **tremblant.** *«Nous trouvons ce pauvre vieillard [...] Tout branlant, les mains tremblotantes»* GONCOURT. — *Voix tremblotante.* ➤ **chevrotant.** *Lumière tremblotante.* ➤ **vacillant.**

TREMBLOTE [tʀɑ̃blɔt] n. f. – 1894 ◊ de *trembloter* ■ FAM. Tremblement. *Avoir la tremblote. «Sa tremblote faisait croire qu'il avait froid»* H. CALET.

TREMBLOTEMENT [tʀɑ̃blɔtmɑ̃] n. m. – 1553 ◊ de *trembloter* ■ Léger tremblement. *Tremblotement sénile.*

TREMBLOTER [tʀɑ̃blɔte] v. intr. ⟨1⟩ – 1555 ◊ de *trembler* ■ Trembler légèrement. *Mains qui tremblotent.* — *Voix qui tremblote.* ➤ **chevroter.**

TRÉMELLE [tʀemɛl] n. f. – 1765 ◊ latin des botanistes *tremella* (1741), de *tremulus* «tremblant» ■ BOT. Champignon basidiomycète à réceptacle gélatineux et irrégulier.

TRÉMIE [tʀemi] n. f. – 1538 ; *tremuie* XIe ◊ latin *trimodia* «récipient contenant *trois muids*» ■ **1** Sorte de grand entonnoir en forme de pyramide renversée, où l'on déverse des substances qui doivent subir un traitement (broyage, concassage, tamisage). ➤ **auge.** *Trémie à blé, trémie de moulin,* dans laquelle on met le blé qu'un auget déverse sur la meule. *Trémie d'un concasseur, d'un égrappoir.* ◆ Mangeoire pour les oiseaux, la volaille. ■ **2** (*tremuye* 1437) TECHN. Espace réservé dans un plancher, destiné à être traversé. *Trémie d'escalier.* ■ **3** SC. Macle de cristallisation du sel marin en forme de pyramide creuse.

TRÉMIÈRE [tʀemjɛʀ] adj. f. – 1581 ; *rose de trémière* 1690 ◊ altération de *rose d'outremer* (1500) ■ *Rose trémière :* variété de guimauve à très haute tige, bisannuelle, très décorative. ➤ **passerose, primerose.**

TRÉMOLO [tʀemɔlo] n. m. – 1830 ◊ italien *tremolo ;* du latin *tremulus* «tremblant» ■ **1** MUS. Mouvement de vibration obtenu par un tremblement de la main de l'instrumentiste produisant un battement continu sur un son ; effet sonore ainsi produit. ➤ **vibrato.** *Trémolo de violon. Trémolo constant de l'orgue électronique.* ■ **2** COUR. Tremblement d'émotion dans la voix, souvent affecté et outré. *Déclamer avec des trémolos dans la voix.* — FIG. *«ne me demandez point de fausser ma voix et d'introduire dans mes écrits des trémolos par opportunisme»* GIDE.

TRÉMOUSSEMENT [tʀemusmɑ̃] n. m. – 1573 ◊ de *trémousser* ■ Agitation, mouvement d'une personne qui se trémousse. ➤ **tortillement.** *«Ces gros reins cambrés de goule qu'agitaient des trémoussements lascifs»* LOTI.

TRÉMOUSSER (SE) [tʀemuse] **v. pron.** ‹1› – 1532 ; intr. 1549 ◊ de *tré-* (latin *trans*) et *mousse* «écume» ■ S'agiter avec de petits mouvements vifs, rapides et irréguliers. ➤ **frétiller, gigoter, remuer.** *Enfant qui se trémousse sur sa chaise. Ils se sont trémoussés d'aise. Marcher, danser en se trémoussant.* ➤ se **dandiner,** se **tortiller.** *«ça joue de la prunelle, ça se trémousse du derrière»* MIRBEAU.

TREMPABILITÉ [tʀɑ̃pabilite] **n. f.** – 1964 ◊ de *tremper* ■ TECHN. Possibilité, pour un alliage, d'être trempé.

TREMPAGE [tʀɑ̃paʒ] **n. m.** – 1836 ◊ de *tremper* ■ TECHN. Action de tremper, de faire tremper. *Trempage des semences* (avant de les semer). — *Trempage du papier,* pour le rendre propre à l'impression. — COUR. *Trempage du linge,* dans l'eau ou la lessive.

1 **TREMPE** [tʀɑ̃p] **n. f.** – 1559 ; *tempre* v. 1180 ◊ de *tremper* ■ **1** Immersion dans un bain froid d'un métal, d'un alliage chauffé à haute température. *Trempe de l'acier. Trempe chimique :* arrêt d'une réaction chimique lente par refroidissement brutal. *La trempe maintient la structure moléculaire acquise à chaud.* ◆ PAR EXT. Qualité qu'un métal acquiert par cette opération. *Une arme de bonne trempe. «la trempe élastique et souple de l'acier lui permit de supporter cette épreuve sans se rompre»* GAUTIER. ■ **2** FIG. (2e moitié XVe) VX Qualité d'âme. — (v. 1570) VX Qualité d'âme ou de corps considérée dans sa vigueur, sa résistance. — MOD. *De... trempe. Des gens de cette trempe.* ➤ **caractère, énergie.** *Un joueur de sa trempe.* ■ **3** (1803 ; «détrempe» peint. 1676) TECHN. Trempage (des papiers, des peaux...). ■ **4** (1867) FAM. Volée* de coups. ➤ **raclée.** *«Si j'te filais une trempe !»* CARCO.

2 **TREMPE** [tʀɑ̃p] **adj.** – 1592 ◊ de *tremper* ■ RÉGION. **(Centre, Sud-Ouest, Sud-Est ; Suisse, Canada, Louisiane, Maghreb)** Trempé, très mouillé. *Chemise trempe. Être tout trempe* (cf. En eau, en nage, en sueur).

TREMPÉ, ÉE [tʀɑ̃pe] **adj.** – *trempé* 1170 ◊ de *tremper* ■ **1** Durci par la trempe. *Acier trempé, verre trempé.* ◆ FIG. et LITTÉR. *Caractère bien trempé,* aguerri, énergique. *«les hommes trempés comme Tartarin ne se laissent pas facilement abattre»* DAUDET. ■ **2** Imbibé ; très mouillé. ➤ RÉGION. 2 **trempe.** *«presque chaque jour la pluie me surprenait [...] trempé, je rentrais me sécher devant le feu de la cuisine !»* GIDE. — *Trempé jusqu'aux os*. Trempé comme une soupe*.*

TREMPER [tʀɑ̃pe] **v.** ‹1› – fin XIVe ◊ altération de *temprer* «mélanger ; adoucir» 1155 ; latin *temperare* → tempérer

I **v. tr.** ■ **1** VX Modérer par un mélange. MOD. *Tremper son vin,* le mélanger avec de l'eau. ➤ **couper.** ■ **2** (v. 1300 ; *temprer* XIIIe) TECHN. Imbiber d'un liquide. ➤ **imprégner, mouiller.** *Tremper des couleurs.* ➤ 1 **détremper.** ◆ COUR. Imbiber, mouiller. *Sueur qui trempe la chemise. «une averse, la veille, avait trempé le parquet»* MARTIN DU GARD. *Tremper son mouchoir de larmes.* — *«L'herbe, trempée de rosée, est tendre à couper»* ZOLA. ■ **3** (1530 ; *temprer* 1216) COUR. Faire entrer (un solide) dans un liquide pour imbiber, enduire. ➤ **plonger.** *Tremper une compresse dans l'eau. Tremper dans l'eau bouillante* (ébouillanter, échauder). *Tremper son pinceau dans la peinture. «un gaillard, en blouse, trempe de grosses tranches de pain dans sa soupe, comme un roulier»* ROMAINS. *Tremper une soupe** (1°). ◆ Baigner, immerger. *«trempez-le dans la mare, pour le baptiser, votre enfant»* ZOLA. *Se tremper la tête dans l'eau. Tremper ses lèvres dans une boisson,* commencer à la boire, y goûter. — PRONOM. **SE TREMPER :** se mettre dans l'eau, un liquide ; SPÉCIALT prendre un bain rapide (➤ **trempette**). ■ **4** TECHN. Plonger (l'acier porté à une haute température) dans un bain froid (➤ 1 **trempe,** 1°). ◆ FIG. et LITTÉR. Douer d'une qualité morale (➤ 1 **trempe,** 2°). ➤ **aguerrir, endurcir, fortifier.** *«L'humilité trempe les forts»* BERNANOS. *L'expérience l'a trempé.*

II **v. intr.** (1549 ; *tempreir* XIIIe) ■ **1** Rester plongé dans un liquide. *Fleurs qui trempent dans l'eau d'un vase,* PAR EXT. *dans un vase.* RÉGION. *«J'irai cueillir des fleurs, je les mettrai tremper pour empêcher qu'elles se fanent»* RAMUZ. *Faire tremper du linge, mettre du linge à tremper,* le laisser longtemps dans l'eau ou la lessive avant de le laver. *Faire tremper des pruneaux.* ➤ aussi **macérer, mariner.** ■ **2** FIG. (v. 1600) *Tremper dans* (une affaire malhonnête), y participer, en être complice. *«il serait fort étrange que ma fille eût trempé dans ce crime»* MOLIÈRE. *Tremper dans un trafic.*

TREMPETTE [tʀɑ̃pɛt] **n. f.** – 1611 ◊ de *tremper* ■ **1** *Faire trempette :* tremper du pain dans un aliment liquide, du sucre dans une boisson, une liqueur, avant de les manger. ■ **2** (1904) FAM. *Faire trempette :* prendre un bain hâtif sans entrer complètement dans l'eau. *«il n'y plonge que par les pieds, en rechignant comme une baigneuse qui fait trempette»* SARTRE. *Une trempette dans un lac.* ➤ RÉGION. **saucette.** ■ **3** (1963) RÉGION. **(Canada)** Préparation, sauce dans laquelle on trempe des légumes crus. *Trempette à la moutarde, à l'ail.*

TREMPEUR [tʀɑ̃pœʀ] **n. m.** – 1846 ◊ de *tremper* ■ TECHN. Ouvrier qui trempe l'acier ; qui trempe le papier.

TREMPLIN [tʀɑ̃plɛ̃] **n. m.** – 1680 ◊ italien *trampolino,* de *trampolo* «échasse», d'origine germanique ; cf. *trampoline* ■ Planche élastique sur laquelle on prend élan pour sauter. *Tremplins d'un gymnase* (➤ aussi **trampoline**), *d'une piscine* (➤ **plongeoir**), *d'un cirque* (➤ **batoude**). — *Tremplin pour le saut à skis.* — FIG. *«Le grand artiste est celui à qui l'obstacle sert de tremplin»* GIDE.

TRÉMULATION [tʀemylasjɔ̃] **n. f.** – 1873 ◊ du latin *tremulus* «tremblant» ■ MÉD. Tremblement à secousses rapides et peu accusées. ➤ **trépidation.** *«ces trémulations involontaires des mandibules que l'on voit aux moribonds»* DUHAMEL.

TRÉMULER [tʀemyle] **v.** ‹1› – 1801 ; hapax XVe ◊ latin *tremulare* ■ RARE ■ **1** **v. intr.** Trembler. *«Le tintement du grelot trémula dans le silence nocturne»* GENEVOIX. ■ **2** **v. tr.** Agiter d'un tremblement. *Trémuler les doigts.*

TRENAIL [tʀənaj] **n. m.** – 1843 ◊ anglais *treenail* «cheville», de *tree* «arbre» et *nail* «clou» ■ TECHN. Cheville servant à mettre le tire-fond dans les traverses des voies. *Des trenails.*

TRENCH-COAT ou **TRENCHCOAT** [tʀɛnʃkot] **n. m.** – v. 1920 ◊ anglais *trench coat* «manteau *(coat)* de tranchée *(trench)*» ■ Imperméable à ceinture. *Des trench-coats, des trenchcoats.* — ABRÉV. **TRENCH.** *Des trenchs.*

TRENTAIN [tʀɑ̃tɛ̃] **n. m.** – 1472 ; «mesure de capacité» 1398 ◊ de *trente* ■ **1** RELIG. Série de trente messes dites pour un défunt pendant trente jours consécutifs. ■ **2** (1676) ANCIENNT Drap de luxe dont la chaîne était composée de trente centaines de fils.

TRENTAINE [tʀɑ̃tɛn] **n. f.** – milieu XIIe ◊ de *trente* ■ **1** Nombre de trente, d'environ trente. *«Il y avait bien une trentaine de plats à table»* FLAUBERT. *Une trentaine de personnes.* ■ **2** (avant 1720) Âge de trente ans. *Nous avions «franchi la trentaine d'assez loin déjà»* CÉLINE.

TRENTE [tʀɑ̃t] **adj. numér. inv. et n. inv.** – XIe ; *trenta* 980 ◊ latin populaire °*trinta,* classique *triginta*

I **~ adj. numér. card.** Nombre entier naturel équivalant à trois fois dix (30 ; XXX) ■ **1** **Avec ou sans déterm.** *Juin a trente jours. «La Femme de trente ans», de Balzac. La guerre de Trente Ans* (1618-1648). *Qui porte sur trente ans* (➤ **tricennal**). *Qui a entre trente et quarante ans.* (➤ **trentenaire, trentaine**). — *Disque trente centimètres,* d'un diamètre de 30 cm. **n. m. inv.** *Un trente centimètres* (cf. infra Trente-trois tours). ◆ **(En composition pour former un adj. card.) TRENTE ET UN, UNE** [tʀɑ̃teœ̃, yn]. *Dix heures trente et une* (minutes). *Trente et un mille voix* (ou RARE *trente et une*). LOC. (1867) *Être* (ou *se mettre*) *sur son trente(-)et(-)un* (ou VX *sur son trente-deux* ou **[Canada]** *sur son trente-six*) : avoir, mettre ses plus beaux habits. *«Des soldats sur leur trente et un»* DORGELÈS. — ORD. *Page 31 (trente et un* ou *trente et une).* LOC. *Du 1er janvier au 31 décembre :* toute l'année. **TRENTE-TROIS** [tʀɑ̃ttʀwɑ]. *Disque trente-trois tours :* microsillon* effectuant 33 tours 1/3 par minute. **n. m. inv.** *Un trente-trois tours. Dites «trente-trois» :* demande que formule le médecin au patient afin, en apposant ses mains sur le thorax de celui-ci, d'apprécier la transmission des vibrations vocales (dépistage des pneumonies, pleurésies, etc.). **TRENTE-SIX** [tʀɑ̃tsi(s)]. Nombre utilisé familièrement pour désigner un grand nombre indéterminé. ➤ **beaucoup,** 1 **cent, cinquante.** *«Elle était cinglée. Il n'y avait pas trente-six manières de voir les choses»* DJIAN. *Il n'y a pas trente-six solutions. Voir trente-six chandelles*.* — ORD., LOC. (1888) *Tous les trente-six du mois :* jamais, très peu souvent. ◆ **(Pour former un adj. ord.)** *Trente et unième.* FAM. *Être au* (ou *dans le*) *trente-sixième dessous*.* ■ **2** PRONOM. *Ils étaient trente. J'en ai vu trente.*

II **~ adj. numér. ord.** Trentième ■ **1** *Page 30.* — *Le 30 avril. Les années 30* ou *trente,* de 1930 à 1939. ■ **2** SUBST. M. Le trentième jour du mois. *Le 30 est un jeudi.* ◆ Ce qui porte le numéro 30. *Le 30 a gagné.* ◆ **(Avec** *du***)** Taille, dimension, pointure numéro 30 (d'un objet). *Elle chausse du 30.* ■ **3** SUBST. F. Chambre, table numéro 30. *La douche de la 30.*

III **~ n. m. inv.** ■ **1** **Sans déterm.** *Quarante moins dix, trente.* — *Une remise de trente pour cent* (ou *30 %*). — Au tennis, Deuxième point marqué dans un jeu (II, 3°). ■ **2** **Avec déterm.** Le nombre, le numéro 30. *Des trente romains* (XXX).

TRENTE-ET-QUARANTE [tʀɑ̃tekaʀɑ̃t] **n. m. inv.** – 1648 ◊ de *trente, et* et *quarante* ■ Jeu de cartes et d'argent où le banquier aligne deux rangées de cartes dont les points doivent être entre 31 et 40.

TRENTE ET UN [tʀɑ̃teœ̃] **n. m. inv.** – 1464 ◊ de *trente, et* et *un* ■ **1** Jeu de cartes où il faut faire 31 points avec trois cartes, pour gagner. ■ **2** *Se mettre sur son trente et un.* ➤ **trente** I, 1°.

TRENTENAIRE [tʀɑ̃t(ə)nɛʀ] **adj.** – 1495 ◊ de *trente,* d'après *centenaire* ■ RARE Qui dure trente ans. « *une concession trentenaire, des couronnes, une croix* » A. ARNOUX. — DR. *Prescription trentenaire.* ◆ PAR PLAIS. Dont l'âge est compris entre trente et trente-neuf ans. — **n.** *Une trentenaire.*

TRENTE-SIX ➤ **TRENTE**

TRENTIÈME [tʀɑ̃tjɛm] **adj. et n.** – 1487 *trentiesme* ; v. 1119 *trentisme* ◊ de *trente* ■ **1 adj. numér. ord.** Qui a le numéro trente pour rang. *Le trentième jour du mois.* — **(Dans une compétition)** *Arriver trentième sur cinquante.* **n.** *Être le, la trentième sur la liste.* ◆ **(En composition pour former des adj. ord.)** *Trois cent trentième* (330e). ■ **2 adj. fractionnaire** Se dit d'une partie d'un tout également divisé ou divisible en trente. — SUBST. M. (1723) *Un trentième* (1/30) *de ses revenus. Trois cent-trentièmes* (3/130).

TRÉPAN [tʀepɑ̃] **n. m.** – v. 1363 ◊ latin médiéval *trepanum* ; grec *trupanon* ■ **1** Instrument de chirurgie en forme de vilebrequin, destiné à percer les os (notamment ceux du crâne). ■ **2** (1611) Vilebrequin pour forer. ➤ 2 **drille, foreuse.** *Trépan de sonde* : outil qu'on ajuste à la dernière allonge d'une sonde et qui, par percussion verticale, s'enfonce dans le sol. — SPÉCIALT Ce même outil commandé du derrick. ■ **HOM.** Trépang.

TRÉPANATION [tʀepanasjɔ̃] **n. f.** – XIVe ◊ de *trépaner* ■ CHIR. Opération qui consiste à pratiquer un trou dans un os. SPÉCIALT et COUR. Ouverture pratiquée dans la boîte crânienne.

TRÉPANER [tʀepane] **v. tr.** ⟨1⟩ – avant 1478 ◊ de *trépan* ■ Effectuer une trépanation sur (un patient). *Trépaner un malade atteint d'une tumeur au cerveau.* — **p. p. adj.** *Malade trépané.* SUBST. *Un trépané.*

TRÉPANG ➤ **TRIPANG**

TRÉPAS [tʀepɑ] **n. m.** – XIIIe ; *trespas* « passage » XIIe ◊ de *trépasser* ■ VX ou LITTÉR. Mort (d'une personne). ➤ **décès,** 1 **mort.** « *Le trépas vient tout guérir* » LA FONTAINE. — MOD. LOC. *Passer de vie à trépas* : mourir. « *Quand nous disons : "Ce pauvre Untel," tout le monde comprend qu'il est passé de vie à trépas* » A. HERMANT.

TRÉPASSER [tʀepɑse] **v. intr.** ⟨1⟩ – XIIe ; *trespasser* « dépasser en marchant » 1080 ◊ de *passer* et préfixe *tres-*, du latin *trans* ■ VX ou LITTÉR. ➤ **décéder, mourir*.** *Il avait trépassé ; il était trépassé.* « *Il était arrivé au vieil absent* [...] *diverses choses dont la principale était qu'il était trépassé* » HUGO. ◆ **p. p. adj.** Mort. — SUBST. *Les trépassés* : les morts. « *Dans la plupart des hameaux de la Bretagne, c'est ordinairement à la pointe du jour que l'on sonne pour les trépassés* » CHATEAUBRIAND. *La fête des Trépassés. La baie des Trépassés, dans le Finistère.*

TRÉPHOCYTE [tʀefɔsit] **n. m.** – 1967 ◊ du radical de *tréphone* et *-cyte* ■ MÉD. Leucocyte qui élabore des tréphones*.

TRÉPHONE [tʀefɔn] **n. f.** – 1924, Carrel ◊ du grec *trephô* « je nourris » ■ BIOL. Substance nutritive des extraits embryonnaires, capable de stimuler la croissance cellulaire.

TRÉPIDANT, ANTE [tʀepidɑ̃, ɑ̃t] **adj.** – 1881 ◊ de *trépider* ■ **1** Qui trépide, est agité de petites secousses ou oscillations rapides. ■ **2** Agité. *Danse trépidante.* « *le front plissé, haletante, trépidante* » MIRBEAU. ■ **3** FIG. D'une activité incessante, d'une agitation perpétuelle. *La vie trépidante des grandes villes.* ■ **CONTR.** Immobile ; 2 calme.

TRÉPIDATION [tʀepidasjɔ̃] **n. f.** – 1290 ◊ latin *trepidatio* ■ **1** VX Tremblement. *Il éprouva « une trépidation involontaire : il* [...] *tressaillait* » BALZAC. ■ **2** (1788, du sol) MOD. Agitation de ce qui subit de petites oscillations ou secousses très rapides. *Trépidation d'un navire, d'une automobile.* « *la trépidation du moteur nous martèle les oreilles* » BARBUSSE. ◆ MÉD. Tremblement à secousses rapides bien marquées. ➤ **trémulation.** ■ **3** FIG. Agitation (➤ **trépidant**). « *dans ce bruit et cette trépidation de la vie parisienne* » GONCOURT.

TRÉPIDER [tʀepide] **v. intr.** ⟨1⟩ – 1801 ; « s'agiter » 1495 ◊ latin *trepidare* ■ Être agité de petites secousses ou oscillations rapides. *La margelle « trépidait comme le plancher d'un train »* HUYSMANS.

TRÉPIED [tʀepje] **n. m.** – XIIIe ; *trepez* v. 1200 ◊ latin *tripes, pedis* « à trois pieds » ■ **1** Support à trois pieds. *Trépied d'une lampe. Trépied télescopique d'un appareil photographique.* — Support métallique à trois pieds pour mettre un ustensile de cuisine au feu. « *Une vieille femme venait de poser sur le trépied ardent une poêle* » HUGO. ■ **2** Meuble à trois pieds (guéridon, tabouret, sellette). « *sur le trépied en rotin trône un pot de fleur enrubanné* » ROMAINS. SPÉCIALT Siège à trois pieds où la Pythie rendait l'oracle d'Apollon. *Le trépied, motif décoratif des styles Directoire et Empire.*

TRÉPIGNEMENT [tʀepiɲmɑ̃] **n. m.** – 1552 ◊ de *trépigner* ■ Action de trépigner, mouvement d'une personne qui trépigne. « *Les cris, les rires, le trépignement de ces mille pieds faisaient un grand bruit* » HUGO.

TRÉPIGNER [tʀepiɲe] **v. intr.** ⟨1⟩ – 1534 ; « avancer d'un pas mal assuré » 1461 ◊ de l'ancien français *treper* « frapper du pied » ; francique °*trippôn* « sauter » ■ Frapper des pieds contre terre à plusieurs reprises d'un mouvement rapide, en restant sur place. *Danseur espagnol qui trépigne* (➤ **taconéos**). *Trépigner d'impatience, de colère, de joie.* ◆ TRANS. (1867 ; *trépigner la terre* XVIe) RARE Piétiner avec violence. « *debout sur lui, il entreprit de lui trépigner la figure* » TOURNIER.

TRÉPOINTE [tʀepwɛ̃t] **n. f.** – 1408 ◊ de l'ancien français *trépoindre* « piquer (poindre) au travers » ■ TECHN. Bande de cuir entre deux cuirs cousus ensemble, pour renforcer la couture.

TRÉPONÉMATOSE [tʀepɔnematoz] **n. f.** – 1964 ; *tréponémose* 1953 ◊ de *tréponème* ■ MÉD. Maladie infectieuse et contagieuse causée par des tréponèmes (syphilis, pian, etc.).

TRÉPONÈME [tʀepɔnɛm] **n. m.** – 1909 ; *treponema* 1905 ◊ du grec *trepô* « je tourne » et *nêma* « fil » ■ MICROBIOL. Genre de micro-organisme mobile *(spirochètes)* présentant des spires, parasite de l'être humain et des animaux, comprenant plusieurs espèces pathogènes, dont le *tréponème pâle (Treponema pallidum)*, agent de la syphilis.

TRÈS [tʀɛ] **adv.** – 1080 ◊ du latin *trans,* prononcé *tras* « au-delà de » ; par ext. « de part en part, complètement » ; d'où son emploi comme adv. superlatif ■ **adv. d'intensité marquant le superl. absolu** À un haut degré. ➤ 1 **bien,** 2 **fort.** ■ **1 (Devant un adj.)** « *Pour avoir de beaux chevaux, il faut être ou très riche ou très malin* » FRANCE. *Très gentil.* ➤ **extrêmement*** (cf. Tout plein*). *Il n'est pas très spirituel. C'est très clair.* ➤ **parfaitement.** *Les rois très chrétiens. Le Très-Haut. C'est très drôle.* ➤ **rien** (POP. et VIEILLI), FAM., **trop ;** RÉGION. **en titi.** FAM. *Je suis très, très content.* « *Le superflu, chose très nécessaire* » VOLTAIRE. *Supposition très vraisemblable.* ➤ **hautement.** *Très supérieur* **(mais on dit** *bien* **meilleur, bien pire...).** — **Devant une expr. employée adjt** *Un monsieur très comme il faut. Un objet très bon marché.* « *Quand il roule l'R, il est très en colère !* » ROSTAND. *Très au courant, très en avance.* « *Un chapeau vert-bouteille très sur l'œil* » AYMÉ. — **Devant un subst. employé adjt** *Elle est très femme. Très fin de siècle, très 1900.* « *un vieil émigré français* [...] *très aimable, très sourd, très dix-huitième siècle* » GONCOURT. « *des costumes clairs, très dernière mode* » ARAGON. ■ **2 (Devant un p. p. à valeur d'adj.)** *Air très connu. Opinion très répandue. Très doué.* ➤ **follement, rudement.** — **(Devant un p. p. gardant sa valeur verbale de pass.)** « *Gênes était toujours très menacé par les Piémontais* » VOLTAIRE. « *Le grand-duc Michel* [...] *est très aimé dans le monde et très haï des soldats* » HUGO. ◆ (XIIIe ; incorrect de nos jours) VX **avec un v. pron. ou actif** « *Je lis dans* les Phoinissiennes, *traduites par Leconte de Lisle* [...] : *"Ils ont* très irrité *le malheureux homme," qui me paraît inadmissible...* » GIDE. ➤ **beaucoup.** ■ **3 (Devant un adv.)** « *Elle lisait bien,* [...] *très bien même* » MAUPASSANT. ➤ **drôlement, joliment ;** FAM. **salement, vachement.** *Très mal. Très peu. Très souvent. Très tôt, très tard.* ➤ **exceptionnellement.** *Très volontiers.* FAM. *Très bientôt, à très bientôt.* « *Villiers nous promet une grande édition de ses œuvres complètes, six volumes, – et quels ! pour très bientôt* » VERLAINE. — **(Devant une loc. adv. ou prép.)** *Arriver très en avance.* « *Cette lettre vint très à propos pour eux* » RACINE. ■ **4** (1370) **Dans des loc. verb. d'état, composées des v.** *faire* **et** *avoir* **et d'un subst.** — **(Adj. substantivés :** *chaud, froid, mal,* **etc.)** *Il faisait très chaud* (➤ **bigrement, diablement**). *Avoir très froid. Se faire très mal.* — **(Devant d'autres subst. ; emploi critiqué mais cour.)** *Avoir très faim, très soif. Avoir très peur. Faire très attention.* « *il ne trouvait du temps libre que quand il avait très envie d'une chose* » PROUST. ■ **5** ABSOLT (XVe) FAM. *Êtes-vous satisfait ? – Très. Vous avez passé de bonnes vacances ? – Non, pas très,* pas très bonnes. ■ **CONTR.** Faiblement, guère, légèrement, 2 pas, peu. ■ **HOM.** Trait.

TRÉSAILLE [tʀezɑj] **n. f.** – 1765 ; *tréseille* 1680 ◇ de l'ancien français *teseiller*, de *teser* « tendre » ; latin populaire °*tensare* → étrésillon ■ TECHN. Pièce de bois horizontale qui maintient les ridelles d'une charrette.

TRESCHEUR ou **TRÉCHEUR** [tʀeʃœʀ] **n. m.** – 1611 ; *tre(s)choir* 1276 ◇ de *treceor, treçoir* « galon, ruban de tête » → tresse ■ BLAS. Modification de l'orle (pièce plus étroite).

TRÉSOR [tʀezɔʀ] **n. m.** – fin XIe ◇ latin *thesaurus*, grec *thêsauros*

I RICHESSES, CHOSES PRÉCIEUSES ■ **1** Ensemble de choses précieuses amassées pour être conservées (généralement en les cachant). *Cacher, chercher, découvrir un trésor. « L'Île au trésor », roman de Stevenson. « Il ouvrit le coffre : c'était le trésor à partager, pêle-mêle des vases sacrés,* [...] *une pluie de perles et une rivière de diamants »* A. BERTRAND. ◆ DR. « Chose cachée ou enfouie, sur laquelle personne ne peut justifier de sa propriété et qui est découverte par le pur effet du hasard » (Code civil). *Inventeur d'un trésor.* ◆ PAR MÉTAPH. Chose précieuse (que l'on amasse, que l'on cache, ou que l'on peut découvrir). *« Je tirais de mon havresac le manuscrit de mon voyage en Amérique* [...] *Puis je serrais mon trésor »* CHATEAUBRIAND. ■ **2** (Souvent plur.) Grandes richesses concrètes ; masse monétaire importante. ➤ **argent, fortune, 2 magot ; thésauriser.** *Un trésor péniblement amassé. — Trésor de guerre :* argent amassé pour subvenir aux dépenses d'une guerre, ou FIG. pour financer un projet. *Le trésor de guerre d'une entreprise. « Je vivais sur le trésor de guerre que m'avait rapporté la vente de mon ancienne maison »* J.-P. DUBOIS. ◆ *Trésors artistiques :* ensemble, collection d'œuvres particulièrement précieuses. ➤ **chef-d'œuvre, merveille.** *Les trésors des musées du Louvre, du Prado. Les trésors de l'art italien.* ■ **3** (XIIe) HIST. Ensemble des ressources financières dont disposait un souverain, un État. *Le Trésor du roi.* ➤ **cassette.** ◆ ÉCON. Ensemble des moyens financiers dont dispose un État. *Le Trésor public. La situation du Trésor, le déficit du Trésor. Comptable du Trésor.* ➤ **trésorier.** — PAR EXT. Service financier d'exécution du budget, assurant la corrélation des dépenses et des recettes publiques. ➤ **finance ; trésorerie.** *Direction du Trésor, au ministère des Finances. Recettes du Trésor.* ➤ **fisc.** *Bons du Trésor,* « employés par l'État pour faire rentrer dans ses caisses une partie des billets en circulation » (Romeuf). ➤ **certificat, emprunt.** ■ **4** PAR EXT. Endroit, lieu où les trésors sont gardés. *Il ne faut pas que l'or dorme « dans les urnes et dans les ténèbres du trésor »* VALÉRY. ◆ Lieu attenant à une église où sont conservés des objets, des tissus précieux, des reliques ; ces objets. *Le trésor de la Sainte-Chapelle, de Notre-Dame.*

II SENS FIGURÉS ■ **1** *Un, des trésors de :* accumulation de (choses utiles, belles ou précieuses). *« l'immense trésor de dévouement et d'amour que les femmes aimantes ont dans le cœur »* BALZAC. ➤ **2 mine.** *Déployer des trésors de patience. Ce livre contient des trésors d'informations.* ◆ Accumulation d'œuvres humaines, considérées comme une richesse pour les générations futures. *« Méline suivait la ronde des saisons* [...] *en s'aidant d'almanachs, de calendriers et de tout un trésor de proverbes et dictons »* TOURNIER. ◆ Titre d'ouvrages d'érudition, notamment d'encyclopédies et de dictionnaires. *Le Trésor de Brunetto Latini* (v. 1262). *Le Trésor de la langue française, de Jean Nicot* (1606). ■ **2** Ce qui peut être exploité, employé utilement (et ne doit pas être dilapidé). *« le père fut sage De leur montrer, avant sa mort Que le travail est un trésor »* LA FONTAINE. ■ **3** FAM. Personne comparée à une chose précieuse. — T. d'affection *Mon trésor. Oui, trésor.*

TRÉSORERIE [tʀezɔʀʀi] **n. f.** – XIIIe ◇ de *trésorier ;* a remplacé *trésorie*, de *trésor* ■ **1** VX Lieu où l'on garde un trésor, et SPÉCIALT le trésor d'un prince, d'un État. ■ **2** Administration du Trésor (I, 3°), ses bureaux ; ses services. *Trésorerie générale, principale.* ➤ **paierie.** — PAR EXT. Service financier. *Trésorerie aux armées. La trésorerie d'une association.* ■ **3** État et gestion des fonds, des ressources. *Trésorerie publique, de l'État.* ➤ **finances, trésor.** — *Moyens de trésorerie,* par lesquels le Trésor se procure les ressources nécessaires à ses opérations financières (emprunts, avances, émissions de bons). *Mouvements de trésorerie.* ◆ *Trésorerie d'une entreprise privée, d'une société. Difficultés de trésorerie :* insuffisance de ressources pour faire face aux dépenses. *« j'étais prêt à la payer. Dans la mesure où me le permettait ma trésorerie »* ROMAINS. ➤ **disponibilités.** ■ **4** Charge, fonction de trésorier (1°).

TRÉSORIER, IÈRE [tʀezɔʀje, jɛʀ] **n.** – 1080 ◇ de *trésor*, d'après le bas latin *thesaurarius* ■ **1** Personne chargée de l'administration des finances (autrefois d'un prince, d'une organisation publique ou privée). ➤ **argentier, caissier.** *Le trésorier d'une association, d'un parti. Secrétaire-trésorier d'une société.* — SPÉCIALT Fonctionnaire du Trésor. *Trésorier-payeur général :* comptable chargé de la gestion du Trésor public dans un département ou une région. *Les trésoriers-payeurs généraux. Une trésorière-payeuse générale.* ■ **2** RELIG. Personne qui a la garde du trésor d'une église.

TRESSAGE [tʀesaʒ] **n. m.** – 1856 ◇ de *tresser* ■ Action de tresser. ➤ **nattage.** *Tressage de la paille ; d'une corbeille.*

TRESSAILLEMENT [tʀesajmɑ̃] **n. m.** – milieu XVIe ◇ de *tressaillir* ■ Ensemble des secousses musculaires qui agitent brusquement le corps ou une partie du corps sous l'effet d'une émotion vive ou d'une sensation inattendue. ➤ **tressautement.** *Un tressaillement de joie.* ➤ **frisson.** *« Laulerque cligne des paupières. De légers tressaillements parcourent ses narines »* ROMAINS. ➤ **frémissement.** *Violent tressaillement.* ➤ **soubresaut, sursaut.**

TRESSAILLIR [tʀesajiʀ] **v. intr.** ⟨13⟩ – 1138 ; « franchir » 1080 ◇ de *tres-*, du latin *trans* (→ très), et *saillir* ■ **1** Éprouver des secousses musculaires, un tressaillement. — (Sous l'effet d'une vive émotion). *Tressaillir d'aise, de joie.* ➤ **frémir, frissonner.** *« La nation entière tressaillit d'une émotion presque sacrée »* JAURÈS. — (Sous l'effet d'une sensation qui surprend). ➤ **bondir, sursauter, tressauter.** *« Aussi la pauvre Isabelle tressaillait-elle au plus léger bruit »* GAUTIER. ■ **2** Être agité de brusques secousses, remuer de façon désordonnée. *« son tremblement nerveux la faisait toujours tressaillir »* BALZAC. — *« Les muscles tressaillaient sous la finesse de la peau »* MARTIN DU GARD. — (CHOSES) *L'express passa, « et toute la vieille maison tressaillit : les planchers frémirent »* MAURIAC. ➤ **trembler, vibrer.**

TRESSAUTEMENT [tʀesotmɑ̃] **n. m.** – 1556 ◇ de *tressauter* ■ LITTÉR. Fait de tressauter ; tressaillement. *« le tressautement d'une existence nerveuse »* GONCOURT. — *Les tressautements de la carriole.* ➤ **cahot.**

TRESSAUTER [tʀesote] **v. intr.** ⟨1⟩ – milieu XIVe ◇ de *tres-*, du latin *trans* (→ très), et *sauter* ■ **1** (PERSONNES) Tressaillir, sursauter (en particulier sous l'effet de la surprise). *Ce cri l'a fait tressauter.* ■ **2** Subir les inégalités d'une route. *« Moi traîné par lui, tressautant sur la route dans son char léger »* LOTI. ➤ **bringuebaler, cahoter.**

TRESSE [tʀɛs] **n. f.** – 1212 ; *trece* 1155 ◇ probablt latin populaire °*trichia*, du grec tardif *trikhia* « corde », de *thrix, trikhos* « cheveu » ■ **1** Assemblage de trois longues mèches de cheveux entrecroisées à plat et retenues par une attache. ➤ **cadenette, natte.** *« Ses cheveux, nattés en petites tresses »* CHATEAUBRIAND. *Se faire des tresses. Tresses des rastas.* ➤ **dreadlocks.** ■ **2** (1561) Cordon plat fait de fils entrelacés ; galon tissé plat ou fait de plusieurs cordons. *« c'est très chic une tresse autour d'un feutre mou au lieu de ruban »* QUENEAU. *Tresse d'une fourragère.* — ÉLECTROTECHN. Bande conductrice souple constituée de brins non isolés. ◆ ARCHIT. Motif ornemental, plat ou convexe, figurant des bandelettes entrelacées. ■ **3** (1800, calque de l'allemand *Zopf*) RÉGION. (Alsace ; Suisse) Pâtisserie (pain au lait et au beurre) faite de rubans de pâte tressés. *Tresse au beurre.*

TRESSER [tʀese] **v. tr.** ⟨1⟩ – 1611 ; *trecier* fin XIe ◇ de *tresse* ■ **1** Assembler, arranger en tresses. *Tresser ses cheveux.* ➤ **natter.** *Tresser du fil, de la soie.* ➤ **cordonner.** *« Elle tressait en guirlandes des coquelicots »* HUGO. ◆ Entrelacer (des brins de paille, de jonc, des lanières), de manière à former un réseau. — *Natte de joncs tressés. Chaussures en cuir tressé.* ■ **2** Confectionner en entrelaçant des fils, des brins. *Tresser des paniers. Tresser un câble.* — LOC. *Tresser des couronnes, des lauriers à qqn,* le louer, le glorifier.

TRESSEUR, EUSE [tʀesœʀ, øz] **n.** – 1680 ◇ de *tresser* ■ Ouvrier, ouvrière exécutant des travaux de tressage. *Tresseur de corbeilles.* ➤ **vannier.** TECHN. *Tresseur de cordons, de câbles électriques.*

TRÉTEAU [tʀeto] **n. m.** – *tresteau* XIIIe ; *trestel* fin XIIe ◇ du latin *transtillum*, de *transtrum* « traverse » ■ **1** Support constitué d'une pièce de bois longue et étroite disposée horizontalement sur quatre pieds formant deux V renversés. ➤ **chevalet.** *« il y avait installé son établi, un large volet sur deux tréteaux »* ZOLA. ■ **2** AU PLUR. Ensemble formé par ce support et la surface qu'il supporte. *Démonter les tréteaux après le marché.* — SPÉCIALT (à cause de l'aménagement sommaire de ces scènes ou estrades dressées en plein air) VIEILLI Théâtre de foire, où l'on donne des pièces populaires, des farces ; estrade de jongleurs, d'acrobates, de camelots. *Monter sur les tréteaux.* ➤ **scène, planches.** *« Quand* on veut éviter d'être charlatan, il faut fuir les tréteaux» CHAMFORT.

TREUIL [tRœj] n. m. – XIVe ; *truil* «pressoir» XIIIe ◊ latin *torculum* «pressoir», de *torquere* «tordre» ■ **1** VX OU RÉGION. Pressoir. ■ **2** (1611 ; *trueil* 1376 ◊ du type de pressoir à corde s'enroulant sur un cylindre) COUR. Appareil de levage et de chargement, composé d'un cylindre (tambour) qu'on fait tourner sur son axe à l'aide d'une manivelle ou d'un moteur et autour duquel s'enroule une corde, un câble. ➤ **cabestan, cric, haleur,** 2**pouliot, winch.** *Treuil simple. Treuil à engrenages, à vis sans fin* (systèmes démultiplicateurs).

TREUILLAGE [tRœjaʒ] n. m. – 1964 ◊ de *treuil* ■ Utilisation d'un treuil pour soulever ou tirer une charge. *Treuillage d'un planeur.*

TREUILLER [tRœje] v. tr. ‹1› – 1964 ; *troiller* «dévider» 1256 ◊ de *treuil* ■ Manipuler à l'aide d'un treuil. *Treuiller une charge du haut d'un hélicoptère.* ➤ **hélitreuiller.**

TRÊVE [tRɛv] n. f. – début XIIIe ; *true, trive* XIIe ◊ francique °*treuwa* «contrat, traité» ■ **1** Cessation provisoire des combats, pendant une guerre, par convention des belligérants ; interruption des hostilités. ➤ **cessez-le-feu.** *Demander, accepter, violer une trêve. «la véritable paix,* la paix finale, *elle est peut-être encore éloignée ; mais une* trêve *est vraisemblablement assez proche»* MARTIN DU GARD. — FÉOD. *Trêve de Dieu :* cessation des combats imposée par l'Église aux princes combattants (pendant l'Avent, le Carême et Pâques). ◆ PAR EXT. Interruption dans une lutte quelconque. *Trêve politique.* — LOC. *Trêve des confiseurs :* arrêt de l'activité politique, diplomatique, pendant les fêtes de Noël, du nouvel an. — *Trêve hivernale :* période hivernale pendant laquelle les décisions de justice d'expulsion de locataires ne peuvent être exécutées. ■ **2** FIG. (1621) Arrêt de ce qui est pénible, dangereux. ➤ **relâche, répit.** *S'accorder une trêve.* ➤ **pause.** *Faire trêve.* ➤ **interrompre.** *Tous «faisant encore trêve à leurs haines, se promirent union et fraternité»* MICHELET. *La vie, «bataille sans trêve et sans merci»* R. ROLLAND. *Sans repos ni trêve.* ◆ loc. adv. **SANS TRÊVE :** sans arrêt, sans interruption. ➤ **continuellement.** *«Elle nous suivit sans trêve pendant plus d'une heure»* LOTI. ◆ loc. prép. *Trêve à* (VX), **TRÊVE DE** (MOD.) : assez de... *«n'y songeons plus, et trêve aux rêvasseries !»* DAUDET. *Trêve de plaisanterie ! parlons sérieusement. «Allez ! Trêve de sous-entendus. Tu as encore fait une bêtise»* ANOUILH. ■ CONTR. Continuité, occupation.

TRÉVIRE [tRevir] n. f. – 1776 ◊ de *trévirer* ■ MAR. Cordage amarré à un corps-mort au haut d'un plan incliné et que l'on file pour amener au bas de ce plan un objet cylindrique (barrique, fût).

TRÉVIRER [tRevire] v. tr. ‹1› – 1831 ; autre sens 1694 ; *tresvirer* «faire tourner» 1165 ◊ de *tré-* (*trans-*) et *virer* ■ MAR. Affaler ou hisser le long d'un plan incliné (un corps cylindrique), à l'aide d'une trévire.

TRÉVISE [treviz] n. f. – 1984 ◊ de *Trévise,* nom d'une ville d'Italie ■ Chicorée rouge à petites feuilles. *La trévise entre dans la composition du mesclun.*

1**TRI** [tRi] n. m. – 1761 ; *trie* n. f. v. 1580 ; *a tri* «d'une manière choisie, excellente» 1280 ◊ de *trier* ■ Action de trier. *Faire le tri du grain.* ➤ **triage.** *Tri sélectif des déchets ménagers. Faire un tri parmi des candidats.* ➤ **présélection.** — PAR MÉTAPH. *Faire le tri de ses amitiés.* ◆ SPÉCIALT Répartition. *Le tri des lettres* (➤ **trieuse**). *Centre de tri (postal).* — (1969) INFORM. Opération de classement d'un ensemble d'informations (➤ **fichier**) selon un *(tri à plat)* ou plusieurs *(tri croisé)* critères. *Tri selon l'âge.* ■ HOM. Trie.

2**TRI** ➤ **TRIPORTEUR**

TRI- ■ Préfixe, du latin et du grec *tri-* «trois», signifiant en chimie «trois atomes, molécules, éléments» : *triacide, trinitrate.*

TRIACIDE [tRiasid] n. m. – 1872 ◊ de *tri-* et *acide* ■ CHIM. Acide pouvant donner trois protons à une base, et formant trois séries de sels.

TRIADE [tRijad] n. f. – 1562 ◊ bas latin *trias, triadis,* du grec *trias, triados* ■ **1** DIDACT. Groupe de trois personnes ou choses. *Triade de divinités* (ex. Brahma, Vishnu, Shiva). ➤ **trinité.** *La triade capitoline**. *La triade :* ensemble formé par les trois grandes puissances économiques (Europe, États-Unis, Japon). — PSYCHOPATHOL. *Triade autistique.* — HIST. LITTÉR. Ensemble de la strophe, de l'antistrophe et de l'épode, dans les odes pindariques. ■ **2** (anglais *triad* 1900 ; *Triad Society* 1821 ◊ du chinois *San Ho Hui* «société de la triple union [du ciel, de la terre et de l'homme]») Organisation secrète chinoise de type mafieux. *Les triades.*

TRIAGE [tRijaʒ] n. m. – 1317 ◊ de *trier* ■ **1** Fait de trier, de choisir dans un ensemble ou de répartir ; son résultat. ➤ **choix, sélection,** 1**tri.** *Il «fit un soigneux triage de sa monnaie»* BAUDELAIRE. *«Le triage* [du linge] *dura une grosse demi-heure. Gervaise faisait des tas autour d'elle, jetait ensemble* [...] *les mouchoirs, les chaussettes, les torchons»* ZOLA. *Triage de la houille, des graines.* ➤ **calibrage, criblage.** ◆ Séparation et regroupement des wagons pour former des convois. *Gare de triage. Villeneuve-triage.* ■ **2** PAR ANAL. GÉOL. Séparation naturelle d'éléments ; répartition. *Dépôt de sédiments accompagné de triage.* ■ **3** Dispositif, lieu où l'on trie. *«L'odeur de la laine grasse dans les triages»* MAUROIS. ■ CONTR. Mélange.

TRIAIRE [tRijɛR] n. m. – 1284 ◊ latin *triarius* ■ ANTIQ. ROM. Soldat de la troisième ligne, dans la légion romaine. *Les triaires étaient les vétérans de l'armée.* ■ HOM. Trière.

TRIAL [tRijal] n. m. et f. – 1951 ; «épreuve automobile» 1943 ◊ mot anglais «essai, épreuve» ■ ANGLIC. ■ **1** n. m. Course motocycliste. ➤ **enduro, motocross.** *Faire du trial.* ■ **2** n. m. ou f. Moto conçue pour ce type de course. *Des trials.*

TRIALCOOL [tRialkɔl] n. m. – 1942 ◊ de *tri-* et *alcool* ■ CHIM. Corps possédant trois fonctions alcool. *La glycérine est un trialcool.* — On dit aussi **TRIOL.**

TRIANDRIE [tRi(j)ɑ̃dRi] n. f. – 1783 ◊ de *tri-* et *-andrie* ■ HIST. SC. Classe de Linné renfermant des plantes à trois étamines. ◆ (1872) Caractère d'une plante à trois étamines (plante *triandre*).

TRIANGLE [tRijɑ̃gl] n. m. – v. 1270 ◊ latin *triangulum* ■ **1** Figure géométrique, polygone plan à trois côtés. *Les trois côtés, les trois sommets, les trois angles d'un triangle. Triangle quelconque, scalène, isocèle, équilatéral. Triangle rectangle,* qui a un angle droit (➤ **hypoténuse**). *Hauteurs, bases, médianes, médiatrices d'un triangle. Détermination des éléments d'un triangle.* ➤ **trigonométrie.** — *Triangle curviligne. Triangle sphérique.* — *En triangle :* en forme de triangle. ➤ **triangulaire.** *Sandwich (en) triangle.* ◆ Objet de cette forme. *«À l'horizon, des voiles maltaises découpent leurs triangles blancs»* FROMENTIN. *Les triangles de la signalisation routière annoncent un danger.* — *Triangle de signalisation,* indiquant qu'un véhicule est immobilisé sur la chaussée. ◆ ANAT. Espace triangulaire compris entre des organes, des parties du corps. *Le triangle occipital.* — Région formant un triangle. *Le Triangle d'or,* aux confins de la Birmanie, du Laos et de la Thaïlande. *Le triangle des Bermudes.* ■ **2** (1803) Instrument de musique à percussion, fait d'une tige d'acier repliée en triangle équilatéral (les deux extrémités restant libres), sur laquelle on frappe avec une baguette du même métal. ■ **3** ÉLECTROTECHN. *Montage triangle* ou *triangle :* système de connexion électrique triphasée dont les trois enroulements sont placés en série et dépourvus de point neutre* (opposé à *montage en étoile**).

TRIANGULAIRE [tRijɑ̃gylɛR] adj. – 1361 ◊ latin *triangularis* ■ **1** En forme de triangle. *Faces triangulaires d'une pyramide. Base, section triangulaire. Voile triangulaire. «une figure presque triangulaire commencée par un large front»* BALZAC. ■ **2** Dont la base ou la section est triangulaire. *Prisme, pyramide triangulaire.* ■ **3** FIG. (1926) Qui met en jeu trois éléments. *Relations triangulaires. Élection triangulaire,* ou ELLIPT *une triangulaire,* opposant trois candidats. HIST. *Commerce triangulaire :* échanges entre l'Europe, l'Afrique et l'Amérique (XVIe-XIXe siècle), consistant à se procurer des esclaves noirs contre des marchandises européennes, et à les vendre en Amérique contre des produits tropicaux rapportés en Europe.

TRIANGULATION [tRijɑ̃gylasjɔ̃] n. f. – 1818 ◊ bas latin *triangulatio* ■ Opération géodésique consistant à diviser un terrain en triangles (canevas) dont on opère successivement la résolution, à partir d'un côté directement mesuré (base) en utilisant le nivellement trigonométrique.

TRIANGULER [tRijɑ̃gyle] v. tr. ‹1› – 1819 ◊ de *triangulation* ■ GÉOD. Faire la triangulation de. *Trianguler une région.*

TRIAS [tRijas] n. m. – 1845 ◊ allemand *Trias* (1834), du bas latin *trias* «triade» ■ GÉOL. Terrain sédimentaire dont les dépôts comprennent trois parties : le grès bigarré, le calcaire coquillier, les marnes irisées. — PAR EXT. Période géologique la plus reculée de l'ère secondaire (où se sont déposées ces roches). — adj. **TRIASIQUE,** (1845).

TRIATHLON [tʀi(j)atlɔ̃] **n. m.** – 1929 ◊ de *tri-*, d'après *pentathlon* ■ SPORT Épreuve d'athlétisme comportant trois parties (course, saut et lancer, ou le plus souvent natation, course cycliste, course à pied). — **n. TRIATHLÈTE** ou **TRIATHLONIEN, IENNE.**

TRIATOMIQUE [tʀiatɔmik] **adj.** – 1834 ◊ de *tri-* et *atomique* ■ CHIM. VX ➤ **trivalent.** ◆ MOD. Qui a trois atomes. *Oxygène triatomique :* ozone (O_3).

TRIBADE [tʀibad] **n. f.** – 1566 ◊ latin *tribas*, mot grec, de *tribein* «frotter» ■ VX ou LITTÉR. Femme homosexuelle. ➤ **lesbienne.**

TRIBAL, ALE, AUX [tʀibal, o] **adj.** – 1872 ◊ de *tribu*, p.-ê. d'après l'anglais *tribal* (1632) ■ SOCIOL. De la tribu. *L'organisation tribale. Guerres tribales. «Quand on dit qu'il y a guerre tribale dans un pays, ça signifie que des bandits de grand chemin se sont partagé le pays»* KOUROUMA.

TRIBALISME [tʀibalism] **n. m.** – 1920 ◊ de *tribal* ■ SOCIOL. Organisation sociale par tribus.

TRIBALLER [tʀibale] **v. tr.** ‹1› – 1757 ◊ spécialisation de l'ancien français *tribaler* → trimbaler ■ TECHN. Assouplir (les peaux) en les battant avec une petite tringle de fer (ou *triballe* **n. f.**, 1757).

TRIBART [tʀibaʀ] **n. m.** – 1659 ; «gourdin» 1532 ◊ mot angevin, d'origine inconnue ■ TECHN. ou RÉGION. Bâton ou ensemble de bâtons qu'on attache au cou de certains animaux pour les empêcher de passer au travers des haies.

TRIBASIQUE [tʀibazik] **adj.** – 1834 ◊ de *tri-* et *base* ■ CHIM. Qui possède trois fonctions base.

TRIBO- ■ Élément, du grec *tribein* «frotter».

TRIBOÉLECTRICITÉ [tʀiboelɛktʀisite] **n. f.** – 1964 ◊ de *tribo-* et *électricité* ■ PHYS. Électricité statique produite par frottement. *Sous-vêtement qui tient chaud par triboélectricité.* — **adj. TRIBOÉLECTRIQUE.**

TRIBOLOGIE [tʀibɔlɔʒi] **n. f.** – 1972 ◊ de *tribo-* et *-logie* ■ **1** PHYS. Partie de la mécanique traitant du frottement et de ses effets. ■ **2** MÉD. Étude du frottement et de l'usure articulaires.

TRIBOLUMINESCENCE [tʀibolyminesɑ̃s] **n. f.** – 1905 ◊ de *tribo-* et *luminescence* ■ PHYS. Propriété des corps qui deviennent lumineux par frottement, écrasement ou rupture des cristaux. — **adj. TRIBOLUMINESCENT, ENTE.**

TRIBOMÈTRE [tʀibɔmɛtʀ] **n. m.** – 1765 ◊ de *tribo-* et *-mètre* ■ SC. Instrument pour mesurer les forces de frottement.

TRIBOMÉTRIE [tʀibɔmetʀi] **n. f.** – 1922 ◊ de *tribomètre* ■ SC. Mesure des frottements.

TRIBORD [tʀibɔʀ] **n. m.** – 1484 ◊ moyen néerlandais *stierboord* «bord *(boord)* du gouvernail *(stier)*» ■ Côté droit d'un navire, quand on regarde vers l'avant, la proue. *Le bateau pencha à tribord. Matelot de la bordée de tribord* (ou **TRIBORDAIS n. m.**, 1704). *«tout navire cède le passage à qui lui arrive ayant le vent à tribord* [...] *c'est l'adage célèbre :* Tribord amure, roi des mers*»* J.-R. BLOCH. ◆ ADJT De tribord. *Le «grand hunier tribord»* HUGO. ■ CONTR. Bâbord.

TRIBOULET [tʀibulɛ] **n. m.** – 1611 ; ancien provençal *tribolet* (1498) ◊ de l'ancien français *tribo(u)ler* «agiter, secouer», du latin *tribulare* ■ TECHN. Outil d'orfèvre servant à arrondir. — Tige graduée servant à mesurer le diamètre intérieur des bagues.

TRIBU [tʀiby] **n. f.** – 1355 ◊ latin *tribus* ■ **1** DIDACT. Division topographique du peuple romain (quatre *tribus urbaines* ou quartiers ; trente et une *tribus rustiques*). *Les tribus étaient divisées en curies.* — (traduction latine du grec *phulê*) Subdivision ethnique des peuples grecs, formée d'individus prétendant descendre d'un ancêtre commun, et divisée en phratries. ◆ (latin ecclésiastique *tribus*) ANTIQ. JUD. Descendance de chacun des douze fils de Jacob. *Les douze tribus d'Israël, la tribu de Juda* (➤ **juif**), *de Lévi* (consacrée au service de Dieu ➤ **lévite**). ■ **2** (1798) COUR. Groupe social et politique fondé sur une parenté ethnique réelle ou supposée, chez les peuples à organisation primitive. ➤ **groupe, société ; tribal.** *Divisions ethniques d'une tribu, d'un groupe de tribus.* ➤ **clan, ethnie, phratrie.** *Tribus nomades.* ◆ LITTÉR. et PÉJ. Groupe social. *«Donner un sens plus pur aux mots de la tribu»* MALLARMÉ. ■ **3** FIG. ; PÉJ. ou IRON. Groupe nombreux ; grande et nombreuse famille ; SPÉCIALT famille recomposée. ➤ **smala.** *Il est arrivé avec toute sa tribu. «de vastes demeures* [...] *n'ouvriraient qu'à l'été et abriteraient des tribus entières»* O. ADAM. *Contacter la tribu.* ◆ Groupe dont les membres sont unis par un style de vie, une mode vestimentaire, un langage. *Les codes de la tribu. «la tribu des surfeurs, cette humanité nomade aux chevelures décolorées par le sel et l'éternel été»* KERANGAL. ■ **4** (1816) PHYLOG. Subdivision de la sous-famille correspondant à un groupe supérieur au genre. *Tribus d'animaux, de bactéries.* ■ HOM. Tribut.

TRIBULATION [tʀibylasjɔ̃] **n. f.** – v. 1120 ◊ latin ecclésiastique *tribulatio* «tourment», de *tribulare* «battre avec le *tribulum*, herse à battre le blé» ■ **1** RELIG. Tourment moral, souvent considéré comme une épreuve. *«Pie VII, pâle, triste et religieux, était le vrai pontife des tribulations»* CHATEAUBRIAND. ■ **2** VX (AU SING.) Adversité, épreuve physique ou morale. ➤ **ennui.** — MOD. et COUR. (AU PLUR.) Aventures plus ou moins désagréables. ➤ **mésaventure, vicissitude.** *Il n'est pas au bout de ses tribulations.* ➤ **peine.** *«j'irai vous conter toutes mes petites tribulations»* SAINTE-BEUVE.

TRIBUN [tʀibœ̃] **n. m.** – 1213 ◊ latin *tribunus*, à l'origine «magistrat de la tribu» ■ **1** DIDACT. Officier ou magistrat dans l'ancienne Rome. *Tribun militaire :* l'un des six officiers, nommés par les consuls, puis élus (dans les comices de tribus) qui commandaient la légion romaine. — *Tribun de la plèbe, du peuple :* l'un des magistrats élus pour défendre les intérêts des plébéiens. ■ **2** (1649) VX et PÉJ. «Démagogue, factieux» (Littré). ■ **3** (1823 ; *tribun du peuple* 1788 ◊ avec influence de *tribune*) MOD. Défenseur éloquent (d'une cause, d'une idée), et SPÉCIALT Orateur qui s'érige en défenseur du peuple. *Lassalle, «entraîneur d'hommes, poète et tribun»* HENRIOT. *«une sorte de tribun des idées nouvelles»* SAINTE-BEUVE. ■ **4** HIST. Membre du Tribunat. *Les tribuns étaient élus par le Sénat.*

TRIBUNAL, AUX [tʀibynal, o] **n. m.** – XVe ; «siège d'un juge» fin XIIe ◊ mot latin, de *tribunus* «tribun» ■ **1** Lieu où l'on rend la justice. ➤ 1 **palais** (de justice), **prétoire.** *Dans l'enceinte du tribunal. La barre, le parquet ; le greffe du tribunal.* ■ **2** (1670, répandu 1789) Magistrat ou corps de magistrats exerçant une juridiction (➤ **juge, juridiction, justice ; chambre, conseil, cour**). SPÉCIALT, DR. Juridiction inférieure (opposé à *cour*). *Tribunaux administratifs,* chargés de juger les litiges entre les usagers et les pouvoirs publics. *Tribunaux judiciaires,* chargés de juger les litiges à caractère privé *(tribunaux civils),* d'infliger des peines aux délinquants *(tribunaux pénaux* ou *répressifs)* ou de régler des litiges spéciaux *(tribunaux spécialisés).* — *Tribunal de première instance. Tribunal d'instance, de grande instance. Tribunal de police,* chargé de juger les contraventions. *Tribunal correctionnel,* chargé de juger les délits (vol, escroquerie, abus de confiance...). — *Tribunal de droit commun et tribunal d'exception**. — *Tribunal militaire. Tribunal maritime commercial. Tribunal de commerce. Tribunal jugeant les conflits du travail.* ➤ **prud'hommes.** *Tribunaux pour enfants,* chargés de juger les délits et crimes commis par des mineurs de moins de 16 ans. — *Tribunaux internationaux. Tribunal pénal* international.* — *Compétence** (1°) *d'un tribunal. Tribunal des conflits,* chargé de régler les conflits de compétence entre les juridictions administrative et judiciaire. — *Saisir un tribunal d'une affaire, la porter devant les tribunaux* (➤ **procédure**). *Porter une cause d'un tribunal à un autre.* ➤ **évoquer.** *Session d'un tribunal. Vacances, vacation ; rentrée des tribunaux. Comparaître devant le tribunal. Séance d'un tribunal.* ➤ **audience, débat ; huis** (clos) ; **siéger.** *Délibérations, décisions d'un tribunal* (➤ **justice ; arrêt, délibéré, jugement, ordonnance, sentence ; statuer**). *«Aucun accusé ne pourra être puni que d'une peine déterminée par la loi, après avoir été déclaré coupable par un tribunal légalement établi»* CONDORCET. — *Gazette des tribunaux.* ■ **3** (1677) Justice (de Dieu). *Le tribunal de Dieu. Comparaître devant le tribunal suprême.* — *Le tribunal de la pénitence.* ➤ **confession ; confessionnal.** ◆ LITTÉR. Jugement moral. *Le tribunal de l'histoire. On reconnut «en elle* [l'Académie française] *la régulatrice de la langue et du bel usage, et même un tribunal souverain du goût»* SAINTE-BEUVE.

TRIBUNAT [tʀibyna] **n. m.** – 1500 ◊ latin *tribunatus* ■ **1** DIDACT. Charge de tribun dans la Rome antique ; son exercice ; la durée de son exercice. ◆ Institution politique (ou militaire) par laquelle les tribuns exerçaient leur pouvoir. *Le tribunat de la plèbe.* ■ **2** (fin XVIIIe ◊ assemblée proposée par Sieyès pour servir de «*tribune* de proposition») HIST. *Le Tribunat :* assemblée instituée par la constitution de l'an VIII, chargée de discuter les projets de loi devant le Corps législatif (qui ne faisait que voter).

TRIBUNE [tʀibyn] **n. f.** – *trebune* 1409 ◇ latin médiéval *tribuna*, latin classique *tribunal* → tribunal ▪ **1** Emplacement élevé où sont réservées des places, dans une église (galerie pratiquée au-dessus des bas-côtés ; plateforme de jubé). ➤ **ambon.** *Tribunes d'une chapelle, d'une église.* — *Tribune d'orgue* : galerie où se trouve le buffet d'orgue. — *Tribune de la lanterne d'un dôme* (balcon, galerie). ◆ ARCHIT. Au Moyen Âge, Étage situé au-dessus des bas-côtés et qui épaule le mur de la nef. ➤ aussi **triforium.** ◆ (Dans un édifice profane) *Les tribunes du public, de la presse,* dans une assemblée. ◆ SPÉCIALT (1872) Emplacement en gradins, généralement couvert, dans un champ de courses, des arènes, un stade. *La pelouse et les tribunes. Tribune de supporteurs.* ➤ **kop.** *«les tribunes étageaient leurs gradins chargés de foule»* ZOLA. — Place dans les tribunes. *Louer une tribune.* ▪ **2** (1606 t. d'antiq.) Emplacement élevé ou surélevé, estrade d'où l'orateur s'adresse à une assemblée. *Tribune aux harangues,* sur le forum. ➤ **rostres.** — MOD. (dans une assemblée politique, au Parlement) *Orateur qui monte à la tribune. La tribune de l'Assemblée.* ➤ FAM. **perchoir.** — PAR EXT. Éloquence parlementaire, politique ; art des débats publics (➤ **tribun**). *«Ce grand concile des intelligences où se débattent de la presse à la tribune tous les intérêts généraux de la civilisation»* HUGO. ▪ **3** FIG. Lieu d'où l'on s'exprime (par des discours, et PAR EXT. par tout autre moyen). *«L'éloquence n'a plus de tribune, mais la chaire en est une encore pour cette morale sublime»* MARMONTEL. ◆ (1936) Rubrique offerte au public par un média. *Tribune libre d'un journal. Tribune des critiques,* à la radio, à la télévision. *Organiser une tribune sur un sujet d'actualité.* ➤ **débat.** — Titre de publications.

TRIBUNITIEN, IENNE [tʀibynisjɛ̃, jɛn] **adj.** – XIVe ◇ latin *tribunicius* ▪ ANTIQ. Du tribun, du tribunat. *Le pouvoir tribunitien.* — LITTÉR. Du tribun, de l'orateur populaire. *«Lamartine, pendant ses trois mois de dictature oratoire et tribunitienne»* HENRIOT.

TRIBUT [tʀiby] **n. m.** – 1463 ; *trebu* XIVe ◇ latin *tributum* «impôt, contribution», de *tribuere* «répartir (l'impôt) entre les *tribus*» ▪ **1** Contribution forcée, imposée au vaincu par le vainqueur, ou payée par un État à un autre, en signe de dépendance, de soumission. *Payer tribut, un lourd tribut à l'envahisseur. «Minos exigea des Athéniens* [...] *un tribut annuel de sept garçons et de sept filles que dévorait le Minotaure»* HENRIOT. ▪ **2** Contribution payée à un supérieur, une autorité, un pouvoir (seigneur féodal, État). ➤ **imposition, impôt.** *«il n'est plus question, en notre temps, de lever tribut sur les populations sans leur rendre en services publics l'équivalent de ce qu'elles paient»* ALAIN. *Le tribut du sang* : l'obligation militaire. — Somme des impositions destinées à un même usage. ▪ **3** (v. 1494) FIG. et LITTÉR. Ce qu'on est obligé d'accorder, de supporter (pour des raisons morales). ➤ **hommage.** *Pour recueillir «le tribut d'étonnement que lui devaient des provinciaux»* BALZAC. — LOC. *Payer tribut à la nature* : mourir. ▪ HOM. Tribu.

TRIBUTAIRE [tʀibytɛʀ] **adj.** – XIIe ◇ latin *tributarius* ▪ **1** VX ou HIST. Qui paye tribut à un seigneur, à un souverain, à un État. *Fiefs tributaires d'un suzerain.* — PAR EXT. Assujetti à (un pouvoir). ➤ **dépendant, soumis.** *«Rendez de mon pouvoir Athènes tributaire»* RACINE. ▪ **2** FIG. et VX Qui rend un tribut, un hommage. — SUBST. Sujet. *«Chez nous cette déesse* [la discorde] *a plus d'un tributaire»* LA FONTAINE. ▪ **3** (v. 1494) MOD. Qui dépend (de qqn, de qqch.). *Pays tributaire des importations. Écrivain tributaire de ses prédécesseurs.* ▪ **4** (XVIIIe) GÉOGR. Qui se jette dans un cours d'eau plus important. ➤ **affluent.** *«Mille autres fleuves tributaires du Meschacebé* [Mississippi]*»* CHATEAUBRIAND.

TRIBUTYRINE [tʀibytiʀin] **n. f.** – 1854 ◇ de *tri-* et *butyrine* ▪ CHIM. Butyrine.

TRIC ➤ **TRICK**

TRICARBOXYLIQUE [tʀikaʀbɔksilik] **adj.** – 1953 ◇ de *tri-* et *carboxylique* ▪ BIOCHIM. *Acide tricarboxylique,* composé de trois groupements carboxyles. *Cycle des acides tricarboxyliques* : cycle fondamental de réactions métaboliques en milieu aérobie, produisant de l'énergie lors de l'oxydation terminale des protéines, des glucides et des lipides (appelé aussi *cycle de l'acide citrique, cycle de Krebs*).

TRICARD, ARDE [tʀikaʀ, aʀd] **n.** – 1896 ◇ de *trique* ▪ ARG. Interdit de séjour. *«tous les tricards doivent signer chaque semaine au Commissariat central»* MAC ORLAN.

TRICENNAL, ALE, AUX [tʀisenal, o] **adj.** – 1842 ; *tricennales* n. f. 1721 ◇ bas latin *tricennalis* ▪ DIDACT. Qui dure trente ans, porte sur trente ans.

TRICENTENAIRE [tʀisɑ̃t(ə)nɛʀ] **n. m.** et **adj.** – 1922 ◇ de *tri-* et *centenaire* ▪ **1** Troisième centenaire. *Fêter le tricentenaire d'un grand écrivain,* de sa naissance. ▪ **2** **adj.** (1934) RARE Qui a trois cents ans. *Bâtiment tricentenaire.*

TRICÉPHALE [tʀisefal] **adj.** – 1803 ◇ grec *trikephalos* ; cf. *-céphale* ▪ DIDACT. Qui a trois têtes. *Cerbère tricéphale.*

TRICEPS [tʀisɛps] **adj.** et **n. m.** – 1560 ◇ mot latin «à trois têtes, triple» ▪ ANAT. Se dit d'un muscle dont l'une des extrémités s'insère à trois points osseux différents. *Muscle triceps brachial, crural.* **n. m.** *Le triceps brachial.*

TRICÉRATOPS [tʀiseʀatɔps] **n. m.** – 1891 ◇ de *tri-*, grec *keras, keratos* «corne» et *ôps* «face» ▪ PALÉONT. Grand reptile fossile du crétacé supérieur *(dinosauriens),* à tête munie de trois cornes.

TRICHE [tʀiʃ] **n. f.** – 1660 ; «tromperie» v. 1180 ◇ de *tricher* ▪ FAM. Tromperie au jeu ; action de tricher. ➤ **tricherie.** *C'est de la triche* (cf. Ce n'est pas de jeu*).

-TRICHE ➤ **TRICH(O)-**

TRICHER [tʀiʃe] **v. intr.** ⟨1⟩ – milieu XIIe ; var. *trichier, trechier* en ancien français ◇ latin populaire °*triccare*, bas latin *tricare*, classique *tricari* «chicaner» ▪ **1** VX Tromper. ◆ (XVIIe) MOD. Enfreindre discrètement les règles d'un jeu en vue de gagner. *Tricher au jeu, aux cartes. «Si on ne peut plus tricher avec ses amis, ce n'est plus la peine de jouer aux cartes»* PAGNOL. *Je l'ai vu, il a triché.* ▪ **2** Enfreindre une règle, un usage en affectant de les respecter. *Tricher aux examens* (en copiant, etc.). ➤ FAM. **pomper, truander** ; ARG. SCOL. **gruger ; antisèche,** RÉGION. **copion.** *Tricher sur les prix, la qualité, le poids.* ➤ **frauder.** *Tricher sur son âge.* ➤ **mentir.** ▪ **3** Se conduire avec mauvaise foi, trahir ce que l'on affecte de servir, de respecter. *«"Il ne joue pas le jeu" disent les Anglais d'un homme qui triche en amour, en affaires, en politique»* MAUROIS. *On ne peut pas tricher avec cette maladie. Tricher avec qqn,* user d'artifices, être hypocrite. ▪ **4** (1835) Dissimuler un manque, un défaut dans la confection d'un ouvrage matériel par un artifice, une astuce. *Il a fallu tricher pour allonger cette robe.*

TRICHERIE [tʀiʃʀi] **n. f.** – 1690 ; «mensonge» 1120 ◇ de *tricher* ▪ **1** Tromperie au jeu. ➤ FAM. **triche.** *Gagner par tricherie.* ▪ **2** Tromperie ou mauvaise foi de la personne qui triche (2e ou 3e). ➤ **filouterie, friponnerie ;** FAM. **arnaque.** *L'envie «de se distinguer du commun de ses semblables n'est le plus souvent qu'une tricherie commise envers la société»* FROMENTIN. ▪ **3** Fait de dissimuler un défaut ou de produire une illusion. *«J'ai toujours eu le plus grand mal à maquiller la vérité. Même changer la couleur des cheveux me paraît une tricherie»* GIDE.

TRICHEUR, EUSE [tʀiʃœʀ, øz] **n.** – 1690 ; «trompeur» XIIe ◇ de *tricher* ▪ **1** Personne qui triche au jeu. *Tricheur professionnel.* ➤ **arnaqueur, filou.** ▪ **2** Personne qui triche, est de mauvaise foi. *Tricheur qui resquille.*

TRICHIASIS [tʀikjazis] **n. m.** – 1765 ; *trichiase* 1611 ◇ mot bas latin, grec *trikhiasis* ▪ MÉD. Déviation des cils vers le globe oculaire, pouvant provoquer une irritation de la cornée. *Le poêle «laisse échapper des bouffées de fumée à vous donner la* [sic] *trichiasis»* HUGO.

TRICHINE [tʀikin] **n. f.** – 1845 ◇ latin moderne *trichina*, du grec *trikhinos* «de poils» ▪ DIDACT. Petit ver filiforme *(nématodes)* dont la forme adulte parasite l'intestin grêle de divers animaux (porcs, rongeurs), et dont la larve s'enkyste dans les muscles (➤ **trichinose**).

TRICHINÉ, ÉE [tʀikine] **adj.** – 1864 ◇ de *trichine* ▪ MÉD. Qui est envahi de trichines. *Muscle trichiné.*

TRICHINEUX, EUSE [tʀikinø, øz] **adj.** – 1872 ◇ de *trichine* ▪ DIDACT. Relatif à la trichine.

TRICHINOSE [tʀikinoz] **n. f.** – 1864 ◇ de *trichine* et *2-ose* ▪ MÉD. Parasitose provoquée par les larves de trichines* introduites dans l'organisme par consommation de viande de porc ou de cheval mal cuite, qui s'enkystent dans le tissu musculaire.

TRICHITE [tʀikit] **n. f.** – 1765 ◇ du grec *thrix, trikhos* «cheveu» ▪ MINÉR. Fibre minérale monocristalline de résistance très élevée. *Trichite d'alumine.*

TRICHLORACÉTIQUE [tʀiklɔʀasetik] **adj.** – 1877 ◇ de *tri-*, *-chlore* et *acétique* ▪ CHIM. *Acide trichloracétique* : acide organique (CCl_3CO_2H) dérivant de l'acide acétique par remplacement de trois atomes d'hydrogène par trois atomes de chlore.

TRICHLORÉTHYLÈNE [tʀiklɔʀetilɛn] **n. m.** – 1933 ◊ de *tri-*, *-chlore* et *éthylène* ■ CHIM. Dérivé chloré de l'éthylène $CHCl{=}CCl_2$, utilisé comme solvant des corps gras. — ABRÉV. FAM. *Du trichlo* [tʀiklo].

TRICH(O)-, -TRICHE ■ Éléments, du grec *thrix, trikhos* «poil, cheveu».

TRICHOCÉPHALE [tʀikosefal] **n. m.** – 1812 ◊ de *tricho-* et *-céphale* ■ ZOOL. Ver parasite *(nématodes)*, à extrémité céphalique très fine, qui vit dans l'intestin de l'être humain et de certains animaux et pouvant provoquer divers troubles, surtout digestifs (*trichocéphalose* **n. f.**).

TRICHOGRAMME [tʀikɔgʀam] **n. m.** – 1968 ◊ de *tricho-* et *-gramme* **I** ZOOL. Insecte (hyménoptère) utilisé en agriculture pour détruire les œufs des vers parasites des fruits.
II MÉD. Examen du cuir chevelu pratiqué pour apprécier l'état des cheveux.

TRICHOLOME [tʀikɔlɔm ; tʀikolom] **n. m.** – 1834 ◊ de *tricho-* et grec *lôma* «frange» ■ BOT. Champignon à lamelles et à large chapeau *(basidiomycètes)*, dont plusieurs espèces sont comestibles. ➤ **griset, mousseron.**

TRICHOMA [tʀikɔma] **n. m.** – 1836 ; *trichôme* 1808 ◊ grec *trikhôma* «touffe de poils» ■ MÉD. Plique.

TRICHOMONAS [tʀikɔmɔnɑs] **n. m.** – 1837 ◊ de *tricho-* et grec *monas* «unité» ■ MICROBIOL. Protozoaire à plusieurs flagelles et à membrane ondulante unique, parasite de l'être humain et de certains animaux. *Le candida et le trichomonas, agents de nombreuses MST.*

TRICHOPHYTON [tʀikɔfitɔ̃] **n. m.** – 1855 ◊ latin savant, du grec ; cf. *tricho-* et *-phyte* ■ BOT. Champignon ascomycète, parasite qui prend naissance et se développe dans les cheveux, sur la peau, les ongles, produisant une sorte de teigne appelée *trichophytie* **(n. f.).**

TRICHROME [tʀikʀom] **adj.** – 1902 ◊ grec *trikhrômos* ; cf. *-chrome* ■ TECHN. Obtenu par trichromie. *Photographie trichrome.*

TRICHROMIE [tʀikʀɔmi] **n. f.** – 1898 ◊ de *trichrome* ■ TECHN. Procédé de reproduction des couleurs basé sur la séparation des couleurs* fondamentales. *Applications de la trichromie : typographie, offset, phototypie, héliogravure, photographie, télévision couleur. Reproduction en trichromie.*

TRICK [tʀik] **n. m.** – 1773 ◊ anglais *trick* «ruse, stratagème», du normand *trikier* (→ tricher) ■ JEU Au whist, au bridge, La septième levée, qui est la première (après le «devoir») à compter un point. — On écrit parfois *tric.* ■ HOM. Trique.

TRICLINIQUE [tʀiklinik] **adj.** – 1872 ◊ de *tri-* et grec *klinein* «pencher» ■ PHYS. *Système triclinique :* système cristallin dont le seul élément de symétrie est le centre.

TRICLINIUM [tʀiklinjɔm] **n. m.** – 1605 ◊ mot latin d'origine grecque, proprt «lit de table pour trois» ■ ANTIQ. ROM. Salle à manger à lits en pente, autour d'une table ronde ou carrée. *Des tricliniums.*

TRICOISES [tʀikwaz] **n. f. pl.** – XIVe ◊ altération de *turcoise*, ancien fém. de *turc*, proprt «(tenailles) turques» ■ TECHN. Tenailles utilisées dans le travail du bois et par le maréchal-ferrant.

TRICOLORE [tʀikɔlɔʀ] **adj.** – 1789 ; *tricolor* 1695 ◊ latin *tricolor* ■ **1** Qui est de trois couleurs. *Feu tricolore réglant la circulation. Chatte tricolore.* ■ **2** SPÉCIALT, COUR. Des trois couleurs adoptées pour le drapeau français en 1789 : le bleu, le blanc et le rouge. «*le drapeau tricolore a fait le tour du monde avec le nom, la gloire et la liberté de la Patrie*» LAMARTINE. *Écharpe, cocarde tricolore.* ◆ FIG. Cocardier. ■ **3** (En style journalistique) Français. *L'équipe tricolore.* SUBST. *Victoire des tricolores.*

TRICORNE [tʀikɔʀn] **adj. et n. m.** – 1832 ◊ latin *tricornis* ■ **1** VX Qui a trois cornes. *Un chapeau tricorne.* ■ **2** **n. m.** Chapeau porté du XVIIe au XIXe s., originairement à trois cornes formées par ses bords plus ou moins larges. «*le fameux tricorne municipal, qui dans quelques provinces se retrouve encore sur la tête du tambour de la ville*» BALZAC.

TRICOT [tʀiko] **n. m.** – 1666 ; «aiguille à tricoter» 1660 ◊ de *tricoter* ■ **1** Tissu formé d'une matière textile disposée en mailles et confectionné avec des aiguilles. *Tricot plat* (à deux aiguilles, avec endroit et envers). *Tricot rond* (à trois ou quatre aiguilles). *Industrie du tricot.* ➤ **bonneterie, 1 maille.** *Vêtements en tricot.* «*un gros gilet de tricot*» GONCOURT. *Un maillot en tricot de soie.* ■ **2** (avant 1713) Action de tricoter ; ouvrage d'une personne qui tricote. *Faire du tricot. Points de tricot :* point de jersey, point mousse, etc. *Tricot jacquard*.* «*ces femmes, qui ont toujours un tricot entre les doigts, et qui remuent sans trêve les aiguilles*» R. ROLLAND. ■ **3** (1886) Objet, vêtement tricoté. ➤ **chandail, gilet, pull-over, sweater.** *Tricot fait main.* «*Il m'a demandé si je portais un tricot, un bon tricot bien chaud*» GREEN. — *Un tricot de peau, de corps.* ➤ **maillot ;** RÉGION. **camisole, chemisette, singlet.**

TRICOTAGE [tʀikɔtaʒ] **n. m.** – 1680 ◊ de *tricoter* ■ Action, manière de tricoter. *Le tricotage des bas. Tricotage de la laine à la machine.*

TRICOTÉ, ÉE [tʀikɔte] **adj.** – XVIIIe ◊ de *tricoter* ■ Fait de tricot. *Layette, écharpe tricotée. Tricoté main,* à la main ; FIG. de très bonne qualité (cf. Cousu* main).

TRICOTER [tʀikɔte] **v.** ‹1› – 1560 ; «battre» XIVe ◊ de *tricote* (1457), *triquot* (1413) «bâton» ; francique °*strikan* «caresser, frotter» → trique
I ■ **1** **v. tr.** Exécuter au tricot. *Tricoter de la layette. Se tricoter un pull.* — PAR EXT. *Tricoter une maille,* faire passer le fil dans cette maille en la changeant d'aiguille, afin de former une maille au-dessus de la première. *Tricotez le rang suivant à l'endroit.* ■ **2** **v. intr.** Exécuter à la main, avec des aiguilles, ou à la machine, un tissu à mailles (➤ **tricot**), avec de la laine, du coton, de la soie... *Apprendre à tricoter. Tricoter serré, lâche. Aiguille, laine à tricoter. Machine à tricoter.* «*Elle tricotait tout le long du jour à la manière d'un insecte*» GIDE. ■ **3** **v. tr.** FIG. Constituer en entremêlant. ➤ **ourdir, tisser.** «*ces matrones redoutables qui tricotent les secrets*» BODARD. — PRONOM. «*nous passons notre vie à nous tricoter*» B. CYRULNIK.
II **v. intr.** FIG. et FAM. Courir, sauter, danser, gigoter. «*ses petites jambes tricotaient sous son gros abdomen*» SARTRE. — LOC. *Tricoter des jambes, des gambettes, des pieds :* marcher vite, courir vite, s'enfuir. ◆ (1899) Pédaler.
■ CONTR. Détricoter.

TRICOTETS [tʀikɔtɛ] **n. m. pl.** – 1664 ◊ de *tricoter* (II) ■ HIST. MUS. Danse ancienne, gaie et rapide. — Musique sur laquelle on exécutait cette danse. *Les tricotets de Rameau, de Couperin.*

TRICOTEUR, EUSE [tʀikɔtœʀ, øz] **n.** – *triquoteuse* 1585 ◊ de *tricoter* ■ **1** Personne qui tricote. *Tricoteuse au crochet. Tricoteur de filets.* SPÉCIALT, HIST. *Les tricoteuses :* pendant la Révolution, les femmes qui assistaient en tricotant aux délibérations de la Convention. ■ **2** **n. f.** (1845) **TRICOTEUSE :** machine, métier à tricoter. — (1884) Table à ouvrage munie de rebords qui empêchent la pelote de glisser.

TRICOURANT [tʀikuʀɑ̃] **adj. inv.** – 1964 ◊ de *tri-* et 2 *courant* ■ Capable de fonctionner avec trois types de courant électrique. *Locomotives tricourant.*

TRICTRAC [tʀiktʀak] **n. m.** – XVe ◊ onomat., d'abord «bruit de choses heurtées» ■ Jeu de dés, où l'on fait avancer des pions (dames) sur un tablier à deux compartiments (➤ **jan**) comportant chacun six cases triangulaires (ou flèches). *Table de trictrac. Le jacquet et le backgammon, jeux proches du trictrac.* — PAR EXT. *Faire un trictrac,* une partie à ce jeu. ◆ Damier sur lequel on y joue. «*Sur ces commodes, des marchandises* [...] ; *deux trictracs*» DIDEROT.

TRICUSPIDE [tʀikyspid] **adj.** – 1654 ◊ latin *tricuspis, idis* «à trois pointes» ■ DIDACT. Qui présente trois pointes. *Valvule tricuspide,* qui fait communiquer l'oreillette et le ventricule droits.

TRICYCLE [tʀisikl] **n. m. et adj.** – 1869 ; «voiture publique à trois roues» 1830 ◊ de *tri-* et *cycle* ■ Cycle à trois roues, dont deux à l'arrière le plus souvent. *Tricycle de livreur.* ➤ **triporteur.** *Tricycle d'enfant.* ◆ **adj.** (1964) *Scooter tricycle.*

TRIDACNE [tʀidakn] **n. m.** – 1791 ◊ latin d'origine grecque *tridacna*, proprt «à mordre trois fois» ■ ZOOL. Mollusque *(lamellibranches)* dont les valves égales portent des ondulations rayonnantes formées de lamelles imbriquées. *Tridacne géant.* ➤ **bénitier.**

TRIDACTYLE [tʀidaktil] **adj.** – 1800 ◊ grec *tridaktulos* ; cf. *tri-* et *-dactyle* ■ DIDACT. Qui a trois doigts. *Le paresseux tridactyle :* l'aï.

TRIDENT [tʀidɑ̃] **n. m.** – XIIIe ◊ latin *tridens* «à trois dents» ■ **1** Fourche à trois dents, à trois pointes (attribut traditionnel de Neptune, dieu de la mer). *Le trident du rétiaire.* ■ **2** (1611) Instrument agricole, bêche ou fourche à trois pointes. — (1757) Engin de pêche, harpon à trois pointes.

TRIDI [tʀidi] **n. m.** – 1793 ◊ de *tri-* et finale de *lundi, mardi,* etc. ■ HIST. Troisième jour de la décade*, dans le calendrier républicain.

TRIDIMENSIONNEL, ELLE [tʀidimɑ̃sjɔnɛl] adj. – 1953 ◇ anglais *tridimensional* (1875) ; cf. *tri-* et *dimension* ■ Qui a trois dimensions. *Espace tridimensionnel.* — Qui se développe dans un espace à trois dimensions. *Figure tridimensionnelle.* ♦ INFORM. *Graphisme tridimensionnel,* permettant de représenter des objets en trois dimensions sur un écran. ABRÉV. *3D* [tʀwade]. *Logiciel 3D.*

TRIE [tʀi] n. f. – XVIIIe, dans le Bordelais ◇ déverbal de *trier* ■ RÉGION. (Sud-Ouest) Vendange partielle au cours de laquelle ne sont prélevés que les grains de raisin atteints de pourriture noble. ■ HOM. Tri.

TRIÈDRE [tʀi(j)ɛdʀ] adj. et n. m. – 1793 ◇ de *tri-* et *-èdre* ■ GÉOM. Qui a trois faces planes. *Pyramide, prisme trièdre.* — *Angle trièdre,* et n. m. *un trièdre :* figure formée par trois plans qui se coupent deux à deux ou par trois demi-droites, de même origine, non coplanaires. *Sommet, arêtes, faces d'un trièdre. Trièdre trirectangle.*

TRIENNAL, ALE, AUX [tʀijenal, o] adj. – 1352 ◇ latin *triennalis* ■ **1** Qui a lieu tous les trois ans. *Prix triennal. Nomination triennale.* — (1872) *Assolement* triennal.* ■ **2** (1549) Qui dure trois ans. *Charge, fonction triennale ; plan triennal.* ♦ (1594) Élu, nommé pour trois ans. *Supérieur triennal* (d'un couvent).

TRIER [tʀije] v. tr. ‹7› – 1170 ◇ probablt bas latin *tritare* «broyer», du classique *terere* ■ **1** Choisir parmi d'autres ; extraire d'un plus grand nombre, après examen. ➤ **sélectionner.** *Trier des semences une à une.* — *Trier sur le volet*.* ■ **2** Examiner (un ensemble) et éliminer ce qui ne convient pas. «*les cribles qui triaient le grain,* [...] *ne laissant que le rebut*» MICHELET. ➤ **cribler, tamiser.** *Trier des lentilles,* en éliminer les grains non comestibles, les cailloux. ➤ **nettoyer ; émonder.** *Trier les laines.* — PAR ANAL. *Secrétaire chargé de trier les visiteurs.* ➤ **filtrer.** ■ **3** Répartir (un ensemble de choses) en plusieurs groupes ou selon un ordre sans rien éliminer. ➤ **arranger, classer.** «*Tout en parlant, Jallez rangeait ses papiers, les triait*» ROMAINS. *Trier les fruits selon leur grosseur.* ➤ **calibrer.** *Trier les wagons* (➤ **triage**). *Trier les lettres* (tri postal). *Trier des données par ordre alphabétique.* ■ **4** RÉGION. (Provence, Languedoc, Limousin) Éplucher (des légumes, des fruits). *Trier des pois.* ➤ **écosser.** *Trier la salade,* en retirer les parties non comestibles. ➤ **éplucher.** ■ CONTR. Mélanger, mêler. ■ HOM. Triller.

TRIÉRARQUE [tʀijeʀaʀk] n. m. – *trierarche* 1370 ◇ latin d'origine grecque *trierarchus ;* cf. *trière* et *-arque* ■ HIST. Commandant d'une trière ; chef de son équipage. — Citoyen athénien tenu d'armer et d'équiper une trière à ses frais.

TRIÈRE [tʀijɛʀ] n. f. – 1872 ; *trierie* 1370 ◇ latin *trieris ;* grec *triêrês* ■ DIDACT. (HIST.) Navire grec à trois rangs de rames. ➤ **galère, trirème.** ■ HOM. Triaire.

TRIESTER [tʀiɛstɛʀ] n. m. – 1964 ◇ de *tri-* et *ester* ■ CHIM. Corps possédant trois fonctions ester. *Les graisses, les huiles végétales sont des triesters du glycérol.* ➤ **triglycéride.**

TRIEUR, TRIEUSE [tʀijœʀ, tʀijøz] n. – v. 1550 ◇ de *trier* ■ **1** Personne qui trie. SPÉCIALT Ouvrier, ouvrière chargé(e) d'une opération de triage, d'un tri. *Trieur de minerai. Trieur de légumes, dans une conserverie. Maladie des trieurs de laine.* ■ **2** n. m. (1857 ; adj. *van trieur* 1615) Appareil servant au triage. *Trieur de graines.* ➤ **décuscuteuse.** — Trieuse (1° ou 2°). ♦ Objet de bureau comportant des cases, des compartiments pour trier et répartir du matériel, des documents. ➤ **classeur.** *Trieur vertical, horizontal. Trieur à soufflets.*

TRIEUSE [tʀijøz] n. f. – 1845 ◇ de *trier* ■ **1** Machine à trier, à éplucher les laines. ■ **2** (1875) MÉTALL. Machine servant à séparer des scories les fragments de coke utilisables, à classer par grosseur des morceaux. ➤ **crible.** ■ **3** (1953) Machine mécanographique capable de classer rapidement des cartes perforées.

TRIFIDE [tʀifid] adj. – 1783 ◇ latin *trifidus,* radical *findere* → fendre ■ SC. NAT. Partagé en trois divisions par des fentes profondes (environ la moitié de la longueur totale). *Organe trifide.*

TRIFOLIOLÉ, ÉE [tʀifɔljɔle] adj. – 1821 ◇ de *tri-* et *foliole* ■ BOT. Dont le pétiole se termine par trois folioles.

TRIFORIUM [tʀifɔʀjɔm] n. m. – 1831 ◇ mot anglais (1703) ; emprunté au latin médiéval ; de l'ancien français *trifoire* «ouvrage ciselé», du latin *transforare* «percer à jour» ■ ARCHIT. Ouverture par laquelle la galerie ménagée au-dessus des bas-côtés d'une église s'ouvre sur l'intérieur ; cette galerie. *Le triforium remplace les anciennes tribunes. Des triforiums.*

TRIFOUILLER [tʀifuje] v. ‹1› – 1808 ◇ croisement populaire de *tri-,* de *tripoter,* et *fouiller ;* cf. *tripatouiller* ■ FAM. ■ **1** v. tr. Mettre en désordre, en remuant ; remuer d'une manière incohérente. ➤ FAM. **tripatouiller, tripoter ;** RÉGION. **chipoter.** *Trifouiller des papiers.* — Manipuler. *Trifouiller un poste de radio.* ■ **2** v. intr. Farfouiller. «*On cherche, on fouille, l'on trifouille*» VERLAINE. *Ne viens pas trifouiller dans mes affaires !*

TRIGÉMELLAIRE [tʀiʒemelɛʀ] adj. – 1875 ◇ de *tri-* et *gémellaire* ■ MÉD. *Grossesse trigémellaire,* où se forment trois embryons (➤ **triplés**).

TRIGÉMINÉ, ÉE [tʀiʒemine] adj. – 1834 minér. ◇ de *tri-* et *géminé* ■ MÉD. *Pouls trigéminé,* caractérisé par la succession de trois pulsations suivies d'une pause.

TRIGLE [tʀigl] n. m. – 1791 ; *treille* 1507 ◇ grec *trigla* «rouget» ■ ZOOL. Rouget grondin*.

TRIGLYCÉRIDE [tʀigliseʀid] n. m. – 1964 ◇ de *tri-* et *glycéride* ■ BIOCHIM. Ester du glycérol dont les trois fonctions alcool sont estérifiées par des résidus d'acides gras identiques ou différents. *Taux de triglycérides sanguins. Triglycérides des corps gras.* ➤ **triester.**

TRIGLYPHE [tʀiglif] n. m. – 1545 ◇ latin d'origine grecque *triglyphus* → anaglyphe, glyphe ■ ARCHIT. Ornement de la frise dorique, composé de deux glyphes et de deux demi-glyphes (sur les bords), qui alterne avec les métopes.

TRIGONE [tʀigon ; -gɔn] adj. et n. m. – 1534 ; «triangle» XIVe ◇ latin d'origine grecque *trigonus ;* cf. 1-*gone* ■ **1** RARE Triangulaire. ■ **2** n. m. (1836) ANAT. Espace ou région triangulaire. ➤ **triangle.** *Trigones fibreux* (du cœur). *Trigone cérébral :* lame triangulaire de substance blanche, située entre les deux hémisphères cérébraux au-dessous du corps calleux*.

TRIGONELLE [tʀigɔnɛl] n. f. – 1765 ◇ latin des botanistes *trigonella,* de *trigonus* → trigone ■ BOT. Plante dicotylédone *(papilionacées)* herbacée, annuelle ou vivace, aux feuilles trifoliolées. ➤ **fenugrec, mélilot** (bleu).

TRIGONOCÉPHALE [tʀigɔnɔsefal] n. m. – 1817 ◇ latin des zoologistes *trigonocephalus* (1811) ; cf. *trigone* et *-céphale* ■ ZOOL. Reptile ophidien *(squamés),* grand serpent venimeux à tête triangulaire, voisin des crotales. *Trigonocéphales d'Amérique, d'Asie.*

TRIGONOMÉTRIE [tʀigɔnɔmetʀi] n. f. – 1613 ◇ latin scientifique *trigonometria* (1595) ; cf. *trigone* et *-métrie* ■ **1** SC. Branche des mathématiques dont le principal objet est l'application du calcul à la détermination des éléments des triangles, au moyen des fonctions circulaires ou lignes trigonométriques* (➤ 2 **sinus** et **cosinus ; tangente** et **cotangente ; sécante** et **cosécante**). ■ **2** PAR EXT. (plus cour.) Étude des fonctions circulaires* et de leurs propriétés. *Trigonométrie rectiligne ; sphérique. Application de la trigonométrie à la géodésie* (➤ **triangulation**). — ABRÉV. FAM. **TRIGO.** *Étudier la trigo.*

TRIGONOMÉTRIQUE [tʀigɔnɔmetʀik] adj. – 1718 ◇ de *trigonométrie* ■ SC. Qui concerne la trigonométrie ; qui est utilisé en trigonométrie. *Lignes trigonométriques :* les fonctions circulaires* définies par leur projection sur un axe. *Calculs, tables trigonométriques. Sens trigonométrique,* inverse du sens des aiguilles d'une montre. — adv. **TRIGONOMÉTRIQUEMENT,** 1762.

TRIGRAMME [tʀigʀam] n. m. – 1832 ◇ grec *trigrammos* «de trois lettres» ■ DIDACT. Mot de trois lettres. — Groupe fonctionnel de trois caractères (dans une écriture, un code alphanumérique).

TRIJUMEAU [tʀiʒymo] adj. et n. m. – 1765 ; «triplé» 1572 ◇ de *tri-* et *jumeau* ■ ANAT. *Nerf trijumeau,* et n. m. *le trijumeau :* cinquième nerf crânien qui innerve la peau de la figure, la langue, les dents et se divise en trois branches : nerf ophtalmique, nerfs maxillaires supérieur et inférieur. *Névralgies du trijumeau.*

TRILATÉRAL, ALE, AUX [tʀilateʀal, o] adj. – 1721 ; variante *trilatère* 1765 ◇ du bas latin *trilaterus ;* cf. *tri-* et *-latère* ■ **1** VX Qui a trois côtés. ➤ **triangulaire.** ■ **2** MOD. Qui engage trois parties. *Accord trilatéral.* ➤ **triparti.**

TRILINGUE [tʀilɛ̃g] adj. – 1535 ◇ latin *trilinguis,* de *tri-* et *lingua* «langue» ■ DIDACT. ■ **1** Qui est en trois langues. *Inscription trilingue.* ■ **2** (PERSONNES) Qui connaît trois langues. *Secrétaire, interprète trilingue.*

TRILITÈRE [triliteʀ] **adj.** – 1845 *trilittère* ◊ de *tri-* et latin *littera* «lettre» ■ LING. Qui comporte trois consonnes servant de support aux éléments vocaliques. *Racines trilitères des langues sémitiques. Mot trilitère.* — PAR EXT. *Langue trilitère,* à racines trilitères.

TRILLE [tʀij] **n. m.** – 1753 ◊ italien *trillo,* onomat. ■ Battement rapide et ininterrompu sur deux notes voisines, exécuté par la voix ou par un instrument. *Trilles et roulades. Trilles de flûte, d'un sifflet.* «*le trille rauque* [...] *que jette, dès février, un gosier d'oiseau*» COLETTE.

TRILLER [tʀije] **v.** ⟨1⟩ – 1817 ◊ de *trille* ■ LITTÉR. ■ **1 v. tr.** Orner de trilles. *Triller un air.* «*Un oiseau qui part Trillant son motet*» VERLAINE. ■ **2 v. intr.** Faire un trille. «*La sonnette trille*» COLETTE. ■ HOM. Trier.

TRILLION [tʀiljɔ̃] **n. m.** – 1484 ◊ de *tri-,* sur le modèle de *million* (cf. REM. Billion.) ■ **1** VX Mille milliards (soit 10^{12}). ➤ **billion.** ■ **2** (depuis 1948) MOD. Milliard de milliards (soit 10^{18}). ➤ **exa-.** *Million de trillions.* ➤ **quatrillion.**

TRILOBÉ, ÉE [tʀilɔbe] **adj.** – 1783 ◊ de *tri-* et *lobe* ■ BOT. Qui a trois lobes. *Feuille trilobée.* ◆ (1838) ARCHIT. En forme de feuille de trèfle, à trois lobes. ➤ **tréflé.** «*le style flamboyant et les ogives trilobées*» STENDHAL.

TRILOBITES [tʀilɔbit] **n. m. pl.** – 1812 ◊ latin moderne *trilobites* (1771) ; cf. *trilobé* ■ ZOOL. Classe d'arthropodes marins fossiles de l'époque primaire, dont le tégument dorsal est divisé en trois lobes. — **Sing.** *Un trilobite.*

TRILOCULAIRE [tʀilɔkylɛʀ] **adj.** – 1797 ◊ de *tri-* et latin *loculus* «loge» ■ DIDACT. Divisé en trois loges. *Ovaire triloculaire du lis, de la tulipe. Cœur triloculaire.*

TRILOGIE [tʀilɔʒi] **n. f.** – 1765 ◊ grec *trilogia* ■ **1** ANTIQ. GR. Ensemble de trois tragédies sur un même thème. *L'Orestie d'Eschyle* (Agamemnon ; les Choéphores ; les Euménides), *seule trilogie qui nous soit parvenue complète.* ■ **2** (1801) Groupe de trois pièces de théâtre, et PAR EXT. de trois œuvres dont les sujets se font suite. *La trilogie de Beaumarchais* (Le Barbier de Séville ; Le Mariage de Figaro ; La Mère coupable). *La trilogie de Vallès* (L'Enfant ; Le Bachelier ; L'Insurgé). ■ **3** (1856) Ensemble de trois choses, de trois éléments inséparables ou qui vont ensemble. «*Père, patrie, patron, telle est la trilogie qui sert de base à la vieille société patriarcale*» ARTAUD.

TRILOGUE [tʀilɔg] **n. m.** – 1982 ◊ de *tri-* et *-logue* ■ Réunion tripartite entre le Conseil de l'Union européenne, la Commission et le Parlement pour régler certaines questions, en particulier les questions budgétaires.

TRIMARAN [tʀimaʀɑ̃] **n. m.** – 1952 ◊ mot anglais, de *tri-* et *(cata)maran* ■ ANGLIC. MAR. Bateau formé d'une coque centrale flanquée de deux petites coques parallèles réunies transversalement par une armature rigide.

TRIMARD [tʀimaʀ] **n. m.** – 1566 ◊ probablt du radical de *trimer* ■ ARG. ou POP. ; VIEILLI Route, chemin. «*il reprit le trimard et, sur le coup de six heures, il était arrivé*» QUENEAU.

TRIMARDER [tʀimaʀde] **v.** ⟨1⟩ – 1628 ◊ de *trimard* ■ POP. VIEILLI ■ **1 v. intr.** Cheminer, vagabonder sur les routes. ■ **2 v. tr.** Transporter, trimbaler. «*c'étaient les mères, qui venaient trimarder elles aussi les sacs de palmistes*» CÉLINE.

TRIMARDEUR [tʀimaʀdœʀ] **n. m.** – 1894 ; «voleur de grand-route» 1712 ◊ de *trimarder* ■ POP. VIEILLI Nomade, vagabond. «*un trimardeur, un de ceux dont l'aspect farouche met le remords au cœur des uns, la peur aux tripes des autres*» F. JOURDAIN.

TRIMBALAGE ou **TRIMBALLAGE** [tʀɛ̃balaʒ] **n. m.** – 1836 ◊ de *trimbaler* ■ FAM. Fait de trimbaler (qqch. ou qqn) ; transport difficile ou pénible. — On dit aussi **TRIMBALEMENT** ou **TRIMBALLEMENT,** 1845.

TRIMBALER ou **TRIMBALLER** [tʀɛ̃bale] **v. tr.** ⟨1⟩ – 1790 ◊ altération de *tribaler* 1532 ; probablt variante, d'après *baller,* de l'ancien français *triboler* «agiter, tourmenter» ; latin *tribulare* → tribulation ■ FAM. ■ **1** Mener, porter partout avec soi (souvent avec l'idée de peine, de difficulté). ➤ **traîner, transporter,** POP. **trimarder.** *Cette cage en osier,* «*je l'ai trimballée des îles Canaries*» SARRAUTE. «*Il fallait trimballer Mme Beurdeley dans les thés, danser avec elle*» ARAGON. — PRONOM. *Se trimbaler en voiture.* ■ **2** LOC. (1937) *Qu'est-ce qu'il trimbale !* comme il est bête ! (cf. Il en tient une couche* !).

TRIMER [tʀime] **v. intr.** ⟨1⟩ – v. 1730 ; «cheminer» 1619 ◊ p.-ê. altération de l'ancien français *trumer* «courir» (XIVe), de *trumel* «2 mollet» → trumeau ■ FAM. Travailler avec effort, à une besogne pénible. ➤ **besogner, peiner.** «*Quand on a trimé toute une vie, pensez qu'à treize ans j'étais déjà en atelier*» AYMÉ.

TRIMÈRE [tʀimɛʀ] **adj.** – 1839 ◊ de *tri-* et du grec *meros* «partie» ■ **1** BIOL., BOT. Formé de trois parties semblables. *Coléoptères trimères. Plantes trimères.* ■ **2 n. m.** (1917) CHIM. Polymère* dont la masse moléculaire est le triple de celle du monomère. *Le benzène, trimère de l'acétylène.* ■ HOM. Trimmer.

TRIMESTRE [tʀimɛstʀ] **n. m.** – 1718 ; adj. «trimestriel» 1564 ◊ latin *trimestris,* radical *mensis* «mois» ■ **1** Durée de trois mois. *Le premier, le quatrième trimestre de l'année.* ◆ SPÉCIALT Division de l'année scolaire (en France). *Premier trimestre,* de la rentrée scolaire aux vacances de Noël. *Deuxième trimestre,* de Noël à Pâques. *Troisième trimestre,* jusqu'aux grandes vacances. ■ **2** (1825) Somme payée ou allouée tous les trois mois. *Toucher son trimestre.*

TRIMESTRIEL, IELLE [tʀimɛstʀijɛl] **adj.** – 1831 ◊ de *trimestre* ■ **1** Qui dure trois mois. *Fonction, charge trimestrielle.* ■ **2** Qui a lieu, qui paraît tous les trois mois. *Revue, publication trimestrielle. Examen, bulletin trimestriel.*

TRIMESTRIELLEMENT [tʀimɛstʀijɛlmɑ̃] **adv.** – 1845 ◊ de *trimestriel* ■ Une fois par trimestre ; tous les trois mois.

TRIMÈTRE [tʀimɛtʀ] **n. m.** – 1556 adj. ◊ latin d'origine grecque *trimetrus* → mètre (I) ■ **1** MÉTR. ANC. Vers composé de trois mètres. *Trimètre iambique* : vers des parties parlées de la tragédie grecque. ■ **2** MÉTR. FR. Alexandrin ternaire.

TRIMMER [tʀimœʀ ; tʀimɛʀ] **n. m.** /TRIMMEUR/ – 1877 ◊ mot anglais, de *to trim* «équilibrer, gréer, orienter» ■ ANGLIC. PÊCHE Engin formé d'un flotteur circulaire sur lequel est enroulé le fil (le poisson qui a pris l'hameçon déroule le fil). *Des trimmers.* ■ HOM. Trimère.

TRIMOTEUR [tʀimɔtœʀ] **n. m.** – 1921 ◊ de *tri-* et *moteur* ■ Avion à trois moteurs.

TRIN ou **TRINE** [tʀɛ̃, tʀin] **adj. m., TRINE** [tʀin] **adj. f.** – v. 1210 ◊ latin *trinus* «triple» → tri- ■ **1** RELIG. (➤ **trinité**) Divisé en trois. ■ **2** (1548) ASTROL. *Trin, trine aspect* : aspect de deux planètes séparées d'un tiers de cercle. ■ HOM. Train.

TRINERVÉ, ÉE [tʀinɛʀve] **adj.** – 1799 ◊ de *tri-* et radical de *nervure* ■ BOT. Qui présente trois nervures. *Feuilles trinervées.*

TRINGLE [tʀɛ̃gl] **n. f.** – 1459 ◊ altération de *tingle* «baguette de bois» (1328) ; néerlandais *tingel* ■ **1** VX Baguette équarrie. ◆ (1611) MOD. Tige métallique servant de support, d'élément d'un mécanisme (poussoir, tirette) ou d'outil. ➤ **barre, broche.** *Tringle à rideaux,* sur laquelle sont enfilés les anneaux supportant des rideaux. *Suspendre des cintres à une tringle.* «*On en avait enlevé le tapis* [de l'escalier], *mais il y restait quelques tringles de cuivre*» BOSCO. — *Tringles d'une machine. Tringle de commande.* ◆ Outil de zingueur. — Mince cylindre de métal servant de matière première dans la fabrication des clous, etc. ■ **2** (1676) ARCHIT. Moulure plate à la partie inférieure d'un triglyphe. PAR ANAL. Moulure analogue. ■ **3** (1892 *la tringle* «rien du tout») LOC. FAM. *Se mettre la tringle* : se priver (cf. Se serrer la ceinture*).

TRINGLER [tʀɛ̃gle] **v. tr.** ⟨1⟩ – XVIe ; *tingler* 1328 ◊ de *tringle* ■ **1** TECHN. Tracer une ligne droite sur (une pièce de bois ou de tissu) à l'aide d'une ficelle (ou d'un cordeau) enduite de craie. ■ **2** VULG. Posséder sexuellement. «*Oh ! tu sais, des femmes qui aiment se faire tringler, je suis sûre qu'il n'y en a pas une sur cent*» BEAUVOIR.

TRINGLOT [tʀɛ̃glo] **n. m.** – 1863 ; *trainglot* 1857 ◊ de *train,* par attraction plaisante de *tringle* «fusil» ■ Soldat du train des équipages. «*le dragon s'estime supérieur au cavalier du train et le tringlot* [...] *se juge fort au-dessus du fantassin*» HUYSMANS. — On a écrit *trainglot.*

TRINITAIRE [tʀinitɛʀ] **adj. et n.** – 1541 ◊ de *trinité* ■ **1** THÉOL. Relatif à la Trinité ; qui croit à la Trinité. ■ **2 n.** (1714) Religieux, religieuse de deux ordres fondés en 1198 sous l'invocation de la Trinité.

TRINITÉ [tʀinite] **n. f.** – v. 1172 ; *trinitad* 980 ◊ latin ecclésiastique *trinitas,* de *trinus* «triple» ■ **1** Dans la doctrine chrétienne, Dogme et mystère du Dieu unique en trois personnes coexistantes, consubstantielles, coéternelles ; ce Dieu unique en trois personnes. ➤ **père, fils, esprit** (Saint-Esprit) ; **hypostase.** *La sainte Trinité. Triangle mystique symbolisant la*

Trinité. ◆ Fête en l'honneur du mystère de la Trinité, qui a lieu le premier dimanche après la Pentecôte. — *À Pâques* ou à la Trinité.* ◆ Église, ordre religieux (➤ **trinitaire**) consacré à la Trinité. *La Trinité, à Paris.* ▪ **2** PAR ANAL. Groupe de trois dieux ou divinité triple. ➤ **triade.** — Groupe de trois principes (ou de trois objets plus ou moins sacralisés). ➤ **trilogie.** *« Il existe dans l'homme une trinité sainte : La volonté, l'amour et l'esprit sont en nous »* VIGNY.

TRINITROBENZÈNE [tʀinitʀobɛ̃zɛn] **n. m.** – 1933 ◇ de *tri-* et *nitrobenzène* ▪ CHIM. Dérivé isomère du benzène $C_6H_3(NO_2)_3$, utilisé comme explosif.

TRINITROTOLUÈNE [tʀinitʀotɔlɥɛn] **n. m.** – 1874 ◇ de *trinitré* (1905 ; de *tri-* et *nitré*) et *toluène* ▪ TECHN. Explosif nitré dérivé du toluène, corps solide cristallisé, de formule $C_7H_5(NO_2)_3$. ➤ 1 **T. N. T. ; tolite.**

TRINÔME [tʀinom] **n. m.** – 1613 ◇ de *tri-*, d'après *binôme* ▪ **1** ALG. Polynôme à trois termes. *Trinôme du second degré* ($ax^2 + bx + c$). *Trinôme bicarré.* ▪ **2** Équipe de trois personnes. *Travailler en trinôme.*

TRINQUART [tʀɛ̃kaʀ] **n. m.** – 1730 ◇ origine inconnue, p.-ê. rapport avec *trinquet* ▪ MAR. Petit bâtiment de forme lourde, employé autrefois pour la pêche au hareng.

TRINQUEBALLE ➤ **TRIQUEBALLE**

TRINQUER [tʀɛ̃ke] **v. intr.** ⟨1⟩ – 1546 ◇ allemand *trinken* ▪ **1** VX Boire. SPÉCIALT Boire avec excès. *« quand il avait bu un peu, et ça lui arrivait. Il était même noté pour trinquer, c'était son faible »* CÉLINE. ▪ **2** (1690) Boire en même temps que qqn, après avoir choqué les verres (en signe de souhait, de gage d'amitié, etc.) (cf. Porter un toast*). *Trinquer avec des amis* (➤ **tchin-tchin**). *« Il n'y a point d'affaire conclue quand les parties n'ont pas trinqué en signe d'accord »* FRANCE. *Trinquer à la santé* de qqn. Trinquer à* (qqch.) : boire, lever son verre à... *Je trinque au succès de notre entreprise.* ▪ **3** Se choquer, se heurter. *« Les pots trinquaient »* HUGO. *« les bateaux dansent dans la baie, au bout de leurs amarres, et trinquent du ventre »* COLETTE. ▪ **4** (1876) FAM. Éprouver, subir des désagréments, des pertes. ➤ **écoper, recevoir.** *« Si nous ne sommes pas rendus à notre poste [...] et que nous trinquions de quinze jours de prison, qui c'est qui les fera ! »* COURTELINE.

1 **TRINQUET** [tʀɛ̃kɛ] **n. m.** – v. 1500 ◇ italien *trinchetto*, d'abord « voile triangulaire », probablt de *trini* « par trois » ▪ MAR. Mât de misaine des bâtiments portant des voiles latines (à antennes). *Trinquet d'une galère.*

2 **TRINQUET** [tʀɛ̃kɛ] **n. m.** – attesté 1899 ◇ mot du sud-ouest de la France ; origine inconnue ▪ RÉGION. Pièce quadrangulaire possédant un fronton*, où l'on joue à la pelote basque. — Sport pratiqué dans cette salle.

TRINQUETTE [tʀɛ̃kɛt] **n. f.** – v. 1500 ◇ de 1 *trinquet* ▪ MAR. Foc le plus proche du grand mât ou de la misaine.

TRIO [tʀijo] **n. m.** – v. 1580 ◇ mot italien ▪ **1** MUS. Morceau pour trois instruments ou trois voix. *Trio pour piano, violon et violoncelle. Trio vocal.* ◆ Formation de trois musiciens. *Trio à cordes* (violon, alto, violoncelle), *trio d'anches* (clarinette, hautbois, basson). *Trio de jazz. Jouer en trio. Des trios.* ▪ **2** MUS. Seconde partie du menuet dans le troisième mouvement de la forme sonate. ▪ **3** COUR. Groupe de trois personnes (souvent par plais. ou péj.). *Joyeux trio. « au lieu d'un couple, nous serions désormais un trio »* BEAUVOIR. ▪ **4** (marque déposée) *Trio urbain* : forme de pari* mutuel sur les trois chevaux gagnants d'une course, indépendamment de l'ordre d'arrivée. ➤ aussi **tiercé.**

TRIODE [tʀijɔd] **n. f.** – 1923 ◇ de *tri-*, d'après *diode* ▪ PHYS. Tube électronique possédant trois électrodes (anode, cathode, grille) dans lequel le courant peut être réglé par le potentiel de la grille. *Une triode amplificatrice.*

TRIOL ➤ **TRIALCOOL**

TRIOLET [tʀijɔlɛ] **n. m.** – 1488 ◇ emploi métaph. de *triolet*, variante dialectale de *trèfle* ▪ **1** HIST. LITTÉR. Poème à forme fixe, de huit vers sur deux rimes, dont le 1er, le 4e et le 7e sont semblables. *Les triolets de Banville.* ▪ **2** (1839 ◇ avec influence de *trio*) MUS. Groupe de trois notes d'égale valeur qui se jouent dans le temps de deux, lorsqu'elles sont surmontées du chiffre trois. ➤ aussi **sextolet.** *Un triolet de croches vaut une noire.*

TRIOLISME [tʀi(j)ɔlism] **n. m.** – 1985 ◇ de *trio* ▪ Relation sexuelle entre trois personnes.

TRIOMPHAL, ALE, AUX [tʀijɔ̃fal, o] **adj.** – 1534 ; *trionfal* milieu XIIe ◇ latin *triumphalis* ▪ **1** Propre ou relatif à un triomphe (I°, 2°). *Couronne triomphale.* — *Marche triomphale,* jouée pour un triomphe ; PAR EXT. marche de caractère solennel et joyeux. ▪ **2** (XIXe) Qui est accompagné d'honneurs, d'acclamations. *Un accueil triomphal. Faire une entrée triomphale dans un salon.* ▪ **3** (1904) Qui constitue un triomphe, une grande victoire, une grande réussite. *Succès triomphal d'un artiste, d'un sportif.* ➤ **éclatant.** *Une élection triomphale.*

TRIOMPHALEMENT [tʀijɔ̃falmɑ̃] **adv.** – début XVIe ◇ de *triomphal* ▪ **1** D'une manière triomphale, en triomphe. *Il a été triomphalement accueilli.* ▪ **2** (1876) D'un air de triomphe, d'une manière triomphante. *Il nous annonce triomphalement qu'il a été reçu.*

TRIOMPHALISME [tʀijɔ̃falism] **n. m.** – 1962 ◇ de 1 *triomphe* ▪ Attitude d'un groupe (ou d'une personne) qui affiche sans retenue sa croyance en la justesse de sa cause, ou en ses succès. ➤ **autosatisfaction.** *Faire du triomphalisme.*

TRIOMPHALISTE [tʀijɔ̃falist] **adj.** et **n.** – v. 1960 ◇ de *triomphalisme* ▪ Qui fait preuve de triomphalisme. *Attitude, comportement triomphaliste.*

TRIOMPHANT, ANTE [tʀijɔ̃fɑ̃, ɑ̃t] **adj.** – 1580 ◇ de *triompher* ▪ **1** Qui triomphe, qui a remporté une éclatante victoire. ➤ **victorieux.** *« je sortis de cette cruelle épreuve en pièces mais triomphant »* ROUSSEAU. *L'Église triomphante* : l'ensemble des élus. ▪ **2** (1624) Qui exprime le triomphe, est plein d'une joie éclatante, assurée. ➤ **heureux, jubilant, radieux.** *Il « se mit à marcher [...] d'un pas rapide et triomphant »* MAUPASSANT. *« Quand on est jeune, on a des matins triomphants »* HUGO. *« Wilde commença de rire, d'un rire éclatant, non tant joyeux que triomphant »* GIDE.

TRIOMPHATEUR, TRICE [tʀijɔ̃fatœʀ, tʀis] **n.** – 1370 ◇ latin *triumphator, trix* ▪ **1** Personne qui triomphe, remporte une éclatante victoire. ➤ **vainqueur.** *« Et son ami Canalis dormait, [...] du sommeil des triomphateurs, le plus doux des sommeils après celui des justes »* BALZAC. ▪ **2** (1690) ANTIQ. ROM. Général à qui l'on faisait les honneurs du triomphe. *Le quadrige du triomphateur. « près du triomphateur un esclave [...] répétait sans arrêt : "Souviens-toi que tu n'es qu'un homme !" »* DUHAMEL.

TRIOMPHE [tʀijɔ̃f] **n. m.** – 1530 ; *triumphe* XIIe ◇ latin *triumphus* ▪ **1** Victoire éclatante à l'issue d'un combat militaire (VX), d'une lutte, d'une rivalité quelconque. *« la fameuse journée des dupes, qui assura le triomphe de Richelieu sur ses adversaires »* GAXOTTE. ◆ (milieu XVIe) (CHOSES) Établissement, avènement éclatant (de ce qui était en opposition, en lutte avec autre chose). ➤ **victoire.** *Le triomphe d'une cause. « Le Triomphe de l'amour »,* de Marivaux. — Ce qui représente, illustre cet établissement. *« La révolution de Juillet est le triomphe du droit terrassant le fait »* HUGO. *« en hauteur, New York est le triomphe de l'individualisme »* SARTRE. ➤ **consécration.** ▪ **2** (1265) ANTIQ. ROM. Honneur décerné à un général qui avait remporté une grande victoire ; entrée solennelle du vainqueur dans la ville. ➤ **ovation.** *Le sénat décernait le triomphe, les honneurs du triomphe. Arc* de triomphe.* — PAR ANAL. Honneur semblable rendu à certaines personnes dans l'Antiquité ou en d'autres temps. ➤ **apothéose.** *« le retour de Voltaire, son triomphe, l'Académie en corps venant le recevoir »* TAINE. — **EN TRIOMPHE :** avec les honneurs et les acclamations du triomphe. *Porter qqn en triomphe,* le hisser au-dessus de la foule pour le faire acclamer. ▪ **3** PAR EXT. (1462) Joie rayonnante, exultation que donne la victoire ; grande satisfaction. *Un air de triomphe.* ➤ **triomphant** (2°). *Cri de triomphe.* ▪ **4** (1527) Réussite éclatante. ➤ **succès.** *Il avait « persévéré, voilà tout. Secret de tous les triomphes »* HUGO. ▪ **5** Approbation enthousiaste du public. *Il a eu, il a remporté un vrai triomphe,* on lui a fait une ovation. ◆ PAR EXT. Action, représentation qui déchaîne l'enthousiasme du public. *Ce spectacle est un triomphe.* — Production dans laquelle qqn excelle. *« Norma est le triomphe de Julia Grisi »* GAUTIER. ▪ CONTR. Chute. Déconfiture, défaite, déroute.

TRIOMPHER [tʀijɔ̃fe] **v.** ⟨1⟩ – v. 1265 sens II, 2° ◇ latin *triumphare* **I v. tr. ind.** (1559) **TRIOMPHER DE... qqn,** le vaincre avec éclat à l'issue d'une lutte, d'un jeu, d'un match. *Triompher de son adversaire.* ➤ **battre, dominer** (cf. Avoir l'avantage, le dessus). *« Le meilleur moyen de triompher de son adversaire, c'est de lui survivre »* COLETTE. — PAR EXT. Venir à bout de (qqch.). *Triompher de la résistance de qqn. Triompher d'une difficulté.* ➤ **surmonter.** *« l'on ne triomphe des passions qu'en les opposant l'une à l'autre »* ROUSSEAU. ➤ **dompter, maîtriser.** — PAR ANAL. (sujet chose)

«la science et la paix triompheront de l'ignorance et de la guerre» PASTEUR. *«il avait toujours pensé que l'obstination finit par triompher de tout»* CAMUS.
II **v. intr.** ▪ **1** (1538) ANTIQ. ROM. Avoir un triomphe. ▪ **2** (v. 1265) Remporter une éclatante victoire. *«À vaincre sans péril, on triomphe sans gloire»* CORNEILLE. *Son parti a triomphé aux élections,* l'a emporté. — Avoir raison d'une façon éclatante, définitive. *«L'habileté de l'avocat, qui espérait faire triompher son client»* MAUROIS. — (CHOSES) S'imposer, s'établir de façon éclatante. *La vérité finira par triompher.* ➤ **dominer.** *Faire triompher une cause, ses idées.* ▪ **3** (1550) Éprouver et manifester un sentiment de triomphe. ➤ **s'applaudir,** se **féliciter, jubiler, pavoiser,** se **réjouir** (cf. Chanter, crier victoire*). *«Ne triomphez point tant : vous ne tarderez guère à me faire avoir ma revanche»* MOLIÈRE. ▪ **4** (1636) Réussir brillamment. ➤ **exceller.** *«Je veux des maladies d'importance :* [...] *c'est là que je me plais, c'est là que je triomphe»* MOLIÈRE. — Être l'objet des acclamations, de l'enthousiasme du public. *Acteur qui triomphe dans un rôle.*

TRIONYX [tri(j)ɔniks] **n. m.** – 1827 ◊ de *tri-* et grec *onux* «ongle», ainsi nommé parce que cet animal n'a d'ongles qu'à trois doigts ▪ ZOOL. Grande tortue carnassière d'eau douce, qui vit dans des régions chaudes du globe.

TRIP [tʀip] **n. m.** – 1966 ; «voyage» 1865 ◊ mot anglais «voyage» ▪ ANGLIC., FAM. ▪ **1** État qui résulte de l'absorption de substances hallucinogènes (notamment de L. S. D.). ➤ aussi **défonce.** *Être en plein trip d'acide.* ▪ **2** (v. 1975) Aventure intérieure. — LOC. *C'est pas mon trip :* cela ne correspond pas à ce que je suis, je n'aime pas cela (cf. Ce n'est pas mon truc*). *«Jusqu'ici, c'était mon trip, tu vois. Tu peux pas savoir»* MANCHETTE. ▪ **HOM.** Tripe.

TRIPAILLE [tʀipɑj] **n. f.** – XVe ◊ de *tripe* ▪ FAM. Amas de tripes, d'entrailles. *«Un peuple de boyaudiers pour laver toute la tripaille !»* DUHAMEL.

TRIPALE [tʀipal] **adj.** – 1957 ◊ de *tri-* et *pale* ▪ MÉCAN. À trois pales. *Hélice tripale.*

TRIPANG [tʀipɑ̃] ou **TRÉPANG** [tʀepɑ̃] **n. m.** – 1770 *tripam* ◊ mot malais ▪ Grosse holothurie comestible, très appréciée en Extrême-Orient. ▪ **HOM.** Trépan.

TRIPARTI, IE [tʀipaʀti] ou **TRIPARTITE** [tʀipaʀtit] **adj.** – 1527, -1690 ; *trisparti* 1460 ◊ latin *tripartitus* ; cf. *tri-* et 2 *parti* (II) ▪ **1** DIDACT. Divisé en trois parties. — HIST. *Chambre tripartie :* chambre du Parlement (2/3 de catholiques, 1/3 de protestants). — *Feuille tripartie. Calice tripartite.* ▪ **2** POLIT. **TRIPARTITE.** Qui réunit trois éléments, trois parties (II) ou partis. *«négocier un pacte tripartite entre l'Union soviétique, la Grande-Bretagne et la France»* DE GAULLE. *Accord tripartite. Commission tripartite. Gouvernement tripartite,* où sont représentés trois partis politiques associés.

TRIPARTISME [tʀipaʀtism] **n. m.** – 1946 ◊ de *triparti* ▪ **1** Système de gouvernement tripartite. HIST. Coalition formée par le PCF, le MRP et la SFIO à la Libération. ▪ **2** Paysage politique dominé par trois partis.

TRIPARTITION [tʀipaʀtisjɔ̃] **n. f.** – 1765 ◊ latin *tripartitio* ▪ DIDACT. Division (d'une quantité) en trois parties égales, (d'un ensemble) en trois parties.

TRIPATOUILLAGE [tʀipatujaʒ] **n. m.** – 1888 ◊ de *tripatouiller* ▪ FAM. Action de tripatouiller (un texte, des écritures, des chiffres). ◆ Modification malhonnête. *Tripatouillages électoraux.* ➤ **magouille.**

TRIPATOUILLER [tʀipatuje] **v. tr.** ⟨1⟩ – 1888 ◊ variante populaire de *tripoter* ▪ FAM. ▪ **1** Remanier sans scrupule (un texte original) en ajoutant, retranchant, etc. *Il «a fortement tripatouillé les textes»* HENRIOT. ◆ Altérer, truquer (des écritures, des comptes). — ABSOLT Tripoter (Io). ▪ **2** (CONCRET) Tripoter.

TRIPATOUILLEUR, EUSE [tʀipatujœʀ, øz] **n.** – 1888 ◊ de *tripatouiller* ▪ FAM. Personne qui tripatouille, aime à tripatouiller. *«les jaspineurs publics, tripatouilleurs d'abstraction et prophètes à cachet»* PERRET.

TRIPE [tʀip] **n. f.** – 1260 ◊ espagnol *tripa* ou italien *trippa* ▪ **1** AU PLUR. Boyaux d'un animal, et SPÉCIALT Boyaux (et estomacs) de ruminants préparés pour être consommés. ➤ **gras-double,** RÉGION. **tripous.** *Tripes à la mode de Caen, à la lyonnaise.* ▪ **2** PAR ANAL. Intérieur d'un cigare, constitué de quelques feuilles roulées (➤ **poupée**). *La cape et la tripe.* ▪ **3** PAR EXT., AU PLUR. FAM. Intestin de l'être humain ; ventre. *Rendre* tripes et boyaux. «je te mettrai les tripes à l'air et je te couperai les oreilles»* ARAGON. ◆ Entrailles. *Prendre, saisir aux tripes :* émouvoir vivement. ➤ **bouleverser, empoigner.** *Acteur qui joue avec ses tripes,* avec ce qu'il a de plus profond. *Ça (me) ferait mal aux tripes.* ➤ **cœur, ventre.** *Avoir des tripes,* du courage. ➤ **estomac.** — Au sing. *«Je vous l'accorde, il* [de Gaulle] *n'a pas ce qui s'appelle* la tripe laïque*»* MAURIAC. ▪ **HOM.** Trip.

TRIPER [tʀipe] **v. intr.** ⟨1⟩ – vers 1970 ◊ de *trip* ▪ FAM. ▪ **1** Être sous l'effet d'un trip (Io). ▪ **2** FIG. ➤ **déraisonner*.** *Arrête de triper !* ▪ **3** FIG. Prendre du plaisir ➤ **s'éclater.** *Le parapente, ça la fait triper. — Triper sur (qqch.) :* aimer, apprécier. ➤ **kifer.** *Il tripe sur les tatouages.*

TRIPERIE [tʀipʀi] **n. f.** – 1393 ◊ de *tripe* ▪ Boutique ou commerce du tripier.

TRIPETTE [tʀipɛt] **n. f.** – XVe ◊ de *tripe* ▪ VX Petite tripe. ◆ (1743) MOD. LOC. *Ça ne vaut pas tripette :* cela ne vaut rien. *«Trois incisives et une canine qui ne valaient pas tripette manquent à l'appel»* SAN-ANTONIO.

TRIPHASÉ, ÉE [tʀifɑze] **adj.** – 1892 ◊ de *tri-* et *phase* ▪ À trois phases. — *Courant triphasé,* dont les trois phases sont deux à deux décalées de 1/3 de période.

TRIPHÉNYLMÉTHANE [tʀifenilmetan] **n. m.** – 1876 ◊ de *tri-*, radical de *phénol* et *méthane* ▪ CHIM. Hydrocarbure cristallisé de la série aromatique $(C_6H_5)_3CH$, dont dérivent de nombreux colorants (fuchsine, vert malachite, violet de méthyle, éosine, fluorescéine).

TRIPHOSPHATE [tʀifɔsfat] **n. m.** – v. 1927 ◊ de *tri-* et *phosphate* ▪ BIOCHIM. Trimère de l'acide phosphorique, molécule présente dans toutes les cellules servant de réserve d'énergie pour les biosynthèses. APPOS. *Adénosine triphosphate.* ➤ **ATP.**

TRIPHTONGUE [tʀiftɔ̃g] **n. f.** – 1550 ◊ de *tri-*, d'après *diphtongue* ▪ PHONÉT. Voyelle dont le timbre varie deux fois en cours d'émission. *Il existait des triphtongues en ancien français.*

TRIPIER, IÈRE [tʀipje, jɛʀ] **n.** – XIIIe ◊ de *tripe* ▪ Commerçant, boucher qui vend des abats (tripes, foie, rognons, etc.).

TRIPLACE [tʀiplas] **adj.** – 1917 ◊ de *tri-* et *place* ▪ À trois places. *Avion de tourisme triplace.*

TRIPLAN [tʀiplɑ̃] **n. m.** – 1908 ◊ de *tri-* et *plan* ▪ ANCIENNT Avion à trois plans de sustentation.

TRIPLE [tʀipl] **adj.** et **n. m.** – 1380 sens 4° ; *treble, trible* XIIe-XIIIe ◊ latin *triplus,* variante de *triplex* ▪ **1** Qui équivaut à trois, se présente comme trois. *Un triple rang de perles. Triple menton. «Peintre, poète et musicien, il saisit tout sous un triple aspect»* GAUTIER. — (1740) MUS. *Triple croche.* — CHIM. *Point* triple.* — SPORT *Triple saut périlleux.* ◆ Qui concerne trois éléments. — POLIT. *La Triple Entente :* entente de trois puissances (France, Angleterre, Russie) conclue en 1914. ▪ **2** (1876) Qui est répété, reproduit trois fois. *Texte tapé en triple exemplaire.* CHIM. *Triple liaison :* ensemble de trois doublets électroniques reliant deux atomes de carbone dans les molécules d'éthyne et de ses dérivés. ▪ **3** (1772) FAM. Grand. *Triple sot, triple buse.* — LOC. *Au triple galop :* au grand galop, très vite. ▪ **4** Trois fois plus grand. *Prendre une triple dose.* — **n. m.** (1611) *Le triple :* quantité trois fois plus grande. *Neuf est le triple de trois. Cela vaut le triple.* — **loc. adv.** (1872) *En triple :* en trois unités identiques.

TRIPLÉ, ÉE [tʀiple] **n.** – 1934 ; t. de boxe 1916 ◊ de *triple* ▪ **1** **n. m.** Dans une compétition sportive, Triple succès d'un athlète, d'une équipe. *Tenter le triplé.* — Les trois premières places obtenues par une même équipe, dans une même épreuve. ▪ **2** **n. m.** TURF Combinaison, faite sur le champ de courses, de trois chevaux gagnants. *Gagner, toucher le triplé.* ▪ **3** (1964) AU PLUR. Les trois enfants nés d'une même grossesse. ➤ aussi **jumeau.**

1 **TRIPLEMENT** [tʀipləmɑ̃] **adv.** – 1380 ; *treblement* XIIe ◊ de *triple* ▪ Trois fois, de trois façons. *La Lorraine, région triplement frontalière.*

2 **TRIPLEMENT** [tʀipləmɑ̃] **n. m.** – 1515 ◊ de *tripler* ▪ Action de tripler, augmentation du triple. *Procéder au triplement des effectifs.*

TRIPLER [tʀiple] **v.** ⟨1⟩ – 1304 ◊ de *triple* ▪ **1** **v. tr.** Rendre triple, multiplier par trois. *Tripler sa fortune. Tripler la dose.* ▪ **2** **v. intr.** (1690) Devenir triple, être multiplié par trois. *Le prix de cet article a presque triplé en deux ans. Les terrains ont triplé de valeur.*

TRIPLET [tʀiplɛ] n. m. – 1891 ; autre sens 1872 ◊ de *triple* ■ **1** OPT. Combinaison de trois lentilles (microscopes, objectifs photographiques). ♦ Raie spectrale triple. ■ **2** MATH. Association ordonnée de trois éléments appartenant respectivement à trois ensembles (➤ aussi **couple**). ■ **3** BIOCHIM., GÉNÉT. Unité d'information représentée par trois nucléotides successifs, séquence nécessaire et suffisante pour coder un acide aminé. ➤ **codon.** ♦ CHIM., PHYS. *État triplet :* état d'un atome ou d'une molécule dont le spin total des électrons est égal à +1, correspondant à la présence simultanée de deux électrons non appariés. *Le dioxygène normal est dans un état triplet.*

TRIPLETTE [tʀiplɛt] n. f. – 1889 ◊ de *triple* ■ **1** ANCIENNT Cycle analogue au tandem, mais à trois places. ■ **2** MOD. Équipe de trois joueurs (aux boules, à la pétanque). — *Triplette centrale :* au football, l'avant-centre et les deux intérieurs.

1 **TRIPLEX** [tʀiplɛks] n. m. – 1912 ◊ marque déposée, de *triple* ■ Verre de sécurité formé d'une feuille d'acétate de cellulose entre deux feuilles de verre.

2 **TRIPLEX** [tʀiplɛks] n. m. – XXe ◊ mot latin «triple», d'après *duplex* ■ **1** Appartement disposé sur trois étages. ■ **2** (1973) (Canada) Maison comprenant trois logements superposés. — Immeuble formé de trois maisons identiques.

TRIPLICATA [tʀiplikata] n. m. – 1752 ◊ latin *triplicatus,* d'après *duplicata* ■ ADMIN. Troisième copie, second double (d'un acte, d'une pièce). *Délivrer des triplicatas.* On écrit aussi *des triplicata* (plur. lat.).

TRIPLOÏDE [tʀiplɔid] adj. – 1953 ◊ du grec *triplous* «triple» ■ BIOL. Se dit d'un individu dont les cellules ont trois jeux de chromosomes (3n) au lieu de deux (2n, diploïde). *Huître triploïde* (manipulation génétique). — n. f. **TRIPLOÏDIE.**

TRIPLURE [tʀiplyʀ] n. f. – v. 1960 ◊ de *triple,* d'après *doublure* ■ COUT. Tissu en armure toile, très apprêté, que l'on met entre la doublure et le tissu pour renforcer et soutenir le vêtement. *Triplure pour cols de chemises.*

TRIPODE [tʀipɔd] adj. et n. m. – fin XIXe ◊ grec *tripous, tripodos* «à trois pieds» ■ **1** MAR. VIEILLI Se dit d'un mât métallique en forme de trépied. ■ **2** n. m. (XXe) Tourniquet à trois branches réglant l'accès des voyageurs au quai d'une gare ou d'un métro.

TRIPODIE [tʀipɔdi] n. f. – fin XIXe ◊ grec *tripodia* ■ MÉTR. ANC. Réunion de trois pieds métriques.

TRIPOLI [tʀipɔli] n. m. – 1508 ◊ de *Tripoli,* ville de la Tripolitaine ■ GÉOL. Roche siliceuse d'origine organique *(diatomées),* farineuse, de couleur grise ou jaune pâle. — Matière pulvérulente tirée de cette roche, employée au polissage du verre et des métaux. ➤ **kieselguhr.**

TRIPORTEUR [tʀipɔʀtœʀ] n. m. – 1900 ◊ de *tri-,* abrév. de *tricycle,* et *porteur* ■ Tricycle muni d'une caisse pour le transport des marchandises légères. ABRÉV. POP. **TRI.**

TRIPOT [tʀipo] n. m. – 1460 ; «manège, intrigue» fin XIIe ◊ probablt de l'ancien français *treper, tripper* «frapper du pied, sauter» → trépigner ■ **1** ANCIENNT Enclos aménagé pour le jeu de paume. ■ **2** (1707) PÉJ. Maison de jeu. *Tenir tripot. Le «café, dont une petite salle, au fond, se changeait peu à peu en un véritable tripot : on y jouait maintenant de grosses sommes, à l'écarté»* ZOLA.

TRIPOTAGE [tʀipɔtaʒ] n. m. – 1482, repris XIXe ◊ de *tripoter* ■ FAM. ■ **1** Arrangement, combinaison louche. ➤ **intrigue, manigance, trafic ;** FAM. **fricotage, magouille, tripatouillage.** *«le souvenir de ses tripotages dans les gouvernements républicains lui nuisit»* BALZAC. *Tripotages électoraux.* ➤ **cuisine, fraude, manipulation.** ■ **2** Action de tripoter (I, 2°), de toucher (qqch.) avec insistance.

TRIPOTÉE [tʀipɔte] n. f. – 1843 ◊ de *tripoter* ■ FAM. VIEILLI ■ **1** Raclée, volée*. *«ce Bismarck va nous flanquer une jolie tripotée»* ZOLA. ■ **2** (1867) Grand nombre. *Avoir une tripotée d'enfants.* ➤ **kyrielle, ribambelle,** RÉGION. **trâlée.** *Il y en a des tripotées.*

TRIPOTER [tʀipɔte] v. ‹1› – attesté 1482, mais antérieur (→ tripotage) ◊ de l'ancien sens de *tripot*

I v. tr. FAM. ■ **1** VX Manigancer, embrouiller (une affaire). ♦ MOD. Manier (des fonds, de l'argent) à son profit, faire valoir par diverses combinaisons. *«Tout le monde fait valoir son argent et le tripote de son mieux»* BALZAC. ■ **2** PAR EXT. (1843) Manier, tâter avec insistance et sans délicatesse. ➤ RÉGION. **chipoter, taponner.** *Ne tripotez pas ces fruits. J'aime «tripoter les lingeries, les chapeaux»* MIRBEAU. Manier machinalement. *Tripoter sa barbe. — Tripoter qqn.* ➤ **peloter.**

II v. intr. FAM. ■ **1** (1611) S'occuper à remuer et manier diverses choses. ➤ FAM. **tripatouiller.** *Ne tripote pas dans mon tiroir, dans mes affaires.* ➤ **trifouiller.** *«un enfant qui se délecte à tripoter dans l'eau sale»* R. ROLLAND. ➤ FAM. **patouiller.** ■ **2** FIG. Se livrer à des opérations et combinaisons peu avouables, malhonnêtes. ➤ **spéculer, trafiquer ;** FAM. **fricoter, magouiller.** *Il a tripoté dans pas mal d'affaires.*

TRIPOTEUR, EUSE [tʀipɔtœʀ, øz] n. – 1802 ; «celui qui brouille les choses» 1582 ◊ de *tripoter* ■ FAM. ■ **1** Personne qui se livre à des tripotages. ➤ **fricoteur, spéculateur, trafiquant.** ■ **2** Frôleur, peloteur.

TRIPOUS [tʀipu] n. m. pl. – 1912 ; «boudin» 1655 ◊ dérivé régional de *tripe* ■ RÉGION. Tripes accompagnées de pieds de mouton et de fraise de veau, cuisinés à la mode auvergnate. — On trouve aussi *des tripoux* (à éviter).

TRIPTYQUE [tʀiptik] n. m. – 1838 ◊ grec *triptukhos* «plié en trois, triple» ■ **1** ARTS Ouvrage de peinture ou de sculpture composé d'un panneau central et de deux volets mobiles susceptibles de se rabattre sur le panneau en le recouvrant exactement. *Prédelle et couronnement d'un triptyque. Retable en forme de triptyque.* — FIG. Œuvre littéraire en trois tableaux ou récits (➤ **trilogie**). *Un récit «s'ajoutant aux deux autres, comme le troisième volet d'un triptyque»* GIDE. ■ **2** Document douanier en trois feuillets, permettant l'importation temporaire de certains objets (notamment les voitures). *J'ai «pris, en vue du transit, une permission spéciale, un triptyque»* HENRIOT.

TRIQUE [tʀik] n. f. – 1690 ; *jouer aux triques* 1385 ◊ du francique °*strikan* ■ Gros bâton, et SPÉCIALT Bâton utilisé comme arme pour frapper. ➤ **gourdin, matraque.** *Mener les hommes à coups de trique. «Vlan ! Et qu'il nous fasse marcher tout ce monde-là à la trique !»* ROMAINS. — LOC. *Sec comme un coup de trique,* très maigre*. FAM. (v. 1940) *Avoir la trique :* être en érection (cf. Avoir la gaule). *«le désir s'enflamme [...], les triques montent dans les pantalons»* O. ROLIN. ■ HOM. Trick.

TRIQUEBALLE [tʀikbal] ou **TRINQUEBALLE** [tʀɛ̃kbal] n. m. – 1777, –1923 ; «instrument de torture» XVe ◊ du normand *triquer* «sauter» et *baller* «danser» ■ Chariot à deux ou quatre roues employé au transport d'objets allongés et lourds (troncs d'arbres...). ➤ **fardier.**

TRIQUE-MADAME [tʀikmadam] n. f. inv. /TRIQUEMADAME n. f./ – 1545 ; variante, d'après *trique,* de *tripe-madame* (1547) ◊ de l'ancien français *triper* «sauter» → tripot ■ RÉGION. Orpin blanc. *«il avait vu des trique-madame en fleur, chose rare pour la saison»* HUGO.

TRIQUET [tʀikɛ] n. m. – 1676 ◊ de *trique* ■ TECHN. Échafaudage de couvreur. ♦ (1872) Échelle double.

TRIRECTANGLE [tʀiʀɛktɑ̃gl] adj. – 1875 ◊ de *tri-* et *rectangle* ■ GÉOM. Qui a trois angles droits. *Trièdre trirectangle.*

TRIRÈGNE [tʀiʀɛɲ] n. m. – 1673 ◊ italien *triregno,* de *regno* «règne, pouvoir», latin *regnum* ■ DIDACT. Tiare du pape, ou triple couronne, symbolisant les trois pouvoirs, impérial, royal et sacerdotal. *«Ici, le Père, couronné ainsi qu'un Pape du trirègne»* HUYSMANS.

TRIRÈME [tʀiʀɛm] n. f. – XIVe ◊ latin *triremis* ■ ANTIQ. Navire de guerre des Romains, des Carthaginois, etc., rapide et léger, à trois rangées de rames superposées. ➤ **galère, trière.**

TRISAÏEUL, EULE [tʀizajœl] n. – 1552 ◊ de *tri-* et *aïeul,* d'après *bisaïeul* ■ Père, mère du bisaïeul ou de la bisaïeule. *«Quant à la trisaïeule, elle était droite, mince, propre et active»* SAND. *Les trisaïeuls.*

TRISANNUEL, ELLE [tʀizanɥɛl] adj. – 1771 ◊ de *tri-* et *annuel,* d'après *bisannuel* ■ RARE Qui a lieu tous les trois ans. *Fête trisannuelle.*

TRISECTEUR, TRICE [tʀisɛktœʀ, tʀis] adj. – 1843 ◊ de *tri-* et *secteur* ■ GÉOM. Qui divise en trois parties. *Courbe trisectrice.*

TRISECTION [tʀisɛksjɔ̃] n. f. – 1691 ◊ de *tri-* et *section* ■ GÉOM. Division d'une grandeur en trois parties égales. *La trisection de l'angle.*

TRISKÈLE [tʀiskɛl] n. m. – 1933 ◊ latin *triscelum* «figure à trois côtés, triangle», du grec *triskelês,* de *tri-* «trois» et *skelos* «jambe» ■ NUMISM., ARCHÉOL., ARTS Motif décoratif représentant trois jambes repliées ou trois branches incurvées dans le même sens, rayonnant autour du centre de la figure, souvent inscrites dans un triangle équilatéral.

TRISMUS [trismys] **n. m.** – 1806, variante *trisme* ; *trismos* 1765 ◇ grec *trismos* «petit bruit aigu», de *trizein* «grincer» ■ MÉD. Spasmes des muscles masticateurs rendant difficile l'ouverture de la bouche. *«l'épouvantable simagrée du trismus des tétaniques»* BLOY. — **adj. TRISMIQUE.**

TRISOC [trisɔk] **n. m.** – 1835 ◇ de *tri-* et *soc* ■ AGRIC. Charrue à trois socs. — APPOS. *Charrues trisocs.*

TRISOMIE [trizɔmi] **n. f.** – 1936 ◇ de *tri-* et du grec *sôma* «corps» ■ GÉNÉT., MÉD. Anomalie génétique due à la présence dans une paire chromosomique d'un chromosome surnuméraire. *Trisomie 21* : affection congénitale due à un chromosome surnuméraire sur la paire 21, caractérisée par un faciès typique, souvent associé à des malformations (cardiaques, rénales), et par un retard mental. ➤ VIEILLI **mongolisme.**

TRISOMIQUE [trizɔmik] **adj.** – v. 1960 ◇ de *trisomie* ■ MÉD. Atteint de trisomie. *Des enfants trisomiques.* — **n.** *Des trisomiques.*

1 **TRISSER** [trise] **v. intr.** ‹1› – 1839 ◇ latin *trissare*, grec *trizein* «grincer» ■ RARE Crier (en parlant de l'hirondelle).

2 **TRISSER** [trise] **v. tr.** ‹1› – 1853 ◇ de *tri-*, d'après *bisser* ■ RARE Répéter ou faire répéter trois fois de suite (un morceau) au concert, au théâtre. *«Non, ai-je dit deux fois. Faut-il donc que je trisse !»* ROSTAND. — PAR EXT. *Trisser un acteur, un chanteur.*

3 **TRISSER** [trise] **v.** ‹1› – 1905 ; *trisser* ou *trincer*, déjà dialectal au sens de «jaillir» ◇ de l'allemand *stritzen*, ancienne variante onomat. de *spritzen* «jaillir» ■ FAM. ■ **1 v. intr.** Partir. *«un flicard trissa derrière le truand»* QUENEAU. ■ **2 v. pron.** *Se trisser* : se sauver, s'en aller. ➤ **se casser, se débiner.**

TRISTE [trist] **adj.** – fin Xe ◇ du latin *tristis*

I QUI EST DANS UN ÉTAT DE TRISTESSE OU EXPRIME CET ÉTAT ■ **1** Qui est dans un état de tristesse. ➤ **abattu, affligé,** 1 **chagrin, découragé,** 1 **morose, sombre.** *Être triste, tout triste. «Ô triste, triste était mon âme À cause, à cause d'une femme»* VERLAINE. *Triste comme un bonnet de nuit, comme la mort. «je suis triste comme un lendemain de fête»* MUSSET. *Triste à mourir* : très triste. ■ **2** Qui, par nature, présente les caractères extérieurs de cet état ; qui ne rit pas, n'est pas gai. ➤ **mélancolique,** 1 **morose.** *«Certaines femmes timides et tristes s'épanouissent à la chaleur de l'admiration»* MAUROIS. *Clown triste. Les gens tristes sont peu appréciés en société.* ➤ **éteignoir, rabat-joie, trouble-fête. n.** *«Ils n'ont pas de tendresse pour les tristes»* MAUROIS. ■ **3** (début XIIIe) Qui exprime la tristesse, est empreint de tristesse. ➤ **éploré, funèbre, malheureux, maussade, rembruni, sombre.** *Elle a souvent l'air triste. Visage triste. Faire triste mine. Figure triste* (cf. FAM. Figure de croquemort*, tête d'enterrement*). ALLUS. LITTÉR. *Le chevalier à la Triste Figure* : don Quichotte. — *Regard, sourire triste.* — (Sentiments, idées) *«une résignation plus triste que le désespoir»* R. ROLLAND. — FAM. *Avoir le vin triste* : être habituellement triste dans l'ivresse. ■ **4** (1636) Qui répand la tristesse, rend triste. ➤ **lugubre,** 1 **morne,** 1 **sinistre.** *«La chair est triste, hélas ! et j'ai lu tous les livres»* MALLARMÉ. *Temps triste. Couleur triste.* ➤ **sévère,** 1 **terne.** *«Ville triste, lumières tristes dans les rues tristes»* PEREC.

II (CHOSES) A. QUI ATTRISTE, FAIT DE LA PEINE ■ **1** (milieu XIIe) Qui fait souffrir, fait de la peine. ➤ **accablant, affligeant, affreux, attristant, cruel, désespérant, désolant, douloureux, grave, navrant, pénible, rude, tragique.** *Une bien triste nouvelle. Triste sort, triste destinée.* ➤ **funeste.** — Où l'on souffre. *Les jours tristes que nous avons passés.* ➤ **difficile.** ■ **2** (1628) Qui raconte ou montre des choses pénibles. *«Les meilleurs* [romans] *sont tristes. Non pas tristes par les événements, mais par ce rabâchage sur soi-même»* ALAIN. *Ce film est trop triste.*

B. QUI AFFLIGE ■ **1** (Généralt av. le nom) Qui suscite des pensées, des jugements pénibles, qui afflige. ➤ **déplorable.** *«C'est une triste chose quand l'amour* [...] *en devient la calamité* [de la vie]*»* GIDE. — *Livre dans un triste état.* ➤ **mauvais, pitoyable.** — (En attribut) *C'est bien triste.* ➤ **dommage, fâcheux.** — (1977) FAM. *Pas triste* : amusant, pittoresque. *Une soirée chez lui, c'est pas triste ! Si «on jette un œil côté boulot, c'est pas triste non plus»* PENNAC. — IMPERS. *Il est triste que* (et le subj.). *Il est triste qu'elle se soit fâchée.* ■ **2** (1671) (Toujours devant le nom) PÉJ. Dont le caractère médiocre ou odieux afflige. ➤ **lamentable, misérable, pauvre,** 1 **sinistre.** *Quelle triste époque ! Un triste sire*.*

■ CONTR. Content, gai, joyeux, réjoui, rieur. Amusant, comique, drôle, riant. Heureux, réconfortant, réjouissant. 1 Beau, 1 bon.

TRISTEMENT [tristəmɑ̃] **adv.** – v. 1150 ◇ de *triste* ■ **1** En étant triste, d'un air triste. *«Au coucher du soleil tristement je m'assieds»* LAMARTINE. *Secouer la tête tristement.* ■ **2** D'une manière qui incite à la tristesse. *Deux tisons «fumaient tristement»* HUGO. ■ **3** D'une manière pénible, affligeante. *Une aventure tristement célèbre.* ■ CONTR. Gaiement, joyeusement. Drôlement.

TRISTESSE [tristɛs] **n. f.** – *tristece* v. 1165 ◇ de *triste* ■ **1** État affectif pénible, calme et durable ; envahissement de la conscience par une douleur, une insatisfaction, ou par un malaise dont on ne démêle pas la cause, et qui empêche de se réjouir du reste. ➤ **cafard, dépression, ennui, mélancolie, saudade ; abattement, affliction, amertume, peine.** *«J'ai des idées noires, de la tristesse et de l'ennui»* DIDEROT. *«Mais la tristesse en moi monte comme la mer»* BAUDELAIRE. *Des accès de tristesse. Être enclin à la tristesse.* ➤ **morosité, sinistrose.** *Tristesse maladive.* ➤ **neurasthénie.** *«j'ai le* spleen, *tristesse physique, véritable maladie»* CHATEAUBRIAND. — Air triste d'une personne (attitude abandonnée, traits affaissés, regard sans éclat...). *Sourire avec tristesse.* ■ **2** Moment où l'on est dans cet état ; cause de tristesse (1°). ➤ 2 **chagrin.** *La religion chrétienne «est la religion des tristesses de la vie, des malheurs, des chagrins»* GONCOURT. *«La fin de la vie d'Émile Zola aura été une des tristesses de notre histoire»* ARAGON. ■ **3** Caractère de ce qui exprime cet état. *La tristesse de nos adieux.* ■ **4** Caractère de ce qui incite à cet état. *La tristesse de sa vie.* ➤ **grisaille.** *«La tristesse de la nuit lui entra dans le cœur»* FRANCE. *«La tristesse qui se dégage des choses tombées en désuétude est infinie»* JAMMES. ■ CONTR. Allégresse, enjouement, entrain, euphorie, gaieté, joie. 1 Plaisir, satisfaction. Drôlerie.

TRISTOUNET, ETTE [tristunɛ, ɛt] **adj.** – milieu XXe ◇ de *triste* ■ FAM. Un peu triste, morose. *Une ambiance un peu tristounette.*

TRISYLLABE [trisi(l)lab] **adj. et n. m.** – 1529 ◇ latin d'origine grecque *trisyllabus* ■ DIDACT. Qui a trois syllabes. — **n. m.** *Le mot* écouter *est un trisyllabe.*

TRISYLLABIQUE [trisi(l)labik] **adj.** – 1550 ◇ de *trisyllabe* ■ DIDACT. Qui est formé de trois syllabes. *Un pied, un vers trisyllabique.*

TRITHÉRAPIE [triterapi] **n. f.** – 1995 ◇ de *tri-* et *thérapie* ■ MÉD. Traitement à l'aide de trois médicaments associés ; SPÉCIALT traitement du sida associant trois antiviraux.

TRITICALE [tritikal] **n. m.** – 1974 ◇ du latin *triti(cum)* «blé» et *(se)cale* «seigle» ■ AGRIC. Hybride de blé et de seigle. *«le triticale, ce croisement prometteur du seigle et du blé, résistant aux froidures mais bien mal baptisé avec son nom de médicament»* J.-C. BAILLY.

TRITIUM [tritjɔm] **n. m.** – 1937 ◇ du grec *tritos* «troisième», d'après *deutérium* ■ CHIM. Isotope radioactif de l'hydrogène (SYMB. T, ^3H), dont la vie moyenne est de 12,26 années et qui donne l'isotope 3 de l'hélium. *Noyau de tritium.* ➤ 3 **triton.** *Le tritium est utilisé en biologie comme traceur radioactif.*

1 **TRITON** [tritɔ̃] **n. m.** – 1512 ◇ latin *Triton*, grec *Tritôn*, nom du fils de Poséidon et d'Amphitrite ■ **1** MYTH. Divinité de la mer à figure humaine et à queue de poisson dont l'attribut est une conque au son retentissant. *«Les Tritons font sonner leurs trompes en nageant»* SAMAIN. ■ **2** (1800) ZOOL. Mollusque gastéropode de très grande taille. *La coquille du triton servait de trompette aux Romains, et est encore utilisée de nos jours par des bergers, des pêcheurs.* ◆ (1828) Batracien urodèle aquatique, proche de la salamandre, à queue aplatie, et qui présente une crête dorsale chez certains mâles.

2 **TRITON** [tritɔ̃] **n. m.** – 1629 ; *trite* 1615 ◇ latin médiéval *tritonum*, grec *tritonon* ■ MUS. Intervalle de trois tons entiers, et SPÉCIALT la quarte augmentée.

3 **TRITON** [tritɔ̃] **n. m.** – v. 1960 ◇ de *tritium*, d'après *électron, neutron*, etc. ■ CHIM. Noyau de l'atome de tritium.

TRITURATEUR [trityratœr] **n. m.** – 1873 ◇ du radical de *trituration* ■ SC., TECHN. Instrument ou appareil servant à la trituration des substances. ➤ **broyeur.** *Triturateur de chiffons de l'industrie papetière.*

TRITURATION [trityrasjɔ̃] **n. f.** – XIIIe ◇ bas latin *trituratio* ■ **1** DIDACT. Action de triturer (1°) ; broyage par friction. *Trituration du camphre dans un mortier. Trituration des aliments par les dents.* ➤ **mastication.** *Bois de trituration* (pour les panneaux d'aggloméré). *La marne «provenant de la trituration de squelettes d'organismes»* É. HAUG. ■ **2** FIG. VIEILLI Manière de traiter (une affaire). *«Il sait maintenant la trituration de la chose»* GONCOURT. ◆ MOD. Manipulation. *«de stériles triturations du langage»* LEIRIS.

TRITURER [tRityRe] v. tr. ⟨1⟩ – 1611 ; «battre (le blé)» 1519 ◇ bas latin *triturare* ▪ **1** Réduire en poudre ou en pâte en écrasant par pression et frottement. ➤ **broyer, 1 piler, pulvériser.** *Triturer du sel.* ➤ **égruger.** — *Aliment «trituré par les molaires»* BRILLAT-SAVARIN. ➤ **1 mâcher, 1 mastiquer.** ▪ **2** (XIXe) Manier à fond pour pétrir ou mêler. ➤ **malaxer, pétrir.** *Triturer les chairs en les massant. Je le vois «triturer l'herbe et la paille [...] avaler le tout»* THARAUD. — LOC. FAM. *Se triturer les méninges, la cervelle :* se mettre l'esprit à la torture en cherchant qqch., en se faisant du souci. *«tu te tritures les méninges et tu t'ingénies à te persuader que tu es un vieux jeton»* AYMÉ. ▪ **3** PAR EXT. Manier brutalement ou machinalement. ➤ FAM. **tripoter.** *Triturer son mouchoir.* — *De poudreux registres «fiévreusement triturés»* COURTELINE. ▪ **4** FIG. Manipuler. *«La presse officielle n'a pas cessé de triturer l'opinion»* MARTIN DU GARD. ➤ **travailler.**

TRIUMVIR [tRijɔmviR] n. m. – 1507 ◇ mot latin, du génitif *trium virum* «de trois hommes» ▪ ANTIQ. Magistrat, commissaire romain chargé, conjointement avec deux collègues, d'une branche de l'administration. ◆ SPÉCIALT Chacune des trois personnalités chargées d'organiser le gouvernement.

TRIUMVIRAL, ALE, AUX [tRijɔmviRal, o] adj. – 1579 ◇ latin *triumviralis* ▪ HIST. ANTIQ. Qui appartient aux triumvirs. *Pouvoirs triumviraux.*

TRIUMVIRAT [tRijɔmviRa] n. m. – 1556 ◇ latin *triumviratus* ▪ **1** ANTIQ. Fonction de triumvir ; durée de cette fonction. ◆ Association de trois personnes qui exerçaient le pouvoir. *Le premier triumvirat* (Pompée, César, Crassus) *et le second triumvirat* (Octave, Antoine, Lépide). — Durée de ce gouvernement. ▪ **2** LITTÉR. Association de trois personnes qui exercent un pouvoir, une influence. *«Ces messieurs formaient avec M. Maslon un triumvirat qui, depuis nombre d'années, tyrannisait la ville»* STENDHAL.

TRIVALENT, ENTE [tRivalɑ̃, ɑ̃t] adj. – 1866 ◇ de *tri-* et *-valent* ▪ CHIM. Qui possède la valence 3 ou le degré d'oxydation + 3 ou – 3. *Corps trivalent.* — n. f. **TRIVALENCE.**

TRIVALVE [tRivalv] adj. – 1808 ◇ de *tri-* et *valve* ▪ SC. NAT. Qui a trois valves. *Coquille trivalve.*

TRIVIAL, IALE, IAUX [tRivjal, jo] adj. – 1545 «commun, sans distinction» ◇ latin *trivialis* «commun, banal», proprt «de carrefour», de *trivium* «carrefour de trois voies» ▪ **1** VIEILLI ou LITTÉR. Qui est devenu ordinaire, plat et commun. *«une sorte de bien-être inférieur, d'agrément trivial qui m'irritent»* MORAND. *Des détails triviaux. «ces objets triviaux du genre poêle à frire ou édredon»* C. SIMON. — HIST. LITTÉR. *Le style trivial* (opposé à *noble, sublime*). ▪ **2** COUR. Qui est caractéristique des éléments les plus bas, les plus décriés de la société ; qui est contraire aux bons usages, aux bienséances. ➤ **1 bas, choquant, sale, vulgaire.** *Des manières, des plaisanteries triviales. «libertés de désinvolture ou de langage [...] jamais triviales, jamais communes, jamais peuple»* LOTI. — SPÉCIALT (dans le langage) Qui désigne, ouvertement et d'une manière populaire, des réalités que le bon ton passe sous silence. ➤ **grossier, obscène, 1 poissard.** *Langage trivial.* ▪ **3** (milieu XXe ◇ d'après le sens 1° et de l'anglais *trivial* «quelconque, insignifiant») DIDACT. Banal, évident. *Solution triviale.* ▪ **4** CHIM. *Nom trivial :* nom admis en chimie, sanctionné par la pratique, bien qu'il ne respecte pas les règles de nomenclature. *«Soude caustique» est le nom trivial de l'hydroxyde de sodium.* ▪ CONTR. Exceptionnel, rare. Distingué, noble, sublime. Correct.

TRIVIALEMENT [tRivjalmɑ̃] adv. – 1596 ◇ de *trivial* ▪ **1** VIEILLI ou LITTÉR. D'une manière banale, commune. ▪ **2** MOD. D'une manière grossière, vulgaire.

TRIVIALITÉ [tRivjalite] n. f. – 1611 ◇ de *trivial* ▪ **1** VIEILLI ou LITTÉR. Caractère de ce qui est banal, plat. *«une trivialité de style de premier ordre, une plume banale par excellence»* VILLIERS. *Une étude qui «risque de ne pas sortir de la trivialité sociologique et de se perdre dans l'anecdote»* H. LEFEBVRE. ◆ PAR EXT. Chose, parole banale. ➤ **banalité.** ▪ **2** MOD. et COUR. Caractère de ce qui est grossier, vulgaire, choquant. *Une plaisanterie d'une trivialité choquante.* ◆ PAR EXT. Parole, plaisanterie vulgaire et grossière. ➤ **obscénité.** ▪ CONTR. Originalité. Élévation, noblesse.

TRIVIUM [tRivjɔm] n. m. – 1797 ◇ mot latin «carrefour à trois voies» ▪ ANCIENNT Division inférieure des sept arts enseignés dans les universités du Moyen Âge. *Le trivium* (grammaire, rhétorique, dialectique) *et le quadrivium*.*

TROC [tRɔk] n. m. – 1636 ; *troque* 1537 ; *troche* 1434 ◇ de *troquer* ▪ **1** Échange direct d'un bien contre un autre. *Faire un troc avec qqn. Faire le troc d'une chose contre une autre, de deux choses.* ➤ **troquer.** — Système économique primitif, excluant l'emploi de monnaie. *Économie de troc. «un retour tout à fait inattendu au système primitif, au système des sauvages, au troc»* VALÉRY. ▪ **2** COMM. INTERNAT. *Accord de troc.* ➤ **clearing, compensation.** *Les nouvelles formes de troc international.* ▪ HOM. Troque (troche).

TROCART [tRɔkaR] n. m. – *troquart* 1694 ◇ altération de *trois-quarts* ▪ CHIR. Tige métallique pointue coulissant à l'intérieur d'une canule, servant à faire des ponctions évacuatrices (➤ **paracentèse**).

TROCHAÏQUE [tRɔkaik] adj. – 1551 ◇ latin *trochaicus*, grec *trokhaïkos* ▪ PROSODIE ANT. Dont le pied fondamental est le trochée. *Rythme trochaïque,* rapide. *Vers trochaïque et vers iambique.*

TROCHANTER [tRɔkɑ̃tɛR] n. m. – 1541 ; variante *trocanter* XVIe ◇ grec *trokhantêr*, de *trokhazein* «courir» ▪ **1** ANAT. Chacune des deux apophyses de l'extrémité supérieure du fémur. *Grand trochanter. Petit trochanter.* — adj. **TROCHANTÉRIEN, IENNE.** ▪ **2** ZOOL. Premier ou second article des pattes de derrière des insectes.

TROCHE [tRɔʃ] n. f. – 1768 ◇ latin *trochus*, grec *trokhos* «roue» ▪ Coquillage univalve en forme de toupie. — On dit aussi **TROQUE** [tRɔk]. ▪ HOM. Troches ; troc.

1 **TROCHÉE** [tRɔʃe] n. m. – 1551 ◇ latin *trochæus*, grec *trokhaios*, «coureur», de *trokhos* «course» ▪ MÉTR. ANT. Pied formé de deux syllabes, une longue et une brève. — MOD. *«les pieds employés, qui sont des trochées, consistent en une syllabe longue suivie d'une brève»* BAUDELAIRE.

2 **TROCHÉE** [tRɔʃe] n. f. – 1820 ; «bouquet de fruits» 1561 ◇ de *troches* ▪ ARBOR. Faisceau de bourgeons, de rameaux, qui poussent d'un arbre coupé.

TROCHES [tRɔʃ] n. f. pl. – 1690 ; sing. 1561 ; «touffe, grappe» en ancien français ◇ latin populaire °*traduca*, classique *tradux* «sarment qu'on fait passer *(traducere)* d'un cep à l'autre» ▪ VÉN. Fumées* (4°) à demi formées. *Troches d'un cerf.* ▪ HOM. Troche.

TROCHILE [tRɔkil] n. m. – 1872 ; «roitelet» 1611 ◇ latin *trochilus*, grec *trokhilos* «roitelet» ▪ ZOOL. Colibri, oiseau-mouche *(trochilidés).*

TROCHILIDÉS [tRɔkilide] n. m. pl. – 1877 ; *trochilides* 1834 ◇ du latin *trochilus* → trochile ▪ ZOOL. Famille de petits oiseaux d'Amérique *(passereaux),* à plumage multicolore, à bec arqué (colibri) ou droit (oiseau-mouche). — Au sing. *Un trochilidé.*

TROCHIN [tRɔʃɛ̃] n. m. – avant 1828 ◇ grec *trokhos* «roue» ▪ ANAT. Petite tubérosité de l'extrémité supérieure de l'humérus, située en dedans du trochiter.

TROCHISQUE [tRɔʃisk] n. m. – XVIe ; *trocisque* 1425 ◇ du latin des médecins *trochiscus*, grec *trokhiskos* «petite roue ; pastille» ▪ PHARM. Médicament composé de substances sèches pulvérisées et moulées en forme de cônes, destiné aux fumigations par combustion.

TROCHITER [tRɔkitɛR] n. m. – début XIXe ◇ variante arbitraire de *trochanter* ▪ ANAT. Grosse tubérosité de l'extrémité supérieure de l'humérus, saillie située en dehors de la tête de cet os.

TROCHLÉE [tRɔkle] n. f. – 1721 ◇ latin d'origine grecque *trochlea* «poulie» ▪ ANAT. Surface articulaire en forme de poulie. *Trochlée fémorale. Trochlée humérale.* — adj. **TROCHLÉEN, ENNE,** 1875.

TROCHURE [tRɔʃyR] n. f. – XIVe ◇ du radical de *troches* ▪ VÉN. Quatrième andouiller du cerf.

TROÈNE [tRɔɛn] n. m. – 1545 ; *tronne* XIVe ◇ francique °*trugil* ▪ Plante dicotylédone *(oléacées),* arbuste à feuilles presque persistantes, à fleurs blanches odorantes disposées en thyrse, à baies noires. *Haie de troènes.*

TROGLOBIE [tRɔglɔbi] adj. – 1907 ◇ du grec *trôglê* «trou» et *-bie* ▪ ÉCOL. Qui vit en permanence dans les profondeurs souterraines. — n. m. *Les troglobies :* les êtres troglobies. ➤ **cavernicole.**

TROGLODYTE [tRɔglɔdit] n. – 1721 ; n. de peuple XIIe ◇ latin *troglodyta*, peuple sauvage d'Afrique ; grec *trôglodutês* «qui entre dans des trous» ▪ **1** Habitant(e) d'une excavation naturelle (caverne, grotte), et PAR EXT. d'une demeure aménagée dans la terre, le roc. *Les troglodytes du Val de Loire.* — adj. *Village troglodyte.* — PAR ANAL. Personne qui vit, travaille sous terre. ▪ **2** n. m.

(1778) Petit passereau, au corps ramassé, à queue courte et relevée, construisant un nid couvert. *Le troglodyte est insectivore ; il est parfois confondu avec le roitelet.*

TROGLODYTIQUE [tʀɔglɔditik] adj. – 1842 ◊ de *troglodyte* ■ DIDACT. Des troglodytes. *Habitations troglodytiques.*

TROGNE [tʀɔɲ] n. f. – 1580 ; *trongne* 1458 ; «forme, apparence» fin XIVe ◊ gaulois °*trugna* ■ FAM. Visage grotesque ou plaisant, et SPÉCIALT Figure rubiconde d'un gros mangeur, d'un buveur. *«sa trogne enluminée par le soleil et par le vin»* GAUTIER.

TROGNON [tʀɔɲɔ̃] n. m. – 1660 ; *troignon* 1393 ◊ de l'ancien français *estro(i)gner*, variante de *estronchier* «élaguer» ; latin *truncare* → tronquer ■ 1 Ce qui reste d'un fruit, d'un légume, quand on en a enlevé la partie comestible. *Trognon de poire, de salade, de chou. Trois grandes filles «croquant des pommes, crachant les trognons»* ZOLA. — LOC. FAM. *Jusqu'au trognon :* jusqu'au bout, complètement (cf. Jusqu'à l'os*). *Se faire avoir jusqu'au trognon. Le mot «de patriotes [...] ridiculisé jusqu'au trognon»* BERNANOS. *«Ah çà, les Tuileries, il les ont eues, ils les ont eues jusqu'au trognon»* ARAGON. ■ 2 (1610) FAM. Terme d'affection désignant un enfant, une jeune fille. *«Un petit trognon comme toi»* MIRBEAU. — adj. Mignon. *Ce qu'elles sont trognons !* (cf. Chou).

TROÏKA [tʀɔika] n. f. – 1856 ◊ mot russe ■ 1 Grand traîneau attelé à trois chevaux de front. ■ 2 Groupe de trois dirigeants politiques, de trois entreprises, etc. (d'abord en parlant du groupe formé par Staline, Zinoviev et Kamenev en 1922, en opposition à Trotski). *«Hitler avait chargé Skorzeny de "liquider la troïka" Roosevelt, Staline, Churchill au cours de la conférence de Téhéran, en novembre 1943»* (Le Monde, 1965). ◆ *Troïka (européenne) :* groupe composé du Haut représentant de l'Union européenne, du ministre des Affaires étrangères de l'État qui assure la présidence semestrielle de l'Union et du commissaire européen chargé des relations extérieures.

TROIS [tʀwa] adj. numér. et n. – XIIe ; v. 1000 *tres* ◊ latin *tres*

I ~ adj. numér. card. Nombre entier équivalant à deux plus un (3 ; III). ➤ tri-. ■ 1 *«Les Trois Mousquetaires», de Dumas. Les trois Grâces*. Les trois Parques*. Les trois Glorieuses*. La règle des trois unités*. Les trois ordres*. Les trois dimensions*. Animation en trois dimensions (3 D). Les trois quarts* du temps. Portrait de trois quarts.* LOC. *Les trois coups,* qui, au théâtre, précèdent le lever du rideau. — *Mes trois sœurs. Groupe de trois personnes.* ➤ trinôme, troïka. — *Le voyage a duré trois heures. Stance de trois vers.* ➤ tercet. *Intervalle de trois notes.* ➤ tierce. *Formation de trois musiciens.* ➤ trio. *Polygone à trois côtés.* ➤ triangle. *Composé de trois éléments.* ➤ ternaire. *Pari sur trois chevaux.* ➤ tiercé, trio. *J'ai trois rois dans mon jeu.* ➤ brelan. *Trois dizaines.* ➤ trente. *Espace de trois mois.* ➤ trimestre. *Un plan de trois ans.* ➤ triennal. *Trois fois plus grand.* ➤ triple. *Un hôtel trois étoiles*.* — *Haut* comme trois pommes. En deux temps*, trois mouvements. En trois coups de cuillère* à pot. Trois fois rien*.* ◆ (En composition pour former un nombre) *Vingt-trois. Trois cents. «Nous nous vîmes trois mille en arrivant au port»* CORNEILLE. ◆ ELLIPT *Un bail commercial trois-six-neuf* (ans). *Dix heures moins trois* (minutes). *Produit trois en un,* qui remplit trois fonctions à lui seul. **RÈGLE DE TROIS :** méthode par laquelle on cherche le quatrième terme d'une proportion quand les trois autres sont connus. — *Deux ou trois ; trois ou quatre :* un très petit nombre. ◆ PAR EXT. Quelques. *J'arrive dans trois minutes* (➤ deux). *Elle n'a pas dit trois mots. Trois pelés* et un tondu.* ■ 2 PRONOM. *Sur vingt passagers, trois ont été blessés. «Que vouliez-vous qu'il fît contre trois ?»* CORNEILLE. *«Deux amis se promènent. Deux et non pas trois, car à trois on ne sait plus ce que l'on dit»* PÉGUY. *Ménage à trois :* le couple, plus l'amant (ou la maîtresse). — LOC. PROV. *Jamais deux sans trois :* ce qui arrive deux fois a toute chance d'arriver une troisième fois. *Quand (il) y en a pour deux, (il) y en a pour trois,* se dit lors d'un partage, d'une invitation à un repas.

II ~ adj. numér. ord. Troisième ■ 1 *Henri III. Page 3. La taille 3.* — *Le 3 juin. Il est 3 heures.* — *Je vous le répète pour la trois ou quatrième fois.* ■ 2 SUBST. M. Le troisième jour du mois. *Le 3 est un lundi.* ◆ Ce qui porte le numéro 3. *Il habite (au) 3, rue de... Miser sur le 3.* ■ 3 SUBST. F. Chambre, table portant le numéro 3. *L'addition de la 3.* ◆ La troisième chaîne de télévision. *Le programme de la trois.*

III ~ n. m. ■ 1 Sans déterm. *Trois et un, quatre. Divisé par trois* (➤ tiers). *Deux fois trois, six. Multiplier par trois.* ➤ tripler. — *Je compte jusqu'à trois. Un, deux, trois, partez ! Trois pour cent* (ou 3 %). ■ 2 Avec déterm. Le nombre, le chiffre, le numéro 3. *Vos 3 ressemblent à des 8.* — Note. *Avoir (un) 3 à son examen.* — Carte marquée de trois signes. *Le trois de carreau.* — Face d'un dé, moitié d'un domino marquée de trois points. *Le double 3 est sorti.*

TROIS-DEUX [tʀwadø] n. m. – 1765 ◊ de *trois* et *deux* ■ MUS. Mesure à trois temps qui a la blanche pour unité.

TROIS-ÉTOILES ou **TROIS ÉTOILES** [tʀwazetwal] n. m. et adj. – 1694 ◊ de *trois* et *étoile* «astérisque» ■ 1 S'emploie pour désigner une personne dont on veut respecter l'anonymat. *Monsieur trois-étoiles* (M***). *«la comtesse de... trois étoiles. C'est ainsi, je crois, que vous dites en français quand vous ne voulez pas nommer les gens»* SAND. ■ 2 Hôtel ou restaurant réputé. ➤ palace. *Descendre dans un trois-étoiles. Des trois-étoiles.*

1 **TROIS-HUIT** [tʀwaɥit] n. m. inv. – 1768 ◊ de *trois* et *huit* ■ MUS. Mesure à trois temps qui a la croche pour unité.

2 **TROIS-HUIT** [tʀwaɥit] n. m. pl. – 1891 ◊ de *trois* et *huit* ■ Système de travail continu qui nécessite la succession de trois équipes travaillant chacune huit heures. *Faire les trois-huit dans une usine.*

TROISIÈME [tʀwazjɛm] adj. et n. – 1539 ; *troisime* XIIe ◊ de *trois*

I adj. numér. ord. Qui suit le deuxième, le second. ➤ tertiaire, tiers. *La troisième fois. Le troisième chapitre d'un livre.* ➤ trois. *La troisième maison portant le même numéro.* ➤ 1 ter. *La troisième personne du pluriel. Le IIIe siècle avant J.-C. Habiter au troisième étage,* ou n. m. *au troisième sur la cour. Le IIIe arrondissement de Paris,* ou n. m. *habiter (dans) le IIIe* (ou 3e). — *Le troisième sexe*. Le troisième âge*. Le troisième larron*.* — (Dans une compétition) *Elle a fini troisième de sa catégorie.* ◆ (En composition pour former des adj. ord.) *Vingt-troisième* [vɛ̃tʀwazjɛm]. *Quatre-vingt-troisième* [katʀəvɛ̃tʀwazjɛm]. ◆ RARE Se dit d'une partie d'un tout également divisé ou divisible en trois. *La troisième partie d'un tout.* ➤ tiers.

II n. ■ 1 *Vous êtes la troisième à arriver.* ■ 2 n. f. Troisième vitesse d'un engin motorisé. *Rétrograder en troisième.* — Quatrième et dernière classe du premier cycle de l'enseignement secondaire. *Il a redoublé sa troisième.* — DANSE Troisième position fondamentale de la danse classique. ■ 3 n. m. Troisième élément d'une charade.

TROISIÈMEMENT [tʀwazjɛmmɑ̃] adv. – 1584 ◊ de *troisième* ■ En troisième lieu (en chiffres 3°). ➤ tertio.

TROIS-MÂTS [tʀwamɑ] n. m. – 1824 ◊ de *trois* et *mât* ■ MAR. Navire à voiles à trois mâts. *Trois-mâts carré* (ou *franc*), à voiles carrées. *Trois-mâts goélette,* dont la misaine seule a des voiles carrées.

TROIS-POINTS [tʀwapwɛ̃] adj. – 1933 ◊ de *trois* et 1 *point* ■ FAM. *Les frères trois-points :* les francs-maçons (à cause du symbole [∴] de la franc-maçonnerie).

TROIS-PONTS [tʀwapɔ̃] n. m. – 1843 ◊ de *trois* et *pont* ■ MAR. ANC. Navire à trois ponts, à trois batteries superposées.

TROIS-QUARTS [tʀwakaʀ] n. m. – 1872 ◊ de *trois* et *quart* ■ 1 MUS. Petit violon pour enfants (un quart plus petit que le violon ordinaire). ■ 2 (1900) Vêtement trois quarts (➤ 2 quart), dont la longueur est intermédiaire entre celle de la veste et celle du manteau. ■ 3 (1889) Au rugby, Joueur de la ligne offensive placée entre les demis et l'arrière. *Jouer comme trois-quarts centre, trois-quarts aile.*

TROIS-QUATRE [tʀwakatʀ] n. m. inv. – 1765 (noté 3/4) ◊ de *trois* et *quatre* ■ MUS. Mesure à trois temps, avec la noire pour unité.

TROIS-ROUES [tʀwaʀu] n. m. – 1985 ◊ de *trois* et *roue* ■ ADMIN. Motocycle à trois roues.

TROIS-SIX [tʀwasis] n. m. – fin XVIIIe ◊ de *trois* et *six* ■ VX ou RÉGION. Alcool rectifié à degré élevé (plus de 85°), trois mesures de cet alcool ajoutées à trois mesures d'eau fournissant six mesures d'alcool à boire. *De simples matelots «qui se grisent d'un verre de trois-six»* MIRBEAU.

1 **TROLL** [tʀɔl] n. m. – 1842 ◊ mot suédois ■ Esprit, lutin des légendes scandinaves. ■ HOM. Trolle.

2 **TROLL** [tʀɔl] n. – 2005 ◊ mot anglais d'origine obscure, p.-ê. de 1 *troll* ou du verbe *to troll* «déambuler» ■ ANGLIC. INFORM. Internaute qui cherche à créer la polémique sur un forum de discussion ou sur les réseaux sociaux. ◆ n. m. Message publié par un troll. *Poster des trolls* (➤ troller).

1**TROLLE** ou **TROLE** [tʀɔl] n. f. – 1732, -1803 ; 1655 *trôlle* ◇ de *troller* XIIe, encore dialectal *trôler* « traînasser » ; latin populaire °*tragulare*, de *trahere* « traîner » ■ CHASSE Manière de chasser au hasard du lancer, après avoir découplé les chiens, si on n'a pu détourner le cerf avec le limier. ■ HOM. Troll.

2**TROLLE** [tʀɔl] n. m. – 1791 ◇ mot allemand ■ Plante vivace herbacée *(renonculacées)*, aux fleurs jaunes globuleuses, appelée aussi *boule d'or. Trolle d'Europe.*

TROLLER [tʀɔle] v. ‹1› – 2008 ◇ anglais *to troll* ■ **1** v. intr. Poster des trolls (2). *Troller sur les forums.* ■ **2** v. tr. Attaquer, mettre en cause (qqn) en postant des trolls à son sujet. *Ils « parcourent les médias sociaux et trollent quiconque est d'avis différent »* (Courrier international, 2014).

TROLLEY [tʀɔlɛ] n. m. – 1893 ◇ mot anglais, de *to troll* « rouler » ■ **1** Dispositif composé d'une perche fixée au véhicule et d'un organe mobile de contact, servant à transmettre le courant d'un câble conducteur (➤ **caténaire**) au moteur d'un véhicule. *Tramway à trolley. « Les autos* [tamponneuses] *se cognaient avec énergie, les trolleys crépitaient contre le filet métallique »* QUENEAU. ■ **2** FAM. Trolleybus.

TROLLEYBUS [tʀɔlɛbys] n. m. – 1921 ◇ de *trolley* et *bus* ■ Autobus à trolley. *Des trolleybus.*

TROMBE [tʀɔ̃b] n. f. – 1611 ; *trompe* 1606 ◇ italien *tromba* « trompe, canal d'une pompe » ■ **1** Cyclone tropical déterminant, de la masse nuageuse à la mer, la formation d'une sorte de colonne nébuleuse tourbillonnante qui soulève la surface des eaux. *« la trombe aux ardentes serres »* HUGO. ■ **2** PAR EXT. *Trombe d'eau :* pluie torrentielle (qui se déverse comme retombe l'eau d'une trombe). ➤ 1**cataracte, déluge.** *« Il y vit un violent orage* [...] *une trombe d'eau venir de plus de six lieues »* ZOLA. — PAR ANAL. *« une si épaisse trombe de feu et de gravier, de bois et de métal enflammés »* BAUDELAIRE. ■ **3** LOC. *Comme une trombe, en trombe :* avec un mouvement rapide et violent. ➤ **tornade.** *Voiture qui passe en trombe.*

TROMBIDION [tʀɔ̃bidjɔ̃] n. m. – 1803 ◇ latin des zoologistes *trombidium*, du radical de *trompe* ■ ZOOL. Acarien* de couleur rouge vif ou noirâtre dont les larves (➤ **aoûtat, rouget, vendangeon ; lepte**) piquent l'être humain et provoquent une éruption très prurigineuse.

TROMBIDIOSE [tʀɔ̃bidjoz] n. f. – 1909 ◇ de *trombidion* ■ MÉD. Dermatose provoquée par le trombidion.

TROMBINE [tʀɔ̃bin] n. f. – 1836 ◇ probablt du radical de *trompe* ; cf. italien *tromba* ■ FAM. Tête*, visage. ➤ 1**bille,** 2**binette, bobine.** *Faire une drôle de trombine. « Je compte revoir et baiser ta gentille petite trombine »* FLAUBERT. ■ HOM. Thrombine.

TROMBINOSCOPE [tʀɔ̃binɔskɔp] n. m. – 1873 ◇ de *trombine* ■ FAM. Opuscule contenant le portrait, la photographie des membres d'une assemblée, d'un comité, d'une grande école...

TROMBLON [tʀɔ̃blɔ̃] n. m. – 1803 ◇ altération de *trombon* → trombone ■ **1** ANCIENNT Arme à feu portative dont le canon évasé en entonnoir pouvait recevoir une charge de plusieurs balles. ➤ **espingole.** *« Un tromblon tout chargé, s'ouvrant comme un cratère »* HUGO. ◆ Sorte d'entonnoir qu'on adaptait au canon du fusil Lebel, pour le lancement de grenades spéciales. ■ **2** PAR ANAL. *Tromblon* ou *chapeau tromblon :* ancien haut-de-forme évasé au sommet. *Des chapeaux tromblons.* ◆ FAM. VX Chapeau.

TROMBONE [tʀɔ̃bɔn] n. m. – 1823 ; *trombon* v. 1580 ◇ italien *trombone*, de *tromba* « trompe » ■ **1** Instrument à vent à embouchure, qui fait partie des cuivres. *« on dansait toujours, Clou enflait les accompagnements de son trombone »* ZOLA. *Trombone à coulisse,* dont le tube replié forme une longue coulisse pouvant être allongée ou raccourcie (sept positions) de manière à produire des sons différents. — *Trombone à pistons,* où la longueur du tube varie par l'effet du jeu des pistons. ◆ PAR MÉTON. Musicien, musicienne qui joue du trombone. *Elle est trombone dans l'orchestre X.* (On dit aussi *tromboniste,* 1821.) ■ **2** (par anal. de forme) Petite agrafe de fil de fer repliée en deux boucles, servant à retenir plusieurs feuillets.

TROMMEL [tʀɔmɛl] n. m. – 1872 ◇ mot allemand « tambour » ■ TECHN. Trieur rotatif, servant à classer les minerais et les cailloux, selon leur grosseur.

TROMPE [tʀɔ̃p] n. f. – fin XIIe ◇ francique °*trumba, trumpa*, p.-ê. d'origine onomatopéique

I ■ **1** Instrument à vent à embouchure, formé d'un tube évasé en pavillon (cor, olifant, schofar, vuvuzéla et SPÉCIALT trompette). *Sonner de la trompe.* — LOC. *Proclamer qqch. à son de trompe,* se disait des proclamations publiques précédées de coups de trompette. MOD. *À son de trompe :* à grand fracas, de façon publicitaire (➤ **claironner**). *« ces renseignements qu'elle annonçait à grands sons de trompe »* BARBEY. ■ **2** (XVe) *Trompe de chasse* ou *trompe :* cor simple. — Petit instrument à vent très sommaire, servant à appeler. ➤ **corne, cornet.** *Berger qui sonne de la trompe.* ■ **3** ANCIENNT Avertisseur (d'auto, de bicyclette). *« il fourbissait d'une peau de daim la trompe de sa bicyclette »* COURTELINE. ■ **4** MAR. *Trompe de brume :* appareil sonore utilisé comme signal en cas de brume.

II ■ **1** (1538) Chez les proboscidiens (éléphant, etc.), Prolongement musculeux de l'appendice nasal, constituant un organe à la fois tactile et préhensile, ainsi qu'un tube de pompage et de refoulement. *Trompe du tapir* (courte et non préhensile). ◆ PAR EXAGÉR. FAM. Nez proéminent. ■ **2** (1684) Organe buccal de certains insectes, mollusques, vers..., très développé, servant surtout de tube de pompage. ➤ **suçoir.** *La trompe des papillons, des mouches.* ■ **3** (1684) ANAT. *Trompe de Fallope, trompe utérine,* ou ABSOLT *trompe :* conduit qui va de chaque côté de l'utérus vers l'ovaire respectif, se terminant par un entonnoir pourvu de franges *(pavillon de la trompe). Inflammation des trompes.* ➤ **salpingite ; tubaire.** *Radiographie des trompes.* ➤ **salpingographie.** *Obturation, ligature* des trompes.* ◆ (1765) *Trompe d'Eustache :* canal qui relie la partie antérieure de la caisse du tympan au rhinopharynx.

III (1567) ARCHIT. Section de voûte formant saillie et supportant la poussée verticale d'un élément de construction en encorbellement. *Trompe supportant une tourelle en encorbellement. Coupole sur trompes. Petite trompe.* ➤ **trompillon.**

IV (1526) TECHN. Machine pneumatique servant, comme la pompe, à aspirer ou à refouler mais utilisant l'écoulement d'un liquide qui entraîne l'air. *Trompe à eau, à mercure.*

TROMPE-LA-MORT [tʀɔ̃plamɔʀ] n. inv. – 1835 ◇ de *tromper* et *mort* ■ Personne qui échappe à la mort, que la mort semble ne pouvoir atteindre. *« dans huit jours, ce jeune trompe-la-mort sera sur pied »* DAUDET.

TROMPE-L'ŒIL [tʀɔ̃plœj] n. m. inv. – 1800 ◇ de *tromper* et *œil* ■ **1** Peinture visant essentiellement à créer, par des artifices de perspective, l'illusion d'objets réels en relief. *« les murs ornés de rideaux peints en trompe-l'œil »* GREEN. *Décor en trompe-l'œil.* ■ **2** FIG. (1825) Apparence trompeuse, chose qui fait illusion. ➤ **façade.** *« La "psychologie" qu'un romancier met dans ses bouquins,* [...] *on sait ce que c'est : de a à z, du trompe-l'œil »* MONTHERLANT.

TROMPER [tʀɔ̃pe] v. tr. ‹1› – début XVe ◇ emploi figuré de *tromper*, au sens de « jouer de la *trompe* », *se tromper de quelqu'un* ayant signifié, à la fin du XVe, « se jouer de lui »

I ~ v. tr. **A.** FAIRE TOMBER DANS L'ERREUR ■ **1** Induire (qqn) en erreur quant aux faits ou quant à ses intentions, en usant de mensonge, de dissimulation, de ruse. ➤ **abuser, berner, duper*, leurrer, mystifier ;** FAM. 1**blouser, bluffer, couillonner,** 1**doubler, pipeauter, posséder** (cf. En faire accroire*, mener en bateau*, donner le change*, en conter, ficher [fourrer, mettre] dedans*, la faire à l'envers*, faire marcher*, bourrer le mou*, dorer la pilule* à qqn, rouler dans la farine). *Tromper qqn dans un marché.* ➤ **escroquer, flouer,** 2**voler* ;** FAM. **estamper, pigeonner, rouler.** *Tromper sur la marchandise*. « il a été trompé* [...] *il a failli devenir victime d'un abus de confiance »* BALZAC. *« Car c'est double plaisir de tromper le trompeur »* LA FONTAINE. LOC. *Tromper son monde. Sous ses airs timides, il trompe son monde.* — (SANS COMPL.) *« L'art de plaire est l'art de tromper »* VAUVENARGUES. ➤ **feindre, mentir.** ■ **2** (1667) Être infidèle à (son conjoint, son partenaire amoureux). *Tromper son amant, son mari, sa femme.* ➤ **trahir ;** FAM. **cocufier.** — **p. p. adj.** *Un mari trompé.* ➤ **cocu.** ■ **3** (1673) Échapper à (une poursuite, une surveillance...). *« tromper les chasseurs et les chiens »* HUGO (cf. Donner le change*). *Tromper la vigilance de la police.* ➤ **déjouer, endormir.** *Joueur qui trompe la défense adverse.* ➤ **feinter.** ■ **4** (CHOSES) Faire tomber (qqn) dans l'erreur, l'illusion, du fait des choses ou sans intervention d'autrui. ➤ **abuser, égarer.** *« un de ces pressentiments qui ne la trompaient pas »* BAINVILLE. *C'est ce qui vous trompe :* c'est en quoi vous faites erreur. *Cela ne trompe personne.* (SANS COMPL.) *C'est un signe qui ne trompe pas.*

B. DÉCEVOIR LITTÉR. Ne pas répondre à, être inférieur à (ce qu'on attend, ce qu'on souhaite). ➤ **décevoir, frustrer.** *«L'événement trompe un peu vos souhaits»* MOLIÈRE. *«mais elle est comme toutes les autres, qui n'aiment pas être trompées dans leur attente»* DIDEROT. — *«espoir toujours renaissant quoique toujours trompé»* BALZAC. ➤ **démentir.**

C. CALMER MOMENTANÉMENT ▪ **1** Donner une satisfaction illusoire ou momentanée à (un besoin, un désir). *Tromper la faim. Des petites baies «qui, faute de mieux, trompent la soif»* FROMENTIN. ▪ **2** Faire diversion à (qqch.). *Regarder la télévision pour tromper son ennui. «ils cherchent à tromper le temps par mille sortes d'occupations»* BOSSUET. ➤ **passer, tuer.**

II ~ v. pron. SE TROMPER A. RÉFLÉCHI ▪ **1** Commettre une erreur. ➤ **s'abuser, s'égarer, errer** (I), **faillir, s'illusionner,** se **méprendre ;** FAM. se **gourer,** se **planter ;** RÉGION. se **mêler** (cf. Avoir tort* ; FAM. se ficher, se foutre, se mettre dedans* ; se mettre le doigt* dans l'œil ; prendre des vessies pour des lanternes* ; être à côté de la plaque). *Les rois «peuvent se tromper comme les autres hommes»* CORNEILLE. *«Et ceux qui ne font rien ne se trompent jamais»* BANVILLE. *Tout le monde peut se tromper,* est faillible (cf. L'erreur est humaine). *Elle s'est encore trompée. C'est en quoi je me trompais. «On se trompe gravement sur la Nature humaine»* FUSTEL DE COULANGES. *Se tromper à... :* se laisser prendre, abuser. *«ma froide et tutoyeuse cordialité, à laquelle ils* [mes amis] *ne se trompent pas»* COLETTE. *Il lui ressemble à s'y tromper. Ne t'y trompe pas ! Que l'on ne s'y trompe pas ! Se tromper de dix euros dans un compte :* faire une erreur de dix euros. ◆ (1798) **SE TROMPER DE** (suivi d'un subst. sans art.) : faire une confusion de. ➤ **confondre.** *Se tromper de route :* prendre la mauvaise route, faire fausse route, se fourvoyer. *Ils se sont trompés de date. Se tromper d'adresse ;* FIG. ne pas s'adresser à la personne qui convient (cf. Frapper à la mauvaise porte*). ◆ *Si je ne me trompe :* sous réserve d'erreur, sauf erreur de ma part. *À moins que je ne me trompe ; je me trompe fort, ou...,* sert à introduire un énoncé que, sauf erreur improbable, on donne comme vrai. *«Voilà une histoire morale, ou je me trompe fort»* SARTRE. ▪ **2** Se mentir. *«Et l'amour-propre engage à se tromper soi-même»* MOLIÈRE.

B. RÉCIPROQUE *«Le mari et la femme que nous montre M. Sacha Guitry [...] manquent de bien peu de se tromper mutuellement»* LÉAUTAUD.

▪ CONTR. Désabuser, détromper, instruire. — Raison (avoir).

TROMPERIE [tʀɔ̃pʀi] **n. f.** – XIVe ◇ de *tromper* ▪ **1** Fait d'induire volontairement en erreur ; moyen utilisé dans cette intention (paroles, actes) ; comportement de la personne qui trompe ou cherche à tromper. ➤ **artifice, bluff, duperie, feinte, foi** (mauvaise foi), **fourberie, imposture, mensonge, mystification, rouerie, tricherie ;** FAM. **arnaque.** *Il y a tromperie sur la marchandise. Tromperie en affaires, dans le commerce.* ➤ **dol, escroquerie, falsification, fraude, supercherie.** *«Dès que la jalousie est découverte, elle est considérée par celle qui en est l'objet comme une défiance qui autorise la tromperie»* PROUST. ▪ **2** VIEILLI Fausse apparence ; illusion qu'elle détermine. ➤ **leurre, semblant.** *«Un soleil de matin, apportant [...] cette tromperie éternelle des renouveaux terrestres»* LOTI.

TROMPETER ‹4 /5/› ou **TROMPETTER** [tʀɔ̃pete] **v.** ‹1› /TROMPÉTER ‹6›/ – 1339 ◇ de *trompette* ▪ **1 v. intr.** VX Jouer de la trompette. ◆ Pousser son cri, en parlant de l'aigle. ➤ **glatir.** ▪ **2 v. tr.** VX Annoncer (une nouvelle), appeler (qqn) à son de trompe. — FIG. Publier bien haut et partout. ➤ **claironner** (cf. Crier* sur les toits). *«Ce n'était pas un mufle d'homme qui se serait sacrifié comme ça, sans le trompeter»* ZOLA.

TROMPETTE [tʀɔ̃pɛt] **n. f. et m.** – 1319 ◇ diminutif de *trompe*

I n. f. ▪ **1** Instrument à vent à embouchure, à son éclatant, qui fait partie des cuivres. ➤ **buccin, bugle, cornet.** *«on entendait les trompettes turques, au timbre grave, qui sonnaient»* LOTI. *Trompette simple,* dite *trompette de cavalerie.* ➤ **clairon.** *Trompette d'harmonie,* à pistons. *Trompette basse,* au tube plus long, permettant des notes plus graves. — *Trompette bouchée,* dont le pavillon a été muni d'une sourdine. — *Jouer de la trompette. Improviser à la trompette* (jazz). *Sonnerie, fanfare de trompettes.* — LOC. VIEILLI *La trompette de la Renommée*. Entonner, emboucher la trompette :* prendre le ton épique, sublime. MOD. *Partir, déloger sans tambour ni trompette,* secrètement, sans attirer l'attention. **EN TROMPETTE.** *Nez en trompette,* retroussé. *Chien à la queue en trompette,* relevée. ▪ **2** (1636) *Trompette marine :* ancien instrument à archet, composé d'une table d'harmonie, sur laquelle était tendue une corde (autrefois utilisée dans la marine anglaise). ▪ **3** (XVIIIe ◇ par anal. de forme) Coquillage en forme de trompe (buccin, triton, etc.). — **n. m.** *Oiseau-trompette.* ➤ **agami.** *Des oiseaux-trompettes.*

II n. m. (1365) Joueur de trompette d'un régiment de cavalerie. *Un des trompettes de l'escadron.* — Musicien, musicienne qui joue de la trompette. ➤ **trompettiste.** *Le trompette d'un orchestre de jazz.*

TROMPETTE-DE-LA-MORT [tʀɔ̃pɛtdəlamɔʀ] **n. f.** – 1845 ◇ de *trompette* et *mort* ▪ COUR. Craterelle. *Des trompettes-de-la-mort.* — On dit aussi *trompette-des-morts* [tʀɔ̃pɛtdemɔʀ].

TROMPETTISTE [tʀɔ̃petist] **n.** – 1821 ◇ de *trompette* ▪ Musicien, musicienne qui joue de la trompette. *Elle est trompettiste dans un orchestre de jazz.*

TROMPEUR, EUSE [tʀɔ̃pœʀ, øz] **adj.** – XIIIe ◇ de *tromper* ▪ **1** (PERSONNES) Qui trompe (I°), aime à tromper, est capable de tromper par mensonge, dissimulation. ➤ **artificieux, déloyal, fourbe, hypocrite, perfide.** *Les méchants sont «trompeurs* [...] *adroits à dissimuler»* FÉNELON. ◆ **n.** (rare au fém.) ➤ **menteur.** *«Un trompeur en moi trouve un trompeur et demi»* CORNEILLE. — PROV. *À trompeur, trompeur et demi :* un trompeur en trouve toujours un autre pour le tromper. ▪ **2** (CHOSES) Qui trompe (2°), induit en erreur. *Les apparences sont trompeuses.* ➤ **fallacieux.** *«Les puissances trompeuses»* PASCAL. *«Chacun imaginait, dans ce silence trompeur, quelque renversement»* ALAIN. *«apparente et trompeuse stupidité qui est l'annonce des âmes fortes»* ROUSSEAU. *«un air de perversité, trompeur comme un éclairage de théâtre»* ROMAINS. ➤ **illusoire.** ▪ CONTR. Sincère, vrai.

TROMPEUSEMENT [tʀɔ̃pøzmɑ̃] **adv.** – XVIe ◇ de *trompeur* ▪ D'une manière qui induit en erreur.

TROMPILLON [tʀɔ̃pijɔ̃] **n. m.** – 1676 ◇ de *trompe* ▪ ARCHIT. Petite trompe. *Trompillon de voûte.*

TRONC [tʀɔ̃] **n. m.** – XIIe ◇ latin *truncus* ▪ **1** Partie inférieure et dénudée de la tige (de certains arbres), entre les racines et les branches maîtresses, constituée d'un tissu ligneux au centre (bois ; duramen) et de tissus mous formant l'écorce. *Un «tronc d'arbre, mouillé, glissant»* LOTI. *«les troncs rouges des pins»* RAMUZ. — *Troncs d'arbres débités, coupés.* ➤ 2 **bille, grume, rondin.** — PAR ANAL. (1636) *Tronc de colonne :* fût ou partie d'un fût de colonne. ➤ **tronçon.** ◆ **TRONC COMMUN :** origine commune. — FIG. Partie commune appelée à se diviser, à se différencier. SPÉCIALT Ensemble des matières que tous les étudiants d'un cursus doivent suivre. *Le tronc commun et les options.* ▪ **2** (XIIIe) Boîte percée d'une fente où l'on dépose aumônes et offrandes, dans les églises. *«un nocturne spoliateur du tronc des pauvres, accoutumé à dévaliser les églises»* BLOY. ▪ **3** (1300) ANAT. Partie principale (d'un nerf, d'un vaisseau : artère, veine). *Tronc et ramifications. Tronc artériel, veineux. Tronc cérébral,* formé du bulbe rachidien, de la protubérance annulaire et du mésencéphale. *Tronc cœliaque*.* ▪ **4** (1559) Partie du corps humain où sont fixés la tête et les membres (thorax ; abdomen). *Partie supérieure* (➤ **buste, torse**), *inférieure du tronc* (➤ **bassin**). — **n. m.** *Homme-tronc,* **n. f.** *femme-tronc,* sans bras ni jambes. *Des hommes-troncs.* ◆ (1611) Chez les vertébrés (mammifères), Partie principale du corps où sont fixés la tête, les membres et la queue. ▪ **5** (1875) GÉOM. Partie comprise entre la base et une section plane parallèle (d'une figure solide). *Tronc de cône.* ➤ **tronconique.** *Troncs de pyramide, de prisme.*

TRONCATION [tʀɔ̃kasjɔ̃] **n. f.** – 1964 ◇ latin *truncatio* «amputation» ▪ LING. Procédé d'abrègement d'un mot polysyllabique par suppression d'une ou plusieurs syllabes. Vélo *est la troncation de* vélocipède. ➤ **aphérèse, apocope ; mot-valise.**

TRONCATURE [tʀɔ̃katyʀ] **n. f.** – avant 1808 ◇ du latin *truncatus,* p. p. de *truncare* → tronquer ▪ **1** MINÉR. Remplacement d'un angle ou d'une arête par une facette. *La troncature d'un cristal.* ▪ **2** INFORM. Remplacement de la partie initiale ou finale d'un mot par un caractère prédéfini *(caractère, signe de troncature)* afin de lancer une recherche sur tous les mots contenant la chaîne de caractères restante. *Utiliser l'astérisque (*) comme caractère de troncature.*

TRONCHE [tʀɔ̃ʃ] **n. f.** – XVIe ; «bûche» 1304 ◇ de *tronc* ▪ **1** TECHN. Arbre de futaie dont on coupe les branches périodiquement. — Bille de bois. ▪ **2** (1596) FAM. Tête. *Avoir, faire une drôle de tronche.* ➤ **gueule.** — LOC. *Faire la tronche (à qqn) ; tirer la tronche (à qqn) :* faire la tête, bouder.

TRONCHET [tʀɔ̃ʃɛ] **n. m.** – milieu XIIIe ◇ de *tronc* ▪ TECHN. Gros billot de bois à trois pieds dont se servent les tonneliers.

TRONÇON [tʀɔ̃sɔ̃] **n. m.** – XIIe ; *trunçun* 1080 ◇ du latin populaire °*trunceus,* classique *truncus* «tronqué» ▪ **1** Partie coupée, rompue (d'un objet plus long que large). ➤ **fragment, morceau.** *Couper* *qqch. en plusieurs tronçons.* ➤ **tronçonner.** *« cinq ou six difformes tronçons de bois noueux »* HUGO. — (1701) *Tronçon de colonne :* morceau taillé formant le fût d'une colonne. *Colonne en tronçons.* ◆ (1240) Morceau coupé (de certains animaux cylindriques : poissons, reptiles, vers). *Tronçons d'anguille. Le coup « sépara en trois tronçons une vipère repliée sur elle-même »* AYMÉ. ■ **2** PAR ANAL. Partie (d'une voie, d'une distance déterminée). *« tronçons successifs de chaussée, reliés par des ponts en dos d'âne »* MARTIN DU GARD. *Mermoz « fut chargé d'étudier le tronçon de Buenos Aires à Santiago »* SAINT-EXUPÉRY. *Tronçon d'une piste de ski, d'une autoroute.* — Partie d'une file de personnes. ■ **3** FIG. (1690) Partie, fragment (d'une phrase, d'un texte, etc.). *« Sa phrase s'était débitée en trois tronçons »* ROMAINS. ■ CONTR. Bloc.

TRONCONIQUE [tʀɔ̃kɔnik] adj. – 1868 ◇ de *tronc* et *cône* ■ MATH. Constituant un tronc de cône. *Segment tronconique.* — En forme de tronc de cône. *Abat-jour tronconique.*

TRONÇONNAGE [tʀɔ̃sɔnaʒ] n. m. – 1933 ; *tronchonnage* « sciage » 1421 ◇ de *tronçonner* ■ Action de tronçonner, de débiter en tronçons (le bois, les métaux). — On dit parfois *tronçonnement,* 1600.

TRONÇONNER [tʀɔ̃sɔne] v. tr. ‹1› – 1393 ; intr. « se briser » XIIe ◇ de *tronçon* ■ Couper, diviser en tronçons. *Tronçonner un tronc d'arbre.* — *« des vers de terre tronçonnés et hachés »* GIONO. FIG. *Phrases tronçonnées.*

TRONÇONNEUR [tʀɔ̃sɔnœʀ] n. m. – 1933 ; adj. « qui coupe en morceaux » 1606 ◇ de *tronçonner* ■ TECHN. Ouvrier chargé de la conduite d'une tronçonneuse.

TRONÇONNEUSE [tʀɔ̃sɔnøz] n. f. – 1920 ◇ de *tronçonner* ■ TECHN. Machine-outil servant à découper en tronçons du bois, du métal, etc. *Débiter un arbre à la tronçonneuse.*

TRONCULAIRE [tʀɔ̃kylɛʀ] adj. – 1897 ◇ du latin *trunculus* « petit tronc », de *truncus* ■ ANAT. Relatif à un tronc nerveux ou vasculaire. *Anastomose tronculaire,* entre le tronc de la veine porte et la veine cave. — CHIR. DENT. *Anesthésie tronculaire :* anesthésie de l'arcade dentaire du maxillaire inférieur (par injection dans le nerf dentaire inférieur). n. f. *On lui a fait une tronculaire.*

TRÔNE [tʀon] n. m. – début XIIe ◇ latin *thronus,* grec *thronos* « siège » ■ **1** Siège élevé sur lequel prennent place souverains et personnalités dans des circonstances solennelles. *Le trône d'un roi. Le trône pontifical. Trône placé sous un dais, couronné d'un baldaquin. Les marches du trône. La salle du trône. La place du Trône* (qui devait son nom au trône élevé en 1660 pour l'arrivée de Louis XIV et Marie-Thérèse). *La Foire du Trône :* « foire aux pains d'épices », qui se tenait sur cette place ; fête foraine annuelle qui se tient de nos jours sur la pelouse de Reuilly, à Paris. ◆ FAM. et IRON. Siège des cabinets d'aisances. *« Le bord du trône était gelé, il n'y avait pas de lunette »* V. RAVALEC. ■ **2** Symbole de la puissance d'un souverain. ➤ **souveraineté.** *« l'élévation du duc d'Anjou sur le trône de Charles-Quint »* RAYNAL. *Placer qqn sur le trône.* ➤ **introniser.** *Perdre son trône. Chasser qqn de son trône.* ➤ **détrôner.** *Trône héréditaire. L'héritier du trône. Les prétendants au trône. « Il revient pour reprendre le trône de son père, pour m'empêcher d'être régent, vous d'être reine »* GIRAUDOUX. *Discours* du trône.* — *Le Trône et l'Autel :* la puissance du roi et celle de l'Église. *« Ceux qui contraignirent Descartes à s'exiler voyaient juste ; sa physique a ébranlé "le trône et l'autel" »* VAILLAND. ■ **3** (XIIIe) THÉOL., AU PLUR. Un des trois ordres parmi les trois chœurs de la hiérarchie des anges. *Séraphins, Chérubins et Trônes.*

TRÔNER [tʀone] v. intr. ‹1› – 1801 ◇ de *trône* ■ **1** VX Régner. ◆ MOD. Siéger sur un trône. *« Dans un premier temple latéral trône un Bouddha géant »* LOTI. ■ **2** COUR. Être comme sur un trône, occuper la place d'honneur. *« Il ne se glissa à table que lorsque déjà y trônaient sa tante et Fernand cravatés de serviettes »* MAURIAC. PAR EXT. Être bien en évidence. *Sa photo trône sur la cheminée.*

TRONQUÉ, ÉE [tʀɔ̃ke] adj. – XVIe ◇ de *tronquer* ■ **1** Dont on a retranché une partie. *Colonne tronquée :* fût privé de sa partie supérieure. — *Cône tronqué :* tronc de cône. ■ **2** FIG. (1778) Altéré par des manques, des omissions. *Une analyse tronquée.*

TRONQUER [tʀɔ̃ke] v. tr. ‹1› – 1538 ; « élaguer » 1495 ; *tronkier, tronchier* XIIIe ◇ latin *truncare* ■ **1** VIEILLI Couper en retranchant une partie importante. *Tronquer un arbre, une statue.* ➤ **amputer.** *« Un coup de sabre avait tronqué son nez »* BALZAC. *« C'était l'époque où on tronquait les familles encombrantes et réfractaires »* HUGO. ■ **2** FIG. (1607) PÉJ. Retrancher qqch. de (un ouvrage, une chose abstraite). *Tronquer un texte.* ➤ **altérer, estropier, mutiler.** *Tronquer une citation.* — Retrancher. *« L'histoire et les mémoires contemporains ont tronqué [...] certains détails de l'arrivée de l'empereur à Paris »* HUGO.

TROP [tʀo] adv. et n.inal – fin XIe ◇ du francique *thorp* « amas », « groupement » et « village » qui a donné l'allemand *Dorf* « village ». *Thorp* est également à l'origine de *troupe* et *troupeau*

I ~ adv. ■ **1** D'une manière excessive, abusive ; plus qu'il ne faudrait. ➤ **excessivement, surabondamment** (cf. À l'excès). — (Modifiant un adj.) *« L'amour est trop fort ! L'amour est trop dur, l'amour est trop triste, l'amour est trop âpre »* GOBINEAU. *« Il a des redingotes bleues [...] trop neuves ; [...] des cravates trop blanches »* MIRBEAU. *Trop cher.* ➤ **exagérément.** *C'est trop fort ! Il est trop bon.* — (Modifiant un adv.) *Trop près, trop loin. « Un jour plus tôt c'eût été trop tôt. Un jour plus tard, c'eût été un jour trop tard »* AUDIBERTI. — *Trop peu :* insuffisamment, pas assez. *« En amour, assez est trop peu »* BUSSY-RABUTIN. *Ni trop, ni trop peu.* — (Modifiant une loc. prép.) *Je suis trop en colère.* — (Modifiant une loc. verb. ; emploi contesté) ➤ **très.** *J'en ai trop envie. « On a, tout le temps, trop chaud, trop froid, trop soif, trop faim, et tout le temps, on est trop mal couché, trop mal servi »* GONCOURT. — (Modifiant un verbe) ➤ **beaucoup.** *« Elle aimait trop le bal, c'est ce qui l'a tuée »* HUGO. *Trop charger* (➤ **surcharger**), *trop produire* (➤ **surproduction**). *Il a trop bu* (cf. Outre* mesure). ◆ **TROP... POUR,** s'emploie pour exclure une conséquence. *« Trop bête pour être inconstant, Et trop laid pour être infidèle »* MUSSET. PROV. *Trop poli* pour être honnête. C'est trop beau pour être vrai :* on n'ose y croire. *Il a trop menti pour qu'on le croie :* on ne le croit plus. *« son trouble était trop grand pour qu'elle pût dormir »* MAUROIS. — (Avec subordonnée négative, sens positif) *« les convictions sont trop rares pour n'en pas tenir compte »* CHATEAUBRIAND. — *Trop,* modifié par un adv. *Un peu trop. Bien trop jolie. Beaucoup trop.* — LITTÉR. **PAR TROP.** ➤ 1 **par,** IV. — (Avec la négation) *Pas trop :* un peu, suffisamment. *Il passait aussi « pour magicien ; un peu, pas trop »* HUGO. — POP. **DE TROP :** trop. *Tu travailles de trop.* ■ **2** (fin XIe) Très suffisamment. ➤ **beaucoup,** 1 **bien,** 2 **fort, très.** *Vous êtes trop aimable. « ils se retiraient sur la pointe des pieds en murmurant que j'étais trop mignon, que c'était trop charmant »* SARTRE. — *Ne... que trop... :* d'une manière déjà plus que suffisante. *Cela n'a que trop duré. « Elle ne serait sans doute que trop sensible, confiante comme elle est, aux premières paroles d'amour qu'elle entendrait »* GIDE. — (Avec une négation) *Je ne sais pas trop,* pas bien. *« Attends, je ne me rappelle plus trop. C'est si vieux »* MAUPASSANT. *Sans trop comprendre.* — *Pas trop :* médiocrement. *« Mon quartier, la nuit, n'est pas trop éclairé, mais c'est mieux comme ça »* GUILLOUX. ■ **3** FAM. (lang. des jeunes) Beaucoup, extrêmement. *On était trop bien ! Il est trop fort.* — (Intensif) Très. *Il est trop sympa !* — Avec une valeur quasi adjective, employé seul (semble être un calque de l'anglais *too much*). *Elle est trop, cette nana !,* elle exagère ou elle est incroyable, extraordinaire.

II ~ n.inal ■ **1** Une quantité excessive, plus que suffisante. ➤ **excès.** — (Sujet) Dans des loc. prov. *« Trop ne vaut rien »* NERVAL. *« Assez, c'est bien, mais trop c'est trop »* AYMÉ. — (Compl. d'objet) *Il mange trop. « Je n'avais plus besoin d'en "faire trop" pour tenter de plaire »* A. JARDIN. PROV. *Qui trop embrasse* mal étreint.* — *C'est trop !* (en réponse à un compliment, en remerciement pour un cadeau). — VIEILLI *C'est trop que..., que de... :* il y a excès, abus à... *« C'est déjà trop pour moi que de vous écouter »* RACINE. — **DE TROP ; EN TROP,** avec un nom, un pronom, une expression numérale, pour exprimer la mesure de l'excès. *Je l'ai payé dix euros de trop.* FAM. *Vous le trouvez intelligent ! – Oh ! rien de trop !,* pas beaucoup. *Boire un coup de trop. Un verre de trop. Avoir des bagages en trop.* ➤ **excédent, surplus.** — (En attribut) **DE TROP :** superflu. *Huit jours de travail ne seront pas de trop pour terminer cet ouvrage.* — *Être de trop, en trop :* imposer une présence inutile ou inopportune (➤ **gêner ; importun, indésirable, indiscret**). *Restez, vous ne serez pas de trop. « Le sentiment d'être de trop est une douleur poignante, atroce, pire que tout »* ABBÉ PIERRE. ■ **2** (fin XIe) **TROP DE** (suivi d'un nom) : une quantité ou une intensité excessive de... *« Trop de bruit nous assourdit, trop de lumière éblouit »* PASCAL. *« Trop de couleur, pas de couleur »* F. LÉGER. *Vous me faites trop d'honneur.* — *Sans trop de peine.* — *Ne... que trop de... :* plus qu'il n'en faut. *« Paresse de penser incurable, qui n'avait que trop d'excuses »* R. ROLLAND. — (Attribut) *C'en est trop :* ce n'est plus supportable. — VX **TROP DE...** suivi d'un complément qui exprime la quantité en excès. *« Nous sommes trois chez vous ! C'est trop de deux, madame ! »* HUGO. ■ **3** Employé comme nom *« Ce qui arrive sur*

vous, c'est le trop de lumière, qui est l'aveuglement» HUGO.
▪ HOM. Trot.

TROPE [tʀɔp] n. m. – 1554 ◊ latin *tropus*, grec *tropos* «tour, manière» ▪ RHÉT. Figure* par laquelle un mot ou une expression sont détournés de leur sens propre (ex. antonomase, catachrèse, métaphore, métonymie, synecdoque). *«Et sur l'académie, aïeule et douairière, Cachant sous ses jupons les tropes effarés, [...] Je fis souffler un vent révolutionnaire»* HUGO.

-TROPE, -TROPIE, -TROPISME ▪ Éléments, du grec *tropos* «tour, direction», de *trepein* «tourner» : *allotropie, héliotrope, isotrope, somatotrope, zootrope.*

TROPÉZIENNE [tʀɔpezjɛn] adj. f. et n. f. – XXe ◊ de *tropézien*, gentilé de Saint-Tropez ▪ 1 *Tarte tropézienne* (marque déposée) ou n. f. *une tropézienne* : gâteau fait d'un disque de brioche garni de crème parfumée à la fleur d'oranger. ▪ 2 n. f. Sandale basse faite de lanières de cuir. *Une paire de tropéziennes.*

TROPHÉE [tʀɔfe] n. m. – 1488 ◊ bas latin *trophæum*, latin classique *tropæum*, grec *tropaion*, de *tropê* «fuite, déroute» ▪ 1 ANTIQ. Dépouille d'un ennemi vaincu (cuirasse, armes...). ♦ (1509) Réunion des marques tangibles d'une victoire (prises de guerre, captures, etc.) destinée à attester et à commémorer. ➤ **butin.** *Ériger, élever un trophée. Un trophée d'armes, de drapeaux.* ♦ (1857) Objet attestant une victoire, un succès. SPÉCIALT *Trophée de chasse* : tête empaillée de l'animal abattu. *«Tête de cerf faisant trophée contre la muraille»* FLAUBERT. — *Trophées d'un sportif* : coupes, médailles, etc. ▪ 2 PAR MÉTAPH. et FIG. Signe, témoignage d'une victoire, d'un triomphe. *«montrer sa réussite, sous l'aspect d'un trophée de sept étages»* ROMAINS. ▪ 3 ARTS Monument antique représentant un trophée (1°). *Le trophée d'Auguste, à La Turbie.* ♦ Motif décoratif formé d'armes, de drapeaux, etc., groupés autour d'une armure, d'un casque. *«arc de triomphe, avec des trophées et d'autres ornements héroïques»* GAUTIER. ♦ PAR ANAL. (1564) Groupe décoratif d'attributs divers servant d'ornement (instruments de musique, emblèmes...). *Trophées révolutionnaires.* ♦ Sorte de panoplie d'armes. *«Il y avait là un trophée d'armes formé d'espadons en bois, de cannes, de bâtons et de fleurets»* HUGO.

TROPHIQUE [tʀɔfik] adj. – 1842 ◊ du grec *trophê* «nourriture» ▪ BIOL. Qui concerne la nutrition des tissus. *Troubles trophiques* (dystrophies). *Centres, nerfs trophiques,* qui règlent la nutrition des organes.

TROPHO-, -TROPHIE ▪ Éléments, du grec *trophê* «nourriture» : *atrophie, hypertrophie.*

TROPHOBLASTE [tʀɔfoblast] n. m. – 1890 ◊ de *tropho-* et *-blaste* ▪ EMBRYOL. Feuillet mince, formé de petites cellules hexagonales enveloppant l'œuf, qui se fixe au tissu utérin et joue un rôle nourricier. *Biopsie du trophoblaste.*

TROPHONÉVROSE [tʀɔfonevʀoz] n. f. – 1865 ◊ de *tropho-* et *névrose* ▪ MÉD. Affection caractérisée par des troubles trophiques qu'on ne peut rattacher à une lésion nerveuse.

TROPICAL, ALE, AUX [tʀɔpikal, o] adj. – 1824 ◊ de *tropique* ▪ 1 Qui concerne les tropiques, la zone intertropicale, les régions situées autour de chaque tropique, de part et d'autre de la zone équatoriale proprement dite. ➤ **équatorial.** *Région, zone tropicale. Climat tropical* : type de climat chaud à faible variation annuelle de température, à forte variation du régime des pluies, qui règne de part et d'autre de chaque tropique. *Pluies tropicales. Faune, végétation tropicale.* ▪ 2 (1872) *Une chaleur, une température tropicale,* très forte, très élevée. ➤ **caniculaire, torride.** *«l'église de Fort-Gono si chaude celle-là, sous les tôles ondulées, [...] plus tropicale que les tropiques»* CÉLINE. ▪ 3 (1904) Destiné aux tropiques, au climat tropical. *Costume tropical. — Médecine tropicale.*

TROPICALISER [tʀɔpikalize] v. tr. ‹1› – 1954 ◊ de *tropical* ▪ TECHN. Rendre (un matériau, un matériel) peu sensible à l'action du climat tropical, chaud et humide. — *Réfrigérateur tropicalisé.* — n. f. **TROPICALISATION** (1950).

-TROPIE, -TROPISME ➤ **-TROPE**

1 **TROPIQUE** [tʀɔpik] n. m. et adj. – 1377 ◊ latin *tropicus*, grec *tropikos* **I** n. m. ▪ 1 Chacun des deux petits cercles de la sphère terrestre, parallèles à l'équateur dont ils sont distants de 23°27′ et qui correspondent au passage du Soleil au zénith, à chacun des solstices. *Tropique du Cancer* (hémisphère Nord), *du Capricorne* (Sud). *Région située entre les tropiques* (➤ **équatorial, intertropical, subtropical**), *caractérisée par la faible inclinaison des rayons solaires (zone torride). — Franchir, passer le tropique. Baptême* du tropique.* ▪ 2 *Le tropique* (VX), *les tropiques* (MOD.) : la région intertropicale. *Sous les tropiques. Le soleil des tropiques. «des tropiques de rêve [...] des grèves de sable fin, bordées de cocotiers»* LÉVI-STRAUSS.
II adj. (1691 *an tropique*) DIDACT. *Année tropique* : intervalle moyen de deux retours consécutifs du Soleil à l'équinoxe de printemps.

2 **TROPIQUE** [tʀɔpik] adj. – 1531 ◊ latin *tropicus*, de *tropus* «trope» ▪ RHÉT. Relatif au trope.

TROPISME [tʀɔpism] n. m. – 1900 ◊ tiré de mots antérieurs, *héliotropisme, géotropisme, phototropisme,* etc. → -trope ▪ 1 BIOL. Réaction d'orientation ou de locomotion orientée (mouvement), causée par des agents physiques ou chimiques (chaleur, lumière, pesanteur, humidité). SPÉCIALT Réaction d'orientation sans locomotion véritable (➤ aussi **tactisme, taxie**). ▪ 2 FIG. (1957) LITTÉR. Réaction élémentaire à une cause extérieure ; acte réflexe très simple. *«Tropismes», de Nathalie Sarraute.*

TROPO- ▪ Élément, du grec *tropos* «tour».

TROPOPAUSE [tʀɔpopoz] n. f. – 1936 ◊ de *tropo(sphère)* et grec *pausis* «cessation» ▪ SC. Zone de transition entre la troposphère et la stratosphère. *Dans la tropopause, la température ne s'abaisse pas avec l'altitude.*

TROPOSPHÈRE [tʀɔpɔsfɛʀ] n. f. – avant 1913 ◊ de *tropo-* et *(atmo)sphère* ▪ SC. Partie de l'atmosphère comprise entre le sol et la stratosphère. — adj. **TROPOSPHÉRIQUE.**

TROP-PERÇU [tʀopɛʀsy] n. m. – 1899 ◊ de *trop* et *perçu* ▪ Ce qui a été perçu en sus de ce qui était dû. — DR. FISC. Perception excessive par suite de faux ou de double emploi. *Des trop-perçus.* ▪ CONTR. Moins-perçu.

TROP-PLEIN [tʀoplɛ̃] n. m. – 1671 ◊ de *trop* et *plein* ▪ 1 (Sens abstrait) Ce qui est en trop, ce qui excède la capacité, les possibilités. ➤ **excédent, excès, surplus.** *Épancher le trop-plein de son cœur, de son âme* : exprimer les sentiments que l'on ne peut garder en soi (cf. Vider son cœur). *«Répands alors le trop-plein de ton amour, la surabondance de ta charité»* A. ARNOUX. *Un trop-plein de vie* : une surabondance d'énergie qui veut être employée. ▪ 2 (1743) Ce qui excède la capacité d'un récipient, d'un contenant ; ce qui déborde. *Vider le trop-plein d'un vase. Des fermes «qui recevaient le trop-plein des eaux des domaines de madame Graslin»* BALZAC. ▪ 3 (1863) TECHN. Dispositif servant à évacuer, réservoir destiné à recevoir un liquide en excès (lorsqu'il atteint un niveau déterminé). ➤ **dégorgeoir, déversoir, puisard.** *Le trop-plein d'un barrage, d'un lavabo. Des trop-pleins.*

TROQUE ➤ **TROCHE**

TROQUER [tʀɔke] v. tr. ‹1› – 1549 ; *troch(i)er* XIVe ◊ latin médiéval *trocare* 1257 ; origine inconnue ▪ 1 Donner en troc. ➤ **échanger.** *«les caravanes de Maures qui vont [...] troquer du sel contre de l'or»* MONTESQUIEU. ▪ 2 Changer, faire succéder à (sans transaction commerciale). *«Elle avait troqué [...] sa courte robe de petite fille contre une jupe longue»* COLETTE. *«Dans bien des moments de notre vie nous troquerions tout l'avenir contre un pouvoir en soi-même insignifiant»* PROUST.

TROQUET [tʀɔkɛ] n. m. – 1873 ◊ abrév. de *mastroquet* ▪ FAM. ▪ 1 VX Tenancier de café, mastroquet. *«il va chez le troquet plus souvent que d'habitude»* FRANCE. ▪ 2 MOD. Café. ➤ **bistrot.** *Aller prendre un pot au troquet du coin.*

TROQUEUR, EUSE [tʀɔkœʀ, øz] n. – 1586 ; *trocheur* v. 1550 ◊ de *troquer* ▪ RARE Personne qui fait ou aime à faire des trocs, des échanges.

TROT [tʀo] n. m. – XIIe ◊ subst. verb. de *trotter* ▪ 1 Allure naturelle du cheval et de quelques quadrupèdes, intermédiaire entre le pas et le galop, et dans laquelle les membres oscillent par paires croisées (par exemple l'antérieur gauche avec le postérieur droit). *Trot de manège. Petit trot, grand trot. Prendre le trot. Le cheval partit au trot. — Trot assis* (où le cavalier reste assis), *enlevé* (où il s'enlève sur ses étriers un temps sur deux). — TURF *Courses de trot attelé,* où le trotteur* est attelé à un sulky, *de trot monté,* où il est monté par un jockey. ▪ 2 (XIIIe) FAM. et BRUTAL En marchant rapidement, sans traîner. *Allez-y, et au trot !* ▪ HOM. Trop.

TROTSKISTE [tʀɔtskist] n. – 1926 ◊ de *Trotski* (parfois écrit *Trotsky*), pseudonyme de Lev Bronstein ▪ Partisan de Trotski et de ses doctrines, notamment la théorie de la révolution permanente. *Les trotskistes se sont réunis en 1938 dans la IVe Internationale.* — adj. *Groupe trotskiste.* — On écrit parfois *trotskyste.* — n. m. **TROTSKISME,** écrit parfois *trotskysme.*

TROTTE [tʀɔt] n. f. – 1680 ◊ de *trotter* ▪ FAM. Chemin assez long à parcourir à pied. ➤ **tirée.** *Il y a une bonne trotte d'ici à là-bas. « Grégoire, qui faisait chaque jour de grandes trottes dans Paris, à pied »* DUHAMEL. *« Ça fait une trotte... Je suis pas champion de cross, moi »* QUENEAU.

TROTTE-MENU [tʀɔtmәny] adj. inv. – 1488 ◊ de *trotter* et *menu* ▪ VX OU PLAISANT Qui trotte à petits pas. *« La gent trotte-menu »* (LA FONTAINE) : les souris.

TROTTER [tʀɔte] v. ‹1› – XIIe ◊ francique °*trotton*, forme intensive de *treten* « marcher »

I v. intr. ▪ **1** (D'un animal) Aller au trot. *Cheval qui trotte. « ils vont* [les chiens], *ils viennent, ils trottent »* BAUDELAIRE. — *Cavalier qui trotte*, qui fait trotter son cheval. ▪ **2** (Des personnes et de quelques animaux) Marcher rapidement à petits pas. *« Sans cesse affairée, elle trottait d'un pas menu d'un bout à l'autre de la maison »* GIDE. *Souris qui trotte*, qui va rapidement à son allure naturelle. ♦ Faire de nombreuses allées et venues. ➤ **courir.** *« ces fines et laborieuses filles de Paris, qui trottent au matin par les rues, en allant à des besognes honnêtes »* MAUPASSANT (➤ **trottin**). ▪ **3** FIG. (XVIIe) (CHOSES) Courir, aller rapidement. *« Rien n'est propre comme* [...] *les réticences de la pudeur pour faire trotter l'imagination »* HENRIOT. — LOC. *Une idée, un air qui vous trotte par la tête.*

II v. pron. (XVe) FAM. Partir, s'en aller. *« Je me trotte. À moi la liberté »* CENDRARS.

TROTTEUR, EUSE [tʀɔtœʀ, øz] n. – 1690 ; « vagabond » XVe ◊ de *trotter* ▪ **1** Cheval dressé à trotter. *Un bon trotteur.* — SPÉCIALT Demi-sang entraîné pour les courses au trot. ▪ **2** n. m. (*chaussures trotteurs* 1968) Chaussure de ville caractérisée par un talon large et assez bas. *Des trotteurs.* adj. *Un talon trotteur.* ▪ **3** n. m. (1983) Support de métal muni de roulettes et comportant une sorte de culotte dans laquelle on assied un enfant afin qu'il fasse ses premiers pas. ➤ **youpala ;** RÉGION. **marchette.**

TROTTEUSE [tʀɔtøz] n. f. – 1894 ◊ de *trotter* ▪ Aiguille des secondes. *La trotteuse d'un chronomètre.*

TROTTIN [tʀɔtɛ̃] n. m. – 1842 ; « laquais qui fait les courses » 1652 ; « lapin » 1598 ◊ de *trotter* ▪ VX Jeune employée d'une modiste, d'une couturière..., chargée de faire les courses en ville. ➤ **midinette.**

TROTTINEMENT [tʀɔtinmɑ̃] n. m. – 1869 ; *trotinement* 1845 ◊ de *trottiner* ▪ Action de trottiner. *« L'on n'entendait que le trottinement des souris »* FLAUBERT.

TROTTINER [tʀɔtine] v. intr. ‹1› – XIIe ◊ diminutif de *trotter* ▪ **1** Avoir un trot court. *Ânes qui trottinent.* ▪ **2** Marcher à petits pas courts et pressés. *« Il marchait à petits pas pressés, ou, plus exactement, il trottinait auprès de moi »* GIDE.

TROTTINETTE [tʀɔtinɛt] n. f. – 1902 ◊ de *trottiner* ▪ **1** Jouet d'enfant composé d'une planchette montée sur deux roues, munie d'une tige de direction orientant la roue avant. ➤ **patinette.** — *Trottinette électrique* : petit véhicule à moteur de forme similaire, pour se déplacer en ville. ▪ **2** (1933) FAM. Petite automobile. *« Tu viens de loin avec ta trottinette ! »* FALLET.

TROTTOIR [tʀɔtwaʀ] n. m. – 1577 ◊ de *trotter* ▪ **1** VX Piste où l'on fait trotter les chevaux. ▪ **2** (XVIIe) ANCIENNT Chemin élevé le long des quais et des ponts. ➤ **allée.** *« Les trottoirs garnis d'arbres, qui courent le long du Rhône »* STENDHAL. ▪ **3** (1835) MOD. Chemin surélevé réservé à la circulation des piétons (sur les côtés d'une rue). ➤ **accotement, banquette.** *Se promener sur les trottoirs. « l'absence complète de trottoir étonnait ; la chaussée* [...] *arrivait au ras des maisons »* ROBBE-GRILLET. FAM. *Radio**-trottoir.* ♦ LOC. FAM. (1852) *Faire le trottoir* : se prostituer, racoler les passants. ▪ **4** (1900) *Trottoir roulant* : plateforme qui roule sur des rails ou des galets, et sert à transporter des personnes ou des marchandises. *Trottoir roulant accéléré d'une station de métro.*

TROU [tʀu] n. m. – fin XIIe ◊ du latin populaire *traucum*, probablt d'origine préceltique

I CREUX ▪ **1** Abaissement ou enfoncement (naturel ou artificiel) de la surface extérieure de qqch. ➤ **cavité, creux, dépression, excavation.** *« l'attrait qu'ont toujours eu pour lui les trous dans les montagnes, les entrées de cavernes, les cratères »* GONCOURT. *Éviter les trous en conduisant.* ➤ **fondrière, nid** (de poules), **ornière.** *Trous du gruyère. Trous de vers dans le bois. Trou d'obus.* ➤ **entonnoir.** *Le fond d'un trou. Boucher, obturer un trou. Tomber dans un trou.* — *Trou d'air* : courant atmosphérique descendant qui fait que l'avion s'enfonce brusquement. *« les trous d'air qui vous chavirent l'estomac »* Y. LAHENS. FIG. Inflexion soudaine, recul brutal. *Rebond de l'économie après le trou d'air du premier trimestre.* — *Creuser un trou dans la terre.* ➤ **fosse.** *Trous d'un terrain de golf*, où le joueur doit introduire la balle. *Un golf neuf trous, dix-huit trous. Trou en un* : recomm. offic. pour *ace*. — LOC. FAM. *Boire comme un trou*, excessivement. ▪ **2** Abri naturel ou creusé. *Soldats qui se creusent un trou. Animal se réfugiant dans son trou.* ➤ **tanière,** 1 **terrier.** *Trou de taupe, de souris*. Trou à rats*.* — LOC. *Faire son trou* : se faire une situation, réussir (cf. Percer). *« Le mieux était de faire son trou en province, d'abord »* R. GUÉRIN. ♦ (1800) *Trou du souffleur* : loge dissimulée sous le devant de la scène, où se tient le souffleur. ▪ **3** LOC. *C'est le trou noir*, le fond du désespoir, la dépression. — (1867) *Faire le trou normand* : boire un verre d'alcool entre deux plats pour ouvrir le pylore et activer ainsi la digestion. ♦ (1905 au rugby) SPORT *Faire le trou* : creuser une distance entre soi et les poursuivants. *Dans le trou* : dans l'espace qui s'ouvre entre des joueurs. ▪ **4** (début XVIe ◊ de *trou* « terrier ») FAM. Petit village perdu, retiré. ➤ **bled, coin,** 2 **patelin.** *« Au fond de ce trou perdu, à la lisière de la triste Beauce »* ZOLA. LOC. *N'être jamais sorti de son trou* : ne rien connaître du monde. ▪ **5** (1725, en argot) FAM. Prison. ➤ **gnouf.** *Envoyer qqn, être au trou.*

II OUVERTURE ▪ **1** Ouverture pratiquée de part en part dans une surface ou un corps solide (cf. TECHN. Bonde, boulin, dalot, forure, œillet, ope, perce...). *Ménager un trou dans un mur.* ➤ **orifice.** *La belette « Entra dans un grenier par un trou fort étroit »* LA FONTAINE. *Trou d'aération.* ➤ **chatière.** *Trou d'une aiguille.* ➤ **chas.** *Les trous d'un crible, d'un tamis.* — *Le trou de la serrure* : l'orifice par lequel on introduit la clé. *Regarder par le trou de la serrure.* ♦ (1842) MAR. *Trou du chat* : sur les grands voiliers, ouverture permettant d'accéder à la hune. — (1840) *Trou d'homme* : ouverture arrondie. ➤ **regard.** ▪ **2** Solution de continuité produite involontairement (du fait de l'usure, d'une brûlure, d'un choc, etc.). *Trous dans un vêtement.* ➤ **accroc, déchirure.** — LOC. FIG. *Il y a un trou* (ou *des trous*) *dans la raquette*, une omission, un cas non prévu. ▪ **3** FAM. Orifice, cavité anatomique. *Trous de nez.* ➤ **narine.** *Ne pas avoir les yeux en face des trous* : n'avoir pas une vision nette à cause de la fatigue, de l'ivresse (cf. Être dans le brouillard*, dans les vapes*). VULG. *Trou du cul*, FAM. *trou de balle* : anus ; t. d'injure petit imbécile. *Le trou du cul du monde* : un endroit perdu, totalement inconnu. ♦ (XVIIe) ANAT. Orifice de l'organisme donnant accès à une cavité ou laissant passage à des nerfs et à des vaisseaux. *Trous olfactifs, trou occipital, trous vertébraux.*

III VIDE, ABSENCE ▪ **1** Absence d'un élément faisant partie d'un ensemble, d'une série ; espace vide. *Trous dans une collection.* ➤ **lacune,** 2 **manque, vide.** *Exercice, phrase à trous*, comportant des blancs à compléter. — *Avoir un trou de mémoire*, ou FAM. *un trou*, une défaillance passagère de la mémoire concernant un point précis. ➤ **oubli.** — *Avoir un trou dans son emploi du temps*, un espace de temps inoccupé. ➤ **créneau.** *Il y a un trou dans sa comptabilité*, des sommes d'argent qui ont disparu sans trace comptable. *« Je découvris un trou énorme dans mon budget »* CH. ROCHEFORT. *Un trou de trois milliards.* FAM. *Le trou de la Sécurité sociale.* ➤ **déficit.** (Canada) *Être dans le trou*, en déficit, à découvert (cf. Dans le rouge). LOC. *Boucher un trou* : remplir une place vacante, combler un manque, un déficit. *Embaucher un acteur pour boucher un trou dans la distribution.* ➤ **bouche-trou.** *Les indemnités de guerre viendront « boucher les trous que la guerre même aura creusés dans les budgets militaires »* MADELIN. ▪ **2** ASTRON. *Trou noir* : objet théorique extrêmement dense exerçant une attraction si forte qu'il n'émet aucun rayonnement. *Le premier trou noir observé, indirectement, est Cygnus X-1.* — *Trou coronal* : région de l'atmosphère du Soleil où le champ magnétique* est ouvert sur l'espace et où le vent solaire rapide prend naissance. ▪ **3** ÉLECTRON., PHYS. Charge (➤ **porteur**) positive égale et opposée à celle de l'électron, créée dans un cristal par l'absence d'un électron. ➤ **lacune.**

TROUBADOUR [tʀubaduʀ] n. m. – 1575 ◊ ancien occitan *trobador* « trouveur », de *trobar* « trouver, composer » ▪ **1** Poète lyrique courtois de langue d'oc aux XIIe et XIIIe s. ➤ **jongleur, ménestrel.** *Trouvères et troubadours. « cette divinisation de la femme, d'où procède l'inspiration des troubadours »* A. BERRY. ▪ **2** EN APPOS. INV. ; HIST. LITTÉR., ART *Genre, style troubadour* : genre littéraire (imitation de la poésie chevaleresque et courtoise), style artistique (néogothique) du XIXe s.

TROUBLANT, ANTE [tʀublɑ̃, ɑ̃t] **adj.** – 1581, repris 1850 ◊ de *troubler* ■ **1** VIEILLI Qui altère ou affecte (la vie organique, psychique). *Le haschisch est « beaucoup plus véhément que l'opium, [...] beaucoup plus troublant »* BAUDELAIRE. ■ **2** MOD. Qui rend perplexe, embarrasse en inquiétant quelque peu. ➤ **déconcertant.** *Une coïncidence troublante. Ressemblance troublante,* qui fait douter de l'identité de la personne. ➤ **confondant.** *« Un mystère presque aussi troublant que celui de la mort »* PROUST. ➤ **inquiétant.** ■ **3** Qui éveille le désir, l'amour. *Un déshabillé troublant.* ➤ **excitant.** ■ CONTR. Calmant. Rassurant.

1 **TROUBLE** [tʀubl] **adj.** – 1160 ◊ latin populaire °*turbulus,* croisement de *turbidus* « agité » et *turbulentus* → turbulent ■ **1** Se dit d'un liquide qui n'est pas limpide, qui contient des particules en suspension (➤ 1 **boueux, vaseux**). *Eau trouble. « ce blanc laiteux à peine bleuâtre, un peu trouble, qu'ont les eaux de riz »* HUYSMANS. *Vin trouble. — Pêcher* en eau trouble.* ◆ Dont la transparence est altérée ou insuffisante. *« un gros verre ancien, un peu trouble »* COLETTE. — PAR EXT. Qui n'est pas net, qui ne se voit pas nettement. *Image trouble.* ➤ **flou.** — PAR MÉTON. *Elle regardait « avec des yeux troubles, comme s'il y avait de la fumée qui l'entourait et la séparait du réel »* LE CLÉZIO. *Avoir la vue trouble.* — ADVT *Voir trouble.* ■ **2** (avec influence de *troubler*) FIG. Qui contient des éléments obscurs, équivoques, plus ou moins inavouables ou menaçants. ➤ 1 **louche, suspect.** *Désirs troubles. « Nos bonnes actions sont souvent plus troubles que nos péchés »* AYMÉ. *« une période absolument trouble, équivoque »* CÉLINE. ■ CONTR. Clair, transparent ; 2 net. Distinct, évident, pur.

2 **TROUBLE** [tʀubl] **n. m.** – 1283 dr. ◊ de *troubler*

A. CONCRET ■ **1** LITTÉR. État de ce qui cesse d'être en ordre ; agitation confuse qui en résulte. ➤ **bouleversement, confusion, désordre, remue-ménage, tumulte.** *« Il avait profité du trouble, du tumulte, de l'encombrement [...] pour s'élancer par la fenêtre »* HUGO. *Jeter, porter, semer le trouble dans une famille.* ◆ COUR., AU PLUR. Ensemble d'évènements caractérisés par le désordre, l'agitation. SPÉCIALT Opposition plus ou moins violente d'un groupe à l'intérieur d'une société. ➤ **désordre, émeute, insurrection, manifestation, révolte, soulèvement.** *Troubles sanglants. Troubles politiques, sociaux. Des troubles ont éclaté dans le pays. — Fauteur de troubles.* ➤ **agitateur, trublion.** *Réprimer les troubles.* ■ **2** DR. Atteinte à l'exercice d'un droit sur une chose. *Trouble de la possession, de la jouissance. Trouble de fait* (par usurpation, etc.). *Trouble de voisinage.* ➤ **nuisance.**

B. ABSTRAIT ■ **1** LITTÉR. Perte de la lucidité ; état anormal d'agitation. ➤ **confusion, désordre, effervescence, égarement, tumulte.** *« Tout était encore confus et se heurtait dans son cerveau ; le trouble y était tel qu'il ne voyait distinctement la forme d'aucune idée »* HUGO. ■ **2** (XVIe) COUR. État affectif pénible, fait d'angoisse et d'une activité mentale excessive, incontrôlée. ➤ **agitation, émotion, fièvre, inquiétude.** *Ressentir un trouble profond. « Point de désespoir, point de cris ; remettez-vous de votre trouble »* DIDEROT. *« L'idée de la mort provoquait chez elle ce trouble qui est un des signes de la jeunesse du cœur »* GREEN. *Causer un grand trouble* (➤ **bouleverser, émouvoir, remuer, secouer,** 1 **toucher, troubler**). ◆ État, attitude d'une personne qui manifeste son trouble (rougeur, tremblements ; altération de la voix). *Le trouble de la honte. Cacher son trouble. Son trouble l'a trahi.* — SPÉCIALT État, attitude d'une personne violemment émue et privée de ses moyens. ➤ **confusion.** *Le trouble et les balbutiements d'un candidat timide.* ◆ (1895 ◊ calque de l'anglais) **(Canada ; critiqué)** *Avoir du trouble, être dans le trouble :* avoir des ennuis, des difficultés. *« Moi, j'aurais pas de trouble avec le père. Vous savez pas comment le prendre »* V.-L. BEAULIEU. ■ **3** Émotion tendre ; désir amoureux. ➤ **émoi.** *« Le trouble de l'amour naissant est toujours doux »* ROUSSEAU. *Le trouble des sens.*

C. EN MÉDECINE (souvent plur.) (XIXe) Modification pathologique des activités de l'organisme ou du comportement (physique ou mental) de l'être vivant. ➤ **dérèglement, désordre, désorganisation, perturbation.** *Troubles fonctionnels.* ➤ **dysfonctionnement.** *Troubles de la vision, de la vue. Troubles musculosquelettiques (TMS). — Troubles mentaux, psychiques. Troubles névrotiques. Trouble obsessionnel compulsif (TOC). Troubles de la personnalité. Troubles de la parole. Trouble déficitaire de l'attention*. Troubles des apprentissages* (➤ **dys**). *Troubles du comportement, du sommeil, de la sexualité.* ■ CONTR. Apaisement, 1 calme, équilibre, ordre, paix, repos ; équilibre, sérénité, tranquillité. Aplomb, assurance. 1 Calme, sang-froid.

3 **TROUBLE** ➤ **TRUBLE**

TROUBLÉ, ÉE [tʀuble] **adj.** – XIIe ◊ de *troubler* ■ **1** Rendu trouble. ➤ **brouillé.** *Eau troublée.* ➤ **turbide.** ■ **2** (1170) Agité de troubles. *Une des périodes les plus troublées de notre histoire.* ■ **3** Qui n'a plus sa lucidité normale. *« J'avais la tête tellement troublée que je crus entendre les trois coups »* VILLIERS. ➤ **dérangé** (cf. À l'envers). ■ **4** (PERSONNES) Qui est dans un état affectif de trouble. ➤ **ému, perturbé.** *Le candidat est troublé.* — Perplexe, embarrassé. ■ CONTR. Clair, pur. Paisible, tranquille. Assuré, sûr.

TROUBLE-FÊTE [tʀubləfɛt] **n.** – v. 1300 ◊ de *troubler* et *fête* ■ Personne qui trouble des réjouissances ; qui empêche qqn de se réjouir. ➤ **importun, rabat-joie** (cf. Empêcheur* de tourner en rond). *« sa gloire dura sans aucun échec jusqu'à ce que Boileau y vînt porter atteinte, en vrai trouble-fête qu'il était »* SAINTE-BEUVE. *Je ne voudrais pas jouer les trouble-fêtes,* déranger votre bien-être, votre satisfaction.

TROUBLER [tʀuble] **v. tr.** ‹1› – XIVe ; v. 1170 *trobler* ; 1080 *trubler* ◊ latin populaire °*turbulare,* de °*turbulus* → 1 trouble

A. SENS CONCRET ■ **1** Modifier en altérant la clarté, la transparence. *Troubler l'eau, un liquide. « Philippe commanda un ouzo qu'il troubla d'autant d'eau »* DAENINCKX. *Un ciel bleu que rien ne troublait.* ➤ **obscurcir.** — PRONOM. Devenir trouble. *Liquide qui se trouble.* ◆ Rendre moins net. *L'émotion lui troublait la vue.* ➤ **brouiller, obscurcir.** ■ **2** LITTÉR. Modifier en touchant à l'ordre, à l'équilibre ; rendre agité, confus. ➤ **bouleverser, déranger, perturber.** *« L'intempérie des éléments qui troublent perpétuellement ce bas monde »* SAINTE-BEUVE. COUR. *Troubler la paix des ménages. Troubler l'ordre public.* ■ **3** Empêcher (un état calme, paisible) de se continuer. *Troubler le silence. Troubler le sommeil de qqn. Troubler le repos, la tranquillité. « Rien ne troublait la monotone tranquillité de notre vie »* LAMARTINE. ■ **4** Interrompre ou gêner le cours normal de (qqch.). ➤ **dérégler, désorganiser.** *« Mais quelqu'un troubla la fête »* LA FONTAINE (➤ **trouble-fête**). *La cérémonie a été troublée par des manifestants. Troubler les plans, les projets de qqn.* ➤ **contrarier, contrecarrer,** 1 **entraver.** *Troubler la digestion.*

B. SENS MORAL ■ **1** Priver de lucidité. ➤ **égarer.** *Troubler l'esprit, la raison. « le vin trouble les facultés mentales, tandis que l'opium y introduit l'ordre suprême »* BAUDELAIRE. *« sa vanité, qui était forte, troubla son jugement, qui était faible »* FRANCE. ■ **2** Susciter chez (qqn) un état émotif, une activité psychique anormale ou pénible qui compromet le contrôle de soi. ➤ **agiter, bouleverser, chambouler, inquiéter,** FAM. **tournebouler.** *Rien ne trouble le sage.* ➤ **atteindre,** 1 **toucher.** *« il avait le visage tranquille et volontaire de ceux qui ne permettent pas à la vie de les troubler »* GREEN. ◆ Déconcerter en créant une impression d'insécurité. ➤ **confondre, déboussoler, décontenancer, démonter, désarçonner, désorienter, déstabiliser, ébranler, impressionner.** *Examinateur sévère qui trouble les candidats.* — PRONOM. Ne plus savoir que faire ou que dire sous l'effet d'une émotion. ➤ **s'affoler, paniquer** (cf. Perdre les pédales*). *Il a répondu sans se troubler. « Ils se troublent, ils bégaient, ils s'exclament »* R. GUÉRIN. ◆ Rendre perplexe. ➤ **embarrasser, gêner.** *Il y a un détail qui me trouble.* ➤ **intriguer, tracasser,** FAM. **turlupiner ; troublant.** ■ **3** Mettre dans le trouble en suscitant une émotion amoureuse, le désir. ➤ **émouvoir.** *« Le charme de sa personne lui troublait le cœur plus que les sens »* FLAUBERT. ■ CONTR. Clarifier, purifier. Maintenir, rétablir. Calmer ; apaiser, tranquilliser.

TROUÉ, ÉE [tʀue] **adj.** – fin XIIe ◊ de *trouer* ■ Qui est percé d'un trou, de trous. ➤ **percé.** *Semelle trouée. Gants troués. Être troué comme une passoire, comme du gruyère.*

TROUÉE [tʀue] **n. f.** – 1611 ; *trauwée* fin XVe ◊ de *trouer* ■ **1** Large ouverture qui permet le passage. *Une trouée dans une haie. « Une petite clairière que prolongeait [...] une longue trouée entre les arbres »* ROMAINS. — Espace entre des nuages qui laisse voir le bleu du ciel. ➤ **déchirure, échappée.** *« le ciel, semé de nuages, avec des trouées d'un bleu sombre »* FROMENTIN. ■ **2** (1798) MILIT. Ouverture faite dans les rangs de l'armée ennemie. ➤ 1 **brèche, percée.** *Ils fondirent sur « la cavalerie ennemie, et, faisant une large et sanglante trouée, passèrent au travers »* VIGNY. ■ **3** (1907) GÉOGR. Large passage naturel dans une chaîne de montagnes, entre deux massifs. *La trouée de Belfort* (entre les Vosges et le Jura).

TROUER [tʀue] **v. tr.** ‹1› – XIIe ◊ de *trou* ■ **1** Faire un trou, des trous dans (qqch.). ➤ **percer, perforer.** *Trouer un vêtement* (par usure, brûlure). *— Vêtement troué par les mites.* — LOC. FAM. *Se faire trouer la peau :* se faire tuer par balles. VULG. *Ça me troue le cul :* cela m'étonne beaucoup. — FIG. *« Des élancements violents lui trouaient le crâne »* SARTRE. ➤ **vriller.** ■ **2** Faire une trouée dans. *« des rayons de soleil trouaient çà et là ces* *ténèbres vertes»* HUGO. ➤ **déchirer.** ▪ **3** (CHOSES) Former une ouverture dans. *Le mur «que troue* [...] *une petite porte à secret»* GIDE. ◆ PAR ANAL. Former sur (qqch.) une tache, des taches qui rappellent des trous. ➤ **piquer, tacher.** *«Toutes ces figures osseuses et trouées d'ombre»* MORAND.

TROUFIGNON [trufiɲɔ̃] **n. m.** – 1860 ; *trou fignon* XVIe ◇ de *trou* et *fignon*, diminutif dialectal de 2*fin* ; cf. *fignoler, fion* ▪ FAM. Anus. — PAR EXT. Derrière.

TROUFION [trufjɔ̃] **n. m.** – 1894 ◇ probablt altération de *troupier* ▪ FAM. Simple soldat. ➤ **griveton, pioupiou.** *«La victoire éclatait dans les yeux des troufions»* PEREC.

TROUILLARD, ARDE [trujar, ard] **adj. et n.** – avant 1756 ◇ de *trouille* ▪ FAM. Peureux, poltron. ➤ **froussard.** *«Il n'y a pas plus geignard ni trouillard que les hommes !»* ROMAINS. — **n.** *Quelle trouillarde !* ▪ CONTR. Courageux, gonflé.

TROUILLE [truj] **n. f.** – 1891 ; «excrément, colique» XVe ◇ origine inconnue ; p.-ê. altération du dialectal *drouille* ; du néerlandais *drollen* «aller à la selle» ▪ FAM. Peur. *Avoir la trouille.* ➤ RÉGION. **trouiller.** *«T'as eu les jetons ? – Tu parles. Jamais eu une telle trouille de ma vie»* QUENEAU. *Il lui a fichu, flanqué la trouille. Avoir la trouille de sauter.*

TROUILLER [truje] **v. intr.** ‹1› – date inconnue ◇ de *trouille* ▪ (Belgique) FAM. Avoir peur. *«je ne supporte pas que parce qu'on trouille, on puisse manquer à son devoir d'amitié»* P. ÉMOND.

TROUILLOMÈTRE [trujɔmɛtr] **n. m.** – v. 1940 ◇ formation plaisante, de *trouille* et *-mètre* ▪ LOC. FAM. *Avoir le trouillomètre à zéro* : avoir très peur (cf. Avoir les jetons*). *Des pétochards «qui couraient sur les routes avec le trouillomètre à zéro»* SARTRE.

TROUPE [trup] **n. f.** – 1477 sens 2o ; *trope, tropel* fin XIIe ◇ du francique °*thorp* → troupeau ▪ **1** VIEILLI Réunion de gens qui vont ensemble, ou qui agissent de concert. ➤ 2**bande, groupe.** *«Une troupe de paysans, hommes, femmes et enfants»* NERVAL. ➤ **cohorte, cortège.** *«Une troupe d'étrangers sortit de l'hôtel»* APOLLINAIRE. — *En troupe* : à plusieurs, tous ensemble. *«On ne voulait partir qu'en masse, en troupe»* MICHELET. — Groupe d'animaux de même espèce vivant naturellement ensemble. ➤ **troupeau.** *Animaux en troupe* (➤ **grégaire**). *Une troupe de singes.* ▪ **2** (1477) Groupe d'individus armés. SPÉCIALT Groupe régulier et organisé de soldats. ➤ **unité.** *«Une troupe de légionnaires qui, par principe, est composée d'aventuriers»* MAC ORLAN. *Troupe de partisans, de maquisards.* ➤ **commando, détachement, guérilla.** *Rejoindre le gros de la troupe.* — LOC. FAM. *En route, mauvaise troupe !* allons-y, avançons ! ◆ AU PLUR. *Les troupes* : la force armée. *Lever, mobiliser des troupes. Troupes de choc, de débarquement. Le chef, à la tête de ses troupes. Le gros des troupes. Masser des troupes.* ◆ (SING. COLLECT.) **LA TROUPE** : l'armée, les armées. *Corps de troupe.* — SPÉCIALT La force armée, la force publique chargée de réprimer les émeutes. *Intervention de la troupe.* — L'ensemble des soldats. *La troupe et les officiers. Le moral de la troupe. Homme de troupe* : simple soldat. ➤ **troupier** (cf. Homme du rang*). *Enfant* de troupe.* — PAR APPOS. *Des gauloises troupe* : cigarettes de l'armée. ELLIPT *Fumer des troupe.* ▪ **3** (1556) Groupe de comédiens, d'artistes qui jouent ensemble. *Troupe théâtrale.* ➤ **compagnie.** *La troupe répète. Troupe de chanteurs, de danseurs. Le comique* de la troupe. Troupe en tournée.*

TROUPEAU [trupo] **n. m.** – 1530 ; *tropel* fin XIIIe ; «troupe» milieu XIIe ◇ du francique °*thorp* → trop ▪ **1** Réunion d'animaux domestiques qu'on élève, nourrit ensemble. *Troupeau de cent têtes de bétail. Troupeau de taureaux, de chevaux* (➤ **manade**). *Troupeau de moutons, de chèvres. Troupeau d'oies. Garder les troupeaux* (➤ **berger, cow-boy, gaucho,** 1**vacher**). *Migrations de troupeaux.* ➤ **transhumance ;** RÉGION. **désalpe, inalpe.** ◆ SPÉCIALT Troupeau de moutons. *«un troupeau traversait les guérets* [...] *Deux chiens le flanquaient. Le berger marchait en avant»* BOSCO. ▪ **2** (1530) Troupe (de bêtes sauvages). *Troupeau de buffles, d'éléphants.* ▪ **3** PÉJ. Troupe nombreuse et passive de personnes. *«Je hais tout ce qui porte l'homme à se mettre en troupeau»* MUSSET (➤ **grégaire**). *«Ils appartenaient au grand troupeau des hommes. Les résignés»* R. ROLLAND. *«Le soir, à la gare d'Orsay, perdue dans le troupeau que parquait une barrière»* MAURIAC. ➤ **foule, multitude.** ▪ **4** (1541 ◇ de la parabole du bon pasteur) RELIG. *Le troupeau du Seigneur* : les fidèles, l'Église.

TROUPIALE [trupjal] **n. m.** – 1760 ◇ probablt d'une langue du Brésil ▪ ZOOL. Oiseau exotique *(passereaux)* qui vit en troupes et bâtit des nids aussi remarquables que ceux du tisserin.

TROUPIER [trupje] **n. m. et adj. m.** – 1818 ◇ de *troupe* ▪ VIEILLI Homme de troupe, soldat. ➤ **bidasse, troufion.** *«C'était la légende, le troupier français parcourant le monde, entre sa belle et une bouteille de bon vin»* ZOLA. — **adj. m.** *Comique troupier* : genre comique grossier, à base d'histoires de soldats, à la mode vers 1900.

TROUSSAGE [trusaʒ] **n. m.** – 1875 ; autre sens v. 1390 ◇ de *trousser* ▪ CUIS. Action de trousser une volaille.

TROUSSE [trus] **n. f.** – XIIIe ; *torse* v. 1210 ◇ de *trousser* ▪ **1** VX ou RÉGION. Botte, faisceau (de foin, de fourrage). ▪ **2** ANCIENNT Haut-de-chausses court et relevé. *«Son costume de troubadour est varié d'une trousse dans le goût du XVIIe siècle»* NERVAL. ◆ LOC. (v. 1500) **AUX TROUSSES (de qqn),** à sa poursuite. *Avoir la police à ses trousses, aux trousses. «La meute acharnée de ses créanciers* [de Balzac], *à ses trousses depuis sa jeunesse»* HENRIOT. *Avoir le feu aux trousses* : être très pressé (cf. Avoir le feu* au derrière). ▪ **3** (1660 ; «valise, poche de selle» XIIIe) Poche, étui à compartiments pour ranger un ensemble d'objets. *Trousse de médecin, de chirurgien,* contenant ses instruments. *Trousse à outils. Trousse à couture. Trousse à ongles.* ➤ **onglier.** *Trousse de toilette, de voyage.* ➤ **nécessaire.** *Trousse d'écolier,* contenant crayons, règle, compas, gomme, etc. ▪ **4** (1872) MINES *Trousse de cuvelage* ou *trousse* : anneau en fonte en appui sur le terrain à la base d'une retraite de cuvelage. ▪ **5** (Canada) Ensemble réunissant le matériel, les documents nécessaires à une activité, une démarche. ➤ **kit** ANGLIC. *Trousse de demande* (pour les immigrants). *Trousse éducative.*

TROUSSEAU [truso] **n. m.** – XIVe ; *torsel, trossel* XIIe ◇ de *trousse* ▪ **1** VX Paquet, faisceau. — (1596) MOD. *Trousseau de clés* : ensemble de clés réunies par un anneau, un porte-clé. ▪ **2** (fin XIVe) Vêtements, linge qu'emporte une jeune fille qui se marie (ou qui entre en religion). *«Les plus luxueux trousseaux de femmes, les chemises de noces des jeunes filles»* GONCOURT. ◆ (1810) Vêtements et linge que l'on donne à un enfant qui va en pension, en colonie de vacances, en apprentissage, etc. *«Il fut décidé qu'on mettrait Hippolyte en pension à Paris* [...] *On lui fit donc un trousseau»* SAND.

TROUSSE-GALANT [trusgalɑ̃] **n. m.** – v. 1500 ◇ de *trousser* et *galant* n. m. ▪ VX et FAM. Maladie foudroyante (qui trousse [3o], enlève le galant, le jeune homme) ; choléra. *Des trousse-galants.*

TROUSSE-PET [truspɛ] **n. m.** – 1872 ; *trousse-pète* n. f. 1798 ◇ de *trousser* et *péter* ▪ FAM. ▪ **1** VX Petit garçon. ➤ **morveux.** ▪ **2** Petite veste très courte. ➤ **pet-en-l'air, rase-pet.** *Des trousse-pets.*

TROUSSE-PIED [truspje] **n. m.** – 1812 ◇ de *trousser* et *pied* ▪ TECHN. Lien qui maintient replié le pied d'un animal domestique qu'on soigne, qu'on ferre. *Des trousse-pieds.*

TROUSSE-QUEUE [truskø] **n. m.** – 1553 ◇ de *trousser* et *queue* ▪ Pièce de harnais, morceau de cuir dans lequel on passe la queue d'un cheval pour la relever. *Des trousse-queues.*

1**TROUSSEQUIN** [truskɛ̃] **n. m.** – 1677 ◇ dérivé dialectal de *trousse* et suffixe picard ▪ TECHN. Arcade postérieure relevée de l'arçon de la selle.

2**TROUSSEQUIN** ➤ **TRUSQUIN**

TROUSSER [truse] **v. tr.** ‹1› – fin XIIe ; *trusser* XIIe ; «charger» 1080 ◇ bas latin °*torsare*, de *torsus*, p. p. en bas latin de *torquere* «tordre» ▪ **1** VX Mettre en faisceau, en botte. *Trousser du foin.* ➤ **botteler.** ◆ (1732) CUIS. *Trousser une volaille,* replier ses membres et les lier au corps avant de la faire cuire. ➤ **brider.** ▪ **2** (fin XIVe) VIEILLI Relever (un vêtement qui pend). ➤ **retrousser.** *Madame de Courtrai «le dos à la cheminée, troussant sa robe, se chauffait les mollets»* FRANCE. PRONOM. *«Les femmes se troussaient»* ZOLA. — FAM. *Trousser les jupes d'une femme,* dans une intention érotique. PAR EXT. Posséder sexuellement. *«un mâle brutal, habitué à trousser les filles»* ZOLA. ◆ (1583) VIEILLI Relever, redresser. *«Il trousse sa moustache en croc et la caresse»* HUGO. ▪ **3** (1587) VIEILLI ou LITTÉR. Faire rapidement et habilement. ➤ **expédier,** FAM. **torcher.** *«le Père Dubaton souhaiterait que je lui trousse un petit cantique de Noël»* ANOUILH. — **p. p. adj.** *Un compliment bien, joliment troussé.*

TROUSSEUR [trusœr] **n. m.** – fin XIXe ◇ de *trousser* ▪ LOC. FAM. VIEILLI *Un trousseur de jupons* : un coureur, un débauché.

TROU-TROU [trutru] **n. m.** /TROUTROU/ – 1894 ◇ de *trou* ▪ Ornement de lingerie composé de petits trous alignés, dans lesquels on peut passer un ruban. *Volant à trous-trous.*

TROUVABLE [tʀuvabl] adj. – XIVe ◊ de *trouver* ■ Qui peut être trouvé, découvert ou rencontré. « *L'issue est invisible, mais trouvable* » HUGO. ■ CONTR. Introuvable.

TROUVAILLE [tʀuvaj] n. f. – 1160 *trovaille* « épave » ◊ de *trouver* ■ **1** Fait de trouver avec bonheur. *Faire une trouvaille. Il eut* « *un pressentiment de l'opportunité de cette trouvaille* » BALZAC. — Chose trouvée heureusement. ➤ **découverte.** « *quelle charmante propriété vous avez là* [...] *– Une occasion, une trouvaille* » ZOLA. ■ **2** (1904) Fait de découvrir (une idée, une image, etc.) par l'esprit et d'une manière heureuse ; idée originale, intéressante. ➤ **création, idée.** « *En quelques minutes, ce lecteur* [d'un poème] *recevra le choc de trouvailles, de rapprochements* [...] *accumulés pendant des mois de recherche* » VALÉRY. — IRON. *Quelle est encore sa dernière trouvaille ?* ➤ **invention.** ■ CONTR. Banalité, cliché, 1 lieu (commun).

TROUVÉ, ÉE [tʀuve] adj. – XIIe ◊ de trouver ■ En loc. Qu'on a trouvé (II). *Enfant trouvé. Objets trouvés* (➤ **inventeur**). ◆ (XVIIe) Qui constitue une trouvaille. ➤ **heureux,** 2 **neuf,** 2 **original.** *Formule bien trouvée.* IRON. « *ah ! vraiment, voilà qui est bien trouvé* » ZOLA. *Avoir une excuse toute trouvée.*

TROUVER [tʀuve] v. tr. ⟨1⟩ – fin Xe ◊ du latin populaire *tropare* « composer un air, un poème » d'où « inventer », « découvrir » (→ troubadour et trouvère), de *tropus* « figure de rhétorique » → trope

I DÉCOUVRIR EN CHERCHANT DANS L'ESPACE ■ **1** Apercevoir, rencontrer, toucher (ce que l'on cherchait ou ce que l'on souhaitait avoir). ➤ **découvrir ;** FAM. **dégoter, dénicher.** *Chercher qqch. jusqu'à ce qu'on le trouve. Trouver une place pour se garer. Je restai* « *dans l'obscurité, cherchant des allumettes, n'en trouvant pas* » MAUPASSANT. « *Il en est de la lecture comme des auberges espagnoles... On n'y trouve que ce qu'on apporte* » MAUROIS. *Trouver son chemin. Trouver de l'or, du pétrole, un trésor* (➤ **découverte, invention**). — *Mots que l'on trouve dans un dictionnaire.* ■ **2** Se procurer ; parvenir à avoir, à obtenir. *Trouver un appartement, des capitaux* (➤ **réunir**). *Trouver une situation, du travail. Trouver sa voie*.* — *Ne pouvoir trouver le sommeil. Trouver asile, refuge auprès de qqn. Trouver grâce* devant qqn. Trouver son bonheur,* ce que l'on cherche. — *Trouver son intérêt dans une affaire* (cf. S'y retrouver*). *Il y a trouvé son compte.* — *Trouver acquéreur.* ■ **3** Parvenir à rencontrer, à être avec (qqn). *Où peut-on vous trouver ?* ➤ **atteindre, contacter, joindre.** *Le matin, vous la trouverez chez elle.* ◆ (v. 1200) *Aller trouver qqn,* aller le voir, lui parler. « *Il vint trouver votre père, l'accabla de reproches* » MUSSET. ◆ Obtenir (qqn) pour son service. *Trouver une bonne secrétaire.* — *Trouver chaussure* à son pied.*

II DÉCOUVRIR, RENCONTRER, SANS AVOIR CHERCHÉ (fin Xe) ➤ 1 **tomber** (sur). « *Il avait trouvé sur le banc* [...] *un mouchoir* » HUGO. *Être comme une poule* qui a trouvé un couteau.* — (ABSTRAIT) *Trouver une difficulté sur son chemin. Il a trouvé la mort dans un accident* (➤ **mourir**). — (Avec *on, nous, vous*) Constater l'existence de, rencontrer. « *Vous trouverez dans les climats du nord des peuples qui ont peu de vices* » MONTESQUIEU. — Rencontrer au cours d'une lecture. *Un mot qu'on trouve dans Corneille.* « *Vous ne trouverez jamais, chez Hugo, la moindre impropriété de langage* » GIDE. ◆ (Compl. personne) « *Dans ce petit cabaret, je trouvai trois braves* » VIGNY. — *Trouver son maître*. Trouver à qui parler*.* — FAM. Essuyer la riposte de (qqn). *Si tu me cherches, tu vas me trouver.* ◆ (Sujet chose) « *Chaque mauvaise nouvelle trouve aussitôt son messager* » MAUROIS.

III (ABSTRAIT) DANS L'ESPRIT OU PAR L'ESPRIT ■ **1** (fin XIe) Découvrir par un effort de l'esprit, de l'attention, de l'imagination. ➤ **imaginer, inventer.** *Trouver (le) moyen* de. Trouver un biais, un prétexte, une excuse, un expédient. Je ne lui trouve aucune excuse :* il est inexcusable. *Trouver un compromis, le filon, la parade.* « *La dernière chose qu'on trouve en faisant un ouvrage est de savoir celle qu'il faut mettre la première* » PASCAL. *Ne pas trouver ses mots :* avoir du mal à s'exprimer. *Trouver le mot juste. Trouver la clé d'une énigme, la solution d'un problème.* ➤ **deviner.** *Trouver le joint*. À l'auscultation, le médecin ne trouve rien.* ➤ **déceler.** « *Ils avaient trouvé le secret de l'équilibre* » DUHAMEL. *J'ai trouvé que x est égal à 0.* ◆ (SANS COMPL.) *Eurêka ! J'ai trouvé ! On voit* « *combien la science a fait de progrès. Hier elle cherchait, aujourd'hui elle trouve* » VIALATTE. ◆ FAM. *Où avez-vous trouvé cela ?,* qu'est-ce qui vous fait croire cela ? ➤ FAM. 2 **pêcher, prendre.** ◆ PÉJ. *Il n'a rien trouvé de mieux que de tout raconter.* ■ **2** Pouvoir disposer de (temps, occasion, etc.). « *Je ne trouve pas le temps de la regarder* [la nature] *par les yeux des autres* » LOUŸS. *Trouver l'occasion, la possibilité de faire qqch.* « *Sans trouver la force d'articuler une seule parole* » FROMENTIN. ◆ (v. 1250) **TROUVER À...** (et inf.) : trouver le moyen de... « *j'aurais bien fini par trouver à gagner ma vie* » GIDE. — **TROUVER (qqch.) À** (et l'inf.). ➤ 1 **avoir** (à). *Il* « *ouvrit la bouche mais ne trouva rien à répondre* » SAINT-EXUPÉRY. *Trouver à redire* à qqch.* ■ **3 TROUVER (tel sentiment, tel état d'âme) DANS, À, etc. :** éprouver. « *Je trouvais dans une tendresse infinie* [...] *l'apaisement de mes souffrances* » PROUST. *Trouver du plaisir à parler avec qqn.*

IV CONSTATER A. VOIR (QQN, QQCH.) SE PRÉSENTER D'UNE CERTAINE MANIÈRE ■ **1** (milieu XIIe) (Avec un complément et un attribut du complément) *Trouver porte close*.* « *Je doute que vous la trouviez vivante* » BALZAC. — (Avec un objet dir. qualifié par un compl. ou une propos.) *Trouver qqn au lit. Je l'ai trouvé fouillant dans mon tiroir, qui fouillait dans mon tiroir.* ➤ **surprendre.** ■ **2** (XIIe) **TROUVER (un caractère, une qualité) À (qqn, qqch.),** lui attribuer, lui reconnaître un caractère, une qualité. *Je lui trouve mauvaise mine, beaucoup de charme.* « *Hélène trouvait à son mari une roideur correcte qui ne lui déplaisait pas* » FRANCE. « *Je trouvais à cela une grande poésie* » MAURIAC. — FAM. *Mais qu'est-ce qu'elle peut bien lui trouver ?* (comme qualité, agrément). « *Je ne sais pas ce que vous lui trouvez d'ailleurs, il est mal habillé, mal peigné* » C. GALLAY.

B. JUGER ■ **1** (milieu XIIe) **TROUVER (qqn, qqch.)** et attribut : estimer, juger que (qqn, qqch.) est... ➤ **considérer, regarder** (comme), **tenir** (pour). *Trouver qqn gentil.* « *Je te trouve tellement jolie que tu dois sûrement l'être un peu* » F. DARD. « *Papa trouve irresponsable de laisser une gamine habiter seule une maison vide au milieu des bois* » Y. QUEFFÉLEC. *Il a trouvé ce vin excellent.* — *Trouver le temps long.* FAM. *La trouver mauvaise*, saumâtre*.* — (1538) **TROUVER BON, MAUVAIS QUE** (et subj.). ➤ **approuver, désapprouver.** « *Trouveriez-vous mauvais qu'on protège les arts ?* » AUGIER. ➤ **déplorer.** ■ **2** (1636) **TROUVER QUE...** (et l'indic.) : juger, penser que... *Je trouve que c'est une bonne idée.* ➤ **estimer.** — (et le subj.) « *Mais trouvez-vous que ce soit bien héroïque ?* » MÉRIMÉE. — *Vous trouvez ?,* vous croyez ? « *Il est rudement joli garçon. – Tu trouves ?* » MAUPASSANT.

V SE TROUVER v. pron. ■ **1** (1636) Être en présence de soi-même, découvrir sa véritable personnalité. « *Maintenant je me cherche, et ne me trouve plus* » RACINE. « *Uni à d'autres hommes* [...] *l'homme se trouve lui-même en s'oubliant* » MAUROIS. ■ **2** Être (en un endroit, en une circonstance, en présence de...). *Les personnes qui se trouvent là. Il se trouvait alors en Italie.* — *Se trouver à* (et inf.). « *Je me trouvais, un matin, à jouer avec deux nouveaux* » BOURGET. — *Se trouver tête à tête, nez à nez avec qqn.* « *Nous nous trouvions quarante millions d'agriculteurs face à quatre-vingts millions d'industriels !* » SAINT-EXUPÉRY. « *Il ne faisait pas bon se trouver sur son chemin* » HAMILTON. — (CHOSES) *Il prit un dossier* « *qui se trouvait sous un serre-papier* » BALZAC. *Son nom ne se trouve pas sur la liste.* ➤ 1 **être, figurer.** *Cette ville se trouve au bord de la mer.* ➤ se **situer.** — LOC. PROV. *Cela ne se trouve pas sous les pieds, sous le sabot, dans le pas d'un cheval*.* ■ **3** Être (dans un état, une situation). *Les circonstances où nous nous trouvons. Se trouver dans une situation difficile.* « *La nécessité dans laquelle Napoléon s'était trouvé de lui donner un titre* » BALZAC. *Je me trouve dans l'impossibilité de vous aider.* ■ **4 SE TROUVER ÊTRE, AVOIR... :** être, avoir, par un concours de circonstances. « *sans avoir cherché à savoir vos secrets, je me trouve les avoir appris en partie* » MÉRIMÉE. « *Le secrétaire se trouvait être un assez mauvais sujet* » GONCOURT. — (Avec un attribut) « *Elle se trouvait donc libre pour la semaine entière* » MAUPASSANT. *La cigale* « *Se trouva fort dépourvue Quand la bise fut venue* » LA FONTAINE. ■ **5** IMPERS. (1549) **IL SE TROUVE... :** il existe, il y a. « *Malgré les précautions prises par le notaire, il se trouva des témoins* » BALZAC. ➤ se **rencontrer.** — **IL SE TROUVE QUE... :** il se fait que, en fait. ➤ **s'avérer.** « *Cette jeune fille qui vous dérange... il se trouve que c'est moi* » MARIVAUX. — FAM. *Si ça se trouve,* se dit pour présenter une éventualité (cf. RÉGION. Si ça tombe). « *tu sais rien. Si ça se trouve, t'as même pas de cerveau* » (M. AUDIARD, « La Grande Sauterelle », film). ➤ **peut-être** (que). ■ **6** (Avec un attribut) Se sentir (en tel ou tel état). *Se trouver dépaysé, embarrassé.* — *Alors* « *vous vous trouvez bien dans votre bastide ?* » MAUPASSANT. *Comment vous trouvez-vous ce matin ?* ➤ 1 **aller,** se **sentir.** **SE TROUVER MAL :** s'évanouir. *Elle s'est trouvée mal.* — **SE TROUVER BIEN, MAL (de qqch.),** en tirer un avantage, en éprouver du désagrément. « *Longtemps, Paris fut dénué de kangourous boxeurs. On ne s'en trouvait pas plus mal, ni mieux, d'ailleurs* » ALLAIS. ➤ **pâtir** (de). « *Tous ses amis se sont si bien trouvés de s'être fiés à lui.* » Mme DE SÉVIGNÉ. ➤ se **féliciter,** se **louer.** ◆ Se croire, se juger. *Se trouver malheureux. Elle fait un régime, elle se trouve trop grosse.*

■ CONTR. Perdre.

TROUVÈRE [tʀuvɛʀ] **n. m.** – 1670 ◊ adaptation de *troverre*, cas sujet de *troveor* (1160) «trouveur» → trouver ; troubadour ■ Au Moyen Âge, Poète et jongleur de la France du Nord, s'exprimant en langue d'oïl. ➤ **ménestrel.** *Trouvères et troubadours.*

TROUVEUR, EUSE [tʀuvœʀ, øz] **n.** – XVe ; *troveor* XIIIe ◊ de *trouver* ■ RARE Personne qui trouve, invente. «*Terpsichore, trouveuse de la danse !*» CLAUDEL.

TRUAND, ANDE [tʀyɑ̃, ɑ̃d] **n.** – XIVe ; *truant, truande* XIIe ◊ du gaulois °*trugant* ; cf. irlandais *truag* «misérable» ■ **1** VIEILLI Vagabond(e) ; mendiant(e) professionnel(le). «*La loi que vous* [les bourgeois] *faites aux truands, les truands vous la font*» HUGO. ■ **2 n. m.** (1906) MOD. Malfaiteur qui fait partie du milieu. ➤ **bandit, gangster, voyou.**

TRUANDER [tʀyɑ̃de] **v.** ⟨1⟩ – XIIe ◊ de *truand* ■ **1 v. intr.** VX Vivre en truand (1°). ◆ MOD. FAM. Tricher. *Truander à un examen.* ■ **2 v. tr.** (1951) FAM. Voler, escroquer. *Se faire truander.* — **n. m. TRUANDAGE.**

TRUANDERIE [tʀyɑ̃dʀi] **n. f.** – XIIIe ◊ de *truand* ■ VIEILLI État de truand ; ensemble des truands (1°). *Rue de la Grande-Truanderie, à Paris.*

TRUBLE [tʀybl] **n. f.** – 1260 ; «pelle» en anglo-normand XIIe ◊ grec *trublê* «bol» ■ Filet de pêche en forme de poche, ajusté à un cerceau muni d'un manche. ➤ 1 **balance, caudrette.** *Truble à crevettes.* ➤ **crevettier, épuisette.** — On dit aussi **TROUBLE.**

TRUBLION [tʀyblijɔ̃] **n. m.** – 1941, avec influence du sens de *trouble* ◊ n. pr. 1898, nom donné par A. France au duc d'Orléans par allus. à son sobriquet *Gamelle*, du grec *trublion* «écuelle» → truble ■ Fauteur de troubles, agitateur. ➤ **perturbateur.**

1 **TRUC** [tʀyk] **n. m.** – début XIIIe, repris fin XVIIIe ◊ ancien provençal *truc*, du v. *trucar* «cogner», latin populaire °*trudicare*, du classique *trudere* «pousser» ■ **1** FAM. Façon d'agir qui requiert de l'habileté, de l'adresse. ➤ **astuce,** FAM. **combine,** 2 **expédient,** 2 **moyen, procédé, ruse, stratagème,** 3 **tour.** «*imaginez un truc pour nous voir un peu longuement*» FLAUBERT. *Trouver le truc.* ➤ 2 **joint.** *C'est un bon truc.* — SPÉCIALT Procédé habile et discret pour obtenir un effet particulier (dans un art d'adresse, un métier, etc.). *Les trucs d'un prestidigitateur* (➤ **artifice, ficelle).** *Il y a un truc.* ■ **2** (1847) Moyen concret, machine ou dispositif scénique destiné à créer une illusion. ➤ **trucage.** ■ **3** (1886) FAM. Chose quelconque, qu'on ne peut ou ne veut pas désigner. ➤ **chose, gadget ;** RÉGION. **cossin ;** FAM. **bidule, fourbi, machin, trucmuche, zigouigoui,** 1 **zinzin.** «*Qu'est-ce que c'est que ce truc jaunâtre là bas ? – De la ratatouille niçoise*» TROYAT. — (ABSTRAIT) *Il lui est arrivé un drôle de truc.* «*le cinéma, la tévé, l'électronique, des trucs comme ça*» QUENEAU. ■ **4** FAM. Domaine, spécialité. *La cuisine c'est son truc. Ce n'est pas mon truc,* je n'aime pas cela (cf. Ce n'est pas ma tasse* de thé, mon trip*). «*C'est pas vraiment son truc, la drague*» Y. QUEFFÉLEC. *Chacun son truc.*

2 **TRUC** ➤ **TRUCK**

TRUCAGE [tʀykaʒ] **n. m.** – 1872 ◊ de *truc* ■ **1** VIEILLI Fait de truquer, de falsifier (des meubles, des objets d'art...). ➤ **contrefaçon, falsification, maquillage.** PAR EXT. *Le trucage des élections.* ➤ FAM. **bidonnage.** ■ **2** Au spectacle, Tout procédé d'illusion comportant l'emploi de trucs (2°). SPÉCIALT Procédé employé au cinéma pour créer l'illusion d'une réalité impossible, fantastique ; effet* spécial. *Trucages optiques,* du mouvement (accéléré, ralenti), de la perspective (surimpression, caches, fondus). *Trucages de laboratoire* (au tirage, etc.). *Trucages sonores.* — On écrit aussi *truquage* (de truquer).

TRUCHEMENT [tʀyʃmɑ̃] **n. m.** – XIVe ; *drugement* XIIe ◊ arabe *tourdjouman* → drogman ■ **1** VX Interprète (2°). «*dès ce moment je lui servis de truchement*» ROUSSEAU. ◆ (milieu XVe) LITTÉR. Personne qui parle à la place d'une autre, exprime sa pensée. ➤ **porte-parole, représentant.** «*il a été le fils aimé de l'Église, son truchement, celui qu'Elle chargeait d'exprimer ses pensées*» HUYSMANS. ■ **2** (XVIe) Ce qui exprime, fait comprendre les pensées, les sentiments. ➤ **interprète** (FIG.). *La musique «fut le truchement de leurs idées»* BALZAC. ◆ COUR. *Par le truchement de qqch., qqn,* par l'intermédiaire de.

TRUCIDER [tʀyside] **v. tr.** ⟨1⟩ – 1485, repris fin XVIIIe, puis fin XIXe par plais. ◊ latin *trucidare* «massacrer» ■ FAM. Tuer. *Se faire trucider.*

TRUCK [tʀyk ; tʀœk] **n. m.** /TRUC/ – 1843 ◊ mot anglais «chariot» ■ ANGLIC. ■ **1** Chariot à plateforme. ◆ Wagon à plateforme. «*Nous aurons deux trucks pour les véhicules et deux fourgons pour nous-mêmes*» LEIRIS. ■ **2** (Canada) Camion.

TRUCMUCHE [tʀykmyʃ] **n. m.** – 1914 ◊ de 1 *truc* (3°) et suffixe argotique *-muche* ■ POP. Objet, personne que l'on ne nomme pas. ➤ **machin,** 1 **truc.**

TRUCULENCE [tʀykylɑ̃s] **n. f.** – 1853 ; «apparence farouche» 1629 ◊ de *truculent* ■ Caractère de ce qui est truculent (2°). «*La truculence de la langue dont il dispose*» HENRIOT.

TRUCULENT, ENTE [tʀykylɑ̃, ɑ̃t] **adj.** – fin XVe, repris XVIIIe ◊ latin *truculentus* «farouche, cruel» ■ **1** VX Qui a ou qui veut se donner une apparence farouche, terrible. «*Des gaillards à mine truculente* [...] *frappaient sur les tables des coups de poing à tuer des bœufs*» GAUTIER. ■ **2** (1872) MOD. Haut en couleur, qui étonne et réjouit par ses excès. *Un personnage truculent.* ➤ **pittoresque.** — (CHOSES) *La prose truculente de Rabelais.* ➤ **savoureux.**

TRUELLE [tʀyɛl] **n. f.** – XIIIe ◊ bas latin *truella*, classique *trulla* ■ **1** Outil de maçon, de plâtrier, formé d'une lame triangulaire ou trapézoïdale reliée à un manche par une tige coudée. *Étendre le mortier avec une truelle.* — *Travailler à la truelle,* se dit d'un peintre qui procède par empâtements, au couteau. ■ **2** (1783) Spatule coupante servant à découper et à servir le poisson. *Truelle à poisson en argent.*

TRUELLÉE [tʀyele] **n. f.** – 1344 ◊ de *truelle* ■ Quantité (de plâtre, de mortier) prise en une fois sur la truelle. *Étaler une truellée de plâtre.*

TRUFFE [tʀyf] **n. f.** – 1344 ◊ ancien provençal *trufa* ; latin populaire *tufera*, de *tufer*, forme dialectale du classique *tuber* «tubercule» ■ **1** Tubercule souterrain que forme le réceptacle de certains champignons (cf. infra 2°) et qui constitue un mets très recherché. *Faire déterrer les truffes par les porcs, les chiens* (➤ **truffier).** *Truffe blanche. Truffe du Périgord, truffe noire,* ou ABSOLT *truffe (Tuber melanosporum).* «*la truffe est le diamant de la cuisine*» BRILLAT-SAVARIN. «*la truffe noire, grenue, froide, la surprenante chose qui pousse sans racines*» COLETTE. *Dinde, foie gras aux truffes.* ➤ **truffé.** ◆ PAR ANAL. *Truffes en chocolat, truffes :* confiserie faite de beurre et de chocolat. ■ **2** BOT. Champignon ascomycète, dont le réceptacle, surtout dans certaines variétés, forme le tubercule appelé truffe (1°). ■ **3** PAR ANAL. (1843 ◊ du sens 1°) ARG. Nez gros et rond. — Extrémité du museau, chez le chien, le chat. *Chien à la truffe humide, fraîche.* ■ **4** FAM. Idiot, imbécile. *Quelle truffe !*

TRUFFER [tʀyfe] **v. tr.** ⟨1⟩ – 1798 ◊ de *truffe* ■ **1** Garnir de truffes. — **p. p. adj.** *Boudin, foie gras truffé.* ■ **2** FIG. (1834) Remplir de choses disséminées en abondance. *Truffer son jardin de bulbes fleuris. Truffer un discours de citations.* ➤ **bourrer, farcir, larder.** — «*mes genoux truffés de "bleus"*» COLETTE.

TRUFFICULTURE [tʀyfikyltyʀ] **n. f.** – 1863 ◊ de *truffe* et *culture* ■ AGRIC. Production méthodique des truffes pratiquée par les *trufficulteurs.*

TRUFFIER, IÈRE [tʀyfje, jɛʀ] **adj.** – 1867 ; «chercheur de truffes» 1801 ◊ de *truffe* ■ Où poussent les truffes. *Terrains truffiers.* PAR EXT. *Chêne truffier,* au voisinage duquel se développent les truffes. ◆ Dressé à la recherche des truffes. *Chien truffier.*

TRUFFIÈRE [tʀyfjɛʀ] **n. f.** – 1749 ◊ provençal moderne *trufiero* ■ Terrain où poussent des truffes.

TRUIE [tʀɥi] **n. f.** – XIIe ◊ bas latin *troia* ; p.-ê. de *porcus troianus* «porc farci», allus. plaisante au cheval de Troie ; la truie est «farcie» de petits cochons ■ **1** Femelle du porc, du verrat. *La truie et ses porcelets. Sale comme une truie :* très sale. ■ **2** (1803) *Truie de mer :* scorpène.

TRUISME [tʀyism] **n. m.** – 1829 ◊ anglais *truism*, de *true* «vrai» ■ Vérité d'évidence. ➤ **banalité, évidence, lapalissade, tautologie.**

TRUITE [tʀɥit] **n. f.** – XIIIe ◊ bas latin *tructa* ■ Poisson physostome *(salmonidés),* qui vit surtout dans les eaux pures et vives et se nourrit de proies vivantes. *Pêcher la truite.* «*la véritable truite des lacs et des torrents, la petite truite bleue tachetée*» NERVAL. *Alevins de truites. Élevage des truites.* ➤ **truiticulture.** *Truite saumonée,* à chair rougeâtre comme celle du saumon. *Truite de mer,* très semblable au saumon, qui vit dans les mers du Nord et remonte au printemps les fleuves. *Truite de rivière.* ➤ **fario.** *Truite arc-en-ciel,* à reflets irisés. *Truite grise.* ➤ RÉGION. **touladi.** — *Manger une truite meunière, une truite au bleu.*

TRUITÉ, ÉE [tʀɥite] **adj.** – 1680 ◊ de *truite* ■ **1** Au pelage marqué de petites taches rougeâtres, brunes ou noires. *Cheval, chien truité.* ■ **2** TECHN. *Porcelaine, céramique truitée,* dont la surface est couverte d'un réseau de fentes. ➤ **craquelé, fendillé.** — *Fonte truitée :* mélange de fonte grise et de fonte blanche.

TRUITICULTURE [tʀɥitikyltyʀ] **n. f.** – 1888 ◊ de *truite* et *culture* ■ DIDACT. Élevage des truites. — On dit aussi **TRUTTICULTURE,** 1970.

TRULLO [tʀu(l)lo ; tʀylo] **n. m.** – 1899 ◊ mot italien ■ GÉOGR. Construction rurale de forme conique en Italie du Sud. *Les trullos* ou *les trulli* (plur. it.) *des Pouilles.*

TRUMEAU [tʀymo] **n. m.** – XIVe ; *trumel* XIIe ◊ du francique °*thrum* «morceau» ■ **1** VX Gras de la jambe. — (*trumel* 1423) MOD. BOUCH. Jarret de bœuf. ➤ **gîte.** ■ **2** (1503 ; cf. l'évolution de sens de *jambage*) Partie d'un mur, d'une cloison comprise entre deux baies ; panneau, revêtement (de menuiserie, de glace) qui l'occupe. *Trumeau orné de moulures, de sujets décoratifs.* — PAR EXT. Panneau de glace ou peinture ornant le dessus d'une cheminée. ♦ ARCHÉOL. Pilier qui supporte en son milieu le linteau d'un portail. *Trumeau gothique sculpté.*

TRUQUAGE ➤ **TRUCAGE**

TRUQUER [tʀyke] **v.** ‹1› – v. 1840 ◊ de *truc* ■ **1** **v. intr.** User de trucs, de procédés malhonnêtes. ➤ **tricher.** *«On assurait qu'il volait, truquait, escamotait à lui tout seul bien plus que tous les autres employés réunis»* CÉLINE. ■ **2** **v. tr.** (1885) Changer pour tromper, donner une fausse apparence. ➤ **altérer, falsifier, maquiller, trafiquer.** *Truquer un tableau, un meuble* (pour le faire paraître ancien, etc.). *Truquer les dés* (➤ **piper**), *les cartes* (➤ **biseauter**). ♦ Arranger, fausser de manière à obtenir le résultat souhaité. ➤ FAM. **bidonner, pipeauter.** *Truquer un combat de boxe.* — *Élections truquées.* ♦ Présenter (une scène, un spectacle) en utilisant un trucage.

TRUQUEUR, EUSE [tʀykœʀ, øz] **n.** – 1840 ◊ de *truquer* ■ **1** Personne qui truque, fait des contrefaçons, triche. *«Cette espèce de truqueur* [...] *– Est-ce que vous vous figurez qu'il accepterait seulement de monter sur un ring sans savoir d'avance qui sera le vainqueur !»* C. SIMON. ■ **2** Technicien(ne) du trucage en laboratoire. ➤ **truquiste.** ■ **3** **n. m.** ARG. VIEILLI Homme qui se prostitue à des hommes et pratique contre eux un chantage. ➤ **lope.**

TRUQUISTE [tʀykist] **n.** – 1973 ◊ de *truquer* ■ CIN. Spécialiste du trucage. ➤ **truqueur.**

TRUSQUIN [tʀyskɛ̃] **n. m.** – 1676 ◊ mot wallon, altération de *crusquin,* flamand *kruisken* «petite croix» ■ TECHN. Outil de menuisier servant à tracer une ligne parallèle à l'arête d'une pièce de bois. — Outil de mécanicien servant à tracer une ligne parallèle à la surface sur laquelle la pièce est posée. — On dit aussi **TROUSSEQUIN.**

TRUSQUINER [tʀyskine] **v. tr.** ‹1› – 1845 ◊ de *trusquin* ■ TECHN. Tracer au trusquin.

TRUST [tʀœst] **n. m.** – 1888 ◊ mot anglais américain, de *to trust* «confier», à cause des pleins pouvoirs confiés aux dirigeants par les membres ■ **1** ÉCON. Forme de concentration financière réunissant plusieurs entreprises sous une direction unique (➤ **holding ; combinat, conglomérat, groupe**). *Trust constitué par fusion, absorption, prise de contrôle. Les grands trusts japonais, américains* (➤ **multinationale**). ■ **2** COUR. Entreprise ou groupe d'entreprises (➤ **cartel, entente**) assez puissant pour exercer une influence prépondérante dans un secteur économique. *Trust de l'acier, du pétrole.*

TRUSTE [tʀyst] **n. f.** – *trustis* 1873 ◊ latin médiéval *trustis,* du francique °*trost* «foi» ■ HIST. Serment prêté par l'antrustion ; ensemble des personnes liées par ce serment.

TRUSTER [tʀœste] **v. tr.** ‹1› – 1902 ◊ de *trust* ■ Accaparer, monopoliser, comme le font les trusts. *Truster un marché pour faire monter les prix.* ♦ FIG. et FAM. Accaparer. *«Le vice et la vertu passent entièrement sous notre contrôle. Nous les trustons»* ROMAINS.

TRUSTEUR, EUSE [tʀœstœʀ, øz] **n.** – 1905 ◊ de *trust* ■ Organisateur d'un trust. ♦ FIG. et FAM. Personne qui truste, accapare qqch. *«trusteuse accapareuse salope !»* CÉLINE.

TRYPANOSOME [tʀipanozom ; -nɔzɔm] **n. m.** – 1843 ◊ du grec *trupanon* «tarière» et *sôma* «corps» ■ MÉD. Protozoaire flagellé, fusiforme, parasite du sang. *La mouche tsétsé peut véhiculer des trypanosomes. «quelques peuplades moisies, décimées, abruties par le trypanosome»* CÉLINE.

TRYPANOSOMIASE [tʀipanozomjaz ; tʀipanɔzɔmjaz] **n. f.** – 1904 ◊ de *trypanosome* ■ Parasitose de l'être humain (maladie du sommeil...) ou de l'animal (dourine...) due aux diverses variétés de trypanosomes.

TRYPSINE [tʀipsin] **n. f.** – 1888 ◊ du grec *tripsis* «frottement», ou *thrupsis* «broiement», d'après *pepsine* ■ BIOCHIM. Enzyme digestive, protéase provenant de l'activation du trypsinogène.

TRYPSINOGÈNE [tʀipsinɔʒɛn] **n. m.** – 1904 ◊ de *trypsine* et *-gène* ■ BIOCHIM. Précurseur de la trypsine sécrété par le pancréas, et transformé en trypsine sous l'action de l'entérokinase intestinale.

TRYPTAMINE [tʀiptamin] **n. f.** – 1972 ◊ de *trypsine* et *amine* ■ BIOCHIM. Amine produite par la décarboxylation du tryptophane. *Les tryptamines sont des hallucinogènes.*

TRYPTOPHANE [tʀiptɔfan] **n. m.** – 1904 ◊ du radical grec de *trypsine* et *-phane* ■ BIOCHIM. Un des acides aminés essentiels, dont dérivent plusieurs composés biologiques importants (sérotonine, tryptamine).

TSAR [dzaʀ ; tsaʀ] **n. m.** – 1607 ; *czar* 1561 forme polonaise ◊ mot slave, du latin *Cæsar,* comme l'allemand *Kaiser* ■ HIST. Titre porté par les empereurs de Russie, les souverains serbes et bulgares.

TSARÉVITCH [dzaʀevitʃ ; tsa-] **n. m.** – 1826 ; *czarovitz* XVIIIe ; *czaroidg* 1679 forme polonaise ◊ mot russe ■ HIST. Titre porté par le fils aîné du tsar de Russie.

TSARINE [dzaʀin ; tsaʀin] **n. f.** – 1717 ; variante *czarine* ◊ allemand *Zarin* ■ HIST. Femme du tsar. Impératrice de Russie.

TSARISME [dzaʀism ; tsaʀism] **n. m.** – 1907 ; *tzarisme* 1851 ◊ de *tsar* ■ Régime autocratique des tsars ; période de l'histoire russe où ont régné les tsars.

TSARISTE [dzaʀist ; tsaʀist] **adj.** – 1933 ◊ de *tsar* ■ Propre au tsarisme. *Bureaucratie tsariste. Époque tsariste.*

TSATSIKI ➤ **TZATZIKI**

TSÉTSÉ **n. f.** ou **TSÉ-TSÉ** [tsetse] **n. f. inv.** – 1853 ◊ mot bantou ■ Mouche d'Afrique, du genre glossine, dont plusieurs espèces sont des agents de transmission de trypanosomiases (maladie du sommeil pour l'être humain, *maladie de la tsétsé* pour les chevaux, les ruminants, les chiens). *Des tsétsés, des tsé-tsé. Ils «butaient sur la barrière des mouches, sur la torpeur terrible des tsé-tsé»* S. AUDEGUY. — APPOS. plus cour. *Mouche tsétsé, des mouches tsétsés.*

T. S. F. [teɛsɛf] **n. f.** – 1909 ◊ sigle de *Télégraphie Sans Fil* ■ VIEILLI ■ **1** Transmission, par procédés radioélectriques, de signaux en morse. ➤ **radiotélégraphie.** *«L'opérateur de T. S. F. nous remit enfin un télégramme»* SAINT-EXUPÉRY. ■ **2** Radiodiffusion. ➤ 2 **radio, radiophonie.** *Écouter la T. S. F.* — SPÉCIALT *Poste de T. S. F.,* et ELLIPT *une T. S. F.* : poste récepteur. *«nous étions groupés autour de la T. S. F., le père de famille manœuvrait les boutons de l'appareil»* SARTRE.

T-SHIRT ➤ **TEESHIRT**

TSIGANE (didact.) ou **TZIGANE** (cour.) [dzigan ; tsigan] **n. et adj.** – 1826, – 1843 ; *zingane* 1637 ; *Cigain* XVe ◊ allemand *Zigeuner,* hongrois *Czigany,* ou russe *tsigan',* probablt du grec byzantin *Atsinganos,* prononciation populaire de *Athinganos* «qui ne touche pas», désignant une secte de manichéens venus de Phrygie ■ **1** *Les Tsiganes* : ensemble de populations originaires de l'Inde, apparues en Europe au XIVe s., dont certaines mènent une vie nomade en exerçant divers petits métiers. ➤ **bohémien, gitan,** FAM. **manouche, romanichel, zingaro.** — **n. m.** *Le tsigane* : langue indoeuropéenne ayant emprunté au grec, puis aux diverses langues de l'Europe. ➤ 1 **rom.** ■ **2** *Musique tsigane* : musique populaire de Bohême et de Hongrie, adoptée et adaptée par les musiciens tsiganes depuis le XVIIe s. (d'où la fausse appellation de *«musique tsigane»* donnée à la musique populaire hongroise). *Violonistes tsiganes,* jouant dans les grands cafés, les cabarets. *«Les cafés gonflés de fumée Crient tout l'amour de leurs tziganes»* APOLLINAIRE.

TSOIN-TSOIN [tswɛ̃tswɛ̃] **interj. et adj. inv.** – 1917 ◊ formation expressive ■ FAM. Interjection comique à la fin d'un couplet (imitant un bruit d'instrument). *Tagada tsoin-tsoin !* — **adj. inv.** (influence de *soin*) Soigné, réussi, très bien. *«il y en a en robe du soir tsoin-tsoin qui traîne par terre»* CAVANNA.

TSS-TSS [tsts] **interj.** – 1869 ◊ formation expressive ■ Interjection exprimant le scepticisme, la perplexité, la désapprobation. ➤ **ta, ta, ta.** — **n. m.** *«Il frappe avec force ses dents de devant avec la pointe de sa langue pour produire ces tss... tss... de désapprobation, agacés»* SARRAUTE.

TSUNAMI [tsunami] n. m. – 1915 ◊ mot japonais «raz de marée, vague» ■ GÉOGR. Onde océanique engendrée par un séisme ou une éruption volcanique, provoquant d'énormes vagues côtières. — FIG. *Un tsunami de virus. Le tsunami de la croissance.* ➤ **déferlante, raz-de-marée.**

T. T. C. Abrév. de *toutes taxes* comprises.*

TTORO [tjɔRo] n. m. – 1950 ; *tioro,* 1922 ◊ mot basque ■ RÉGION. (Pays basque) Sorte de ragoût à base de poissons et de fruits de mer. *« Un des grands spécialistes du ttoro, la soupe de pêcheur de la côte à base de merlu, de rascasse, de moules... Sans oublier bien sûr le piment d'Espelette »* (Le Figaro, 2007).

TU [ty] pron. pers. – IXe ◊ latin *tu,* cas nominatif et vocatif ■ Pronom personnel sujet de la deuxième personne du singulier et des deux genres. — REM. *Tu* est étroitement conjoint au verbe devant ou derrière lequel il se place, sauf en phrase négative : *tu ne veux pas.* ■ **1** pron. (devant le verbe) *« Tu fais le mystérieux [...] tu as tort »* FROMENTIN. *« Tu as vingt ans, lui dis-je, et tu n'en profites pas »* JOUHANDEAU. *Tu te trompes.* — FAM. (élidé en *t'* devant voyelle et *h* muet) *« t'as la vue trouble [...] t'as la barlue* [berlue] *»* MOLIÈRE. ◆ (Après le verbe, en inversion) Dans une interrog. *« Viens-tu du ciel profond ou sors-tu de l'abîme ? »* BAUDELAIRE. *As-tu dormi ?* — Dans une incise *« Vois-tu, je sais que tu m'attends »* HUGO. — Dans une exclam. *Penses-tu ! « Non, mais, crois-tu que j'ai été bête ! »* GIDE. ■ **2** (Emploi nominal) *La femme « lui dit vous et tu, tour à tour »* ROMAINS. ➤ **tutoyer.** LOC. FAM. *Être à tu et à toi avec qqn :* être tellement lié avec qqn qu'on le tutoie et qu'on est tutoyé par lui ; être intime. *« Ce soir, nous serons à tu et à toi »* BALZAC.

TUAGE [tɥaʒ] n. m. – XIXe ◊ de *tuer* ■ RARE Abattage des bestiaux ; prix de cet abattage.

TUANT, TUANTE [tɥɑ̃, tɥɑ̃t] adj. – XVIIe ◊ de *tuer* ■ FAM. Épuisant, fatigant*. ➤ **crevant, éreintant.** *Travail tuant. « La soutenir ainsi à bout de bras, c'était tuant ! »* MONTHERLANT. ◆ (PERSONNES) Énervant. ➤ **assommant, usant.** *Ce gosse est tuant !*

TUB [tœb] n. m. – 1884 ; *tob* 1878 ◊ mot anglais «cuve, baquet» ■ VIEILLI Large cuvette où l'on peut prendre un bain sommaire. ➤ **bassin.** — PAR EXT. *Prendre un tub,* un bain dans un tub.

1 **TUBA** [tyba] n. m. – fin XIXe ; *basse-tuba, basse-tube* 1849 ◊ allemand *Bass-tuba ;* du latin *tuba* «trompette» ■ Instrument à vent à trois pistons et embouchure (catégorie des cuivres), basse de la famille des saxhorns. *Joueur de tuba.* ➤ 2 **tubiste.**

2 **TUBA** [tyba] n. m. – v. 1950 ◊ du latin *tuba* «trompette» ■ Tube respiratoire pour nager la tête sous l'eau. *Masque, palmes et tuba.*

3 **TUBA** [tyba] n. m. – XXe ◊ mot latin → 2 tuba ■ MÉTÉOROL. Colonne nuageuse plus ou moins évasée vers le haut, formée par un tourbillon de vent sous certains cumulonimbus.

TUBAGE [tybaʒ] n. m. – 1858 ◊ de *tuber* ■ **1** MÉD. Introduction d'un tube (de métal, de caoutchouc, de matière plastique) dans un conduit ou un organe (pour faciliter le passage de l'air, effectuer un sondage*, etc.). *Tubage de la trachée.* ➤ **intubation.** *Tubage gastrique,* pour prélever des échantillons de suc gastrique, ou faire un lavage d'estomac. — Méthode d'alimentation des malades par tube. ■ **2** TECHN. Fixation des tubes dans une chaudière. ◆ Pose de tubes. *Cuvelage et tubage d'un puits de pétrole.*

TUBAIRE [tybɛR] adj. – 1822 ◊ du latin *tubus* «tube» ■ MÉD. ■ **1** Relatif aux trompes de Fallope. *Grossesse tubaire.* ■ **2** Relatif aux trompes d'Eustache.

TUBARD, ARDE [tybaR, aRd] adj. et n. – 1920 ◊ de *tuberculeux* ■ FAM. et VIEILLI Tuberculeux.

TUBE [tyb] n. m. – 1611 ◊ du latin *tubus*

I CONDUIT, TUYAU ■ **1** Appareil de forme cylindrique, ou conduit à section circulaire, généralement rigide (verre, quartz, plastique, métal), ouvert à une extrémité ou aux deux. *Calibre d'un tube. Tubes de verre. Échafaudage en tubes* (➤ **tubulaire**). **TUBE À ESSAI,** cylindrique et fermé à un bout. ➤ **éprouvette.** *Tube compte-goutte ouvert aux deux bouts.* ➤ **pipette.** *Tube gradué. Tube capillaire d'un baromètre.* — MÉD. ➤ **canule, drain, sonde.** ◆ Tuyau de métal. *Tubes d'une canalisation* (➤ **canal, conduite, pipeline**). *Tubes d'une machine, d'une chaudière.* ➤ **tubulure.** *Tube de cuivre.* — LOC. (1935) *À plein(s) tube(s) :* à pleine puissance (cf. À plein régime). *« l'électrophone à plein tube »* MALLET-JORIS. FIG. *Déconner à pleins tubes.* ◆ Partie cylindrique d'une arme à feu, par où passe le projectile. *Tube d'un canon.* — Cylindre métallique pour le lancement des fusées, des torpilles. *Tubes lance-torpilles, lance-fusées.* ■ **2** ÉLECTRON. *Tube électronique :* enceinte dans laquelle sont produits des électrons par l'émission thermoélectronique d'une cathode chauffée (➤ **filament**) et qui contient une ou plusieurs autres électrodes destinées à capter ou régler le courant électronique. *Tube à vide,* dans lequel la pression trop faible ne permet pas une ionisation des gaz résiduels (➤ **diode, pentode, tétrode, triode**). *Tube à gaz,* dans lequel le gaz résiduel peut être ionisé par le courant électronique. *Tubes amplificateurs, redresseurs, oscillateurs. Tube à cathode froide :* tube à gaz dans lequel l'amorçage de l'ionisation s'effectue par décharge disruptive*. *Tube (de, au) néon. Un plafond « garni de tubes fluorescents qui répandaient une lumière à la fois dure et lunaire »* TOURNIER. *Tube de Crookes :* tube à cathode froide dans lequel le faisceau électronique frappant l'anode (➤ **anticathode**) provoque l'émission de rayons X. *Tube de Coolidge :* tube à vide dans lequel l'impact du faisceau électronique sur l'antichambre provoque l'émission de rayons X. *Tube cathodique,* dont le faisceau électronique, concentré et dévié, vient frapper un écran électroluminescent (➤ **luminophore**) afin d'y reproduire une image (➤ **oscilloscope ; console, écran**). *Tube d'un téléviseur, tube couleur. Tube analyseur :* tube à vide comprenant une surface photosensible permettant de transformer une image en signal électrique. ➤ **iconoscope.** — *Tube de Pitot,* servant à mesurer les vitesses d'écoulement des fluides. ■ **3** FAM. (1901) TURF Tuyau (4°). — (1958) Chanson, disque à succès. *« Le tube parfait calibré pour la gagne, formaté pour les radios, commercial, brillant, pro »* KERANGAL. *Le tube de l'été.* Recomm. offic. pour *hit.* ■ **4** (1878) ANCIENNT Chapeau d'homme dont la calotte est en forme de tube. ➤ **haut-de-forme, tuyau** (de poêle).

II ORGANE CREUX ET ALLONGÉ ■ **1** (1830) ANAT. *Tube digestif :* ensemble des conduits de l'appareil digestif (bouche, pharynx, œsophage, estomac, intestin grêle, gros intestin, anus) par lesquels passent et sont assimilés les aliments. *Tubes urinifères.* ■ **2** BOT. *Tube criblé :* petit conduit de la sève élaborée, chez les plantes vasculaires. ➤ **vaisseau.** *Tube pollinique :* prolongement qu'émet le grain de pollen tombé sur le stigmate et par lequel il atteint l'ovule. *Les tubes du bolet.*

III EMBALLAGE ■ **1** Conditionnement cylindrique rigide fermé par un bouchon (pour contenir des solides, des poudres). *Tube d'aspirine. Tube de rouge (à lèvres),* l'étui cylindrique qui protège le bâton. ■ **2** Emballage cylindrique souple à petit goulot fileté pour recevoir un bouchon à vis, au fond formé d'un repli plat, destiné à contenir une matière pâteuse qui sort sous la pression des doigts. *Tubes de peinture. « des tubes de couleurs tortillés et pressés jusqu'à la limite extrême »* MAC ORLAN. *Tube de dentifrice, de pommade, de lait condensé. Mayonnaise en tube.*

TUBER [tybe] v. tr. ⟨1⟩ – *fer tubé* 1489 ; repris 1842 ◊ de *tube* ■ TECHN. Garnir de tubes (un trou de sonde). ◆ Poser des tubes d'acier vissés les uns à la suite des autres au moyen de filetages coniques, lors du forage de (un puits de pétrole). ➤ **cuveler.**

TUBÉRACÉES [tybeRase] n. f. pl. – 1839 ◊ latin scientifique, du latin *tuber* «truffe» ■ BOT. Groupe de champignons ascomycètes.

TUBERCULE [tybɛRkyl] n. m. – 1541 ◊ latin des médecins *tuberculum* «petite bosse», de *tuber* «truffe, excroissance» ■ **1** ANAT. Petit nodule arrondi à la surface d'un os ou d'un organe. ➤ **tubérosité.** *Tubercules des dents molaires. Tubercules quadrijumeaux* (du mésencéphale). ■ **2** (1741) PATHOL. Petite masse arrondie constituée par une agglomération de cellules diverses, d'aspect et de localisation variables selon la maladie qui en est la cause (syphilis, lèpre, tuberculose, etc.). — SPÉCIALT Petit nodule au centre nécrosé, caractéristique de la tuberculose*. ■ **3** (1703) Excroissance arrondie d'une racine, d'une tige souterraine (rhizome) ou parfois aérienne, qui est une réserve nutritive de la plante. *Plantes à tubercules.* ➤ **tubéreux.** *Tubercules comestibles* (crosne, igname, patate, pomme de terre, topinambour). ◆ Racine pivotante très renflée de certaines plantes (carotte, betterave, navet, salsifis), parfois appelée *faux tubercule.*

TUBERCULEUX, EUSE [tybɛRkylø, øz] adj. et n. – 1570 *éminence tuberculeuse* «qui forme un tubercule (I°)» ◊ de *tubercule* ■ **1** (1765 ◊ de *tubercule,* 2°) Qui s'accompagne de tubercules pathologiques, ou qui en présente. ■ **2** Relatif à la tuberculose. *Foyer tuberculeux.* (1835) *Méningite tuberculeuse.* ◆ Atteint de la tuberculose. *Malade tuberculeux.* — n. *Un tuberculeux, une tuberculeuse.* ➤ VX **phtisique, poitrinaire,** FAM. **tubard.** ■ **3** (1808) BOT. VX ➤ **tubéreux.**

TUBERCULIDE [tybɛʀkylid] **n. f.** – 1896 ◊ de *tubercule* et suffixe *-ide* ■ MÉD. Lésion cutanée d'aspect variable (surtout papuleux) due à une sensibilisation de l'organisme à la tuberculose, mais dans laquelle on ne trouve pas de bacilles tuberculeux. *Tuberculides miliaires, en plaques.*

TUBERCULINE [tybɛʀkylin] **n. f.** – 1891 ; d'abord appelé *lymphe de Koch* 1890 ◊ de *tuberculeux* ■ MÉD. Substance extraite de cultures de bacilles tuberculeux qui, injectée à un sujet atteint de tuberculose, provoque une réaction caractéristique (➤ **cutiréaction**).

TUBERCULINIQUE [tybɛʀkylinik] **adj.** – 1912 ◊ de *tuberculine* ■ Relatif à la tuberculine. *Test tuberculinique.* ➤ **cutiréaction, intradermoréaction.** *Timbre tuberculinique,* posé sur une personne afin de tester sa réponse immunitaire au bacille tuberculeux.

TUBERCULISATION [tybɛʀkylizasjɔ̃] **n. f.** – 1842 ◊ de *tuberculiser,* de *tubercule* (2°) ■ MÉD. Envahissement de l'organisme par les bacilles tuberculeux. *Subir une tuberculisation.* — Production de tubercules au cours de la tuberculose.

TUBERCULOSE [tybɛʀkyloz] **n. f.** – v. 1865 ; «écrouelles» 1854 ◊ de *tubercule* et 2 *-ose* ■ Maladie infectieuse et contagieuse, inoculable, causée par le bacille de Koch, commune à l'être humain et à certains animaux (bovidés), dont la lésion caractéristique est le tubercule (2°), et qui affecte le plus souvent le poumon. ➤ **bacillose ; tuberculeux.** *Tuberculose générale à petits tubercules,* ou *tuberculose miliaire.* ➤ **granulie.** *Tuberculoses localisées. Tuberculose pulmonaire* (➤ VX **phtisie**), *osseuse* (➤ **coxalgie**), *cutanée* (➤ **lupus**), *rénale, intestinale.* — SPÉCIALT, ABSOLT Tuberculose pulmonaire. *Première lésion de la tuberculose.* ➤ **primo-infection.** *Diagnostic de la tuberculose.* ➤ **cutiréaction.** *Traitement de la tuberculose par antibiothérapie (autrefois par pneumothorax, thoracoplastie).* — *Tuberculose bovine, aviaire* (due à des variétés particulières de bacilles tuberculeux).

TUBÉREUSE [tybeʀøz] **n. f.** – 1630 ◊ de *tubéreux* ■ Plante herbacée à bulbe *(amaryllidacées),* à hautes tiges florales, portant des grappes de fleurs blanches très parfumées. ◆ La fleur de cette plante (utilisée en parfumerie). «*Quand les tubéreuses se décomposent, elles ont une odeur humaine*» ZOLA. — *Tubéreuse bleue.* ➤ **agapanthe.**

TUBÉREUX, EUSE [tybeʀø, øz] **adj.** – 1520 ; *tuberoux* 1490 ◊ latin *tuberosus* «garni de protubérances» ■ BOT. *Plante tubéreuse,* qui présente des tubercules. *Racine tubéreuse* (➤ **griffe**). *Persil* tubéreux.*

TUBÉRISATION [tybeʀizasjɔ̃] **n. f.** – 1915 ◊ du latin *tuber* «truffe» ■ BOT. Transformation totale ou partielle (d'une tige ou d'une racine) en tubercule. *Tubérisation de la tige souterraine du plant de pomme de terre.* — **adj. TUBÉRISÉ, ÉE,** 1960. *Tige tubérisée.*

TUBÉROSITÉ [tybeʀozite] **n. f.** – 1478 ◊ latin *tuberositas* ■ ANAT. Partie proéminente et arrondie, protubérance. *Tubérosité d'un os.* ➤ **apophyse, tubercule.**

TUBI- ■ Élément, du latin *tubus* «tube».

TUBICOLE [tybikɔl] **n. m.** – 1829 ; *tubulicole* 1808 ◊ de *tubi-* et *-cole* ■ ZOOL. Annélide sédentaire qui vit dans le tube qu'il a sécrété. *Le tubifex est un petit tubicole.*

TUBIFEX [tybifɛks] **n. m.** – 1839 ◊ de *tubi-* et suffixe latin *-fex* «qui fait» ■ ZOOL. Petit annélide tubicole *(oligochètes),* appelé également *ver de vase.* ➤ **tubicole.**

TUBIPORE [tybipɔʀ] **n. m.** – 1791 ◊ de *tubi-* et *pore* ■ ZOOL. Genre de coralliaires présentant un polypier calcaire formé de tubes juxtaposés rappelant des tuyaux d'orgue. ➤ **orgue** (de mer). «*vous voyez sous l'eau le fond du tapis, vert d'astrées et de tubipores*» MICHELET.

1 **TUBISTE** [tybist] **n. m.** – 1907 ◊ de *tube* ■ TECHN. ■ **1** Ouvrier qui travaille en caisson, sous l'eau. ■ **2** Ouvrier qui fabrique des tubes de métal, des tubes électroniques.

2 **TUBISTE** [tybist] **n.** – 1907 ◊ de 1 *tuba* ■ Instrumentiste qui joue du tuba.

TUBITÈLE [tybitɛl] **adj.** – 1829 n. m. pl. ◊ de *tubi-* et latin *tela* «toile» ■ ZOOL. *Araignée tubitèle,* qui tisse une toile munie d'un tube.

TUBUL- ■ Élément, du latin *tubulus* «petit tube».

TUBULAIRE [tybylɛʀ] **n. f.** et **adj.** – milieu XVIIIe ◊ du latin *tubulus*

I n. f. (1755 ; *tubularia* XVIIe) ZOOL. Animal marin *(hydrozoaires),* polype de grande taille porté sur un long pédoncule et muni de deux couronnes de tentacules.

II adj. (1766 *chaudière tubulaire*) ■ **1** Qui a la forme d'un tube. ➤ **cylindrique.** *Lampe, conduit tubulaire.* ■ **2** Qui est fait de tubes métalliques. *Chaudière tubulaire. Échafaudage tubulaire. Meubles tubulaires.*

TUBULE [tybyl] **n. m.** – 1771 bot. ; 1611 «conduit, chalumeau» ◊ latin *tubulus* «petit tube» ■ ANAT. Structure en forme de petit tube. *Tubules séminifères, lactifères. Tubule rénal.*

TUBULÉ, ÉE [tybyle] **adj.** – 1743 ◊ latin scientifique *tubulatus,* de *tubulus* «petit tube» ■ SC. NAT. *Fleur tubulée* (opposée à *radiée*), à la corolle formée de cinq pétales soudés en un tube étroit. *Fleur tubulée du bleuet.* ➤ **tubuliflore.** ◆ (1753) Qui présente une ou plusieurs tubulures (1°). *Flacon tubulé.*

TUBULIFLORE [tybyliflɔʀ] **adj.** – 1834 ◊ du latin *tubulus* «petit tube» et *flos, floris* «fleur» ■ BOT. Dont toutes les fleurs du capitule sont tubulées (chardon, bleuet).

TUBULINE [tybylin] **n. f.** – 1978 ◊ de *tubul-* et *-ine* ■ BIOCHIM. Dimère protéique, composant majeur des microtubules.

TUBULURE [tybylyʀ] **n. f.** – 1754 ◊ du latin *tubulus* ■ **1** CHIM. Orifice annexe en forme de tube ménagé dans un récipient. *Flacon à trois tubulures.* ➤ **tubulé.** ■ **2** (1846) TECHN. Conduit servant aux échanges liquides ou gazeux dans une machine (chaudière, moteur...). *Tubulure d'admission, d'échappement d'un moteur thermique.* ■ **3** (1964) Ensemble de tubes, de tuyaux d'une installation. ➤ **tuyauterie.**

TUDESQUE [tydɛsk] **adj.** – 1512 «Allemand» ; *thodesche* adj. début XIVe ◊ ancien italien *tudesco,* du francique, par le latin médiéval et anglais *Dutch* ■ VX Propre aux anciens Allemands, aux Allemands. ◆ VIEILLI et PÉJ. Germanique. «*son accent tudesque*» CENDRARS.

TUDIEU [tydjø] **interj.** – 1537 ◊ abrév. de *par la vertu de Dieu* ■ Ancien juron familier (XVIe-XVIIe s.).

TUE-CHIEN [tyʃjɛ̃] **n. m.** – 1544 ◊ de *tuer* et *chien* ■ RÉGION. Colchique d'automne. *Des tue-chiens.*

TUE-DIABLE [tydjɑbl] **n. m.** – fin XIXe ◊ de *tuer* et *diable* ■ PÊCHE Appât (chenille ou poisson artificiel) à plusieurs hameçons, pour la pêche à la truite. *Des tue-diables.*

TUE-L'AMOUR [tylamuʀ] **n. m. inv.** – v. 1980 ◊ de *tuer l'amour* ■ FAM. Ce qui fait disparaître l'amour, le désir. *Des tue-l'amour.*

TUE-LOUP [tylu] **n. m.** – 1765 ◊ de *tuer* et *loup* ■ RÉGION. Aconit. *Des tue-loups.*

TUE-MOUCHE [tymuʃ] **n. m.** – 1823 ◊ de *tuer* et *mouche* ■ **1 n. m.** Fausse oronge, champignon vénéneux. *Des tue-mouches.* APPOS. *Des amanites tue-mouches.* ■ **2** APPOS. (1871) *Papier tue-mouche :* papier imprégné d'une substance poisseuse et empoisonnée, qui sert à engluer et tuer les mouches.

TUER [tɥe] **v. tr.** ⟨1⟩ – milieu XIIe ◊ du latin populaire *tutare* «éteindre» et «tuer», de *tutari* «protéger», par l'intermédiaire d'expressions comme *tutari famem, sitim* «calmer la faim, la soif» donc «protéger, garantir de la faim, la soif»

I ~ v. tr. A. (SUJET PERSONNE) ■ **1** Faire mourir (qqn) de mort violente. ➤ **assassiner, éliminer, expédier,** VX **occire, supprimer ;** FAM. OU POP. **bousiller,** 1 **buter, crever, dégommer, descendre, dessouder, dézinguer, exploser, liquider, nettoyer, rectifier, refroidir, trucider, zigouiller** (cf. Envoyer ad patres, dans l'autre monde ; faire la peau, faire son affaire, régler son compte). *Tuer qqn avec une épée* (➤ **pourfendre**), *un poignard* (➤ **poignarder, saigner**), *à coups de pierre* (➤ **lapider**), *avec une arme à feu* (➤ **fusiller, mitrailler ;** FAM. **flinguer, révolvériser**), *par le poison* (➤ **empoisonner**), *en asphyxiant* (➤ **étouffer, étrangler,** 1 **noyer, pendre**), *en lynchant* (➤ **lyncher**), *en tranchant la gorge* (➤ **égorger**). *Tuer un criminel après jugement.* ➤ **exécuter.** *Tuer un adversaire en duel. Tuer des otages. Être payé pour tuer qqn.* ➤ **tueur.** — LOC. PSYCHAN. *Tuer le père :* devenir adulte, autonome ; PAR EXT. s'affranchir d'un modèle. *Picasso* «*avait dévoré l'héritage, il était de ces génies qui tuent le père et le fils*» GAROUSTE. — (SANS COMPL.) *Tu ne tueras point* (un des dix commandements). «*Tuer sans que rien ne compense cette perte de vie, c'est le Mal, Mal absolu*» GENET. ◆ Faire mourir au combat, à la guerre. «*On leur tua beaucoup de monde*» RACINE. ➤ **anéantir, décimer, exterminer, massacrer.** — *Se faire tuer, être tué au front, dans un attentat.* — *Soldats tués au combat.* SUBST. *Il y a eu dix* *mille tués et cinquante mille blessés.* ➤ 3 **mort.** ◆ Donner involontairement la mort à (qqn). *Tuer qqn au cours d'une partie de chasse, en nettoyant une arme. Piéton tué par un automobiliste.* ➤ **écraser.** — *Il a été tué dans un accident.* ▪ **2** FIG. *Tuer le temps*.* ▪ **3** Faire mourir volontairement (un animal). *Tuer un animal à la chasse. Le matador tue le taureau. Tuer des bêtes à l'abattoir.* ➤ **abattre.** LOC. *Un coup, une gifle à tuer un bœuf,* très violents. *Tuer le veau* gras. Tuer la poule* aux œufs d'or. Tuer dans l'œuf :* étouffer (qqch.) avant tout développement. — *Tuer le ver*.*

B. (SUJET CHOSE) ▪ **1** Causer la mort de. «*Le boulet qui me tuera n'est pas encore fondu*» NAPOLÉON. «*cette petite bombe qui peut tuer cent mille hommes d'un coup*» SARTRE. «*Ou la maladie vous tuera, ou ce sera le médecin*» BEAUMARCHAIS. ➤ **emporter.** — (SANS COMPL.) *Poison, overdose qui tue.* ➤ **létal, mortel.** «*la montagne a encore tué*» DUTOURD. ➤ 1 **homicide, meurtrier** (II). LOC. *Le ridicule* tue.* — *Substance qui tue les insectes* (insecticide), *les parasites* (parasiticide), *les microbes* (bactéricide). ▪ **2** FIG. Causer la disparition de..., faire cesser plus ou moins brutalement. ➤ **ruiner, supprimer.** *L'habitude tue le désir.* «*Congédier la passion et la raison, c'est tuer la littérature*» BAUDELAIRE. ▪ **3** Détruire l'effet, la qualité de. *Cette couleur tue les autres.* ➤ **neutraliser.** ▪ **4** Lasser, épuiser en brisant la résistance. ➤ **abattre, éreinter, exténuer, user ;** FAM. **démolir ; tuant.** *Ces escaliers me tuent.* — (SANS COMPL.) *Le cri qui tue, le détail qui tue, la petite phrase qui tue,* qui anéantit, étonne. — FAM. Étonner fortement. *Cette nouvelle nous a tués !* ➤ **scier.** *Ça tue :* c'est terrible, c'est mortel (intensif, positif et négatif). ◆ Plonger dans un désarroi ou une détresse extrême. ➤ **désespérer, peiner.** «*Je demeure immobile et mon âme abattue Cède au coup qui me tue*» CORNEILLE. «*la grossièreté de ces gens-là me tuerait*» STENDHAL.

II ~ **v. pron. SE TUER A.** RÉFLÉCHI ▪ **1** Mourir par suicide. ➤ **se suicider** (cf. Mettre fin à ses jours). «*Mourir est passivité, mais se tuer est acte*» MALRAUX. *Moi, «si je me tuais, ce serait pour créer des ennuis à quelqu'un»* D. BOULANGER. *Se tuer d'une balle, en se tirant une balle dans la tête* (cf. Se faire sauter* la cervelle). — *Se tuer par conviction.* ➤ **s'immoler ; kamikaze.** ◆ Être victime d'un accident mortel (surtout quand la personne a une part de responsabilité dans l'accident). «*Au risque de se tuer, il se laissa tomber*» ZOLA. *Elle s'est tuée au volant de sa voiture.* ▪ **2** FIG. User ses forces, compromettre sa santé. ➤ **se nuire.** «*ils se tuaient à la peine comme des galériens*» R. ROLLAND. ◆ Se fatiguer, se donner beaucoup de mal. ➤ **s'évertuer.** *Je me tue à vous le répéter.* «*La vie est belle Je me tue à vous le dire Dit la fleur Et elle meurt*» PRÉVERT.

B. RÉCIPROQUE *Arrêtez-les, ils vont se tuer !* ➤ **s'entretuer.**

▪ CONTR. Épargner, sauver. ▪ HOM. *Tue :* tus (taire).

TUERIE [tyʀi] **n. f.** – 1350 ◇ de *tuer* ▪ **1** ANCIENNT Abattoir particulier. «*quand chaque boucher disposait d'une tuerie attenante à son étal*» J. SORMAN. ▪ **2** (XVe) COUR. Action de tuer en masse, sauvagement. ➤ **boucherie, carnage, hécatombe, massacre.** «*l'armistice du 11 novembre, qui mettait fin à plus de quatre ans de tuerie et d'angoisses*» BAINVILLE. ▪ **3** FAM. *C'est une tuerie :* c'est formidable, sensationnel (cf. Ça tue*, c'est mortel*). *Ce gâteau est une tuerie !*

TUE-TÊTE (À) [atytɛt] **loc. adv.** – XVIe ◇ de *tuer* et *tête* ▪ D'une voix si forte qu'on casse la tête, qu'on étourdit. *Crier, chanter à tue-tête.*

TUEUR, TUEUSE [tɥœʀ, tɥøz] **n.** – XIIIe ◇ de *tuer* ▪ **1** Personne qui tue (➤ **assassin*, meurtrier**). *La police recherche le tueur sadique. Tueur en série*.* — Criminel de guerre. «*Pendant des mois, à Majorque, les équipes de tueurs* [...] *ont froidement abattu, au vu de tous, des milliers d'individus jugés suspects*» BERNANOS. ◆ FIG. (en génér. dans la sphère politique ou professionnelle) Personne très combative, impitoyable pour ses adversaires. «*Ce sont des tueuses, plus rien n'est sacré, elles n'ont qu'une idée en tête, leur carrière*» P. CONSTANT. ▪ **2** *Tueur, tueuse (à gages) :* professionnel(le) du meurtre qui est payé(e) pour tuer qqn. *Le contrat* d'un tueur. Les tueurs de la Mafia.* «*Tout le monde ne peut pas s'offrir un tueur*» MAURIAC. ➤ **nervi, sbire, sicaire, spadassin.** ▪ **3** *Tueur, tueuse de... :* chasseur de... *Tartarin, grand tueur de lions.* PÉJ. *Tueurs de baleines, d'éléphants* (espèces protégées). — TECHN. Professionnel(le) qui tue, abat les bêtes dans un abattoir, une «tuerie» (1o). «*Le tueur attend que la tête plaintive se place en position convenable*» TOURNIER. ▪ **4** adj. Qui tue. *Bactérie, algue tueuse.* — BIOL. Capable de lyser des cellules. *Des «cellules tueuses naturelles, granulocytes, macrophages, etc.»* J. HAMBURGER.

TUF [tyf] **n. m.** – 1280 ◇ italien *tufo,* du latin *tofus* ▪ Roche de porosité élevée et de faible densité, souvent pulvérulente. *Tufs calcaires* (➤ **travertin**). *Tufs d'origine volcanique ; basaltiques, porphyriques, siliceux.* — **adj.** RARE **TUFIER, IÈRE,** 1694. *Terre tufière.*

TUFFEAU ou **TUFEAU** [tyfo] **n. m.** – 1470 *tuffeau ;* 1430 *tufel* ◇ de *tuf* ▪ Variété de tuf calcaire poreux et tendre, qui durcit à l'air, et est utilisé dans la construction. *Tuffeau de Touraine,* blanc.

TUILE [tɥil] **n. f.** – *tuille* 1333 ◇ altération de *tieulle* v. 1290, *tiule* v. 1170 ; latin *tegula,* de *tegere* «couvrir» ▪ **1** Plaque de terre cuite servant à couvrir des édifices. «*des maisons à toitures rouges, composées de tuiles plates et rondes semblables à des écailles de poisson*» BALZAC. RÉGION. (Sud-Ouest) *Tuile(-)canal :* tuile creuse de forme tronconique. SYN. Tuile romaine*. *Tuiles mécaniques* ou *à emboîtement,* faites à la machine et s'emboîtant peu profondément pour peser moins. *Tuiles imbriquées, qui chevauchent. Tuiles faîtières. Couverture de, en tuiles.* — COLLECT. *L'ardoise est plus légère que la tuile.* ◆ PAR EXT. *Tuiles de pierre, de marbre.* ▪ **2** PAR ANAL. Chacune des plaques métalliques munies de crampons qui composent les chenilles des véhicules. ▪ **3** Petit-four sec moulé en forme de tuile sur un rouleau à pâtisserie. *Tuiles aux amandes.* ▪ **4** FIG. (1782) FAM. Désagrément inattendu (comparé à une tuile qui tombe sur la tête de qqn). ➤ **catastrophe,** FAM. 2 **guigne, malchance.** «*Zut, je l'ai rendue trop amoureuse, et elle me propose le mariage. Quelle tuile !*» DUTOURD.

TUILEAU [tɥilo] **n. m.** – 1611 ; *tuilliau* 1377 ◇ de *tuile* ▪ TECHN. Fragment de tuile.

TUILER [tɥile] **v. tr.** ‹1› – vers 1980 ; 1752, autre sens ◇ de *tuile* ▪ Disposer en faisant se chevaucher, de manière que chaque élément recouvre partiellement l'élément voisin. *Tuiler une série d'opérations,* en commençant la suivante avant la fin de la précédente (opération du *tuilage*).

TUILERIE [tɥilʀi] **n. f.** – *tuillerie* 1287 ; *tulerie* 1221 ◇ de *tuile* ▪ Fabrique de tuiles ; four où elles sont cuites.

TUILIER, IÈRE [tɥilje, jɛʀ] **n. et adj.** – 1287 ; *tiulier* 1200 ◇ de *tuile* ▪ Ouvrier, ouvrière qui fait les tuiles. — **adj.** Relatif à la fabrication des tuiles. *L'industrie tuilière.*

TUK-TUK ➤ **TOUK-TOUK**

TULARÉMIE [tylaʀemi] **n. f.** – 1911 ◇ de *Tulare,* n. d'un comté de Californie, et *-émie* ▪ MÉD. Maladie infectieuse fébrile due à un bacille, transmise des animaux sauvages (lièvre, renard, écureuil...) à l'être humain par des tiques.

TULIPE [tylip] **n. f.** – 1611 ; *tulipan* 1600 ◇ turc *tülbend* «(plante) turban» → turban ▪ **1** Plante herbacée à racine bulbeuse *(liliacées),* dont la fleur renflée à la base est évasée à l'extrémité. *Oignon, bulbe de tulipe. Tulipes botaniques, cultivées ; tulipes doubles, panachées «perroquet». Tulipes mannequin,* à pétales pointus recourbés. *La tulipe noire. Champs de tulipes en Hollande. Collectionneur de tulipes.* ▪ **2** Objet dont la forme rappelle celle d'une tulipe (verre à boire ; globe électrique, lampe, etc.). «*la tulipe de verre suspendue au plafond et où brûlait une étoile de gaz*» COURTELINE. APPOS. *Des verres tulipes.*

TULIPIER [tylipje] **n. m.** – 1751 ◇ de *tulipe* ▪ Arbre originaire d'Amérique du Nord *(magnoliacées),* dont la fleur ressemble à une tulipe. *Tulipier de Virginie.* «*la lune passe derrière le grand tulipier qui se découpe en noir sur le ciel*» FLAUBERT.

TULLE [tyl] **n. m.** – 1765 ; *point de Tulle* XVIIe ◇ de *Tulle,* n. de ville ▪ Tissu léger, formé d'un réseau de mailles rondes ou polygonales. *Le tulle diffère de la dentelle, en ce que les fils ne sont pas arrêtés. Métier à tulle. Robe, tutu en, de tulle. Voile de mariée en tulle. Tulle servant de fond de dentelle, de broderie* («filet»). *Tulle illusion,* très fin et transparent. «*une robe de tulle illusion à mailles sur satin blanc*» GONCOURT. — *Tulle gras,* imprégné d'une substance médicamenteuse, employé dans les pansements, notamment pour les brûlures.

TULLERIE [tylʀi] **n. f.** – 1844 ◇ de *tulle* ▪ Industrie ; commerce du tulle. — Atelier, fabrique de tulle.

TULLIER, IÈRE [tylje, jɛʀ] **adj.** – 1844 ◇ de *tulle* ▪ Du tulle. *Industrie tullière.*

TULLISTE [tylist] **n.** – 1842 ◊ de *tulle* ■ Personne qui fabrique du tulle, propriétaire ou directeur d'une fabrique de tulle. *Les tullistes de Lille.* — Ouvrier, ouvrière de l'industrie du tulle.

TUMBLING [tœmbliŋ] **n. m.** – v. 1980 ◊ mot anglais «cabriole» ■ ANGLIC. Gymnastique acrobatique consistant en des séries de sauts exécutés rapidement les uns à la suite des autres sur une piste étroite et longue.

TUMÉFACTION [tymefaksjɔ̃] **n. f.** – XVIe ◊ latin moderne *tumefactio*, de *tumefacere* → tuméfier ■ **1** Augmentation de volume (d'une partie du corps ou d'un organe) due en général à une inflammation ou à une infiltration œdémateuse. ➤ **enflure, gonflement, intumescence, œdème.** *Tuméfaction des chairs.* ■ **2** Partie tuméfiée, enflée, présentant en général des hématomes, due le plus souvent à un coup. *«Une tuméfaction livide s'étendait sur la jambe»* FLAUBERT.

TUMÉFIÉ, IÉE [tymefje] **adj.** – v. 1560 ◊ de *tuméfier* ■ Qui présente une tuméfaction. *«Philippe parlait difficilement à cause de sa lèvre tuméfiée»* SARTRE. *Œil tuméfié.* — FIG. et LITTÉR. *«Esprit tuméfié de prétentions»* HUGO. ➤ **bouffi, gonflé.**

TUMÉFIER [tymefje] **v. tr.** ‹7› – v. 1560 ◊ du latin *tumefacere* ■ RARE Causer la tuméfaction de (une partie du corps). ➤ **enfler, gonfler.** ◆ **v. pron.** COUR. S'enfler, grossir anormalement. *«Le nez qui déjà se tuméfie, bourgeonne»* ROMAINS.

TUMESCENCE [tymesɑ̃s] **n. f.** – 1839 ◊ du latin *tumescens*, de *tumescere* «s'enfler» ■ DIDACT. Gonflement des tissus (➤ **intumescence, turgescence**). *Tumescence pathologique.* ➤ **tuméfaction, tumeur.** ◆ SPÉCIALT Turgescence (d'un organe érectile), marquant un état d'excitation érotique. *Tumescence du pénis, du clitoris.* ➤ **érection.** ■ CONTR. Détumescence.

TUMESCENT, ENTE [tymesɑ̃, ɑ̃t] **adj.** – 1839 ◊ latin *tumescens* ■ DIDACT. Qui s'enfle, se gonfle, grossit (tissus vivants). *Organe tumescent.*

TUMEUR [tymœʀ] **n. f.** – 1398 ◊ latin *tumor*, de *tumere* «enfler» ■ **1** (VX en méd.) Tout gonflement pathologique (➤ **tuméfaction**) formant une saillie anormale (cf. -cèle). *Tumeur inflammatoire. Tumeur furonculeuse.* ◆ (1818) *Tumeur blanche* : arthrite tuberculeuse chronique, accompagnée d'un gonflement des tissus. ■ **2** SPÉCIALT Production pathologique non inflammatoire constituée par un tissu de formation nouvelle (néoplasme). *Tumeur au cerveau, au poumon. Tumeur bénigne,* bien circonscrite, formée de cellules normales de divers types. ➤ **adénome, fibrome, lipome, molluscum, neurinome, papillome, polype, verrue.** *Tumeur maligne (cancéreuse),* formée de cellules qui se reproduisent de manière irrégulière et rapide, envahissant les tissus voisins, se disséminant à distance (➤ **métastase**) et ayant tendance à récidiver. ➤ **carcinome, épithélioma, sarcome, squirrhe.** *Tumeurs congénitales.* ➤ **angiome, nævus.** *Qui provoque la formation de tumeurs* (**TUMORIGÈNE adj.**). *Traitement des tumeurs* (➤ **antitumoral**).

TUMORAL, ALE, AUX [tymɔʀal, o] **adj.** – 1953 ◊ de *tumeur* ■ DIDACT. Relatif à une tumeur. *Nodule tumoral.* — *Marqueur tumoral* : produit sécrété par une cellule lorsqu'elle se développe anarchiquement et qui permet de suivre partiellement l'évolution d'une tumeur.

TUMULAIRE [tymylɛʀ] **adj.** – 1771 ◊ de *tumulus* ■ DIDACT. D'une tombe. ➤ **tombal.** *Pierre, colonne tumulaire. «J'ai remarqué deux inscriptions tumulaires en forme d'autel»* STENDHAL.

TUMULTE [tymylt] **n. m.** – 1238 ; *temulte* XIIe ◊ latin *tumultus* «soulèvement» ■ Désordre bruyant ; bruit confus que produisent des personnes assemblées. ➤ **brouhaha, chahut, tohu-bohu, vacarme*.** *«Tout à coup il entendit derrière lui un tumulte, des pas précipités, des cris* aux armes ! *»* HUGO. *«un tumulte d'acclamations, d'applaudissements, de trépignements, d'interpellations bruyantes se prolongea»* MADELIN. *On ne s'entend plus dans ce tumulte.* — PAR EXT. *Le tumulte de la rue, de la ville. Le tumulte des flots, de l'orage.* ◆ FIG. et LITTÉR. ➤ **agitation.** *La justice «a peine à se faire entendre dans le tumulte des passions»* MONTESQUIEU. ■ CONTR. 1 Calme, ordre, paix, silence, tranquillité.

TUMULTUEUSEMENT [tymyltɥøzmɑ̃] **adv.** – XIVe ◊ de *tumultueux* ■ LITTÉR. ■ **1** Dans le tumulte. *Les assistants «se dispersèrent tumultueusement»* LOTI. ■ **2** Dans une agitation désordonnée ; avec trouble. *«ces émotions délicieuses qui s'élèvent si subitement, [...] si tumultueusement au fond de nos âmes»* DIDEROT.

TUMULTUEUX, EUSE [tymyltɥø, øz] **adj.** – 1355 ◊ latin *tumultuosus* ■ **1** LITTÉR. Qui se fait avec tumulte ; agité et bruyant. *«De soins tumultueux un prince environné»* RACINE. *La discussion, la séance fut tumultueuse.* ➤ **houleux, orageux.** ◆ Où règne le tumulte. *Foule, rue tumultueuse.* ■ **2** Agité, violent. *Flot tumultueux.* ➤ **bouillonnant.** *«Le bouleversement tumultueux de l'onde»* HUGO. *«Elle avait la peau brûlante, les battements du sang tumultueux et saccadés»* MAUPASSANT. — Qui donne une impression de désordre menaçant, d'instabilité (➤ **chaotique**). *«C'est une composition tumultueuse, désordonnée»* GAUTIER. ■ **3** Plein d'agitation, de trouble. ➤ **agité, orageux.** *Jeunesse, vie tumultueuse. «Une mémoire encombrée de souvenirs tumultueux»* FROMENTIN. *Une passion tumultueuse.* ■ CONTR. 2 Calme, silencieux, tranquille.

TUMULUS [tymylys] **n. m.** – 1811 ◊ mot latin «tertre» ■ ARCHÉOL. Tertre artificiel ; amas de terre, de pierres, élevé au-dessus d'une tombe. ➤ **cairn, galgal, mound.** *Le tumulus de Gavrinis, en Morbihan. Des tumulus* ou parfois *des tumuli* (plur. lat.).

TUNE ➤ **THUNE**

TUNER [tynɛʀ ; tynœʀ] **n. m.** – v. 1960 ◊ mot anglais, de *to tune* «accorder» ■ ANGLIC. Amplificateur de haute fréquence accordé, utilisé dans les récepteurs de radio (particulièrement de modulation de fréquence) et de télévision. — PAR EXT. Récepteur de modulation de fréquence, notamment récepteur sans amplificateur ni système acoustique, destiné à être branché sur une chaîne haute-fidélité. Recomm. offic. *syntoniseur**.

TUNGAR [tœ̃gaʀ] **n. m.** – 1948 ◊ de *tung(stène)* et *ar(gon)* ■ ÉLECTR. Redresseur de courants alternatifs, permettant le passage de grandes intensités.

TUNGSTATE [tœ̃kstat] **n. m.** – 1789 ◊ de *tungstène* ■ CHIM. Sel renfermant l'anion $WO_4^{\ 2-}$. *Tungstate de sodium* (Na_2WO_4). ➤ **wolfram.**

TUNGSTÈNE [tœ̃kstɛn] **n. m.** – 1765 *tungsteen*, nom suédois du minerai ◊ suédois *tungsten* «pierre *(sten)* lourde *(tung)*» ■ CHIM. Élément atomique (SYMB. W ; n° at. 74 ; m. at. 183,85), du groupe du chrome et du molybdène. *Minerai de tungstène* (➤ **wolfram**). *Filaments de lampe en tungstène. Carbure de tungstène.*

TUNICIERS [tynisje] **n. m. pl.** – 1827 ◊ du latin *tunica* → tunique ■ ZOOL. Sous-embranchement des cordés, formé d'animaux marins primitifs protégés par une tunique cellulosique. — Au sing. *Un tunicier.*

TUNING [tyniŋ] **n. m.** – v. 1990 ◊ mot anglais, de *to tune* «régler (un moteur)» ■ ANGLIC. Pratique consistant à apporter des modifications à un véhicule de série pour le rendre plus conforme aux goûts de son propriétaire (carrosserie, accessoires, moteur...). — Recomm. offic. *personnalisation.*

TUNIQUE [tynik] **n. f.** – XIIe ◊ latin *tunica*

I ■ **1** Dans l'Antiquité, Vêtement de dessous, chemise longue, avec ou sans manches. *Tunique grecque, romaine, orientale.* ➤ **chiton, dalmatique, péplum.** *«Dans la Grèce ancienne, une tunique courte et sans manches pour l'homme, pour la femme une longue tunique»* TAINE. — MYTH. *La tunique de Nessus* : la tunique empoisonnée qui causa la mort d'Hercule. ◆ Vêtement ample, évoquant la tunique (➤ **robe ; boubou, gandoura, kimono**). — LITURG. CATHOL. Vêtement liturgique en soie que certains prélats portent sous la chasuble ou la chape, dans les cérémonies solennelles (on dit aussi **TUNICELLE**). ➤ **dalmatique.** — Vêtement porté par le sous-diacre sur l'aube. ■ **2** ANCIENNT Vêtement couvrant le buste (veste, redingote). *Tunique d'armes* : veste d'armure, en mailles d'acier. ◆ (XIXe) Veste ou redingote d'uniforme (➤ **dolman**). SPÉCIALT Veste portée autrefois par les collégiens et lycéens. ■ **3** Vêtement féminin, chemisier ou veste, long et ajusté. *«la tunique de soie bleue collant sur le corps»* ZOLA.

II (XIVe) BIOL. Membrane formant enveloppe ou tissu de protection. ◆ ANAT. *Tunique de l'œil.* ➤ **choroïde, cornée, rétine, sclérotique.** *Tunique vaginale* : enveloppe séreuse la plus interne du testicule. ◆ BOT. Chacun des feuillets membranaires d'un bulbe. *Les tuniques de l'oignon.*

TUNISIEN, IENNE [tynizjɛ̃, jɛn] **adj. et n.** – XVIIIe ◊ de *Tunisie* ■ De Tunisie. *L'arabe tunisien. Encolure tunisienne,* arrondie et fendue sur le devant, fermée par une patte de boutonnage. — n. *Les Tunisiens.*

TUNNEL [tynɛl] **n. m.** – 1825 à propos de l'Angleterre ◇ anglais *tunnel,* du français *tonnelle* (XVIe) «longue voûte en berceau» ■ **1** Galerie souterraine destinée au passage d'une voie de communication (sous un cours d'eau, un bras de mer ; à travers une élévation de terrain). *Tunnel routier.* — SPÉCIALT Tunnel de chemin de fer. *Les tunnels du métro. — Tunnel sous le mont Blanc. Le tunnel sous la Manche. Percer un tunnel. Creusement d'un tunnel* (➤ **tunnelier**). — LOC. *Un combat de nègres dans un tunnel :* une scène trop sombre où on ne distingue rien. ■ **2** PAR ANAL. Galerie souterraine. *«Toutes ces fourmis dans les tranchées et les tunnels de la fourmilière»* SUARÈS. — TECHN. Salle d'expérimentation obscure et de forme allongée. *Tunnel aérodynamique.* ➤ **soufflerie.** *Four, séchoir à tunnel. Effet tunnel :* phénomène par lequel des électrons franchissent une barrière de potentiel. ■ **3** FIG. Période obscure, pénible. ➤ **souterrain.** *«Elle plongeait soudain dans un brusque tunnel d'inconscience»* JALOUX. LOC. *Sortir du tunnel, voir le bout du tunnel :* sortir d'une période difficile, pénible. ◆ *Un tunnel :* un discours, un exposé trop long lors d'une émission de radio. — Longue suite de messages publicitaires. *«désormais les émissions de télévision ne servaient plus qu'à patienter entre deux tunnels de réclames»* O. ADAM.

TUNNELIER [tynəlje] **n. m.** – 1972 ◇ de *tunnel* ■ TRAV. PUBL. Engin excavateur destiné à forer des tunnels. ➤ **foreuse,** 1 **taupe** (4°). — Ouvrier affecté au forage d'un tunnel.

T. U. P. [typ] **n. m.** – v. 1975 ◇ acronyme ■ Titre* universel de paiement.

TUPAÏA [typaja] **n. m.** – *tupai* 1846 ◇ mot malais ■ ZOOL. Mammifère primitif *(insectivores)* d'Asie tropicale, sorte de musaraigne arboricole. — On écrit parfois *tupaya.*

TUPI, IE [typi] **adj.** et **n.** – 1822 ◇ mot tupi → topinambour ■ D'un groupe ethnique du Brésil et du Paraguay, dont les parlers sont affiliés à ceux du groupe guarani. *Les Indiens tupis. Le mot* acajou *est d'origine tupie. La langue tupie.* — **n. m.** *Le tupi* (langue). *Les langues romanes (français, portugais, espagnol) ont fait de nombreux emprunts au tupi.* — **n.** *Les Tupis.*

TUPINAMBIS [typinɑ̃bis] **n. m.** – 1794 ◇ mot latin, d'après le nom des *Tupinambas* ou Indiens *tupis* ■ ZOOL. Reptile saurien d'Amérique tropicale, grand lézard carnassier.

TUPPERWARE [typɛʀwɛʀ ; tœpœʀwɛʀ] **n. m.** – 1974 ◇ marque déposée (1975) ; de *Earl Tupper,* nom du chimiste américain qui inventa cette boîte en 1946, et de l'anglais *ware* «articles» ■ Boîte, récipient alimentaire en matière plastique, à couvercle hermétique. *Des tupperwares. Elle prend «le plaid, le tupperware d'œufs durs»* M. DARRIEUSSECQ.

TUQUE [tyk] **n. f.** – 1726 ◇ origine inconnue ; cf. *toque* ■ **(Canada)** Bonnet de laine à bords roulés en forme de cône, parfois surmonté d'un gland ou d'un pompon. *«leurs tuques jaunes, rouges ou vertes, avec un pompon au bout»* SIMENON. — LOC. FIG. et FAM. *Attache ta tuque (avec de la broche) ! :* prépare-toi.

TURBAN [tyʀbɑ̃] **n. m.** – 1538 ◇ d'après l'italien *turbant, tourban* 1540 ; altération de *tulban, tolliban* (1490), turc *tülbend,* mot persan → tulipe ■ **1** Coiffure d'homme faite d'une longue bande d'étoffe enroulée autour de la tête. *«Ils* [des Kurdes] *ont la tête prise dans le monumental turban de leur nation – deux châles croisés sur une sorte de panière en forme de ruche»* J.-R. BLOCH. *Turban à aigrette. Maharajah «en turban de soie blanche»* LOTI. *Turban des Sikhs. — Chèche enroulé en turban* (Afrique du Nord). ◆ Motif funéraire en forme de turban, dans certains pays d'islam. ■ **2** (1803) Coiffure de femme évoquant le turban oriental (à la mode pendant le premier Empire, et vers 1940-1945). *«une mise en plis devenait toute une affaire, aussi les turbans étaient-ils à la mode* [en 1941] *: ils tenaient lieu à la fois de chapeau et de coiffure»* BEAUVOIR. ■ **3** Nom donné à des fleurs (cf. Tulipe, étym.), à des coquillages qui rappellent la forme d'un turban. — APPOS. *Lis turban.* ➤ aussi **martagon.** *Des lis turbans.*

TURBE [tyʀb] **n. f.** – v. 1155 ◇ latin *turba* «foule» → 1 tourbe ■ HIST. DR. *Enquête par turbe(s),* faite en prenant le témoignage des habitants pour établir un point de droit coutumier.

TURBÉ ou **TURBEH** [tyʀbe ; tyʀbɛ] **n. m.** – XVIIe ◇ arabe *turba* «tumulus», par le persan et le turc ■ ARTS Édifice funéraire musulman, formé d'un cube surmonté d'une coupole basse. ➤ **marabout.**

TURBELLARIÉS [tyʀbelaʀje] **n. m. pl.** – 1876 ◇ du latin *turbella,* de *turba* «agitation», à cause du mouvement des cils vibratiles ■ ZOOL. ➤ **planaire.**

TURBIDE [tyʀbid] **adj.** – 1615 ; «tempétueux» 1538 ◇ latin *turbidus* ■ LITTÉR. ou SC. Troublé, agité. *«les fleuves équatoriaux entraînent dans leur flot turbide des mondes confus d'arbres et d'herbes»* CLAUDEL. *Eaux turbides.*

TURBIDIMÉTRIE [tyʀbidimetʀi] **n. f.** – 1964 ◇ de *turbidité* et *-métrie* ■ SC. Méthode d'analyse de la turbidité d'un liquide, basée sur la mesure du facteur de transmission*.

TURBIDITÉ [tyʀbidite] **n. f.** – 1909 ◇ du latin *turbidus* ■ SC. État d'un liquide trouble. ◆ Teneur en matériaux en suspension. *Courant de turbidité :* courant sous-marin très violent, charriant quantité de particules en suspension.

TURBIN [tyʀbɛ̃] **n. m.** – 1821 ◇ de *turbiner* ■ POP. et VIEILLI Travail, et SPÉCIALT Métier rémunéré. *Aller au turbin.* ➤ 1 **turbiner.** *«C'est un bon turbin, pas fatigant»* BLOY.

TURBINAGE [tyʀbinaʒ] **n. m.** – 1872 ◇ de *turbine* ■ VX Fonctionnement d'une turbine. ◆ (1923) MOD. TECHN. Essorage du sirop de sucre par rotation.

TURBINE [tyʀbin] **n. f.** – 1822 ; «tourbillon, roue de fuseau» 1532 ◇ latin *turbo, inis* «tourbillon, toupie» ■ Dispositif rotatif, destiné à utiliser la force vive d'un fluide et à transmettre le mouvement au moyen d'un arbre (pour qu'il soit utilisé ou transformé en une autre forme d'énergie). *Partie mobile* (rotor), *aubes d'une turbine. Turbines hydrauliques, à réaction* (fonctionnant sous pression) *ou à impulsion. Turbines d'une centrale hydroélectrique. Turbines à vapeur. Turbine à gaz,* où la turbine proprement dite est couplée à un compresseur. ➤ **turbocompresseur.** ◆ COUR. Ensemble formé par les injecteurs, la chambre de combustion, le turbocompresseur. ➤ **turbomoteur.**

TURBINÉ, ÉE [tyʀbine] **adj.** – 1541 ◇ latin *turbinatus,* de *turbo* ■ BIOL. En forme de toupie, de cône. *Racine turbinée. Coquille turbinée.* ■ HOM. Turbiner.

TURBINELLE [tyʀbinɛl] **n. f.** – 1808 ◇ latin *turbinella,* de *turbo* ■ ZOOL. Mollusque *(gastéropodes)* à coquille épaisse, en forme de toupie.

1 **TURBINER** [tyʀbine] **v. intr.** ⟨1⟩ – 1800 ◇ créé en argot, d'après le français *turbine* ou le latin *turbo,* au sens de «tourbillon, toupie» ■ POP. et VIEILLI Travailler dur, trimer. ■ HOM. Turbiné.

2 **TURBINER** [tyʀbine] **v. tr.** ⟨1⟩ – 1868 ◇ de *turbine* ■ TECHN. ■ **1** Faire passer dans une turbine pour purifier. *Turbiner le sucre.* ➤ **essorer.** ■ **2** Utiliser (l'eau) pour actionner une turbine. *Turbiner 10 m^3/s.*

TURBITH [tyʀbit] **n. m.** – *turbit* XIIIe ◇ arabe *turbid* ■ PHARM. Purgatif extrait du jalap*. — BOT. Plante fournissant cette racine purgative. ➤ **ipomée.**

1 **TURBO** [tyʀbo] **n. m.** – 1846 ◇ mot latin ■ ZOOL. Mollusque *(gastéropodes)* dont la coquille épaisse et ronde présente une large ouverture circulaire. *Des turbos.* ■ HOM. Turbot.

2 **TURBO** [tyʀbo] **n. m.** – milieu XXe ◇ abrév. ■ **1** AUTOM. Turbocompresseur de suralimentation. *Des turbos.* LOC. FIG. *Mettre le turbo :* donner toute la puissance. *Mettre le turbo sur,* se lancer à fond dans. *L'Europe met le turbo sur la recherche.* — APPOS. *Moteur turbo,* à turbine. ➤ **turbocompressé.** *Des moteurs turbos* ou *turbo* **(inv.).** ■ **2** APPOS. INFORM. Qui présente une grande rapidité de mise en œuvre. *La version turbo d'un compilateur*. — Turbo C, turbo pascal* (langages machine).

TURBO- ■ Élément, du latin *turbo.* ➤ **turbine.**

TURBOALTERNATEUR [tyʀboaltɛʀnatœʀ] **n. m.** – 1904 ◇ de *turbo-* et *alternateur* ■ TECHN. Groupe électrogène composé d'une turbine entraînant un alternateur.

TURBOCOMPRESSÉ, ÉE [tyʀbokɔ̃pʀese] **adj.** – 1983 ◇ de *turbocompresseur* ■ AUTOM. Se dit d'un moteur équipé d'un turbocompresseur. ➤ 2 **turbo.**

TURBOCOMPRESSEUR [tyʀbokɔ̃pʀesœʀ] **n. m.** – 1904 ◇ de *turbo-* et *compresseur* ■ TECHNOL. Turbomachine destinée à augmenter la pression ou le débit d'un gaz. *Turbocompresseur de suralimentation.*

TURBOFILTRE [tyʀbofiltʀ] **n. m.** – v. 1960 ◇ de *turbo-* et *filtre* ■ CHIM., BIOL. Appareil de filtrage centrifuge.

TURBOFORAGE [tyʀbofɔʀaʒ] **n. m.** – 1964 ◇ de *turbo-* et *forage* ■ PÉTR. Système de forage dans lequel le trépan est entraîné par une turbine située au-dessus.

TURBOMACHINE [tyʀbomaʃin] **n. f.** – 1900 ◊ de *turbo-* et *machine* ▪ TECHNOL. Appareil agissant sur un fluide au moyen d'un système rotatif à pales. *Les turbomachines sont réceptrices* (➤ **turbine**) *ou génératrices* (➤ **compresseur, hélice,** 2 **pompe, ventilateur**).

TURBOMOTEUR [tyʀbomɔtœʀ] **n. m.** – 1890 ◊ de *turbo-* et *moteur* ▪ TECHN. Turbine à vapeur. — Moteur dont l'élément principal est une turbine. ➤ **turbine** (COUR.).

TURBOPOMPE [tyʀbopɔ̃p] **n. f.** – 1917 ◊ de *turbo-* et 2 *pompe* ▪ TECHNOL. Turbomachine réceptrice destinée à élever la pression d'un gaz, d'une vapeur. — Pompe centrifuge entraînée par une turbine.

TURBOPROPULSEUR [tyʀbopʀɔpylsœʀ] **n. m.** – 1910 ◊ de *turbo-* et *propulseur* ▪ TECHN. Moteur d'avion dans lequel une turbine à gaz fait tourner une ou deux hélices.

TURBORÉACTEUR [tyʀboʀeaktœʀ] **n. m.** – 1946 ◊ de *turbo-* et *réacteur* ▪ Moteur à réaction dans lequel la turbine à gaz n'absorbe, de l'énergie de la détente, que ce qui est nécessaire pour alimenter les compresseurs, le reste passant dans les tuyères.

TURBOSOUFFLANTE [tyʀbosuflɑ̃t] **n. f.** – 1931 ◊ de *turbo-* et *soufflante* ▪ TECHN. Soufflante à grande vitesse de rotation.

TURBOSTATORÉACTEUR [tyʀbostatoʀeaktœʀ] **n. m.** – 1967 ◊ de *turbo-, stato-* et *réacteur* ▪ TECHNOL. Moteur à réaction combinant un turboréacteur et un statoréacteur.

TURBOT [tyʀbo] **n. m.** – 1393 ; en normand 1215 ; *turbut* début XIIe ◊ ancien nordique °*thorn-butr*, littéralt « barbue *(butr)* à épines *(thorn)* » ▪ ZOOL. Poisson marin plat des côtes européennes *(pleuronectiformes)*, à la chair très estimée. *Turbot grillé sauce hollandaise.* ▪ HOM. Turbo.

TURBOTIÈRE [tuʀbɔtjɛʀ] **n. f.** – 1803 ◊ de *turbot* ▪ Récipient en losange destiné à la cuisson des poissons plats (turbots, limandes, soles...). ➤ **poissonnière.**

TURBOTIN [tyʀbɔtɛ̃] **n. m.** – 1694 ◊ de *turbot* ▪ Jeune turbot. *Turbotin aux petits légumes.*

TURBOTRAIN [tyʀbotʀɛ̃] **n. m.** – 1968 ◊ de *turbo-* et *train* ▪ Train mû par des turbines à gaz.

TURBULENCE [tyʀbylɑ̃s] **n. f.** – 1495, repris 1646 ◊ latin *turbulentia* → turbulent ▪ **1** Agitation désordonnée, bruyante. *Ils semblent « pleins de vigueur* [les oiseaux], *d'animation et de turbulence joyeuse »* GAUTIER. ▪ **2** Caractère d'une personne turbulente. ➤ **dissipation, pétulance, vivacité.** *« cette vivacité d'esprit gascon, cette aimable turbulence qui distingue ces Français du Nord »* BALZAC. ▪ **3** (1956) PHYS. Formation de tourbillons, dans un fluide. *Turbulence d'un courant fluvial, d'une masse d'air. Étude des turbulences* (en mécanique statistique). *Zone de turbulences* ; FIG. période de troubles, de difficultés. ▪ CONTR. 1 Calme, tranquillité ; sagesse.

TURBULENT, ENTE [tyʀbylɑ̃, ɑ̃t] **adj.** – fin XIIe, repris 1532 ◊ latin *turbulentus*, radical *turbare* « troubler » ▪ **1** VX Agité et violent. *« ces gens turbulents Dont l'imprudent chagrin, qui tempête et qui gronde »* MOLIÈRE. ▪ **2** MOD. Qui est porté à s'agiter physiquement, qui est souvent dans un état d'excitation bruyante. ➤ **agité, bruyant, remuant.** *Enfant, élève turbulent.* ➤ **dissipé, diable** (adj.), **insupportable,** RÉGION. **malcommode.** *Turbulent et malicieux.* ➤ **espiègle.** ▪ **3** (XVIe) LITTÉR. Qui est caractérisé par l'agitation, le trouble. ➤ **troublé, tumultueux.** *« Ces grandes passions, je ne dis pas les turbulentes »* FLAUBERT. ▪ **4** SC. *Régime turbulent* (opposé à *laminaire*) : écoulement irrégulier des fluides, avec des courants aux vitesses diverses (en intensité et en orientation) entraînant la formation de tourbillons, caractérisé par un rapport critique entre la vitesse d'écoulement du fluide et sa viscosité. ➤ **chaos.** — *Couche turbulente*, au voisinage immédiat de la surface d'un mobile (par ex. d'une aile d'avion dans l'air). ▪ CONTR. 2 Calme, paisible, silencieux, tranquille ; discipliné, sage.

TURBULETTE [tyʀbylɛt] **n. f.** – 1991 ◊ marque déposée (1978) ; du radical de *turbulent* ▪ ➤ **gigoteuse.**

TURC, TURQUE [tyʀk] **adj.** et **n.** – *Turs* v. 1300 ◊ grec byzantin *Tourkos*, mot persan et arabe, de *Türküt*, mot mongol ▪ **1** De l'Empire ottoman (1300-1919), fondé par les peuples *turcs* d'Asie centrale (cf. ci-dessous, 3°). *Empire turc, gouvernement turc.* ➤ 1 **croissant** (2°), **divan ; sultan.** ♦ De la Turquie ottomane ou moderne. *Caftan, turban turc. Pipe turque.* ➤ **chibouque, narguilé.** *Sabre turc.* ➤ **yatagan.** *Chevaux turcs*, d'une race intermédiaire entre les chevaux arabes et persans. — *Café turc*, noir et fort, servi avec le marc dans une très petite tasse. — *Bain turc* : bain de vapeur suivi de massages. ➤ **hammam.** ♦ LOC. **À LA TURQUE :** à la manière des Turcs. *Assis, accroupi à la turque*, en tailleur. — *Cabinets à la turque*, sans siège. *« des latrines à la turque, comme dans les casernes »* VAILLAND. ♦ (italien *alla turca*) MUS. *À la turque*, se dit d'un morceau à 2/4, très rythmé. *« Marche turque », « rondo alla turca » d'une sonate de Mozart.* ♦ **n.** *Croisades contre les Turcs.* — *Jeunes Turcs* : les révolutionnaires qui prirent le pouvoir en 1908. FIG. (VIEILLI) *Jeunes turcs* : dans un parti, Les éléments jeunes, qui souhaitent une évolution. — *Le Grand Turc* : le sultan, empereur des Turcs. — LOC. *Fort comme un Turc* : très fort. — *Tête* de Turc.* ▪ **2** (XVIIe) VX Musulman, sectateur de Mahomet. FIG. et PÉJ. Homme dur, cruel (➤ **turquerie**). ▪ **3** ETHNOL., HIST. D'un peuple d'Asie centrale, dont les divers éléments parlent des langues apparentées au groupe ouralo-altaïque, et dont les migrations conquérantes aboutirent au Xe s. au Moyen-Orient et en Anatolie (Turquie moderne), où furent fondés l'empire des Seldjoukides et l'Empire ottoman. — LING. Se dit d'une des langues d'un groupe important, apparentée aux langues ouralo-altaïques, qui sont parlées en Sibérie (tatar), dans l'Altaï, en Asie centrale (ouzbek, turkmène), dans le Caucase et enfin dans l'Anatolie et les Balkans (*turc* proprement dit). — SPÉCIALT La langue turque parlée en Turquie. *Mots français empruntés au turc* (ex. bergamote, cravache, kiosque, tulipe, etc.).

TURCIQUE [tyʀsik] **adj.** – 1721 ◊ latin moderne *turcicus* « turc », dans *selle turque* ▪ ANAT. *Selle turcique* : face supérieure du corps de l'os sphénoïde, en forme de selle, où est logée la glande hypophyse.

TURCO [tyʀko] **n. m.** – 1857 ◊ mot du sabir algérien, de l'italien *turco* « turc », l'Algérie étant restée sous la domination turque jusqu'en 1830 ▪ VX Tirailleur algérien. *Les turcos.*

TURCO- ▪ Élément signifiant « turc » et servant à former des mots composés : *turcophile, turcophone.*

TURCO-MONGOL, OLE [tyʀkomɔ̃gɔl] **n. m.** et **adj.** – 1967 ◊ de *turco-* et *mongol* ▪ LING. Ensemble formé par les langues turque et mongole. — **adj.** *Langues turco-mongoles.*

TURDIDÉS [tyʀdide] **n. m. pl.** – *turdoïdes* 1846 ◊ du latin *turdus* « grive » ▪ Famille d'oiseaux *(passereaux)* comprenant les grives, les merles, le rossignol, le rouge-gorge, le traquet.

TURF [tyʀf ; tœʀf] **n. m.** – 1828 ◊ mot anglais « pelouse » → 2 tourbe ▪ **1** Terrain où se disputent les courses de chevaux. ♦ Ce qui concerne les courses de chevaux, leur préparation (entraînement) et les activités qui en dépendent (paris, etc.). ➤ **cheval, hippisme.** *« Le Paris de la fashion, celui du turf »* BALZAC. ▪ **2** FIG. (1925) ARG. Prostitution. ♦ FAM. Travail. *Aller au turf.*

TURFISTE [tyʀfist ; tœʀfist] **n.** – 1854 ◊ de *turf* ▪ Personne qui fréquente les courses de chevaux, qui parie. ➤ **parieur.**

TURGESCENCE [tyʀʒesɑ̃s] **n. f.** – 1752 ◊ latin savant *turgescentia*, de *turgere* « se gonfler » ▪ PHYSIOL. Augmentation de volume par rétention de sang veineux. ➤ **congestion, gonflement, tumescence.** *La turgescence du pénis* (➤ **érection**). ♦ État d'une cellule distendue par une surabondance de suc vacuolaire. *Éclatement des hématies par turgescence.* ➤ **hémolyse.** ♦ BOT. Dureté due à l'afflux d'eau.

TURGESCENT, ENTE [tyʀʒesɑ̃, ɑ̃t] **adj.** – 1812 ◊ latin *turgescens* ▪ PHYSIOL. Qui se gonfle, enfle par turgescence. — LITTÉR. Gonflé. *« les fragiles, turgescents et impérieux bourgeons »* C. SIMON.

TURGIDE [tyʀʒid] **adj.** – 1463, repris 1833 ◊ latin *turgidus* ▪ LITTÉR. Gonflé, enflé, boursouflé. *« Ses mains si molles, si blanches, devenaient rouges et turgides »* BALZAC.

TURION [tyʀjɔ̃] **n. m.** – 1554 ◊ latin *turio* « jeune pousse » ▪ BOT., AGRIC. Bourgeon souterrain ou formé à fleur de terre par une plante vivace. *Turions d'asperge.*

TURISTA ➤ **TOURISTA**

TURKMÈNE [tyʀkmɛn] **adj.** et **n.** – 1895 ; *turckmanns* 1765 ◊ mot persan ▪ Du Turkménistan. — **n. m.** Langue du groupe turc, parlée surtout au Turkménistan, au nord de l'Iran.

TURLUPINER [tyʀlypine] **v.** ⟨1⟩ – 1615 ◊ de *Turlupin*, surnom d'un personnage de farce ▪ **1 v. intr.** VX Faire des farces de mauvais goût. ▪ **2 v. tr.** MOD. et FAM. Tourmenter. *« turlupiné par sa femme »* ARAGON. — *Ça le turlupine* : ça le tracasse. ➤ RÉGION. **chicoter.**

TURLUTAINE [tyʀlytɛn] **n. f.** – 1843 ; «serinette» 1803 ; d'abord refrain de chanson ◇ du radical de *loure, lure* «musette, flageolet» ■ VIEILLI Propos sans cesse répété. ➤ **ritournelle.** *Si elle «s'imaginait m'atteindre par de semblables turlutaines !»* CÉLINE.

TURLUTE [tyʀlyt] **n. f.** – 1936 ◇ d'un radical onomat. *lur-* évoquant le chant de l'alouette, entrant dans des refrains → turlututu ■ **(Canada)** Manière de chanter des syllabes assonantes, des onomatopées sur un air de violon. — **v.** (1880) **TURLUTER** ‹1›. *«cette fière habitude de turluter les airs connus avec la bouche»* J. VAUTRIN. ■ **HOM.** Turlutte.

1 **TURLUTTE** [tyʀlyt] **n. f.** – 1878 ◇ origine inconnue ■ TECHN. Engin de pêche, constitué par une tige de plomb armée d'hameçons disposés en couronne. *Turlutte à calmars.* ■ **HOM.** Turlute.

2 **TURLUTTE** [tyʀlyt] **n. f.** – 1976 ◇ probablement de *turlututu* «flûte» et «pénis» (1896) ■ FAM. Fellation. ➤ **pipe.** *«Mais enfin, cette mantille, tu ne vas pas me dire que pour faire une turlutte, c'est pratique !»* M. ROLLAND.

TURLUTUTU [tyʀlytyty] **interj.** – 1642 ◇ onomat. et nom dialectal de la flûte, 1654 ; radical *lur-* ■ Exclamation moqueuse qui sert à refuser. *Turlututu chapeau pointu.*

TURNE [tyʀn] **n. f.** – 1800 ◇ alsacien *türn* «prison», allemand *Turm* «tour» ■ FAM. Chambre ou maison sale et sans confort. ➤ **taudis.** *«Une turne misérable, dans le quartier de l'usine»* ARAGON. SPÉCIALT Lieu de travail. ◆ (1854) ARG. SCOL. **TURNE** ou **THURNE :** chambre. *De «pauvres diables en train de piocher dans les thurnes»* ROMAINS.

TURNEP [tyʀnɛp] **n. m.** – 1758 *turneps* plur. ◇ anglais *turnip, turnep,* de *to turn* «tourner», et vieil anglais *naep* «navet», latin *napus* ■ AGRIC. Variété de navet fourrager. ➤ **chou-rave.** *«Ici, dit le comte, je sème des turneps»* FLAUBERT.

TURNOVER [tœʀnɔvœʀ] **n. m.** – 1906 ◇ anglais *turnover* «rotation», de *to turn over* «se retourner, chavirer» ■ ANGLIC. ÉCON. Taux de renouvellement du personnel d'une entreprise. *Le turnover des jeunes cadres. Des turnovers.* ◆ Rotation d'un stock de marchandises. *Turnover immobilier.* — **Recomm. offic.** ***rotation.*** — On écrit aussi *turn-over* (inv.).

TURONIEN, IENNE [tyʀɔnjɛ̃, jɛn] **adj.** et **n. m.** – 1842 ◇ du latin *Turonia* «Touraine» ■ GÉOL. Se dit d'un des étages du système crétacé qui correspond à la craie marneuse du bassin de Paris.

TURPIDE [tyʀpid] **adj.** – 1830 ◇ de *turpitude,* latin *turpis* «laid, honteux» ■ LITTÉR. ET VIEILLI Qui a une certaine laideur morale. ➤ **turpitude.**

TURPIDEMENT [tyʀpidmɑ̃] **adv.** – 1844 ◇ de *turpide* ■ LITTÉR. D'une façon turpide. *Elle trouvait «la fortune des Nucingen trop turpidement ramassée»* BALZAC.

TURPITUDE [tyʀpityd] **n. f.** – XIVe ◇ latin *turpitudo,* de *turpis* «honteux» ■ LITTÉR. OU IRON. ■ **1** Caractère de bassesse, d'indignité. ➤ **ignominie, infamie.** *«J'ai souvent dit le mal dans toute sa turpitude»* ROUSSEAU. ■ **2** Action, parole, idée basse, honteuse. ➤ **bassesse, horreur.** *«toutes les turpitudes quotidiennes qui sont la pâture des imbéciles»* FLAUBERT.

TURQUERIE [tyʀk(ə)ʀi] **n. f.** – 1579 ◇ de *turc, turque* ■ **1** VX Caractère «turc», dur, impitoyable. *Il est «d'une turquerie à désespérer tout le monde»* MOLIÈRE. ■ **2** Objet, composition artistique ou littéraire d'origine, de goût ou d'inspiration turcs, orientaux. *«L'Enlèvement au sérail» est une turquerie.*

TURQUIN [tyʀkɛ̃] **adj. m.** – 1471 ◇ italien *turchino* «turquoise», proprt «de Turquie» ■ LITTÉR. D'un bleu foncé. — SPÉCIALT *Marbre turquin* (bleu).

TURQUOISE [tyʀkwaz] **n. f.** – XIIIe ◇ de l'adj. *turquois* «turc», var. *turquesse, turquesque* ■ **1** MINÉR. Minéral formé de phosphate hydraté de cuivre et d'aluminium, roche non transparente colorée du bleu clair au vert pomme. *Gisements de turquoise d'Iran, du Nouveau-Mexique.* — Cette pierre taillée et montée ; bijou dont la partie principale est une turquoise. *Des turquoises.* ■ **2** APPOS. INV. Qui a la couleur de la turquoise. *Des maillots bleu turquoise.* ADJT INV. *Des bols turquoise.* — SUBST. *Cette année le turquoise est à la mode.*

TURRICULÉ, ÉE [tyʀikyle] **adj.** – 1834 ◇ de *turricule* «coquillage en forme de tour», latin *turricula* «petite tour» ■ ZOOL. En forme de petite tour. *Coquilles, coquillages turriculés.* — On dit également *turriforme.*

TURRITELLE [tyʀitɛl] **n. f.** – 1808 ◇ latin moderne *turritella* (1739), de *turris* «tour» ■ ZOOL. Mollusque *(gastéropodes)* à coquille allongée et pointue.

TUSSAH [tysa] **n. m.** – 1857 ◇ mot anglais, altération de *tussar* (→ tussor), hindoustani *tasar* ■ Soie sauvage indienne produite par la chenille d'un lépidoptère (bombyx de l'ailante). *Le tussah a un aspect scintillant. Étoffe de tussah.* ➤ **tussor ; shantung.**

TUSSILAGE [tysilaʒ] **n. m.** – 1671 ◇ latin *tussilago,* de *tussis* «toux» ■ Plante herbacée vivace *(composées),* appelée communément *pas-d'âne. Les fleurs du tussilage font partie des espèces pectorales.*

TUSSOR [tysɔʀ] **n. m.** – 1870 ; *tussore* 1844 ◇ anglais *tussore,* de l'hindoustani *tasar* ■ Étoffe de tussah, ET PAR EXT. Étoffe légère de soie, analogue au foulard (➤ **shantung**). *«j'arrivai parfois sans m'être changée, en robe de tussor blanc»* BEAUVOIR.

TUTE ➤ **TOTOTTE**

TUTÉLAIRE [tytelɛʀ] **adj.** – 1552 ◇ latin impérial *tutelaris,* de *tutela* → tutelle ■ **1** LITTÉR. Protecteur (en parlant d'une divinité). *Dieu, déesse tutélaire. Ange tutélaire* (VIEILLI) : ange gardien. — *«La succession par ordre de primogéniture, loi fondamentale et tutélaire du royaume»* BAINVILLE. *Présence, amitié tutélaire.* ■ **2** DR. Qui concerne la tutelle. *Gestion tutélaire. Charges tutélaires.* — *Puissance tutélaire,* chargée d'un territoire sous tutelle.

TUTELLE [tytɛl] **n. f.** – 1437 ◇ latin *tutela,* de *tutus,* p. p. de *tueri* «regarder, surveiller» ■ **1** DR. Institution conférant à un tuteur, assisté d'un conseil de famille et d'un *subrogé tuteur,* le pouvoir de prendre soin, sous le contrôle d'un juge, de la personne et des biens d'un mineur ou d'un incapable majeur ; autorité du tuteur. *Tutelle des enfants légitimes. Tutelle légale des père et mère,* en cas de décès de l'un d'eux. *Conseil* de tutelle. En tutelle, hors de tutelle.* ◆ *Tutelle administrative :* ensemble des moyens de contrôle dont dispose le gouvernement (ou ses représentants) sur les collectivités publiques et les établissements privés d'intérêt public. *Ministère de tutelle. Pouvoir de tutelle* (opposé à ***pouvoir hiérarchique***). — (1946) DR. INTERNAT. *Régime de tutelle,* prévu par la Charte des Nations unies (en remplacement du mandat), pour des *territoires* dits *sous tutelle.* ◆ (1970) *Tutelle pénale :* mesure remplaçant la relégation et tendant au reclassement des délinquants récidivistes. ■ **2** État de dépendance d'une personne soumise à une surveillance gênante. ➤ **contrainte.** *«le désir de me protéger contre moi-même, de me maintenir en tutelle»* GIDE. *«Mettre le vieux continent sous la tutelle américaine»* MARTIN DU GARD. ➤ **direction.** — Protection vigilante. *Être sous la tutelle des lois.* ➤ 1 **sauvegarde.** *«pour les conseils techniques et l'espèce de tutelle scientifique qu'il nous accordera»* ROMAINS. ■ **CONTR.** Autonomie, indépendance.

TUTEUR, TRICE [tytœʀ, tʀis] **n.** – XIIIe ◇ latin *tutor, tutrix,* de *tueri* → tutelle

I ■ **1** Personne chargée de veiller sur un mineur ou un incapable majeur, de gérer ses biens et de le représenter dans les actes juridiques. *Tuteur légal, tutrice légale* (père, mère, ascendant). *Tuteur testamentaire* (désigné par un testament), *datif* (2). *Tuteur de fait,* assurant une tutelle sans avoir juridiquement la qualité de tuteur. *Subrogé* tuteur. Tuteur ad hoc,* chargé de représenter le mineur dont les intérêts sont en conflit avec ceux de son tuteur. *Autorisation du tuteur. Le tuteur et sa pupille*.* — FIG. *Du Camp «veut continuer ce rôle de tuteur, régenter Flaubert, l'obliger à produire, à publier»* THIBAUDET. ■ **2** Enseignant(e) qui suit, assiste et conseille particulièrement un élève ou un groupe d'élèves. ➤ **soutien, tutorat.**

II **n. m.** (1740) Tige, armature de bois ou de métal fixée dans le sol pour soutenir ou redresser des plantes. ➤ **échalas,** 2 **perche,** 2 **rame.** *«Comme une plante trop faible, dont un jardinier relève la taille en l'appuyant contre un tuteur»* GOBINEAU.

TUTEURER [tytœʀe] **v. tr.** ‹1› – 1864 ◇ de *tuteur* (II) ■ Munir d'un tuteur. *Tuteurer des plants de tomates.* — **n. m. TUTEURAGE** (1855).

TUTOIEMENT [tytwamɑ̃] **n. m.** – 1636 ◇ de *tutoyer* ■ Action de tutoyer qqn.

TUTORAT [tytɔʀa] **n. m.** – 1877 ◇ de *tuteur* ■ Qualité, fonction de tuteur* (dans l'éducation). ➤ **soutien.**

TUTORIEL, IELLE [tytɔʀjɛl] adj. et n. m. – 1984 ◊ anglais *tutorial,* de *tutor* «tuteur» ■ ANGLIC. ■ **1** Relatif à l'enseignement assisté ; au tutorat. *L'ordinateur exerce une fonction tutorielle.* ■ **2** n. m. (1996) INFORM. Logiciel conçu pour faciliter l'acquisition autonome d'une procédure informatique, d'un logiciel. ➤ **didacticiel.** — Guide d'apprentissage (texte, vidéo) pour se familiariser avec une activité, décomposant étape par étape la marche à suivre. — ABRÉV. FAM. **TUTO** [tyto]. *Des tutos coiffure.*

TUTOYER [tytwaje] v. tr. ‹8› – 1394 ; *tutayer* jusqu'au XVIIe ◊ de *tu* et suffixe *-eyer, -oyer,* avec *t* de liaison ■ **1** S'adresser à (qqn) en employant la deuxième personne du singulier. ➤ **te, toi,** 1 **ton, tu** (cf. Vouvoyer). *En règle générale, on tutoie de nos jours les personnes auxquelles on est uni par des liens étroits de parenté, d'amitié ou de camaraderie, ainsi que les enfants. Dans le style élevé, on tutoyait Dieu ou les grands. «les enfants aiment-ils mieux leurs parents aujourd'hui qu'ils les tutoient et ne les craignent plus ?»* CHATEAUBRIAND. *«(Bas, à son mari) Surtout ne me tutoie pas devant cette dame [...] C'est commun... c'est bourgeois !»* LABICHE. — PRONOM. (RÉCIPR.) *Ils se tutoient depuis le collège.* ■ **2** FIG. Approcher au plus près. ➤ **frôler.** *Tutoyer la gloire, la perfection.*

TUTTI [tu(t)ti] n. m. inv. /n. m./ – 1765 ◊ mot italien «tous» ■ MUS. Signe (T) sur une partition, indiquant que tous les instruments jouent. ♦ Morceau exécuté par l'orchestre entier. *Des tutti.*

TUTTI FRUTTI [tutifʀuti] loc. adj. inv. /loc. adj./ – 1845 ◊ mots italiens «tous les fruits» ■ Composé ou parfumé avec des fruits variés (entremets, glaces, etc.). — SUBST. Glace aux fruits variés. — PAR MÉTAPH. *«compote d'idées, de sensations, d'images, un tutti-frutti»* GIDE.

TUTTI QUANTI [tutikwɑ̃ti] loc. n.inale – 1605 ◊ mots italiens «tous tant qu'ils sont» ■ (À la fin d'une énumération de noms de personnes) *...et tutti quanti :* et tous les gens de cette espèce. *«c'est là que les grands ténors de la politique vont festiner, Briand, Stresemann et tutti quanti»* A. COHEN.

TUTU [tyty] n. m. – 1881 ◊ déformation enfantine de *cucu* «petit cul» ; d'abord «caleçon collant» ■ Jupe de gaze de diverses longueurs, portée par les danseuses de ballet classique. *Des tutus.*

TUTUTE ➤ **TOTOTTE**

TUYAU [tɥijo] n. m. – 1530 ; «ornement» 1337 ; *tuel* XIIe ; *tuiel* v. 1100 ◊ francique °*thûta,* gotique *thut-haurn* «cor à sonner». ■ **1** Canal fermé, conduit à section circulaire ou arrondie (en matière rigide, flexible ou souple) destiné à faire passer un liquide, un gaz. ➤ 2 **buse, conduite, flexible, tube.** *Tuyau de plomb, de fer, de fonte, de caoutchouc, de ciment, de terre cuite, de poterie* (boisseau), *de toile* (manche). *Section, ouverture d'un tuyau. Aboucher, ajointer des tuyaux. Tuyau crevé. Tuyaux des installations hydrauliques.* ➤ **canalisation, tuyauterie.** *Tuyau de descente* (ou *descente**). *Tuyau d'arrosage.* ➤ RÉGION. **boyau.** *Tuyau pour le transport à longue distance.* ➤ **pipeline.** *Tuyau d'alimentation.* ➤ **feeder.** *Tuyau d'admission, d'échappement, de refoulement.* ➤ **tuyère.** *Tuyau d'échappement d'une automobile.* ➤ **pot.** — *Tuyau de pipe*. Tuyaux sonores :* tuyaux dans lesquels une colonne d'air résonne à certaines fréquences. *Tuyau d'orgue*.* ♦ (*tuiel* 1304) **TUYAU DE CHEMINÉE :** partie extérieure du conduit de cheminée, qui évacue la fumée. ♦ **TUYAU DE POÊLE :** ensemble de tuyaux de tôle ajointés qui relient un poêle à la cheminée. *Coudes d'un tuyau de poêle.* — FAM. *Chapeau (en) tuyau de poêle,* (1833) *tuyau de poêle :* sorte de chapeau haut de forme (tube). — VULG. et PÉJ. *C'est la famille tuyau de poêle,* dont les membres ont entre eux des relations sexuelles. ■ **2** Conduit ; cylindre creux. *Tuyau de plume :* axe creux à la base de la plume. *Tuyau de tige,* et ABSOLT *Tuyau :* tige creuse des céréales. ♦ (1844) TECHN. *Tuyau acoustique,* qui est utilisé pour porter le son à distance. ♦ (1798) FAM. *Le tuyau de l'oreille :* le conduit auditif. LOC. VIEILLI *Dire, raconter qqch. dans le tuyau de l'oreille :* confier tout bas (cf. Dans le creux de l'oreille*). ■ **3** Pli ornemental en forme de tube que l'on fait au linge au moyen d'un fer spécial. ➤ **godron ; tuyauter.** *«ce peuple en veste brodée, en jupon plissé à gros tuyaux (fustanelle)»* NERVAL. ■ **4** (1877 ◊ du *tuyau* [2°] de l'oreille) FAM. Indication confidentielle pour le succès d'une opération. ➤ **indication, information, renseignement.** *Avoir, obtenir un bon tuyau aux courses* (➤ **tube**), *à la Bourse. Donner à qqn un tuyau sur qqch.* (par attraction de *tuyau* [1°]) *Un tuyau crevé :* un mauvais tuyau. *«Il y a des tuyaux qui sont bons ; il y a des tuyaux qui sont crevés»* CENDRARS. ■ **5** (allus. aux tuyaux [1°] d'un ensemble technique) FAM. *Dans les tuyaux :* en cours de réalisation, en préparation (d'un projet). *La réforme serait dans les tuyaux.*

TUYAUTAGE [tɥijɔtaʒ] n. m. – 1872 ◊ de *tuyauter* ■ **1** Action de tuyauter (1°) ; son résultat. *«son bonnet dont le tuyautage éclatant et fixe avait l'air d'être en biscuit»* PROUST. ■ **2** FAM. Le fait de donner des renseignements.

TUYAUTER [tɥijɔte] v. ‹1› – 1822 ◊ de *tuyau* ■ **1** v. tr. Orner (du linge) de tuyaux (3°) en le repassant avec un fer cylindrique dit *fer à tuyauter. Tuyauter un bonnet.* — *«Des bonnets de tulle tuyautés à deux ou trois francs pièce»* ZOLA. — SUBST. *Un tuyauté :* ensemble de tuyaux juxtaposés faits au fer à tuyauter ; manière de tuyauter. ➤ **tuyautage.** ■ **2** (1899) FAM. Donner un tuyau (4°), des tuyaux à (qqn). ➤ **renseigner.** *«Il faudrait quelqu'un de leur organisation pour nous tuyauter»* M. DUGAIN. *Se faire tuyauter sur un champ de courses.* ■ **3** v. intr. (1872) DIDACT. Se former en tuyau, pousser sa tige, en parlant des céréales. *Le blé commence à tuyauter.*

TUYAUTERIE [tɥijɔtʀi] n. f. – 1845 ◊ de *tuyau* ■ **1** VX Fabrique de tuyaux métalliques. ■ **2** MOD. Ensemble des tuyaux (d'une machine, de conduites d'eau, de gaz). ➤ **canalisation ; tubulure.** ♦ FAM. Ensemble des gros vaisseaux sanguins. ■ **3** Ensemble des tuyaux d'un orgue.

TUYAUTEUR, EUSE [tɥijɔtœʀ, øz] n. – 1906 ◊ de *tuyau* ■ **1** Ouvrier chargé de la pose et de l'entretien des réseaux de tuyauteries industrielles. ■ **2** (de *tuyauter*) FAM. Personne qui vend des tuyaux, aux courses ; qui donne un tuyau à qqn.

TUYÈRE [tɥijɛʀ] n. f. – 1450 ; *toiere* «ouverture où aboutit un tuyau de soufflerie» 1389 ◊ de *tuyau* ■ **1** Large tuyau d'admission ou de refoulement des gaz, dans une machine ; conduit conique qui amène le vent d'un soufflet dans un four, une forge, un haut-fourneau. ■ **2** (1949) Tuyau d'admission de la vapeur dans une turbine. *Tuyère (d'éjection) :* canal d'éjection des gaz qui, après avoir été brûlés dans la chambre à combustion d'un réacteur, d'une fusée, sont accélérés pour créer par réaction la force d'avancement. *«un Boeing dont les tuyères laissent après lui leur habituelle traînée de vapeur d'eau»* ECHENOZ.

T. V. A. [tevea] n. f. – 1954 ◊ sigle de *taxe à la valeur ajoutée* ■ Taxe payée par les entreprises industrielles ou économiques à chaque stade du circuit économique. — *T. V. A. sociale :* partie de la T. V. A. affectée au financement de la protection sociale.

TWEED [twid] n. m. – 1844 «vêtement» ◊ mot anglais, altération de l'écossais *tweel,* anglais *twill* «étoffe croisée», probablt sous l'influence de *Tweed,* fleuve côtier entre l'Angleterre et l'Écosse ■ Tissu de laine cardée (d'abord fabriqué en Écosse), avec armure en toile ou sergé. *Tailleur, veste de tweed, en tweed. De beaux tweeds.*

TWEET [twit] n. m. – 2009 ◊ marque déposée par la société Twitter Inc. ; mot anglais «gazouillis» ■ ANGLIC. Court message informatif posté sur le web via une plateforme de microblog, qui le transmet à des abonnés. ➤ **post.** *Poster des tweets* (➤ 2 **tweeter**).

1 **TWEETER** [twitœʀ] n. m. – 1954 ◊ mot anglais, de *to tweet* «pépier» ■ ANGLIC. ÉLECTRON. Haut-parleur conçu pour reproduire les fréquences élevées. — Recomm. offic. *haut-parleur d'aigus.*

2 **TWEETER** [twite] v. ‹1› – 2009 ◊ de *tweet* ■ ANGLIC. ■ **1** v. intr. Poster des tweets. ■ **2** v. tr. Poster (une information) dans un tweet. *C'est lui qui a tweeté la nouvelle.*

TWILL [twil] n. m. – 1875 ◊ mot anglais, variante de *twilly* «croisé», d'origine germanique ■ ANGLIC. Tissu souple d'armure sergé. *Foulard en twill de soie, de polyester.*

TWIN-SET ou **TWINSET** [twinsɛt] n. m. – v. 1950 ◊ mot anglais, de *twin* «jumeau» et *set* «ensemble» ■ ANGLIC. Ensemble formé d'un chandail et d'une veste de tricot assortis. *«un twin-set importé en lambs-wool»* PEREC. *Des twin-sets, des twinsets.*

TWIST [twist] n. m. – 1960 ◊ de l'anglais *to twist* «tordre, tourner» ■ Danse d'origine américaine, sur un rythme rapide, caractérisée par un mouvement de rotation des jambes et du bassin. — v. intr. ‹1› **TWISTER** [twiste].

TWITTOSPHÈRE [twitɔsfɛʀ] n. f. – 2008 ◊ de *Twitter,* nom d'une plateforme de microblog, et *sphère,* d'après *blogosphère* ■ Communauté des personnes qui postent des tweets et de celles qui les lisent. *«Il en faut parfois peu pour agiter la twittosphère»* (Le Soir, 2014).

TYLENCHUS [tilɛ̃kys] n. m. – 1904 ◊ du grec *tulos* «bosse» et *egkhelus* «anguille» ■ ZOOL. Nématode qui s'attaque aux cultures, provoquant notamment la nielle* du blé. ➤ **anguillule.**

TYMPAN [tɛ̃pɑ̃] **n. m.** – XIIe «tambourin» ◊ latin *tympanum,* du grec *tumpanon* «tambourin» ■ **1** (1506) ARCHIT. Espace triangulaire entre la corniche et les deux rampants d'un fronton. — Dans les églises romanes ou gothiques, Espace compris entre le linteau et l'archivolte d'un portail. ■ **2** (XVIIe) Membrane fibreuse translucide qui sépare le conduit auditif externe de l'oreille moyenne. *Le tympan transmet les vibrations sonores à l'oreille moyenne.* — LOC. *Crever, déchirer les tympans :* assourdir par un bruit violent, aigu. ■ **3** (XVIIe) IMPRIM. Dans les presses à bras, Châssis tendu d'étoffe sur lequel on place la feuille à imprimer. ♦ MÉCAN. Roue hydraulique élévatoire. ♦ Pignon enté sur un arbre et qui engrène sur une roue dentée. *Tympan d'une horloge.*

TYMPANAL, ALE, AUX [tɛ̃panal, o] **adj.** et **n. m.** – 1872 ◊ de *tympan* ■ ANAT. *Os tympanal* ou *le tympanal :* le plus petit des trois os du temporal, en forme de gouttière.

1 **TYMPANIQUE** [tɛ̃panik] **adj.** – 1843 ◊ de *tympan* ■ ANAT. Du tympan, qui a rapport au tympan. *Cavité tympanique. Artère tympanique.*

2 **TYMPANIQUE** [tɛ̃panik] **adj.** – 1837 ◊ du grec *tumpanon* «tambour» ■ MÉD. *Son tympanique :* sonorité particulière à timbre aigu que manifestent à la percussion certaines régions du corps.

TYMPANISER [tɛ̃panize] **v. tr.** ‹1› – XVIe ◊ du latin *tympanizare,* grec *tumpanizein* «tambouriner» ■ **1** VX Critiquer, ridiculiser publiquement (qqn). ■ **2** Casser les oreilles de (qqn). *«les coassements dont grenouilles et crapauds la tympanisaient du matin au soir»* R. MARAN.

TYMPANISME [tɛ̃panism] **n. m.** – 1872 ◊ de *tympanique* ■ MÉD. ■ **1** Son tympanique. ■ **2** (du grec *tumpanos*) État de l'abdomen quand l'intestin est distendu par des gaz. ➤ **gonflement, météorisme.**

TYMPANON [tɛ̃panɔ̃] **n. m.** – *timpanon* 1680 ◊ grec *tumpanon* ■ MUS. Instrument composé de cordes tendues sur une caisse trapézoïdale, dont on joue en frappant sur les cordes avec deux petits maillets. *Le tympanon est l'un des instruments de la musique classique persane.* ➤ **santour.**

TYNDALLISATION [tɛ̃dalizasjɔ̃] **n. f.** – 1901 ◊ du nom de *Tyndall* ■ CHIM., TECHN. Procédé de stérilisation consistant à porter plusieurs jours de suite une substance putrescible à une température de 60 à 80 degrés et à la laisser chaque fois refroidir.

TYPAGE [tipaʒ] **n. m.** – v. 1980 ◊ de *typer* ■ IMMUNOL. Classification en types de différents éléments, bactéries, virus, etc., mais aussi organes, sang, pour évaluer la compatibilité lors des greffes. — PAR EXT. Toute classification en types. *Typage social, psychologique, caractériel.*

TYPE [tip] **n. m.** – 1531, en théologie, au sens II, 1° ◊ du latin *typus* «figure mystique» et «symbole», mot d'origine grecque → -type

I OBJET ■ **1** TECHN. Pièce portant une empreinte destinée à reproduire des empreintes semblables ; cette empreinte. ➤ **forme, matrice,** 1 **moule.** ♦ (1545) VX Caractère d'imprimerie (➤ **typographie**). — MOD. Modèle de caractère ; ensemble des caractères présentant une hauteur, une largeur (corps) ou un dessin déterminés. *Type romain, Elzévir, Didot.* ■ **2** NUMISM. Figure représentée sur une ou plusieurs séries de médailles (effigie, symbole). *Monnaie au type de César.*

II MODÈLE ■ **1** (1531) Élément figuré (image) ou fait (narration) que l'on considère comme «l'empreinte», «le reflet» d'un concept, en religion, d'un concept qui n'est pas encore révélé. *L'Ancien Testament contient les types des mystères.* ➤ **figure, symbole.** *«J'appelle miracles typiques ceux qui sont évidemment le type, le symbole de quelque vérité morale»* VOLTAIRE. ♦ PHILOS. Modèle idéal déterminant la forme d'une série d'objets ; concept abstrait et générique considéré comme un tel modèle. ➤ **archétype,** 2 **étalon, prototype, stéréotype.** ■ **2** Ensemble des caractéristiques (d'un objet), défini avant sa fabrication (industrielle, notamment). ➤ **modèle, norme,** 1 **standard.** *Objet conforme au type réglementaire. «Il avait critiqué le montage d'une pompe à huile du type B.6, la confondant avec une pompe à huile du type B.4»* SAINT-EXUPÉRY. ■ **3** Concept exprimant l'essence d'un ensemble d'objets ou de personnes ; ensemble d'images correspondant plus ou moins exactement à un tel concept. *«le miracle grec* [...] *un type de beauté éternelle»* RENAN. ➤ 2 **canon** (4°). *Un certain type de beauté.* ➤ 2 **idéal.** — Schéma ou modèle de structure. *Utilisation des types.* ➤ **classification, division, typage, typologie.** *Le type, opposé à l'individu.* ■ **4** SC. Ensemble des caractères organisés en un tout, constituant un instrument de connaissance par «abstraction rationnelle» (A. Cournot)et permettant de distinguer des catégories d'objets, d'individus, de faits (➤ **classe, espèce, famille, genre, modèle**). *Sans type déterminé.* ➤ **atypique.** ♦ PHYLOG. Spécimen permettant de faire la description d'une unité taxinomique (taxon*), d'une espèce. *Une espèce type.* ♦ *Types humains,* considérés du point de vue ethnique, sexuel, esthétique. *Elle a le type nordique, slave,* les caractéristiques de ce type. *Types psychologiques, de caractères* (➤ **typologie** [I, 1°], **caractérologie**). *«Les amants, le père, l'avare, tous les grands types peuvent donc toujours être renouvelés»* TAINE. *«On aime un type, c'est-à-dire la réunion dans une seule personne* [de] *qualités humaines»* MAUPASSANT. ♦ INFORM. Caractéristique associée à des données. *Le type vecteur d'une liste de données.* ■ **5** Exemple typique, personne ou chose qui réunit les principaux éléments d'un type abstrait, et qui peut être donné en exemple. ➤ **modèle, personnification, représentant ;** aussi **stéréotype.** *Des types observés. «certains prodigieux mimes, dont Fregoli reste le type»* PROUST. *Ma sœur «réalise le type de la vieille fille dans sa funeste perfection»* FRANCE. — APPOS. *L'intellectuel type. «Il ne lui manquait, pour être une provinciale type, que l'esprit de dénigrement»* COLETTE. *Cas* type. Des objets types. Budget type.* ■ **6** FAM. *Le type de qqn,* son type physique, esthétique, préféré. *Ce n'est pas son type.* ➤ **genre.** *«Mme de Passelieu lui plaisait infiniment* [...] *elle était tout à fait son type»* A. HERMANT. ■ **7** ANGLIC. *Rencontres du premier type* (observation d'un ovni), *du deuxième type* (évidence d'êtres venus d'ailleurs), *du troisième type* (contact avec ces êtres). — FIG. *De, du troisième type :* d'un niveau supérieur, inconnu, inclassable.

III PERSONNAGE ■ **1** (1881) MOD. Individu. ➤ **garçon, homme, individu ;** FAM. **bonhomme, clampin,** 2 **coco, gars, gus, mec, zèbre, zig, zozo.** *Un grand type à moustache. Un drôle de type.* ➤ **oiseau, olibrius.** *Un type épatant. «On pardonne à tous ceux qui nous ont offensés Les morts sont tous des braves types»* BRASSENS. *Des «types, flanqués de leurs bonnes femmes»* BEAUVOIR. ➤ **typesse.** ♦ Amant, compagnon. ➤ **jules, mec.** *Elle est venue avec son type.* ■ **2** (1861 en argot) FAM., VIEILLI Personnage remarquable, soit parce qu'il incarne visiblement un type (humain, littéraire), soit parce qu'il se rapproche d'un type pittoresque. ➤ 2 **original.** *«Il a réussi* [...] *!... Quel type quand même, ce Tintin !»* HERGÉ.

-TYPE, -TYPIE ■ Éléments, du grec *tupos* «empreinte ; modèle» (➤ **type**) : *archétype, contretype, linotype, prototype, sténotypie.*

TYPÉ, ÉE [tipe] **adj.** – 1844 ◊ de *type* (II) ■ Formé, élaboré d'après un type, un modèle. *Personnage fortement typé.* ♦ Qui présente nettement les caractères d'un type. *Ma chienne «que les éleveurs estiment* un sujet bien typé» COLETTE.

TYPER [tipe] **v. tr.** ‹1› – 1873 ◊ de *type* ■ **1** TECHN. Marquer d'un type (I), d'une marque, d'une empreinte. ■ **2** Donner à (une création) les caractères apparents d'un type.

TYPESSE [tipɛs] **n. f.** – 1879 ◊ de *type* (II, B, 1°) ■ FAM. et PÉJ. Femme, fille. *«n'écoute pas cette sale typesse* [...] *Elle nous embête»* COCTEAU.

TYPHA [tifa] **n. m.** – 1784 ◊ latin moderne, grec *tuphê* ■ BOT. Grande plante amphibie *(typhacées)* à longues feuilles rubanées et longs épis, sorte de roseau, appelée aussi *massette, jonc de la Passion. Le «roseau appelé* typha, *qui est cette espèce commune dont les juifs mirent une tige entre les mains de Jésus-Christ»* BERNARDIN DE SAINT-PIERRE.

TYPHIQUE [tifik] **adj.** et **n.** – 1827 ◊ de *typhus* ■ Du typhus (surtout exanthématique) ou de la fièvre typhoïde. *Bacille typhique,* de la typhoïde. ♦ Atteint de la typhoïde ou du typhus exanthématique. — **n.** (1855) *Un typhique.*

TYPHLITE [tiflit] **n. f.** – 1855 ◊ du grec *tuphlos* «aveugle» et *-ite* ■ MÉD. Inflammation du cæcum. ➤ **pérityphlite.**

TYPH(O)- ■ Élément, du grec *tuphos* «fumée, torpeur».

TYPHOBACILLOSE [tifobasiloz] **n. f.** – 1883, Landouzy ◊ de *typho-* et *bacillose* ■ MÉD. Forme de primo-infection tuberculeuse, accompagnée d'une fièvre élevée et continue rappelant celle de la fièvre typhoïde.

TYPHOÏDE [tifɔid] **adj.** et **n. f.** – 1828 ; *typhodes* 1660 ; d'abord adj. «qui ressemble au typhus» ◊ latin savant, grec *tuphôdês,* de *tuphos* «torpeur» → typh(o)- ■ *Fièvre typhoïde,* ou **n. f.** *la typhoïde :* maladie infectieuse, contagieuse et souvent épidémique, due au bacille typhique (bacille d'Eberth ou *Salmonella* *typhi*), caractérisée par une fièvre élevée « en plateau », un état de stupeur (« *tuphos* ») et des troubles digestifs graves. ➤ aussi **paratyphoïde.** *Attraper la typhoïde.* « *Fort bon vin ; et comme l'eau est douteuse et que la typhoïde est à craindre, je bois sec* » GIDE. — **adj. TYPHOÏDIQUE,** 1877.

TYPHOMYCINE [tifɔmisin] **n. f.** – milieu XXe ◊ du radical de *typhoïde* et suffixe de *streptomycine* ■ MÉD. Chloramphénicol.

TYPHON [tifɔ̃] **n. m.** – *tiffon* 1531 ; *tifon* 1571 (d'après l'italien *tifone*) ◊ chinois dialectal *t'ai-fung* « grand vent », par le portugais *tufaõ*, lui-même de l'arabe *tufān* ; *typhon* en 1643, par confusion avec *typhan* (1504), du grec *tuphon* « tourbillon » ■ Cyclone des mers de Chine et de l'océan Indien. ➤ **ouragan.** « *Le tonnerre, la trombe, où le typhon se dresse, S'acharnent sur la fière et haute forteresse* » HUGO.

TYPHOSE [tifoz] **n. f.** – 1904 ◊ de *typh(o)-* et *2-ose* ■ VÉTÉR. Maladie contagieuse des oiseaux de bassecour (état fébrile d'abattement).

TYPHUS [tifys] **n. m.** – 1667 ◊ latin des médecins *typhus*, grec *tuphos* → typh(o)- ■ Nom donné à plusieurs maladies infectieuses : leptospirose* ictéro-hémorragique (*typhus hépatique*), fièvre jaune, purpura aigu (*typhus angio-hématique*). ♦ **Plus cour.** *Typhus* ou *typhus exanthématique* (1760) : maladie infectieuse, contagieuse et épidémique, causée par une rickettsie et transmise par les poux, caractérisée par une fièvre intense à début brutal, un exanthème purpurique généralisé et un état de stupeur pouvant aller jusqu'au coma.

TYPICITÉ [tipisite] **n. f.** – v. 1980 ◊ de *typique* ■ ŒNOLOGIE Ensemble de qualités caractéristiques (d'un vin), résultant du cépage, de la terre, des techniques de vinification, etc.

TYPIQUE [tipik] **adj. et n. f.** – 1495 « qui réalise un type » (de l'Ancien Testament) ◊ latin ecclésiastique *typicus*, grec *tupikos* « symbolique, exemplaire »

I adj. ■ **1** RELIG. Qui constitue un type (I, 2°), un symbole. ➤ **allégorique, symbolique.** — DIDACT. Qui constitue un modèle idéal. ■ **2** (début XIXe) COUR. Qui constitue un type (II, A, 1°, 2°), un exemple caractéristique. ➤ **caractéristique, distinctif,** 2 **original, remarquable.** *Caractère, cas, exemple typique.* « *la typique maison normande qui fait tomber l'estivant dans les pâmes* » QUENEAU. — *Typique de...* : caractéristique de... « *Le dévouement social s'exprimant dans la réalisation matérielle est typique du protestantisme américain* » SIEGFRIED. ■ **3** (*fièvre typique* 1765) SC. Qui caractérise un type (II, A, 2°) et lui seul ; qui présente suffisamment les caractères d'un type pour servir d'exemple, de repère (dans une classification). *Caractères typiques et atypiques, en biologie.* ➤ **spécifique.** SOCIOL. *Ressemblances, différences typiques.* « *discordances typiques* [qui touchent] *à la structure même de la société* » LÉVI-STRAUSS.

II n. f. PHILOS. *Typique du jugement* (Kant) : procédé par lequel on détermine si une action particulière est ou non conforme au concept du bien moral (idées ou types du bien et du mal). ♦ ➤ **typologie** (I).

■ CONTR. Atypique.

TYPIQUEMENT [tipikmɑ̃] **adv.** – XVIIe ◊ de *typique* ■ COUR. D'une manière typique. ➤ **spécifiquement.** « *L'acte typiquement humain* [...] *semble bien être l'acte du langage* » A. MARC. *Un comportement typiquement français, américain.*

TYPO ➤ **TYPOGRAPHE ; TYPOGRAPHIE ; TYPOGRAPHIQUE**

TYPO- ■ Élément, du grec *tupos* « marque, caractère ». ➤ **type ; -type, -typie.**

TYPOCHROMIE [tipɔkʀɔmi] **n. f.** – 1846 ◊ de *typo-* et *-chromie* ■ TECHN. Impression typographique en couleurs. ➤ **chromotypographie.**

TYPOGRAPHE [tipɔgʀaf] **n.** – *tipographe* 1554 ◊ de *typo-* et *-graphe* ■ Professionnel(le) qui exerce une des spécialités de la typographie (metteur en pages, imposeur, minerviste...). SPÉCIALT Compositeur à la main. « *Le journaliste souhaiterait au moins quelques heures de plus* [...] *mais déjà les typographes réclament sa copie* » MAUROIS. — ABRÉV. FAM. (1859) **TYPO** (FÉM. *typote*, en arg. de métier). *Les typos.*

TYPOGRAPHIE [tipɔgʀafi] **n. f.** – 1557 ◊ de *typo-* et *-graphie* ■ **1** Ensemble des techniques et des procédés permettant de reproduire des textes par l'impression d'un assemblage de caractères en relief (imprimerie typographique ; par opposition aux procédés par report : lithographie, offset) ; SPÉCIALT Les opérations de composition. *Opérations, travaux de typographie.* ➤ **imprimerie ; bilboquet** (3°), **clichage, composition, correction, distribution** (II, 2°), **tirage.** ■ **2** Manière dont un texte est imprimé (quant au type des caractères, à la mise en pages, etc.). *Une typographie agréable, élégante.* « *À la typographie des en-têtes, Bernard se divertit à deviner la psychologie de ces inconnus* » MAUROIS. ABRÉV. (1926) **TYPO.** *La typo est belle.* — **v. tr.** ⟨7⟩ **TYPOGRAPHIER.**

TYPOGRAPHIQUE [tipɔgʀafik] **adj.** – 1560 ◊ de *typographie* ■ De l'impression par caractères mobiles en relief (à l'origine). *Caractères, signes typographiques. Composition typographique. Fautes typographiques* (coquilles, doublons, mastics). « *la Bible, imprimée en langue anglaise, in-quarto remarquable au point de vue typographique* » J. VERNE. ♦ Des typographes. *Argot typographique.* — ABRÉV. INV. (1939) **TYPO.**

TYPOGRAPHIQUEMENT [tipɔgʀafikmɑ̃] **adv.** – 1800 ◊ de *typographique* ■ Par la typographie. — En ce qui concerne la typographie.

TYPOLITHOGRAPHIE [tipolitɔgʀafi] **n. f.** – 1846 ◊ de *typo-* et *lithographie* ■ TECHN. Utilisation conjointe de la typographie et de la lithographie pour l'impression (texte et illustrations, etc.).

TYPOLOGIE [tipɔlɔʒi] **n. f.** – 1841 ◊ de *typo-* et *-logie*

I DIDACT. ■ **1** Science des types humains, considérés du point de vue des rapports entre les caractères organiques et mentaux. *Typologie anthropologique*, de Wechniakoff (1897). ■ **2** Science de l'élaboration des types, facilitant l'analyse d'une réalité complexe et la classification (➤ **systématique**). *Typologie des structures sociales, économiques.* ♦ Systèmes de types. ➤ **classification.** *Une typologie des régimes politiques. Faire une typologie des dictionnaires.*

II ARTS, RELIG. « Concordance de l'Ancien et du Nouveau Testament qui est à la base de l'iconographie chrétienne du moyen âge » (L. Réau).

TYPOLOGIQUE [tipɔlɔʒik] **adj.** – 1914 ◊ de *typologie* ■ DIDACT. Qui appartient à la typologie ; est fondé sur une typologie. *Classification typologique des langues.*

TYPOMÈTRE [tipɔmɛtʀ] **n. m.** – 1836 ◊ de *typo-* et *-mètre* ■ TECHN. (IMPRIM.) Règle divisée en cicéros, demi-cicéros et quarts de cicéros (trois points), pour évaluer les compositions typographiques.

TYPTO- ■ Élément, du grec *tuptein* « frapper ».

TYPTOLOGIE [tiptɔlɔʒi] **n. f.** – 1876 ◊ de *typto-* et *-logie* ■ DIDACT. Communication des esprits frappeurs*.

TYRAMINE [tiʀamin] **n. f.** – 1945 ◊ de *tyr(o)-*, du grec *turos* « fromage », et *amine* ■ BIOCHIM., MÉD. Amine résultant de la décarboxylation de la tyrosine et utilisée dans le traitement de l'hypertension.

TYRAN [tiʀɑ̃] **n. m.** – *tiran* 980 ◊ latin *tyrannus*, grec *turannos* « maître »

I ■ **1** HIST. Chez les Grecs, Celui qui s'emparait du pouvoir par la force. *Pisistrate, tyran d'Athènes.* ♦ (XVIIIe) DIDACT. Usurpateur de l'autorité royale, du pouvoir. « tyran *et* usurpateur *sont deux mots parfaitement synonymes* » ROUSSEAU. ■ **2** COUR. Personne qui, ayant le pouvoir suprême, l'exerce de manière absolue, oppressive. ➤ **autocrate, despote, dictateur, oppresseur.** *Et les peuples* « *Oubliant le tyran* [Napoléon] *s'éprirent du héros* » HUGO. « *Tyrans, descendez au cercueil* » (« Chant du départ »). « *le pouvoir absolu du tyran finit toujours par le rendre absolument fou* » TOURNIER. ■ **3** FIG. ; LITTÉR. OU PLAISANT Personne autoritaire qui impose sa volonté, abuse de son pouvoir. *C'est un vrai tyran. Quel tyran !* « *Mariée avec un vaurien de bonnes manières, un de ces tyrans domestiques devant qui tout doit céder et plier* » MAUPASSANT. ➤ **despote, macho.** « *L'homme, tyran goulu, paillard, dur et cupide* » BAUDELAIRE. « *L'amour est un tyran qui n'épargne personne* » CORNEILLE.

II (1775) Oiseau dentirostre (*passereaux*), gobe-mouche d'Amérique tropicale.

■ HOM. Tirant.

TYRANNEAU [tiʀano] **n. m.** – 1578 ◊ diminutif de *tyran* ■ LITTÉR. Petit tyran, tyran subalterne (cf. Petit chef*). « *Des généraux et des tyranneaux politiques* » CENDRARS.

1 **TYRANNICIDE** [tiʀanisid] **n.** – 1487 ◊ latin *tyrannicida* ■ LITTÉR. Personne qui tue un tyran.

2 **TYRANNICIDE** [tiʀanisid] **n. m.** – XVIe ◊ latin *tyrannicidium* ■ LITTÉR. Meurtre d'un tyran.

TYRANNIE [tiʀani] n. f. – 1155 ◊ de *tyran* ■ **1** HIST. ANT. Usurpation et exercice du pouvoir par un tyran (1°). *Tyrannie grecque et dictature romaine.* ■ **2** Gouvernement absolu et oppressif du tyran (2°) considéré surtout dans ce qu'il a d'injuste, d'arbitraire, de cruel. ➤ **autocratie, despotisme, dictature.** «*Contre nous de la tyrannie L'étendard sanglant est levé*» («La Marseillaise»). «*Les excès de la tyrannie ne mènent qu'à la tyrannie ; celle-ci en nous dégradant nous rend incapables d'indépendance*» CHATEAUBRIAND. ■ **3** LITTÉR. Autorité oppressive, abus de pouvoir. ➤ **dictature.** *Se libérer de la tyrannie d'un père. Exercer sa tyrannie sur qqn.* ➤ **tyranniser.** «*la tyrannie de l'homme, qui a converti la possession de la femme en une propriété*» DIDEROT. ◆ (CHOSES) Contrainte impérieuse. *La tyrannie de la mode.* ➤ **diktat, servitude.**

TYRANNIQUE [tiʀanik] adj. – v. 1370 ◊ latin *tyrannicus*, grec *turannikos* ■ **1** Qui tient de la tyrannie (2°). *Pouvoir tyrannique.* ➤ **absolu, arbitraire, despotique.** *Régime tyrannique.* ➤ **autocratique, oppressif.** «*La force sans la justice est tyrannique*» PASCAL. ■ **2** Autoritaire, injuste et violent. *Un patron tyrannique.* ■ **3** LITTÉR. Qui contraint impérieusement et péniblement ; à quoi on ne peut se dérober. *Loi tyrannique. La mode est tyrannique.* ➤ **assujettissant.** ■ CONTR. Libéral. Débonnaire, doux.

TYRANNIQUEMENT [tiʀanikmɑ̃] adv. – XVe ◊ de *tyrannique* ■ LITTÉR. D'une manière tyrannique, avec tyrannie. *Abuser tyranniquement de son pouvoir.*

TYRANNISER [tiʀanize] v. tr. ‹1› – 1370 ◊ de *tyran* ■ Traiter (qqn) avec tyrannie (3°) ; abuser de son pouvoir ou de son autorité sur (qqn). ➤ **opprimer, persécuter.** *Les hobereaux,* «*petits seigneurs qui tyrannisent les paysans*» BUFFON. «*La femme qui aime plus qu'elle n'est aimée sera nécessairement tyrannisée*» BALZAC. PAR EXT. *Il se laisse tyranniser par ses petits-enfants.*

TYRANNOSAURE [tiʀanɔzɔʀ] n. m. – v. 1890 ◊ latin savant *tyrannosaurus*, du grec *turannos* «maître» et *sauros* «lézard» ■ PALÉONT. Reptile fossile d'Amérique du Nord, vivant au crétacé supérieur, carnivore, mesurant jusqu'à 15 m de long.

TYR(O)– ■ Élément, du grec *turos* «fromage».

TYROLIEN, IENNE [tiʀɔljɛ̃, jɛn] adj. et n. – attesté début XIXe ◊ de *Tyrol*, région d'Autriche ■ Du Tyrol. — (1821) *Chapeau tyrolien* : feutre (d'homme, de femme) à plume passée dans le ruban.

TYROLIENNE [tiʀɔljɛn] n. f. – 1816 ◊ de *tyrolien* ■ **1** Chant montagnard à trois temps, originaire du Tyrol, caractérisé par le passage rapide de la voix de poitrine à la voix de tête et vice versa (➤ **iodler**). ■ **2** BÂT. Appareil servant à projeter le crépi*. ■ **3** Ensemble composé d'un câble et d'une poulie, grâce auquel on peut rallier deux points élevés entre lesquels on glisse le long du câble tendu.

TYROSINASE [tiʀozinɑz] n. f. – 1897 ◊ de *tyrosine* et *-ase* ■ BIOCHIM. Enzyme qui active l'oxydation de la tyrosine, aboutissant à la production de mélanine.

TYROSINE [tiʀozin] n. f. – 1855 ◊ de *tyro-* et *-ine* ■ BIOCHIM. Acide aminé très répandu dans la nature (graines de céréales, pommes de terre, fruits mûrs), jouant un rôle important grâce aux composés organiques qui en dérivent (mélanine, adrénaline, dérivés iodés de la glande thyroïde). *Excès de tyrosine dans le sang* (ou *tyrosinémie* n. f.).

TYROTHRICINE [tiʀɔtʀisin] n. f. – 1939 ◊ de *tyrothrix* (1906), nom d'une bactérie, de *tyro-* et grec *thrix* «cheveu, filament» ■ MÉD. Antibiotique extrait des cultures d'une bactérie *(Bacillus brevis)*, employé en applications locales dans diverses affections bactériennes de la peau, de la bouche et du pharynx.

TZATZIKI [tsatsiki ; tsadziki] n. m. – 1990 *tsadsiki* ◊ mot grec, du turc *çaçik* ■ Préparation culinaire à base de concombre, de yaourt ou de fromage blanc et d'ail (spécialité grecque). — On écrit aussi *tsatsiki.*

TZIGANE ➤ **TSIGANE**

U

U [y] **n. m. inv.** ▪ **1** Vingt et unième lettre et cinquième voyelle de l'alphabet : *u majuscule* (U), *u minuscule* (u), *u accent grave* (ù) *(où), u accent circonflexe* (û) *(sûr, août, nous fûmes), u tréma* (ü) *(Saül).* — PRONONC. Lettre qui, suivie d'une consonne, d'un *e* muet ou en finale, note la voyelle antérieure arrondie fermée [y] *(utile, but, vue, ému)* et qui, suivie d'une voyelle prononcée, note généralement la semi-consonne (ou semi-voyelle) [ɥ] *(huile, lui, muet).* REM. La lettre *u* note parfois [œ] *(club, curling)* ou [u] *(gruppetto, yakuza)* dans des emprunts. — *Digrammes, trigrammes comportant u : au, eau* (→ 1a) ; *eu, œu, ue* (→ 1e) ; *ou* (→ 1o) ; *un* (→ 1n) ; *um,* qui note [œ̃] devant *p* ou *b (humble)* et dans *parfum,* mais [ɔm] dans les mots issus du latin *(maximum, summum* [sɔ(m)mɔm]) et [œm] *(jumping)* ou [um] *(rumba)* dans des emprunts ; *-uy-* (→ 1y) ; *gu* (→ 1g) ; *qu* (→ 1q). ▪ **2** LOC. *En U :* en forme de U. *Tube en U.* ▪ HOM. Hue.

UBAC [ybak] **n. m.** – v. 1935 ; en ancien provençal XVe ◇ latin *opacus* «sombre» ▪ Versant d'une montagne exposé au nord (opposé à *adret*). *« à l'ubac de la colline »* LE CLÉZIO. *« il est parti dans les ubacs »* GIONO.

UBÉRALE [yberal] **adj. f.** – 1909 ◇ du latin *uber* «mamelle» ▪ DIDACT. **FONTAINE UBÉRALE :** fontaine ornée de représentations féminines d'où l'eau jaillit par la pointe des seins.

UBÉRISER [yberize] **v. tr.** ‹1› – 2014 ◇ de *Uber* (nom déposé), nom d'une start-up ▪ Déstabiliser et transformer (un secteur d'activité) avec un modèle économique innovant tirant parti des nouvelles technologies. *Start-up qui ubérise le secteur de l'hôtellerie.* — **n. f. UBÉRISATION** (2014).

UBIQUISTE [ybikɥist] **adj. et n.** – 1808 ; théol. 1585 ◇ du latin *ubique* «partout» ▪ DIDACT. Qui est présent partout à la fois. ➤ **omniprésent.** ♦ ÉCOL. *Espèce ubiquiste,* que l'on rencontre dans des territoires étendus et variés.

UBIQUITAIRE [ybikɥitɛʀ] **n. et adj.** – v. 1620 ◇ de *ubiquité* ▪ DIDACT. ▪ **1** Ubiquiste*. ▪ **2 adj.** Qui se trouve ou semble se trouver partout en même temps (substances, gènes, etc.).

UBIQUITÉ [ybikɥite] **n. f.** – 1548 ◇ du latin *ubique* «partout» ▪ **1** DIDACT. RELIG. Attribut de Dieu, présent partout dans un même instant. ▪ **2** (1808) COUR. Possibilité d'être présent en plusieurs lieux à la fois. *« Elle était une force diffuse, qui avait l'ubiquité de la lumière, de l'air »* NIZAN. — LOC. (1878) *Avoir le don d'ubiquité,* se dit de qqn que l'on voit partout. *Je n'ai pas le don d'ubiquité :* je ne peux pas être partout à la fois.

UBUESQUE [ybyɛsk] **adj.** – 1906 ◇ de *Ubu roi,* pièce d'Alfred Jarry ▪ Qui rappelle la situation produite par le gouvernement du Père Ubu, par son caractère absurde, cruel, grotesque et cynique. *Une dictature ubuesque. Leur politique « tient dans le principe ubuesque : montrer la force qu'on n'a pas pour être obligé de s'en servir »* MAURIAC.

UCHRONIE [ykʀɔni] **n. f.** – 1857 ◇ du grec *ou* «non» et *khronos* «temps» → chron(o)-, d'après *utopie* ▪ DIDACT. Récit d'évènements fictifs à partir d'un point de départ historique et d'après un ensemble de lois. *« L'uchronie, ce sont les fictions sur le thème : et si les choses s'étaient passées autrement ? Si le nez de Cléopâtre avait été plus court ? »* E. CARRÈRE.

UDON [ydɔ̃ ; udɔn] **n. f.** – 1954 ◇ mot japonais ▪ AU PLUR. Nouilles japonaises épaisses, de consistance molle et élastique. — APPOS. INV. *Nouilles udon.*

UEM [yœm] **n. f.** – 1989 ◇ sigle ▪ Union* économique et monétaire (➤ **euro**).

UFOLOGIE [yfɔlɔʒi] **n. f.** – 1972 ◇ de *ufo,* acronyme anglais de *Unidentified Flying Object,* et *-logie* ▪ ANGLIC. Étude des phénomènes associés aux ovnis. — **n. UFOLOGUE,** (1974).

UFR [yɛfɛʀ] **n. f.** – 1984 ◇ sigle de *unité de formation et de recherche* ▪ En France, Structure universitaire associant des départements de formation, des laboratoires et des centres de recherche, administrée par un conseil élu. *L'UFR de chimie de l'université de Bordeaux.*

UHLAN [ylɑ̃] **n. m.** – 1748 ◇ mot allemand, du polonais, tatar *oglan* «enfant» ▪ Cavalier, mercenaire des armées de Pologne, de Prusse, d'Autriche et d'Allemagne. *Les uhlans.*

U. H. T. [yaʃte] **n. f.** – 1962 ◇ sigle de *Ultra-Haute Température* ▪ TECHN. Méthode de stérilisation par élévation des produits à de hautes températures pendant des temps très courts. — APPOS. COUR. *Lait U. H. T.*

UKASE ➤ **OUKASE**

UKRAINIEN, IENNE [ykʀɛnjɛ̃, jɛn] **adj. et n.** – 1731 ◇ de *Ukraine,* du russe *oukraïna* «frontière» ▪ De l'Ukraine. *La République ukrainienne.* ♦ **n.** *Les Ukrainiens.* — **n. m.** Langue slave parlée en Ukraine.

UKULÉLÉ [ukulele ; 'jukulele] **n. m.** – 1934 ◇ de l'anglais américain *ukulele,* d'un mot d'Hawaii formé de *uku* «puce» et *lele* «qui saute» ▪ Guitare à quatre cordes d'origine portugaise, adoptée à Hawaii vers 1880, dont la sonorité mate et grêle rappelle celle du banjo. *L'ukulélé est aussi appelé* guitare hawaïenne. *Des ukulélés.*

ULCÉRATIF, IVE [ylseʀatif, iv] **adj.** – 1495 ◇ de *ulcérer* ▪ MÉD. Qui a trait à l'ulcération ; qui produit une ulcération.

ULCÉRATION [ylseʀasjɔ̃] **n. f.** – 1314 ; ancien provençal *ulceratio* (1300) ◇ latin *ulceratio,* de *ulcus, eris* ▪ **1** Formation d'un ulcère. *Début d'ulcération. Ulcération rapide.* ▪ **2** Perte de substance

(➤ ulcère) en voie de constitution. *Ulcérations cancéreuses, tuberculeuses, syphilitiques.*

ULCÈRE [ylsɛʀ] **n. m.** – 1546 ; n. f. 1314 ; ancien provençal *ulcera* (v. 1300) ◇ latin *ulcus, eris* ■ **1** Perte de substance de la peau ou d'une muqueuse, sous forme de plaie qui ne cicatrise pas normalement, qui a une évolution chronique. *Ulcères variqueux. Ulcère de l'estomac, à l'estomac.* ■ **2** (1812) ARBOR. Plaie (d'une plante) causée par irritation locale ou maladie infectieuse, et qui ne se cicatrise pas.

ULCÉRÉ, ÉE [ylseʀe] **adj.** – 1314 ◇ de *ulcérer* ■ **1** MÉD. Qui est le siège d'une ulcération. *Lésion ulcérée de la peau.* ■ **2** (1546) Qui éprouve un violent ressentiment. « *Leurs cœurs ulcérés se soulageaient, ils alternaient les litanies de leurs récriminations* » ZOLA. ➤ **froissé, vexé.**

ULCÉRER [ylseʀe] **v. tr.** ⟨6⟩ – 1500 ; pron. 1314 ◇ latin *ulcerare*, de *ulcus* « ulcère » ■ **1** MÉD. Produire un ulcère sur. — PRONOM. *Plaie qui s'ulcère.* ■ **2** FIG. (1611) Blesser (qqn) profondément, en l'irritant. ➤ **froisser, humilier, mortifier.** *Ce manque de confiance l'a ulcéré.* ➤ **ulcéré.** *Elle en a été ulcérée.*

ULCÉREUX, EUSE [ylseʀø, øz] **adj.** – v. 1370 ; « couvert d'ulcères » 1546 ◇ latin *ulcerosus*, de *ulcus* « ulcère » ■ MÉD. ■ **1** Qui a la nature de l'ulcère ou de l'ulcération. *Plaie, lésion ulcéreuse.* ■ **2** Qui est atteint d'un ulcère de l'estomac ou du duodénum. — SUBST. (1875) *Un ulcéreux, une ulcéreuse.*

ULCÉROÏDE [ylseʀɔid] **adj.** – 1878 ◇ de *ulcère* et *-oïde* ■ MÉD. Qui ressemble à un ulcère. *Plaie ulcéroïde.*

ULÉMA [ylema ; ulema] ou **OULÉMA** [ulema] **n. m.** – 1765, -1874 ◇ arabe *oulamâ*, plur. de *âlim* « savant » ■ Docteur de la loi, théologien musulman. « *un grand discours dans la langue classique des Ulémas. Je n'y comprenais rien* » KATEB.

ULLUQUE [ylyk] **n. m.** – 1875 ◇ espagnol *ulluco*, quéchua *ullucu* ■ BOT. Plante herbacée *(salsolacées)* d'Amérique du Sud, vivace, à tubercules comestibles.

U. L. M. [yɛlɛm] **n. m. inv.** – 1982 ◇ sigle de *Ultra-Léger Motorisé* ■ Petit avion de conception simplifiée, monoplace ou biplace, à moteur de faible cylindrée.

ULMAIRE [ylmɛʀ] **n. f.** – 1583 ◇ latin des botanistes *ulmaria*, de *ulmus* « orme » ■ BOT. Spirée. ➤ **reine-des-prés.**

ULNA [ylna] **n. m.** – 1821 ◇ mot latin « avant-bras » ■ ANAT. Cubitus. *Le radius et l'ulna.*

ULNAIRE [ylnɛʀ] **adj.** – 1843 ◇ de *ulna* ■ ANAT. Qui a trait au cubitus. ➤ **cubital.**

ULTÉRIEUR, IEURE [ylteʀjœʀ] **adj.** – 1531 ◇ latin *ulterior*, du radical de *ultra* « au-delà » ■ **1** GÉOGR. Qui est au-delà par rapport à une ligne donnée. *Calabre ultérieure.* ■ **2** COUR. Qui sera, arrivera dans le futur. ➤ **futur, postérieur.** *Les étapes ultérieures.* ➤ 1 **suivant.** *La séance est reportée à une date ultérieure.* ■ CONTR. Antécédent, antérieur.

ULTÉRIEUREMENT [ylteʀjœʀmɑ̃] **adv.** – 1570 ◇ de *ultérieur* ■ Plus tard. ➤ **après, ensuite.** *Nous reparlerons de cette question ultérieurement.* ■ CONTR. Antérieurement.

ULTIMATE [yltimɛt] **n. m.** – 1995 ◇ de *ultimate frisbee*, mot anglais, de *ultimate* « ultime » et *frisbee* ■ ANGLIC. Sport qui se joue avec un frisbee, opposant deux équipes de cinq ou sept joueurs. — Recomm. offic. *ultime-passe*, **n. f.**

ULTIMATUM [yltimatɔm] **n. m.** – 1792 ; « décision irrévocable » 1740 ◇ latin médiéval *ultimatus*, de *ultimus* « dernier » ■ Les dernières conditions présentées par un État à un autre et comportant une sommation. *Adresser, envoyer, lancer un ultimatum. Des ultimatums.* ◆ (1792) Exigence impérative. ➤ 1 **sommation.** « *La sentinelle lui présenta sa baïonnette en manière d'ultimatum* » BALZAC.

ULTIME [yltim] **adj.** – 1834 ; hapax XIIIe ◇ latin *ultimus* « dernier » ■ Dernier, final (dans le temps). « *toutes les maladies mortelles présentent le même phénomène ultime, l'arrêt du cœur* » BERNANOS.

ULTIMO [yltimo] **adv.** – 1842 ◇ mot latin, de *ultimus* « dernier » ■ RARE En dernier lieu (après *primo, secundo...*).

ULTRA [yltʀa] **n.** – 1792 ◇ latin *ultra* ou ellipse de *ultraroyaliste* ■ **1** VX Personne qui pousse à l'extrême une opinion, et SPÉCIALT une position politique (cf. Extrémiste). ■ **2** MOD. Réactionnaire extrémiste. *Des ultras.* ◆ **adj.** « *Être ultra, c'est aller au delà. C'est attaquer le sceptre au nom du trône et la mitre au nom de l'autel* » HUGO. *Des groupes ultras.*

ULTRA- ■ Élément, du latin *ultra* « au-delà », qui exprime l'excès, l'exagération : *ultrachic, ultrasecret.* ➤ 2 **extra-, hyper-, super-.**

ULTRACENTRIFUGATION [yltʀasɑ̃tʀifygasjɔ̃] **n. f.** – 1949 ◇ de *ultra-* et *centrifugation* ■ SC. Centrifugation très rapide effectuée par ultracentrifugeuse.

ULTRACENTRIFUGEUSE [yltʀasɑ̃tʀifyʒøz] **n. f.** – 1949 ◇ de *ultra-centrifug(ation)* ■ SC., TECHN. Centrifugeuse dont la vitesse de rotation est très élevée (de 50 000 à 100 000 tours par minute).

ULTRACHIC [yltʀaʃik] **adj.** – 1900 ◇ de *ultra-* et *chic* ■ Très élégant, très chic*. *Des tenues ultrachics.* « *les gens qui ne pratiquent point ce vice par passion, s'y adonnent par snobisme... C'est ultra-chic...* » MIRBEAU.

ULTRACOURT, COURTE [yltʀakuʀ, kuʀt] **adj.** – 1933 ◇ de *ultra-* et *court* ■ VIEILLI *Ondes ultracourtes* : ondes électromagnétiques de très grande fréquence et de courte longueur d'onde. ➤ **hyperfréquence.**

ULTRADIEN, IENNE [yltʀadjɛ̃, jɛn] **adj.** – 1968 ◇ de *ultra-* et latin *dies* « jour » ■ PHYSIOL. Se dit d'un rythme biologique dont l'évolution est plus rapide que celle des rythmes circadiens (opposé à *infradien*). *Le rythme cardiaque est un rythme ultradien.*

ULTRAFILTRATION [yltʀafiltʀasjɔ̃] **n. f.** – 1908 ◇ de *ultra-* et *filtration* ■ SC. Filtration à travers une membrane à pores très fins, qui permet la séparation de particules microscopiques.

ULTRALIBÉRAL, ALE, AUX [yltʀalibeʀal, o] **adj.** et **n.** – 1817 ◇ de *ultra-* et *libéral* ■ Partisan de l'ultralibéralisme.

ULTRALIBÉRALISME [yltʀalibeʀalism] **n. m.** – 1847 ◇ de *ultra-* et *libéralisme* ■ **1** HIST. Attitude des libéraux extrémistes sous la Restauration. ■ **2** (1971) Système économique, politique prônant le libéralisme absolu, encourageant l'économie de marché*, l'entreprise privée.

ULTRAMARIN, INE [yltʀamaʀɛ̃, in] **adj.** et **n.** – avant 1871 ◇ de *ultra-* et *marin* ■ **1** LITTÉR. Couleur outremer. « *Les cieux ultramarins* » RIMBAUD. ■ **2** Qui se trouve outre-mer, de l'outremer. *Les territoires ultramarins.* — **n.** *Les Ultramarins.*

ULTRAMICROSCOPE [yltʀamikʀɔskɔp] **n. m.** – 1904 ◇ de *ultra-* et *microscope* ■ SC. Microscope optique où un éclairage spécial permet de voir des particules trop petites pour être observées au moyen du microscope ordinaire.

ULTRAMICROSCOPIE [yltʀamikʀɔskɔpi] **n. f.** – 1906 ◇ de *ultramicroscope* ■ SC. Technique de l'utilisation de l'ultramicroscope ; ensemble des recherches menées au moyen de l'ultramicroscope.

ULTRAMICROSCOPIQUE [yltʀamikʀɔskɔpik] **adj.** – 1876 ◇ de l'anglais ■ SC. Relatif à l'ultramicroscopie ; qui ne peut être examiné qu'à l'ultramicroscope. *Étudier les corpuscules ultramicroscopiques.*

ULTRAMODERNE [yltʀamɔdɛʀn] **adj.** – 1902 ◇ de *ultra-* et *moderne* ■ Très moderne. *Usine ultramoderne.*

ULTRAMONTAIN, AINE [yltʀamɔ̃tɛ̃, ɛn] **adj.** – 1323 ◇ latin médiéval *ultramontanus*, de *ultra* et *mons, montis* « montagne » ■ **1** VX Qui est au-delà des montagnes, et SPÉCIALT des Alpes (par rapport à la France). ■ **2** Qui soutient la position traditionnelle de l'Église italienne (pouvoir absolu du pape) (opposé à *gallican*). SUBST. *Les ultramontains.* **n. m. ULTRAMONTANISME,** 1739.

ULTRANATIONALISTE [yltʀanasjɔnalist] **adj.** et **n.** – 1915 ◇ de *ultra-* et *nationaliste* ■ Nationaliste extrémiste. *Un parti ultranationaliste.* — **n.** *Les ultranationalistes.*

ULTRAPÉRIPHÉRIQUE [yltʀapeʀifeʀik] **adj.** – 1989 ◇ de *ultra-* et *périphérique* ■ Qui est bien au-delà de la périphérie. *La Guadeloupe, département ultrapériphérique.*

ULTRA-PETITA [yltʀapetita] **adv.** – 1846 ◇ mots latins ■ DR. Au-delà de ce qui a été demandé. *Juge qui statue ultra-petita.* — **n. m.** Fait de statuer sur une chose non demandée, d'adjuger plus qu'il n'a été demandé. *Vice d'ultra-petita.*

ULTRAPLAT, PLATE [yltʀapla, plat] **adj.** – XXe ◇ de *ultra-* et *plat* ■ Dont l'épaisseur est particulièrement faible. *Montre ultraplate.*

ULTRAPRESSION [yltʀapʀesjɔ̃] **n. f.** – 1949 ◇ de *ultra-* et *pression* ■ PHYS. Pression extrêmement élevée (de l'ordre de plusieurs milliers, ou même centaines de milliers d'atmosphères).

ULTRARÉSISTANT, ANTE [yltʀaʀezistɑ̃, ɑ̃t] **adj.** – 1915 ◇ de *ultra-* et *résistant* ■ **1** TECHN. Qui a une résistance mécanique particulièrement élevée. *Les nanomatériaux sont ultrarésistants.* ■ **2** BIOL. *Bactérie ultrarésistante*, qui résiste aux antibiotiques majeurs. — *Tuberculose ultrarésistante.*

ULTRAROYALISTE [yltʀaʀwajalist] **adj.** et **n.** – 1798 ◇ de *ultra-* et *royaliste* ■ Partisan extrémiste des principes de l'Ancien Régime (royauté absolue, de droit divin), sous la Restauration. ➤ **ultra.**

ULTRASENSIBLE [yltʀasɑ̃sibl] **adj.** – 1855 ◇ de *ultra-* et *sensible* ■ Sensible à l'extrême. *Balance, pellicule ultrasensible.*

ULTRASON [yltʀasɔ̃] **n. m.** – 1936 ◇ de *ultra-* et 2*son* ■ PHYS. Vibration sonore de fréquence supérieure à 20 000 hertz, qui n'est pas perceptible par l'oreille humaine. *Sondeur sous-marin à ultrasons.*

ULTRASONIQUE [yltʀasɔnik] **adj.** – 1955 ◇ de *ultrason* ■ PHYS. Qui se rapporte aux ultrasons. *Fréquences ultrasoniques.* ➤ **supersonique, ultrasonore.**

ULTRASONORE [yltʀasɔnɔʀ] **adj.** – 1928 ◇ de *ultrason*, d'après *sonore* ■ PHYS., MÉD. Relatif aux ultrasons. *L'échographie ultrasonore. «Les ondes ultrasonores sont d'une totale innocuité contrairement aux rayons X»* (Le Point, 1981).

ULTRAVIOLET, ETTE [yltʀavjɔlɛ, ɛt] **adj.** et **n. m.** – 1864 ◇ de *ultra-* et *violet* ■ Se dit du rayonnement électromagnétique dont la longueur d'onde se situe entre celle de la lumière visible (extrémité violette du spectre) et celle des rayons X ; PAR EXT. Qui correspond à ce rayonnement. *Le domaine ultraviolet se caractérise par des effets photographiques, photoélectriques, biologiques, et par des effets ionisants.* — **n. m.** *Les ultraviolets* : les rayons ultraviolets. ➤ 1**U. V.** — *Le visible et l'ultraviolet.*

ULULEMENT ; ULULER ➤ **HULULEMENT ; HULULER**

ULVE [ylv] **n. f.** – 1808 ; *ulva* 1765 ◇ mot latin ■ BOT. Algue verte (*chlorophycées*), communément appelée *laitue de mer*, qui croît dans les lagunes et au fond des baies.

UMAMI [umami] **n. m.** – 1982 ◇ mot japonais «goût délicieux» ■ DIDACT. Saveur produite notamment par le glutamate, considérée (d'abord en Asie) comme l'une des cinq saveurs fondamentales.

UMTS [yɛmteɛs] **n. m.** – 1997 ◇ sigle anglais, de *Universal Mobile Telecommunications System* «système de télécommunications mobiles universel» ■ ANGLIC. TÉLÉCOMM. Norme de téléphonie mobile, à haut débit, permettant de nombreuses applications. *L'UMTS.* — Recomm. offic. *système UMTS.*

UN, UNE [œ̃, yn] **adj. numér.** et **qualificatif, n., art.** et **pron. indéf.** – fin Xe ◇ du latin *unus*

REM. On ne fait généralt pas l'élision devant *un* adj. numér. non suivi de décimales : *une pièce de un euro*, mais *un homme d'un mètre quatre-vingt-cinq.*

I PREMIER NOMBRE ENTIER NATUREL, EXPRIMANT L'UNITÉ (1 ; I). MATH. Élément neutre pour la multiplication dans un anneau unitaire*. **A. ~ adj. numér. card. inv. en n.bre** ■ **1** adj. card. *Quatre femmes et un homme* [œ̃nɔm]. *Une seule couleur.* ➤ **mon(o)-, uni-.** *Une ou deux fois par mois. Un jour sur deux. Une ou plusieurs personnes. Un quart d'heure. Deux heures un quart. Trois voix contre une. «elle se présente avec deux bouteilles de champagne, une dans chaque main»* DIDEROT. — ELLIPT *Trois heures une* (minute). *Il était moins* une.* *C'était moins une* : il s'en est fallu de peu. — LOC. POP. *Sans un* (sou). *«Le voilà donc en liberté, mais "sans un"»* CENDRARS. LOC. *Ne pas en rater* une.* — (Suivi de *de* et d'un adj.) *Toutes les tables sont occupées. Il n'y en a pas une de libre.* LOC. FAM. *Un(e) de perdu(e), dix de retrouvé(e)s*.* — *Un seul... ; pas un seul... Une seule chose m'intéresse.* — *Plus d'un mois a passé.* — *Pas un* : aucun, nul. *Pas une fois il n'est venu.* — (En composition pour former un nombre) *Vingt et un(e). Quatre-vingt-un(e). Deux cent un soldats. «Les Mille et Une Nuits», recueil de contes arabes.* ■ **2** (fin XIe) PRONOM. *Se battre à deux contre un. Je n'en ai vu qu'une ; j'en ai vu une seule. «Et s'il n'en reste qu'un, je serai celui-là !»* HUGO. *Plus d'un a commis la faute.* — **PAS UN(E).** *Pas un n'est venu. «une robuste femme, mieux découplée que pas une de ces filles de Normandie»* BARBEY. (Suivi de *qui*) *Pas un qui sache écrire* (aucun ne sait écrire) ; *pas un qui ne sache écrire* (ils savent tous écrire). — FAM. *«Y en a un qui m'a demandé Des nouvelles»* BRASSENS. *Il est malin comme pas un*, comme personne. **UN À UN** *(une à une)* : à tour de rôle et un(e) seul(e) à la fois. *Un par un, une par une. Elles sont entrées une par une.* — LOC. *Tout un chacun*.* — (Dans une énumération) *Et d'un !* (ou FAM. *et d'une !*). *«Ceux qui ne sont pas de la compagnie n'ont qu'à la boucler et d'une»* DORGELÈS.

B. ~ adj. numér. ord. PREMIER ■ **1** *Le livre un.* (Écrit en chiffre) *Livre I* [livʀəœ̃]. *Page 1* ([paʒ(ə)œ̃] ou [paʒ(ə)yn]). ➤ **une.** *Acte I, scène 1* [aktəœ̃sɛnœ̃]. — *Vers les une heure du matin. En 1901* (mille neuf cent un). ■ **2** (XVe) **n. m.** (dans un système de subdivisions écrites) *I* [gʀɑ̃tœ̃], *1* [pətitœ̃]. — Ce qui porte le numéro 1. *Habiter (au) 1, rue de... Porter du 1* (taille). *Le 1 est sorti au loto.* ➤ **as.** ◆ **n. f.** *La une, la 1* [yn]. ➤ **une.** *L'addition de la 1*, de la table, la chambre numéro 1. — La première chaîne de télévision. *Un film sur la 1.* — LOC. (Pour marquer le premier temps d'un mouvement, d'une sommation). *«Extension latérale des bras : commencez ! Un !»* GUILLOUX. *Une !... Deux !... Ne faire ni une ni deux*. À la une, à la deux, à la trois !* ■ **3** ADVT (dans une énumération) *Un, je n'ai pas le temps ; deux, je n'ai pas envie.* ➤ **premièrement, primo.** *«Qu'est-ce donc, dans ces têtes de jujube, que de mettre en rapport Un ses actes, avec Deux, ses paroles !»* ARAGON.

C. ~ n. m. inv. ■ **1** Sans déterminant *Un et un* [œ̃eœ̃], *deux. Un est un nombre premier. Je pose 9 et je retiens 1. +1* (plus un) ; *–1* (moins un). — *Un pour cent* (ou *1 %*). ■ **2** Avec déterminant Le chiffre, le numéro 1. *Vous avez oublié un 1* [œ̃œ̃]. *Des 1 en chiffres romains.* ◆ Note (II, 6o) correspondant à un point. *Il a eu (un) 1 en anglais.* ■ **3** Dans des expressions Une seule et même chose (ou personne). *Ne faire qu'un avec (qqn, qqch.)* : se confondre avec. *Lui et son frère ne font qu'un.* — *C'est tout un* : c'est la même chose.

D. ~ adj. qualificatif (APRÈS LE NOM OU ATTRIBUT) (milieu XIIe) ■ **1** Qui n'a pas de parties et ne peut être divisé. *«Le Dieu d'Israël, le Dieu un et indivisible»* BOSSUET. ➤ **consubstantiel.** *La République une et indivisible.* ■ **2** (XVIe) Qui, tout en pouvant avoir des parties, forme un tout organique. *«le phare n'est qu'un bloc unique, plus un que son rocher même»* MICHELET. *L'univers, le cosmos est un.* ■ **3** Qui constitue un ensemble uni, harmonieux. *«Tout produit doit être un : on n'a rien fait si on n'a pas mis d'ensemble à ce qu'on a fait»* SENANCOUR. REM. Dans ce sens, *un* a un pluriel : *«Les mondes monstrueux et beaux, uns et divers»* HUGO. ■ **4** SUBST. PHILOS. Principe unique (Dieu, nature...). *L'Un.* ➤ **unique.**

II INDÉFINI A. ~ article (fin Xe) — REM. *Un, une* sont absents dans des loc. figées, des phrases négatives, devant un attribut énonçant une condition sociale, une caractérisation, ou devant une apposition : *elle est médecin ; «La Règle du jeu», film de Jean Renoir.* ■ **1** Désigne un objet, un élément distinct mais indéterminé. *Il y a un homme dehors. Il a reçu une lettre. Ne venez pas un dimanche* (ou *le* dimanche*). ◆ Avec une valeur générale *(tous les)* ou désignant un individu d'une espèce. *Un quadrilatère est une figure à quatre côtés. «Mais ce n'est pas un coupable qu'il nous faut ! C'est le coupable»* AYMÉ. ◆ LOC. *Un jour*, une fois*. Un temps*. Un peu*. Un autre*... Un certain*... Un tel*...* ■ **2** (Avec le pronom *en*) *«Quand on est sans caractère* [et] *dès qu'on en a un»* VOLTAIRE. FAM. ELLIPT *Je vais vous en raconter une bien bonne* (une histoire). *En pousser une* (chanson). *S'en jeter un* (verre). *«J'ai pensé que tu étais descendu un instant dans la grande pièce pour t'"en fumer une," comme tu dis si joliment»* D. ROLIN. — Avec *en*, désignant un homme en général. *En voilà un qui ne manque pas d'air !* ◆ (En phrase exclamative, avec une valeur emphatique ou intensive) *Il fait une chaleur ! Il y a un monde !*, beaucoup de monde. *Le ciel est d'un bleu ! «Swann change, dit ma grand'tante, il est d'un vieux !»* PROUST. *C'est d'un triste !* FAM. *Un, une de ces. J'ai une de ces faims ! J'ai eu une de ces peurs !* ◆ (Devant un n. pr.) *«c'est la traversée d'un Paris de dimanche d'été, à moitié désert»* Z. OLDENBOURG.

— Un certain, un nommé. *« Qu'est-ce que c'est qu'un M. Dalens »* MUSSET. — Une personne comparable à. *« Ô ciel ! serait-il un Danton »* STENDHAL. — Une personne de (telle famille). *C'est une Saint-Simon.*

B. ~ pron. (fin xe) ■ **1 UN, UNE.** *Un des hommes les plus remarquables de son temps. Un de ces jours**. *— Un, une des... qui... ; un, une des... que...* (suivi d'un verbe au plur., accordé avec le compl. de *un*). *« Un des ouvrages qui contribuèrent le plus à former le goût de la nation »* VOLTAIRE. — Suivi d'un verbe au sing. (accordé avec l'indéf.) *Ma pièce « m'apparaît une des meilleures choses que j'aie écrite »* GIDE. ♦ **L'UN, L'UNE...** *« L'un des auteurs les plus célèbres de ce temps »* BALZAC. *L'un d'eux est arrivé. « Si l'un de vous s'amène demain avec sa tignasse, je lui casse les reins ! »* CALAFERTE. — *L'un(e), l'autre ; les uns..., les autres. Ni l'un ni l'autre.* ➤ **autre.** — LOC. FAM. *L'un dans l'autre :* tout bien considéré, en définitive. *« les huit chevaux ne peuvent être vendus moins de trois mille francs chaque, l'un dans l'autre, et encore c'est donné »* E. SUE. ■ **2** (Nominal) Un homme, une femme ; qqn (➤ **quelqu'un**). *« Tous les soirs, il a changé d'hôtel, comme un qui serait poursuivi par les flics »* LE CLÉZIO. *Une qui était contente, c'était la petite. « Une qu'il aimait bien, c'était Arlette »* TH. JONQUET.

■ CONTR. (du I) Multiple ; divers, varié.

UNANIME [ynanim] **adj.** – 1530 ; hapax 980 ◇ latin *unanimus,* de *unus* et *animus* « esprit » ■ **1** AU PLUR. Qui ont tous la même opinion, le même avis. *« Des témoins venaient d'être entendus, ils avaient été unanimes »* HUGO. *Être unanimes à penser, pour penser que...* ■ **2** (1534) Qui exprime un avis commun à plusieurs. ➤ **commun, 1 général.** *Approbation, consentement unanime. Condamnation, réprobation unanime.* ♦ Qui est fait par tous, en même temps. *« un éclat de rire unanime, universel »* STENDHAL. ♦ (1908) *La vie unanime* (Romains), en accord profond avec le sentiment du collectif. ➤ **unanimisme.** ■ CONTR. Contradictoire, partagé.

UNANIMEMENT [ynanimmɑ̃] **adv.** – 1467 ◇ de *unanime* ■ Par tous ; d'un commun accord. *Un texte unanimement accepté* (cf. À l'unanimité). *Attester, décider, déclarer unanimement* (cf. En chœur, faire chorus*).

UNANIMISME [ynanimism] **n. m.** – 1905 ◇ de *unanime* ■ LITTÉR. Doctrine littéraire d'après laquelle le créateur doit exprimer la vie unanime, les états d'âme collectifs. ♦ COUR. Accord complet, consensus*. *Un unanimisme préélectoral.*

UNANIMISTE [ynanimist] **adj.** et **n.** – 1910 ◇ de *unanime* ■ LITTÉR. Partisan de l'unanimisme. *Le groupe unanimiste.*

UNANIMITÉ [ynanimite] **n. f.** – 1361 ◇ latin *unanimitas,* de *unanimus* → unanime ■ **1** Conformité d'opinion ou d'intention entre tous les membres d'un groupe. ➤ **accord, consensus, consentement.** *Il y a unanimité dans cette assemblée pour dire... Cette décision a fait l'unanimité. Faire l'unanimité contre soi.* ♦ Expression de la totalité des opinions dans le même sens. *Décision prise, votée à l'unanimité. Être élu à l'unanimité moins trois voix ; à l'unanimité des présents.* ■ **2** Caractère unanime (d'un sentiment, d'une action). *« j'admirais leur empressement* [des fourmis], *l'unanimité de leurs efforts »* BOSCO. ■ CONTR. Contradiction, discorde ; minorité, partage.

UNAU [yno] **n. m.** – 1614 ◇ mot tupi ■ ZOOL. Mammifère d'Amérique tropicale, variété de paresseux*. *Des unaus.*

UNCI- ■ Élément, du latin *uncus* « crochet ».

UNCIFORME [ɔ̃sifɔʀm] **adj.** – 1808 ◇ de *unci-* et *-forme* ■ DIDACT. (ANAT.) En forme de crochet. *Os unciforme du carpe. Apophyse unciforme.*

UNCINÉ, ÉE [ɔ̃sine] **adj.** – 1808 ◇ du latin *uncus* « crochet » ■ BOT. Qui porte un crochet, se termine en crochet, par des crochets.

UNDÉCI- ■ Élément, du latin *undecim* « onze ».

UNDERGROUND [œndœʀgʀaund ; œ̃dɛʀgʀ(a)und] **adj.** et **n. m.** – 1967 ◇ mot anglais américain « souterrain » ■ ANGLIC. Se dit d'un mouvement artistique d'avant-garde indépendant des circuits traditionnels de diffusion commerciale. *La bande dessinée underground. Des films undergrounds* ou *underground* (inv.). — **n. m.** *L'underground américain. Des undergrounds.*

UNE [yn] **n. f.** – 1890 ◇ fém. de *un* ■ La première page d'un journal. *Cinq colonnes à la une.* LOC. *Être à la une, faire la une des journaux :* être l'évènement dont on parle dans les journaux. ■ HOM. Hune.

UNGUÉAL, ALE, AUX [ɔ̃gɥeal, o] **adj.** – *onguéal* 1812 ◇ du latin *unguis* ■ DIDACT. Relatif à l'ongle. *Phalange unguéale. Sillon unguéal.*

UNGU(I)- ■ Élément, du latin *unguis* « ongle ».

UNGUIFÈRE [ɔ̃gɥifɛʀ] **adj.** – 1842 ◇ de *ungui-* et *-fère* ■ DIDACT. Qui porte un ongle.

UNGUIS [ɔ̃gɥis] **n. m.** – 1721 ◇ mot latin « ongle » ■ ANAT. Mince lamelle osseuse à la partie antérieure de la paroi interne de l'orbite (os lacrymal).

UNI, UNIE [yni] **adj.** – xe ◇ de *unir*

I ■ **1** Qui est avec *(uni à, avec)* ou qui sont ensemble *(unis)* de manière à former un tout ou à être en union, en association. ➤ **confondu.** *L'homme est « une nature intelligente unie à un corps »* BOSSUET. *Cœurs unis* (par le sentiment, l'amour). *Unis par les liens du mariage.* — LOC. *Unis comme les deux doigts de la main.* ♦ SPÉCIALT (groupes, États, sociétés) *Les Provinces-Unies. Les États-Unis (d'Amérique). Les Nations* unies.* ■ **2** Qui est en communication ; joint, réuni. (CONCRET) *« Les talons unis, le corps droit »* MAUPASSANT. *« Les deux aiguilles, unies à minuit »* CHATEAUBRIAND. — (ABSTRAIT) *« En associant ces deux noms si souvent unis »* SAINTE-BEUVE. ■ **3** Qui est formé d'éléments liés ; qui constitue une unité. *Présenter, opposer un front uni. Le Royaume-Uni.* ■ **4** En bonne entente ; qui est dans la concorde. *Couple uni. « Une famille vivant unie de corps et d'esprit est une rare exception »* BALZAC.

II (*oni, onni* xiie) Dont les éléments sont semblables ; qui ne présente pas d'inégalité, de variation apparente. ➤ **cohérent, homogène.** ■ **1** Sans aspérités (surface). ➤ **égal, 1 lisse.** *« Sable uni et fin »* GAUTIER. *Mer unie :* mer d'huile. ♦ (1787) De couleur, d'aspect uniforme. *Couleur unie. « Le bleu uni du ciel inaltérable »* PROUST. — *Étoffe unie, tissu uni,* non ouvré et d'une seule couleur. SUBST. *De l'imprimé et de l'uni.* ♦ SPÉCIALT (1640) Sans ornement (qui romprait l'uniformité d'aspect). *« Un tailleur tout uni, qui la faisait grande, mince »* MARTIN DU GARD. ■ **2** VX ou LITTÉR. Qui s'écoule sans changement notable. ➤ **2 calme, monotone, tranquille, uniforme.** *« un bonheur tout uni nous devient ennuyeux »* MOLIÈRE. *« ma vie est la plus unie du monde, et rien n'en vient couper la monotonie »* GAUTIER.

■ CONTR. Accidenté, inégal, rugueux. Bigarré, orné.

UNI- ■ Élément, du latin *unus* « un ». ➤ **mon(o)-.**

UNIATE [ynjat] **n.** et **adj.** – 1853 ◇ russe *ouniyat,* de *ouniya* « union » ; latin ecclésiastique *unio* ■ RELIG. Se dit de chacune des Églises chrétiennes orientales qui acceptent les dogmes du catholicisme, reconnaissent l'autorité du pape, tout en conservant leur liturgie et leur organisation. *Les patriarcats uniates d'Antioche* (Syrie, Liban).

UNIAXE [yniaks] **adj.** – 1858 ◇ de *uni-* et *axe* ■ SC. Qui n'a qu'un axe. *Cristaux biréfringents uniaxes.*

UNICELLULAIRE [yniselylɛʀ] **adj.** – 1834 ◇ de *uni-* et *cellulaire* ■ **1** BIOL. Formé d'une seule cellule. ➤ **monocellulaire.** *Organismes unicellulaires : plantes* (protophytes, cyanophycées), *bactéries, algues, champignons ou protozoaires.* — SUBST. *Les unicellulaires.* ➤ **procaryote, protiste.** ■ **2** MÉTÉOROL. *Orage unicellulaire.* ➤ **monocellulaire.** ■ CONTR. Multicellulaire, pluricellulaire.

UNICITÉ [ynisite] **n. f.** – 1730 ◇ de *unique* ■ DIDACT. Caractère de ce qui est unique. *L'unicité d'un cas, d'un exemple. L'unicité de l'individu.* ■ CONTR. Multiplicité, pluralité.

UNICODE [ynikɔd] **n. m.** – 1994 comme nom propre ◇ nom d'un consortium américain, mot-valise, de *uni(versal)* « universel », *uni(form)* « uniforme », *uni(que)* « unique » et *code* ■ INFORM. Standard international de codification, qui affecte à chaque caractère un identifiant unique, quels que soient la plateforme, le logiciel ou le système d'écriture. — EN APPOS. *Le standard Unicode. Tableaux Unicode.*

UNICOLORE [ynikɔlɔʀ] **adj.** – 1834 ◇ latin *unicolor* ■ DIDACT. D'une seule couleur. ➤ **uni.** ■ CONTR. Multicolore.

UNICORNE [ynikɔʀn] **n. m.** et **adj.** – 1120 ◇ latin *unicornis* ■ **1** MYTH. Licorne. ♦ VX Narval. ■ **2 adj.** Qui n'a qu'une corne. *« le diable sous la forme d'un monstre borgne et unicorne »* CLAUDEL.

UNIDIRECTIONNEL, ELLE [ynidirɛksjɔnɛl] adj. – 1953 ◊ de *uni-* et *direction* ▪ SC. Qui se propage, qui reçoit ou propage dans une seule direction. *Faisceau, émetteur, récepteur unidirectionnel.* ▪ CONTR. Omnidirectionnel.

UNIDOSE [ynidoz] n. f. – 1974 ◊ de *uni-* et *dose* ▪ Conditionnement contenant la quantité de produit nécessaire à un usage unique. ➤ **minidose.** *Collyre en unidoses.*

UNIÈME [ynjɛm] adj. numér. ord. – 1552 ; *unime* 1240 ◊ de *un* ▪ (Après un numér.) Qui vient en premier, immédiatement après une dizaine (sauf soixante-dix, quatre-vingt-dix), une centaine, un millier. *Vingt, trente... et unième. Cent unième. Le trois cent soixante et unième jour de l'année. La mille et unième nuit.* — adv. **UNIÈMEMENT,** 1718. *Vingt et unièmement.*

UNIFAMILIAL, IALE, IAUX [ynifamiljal, jo] adj. – 1949 ◊ de *uni-* et *familial* ▪ (Belgique, Canada) À l'usage d'une famille. *Maison unifamiliale* ou n. f. *une unifamiliale* : maison individuelle.

UNIFICATEUR, TRICE [ynifikatœr, tris] adj. et n. – 1865 ◊ de *unifier* ▪ Qui unifie, qui contribue à unifier. « *ce mouvement unificateur qui fond dans l'unité organique d'un seul mythe une pluralité de thèmes critiques et constructeurs* » SARTRE.

UNIFICATION [ynifikasjɔ̃] n. f. – 1838 ◊ de *unifier* ▪ Le fait d'unifier (plusieurs éléments ; un ensemble d'éléments), de rendre unique et uniforme ; le fait de s'unifier. ➤ **intégration.** *Unification d'un pays. L'unification de l'Allemagne.* « *Jusqu'à la Révolution française, le processus d'unification linguistique se confond avec le processus de construction de l'État monarchique* » BOURDIEU. ▪ CONTR. Schisme, séparation ; fédéralisme.

UNIFIER [ynifje] v. tr. ‹7› – *unifaiz* p. p. 1380 ; repris XIXe ◊ latin médiéval *unificare* ▪ **1** Faire de (plusieurs éléments) une seule et même chose ; rendre unique, faire l'unité de. ➤ **unir.** *Unifier des régions* (en un seul pays), *des classes sociales.* ➤ **décloisonner, fusionner, mêler ; réunifier.** ▪ **2** Rendre semblables (divers éléments que l'on rassemble). ➤ **homogénéiser, normaliser, uniformiser.** *Unifier des programmes scolaires.* ▪ **3** Rendre homogène, cohérent ; faire l'unité morale de. « *unifier la résistance dans tous les pays d'Europe* » MARTIN DU GARD. *Unifier un parti.* — p. p. adj. *Parti unifié.* SUBST. *Les unifiés* : membres du parti socialiste unifié de 1905. ▪ **4 S'UNIFIER** v. pron. Se fondre en un tout (en parlant de plusieurs éléments). *Les boîtes crèvent ;* « *tout s'agglutine et s'unifie en un conglomérat sans nom* » GIDE. ♦ S'unir étroitement de manière à former un être unique. « *l'Être suprême, et [...] ceux qui s'unifient à lui* » R. ROLLAND. ▪ CONTR. Désunir, séparer ; différencier, diversifier ; contraster, opposer (s').

UNIFILAIRE [ynifilɛr] adj. – 1904 ◊ de *uni-* et *filaire*, de *fil* ▪ TECHN. Qui ne comprend qu'un fil électrique. *Circuit unifilaire.*

UNIFLORE [yniflɔr] adj. – 1778 ◊ de *uni-* et latin *flos, floris* « fleur » ▪ BOT. Qui ne porte qu'une fleur. *Une tige uniflore* (opposé à *multiflore*). ▪ CONTR. Multiflore.

UNIFOLIÉ, IÉE [ynifɔlje] adj. et n. m. – 1834 ◊ de *uni-* et *folié* ▪ **1** BOT. Qui ne porte qu'une feuille. ▪ **2** n. m. (1994) (Canada) *L'unifolié* : le drapeau du Canada.

UNIFORME [ynifɔrm] adj. et n. m. – *mouvement uniforme* 1361 ◊ latin *uniformis*, de *unus* et *forma* → forme

I adj. ▪ **1** Qui présente des éléments tous semblables ; dont toutes les parties sont identiques ou perçues comme telles. *Mouvement uniforme*, d'un corps qui parcourt des espaces égaux dans des temps égaux. ➤ **régulier.** *Accélération uniforme. Une avance régulière et uniforme.* « *nous allons d'un pas égal, par un mouvement uniforme et si doux, si bien le même* » BALZAC. ➤ **égal.** ▪ **2** Qui ne varie pas ou varie peu. *Une* « *vie uniforme, mais pleine* » BALZAC. ♦ Dont les caractères, l'aspect restent les mêmes d'un bout à l'autre. *Un ciel uniforme et gris. — Pays plat et uniforme.* ➤ **monotone** (3°). « *sous l'apparence d'une rumeur uniforme,* [les bruits] *recèlent toutes sortes d'irrégularités* » ROMAINS. ➤ **homogène.** — ABSTRAIT « *La loi est uniforme, les mœurs, les terres, les intelligences ne le sont pas* » BALZAC. ▪ **3** Qui ressemble beaucoup aux autres. ➤ **même, pareil** (I, 1°). *Caractères, choses uniformes.* « *nous avons des manières uniformes de sentir et de voir* » ROUSSEAU. ▪ **4** MATH. Caractère d'une fonction pour laquelle à chaque valeur de *x* correspond une seule valeur de *y*. ♦ Univoque.

II n. m. (1709) ▪ **1** Costume dont la forme, le tissu, la couleur sont définis par un règlement pour toutes les personnes appartenant à une même unité militaire. *Uniforme d'officier, de soldat ; d'aviateur, de marin. En uniforme ou en civil. En grand uniforme* : en uniforme de cérémonie. ♦ *L'uniforme* : la tenue, l'habit militaire (symbole de l'armée). — LOC. *Le prestige de l'uniforme. Endosser l'uniforme* : devenir militaire. *Quitter l'uniforme. Être sous l'uniforme* (cf. Être sous les drapeaux*). « *Ils haïssaient particulièrement l'uniforme qui donne à tous le même aspect et soumet les esprits à l'habit et non à l'homme* » VIGNY. — PAR MÉTON. Personne vêtue d'un uniforme ; catégorie de militaire. « *Après avoir valsé dans les bras de tous les uniformes de l'Empire* » MAUPASSANT. ▪ **2** (1831) Habit, vêtement déterminé, obligatoire pour un groupe (professionnel, etc.). *Uniforme d'huissier, de contractuelle.* « *son caricatural uniforme de clergyman, feutre noir et mou, longue redingote noire* » MIRBEAU. ▪ **3** FIG. Aspect extérieur, vêtement semblable pour tous. « *Sous l'uniforme social du moderne américain* » SIEGFRIED.
▪ CONTR. Changeant, divers, inégal, irrégulier.

UNIFORMÉMENT [ynifɔrmemɑ̃] adv. – 1507 ; *uniforméement* v. 1380 ◊ de *uniforme* ▪ **1** D'une manière uniforme (I, 1°). Par un mouvement régulier. *Avancer uniformément.* ♦ Proportionnellement au temps. *Mouvement uniformément varié.* ▪ **2** De la même façon dans toute sa durée ; sans varier. *Vie, existence qui s'écoule uniformément.* ♦ De la même façon dans toute son étendue. *Ciel uniformément gris.* ▪ **3** Comme tous les autres ; tous de la même façon. « *La mort n'atteint pas uniformément tous les hommes* » PROUST. *Des femmes* « *vêtues de noir uniformément* » VIGNY (cf. Sans distinction).

UNIFORMISATION [ynifɔrmizasjɔ̃] n. f. – 1824 ◊ de *uniformiser* ▪ Le fait de rendre uniforme ; son résultat. *La simplification,* « *l'uniformisation partielle* [des formes] » GIDE.

UNIFORMISER [ynifɔrmize] v. tr. ‹1› – 1725 ◊ de *uniforme* ▪ **1** Rendre uniforme. *Uniformiser la teinte, la couleur d'un mur.* ▪ **2** Rendre semblables ou moins différents. *Uniformiser les programmes, les types de production.* ➤ **standardiser.**
▪ CONTR. Diversifier.

UNIFORMITÉ [ynifɔrmite] n. f. – 1370 ◊ bas latin *uniformitas*, de *uniformis* → uniforme ▪ **1** Caractère de ce qui est uniforme. *Uniformité d'un mouvement, d'une accélération.* ▪ **2** (1719) Absence de changement, de variété. ➤ **égalité, régularité.** *L'uniformité du ciel, du paysage. L'uniformité de la vie quotidienne.* ➤ **monotonie.** *Uniformité des coutumes, des mœurs.* ➤ **ressemblance.** ▪ **3** SPÉCIALT Monotonie de ce qui ne varie pas. *Voir* « *l'uniformité la plus désespérante envahir l'univers sous je ne sais quel prétexte de progrès. Quand tout sera pareil, les voyages deviendront complètement inutiles* » GAUTIER. « *L'ennui naquit un jour de l'uniformité* » LA MOTTE-HOUDAR. ▪ CONTR. Diversité, inégalité, variété ; contraste.

UNIJAMBISTE [ynizɑ̃bist] adj. et n. – 1914 ◊ de *uni-* et *jambe* ▪ Qui a été amputé d'une jambe. — n. *Un, une unijambiste.*

UNILATÉRAL, ALE, AUX [ynilateral, o] adj. – 1778 ◊ de *uni-* et *-latéral* → latéral ▪ **1** Disposé ou situé d'un seul côté ; qui ne se fait que d'un côté. *Appui unilatéral, dans la marche.* — MÉD. Qui ne concerne qu'un seul côté (du corps, d'un organe). *Strabisme unilatéral. Épilepsie unilatérale.* — COUR. *Stationnement unilatéral*, autorisé d'un seul côté de la voie. — (1976) CUIS. *À l'unilatéral* (ou *à l'unilatérale*), dont la cuisson complète est obtenue en faisant griller un seul côté. *Saumon à l'unilatéral.* ▪ **2** (1760) DR. Qui n'engage qu'une seule partie. *Contrat unilatéral. Engagement unilatéral* (opposé à *synallagmatique*). ▪ **3** Qui provient d'un seul, n'intéresse qu'un seul (lorsque deux personnes, deux éléments sont concernés). *Dénonciation unilatérale d'un traité. Décision unilatérale*, prise sans consulter le ou les partenaires. ▪ CONTR. Réciproque.

UNILATÉRALEMENT [ynilateralmɑ̃] adv. – 1778 ◊ de *unilatéral* ▪ D'une manière unilatérale. *S'engager unilatéralement*, sans réciprocité. *Décider qqch. unilatéralement*, sans consulter.

UNILATÉRALISME [ynilateralism] n. m. – 1916 ◊ de *unilatéral* ▪ POL. Attitude qui consiste à agir selon ses propres intérêts nationaux, au sein de la communauté internationale.
▪ CONTR. Multilatéralisme.

UNILINÉAIRE [ynilineɛr] adj. – 1899 ◊ de *uni-* et *linéaire* ▪ DIDACT. Se dit d'un mode de filiation ne reconnaissant qu'une seule ligne, patrilinéaire ou matrilinéaire.

UNILINGUE [ynilɛ̃g] **adj.** – 1872 ◊ de *uni-* et latin *lingua* «langue» ■ DIDACT. Qui est en une seule langue. ➤ **monolingue.** *Dictionnaire unilingue.* — Qui parle, écrit une seule langue (opposé à *bilingue, multilingue*).

UNILOBÉ, ÉE [ynilɔbe] **adj.** – 1829 ◊ de *uni-* et *lobé* ■ SC. Qui n'a qu'un seul lobe. ◆ BOT. *Une feuille unilobée.*

UNILOCULAIRE [ynilɔkylɛʀ] **adj.** – 1771 ◊ de *uni-* et *loculaire* ■ BOT. Qui ne comprend qu'une seule loge ; qui n'est pas divisé en compartiments. *Ovaire uniloculaire de la violette.* ■ CONTR. Multiloculaire.

UNIMENT [ynimɑ̃] **adv.** – *uniement* 1120 ◊ de *uni* ■ D'une manière unie. ■ **1** De façon uniforme. «*les paysages uniment blancs*» V. DESPENTES. ➤ **uniformément.** ■ **2** LITTÉR. Semblablement ; avec régularité. ➤ **également, régulièrement.** «*L'auto roule uniment*» BEAUVOIR. ■ **3** (XVIIe) COUR. **TOUT UNIMENT :** avec simplicité. ➤ **franchement, simplement** (cf. Sans ambages, sans détour). «*un simple voleur, de ceux qui prennent tout uniment l'argent dans la poche du voisin*» CAILLOIS.

UNINOMINAL, ALE, AUX [yninɔminal, o] **adj.** – 1874 ◊ de *uni-* et *nominal* ■ Qui porte sur un seul nom. *Scrutin, vote uninominal* (opposé à *de liste*).

1 **UNION** [ynjɔ̃] **n. f.** – fin XIVe ◊ du latin tardif *unio* «union», qui en latin classique avait le sens de «unité», «as (aux dés)», mais aussi de «grosse perle» (→ 2 union) et de «sorte d'oignon» (→ oignon), de *unus* → un

I RELATION ENTRE DES PERSONNES OU DES CHOSES UNIES ■ **1** Relation qui existe entre deux ou plusieurs personnes ou choses considérées comme formant un ensemble organique (➤ **assemblage, association, réunion ; fusion, unité**). REM. Alors que *unité* est statique et désigne un caractère (cf. Unité, I), *union* est plutôt dynamique et désigne les relations résultant d'un processus. «*La société est l'union des hommes, et non pas les hommes*» MONTESQUIEU. *Union étroite, solide. Union plus ou moins étroite, intime, entre les éléments d'un tout composé* (de la simple jonction à la fusion). ➤ **alliance, cohérence, cohésion,** 2 **ensemble, liaison, symbiose.** *L'union des couleurs, des sons musicaux.* «*La sépulture avait établi l'union indissoluble de la famille avec la terre*» FUSTEL DE COULANGES. ◆ PHILOS., RELIG. *Union hypostatique. Union mystique,* de l'âme à Dieu. *Se sentir en union intime avec les choses.* ➤ **communion.** ■ **2** (XVIIe) Relation réciproque (qui existe entre deux ou plusieurs personnes) ; sentiments réciproques et relations suivies (vie en commun, liens de parenté*). ➤ **accord** (I), **amitié, attachement, fraternité.** *L'union des cœurs, des âmes.* SPÉCIALT *L'union de l'homme et de la femme dans le couple. Union conjugale.* ➤ **mariage.** *Union libre.* ➤ **concubinage.** ◆ SPÉCIALT Relations sexuelles entre deux personnes. *Un enfant est né de cette union. Union charnelle* dans le mariage* (➤ **consommation**). *Union sexuelle.* ➤ **coït.** — *Union sexuelle du mâle et de la femelle d'espèces animales.* ➤ **accouplement, copulation.**

II ENTENTE ENTRE DES PERSONNES LIÉES PAR DES INTÉRÊTS COMMUNS ■ **1** (1636) DR. Régime contractuel ou état dans lequel se trouvent des personnes (physiques ou morales) liées par un accord ou par des intérêts communs. *Union des créanciers,* leur état à l'égard d'un failli, lorsqu'il n'y a pas de concordat. — *Union douanière. Union tarifaire*. Union monétaire. Union économique et monétaire* (entre pays de l'Union européenne). ➤ **système** (monétaire européen), **UEM.** ■ **2** (XVe) Entente entre plusieurs personnes, plusieurs groupes. ➤ **concorde, entente, harmonie.** *Resserrer l'union entre deux personnes. L'union qui doit régner entre les hommes.* ➤ **fraternité, solidarité.** «*cette chose triste, étrange à dire, et pourtant vraie, que l'union trop souvent diminue dans l'unité*» MICHELET. *Union entre partis politiques pour un but commun.* ➤ **accord.** *Rechercher l'union.* — PROV. *L'union fait la force :* l'entente, la communauté de vues et d'action engendrent la force. — *Politique, gouvernement d'union nationale.* Au Québec, ANCIENNT *Parti de l'Union nationale*.* ➤ **unioniste.** HIST. *L'Union sacrée* (termes employés par R. Poincaré en 1914 en parlant de l'union de tous les Français contre l'ennemi).

III GROUPE D'INDIVIDUS ASSOCIÉS ■ **1** (XIVe) Ensemble de ceux qui sont unis. ➤ **association, groupement, entente, ligue.** *Former une union. Union de producteurs, de consommateurs. Union de partis.* ➤ **bloc, rassemblement.** ■ **2** (1870 ◊ calque de l'anglais *trade union*) *Union ouvrière :* syndicat. *Union de syndicats :* groupement de plusieurs syndicats similaires ou connexes. «*Les "unions," syndicats, ligues d'écrivains ne tiennent qu'en étant politiques, autrement dit en se mettant en dehors de la littérature*» H. THOMAS. ■ **3** *Union d'États :* association, confédération, fédération. *L'Union des républiques socialistes soviétiques (U. R. S. S.) a été dissoute en 1991. Union européenne (UE) :* association de 15 pays instituée par le traité de Maastricht (1992) révisé par le traité d'Amsterdam (1998), comprenant 28 pays depuis 2013 et menant des politiques communes dans différents domaines (marché unique, emploi, agriculture, santé, sécurité...). *Conseil* de l'Union européenne.* — SPÉCIALT, DR. Union d'États qui conservent leur autonomie complète mais obéissent à un même souverain *(union personnelle),* ou qui s'associent sous une même autorité en perdant leur capacité et leur personnalité internationales *(union réelle).* «*L'Union américaine n'a point d'ennemis à combattre. Elle est seule au milieu des déserts comme une île au sein de l'Océan*» TOCQUEVILLE. *Le discours annuel du Président devant les États de l'Union* (des États-Unis d'Amérique). — HIST. *L'Union française,* groupant, sous la IVe République, la France métropolitaine, les départements et territoires d'outre-mer ainsi que les départements et territoires associés. — *Unions internationales (union postale, union des transports routiers).*

IV ACTION D'UNIR ■ **1** (1636) Le fait d'unir, de combiner (des éléments concrets ou abstraits). ➤ **réunion.** *Union de deux domaines, de deux terres.* ■ **2** LOC. *Trait d'union* (voir ce mot).

■ CONTR. Désunion ; division, séparation ; discorde, dissension, divorce, opposition, rupture.

2 **UNION** [ynjɔ̃] **n. f.** – 1532 ◊ latin classique *unio, onis* «plante à bulbe unique» (→ oignon) et «perle unique, très grosse» ■ TECHN. Grosse perle.

UNIONISME [ynjɔnism] **n. m.** – 1836 ◊ de 1 *union* ■ **1** VX Doctrine politique des unionistes. ■ **2** Doctrine des partisans d'une union (internationale, économique) ; type d'intégration économique.

UNIONISTE [ynjɔnist] **n. et adj.** – 1836 ◊ de 1 *union* ■ **1** HIST. Partisan de l'union politique, de l'unité (à propos de l'Amérique du Nord ; du groupe politique anglais qui s'allia aux conservateurs pour refuser le Home Rule à l'Irlande, etc.). «*Les protestants, les unionistes, ces descendants de colons*» CHALANDON. ◆ Au Québec, Membre de l'ancien parti de l'Union nationale*. ◆ PAR EXT. Partisan du maintien de l'union dans un État fédéral. ■ **2 adj.** (1930) *Éclaireurs unionistes :* scouts protestants français.

UNIOVULÉ, ÉE [yniɔvyle] **adj.** – 1834 ◊ de *uni-* et *ovule* ■ DIDACT. Qui ne possède qu'un ovule. *Loge uniovulée.*

UNIPARE [ynipaʀ] **adj.** – 1836 ◊ de *uni-* et *-pare* ■ BIOL. Se dit des femelles des mammifères lorsqu'elles ne donnent généralement naissance qu'à un seul petit à chaque parturition. ◆ Se dit d'une femme qui n'a eu qu'un seul enfant (opposé à *multipare*). ➤ aussi **primipare.**

UNIPERSONNEL, ELLE [ynipɛʀsɔnɛl] **adj. et n. m.** – 1818 ◊ de *uni-* et *personne* ■ **1** LING. Se dit des verbes qui ne peuvent être employés qu'à la 3e pers. du sing. (du point de vue conceptuel, ce sont des verbes impersonnels). ■ **2** DR. *Entreprise unipersonnelle à responsabilité limitée,* ne comportant qu'un associé. ➤ **autoentreprise, microentreprise.**

UNIPOLAIRE [ynipɔlɛʀ] **adj.** – 1834 ◊ de *uni-* et *polaire* ■ Qui ne concerne qu'un des deux pôles. *Câble unipolaire. Neurone unipolaire.*

UNIQUE [ynik] **adj.** – 1480 ◊ latin *unicus,* de *unus* «un»

I SENS QUANTITATIF ■ **1** (Avant ou après le nom) Qui est un seul, n'est pas accompagné d'autres du même genre. REM. *Unique* a plus de force placé après le nom ; il ne peut alors être remplacé par *seul. Enfant unique ; fils, fille unique,* qui n'a ni frère ni sœur. *Son unique fils. Élément unique dans un ensemble* (➤ **singleton**). *La musique,* «*l'exemple unique de ce qu'aurait pu être* [...] *la communication des âmes*» PROUST. «*l'unique chaise qui meublait sa cellule*» MAC ORLAN. *Des rues à sens* unique* (opposé à *double*). *Voie*, rail unique. Régime du parti unique. Candidat unique d'un parti. Un cas unique.* ➤ **isolé.** *Allocation de salaire* unique.* — Antéposé *L'unique but de sa vie.* «*Rome, l'unique objet de mon ressentiment*» CORNEILLE. *C'est notre unique espoir. C'est son unique souci.* ➤ **exclusif.**

— (Renforçant *seul*) *La seule et unique solution.* «*Il deviendrait seul et unique propriétaire de l'imprimerie*» BALZAC. ▪ **2** (Généralt apr. le nom) Qui est un seul, qui répond seul à sa désignation et forme une unité. *La Trinité des catholiques, Dieu unique en trois personnes.* «*Deux aspects d'un même et unique univers*» GIDE. ◆ Qui est le même* pour plusieurs choses, plusieurs cas. «*Y a-t-il un principe unique des choses ? Y en a-t-il deux ou plusieurs ?*» ROUSSEAU. *Prix unique.* PÉJ. *Pensée unique*, consensuelle, conformiste. — ÉCON. *Marché unique*, sans frontières intérieures. *Monnaie unique.*

II SENS QUALITATIF REM. Dans ce sens, le compar. et le superl. sont possibles : «*Je verrai mon amant, mon plus unique bien*» CORNEILLE. ▪ **1** (1640) (Généralt apr. le nom) Qui est le seul de son espèce ou qui dans son espèce présente des caractères qu'aucun autre ne possède ; qui n'a pas son semblable. ➤ **singulier.** «*L'individu est un exemplaire unique* [...] *de l'espèce*» J. ROSTAND. *Le mot juste, le mot unique.* «*une de ces situations uniques, auxquelles on n'a rien éprouvé qui soit semblable*» ABBÉ PRÉVOST. ▪ **2** Au sens fort (apr. le nom) Qui est ou qui paraît foncièrement différent des autres. ➤ **irremplaçable ; exceptionnel.** *Le Talmud,* «*ce livre unique*» RENAN. «*Edgar Poe est unique dans son genre*» BAUDELAIRE. «*Ce n'était qu'un renard semblable à cent mille autres. Mais j'en ai fait mon ami, et il est maintenant unique au monde*» SAINT-EXUPÉRY. ◆ COUR. Supérieur, remarquable. ➤ **incomparable, inégalable, transcendant.** «*Il n'y a point d'homme comme vous ; vous êtes unique ; vous valez cent fois mieux que moi*» DIDEROT. *Une pièce unique, un talent unique,* d'exception. «*Ce siècle unique* [le XVIIIe s.]» MICHELET. *Des conditions, des occasions uniques.* ➤ **exceptionnel.** *Un spectacle unique au monde.* ◆ FAM. Qui étonne beaucoup (en bien ou en mal). ➤ **curieux, extravagant, impayable, inouï, singulier.** *Ce type est vraiment unique !* (cf. Il n'a pas son pareil).

▪ **CONTR.** Multiple, plusieurs ; différent, divers. — Commun, fréquent, habituel.

UNIQUEMENT [ynikmɑ̃] adv. – XVe ◇ de *unique* ▪ **1** À l'exclusion des autres. ➤ **exclusivement, seul.** «*le but, le succès nécessaire comptait uniquement à ses yeux*» CHARDONNE. ▪ **2** (Restreignant l'objet, un compl. ind., un attribut) «*Il se proposera uniquement de la rendre heureuse*» CHARDONNE. ➤ **seulement.** «*Je les considérerai uniquement, MM. Villemain et Cousin, comme critiques littéraires*» SAINTE-BEUVE. ➤ **strictement.** *Uniquement pour les faire enrager.* ➤ **rien** (que), **simplement** (cf. À seule fin de). — *Pas uniquement :* pas seulement.

UNIR [yniʀ] v. tr. ‹2› – fin XIIe ◇ du latin *unire,* de *unus* → un

I ~ v. tr. A. METTRE (rare en emploi concret) **ENSEMBLE DE MANIÈRE À FORMER UN TOUT** ▪ **1** Mettre ensemble (les éléments d'un tout). ➤ **agréger, assembler, confondre, fondre, fusionner, mêler, réunir, souder.** *Unir une province à un pays.* ➤ **annexer.** «*La conquête peut attacher ensemble, enchaîner des parties hostiles, mais jamais les unir*» MICHELET. ▪ **2** Faire exister, faire vivre ensemble (des personnes). «*La destinée unit brusquement* [...] *ces deux existences déracinées*» HUGO. — SPÉCIALT (1644) *Unir deux jeunes gens. Le prêtre qui les a unis.* ➤ **marier.** «*Lorsque le maire, puis le prêtre prononcèrent les paroles qui unissent les époux*» CLANCIER. ◆ (1538) Constituer l'élément commun, la cause de l'union entre (des personnes). ➤ **assortir, joindre, lier, rapprocher, rassembler, réunir.** *Ce qui unit :* affinité, lien, rapport. *Sentiment qui unit deux êtres, un être à un autre, et un autre. L'affection, l'amour, l'intérêt qui les unit.* — «*Les choses qui unissent les citoyens, et entre eux et avec leur patrie*» BOSSUET. «*Retenons ce qui nous unit ; oublions ce qui nous divise*» ALAIN. ▪ **3** (fin XIVe) Associer par un lien politique, économique ; faire l'union de. *Unir deux États, deux pays, deux provinces...* ➤ **allier, fédérer, réunir.** ◆ Constituer un principe d'union pour. «*Le lien fédéral qui unit les parties d'un vaste empire*» BRISSOT. ▪ **4** Mettre en communication ; faire se toucher. ➤ **joindre, rapprocher, réunir.** «*le lichen tenace qui s'identifie avec le rocher unit le minéral à la plante*» NODIER. «*chaque fois qu'un homme et une femme unissent leurs lèvres sans unir les cœurs et leurs intelligences*» SAND. *Unir des mots pour former des phrases.* ➤ **agencer, associer.** ◆ Constituer un élément de liaison avec. *Articulation qui unit deux os.* ➤ **relier.** ▪ **5** SPÉCIALT Relier par un moyen de communication. ➤ 1 **desservir.** *Ligne aérienne qui unit deux continents.*

B. POSSÉDER À LA FOIS (DEUX OU PLUSIEURS CARACTÈRES NETTEMENT DIFFÉRENTS ET SOUVENT EN OPPOSITION) *Il unit la force à la douceur.* ➤ **ajouter, allier, associer, joindre.** «*Le drame, unissant les qualités les plus opposées*» HUGO.

C. RENDRE UNI (1539 ◇ de *uni*) RARE *Unir une surface* (➤ **aplanir, polir**), *une teinte* (➤ **égaliser**).

II ~ v. pron. S'UNIR A. RÉCIPR. ▪ **1** Ne plus former qu'un tout. ➤ se **fondre, fusionner,** se **joindre,** se **mêler.** «*Une foule d'organismes élémentaires distincts, qui s'unissent, se soudent et se groupent*» C. BERNARD. *Rivières qui s'unissent en mêlant leurs eaux* (➤ **confluer**). ▪ **2** (PERSONNES) VX Former une union. *S'unir par le mariage.* SPÉCIALT (par l'union sexuelle) *Les oiseaux s'unissent au printemps.* ➤ **s'accoupler.** «*les mâles et les femelles s'unissaient fortuitement, selon la rencontre*» ROUSSEAU. ◆ (1616) MOD. Faire cause commune. ➤ **s'associer,** se **coaliser,** se **solidariser ;** se **liguer.** «*Prolétaires de tous les pays, unissez-vous*» (Manifeste communiste). — *S'unir contre l'envahisseur, contre l'ennemi ; pour une cause* (cf. Faire bloc*). ▪ **3** S'associer politiquement, économiquement. *États, nations qui s'unissent politiquement. Les deux centrales syndicales se sont unies.* ➤ **fusionner.**

B. PASS. ▪ **1** Se trouver ensemble, de manière à former un tout. ➤ **se joindre ; adhérer.** «*Les cellules fixes, qui s'unissent pour former les organes*» CARREL. *Couleurs qui s'unissent harmonieusement.* ➤ **s'associer.** ▪ **2** (ABSTRAIT) *Sujets, idées qui s'unissent sans peine.* ➤ **s'enchaîner, se marier.**

C. RÉFL. S'UNIR À..., AVEC... ▪ **1** *S'unir à, avec qqn. S'unir avec des amis pour former une association.* — S'attacher par des liens affectifs, par le mariage. *Homme qui s'unit à une femme par le mariage.* — *S'unir d'intention à la célébration d'une messe de mariage,* s'y associer par la pensée. ▪ **2** Se trouver avec, en même temps que. *Les acteurs,* «*dont l'art difficile s'unit à celui du poète dramatique*» VIGNY. «*cette vivacité de geste et de parole qui s'unit* [...] *à une nonchalance pleine de grâce*» HUGO.

▪ **CONTR.** Désunir ; disjoindre, diviser, isoler, opposer, séparer.

UNIRAMÉ, ÉE [yniʀame] adj. – 1834 ◇ de *uni-* et latin *ramus* «rameau» ▪ ZOOL. Qui n'a qu'une seule branche, n'est pas bifurqué. *Patte uniramée.*

UNISEXE [ynisɛks] adj. – 1970 ◇ de *uni-* et *sexe* ▪ Destiné indifféremment aux hommes et aux femmes (en parlant d'habillement, de coiffure). *Mode unisexe.*

UNISEXUALITÉ [ynisɛksɥalite] n. f. – 1894 ◇ de *unisexuel* (→ unisexué), d'après *sexualité* ▪ BIOL. Caractère d'un organe, d'un être unisexué.

UNISEXUÉ, ÉE [ynisɛksɥe] adj. – 1834 ; *unisexuel* 1794 ◇ de *uni-* et *sexué* ▪ BOT. Se dit d'une fleur qui n'a qu'un seul sexe, mâle ou femelle. *Fleurs unisexuées des plantes dioïques* (fleurs mâles ou fleurs femelles), *des plantes monoïques* (fleurs mâles et fleurs femelles). — (1890) BIOL. Qui n'a qu'un seul sexe. *Les animaux supérieurs sont unisexués.* ▪ **CONTR.** Bisexué, hermaphrodite.

UNISSON [ynisɔ̃] n. m. – 1372 ◇ latin médiéval *unisonus* «d'un seul son» ▪ **1** MUS. Son unique produit par plusieurs voix ou instruments. ➤ **consonance.** «*Les voix mâles* [masculines] *et féminines entonnent naturellement l'octave, croyant entonner l'unisson*» RAMEAU. — loc. adv. *À l'unisson. Chanter, jouer à l'unisson.* «*la note à l'unisson des norias qui montent l'eau dans les champs*» CLAUDEL. ▪ **2** FIG. Accord de pensées, de sentiments entre personnes. ➤ **accord, harmonie.** *L'unisson de leurs pensées.* — (1829) Plus cour. *À l'unisson. Nos cœurs battent à l'unisson.* ▪ **CONTR.** Polyphonie. Désaccord.

UNITAIRE [ynitɛʀ] n. et adj. – 1665 ◇ de *unité*

I n. RELIG. CHRÉT. Protestant, protestante qui nie la Trinité. ➤ **unitarien ; socinianisme.** ◆ adj. (1845) *Églises protestantes unitaires d'Angleterre.*

II adj. ▪ **1** SC. (1803) Qui forme une unité. ➤ **simple.** — *Vecteur unitaire,* de norme 1 (➤ **unité,** II, B, 1°). — PATHOL. *Créature unitaire,* constituée d'éléments d'un seul individu (anormalement développés ou réunis). ▪ **2** (1830) POLIT. Qui forme une unité (II, 6°) politique ; qui concerne cette unité. «*les innombrables débris d'une grande organisation sociale unitaire*» BALZAC. *Stratégie unitaire. Journée, manifestation unitaire.* ▪ **3** Relatif à l'unité (II, 1°), à un seul objet d'un ensemble. *Coût unitaire de production. Prix unitaire. Marge, profit unitaire.*

▪ **CONTR.** Double, multiple. Global, total.

UNITARIEN, IENNE [ynitaʀjɛ̃, jɛn] **n.** – 1830 ♦ anglais *unitarian*, du latin *unitas* ; de *unitaire* ■ RELIG. CHRÉT. ➤ **unitaire** (I). — **adj.** *Doctrine unitarienne.*

UNITARISME [ynitaʀism] **n. m.** – 1872 ; *unitarianisme* 1838 ♦ de *unitaire*, ou anglais *unitarism* ■ **1** RELIG. Doctrine des unitaires (I). ■ **2** POLIT. Théorie unitaire (II, 2°).

UNITÉ [ynite] **n. f.** – début XIIe ♦ du latin *unitas*, de *unus* → un

I CARACTÈRE DE CE QUI EST UN ■ **1** Caractère de ce qui est unique (I, 1°), un seul (identité numérique). *Unité et pluralité. L'unité divine dans le monothéisme.* « *L'unité et la multiplicité* [d'un] *symbole* » BACHELARD. ➤ **unicité.** — HIST. LITTÉR. *Unité d'action, unité de lieu, unité de temps d'une pièce* (de théâtre), montrant une seule action se déroulant dans un seul lieu, et en moins de vingt-quatre heures. *La règle des trois unités, tirée d'Aristote* (où elle ne figure pas) *par Scaliger (XVIe), fut suivie par les auteurs du XVIIe siècle.* « *Le romantisme ou la déroute des trois unités* » STENDHAL. ♦ **UNITÉ DE... :** caractère unique. ➤ **identité, uniformité.** *La latinité possède* « *une incontestable unité de culture* » SIEGFRIED. *Unité de vues dans le gouvernement.* ➤ **communauté, conformité.** *L'unité de style dans une œuvre.* « *établir en France l'unité des mesures et des poids, comme il* [Louis XI] *y avait établi déjà l'unité du pouvoir* » BALZAC. — *Unité d'action :* principes d'action commune entre des groupes politiques distincts. *Unité dans, pour, en ce qui concerne qqch.* « *unité dans l'aspect et variété infinie dans le détail* » GAUTIER. ■ **2** (milieu XIIIe) DIDACT. Caractère de ce qui n'a pas de parties, ne peut être divisé. *L'unité d'une classe d'êtres, d'une espèce.* « *L'idée de l'unité du genre humain les ramène sans cesse à l'idée de l'unité du créateur* » TOCQUEVILLE. *Le sujet* « *est un être considéré dans son unité intégrale et permanente* » E. BOIRAC. *L'unité du moi.* « *Celui qui trouve son unité est bien près d'atteindre à l'unité du monde* » MITTERRAND. DR. *L'unité indivisible de la France.* ♦ COUR. État de ce qui forme un tout organique, dont les parties sont unies par des caractères communs, par leur concours au fonctionnement de l'ensemble. *Faire, maintenir ; briser, rompre l'unité.* « *l'unité ne peut se faire que contre quelque chose ou quelqu'un* » H. LABORIT. *Unité nationale, politique. Formation de l'unité italienne, allemande. Organisation de l'unité africaine* (O. U. A. ; 1963-2001). *L'unité européenne.* ➤ 1 **union.** ■ **3** Cohérence interne. ➤ **cohésion, homogénéité.** *Mouvement d'ensemble exécuté avec, sans unité.* ➤ 2 **ensemble.** *Unité d'inspiration. L'unité d'une œuvre.* ➤ **harmonie, régularité.**

II CHOSE QUI EST UNE (1370) **A. ÉLÉMENT (D'UN TOUT)** ■ **1** Élément simple d'un ensemble homogène. *Le département, unité administrative. La phrase, unité syntactique.* ♦ Objet fabriqué (en série). ➤ **pièce.** *Une commande de tant d'unités. Lot de X unités. Prix d'un produit à l'unité.* ➤ **unitaire.** *C'est tant l'unité.* ➤ **pièce.** ♦ *Carte téléphonique de 50 unités.* « *Je l'appelais d'une cabine* [...] *Je voyais les unités défiler* » IZZO. ♦ (1929 argot) FAM. VIEILLI Million d'anciens francs. *Un appartement de soixante unités.* ➤ ARG. **brique.** ■ **2** (1904) Formation militaire ayant une composition, un armement, des fonctions déterminées et spécifiques. *Petites unités* (bataillon, compagnie, groupe, régiment, section), *grandes unités* (armée, corps, division). *Rejoindre son unité.* — « *Toutes les unités de circulation de la police urbaine furent mises en état d'alerte* » D. DECOIN. ♦ Bâtiment de guerre (d'une flotte). ■ **3** Élément arithmétique qui forme les nombres. *Collection d'unités.* ➤ **nombre.** *Mesure des unités.* ➤ **quantité.** — *Le chiffre des unités :* chiffre placé à droite de celui des dizaines, des centaines dans les nombres de deux chiffres et plus. *Dans 325, le chiffre 5 est celui des unités. Parties aliquotes* de l'unité.* ♦ Le nombre un. *L'unité opposée à l'infini.*

B. GRANDEUR, QUANTITÉ ■ **1** « Grandeur finie servant de base à la mesure des autres grandeurs de même espèce » (Lalande). ➤ 2 **étalon.** *Unités de mesure*. Objets mesurés avec la même unité. Unités C. G. S.** « *Ces trois unités* [les unités C.G.S.] *ont l'avantage d'être pour nous relativement petites tout en étant directement perceptibles* » BROGLIE. *Les sept unités de base du système international* (seconde, mètre, kilogramme, ampère, kelvin, mole, candela). *Le mètre, unité de longueur. Unité de volume, de masse, de temps. Unités photométriques, radiométriques.* — *Unité de mesure des arcs, des angles.* — *Unité monétaire.* ➤ **monnaie ;** 2 **étalon.** *Unité de compte.* ■ **2** Quantité donnée et fixe (d'éléments nombreux). PHARM. *Unités physiologiques* ou *biologiques* (d'insuline, de pénicilline, etc.), définies d'une manière arbitraire, notamment d'après la quantité de la substance considérée qui arrête la croissance ou le développement d'un microorganisme. *Antibiotique à 500 000 unités.*

C. STRUCTURE ■ **1** DIDACT. Chose qui a de l'unité (I), dont les éléments sont liés, unis, cohérents. « *L'organisme forme par lui-même une unité harmonique, un petit monde* » C. BERNARD. *Un public,* « *une unité organique de lecteurs* » SARTRE. *Les grandes unités politiques.* ■ **2** Structure organisée au sein d'un ensemble plus vaste (ensemble d'installations pour la réalisation d'un type d'opérations). *Unité de production.* ➤ **établissement, usine.** *Les unités de raffinage d'une raffinerie. Unité pilote. Unité de recherche.* ♦ (1968) **UNITÉ D'ENSEIGNEMENT (UE),** *unité de valeur (U. V.* [yve]) *:* module de formation qui constitue l'unité de base de l'enseignement universitaire. *Chaque unité d'enseignement est affectée d'un coefficient d'une valeur en crédits européens.* — *Unité de formation et de recherche (U. F. R.).* ■ **3** (1975) INFORM. *Unité centrale :* partie de l'ordinateur groupant les organes de calcul et la mémoire centrale, à l'exclusion des sous-ensembles périphériques* (organes d'entrée et de sortie).

■ CONTR. Dualité, pluralité ; diversité. Discordance, incohérence.

UNITIF, IVE [ynitif, iv] **adj.** – 1429 fém. ♦ latin scolastique *unitivus* ■ **1** RELIG. Qui unit (union* mystique). *Amour unitif, vie unitive.* ■ **2** (1872) ANAT. Qui unit des parties. *Fibres unitives du cœur.*

UNIVALENT, ENTE [ynivalɑ̃, ɑ̃t] **adj.** – 1866 ♦ de *uni-* et *-valent* ■ CHIM. ➤ **monovalent** (1°).

UNIVALVE [ynivalv] **adj.** – 1742 ♦ de *uni-* et *valve* ■ ZOOL. Dont la coquille n'est formée que d'une pièce. *Mollusque univalve.*

UNIVERS [yniveʀ] **n. m.** – v. 1530 ; adj. XIIIe, l'« *empire univers* » (Rabelais), *le monde univers* ♦ latin *universum*, de l'adj. *universus* « intégral » ■ **1** VX La surface du globe terrestre, conçue comme le tout de l'expérience humaine. ➤ **monde** (I), **terre** (II). « *Je vais errer dans l'univers sans trouver un lieu pour y poser mon cœur* » ROUSSEAU. « *Une ample comédie à cent actes divers, Et dont la scène est l'univers* » LA FONTAINE. ♦ MOD. Ensemble des sociétés de la terre. *Un citoyen de l'univers.* ➤ **monde.** « *Voir le monde tel qu'il est. L'univers : un ensemble de forces aveugles, qui s'équilibrent par la destruction des moins résistants* » MARTIN DU GARD. ■ **2** (1553, répandu XVIIe) VX Les humains, habitants du globe terrestre. « *Craint de tout l'univers, il vous faudra tout craindre* » RACINE. ■ **3** (XVIIe) MOD. L'ensemble de tout ce qui existe, considéré selon les philosophies comme la totalité des choses créées, la totalité des êtres, l'ensemble des choses perçues, comprenant ou non la conscience humaine. ➤ **monde ; nature, tout ; macrocosme.** « *Tous les êtres que nos sens peuvent apercevoir, conjointement avec ceux que leur ténuité ou leur éloignement nous rendent imperceptibles, forment dans leur ensemble, ce qu'on exprime par le mot univers* » LAMARCK. « *Quand l'univers l'écraserait, l'homme serait encore plus noble que ce qui le tue, parce qu'il sait qu'il meurt, et l'avantage que l'univers a sur lui, l'univers n'en sait rien* » PASCAL. *Les lois de l'univers. L'architecte* de l'univers :* le démiurge, Dieu. « *L'univers n'existe que sur le papier* » VALÉRY. ♦ SC. Ensemble de la matière distribuée dans l'espace et dans le temps. *Structure de l'univers étudiée par l'astronomie. Le modèle de l'univers courbe, décrit dans l'espace-temps par la théorie de la relativité. Théories de l'Univers en expansion, induites de la fuite des galaxies* (et à la base de celle du big bang). ■ **4** Système planétaire ou galactique. ➤ **monde.** — VX Planète, astre. ■ **5** (XVIIIe) FIG. Milieu réel, matériel ou moral. *Univers mental. L'amour* « *se fait un autre univers* » ROUSSEAU. *L'univers poétique et l'univers du rêve. L'univers de l'enfance.* « *Le sommeil possède son univers, ses géographies, ses géométries, ses calendriers* » COCTEAU. « *Tout homme est un univers qui vaut d'être révélé* » F. JOURDAIN. — *L'univers d'un robot,* la portion d'espace dans laquelle il évolue. ♦ Système, tout organisé. ➤ 2 **ensemble.** *L'univers mathématique.* LOG. *L'univers du discours :* ensemble des objets, des éléments logiques impliqués dans un jugement ou un raisonnement donnés. ■ **6** (1907) TECHN. *Grand univers :* format de papier pour impressions lithographiques (1 m sur 1,30 m).

UNIVERSALISATION [yniveʀsalizasjɔ̃] **n. f.** – 1795 ♦ de *universaliser* ■ **1** Le fait de répandre largement, d'étendre à tous les individus, à toute la terre. ➤ **mondialisation.** « *L'universali-*

sation d'une culture humaine» PÉGUY. ▪ **2** (1876) Passage du particulier ou de l'individuel à l'universel (1°). *«L'universalisation des principes de morale»* LÉVY-BRUHL.

UNIVERSALISER [ynivɛʀsalize] **v. tr.** ‹1› – 1770 ◇ du latin *universalis* ▪ Rendre universel. ▪ **1** Rendre commun à tous les individus ; répandre largement. ➤ **diffuser, généraliser.** PRONOM. *Cette pratique s'universalise.* ▪ **2** (1846) LOG. Rendre universel, considérer sous son aspect universel (1°).

UNIVERSALISME [ynivɛʀsalism] **n. m.** – 1872 ◇ de *universaliste* ▪ **1** RELIG. Doctrine religieuse selon laquelle l'humanité sera sauvée. ▪ **2** Caractère d'une doctrine, d'une religion universaliste. ➤ **mondialisme.** ▪ **3** PHILOS. Doctrine qui considère la réalité comme un tout unique, dont dépendent les individus (opposé à *individualisme, atomisme*).

UNIVERSALISTE [ynivɛʀsalist] **adj.** et **n.** – 1704 ◇ de *universel* ▪ DIDACT. ▪ **1** RELIG. Partisan de l'universalisme religieux. ▪ **2** Qui s'adresse à tous les êtres humains sans distinction. ➤ **universel** (5°). *La religion est universaliste.* ▪ **3** PHILOS. *Doctrine universaliste.* ➤ **universalisme** (3°).

UNIVERSALITÉ [ynivɛʀsalite] **n. f.** – 1375 ◇ latin des philosophes *universalitas*, de *universalis*

I ▪ **1** LOG., PHILOS. Caractère de ce qui est universel (1°) ou considéré sous son aspect de plus grande généralité. *L'universalité d'un terme ; d'un jugement ; d'une vérité.* ▪ **2** (1601) Caractère d'un esprit universel (3°). *«L'universalité de Voltaire»* CHAMFORT. ▪ **3** (fin XVIIe) Caractère de ce qui concerne la totalité des individus, de ce qui s'étend à tout le globe. *«Un vaste drame doué d'un caractère d'universalité»* BAUDELAIRE. *«cette honorable universalité de la langue française»* RIVAROL. — *Universalité de l'impôt.*

II ▪ **1** VX Ensemble, totalité. *L'universalité des choses.* ▪ **2** (1690) DR. Ensemble de biens et de dettes, considéré comme formant un tout soumis à des règles particulières. ➤ **patrimoine.**

UNIVERSAUX [ynivɛʀso] **n. m. pl.** – XVIIe ◇ latin *universalia*, plur. neutre de *universalis* ▪ HIST. PHILOS. Les cinq concepts qui définissent les diverses manières dont un prédicat est lié au sujet par un rapport (le genre, l'espèce, la différence ou différence spécifique, le propre et l'accident). ◆ PAR EXT. Les concepts et termes universels applicables à tous les individus d'un genre ou d'une espèce. *Les universaux du langage* : ensemble de concepts, formes, relations supposés exister dans toutes les langues du monde.

UNIVERSEL, ELLE [ynivɛʀsɛl] **adj.** et **n. m.** – v. 1265 ; variante *universal* ◇ latin *universalis* «relatif au tout» → univers ▪ **1** LOG. Qui concerne la totalité des individus d'une classe *(proposition universelle)*, qui est pris dans toute son extension *(sujet universel)*. *Universel et général. Proposition universelle,* qui s'applique à chacun des individus composant l'extension du sujet. *Quantificateur* universel. Jugement universel ou particulier.* *«à titre de substance et de cause, notions universelles et nécessaires dont notre esprit et par suite nos langues ne peuvent se passer»* MAINE DE BIRAN. ◆ **n. m.** LOG. Ce qui est exprimé par un terme général ; le terme lui-même (dans les théories nominalistes). ➤ **universaux.** — Ce qui s'étend à tous les individus d'une classe ; à tous les objets considérés. *Le particulier et l'universel.* ▪ **2** (XIVe) Qui s'étend, s'applique à la totalité des objets (personnes ou choses) que l'on considère. *«il lui portera un remède universel et éternel»* VIGNY (➤ **panacée**). *«Le système universel de la nature et de l'art»* DIDEROT. — TECHN. *Système universel,* servant à plusieurs usages. *Moteur universel* : moteur électrique alimenté indifféremment en courant continu ou en alternatif. *Clé universelle,* qui s'adapte à différents types de boulons, d'écrous. *Machine universelle,* pouvant exécuter plusieurs opérations d'usinage successives. ◆ DR. *Communauté universelle* : régime matrimonial stipulant la mise en commun de tous les biens, présents et à venir, des époux. ▪ **3** (1601) (PERSONNES) Dont les connaissances, les aptitudes s'appliquent à tous les sujets. ➤ 1 **complet, omniscient.** *«Puisqu'on ne peut être universel et savoir tout ce qui se peut savoir»* PASCAL. *«Gœthe est un esprit universel»* CONSTANT. — REM. Dans ce sens, on peut dire *plus, moins, trop... universel* (de même au sens 5°). ▪ **4** DR. (PERSONNES) À qui échoit la totalité d'un patrimoine. *Héritier, légataire universel.* ▪ **5** (XVIe) Qui concerne la totalité des individus, le monde, ou la totalité d'un groupe. *Histoire universelle. L'Exposition universelle de Séville* (1992). — *Suffrage universel,* étendu à tous les individus, sans distinction de classe ou de fortune. ◆ Commun à tous les individus ou à un groupe humain donné, qui peut s'appliquer à tous. *La science est universelle.* *«une expérience de signification universelle»* VALÉRY. *«Le langage le plus universel»* ROUSSEAU. — *«un cri général, un crescendo public, un chorus universel»* BEAUMARCHAIS. *«c'était son mal de se croire le centre de la risée universelle»* MAURIAC. ▪ **6** (XVIIe) Qui s'étend à toute la surface de la terre, ou à une grande partie et concerne tous les individus. ➤ **mondial.** *Guerre, paix universelle.* *«une tentative de domination universelle»* RENAN. ◆ (XIIIe) Dont la juridiction s'étend à la terre entière. *L'Église universelle.* ➤ **œcuménique.** ▪ **7** DIDACT. Qui concerne le cosmos, l'univers (3°) tout entier. ➤ **cosmique ; céleste.** *La gravitation universelle.* *«L'universelle nuit pèse sur l'univers»* LAMARTINE. ▪ CONTR. Individuel, particulier, partiel.

UNIVERSELLEMENT [ynivɛʀsɛlmɑ̃] **adv.** – XIVe ; *universaument* «en tout» 1265 ◇ de *universel* ▪ **1** PHILOS., LOG. Dans son universalité (1°) ; en tant que terme universel (1°). *Conclure, concevoir universellement.* ▪ **2** (v. 1700 ; «tous» XIVe) COUR. Par tous les êtres humains, sur toute la terre. ➤ **mondialement.** *«une vérité si universellement reconnue»* BOILEAU. ▪ CONTR. Particulièrement, partiellement ; individuellement.

UNIVERSIADE [ynivɛʀsjad] **n. f.** – 1957 ◇ de *univers(ité)* et *(olymp)iade* ▪ Jeux mondiaux universitaires.

UNIVERSITAIRE [ynivɛʀsitɛʀ] **adj.** et **n.** – 1810 n. ◇ de *université* ▪ **1** Relatif à l'université (2°). *Le corps universitaire.* **n.** *Un, une universitaire* : un membre de l'Université, enseignant(e) ou chercheur. ▪ **2** Propre aux universités, à l'enseignement supérieur. *Études universitaires. Diplômes*, grades universitaires* (baccalauréat, licence, master, doctorat). *Cursus universitaire. Année universitaire* (1er oct. au 30 juin, en France). ➤ RÉGION. **académique.** *Cités, campus, résidences universitaires. Restaurant universitaire* (FAM. *resto U, RU* [ʀy]). — *Bibliothèque, éditions, presses universitaires.* ▪ **3** Pratiqué à l'université. *Critique universitaire.* ▪ **4** Où il y a une ou plusieurs universités. *Ville universitaire.* ▪ **5** (1957) (Belgique, Suisse) Personne qui étudie à l'université, fait des études universitaires. — Diplômé(e) de l'enseignement universitaire.

UNIVERSITÉ [ynivɛʀsite] **n. f.** – milieu XIIIe ; «communauté» 1218 ◇ latin juridique *universitas* «communauté», latin classique «totalité», de *universus* ▪ **1** HIST. Chacune des institutions ecclésiastiques d'enseignement secondaire et supérieur, nées de la fusion des écoles cathédrales. *Les quatre facultés* d'une université. Grades conférés par une université* (bachelier, licencié, maître, docteur). *L'université de Paris était appelée au Moyen Âge «la fille aînée des rois de France».* ▪ **2** (1806) MOD. *L'Université* : corps des maîtres de l'enseignement public des divers degrés. *Entrer dans l'Université, dans les rangs de l'Université.* ➤ **alma mater.** ◆ *Une université* : établissement (en France, établissement public) d'enseignement supérieur constitué par un ensemble d'unités* de formation et de recherche, d'instituts, de centres et de laboratoires* de recherche. *Conseil d'administration, président d'une université. L'université de Paris-Sorbonne, de Paris-V, de Rennes-I. Communauté d'universités et établissements (COMUE). Le campus d'une université. Universités privées. Les grandes universités américaines. Université libre, catholique.* — ABRÉV. FAM. **UNI** (Suisse), **UNIF** (Belgique) **n. f.** ◆ PAR ANAL. (1898) *Université populaire* : université ouverte à tous, offrant des enseignements de tous niveaux ; ANCIENNT association donnant l'instruction aux adultes des milieux populaires. — *Université d'été* : enseignement universitaire ayant lieu pendant les congés d'été. PAR ANAL. Stage de formation politique (d'un parti). — *Université du troisième âge* : enseignement s'adressant aux retraités.

UNIVIBRATEUR [ynivibʀatœʀ] **n. m.** – 1964 ◇ de *uni-* et *vibrateur* ▪ ÉLECTRON. VIEILLI Bascule monostable.

UNIVITELLIN, INE [ynivitelɛ̃, in] **adj.** – 1956 ◇ de *uni-* et latin *vitellus* «jaune de l'œuf» ▪ EMBRYOL. Se dit de jumeaux provenant du même œuf (SYN. COUR. vrais jumeaux). ➤ **monozygote.**

UNIVOCITÉ [ynivɔsite] **n. f.** – 1921 ◇ de *univoque* ▪ DIDACT. Caractère d'un terme, d'un concept, d'une relation univoque.

UNIVOQUE [ynivɔk] adj. – v. 1370 ◇ latin impérial *univocus*, de *unus* et *vox, vocis* «voix, mot» ■ **1** PHILOS. Se dit d'un mot qui garde le même sens dans des emplois différents (opposé à *équivoque*). «*un rapport univoque* [des signes] *aux idées*» BEAUVOIR. ■ **2** Se dit d'une correspondance, d'une relation dans laquelle un terme entraîne toujours le même corrélatif (➤ aussi **biunivoque**). «*Correspondance précise et univoque entre le monde extérieur et l'image que nous parvenons à nous en faire*» BROGLIE.

UNTEL ➤ **TEL**

UPAS [ypa(s)] n. m. – 1808 ◇ mot malais «poison» ■ BOT. Poison végétal, utilisé par les populations des îles de la Sonde pour empoisonner les flèches. — Arbre dont est tiré ce poison.

UPÉRISATION [yperizasjɔ̃] n. f. – 1968 ◇ anglais *uperization*, de *to uperize*, de *u(ltra)-p(ast)e(u)rize* «(ultra)pasteuriser», d'après les v. en *-erize* ■ TECHN. Méthode de stérilisation des aliments liquides par injection continue de vapeur très chaude.

UPPERCUT [ypɛrkyt] n. m. – 1895 ◇ mot anglais, de *upper* «vers le haut» et *cut* «coup (de couteau)» ■ En boxe, Coup porté de bas en haut. ➤ **crochet.** *Des uppercuts.*

UPSILON [ypsilɔn] n. m. inv. – 1872 ◇ grec *u psilon* «u mince» ■ Vingtième lettre de l'alphabet grec (Υ, υ).

UPWELLING [œpweliŋ] n. m. – 1961 ◇ mot anglais, de *up* «vers le haut» et *to well* «jaillir» ■ ANGLIC. DIDACT. Remontée vers la surface des eaux océaniques profondes le long de certains littoraux. — Recomm. offic. *remontée des eaux froides, remontée d'eau.*

URACILE [yrasil] n. m. – 1903 ◇ de *ur(o)-, ac(étique)* et suffixe *-ile* ■ BIOCHIM., GÉNÉT. Base pyrimidique qui entre dans la constitution des acides ribonucléiques cellulaires. *L'uracile s'associe à l'adénine dans l'ARN.*

URAÈTE [yraɛt] n. m. – 1904 ◇ du grec *oura* «queue» et *aetos* «aigle» ■ ZOOL. Aigle d'Australie, de très grande envergure.

URÆUS [yreys] n. m. – 1858 ◇ latin moderne, du grec *ouraios* «de la queue» ■ ARCHÉOL. Représentation du serpent naja dressé et portant sur la tête un disque solaire (emblème des pharaons). «*une frise d'uræus dressés sur la queue et gonflant la gorge*» GAUTIER.

URANATE [yranat] n. m. – 1834 ◇ de *urane* et suffixe *-ate* ■ CHIM. Sel ou ion issu de l'acide uranique.

URANE [yran] n. m. – 1790 ◇ de l'allemand *Uran* (1789), du nom de la planète *Uranus*, du grec *Ouranos* ■ HIST. SC. Oxyde d'uranium (UO_2), pris pour l'uranium jusqu'en 1841.

URANIE [yrani] n. f. – 1839 ◇ latin des zoologistes *urania* «muse de l'Astronomie» ■ ZOOL. Papillon de grande taille aux vives couleurs.

URANIFÈRE [yranifɛr] adj. – 1904 ◇ de *urane* et *-fère* ■ MINÉR. Qui contient de l'uranium.

URANINITE [yraninit] n. f. – 1843 ◇ de *urane* ■ MINÉR. Oxyde d'uranium UO_2. ➤ **pechblende.**

URANIQUE [yranik] adj. – 1831 ◇ de *urane* ■ CHIM. De l'uranium. *Acide uranique* ($H_2U_2O_5$), dont les sels sont des uranates.

URANISME [yranism] n. m. – 1893 ◇ allemand *Uranismus*, du grec *Ourania* «la Céleste», surnom d'Aphrodite ■ DIDACT. Homosexualité masculine.

URANITE [yranit] n. f. – 1790 ◇ de l'allemand *Uranit* (Kalproth, 1789), de *Uran* «urane» ■ MINÉR. Minerai d'uranium. ➤ **autunite.**

URANIUM [yranjɔm] n. m. – 1840 ; «urane» 1804 ◇ de *urane* ■ Élément radioactif naturel (U ; n° at. 92 ; m. at. 238,03), métal gris, dur, présent dans plusieurs minerais (comme la pechblende) où il est toujours accompagné de radium. ➤ **radioactivité.** *Isotopes naturels* (^{234}U, ^{235}U, ^{238}U) *et artificiels* (^{233}U, ^{236}U, ^{237}U, ^{239}U) *de l'uranium. Séparé des autres isotopes, l'uranium peut donner lieu, sous l'action de neutrons thermiques, au phénomène de fission qui permet une réaction* en chaîne. L'uranium 238 se transforme en plutonium 239 fissile* (piles atomiques susceptibles de faire fonctionner des centrales thermiques). *Uranium enrichi, appauvri.*

URANO- ■ Élément, du grec *ouranos* «ciel», signifiant en latin scientifique «voûte du palais».

URANOPLASTIE [yranoplasti] n. f. – 1862 ◇ de *urano-* et *-plastie* ■ CHIR. Opération destinée à restaurer le voile du palais et à obturer ses perforations.

URANOSCOPE [yranɔskɔp] n. m. – 1546 ◇ grec *ouranoskopos* «qui regarde le ciel» ■ ZOOL. Poisson acanthoptérygien, à grosse tête plate, commun en Méditerranée, appelé aussi *rascasse blanche.*

URANYLE [yranil] n. m. – 1888 ◇ de *uranium* ■ CHIM. Cation bivalent jaune UO_2^{2+}. *L'uranyle est la forme la plus courante des composés d'uranium en solution aqueuse. Sel d'uranyle.*

URATE [yrat] n. m. – 1798 ◇ du radical de *urique* et suffixe *-ate* ■ CHIM. Sel ou ester de l'acide urique. *Dépôts d'urates.* ➤ 2 **goutte.**

URBAIN, AINE [yrbɛ̃, ɛn] adj. – 1725 ; hapax 1354 ◇ latin *urbanus* «de la ville (*Urbs*, Rome)»

I ■ **1** ANTIQ. De Rome. ■ **2** (v. 1768) Qui est de la ville, des villes (opposé à *rural*). ➤ aussi **rurbain.** *Transports urbains. Éclairage, chauffage urbain. Populations urbaines. Communauté urbaine.* «*l'imprécis grandiose des horizons urbains*» LARBAUD. *Paysages urbains.* — GÉOGR. (En France) *Commune urbaine*, comprenant une agglomération urbaine de plus de 2 000 habitants (opposé à *commune rurale*). *Démographie, sociologie urbaine.* — n. Habitant(e) des villes. ➤ **citadin.** *Les urbains et les ruraux.* ■ **3** LITTÉR. Qui témoigne, fait preuve d'urbanité. *Un homme très urbain.*

II (calque de l'anglais *urban*, de même origine latine) Lié à la culture hip-hop. *Art urbain.* ➤ **street art** (ANGLIC.). *Le slam, poésie urbaine. Mode urbaine.* «*son uniforme d'artiste urbain, baskets montantes, jean troué, blouson tagué*» DAENINCKX.

■ CONTR. Agreste, campagnard, rural.

URBANISATION [yrbanizasjɔ̃] n. f. – 1919 «aménagement des zones urbaines» ◇ de *urbaniser* ■ Concentration croissante de la population dans les agglomérations urbaines. ➤ aussi **rurbanisation.**

URBANISER [yrbanize] v. tr. ‹1› – 1873 ; «faire acquérir l'urbanité» 1785 ◇ du latin *urbanus* ■ Donner le caractère d'une ville à (un lieu, une région) ; peupler d'agglomérations à caractère urbain. *Région lentement urbanisée. Zone à urbaniser en priorité (ZUP).*

URBANISME [yrbanism] n. m. – 1910 ; «science de l'urbanité» XVIIIe ◇ du latin *urbanus* ■ Étude des méthodes permettant d'adapter l'habitat urbain aux besoins humains ; ensemble des techniques d'application de ces méthodes. *Architecture et urbanisme. Fédération internationale pour l'habitation et l'urbanisme* (1913). *Code de l'urbanisme. Certificat d'urbanisme. Plan local d'urbanisme (PLU ;* succède au P. O. S.) : ensemble de documents d'urbanisme qui fixent les règles générales et les servitudes d'utilisation des sols d'une commune, en matière d'aménagement, de traitement de l'espace public, de paysage et d'environnement.

URBANISTE [yrbanist] n. – 1911 ◇ de *urbanisme* ■ Spécialiste de l'aménagement des villes. «*la France compte encore des urbanistes et des constructeurs sans rivaux*» GIRAUDOUX. EN APPOS. *Architectes urbanistes.*

URBANISTIQUE [yrbanistik] adj. – 1941 ◇ de *urbanisme* ■ DIDACT. Qui a trait à l'urbanisation, à l'urbanisme. *Projet, option urbanistique.*

URBANITÉ [yrbanite] n. f. – 1370 ◇ latin *urbanitas*, de *urbanus* «de la ville, qui a les qualités de l'homme de la ville» ■ **1** Politesse où entre beaucoup d'affabilité naturelle et d'usage du monde. *Le «respect d'autrui et de soi-même qui s'appelle d'ailleurs, à juste titre, l'urbanité»* GIRAUDOUX. ■ **2** Caractère de ce qui a rapport à la ville. «*des capitales tentaculaires, des phénomènes d'urbanité comme en Indonésie*» GRAINVILLE. ■ CONTR. Ruralité.

URBANOLOGIE [yrbanɔlɔʒi] n. f. – 1985 ◇ de *urban(isme)* et *-logie* ■ DIDACT. Étude scientifique du phénomène d'urbanisation sous ses aspects géographiques, humains, architecturaux et matériels.

URBI ET ORBI [yrbiɛtɔrbi] loc. adv. – XIXe fig. ◇ mots latins «à la ville (Rome) et à l'univers» ■ LITURG. CATHOL. Se dit de la bénédiction que le pape donne du haut du balcon de la basilique Saint-Pierre. — FIG. Partout. *Publier, proclamer urbi et orbi* (cf. Crier sur les toits).

URCÉOLÉ, ÉE [yʀseɔle] **adj.** – 1802 ◊ du latin *urceolus*, de *urceus* «pot» ; cf. latin des botanistes *urceolaris* ■ BOT. Renflé en forme d'outre, de grelot. *Corolle urcéolée de la fleur d'arbousier.*

URDU ➤ **OURDOU**

URE ➤ **URUS**

-URE ■ Suffixe indiquant que le composé chimique est un sel d'hydracide ou un composé binaire non oxygéné : *sulfure, chlorure.*

URÉDINALES [yʀedinal] **n. f. pl.** – 1964 ; *urédinées* 1842 ; *uredo* 1765 ◊ du latin *uredo* «nielle, charbon», racine *urere* «brûler» ■ BOT. Ordre de champignons *(hétérobasidiomycètes)*, parasites des plantes supérieures, produisant des rouilles. *Spores des urédinales.* ➤ **urédospore.**

URÉDOSPORE [yʀedɔspɔʀ] **n. f.** – 1891 ◊ du latin *uredo* «charbon» et *spore* ■ BOT. Spore de dissémination, spéciale aux urédinales.

URÉE [yʀe] **n. f.** – 1797 ; hapax v. 1363 ◊ du radical de *urine* ■ **1** BIOCHIM. Produit de dégradation des acides aminés de l'organisme. *L'urée est le principal produit d'élimination du métabolisme azoté* (➤ **uréotélie**). *Accumulation pathologique d'urée dans le sang.* ➤ **azoturie, urémie.** ■ **2** CHIM. Solide inodore et incolore, de formule $CO(NH_2)_2$, qui réagit avec le formol pour former des aminoplastes.

URÉIDE [yʀeid] **n. m.** – 1857 ◊ de *urée* ■ CHIM. Composé dérivant de l'urée par la substitution, à un ou plusieurs atomes d'hydrogène, d'un nombre correspondant de radicaux acides. *Les barbituriques sont des uréides.*

URÉMIE [yʀemi] **n. f.** – 1847 ◊ de *urée* et *-émie* ■ MÉD. Ensemble de manifestations pathologiques dues à l'accumulation dans l'organisme de produits azotés (en particulier de l'urée), en général liée à une insuffisance rénale grave. *Crise d'urémie.*

URÉMIQUE [yʀemik] **adj.** – 1858 ◊ de *urémie* ■ MÉD. Qui a rapport à l'urémie. *Accidents urémiques.* ◆ Atteint d'urémie.

URÉOGÉNÈSE [yʀeɔʒenɛz] **n. f.** – 1964 ; *uréogène* 1905 ◊ de *urée* et *genèse* ■ DIDACT. Synthèse de l'urée par le foie à partir d'ammoniac.

URÉOTÉLIE [yʀeoteli] **n. f.** – mil. XXe ◊ de *urée* et grec *telos* «fin, achèvement» ■ PHYSIOL. Excrétion azotée des animaux sous forme d'urée. *L'uréotélie des mammifères.* — On dit aussi **UROTÉLIE.**

URÉOTÉLIQUE [yʀeɔtelik] **adj.** – 1935 ◊ de *uréotélie* ■ PHYSIOL. Se dit d'animaux dont l'excrétion azotée s'effectue sous forme d'urée (opposé à *ammoniotélique* et à *uricotélique*). *Les mammifères sont des animaux uréotéliques.* — On dit aussi **UROTÉLIQUE.**

-URÈSE, -URIE ■ Éléments, du grec *ourêsis* «action d'uriner» : *diurèse, albuminurie, acétonurie, acidurie,* etc.

URÉTÉRAL, ALE, AUX [yʀeteʀal, o] **adj.** – 1904 ◊ de *uretère* ■ ANAT. Qui se rapporte à l'uretère.

URETÈRE [yʀ(ə)tɛʀ] **n. m.** – 1538 ◊ grec *ourêter* ■ Canal qui conduit l'urine du rein à la vessie. *L'uretère droit et l'uretère gauche. Rétrécissement de l'uretère.*

URÉTÉRITE [yʀeteʀit] **n. f.** – 1923 ; *ureteritis* 1803 ◊ de *uretère* et *-ite* ■ MÉD. Inflammation des uretères.

URÉTHANE [yʀetan] **n. m.** – 1846 ◊ de *urée* et *éthane* ■ CHIM. Éther carbonique de formule type $NH_2{-}CO{-}OR$, R représentant un radical carboné. ➤ **polyuréthane.**

URÉTRAL, ALE, AUX [yʀetʀal, o] **adj.** – 1798 ◊ de *urètre* ■ ANAT. Qui a rapport à l'urètre. *Sphincter urétral.*

URÈTRE [yʀɛtʀ] **n. m.** – 1667 ◊ latin des médecins *urethra* ; grec *ourêthra* ■ Canal excréteur de l'urine qui part de la vessie et aboutit à l'extérieur (➤ **méat** [urinaire]). *Chez l'homme, l'urètre sert aussi de canal pour le sperme.*

URÉTRITE [yʀetʀit] **n. f.** – 1836 ◊ de *urètre* et *-ite* ■ MÉD. Inflammation de l'urètre.

-URGE, -URGIE ■ Éléments, du grec *-ourgos* et *-ourgia* ; radical *ergo* «je fais», *ergon* «œuvre, art» : *chirurgie ; démiurge, dramaturge, liturgie,* etc.

URGEMMENT [yʀʒamɑ̃] **adv.** – XVIe, à nouveau début XIXe ◊ de *urgent* ■ **1** De manière urgente. «*il est urgemment nécessaire de provoquer, dans ce pays et à bref délai, un climat d'enthousiasme*» P. DAC. ■ **2** (Afrique noire) D'urgence, sans retard. ➤ **immédiatement.**

URGENCE [yʀʒɑ̃s] **n. f.** – 1573, rare avant fin XIXe ◊ de *urgent* ■ **1** Caractère de ce qui est urgent. «*comme si l'urgence de leur besogne leur interdisait de vaines politesses*» ROMAINS. ■ **2** Nécessité d'agir vite. *Extrême urgence. Il y a urgence* : c'est urgent. *Il y a urgence à prendre des mesures. Mesures d'urgence. État d'urgence* : régime d'exception qui donne, en cas de troubles graves de l'ordre public et pour un temps limité, des pouvoirs de police accrus aux autorités civiles. *Le gouvernement a décrété l'état d'urgence. En cas d'urgence. Être reçu en urgence par un médecin.* ◆ (1960) *Une urgence* : un cas urgent, un malade à opérer, à soigner sans délai. *Le service des urgences dans un hôpital* ou ELLIPT *les urgences.* (Canada) *L'urgence, le service de l'urgence. Attendre à l'urgence.* ■ **3** loc. adv. **D'URGENCE** : sans délai, en toute hâte. *Plan* d'urgence. Opérer d'urgence. Intervention médicale d'urgence.* ➤ **SAMU ; urgentiste.** *Convoquez-le d'urgence.* «*Qu'il nous fasse parvenir au plus tôt, dans les meilleurs délais, par retour du courrier, et même de toute urgence, un anesthésique*» PEREC.

URGENT, ENTE [yʀʒɑ̃, ɑ̃t] **adj.** – 1340 méd. ; répandu XIXe ◊ latin *urgens*, de *urgere* «pousser, presser» ■ Dont on doit s'occuper sans retard. *Des travaux urgents.* ➤ **pressé.** *C'est urgent. Un cas dont on doit s'occuper de manière urgente.* ➤ **urgemment.** — *Besoin urgent.* ➤ **pressant.** — LOC. FAM. *Il est urgent d'attendre* : attendre est la seule chose à faire. «*La situation n'est pas mûre. — Laissons agir le temps. — Il est urgent d'attendre*» TOURNIER. — SUBST. «*L'urgent pour moi était de savoir où tu es*» COLETTE.

URGENTISTE [yʀʒɑ̃tist] **n.** – 1986 ◊ de *urgent* ■ MÉD. Médecin spécialiste de la médecine d'urgence. ➤ RÉGION. **urgentologue.**

URGENTOLOGUE [yʀʒɑ̃tɔlɔg] **n.** – 1978 ◊ de *urgent* et *-logue* ■ (Canada) Urgentiste.

URGER [yʀʒe] **v. intr.** ⟨3⟩ – 1891 ◊ de *urgent*, sur le modèle de *presser, pressant* ■ FAM. Être urgent, presser. *Vite, ça urge !* «*Ce n'urge point avant samedi*» JARRY.

URICÉMIE [yʀisemi] **n. f.** – 1868 ; *uricæmia* 1867 ◊ de *uric(o)-* et *-émie* ■ MÉD. Teneur du sang en acide urique. — Accumulation de quantités excessives d'acide urique et d'urates dans le sang.

URIC(O)- ■ Élément, de *urique.*

URICOTÉLIE [yʀikoteli] **n. f.** – mil. XXe ◊ de *urico-* et grec *telos* «fin, achèvement» ■ PHYSIOL. Excrétion azotée des animaux sous forme d'acide urique. *L'uricotélie des oiseaux.*

URICOTÉLIQUE [yʀikotelik] **adj.** – 1935 ◊ de *uricotélie* ■ PHYSIOL. Se dit d'animaux dont l'excrétion azotée s'effectue sous forme d'acide urique (opposé à *ammoniotélique* et à *uréotélique*). *Les oiseaux sont des animaux uricotéliques.*

-URIE ➤ **-URÈSE**

URINAIRE [yʀinɛʀ] **adj.** – 1556 ◊ de *urine* ■ Qui a rapport à l'urine, à sa production et à son élimination. *Appareil urinaire* : rein, uretère, vessie, urètre. *Voies urinaires. Appareil génital et urinaire.* ➤ **génito-urinaire, urogénital.** *Lithiase urinaire.*

URINAL, AUX [yʀinal, o] **n. m.** – v. 1462 ; *orinal* «pot de chambre» XIIe ◊ mot latin ■ Vase à col incliné dans lequel un homme (malade, infirme...) peut uriner allongé. ➤ **pistolet.**

URINE [yʀin] **n. f.** – XIIe var. *orine* ◊ latin populaire °*aurina*, d'après *aurum* «or», à cause de la couleur ; latin *urina* ■ Liquide organique clair et ambré, limpide, odorant, qui se forme dans le rein, séjourne dans la vessie et est évacué par l'urètre lorsque les sphincters se relâchent. ➤ FAM. **pipi,** VULG. **pisse.** *Par l'urine, l'organisme élimine de l'eau et des déchets, essentiellement les déchets du métabolisme des matières azotées* (urée, acide urique, ammoniac). *Évacuer l'urine.* ➤ **miction ; pisser, uriner.** *Excrétion d'urine.* ➤ **diurèse.** *Incontinence* d'urine.* ➤ **énurésie.** *Rétention* d'urine.* ◆ *Les urines* : l'urine évacuée. *Analyse d'urines. Urines claires, troubles. Présence anormale dans les urines de glucose* (glycosurie ; diabète), *d'albumine* (albuminurie), *de sang* (hématurie).

URINER [yʀine] v. intr. ‹1› – 1375 ; *oriner* «traiter par l'inspection des urines» XIIIe ◇ de *urine* ■ (Rare dans le lang. cour.) Évacuer l'urine. ➤ **pisser** (cf. Faire pipi*).

URINEUX, EUSE [yʀinø, øz] adj. – 1611 ◇ de *urine* ■ MÉD. Qui a rapport à l'urine. *Odeur urineuse.*

URINIFÈRE [yʀinifɛʀ] adj. – 1843 ◇ de *urine* et *-fère* ■ ANAT. Qui conduit l'urine. *Tubes urinifères du rein.*

URINOIR [yʀinwaʀ] n. m. – 1834 ; «urinal» 1754 ◇ de *uriner* ■ Édifice public, lieu où les hommes peuvent uriner. ➤ RÉGION. **pissoir,** FAM. **pissotière, vespasienne.** ◆ Cuvette ou autre dispositif sanitaire à l'usage des hommes, pour uriner debout. *Urinoir en porcelaine.*

URIQUE [yʀik] adj. – 1803 ◇ de *urine* ■ *Acide urique :* substance $C_5H_4O_3N_4$, produit final du métabolisme des acides aminés, excrété dans l'urine. ➤ **purine ; uricotélie.** *Le guano est la principale source d'acide urique. Accumulation pathologique d'acide urique dans l'organisme* (➤ 2 **goutte**). — PAR EXT. Qui se rapporte à l'acide urique, qui en contient.

URL [yɛʀɛl] n. f. inv. – 1995 ◇ sigle anglais, de *Uniform* (ou *Universal*) *Resource Locator* «repère uniforme (ou universel) des ressources» ■ ANGLIC. INFORM. Dénomination unique (d'une ressource) sur Internet ; chaîne de caractères qui indique l'emplacement (d'une ressource). ➤ **permalien.** *Taper une URL.* — APPOS. *Adresse URL.* — Recomm. offic. *adresse universelle* ou *réticulaire.*

URNE [yʀn] n. f. – 1487 ◇ latin *urna* ■ **1** Vase qui sert à renfermer les cendres d'un mort. *Urne funéraire, cinéraire.* ■ **2** Vase à flancs arrondis. *Les urnes et les amphores.* — POÉT. Vase. *«Comme une onde qui bout dans une urne trop pleine»* HUGO. ■ **3** (du vase où l'on déposait les suffrages, dans l'Antiquité) Boîte dont le couvercle est muni d'une fente, où l'on dépose des bulletins de vote, de jeu. *Vider les urnes à la fermeture du scrutin.* LOC. *Bourrer les urnes :* déposer des bulletins dans les urnes avant l'ouverture du scrutin (fraude électorale). *Le bourrage des urnes a été prouvé.* — *Aller aux urnes :* voter. ➤ **élection.** ■ **4** (1797) BOT. Capsule du sporange des bryophytes, fermée par un capuchon qui se détache à maturité. — Feuille en forme de réceptacle de certaines plantes carnivores.

1 **URO-** ■ Élément, du grec *oûron* «urine».

2 **URO-** ■ Élément, du grec *oura* «queue». ➤ **-oure.**

UROBILINE [yʀɔbilin] n. f. – 1877 ◇ de 1 *uro-* et *bile* ■ BIOCHIM. Pigment biliaire jaune orangé, résultant de la dégradation de la bilirubine dans l'intestin. *Élimination excessive de l'urobiline dans les urines.* ➤ **urobilinurie.**

UROBILINURIE [yʀɔbilinyʀi] n. f. – 1890 ◇ de *urobiline* et *-urie* ■ MÉD. Présence d'urobiline dans les urines. PAR EXT. Élimination excessive d'urobiline par les urines.

URODÈLES [yʀɔdɛl] n. m. pl. – 1806 ◇ de 2 *uro-* et grec *dêlos* «apparent» ■ ZOOL. Ordre d'amphibiens, à corps allongé portant des membres propres à la reptation (amblystome, axolotl, protée, salamandre, triton). Sing. *Un urodèle.*

UROGÉNITAL, ALE, AUX [yʀoʒenital, o] adj. – 1846 ◇ de 1 *uro-* et *génital* ■ DIDACT. Qui a rapport aux appareils urinaire et génital. ➤ **génito-urinaire.** *L'urètre, canal urogénital chez l'homme.*

UROGRAPHIE [yʀɔgʀafi] n. f. – avant 1947 ◇ de 1 *uro-* et *-graphie* ■ MÉD. Radiographie de l'appareil urinaire après administration par voie intraveineuse d'une substance opaque aux rayons X.

UROLAGNIE [yʀɔlagni ; -laɲi] n. f. – avant 1962 ◇ de 1 *uro-* et latin *lagneia* «rapport sexuel» ■ DIDACT. Comportement sexuel déviant lié à une érotisation des fonctions urinaires. ➤ **ondinisme.**

UROLOGIE [yʀɔlɔʒi] n. f. – 1841 ◇ de 1 *uro-* et *-logie* ■ DIDACT. Spécialité médicochirurgicale qui traite des affections des voies urinaires et PAR EXT. des maladies génito-urinaires chez l'homme. ➤ **néphrologie.** — adj. **UROLOGIQUE,** 1843.

UROLOGUE [yʀɔlɔg] n. – 1860 ◇ de *urologie* ■ DIDACT. Spécialiste d'urologie.

UROMÈTRE [yʀɔmɛtʀ] n. m. – 1872 ◇ de 1 *uro-* et *-mètre* ■ MÉD. Appareil servant à déterminer la densité de l'urine.

URONIQUE [yʀɔnik] adj. – 1930 ◇ anglais *uronic* (1925), de la finale *-uronic* de termes de chimie ■ CHIM. Se dit d'un acide dérivant d'un aldose par oxydation de la fonction alcool primaire en fonction carboxyle.

UROPODE [yʀɔpɔd] n. m. – 1904 ◇ de 2 *uro-* et *-pode* ■ ZOOL. Appendice abdominal natatoire des crustacés. ➤ 1 **queue** (cour.).

UROPYGES [yʀɔpiʒ] n. m. pl. – 1964 ◇ de 2 *uro-* et *-pyge* ■ ZOOL. Ordre d'arachnides de petite taille munis d'un flagelle long et étroit prolongeant le dernier segment de l'abdomen.

UROPYGIAL, IALE, IAUX [yʀɔpiʒjal, jo] adj. – 1834 ◇ de 2 *uro-* et *-pyge* ■ ZOOL. Du croupion des oiseaux. *Plumes uropygiales.*

UROPYGIEN, IENNE [yʀɔpiʒjɛ̃, jɛn] adj. – 1872 ◇ → uropygial ■ ZOOL. *Glande uropygienne :* glande cutanée des oiseaux à la base du croupion, dont la sécrétion protège les plumes.

UROTÉLIE ; UROTÉLIQUE ➤ **URÉOTÉLIE ; URÉOTÉLIQUE**

URSIDÉS [yʀside] n. m. pl. – 1846 ; *ursides* 1834 ◇ du latin *ursus* «ours» et suffixe zoologique *-idés* ■ ZOOL. Famille de mammifères carnivores, plantigrades, dont le type est l'ours.

URSULINE [yʀsylin] n. f. – 1624 ◇ de *sainte Ursule* ■ Religieuse d'un ordre fondé en 1537, en Italie, par sainte Angèle de Mérici, et établi en France en 1611.

URTICAIRE [yʀtikɛʀ] n. f. – 1806 ; *urticaria* 1795 ; adj. *fièvre urticaire* 1759 ◇ du latin *urtica* «ortie» ■ Éruption passagère de papules rosées ou blanchâtres, semblable à des piqûres d'ortie, accompagnée de démangeaisons et d'une sensation de brûlure. *L'urticaire est souvent due à une allergie.* — PAR EXT. Tendance à cette éruption. *Ne mangez pas de fraises, avec votre urticaire.* ◆ FIG. *Donner de l'urticaire à qqn,* lui être très désagréable, insupportable, l'agacer.

URTICANT, ANTE [yʀtikɑ̃, ɑ̃t] adj. – 1864 ◇ latin moderne, de *urtica* «ortie» ■ **1** DIDACT. Dont la piqûre ou le contact produit une urtication sur la peau humaine, une démangeaison. *Feuilles urticantes de l'ortie. Organe urticant des méduses.* ■ **2** FIG. Agaçant, irritant. *«toutes sortes de pensées urticantes»* DUHAMEL.

URTICATION [yʀtikasjɔ̃] n. f. – 1759 ◇ latin *urticatio* ■ DIDACT. Sensation de piqûre d'ortie qui accompagne l'urticaire.

URUBU [yʀyby] n. m. – 1770 ; *ourou* 1765 ◇ mot tupi ■ ZOOL. Vautour de petite taille, répandu dans l'Amérique tropicale.

URUS [yʀys] n. m. – 1876 ; *ure* 1560 ◇ mot latin d'origine germanique ■ ZOOL. Aurochs ; bison d'Europe.

US [ys] n. m. pl. – v. 1150 *aveir en us* «être habitué à» ◇ latin *usus,* de *uti* «se servir» ■ VX Usage. ◆ MOD. et DIDACT. LOC. (1170) *Les* **US ET COUTUMES** [yzekutym] : les habitudes, les usages traditionnels. *«respecter les us et coutumes des pays où l'on voyage»* MÉRIMÉE.

USAGE [yzaʒ] n. m. – milieu XIIe ; au sens de «coutume» (II, 1°) ◇ du latin *usus* → us

I ACTION D'UTILISER, D'EXPLOITER QQCH. ■ **1** (fin XIIe) Le fait d'appliquer, de faire agir (un objet, une matière), pour obtenir un effet, que cet objet, cette matière subsiste (➤ **utilisation**), disparaisse (➤ **consommation**) ou se modifie en se dégradant (➤ 2 **usure**). ➤ aussi **application ; dépense, emploi, service.** *Connaître, ignorer l'usage d'un outil, d'un instrument. Des livres «brochés, tout écornés par l'usage»* LACRETELLE. *Seringue, gants à usage unique. Usage répété, régulier. Usage immodéré du café, de l'alcool.* ➤ **abus, excès.** *Le bon, le mauvais usage des richesses. Condamné pour usage de faux.* ◆ DIDACT. Emploi (d'un procédé, d'une technique) par un groupe social. ➤ **utilisation.** *L'usage de la roue ; de la boussole.* ◆ (Compl. abstrait) *«L'usage des nombres en arithmétique, en géométrie»* VOLTAIRE. *L'usage de la force.* ■ **2** Mise en activité effective (d'une faculté). ➤ **activité, exercice, fonctionnement.** *«On ne doit pas juger du mérite d'un homme par ses grandes qualités, mais par l'usage qu'il en sait faire»* LA ROCHEFOUCAULD. — *L'usage des sens :* le fait de sentir, de percevoir. — *Perdre l'usage de la parole. Il n'a plus l'usage de ses jambes depuis son accident.* ■ **3** LOC. **FAIRE USAGE DE :** se servir de. ➤ **user** (de), **utiliser ; employer.** *Faire usage de faux noms. Faire mauvais usage de qqch.* ➤ **mésuser.** ◆ **À L'USAGE :** lorsqu'on s'en sert, lorsqu'on l'utilise. *«on s'aperçoit, à l'usage, que le nouveau régime crée* *de nouveaux abus»* MARTIN DU GARD. ◆ *En usage* : qui est habituellement employé. *Technique encore, toujours en usage.* ◆ FAM. *Faire de l'usage* : pouvoir être utilisé longtemps sans se détériorer. ➤ **durer.** ▪ **4** (XVIIe) Le fait de pouvoir produire un effet particulier et voulu. ➤ **fonction, utilité ; service.** *«un bizarre objet perdu dont nul ne peut dire l'usage»* ARAGON. *«Un canif américain composé de dix à douze lames qui servent à divers usages»* LAUTRÉAMONT. ◆ **HORS D'USAGE :** qui ne peut plus être utilisé, fonctionner. ◆ **À USAGE :** destiné à être utilisé (de telle ou telle façon). *Médicament à usage externe, interne. Immeuble à usage de bureaux.* ▪ **5 À L'USAGE (DE) :** destiné à être utilisé (par). ➤ **pour.** *Guide à l'usage des débutants.* — *Réserver qqch. à son usage personnel,* pour soi. ◆ LITTÉR. **AVOIR L'USAGE DE :** pouvoir se servir de. *Prends-le, je n'en ai pas l'usage.* ▪ **6** Le fait d'employer les éléments du langage, de les réaliser dans le discours ; manière dont ils sont employés (opposé à *mention*). ➤ **emploi.** *«Le "après," dont je fais un usage impropre et abusif»* GIDE. *Mot en usage.* ➤ **usité.** ◆ Mise en œuvre de l'ensemble des éléments du langage par la parole ; expression verbale de la pensée dans un milieu et un temps donnés. *L'usage oral, écrit, courant, populaire. «L'usage contemporain est le premier et principal objet d'un dictionnaire»* LITTRÉ. *«Il n'existe pas de limites précises entre l'usage littéraire des mots et leur usage commun»* CAILLOIS. — *Le bon usage.* ◆ (Non qualifié) *L'usage* : l'utilisation effective (et correcte) d'une langue, à une époque donnée. *«L'usage est en train d'escamoter le "ne," il le gomme avec ardeur»* CAVANNA. — *Orthographe* d'usage.*

II CE QUI SE FAIT ▪ **1** (milieu XIIe) Pratique que l'ancienneté ou la fréquence rend normale, dans une société. ➤ **coutume, habitude, 1 mode, mœurs, us.** *C'est un usage ancien ; bien établi, reçu. Usages qui se perdent. «cette coutume est constituée par un ensemble d'usages»* THARAUD. *«il faut partout se conformer aux usages des peuples»* GAUTIER. *Les usages d'une famille, de la bonne société* (➤ **manière**). — (Non qualifié) *Les usages* : les comportements considérés comme les meilleurs, ou les seuls normaux dans une société. *Conforme aux usages.* ➤ **classique, correct, 1 courant, normal.** *Oublier les usages. Contraire aux usages.* ➤ **inconvenant, incorrect ; bizarre, excentrique.** ◆ Habitude particulière (dans un groupe). *«C'est un usage que les professeurs récemment nommés débutent par une première leçon de généralités»* RENAN. — DR. Règle de droit établie par une pratique ancienne. ➤ **coutume.** *Usages locaux, professionnels.* ▪ **2** (1601) **L'USAGE :** ensemble des pratiques sociales. ➤ **coutume, habitude.** LOC. *C'est l'usage, l'usage reçu...* : c'est ce qu'il convient de faire, de dire. *«Je ne fais guère les choses "selon l'usage." Par exemple : je refuse d'être pasteur – ce n'est pas l'usage»* TH. MONOD. — *Consacré par l'usage. «Tout ce qui est contre l'usage est contre nature»* VALÉRY. — **D'USAGE :** conforme à l'usage ; habituel, normal. *La formule, les recommandations d'usage. Comme il est d'usage. Il est d'usage d'offrir un cadeau.* ▪ **3** VX Pratique particulière. ➤ **habitude.** *«Son usage était de le laisser aller à sa fantaisie»* DIDEROT. ▪ **4** (XVe) VX ou LITTÉR. Pratique habituelle (d'une activité) ; fréquentation habituelle (d'un milieu). *«j'ai vu combien l'usage du grand monde donne d'aisance»* BEAUMARCHAIS. ▪ **5** (XVIIe) MOD. Les bonnes manières que donne l'expérience de la bonne société ; respect des meilleurs usages. ➤ **civilité, éducation, politesse.** *«Je n'osai me risquer à prendre part au festin, dans la crainte de manquer d'usage»* NERVAL.

III EN DROIT (début XIVe) Droit réel qui permet à son titulaire (➤ **usager**) de se servir d'une chose appartenant à autrui (➤ aussi **usufruit**). *Avoir l'usage d'un bien.* ➤ **jouir.** *Propriété et usage.*

▪ CONTR. Désuétude, non-usage.

USAGÉ, ÉE [yzaʒe] adj. – 1782 ◇ de *usage* «déchet de ce qui est usé» (1636) ; cf. *usagié* «en usage» 1289 ; «qui a l'usage, l'habitude du monde» XVIIIe-XIXe ▪ **1** Qui a été longtemps en usage, qui a beaucoup servi (sans être forcément détérioré, à la différence de *usé*). *Vêtements usagés. Jupe usagée.* — Qui a servi et ne peut plus être utilisé. *«Par terre, il y a des tickets usagés, jetés par les gens»* LE CLÉZIO. FIG. ➤ **usé.** *«Un repas en commun dans une gare est prétexte seulement à vacarme, à plaisanteries usagées»* COLETTE. ▪ **2** (1916 ◇ calque de l'anglais *used*) (Canada ; critiqué) D'occasion, de seconde main. *Livres neufs et usagés.* ▪ HOM. Usager.

USAGER, ÈRE [yzaʒe, ɛʀ] n. – *usagier* 1321 ◇ de *usage* ▪ **1** DR. Titulaire d'un droit réel d'usage (III). *«L'usager ne peut céder ni louer son droit à un autre»* (CODE CIVIL). ▪ **2** (1933) COUR. Personne qui utilise (un service public, le domaine public). *Les usagers des transports en commun. Groupement, association d'usagers et de consommateurs.* REM. *Utilisateur** a une valeur plus générale. ◆ (1960) Utilisateur (de la langue ; ➤ **usage**). *Les usagers du français.* ➤ **locuteur.** — REM. S'emploie surtout au pluriel général : *les usagers.* ▪ HOM. Usagé.

USANT, ANTE [yzɑ̃, ɑ̃t] adj. – avant 1957 ; «qui use» (concret) 1872 ; *les usants* «usagers» 1477 ◇ de *user* ▪ Qui use la santé, les forces. *Un travail usant. Cet enfant est usant.* ➤ **épuisant, fatigant.**

USB [yɛsbe] n. m. – 1995 ◇ sigle anglais de *Universal Serial Bus* «bus série universel» ▪ ANGLIC. INFORM. Prise (port) permettant de connecter des périphériques à un ordinateur (➤ **2 bus**). — APPOS. *Port, bus USB. Clé* USB.*

USÉ, ÉE [yze] adj. – 1508 ; «accoutumé, usité» 1165 ◇ de *user* ▪ **1** Altéré par un usage prolongé, par des actions physiques. ➤ **détérioré ; vieux.** *Vêtements, tissus usés.* ➤ **avachi, déchiré, déformé, défraîchi, fatigué, mûr, 2 râpé.** LOC. *Usé jusqu'à la corde*. Chaussure, semelle usée.* ➤ **éculé.** — *Pièces de monnaie usées.* ➤ **fruste.** ◆ Hors d'usage. *Remplacer les pièces usées d'un moteur.* ➤ **usagé.** ◆ Sali, souillé par l'usage. *Évacuation des eaux usées.* ▪ **2** Diminué, affaibli, par une action progressive. ➤ **émoussé, éteint, fini.** *«Tout est usé, aujourd'hui, même le malheur»* CHATEAUBRIAND. *Théories usées.* ➤ **démodé.** — FAM. *C'est usé !* c'est inutile, sans intérêt. ▪ **3** Dont les forces, la santé sont diminuées. ➤ **décrépit, épuisé.** *Le duc d'Orléans «était usé, à cette époque, fini de corps et de cœur, très faible d'esprit»* MICHELET. *«C'est une femme usée, ravagée, pas une vieille»* ARAGON. ▪ **4** Qui a perdu son pouvoir d'expression, d'évocation par l'usage courant, la répétition. ➤ **banal, commun, éculé, rebattu.** *Des termes vagues et usés.* FIG. *Un argument usé jusqu'à la corde. «Dites-moi, de grâce, un calembour usé, quelque chose de bien rebattu»* MUSSET. *Rajeunir un sujet usé.*

USER [yze] v. tr. ‹1› – *user son temps, sa vie* «consommer, achever» 1080 ◇ latin populaire °*usare,* de *usus,* p. p. de *uti* «se servir de»

I ~ v. tr. ind. USER DE (1267) ▪ **1** VX ou DIDACT. Faire en sorte qu'une chose produise un effet souhaitable, soit en exerçant sur elle une action destructrice (➤ **consommer, épuiser**), soit en la faisant fonctionner, agir (➤ **employer,** se **servir, utiliser**). *«dans un grand nombre de cas, posséder un objet, c'est pouvoir en user»* SARTRE. ➤ **disposer** (II). — *User de son bien,* en faire usage. — MOD. *User et abuser* de qqch. Il faut en user avec modération.* ▪ **2** COUR. (compl. chose abstraite) Avoir recours à, mettre en œuvre. ➤ se **servir.** *User d'un droit, d'un privilège. User de son influence, de son charme. User de patience. User d'un stratagème. «Avez-vous remarqué s'ils usent de certaines précautions ?»* ROMAINS. ◆ Employer, se servir de (tel élément du langage) (➤ **usage**). *User de termes ambigus.* ▪ **3** (1611 ; *user de qqn* «se conduire de telle ou telle façon avec lui» v. 1360) VX ou LITTÉR. **EN USER... AVEC** qqn. Agir, se conduire d'une certaine manière. ➤ se **comporter, traiter.** *«De quelle manière en useriez-vous avec un jeune cavalier ?»* LESAGE.

II ~ v. tr. dir. (*user son temps* «l'épuiser» 1080 ; «se servir de» 1131) ▪ **1** Détruire par la consommation ; utiliser (qqch.) jusqu'à l'épuiser. *Cet appareil use trop d'électricité ; cette voiture use beaucoup d'essence.* ➤ **consommer, dépenser, 1 manger.** LOC. FAM. *User sa salive*.* ▪ **2** (1530) Modifier (qqch.) progressivement en enlevant certaines de ses parties, en altérant son aspect, par l'usage prolongé qu'on en fait. ➤ **abîmer, détériorer, élimer, entamer, râper, ronger ; 2 usure.** *User une pointe* (➤ **émousser, épointer**). *User ses vêtements, les user jusqu'à la corde*. Des chaussures qu'il achevait d'user.* LOC. *Avoir usé ses fonds de culottes sur les mêmes bancs* (de l'école) : avoir fréquenté la même école. — ABSOLT *«Dame ! les draps ne sont pas neufs.* [...] *à la longue, le frottement du corps, ça use...»* ZOLA. — PAR ANAL. Altérer ou entamer (qqch.). *Courant rapide qui use la roche.* ➤ **éroder.** *Terrains usés par l'érosion.* ▪ **3** Diminuer, affaiblir (une sensation, la force de qqn...) par une action lente, progressive. *«La jouissance use les plaisirs»* ROUSSEAU. ➤ **amoindrir, émousser.** *«Elle avait combattu pouce à pouce, usant la patience des uns, désarmant la brusquerie des autres»* DUHAMEL. *User ses forces, sa santé à...* ➤ **miner.** *«La lumière sous la porte de ma chambre le soir lui faisait dire que je m'usais la santé»* A. ERNAUX. *Tu vas t'user les yeux.* ➤ **abîmer.** ▪ **4** Diminuer ou supprimer les forces de (qqn). ➤ **épuiser.** *Les excès l'ont usé.* ➤ **consumer.** ABSOLT *«Une volupté intérieure qui use et tue»* RENAN. ▪ **5** Passer. *«Ces réunions où l'on use le temps»* ALAIN.

III ~ v. pron. S'USER (1530) ▪ **1** Se détériorer à l'usage ; perdre de son effet, de son utilité. ➤ **se dégrader.** *Tissu fragile qui s'use vite. «il n'est pas d'outil qui ne s'use et qui ne s'encrasse»* CAILLOIS. LOC. *Ne s'use que si l'on ne s'en sert pas* (se dit pour inciter à utiliser qqch., en particulier un droit). ▪ **2** (ABSTRAIT) S'affaiblir, être diminué avec le temps. *Les gens «blasés n'ont jamais rien éprouvé : la sensibilité ne s'use pas»* RENARD. ➤ **s'émousser.** ▪ **3** (RÉFL.) Perdre sa force, sa santé. *«Léontine s'était usée et dépensée à lui donner, par sa présence, un réconfort qu'il ne soupçonnait pas»* CARCO. ➤ **s'épuiser, se fatiguer.** *On s'use à le lui dire.* — Perdre sa puissance, son influence. *Régime où les ministères s'usent vite.*

USINAGE [yzinaʒ] n. m. – 1876 ◊ de *usiner* ▪ Action d'usiner. *Usinage des pièces mécaniques. Usinage à chaud. Usinage chimique, électrolytique, laser.*

USINE [yzin] n. f. – 1732 ; «boutique, atelier» 1355 ◊ du latin *officina*, par *wisine*, et *uisine* «fabrique, forge» 1274 ▪ **1** Établissement de la grande industrie destiné à la fabrication de produits, à la transformation de matières premières et de produits semi-finis en produits finis, ou à la production d'énergie, et employant des machines qui utilisent une source importante d'énergie. ➤ **établissement, fabrique, industrie, manufacture,** RÉGION. **moulin.** *Les ateliers, les unités de production d'une usine. «Ce faubourg souillé par la suie des usines»* FRANCE. *Aller à l'usine. Entrée, sortie d'usine. Travailler dans une usine, en usine. Usine robotisée. — Les usines d'une société, d'un groupe. — Usines de métallurgie :* aciérie, fonderie, forge. *Usine d'armement. Usine d'automobiles. Usines textiles* (filature, tissage). *Usines agroalimentaires* (conserverie, distillerie). PAR APPOS. *Navire-usine,* où l'on traite les produits de la mer. *Usines effectuant le raffinage.* ➤ **raffinerie.** — *Usines génératrices d'énergie.* ➤ **centrale.** *Usine à gaz ;* FIG. système inutilement compliqué. *Son programme est illisible, c'est une usine à gaz. — Magasin d'usine,* écoulant les surplus de production à prix réduit (cf. Usine-center, ANGLIC.). *Des magasins d'usine. — Vendre, acheter une usine clés* en main.* — PAR MÉTON. Le personnel d'une usine. *L'usine est en grève.* ▪ **2** L'industrie qui travaille, produit, dans les usines ; la grande industrie. *L'ouvrier d'usine. «L'Usine nouvelle»* (revue). ▪ **3** FAM. Local qui, par ses dimensions, son nombreux personnel et l'importance de son rendement, évoque une usine. *Ce bureau, ce restaurant est une véritable usine.* PAR PLAIS. *«C'est une usine à gosses chez vous»* DUHAMEL. ◆ Organisme dont les fonctions essentielles s'exercent à une échelle comparable à celle de l'industrie. *Hollywood, l'usine à rêves.*

USINER [yzine] v. tr. ⟨1⟩ – 1877 ; «travailler» 1773 ◊ de *usine* ▪ **1** Façonner (une pièce) avec une machine-outil. *«usiner, tailler et graver à la machine une tonne de marbre»* C. SIMON. ▪ **2** (1918) Fabriquer dans une usine. *Usiner des produits finis.* ▪ **3** (milieu XXe personnes ; 1859 choses) ABSOLT, FAM. Travailler dur (surtout avec un sujet impers.). ➤ **2 bosser.** *Ça usine, ici !*

USINIER, IÈRE [yzinje, jɛʀ] adj. – 1845 ; «celui qui exploite un atelier» hapax XIVe ◊ de *usine* ▪ VIEILLI Qui a rapport à l'usine. *«Enclins à obéir par toute une vie usinière, ils se soumettaient»* HAMP. ◆ Où il y a des usines. ➤ **industriel.** *Complexe usinier.*

USITÉ, ÉE [yzite] adj. et p. p. – 1531 ◊ latin *usitatus*, p. p. de *usitari*, fréquentatif de *uti* «se servir de» ▪ **1** VIEILLI Qui est en usage. *«un supplice usité en Chine* [...] *pour les parricides»* VOLTAIRE. ▪ **2** LING. Qui est employé, en usage. *Un mot usité.* ➤ **1 courant, usuel.** *Le passé composé, temps passé le plus usité. Peu usité.* ▪ **3** v. pass. (XVIe) *Être usité,* utilisé (langage). *«Cette façon de parler a été fort usitée autrefois par les meilleurs écrivains»* VAUGELAS. *Un mot rare, peu usité.*

USNÉE [ysne] n. f. – 1530 ◊ latin médiéval *usnea*, de l'arabe *ushnah* «mousse» ▪ BOT. Lichen de couleur grisâtre et à longs cils.

USTENSILE [ystɑ̃sil] n. m. – 1639 ; *ustencile* 1439 ; *utensile* 1351 ◊ latin *utensilia*, de *uti* «se servir de» ; *s* d'après *user* ▪ Objet ou accessoire d'usage domestique sans mécanisme, ou muni d'un mécanisme simple. *Ustensiles de ménage. Ustensiles de cuisine :* récipients (batterie de cuisine), bouilloire, broche, casserole, cocotte, couteau, cuillère, écumoire, entonnoir, faitout, fourchette, friteuse, hachoir, louche, marmite, mixeur, mortier, moulin* à légumes, ouvre-boîte, passoire, poêle, presse-purée, râpe, robot. *Les «ustensiles et accessoires dont elle n'aurait pu se passer : son moulin à café et sa boule à thé, une écumoire, un chinois, un presse-purée»* PEREC. *Ustensiles de jardinage. Ustensiles de toilette.* — FAM. *Qu'est-ce que c'est que cet ustensile ?* ➤ **engin, 1 truc.**

USTILAGINALES [ystilaʒinal] n. f. pl. – 1964 ; *ustilaginées* 1876 ◊ latin tardif *ustilago* «chardon sauvage» ▪ BOT. Champignons hétérobasidiomycètes parasites qui provoquent le charbon et la rouille.

USUCAPION [yzykapjɔ̃] n. f. – XIIIe ◊ latin *usucapio*, de *capere* «prendre» et *usus* «usage» ▪ DR. Prescription* acquisitive.

USUEL, ELLE [yzɥɛl] adj. et n. m. – 1606 ; *monnaie usuale* hapax XVe ; *usuau* 1298 ◊ bas latin *usualis*, de *usus* «usage» ▪ **1** Qui est utilisé habituellement, qui est d'un usage courant. *Un objet usuel.* ➤ **commun, familier, ordinaire.** — Qui est dans l'usage courant (langage). *Mots usuels.* ➤ **1 courant, fréquent.** *La langue usuelle. Expressions usuelles.* ➤ **usité.** — *Procédés usuels. Il est usuel de... :* il est habituel de... ▪ **2** n. m. Ouvrage de référence, de consultation, dans une bibliothèque. *On ne peut emprunter les usuels. «juste derrière* [son bureau] *il y avait quelques rayonnages de dictionnaires et d'usuels»* HOUELLEBECQ. ▪ CONTR. Archaïque, désuet.

USUELLEMENT [yzɥɛlmɑ̃] adv. – 1507 ◊ de *usuel* ▪ DIDACT. Communément. ➤ **habituellement.**

USUFRUCTUAIRE [yzyfʀyktɥɛʀ] adj. – 1580 ; n. m. «usufruitier» XIIIe ◊ latin *usufructuarius* ▪ DR. Qui a rapport à l'usufruit. *Droit usufructuaire.*

USUFRUIT [yzyfʀɥi] n. m. – 1276 ; *usufruis, usefruis* XIIIe ◊ latin juridique *usufructus* ▪ Droit réel de jouissance qui confère à son titulaire (usufruitier) le droit d'utiliser la chose et d'en percevoir les revenus, mais non d'en disposer (opposé à *nue-propriété*). ➤ **jouissance.** *«Le défunt laissait en usufruit à Hélène Haviland* [...] *ses biens meubles et immeubles»* FRANCE. *Extinction de l'usufruit.* — PAR EXT. Jouissance d'un bien par usufruit ; ce bien lui-même. *Avoir l'usufruit d'un appartement.*

USUFRUITIER, IÈRE [yzyfʀɥitje, jɛʀ] n. et adj. – 1411 ◊ de *usufruit* ▪ **1** Personne qui détient un usufruit. ▪ **2** adj. (1765) RARE *Jouissance usufruitière.* ➤ **usufructuaire.**

USURAIRE [yzyʀɛʀ] adj. – 1521 ; «à intérêt» 1320 ◊ latin *usurarius* «relatif aux intérêts» ▪ Qui a le caractère de l'usure, est propre à l'usure (1, 2°). *Intérêt, taux usuraire. Elle faisait «des prêts usuraires par l'entremise de son frère, qui passait pour un escompteur»* BALZAC.

1 USURE [yzyʀ] n. f. – 1138 ◊ latin *usura* «intérêt de l'argent» ▪ **1** VX Intérêt pris sur une somme d'argent. ▪ **2** MOD. Intérêt de taux excessif (par rapport à la norme financière ; SPÉCIALT au-delà du taux d'intérêt maximum fixé par la loi, dit *taux de l'usure*) ; le fait de prendre un tel intérêt (➤ **usurier**). *Prêter à usure. Il trouvait «de plus gros intérêts dans l'aspect de l'or que dans les bénéfices de l'usure»* BALZAC. *Délit d'usure* (en droit moderne). ◆ (1608 fig.) LITTÉR. **AVEC USURE :** au-delà de ce qu'on a reçu. *Rendre qqch. avec usure.*

2 USURE [yzyʀ] n. f. – 1530, rare avant XIXe ◊ de *user* ▪ **1** Détérioration par un usage prolongé. ➤ **user ; attrition, 1 dégradation.** *Résister à l'usure. Usure des roches.* ➤ **érosion.** ◆ Action de ce qui use, dégrade. *L'usure du temps.* ▪ **2** Diminution ou altération (d'une qualité, de la santé). *«Mais qu'est-ce que cette sagesse, sinon l'usure de nos sentiments, et le refroidissement de notre ferveur ?»* LARBAUD. *L'usure des forces, de l'énergie. «vieilli avant l'âge par l'usure nerveuse»* THIBAUDET. ➤ **fatigue.** ◆ Le fait d'user qqn. *«Guerre d'usure totale. Usure de l'homme vivant, mais aussi de tout ce qui s'attache à lui»* ROMAINS. — LOC. FAM. *Avoir qqn à l'usure,* prendre l'avantage sur lui en le fatiguant peu à peu (cf. Au finish*). ▪ **3** État de ce qui est altéré, détérioré par l'usage (➤ **usagé**). *«une redingote, un pantalon noirs, abominables d'usure et de taches»* ZOLA. *Usure d'une monnaie* (➤ **2 frai**).

USURIER, IÈRE [yzyʀje, jɛʀ] n. – 1694 ; «personne qui prête à intérêt» 1213 ; *usurer* même sens 1170 ◊ de 1 *usure* ▪ Personne qui prête à usure. ➤ **prêteur.** *«Les usuriers ne se fient à personne, ils veulent des garanties»* BALZAC. *Un usurier rapace, sordide.* ➤ VX **fesse-mathieu.**

USURPATEUR, TRICE [yzyʀpatœʀ, tʀis] **n.** – v. 1430 ◇ latin tardif *usurpator* ■ Personne qui usurpe (un pouvoir, un droit ; SPÉCIALT la souveraineté). ➤ **imposteur.** — *L'usurpateur,* nom donné par les royalistes à Napoléon Ier.

USURPATION [yzyʀpasjɔ̃] **n. f.** – 1374 ◇ latin *usurpatio* ■ Action d'usurper ; son résultat. ➤ **appropriation.** ◆ DR. *Usurpation de pouvoir,* commise par un agent administratif qui empiète sur le domaine réservé aux autorités judiciaires. *Usurpation de fonctions. Usurpation de titre professionnel.*

USURPER [yzyʀpe] **v.** ‹1› – 1340 ◇ latin *usurpare* ■ **1 v. tr.** S'approprier sans droit, par la violence ou la fraude (un pouvoir, une dignité, un bien). ➤ **s'arroger, s'attribuer, s'emparer.** *Usurper un pouvoir, un titre, un nom, des honneurs.* — *Identité usurpée.* ◆ Obtenir de façon illégitime. — *«il a une réputation usurpée ; [...] quantité de gens le croient digne du ministère»* CHAMFORT. ■ **2 v. intr.** LITTÉR. **USURPER SUR... :** commettre une usurpation au détriment de... ➤ **empiéter, envahir.** *Usurper sur les droits de qqn, sur qqn.*

UT [yt] **n. m. inv.** – XIIIe ; subst. XVIIe ◇ en latin (XIe), du premier mot de l'hymne à saint Jean Baptiste : *«Ut queant laxis»* ■ **1** ANCIENNT Première note de la gamme. ➤ **do.** MOD. *Ut de poitrine* (cf. Contre-ut). ■ **2** MOD. Ton de do. *La Cinquième Symphonie de Beethoven, en ut mineur. Clé* d'ut.* ■ HOM. Hutte.

UTÉRIN, INE [yteʀɛ̃, in] **adj.** – 1455 ◇ latin juridique *uterinus* ■ **1** DR. Se dit des frères et sœurs qui ont la même mère, mais un père différent (opposé à *germain*). *Frères utérins et frères consanguins.* ➤ **demi-frère, demi-sœur.** *Sœur utérine. Noblesse utérine,* qui, dans certaines coutumes, passait de la mère aux enfants. ◆ *Mère utérine :* femme qui a porté un enfant. ■ **2** (1560) ANAT. Relatif à l'utérus, qui appartient à l'utérus. *Trompe, artère utérine. Col utérin. Muscle utérin.* ➤ **myomètre.** *Muqueuse utérine.* ➤ **endomètre.** *Grossesse utérine,* normale, dans l'utérus (opposé à *ectopique, extra-utérine*).

UTÉRUS [yteʀys] **n. m.** – 1560 ◇ latin *uterus* ■ Organe situé dans la cavité pelvienne de la femme, entre la vessie et le rectum, destiné à contenir l'œuf fécondé jusqu'à son complet développement. ➤ **matrice, myomètre.** *Corps, col de l'utérus. Radio du col de l'utérus.* ➤ **colposcopie.** *Trompes de l'utérus. Affections de l'utérus :* endométrite, fibrome, métrite, prolapsus. *Malpositions de l'utérus :* antéversion, rétroflexion, rétroversion. *Hémorragie de l'utérus.* ➤ **métrorragie ; menstruation.** ◆ Chez les animaux supérieurs vivipares, Organe de la gestation chez la femelle. ◆ Chez la femelle des invertébrés, Partie de l'appareil reproducteur où séjournent les œufs ou les embryons.

UTILE [ytil] **adj. et n. m.** – 1260 ; *utle, utele* XIIe ◇ latin *utilis* ■ **1** Dont l'usage, l'emploi est ou peut être avantageux, satisfait un besoin. ➤ 1 **bon, profitable, salutaire ; indispensable, nécessaire. UTILE À...** *«J'avais lieu d'espérer faire un livre vraiment utile aux hommes»* ROUSSEAU. — *Cette méthode, cet objet peut nous être utile.* ➤ **servir.** ABSOLT *Dépenses utiles ou inutiles. D'utiles conseils. «tout ce qui est utile est laid»* GAUTIER. — *Il est utile de* (et l'inf.). *«Ne serait-il pas plus sage et plus utile d'employer la douceur ?»* VOLTAIRE. *Il est utile que* (et subj.). *«il est très utile que nous soyons sur terre et que nous vivions»* GAUTIER. — *Utile à* (et l'inf.) : qu'il est utile de... *Ouvrages utiles à consulter. «il n'y a rien pour nous d'utile à savoir que ce qui nous apprend à bien faire»* ROUSSEAU. ◆ TECHN. *Travail utile d'un moteur,* travail utilisable (compte tenu des résistances). ➤ **efficacité.** *Charge utile d'un véhicule.* ◆ **n. m. L'UTILE.** ➤ 2 **bien, utilité.** *«L'utile est ce qui répond à la satisfaction des besoins physiologiques des hommes»* VOLTAIRE. LOC. *Joindre l'utile à l'agréable.* ■ **2** (PERSONNES) Dont l'activité est ou peut être avantageusement mise au service d'autrui. ➤ **précieux.** *Tâcher d'être utile, chercher à se rendre utile. «c'est proprement ne valoir rien que de n'être utile à personne»* DESCARTES. — ADVT *Voter utile,* pour un candidat susceptible d'être élu, plutôt que pour celui qu'on préfère. — *Animaux utiles* (opposé à *animaux nuisibles*). ■ **3** DR. *Jours utiles,* pendant lesquels un acte peut encore être accompli. — LOC. *En temps utile :* dans le temps prescrit ; COUR. au moment opportun. ■ CONTR. Inefficace, inutile, superflu ; nuisible.

UTILEMENT [ytilmɑ̃] **adv.** – 1538 ; *utlement* XIIe ◇ de *utile* ■ D'une manière utile. *S'occuper utilement.* ■ CONTR. Inutilement.

UTILISABLE [ytilizabl] **adj.** – 1842 ◇ de *utiliser* ■ Qui peut être utilisé. *Puissance utilisable.* ➤ **disponible, employable.** *Moyen utilisable.* ➤ 1 **bon, praticable.** ■ CONTR. Inutilisable.

UTILISATEUR, TRICE [ytilizatœʀ, tʀis] **n.** – 1928 ◇ de *utiliser* ■ Personne qui utilise (qqch.). ➤ **usager.** *Les utilisateurs d'un système informatique. Nom d'utilisateur.* ➤ **identifiant,** ANGLIC. **login.**

UTILISATION [ytilizasjɔ̃] **n. f.** – 1796 ◇ de *utiliser* ■ Action, manière d'utiliser. ➤ **application, destination, emploi, maniement.** *Mode d'utilisation de la houille blanche. Notice d'utilisation d'un appareil.*

UTILISER [ytilize] **v. tr.** ‹1› – 1792, répandu milieu XIXe ◇ de *utile* ■ **1** Rendre utile, faire servir à une fin précise. ➤ **exploiter** (cf. Tirer* parti, profit de). *«La petite usine qui utilise le flux et le reflux du golfe de Gascogne»* GIRAUDOUX. *L'art d'utiliser les restes. La Révolution «utilisa au plus haut degré les choses et les hommes»* JAURÈS. ■ **2** Employer. ➤ **pratiquer, se servir, user** (de). *Utiliser un procédé, un moyen, un instrument.* ■ CONTR. Éprouver ; perdre.

UTILITAIRE [ytilitɛʀ] **adj. et n. m.** – 1831 ◇ de *utilité,* par l'anglais *utilitarian* (1781) ■ **1** PHILOS. Qui professe, ou qui concerne l'utilitarisme philosophique. ➤ **utilitariste.** *Morale utilitaire.* ■ **2** Qui vise à l'utile. *Véhicules utilitaires :* camions, autocars, etc. (opposé à *voiture de tourisme*). — **n. m.** *Un utilitaire.* ■ **3** Attaché à ce qui est utile, préoccupé des seuls intérêts matériels. *Calculs, préoccupations utilitaires.* ➤ **intéressé.** ■ **4 n. m.** INFORM. Logiciel qui assure des opérations de gestion et d'exploitation dans un système. *Utilitaire de gestion de fichiers. Utilitaire de diagnostic.* ■ CONTR. Désintéressé, gratuit.

UTILITARISME [ytilitaʀism] **n. m.** – 1831 ◇ de *utilitaire* ■ PHILOS. Doctrine selon laquelle l'utile est le principe de toutes les valeurs, dans le domaine de la connaissance *(pragmatisme)* et dans le domaine de l'action *(utilitarisme moral et économique).*

UTILITARISTE [ytilitaʀist] **adj.** – avant 1922 ◇ de *utilitarisme* ■ PHILOS. Qui professe, ou qui concerne l'utilitarisme philosophique. *Théories utilitaristes.* — SUBST. *Un utilitariste.*

UTILITÉ [ytilite] **n. f.** – 1120 ◇ latin *utilitas* ■ **1** Caractère de ce qui est utile. *Utilité d'un instrument, d'une méthode. «l'utilité directe de l'art, théorie puérile»* HUGO. *Être d'une grande utilité à qqn, sans utilité. Ce ne m'est d'aucune utilité.* ➤ **secours.** *Avoir son utilité.* ➤ **fonction.** — (PERSONNES) *«les hommes vous estiment en raison de votre utilité, sans tenir compte de votre valeur»* BALZAC. ◆ ABSOLT *Le principe, la morale de l'utilité.* ➤ **utilitarisme.** ■ **2** (Sens objectif) Le bien ou l'intérêt (de qqn). *Pour mon utilité personnelle.* ➤ **convenance.** ◆ DR. **UTILITÉ PUBLIQUE :** «avantage qu'une déclaration officielle de l'autorité publique reconnaît pouvoir être procuré soit au public, soit à un service public» (Capitant). *Déclaration d'utilité publique (D. U. P.). Association reconnue d'utilité publique.* ■ **3 UNE, DES UTILITÉS** (VX) : ce en quoi une chose est utile. ➤ **avantage.** *«Le but, les utilités et les parties du poème dramatique»* CORNEILLE. ◆ ÉCON. Satisfaction qu'un bien ou qu'un service procure. *Utilité marginale*. «Il est dans la nature de toute opération productive de créer plus d'utilités qu'elle n'en détruit»* CH. GIDE. ◆ (1801) Emploi subalterne d'acteur. LOC. *Jouer les utilités ;* FIG. avoir un rôle secondaire, insignifiant (cf. Second couteau*). ■ CONTR. Futilité, gratuité, inefficacité, inutilité.

UTOPIE [ytɔpi] **n. f.** – 1532 ◇ latin moderne *utopia* (Th. Morus, 1516), forgé sur le grec *ou* «non» et *topos* «lieu» : «en aucun lieu» ■ **1** VX *L'Utopie :* pays imaginaire où un gouvernement idéal règne sur un peuple heureux. ■ **2** (1710) DIDACT. Plan d'un gouvernement imaginaire, à l'exemple de la République de Platon. *L'utopie de Fénelon dans le Télémaque.* ■ **3** (XIXe) COUR. Idéal, vue politique ou sociale qui ne tient pas compte de la réalité. *«les utopies* "à la française :" *paix universelle, fraternité, progrès pacifique, droits de l'homme, égalité naturelle»* R. ROLLAND. ◆ Conception ou projet qui paraît irréalisable. ➤ **chimère, illusion, mirage, rêve, rêverie.** *«Utopie pédagogique»* BAUDELAIRE. *«une rêverie d'inventeur songe-creux, une utopie»* HUGO.

UTOPIQUE [ytɔpik] **adj.** – v. 1840 ; *utopien* fin XVIIIe ◇ de *utopie* ■ Qui constitue une utopie, tient de l'utopie. ➤ **chimérique, imaginaire, irréalisable ; irréaliste.** *«voyant* [les transformations sociales] *d'une manière un peu utopique, que vient corriger la réalité»* ARAGON. ◆ SPÉCIALT (allemand, Engels, 1878) *Socialisme utopique,* celui des saint-simoniens, de Fourier, qui dérive d'un système idéal plus que de l'analyse des réalités économiques (opposé à *socialisme scientifique*).

UTOPISTE [ytɔpist] n. – 1792 ◊ de *utopie* ■ Auteur de systèmes utopiques, esprit attaché à des vues utopiques. ➤ **rêveur.** *« Le rêve des utopistes de la paix, un tribunal sans armées pour appuyer ses décisions, est une chimère »* RENAN. ♦ adj. Utopique.

UTRICULAIRE [ytʀikylɛʀ] n. f. et adj. – 1771 adj. ◊ latin des botanistes *utricularia* → utricule ■ **1** (1808) BOT. Herbe aquatique, à feuilles immergées, portant des outres qui servent à la capture de petits animaux. ■ **2** adj. SC. NAT. En forme d'utricule.

UTRICULE [ytʀikyl] n. m. – 1726 « vésicule du tissu cellulaire des plantes » ◊ latin *utriculus*, de *uter, utris* « outre » ■ DIDACT. ■ **1** BOT. Petit organe en forme d'outre porté par certains végétaux (flotteur, piège), notamment les utriculaires. ■ **2** (1846) ANAT. Vésicule occupant la partie supérieure du vestibule de l'oreille interne, dans lequel débouchent les canaux semi-circulaires.

UTRICULEUX, EUSE [ytʀikylø, øz] adj. – 1842 ◊ de *utricule* ■ BOT. Pourvu d'utricules. ➤ **urcéolé.**

1 **U. V.** [yve] n. m. pl. – v. 1950 ◊ sigle de *ultra-violets* ■ Rayons ultraviolets. ♦ **U. V. A.** [yvea] : rayonnement ultraviolet dont la longueur d'onde s'étend de 400 à 320 nanomètres. *Traitement médical utilisant les U. V. A.* ➤ **puvathérapie.** ♦ **U. V. B.** [yvebe] : rayonnement ultraviolet dont la longueur d'onde s'étend de 320 à 290 nanomètres. ■ HOM. Uvée.

2 **U. V.** Sigle de *unité* de valeur.*

UVAL, ALE, AUX [yval, o] adj. – 1874 ◊ du latin *uva* « raisin » ■ DIDACT. Qui a rapport au raisin. *Cure uvale,* de raisin. *Station uvale,* où l'on fait cette cure.

UVA-URSI [yvayʀsi] n. m. inv. – 1765 ◊ mots latins « raisin d'ours » ■ BOT. ➤ **busserole.**

UVÉE [yve] n. f. – 1855 ; « choroïde » 1495 ◊ du latin *uva* « raisin », par anal. de couleur ■ ANAT. Tunique moyenne, vasculaire, de l'œil, comprenant la choroïde, le corps ciliaire et l'iris. ■ HOM. U. V.

UVÉITE [yveit] n. f. – 1855 ◊ de *uvée* et *-ite* ■ MÉD. Inflammation de l'uvée.

UVULAIRE [yvylɛʀ] adj. – 1735 ◊ de *uvule* ■ ANAT. Qui a rapport à la luette. ♦ PHONÉT. *R uvulaire,* produit par l'action de la luette vibrant contre le dos de la langue. ➤ **grasseyé.**

UVULE [yvyl] n. f. – 1314 ◊ latin scientifique *uvula,* de *uva* « luette » ■ ANAT. Luette.

UXORILOCAL, ALE, AUX [yksɔʀilɔkal, o] adj. – milieu XXe ◊ du latin *uxor* « épouse » et *local* ; cf. *matrilocal, patrilocal* ■ DIDACT. Se dit du type de résidence des couples, lorsqu'elle est déterminée par la résidence de l'épouse. ■ CONTR. Virilocal.

V

1 **V** [ve] **n. m. inv.** ▪ **1** Vingt-deuxième lettre et dix-septième consonne de l'alphabet : *v majuscule* (V), *v minuscule* (v), *double v* (w). — PRONONC. Lettre qui note la fricative labiodentale sonore [v] *(vie, avant, rêve).* ▪ **2** LOC. *À la vitesse* grand V.* ◆ *En V* : en forme de V majuscule. *Décolleté en V*, en pointe. ELLIPT *Un pull en V.* — *Moteur en V*, où les deux axes des lignes de cylindres forment un V. *Un moteur six cylindres en V.* ELLIPT *Un moteur V6.* ◆ *Le V de la victoire* : signe des Alliés (1939-1945), fait avec l'index et le médius écartés, le bras levé.

2 **V** **abrév. et symboles** ▪ **1 V.** [vɔtʀ] **adj. poss.** Votre. *V. E.* : Votre Excellence. — **V.** [vwaʀ] Voir ; voyez. ▪ **2 v** [vɔlym] Volume. ▪ **3 V** [vɔlt] Volt. ▪ **4 V adj. et n. m. inv.** Cinq, en chiffres romains. *Charles V.*

V1, V2 [veœ̃, vedø] **n. m. inv.** – v. 1944 ◇ abrév. de l'allemand *Vergeltungswaffe* «arme de représailles» ▪ Fusée porteuse d'explosifs, à grand rayon d'action, utilisée par les Allemands contre les Alliés pendant la guerre, en 1944-45.

1 **VA** Symb. du voltampère*.

2 **VA** ➤ 1 **ALLER** (V)

VACANCE [vakɑ̃s] **n. f.** – 1594 ; *vacance (de la foy)* «manque» 1531 ◇ de *vacant*

I (de *vacant* «absent ; oisif») AU PLUR. **VACANCES.** ▪ **1** DR. Période où les tribunaux interrompent leurs travaux. ➤ **vacation.** *Vacances judiciaires.* ▪ **2** (1623) COUR. Période pendant laquelle les écoles, les facultés rendent leur liberté aux élèves, aux étudiants. *Vacances scolaires. Les grandes vacances* : les vacances scolaires d'été. *Petites vacances (scolaires)*, en cours d'année scolaire. *Les vacances de Noël, de Pâques ; les vacances d'hiver, de printemps. Devoirs de vacances. Colonie* de vacances ; centre* de vacances et de loisirs.* ▪ **3** (1669) Repos, cessation des occupations, du travail ordinaires. *Vous êtes fatigué, vous avez besoin de vacances.* — LOC. FAM. *Ça me fait des vacances* : cela m'accorde un moment de répit. *Tais-toi, ça nous fera des vacances !* ▪ **4** (1907) Temps de repos excédant quelques jours, accordé légalement aux employés, aux salariés. *Depuis 1936, les vacances sont payées aux salariés.* ➤ **congé (payé).** ▪ **5** Période annuelle d'arrêt du travail coïncidant en partie avec les vacances scolaires (*grandes vacances* d'été ; *vacances* d'hiver), pendant laquelle un grand nombre de personnes se déplacent. *Partir en vacances. Les départs en vacances. Passer ses vacances au bord de la mer. L'étalement* des vacances. Un lieu de vacances*, où l'on va volontiers en vacances. *Club, village de vacances. Bonnes vacances !*

II (de *vacant* «libre, vide») ▪ **1** (1611) État d'une charge, d'un poste vacant. *La vacance d'une chaire de faculté, d'un fauteuil d'académie.* — PAR EXT. Poste sans titulaire, à pourvoir. *«Une vacance survint dans notre personnel et nous eûmes tout à fait besoin soudain d'une infirmière»* CÉLINE. ◆ DR. *Vacance de succession* : caractère d'une succession vacante. ▪ **2** POLIT. *La vacance du pouvoir* : situation, période où les organes institutionnels du pouvoir politique ne sont pas en mesure de fonctionner.

▪ **CONTR.** Rentrée. Occupation, 1 travail.

VACANCIER, IÈRE [vakɑ̃sje, jɛʀ] **n.** – v. 1925, répandu milieu XXe ◇ de *vacances* ▪ Personne qui se trouve en vacances, dans un endroit autre que son domicile habituel. ➤ **estivalier, estivant.** *Vacanciers du mois d'août* (➤ **aoûtien**), *de juillet* (➤ **juillettiste**).

VACANT, ANTE [vakɑ̃, ɑ̃t] **adj.** – 1207 ◇ latin *vacans*, p. prés. de *vacare* «être vide» ▪ **1** Qui n'a pas de titulaire. *«Ces trônes déclarés vacants»* CHATEAUBRIAND. *Poste vacant.* ▪ **2** DR. Qui n'a pas de maître, de propriétaire. *Biens vacants.* ➤ **abandonné.** *Succession* vacante.* ▪ **3** (1608) Qui n'est pas rempli, occupé ; qui est libre. ➤ **disponible, libre, inoccupé.** *Logement vacant. «Il y avait un angle vacant à côté de ma fenêtre»* DIDEROT. ▪ **4** (avant 1951) LITTÉR. Sans occupation, disponible ; absent (en parlant de l'esprit). *«Ils regardaient d'un air vacant»* TOULET. *«Nos aînés écrivaient pour des âmes vacantes»* SARTRE. ▪ **CONTR.** Occupé, pris, 1 rempli.

VACARME [vakaʀm] **n. m.** – 1534 ; *wascarme* 1288 ◇ moyen néerlandais *wacharme* «hélas ! pauvre !» ▪ **1** Grand bruit de gens qui crient, se querellent (**sens primitif**), s'amusent. ➤ **clameur.** *Un vacarme d'enfer, assourdissant.* ➤ **brouhaha, chahut, charivari, tapage, tohu-bohu, tumulte ;** FAM. **barouf,** 2 **boucan, chambard, potin, ramdam, tintouin ;** RÉGION. **train.** *«Le public siffle tous les soirs tous les vers ; c'est un rare vacarme, le parterre hue, les loges éclatent de rire»* HUGO. ➤ **cacophonie.** ▪ **2** (XIXe) Bruit assourdissant. *Un vacarme de camions, de perforatrices. Le vacarme des klaxons.* ➤ **tintamarre ;** FAM. **bastringue,** 2 **bousin, raffut.** *«Le vacarme inhumain de l'usine»* DUHAMEL. ▪ **CONTR.** Murmure, silence.

VACATAIRE [vakatɛʀ] **n. et adj.** – v. 1950 ◇ de *vacation* ▪ Personne affectée à une fonction précise pendant un temps déterminé (➤ **vacation**). *Titulariser un vacataire.*

VACATION [vakasjɔ̃] **n. f.** – 1390 «occupation» ◇ de *vaquer* et latin *vacatio*

I (de *vaquer*) ▪ **1** Temps consacré par la justice, par des experts, à l'examen d'une affaire, à l'accomplissement d'une fonction. ➤ **séance.** — SPÉCIALT Vente aux enchères. *«J'aurais aimé assister à la vacation, mais c'est vraiment gênant de se voir vendre»* GONCOURT. ◆ PAR EXT. Période d'une durée limitée pendant laquelle une personne se voit confier, à titre d'auxiliaire, une tâche, une fonction déterminée ; cette fonction. *Vacation d'enseignement, de recherche. Être payé à la vacation.* ▪ **2** AU PLUR. Honoraires, émoluments (des officiers ministériels, des experts). *«Et mes vacations, qui les paira ? Personne ?»* RACINE.

II (1425 ◇ latin *vacatio*) AU PLUR. Vacances judiciaires, cessation du travail des tribunaux. *Chambre des vacations.*

VACCAIRE [vakɛʀ] n. f. – 1861 ◇ du latin *vacca* «vache» ■ BOT. Plante à fleurs roses *(caryophyllacées)* appelée aussi *saponaire des vaches.*

VACCIN [vaksɛ̃] n. m. – 1801 ◇ de *vaccine* ■ **1** Virus de la vaccine (variole des vaches) qui, inoculé à l'être humain, le préserve de la variole. ■ **2** (1852) Substance préparée à partir de microbes, virus ou parasites (tués, inactivés ou atténués par des procédés spéciaux), qui, inoculée à un individu, lui confère une immunité contre le germe correspondant. ➤ aussi **autovaccin.** *Sérum et vaccin. Injection, inoculation d'un vaccin. Vaccin antivariolique, antirabique. Vaccin antituberculeux* (➤ **B. C. G.**). *Vaccin contre l'hépatite, la rougeole. Le vaccin a pris.* ■ **3** FAM. Action de vacciner. ➤ **vaccination.** *Faire un vaccin à un enfant.* ■ **4** FIG. Ce qui immunise contre..., préserve de... *«Un des meilleurs vaccins contre la frénésie des passions publiques est la passion "privée"»* R. ROLLAND.

VACCINAL, ALE, AUX [vaksinal, o] adj. – 1812 ◇ de *vaccine* ■ **1** MÉD. Qui a rapport à la vaccine. *Bouton vaccinal.* ■ **2** Qui a trait à la vaccination, qui est causé par une vaccination. *Calendrier vaccinal. Obligation vaccinale. Dose vaccinale. Complication vaccinale* (➤ **vaccine,** 2°). *Encéphalomyélite vaccinale.*

VACCINATEUR, TRICE [vaksinatœʀ, tʀis] n. et adj. – 1801 ◇ de *vacciner* ■ Personne qui vaccine. *Vaccinateurs itinérants.* — adj. *Médecin vaccinateur.*

VACCINATION [vaksinasjɔ̃] n. f. – 1801 ◇ de *vacciner* ■ **1** Action de vacciner ; administration d'un vaccin tiré des pustules de pis de vache ayant la vaccine ou d'une personne atteinte de la vaccine *(vaccination jennérienne).* ■ **2** (1830) Le fait de vacciner (2°) ; administration de vaccin. *Vaccination par injection. Vaccination antipoliomyélitique, antitétanique. Vaccination préventive* (contre une maladie infectieuse, microbienne ou virale, ou parasitaire). *Vaccination curative.* ➤ **vaccinothérapie.** *Vaccination obligatoire.*

VACCINE [vaksin] n. f. – 1749 ◇ latin des médecins *variola vaccina* «variole de la vache» ■ **1** Maladie infectieuse observée chez la vache (➤ **cow-pox**), le cheval, due à un virus morphologiquement identique au virus de la variole humaine, et dont l'inoculation chez l'être humain confère une immunité contre cette maladie (➤ **vaccination,** 1°). ♦ PAR EXT. Préparation du virus de la vaccine employée pour la vaccination antivariolique. ■ **2** (1800 «inoculation de la vaccine, 1°») Réaction provoquée chez l'être humain par l'inoculation du vaccin antivariolique. *Fausse vaccine.* ➤ **vaccinelle.**

VACCINELLE [vaksinɛl] n. f. – 1836 ◇ de *vaccine* ■ MÉD. Éruption vaccinale bénigne que l'on observe souvent chez un sujet revacciné (SYN. **fausse vaccine***). ➤ **vaccinoïde.**

VACCINER [vaksine] v. tr. ‹1› – 1801 ◇ de *vaccine* ou de *vaccin* ■ **1** Inoculer la vaccine à (qqn) pour l'immuniser contre la variole. ■ **2** (1852) Immuniser par un vaccin (2°). ➤ **vaccination.** *Vacciner qqn contre le tétanos. Se faire vacciner contre la grippe.* ABSOLT *Lancette à vacciner.* ➤ **vaccinostyle.** — p. p. adj. *Des enfants vaccinés.* ♦ LOC. FIG. ET FAM. *Être vacciné contre qqch.* : être préservé d'une chose désagréable, dangereuse pour en avoir fait la pénible expérience. *Plus d'affaires sentimentales, je suis vacciné pour un temps. «Elle est vaccinée, comme beaucoup de citadins, habituée à la misère des autres»* V. DESPENTES. — LOC. *Être majeur et vacciné* : être assez grand pour prendre ses responsabilités.

VACCINIDE [vaksinid] n. f. – 1872 «vaccinelle» ◇ de *vaccine* ou de *vaccin* ■ MÉD. Réaction cutanée pouvant survenir après une vaccination antivariolique (rougeurs, vésicules...).

VACCINO- ■ Élément, de *vaccin* ou de *vaccine.*

VACCINOGÈNE [vaksinɔʒɛn] adj. – 1865 ◇ de *vaccino-* et *-gène* ■ DIDACT. Se dit d'un organisme producteur de vaccin.

VACCINOÏDE [vaksinɔid] n. f. et adj. – 1836 ◇ de *vaccin(o)-* et *-oïde* ■ MÉD. Vaccinelle*. — adj. Qui ressemble à la vaccine. *Réaction vaccinoïde.*

VACCINOSTYLE [vaksinɔstil] n. m. – 1907 ◇ de *vaccino-* et *style* (II) ■ MÉD. Lancette à vacciner, plume métallique très pointue.

VACCINOTHÉRAPIE [vaksinoteʀapi] n. f. – *vaccino-thérapie* 1909 ◇ de *vaccino-* et *-thérapie* ■ MÉD. Traitement d'une maladie infectieuse par des vaccins.

VACHARD, ARDE [vaʃaʀ, aʀd] adj. – 1918 ; «paresseux» 1867 ◇ de *vache* (II, 2°) ■ FAM. Méchant. *Une réflexion vacharde.*

VACHE [vaʃ] n. f. – début XIIe ◇ du latin *vacca,* dont un dérivé a donné *vaccin*

I ANIMAL ■ **1** Femelle du taureau. *Mamelles* (➤ 1 **pis**), *écusson d'une vache. Bouse de vache. La vache meugle, beugle, mugit. Jeune vache.* ➤ **génisse, taure.** *Petit de la vache.* ➤ **veau.** *Vache qui vêle. Les vaches paissent, ruminent. Étable à vaches.* ➤ **vacherie.** *Mettre les vaches au pré. Garder les vaches* (➤ 1 **vacher**). *Vache normande, bretonne, limousine. Vache laitière. Traire les vaches. Lait* de vache. — Vendue en boucherie sous le nom de bœuf*, la vache a la chair plus savoureuse que celui-ci. — La vaccine, la tuberculose, maladies de la vache. Maladie de la vache folle* : l'encéphalopathie spongiforme bovine. FAM. *La vache folle* : l'ensemble des phénomènes liés à cette épizootie ; la maladie elle-même. *On dénombre plusieurs cas de vache folle. — Course de vaches landaises* (➤ **vachette**). — *La vache, animal sacré en Inde.* FIG. *Vache sacrée* : ce qui fait l'objet d'un immense respect ; sujet tabou. — *Les sept vaches grasses et les sept vaches maigres dont parle la Bible,* symbole de l'alternance de l'abondance et de la disette. FIG. *«Demain ce serait à nouveau les vaches maigres, les fins de mois difficiles»* R. FLORIOT. ♦ *Vache marine.* ➤ **dugong.** ■ **2** LOC. *Le plancher* des vaches. Montagne* à vaches.* (XVIIe) *Vache à lait* : personne qu'on exploite, qui est une source de profit pour une autre ; ÉCON. produit dégageant une forte rentabilité. — *Gargantua «pleurait comme une vache»* RABELAIS. *Être gros comme une vache,* très gros. *Il pleut comme vache qui pisse,* très fort. *Comme une vache qui regarde passer les trains*.* — loc. adj. *Queue de vache* : d'un roux jaunâtre, terne. — (1860 ; *ruer en vache* 1694) *Coup de pied en vache* : coup de pied de côté, imprévisible. FIG. *Donner des coups de pied, des coups en vache* : agir en traître, hypocritement, contre qqn. — *Manger de la vache enragée* : en être réduit à de dures privations. — *Parler français comme une vache espagnole* (1640), corrigé pour le sens en *«comme un Basque espagnol»* : parler mal le français. — *Une vache n'y trouverait pas son veau,* se dit d'un grand désordre. — *Ça lui va comme un tablier* à une vache.* — PROV. *Chacun son métier, les vaches seront bien gardées* : que chacun se mêle de ses propres affaires et tout ira mieux. ■ **3** Peau de la vache (1°) apprêtée en fourrure, en cuir. *Sac en vache.* ➤ **vachette.** ■ **4** Récipient de toile (peut-être autrefois en cuir de vache) utilisé par les campeurs pour transporter et conserver l'eau. *«J'ai couru jusqu'aux citernes, j'ai rempli la vache à eau avec le seau»* LE CLÉZIO.

II FAM. PERSONNE ■ **1** PÉJ. Personne de forte corpulence, SPÉCIALT femme à la poitrine généreuse. *«celui qui avait traité la plus en chair de grosse vache»* CH. ANGOT. — POP. et VX Personne molle et paresseuse. adj. Mou. *«Depuis que je fais de l'hydrothérapie, cependant, je me sens un peu moins vache»* FLAUBERT. ■ **2** (1844 ◇ p.-ê. de *coup de pied en vache*) FAM. et VIEILLI Agent de police ; policier, gendarme. *«On accuse mon client d'avoir dit : "Mort aux vaches !"»* FRANCE. ■ **3** (1900) FAM. Personne méchante, qui ne passe rien, se venge ou punit sans pitié. *Cette vache de propriétaire.* ➤ **carne, chameau, rosse.** — Dans un sens plus faible (en parlant d'une personne dont on a à se plaindre) *Ah ! les vaches, ils m'ont oublié ! — La vache !* exclamation exprimant l'étonnement, l'indignation, l'admiration. *J'ai reçu un de ces coups, la vache !* ➤ **merde, vacherie.** *La vache ! comme c'est beau !* ➤ **putain.** — *Une vache de...* (intensif). *Ils trinquèrent «à la fin de cette vache de guerre»* GUILLOUX. ■ **4** adj. (1880) FAM. Méchant, sévère. *Il a été vache avec toi.* ➤ **salaud.** — (Action, chose) *C'est vache d'avoir fait cela. Une critique très vache.* ➤ **vachard ;** RÉGION. **chien, cochon.** *L'amour vache* (PAR PLAIS.), où il y a plus de coups que de caresses. — *C'est vache !* se dit aussi d'un contretemps, d'une malchance. ■ **5** LOC. *Peau de vache* : personne méchante. *«Un' jolie fleur dans une peau d'vache Un' jolie vach' déguisée en fleur»* BRASSENS. *C'est une vraie peau de vache.* adj. *Il est plutôt peau de vache.*

■ CONTR. (de l'adjectif) Chic, 2 gentil, indulgent.

VACHEMENT [vaʃmɑ̃] adv. – avant 1930 ◇ de *vache* ■ FAM. ■ **1** VIEILLI D'une manière vache (4°), méchamment, durement. *«J'ai été plaqué deux fois. Et vachement»* MONTHERLANT. ■ **2** (Intensif, admiratif) Beaucoup ; très. ➤ **drôlement, rudement, sacrément.** *Elle est vachement bien. Il nous aide vachement.*

1 **VACHER, ÈRE** [vaʃe, ɛʀ] n. – *vachier* 1200 ; *vachière* 1348 ◇ latin populaire *°vaccarius* ■ Personne qui mène paître les vaches et les soigne. *«Deux vachers, [...] un berger et un petit porcher»* ZOLA.

2 **VACHER** [vaʃe] v. intr. ‹ 1 › – 1981 ; hapax 1867 en France ◇ de *vache* ■ (Canada) FAM. et PÉJ. Rester à ne rien faire, paresser. ➤ **s'évacher.** *« un groupe d'ouvriers en train de vacher sur le gazon »* Y. BEAUCHEMIN.

VACHERIE [vaʃʀi] n. f. – 1336 ; *vacerie* « troupeau de vaches » 1160 ◇ de *vache*

I (1336) Étable à vaches. *« Des vacheries, des prés verts, des étangs, des ruisseaux »* LE CLÉZIO.

II FIG. et FAM. ■ **1** (1867) VX Veulerie. *« Nous périssons par l'indulgence, par la clémence, par la vacherie »* FLAUBERT. ■ **2** (1885) MOD. Parole, action méchante. ➤ **méchanceté.** *Dire des vacheries. Faire une vacherie à qqn* (cf. Jouer un tour de cochon*). — Chose désagréable, pénible, injuste. ➤ **saloperie.** *Quelle vacherie de temps !* ◆ Caractère vache (4°), méchant. *La vacherie d'une critique. « Les hommes sont de plus en plus vaches. Ils s'excitent eux-mêmes au contact de leur propre vacherie »* MAC ORLAN.

■ CONTR. Gentillesse.

VACHERIN [vaʃʀɛ̃] n. m. – 1605 ; *fromage vachelin* 1469 ◇ de *vache* ■ **1** Fromage du Jura français et vaudois, à pâte molle et onctueuse, à croûte lavée, cerclé d'écorce d'épicéa. ◆ Fromage au lait de vache, à pâte pressée non cuite, produit dans le canton de Fribourg. ■ **2** (1906) Entremets composé d'une meringue garnie de glace et de crème Chantilly. *Vacherin au cassis.*

VACHETTE [vaʃɛt] n. f. – XIIe ◇ de *vache* ■ **1** Petite vache. *Courses de vachettes* (dans le sud de la France). ■ **2** (1679 *vaquette*) Cuir de jeune vache, de génisse. *Sac en vachette.*

VACILLANT, ANTE [vasijɑ̃ ; vasilɑ̃, ɑ̃t] adj. – *vaxillant* 1480 ; « incertain » 1355, en parlant du sort des armes ◇ de *vaciller* ■ **1** Qui vacille (1°), remue par manque d'équilibre, menace de tomber. ➤ **chancelant, tremblant.** *Genoux vacillants de faiblesse. La démarche vacillante d'un ivrogne.* ➤ **titubant.** ◆ (1782) Qui scintille faiblement, tremble. *Flamme, lumière vacillante.* ➤ **clignotant, tremblant.** ■ **2** (XIVe « instable », puis « indécis, irrésolu ») FIG. Qui est incertain, instable ; sur quoi ou sur qui on ne peut compter. ➤ **faible.** *« Notre raison vacillante »* BOSSUET. *« Maman a un désir vacillant. Elle ne sait pas si elle veut »* C. ORBAN. *Mémoire vacillante.* ➤ **chancelant.** ■ CONTR. 1 Fixe, immobile ; assuré, 1 ferme, sûr ; décidé.

VACILLEMENT [vasijmɑ̃ ; vasilmɑ̃] n. m. – 1606 ◇ de *vaciller* ■ **1** Mouvement, oscillation de ce qui vacille. *« À voir sous la cognée tomber ces grands arbres, avec des vacillements de blessés à mort »* GONCOURT. ■ **2** FIG. Hésitation à agir, à décider ; changements d'opinion, d'intention dus à la faiblesse. ➤ **indécision, irrésolution, mobilité.** *« Un vacillement des esprits »* COLETTE. — On a dit *vacillation* n. f.

VACILLER [vasije ; vasile] v. intr. ‹ 1 › – v. 1180 ◇ latin *vacillare* ■ **1** Aller de droite et de gauche, être en équilibre instable et risquer de tomber. ➤ **se balancer, chanceler, trembler ;** RÉGION. **chambranler.** *Vaciller sur ses jambes. « Il lui sembla que les murs vacillaient autour d'elle »* ZOLA. ■ **2** Trembler, être sur le point de s'éteindre ; subir des variations (lumière), scintiller faiblement. ➤ **trembloter.** *Bougie, flamme, lumière qui vacille.* ➤ **osciller.** *« Mille lumières éparses vacillaient dans le brouillard confus de la nuit »* HUGO. — PAR MÉTAPH. *« Une faible lueur d'intelligence vacillait dans son âme »* FRANCE. ■ **3** (PERSONNES) VX ➤ **balancer, hésiter.** ■ **4** (du sens 1° ou 2°, métaph.) FIG. Devenir faible, incertain ; manquer de solidité, de fermeté. *Mémoire, intelligence qui vacille.* ➤ **vacillant ; s'affaiblir.** *Sa résolution vacilla.*

VACIVE [vasiv] n. f. – 1500 variante *vassive* ◇ provençal *vacivo* « vide », latin *vacivus* ■ AGRIC. Brebis de deux ans qui n'a pas encore porté.

VA COMME JE TE POUSSE (À LA) ➤ **POUSSER** (I, A, 1°)

VACUITÉ [vakɥite] n. f. – 1314 « espace vide » ◇ latin *vacuitas*, de *vacuus* « vide » ■ **1** DIDACT. État de ce qui est vide. ➤ **vide** (II). *« Calme et vacuité de la place de la Bastille »* GONCOURT. ■ **2** (1601 « irrésolution ») Vide moral, intellectuel ; absence de valeur. *Son discours est d'une vacuité complète, absolue.* ■ CONTR. Plénitude.

VACUOLAIRE [vakɥɔlɛʀ] adj. – 1849 ◇ de *vacuole* ■ DIDACT. Relatif aux vacuoles ; qui renferme des vacuoles. *Membrane vacuolaire. Lave vacuolaire.*

VACUOLE [vakɥɔl] n. f. – 1734 ◇ du latin *vacuum* ■ DIDACT. Petite cavité, intervalle vide. *Vacuoles de certaines scories, des lapilli.* — BIOL. CELL. Vésicule limitée par une membrane, au sein du cytoplasme d'une cellule ou d'un organisme unicellulaire, à contenu variable, composée essentiellement d'eau et de solutés (glucides, pigments...). *Les vacuoles sont présentes dans la plupart des cellules végétales et fongiques.* ➤ **vacuome.**

VACUOLISER [vakɥɔlize] v. tr. ‹ 1 › – 1904 ◇ de *vacuole* ■ DIDACT. Transformer en vacuole ; produire des vacuoles dans. — PRONOM. *Se vacuoliser.* — n. f. **VACUOLISATION,** 1897.

VACUOME [vakɥɔm ; vakɥom] n. m. – milieu XXe ◇ de *vacuole* et *-ome* ■ BIOL. CELL. Ensemble des vacuoles d'une cellule végétale. ■ HOM. Vacuum.

VACUUM [vakɥɔm] n. m. – 1872 ◇ mot latin ■ SC. Espace vide, sans matière. ➤ **vide.** ■ HOM. Vacuome.

VADE-MECUM n. m. inv. ou **VADÉMÉCUM** [vademekɔm] n. m. – 1690 ; « ce qu'on emporte avec soi » 1465 ◇ mots latins « viens *(vade)* avec *(cum)* moi *(me)* » ■ LITTÉR. Livre (guide, manuel, aide-mémoire, répertoire) que l'on garde sur soi pour le consulter. *Des vade-mecum, des vadémécums.*

1 **VADROUILLE** [vadʀuj] n. f. – 1678 ◇ mot normand, de *patrouille* « faubert », d'un radical onomatopéique *patt-* (→ patouiller), sous l'influence de *varouille* et *vaudrée* de même sens et de régions voisines ■ **1** MAR. Instrument de nettoyage formé d'un tampon de cordages et d'un manche. ➤ **balai, faubert.** — RÉGION. (Normandie ; Canada) Balai à franges pour laver les sols. ■ **2** FIG. (1867) FAM., VX Femme de mauvaise vie, prostituée. ➤ **traînée.** *« Tu vas y retourner, sale vadrouille, avec les cloches de ton genre ! »* CÉLINE.

2 **VADROUILLE** [vadʀuj] n. f. – 1890 ◇ de *vadrouiller* ■ FAM. Promenade ; action de vadrouiller. ➤ **balade.** *La joie « de longues heures de vadrouille dans les herbiers »* TOURNIER. — **EN VADROUILLE.** *Motards en vadrouille. Partir en vadrouille. Être en vadrouille :* ne pas être chez soi, être sorti.

VADROUILLER [vadʀuje] v. intr. ‹ 1 › – 1879 ◇ de 1 *vadrouille* ■ FAM. ■ **1** VX Traîner dans les rues. ■ **2** Se promener sans but précis, sans raison. ➤ **traînasser, traîner.**

VADROUILLEUR, EUSE [vadʀujœʀ, øz] adj. et n. – 1893 ◇ de *vadrouiller* ■ FAM. Qui traînasse, vadrouille.

VA-ET-VIENT [vaevjɛ̃] n. m. inv. – 1765 ◇ de *aller* et *venir* ■ **1** Dispositif servant à établir une communication en un sens et dans le sens inverse. — MAR. Système de double cordage. *Va-et-vient utilisé entre un navire et la côte.* — Petit bac faisant l'aller et le retour. ◆ Organe qui effectue un mouvement alternatif (dans une machine, un mécanisme). — Gond de porte permettant l'ouverture dans les deux sens, et le retour à la position d'équilibre ; porte munie de ce système d'ouverture. ◆ (1932) Dispositif électrique comportant deux interrupteurs (ou plus) montés en circuit, et permettant d'allumer, d'éteindre, de plusieurs endroits. ■ **2** (1812) Mouvement alternatif ; action de ce qui va et vient alternativement. *Va-et-vient d'un piston* (➤ **course**), *d'une balançoire, d'un pendule* (➤ **balancement**). *« le va-et-vient des essuie-glaces monopolisait le son »* ECHENOZ. ■ **3** (1846) Déplacement de personnes ou de choses en sens inverse ; allées et venues. *Faire le va-et-vient entre deux endroits* (➤ 1 **navette**). *« le va-et-vient bruyant de la rue »* DAUDET. *Un café où il y a beaucoup de va-et-vient.* ➤ **passage.**

VAGABOND, ONDE [vagabɔ̃, ɔ̃d] adj. et n. – 1382 ◇ bas latin *vagabundus*, de *vagari* « errer » → vaguer

I adj. ■ **1** LITTÉR. Qui mène une vie errante. *Peuples vagabonds.* ➤ **nomade.** ◆ PAR EXT. *Une vie, une existence vagabonde,* où l'on se déplace, où l'on voyage constamment. ■ **2** FIG. (XIVe « instable ») Qui change sans cesse, n'est pas tenu par une règle ou par une disposition naturelle. *Imagination vagabonde.* ➤ **désordonné,** 2 **errant, flottant.** *Être d'humeur vagabonde.*

II n. (1530) ■ **1** LITTÉR. Personne qui se déplace sans cesse, qui erre de par le monde. ➤ **aventurier, voyageur.** *« La Vagabonde », roman de Colette.* ■ **2** COUR. Personne sans domicile fixe et sans ressources avouables, qui erre, traîne à l'aventure. ➤ **clochard, rôdeur, S. D. F. ;** RÉGION. **robineux ;** VX **chemineau, galvaudeux, trimardeur.** *« Sans papiers et sans domicile, il n'était qu'un vagabond pour la police »* ARAGON. *Vagabonds et mendiants.* — DR. *Jeune vagabond :* mineur coupable du délit de vagabondage.

VAGABONDAGE [vagabɔ̃daʒ] n. m. – 1767 ◊ de *vagabonder* ■ **1** Le fait ou l'habitude d'errer, d'être vagabond. ➤ **course, errance.** ■ **2** État de vagabond (II, 2°). ➤ RÉGION. **itinérance.** *Le délit de vagabondage a été supprimé en 1994. Vagabondage de mineurs. Vagabondage et fugue.* ■ **3** FIG. État de l'imagination entraînée d'objet en objet par association d'idées. *Vagabondage(s) de l'imagination, de l'esprit.*

VAGABONDER [vagabɔ̃de] v. intr. ‹1› – 1526 ; *vagabondant* 1355 ◊ de *vagabond* ■ **1** Circuler, marcher sans but, à l'aventure ; se déplacer sans cesse. ➤ **errer.** *Vagabonder sur les chemins, les routes..., en mendiant.* ◆ DR. Commettre le délit de vagabondage. ■ **2** (ABSTRAIT) Errer. ➤ **vaguer.** « *Rien ne fait ainsi voyager l'esprit et vagabonder l'imagination* » MAUPASSANT.

VAGAL, ALE, AUX [vagal, o] adj. – 1926 ◊ de 3 *vague* ■ ANAT. Relatif au nerf vague. — MÉD. *Malaise vagal.*

VAGIN [vaʒɛ̃] n. m. – 1680 ; *vagina* 1668 ◊ latin *vagina* « gaine » ■ Conduit musculaire qui s'étend de l'utérus à la vulve, chez la femelle du mammifère, chez la femme ; partie de l'appareil génital féminin qui constitue l'organe de la copulation. *Orifice supérieur, cul-de-sac du vagin.* ➤ **col** (de l'utérus). *Orifice vulvaire du vagin. Le spéculum*, instrument d'exploration du vagin.*

VAGINAL, ALE, AUX [vaʒinal, o] adj. – 1762 ; « en forme de gaine » 1727 ◊ de *vagin* ■ **1** Du vagin. *Muqueuse vaginale. Sécrétions vaginales.* ➤ **cyprine.** *Orgasme vaginal.* — Se dit d'une femme dont la sexualité vaginale est développée. — SUBST. *Une vaginale* (opposé à *clitoridienne*). ■ **2** (au sens du latin *vagina*) ANAT. *Tunique vaginale du testicule ;* ELLIPT *la vaginale* (du testicule).

VAGINISME [vaʒinism] n. m. – 1868 ◊ de *vagin* ■ MÉD. Contraction spasmodique involontaire des muscles constricteurs du vagin, qui rend douloureuse toute pénétration.

VAGINITE [vaʒinit] n. f. – 1836 ◊ de *vagin* et *-ite* ■ Inflammation de la muqueuse du vagin.

VAGIR [vaʒiʀ] v. intr. ‹2› – 1555, repris XIXe ◊ latin *vagire* ■ **1** Pousser un cri, des cris, en parlant du nouveau-né. ■ **2** Pousser un cri faible, semblable à celui des nouveau-nés (lièvre, crocodile). « *Les crocodiles vagissaient entre les roseaux du fleuve, imitant le cri d'un enfant en détresse* » GAUTIER.

VAGISSANT, ANTE [vaʒisɑ̃, ɑ̃t] adj. – 1829 ◊ de *vagir* ■ Qui vagit.

VAGISSEMENT [vaʒismɑ̃] n. m. – 1536, repris 1735 ◊ de *vagir* ■ Cri de l'enfant nouveau-né. « *Un petit cri semblable au vagissement d'un enfant nouveau-né* » APOLLINAIRE. ◆ Cri plaintif et faible (de quelques animaux).

VAGOLYTIQUE [vagɔlitik] adj. – milieu XXe ◊ de 3 *vague (nerf vague)* et *-lytique* ■ PHYSIOL. Qui paralyse le nerf vague.

VAGOTONIE [vagɔtɔni] n. f. – 1923 ◊ de 3 *vague (nerf vague)* et *-tonie* ■ MÉD. Prédominance de l'activité du système parasympathique (du nerf vague*), se traduisant principalement par une lenteur du pouls, une tension artérielle basse avec tendance aux syncopes, des accès de sudation, de la constipation, des crampes musculaires. ■ CONTR. Sympathicotonie.

VAGOTONIQUE [vagɔtɔnik] adj. – 1916 ◊ de 3 *vague (nerf vague)* et *tonique* ■ PHYSIOL. Se dit de l'individu chez qui prédomine l'activité du système parasympathique (dont le nerf principal est le nerf vague). — n. *Un, une vagotonique.*

1 **VAGUE** [vag] n. f. – 1150 ◊ ancien scandinave *vâgr* ; cf. allemand *Woge* ■ **1** Inégalité de la surface d'une étendue liquide (mer, en particulier), due aux diverses forces naturelles qui s'exercent sur le fluide en mouvement (courants, vent, etc.) ; masse d'eau qui se soulève et s'abaisse en se déplaçant ou en paraissant se déplacer. ➤ **flot, houle, lame, moutonnement, onde, vaguelette ; clapot, ressac.** *La courbe, le dos, la crête, l'écume des vagues.* « *Les vagues venaient de la haute mer, glissaient en grondant et crissaient sur le sable de la plage, lançaient leur eau crépitante qui se retirait en suçant les jambes* » LE CLÉZIO. *Les vagues déferlent* (➤ **déferlante, rouleau**), *se brisent* (➤ **embrun, poudrin**). *Vague scélérate*. Énorme vague côtière.* ➤ **raz-de-marée, tsunami.** *Le bruit des vagues* (➤ **clapotis**). *Faire du surf*, de la planche à voile sur les vagues.* ◆ HYDROGR. Déplacement d'ensemble des particules superficielles d'un fluide (SPÉCIALT sous l'effet de forces perturbatrices, contrairement aux oscillations libres de la houle). *Hauteur d'une vague. Vagues au rivage,* rouleaux, barres. ➤ aussi **mascaret.** ■ **2** FIG. Mouvement qui se développe, fait remuer un milieu, comparable à la vague (par l'ampleur, la puissance, la progression...). « *Une vague d'oubli submerge tout* » MARTIN DU GARD. *Une vague de violence.* ➤ **déferlement.** *Vague de fond :* ce qui déferle irrésistiblement (mouvement d'opinion, etc.). ➤ **raz** (de marée). LOC. *Être au creux* de la vague.* FAM. *Faire des vagues :* faire des remous, des difficultés ; inquiéter, scandaliser. *Pas de vagues !* « *Il avait dit à Margaret que c'était plus prudent et qu'il ne fallait pas faire de vagues...* » MODIANO. ◆ Masse (de personnes, de choses qui se répandent brusquement). « *Des assauts, vague par vague, se propagent* » BARBUSSE. *Vagues d'immigration. La première vague des départs en vacances.* — *La Nouvelle Vague :* les jeunes cinéastes des années cinquante. ◆ Phénomène physique qui se propage, envahit un lieu. *Une vague de parfum. Vagues de nuages.* — MÉTÉOR. *Vague de chaleur, de froid :* afflux de masses d'air chaud, froid. — Phénomène qui se répand massivement. *Vague de grèves, de licenciements.* ➤ **série.** ■ **3** Surface ondulée. « *Sur les vagues fauves des fougères* » MAURIAC. ◆ ARCHIT. Ligne ondulée figurant des flots, et servant de motif décoratif. ◆ Large ondulation de la chevelure. ➤ aussi **minivague.**

2 **VAGUE** [vag] adj. et n. m. – 1589 ; *vake de* « dénué de » 1230 ◊ latin *vacuus* « vide » ■ *Terrain vague :* terrain vide de cultures et de constructions, dans une ville. « *Et puis il y avait énormément de terrains vagues : la ville était pleine de trous* » Y. HAENEL. ◆ n. m. VX Espace vide. « *Le vague de l'air* » BUFFON. ◆ (avec influence de 3 *vague*) MOD. Espace indéterminé, sans limite précise. *Regarder dans le vague ; avoir le regard perdu dans le vague, les yeux dans le vague :* ne fixer aucun objet précis.

3 **VAGUE** [vag] adj. et n. m. – 1485 ; n. 1213 ◊ latin *vagus*

I ~ adj. ■ **1** VX Errant, vagabond. ◆ (1771 ◊ du latin des médecins) MOD. ANAT. *Nerf vague* (à cause de ses ramifications dispersées) : nerf pneumogastrique* (➤ **vagal**). ■ **2** (début XIVe) Que l'esprit a du mal à saisir, à cause de son caractère mouvant ou mal défini. ➤ **confus, flou, imprécis,** 1 **incertain, indécis, indéfini, indéterminé, nébuleux.** *Le mot* esprit « *est un de ces termes vagues auxquels tous ceux qui les prononcent attachent presque toujours des sens différents* » VOLTAIRE. « *Les indications que j'obtiens sont vagues et contradictoires* » LOTI. « *Plus tard », c'est vague ! Précisez.* — PAR EXT. *Il est resté vague et prudent,* s'est contenté de propos vagues et prudents. ➤ **évasif.** — (Avant le nom, dans un sens affaibli) « *Des choses dont vous n'avez peut-être qu'une vague idée* » ROMAINS. ➤ **approximatif.** ■ **3** Dont l'objet, la raison manquent de netteté, sont changeants. ➤ **indéfini.** « *une inquiétude vague l'envahissait* » MAUPASSANT. ➤ **sourd.** ◆ Que le caractère lointain, indiscernable de son objet rend faible. *Un vague espoir.* ➤ **faible.** « *Des sensations confuses, des souvenirs vagues s'éveillaient en elle* » ZOLA. ◆ Qui exprime des pensées ou des sentiments indécis. ➤ **absent, distrait.** « *D'un air vague et rêveur, elle essayait des poses* » BAUDELAIRE. ■ **4** (Réalité sensible) Qui est perçu d'une manière imparfaite, qui est difficile à identifier. ➤ **flou, imprécis, indéfinissable, indistinct, obscur.** « *On distinguait çà et là des formes confuses et vagues* » HUGO. ◆ Qui n'est pas ajusté, serré. *Une blouse vague.* ➤ **ample.** ◆ Qu'on ne peut localiser avec précision. « *Souffrant d'un malaise général, vague et énervant* » R. ROLLAND. ■ **5** (fin XIXe) (Toujours avant le nom) PÉJ. Dont l'identité, la détermination précise importe peu. ➤ **insignifiant, quelconque.** *Un vague cousin. Elle a juste un vague diplôme.*

II ~ n. m. **LE VAGUE** (fin XVIIe) ■ **1** Ce qui n'est pas défini, fixé (dans le domaine intellectuel, affectif ou sensible). ➤ **imprécision, indécision, indétermination.** « *Besoin de rigueur, horreur du vague* » MAUROIS. *Rester dans le vague :* ne pas préciser sa pensée, ses intentions. ■ **2** LITTÉR. Caractère vague, imprécis ou indécis. « *Le vague des passions* » CHATEAUBRIAND. ◆ (1830) **VAGUE À L'ÂME :** sentiment d'insatisfaction, de tristesse, sans cause discernable, empreint de rêverie. ➤ **mélancolie.** « *ce petit vague à l'âme qui s'invite, ce petit mal et bien qui revient, familier – c'est le dimanche soir* » PH. DELERM. *Avoir du vague à l'âme.* « *Il n'avait ni vague à l'âme, ni passion d'homme* » GAUTIER.

■ CONTR. Défini, déterminé, distinct, 1 précis. Ajusté, moulant, serré. — Précision.

VAGUELETTE [vaglɛt] n. f. – 1894 ◊ de 1 *vague* ■ Petite vague ; ride à la surface de l'eau. *Une* « *série de vaguelettes causées par l'hélice du petit vapeur* » ROBBE-GRILLET.

VAGUEMENT [vagmɑ̃] adv. – 1718 ; « en errant » 1455 ◊ de 3 *vague* ■ **1** Sans donner de précisions. *Il m'a vaguement dit de quoi il était question.* ◆ En se faisant une idée vague. « *J'apercevais* *vaguement le lien de ses idées»* VALÉRY. ➤ **confusément.** *Entendre vaguement un bruit.* ➤ **faiblement.** ▪ **2** D'une manière faible, peu accentuée. *Vaguement ému* (cf. À peine, un peu). ▪ **3** D'une manière incertaine ou douteuse. ➤ **peu** (un). *Un nom vaguement familier.* ▪ CONTR. Distinctement, nettement, précisément.

VAGUEMESTRE [vagmɛstʀ] **n. m.** – 1825 ; «officier maître d'équipages» 1667 ◊ allemand *Wagenmeister* ▪ Sous-officier chargé du service de la poste dans l'armée. — Quartier-maître ou officier marinier chargé de ce service sur un navire de guerre.

VAGUER [vage] **v. intr.** ‹1› – fin XIVe ◊ latin *vagari* «errer» ▪ **1** LITTÉR. Aller au hasard, sans but précis. ➤ **errer.** *Aussi «ai-je vagué pendant des journées entières à travers les rues»* BALZAC. ▪ **2** FIG. (pensées, regards) Errer, ne pas se fixer. *Laisser vaguer son imagination.* ➤ **vagabonder.** *Ses yeux «vaguent sur les courants et les grèves»* GENEVOIX.

VAHINÉ [vaine] **n. f.** – 1893 ◊ mot tahitien ▪ Femme de Tahiti ; épouse, maîtresse (à Tahiti). *Vahiné vêtue d'un paréo. Un Tahitien et sa vahiné.*

VAIGRAGE [vɛgʀaʒ] **n. m.** – 1759 ◊ de *vaigre* ▪ MAR. Ensemble des vaigres ; côté intérieur des membrures.

VAIGRE [vɛgʀ] **n. f.** – 1678 ; *begre* 1636 ◊ origine scandinave ; cf. danois *voeger* ▪ MAR. Planche qui revêt le côté intérieur des membrures d'un navire. *«Aucune vaigre n'avait cédé sous la flottaison»* HUGO.

VAILLAMMENT [vajamɑ̃] **adv.** – v. 1298 ; *vaillantment* v. 1120 ◊ de *vaillant* ▪ Avec vaillance. ➤ **bravement, courageusement.** *«Pasteur poursuivait vaillamment sa croisade»* MONDOR.

VAILLANCE [vajɑ̃s] **n. f.** – milieu XIIe ◊ de *vaillant* ▪ **1** LITTÉR. Valeur guerrière, bravoure. *«Sa vaillance sans mesure [...] ressemble plus souvent à l'impétuosité qu'au courage»* GIDE. ▪ **2** VIEILLI Courage d'une personne que la souffrance, les difficultés, le travail n'effraient pas. *«Gervaise était alors enceinte de huit mois. Mais elle montrait une belle vaillance»* ZOLA.
▪ CONTR. Lâcheté ; faiblesse.

VAILLANT, ANTE [vajɑ̃, ɑ̃t] **adj.** – v. 1050 ◊ de l'ancien p. prés. de *valoir* «valant»

I LOC. *N'avoir pas un sou vaillant* (PROPRT n'avoir pas un sou en fait de valeur) : être pauvre, sans argent.

II ▪ **1** (1080) LITTÉR. Brave. ➤ **courageux.** *Vaillants soldats.* — *À cœur vaillant rien d'impossible**. ▪ **2** (1600) Qui a de l'ardeur au travail ; qui est prêt à agir, à supporter avec courage les difficultés. *«C'est une fille vaillante, une grande sérieuse»* GUILLOUX. ◆ Qui est en bonne santé, vigoureux. *Il est guéri, mais pas encore bien vaillant.*

▪ CONTR. Lâche. Paresseux ; faible.

VAILLANTIE [vajɑ̃ti] **n. f.** – 1805 ◊ latin des botanistes *vaillantia*, du nom de *S. Vaillant* ▪ BOT. Plante herbacée des lieux arides *(rubiacées)*, à fleurs blanches ou jaunâtres.

VAIN, VAINE [vɛ̃, vɛn] **adj.** – début XIIIe ; v. 1130 *vein* ◊ latin *vanus* ▪ **1** VX Vide. *«De vains tombeaux» (CORNEILLE)* : des cénotaphes. — MOD. *Vaine pâture**. ▪ **2** VIEILLI Qui est sans consistance, sans réalité. ➤ **irréel.** *«Nous sommes abusés par de vaines images»* FRANCE. ◆ LITTÉR. Dépourvu de valeur, de sens. ➤ **creux, dérisoire, frivole, futile, insignifiant.** LOC. *Ce n'est pas un vain mot* : c'est une chose prise au sérieux. *«La gloire n'est pas un vain mot pour moi»* DELACROIX. ◆ Qui n'a pas de base sérieuse, qui est sans fondement. ➤ **chimérique, 1 faux, illusoire.** *«Épicure affranchit les âmes des vaines terreurs»* FRANCE. *Un vain espoir* [vɛnɛspwaʀ]. ➤ **fallacieux.** ◆ (PERSONNES) Léger, frivole. *«Nos prêtres ne sont pas ce qu'un vain peuple pense»* VOLTAIRE. ▪ **3** (XIVe) COUR. Qui est dépourvu d'efficacité, reste sans effet. ➤ **inefficace, infructueux, inutile.** *Faire de vains efforts* (cf. C'est peine* perdue). *Une discussion vaine.* ➤ **futile, stérile.** *«La lutte est vaine»* GIDE. *«Écœuré de vaines attentes»* COURTELINE. *De vains regrets.* ➤ **superflu.** — IMPERS. *«Il est vain et dangereux de se proposer un objectif inaccessible»* MAUROIS. ◆ loc. adv. **EN VAIN** : sans obtenir de résultat, sans que la chose en vaille la peine. ➤ **inutilement, vainement.** *«Ce qui est terrible, ce n'est pas [...] de mourir, mais de mourir en vain»* SARTRE. *Il a appelé plusieurs fois, mais en vain* (cf. Sans succès*). *Il a protesté en vain*, en pure perte. ▪ **4** LITTÉR. Fier de soi sans avoir de bonnes raisons de l'être ; qui veut se faire admirer pour des choses frivoles. ➤ **glorieux, prétentieux, suffisant, vaniteux.** *Un homme superficiel et vain. L'histoire «rend les nations amères, superbes, insupportables et vaines»* VALÉRY. *«Vaine de ses richesses»* FRANCE. ▪ CONTR. 1 Efficace, utile ; fondé. ▪ HOM. Vin, vingt ; veine.

VAINCRE [vɛ̃kʀ] **v. tr.** ‹42› – 1135 ; v. 900 *veintre* ◊ latin *vincere* ▪ **1** L'emporter par les armes sur (un ennemi public ou privé). ➤ **battre*, défaire, écraser.** *«Pour les vaincre, il nous faut de l'audace»* DANTON. *Qu'on n'a pas vaincu.* ➤ **invaincu.** *Qu'on ne peut vaincre.* ➤ **invincible.** — ABSOLT *«Sachons vaincre, ou sachons périr»* («Chant du départ»). *«À vaincre sans péril, on triomphe sans gloire»* CORNEILLE. ◆ Dominer et réduire à sa merci, au terme d'une lutte qui fait songer à la guerre. *«Vaincre des êtres et les conduire au désespoir»* MAUROIS. *«Il n'était guère de maîtresse qui ne se laissât vaincre de haute lutte»* MAURIAC. ▪ **2** L'emporter sur (un adversaire, un concurrent) dans une compétition pacifique. ➤ **battre.** *Vaincre son partenaire aux échecs.* — ABSOLT *La rage, la fureur de vaincre.* ➤ **gagner ;** FAM. **gagne, niaque.** ▪ **3** Être plus fort que (une force naturelle), faire reculer ou disparaître. ➤ **dominer, surmonter.** *«Essayer de vaincre en nous les instincts mauvais»* MAUROIS. *Vaincre sa timidité. «Vaincue et comme foudroyée par le sommeil»* SAND. — *Vaincre une résistance.* ➤ **forcer.** *Vaincre des difficultés.* ➤ **triompher** (de). *Vaincre la maladie ; l'illettrisme.* — *Théorie esthétique de la difficulté vaincue,* d'après laquelle le mérite de l'artiste se manifeste dans son habileté à surmonter les contraintes que lui imposent la nature, les règles. ▪ HOM. *Vaincs* : vins (venir).

VAINCU, UE [vɛ̃ky] **adj.** – XIIe ◊ p. p. de *vaincre* ▪ Qui a subi une défaite (de la part d'un ennemi, d'un rival, d'une force quelconque). *S'avouer vaincu* : reconnaître sa défaite. ➤ **abandonner, capituler,** se **rendre.** *Il était vaincu d'avance,* sa nature, les circonstances rendaient sa défaite inévitable. — n. *Malheur aux vaincus !* ➤ **perdant.** *Une attitude de vaincu,* résignée, défaitiste. ▪ CONTR. Vainqueur.

VAINEMENT [vɛnmɑ̃] **adv.** – XIIe ◊ de *vain* ▪ En vain, inutilement. *«Ces leçons que nous nous sommes vainement épuisés à apprendre»* PROUST. *J'essaie vainement de le joindre.*

VAINQUEUR [vɛ̃kœʀ] **n.** – début XIIe ◊ de *vaincre* ▪ REM. Au féminin, on trouve plus rarement *la vainqueure,* sur le modèle du français du Canada. ▪ **1** Personne qui a vaincu, gagné la bataille, la guerre. *«Kellermann, le vainqueur de Valmy»* MADELIN. — adj. Victorieux. *Cette nation sortit vainqueur de la guerre. Air vainqueur* : air de vainqueur, air orgueilleux et satisfait. ➤ **triomphant.** ▪ **2** Gagnant(e). ➤ **champion, lauréat.** *Le vainqueur d'une épreuve sportive. La grande vainqueur du tournoi. Remettre le prix, la coupe au vainqueur. Vainqueur aux points, par K.-O.* (en boxe). — *Le parti vainqueur aux élections.* ▪ **3** Personne qui a triomphé (d'une force, d'une difficulté naturelle). *Le vainqueur de l'Everest,* l'alpiniste qui le premier en a atteint le sommet. ▪ CONTR. Vaincu.

VAIR [vɛʀ] **n. m.** – XIIe ; adj. «gris-bleu, bigarré» 1080 ◊ latin *varius* ▪ **1** VX Fourrure de petit-gris. *La pantoufle de vair* (ou *de verre,* selon Perrault), dans le conte de Cendrillon. ▪ **2** (1549) Une des deux fourrures du blason, composée de petites pièces en forme de clochetons, disposées tête-bêche sur des lignes horizontales. ▪ HOM. Ver, verre, vers, vert.

VAIRÉ, ÉE [veʀe] **adj.** – 1581 ; *vairié* début XIIIe ◊ de *vair* ▪ BLAS. Chargé de vair. *Écu vairé.* ▪ HOM. Verré, verrée.

1 **VAIRON** [vɛʀɔ̃] **n. m.** – 1764 ; *veiron* milieu XIIe ◊ de *vair,* adj. ▪ Petit poisson physostome *(cyprinidés),* au corps presque cylindrique, vivant dans les eaux courantes. *Friture de vairons.*

2 **VAIRON** [vɛʀɔ̃] **adj. m.** – XVIe ◊ de *vair,* adj. ▪ *Yeux vairons,* dont l'iris est cerclé d'un anneau blanchâtre, ou qui sont de couleurs différentes.

VAISSEAU [vɛso] **n. m.** – *vaissel* milieu XIIe ◊ bas latin *vascellum,* classique *vasculum,* diminutif de *vas* «vase»

I ▪ **1** VX Récipient pour les liquides. ➤ **1 vase.** *«Quelques vaisseaux de terre»* SAND. ▪ **2** (1314) Canal par lequel circule le sang ou la lymphe. ➤ **artère, capillaire, veine ; vaso-.** *Vaisseaux sanguins, lymphatiques. Étude* (➤ **angiologie**), *examen* (➤ **angioscopie**), *radiographie* (➤ **angiographie**) *des vaisseaux.* — (1751) BOT. Chacun des petits tubes où s'effectue la circulation de la sève. *Plantes à vaisseaux* (➤ **vasculaire**).

II (fin XIIe) ▪ **1** VIEILLI (sauf dans certaines loc.) Navire d'une certaine importance. ➤ **bateau, bâtiment.** *Capitaine, enseigne, lieutenant de vaisseau.* — MYTH. *Le vaisseau fantôme,* légende qui a fourni le thème d'un opéra de Wagner. — LOC. *Brûler ses vaisseaux* (PROPRT pour s'interdire de quitter le territoire ennemi où on a débarqué) : accomplir un acte, une démarche qui ôte toute possibilité de recul ou de revirement. — *Le vaisseau du désert :* le chameau. ♦ *Vaisseau spatial* (ou *cosmique*) : véhicule destiné au déplacement à travers l'espace et à l'exploration spatiale. ➤ **astronef, spationef.** *La cabine d'un vaisseau spatial.* ▪ **2** (v. 1680) Espace allongé que forme l'intérieur d'un grand bâtiment, d'un bâtiment voûté. ➤ **nef.** *« Ces massifs piliers donnent* [...] *une stabilité extraordinaire au vaisseau de la cathédrale »* GAUTIER.

VAISSELIER [vɛsəlje] **n. m.** – 1568 ◊ de *vaisselle* ▪ Meuble rustique, dont la partie haute est formée d'étagères sur lesquelles on expose la vaisselle de table. ➤ **crédence, dressoir.**

VAISSELLE [vɛsɛl] **n. f.** – XIVe ; *vessele* 1138 ◊ latin populaire *vascella*, plur. de *vascellum*, pris pour un fém. sing. ▪ **1** Ensemble des récipients qui servent à manger, à présenter la nourriture. *Pièces de vaisselle.* ➤ **assiette,** 1**bol, légumier,** 2**plat, plateau, saladier, saucière, soucoupe, soupière, sucrier, tasse.** *Service de vaisselle.* — *Meuble où l'on range la vaisselle.* ➤ **buffet, crédence, dressoir, vaisselier.** — *Vaisselle d'or, d'argent.* — *Vaisselle plate* (PROPRT faite avec une seule lame de métal) : vaisselle de métal précieux. — *Vaisselle de faïence, de porcelaine, de terre cuite. Vaisselle en pyrex. Pile de vaisselle. Casser de la vaisselle.* — LOC. FAM. *S'envoyer la vaisselle à la tête :* se disputer violemment. ▪ **2** Ensemble des plats, assiettes, ustensiles de table, etc., qui sont à laver. *Machine à laver la vaisselle.* ➤ **lave-vaisselle.** *Égouttoir à vaisselle.* ♦ Lavage de la vaisselle (➤ **plonge**). *« J'aidais maman à faire la vaisselle ; elle lavait les assiettes, je les essuyais »* BEAUVOIR. *Liquide vaisselle,* qui sert à faire la vaisselle. *Elle n'a pas fini sa vaisselle. Eau de vaisselle.*

1**VAL, VALS** ou **VAUX** [val, vo] **n. m.** – 1080 ◊ latin *vallis* ▪ **1** VX (sauf dans des expr. toponymiques) Vallée. *Le Val de Loire :* la région qui entoure une partie de la vallée de la Loire. *Les Vaux-de-Cernay. « On sait la richesse* [...] *des vals de l'Etna »* MICHELET. ▪ **2** LOC. *Par monts* et par vaux.* — *À val :* en suivant la pente de la vallée (➤ **à vau-l'eau**). ▪ HOM. Vau, veau, vos (votre).

2**VAL** [val] **n. m.** – v. 1980 ◊ acronyme de *véhicule automatique léger* ▪ Système de transport urbain proche du métro, entièrement automatisé, circulant sans conducteur. *« Le VAL donne à la métropole des Flandres des atouts »* (Le Monde, 1999).

VALABLE [valabl] **adj.** – XIIIe ◊ de *valoir* ▪ **1** Qui remplit les conditions requises pour être reçu en justice. ➤ **valide.** *Acte, contrat valable.* ♦ Qui remplit les conditions pour être accepté par une autorité, pour produire son effet. *« Le passeport n'est plus valable, il aurait fallu le renouveler »* SARTRE (cf. En règle*). *Billet d'avion valable un an.* ▪ **2** À quoi on reconnaît une valeur, un fondement. ➤ **acceptable,** 1**bon, recevable, sérieux.** *« Des excuses, pourvu qu'elles soient bonnes et valables »* MUSSET. *Ne donner aucun motif valable.* — PAR EXT. Qui est solide, bien fondé. *Un argument valable.* ▪ **3** (XIVe « qui a du mérite, une valeur » ; repris XXe, sous l'influence de l'anglais *valuable*) Qui a un effet, une valeur dans telle circonstance. *« Une connaissance n'est scientifique qu'autant qu'elle est valable pour tout esprit »* GOBLOT. *« Les lois de la nature peuvent être valables jusqu'à une certaine limite »* CAMUS. ♦ (Emploi critiqué) Qui a des qualités qu'on peut apprécier, estimer à bon droit. *« Sentiments qui sont plus valables que l'égoïsme de tant de bourgeois »* DANIEL-ROPS. *Des hommes pour qui « le seul élément valable de la France est l'électeur »* GIRAUDOUX. — (Lang. polit.) *Interlocuteur valable,* qualifié, autorisé. — FAM. (emploi négligé) *Une opération, un achat tout à fait valable.* ➤ **intéressant, rentable.**

VALABLEMENT [valabləmɑ̃] **adv.** – 1636 ; *vaillablement* v. 1450 ◊ de *valable* ▪ **1** De manière à être reçu, à produire ses effets juridiques. *Valablement autorisé.* ▪ **2** À bon droit. *Alléguer valablement que...* ♦ (de l'emploi critiqué de *valable*, 3o) D'une manière efficace, appréciable. *« Tu ne t'es jamais demandé si mon énergie n'aurait pas pu être utilisée plus "valablement !" »* MALLET-JORIS.

VALDINGUER [valdɛ̃ge] **v. intr.** ‹1› – 1894 ◊ de *valser* et *dinguer* ▪ FAM. Tomber. ➤ **dinguer.** *Envoyer valdinguer qqn, qqch.,* l'envoyer* promener.

VALENÇAY [valɑ̃sɛ] **n. m.** – 1964 ; *fromage de Valençay* 1938 ◊ nom d'une ville située aux confins de la Touraine et du Berry ▪ Fromage de chèvre de forme pyramidale. *Des valençays.*

VALENCE [valɑ̃s] **n. f.** – 1871 ◊ bas latin *valentia*, d'après *équivalence* ▪ **1** CHIM. Nombre de liaisons chimiques qu'un atome ou un ion engage avec d'autres atomes ou ions dans une combinaison. *Électrons de valence :* électrons d'un atome, responsables des liaisons de cet atome avec d'autres atomes. — Valeur absolue du degré d'oxydation. *Le fer a valence II dans les ferrocyanures.* ♦ PHYS. *Bande de valence :* dans le spectre d'un cristal à l'état solide, Domaine dans lequel se placent les énergies des *électrons de valence* qui permettent la cohésion du cristal. ▪ **2** PSYCHOL. Puissance d'attraction *(valence positive)* ou de répulsion *(valence négative),* d'un objet ou d'une activité. ▪ **3** (1975) *Valence écologique* (d'une espèce animale ou végétale), sa tolérance envers les différents facteurs du milieu.

VALENCIENNES [valɑ̃sjɛn] **n. f.** – 1761 ◊ du nom de la ville ▪ Dentelle fine, fabriquée initialement à Valenciennes, puis en Belgique. *Une collerette de valenciennes.*

-VALENT, ENTE ▪ Élément, de *équivalent* (en chimie), signifiant « qui a pour valence » : *monovalent, bivalent, trivalent, tétravalent.*

VALENTINITE [valɑ̃tinit] **n. f.** – 1877 ◊ de l'allemand (1845), du nom de l'alchimiste *Basil Valentin* ▪ MINÉR. Oxyde naturel d'antimoine.

VALÉRIANE [valeʀjan] **n. f.** – XIIIe ◊ latin médiéval *valeriana*, de *Valeria*, province romaine ▪ Plante herbacée *(valérianacées),* à fleurs roses ou blanches, à la racine très ramifiée. *Valériane officinale dite herbe à chats.* ♦ Racine de la valériane officinale utilisée comme antispasmodique et calmant.

VALÉRIANELLE [valeʀjanɛl] **n. f.** – 1765 ◊ de *valériane* ▪ BOT. Mâche.

VALÉRIQUE [valeʀik] **adj.** – 1855 ◊ de *valériane* ▪ CHIM. Se dit des quatre isomères d'un acide C_4H_9COOH.

VALET [valɛ] **n. m.** – début XIIe ◊ latin populaire °*vassellittus*, du gaulois °*vasso*

I ▪ **1** ANCIENNT Écuyer au service d'un seigneur. ♦ Officier d'une maison princière, royale. *Premier valet de chambre du roi.* ▪ **2** (v. 1508 *varlet*) Carte à jouer sur laquelle est représenté un jeune écuyer. *Le roi, la dame et le valet. Un brelan de valets. Valet de pique.* ➤ **mistigri, pouilleux.**

II ▪ **1** (fin XIIe) VIEILLI Domestique. ➤ **laquais, serviteur.** *L'intendant et les valets.* ➤ **valetaille.** *« Maître ici, valet là, selon qu'il plaît à la fortune »* BEAUMARCHAIS. *Le personnage traditionnel du valet dans la comédie.* — PROV. *Les bons maîtres* font les bons valets. Tel maître*, tel valet.* — PÉJ. *Avoir l'âme d'un valet,* servile. ➤ **laquais, larbin.** — LOC. VX *Je suis votre valet,* votre serviteur. — **VALET DE PIED :** autrefois, Homme en livrée qui suivait les grands personnages. MOD. Employé de grande maison, en livrée. — **VALET DE CHAMBRE :** autrefois, Domestique chargé du service personnel du maître. MOD. Employé de maison qui gère la garde-robe et les appartements privés de son employeur. ♦ PAR EXT. MOD. Personne d'une complaisance servile et intéressée à l'égard d'une autorité. *Les valets du capitalisme.* ▪ **2** Salarié chargé de certains travaux. *Valet de ferme*.* — *Valet de chiens, de meute.* — *Valet d'écurie,* chargé des soins des chevaux. ➤ **palefrenier.**

III (XVe) ▪ **1** TECHN. Appareil, pièce ou dispositif destinés à faciliter un travail. *Valet de menuisier :* pièce de fer coudée. ▪ **2** (1964) *Valet (de nuit) :* cintre monté sur pieds et pourvu d'accessoires, sur lequel on place ses vêtements quand on se déshabille. *« à droite du lit, le valet de nuit en cuivre et acajou, avec son cintre galbé, avec son système breveté assurant aux pantalons un pli éternel, son porte-ceinture, son porte-cravate escamotable, et son vide-poches »* PEREC.

VALETAILLE [valtɑj] **n. f.** – v. 1570 ◊ de *valet* ▪ PÉJ. Ensemble des valets d'une maison. *« Partout, une valetaille à larges galons d'or circulait »* FLAUBERT.

VALÉTUDINAIRE [valetydinɛʀ] **adj.** et **n.** – XIVe ◊ latin *valetudinarius*, de *valetudo* « état de santé » ▪ VIEILLI ou LITTÉR. Dont la santé précaire est souvent altérée. ➤ **égrotant, maladif.** *Vieillard valétudinaire.* — **n.** *Un, une valétudinaire.*

VALEUR [valœʀ] **n. f.** – fin XIe ◊ du latin *valor*, famille de *valere* → valoir

I QUALITÉ D'UNE PERSONNE ▪ **1** Ce en quoi une personne est digne d'estime (quant aux qualités que l'on souhaite à l'être humain dans le domaine moral, intellectuel, professionnel). ➤ **mérite.** *Haute valeur morale.* ➤ **distinction, moralité.** *« Leur valeur et leur compétence personnelle »* VALÉRY. *Avoir conscience de sa valeur. Un savant de cette valeur.* ➤ **calibre, carrure, envergure, étoffe,** 1**trempe.** — *Une personne de valeur,* et ELLIPT *Une valeur :* qqn qui a une valeur personnelle très grande (cf. Une personne hors pair*, de premier ordre*, exceptionnelle). ▪ **2** (fin XIIe) LITTÉR. Bravoure. ➤ **vaillance.** *« La valeur n'attend pas le nombre des années »* CORNEILLE.

II CARACTÈRE D'UN BIEN MARCHAND A. LA VALEUR ▪ **1** (milieu XIIIe) Caractère mesurable (d'un objet) en tant que susceptible d'être échangé, désiré. ➤ **prix.** *Valeur d'un bien, d'un terrain, d'un bijou. Déterminer la valeur de qqch.* ➤ **coter, estimer, évaluer, expertiser.** *Objet de valeur, de grande valeur. Objet de peu de valeur ; sans valeur,* dont on ne peut obtenir de l'argent. *Augmentation de valeur.* ➤ **gain, plus-value.** *Diminution, perte de valeur.* ➤ **décote, dépréciation, dévalorisation, moins-value.** *Valeur vénale, marchande.* ◆ LOC. *Mettre un bien, un capital en valeur,* le faire valoir, produire. ➤ **valoriser.** *« L'aménagement et la mise en valeur de la station »* ROMAINS. — FIG. (XVIIIe) *Mettre en valeur :* faire valoir (une personne, une chose) en la montrant à son avantage ; mettre en relief, faire ressortir. *Savoir se mettre en valeur. Mettre en valeur une collection. Mot mis en valeur dans la phrase.* ▪ **2** ÉCON. Qualité (d'un bien, d'un service) fondée sur son utilité *(valeur d'usage),* sur le rapport de l'offre à la demande *(valeur d'échange),* sur la quantité de facteurs nécessaires à sa production *(valeur travail). Théorie de la valeur. Valeur de la force de travail. Valeur ajoutée :* différence entre la valeur de la production et la valeur des consommations intermédiaires nécessitées par cette production. *Taxe à la valeur ajoutée (T. V. A.).* — FIN. *Valeur intrinsèque, extrinsèque de la monnaie. Valeur or.* ▪ **3** DR. MAR. *Valeur agréée :* fixation de la valeur d'un navire.

B. UNE VALEUR, DES VALEURS (1705) Titre représentatif d'un droit financier, d'une créance. *Valeurs financières et monétaires. Valeurs réalisables. Valeurs disponibles :* liquidités. *Valeurs en espèces.* ◆ *Valeurs mobilières* ou *valeurs,* titres négociables, cotés ou non en Bourse. ➤ 2 **action,** 2 **bon, emprunt, obligation,** 1 **part, titre** (de rente) ; **sicav.** *« Ces six cent mille francs sont représentés par des valeurs dont voici la liste »* G. DARIEN. *La Bourse* des valeurs. Cote, cours d'une valeur. Spéculer sur les valeurs mobilières.* ➤ **boursicoter.** *Portefeuille de valeurs. Valeurs refuges*.* ◆ Effet de commerce. ➤ **billet, papier.** *Escompte d'une valeur. Valeur à recouvrer.*

III QUALITÉ, INTÉRÊT D'UNE CHOSE A. LA VALEUR ▪ **1** Caractère de ce qui répond aux normes idéales de son type, qui a de la qualité. *Attacher de la valeur à un objet, un souvenir. « ce que la proche attente de la mort donne de valeur à l'instant »* GIDE. ▪ **2** Qualité estimée par un jugement. ➤ **qualité.** *Des œuvres de valeur inégale. « La valeur d'une image se mesure à l'étendue de son auréole imaginaire »* BACHELARD. *Juger qqch. au-dessus* (➤ **surestimer, survaloriser**), *au-dessous de sa valeur* (➤ **déprécier, méjuger, sous-estimer**), *à sa valeur.* — PHILOS. **JUGEMENTS DE VALEUR** (opposé à *jugements de réalité*), par lesquels on affirme que qqch. est plus ou moins digne d'estime. *Porter un jugement de valeur sur qqch.* ▪ **3** Qualité de ce qui produit l'effet souhaité. ➤ **efficacité, portée, utilité.** *La valeur d'une méthode.* — Caractère de ce qui a cours légalement. ➤ **validité.** *Date* de valeur* (d'un chèque). — Caractère de ce qui est important. *Des documents d'une valeur indéniable.* ▪ **4** Caractère de ce qui satisfait à une certaine fin. ➤ **intérêt,** 1 **sens.** *« Les lignes qui tracent le contour du corps ont une valeur par elle-même »* TAINE. *La valeur expressive d'un mot. Test ADN ayant valeur de preuve.*

B. UNE VALEUR, DES VALEURS (2e moitié XIXe) Ce qui est vrai, beau, bien, selon un jugement personnel plus ou moins en accord avec celui de la société de l'époque ; ce jugement. *Les valeurs morales, sociales, esthétiques. Théorie des valeurs* (➤ **axiologie**). *« Un bourgeois, c'est celui pour qui les idéologies nouvelles signifient la mort de ses valeurs »* (D. MERCER, « Providence », film). *« la liberté, seule valeur impérissable de l'histoire »* CAMUS. *Échelle des valeurs :* l'ensemble des valeurs classées de la plus haute à la plus faible, dans la conscience, et servant de référence dans les jugements, la conduite. *« Le système de valeurs* [d'une société] *reflète sa structure »* SARTRE.

IV IMPORTANCE D'UN ÉLÉMENT DANS UN SYSTÈME ▪ **1** (1845) Mesure (d'une grandeur variable). *« Affirmer d'une grandeur qu'elle est mesurable, c'est affirmer qu'on peut en fixer la valeur »* BROGLIE. *Valeur numérique.* ➤ **mesure.** *Valeur absolue d'un nombre réel,* ce nombre s'il est positif, son opposé s'il est négatif. *Valeur relative :* rapport d'une grandeur à une autre grandeur. ➤ **proportion.** ◆ Quantité approximative. *Ajoutez la valeur d'une cuillère à café.* ➤ 2 **équivalent.** ▪ **2** Mesure conventionnelle (attachée à un signe). *La valeur des différentes cartes.* ◆ (1659) Durée relative (d'une note, d'un silence), indiquée par sa figure, éventuellement modifiée par certains signes. *La valeur d'une blanche est deux noires.* ▪ **3** (XVIIe) LING. Sens (d'un mot) limité ou précisé par son appartenance à une structure (champ associatif, contexte). *« Dans la langue, chaque terme a sa valeur par son opposition avec tous les autres termes »* SAUSSURE. ▪ **4** (1792) PEINT. Qualité (d'un ton plus ou moins foncé ou plus ou moins saturé). *« Des écarts de valeurs plutôt que des contrastes de tons »* FROMENTIN.

V RÉGION. (Canada) LOC. ADJ. *De valeur :* regrettable, dommage. *« c'est bien de valeur ce qui se passe là-bas, mais c'est pas de notre faute »* G. ROY.

▪ CONTR. Médiocrité, nullité ; non-valeur ; lâcheté.

VALEUREUSEMENT [valœʀøzmɑ̃] adv. – v. 1460 ◇ de *valeureux* ▪ RARE Bravement.

VALEUREUX, EUSE [valœʀø, øz] adj. – v. 1400 ◇ de *valeur* ▪ LITTÉR. Brave, vaillant. *Nos valeureux soldats.*

VALGUS [valgys] adj. et n. m. – 1839 ◇ mot latin « bancal » ▪ MÉD. Se dit du pied, du genou, de la cuisse, de la main qui sont déviés en dehors (opposé à *varus*). *Pied bot valgus.* ◆ n. m. *Valgus du pied :* position du pied lorsqu'il est tourné vers l'extérieur.

VALIDATION [validasjɔ̃] n. f. – 1529 ◇ du radical de *valider* ▪ Fait de valider, son résultat. ➤ **homologation.** *Validation d'un contrat, d'une élection.* ▪ CONTR. Annulation, invalidation.

VALIDE [valid] adj. – 1528 ◇ latin *validus* « bien portant » ▪ **1** Qui est en bonne santé, capable de travail, d'exercice. ➤ 1 **gaillard, robuste** (cf. Bien portant*). *« Dans une armée, on n'admet que des hommes valides »* TAINE. — *Il n'a plus qu'un bras valide.* ▪ **2** (v. 1570) Qui présente les conditions requises pour produire son effet ; qui n'est entaché d'aucune cause de nullité. ➤ **réglementaire, valable** (cf. En règle). *« Votre passeport est vieux. – Il n'a pas un an de date ; il est légalement valide »* CHATEAUBRIAND. — RELIG. *Sacrement valide.* ▪ CONTR. Impotent, invalide, malade. Nul, périmé.

VALIDEMENT [validmɑ̃] adv. – 1569 ◇ de *valide* ▪ DR. Valablement.

VALIDER [valide] v. tr. ⟨1⟩ – 1411 au p. p. ◇ bas latin *validare* ▪ Rendre ou déclarer valide (2°). ➤ **entériner, homologuer, ratifier.** *Faire valider une attestation. « Sa signature, indispensable aux termes de nos lois pour valider la vente des biens »* BALZAC. *Valider un ticket de bus, un billet de train.* ➤ 2 **composter.** ▪ CONTR. Annuler, invalider.

VALIDITÉ [validite] n. f. – 1508 ◇ bas latin *validitas* ▪ **1** Caractère de ce qui n'est entaché d'aucune cause de nullité. *Validité d'un acte. Durée de validité d'un titre, d'un billet de chemin de fer.* — RELIG. *Validité d'un sacrement.* ▪ **2** *Validité mentale :* état mental d'un individu considéré comme entièrement responsable de ses actes. ▪ **3** LOG. Caractère d'un raisonnement qui est formellement valable, indépendamment de la vérité de ses propositions. ▪ **4** Conformité d'un élément réel avec sa représentation. *Validité d'une information. Validité d'un test.* ▪ CONTR. Invalidité, nullité.

VALINE [valin] n. f. – 1907 ◇ allemand *Valin ;* de *val(érique)* et *(am)ine* ▪ BIOCHIM. Acide aminé essentiel, l'un des vingt constituants des protéines.

VALISE [valiz] n. f. – 1558 ◇ italien *valigia ;* latin médiéval *valisia* ▪ **1** ANCIENNT Long sac de cuir qui se portait en croupe. ▪ **2** (1876) Bagage de forme rectangulaire, relativement plat et assez petit pour pouvoir être porté à la main par une poignée. VAR. FAM. **VALOCHE** [valɔʃ]. *Valises et sacs de voyage. Petite valise* (➤ **mallette, attaché-case**). *« Une valise de pauvre ; de la toile beige sur une carcasse de carton »* ROMAINS. *Valise de cuir, de toile. Valise souple, rigide. Poignée, serrure, couvercle, compartiments d'une valise. Faire sa valise, ses valises,* y disposer ce qu'on emporte, PAR EXT. s'apprêter à partir. LOC. FIG. *Poser ses valises :* se stabiliser, s'installer quelque part. *« Peut-être qu'il en a marre de la guerre, des bivouacs, [...] peut-être qu'il a envie de poser enfin ses valises »* E. CARRÈRE. — *Porteur* de valises.* — LOC. *Con comme une valise (sans poignée) :* totalement idiot (en parlant d'une personne). ◆ Contenu d'une valise. *Lire une valise de bouquins.* ▪ **3** *Valise diplomatique :* ANCIENNT valise (I°) dans laquelle les courriers de cabinet transportaient les dépêches diplomatiques ; MOD. transport de correspondance ou d'objets sous le couvert de l'immunité diplomatique. ▪ **4** PAR MÉTAPH. *Mot-valise* (voir ce mot). ▪ **5** FIG. (1901) FAM. Poche sous les yeux. ➤ **cerne.**

VALLÉE [vale] n. f. – *valee* 1080 ◇ de *val* ■ **1** Espace allongé entre deux zones plus élevées (pli concave ou espace situé de part et d'autre du lit d'un cours d'eau). ➤ 1 **val, vallon ; combe, gorge, ravin.** « *La vallée* [...] *semble fermée de toutes parts, pareille à une vasque de terre cachée entre des collines boisées* » SUARÈS. — GÉOGR. *Vallée jeune* (versants rocheux, irréguliers), « *mûre* » (versants régularisés). *Vallée sèche, morte* (par disparition du cours d'eau). *Vallées glaciaires* (anciens lits de glaciers). ♦ *La vallée de Josaphat, du Cédron :* lieu où, selon la Bible, les morts ressusciteront au Jugement dernier. — RELIG. CHRÉT. *Vallée de larmes, de misère :* le monde terrestre, la vie, par opposition au monde céleste. ■ **2** Région qu'arrose un cours d'eau. ➤ **bassin.** *La vallée de la Loire* (➤ 1 **val**) ; *la vallée du Nil.* ■ **3** En montagne, Région moins haute (vallées proprement dites et pentes). ➤ 1 **aval.** *Les habitants de la vallée.*

VALLEUSE [valøz] n. f. – 2e moitié XIXe ◇ mot dialectal de *avaler* « descendre » ■ Dans l'Ouest, Petite vallée suspendue, aboutissant à la mer et formant entaille dans une falaise. « *le petit sentier qui serpentait à travers la valleuse* » C. ONO-DIT-BIOT.

VALLISNÉRIE [valisneri] n. f. – 1845 ; *vallisnère* 1839 ◇ latin des botanistes *vallisneria,* du nom de *A. Vallisnieri* ■ BOT. Plante herbacée aquatique *(hydrocharidacées),* à longues feuilles rubanées.

VALLON [valɔ̃] n. m. – 1564 ◇ « grande vallée » 1529, sens de l'italien *vallone* ■ Petite dépression allongée entre deux collines, deux coteaux. ➤ **vallée.** « *Coupant la plaine ainsi qu'un fossé, l'étroit vallon de l'Aigre* » ZOLA.

VALLONNÉ, ÉE [valɔne] adj. – 1845 ◇ de *vallon* ■ Parcouru de vallons. *Région vallonnée.* « *Dans un coin de la Champagne vallonnée, dans le Vallage* » BACHELARD.

VALLONNEMENT [valɔnmɑ̃] n. m. – 1845 ◇ de *vallon* ■ Relief d'un terrain où il y a des vallons et des collines. HORTIC. Ondulation du sol, dans un jardin anglais, un parc paysager.

VALOIR [valwaʀ] v. ‹29› – fin XIe ◇ du latin *valere*

I ~ v. intr. **A.** AVOIR UNE CERTAINE VALEUR EN SOI ■ **1** Correspondre à (une certaine valeur) ; avoir un rapport d'égalité, etc., avec (autre chose) selon l'estimation qui en est faite. ➤ **coûter.** « *Les gros brillants d'oreilles valent vingt mille francs* » MAUPASSANT. ➤ FAM. 1 **faire.** *Les cent mille euros que cette maison a valu* (p. p. inv.). *Cela ne vaut pas (bien) cher. Cela ne vaut pas un sou. C'est tout ce que ça vaut. C'est trop cher pour ce que ça vaut. Valoir cher**. — *Cela vaut beaucoup d'argent, de l'argent :* c'est une chose de prix. *Valoir son prix :* avoir une certaine valeur, n'être ni surestimé ni sous-estimé. *Valoir de l'or, son pesant d'or.* FIG. et PLAISANT *Cela vaut son pesant d'or !* (FAM.) *son pesant de cacahouètes, de moutarde !* (d'une chose étonnante, ridicule). ■ **2** Correspondre, dans l'opinion, à (telle qualité, tel mérite, telle utilité). « *Ne pas chercher à paraître plus qu'on ne vaut* » GIDE. « *Pesez ce que vaut, parmi nous, cette expression* » VIGNY. *Prendre une chose pour ce qu'elle vaut,* la considérer à sa juste valeur, sans se faire d'illusions à son sujet. ■ **3** Avoir de la valeur, de l'intérêt, de l'utilité (➤ **valable**). *Ce raisonnement ne vaut que si...* « *La science est universelle* [...] *Ses démonstrations valent pour tous les peuples* » JAURÈS. — DR. *Donner et retenir ne vaut,* n'est pas valable. ♦ LOC. *Rien qui vaille :* rien de bon, rien qui soit important. *Cela ne me dit rien qui vaille.* — **VAILLE QUE VAILLE :** VX que la chose vaille peu ou beaucoup ; MOD. tant bien que mal. — **À VALOIR :** en constituant une somme dont la valeur est à déduire d'un tout. *Verser un acompte, une avance à valoir sur telle somme.* ➤ **à-valoir.** ♦ **FAIRE VALOIR.** Faire apprécier plus (souvent en exagérant), mettre en vedette (➤ **faire-valoir**). « *Un personnage qui sert à faire valoir les autres* » VOLTAIRE. *Faire valoir ses mérites. Se faire valoir :* se montrer à son avantage, faire étalage de ses mérites, de ses connaissances (cf. Se faire mousser*). « *Une redingote gris perle, qui faisait valoir sa haute taille* » PROUST. ➤ **souligner** (cf. Faire ressortir*, mettre en valeur). — *Faire valoir que :* souligner l'intérêt du fait que. « *Hélène me faisait valoir que sa mère lui laissait un petit crédit* » ROMAINS. — Rendre plus actif, plus efficace. *Faire valoir ses droits,* les exercer, les défendre. *Un avantage à faire valoir,* dont on peut se prévaloir. — Rendre productif (un bien). ➤ **exploiter** (cf. Mettre en valeur*). *Faire valoir son domaine* (➤ **faire-valoir**), *ses capitaux.*

B. ÊTRE ÉGAL EN VALEUR, EN MÉRITE ■ **1** Être égal en valeur, en utilité, équivalent à (autre chose). « *Le jour qui va finir vaut le jour qui commence* » HUGO. « *Il n'est pas de discours qui vaille un dessin* » GIDE. ➤ **égaler, équivaloir** (à). *Rien ne vaut un bon bordeaux ! Cette façon de faire, qui en vaut bien une autre,* qui n'est pas inférieure à une autre. — *Tant* vaut...* ♦ (PERSONNES) Avoir les mêmes qualités, le même mérite que (qqn). « *Il y en a d'autres. Et qui te valent bien !* » ARAGON. — *Un homme averti* en vaut deux.* ■ **2** (En tour négatif, le second terme étant une simple référence) *Il (elle) ne vaut pas la corde pour le (la) pendre**. — FAM. *Tout ça ne vaut pas un clou, pas un pet* de lapin, pas tripette* :* ça ne vaut rien. « *Tout ça ne vaut pas l'amour* » (chanson). ♦ **NE RIEN VALOIR :** être sans valeur, médiocre. *Votre argument ne vaut rien. Elles ne valent rien, ces poires ! — L'inaction ne lui vaut rien,* lui est nuisible.

C. MÉRITER ■ **1** *Valoir mieux que* (suivi d'un nom) : avoir plus de valeur, être plus estimable, plus utile. « *L'honneur vaut mieux que la gloire* » CHAMFORT. « *Un bon mot vaut mieux qu'un mauvais livre* » RENARD. ♦ IMPERS. *Il vaut mieux, mieux vaut :* il est préférable, meilleur de. PROV. *Il vaut mieux tenir que courir.* « *Il vaut mieux mourir que de traîner* [...] *une vieillesse insipide* » VOLTAIRE. FAM. « *Vaut mieux pas que je m'approche des bougies* » Y. QUEFFÉLEC. ♦ FAM. *Ça vaut mieux :* c'est préférable. « *Il ne regardait pas en face. Et ça valait mieux* » ARAGON. *Ça vaut mieux que de se casser une jambe !* ■ **2** Être comparable en intérêt à (autre chose), mériter (tel effort, tel sacrifice). *Paris vaut bien une messe*. Le jeu n'en vaut pas la chandelle*. Cela vaut le dérangement, le voyage.* « *Il vaut le détour. Mais pas dans le sens où l'entendent les guides* » F. DARD. « *Cela valait-il de tant s'agiter ?* » DAUDET. « *Ce discours ne vaut pas qu'on l'écoute* » ALAIN. ♦ (début XVIIe) **VALOIR LA PEINE :** mériter qu'on prenne la peine de... *Ça ne vaut pas la peine d'en parler, qu'on en parle :* c'est insignifiant, négligeable. « *Ne vous tourmentez plus pour ce qui n'en vaut pas la peine* » FRANCE. *Cela vaut la peine qu'on écrive.* — **VALOIR LE COUP :** être digne d'être fait, tenté, vu, etc. (cf. Valoir la peine). « *ça valait le coup d'y passer cinq minutes pour regarder les lumières* » DJIAN. *Ça vaut le coup d'œil.*

II ~ v. tr. Faire obtenir, avoir pour conséquence. ➤ **attirer, procurer.** « *Après cinq ans d'exil que lui avait valus sa condamnation* » GIRAUDOUX. *Qu'est-ce qui nous vaut cet honneur ?*

III ~ v. pron. récipr. **SE VALOIR** Avoir même valeur, être équivalent. « *Tous les métiers se valent pourvu qu'on arrive à manger* » CH.-L. PHILIPPE. FAM. *Ça se vaut :* ce n'est ni meilleur ni pire.

VALORISANT, ANTE [valɔʀizɑ̃, ɑ̃t] adj. – 1966 ◇ de *valoriser* ■ Qui valorise (2°). *Un métier valorisant.* ■ CONTR. Dévalorisant.

VALORISATION [valɔʀizasjɔ̃] n. f. – 1907 ◇ du latin *valor* → valeur ■ **1** ÉCON. Fait de valoriser, d'exploiter (qqch.). *La valorisation d'un terrain, d'un immeuble.* ■ **2** (1930) PHILOS., PSYCHOL. Fait de conférer une valeur plus grande à (qqch., qqn). *La valorisation de ses efforts. Valorisation de l'individu.* ■ **3** Exploitation (des déchets industriels, ménagers). *Valorisation du lactosérum. Valorisation énergétique des déchets :* production d'énergie par incinération, méthanisation... ■ CONTR. Dévalorisation.

VALORISER [valɔʀize] v. tr. ‹1› – 1925 ◇ du latin *valor* → valeur ■ **1** ÉCON. Faire prendre de la valeur à. *Valoriser un terrain.* ■ **2** PHILOS., PSYCHOL. Donner de la valeur à (qqn, qqch.), en augmenter la valeur. *Sa réussite l'a valorisé aux yeux de ses amis.* ■ **3** MATH. Donner une, des valeurs (IV) à (une variable, un paramètre). ■ **4** Transformer en matière première, recycler (des déchets industriels). ■ **5** FIN. Calculer la valeur de (une entreprise). — Au p. p. *Entreprise valorisée à un milliard d'euros.* ■ CONTR. Dévaloriser.

VALPOLICELLA [valpɔlitʃɛla ; valpɔlitʃela] n. m. – 1955 ◇ nom d'une région d'Italie, dans la province de Vérone ■ Vin rouge fruité et peu corsé de la région de Valpolicella. *Des valpolicellas.*

VALSE [vals] n. f. – 1800 ◇ allemand *Walzer* ■ **1** Danse à trois temps, où chaque couple tourne sur lui-même tout en se déplaçant. *Valse viennoise* (à pas glissés, rapides). *Valse lente, anglaise* (➤ **boston**). « *Et, dans les tourbillons de nos valses joyeuses* » MUSSET. *Valse musette*.* ♦ Air, musique qui accompagne cette danse. *Les valses de Strauss.* — Morceau de musique instrumentale de forme libre composé sur le rythme de cette danse. *Les valses de Chopin.* ■ **2** (1964) FIG. FAM. Mouvement de personnel à des postes politiques ou administratifs que les titulaires ont l'air d'échanger. *La valse des ministres, des portefeuilles.* — Modification, changement, remplacement fréquents (en parlant de choses). *La valse des étiquettes, des prix.* ♦ (du nom d'une valse caractérisée par des pas en avant puis en arrière) *Valse-hésitation :* suite de décisions, d'actes contradictoires. *Des valses-hésitations.*

VALSER [valse] v. intr. ‹1› – 1789 ◇ allemand *walzen* ■ **1** Danser la valse, une valse. «*Les Françaises valsent, le corps tout droit*» GONCOURT. ■ **2** FAM. Être projeté. *Il est allé valser sur le trottoir.* ➤ **valdinguer.** — *Faire valser l'argent,* le dépenser sans compter. ♦ FIG. FAM. *Faire valser des fonctionnaires,* les déplacer. — *Faire valser les prix, les étiquettes,* les modifier continuellement. — LOC. *Envoyer valser qqn, qqch.,* le renvoyer sans égards, le jeter loin de soi (cf. Envoyer* promener).

VALSEUR, EUSE [valsœʀ, øz] n. – 1801 ◇ de *valser* ■ **1** Personne qui valse, qui sait valser (bien ou mal). *Bon, mauvais valseur.* ■ **2** n. f. pl. (1905) FAM. et VULG. *Les valseuses* : les testicules.

VALVAIRE [valvɛʀ] adj. – 1812 ◇ de *valve* ■ BOT. Qui appartient aux valves. *Déhiscence valvaire.*

VALVE [valv] n. f. – 1752 ◇ du latin scientifique *valva,* du latin *valvae* «battants d'une porte»

I ■ **1** Chacune des deux parties de la coquille (dite *bivalve*) de certains mollusques et crustacés. «*La valve rainurée d'une coquille de Saint-Jacques*» PROUST. ♦ (1771) BOT. Fraction du péricarpe d'un fruit, qui se soulève quand se forment les fentes de déhiscence. ♦ ANAT. *Valves cardiaques* : chacune des lames membraneuses qui forment les valvules cardiaques. ■ **2** (1845) Système de régulation d'un courant de liquide ou de gaz (assurant souvent le passage du courant dans un seul sens). *Valves coulissantes. Valves rotatives* (commandées par une clé). — Soupape à clapet, servant spécialement d'obturateur de chambre à air. ♦ Appareil laissant passer le courant électrique plus facilement (ou même exclusivement) dans un sens que dans l'autre, et provoquant une conductibilité unilatérale. ➤ **détecteur, diode, redresseur.**

II n. f. pl. (du sens premier du latin) (Belgique) Tableau d'affichage, généralement sous vitrine, dans un établissement public (école, musée...). *Horaires affichés aux valves.*

VALVÉ, ÉE [valve] adj. – 1817 ◇ de *valve* ■ BOT. Muni, formé de valves.

VALVULAIRE [valvylɛʀ] adj. – v. 1732 ◇ de *valvule* ■ ANAT. Qui présente des valvules, ou fait l'office d'une valvule. *Repli valvulaire.* ♦ Relatif aux valvules du cœur. *Lésion, insuffisance valvulaire.*

VALVULE [valvyl] n. f. – XVIe ◇ latin *valvula,* diminutif de *valva* → valve ■ **1** ANAT. Repli muqueux ou membraneux qui a pour fonction d'empêcher le reflux, de régler le cours de liquides ou de matières circulant dans les vaisseaux et conduits du corps. *Valvules cardiaques (valvules mitrale, tricuspide, aortique, pulmonaire). Valvules sigmoïdes*. Valvules rectales. Valvules veineuses.* ■ **2** (v. 1765) BOT. Petite valve. ♦ TECHN. Robinet à vanne.

VALVULOPLASTIE [valvylɔplasti] n. f. – 1959 ◇ de *valvule* et *-plastie* ■ CHIR. Opération par laquelle on répare une valvule cardiaque lésée (rétrécie ou élargie).

VAMP [vɑ̃p] n. f. – 1921 ◇ mot anglais américain (1918) ; abrév. de *vampire* ■ Type de femme fatale et irrésistible. *Des vamps. Un sourire de vamp.* «*Elle avait l'air bonne fille aujourd'hui et pas vamp du tout*» QUENEAU.

VAMPER [vɑ̃pe] v. tr. ‹1› – 1923 ◇ de *vamp,* d'après l'anglais *to vamp* ■ FAM. Séduire par des allures de vamp. *Se faire vamper.*

VAMPIRE [vɑ̃piʀ] n. m. – 1738 ◇ allemand *Vampir,* du serbe ■ **1** Fantôme sortant la nuit de son tombeau pour aller sucer le sang des vivants. ➤ **1 goule, strige.** ■ **2** FIG. (1756) VIEILLI Suceur de sang, personne avide d'argent. «*Hors du trône, tyrans ! à la tombe, vampires !*» HUGO. ♦ (1835) Assassin coupable de nombreux crimes, meurtrier cruel, sadique. *Le vampire de Düsseldorf.* ■ **3** (1761) Chauve-souris d'Amérique du Sud *(desmodontidés)* qui suce le sang des animaux pendant leur sommeil.

VAMPIRIQUE [vɑ̃piʀik] adj. – 1790 ◇ de *vampire* ■ LITTÉR. Relatif aux vampires ; qui ressemble aux vampires.

VAMPIRISER [vɑ̃piʀize] v. tr. ‹1› – 1795 ◇ de *vampire* ■ Vivre de la substance de (qqn) qu'on a mis dans une totale dépendance.

VAMPIRISME [vɑ̃piʀism] n. m. – 1738 ◇ de *vampire* ■ **1** VX Faits attribués aux vampires, croyance à leur activité. ■ **2** (1856) PSYCHIATR. Perversion sexuelle dans laquelle l'agresseur saigne sa victime. ■ **3** LITTÉR. Comportement d'une personne possessive à l'extrême.

1 **VAN** [vɑ̃] n. m. – début XIIIe ◇ latin *vannus* ■ Sorte de panier à fond plat, large, muni de deux anses, qui sert à vanner. ■ HOM. Vent.

2 **VAN** [vɑ̃] n. m. – 1894 ◇ mot anglais, aphérèse de *caravan* ■ Voiture, fourgon servant au transport des chevaux de course.

3 **VAN** [van] n. m. – 1982 ◇ mot anglais américain ■ ANGLIC. Fourgonnette ou minibus servant au transport de personnes. ■ HOM. Vanne.

VANADINITE [vanadinit] n. f. – 1884 ◇ de *vanadium* ■ MINÉR. Combinaison naturelle du plomb avec le chlore et le vanadium.

VANADIQUE [vanadik] adj. – 1831 ◇ de *vanadium* ■ CHIM. Se dit des dérivés du vanadium pentavalent.

VANADIUM [vanadjɔm] n. m. – 1831 ◇ latin scientifique 1830 ; de *Vanadis,* divinité scandinave ■ CHIM. Métal blanc (V ; n° at. 23 ; m. at. 50,9415) relativement rare, disséminé dans un grand nombre de minéraux et de roches diverses (argiles, basaltes, etc.). *Aciers au vanadium* (préparés à partir du *ferrovanadium*), d'élasticité et de charge de rupture élevées. *Oxyde de vanadium,* utilisé comme catalyseur dans la synthèse industrielle de l'anhydride sulfurique.

VANDA [vɑ̃da] n. f. – 1842 ◇ latin des botanistes, de l'hindi ■ BOT. Plante épiphyte *(orchidacées)* de l'Inde et de l'Océanie, orchidée à grandes fleurs bleues ou brunes, tachetées de pourpre.

VANDALE [vɑ̃dal] n. – XIIIe ◇ latin *Vandali,* nom d'un peuple germanique ■ **1** Membre d'un peuple germanique originaire de la région de l'Oder, qui, au Ve siècle, envahit et dévasta la Gaule, l'Espagne du Sud et l'Afrique du Nord. — adj. *L'empire vandale.* ■ **2** (1732) FIG. Destructeur brutal, ignorant. ➤ **iconoclaste.** *La collection a été saccagée par des vandales.* — adj. «*Le beau badigeonnage jaune dont nos vandales archevêques ont barbouillé leur cathédrale*» HUGO.

VANDALISER [vɑ̃dalize] v. tr. ‹1› – 1983 ◇ de *vandale* ■ Commettre des déprédations sur (qqch.). *Vandaliser des cabines téléphoniques.* ➤ **saccager.**

VANDALISME [vɑ̃dalism] n. m. – 1793 ◇ de *vandale* ■ Tendance à détruire stupidement, à détériorer, par ignorance, des œuvres d'art. «*Le vandalisme a rasé Saint-Magloire,* [...] *détruit le cloître des Jacobins*» HUGO. — PAR EXT. *Actes de vandalisme commis contre des équipements publics.*

VANDOISE [vɑ̃dwaz] n. f. – *vendoise* 1197 ◇ gaulois °*vindisia,* de °*vindos* «blanc» ■ Poisson d'eau douce *(cypriniformes)* très proche du chevesne. ➤ **2 dard.**

VANESSE [vanɛs] n. f. – 1810 ◇ latin scientifique *vanessa,* p.-ê. du latin *vanities* «vanité» ■ Papillon diurne aux riches couleurs, au vol rapide. ➤ **morio, paon** (de jour), **vulcain.**

VANILLE [vanij] n. f. – 1684 ◇ espagnol *vainilla,* diminutif de *vaina,* latin *vagina* «gaine» ■ **1** Fruit du vanillier, gousse très allongée qui, séchée, devient noire et aromatique. *Vanille de Madagascar.* Plus cour. *Gousse de vanille.* ■ **2** Substance aromatique contenue dans ce fruit, utilisée en confiserie et en pâtisserie. *Crème, glace à la vanille.* ■ **3** RARE Vanillier.

VANILLÉ, ÉE [vanije] adj. – 1845 ◇ de *vanille* ■ Aromatisé avec de la vanille naturelle. *Sucre, chocolat vanillé.* — Qui a une odeur de vanille. *Eau de toilette vanillée.* ■ HOM. Vanillier.

VANILLIER [vanije] n. m. – 1764 ◇ de *vanille* ■ Liane épiphyte des régions tropicales *(orchidacées),* dont le fruit est la vanille. ➤ **vanille** (3°). ■ HOM. Vanillé.

VANILLINE [vanilin] n. f. – 1865 ◇ de *vanille* ■ CHIM. Aldéhyde phénolique ($C_8H_8O_3$) présent à l'état naturel dans les gousses de vanille, et utilisé comme succédané de la vanille. — adj. **VANILLINÉ, ÉE.** *Sucre vanilliné.*

VANILLISME [vanilism] n. m. – 1883 ◇ de *vanille* ■ MÉD. Intoxication provoquée par la manipulation ou l'ingestion de la vanille.

VANILLON [vanijɔ̃] n. m. – 1830 ◇ de *vanille* ■ COMM. Vanille du Mexique et des Antilles, d'une variété inférieure, à petites gousses.

VANITÉ [vanite] n. f. – XIIe sens 2° ◇ latin *vanitas* ■ **1** (1580) Défaut d'une personne vaine, satisfaite d'elle-même et étalant cette satisfaction. ➤ **autosatisfaction, complaisance, fatuité, infa-**

tuation, 1 **jactance, orgueil, ostentation, prétention, suffisance.** *Flatter, ménager la vanité de qqn.* «*On peut faire faire tout, à la plupart des hommes, en les prenant par la vanité*» MONTHERLANT. *Un rôle* «*qu'on joue jusqu'à la mort, par vanité*» ROMAINS. *Tirer vanité de qqch.*, en tirer un sujet de satisfaction. «*Comme un renseigné qui tire vanité des secrets qu'il détient*» PROUST. ➤ se **glorifier.** «*Les femmes modestes qui n'ont pas la vanité de vouloir être admirées*» MARIVAUX. — ELLIPT *Sans vanité :* soit dit sans vanité, sans vouloir me vanter. ◆ *Une, des vanités.* Manifestation de ce défaut. «*Ces légères vanités innocentes étaient son plus grand plaisir*» MAUPASSANT. ▪ **2** VIEILLI Caractère de ce qui est vain (2°), frivole, insignifiant ; chose futile, illusoire. ➤ **fragilité, frivolité, futilité, inconsistance, insignifiance, néant, vide.** «*Vanité des vanités, et tout n'est que vanité*» (BIBLE). «*Que je songeasse à la vanité des grandeurs humaines parmi ces tombeaux dévastés*» CHATEAUBRIAND. *Un vaste monastère* «*où l'on appelait vanité ce que les autres hommes poursuivent*» RENAN. ▪ **3** Image, nature morte évoquant la vanité (1°) des occupations humaines et la précarité de l'existence. *Le crâne humain, symbole fréquemment représenté par les vanités.* ▪ CONTR. Modestie, simplicité ; utilité, valeur.

VANITEUSEMENT [vanitøzmɑ̃] **adv.** – 1773, repris v. 1830 ◇ de *vaniteux* ▪ Avec vanité.

VANITEUX, EUSE [vanitø, øz] **adj.** – 1735 ◇ de *vanité* (1°) ▪ Plein de vanité (1°). ➤ **infatué, orgueilleux, prétentieux, suffisant ;** FAM. **crâneur, ramenard.** *Il est vaniteux comme un paon**. «*Cette raideur vaniteuse*» SAINTE-BEUVE. — **n.** «*Le vaniteux se contente de signes menteurs*» ALAIN. ➤ **m'as-tu-vu, fat.** ▪ CONTR. Modeste.

VANITY-CASE [vanitikɛz] **n. m.** /VANITYCASE/ – 1953 ◇ mot anglais, de *vanity* «vanité», employé dans des composés avec cette valeur, et *case* «valise» ▪ ANGLIC. Petit bagage rigide en forme de boîte munie d'une poignée sur le couvercle, pour les objets et flacons de toilette féminins. *Des vanity-cases.* — ABRÉV. COUR. **VANITY.** *Des vanitys.*

1 **VANNAGE** [vanaʒ] **n. m.** – XVIIe ; *vanage* 1293 ◇ de 1 *vanner* ▪ Action de vanner le grain.

2 **VANNAGE** [vanaʒ] **n. m.** – *venaige* 1375 ◇ de 1 *vanne* ▪ Ensemble et disposition des organes mobiles ou vannes qui règlent l'écoulement des fluides.

1 **VANNE** [van] **n. f.** – 1274 ; *venne* 1260 ◇ latin médiéval *venna,* p.-ê. d'origine celtique ▪ Panneau vertical mobile disposé dans une canalisation pour en régler le débit. *Vannes d'un barrage, d'une écluse, d'un moulin.* «*De l'eau sagement distribuée dans des rigoles maintenues par des vannes*» BALZAC. *Vanne de prise d'eau.* ➤ **électrovanne.** *Ouvrir, fermer une vanne.* — LOC. FAM. *Ouvrir les vannes :* laisser libre cours à qqch., et SPÉCIALT accorder des crédits. *Lâcher les vannes :* se laisser aller à ses émotions, aux larmes (cf. Se débonder). «*dès qu'elle le voit, ça y est, ouvrez les vannes, se met à pleurer*» K. TUIL. ▪ HOM. 3 Van.

2 **VANNE** [van] **n. f.** – 1883 ◇ de 1 *vanner* ▪ FAM. ▪ **1** Remarque ou allusion désobligeante à l'adresse de qqn. ➤ 2 **pique.** *Lancer, envoyer, balancer une vanne, des vannes à qqn.* ➤ 3 **vanner.** ▪ **2** PAR EXT. Plaisanterie, blague. «*il sort deux vannes à la seconde et elles sont à se tuer de rire*» V. DESPENTES.

VANNEAU [vano] **n. m.** – 1530 ; *vaniel* début XIIIe ◇ de 1 *van,* probablt à cause du bruit des ailes ▪ **1** Oiseau échassier de la taille du pigeon *(charadriiformes),* à huppe noire. ▪ **2** FAUCONN., AU PLUR. Grandes plumes des ailes, et SPÉCIALT Plumes d'essor des oiseaux de proie.

VANNELLE [vanɛl] **n. f.** – 1904 ◇ de 1 *vanne* ▪ Petite vanne d'écluse. ◆ Petite valve d'une conduite d'eau.

1 **VANNER** [vane] **v. tr.** ‹1› – XIe ◇ latin populaire °*vannare,* classique *vannere* ▪ **1** Secouer dans un van (les grains), de façon à les nettoyer en les séparant de la paille, des poussières et des déchets. *Vanner du blé.* ▪ **2** (1479 ; «poursuivre, tourmenter, railler» en ancien français) FIG. Accabler de fatigue. ➤ **éreinter, harasser.** «*Moi, la campagne, ça me vanne* [...] *Oui, mais c'est une fatigue saine !*» COLETTE. ◆ **p. p. adj.** (1844) Épuisé de fatigue. ➤ **fatigué, fourbu, moulu.** «*Je suis vannée, crevée, à bout de souffle*» CENDRARS.

2 **VANNER** [vane] **v. tr.** ‹1› – 1694 ◇ de 1 *vanne* ▪ TECHN. Garnir de vannes.

3 **VANNER** [vane] **v. tr.** ‹1› – 1981 ◇ de 2 *vanne* ▪ FAM. Se moquer de, lancer des vannes à (qqn). «*Et ça n'a pas loupé, le skin l'a vanné*» Y. QUEFFÉLEC.

VANNERIE [vanʀi] **n. f.** – 1680 ; n. de rue XIVe ◇ de *vannier* ▪ **1** Métier de vannier ; fabrication d'objets tressés avec des fibres végétales, des tiges. ➤ **lacerie.** *Matériaux utilisés dans l'industrie de la vannerie :* bambou, jonc, osier, paille, raphia, roseau, 1 rotin, sorgo. *Faire de la vannerie.* ▪ **2** Objets ainsi fabriqués. *Grosse vannerie* (corbeilles, paniers, vans). *Vannerie fine, de fantaisie.*

VANNET [vanɛ] **n. m.** – 1732 ◇ *venet* 1423, diminutif de *venne* (1260), de *venna* → 1 vanne ▪ Filet de pêche qu'on tend sur le bord de la mer pour qu'il soit recouvert par le flux.

VANNEUR, EUSE [vanœʀ, øz] **n.** – 1538 ; *vanere* 1260 ◇ de 1 *vanner* ▪ Personne qui vanne les grains. ◆ **n. f.** (1890) **VANNEUSE :** machine à vanner le grain. ➤ **tarare.**

VANNIER [vanje] **n. m.** – 1322 ; *vanier* 1296 ; n. f. 1226 ◇ de 1 *van* ▪ Ouvrier qui travaille l'osier, le rotin, qui les tresse, pour la fabrication d'objets de vannerie.

VANNURE [vanyʀ] **n. f.** – *vaneure* 1291 ◇ de 1 *vanner* ▪ Matières (balle, paille) séparées du grain par le vannage.

VANTAIL, AUX ou **VENTAIL, AUX** [vɑ̃taj, o] **n. m.** – 1690 ; *ventail(le)* milieu XIIIe ◇ de *vent* ▪ Panneau mobile pivotant autour d'un axe vertical. ➤ 1 **battant.** *Les vantaux d'une fenêtre, d'une armoire.* «*D'un côté de la galerie s'ouvrent les doubles vantaux des hautes portes*» THARAUD. — La graphie *ventail* est conforme à l'étymologie. ▪ HOM. Ventail.

VANTARD, ARDE [vɑ̃taʀ, aʀd] **adj.** – avant 1576 ◇ de *vanter* ▪ Qui a l'habitude de se vanter. ➤ **bluffeur, fanfaron*, hâbleur.** *Il* «*était vantard, grand parleur*» BALZAC. — **n.** *Quel vantard !*

VANTARDISE [vɑ̃taʀdiz] **n. f.** – 1841 ◇ de *vantard* ▪ Caractère ou propos de vantard. ➤ **bluff, fanfaronnade, forfanterie.** «*Sans rodomontade et vantardise à l'espagnole ou à la gasconne*» GAUTIER.

VANTER [vɑ̃te] **v. tr.** ‹1› – 1580 ; 1080 pron. ◇ latin ecclésiastique *vanitare,* de *vanitas* → vanité

I LITTÉR. Parler très favorablement de (qqn ou qqch.), en louant publiquement et avec excès. ➤ **célébrer, exalter.** «*Il mettait la conversation sur les rares qualités* [...] *de Camille ; il vantait sa victime*» ZOLA. «*Les femmes dont les hommes vantent la beauté et la grâce*» GAUTIER. «*Il lui vanta la nature et la solitude*» FRANCE. — Plus cour. «*vanter les mérites d'une très belle carrière*» D. FOENKINOS. *Vanter l'efficacité d'un produit. Vanter sa marchandise* (cf. Faire l'article*).

II SE VANTER v. pron. ▪ **1** ABSOLT Exagérer ses mérites ou déformer la vérité par vanité. *La petite assure* «*qu'elle a su se défendre. Je parierais bien qu'elle se vante*» LACLOS. — ELLIPT *Sans me vanter :* soit dit sans me vanter, sans vanité (cf. FAM. Ce n'est pas pour dire*, mais...). ▪ **2 SE VANTER DE :** tirer vanité, se glorifier de (qqch. de vrai ou de faux). «*Ces fanfarons qui se vantent du bien qu'ils n'ont point fait*» LESAGE. FAM. *Il ne s'en est pas vanté :* il l'a caché, il n'en a pas parlé. *Tu n'as pas à t'en vanter, il n'y a pas de quoi se vanter :* ce n'est pas très glorieux. *Et je m'en vante !* et j'en tire un sujet de satisfaction. «*on ne devrait pas se vanter d'avoir fait la guerre, on devrait le regretter*» VIAN. ◆ Se déclarer, par vanité, capable de... ➤ se **flatter, prétendre,** se **targuer** (cf. Se faire fort* de). «*Nul ne peut se vanter de se passer des hommes*» SULLY PRUDHOMME.

▪ CONTR. Abaisser, dénigrer, déprécier. — Excuser (s'). ▪ HOM. Venter.

VA-NU-PIEDS [vanypje] **n. inv.** /VANUPIED **n.**/ – 1615 ◇ proprt «(qui) *va nu-pieds*» ▪ Personne très pauvre, misérable qui vit en vagabond. ➤ **gueux.** «*Un bohémien, un va-nu-pieds, une espèce de mendiant dangereux*» HUGO. *Une va-nu-pieds.*

VAPE [vap] **n. f.** – 1935 ◇ abrév. argotique de *vapeur* ▪ LOC. FAM. *Être dans les vapes :* être un peu abruti, endormi à cause de la fatigue ou de l'abus d'alcool ou de drogue.

1 **VAPEUR** [vapœʀ] **n. f.** – XIIIe *vapour* ◇ latin *vapor* ▪ **1** Amas visible, en masses ou traînées blanchâtres, de très fines et légères gouttelettes d'eau de condensation. ➤ 1 **brouillard, brume, nuage.** «*Les vapeurs retombées sur l'horizon* [...] *en amoncellement de ouates grises*» LOTI. «*Cette vapeur menue, qui,* [...] *glissait sur les maisons et les rues à la façon d'un fleuve qui coule*» MAUPASSANT. ▪ **2** (XVIe) *Vapeur d'eau,* ou ABSOLT *la vapeur :* eau à l'état gazeux, état normal de l'eau au-dessus de son point d'ébullition. *Utilisation industrielle de la vapeur comme force.* — (1794) **À VAPEUR.** *Machine à vapeur,* mue par la vapeur d'eau. *Locomotive, bateau à vapeur. Fer à vapeur :* fer à repasser électrique pouvant projeter de la vapeur sur

le linge. *Centrale* vapeur.* — FAM. *Être à voile* et à vapeur.* — *Renverser la vapeur,* la faire agir sur l'autre face du piston, afin d'inverser le sens de la marche de la machine (ce qui a pour premier effet de freiner le mouvement). FIG. Arrêter net une action qui se développait dans un sens dangereux et la mener dans un sens opposé. — *À toute vapeur :* en utilisant toute la vapeur possible ; à toute vitesse. *Locomotive lancée à toute vapeur. Loi votée à toute vapeur.* — *Bain de vapeur.* ➤ **étuve, hammam, sauna.** — (1825) **À LA VAPEUR :** mode de cuisson à l'étouffée d'aliments disposés au-dessus d'eau en ébullition. *Pommes de terre cuites à la vapeur ;* ELLIPT *pommes vapeur. Légumes à la vapeur* (➤ **cuit-vapeur**). *Raviolis* (vietnamiens) *à la vapeur.* ▪ **3** (XIVe) VIEILLI Exhalaison de corps liquides ou solides. ➤ **émanation, fumée, gaz.** « *Comme un encens allumé qui se dissipe en vapeur* » FLAUBERT. ◆ (1609) MÉD. ANC. Exhalaison provenant des humeurs. — VIEILLI, AU PLUR. **VAPEURS :** malaise supposé provenir de ces exhalaisons et montant au cerveau. PLAIS. *Avoir ses vapeurs. Madame Prune « avait été prise de pâmoisons et de vapeurs »* LOTI. — *Les vapeurs de l'ivresse. « Les vapeurs enivrantes de l'orgueil »* ROUSSEAU. ▪ **4** PHYS., CHIM. Substance à l'état gazeux au-dessous de sa température critique ; en particulier, gaz dont le point de condensation, sous la pression atmosphérique, se trouve au-dessous de la température ordinaire. *Vapeur d'eau, d'essence. Pression, tension de vapeur. Vapeur saturante*. Condensation de la vapeur. Point critique des vapeurs,* pour lequel elles présentent la même densité que le liquide. *Vapeur sèche,* sans son liquide générateur.

2 **VAPEUR** [vapœʀ] n. m. – 1841 ; n. f. 1828 ◇ ellipse de *bateau à vapeur* ▪ VIEILLI Bateau à vapeur. ➤ **steamer.**

VAPOCRAQUAGE [vapokʀakaʒ] n. m. – 1973 ◇ du radical de *vapeur* et *craquage* ▪ TECHN. Craquage* d'un hydrocarbure en présence de vapeur d'eau.

VAPOREUSEMENT [vapɔʀøzmɑ̃] adv. – 1831 ◇ de *vaporeux* ▪ RARE Avec qqch. de vaporeux. « *Je n'ai encore rien vu en peinture d'aussi vaporeusement lumineux* » GONCOURT.

VAPOREUX, EUSE [vapɔʀø, øz] adj. – XIVe sens 2° ◇ latin *vaporosus* ▪ **1** (XVIe) LITTÉR. Où la présence de la vapeur est sensible ; que des vapeurs couvrent, voilent. ➤ **nébuleux.** « *Les horizons de mer légèrement vaporeux* » CHATEAUBRIAND. — PEINT. *Lointain vaporeux,* aux contours incertains comme s'il était voilé de vapeurs. ➤ **flou, fondu ; sfumato.** ▪ **2** Qui est léger, fin et transparent, quasi immatériel. ➤ **aérien.** *Tissu vaporeux. Cheveux vaporeux, mousseux. « Une folle petite tête ébouriffée en blond, toute vaporeuse dans les dentelles »* DAUDET.

VAPORISAGE [vapɔʀizaʒ] n. m. – 1867 ◇ de *vaporiser* ▪ TECHN. Opération consistant à soumettre des textiles à l'action de la vapeur, en vue de donner de l'apprêt, de fixer les couleurs, etc.

VAPORISATEUR [vapɔʀizatœʀ] n. m. – 1884 ; « inhalateur » 1824 ◇ de *vaporiser* ▪ Petit pulvérisateur. ➤ **aérosol, atomiseur,** 1 **bombe, brumisateur, nébuliseur, spray.** *Vaporisateur à parfum.* — ABRÉV. FAM. **VAPO.** *Des vapos rechargeables.*

VAPORISATION [vapɔʀizasjɔ̃] n. f. – 1756 ◇ du latin *vapor ;* cf. *vaporiser* ▪ **1** PHYS. Passage d'une substance de l'état liquide à l'état gazeux sous l'effet de la chaleur. ➤ **évaporation ; sublimation, volatilisation.** *Vaporisation dans le vide. Chaleur de vaporisation.* ▪ **2** Action de vaporiser (2°). ➤ **pulvérisation.**

VAPORISER [vapɔʀize] v. tr. ⟨1⟩ – 1771 ◇ du latin *vapor* ▪ **1** DIDACT. Opérer la vaporisation de. ➤ **gazéifier.** — PRONOM. *Liquide qui se vaporise à telle température.* ▪ **2** (1866) Disperser et projeter en fines gouttelettes. ➤ **pulvériser.** « *elle vaporisait sur elle son parfum de santal* » COLETTE. ▪ **3** POÉT. Revêtir d'un aspect vaporeux. « *La rêverie qui multiplie et vaporise tout* » THIBAUDET.

VAPOTER [vapɔte] v. intr. ⟨1⟩ – 2008 ◇ de *vapeur* ▪ FAM. Utiliser une cigarette électronique. — n. m. (2011) **vapotage.**

VAPOTEUR, EUSE [vapɔtœʀ, øz] n. – 2011 ◇ de *vapoter* ▪ FAM. ▪ **1** Personne qui utilise une cigarette électronique. ▪ **2** n. f. (marque déposée) Cigarette électronique.

VAQUER [vake] v. ⟨1⟩ – 1265 ◇ latin *vacare,* proprt « être vide » ▪ **1** v. intr. VIEILLI Être vacant, sans titulaire. « *Le roi percevant les fruits de la vacance, on pouvait être sûr que les sièges vaqueraient longtemps* » MICHELET. ◆ (1636) ADMIN. Être en vacances. *Les classes vaqueront de telle date à telle date.* ▪ **2** v. tr. ind. (début XIVe) **VAQUER À :** s'occuper de..., s'appliquer à... *Vaquer à ses occupations. « Pour vaquer aux affaires publiques »* ROUSSEAU.

VAR [vaʀ] n. m. – 1948 ◇ acronyme de *voltampère réactif* ▪ MÉTROL. Unité de mesure de puissance* réactive (SYMB. var), correspondant à un courant alternatif sinusoïdal de 1 ampère sous une chute de tension de 1 volt.

VARAIGNE [vaʀɛɲ] n. f. – 1719 ; *varengne* 1580 ◇ probablt forme dialectale de *varenne,* var. de *garenne* ▪ RÉGION. Ouverture par laquelle l'eau de mer entre dans un marais salant.

VARAN [vaʀɑ̃] n. m. – 1812 ◇ latin des zoologistes *varanus,* de l'arabe *waran,* variante de *waral* « lézard géant » ▪ Reptile *(lacertiliens),* grand lézard carnivore d'Afrique et d'Asie, pouvant atteindre 2 à 3 m de long. ▪ HOM. Warrant.

1 **VARANGUE** [vaʀɑ̃g] n. f. – *varengue* 1382 ◇ mot germanique ; cf. néerlandais *vrang* ▪ MAR. Pièce courbe ou fourchue servant de raidisseur pour la quille d'un navire, placée perpendiculairement à l'axe du bâtiment et prolongée par des allonges.

2 **VARANGUE** [vaʀɑ̃g] n. f. – 1752 ◇ du portugais *barandra* → véranda ▪ Véranda en usage dans les pays de l'océan Indien.

VARAPPE [vaʀap] n. f. – 1903 ◇ de *varapper* ▪ Ascension d'un couloir rocheux, d'une paroi abrupte, en montagne, d'un groupe de rochers. *Faire de la varappe.* ➤ **escalade, grimpe.**

VARAPPER [vaʀape] v. intr. ⟨1⟩ – 1898 ◇ de *Varappe,* nom d'un couloir rocheux du Salève, près de Genève ▪ Faire de la varappe.

VARAPPEUR, EUSE [vaʀapœʀ, øz] n. – 1895 ◇ de *varapper* ▪ Personne qui fait de la varappe. ➤ **grimpeur.**

VARECH [vaʀɛk] n. m. – 1369 ; *warec, verec* « épave » XIIe ◇ ancien scandinave *vagrek* ▪ Ensemble des algues, goémons, fucus..., rejetés par la mer, récoltés sur le rivage et utilisés notamment comme engrais. ◆ Sorte d'algue brune *(phéophycées).*

VAREUSE [vaʀøz] n. f. – 1784 ◇ de *varer,* variante normande de *garer* ▪ **1** Blouse courte en grosse toile, que mettent les marins, les pêcheurs pour protéger leurs vêtements. ▪ **2** (1872) Veste de certains uniformes. « *Un galon noir et rouge cousu sur les manches de la vareuse* » MAC ORLAN. — Veste assez ample de drap, de flanelle... ➤ **caban.** *Une vareuse bleu marine.*

VARIA [vaʀja] n. m. pl. – 1872 ◇ mot latin « choses variées » ▪ DIDACT. Recueil d'œuvres variées. *Des varia /varias/.*

VARIABILITÉ [vaʀjabilite] n. f. – début XVe ; *variableté* XIVe ◇ de *variable* ▪ **1** Caractère de ce qui est variable. *Variabilité du temps. Variabilité des goûts, des humeurs* (➤ **fluctuation**). *Variabilité d'une grandeur.* ▪ **2** BIOL. Grandeur qui mesure l'ampleur des variations d'un caractère, en génétique des populations. *Variabilité génétique :* ensemble des allèles obtenus par mutation d'un gène. ➤ **polymorphisme.** ▪ CONTR. Constance, immutabilité, invariabilité.

VARIABLE [vaʀjabl] adj. et n. – fin XIIe ◇ latin *variabilis* ▪ **1** Qui est susceptible de se modifier, de changer souvent au cours d'une durée. ➤ **changeant*,** 1 **incertain, instable.** *Temps variable.* — n. m. MÉTÉOR. *L'aiguille du baromètre est au variable, sur le variable.* — *Vent variable,* qui change souvent de direction ou d'intensité. ◆ (1704) SC. Qui prend, peut prendre plusieurs valeurs distinctes (opposé à *constant*). *Grandeur, quantité variable.* — n. f. (1765) **UNE VARIABLE :** symbole ou terme auquel on peut attribuer plusieurs valeurs distinctes, à l'intérieur d'un domaine défini. « *Une fonction d'une variable, une correspondance entre deux variables mathématiques* » P. BOUTROUX. *Une variable continue ou discrète. Incrémenter une variable.* ◆ STATIST. *Variable aléatoire :* ensemble des évènements élémentaires probables, exprimés par des nombres réels. — PHYS., CHIM. Facteur dont dépend l'état d'un système. *Variable de position, de tension.* ◆ (1798) GRAMM. *Mot variable,* dont la forme est susceptible de se modifier (par changement de désinence, etc.). *Mot variable en genre et en nombre.* ▪ **2** Qui prend plusieurs valeurs, plusieurs aspects, selon les cas individuels, ou selon les circonstances. « *Cette part est variable : elle peut aller, selon les maisons, de 30 à 50 %* » DUHAMEL. *Lois, règlements variables selon les pays. Horaires variables.* ➤ **flexible.** ▪ **3** Qui présente ou peut présenter des transformations, se réaliser diversement. « *les règles du beau sont éternelles [...], les formes en sont variables* » DELACROIX. ▪ **4** Qui est conçu, fabriqué pour subir des variations. *Lentilles à foyer variable. Objectif à focale variable* (➤ **zoom**). ▪ CONTR. Constant, immuable, invariable.

VARIABLEMENT [vaʀjabləmɑ̃] adv. – v. 1380 ◇ de *variable* ▪ RARE D'une manière variable, inégale. ➤ **inégalement.**

VARIANCE [vaʀjɑ̃s] n. f. – 1904 ◊ de *variant*, p. prés. de *varier*, d'après *invariant*, *covariant* ■ 1 SC. Nombre de conditions définissant un système physique ou chimique et que l'on peut faire varier arbitrairement sans détruire l'état d'équilibre du système. ■ 2 STATIST. Moyenne des carrés des écarts* (2°) (d'une grandeur par rapport à sa valeur moyenne, caractérisant sa fluctuation ou sa dispersion). *L'écart type, racine carrée de la variance.*

VARIANT [vaʀjɑ̃] n. m. – 1980 ; « mutant » 1933 ◊ de *varier* ■ BIOL. Organisme qui se différencie des autres membres de la même espèce par des caractères mineurs issus de mutations génétiques. *Les variants d'un virus.*

VARIANTE [vaʀjɑ̃t] n. f. – 1718 ; de *variant* (1382) « changeant » ◊ de *varier* ■ 1 Leçon (III) différente de la leçon principale ou admise d'un texte ; différence selon les versions. *Édition critique d'un texte accompagné des variantes.* ♦ Moyen d'expression (mot, tour, prononciation) qui s'écarte d'une référence, d'un type (pour des raisons stylistiques, de milieu, etc.). *Variante dialectale d'un mot. Variante stylistique.* ♦ Forme différente d'une forme de référence, de même nature. *Variantes orthographiques d'un mot. Variante libre, contextuelle, combinatoire.* ■ 2 Forme ou solution légèrement différente mais voisine. *« De nouvelles expériences qui ne sont que des variantes des miennes »* PASTEUR. ♦ *Les variantes d'un produit.* ➤ **déclinaison ;** aussi **gamme.** ♦ Manière de commencer une partie, aux échecs. *Début riche en variantes.* ■ 3 (1842) AU PLUR. (RÉGION.) Condiments variés, pickles.

VARIATEUR [vaʀjatœʀ] n. m. – 1903 ◊ du radical de *variation* ■ 1 MÉCAN. *Variateur de vitesse :* appareil permettant de transmettre le mouvement d'un arbre à un autre arbre en modifiant la vitesse de rotation de ce dernier. ■ 2 Dispositif permettant de faire varier une intensité électrique. *Variateur d'une lampe halogène.*

VARIATION [vaʀjasjɔ̃] n. f. – 1314 ◊ latin *variatio* ■ 1 État de ce qui varie au cours d'une durée ; suite des changements qui affectent ce qui varie. ➤ **changement*, évolution.** *« La variation du regard en vitesse, en direction, en durée »* VALÉRY. *« La variation de la conduite des femmes qui ne nous aiment pas »* PROUST. — BIOL. *Variation antigénique :* modification des antigènes de certains micro-organismes parasites, leur permettant d'échapper à la réaction immunitaire de l'hôte. — PHYS. *Variation de la masse* (d'une particule). ♦ MAR. *Variation de l'aiguille aimantée, du compas :* l'angle formé par l'aiguille et le méridien géographique (somme algébrique de la déviation et de la déclinaison). ■ 2 Passage d'un état à un autre ; différence entre deux états successifs. ➤ **modification.** *« L'histoire, qui tient un registre si exact des variations morales »* TAINE. — Changement dans les opinions, les conduites. *« Histoire des variations des Églises protestantes », ouvrage de Bossuet. — Variation d'humeur.* ➤ **fluctuation.** ■ 3 Écart entre deux valeurs numériques d'une quantité variable ; modification de la valeur d'une quantité ou d'une grandeur. ➤ **dispersion, variance.** *Variations de température. Variations d'intensité* (d'un courant, etc.). ➤ **inégalité.** *Variations d'un champ électrique, magnétique. — Méthode des variations concomitantes,* par laquelle on induit, de la variation simultanée de deux phénomènes, qu'il y a une connexion causale entre eux. ♦ MATH. Différentielle totale d'une fonctionnelle (2°) (en général, une intégrale définie). *Calcul des variations. — Variations saisonnières d'un phénomène économique.* ■ 4 (1703) MUS. Modification d'un thème par un procédé quelconque (transposition modale, changement de rythme, modifications mélodiques). ♦ Composition formée d'un thème et de la suite de ses modifications. *Variations pour piano* (Mozart, Haydn, Beethoven...). ■ 5 CHORÉGR. Solo ou pas de deux, souvent extrait d'un ballet, et qui peut être présenté de manière autonome.

VARICE [vaʀis] n. f. – 1314 ◊ latin *varix, icis* ■ Dilatation permanente d'une veine. *Varice interne,* située profondément dans les tissus. *Varices à l'anus.* ➤ **hémorroïde.** *Relatif aux varices.* ➤ **variqueux.** — *Bas à varices.*

VARICELLE [vaʀisɛl] n. f. – 1764 ◊ de *variole,* d'après les diminutifs latins en *-cellus, -cella* ■ Maladie infectieuse, contagieuse, d'origine virale, caractérisée par une éruption en plusieurs poussées de papules et vésicules dont le contenu devient trouble, qui s'aplatissent au centre et se couvrent de petites croûtes.

VARICOCÈLE [vaʀikɔsɛl] n. f. – 1716 ◊ du radical de *varice* et *-cèle* ■ Dilatation variqueuse des veines du cordon spermatique (aboutissant à un boursouflement du scrotum), ou des veines ovariennes.

VARICOSITÉ [vaʀikozite] n. f. – 1898 ◊ de *variqueux* ■ Dilatation permanente des veinules intradermiques. *Scléroser des varicosités.*

VARIÉ, IÉE [vaʀje] adj. – XIVe ◊ de *varier* ■ 1 Qui présente plusieurs teintes, n'est pas de couleur unie. ➤ **bigarré.** *« L'écorce variée des pastèques »* CHATEAUBRIAND. ♦ (XVIIe) Qui présente des aspects ou des éléments distincts. ➤ **divers ; multi-,** 1 **poly-.** *Ta composition « est riche, plaisante, variée »* DIDEROT. — *Un programme de musique variée. Terrain varié,* accidenté. *Encore du jambon ! Ce n'est pas très varié.* — PHYS. *Mouvement uniformément varié* (accéléré ou retardé). ■ 2 AU PLUR. Qui sont nettement distincts, différents les uns des autres et donnent une impression de diversité. ➤ **divers, multiple.** *S'étant lancée « dans des considérations variées »* COURTELINE. *Des débouchés nombreux et variés. Des distractions peu variées. Hors-d'œuvre variés. Présenter une gamme de modèles, de produits variés.* ■ 3 MUS. Qui comporte des variations*. *Air, thème varié.* ■ CONTR. Monotone, uniforme.

VARIER [vaʀje] v. ‹7› – milieu XIIe ◊ latin *variare*

I v. tr. ■ 1 Donner à (une seule chose) plusieurs aspects distincts, en changeant à plusieurs reprises certains de ses caractères ; rendre divers. ➤ **diversifier.** *Quoiqu'on eût « cherché à varier le style »* HUGO. *Varier son alimentation.* FAM. *Varier la sauce**. ■ 2 Rendre (plusieurs choses) nettement distinctes, diverses, SPÉCIALT de manière à surprendre, à étonner ou à distraire. *Varier les plaisirs.* ➤ **changer.**

II v. intr. (fin XIIe) ■ 1 Présenter au cours d'une durée plusieurs modifications ; changer souvent. ➤ **se modifier.** *« Comme les traits du même homme varient »* BERNARDIN DE SAINT-PIERRE. *Les cours de la Bourse ont peu varié.* ➤ **fluctuer.** — (PERSONNES) Ne pas conserver la même attitude, les mêmes opinions. ➤ **changer.** *« nous n'avons varié que par la transformation progressive de nos idées »* CHATEAUBRIAND. ♦ SC. Présenter une ou plusieurs variations. *L'évaporation « varie en fonction inverse de l'humidité atmosphérique »* MARTONNE. — *Faire varier une donnée,* en modifier la valeur, ne plus la considérer comme constante. ♦ GRAMM. *Mot qui varie en genre et en nombre.* ■ 2 Se réaliser sous des formes différentes, diverses. *Les coutumes varient selon les lieux. Le prix varie du simple au double. « Les raisons d'aimer et de vivre Varient comme font les saisons »* ARAGON. *Les opinions varient sur ce point.* ➤ 1 **différer.**
■ CONTR. Fixer (se).

VARIÉTAL, ALE, AUX [vaʀjetal, o] adj. – 1914 ◊ de *variété ;* cf. anglais *varietal* (1866) ■ DIDACT. D'une variété, en sciences. *Caractères spécifiques* (de l'espèce) *et caractères variétaux.*

VARIÉTÉ [vaʀjete] n. f. – XIIe ◊ latin *varietas* ■ 1 VX Variation, changement. *« Quelque incertitude et quelque variété qui paraisse dans le monde »* LA ROCHEFOUCAULD. ■ 2 Caractère d'un ensemble formé d'éléments variés ; différences qui existent entre ces éléments. ➤ **diversité.** *« Si je visite toute une galerie de coquilles, j'observe une merveilleuse variété »* VALÉRY. *Aimer la variété.* ➤ **changement.** *« Le machinisme travaille contre la variété »* DANIEL-ROPS. *Cela manque de variété :* c'est monotone. *La variété de son inspiration, de sa production.* ■ 3 (1690) Subdivision de l'espèce, délimitée par la variation de certains caractères individuels. ➤ **type.** *Variétés de pommes, de blés. Créer une nouvelle variété de fraise.* ➤ **cultivar.** — FIG. *« Toutes les espèces du sacrilège, toutes les variétés de l'attentat »* HUGO. ➤ **forme.** ■ 4 (XVIIe) AU PLUR. Titre de divers recueils contenant des morceaux sur des sujets variés. ➤ **mélanges.** *« Variétés », de Valéry.* ♦ *Théâtre des Variétés :* théâtre dont le répertoire était surtout composé de bouffonneries, de vaudevilles. — (1913) *Spectacles de variétés,* comprenant des attractions variées (➤ **music-hall**). *Émission de variétés* (radio, télévision), composée de chansons, numéros variés. — AU SING. *Variété française.* ➤ **chanson.** *« un juke-box cacochyme qui diffusait de la variété arabe »* TH. JONQUET. — VAR. FAM. **VARIÉTOCHE.** ■ 5 MATH. Ensemble des éléments d'un espace* abstrait. *Variété à n dimensions.* ■ CONTR. Monotonie, uniformité.

VARIOLE [vaʀjɔl] n. f. – 1761 ; *varioles* XIVe ◊ bas latin des médecins *variola,* diminutif de *varus* « pustule » avec attraction de *varius* « tacheté » ■ Maladie infectieuse, épidémique et contagieuse, grave, d'origine virale, caractérisée par une éruption généralisée qui passe rapidement par le stade de papules, vésicules et pustules dont la cicatrisation laisse des marques indélébiles. ➤ **alastrim, vérole** (petite vérole). *Vaccination contre la variole.* ➤ **antivariolique ; vaccine.** *Éradication de la variole par la vaccination généralisée. Variole des ovidés.* ➤ **clavelée.** — **adj.** et **n. VARIOLEUX, EUSE,** 1766.

VARIOLÉ, ÉE [vaʀjɔle] **adj.** – 1828 ◇ de *variole* ■ **1** Qui a la variole. SUBST. *Un variolé.* ■ **2** Marqué de la variole. *Visage variolé.*

VARIOLIQUE [vaʀjɔlik] **adj.** – 1764 ◇ de *variole* ■ Relatif à la variole. *Éruption variolique.*

VARIOMÈTRE [vaʀjɔmɛtʀ] **n. m.** – 1884 ◇ du radical de *varier* et *-mètre* ■ ÉLECTR. Appareil servant à la mesure des inductances (par variation entre deux limites de la self-induction). ♦ AVIAT. Instrument de mesure des vitesses ascensionnelles.

VARIORUM [vaʀjɔʀɔm] **adj. inv.** – 1842 ; n. m. «édition variorum» 1721 ◇ abrév. de la loc. latine *cum notis variorum scriptorum* «avec les notes de plusieurs commentateurs» ■ DIDACT. *Édition variorum,* avec des notes et des commentaires.

VARIQUEUX, EUSE [vaʀikø, øz] **adj.** – 1520 ; *varicoux* v. 1370 ◇ latin *varicosus* ■ Relatif aux varices, qui présente des varices. *Ulcère variqueux.* ♦ Qui souffre de varices.

VARLOPE [vaʀlɔp] **n. f.** – 1660 ; *vrelope* fin XVe ◇ néerlandais *voorloper* ■ Grand rabot à poignée, qui se manie à deux mains. *Un coup de varlope. «Un menuisier chantait, accompagné par les sifflements réguliers de sa varlope»* ZOLA.

VARLOPER [vaʀlɔpe] **v. tr.** ‹1› – 1832 ; *vrelopper* 1546 ◇ de *varlope* ■ MENUIS. Travailler (dresser, planer [1]) à la varlope (le bois). ➤ **raboter.**

VARON [vaʀɔ̃] **n. m.** – 1605 «bouton» ◇ mot ancien provençal, du latin *varus* «pustule» ■ VÉTÉR. Tumeur avec perforation, sur la peau des bovins, provoquée par la larve de l'hypoderme ; cette larve. — On écrit aussi *varron.*

VARUS [vaʀys] **adj.** et **n. m.** – 1839 ◇ mot latin ■ MÉD. Se dit du pied, du genou, de la cuisse, de la main, quand ils sont tournés en dedans (opposé à *valgus*). ➤ **équin.** *Pied bot, tibia varus.* — **n. m.** *Un varus :* un pied bot varus.

VARVE [vaʀv] **n. f.** – 1943 ; méd. 1910 ◇ du suédois *varv* «couche» ■ GÉOL. Mince lit de vase. *Dépôts à varves.*

VASARD, ARDE [vazaʀ, aʀd] **adj.** et **n. m.** – 1687 ◇ de 2 *vase* ■ RÉGION. Formé de sable mêlé de vase. ➤ **vaseux.** *Côte vasarde.* ♦ **n. m.** Fond de vase molle.

VASCULAIRE [vaskylɛʀ] **adj.** – 1721 ◇ du latin *vasculum,* diminutif de *vas* → 1 vase ■ **1** ANAT., MÉD. Relatif aux vaisseaux, qui appartient aux vaisseaux. *Système vasculaire :* ensemble des vaisseaux de l'organisme : artères*, veines*, vaisseaux lymphatiques*. *Nævus vasculaire :* angiome. *Maladies vasculaires :* embolie, phlébite, etc. *Accident vasculaire cérébral (AVC),* (Canada) *accident cérébrovasculaire (ACV). Chirurgie vasculaire* (➤ **pontage, stripping**). ■ **2** (1807) BOT. *Tissu vasculaire,* dont certaines cellules sont différenciées en vaisseaux. *Plantes vasculaires :* végétaux supérieurs à tige, racine et feuilles (opposé à *plantes cellulaires*).

VASCULARISATION [vaskylaʀizasjɔ̃] **n. f.** – 1846 ◇ de *vascularisé* ■ ANAT., MÉD. ■ **1** Disposition des vaisseaux dans un organe, dans une partie du corps. *Vascularisation de la main.* — Densité du réseau vasculaire. *Une riche vascularisation.* ■ **2** Formation de vaisseaux de nature pathologique. *Vascularisation cancéreuse.*

VASCULARISÉ, ÉE [vaskylaʀize] **adj.** – 1846 ◇ de *vasculaire* ■ ANAT. Qui contient des vaisseaux. *Tissu richement vascularisé.*

1 **VASE** [vɑz] **n. m.** – 1539 ; *vez* début XIIIe ◇ latin *vas* «vaisseau»
I ■ **1** VX Tout récipient. *«Acheter chez une petite marchande pour deux sous de lait dans un vase de fer-blanc»* RENAN. *Vase de nuit :* pot de chambre. ➤ POP. **jules.** — MOD. *La goutte d'eau qui fait déborder* le vase.* ■ **2** Récipient servant à des usages nobles ou ayant une valeur historique, artistique. *Vase égyptien* (➤ **canope**). *Vases grecs* (➤ **amphore, cratère,** 1 **coupe, lécythe**). *Vase de Saxe, de Sèvres,* en porcelaine de Saxe, de Sèvres. *Clovis «subit l'humiliation de ne pouvoir garder un vase d'or, produit du pillage de Reims»* NERVAL. *Le vase de Soissons.* ■ **3** Récipient destiné à recevoir des fleurs coupées. ➤ **porte-bouquet.** *«Elle avait replacé la rose dans un vase à long col»* MAUROIS. ➤ **soliflore.** *Un vase de tulipes blanches,* garni de tulipes blanches. ■ **4** *Vases sacrés,* destinés à la célébration du saint sacrifice ou à la conservation du Saint-Sacrement. ➤ **burette, calice, ciboire, patène.** ■ **5** Récipient de nature et de formes diverses, utilisé en chimie pour différentes opérations. *Vases communicants.* FIG. *C'est le principe des vases communicants,* se dit de deux choses en communication dont l'une s'accroît quand l'autre diminue. *Vase de Mariotte,* destiné à produire un écoulement constant. *Vase d'expansion :* dans un système de chauffage ou de refroidissement, réservoir permettant de maintenir constants le niveau et la pression du liquide en circulation, indépendamment des changements de température. — FIG. *En vase clos :* sans communication avec l'extérieur (autres lieux, personnes). *Vivre en vase clos.*

II Forme en vase (I), dans la taille des arbres (buis, etc.), dans un jardin. ♦ Partie ornée de feuilles, de volutes, dans un chapiteau corinthien.

2 **VASE** [vɑz] **n. f.** – 1484 ; *voyse* 1396 ◇ moyen néerlandais *wase* → gazon ■ Dépôt de terre et de particules organiques en décomposition, qui se forme au fond des eaux stagnantes ou à cours lent. ➤ **boue,** 1 **limon ;** RÉGION. 2 **bouette.** *«de vieux chalands échoués dans la vase»* FROMENTIN. ➤ **souille.** *«Jusqu'au Loir, dont les fonds de vase nourrissent de belles anguilles»* ZOLA (➤ **vaseux**). *Qui vit dans la vase* (➤ **limicole**).

VASECTOMIE [vazɛktɔmi] **n. f.** – 1933 ◇ du latin *vas* «canal» et *-ectomie* ■ CHIR. Résection partielle ou totale des canaux déférents entraînant la stérilité masculine. — On a dit *vasotomie.*

VASELINE [vaz(ə)lin] **n. f.** – 1877 ◇ mot anglais (1872) ; de *vas-,* allemand *Wasser* «eau», et *el-,* du grec *elaion* «huile» ■ Substance molle, onctueuse et incolore, obtenue à partir des pétroles de la série des paraffines après distillation, cristallisation de la paraffine (utilisée en pharmacie comme excipient de préparations médicamenteuses à usage externe). — COUR. Pommade utilisant cette graisse. *Tube de vaseline.*

VASELINER [vaz(ə)line] **v. tr.** ‹1› – 1894 ◇ de *vaseline* ■ Enduire de vaseline.

VASER [vaze] **v. impers.** ‹1› – 1878 argot ◇ du moyen néerlandais *wase* → 2 vase ■ FAM. Pleuvoir. *Il commence à vaser.*

VASEUX, EUSE [vazø, øz] **adj.** – 1484 *vasoux* ◇ de 2 *vase* ■ **1** RARE Qui contient de la vase, est formé de vase. *Fond vaseux.* ♦ (fin XVIe) FIG. VX De boue, vil. ■ **2** (v. 1883) MOD. FAM. (PERSONNES) Qui se trouve dans un état de malaise, de faiblesse. ➤ **abruti, fatigué.** *Je me sens vaseux ce matin. «Étourdi et vaseux, désorienté, sans repères dans cette chambre inconnue»* L. BINET. ■ **3** FAM. Trouble, embarrassé, obscur. *Un raisonnement vaseux. «Ce fut la période la plus vaseuse de notre amitié»* BEAUVOIR. ➤ **vasouillard.** ♦ *Plaisanterie, blague vaseuse,* approximative, peu drôle. ➤ **raté.** *«les calembours, les jeux de mots vaseux»* TRUFFAUT. — *Humour vaseux.*

VASIÈRE [vazjɛʀ] **n. f.** – 1415 en Bretagne sens 2° ◇ de 2 *vase* ■ RÉGION. ou TECHN. ■ **1** (1861) Endroit, fond vaseux. *«les vasières qui font jaillir des tortillons de limon entre mes orteils»* TOURNIER. ■ **2** Premier bassin d'un marais salant où arrive l'eau de mer. ■ **3** (1872) Parc à moules.

VASISTAS [vazistas] **n. m.** – 1760 ◇ allemand *was ist das ?* «qu'est-ce que c'est ?», question posée à travers un guichet ■ Petit vantail mobile pouvant s'ouvrir dans une porte ou une fenêtre. *«Le cachot ne recevait de jour que par là et par le vasistas de la porte»* HUGO.

VASO- ■ Élément, du latin *vas* «récipient». ➤ **vaisseau.**

VASOCONSTRICTEUR, TRICE [vazokɔ̃stʀiktœʀ, tʀis] **adj.** et **n. m.** – 1859 ◇ de *vaso-* et *constricteur* ■ PHYSIOL., MÉD. Qui diminue le calibre d'un vaisseau par contraction de ses fibres musculaires (en déterminant la *vasoconstriction*). *Nerf vasoconstricteur. Action vasoconstrictrice. Médicament vasoconstricteur.* — **n. m.** *L'adrénaline est un vasoconstricteur.*

VASODILATATEUR, TRICE [vazodilatatœʀ, tʀis] **adj.** et **n. m.** – 1859 ◇ de *vaso-* et *dilatateur* ■ PHYSIOL., MÉD. Qui augmente le calibre d'un vaisseau par relâchement de sa musculature (en déterminant la *vasodilatation*). *Nerf vasodilatateur. Action vasodilatatrice.* — **n. m.** *L'histamine est un vasodilatateur.*

VASOMOTEUR, TRICE [vazomɔtœʀ, tʀis] **adj.** – 1861 ◇ de *vaso-* et *moteur* ■ PHYSIOL., MÉD. Relatif à la modification du calibre des vaisseaux. *Nerfs vasomoteurs. Troubles vasomoteurs.*

VASOPRESSEUR [vazopresœr] **n. m.** – 1961 ◊ anglais *vasopressor* (1928 adj.) ; cf. *vaso-* et *presser* ■ MÉD. Substance qui contracte les artères.

VASOPRESSINE [vazopresin] **n. f.** – v. 1950 ◊ de *vaso-*, *press(ion)* et *-ine* ■ BIOCHIM. Neurotransmetteur sécrété par l'hypophyse, hormone neuronale qui contracte les artères et élève la pression sanguine (SYN. **hormone antidiurétique**).

VASOTOMIE ➤ **VASECTOMIE**

VASOUILLARD, ARDE [vazujar, ard] **adj.** – 1916 ◊ de *vasouiller* ■ FAM. Qui vasouille, est plutôt vaseux. *Se sentir vasouillard. Une réponse vasouillarde.*

VASOUILLER [vazuje] **v. intr.** ‹1› – 1908 ; «fainéanter» 1904 ◊ dérivé argotique de *vaseux* ■ FAM. Être hésitant, peu sûr de soi, maladroit. *«Je n'ai vasouillé un peu qu'au début»* ROMAINS. ➤ **cafouiller, s'embrouiller, merdoyer.** ◆ (1932) CHOSES Marcher mal. *«Cet accouchement vasouille depuis le matin»* CÉLINE.

VASQUE [vask] **n. f.** – v. 1550 ◊ italien *vasca* ; du latin *vascula*, plur. de *vasculum* → vasculaire ■ **1** Bassin ornemental peu profond, qui peut être aménagé en fontaine. *Vasque de marbre. Vasque lumineuse dans un jardin. «une de ces fontaines de féerie, doucement bruyantes, qui se versent de vasque en vasque»* HUGO. ■ **2** (1885) Coupe large et peu profonde servant à décorer une table. ◆ Jardinière de cette forme. *Des vasques de géraniums-lierres.* ■ **3** Cuvette de lavabo évasée, posée sur un plan, dans une salle de bains.

VASSAL, ALE, AUX [vasal, o] **n.** – 1283 ; «homme vaillant et brave» 1080 ◊ latin médiéval *vassallus*, du gaulois *-vassus* → valet ■ **1 n. m.** Au Moyen Âge, Homme lié personnellement à un seigneur, un suzerain qui lui concédait la possession effective d'un fief. ➤ **feudataire.** *«Le vassal jure* [...] *de rester fidèle au seigneur»* LAVISSE. ■ **2** (1556 fig.) Personne, groupe dépendant d'un autre et considéré comme un inférieur. *«Ne soyez le vassal d'aucune âme, ne relevez que de vous-même»* BALZAC. — APPOS. *Pays vassaux.* ➤ **satellite.**

VASSALITÉ [vasalite] **n. f.** – début XVIIIe ; *vassalté* XVe ◊ de *vassal* ■ HIST. Condition de dépendance du vassal envers son suzerain* (➤ **féodalité**). *Vassalité du dey d'Alger au sultan de Constantinople.* ◆ FIG. (1836) MOD. État de dépendance, de soumission. ➤ **mouvance.** ■ CONTR. Autonomie.

VASTE [vast] **adj.** – 1611 ; «désert» 1495 ; *guast, wast* «inculte» 1080 ◊ latin *vastus* ■ **1** Très grand, immense (surface). *«La mer, la vaste mer, console nos labeurs !»* BAUDELAIRE. *«Devant nous s'ouvrait une vaste étendue sablonneuse»* FROMENTIN. *Un vaste empire.* ■ **2** (1656) Très grand (construction). *Un appartement très vaste.* ➤ **spacieux.** *«C'est un vaste édifice aux piliers carrés»* CLAUDEL. — *«Un vaste pardessus raglan»* ROMAINS. ➤ **ample.** ◆ ANAT. *Muscles vastes,* et SUBST. *les vastes interne et externe :* gros muscles du triceps et du quadriceps. ■ **3** (1625) Important en quantité, en nombre. *Un vaste rassemblement.* ■ **4** (1623) Étendu dans sa portée ou son action. *«Le vaste et puissant génie* [...]*, embrassant dans sa pensée le ciel et la terre»* MIRABEAU. *«Posséder des connaissances scientifiques très vastes»* BROGLIE. *C'est un vaste problème.* ◆ FAM. et PÉJ. *C'est une vaste supercherie, une vaste rigolade :* je n'y crois pas. — **adv.** RARE **VASTEMENT.** ■ CONTR. Exigu, petit.

VASTITUDE [vastityd] **n. f.** – 1546 ◊ latin *vastitudo* «proportions énormes», de *vastus* → vaste ■ LITTÉR. Caractère de ce qui est vaste ; immensité. *La vastitude d'un domaine.* ABSTRAIT *«La vastitude de la liberté me rend fou»* H. PICHETTE.

VA-T-EN-GUERRE [vatɑ̃gɛr] **n. inv. et adj. inv.** – 1937 ◊ de la 3e pers. du sing. de 1*aller*, suivie d'un *t* euphonique, *en* et *guerre* ■ FAM. Militaire, personne qui pousse à la guerre ; partisan de la force pour la résolution d'un conflit. ➤ **belliciste.** — **adj. inv.** *Des ministres va-t-en-guerre.* ◆ FIG. Personne qui recherche le combat, l'affrontement.

VATICANE [vatikan] **adj. f.** – 1586 ◊ de *Vatican*, latin *Vaticanus (mons)*, une des sept collines de Rome ■ Qui a rapport, appartient au Vatican, au Saint-Siège. *La Bibliothèque vaticane* (ou *la Vaticane*). *«contrevenir aux injonctions vaticanes en matière de contraception»* R. FRYDMAN.

VATICINATEUR, TRICE [vatisinatœr, tris] **n.** – 1512 ◊ latin *vaticinator* «devin, prophète» ■ LITTÉR. Personne qui prétend connaître l'avenir. ➤ **devin, prophète.** *Cet argot mystique «avec lequel pontifient des hommes comme Michelet, comme Hugo,* [...] *ainsi que des vaticinateurs, ayant commerce avec les dieux»* GONCOURT.

VATICINATION [vatisinasjɔ̃] **n. f.** – 1512 ◊ latin *vaticinatio* ■ LITTÉR. Prédiction de l'avenir. ➤ **oracle, prophétie.**

VATICINER [vatisine] **v. intr.** ‹1› – 1481 ◊ latin *vaticinari* ■ LITTÉR. Prédire l'avenir (en parlant comme un oracle), prophétiser. ◆ S'exprimer dans une sorte de délire prophétique. *«Il vaticine, il recommence ses discours passionnés et mystérieux»* BARRÈS.

VA-TOUT [vatu] **n. m. inv.** /VATOUT **n. m.**/ – 1671 ◊ de la 3e pers. du sing. de 1*aller* et *tout* ■ Aux cartes, Coup où l'on risque tout son argent. *Faire va-tout.* ◆ (1838) LOC. COUR. **JOUER SON VA-TOUT :** risquer* le tout pour le tout, prendre les derniers moyens (cf. Jouer sa dernière carte*). *«Si les gouvernements sont assez fous pour jouer leur va-tout et risquer la ruine totale»* MARTIN DU GARD.

VAU [vo] **n. m.** – 1888 ◊ graphie moderne de *veau*, 1701 en ce sens ; emploi métaphorique de *veau* ■ CONSTR. Pièce porteuse de la ferme (3), d'un cintre, utilisée pendant la construction d'une voûte. *Des vaux.* ■ HOM. Vaux (1 val), veau, vos (votre).

VAUCHÉRIE [voʃeri] **n. f.** – 1805 ◊ du nom de *Vaucher*, botaniste suisse ■ BOT. Algue verte filamenteuse, ramifiée, qui croît sur la terre humide ou dans les eaux douces.

VAUCLUSIEN, IENNE [voklyzjɛ̃, jɛn] **adj.** – 1904 ◊ de *Vaucluse*, n. pr. ■ GÉOL. *Source vauclusienne,* située à la sortie d'un siphon karstique*. ➤ **résurgence.**

VAUDEVILLE [vod(ə)vil] **n. m.** – 1549 ; *vault de ville* 1507 ◊ altération de *vaudevire* (XVe) «chanson de circonstance», mot normand, probablt de *vauder* «tourner» et *virer* ■ **1** VX Chanson populaire à thème satirique. *«des gens qui ressemblent aux vaudevilles, qu'on ne chante qu'un certain temps»* LA ROCHEFOUCAULD. ■ **2** (fin XVIIIe) Pièce de théâtre mêlée de chansons et de ballets. ◆ (1811) Comédie légère, divertissante, fertile en intrigues et rebondissements. *«le vaudeville* [...] *est à la vie réelle ce que le pantin articulé est à l'homme qui marche»* BERGSON. — FIG. *«un vaudeville joyeux s'ébauche à la cuisine»* COLETTE. PÉJ. *Ça tourne au vaudeville.*

VAUDEVILLESQUE [vod(ə)vilɛsk] **adj.** – 1891 ◊ de *vaudeville* ■ Qui a le caractère léger et burlesque du vaudeville. *Une intrigue vaudevillesque.*

VAUDEVILLISTE [vod(ə)vilist] **n.** – 1735 ◊ de *vaudeville* ■ Auteur de vaudevilles (2°). *«J'ai dîné hier avec des vaudevillistes, parmi lesquels il y avait Labiche»* GONCOURT.

VAUDOIS, OISE [vodwa, waz] **n.** – 1265 ◊ du nom de *Pierre Valdo* ■ Membre d'une secte chrétienne apparue en France au XIIe s., qui écartait tout ce qui n'était pas expressément dans la Bible. *Les vaudois sont maintenant rattachés au protestantisme.* — **adj.** *L'hérésie vaudoise.*

VAUDOU, E [vodu] **n. m. et adj.** – 1864 ; «danse» 1797 ◊ d'une langue du Bénin ■ Culte animiste originaire du Bénin, répandu chez les Noirs des Antilles et d'Haïti, mélange de pratiques magiques, de sorcellerie et d'éléments pris au rituel chrétien ; divinité de ce culte. *Les vaudous.* — **adj.** *Cérémonie vaudoue.*

VAU-L'EAU (À) [avolo] **loc. adv.** – 1552 ◊ de *à*, *val* et *eau* ■ Au fil de l'eau, du courant. ◆ FIG. *Aller, s'en aller à vau-l'eau :* se perdre, se désorganiser, péricliter. *«Voilà tous mes plans à vau-l'eau»* BALZAC.

VAURIEN, IENNE [vorjɛ̃, jɛn] **n.** – 1558 *vault rien ; rien-ne-vault* v. 1530 ◊ de *(qui ne) vaut rien* → rien* ■ **1** VIEILLI Personne peu recommandable. *«une vaurienne, une saltimbanque, une fille d'Opéra»* BALZAC. ■ **2** (1718) Adolescent effronté ; jeune voyou. ➤ **chenapan, galapiat, garnement, sacripant.** *«Le cadet, Ernst, avait douze ans : c'était un petit vaurien, vicieux et effronté»* R. ROLLAND. ■ **3 n. m.** (1952) Petit bateau de régate, dériveur monotype gréé en sloop.

VAUTOUR [votur] **n. m.** – 1564 ; *volt(o)ur* XIe ◊ latin *vultur* ■ **1** Oiseau rapace *(vulturidés)*, de grande taille, au bec crochu, à la tête et au cou dénudés, qui se nourrit de charognes et de détritus. ➤ **charognard, condor, griffon, gypaète, percnoptère.** *«le vautour, aussi disgracieux quand il marche qu'harmonieux quand il plane au-dessus de votre tête, tel un ange funèbre surveillant votre destin»* TOURNIER. ■ **2** (1577) FIG. Personnage dur et rapace. ➤ **requin.** *«des vautours enrichis sur le dos des épargnants»* D. FOENKINOS. ■ **3** APPOS. *Fonds vautour :* fonds d'investissement spéculatif qui rachète à très bas prix les titres de sociétés en difficulté. *Des fonds vautours.*

VAUTRAIT [votʀɛ] **n. m.** – 1554 ; *vautroy* 1405 ◊ bas latin *vertragus* «chien courant», mot d'origine celte ■ CHASSE Grand équipage de chiens pour la chasse au sanglier.

VAUTRER (SE) [votʀe] **v. pron.** ⟨1⟩ – 1534 ; *se vultrer* fin XIIe ◊ latin populaire °*volutulare*, du classique *volutum*, de *volvere* «tourner, rouler» ■ **1** Se coucher, s'étendre en se roulant, et PAR EXT. en prenant une position abandonnée. ➤ **s'avachir, s'étaler.** *La bête «se couchait dans la boue fraîche et elle se vautrait à pleins poils»* GIONO. *«vautrés sur notre tapis, nous fumons des chibouks»* FLAUBERT. ♦ FIG. PÉJ. Se complaire. *Ils «accusaient les militaires de se vautrer dans la concussion»* CÉLINE. ■ **2** FAM. Tomber, faire une chute. *Il s'est vautré avec sa moto.* ■ **3** FAM. Connaître un échec cuisant. *Il s'est vautré en beauté au concours.* ➤ **échouer.**

VAU-VENT (À) [avovɑ̃] **loc. adv.** – 1763 ; *a vau de vent* 1622 ◊ de *à*, *vau* (var. de *val*) et *vent* ■ VÉN. En ayant le vent derrière soi.

VAVASSEUR [vavasœʀ] **n. m.** – 1229 ; *vavas(s)our* XIIe ◊ du gaulois *-vassus* → valet, vassal ■ FÉOD. Arrière*-vassal.

VA-VITE (À LA) [alavavit] **loc. adv.** – 1885 ◊ de 1*aller* et *vite* ■ Rapidement et sans soin. *«tu as dû lire ça à la va-vite!»* COLETTE.

VEAU [vo] **n. m.** – fin XIIe ; *vedel, veel* XIIe ◊ latin *vitellus*, diminutif de *vitulus* ■ **1** Petit de la vache, pendant sa première année, qu'il soit mâle ou femelle. *Veau nourri au lait, au fourrage* (➤ **broutard**). *Après un an, le veau mâle s'appelle* bouvillon, taurillon, *le veau femelle* génisse*. — *Veau sous la mère,* qui tète sa mère. *Veau de batterie**. ■ **2** LOC. (allus. au repas et à la fête donnés en l'honneur du retour de l'enfant prodigue) *Tuer le veau gras :* faire un festin à l'occasion de réjouissances familiales. — *Pleurer comme un veau,* en sanglotant bruyamment. ♦ (1485 ; *veel d'or* v. 1170) *Le veau d'or :* idole d'or adorée par les Hébreux. LOC. *Adorer le veau d'or :* avoir le culte de l'argent. ♦ *Veau marin :* phoque. *Veau de mer :* petit requin comestible. ■ **3** (XVe) Viande de cet animal (viande blanche), vendue en boucherie. *Morceaux de veau.* ➤ **bajoue, collet, côte,** 2**fraise, jarret,** 1**longe, noix,** 2**quasi,** 3**ris, rouelle, tendron.** *Escalope, côte, foie, grenadins, pied, rôti, tête de veau. Paupiettes de veau. Veau marengo. Blanquette de veau.* ■ **4** (1537) Peau de cet animal (ou de génisse), tannée et apprêtée. ➤ 1**box, vélin.** *Sac en veau retourné* (peau suédée). ■ **5** FIG. (1480) FAM. Nigaud, paresseux. *«Un garçon de vingt-quatre ans qui ne fiche rien! [...] Regardez-moi ce grand veau»* AYMÉ. *Faire le veau :* être dans une attitude avachie. ♦ (1901) Mauvais cheval de course. ♦ (1917) Automobile peu nerveuse. *«Une voiture d'une puissance inférieure à 350 CV était pour lui un veau»* LIBERATI. ■ **6** Petit de cétacé. ➤ **baleineau.** *Veau de bélouga, de baleine boréale.* ■ HOM. Vau, vaux (1 val), vos (votre).

VÉCÉS [vese] **n. m. pl.** – 1931 ◊ graphie populaire de la prononciation courante de *W.-C.* ■ FAM. Toilettes. ➤ **waters.** ■ HOM. Vesser.

VECTEUR [vɛktœʀ] **adj.** et **n. m.** – 1752 n. «qui porte» ; «conducteur» 1596 ◊ sens du latin *vector*, de *vehere* «conduire» ■ **1** *Rayon vecteur :* ASTRON. segment de droite joignant un foyer (centre du Soleil, en général) à une planète en une position quelconque de son orbite. — GÉOM. En coordonnées polaires ou sphériques, la coordonnée qui représente la distance de l'origine au point variable de la courbe considérée. ■ **2 n. m.** (1862 ◊ anglais *vector* [1846]) MATH. Élément d'un espace vectoriel. *Direction, sens, norme d'un vecteur. Composantes d'un vecteur. Vecteurs colinéaires. Vecteur glissant.* ➤ **glisseur.** — VX *Vecteurs liés.* ➤ **bipoint.** ■ **3** BIOL. Organisme susceptible de transmettre un agent infectieux d'un sujet à un autre, directement ou après multiplication de l'agent dans son organisme. ➤ **porteur** (I, 6o). *«La transmission des grandes maladies épidémiques ne se fait pas seulement d'homme à homme, mais aussi par des hôtes, des vecteurs intermédiaires, rongeurs et insectes»* J. BERNARD. — BIOL. MOL. Outil de transfert d'acide nucléique étranger dans un organisme lors de la transgenèse. ➤ **insert.** *Vecteurs viraux véhiculant des gènes. Vecteur de clonage,* portant l'ADN à cloner et permettant sa réplication dans la cellule receveuse. *Vecteur d'expression,* qui induit la production par la cellule receveuse d'une protéine choisie par l'expérimentateur. ♦ FIG. Ce qui véhicule, transmet (qqch.). *Vecteur d'inflation.* ■ **4** (1962) MILIT. Aéronef capable de transporter une charge nucléaire.

VECTORIEL, IELLE [vɛktɔʀjɛl] **adj.** – 1885 ◊ de *vecteur*, d'après l'anglais *vectorial*, de *vector* → vecteur ■ MATH. Relatif aux vecteurs. Qui opère sur des vecteurs. *Espace* vectoriel. Calcul vectoriel :* ensemble des règles de calcul dans un espace vectoriel. *Somme vectorielle, produit vectoriel. Analyse vectorielle :* application du calcul différentiel et du calcul intégral aux champs de vecteurs. ♦ Que symbolise un vecteur. *Grandeur vectorielle* (opposé à *grandeur scalaire**) : grandeur orientée. ♦ INFORM. *Image vectorielle* (opposé à *image matricielle*) : image numérique constituée d'entités géométriques (lignes, points, courbes...). *Transformer un dessin en image vectorielle* (➤ **vectoriser**).

VECTORISER [vɛktɔʀize] **v. tr.** ⟨1⟩ – 1979, au p. p. adj. ◊ de *vecteur* ■ INFORM. Convertir (une image composée de points ➤ **pixel**) en image vectorielle*. — **p. p. adj.** *Logo vectorisé.* — **n. f.** **VECTORISATION** (1985).

VÉCU, UE [veky] **adj.** et **n. m.** – 1874 ◊ de *vivre* ■ Qui appartient à l'expérience de la vie. ➤ **réel.** *Histoire vécue.* ➤ **vrai.** *Expérience vécue.* — PHILOS. *Durée vécue, temps vécu* (opposé à *physique, objectif*). ➤ **psychologique.** ♦ **n. m.** (1919) *Le vécu :* l'expérience vécue.

VÉDA [veda] **n. m.** – 1765 ; *Veidam* 1756 ◊ sanskrit *veda-* «savoir» ■ DIDACT. Ensemble de textes religieux et poétiques qui forment les premiers documents littéraires de l'Inde, écrits en sanskrit archaïque. *Les trois Védas (des strophes, des formules cérémoniales, des mélodies). Langue des Védas.* ➤ **védique.**

VEDETTARIAT [vədetaʀja] **n. m.** – 1947 ◊ de *vedette*, sur les dérivés en *-ariat* des noms en *-aire* ; cf. *actuariat*, etc. ■ **1** Situation de vedette (3o). *Accéder au vedettariat.* — Attitude de vedette (cf. Cabotinage). ■ **2** Ensemble des phénomènes liés à l'existence de vedettes (dans un domaine quelconque). *Être opposé à toute forme de vedettariat en politique.*

VEDETTE [vədɛt] **n. f.** – 1584 ; «tour d'observation» 1573 ◊ italien *vedetta* «observatoire», altération, d'après *vedere* «voir», de *veletta* «vedette», probablt du portugais *veleta*, famille de *vela*, de *velar* «veiller», d'origine espagnole

I VX Soldat placé en sentinelle pour observer et renseigner. *«Les insurgés posaient des vedettes au coin des carrefours»* HUGO. *Soldat en vedette,* à un poste de vedette.

II ■ **1** (1779) *Mettre en vedette* (un nom, un titre), le détacher en gros caractères sur une seule ligne, en tête de page. ♦ FIG. (1855) Mettre en évidence, en valeur. *«Son amitié le poussait à mettre François en vedette»* RADIGUET. ■ **2** (1826) Au théâtre, Le fait d'avoir son nom imprimé en gros caractères. *Avoir, partager la vedette.* — FIG. *Le congrès du parti a, tient la vedette,* est au premier plan de l'actualité. *Ravir la vedette à qqn.* ■ **3** (fin XIXe) COUR. Artiste qui a la vedette, et PAR EXT. Personne qui jouit d'une grande renommée, dans le monde du spectacle. *Les vedettes de la scène, du cinéma.* ➤ **étoile, star, superstar.** *«Des noms de vedettes se détachaient en capitales grasses sur ceux de la distribution»* CARCO. *Situation, attitude de vedette.* ➤ **vedettariat.** *Vedette américaine**. — LOC. *Jouer les vedettes :* faire l'important. ♦ (1919) Personnage de premier plan, très connu. *Une vedette du football. Les vedettes du barreau.* ➤ **ténor.** *Faire de qqn une vedette.* ➤ **stariser.** — APPOS. *Les présentateurs vedettes.*

III (1828) Petit navire de guerre utilisé pour l'observation. — *Vedette lance-torpille.* ♦ (1901) Petite embarcation automobile rapide. *Vedette de la douane.*

VEDETTISATION [vədetizasjɔ̃] **n. f.** – 1969 ◊ de *vedette* ■ Transformation (de qqn) en vedette. ➤ **starisation.**

VÉDIQUE [vedik] **adj.** – 1842 ◊ de *véda* ■ DIDACT. Relatif aux Védas. — LING. *Langue védique* et **n. m.** *le védique :* forme archaïque du sanskrit, langue des textes sacrés des Védas* et des Brahmanas.

VÉDISME [vedism] **n. m.** – 1859 ◊ de *védique* ■ DIDACT. (RELIG.) Brahmanisme primitif.

VÉGANE [vegan] **n.** et **adj.** – *végan* 1959 ◊ anglais *vegan* (1944), contraction de *vegetarian* «végétarien» ■ Personne qui exclut de son alimentation tout produit d'origine animale (➤ **végétalien**) et adopte un mode de vie respectueux des animaux (habillement, transports, loisirs...). ➤ aussi **antispéciste.** — **adj.** *Le mouvement végane.* ➤ **véganisme.**

VÉGANISME [veganism] **n. m.** – 1963 ◊ anglais *veganism*, de *vegan* → végane ■ Mode de vie des véganes. ➤ aussi **antispécisme.**

VÉGÉTAL, ALE, AUX [veʒetal, o] **n. m.** et **adj.** – 1575 ; *végétable* 1515 ◊ latin scolastique *vegetalis*, du latin *vegetare* → végéter

I **n. m.** Être vivant eucaryote, capable de transformer la matière minérale en matière organique (➤ **photosynthèse ;**

chlorophylle) et dont les parois cellulaires sont rigides (➤ **cellulose, hémicellulose**) ; être vivant caractérisé par rapport aux autres (animaux) par une vie fixée et une meilleure régénération lors de la destruction partielle de ses tissus. ➤ 2 **plante, végétation.** *Classification, étude des végétaux.* ➤ **botanique, flore.** *Végétaux inférieurs* (➤ **thallophytes**), *supérieurs* (➤ **arbre, herbe,** 2 **plante**). *Végétaux à feuilles, à fleurs. Les végétaux assurent l'entrée d'énergie et de matière organique dans la biosphère (producteurs primaires) et constituent le socle de la majorité des chaînes alimentaires des écosystèmes.*

II adj. (1611) ▪ **1** Des plantes ; des êtres vivants appelés végétaux. *Règne végétal* (opposé à *animal* et *minéral*). — *Biologie, histologie, physiologie,... végétale.* ➤ **phyt(o)-.** *Cellule végétale,* à vacuole centrale et à paroi cellulosique. *Tissus végétaux. Fibres textiles* végétales. Tapis végétal, couverture végétale* (➤ **végétalisation**). *Mur* végétal.* ÉCOL. *Associations végétales :* groupements de végétaux relativement constants dans une aire déterminée (prairies, steppes, forêts, marais, etc.). ♦ Qui provient d'organismes de végétaux. *Huile végétale. Crin végétal. Teintures végétales.* — *Sol végétal,* riche en humus organique, et, par suite, apte à la végétation. — *Aliments végétaux* (➤ **céréale, légume,** 1 **fruit ; végétarien**). ▪ **2** (1866) Qui représente des plantes. *Chapiteau gothique à décor végétal.*

VÉGÉTALIEN, IENNE [veʒetaljɛ̃, jɛn] adj. et n. – 1891 ◊ de *végétalisme* ▪ Propre au végétalisme. *Régime végétalien.* ♦ (personnes) Qui ne mange que des produits d'origine végétale. ➤ **végane.** — n. *Les végétaliens ne mangent pas de produits laitiers.*

VÉGÉTALISATION [veʒetalizasjɔ̃] n. f. – 1992 ; autre sens 1977 ◊ de *végétal* ▪ Mise en place d'une couverture végétale. *Végétalisation d'un talus, d'un toit-terrasse.*

VÉGÉTALISER [veʒetalize] v. tr. ⟨1⟩ – 1814 ◊ de *végétal* ▪ Garnir, couvrir de végétaux. *Végétaliser un mur.* — *Toiture végétalisée.*

VÉGÉTALISME [veʒetalism] n. m. – 1890 ◊ de *végétal* ▪ Régime alimentaire excluant tous les aliments qui ne proviennent pas du règne végétal. ➤ **véganisme, végétarisme.**

VÉGÉTARIEN, IENNE [veʒetaʀjɛ̃, jɛn] adj. et n. – 1873 ◊ anglais *vegetarian* (1842) ▪ Propre au végétarisme. *Régime végétarien.* ➤ aussi **macrobiotique.** — *Restaurant végétarien.* ♦ Qui ne mange pas la chair des animaux (➤ **végétarisme**). *« J'ai une bonne hygiène de vie. Je fais de la gym, je suis végétarien, je ne bois plus »* C. CUSSET. — n. *Un végétarien, une végétarienne. Végétariens et végétaliens.* — ABRÉV. FAM. **VÉGÉ** [veʒe]. *Des recettes végés. Les végés.*

VÉGÉTARISME [veʒetaʀism] n. m. – 1878 ; *végétarianisme* 1877 ◊ de *végétarien,* d'après l'anglais ▪ Doctrine diététique qui exclut de l'alimentation la chair animale (viande, volaille, poisson, fruits de mer), mais permet certains produits du règne animal (lait, beurre, œufs, miel) à la différence du végétalisme.

VÉGÉTATIF, IVE [veʒetatif, iv] adj. – XIIIe ◊ latin scolastique *vegetativus,* de *vegetare* → végéter ▪ **1** (1611) VIEILLI Qui concerne la vie des plantes. *« Mouvement végétatif de la plante »* MAINE DE BIRAN. MOD. *Organes végétatifs :* tiges, feuilles, etc. *Les organes végétatifs et les organes reproducteurs* (fleurs). *Multiplication*, reproduction végétative* (opposé à *reproduction sexuée*). ▪ **2** PHYSIOL. Relatif aux fonctions physiologiques contrôlées par le système neurovégétatif* (respiration, circulation, sécrétion). *Vie végétative* ou *organique* (opposé à *vie animale* ou *de relation*). *Le système nerveux végétatif contrôle l'homéostasie.* ▪ **3** FIG. Qui évoque la vie des végétaux, par son inaction. ➤ **inactif.** *Mener une vie végétative.*

VÉGÉTATION [veʒetasjɔ̃] n. f. – 1525 ◊ de *végéter,* d'après le bas latin *vegetatio* « animation » ▪ **1** RARE Vie, croissance des végétaux. ▪ **2** (fin XVIIIe) Ensemble des végétaux, des plantes qui poussent en un lieu (➤ **flore**). *Une végétation luxuriante.* ♦ Ensemble des végétaux distribués à la surface du globe, en fonction du climat, de l'hydrographie, du sol, etc., et étudiés par la géographie botanique et l'écologie. *Zones de végétation* (glaciale arctique, tempérée, subtropicale, tropicale...). ▪ **3** (1706) Disposition naturelle (notamment, cristallisation) reproduisant des formes végétales. ➤ **arborisation.** ▪ **4** (1806) PATHOL. Papillome de la peau ou d'une muqueuse ayant un aspect bourgeonnant. *Végétations de la muqueuse génitale ou anale.* ➤ **condylome.** — *Végétations adénoïdes :* tissu lymphoïde constituant l'amygdale pharyngienne, souvent hypertrophié chez l'enfant. ABSOLT *Faire opérer un enfant des amygdales et des végétations.*

VÉGÉTER [veʒete] v. intr. ⟨6⟩ – 1375 ◊ bas latin *vegetare* « croître », en latin classique « vivifier », de *vegetus* « dispos » ▪ **1** VX Accomplir les fonctions communes au végétal et à l'animal. ➤ 1 **vivre.** *« L'animal végète comme la plante »* BALZAC. ▪ **2** (1530) VX ou POÉT. Accomplir les fonctions propres au végétal. ➤ **pousser.** *« On sentait sourdre, et vivre, et végéter déjà Tous les arbres futurs, pins, érables, yeuses »* HUGO. ▪ **3** FIG. COUR. Avoir une activité réduite ; vivre dans une morne inaction, mener une existence insipide. ➤ **s'encroûter, languir.** *« On ne vit qu'à Paris, et l'on végète ailleurs »* GRESSET. ♦ (1835) Rester dans une situation médiocre, dans la gêne ou l'obscurité. ➤ **vivoter.**

VÉHÉMENCE [veemɑ̃s] n. f. – 1491 ◊ latin *vehementia* ▪ LITTÉR. Force impétueuse (des sentiments ou de leur expression). ➤ **ardeur, chaleur, emportement,** 1 **feu,** 1 **fougue, impétuosité, intensité, violence.** *« Leur passion était à son plus haut point de véhémence »* ROUSSEAU. *Il protesta avec véhémence.* ▪ CONTR. 1 Calme, froideur.

VÉHÉMENT, ENTE [veemɑ̃, ɑ̃t] adj. – XIIe ◊ latin *vehemens* ▪ LITTÉR. ▪ **1** Qui a une force impétueuse. ➤ **ardent, impétueux, passionné.** *« Sa déception est de nouveau si grande, son désespoir si soudain, si véhément »* BERNANOS. ▪ **2** Qui a une grande force expressive, qui entraîne ou émeut. ➤ **emporté, enflammé, entraînant, fougueux.** *Un ton, un discours véhément. Un orateur, un partisan véhément.*

VÉHÉMENTEMENT [veemɑ̃tmɑ̃] adv. – 1538 ; *vesmentement* 1363 ◊ de *véhément* ▪ LITTÉR. Avec véhémence. *Protester, s'opposer véhémentement.*

VÉHICULAIRE [veikylɛʀ] adj. – 1905 ; « relatif aux véhicules » 1842 ◊ de *véhicule* ▪ DIDACT. *Langue véhiculaire,* servant aux communications entre groupes de langue maternelle différente. ➤ **lingua franca, pidgin, sabir.**

VÉHICULE [veikyl] n. m. – 1551 ◊ latin *vehiculum,* de *vehere* « transporter » ▪ **1** DIDACT. Ce qui sert à transmettre, à faire passer d'un lieu à un autre. *L'éther était considéré comme véhicule de la lumière.* MÉD. Substance, objet servant d'intermédiaire dans la transmission d'un germe infectieux (➤ aussi **vecteur**). — PHARM. Excipient liquide. — PEINT. Liquide dans lequel la peinture, le pigment est délayé. ➤ 1 **médium.** OPT. Dispositif qui redresse l'image fournie par un objectif de lunette. ▪ **2** (ABSTRAIT) Ce qui sert à porter, à communiquer. *« Le culte du beau langage, véhicule de la pensée française »* L. BERTRAND. ♦ HIST. RELIG. L'une des voies du salut, dans le bouddhisme. *Le grand véhicule* (Mahayana), *le petit véhicule* (Hinayana) : les deux principales sectes du bouddhisme, en Inde. ▪ **3** (1551) DIDACT., ADMIN. (ou pour éviter d'employer un autre mot) Engin à roue(s) ou à moyen de propulsion, servant à transporter des personnes ou des marchandises (ex. autobus, autocar, autochenille, automobile, automotrice, autoneige, autorail, avion, bateau, bicyclette, brouette, bulldozer, camion, camping-car, caravane, char, chariot, charrette, crossover, deux-roues, diable, dragster, draisienne, draisine, estafette, fourgon, gyropode, half-track, hélicoptère, hoverboard, hydravion, jeep, kart, locomotive, locomotrice, locotracteur, moto, motocycle, motoneige, motor-home, planeur, quad, quatre-quatre, remorque, remorqueur, scooter, semi-remorque, side-car, SUV, tank, tender, tracteur, train, traîneau, tramway, trois-roues, trottinette, vélo, voiture, VTT, wagon). *Véhicule sur coussin d'air*.* — COUR. Moyen de transport routier. *Véhicule hippomobile, automobile, tracté.* — *Véhicule utilitaire, de tourisme. Véhicule prioritaire. Ce défilé « de véhicules de toutes sortes, fiacres, tapissières, carrioles, cabriolets »* HUGO. ▪ **4** *Véhicule spatial :* engin spatial destiné à transporter une charge utile. ➤ **astronef, capsule, vaisseau** (spatial) ; **lanceur, satellite.**

VÉHICULER [veikyle] v. tr. ⟨1⟩ – 1856 ◊ de *véhicule* ▪ **1** Transporter au moyen d'un véhicule. ➤ **voiturer.** *Il nous a véhiculés jusqu'à la gare.* FAM. *Se véhiculer :* se transporter. ▪ **2** DIDACT. Constituer un véhicule (1°) pour (qqch.). *Le sérum sanguin véhicule divers pigments.* ♦ FIG. Être le support de, transmettre. *Son ouvrage véhicule une idéologie suspecte.*

VEILLE [vɛj] n. f. – XIIe ◊ latin *vigilia* « veille, insomnie »

I ▪ **1** Action de veiller (I, 1°) ; moment sans sommeil, généralement consacré à quelque occupation pendant le temps normalement destiné à dormir. *« Après avoir consacré de longues veilles à l'étude »* BALZAC. ▪ **2** (1596) Garde de nuit. *« Tandis que les premiers guetteurs [...] prenaient la veille »*

DORGELÈS. — MAR. *Homme, poste de veille.* — *Radar de veille,* de surveillance. ▪ **3** Recherche et traitement d'informations pouvant intéresser une entreprise, un organisme, une profession dans une optique stratégique et prospective. *Veille économique, stratégique, concurrentielle. Veille à la concurrence.*

II (XVIe ; « fait de veiller dans la nuit qui précède une fête religieuse » XIIe) Jour qui en précède un autre, qui précède celui dont il est question. « *la veille de sa mort, Danton disait* [...] » STENDHAL. *La veille d'aujourd'hui.* ➤ **hier.** *La veille et l'avant-veille. La veille au soir.* « *Un pouvoir appelé Ministère qui ne sait pas la veille s'il existera le lendemain* » BALZAC. — FAM. *Ce n'est pas demain* la veille.* ♦ **À LA VEILLE DE (un évènement) :** dans la période qui le précède immédiatement, juste avant. *À la veille de la Révolution française.* « *Il fallait du personnel, et l'on était toujours à la veille d'en manquer* » CAMUS. ➤ **près** (de).

III ▪ **1** (1636) État d'une personne qui ne dort pas (opposé à *sommeil*). « *mes impressions de la veille et du sommeil se sont quelquefois confondues* » NODIER. « *La conscience du moi dans l'état de veille* » MAINE DE BIRAN. ➤ **vigilance.** ▪ **2** INFORM. *Mode veille :* mode qui permet de réduire la consommation électrique d'un ordinateur en suspendant l'alimentation de l'écran dans les moments d'inactivité. *Appareil en veille.* « *L'ordinateur finit par se mettre en veille, l'image disparaît de l'écran qui se laque de noir où tournoient des spirales mauve et bleu* » S. GERMAIN.

▪ CONTR. Lendemain. — Sommeil.

VEILLÉE [veje] n. f. – 1617 ; *veilliee* 1316 ◊ de *veille* ▪ **1** Temps qui s'écoule entre le moment du repas du soir et celui du coucher, consacré à des réunions familiales ou de voisinage (surtout dans les campagnes). ➤ **soirée.** « *Je m'assieds pour écouter le conteur des veillées d'hiver* » LOTI. « *Nous prolongions la veillée sur la terrasse* » GIDE. *Veillée d'armes :* nuit que le futur chevalier passait à veiller avant d'être armé ; FIG. préparation morale à une épreuve, une action difficile. ▪ **2** (1690 ◊ de *veiller*) Action de veiller un malade, un mort ; nuit passée à le veiller. *Veillée funèbre.* « *On avait interdit les veillées rituelles, si bien que celui qui était mort dans la soirée passait sa nuit tout seul* » CAMUS.

VEILLER [veje] v. ‹1› – v. 1130 ◊ latin *vigilare*

I v. intr. ▪ **1** Rester volontairement éveillé pendant le temps habituellement consacré au sommeil. « *Il regagna la chambre* [...], *décidé à veiller jusqu'au jour* » MUSSET. *Veiller au chevet d'un malade.* ▪ **2** Être de garde. « *Et la garde qui veille aux barrières du Louvre* » MALHERBE. ♦ Être en éveil, vigilant. *La police veille.* ▪ **3** Faire la veillée. « *Aussi l'hiver, veillait-on là* [...] *bien à l'aise* » ZOLA.

II v. tr. ▪ **1** (1580) VX Surveiller (qqn). ♦ MOD. Rester la nuit auprès de (un malade pour s'occuper de lui ; un mort). « *Et Jean, semblable à ceux qui veillent un être cher qu'une longue maladie affaiblit lentement* » PROUST. ▪ **2** TRANS. IND. (1538) **VEILLER À qqch. :** y faire grande attention et s'en occuper activement (cf. Prendre soin* de). *Veiller à la bonne marche des opérations. Veiller au grain** (II). — *Le préfet* « *veillera à ce que l'ordre ne soit pas troublé* » MÉRIMÉE. — *Veillons à garder notre calme. Veiller à ne pas être en retard* (cf. Faire en sorte* que). « *Dès que je ne veillais pas à soigneusement respirer* » GIDE. ➤ **songer** (cf. Prendre garde*). ♦ (1553) *Veiller sur qqn,* prêter grande attention à ce qu'il fait, à ce qui lui arrive (pour intervenir au besoin). ➤ **s'occuper** (de). — VIEILLI « *Victoire veillait sur son linge* » ZOLA.

▪ CONTR. (du I, 3°) Dormir.

VEILLEUR, EUSE [vɛjœʀ, øz] n. – 1355 ◊ de *veiller* ▪ **1** Soldat de garde. ➤ **guetteur, sentinelle.** *Au haut du mât* « *le veilleur signale de moment en moment l'approche d'un nouvel ennemi* » MICHELET. ▪ **2** Dans certains pays, Employé(e) municipal(e) qui veille au calme de la ville pendant la nuit. — LOC. COUR. *Veilleur, veilleuse de nuit :* gardien(ne) (d'un magasin, d'un chantier, d'une entreprise, etc.) qui est de service la nuit (➤ aussi 2 **rondier**) ; employé(e) d'hôtel chargé(e) d'assurer le service et la réception pendant la nuit ; personne qui assure des veilles dans un hôpital, une maison de retraite...

VEILLEUSE [vɛjøz] n. f. – 1762 ◊ de *veilleur* ▪ **1** Petite lampe ou ampoule électrique éclairant peu, qu'on laisse allumée pendant la nuit ou en permanence dans un lieu sombre. « *Dans leur godet de verre* [...], *les veilleuses s'éteignent et se raniment* » GONCOURT. « *Un petit train noir, avec au plafond de sombres veilleuses bleues* » BEAUVOIR. — Lanterne d'automobile. ♦ LOC. **EN VEILLEUSE.** *Mettre une lampe en veilleuse,* en diminuer l'éclairage. « *une ampoule qui brûlait en veilleuse les guida vers un couloir* » MARTIN DU GARD. — FIG. (1935) Dont l'intensité, les effets, l'activité sont réduits* (cf. En attente, au ralenti). *Affaire, problème en veilleuse.* — FAM. *Mets-la en veilleuse :* du calme, tais-toi. ▪ **2** (1835) Petite mèche montée sur une rondelle de liège, qui flotte sur l'huile d'une lampe à huile. ♦ Petit bec d'un chauffe-eau à gaz, d'un réchaud. ▪ **3** TECHN. (hist. du mobilier) Canapé à dossier de fond et à dossier latéral, en usage notamment au XVIIIe s. (cf. Méridienne).

VEINARD, ARDE [vɛnaʀ, aʀd] adj. et n. – 1854 ◊ de *veine* ▪ FAM. Qui a de la veine. ➤ **chanceux, verni.** ♦ n. (1867) *Quelle veinarde !*

VEINE [vɛn] n. f. – 1165 ◊ latin *vena* anat. et fig. « inspiration »

I ▪ **1** Vaisseau* qui ramène le sang des capillaires au cœur. *Les veines et les artères. Veines de la grande circulation. Veines de la petite circulation – veines pulmonaires – qui portent du sang rouge au cœur gauche. Veines caves, veine coronaire, veine porte. Étude des veines.* ➤ **phlébologie.** *Concrétion calcaire dans la paroi des veines.* ➤ **phlébolithe.** *Ablation d'une veine.* ➤ **stripping.** *Veines gonflées par la chaleur, par l'effort. S'ouvrir les veines :* se trancher les veines du poignet pour se donner la mort. — *Se saigner* aux quatre veines.* — LOC. PROV. *Qui voit ses veines voit ses peines :* les travaux manuels font saillir les veines. ▪ **2** AU PLUR. (dans des expr. de la langue cour., souvent fig.) Les vaisseaux sanguins, conduits du sang, symbole de la vie. « *du sang écossais coule aussi dans mes veines* » GREEN. — *Avoir du sang dans les veines,* du courage, de l'énergie. *N'avoir pas de sang dans les veines :* être lâche, poltron.

II ▪ **1** (1165 ◊ latin *vena*) Inspiration de l'artiste. *La veine poétique, dramatique. Deux romans de la même veine.* — *Être en veine,* inspiré. ▪ **2** (1798) *En veine de... :* disposé à. « *Julien était en veine de courage* » STENDHAL. ▪ **3** (1835 ; *être en veine* « avoir de la chance au jeu » 1801 ; *avoir aucune veine* « de la chance » v. 1350) FIG. VX Hasard. — (1876) VIEILLI Bonne chance, heureux hasard. ➤ **chance ;** FAM. 1 **bol, cul,** 2 **fion, pot.** *Avoir de la veine. Une veine de cocu, de pendu :* une chance insolente. *Ça c'est une veine ! C'est un coup de veine. Pas de veine ! C'est bien ma veine :* je n'ai pas de chance.

III ▪ **1** (1230) Filon mince (d'un minéral). *Veine de quartz, de houille, d'argent. Exploiter une veine dans une mine.* « *Tout ce que les veines des plus riches carrières ont pu livrer de beau* » GAUTIER. ➤ **gisement.** ▪ **2** (1607) Dessin coloré, mince et sinueux (dans le bois, les pierres dures). ➤ **veiné, veinure.** « *Le vert profond du marbre et ses veines dorées* » LARBAUD. ▪ **3** Nervure très saillante (de certaines feuilles). *Les veines du chou.* ▪ **4** (1863) BOUCH. Morceau de bœuf dans le collier. *Veine grasse, veine maigre.*

▪ HOM. Vaine (vain).

VEINÉ, ÉE [vene] adj. – 1690 ; « rempli de veines » 1611 ◊ de *veine* ▪ **1** (1850) Qui présente des veines bleues apparentes sous la peau. « *son bras pâle, veiné comme une nacre bleuâtre* » BARBEY. ♦ Qui présente des nervures saillantes (feuilles des végétaux). ▪ **2** Qui présente des veines (III), des filons. — (1829) Qui présente des veines (bois, pierres dures). *Bois veiné.* « *un immense bloc de marbre blanc, veiné de rose* » FROMENTIN.

VEINER [vene] v. tr. ‹1› – 1812 ◊ de *veine* ▪ **1** Orner de dessins sinueux imitant les veines du bois, du marbre. *Veiner un mur pour faire du faux marbre.* ▪ **2** Orner en formant des dessins sinueux. « *Un vieux marbre roux* [...] *que veinaient de grandes branches minérales* » BOSCO. ➤ **marbrer, jasper.**

VEINETTE [vɛnɛt] n. f. – 1904 ; « petite veine » fin XIIe ◊ de *veine* ▪ TECHN. Brosse employée par les peintres pour veiner le faux bois, le faux marbre.

VEINEUX, EUSE [vɛnø, øz] adj. – 1545 ◊ de *veine* ▪ **1** Qui a rapport aux veines. *Système veineux. Sang veineux,* des veines de la grande circulation, qui a perdu son oxygène, dit aussi *sang noir* (opposé à *sang artériel*). ▪ **2** Qui présente de nombreuses veines (III, 2°). *Bois veineux.*

VEINOTONIQUE [vɛnotɔnik] adj. et n. m. – 1983 ◊ de *veine* et *tonique* ▪ MÉD. Qui augmente la tonicité des parois veineuses, limite les symptômes cliniques de l'insuffisance veineuse. *Action veinotonique de l'hamamélis.* — n. m. *Appliquer un veinotonique.*

VEINULE [venyl] n. f. – 1615 ◊ de *veine* ▪ **1** Petit vaisseau veineux qui, convergeant avec d'autres, forme les veines. *Veinules et artérioles.* « *un lacis de veinules violettes* » GENEVOIX. ▪ **2** (1817) BOT. Ramification extrême des nervures des feuilles.

VEINURE [venyʀ] n. f. – avant 1922 ◊ de *veiné* ■ Dessin des veines du bois. — Aspect veiné.

VÊLAGE [vɛlaʒ] n. m. – 1834 ◊ de *vêler* ■ **1** Parturition de la vache. — On dit aussi **VÊLEMENT**, 1841. ■ **2** (1891) GÉOGR. Désagrégation d'une falaise de glace qui produit des icebergs.

VÉLAIRE [velɛʀ] adj. – 1874 ◊ de *velum* «voile (du palais)» ■ PHONÉT. Se dit des phonèmes (voyelle ou consonne) dont le point d'articulation est proche du voile du palais. [k] *est une consonne vélaire.* — n. f. *Une vélaire.*

VÉLANI [velani] n. m. – 1836 ; *velonie* 1553 ◊ grec moderne *balanidi* «gland» ■ BOT. Chêne à feuilles oblongues, à gros fruits, à cupules écailleuses (ou *vélanèdes* n. f.) qui sont utilisées en teinturerie.

VÉLAR [velaʀ] n. m. – 1545 ◊ latin médiéval *velarum*, latin *vela* ; mot gaulois ■ Sisymbre officinal (plante).

VÉLARISATION [velaʀizasjɔ̃] n. f. – 1933 ◊ de *vélaire* ■ PHONÉT. Transformation d'une palatale en vélaire.

VÉLARIUM ou **VELARIUM** [velaʀjɔm] n. m. – 1836 ◊ mot latin, de *velare* «voiler» ■ ANTIQ. Grande toile formant tente amovible (sur un amphithéâtre, un cirque). «*Des mâts étaient disposés pour tendre un vélarium*» FLAUBERT. *Des vélariums.*

VELCHE ou **WELCHE** [vɛlʃ] n. m. – 1749, –1876 ◊ allemand *Welsch* «étranger» ■ Étranger (surtout Français, Italien) pour les Allemands. *Les velches.*

VELCRO [vɛlkʀo] n. m. – 1958 ◊ marque déposée, de *vel(ours)* et *cro(chet)* ■ Système de fermeture de vêtements, de chaussures composé de deux rubans tissés différemment qui s'agrippent par contact. ➤ 3 **scratch.** *Des velcros.* APPOS. INV. *Fermetures velcro.*

VELD [vɛlt] n. m. – 1902 ◊ mot afrikaans, du néerlandais «champ, campagne» ■ GÉOGR. Steppe de l'Afrique du Sud. — On écrit aussi *veldt* (1948). ■ HOM. Velte.

VÊLEMENT ➤ **VÊLAGE**

VÊLER [vele] v. intr. ‹1› – 1688 ; *vesler* fin XVe ; *vellee* p. p. 1328 ◊ de *veel* → veau ■ Mettre bas (en parlant de la vache).

VÉLIE [veli] n. f. – 1839 ◊ latin des zoologistes *velia* n. m. ; origine inconnue ■ ZOOL. Insecte hémiptère, aquatique, qui court à la surface des eaux vives, appelé aussi *araignée d'eau.*

VÉLIN [velɛ̃] n. m. – 1611 ; *veelin* 1380 ; *veeslin* hapax XIIIe ◊ de *veel* → veau ■ **1** Peau de veau mort-né, plus fine que le parchemin ordinaire. *Manuscrit, ornements sur vélin.* ◆ Cuir de veau. *Reliure de vélin.* ■ **2** PAR APPOS. (1798) *Papier vélin* et ABSOLT *vélin* : papier très blanc et de pâte très fine. *Exemplaire sur vélin.*

VÉLIPLANCHISTE [veliplɑ̃ʃist] n. – 1980 ◊ de *véli-*, latin *velum* «voile», et *planche (à voile)* ■ Personne qui pratique la planche à voile. ➤ **planchiste.**

VÉLIQUE [velik] adj. – 1727 ◊ du latin *velum* «voile» ■ MAR. Des voiles. — (1842) *Point vélique* : centre de voilure (point d'application de la résultante des vents).

VÉLITE [velit] n. m. – 1213 ◊ latin *veles, itis* ■ **1** HIST. ROM. Soldat d'infanterie légèrement armé, chargé de harceler l'ennemi. ■ **2** (1804) HIST. Soldat d'un corps de chasseurs à pied, sous le premier Empire.

VÉLIVOLE [velivɔl] adj. et n. – 1841 ◊ latin *velivolus* «qui vole, va vite *(volare)* à la voile *(velum)*» ■ VX ou POÉT. Que sa voile fait voler sur l'eau. «*le pêcheur napolitain dans sa barque vélivole*» CHATEAUBRIAND. ◆ (1932) MOD. Relatif au vol à voile ; qui pratique le vol à voile. — n. *Un, une vélivole. Les vélivoles et les aviateurs.*

VELLÉITAIRE [veleitɛʀ ; vɛlleitɛʀ] adj. et n. – 1894 ◊ de *velléité* ■ Qui n'a que des intentions faibles, ne se décide pas à agir. ➤ **hésitant.** — n. «*Je ne suis pas un caractère énergique. Par certains côtés, je suis ce qu'on appelle un velléitaire*» ROMAINS.

VELLÉITÉ [veleite ; vɛlleite] n. f. – 1600 ◊ latin médiéval *velleitas*, de *velle* «vouloir» ■ **1** VIEILLI Désir, envie faible (pouvant aboutir à un acte). «*Des velléités indistinctes encore et qui m'épouvantaient*» GIDE. ■ **2** MOD. Volition faible, passagère, intention qui n'aboutit pas à une décision. «*Un abattement entravait en lui toute velléité d'action*» MARTIN DU GARD. — Tendance mal affirmée, tentative hésitante. «*Quelque incertaines que fussent les velléités révolutionnaires de la Gironde, Robespierre les condamnait*» JAURÈS. ◆ Faible esquisse. «*Une velléité de sourire*» SAINTE-BEUVE. ■ CONTR. Décision, résolution.

VÉLO [velo] n. m. – 1890 ; «postillon» 1837 ◊ abrév. de *vélocipède* ■ Bicyclette. *Acheter un vélo de course. À vélo ;* (critiqué) *en vélo ; sur son vélo.* «*Il s'approcha de son vélo. Le cadre était jaune. Le nickel luisait*» GENET. — *Vélo (à assistance) électrique (VAE)*, équipé d'un système électrique d'assistance au pédalage. *Vélo tout-terrain.* ➤ **bicross,** 1 **VTC, VTT.** *Vélo transportant des passagers.* ➤ **vélotaxi.** *Vélo d'appartement. Vendeur, réparateur de vélos.* ➤ **vélociste.** *Vélo-cargo* ou *vélo cargo* : véhicule à deux ou trois roues, bicyclette munie à l'avant d'une caisse permettant de transporter des charges. *Des vélos-cargos.* ◆ (*vélo-sport* 1877) Le fait de monter, de rouler à bicyclette. *Faire du vélo.*

VÉLOCE [velɔs] adj. – 1765 ; astron. 1634 ◊ latin *velox, velocis* «rapide» ■ LITTÉR. Agile, rapide. «*Vingt-quatre lévriers barbaresques, plus véloces que des gazelles*» FLAUBERT.

VÉLOCEMENT [velɔsmɑ̃] adv. – v. 1300 ◊ d'après l'italien *veloce*, latin *velox* → véloce ■ LITTÉR. Avec vélocité, rapidité. *Se déplacer vélocement.*

VÉLOCIMÉTRIE [velɔsimetʀi] n. f. – v. 1970 ◊ du latin *velox* «rapide» et *-métrie* ■ Mesure des vitesses. ◆ MÉD. *Vélocimétrie Doppler* : mesure de la vitesse de circulation du sang par effet Doppler.

VÉLOCIPÈDE [velɔsipɛd] n. m. – 1818 ◊ du latin *velox* «rapide» et *-pède* ■ ANCIENNT Appareil de locomotion, siège sur deux ou trois roues (mû d'abord par la pression des pieds sur le sol, puis au moyen de pédales). ➤ **bicyclette, draisienne, vélo.** — IRON. Bicyclette.

VÉLOCIPÉDIQUE [velɔsipedik] adj. – 1877 ◊ de *vélocipède* ■ VIEILLI ou IRON. Du vélocipède. *Il aperçut* «*une bicyclette d'homme et un vélo de femme enlacés* [...] *Cette idylle vélocipédique* [...]» FALLET.

VÉLOCISTE [velɔsist] n. – 1968 ◊ de *vélo* ■ Spécialiste de la réparation et de la vente des cycles (bicyclettes, cyclomoteurs...).

VÉLOCITÉ [velɔsite] n. f. – v. 1270 ◊ latin *velocitas* «vitesse, rapidité» ■ RARE Mouvement rapide, aptitude à aller vite. ➤ **célérité, vitesse.** «*Un homme se glissa sous le porche avec la fantastique vélocité d'une ombre*» BALZAC. ◆ COUR. Agilité, vitesse dans le jeu d'un instrument de musique. «*sa fille passait son dépit en d'interminables vélocités pianistiques*» J.-R. BLOCH.

VÉLODROME [velodʀom] n. m. – 1879 ◊ de *vélo* et *-drome* ■ Piste entourée de gradins, aménagée pour les courses de bicyclettes. — ANCIENNT *Le Vélodrome d'hiver, à Paris* (FAM. *le Vél'd'hiv'*).

VÉLOMOTEUR [velɔmɔtœʀ] n. m. – 1893 «cyclomoteur» ◊ de *vélo* et *moteur* ■ Motocycle de cylindrée supérieure à 50 cm^3 (cyclomoteurs) et inférieure à 125 cm^3 (motocyclettes) ; moto légère. *Monter sur un vélomoteur.*

VÉLOPOUSSE [velopus] n. m. – 1956 ◊ de *vélo* et *pousse-pousse* ■ En Extrême-Orient, Voiture tirée par une bicyclette. ➤ **cyclopousse.** *Des vélopousses.* — On écrit aussi *vélo-pousse* (inv.).

VÉLOROUTE [veloʀut] n. f. – 1930 ; répandu fin XXe ◊ de *vélo* et *route* ■ Route spécialement aménagée pour la circulation des cyclistes.

VÉLOSKI [veloski] n. m. – 1932 ◊ de *vélo* et *ski* ■ Engin de sport d'hiver, comparable à une bicyclette dont les roues seraient remplacées par des skis. ➤ **ski-bob** (ANGLIC.). *Des véloskis.*

VELOT [vəlo] n. m. – 1811 ; «petit veau» 1611 ◊ de *veel* → veau ■ TECHN. Veau mort-né ; sa peau, servant à fabriquer le vélin.

VÉLOTAXI ou **VÉLO-TAXI** [velotaksi] n. m. – 1940, –1940 ◊ *velotaxi* marque déposée ; de *vélo* et 1 *taxi* ■ Bicyclette ou tricycle adapté pour transporter des passagers et faire fonction de taxi. *Les vélotaxis, les vélos-taxis.*

VELOURS [v(ə)luʀ] n. m. – XVe ; *velos, velous* XIIe ◊ ancien provençal *velos* ; latin *villosus* «velu» ■ **1** Tissu à deux chaînes superposées dont l'une produit le fond du tissu et l'autre le velouté ; tissu analogue dont le velouté est produit par une trame. *Velours de coton, de soie, de rayonne, de laine,* ou ABSOLT *du velours. Velours uni, côtelé, façonné (broché, frappé). Costume, pantalon, robe de velours. Veste en velours. Col de velours. Nœuds de velours dans les cheveux. Loup* de velours.* — *Une main* de fer dans un gant de velours.* — *Fauteuils de velours, en velours,* couverts de velours. *Tapis de velours d'une table* *de jeu.* LOC. (1740) *Jouer sur le velours,* avec le gain, sans risquer d'entamer sa mise initiale ; FIG. (1872) agir de telle sorte qu'on ne puisse qu'y gagner, sans risques. *Ils jouent sur du velours en dénonçant les abus.* ■ 2 Ce qui est doux au toucher. *« Sur sa joue, un velours de pêche rose et blanc »* RIMBAUD. *Une peau de velours.* ♦ LOC. *Chat qui fait patte de velours,* qui présente sa patte après avoir rentré ses griffes. (1718) FIG. *Faire patte de velours :* dissimuler un dessein de nuire sous une douceur affectée. ♦ PAR APPOS. *Veau velours :* peau de veau suédée. ➤ **daim.** ■ 3 (XVIe) Ce qui donne une impression de douceur (au goût, à l'ouïe, etc.). ➤ **velouté.** *C'est du velours, un vrai velours,* une nourriture, une boisson délectable. — PLAISANT *Faire des yeux de velours,* des yeux doux. ■ 4 (1822) RARE Faute de liaison. ➤ **cuir.**

VELOUTÉ, ÉE [vəlute] adj. et n. m. – *veluté* 1450 ◊ de *veloux, velous* → velours

I adj. ■ 1 Doux au toucher comme du velours. ➤ **duveté.** *Une pêche veloutée.* ♦ Qui a l'aspect d'une chose douce au toucher. *Teint velouté.* ■ 2 Doux et onctueux (au goût). *Potage velouté.* — *Vin velouté,* soutenu, riche et sans âcreté. ♦ Doux à l'oreille. *« Une voix veloutée de baryton »* COLETTE. ■ 3 *Étoffe veloutée,* qui porte des applications de velours (fleurs, ramages). *Satin velouté.*

II n. m. ■ 1 (1767) Douceur de ce qui est velouté au toucher ou à l'aspect. *Le velouté d'une fleur, d'un fruit, de la peau.* ■ 2 (1808) Liant onctueux pour la préparation de diverses sauces. — Potage lisse et très onctueux. *Un velouté d'asperges, de tomates.*

■ CONTR. Âpre, dur, rêche.

VELOUTEMENT [vəlutmɑ̃] n. m. – 1845 ◊ de *velouter* ■ RARE Le fait de se velouter ; aspect velouté. *« Les sables avaient des veloutements dans l'ombre »* GIDE.

VELOUTER [vəlute] v. tr. ‹1› – 1680 ; intr. « fabriquer du velours » XVIe ◊ de *velouté* ■ 1 Donner à (une surface) l'apparence du velours. *Velouter du papier.* — PRONOM. *« Sa joue se veloutait d'un duvet blond »* GIONO. ■ 2 (1737) Rendre plus doux, plus onctueux (au goût), plus agréable, plus suave (à l'ouïe). — PRONOM. *Cette voix « se veloutait comme celle des barytons »* BALZAC.

VELOUTEUX, EUSE [vəlutø, øz] adj. – 1904 ◊ de *velours* ■ Qui, au toucher, rappelle le velours. ➤ **velouté.** *Lainage velouteux.*

VELOUTIER [vəlutje] n. m. – 1530 ◊ de *velous* → velours ■ TECHN. Ouvrier qui fabrique le velours (tisseur spécialisé). ♦ Ouvrier qui donne aux peaux un aspect velouté.

VELOUTINE [vəlutin] n. f. – 1872 ◊ de *velouté* ■ 1 Poudre de toilette qui veloute la peau. ■ 2 (1907 ; « étoffe de soie brochée » 1876) Tissu de coton qui a été gratté pour avoir un aspect velouté (cf. Suédine).

VELTE [vɛlt] n. f. – 1679 ◊ allemand *Viertel, Vertel* « quart » ■ 1 Ancienne mesure de capacité, variable selon les régions (de 7 à 8 litres). ■ 2 Instrument, règle graduée servant à jauger les tonneaux (opération du *veltage*). ■ HOM. Veld.

VELU, UE [vəly] adj. – v. 1130 ◊ bas latin *villutus,* de *villus* « poil » ■ 1 Qui a les poils très abondants. ➤ 1 **poilu.** *« cet homme extraordinaire* [...] *montrant sa poitrine velue comme le dos d'un ours »* BALZAC. ■ 2 (1549) Garni de poils fins, serrés et plus ou moins longs (plante). *La tige et les feuilles velues de la bourrache.* ➤ aussi **villeux.** ■ CONTR. 1 Lisse.

VÉLUM [velɔm] n. m. – 1872 ◊ latin *velum* « voile » ■ Grande pièce d'étoffe servant à tamiser la lumière ou à couvrir un espace sans toiture. *Des vélums.* — On écrit aussi *velum.* *« Le velum de toile, tendu sous les vitres du plafond, tamisait le soleil »* ZOLA.

VELUX [velyks] n. m. – v. 1985 ◊ n. déposé en 1972 ; du latin *ve(ntilatio)* « exposition à l'air » et *lux* « lumière » ■ Fenêtre conçue pour être installée dans un toit en pente.

VELVET [vɛlvɛt] n. m. – 1780 ◊ mot anglais « velours » ■ ANGLIC. Velours de coton uni (par trame) imitant le velours de soie (à deux chaînes).

VELVOTE [vɛlvɔt] n. f. – 1583 *veluote* ◊ de *velu* « velours » ■ Plante à feuilles velues (linaire, etc.).

VENAISON [vənɛzɔ̃] n. f. – *veneison* 1138 ◊ latin *venationem* « chasse, gibier », de *venari* ■ 1 Chair de grand gibier (cerf, chevreuil, daim, sanglier). *« un parfum de chasse, comme un relent de venaison »* JALOUX. ■ 2 VÉN. Graisse du cerf, du sanglier.

VÉNAL, ALE, AUX [venal, o] adj. – XIIe ◊ latin *venalis,* de *venum* « vente » ■ 1 Qui se laisse acheter au mépris de la morale. ➤ **cupide.** *Une personne vénale,* qui n'agit que par intérêt. *« je ne suis pas une femme mauvaise, ni vénale, ni intéressée »* BALZAC. ♦ (CHOSES) *Activités vénales. Amour vénal. « rien de vénal et de mercantile »* ROUSSEAU. ■ 2 (XVIe-XVIIIe) HIST. Qui peut s'obtenir pour de l'argent, en payant. *Offices vénaux.* ♦ (1798) ÉCON. *Valeur vénale,* estimée en argent. — adv. **VÉNALEMENT,** 1552.

VÉNALITÉ [venalite] n. f. – 1573 ◊ latin *venalitas* ■ 1 HIST. Le fait (pour une charge, une fonction) de pouvoir s'acheter, se vendre. *La vénalité des charges, des offices :* sous l'Ancien Régime, système complémentaire de l'hérédité des offices, qui donnait au titulaire la faculté d'aliéner sa charge contre une somme d'argent. ■ 2 Le fait d'être cédé pour de l'argent au mépris des valeurs morales. ♦ (1780) Caractère ou comportement d'une personne vénale. ➤ **bassesse, corruption.** *« désarmer le Duc, en tablant sur sa vénalité, en lui offrant une rançon de manoirs et de prés »* HUYSMANS.

VENANT, ANTE [v(ə)nɑ̃, ɑ̃t] n. et adj. – *vegnant* « montant » (flux) 1270 ◊ de *venir* ■ 1 n. m. (1380) LOC. *À tout (tous) venant(s) :* à chacun, à tout le monde. *« les sanctuaires n'ont plus de défenses et s'ouvrent à tous venants »* LOTI. — RARE (sujet) *« une belle fleur que tout venant peut froisser »* LARBAUD. — *Le tout-venant* (voir ce mot). ■ 2 adj. et n. (XIIe) LITTÉR. *Allant et venant :* qui va et vient ; qui passe. COLLECT. *« L'allant et le venant que nous rencontrons »* GONCOURT.

VENDABLE [vɑ̃dabl] adj. – 1249 ◊ de *vendre* ■ Qui peut être vendu. *Ces vieux livres sont encore vendables.* ■ CONTR. Invendable.

VENDANGE [vɑ̃dɑ̃ʒ] n. f. – 1553 ; *vendeignes* « raisins récoltés » 1291 ◊ latin *vindemia,* de *vinum* « vin » et *demere* « récolter » ■ 1 Le fait de cueillir et de rassembler les raisins mûrs pour la fabrication du vin. *Commencer, faire la vendange, les vendanges.* ➤ **vendanger.** ♦ PAR EXT. *Les vendanges :* l'époque des vendanges, en automne. ■ 2 Raisin récolté pour faire le vin. *Fouler, presser la vendange.*

VENDANGEOIR [vɑ̃dɑ̃ʒwaʀ] n. m. – 1660 ; *vendangeoire* n. f. 1611 ◊ de *vendanger* ■ TECHN. OU RÉGION. Hotte, panier pour la vendange. — On dit aussi **VENDANGEROT,** 1904.

VENDANGEON [vɑ̃dɑ̃ʒɔ̃] n. m. – 1904 ◊ de *vendanger* ■ Larve du trombidion*. ➤ **aoûtat, rouget.**

VENDANGER [vɑ̃dɑ̃ʒe] v. ‹3› – XIVe ; *vendengier* 1213 ◊ latin *vindemiare* ■ v. tr. Récolter les raisins de (la vigne). — Récolter (les raisins) pour faire le vin. ♦ v. intr. Faire la vendange, cueillir les raisins et les transporter ; PAR EXT. Fouler, presser le raisin.

VENDANGETTE [vɑ̃dɑ̃ʒɛt] n. f. – 1791 ◊ de *vendange* ■ RÉGION. Grive.

VENDANGEUR, EUSE [vɑ̃dɑ̃ʒœʀ, øz] n. – XIIIe ; fém. 1508 (a remplacé *vendangeresse*) ◊ latin *vindemiator* ■ 1 Personne qui récolte les raisins, fait la vendange. *Engager des vendangeurs,* des ouvriers agricoles pour les vendanges. ■ 2 n. f. (1876) Plante qui fleurit en automne (aster, colchique sauvage). ■ 3 n. f. (1975) TECHNOL. Machine automotrice effectuant la récolte des raisins.

VENDÉEN, ENNE [vɑ̃deɛ̃, ɛn] adj. et n. – avant 1793 ◊ de *Vendée,* n. propre ■ De la Vendée, province de l'ouest de la France. ♦ (1793) HIST. De l'insurrection royaliste des provinces de l'Ouest, pendant la Révolution. — *Les Vendéens.* ➤ **chouan.**

VENDÉMIAIRE [vɑ̃demjɛʀ] n. m. – 1793 ◊ latin *vindemia* « vendange » ■ Premier mois du calendrier républicain qui commençait le 22 (ou 23) septembre.

VENDETTA [vɑ̃deta ; vɑ̃dɛtta] n. f. – 1803 ◊ mot italien « vengeance », repris au corse ■ Coutume corse, par laquelle les membres de deux familles ennemies poursuivent une vengeance réciproque jusqu'au crime. *« Le préjugé de la* vendetta *empêchera longtemps le règne des lois en Corse, ajouta-t-il »* BALZAC.

VENDEUR, EUSE [vɑ̃dœʀ, øz] n. et adj. – 1200 ; fém. 1552 ; *venderesse* 1226 (encore en dr.) ◊ de *vendre* ■ 1 Personne qui vend ou a vendu qqch. *Le vendeur et l'acheteur, et l'acquéreur.* ♦ ÉCON. Personne physique ou morale, privée ou publique, qui vend. — adj. Qui est disposé à vendre. *Je suis, je ne suis pas vendeur.* ■ 2 Personne dont la profession est de vendre (surtout lorsqu'elle ne dispose pas de local fixe comme le *commerçant*). ➤ **marchand.** *Vendeur ambulant. Vendeur à la sauvette. Une vendeuse de légumes, de poissons sur les marchés. Vendeur de journaux.* ■ **3** (1882) Employé(e) chargé(e) d'assurer la vente dans un établissement commercial. *Vendeuse de grand magasin. Elle est vendeuse chez X. Vendeur démonstrateur. « — J'ai ça, dit la vendeuse en décrochant du portant une robe* [...]. *Ça vous irait bien »* A. DESARTHE. ■ **4** (1964) Personne qui connaît et applique les procédés de vente, qui sait vendre. *Ce directeur commercial est un excellent vendeur.* — PÉJ. *Vendeur de rêve.* ➤ **marchand.** ■ **5** adj. (v. 1980) Qui fait vendre. *Un slogan accrocheur et vendeur. Il a « adopté un angle romanesque plus vendeur »* PH. JAENADA. ■ CONTR. Acheteur, acquéreur, client, importateur.

VENDRE [vɑ̃dʀ] v. tr. ‹41› – 980 «trahir» ◊ latin *vendere* ■ **1** (XIe) Céder à qqn en échange d'une somme d'argent. *Vendre ses livres, ses meubles, sa maison. — « Gardez-vous, leur dit-il, de vendre l'héritage »* LA FONTAINE. *Vendre une chose à tel prix ; vendre tel prix, tant. — Vendre la peau de l'ours*. — À vendre :* offert pour la vente. *« La maison était restée meublée de ses vieux meubles et toujours à vendre »* HUGO. — DR. *Vendre à réméré*, vendre aux enchères*. — Vendre des actions, des titres en Bourse.* — ABSOLT *Vendre à la hausse, à la baisse* (➤ **spéculer**). *Vendre cher, trop cher, au prix fort. Vendre à perte. Vendre à prix coûtant, sans bénéfice. Vendre au comptant*, à crédit*.* ◆ SPÉCIALT Faire commerce de (ce qu'on a fabriqué ou acheté). *Vendre des livres, des marchandises en gros*, au détail. Vendre en réclame, au rabais, en solde.* ➤ **brader, liquider,** 2 **solder.** *Vendre qqch. à la criée*.* — PRONOM. (PASS.) Être vendu. *Cela se vend bien.* ➤ **s'écouler, s'enlever, s'épuiser.** *Cela se vend comme des petits pains*.* ◆ PAR EXT. Faire acheter par un client (une chose qui appartient à qqn d'autre). *Démarcheur, placier qui vend des valeurs financières.* — (En exerçant le métier de vendeur) *Vendre un article à un client.* ◆ Procéder à la vente de (qqch.) ; mettre en vente. *Vendre un domaine par autorité de justice.* ◆ ÉCON. Organiser, faire la vente de. *Vendre une marchandise, un savoir-faire, un service. Acheter des matières premières et vendre des produits finis. Pays, entreprise qui vend à l'étranger.* ➤ **exporter.** *Vendre à prix cassés, à un prix inférieur au prix normal.* ➤ **dumping.** ◆ Proposer de manière commerciale (qqch. qui n'est ni une marchandise ni un service). *Vendre des vacances ; vendre du rêve.* — PRONOM. (RÉFL.) *Se vendre, savoir se vendre :* savoir faire valoir ses mérites (pour obtenir un emploi, des contrats, etc.). ■ **2** (Souvent péj.) Accorder ou céder (un avantage, un service) en faisant payer, ou contre un avantage matériel. ➤ **échanger.** *Ésaü vendit son droit d'aînesse contre un plat de lentilles. « Celui-là vend son fils, l'autre vend sa femme »* ROMAINS. — LOC. *Vendre son âme au diable*. Il vendrait père et mère :* il est prêt à toutes les bassesses pour de l'argent ou pour arriver. — SPÉCIALT *Personne qui vend ses faveurs, ses charmes, son corps,* qui se prostitue. ■ **3** (XIIIe) Exiger qqch. en échange de. *Vendre cher qqch.,* ne pas l'accorder facilement. *Vendre chèrement sa vie :* se défendre avec vaillance jusqu'à la mort. FAM. *Vendre cher sa peau.* ■ **4** Abandonner par intérêt d'argent. ➤ **trahir.** *Judas vendit Jésus pour trente deniers.* — Dénoncer par intérêt. ➤ **donner.** *« Je ne te vendrai pas, sois tranquille »* COCTEAU. — *Vendre la mèche*.* ◆ PRONOM. (RÉFL.) Se mettre au service de qqn par esprit de lucre, au mépris de la morale. *Se vendre à un parti* (➤ **vénal**). ■ CONTR. Acheter, acquérir, conserver, donner, garder, payer.

VENDREDI [vɑ̃dʀədi] n. m. – *vendresdi* 1119 ◊ latin *veneris dies* «jour de Vénus» ■ Le cinquième jour de la semaine*, qui succède au jeudi. PROV. *Tel qui rit vendredi dimanche pleurera*. Il vient le vendredi, tous les vendredis, les vendredis soir. Le vendredi, jour de repos chez les musulmans. Les catholiques devaient faire maigre le vendredi (« jour maigre »). « L'élection tombait un vendredi. Jour chic, mais jour maigre »* ARAGON. *Vendredi saint,* précédant le dimanche de Pâques (anniversaire de la mort du Christ). *Vendredi treize*.*

VENDU, UE [vɑ̃dy] adj. – v. 1283 ◊ p. p. de *vendre* ■ **1** (CHOSES) Cédé pour de l'argent. *Adjugé, vendu !* (aux enchères). *Accrocher l'écriteau « vendu » à un tableau.* ■ **2** (PERSONNES) Qui a aliéné sa liberté, promis ses services pour de l'argent. *Juge vendu.* ➤ **corrompu,** FAM. **ripou, vénal.** SUBST. Personne qui a trahi pour de l'argent. ➤ **traître.** *« Les magistrats, c'est tous des vendus »* MIRBEAU. — Crapule, personne sans honneur (t. d'injure). *Bande de vendus !* ■ CONTR. Invendu ; intègre, probe.

VENELLE [vənɛl] n. f. – *venele* 1165 ; repris fin XIXe ◊ diminutif de *veine* ■ Petite rue étroite. ➤ **ruelle.** *« Un quartier tout en ruelles tordues, venelles, terrains vagues »* CENDRARS.

VÉNÉNEUX, EUSE [venenø, øz] adj. – 1496 ◊ latin *venenosus* → venimeux ■ **1** Qui contient un poison (➤ **vireux**) ; dont l'ingestion empoisonne. *Plantes vénéneuses. Champignons vénéneux.* ■ **2** FIG. et LITTÉR. Qui a des effets néfastes, empoisonne. *Ma rêverie « est parfois la dilatation d'une idée vénéneuse »* HUGO.

VÉNÉRABLE [veneʀabl] adj. et n. – 1200 ◊ latin *venerabilis* ■ LITTÉR. OU PLAISANT Digne de vénération. *Un vénérable vieillard.* — PAR EXT. *D'un âge vénérable :* très vieux. ➤ **respectable.** *Cette vénérable institution.* ◆ n. Personne qui obtient le premier degré dans la procédure de canonisation. *Vénérable, bienheureux et saint.* — (1829) Président(e) d'une loge maçonnique.

VÉNÉRATION [veneʀasjɔ̃] n. f. – v. 1170 relig. ◊ latin *veneratio* ■ **1** Respect religieux fait d'adoration et de crainte. *Exposer des reliques à la vénération des fidèles. La vénération d'un saint. Objet de vénération.* ■ **2** (1512) Grand respect fait d'admiration et d'affection. ➤ **culte, dévotion.** *Vénération pour son père. « Il en parle avec tendresse, avec vénération »* MAUPASSANT. — PAR PLAIS. *« Une vénération presque tendre pour le fromage »* GAUTIER. ■ CONTR. Blasphème. Mépris.

VÉNÈRE [venɛʀ] adj. – 1991 ◊ verlan de *énervé* ■ FAM. Énervé, en colère. *Il est vénère grave ! « M'sieur, ça s'fait pas, vous êtes vénère et vous vous en prenez à moi »* BÉGAUDEAU. — On écrit aussi *véner.*

VÉNÉRÉOLOGIE ➤ **VÉNÉROLOGIE**

VÉNÉRER [veneʀe] v. tr. ‹6› – 1413 ◊ latin *venerari* ■ **1** Considérer avec le respect dû aux dieux, aux choses sacrées. ➤ **adorer, honorer, révérer.** *Vénérer un saint, une relique. — Une sainte vénérée.* ■ **2** (1528) LITTÉR. Avoir de la vénération (2°) pour (qqn, qqch.). ➤ **aimer, estimer.** *Le peuple vénère son sauveur.* ■ CONTR. Blasphémer. Dédaigner, mépriser.

VÉNÉRICARDE [veneʀikaʀd] n. f. – 1842 ◊ latin des zoologistes *venericardium,* de *Venus* et *cardium* «mollusque» ■ ZOOL. Mollusque lamellibranche, à robuste coquille côtelée.

VÉNERIE [vɛnʀi] n. f. /VÈNERIE/ – XIIe ◊ de *vener* «chasser à courre» ; latin *venari* ■ **1** Art de la chasse à courre. *Petite* (lièvre, renard, lapin), *grande* (cerf, chevreuil, sanglier, renard) *vénerie.* ■ **2** Administration des officiers des chasses. *Chef de la vénerie.* ➤ **veneur.**

VÉNÉRIEN, IENNE [veneʀjɛ̃, jɛn] adj. et n. – milieu XVe ◊ du latin *venerius* «de Vénus» ■ **1** VX Qui a rapport à l'amour physique. *Acte vénérien.* ➤ **sexuel.** ■ **2** (XVIe) VIEILLI *Maladies vénériennes :* maladies contagieuses* qui sont transmises principalement par les rapports sexuels (ex. blennorragie, chancrelle, syphilis). ➤ **IST, MST.** *Attraper une maladie vénérienne.* ◆ MÉD. VIEILLI Atteint d'une maladie vénérienne. — n. (1828) *Les vénériens.*

VÉNÉROLOGIE [veneʀɔlɔʒi] n. f. – 1964 ; *vénéréologie* 1901 ◊ de *vénér(ien)* et *-logie* ■ MÉD. Spécialité médicale qui s'occupe des maladies et infections sexuellement transmissibles. *Service de dermato-vénérologie d'un hôpital.*

VENET [vənɛ] n. m. – 1681 ; hapax 1423 ◊ diminutif de l'ancien français *venne* «engin de pêche», gallo-roman *venna* ■ PÊCHE Enceinte demi-circulaire de filets verticaux pour retenir le poisson à marée basse.

VENETTE [vənɛt] n. f. – 1662 ◊ de *vesner* «vesser» ; latin populaire °*vissinare,* de *vissire* ■ VIEILLI OU RÉGION. Peur. *« Je dois l'avouer, le salopard me ficha la venette »* MAC ORLAN.

VENEUR [vənœʀ] n. m. – 1345 ; *veneres* «chasseur» 1120 ◊ latin *venator, oris* ■ HIST. Officier de la vénerie d'un prince, d'un particulier, qui s'occupe des chasses à courre. — (1474) **GRAND VENEUR :** chef d'une vénerie. *« Le Grand-Veneur de Charles X fut le Napoléon des forêts »* BALZAC. — CUIS. *Sauce grand veneur :* poivrade additionnée de gelée de groseille, servie avec la venaison.

VENGEANCE [vɑ̃ʒɑ̃s] n. f. – XVe ; *venjance* 1080 ◊ de *venger* ■ **1** Action de se venger. ◆ (L'accent étant mis sur la réparation) Dédommagement moral de l'offensé par punition de l'offenseur. *La vengeance de l'insulté fut le mépris. La vengeance d'une insulte. Une vengeance terrible.* — LOC. *Tirer vengeance d'un affront. « Enfin mon père est mort, j'en demande vengeance »* CORNEILLE. ◆ Punition* de l'offenseur qui dédommage moralement l'offensé. ➤ **châtiment, représailles.** *« La vengeance est douce à tous les cœurs offensés »* MARIVAUX. *« La vengeance est un besoin, le plus intense et le plus* *profond qui existe»* CIORAN. *Exercer sa vengeance sur qqn. Soif, désir de vengeance.* ➤ **rancune, ressentiment.** *Vengeances corses.* ➤ **vendetta.** — LOC. PROV. *La vengeance est un plat qui se mange froid* : il faut savoir attendre pour se venger. ▪ **2** Besoin, désir de se venger. *Esprit de vengeance. Agir par vengeance. «L'enivrante jouissance de la vengeance satisfaite»* BALZAC. LOC. *Crier vengeance.* ▪ **3** RELIG. Action de punir. *«Une impression éternelle de la vengeance divine»* BOSSUET.

VENGER [vɑ̃ʒe] **v. tr.** ‹3› – 1080 ; v. 980 *venjiar* ◊ latin *vindicare* «réclamer en justice» ▪ **1** Dédommager moralement (qqn) en punissant son offenseur, la personne qui lui a nui. *Venger qqn d'un affront. Personne ne le vengera. «Va, cours, vole, et nous venge»* CORNEILLE. — PAR EXT. *Venger son honneur, la mémoire d'un ami.* ◆ (Sujet chose) Constituer une vengeance ou une compensation pour. *«Ça me vengerait de tous mes puants d'officiers!»* BALZAC. ▪ **2** Réparer (une offense) en punissant l'offenseur. *Venger un affront dans le sang.* ➤ **laver.** ▪ **3 SE VENGER v. pron.** Rendre une offense (à qqn) pour se dédommager moralement. *Se venger de qqn.* — ABSOLT *Je me vengerai! «Elle songea à se venger, mais à se venger d'une manière cruelle»* DIDEROT. *Il se vengea du père sur le fils*, en punissant le fils. ◆ Se dédommager (d'une offense) en punissant son auteur. *Se venger d'une insulte, d'une injure.* — PAR EXT. Trouver une compensation à (une humiliation, une contrainte). *Il «se vengeait par sa morgue du tort de sa naissance»* MUSSET.

VENGERON [vɑ̃ʒ(ə)ʀɔ̃] **n. m.** – 1499 ◊ origine celtique ▪ (Suisse) Poisson d'eau douce (gardon), abondant dans le lac Léman et le lac de Neuchâtel.

VENGEUR, GERESSE [vɑ̃ʒœʀ, ʒ(ə)ʀɛs] **n. et adj.** – 1380 ; *vencheur* 1120 ◊ latin *vendicator, oris* ▪ **1** Personne qui venge (qqn, qqch.). *«Misérable vengeur d'une juste querelle»* CORNEILLE. ◆ **adj.** LITTÉR. OU PLAISANT Qui venge, est animé par la vengeance ou sert la vengeance. *Un bras vengeur. Un pamphlet vengeur.* ▪ **2** Personne qui venge, punit. — FIG. *La solitude «Partout apparaissait, muette vengeresse»* HUGO.

VÉNIEL, IELLE [venjɛl] **adj.** – 1380 ; *venial* XIIIe ◊ latin ecclésiastique *venialis*, de *venia* «pardon» ▪ *Péché véniel*, digne de pardon (opposé à *péché mortel*). *«Le péché véniel ne fait pas perdre l'absolution»* SAND. *«C'est la faute commune et le péché véniel C'est la face cachée de la lune de miel»* BRASSENS. ◆ (1718) LITTÉR. Se dit d'une faute légère. ➤ **excusable, insignifiant.**

VENIMEUX, EUSE [vənimø, øz] **adj.** – XIIIe ; *venimos* v. 1170 ◊ de l'ancien français *venim* → venin ▪ **1** Qui a du venin. *Le cobra, la vipère, serpents venimeux. — Raie, araignée venimeuse.* ◆ (D'une plante) *Piquants venimeux des cactus.* ▪ **2** FIG. (XIIIe) Qui a de la haine, de la méchanceté. *«le plus venimeux de tous vos futurs collègues»* DUHAMEL. ➤ **haineux, perfide.** PAR EXT. *Langue venimeuse* : mauvaise langue (cf. Langue de vipère*). *Une remarque venimeuse.* ➤ **empoisonné, fielleux, méchant.** *Propos venimeux.*

VENIN [vənɛ̃] **n. m.** – v. 1240 ; *venim* 1120 ◊ latin populaire *venimen*, de *venenum* ▪ **1** Substance toxique sécrétée (chez certains animaux) par une glande spéciale, qu'ils injectent par piqûre ou morsure. *Venin de serpent, de vipère. Crochets à venin. — Venin de scorpion, d'araignée. Une méduse au venin mortel. Sérum contre les venins* (➤ **antivenimeux**). LOC. PROV. *Morte la bête, mort le venin* : le danger cesse avec la cause. — PAR ANAL. Substance toxique des piquants (de certaines plantes). ▪ **2** MÉTAPH. OU FIG. Haine, méchanceté ; discours malveillant. *Répandre du venin contre qqn. Jeter, cracher son venin* : dire des méchancetés dans un accès de colère. *«Un regard chargé d'autant de venin qu'en insinue la morsure d'une vipère»* BALZAC.

VENIR [v(ə)niʀ] **v. intr.** ‹22 ; auxil. *être*› – fin IXe, au sens I, B ◊ du latin *venire*

I SE DÉPLACER DE MANIÈRE À ABOUTIR DANS UN LIEU ➤ 1 **aller,** FAM. **s'amener,** se **déplacer,** se **rendre. A. SANS COMPLÉMENT DE LIEU** (fin XIe) *«Je ne t'ai pas demandé de venir»* SARTRE. *Venez avec moi* : accompagnez-moi. *Il peut venir d'une seconde à l'autre.* ➤ **arriver.** *«Vient-il? – N'en doutez pas, Madame, il va venir»* RACINE. IMPERS. *Il en viendra d'autres.* — LOC. *Aller et venir. «Les miroirs sont les portes par lesquelles la mort vient et va»* COCTEAU. FAM. *Je ne fais qu'aller et venir* : je reviens tout de suite. *«L'engouement du public, ça va ça vient»* CAVANNA (➤ **fluctuer, varier**). — *Faire venir qqn*, le convoquer. *Faire venir un livre*, le commander, le faire livrer. — *Voici venir votre ami*, le voici qui vient. — LOC. *Je te vois venir (avec tes gros sabots)* : je devine tes intentions, tes allusions sont un peu trop grosses (cf. La ficelle est un peu grosse ; c'est cousu de fil blanc). *«Taisez-vous [...] je vous vois venir»* MOLIÈRE. — *Voir venir les évènements*, OU ELLIPT *voir venir* : attendre prudemment en observant l'évolution des évènements. *On a le temps de voir venir. Je n'ai rien vu venir*, je ne me suis rendu compte de rien. *Avoir de quoi voir venir* : avoir des réserves, notamment de l'argent.

B. VENIR À, CHEZ, DANS... (AVEC UN COMPLÉMENT MARQUANT LE TERME DU MOUVEMENT) (fin IXe) ▪ **1** *Demain vous viendrez chez moi, ou bien j'irai chez vous. Venez ici. Venez près de moi.* ➤ **approcher, avancer.** *Venir à la rencontre de qqn, au-devant de qqn.* — IMPERS. *«Il vint à Genève un charlatan italien»* ROUSSEAU. — **VENIR À (qqn),** aller vers lui, aller le trouver. *«Laissez venir à moi les petits enfants»* (ÉVANGILE). — FAM. (menace) *Viens-y si tu l'oses!* ◆ (Sujet choses) *«Quelques larmes qui me vinrent aux yeux»* BALZAC. *Faire venir l'eau à la bouche*.* ➤ **mettre.** — *Mot qui vient aux lèvres, sous la plume.* ▪ **2** (fin XIIe) Commencer à être, à se présenter. *Une idée m'est venue à l'esprit.* ➤ **entrer.** *Cela ne vient même pas à l'idée* : on n'y pense* pas. *«L'idée ne lui vint pas un instant que des doutes s'élèveraient pour moi»* RENAN. *Comment l'envie lui est-elle venue?* — IMPERS. *Jamais il ne m'est venu dans l'idée, à l'esprit de...* ▪ **3** Parvenir à (un but, une étape d'un développement). VX *Venir à ses fins, à son but* (➤ **arriver, atteindre**). MOD. *Venir à bout* de. — Il faudra bien qu'il y vienne* : il finira bien par s'y résoudre, par l'accepter. — *Venir à* (un sujet, une question). ➤ **aborder.** *«Mais venons au sujet qui m'amène en ces lieux»* MOLIÈRE. *Venons au fait*.* ◆ **EN VENIR À :** finir par faire, par employer, après une évolution. *En venir aux extrémités. En venir aux mains, aux coups* : employer la violence. *Où veut-il en venir?* que veut-il, que cherche-t-il en fin de compte? *Venons-en à la question, au fait. — En venir à...* (et inf.). *«J'en suis venu maintenant à regarder le monde comme un spectacle»* FLAUBERT. — *En venir là.*

C. VENIR DE... ▪ **1** (fin XIe) (Avec un complément marquant l'origine du mouvement, la provenance) *D'où venaient-ils? «on venait d'Alger, de la misère et d'ailleurs»* A. JARDIN. *Venir de la part de qqn.* — (Véhicules) *Ce train, cet avion vient de Genève.* ◆ (CHOSES) *Les nuages viennent de l'ouest.* — Provenir de. *Un whisky qui vient d'Irlande.* — (Héritage) *Des biens qui lui viennent de son grand-père.* ▪ **2** (Avec un complément d'origine) Provenir, sortir de. *«Ce pelé, ce galeux d'où venait tout le mal»* LA FONTAINE. *«Toute justice vient de Dieu»* ROUSSEAU. ➤ **émaner.** — *La plupart des mots français viennent du latin.* ➤ 1 **dériver.** ▪ **3** (Avec un complément de cause) Être l'effet de. ➤ **découler.** *«Tout le malheur des hommes vient d'une seule chose, qui est de ne savoir pas demeurer en repos dans une chambre»* PASCAL. — *Cela vient de ce que* (et indic.). *«La prétendue légèreté des femmes vient de ce qu'elles ont peur d'être abandonnées»* Mme DE STAËL. — IMPERS. *De là vient que... «D'où vient qu'une parole, un geste, puissent faire des ronds à n'en plus finir, dans une destinée?»* SAINT-EXUPÉRY. ➤ **pourquoi.**

II EN FONCTION DE SEMI-AUXILIAIRE, SUIVI D'UN INFINITIF **A. SANS PRÉPOSITION** (fin Xe) Se mettre à (faire), faire en sorte d'être dans la possibilité de. *«Viens, mon fils, viens mon sang, viens réparer ma honte»* CORNEILLE. *Je suis venu te chercher. «Des images sombres et violentes venaient m'assaillir»* FRANCE. ◆ (Pour marquer une idée d'intervention plus ou moins fortuite) *«et vous venez prétendre ensuite que vous ne m'avez pas questionné!»* COURTELINE.

B. SUIVI D'UNE PRÉPOSITION ▪ **1** (1549) **VENIR À** (surtout à la 3e pers.) : se trouver en train de (faire, subir qqch.). *S'il venait à disparaître* : au cas où il disparaîtrait. — *Le roi vint à passer.* IMPERS. *S'il venait à passer qqn. — «Lorsque les vivres viennent à leur manquer»* CHATEAUBRIAND. ▪ **2** (XIIIe «revenir») **VENIR DE** (et inf.) : avoir (fait) très récemment, avoir juste fini de... *Elle vient de se lever. Livre qui vient de paraître. Ça vient de sortir.* — (Avec *que* temporel) *«Mon télégramme venait de partir que j'en reçus un»* PROUST (cf. À peine* était-il parti que...).

III ARRIVER, SE PRODUIRE, SURVENIR ▪ **1** (PERSONNES) Arriver (dans la vie). (1560 ; *venir à vie* 1250) *Venir au monde.* ➤ **naître.** LITTÉR. *«Je suis venu trop tard dans un monde trop vieux»* MUSSET. — *Ceux qui viendront après nous.* ➤ **succéder.** *«Enfin Malherbe vint»* BOILEAU. ◆ (Évènements) Se produire. ➤ **apparaître, arriver, survenir.** *Prendre les choses comme elles viennent*, avec philosophie. *«Chaque jour j'apprenais quelque chose sur la planète, sur le départ, sur le voyage. Ça venait tout doucement»* SAINT-EXUPÉRY. — PROV. *Tout vient à point à qui sait attendre*. La fortune vient en dormant*.* ◆ Apparaître dans le cours du temps. *«Un jour viendra où il n'y aura plus qu'un coup de pouce à donner»* ARAGON. *Quand vint son tour. Le pire est, reste* *à venir. Les jours, les années qui viennent.* ➤ **prochain,** 1 **suivant.** — *Le jour venu. La nuit venue,* tombée. ♦ loc. adj. **À VENIR :** qui doit venir, qui viendra. ➤ **futur ;** 1 **avenir.** *Les générations à venir. « Une aptitude merveilleuse à saisir les rapports lointains entre les faits présents et les faits à venir »* BALZAC. ▪ **2** Naître et se développer (végétaux ; tissus vivants). ➤ **pousser.** *Un sol où le blé vient bien, vient mal. Rien ne vient dans ce coin à l'ombre. — Des boutons qui viennent sur le visage.* ▪ **3** (Productions de l'esprit, de l'art) Se manifester. *« Les idées ne venaient pas facilement »* CÉLINE. ▪ **4** FAM. Jouir. *« Elle s'applique à le faire venir vite et en silence »* DEL AMO. ▪ **5** TECHN. *Estampe, épreuve qui vient bien, qui vient mal,* dont le tirage est bon, médiocre. ▪ **6** (1405) (Suisse, Canada, Algérie) *Venir* (et adj.) : devenir. *Cet arbre vient grand. Venir vieux :* vieillir. *« je suis en train de venir folle, complètement folle »* M. LABERGE. ▪ **7** (Belgique) FAM. *Ça ne vient pas à* (tel délai, telle somme) : tel délai, telle somme ne compte pas, est sans conséquence. *Ça ne vient pas à un jour, elle peut attendre* (cf. À un jour près*).

IV S'EN VENIR v. pron. (1080) VX ou RÉGION. (cour. au Canada) Venir. *« guette si Onésime s'en vient »* LEMELIN.

▪ HOM. *Vins :* vaincs (vaincre).

VÉNITIEN, IENNE [venisjɛ̃, jɛn] adj. et n. – début XIIIe ♦ italien médiéval *venetiano,* moderne *veneziano,* de *Venezia* « Venise » ▪ De la ville de Venise, de l'ancienne république de Venise. *La peinture vénitienne. Le dialecte vénitien. Lanternes* vénitiennes.* — LOC. *Blond vénitien,* tirant sur le roux. ♦ n. *Les Vénitiens.*

VENT [vɑ̃] n. m. – fin XIe ♦ du latin *ventus*

I MOUVEMENT NATUREL DE L'AIR A. DÉPLACEMENTS NATURELS DE L'ATMOSPHÈRE ▪ **1** Mouvement de l'atmosphère ressenti au voisinage du sol ; déplacement d'air ; air déplacé (➤ **alizé, aquilon, autan, blizzard, bora, chergui, chinook, foehn, khamsin, mistral, noroît, simoun, siroco, suroît, tramontane, zéphyr**). *Vent faible, modéré* (➤ **brise**), *fort, violent, cinglant, chaud, froid, glacial* (➤ 1 **bise**). *« le vent est fantasque. Il peut être brise ou bourrasque, doux, déchaîné, faible, fougueux, impétueux, tempêtueux »* LACARRIÈRE. *Un grand vent se leva.* PROV. *Petite pluie abat grand vent. Direction du vent. Rose* des vents. Vents de mousson*. Vents étésiens. Vent de sable*. Le vent du nord,* qui vient du nord. *Vent du large. Le vent se lève, forcit, mollit, faiblit, tombe. Il y a du vent, il fait du vent. « Il y avait grand vent. La mer était grise »* D. BOULANGER. LOC. *Un vent à décorner* les bœufs. Il n'y a pas un souffle,* (FAM.) *pas un brin de vent. Coup, rafale de vent :* courant momentané ou augmentation, changement brusque dans les mouvements de l'air. ➤ **grain.** *« Il faut bien protéger les lampes : un coup de vent peut les éteindre »* SAINT-EXUPÉRY. FIG. *Être coiffé en coup de vent :* avoir les cheveux en désordre. *Arriver, passer en coup de vent,* très vite, sans prendre le temps de s'arrêter vraiment. — *Le vent tourne,* change de direction. *Le vent gémit, hurle, siffle. « Le vent beugle, rugit, siffle, râle et miaule »* LECONTE DE LISLE. — *Le vent balaie, emporte les feuilles... Le vent chasse, disperse les nuages.* PROV. *Qui sème le vent récolte la tempête*. Autant en emporte le vent :* rien ne restera, tout sera comme emporté par le vent. *Abriter, garantir, protéger du vent* (➤ **abrivent, brise-vent, paravent**). *Marcher contre le vent.* — *Énergie du vent.* ➤ **éolien.** — *À vent :* mû par le vent. *Moulin à vent.* ▪ **2** (Dans la navigation) *Direction* ou *aire* (➤ **lit, rhumb**), *force du vent. Force du vent sur l'échelle* de Beaufort. Vent de force 4. Vent de nord-est* (➤ **nordet**), *de galerne. Vent arrière,* qui vient par l'arrière du bateau. *Vents contraires,* qui empêchent de suivre la route prévue. *Vent debout*. Au vent :* dans la direction du vent. *Sous le vent :* dans la direction opposée à celle du vent. *Les îles Sous-le-Vent. — Avoir le vent en poupe*. Avoir du vent dans les voiles*. Contre vents et marées*.* ▪ **3** (1172) CHASSE *Le vent,* qui porte les odeurs vers les chasseurs ou les animaux. *Chasser au vent, dans le vent. Aller à bon vent.* — LOC. COUR. *Le nez au vent,* se dit du chien qui flaire le gibier (cf. ci-dessous 3°, autre sens). *Prendre le vent.* ➤ **flairer.** FIG. *« Profites-en pour prendre le vent, regarder de près ce qui se passe »* MARTIN DU GARD. — *Avoir vent de :* apprendre. *« Ni Josiane, ni lord David n'eurent vent du prodigieux fait »* HUGO. ▪ **4** *Les quatre vents :* les quatre points cardinaux. *Aux quatre vents ; à tous les vents :* partout, en tous sens. *« y a-t-il des locataires dans ces masures ouvertes à tous les vents ? »* ROBBE-GRILLET. ▪ **5** SC. Mouvement de l'atmosphère ; phénomène météorologique dû aux propriétés physiques inégales et changeantes de l'atmosphère (densité, pression, température). *Augmentation du vent avec l'altitude. Instabilité dynamique, thermique du vent.* ♦ ASTRON. *Vent solaire :* flux de particules chargées (électrons, protons, noyaux d'hélium...), émis par la couronne solaire dans le milieu interplanétaire. *Le vent solaire provoque des orages* magnétiques, des aurores* polaires.*

B. L'ATMOSPHÈRE (dans des expressions). L'air (généralement agité par des courants). *Flotter au vent. « Bonheur fané Cheveux au vent Baisers volés Rêves mouvants »* TRENET. *Exposer au vent. En plein vent :* en plein air, à découvert. *Marché de plein vent* (opposé à *couvert*). — *Arbre de plein vent,* et SUBST. *un plein vent,* qui pousse sans être abrité. *Des pleins vents.* — *Le nez au vent :* le nez en l'air, d'un air étourdi.

C. LE VENT, EN TANT QUE SYMBOLE (fin XVIe) ▪ **1** *Le vent,* symbole des impulsions, des influences. VIEILLI *Être dans le vent,* à la mode (cf. Être dans le coup*, à la page*, in*). ♦ *Quel bon vent vous amène ?* (formule d'accueil). *Bon vent !* bon voyage ; IRON. bon débarras. ♦ *Tourner à tous les vents, au moindre vent :* être inconstant. — *Le vent tourne :* un changement se prépare. *Voir, sentir venir le vent :* anticiper les évènements. *Aller dans le sens du vent :* suivre la majorité. ♦ *Le vent était à l'optimisme* (cf. Il y avait de l'optimisme dans l'air*). — *« Un vent de bêtise et de folie souffle maintenant sur le monde »* FLAUBERT. ▪ **2** *Aller, filer comme le vent, plus vite que le vent,* très vite. ▪ **3** (1160 *de vent* « de rien ») FIG. *Du vent :* des choses vaines, vides. *« La vanité et l'orgueil, qui sont proprement du vent »* Mme DE SÉVIGNÉ. — Promesses faites à la légère. *« Ça promet ! Ça promet ! Puis, après, on s'aperçoit que ce n'était que du vent »* SIMENON. ▪ **4** LOC. FIG. FAM. *(Se) prendre un vent :* subir un échec brutal, être ignoré, éconduit.

II MOUVEMENT DE L'AIR, DÛ À DIVERSES CAUSES ▪ **1** (1552) VX Courant d'air, déplacement d'air. *« Les esprits animaux qui sont comme un vent très subtil »* DESCARTES. — MOD. LOC. *Vent coulis*.* FAM. *Faire du vent :* faire l'important (cf. Déplacer de l'air). *Sentir le vent du boulet,* le danger. ▪ **2** (1685) *Instrument* à vent.* ➤ **bois, cuivre.** ▪ **3** (milieu XIIIe *vent de cul*) Gaz intestinaux. ➤ **flatuosité,** 1 **pet.** *Il « alignait les stéréotypes et les pataquès comme un pétomane les vents un soir de cassoulet »* DAENINCKX.

▪ HOM. Van.

1 **VENTAIL, AUX** [vɑ̃taj, o] n. m. – 1314 ; *ventaille* n. f. 1080 ♦ de *venter* ▪ ARCHÉOL. Partie de la visière des casques clos (➤ **heaume**) par où passait l'air. ▪ HOM. Vantail.

2 **VENTAIL** ➤ **VANTAIL**

VENTE [vɑ̃t] n. f. – v. 1200 ; « droit, taxe » 1197 ♦ latin populaire *vendita,* de *vendere* → vendre

I Action de vendre. ▪ **1** Le fait d'échanger (une marchandise) contre son prix, de la transmettre en toute propriété à un acquéreur en la faisant payer ; activité consistant en de telles opérations. *La vente d'un bien à qqn* (l'acheteur) *par qqn* (le vendeur). *Procéder à la vente de..., à une vente. Lieux, points de vente :* boutiques, débits, magasins. *Comptoir, guichet de vente. — Vente régulière* (➤ 1 **débit**). — *Marchandises de vente,* qui se vendent bien. *Marchandises hors de vente,* qui ne se vendent pas. — *En vente :* pour être vendu, ou disponible dans le commerce. *Mettre en vente* (➤ **commercialiser**). *Médicament en vente libre.* — Opération commerciale par laquelle on vend qqch. *« Manquer la vente en dépréciant sa marchandise »* ROMAINS. — *Vente en gros, en demi-gros, au détail, en magasin, en grande surface. Vente par correspondance (V. P. C.) :* forme de vente dans laquelle le client choisit dans un catalogue des articles qui lui seront envoyés. *Vente à distance* (par correspondance, par téléphone, Internet, téléachat). *Vente en ligne, sur Internet.* ➤ **télévente.** *Vente directe :* recomm. offic. pour *marketing direct. Les métiers de la vente. — Force de vente d'une entreprise,* ensemble de ses vendeurs. *Directeur, chef des ventes. — Service après-vente.* ➤ **après-vente.** — (1982) (Canada) *Vente-débarras,* (critiqué) *vente de garage :* vente par un particulier, sur sa propriété, d'objets dont il veut se débarrasser. ➤ **vide-grenier.** ▪ **2** DR. Contrat par lequel une des parties (vendeur) s'engage et s'oblige à transférer la propriété d'un bien et à le livrer à l'autre partie (acheteur, acquéreur), qui s'oblige à en payer le prix. *Ratification, réalisation d'une vente. Promesse de vente. Acte de vente. Rescision* d'une vente. — Vente à l'essai,* où le contrat de vente ne devient effectif qu'après essai de la chose vendue. *Vente à terme,* où l'obligation du vendeur *(vente à livrer)* ou de l'acheteur *(vente à crédit)* n'est exigible qu'à l'expiration d'un terme. *Location*-vente. Vente par adjudication*. Vente de gré à gré. Vente en viager. — Vente publique. Vente à réméré*. Vente judiciaire. Vente par-devant notaire.* ▪ **3** Réunion des vendeurs et des acquéreurs éventuels, au cours de laquelle on procède à une vente publique. *Assister à une vente aux enchères*, à la* criée*. *Salle des ventes,* où ont lieu les ventes publiques. *« Une vente de l'hôtel Drouot »* ROMAINS. — *Vente de charité,* au cours de laquelle on vend au bénéfice d'une œuvre des objets généralement donnés. ➤ **kermesse.**

II (v. 1200) ■ **1** EAUX ET FORÊTS Coupe réglée dans un bois, une forêt ; partie de la forêt qui vient d'être coupée (pour être vendue). *Jeunes ventes,* où le bois commence à repousser. ■ **2** HIST. IT. Réunion de carbonari.

■ CONTR. Acquisition ; achat.

VENTÉ, ÉE [vɑ̃te] **adj.** – XIXe ◇ de *venter* v. tr. « pousser par le vent » ■ Où il y a du vent. ➤ **éventé, venteux.** *Une plaine ventée.* ■ HOM. Vanter, venter.

VENTER [vɑ̃te] **v. impers.** ‹ 1 › – 1150 ◇ de *vent* ■ *Il vente :* il fait du vent. — LOC. *Qu'il pleuve ou qu'il vente :* par tous les temps. *« sans s'inquiéter s'il pleut ou s'il vente »* FLAUBERT. ■ HOM. Vanter.

VENTEUX, EUSE [vɑ̃tø, øz] **adj.** – 1380 ; *venteus* méd. XIIIe ◇ latin *ventosus* ■ Où il y a du vent. ➤ **éventé, venté.** *Plaine venteuse.* — Au cours duquel il y a du vent. *Mois venteux.*

VENTILATEUR [vɑ̃tilatœʀ] **n. m.** – 1744 ◇ anglais *ventilator,* calque du latin « vanneur » ■ **1** Appareil servant à brasser l'air pour rafraîchir l'atmosphère. *Ventilateur à main* (➤ **panca**), *électrique. Ventilateur de table, de plafond.* ■ **2** Appareil produisant un courant d'air plus ou moins puissant (pour alimenter en oxygène une combustion, etc.). *Ventilateurs à force centrifuge, à hélice, à turbine.* ➤ **soufflerie.** ♦ Mécanisme utilisé dans le refroidissement d'un moteur. *Courroie de ventilateur.* — VAR. FAM. **VENTILO.**

VENTILATION [vɑ̃tilasjɔ̃] **n. f.** – 1531 ◇ latin *ventilatio,* de *ventus* « vent » → ventiler

I (rare avant 1819) ■ **1** Opération par laquelle l'air est brassé, renouvelé. *Ventilation naturelle, ascendante, descendante.* ➤ **aération.** *La ventilation d'un local. Ventilation et climatisation**. TECHN. *Ventilation thermique* (tirage d'une cheminée, etc.). *Ventilation mécanique contrôlée (VMC) :* dispositif mécanique assurant l'évacuation de l'air vicié et l'apport d'air frais dans un local. ■ **2** TECHN., DIDACT. Production d'un courant d'air pour permettre ou faciliter un phénomène physique ou chimique, lors d'une opération technique. PAR ANAL. *Ventilation pulmonaire* (➤ **respiration ; hyperventilation**).

II (1574) FIG. DR. Le fait de ventiler (II). — Estimation de la valeur relative d'une partie. ♦ COMPTAB. Répartition entre divers comptes, divers chapitres. *La ventilation des frais généraux entre plusieurs services. « depuis ce compte une ventilation s'opère entre plusieurs comptes »* M. DUGAIN. ♦ COMM. Orientation des marchandises vers leur destinataire. ➤ **répartition.**

VENTILER [vɑ̃tile] **v. tr.** ‹ 1 › – 1820 ; *venteler* « agiter en l'air » 1150 ; « flotter au vent » 1080 ◇ latin *ventilare*

I ■ **1** Produire un courant d'air dans..., sur... ➤ **aérer.** *Ventiler une cave.* — *« Un restaurant souterrain mal éclairé, mal ventilé »* BUTOR. ■ **2** MÉD. Soumettre (qqn) à une ventilation artificielle.

II (1611 ; « examiner, plaider une cause » 1265 ◇ latin juridique *ventilare*) FIG. ■ **1** DR. Évaluer (une ou plusieurs portions) relativement au tout, dans une vente. ♦ Répartir (une somme totale) entre plusieurs comptes. *Ventiler les dépenses.* ■ **2** Répartir en plusieurs groupes (des choses, des personnes). *Roudax « avait ventilé les élèves de façon radicale, au niveau de la 6e »* COURCHAY.

VENTILEUSE [vɑ̃tiløz] **n. f.** – 1901 ◇ de *ventiler* (I) ■ ZOOL. Abeille qui bat des ailes à l'entrée de la ruche pour renouveler l'atmosphère de la ruche.

VENTIS [vɑ̃ti] **n. m. pl.** – 1829 ; *venti* 1812 ◇ de *vent* ■ EAUX ET FORÊTS Arbres abattus par le vent.

VENTÔSE [vɑ̃toz] **n. m.** – 1793 ◇ du latin *ventosus* « venteux » ■ HIST. Sixième mois du calendrier républicain (du 19, 20 ou 21 février au 21 ou 22 mars).

1 **VENTOUSE** [vɑ̃tuz] **n. f.** – 1314 ; *venteuse* 1256 ◇ latin des médecins *ventosa (cucurbita)* « (courge) pleine d'air » ■ **1** Petite cloche de verre appliquée sur la peau après qu'on y a raréfié l'air, pour provoquer une révulsion. *Poser des ventouses à un malade.* ■ **2** (1828) Organe de succion, d'aspiration, où un vide partiel se fait. *Ventouses des céphalopodes* (pieuvres, etc.), *des vers* (sangsues, trématodes). *« Ces ventouses* [de la pieuvre] *sont des cartilages cylindriques, cornés, livides »* HUGO. — Disque adhésif de certains batraciens. ■ **3** Dispositif (rondelle de caoutchouc, etc.) qui se fixe par vide partiel sur une surface plane.

2 **VENTOUSE** [vɑ̃tuz] **n. f.** – 1676 ◇ de *ventus* → vent ■ TECHN. Ouverture pratiquée dans une fosse, un conduit. Ouverture dans un mur épais (pour l'écoulement de l'humidité). ♦ Hublot d'aération.

VENTRAL, ALE, AUX [vɑ̃tʀal, o] **adj.** – v. 1363 ◇ latin *ventralis,* de *venter, ventris* ■ **1** Relatif au ventre, à l'abdomen. ➤ **abdominal.** *Nageoires ventrales.* ■ **2** Qui se porte sur le ventre. *Parachute ventral,* et SUBST. *le ventral* (opposé à *dorsal*). ♦ Qui se fait sur le ventre. SPORT *Rouleau* ventral.*

VENTRE [vɑ̃tʀ] **n. m.** – fin XIe ◇ du latin *venter, ventris*

I PARTIE DU CORPS A. CHEZ L'HOMME ET LA FEMME ■ **1** Partie antérieure du tronc, au-dessous de la taille, correspondant à la paroi abdominale et à une partie de la cavité de l'abdomen*. *Le nombril est sur la ligne médiane du ventre. Coucher, dormir sur le ventre. Danse du ventre :* danse orientale féminine caractérisée par des mouvements rythmés du bassin. *Faire la danse du ventre ;* FIG. chercher à séduire, à convaincre. *« Il va encore falloir que je fasse une danse du ventre pour la convaincre de rencontrer le client »* C. BOULOUQUE. *À plat ventre :* allongé sur le ventre. *Il m'arrivait « de me jeter à plat ventre dans l'herbe »* MARTIN DU GARD. — LOC. FIG. *Se mettre à plat ventre devant qqn :* s'humilier par intérêt. *Taper* sur le ventre à qqn. Marcher, passer sur le ventre de, à (qqn) :* écraser, éliminer (qqn) pour arriver à ses fins. — *Courir ventre à terre,* très vite. *Arriver, aller ventre à terre.* — *Ventre mou :* point faible, de moindre résistance. ♦ **BAS-VENTRE** (voir ce mot). ■ **2** Proéminence que forme la paroi antérieure de l'abdomen, de la taille au bas-ventre. ➤ FAM. **bedaine, bedon, bide, bidon, brioche, panse.** *« Il avait un gros ventre de boutiquier, rien qu'un ventre où semblait réfugié le reste de son corps »* MAUPASSANT. *Rentrer le ventre. Avoir le ventre plat.* — *Avoir, prendre du ventre,* un gros ventre (➤ **bedonnant, pansu, ventripotent, ventru**). ■ **3** COUR. L'abdomen, en tant que siège de la digestion. ➤ FAM. **buffet, tirelire ; alvin.** *Avoir le ventre creux,* l'estomac creux, avoir faim. *Aliment qui tient au ventre. Ventre ballonné.* LOC. PROV. *Ventre affamé* n'a pas d'oreilles.* — *Se remplir le ventre :* boire, manger. *Avoir le ventre plein :* être rassasié. *Avoir les yeux plus grands* (ou *plus gros*) *que le ventre :* vouloir manger plus que son appétit ne réclame. *Bouder* contre son ventre. La reconnaissance* du ventre.* — LOC. FAM. *Ventre sur pattes, à pattes*.* — *Avoir mal au ventre,* aux intestins. LOC. FIG. *Faire mal au ventre à qqn,* lui être très désagréable. *Ça me fait, ça me ferait mal au ventre :* cela m'écœure(rait), me répugne(rait) (cf. Faire mal au cœur, aux seins). ■ **4** VX L'intérieur du corps humain. ➤ **boyaux, tripes.** ♦ MOD. LOC. *Mettre, remettre du cœur au ventre à qqn,* de l'énergie, du courage. *Avoir la peur au ventre,* une grande peur. *Avoir qqch. dans le ventre,* de la volonté, de l'énergie. *« Ne rien avoir dans le ventre, mot consacré dans l'argot du journalisme »* BALZAC. — *Chercher à savoir ce que* (qqn) *a dans le ventre,* quels sont ses projets, ses intentions réelles.

B. CHEZ LA FEMME (fin XIe) L'abdomen de la femme, en tant que siège de la gestation et des organes génitaux internes. ➤ **flanc, sein, utérus.** *« Je me suis ennuyé dès le ventre de ma mère »* (CHATEAUBRIAND, d'après SAINTE-BEUVE). *« Yvonne avait été malade, des trucs au ventre, comme toutes les femmes »* ARAGON. — DR. *Curateur au ventre,* chargé de surveiller une femme veuve enceinte, en vue d'éviter une suppression ou une supposition de part, et d'administrer provisoirement la succession du père décédé.

C. CHEZ LES ANIMAUX Partie analogue au ventre humain chez les mammifères. Paroi inférieure du corps (opposé à *dos*). *« Je frappais le mulet sous le ventre »* PAGNOL. *Le ventre argenté des morues. Cet oiseau « au dos brun, au ventre gris »* ALAIN.

II PARTIE D'UN OBJET ■ **1** (début XIVe) Partie creuse, lorsqu'elle présente à l'extérieur un renflement. *« La cruche au large ventre est vide en un instant »* BOILEAU. ♦ (1616) Partie bombée de la coque (d'un navire). *« poids lourds s'engouffrant dans le ventre béant du ferry »* TOURNIER. ■ **2** (1552) TECHN. Renflement. *« Les plafonds faisaient ventre »* NERVAL (➤ 1 **bomber**). — (1886) (Canada) *Ventre-de-bœuf :* dépression de la chaussée, nid-de-poule. *« des ventres-de-bœuf et de grosses roches surgies du sol faisaient tanguer l'auto »* Y. BEAUCHEMIN. ■ **3** (1700) PHYS. Point (ou ligne ou surface) d'un système d'ondes stationnaires où l'amplitude des vibrations est maximale. *Ventres et nœuds d'une onde.*

VENTREBLEU [vɑ̃tʀəblø] **interj.** – 1552 ; *ventre-Dieu* XIVe-XVe ◇ de *ventre* et *bleu,* euphém. pour *Dieu* ■ VX Juron en usage du XVe au XVIIe s. *« Palsambleu, Morbleu, Ventrebleu, Jarnibleu ! Dieu aussi a eu son époque bleue »* PRÉVERT.

VENTRÈCHE [vɑ̃tʀɛʃ] **n. f.** – 1793 ◊ de l'occitan *ventresca,* famille du latin *venter* → ventre ■ RÉGION. **(Sud-Ouest)** Lard de poitrine. *Ventrèche fumée, grillée.*

VENTRÉE [vɑ̃tʀe] **n. f.** – 1226 «nourriture» ◊ de *ventre* ■ Nourriture copieuse ; repas au cours duquel on s'empiffre. *Se faire une ventrée de pâtes.*

VENTRE-SAINT-GRIS [vɑ̃tʀəsɛ̃gʀi] **interj.** – 1530 ◊ de *ventre* et de *saint Gris.* Le nom de ce saint imaginaire est un jeu de mot à partir de saint *Paul,* écrit aussi *Pol* ; selon l'alternance *fol/fou,* on passe de *Pol* à *pou,* et de *pou* à *gris,* le *pou* étant nommé également *(bête) grise,* d'où *saint Gris* ■ VX Juron (attribué à Henri IV).

VENTRICULAIRE [vɑ̃tʀikylɛʀ] **adj.** – 1842 ◊ de *ventricule* ■ ANAT., MÉD. Relatif à un ventricule. *Contraction ventriculaire. Liquide ventriculaire.*

VENTRICULE [vɑ̃tʀikyl] **n. m.** – 1314 ◊ latin *ventriculus (cordis)* «petit ventre (du cœur)» ■ **1** Chacun des deux compartiments inférieurs du cœur, séparés par une cloison. *Le sang artériel sort du ventricule gauche et passe dans l'aorte ; le ventricule droit chasse le sang veineux reçu de l'oreillette droite, dans l'artère pulmonaire.* ♦ Chacune des cavités contenues dans l'encéphale. *Les deux ventricules latéraux, le troisième ventricule* (ou *ventricule moyen*) *et le quatrième ventricule.* ■ **2** ZOOL. *Ventricule succenturié**.

VENTRIÈRE [vɑ̃tʀijɛʀ] **n. f.** – 1325 ; «ceinture de l'armure» XIIe ◊ de *ventre* ■ **1** Pièce de toile servant à soutenir et soulever un animal (➤ **sous-ventrière**). ■ **2** (1395) TECHN. Pièce qui soutient par le milieu un assemblage de charpente, de menuiserie. *Ventrière d'une écluse.*

VENTRILOQUE [vɑ̃tʀilɔk] **n. et adj.** – 1552 ◊ latin *ventriloquus* «qui parle *(loqui)* du ventre» ■ Personne qui peut articuler sans remuer les lèvres, d'une voix étouffée qui semble venir du ventre. *Ventriloque qui se produit dans un music-hall.* ♦ **adj.** *«Ursus était ventriloque. On le voyait parler sans que sa bouche remuât»* HUGO.

VENTRILOQUIE [vɑ̃tʀilɔki] **n. f.** – 1817 ◊ de *ventriloque* ■ DIDACT. Manière d'articuler du ventriloque.

VENTRIPOTENT, ENTE [vɑ̃tʀipɔtɑ̃, ɑ̃t] **adj.** – 1552 ◊ du latin *venter, ventris* et *potens* «puissant», d'après *omnipotent* ■ Qui a un gros ventre. ➤ **gros, ventru.** *«Ce gros cuisinier, gras et ventripotent»* GAUTIER.

VENTRU, UE [vɑ̃tʀy] **adj.** – 1490 ; *ventré* XIIIe ◊ de *ventre* ■ **1** Qui a un gros ventre. ➤ **gros, pansu, ventripotent.** *Des enfants «gros, ventrus déjà comme des hommes»* ZOLA. ■ **2** (1531) **(CHOSES)** Renflé, bombé. *Commode ventrue. Jarre, bouteille ventrue.*

VENTURI [vɑ̃tyʀi] **n. m.** – 1948 ◊ nom d'un physicien italien ■ TECHN. Appareil de mesure pour le débit d'un gaz.

VENU, UE [v(ə)ny] **adj. et n.** – 1559 ◊ p. p. de *venir* ■ **1** LITTÉR. **(avec un adv.)** *Être bien* (ou *mal*) *venu :* arriver à propos (ou non) ; être bien (ou mal) accueilli. — *Être mal venu à* (VIEILLI), *de* **(et inf.) :** n'être pas fondé à. *Ils «auraient donc été mal venus de s'en plaindre»* J.-R. BLOCH. IMPERS. *Il serait mal venu d'insister.* ■ **2** **n.** LOC. *Le premier venu :* la première personne à se présenter ; PAR EXT. n'importe qui. — *De nouveaux venus :* des personnes qui viennent d'arriver. ■ **3** **adj. (êtres vivants)** Qui s'est développé (bien, mal). *Un enfant mal venu,* chétif. — **(CHOSES)** Qui a été produit (bien ou mal). *La pièce «était d'un écolier sans doute, mais prodigieusement bien venue»* GIDE.

VENUE [v(ə)ny] **n. f.** – 1155 ◊ p. p. subst. de *venir* ■ **1** Action, fait de venir (I). ➤ **arrivée.** *«En attendant la venue de l'accusé»* ROMAINS. *Allées* et venues.* ■ **2** LITTÉR. Action, fait de venir (III). *Prédire le temps de la venue du Messie.* ➤ **avènement.** *«Il a prédit le temps de sa venue»* PASCAL. *La venue du printemps.* ■ **3** **(Avec *de*)** Manière de pousser, de se développer. ➤ **croissance.** *D'une seule venue, tout d'une venue :* d'un seul jet, d'une ligne simple et unie. *«Des arbres d'une belle venue dressaient leurs troncs vigoureux»* GAUTIER. ■ CONTR. 1 Départ.

VÉNUS [venys] **n. f.** – 1674 ◊ de *Vénus,* déesse de la beauté, de l'amour ■ **1** Femme d'une grande beauté. *Ce n'est pas une Vénus. Une vénus et un adonis.* ■ **2** (1778 ; *conque de Vénus* 1736) ZOOL. Mollusque *(isomyaires)* à coquille arrondie dont les valves épaisses présentent des stries rayonnantes et des stries concentriques. ➤ **palourde, praire.** ■ **3** Représentation de la déesse Vénus. *La Vénus de Milo.* — Statuette représentant une femme. *La Vénus callipyge.*

VÉNUSIEN, IENNE [venyzjɛ̃, jɛn] **adj.** – 1872 ◊ de *Vénus* ■ De la planète Vénus. — SUBST. *Les Vénusiens :* habitants imaginaires de Vénus.

VÉNUSTÉ [venyste] **n. f.** – v. 1500 ◊ latin *venustas* ■ LITTÉR. Grâce, beauté*, charme digne de Vénus. *«J'aime tes yeux pour leur liesse Et ton corps pour sa vénusté»* VERLAINE.

VÉPÉCISTE [vepesist] **n.** – 1987 ◊ de *V. P. C.,* sigle de *vente par correspondance* ■ TECHN. Spécialiste, entreprise qui fait de la vente par correspondance. *Catalogues des vépécistes.*

VÊPRES [vɛpʀ] **n. f. pl.** – 1636 ; *vespres* fin XIIe ◊ latin religieux *vesperæ,* de *vespera* «soir» ■ Heures de l'office, dites autrefois le soir, aujourd'hui dans l'après-midi (après none et avant complies). *Sonner les vêpres. «Les cloches sonnaient à vêpres»* SIMENON. *Aller à vêpres* (VIEILLI), *aux vêpres.* — HIST. *Vêpres siciliennes :* massacre des Français en Sicile le jour de Pâques (1282) au premier coup de vêpres.

VER [vɛʀ] **n. m.** – v. 1175 ; v. 1150 *verm* ; v. 930 *verme* ◊ latin *vermis* ■ **1** **VER** ou (milieu XIIIe) **VER DE TERRE :** lombric terrestre (et tout annélide qui lui ressemble), petit animal allongé au corps cylindrique et mou, dépourvu de pattes. *«Il fallait le nourrir* [le rossignol] *avec des vers de terre tronçonnés et hachés»* GIONO. *Petit ver de terre.* ➤ **vermisseau.** — *Ver de sable, ver des pêcheurs.* ➤ **arénicole.** — LOC. FAM. *Se tortiller, se tordre comme un ver. Être nu comme un ver,* tout nu. ♦ FIG. et VX Personne faible et méprisable. *«Ver de terre amoureux d'une étoile»* HUGO. *«Petit ver de terre, petit mirmidon que vous êtes»* MOLIÈRE. ■ **2** ZOOL. **LES VERS :** groupe de métazoaires artiozoaires, au corps mou présentant des segments, constituant plusieurs embranchements, les annélides, les némathelminthes et les plathelminthes. *Les vers sont terrestres ou aquatiques, se reproduisent par des œufs ou par bourgeonnement. Vers parasites.* ➤ **helminthe ; ankylostome, ascaride, oxyure, trichine.** — COUR. *Un ver :* un parasite de ce groupe. (1866) *Ver solitaire.* ➤ **ténia.** *Remède pour chasser les vers.* ➤ **vermifuge.** *Appendicite causée par les vers.* ➤ **vermineux.** ♦ LOC. FIG. (milieu XVIIe) *Tirer les vers du nez à qqn,* le faire parler, le questionner habilement. *«sa femme lui fait une scène de jalousie pour lui tirer les vers du nez et savoir la vérité»* COURTELINE. — FAM. et VIEILLI *Tuer le ver :* boire à jeun un verre d'alcool (auquel la tradition populaire attribue des propriétés vermifuges). *«il avait conservé l'habitude militaire de tuer le ver chaque matin»* MAUPASSANT. ■ **3** Larve d'insecte, de papillon. ➤ **chenille.** *Ver blanc :* larve de hanneton. *Ver d'eau :* larve de phrygane, utilisée comme appât pour la pêche. — (1572) *Ver luisant :* larve ou femelle de lampyre ; luciole. *«Dans le creux d'une pierre* [...] *un ver luisant choyait sa goutte de lumière lunaire»* LARBAUD. — (1538) *Ver à soie :* chenille du bombyx du mûrier, qui s'enferme dans un cocon*. *Élevage des vers à soie dans les magnaneries* (➤ **sériciculture**). — *Fruits pleins de vers.* ➤ **véreux.** LOC. *Le ver est dans le fruit :* la situation ne peut qu'empirer, se dégrader (quand elle renferme des germes de destruction). *Ver de la viande, du fromage.* ➤ **asticot.** *«Partout fourmillaient des vers et des insectes»* BALZAC. *«Un meuble que rongent les vers»* JAMMES. ➤ **vermoulu ; bupreste, vrillette, xylophage.** *Mangé aux vers.* ➤ RÉGION. **cussonné.** FAM. *N'être pas piqué* des vers.* ■ **4** (v. 1174) LITTÉR. Vermine qui, selon la croyance populaire, ronge la chair des morts. *«Le long Remords, Qui vit, s'agite et se tortille, Et se nourrit de nous comme le ver des morts»* BAUDELAIRE. ■ **5** (anglais *worm*) INFORM. Programme malveillant qui se transmet d'un ordinateur à l'autre par un réseau. *Les vers et les virus.* ■ HOM. Vair, verre, vers, vert.

VÉRACE [veʀas] **adj.** – 1842 ◊ latin *verax, veracis* «véridique» ■ LITTÉR. Qui dit la vérité, sincère. ➤ **véridique.** *«Des bouches véraces aux lèvres minces»* TOURNIER.

VÉRACITÉ [veʀasite] **n. f.** – 1644 ◊ du latin *verax, veracis* «véridique», de *verus* «vrai» ■ **1** RELIG. *Véracité divine :* attribut de Dieu qui garantit la vérité de notre connaissance des choses. ■ **2** (1735) LITTÉR. Qualité d'une personne qui dit la vérité ou croit la dire. *Décrire, raconter qqch. avec véracité.* ➤ **exactitude, fidélité.** *Je ne doute pas de sa véracité.* ➤ **sincérité.** *«Je n'ai de prétention à la véracité qu'en ce qui touche mes sentiments»* STENDHAL. ■ **3** (1752) Qualité de ce qui est rapporté avec véracité (2°). *La véracité de son témoignage.* ➤ **authenticité, sincérité, véridicité.** *La véracité d'une description.* ➤ **vérité.** ■ CONTR. Fausseté, hypocrisie, mensonge.

VÉRAISON [veʀɛzɔ̃] **n. f.** – 1877, mot dialectal plus ancien ◊ de *varier,* dialectal «commencer à mûrir» ; latin *variare* ■ AGRIC. Maturation des fruits.

VÉRANDA [verɑ̃da] **n. f.** – 1758 ◊ mot anglais de l'Inde, du portugais *varanda*, origine inconnue ■ **1** Aux Indes, Galerie légère en bois, vitrée, adossée à la façade d'une maison. ➤ 2 **varangue.** *S'asseoir sur la véranda. Maison à véranda.* ■ **2** Galerie vitrée contre une maison. « *Une véranda projette sa cage de verre au milieu de la façade* » BALZAC.

VÉRATRE [veratʀ] **n. m.** – 1564 ◊ latin *veratrum* « ellébore » ■ BOT. Plante vivace, vénéneuse *(liliacées). Vératre blanc* (ellébore blanc), utilisé comme émétique et purgatif.

VÉRATRINE [veratʀin] **n. f.** – 1821 ◊ de *vératre* ■ PHARM., BIOCHIM. Mélange toxique d'alcaloïdes extrait du rhizome et des racines de l'ellébore blanc, à action hypotensive à faible dose.

VERBAL, ALE, AUX [vɛʀbal, o] **adj.** – 1337, attesté par l'adv. *verbalement* ◊ latin *verbalis*, de *verbum* → verbe

I ■ **1** Qui se fait de vive voix **(opposé à *écrit*).** ➤ **oral.** *Promesse verbale. Ordres, rapports verbaux. Convention verbale. Location verbale,* sans contrat écrit. — PAR EXT. DIPLOM. *Note* verbale.* — DR. CIV. ➤ **procès-verbal.** ■ **2** (1489 ; en provençal 1300) Qui concerne les mots représentant une chose, une idée, plutôt que la chose ou l'idée. *Une explication purement verbale, peu satisfaisante.* ➤ aussi **formel.** ■ **3** (v. 1880) Qui se fait, s'exprime par des mots (et non par d'autres moyens d'expression). « *Hugo trouve satisfaction de son délire verbal* » GIDE. *Violence verbale* **(opposé à *physique*).** — PAR PLAIS. *Des paroles verbales* : des affirmations, des promesses orales, sans valeur. ◆ Des mots. *Expression verbale.* ➤ **verbe.** *Son théâtre est « d'une splendeur verbale et poétique indéniable »* HENRIOT.

II (1350 ◊ de *verbe*) Du verbe (I) ; relatif au verbe. *Système verbal d'une langue. Formes verbales. Locution verbale* (ex. avoir l'air, tenir lieu). *Adjectif verbal* : participe présent du verbe, adjectivé (ex. tombant, apaisant). *Syntagme* verbal. Phrase verbale,* sans syntagme nominal sujet (ex. Partez vite !).

■ CONTR. 2 Écrit.

VERBALEMENT [vɛʀbalmɑ̃] **adv.** – 1337 ◊ de *verbal* ■ **1** De vive voix et non par écrit. ➤ **oralement.** ■ **2** (1952) Par des mots. *S'exprimer verbalement.* Gautier « *a visiblement tant de plaisir* [...] *à jouer des mots, à s'enivrer verbalement de l'usage du terme exact* » HENRIOT.

VERBALISATION [vɛʀbalizasjɔ̃] **n. f.** – 1842 ◊ de *verbaliser* ■ **1** Action de verbaliser (1°). *Verbalisation vidéo.* ➤ **vidéoverbalisation.** ■ **2** PSYCHOL. Processus verbal d'expression (des conflits).

VERBALISER [vɛʀbalize] **v.** ‹ 1 › – 1668 ; « palabrer » 1587 ◊ de *verbal* ■ **1 v. intr.** Dresser un procès-verbal (1°). *Agent de police, huissier qui verbalise.* « *Je lui intimai par trois fois l'ordre de circuler* [...] *Je l'avertis que j'allais verbaliser* » FRANCE. — TRANS. *Verbaliser un chauffard.* ■ **2 v. intr. et tr.** PSYCHOL. Exprimer, extérioriser au moyen du langage (➤ **verbalisation**).

VERBALISME [vɛʀbalism] **n. m.** – 1876 ◊ de *verbal* ■ PÉJ. Caractère verbal (2°), utilisation des mots pour eux-mêmes au détriment de l'idée. « *Le lourd verbalisme intellectuel des philosophes de profession !* » R. ROLLAND. ➤ **logomachie.**

VERBATIM [vɛʀbatim] **adv. et n. m.** – 1722 ◊ emprunté à l'anglais, lui-même au latin médiéval (1476), de *verbum* → verbe ■ **1 adv.** Selon les termes exacts. *Reproduire un discours verbatim.* ■ **2 n. m.** Compte rendu écrit fournissant le mot à mot d'une déclaration, d'un débat oral. *Des verbatims.*

VERBE [vɛʀb] **n. m.** – fin XIe ◊ latin *verbum*

I (1170) Mot qui exprime une action, un état, un devenir, et qui présente un système complexe de formes (➤ **conjugaison**), notamment dans les langues indo-européennes. « *Le propre du verbe est d'être sous-tendu de temps* » G. GUILLAUME. *Phrase sans verbe. Formes, temps, modes, personnes du verbe. Verbe transitif, intransitif* (ou *neutre*). *Verbe pronominal (réfléchi, réciproque, passif). Verbe personnel, impersonnel. Verbe actif, passif. Verbe performatif*. Verbe d'action, d'état, de mouvement. Verbe auxiliaire.* ➤ **auxiliaire.** *Conjuguer un verbe. Verbe du premier, du deuxième groupe*. Verbe régulier, irrégulier, défectif. Forme nominale du verbe.* ➤ **infinitif.** *Un verbe à l'indicatif. Complément du verbe. Le verbe s'accorde en personne et en nombre avec son sujet. Verbe modifié par un adverbe. Dérivé d'un verbe.* ➤ **déverbal, déverbatif.**

II ■ **1** (1190) THÉOL. CHRÉT. **(avec un *V* majuscule)** La parole (de Dieu) adressée aux croyants. *Le Verbe de Dieu ; saint Jean, évangéliste du Verbe.* ➤ **logos.** ◆ (1600) Dieu, en la seconde personne de la Trinité (le Fils). ➤ **christ.** « *Le Verbe, image du Père* » RACINE. *Le Verbe s'est fait chair, s'est incarné.* ■ **2** (1050) VX Parole ou suite de paroles. Discours. ■ **3** (1740) MOD. Ton de voix. — LOC. *Avoir le verbe haut* : parler, décider avec hauteur, présomption ; (1835) parler très fort. « *Quand il a bu, il a le verbe haut* » JOUHANDEAU. ■ **4** (1802) LITTÉR. Expression verbale de la pensée (orale ou écrite). ➤ **langage, langue.** *Un conteur au verbe truculent.* « *Car le mot, c'est le Verbe, et le Verbe c'est Dieu* » HUGO. « *Je me flattais d'inventer un verbe poétique* » RIMBAUD.

VERBEUSEMENT [vɛʀbøzmɑ̃] **adv.** – fin XVIIIe ◊ de *verbeux* ■ D'une manière verbeuse. *S'exprimer verbeusement.*

VERBEUX, EUSE [vɛʀbø, øz] **adj.** – 1530 ; *verbos* hapax 1200 ◊ latin *verbosus*, de *verbum* « parole » ■ Qui dit les choses en trop de paroles, trop de mots. *Un orateur verbeux.* ➤ **bavard*, prolixe.** — PAR EXT. *Commentaire verbeux, diffus. Style verbeux.* « *Après des crises de gaieté verbeuse, ils tombaient dans des silences profonds* » FLAUBERT. ■ CONTR. 1 Bref, compendieux, concis, laconique, lapidaire.

VERBIAGE [vɛʀbjaʒ] **n. m.** – 1671 ◊ de *verbier* vx « gazouiller » ; picard *werbler*, du francique °*werbilan*, *werbillon* « tourbillonner » ; rattaché plus tard à *verbe* ■ Abondance de paroles, de mots vides de sens ou qui disent peu de chose. ➤ **bavardage, délayage, phraséologie** (2°). « *Et il se lança dans un verbiage très embrouillé* » FLAUBERT. *Un verbiage creux, spécieux.* « *Le verbiage humanitaire* » CAMUS.

VERBICRUCISTE [vɛʀbikʀysist] **n.** – 1976 ◊ du latin *verbum* « mot » et *crux, crucis* « croix », d'après *cruciverbiste* ■ Personne qui conçoit des mots croisés, en rédige les définitions.

VERBIGÉRATION [vɛʀbiʒeʀasjɔ̃] **n. f.** – 1877 ◊ du latin *verbigerare* « se quereller », de *verbum* « parole » et *gerere* ■ PSYCHIATR. Discours incohérents avec répétitions, altérations de mots et néologismes nombreux, que font certains malades atteints de manie ou de démence.

VERBOQUET [vɛʀbɔkɛ] **n. m.** – 1676 ; aussi *virebouquet* ◊ de *virer* « tourner » ■ TECHN. Cordage qui sert à guider et stabiliser un fardeau que l'on hisse.

VERBOSITÉ [vɛʀbozite] **n. f.** – 1510 ◊ bas latin *verbositas* ■ Défaut d'une personne verbeuse, d'un discours verbeux. « *Mme Krag avait une propension à la verbosité qui l'amenait à aborder plusieurs sujets à la fois* » BEDEL. *La verbosité d'une explication.* ■ CONTR. Brièveté.

VER-COQUIN [vɛʀkɔkɛ̃] **n. m.** – 1538 ◊ de *ver* et *coquin* ■ **1** AGRIC. Larve parasite de la vigne. *Des vers-coquins.* ■ **2** (1690) Cénure du mouton, qui donne le tournis.

VERDAGE [vɛʀdaʒ] **n. m.** – 1842 ; « fourrage vert » 1732 ; « légume » 1370 ◊ de *verd* → vert ■ AGRIC. Engrais* vert.

VERDÂTRE [vɛʀdɑtʀ] **adj.** – 1350 ◊ de *verd* → vert ■ Qui tire sur le vert, est d'un vert un peu sale et trouble. *Teinte verdâtre.* « *J'aime de vos longs yeux la lumière verdâtre* » BAUDELAIRE. *Une mer verdâtre.* ➤ **glauque.** — *Teint verdâtre.* ➤ **olivâtre.** « *Verdâtre, les lèvres cireuses, les paupières plombées* » CAMUS.

VERDELET, ETTE [vɛʀdəlɛ, ɛt] **adj.** – 1319 ◊ diminutif de *verd* → vert ■ VX OU RÉGION. *Vin verdelet,* un peu vert, légèrement acide.

VERDET [vɛʀdɛ] **n. m.** – XIVe ◊ de *verd* → vert ■ TECHN. Vert-de-gris du commerce, acétate basique de cuivre, utilisé en teinture.

VERDEUR [vɛʀdœʀ] **n. f.** – XVe ; « état d'un bois vert » XIIe ◊ de *vert* ■ **1** Vigueur de la jeunesse. « *Sa grande force et sa verdeur persistante* » ARAGON. ■ **2** (XVIIe) Acidité d'un fruit vert, d'un vin trop vert. ■ **3** FIG. et VIEILLI Âpreté, rudesse de langage. ◆ MOD. Liberté savoureuse dans le langage, pouvant aller jusqu'à la crudité. « *Il me fit entendre un langage dont la vigueur et la verdeur me saisirent* » VALÉRY. ■ CONTR. Débilité, faiblesse.

VERDICT [vɛʀdik(t)] **n. m.** – 1669, à propos de l'Angleterre ; répandu 1790 ◊ mot anglais, de l'anglo-normand *verdit* (XIIIe), du latin médiéval *veredictum*, proprt « véritablement dit » ■ **1** DR. Déclaration par laquelle la cour d'assises répond, après délibération, aux questions qui lui sont posées. *Rendre, motiver son verdict. Verdict de culpabilité* (ou *positif*), *d'acquittement* (ou *négatif*). « *Le verdict du jury déchargeait de toute accusation le nommé Champmathieu* » HUGO. ■ **2** Jugement rendu par une autorité. ➤ **décision, sentence.** *Le verdict des électeurs. Les lettres chaleureuses « confirmaient le verdict de la presse »* BEAUVOIR. ◆ Jugement, et SPÉCIALT Jugement sévère porté par une personne.

VERDIER [vɛʀdje] **n. m.** – XIVe ; *verder* 1285 ◊ de *verd* → vert ■ Oiseau à gros bec *(passériformes),* au plumage verdâtre et à la queue fourchue.

VERDIR [vɛʀdiʀ] **v.** ‹2› – 1180 ◊ de *verd* → vert ■ **1 v. intr.** Devenir vert. — *« La soutane verdie et rapiécée »* JOUHANDEAU. — SPÉCIALT Pousser, se couvrir de feuilles (végétaux). *« Dans l'allée où verdit la mousse des vieux bancs »* VERLAINE. ♦ Devenir vert de peur. ➤ aussi **blêmir.** *« Je vous le jure, vous verdiriez, à la pensée de seulement entr'ouvrir la bouche ! »* COURTELINE. ■ **2 v. tr.** (XVIIe) Rendre vert, donner une couleur verte à. *« Des taches mouvantes de feuilles verdissaient les visages colorés »* ZOLA.

VERDISSAGE [vɛʀdisaʒ] **n. m.** – 1877 ◊ de *verdir* ■ LITTÉR., DIDACT. Action de rendre vert ; de devenir vert.

VERDISSANT, ANTE [vɛʀdisɑ̃, ɑ̃t] **adj.** – XVIe ◊ de *verdir* ■ Qui verdit, est en train de verdir. *Flaque d'eau verdissante.*

VERDISSEMENT [vɛʀdismɑ̃] **n. m.** – 1859 ◊ de *verdir* ■ LITTÉR. Fait de devenir vert.

VERDOIEMENT [vɛʀdwamɑ̃] **n. m.** – XVIe, repris XXe ◊ de *verdoyer* ■ Fait de verdoyer.

VERDOYANT, ANTE [vɛʀdwajɑ̃, ɑ̃t] **adj.** – XIIe ◊ de *verdoyer* ■ Qui verdoie ; où la végétation est vivace. *« Les prés verdoyants que baigne la Fontaine d'Eure »* GIDE.

VERDOYER [vɛʀdwaje] **v. intr.** ‹8› – XIIe ◊ de *verd* → vert ■ Se dit des végétaux qui donnent à l'œil une sensation dominante de vert. *« Les feuilles verdoyaient aux branches des arbres »* BOURGET.

VERDUNISATION [vɛʀdynizasjɔ̃] **n. f.** – 1916 ◊ de *Verdun,* le procédé ayant d'abord été utilisé lors de la bataille de Verdun ■ TECHN. Mode de purification de l'eau, par incorporation de très faibles doses de chlore. ➤ **javellisation.**

VERDURE [vɛʀdyʀ] **n. f.** – v. 1200 ◊ de *verd* → vert ■ **1** Couleur verte de la végétation. *« Les allées, où tranchait, sur la verdure, le gilet rouge d'un domestique »* FLAUBERT. *« Les voilà ces sapins à la sombre verdure »* MUSSET. ■ **2** PAR EXT. Arbres, plantes, herbes, feuilles. ➤ **végétation.** *« Salut ! bois couronnés d'un reste de verdure »* LAMARTINE. ➤ **feuillage.** *Rideau de verdure. Tapis de verdure,* de gazon. *« Une résidence d'été, noyée dans la verdure »* LOTI. *Théâtre* de verdure.* ♦ *Tapisserie de verdure* (ou *à verdures*), ornée d'un paysage où dominent les tons verts (opposé à *tapisserie à personnages*). — ELLIPT *Une verdure.* ■ **3** Plante potagère que l'on mange crue, en salade.

VÉRÉTILLE [veʀetij] **n. f. ou m.** – 1808 ◊ latin *veretilla,* de *veretrum* « parties sexuelles », par analogie de forme ■ ZOOL. Animal *(anthozoaires)* vivant dans la vase côtière en colonies, et dont le polypier est un axe cylindrique.

VÉREUX, EUSE [veʀø, øz] **adj.** – 1372 ◊ de *ver* ■ **1** Qui contient un ver, est gâté par des vers. *Fruits véreux. « des poires de son jardin à lui, et qui, celles-là, n'étaient pas véreuses »* ZOLA. ■ **2** FIG. (XVIe) Foncièrement malhonnête. *Politicien, financier véreux. « Un bookmaker véreux »* ZOLA. *Avocat véreux.* ➤ 2 **marron.** ♦ (CHOSES) Qui n'est pas sain. ➤ **douteux,** 1 **louche, suspect.** *Affaire, transaction véreuse.*

VERGE [vɛʀʒ] **n. f.** – 1080 ◊ latin *virga* → vergue

I ■ **1** VX Baguette (de bois ou de métal). — Baguette servant à frapper, à corriger. LOC. *Donner des verges pour se faire battre, fouetter :* fournir des armes contre soi-même. — Insigne d'une autorité. *Verge du bedeau, de l'huissier.* ■ **2** TECHN. Tige ou tringle métallique (de certains instruments). *La verge de l'ancre,* sa tige centrale. ■ **3** MÉTROL. Ancienne unité de mesure agraire valant le quart d'un arpent. — (au Canada, après 1760) Unité canadienne de mesure de longueur (SYMB. vg), valant trois pieds* ou trente-six pouces*, soit 0,914 mètre. ➤ **yard.** *Acheter du tissu à la verge. « un sprint déclenché dans les cent dernières verges »* LEMELIN. ■ **4** *Verge d'or :* solidage.

II (XIIIe) Organe de la copulation (chez l'homme et les mammifères mâles). ➤ **membre** (viril), **pénis*.** *Corps caverneux, filet, gland de la verge.*

VERGÉ, ÉE [vɛʀʒe] **adj.** – 1550 ; région. *vergié* 1244 ; *vergiet* « orné de bandes » XIIe ◊ du latin *virgatus* ■ Se dit du papier marqué de vergeures. SUBST. *Du vergé.* ■ HOM. Verger.

VERGENCE [vɛʀʒɑ̃s] **n. f.** – 1953 ◊ de *convergence, divergence* ■ PHYS. Inverse de la distance focale d'un système optique centré. *Vergence positive* (➤ **convergence**), *négative* (➤ **divergence**). *Lentille d'une vergence de 10 dioptries.* ➤ **puissance.**

VERGEOISE [vɛʀʒwaz] **n. f.** – 1751 ◊ de *verge,* techn. ■ TECHN. Sucre fabriqué avec des déchets de raffinerie.

VERGER [vɛʀʒe] **n. m.** – *vergier* 1080 ◊ latin *viridarium,* de *viridis* « vert » ■ Terrain planté d'arbres fruitiers (en général de plusieurs espèces). ➤ **jardin, ouche, plantation.** *« Du verger abandonné il restait deux ou trois cognassiers, des pêchers, un abricotier sauvage »* BOSCO. ■ HOM. Vergé.

VERGERETTE [vɛʀʒəʀɛt] **n. f.** – 1872 ◊ de *verge* ■ Érigéron, plante du bord des chemins.

VERGETÉ, ÉE [vɛʀʒəte] **adj.** – 1678 ◊ de *verge* ■ **1** Marqué de petites raies. ➤ **rayé.** *Peau marquetée et vergetée.* ■ **2** (1762 ; *vergetté* 1680) BLAS. Se dit de l'écu palé rebattu plus de cinq fois (➤ **vergette**).

VERGETIER [vɛʀʒətje] **n. m.** – 1659 ◊ de *verge* ■ TECHN. Ouvrier préparant des tiges de fer sur le banc à étirer.

VERGETTE [vɛʀʒɛt] **n. f.** – *vergete* 1165 ◊ de *verge* ■ **1** Petite verge. ■ **2** (1690) BLAS. Pal étroit rebattu cinq fois et plus (➤ **vergeté,** 2°).

VERGETURE [vɛʀʒətyʀ] **n. f.** – 1767 ◊ de *verge* ■ (Surtout au plur.) Petites raies, semblables à des cicatrices molles, qui se forment sur la peau soumise à une distension exagérée, par atrophie de son réseau élastique. ➤ **vibice.** *Vergetures sur le ventre d'une femme après une grossesse.*

VERGEURE [vɛʀʒyʀ] **n. f.** /VERGEÜRE/ – 1680 ◊ de *verge* ■ PAPET. Fil de cuivre de la forme (V. 2°). ♦ Marque que laissent ces fils, filets blancs horizontaux qui se trouvent dans le filigrane du papier *vergé.*

VERGLAÇANT, ANTE [vɛʀglasɑ̃, ɑ̃t] **adj.** – 1606 ◊ de *verglacer* ■ Qui provoque le verglas. *Pluie verglaçante.*

VERGLACÉ, ÉE [vɛʀglase] **adj.** – 1521 ◊ de *verglas* ■ Couvert de verglas. *Route verglacée. Neige verglacée.*

VERGLAS [vɛʀglɑ] **n. m.** – XVe ; *verreglaz* XIIe ◊ de *verre* et *glas,* autre forme de *glace,* proprt « glace comme du verre » ■ Couche de glace, généralement très mince, qui se forme quand tombe une pluie surfondue qui vient en contact avec des corps solides au-dessous de 0°. *Plaque de verglas. Glisser sur le verglas. Accident de voiture dû au verglas. Couvert de verglas.* ➤ **verglacé.**

VERGNE [vɛʀɲ] **n. m.** – XVIe ; *verne* XIIe ◊ gaulois *verne* ■ RÉGION. Aulne.

VERGOBRET [vɛʀgɔbʀɛ] **n. m.** – 1567 *vergobert* ◊ latin *vergobretus,* mot gaulois ■ HIST. Chef et juge suprême chez quelques peuples gaulois.

VERGOGNE [vɛʀgɔɲ] **n. f.** – 1080 ◊ latin *verecundia* ■ **1** VX Honte. ■ **2** MOD. LOC. **SANS VERGOGNE :** sans pudeur, sans scrupule (cf. Dévergondé). *« les Cadets de Gascogne, Bretteurs et menteurs sans vergogne »* ROSTAND. ➤ **effronté.** *« Tout sujet y est abordé sans vergogne »* MAURIAC.

VERGUE [vɛʀg] **n. f.** – 1240 ; *verge* XIIe ◊ forme normande ou picarde de *verge* ■ MAR. Espar disposé en croix sur l'avant des mâts, et servant à porter la voile qui y est fixée. ➤ **antenne.** *Cordage de vergue.* ➤ **balancine.** *Attacher une voile à une vergue.* ➤ **enverguer ; envergure.** *Grand-vergue,* portant la grand-voile. *Vergue de misaine, de hune.*

VÉRIDICITÉ [veʀidisite] **n. f.** – 1741 ◊ de *véridique* ■ LITTÉR. Caractère véridique d'une personne, d'une chose (➤ **véracité ; exactitude, vérité**). ■ CONTR. Fausseté, mensonge.

VÉRIDIQUE [veʀidik] **adj.** – 1456 ◊ latin *veridicus* « qui dit la vérité » ■ **1** LITTÉR. Qui dit la vérité, qui rapporte qqch. avec exactitude (➤ **véracité**). *« C'est une même chose qui* [...] *nous fait menteurs ou véridiques »* VALÉRY. ➤ **sincère.** — Qui dit habituellement la vérité. *Une personne véridique,* franche, sincère. ➤ **vérace.** *Témoin véridique* (➤ **croyable**). ■ **2** (XVIe) COUR. Conforme à la vérité, à ce qui a été éprouvé, fait, constaté. ➤ **authentique, exact.** *Témoignage, récit véridique.* ■ **3** Qui présente un caractère de vérité (1°) ; qui ne trompe pas. *« Un véridique et frappant caractère de bestialité »* COLETTE. ➤ **véritable, vrai.** ■ CONTR. 1 Faux, inexact, mensonger, trompeur.

VÉRIDIQUEMENT [veʀidikmɑ̃] **adv.** – 1845 ◊ de *véridique* ■ D'une manière véridique, exacte.

VÉRIFIABLE [veʀifjabl] **adj.** – 1791 ; hapax XIVe ◊ de *vérifier* ■ Qui peut être vérifié. ➤ **contrôlable.** *« Que rien ne soit admis qui ne soit humainement vérifiable »* HUGO. *Hypothèse vérifiable.* ■ CONTR. Invérifiable.

VÉRIFICATEUR, TRICE [verifikatœr, tris] n. – 1608 ◊ de *vérifier* ■ 1 Professionnel(le) chargé(e) de vérifier (1°). ➤ aussi **vérifieur.** SPÉCIALT Personne qui vérifie des comptes, des déclarations. ➤ **contrôleur, expert-comptable.** *Vérificateur des douanes, des poids et mesures.* — (Canada) Expert-comptable, commissaire aux comptes, contrôleur financier, auditeur. ■ 2 Personne qui vérifie (2°). APPOS. *Réceptionnaires vérificateurs. Vérificatrice de films.* ■ 3 n. m. *Vérificateur orthographique* : logiciel permettant, sur traitement de texte, de vérifier l'orthographe des termes employés, par comparaison avec un dictionnaire informatique. ➤ **correcteur.**

VÉRIFICATIF, IVE [verifikatif, iv] adj. – 1608 ◊ du radical de *vérification* ■ DIDACT. Qui sert de vérification.

VÉRIFICATION [verifikasjɔ̃] n. f. – 1388 ◊ de *vérifier* ■ 1 Le fait de vérifier, opération par laquelle on vérifie. ➤ **contrôle, épreuve ; contre-épreuve, examen, expertise.** *Procéder à la vérification d'un compte.* ➤ **apurement.** *Vérification sur inventaire.* ➤ **pointage, récolement.** *Vérification de la gestion d'une entreprise.* ➤ **audit.** *Vérification des passeports, des bagages à la douane. Liste de vérification* : recomm. offic. pour *check-list.* — *Après vérification. Vérification faite...* « *afin de procéder à des vérifications domiciliaires* » CAMUS. *Vérification d'écritures,* par laquelle on vérifie si un acte sous seing privé émane bien de la personne à qui on l'attribue. ➤ **reconnaissance.** — *Vérification des pouvoirs* : contrôle des pouvoirs donnés par les actionnaires absents, avant la délibération d'une assemblée générale ; opération par laquelle une assemblée vérifie si les personnes qui y siègent ont qualité pour le faire. *Commission de vérification des comptes des entreprises publiques* : organe émanant de la Cour des comptes, chargé d'examiner les comptes annuels de ces entreprises (créé en 1948 et supprimé en 1976). — (Canada) Contrôle financier, audit. ◆ Contrôle fiscal de la sincérité d'une déclaration de revenus. *Vérification de comptabilité* (entreprises), *de situation fiscale* (personnes physiques). — ABRÉV. FAM. **VÉRIF.** *Les vérifs à faire.* ■ 2 Résultat favorable d'une telle opération ; constatation qu'une chose est vraie. « *La vérification porte sur* [...] *un cas particulier, tandis que la démonstration présente un caractère général* » POINCARÉ. ■ 3 Le fait d'être vérifié (3°), de s'avérer exact. ➤ **confirmation.** « *Un amour vécu ne serait que la vérification anxieuse de l'amour dont j'ai l'expérience intérieure* » ROMAINS.

VÉRIFIER [verifje] v. tr. ⟨7⟩ – 1402 ; « enregistrer, homologuer » v. 1296 ◊ latin tardif *verificare,* de *verus* « vrai* » et *facere* « faire » ■ 1 Examiner la valeur de (qqch.), par une confrontation avec les faits ou par un contrôle de la cohérence interne. ➤ **examiner ; contrôler.** *Vérifier une déclaration, une nouvelle, un bruit, une rumeur. Vérifier un axiome, une proposition.* « *Les récits de Marco Polo* [...] *ont été vérifiés par les savants* » BAUDELAIRE. *Vérifier une hypothèse par l'expérience.* « *Je rapporte un témoignage. C'est tout. Il vous incombe de le vérifier* » MAURIAC. *Vérifier un calcul, un compte.* ◆ PAR EXT. *Vérifier l'exactitude, l'authenticité d'une assertion.* ➤ **reconnaître.** *Vérifier l'identité de qqn. Vérifier une adresse dans son agenda.* ◆ *Vérifier que...* — *Vérifier si...* : examiner de manière à constater que... « *vérifiant si à telle gare de métro la sortie se trouvait en tête ou en queue* » QUENEAU. ➤ **s'assurer.** ■ 2 Examiner (une chose) de manière à pouvoir établir si elle est conforme à ce qu'elle doit être, si elle fonctionne correctement. *Vérifier le titre d'un alliage ; un poids, une mesure* (➤ **étalonner**). *Vérifier l'ordre des cahiers d'un livre* (➤ **collationner**). « *Il vérifie le niveau d'eau de son radiateur* » ROMAINS. *Faire vérifier sa voiture.* ➤ **réviser.** ■ 3 (sens étymologique du latin) Reconnaître ou faire reconnaître pour vrai par l'examen, l'expérience, ou en vérifiant (1°). ➤ **constater, expérimenter, prouver.** *La faillite de la science* « *c'est plus facile à affirmer qu'à vérifier* » MARTIN DU GARD. « *Si l'expérience réussit, croira-t-on avoir vérifié toutes ces hypothèses à la fois* » POINCARÉ. — (Sujet chose) Constituer le signe non récusable de la vérité de (qqch.). *Les faits ont vérifié nos soupçons.* ➤ **confirmer, justifier.** — v. pron. **SE VÉRIFIER :** s'avérer exact, juste. *Les tristes présages* « *ne se sont que trop vérifiés* » P.-L. COURIER. ■ CONTR. Infirmer ; contredire. Falsifier.

VÉRIFIEUR, IEUSE [verifjœr, jøz] n. – 1964 ; « celui qui enregistre » 1487 ◊ de *vérifier* ■ TECHN. Spécialiste chargé(e) d'une vérification. ➤ aussi **vérificateur.**

VÉRIN [verɛ̃] n. m. – *verrin* 1389 ◊ latin *veruina,* diminutif de *veru* « broche, pique » (→ verrou) ; cf. italien *verrina* ■ TECHN. Appareil de levage formé de deux vis ou d'une vis double mue par un écrou. ➤ **cric.** *Vérin télescopique.* — *Vérins hydrauliques ; pneumatiques, électriques.*

VÉRINE [verin] n. f. – 1831 ; « vis en bois » 1803 ◊ de *vérin* ■ MAR. Bout de filin muni d'un croc ou d'une griffe, qui sert à manier les chaînes d'ancre. — On écrit aussi *verrine.* ■ HOM. 1 Verrine.

VÉRISME [verism] n. m. – 1888 ◊ italien *verismo,* de *vero* « vrai » ■ DIDACT. Mouvement littéraire italien de la fin du XIXe s., inspiré par le naturalisme et dirigé contre les romantiques. — PAR ANAL. *Le vérisme dans l'opéra, le cinéma.*

VÉRISTE [verist] adj. et n. – 1888 ◊ de *vérisme* ■ DIDACT. Du vérisme. *Romans véristes et régionalistes de G. Verga.*

VÉRITABLE [veritabl] adj. – 1188 sens 2° ◊ de *vérité* ■ 1 (*veritaule* 1190) VX (PERSONNES) (attribut ou après le nom) Qui dit la vérité, qui ne cherche pas à tromper. ➤ **sincère.** « *Pour vous montrer que je suis véritable* » MOLIÈRE. ■ 2 VIEILLI Qui mérite l'assentiment, qui présente un caractère de vérité (conformité avec le réel, etc.). ➤ **vrai ; exact.** « *Ah ! que je suis heureuse, si cela est véritable !* » MOLIÈRE. ◆ Conforme à un modèle, à un type ; qui s'accorde au sentiment du réel (opposé à *conventionnel, faux...*). ➤ **naturel, vrai, vraisemblable.** *Ce drame* « *est si véritable, que chacun peut en reconnaître les éléments chez soi* » BALZAC. ■ 3 MOD. Qui a lieu ; qui existe réellement, en dépit de l'apparence (opposé à *inventé, imaginé, faux, apparent*). ➤ **réel, vrai.** *Son véritable nom est inconnu.* « *Si vous étiez un véritable inspecteur, vous sauriez qu'on ne mène pas une enquête comme ça* » QUENEAU. ➤ **authentique.** ■ 4 (Choses concrètes) Qui est conforme à l'apparence, qui n'est pas imité. *De l'or véritable. Un collier en perles véritables. C'est du cuir véritable.* « *Véritable bruyère du Cap ! véritable écume de Crimée !* » DUHAMEL. ■ 5 (Généralt avant le nom) Qui est conforme à l'idée qu'on s'en fait, qui mérite son nom et sa réputation. *Un véritable ami,* digne de ce nom. *Le véritable amour.* « *L'Art véritable n'a que faire de tant de proclamations et s'accomplit dans le silence* » PROUST. ■ 6 (Devant le nom) Qui est exactement nommé ; qui mérite son nom. ➤ **vrai.** *C'est une véritable catastrophe. Un véritable escroc.* ➤ 2 **franc.** ■ 7 PAR EXT. (pour introduire et renforcer une désignation, un terme métaphor. ou fig., qui n'est justement pas « véritable » mais dont on veut souligner l'exactitude) « *Deux bœufs tranquilles,* [...] *véritables patriarches de la prairie* » SAND. *Cette vie est un véritable enfer.* ■ CONTR. 1 Faux ; inexact ; apparent, imaginaire, inventé. Artificiel, imaginaire.

VÉRITABLEMENT [veritabləmɑ̃] adv. – *veritaulement* 1190 ◊ de *véritable* ■ 1 D'une manière réelle, effective. ➤ **réellement.** « *Est-il encore là, devant moi, véritablement ?* » COLETTE. — (En tête de phrase) À la vérité. ➤ **assurément, effet** (en effet). ■ 2 Conformément à l'apparence, au mot qui désigne. ➤ 2 **fait** (en fait), **proprement, réellement, vraiment** (cf. À la lettre, au sens propre du terme). « *Si l'on s'applique à le dessiner* [l'objet] : *on s'aperçoit qu'on* [...] *ne l'avait jamais véritablement vu* » VALÉRY. ■ CONTR. Faussement.

VÉRITÉ [verite] n. f. – fin Xe, au sens I, 2° ◊ du latin *veritas,* famille de *verus* « vrai » → voire

I CE QUI EST VRAI ■ 1 (fin XIIIe) Ce à quoi l'esprit peut et doit donner son assentiment, par suite d'un rapport de conformité avec l'objet de pensée, d'une cohérence interne de la pensée ; connaissance à laquelle on attribue la plus grande valeur (opposé à *erreur, illusion*). « *On définit la vérité l'accord de la pensée avec la chose* » LACHELIER. *Chercher, prétendre posséder la vérité. La recherche de la vérité.* « *Cette sorte de vérité imparfaite et provisoire qu'on appelle la science* » FRANCE. *À chacun sa vérité.* ◆ (début XVIe) THÉOL. Dieu, fondement du vrai. ➤ **lumière, verbe.** « *Je suis la voie, la vérité, et la vie* » (ÉVANGILE). ■ 2 (fin Xe) COUR. Connaissance conforme au réel ; son expression ; les faits qui lui correspondent en tant qu'ils sont exprimés, connus ou à connaître (opposé à *erreur, ignorance* ou à *invention, mensonge*). *Amour, besoin, souci de (la) vérité.* ➤ **lucidité, sincérité.** *Chercher, trouver la vérité sur qqch., sur qqn.* — *C'est l'entière, la pure vérité ; la vérité vraie* (FAM.). — *Dire la vérité. Sérum* de vérité. La vérité n'est pas toujours bonne à dire.* « *La vérité n'est jamais amusante. Sans cela tout le monde la dirait* » M. AUDIARD. *Cacher, taire la vérité. Reconnaître, admettre la vérité.* « *Le monde se nourrit d'un peu de vérité et de beaucoup de mensonge* » R. ROLLAND. *Être à côté de la vérité. Déguiser, trahir la vérité* (➤ **mentir, tromper**). — LOC. PROV. *La vérité est au fond d'un puits*. La vérité sort de la bouche des enfants* : ce que disent spontanément les enfants apprend beaucoup sur ce que leurs proches cachent. *Il n'y a que la vérité qui blesse* : on n'est jamais autant affecté que par les reproches justifiés. ◆ (milieu XIIe) Ce qui a été effectivement perçu ou fait par la ou les personnes qui le rapportent. *Récit d'un témoin conforme à la vérité.* «*Jurez de dire la vérité, toute la vérité, rien que la vérité*» (aux témoins d'un procès). — *La vérité historique.* ◆ (Inv. en composition) *Le cinéma-vérité. Des documents-vérité.*

II CE QUI EST RÉEL ■ **1** *Vérité logique.* Caractère (d'un fait intellectuel, jugement, pensée) qui est conforme à son objet, au réel ; valeur d'une connaissance. ➤ **exactitude, justesse, valeur.** *La vérité d'un principe, d'une proposition.* — *Vérité matérielle* : conformité avec une donnée de fait (matérielle ou psychique). *Vérité formelle* : absence de contradiction. «*Ni la contradiction n'est marque de fausseté, ni l'incontradiction n'est marque de vérité*» PASCAL. — LOG. *Valeur de vérité* : propriété d'une variable logique d'être vraie ou fausse. *Table* de vérité.* ◆ Valeur, justification de l'existence. ➤ 1 **sens.** «*La vérité de chacun est ce qui le grandit*» MAUROIS. ■ **2** (1932) PHILOS. *Vérité ontologique.* Conformité de l'être (grec *ôn, ontos*), de l'objet avec un type, un idéal (pensée divine, idée platonicienne) ou avec l'idée que nous nous faisons de cet objet. ■ **3** (1669) Caractère de ce qui s'accorde avec le sentiment de la réalité (➤ **vraisemblance**), notamment dans l'expression artistique. *La vérité d'un portrait, d'une reproduction.* ➤ **ressemblance.** *La vérité d'un personnage, d'un caractère.* ➤ **justesse, naturel.** «*La grande qualité du dessin* [...] *est la vérité du mouvement*» BAUDELAIRE. ■ **4** *Une, des vérités.* Idée ou proposition vraie, qui mérite un assentiment entier ou qui l'emporte. ➤ **certitude, conviction, croyance ; évidence.** «*Ce que l'on découvre ou redécouvre soi-même ce sont des vérités vivantes ; la tradition nous invite à n'accepter que des cadavres de vérités*» GIDE. *Vérités absolues, éternelles, immuables. Vérité d'évangile.* ➤ **dogme.** *Vérités premières, primitives,* évidentes mais indémontrables. «*Je la vis pâlir un peu quand il lui lança quelques vérités premières sur son cas*» P. BESSON. — *Vérités positives ; d'expérience. Vérité indémontrable, a priori.* ➤ **axiome, principe.** — LOC. PROV. «*Vérité au deçà des Pyrénées, erreur au delà*» (PASCAL) : ce qui est une vérité pour un peuple, une personne, peut être une erreur pour d'autres. *Demi-vérité.* ◆ Formule qui exprime une telle certitude. *Dire, énoncer des vérités. Redécouvrir des vérités anciennes. Vérité banale.* ➤ **truisme.** *Vérité de La Palice.* ➤ **lapalissade.** — LOC. *Dire ses quatre vérités à qqn,* lui dire sur son compte des choses désobligeantes avec une franchise brutale (cf. Dire son fait* à qqn). ■ **5** Le réel (d'une manière générale). ➤ **réalité.** «*La vérité, c'est que j'ai terriblement peur*» MARTIN DU GARD. ◆ La réalité, motif de création artistique (opposé à *l'imagination, l'invention*). ➤ **nature.** «*Toutes les horreurs que les romanciers croient inventer sont toujours au-dessous de la vérité*» BALZAC. Expression, reflet fidèle de la vérité. ◆ *Une vérité* : un fait réel. «*elle discernait toute vérité que nous voulions lui cacher*» PROUST. ◆ DIDACT. *La vérité d'un objet* : le ou les caractères essentiels de cet objet, qui permettent de le connaître. «*La quantité, conçue comme la vérité de l'univers*» SARTRE. *Je vais montrer «un homme dans toute la vérité de sa nature, et cet homme, ce sera moi»* ROUSSEAU. ◆ *La vérité des prix* : niveau résultant du marché, sans intervention contraignante. ◆ LOC. *Heure, minute de vérité* : moment décisif où on doit affronter une situation réelle, sans faux-fuyant. ■ **6** *La vérité,* considérée comme un principe (➤ **sagesse, science**). «*La vérité est en marche*» ZOLA. *Le triomphe de la vérité* (sur l'erreur, le mensonge). *La Vérité,* personnage allégorique (femme nue tenant un miroir et sortant d'un puits). ■ **7** L'expression sincère, sans réserves de ce qu'on sait, de ce dont on a été témoin, etc. ➤ **franchise, sincérité.** *Un accent de vérité qui ne trompe pas.* ➤ **authenticité.** ◆ Sincérité, spontanéité, en art. «*avec une précision, une vérité et une chaleur incroyables*» DIDEROT. ■ **8 loc. adv.** (milieu XVe) **EN VÉRITÉ,** renforçant une affirmation, une assertion. ➤ **assurément, certainement, vraiment.** «*Il ne s'agissait plus que* [...] *de s'en faire aimer : peu de chose, en vérité*» GAUTIER. «*En vérité je vous le dis*», formule évangélique. — (fin XVe) **À LA VÉRITÉ,** s'emploie surtout pour introduire une restriction, une mise au point, une précision. «*Je suis à la vérité fort loin de penser à un établissement aussi grave que le mariage*» NODIER.

■ CONTR. Erreur, fausseté, illusion ; ignorance ; contrevérité, mensonge. Absurdité. Bobard, conte, invention. Apparence, fiction.

VERJUS [vɛʀʒy] **n. m.** – XIIIe ◇ de *vert* et *jus* ■ Suc acide extrait de certaines espèces de raisin, ou de raisin cueilli vert. *Le verjus entre dans la préparation de la moutarde.*

VERJUTER [vɛʀʒyte] **v. tr.** ⟨1⟩ – 1872 ; au p. p. 1694 ◇ de *verjus* ■ TECHN. Préparer au verjus. *Verjuter une sauce.* — **p. p. adj.** *Sauce verjutée.*

VERLAN [vɛʀlɑ̃] **n. m.** – v. 1970 ; *verlen* 1953, Le Breton ◇ inversion de *(à) l'envers* ■ Argot conventionnel consistant à inverser les syllabes de certains mots (ex. laisse béton pour laisse tomber, féca (café), tromé (métro), ripou (pourri), et, avec altération, meuf pour femme).

VERMÉE [vɛʀme] **n. f.** – 1258 ◇ de l'ancien français *verm* → ver ■ PÊCHE Appât fait de vers enfilés à une ficelle.

VERMEIL, EILLE [vɛʀmɛj] **adj.** et **n. m.** – 1080 ◇ latin *vermiculus* «vermisseau» ; «cochenille, teinture écarlate», en bas latin

I adj. D'un rouge vif et léger (du teint, de la peau). «*Gros et gras, le teint frais, et la bouche vermeille*» MOLIÈRE. *Teint vermeil.* ➤ **fleuri, rubicond.** «*un vrai Bourguignon tout vermeil*» COLETTE.

II n. m. (1677 ; *vermeil doré* 1656) Argent recouvert d'une dorure d'un ton chaud tirant sur le rouge. *Plats en vermeil.* — Cette dorure, appliquée sur l'argent. ◆ (de la médaille du travail en vermeil) *Carte* vermeil.*

■ CONTR. Blafard, pâle.

VERMET [vɛʀmɛ] **n. m.** – 1768 ◇ latin des zoologistes *vermetus* ; cf. ancien français *vermet* (XIIe) ; de *verm,* variante de *ver* ■ ZOOL. Mollusque gastéropode des mers chaudes ou tempérées, qui vit fixé sur les rochers.

VERM(I)- ■ Élément, du latin *vermis* «ver».

VERMICELLE [vɛʀmisɛl] **n. m.** – 1675 ; hapax 1553 ◇ plur. italien *vermicelli* «vermisseaux» ; latin populaire °*vermicellus,* latin *vermiculus,* diminutif de *vermis* ■ Pâtes à potage en forme de fils très minces enroulés ou en écheveaux. *Du vermicelle, des vermicelles. Soupe au vermicelle.* — *Vermicelle chinois, vermicelle de riz, de soja* : pâtes très fines et translucides, à base de farine de soja, de riz.

VERMICULAIRE [vɛʀmikylɛʀ] **adj.** – 1751 ; «orpin» n. f. XVe ◇ du latin *vermiculus,* diminutif de *vermis* ■ ANAT. Qui a la forme, l'aspect d'un petit ver. *Appendice vermiculaire* (ou *vermiforme*) : appendice cylindrique, prolongement du cæcum. ➤ **cæcal, vermiforme.** ◆ MÉD. *Contraction vermiculaire* : «contraction musculaire fibre par fibre, donnant sous la peau une impression de reptation» (Garnier).

VERMICULÉ, ÉE [vɛʀmikyle] **adj.** – 1380 ◇ latin *vermiculatus,* de *vermiculus* → vermiculaire ■ ARTS Orné d'un semis de petites stries sinueuses. *Émaux vermiculés.* «*Un chapelet dont chaque grain en bois noir était vermiculé*» GENET. ◆ Qui présente de petites stries sinueuses. «*Visage tout vermiculé de rides noirâtres*» ROMAINS.

VERMICULITE [vɛʀmikylit] **n. f.** – 1875 ◇ de *vermiculé* et *-lite,* pour *-lithe* ■ MINÉR., TECHN. Silicate hydraté provenant de l'altération du mica, se présentant en petites écailles. *La vermiculite est utilisée comme isolant et adsorbant.*

VERMICULURE [vɛʀmikylyʀ] **n. f.** – 1835 ◇ de *vermiculé* ■ ARTS Motif ornemental d'un ouvrage vermiculé. «*ces vermiculures en relief donnaient à l'objet l'apparence d'un jouet*» GENET.

VERMIFORME [vɛʀmifɔʀm] **adj.** – 1532 ◇ de *vermi-* et *-forme* ■ En forme de ver. *Appendice vermiforme.* ➤ **vermiculaire.** ◆ ZOOL. *Larve vermiforme* : type courant de larve d'insecte, apode, pourvue de pièces buccales rudimentaires qui la forcent à se nourrir de matières en putréfaction (ex. asticot de la mouche).

VERMIFUGE [vɛʀmifyʒ] **adj.** – 1738 ◇ de *vermi-* et *-fuge* ■ Qui provoque l'expulsion des vers intestinaux. ➤ **anthelminthique.** *Sirop vermifuge.* — **n. m.** «*Tous les enfants avaient des vers et on les bourrait de vermifuges*» SAND.

VERMIFUGER [vɛʀmifyʒe] **v. tr.** ⟨3⟩ – 1905 ◇ de *vermifuge* ■ Faire absorber un vermifuge à. *Vermifuger un chiot.*

VERMILLE [vɛʀmij] **n. f.** – 1842 ◇ du latin *vermis* «ver» ■ PÊCHE Ligne de fond (avec hameçons et vers), pour la pêche aux anguilles.

VERMILLER [vɛʀmije] **v. intr.** ⟨1⟩ – 1375 *vermeiller* ◇ du latin *vermiculus,* diminutif de *vermis* «ver» ■ VÉN., AGRIC. Fouiller la terre du groin (sanglier, cochon). ➤ aussi 1 **vermillonner.**

VERMILLON [vɛʀmijɔ̃] **n. m.** – *vermeillon* XIIe ◇ de *vermeil* ■ **1** Poudre fine de cinabre, substance colorante d'un rouge vif tirant sur le jaune ; couleur extraite de cette substance. *Un tube de vermillon.* «*ce vermillon qui étonne souvent chez Rubens*» GAUTIER. ■ **2** Couleur rouge vif. «*le vermillon de son visage*» FRANCE. — APPOS. INV. *Rouge vermillon. Des bouches rouge vermillon.* ADJT INV. *Ongles vermillon.*

1 **VERMILLONNER** [vɛʀmijɔne] v. intr. ‹1› – 1690 ◇ de *vermiller* ■ VÉN. Se dit du blaireau qui fouille la terre. ➤ aussi **vermiller.**

2 **VERMILLONNER** [vɛʀmijɔne] v. tr. ‹1› – *vermeillonné* 1380 ◇ de *vermillon* ■ Teindre de vermillon. — « *La figure, un peu rouge, vermillonnée par le grand air* » MAUPASSANT.

VERMINE [vɛʀmin] n. f. – XIIe ◇ latin *vermina*, plur. de *vermen* « ver » ■ 1 Ensemble des insectes (puces, poux, etc.) parasites de l'être humain et des animaux. « *Son linge fourmille de vermine* » DORGELÈS. ◆ PAR MÉTAPH., LITTÉR. « *Scrupules, vermine de la volonté* » RENARD. ■ 2 (1576) FIG. et LITTÉR. Ensemble nombreux d'individus méprisables, nuisibles à la société. ➤ **canaille, racaille.** « *Un des plus décriés représentants de cette vermine* » BLOY. — FAM. Personne méprisable. ➤ **peste, gale.** « *arracher pour vos enfants, des griffes de cette vermine, une fortune* » BALZAC.

VERMINEUX, EUSE [vɛʀminø, øz] adj. – 1810 ; « véreux » XIIIe ◇ latin *verminosus* ■ MÉD. Relatif aux vers intestinaux. *Appendicite vermineuse. Abcès vermineux.*

VERMIS [vɛʀmis] n. m. – 1858 ◇ mot latin « ver » ■ ANAT., ZOOL. Partie médiane du cervelet des mammifères et des oiseaux, faisant une saillie allongée d'avant en arrière sur ses faces supérieure et inférieure, entre les deux hémisphères cérébelleux.

VERMISSEAU [vɛʀmiso] n. m. – v. 1200 ◇ latin populaire °*vermicellus* (→ vermicelle), classique *vermiculus*, de *vermis* ■ Petit ver, petite larve. « *Des poules en liberté picoraient de menus vermisseaux* » PERGAUD. ◆ PAR MÉTAPH. (par allus. à la faiblesse humaine) « *Un si chétif vermisseau* » PASCAL.

VERMIVORE [vɛʀmivɔʀ] adj. – XVIIIe ◇ de *vermi-* et *-vore* ■ ZOOL. Qui se nourrit de vers.

VERMOULU, UE [vɛʀmuly] adj. – XIIIe ◇ de *ver** et *moulu*, de *moudre* ■ Se dit du bois, d'un objet de bois rongé, mangé par les vers. ➤ **piquer** (I, A, 3°) ; RÉGION. **cussonné.** « *Un tiroir-caisse en bois vermoulu* » AYMÉ. PAR MÉTAPH. « *Exhumer cette œuvre moisie et vermoulue* » A. BERTRAND.

VERMOULURE [vɛʀmulyʀ] n. f. – 1283 ◇ de *vermoulu* ■ Fait de devenir vermoulu ; piqûre, trace de vers dans le bois.

VERMOUTH [vɛʀmut] n. m. – 1795 ◇ allemand *Wermut* « absinthe » ■ Apéritif à base de vin aromatisé de plantes amères et toniques (absinthe, gentiane, écorce d'oranges, quinquina, genièvre). *Les vermouths et les amers. Vermouth blanc, rouge.* ◆ Verre de vermouth. — On écrit parfois *vermout* (1798). « *l'heure du vermout arrivait tout doucement, et puis celle du dîner* » ALLAIS.

VERNACULAIRE [vɛʀnakylɛʀ] adj. – 1765 ◇ du latin *vernaculus* « indigène, domestique », de *verna* « esclave né dans la maison » ■ DIDACT. Du pays, propre au pays. SPÉCIALT (1823) *Langue vernaculaire* (opposé à *véhiculaire*) : langue parlée seulement à l'intérieur d'une communauté, souvent restreinte (➤ **dialecte**). ◆ BIOL. *Nom vernaculaire* : nom d'un animal ou d'une plante dans la langue courante (le nom scientifique étant donné en latin).

VERNAL, ALE, AUX [vɛʀnal, o] adj. – XVIe ; hapax 1119 ◇ latin *vernalis*, de *vernus* « printanier », de *ver* « printemps » ■ DIDACT. De printemps. — ASTRON. *Point vernal* : position du Soleil à l'équinoxe* de printemps. — BOT. *Espèce vernale*, qui se développe au printemps.

VERNALISATION [vɛʀnalizasjɔ̃] n. f. – v. 1940 ◇ de *vernal*, calque du russe *iarovizatsia*, de *iarovoï* « du printemps » ■ AGRIC., BOT. Technique d'avancement ou de retardement du cycle d'un végétal par traitement des semences à une température basse ou élevée.

VERNATION [vɛʀnasjɔ̃] n. f. – 1826 ◇ latin *vernatio* ■ BOT. Disposition des feuilles ou des pièces florales dans le bourgeon, qui indique la préfoliation ou la préfloraison.

VERNI, IE [vɛʀni] adj. et n. m. – *vreni* 1180 ◇ de *vernir*
I adj. ■ 1 Enduit de vernis. *Bois verni. Souliers vernis. Ongles vernis.* — Vernissé*. « *Des jattes en terre vernie* » BALZAC. ◆ Luisant. *Les feuilles vernies du houx.* ■ 2 (1906) FAM. Qui a de la chance. ➤ **chanceux, veinard.** *Vous êtes verni !*
II n. m. ■ 1 Cuir verni. *Sac en verni noir.* ■ 2 (1926) Mollusque bivalve comestible, à la coquille vernissée brun-rouge.
■ HOM. Vernis.

VERNIER [vɛʀnje] n. m. – 1774 ◇ nom de l'inventeur (1580-1637) ■ Instrument de mesure (➤ **calibre**) formé de deux règles graduées, la plus grande fixe, l'autre mobile, servant à la mesure précise des subdivisions d'une échelle. *Vernier circulaire*, pour la mesure des arcs.

VERNIR [vɛʀniʀ] v. tr. ‹2› – 1294 ; p. p. 1180 ◇ de *vernis* ■ 1 Enduire de vernis. *Vernir un tableau. Vernir ses ongles. Se vernir les ongles de pieds.* ■ 2 LITTÉR. Revêtir d'un vernis (2°). « *Cet imperturbable sérieux dont on vernit sa pensée sceptique* » BARRÈS.
■ HOM. *Vernissent* : vernisse (vernisser).

VERNIS [vɛʀni] n. m. – 1131 ◇ latin médiéval *veronice* « sandaraque » ; grec byzantin *beronikê* prononcé *veronikê* (p.-ê. par l'italien *vernice*) ; probablt de *Berenikê*, ville de Cyrénaïque d'où on tirait cette résine ■ 1 Solution résineuse qui laisse sur le corps où on l'applique, après évaporation ou solidification, une pellicule unie et qui sert à le décorer ou à le protéger. ➤ **enduit, laque.** *Vernis à l'alcool, à l'essence. Vernis gras, bitumineux, cellulosique, synthétique. Vernis fixateur, hydrofuge. Le vernis d'un tableau. Craquelures, écaillage du vernis. Vernis dur, mou*, utilisés par les graveurs, pour protéger la planche de cuivre contre l'eau-forte. — *Vernis à ongles. Mettre du vernis à ongles.* ABSOLT « *La manucure changeait de lime, de repoussoir, de vernis* » ARAGON. *Vernis rouge, transparent.* ◆ Éclat d'un vernis. « *Ses bottes d'un vernis irréprochable* » BALZAC. ◆ Nom donné à certains végétaux dont on tire des substances résineuses. *Vernis du Japon.* ➤ **sumac.** *Faux vernis du Japon.* ➤ **ailante.** ■ 2 (1697) (ABSTRAIT) Aspect séduisant et superficiel. ➤ **apparence,** 2 **brillant.** « *il possédait ce qu'on appelle un vernis culturel, qui lui permettait de faire illusion en société* » P. BAILLY. *Avoir un vernis de culture, de science.* ➤ **teinture.** « *c'est ainsi que nous sommes, dès qu'on gratte un peu le vernis : de petits barbares* » LOTI. ■ HOM. Verni.

VERNISSAGE [vɛʀnisaʒ] n. m. – 1837 ◇ de *vernir* ■ 1 Action de vernir (un tableau, une planche de gravure, etc.), de vernisser (une poterie). ■ 2 (1880) Jour d'ouverture d'une exposition de peinture (les artistes pouvaient achever d'y vernir leurs tableaux). — Inauguration privée d'une exposition, notamment de peinture. *Être invité à un vernissage.* « *Vernissages... J'exècre ces endroits. On y trouve le plus fort concentré d'ambition et de méchanceté* » J. ATTALI.

VERNISSÉ, ÉE [vɛʀnise] adj. – XIIe *vernicié* ◇ p. p. de *vernisser* ■ 1 Enduit de vernis (poterie, faïence). ➤ **verni.** *Tuiles vernissées.* ■ 2 Brillant, luisant comme du vernis. « *Les ailes vernissées du corbeau* » GAUTIER.

VERNISSER [vɛʀnise] v. tr. ‹1› – *vernecier* 1323 ◇ de *vernis* ■ Enduire de vernis (une poterie, une faïence, etc.).
■ HOM. *Vernisse* : vernissent (vernir).

VERNISSEUR, EUSE [vɛʀnisœʀ, øz] n. – 1669 ; « objet servant à vernir » 1402 ◇ de *vernir* ■ Ouvrier, ouvrière spécialiste des travaux de vernissage. *Vernisseur sur cuir, en lutherie. Vernisseur au pistolet.*

VÉROLE [veʀɔl] n. f. – XIIe ◇ bas latin des médecins *vayrola*, variante de *variola* → variole ■ 1 VX Maladie éruptive laissant des cicatrices. SPÉCIALT, MOD. **PETITE VÉROLE** : variole. ■ 2 (1532 ; *veyrole de Naples* 1501) FAM. Syphilis*. ◆ LOC. *S'abattre, se ruer, tomber sur (qqn, qqch.) comme la vérole sur le bas clergé (breton* ou *espagnol)*, brusquement, avec violence.

VÉROLÉ, ÉE [veʀɔle] adj. – 1508 ◇ de *vérole* ■ FAM. ■ 1 Qui a la syphilis. ➤ **syphilitique.** — (T. d'injure) « *Enfoiré, va ! Espèce de vérolé !* » LE CLÉZIO. ■ 2 (CHOSES) ➤ **infect, pourri.** — INFORM. *Programme, fichier vérolé*, comportant des erreurs.

VÉRONAL [veʀɔnal] n. m. – 1903 ◇ marque déposée ; du n. de la ville de *Vérone* où s'est tenu un congrès de chimie ■ PHARM. Barbital*. *Empoisonnement au véronal. Des véronals.* — REM. *Véronal* est l'un des noms de marque sous lequel fut commercialisé le barbital en Allemagne.

1 **VÉRONIQUE** [veʀɔnik] n. f. – 1545 ◇ latin des botanistes *veronica* (1542), de *sainte Véronique* → 2 véronique ■ Plante herbacée des bords d'eau *(scrofulariacées)* aux fleurs bleues à quatre pétales en croix. *Véronique officinale* ou *thé d'Europe*, dépurative.

2 **VÉRONIQUE** [veʀɔnik] n. f. – 1911 ◇ espagnol *veronica*, du nom de *sainte Véronique*, par anal. du geste qu'elle fit pour essuyer la face du Christ ■ TAUROM. Passe exécutée par le toréro avec la cape. « *un geste large et rond qui me faisait songer à la véronique du torero* » J.-P. MILOVANOFF.

VERRANNE [veʀan] **n. f.** – 1964 ◊ de *verre* et *(fibr)anne* ■ TECHN. Fibre de verre discontinue, à brins de longueur variable.

VERRAT [veʀa] **n. m.** – 1334 ◊ de l'ancien français *ver* ; latin *verres* ■ AGRIC. Porc mâle employé comme reproducteur.

VERRE [vɛʀ] **n. m.** – fin XIIe ◊ du latin *vitrum,* qui a également donné *vitre*

I LE VERRE. SUBSTANCE ■ **1** Substance fabriquée, dure, cassante et transparente, de structure vitreuse, essentiellement formée de silicates alcalins. *Pâte de verre :* pâte obtenue par fusion d'un mélange de silices (sable) et de carbonates. *Trempe du verre.* «*le verre est froid, dur, cassant, brillant. Tels sont ses attributs fondamentaux*» TOURNIER. *Verre coulé, étiré, moulé, filé. Souffler du verre. Verre blanc* (➤ **crown-glass**), *verre à vitre :* verre ordinaire. *Verre à bouteilles. Verre coloré, irisé, teinté. Verre craquelé. Verre dépoli, opaque ; verre cathédrale* (2°). — *Verre au plomb.* ➤ **cristal, flint-glass, strass.** *Verre minéral,* à base de quartz. *Verre organique. Verre pyrex* (marque déposée). *Verre incassable,* soumis à une trempe spéciale. *Verre sécurit** (marque déposée). *Verre armé,* dans la masse duquel est incorporé un réseau de fils métalliques. *Verre triplex.* ➤ 1 **triplex.** *Verre feuilleté*.* — *Industries du verre* (➤ **verrerie**). *Les panneaux de verre d'une fenêtre* (➤ **carreau, glace, vitre ; verrière**). *Lamelles de verre d'un microscope.* — *Mettre une image sous verre.* ➤ **sous-verre.** *Un fixé sous verre :* image reproduite sur un support de verre (cf. Fixé, sous-verre). LOC. *Se briser, se casser comme (du) verre,* très facilement, avec une cassure nette. ◆ LOC. *Maison de verre :* maison, entreprise où il n'y a rien de secret. — *Plafond de verre :* barrière invisible empêchant certaines personnes (les femmes notamment) d'accéder aux plus hauts postes au sein d'une entreprise. ◆ *Laine, coton de verre :* matière composée de fils de verre très fins, utilisée comme filtrant ou isolant. — *Papier de verre,* où des débris de verre sont fixés au papier, à la toile (abrasif). *Fibre* de verre.* ◆ *Objet en verre. Bijoux, ornements de verre.* ➤ **verroterie.** *Œil* de verre. Bouteilles en verre et bouteilles en plastique.* ◆ *Travail du verre. Gravure sur verre. Peinture sur verre* (➤ **vitrail**). ◆ Verre blanc ordinaire (opposé à *cristal*). ◆ *Maladie des os de verre :* ostéogenèse* imparfaite. ◆ TECHN. Matières plastiques transparentes (à base de cellulose, phénol, vinyle) utilisées pour leur souplesse, leur résistance à la rupture. *Verre organique.* ➤ **plexiglas.** ■ **2** MINÉR. Substance naturelle vitreuse. *Verre de volcan :* l'obsidienne.

II UN VERRE, DES VERRES. MORCEAU DE VERRE, OBJET EN VERRE A. PLAQUE ■ **1** (XIIIe *voire* «vitrail») Plaque, lame, morceau ou objet de verre. *Verre qui protège une image* (➤ **sous-verre**). — (1690) *Verre de montre,* qui en protège le cadran. *Verre de lampe* (1°). FIG. et FAM. *Souple comme un verre de lampe,* très raide. — *Verres optiques, d'optique,* auxquels on a donné une forme déterminée, choisie pour ses propriétés optiques *(verres concaves, convexes, biconcaves, biconvexes, plan-convexes).* ➤ **lentille, ménisque.** *Verres déformants, grossissants. Verres correcteurs* (de la vue). ■ **2** (1949) *Des verres :* des verres optiques ou des lentilles en plastique que l'on porte pour mieux voir. *Porter des verres* (➤ **lorgnon, lunettes**), *des verres fumés, des verres teintés. Verres antireflets*. Verres incassables.* — *Verres de contact*, verres cornéens.* ➤ **lentille.**

B. RÉCIPIENT ■ **1** (début XIVe) Récipient à boire, en verre, en cristal. *Verre à pied. Verre gobelet*. Verre en cristal. Verre à eau, à vin (à bordeaux, à porto), à bière* (➤ **chope**), *à liqueur. Verre ballon*, verre tulipe*. Verre à dégustation. Verre à champagne.* ➤ 1 **coupe,** 1 **flûte.** *Verre à shot.* — *Service de verres. Assiettes, verres et couverts.* — *Emplir, remplir son verre. Vider son verre :* boire. «*on vide son verre d'un seul coup*» GAUTIER (cf. Faire cul* sec). *Lever son verre* (pour trinquer) : porter un toast. — LOC. PROV. *Qui casse* les verres les paie.* ◆ *Verre à café.* ➤ **mazagran.** — (d'après *brosse à dents*) **VERRE À DENTS :** verre servant à se rincer la bouche, quand on se lave les dents. — **VERRE À MOUTARDE :** récipient de verre qui peut, une fois vide, servir de verre de cuisine ; verre ordinaire, à bon marché. «*des verres taillés d'une finesse extrême voisinaient avec des verres à moutarde*» PEREC. — *Verre jetable en carton, en plastique.* ◆ COMM. *Les verres :* les récipients en verre. *Verres consignés.* ■ **2** (1636) Contenu d'un verre. *Boire un verre d'eau, un verre de bière* (➤ **bock, demi**). — Boisson dans un verre, généralement alcoolisée, que l'on prend hors des repas, au café. ➤ **drink ;** FAM. 1 **canon,** ARG. **glass,** 1 **godet, pot.** *Payer, offrir un verre* (➤ aussi **tournée**). *Boire un verre. Il* «*proposa d'aller prendre un dernier verre après le dîner*» ECHENOZ. *Un petit verre :* un verre d'alcool, de liqueur. *Avoir un verre dans le nez*. Il est toujours entre deux verres.* — *Se noyer* dans un verre d'eau. Une tempête* dans un verre d'eau.*
■ HOM. Vair, ver, vers, vert.

VERRÉ, ÉE [veʀe] **adj.** – 1871 ; «vitré» v. 1180 ; variante *voirré,* moyen français ◊ de *verre* ■ TECHN. Saupoudré de verre en poudre. *Papier verré* (ou COUR. *papier de verre*), *toile verrée.* ■ HOM. Vairé.

VERRÉE [veʀe] **n. f.** – 1889 ; «contenu d'un verre» 1553 ◊ de *verre* ■ (Suisse) Réunion où l'on offre à boire. *La verrée de Noël.*
■ HOM. Vairé.

VERRERIE [vɛʀʀi] **n. f.** – v. 1270 *veirrerie* sens 2° ◊ de *verre* ■ **1** (1376) Fabrique, usine où l'on fait et où l'on travaille le verre. ■ **2** Fabrication du verre et des objets en verre. ➤ **cristallerie, miroiterie, optique, vitrerie.** *Procédé traditionnel* (soufflage) ; *procédés modernes de la verrerie* (coulage, moulage, etc.). ■ **3** Commerce du verre, des objets en verre. *Rayon de verrerie d'un grand magasin.* ■ **4** (1662 ; *vairerie* XIVe) Objets, ouvrages de verre. «*Verreries, vaisselles, porcelaines* [...] *Tout étincelait*» HUGO. *Verrerie de laboratoire :* éprouvette, pipette, cristallisoir, fiole, bécher...

VERRIER [veʀje] **n. m.** – 1265 ◊ de *verre* ■ **1** Celui qui fabrique le verre ou des objets en verre. APPOS. *Ouvriers verriers.* ➤ aussi **souffleur.** «*devant des fours incandescents, les artisans verriers tournent au bout de leur longue canne la masse pâteuse, laiteuse, une énorme goutte irisée qui s'étire*» TOURNIER. ◆ Ouvrier de la verrerie, depuis la fusion jusqu'à la décoration des objets. ■ **2** Artiste en vitraux ; peintre sur verre.

VERRIÈRE [veʀjɛʀ] **n. f.** – v. 1150 ◊ de *verre* ■ **1** ANCIENNT Fenêtre garnie de verre, d'une vitre. — SPÉCIALT Grande ouverture ornée de vitraux ; vitrail de grande dimension. *Les verrières de la cathédrale de Chartres.* ■ **2** COUR. Grand vitrage ; paroi vitrée (d'une véranda, etc.). *La verrière d'une gare.* ■ **3** AÉRONAUT. Dôme transparent recouvrant l'habitacle du pilote.

1 **VERRINE** [veʀin] **n. f.** – 1611 ; «vitrail» v. 1125 ◊ de l'adj. *verrin, ine* (XIIe) «en verre», du latin *vitrinus* ■ **1** TECHN. Petit globe de verre protégeant une lampe, une source de lumière. ■ **2** Récipient en verre pour la conservation des aliments. *Foie gras entier en verrine.* ■ **3** Préparation (mise en bouche, dessert) joliment présentée dans un petit verre. ■ HOM. Vérine.

2 **VERRINE** ➤ **VÉRINE**

VERROTERIE [veʀɔtʀi] **n. f.** – 1657 ◊ de *verrot,* diminutif de *verre* ■ Petit(s) ouvrage(s) de verre coloré et travaillé, dont on fait des bijoux (colliers, bracelets) et des ornements de faible valeur (➤ 2 **clinquant, pacotille**). *De la verroterie. Bijoux en verroterie.* — «*Des peignes agrémentés de verroteries*» MAUPASSANT.

VERROU [veʀu] **n. m.** – 1120 *veruil,* puis *verouil* ◊ *rr* par attraction de *ferrum,* finale issue du plur. (cf. *genou*) ; du latin *veruculum,* diminutif de *veru* «broche» → vérin ■ **1** Système de fermeture constitué par une pièce de métal allongée qui coulisse horizontalement de manière à s'engager dans un crampon ou dans une gâchette (comme le pêne d'une serrure). ➤ **targette.** *Verrou à barre, à tige, à ressort* (à pêne à ressort), *à bouton. Verrou de sûreté,* muni d'une clé qui permet de l'ouvrir du dehors. — *Pousser, tirer le verrou* (pour fermer et ouvrir lorsqu'il s'agit d'un verrou à tige). «*Tire le verrou, Christine, ouvre vite*» LECONTE DE LISLE. *Mettre le verrou :* fermer. — LOC. *Mettre qqn sous les verrous,* l'enfermer, l'emprisonner. *Être sous les verrous,* en prison. «*On l'accuse d'avoir écrit un tract antimilitariste, et* [...] *il est sous les verrous*» MARTIN DU GARD. ■ **2** (1842 «dispositif d'un laminoir») TECHN. Dispositif assujettissant des éléments mobiles. *Verrou tournant,* fixant un conteneur à un châssis de transport. ◆ (1887) CH. DE FER Dispositif de calage des aiguillages. ◆ (1889) Dispositif d'ouverture d'une culasse d'arme à feu. ■ **3** (1919) GÉOL. Barre rocheuse fermant une vallée glaciaire. *Un verrou glaciaire.* ■ **4** FIG. Ce qui constitue un verrouillage (personnes, matériel). ◆ Système défensif ou obstacle visant à empêcher le déroulement d'une action. *Faire sauter les verrous qui interdisent la modernisation de l'entreprise.* «*Maintenant qu'il était mort, qu'elle avait quitté l'hôpital, les verrous allaient sauter*» F. THILLIEZ. ■ **5** (1934) ALPIN. Le fait de coincer une main ou un pied par torsion. *Effectuer un verrou.*

VERROUILLAGE [veʀujaʒ] **n. m.** – 1894 sens 2° ◊ de *verrouiller* ■ **1** (1917) Le fait de verrouiller ; manière dont une ouverture est verrouillée. — *Verrouillage de la culasse d'une arme à feu.* ■ **2** Dispositif bloquant un fonctionnement dans certaines conditions. *Le verrouillage de la marche arrière, dans un changement de vitesse. Verrouillage mécanique, électronique. Ver-*

rouillage d'un ordinateur. — AUTOM. *Verrouillage central* ou *centralisé* : blocage simultané de toutes les portes d'un véhicule. ➤ **condamnation.** ♦ FIG. Tactique visant à figer une situation, à l'empêcher d'évoluer. ■ **3** FIG. MILIT. Opération défensive qui consiste à interdire le passage sur un point du front. *Le verrouillage d'une brèche.* ■ **4** ALPIN. Action d'effectuer un verrou. ■ CONTR. Déverrouillage.

VERROUILLER [veʀuje] v. tr. ‹1› – *verroillier* v. 1190 ◊ de *verrou* ■ **1** Fermer à l'aide d'un verrou. *Verrouiller une porte, une fenêtre.* « *la porte charretière était close, verrouillée d'une barre de fer* » ZOLA. ♦ (1899) Fermer par un dispositif spécial. *Verrouiller la culasse d'un fusil.* — Rendre inaccessible. *La police a verrouillé le quartier. Verrouiller la mémoire d'un ordinateur, l'accès à une information.* ♦ MILIT. *Verrouiller une brèche* (➤ **verrouillage**). ■ **2** Enfermer, mettre (qqn) sous les verrous. « *Nous l'allons verrouiller dans un couvent* » HUGO. *Se verrouiller* : s'enfermer. ■ **3** (ABSTRAIT) Empêcher d'évoluer, bloquer. *Verrouiller un processus, un parti politique. La situation est verrouillée,* bloquée et contrôlée. ■ CONTR. Déverrouiller.

VERRUCAIRE [veʀykɛʀ] n. f. – 1828 ; « qui guérit les verrues » XVIe ◊ latin *verrucaria* ■ BOT. Lichen *(verrucariacées)* dont les fructifications forment des excroissances rugueuses sur le thalle.

VERRUCOSITÉ [veʀykozite] n. f. – 1908 ◊ du latin *verrucosus* → verruqueux ■ PATHOL. Végétation* de la peau ou d'une muqueuse dont la surface mamelonnée, grisâtre, est couverte d'une couche cornée dure.

VERRUE [veʀy] n. f. – XIIIe ; *berrue* 1220 ◊ latin *verruca* ■ **1** Petite excroissance de la peau (papillome), de consistance molle (➤ **nævus**) ou recouverte d'une couche cornée épaisse plus ou moins pigmentée. ➤ **papillome, pois** (chiche) ; FAM. **poireau.** *Verrue vulgaire,* due à un virus, siégeant surtout aux mains et aux pieds, souvent multiple. *Verrue sénile* (ou *séborrhéique*) : petite saillie circonscrite recouverte d'un enduit corné gras (visage, dos, cou) survenant après la quarantaine. *Verrue plantaire* (du pied). *Verrue plane.* ♦ LOC. *Herbe aux verrues* : chélidoine, héliotrope (censées soigner les verrues). ■ **2** FIG. LITTÉR. Ce qui défigure, enlaidit. « *cette redoutable Cour des Miracles,* [...] *hideuse verrue à la face de Paris* » HUGO.

VERRUQUEUX, EUSE [veʀykø, øz] adj. – 1494 ◊ latin *verrucosus* ■ **1** En forme de verrue. *Excroissance verruqueuse.* ■ **2** Qui a des verrues, est couvert de verrues. « *Une chair épaisse et verruqueuse* » GONCOURT. ■ **3** MÉD. Qui s'accompagne de verrues. *Tuberculose verruqueuse.* ■ **4** BOT. *Organe verruqueux,* hérissé de petites excroissances.

1 **VERS** [vɛʀ] prép. – 980 ◊ du latin *versus,* de *vertere* « tourner » ■ **1** En direction de. *Se diriger vers la sortie. Rouler vers l'ouest. Il vint vers moi. S'avancer, marcher vers l'ennemi.* ➤ **à, 1 sur.** *Ils allaient l'un vers l'autre* (cf. À la rencontre de). — *Vers où* (tour critiqué, pour *vers lequel, laquelle*). « *La garrigue, vers où m'entraînait déjà cet étrange amour de l'inhumain* » GIDE. — (Marquant la direction d'un geste, d'un regard). *Tourner la tête vers qqn.* « *Soudain, tournant vers moi son regard émouvant* » VERLAINE. « *Il s'affaiblissait, il se courbait davantage vers la terre* » ZOLA. *La façade de l'immeuble regarde vers le sud.* ■ **2** (ABSTRAIT) (Pour marquer le terme d'une évolution ou d'une tendance). « *Le scepticisme est donc le premier pas vers la vérité* » DIDEROT. « *Une tendresse secrète le portait vers le braconnier* » ZOLA. *Être entraîné, poussé vers...* « *aspiration vers l'infini* » BAUDELAIRE. ♦ (Avec ellipse du verbe, dans les titres des journaux) *Vers une solution du problème.* ■ **3** (XIIe) Du côté de (sans mouvement). *Vers le nord.* « *Vers la droite* [...] *Des rossignols se mirent à chanter* » ALAIN. *Vers le fond, le centre.* ♦ Aux environs de. « *Vers Livourne, nous rencontrâmes les vingt voiles* » HUGO. — PAR EXT. (et ABUSIVEMENT) À environ. « *Il naviguerait vers sept cents mètres* » SAINT-EXUPÉRY. ■ **4** (XVIe) À peu près (à telle époque). ➤ **environ, 1 sur.** *Vers les cinq heures. Son mariage aura lieu vers la mi-mai.* « *Pour connaître un peu le mouvement néo-catholique vers 1840* » FLAUBERT. *Vers le milieu de sa vie.* ■ HOM. Vair, ver, verre, vert.

2 **VERS** [vɛʀ] n. m. – v. 1138 ; plus souvent « laisse, strophe, couplet » en ancien français ◊ latin *versus* « sillon, ligne, vers » ■ **1** *Un vers* : fragment d'énoncé formant une unité rythmique définie par des règles concernant la quantité (vers mesurés, métriques), l'accentuation ou le nombre des syllabes (➤ **versification**). *Vers grecs, latins,* composés d'un certain nombre de mètres ou de pieds : hexamètre, pentamètre, tétramètre ; septénaire... *Scander des vers de Virgile. Vers accentués de la poésie anglaise. Vers syllabiques, assonancés puis rimés, de la poésie française.* ➤ **assonance, rime.** *Vers de six, sept, huit, neuf, dix, onze, douze syllabes,* etc. ➤ aussi **alexandrin.** *Strophe* de plusieurs vers.* « *Comme le vers repart et tourne dans la strophe En prenant pour pivot la rime sans raison* » J. RÉDA. *Vers faux, boiteux*. Vers blanc*. Nombre* d'un vers. Coupe du vers* : césure, enjambement, rejet. *Vers réguliers,* conformes aux règles de la versification traditionnelle. « *Si on en est arrivé au vers actuel, c'est surtout qu'on est las du vers officiel* » MALLARMÉ. *Vers libres* : suite de vers réguliers mais de longueur inégale et dont les rimes sont combinées de façon variée (dans la poésie classique) ; Vers non rimés et irréguliers (depuis les symbolistes). ➤ **vers-librisme.** *Suite de vers* (laisse, strophe, tercet, quatrain, etc. ; poème). *Vers de mirliton*. De bons, de mauvais vers. Un vers de Dante, de Corneille.* ■ **2** *Les vers* : l'écriture en vers (1°). ➤ **poème, poésie.** *L'idée se fait jour* « *qu'il existe des vers qui ne sont pas de la poésie et qu'il est au contraire de la poésie en dehors des vers* » CAILLOIS. *Composer, écrire, faire des vers,* de la poésie. « *Et Mallarmé, avec sa douce profondeur : "Mais, Degas, ce n'est point avec des idées que l'on fait des vers... c'est avec des mots"* » VALÉRY. *Faiseur de vers.* ➤ **rimeur, versificateur.** *Recueil de vers. Œuvre en vers. Dire, réciter, déclamer des vers. Mettre en vers, écrire en vers.* ➤ **rimer, versifier.** *Vers de circonstance* : poèmes inspirés par l'actualité, les menus faits de la vie de l'auteur. ♦ LITTÉR. *Le vers.* ➤ **poésie.** « *En un temps où le vers ne savait plus chanter, il* [Rousseau] *a orchestré sa prose avec éclat* » LANSON. ■ CONTR. Prose.

VERSAILLAIS, AISE [vɛʀsajɛ, ɛz] adj. et n. – 1871, hist. ◊ du nom de la ville de *Versailles* ■ De Versailles. ♦ HIST. Fidèle à l'Assemblée nationale qui siégeait à Versailles et combattit la Commune. *Armée versaillaise.* — n. *Les versaillais et les communards.*

VERSANT [vɛʀsɑ̃] n. m. – 1800 ◊ de *verser* ■ **1** Chacune des deux pentes (d'une montagne ou d'une vallée). « *le double versant de la vallée* » RAMUZ. ➤ **pente.** *Versant nord* (➤ **ubac**), *sud* (➤ **adret**). ■ **2** L'un des deux aspects opposés ou simplement différents (de qqch.). *Les deux versants d'une même politique.*

VERSATILE [vɛʀsatil] adj. – 1588 ; *épée versatile* « à deux tranchants » 1530 ◊ latin *versatilis,* de *versare* → verser ■ Sujet à changer facilement d'opinion ; exposé à des revirements soudains. ➤ **changeant*, inconstant, lunatique.** *Un esprit, un caractère versatile* (➤ **girouette**). « *Mais cette foule est prodigieusement versatile, tracassière et frondeuse* » THARAUD. ■ CONTR. Entêté, obstiné, opiniâtre, persévérant.

VERSATILITÉ [vɛʀsatilite] n. f. – 1738 ◊ de *versatile* ■ Caractère versatile. ➤ **inconstance, mobilité.** *La versatilité des foules. Ce petit* « *a l'esprit d'une consternante versatilité* » GIDE. ■ CONTR. Entêtement, obstination, opiniâtreté, persévérance.

VERSE [vɛʀs] n. f. – 1680 ; *à la verse* 1640 ◊ de *verser* ■ **1** loc. adv. **À VERSE,** se dit de la pluie qui tombe en abondance. *Il pleuvait à verse.* ➤ **averse.** *La pluie tombe à verse.* ■ **2** (1859) AGRIC. État des céréales, des légumineuses inclinées ou versées sur le sol par les pluies, la maladie, etc. *La verse des blés. Il y a eu de la verse.*

VERSÉ, ÉE [vɛʀse] adj. – 1607 ; *versé à* 1559 ◊ latin *versatus,* de *versari* « vivre habituellement dans, s'occuper de » ■ LITTÉR. *Versé dans* : qui est expérimenté et savant (en une matière), qui en a une longue expérience. *Versé dans les lettres et les arts, dans l'art de l'escrime. Des messieurs* « *peu versés peut-être dans l'art de recevoir* » PROUST. *Être très versé en architecture romane.* ■ HOM. Verser.

1 **VERSEAU** [vɛʀso] n. m. – 1545 ◊ de *verse-eau,* traduction du grec *hudrokhoeus* « qui verse de l'eau » ■ ASTRON. Constellation zodiacale de l'hémisphère austral. ♦ ASTROL. Onzième signe du zodiaque (20 janvier-18 février). — ELLIPT *Elle est Verseau,* née sous le signe du Verseau. ■ HOM. Verso.

2 **VERSEAU** [vɛʀso] n. m. – 1872 ◊ de *verser* « pencher » → versant ■ ARCHIT. Pente du dessus d'un entablement non couvert.

VERSEMENT [vɛʀsəmɑ̃] n. m. – 1695 ◊ de *verser* ■ **1** Action de verser de l'argent. ➤ **dépôt, paiement, règlement, remise.** *Versement de fonds sur un compte. Le versement d'une somme, d'indemnités à qqn. S'acquitter en plusieurs versements.* « *Versements accumulés en un pécule* » CARCOPINO. ■ **2** Somme d'argent versée. *Le premier versement s'élève à mille euros.*

VERSER [vɛʀse] v. ‹1› – 1080 ◊ latin *versare,* fréquentatif de *vertere* « tourner, retourner »

I ~ v. tr. ▪ **1** Faire basculer, faire tomber sur le côté en inclinant. ➤ **renverser** (plus cour.). *« Rieux trouva son malade à demi versé hors du lit »* CAMUS. — *L'orage a versé les blés.* ➤ 1 **coucher ; verse.** ▪ **2** (XIIe) COUR. Faire tomber, faire couler (un liquide) d'un récipient qu'on incline. *Verser du vin dans un verre ; le verser d'une bouteille dans une autre.* ➤ **transvaser.** *Verser le thé, le café.* ➤ **servir.** *Verser du vin à qqn. « Versons à boire au roi de la fève »* COLETTE. — *Se verser un deuxième verre.* — ABSOLT *« Elle versait trop lentement en surveillant sans cesse le niveau du liquide dans le verre »* ROBBE-GRILLET. ♦ PAR EXT. Répandre. *Verser des larmes, des pleurs.* ➤ **pleurer.** PLAISANT. *Verser un pleur.* — *Verser le sang,* le faire couler, en blessant, en tuant. *« je n'ai jamais versé le sang d'un homme qu'à mon corps défendant »* BALZAC. *Verser son sang :* être blessé, ou mourir (pour une cause). ▪ **3** (Pour tout ce qui est comparable à un liquide) ➤ **déverser, épandre, répandre.** *« On versait des sacs de jeunes carpes dans les viviers »* ZOLA. — FIG. et LITTÉR. *« Les voyageurs moroses que l'Angleterre verse sur le continent »* STENDHAL. *« Sur les gazons, la lune versait une molle clarté »* MAUPASSANT. ♦ Donner en répandant. ➤ **prodiguer.** *Verser l'or à pleines mains*.* ▪ **4** (1787) Apporter (de l'argent) à une caisse, à une personne, à titre de paiement, de dépôt, de mise de fonds. ➤ **payer, régler.** *Les sommes à verser au fisc. Verser des arrhes. On lui verse des droits d'auteur. « Le reçu des trois mois d'appointements qu'on lui versait à titre d'indemnité »* MAC ORLAN. *Verser une pension alimentaire à son ex-femme. Verser de l'argent sur son compte.* ➤ 1 **déposer.** *Verser de l'argent par virement.* ➤ **virer.** ♦ Déposer, annexer (des documents). *Verser une nouvelle pièce au dossier.* ➤ **joindre.** *« Je n'aurais pas eu l'audace de verser aux débats des souvenirs aussi vifs »* ROMAINS. ▪ **5** (fin XIXe) Affecter (qqn) à une arme, à un corps. ➤ **incorporer.** *« s'il pouvait encore servir, on l'a probablement versé dans l'intendance »* JAPRISOT.

II ~ v. intr. ▪ **1** (XVe) Basculer et tomber sur le côté. ➤ **culbuter,** se **renverser.** *Sa voiture a versé dans le fossé.* — Être définitivement couché au sol par la pluie ou le vent (végétaux à haute tige flexible). ➤ **verse** (2°). *Les « champs de blé et de seigle qui risquaient de verser sous ces trombes d'eau »* AYMÉ. ▪ **2** (ABSTRAIT) **VERSER DANS... :** tomber dans. *Auteur qui verse dans la facilité. Son discours verse dans la démagogie.* ▪ HOM. Versé.

VERSET [vɛʀsɛ] **n. m.** – fin XIIe sens 2e ◊ de 2 *vers* ▪ **1** (fin XIIIe) Chacun des petits paragraphes traditionnellement constitués pour diviser (un texte sacré). *Les versets de la Bible, d'un psaume, du Coran.* ▪ **2** LITURG. Brève formule ou maxime, généralement tirée de l'Écriture, récitée ou chantée à l'office par un ou deux solistes, suivie du répons du chœur. ➤ 1 **graduel.** ▪ **3** (1933) POÉT. Phrase ou suite de phrases rythmées d'une seule respiration, découpées dans un texte poétique à la façon des versets des psaumes. *Le verset claudélien.*

VERSEUR [vɛʀsœʀ] **n. m. et adj. m.** – 1547 ◊ de *verser* ▪ **1** TECHN. Ouvrier chargé de verser (des liquides, des solides) dans des récipients. ▪ **2** (1842) Appareil servant à verser. ▪ **3 adj. m.** (1925) Qui sert à verser. *Bec verseur, bouchon verseur.*

VERSEUSE [vɛʀsøz] **n. f.** – 1877 ◊ de *verseur* ▪ Cafetière à poignée droite.

VERSICOLORE [vɛʀsikɔlɔʀ] **adj.** – 1834 ; hapax 1513 ◊ latin *versicolor* ▪ DIDACT. De couleur changeante. — Aux couleurs variées. ➤ **multicolore.** *Faisan versicolore. Des « colibris versicolores striaient le ciel »* ECHENOZ.

VERSIFICATEUR, TRICE [vɛʀsifikatœʀ, tʀis] **n.** – 1488 ; *versifieur* XIIIe ◊ latin *versificator* ▪ **1** Écrivain qui pratique l'art des vers réguliers. *Bon, mauvais versificateur.* ▪ **2** (1549) PÉJ. (opposé à *poète*) Faiseur de vers dépourvu d'inspiration. *« Aujourd'hui, il y a encore des versificateurs, mais plus de poètes »* GONCOURT.

VERSIFICATION [vɛʀsifikasjɔ̃] **n. f.** – 1548 ; « œuvre en vers » 1480 ◊ latin *versificatio* ▪ **1** Technique du vers régulier (➤ **poésie**). *Les règles de la versification.* ➤ **métrique, prosodie.** ▪ **2** Technique du vers propre à un poète. *La versification de Verlaine.*

VERSIFIER [vɛʀsifje] **v. tr.** ⟨7⟩ – XIIIe ◊ latin *versificare* ▪ Mettre en vers (surtout au p. p.). *« Un drame court et non versifié »* VOLTAIRE.

VERSION [vɛʀsjɔ̃] **n. f.** – 1548 ◊ latin médiéval *versio,* de *vertere* « tourner, retourner »

I ▪ **1** Traduction (d'un texte ancien ou officiel). *Les versions de la Bible* (*version des Septante,* en grec). *La Vulgate, version latine de la Bible.* ♦ SPÉCIALT (1718) COUR. Exercice scolaire de traduction d'un texte d'une langue étrangère dans la langue de l'élève, de l'étudiant (opposé à *thème*). *Version latine, allemande,* traduction du latin, de l'allemand. *Faire une version, aimer la version. « Une heureuse interprétation, qui donnait à notre version une allure bien française »* LARBAUD. ▪ **2** (1878) Chacun des états d'un texte qui a subi des modifications. ➤ **leçon** (III), **variante.** *Nous possédons « jusqu'à sept versions de la* Chanson de Roland » BÉDIER. ♦ Chacun des états d'une œuvre artistique. *Film en version originale* (V. O. [veo]), avec la bande sonore originale. *Version originale sous-titrée. Film américain en version française* (V. F. [veɛf]), doublé (I, 4°). *Version longue. Nouvelle version.* ➤ **remake.** *Version instrumentale d'une chanson.* ♦ Chacune des formes prises par un produit (spécialt un logiciel) au cours de son évolution. *Version finale. Numéro de version.* ▪ **3** (XVIIe) Manière de rapporter, de présenter, d'interpréter un fait, une série de faits. ➤ **interprétation.** *Selon la version du témoin. Chacun a donné sa version de l'accident. « Colomba, est-ce que vous confirmez cette version des événements ? »* ROMAINS.

II (1824) MÉD. Manœuvre effectuée au cours de la grossesse (manœuvre externe) ou de l'accouchement pour modifier la position du fœtus dans l'utérus, afin d'en faciliter l'expulsion.

VERS-LIBRISME [vɛʀlibʀism] **n. m.** – 1891 ◊ de *vers libre* ▪ HIST. LITTÉR. École, mouvement des poètes symbolistes partisans du vers libre. — **n. VERS-LIBRISTE,** 1891. *Les vers-libristes.*

VERSO [vɛʀso] **n. m.** – 1663 ◊ mot latin, ablatif de *versus* « tourné », pour *folio verso* ▪ Envers d'un feuillet (opposé à *recto*). *Au verso.* ➤ **dos.** *Au verso d'une feuille, d'une photographie. « désolée quand je m'apercevais que j'avais lu le verso avant le recto »* GIRAUDOUX. *Les rectos et les versos.* — *Recto* verso.* ▪ CONTR. Endroit, recto. ▪ HOM. Verseau.

VERSOIR [vɛʀswaʀ] **n. m.** – 1751 ◊ de *verser* ▪ Pièce de la charrue qui rabat sur le côté la terre détachée par le soc. ➤ **oreille.** — PAR ANAL. *Les versoirs d'un chasse-neige.*

VERSTE [vɛʀst] **n. f.** – 1759 ; *virst* 1607 ◊ russe *versta* ▪ Ancienne unité de mesure itinéraire utilisée en Russie (1 067 mètres).

VERSUS [vɛʀsys] **prép.** – v. 1965 ◊ mot latin « contre », par l'anglais ▪ DIDACT. Opposé à, par opposition à. — Usité surtout en abréviation **VS.** *Vieux* vs *neuf.*

VERT, VERTE [vɛʀ, vɛʀt] **adj. et n. m.** – fin XIe ◊ du latin *viridis* → verger

I ~ adj. A. D'UNE CERTAINE COULEUR ▪ **1** Intermédiaire entre le bleu et le jaune (rayonnement lumineux dont la longueur d'onde avoisine 0,52 μ). — Tirant sur le vert. *Bleu-vert, gris-vert.* ♦ (Végétaux) Qui est de la couleur verte des plantes à chlorophylle (cf. les mots en chloro-). *Les arbres deviennent verts au printemps.* ➤ **verdir.** *Feuillage vert, herbe verte.* ➤ **verdure.** *Pousses vertes,* nouvelles. BOT. *La lignée verte :* algues et plantes possédant des chloroplastes, capables de photosynthèse. — *Chou vert. Salade verte. Poivrons verts* (opposé à *rouge*). *Olives vertes* (opposé à *noir*). *Haricots* verts* (opposé à *blanc*). *Citron vert*.* — (opposé à *sec*) *Légumes verts,* consommés dans l'état où ils se trouvent immédiatement après la cueillette (frais, surgelés...). — *Chêne* vert. Plantes* vertes. Marée* verte.* — *Espace* vert.* — LOC. FIG. *Avoir les doigts verts, la main verte :* être habile à cultiver les plantes. *« une femme dont les "mains vertes" paraissaient avoir le don de faire pousser n'importe quoi n'importe où »* TOURNIER. *Ailleurs, l'herbe* est plus verte.* ♦ (Animaux, minéraux) *Lézard vert. Grenouille verte. Pierres vertes :* chrysoprase, émeraude, jade, malachite, olivine, péridot, serpentine, smaragdite. ♦ (Objets fabriqués) *Un chapeau vert, une robe verte.* — *Sauce verte,* au jus d'épinards, au verjus ; plus souvent, de nos jours, aux fines herbes pilées. — *L'habit* vert.* — *Le billet vert :* le dollar. — *Croix verte des pharmacies.* — *Feu, signaux verts,* indiquant que la voie est libre. **n. m.** *« Il s'arrête au feu, attend le vert, traverse sagement »* SAN-ANTONIO. LOC. FIG. (v. 1960) *Donner le feu vert :* permettre d'entrer en action, d'agir. — (n. déposé) *Numéro vert :* numéro de téléphone à appel gratuit, en France. ♦ PAR EXAGÉR. *Le teint vert d'un malade.* ➤ **verdâtre ; livide.** *Visage vert de froid, de peur.* ➤ **blême, bleu.** *Vert de jalousie, de rage.* FAM. *J'étais verte :* j'étais furieuse. — LOC. *Les petits hommes verts :* les martiens, les extraterrestres. ▪ **2** (Dans quelques expr.) (1954) De la nature, de la campagne. *L'Europe verte :* la Communauté européenne agricole. *Classe* verte. Coulée* verte. Tourisme vert.* ➤ **écotourisme ; rural.** *L'or* vert. Énergie verte :* transformation de l'énergie solaire par les plantes (➤ **photosynthèse**) ; source d'énergie que constituent les végétaux (➤ **biocarburant, biomasse**). ♦ (1973) Qui défend la nature, l'environnement. *Les partis verts. «Naturellement, il ne croit pas aux idées vertes. Pour lui, l'écologie, c'est un luxe de bourgeois»* LE CLÉZIO. *L'électorat vert.* ➤ **écologiste.** — SUBST. (1978) *Les verts.* — **adv.** *Voter vert.* ♦ Qui contribue à la protection de la nature, au respect de l'environnement. *Lessive verte.* ➤ **écologique.** *Aérosol vert* (sans C. F. C.). *Carburant vert.* ➤ **biocarburant.** *Énergie, électricité verte.* ➤ **propre.** *Économie verte.* — *Pastille* verte.*

B. QUI N'A PAS ATTEINT SON PLEIN DÉVELOPPEMENT (fin XIIe) Qui n'est pas mûr (céréales, fruits). *Blé vert. «sa chair dure et ferme comme la pulpe d'une pêche un peu verte»* GAUTIER. *«Ils* [les raisins] *sont trop verts, dit-il, et bons pour des goujats»* LA FONTAINE. LOC. *Ils sont trop verts,* se dit de qqch. qu'on affecte de dédaigner parce qu'on ne peut l'obtenir. — LOC. (1430 *en bailler de belles, des vertes et des mûres*) *En voir, en dire des vertes et des pas mûres, de vertes et de pas mûres* : voir, dire des choses étonnantes, choquantes (cf. En voir de toutes les couleurs*). — *En dire de vertes* : raconter des histoires lestes. ♦ Qui n'est pas fait, pas propre à être utilisé. *Ce vin est encore vert, il faut le laisser vieillir.* ➤ **jeune.** — *Cuir vert,* non corroyé. ♦ (milieu XIIIe) Se dit des végétaux qui ont encore de la sève (opposé à *sec*). *Odeur du foin vert. Fourrage vert. Bois vert.*

C. VIGOUREUX, FORT ▪ **1** (1498) (PERSONNES) Qui a de la vigueur, de la verdeur. *«La verte jeunesse»* RONSARD. *Les vertes années*.* — (Plus cour., en parlant des gens âgés) *Un vieillard encore vert.* ➤ 1 **gaillard, vaillant.** ▪ **2** FIG. (fin XVe) VIEILLI Fort, rude (généralt av. le nom). *Une verte réprimande.* ♦ MOD. **LANGUE VERTE.** ➤ **argot.** *«Dictionnaire de la langue verte»,* de Delvau (1866).

II ~ **n. m.** ▪ **1** (1549, écrit *verd* jusqu'au XVIIe) Couleur verte. *Le vert est complémentaire du rouge. Le vert, couleur de l'espérance. Le vert, couleur du Prophète* (islam), *de Ganesh* (hindouisme). *Vert foncé, vif, cru, tendre. Vert amande, épinard, menthe, olive, pistache, pomme, tilleul. Vert d'eau. Vert Nil. Vert céladon. Vert absinthe, vert bouteille, vert bronze, vert wagon ; vert émeraude, vert jade. «La médecine a décrété depuis longtemps que le vert, en particulier, est une couleur indispensable à la vie»* F. LÉGER. ♦ Colorant vert (peinture). *Vert anglais, de chrome, de cobalt, vert Véronèse. Vert émeraude* : anhydride chromique hydraté. *«Corot ne se servait jamais de vert, il obtenait ses verts au moyen du mélange des jaunes avec du bleu»* GONCOURT. — Couleur verte des vêtements. *Être habillé de, en vert. Aimer le vert.* ▪ **2** (Dans des expr.) Végétaux verts. ➤ **verdure.** *Du vert d'oignon* : les feuilles de l'oignon frais. — (1596) Fourrage frais. *Mettre un cheval au vert,* le nourrir au fourrage frais. ♦ LOC. (1808) *Se mettre au vert* : prendre du repos à la campagne, pour se refaire. — (1542) VIEILLI ou LITTÉR. *Prendre qqn sans vert,* le prendre au dépourvu.

▪ CONTR. Blet, mûr, 2 passé. Desséché, sec. ▪ HOM. Vair, ver, verre, vers.

VERT-DE-GRIS [vɛʀdəgʀi] **n. m. inv.** – XIIIe ; *vert de grice* 1314 ◊ altération de *vert de Grèce* ▪ **1** Dépôt verdâtre (hydrocarbonate de cuivre) qui se forme à l'air humide sur le cuivre ou certains de ses alliages (comme le bronze). *La bonne «ôtait le vert-de-gris des suspensions de cuivre»* RADIGUET. ➤ **patine.** ▪ **2** Acétate de cuivre parfois utilisé comme pigment. ▪ **3** ADJT INV. D'un vert grisâtre. *L'uniforme vert-de-gris des soldats allemands.* ▪ **4** PAR ANAL. Verdet.

VERT-DE-GRISÉ, ÉE [vɛʀdəgʀize] **adj.** – 1829 ◊ de *vert-de-gris* ▪ Couvert de vert-de-gris. FIG. Qui a l'aspect, la couleur du cuivre vert-de-grisé. ➤ **érugineux.** *«de pâles ciguës aux rameaux vert-de-grisés»* GAUTIER.

VERTÉBRAL, ALE, AUX [vɛʀtebʀal, o] **adj.** – 1674 ◊ de *vertèbre* ▪ Qui appartient aux vertèbres, qui a rapport aux vertèbres. *Colonne* vertébrale. Trou vertébral* : large trou situé en arrière du corps d'une vertèbre et limité par son arc postérieur. *Arc vertébral, corps vertébral* (➤ **vertèbre**). — *Douleurs vertébrales.*

VERTÈBRE [vɛʀtɛbʀ] **n. f.** – avant 1478 ◊ latin *vertebra* ▪ Chacun des os séparés l'un de l'autre par les disques* intervertébraux, qui forment la colonne vertébrale (support du tronc chez les vertébrés, et SPÉCIALT chez l'être humain). *Une vertèbre est formée du corps vertébral, massif, et d'un arc vertébral postérieur, où passe la moelle épinière. Vertèbres cervicales* (dont les deux premières sont l'atlas et l'axis), *dorsales* ou *thoraciques, lombaires, sacrées* ou *coccygiennes* (coccyx, sacrum). *Se déplacer une vertèbre.*

VERTÉBRÉ, ÉE [vɛʀtebʀe] **adj.** et **n. m.** – 1800 ◊ de *vertèbre* ▪ ZOOL. ▪ **1** Qui a des vertèbres, un squelette. *Animaux vertébrés et invertébrés.* ▪ **2 n. m. pl.** (1806) **LES VERTÉBRÉS :** embranchement du règne animal comprenant tous les organismes possédant une colonne vertébrale constituée de vertèbres osseuses ou cartilagineuses (cordés). *Les poissons, les batraciens, les reptiles, les oiseaux, les mammifères forment les cinq classes des vertébrés. Vertébrés à membres.* ➤ **tétrapode.** *Vertébrés inférieurs, supérieurs. L'amphioxus est le plus primitif des vertébrés.* ▪ CONTR. Invertébré.

VERTEMENT [vɛʀtəmɑ̃] **adv.** – 1611 ; *verdement* 1504 ◊ de *vert* ▪ Avec vivacité, rudesse. ➤ **crûment.** *Reprendre, tancer vertement qqn. «Elle aimait à le piquer, et il répliquait vertement»* R. ROLLAND.

VERTEX [vɛʀtɛks] **n. m.** – v. 1560 ◊ mot latin «sommet de la tête» ▪ ANAT. Point le plus élevé sur la ligne médiane de la voûte du crâne.

VERTICAL, ALE, AUX [vɛʀtikal, o] **adj.** et **n.** – 1587 ; *point vertical* 1545 ◊ bas latin *verticalis,* de *vertex, verticis* «sommet»

I adj. ▪ **1** Qui suit la direction de la pesanteur, du fil à plomb en un lieu ; perpendiculaire à un plan horizontal. *Ligne verticale, droite verticale, plans verticaux. Position verticale.* ➤ **aplomb ; 1 droit.** *Station verticale de l'être humain.* ➤ **debout ; bipédie.** — PAR EXT. *Écriture verticale du chinois* (de haut en bas). ▪ **2** FIG. ÉCON. *Concentration industrielle verticale, ascendante et descendante, en amont, en aval.* ♦ Dont la structure repose sur une hiérarchie. *Syndicats verticaux. «l'idée qu'il se faisait du fonctionnement vertical de son gouvernement»* M. DUGAIN.

II n. f. et **m.** ▪ **1 n. f.** Position verticale. *Pendule écarté de la verticale. Le fil à plomb marque la verticale.* **loc. adv.** *À la verticale* : dans la position verticale. *Hélicoptère qui s'élève à la verticale* (➤ **verticalement**). *Falaise à la verticale* (➤ **abrupt**). ▪ **2 n. f.** Ligne verticale. *Emploi des verticales dans le gothique anglais* (cf. Style perpendiculaire*). ▪ **3 n. m.** ASTRON. Grand cercle de la sphère céleste contenant la verticale du lieu. *Tous les verticaux passent par le zénith.*

▪ CONTR. Horizontal, oblique.

VERTICALEMENT [vɛʀtikalmɑ̃] **adv.** – 1546 ◊ de *vertical* ▪ En suivant une ligne verticale. *La pluie tombe verticalement. Obélisque planté verticalement.* ▪ CONTR. Horizontalement, obliquement.

VERTICALITÉ [vɛʀtikalite] **n. f.** – 1752 ◊ de *vertical* ▪ DIDACT. Caractère, position de ce qui est vertical. *Vérifier la verticalité d'un mur.* ➤ **aplomb.** ▪ CONTR. Horizontalité, obliquité.

VERTICILLE [vɛʀtisil] **n. m.** – 1694 ; archit. 1615 ◊ latin *verticillus,* de *vertex* «sommet» ▪ **1** BOT. Groupe de plus de deux feuilles qui naissent au même niveau sur la tige, en anneau. ▪ **2** ABUSIVEMENT Organes disposés circulairement autour de la partie centrale d'une fleur (pétales, sépales, étamines).

VERTICILLÉ, ÉE [vɛʀtisile] **adj.** – 1694 ◊ de *verticille* ▪ BOT. Disposé en verticille, en anneau. *Feuilles verticillées.*

VERTIGE [vɛʀtiʒ] **n. m.** – 1611 ; *vertigo* 1478 ; *vertigine* v. 1370 ◊ latin *vertigo* «mouvement tournant», de *vertere* «tourner» ▪ **1** Impression par laquelle une personne croit que les objets environnants et elle-même sont animés d'un mouvement circulaire ou d'oscillations et qui peut s'accompagner de troubles de l'équilibre. ➤ **éblouissement, étourdissement, tournis.** *Avoir, éprouver un vertige, des vertiges* (cf. Avoir la tête qui tourne*). *«un vertige qui faisait tourner, danser, devant ses yeux, maisons et passants»* LOTI. ▪ **2** Plus cour. Peur de tomber dans le vide (pour une personne placée au-dessus de celui-ci). *«Le vertige qui nous prend sur les hauteurs»* ALAIN. — LOC. *À donner le vertige* : très haut, très impressionnant. *Donner le vertige* : impressionner par sa démesure. *Des sommes qui donnent le vertige.* ▪ **3** Égarement (d'une personne placée dans une situation qu'elle ne maîtrise pas). ➤ **égarement, folie, 2 trouble.** *Le «vertige qui le prend* [le répétiteur] *à se voir seul, adossé au mur* [...], *en face de quarante gamins»* LARBAUD. ➤ **frisson, peur.** *Le vertige de la gloire,* que donne la gloire. ➤ **exaltation, ivresse.** ♦ *Le vertige de...* : la tentation de... *«Ce vertige de la députation en avait gagné d'autres»* FLAUBERT.

VERTIGINEUSEMENT [vɛʀtiʒinøzmɑ̃] **adv.** – 1875 ; «avec des vertiges» 1845 ◊ de *vertigineux* ▪ **1** D'une manière vertigineuse (2°). *Une tour vertigineusement haute. «le parfum vertigineusement doux de sa bien-aimée»* VILLIERS. ▪ **2** (1895) FAM. Considérablement. *Les prix ont augmenté vertigineusement.*

VERTIGINEUX, EUSE [vɛʀtiʒinø, øz] **adj.** – 1478 ◇ latin *vertiginosus* ■ **1** MÉD. Qui s'accompagne de vertiges. « *une ivresse vertigineuse suivie d'un nouveau malaise* » BAUDELAIRE. ■ **2** (1785) COUR. Qui donne le vertige (2°) ou est de nature à le donner. *Des hauteurs vertigineuses. Une chute vertigineuse. Vitesse, rapidité vertigineuse.* ■ **3** FIG. Très grand. « *les prix sont encore très bas. Mais, dans les semaines qui vont venir, il se produira une hausse vertigineuse* » ROMAINS.

VERTIGO [vɛʀtigo] **n. m.** – 1664 ; « vertige » 1478 ◇ repris au latin ■ **1** Maladie du cheval, méningo-encéphalite qui provoque des mouvements désordonnés, des tournoiements. ■ **2** FIG. et VX Caprice, fantaisie. « *Voyez un peu quel "vertigo" lui prend* » MOLIÈRE. *Des vertigos.*

VERTU [vɛʀty] **n. f.** – 1080 « vaillance » ; v. 1000 *vertud* « pouvoir » ◇ latin *virtus* « mérite de l'homme *(vir)* »

I QUALITÉ MORALE (XIIe) VX ou DIDACT. **A. LA VERTU** ■ **1** VX Énergie morale ; force* d'âme. ➤ **cœur, courage.** « *Sais-tu que ce vieillard fut la même vertu* » CORNEILLE. « *la naissance n'est rien où la vertu n'est pas* » MOLIÈRE. ➤ **valeur.** ♦ SPÉCIALT Courage militaire. ■ **2** VIEILLI Force avec laquelle l'individu tend au bien ; force morale appliquée à suivre la règle, la loi morale définie par la religion et la société (➤ **morale**). « *la vertu est toute dans l'effort* » FRANCE. « *la vertu, c'est ce que l'individu peut obtenir de soi de meilleur* » GIDE. « *L'hypocrisie est un hommage que le vice rend à la vertu* » LA ROCHEFOUCAULD. *Parangon* de vertu. Ostentation de vertu.* ➤ **pharisaïsme, tartuferie.** — LOC. FAM. *Il a de la vertu :* il a du mérite (à faire cela). ■ **3** LITTÉR. Conduite, vie vertueuse. *Un prince « qui chérit la vertu, qui sait punir le crime »* CORNEILLE. ■ **4** VIEILLI ou PLAISANT Chasteté ou fidélité sentimentale, conjugale (d'une femme). ➤ **honnêteté.** « *Cet infidèle mari qui semblait l'engager à commettre des fautes en taxant sa vertu d'insensibilité* » BALZAC. « *elle essaya vraiment d'attenter à la vertu de Jules, et n'y réussit pas* » H.-P. ROCHÉ. LOC. *Femme de petite vertu,* de mœurs légères. — *Dragon* de vertu.* ■ **5** (Sens objectif) La règle morale, le principe qui pousse à la vertu (2°). « *Ô vertu, science sublime des âmes simples* » ROUSSEAU. *Suivre le chemin, le sentier de la vertu.*

B. UNE VERTU, LES VERTUS ■ **1** Disposition constante à accomplir une sorte d'actes moraux par un effort de volonté ; qualité portée à un haut degré. « *ils espèrent ; l'espoir est une vertu d'esclaves* » CIORAN. « *les vertus bourgeoises, et particulièrement, le goût de la propriété et de l'épargne* » CHARDONNE. — *Parer qqn de toutes les vertus,* lui attribuer toutes les qualités. — *Faire de nécessité* vertu.* — RELIG. *Les quatre vertus cardinales :* courage, justice, prudence, tempérance. *Les trois vertus théologales :* charité, espérance, foi. « *Toutes les vertus d'humilité, de pardon, de charité, d'abnégation, de dureté pour soi-même, vertus qu'on a nommées à bon droit chrétiennes* » RENAN. ■ **2** RELIG. CHRÉT. (AU PLUR.) Anges du second chœur du second ordre (ou seconde hiérarchie). *Les Vertus et les Trônes.*

II POUVOIR, CAPACITÉ (XIIe) ■ **1** Principe qui, dans une chose, est considéré comme la cause des effets qu'elle produit. ➤ **efficacité, énergie, faculté, force,** 2 **pouvoir, propriété.** *Vertu magique, occulte.* — *Vertu médicale, curative.* « *ce je ne sais quoi de magique, où sans doute résident leurs vertus étrangement thérapeutiques* [des plantes] » BOSCO. ■ **2** (ABSTRAIT) ➤ 2 **pouvoir.** *Les vertus pédagogiques du documentaire. C'est « sur cette vertu réparatrice du temps que les romanciers et les poètes ont insisté »* SARTRE. ■ **3** LOC. **EN VERTU DE... :** par le pouvoir de... — DR. « *Tout citoyen appelé ou saisi en vertu de la loi, doit obéir à l'instant* » (DÉCLARATION DES DROITS DE L'HOMME). *En vertu des pouvoirs qui me sont conférés.* — COUR. Au nom de. *En vertu des grands principes. En vertu de quoi.* ➤ **pourquoi** (I).

■ CONTR. Lâcheté ; immoralité, imperfection ; débauche, libertinage. Défaut, vice.

VERTUBLEU [vɛʀtyblø] **interj.** – *vertubieu* XVIe ◇ altération de *vertu Dieu* → tudieu ■ VX Juron en usage aux XVIIe et XVIIIe s. — On disait aussi *vertuchou,* autre euphémisme.

VERTUEUSEMENT [vɛʀtɥøzmɑ̃] **adv.** – XIIe ◇ de *vertueux* ■ **1** D'une manière vertueuse (courageuse [VX] ou morale). « *vertueusement, patriarcalement et bourgeoisement* » GAUTIER. ■ **2** VIEILLI ou PLAISANT Chastement. « *Elle avait déjà aimé* [...] *vertueusement, platoniquement* » BARBEY.

VERTUEUX, EUSE [vɛʀtɥø, øz] **adj.** – *vertuous* « courageux » XIe ◇ de *vertu* **A.** (PERSONNES) ■ **1** VX Courageux, vaillant, noble. ■ **2** VX ou RELIG. Qui fait habituellement le bien par volonté ; qui a des vertus, des qualités morales. ➤ **honnête, méritant, moral, sage.** « *Qu'est-ce donc que l'homme vertueux ? C'est celui qui sait vaincre ses affections* » ROUSSEAU. « *ô ministres intègres ! Conseillers vertueux* » HUGO. ■ **3** VIEILLI ou PLAISANT (d'une femme) Chaste ou fidèle. ➤ **honnête, pur.** « *Elle lui parut donc si vertueuse et inaccessible que toute espérance* [...] *l'abandonna* » FLAUBERT.

B. (CHOSES) ■ **1** VX ou LITTÉR. Qui a le caractère de la vertu. *Action, conduite vertueuse.* ➤ 1 **bon, édifiant, méritoire, moral.** « *ses penchants étaient droits et vertueux* » ROUSSEAU. ■ **2** PÉJ. Motivé par la vertu (I, A, 2°). « *Nulle trace, en cet homme admirable, de morgue vertueuse* » SUARÈS. *Cercle* vertueux.*

■ CONTR. Corrompu, débauché, dépravé, immoral, lâche, mauvais, vicieux.

VERTUGADIN [vɛʀtygadɛ̃] **n. m.** – 1604, d'après *vertu* ◇ de *vertugade* (1544), espagnol *verdugado,* de *verdugo* « baguette », de *verde* « vert » ■ **1** ANCIENNT Bourrelet, cercle qui faisait bouffer la jupe autour des hanches ; robe munie de ce bourrelet. ➤ **panier.** « *la bergère Astrée avec des talons hauts, un corset et un immense* vertugadin » VIGNY. ■ **2** (1694) TECHN. Glacis de gazon en amphithéâtre, dans un jardin à la française.

VERVE [vɛʀv] **n. f.** – avant 1613 ; « caprice » XVe ; « proverbe, idée » XIIe ◇ latin populaire °*verva,* de *verba,* de *verbum* → verbe ■ **1** VX Inspiration vive ; fantaisie créatrice. ➤ **inspiration, veine.** *Verve poétique.* « *écrire au hasard et selon le caprice de la verve* » TAINE. ■ **2** VIEILLI Fougue, vivacité. « *une sorte de verve endiablée* » BOURGET. ■ **3** MOD. Imagination et fantaisie dans la parole. ➤ **esprit ; brio.** *La verve d'un orateur.* ➤ **faconde.** « *toute mélancolie cédait devant la verve intarissable de quelques esprits éclatants, vifs* » NERVAL. *Exercer sa verve contre qqn.* — LOC. *Être en verve :* manifester son esprit ; être plus brillant qu'à l'ordinaire. ■ CONTR. Platitude ; froideur.

VERVEINE [vɛʀvɛn] **n. f.** – XIIIe ◇ latin populaire °*vervena,* altération de *verbenæ* « rameaux de laurier, d'olivier » ■ **1** Plante *(verbénacées),* dont une espèce *(verveine officinale)* a des vertus calmantes. *Verveine odorante,* cultivée pour son parfum (➤ **citronnelle**). — *Fausse verveine.* ➤ **sauge.** ■ **2** Infusion de verveine officinale. *Une tasse de verveine.* ■ **3** Parfum de la verveine odorante. *Elle « flaire son mouchoir où Maman a versé deux gouttes de verveine citronnelle »* COLETTE. ■ **4** (1904) Liqueur de verveine. *Un petit verre de verveine.*

VERVELLE [vɛʀvɛl] **n. f.** – 1315 ; *verviele* « charnière » XIIe ◇ latin populaire °*vertibellum,* de *vertere* « tourner » ■ FAUCONN. Anneau portant le nom, les armes du propriétaire, fixé à la patte de l'oiseau et tenant à une courroie.

1 **VERVEUX** [vɛʀvø] **n. m.** – 1428 ; *vrevieus* 1315 ◇ finale *-eus* du plur. de *verveil,* var. de *vervelle* ■ PÊCHE Filet de pêche monté sur des cercles et fermé au fond, en forme d'entonnoir. ➤ **nasse.**

2 **VERVEUX, EUSE** [vɛʀvø, øz] **adj.** – 1801 ; « capricieux » 1538 ◇ de *verve* ■ LITTÉR. Qui a de la verve (3°), du brio, de la vivacité ; qui est en verve. « *Jovialement supérieur, verveux comme toujours* » GIDE. — Qui a de la verve (en parlant d'un écrit, d'une conversation, d'un discours). « *Discussions verveuses et paradoxales* » GIDE.

VÉSANIE [vezani] **n. f.** – 1795 ; hapax 1480 ◇ latin *vesania,* de *vesanus* « insensé » ■ LITTÉR. Aliénation, folie (au sens large). *La guerre, « cette monstrueuse vésanie »* DUHAMEL. — **adj. VÉSANIQUE.**

VESCE [vɛs] **n. f.** – *vecce* 1180 ◇ latin *vicia* ■ Plante herbacée très commune, à feuilles pennées terminées par des vrilles rappelant celles du pois de senteur. *Vesce des haies, vesce sauvage* (faux pois, dit aussi *vesceron*). *Vesce cultivée* (comme fourrage vert, ou pour ses graines). ♦ PAR EXT. Fourrage vert, ou graines (généralement de *vesce cultivée*). ■ HOM. Vesse.

VÉSICAL, ALE, AUX [vezikal, o] **adj.** – 1821 ; « en forme de bouton, d'ampoule » 1478 ◇ bas latin *vesicalis,* de *vesica* « vessie » ■ ANAT., MÉD. Qui appartient à la vessie, qui a rapport à la vessie. *Artères vésicales. Calculs vésicaux.*

VÉSICANT, ANTE [vezikɑ̃, ɑ̃t] **adj. et n. m.** – avant 1478, repris 1812 ◇ latin *vesicans,* de *vesicare* « gonfler » ■ MÉD. Qui détermine des ampoules sur la peau. *Plantes à propriétés vésicantes* (ex. l'ortie). *Cataplasme, emplâtre vésicant.* — **n. m.** *Un vésicant* (➤ **vésicatoire**).

VÉSICATION [vezikasjɔ̃] **n. f.** – v. 1363 ◇ du latin *vesicare* ■ MÉD. Formation d'ampoules sur la peau par l'action d'un vésicatoire*.

VÉSICATOIRE [vezikatwaʀ] **adj. et n. m.** – v. 1363 ◇ de *vésicant* ■ **1** Se dit d'un médicament topique qui provoque la formation d'ampoules cutanées et qui est utilisé comme révulsif. *Emplâtre vésicatoire.* — **n. m.** (1611) *Appliquer un vésicatoire.* ▪ **2** Moins cour. Vésicule provoquée par un vésicatoire (➤ **ampoule, exutoire, phlyctène**) ; plaie qui lui succède.

VÉSICULAIRE [vezikylɛʀ] **adj.** – 1743 ♦ de *vésicule* ▪ **1** DIDACT. En forme de vésicule. — Qui constitue une vésicule (*cavités vésiculaires,* BOT.), présente des vésicules. ▪ **2** Des vésicules pulmonaires. *Murmure* vésiculaire.* ♦ De la vésicule biliaire. *Lithiase vésiculaire.*

VÉSICULE [vezikyl] **n. f.** – 1541 ♦ latin *vesicula,* diminutif de *vesica* «vessie» ▪ **1** BIOL. CELL. Organe ou organite en forme de petit sac rempli de liquide. *Vésicule sécrétoire* ou *de sécrétion,* située dans le cytoplasme, entourée d'une membrane et contenant des molécules libérées à l'extérieur de la cellule. *Vésicule synaptique, acrosomique.* COUR. *Vésicule biliaire,* ou ABSOLT *la vésicule :* réservoir musculo-membraneux situé à la face inférieure du foie et qui emmagasine la bile. *Ablation de la vésicule.* ➤ **cholécystectomie.** — BIOL. *Vésicules séminales :* réservoirs musculo-membraneux dans lesquels s'accumule le sperme, situés en arrière de la vessie, au-dessus de la prostate. — EMBRYOL. *Vésicules cérébrales :* les trois dilatations du tube neural de l'embryon qui constitueront le cerveau antérieur, postérieur et moyen. ♦ BOT. Cavité close. Renflement rempli d'air (plantes aquatiques). *Les vésicules aérifères servent de flotteurs aux algues.* ♦ BIOL. Double couche formée de molécules identiques, considéré comme protocellule avant l'apparition de la vie. ▪ **2** (1872) MÉD. Lésion de la peau, boursouflure de l'épiderme contenant une sérosité. ➤ **ampoule, 2 bulle** (2°), **cloque ; bouton, pustule.** *Éruption de vésicules. Vésicules de l'herpès, du zona.*

VÉSICULEUX, EUSE [vezikylø, øz] **adj.** – 1752 ♦ de *vésicule* ▪ DIDACT. En forme de vésicule. ➤ **vésiculaire.** *Des «mollusques vésiculeux»* CENDRARS. ♦ Qui porte des vésicules. *Fucus vésiculeux.*

VESOU [vəzu] **n. m.** – 1719 ; *vezou* 1667 ♦ mot créole des Antilles, origine inconnue ▪ TECHN. Jus de la canne à sucre écrasée. ➤ **aussi cachaça.**

VESPA [vɛspa] **n. f.** – 1950 ♦ marque déposée, mot italien «guêpe» ▪ Scooter* de cette marque. *«une nuée de vélos, vespas, mobylettes»* DUTOURD.

VESPASIENNE [vɛspazjɛn] **n. f.** – 1834-35 ♦ nom donné aux édicules créés par le préfet Rambuteau, d'après *Vespasien,* empereur romain à qui l'on avait attribué l'établissement d'urinoirs publics, à Rome ▪ Urinoir public pour hommes. ➤ FAM. **pissotière.**

VESPÉRAL, ALE, AUX [vɛspeʀal, o] **n. m. et adj.** – 1812 ♦ bas latin *vesperalis,* de *vespera* → vêpres ▪ **1** LITURG. ROM. Livre ou partie d'un livre liturgique contenant les prières et offices du soir. *Le diurnal et le vespéral.* ▪ **2** **adj.** (1836 ; cf. moyen français *vespertin*) DIDACT. OU LITTÉR. Du soir, du couchant. *Des lueurs vespérales.* — PAR PLAIS. *«le quadruple apéritif de midi, et le cinéma vespéral»* QUENEAU.

VESPERTILION [vɛspɛʀtiljɔ̃] **n. m.** – 1544 ; *vespertille* 1350 ♦ latin *vespertilio,* de *vesper* «soir» ▪ ZOOL. Chauve-souris à oreilles pointues, à museau conique, à ailes courtes et larges, commune en France.

VESPIDÉS [vɛspide] **n. m. pl.** – 1904 ; *vespiens* 1857 ♦ du latin *vespa* «guêpe» ▪ ZOOL. Famille d'insectes *(hyménoptères)* à ailes antérieures repliées, comprenant les guêpes*.

VESSE [vɛs] **n. f.** – XVe ♦ de l'ancien verbe *vessir,* du latin *vissire* ▪ VIEILLI Gaz intestinal qui sort sans bruit et répand une mauvaise odeur. ➤ **1 pet, vent.** ▪ HOM. Vesce.

VESSE-DE-LOUP [vɛsdəlu] **n. f.** – 1530 ♦ de *vesse* et *loup* ▪ Champignon blanc, comestible à l'état jeune et qui, à maturité, brunit et se remplit de spores. ➤ **lycoperdon.** *Des vesses-de-loup.*

VESSER [vese] **v. intr.** ⟨1⟩ – 1606 ♦ de *vessir* (XIIIe) formé sur *vesse,* sous l'influence de *péter* ▪ VX Lâcher une vesse. ➤ **péter.** ▪ HOM. Vécés, W.-C.

VESSIE [vesi] **n. f.** – XIIIe ♦ latin populaire °*vessica,* altération de *vesica* → vésical ▪ **1** Réservoir musculo-membraneux dans lequel s'accumule l'urine qui arrive des reins par les uretères. *L'urine sort de la vessie par l'orifice urétral, dont l'ouverture est commandée par un sphincter, et est évacuée par l'urètre. Relatif à la vessie.* ➤ **cystique, vésical ; cyst(o)-.** *Tension, douleur, ténesme au col de la vessie. Inflammation de la vessie.* ➤ **cystite.** *Calculs, pierres dans la vessie.* ➤ **gravelle.** *Placer une sonde dans la vessie.* ▪ **2** Vessie desséchée d'un animal, formant sac. *Gonfler une vessie d'air.* — Membrane gonflée d'air quelle qu'en soit la matière. *Vessie d'un ballon. Vessie gonflable* (utilisée pour des réparations de pneumatiques). — *Prendre des vessies pour des lanternes*.* ▪ **3** (fin XVIIIe) Chez certains poissons, *Vessie natatoire :* sac membraneux relié à l'œsophage, qui, en se remplissant plus ou moins de gaz, règle l'équilibre de l'animal dans l'eau.

VESTALE [vɛstal] **n. f.** – XIVe adj. ♦ latin *vestalis,* de *Vesta,* nom d'une déesse ▪ **1** ANTIQ. ROM. Prêtresse de Vesta, vouée à la chasteté et chargée d'entretenir le feu sacré. *«les vestales infidèles à leurs vœux étaient enterrées vivantes»* Mme DE STAËL. ▪ **2** FIG. (1680) LITTÉR. Femme d'une parfaite chasteté. *«Elles ne passaient pas pour des vestales»* LESAGE.

VESTE [vɛst] **n. f.** – 1578 ♦ italien *veste* «habit» ; du latin *vestis* «vêtement» ▪ **1** ANCIENNT Vêtement couvrant le torse, ouvert devant. *Vestes militaires.* ➤ **dolman, hoqueton, soubreveste.** *«Il endosse la grande veste de chasse, qui lui tombait sur les talons»* SAND. *Veste à pan. Retenir qqn par le pan de la veste.* ▪ **2** (v. 1830) MOD. Vêtement court (à la taille ou aux hanches), avec manches, ouvert devant et qui se porte sur la chemise, le gilet. *Veste droite, croisée. Veste de costume, de complet.* ➤ **veston.** *Veste de tailleur* (de femme). ➤ **jaquette.** *Veste courte.* ➤ **boléro, spencer.** — *Vestes de sport.* ➤ **blazer, caban, parka, saharienne, surveste.** *Veste de tricot.* ➤ **cardigan, gilet, sweater.** *Veste imperméable.* ➤ **anorak, canadienne.** *Veste en tweed, en daim. Sortir en veste* (cf. En taille*). *Enlever sa veste.* — FAM. *Tomber* la veste.* ♦ PAR ANAL. *Chemise-veste* (pour l'été, qui se porte à même la peau). *Veste de pyjama :* partie du pyjama couvrant le torse. *Veste d'intérieur* ou *d'appartement,* utilisée comme la robe de chambre. ♦ LOC. FAM. (1867) *Remporter, ramasser, prendre une veste :* subir un échec. *Retourner* sa veste. Tailler* une veste à qqn.*

VESTIAIRE [vɛstjɛʀ] **n. m.** – v. 1380 ; *vestuaire* «lieu où l'on range les habits sacerdotaux» v. 1200 ♦ latin *vestiarium* «armoire à vêtements» ▪ **1** RARE Lieu où sont déposés les vêtements des personnes appartenant à une communauté. *Vestiaire d'un tribunal, d'un couvent.* ▪ **2** (1876) COUR. Lieu où l'on dépose momentanément vêtements d'extérieur (manteaux...) et objets (parapluies, sacs à main...) dans certains établissements publics. *Vestiaire d'un théâtre, d'un restaurant. «Il remettait chapeau, canne et gants, à la préposée au vestiaire»* MARTIN DU GARD. *La dame du vestiaire.* — Lieu où l'on quitte ses vêtements de ville pour la tenue correspondant à une activité particulière. *Le vestiaire des ouvriers d'une usine. Les vestiaires d'une piscine, d'un stade.* — FAM. *Au vestiaire !* cri hostile à l'égard de sportifs, d'acteurs, etc. (cf. Allez vous rhabiller* !). LOC. FAM. *Mettre, laisser (qqch.) au vestiaire :* oublier, laisser, abandonner (qqch.). *Laisser ses convictions au vestiaire.* ♦ Meuble ou endroit d'un logement aménagé pour déposer les vêtements. ➤ **dressing-room.** ▪ **3** PAR EXT. Ensemble de vêtements d'une garde-robe ; équipement vestimentaire d'une personne. ➤ **garde-robe.** *«Son vestiaire d'été était composé de maillots de bain et de pantalons de toile»* SAGAN. ♦ Les vêtements et objets déposés au vestiaire (2°). *Réclamer son vestiaire.*

VESTIBULAIRE [vɛstibylɛʀ] **adj.** – 1824 ♦ de *vestibule* ▪ ANAT. Qui a rapport à un vestibule (2°) ET SPÉCIALT au vestibule de l'oreille interne. *Appareil vestibulaire :* partie de l'oreille interne constituée par les canaux semi-circulaires, l'utricule (2°) et le saccule, organe de l'équilibre.

VESTIBULE [vɛstibyl] **n. m.** – 1509 ; *vestible* 1350 ♦ italien *vestibulo* ou *vestibolo,* du latin *vestibulum* ▪ **1** Pièce d'entrée (d'un édifice, d'une maison, d'un appartement). ➤ **antichambre, entrée, hall.** *«le vestibule de son petit appartement de célibataire»* AYMÉ. *Attendre dans le vestibule.* — *Vestibule d'une église* (➤ **narthex**), *d'un temple* (➤ **prostyle**). ▪ **2** (1690) ANAT. Partie moyenne du labyrinthe de l'oreille interne. *Vestibule osseux,* compris entre le limaçon et les canaux semi-circulaires. *Vestibule membraneux,* contenu dans le vestibule osseux et constitué de deux vésicules, l'utricule (2°) et le saccule. *Le vestibule communique avec la caisse du tympan par la fenêtre ovale.*

VESTIGE [vɛstiʒ] **n. m.** – 1377, fig. ♦ latin *vestigium,* proprt «trace du pied» ▪ **Surtout au plur.** ▪ **1** (1491) CONCRET Ce qui demeure (d'une chose détruite, disparue). ➤ **reste.** *«un renard, un loup empaillé [...] vestiges des chasses de sa jeunesse»* CHARDONNE. *«des pierres cyclopéennes, vestiges encore debout des enceintes de Salomon»* LOTI. ➤ **débris, ruine.** ♦ PAR EXT. Ce qui reste (d'un groupe de personnes, d'une société). *«les vestiges de notre* *division qui n'étaient que vingt pour cent des hommes»* **ARAGON.** ▪ **2** (1377) Ce qui reste (d'une chose abstraite : idée, sentiment..., d'un caractère). *Vestiges de grandeur, de magnificence.* ➤ 1 **marque, reste, trace.** — adj. DIDACT. **VESTIGIAL, IALE, IAUX.**

VESTIMENTAIRE [vɛstimɑ̃tɛʀ] adj. – fin XIXᵉ ◇ latin *vestimentarius,* de *vestimentum* «vêtement» ▪ Qui a rapport aux vêtements. *Dépense vestimentaire. Détail vestimentaire.*

VESTON [vɛstɔ̃] n. m. – 1769 ◇ de *veste* ▪ **1** ANCIENNT Veste d'homme. *Veston d'intérieur.* ▪ **2** MOD. Veste (2ᵒ) d'un complet d'homme, d'un smoking. *Des complets-vestons. Être en veston.*

VÉTÉ ➤ **VÉTÉRINAIRE**

VÊTEMENT [vɛtmɑ̃] n. m. – *vestiment* XIᵉ ◇ de *vêtir,* d'après le latin *vestimentum*

I CE QUI COUVRE, PARE, PROTÈGE LE CORPS A. DIDACT. **LE VÊTEMENT** Ensemble des objets fabriqués pour couvrir le corps humain, le cacher, le protéger, le parer (coiffure, chaussures, linge, habits et accessoires). ➤ **équipement, garde-robe, habillement.** *«une petite robe de laine, un tablier, une brassière de futaine, un jupon, un fichu, des bas de laine, des souliers, un vêtement complet pour une fille de huit ans»* **HUGO.**

B. COUR. **LES VÊTEMENTS** Ensemble des objets servant à couvrir le corps humain ; habillement (comprenant le linge mais non les chaussures) ; SPÉCIALT les vêtements de dessus (opposé à *sous-vêtements*). ➤ **costume, habillement, habit, mise, tenue, toilette ;** FAM. **fringue, frusques, nippe,** 3 **sape ;** RÉGION. **linge ;** VX **ajustement.** *Les vêtements de qqn.* ➤ **affaires, effets, garde-robe.** *Vêtements d'homme, de femme, unisexes. Vêtements ridicules* (➤ **accoutrement, affublement**). *Vêtements militaires* (➤ **uniforme**), *civils. Laver, nettoyer, raccommoder des vêtements. Deux petits garçons «empêtrés dans leurs vêtements raides»* **CAMUS.** *Vêtements neufs, usés, en loques* (➤ **guenille, haillon**). *Vêtements de travail* (➤ **bleu**), *de tous les jours, du dimanche. Vêtements habillés, de soirée* (➤ **habit, smoking**), *de ville, de sport, de ski* (➤ **tenue**). *Vêtements de grossesse. Des vêtements légers, chauds, d'hiver, d'été. Vêtements à la mode, démodés. Vêtements de créateurs. Porter tel genre de vêtements. Mettre ses vêtements.* ➤ **s'habiller, se vêtir.** *Vêtements d'occasion.* ➤ **fripe.** *Placard à vêtements.* ➤ **penderie ; vestiaire.** *«Nos vêtements sont langage, mais c'est un langage surajouté au corps et second par rapport à leur fonction utilitaire»* **TOURNIER.** *Principaux vêtements :* bas, blouse, blouson, body, bustier, caleçon, cape, caraco, châle, chandail, chapeau, chaussettes, chemise, chemisier, collant, combinaison, corsage, corset, culotte, débardeur, déshabillé, écharpe, gant, gilet, imperméable, jaquette, jogging, jupe*, jupe-culotte, kilt, liquette, maillot, manteau*, paletot, pantalon*, pardessus, parka, peignoir, polo, porte-jarretelle, pull-over, pyjama, robe, salopette, short, slip, socquettes, soutien-gorge, survêtement, sweat-shirt, tablier, teeshirt, tricot, veste*, veston. *Vêtements assortis.* ➤ 2 **complet,** 2 **ensemble, habit, tailleur.** *Vêtements de bébé.* ➤ **layette.** — *Vêtements portés dans d'autres pays.* ➤ **boubou, burnous, djellaba, gandoura, haïk, kimono, obi, pagne, paréo, poncho, sari.** *Vêtements sacerdotaux.* ➤ 2 **aube, chasuble, soutane, surplis.** ◆ (1937) **LE VÊTEMENT** (sing. collect.) : les vêtements. *Fabrication, industrie, commerce du vêtement* (➤ **bonneterie, confection, couture,** 1 **mode ; tailleur...**). *Il travaille dans le vêtement.*

C. VIEILLI **UN VÊTEMENT** Une pièce de l'habillement de dessus (SPÉCIALT manteau, veste). *Un vêtement de demi-saison. Donnez-moi votre vêtement.*

II CE QUI COUVRE, CACHE, PARE, PROTÈGE (QQCH.) ➤ **enveloppe, manteau, parure.** *«La forme n'est pas une sorte de [...] vêtement plastique d'une pensée»* **R. HUYGHE.** *«La grâce est le vêtement naturel de la beauté»* **JOUBERT.**

VÉTÉRAN [veteʀɑ̃] n. m. – 1554 ; adj. 1540 ◇ latin *veteranus,* de *vetus, veteris* «vieux» ▪ **1** ANTIQ. ROM. Soldat de métier ayant de nombreuses années de service. ▪ **2** (1791) HIST. Soldat qui a de longs états de service. *«Fier vétéran âgé de quarante ans de guerre»* **HUGO.** *«les vétérans de la Révolution»* **ARAGON.** — MOD. Ancien combattant. *Les vétérans du Viêtnam.* ▪ **3** COUR. Personne pleine d'expérience (dans un domaine). *Un vétéran de l'enseignement.* ➤ **ancien** (cf. Un vieux routier*). ▪ **4** Athlète ayant dépassé 35 ans pour les femmes, 40 ans pour les hommes, et n'étant plus dans la catégorie des séniors. — REM. Au féminin, on trouve *une vétérane* et, par confusion morphologique, *une vétérante.* ▪ CONTR. Bleu, commençant, nouveau.

VÉTÉRINAIRE [veteʀinɛʀ] adj. et n. – 1563 ◇ latin *veterinarius,* de *veterina,* plur. neutre, «bêtes de somme» ▪ **1** Qui a rapport au soin des bêtes (animaux domestiques, de compagnie, bétail). *Médecin vétérinaire. Clinique vétérinaire.* ▪ **2** n. Spécialiste de la médecine des animaux (d'élevage, domestiques, apprivoisés ou dressés). *Vétérinaire rural.* ABRÉV. FAM. **VÉTO** [veto], (Belgique) **VÉTÉ** [vete]. *Un, une véto. Des vétos.* ▪ HOM. Veto.

VÉTÉTISTE [vetetist] n. – 1989 ◇ de *VTT* ▪ Personne qui pratique le vélo tout-terrain. — REM. On trouve parfois la graphie *VTTiste.*

VÉTILLARD, ARDE [vetijaʀ, aʀd] n. et adj. – 1640 ◇ de *vétille* ▪ VX Personne qui vétille ; chicanier. — adj. ➤ **vétilleux.** *«C'était peut-être à cause de ces souvenirs-là qu'il avait tant l'air vétillard et grognon»* **CÉLINE.**

VÉTILLE [vetij] n. f. – 1528 ◇ de *vétiller* ▪ Chose insignifiante. ➤ **bagatelle, détail, minutie, misère, rien.** *Ergoter sur des vétilles. S'amuser à des vétilles. «Des querelles avaient éclaté entre elle et sa sœur, pour des vétilles»* **ZOLA.** *Ils «se demandent comment on a osé les convoquer pour de pareilles vétilles»* **MICHAUX.**

VÉTILLER [vetije] v. intr. ⟨1⟩ – début XVIᵉ ◇ de l'ancien français *vette* «lien, ruban» ; proprt «s'occuper de rubans» ; du latin *vitta* «bandelette» ▪ VX ▪ **1** S'occuper à des choses insignifiantes. *Perdre son temps à vétiller.* ▪ **2** (1845) Chicaner, chercher querelle sur des riens.

VÉTILLEUX, EUSE [vetijø, øz] adj. – 1658 ◇ de *vétille* ▪ LITTÉR. Qui s'attache à des détails, à des vétilles. *Esprit vétilleux. Personne vétilleuse.* ➤ **chicaneur, formaliste, maniaque, minutieux, pointilleux, tatillon, vétillard.**

VÊTIR [vetiʀ] v. tr. ⟨20⟩ – v. 930 *vestir* ◇ latin *vestire* **A.** LITTÉR. ▪ **1** Couvrir (qqn) de vêtements ; mettre des vêtements à. *Vêtir, parer une poupée, un enfant.* ➤ **habiller ;** FAM. **fringuer.** *Vêtir ridiculement.* ➤ **accoutrer, affubler.** ▪ **2** (XIIᵉ) Mettre sur soi (un vêtement). ➤ **revêtir.** *«chaque femme était obligée de [...] vêtir une lévite blanche»* **NERVAL.**

B. v. pron. (*se vestir qqch.* 1579) **SE VÊTIR.** Mettre des vêtements. ➤ **s'habiller,** FAM. **se saper.** *La façon de se vêtir. Les moyens de se nourrir et de se vêtir. Elle s'était vêtue chaudement.* ➤ **vêtu.** — FIG. et LITTÉR. *«Dans la splendeur adorable du soir, de quels rayons se vêtait ma joie !»* **GIDE.** ▪ CONTR. Dépouiller, déshabiller, dévêtir.

VÉTIVER [vetivɛʀ] n. m. – 1809 ◇ tamoul *vettiveru* ▪ **1** Plante indienne *(graminées)* dont l'odeur éloigne les insectes et dont la racine est utilisée en parfumerie. ▪ **2** Parfum frais de la racine de cette plante.

VETO [veto] n. m. inv. /VÉTO n. m./ – 1718 ◇ mot latin «je m'oppose» ▪ **1** HIST. ROM. Formule par laquelle les tribuns du peuple pouvaient s'opposer aux décrets du Sénat, des consuls, aux actes des magistrats. ▪ **2** (1789) Institution par laquelle une autorité peut s'opposer à l'entrée en vigueur d'une loi votée par l'organe compétent. *Veto absolu. Veto suspensif du roi, dans la constitution de 1791.* — *Veto populaire,* par lequel des citoyens font soumettre une loi au référendum. *Veto du Conseil de l'ONU. Se servir de son droit de veto. Mettre, opposer son veto à une loi.* ▪ **3** COUR. Opposition, refus. *Mettre son veto à une décision,* la refuser, la repousser (cf. Jeter, prononcer l'interdit*, l'exclusive* sur). ▪ CONTR. Assentiment. ▪ HOM. Véto (vétérinaire).

VÉTO ➤ **VÉTÉRINAIRE**

VÊTU, UE [vety] adj. – XIVᵉ ; «qui a revêtu l'habit religieux» 1258 ◇ de *vêtir* ▪ Qui porte un vêtement ; qui a mis ou à qui l'on a mis un vêtement. *Être bien vêtu.* ➤ **habillé** (plus cour.), **mis.** *Une femme «vêtue avec une certaine recherche»* **ROMAINS.** *Chaudement vêtu. «Légère et court vêtue, elle allait à grands pas»* **LA FONTAINE.** *Vêtu de neuf. «des jeunes filles, vêtues comme des Parisiennes»* **LOTI.** — FIG. *«Vêtu de probité candide et de lin blanc»* **HUGO.** ◆ LITTÉR. (en parlant des animaux, des objets, de la nature) ➤ 2 **couvert, recouvert.** *«poussins, vêtus de duvet jaune»* **MAUPASSANT.** *Livres vêtus de veau, de maroquin. «Les arbres, vêtus de givre»* **MAUPASSANT.** ▪ CONTR. 1 Nu.

VÊTURE [vetyʀ] n. f. – XVᵉ «habit monacal» ; *vesture* «vêtement» XIIᵉ ◇ de *vêtir* ▪ **1** VX ou LITTÉR. Habit, vêtement. *«Edmond les suivit des yeux, s'acharnant à penser à ce qu'il y avait de misérable dans leur vêture»* **ARAGON.** FIG. *«La terre les portait* [les pousses vertes] *ainsi qu'une vêture délicate»* **GENEVOIX.** ▪ **2** (1680) MOD. RELIG. Cérémonie par laquelle les postulants d'un ordre religieux reçoivent l'habit avec lequel ils feront leur noviciat. ➤ **prise** (d'habit, de voile). *Assister à la vêture d'un religieux.*

VÉTUSTE [vetyst] **adj.** – 1842 ; «antique» v. 1500 ◊ latin *vetustus*, de *vetus* «vieux» ■ LITTÉR. ■ **1** (CHOSES) Qui est vieux, n'est plus en bon état. ➤ **délabré, détérioré.** *Immeuble, maison vétuste.* ➤ **branlant, croulant.** ■ **2** (Objet, mécanisme) Qui n'est plus utilisable à cause de son âge. *Un outillage vétuste.* ➤ **caduc, obsolète, périmé.** ■ CONTR. Moderne, 2 neuf, récent.

VÉTUSTÉ [vetyste] **n. f.** – 1406 ◊ latin *vetustas* ■ LITTÉR. État de ce qui est vétuste, abîmé par le temps. ➤ **ancienneté, délabrement.** *«l'escalier est correct malgré la vétusté de l'ascenseur»* PEREC. *Coefficient de vétusté,* pris en considération dans l'évaluation d'un bien. ■ CONTR. Modernité.

VEUF, VEUVE [vœf, vœv] **adj. et n.** – 1596 ; de *veuve* adj. m. (1226) pris comme fém. ; *vedve* n. f. 1050 ◊ latin *vidua*, de *viduus* «vide, privé de» → viduité

I **adj.** Dont le conjoint est mort. *Un homme veuf, une femme veuve. Être veuf de qqn. «Vous aimeriez mieux, je parie, que son mari fût veuf!»* STENDHAL. — FAM. Temporairement séparé de son conjoint. *Ce soir, je suis veuf.* ♦ FIG. et LITTÉR. *Veuf de...* : privé de, dépourvu de... *«Veuf de chanson»* SAINTE-BEUVE.

II **n.** ■ **1** Personne veuve. *Épouser un veuf. «Je suis le ténébreux, – le veuf – l'inconsolé»* NERVAL. *Une veuve éplorée. «La Veuve joyeuse», opérette de Franz Lehar. Pension, douaire de veuve* (➤ **douairière**). *Veuve qui se remarie. Veuve de guerre,* dont le mari est mort à la guerre. — LOC. *Défenseur de la veuve et de l'orphelin*. Les veuves abusives* : les veuves d'hommes illustres qui exploitent la célébrité de leur mari (titre d'une œuvre d'A. de Monzie). — DR. ou VX *Madame veuve Lorrain.* ♦ Personne veuve et remariée. *«les veuves qui parlent toujours de leur premier mari»* BALZAC. ■ **2** **n. f.** (*épouser la veuve* «être guillotiné» 1829 ; «être pendu» 1628) FIG. ARG. ANC. *La veuve* : la guillotine. ♦ FAM. *La veuve poignet* : la masturbation. ■ **3** **n. f.** (1768) ZOOL. Passereau d'Afrique au plumage noir et blanc. ■ **4** **n. f.** En typographie, ligne creuse ou mot isolé d'un paragraphe et rejeté(e) en haut de page. *Les veuves et les orphelines.*

VEUGLAIRE [vøglɛʀ] **n. m.** – *weug(he)laire* 1411 ◊ origine inconnue ■ ARCHÉOL. Canon des XIVe et XVe s., plus long que la bombarde, qui se chargeait par la culasse.

VEULE [vøl] **adj.** – 1660 ; *vuele* «léger, volage» v. 1200 ◊ probablt latin populaire °*volus* «volant, léger», de *volare* «voler» ■ **1** LITTÉR. Qui n'a aucune énergie, aucune volonté. ➤ **faible, lâche, 1 mou.** *«Incapable de supporter cette dure vérité : "Je suis un enfant faible et veule, lâche devant mes passions"»* SARTRE. *Une nature veule.* — PAR EXT. Qui témoigne de cette faiblesse. *Un air veule.* ■ **2** (CHOSES) DIDACT. Sans vigueur. *Tige veule.* — Trop léger, en parlant du sol. ■ CONTR. Énergique, 1 ferme.

VEULERIE [vølʀi] **n. f.** – 1862 ◊ de *veule* ■ LITTÉR. Caractère, état d'une personne veule. ➤ **apathie, faiblesse, lâcheté.** *La fatalité «n'existe que par la veulerie des êtres»* GIRAUDOUX. ■ CONTR. Énergie, fermeté, volonté.

VEUVAGE [vœvaʒ] **n. m.** – 1374 d'abord des femmes ◊ de *veuve, veuf* ■ Situation, état d'une personne veuve et non remariée (➤ **viduité**). *Se remarier après une année de veuvage. Durant son veuvage. «depuis son veuvage [...] il n'avait ri ni folâtré avec aucune autre»* SAND. ♦ PAR EXT. FAM. État d'une personne provisoirement séparée de son conjoint.

VEXANT, ANTE [vɛksɑ̃, ɑ̃t] **adj.** – 1791 ◊ de *vexer* ■ **1** Qui contrarie, peine. ➤ **contrariant, irritant.** *Nous avons raté le train, c'est vexant !* ➤ **rageant.** ■ **2** (XXe) Qui blesse l'amour-propre. *Remarque, défaite vexante.* ➤ **blessant, cinglant, froissant, humiliant, mortifiant.** *Une situation vexante pour qqn.* — (PERSONNES) *Sans vouloir être vexant...*

VEXATEUR, TRICE [vɛksatœʀ, tʀis] **n.** – 1549 ◊ latin *vexator, oris* ■ LITTÉR. Personne qui cause des vexations (1°). ♦ **adj.** (1776) *Un pouvoir vexateur.*

VEXATION [vɛksasjɔ̃] **n. f.** – 1643 ; «tourment, peine» 1261 ◊ latin *vexatio*, de *vexare* «tourmenter» ■ **1** VIEILLI Action de vexer (1°), de maltraiter ; son résultat. ➤ **abus** (de pouvoir), **brimade, exaction, oppression, persécution.** *«les vexations qu'éprouve le malheureux peuple»* ROUSSEAU. *«je fus en butte à des vexations sans nombre»* FRANCE. ■ **2** MOD. Action de vexer (2°) ; blessure, froissement d'amour-propre. ➤ **humiliation, insulte, mortification, rebuffade.** *Essuyer des vexations. Personne trop susceptible pour supporter cette vexation.* ■ CONTR. Attention.

VEXATOIRE [vɛksatwaʀ] **adj.** – 1783 ◊ de *vexer* ■ LITTÉR. Qui a le caractère d'une vexation (1°). *Mesure, contrôle vexatoire.*

VEXER [vɛkse] **v. tr.** ‹1› – 1669 ; «taquiner» 1788 ; «tourmenter» 1380 ◊ latin *vexare* «tourmenter» ■ **1** VX Maltraiter par abus de pouvoir. ➤ **tourmenter.** *«Les seigneurs qui vexaient les Églises eurent le roi pour ennemi»* MICHELET. ■ **2** (1869 p. p.) MOD. Blesser (qqn) dans son amour-propre. ➤ **désobliger, froisser, heurter, humilier, mortifier, offenser, piquer ; ulcérer.** *Vexer qqn par une remarque. Je ne voulais pas vous vexer. «c'est parce que tu as l'air d'être dégoûtée de moi, que ça me vexe»* ZOLA. — **p. p. adj.** Blessé, piqué au vif, humilié. *Facilement vexé.* ➤ **susceptible.** ■ **3** **SE VEXER** **v. pron.** Être vexé, se piquer. ➤ **se fâcher, se formaliser, se froisser.** *Il se vexe d'un rien, pour un rien* (➤ **susceptible**). *«Du coup, ce fut elle qui se vexa horriblement d'être ainsi accusée d'avarice»* ZOLA. ■ CONTR. Flatter.

VEXILLAIRE [vɛksilɛʀ] **n. m.** – 1803 ; «porte-étendard» XVIe ◊ latin *vexillarius* ■ HIST. Porte-étendard romain. ♦ **adj.** MAR. *Signaux vexillaires* : signaux d'enseignes, de pavillons.

VEXILLE [vɛksil] **n. m.** – 1557 ; *vexil* «étendard» 1527 ◊ latin *vexillum* ■ **1** HIST. Étendard des armées romaines. ■ **2** ZOOL. Une des deux rangées de barbes que porte le rachis des plumes d'oiseau.

VEXILLOLOGIE [vɛksilɔlɔʒi] **n. f.** – v. 1960 ◊ du latin *vexillum* «drapeau» et *-logie* ■ DIDACT. Étude des drapeaux, des pavillons nationaux ou provinciaux. — **n. VEXILLOLOGUE.**

VIA [vja] **prép.** – 1861 ◊ mot latin «voie» ■ Par la voie de, en passant par. ➤ **1 par.** *Aller de Paris à Alger via Marseille.* ♦ Par l'intermédiaire, au moyen de (qqch.). *«le vidéoprojecteur qu'il avait commandé via Internet»* P. BAILLY.

VIABILISER [vjabilize] **v. tr.** ‹1› – v. 1950 ◊ de *viabilité* ■ Rendre (un terrain) habitable, ou apte à la construction, en exécutant les travaux d'aménagement nécessaires (adduction d'eau, électricité, etc.). ➤ **1 viabilité.** *Viabiliser un lotissement.* — *Terrain entièrement viabilisé.*

1 **VIABILITÉ** [vjabilite] **n. f.** – 1836 ◊ du bas latin *viabilis* «où l'on peut passer», de *via* «chemin, voie» ■ **1** État d'un chemin, d'une route où l'on peut circuler, carrossable. ➤ **praticabilité.** *Viabilité hivernale.* ■ **2** URBANISME Ensemble des travaux d'aménagement (voirie, égouts, adductions) à exécuter avant toute construction sur un terrain *(terrain viabilisé).*

2 **VIABILITÉ** [vjabilite] **n. f.** – 1803 ◊ de *viable* ■ **1** État d'un fœtus viable (dont la maturation est suffisante pour le rendre apte à vivre par lui-même). ■ **2** (1842) Caractère de ce qui est viable, peut vivre, se développer. *Viabilité d'une entreprise, d'un projet.*

VIABLE [vjabl] **adj.** – 1537 ◊ de *vie* ■ **1** Apte à vivre (➤ **2 viabilité**). *Après le 180e jour de la grossesse, l'enfant est légalement reconnu viable. Hybrides viables mais inféconds.* ■ **2** Qui présente les conditions nécessaires pour durer, se développer. ➤ **durable.** *Entreprise viable.* ■ CONTR. Non-viable.

VIADUC [vjadyk] **n. m.** – 1828 ◊ du latin *via* «voie» et *-duc*, d'après l'anglais *viaduct* ■ **1** Pont de grande longueur servant au passage d'une voie ferrée, d'une route. *Viaduc métallique.* ■ **2** FAM. Pont (I, B, 5°) d'une longueur exceptionnelle. *«"viaduc sans toubibs" pour tous les ponts de mai»* (L'Humanité, 2002).

VIA FERRATA [vjaferata] **n. f.** – 1967 ◊ mots italiens «voie ferrée» ■ Itinéraire aménagé sur une paroi rocheuse à l'aide d'un équipement fixe (échelles, barreaux, câbles...) destiné à faciliter la progression et à assurer la sécurité ; activité ainsi pratiquée. *Des vias ferratas.*

VIAGER, ÈRE [vjaʒe, ɛʀ] **adj. et n. m.** – 1417 ; dialectal *wiager* 1291 ◊ de *viage* «durée de vie» et en dr. «usufruit», dérivé de *vie* ■ DR. Qui doit durer pendant la vie d'une personne et pas au-delà. *Rente viagère et bouquet. Revenu, intérêts viagers. À titre viager.* ♦ **n. m.** *Le viager* : la rente viagère. *Mettre son bien en viager. «sa fortune, consistant en usufruits et viager»* BEAUMARCHAIS.

VIANDARD, ARDE [vjɑ̃daʀ, aʀd] **n. et adj.** – 1951 ; autre sens fin XIXe ◊ de *viande* ■ FAM. ■ **1** PÉJ. Chasseur, pêcheur sans scrupule. ■ **2** Personne qui aime la viande, qui en mange beaucoup.

VIANDE [vjɑ̃d] **n. f.** – 1050 ◊ latin populaire °*vivenda* ; cf. latin médiéval *vivanda* «ce qui sert à la vie», de *vivere* «vivre» ■ **1** VX Aliment dont se nourrissent les humains. ➤ **nourriture.** *«un ragoût, une salade de concombre, des cerneaux, et autres sortes de viandes»* Mme DE SÉVIGNÉ. — LOC. **VIANDE CREUSE :** aliment insuffisant qui ne nourrit pas. FIG. Chose de peu de réalité, qui ne peut satisfaire. *Se repaître de viande creuse,* d'imaginations chimériques. ▪ **2** (XVIᵉ) MOD. Chair des mammifères et des oiseaux, et plus particulièrement des animaux de boucherie, obtenue par la chasse, puis par l'élevage, que l'être humain emploie pour sa nourriture. ➤ **bœuf, mouton** (et agneau), **porc, veau ; charcuterie, gibier, venaison, volaille.** *Viande de boucherie. Crochet à viande. Viande de cheval. Viande rouge :* le bœuf, le cheval, le mouton. *Viande blanche :* la volaille, le veau, le porc, le lapin. *Viande noire :* le sanglier, le chevreuil, le lièvre, la bécasse. *Manger de la viande.* ➤ **gras** (faire gras) ; FAM. **viandard.** *Régime sans viande* (➤ **végétarien**). — *Viande maigre, grasse, persillée. Viande crue, marinée, séchée* (➤ **pemmican**), *salée, fumée, congelée.* — *Viande des Grisons :* filet de bœuf séché et fumé, présenté en tranches très fines. — *Désosser, découper, hacher ; barder, larder de la viande. Viande faisandée, mortifiée. Viande bouillie, braisée, grillée, rôtie, à la broche. Viande en sauce. Viande panée. Jus de viande. Bouillon de viande. Plat de viande garni* (de légumes). *Viande froide. Assiette de viandes froides* (cf. Assiette* anglaise). *Viande tendre ; dure, filandreuse.* ➤ FAM. **barbaque, bidoche, carne.** *Cuisson des viandes rouges grillées ou rôties :* à point, saignant, bleu. *Aimer la viande rouge,* saignante. *Viande trop cuite, desséchée.* ➤ **semelle.** *Viande avariée.* — *Viande halal, casher.* ◆ PAR ANAL. Chair d'animal dont un autre animal se nourrit. *Animal qui se nourrit de viande.* ➤ **carnassier, carnivore.** ▪ **3** FAM. Chair de l'être humain, corps. *Amène ta viande !* viens ! *Sac à viande :* sac de couchage en toile à draps. *De la viande soûle :* des gens ivres. « *les rues étaient remplies de viandes saoules qui rentraient aux quartiers en zigzaguant* » J. ANGLADE. *De la viande froide :* un, des morts.

VIANDER [vjɑ̃de] v. ‹1› – 1360 ◇ de *viande*

I v. intr. VÉN. Pâturer, en parlant du cerf, du daim, du chevreuil. *Toutes les bêtes* « *viandaient dans la nuit de printemps* » GENEVOIX.

II **SE VIANDER** v. pron. FAM. Être gravement accidenté. *Un motard* « *venait de se viander salement* » COURCHAY. *Ils se sont viandés.*

VIATIQUE [vjatik] n. m. – 1420 ; « voie » XIVᵉ ◇ latin *viaticum* « provisions, argent pour le voyage » ▪ **1** Argent, provisions donné(es) à un religieux pour voyager, et PAR EXT. à tout voyageur. ▪ **2** (milieu XVIᵉ) Communion portée à un mourant. *Recevoir le viatique. Viatique et extrême-onction.* ▪ **3** FIG. et LITTÉR. Soutien, secours indispensable. « *Savoir est un viatique* » HUGO. « *ce chant fut un viatique* » MICHELET.

VIBICE [vibis] n. f. – 1833 ◇ du latin *vibices,* plur. de *vibex, icis* « meurtrissure » ▪ MÉD. ▪ **1** Vergeture (rare au sing.). ▪ **2** AU PLUR. Hémorragie cutanée, formant des stries sur la peau. ➤ **purpura.**

VIBORD [vibɔʀ] n. m. – 1643 ◇ d'un scandinave *wigi-bord* ; cf. anglais *waist-board* ▪ MAR. Partie de la muraille d'un navire qui renferme les gaillards.

VIBRAGE [vibʀaʒ] n. m. – 1949 ◇ de *vibrer* ▪ TECHN. Transmission d'une série d'impulsions, de chocs, capables de faire entrer un milieu en vibration. — *Vibrage du béton,* augmentant sa cohésion, sa solidité (béton *vibré* ou *pervibré*).

VIBRANT, ANTE [vibʀɑ̃, ɑ̃t] adj. – 1747 ◇ de *vibrer* ▪ **1** Qui vibre (1°), est en vibration. *Les cordes, lames, membranes vibrantes sont étudiées en acoustique.* — PHONÉT. *Consonne vibrante,* et n. f. *une vibrante :* consonne produite par la vibration de la luette ou de la pointe de la langue. ▪ **2** Qui porte loin, est perçu avec force (du fait de ses fortes vibrations). *Son vibrant. Voix vibrante.* ▪ **3** (XIXᵉ) Qui vibre (2°), exprime ou trahit une forte émotion, un sentiment violent. « *Je me sentais surexcité, vibrant* » MAUPASSANT. *Il était encore tout vibrant de colère. Un discours vibrant, pathétique.* — SPÉCIALT Émotif, sensible. *Une nature vibrante.*

VIBRAPHONE [vibʀafɔn] n. m. – 1930 ◇ du radical de *vibrer* et *-phone* ▪ Instrument de musique formé de plaques métalliques vibrantes, que l'on frappe à l'aide de marteaux, employé surtout dans la musique de jazz. ➤ **métallophone.**

VIBRAPHONISTE [vibʀafɔnist] n. – 1949 ◇ de *vibraphone* ▪ Musicien, musicienne qui joue du vibraphone. *Lionel Hampton, célèbre vibraphoniste de jazz.*

VIBRATEUR [vibʀatœʀ] n. m. – 1877 ◇ du radical de *vibration* ▪ TECHN. ▪ **1** Appareil qui produit, qui transmet des vibrations (sonores, etc.). ▪ **2** Appareil à air comprimé ou électrique, utilisé pour le vibrage du béton.

VIBRATILE [vibʀatil] adj. – 1776 ◇ du radical de *vibration* ▪ BIOL. Qui peut être animé de vibrations. *Cils, organes vibratiles des protozoaires.*

VIBRATION [vibʀasjɔ̃] n. f. – 1632 phys. ; 1510 « lancement d'une arme de jet » ◇ latin *vibratio* ▪ **1** (fin XVIIᵉ) COUR. Mouvement, état de ce qui vibre ; effet qui en résulte (son et ébranlement). ➤ **battement.** *Vibration de moteur, de machines.* « *il se fit une très légère vibration dans les cristaux de la table* [...] *et dans les verreries du grand lustre* » ROMAINS. ➤ **frémissement.** — *Les vibrations du sol, d'un plancher* (➤ **trépidation**). ◆ PHYS. Oscillation de fréquence élevée et de faible amplitude. REM. Le mot *vibration* peut désigner soit une période complète du phénomène (oscillation), soit le mouvement oscillatoire envisagé globalement *(système qui entre en vibration). Vibrations lumineuses, sonores, électromagnétiques.* ➤ **onde.** *Amplitude de la vibration :* le déplacement maximum. *Vibrations fondamentales :* composantes de fréquence la plus basse (en général de la plus grande amplitude). *Ondes à vibrations longitudinales, transversales* (relativement à la direction de propagation). *Vitesse de propagation d'un ébranlement, d'une vibration.* ➤ **célérité.** ▪ **2** (1807) Caractère de ce qui vibre, change rapidement et périodiquement d'intensité, tremble. ➤ **tremblement.** *La vibration d'une voix.* — *Vibration de l'air, de la lumière :* impression de tremblotement que donne l'air chaud. ◆ MÉD. Forme de massage manuel par des vibrations imprimées au moyen de pressions répétées et rapides des doigts. ▪ **3** (Effet, situation psychique) « *les vibrations persistantes des émotions anciennes* » GOBINEAU. *Avoir de bonnes, de mauvaises vibrations :* se sentir en harmonie (ou non) avec un lieu, une ambiance. ➤ **onde** (III). « *les bonnes vibrations dont cet amour aujourd'hui encore emplit la maison* » E. CARRÈRE.

VIBRATO [vibʀato] n. m. – 1876 ◇ mot italien ▪ Tremblement rapide d'un son (➤ **trémolo**), utilisé dans la musique vocale ou dans la musique de jazz. *Des vibratos expressifs.*

VIBRATOIRE [vibʀatwaʀ] adj. – 1750 ◇ du radical de *vibration* ▪ **1** Qui forme une série de vibrations. *Mouvement, phénomène, champ vibratoire. Nature vibratoire de la lumière. L'énergie vibratoire d'un oscillateur est proportionnelle au carré de l'amplitude des oscillations.* ▪ **2** Qui s'effectue en vibrant, en faisant vibrer. *Massage vibratoire* (➤ **vibromasseur**).

VIBRER [vibʀe] v. ‹1› – 1752, répandu XIXᵉ ; « lancer » v. 1510 ◇ latin *vibrare* « brandir », puis « vibrer » **A.** v. intr. ▪ **1** Se mouvoir périodiquement autour de sa position d'équilibre avec une très faible amplitude et une très grande rapidité ; être en vibration. *Corde, plaque, membrane qui vibre. Faire vibrer un diapason, une cloche.* « *une petite sonnerie ferme et claire vibra* » HUGO. *Vitre qui vibre.* ➤ **trembler.** « *un gros bourdon qui vous frôlait en vibrant* » DAUDET. ➤ **vrombir.** *Plancher, bateau qui vibre.* ➤ **trépider.** — *Faire vibrer la corde* sensible.* ▪ **2** (début XIXᵉ) Avoir une sonorité tremblée (voix), qui dénote une émotion intense. « *une voix étouffée, presque muette, qui ne vibre pas* » BODARD. — Se manifester par le tremblement de la voix. « *cette vieille rancune d'amour qui vibrait encore dans sa voix* » DAUDET. ▪ **3** FIG. (PERSONNES) Réagir à une émotion par une sorte de tremblement affectif ; être enflammé ou vivement ému. *Faire vibrer l'âme, le cœur de qqn. Elle* « *se sentait elle-même vibrer de tout son être* » FLAUBERT. « *Il faut rire et pleurer, aimer, travailler, jouir et souffrir, enfin vibrer* » FLAUBERT.

B. v. tr. Modifier dans ses propriétés physiques par une suite de vibrations. — *Béton vibré,* qui a subi le vibrage (➤ **pervibrer**).

VIBREUR [vibʀœʀ] n. m. – 1903 ◇ de *vibrer* ▪ Trembleur. — Élément qui produit, transmet une vibration. *Vibreur d'un haut-parleur électromagnétique, d'un téléphone portable.*

VIBRION [vibʀijɔ̃] n. m. – 1795 ◇ latin scientifique *vibrio,* de *vibrare* « vibrer » ▪ **1** BACTÉRIOL. Bactérie incurvée en forme de virgule, ciliée et mobile. ➤ **bacille.** *Vibrion cholérique. Vibrion septique.* ▪ **2** FIG. et FAM. Personne agitée. « *Remuez, remuez désespérément, vibrions tragiques entraînés dans une aventure complexe* » ARAGON.

VIBRIONNER [vibʀijɔne] v. intr. ‹1› – 1934 ; *vibrionné* « où l'on trouve des vibrions (1°) » 1876 ◇ de *vibrion* ▪ FAM. S'agiter sans cesse. *Elle vibrionnait d'un invité à un autre. Qu'a-t-il à vibrionner autour de nous !* ➤ **tournicoter.**

VIBRISSE [vibʀis] n. f. – 1834 ◊ latin *vibrissæ* ■ 1 SC. Poil implanté à l'intérieur des narines. ♦ Poil tactile de certains mammifères (moustaches de chat). ■ 2 ZOOL. Plume filiforme, à barbes rares.

VIBROMASSEUR [vibʀomasœʀ] n. m. – 1912 ◊ de *vibrer* et *masseur* ■ Appareil électrique qui produit des massages vibratoires. SPÉCIALT Cet appareil utilisé à des fins érotiques. ➤ **sexe-toy.**

VICAIRE [vikɛʀ] n. m. – XIVe ; *viqueire* «gouverneur» fin XIIe ◊ latin *vicarius* (→ voyer) ■ 1 Suppléant. — SPÉCIALT *Vicaire de Dieu, de saint Pierre* : le pape. *Les rois, vicaires de Jésus-Christ.* ■ 2 Celui qui exerce en second les fonctions attachées à un office ecclésiastique. *Grand vicaire, vicaire général* : auxiliaire de l'évêque. ➤ **archidiacre.** — Plus cour. *Vicaire (de paroisse)* : prêtre qui aide et remplace éventuellement le curé. *«Cet honnête ecclésiastique était un pauvre vicaire savoyard»* ROUSSEAU. — adj. **VICARIAL, IALE, IAUX,** 1570.

VICARIANCE [vikaʀjɑ̃s] n. f. – début XXe ◊ de *vicariant* ■ DIDACT. Caractère vicariant (de qqch., d'un organe...).

VICARIANT, IANTE [vikaʀjɑ̃, jɑ̃t] adj. – 1877 ◊ du latin *vicarius* «suppléant» ■ DIDACT. ■ 1 Qui remplace, qui se substitue (à autre chose). — BIOL. *Hôte vicariant* : hôte occasionnel d'un parasite remplaçant l'hôte habituel. ■ 2 MÉD. VIEILLI *Rôle vicariant d'un organe ; organe vicariant,* capable de suppléer à l'insuffisance fonctionnelle d'un autre organe.

VICARIAT [vikaʀja] n. m. – v. 1430 ◊ de *vicaire,* d'après le latin *vicarius* ■ RELIG. Fonction, dignité de vicaire (SPÉCIALT du vicaire de paroisse) ; durée de cette fonction. — Territoire, résidence d'un vicaire.

VICE [vis] n. m. – 1138 ◊ latin *vitium*

I ■ 1 VIEILLI **LE VICE :** disposition habituelle au mal ; conduite qui en résulte. ➤ **immoralité, 3 mal, péché.** *«L'hypocrisie est un hommage que le vice rend à la vertu»* LA ROCHEFOUCAULD. *«Le charme du vice doit beaucoup à l'ennui de la vertu»* C. M. CLUNY. *Le vice et la corruption**. — FAM. Dépravation du goût. *Revoir ce navet, c'est du vice !* ♦ SPÉCIALT (1694) Dérèglement dans la conduite (jeu, drogue, vie sexuelle déviante par rapport à la morale sociale). ➤ **débauche, inconduite, luxure.** ■ 2 VIEILLI **UN VICE :** mauvais penchant, défaut grave que réprouve la morale, la religion (➤ **avarice, égoïsme, envie, gourmandise, hypocrisie, impudicité, intempérance, jalousie, luxure, oisiveté, orgueil, paresse, vanité...**). *«la ménagerie infâme de nos vices»* BAUDELAIRE *«Il n'avait pas précisément de vices, mais [...] une vermine de petits défauts»* CHATEAUBRIAND. *Nous nous soutenons «dans la vertu [...] par le contrepoids de deux vices opposés»* PASCAL. MOD. *Il a tous les vices !* — PROV. *L'oisiveté (la paresse) est mère de tous les vices. Pauvreté n'est pas vice.* ♦ SPÉCIALT, VIEILLI Pratique, goûts sexuels réprouvés par la société. *Vice contre nature.* ➤ **perversion.** ■ 3 VX ou LITTÉR. Défaut habituel, mauvaise habitude qu'on ne peut réprimer. *L'affectation de style «est un vice assez ordinaire [...] aux beaux parleurs»* D'ALEMBERT. ➤ **faible, faiblesse, travers.** ♦ Habitude morbide qui donne du plaisir. ➤ **maladie ; -manie.** *«Prenez garde à la tristesse. C'est un vice»* FLAUBERT. *«toutes sortes de vices, de manies et de tics»* DUHAMEL. — FIG. *«Ce vice impuni, la lecture»,* de Larbaud.

II ■ 1 (1260) VIEILLI Imperfection grave, anomalie qui rend une personne, une chose impropre à sa destination. ➤ **défaut, défectuosité.** *Vice de conformation d'un individu* (➤ **difformité, malformation**), *d'un organe. Vice de prononciation. «deux vices fondamentaux qui appelaient deux réformes principales»* TAINE. — MOD. *Vice de fabrication, de construction. Vice caché,* qui rend la chose achetée inutilisable et dont doit répondre le vendeur. *Vice apparent.* ■ 2 DR. **VICE DE FORME :** absence d'une formalité obligatoire qui rend nul un acte juridique. *Vice de procédure. Vice rédhibitoire**.

■ CONTR. Vertu. ■ HOM. Vis.

VICE- ■ Particule invariable, du latin *vice* «à la place de, pour», qui se joint à quelques noms ou titres de fonctions exercées en second, à la place de qqn. ➤ **adjoint, remplaçant.**

VICE-AMIRAL, ALE, AUX [visamiʀal, o] n. – 1339 ◊ de *vice-* et *amiral* ■ Officier de grade immédiatement inférieur à celui d'amiral (correspondant à celui de général de division).

VICE-CHANCELIER, IÈRE [visʃɑ̃səlje, jɛʀ] n. – 1259 ◊ de *vice-* et *chancelier* ■ Personne qui supplée, seconde le chancelier. *Des vice-chanceliers. La vice-chancelière autrichienne.*

VICE-CONSUL, E [viskɔ̃syl] n. – 1591 ◊ de *vice-* et *consul* ■ Personne qui remplit les fonctions de consul dans une résidence où il n'y a pas de consulat. *Elle est vice-consule de France. Des vice-consuls.* — n. m. **VICE-CONSULAT,** 1718. *Des vice-consulats.*

VICELARD, ARDE [vis(ə)laʀ, aʀd] adj. et n. – 1928 en argot ◊ de *vice* ■ FAM. ■ 1 Un peu vicieux. *Un air vicelard.* ♦ Malin, rusé, retors. *«Toutes les singeries vicelardes qu'il avait pu faire au cours de sa vie»* SIMONIN. ■ 2 n. *Un petit vicelard.*

VICE-LÉGAT [vislega] n. m. – 1568 ◊ de *vice-* et *légat* ■ RELIG. Prêtre désigné par le pape pour suppléer le légat. *Le vice-légat d'Avignon. Des vice-légats.* — n. f. **VICE-LÉGATION,** 1636.

VICENNAL, ALE, AUX [visenal, o] adj. – 1721 ◊ latin *vicennalis,* de *vicies* «vingt fois» et *annus* «année» ■ DIDACT. ■ 1 Qui couvre une période de vingt ans. *Plan économique vicennal.* ■ 2 Qui a lieu tous les vingt ans. *Prix vicennal.*

VICE-PRÉSIDENCE [visprezidɑ̃s] n. f. – 1771 ◊ de *vice-président* ■ Fonction de vice-président, de vice-présidente. *Vice-présidence du Conseil des ministres ; d'une société. Être nommé à la vice-présidence. Des vice-présidences.*

VICE-PRÉSIDENT, ENTE [visprezidɑ̃, ɑ̃t] n. – 1479 ; fém. début XXe ◊ de *vice-* et *président* ■ Personne qui seconde ou supplée le président, la présidente. *Vice-présidente d'une société ; d'un tribunal. Les quatre vice-présidents de la Chambre. Vice-président des États-Unis.*

VICE-RECTEUR, TRICE [visʀɛktœʀ, tʀis] n. – 1793 ◊ de *vice-* et *recteur* ■ 1 Personne qui supplée le recteur. *La vice-rectrice.* ■ 2 n. m. ANCIENNT Titre de la personne qui était à la tête de l'Académie de Paris. *Les vice-recteurs.*

VICE-REINE [visʀɛn] n. f. – 1671 ◊ de *vice-* et *reine* ■ 1 Épouse du vice-roi. ■ 2 Femme qui a l'autorité d'un vice-roi. *Des vice-reines.*

VICE-ROI [visʀwa] n. m. – 1463 ◊ de *vice-* et *roi* ■ Celui à qui un roi, un empereur a délégué son autorité pour gouverner un royaume, ou une province ayant eu titre de royaume. *Des vice-rois.* ANCIENNT *Le vice-roi des Indes.*

VICE-ROYAUTÉ [visʀwajote] n. f. – 1636 ◊ de *vice-roi* ■ 1 RARE Dignité, fonction de vice-roi. ■ 2 Pays gouverné par un vice-roi. *Les vice-royautés.*

VICÉSIMAL, ALE, AUX [visezimal, o] adj. – 1872 ◊ du latin *vicesimus* «vingtième» ■ MATH. Qui a pour base le nombre vingt. *Quatre-vingts (80) est une trace de la numération vicésimale dans la numération décimale.*

VICE VERSA [viseveʀsa ; visvɛʀsa] loc. adv. – 1418 ◊ loc. latine, proprt «à tour *(vice)* renversé *(versa)*» ■ Réciproquement, inversement. — On trouve parfois *vice-versa. «passer du blanc au tricolore, et vice-versa»* HUGO.

VICHY [viʃi] n. m. – 1904 ◊ nom d'une ville de l'Allier ■ Toile de coton (teinte en fil) à carreaux, rayée. *Tablier de, en vichy bleu et blanc.*

VICHYSSOIS, OISE [viʃiswa, waz] adj. et n. – 1891 ; *vichynois* 1875 ◊ de *Vichy,* ville française ■ 1 De Vichy. *Le thermalisme vichyssois.* ■ 2 (1941) HIST. Du gouvernement, du régime de Pétain, installé à Vichy. ➤ **pétainiste, vichyste.** *La propagande vichyssoise.* ■ 3 *Crème vichyssoise* ou n. f. (1927) *vichyssoise* : soupe au poireau et à la pomme de terre, liée à la crème, consommée froide.

VICHYSTE [viʃist] adj. et n. – 1942 ◊ de *Vichy* ■ HIST. Du gouvernement de Vichy. ➤ **vichyssois.** ♦ Partisan du régime de Vichy, de l'État français. ➤ **pétainiste.** *Un officier vichyste. Gringoire, journal vichyste.* — n. *Les vichystes et les gaullistes.*

VICIATION [visjasjɔ̃] n. f. – 1789 ; «corruption de quelqu'un» 1755 ◊ de *vicier* ■ VIEILLI Action de vicier (le sang, l'air) ; de se vicier. ➤ **pollution.** *«cette maladie était causée par une viciation du sang»* BALZAC.

VICIÉ, IÉE [visje] adj. – 1265 ◊ de *vicier* ■ 1 DR. Qui a un vice (II). *Acte vicié, entaché de nullité.* ■ 2 Impur, corrompu. *Air vicié,* devenu peu propre à la respiration par défaut d'oxygène et présence de gaz carbonique. ➤ **pollué.** *L'air vicié des grandes villes.* ■ 3 (ABSTRAIT) Qui a perdu sa valeur. *Jugement vicié.*

■ CONTR. Pur, 1 sain.

VICIER [visje] v. tr. ⟨7⟩ – fin XIVe ◊ latin *vitiare,* de *vitium* «vice» (II) ■ 1 DR. Rendre défectueux, affecter d'un vice (II). *Incompatibilité qui ne vicie pas l'élection.* ABSOLT *Ce qui abonde* ne vicie pas.* ■ 2 VX Corrompre (l'air). *Des fumées d'usine qui vicient l'air.* ➤ **empester, polluer.** ■ 3 (ABSTRAIT) LITTÉR. *Un faux goût qui «a* *vicié tant de beaux génies»* HUGO. ■ CONTR. Purifier. ■ HOM. *Viciez* : vissiez (visser et voir).

VICIEUSEMENT [visjøzmɑ̃] adv. – 1226 ◊ de *vicieux* ■ RARE D'une manière vicieuse (I ou II).

VICIEUX, IEUSE [visjø, jøz] adj. – 1190 ◊ latin *vitiosus* ; de *vitium*
I ■ **1** VX ou LITTÉR. Qui a un vice, des vices (I), de mauvais penchants. ➤ **corrompu, dépravé, immoral, pervers ; mauvais.** *«Néron était déjà vicieux [...] et Narcisse l'entretenait dans ses mauvaises inclinations»* RACINE. — VIEILLI Dont les mauvais penchants ne peuvent se corriger. *Une colonie pénitentiaire «où les enfants vicieux [...] sont soumis à un traitement particulièrement attentif»* MARTIN DU GARD. ♦ PAR EXT. (1559) (Animaux) Ombrageux et rétif. *Cheval vicieux.* ♦ PAR ANAL. (SPORT) Qui n'est pas envoyé, exécuté franchement (pour tromper l'adversaire). *Balle vicieuse ; coup vicieux.* ■ **2** (1660) Qui a des mœurs déréglées, des habitudes sexuelles que réprouve le sentiment moral collectif. ➤ **cochon (adj.), pervers,** FAM. **vicelard.** *Il est un peu vicieux.* PAR EXT. *Air, regard, geste vicieux.* — n. *Un vieux vicieux.* ➤ **cochon, débauché, libertin, satyre.** ■ **3** FAM. Qui a des goûts dépravés, bizarres. *Il faut être vicieux pour aimer ça.* — Qui est imprévisible et dangereux (comportement). *Il a fait poster la lettre à l'étranger, ça c'est vicieux !*
II VX Qui va à l'encontre des règles, des normes ; qui a des vices (II). *Expression vicieuse.* ➤ **fautif.** *Tournure vicieuse.* ➤ **impropre.** *Prononciation vicieuse.* — MÉD. *Position vicieuse du corps.* ➤ **mauvais.** ♦ *Cercle* vicieux.*
■ CONTR. Chaste, pur, vertueux. 1 Bon, correct.

VICINAL, ALE, AUX [visinal, o] adj. – XVIe ; *voisinal* 1373 ◊ latin *vicinalis*, de *vicinus* «voisin», de *vicus* «bourg» ■ ADMIN. *Chemin vicinal* : route étroite qui met en communication des villages. *Routes départementales et chemins vicinaux.*

VICINALITÉ [visinalite] n. f. – 1838 ◊ de *vicinal* ■ ADMIN., DR. ■ **1** État d'un chemin vicinal. ■ **2** Ensemble des chemins vicinaux.

VICISSITUDE [visisityd] n. f. – 1355 ◊ latin *vicissitudo* ■ **1** VX Changement, succession. ➤ **instabilité.** *«Votre vie n'a plus été qu'une triste vicissitude de lumières et de ténèbres»* MASSILLON. ■ **2** LITTÉR. AU PLUR. Variations dues au changement. *«la langue suit les vicissitudes des mœurs»* ROUSSEAU. — SPÉCIALT Choses bonnes et mauvaises, évènements heureux et malheureux qui se succèdent dans une vie. *Au milieu «de toutes les vicissitudes de mon existence»* CHATEAUBRIAND. ➤ **aléa, hasard, tribulation.** ♦ Évènements malheureux. *«assister en paix aux vicissitudes des hommes»* FRANCE.

VICOMTE, ESSE [vikɔ̃t, ɛs] n. – XVe ; *vezcuntes* 1080 ; fém. XIIe ◊ latin médiéval *vicecomes* (→ vice-) ■ Personne dont le titre de noblesse est au-dessous de celui de comte, de comtesse. *"Le Vicomte de Bragelonne," roman de Dumas. Elle est vicomtesse, c'est une vicomtesse.* ♦ n. f. Épouse d'un vicomte. — adj. **VICOMTAL, ALE, AUX.**

VICOMTÉ [vikɔ̃te] n. f. – 1207 ◊ de *vicomte* ■ Titre attaché à une seigneurie appartenant à un vicomte, une vicomtesse. *Une vicomté.* — La terre de cette seigneurie.

VICTIMAIRE [viktimɛʀ] n. m. et adj. – 1556 ◊ latin *victimarius* ■ **1** DIDACT. Dans l'Antiquité, Prêtre qui frappait les victimes. ➤ **sacrificateur.** ■ **2** adj. Relatif au sacrifice, à la victime. *Inclination, posture victimaire.*

VICTIMATION [viktimasjɔ̃] n. f. – 1832 ; repris v. 1990 ◊ de *victimer* «tuer ; maltraiter», de *victime* ■ DIDACT. Fait d'être victime d'un crime ou d'un délit. — (1992) *Enquête de victimation* : enquête de victimologie menée auprès des victimes.

VICTIME [viktim] n. f. – 1495 ◊ latin *victima* ■ **1** Créature vivante offerte en sacrifice aux dieux. ➤ VX **hostie.** *Victime piaculaire, propitiatoire. Immoler, égorger une victime sur l'autel d'un dieu. Des eubages «conduisant deux taureaux blancs qui devaient servir de victimes»* CHATEAUBRIAND. *Examen des entrailles des victimes par un aruspice. Victimes humaines.* ■ **2** (1782 ; *victime de...* 1617) Personne qui subit la haine, les tourments, les injustices de qqn. *«chacun ayant sa victime et chacun son bourreau»* LÉAUTAUD. *Les victimes d'un dictateur, d'un maître chanteur.* — (Dans la société) *«La révolte ne vient jamais des victimes»* CHARDONNE. *«les femmes, victimes sociales»* MICHELET. *Se poser en victime.* ■ **3** PAR EXT. **VICTIME DE** (souvent attribut ou en appos. sans art.) : personne qui souffre, pâtit (des agissements d'autrui, ou de choses, d'évènements néfastes). *Victime de la calomnie. J'ai été (la) victime d'une hallucination* (cf. Être le jouet* de). ➤ **proie.** *Victime de guerre,* qui a subi des dommages* de guerre. *Entreprise victime de la crise, de la concurrence. Être victime d'une agression, d'un viol, d'un vol, de lettres anonymes, d'une méprise. Des millions d'enfants victimes de la famine. Mourir victime du devoir* (dans l'exercice de fonctions périlleuses). ■ **4** Personne arbitrairement condamnée à mort. *Les victimes de la Terreur, du nazisme. D'innocentes victimes.* — (XIXe) Personne torturée, violentée, assassinée. *Landru brûlait ses victimes. Le corps de la victime.* — Personne qui meurt à la suite d'une maladie, d'un accident, d'une catastrophe. *Le tremblement de terre a fait de nombreuses victimes.* ➤ 3 **mort.** *Les victimes de la route. L'accident n'a pas fait de victimes. On ne déplore aucune victime. Les victimes du cancer, du sida.* — Personne tuée dans une émeute, une guerre. *Les victimes de la fusillade du Champ-de-Mars. Les victimes de la guerre. Victimes retrouvées dans un charnier.* ■ CONTR. Bourreau. Meurtrier. Rescapé.

VICTIMISER [viktimize] v. tr. ‹1› – 1993 ◊ de *victimisation* ou de l'anglais *to victimize* (1830), de *victim* «victime» ■ Transformer (qqn) en victime. *Victimiser un accusé.* — n. f. (1984 ◊ calque de l'anglais) **VICTIMISATION.**

VICTIMOLOGIE [viktimɔlɔʒi] n. f. – 1959 ◊ de *victime* et *-logie* ■ DIDACT. Branche de la criminologie qui étudie le statut psychosocial des victimes de crimes et de délits.

VICTOIRE [viktwaʀ] n. f. – 1155 ; *victorie* 1080 ◊ latin *victoria* ■ **1** Succès obtenu dans un combat, une bataille, une guerre. *Remporter une victoire* (➤ **vaincre**). *Victoire de qqn sur qqn. Trophée d'une victoire. Voler de victoire en victoire.* ➤ **conquête.** *Victoire éclair. Les lauriers, la palme de la victoire. Victoire navale, aérienne. Fêter une victoire. La fête nationale de la victoire* (de 1918), le 11 novembre. *Victoire des Alliés en 1945.* — LOC. *Victoire à la Pyrrhus,* trop chèrement obtenue. *Voler* au secours de la victoire.* ♦ PAR EXT. *La Victoire* : divinité allégorique représentée par une femme ailée. *Les ailes de la Victoire.* — (Sans majuscule) *«La victoire, en chantant, nous ouvre la barrière»* («Chant du départ», paroles de M.-J. CHÉNIER). *Masséna, l'enfant chéri de la victoire.* — Statue de cette divinité. *La Victoire de Samothrace.* ■ **2** Heureuse issue (d'une lutte, d'une opposition, d'une compétition, pour la personne qui a eu l'avantage). ➤ **exploit, réussite, succès, triomphe.** *Victoire diplomatique. Victoire électorale des socialistes. «En amour, notre vanité dédaigne une victoire trop facile»* STENDHAL. — LOC. *Crier, chanter victoire* : se glorifier d'une réussite. ♦ Situation de la personne (ou du groupe) qui gagne contre qqn, dans un jeu, une compétition. *Victoire d'une équipe sportive* (cf. Belle performance*). *Victoire aux points*, par K.-O,* en boxe. ♦ *Victoire (morale) sur soi-même, sur la tentation,* quand la volonté triomphe des instincts, des passions. *Petites victoires.* ■ **3** (CHOSES) *Victoire du libéralisme, du nationalisme. C'est une belle victoire pour la recherche médicale. La victoire du bon sens.* ■ CONTR. Défaite, déroute. Contre-performance, échec.

VICTORIA [viktɔʀja] n. f. – 1846 ◊ du nom de la reine *Victoria*, à qui le botaniste Lindley dédia la plante
I (1846) BOT. Plante aquatique exotique *(nymphéacées)*, à fleurs rouges et blanches, et dont les immenses feuilles rondes flottent sur l'eau.
II (1863 ; en anglais 1844) Ancienne voiture découverte à quatre roues. *«La victoria fort élégante, attelée de deux superbes chevaux noirs»* MAUPASSANT.

VICTORIEN, IENNE [viktɔʀjɛ̃, jɛn] adj. – 1913 ◊ de *Victoria*, reine d'Angleterre ■ Relatif à la reine Victoria, à son règne (1837-1901). *La réserve, le puritanisme de l'époque victorienne. Style victorien. Poésie victorienne.*

VICTORIEUSEMENT [viktɔʀjøzmɑ̃] adv. – 1356 ◊ de *victorieux* ■ D'une manière victorieuse, en remportant la victoire. *«notre marche jusqu'alors victorieusement progressive»* LECOMTE. *Réfuter victorieusement des objections.*

VICTORIEUX, IEUSE [viktɔʀjø, jøz] adj. – 1265 ◊ bas latin *victoriosus* ■ **1** Qui a remporté une victoire (1°). ➤ **vainqueur.** *Général victorieux. Sortir victorieux d'un combat. Armée, troupes victorieuses.* ■ **2** Qui a remporté une victoire (2°), qui l'a emporté sur qqn. *Sortir victorieux d'une dispute. Parti victorieux aux élections.* — *L'équipe victorieuse.* ♦ PAR EXT. *Un air victorieux,* de triomphe. ➤ **triomphant.** ■ CONTR. Battu, perdant, vaincu.

VICTUAILLE [viktɥɑj] n. f. – 1502 ; *vitaille* 1138 (→ ravitailler), refait sur le latin ◊ bas latin *victualia*, plur. neutre de *victualis* «relatif aux vivres», *victus* ■ VX (AU SING.) Aliment. ♦ MOD. (AU PLUR.) Provisions de bouche. ➤ 2 **vivres.** *Panier de victuailles.*

VIDAGE [vidaʒ] n. m. – *vuidage* «vidange» XIIIe ; repris XIXe ◊ de *vider* ■ RARE Action de vider. ♦ FAM. Action de vider (II, 2o) les indésirables. ■ CONTR. Remplissage.

VIDAME [vidam] n. m. – *visdame* XIIe ◊ adaptation du latin ecclésiastique *vice dominus* (→ vice-) ■ FÉOD. Officier qui remplaçait les seigneurs ecclésiastiques (évêques, abbés) dans les fonctions juridiques ou militaires ; titre de noblesse.

VIDAMÉ [vidame] n. m. ou **VIDAMIE** [vidami] n. f. – XIIe *vidamné*, -XIVe ◊ de *vidame* ■ FÉOD. Dignité, titre de vidame. — Terre à laquelle est attaché ce titre.

VIDANGE [vidɑ̃ʒ] n. f. – *widange* 1362 ; *widenghe* «conduit, égout» 1286 ◊ mot des Flandres et de l'Est ; de *vider* ■ **1** Action de vider (en parlant d'opérations techniques, grossières ou sales). *Procéder à la vidange d'un fossé, d'un ballast, d'un réservoir. Tuyau de vidange.* ➤ **écoulement.** — *Vidange du réservoir d'huile d'une automobile.* ABSOLT *Vidange et graissage.* ♦ MÉD. *Vidange gastrique.* ■ **2** SPÉCIALT Opération par laquelle on vide une fosse d'aisances, on évacue les eaux usées. *Système de vidange, par pompage, par déversement et collecte* (➤ **tout-à-l'égout**). *Entrepreneur de vidange* (➤ **vidangeur**). ■ **3** (*vuidange* 1409) Ce qui est enlevé, vidé. SYLVIC. Ensemble des opérations consistant à enlever la totalité des bois abattus dans une coupe. — SPÉCIALT Les matières vidées d'une fosse d'aisances ; l'engrais animal. ➤ **gadoue ; eaux-vannes.** «*la vidange seule de Paris pourrait fertiliser trente mille hectares*» ZOLA. *Traitements chimiques des vidanges.* ■ **4** (1908) (Canada ; critiqué) AU PLUR. FAM. Déchets, ordures ménagères. *Mets ça dans les vidanges. Sac à vidanges* : sac-poubelle. *Camion de vidanges* : benne à ordures. ■ **5** (1636 ; «égout» 1286) Ce qui sert à vider, à évacuer l'eau. ➤ **nable.** *La vidange d'un lavabo* (bonde à soupape). ■ **6** (Belgique, Luxembourg) Verre consigné. — AU PLUR. Bouteilles vides (consignées ou non). *Il* «*montait des bouteilles de bière et de soda, sortait les vidanges*» SIMENON.

VIDANGER [vidɑ̃ʒe] v. tr. ⟨3⟩ – 1855 ◊ de *vidange* ■ **1** Vider (une fosse, un ballast, un réservoir...). *Vidanger une cuve, une conduite.* ➤ **purger.** SPÉCIALT Faire la vidange de (une fosse d'aisances). ■ **2** Évacuer par une vidange. *Vidanger l'huile, les eaux résiduelles.*

VIDANGEUR, EUSE [vidɑ̃ʒœʀ, øz] n. – 1676 ◊ de *vidange* ■ **1** Personne qui fait la vidange des fosses d'aisances, tinettes, etc. ■ **2** (Canada ; critiqué) FAM. Éboueur. «*les vidangeurs tous les matins à l'aube*» GODBOUT.

VIDE [vid] adj. et n. m. – fin XIe ◊ forme féminine de l'ancien français *vuit*, également *voit*, *voide* (fin XIe) dans les parlers, du latin populaire *vocitus*, famille de *vacuus* → vacuité

I ~ adj. ■ **1** Qui ne contient rien de perceptible ; dans lequel il n'y a ni solide, ni liquide. *Espace vide entre deux choses.* — SC., PHILOS. Où il n'y a pas de matière. «*il ne peut y avoir aucun espace entièrement vide*» DESCARTES. ♦ (1960) MATH. *Ensemble vide*, qui n'a aucun élément. ➤ **zéro.** ♦ INFORM. Qui ne contient pas d'information, dénué de sens. ➤ **nul.** ■ **2** COUR. Dépourvu de son contenu normal. *Verre, bouteille vide, à moitié vide. Réservoir vide* (cf. À sec). *Bourse, poche vide. Louer un appartement vide*, sans meubles (opposé à *meublé*). — LOC. (fin XIIe) *Avoir l'estomac, le ventre vide.* ➤ **creux.** *Rentrer les mains vides*, sans rapporter ce que l'on allait chercher (➤ **bredouille**). *Venir, arriver les mains vides chez qqn*, sans rien apporter. ■ **3** (fin XIIe) Qui est sans occupant, où il n'y a personne. ➤ **inoccupé.** *Pièce, chambre vide. Une maison vide.* ➤ **abandonné.** *Lit, fauteuil vide.* «*Ils n'imaginaient pas que le trône pût rester toujours vide*» CAMUS. ➤ **vacant.** *Politique de la chaise* vide. Compartiment vide.* — PAR EXAGÉR. Qui est loin d'être plein. *Paris est vide au mois d'août.* ➤ 1 **désert.** *Les rues sont vides. Le cinéma était vide* (cf. Il n'y a pas un chat). ■ **4** (fin XVIe) FIG. (le temps étant assimilé à un contenant) Qui n'est pas employé, occupé comme il pourrait l'être ; sans occupation. «*ces longues journées qui, pour un témoin, eussent semblé vides*» RADIGUET. ♦ (En parlant du cœur, de la tête... lieu des émotions, des idées) (fin XIIe) *Avoir la tête vide* : ne plus avoir momentanément sa présence d'esprit, ses connaissances et ses souvenirs (fatigue, choc, émotion). «*son crâne lui semblait vide*» ZOLA. *Avoir une case* vide. Se sentir vide*, sans désir, sans émotion. ♦ (milieu XIIIe) Qui manque d'intérêt, de substance. ➤ **creux** (FIG.). *Discussion, propos vides.* ➤ **futile, insignifiant.** *Une existence vide.* ➤ **insipide,** 1 **morne.** ■ **5** (1848) Qui n'est pas couvert, recouvert (surface). ➤ **dénudé,** 1 **nu.** *Mur vide.* «*Sur le vide papier que la blancheur défend*» MALLARMÉ. «*le grand espace vide des steppes et des pampas*» SARTRE. ■ **6** (milieu XIIe) **VIDE DE :** qui ne contient, ne renferme, ne possède pas (ce qu'il devrait normalement contenir). ➤ **sans.** *Rues vides de voitures.* — (ABSTRAIT) *Mots vides de sens.* ➤ **dépourvu.** «*des états affectifs* purs, *c'est-à-dire vides de tout élément intellectuel*» RIBOT.

II ~ n. m. LE VIDE, UN VIDE ■ **1** (fin XIVe) Espace qui n'est pas occupé par de la matière. ➤ **vacuité.** «*Les atomes et le vide*» VOLTAIRE (dans la philosophie antique). *La nature a horreur du vide* : aphorisme de ceux qui soutenaient l'impossibilité du vide (avant la découverte de la pesanteur de l'air). *Le vide absolu* (absence de molécules, d'atomes ou de particules) *ne semble pas se rencontrer dans la nature.* ♦ (XVIIe) Abaissement très important de la pression d'un gaz, dans une enceinte ; état de la matière dans cet espace. *Vide pneumatique* : raréfaction de l'air au moyen de la machine pneumatique. *Vide barométrique, de Torricelli* (rempli en fait de vapeur de mercure). — *Faire le vide en aspirant l'air. Vide grossier, moyen, poussé. Tubes à vide. Nettoyage* par le vide. Emballage, conservation sous vide. Plats cuisinés, cacahouètes sous vide.* ■ **2** (1611) Espace, milieu où il n'y a pas d'objets sensibles (choses ou personnes). ➤ **néant.** «*elle éprouvait cette espèce de volupté qu'il y a, quand on détruit en rangeant, à voir le vide prendre la place des objets*» MONTHERLANT. — LOC. (1872) *Faire le vide autour de qqn*, l'isoler, écarter tout le monde de lui. *Faire le vide dans son esprit* : ne plus penser à rien. ♦ Espace où il n'y a aucun corps solide (susceptible de servir d'appui). *Je les suivis* «*en évitant de regarder dans le vide*» BOSCO. *Avoir peur du vide. Vertige devant le vide. Plongée dans le vide.* ♦ Espace, considéré indépendamment de ce qui s'y trouve. (1882) *Regarder dans le vide*, dans le vague. ♦ LOC. (1879) *Parler dans le vide*, sans objet ou sans auditeur. *Faire une promesse dans le vide*, sans aucune intention ou possibilité de la tenir. ■ **3** ASTRON. Région de l'espace renfermant une quantité négligeable de matière et de rayonnement. ■ **4 UN VIDE :** espace vide ou solution de continuité. ➤ **cavité,** 1 **espace, fente, ouverture.** *Laisser un vide dans un récipient, entre deux objets contigus. Remplir les vides. Boucher un vide.* — *Vide d'air, de construction* : espace ménagé dans les parois (d'un bâtiment). (1964) *Vide sanitaire* : espace réglementaire devant être ménagé sous le sol du rez-de-chaussée des maisons sans cave. ♦ Espace où manque qqch. ➤ 2 **blanc, lacune.** *Vides dans un tableau.* — PAR MÉTAPH. *Combler les vides d'un récit.* ➤ **trou.** *Vide juridique**. ♦ FIG. (1680) Ce qui est ressenti comme un manque. *Son départ fait un grand vide. Un bonheur* «*qui ne laisse dans l'âme aucun vide*» ROUSSEAU. *Je ne savais* «*comment combler ce vide de deux années*» FROMENTIN. ■ **5** (1690) Caractère de ce qui manque de réalité, d'intérêt. ➤ **inanité, néant, vacuité.** *Le vide de l'existence.* «*L'ennui, ce vide nauséeux*» DUHAMEL. *L'écroulement de ma vie* «*me laissait un sentiment de vide comme celui qui suit un accès de fièvre ou un amour brisé*» RENAN. «*Le vide mortel de ces heures sans projets*» MARTIN DU GARD. ■ **6** loc. adv. (1538) **À VIDE :** sans rien contenir. *Bus qui part, passe à vide.* ♦ (fin XIIIe) Sans avoir l'effet (matériel) normalement attendu. *Tourner à vide*, sans enclencher. FIG. *Il raisonne à vide.* — LOC. *Passage à vide*, moment où un moteur, un mécanisme tourne à vide. FIG. Moment où une activité s'exerce sans effet utile ; baisse de l'activité ou de l'efficacité d'une personne (due à la fatigue, la maladie, etc.). «*tu traverses une sorte, peut-être pas de dépression, mais de passage à vide*» E. CARRÈRE.

■ CONTR. Plein, 1 rempli ; surpeuplé ; occupé. — Plein (V), plénitude.

VIDÉ, ÉE [vide] adj. – *vuidé* 1310 ; *voidée* 1174 ◊ de *vider* ■ **1** Qu'on a vidé de ses entrailles. *Poissons vidés. Volaille vidée.* ■ **2** (1888) FAM. (PERSONNES) Épuisé de fatigue. ➤ **fatigué, fourbu ;** FAM. **crevé.** — Qui n'a plus de ressources (intellectuelles, morales). «*Ruiné, vidé, une loque*» DAUDET.

VIDÉASTE [videast] n. – 1982 ◊ de *vidéo* et *-aste*, d'après *cinéaste* ■ TECHN. Personne qui exerce une activité créatrice ou technique ayant rapport à la vidéo (cf. Téléaste).

VIDE-BOUTEILLE [vidbutɛj] n. m. – 1845 ; «ivrogne» 1560 ◊ de *vider* et *bouteille* ■ Instrument permettant de vider une bouteille sans la déboucher (en enfonçant un siphon dans le bouchon). *Des vide-bouteilles.*

VIDE-CAVE [vidkav] n. m. – milieu XXe ◊ de *vider* et *cave* ■ Pompe hydraulique pour évacuer l'eau d'un local inondé. *Des vide-caves.*

VIDE-DRESSING [viddʀesiŋ] n. m. – 2008 ◊ de *vider* et *dressing*, d'après *vide-grenier* ■ Vente organisée à leur domicile par des particuliers qui veulent se défaire de certains vêtements. *Des vide-dressings.*

VIDE-GRENIER [vidgʀɑ̃nje] n. m. – 1986 ◊ de *vider* et *grenier* ■ Manifestation organisée par des particuliers qui vendent des objets dont ils veulent se défaire. *Des vide-greniers.*

VIDELLE [vidɛl] n. f. – 1659 ◊ de *vider* ■ TECHN. ■ 1 Instrument de pâtissier pour couper la pâte en bandes minces. ■ 2 (1803) Instrument de confiseur pour vider certains fruits à confire.

VIDÉO [video] adj. et n. f. – v. 1960 ◊ anglais *video*, du latin *video* «je vois», de *videre* «voir»

I adj. Qui concerne l'enregistrement des images et des sons et leur retransmission sur un écran de visualisation. *Signal vidéo,* contenant les éléments qui servent à la transmission d'une image. *Système vidéo,* permettant la transmission à distance du son et de l'image. *Caméra vidéo. Disque vidéo.* ➤ **vidéodisque.** *Cassette vidéo.* ➤ **vidéocassette.** (1978) *Jeu vidéo,* dans lequel les mouvements, sur un écran de visualisation, sont commandés de manière électronique (cf. aussi Jeu d'arcade*). *Des jeux vidéos* ou *vidéo* (inv.). *Compétition de jeux vidéos* (➤ **e-sport**).

II n. f. ■ 1 DIDACT. Vidéofréquence*. — Signal, message que ces fréquences contiennent. ■ 2 COUR. Vidéophonie*. Technique qui permet d'enregistrer l'image et le son sur un support magnétique ou numérique, et de les retransmettre sur un écran de visualisation (➤ **vidéaste**). *La vidéo numérique, analogique.* — Équipement vidéo. *Une vidéo légère, mobile.* ■ 3 Enregistrement vidéo. *Regarder des vidéos. Mettre une vidéo en ligne.* — *Vidéo à la demande, à la carte :* service de diffusion qui permet à l'abonné de recevoir sur sa télévision le programme vidéo de son choix.

VIDÉO- ■ Élément, du latin *videre* «voir», entrant dans la composition de mots du vocabulaire de l'audiovisuel (vidéofréquences).

VIDÉOCAPSULE [videokapsyl] n. f. – 2001 ◊ de *vidéo-* et *capsule* ■ MÉD. Caméra miniaturisée logée dans une capsule pour réaliser un examen endoscopique après ingestion par le patient.

VIDÉOCASSETTE [videokasɛt] n. f. – 1971 ◊ de *vidéo* et *cassette* ■ Cassette dont la bande magnétique enregistre ou reproduit le son et l'image (cf. Cassette vidéo).

VIDÉOCLIP ➤ 2 **CLIP**

VIDÉOCLUB [videoklœb] n. m. – v. 1980 ; de *vidéo* et *club* ◊ d'après l'anglais ■ Boutique qui vend ou loue des enregistrements vidéos (DVD, cassettes, etc.).

VIDÉOCOMMUNICATION [videokɔmynikasjɔ̃] n. f. – 1974 ◊ de *vidéo* et *communication* ■ TECHN. Ensemble des techniques permettant de transmettre des informations sous forme d'images fixes ou animées (télévision par câble, par satellite, cryptée, etc.).

VIDÉOCONFÉRENCE [videokɔ̃feʀɑ̃s] n. f. – 1979 ◊ de *vidéo* et *conférence* ■ ➤ **visioconférence.**

VIDÉODISQUE [videodisk] n. m. – 1970 *vidéo disque* ◊ de *vidéo* et *disque* ; d'après l'anglais ■ Disque qui permet de restituer sur certains postes de télévision des images et des sons enregistrés (cf. Disque vidéo). *Vidéodisque numérique.* ➤ **DVD.**

VIDÉOFRÉQUENCE [videofʀekɑ̃s] n. f. – 1942 ◊ de *vidéo* et *fréquence* ■ DIDACT. Fréquence qui donne un signal d'image en télévision (bande comprise entre 0 et quelques mégahertz) ; ensemble de ces fréquences. ➤ **vidéo** (II, 1°).

VIDÉOGRAMME [videɔgʀam] n. m. – 1974 ◊ de *vidéo-* et *-gramme* ■ TECHN. Support (bande magnétique, disque...) permettant l'enregistrement, la conservation et la reproduction d'un document audiovisuel ; ce document. ➤ **CD-ROM, vidéocassette, vidéodisque.**

VIDÉOGRAPHIE [videɔgʀafi] n. f. – v. 1975 ◊ de *vidéo-* et *-graphie* ■ TECHN. Transmission des messages graphiques (caractères, chiffres, schémas...) et alphanumériques sur un écran de visualisation. *Vidéographie interactive.* ➤ **vidéotex.** *Vidéographie diffusée.* ➤ **télétexte.**

VIDÉOLUDIQUE [videolydik] adj. – 1991 ◊ de *vidéo* et *ludique* ■ DIDACT. Relatif au jeu vidéo. *L'industrie vidéoludique.*

VIDÉOPHONIE [videɔfɔni] n. f. – 1970 ◊ de *vidéo-* et *-phonie* ■ Transmission de signaux vidéos par câbles téléphoniques.

VIDÉOPROJECTEUR [videopʀɔʒɛktœʀ] n. m. – 1984 ◊ de *vidéo-* et *projecteur* ■ Appareil de projection vidéo que l'on peut relier à un ordinateur, à un magnétoscope ou à un lecteur DVD.

VIDÉOPROTECTION [videopʀɔtɛksjɔ̃] n. f. – 1998 ◊ de *vidéo-* et *protection* ■ Vidéosurveillance. «*le ministre de l'Intérieur* [...] *croit plus que jamais aux vertus de la "vidéoprotection". Car il est de bon ton de ne plus parler de vidéosurveillance, expression trop anxiogène, aux dires des communicants*» (Le Figaro, 2010).

VIDE-ORDURES [vidɔʀdyʀ] n. m. inv. /VIDE-ORDURE n. m./ – 1934 ◊ de *vider* et *ordure* ■ Conduit vertical dans lequel on peut jeter les ordures par une trappe ménagée à chaque étage, dans un immeuble. ➤ RÉGION. **dévaloir.** *Il est interdit de jeter des bouteilles dans le vide-ordures.* — PAR EXT. Ouverture de ce conduit. *Il y a un vide-ordures dans la cuisine.*

VIDÉOSURVEILLANCE [videosyʀvɛjɑ̃s] n. f. – 1981 ◊ de *vidéo-* et *surveillance* ■ Système de surveillance des lieux publics par caméras vidéos. ➤ **vidéoprotection.** «*un système de vidéosurveillance relié au commissariat*» HOUELLEBECQ.

VIDÉOTEX [videɔtɛks] n. m. – 1979 ◊ n. déposé, anglais *videotex,* de *video* et *(tele)tex* ■ Système permettant le dialogue entre un terminal et des bases de données, via le réseau téléphonique. ➤ **vidéographie.** — adj. *Le minitel était un terminal vidéotex. Émulateur, serveur vidéotex.*

VIDÉOTHÈQUE [videɔtɛk] n. f. – 1970 ◊ de *vidéo-* et *-thèque* ■ Collection de documents vidéos. «*Ils regardaient un ou deux films pris dans l'immense vidéothèque qui recouvrait les murs*» M. DUGAIN. — Lieu où ils sont entreposés.

VIDÉOTRANSMISSION [videotʀɑ̃smisjɔ̃] n. f. – 1977 ◊ de *vidéo-* et *transmission* ■ AUDIOVIS. Retransmission de programmes audiovisuels sur grand écran.

VIDÉOVERBALISATION [videovɛʀbalizasjɔ̃] n. f. – 2010 ◊ de *vidéo-* et *verbalisation* ■ Verbalisation (1°) effectuée à l'aide de caméras de surveillance.

VIDE-POCHE [vidpɔʃ] n. m. – 1749 ◊ de *vider* et *poche* ■ 1 Petit meuble, et PAR EXT. coupe, corbeille où l'on peut déposer de petits objets (contenu des poches, boutons de manchettes, bagues, etc.). ■ 2 (1961) Compartiment aménagé au bas de l'intérieur des portières d'une automobile ou au dos des sièges avant. *Des vide-poches.*

VIDE-POMME [vidpɔm] n. m. – 1814 ◊ de *vider* et *pomme* ■ Instrument ménager servant à ôter le cœur, les pépins d'une pomme, sans la couper. *Des vide-pommes.*

VIDER [vide] v. tr. ⟨1⟩ – *vuidier* «retirer d'un lieu» XIIe ◊ latin populaire °*vocitare,* de *vocitus* → vide

I RENDRE VIDE ■ 1 Rendre vide (un contenant) en enlevant ce qui est dedans. *Vider ses poches, une valise, un meuble. Vider un bassin, un réservoir.* ➤ **vidanger.** *Vider un étang.* ➤ **assécher** (cf. Mettre à sec*). *Vider sa pipe. Vider les cendriers.* — INFORM. *Vider la corbeille*,* effacer les fichiers qu'elle contient. ♦ LOC. *Vider son sac*. Vider l'abcès*. Vider son cœur :* s'épancher. — *Vider son assiette.* ➤ **avaler, 1 manger,** FAM. **torcher.** *Vider une bouteille* (en la buvant). ➤ **1 boire, finir.** «*Elle reprit la coupe de champagne et la vida*» SARTRE. — (En emportant, volant ou en dépensant) *Ils ont vidé la caisse, le compte. Les cambrioleurs ont vidé l'appartement.* ➤ **dévaliser.** — *Vider l'esprit,* le débarrasser de ses préoccupations. ♦ **VIDER (qqch.) DANS, SUR :** répandre tout le contenu de (qqch.) quelque part. ➤ **verser.** «*Camille vidait la boîte de dominos sur la toile cirée*» ZOLA. *Vider une bouteille de vin dans une carafe.* ➤ **transvaser, transvider.** PRONOM. *Le réservoir se vide dans un bassin.* ➤ se **déverser.** ■ 2 Ôter les entrailles de (un poisson, une volaille...) pour le faire cuire. ➤ **étriper ; 1 effilé, vidé** (1°). *Vider et flamber un poulet.* — Ôter les parties non comestibles de (un aliment). *Vider une pomme.* ■ 3 **VIDER... DE :** débarrasser de. *Vider une pièce de ses meubles. Vider un bassin de ses poissons.* — *Vider qqch. de son sens, de son contenu,* en modifier le sens, en altérer le contenu. ♦ PRONOM. Devenir vide de, perdre. *Se vider de son sang. La ville s'est vidée de ses touristes.* ABSOLT *Les campagnes se vident.* ➤ se **dépeupler.** ■ 4 Rendre vide (un lieu) en s'en allant. VX *Vider un pays.* MOD. *Vider les lieux :* s'en aller. ➤ **abandonner, quitter.** *Le «propriétaire leur donna huit jours pour vider la maison»* LOTI (➤ **déménager**). ♦ LOC. VIEILLI *Vider les arçons, les étriers :* être désarçonné. ■ 5 FAM. Épuiser les forces physiques ou morales de (qqn). ➤ **crever, lessiver, pomper.** *Ce* *voyage, ce travail l'a vidé.* ➤ **vidé** (2°). ▪ **6** (1313 *vuidier un dit* «prononcer un jugement») FIG. Faire en sorte que (une question) soit épuisée, réglée. ➤ **régler, résoudre, terminer.** *Vider une affaire, un différend. Vider une querelle.*

II ENLEVER D'UN LIEU ▪ **1** Enlever (le contenu d'un contenant) souvent en jetant. ➤ **évacuer, jeter, retirer.** *Aller vider les ordures. Videz ce reste de vin. «Salavin tira son porte-monnaie, en vida dans sa main le contenu»* DUHAMEL. *Vider l'eau d'une barque.* ➤ **écoper.** PRONOM. S'écouler. *Les eaux sales se vident dans l'égout.* ▪ **2** (1879) FAM. Faire sortir brutalement (qqn) d'un lieu, et PAR EXT. d'un emploi, d'une situation. ➤ **chasser, expulser, renvoyer* ; videur.** *Il s'est fait vider. «Je l'ai vidé sans y mettre de formes»* AYMÉ. — SPÉCIALT *Le cheval a vidé son cavalier,* l'a désarçonné.

▪ CONTR. Emplir, garnir, remplir.

VIDE-TOURIE [vidturi] n. m. – 1890 ◇ de *vider* et *tourie* ▪ TECHN. Petit chariot supportant une tourie* et pouvant basculer pour la vider. *Des vide-touries.*

VIDEUR, EUSE [vidœr, øz] n. – *vuideur de fosses* «vidangeur» 1660 ; *vuideur* XIIIe ◇ de *vuider* → vider ▪ **1** RARE Personne qui vide, est chargée de vider. ▪ **2** SPÉCIALT (1956) Personne chargée d'expulser les indésirables (d'une discothèque, d'un bar de nuit...). ➤ RÉGION. 2 **sorteur.**

VIDE-VITE [vidvit] n. m. inv. – 1933 ◇ de *vide* et *vite* ▪ TECHN. Dispositif de vidange rapide utilisé en cas de danger.

VIDIMER [vidime] v. tr. ‹1› – 1464 ◇ de *vidimus* ▪ ADMIN. Certifier conforme à l'original, après avoir collationné. *Vidimer la copie d'un acte.*

VIDIMUS [vidimys] n. m. – 1355 ; *vydimus* 1315 ◇ mot latin «nous avons vu», de *videre* ▪ ADMIN. Attestation par laquelle on certifie qu'un acte a été vidimé. — Acte certifié conforme.

VIDOIR [vidwar] n. m. – 1911 ◇ de *vider* ▪ TECHN. Cuvette dans laquelle on déverse les eaux de vidange. — Partie d'un vide-ordures par où l'on jette les ordures.

VIDUITÉ [vidɥite] n. f. – 1265 ◇ latin *viduitas,* de *vidua* «veuve»

I DR. État de veuve, de veuf. ➤ **veuvage.** *Délai de viduité :* délai (en principe de 300 jours) imposé à la femme veuve ou divorcée avant de pouvoir se remarier. ◆ (1576) LITTÉR. et RARE État de la personne qui est privée de qqch. FIG. Abandon, solitude. *«dans cette paternité la viduité même de sa vie avait introduit tous les amours»* HUGO.

II (1853 ◇ par attraction de *vide,* et confusion avec *vacuité*) ABUSIVEMENT État de ce qui est vide. *«leur sonorité vient de leur viduité»* FLAUBERT.

VIDURE [vidyr] n. f. – 1752 ; *vuydure* «espace creux, vide» XVe ◇ de *vider* ▪ Ce qu'on enlève en vidant une volaille, un poisson. ◆ AU PLUR. Ordures (enlevées en nettoyant, en vidant qqch.). *Vidures de poubelle.*

VIE [vi] n. f. – fin X^e ◇ du latin *vita,* famille de *vivere* → 1 vivre, viager

I LE FAIT DE VIVRE A. LA VIE. LE FAIT D'ÊTRE VIVANT ▪ **1** COUR. Fait de vivre, propriété essentielle des êtres organisés qui évoluent de la naissance à la mort en remplissant des fonctions qui leur sont communes. ➤ **existence.** *La vie des végétaux, des animaux. La vie humaine* (➤ **âme, esprit, souffle**). *«La vie est le roman de la matière»* CIORAN. *Doué de vie.* ➤ **animé.** — *Être en vie.* ➤ 2 **vivant.** *Être sans vie,* mort, et PAR EXAGÉR. évanoui. *Revenir à la vie* (➤ **ressusciter, revivre**). *Mère qui donne la vie à un enfant* (➤ **enfanter**). — LOC. *Signe* de vie. Entre la vie et la mort*. Sa vie ne tient plus qu'à un fil*. Avoir la vie dure*. Passer de vie à trépas. Perdre la vie* (➤ **mourir**). *Ôter la vie à qqn* (➤ **tuer**). *Attenter à sa vie* (➤ **suicide**). — *«Petit poisson deviendra grand Pourvu que Dieu lui prête vie»* LA FONTAINE. PROV. *Tant qu'il y a de la vie, il y a de l'espoir :* malgré les difficultés, on peut toujours espérer. — *Devoir la vie à qqn,* avoir été sauvé par lui. *Défendre, sauver la vie de...* PAR EXAGÉR. *Tu me sauves la vie !* (cf. Enlever une épine* du pied). *Laisser la vie sauve à qqn,* l'épargner. *Avoir la vie sauve. Sauver sa vie.* ➤ **peau.** *Donner, sacrifier, exposer, risquer sa vie pour qqn, qqch. Au péril de ma vie. La bourse* ou la vie. «La vie vaut-elle plus que l'honneur ?»* BERNANOS. *Une question* de vie ou de mort* (➤ **vital**). *Droit* de vie ou de mort. Jurer qqch. sur sa vie. Assurance sur la vie, assurance-vie. Des assurances-vie. Le sens de la vie.* ◆ Fait de vivre intensément. ➤ **vigueur, vitalité.** *«cette petite fille, si pleine de vie, si turbulente»* RADIGUET. ◆ FIG. Animation que l'artiste donne à la matière qu'il met en œuvre. *«La vie est le don propre de l'artiste»* SUARÈS. *Tableau où il y a de la vie, qui manque de vie. «Modeler une statue et lui donner la vie»* HUGO. ▪ **2** BIOL. Ensemble des phénomènes (croissance, métabolisme, reproduction) que présentent tous les organismes, animaux ou végétaux, de la naissance à la mort. ➤ **bio-.** *«La vie est l'ensemble des fonctions qui résistent à la mort»* BICHAT. *Sciences de la vie.* ➤ **biologie, biosciences ;** 1 **vivant.** *Vie de la cellule, des tissus. Vie organique. Vie animale, végétale. Transmission de la vie.* ➤ **fécondation, reproduction.** *La fermentation «est un phénomène de vie»* MONDOR. *Vie végétative. Vie latente.* ➤ **cryptobiose, dormance.** *Vie intra-utérine. «Il est vraisemblable que la vie anime toutes les planètes suspendues à toutes les étoiles»* BERGSON. *Le problème de l'origine de la vie, de l'apparition de la vie.*

B. ESPACE DE TEMPS ET OCCUPATIONS QUI REMPLISSENT CE TEMPS ▪ **1 LA VIE (DE...) ; UNE VIE.** Espace de temps compris entre la naissance et la mort (d'un individu). *Le cours de la vie. Les âges de la vie. «Chaque instant de la vie est un pas vers la mort»* CORNEILLE. *Au commencement, à la fin de la vie. «un service de ce qu'on appelait des grabataires et aujourd'hui des "personnes en fin de vie"»* M. WINCKLER. *Tranche* de vie. «La vie est courte, mais l'ennui l'allonge»* RENARD. *Élixir de longue vie. Espérance* de vie. «Le sommeil occupe le tiers de notre vie»* NERVAL. — LOC. *Dans une autre vie, dans une vie antérieure :* à une époque lointaine et révolue. *«Il se souvient l'avoir appris à l'école, il y a longtemps. Dans une autre vie»* L. MAUVIGNIER. — **JAMAIS* DE LA VIE.** *De la vie, de ma vie* (en phrase négative) : jamais. *De ma vie je n'ai vu chose pareille !* ◆ RELIG. Cette vie, la vie terrestre, présente, mortelle. *Dans cette vie et dans l'autre.* (Non qualifié) La vie éternelle, l'esprit, la spiritualité. *«Je suis la Résurrection et la Vie»* (ÉVANGILE, saint Jean). *Le pain de vie.* ➤ **eucharistie.** *L'arbre* de vie.* ◆ Temps qui reste à vivre à une personne. *«Chagrin d'amour dure toute la vie»* FLORIAN. *Amis pour la vie,* pour toujours. *À la vie et à la mort*.* LOC. **À VIE :** pour tout le temps qui reste à vivre. *Pairs nommés à vie. Bannissement à vie.* ◆ *De ma (ta, sa...) vie :* qui a la plus grande importance possible pour (qqn). *C'est la femme de ma vie. La rencontre, la chance de sa vie.* ▪ **2** Ensemble des activités et des évènements qui remplissent pour chaque être ces espaces de temps. ➤ **destin, destinée.** *«Les actions les plus décisives de notre vie»* GIDE. *Il m'a raconté sa vie. «la conscience de sa vie manquée»* FLAUBERT. — PAR MÉTON. ➤ **biographie.** *Écrire une vie de Rimbaud.* ◆ Manière de vivre, aspect particulier que prennent ces activités et ces évènements selon l'individu. ➤ **mœurs.** *Mode, train, style de vie. Changer de vie. Commencer une vie nouvelle. Mener une double vie. Vie simple, rangée, casanière. «les uns continuaient leur petite vie»* CAMUS. *Vie agitée, mouvementée, errante, de bohème*. Il nous fait, nous mène la vie dure :* il nous tourmente, nous fait souffrir. FAM. *Il nous fait la vie :* il nous importune sans cesse. *Une vie de chien*. Ce n'est pas une vie !* c'est insupportable. *C'est la belle, la bonne vie. Mener joyeuse vie* (➤ **s'amuser**). *Vivre sa vie,* la vie pour laquelle on s'estime fait, en la menant à sa guise. *Refaire sa vie. La vie de château*. La vie d'artiste. Vie de pacha*. Mener une vie de débauche, de patachon*, de bâton* de chaise. Enterrer* sa vie de garçon, de jeune fille.* VX *Femme de mauvaise vie :* prostituée. — FAM. et VX *Faire la vie :* mener une vie de plaisirs. ◆ Manière de vivre commune à une collectivité, une société. *La vie des marins, des mineurs. La vie animale. La vie des Romains sous l'Empire. La vie moderne. La vie citadine.* ▪ **3** (Suivi d'une épithète, d'un compl.) Part de l'activité humaine, type d'activité qui s'exerce dans certaines conditions, certains domaines. *Vie privée, publique. Vie civile, militaire. Vie conjugale, familiale, de famille. Vie de couple. Vie sauvage. Vie sociale, en société. Vie professionnelle. Vie matérielle, pratique, quotidienne, courante. La vie politique, économique. Vie active. Vie religieuse. Vie sédentaire, nomade. La vie à la campagne ; la vie des champs. La vie parisienne. La vie littéraire, théâtrale, sportive.* ◆ Monde, univers où s'exerce une activité psychique. *La vie intérieure, spirituelle. La vie affective, sentimentale. Vie mentale, psychique. Vie intellectuelle.* ▪ **4** Moyens matériels (nourriture, argent...) d'assurer la subsistance d'un être vivant. *Gagner sa vie. Prix, coût de la vie. Lutte contre la vie chère. Le bien modeste «qui pouvait suffire à ma vie»* NERVAL. *Niveau de vie* (➤ **standing**).

C. LE MONDE HUMAIN Le cours des choses humaines, la participation au monde réel. *Expérience, connaissance de la vie. Idées sur les gens et sur la vie. Regarder la vie en face. Prendre la vie du bon côté. «La vie rejette ceux qui ne s'adaptent pas»* MAURIAC. *«À l'Orientation, ils me demandèrent ce que je voulais faire dans la vie»* CH. ROCHEFORT. *Plaisirs, misères de la vie. Que voulez-vous, c'est la vie !* c'est comme ça ! (d'une chose déplaisante). *«Ah ! que la Vie est quotidienne !»* LAFORGUE.

Voir la vie en rose. Se réconcilier avec la vie. Ça ne se passe pas comme ça dans la vie. LOC. *La vraie vie,* la vie réelle et matérielle (par rapport à celle que l'on imagine ou idéalise). *Dans la vraie vie, il faut bien faire des choix.* «*Officiellement je suis encore étudiante* [...], *mais dans la vraie vie, je travaille pour mon beau-frère*» GAVALDA.

II EXISTENCE DONT LE CARACTÈRE TEMPOREL ET DYNAMIQUE ÉVOQUE LA VIE ▪ **1** (Dans le monde humain) *La vie des sociétés, des peuples. La vie du pays, de la nation, de l'État.* — «*cette généralité nécessaire à la vie des livres*» HENRIOT. *La vie des mots. La vie d'une idée, d'une doctrine.* — *La durée de vie d'un appareil. Donner une deuxième vie, une seconde vie à qqch.,* lui trouver une nouvelle utilité, lui donner un nouvel aspect. ▪ **2** (Dans le monde matériel, inorganique) *Vie des étoiles. Vie d'un volcan.* «*Vie et transmutation des atomes*», ouvrage de *J. Thibaud.* ◆ *Durée de vie, vie moyenne :* temps moyen que met une population d'éléments instables (radioactifs) pour être divisée par un coefficient *e* égal à 2,71828 (➤ aussi **demi-vie**). ▪ **3** Chacune des possibilités qu'a un joueur d'essayer d'achever une séquence de jeu vidéo. *Gagner, perdre une vie. Il lui reste deux vies.* «*Le but du jeu* [...] *est d'atteindre le fond de la mine en utilisant le minimum de vies*» VAN CAUWELAERT.

▪ CONTR. 1 Mort. ▪ HOM. Vit.

VIEIL, VIEILLE ➤ **VIEUX**

VIEILLARD [vjɛjaʀ] n. m. – *vieillart* 1155 ◇ de *vieil* → vieux ▪ **1** Homme d'un grand âge. ➤ **vieux.** *Vieillard de quatre-vingts ans* (➤ **octogénaire**), *de quatre-vingt-dix ans* (➤ **nonagénaire**). *Vieillard respectable, vénérable.* ➤ **patriarche.** *Vieillard cassé, impotent, cacochyme, valétudinaire, gâteux, tombé en enfance, qui radote* (cf. FAM. Un vieux débris*, un vieux birbe*). *Un vieillard qui a toute sa tête*.* «*Cette roideur d'esprit des vieillards*» VOLTAIRE. «*À combien l'amour revient aux vieillards*» BALZAC. «*la misère d'un vieillard n'intéresse personne*» HUGO. *Société dirigée par des vieillards.* ➤ **gérontocratie.** — REM. Le fém. normal de *vieillard* est *vieille.* «*En une génération on trouve plus de vieilles que de vieillards*» VOLTAIRE. On trouve parfois *vieillarde,* 1788 LITTÉR. «*Une ribotante vieillarde*» BLOY. ▪ **2** (Au plur. ou sing. indéterminé) Personne (homme ou femme) d'un grand âge. ➤ FAM. **ancêtre.** «*l'empire de l'habitude est très grand sur les vieillards*» ROUSSEAU. *Un adulte et un vieillard. Asile, hospice, maison de vieillards.* REM. On dit volontiers *personnes âgées* par euphémisme. ▪ CONTR. Jeune (homme) ; enfant.

VIEILLERIE [vjɛjʀi] n. f. – 1680 ◇ de *vieil, vieux*

I *Une, des vieilleries.* ▪ **1** Objet vieux, démodé, usé. ➤ **antiquaille, friperie.** *Un tas de vieilleries.* ▪ **2** (1718) ABSTRAIT Idée, conception rebattue, usée. «*ce que l'on nous donne pour des découvertes sont des vieilleries qui traînent depuis quinze cents ans*» CHATEAUBRIAND. — Œuvre démodée.

II *La vieillerie.* ▪ **1** RARE Caractère de vieillesse démodée. «*la vieillerie de la toilette de madame de Bargeton*» BALZAC. ▪ **2** FAM. et PLAISANT (ou RÉGION.) Vieillesse (d'une personne). *Il se sent rouillé, c'est la vieillerie !*

▪ CONTR. Nouveauté. Jeunesse.

VIEILLESSE [vjɛjɛs] n. f. – v. 1400 ; *veillece* v. 1120 ◇ de *vieil, vieux* ▪ **1** Dernière période de la vie qui succède à la maturité, caractérisée par un affaiblissement global des fonctions physiologiques et des facultés mentales et par des modifications atrophiques des tissus et des organes. ➤ **âge** (troisième, quatrième âge), FAM. **vieillerie ; géront(o)-.** *La vieillesse, soir de la vie* (➤ **déclin**). *Atteindre la vieillesse* (➤ **longévité**). *Avoir une vieillesse triste, heureuse. Un enfant* «*qui serait le soutien de notre vieillesse*» LAUTRÉAMONT. *Bâton* de vieillesse. Allocations de vieillesse,* allouées pendant la vieillesse. *Étude de la vieillesse.* ➤ **gériatrie, gérontologie.** — APPOS. *Caisse nationale d'assurance vieillesse.* ▪ **2** Fait d'être vieux (pour un être humain). ➤ **âge.** «*il portait sa verte vieillesse d'un air guilleret*» BALZAC. *Respecter la vieillesse de qqn* (cf. Ses cheveux blancs). *Mourir de vieillesse,* par le seul effet du vieillissement de l'organisme. — PAR EXT. Existence qui dure depuis longtemps. *La vieillesse d'un chien, d'un arbre.* FIG. «*la vieillesse des monuments*» HUGO. ➤ **ancienneté.** ◆ SPÉCIALT Altération, dégradation physique ou morale qui accompagne cette période de la vie. ➤ **caducité, décrépitude, sénescence, sénilité.** *Les rides, marques de vieillesse.* «*l'effondrement physique généralisé à quoi se résume la vieillesse*» HOUELLEBECQ. «*La vieillesse est le sentiment qu'il est trop tard*» MAUROIS. ▪ **3** (Considérée comme une puissance active parfois personnifiée). «*ô vieillesse ennemie !*» CORNEILLE. *La vieillesse arrive à grands pas.* «*La vieillesse est un tyran*» LA ROCHEFOUCAULD. *Le fardeau de la vieillesse.* ▪ **4** COLLECT. Les personnes âgées, les vieillards (cf. Troisième, quatrième âge). *Aide à la vieillesse.* PROV. *Si jeunesse* savait, si vieillesse pouvait.* ▪ CONTR. Enfance, jeunesse.

VIEILLI, IE [vjeji] adj. – XVIIe ◇ de *vieillir* ▪ **1** Demeuré longtemps (dans un état, un métier où on a acquis de l'expérience). «*vieilli dans le sérail*» COURTELINE. «*Des preux vieillis dans les alarmes*» HUGO. ▪ **2** Marqué par l'âge. «*vieilli plutôt que vieux*» DAUDET. *Je l'ai trouvé vieilli. Visage prématurément vieilli.* ➤ **défraîchi, flétri.** ▪ **3** Qui a perdu de sa force, de son intérêt, avec le temps. ➤ **dépassé, suranné, usé.** *Formules vieillies.* — *Mots, termes vieillis,* qui tombent en désuétude, sans être absolument écartés de l'usage normal ; plutôt compris qu'employés (vocabulaire passif).

VIEILLIR [vjejiʀ] v. ‹2› – 1216 ; «s'user» 1155 ◇ de *vieil, vieux*

I v. intr. ▪ **1** Prendre de l'âge, s'approcher de la vieillesse ; continuer à vivre, vivre alors qu'on est déjà vieux. «*Plus on vieillit, plus il faut s'occuper*» VOLTAIRE. — LOC. *Savoir vieillir :* savoir s'adapter aux conditions de son âge, supporter son âge. ◆ PAR EXT. Demeurer longuement (dans un état, une situation). *Vieillir dans un métier* (cf. Blanchir sous le harnais*). ▪ **2** Acquérir les caractères de la vieillesse ; changer par l'effet du vieillissement. ➤ **se décatir, décliner** (cf. FAM. Prendre un coup de vieux*). *Elle vieillit beaucoup en ce moment. Il a beaucoup vieilli depuis sa maladie.* — RARE *Elle est vieillie.* — PAR ANAL. *Visage qui vieillit.* «*Le cœur seul ne vieillit pas*» FLAUBERT. — BIOL. Subir les modifications organiques du vieillissement (de tous les êtres vivants). ▪ **3** (XVIe ◇ par anal.) Perdre de sa force, de son intérêt, avec le temps. *Livre, philosophie qui a vieilli, ne vieillit pas* (cf. Ne pas prendre une ride*). *Les religions* «*s'apaisent en vieillissant*» FRANCE. «*les sentiments aussi vieillissent*» GIDE. — SPÉCIALT Être en voie de disparition. *Mot, expression, locution qui vieillit.* ▪ **4** Acquérir certaines qualités, par le temps (produits). *Laisser, faire vieillir un fromage* (➤ **affiner**), *du vin, des alcools. Ce vin a bien vieilli,* il a développé ses qualités avec le temps.

II v. tr. (XIIIe) ▪ **1** Rendre vieux, plus vieux ; faire paraître plus vieux ; donner les caractères (physiques, moraux) de la vieillesse. «*il avait sur la figure une de ces lassitudes qui vieillissent d'un an, en un jour, le visage d'un homme*» GONCOURT. *Ce vêtement la vieillit.* PRONOM. *Elle se vieillit à plaisir.* ▪ **2** Attribuer à (qqn) un âge supérieur à son âge réel. *Je n'ai que quarante-neuf ans, vous me vieillissez d'un an !*

▪ CONTR. Rajeunir.

VIEILLISSANT, ANTE [vjejisɑ̃, ɑ̃t] adj. – 1626 ◇ de *vieillir* ▪ Qui vieillit, est en train de vieillir. *Population vieillissante.* — FIG. *Un régime vieillissant.*

VIEILLISSEMENT [vjejismɑ̃] n. m. – 1596 au sens 2° ◇ de *vieillir* ▪ **1** Fait de devenir vieux ou de s'affaiblir par l'effet de l'âge. «*C'est à travers les relations avec autrui* [...] *qu'on prend conscience de son propre vieillissement*» HOUELLEBECQ. — Processus physiologique que subit tout organisme vivant au cours de la dernière période de sa vie. ➤ **sénescence.** *Étude des phénomènes liés au vieillissement* (➤ **gérontologie ; gériatrie**). — BIOL. CELL. Ensemble de modifications de la composition, de la structure et des fonctions qui surviennent au cours de la vie des cellules. *La télomérase est impliquée dans le vieillissement cellulaire.* — DÉMOGR. *Vieillissement d'une population :* augmentation de la proportion des personnes âgées résultant de l'allongement de l'espérance de vie et de la baisse de la natalité. ◆ PAR EXT. *Le vieillissement de l'esprit, du cœur.* ▪ **2** FIG. Fait de vieillir, de se démoder. *Le vieillissement d'une doctrine, d'une loi, d'une société ; d'un mot.* ➤ **obsolescence.** ▪ **3** (1872) Processus naturel ou provoqué, par lequel les vins se modifient, acquièrent leur bouquet. *Vieillissement forcé.* ▪ CONTR. Actualité. Rajeunissement.

VIEILLOT, OTTE [vjɛjo, ɔt] adj. – XVIe *vieillot* n. m. «petit vieux» ; XIIIe n. f. «petite vieille» ◇ de *vieil, vieux* ▪ **1** VX Un peu vieux. Qui a l'air vieux avant l'âge. *Un enfant au visage vieillot.* ▪ **2** COUR. Qui a un caractère vieilli et un peu ridicule. ➤ **ancien, démodé, désuet, suranné.** *Des préjugés vieillots.* «*poésie vide et vieillotte*» TAINE. «*il fut surpris par l'aspect vieillot de ce quartier*» CHARDONNE.

VIELLE [vjɛl] n. f. – 1549 ; *viele* «viole» XIIe ◇ de *vieller* ▪ Instrument dont les cordes sont frottées par une roue actionnée par une manivelle. *Vielles des petits Savoyards.*

VIELLER [vjele] v. intr. ‹1› – v. 1150 ◇ onomat., comme l'ancien provençal *violar* ▪ Jouer de la vielle.

VIELLEUR, EUSE [vjɛlœʀ, øz] **n.** – v. 1165 ; fém. XVIe ◇ de *vieller* ■ Musicien, musicienne qui joue de la vielle. — On dit aussi **VIELLEUX, EUSE.**

VIENNOIS, OISE [vjenwa, waz] **adj.** et **n.** – XIIIe ; *vianeis* 1080 ◇ de *Vienne* ■ De Vienne, en Autriche. *Valse viennoise. Chocolat viennois,* avec de la crème chantilly. *Baguette viennoise ;* (1852) *pain viennois,* au lait. *Escalope viennoise,* panée. — **n.** *Les Viennois.*

VIENNOISERIE [vjenwazʀi] **n. f.** – 1896 ◇ de *viennois* ■ Produit fin de boulangerie qui n'est pas du pain (croissant, brioche, pain aux raisins, etc.). *Acheter des viennoiseries. — La viennoiserie :* l'ensemble de ces produits.

VIERGE [vjɛʀʒ] **n. f.** et **adj.** – milieu XIIIe ; *virge* 980 ◇ du latin *virgo, inis*

I n. f. ■ **1** VX OU DIDACT. Fille qui n'a jamais eu de relations sexuelles complètes, et possède encore l'hymen. ➤ **pucelle ; demi-vierge.** *Épouser une vierge.* — RELIG. *Vierge consacrée aux dieux, à un culte.* ➤ **vestale.** ALLUS. BIBL. *Les vierges sages et les vierges folles.* — LOC. FIG. *Être amoureux des onze mille vierges,* de toutes les femmes. *Jouer les vierges effarouchées*.* ■ **2** COUR. *La Vierge, la Sainte Vierge, la Vierge Marie, la Vierge Mère :* Marie, mère de Jésus. *Fêtes de la Vierge,* commémorant les grands évènements de sa vie (➤ **annonciation, assomption, visitation**). *Culte de la Vierge* (dans le catholicisme). ➤ **marial.** — LOC. FAM. *T'as vu la Vierge ? :* se dit à qqn qui se fait des illusions. ◆ LOC. *Fil de la vierge :* fil d'araignée des champs. ◆ PAR EXT. (1735) Représentation, image de la Sainte Vierge (tableau, statue). ➤ **madone, pietà.** *Une Vierge romane, gothique. La Vierge et l'Enfant. Vierge noire :* statue romane de teinte foncée. ■ **3** ASTRON. Constellation zodiacale de l'hémisphère boréal. ◆ (1512) ASTROL. Sixième signe du zodiaque (23 août-22 sept.). — ELLIPT *Il, elle est Vierge,* né(e) sous le signe de la Vierge.

II adj. (XIIIe) ■ **1** Qui n'a jamais eu de relations sexuelles (➤ **virginité**). *Fille vierge ; garçon, homme vierge.* ➤ **puceau.** « *Joli comme vous êtes, vous en avez eu, des femmes. – Je suis vierge, dit Philippe* » SARTRE. ◆ PAR ANAL. *Ovule vierge,* non fécondé. — PAR EXT. **VIGNE* VIERGE** (qui ne donne pas de raisin). ■ **2** (XVIe) Qui n'a jamais été touché, marqué, souillé, terni ou simplement utilisé. ➤ 1 **blanc, intact,** 2 **net, pur.** *Cahier, feuille vierge,* sur quoi on n'a pas écrit. *Casier judiciaire vierge. Pellicule, film vierge,* non impressionnés. — SPORT *Score vierge.* ➤ **nul.** — TECHN. *Cire vierge* (cire naturelle). *Huile vierge,* extraite des olives écrasées à froid. *Laine* vierge.* ◆ SPÉCIALT (1770) Inculte, inexploité. *Sol, terre vierge.* **FORÊT VIERGE :** forêt tropicale impénétrable. ◆ **VIERGE DE... :** qui n'est pas sali de... PAR EXT. PLAISANT Qui n'a pas (qqch.). « *sa boutonnière vierge de palmes* » COURTELINE.

■ **CONTR.** Impur, souillé.

VIETNAMIEN, IENNE [vjɛtnamjɛ̃, jɛn] **adj.** et **n.** – 1945 ◇ de *Viêtnam,* région de l'Indochine orientale ■ Du Viêtnam. *La cuisine vietnamienne* (➤ **bo bun, nem, phô**). *Restaurant vietnamien.* — **n.** *Les Vietnamiens. — Soldat vietnamien du Viêt-minh* (FAM. ou PÉJ. **VIET** [vjɛt]). *Les Viets.* ◆ **n. m.** Langue parlée par l'ethnie vietnamienne. ➤ VIEILLI **annamite.**

VIET VO DAO [vjɛtvodao] **n. m.** – après 1970 ◇ mots vietnamiens « la voie vietnamienne des cinq armes », de *viet* « transcendant, supérieur », *vo* « art martial » et *dao* « la voie » ■ Art martial vietnamien utilisant les principes de la lutte vietnamienne combinés aux techniques du judo.

VIEUX [vjø] ou **VIEIL** [vjɛj] (plur. **VIEUX**), **VIEILLE** [vjɛj] **adj.** et **n.** – fin XIe ◇ du latin *vetulus,* diminutif de *vetus, veteris* → vétuste, vétéran

REM. Au masc. sing. on emploie *vieil* devant un nom commençant par une voyelle ou un *h* muet : *un vieil homme, un vieil arbre* (mais *un homme vieux et malade*).

I ~ adj. (ÊTRES VIVANTS) OPPOSÉ À *JEUNE* ■ **1** Qui a vécu longtemps ; qui est dans la vieillesse ou qui paraît l'être. ➤ **âgé.** *Un vieil homme, une très vieille femme. Un vieux monsieur, une vieille dame. Les vieilles gens, les vieilles personnes* (plus aimable : *Les personnes âgées*). *Vieux mari,* beaucoup plus vieux que sa femme. *Vieux beau*.* VIEILLI *Vieux marcheur*. Être, devenir, se faire vieux, vieille.* « *Marianne est très vieille et court sur ses cent ans* » VERLAINE. ➤ **centenaire.** « *Quand vous serez bien vieille* » RONSARD. « *si vous voulez vivre longtemps, vivez vieux* » SATIE. — FAM. *Il est vieux comme Mathusalem, comme Hérode,* très vieux (cf. Avoir un pied* dans la tombe). — PROV. *Quand le diable devient vieux, il se fait ermite :* il est facile de renoncer au plaisir quand on ne peut plus le goûter. ◆ (En loc. avec des termes péj.) *Vieille baderne, vieux birbe, vieille ganache, vieux chnoque. — Vieille bique, chouette, taupe, toupie ; vieux tableau.* FAM. *Vieille peau.* — (Pour renforcer un t. d'injure, de mépris) *Vieille crapule. Vieille noix, vieux crétin.* FAM. *Vieux con.* ◆ (Animaux) *Vieux* cheval, vieux renard*.* « *Notre bon chien* [...] *se fait vieux* » FRANCE. (Végétaux) *Un vieux chêne.* ■ **2** Qui a les caractères physiques ou moraux d'une personne âgée, d'un vieillard. ➤ **caduc, décrépit, sénile.** *Se sentir très vieux.* « *Très vieille pour ses trente ans* » ZOLA. « *Un de ces hommes nés vieux* » BALZAC. *Il est vieux de caractère, de goûts. Vieux avant l'âge.* ■ **3** (milieu XIVe) Relatif aux personnes avancées en âge. *Sur ses vieux jours :* dans sa vieillesse. — Qui appartient à une personne âgée ou présente les caractères de la vieillesse. « *Ses vieilles mains ridées et tremblantes* » HUGO. « *Mes vieux os glacés* » FRANCE. *— Il ne fera pas de vieux os*.* ◆ **adv.** *S'habiller vieux,* d'une manière qui fait paraître vieux. *Sa coiffure fait vieux* (cf. Faire mémé*). ■ **4** Qui est ancien dans un état, un métier (qu'il soit âgé ou non). ➤ **ancien, vétéran.** « *Il faut être très vieux dans le métier* » ALAIN. *Vieux routier. Vieux loup de mer. Vieil étudiant. On n'apprend pas à un vieux singe* à faire la grimace. — La vieille garde*.* ◆ Qui est depuis longtemps dans l'état indiqué. *Vieux célibataire.* ➤ **endurci.** *De vieux époux. Un vieux couple. C'est un vieil ami, un vieux copain.* — FAM. *Ma vieille branche*. — Les vieux habitués d'un café. — Vieille fille*. Vieux garçon.* ■ **5** (Avec *assez, trop, plus, moins*) Âgé. *Ce petit garçon est à peine plus vieux que sa sœur* (➤ **aîné**). *Je voudrais être plus vieux d'une semaine,* avoir une semaine de plus. « *Je pleure parce que je suis trop vieille pour toi* » RADIGUET.

II ~ adj. (CHOSES) **A.** QUALIFIANT DES CHOSES QUI EXISTENT ENCORE (OPPOSÉ À *NEUF, NOUVEAU, RÉCENT*) ■ **1** (fin XIe) Qui existe depuis longtemps, remonte à une date éloignée (en insistant sur l'ancienneté, la valeur, le charme). ➤ **ancien, historique.** *Vieille demeure, vieux manoir. Vieux meubles, vieilles faïences.* « *on va passer de vieux films muets* » BEAUVOIR. *Vieille ville, vieux quartier.* « *Besançon, vieille ville espagnole* » HUGO. *Le vieux Nice. Vieux documents.* — (En insistant sur l'usure) ➤ **fatigué, usagé, usé, vétuste.** *Une vieille paire de chaussures.* « *Le père et la mère rafistolaient tous les vieux sièges* » MAUPASSANT. — « *Ma vieille robe de chambre* » DIDEROT. — *Vieille voiture, vieux clou*.* — Hors d'usage, bon à jeter. *De vieux rogatons. Un vieux mégot.* ◆ Se dit de certaines couleurs adoucies, passées, rendues moins vives. *Vieil or. Vieux rose.* — Se dit de boissons améliorées par le temps. *Vin vieux.* ■ **2** Dont l'origine, la création, le début... est ancien. « *Ces forêts aussi vieilles que le monde* » CHATEAUBRIAND. *Une vieille tradition. Le vieux continent, le vieux monde :* l'Europe. *Le plus vieux métier du monde* (➤ **prostitution**). — LOC. *De vieille race, de vieille souche*.* « *Une vieille famille de pionniers* » HENRIOT. — Auquel on est attaché depuis longtemps. « *Cette bonne vieille ville de Paris* » FLAUBERT. ■ **3** Qui se dit, se fait, se pratique... depuis longtemps (opposé à *nouveau, récent*). *C'est vieux comme le monde, comme les rues, comme Hérode,* très ancien, très connu. *Vieilles mélodies.* « *Les erreurs, pour être vieilles, n'en sont pas meilleures* » BAYLE. — *Vieille habitude.* ➤ **invétéré.** *Une vieille amitié. — La bonne vieille méthode. C'est toujours la vieille question, le vieux problème :* la question,... qui revient toujours. ◆ PÉJ. Qui a perdu son intérêt, ses qualités, avec la nouveauté. *Vieilles sornettes. Les* « *utopies les plus vieilles* » BOURGET. ➤ **démodé, dépassé, suranné, vieillot.** — *Vieux jeu*.* ◆ Sorti de l'usage. *Mot vieux.*

B. QUALIFIANT DES CHOSES QUI N'EXISTENT PLUS ■ **1** Qui a existé autrefois, il y a longtemps. ➤ **éloigné, lointain, révolu.** *Le bon vieux temps.* « *Livré aux pédagogues de la vieille école* » SAINTE-BEUVE. *La vieille France.* PAR APPOS. *Une politesse très vieille France,* très raffinée et désuète. — « *repris par mon vieil enthousiasme* » ALAIN-FOURNIER. — Se dit de l'état ancien d'une langue. *Le vieil anglais, le vieux français.* ➤ **ancien.** ◆ LOC. *Dépouiller le vieil homme,* l'homme d'avant la Rédemption. — *Vieilles lunes*.* ■ **2** Qui précède, après changement, l'objet actuel. « *Le vieux logement est oublié* » ALAIN. *Ma nouvelle voiture ne vaut pas la vieille.* ➤ **ancien, premier.**

III ~ n. A. PERSONNES ■ **1 UN VIEUX, UNE VIEILLE :** un vieil homme, une vieille femme (avec une valeur un peu méprisante ou condescendante). ➤ **vieillard ;** FAM. **croulant, vioque.** « *Bonsoir, mes enfants, chevrote la vieille* » BARBUSSE. FAM. *Un petit vieux bien propre. Une petite vieille.* — LOC. *Un vieux de la vieille* (garde) : un vieux soldat (sous le Ier Empire) ; FIG. un vieux routier, un vieux travailleur. ➤ **vétéran.** ◆ (Afrique noire, Nouvelle-Calédonie) Personne des générations précédentes (avec une valeur de respect). ■ **2** (Opposé à *jeune*) Se dit des gens plus âgés ou trop âgés. *Hospice de vieux.* «*Les vieux ne meurent pas, ils s'endorment un jour et dorment trop longtemps*» BREL. «*Un vieux de trente-trois ans, épouser une jeunesse de dix-huit !*» ZOLA. ■ **3** (1863) FAM. VIEILLI (le plus souvent avec le poss.) Père (➤ **paternel**), mère ; parents. *Je préviens mon vieux, mes vieux.* «*ça ferait plaisir à mes vieux de me revoir*» CÉLINE. ♦ (Afrique noire, Réunion, Nouvelle-Calédonie) Père, mère (avec une valeur de respect). ■ **4** FAM. Terme d'amitié, même entre personnes jeunes, entre enfants. *Mon vieux, ma vieille.* — (Sans poss.) «*Ça ne va pas, vieux !*» SARTRE.

B. ~ **n. m.** (NEUTRE) FAM. *Un coup de vieux* : vieillissement subit. *Les moments* «*durant lesquels le temps met les bouchées doubles et assène les fameux "coups de vieux"*» ORSENNA. *Prendre un coup de vieux.*

IV ~ **n. f.** (1529 ◊ probablt à cause de sa tête ridée) *La vieille* : le labre (poisson).

■ CONTR. Jeune, juvénile ; 1 frais, moderne, 2 neuf, nouveau, récent. Adolescent, enfant.

VIEUX-LILLE [vjølil] **n. m. inv.** – milieu XXe ◊ de *vieux* et *Lille*, ville du nord de la France ■ Fromage de Maroilles très longuement affiné, à l'odeur puissante.

VIF, VIVE [vif, viv] **adj.** et **n. m.** – fin Xe ◊ du latin *vivus*, famille de *vivere* → 1 vivre

I VIVANT A. ~ **adj.** ■ **1** Vivant, en vie (dans des emplois figés). *Mort ou vif. Plus mort que vif. Jeanne d'Arc a été brûlée vive.* FIG. *Un écorché* vif.* «*Les deux pirates sont écorchés vifs, coupés ou découpés vifs*» BODARD. «*La vestale impure est enterrée vive*» CAILLOIS. *Tailler dans la chair vive. Haie* vive.* ♦ PAR EXT. *Poids vif. Cheptel* vif. De vive voix*.* ■ **2** (fin XIVe) Mis à nu (comme la *chair vive*). *Pierres vives*, non recouvertes de terre, de bousin. *On a fouillé jusqu'au roc vif.* «*un roc vif, sans arbres ni verdure, et ayant conservé de la neige dans les fentes*» LAPÉROUSE. *Joints vifs*, sans mortier. *Pierre coupée à vive arête*, en formant une arête bien nette, aiguë. — PAR EXT. «*Le nez busqué à arête vive*» MADELIN. *Angles vifs*, nettement découpés. ■ **3** Où la vie semble résider. VIEILLI *Eau vive* : eau pure qui coule d'une source. — *Air vif*, frais et pur, qui ranime, vivifie. — *Vif-argent* (voir ce mot). *Chaux* vive.* — MAR. *Œuvres* vives d'un navire.* — MÉCAN. *Force* vive.* — PAR ANAL. (INFORM.) *Mémoire* vive.*

B. ~ **n. m.** ■ **1** (milieu XIIIe) DR. **LE VIF** : personne vivante. *Donation entre vifs.* «*Le mort saisit le vif*» ADAGE. — PEINT. VIEILLI *Peindre sur le vif*, d'après un modèle vivant. FIG. et MOD. D'après nature. *Prendre, surprendre sur le vif*, dans l'état naturel, tel que la vie le présente. *La photo a été prise sur le vif*, sans que la personne photographiée prenne la pose. ■ **2** Appât vivant. ➤ **esche.** *Seau à vif(s)* : petit vivier portatif où les pêcheurs conservent les appâts vivants. *Pêcher au vif.* ■ **3** (fin XIe) La chair vive. FIG. *Tailler, trancher, couper* dans le vif. Entrer dans le vif du sujet, du débat* : toucher au point essentiel. ➤ **cœur, fond.** *Être atteint, touché, piqué au vif*, au point le plus sensible. — *Vif de l'eau* : marées de nouvelle et de pleine lune. ■ **4** loc. adj. **À VIF** : avec la chair à nu. *Plaie à vif. Dent dont le nerf est à vif.* FIG. *Avoir les nerfs, la sensibilité à vif* : être irrité, sensible à tout. «*La mémoire à vif, Nicole attendait que se dissipe la vision*» Y. QUEFFÉLEC.

II QUI A DE LA VIE, DE LA VIVACITÉ ■ **1** (1538) Dont la vitalité se manifeste par la rapidité, la vivacité des mouvements et des réactions. ➤ **agile, 2 alerte, fringant, 1 gaillard, léger, leste, pétulant, sémillant.** *Enfant vif.* ➤ **éveillé, remuant.** «*vif et passionné, entraînant, endiablé*» MICHELET. *Vif et efficace.* LOC. *Vif comme un écureuil. Œil, regard vif*, brillant, prompt à suivre, à saisir. — PAR EXT. *Mouvements, gestes vifs. Marcher d'un pas vif.* ➤ **allègre, dégagé.** — *Eau(x)* vive(s).* ♦ PAR ANAL. *Rythmes, airs, morceaux... vifs.* ➤ **rapide ; allégro, allégretto.** ■ **2** PAR EUPHÉM. Qui s'emporte facilement. ➤ **brusque, emporté, violent.** *Je regrette d'avoir été aussi vif.* — PAR EXT. *Échanger des propos très vifs, des paroles très vives*, qui ont qqch. de blessant, qui ne ménagent pas l'adversaire. ➤ **dur.** ■ **3** (1538) Prompt dans ses opérations. *Esprit vif.* ➤ **1 brillant, éveillé, ouvert.** *Intelligence vive. Vive imagination.* ■ **4** (fin XIIIe) (CHOSES) Très intense. *Lumière vive.* «*Adieu, vive clarté de nos étés trop courts*» BAUDELAIRE. *Vif éclat. Couleurs, teintes vives.* ➤ **éclatant, 2 franc, gai, voyant ;** FAM. **flashy, pétard.** *Rouge, jaune vif. Teint vif*, coloré. «*Ma pommette brillait d'un rouge vif*» DJIAN. *Feu vif.* ➤ **grand.** *Soleil vif.* ➤ **ardent, brûlant.** *Froid vif.* ➤ **mordant, 1 piquant.** — *Sensation, émotions vives.* ➤ **1 fort.** *Ressentir une vive douleur.* ➤ **aigu.** *À mon vif regret. Vive satisfaction. Vive reconnaissance. Éprouver un vif désir, un vif besoin. Vive curiosité, impatience.* ➤ **fébrile, fou.** *Ce souvenir est resté très vif. Vifs applaudissements.* ➤ **chaleureux.** *Vif succès. Vive discussion.* ➤ **animé.** *Vifs reproches.* — *Prendre de vive force*, d'assaut.

■ CONTR. 2 Mort. Apathique, indolent, 1 mou, nonchalant, paresseux. Mesuré, patient. Faible, pâle. ■ HOM. Vive.

VIF-ARGENT [vifaRʒɑ̃] **n. m. sing.** – XIIIe ◊ de *vif* «vivant» et *argent* ■ ANCIENNT Mercure. *L'eau* «*miroitait comme du vif-argent*» GAUTIER. — FIG. *C'est du vif-argent*, se dit d'une personne très vive.

VIGIE [viʒi] **n. f.** – 1686 ◊ portugais *vigia*, de *vigiar* ; latin *vigilare* «veiller»

I (1687) MAR. Haut fond ou écueil à fleur d'eau ; PAR EXT. (1722) Balise qui le signale.

II ■ **1** (1686, repris fin XVIIIe ◊ par l'espagnol) VX Guetteur chargé, sur une côte, de surveiller le large. ■ **2** Surveillance exercée par un matelot de veille en un endroit élevé ; son poste d'observation. ♦ PAR MÉTON. (1714) Matelot chargé de cette surveillance, sentinelle sur une côte, dans un phare. «*il est aussi humiliant de se laisser surprendre par les événements que pour une vigie dans un phare de ne pas remarquer le passage d'un navire*» GREEN. ■ **3** (1872) Poste d'observation des conducteurs de trains.

VIGILANCE [viʒilɑ̃s] **n. f.** – 1530 ; «insomnie» 1380 ◊ latin *vigilantia*, de *vigilare* «veiller» ■ **1** Surveillance attentive, sans défaillance. ➤ **attention.** *Endormir, tromper la vigilance de qqn. Surveiller avec vigilance. Redoubler de vigilance, relâcher sa vigilance. Comité de vigilance*, qui observe et est prêt à la riposte. — *Vigilance sanitaire.* ➤ **biovigilance, hémovigilance, pharmacovigilance.** ♦ Surveillance destinée à informer de l'imminence de phénomènes météorologiques dangereux. *Carte, bulletin de vigilance. Département en vigilance orange, rouge.* ■ **2** (v. 1960) PHYSIOL. État de veille. ■ CONTR. Distraction, étourderie ; sommeil.

VIGILANT, ANTE [viʒilɑ̃, ɑ̃t] **adj.** – 1495 ◊ du latin *vigilans* ■ Qui fait preuve de vigilance. ➤ **attentif.** «*Jésus, voyant tous ses amis endormis et tous ses ennemis vigilants, se remet tout entier à son Père*» PASCAL. *Soins vigilants. Main vigilante. Entre les paupières courbes,* «*qui marquent une attention vigilante, luit un regard vif et direct*» MARTIN DU GARD. — **adv. VIGILAMMENT** (RARE). ■ CONTR. Endormi, étourdi.

1 **VIGILE** [viʒil] **n. f.** – *vigilie* XIIe ◊ latin *vigilia* «veille, veillée» ■ **1** LITURG. CATHOL. Veille d'une fête importante. *La vigile de Noël. Vigile pascale.* ♦ Office célébré ce jour-là, de matines à none. ■ **2** (Canada) Action symbolique, dans le calme et le recueillement. *Organiser une vigile pour la paix.*

2 **VIGILE** [viʒil] **n. m.** – 1836 ◊ latin *vigil* «éveillé» → vigilant ■ ANTIQ. ROM. Chacun des gardes de nuit, institués par Auguste pour la police nocturne de Rome, sous le commandement du *préfet des vigiles.* ♦ (1948) Veilleur de nuit. ♦ COUR. Personne exerçant une fonction de surveillance au sein d'une police privée. *La ronde des vigiles d'un centre commercial.*

3 **VIGILE** [viʒil] **adj.** – 1964 ◊ latin *vigil* «éveillé» ■ PHYSIOL. Qui a trait à l'état de veille, qui se produit à l'état de veille. *État vigile.* ➤ **vigilance.**

VIGNE [viɲ] **n. f.** – 1120 ◊ latin *vinea*, de *vinum* «vin» ■ **1** Arbrisseau *(vitacées)* sarmenteux, grimpant, muni de vrilles, cultivé pour ses fruits en grappes (➤ **raisin**) et la production du vin. ➤ **viti-.** — *La vigne* (COLLECT.) ; *les vignes. Pied de vigne.* ➤ **cep.** *Plant de vigne.* ➤ **cépage.** *Branche de vigne feuillée* (➤ **pampre**), *aoûtée* (➤ **sarment**). «*Les Vrilles de la vigne*», de Colette. *Feuille* de vigne. Vigne en berceau, en tonnelle.* ➤ **treille.** *Vigne sauvage.* ➤ **lambrusque.** — *Étude de la vigne.* ➤ **ampélographie, ampélologie.** *Culture de la vigne.* ➤ **viticulture.** *Vignes plantées en hautins, sur échalas, en cordons, en gobelets, en ouillère dans un champ. Pays de vignes. Bouture, marcotte de vigne.* ➤ **provin.** *Cabane dans les vignes.* ➤ **2 tonne.** — *Insectes qui nuisent à la vigne.* ➤ **phylloxéra, pyrale, ver-coquin.** *Maladies de la vigne.* ➤ **anthracnose, black-rot, mildiou, oïdium, phylloxéra.** *Vigne phylloxérée.* ♦ (1718) FIG. *Être dans les vignes, dans les vignes du Seigneur* (par confus. avec 2°) : être ivre. ■ **2** Plantation de vignes. ➤ **vignoble.** *Une, des vignes. Raisin de vigne* (opposé à *raisin de treille*). *Labourer, vendanger sa vigne. Les vignes de Bourgogne. Le cru d'une vigne.* ♦ FIG. *Travailler à la vigne du Seigneur* : convertir les âmes. «*Julien sera un ouvrier remarquable dans la vigne du Seigneur*» STENDHAL. ■ **3** PAR EXT. *Vigne vierge* (➤ **ampélopsis**). *Vigne du Mont-Ida* (➤ **airelle**). *Vigne blanche, noire* (➤ **clématite, tamier**). *Vigne du Nord* (➤ **houblon**). — PAR ANAL. *Pêche de vigne* : petite pêche d'une variété tardive, à chair souvent rouge.

1 **VIGNEAU** ou **VIGNOT** [viɲo] **n. m.** – 1771, -1611 ; *vignol* 1553 ◊ de *vigne*, par anal. d'aspect de la coquille et des vrilles ■ COUR. Littorine. ➤ **bigorneau, guignette.** *Manger des vigneaux.*

2 **VIGNEAU** [viɲo] **n. m.** – 1838 ; *vignot* «petit vignoble» 1581 ◊ de *vigne* ■ RÉGION. En Normandie, Tertre dans un jardin, surmonté d'une treille. *«Une tonnelle aboutissait à un vigneau»* FLAUBERT.

VIGNERON, ONNE [viɲ(ə)ʀɔ̃, ɔn] **n.** – fin XIIe ; fém. XVIe ◊ de *vigne* ■ Personne qui cultive la vigne, fait le vin. ➤ **viticulteur.** *Les vignerons du Bordelais, de l'Hérault.* ◆ **adj.** (1877) Du vigneron. *Charrue vigneronne,* qui permet de labourer entre les rangées de ceps. ➤ **enjambeur.**

VIGNETAGE [viɲ(ə)taʒ] ou **VIGNETTAGE** [viɲetaʒ] **n. m.** – v. 1960 ◊ de *vignette* ■ PHOTOGR. Assombrissement des angles de l'image, dû à un défaut de l'objectif.

VIGNETTE [viɲɛt] **n. f.** – 1280 ◊ diminutif de *vigne*, d'abord «ornement en branche de vigne» ■ **1** Motif ornemental d'un livre, à la première page (➤ **frontispice**) ou à la fin des chapitres (➤ **cul-de-lampe**). ◆ Ornement de papier à lettres (guirlandes, dessins, initiales). ■ **2** Dessin d'encadrement des miniatures médiévales, de certaines gravures. ◆ PAR EXT. Gravure, estampe entourée d'un cartouche. ■ **3** VX Chacune des illustrations d'un livre, d'un journal. ➤ **figure, gravure, illustration, image.** ◆ MOD. Chacun des dessins d'une bande dessinée (➤ **case**). ■ **4** (1854) Petit dessin, motif d'une marque de fabrique. ◆ PAR EXT. (début XXe) Petit carré de papier portant un dessin, une inscription, collé ou joint à un produit, un objet, et ayant valeur légale. *Vignette d'une boîte de cigares, d'une bouteille de liqueur :* étiquette qui porte la marque de fabrique. — *Vignette attestant le paiement d'un droit.* ➤ **timbre.** *Vignette de l'impôt sur les automobiles,* ou *vignette auto(mobile) :* document fiscal dont une partie, collée sur le parebrise, attestait le paiement de la taxe différentielle sur les véhicules à moteur (taxe supprimée en 2000 pour les voitures particulières). — Au Canada, Attestation de paiement des droits de stationnement, collée sur la vitre du véhicule. — Timbre porté par certains médicaments, destiné aux services de la Sécurité sociale. *Coller les vignettes sur la feuille de maladie.*

VIGNETTISTE [viɲetist] **n.** – 1853 ◊ de *vignette* ■ ANCIENNT Dessinateur, graveur qui faisait des vignettes (3°).

VIGNETURE [viɲ(ə)tyʀ] **n. f.** – 1367 ◊ de *vignette* ■ Ornement de feuilles de vigne (ou autre) qui encadrait les miniatures.

VIGNOBLE [viɲɔbl] **n. m.** – 1180 ◊ ancien occitan (Rouergue) *vinhobre*, avec substitution de suffixe, latin régional °*vineoporus* (de *vinum*) «qui porte des vignes», transformation du grec *ampelophoros* ■ Plantation de vignes. *Pays de vignobles. Désignation de vignobles.* ➤ 2 **clos, coteau,** 1 **cru.** *Le phylloxéra «détruisit les vignobles charentais»* CHARDONNE. ◆ Ensemble des vignes d'une région, d'un pays. *Le vignoble bordelais, champenois ; français, italien.*

VIGNOT ➤ 1 **VIGNEAU**

VIGOGNE [vigɔɲ] **n. f.** – 1672 ; *vicugne* 1598 ◊ espagnol *vicuña*, mot quéchua (Pérou) ■ Mammifère des montagnes d'Amérique du Sud (le plus petit des *camélidés*). *Les vigognes sont rassemblées et tondues, puis relâchées, leur domestication étant impossible.* — *Toison de vigogne,* d'un jaune rougeâtre. ◆ PAR EXT. Laine de vigogne. ➤ **carmeline.** — Tissu léger fait de cette laine. *Un poncho de vigogne.*

VIGOUREUSEMENT [viguʀøzmɑ̃] **adv.** – XIVe ; *viguerousement* 1190 ◊ de *vigoureux* ■ **1** Avec vigueur. *Des arbres qui poussent vigoureusement.* ■ **2** Avec force, puissance. *Frapper, frotter, taper vigoureusement.* ◆ (Moralement) *Protester vigoureusement.* ➤ **énergiquement ; véhémence.** ■ **3** Avec force, netteté. *Les profils des dômes «découpaient vigoureusement leurs dentelures»* LAUTRÉAMONT. ■ **4** SPÉCIALT Avec de la vigueur dans l'expression. *Écrire, peindre vigoureusement.* ■ CONTR. Faiblement, mollement.

VIGOUREUX, EUSE [viguʀø, øz] **adj.** – 1361 ; *vigorous* 1120 ◊ de *vigueur* ■ **1** Dont la force, la santé est épanouie ; qui se développe, agit avec facilité et puissance. ➤ 1 **fort*, solide ; nerveux, robuste ;** FAM. **costaud.** *Il est encore vigoureux pour son âge.* ➤ 1 **gaillard.** *«cinq vigoureux chevaux»* ZOLA. ➤ **puissant.** — PAR EXT. *Corps vigoureux. «Manier d'un bras vigoureux la hache»* ROUSSEAU. *Une vigoureuse poignée de main* (➤ 1 **ferme**). ◆ Qui pousse bien, en pleine santé. *«L'arbre vigoureux qui veut reverdir au printemps»* FRANCE. *Végétation vigoureuse.* — *«de gros cheveux gris vigoureux»* COLETTE. ■ **2** (1283) Qui s'exprime, agit sans contrainte, avec efficacité. *Esprit vigoureux. Talent, style vigoureux.* ◆ PAR EXT. *Haine, passion vigoureuse. Résistance, lutte vigoureuse.* ◆ (XVIIIe) Qui a de la force, de la fermeté dans l'exécution ; qui a été tracé avec vigueur. ➤ **énergique,** 1 **ferme.** *Dessin vigoureux.* ■ **3** Énergique, efficace. *«L'alcaloïde tiré du haschisch a des effets plus ou moins vigoureux»* BAUDELAIRE. ■ CONTR. Chétif, débile, faible, frêle. Mièvre, 1 mou.

VIGUERIE [vigʀi] **n. f.** – 1340 ◊ de *viguier* ■ Fonction de viguier ; territoire de sa juridiction.

VIGUEUR [vigœʀ] **n. f.** – 1360 ; *vigur* 1080 ◊ latin *vigor*, de *vigere* «être plein de force» ■ **1** Force, énergie d'un être en pleine santé et dans la plénitude de son développement. ➤ **ardeur, énergie, force, puissance, robustesse, verdeur.** *«Il était encore dans toute la vigueur de la jeunesse»* FÉNELON. *Se débattre avec vigueur. Il avait déployé «une vigueur et une souplesse qui tenaient du prodige»* BARBEY. *Perdre sa vigueur :* devenir faible. *Sans vigueur.* — *Vigueur du bras. La vigueur d'un coup.* — SPÉCIALT Vigueur virile (sexuelle). ➤ **virilité.** ◆ PAR EXT. *Vigueur d'une plante, de la végétation.* ■ **2** (1530) Activité libre et efficace, dans le domaine moral et intellectuel. *Vigueur de l'esprit, de la pensée. «J'exprimai ma répugnance avec une vigueur qui surprit beaucoup mes parents»* BEAUVOIR. ➤ **véhémence ; ardeur, chaleur, fermeté.** — PAR EXT. *Vigueur d'une résistance, d'une réaction.* ◆ FIG. *Vigueur du style, de l'expression.* ➤ **éloquence.** ■ **3** (XVIIIe) Qualité de ce qui est dessiné, peint avec une netteté pleine de force. ➤ **fermeté.** *Vigueur du coloris, de la touche. «Une telle vigueur de creux et de reliefs»* ROMAINS. ■ **4** (XVIIe) Efficacité, effet, application. VX *«Rendre toute sa vigueur à une loi»* VOLTAIRE. — MOD. **EN VIGUEUR :** en application. *Loi, décret, règlement... en vigueur, qui est toujours en vigueur. Entrer en vigueur.* — PAR EXT. En usage. *«Les anciennes formules de politesse qui sont encore en vigueur»* Mme DE STAËL. ■ CONTR. Atonie, débilité, faiblesse, mollesse, mièvrerie. Abandon, désuétude.

VIGUIER [vigje] **n. m.** – XIIIe «vicaire» ◊ de l'ancien provençal, du latin *vicarius* → vicaire, voyer ■ **1** HIST. Dans certaines provinces du midi de la France, Magistrat qui avait des fonctions analogues à celles du prévôt. ■ **2** Magistrat en Andorre.

VIH ou **V. I. H.** [veiaʃ] **n. m.** – v. 1980 ◊ sigle de *Virus de l'Immunodéficience Humaine* ■ VIROL. ➤ **HIV.** *Infection par le VIH.*

VIKING [vikiŋ] **n. m. et adj.** – 1876 ◊ mot scandinave, p.-ê. du vieux nordique *vik* «baie» ■ HIST. Nom donné aux Scandinaves qui prirent part à l'expansion maritime, du VIIIe au XIe s. *Invasion des Vikings en Normandie.* — **adj.** Qui concerne les Vikings, leur civilisation. *Bateau viking.* ➤ **drakkar.** *L'art viking.* ➤ **normand.**

VIL, VILE [vil] **adj.** – 1080 ◊ latin *vilis* «à bas prix» ■ **1** LITTÉR. Qui inspire le mépris. SPÉCIALT Qui est sans dignité, sans courage ou sans loyauté. ➤ **abject,** 1 **bas, ignoble, indigne, infâme, lâche, méprisable, misérable.** *«En proie aux geôliers vils comme un vil criminel»* HUGO. *Vil courtisan, flatteur.* ➤ **servile.** PLAISANT *Vil séducteur. Le christianisme «ordonne à l'homme de reconnaître qu'il est vil»* PASCAL. *Rendre vil.* ➤ **avilir.** — *Action vile.* ➤ **vilenie.** *«Un vil amour du gain»* BOILEAU. ■ **2** (v. 1138) VX Qui est de la plus basse condition (opposé à *noble*). *«Ce vil état de pauvre villageoise»* MOLIÈRE. *Vil métier. «Ces naissances viles et vulgaires»* BOSSUET. ◆ Sans qualité, sans noblesse. *«Une vile et mécanique industrie»* MONTESQUIEU. ■ **3** (v. 1190) VX Qui est sans valeur. *Métaux vils. «Comment en un plomb vil l'or pur s'est-il changé !»* RACINE. ◆ (1538) MOD. *À vil prix :* à très bas prix. ■ CONTR. Estimable, noble. Cher. ■ HOM. Ville.

VILAIN, AINE [vilɛ̃, ɛn] **n. et adj.** – v. 1090 ◊ du bas latin *villanus* «habitant de la campagne *(villa)*»

I n. Paysan libre, au Moyen Âge. ➤ **manant, paysan, roturier.** *Serfs et vilains. «Les sabots d'Hélène Étaient tout crottés Les trois capitaines l'auraient appelée vilaine»* BRASSENS. — LOC. PROV. *Oignez* vilain, il vous poindra, poignez vilain, il vous oindra. Jeu* de main, jeu de vilain* (compris de nos jours au sens II, 2°).

II adj. et n. (rattaché à *vil*) ■ **1** (XIIe) VIEILLI Méprisable, déshonorant. ➤ **vil.** *Vilaines actions. La gourmandise est un vilain défaut.* LOC. *C'est un vilain monsieur.* FIG. *Un vilain oiseau* [vilɛnwazo], *moineau. Vilaine bête.* ➤ **méchant, sale.** ◆ SPÉCIALT, MOD. Qui blesse la pudeur. ➤ **déshonnête.** *Avoir de vilaines pensées. Vilains mots.* ➤ **grossier, malhonnête.** — *Vilaines maladies* (FAM.), maladies sexuellement transmissibles. ➤ **honteux.** ■ **2** (Dans le vocabulaire affectif, surtout en parlant aux enfants) Qui ne se conduit pas bien, qui n'est pas « gentil ». ➤ **méchant.** « *Ainsi que ses vilains frères* [de Gribouille] » GIDE. *Hou, qu'il est vilain ! — C'est vilain de* (et inf.). *C'est vilain de tirer la langue.* — SUBST. *Le vilain, la petite vilaine !* « *Taisez-vous, vous êtes un vilain* » PROUST. *Jeu* de main, jeu de vilain* (cf. supra I). ■ **3** (v. 1200) Désagréable à voir. ➤ **laid, moche.** « *Les gens qui passent sont vilains, vilains, et je n'ai pas aperçu un seul beau garçon* » MIRBEAU. *Elle n'est pas vilaine :* elle est assez jolie. *Vilaines dents, vilains cheveux. Vilains habits. Vilain papier.* ■ **4** (XIVe) Mauvais, laid (du temps). *Vilain temps. Les vilains jours d'hiver.* — FAM. *Il fait vilain.* ➤ **mauvais.** ◆ Déplaisant et dangereux. *Une vilaine blessure.* — (Au moral) *Vilaine affaire.* ➤ **sale.** *Jouer un vilain tour.* ➤ **méchant.** *Être dans de vilains draps*.* ◆ SUBST. Grabuge. *Il va y avoir du vilain, ça va faire du vilain,* un éclat, une dispute, une catastrophe (cf. Ça va barder). « *Comme la discussion tournait au vilain* » ZOLA. ◆ ADVT « *On va se déchirer vilain dans le camp des vainqueurs, une fois dissipée l'ivresse de la victoire* » (Politis, 1990). ■ CONTR. Bourgeois, gentilhomme, noble. — 2 Gentil. 1 Beau, joli.

VILAINEMENT [vilɛnmɑ̃] **adv.** – XIIe « malproprement, grossièrement » ◇ de *vilain* ■ D'une manière vilaine, laide. « *Lui dont le teint était vilainement brouillé* » ARAGON. *Vilainement habillé.*

VILAYET [vilajɛt] **n. m.** – 1869 ◇ du turc *vilâyet*, de l'arabe → wilaya ■ Province de l'Empire ottoman. *Le vilayet de Smyrne, d'Alep.*

VILEBREQUIN [vilbʀəkɛ̃] **n. m.** – 1450 ◇ altération de *wimbelkin* XIVe (néerlandais *wimmelkijn*, de *wimmel* « tarière ») ; *vuibrequin* (1427), d'après le flamand *boorkin* « tarière », *vilebrequin*, d'après *virer, vibrer* ■ **1** Outil formé d'une mèche que l'on fait tourner à l'aide d'une manivelle coudée, et qui sert à forer, à percer des trous. *Mandrin, mèche, poignée, tête d'un vilebrequin.* ➤ **chignole.** ■ **2** (1872) MÉCAN. Arbre coudé. — Dans un moteur à explosion, Arbre articulé avec des bielles, permettant de transformer le mouvement rectiligne des pistons en mouvement de rotation.

VILEMENT [vilmɑ̃] **adv.** – *vilment* 1150 ◇ de *vil* ■ VIEILLI D'une manière vile (Io). ➤ **bassement, servilement.** *Il l'a vilement flatté.* « *L'on rampe vilement devant ceux qui sont au-dessus de soi* » LA BRUYÈRE.

VILENIE [vil(ə)ni ; vileni] ou **VILÉNIE** [vileni] **n. f.** – v. 1200 ; *vilanie* 1119 ◇ de *vilain*, avec attraction de *vil* ■ REM. La prononciation [vileni] est due à l'infl. de *vilain* ■ **1** LITTÉR. Action vile et basse. ➤ **infamie, saleté.** ■ **2** Caractère vil. « *il sent au fond de l'homme la vilenie mieux installée que la noblesse* » CAILLOIS. ■ CONTR. Générosité, noblesse.

VILIPENDER [vilipɑ̃de] **v. tr.** ⟨1⟩ – 1375 ◇ bas latin *vilipendere*, latin classique *vili* (« à vil prix ») *pendere* (« estimer ») ■ LITTÉR. Dénoncer comme vil, méprisable. ➤ **bafouer, honnir.** « *vilipendé, honni, injurié comme un débutant* » GONCOURT. ■ CONTR. 1 Louer.

VILLA [villa] **n. f.** – 1743 ◇ mot italien « ferme, maison de campagne », mot latin → ville ■ **1** Riche maison de plaisance en Italie. *La villa Médicis.* ■ **2** (1827) Maison moderne de plaisance ou d'habitation, avec un jardin. ➤ RÉGION. **camp.** *Se faire construire une villa. Petite villa de banlieue.* ➤ **pavillon.** *Ces* « *villas de meulière dans leurs enclos avec leurs antennes de télévision* » BUTOR. ■ **3** PAR EXT. (1914) Voie, impasse bordée de maisons individuelles (à l'origine). « *J'ai gagné par le bois* [de Boulogne] *la villa* [Montmorency] » GIDE. ➤ **cité.** ■ **4** (1810 ◇ latin *villa* « ferme ») HIST. Domaine rural dans l'Italie antique et en Gaule mérovingienne, carolingienne.

VILLAFRANCHIEN, IENNE [vilafʀɑ̃ʃjɛ̃, jɛn] **adj.** et **n. m.** – 1865 ◇ de *Villafranca d'Asti*, n. d'une ville du Piémont ■ DIDACT. Se dit de l'étage le plus ancien du quaternaire, entre le pliocène (tertiaire) et le pléistocène. « *les fouilles et les études paléontologiques ont déjà permis de retrouver à Vialette la plus ancienne faune villafranchienne d'Europe (vers 3,3 MA)* » (La Recherche, 1984). — **n. m.** *La fin du villafranchien.*

VILLAGE [vilaʒ] **n. m.** – 1390 ◇ latin médiéval *villagium* 1235 ; de *villa, ville* ■ **1** Agglomération rurale ; groupe d'habitations assez important pour avoir une vie propre (à la différence du hameau). *Église, mairie, boulangerie, café, poste d'un village. Fête de village. Gros village.* ➤ **bourg, bourgade.** *Petit village.* ➤ **hameau ;** FAM. **bled,** 2 **patelin, trou.** « *Du temps qu'Arcachon n'était qu'un village* » MAURIAC. « *Quand reverrai-je, hélas, de mon petit village Fumer la cheminée ?* » DU BELLAY. *Revenir, retourner au village,* dans son village. *L'idiot, l'innocent du village.* « *et l'imbécile de la ville tourne toujours à dérision l'idiot du village* » PRÉVERT. LOC. FIG. *Garder, remettre l'église* au milieu du village.* — (Opposé à *ville*) « *Le Curé de village* », œuvre de Balzac. ➤ **campagne.** *Un coq* de village.* ◆ (Dans d'autres civilisations) *Villages arabes fortifiés. Villages de huttes,* en Afrique. *Villages lacustres.* ◆ PAR ANAL. *Village de toile*. Village de vacances* ou *village-vacances. Des villages-vacances. Village-club.* ◆ LOC. (anglais américain *global village*, Mc Luhan) *Le village global, le village planétaire :* la Terre, le monde, en tant que milieu unifié et réduit par la mondialisation des systèmes et réseaux de communication et des échanges culturels. ➤ aussi **cyberespace.** « *Le village planétaire est une réalité au sens où tous les humains sont devenus interdépendants* » A. JACQUARD. ■ **2** PAR MÉTON. Les habitants d'un village. *C'est la risée, la honte du village.* « *Le village tout entier y assistait, hommes et femmes* » RAMUZ. ■ CONTR. Cité, ville.

VILLAGEOIS, OISE [vilaʒwa, waz] **adj.** et **n.** – v. 1500 ◇ de *village* ■ **1** VIEILLI D'un village, de ses habitants. ➤ **campagnard, paysan, rural.** *Des habitudes villageoises, un air villageois. Coutumes, fêtes villageoises.* ■ **2** **n.** (v. 1520) Habitant(e) de la campagne. ➤ **paysan.** *Une jeune villageoise.* ■ CONTR. Citadin, urbain.

VILLAGISATION [vilaʒizasjɔ̃] **n. f.** – 1986 ◇ du v. *villagiser*, de *village* ■ Regroupement forcé des habitants d'une même région d'Afrique dans des villages uniformes. *Villagisation des populations dispersées.*

VILLANELLE [vilanɛl] **n. f.** – 1586 ◇ italien *villanella* « chanson, danse villageoise », de *villano* → vilain ■ ANCIENNT Chanson, poésie pastorale ; danse qu'elle accompagnait, à l'origine. « *Sur mon dernier sommeil verseront les échos De villanelle un jour, un jour de fandango De tarentelle de sardane* » BRASSENS. — PAR EXT. Poème à forme fixe (fin du XVIe s.) à couplets de trois vers et à refrains, terminé par un quatrain.

VILLE [vil] **n. f.** – 1080 ; v. 1000 *vile* ◇ latin *villa* « ferme, maison de campagne » ■ **1** Milieu géographique et social formé par une réunion organique et relativement considérable de constructions et dont les habitants travaillent, pour la plupart, à l'intérieur de l'agglomération, au commerce, à l'industrie, à l'administration. ➤ **agglomération, cité ; capitale, métropole ; -pole ; urbain.** « *ce polypier humain que l'on appelle une ville* » GAUTIER. *Les cités ouvrières* « *ne deviendront jamais de vraies villes* » SARTRE. — *Bâtir une ville. Fondation d'une ville. Ville qui s'étend. Ville champignon*. Villes réunies.* ➤ **conurbation ; mégalopole.** « *Les Villes tentaculaires* », poésies de Verhaeren. *Ville satellite. Ville-dortoir.* ➤ **cité, dortoir.** — *Petites villes,* de moins de 20 000 habitants, en France. *Grandes villes,* de plus de 100 000 habitants. *Villes moyennes.* « *Dans cette ville de province qu'on appelle Paris* » BARBEY. *La ville de Paris. La Ville lumière :* Paris. *La Ville rose :* Toulouse. *La Ville éternelle :* Rome. *Villes saintes* (Jérusalem, Rome, La Mecque, Bénarès). *Ville industrielle, commerçante, administrative ; universitaire ; résidentielle. Ville d'eaux :* station thermale. *Ville fortifiée.* ➤ **citadelle.** *Ville ouverte*. Ville nouvelle. Opération ville morte*. Villes jumelées*.* — *Ville de cent mille âmes. Centre, cœur, faubourgs d'une ville. Banlieue d'une grande ville. Hôtel* de ville.* ➤ **mairie.** *Sergent* de ville. Dans la ville* (intra-muros) ; *hors (de) la ville* (extra-muros). « *Le soir, je me promenais par la ville* » MÉRIMÉE. — **EN VILLE :** dans la ville (et SPÉCIALT dans le centre). *Aller en ville. Porter une lettre en ville* (sans la poster, ABRÉV. **E. V.**). SPÉCIALT *En ville :* hors de chez soi, en étant invité. « *En allant dîner tous les jours en ville* » BALZAC. — **À LA VILLE :** dans la vie réelle. *Ils sont mariés à la ville comme à la scène, comme à l'écran.* ◆ PAR EXT. L'administration, la personne morale de la ville. ➤ **municipalité.** *Emprunt de la ville. Travaux entrepris, financés par la ville. Gaz de ville.* ◆ SPÉCIALT Partie importante d'une ville. *Ville haute, basse :* les quartiers hauts, bas, d'une même ville, qui possèdent une individualité. *Ville arabe et ville européenne.* « *La ville indigène, qui fait suite à la "ville blanche"* » LOTI. *La vieille ville.* ■ **2** La vie, les habitudes sociales dans une grande ville (opposé à *la campagne, la terre*). *Les amusements, les lumières, le bruit de la ville.* « *la vie de la grande ville (frivolité, vulgarité, fausse gaieté, etc.)* » MICHELET. « *Les paysans ont l'esprit généralement plus juste que les gens de la ville* » ROUSSEAU. ➤ **citadin.** — *Habits, chaussures de ville,* que l'on porte à la ville (VX), que l'on porte dans la journée (opposé à *de soirée*) et qui sont « habillés » (opposé à *de sport, de travail*). *Tenue, toilette, robe de ville.* — IMPRIM. *Ouvrages, travaux de ville,* destinés aux particuliers (opposé à *labeur*). ◆ SPÉCIALT (au XVIIe) Paris et la vie mondaine, intellectuelle (par opposition à Versailles). *La Ville et la Cour.* ■ **3** PAR MÉTON. Les habitants de la ville. *La maladie* « *risque de tuer la moitié de* *la ville»* CAMUS. *Toute la ville en parle. «Est-ce que tu crois qu'une ville tout entière peut se tromper ?»* SARTRE. *Ville martyre.* ■ CONTR. Campagne, village. ■ HOM. Vil.

VILLÉGIATEUR [vi(l)leʒjatœʀ] n. m. – fin XVIIIe ◇ de *villégiature* ■ VIEILLI Celui qui est en villégiature. ➤ **estivant, vacancier.**

VILLÉGIATURE [vi(l)leʒjatyʀ] n. f. – 1728-1729, repris milieu XIXe ◇ italien *villeggiatura,* de *villeggiare* «aller à la campagne *(villa)*» ■ Séjour de repos, à la campagne ou dans un lieu de plaisance (ville d'eaux, plage...). *Maison de campagne où l'on va en villégiature. «L'été venait, saison de l'annuelle villégiature»* MAUROIS. ◆ Lieu de ce séjour.

VILLÉGIATURER [vi(l)leʒjatyʀe] v. intr. ‹1› – 1860 ◇ de *villégiature* ■ VIEILLI Être en villégiature. *Villégiaturer à Biarritz. «C'était la première fois de ma vie que je villégiaturais, et d'abord je m'en amusai. J'étais descendue dans le meilleur hôtel»* BEAUVOIR.

VILLEUX, EUSE [vilø, øz] adj. – XIVe, rare avant 1742 ◇ latin *villosus,* de *villus* «poil» ■ BOT., ZOOL. (des animaux inférieurs, des plantes) Qui porte des poils, et SPÉCIALT de petites saillies filiformes analogues à des poils. ➤ **velu.** *Insecte villeux.* — MÉD. *Tumeur villeuse. Arthrite villeuse.*

VILLOSITÉ [vilozite] n. f. – 1781 ◇ du radical latin de *villeux* ■ ANAT., BOT., ZOOL. Poil ou saillie filiforme donnant un aspect velu à une surface, muqueuse, feuille. *Villosités intestinales, placentaires.*

VIN [vɛ̃] n. m. – fin Xe ◇ du latin *vinum* «liqueur de fruits» et «vin» ■ **1** Boisson alcoolisée provenant de la fermentation du raisin. ➤ **œn(o)-, vini-, viti-.** *Composition chimique du vin :* eau (70 à 80 %), substances minérales (soufre, phosphore, fer, cuivre, etc.), organiques (sucres, protides ; acides ; alcools ; diastases ; tanins ; vitamines). *«Le vin c'est, selon sa qualité et son terroir, un tonique nécessaire, un luxe, l'honneur des mets»* COLETTE. *Transformation du jus ou moût en vin par fermentation, sous l'action de levures. Pièce de vin. Mettre le vin en fûts, en tonneaux ; en cave, en chais. Soutirer, tirer le vin.* PROV. *Quand le vin est tiré, il faut le boire*. Vin en perce*.* — *Mise en bouteilles du vin. Vin cacheté.* — *Élevage du vin,* prévention et traitement des maladies, surveillance du vieillissement, etc. ➤ **œnologie.** — *Vin nouveau,* consommé dès la fin de la fermentation. *Vin (de) primeur*. Vin trop jeune. Vin qui se fait, travaille, se bonifie. Vin qui dépose. Lie* de vin. Vin aigre, piqué, tourné, madérisé.* — *Vin rouge,* dont la couleur vient de la pellicule des raisins noirs. ➤ **rouge** (I), FAM. **rouquin.** *Vin blanc,* de raisins blancs (blanc de blanc) ; de raisins noirs sans leurs pellicules. ➤ 2 **blanc.** *Vins rosés*. Vins jaunes, de paille*, pelure d'oignon*. Vin gris. Vin résiné.* — *Vin tranquille, effervescent, pétillant. Vin mousseux,* naturel (mis en bouteille avant la fin de la fermentation) ou préparé par champagnisation. ➤ **asti,** 1 **blanquette,** 2 **champagne, clairette, crémant.** — *Vin de pays,* provenant d'un terroir non délimité. *Vin A. O. C.,* d'appellation d'origine contrôlée. *Vin V. D. Q. S. :* vin délimité de qualité supérieure. *Grand vin,* provenant d'un cru célèbre. *Vin de cru, de château. Vins vieux, bons vins. Vin millésimé. Vins fins. Vins de coupage, gros vins. Vin ordinaire, courant, de table, de consommation courante.* ➤ ARG. **jaja,** FAM. **piccolo,** 3 **pif, pinard** (cf. Gros* rouge). *Mauvais vin.* ➤ 1 **piquette ;** FAM. **picrate, vinasse.** — *Vins de France.* ➤ **beaujolais, bordeaux, bourgogne, côtes-du-rhône,** etc. *«Le vin de Champagne représente la France partout, c'est un vin à vocation universelle. Celui que les étrangers s'attendent à boire»* D. RONDEAU. *Vins de Loire, de Touraine.* ➤ **bourgueil, chinon, gamay, gros-plant, muscadet, sancerre, vouvray.** *Vins d'Alsace.* ➤ **gewurztraminer, riesling, sylvaner ; winstub.** *Vins du Sud-Ouest.* ➤ **cahors, jurançon, madiran, monbazillac.** *Vins du Languedoc, du Roussillon.* ➤ **banyuls, corbières, frontignan, grenache, picardan, picpoul.** *Vins d'Algérie, d'Espagne, d'Italie* (➤ **chianti, lacrima-christi, marsala, prosecco, valpolicella**), *du Rhin, du Chili, d'Australie.* — *Goût du vin ; vin bouqueté* (➤ 1 **bouquet**), *fruité, gouleyant, rond, charpenté, qui a de l'arôme, du corps. Vin long* en bouche. Vin âpre, râpeux. Vin tannique. Vin capiteux, fort, généreux. Vin clairet, léger, vin de soif. Vin aigrelet, acide.* ➤ **ginguet, reginglard, verdelet.** *Vin sec ; doux, moelleux, sucré. Vin baptisé, coupé, frelaté, chaptalisé.* — *Vin de glace :* vin liquoreux élaboré à partir de raisins gelés sur pied. ◆ *Vins doux naturels et vins de liqueur :* vins très chargés en sucre, auxquels on ajoute de l'alcool de raisin en cours de fermentation (ex. muscat, porto). — *Vins aromatisés,* utilisés comme apéritifs. ➤ **vermouth.** *Vins cuits*. Vin d'orange :* vin rouge dans lequel on fait macérer des oranges. ➤ **sangria.** *Vin chaud :* vin rouge épicé et sucré, servi brûlant. *Eaux-de-vie de vin :* armagnac, cognac. — *Marchand de vin faisant débit de boisson.* ➤ **bistrot, mastroquet, troquet.** *Entrecôte marchand de vin,* servie avec une sauce au vin rouge. — *Bar* à vin(s). Dégustation de vin* (➤ **taste-vin**). — *Bouteille ; fiasque, topette de vin.* ➤ **chopine,** 2 **fillette.** *Carafe, pichet ; pot de vin* (FIG. ➤ **pot-de-vin**). *Un verre de vin.* ➤ 1 **ballon,** FAM. 1 **canon.** *Vin à la ficelle*. «La loi de Mahomet qui défend de boire du vin»* MONTESQUIEU. *Boire du vin pur. Couper son vin.* LOC. *Mettre de l'eau* dans son vin.* LOC. PROV. *Le bon vin réjouit le cœur de l'homme* («Bonum vinum lætificat cor hominis»). — *Décanter le vin. Chambrer le vin rouge. Frapper le vin blanc.* — *Service des vins* (➤ **échanson, sommelier ; caviste**). *Choisir un vin qui va avec un mets. Verre à eau et verre à vin.* — *Ragoût au vin* (➤ **civet**). *Sauce au vin. Coq au vin. Maquereau au vin blanc.* — *Tache* de vin.* ➤ **angiome.** ■ **2** *Le vin,* symbole de l'ivresse, de l'ivrognerie. *Sac à vin :* ivrogne. *«La pauvre, son père est un sac à vin»* Y. QUEFFÉLEC. *Cuver* son vin. Vin qui monte à la tête, tourne la tête. Être pris de vin.* ➤ **aviné.** *«Profondes joies du vin, qui ne vous a connues ?»* BAUDELAIRE. — *Avoir le vin gai, triste,* l'ivresse gaie, triste. *«Des saoulôts au vin triste étaient secoués d'frissons»* PEREC. ■ **3** PAR EXT. Quantité de vin bue en certaine occasion. — *Vin d'honneur,* dégustation de vin offerte en l'honneur de qqn (réception...). *Être entre deux vins,* un peu gris. ■ **4** L'une des deux espèces sous lesquelles se fait la consécration. *«Le vin est une substance sacramentelle»* HUYSMANS. *Consécration du pain et du vin.* ➤ **eucharistie ; transsubstantiation.** — *Vin de messe :* vin naturel utilisé dans la liturgie romaine. ■ **5** Liqueur alcoolisée, obtenue par fermentation d'un produit végétal. *Vin de palme, de pêches, de noix, de myrtilles. «un vestibule qui sentait le vin de noix et la cire d'abeille»* P. MAGNAN. ■ HOM. Vain, vingt.

VINAGE [vinaʒ] n. m. – 1867 ◇ de *viner* ■ Opération par laquelle on augmente le degré alcoolique d'un vin par addition d'alcool (pour obtenir des vins doux, des vins de liqueur).

VINAIGRE [vinɛgʀ] n. m. – v. 1200 ◇ de *vin* et *aigre* ■ **1** Liquide provenant du vin ou d'une solution alcoolisée modifiés par la fermentation acétique, et utilisé comme assaisonnement, comme condiment. *Vinaigre de vin, d'alcool. Vinaigre de xérès ; vinaigre de framboise, de miel. Vinaigre balsamique. Mère* du vinaigre. Vinaigre à l'estragon. Câpres, cornichons, petits oignons confits au vinaigre, macérés dans le vinaigre. Sauce à l'huile et au vinaigre.* ➤ **vinaigrette.** *Un filet de vinaigre.* — ANCIENNT *Vinaigre de toilette. Vinaigre pharmaceutique, aromatique,* utilisé pour ranimer, stimuler. *«On lui a fait respirer du vinaigre»* GONCOURT. ◆ LOC. FIG. *Tourner au vinaigre :* mal tourner, empirer (comme le vin qui s'aigrit). ➤ **se gâter.** *On ne prend pas les mouches avec du vinaigre :* on ne réussit pas par la dureté, on n'attire pas les gens en les traitant ainsi. ■ **2** (1808) FAM. Mouvement rapide donné à la corde à sauter. *Sauter à l'huile* (lentement), *au vinaigre* (rapidement). — FAM. *Faire vinaigre :* se dépêcher. *«Par ici !... Eh ! les gars, faites vinaigre !»* BARBUSSE.

VINAIGRER [vinegʀe] v. tr. ‹1› – 1690 ; adj. *vinaigré* 1680 ◇ de *vinaigre* ■ Assaisonner avec du vinaigre. *Saler, poivrer et vinaigrer la salade.* — *Eau vinaigrée,* additionnée de vinaigre.

VINAIGRERIE [vinɛgʀəʀi] n. f. – 1723 ◇ de *vinaigrier* ■ Fabrique de vinaigre. ◆ Fabrication et commerce des vinaigres.

VINAIGRETTE [vinɛgʀɛt] n. f. – 1393 ◇ de *vinaigre* ■ **1** Sauce froide faite d'huile, de vinaigre et de sel, souvent aromatisée, qui sert à assaisonner la salade, les crudités. *Museau à la vinaigrette, en vinaigrette.* ELLIPT *Poireaux vinaigrette.* ■ **2** (1680 ◇ à cause de la ressemblance avec les petites voitures des vinaigriers) Ancienne voiture à deux roues, analogue à la chaise à porteurs.

VINAIGRIER [vinɛgʀije] n. m. – 1514 ◇ de *vinaigre* ■ **1** Celui qui fait, qui vend du vinaigre. ■ **2** (1572) Flacon pour mettre le vinaigre. *Huilier-vinaigrier* (appelé le plus souvent *huilier*). ◆ Ustensile domestique pour la fermentation et le soutirage du vinaigre. ■ **3** BOT. Sumac à bois glabre dont les fruits fournissent une boisson acidulée.

VINASSE [vinas] n. f. – 1765 «vin à demi aigri» ; *vinassa* «marc» provençal (XVe) ◇ de *vin* ■ **1** (1767) TECHN. Résidu liquide des liqueurs alcooliques ; résidu de la fabrication du sucre. *Utilisation des vinasses* (engrais, produits industriels). ■ **2** (1836) FAM. Mauvais vin. *Ivrogne qui sent la vinasse. «De cette vinasse, Anatole versait un bon verre dans un bol de bouillon»* F. JOURDAIN.

VINDAS [vɛ̃dɑ(s)] **n. m.** – XIIe ; variante de *guindas* ◊ ancien scandinave *vindáss* → guindeau, guinder ■ TECHN. Petit treuil ou cabestan volant. ♦ GYM. ➤ **pas-de-géant.**

VINDICATIF, IVE [vɛ̃dikatif, iv] **adj.** – v. 1400 ◊ du latin *vindicare* «venger» ■ Porté à la vengeance. ➤ **rancunier.** *Un rival vindicatif. On m'a «parlé du caractère vindicatif de nos compatriotes»* MÉRIMÉE. — **adv. VINDICATIVEMENT.**

VINDICTE [vɛ̃dikt] **n. f.** – 1555 ◊ latin *vindicta,* «punition» en latin impérial ■ DR. *Vindicte publique :* poursuite et punition des crimes par l'autorité, au nom de la société. ➤ **justice.** — PAR EXT. LITTÉR. *Désigner qqn à la vindicte publique,* le signaler au public comme coupable de qqch. et méritant un châtiment.

VINÉE [vine] **n. f.** – 1506 ; *vingnée* XIIIe ◊ de *vin* ■ VITIC. ■ **1** Récolte de vin. ■ **2** (1877) Branche à fruits, dans la taille longue de la vigne.

VINER [vine] **v. tr.** ‹1› – 1864 ; autre sens 1325 ◊ de *vin* ■ TECHN. Additionner d'alcool (les moûts, les vins). ➤ **vinage.** — *Vin viné :* vin* de liqueur.

VINEUX, EUSE [vinø, øz] **adj.** – v. 1200 ◊ latin *vinosus,* de *vinum* «vin» ■ **1** COUR. Qui a la couleur du vin rouge. *Visage «blafard ou vineux»* BAUDELAIRE. *«la clientèle vineuse des pockers* [sic] *d'arrière-salle»* DURAS. — Qui a l'odeur du vin. *Haleine vineuse.* — *Pêche vineuse, melon vineux,* qui a un goût, une odeur de vin. ♦ De vin. *Couleur, odeur vineuse.* ■ **2** (XVIe) VX Riche, fertile en vin. *«Les coteaux vineux de la Bourgogne»* MICHELET. ♦ (1575) TECHN. Riche en alcool ; qui a une saveur chaude, puissante (vin). ➤ **vinosité.**

VINGT [vɛ̃] **adj. numér. inv.** et **n. inv.** – *vint* 1080 ◊ latin populaire *vinti,* contraction de *viginti*

■ REM. On prononce [vɛ̃t] dans les nombres 22 [vɛ̃tdø] à 29 [vɛ̃tnœf], et en liaison : *vingt ans* [vɛ̃tɑ̃], *vingt et un* [vɛ̃teœ̃].

I **adj. numér. card.** Nombre entier naturel équivalant à deux fois dix (20 ; XX). ■ **1** Avec ou sans déterm. *«Vingt ans après»,* de A. Dumas. *Qui porte sur vingt ans.* ➤ **vicennal.** *Polyèdre à vingt faces.* ➤ **icosaèdre.** — ELLIPT *Cinq heures moins vingt* (minutes). *Avoir 18 sur 20* (points). *L'Europe des Vingt-Sept* (après le Brexit). ♦ (En compos. pour former un adj. card.) *Vingt-six,* (un adj. ord.) *vingt et unième.* **VINGT ET UN, UNE.** *Onze heures vingt et une* (minutes). ORD. *Page 21* (vingt et un *ou* vingt et une). **VINGT-DEUX.** *Carabine vingt-deux long rifle*.* (1874) FAM. *Vingt-deux !* attention ! *«Vingt-deux, v'là les flics !»* D. ROLIN. LOC. *Vingt-quatre heures sur vingt-quatre :* sans discontinuer, tout le temps. *«On ne peut quand même pas s'indigner vingt-quatre heures sur vingt-quatre»* COURCHAY. *Dans les vingt-quatre heures :* avant demain à la même heure. — (Dans le système vicésimal*) *Quatre-vingts. Quinze-vingts* (VX) : 300. REM. Seuls cas où *vingt* est variable. ♦ Emplois stylist. *Vingt ans :* âge représentatif de la jeunesse. *«Dans un grenier, qu'on est bien à vingt ans»* BÉRANGER. *Des jambes de vingt ans. Il n'a plus vingt ans :* il n'est plus très jeune. — Un grand nombre de. *Je vous l'ai dit vingt fois.* ➤ 1 **cent, dix.** *«toiles déteintes par vingt lavages»* ZOLA. — *Vingt dieux !* juron familier, surtout campagnard. ■ **2** PRONOM. *Il y en avait vingt. Elles sont venues à vingt.*

II **adj. numér. ord.** Vingtième. ■ **1** *Chapitre XX. — Le 20 mars. Le (journal de) 20 heures. En 20..., 29,* se dit en supprimant le quantième du siècle. *Les années 20* ou *vingt* (dites *années folles*). ■ **2** SUBST. MASC. Le vingtième jour du mois. *Le 20 est un mardi.* — Ce qui porte le numéro 20 (maison, jeton, personne). — Taille, dimension, pointure numéro 20 (d'un objet). *Cet enfant chausse du 26.* ■ **3** SUBST. FÉM. Chambre, table numéro 20. *La porte de la 20.*

III **n. m. inv.** *Quinze et cinq, vingt. Système de base vingt.* ➤ **vicésimal.** — *Vingt pour cent* (ou *20 %*). — Le chiffre, le numéro 20. — Note correspondant à vingt points. *Avoir (un) 20 en anglais. 20 sur 20.*

■ **HOM.** Vain, vin.

VINGTAINE [vɛ̃tɛn] **n. f.** – 1530 ◊ de *vingt* ■ Nombre approximatif de vingt. *Une vingtaine de milliers d'habitants. Une fille d'une vingtaine d'années.*

VINGTIÈME [vɛ̃tjɛm] **adj.** et **n.** – *vingtisme* XIIe ◊ de *vingt* ■ **1 adj. numér. ord.** Qui succède au dix-neuvième. *«Ce fut pendant la vingtième année de son règne»* LOUŸS. *Le XXe siècle.* — (Dans une compétition) *Se classer vingtième sur cinquante.* SUBST. *Le, la vingtième.* ♦ (En compos. pour former des adj. ord.) *Sept cent vingtième* (720e). ■ **2 adj. fractionnaire** Se dit d'une partie d'un tout également divisé ou divisible en vingt. — SUBST. MASC. *Un vingtième* (1/20). *Sept cent-vingtièmes* (7/120). — **adv. VINGTIÈMEMENT** [vɛ̃tjɛmmɑ̃].

VINI- ■ Élément, du latin *vinum* «vin». ➤ **viti-.**

VINICOLE [vinikɔl] **adj.** – 1831 ◊ de *vini-* et *-cole* ■ Relatif à la production du vin (culture de la vigne et fabrication du vin). *Industrie vinicole. Région vinicole.* ➤ **viticole.**

VINIFÈRE [vinifɛʀ] **adj.** – 1812 ◊ de *vini-* et *-fère* ■ AGRIC. Qui produit de la vigne. *Sol vinifère.*

VINIFICATION [vinifikasjɔ̃] **n. f.** – 1791 ◊ de *vini-,* sur le modèle de mots tels que *panification* ■ TECHN. ■ **1** Tout procédé par lequel le jus de raisin (moût) est transformé en vin. *Sous-produits de vinification :* marcs, lies, tartres. *Spécialiste de la vinification* (ou *vinificateur, trice* n.). ■ **2** (1832) Fermentation alcoolique, transformation des glucides (sucres) en alcool par des levures.

VINIFIER [vinifje] **v. tr.** ‹7› – date inconnue ◊ de *vinification* ■ TECHN. Traiter (les moûts) pour en faire du vin.

VINIQUE [vinik] **adj.** – 1836 ◊ de *vin* ■ TECHN., SC. Du vin. *Alcool vinique.*

VINOSITÉ [vinozite] **n. f.** – v. 1390, repris v. 1800 ◊ du radical latin de *vineux* ■ TECHN. Qualité d'un vin vineux, qui a de la force, une forte teneur en alcool.

VINTAGE [vɛ̃taʒ ; vintɛdʒ] **n. m.** – 1967 ◊ mot anglais «millésime ; époque» ■ ANGLIC. ■ **1** Porto, champagne millésimé. ■ **2** (1989) Vêtement, accessoire de mode qui date réellement de l'époque d'origine, qui n'est pas la copie moderne d'un ancien modèle. *«son fourreau lamé bleu, un vintage Dior des années 1970, la plus belle pièce de son dressing»* M. DARRIEUSSECQ. — **adj. inv.** *Les tailleurs vintage des années 60. «Trouver des fringues à porter qui fassent vintage et pas vieux clodo»* V. DESPENTES. Recomm. offic. *d'époque.* ♦ PHOTOGR. Photo dont le tirage est contemporain de la prise de vues. Recomm. offic. *tirage d'époque. Les vintages de Brassaï.*

VINYLE [vinil] **n. m.** – 1876 ◊ de *vin(i)-,* d'après *éthyle* ■ **1** CHIM. Radical monovalent non saturé CH_2=CH–. *Chlorure de vinyle :* gaz C_2H_3Cl qui forme des plastiques par polymérisation. ➤ **polyvinyle, PVC, vinylite.** ■ **2** Matière plastique imitant le cuir, utilisée dans l'ameublement et le vêtement. *«Ils sont six ou sept, masqués par leurs casques, vêtus de vinyle noir, avec des motos Trial pleines de boue»* LE CLÉZIO. ■ **3** Disque microsillon en vinylite noire. *«il manipulait les vinyles, l'index sur le petit trou central, le pouce contre la tranche du disque, retournant la galette noire d'un mouvement du poignet»* V. DESPENTES.

VINYLIQUE [vinilik] **adj.** – 1876 ◊ de *vinyle* ■ Se dit d'une substance renfermant le groupement vinyle. *Éther vinylique. Composés vinyliques donnant des résines à la base de matières plastiques et de textiles artificiels.*

VINYLITE [vinilit] **n. f.** – 1963 ◊ nom déposé, de *vinyle* ■ Copolymère de chlorure et d'acétate de vinyle utilisé pour les disques microsillons. ➤ **vinyle** (3°).

VIOC ➤ **VIOQUE**

VIOL [vjɔl] **n. m.** – 1647 ◊ de *violer* ■ **1** «Acte de pénétration sexuelle, de quelque nature qu'il soit, commis sur la personne d'autrui par violence, contrainte, menace ou surprise» (CODE PÉNAL). *Elle a déposé une plainte pour viol. «la parole de la femme qui accuse l'homme de viol est d'abord une parole que l'on met en doute»* V. DESPENTES. *Viol d'enfants. Viol d'un garçon. Le viol est un crime passible de la cour d'assises. Viol déqualifié en agression sexuelle. «On crie d'une fenêtre : au viol ! au viol !»* ROMAINS. *«Un viol domestique, familial, mère et fratrie silencieuses, complices, veules»* R. JAUFFRET. ➤ aussi **inceste.** *Viol conjugal,* commis entre époux. *Viol en réunion, viol collectif,* commis par plusieurs personnes sur la même victime. ➤ ARG. **tournante.** ■ **2** FIG. *Viol de conscience :* non-respect des opinions, convictions et croyances d'autrui. ■ **3** Le fait de violer (2°). *Le viol d'un sanctuaire.* ➤ **profanation.**

■ **HOM.** Viole.

VIOLACÉ, ÉE [vjɔlase] **adj.** – 1777 ◊ latin *violaceus* «couleur de violette», de *viola* «violette» ■ Qui tire sur le violet. *Nuages violacés. «Le marbre gris violacé affleure»* TAINE. *Rouge violacé. Nez, teint violacé* (à cause du froid, de la boisson).

VIOLACER [vjɔlase] **v. tr.** ‹3› – 1846 ◊ de *violacé* ■ Rendre violet ou violacé. PRONOM. *«Les coquelicots se fanent en se violaçant»* APOLLINAIRE.

VIOLAT [vjɔla] adj. m. – 1256 ; n. 1210 ◊ bas latin *violatus,* de *viola* ■ PHARM. Qui contient de l'extrait de violettes. *Sirop, miel violat.*

VIOLATEUR, TRICE [vjɔlatœʀ, tʀis] n. – 1360 ◊ latin *violator* ■ 1 Personne qui viole, profane ce qui doit être respecté. ➤ **profanateur.** *Violateur des lois. Violateur de tombeau.* ■ 2 (XVe) VX ➤ **violeur.**

VIOLATION [vjɔlasjɔ̃] n. f. – XIIIe ◊ latin *violatio* «profanation» ■ Action de violer (un engagement, un droit), de profaner une chose sacrée (ou protégée par la loi). ➤ **outrage.** *Violation de la loi.* ➤ **infraction.** *«La prescription est toujours une violation d'un droit»* M. GARÇON. *Violation de domicile* (➤ **effraction**). *Violation des correspondances :* ouverture des lettres destinées à autrui. — *Violation des églises.* ➤ **profanation.** *Violation de sépulture, de frontière.*

VIOLÂTRE [vjɔlɑtʀ] adj. – 1468, repris XVIIIe ◊ de *violet* et *-âtre* ■ RARE Violacé. *Reflets violâtres. «Une nuit violâtre [...] lui fit sentir la fin proche de l'été»* COLETTE.

VIOLE [vjɔl] n. f. – XIIe ◊ ancien occitan *viola,* de *violar* «jouer (de la vielle, etc.)», verbe d'origine onomat. → vielle ■ MUS. Instrument à six cordes frottées, à timbre très clair, dont la facture a beaucoup varié au cours des siècles. *Au XVIe siècle, les instruments de la famille des violons se sont séparés de ceux de la famille des violes. Viole d'amour,* qui possède sept cordes mélodiques et dont on joue à l'épaule. *Viole de gambe**. ■ HOM. Viol.

VIOLEMMENT [vjɔlamɑ̃] adv. – *violentement* XIVe ◊ de *violent* ■ Avec violence (3°, 4°). ➤ **brutalement.** *«Il avait dû violemment se débattre dans son sommeil»* GIONO. *Le vent soufflait violemment.* ◆ PAR EXT. Âprement, vivement. *Réagir, s'insurger violemment contre...* ➤ **énergiquement, hautement, vigoureusement.** *Il l'insulta violemment.* ■ CONTR. Doucement, légèrement.

VIOLENCE [vjɔlɑ̃s] n. f. – 1215 «abus de la force» ◊ latin *violentia* ■ 1 (1538) **FAIRE VIOLENCE :** agir sur qqn ou le faire agir contre sa volonté, en employant la force ou l'intimidation. ➤ **forcer, obliger.** — SPÉCIALT VX *Faire violence à une femme.* ➤ **violer.** — **SE FAIRE VIOLENCE :** s'imposer une attitude contraire à celle qu'on aurait spontanément. ➤ **se contenir, se contraindre.** *«L'extrême violence que chacun se fait»* LA BRUYÈRE. — IRON. *Se faire une douce violence* accepter avec plaisir après avoir feint de résister. ◆ **LA VIOLENCE :** force brutale pour soumettre qqn. ➤ **brutalité.** *Acte, mouvement de violence. «La violence est la loi de la brute»* R. ROLLAND. *«la violence ne s'évapore pas, elle doit trouver sa cible»* F. HUMBERT. *Avoir recours à, utiliser la violence. User de violence. Conquérir, obtenir, extorquer par la violence.* ➤ **arracher.** *Se résoudre à employer la violence. Répondre à la violence par la violence. Escalade* de la violence. Flambées de violence* (**émeute**). *Prendre le pouvoir par la violence. La violence, cause de nullité d'une convention.* — *Film de violence,* montrant des crimes, des brutalités. ■ 2 **UNE VIOLENCE :** acte par lequel s'exerce cette force. *Des violences physiques, morales.* ➤ **sévices ; maltraitance.** *Coups et violences. Une énorme forteresse «d'abus, de violences, d'iniquités»* HUGO. *Commettre des violences sur qqn.* ➤ **maltraiter, violenter.** *Violences aggravées. Violences faites aux femmes, violences contre, envers les femmes. Violences sexuelles, sexistes* (➤ **agresseur, harceleur, violeur**). *Violences conjugales,* violences physiques (coups et blessures), psychologiques (harcèlement, menaces), sexuelles (viol) commises entre conjoints et passible de sanction pénale. *L'enfant a subi des violences. Violences révolutionnaires. Violences urbaines. Violences policières.* ■ 3 Disposition naturelle à l'expression brutale des sentiments ; cette expression. *«pour qu'il devînt injurieux, puis honteux de sa violence»* COLETTE. ➤ **brutalité, colère, emportement, explosion, fureur, irascibilité.** *Parler avec violence. Violence verbale. «Ils préconisent leur façon de voir avec la dernière violence»* DUHAMEL. ➤ **véhémence.** — PAR EXT. *Il «m'a fait une scène d'une extraordinaire violence»* MAUROIS. ■ 4 Force brutale (d'une chose, d'un phénomène). *La violence de l'orage, du vent.* ➤ **fureur.** ◆ Caractère de ce qui produit des effets brutaux. *«La violence du venin tord mes membres»* RIMBAUD. ➤ **virulence.** — Caractère brutal (d'une action). *«C'était d'une violence inouïe, pour elle, d'être ainsi reprise, remise à sa place»* PH. BESSON. ◆ (Dans l'ordre psychologique) *La violence d'un sentiment, d'une passion.* ➤ **intensité, vivacité.** *La violence des désirs.* ➤ **ardeur, frénésie, impétuosité.** ■ CONTR. Non-violence. 1 Calme, douceur, mesure, paix.

VIOLENT, ENTE [vjɔlɑ̃, ɑ̃t] adj. – 1213 ◊ latin *violentus* ■ 1 Impétueux ; qui agit ou s'exprime sans aucune retenue. ➤ **brusque, coléreux*.** *«Les hommes ont été de tout temps [...] égoïstes, violents»* FRANCE. ➤ **brutal.** *Une femme violente. Caractère violent.* ➤ **coléreux, irascible, vif.** — SUBST. *C'est un violent.* ◆ PAR EXT. *Colère violente. Paroles violentes.* ➤ **virulent.** ◆ Brutal, où l'on use de violences. *Révolution violente* (opposé à *pacifique*). *Violent assaut. Violents accrochages entre les manifestants et la police. Mort violente,* par accident ou par meurtre. *«Il mourut sur la guillotine de mort violente»* MAC ORLAN. ■ 2 Qui a un intense pouvoir d'action ou d'expression (des sentiments). ➤ **ardent, frénétique.** *«Une fureur renfermée qui n'en était que plus violente»* DIDEROT. *«un besoin aussi violent que la faim»* MAUROIS. ➤ **aigu, intense.** *Un désir violent. Un violent dégoût.* ◆ (Des forces matérielles, naturelles) *Des vents violents. Un violent orage qui éclate. Heurt, coup, choc violent.* ➤ 1 **fort, terrible.** *Poison violent. Des maladies «éclatent [...] dans un accès de fièvre violent»* MAUROIS. ◆ PAR EXT. Qui a un effet intense sur les sens. ➤ **intense.** *Bruit violent.* ➤ **terrible.** *«Parfums violents»* MAUPASSANT. *«Une violente odeur de tannerie»* ROMAINS. *Ton, éclat violent.* — (De choses abstraites) *Contraste violent. «Je rencontrai une violente opposition»* BALZAC. — FIG. et FAM. *Ça c'est un peu violent !* très étonnant. ➤ **raide.** ■ 3 Qui exige de la force, de l'énergie. *«Son horreur pour les exercices violents»* GONCOURT. *Les sports violents. Faire de violents efforts pour...* ■ CONTR. Anodin, bénin, 2 calme, doux, léger, pacifique. Non-violent.

VIOLENTER [vjɔlɑ̃te] v. tr. (1) – 1382 ◊ de *violent* ■ 1 VX Contraindre (qqn) par la force. ➤ **brutaliser.** ◆ MOD. PAR EUPHÉM. *Violenter une femme,* la violer. ■ 2 LITTÉR. Aller à l'encontre de, faire violence à. *Violenter une inclination.* — Dénaturer, altérer. *Violenter un texte.* ➤ **torturer.** *«Notre goût émoussé, violenté, accoutumé aux liqueurs fortes»* TAINE.

VIOLER [vjɔle] v. tr. (1) – 1080 sens 2° ◊ latin *violare* ■ 1 Agir contre, porter atteinte à (ce qu'on doit respecter), faire violence à... *Violer les lois, la Constitution.* ➤ **enfreindre, transgresser.** *«Peut violer enfin les droits les plus sacrés»* RACINE. ➤ **profaner.** *Violer des règles, des principes.* ➤ **braver.** *Violer ses promesses, un serment,* ne pas les respecter. *Violer un secret,* le révéler (➤ **trahir**). *Violer le secret de l'instruction,* révéler des éléments de la procédure. *Violer un traité,* ne pas en respecter les clauses. ■ 2 Ouvrir, pénétrer dans (un lieu sacré ou protégé par la loi). *Violer une sépulture, un lieu de culte.* ➤ **profaner ; violation.** — PAR EXT. *Violer le domicile, la porte de qqn,* pénétrer de force chez lui. *«En vertu de quel droit violez-vous ainsi mon domicile ?»* BALZAC. — *Violer les consciences,* pénétrer dans leur secret ou leur imposer certaines idées, contre leur volonté (➤ **viol**). ■ 3 (v. 1170) Commettre un viol* sur (qqn). *Les soldats violaient les filles.* ➤ **abuser** (de), **forcer, violenter.** *«Pendant tout le temps où il la viole, il l'insulte et lui cogne le crâne contre le mur»* V. OVALDÉ. *Mari qui viole sa femme. Violer un garçon.* — *Enfants enlevés, violés et assassinés.* ■ CONTR. Consacrer, observer, respecter ; inviolé.

VIOLET, ETTE [vjɔlɛ, ɛt] adj. et n. m. – 1200 ◊ de *violette* ■ 1 D'une couleur qui s'obtient par le mélange du bleu et du rouge. *Iris violet. Vapeurs violettes de l'iode. Encre violette. Pierre violette.* ➤ **améthyste.** *Camail violet d'un évêque. «Un ruban violet d'officier d'Académie»* COURTELINE. — PAR EXT. Se dit de la couleur que donne à la peau un afflux de sang provoqué par l'émotion, la peur, le froid, les coups. ➤ **violacé.** *«Sur les côtés, de minces zébrures violettes descendaient jusqu'aux cuisses»* ZOLA. *Marque violette sur la peau.* ➤ **bleu.** *Devenir violet de colère.* ■ 2 n. m. Couleur violette ; PHYS. Extrémité du spectre visible de la lumière blanche, l'autre extrémité étant le rouge. *Violet pâle.* ➤ **lilas, mauve, parme.** *Bleu-violet. Rouge tirant sur le violet.* ➤ **pourpre, violine, zinzolin.** *Violet foncé.* ➤ **aubergine, lie-de-vin, prune.** *«Des montagnes d'un violet noir»* MAC ORLAN. — *Rayonnement au-delà du violet.* ➤ **ultraviolet.** ◆ (1904) Ascidie comestible de la Méditerranée, appelée aussi *figue de mer* en raison de sa forme et de sa couleur violette. ◆ Artichaut nouveau de Provence, de couleur violette. ➤ aussi **poivrade.**

VIOLETTE [vjɔlɛt] n. f. – 1140 ◊ de l'ancien français *viole,* latin *viola* ■ 1 Petite plante herbacée *(violacées)* à fleurs violettes ou blanches, solitaires, à cinq pétales. SPÉCIALT Sa fleur. *«Violettes à courte tige, violettes blanches et violettes bleues, et violettes d'un blanc-bleu veiné de nacre mauve»* COLETTE. *«Les bois étaient pleins de violettes»* PROUST. *Bouquets de violettes. Violette de Parme* (inodore). *La violette odorante, fleur pectorale utilisée dans la composition de sirops adoucissants.*

Essence de violette utilisée en parfumerie, en teinturerie. — L'humble violette, symbole de la modestie. LOC. FIG. *Jouer les violettes* : être discret (pour un personnage public). ◆ *De violette*, qui a la couleur de la violette. *Bois de violette* : palissandre. — POÉT. *«Ses yeux de violette»* PROUST. ▪ **2** PAR EXT. *«Dans les bois commençaient à sortir les violettes de la Chandeleur, que d'autres appellent des perce-neige»* E. LE ROY. *Violette des morts, des serpents, des sorciers* (➤ **pervenche**).

VIOLEUR, EUSE [vjɔlœʀ, øz] **n.** – XIVe, repris XIXe ◇ de *violer* ▪ Personne qui a commis un viol. *Le garçon a reconnu son violeur. Le GHB, aussi appelé* drogue du violeur.

VIOLIER [vjɔlje] **n. m.** – XIVe ◇ de l'ancien français *viole*, latin *viola* → violette ▪ Giroflée rouge ou jaune, appelée aussi *giroflée des murailles.*

VIOLINE [vjɔlin] **n. f.** et **adj.** – avant 1831 ◇ du radical de *violette, violet* ▪ **1** VX Alcali extrait des fleurs de la violette odorante. ◆ (1872) MOD. Colorant violet d'aniline. ▪ **2** **adj.** (1872 ◇ du latin *viola*) De couleur violet pourpre. *Robe en ottoman violine.*

VIOLISTE [vjɔlist] **n.** – XVIIe ; *violeur* XVIe ◇ de *viole* ▪ HIST. MUS. Musicien qui joue de la viole. — MOD. Musicien, musicienne qui joue de la viole de gambe*. ➤ **gambiste.**

VIOLON [vjɔlɔ̃] **n. m.** – *vyolon* 1500 ◇ italien *violone* «grosse viole, contrebasse», le mot pour «violon» étant *violino*

I ▪ **1** Instrument de musique à quatre cordes accordées en quintes, que l'on frotte avec un archet, et qui se tient entre l'épaule et le menton. *Parties du violon.* ➤ **âme, chevalet, corde, crosse, éclisse,** 2 **manche, ouïe, sillet, table.** *Facteur de violons.* ➤ **luthier.** *Violon signé Stradivarius (un Stradivarius). Mauvais violon.* ➤ **crincrin.** *Jouer du violon ; gratter, racler du violon.* ➤ FAM. **violoner.** *Joueur de violon de concert* (➤ **violoniste**) ; *de village* (➤ **ménétrier, violoneux**). *«Les sanglots longs Des violons»* VERLAINE. *«Le violon frémit comme un cœur qu'on afflige»* BAUDELAIRE. — *Sonate pour piano et violon. Les deux violons (premier et second violon), le violoncelle et l'alto du quatuor à cordes.* — PAR EXT. *Famille des violons* : le violon lui-même, l'alto, le violoncelle, la contrebasse. ◆ LOC. FIG. *Accorder* ses violons. Sortir les violons* : chercher à attendrir, à toucher la corde sensible. *«Ne sors pas les violons, je connais ta musique. J'ai pas de fric, tu peux comprendre ça !»* T. TOPIN. *Ranger son violon* : mourir. FAM. *C'est comme si on pissait* dans un violon !* — (1922) **VIOLON D'INGRES** : le fait, pour un artiste, de pratiquer un art qui n'est pas le sien (comme le peintre Ingres pratiquait le violon) ; PAR EXT. activité artistique exercée en dehors d'une profession. *L'aquarelle est son violon d'Ingres.* ➤ **hobby, passe-temps.** ▪ **2** (XVIe) Musicien, musicienne qui joue du violon. ➤ **violoniste.** *Elle est violon dans un orchestre. Premier violon d'un orchestre,* qui dirige les violons (cf. Chef de pupitre). *«Je me souviens d'un premier violon, qui avait joué son solo à peu près comme on prend un purgatif»* ALAIN. *Premier, second violon dans un quatuor* : violoniste qui joue la première, la seconde partie de violon. ◆ LOC. FIG. *Aller plus vite que les violons* : aller trop vite, précipiter les choses. — *Payer les violons (du bal)* : ANCIENNT offrir un bal à une belle ; FIG. et MOD. payer les frais sans en avoir le profit.

II ▪ **1** (1790 ◇ p.-ê. par anal. des cordes et des barreaux) ARG. FAM. Prison de police, contiguë à un poste ou un corps de garde, où l'on enferme les personnes arrêtées le soir en attendant de les interroger le lendemain. *Passer la nuit au violon.* *«Je serais curieux de voir sa tête quand il se réveillera demain matin au violon»* SIMENON. ▪ **2** (1872 ◇ par anal. de forme) MAR. Planche percée de larges trous que l'on met sur une table pour maintenir les verres et les bouteilles par gros temps (cf. Table à roulis).

VIOLONCELLE [vjɔlɔ̃sɛl] **n. m.** – 1743 ; *violoncello* 1709 ◇ italien *violoncello* «petite viole *(violone)*» ▪ **1** Instrument de musique à quatre cordes et à archet, semblable au violon mais plus gros, dont on joue assis en le tenant entre les jambes. *«Des ondulations, des ronflements de violoncelle»* FLAUBERT. *Partie de violoncelle d'un quatuor à cordes.* — *Voix de violoncelle,* grave et vibrante (s'est dit à propos d'Aristide Briand). ▪ **2** RARE Violoncelliste. *Il est violoncelle.*

VIOLONCELLISTE [vjɔlɔ̃selist] **n.** – 1821 ◇ de *violoncelle* ▪ Musicien, musicienne qui joue du violoncelle.

VIOLONÉ, ÉE [vjɔlɔne] **adj.** – 1930 ◇ de *violon* ▪ ARTS DÉCORATIFS En forme de violon (caractéristique du style Louis XV). *Fauteuil à dossier violoné ; spatule violonée d'une fourchette.*

VIOLONER [vjɔlɔne] **v. intr.** ‹1› – 1656 ◇ de *violon* ▪ FAM. Jouer du violon. — TRANS. *Violoner un air.*

VIOLONEUX [vjɔlɔnø] **n. m.** – 1714 ; *violonneur* 1821 ◇ de *violon* ▪ Violoniste de village. ➤ **ménétrier.** ◆ FAM. Violoniste médiocre.

VIOLONISTE [vjɔlɔnist] **n.** – 1821 ◇ de *violon* ▪ Musicien, musicienne qui joue du violon. *«Le violoniste couchant la joue sur son violon»* ROMAINS. *Une grande violoniste. Violoniste de village.* ➤ **ménétrier, violoneux.**

VIOQUE [vjɔk] **adj.** – 1815 argot ◇ de *vieux* ou du provençal *velhaco* ▪ FAM. Vieux. *Elles sont un peu vioques.* — SUBST. POP. *Les vioques* ; SPÉCIALT les parents. *Demande à tes vioques.* — On écrit aussi *vioc.*

VIORNE [vjɔʀn] **n. f.** – 1538 ; *vione* 1230 ◇ latin *viburnum*, plur. *viburna*, pris pour un fém. sing. ▪ **1** BOT. Arbrisseau des haies et des clairières *(caprifoliacées)* à floraison en bouquets blancs et à petites baies. *Viorne obier*.* ▪ **2** COUR. Clématite *(renonculacées)*. *«Anneiés, comme les vrilles de la viorne»* COLETTE. *Viorne des haies.*

V. I. P. [veipe ; viajpi] **n. inv.** – avant 1959 ◇ sigle anglais de *Very Important Person* «personne très importante» ▪ FAM. et PLAISANT Personnalité de marque. *Une V. I. P.*

VIPÈRE [vipɛʀ] **n. f.** – 1314 ◇ latin *vipera* → guivre, vouivre ▪ **1** Serpent à tête triangulaire aplatie *(vipéridés)*, à deux dents ou crochets à venin, ovovivipare, qui vit dans les terrains broussailleux et ensoleillés. *Vipère péliade. Vipère aspic,* des montagnes de l'Europe du Sud. *Vipère cornue d'Égypte* (➤ **céraste**). *La morsure* (et ABUSIVEMENT *la piqûre*) *de vipère est très dangereuse.* *«comme une vipère dressée sur sa queue»* BARBEY. *Sifflement de vipère.* ▪ **2** FIG. Personne malfaisante, dangereuse. *Nœud* de vipères. Nid de vipères. Une langue* de vipère.* *«Taisez-vous, sales petites vipères»* GIRAUDOUX.

VIPEREAU [vip(ə)ʀo ; vipeʀo] **n. m.** – 1526 ◇ de *vipère* ▪ Petit d'une vipère.

VIPÉRIDÉS [vipeʀide] **n. m. pl.** – *vipérides* 1834 ◇ de *vipère* ▪ ZOOL. Famille de serpents qui comprend les vipères et les crotales. — Au sing. *Un vipéridé.*

VIPÉRIN, INE [vipeʀɛ̃, in] **n. f.** et **adj.** – XVe ◇ latin *viperinus*

I **n. f. VIPÉRINE** : plante rudérale *(borraginacées)* à fleurs bleues, velues, dont la tige présente des taches rappelant la peau de la vipère. *«Des vipérines hérissées de cils blancs»* HUYSMANS.

II **adj.** (1611) ZOOL. Relatif à la vipère. *Couleuvre vipérine* : couleuvre aquatique ressemblant à la vipère, mais non venimeuse.

VIR-, -VR ▪ Éléments, du latin *vir* «homme» : *triumvir.*

VIRAGE [viʀaʒ] **n. m.** – 1773 mar. ◇ de *virer* ▪ **1** Mouvement d'un véhicule qui tourne, change de direction. *Amorcer un virage. Virage à la corde*. Virage* (d'une automobile) *sur les chapeaux de roues. Virages d'un avion, virage sur l'aile.* — *Virages à ski.* ➤ **chasse-neige, christiania, godille, stem.** ▪ **2** PAR EXT. (1898) Courbure du tracé d'une route, d'une piste. ➤ **coude,** 2 **tournant.** *Virage en épingle* à cheveux, dangereux. Virage relevé. Suite de virages.* ➤ **lacet.** *Véhicule qui aborde, prend un virage. Négocier un virage.* — Zone des tribunes d'un stade située dans l'axe des buts. *«leurs supporteurs entassés dans le virage Nord où venait d'éclore un marais de drapeaux»* J.-PH. TOUSSAINT. ▪ **3** FIG. Changement* important (d'orientation, d'attitude, de politique). *Parti, personnalité politique qui amorce un virage à droite, à gauche. Virage à 180°.* ➤ **volte-face.** *Virage technologique, industriel.* — LOC. *Prendre le virage* : s'adapter aux circonstances nouvelles. *Il n'a pas su prendre le virage.* ▪ **4** (1857) PHOTOGR. Transformation chimique que subit l'image photographique dans certains procédés. *Virage à l'or, au cuivre.* ◆ CHIM. Changement de couleur (d'un indicateur), marquant la fin d'une réaction. *Virage du bleu au rouge du papier de tournesol.* ▪ **5** (1964) *Virage d'une cuti-réaction* : le fait, pour une cutiréaction, de devenir positive.

VIRAGO [viʀago] **n. f.** – 1452 ; *virage* fin XIVe ◇ mot latin «femme qui a le courage d'un homme» ▪ Femme d'allure masculine, aux manières rudes et autoritaires. ➤ **dragon, gendarme.** *Cette «virago sèche comme une merluche qui dès le matin soufflette sa servante dont elle est jalouse»* A. BERTRAND. *Des viragos.*

VIRAL, ALE, AUX [viʀal, o] **adj.** – 1950 ◇ de *virus* ▪ **1** Qui se rapporte à un virus. Provoqué par un virus filtrant. *Infections bactériennes et infections virales. Hépatite, méningite* *virale.* ▪ **2** (1989) Relatif aux virus informatiques. *Protection, attaque virale* (➤ **antivirus**). ▪ **3** Qui se propage rapidement par voie électronique (par mails, SMS, sur les réseaux sociaux...). *Diffusion virale de l'information. Marketing viral :* recomm. offic. *bouche à oreille électronique.*

VIRALITÉ [viʀalite] **n. f.** – 2001 ; autre sens 1979 ◊ de *viral* ▪ Caractère viral (3°). *« la viralité des contenus publiés sur les réseaux sociaux »* (Le Monde, 2012).

VIRE [viʀ] **n. f.** – 1877 « action de tourner » ◊ de *virer* ▪ Dans les Alpes, Palier très étroit qui rompt une pente raide et forme parfois un chemin autour de la montagne. *« un alpiniste coincé depuis deux jours sur une vire »* C. MINARD.

VIRÉE [viʀe] **n. f.** – 1907 ; « allée et venue » 1594 ◊ de *virer* ▪ FAM. Promenade, voyage rapide. *Faire une virée en voiture.* ➤ 3 **tour.** ♦ Tournée des cafés, des boîtes, etc. *« les virées au bistrot, pour écouter les goualantes »* BRICE PARAIN.

VIRELAI [viʀlɛ] **n. m.** – 1280 « air de danse » ; variante *vireli* « poésie » 1360 ◊ probablt d'un refrain de danse, de *virer* « tourner », avec influence de 2 *lai* ▪ Poème du Moyen Âge, petite pièce sur deux rimes avec refrain.

VIRELANGUE [viʀlɑ̃g] **n. m.** – 1919 ◊ probablement de l'occitan *viralenga*, « dire un mot pour un autre », de *vira* « tourner » et *lenga* « langue » ▪ Phrase ou séquence de mots comportant des syllabes phonétiquement proches que l'on doit prononcer très vite sans se tromper. *« Didon dîna, dit-on, du dos d'un dodu dindon » est un virelangue.*

VIREMENT [viʀmɑ̃] **n. m.** – 1546 « action de tourner en rond » ◊ de *virer* ▪ **1** MAR. Action de virer de bord. *Virement de bord lof pour lof.* ▪ **2** (1667) Transfert de fonds du compte d'une personne au compte d'une autre personne. *Virement bancaire. Virement sur un compte. Paiement par virement. Virement électronique* (➤ **monétique**). *Ordre de virement.* ♦ FIN. PUBL. *Virement de crédit :* virement de fonds d'un chapitre du budget (d'un même ministère) sur un autre, autorisé par décret.

VIRÉMIE [viʀemi] **n. f.** – 1959 ◊ de *virus* et *-émie* ▪ MÉD. Présence de virus dans le sang.

VIRER [viʀe] **v.** ⟨1⟩ – 1155 ◊ latin populaire °*virare*, altération du classique *vibrare* « agiter ; lancer »

I v. tr. ▪ **1** MAR. Faire tourner. *Virez le cabestan.* ▪ **2** (1636) Transporter (une somme) d'un compte à un autre ; effectuer le virement de. *Virez la somme à mon compte.* ▪ **3** (1856) Faire virer (II) (une épreuve photographique). ♦ FAM. *Virer sa cuti**. ▪ **4** (1913 ◊ p.-ê. de *vire de bord !* fam. « va-t'en ! », ou v. dialectal « chasser [le bétail] en le faisant tourner ») FAM. *Virer qqn*, le renvoyer*. *À la porte, virez-le !* ➤ **expulser,** FAM. **vider.** *Il s'est fait virer (de son travail).* ➤ **licencier ;** FAM. **balancer, lourder.** ♦ FAM. *Virer qqch.*, l'enlever, s'en débarrasser. *Virez-moi tous ces vieux journaux.*

II v. intr. ▪ **1** (1480) Tourner sur soi, tourner en rond. *« Des ailes* [de moulin] *qui viraient au mistral »* DAUDET. *« Elle virait comme une toupie »* GIONO. — LOC. FIG. et VIEILLI *Faire tourner et virer qqn*, le soumettre à ses caprices. *Virer à tout vent :* changer. ▪ **2** (1694) MAR. Changer de direction. LOC. *Virer de bord :* changer d'amures. *Virer de bord lof pour lof.* FIG. Changer d'opinion, de camp ; RÉGION. (Canada) changer d'avis, changer de direction. *« J'ai viré de bord, j'ai marché jusqu'ici »* R. DUCHARME. ▪ **3** PAR EXT. Aller en tournant. *Braquer pour virer. Des enfants « montés sur patins et sur luges, s'élançaient, viraient »* COLETTE. *Virer à droite, sur sa droite.* ▪ **4** PHOTOGR. Changer de couleur par le virage. *Épreuves qui virent bien.* — PAR EXT. *Les bleus de cette reproduction ont viré.* ♦ *Cutiréaction qui vire*, qui devient positive.

III v. tr. ind. (XIIIe ; *se virer* hapax XVIe) **VIRER À :** devenir ; changer d'aspect, de caractère. ➤ **tourner.** *Virer à l'aigre, au rance.* SPÉCIALT Changer de couleur. *Le ciel vira au gris.* ♦ *Virer (à)* (suivi d'un nom) : changer, évoluer pour devenir. *Il vire au tyran. Il a viré voyou.*

▪ **HOM.** *Vire :* virent (voir).

VIRESCENCE [viʀesɑ̃s] **n. f.** – v. 1900 ◊ du latin *virescere* « devenir vert » ▪ BOT. Verdissement d'un organe végétal ordinairement d'autre couleur. *La virescence des pétales d'une rose.*

VIREUR [viʀœʀ] **n. m.** – 1906 ; « tourne-broche » 1364 ◊ de *virer* ▪ TECHN. Plateau circulaire monté sur l'arbre d'une machine, percé de trous dans lesquels on engage un levier qui le fait tourner.

VIREUX, EUSE [viʀø, øz] **adj.** – 1611 ◊ latin *virosus*, de *virus* « poison » ▪ DIDACT. Vénéneux. *Plante vireuse. « Sang vireux »* HUYSMANS. — PAR EXT. *Odeur, saveur vireuse :* odeur, saveur de plante vénéneuse (opium, ciguë).

VIREVOLTANT, ANTE [viʀvɔltɑ̃, ɑ̃t] **adj.** – 1638, repris XXe ◊ de *virevolter* ▪ Qui virevolte, tourne sur soi. *Cheval virevoltant.* — *Danseuse virevoltante.* — PAR EXT. *Grande jupe virevoltante.*

VIREVOLTE [viʀvɔlt] **n. f.** – 1549 « demi-tour rapide » terme de manège ◊ altération, d'après *volte*, de *virevoust*, altération de *vire vou(s)te* (de *virer* et *vouter* « tourner », latin populaire °*volvitare*), sous l'influence de l'italien *giravolta* « tour en rond » ▪ Mouvement de ce qui fait un demi-tour. *Les virevoltes d'une danseuse.* ♦ FIG. Changement complet. ➤ **volte-face.** *« les caprices et les virevoltes de la mode »* DUHAMEL. — LITTÉR. Changement radical d'avis, d'opinion. ➤ **revirement.** *« Ma virevolte fut subite ; certainement il y entrait du dépit »* GIDE.

VIREVOLTER [viʀvɔlte] **v. intr.** ⟨1⟩ – 1552 ◊ altération de *virevouster* (1532) → virevolte ▪ Faire une virevolte, des virevoltes ; tourner rapidement sur soi. *« Il fit deux pas pour s'éloigner, mais virevolta brusquement »* MARTIN DU GARD. ♦ Aller en tous sens sans nécessité. ➤ **papillonner, vibrionner.** *Cesse de virevolter d'une pièce à l'autre !*

1 **VIRGINAL, ALE, AUX** [viʀʒinal, o] **adj.** – 1226 ; *virginel* XIe ◊ latin *virginalis* ▪ D'une vierge ; propre à une vierge. *Pudeur, fraîcheur virginale. « L'amour virginal n'est qu'une transition »* HUGO.

2 **VIRGINAL** [viʀʒinal] **n. m.** – 1533 ◊ de 1 *virginal*, p.-ê. « instrument pour les jeunes filles ». Le mot est relevé en anglais en 1530. ▪ HIST. MUS. Épinette rectangulaire. *Le virginal était très répandu au XVIIe siècle, spécialement en Angleterre. Des virginals.*

VIRGINIE [viʀʒini] **n. m.** – 1845 ◊ ellipse de *tabac de Virginie*, n. d'une région des États-Unis ▪ Tabac provenant à l'origine de la Virginie, désormais cultivé dans différents pays du monde. *Un paquet de virginie.*

VIRGINITÉ [viʀʒinite] **n. f.** – Xe ◊ latin *virginitas* ▪ État de qqn qui n'a jamais eu de relations sexuelles complètes. ➤ **pucelage ; vierge.** *« Suis-je donc gardien* [...] *de la virginité des filles de la ville ? »* MOLIÈRE. *Virginité du puceau. Faire vœu de virginité. Garder sa virginité. Fille qui perd sa virginité* (cf. Petit capital*). ♦ VIEILLI État moral, âme, sentiments d'une personne vierge. *Rendre, refaire une virginité :* rendre la pureté, l'innocence, et FIG. la réputation. *Se refaire une virginité :* retrouver une innocence perdue, et repartir sur la bonne voie.

VIRGULE [viʀgyl] **n. f.** – 1534 ◊ latin *virgula* « petit trait, accent », diminutif de *virga* → verge ▪ Signe de ponctuation (,) marquant une pause de peu de durée, qui s'emploie à l'intérieur de la phrase pour isoler des propositions ou des éléments de proposition (se dit *virgule* quand on dicte). *Entre virgules, entre deux virgules. Mettez une virgule. « Parmi tous les signes de ponctuation, la virgule justement ne ponctue pas mais accorde, à la façon d'un très léger coup de rame, réorientant le sillage »* J.-C. BAILLY. LOC. *Sans y changer une virgule :* sans faire au texte qu'on reproduit le moindre changement. — *Point-virgule* (;), séparant des phrases sans les isoler. *Des points-virgules.* — Signe qui précède la décimale dans un nombre décimal (qui précède les centaines dans la notation anglo-saxonne). ♦ INFORM. *Virgule flottante :* mode de représentation (d'un nombre en machine) sous forme d'un nombre décimal et d'une puissance de 10. — *Virgule fixée*, ou ABUSIVEMENT *virgule fixe :* mode de représentation (d'un nombre en machine) sous forme d'un nombre entier auquel le programmateur fixe une place virtuelle pour la virgule. ♦ PAR ANAL. DE FORME *Guillemets simples en virgules. Moustaches en virgules. L'épervier, « Noire virgule du ciel clair »* GAUTIER. — (1884) BIOL. *Bacille virgule*, du choléra.

VIRIL, ILE [viʀil] **adj.** – 1496 ◊ latin *virilis*, de *vir* « homme » ▪ **1** Propre à l'homme. ➤ **mâle, masculin.** VIEILLI *Membre* viril.* — *« De grandes femmes aux formes viriles »* FROMENTIN. ➤ **virago.** ♦ Propre à l'homme adulte. *Âge viril. Force virile. Robe ou toge virile*, que prenaient les jeunes Romains dans leur 18e année, en quittant la toge prétexte. ▪ **2** Qui a l'appétit sexuel d'un homme normal et peut le satisfaire. *Être viril* (cf. RÉGION. Avoir de la mine* dans le crayon). ▪ **3** Qui a les caractères moraux qu'on attribue plus spécialement à l'homme : actif, énergique, courageux, etc. *Il n'est pas très viril. « L'homme est viril et fort qui se décide À changer sa fin* *triste en un fier suicide»* HUGO. *«aussi virile, aussi vaillante en face de l'avenir»* MARTIN DU GARD. — PAR EXT. *Résolution virile.* — adv. **VIRILEMENT.** ■ **4** (XVIe) DR. *Part* virile.* ■ CONTR. Efféminé, féminin.

VIRILISATION [viʀilizasjɔ̃] n. f. – 1945 ◇ de *viriliser* ■ MÉD. Apparition, chez une femme pubère, de caractères sexuels secondaires masculins, en particulier d'une pilosité de type masculin. ➤ **hirsutisme.**

VIRILISER [viʀilize] v. tr. ‹1› – 1801 ◇ de *viril* ■ Revêtir d'un caractère, d'un aspect viril ; donner de la virilité à. PRONOM. *Il s'est virilisé avec l'âge.* ◆ BIOL. Masculiniser. ■ CONTR. Efféminer, féminiser.

VIRILISME [viʀilism] n. m. – 1914 ; autre sens 1845 ◇ de *viril* ■ MÉD. État d'une femme qui présente des caractères sexuels secondaires de type masculin (pilosité, voix de timbre bas, manque de développement des seins, etc.) et dont la fonction génitale est perturbée (absence de règles). *Virilisme provoqué par de fortes doses de cortisone ou de testostérone.*

VIRILITÉ [viʀilite] n. f. – 1482 ◇ latin *virilitas* ■ **1** Ensemble des attributs et caractères physiques et sexuels de l'homme. *«Des hommes dépouillés de leur virilité»* VOLTAIRE. — Symbolique qui s'y rattache (opposé à *féminité*). *Se sentir menacé dans sa virilité.* ■ **2** SPÉCIALT Puissance sexuelle chez l'homme. ➤ **vigueur.** *La virilité n'exclut pas la stérilité.* ■ **3** Caractère viril (3°), énergie. *Virilité de caractère. Manquer de virilité. Faire perdre la virilité.* ➤ **déviriliser.** ■ CONTR. Impuissance ; froideur.

VIRILOCAL, ALE, AUX [viʀilɔkal, o] adj. – 1968 ◇ du latin *vir, viri* «homme» et *local* ■ ETHNOL. Se dit du type de résidence des couples, lorsqu'elle est déterminée par la résidence du groupe du mari. ➤ aussi **patrilocal.** ■ CONTR. Uxorilocal.

VIRION [viʀjɔ̃] n. m. – 1972 ◇ de *virus* ■ VIROL. Particule infectieuse d'un virus constituée d'un acide nucléique et de protéines.

VIROCIDE [viʀɔsid] adj. et n. m. – 1972 ◇ de *viro-* «virus» et *-cide* ■ VIROL. Qui détruit le pouvoir infectieux d'un virus. ➤ **antiviral.** — n. m. *Un virocide.* — On dit aussi **VIRUCIDE,** d'après *virus.*

VIROLAGE [viʀɔlaʒ] n. m. – 1872 ◇ de *viroler* ■ Action de viroler (1° et 2°).

VIROLE [viʀɔl] n. f. – XIIIe ; *virol* n. m. XIIe ◇ latin *viriola,* diminutif de *viria* «sorte de bracelet», d'origine gauloise ■ **1** Petite bague de métal dont on garnit l'extrémité d'un manche pour assujettir ce qui y est fixé et empêcher le bois de se fendre. *La virole d'un couteau, d'un parapluie.* ■ **2** (1765) TECHN. Moule d'acier circulaire pour la frappe des monnaies et des médailles.

VIROLER [viʀɔle] v. tr. ‹1› – XIIIe ◇ de *virole* ■ TECHN. ■ **1** Munir d'une virole. ■ **2** (1876) Introduire (les flans) dans la virole (2°).

VIROLIER [viʀɔlje] n. m. – 1955 ; hapax 1292 ◇ de *virole* ■ TECHN. Ouvrier fabriquant les viroles.

VIROLOGIE [viʀɔlɔʒi] n. f. – 1945 ◇ de *viro-* «virus» et *-logie* ■ DIDACT. Branche de la microbiologie qui traite des virus.

VIROLOGISTE [viʀɔlɔʒist] n. – 1970 ◇ de *virologie* ■ Spécialiste de la virologie. — On dit aussi **VIROLOGUE.**

VIROPHAGE [viʀɔfaʒ] n. m. – 2008 ◇ de *virus* et *-phage* ■ DIDACT. Virus capable d'infecter un autre virus et d'effectuer un transfert de gènes à son profit. *«Certains imaginent déjà utiliser des virophages pour combattre d'autres virus dans le corps des patients»* (Le Point, 2009).

VIROSE [viʀoz] n. f. – 1952 ◇ de *virus* et 2 *-ose* ■ PATHOL. Affection causée par le développement d'un virus. *Viroses végétales* (ex. mosaïque du tabac). *Viroses animales. Viroses humaines* (ex. poliomyélite, rougeole).

VIRTUALITÉ [viʀtɥalite] n. f. – 1674 ◇ du radical latin de *virtuel* ■ PHILOS. ou LITTÉR. Caractère de ce qui est virtuel ; pouvoir, qualité à l'état virtuel. ➤ **potentialité.** *La virtualité de qqch.* ➤ **possibilité.** *Pour notre esprit «il n'y a rien avant le* moi *autre que des virtualités, des tendances»* MAINE DE BIRAN.

VIRTUEL, ELLE [viʀtɥɛl] adj. – 1503, rare avant 2e moitié du XVIIe ◇ latin scolastique *virtualis,* du latin *virtus* «vertu» ■ **1** Qui n'est tel qu'en puissance, qui est à l'état de simple possibilité. ➤ **possible, potentiel.** *Le marché virtuel d'un produit. À l'état virtuel.* ➤ **latent.** *Candidat virtuel à la présidence.* — SUBST. *Le possible, le probable et le virtuel.* ■ **2** (fin XVIIIe) PHYS. *Travail virtuel :* travail des forces appliquées à des déplacements virtuels ou fictifs. — *Particules virtuelles :* particules fictives permettant d'expliquer l'interaction entre les quantons. ■ **3** OPT. *Objet virtuel,* formé par l'intersection de rayons convergents issus d'un système optique. *Image virtuelle,* formée par des rayons divergents. ■ **4** INFORM. Qui apparaît fonctionnellement pour l'utilisateur, indépendamment de la structure physique et logique utilisée. *Mémoire virtuelle. Disque virtuel.* ■ **5** Qui concerne la simulation de la réalité par des images de synthèse tridimensionnelles. *Réalité virtuelle. Monde virtuel.* ➤ **cybermonde.** — *Musée virtuel, visite virtuelle,* sur Internet. — n. m. *L'ère du virtuel.* ■ CONTR. Actuel, 1 effectif, formel, réel.

VIRTUELLEMENT [viʀtɥɛlmɑ̃] adv. – 1503 ; *virtualement* 1469 ◇ de *virtuel* ■ **1** D'une manière virtuelle, en puissance. ➤ **potentiellement.** ◆ COUR. Selon toute probabilité. *Ce club, à deux journées de la fin, est virtuellement vainqueur du tournoi. Vous êtes virtuellement admis.* ➤ **pratiquement.** PAR EXT. Presque. *C'est virtuellement fini.* ➤ **quasiment.** ■ **2** Grâce à la réalité virtuelle. *Jouer, apprendre virtuellement.*

VIRTUOSE [viʀtɥoz] n. – 1640 ◇ italien *virtuoso,* de *virtù* «propriété, valeur» ■ **1** VX Personne extrêmement douée ; «amateur des sciences et des beaux-arts, qui en favorise le progrès» (ENCYCLOPÉDIE). *Madame la Dauphine «est virtuose (elle sait trois ou quatre langues)»* Mme DE SÉVIGNÉ. ■ **2** (1668, répandu XVIIIe) Musicien(ne) exécutant(e) doué(e) d'une technique brillante. *Une jeune virtuose du piano. «le jeu vertigineux du virtuose»* PROUST. adj. *Il est plus virtuose qu'inspiré.* ■ **3** Personne, artiste extrêmement habile (dans une activité, artistique ou autre), dont le métier, la technique sont supérieurs. *Un virtuose du pinceau. Rivarol «était un virtuose de la parole»* SAINTE-BEUVE. *«Il y a des virtuoses de la diplomatie»* SIEGFRIED.

VIRTUOSITÉ [viʀtɥozite] n. f. – 1857 ◇ de *virtuose* ■ Talent, technique de virtuose. ➤ **brio, maestria.** *Virtuosité d'un pianiste. Exécuter un morceau avec virtuosité. «Il sentait le dangereux attrait de la virtuosité* [...] *mortel pour l'art et pour l'âme»* R. ROLLAND. ◆ PAR ANAL. Technique brillante (d'un artiste, d'un écrivain, d'un artisan, etc.). ➤ **maîtrise, habileté.** PÉJ. Talent sans profondeur, sans portée. *C'est de la virtuosité pure.*

VIRUCIDE ➤ **VIROCIDE**

VIRULENCE [viʀylɑ̃s] n. f. – v. 1370 «pus» ; rare avant XVIIIe ◇ latin *virulentia* «infection» ■ **1** MÉD. VX Caractère virulent. *«La virulence de ses humeurs»* VOLTAIRE. ◆ FIG. Âpreté, violence. *Virulence d'une critique. «Bien qu'ils protestent avec virulence du contraire»* SARTRE. ➤ **véhémence, violence.** ■ **2** (1880) Pouvoir pathogène d'un micro-organisme, dû à sa capacité d'invasion, d'infection d'un organisme vivant et aux conséquences nocives qu'elle entraîne. *Degré de virulence d'un germe, d'un virus.* ◆ PAR EXT. Caractère nocif, dangereux. *La virulence d'un poison.*

VIRULENT, ENTE [viʀylɑ̃, ɑ̃t] adj. – v. 1370 «infectieux, contagieux» ◇ latin *virulentus* «venimeux», de *virus* → virus ■ **1** VX Infectieux, contagieux. ◆ (1866) MOD. Qui a un certain degré de virulence (2°). *Microbe très virulent.* ■ **2** (1751) FIG. et COUR. Plein d'âpreté, de violence. ➤ **corrosif, venimeux.** *Attaque, critique virulente. «la plus virulente haine»* PÉGUY. ◆ (PERSONNES) *Il est très virulent envers le gouvernement.*

VIRURE [viʀyʀ] n. f. – 1690 ◇ de *virer* ■ MAR. File de bordages, s'étendant sur toute la longueur de la carène d'un pont.

VIRUS [viʀys] n. m. – 1478 ◇ mot latin «suc, venin, poison» ■ **1** VX Substance organique (pus, etc.), susceptible de transmettre la maladie. ◆ FIG. Principe moral de contagion. *«Il lui avait inoculé le virus redoutable de sa vertu»* HUGO. ■ **2** (v. 1850-1860) VIEILLI Germe pathogène en général. *Virus du paludisme.* — (XXe) MOD. Micro-organisme infectieux composé d'un acide nucléique entouré d'une capside, parasite absolu des cellules vivantes, capable de se répliquer dans celles-ci et de passer de l'une à l'autre. *De nombreux virus provoquent des maladies. Virus enveloppé, non enveloppé,* présentant, ou non, une enveloppe lipidique autour de la capside. *Virus à ADN.* ➤ **adénovirus, cytomégalovirus, papillomavirus.** *Virus à ARN.* ➤ **arbovirus, arénavirus, coronavirus, entérovirus, filovirus, hantavirus, rétrovirus, rhinovirus, rotavirus.** *Virus géants.* ➤ **mamavirus, mégavirus, mimivirus, pandoravirus, pithovirus.** *Virus de la rage, de la poliomyélite, de la fièvre jaune. Virus du sida.* ➤ **HIV,**

LAV, VIH. *Virus Ebola, virus de Marburg, de Lassa. Virus mutant. Maladies à virus.* ➤ **viral ; virémie.** *Virus lent,* qui ne produit ses effets qu'après une dizaine d'années. *Virus qui infecte un autre virus.* ➤ **virophage.** *Substances actives contre les virus* (➤ **antiviral**). ■ **3** (1988) *Virus informatique :* instruction introduite dans un programme, pouvant entraîner des troubles de fonctionnement, voire des pannes majeures, et contaminer d'autres systèmes informatiques. ➤ **ver.** *Virus qui se propage par courriel. Détecteur de virus.* ➤ **antivirus.** ■ **4** LOC. FIG. *Le virus de :* un goût très vif, très fort pour (qqch.). *Il a attrapé le virus de la course automobile.*

VIS [vis] **n. f.** – *viz* «escalier tournant» v. 1170 ◊ latin *vitis* «vigne», et par ext. «vrille de vigne» ■ **1** Escalier tournant en hélice autour d'un axe, dit «noyau», qui soutient toutes les marches. *«Ils sortirent sous le porche et montèrent une vis en pierre»* BALZAC. Plus cour. *Escalier à vis* (cf. En colimaçon*). ■ **2** Tige cylindrique ou tronconique de bois, de métal, présentant une partie saillante en hélice (appelée *filet*) que l'on fait pénétrer dans une pièce également filetée ou dans du bois, du métal, en la faisant tourner sur elle-même. *Noyau, cannelure, tête d'une vis. Pas de vis ; spire de vis. Vis à bois, à métaux. Vis destinée à recevoir un écrou.* ➤ **boulon.** *Vis à tête ronde, fraisée, cylindrique, plate. Vis cruciforme. Vis à papillon, à ailettes. Vis terminée par un crochet, un anneau.* ➤ **piton ;** 2 **manillon.** *Longue vis.* ➤ **tire-fond.** *Serrer, desserrer une vis* (➤ **tournevis**). *Donner un tour de vis* (➤ **visser**). *Vis qui foire*. — LOC. FIG. *Serrer la vis à qqn,* le traiter avec une grande sévérité, restreindre ses libertés. ➤ 1 **mater,** FAM. **visser.** ■ **3** Machine simple permettant de transformer un mouvement circulaire en mouvement rectiligne. *Tirebouchon à vis. Vis de pressoir.* — *Vis d'Archimède :* machine élévatoire, cylindre creux mobile autour d'un axe incliné, à l'intérieur duquel est fixée une hélice, pour élever l'eau d'irrigation. — *Vis sans fin,* dont le filet engrène avec une roue dentée, lui imprimant un mouvement de rotation. *Direction d'automobile à vis sans fin.* — *Vis micrométrique,* à pas très fin et à large tête portant des divisions équidistantes, qui permet de lire la mesure d'une rotation très faible. — AUTOM. *Vis platinées*. ■ HOM. Vice.

VISA [viza] **n. m.** – 1554 ◊ mot latin «choses vues», plur. neutre de *visus,* p. p. de *videre* «voir» ■ Formule ou sceau accompagné d'une signature qu'on appose sur un acte pour le rendre régulier ou valable ; SPÉCIALT Formule exigée en sus du passeport pour entrer dans certains pays, ou sous certaines conditions dans un pays. *Demander, obtenir un visa pour tel pays. Le visa américain. Il «imprima le visa sur le passeport»* STENDHAL. *Visa sanitaire.* ➤ **certificat.** *Visa du consulat. Visa du contrôleur des dépenses engagées. Visa pour timbre :* attestation du paiement d'un droit. *Visa de censure* (d'un film). *Des visas.* — FIG. *Donner son visa,* son approbation.

VISAGE [vizaʒ] **n. m.** – 1080 ◊ de l'ancien français *vis* (cf. *vis-à-vis*), du latin *visus* «aspect, apparence», proprt «vue» ■ **1** Partie antérieure de la tête de l'être humain. ➤ **face, figure** (plus cour.), **tête.** *Le haut, le bas du visage. Visage rond, allongé, ovale, anguleux, en lame de couteau, taillé à la serpe. Lignes du visage.* ➤ **linéament,** 1 **trait ; faciès, masque.** *Visage régulier, irrégulier, chiffonné. Visage plein, joufflu, poupin, bouffi, adipeux. Visage maigre, émacié, chafouin. Couleur naturelle du visage.* ➤ 1 **teint.** *Plis du visage :* rides. *Un beau visage. «La beauté du visage est un frêle ornement»* MOLIÈRE. *Visage mignon, agréable.* ➤ **frimousse, minois.** *Analyse du caractère d'après la forme du visage.* ➤ **physiognomonie.** *Avoir le feu, le sang au visage. Visage couperosé. Visage pâle, blafard, blême, terreux, basané, bronzé, tanné. Visage ridé, fané, flétri, grêlé, boutonneux, ravagé. «Ce lisse et frais visage de l'adolescence»* DUHAMEL. *Visage détendu, reposé, fatigué, crispé, défait, décomposé.* — LOC. *Avoir bon visage :* avoir bonne mine. *Je vous trouve meilleur visage. Soins du visage :* soins de beauté. *Rajeunissement du visage.* ➤ **lifting.** *Maquillage du visage. Sa figure grimée «ne laisse pas deviner grand'chose de son vrai visage»* COLETTE. *Visage caché sous un voile, par un masque. Découvrir son visage.* — LOC. FIG. *À visage découvert*. — Tourner son visage vers... «Le visage de Lucienne tourné vers le mien»* ROMAINS. — *Frapper qqn au visage.* ➤ **gifler, souffleter.** *«Un garde reçut une brique en plein visage»* NIZAN. — *Visage mobile, expressif* (➤ **expression,** 1 **mine, physionomie**). *Visage ouvert. Visage souriant, rayonnant, tranquille, sérieux, sévère, maussade. Visage tourmenté, renfrogné. Visage énergique. Visage hermétique. Émotion, sentiment qui se peint sur un visage. «La joie de son cœur, qui éclatait sur son visage»* FÉNELON. *«L'ennui me paraît écrit et gravé sur son visage»* Mme DE SÉVIGNÉ. *«Ce visage où ne se lit aucune commisération, aucun attendrissement»* PROUST. ■ **2** PAR EXT. Expression du visage. *«Vous vous troublez, Madame, et changez de visage»* RACINE. *Faire bon visage :* prendre un air content quand il n'y a pas lieu de l'être. *Faire bon visage à qqn,* être aimable avec lui, SPÉCIALT lorsqu'on lui est hostile. ■ **3** PAR EXT. La personne (considérée dans son visage). *Un visage inconnu ; connu, de connaissance. Ne pas réussir à mettre un nom sur un visage. Avoir la mémoire des visages. «Il voit tous les jours* [...] *à souper de nouveaux visages»* VAUVENARGUES. *Visage ami.* — *Les Visages pâles :* les Blancs (pour les Indiens). ◆ **SANS VISAGE :** que ne représente aucun visage humain ; dont le véritable caractère est inconnu. *Les dieux sans visage. La Compagnie, «puissance obscure et sans visage»* BOSCO. ■ **4** FIG. (XIVe) Aspect particulier et reconnaissable (de qqch.). ➤ **caractère, forme, image.** *«Les deux visages de la justice»* BOSSUET. *«le visage terrible de la réalité»* R. ROLLAND. *Le vrai visage des États-Unis.* LOC. *À visage humain :* qui tient compte des aspirations individuelles dans leur diversité. *Urbanisme à visage humain.* ◆ (PERSONNES) Personnalité. *Un homme à deux visages,* double, fourbe. *«Ses visages successifs* [d'un homme] *que sont ses œuvres»* CAMUS.

VISAGISTE [vizaʒist] **n.** – 1936 ◊ nom déposé, de *visage* ■ Esthéticien, esthéticienne qui cherche à mettre en valeur la beauté, le caractère du visage, par la coiffure, le maquillage. *Visagiste d'un institut de beauté. «il n'existe pas encore de visagiste qui sache rectifier le regard»* BEAUVOIR. — **n. m. VISAGISME** (nom déposé).

VIS-À-VIS [vizavi] **adv.** et **n. m.** – 1213 adv. ◊ de l'ancien français *vis* → visage

I **adv.** VIEILLI Face à face. *Nous nous sommes trouvés vis-à-vis.*

II **loc. prép. VIS-À-VIS DE.** ■ **1** (1485) En face de... (➤ **opposite**). *«vous verrez des hommes et des femmes exécuter gravement, l'un vis-à-vis de l'autre, les pas d'un menuet»* Mme DE STAËL. *Des statues placées vis-à-vis l'une de l'autre. L'un vis-à-vis de l'autre.* ■ **2** (XVIIe) FIG. En face de, en présence de..., devant (de manière à confronter). *«j'en rougis vis-à-vis de moi-même»* FLAUBERT. ◆ En regard, en comparaison de... *Ma fortune est modeste vis-à-vis de la sienne.* ■ **3** (1751) Exprimant une relation (emploi critiqué) Envers (qqn). ➤ **avec,** 1 **envers.** *«Il s'était engagé vis-à-vis d'elle»* MAUPASSANT. *«Une attitude haineuse et revendicatrice vis-à-vis des autres»* G. BOUTHOUL. — (Très négligé) À l'égard de, en ce qui concerne (qqch.). *Il est méfiant vis-à-vis de la drogue.*

III **n. m.** (1570 «degré de parenté») ■ **1** (XVIIe-XVIIIe) Position de deux personnes, deux choses qui se font face. *«assis en vis-à-vis sur deux petites chaises»* ROUSSEAU. *Un pénible vis-à-vis.* ➤ **tête-à-tête.** *«Des fenêtres en vis-à-vis sur la cour et dans le fond des jardins»* ARAGON. ■ **2** (1802) Personne placée en face d'une autre (à table, en voiture ; à la danse). *Un charmant vis-à-vis. Parler à son vis-à-vis.* ◆ PAR EXT. Se dit des choses situées en face d'une personne, d'une propriété. *Nous avons le bois pour vis-à-vis.* ■ **3** (fin XIXe) Petit canapé en S où deux personnes peuvent converser face à face.

VISCACHE [viskaʃ] **n. f.** – *viscachos* 1765 ◊ mot espagnol, du quéchua ■ ZOOL. Petit mammifère d'Amérique du Sud *(rongeurs)* appelé *lièvre des pampas,* à fourrure moins estimée que celle du chinchilla.

VISCÉRAL, ALE, AUX [viseʀal, o] **adj.** – 1460 ◊ bas latin *visceralis* «profond» ■ **1** Profond, intime, inconscient (opposé à *réfléchi*). *«Ces profondeurs viscérales de l'être humain»* AYMÉ. *Une haine viscérale,* irraisonnée. *Avoir une peur viscérale des araignées.* ■ **2** (1765) Relatif aux viscères, qui appartient à un viscère. *Feuillet viscéral du péritoine. Muscle viscéral :* muscle lisse d'un viscère. ➤ **splanchnique.** *Chirurgie digestive et viscérale.*

VISCÉRALEMENT [viseʀalmɑ̃] **adv.** – XVIe, repris milieu XXe ◊ de *viscéral* ■ De façon irraisonnée. ➤ **instinctivement.** *Être viscéralement attaché, opposé à qqch.* ➤ **profondément.**

VISCÈRE [visɛʀ] **n. m.** – 1478 ◊ latin *viscus, visceris* «chair», par ext. «viscère» ■ **1** (Rare au sing.) ANAT. Tout organe contenu dans les cavités crânienne, thoracique et abdominale : cerveau, cœur, estomac, foie, intestin, poumon, rate, rein, utérus (➤ **splanchnique, viscéral**). *Douleur des viscères* (ou *viscéralgie* **n. f.**). ■ **2** COUR. *Les viscères,* ceux de l'abdomen. ➤ **boyaux, entrailles.** *Viscères comestibles d'animaux.* ➤ **tripes.** *Ôter les viscères.* ➤ **éviscérer.**

VISCOSE [viskoz] **n. f.** – 1898 ◊ du radical de *visqueux* et 1-*ose* ■ Solution colloïdale de cellulose et de soude, qui donne des fibres de rayonne, de fibranne et aussi de la cellophane.

VISCOSIMÈTRE [viskozimɛtʀ] n. m. – 1831 ◇ de *viscosité* et *-mètre* ■ SC., TECHN. Appareil servant à déterminer la viscosité des fluides.

VISCOSITÉ [viskozite] n. f. – 1256 ◇ de *visqueux* ■ **1** État de ce qui est visqueux. — PHYS. *Viscosité d'un fluide* : état d'un fluide dont l'écoulement est freiné par le frottement entre les molécules qui le composent. *Viscosité d'une huile* (➤ S. A. E.). *Coefficient de viscosité.* *Unité pour exprimer la viscosité dynamique* (pascal seconde ; poise, poiseuille), *la viscosité cinématique* (mètre carré par seconde ; stokes). ◆ État d'un corps dont la surface est visqueuse, gluante. *La viscosité du chapeau de certains bolets.* ■ **2** FIG. *Viscosité de la main-d'œuvre* : résistance des populations professionnelles au changement, à la mobilité. *Viscosité du marché des capitaux.* — PSYCHOL., PSYCHIATR. *Viscosité mentale,* caractérisée par un engluement de la pensée. ■ CONTR. Fluidité.

VISÉ [vize] n. m. – 1907 ◇ de 1 *viser* ■ Le fait de viser avec une arme à feu. *Tirer, tir au visé* (opposé à *au jugé*).

VISÉE [vize] n. f. – 1219 ◇ de 1 *viser* ■ **1** Action de diriger la vue, le regard (et PAR EXT. une arme, un instrument d'optique) vers un but, un objectif. *Ligne de visée. Déterminer les différences de niveau par une visée.* ■ **2** FIG. (surtout au plur.) Direction de l'esprit vers un but, un objectif qu'il se propose. ➤ **ambition, désir, dessein, intention, 2 objectif.** *Visées ambitieuses, belliqueuses.* «*Homme à grandes visées*» BALZAC. *Avoir des visées sur qqn, qqch.* ➤ **vue.**

1 **VISER** [vize] v. ‹1› – 1155 ◇ latin populaire °*visare*, classique *visere*, intensif de *videre* «voir», supin *visum*

I v. intr. ■ **1** (XIIe) Diriger attentivement son regard (et PAR EXT. un objet, une arme) vers le but, la cible à atteindre. *Vise bien avant de tirer.* «*Romain visait, tirait, manquait*» RAMUZ. *Viser juste, trop haut, trop bas.* ■ **2** FIG. *Visez moins haut, plus haut* : ayez des ambitions plus modestes, plus grandes.

II v. tr. ind. (1398) **VISER À.** ■ **1** Diriger un objet, une arme sur. *Il a visé au cœur.* ■ **2** FIG. Avoir en vue (une certaine fin). «*C'est le but auquel elle* [la nature] *vise*» BOSSUET. «*Bonaparte aimait la puissance et visait à la toute-puissance*» VIGNY. «*Cette scène qui vise et touche à l'émotion*» SAINTE-BEUVE. ◆ (Suivi d'un inf.) *Le soin* «*de nos pères ne vise qu'à nous meubler la tête de science*» MONTAIGNE. ➤ **chercher, 1 tendre** (à). «*Le comique véritable* [...] *vise d'abord à provoquer le rire*» DUHAMEL.

III v. tr. dir. ■ **1** (1610) Regarder attentivement (un but, une cible) afin de l'atteindre d'un coup, d'un projectile. *Viser qqn avec une arme. Viser qqn au cœur, aux jambes. Viser l'objectif en clignant de l'œil.* ➤ **mirer.** — *Viser le cochonnet avec la boule.* ➤ **1 pointer.** — *Atteindre l'objectif visé. Bien visé !* ■ **2** FIG. Avoir en vue, s'efforcer d'atteindre (un résultat). ➤ **ambitionner, briguer, désirer, rechercher.** *Il vise la présidence.* — *Viser l'effet. Michel-Ange* «*ne vise pas la mise en scène*» MALRAUX. ■ **3** (Sujet chose) Regarder, s'appliquer à. *Cette remarque vise tout le monde.* ➤ **concerner.** — *Être, se sentir visé* : se croire l'objet d'une allusion, d'une critique. *Les articles visés dans un arrêt,* les articles auxquels on se réfère pour le motiver. ◆ TRÈS FAM. Regarder. «*Vise la gueule du cuistot*» DORGELÈS.

2 **VISER** [vize] v. tr. ‹1› – 1668 ◇ de *visa* ■ Voir, examiner (un acte) et le revêtir d'un visa ou d'une mention qui le rend valable. *Faire viser son passeport.* «*peut-être se sont-ils bornés à vérifier que mon passeport était visé*» J. ROLIN. *Viser et parapher des livres de commerce.*

VISEUR [vizœʀ] n. m. – XVIe ; *viseor* «éclaireur» 1222 ◇ de 1 *viser* ■ **1** RARE Celui qui vise. *Un bon viseur.* ➤ **tireur.** ■ **2** (1842) Instrument, dispositif optique servant à effectuer une visée. *Viseur d'une carabine. Viseur de tir aérien. Regarder dans le viseur.* — LOC. FIG. *Être dans le viseur de qqn* : être étroitement surveillé par qqn (cf. Être dans le collimateur de qqn). — ASTRON. Petite lunette servant à repérer. — Dispositif permettant de délimiter le champ (en photo, cinéma). *Le viseur de la caméra.* «*une bouche d'égout sur laquelle le cameraman avait braqué son viseur*» TOURNIER.

VISIBILITÉ [vizibilite] n. f. – 1487 ; *visibleté* 1380 ◇ bas latin *visibilitas* ■ **1** Caractère de ce qui est perceptible par la vue, sensible à l'œil humain. *Visibilité d'un phénomène.* — PHYS. Caractère du rayonnement électromagnétique qui impressionne la rétine humaine. *Le domaine de visibilité de l'œil a son maximum dans le jaune-vert. Facteur de visibilité d'un rayonnement* ou *coefficient de visibilité* : rapport du flux lumineux au flux énergétique correspondant. ■ **2** (1935) Qualité de l'atmosphère, permettant de voir à une plus ou moins grande distance. *Bonne, mauvaise visibilité. Visibilité nulle. Prévisions de visibilité.* — *Pilotage sans visibilité (P. S. V.).* ■ **3** Possibilité, en un point donné, de voir plus ou moins bien les abords. *Virage sans visibilité. Le large parebrise de cette voiture donne une bonne visibilité.* ■ **4** FIG. Possibilité de prévoir les évènements, d'anticiper. *L'entreprise n'a aucune visibilité sur les deux prochaines années.* ■ CONTR. Invisibilité.

VISIBLE [vizibl] adj. – v. 1190 ◇ latin *visibilis*, de *videre* «voir» ■ **1** Qui peut être vu, qui est actuellement perceptible par la vue. *Objets visibles. Une peinture* «*encore parfaitement visible et distincte*» HUGO. «*Certains jours où la ligne d'horizon n'est plus visible*» MONTHERLANT. *Devenir visible.* ➤ **apparaître.** *La face visible de la Lune* (à partir de la Terre). *Étoiles visibles.* «*L'heure et le lieu où elle* [une éclipse] *est visible*» ALAIN. ➤ **observable.** — PHYS. *Spectre visible,* ou SUBST. *le visible* : domaine du rayonnement électromagnétique dont les longueurs d'onde vont du rouge au violet. *Au-delà, en deçà du visible.* ➤ **infrarouge, ultraviolet.** — *Visible à l'œil nu, à la loupe, au microscope.* ◆ SPÉCIALT Qu'on voit facilement ; appréciable à la vue. «*Des reprises assez visibles*» GAUTIER. *Elle prenait* «*un embonpoint assez visible*» MAUPASSANT. ■ **2** Sensible ou rendu sensible aux sens (et SPÉCIALT au sens de la vue), en parlant d'une réalité abstraite, mentale ou globale (opposé à *caché, invisible*). ➤ **apparent, 1 manifeste.** «*À toute idée, il faut une enveloppe visible*» HUGO. *Le monde, la nature visible.* ◆ SUBST. *Le visible et l'invisible.* «*N'acceptons que le visible et le tangible*» HUGO. *Représentation du visible.* ➤ **image.** ■ **3** PAR EXT. (1611) Qui se manifeste, s'extériorise, peut être constaté par les sens. ➤ **clair, évident, flagrant, 1 manifeste.** *Avec un embarras, un plaisir visible. Il a fait des progrès visibles.* ➤ **sensible.** «*Mon antipathie était si visible*» BOSCO. — IMPERS. *Il est visible que...,* clair, évident. ■ **4** (1665) En état de recevoir une visite. *Ma mère* «*n'est jamais visible de deux heures à quatre*» BALZAC. — FAM. En état d'être vu (habillé, apprêté). *Attends une seconde, je ne suis pas visible.* ➤ **présentable.** ■ CONTR. Caché, invisible, 1 secret ; douteux.

VISIBLEMENT [viziblәmɑ̃] adv. – XIIe ◇ de *visible* ■ **1** De manière à être vu ; en se manifestant à la vue. «*Ses lèvres bougent visiblement. On perçoit un murmure*» ROMAINS. ■ **2** (1312) D'une manière évidente, claire. «*L'homme est visiblement fait pour penser*» PASCAL. ➤ **manifestement.** «*La main du vicaire Cheddâd était visiblement à l'œuvre dans ce prétendu soulèvement populaire*» TOURNIER. — (En tête de phrase) «*Visiblement la cour se croyait trop forte*» MICHELET. ■ CONTR. Invisiblement.

VISIÈRE [vizjɛʀ] n. f. – 1250 ◇ de l'ancien français *vis* → visage ■ **1** Pièce mobile du casque, de l'armure de tête qui couvrait le visage. ➤ **mézail.** *Baisser la visière pour combattre.* «*La lame haute et la visière basse*» HUGO. — *Visière d'un casque (de moto).* «*un casque orange avec une visière en plexiglas fumé*» LE CLÉZIO. — LOC. *Rompre en visière* : rompre la lance dans la visière du heaume de l'adversaire ; FIG. et MOD. (LITTÉR.) attaquer, contredire violemment, en face. *Rompre en visière à, avec. Des* «*provinciales qui osent rompre en visière à l'étiquette*» MAURIAC. ■ **2** (1835) Partie d'une casquette, d'un képi qui abrite les yeux (comparée à une visière de casque levée). — PAR ANAL. «*Il ramène en visière* [...] *le rebord de son béret*» LOTI. «*elle met sa main en visière au-dessus de ses lunettes*» LE CLÉZIO. ◆ PAR EXT. Pièce rigide qui protège les yeux et qui s'attache autour de la tête. *Visière en celluloïd.* «*Le metteur en scène était en bras de chemise avec une visière sur les yeux*» AYMÉ. ■ **3** TECHN. VX Dispositif de visée d'une arbalète, et PAR EXT. d'une arme à feu. ➤ **hausse.**

VISIOCONFÉRENCE [vizjokɔ̃feʀɑ̃s] n. f. – 1975 ◇ de *visio(n)* et *conférence* ■ Téléconférence par l'intermédiaire du réseau de télécommunication, en utilisant la diffusion d'images de télévision. ➤ **vidéoconférence.**

VISION [vizjɔ̃] n. f. – XIIIe «action de voir» ; 1120 «perception d'une réalité surnaturelle» ◇ latin *visio* «action de voir»

I ■ **1** Perception du monde extérieur par les organes de la vue ; mécanisme physiologique par lequel les stimulus lumineux donnent naissance à des sensations. *Appareil, organes de vision.* ➤ **œil, optique** (nerf optique). *Champ de la vision. Vision diurne. Vision nocturne.* ➤ **nyctalopie.** *Vision binoculaire. Vision nette, indistincte. Vision normale. Troubles, anomalies de la vision.* ➤ **vue.** ■ **2** (répandu XIXe) ABSTRAIT Action de voir, de se représenter en esprit. ➤ **représentation.** *Vision de l'avenir. Aucun savant* «*ne confond la vision d'une vérité avec la démonstration d'une vérité*» RIBOT. ➤ **intuition.** ◆ SPÉCIALT Façon de voir, de concevoir un ensemble de choses complexes. *Vision exacte.* ➤ **clairvoyance.** *La philosophie* *«embrasse parfois dans une vision plus simple les objets dont la science s'occupe»* BERGSON. *Une vision réaliste, poétique.*

II Chose vue, perçue. ▪ **1** Représentation conçue comme d'origine surnaturelle ; chose surnaturelle qui apparaît aux yeux ou à l'esprit. ➤ **apparition, révélation.** *Visions des prophètes, des grands mystiques, des voyants.* ▪ **2** (XVIIe) Représentation imaginaire. *«des visions fantastiques que tes yeux semblent apercevoir»* LAUTRÉAMONT. ➤ **hallucination ; chimère, illusion, mirage, rêve.** *Visions hallucinatoires. «Un sommeil hanté de visions insupportables»* MAUPASSANT. ▪ **3** PAR EXT. VX Idée folle, extravagante. ➤ **folie.** *Les «sottes visions de cette extravagante»* MOLIÈRE. — MOD. FAM. *Avoir des visions :* déraisonner. *Tu as des visions !* ▪ **4** (XIXe) Image mentale. ➤ **idée, image.** *«ce parfum m'évoque la vision d'une cheminée»* HUYSMANS. *Vision obsédante.* ➤ **hantise, obsession.** *«Des visions de luttes sanglantes»* ROMAINS. *La vision de la mort.*

▪ CONTR. Réalité.

VISIONIQUE [vizjɔnik] n. f. – 1986 ◇ de *vision* ▪ Ensemble des techniques liées au traitement informatique des images. *Visionique et infographie.* — PAR EXT. Le dispositif lui-même.

VISIONNAGE [vizjɔnaʒ] n. m. – 1982 ◇ de *vision* ▪ Action de visionner (un film, une émission, une vidéo).

VISIONNAIRE [vizjɔnɛʀ] n. et adj. – 1637 ◇ de *vision* ▪ **1** Personne qui a ou croit avoir des visions, des révélations surnaturelles, ou qui a des idées folles, extravagantes. ➤ **halluciné, illuminé, songe-creux.** *Prédictions de visionnaire. Traiter qqn de visionnaire.* ♦ LITTÉR. Capable d'anticiper, qui a une intuition juste de l'avenir. *Écrivain visionnaire* (➤ **anticipation, prospective, futurologie**). ▪ **2** adj. *Fou visionnaire. «Un savoir incompréhensible et visionnaire»* FONTENELLE. ➤ **chimérique, extravagant.**

VISIONNER [vizjɔne] v. tr. ‹1› – 1921 ◇ de *vision* ▪ **1** Examiner (un film) d'un point de vue technique. *Visionner une séquence, un montage provisoire.* ▪ **2** (v. 1980) Faire apparaître (une image, un texte...) sur un écran de visualisation. *Visionner des diapositives.*

VISIONNEUR [vizjɔnœʀ] n. m. – fin XXe ◇ de *visionner* ▪ INFORM. Logiciel permettant de visualiser un document sans disposer du logiciel ayant servi à le produire. ➤ **visionneuse.**

VISIONNEUSE [vizjɔnøz] n. f. – 1947 ◇ de *visionner* ▪ **1** Appareil formé d'un dispositif optique grossissant derrière lequel le film défile, et qui permet de l'examiner. — Appareil semblable pour regarder les diapositives. ▪ **2** INFORM. Visionneur.

VISIOPHONE [vizjɔfɔn] n. m. – v. 1970 ◇ de *visio(n)* et *-phone* ▪ TECHN. Téléphone, interphone équipé d'un écran de visualisation permettant aux correspondants de se voir. *«on sonne et il vérifie par le visiophone avant de laisser entrer»* V. DESPENTES. — On a dit *vidéophone.*

VISIOPHONIE [vizjɔfɔni] n. f. – 1975 ◇ de *visiophone* ▪ TECHN. Technique du visiophone, associant télévision et téléphonie. ➤ **vidéophonie.**

VISITATION [vizitasjɔ̃] n. f. – 1611 ; «visite» XIIe ◇ latin ecclésiastique *visitatio* ▪ RELIG. CATHOL. Visite que fit la Sainte Vierge à sainte Élisabeth, alors enceinte de saint Jean Baptiste ; fête commémorant cet évènement (le 31 mai). PAR EXT. Tableau représentant cette scène. — *Ordre de la Visitation :* ordre de religieuses fondé par saint François de Sales et sainte Jeanne de Chantal, en 1610. *Sœur de la Visitation* (ou *visitandine* n. f., 1721).

VISITE [vizit] n. f. – 1350 «inspection, examen» ◇ de *visiter*

I (D'une personne) ▪ **1** (1580) Le fait d'aller voir qqn et de rester avec lui un certain temps ; le fait de recevoir un visiteur. ➤ **entrevue, 1 rencontre.** *L'objet, le but d'une visite. Tels sont les motifs de sa visite. Une petite, une longue visite. Vos visites se font rares. Visite de politesse. L'heure des visites* (dans une pension, un hôpital, une prison, etc.). — *Faire une visite, rendre visite à qqn. Être en visite chez qqn. Recevoir la visite de qqn. Recevoir des visites.* — *Carte* de visite.* ♦ PAR EXT. Rencontre mondaine de personnes qui se font des visites, se voient régulièrement. *«J'aime le jeu, les visites»* MOLIÈRE. ➤ **réception.** ▪ **2** (1740) La personne qui se rend chez une autre. ➤ **visiteur.** *«quelques visites arrivèrent, des voisines mordues de curiosité»* ZOLA. — FAM. *De la visite :* des visiteurs. *Nous avons de la visite aujourd'hui.* ▪ **3** SPÉCIALT (1690) Pour un médecin, Le fait de se rendre auprès d'un malade. *Ce médecin ne fait pas de visites à domicile. Les visites et les consultations.* ♦ DR. *Droit de visite (aux enfants),* pour l'époux qui n'en a pas la garde. ♦ Action de visiter (un client). *Visites d'un représentant.*

II (D'un lieu ou de ses occupants) ▪ **1** Le fait de se rendre dans un lieu, pour voir, pour parcourir, visiter (II). *Visite touristique. Visite d'une ville en autocar. Visite d'un port. Visite d'un musée. Visite guidée, accompagnée.* ♦ (Pour rencontrer, visiter [I]). *Visite d'un chef d'État dans un pays étranger.* ♦ Fait de consulter un site, une page web. *Compteur de visites* (pour mesurer l'audience d'un site). *«Dans les jours qui suivirent, la mercerie ne désemplit pas et dixdoigtsdor comptabilisa plus de cinq mille visites par jour»* G. DELACOURT. ▪ **2** Le fait de se rendre dans un lieu, pour procéder à un examen, à une inspection, à des constatations. *Visite de surveillance.* ➤ **ronde, tournée.** *Visite d'expert.* ➤ **expertise.** *Trappe de visite :* accès permettant d'effectuer des inspections, des réparations. — DR. *Visite domiciliaire.* ➤ **perquisition.** — PAR EXT. *Visite de douane :* formalité d'examen des marchandises, des bagages. ➤ **fouille, perquisition, vérification.** — (1636) Inspection d'un supérieur religieux. *Visite du diocèse. Visite de l'évêque :* tournée pastorale. — (1678) Inspection d'un navire. ➤ **arraisonnement.** *Droit de visite,* reconnu par un accord international aux vaisseaux de guerre, de visiter les navires marchands. ▪ **3** Examen de patients, de malades par un médecin à l'hôpital, en clinique, dans une communauté, etc. *L'heure de la visite. Aller à la visite médicale. Visite médicale annuelle obligatoire.* ➤ **contrôle.** *«Tu passeras la visite, on saura que tu tires au flanc»* COURTELINE.

VISITER [vizite] v. tr. ‹1› – Xe relig. ◇ latin *visitare,* fréquentatif de *visere* «voir»

I Aller voir (qqn). ▪ **1** (1131) VX OU RÉGION. (Alsace ; Luxembourg, Congo, Canada) Se rendre auprès de (qqn), en lui faisant une visite. ➤ **fréquenter.** *«Leurs amis n'osaient les visiter»* CHATEAUBRIAND. ▪ **2** (XIIIe) Se rendre auprès de (qqn) par charité. *Visiter les prisonniers, les malades d'un hôpital.* ♦ Se rendre auprès de (un malade, pour l'examiner, le soigner à domicile). *«Je l'irai visiter dans deux ou trois jours»* MOLIÈRE. ♦ Aller voir (un client). ▪ **3** RELIG. (de Dieu) Agir sur, se manifester auprès de (qqn). ♦ FIG. et LITTÉR. (sujet chose) *«Une paix miraculeuse visita l'esprit de Patrice Périot»* DUHAMEL.

II Aller voir (qqch.). ▪ **1** (1240) Parcourir (un lieu) en examinant. ➤ **voir.** *Visiter un pays inconnu.* ➤ **explorer.** *Visiter la Grèce, un monument. Visiter une ville en trois jours. Je lui fis visiter notre maison.* ➤ **montrer** (cf. Le tour du propriétaire*). ♦ *Visiter des appartements en vue d'un achat, d'une location.* ▪ **2** PAR EXT. Aller dans (un lieu) pour trouver qqch. ➤ **1 faire.** *«Elle avait passé la journée à visiter avec Jean des boutiques de tapissiers»* MAUPASSANT. ♦ VIEILLI Examiner minutieusement pour trouver qqch. ➤ **fouiller** (dans). *«Ils levèrent les tentures, ouvrirent les coffres, visitèrent les recoins»* GOBINEAU. *Séraphie venait «visiter mes livres et fourrager mes papiers»* STENDHAL. ▪ **3** PAR EUPHÉM. Cambrioler. *elle «avait trouvé la porte de son appartement grande ouverte. On avait visité sa maison»* V. DESPENTES. — *«Visiter un coffre-fort»* ROMAINS. ▪ **4** *Visiter un site,* en consulter le contenu.

VISITEUR, EUSE [vizitœʀ, øz] n. – 1350 ◇ de *visiter*

I ▪ **1** Personne qui visite, inspecte, examine. *Visiteur, visiteuse des douanes,* chargé(e) de la visite des bagages. — *Visiteur de... :* réceptionnaire, vérificateur, contrôleur... *Visiteur de gare, de machines* (CH. DE FER). *Visiteur de tissus, visiteur en bonneterie,* etc. ▪ **2** Personne qui visite un lieu. *Les visiteurs sont priés de s'adresser au guide. Visiteurs d'une exposition. Ville, pays qui accueille bien les visiteurs.* ➤ **touriste, voyageur.** ♦ *Les visiteurs d'un site Internet,* les personnes qui le consultent. *Visiteur unique.*

II (1766) ▪ **1** Personne qui va voir qqn chez lui, lui fait une visite. *«point de visiteurs inattendus ou déplaisants»* LOTI. *Accompagner, reconduire un visiteur.* ♦ SPÉCIALT Personne qui visite (un pensionnaire, un malade, un prisonnier). *Les visiteurs sont admis au parloir.* ▪ **2** (milieu XXe) Personne qui se rend à domicile dans un but professionnel (*visiteur médical, pharmaceutique* ➤ **délégué ; démarcheur**) ou social (*visiteuse scolaire, sociale :* assistante sociale). *Infirmière visiteuse,* qui donne des soins à domicile. *Visiteuse hospitalière,* qui rend bénévolement visite aux malades. *Visiteur de prison,* qui apporte aide et soutien aux détenus. ▪ **3** SPORT Membre d'une équipe qui se déplace pour jouer sur le terrain adverse.

VISNAGE [visnaʒ] n. m. – 1765 ◇ origine inconnue ▪ Fenouil annuel.

VISON [vizɔ̃] n. m. – 1761 ; «belette» 1420 en Saintonge ◊ latin *vissio* «puanteur», de *vissire* «vesser» ▪ **1** Petit mammifère carnivore *(mustélidés),* dont la variété d'Amérique du Nord est chassée et élevée pour sa fourrure très estimée. ▪ **2** Fourrure de cet animal. *Étole, manteau de vison.* ♦ FAM. Manteau ou veste de vison. *Elle s'est offert un vison.*

VISONNIÈRE [vizɔnjɛʀ] n. f. – début XXe ◊ de *vison* ▪ RARE (sauf au Canada) Élevage de visons.

VISQUEUX, EUSE [viskø, øz] adj. – 1256 ◊ latin *viscosus,* de *viscum* «glu» ▪ **1** Qui est épais et s'écoule avec difficulté ; qui est mou et adhère en formant une couche gluante. ➤ **collant, poisseux ; gras, huileux, sirupeux.** *Goudron, pétroles visqueux. Pâte visqueuse.* «*le* protoplasme, *gelée visqueuse et transparente*» J. ROSTAND. — PÉJ. Dont la surface est couverte d'un liquide visqueux, d'une couche gluante. *La peau visqueuse du crapaud.* ♦ PHYS. *Fluide visqueux,* au sein duquel existent des forces de frottement parallèles à la direction d'écoulement (➤ **viscosité**). ♦ SC. Qui possède une viscosité élevée. ▪ **2** FIG. et LITTÉR. Répugnant (par un caractère de bassesse, de traîtrise). «*un sourire est visqueux, une pensée, un sentiment peuvent être visqueux*» SARTRE. «*Des êtres visqueux, douteux*» MAUROIS. ▪ CONTR. Fluide.

VISSAGE [visaʒ] n. m. – 1842 ◊ de *visser* ▪ **1** Action de visser (1°). MÉD. Immobilisation des fragments d'un os fracturé, par des vis. ▪ **2** MATH. Déplacement hélicoïdal. — TECHN. Sillon en spirale sur une poterie façonnée au tour (défaut).

VISSER [vise] v. tr. ⟨1⟩ – 1762 ◊ de *vis* ▪ **1** Fixer, faire tenir avec une vis, des vis. *Visser une applique au mur, une plaque de propreté sur la porte. Visser deux pièces de bois,* les assembler à l'aide de vis. ♦ LOC. FIG. *Être vissé sur son siège,* s'y tenir raide et immobile. *Son cheval* «*sur lequel il se tenait droit et vissé comme un vieil officier*» BALZAC. — *La casquette vissée sur la tête, sur le crâne,* enfoncée. ▪ **2** Serrer en tournant sur un pas de vis. ➤ **tourner.** *Visser un couvercle, un bouchon.* PRONOM. *Ce bouchon se visse. — Visser un écrou, un contre-écrou. Visser à bloc.* ▪ **3** FIG. et FAM. Traiter sévèrement, serrer la vis* à (qqn). ➤ 1 **mater.** «*Je me charge de te visser, moi*» AYMÉ. ▪ HOM. *Vissiez :* viciez (vicier) ; vissiez (voir) ; *visse :* visse (voir).

VISSERIE [visʀi] n. f. – 1871 ◊ de *visser* ▪ COMM., TECHN. Ensemble des pièces métalliques qui fonctionnent par un pas de vis (➤ **boulon,** 2 **écrou, vis**). — Établissement où l'on fabrique ces pièces.

VISSEUSE [visøz] n. f. – v. 1973 ◊ de *visser* ▪ TECHN. Appareil ou machine servant à visser.

VISU [vizy] n. f. inv. – 1982 ◊ de *visualisation* ▪ Console* de visualisation. ➤ **visuel** (II).

VISU (DE) ➤ **DE VISU**

VISUALISATION [vizɥalizasjɔ̃] n. f. – 1892 ◊ de *visualiser* ▪ DIDACT. Le fait de visualiser. ♦ SPÉCIALT Présentation d'informations sur un écran (de télévision ; d'oscilloscope). *Écran, console de visualisation.* ➤ **visuel** (II).

VISUALISER [vizɥalize] v. tr. ⟨1⟩ – 1887 psychol. ◊ anglais *to visualize* ▪ **1** DIDACT. Rendre visible (un phénomène qui ne l'est pas). *Visualiser l'écoulement de l'air dans une soufflerie. Visualiser par un graphique des chiffres de production. Visualiser un organe, un phénomène physiologique* (➤ **imagerie**). ♦ INFORM. Faire apparaître sur un écran, un visuel* (II) (les résultats d'un traitement d'information). ➤ **afficher.** ▪ **2** CIN. (emploi parfois critiqué) Mettre (une idée, un sujet) en images.

VISUEL, ELLE [vizɥɛl] adj. et n. – 1552 ◊ latin médiéval *visualis,* de *videre* «voir»

I adj. ▪ **1** Relatif à la vue. *Organes visuels, centre visuel.* ➤ **œil, rétine.** *Cellules visuelles.* ➤ **photorécepteur.** *Champ visuel. Angle visuel.* ➤ **optique.** *Axe visuel :* ligne passant par le centre de la cornée et le fond de l'œil. *Acuité visuelle. Images, impressions, sensations visuelles. Correction des troubles visuels.* ➤ **orthoptie.** — *Mémoire visuelle :* mémoire des choses vues. *Avoir une bonne, une mauvaise mémoire visuelle.* — SUBST. (v. 1900) Personne chez qui les sensations visuelles prédominent. ▪ **2** Qui fait appel au sens de la vue. *Mot visuel.* ➤ **graphique.** *Illustrations visuelles et sonores. Méthodes visuelles,* dans l'enseignement (➤ **audiovisuel**).

II n. m. ▪ **1** (1974) INFORM. Dispositif d'affichage, d'inscription sur un écran ou une console à tube cathodique ; l'écran, la console de visualisation. ➤ **visu.** ▪ **2** Thème en image, aspect visuel (d'une publicité, d'un support de communication). *Le slogan et le visuel d'une publicité.* ▪ **3** PAR EXT. Image (illustration, photographie). *Les visuels d'un site, d'une campagne.*

VISUELLEMENT [vizɥɛlmɑ̃] adv. – 1846 ◊ de *visuel* ▪ Par le sens de la vue. *Constater visuellement.* ➤ **de visu.**

VIT [vi] n. m. – 1200 ◊ latin *vectis* «levier, barre» ▪ VX ou LITTÉR. Pénis. ▪ HOM. Vie.

VITAL, ALE, AUX [vital, o] adj. – 1380 ◊ latin *vitalis,* de *vita* «vie» ▪ **1** Qui concerne, constitue la vie. *Cycle vital. Propriétés, fonctions vitales. Les besoins vitaux de l'individu.* ♦ PHILOS. *Principe vital, force vitale :* réalité énergétique propre à la vie. ♦ *Élan* vital.* ▪ **2** Essentiel à la vie d'un individu, d'une collectivité. ➤ **indispensable.** *Espace* vital. Minimum* vital.* ♦ PAR EXT. Qui touche à l'essentiel de la vie. *Problème vital, question vitale,* d'une importance extrême. ➤ **fondamental.** *Il est vital de prendre, que vous preniez cette décision ; c'est vital.*

VITALISME [vitalism] n. m. – 1775 ◊ de *vital* ▪ BIOL., PHILOS. Doctrine d'après laquelle il existe en tout individu un «principe vital» distinct de l'âme pensante comme de la matière. ♦ (Sens large) Doctrine suivant laquelle les phénomènes vitaux sont irréductibles aux phénomènes physicochimiques et manifestent l'existence d'une «force vitale» qui rend la matière vivante et organisée. ➤ **animisme, organicisme** (1°).

VITALISTE [vitalist] adj. et n. – 1831 ◊ de *vitalisme* ▪ PHILOS. Partisan du vitalisme. ♦ Relatif au vitalisme. *École vitaliste. Théories vitalistes.*

VITALITÉ [vitalite] n. f. – 1765 ; hapax 1537 ◊ latin *vitalitas,* de *vitalis* ▪ **1** BIOL. Vie, propriétés vitales. ▪ **2** (XIXe) COUR. Caractère de ce qui manifeste une santé, une activité remarquables, de ce qui est éminemment vivant. ➤ **dynamisme, énergie, vigueur.** *Vitalité d'une personne, d'une plante. Plein de vitalité.* ➤ **vie.** — PAR ANAL. *Le préfixe* super- «*se montre d'une étonnante vitalité*» M. GALLIOT. ▪ CONTR. Atonie, langueur, léthargie.

VITAMINE [vitamin] n. f. – 1913 ◊ mot anglais (1912) ; du latin *vita* «vie» et *amine* ▪ Substance indispensable au bon fonctionnement de l'organisme, apportée le plus souvent par l'alimentation. *Carence en vitamines* (➤ **avitaminose, hypovitaminose**). *Fruits, légumes riches en vitamines. Vitamine A* (➤ **axérophtol, rétinol**). *Vitamine A acide* (cf. Acide rétinoïque*). *Vitamine B1* (➤ **thiamine**). *Vitamine B2* (➤ **lactoflavine, riboflavine**). *Vitamine B5* (➤ **pantothénique**). *Vitamine B6* (➤ **pyridoxine**). *Vitamine PP,* contre la pellagre (cf. Amide nicotinique*). *Vitamine B12,* dont la carence cause des anémies. *Vitamine C* (➤ **ascorbique**). *Vitamine D,* antirachitique (➤ **calciférol**). *Vitamine E,* impliquée dans la reproduction (➤ **tocophérol**). *Vitamine H.* ➤ **biotine.** *Vitamine K,* impliquée dans la coagulation sanguine. *Vitamines hydrosolubles (B et C), liposolubles (A, D, E, K). La plupart des vitamines agissent comme coenzymes.*

VITAMINÉ, ÉE [vitamine] adj. – 1933 ◊ de *vitamine* ▪ **1** Où l'on a incorporé une ou plusieurs vitamines. *Biscuits vitaminés. Lait vitaminé* (➤ **supplémenter**). ▪ **2** FIG. et FAM. Qui a de l'entrain, du dynamisme. «*des polars humoristiques et vitaminés*» J.-M. GUENASSIA. ▪ CONTR. Dévitaminé.

VITAMINIQUE [vitaminik] adj. – 1933 ◊ de *vitamine* ▪ SC. Relatif aux vitamines, de la nature des vitamines. *Facteurs vitaminiques. Compléments vitaminiques.*

VITE [vit] adj. et adv. – milieu XIIIe ; *viste* milieu XIIe ; «prompt, hâtif» en ancien français ◊ origine inconnue, probablt radical expressif

I adj. (vx après le XVIIe ; repris fin XIXe) Rapide. *Le coureur le plus vite.* «*C'est un mouvement qui est vite ou lent, et non pas le temps*» ALAIN.

II adv. (1538 ; on disait *vitement*) ▪ **1** En parcourant un grand espace en peu de temps. *Aller, marcher, courir vite.* ➤ **filer, foncer ;** FAM. 1 **bomber, tracer.** «*Elle grimpa aussi vite que ses grosses jambes le lui permettaient*» GREEN. *Rouler vite* (cf. À toute vapeur, à toute pompe, à pleins gaz, plein pot*, à tombeau* ouvert, à fond* la caisse). *Passer vite, très vite* (cf. Comme un éclair, une flèche). *Aller plus vite* (➤ **accélérer**). ♦ À un rythme rapide. *Je sentis mon cœur battre plus vite.* — MUS. ➤ **presto.** ▪ **2** En peu de temps ; en hâte. ➤ **promptement, rapidement ;** FAM. **dare-dare** (cf. FAM. En moins de deux, en cinq sec*, tambour battant*, au galop). *S'habiller vite. Faire vite.* ➤ **se dépêcher, se hâter, se presser ;** FAM. **bourrer** (cf. Faire fissa). *Trop vite.* ➤ **hâtivement, précipitamment.** *Travail fait trop vite* (cf. À la va-vite, à la hâte, à la six-quatre-deux). «*Le pédant apprend vite, et par résumés*» ALAIN. *Le temps passe vite.* — LOC.

FAM. *Aller plus vite que les violons*. Plus vite que le vent :* extrêmement vite (avec une nuance admirative ou dépréciative). — *Il va un peu vite :* il agit inconsidérément ; il anticipe sur ce qu'il souhaite. ◆ (Avec un impér.) Sans plus attendre, sans délai, et PAR EXT. Immédiatement, subitement. *Allons vite, dépêchez-vous ! Sauve-toi vite. Venez vite !* (cf. Sans tarder). — ELLIPT «*Et plus vite que ça !*» BALZAC (cf. Et que ça saute* !). «*hé ! pas si vite*» COURTELINE. ▪ 3 Au bout d'une courte durée. ➤ **bientôt.** *Vous oublierez vite. On sera plus vite arrivé.* «*La vieillesse serait vite là*» ZOLA. «*On retrouverait très vite joie et santé*» SAINTE-BEUVE. *Elle s'en est vite lassée.* — *Au plus vite :* dans le plus court délai (cf. RÉGION. Au plus sacrant). — *Il a eu vite fait de, il aura vite fait de* (et l'inf.) : il n'a pas tardé, il ne tardera pas à. «*L'idiote avait eu vite fait de se couler ! Il n'avait pas fallu deux mois*» MAURIAC. ◆ loc. adv. FAM. **VITE FAIT :** rapidement. *Il s'est tiré vite fait.* — *Vite fait, bien fait.*
▪ CONTR. Lent. — Lentement ; doucement, 2 piano (fam.), tranquillement.

VITELLIN, INE [vitelɛ̃, in] adj. et n. m. – 1836 ; «semblable au jaune d'œuf» 1256 ◇ du latin *vitellus* ▪ BIOL. ▪ 1 Relatif au vitellus. *Réserves, plaquettes vitellines. Membrane vitelline,* qui entoure le jaune d'œuf, (ANAT. HUMAINE) qui entoure l'ovule fécondé. ▪ 2 n. m. Phosphoprotéine du jaune d'œuf.

VITELLUS [vitelys] n. m. – 1800 ◇ mot latin «jaune d'œuf» ▪ ANAT., BIOL. Ensemble des substances de réserve élaborées par l'ovocyte qui serviront à la nourriture de l'embryon. *Les œufs des reptiles et des oiseaux sont riches en vitellus, contrairement à l'œuf humain.*

VITELOTTE [vitlɔt] n. f. – 1803 ◇ diminutif de *vit,* par analogie de forme ▪ Pomme de terre oblongue, à peau noire, à chair violette et farineuse, au goût de châtaigne. *Chips, purée de vitelottes.*

VITESSE [vitɛs] n. f. – 1538 ◇ de *vite*
I LA VITESSE A. (NON QUALIFIÉ) Le fait ou le pouvoir de parcourir un grand espace en peu de temps. ➤ **célérité, rapidité, vélocité.** «*La vitesse est la forme d'extase dont la révolution technique a fait cadeau à l'homme*» KUNDERA. *Lutter de vitesse avec qqn. Course de vitesse.* «*Ils faisaient aussi des courses de vitesse, des handicaps, tous les trois, le soir*» H.-P. ROCHÉ. *Ski, patinage de vitesse. L'avion prend de la vitesse. Faire de la vitesse. Contravention pour excès de vitesse.*
B. (PARFOIS QUALIFIÉ PAR UN ADJ. OU UN COMPL. DE NOM) ▪ 1 (1616) Le fait d'accomplir une action en peu de temps. ➤ **diligence, 2 hâte, promptitude.** «*Travaillez à loisir. Et ne vous piquez point d'une folle vitesse*» BOILEAU. LOC. *Prendre qqn de vitesse,* faire qqch. plus vite que lui. ➤ **devancer.** ◆ LOC. FAM. **EN VITESSE :** sans délai (➤ **rondement**), au plus vite. *Déguerpissez, et en vitesse ! Il faut finir en vitesse.* ▪ 2 Le fait d'aller plus ou moins vite, de parcourir une distance plus ou moins grande par unité de temps. ➤ **allure, train ; vélocimétrie.** *Se déplacer avec une faible, une grande vitesse. Vitesse de la marche. À quelle vitesse ce train roule-t-il ? Vitesse d'un bateau* (➤ **nœud**). *Vitesse d'un avion : vitesse de décollage, de vol, de croisière*, vitesse ascensionnelle. Vitesse de sustentation, de décrochage :* vitesse minimale nécessaire au vol. *Dépasser la vitesse du son* (➤ **supersonique ; Mach**). *Vitesse subsonique. Avion en perte de vitesse,* dont la vitesse devient inférieure à la vitesse de sustentation. FIG. *En perte de vitesse,* qui ne se développe plus, perd son dynamisme, son succès. *Mouvement politique en perte de vitesse.* — *Vitesse d'une automobile,* appréciée en kilomètres-heure. *Compteur, indicateur de vitesse. Régulateur de vitesse. Variations de vitesse* (➤ **accélération, ralentissement**). *Vitesse de pointe. Faire une pointe de vitesse. Accroître, réduire sa vitesse. Vitesse acquise :* vitesse d'un mobile à un moment donné de l'accélération (qui se maintiendrait sans autre action). *Vitesse de libération*. Vitesse composée :* résultante de plusieurs vitesses. — TECHN. *Vitesse de rotation :* nombre de tours que fait un organe moteur par unité de temps. ➤ 1 **régime.** *À pleine, à grande vitesse.* **À TOUTE VITESSE :** le plus vite possible, et PAR EXT. très vite (cf. À fond de train*, à donf, à toute blinde, à toute biture, à tout berzingue). *Il a expédié son travail à toute vitesse.* — *(À la) vitesse grand V* [vitɛsgʀɑ̃ve] : très vite. «*Le pognon foutait le camp à une vitesse grand V*» R. GUÉRIN. *À petite vitesse, à vitesse réduite.* — *Train à grande vitesse.* ➤ **T. G. V.** *Ligne à grande vitesse (LGV).* — LOC. FIG. *À deux vitesses :* dont l'application, la qualité varie selon le type d'usagers, en particulier selon leurs revenus. *Une médecine, la justice à deux vitesses. J'espère* «*que ne s'exercera pas en sa faveur la justice à deux vitesses qui, trop souvent hélas, fait la honte de notre système*» A. POSTEL. *Une Europe, une société à deux vitesses.* ➤ **dual.** — (D'un phénomène physique) *Vitesse du vent,* celle du fluide atmosphérique en un point. — *Vitesse d'un courant liquide.* «*les vallées sous-marines que l'océan recouvrait à la vitesse d'un cheval au galop*» A. JARDIN. ▪ 3 (Dans des expressions) Rapport entre la vitesse de rotation de l'arbre moteur et la vitesse de rotation des roues. (1896) *Changement de vitesse,* dispositif permettant de changer ce rapport. *Boîte de vitesses :* carter du changement de vitesse. *Première, seconde, troisième, quatrième vitesse* (ELLIPT *passer en seconde,* etc.). LOC. FAM. *En quatrième vitesse :* très vite. PAR EXT. *Passer les vitesses,* les combinaisons d'engrenage du changement de vitesse, y compris la marche arrière. «*Les vitesses grincent, le moteur cogne, fait des ratés*» LE CLÉZIO. LOC. *Passer la vitesse supérieure ;* FIG. améliorer la situation, passer à un rythme, à un stade supérieur. «*Ne soyez pas si intelligent. Passez à une vitesse inférieure*» NIMIER.

II EN SCIENCES ▪ 1 MATH., PHYS. Quantité exprimée par le rapport d'une distance au temps mis à la parcourir. *Vitesse instantanée :* quotient d'une distance infiniment petite par le temps infiniment petit mis à la parcourir. *Le mètre par seconde, unité de mesure de vitesse. Vecteur vitesse :* vecteur dont l'origine est le mobile, l'axe la tangente à la trajectoire, et la mesure la vitesse instantanée. *Vitesse absolue*, relative, vitesse d'entraînement. Vitesse initiale :* vitesse d'un projectile au début de sa trajectoire. *Vitesse angulaire*, aréolaire*. Vitesse radiale :* vitesse qui caractérise le mouvement d'un astre suivant sa direction d'observation (le rayon qui le joint à l'observateur). ▪ 2 PHYS. *Vitesse de propagation du son, des ondes électromagnétiques.* ➤ **célérité.** *La vitesse de la lumière dans le vide est de 299 792 458 mètres par seconde.* ◆ PAR EXT. Le fait de s'accomplir en un temps donné, pour un phénomène quelconque. *Vitesse de réaction :* CHIM. nombre de moles de produits initiaux consommés par unité de temps. *Vitesse de sédimentation.* — INFORM. *Vitesse d'horloge*.*

VITI- ▪ Élément, du latin *vitis* «vigne».

VITICOLE [vitikɔl] adj. – 1836 ; n. m. «vigneron» 1808 ◇ latin *viticola* ▪ Relatif à la culture de la vigne et à la production du vin. ➤ **vinicole.** *Industrie, culture viticole.* ◆ Qui produit de la vigne. *Région viticole.*

VITICULTEUR, TRICE [vitikyltœʀ, tʀis] n. – 1872 ◇ de *viti-* et *-culteur* ▪ Personne qui cultive de la vigne, pour la production du vin. ➤ **vigneron.** *Viticulteur qui porte sa récolte à la cave coopérative.*

VITICULTURE [vitikyltyʀ] n. f. – 1845 ◇ de *viti-* et *culture* ▪ Culture de la vigne.

VITILIGO [vitiligo] n. m. – 1803 ; «herpès» 1538 ◇ mot latin «tache blanche» ▪ MÉD. Trouble de la pigmentation de la peau caractérisé par la présence de taches décolorées, de forme et de localisation variables, entourées par un bord foncé, sans modification de l'épiderme. ➤ **albinisme, dyschromie.** *Des vitiligos.*

VITRAGE [vitʀaʒ] n. m. – 1611 ◇ de *vitre* et de *vitrer* ▪ 1 Ensemble des vitres (d'un édifice). «*Toujours les mêmes boutiques, sans le moindre vitrage*» LOTI. *Vitrage d'une église.* ➤ **vitrail.** — Vitres (d'une baie, d'une fenêtre, d'une marquise, d'une serre). *Fenêtre à double vitrage.* ➤ **survitrage.** ELLIPT *Des doubles-vitrages.* ▪ 2 (1694) Châssis garni de vitres, servant de cloison, de toit, de paroi. *La* «*marquise de bois et de zinc, au vitrage étroit*» ZOLA. «*Pièce éclairée sur la rue par un vieux vitrage*» BALZAC. *Rideau de vitrage,* et ELLIPT *vitrage :* rideau transparent ou translucide, store intérieur appliqué sur des vitres. — Paroi de verre. *Le vitrage d'un aquarium. Vitrage d'une tour moderne.* ▪ 3 (1845 ◇ de *vitrer*) Le fait de poser des vitres, de garnir de vitres. *Le vitrier est venu pour le vitrage de la véranda.*

VITRAIL, AUX [vitʀaj, o] n. m. – 1626 ; *vitral* 1493 ◇ de *vitre* ▪ Panneau constitué de morceaux de verre, généralement colorés, assemblés pour former une décoration. *Vitrail d'église, d'une cathédrale.* ➤ **rosace, 1 rose, verrière.** *Résille d'un vitrail. Vitraux gothiques, Renaissance, modernes.* ◆ *Le vitrail :* la technique de la fabrication des vitraux. «*La mosaïque, mère du vitrail*» MALRAUX.

VITRE [vitʀ] n. f. – 1549 ; «vitrail» 1454 ; «verre» 1275 ◇ latin *vitrum* «verre» ▪ 1 Panneau de verre garnissant une baie ou un vitrage (2°). ➤ **carreau.** *Vitres d'une fenêtre. Vitres d'une boutique.* ➤ **vitrine.** *Tailler, poser, mastiquer une vitre. Vitres sales. Nettoyer, laver, faire les vitres. Regarder par la vitre.* «*Je cognai sur ma vitre*» HUGO. «*Les vitres tremblèrent*» COCTEAU. *Vitre qui* *vole en éclats.* ♦ LOC. FIG. *Casser les vitres :* s'emporter, faire du scandale. PAR EXT. *Ça ne casse* pas les vitres.* ▪ **2** Panneau de verre permettant de voir à l'extérieur lorsqu'on est dans un véhicule. ➤ **glace.** *Les vitres des portières, d'un train, d'une voiture. Baisser la vitre* (de la portière). *Vitre avant* (➤ **parebrise**), *arrière* (➤ **lunette**) *d'une voiture.* «*Ils dorment là-dedans, ou bien ils bâillent. Les enfants seuls écrasent leur nez contre les vitres*» SAINT-EXUPÉRY. ♦ Panneau de verre de protection. *Les vitres des cadres.* ▪ **3** VIEILLI L'ensemble constitué par le châssis et le vitrage. *Ouvrir, fermer les vitres. Vitre à tabatière.*

VITRÉ, ÉE [vitʀe] adj. – v. 1370 ◊ latin *vitreus* ▪ **1** ANAT. Transparent (comme une vitre). *Corps vitré* ou n. m. *le vitré :* masse visqueuse transparente occupant l'espace entre la face postérieure du cristallin et la rétine, l'un des milieux réfringents de l'œil. ▪ **2** (1495 ◊ de *vitrer*) COUR. Garni de vitres. *Châssis, panneau vitré.* «*Le soleil brille une fraction de seconde sur chaque baie vitrée, allumant une étincelle aveuglante*» LE CLÉZIO.

VITRER [vitʀe] v. tr. ⟨1⟩ – 1477 ◊ de *vitre* ▪ Garnir de vitres. *Vitrer une porte, un panneau.* ➤ **vitrage** (3°).

VITRERIE [vitʀəʀi] n. f. – 1338 ◊ de *vitre* ▪ **1** Industrie des vitres : fabrication, pose, façonnage, etc. — Ensemble des vitraux, des vitres d'un édifice. ▪ **2** (1835) Marchandises du vitrier.

VITREUX, EUSE [vitʀø, øz] adj. – *humeur vitreuse* 1256 ◊ de *vitre* «verre», ou latin médiéval *vitrosus* ▪ **1** Qui ressemble au verre fondu, à la pâte de verre. *Humeur vitreuse.* ➤ **vitré.** — *Porcelaine vitreuse,* à demi translucide. ▪ **2** (1611) De l'aspect ou de la nature du verre. *Cassure vitreuse d'une roche.* VX «*Ces particules calcaires, vitreuses ou métalliques*» BUFFON. ♦ PHYS. *État vitreux de la matière.* ➤ **verre.** ♦ GÉOL. *Roche vitreuse.* ➤ **hyalin.** ▪ **3** (1835) Dont l'éclat est terni. *Œil, regard vitreux.* «*Les prunelles vitreuses demeurèrent fixes*» HUGO.

VITRIER [vitʀije] n. m. – 1370 ◊ de *vitre* ▪ Celui qui vend, coupe et pose les vitres, les pièces de verre. «*Un vitrier dont le cri perçant, discordant, monta jusqu'à moi*» BAUDELAIRE.

VITRIFIABLE [vitʀifjabl] adj. – 1734 ◊ de *vitrifier* ▪ Qui peut être vitrifié, prendre la structure vitreuse. *Enduit vitrifiable de la porcelaine.*

VITRIFICATION [vitʀifikasjɔ̃] n. f. – XVIe ◊ de *vitrifier* ▪ **1** Transformation en verre ; acquisition de la structure vitreuse. *Vitrification de l'émail par fusion.* ♦ BIOL. Procédé de congélation très rapide de la matière vivante qui évite la formation de cristaux, permettant un meilleur taux de survie. *Vitrification des ovocytes.* ▪ **2** Action de vitrifier (un parquet). *La vitrification dispense de cirer.* ■ CONTR. Dévitrification.

VITRIFIER [vitʀifje] v. tr. ⟨7⟩ – 1540 ◊ du latin *vitrum* «verre» et *-fier* ▪ **1** Transformer en verre par fusion ou donner la consistance du verre à. SC. Donner la structure vitreuse à. PRONOM. *Se vitrifier sous l'effet de la chaleur.* — *Matières vitrifiées.* ♦ NUCL. Incorporer à du verre en fusion (matrice de confinement). *Vitrifier des déchets radioactifs.* — *Plutonium vitrifié.* ▪ **2** (milieu XXe) Recouvrir (un parquet) d'une matière plastique transparente pour le protéger. — PAR MÉTAPH. «*La route vitrifiée de verglas*» COLETTE. ■ CONTR. Dévitrifier.

VITRINE [vitʀin] n. f. – 1836 ◊ altération de *verrine* (XIIe ; latin populaire °*vitrinus*), d'après *vitre* ▪ **1** Devanture vitrée (d'un local commercial) ; espace ménagé derrière cette vitre, et où l'on expose des objets à vendre. ➤ **étalage,** VX 1 **montre.** *Vitrine de libraire, de pâtissier.* «*Coffre-fort fragile et provocant, la vitrine appelle l'effraction*» TOURNIER. *Article en vitrine. Regarder, lécher les vitrines.* ➤ **lèche-vitrine.** *Vitrine frigorifique.* ♦ PAR EXT. L'aménagement, le contenu d'une vitrine. *Étalagiste qui fait des vitrines.* ♦ FIG. Ce qu'on montre comme modèle. *Ce pays était la vitrine du socialisme.* ▪ **2** (1872) Petit meuble, armoire vitrée où l'on expose des objets de collection. *Vitrines d'un musée. Bibelots et objets de vitrine.*

VITRIOL [vitʀijɔl] n. m. – XIIIe ; *vedriol* v. 1100 ◊ latin *vitreolus* «vitreux» ▪ **1** CHIM. ANC. Sulfate. *Vitriol blanc* (sulfate de zinc), *bleu* (de cuivre), *vert* (sulfate ferreux). ▪ **2** *Huile de vitriol* (1560), et ELLIPT (1876) *le vitriol :* acide sulfurique concentré, très corrosif. *Défigurer au vitriol* (bagarres du XIXe s.) ➤ **vitrioler.** «*Un regard corrosif comme une goutte de vitriol*» DUHAMEL. — FIG. *Un portrait au vitriol.* — PAR ANAL. VIEILLI Alcool très fort et de mauvaise qualité. ➤ **tord-boyau.**

VITRIOLAGE [vitʀijɔlaʒ] n. m. – 1877 techn. ◊ de *vitrioler* ▪ Action de vitrioler ; son résultat.

VITRIOLER [vitʀijɔle] v. tr. ⟨1⟩ – 1876 ; *vitriolé* 1615 autre sens ◊ de *vitriol* ▪ **1** TECHN. Additionner d'acide sulfurique ; faire passer (des toiles) dans un bain d'acide sulfurique étendu. ▪ **2** (1888) Lancer du vitriol sur (qqn) pour le défigurer. *Se faire vitrioler.* ♦ p. p. adj. *Visage vitriolé.* FIG. *Portrait, humour vitriolé,* virulent, au vitriol.

VITRIOLEUR, EUSE [vitʀijɔlœʀ, øz] n. – 1880 ◊ de *vitrioler* ▪ Personne qui défigure qqn en le vitriolant. ♦ adj. Qui critique avec virulence. *Un style vitrioleur.*

VITROCÉRAMIQUE [vitʀoseʀamik] n. f. – 1974 ◊ de *vitro-,* du latin *vitrum* «verre», et *céramique* ▪ Matière obtenue à partir d'un mélange de minerai de fer et de sable fondu ayant à la fois les propriétés de la pierre naturelle et celles du verre. *Table de cuisson en vitrocéramique.*

VITULAIRE [vitylɛʀ] adj. – 1872 ◊ du latin *vitulus* «veau» ▪ VÉTÉR. *Fièvre vitulaire :* fièvre puerpérale des vaches.

VITUPÉRATEUR, TRICE [vitypeʀatœʀ, tʀis] n. – 1636 ◊ latin *vituperator* ▪ LITTÉR. Personne qui vitupère, critique.

VITUPÉRATION [vitypeʀasjɔ̃] n. f. – 1512 ; *vituperaciun* XIIe ◊ latin *vituperatio* ▪ LITTÉR. Action de vitupérer. «*La vitupération du bourgeois par l'artiste*» MALRAUX. ♦ *Une, des vitupérations,* blâme ou reproche violent. «*Les vitupérations angoissées des collaborateurs*» BEAUVOIR. ■ CONTR. Approbation.

VITUPÉRER [vitypeʀe] v. ⟨6⟩ – 1328 ; «mutiler» X^e^ ◊ latin *vituperare* ▪ **1** v. tr. LITTÉR. Blâmer vivement. «*La voix de Marthe vitupère le zèle maladroit des domestiques*» COLETTE. «*J'étais injurié et vitupéré*» FRANCE. ▪ **2** v. intr. (plus cour. ; emploi critiqué) *Vitupérer contre* (qqn, qqch.) : élever de violentes protestations. ➤ **pester, protester.** *Vitupérer contre les chauffards.* ■ CONTR. Approuver, 1 louer.

VIVABLE [vivabl] adj. – 1939 ; «viable» XIIe ◊ de 1 *vivre* ▪ FAM. Que l'on peut vivre (II), supporter dans la vie. ➤ **supportable.** «*Construire pour de bon un monde vivable*» SARTRE. *Ce n'est pas vivable, ça ne peut plus durer !* ■ CONTR. Invivable.

1 **VIVACE** [vivas] adj. – 1469 ◊ latin *vivax, vivacis,* de *vivere* «1 vivre» ▪ **1** Constitué de façon à résister longtemps à ce qui peut compromettre la santé ou la vie. ➤ **résistant, robuste.** RARE (en parlant des personnes) «*Cet homme trapu, robuste, vivace*» GAUTIER. — COUR. (en parlant des plantes, des animaux inférieurs) «*De grandes forêts de chênes verts, noueux, vivaces, incorruptibles*» GAUTIER. ♦ (1718) BOT. *Plante vivace,* ou SUBST. *une vivace,* qui vit plus d'un cycle annuel, grâce à la conservation de son appareil végétatif. ➤ **pluriannuel.** *La jonquille est vivace. Les vivaces et les annuelles.* ▪ **2** FIG. (1792) Qui se maintient sans défaillance, qu'il est difficile de détruire. ➤ **durable, persistant, tenace.** *Haine vivace. Foi vivace. Préjugé vivace.* «*Le vierge, le vivace et le bel aujourd'hui*» MALLARMÉ.

2 **VIVACE** [vivatʃe] adj. inv. – 1788 ◊ mot italien ▪ MUS. D'un mouvement vif, rapide. *Allégro vivace.* — n. m. *Largo suivi d'un vivace. Le «galop des vivaces»* PROUST.

VIVACITÉ [vivasite] n. f. – 1488 «éclat du regard» ◊ latin *vivacitas,* de *vivax* → 1 vivace ▪ **1** Caractère de ce qui a de la vie, est vif. ➤ **activité, entrain, pétulance.** «*Leur vivacité* [des Méridionaux] *vient du sang*» JOUBERT. «*Unir la nonchalance et la vivacité*» BALZAC. «*D'une vivacité de lézard*» BALZAC. *Vivacité de geste et de parole. Vivacité des mouvements.* ➤ **agilité, prestesse.** — *Vivacité du regard.* ♦ (1512) FIG. *Vivacité d'esprit :* rapidité à comprendre, à concevoir. «*Un esprit brillant a de la vivacité*» LA ROCHEFOUCAULD. «*L'inestimable don de la vivacité*» VALÉRY. ▪ **2** Caractère de ce qui est vif, a de l'intensité. *Vivacité du coloris, du teint.* ➤ **éclat.** «*Quand l'amour perd de sa vivacité*» STENDHAL. ➤ **force.** ▪ **3** Caractère vif (de l'air). *La vivacité de l'air.* ➤ **fraîcheur.** ▪ **4** Caractère vif, emporté. ➤ **emportement.** *Répliquer avec vivacité. Vivacité des propos.* ➤ **mordant, violence.** — AU PLUR., VIEILLI Mouvement d'humeur. «*Admettons que j'aie eu quelques vivacités*» BALZAC. ■ CONTR. Apathie, indolence, langueur, lenteur, lourdeur, mollesse, nonchalance.

VIVANDIER, IÈRE [vivɑ̃dje, jɛʀ] n. – 1472 ; fém. 1559 ◊ de l'ancien français *vivandier* adj. «hospitalier» (XIIe) ; réfection de *viandier,* de *viande,* d'après le latin médiéval *vivenda* «vivres» ▪ (VX au masc.) **VIVANDIÈRE.** ANCIENNT Femme autorisée à suivre les troupes pour leur vendre des vivres et des boissons. «*Dans les cantines de ses vivandières*» PÉGUY.

1 **VIVANT** [vivɑ̃] n. m. – 1050 ◊ de 1 *vivre* ▪ Temps de la vie (seult dans certaines loc., avec *de*). *De son vivant :* pendant sa vie. *Du vivant des époux. Du vivant de ton père tu n'aurais pas fait cela.*

2 **VIVANT, ANTE** [vivɑ̃, ɑ̃t] **adj.** – 1150 ◊ de 1 *vivre* ▪ **1** Qui vit, est en vie. *Il est encore vivant. On sait que les otages sont toujours vivants. Vivant après une catastrophe.* ➤ **survivant.** *«Elle à demi vivante et moi mort à demi»* HUGO. *«Les vestales infidèles à leurs vœux étaient enterrées vivantes»* Mme DE STAËL. ➤ **vif.** *Expériences sur des animaux vivants.* ➤ **vivisection.** — PAR EXAGÉR. *Un cadavre, un squelette vivant,* en parlant d'une personne malade, maigre. ◆ SUBST. *Les vivants et les morts. Rayer du nombre des vivants* : faire mourir. ◆ RELIG. *Le Dieu vivant. Le pain vivant* : l'Eucharistie. ▪ **2** SPÉCIALT Plein de vie. ➤ 1 **fort ; vif.** *Un enfant, un animal bien vivant, très vivant. Œil, regard vivant.* ◆ FIG. (des œuvres) Qui a l'expression, les qualités de ce qui vit. *«Le portrait de l'Arioste est vivant»* CHATEAUBRIAND. ➤ **parlant.** *Les personnages de Molière sont vivants. Dialogues vivants.* ▪ **3** Doué de vie (opposé à *inanimé, inorganique*). ➤ **animé, organisé ; bio-.** *Matière vivante,* possédant les caractères de la vie* (métabolisme, croissance, reproduction, etc.). *«Les premiers âges de la nature vivante»* BUFFON. *L'être vivant, les êtres vivants. Fossiles* vivants.* — SUBST. Ce qui vit. *«Toutes ces propriétés et facultés du vivant»* VALÉRY. *Sciences du vivant.* ➤ **vie ; anatomie, bactériologie, biochimie, biologie, biosciences, botanique, écologie, embryologie, génétique, histologie, immunologie, microbiologie, neurologie,physiologie, virologie.** *Manipulations sur le vivant. Brevetabilité du vivant* : possibilité de breveter un organisme vivant ou ses gènes. *«La controverse éthique sur le brevetage du vivant»* (La Tribune de Genève, 2013). ▪ **4** Qui vit d'une certaine façon. — VX *Bien vivant, mal vivant,* qui se conduit bien, mal. MOD. ➤ **bon vivant.** ▪ **5** PAR EXT. Constitué par un ou plusieurs êtres vivants. *«Des machines vivantes, [...] des esclaves»* NERVAL. *Tableaux vivants. C'est un vivant portrait, une vivante réplique de son frère.* ➤ **ressemblant.** *Vous en êtes la preuve vivante.* ◆ (D'un lieu) Que les vivants animent de leur activité. *Cette grande ville «moins agitée que Naples, bien que tout aussi vivante»* MAUPASSANT. *Rues vivantes.* ▪ **6** FIG. (CHOSES) Animé d'une sorte de vie (II) ; actif, actuel. *Langues vivantes. Un mot, un emploi très vivant,* en usage. *«Dans une littérature vivante»* CHATEAUBRIAND. — *Croyances qui restent vivantes. Souvenir toujours vivant.* ➤ **durable.** *«Tout ce qui est mort comme fait, est vivant comme enseignement»* HUGO. ▪ CONTR. 2 Mort, endormi, figé. Inanimé, inorganique.

VIVARIUM [vivaʀjɔm] **n. m.** – 1894 ◊ mot latin «vivier», de *vivere* «1 vivre» ▪ Cage vitrée où l'on garde de petits animaux vivants (insectes, reptiles, etc.) en reconstituant leur milieu naturel. *Des vivariums.* — Établissement groupant plusieurs de ces cages.

VIVAT [viva] **interj.** et **n. m.** – 1546 ◊ mot latin, subj. de *vivere* «vive !» ▪ **1** **interj.** VX Bravo ! *«Vivat ! Monsieur Lysidas»* MOLIÈRE. ▪ **2** **n. m.** (avant 1615) MOD. Acclamation en l'honneur de qqn. ➤ **hourra.** *«Des cris, des vivats et des fanfares terminèrent cette singulière cérémonie»* LOTI. ▪ CONTR. Huée.

1 **VIVE** [viv] **n. f.** – 1393 ; *wivre* XIIIe (→ vouivre) ◊ latin *vipera* «vipère», à cause des épines venimeuses des nageoires ▪ Poisson *(perciformes)* aux nageoires épineuses et venimeuses, vivant surtout dans le sable des côtes. *Grande vive,* qui est commune près du Danemark. *Petite vive,* méditerranéenne (cf. Épine* de Judas). ▪ HOM. Vive (vif).

2 **VIVE** ➤ 1 **VIVRE** (I, A, 1°)

VIVEMENT [vivmɑ̃] **adv.** – XIIe ◊ de *vif* ▪ **1** D'une manière vive ; avec vivacité, ardeur. ➤ **prestement, promptement, rapidement.** *«Julien se tourna vivement»* STENDHAL. *Elle «se démenait si vivement qu'on avait peine à la suivre»* SAND. *Mener vivement une affaire.* ➤ **rondement** (cf. Tambour battant*). ◆ EXCLAM. (dans un ordre, un souhait) Rapidement ! vite ! (cf. FAM. Au trot !). *«Au fait ! et vivement !»* BALZAC. *Vivement que* (et subj.). *Vivement qu'on parte ! Vivement que ça finisse.* LOC. FAM. *«Vivement ce soir qu'on se couche !»* DABIT. ▪ **2** D'un ton vif, avec un peu de colère. *Il répliqua vivement.* ▪ **3** (XVIe) Avec force, intensité. *Des tissus vivement colorés. — Vivement affecté, touché par...* ➤ **sensiblement.** *Sentir, ressentir vivement.* ➤ **fortement, intensément, profondément.** *J'ai vivement apprécié sa gentillesse. Regretter vivement.* ➤ **beaucoup.** ▪ CONTR. Doucement, lentement ; faiblement.

VIVEUR [vivœʀ] **n. m.** – 1830 ◊ de *vivre* ▪ Homme qui mène une vie de plaisirs. ➤ **fêtard, noceur.** *«Il avait l'étoffe d'un joyeux vivant et même d'un viveur, aimant la nourriture, le rire et les femmes»* AYMÉ. ▪ CONTR. Ascète.

VIVI- ▪ Élément, du latin *vivus, vivi* «vivant».

VIVIER [vivje] **n. m.** – XIIe ◊ latin *vivarium,* de *vivus* «vivant» ▪ Étang, bassin d'eau constamment renouvelée, aménagé pour la conservation, l'engraissement et l'élevage du poisson, des crustacés. ➤ **alevinier, anguillère, boutique** (3°), **clayère.** *Truites en vivier.* — Sur un bateau de pêche, Réservoir permettant de conserver le poisson vivant. ◆ PAR MÉTAPH. *«On découvre ce qu'on crée, ce qu'on rêve, ce qu'on pêche dans le vivier du songe»* R. ROLLAND. — FIG. Milieu, cadre favorable au développement d'idées, de personnalités... (➤ **pépinière**). *Un vivier de talents.*

VIVIFIANT, IANTE [vivifjɑ̃, jɑ̃t] **adj.** – 1553 ◊ de *vivifier* ▪ Qui vivifie. ➤ **stimulant.** *Brise vivifiante.* — FIG. *Joie vivifiante. «Énergies vivifiantes et forces de mort se rassemblent pour former les pôles attractif et répulsif du monde religieux»* CAILLOIS. THÉOL. *Grâce vivifiante.* ▪ CONTR. Étouffant, mortel.

VIVIFICATEUR, TRICE [vivifikatœʀ, tʀis] **adj.** et **n.** – 1500 n. ; repris au XIXe ◊ latin *vivificator* ▪ LITTÉR. et RARE Vivifiant. *Maeterlinck «vivificateur d'apparences»* ARTAUD.

VIVIFIER [vivifje] **v. tr.** ⟨7⟩ – 1120 ◊ latin ecclésiastique *vivificare* ▪ **1** LITTÉR. Être le principe de vie de. ➤ **animer.** — ABSOLT *Cette hypothèse «d'une force qui vivifie»* SENANCOUR. RELIG. Être le principe de la vie éternelle, spirituelle. *«C'est l'esprit qui vivifie»* (BIBLE). ▪ **2** Donner de la vitalité à. *Ce climat me vivifie. Une brise «semblait rajeunir le cœur, alléger l'esprit, vivifier le sang»* MAUPASSANT. ◆ FIG. *«L'attente, le risque [...] l'exaltent et la vivifient* [mon âme]*»* VALÉRY. *«L'intelligence doit vivifier l'action»* MARTIN DU GARD. — **n. f. VIVIFICATION** RARE. ▪ CONTR. Débiliter, déprimer.

VIVIPARE [vivipaʀ] **adj.** – 1679 ◊ latin *viviparus* → ovipare ▪ Se dit d'un animal dont l'œuf (II) se développe complètement à l'intérieur de l'utérus maternel, de sorte qu'à la naissance le nouveau-né peut mener une vie autonome. ➤ aussi **ovovivipare.** *«Vivipare, il élabore dans son sein le jeune requin [...] qui naît terrible et tout armé»* MICHELET. — SUBST. *Les vivipares comprennent des invertébrés et des vertébrés* (➤ aussi **euthériens**).

VIVIPARITÉ [viviparite] **n. f.** – 1842 ◊ de *vivipare* ▪ DIDACT. Mode de reproduction des vivipares.

VIVISECTION [vivisɛksjɔ̃] **n. f.** – 1765 ◊ de *vivi-* et *section,* d'après *dissection* ▪ Opération pratiquée à titre d'expérience sur des animaux vivants. ➤ **dissection.** *Pasteur «éprouvait une véritable répugnance pour la vivisection»* MONDOR. *Adversaires militants de la vivisection.*

VIVOIR [vivwaʀ] **n. m.** – 1910 au Canada ◊ de 1 *vivre,* pour traduire l'anglais *living-room* ▪ RARE OU RÉGION. (Canada) VIEILLI Salon, pièce commune dans un appartement. *Il «m'installe dans le fauteuil le plus confortable du vivoir»* R. DUCHARME.

VIVOTER [vivɔte] **v. intr.** ⟨1⟩ – 1430 ◊ de 1 *vivre* ▪ Vivre au ralenti, faute de santé ou avec de petits moyens. ➤ **végéter.** *Des «populations miséreuses cherchant à gratter de quoi vivoter»* KERANGAL. ◆ (CHOSES) Subsister ; avoir une activité faible, médiocre. *L'usine «continuait à vivoter sous les ordres d'un ancien contremaître»* ROMAINS.

1 **VIVRE** [vivʀ] **v.** ⟨46⟩ – fin Xe ◊ du latin *vivere*

I ~ **v. intr. A. ÊTRES HUMAINS** ▪ **1** Être en vie* ; exister. *Le droit de vivre. La joie de vivre. «Il s'en allait vers la joie de vivre. Le progrès pour lui c'était la joie de vivre»* GIONO. *«Vis tant que tu peux et ce sera bien»* RAMUZ. LOC. *Ne pas trouver âme* qui vive. «il faut manger pour vivre et non pas vivre pour manger»* MOLIÈRE. *Ne vivre que pour...* : se consacrer entièrement à... *Se laisser vivre* : vivre sans faire d'effort. *«Quelqu'un à qui on demandait ce qu'il avait fait sous la Terreur répondit : "J'ai vécu"»* SARTRE. *Cesser de vivre* : mourir. *Ne plus vivre* : être dans une inquiétude extrême. *En attendant la libération de leur fils, les parents de l'otage ne vivaient plus.* ◆ EXCLAM. **VIVE !, VIVENT !** formules d'acclamation en l'honneur de qqn, à qui on souhaite longue vie et prospérité. *«Le roi est mort ! Vive le roi !»* BARBEY. *Vive la mariée ! «Je suis souris : vivent les rats !»* LA FONTAINE. — *Vive la France, la République, la liberté !* — PAR EXT. S'emploie pour louer toute chose pleinement satisfaisante. *«Vive le mélodrame où Margot a pleuré !»* MUSSET. *Vive l'amour, la joie...* — **interj. VIVE !** (même avec un nom au plur.). *Vive les vacances !* ▪ **2** (Avec un compl. de durée) Avoir une vie d'une certaine durée. ➤ **durer.** *Vivre longtemps,* jusqu'à un âge avancé. *«Hâte-toi, mon ami : tu n'as pas tant à vivre»* LA FONTAINE. *Il a vécu quatre-vingt-dix ans. «Le peu de jours qui nous reste à vivre»* STENDHAL. — REM. Le participe ne s'accorde pas puisqu'il n'y a pas de compl. d'objet (cf. II, v. tr.) : *Les années qu'il a vécu à Londres.* — *Vivre du temps de..., dans un temps... Nous vivons une drôle d'époque. Ceux qui ont vécu avant nous.* — SPÉCIALT *Vivre dans le présent, dans la minute présente :* ne se soucier que du présent. *Vivre dans le passé.* ◆ (Avec indication du lieu) Passer sa vie, une partie de sa vie en résidant habituellement. ➤ **habiter.** *Vivre à Paris, à la campagne. Le lieu dans lequel on vit. Vivre dans un milieu privilégié, démuni.* — PAR MÉTAPH. «*Nous vivons trop dans les livres et pas assez dans la nature*» FRANCE. ▪ **3** Mener une certaine vie. «*Pour vivre heureux, vivons caché*» FLORIAN. *Vivre en ermite*. Vivre indépendant, libre. Vivre seul. Vivre avec qqn* (dans le mariage ou non). ➤ **cohabiter.** «*Songe à la douceur d'aller là-bas vivre ensemble*» BAUDELAIRE. *Vivre en paix. Vivre en communauté, en groupe.* ◆ *Art de vivre,* de bien vivre, avec sagesse, de manière agréable et confortable. *Vivre dangereusement.* «*Mais qui peut vivre infâme est indigne du jour*» CORNEILLE. — «*À qui vit sans amour la vie est sans appâts*» MOLIÈRE. *Vivre dans l'anxiété, dans la terreur.* ◆ *Être facile, difficile à vivre,* d'un caractère accommodant ou non. ▪ **4** Disposer des moyens matériels qui permettent de subsister. ➤ **vie** (I, B, 4°). *Travailler pour vivre.* «*En attendant ces rentrées, il fallait vivre*» MADELIN. *Il faut bien vivre,* se dit pour justifier une activité dont on n'est pas fier mais qui fournit de quoi vivre (cf. Travail alimentaire*). — *Faire vivre qqn :* fournir, subvenir à ses besoins. ➤ **entretenir.** *Il fait vivre ses vieux parents.* — *Vivre chichement, pauvrement, petitement* (➤ **végéter, vivoter**) ; *largement, sur un grand pied*.* «*L'héritage qui aurait pu vous faire vivre à votre aise*» GAUTIER. — (Avec un compl. de moyen) «*L'homme ne vit pas seulement de pain, mais il vit aussi de pain*» RENAN. *Vivre de lait, de fruits...* ➤ **se nourrir.** *Vivre de son travail, de ses rentes.* «*il a eu son heure de gloire* [...] *et vit de son art*» J. DRILLON. LOC. *Vivre d'amour et d'eau* fraîche. Vivre de l'air* du temps.* — *Avoir de quoi vivre,* assez de ressources pour subsister. *Vivre aux dépens* de qqn.* ◆ FIG. et LITTÉR. Trouver dans (qqch.) un aliment à la vie morale, intellectuelle. «*Les hommes vivront longtemps de ces quelques paroles*» VALÉRY. «*À qui vit de fiction la vérité est infecte*» HUGO. *Vivre d'espérance.* «*Tout parti vit de sa mystique et meurt de sa politique*» PÉGUY. ▪ **5** (Avec *savoir, apprendre*) Se comporter comme le veut l'usage social. *Ce sont des gens qui savent vivre.* ➤ **savoir-vivre.** «*Enfin il est mort en homme qui sait vivre*» SAINTE-BEUVE. — LOC. *Apprendre* à vivre à qqn.* ▪ **6** Réaliser toutes les possibilités de la vie ; jouir de la vie. «*Vivez, si m'en croyez, n'attendez à demain*» RONSARD. «*Ceux qui vivent, ce sont ceux qui luttent*» HUGO. — *Une personne qui a vécu, beaucoup vécu,* qui a eu une vie pleine, riche d'expérience. «*Elle avait beaucoup vécu, en tous cas. Elle parlait souvent de Paris, de Berlin*» SIMENON. ▪ **7** Rester présent dans le souvenir (après la mort). *Vivre dans la mémoire de ses proches* (➤ 2 **vivant**).

B. ÊTRES ANIMÉS (AUTRES QUE LES HUMAINS) *L'éléphant vit très longtemps. Insecte qui ne vit que quelques jours.* «*Et rose elle a vécu ce que vivent les roses, L'espace d'un matin*» MALHERBE.

C. CHOSES Exister parmi la société. «*Le monde où vivent nos croyances*» PROUST. — Continuer à exister. *Certaines étoiles vivent des milliards d'années. Cette croyance vit encore dans les campagnes* (➤ 1 **vivace**).

II ~ **v. tr.** ▪ **1** (XVIe) Avoir, mener (telle ou telle vie). «*Il vaut mieux rêver sa vie que la vivre*» PROUST. *Vivre sa vie*.* ◆ (milieu XIIe) Passer, traverser (un espace de temps). *Vivre des jours heureux.* ➤ **couler.** *Les bons moments qu'il a vécus.* «*Certaines heures semblent impossibles à vivre*» GREEN. PHILOS. «*La durée vécue par notre conscience*» BERGSON. ▪ **2** (1902) Éprouver intimement, réellement par l'expérience même de la vie. ➤ **expérimenter.** «*Un sentiment est une manière définie de vivre notre rapport au monde qui nous entoure*» SARTRE. — Traduire en actes réels. *Vivre sa foi, son art.* ▪ **3** Supporter, traverser (une épreuve). *Il a très mal vécu son divorce. Une épreuve dure à vivre.* ▪ **4** PRONOM. *Se vivre (comme, en tant que...) :* avoir une expérience de soi-même comme... *L'individu* «*se vivait peut-être plus comme membre d'un ensemble que comme individu*» H. LABORIT.

▪ CONTR. Mourir. ▪ HOM. *Vis :* vis (voir).

2 **VIVRE** [vivʀ] **n. m.** – XIIe ◇ inf. subst. de 1 *vivre* ▪ **1** VX Fait de vivre. ➤ **vie.** «*Nous étions occupés du vivre et du mourir vulgaire*» CHATEAUBRIAND. ▪ **2** VX Nourriture. ➤ **subsistance.** MOD. *Le vivre et le couvert :* la nourriture et le logement. ▪ **3** COUR. **LES VIVRES :** tout ce qui sert à l'alimentation de l'homme. ➤ **aliment, nourriture, provision, victuaille.** *Fournir des vivres.* ➤ **ravitailler.** «*Au troisième hivernage, sans vivres, sans chauffage, il serait mort si d'autres Esquimaux ne l'eussent nourri de leur pêche*» MICHELET. *Couper* les vivres à qqn.* (À l'armée) *Les vivres et les munitions. Magasin de vivres. Ration de vivres. Vivres de réserve.*

VIVRÉ, ÉE [vivʀe] **adj.** – 1611 ◇ de *vivre,* ancienne forme de *guivre ;* cf. *vouivre* ▪ BLAS. Ondulé (comme un serpent). *D'argent à la bande vivrée.*

VIVRE-ENSEMBLE [vivʀɑ̃sɑ̃bl] **n. m. sing.** – 1885 ; répandu fin XXe ◇ de 1 *vivre* et 1 *ensemble* ▪ Fait de vivre harmonieusement entre concitoyens, dans l'égalité, le respect et la solidarité. «*Il faut sans relâche expliquer aux jeunes que la société dans laquelle ils vivront n'existe pas encore. À eux de la construire, en choisissant eux-mêmes les règles du vivre-ensemble*» A. JACQUARD.

VIVRIER, IÈRE [vivʀije, ijɛʀ] **adj.** – 1846 ◇ de 2 *vivre* ▪ Dont les produits sont destinés à l'alimentation. *Cultures vivrières.*

VIZIR [viziʀ] **n. m.** – 1433 ◇ mot turc, du persan, d'où vient aussi l'arabe *alwazir ;* cf. *alguazil* ▪ HIST. Membre du conseil des califes ; ministre siégeant au Divan, sous l'Empire ottoman. *Grand vizir :* Premier ministre. *Dignité de vizir* (ou **VIZIRAT n. m.**).

V'LÀ ➤ **VOILÀ**

VLAN [vlɑ̃] **interj.** – 1803 ; *flin, flan* 1786 ◇ onomat. ▪ Onomatopée imitant un bruit fort et sec. «*Patatras ! vlan ! pif ! paf ! boum !*» DAUDET. — FIG. (parole brutale) *Et vlan ! dans les gencives* (cf. Et toc*).

V. O. Sigle de *version* originale.*

VOBULATEUR [vɔbylatœʀ] **n. m.** – v. 1960 ◇ de *vobuler,* de l'anglais *to wobble* «osciller, vaciller» ▪ ÉLECTRON. Appareil générateur d'un signal électrique dont la fréquence évolue selon une loi périodique.

VOCABLE [vɔkabl] **n. m.** – 1380, repris XIXe ◇ latin *vocabulum* ▪ **1** VIEILLI Mot, surtout considéré quant à la signification et à l'expression. «*Le vers qui de plusieurs vocables refait un mot total, neuf*» MALLARMÉ. ▪ **2** (1788) *Cette église est sous le vocable de saint Jean,* sous son patronage.

VOCABULAIRE [vɔkabylɛʀ] **n. m.** – 1487 ◇ latin *vocabularium* ▪ **1** Dictionnaire succinct qui ne donne que les mots essentiels d'une langue. *Vocabulaire français-anglais.* — Dictionnaire spécialisé dans une science, un art (➤ **lexique**), un état de langue (➤ **glossaire**). «*Gautier, qui avait dévoré les vocabulaires* [...] *des arts et des métiers*» FRANCE. ◆ Livre d'enseignement consacré à l'étude des mots. *Un vocabulaire pour débutants.* ▪ **2** (1762) Ensemble de mots dont dispose une personne. «*Il ne faut pas confondre le vocabulaire d'un auteur avec le lexique de ses œuvres*» VENDRYES. *Vocabulaire actif* (employé), *passif* (compris), *disponible*. Vocabulaire pauvre. Enrichir son vocabulaire.* ◆ Mots employés effectivement par une personne, un groupe. «*Toutes les richesses du vocabulaire andalou*» GAUTIER. *Le vocabulaire des maçons, des enfants.* «*quand on veut écrire, faut avoir du vocabulaire*» PEREC. PÉJ. *Quel vocabulaire !* quelle manière étrange, grossière, de s'exprimer. «*Conduire dans Paris, c'est une question de vocabulaire*» (M. AUDIARD, «Mannequins de Paris», film). ▪ **3** (1800) Termes spécialisés (d'une science, d'un art, ou qui caractérisent une forme d'esprit). *Vocabulaire juridique, sociologique, technique.* ➤ **terminologie.** «*L'humour comporte un style, une langue, un vocabulaire*» DUHAMEL. ◆ INFORM. Ensemble fini de symboles utilisé dans un langage* informatique. ▪ **4** LING. Mots d'une langue considérés dans leur histoire, leur formation, leur sens (➤ **lexical**). *La lexicologie* «*est fondée sur l'analyse détaillée des faits de vocabulaire*» G. MATORÉ.

VOCAL, ALE, AUX [vɔkal, o] **adj.** – 1455 ◇ latin *vocalis* «doué de la voix» ▪ **1** Qui produit la voix. *Organes vocaux. Cordes* vocales.* ▪ **2** De la voix. *Technique vocale,* du chant. — PAR EXT. Écrit pour le chant, chanté. *Musique vocale* (opposé à *instrumentale*). «*le canon, cette pièce polyphonique vocale ou instrumentale*» HERRIOT. ◆ ÉLECTRON., INFORM. *Synthèse* vocale, reconnaissance vocale* (➤ **parole**). *Signature, empreinte vocale,* permettant à la machine d'identifier l'utilisateur par analyse de sa voix. ◆ TÉLÉCOMM. *Serveur* vocal. Boîte vocale :* dispositif relié à un service de télécommunication, permettant la réception et l'enregistrement de messages sonores. ▪ **3** RELIG. Qui a le droit de vote, dans une communauté religieuse. «*Les mères qu'on appelle* mères vocales, *parce qu'elles ont voix au chapitre*» HUGO.

VOCALEMENT [vɔkalmɑ̃] **adv.** – 1531 ◇ de *vocal* ▪ DIDACT. En utilisant la voix, la parole. ➤ **oralement.**

VOCALIQUE [vɔkalik] **adj.** – 1872 ◊ du latin *vocalis* «sonore» et «voyelle» ■ LING. Qui a rapport aux voyelles. *Altération, dissimilation vocalique. Harmonisation* vocalique. Système vocalique d'une langue,* ensemble de ses voyelles.

VOCALISATION [vɔkalizasjɔ̃] **n. f.** – 1821 ◊ de *vocaliser* ■ DIDACT. ■ **1** Émission de voyelles. ■ **2** MUS. Action, manière de vocaliser. ■ **3** PHONÉT. Changement d'une consonne en voyelle. *La vocalisation du* l *vélaire* (ex. lat. *alba → aube*).

VOCALISE [vɔkaliz] **n. f.** – 1821 ◊ de *vocaliser* ■ Exercice de technique du chant. *Faire des vocalises entretient la place et la virtuosité de la voix.*

VOCALISER [vɔkalize] **v.** ‹1› – 1611 au p. p. ◊ du latin *vocalis* ■ **1 v. tr.** Changer en voyelle. *Vocaliser une consonne.* PRONOM. *Le* l *s'est vocalisé.* ■ **2 v. intr.** (1821) MUS. Faire des vocalises. *Des dames roumaines «vocalisaient encore le matin»* ARAGON. *Un oiseau «vocalisait éperdument»* HUGO.

VOCALISME [vɔkalism] **n. m.** – 1864 ◊ du latin *vocalis* ■ **1** PHONÉT. Théorie relative aux lois qui régissent la formation et la transformation des voyelles (I°) dans un mot. *Vocalisme et consonantisme.* ■ **2** Système des voyelles d'une langue. ◆ Ensemble des voyelles d'un mot.

VOCATIF [vɔkatif] **n. m.** – 1552 ; hapax XIVe ◊ latin *vocativus,* de *vocare* «appeler» ■ GRAMM. Dans les langues à déclinaisons, Cas employé pour s'adresser directement à qqn, à qqch. *Vocatif latin, grec.* ◆ Dans les langues sans déclinaisons, Construction, phrase exclamative par laquelle on s'adresse directement à qqn, qqch. *Des pages «où vous êtes mon interlocuteur, où je m'adresse à vous, où vous êtes au vocatif»* PÉGUY. *Le ô vocatif.*

VOCATION [vɔkasjɔ̃] **n. f.** – 1190 ◊ latin *vocatio* «action d'appeler» ■ **1** RELIG. (Bible) Appel de Dieu touchant une personne, un peuple, afin qu'il vienne à lui. *La vocation d'Abraham.* ◆ COUR. Mouvement intérieur par lequel on se sent appelé par Dieu. *«Toute vocation est un appel»* BERNANOS. *«On n'explique pas une vocation, on la constate»* CHARDONNE. *Vocations forcées, contrariées. Avoir, ne pas avoir la vocation.* ■ **2** Inclination, penchant (pour une profession, un état). ➤ **attirance, disposition, goût.** *Manquer, suivre, contrarier sa vocation. Vocation artistique. «Sa vocation était d'enseigner»* HENRIOT (cf. Être fait* pour). FAM. *Il faut avoir la vocation !* (occupation déplaisante). *«Se sentir une vocation [...] de gouverner»* ROMAINS. ■ **3** Destination (d'une personne, d'un peuple, d'un pays). *Région à vocation touristique.* ➤ **mission.** — (1967) *Avoir vocation à, pour* (et inf.) : être qualifié, indiqué pour (en parlant d'une administration, d'une entreprise). *Nous n'avons pas vocation pour en décider.* — **adj. VOCATIONNEL, ELLE,** 1923.

VOCÉRATRICE [vɔseratris] ou **VOCERATRICE** [vɔtʃeratritʃe ; vɔseratris] **n. f.** – 1840 *voceratrice* ◊ du corse *voceru* → vocéro ■ En Corse, Pleureuse, femme qui improvise un vocéro. *«La meilleure voceratrice du pays»* MÉRIMÉE.

VOCÉRO [vɔsero] ou **VOCERO** [vɔtʃero ; vɔsero] **n. m.** – 1840 *vocero* ◊ corse *voceru,* de *voce* «voix» ■ En Corse, Chant funèbre exécuté par une pleureuse pour un défunt. *Des vocéros, des voceri.*

VOCIFÉRATEUR, TRICE [vɔsiferatœr, tris] **n.** – 1834 ◊ latin *vociferator* ■ LITTÉR. Personne qui vocifère. — **adj.** *Voix vociféatrices.*

VOCIFÉRATION [vɔsiferasjɔ̃] **n. f.** – 1120, repris 1792 ◊ latin *vociferatio* ■ Parole bruyante, prononcée dans la colère. *Vociférations d'émeute. Pousser des vociférations.* ➤ **cri, hurlement.** *«La foule s'empressait [...] avec des vociférations, des hurlements»* GIDE.

VOCIFÉRER [vɔsifere] **v. intr.** ‹6› – 1380, repris XVIIIe ◊ latin *vociferare* ■ VIEILLI Parler en criant et avec colère. ➤ **hurler ;** FAM. **gueuler.** *La foule «se mit à vociférer»* RADIGUET. *Vociférer contre qqn.* ➤ **vitupérer.** ◆ TRANS. (1803) *Vociférer des blasphèmes, des injures, des menaces. «Des allusions ou insinuations vociférées»* BLOY.

VOCODEUR [vɔkɔdœr] **n. m.** – v. 1970 ◊ adaptation de l'anglais *vo(ice) coder* «appareil qui code la voix» ; mot mal formé *(vocicodeur)* ■ ÉLECTRON. Appareil qui analyse la voix et permet la synthèse des réponses vocales.

VODKA [vɔdka] **n. f.** – 1829 ; *voudki* n. m. 1822 ◊ mot russe «petite eau *(voda)*» ■ Eau-de-vie de grain (seigle, orge). *Vodka russe, polonaise. Vodka à l'herbe de bison. Caviar accompagné de vodka.*

VŒU [vø] **n. m.** – v. 1130 *vo, vuz* plur. ◊ latin *votum* ■ **1** Promesse faite à une divinité, à Dieu, en remerciement d'une demande exaucée. *«Ce que nous appelons promesse entre les hommes, est nommé vœu au regard de Dieu»* CALVIN. *Échappé «à un grand danger, il fit vœu de quitter le monde et se retira à la Trappe»* NERVAL. *Offrande en accomplissement d'un vœu.* ➤ **ex-voto ; votif.** ■ **2** Promesse librement faite à une divinité, à Dieu ; engagement religieux. *«Le vœu de célibat était général parmi le clergé dès le sixième siècle»* CHATEAUBRIAND. — *Vœux de religion :* les trois vœux (pauvreté, chasteté, obéissance) prononcés par un homme, une femme à leur entrée en religion. *Faire vœu de pauvreté. Vœux monastiques.* — *Les vœux du baptême,* par lesquels le chrétien renonce «à Satan, à ses pompes et à ses œuvres». ◆ PAR EXT. Engagement pris envers soi-même. ➤ **résolution.** *Faire le vœu de ne plus revoir qqn* (cf. Se jurer de). ■ **3** (1538) Souhait que l'on adresse à une divinité, à Dieu. ➤ **prière.** *«Par des vœux importuns nous fatiguons les dieux»* LA FONTAINE. *«Nos vœux ont été exaucés»* CHATEAUBRIAND. ■ **4** Souhait que s'accomplisse qqch. *Faire un vœu. Vœux irréalisables. Vœu pieux,* sans espoir de réalisation. *«Un mari qui soit selon mes vœux»* MOLIÈRE. ➤ **désir.** *Faire, former des vœux pour la santé de qqn ; pour la réussite d'une entreprise ; pour qu'elle réussisse. Il est de coutume de faire un vœu à la vue d'une étoile filante. «N'as-tu jamais encore appelé de tes vœux, L'amourette qui passe, qui vous prend aux cheveux»* BRASSENS. — (1647) VX, AU PLUR. Souhaits d'être aimé de qqn. *L'objet de ses vœux :* la personne, la femme aimée (langue classique). ◆ Souhaits adressés à qqn. *Vœux de prompt rétablissement. Vœux de bonheur adressés à des jeunes mariés.* ABSOLT *Tous mes vœux ! — Vœux de bonne année. Carte de vœux.* ABSOLT *Meilleurs vœux pour l'année nouvelle.* ■ **5** Demande, requête... faite par qui n'a pas autorité, ou pouvoir pour la satisfaire. *Les cahiers qui «devaient résumer les vœux de la nation* [en 1789]*»* BAINVILLE. *Les assemblées consultatives n'émettent que des vœux.* ➤ **résolution.** ■ **6** Demande officielle d'affectation (d'un fonctionnaire ; d'un élève). *Classer ses vœux. Obtenir son deuxième vœu.*

VOGOUL ou **VOGOULE** [vɔgul] **n. m.** et **adj.** – 1952 ◊ nom donné par les Russes au *mansi,* nom autochtone de cette langue ■ LING. Langue ougrienne parlée dans l'Oural. *L'ostiak et le vogoul.* — **adj.** *Les parlers vogouls.*

VOGUE [vɔg] **n. f.** – 1466 ◊ p.-ê. italien *voga ;* même origine que *voguer* ■ **1** État de ce qui est apprécié momentanément du public ; de ce qui est à la mode. *«C'est l'opinion qui toujours fait la vogue»* LA FONTAINE. ➤ 1 **mode.** *Sa vogue augmente, baisse.* ➤ **faveur, popularité.** — *La vogue des jupes courtes. Le football connaît une vogue extraordinaire.* ➤ **succès.** — **EN VOGUE :** actuellement très apprécié, à la mode. *Littérateurs en vogue.* ➤ **crédit, renom.** *Remède en vogue. Artisanat en vogue,* florissant. *Une tradition qui n'est plus en vogue.* ■ **2** (XVIIIe) RÉGION. (Lyonnais et région du Sud-Est, Genève) Fête, foire annuelle d'un village. *«Je m'étais trouvé à la vogue de Mont-Fleury»* STENDHAL. ■ CONTR. Impopularité ; désuétude.

VOGUER [vɔge] **v. intr.** ‹1› – v. 1210 ◊ de l'ancien bas allemand *wagon,* devenu *wogon* ■ VX ou LITTÉR. Avancer à force de rames (➤ 1 **ramer**), et PAR EXT. Avancer sur l'eau. ➤ **naviguer.** *«nous voguions en silence»* LAMARTINE. *«Les bateaux qui sur le Rhin voguent»* APOLLINAIRE. ◆ LOC. FIG. *Vogue la galère !* laissons les choses suivre leur cours ; advienne que pourra. *«Vogue la galère, dit-il. Au diable toutes ces sottises !»* BALZAC.

VOICI [vwasi] **prép.** – 1485 ; *vois ci* fin XIIe ; a supplanté la forme *veci (vez ci,* XIIe) ◊ de *vois,* impératif de *voir* (ou «thème verbal» issu de l'indic.) et *ci* ■ REM. *Voici,* classé parmi les prép., a, en fait, une valeur de verbe. *Voici* est beaucoup moins courant que *voilà**. ■ **1** Présente une chose ou une personne relativement proche. *Voici mon fils. «Et Pilate leur dit : Voici l'homme»* (BIBLE). ➤ **ecce homo.** *Le voici, les voici. «Voici des fruits, des fleurs»* VERLAINE. *En voici. «Enfants, voici des bœufs qui passent»* HUGO. *Les voici qui arrivent, ce sont eux.* ◆ (Avec l'inf.) *Voici venir :* voici... qui vient. *«Voici venir une jeune reine»* CHATEAUBRIAND. — *Me (te, le...) voici à* (et inf.), marque une action en train de se faire. *«Me voici à trembler comme une pensionnaire»* BOURGET. ◆ VIEILLI (introduit par *que*) *«Les frusques que voici»* DUHAMEL. *Monsieur que voici,* qui est ici. ■ **2** (Avec une valeur temporelle) Désigne ce qui arrive, approche, commence à se produire. *«Tu réclamais le soir ; il descend ; le voici»* BAUDELAIRE. *Voici la pluie.* — *«voici la Noël qui arrive»* BOSCO. *«Voici venir les temps»* BAUDELAIRE. ■ **3** Désignant les choses dont il va être question dans le discours (opposé à *voilà*). *Voici nos informations. En voici un exemple particulièrement parlant. «Voici,* mon cher ami, ce que je vous dédie» MUSSET. «Cette question, la voici» BALZAC. — ELLIPT *Voici... «Voici. Je m'appelle Jean Valjean»* HUGO. ▪ **4** Présentant un objet caractérisé. ➤ **voilà.** *Vous voici tranquille* : vous êtes tranquille, maintenant. *«Les voici disposés à croire»* GIDE. *«Le voici qui rature [...] des pages imaginaires»* MAUROIS. *«Hélas, me voici tout en larmes»* VERLAINE. ▪ **5** (Suivi d'une complétive, souvent avec inversion du sujet) *Voici que tombe la nuit. «Voici qu'il commence à comprendre que»* GIDE. *Voici comment il faut faire. C'est faux, et voici pourquoi.* ▪ **6** LITTÉR. Il y a (un certain temps). ➤ **voilà.** *Voici cinq ans.*

VOIE [vwa] **n. f.** – fin XIe ◇ du latin *via* → viaduc, viatique, voyage

I (CONCRET) **CE QUI RELIE DIFFÉRENTS POINTS DANS L'ESPACE A.** PARCOURS ▪ **1** Espace à parcourir pour aller quelque part. ➤ **chemin, passage.** *Direction d'une voie. Se frayer une voie dans les broussailles. Trouver, suivre, perdre, quitter une voie, la bonne voie. Boucher, dégager la voie.* — LOC. *Être (toujours) par voies et par chemins,* toujours en chemin (cf. Par monts* et par vaux). ▪ **2** SPÉCIALT Cet espace, lorsqu'il est tracé et aménagé. ➤ **artère, chemin, route, 1 rue.** *Tracé d'une voie. Les grandes voies de communication d'un pays,* routes, autoroutes et voies ferrées. — ADMIN. *Voie publique* (faisant partie du domaine public), *privée* (ordinaire ou ouverte à la circulation publique). *Voie classée,* incorporée au réseau officiel des voies de communication. — COLLECT. *La voie publique :* espace du domaine public destiné à la circulation (y compris les places, squares, etc., dans les villes). *Sur la voie publique :* au su et au vu de tous. — (Dans le voc. du code de la route) *Voie étroite, prioritaire, à sens unique, interdite aux véhicules. Voie rapide*.* ➤ **rocade ; pénétrante, radiale.** *Voie sur berge.* ➤ **autoberge.** — Partie d'une route de la largeur d'un véhicule, et délimitée par une bande jaune ou blanche. *Route à trois, quatre voies.* ELLIPT *«Sur la route, une quatre voies monotone et droite»* IZZO. *Passage à voie unique,* signalé par des feux. *Voie réservée. Voies pour les bus* (➤ **couloir**), *pour les vélos* (➤ **piste**). ▪ **3** (1510) Grande route de l'Antiquité. *Les voies romaines* (du latin *via*). *La voie Appienne.* — *Voie sacrée,* commémorant un itinéraire (religieux, militaire). SPÉCIALT *La Voie sacrée :* nom donné à la route reliant Bar-le-Duc à Verdun, en 1916. ▪ **4** Itinéraire d'escalade. *Tenter une nouvelle voie. «un groupe de rochers où il y a plusieurs voies à faire»* H. BAUCHAU. ▪ **5** (1858) **VOIE FERRÉE,** ou *la voie :* l'ensemble des rails mis bout à bout et à écartement fixe qui forment une voie, un chemin pour les convois. ➤ **chemin de fer.** *Parties de la voie :* accotement, ballast, contrecœur, contre-rail, coussinet, crémaillère, éclisse, entrevoie, longrine, rail, remblai, tire-fond, traverse. *Les voies d'une ligne. Voie montante, descendante. Ligne à voie unique,* où les trains ne peuvent se croiser. *«l'étroite vallée, desservie par un chemin de fer à voie unique»* C. SIMON. *Voie principale, d'évitement. Voie de garage*. Signal qui ferme la voie. Ouvrir, donner la voie. Profil* de la voie. Voies et quais d'une gare. La voie 2. Descendre à contre-voie.* ➤ **contre-voie** (à). ◆ SPÉCIALT Espace entre les deux files de rails. *Voie étroite, normale.* ▪ **6** *Voies navigables :* les fleuves et canaux. ▪ **7** *La Voie lactée*,* ou *chemin de Saint-Jacques.* ➤ **galaxie.** *La voie maritime, aérienne :* les déplacements, transports par mer, air.

B. TERME DE CHASSE (fin XIIIe) Lieux par lesquels est passée la bête ; chemin qu'elle a suivi. ➤ **piste, trace ; foulée.** *«La voie du chevreuil était fugitive, l'animal [...] donnait le change»* DEL AMO. *Perdre la voie.* — PAR MÉTAPH. *Les faibles, «sans principes, perdirent la voie»* MICHELET. LOC. *Mettre sur la voie :* donner des indications, aider à trouver.

C. EMPLOIS TECHNIQUES ▪ **1** Traces parallèles laissées par les roues d'une voiture. ◆ PAR EXT. Écartement des roues, largeur de l'essieu d'une roue à l'autre. *La voie* (largeur) *et l'empattement d'une automobile. «un vallon si resserré qu'il garde à peine la voie d'une voiture»* CHATEAUBRIAND. ▪ **2** (1690) Largeur d'un trait de scie ; écartement latéral des dents d'une scie. *Donner de la voie à une scie,* en écarter les dents. ▪ **3** ÉLECTRON. Chemin matérialisé par un circuit électrique par lequel peut passer un signal (➤ **canal**). *La voie gauche, droite d'une chaîne stéréophonique. Enceinte acoustique à deux, trois voies.*

D. PASSAGE ▪ **1** (1678) **VOIE D'EAU :** ouverture accidentelle par laquelle l'eau entre dans un navire. *Aveugler, boucher, calfater une voie d'eau.* ▪ **2** (début XIVe) Passage, conduit anatomique. ➤ **canal.** *Les voies digestives, respiratoires, urinaires, génitales. Médicament à prendre par voie buccale, orale :* par la bouche. *Elle «est piquée à l'intérieur du muscle cardiaque par voie jugulaire»* KERANGAL. *Accouchement par les voies naturelles, par voie basse* (opposé à *par césarienne*). — CHIR. *Voie d'abord,* suivie par le chirurgien pour atteindre l'organe à opérer.

II (ABSTRAIT) **CE QU'IL FAUT FAIRE POUR ABOUTIR À (QQCH.)** ▪ **1** (début XIIe) Conduite, suite d'actes orientés vers une fin et considérée comme un chemin que l'on peut suivre. ➤ **2 carrière, chemin, ligne, route.** *Aller, avancer, entrer, marcher dans telle ou telle voie. «déboires qui ne manqueraient pas de s'abattre sur lui s'il persistait dans cette voie»* COSSERY. *«Il n'avait pas emprunté la voie classique, Sciences-Po, l'ENA»* K. TUIL. ➤ **filière.** *Préparer la voie :* faciliter les choses à faire en réduisant les obstacles. *Aplanir, frayer la voie* (en donnant l'exemple). *Ouvrir la voie.* ➤ **passage.** — ELLIPT *La bonne, la mauvaise voie* (pour obtenir qqch.). ➤ **direction.** *Être dans la bonne voie,* en passe de réussir. FIG. *La voie royale*.* — *La troisième voie :* la troisième possibilité (face à une alternative). — *La voie de qqn,* la conduite qui lui convient, lui réussit. *Être dans sa voie, trouver sa voie.* ◆ (1120) RELIG. *La voie, les voies du salut, de la perdition. «La voie étroite de l'Évangile»* BOURDALOUE. — Les desseins, les commandements (de Dieu). *Les voies de Dieu, de la Providence.* — *La voie, les voies de l'homme,* sa conduite morale. *«Je te jugerai selon tes voies»* BOSSUET. ▪ **2** Conduite suivie ou à suivre ; façon de procéder. ➤ **2 moyen.** *«jamais les voies de notre recherche ne sont droites, de sorte qu'il semble assez vain de les définir»* L.-R. DES FORÊTS. *Régler un litige par voie de négociations. Opérer par la voie la plus simple, par une voie détournée.* ◆ DR. *Voie de droit :* moyen légal d'assurer la sanction d'un droit. *Voies d'exécution*. Voies de recours.* COUR. *Voie de fait :* violence ou acte matériel insultant (cf. Coups et blessures). ◆ ADMIN., FIN. *Voies et moyens.* ◆ CHIM. *Voie humide :* recours à un solvant liquide, dans une réaction chimique. *Voie sèche.* ▪ **3** Intermédiaire ou suite d'intermédiaires qui permet d'obtenir ou de faire qqch. *«Je le sais par les voies les plus sûres»* DIDEROT. *Intervenir par la voie diplomatique. Réclamer par la voie hiérarchique.* — *Par voie de conséquence*.* ▪ **4** (1283) **EN VOIE (DE),** se dit de ce qui se modifie dans un sens déterminé (cf. En train de). *Les pays en voie de développement. Plaie en voie de cicatrisation, en voie de se cicatriser. Espèce animale en voie de disparition. Les pourparlers sont en bonne voie,* en passe de réussir. *«Le médecin examina la blessure et la déclara en bonne voie»* MAUPASSANT.

▪ **HOM.** poss. Voix.

VOIERIE ➤ **VOIRIE**

VOILÀ [vwala] **prép.** – milieu XIVe ◇ d'une forme de *voir* et *là*

REM. *Voilà,* classé parmi les prép., a, en fait, une valeur de verbe. Présente une personne ou une chose, plus particulièrement quand elle est relativement éloignée, vient d'être exprimée. ➤ **voici.** – On rencontre souvent [vla] (écrit *v'là*) dans la langue orale.

A. PRÉSENTANT UNE CHOSE OU UNE PERSONNE — REM. L'opposition classique entre *voici* et *voilà* (proche et éloigné) n'est plus guère respectée ; la langue cour. emploie *voilà* dans tous les cas. — *«Tiens, dit-elle en ouvrant les rideaux. Les voilà !»* HUGO. *Voilà un brave homme. Voilà de l'argent. Voilà pour vous.* — (Après un pron. pers.) *Le voilà, c'est lui. «Ah ! vous voilà, bandit ! – Oui, cousin, me voilà»* HUGO. LOC. *Coucou, le voilà !* — *Voilà notre ami qui arrive* (avec le sens de *voici*). ◆ **EN VOILÀ :** voilà de ceci. *Vous en voulez ? En voilà. En voilà pour deux euros.* **loc. adv.** *En veux-tu en voilà :* beaucoup, tant qu'on en veut. *Il dépense de l'argent en veux-tu en voilà. «des maîtresses en veux-tu en voilà»* ARAGON. — Exclamatif pour mettre en relief *En voilà, un imbécile ! «en voilà trois qui ont un fameux poil dans la main !»* ZOLA. ◆ **QUE VOILÀ.** *«La belle que voilà»* (chanson). ◆ ELLIPT *Voilà !* interjection qui répond à un appel, à une demande... *«je sonnai, une voix métallique me répondit aussitôt : "Voilà, voilà...," mais personne ne vint»* MORDILLAT.

B. PRÉSENTANT LES CHOSES DONT IL VIENT D'ÊTRE QUESTION DANS LE DISCOURS (opposé à *voici*) (fin XIVe) *Voilà toutes les informations dont nous disposons pour le moment. «Voilà [...] ce qui fait que votre fille est muette»* MOLIÈRE. *«Je suis une Cendrillon, voilà ce que je suis»* SCHWOB. *Voilà comme on écrit l'histoire*. Voilà ce que c'est que de* (et inf.), telles en sont les conséquences. *«Voilà ce que c'est, monsieur Tudec, d'avoir des enfants brillants qui ont fait tellement d'études»* C. CUSSET. *Voilà le hic.* — *Voilà tout ; et voilà tout.* ➤ **tout.** — *En voilà assez :* cela suffit, je n'en supporterai pas davantage. — (Employé seul) *Voilà* ou *et voilà,* sert à clore une déclaration. *«les gens s'unissent en croyant s'aimer, se séparent, se volatilisent, et puis voilà»* D. ROLIN. — (Construit avec *qui,* en valeur neutre) *Voilà qui est louche. Voilà qui est bien,* c'est bien. ◆ Avec une valeur exclamative C'est (ce sont) bien..., c'est vraiment. *Voilà bien les hommes. — Ah ! voilà !* c'était donc ça (cf. Vous m'en direz tant !).

C. PRÉSENTANT UN SUBSTANTIF, UN PRONOM CARACTÉRISÉ (PAR

UN ADJECTIF, UN PARTICIPE, UNE PROPOSITION) (fin XVe) *Vous voilà content :* vous êtes content, à présent, maintenant. *La voilà partie :* enfin, elle est partie ! *« Vous voilà bien embarrassés tous deux »* MOLIÈRE. *« Le voilà se costumant »* GONCOURT. *Nous voilà bien ! « Comme te voilà grande, Camille ! »* MUSSET. — *« Le voilà qui prend tout à coup le mors aux dents »* DIDEROT. — (En corrélation avec un adv. ou une circonstance de temps) *Comme, tandis que..., voilà... « À peine suis-je dans la rue, voilà un violent orage qui éclate »* DAUDET. ♦ (Avec un compl. de lieu) *Nous voilà à la maison ; nous y voilà.* — FIG. *Nous y voilà :* nous abordons enfin le problème, la question.

D. POUR PRÉSENTER UNE CIRCONSTANCE NOUVELLE. (Suivi d'une complétive) *Soudain, voilà que l'orage éclate, qu'éclate l'orage. « Un soir de pluie v'là qu'on gratte à ma porte »* BRASSENS. *Voilà comme, comment, pourquoi.* — FIG. *Voilà où je veux en venir.*

E. NE VOILÀ PAS, VOILÀ PAS VX S'employait pour exprimer la surprise. *« Hé bien ! Ne voilà pas encore de son style ! »* MOLIÈRE. — MOD. (FAM. OU RÉGION.) *Voilà-t-il pas* (et POP. *voilà-ti-pas, v'là-ti-pas*) *que... « Voilà-t-il pas que les Russes brûlent leur ville ! »* BALZAC. *« Mais ne voilà-t-il pas, patatras, qu'un jour, tout s'écroula ! »* PEREC.

F. (EXPLÉTIF) POUR PRÉSENTER OU SOULIGNER UN ARGUMENT, UNE OBJECTION *C'était simple, « seulement voilà, il suffisait d'y penser »* ANOUILH.

G. IL Y A (TELLE DURÉE) *« Voilà trois mois que je lis exclusivement de la métaphysique »* FLAUBERT.

1 **VOILAGE** [vwalaʒ] **n. m.** – 1905 ♦ de 1 *voile* ■ **1** Garniture d'étoffe transparente. *Voilage d'un chapeau.* ■ **2** Grand rideau de voile. *Voilages pour baies vitrées.*

2 **VOILAGE** [vwalaʒ] **n. m.** – milieu XXe ♦ de 2 *voiler* (II) ■ Fait, pour une roue, de se voiler. ➤ **gauchissement, voilement.**

1 **VOILE** [vwal] **n. m.** – XIIe *vol, voil* ♦ latin *velum*

I MORCEAU DE TISSU DESTINÉ À CACHER ■ **1** Étoffe qui cache une ouverture. ➤ **rideau.** *Le voile du temple de Jérusalem.* — Étoffe dont on couvrait les statues des dieux ; dont on couvre un monument, une plaque... avant l'inauguration. ■ **2** Morceau d'étoffe destiné à cacher le visage ou le front et les cheveux d'une femme, pour un motif religieux. *Voile des musulmanes, voile islamique.* ➤ **burqa, foulard, haïk, hidjab, niqab, tchador.** *« elle ne portera jamais le voile car il incarne — pour elle — une vie de femme au passé et qu'elle veut vivre au présent »* A. GHALEM. *Voile intégral*.* *Voile de religieuse catholique.* — LOC. *Prendre le voile :* se faire religieuse. *Prise* (II, 2°) *de voile.* ■ **3** Partie d'un vêtement féminin en tissu fin, porté sur la tête. *Voile blanc de mariée, de communiante. Voile noir que portaient les femmes en deuil* (➤ 2 **crêpe**). ■ **4** LITTÉR. (du vêtement antique) Vêtement léger et transparent qui couvre le corps féminin. *« Un satyre qui soulevait les voiles d'une nymphe endormie »* FRANCE. *La danse des sept voiles de Salomé.* ■ **5** (1723 ♦ du *voile* des religieuses) Tissu léger et fin, d'armure toile. *Voile de coton, de soie, de laine. « Dans ta robe de voile mauve et de strass »* COLETTE. — *Voile transparent pour faire des rideaux.* ➤ 1 **voilage.**

II CE QUI CACHE, REND MOINS NET ■ **1** Ce qui cache qqch. ➤ **enveloppe, masque.** *« Je ne veux mettre aucun voile au-devant des sentiments que j'ai pour vous »* Mme DE SÉVIGNÉ. ♦ LOC. LITTÉR. *Étendre, jeter, tirer un voile (sur qqch.),* le cacher ; PAR EXT. le condamner à l'oubli. *« la pieuse hypocrisie qui conseille de jeter sur la vilenie un voile pudique, afin de ne pas effaroucher l'innocence »* CAILLOIS. — *Lever le voile* (➤ **dévoiler**). *« La première tâche de ceux qui veulent agir c'est de lever le voile, de montrer à l'opinion ce qu'elle ne peut pas voir »* ABBÉ PIERRE. *Soulever un coin du voile :* faire entrevoir. *Arracher le voile :* révéler brusquement. ■ **2** Ce qui rend moins net, ou obscurcit. *Des vapeurs « qui jetaient sur l'horizon un léger voile »* MAUPASSANT. *Voile de brume.* — PHOTOGR. Partie anormalement obscure d'une épreuve, due à un excès de lumière. ♦ PHYSIOL. VIEILLI Obscurcissement du champ visuel. *Le voile de la mort.* ➤ **ténèbres.** — AVIAT. *Voile noir, gris, rouge :* trouble physiologique provoqué par une grande accélération. ♦ MÉD. Diminution de la transparence d'une partie du poumon, visible à la radioscopie. *Avoir un voile au poumon droit.* ♦ Trouble se produisant dans un liquide.

III MEMBRANE, STRUCTURE MINCE ■ **1** (1788) *Voile du palais :* cloison musculaire et membraneuse, à bord inférieur libre et flottant, qui sépare l'arrière-bouche (oropharynx) de l'arrière-nez (rhinopharynx), appelée aussi *palais* mou.* *Appendice charnu du voile du palais.* ➤ **luette.** *Rôle du voile du palais dans l'émission des sons* (➤ **vélaire**). ■ **2** BOT. Ensemble des membranes qui tapissent le dessous du chapeau de jeunes champignons et se déchirent à maturité. *Voile d'agaric.* ■ **3** ARCHIT. Structure de grande surface et de faible épaisseur (10 cm au plus) en ciment armé ou matière plastique armée, formant une coque autoporteuse.

2 **VOILE** [vwal] **n. f.** – 1176 ; v. 1160 *voille ;* 1155 *veille* ♦ latin populaire °*vela,* plur. neutre de *velum* « voile de navire » pris pour un fém. sing.

I NAVIGATION ■ **1** Morceau de tissu résistant (autrefois de toile, aujourd'hui de textile synthétique) destiné à recevoir l'action du vent pour faire avancer le navire. *Bateau, navire à voiles. La marine à voiles. Naviguer à la voile. Les voiles font partie des agrès, du gréement* (➤ **toile,** 1 **voilure**). *Voiles d'évolution,* de l'extrême arrière et de l'extrême avant ; *de propulsion,* celles des mâts. *Voiles basses,* les dernières, près de la quille. *Voiles majeures,* les plus employées. *Parties d'une voile* (ralingue, ris). — *Voiles carrées*. Voiles auriques*. Voiles latines*. Voiles sur lattes des jonques. Voile d'avant* (spinnaker). *Voiles du beaupré* (clinfoc, petit et grand foc, tourmentin, trinquette). *Voiles de misaine* (petit cacatois, petit hunier, misaine, petit perroquet). *Voiles du grand mât* (grand cacatois, grand hunier, grand perroquet). *La grand-voile :* principale voile du grand mât. *Des grands-voiles. Voiles d'artimon* (brigantine, cacatois de perruche, perroquet de fougue, perruche, tapecul). *Voiles d'étai enverguées sur des drailles. Voiles supplémentaires enverguées sur des bout-dehors* (bonnette, dériveur, fortune). — *Amener, brasser, caler, carguer, enverguer, établir*, ferler, hisser, étarquer, larguer, serrer... les voiles, une voile. Voiles pendantes, en bannière. (Mettre les) voiles en ciseau(x),* ou *en oreilles de lièvre :* manière de mettre les voiles (en général misaine et grand-voile) au vent arrière, l'une bordée sur tribord, l'autre sur bâbord. *Vent qui souffle dans les voiles, enfle les voiles. Voiles qui claquent. Voile qui ralingue* contre le mât, qui faseye*.* — *Mettre à la voile, mettre les voiles,* pour faire avancer le bateau. *Mettre toutes voiles dehors ;* FIG. employer tous les moyens. *Faire force de voiles. Être sous voiles,* les voiles hautes déployées. *Faire voile dans une direction, sur tel port.* ➤ 1 **cingler.** ♦ LOC. *Avoir le vent dans les voiles,* se dit d'une personne dont les affaires vont bien, qui est en train de réussir (cf. Avoir le vent en poupe). FAM. *Il y a du vent dans les voiles,* se dit d'une personne ivre, qui ne marche pas droit. — FAM. *Mettre les voiles :* s'en aller, partir (cf. Mettre les bouts*). *Être, marcher à voile et à vapeur :* être bisexuel (cf. Bique et bouc). ■ **2** PAR MÉTON. Voilier. *« dans le lointain deux voiles jaunes rentraient au parc »* ORSENNA. ■ **3** Navigation à voile. *« On a vu qu'à midi, nous étions sortis du premier goulet : pour lors nous fîmes de la voile »* BOUGAINVILLE. ♦ (*régatiers à la voile* 1855) Sport nautique sur voilier. *École, club de voile. Faire de la voile.*

II AUTRES DOMAINES ■ **1 VOL À VOILE :** pilotage des planeurs. *Amateur de vol à voile.* ➤ **vélivole.** ♦ *Planche* à voile. Char* à voile.* ➤ aussi **speed-sail.** ■ **2** (1958 ♦ ext. du sens 1°) *Voile solaire :* large structure déployée dans l'espace, qui utilise la pression du rayonnement solaire pour propulser un véhicule spatial.

1 **VOILÉ, ÉE** [vwale] **adj.** – *velée* (d'une religieuse) v. 1165 ♦ → 1 voiler ■ **1** Recouvert d'un voile. *Statue voilée. Nudité voilée.* — Qui porte le voile. *Les femmes voilées :* les musulmanes qui portent le voile. ■ **2** FIG. Rendu obscur, incompréhensible. *Sens voilé.* ➤ **opaque.** — Rendu moins visible, moins vif, moins net. ➤ **atténué.** *« L'ironie voilée imperceptible aux imbéciles »* HENRIOT. *S'exprimer en termes voilés,* par métaphores, allusions, etc. (cf. Parler à mots couverts*). ■ **3** Rendu moins net, moins éclatant ; qui a peu d'éclat, de netteté. *Lumières voilées. Ciel voilé. « cet éclat métallique un peu voilé du plomb »* DUHAMEL. *Contours voilés.* ➤ **estompé.** *Regard voilé,* terne, trouble. — *Photo voilée,* qui présente un voile. — *Diamant voilé,* dont la transparence et l'éclat ne sont plus parfaits. ■ **4** Se dit d'une voix qui n'émet pas des sons clairs. ➤ **enroué.** *« Il chantait d'une voix faible, voilée, comme intérieure »* R. ROLLAND. ■ CONTR. Éclatant, 2 net, pur. Clair, sonore.

2 **VOILÉ, ÉE** ➤ 2 **VOILER**

VOILEMENT [vwalmɑ̃] **n. m.** – 1949 ♦ de 2 *voiler* ■ TECHN. État d'une pièce voilée (2). *Voilement d'une poutre.* ➤ 2 **voilage,** 2 **voilure.**

1 **VOILER** [vwale] **v. tr.** ⟨1⟩ – 1380 ; *veler* « faire prendre le voile » XIIe ♦ de 1 *voile*

I ■ **1** Couvrir, cacher d'un voile ; étendre un voile sur. *Voiler une statue. « la mantille blanche dont elle avait voilé ses cheveux »* MARTIN DU GARD. — *Se voiler le visage :* porter le voile, le litham. ♦ LOC. (souvent iron.) *Se voiler la face :* s'empêcher de voir ce qui indigne, fait horreur, représente une tentation. *« Quoi donc ! boire, manger, jouir, voilons nos faces »* HUGO. ◆ PAR EXT. Cacher (en parlant d'un voile). *Tissu qui voile les contours du corps. Fenêtre voilée d'un store.* ■ **2** (début XVIIe) FIG. Dissimuler. ➤ **estomper, masquer.** *Voiler la vérité.* — PAR EXT. Cacher ou rendre moins visible (en parlant de la chose qui cache). *« La pudeur des sentiments, voilant à l'esprit les signes habituels des passions »* MAUROIS. *L'humour « voile les émotions »* M. JACOB. ■ **3** PAR EXT. Rendre moins visible, moins net. ➤ **obscurcir.** *Yeux voilés de larmes. « Montagnes que voilait le brouillard de l'automne »* LAMARTINE. ➤ **estomper.** *« De grandes nuées [...] voilant le soleil »* LOTI. ➤ **éclipser.**

II SE VOILER v. pron. ■ **1** Porter le voile. *Musulmane qui se voile.* ■ **2** Perdre son éclat, se ternir. *Ses yeux, son regard se voilent. Le Soleil, la Lune se voile,* disparaît plus ou moins derrière les nuages, la brume. *Le ciel se voile,* se couvre de nuées. ◆ Perdre de son acuité, se troubler. *« Mon regard se voile et s'éteint. Tout s'efface et se décolore »* ARAGON. ■ **3** Perdre sa netteté, sa sonorité (en parlant de la voix). *Sa voix se voile.*

2 **VOILER** [vwale] v. ‹1› – 1170 *veilier* « mettre (un navire) à la voile » ◊ de 2 *voile*

I v. tr. MAR. Garnir de voiles (un bateau). *Bâtiment voilé en goélette.*

II (1765) ■ **1** v. intr. VX Prendre une forme convexe (comme celle d'une voile de bateau). ■ **2** v. pron. (1771) **SE VOILER,** se dit d'une pièce de bois, de métal qui n'est plus plane, qui s'est déformée. ➤ **gauchir.** *Étagère qui se voile sous le poids des livres.* — Plus cour. Se dit d'une roue qui s'est légèrement tordue. *Roue qui se voile. Roues de bicyclette voilées.*

VOILERIE [vwalʀi] n. f. – 1691 ◊ de 2 *voile* ■ Atelier pour la confection et la réparation des voiles de bateau.

VOILETTE [vwalɛt] n. f. – 1842 ◊ de 1 *voile* ■ Petit voile transparent à mailles fixé sur un chapeau de femme, et qui peut couvrir tout ou partie du visage. *Voilette à pois. « Derrière les mailles fines de sa voilette »* GREEN. *« Elle avait relevé sa voilette et Morin, ravi, murmura : "Bigre, la belle personne !" »* MAUPASSANT.

VOILIER [vwalje] n. m. – 1510 adj. ◊ de 2 *voile*

I ■ **1** (1660) *Un navire bon, mauvais voilier,* qui marche bien, mal à la voile. ■ **2** (1872) Navire à voiles. *Les grands voiliers d'autrefois* (➤ 1 **brick,** 1 **clipper, goélette, trois-mâts**). *« Un grand voilier de Norvège aux mâts blancs, à la coque de chêne »* BOSCO. ◆ Bateau de sport ou de plaisance, qui avance à la voile (➤ 2 **caneton, dériveur, fifty-fifty,** 1 **quillard**). *Voilier à moteur* (➤ **yacht**). *Voilier monocoque, multicoque* (➤ **catamaran, trimaran**). *Gréement d'un voilier* (➤ **cotre, ketch, schooner, sloop**). *Voilier sous-toilé, surtoilé. Voilier bridé*. Faire du voilier* (➤ 2 **voile** [I, 3°], **yachting**). *Course de voiliers.* ➤ **régate.** ■ **3** ZOOL. *Grand voilier :* oiseau de mer à ailes longues et puissantes (➤ **albatros**). ◆ Grand poisson carnivore *(perciformes)* dont la nageoire dorsale forme comme une grande voile. *Voilier du Pacifique. Voilier de l'Atlantique,* décrit dans « Le Vieil Homme et la Mer » d'Hemingway. ■ **4** *Voilier solaire :* engin spatial équipé d'une voile* solaire.

II (1567) MAR. Homme qui fait ou raccommode les voiles. *« Il avait été mousse, voilier, gabier »* HUGO. APPOS. *Des maîtres voiliers. « Un honorable maître-voilier qui servait sur la* Flore *»* MAC ORLAN.

1 **VOILURE** [vwalyʀ] n. f. – 1691 ; « manière de placer les voiles » 1678 ◊ de 2 *voile* ■ **1** Ensemble des voiles d'un bâtiment. *Voilure des galions. « Une voilure de trois mille mètres carrés de surface »* HUGO. — Surface de ces voiles déployées. *Régler la voilure selon les vents. Réduire la voilure ;* FIG. modérer ses ambitions ; réduire les effectifs. ■ **2** Ensemble des toiles des ailes et de l'empennage des premiers avions, des planeurs ; ensemble des surfaces portantes d'un avion. *Voilure tournante,* d'un giravion. ◆ Toile d'un parachute.

2 **VOILURE** [vwalyʀ] n. f. – 1846 ◊ de 2 *voiler* ■ TECHN. État d'une pièce de bois, de métal, d'une roue qui se voile. ➤ **gauchissement,** 2 **voilage, voilement.**

VOIR [vwaʀ] v. ‹30› – fin Xe, comme verbe transitif (II, 1°) ◊ du latin *videre* → voici, voilà

I ~ v. intr. (fin XIe) Percevoir les images des objets par le sens de la vue. *Ne plus voir :* perdre la vue (➤ **aveugle**). *Ne voir que d'un œil* (➤ **borgne**). *Regarder sans voir. Voir trouble, confusément, mal, à peine* (cf. FAM. Ne pas avoir les yeux en face des trous). *On ne voit pas à dix pas. Voir double. Voir clairement, distinctement. On commence à y voir clair. Il n'y voit pas très bien :* il souffre d'un trouble, d'une affection de la vue (➤ FAM. **bigleux, miro**). *N'y voir goutte*. Mettre ses lunettes pour mieux voir. Voir au loin, très loin* (cf. Avoir des yeux de lynx*, d'aigle*). ◆ LOC. *Voir loin :* prévoir. *Ne pas voir plus loin que le bout de son nez*. — Ne voir que par les yeux de qqn,* se fier entièrement à son jugement, suivre son opinion en tout. — *Voir avec les yeux de la foi :* considérer les choses à la lumière de la foi.

II ~ v. tr. dir. ■ **1** (fin Xe) Percevoir (qqch.) par les yeux. *« À force de voir les choses, nous ne les regardons plus »* MATISSE. *Voir qqch. de ses yeux, de ses propres yeux. « Je le vis, je rougis, je pâlis à sa vue »* RACINE. ALLUS. LITTÉR. *J'ai vu, de mes yeux vu. Les aventuriers « avaient vu, de leurs yeux vu la mer Pacifique »* MICHELET. *Je le vois très bien.* ➤ **distinguer.** *Il a tout vu sans être vu. Je l'ai à peine vu.* ➤ **apercevoir, entrevoir.** *Voir tout d'un seul coup d'œil.* ➤ **embrasser, saisir.** *Faire semblant de ne pas voir qqn. Que vois-je ?* (exprime l'étonnement). *Une femme agréable à voir,* plaisante, jolie. *Cela fait plaisir à voir. Demander à voir les cartes d'un joueur. Payer pour voir* (au poker) ; FIG. payer par curiosité. — *J'ai vu cela dans le journal.* ➤ 1 **lire.** ◆ LOC. *Voir le jour :* naître ; paraître (CHOSES). *N'y voir que du feu*. En voir trente-six chandelles*.* LOC. *Voir la paille dans l'œil du voisin et ne pas voir la poutre* dans le sien. Je l'ai vu comme je vous vois,* aussi réellement. — **FAIRE VOIR.** ➤ **montrer.** *Faites-moi voir les lieux, le fonctionnement de l'appareil. Il nous a fait voir ce qu'il fallait faire, comment il fallait procéder.* — *Se faire voir :* se montrer (PERSONNES). *Il essaie de ne pas se faire voir :* il se cache. *« Il y a des endroits où il faut se faire voir »* LA BRUYÈRE. *Se faire voir avec qqn. Se faire voir sous son bon jour.* LOC. FAM. *Va te faire voir (chez les Grecs) !* (cf. Aller au diable). ◆ **LAISSER VOIR :** permettre qu'on voie ; ne pas cacher. *Il ne laissa pas voir son trouble.* — (CHOSES) Montrer. *Décolleté qui laisse voir les épaules.* ➤ **découvrir.** *« Ces ouvertures ne laissaient voir qu'un arrière-plan de rochers »* CHATEAUBRIAND. ◆ Avoir l'image de (dans l'esprit). ➤ **se représenter.** *Voir qqn, qqch. en rêve, en fermant les yeux. Ma future maison, je la vois en Italie.* LOC. FAM. *Tu vois ça d'ici !* imagine cela (cf. Tu vois le tableau*). *Don de voir l'avenir* (➤ **voyance**). ◆ **VOIR...** (avec un compl. suivi de l'inf.). *« Il croyait voir quelqu'un venir à lui »* HUGO. *Je vois tout tourner.* REM. L'accord de *vu* se fait quand le compl. du verbe *voir* est le sujet de l'inf. : *Les voitures que j'ai vues rouler ; les voitures que j'ai vu conduire.* — LOC. *Voir venir qqn (avec ses gros sabots*).* ➤ **venir** (I, A). — ALLUS. LITTÉR. *« Anne, ma sœur Anne, ne vois-tu rien venir ? »* PERRAULT. — SANS COMPL. *On a le temps de voir venir,* d'attendre la suite des évènements. (CHOSES) *Le pays qui l'a vue naître,* où elle est née. — **VOIR...** (et attribut). *Quand je l'ai vue si malade, j'ai appelé le médecin. Je les ai vus en bien mauvais état. Vous m'en voyez ravi, navré :* je suis ravi, navré de cela. *« La nuit sera mauvaise. On voudrait les voir revenus »* MICHELET. *Je voudrais bien le voir parti,* qu'il parte. LOC. FAM. *Je voudrais vous y voir !* (dans cet état, cette situation difficile) : à ma place vous n'agiriez pas autrement. — **VOIR...** (et relative). *Je la vois qui vient.* — **VOIR...** (et participiale). *« Un jour l'évêque le vit faisant la charité »* HUGO. ■ **2** Être spectateur, témoin de (qqch.). *Voir une pièce de théâtre, un film, un match.* ➤ **assister** (à). *J'ai vu toute la scène, le drame, l'accident. J'y suis allé seulement pour voir,* en spectateur. *« je fais des vœux pour que nos fils ne voient plus jamais la guerre »* MAUPASSANT. ➤ **connaître,** 1 **vivre.** — *Voir une ville, un pays,* y aller, visiter. *« Ah ! voir Venise ! Et après, qu'il arrive n'importe quoi. Je m'en moque »* G. DARIEN. LOC. VIEILLI *Voir Naples et mourir* (parce qu'il n'y a rien de plus beau à voir). *C'est une chose à voir,* qui mérite d'être vue (cf. FAM. Ça vaut le détour, le déplacement). *Voir du pays :* voyager. ◆ LOC. *En voir de belles. On n'a jamais rien vu de pareil. Vous n'avez encore rien vu :* vous allez voir mieux, pire encore. FAM. *Qu'est-ce qu'il ne faut pas voir !* (marque la révolte). FAM. *Tu vois ce que je vois ?* (marque l'étonnement ; cf. Pince-moi, je rêve). *Vous allez voir ce que vous allez voir* (menace). LOC. FAM. *On aura tout vu !* (marque l'incrédulité ou l'indignation ; cf. C'est le comble). — PAR EXT. *J'en ai vu bien d'autres !* j'ai vu pire. *En faire voir à qqn (de toutes les couleurs, des vertes* et des pas mûres),* lui causer des tourments (cf. Mener la vie dure). *Leur fille leur en a fait voir ! « il en avait trop vu et de toutes les couleurs »* SIMENON. — ELLIPT *Il en a vu, dans sa vie !* — RÉGION. (Franche-Comté, Sud-Ouest, Sud) *S'en voir :* avoir de la difficulté, subir des épreuves. ■ **3** Être, se trouver en présence de (qqn). *« Comment jugerais-je d'un homme que je n'ai vu qu'une après-midi »* ROUSSEAU. *Je l'ai vu la semaine dernière. Je l'ai déjà vu, je ne l'ai jamais vu.* ➤ **rencontrer.** *Pourrais-je voir le responsable ? Aller,* *venir voir qqn*, lui rendre visite. *Venez me voir demain. Tu devrais voir un spécialiste.* ➤ **consulter.** « *Après tout ce qui t'est arrivé, ce serait peut-être une bonne idée de voir quelqu'un* » A. POSTEL. *Médecin qui va voir ses malades ; représentant qui va voir un client.* ➤ **visiter.** *Il ne veut voir personne.* ➤ **fréquenter, recevoir.** *Je ne le vois plus, j'ai rompu avec lui.* — LOC. FAM. *Je l'ai assez vu* : je ne tiens plus à le voir. *Je ne peux pas le voir (en peinture*)*, le supporter. ♦ Trouver, rencontrer (qqch.). « *Une petite lampe comme on en voit dans les cuisines de campagne* » BOSCO. ■ **4** Regarder attentivement, avec intérêt. ➤ **examiner.** *J'ai vu le courrier* (➤ 1 **lire**) ; *j'ai vu et corrigé ce texte. Allez voir ce qui se passe à côté. Voyez ce que dit le dictionnaire,* consultez-le. *Voyez ci-dessous.* — (Médecin) *Voir un malade,* l'examiner. ♦ Prêter attention à, avoir présent à la vue. ➤ **remarquer.** *J'ai vu des fautes dans ce texte.* ➤ **découvrir.** « *laide, plate, insignifiante, une de ces filles qu'on ne voit pas* » MAUPASSANT. — SANS COMPL. Observer. *Il ne sait pas voir.* « *Apprendre à voir est le plus long apprentissage de tous les arts* » GONCOURT. — **VOIR QUE...** *J'ai vu qu'il allait tomber.* — **VOIR COMME, SI...** *Voyez comme il est grand. Il est musclé, faut voir comme ! Allons voir si elle est prête.* « *Mignonne, allons voir si la rose* » RONSARD. LOC. FAM. *Allez voir là-bas, dehors si j'y suis* : allez-vous-en (pour se débarrasser d'un importun). « *Toi, dit M. Bernard à Jacques, va voir dans la rue si j'y suis* » CAMUS. ■ **5** (ABSTRAIT) Se faire une opinion sur (qqch.). *Voyons un peu cette affaire.* ➤ **considérer, étudier.** *Il faut voir ce qu'on peut faire.* SANS COMPL. *Il faut voir, nous allons voir,* réfléchir (avant un choix). *On verra* : on décidera plus tard. *C'est tout vu* : c'est tout décidé (➤ 1 **vu**). PROV. *Qui vivra verra,* l'avenir seul permettra d'en juger (souvent en contexte fataliste). *On verra bien !* attendons la suite des évènements sans faire d'hypothèses. *Je voudrais bien voir ce qu'il ferait à ma place,* je voudrais savoir. *Il verra de quel bois* je me chauffe !* — **POUR VOIR :** pour se faire une opinion. « *Touchons un peu pour voir : en effet, c'est bien lui* » MOLIÈRE. — (En menace) *Essaie un peu, pour voir !* — **VOIR QUE, COMME, COMMENT, COMBIEN, POURQUOI...** ➤ **constater.** « *On voit bien que tu es jeune* » ZOLA. *Je vois que vous ne m'avez pas oublié. Quand il a vu qu'il avait tort...,* quand il s'en est rendu compte, quand il en a pris conscience. *Voyez comme le hasard fait bien les choses ! Tu vois combien c'est difficile. On voit mal comment il pourrait le faire.* — **VOIR SI...** ➤ **éprouver,** 1 **savoir.** *Voyez si elle accepte,* informez-vous-en. *Il faut d'abord voir, c'est à vous de voir si la chose est possible. Il téléphonait pour voir si elle était chez elle.* ♦ En incise, pour appuyer une opinion en invitant à la réflexion. « *Il n'y a qu'une opinion publique, voyez-vous : c'est celle de la Bourse* » G. DARIEN. « *Vois-tu* [...] *ce qui est beau, c'est d'être simple* » DAUDET. ♦ **VOIR** (après un verbe sans compl.). ➤ **donc.** FAM. *Voyons voir ! Regardez voir sur la table s'il y est. Dites voir.* « *Alors, explique voir* » QUENEAU. « *Attendez un peu voir, me dit Françoise* » PROUST. ♦ **VOYONS !** s'emploie en manière de reproche, pour rappeler à la raison, à l'ordre. *Calmez-vous, voyons !* « *Voyons, qu'est-ce qui vous prend ?* » MAUPASSANT. *Un peu de bon sens, voyons.* « *Il me répondit "Ben ! Voyons !" comme s'il s'agissait là d'une évidence* » SAINT-EXUPÉRY. ■ **6** Se représenter par la pensée. ➤ **concevoir, imaginer.** *Voir la réalité telle qu'elle est. C'est une manière, une façon de voir, un point de vue** personnel. *Il se voyait perdu. Je ne vous vois pas dans un bureau.* — *Nous ne voyons pas de quoi il s'agit, de qui vous parlez.* « *C'était tout juste devenu un sujet de conversation, si vous voyez ce que je veux dire* » LE CLÉZIO. *Ah ! je vois !* je comprends fort bien (souvent iron.). *Tu vois,* expression qui revient dans les dialogues, en incise. *Tu vois, je te l'avais dit ! Je ne vois plus rien à dire,* je ne trouve plus rien, il n'y a plus rien. *J'ai vu le moment où il se mettait en colère* : il a été sur le point de se mettre en colère. *Je vois un inconvénient à cela,* j'estime qu'il y a un inconvénient. *Si vous n'y voyez pas d'inconvénient* : si vous êtes d'accord, si vous le permettez. — *Voir grand* : avoir de grands projets. ♦ **VOIR... EN** (qqn), le considérer comme. *Elle voit en lui un allié.* ■ **7 AVOIR** qqch. **À VOIR** *(avec, dans)* : avoir une relation, un rapport avec (seult avec *pas, rien, peu*). *Je n'ai rien à voir dans cette affaire, là-dedans* : je n'y suis pour rien, cela ne me concerne pas. — *Cela n'a rien à voir !* c'est tout différent, ce n'est pas comparable. « *La patience n'a rien à voir avec la simple attente* » GIDE.

III ~ **v. tr. ind. VOIR À** (et inf.). Songer, veiller à. *Nous verrons à vous dédommager.* FAM. *Il faudrait voir à ne pas nous raconter d'histoires !* « *Faudra voir à pas s'y prendre trop tard, parce que je pourrai plus rien* » J. ALMIRA. — FAM. *(Il) faudrait voir à voir !* il faudrait songer à faire attention (formule d'avertissement, parfois de menace). « *Hé bé... faudra voir avec le temps... Faudra voir à voir* » Y. QUEFFÉLEC.

IV ~ **v. pron. SE VOIR** ■ **1** (RÉFL.) (début XIVe) Voir sa propre image. *Se voir dans une glace.* « *c'est le seul miroir de la maison où l'on peut se voir en pied* » ROBBE-GRILLET. ♦ (Avec l'attribut d'objet, un compl.) *Quand je me suis vue dans cet état. Elle ne s'est pas vue mourir.* ➤ **sentir.** — S'imaginer. *Ils se voyaient déjà morts* (cf. Croire sa dernière heure arrivée). *Je ne me vois pas habiter là, habitant là ; je me vois mal le suppliant,* je l'imagine mal, cela n'est guère possible ou ne me plaît guère. — (Employé comme semi-auxil.) *Elle s'est vue contrainte à renoncer* (un sujet, donc accord du p. p.), elle fut, elle se trouva contrainte. *Elle s'est vu refuser l'entrée du club,* on lui a refusé l'entrée (deux sujets, pas d'accord). ■ **2** (RÉCIPR.). (milieu XIIe) Se rencontrer, se trouver ensemble. *Ils se voient en cachette. Nous nous sommes vues récemment. Nous ne nous voyons plus.* ➤ **fréquenter.** — LOC. FIG. *Ils ne peuvent pas se voir* : ils se détestent. ➤ **se sentir.** ■ **3** (PASS.) (1559) Être, pouvoir être vu. *Un film qui se voit avec plaisir.* ♦ Être remarqué, visible. *Un accroc qui ne se voit pas.* « *une robe vert pistache informe sur quoi se voyait une broche garnie de rubis* » MANCHETTE. LOC. *Cela se voit comme le nez* au milieu de la figure.* ♦ Se rencontrer, se trouver. *Des histoires comme ça, ça se voit tous les jours,* c'est très fréquent. ➤ **arriver,** se **produire.** *Cela ne s'est jamais vu* : c'est impossible.

■ HOM. Voire ; *virent* : vire (virer) ; *visse* : visse (visser) ; *vis* : vis (1 vivre) ; *vissiez* : vissiez (visser), *viciez* (vicier).

VOIRE [vwaʀ] **adv.** – XIIe ◊ latin *vera*, adv., de *verus* « vrai » ■ **1** VX ou PLAIS. Exclamation qui marque le doute. ➤ **vraiment.** ■ **2** MOD. (employé pour renforcer une assertion, une idée) Et même. *Des mois, voire des années.* « *On s'accordait à me trouver poseur, voire insolent* » CÉLINE. *Ce modèle est inutile, voire même dangereux* (tour critiqué comme pléonasme). ■ HOM. Voir.

VOIRIE [vwaʀi] **n. f.** – 1260 ; *voierie* « basse juridiction d'un seigneur » 1170 ◊ de *voyer*, avec influence de *voie* ■ **1** Ensemble des voies aménagées et entretenues par l'administration publique. ➤ **voie** (publique). « *Les espacements exigus d'une voirie tortue et maladroite* » HUGO. ■ **2** (1283) ADMIN. Entretien des voies, des chemins. *Déviation pour travaux de voirie.* — Partie de l'administration publique qui s'occupe de l'ensemble des voies de communication. *Voirie urbaine, rurale. Permission de voirie* : autorisation de mettre en place une installation (kiosque, étalage...) sur la voie publique. *Contravention de voirie.* ♦ COUR. *Service de voirie* : entretien, nettoyage des voies publiques. SPÉCIALT Enlèvement quotidien des ordures dans les villes.

VOISÉ, ÉE [vwaze] **adj.** – 1933 ◊ de *voix* ■ PHONÉT. Qui est caractérisé par la vibration des cordes vocales. *Trait voisé. Consonne voisée* (➤ **sonore**), *non voisée* (➤ **sourd**).

VOISEMENT [vwazmɑ̃] **n. m.** – milieu XXe ◊ de *voisé* ■ PHONÉT. Résonance produite par la vibration des cordes vocales, lors de l'articulation. *Le voisement permet de distinguer les sons* [b] *et* [p].

VOISIN, INE [vwazɛ̃, in] **adj. et n.** – 1180 ◊ latin populaire °*vecinus*, de *vicinus* ■ **1** Qui est à une distance relativement petite. ➤ **proche, rapproché.** *États voisins.* « *Les jeunes gens des villages les plus voisins* » FLAUBERT. *Maisons voisines.* — Qui touche, est à côté. *La pièce voisine.* ➤ **adjacent, attenant, contigu.** — *Voisin de... Les régions voisines de l'équateur.* ♦ Proche dans le temps. *Les années voisines de 1789.* ■ **2** Qui présente un trait de ressemblance, une analogie. *Espèces voisines. Des idées voisines.* — *Voisin de...* : qui se rapproche de. *Un véhicule voisin de la bicyclette.* ➤ **ressemblant, semblable** (à). « *Dans un état voisin du somnambulisme* » MARTIN DU GARD. ➤ **approchant.** « *Une considération voisine du respect* » STENDHAL. ■ **3 n.** Personne qui vit, habite le plus près. « *Elle alla crier famine, chez la fourmi sa voisine* » LA FONTAINE. *Être voisins* (cf. Habiter porte à porte). *Des voisins bruyants. Se rendre service entre voisins. Fréquenter ses voisins.* ➤ **voisiner** (1o). *Se rendre visite en voisins.* ♦ Personne qui occupe la place la plus proche. *Voisin de table.* « *À Trouville, il fréquentait des voisins de plage* » ROMAINS. « *Mon voisin d'hôpital, le sergent* » CÉLINE. *Passe à ton voisin.* ♦ PAR EXT. Habitant d'un pays contigu ou peu éloigné. « *Se battre contre ses voisins* » VOLTAIRE. — Pays voisin. *Un voisin turbulent.* ♦ ABSOLT Le prochain. *Jalouser le sort du voisin.* ■ CONTR. Distant, éloigné, lointain. Différent, opposé.

VOISINAGE [vwazinaʒ] **n. m.** – 1240 ◊ de *voisin* ■ **1** Ensemble des voisins. ➤ **entourage.** « *Des cris effroyables s'élevaient* [...] *Le voisinage en fut révolutionné* » ZOLA. ■ **2** (1283) État de proximité (d'un lieu, d'une personne, d'une chose) par rapport à (une chose, un lieu). « *Je vais regretter le voisinage de la mer* »

SAND. ➤ proximité. «*le voisinage de l'équateur ou des pôles*» MICHELET. ◆ (1575) Relations entre voisins. «*parfois elle s'arrêtait pour prendre et donner des nouvelles, car c'est en pays d'Haïti coutume de bon voisinage*» J. ROUMAIN. *Être, vivre en bon voisinage avec qqn. Troubles, conflits de voisinage.* DR. *Trouble de voisinage.* ■ **3** Proximité dans le temps. ➤ **approche.** *Voisinage de l'hiver.* ■ **4** (1596) Espace qui se trouve à proximité, à faible distance. *Les maisons du voisinage. Se trouver dans le voisinage.* ➤ **environs, parages.** «*Trois jouvenceaux, enfants du voisinage*» LA FONTAINE. ◆ MATH. *Voisinage d'un point,* ensemble (2°) ouvert contenant ce point. ■ CONTR. Éloignement.

VOISINER [vwazine] v. intr. ⟨1⟩ – XVIe ; «fréquenter» 1180 ◇ de *voisin* ■ **1** VX ou LITTÉR. Visiter, fréquenter ses voisins. «*Elle ne recevait jamais de lettres, ni de visites, elle ne voisinait point*» BALZAC. ■ **2** *Voisiner avec* : être placé près de (qqn, qqch.). «*Je voisinais à table avec quatre agents*» CÉLINE. «*L'onyx et l'améthyste voisinaient avec le saphir et le diamant*» DANIEL-ROPS.

VOITURAGE [vwatyʀaʒ] n. m. – 1358 ◇ de *voiture* ■ VX Transport. MOD. Transport par voiture attelée.

VOITURE [vwatyʀ] n. f. – fin XIIe, au sens de «charge» (I, 2°) ◇ du latin *vectura* «action de transporter», famille de *vehere* «transporter» → véhicule, véhémence

I TRANSPORT ■ **1** VX Mode de transport. «*Les voitures d'Orient se font par des bœufs, ou des chameaux*» FURETIÈRE. ■ **2** PAR EXT. Ce qui est transporté, chargement. DR. *Lettre de voiture,* avisant d'un envoi.

II DISPOSITIF SERVANT AU TRANSPORT (fin XIIIe) **A.** VÉHICULE MONTÉ SUR ROUES, TIRÉ OU POUSSÉ PAR UN ANIMAL, UNE PERSONNE *Voiture à deux, quatre roues. Parties d'une voiture :* essieu, roue, train, caisse, limon, suspension, timon... *Voiture suspendue. Voiture attelée. Voitures utilisées pour les travaux agricoles, les transports* (➤ **carriole, 1 char, chariot, 1 charrette, fardier, haquet, jardinière, tombereau**). *Voiture de poste* (➤ **malle**). *Anciennes voitures pour voyageurs :* berline, 1 break, boghei, cab, cabriolet, calèche, carrosse, chaise, 3 coche, 1 coupé, diligence, dog-cart, fiacre, landau, mail-coach, milord, omnibus, patache, phaéton, tandem, tapecul, tilbury, tonneau, victoria. *Voiture de maître. Voiture particulière. Voiture de louage, de remise.* — *Voiture de saltimbanques.* ➤ **roulotte.** — *Conducteur d'une voiture.* ➤ **1 cocher.** — REM. Dans ce sens, pour éviter la confusion avec le sens B, on dit de nos jours *voiture à cheval, à âne,* etc. — FAM. *À pied**, *à cheval, en voiture.* ◆ *Voiture à bras :* dispositif sur roues, poussé ou tiré à force de bras. ◆ SPÉCIALT, VIEILLI *Voiture d'enfant,* dans laquelle on promène les bébés. ➤ **landau, poussette.** — VIEILLI *Voiture d'infirme, de handicapé* (propulsée avec les bras ou par un moteur). «*on vit s'avancer vers la barre des témoins un homme assis dans une voiture de handicapé*» ALEXAKIS. FAM. *Petite voiture. Quand je serai dans une petite voiture...,* vieux et infirme.

B. VÉHICULE AUTOMOBILE (*voiture automobile* fin XIXe) REM. *Voiture,* qui ne désigne que les automobiles non utilitaires, tend à supplanter *automobile* et *auto.* ➤ **automobile* ;** FAM. **bagnole, caisse,** RÉGION. **1 char, chignole, chiotte, 2 tire, trottinette.** *Moteur, châssis, carrosserie* d'une voiture. Voiture puissante. Voiture décapotable, à toit ouvrant, à hayon. Voiture à deux, quatre portes* (ELLIPT *Une deux, une quatre portes*). *Voiture thermique, électrique. Voiture autonome*. Voiture désignée par sa cylindrée, sa puissance* (une 2,4 l, une 1 100 cm³, une six-chevaux, etc.). *Voiture de place.* ➤ **1 taxi.** *Voiture de course, (de) sport, de tourisme. Voiture de fonction. Voitures publicitaires. Voiture-école. Voiture cellulaire* (cf. Panier* à salade). *Voiture de pompiers. Voiture pour transporter les malades.* ➤ **ambulance.** *Voitures militaires.* — *Voiture neuve, d'occasion. Voiture rapide* (➤ **bolide**), *nerveuse ; lente, molle* (➤ FAM. **veau**). *Voiture défectueuse, peu fiable.* ➤ RÉGION. **2 citron.** *Vieille voiture délabrée.* ➤ FAM. **guimbarde, poubelle, tacot, teuf-teuf ;** RÉGION. **bazou** (cf. Tas de ferraille*, tas de boue*). *Voiture bonne pour la casse.* — *Louer une voiture. Encombrement, files de voitures.* ➤ **bouchon, embouteillage.** — «*S'il n'y avait pas de voitures, on se demande vraiment de quoi les hommes pourraient parler*» HOUELLEBECQ. *Monter, partir, se déplacer en voiture.* FIG. et FAM. *En voiture, Simone !* invitation au départ, à l'action. *Conduire une voiture. Arrêter, garer sa voiture. Voitures en stationnement* (➤ **parc, parcage, parking**). *Entretien, réparation des voitures* (➤ **garage, station-service**). *Accident de voiture.* ◆ *Voiture-balai,* qui recueille les coureurs cyclistes qui abandonnent. *Des voitures-balais.* ◆ *Voiture-bélier :* véhicule utilisé comme bélier (3°) pour défoncer une vitrine et commettre un cambriolage. *Des voitures-béliers.* ◆ LOC. FAM. (1881) *Se ranger,* (1807) *être rangé des voitures :* avoir abandonné une activité, le plus souvent illicite ; s'assagir après avoir mené une vie dissipée. *Être maquillé(e)* comme une voiture volée.*

C. GRAND VÉHICULE, ROULANT SUR DES RAILS, DESTINÉ AUX VOYAGEURS (1829) *Voitures et wagons attelés à une locomotive.* ➤ **train.** «*Il y avait chaque jour deux trains de marchandises assez longs, formés en majeure partie de voitures découvertes*» É. GUILLAUMIN. *Voiture de tête, de queue, de première, de seconde. Voiture à deux niveaux. Compartiments, couloir, portières d'une voiture. Voiture n° 17, place 28. Voiture-lit.* ➤ **wagon-lit.** *Voiture-poste, voiture-restaurant, voiture-bar, voiture-salon,* etc. *Des voitures-lits. Les voitures du métro, du tramway.* — REM. Le langage courant emploie aussi *wagon** dans ce sens, *voiture* étant le terme administratif et technique. ◆ LOC. *En voiture !* montez dans le train ; le train va partir.

VOITURE-BAR [vwatyʀbaʀ] n. f. – v. 1970 ◇ de *voiture* et *bar* ■ Voiture d'un train aménagée en bar. *Des voitures-bars.*

VOITURÉE [vwatyʀe] n. f. – v. 1850 ◇ de *voiture* ■ Contenu d'une voiture. *Trois voiturées de bois.* — Les personnes qui sont ensemble dans une voiture.

VOITURER [vwatyʀe] v. tr. ⟨1⟩ – 1270 intr. «aller en Terre sainte» ◇ de *voiture* ■ **1** (1611) VX Transporter ; apporter. «*voiturez-nous ici les commodités de la conversation* [les fauteuils]» MOLIÈRE. ■ **2** MOD. Transporter dans une voiture. ➤ **véhiculer.** «*Leur table se couvrait de raviers bariolés et l'on voiturait un jambon dans sa conque de métal*» CHARDONNE. — SPÉCIALT Transporter (des personnes). PRONOM. «*Le meilleur carrosse pour se voiturer dans la vie*» FLAUBERT. — FAM. Transporter, mener en voiture, en automobile.

VOITURETTE [vwatyʀɛt] n. f. – 1886 ◇ de *voiture* ■ Petite voiture. «*Une marchande de quatre saisons poussant sa voiturette*» PROUST. *Voiturette automobile :* voiture légère de faible cylindrée. *Voiturette de golf.*

VOITURIER, IÈRE [vwatyʀje, jɛʀ] n. et adj. – 1213 ◇ de *voiture* ■ **1** VX ou DR. Personne qui effectue un transport. ➤ **transporteur.** *Voiturier par eau.* ◆ COMM. Conducteur d'une voiture (➤ **charretier, 1 cocher, roulier**), qui se charge du transport. *Voiturier qui transporte la marée.* ◆ MOD. Dans un hôtel, un restaurant, Employé(e) qui est chargé(e) de garer les voitures des clients. ■ **2** adj. (1283) Relatif au transport par voiture. *Bateau voiturier* ou SUBST. *un voiturier. Barque voiturière.* — MOD. Qui a rapport aux voitures. *Un centre voiturier.*

VOÏVODAT [vɔjvɔda] n. m. – *vayvodat* 1839 ◇ de *voïvode* ■ HIST. Titre, dignité de voïvode.

VOÏVODE [vɔjvɔd] n. m. – *vayvod* 1546 ◇ mot slave «chef d'armée» ■ HIST. Gouverneur militaire, et PAR EXT. Titre de gouverneur, dans les pays d'Europe orientale. ◆ En Pologne, Officier territorial aux XVe et XVIe s. ; MOD. Préfet.

VOÏVODIE [vɔjvɔdi] n. f. – 1846 ◇ de *voïvode* ■ HIST. Gouvernement d'un voïvode. ◆ MOD. En Pologne, District administratif ; province.

VOIX [vwa] n. f. – fin Xe ◇ du latin *vox, vocis* → vociférer

I PHÉNOMÈNE ACOUSTIQUE **A.** SON HUMAIN ■ **1** Ensemble des sons produits par les vibrations des cordes vocales. *Émission de la voix.* ➤ **articulation, phonation, voisement ; vocal.** *Altération, modification de la voix* (enrouement, extinction de voix, mue). *Perte de la voix :* aphonie, mutité, mutisme. *Extinction de voix.* ➤ **aphonie.** *Être sans voix :* être aphone ; FIG. rester interdit sous l'effet de l'émotion. ➤ **muet.** «*Je restai sans voix et sans mouvement*» VIGNY. — *Caractères généraux de la voix :* accent, ampleur, étendue, hauteur, inflexion, intensité, registre, tessiture, timbre, volume. *Tremblement, vibrations de la voix. Un filet de voix. Bruit, éclats de voix.* LOC. *À portée* de voix, de la voix.* — *Voix d'enfant.* ➤ **babil, gazouillement.** *Voix d'homme, de femme. Voix forte, puissante, bien timbrée, vibrante. Une grosse voix. Voix de stentor*. Voix faible, cassée, chevrotante, étouffée, sourde. Voix aiguë, criarde, perçante, stridente. Voix de crécelle, de fausset. Voix grave, basse, caverneuse, profonde, sépulcrale.* PAR MÉTAPH. *Voix de violoncelle, de basson.* — *Voix chaude. Voix blanche*. Voix claire, pure. Voix grasse, voilée. Voix enrouée, éraillée, rauque. Voix de rogomme*. Voix juste.* ◆ *Types de voix, dans le chant* (d'après le registre). ➤ **alto, baryton, 1 basse, basse-taille, colorature, contralto, 2 dessus, haute-contre, mezzo-soprano, soprano,** VX **1 taille, ténor.** *Avoir de la voix,* une voix appropriée au chant. *Sa voix descend jusqu'au fa, monte jusqu'à l'ut dièse*

(➤ **registre, tessiture**). *Forcer sa voix. Se casser* la voix. Une belle voix. Timbre*, couleur* de la voix.* — *Être en voix :* se sentir dans de bonnes dispositions pour chanter. — *Travailler*, placer* sa voix* (➤ **vocalise**). *Chanter à pleine voix.* ➤ **tue-tête** (à). *Chanter à voix nue,* sans accompagnement d'instrument (➤ **a cappella**). *Voix bien posée*. Appui de la voix. Port* de voix.* — *Voix de poitrine*. Voix de tête* ou *voix de fausset*. Voix dans le masque :* voix travaillée qui utilise les résonateurs de la poitrine (appui sur le diaphragme) et les résonateurs de la face (appui en tête). *Pièces vocales à plusieurs voix* (➤ **polyphonie**) ; *chant à voix égales* (➤ **unisson**). — *Chanteur, chanteuse à voix :* chanteur, chanteuse de variété dont les qualités résident principalement dans les performances vocales. ◆ *Voix céleste, voix humaine :* jeux de l'orgue. ➤ 2 **régale.** ◆ **LA VOIX,** organe de la parole dans ses manifestations ; façon de parler. *«la voix pathétique ou accentuée, qui sert de langage aux passions»* ROUSSEAU. *De vive voix :* en parlant ; oralement. *Je le remercierai de vive voix. Parler à voix basse, à mi-voix, à voix haute ; à haute et intelligible voix. Élever* la voix. Couvrir la voix de qqn,* en parlant plus fort que lui. *«Leurs voix à tous les deux se mêlaient et chacun voulait étouffer la voix de l'autre sous la sienne»* MODIANO. *Baisser la voix. Reconnaître la voix de qqn, reconnaître qqn à sa voix. «L'inflexion des voix chères qui se sont tues»* VERLAINE. *«se souvenir de la voix d'un mort est plus troublant que de se rappeler ses traits — rien autant que cette vibration ne détenait sa trace, rien venant de lui ne lui était plus propre»* J.-C. BAILLY. *Tousser pour s'éclaircir la voix.* PAR EXT. *«Les énormes voix des haut-parleurs»* CAMUS. — CIN. *Voix dans le champ*, hors champ* ; voix in, off*.* — *La voix,* exprimant les sentiments, les émotions. *«Sa mère le gronda [...] en prenant une grosse voix»* LOTI. *D'une voix gaie, gouailleuse, autoritaire.* ➤ 2 **ton.** LOC. *Avoir des larmes* dans la voix.* — *Voix de synthèse, voix artificielle,* reconstituée par des moyens informatiques. ▪ **2** (début XIIIe) Parole. *Obéir à la voix d'un chef.* LOC. *De la voix et du geste. «Il animait les six chanteurs de la voix et du geste»* HUGO. — ALLUS. BIBL. *«On a entendu la voix de celui qui crie dans le désert»* (BIBLE). IRON. *Entendre* des voix.* ◆ LITTÉR. *«Avant que tous les Grecs vous parlent par ma voix»* RACINE (cf. Par ma bouche). LOC. *Être la voix de son maître,* le porte-parole soumis. ▪ **3** (début XVIe) La personne qui parle (avec *dire, crier, faire*...). *«Je vous la souhaite bonne, dit une voix dans une barbe»* FRANCE. *«Feu ! dit la voix»* HUGO. ▪ **4** CIN. Personne qui double la voix d'un acteur, dans une version synchronisée de film. *La voix française d'un acteur américain.*

B. CRI ANIMAL (fin XIIe) *La voix des chiens.* ➤ **aboiement.** VÉN. *Donner de la voix :* aboyer ; FIG. (COUR.) protester. — *«La chèvre a quelque chose de tremblant et de sauvage dans la voix»* CHATEAUBRIAND. *La voix des oiseaux.* ➤ 1 **chant.** *«La voix cuivrée des crapauds»* MAUPASSANT.

C. BRUIT (fin XIe) LITTÉR. Bruit, son (d'instruments de musique, de phénomènes de la nature, de certains objets). *La voix du vent dans les arbres. «L'horloge éleva sa voix grêle et fêlée»* HUGO. *«La grosse voix du canon couvrait tout»* HUGO.

II ABSTRAIT ▪ **1** Ce que nous ressentons en nous-mêmes, nous parlant, nous avertissant, nous inspirant. ➤ **appel, avertissement, inspiration.** *La voix de la conscience, de la nature. La voix du sang*. La voix de la raison.* ➤ **avis, conseil.** *«C'est cette voix du cœur qui seule au cœur arrive»* MUSSET. *«Les Voix intérieures», recueil de Victor Hugo. «Les Voix du silence», essai d'André Malraux.* ▪ **2** (1538) VX Expression de l'opinion. ➤ **avis, jugement.** *«De la Reine et de moi que dit la voix publique ?»* RACINE. PROV. *Voix du peuple, voix de Dieu* («Vox populi, vox Dei»). MOD. *Faire entendre sa voix.* ◆ (1636) MOD. Droit de donner son avis dans une assemblée, dans un vote. *Avoir voix consultative, délibérative* (dans une assemblée). LOC. *Avoir voix au chapitre*.* — Suffrage. *Donner sa voix à un candidat,* voter pour lui. *Majorité, unanimité des voix. Gagner, faire le plein des voix.*

III EN GRAMMAIRE (1753) «Aspect de l'action verbale dans ses rapports avec le sujet, suivant que l'action est considérée comme accomplie par lui *(voix active),* ou subie par lui *(voix passive)*» (Vendryes). ➤ **forme.** *Voix pronominale.*

▪ **HOM.** poss. Voie.

1 **VOL** [vɔl] n. m. – XIIe ◇ de 1 *voler*

I ACTION, FAIT DE VOLER A. DANS LA NATURE ▪ **1** Action de voler ; ensemble des mouvements coordonnés faits par les animaux capables de se maintenir en l'air pour s'y mouvoir. *Vol des oiseaux, des insectes, de certains mammifères* (chauve-souris). SPÉCIALT Locomotion aérienne (des oiseaux). *Prendre son vol :* s'envoler. *Oiseau de haut vol,* capable de voler haut. *Suivre, regarder le vol des mouettes.* — *Tirer un oiseau au vol, en plein vol,* alors qu'il vole. ◆ Manière particulière de voler. *Vol ramé* (à battements rapides), *plané. Vol à voile,* particulier aux oiseaux à ailes longues qui utilisent les courants aériens (cf. ci-dessous, B). *«Le grand vol anguleux des éperviers rapaces»* VERLAINE. ◆ PAR MÉTAPH. Essor (de ce qui s'élance, se propage). *La calomnie «s'élance, étend son vol, tourbillonne»* BEAUMARCHAIS. LOC. *Prendre son vol :* améliorer sa position, sa situation. ➤ **essor.** POÉT. *Le vol du temps* (cf. La fuite du temps). *«Ô temps, suspends ton vol !»* LAMARTINE. — LOC. *Au vol :* rapidement au passage (au pr. ou au fig.). *Rattraper au vol un objet qui tombe. Cueillir une impression au vol. Saisir une occasion au vol.* — *De haut vol :* de grande envergure. *Un filou, un escroc de haut vol.* ➤ **volée.** — *À vol d'oiseau*.* ▪ **2** PHYS. *Temps de vol d'une particule,* temps nécessaire pour effectuer son libre parcours moyen. ▪ **3** Distance parcourue en volant par un oiseau, un insecte ; le fait de voler d'un lieu à un autre. *Les vols migrateurs des oies sauvages. «Les colombes et les hirondelles ouvraient leurs grands vols du soir»* BARRÈS. ▪ **4** PAR MÉTON. (1774) La quantité d'oiseaux, d'insectes qui se déplacent ensemble dans l'air. ➤ **volée.** *Un vol de grues, de canards, de moucherons, de sauterelles* (➤ **nuage**). *«Comme un vol de gerfauts hors du charnier natal»* HEREDIA.

B. AVIONS, ENGINS SPATIAUX (1863) Le fait, pour un engin, de se soutenir et de se déplacer dans l'air. *Ailes, dispositif de propulsion permettant le vol. Altitude, vitesse de vol. Vol des avions, des hélicoptères, des engins spatiaux. Vol spatial habité. «Vol de nuit», roman de Saint-Exupéry.* — *Vol horizontal, en palier. Vol acrobatique. Vol plané*. Vol à haute altitude ; en rase-motte ; au-dessus d'un lieu* (➤ **survol**). *Conditions, incidents de vol. Vol de réception,* pour tester la conformité d'un appareil neuf. *En vol, en plein vol :* pendant le vol (se dit de l'engin, de son pilote, des passagers). *Avion qui explose en vol.* — *Heures de vol,* accomplies par un(e) professionnel(le) de l'aviation ; FIG. expérience dans un domaine professionnel, le domaine amoureux. *«Visiblement bien plus expérimenté, plus à l'aise que moi menottes aux poignets (quelques heures de vol derrière lui)»* PH. JAENADA. — *Vol sans moteur* (des planeurs). — **VOL À VOILE :** manœuvre des engins plus lourds que l'air et sans moteur, qui planent. ➤ 2 **planeur ; vélivole.** ◆ Déplacement en vol. *Vol libre,* au moyen d'un deltaplane, sans moteur ni traction. — Le sport ainsi pratiqué (➤ **deltiste, libériste**). *Vol d'essai :* essai en vol d'un prototype. — *Vol de reconnaissance, d'observation, de bombardement. Le vol en provenance de New York est retardé. Le vol Paris-Montréal.* ➤ RÉGION. **envolée.** *Vol sans escale*, direct*. Vol sec*. Vols domestiques* (ANGLIC.), à l'intérieur du pays. *Vols longue distance, long-courriers. Vols low cost.* ◆ SPORT *Vol relatif :* discipline du parachutisme consistant en l'exécution de figures par plusieurs sauteurs.

II SENS ANCIENS OU TECHNIQUES ▪ **1** (1375) ANCIENNT Chasse avec des oiseaux de proie. ➤ **fauconnerie, volerie.** *«il nourrissait encore l'ambition de restaurer en France, le sport oublié de la chasse au vol»* BERNANOS. *Vol à la renverse* (lâcher de l'oiseau à la rencontre de la proie), *à la source* (lâcher au moment du départ de la proie). ◆ Équipage des oiseaux de proie utilisés pour la chasse. ▪ **2** Envergure d'un oiseau. ◆ BLAS. Figure de deux ailes d'oiseau. *Demi-vol :* une seule aile.

▪ **HOM.** Vole.

2 **VOL** [vɔl] n. m. – 1610 ◇ de 2 *voler* ▪ **1** Le fait de s'emparer du bien d'autrui (➤ 2 **voler**), par la force ou à son insu ; action qui consiste à soustraire frauduleusement le bien d'autrui. ➤ **appropriation** (2°), **détournement** (2°) **; brigandage, cambriolage, escroquerie, larcin, maraudage, pillage, rapine ;** FAM. **arnaque, fauche.** *«Pour le pauvre, le vol n'est plus ni un délit, ni un crime, mais une vengeance»* BALZAC. *Commettre un vol.* DR. *Vol simple, vol aggravé. Vol avec effraction. Vol à main armée* (➤ **attaque, hold-up**). *Vol à la tire*, à l'arraché*. Vol à la roulotte*. Vol à l'étalage. Vol en réunion. Vol domestique,* commis par un employé au détriment de son entreprise, par un parent au détriment de sa famille. *Vol à la fausse qualité*. «Le crime n'aurait pas eu le vol pour mobile»* GIDE. *Assurances contre le vol. Dispositif de sécurité contre le vol.* ➤ **antivol.** ▪ **2** Le fait de prendre à autrui plus qu'il ne doit, ou de ne pas donner ce que l'on doit (➤ **fraude, grivèlerie, resquille**). *«un jeu subtil d'amendes, de retenues, de petits vols»* NIZAN. *«Les vols de l'agio»* ZOLA. — Le fait de prendre des bénéfices excessifs. *Cent euros, ce repas ; c'est du vol, c'est un vol manifeste !* ➤ **escroquerie.** *C'est du vol organisé !*

VOLAGE [vɔlaʒ] adj. – début XIIIe ; «qui vole» fin XIIe ◇ latin *volaticus* «qui vole, a des ailes», fig. «fugitif» ■ **1** Qui change aisément, souvent, de sentiment ; qui se détache facilement. ➤ **changeant***. *«Étourdi, pétulant, volage»* ROUSSEAU. — SPÉCIALT (dans les affections amoureuses) ➤ **frivole, inconstant, infidèle, léger.** *«Ce trop volage mari»* HENRIOT. *«Volage adorateur de mille objets divers»* RACINE. — PAR EXT. *«Une humeur un peu volage, un désir d'aller et venir»* ROUSSEAU. *Cœur volage.* ■ **2** MAR. *Navire volage,* instable. *«rendre la pirogue moins volage»* BOUGAINVILLE. ■ CONTR. Constant, fidèle.

VOLAILLE [vɔlaj] n. f. – 1531 ; *voleille* «oiseau» XIIIe ◇ latin *volatilis* → 1volatile ■ **1** Ensemble des oiseaux qu'on élève pour leurs œufs ou leur chair. *Élevage de la volaille.* ➤ **aviculture.** *Les poules, les canards, oies, dindons sont de la volaille. Marché à la volaille.* ♦ Viande de volaille. *Manger de la volaille. Chaud-froid, galantine, quenelles de volaille.* ■ **2** (1317) *Une volaille :* oiseau de bassecour. ➤ 2**volatile.** *Élever, engraisser, nourrir des volailles. Cage, perchoir, mangeoire à volailles. «S'occuper de ses volailles, les six cents bêtes, poules, canards, pigeons, qui voletaient, cancanaient»* ZOLA. *Plumer, flamber, trousser, vider une volaille. Volaille rôtie, bouillie. Parties d'une volaille découpée :* aile, blanc, carcasse, cou, croupion, cuisse, pilon, sot-l'y-laisse. ■ **3** FAM. et PÉJ. Groupe de femmes, de jeunes filles. *«si vous mesurez plus d'un mètre quatre-vingt-cinq toute la volaille sera à vos pieds»* TOURNIER. ♦ (1808) POP. VX Fille de mauvaise vie. ➤ 1**poule.** — ARG. Femme, fille.

VOLAILLER, ÈRE [vɔlaje, ɛʀ] n. – 1690 ◇ de *volaille* ■ Marchand(e) de volailles et de gibier (fém. rare).

VOLAILLEUR, EUSE [vɔlajœʀ, øz] n. – 1821 ◇ de *volaille* ■ TECHN. Éleveur de volailles ; aviculteur spécialisé dans la production de volailles.

1**VOLANT, ANTE** [vɔlɑ̃, ɑ̃t] adj. – XIIe ◇ de 1*voler* ■ **1** Capable de s'élever, de se déplacer dans les airs (pour un être ou un objet qui n'en est pas capable, en règle générale). ➤ **aérien.** *Poisson volant.* ➤ **exocet.** *Reptiles volants* (fossiles). *Écureuil volant. — Tapis volant des légendes orientales. Soucoupe* volante. Objet volant non identifié.* ➤ **ovni.** ♦ (Dans l'aviat.) *Le matériel volant. Machines volantes, appareils volants :* les premiers engins aériens «plus lourds que l'air». *Forteresse* volante. — Personnel volant* (opposé à *rampant*). ➤ **navigant.** SUBST. *Les volants.* ■ **2** LITTÉR. Qui semble voler. *Draperie volante* (PEINT.), agitée par le vent. *«Les ombres volantes, immenses, des balançoires»* ARAGON. ■ **3** (1414) Qui peut être déplacé facilement, rapidement. *Camp* volant. Escalier, pont volant.* ➤ **mobile.** — MAR. *Manœuvres volantes* ou *courantes* (opposé à *dormant, fixe*). ♦ *Feuille* (de papier) *volante,* détachée. ■ **4** Qui n'est pas à un poste fixe, intervient en fonction des besoins. MILIT. *Brigade volante. «l'escadron volant des chèvres, toujours prêtes à s'égailler»* TOURNIER. — *Équipe volante. Secrétariat volant. Infirmière volante. Gardien de but volant.*

2**VOLANT** [vɔlɑ̃] n. m. – 1366 ◇ de 1*voler* ■ **1** VX Aile de moulin à vent. *Les quatre volants forment la voilure.* ■ **2** (1604) Petit morceau de liège, de bois léger, de plastique, muni de plumes en couronne, destiné à être lancé et renvoyé à l'aide d'une raquette. — PAR EXT. Jeu qui se joue avec des raquettes et un volant. *Jouer au volant.* ➤ **badminton.** ■ **3** (XVIIe ; argot «manteau» fin XVIe) Bande de tissu libre à un bord et formant une garniture rapportée. *Volant froncé, plissé, plat. Jupe, robe à volants.* ➤ **falbala.** *Volant de rideau.* ■ **4** (1461) TECHN. Pièce formée de palettes montées sur un axe et qui, en tournant, régularise le mouvement de sonnerie d'une pendule. ♦ (1835) Roue de grand diamètre dont la masse en rotation sert à régulariser l'allure d'un moteur. *Volant d'une machine à vapeur, d'un moteur à explosion. Volant magnétique :* volant aimanté pour produire le courant d'allumage. ♦ FIG. *Volant de sécurité :* ce qui sert à régulariser ou à entretenir un processus. ➤ **marge, réserve.** *Un volant de crédits. Un volant de chômage.* ■ **5** (1860) COUR. Dispositif en forme de roue qui, par l'intermédiaire d'engrenages et d'une timonerie (direction), sert à orienter les roues directrices d'une automobile. *Tenir le volant, être, se mettre au volant :* conduire. *Manœuvrer le volant* (➤ **braquer, redresser**). *Un brusque coup de volant. — Service au volant :* recomm. offic. pour *drive-in.* — PAR EXT. (1903) Conduite, manœuvre des automobiles. *Les as du volant.* ■ **6** (1743) CHASSE Perche sur laquelle les oiseleurs disposent les gluaux. *Chasse aux volants.* ■ **7** (1873) Partie détachable d'un carnet à souches. *Le volant et le talon.* ■ **8** BOT. *Volant d'eau.* ➤ **myriophylle.**

VOLAPUK [vɔlapyk] n. m. – *volapük* 1879 ◇ de *vola,* génitif de *vol* dans cette langue (anglais *world* «monde») et *pük* (anglais *speak* «parler»), proprt «langue du monde» ■ Une des langues internationales artificielles (cf. Espéranto). — FIG. et PÉJ. Mélange de langues.

VOLATIL, ILE [vɔlatil] adj. – XVIIe «qui vole» ; hapax XIVe ◇ latin *volatilis* ■ **1** Qui passe spontanément ou facilement à l'état de vapeur. *Liquide, solide volatil. L'éther est volatil. «Les parties les plus volatiles des matières combustibles»* BUFFON. *Alcali* volatil :* l'ammoniaque. ♦ FIG. et LITTÉR. Qui s'évapore, disparaît facilement. *«La spécifique et volatile essence* [du bonheur perdu]*»* PROUST. ♦ INFORM. *Mémoire volatile,* ne conservant pas les informations lors d'une coupure de l'alimentation. *Mémoire non volatile.* ■ **2** ÉCON., FIN. Qui paraît surévalué, présente une certaine volatilité (2°). *Valeurs, monnaies volatiles. Cours volatils.* ■ HOM. Volatile.

1**VOLATILE** [vɔlatil] adj. – v. 1380 ◇ latin *volatilis* ■ VX Qui peut voler, qui a des ailes. *«Le canard, ce porc de la gent volatile»* HUGO. ♦ LITTÉR. Formé d'oiseaux. *«Des tribus volatiles de toutes les espèces»* L. BERTRAND. ■ HOM. Volatil.

2**VOLATILE** [vɔlatil] n. m. – XVIIe n. f. ◇ de l'ancien français *volatilie, volatille* (XIe) «ensemble des oiseaux», puis «oiseaux comestibles» ■ VIEILLI Oiseau. ♦ MOD. Oiseau domestique, de bassecour. ➤ **volaille** (2°).

VOLATILISATION [vɔlatilizasjɔ̃] n. f. – 1641 ◇ de *volatiliser* ■ **1** Le fait de passer à l'état gazeux. ➤ **sublimation.** ■ **2** FIG. Disparition.

VOLATILISER [vɔlatilize] v. tr. ⟨1⟩ – 1611 ◇ de *volatil* ■ **1** Faire passer à l'état gazeux. ➤ **vaporiser ; sublimer.** — adj. **VOLATILISABLE,** 1823. ♦ FIG. Faire disparaître. *«La pensée humaine, volatilisée par la presse»* HUGO. ■ **2 SE VOLATILISER** v. pron. (1774) Passer à l'état de vapeur. ➤ **se vaporiser.** ♦ (1898) FIG. Se dissiper, disparaître. ➤ **s'évaporer.** *«au dessert, il semblait qu'elle se volatilisât»* MAURIAC. ➤ **s'éclipser.**

VOLATILITÉ [vɔlatilite] n. f. – 1641 ◇ de *volatil* ■ **1** Propriété de ce qui est volatil ; aptitude à se vaporiser. ■ **2** ÉCON., FIN. Grande réactivité d'une valeur, d'une monnaie, etc. ➤ **instabilité, versatilité.**

VOL-AU-VENT [vɔlovɑ̃] n. m. – 1800 *vol au vent* ◇ de 1*voler,* à cause de la pâte légère (feuilletée), et *vent* ■ Entrée formée d'une croûte ronde de pâte feuilletée garnie d'une préparation de viande ou de poisson en sauce, avec des champignons, des quenelles, etc. ➤ **timbale.** *Vol-au-vent financière. Petit vol-au-vent* (cf. Bouchée* à la reine). *Des vols-au-vent* [vɔlovɑ̃] ou *des vol-au-vent* (inv.).

VOLCAN [vɔlkɑ̃] n. m. – *vulcan* 1575, puis *volcan* 1598 ◇ de l'espagnol *volcan,* appliqué aux «montagnes de feu» de l'Amérique (1524), du latin *Vulcanus* «Vulcain», par l'arabe *burkān.* Au XIVe s., *vulcan* apparaît une seule fois ; c'est un emprunt direct au latin ■ **1** COUR. Montagne qui émet ou a émis des matières en fusion. *Le feu, la flamme des volcans. Bouche d'un volcan :* le cratère. *«La présence d'un volcan, même éteint, imprime toujours au paysage quelque chose d'étonnant et de tragique»* STENDHAL. ♦ GÉOGR., GÉOL. Orifice de l'écorce terrestre d'où s'échappent des gaz et des roches liquéfiées qui proviennent d'un magma* et qui édifient en général un relief montagneux de forme conique. *Base, cône, cheminée, cratère, caldeira d'un volcan. Volcan sans cratère,* ou *volcan-dôme. Volcan de type hawaïen* ou *volcan-bouclier ; de type strombolien* ou *stratovolcan ; de type vulcanien, péléen. — Activité des volcans :* montée du magma, séismes, fracturation du cône, éruption. *Matières projetées par les volcans :* gaz, fumerolles, matières solides (blocs, bombes, débris ; cendres, lapilli...), liquides (➤ **lave**). *Étude des volcans* (➤ **volcanologie**). *Volcan actif, en activité. Réveil d'un volcan. Volcan sous-marin.* ➤ 1**guyot.** ■ **2** FIG. ou PAR COMPAR. Violence impétueuse, dangereuse, qui se manifeste ou reste cachée. *«Mon imagination est un volcan»* J. CAZOTTE. *«Nos passions sont comme les volcans»* FLAUBERT. ♦ Danger imminent. *«Nous dansons sur un volcan»* SALVANDY (à la veille de la révolution de 1830). *«Le char de l'État navigue sur un volcan»* H. MONNIER (phrase du personnage Joseph Prudhomme, souvent rappelée comme type de métaphore incohérente, ridicule).

VOLCANIQUE [vɔlkanik] adj. – 1778 ◇ de *volcan* ■ **1** Relatif aux volcans et à leur activité ; qui fait partie, qui provient d'un volcan. *Activité, éruption volcanique. Bouche, cheminée, cône volcanique. Rocher, aiguille, dôme volcanique. Déjections, projections volcaniques, de matières volcaniques. Roches vol-*

caniques. ➤ **éruptif, magmatique ; basalte, lave, obsidienne.** — Qui comporte des volcans. *Arc, région, relief volcanique.* ▪ **2** (début XIXe) Ardent, impétueux. ➤ 1**explosif.** *Tempérament volcanique.* ➤ **éruptif.** *« J'imaginais l'amour comme quelque chose de volcanique »* GIDE.

VOLCANISME [vɔlkanism] **n. m.** – 1842 var. vieillie *vulcanisme* ◊ de *volcan* ▪ Ensemble des manifestations volcaniques. *Produits du volcanisme* (roches volcaniques).

VOLCANOLOGIE [vɔlkanɔlɔʒi] **n. f.** – 1890 *association internat. de volcanologie* ; variante vieillie *vulcanologie* 1910 ; cf. anglais *vulcanology* (1858), puis *volcanology* (1886) ◊ de *volcan* ou latin *vulcanus* et *-logie* ▪ DIDACT. Science qui étudie les phénomènes volcaniques, leurs causes, leur mécanisme. — **adj. VOLCANOLOGIQUE. n. VOLCANOLOGUE.**

VOLE [vɔl] **n. f.** – 1534 ◊ de 1*voler* ▪ Aux cartes, Coup où l'un des joueurs fait toutes les levées (cf. Chelem, au bridge). *Faire, manquer la vole.* ▪ **HOM.** Vol.

VOLÉ, ÉE [vɔle] **adj.** – p. p. de 2*voler* ▪ **1** Pris par un vol. *Objets volés. « La Lettre volée », conte d'Edgar Poe.* ▪ **2** Dépouillé par un vol. SUBST. *Le voleur et le volé.* ♦ PAR EXT. Où un vol a eu lieu. *« Une servante de la maison volée souffla aux oreilles de ses maîtres, que je pourrais bien être un des voleurs »* RESTIF.

VOLÉE [vɔle] **n. f.** – 1191 ◊ de 1*voler*

I LE FAIT DE VOLER (OISEAUX) ▪ **1** Le fait de voler (1) ; distance parcourue par un oiseau en un seul vol. ♦ SPÉCIALT Envol, essor. *Oiseaux éparpillés dans la volée. Prendre sa volée* ; FIG. s'affranchir, s'émanciper (cf. Voler de ses propres ailes*). — *Donner la volée à un oiseau,* le lâcher, le laisser aller. ♦ LOC. VIEILLI (XIIIe) *À la volée :* d'un seul coup, sans hésiter ; à la légère. *« Il faut procéder avec circonspection et ne rien faire, comme on dit, à la volée »* MOLIÈRE. — *D'une seule volée :* en une fois, sans s'interrompre. ▪ **2** Groupe d'oiseaux qui volent ou s'envolent ensemble. ➤ 1**vol.** *« nous ne rencontrâmes absolument rien, si ce n'est des volées de frégates, de goélands et de pétrels qui passaient auprès de nos vaisseaux »* LAPÉROUSE. ♦ Groupe, troupe (de personnes). ➤ **essaim** (FIG.). *Une volée d'enfants.* — (Suisse) Élèves d'une même promotion. *La dernière volée d'infirmières.* ▪ **3** FIG. (XVIIe) Rang, qualité. VX *Gens de la première, de la haute volée.* ♦ MOD. *De haute volée :* de haut rang, de haute condition ; de grande envergure (cf. De haut vol*). *Une cuisine de haute volée.*

II MOUVEMENT DE CE QUI EST LANCÉ ▪ **1** (1690) Mouvement rapide ou violent (de ce qui est lancé, jeté ou balancé : projectiles, cloches). *Une volée de flèches. « Mademoiselle fit tirer ce jour-là quelques volées de canon de la Bastille »* SAINTE-BEUVE. ➤ **décharge,** 1**salve.** — TECHN. Mouvement d'un marteau soulevé, qui retombe sur la pièce à travailler. ♦ **À LA VOLÉE ; À TOUTE VOLÉE :** en faisant un mouvement ample, souvent avec force. *Semer à la volée. Lancer à toute volée. Gifler qqn à toute volée. Refermer une porte à la volée. « Dans la sonnerie à toute volée, chaque cloche se balance suivant sa grandeur »* ALAIN. ▪ **2** Mouvement de ce qui a été lancé et n'a pas encore touché le sol (dans quelques expr.). *Balle en volée, de volée. Attraper une balle à la volée,* en l'air (cf. Au vol*). — *Reprendre la balle de volée, au football, au volleyball*. Arrêt* de volée* (rugby). ♦ *Une volée :* coup par lequel on renvoie une balle avant qu'elle n'ait touché le sol. SPÉCIALT, TENNIS (opposé à *1 drive*) *Volée de revers. Volée haute. Reprise de volée. Demi-volée,* quand la balle est reprise immédiatement après avoir touché le sol. *Jouer à la volée.* ➤ **volleyer.** ▪ **3** (XVIIe) Suite de coups rapprochés. *Volée de coups de bâton.* LOC. *Volée de bois vert :* coups de bâton ; FIG. attaques, critiques violentes. *« comme il eût été ridicule de m'en prendre à mes juges, une envie de volée de bois vert me resta dans les poignets »* GRACQ. — FAM. et ABSOLT *Donner, flanquer, recevoir une volée, une bonne volée.* ➤ FAM. OU POP. **dégelée, dérouillée,** VX **frottée, peignée,** 2**pile, raclée, ratatouille, rossée, roulée,** RÉGION. **rouste, tannée, tournée,** 1**trempe, tripotée.** *« On se flanqua une volée en règle, on se tapa même si dur [...] »* ZOLA.

III SENS TECHNIQUES ▪ **1** (1321 « appareil de suspension pour les cloches ») Pièce ou partie (d'un appareil, d'un dispositif) qui permet un mouvement. ♦ Support de la poulie d'une grue. ♦ Partie d'un tube de canon la plus rapprochée de la bouche. ♦ Pièce transversale, à l'avant du train d'une voiture ou au bout du timon. ▪ **2** Partie d'un escalier qui s'élève d'un palier à l'autre. *Une volée de marches. « sur les escaliers tout là-haut, volée après volée, sur les terrasses, je les voyais virevolter, les robes »* P. MICHON.

VOLÉMIE [vɔlemi] **n. f.** – 1968 ◊ de *volume* et *-émie* ▪ PHYSIOL. Volume sanguin total (globules et plasma).

1**VOLER** [vɔle] **v.** ‹1› – v. 900 ◊ latin *volare*

I ~ v. intr. A. SE DÉPLACER DANS LES AIRS ▪ **1** Se soutenir et se déplacer dans l'air au moyen d'ailes. *Animaux capables de voler :* oiseaux, insectes, quelques mammifères (chauves-souris). *Façons de voler.* ➤ 2**planer, voleter, voltiger.** *Voler en rasant le sol, à tire-d'aile.* — LOC. *On entendrait une mouche* voler.* FIG. *Vouloir voler avant d'avoir des ailes :* vouloir entreprendre qqch. avant d'en avoir les moyens. *Voler de ses propres ailes*.* FAM. *Se voler dans les plumes* (se battre comme des oiseaux qui s'attaquent). *Il lui a volé dans les plumes*.* ▪ **2** PAR ANAL. (fin XIXe) Se soutenir et se déplacer au-dessus du sol (ballons, et surtout engins plus lourds que l'air). *Voler à haute altitude. Voler en rase-motte. Voler au-dessus d'une ville.* ➤ **survoler.** — PAR EXT. Se trouver dans un appareil en vol, SPÉCIALT quand on fait partie de l'équipage. Effectuer des vols. *Pilote qui a cessé de voler. « C'est mon avion. Et j'étais fier de lui apprendre que je volais »* SAINT-EXUPÉRY. — FIG. *Ça vole bas*.* ▪ **3** (1080) Être projeté dans l'air. *Flèche, pierre, balle qui vole.* — PAR MÉTAPH. *« Les menaces volaient et se croisaient »* HUGO. — LOC. **VOLER EN ÉCLATS :** éclater de manière que les éclats volent au loin ; se briser en menus morceaux. FIG. *« Le silence intemporel de l'endroit vole en éclats »* M. DIB. ♦ S'élever en l'air ou tomber lentement (de manière à rester un temps en suspension). ➤ 1**flotter.** *« Souffle, bon vent ! blanche écume, vole ! »* JARRY. *Le vent fait voler les flocons, la poussière. Voler en l'air, au vent,* se dit d'étoffes, de vêtements, de voiles légers.

B. SE DÉPLACER RAPIDEMENT ▪ **1** (XIIe) VIEILLI Aller très vite (d'une telle vitesse qu'on semble « ne pas toucher terre »). ➤ **courir, se presser.** *« Son petit cheval volait »* NERVAL. — SPÉCIALT S'élancer. *« je volais d'un bout du salon à l'autre pour lui ramasser son mouchoir »* BALZAC. *Voler vers qqn, dans ses bras. « Va, cours, vole, et nous venge »* CORNEILLE. — MOD. LOC. *Voler au secours de qqn. Voler au secours de la victoire :* n'agir qu'après avoir la certitude d'un succès acquis par d'autres. ▪ **2** (1226) Se propager rapidement (dans quelques expr.). *« Cette promesse vole bientôt de bouche en bouche »* RIVAROL. — LOC. PROV. *Les paroles volent* (ou *s'envolent*), *les écrits restent.* ▪ **3** (XIVe) LITTÉR. Passer rapidement, s'écouler. *Le temps vole.* ➤ **fuir.**

II ~ v. tr. (XIIe « chasser en volant ») VX Poursuivre ou chasser (une proie) en volant. *Ils se servent « du tiercelet de faucon [...] pour voler les perdrix, pies, geais »* BUFFON.

2**VOLER** [vɔle] **v. tr.** ‹1› – 1540 ; on disait *rober* (→ dérober) ◊ de 1*voler* (II), employé à propos du faucon qui attaque un autre oiseau

I VOLER QQCH. ▪ **1** Prendre (ce qui appartient à qqn), contre le gré ou à l'insu de qqn. ➤ **chaparder, dérober, s'emparer, escamoter, filouter, marauder, piller, prendre, ravir, soustraire, subtiliser ;** FAM. **barboter, carotter, chiper, choper, chouraver,** 1**faire, faucher, piquer, rafler, ratiboiser, taxer, tirer** (cf. Faire main* basse sur). *Pickpocket qui vole une montre, un portefeuille à un passant. On lui a volé, il s'est fait voler sa voiture. Voler de l'argent, mille euros. Voler des valeurs, des fonds.* ➤ **détourner ; frauder.** PROV. *Qui vole un œuf vole un bœuf :* la personne qui commet un petit larcin finira par en commettre de grands. — PAR EXT. *Voler et séquestrer un enfant.* ➤ **enlever, kidnapper.** ♦ ABSOLT Commettre un vol. *Tu ne voleras pas* (un des dix commandements). *Voler à main armée* (➤ FAM. **braquer**), *avec effraction* (➤ **cambrioler**). *Le cleptomane ne peut s'empêcher de voler. « Il ne leur restait plus qu'à crever de faim ou à voler »* CALAFERTE. ▪ **2** S'approprier (ce à quoi on n'a pas droit). *« Et par un imposteur me voir voler mon nom »* MOLIÈRE. *Voler un titre, une réputation.* ➤ **usurper.** FAM. *Voler un point,* l'obtenir par hasard au jeu, sans l'avoir mérité. *Voler la vedette à qqn,* occuper le premier plan à sa place. — *Voler un baiser.* ➤ **dérober.** — LOC. FAM. *Il ne l'a pas volé :* il l'a bien mérité (cf. C'est bien fait* pour lui). ▪ **3** FIG. Donner comme sien (ce qui est emprunté). ➤ **s'approprier, s'attribuer, copier, plagier.** *Voler une idée, un sujet.* — *« Gredin ! Tu m'as volé ma phrase ! »* BALZAC.

II VOLER QQN ▪ **1** Dépouiller (qqn) de son bien, de sa propriété. ➤ **cambrioler, délester, déposséder, dépouiller, détrousser, dévaliser.** *Voler qqn sous la menace.* ➤ **racketter.** PAR EXT. Priver (qqn) de ce qui lui revient, par ruse. ➤ **escroquer, flouer, gruger, léser, posséder ;** FAM. **arnaquer,** 1**avoir, entôler, pigeonner, plumer, refaire, rouler, truander.** *« C'est qu'on me vole, c'est qu'on me pille »* LESAGE. *« Il passait son temps à vérifier si on le volait »* ARAGON. — PRONOM. *« Les voleurs finissent toujours par se voler entre eux »* R. ROLLAND. ▪ **2** Ne pas donner ce que l'on doit ou prendre plus qu'il n'est dû à (qqn). *Voler le client.* ➤ **escroquer, étriller ;** FAM. **arnaquer, empiler, estamper, rouler, tondre.** *Il nous a volés comme dans un bois,* sans que nous puissions nous défendre. ABSOLT *Voler sur le poids.* — SPÉCIALT et FAM. Ne pas tenir ses promesses. *On n'est pas volé, on en a pour son argent :* on n'est pas déçu. *« se croyant volés d'une bonne moitié de la cérémonie »* ZOLA. ➤ **frustrer.**

VOLERIE [vɔlʀi] n. f. – XIIe ◊ de 1 voler (II) ■ ANCIENNT Chasse avec des oiseaux de proie. ➤ **fauconnerie.** *Haute et basse volerie.*

VOLET [vɔlɛ] n. m. – XVe « assiette de bois » ; XIIIe « voile, ruban » ◊ de 1 voler (I, 2°) ■ **1** (1542) VX Petite tablette, planchette servant à trier des graines, de petits objets. — MOD. LOC. *Trier sur le volet :* choisir avec le plus grand soin. FIG. *Des invités triés sur le volet.* ■ **2** (1611) COUR. Panneau (de menuiserie ou de métal) qui, placé à l'intérieur, sert à protéger le châssis d'une fenêtre, à intercepter la lumière. *Fermer au volet.* PAR EXT. Tout panneau, ou battant qui protège une baie (à l'extérieur ou à l'intérieur). ➤ **contrevent, jalousie, persienne.** *Volets de bois, de fer. Ouvrir, fermer les volets. « Moi, l'étrange humain qui [...] vis les volets clos »* PROUST. *Volets qui battent. « Les volets, percés de trèfles et de cœurs »* BEAUVOIR. MAR. *Volet d'un hublot, d'un sabord.* ◆ Vantail, aile (d'un retable). *Panneau central et volets d'un triptyque.* ◆ Chacune des parties reliées d'un document. *Permis de conduire en trois volets.* FIG. *Plan, projet en plusieurs volets.* ➤ 1 **pan, partie, subdivision.** ■ **3** (1676) TECHN. Ailette (d'une roue à aubes). — Panneau articulé. *Volets des anciens capots à ouverture latérale. « Elle abaissa le volet du capot »* BEDEL. — (1914) *Volet de carburateur,* y réglant l'arrivée de l'air. ◆ (1949) AVIAT. Partie d'une aile ou d'une gouverne orientable sur un axe parallèle à l'envergure et destinée à modifier les conditions de vol. *Volets de freinage. Ouvrir, sortir les volets* (➤ **extrados, intrados**). — *Volets de courbure d'un parachute.* ■ HOM. Volley (volleyball).

VOLETANT, ANTE [vɔl(ə)tɑ̃, ɑ̃t] adj. – 1889 ◊ de voleter ■ Qui vole çà et là. FIG. *Des « pensées voletantes »* ROMAINS.

VOLETER [vɔl(ə)te] v. intr. ‹4 /5/› – XIIe ◊ de 1 voler ■ **1** Voler à petits coups d'aile, en se posant souvent, en changeant fréquemment de direction. ➤ **voltiger.** *« les chauves-souris voletant dans la chapelle en ruines »* MAUROIS. *« Des papillons de nuit voletaient autour des lampions »* MARTIN DU GARD. ■ **2** (XIIIe) FIG. et LITTÉR. Flotter au vent. *Rubans qui volettent au vent.* — S'agiter d'un mouvement semblable à celui des ailes. *« La cheminée où voletaient encore les dernières flammes »* DUHAMEL. — n. m. RARE **VOLETTEMENT** ou **VOLÈTEMENT.** ■ HOM. Volter.

VOLETTE [vɔlɛt] n. f. – 1803 ◊ de 1 voler ■ Claie, éclisse servant à égoutter les fromages. ◆ Grille circulaire sur laquelle on place une pâtisserie à la sortie du four ou en présentation dans une vitrine.

VOLEUR, EUSE [vɔlœʀ, øz] n. et adj. – 1549 ◊ de 2 voler ; volleur « chasseur au vol » (1516), semble avoir été pris par métaph. pour désigner des mauvais garçons

I n. ■ **1** Personne qui s'approprie ou s'est appropriée, par ruse ou par force, le bien d'autrui. SPÉCIALT Personne qui tire ses ressources de délits de vol. ➤ **malfaiteur ;** VX **larron.** *Voleurs de grand chemin,* qui opéraient sur les grandes routes. ➤ **brigand, détrousseur, malandrin.** *Bande de voleurs.* ➤ **bandit, gangster.** *Repaire de voleurs. La Cour des miracles, cité de voleurs.* ➤ **truand** (2°). — *« Un voleur de fruits, un maraudeur »* HUGO. — *Voleur par effraction, dans les maisons* (➤ **cambrioleur**), *dans les voitures* (➤ **roulottier**). *Voleur à la tire.* ➤ **escamoteur, pickpocket.** *Le voleur et le recéleur. L'argot, le milieu des voleurs* (➤ **milieu, pègre**). *Crier au voleur. Au voleur ! Poursuivre, arrêter, capturer un voleur, une voleuse. S'enfuir comme un voleur. Un voleur, une voleuse d'enfants.* ➤ **kidnappeur, ravisseur.** — *Jouer au gendarme et au voleur* (jeu de poursuite). ■ **2** Personne qui dérobe ou détourne à son profit l'argent d'autrui (sans prendre d'objet matériel). ➤ **aigrefin, escroc, filou.** — Personne qui prend plus qu'il ne lui est dû, qui ne donne pas ce qu'elle doit. ➤ **malhonnête.** *Ce commerçant est un voleur.*

II adj. ■ **1** Qui a l'habitude de voler, une tendance à voler. *Être voleur comme une pie. La pie voleuse. « La domesticité est si voleuse ici, que tout est enfermé »* GONCOURT. ■ **2** *Douille voleuse :* dispositif s'enfichant dans une douille et permettant de prélever une partie du courant destiné à l'ampoule.
■ CONTR. Honnête.

VOLIÈRE [vɔljɛʀ] n. f. – XIVe ◊ de 1 voler ■ Enclos grillagé assez vaste pour que les oiseaux enfermés puissent y voler. *L'ébrouement « d'un faisan dans la volière d'élevage »* GENEVOIX. ◆ Cage où l'on enferme des oiseaux d'agrément ou d'intérêt scientifique.

VOLIGE [vɔliʒ] n. f. – 1694 ◊ du fém. de l'adj. volis, dans l'expr. latte volisse ou volice, 1435 ; de 1 voler ■ Latte sur laquelle sont fixées les ardoises, les tuiles d'un toit. *Poser, clouer des voliges.* ➤ **voliger.**

VOLIGER [vɔliʒe] v. tr. ‹3› – 1845 ◊ de volige ■ TECHN. Garnir (une toiture) de voliges. — n. m. **VOLIGEAGE** [vɔliʒaʒ], 1845.

VOLIS [vɔli] n. m. – 1845 ; volaiz adj. « abattu par le vent » 1320 ; cf. volige ◊ de 1 voler ■ ARBOR. Cime d'un arbre rompue, arrachée par le vent.

VOLITIF, IVE [vɔlitif, iv] adj. – 1815 ◊ de volition ■ PSYCHOL. Relatif à la volonté, à la volition.

VOLITION [vɔlisjɔ̃] n. f. – 1526 ◊ du radical du latin voluntas « volonté » ■ PSYCHOL. Acte de volonté. — La volonté, en tant que « faculté ». ◆ PARAPSYCHOL. Exercice de la volonté dans une expérience parapsychologique.

VOLLEYBALL ou **VOLLEY-BALL** [vɔlɛbol] n. m. – v. 1925 ◊ mot anglais, de volley, français volée, et ball « ballon » ■ Sport opposant deux équipes de six joueurs, séparées par un filet, au-dessus duquel chaque camp doit renvoyer le ballon à la main et de volée. ABRÉV. COUR. **VOLLEY.** *Jouer au volley. Volley sur sable* (recomm. offic.), *volley de plage.* ➤ ANGLIC. **beach-volley.** ■ HOM. Volet.

VOLLEYER [vɔleje] v. intr. ‹1› – 1925 ◊ anglais to volley « jouer à la volée » ■ Pratiquer le jeu de volée, au tennis.

VOLLEYEUR, EUSE [vɔlɛjœʀ, øz] n. – 1909 volleyer sens 2° ◊ de volley(ball) ■ **1** (1941) Joueur, joueuse de volleyball. ■ **2** (de l'anglais volley « volée ») Au tennis, Spécialiste de la volée.

VOLONTAIRE [vɔlɔ̃tɛʀ] adj. et n. – 1538 ; voluntaire 1265-1270 ◊ latin voluntarius ■ **1** Qui résulte d'un acte de volonté (et non de l'automatisme, des réflexes ou des impulsions). *Acte, activité volontaire. « L'observation est active et volontaire »* DUHAMEL. *Mort volontaire :* suicide. *« Parmi les nombreuses omissions que j'ai commises, il y en a de volontaires »* BAUDELAIRE. ➤ **délibéré, intentionnel, voulu.** — *Muscle volontaire,* dont la contraction dépend de la volonté (opposé à *lisse*). ◆ Qui n'est pas l'effet d'une contrainte, qui n'est pas forcé. *La réquisition « pour suppléer aux enrôlements volontaires »* MADELIN. *Contribution volontaire.* ■ **2** Qui a, ou marque de la volonté, une volonté ferme. ➤ **décidé, opiniâtre.** *« Un homme d'affaires volontaire »* ARAGON. — *Un visage, un menton volontaire.* ◆ PÉJ. Qui n'en fait qu'à sa tête. ➤ **capricieux, entêté.** ■ **3** Qui agit librement, sans contrainte extérieure. *Être volontaire pour un travail.* — SPÉCIALT *Engagé volontaire :* soldat qui s'engage dans une armée sans y être obligé par la loi. ◆ n. m. (1606) *« Les volontaires de 1792 »* BAINVILLE. — SPÉCIALT Soldat, ou toute personne qui se propose pour une action dangereuse, une expédition périlleuse, etc. *« Le commandant félicita les volontaires »* CHARDONNE. ◆ n. Personne bénévole qui offre ses services par simple dévouement. *On demande un, une volontaire.* PLAIS. *Désigner un volontaire.*
■ CONTR. Involontaire ; forcé.

VOLONTAIREMENT [vɔlɔ̃tɛʀmɑ̃] adv. – XIVe ◊ de volontaire ■ **1** Par un acte volontaire, délibéré. ➤ **délibérément,** 2 **exprès.** *Un style volontairement obscur. Il a volontairement mis le feu.* ■ **2** RARE Sans y être forcé, bénévolement. *« Les parties pourront comparaître volontairement »* (CODE D'INSTRUCTION CRIMINELLE). ■ CONTR. Involontairement.

VOLONTARIAT [vɔlɔ̃taʀja] n. m. – 1866 ◊ de volontaire ■ **1** État de l'engagé volontaire, de toute personne qui offre ses services par simple dévouement. ➤ **bénévolat.** *« le médecin ne peut œuvrer efficacement que s'il conserve une entière liberté d'esprit. Mieux même, un total volontariat »* J. HAMBURGER. ■ **2** Fait de se porter volontaire. *Les changements de poste se feront sur la base du volontariat.* ■ **3** Service accompli par un volontaire. *Volontariat international en entreprise (VIE), en administration (VIA).*

VOLONTARISME [vɔlɔ̃taʀism] n. m. – 1909 ◊ de volontaire ■ PHILOS. Doctrine d'après laquelle le fond des choses est volonté et non représentation. — Théorie d'après laquelle les normes du vrai et du bien dépendent d'une libre détermination de la volonté divine. ◆ PSYCHOL. Doctrine tendant à attribuer à la volonté des fonctions habituellement reconnues à l'intelligence (comme la fonction de juger chez Descartes). ◆ COUR. Attitude de qqn qui croit pouvoir soumettre le réel à ses volontés.

VOLONTARISTE [vɔlɔ̃taʀist] **adj.** – 1902 ◊ de *volontarisme* ■ DIDACT. Qui professe le volontarisme ; empreint de volontarisme. *Une attitude volontariste.* SUBST. *Des volontaristes en politique.*

VOLONTÉ [vɔlɔ̃te] **n. f.** – 1606 ; *voluntez* 980 ◊ latin *voluntas*

I DISPOSITION MENTALE OU ACTE DE LA PERSONNE QUI VEUT ■ **1** Ce que veut qqn et qui tend à se traduire par une décision effective conforme à une intention. ➤ **dessein, détermination, intention, résolution, volition.** *Il a été retenu contre sa volonté. Évènement indépendant de notre volonté. Pour imposer «non pas seulement leur volonté, mais leur caprice»* CLAUDEL. *«Que ta volonté soit faite»* (prière du «Notre Père»). *Respecter, accomplir, faire les volontés de qqn. Aller contre la volonté de qqn.* FAM. *Faire les quatre volontés de qqn,* obéir à tous ses caprices. *Faire ses quatre (cents) volontés,* tout ce qu'on veut. *N'en faire qu'à sa volonté* (cf. N'en faire qu'à sa tête*). ◆ VIEILLI *À la volonté de qqn,* à son gré. *Un arbitraire «qui baissait ou croissait à la volonté des commis»* MICHELET. — MOD. **À VOLONTÉ :** de la manière qu'on veut et autant qu'on veut (cf. À discrétion). *«Nous ne pouvons nous procurer à volonté ni la lumière ni la vie»* CHATEAUBRIAND. *Feu à volonté !* ◆ DR. *Volonté déclarée,* expressément manifestée dans un acte juridique. *Manifestations de volonté,* expression de la volonté des parties (par ex. dans les contrats). *Volonté unilatérale,* qui produit par elle-même un effet juridique (par ex. le testament). *Acte de dernière volonté :* testament. — COUR. LOC. *Les dernières volontés de qqn,* celles qu'il manifeste avant de mourir pour qu'on les exécute après sa mort. ◆ (XVIe) Ce que veut un être collectif. *«La loi est l'expression de la volonté générale»* (DÉCLARATION DES DROITS DE L'HOMME). *La volonté nationale du pays.* ◆ (Suivi d'un compl. désignant ce qui est voulu) *«Françoise dit sa volonté d'épouser Jean»* ZOLA. ➤ **désir, souhait, vœu.** — *Volonté de puissance*.* *«Pour faire triompher la volonté de paix»* PROUST. ■ **2** (XIe) Disposition (bonne ou mauvaise) à vouloir et à agir dans un cas déterminé ou à l'égard de qqn. ➤ **grâce** (bonne, mauvaise grâce) ; **bienveillance, malveillance.** — **BONNE VOLONTÉ :** disposition à bien faire, à faire volontiers. *«La bonne volonté peut faire autant de dégâts que la méchanceté»* CAMUS. *Avec la meilleure volonté du monde. «paix sur la terre aux hommes de bonne volonté»* (ÉVANGILE, saint Luc). *Les bonnes volontés :* les gens de bonne volonté. *Les bonnes volontés sont les bienvenues.* — **MAUVAISE VOLONTÉ :** disposition à se dérober à un ordre, à un devoir, ou à exécuter un ordre de mauvaise grâce. *«Ce n'est pas mauvaise volonté : c'est un besoin de s'opposer»* MARTIN DU GARD. *Vous y mettez de la mauvaise volonté. «La mauvaise volonté dont ils se croient victimes, dès qu'on n'acquiesce pas à leurs arguments»* CAILLOIS.

II FACULTÉ DE VOULOIR ■ **1** (XIVe) Faculté de vouloir, de se déterminer librement à agir ou à s'abstenir, en pleine connaissance de cause et après réflexion. *«Le principe de toute action est dans la volonté d'un être libre»* ROUSSEAU. — DR. *Principe de l'autonomie* de la volonté.* ◆ Cette faculté, considérée comme une qualité individuelle, de détermination dans la décision et de constance dans l'exécution. ➤ **caractère, énergie, fermeté, persévérance, résolution, ténacité, volontarisme.** *«Cette volonté bretonne qui ne recule jamais»* CHATEAUBRIAND. *Une volonté de fer*. Avoir de la volonté. Faire un effort de volonté. Être sans volonté.* ➤ **aboulique.** *«La fatalité, c'est l'excuse des âmes sans volonté»* R. ROLLAND. ■ **2** PSYCHOL. Forme de l'activité personnelle caractérisée par une représentation mentale préalable du but à atteindre (par opposition aux réflexes, automatismes, impulsions). *Mouvements, actes où la volonté intervient, n'intervient pas. «Il y a deux entrées par où les opinions sont reçues dans l'âme, qui sont ses deux principales puissances, l'entendement et la volonté»* PASCAL.

■ CONTR. (du II, 1o) Faiblesse.

VOLONTIERS [vɔlɔ̃tje] **adv.** – XIIIe ; *voluntiers* Xe ◊ latin *voluntarie,* de *voluntarius* «volontaire» ■ **1** Par inclination et avec plaisir ou du moins sans répugnance (cf. De bon cœur* [II, 2o], de bonne grâce*, de bon gré*). *«je partagerais volontiers avec nécessiteux le peu que je possède»* CHATEAUBRIAND. ➤ 1 **bien.** *«Nous recevrons très volontiers [...] le retraitant»* HUYSMANS. — (En réponse) *«Venez voir mon clos ! – Volontiers, dit Gaudissart»* BALZAC. ➤ **oui** (cf. Avec plaisir*). *Très volontiers. Plus volontiers. Le plus volontiers.* ■ **2** (XIIIe) Par une tendance naturelle ou ordinaire. *«On dédaigne volontiers un but qu'on n'a pas réussi à atteindre»* PROUST. *«On recourait volontiers à elle dans les cas difficiles»* ZOLA. — (Avec un verbe d'état) *«Lui qui était volontiers taciturne»* ROMAINS. ➤ **habituellement, ordinairement.** ◆ (XVe) D'une manière fréquente et sans difficulté (en parlant de choses). *Certains rêves «s'allient volontiers, par une sorte d'affinité, au souvenir [...] d'une femme»* PROUST.

■ CONTR. 1 Contrecœur (à).

VOLORÉCEPTEUR [vɔloʀesɛptœʀ] **n. m.** – avant 1969 ◊ de *vol(ume)* et *récepteur* ■ PHYSIOL. Récepteur sensible aux variations de volume sanguin.

VOLT [vɔlt] **n. m.** – 1874 ◊ du nom du physicien *Volta* ■ MÉTROL. Unité de mesure de différence de potentiel (ou tension) et de force électromotrice* (SYMB. V), correspondant à la différence de potentiel existant entre deux points d'un fil conducteur parcouru par un courant constant de 1 ampère, lorsque la puissance dissipée entre ces points est égale à 1 watt. — *Volt par mètre* (SYMB. V/m) : unité de mesure d'intensité de champ électrique. ■ HOM. Volte.

VOLTAGE [vɔltaʒ] **n. m.** – 1890 ◊ de *volt* ■ Force électromotrice ou différence de potentiel mesurée en volts (emploi critiqué). ➤ **tension.** ◆ Nombre de volts pour lequel un appareil électrique fonctionne normalement.

VOLTAÏQUE [vɔltaik] **adj.** – 1815 ◊ de *Volta,* inventeur de la *pile Volta* en 1800 → volt ■ Se dit de la pile de Volta. *Arc voltaïque :* arc* électrique.

VOLTAIRE [vɔltɛʀ] **n. m.** – 1876 ; *fauteuil (à la) Voltaire* 1842 ◊ de *Voltaire* ■ Fauteuil à siège bas, à dossier élevé et légèrement renversé en arrière, qui date de la Restauration. *«Dans son voltaire d'acajou à bandes de tapisserie»* CHARDONNE.

VOLTAIRIANISME [vɔltɛʀjanism] **n. m.** – début XIXe ; *voltairanisme* 1769 ◊ de *voltairien* ■ DIDACT. Esprit voltairien, irréligieux.

VOLTAIRIEN, IENNE [vɔltɛʀjɛ̃, jɛn] **adj.** et **n.** – *Volterien* n. 1748 ◊ de *Voltaire* ■ Qui adopte ou exprime l'incrédulité, l'anticléricalisme et le scepticisme railleur de Voltaire. *Esprit voltairien. «La bourgeoisie voltairienne contre la bourgeoisie catholique»* PÉGUY. **n.** *«Un voltairien enragé»* GONCOURT. ◆ De Voltaire, propre à Voltaire. *L'influence voltairienne.*

VOLTAÏSATION [vɔltaizasjɔ̃] **n. f.** – 1890 ◊ de *Volta* → volt ■ MÉD. VIEILLI Galvanisation thérapeutique.

VOLTAMÈTRE [vɔltamɛtʀ] **n. m.** – 1843 ◊ de *Volta* et *-mètre* ■ TECHN. Cuve à électrolyse servant à déterminer une quantité d'électricité par le suivi de l'avancement d'une réaction électrochimique.

VOLTAMPÈRE [vɔltɑ̃pɛʀ] **n. m.** – 1890 ◊ de *Volt(a)* et *ampère* ■ MÉTROL. Unité pratique de mesure de puissance apparente (SYMB. VA [vea]), dans les circuits parcourus par des courants alternatifs. *Le voltampère sert à mesurer la puissance d'un compteur électrique. Voltampère réactif.* ➤ **var.** — **n. f. VOLTAMPÉROMÉTRIE.**

VOLTE [vɔlt] **n. f.** – milieu XVe ◊ italien *volta* «tour» ; latin populaire °*volvita,* de *volvere* «tourner» ■ **1** ÉQUIT. Tour complet qu'on fait exécuter au cheval. *Serrer, élargir la volte,* en rétrécissant ou élargissant le cercle. ◆ Demi-tour. ➤ **pirouette.** ■ **2** (1578) Danse du folklore provençal. Au XVIe s., Danse de bal à trois temps caractérisée par le saut que le cavalier fait exécuter à sa cavalière. ■ **3** MAR. Changement de cap.

■ HOM. Volt.

VOLTE-FACE [vɔltəfas] **n. f.** /VOLTEFACE/ – 1654 ◊ italien *volta faccia* «tourne face», de l'impératif de *voltare* «tourner» et *faccia* «face» ■ Action de se retourner pour faire face. *«Il fit volte-face sur lui-même, tournant le dos, à présent, à l'itinéraire indiqué»* COURTELINE. MILIT. *«Il s'arrête, fait volte-face, déploie ses divisions»* SÉGUR. ◆ FIG. (1829) Changement* brusque et total d'opinion, d'attitude (notamment en politique). ➤ **palinodie, retournement, revirement.** *Des volte-faces* ou *des volte-face* (inv.). *«De subites volte-face, de déconcertantes surprises»* BOURGET.

VOLTER [vɔlte] **v. intr.** ‹1› – 1546 ◊ italien *voltare* ■ ÉQUIT. Tourner en exécutant une volte. *Faire volter un cheval.* ■ HOM. Voleter.

VOLTIGE [vɔltiʒ] **n. f.** – 1544 ◊ de *voltiger* ■ **1** VX Harcèlement de voltigeurs (2o). ■ **2** (1736) Exercice d'acrobatie sur la corde, au trapèze volant. ➤ **saut.** *Haute voltige.* — PAR ANAL. Art des acrobaties aériennes. ◆ (1835) Ensemble des exercices acrobatiques exécutés à cheval (en particulier dans les cirques). ◆ FIG. ➤ **acrobatie.** *C'est de la haute voltige.*

VOLTIGEMENT [vɔltiʒmɑ̃] **n. m.** – 1542 ◊ de *voltiger* ■ Mouvement de ce qui voltige (2o). *«Cette superposition de deux jongleurs [...] amenait, dans le voltigement des boules, des jeux bizarres»* GONCOURT.

VOLTIGER [vɔltiʒe] v. intr. ‹3› – 1532 ◇ italien *volteggiare*, de *volta* → volte ▪ **1** VX Volter. — Faire de la voltige. ▪ **2** (1572 ◇ influence de *voleter*) MOD. Voleter (insectes, petits oiseaux). « *Une nuée d'oiseaux qui tourbillonnent et voltigent sans but* » GAUTIER. — FIG. Papillonner. « *Je voltige de l'une à l'autre, je les amuse toutes* » BOISSY. ◆ Voler, flotter çà et là (choses légères). « *Ces papiers gras traînant et voltigeant partout* » MAUPASSANT.

VOLTIGEUR, EUSE [vɔltiʒœʀ, øz] n. – 1534 ◇ de *voltiger* ▪ **1** Acrobate qui fait de la voltige. ▪ **2** n. m. (1574) ANCIENNT Fantassin appartenant à des compagnies d'élite extrêmement mobiles. MOD. *Voltigeur motorisé, voltigeur motocycliste* ou *voltigeur* : élément d'une unité mobile de la préfecture de police de Paris, spécialisé dans la poursuite des manifestants. « *Les voltigeurs motocyclistes : à deux sur une moto, le premier fonce, le second distribue des coups de matraque* » C. CUSSET. APPOS. *Motards voltigeurs.* ◆ MOD. *Grenadier-voltigeur* : fantassin spécialiste du combat rapproché, dans une unité de combat. ◆ Pilote de voltige aérienne. ▪ **3** Au baseball, Joueur, joueuse qui occupe l'une des trois positions défensives du champ extérieur. ▪ **4** n. m. Cigare de la Régie française, de type courant.

VOLTMÈTRE [vɔltmɛtʀ] n. m. – 1883 ◇ de *volt* et *-mètre* ▪ Appareil à résistance élevée, servant à mesurer des différences de potentiel. *Voltmètre numérique, à aiguille.*

VOLUBILE [vɔlybil] adj. – 1812 ; « changeant » début XVIe ◇ latin *volubilis* ▪ **1** BOT. Se dit d'une tige grêle qui ne peut s'élever qu'en s'enroulant autour d'un support. — *Plante volubile*, à tige volubile. *Le sens d'enroulement des plantes volubiles peut être dextre* (liseron) *ou sénestre* (houblon). ▪ **2** (1897 ; *voluble* 1824) COUR. Qui parle avec abondance, rapidité. ➤ **bavard*, loquace.** *Être volubile* (cf. Avoir la langue* bien pendue). « *Éloquente, grandiloquente, volubile, [...] agitant autour d'elle des paroles nombreuses* » COLETTE. « *Elle se lança dans une volubile explication* » MARTIN DU GARD. — adv. **VOLUBILEMENT.** « *une voix de femme qui parlait volubilement* » LE CLÉZIO. ▪ CONTR. Silencieux.

VOLUBILIS [vɔlybilis] n. m. – début XVIe ; *voluble* fin XIVe ◇ latin des botanistes, de l'adj. *volubilis* → volubile ▪ COUR. Variété d'ipomée ornementale, à grosses fleurs colorées en entonnoir, qu'on fait grimper sur les clôtures. ➤ **ipomée, liseron.**

VOLUBILITÉ [vɔlybilite] n. f. – 1680 ; *volubilité de (la) langue* 1547 ; « facilité à tourner, à se mouvoir » fin XIVe ◇ latin *volubilitas* ▪ Abondance, rapidité et facilité de parole. ➤ **loquacité.** *Elle* « *parlait sans s'arrêter [...] avec une telle volubilité qu'elle n'avait pas le temps de respirer* » R. ROLLAND.

VOLUCELLE [vɔlysɛl] n. f. – 1808 ◇ latin des zoologistes *volucella*, du latin *volucer* « ailé » ▪ ZOOL. Insecte *(diptères)*, mouche ressemblant au bourdon.

VOLUCOMPTEUR [vɔlykɔ̃tœʀ] n. m. – 1964 ◇ marque déposée, de *volu(me)* et *compteur* ▪ TECHN. Compteur d'un distributeur d'essence, indiquant la quantité débitée.

VOLUMATEUR, TRICE [vɔlymatœʀ, tʀis] adj. – v. 1980 ◇ de *volume* ▪ Qui donne du volume à la chevelure, aux cils. *Mousse volumatrice.*

VOLUME [vɔlym] n. m. – XIIIe ◇ latin *volumen* « feuilles manuscrites enroulées », radical *volvere* « rouler »

I ▪ **1** (1270) Réunion d'un certain nombre de cahiers (notamment imprimés) brochés ou reliés ensemble. ➤ 1 **livre.** *La bibliothèque royale* « *s'enrichit sous Louis XIV de plus de trente mille volumes* » VOLTAIRE. ◆ La matière nécessaire pour remplir un volume. « *Je dois recueillir un volume de prose* » SAINTE-BEUVE. PAR EXAGÉR. *Écrire des volumes à qqn*, de très longues lettres. ▪ **2** (1487) Chacune des parties, brochées ou reliées à part, d'un ouvrage (➤ **tome**). *Dictionnaire en six volumes.*

II ▪ **1** (1279) Partie de l'espace (qu'occupe un corps) ; quantité qui la mesure. *Le volume d'un corps, d'un solide. Le mètre cube, unité de mesure de volume* (➤ **cubage**). *Diminuer, augmenter de volume. Volume d'un contenant, d'un récipient*, mesure de ce qu'il peut contenir. ➤ **capacité, contenance.** *Volume d'eau d'un fleuve*, son débit. ◆ MATH. *La mesure générale des volumes se calcule par une intégrale triple. Une boule est un volume limité par une sphère.* ◆ PHYS., CHIM. *Volume molaire*, occupé par une mole d'un corps. ➤ **covolume.** *Volume massique* ou *spécifique* : quotient du volume d'un corps par sa masse. *Volume spécifique critique*. Eau oxygénée à vingt volumes*, susceptible de dégager vingt fois son propre volume d'oxygène. *Un litre de vin à 10 % en volume d'alcool*, contenant 100 ml d'alcool. ▪ **2** GÉOM. Figure à trois dimensions, limitée par des surfaces. ➤ **solide.** *Les lignes, les surfaces et les volumes.* ◆ ARTS Élément à trois dimensions, corps considéré dans ses trois dimensions. « *La lumière jouant sur les volumes* » R. HUYGHE. Caractère de ce qui a trois dimensions. « *C'est du volume qu'il* [Giotto] *tire son accent* » MALRAUX. ▪ **3** (1761) Intensité (de la voix), conditionnée par la puissance du souffle et la bonne utilisation des cavités de résonance. ➤ **ampleur.** *Sa voix manque de volume.* ◆ *Volume sonore* : intensité des sons d'un instrument, de plusieurs instruments jouant ensemble. « *La patronne augmenta un peu le volume de la radio* » DURAS. ▪ **4** FIG. Quantité, masse. *Un gros volume de travail.* ÉCON. *Le volume de la production, des investissements, de la masse monétaire.* SPÉCIALT *Croissance en volume*, en quantité (opposé à *valeur*). ◆ INFORM. *Volume de mémoire* (d'un ordinateur). ➤ **capacité.** *Volume d'échange* (des informations entre systèmes). ▪ **5** FAM. Encombrement ; place occupée. FIG. *Faire du volume* (PERSONNES) : chercher à prendre de la place*, de l'importance.

VOLUMEN [vɔlymɛn] n. m. – v. 1250 ◇ mot latin « chose enroulée », « manuscrit, volume », de *volvere* « tourner, rouler » ▪ ANTIQ. Réunion de feuilles manuscrites enroulées autour d'un bâtonnet. *Codex et volumen. Des volumens* ou *des volumen.*

VOLUMÉTRIQUE [vɔlymetʀik] adj. – 1872 ◇ de *volu(me)* et *-métrique* ▪ PHYS. Qui a rapport à la détermination des volumes (ou *volumétrie* n. f.). *Analyse volumétrique. Taxation volumétrique des marchandises.*

VOLUMINEUX, EUSE [vɔlyminø, øz] adj. – 1762 ; « en plusieurs volumes » 1739 ◇ du radical latin de *volume* ▪ Qui a un grand volume, occupe une grande place. ➤ **gros.** « *une volumineuse lanterne de fer forgé* » ROMAINS. *Paquet volumineux.* ➤ **embarrassant, encombrant.** *Un volumineux dossier.* ▪ CONTR. 1 Menu.

VOLUMIQUE [vɔlymik] adj. – 1956 ◇ de *volume* ▪ PHYS. Relatif à l'unité de volume. *Masse volumique*, d'une unité de volume. ➤ **densité.**

VOLUPTÉ [vɔlypte] n. f. – début XVe ◇ latin *voluptas* ▪ LITTÉR. ▪ **1** Vif plaisir des sens, jouissance pleinement goûtée. « *On parlait de mangeaille, avec science et volupté* » R. ROLLAND. ▪ **2** Plaisir sexuel. « *La volupté singe la mort* » MAURIAC. « *Je m'enivrai des plus douces voluptés* » ROUSSEAU. ▪ **3** Plaisir moral ou esthétique très vif. ➤ **délectation.** « *J'écoute avec volupté ces notes perlées* » LAUTRÉAMONT. « *Les voluptés du mépris* » BARBEY. ▪ **4** VIEILLI Goût, recherche des plaisirs des sens ou des plaisirs sexuels. ➤ **sensualité.** « *la volupté de l'épicurien* » BAUDELAIRE.

VOLUPTUAIRE [vɔlyptɥɛʀ] adj. – 1357 ◇ bas latin *voluptuarius* ▪ DR. Se dit des dépenses (ou impenses) faites pour le plaisir, consacrées aux choses de luxe ou de fantaisie.

VOLUPTUEUSEMENT [vɔlyptɥøzmɑ̃] adv. – XIVe ◇ de *voluptueux* ▪ Avec volupté (1°), en prenant du plaisir. « *Les vastes divans élastiques où l'on s'allonge voluptueusement* » MIRBEAU.

VOLUPTUEUX, EUSE [vɔlyptɥø, øz] adj. – 1361 ◇ latin *voluptuosus* ▪ **1** LITTÉR. ou VIEILLI Qui aime, recherche la jouissance, les plaisirs raffinés. ➤ **sensuel.** « *Les Orientaux, bien que très voluptueux* » ROUSSEAU. — (1618) SUBST. « *Quand on est comme moi un voluptueux* » ROMAINS. ➤ **épicurien, sybarite.** ◆ Qui est porté aux plaisirs de l'amour et à leurs raffinements. ➤ **lascif, sensuel.** « *Plus voluptueuse que tendre* » BALZAC. ▪ **2** Qui fait éprouver du plaisir. ➤ **agréable, doux.** « *Elle cédait à l'engourdissement voluptueux* » ZOLA. ◆ SPÉCIALT (du plaisir sexuel) VIEILLI ➤ **érotique.** *Sensation voluptueuse.* « *Un baiser qu'il n'ose pas rendre aussi voluptueux qu'il voudrait* » ROMAINS. ▪ **3** LITTÉR. ou PLAIS. Qui exprime ou inspire la volupté, les plaisirs de l'amour. *Attitude, danse voluptueuse.* ➤ **excitant.** ▪ CONTR. Ascétique, chaste.

VOLUTE [vɔlyt] n. f. – 1545 ◇ italien *voluta*, mot latin, de *volutus*, p. p. de *volvere* « rouler » ▪ **1** Ornement d'architecture, enroulement sculpté en spirale. *Les deux volutes caractéristiques de la colonne ionique.* « *Des volutes surchargeaient la corniche* » GAUTIER. — Ce même ornement en bois, en fer forgé, etc. *Les volutes d'un balcon, d'une grille.* — *En volute* : en forme de volute. ◆ Partie ronde du bas d'un limon* d'escalier sur laquelle repose le pilastre de la rampe. ▪ **2** (1761) Forme enroulée en spirale, en hélice. ➤ **enroulement.** *Les volutes des vagues.* « *Tandis que les volutes bleuâtres qui montent D'un cigare* » APOLLINAIRE. ▪ **3** (1752) ZOOL. Mollusque gastéropode *(prosobranches)*, à coquille ovoïde largement ouverte et terminée en hélice, qui vit dans les mers tropicales.

VOLVAIRE [vɔlvɛʀ] **n. f.** – 1907 ◊ latin des botanistes *volvaria,* de *volva* → volve ■ Champignon *(basidiomycètes)* à lames et à volve. *Volvaire gluante,* vénéneuse. *Volvaire soyeuse,* comestible.

VOLVATION [vɔlvasjɔ̃] **n. f.** – 1968 ◊ dérivé savant du latin *volvere* «rouler» ■ ZOOL. Action, pour certains animaux, de se rouler en boule pour se protéger. *La volvation du hérisson, du tatou, de certains crustacés.*

VOLVE [vɔlv] **n. f.** – 1806 ◊ latin *volva* ■ BOT. Membrane épaisse qui enveloppe le pied et le chapeau de certains champignons jeunes, et se rompt au cours de la croissance, formant une sorte de bourse d'où sort le pied. ➤ **1 voile.** *«L'oronge moite qui crève sa volve»* GENEVOIX.

VOLVOCE [vɔlvɔs] ou **VOLVOX** [vɔlvɔks] **n. m.** – 1768 ◊ latin *volvox* «chenille» ■ BOT. Algue verte des eaux douces, vivant en colonies.

VOLVULUS [vɔlvylys] **n. m.** – 1685 ◊ latin scientifique, de *volvere* «rouler» ■ MÉD. Torsion d'un organe creux entraînant son obstruction. *Volvulus gastrique, intestinal. Volvulus de la vésicule biliaire.*

VOMER [vɔmɛʀ] **n. m.** – 1690 ◊ mot latin «soc de charrue» ■ ANAT. Os du nez, qui forme la partie postérieure de la cloison des fosses nasales. — **adj. VOMÉRIEN, IENNE,** 1844. *Cartilage vomérien.*

VOMI [vɔmi] **n. m.** – 1610 ◊ du p. p. de *vomir* ■ Vomissure. *«Le chien retourne à son vomi»* MONTHERLANT. *Ça sent le vomi.*

1 **VOMIQUE** [vɔmik] **adj. f.** – 1561 ; *vomice* XIIIe ◊ latin médiéval *(nux) vomica,* du classique *vomicus* «qui fait vomir» ■ *Noix vomique :* fruit du vomiquier, qui a des propriétés vomitives et contient de la strychnine.

2 **VOMIQUE** [vɔmik] **n. f.** – 1611 ◊ latin *vomica* ■ MÉD. Expectoration subite et abondante de sérosité, de pus ou de sang provenant d'une collection (II) purulente du poumon ou du médiastin (abcès, kyste hydatique) ouverte dans une bronche.

VOMIQUIER [vɔmikje] **n. m.** – 1808 ◊ de 1 *vomique* ■ Arbrisseau qui produit la noix vomique. ➤ **strychnos.**

VOMIR [vɔmiʀ] **v. tr.** ‹2› – fin XIIe ◊ latin populaire °*vomire,* classique *vomere* ■ **1** Rejeter par la bouche de manière spasmodique. ➤ **régurgiter, rendre** (cf. FAM. Piquer un renard*). *«Malade, il vomit dans l'évier tripes, bile, boyaux, mais conserva hélas le cœur»* FALLET. *Vomir du sang.* — ABSOLT ➤ FAM. **dégobiller, dégueuler, gerber ;** POP. **débagouler.** — LOC. *Avoir envie de vomir :* avoir la nausée (cf. Avoir mal au cœur*, avoir l'estomac barbouillé ; FAM. avoir la gerbe). *Cela donne envie de vomir, c'est à vomir ;* FIG. cela soulève le cœur, c'est ignoble, répugnant. ◆ FIG. Rejeter avec violence et répugnance. ➤ **exécrer.** *«Je vomis mes contemporains»* GONCOURT. *«Partisan, il vomissait les tièdes»* F. JOURDAIN. ■ **2** (1508) LITTÉR. Laisser sortir, projeter au dehors. *Vapeurs, laves vomies par un volcan.* ◆ Proférer avec violence (des injures, des blasphèmes). *«Tout ce que sa mémoire [...] contenait de grossièretés, il le vomissait sur les deux bossus»* BOSCO. ■ CONTR. Absorber, 1 manger.

VOMISSEMENT [vɔmismɑ̃] **n. m.** – 1265 ◊ de *vomir* ■ **1** Fait de vomir. *Vomissements de sang.* ➤ **hématémèse.** ■ **2** Matière vomie. ➤ **vomi, vomissure.** LOC. BIBL. *Le chien retourne à son vomissement ;* FIG. on retourne à ses erreurs. ◆ FIG. *«Des vomissements tortueux de fumée»* MAUPASSANT.

VOMISSURE [vɔmisyʀ] **n. f.** – XIIIe ◊ de *vomir* ■ Matière vomie. ➤ **vomi, vomissement ;** FAM. 2 **gerbe ;** VULG. **dégueulis.**

VOMITIF, IVE [vɔmitif, iv] **adj.** – XIVe ◊ du latin *vomitum,* supin de *vomere* «vomir» ■ **1** MÉD. Qui provoque le vomissement. ➤ **émétique.** — SUBST. *Un vomitif puissant.* ■ **2** FIG. et FAM. Qui est à faire vomir ; répugnant. ➤ FAM. **dégueulasse.**

VOMITOIRE [vɔmitwaʀ] **n. m.** et **adj.** – 1636 ◊ latin *vomitorium* ■ **1** ANTIQ. ROM. Large issue servant à évacuer la foule (d'un amphithéâtre, d'un théâtre). — PAR EXT. *Le vomitoire d'un stade.* ■ **2** **adj.** *Sac vomitoire,* dans un avion, sac mis à la disposition des passagers pris de nausée.

VOMITO NEGRO [vɔmitonegʀo] **n. m.** /VOMITO NÉGRO/ – 1808 ◊ mots espagnols «vomissement noir» ■ MÉD. Fièvre jaune. *Des vomitos negros.*

VORACE [vɔʀas] **adj.** – 1603 ; *vorage* début XVIe ◊ latin *vorax, acis* ■ **1** Qui dévore, mange avec avidité. *«La loutre est un animal vorace»* BUFFON. — (PERSONNES) Glouton, goulu. *«il s'empiffrait de nourriture, car il était vorace»* THARAUD. **n.** *C'est un vorace.* — PAR EXT. *Un appétit vorace.* ◆ FIG. Avide. *«Il tendit sa main, prit la sienne, la couvrant d'un baiser vorace»* FLAUBERT. ■ **2** Qui détruit avec une sorte d'avidité. *«Le maëlstrom vorace»* BAUDELAIRE. — AGRIC. *Plantes voraces,* qui épuisent le sol. ■ CONTR. Frugal.

VORACEMENT [vɔʀasmɑ̃] **adv.** – 1842 ◊ de *vorace* ■ Avec voracité. ➤ **avidement, gloutonnement.** *«Il se mit à manger voracement»* MAURIAC.

VORACITÉ [vɔʀasite] **n. f.** – XIVe ◊ latin *voracitas* ■ **1** Avidité à manger, à dévorer. ➤ **gloutonnerie, goinfrerie.** *Dévorer avec voracité. «Une voracité le faisait se jeter sur sa soupe»* ZOLA. ■ **2** FIG. Avidité à accomplir qqch. *Lire avec voracité.* ◆ VIEILLI Âpreté au gain. ■ CONTR. Frugalité.

-VORE ■ Élément, du latin *-vorus,* de *vorare* «avaler, manger». ➤ **-phage.**

VORTEX [vɔʀtɛks] **n. m.** – 1855 ; *vortice* 1630 ◊ mot latin, variante de *vertex* ■ **1** DIDACT. Tourbillon creux qui se produit dans un fluide en écoulement. *«des contre-courants, d'étranges vortex, et des retours en arrière qu'accusent les îlots d'herbe entraînés»* GIDE. — OCÉANOGR. Gyre. — MÉTÉOROL. Circulation atmosphérique tourbillonnaire (cyclone, tornade, trombe...). *Vortex polaire,* localisé à proximité de chaque pôle. ◆ PHYS. Tourbillon de courant induit par le champ magnétique. ■ **2** FIG. Ce qui emporte irrésistiblement. ➤ **spirale, tourbillon.** *«Nous descendons spiralement [...] dans un vortex d'infamie»* BLOY. *«quand ils parlaient [...] il y avait des sortes de puits qui se creusaient dans l'air, des remous, des vortex, et on était attiré»* LE CLÉZIO.

VORTICELLE [vɔʀtisɛl] **n. f.** – 1808 ◊ latin des zoologistes *vorticella,* du latin *vortex* «tourbillon» ■ ZOOL. Infusoire à cils vibratiles puissants insérés suivant une hélice sur le péristome. *«Les charmantes vorticelles comme des urnes de fleurs s'amarrent ensemble sur une île (une petite plante, un petit crabe)»* MICHELET.

VOS ➤ **VOTRE**

VOTANT, ANTE [vɔtɑ̃, ɑ̃t] **n.** – 1713 ◊ de *voter* ■ Personne qui a le droit de voter, qui participe à un vote. *Les abstentionnistes et les votants.*

VOTATION [vɔtasjɔ̃] **n. f.** – 1752 ◊ de *voter* ■ VX OU RÉGION. (Suisse) Scrutin, consultation populaire (➤ **référendum**). *Votation fédérale, cantonale.*

VOTE [vɔt] **n. m.** – 1702 ◊ mot anglais ; latin *votum* → vœu ■ **1** Opinion exprimée, dans une assemblée délibérante, un corps politique. ➤ **suffrage, voix.** *Compter les votes favorables à un projet.* ◆ Suffrage, dans une élection. *Les votes féminins, démocrates.* ◆ Le fait d'exprimer ou de pouvoir exprimer une telle opinion. *Droit de vote, de suffrage. Explications de vote.* — *Vote utile. Vote-sanction,* en signe de mécontentement. *Vote d'adhésion,* soutenant les élus déjà en place. *Vote de confiance.* ■ **2** Opération par laquelle les membres d'un corps politique donnent leur avis sur une décision à prendre. ➤ **consultation, élection, scrutin.** *Procéder au vote, à un vote. «Ils s'abstiendront de prendre part au vote»* MARTIN DU GARD. *Vote direct du corps électoral* (➤ **plébiscite, référendum**). — (Dans une assemblée) *Vote des projets de loi. Vote en première, en seconde lecture. Vote bloqué*.* — (Au cours d'une élection) *Bulletin, bureau, urne de vote.* ◆ Décision positive ainsi obtenue. *Vote d'une loi.* ➤ **adoption.** ■ **3** Manière par laquelle les membres d'une assemblée ou d'un corps sont appelés à exprimer leur choix. ➤ **scrutin.** *Vote à main levée, par assis et levé. Vote secret. Vote par correspondance, par procuration. Vote électronique,* enregistré par un *ordinateur de vote* ou un terminal. — SPÉCIALT Système électoral. *Vote direct, indirect. Vote uninominal, préférentiel.* ■ CONTR. Abstention.

VOTER [vɔte] **v.** ‹1› – 1704 ◊ anglais *to vote* (→ vote), famille du latin *votum* → vœu ■ **1** **v. intr.** Exprimer son opinion par son vote (1°), son suffrage. *Ils «n'avaient pas le temps de résidence nécessaire pour voter»* ARAGON. *Voter pour, contre un candidat, un parti. «Aux élections, il voterait pour le socialiste»* ARAGON. FAM. *Votez X ! «Le boucher votait Barbentane»* ARAGON. — *Voter à droite. Voter communiste, voter vert. Voter utile.* — LOC. *Voter des deux mains :* approuver fortement, chaleureusement. FIG. *Voter avec les (ses) pieds :* montrer son opposition en s'abstenant de voter et en s'exilant. ▪ **2** v. tr. Contribuer à faire adopter par son vote ; décider par un vote majoritaire. *Voter une loi. «Il n'avait pas voté la mort du roi»* HUGO. *«Le Corps législatif venait de voter la guerre»* ZOLA. — *Voter que... «Ils votèrent que la fameuse loi* Habeas corpus [...] *ne devait jamais recevoir d'atteinte»* VOLTAIRE. — *Voter des travaux :* voter les crédits nécessaires. ▪ CONTR. Abstenir (s').

VOTIF, IVE [vɔtif, iv] adj. – 1374 ◊ latin *votivus,* de *votum* «vœu» ▪ DIDACT. ou LITTÉR. ▪ **1** Qui commémore l'accomplissement d'un vœu (1°), est offert comme gage d'un vœu. *Inscription, offrande votive.* ➤ **ex-voto.** ▪ **2** Qui exprime un vœu (3°). — LITURG. *Messe votive,* qui n'est pas conforme à l'office du jour et qui est choisie pour répondre à une dévotion particulière. *Fête votive :* fête du saint auquel est vouée une paroisse.

VOTRE [vɔtʀ], plur. **VOS** [vo] adj. poss. – *vos* 1080 ; *vostre* 980 ◊ latin populaire °*voster,* classique *vester*

▪ Adjectif possessif de la deuxième personne du pluriel et des deux genres, correspondant au pronom personnel *vous.*

I Qui vous appartient, a rapport à vous. ▪ **1** (Représentant un groupe dont le locuteur est exclu) *«Petits princes, videz vos débats entre vous»* LA FONTAINE. ▪ **2** (Représentant une seule personne à laquelle on s'adresse au pluriel de politesse) ➤ **vouvoiement.** *«Est-ce à votre cocher, Monsieur,* [...] *que vous voulez parler ?»* MOLIÈRE. *«Laissez-moi réparer vos sottises, grand enfant»* BALZAC. — (Appellations respectueuses) *«Votre Majesté partira quand elle voudra»* VOLTAIRE. *Votre Excellence.* ◆ (Emplois stylistiques) La chose, la personne dont vous parlez, qui vous importe. *«Laissez-moi tranquille avec votre hideuse réalité»* FLAUBERT. *«Votre monsieur Lainé est un méchant homme»* FRANCE. — (Indéfini) *«Un pays où on veut être sûr que votre crémier vous vende des œufs bien pourris»* PROUST.

II (Sens objectif) De vous, de votre personne. *Pour votre gouverne, pour votre bien. À votre santé ! À votre aise. Selon votre bon vouloir. Dans votre intérêt. En votre nom. À votre place. «Quand je vis votre photographie dans un journal»* MONTHERLANT. *«J'étais inondé d'une joie céleste que votre vue m'a fait perdre»* FRANCE. — Soutenu (pour marquer la déférence ou l'intensité de la relation, à la fin d'une lettre) *Votre Victor. Votre (dévoué) serviteur.*

▪ HOM. Vau, vaux (1 val), veau.

VÔTRE [votʀ] adj., pron. poss. et n. – 1636 ; *vostre* XVe ◊ emploi pron. de l'adj. *votre*

I adj. (attribut) VX ou LITTÉR. À vous. *«Vous savez bien qu'il* [mon cœur] *est vôtre depuis longtemps»* STENDHAL. *Amicalement vôtre.*

II pron. (avec l'art.) **LE VÔTRE, LA VÔTRE, LES VÔTRES,** désigne ce qui appartient, a rapport à un groupe de personnes auquel le locuteur n'appartient pas ; ou une personne à laquelle on s'adresse au pluriel de politesse. *«C'est le Dieu des chrétiens, c'est le mien, c'est le vôtre»* CORNEILLE. *«Risquer inconsidérément la vie de nos soldats et des vôtres»* GIDE. *«À ta santé, filleul. – À la vôtre, parrain»* DIDEROT. FAM. *«À la bonne vôtre, dit Charlier. Ils trinquèrent»* SARTRE.

III n. ▪ **1** LOC. *Il faut que vous y mettiez du vôtre* (cf. Y mettre* du sien ; il y a mis du sien, etc.). *Vous avez encore fait des vôtres* (cf. Faire des siennes*). ▪ **2 LES VÔTRES :** vos parents, vos amis, vos partisans. *«Es-tu des nôtres ? – Je suis des vôtres, si vous êtes des miens»* MUSSET. *Je ne pourrai être des vôtres :* je ne pourrai pas répondre à votre invitation, être parmi vous.

VOUER [vwe] v. tr. ‹1› – XIIIe ; *vuer, voer* début XIIe ◊ des formes anciennes de *vœu* ▪ **1** VX Promettre à une divinité, par un vœu. *Il «avait voué cent bœufs au vainqueur des Titans»* LA FONTAINE. ◆ MOD. Consacrer à Dieu, à un saint, par un vœu. *Vouer un enfant à la Sainte Vierge* (notamment, en le *vouant au blanc et au bleu,* en promettant à la Vierge qu'il sera habillé de ses couleurs). — LOC. (PRONOM.) *Ne plus, ne (pas) savoir à quel saint* se vouer.* LITTÉR. *Vouer qqn aux gémonies*.* ▪ **2** (début XVIIe) Promettre, engager d'une manière solennelle, irrévocable. *Il lui voue une reconnaissance éternelle.* ▪ **3** Employer avec un zèle soutenu. ➤ **consacrer.** *«Bien qu'ils eussent voué leur existence au triomphe d'une cause»* MARTIN DU GARD. — PRONOM. *«L'homme qui se voue au théâtre»* BEAUMARCHAIS. ▪ **4** Destiner irrévocablement à un état, une activité. ➤ **condamner.** *«La possession de l'âme d'un être par un autre qui le voue au crime»* HUYSMANS. *«Il est des êtres voués au jeu»* FRANCE. — *Un vieux quartier voué à la démolition.* ◆ Promettre (qqch., qqn) à un état pénible, mauvais. *Mon père «vouait à la ruine toute l'humanité»* BEAUVOIR.

VOUGE [vuʒ] n. m. – XIVe ; *vooge* XIIe ◊ bas latin *vidubium,* d'origine gauloise ▪ ARCHÉOL. Au Moyen Âge, Arme d'hast à lame tranchante recourbée à la pointe. ◆ (XVIe) Épieu de chasse. ◆ RÉGION. Serpe à long manche servant à tailler les arbres.

VOUIVRE [vwivʀ] n. f. – *wivre* XIIe ◊ var. de *guivre* ▪ RÉGION. Serpent fabuleux. *«La Vouivre des campagnes jurassiennes, c'est* [...] *la fille aux serpents»* AYMÉ. ◆ BLAS. Guivre (ou serpent).

1**VOULOIR** [vulwaʀ] v. tr. ‹31› – fin IXe ◊ du latin populaire *volere,* refait, à partir de *velle,* sur les formes en *vol-* comme *volo* «je veux»

I AVOIR UNE VOLONTÉ, UNE INTENTION, UN DÉSIR

A. (SUIVI DE L'INF., D'UNE COMPLÉTIVE OU D'UN PRONOM) ▪ **1** (Suivi de l'inf.) Avoir la volonté, le désir de. ➤ **tenir** (à). *«Je veux être Chateaubriand ou rien»* HUGO. — (Au conditionnel, pour marquer un désir plutôt qu'une volonté) *«Qu'il est dur de haïr ceux qu'on voudrait aimer»* VOLTAIRE. *«J'aurais voulu savoir, mais en même temps j'avais peur d'apprendre»* DAUDET. — (Renforcé par *bien*) Aimer, désirer (cf. Avoir envie* de). *«Je voudrais bien connaître cette femme-là»* SAND. — SPÉCIALT (atténuation polie de *je veux*) *Je voudrais vous parler en particulier.* — (Au subj. optatif et à l'impératif de politesse) *Veuillez sortir.* ◆ (En phrase négative, la négation portant vraiment sur *vouloir*) *Il n'a pas voulu vous nuire,* telle n'était pas son intention. — (La négation portant non sur *vouloir* mais sur l'inf. suivant) *Ils ne veulent pas servir un maître,* leur volonté est de ne pas servir... ➤ **refuser.** — FAM. (CHOSES) *Le café «s'entêtait à ne pas vouloir passer»* ZOLA. *Le feu ne veut pas prendre.* ▪ **2** (fin XIe) **VOULOIR QUE** (suivi d'une complétive au subj., dont le sujet ne peut être celui de *vouloir*). *«Si tu veux qu'on t'épargne, épargne aussi les autres»* LA FONTAINE. *Veux-tu que je te laisse ?* — (En tour interrogatif, dans un sens affaibli) *«Sur qui dans son malheur voulez-vous qu'il s'appuie ?»* RACINE. FAM. *Qu'est-ce que vous voulez que j'y fasse ? Que voulez-vous que je vous dise ?* je n'y peux rien, c'est comme ça. — (Avec ellipse de la complétive) *Que veux-tu ? Que voulez-vous ?,* marque l'embarras, ou une sorte de résignation fataliste. *«Qu'est-ce que vous voulez, un premier prix, ça ne nourrit pas»* COLETTE. ◆ (En phrase négative, la négation portant sur *vouloir*) *«Vous n'avez pas voulu qu'il eût la certitude Ni la joie ici-bas !»* HUGO. — (La négation portant sur la complétive) *Je ne veux pas que tu viennes.* ➤ **défendre, interdire.** ▪ **3** (1534) (Avec un pronom compl. neutre, représentant un inf., une complétive) *Sortez, je le veux.* ➤ **commander, exiger, ordonner.** *Vous l'avez voulu, bien voulu :* c'est de votre faute (cf. IRON. Vous voilà content, satisfait...). *«Vous l'avez voulu, George Dandin»* MOLIÈRE. *Que tu le veuilles ou non. Sans le vouloir.* ➤ **involontairement.** *«L'homme vraiment libre ne veut que ce qu'il peut»* ROUSSEAU. — (Avec ellipse du compl.) *«Il frappera le taureau où il voudra, quand il voudra, comme il voudra»* GAUTIER. *Ça va-t-il comme vous voulez ? Tant que vous voudrez.* — SPÉCIALT *Si tu veux, si vous voulez, si on veut,* sert à introduire une expression qu'on suppose préférée par l'interlocuteur. *«Guenille si l'on veut, ma guenille m'est chère»* MOLIÈRE.

B. AVEC UN COMPLÉMENT (fin XIe) ▪ **1** Prétendre obtenir ou souhaiter que se produise... ➤ **demander, désirer.** *«Louis XVIII voulait sa tranquillité à tout prix»* CHATEAUBRIAND. — (Avec de partitif) *«Je veux de la poudre et des balles»* HUGO. *J'en veux, je n'en veux plus.* — LOC. *En veux-tu, en voilà :* autant qu'on veut, à profusion. — *En vouloir pour son argent.* ◆ SPÉCIALT (pour exprimer la demande d'un client) *«Monsieur veut-il une friction ?»* HUYSMANS. — (Au conditionnel de politesse) *Nous voudrions une chambre.* ◆ (Avec un compl. de personne) *«Les hommes veulent des messies»* DUHAMEL. — Vouloir posséder sexuellement. ➤ **désirer.** *«Ce n'était pas Lise qu'il voulait, c'était cette gamine !»* ZOLA. ◆ *Vouloir qqch. de qqn,* vouloir obtenir de lui. ➤ **attendre.** *«Et Ruth ne savait point ce que Dieu voulait d'elle»* HUGO. — (Dans le même sens, par attraction de *demander*) *Qu'est-ce que vous me voulez ?* ◆ LOC. **EN VOULOIR :** vouloir obtenir beaucoup, avoir de l'ambition ; être volontaire et agressif, vouloir se battre (sports, etc.). *Un champion qui en veut. Elle en veut !* ▪ **2** *Vouloir du bien, du mal, qqch. à qqn :* souhaiter que qqch. échoie, arrive, soit à qqn. *«Des âmes honnêtes, qui me veulent du bien»* RIMBAUD. *Je ne veux de mal à personne.* ▪ **3** (1549) **EN VOULOIR À.** VX S'en prendre à. *En vouloir à la vie de qqn.* — MOD. Avoir des visées sur, s'intéresser à. *Il en veut à son argent.* ◆ (fin XVIe) Garder du ressentiment, de la rancune contre (qqn). *«on en veut beaucoup plus volontiers aux faibles qui vous abandonnent qu'à un adversaire puissant, en qui on reconnaît un égal»* NIMIER. *Ne m'en veuille* (FAM. *veux*) *pas ; ne m'en veuillez* (FAM. *voulez*) *pas. «Elle lui en voulait de ce calme»* FLAUBERT. *«Il ne lui en voulait pas de déprécier les choses qu'il estimait»* LARBAUD. *En vouloir à mort à qqn.* — (1799) *S'en vouloir de... :* se reprocher de. ➤ se

repentir. *Je m'en veux d'avoir accepté.* FAM. *«Moi, aller voir des femmes ? Ah ! je m'en voudrais !»* MONTHERLANT. ■ **4** (Avec un attribut du compl.) Souhaiter avoir (une chose qui présente certain caractère). *Elle voudrait une nouvelle voiture. Comment voulez-vous votre viande ? Ces dossiers, je les ai voulus aussi complets que possible.* ■ **5 SE VOULOIR :** vouloir être, prétendre être. *Une analyse qui s'est voulue objective. Il se veut rassurant.* ■ **6** (fin XIe) **VOULOIR DE** (qqch. ou qqn) **:** être disposé à s'intéresser à... ou à se satisfaire de..., à accepter. *Il ne veut pas de tes excuses.* — *«Une femme pardonne tout, excepté qu'on ne veuille pas d'elle»* MUSSET. ■ **7** (1553) SANS COMPL. Faire preuve de volonté. *Il «avait la qualité dauphinoise, il savait vouloir»* STENDHAL. *«À force de m'habituer à ne pas vouloir»* PROUST.

II DEMANDER, REQUÉRIR (Avec un sujet de chose, auquel on prête une sorte de volonté) (fin XIIe) — (Avec l'inf.) *«L'attention a quelque chose de pénible et veut être relâchée de temps en temps»* BOSSUET. *Vouloir dire* qqch.* : signifier. ♦ (Avec une complétive) *La prudence, la politesse voudrait que...* ➤ **prescrire.** *«Un malheureux hasard voulut qu'ils ne fussent point réunis»* ALAIN-FOURNIER. *Le malheur a voulu que...*, il a fait que... ♦ VIEILLI (sujet chose concrète ; avec un compl. d'objet) Demander, exiger. *«Tout cela voudra du temps et voudra de l'argent»* BALZAC. ➤ **nécessiter.**

III AFFIRMER, PRÉTENDRE (début XVIIe) ■ **1** Affirmer (par un acte du jugement volontaire plus que par référence à la réalité). ➤ **prétendre.** *«Descartes a voulu, contre toute apparence, que les animaux fussent des machines»* FRANCE. — (Sujet chose) *La tradition veut que...* ■ **2** FAM. *Je veux !* formule d'approbation ou d'affirmation énergique. ➤ **oui** (cf. Et comment ! Un peu !).

IV CONSENTIR, ACCEPTER (début XIIe) *«Demande-lui s'il veut venir souper avec moi»* MOLIÈRE. *«Si vous voulez me suivre par ici, Monsieur»* BALZAC. — (Pour exprimer une prière polie) *Voulez-vous avoir l'obligeance de remplir ces formulaires ? Veuillez vous donner la peine d'entrer.* (En formule de politesse) *Veuillez agréer, Madame, l'expression de mes sentiments distingués.* — (Pour marquer un ordre) *«Veux-tu te taire, animal !»* ZOLA. ELLIPT *Voulez-vous !* (vous taire, vous arrêter). ♦ VX *Vouloir que...* : admettre, concéder que. *«Je veux qu'il y ait* [dans l'Écriture] *des obscurités»* PASCAL. ♦ MOD. (Marquant la concession) **VOULOIR BIEN.** *«Je veux bien m'en tenir à cette punition légère»* LACLOS. — ELLIPT *«Nous jouerons à trois, si vous voulez bien»* LOTI (cf. Être d'accord*). IRON. *Il trouve ça joli !... Moi, je veux bien.* FAM. *Nous, on veut bien...* : nous voulons bien croire, admettre (mais sans conviction, par pure complaisance). — (Avec une complétive) Permettre. *«Je veux bien que vous preniez quelques potages»* PROUST. — (Concession intellectuelle) *Je veux bien qu'il se soit trompé*, je l'admets. *«Eux, je veux bien qu'ils m'aient abandonnée, mais Lazare, mon frère, comment est-ce possible ?»* M. NDIAYE.

V (AUXILIAIRE D'ASPECT) (fin XIe) RÉGION. (suivi de l'inf.) S'emploie, au lieu de *aller*, pour exprimer un futur proche et probable. *«Vous devriez profiter du beau temps pour faire un tour, on dirait qu'il veut pleuvoir»* R. JORIF.

■ CONTR. Refuser.

2**VOULOIR** [vulwaʀ] n. m. – XIIe ◇ inf. subst. du v. *vouloir* ■ **1** LITTÉR. Faculté de vouloir. ➤ **volonté.** *«Cette interprétation téméraire du vouloir divin»* MAURIAC. ■ **2** (1432) **BON, MAUVAIS VOULOIR.** VX Bonnes, mauvaises intentions. ♦ MOD. ; VIEILLI ou RÉGION. Bonne, mauvaise volonté. *«Désespéré du mauvais vouloir de ses serviteurs»* ZOLA. *Selon son bon vouloir.*

VOULU, UE [vuly] adj. – 1830 ; *bien, mal voulu* «envers qui on est bien ou mal disposé» XVIe ◇ p. p. de 1*vouloir* ■ **1** Exigé, requis par les circonstances. *«Sans avoir la quantité de drap voulue»* BALZAC. *En temps voulu. Au moment voulu.* ■ **2** Délibéré, volontaire. *«Avec une frivolité consciente et voulue»* MAUPASSANT. FAM. *C'est voulu* : ce n'est pas le fait du hasard. ➤ **intentionnel.**

VOUS [vu] pron. pers. – Xe ◇ latin *vos* ■ Pronom personnel de la deuxième personne du pluriel (réel ou de politesse). REM. *Vous* peut être sujet (comme *tu*), apposition ou attribut (comme *toi*) et complément direct ou indirect (comme *te, toi*). ■ **1** (PLUR.) Représente un groupe de personnes dont le locuteur est exclu. *«Ceux que vous oubliez ne vous oublieront pas»* HUGO. *Elle et toi, vous resterez.* — (Avec prép.) *«Soldats, je suis content de vous»* BONAPARTE. *Entre vous, parmi vous.* ♦ Dans un verbe pronominal (réfl., récipr.) *Je crois que vous vous connaissez.* — *«Pour un mot quelquefois vous vous étranglez tous»* LA FONTAINE. ■ **2** SING. (remplaçant *tu, toi*, dans le vouvoiement) *S'il vous plaît*.* *«Je viens à vous, Seigneur, père auquel il faut croire»* HUGO. *Il ne tient* qu'à vous. Vous semblez pressé.* — LOC. *De vous à moi*. Eux ont accepté, vous pas* (ou *pas vous*). *Si j'étais vous...* : à votre place. — Répété *«Vous êtes seul, vous, vous pouvez vous serrer le ventre»* BALZAC. *Vous, je vous retrouverai !* ♦ (Renforcé) **VOUS-MÊME(S).** *«Messieurs, tirez vous-mêmes»* TAINE. *Vous devriez lui en parler vous-même.* — **VOUS AUTRES*.** — **VOUS DEUX, VOUS TROIS...** *À vous deux, vous y arriverez bien.* ■ **3** (Indéf.) Remplace *on*, en fonction de complément. *«Enfin "vous..." je veux dire tout le monde, tous les gens comme moi»* SARRAUTE. *«Les gens qui vous refusent les choses qu'on désire, vous en donnent d'autres»* PROUST. ♦ (Explétif pour renforcer un verbe) *«Ce Lenoir, avec ses stupides bavardages vous compromettait n'importe qui»* ARAGON (➤ me, te). ■ **4** (Nominal) *Dire vous à qqn.* ➤ **vouvoyer.** *«Tu me dis "vous" tout d'un coup»* MAUROIS. *Employer le vous en parlant à ses parents.* *«le vous ne perd jamais tout à fait son sens pluriel. Si je dis vous à quelqu'un, j'entends m'adresser à travers lui à sa famille, son clan, sa nation»* TOURNIER.

VOUSSOIR [vuswaʀ] n. m. – XVe ; *vosoir* 1213 ◇ latin populaire °*volsorium*, de °*volsus*, classique *volutus* ■ ARCHIT. Pierre taillée qui entre dans la construction d'une voûte ou d'un arc. ➤ **claveau.** *«la forme des arches, du demi-cercle à l'anse de panier puis aux voussoirs»* ECHENOZ. — On a dit *vousseau* n. m., 1690.

VOUSSOYER ➤ **VOUVOYER**

VOUSSURE [vusyʀ] n. f. – milieu XIIe *volsure* ◇ du radical de *voussoir*, *vousseau* ■ **1** Courbure (d'une voûte, d'un arc). ♦ PATHOL. Exagération de la convexité du thorax dans une région limitée. *«la maigreur de mes jambes et la voussure de mon thorax»* J.-P. DUBOIS. ■ **2** (1846) Partie courbe qui surmonte une porte, une fenêtre. *«Sous la poterne basse à voussure de brique»* LECONTE DE LISLE. ♦ ARCHIT. Chacun des arcs concentriques formant l'archivolte* d'une arcade, d'un portail. *Voussures sculptées des portails de cathédrales.*

VOÛTE [vut] n. f. /VOUTE/ – 1213 *voste* ; v. 1135 *volte* ◇ latin populaire °*volvita*, fém. de °*volvitus*, classique *volutus*, p. p. de *volvere* «rouler» ■ **1** Ouvrage de maçonnerie cintré, fait de pierres spécialement taillées, servant en général à couvrir un espace en s'appuyant sur des murs (piédroits), des piliers, des colonnes. *Clef* de voûte. Montée d'une voûte*, hauteur de sa partie cintrée. *Surface extérieure* (extrados), *intérieure* (intrados) *d'une voûte. Voûte en plein cintre*. Voûte surhaussée, surbaissée.* *«Les bas-côtés se partagent en deux voûtes étroites soutenues par un seul rang de piliers»* CHATEAUBRIAND. *Voûtes en berceau, en berceau brisé. Voûte d'arête* : intersection de quatre voûtes cylindriques. *En voûte* : en forme de voûte. ■ **2** Paroi, région supérieure présentant une courbure analogue. *La voûte d'une caverne. Une voûte d'arbres.* ➤ **berceau, dais.** — *La voûte céleste.* ♦ TECHN. Partie supérieure arrondie. *La voûte d'un four.* ➤ **chapelle** (II). — ANAT. *Voûte crânienne. Voûte palatine.* ➤ 2 **palais.** *Voûte plantaire* : courbure de la partie inférieure du pied.

VOÛTÉ, ÉE [vute] adj. /VOUTÉ, ÉE/ – *vosté* début XIIIe ◇ de *voûte* ■ **1** Couvert d'une voûte. *«Une grande galerie voûtée»* DIDEROT. *Cave voûtée.* ♦ (1437) LITTÉR. En forme de voûte. ➤ **arqué, courbé.** *«Au-dessous des sourcils voûtés»* MORAND. ■ **2** (1575) Dont le dos est courbé et ne peut plus se redresser. ➤ **cassé.** *«Une petite vieille [...] très voûtée»* ROMAINS. — *Dos voûté.*

VOÛTER [vute] v. tr. ⟨1⟩ /VOUTER/ – XIIIe ◇ de *voûte* ■ **1** Fermer (le haut d'une construction) par une voûte. *Voûter une galerie.* *«cette nef, voûtée de pesants berceaux»* HUYSMANS. ■ **2** LITTÉR. Courber en forme de voûte. ➤ **cintrer.** *«Les tables* [du violon] *sont voûtées selon un calcul exquis»* SUARÈS. ■ **3** Rendre voûté (qqn). *L'âge l'a voûté.* PRONOM. *Il s'est voûté avec l'âge.* *«la taille assez belle, s'il ne se fût point voûté»* DUHAMEL. ➤ **se casser.**

VOUVOIEMENT [vuvwamɑ̃] n. m. – 1894 ◇ de *vouvoyer* ■ Le fait de vouvoyer qqn. *Passer du vouvoiement au tutoiement.* — On dit aussi **VOUSOIEMENT** (1797) et **VOUSSOIEMENT** (VIEILLI ou RÉGION.). *Les professeurs «usent du voussoiement : tu aimes cette distance»* M. SIZUN.

VOUVOYER [vuvwaje] v. tr. ⟨8⟩ – 1834 ◇ de *vous* et *-oyer*, refait d'après *tutoyer* ■ S'adresser à (qqn) en employant la deuxième personne du pluriel. *On vouvoie normalement les inconnus, ses supérieurs et toutes les personnes avec qui on n'a pas de liens étroits* (opposé à *tutoyer*). — On dit aussi **VOUSOYER** (XVe) et **VOUSSOYER** (1845) (VIEILLI ou RÉGION.).

VOUVRAY [vuvʀɛ] n. m. – 1904 ◇ du n. d'une ville d'Indre-et-Loire ■ Vin blanc issu du cépage pineau de la Loire. *Un vouvray mousseux, pétillant. Des vouvrays.*

VOX POPULI [vɔkspɔpyli] n. f. inv. – 1830 ◊ mots latins «voix du peuple» ; cf. l'adage *Vox populi, vox Dei* ■ LITTÉR. L'opinion du plus grand nombre, de la masse. *«cette conscience stupide décorée du nom de* vox populi*»* BALZAC.

VOYAGE [vwajaʒ] n. m. – 1400 ; *veiage* 1080 ◊ latin *viaticum* ■ **1** Déplacement d'une personne qui se rend en un lieu assez éloigné. *Entreprendre, faire un voyage. «Heureux qui, comme Ulysse, a fait un beau voyage»* DU BELLAY. *Un long, un grand voyage. «J'ai fait trois voyages en Angleterre»* NERVAL. *«Lors de mon voyage d'Italie»* VIGNY. PROV. *Les voyages forment la jeunesse. Ça vaut le voyage :* c'est remarquable. — *Faire le voyage de Liège, de Québec :* aller à Liège, à Québec. — *Voyage à pied, en voiture, en avion.* — *Voyage par mer.* ➤ **croisière, traversée.** *Voyage circulaire.* ➤ **circuit, périple,** 3 **tour.** — *Voyage de noces*.* ◆ SPÉCIALT *Voyage d'agrément, touristique. Voyage organisé,* par une agence (en groupe, pour réduire les frais). ➤ RÉGION. **course.** — *Voyage d'affaires. Voyage d'étude, d'exploration*. Voyage d'information.* ◆ **EN VOYAGE.** *Partir en voyage. Être en voyage :* être absent. ◆ **DE VOYAGE.** *Vêtements, couvertures, sacs de voyage,* faits pour les voyages. *Agence de voyages. Organisateur de voyages* (recomm. offic.). ➤ **tour-opérateur, voyagiste.** *Chèque de voyage* (recomm. offic.). ➤ **traveller's chèque.** — *Notes, carnets, souvenirs de voyage. Récits, livres de voyage* (➤ **relation**). — *«Amer savoir, celui qu'on tire du voyage !»* BAUDELAIRE. — LOC. **BON VOYAGE.** *Nous avons fait bon voyage. Souhaiter bon voyage à qqn. Bon voyage !* (cf. Bon vent*). — *Pendant le voyage.* ➤ **route, trajet.** *Rentrer de voyage.* — LOC. *Les gens du voyage :* les gens du cirque, les forains, les nomades. ◆ FIG. *«La vie est un voyage»* PROUST. — LOC. *Faire le grand voyage :* mourir. ■ **2** (1445) Course que fait un chauffeur, un porteur pour transporter qqn ou qqch. *Un seul voyage suffira pour transporter ces meubles.* ■ **3** RÉGION. (Canada, Louisiane) Charge transportée en un voyage. *Un voyage de foin.* — LOC. FAM. (1940) (Canada) *Avoir son voyage de qqch.*, en avoir assez (cf. En avoir sa claque). ■ **4** FIG. (1966) État provoqué par l'absorption d'hallucinogènes. ➤ **défonce,** FAM. **trip.**

VOYAGER [vwajaʒe] v. intr. ⟨3⟩ – 1385 ◊ de *voyage* ■ **1** Faire un voyage. *«Après sa démission* [Cromwell] *voyagea en France»* VOLTAIRE. ➤ 1 **aller,** se **transporter.** *Voyager en première classe. Voyager de jour, de nuit. Voyager en train, à pied* (➤ **routard**). — PROV. *Qui veut voyager loin* ménage sa monture.* ◆ Faire des voyages, aller en différents lieux pour voir du pays*. *«C'est un homme d'esprit qui a beaucoup voyagé, qui sait le monde»* SAINTE-BEUVE. ➤ **bourlinguer, courir** (le monde). ◆ (Voyageurs de commerce) Faire des tournées. ➤ **tourner.** ■ **2** (fin XVIIIe) Sujet chose Être transporté. *Marchandise qui s'abîme en voyageant. Denrées, vins qui voyagent bien, mal,* qui supportent bien ou mal le transport.

VOYAGEUR, EUSE [vwajaʒœʀ, øz] n. – milieu XVe ; *voyagier* XIVe ◊ de *voyager* ■ **1** Personne qui est en voyage. *«Il n'existe pas encore un hôtel où tout voyageur riche puisse retrouver son chez soi»* BALZAC. ◆ Personne qui use d'un véhicule de transport public. ➤ **passager.** *Les voyageurs d'un autobus, d'un train. «devant la gare,* [...] *elle regarde les voyageurs qui montent et qui descendent»* LE CLÉZIO. *Les voyageurs pour Paris, en voiture !* — *Voyageur-kilomètre :* unité correspondant au déplacement d'une personne sur un kilomètre (trafic ferroviaire, aérien, routier). ■ **2** (XVIe) Personne qui voyage pour voir de nouveaux pays (dans un but de découverte, d'étude). ➤ **explorateur.** *«Les récits de Marco Polo,* [...] *comme de quelques autres voyageurs anciens»* BAUDELAIRE. — *L'arbre du voyageur :* le ravenala. — Touriste. *«La Sicile devrait attirer les voyageurs»* MAUPASSANT. ■ **3** (1830) *Voyageur (de commerce) :* représentant de commerce qui voyage pour visiter la clientèle. ➤ **commis** (voyageur). *«"Vous êtes voyageur ? demanda l'homme. – Bracelets-montres," acquiesça Mathias»* ROBBE-GRILLET. *Voyageurs, représentants, placiers (V. R. P.).* ■ **4** adj. (1764) VX Qui voyage, aime à voyager. — MOD. *Pigeon* voyageur.* — PAR EXT. (CHOSES) Mouvant. *«La vie voyageuse des bergers* [...] *du Midi»* MICHELET.

VOYAGISTE [vwajaʒist] n. – 1980 ◊ de *voyage* ■ Personne, entreprise ou organisme qui organise et parfois commercialise des voyages. Recomm. offic. pour *tour-opérateur.*

VOYANCE [vwajɑ̃s] n. f. – 1829 ; «vue» XIIIe ◊ de *voyant* ■ Don de double vue ; qualité de voyant.

VOYANT, ANTE [vwajɑ̃, ɑ̃t] n. et adj. – XIIe ◊ p. prés. de *voir*

I n. ■ **1** VX Prophète (Ier). ◆ (1812) MOD. Personne douée de seconde vue. ➤ **devin, extralucide, mentaliste, spirite, visionnaire.** *«Cet état extatique où le pressentiment équivaut à la vision des voyants»* BALZAC. — SPÉCIALT Personne qui fait métier de lire le passé et prédire l'avenir par divers moyens. *Une voyante extralucide* (➤ **cartomancien**). *«Dans les officines* [...] *des voyantes et des sorciers»* HUYSMANS. ◆ LITTÉR. Poète qui voit et sent ce qui est inconnu des autres personnes. *«Le poète se fait voyant par un long, immense et raisonné dérèglement de tous les sens»* RIMBAUD. ■ **2** Personne qui voit. *Les voyants et les aveugles* (ou *non-voyants*). ➤ aussi **malvoyant.** ■ **3** n. m. (1845) Signal lumineux (sur des appareils de contrôle, des tableaux de bord, etc.) destiné à attirer l'attention de l'utilisateur. *Voyant d'essence, d'huile,* avertissant le conducteur que l'essence, l'huile sont presque épuisées. — LOC. FIG. *Les voyants sont au rouge :* la situation est critique. ◆ Plaque, moitié noire, moitié blanche, utilisée dans les opérations de nivellement. ■ **4** n. m. Dispositif qui permet de voir. ◆ Partie transparente d'un casque protecteur. ◆ Partie vitrée qui permet de voir à l'intérieur d'un dispositif.

II adj. (1660 ; «visible» XIIIe) Qui attire la vue, se voit de loin. *Des couleurs voyantes.* ➤ **criard, éclatant.** *Toilette voyante. «Des cravates voyantes et compliquées»* ARAGON. ➤ **tapageur, tape-à-l'œil.** ◆ FIG. Qui attire l'attention, est trop visible. *Des dépenses voyantes. Une duplicité trop voyante.*

■ CONTR. Aveugle. 1 Discret.

VOYELLE [vwajɛl] n. f. – 1530 ; *voieul* 1265 ◊ substantivation de l'adj. *voieul* «vocal» (XIIIe), latin *vocalis* ■ **1** Son émis par la voix sans bruit d'air, phonème caractérisé par une résonance de la cavité buccale plus ou moins ouverte *(voyelle orale),* parfois en communication avec la cavité nasale *(voyelle nasale).* ➤ aussi **diphtongue, triphtongue ; vocalique.** *Voyelles antérieures, postérieures ; ouvertes, fermées. «L'accent jurassien aux voyelles largement ouvertes»* AYMÉ. *«Les voyelles françaises sont nombreuses et très nuancées»* VALÉRY. ➤ **vocalisme.** *Le français comprend seize voyelles. Voyelle longue, brève.* — *Syllabe faite d'une voyelle, d'une voyelle et d'une semi-voyelle. I voyelle* [i] *et i consonne* [j] (ex. pie [pi], pied [pje]). ➤ **semi-consonne.** *Rencontre de voyelles.* ➤ **hiatus.** *Élision* d'une voyelle.* ■ **2** Lettre qui sert à noter ce son, employée seule (a, e, i, o, u, y), munie d'un signe (ex. é, ô), en combinaison avec d'autres (ex. eau, ou, ei) ou avec une consonne (ex. an, ain, on). *«J'inventai la couleur des voyelles»* RIMBAUD.

VOYER [vwaje] n. m. – 1270 ; *veier* «officier de justice» 1080 ◊ latin *vicarius* «remplaçant», avec changement de sens sous l'influence de *voie* ■ VX Officier chargé des voies publiques. ◆ (1836) MOD. *Architecte-voyer,* chargé de la voirie, des équipements urbains.

VOYEUR, EUSE [vwajœʀ, øz] n. – début XVIIIe ; ancien français *veor* «guetteur» ◊ de *voir* ■ **1** VIEILLI Spectateur attiré par une curiosité plus ou moins malsaine. *«Les accusés tenaient leurs figures flétries constamment tournées vers leurs collègues venus en voyeurs»* BARRÈS. ■ **2** (1883) Personne qui cherche à assister pour sa satisfaction et sans être vue à une scène intime ou érotique. ➤ FAM. **mateur.**

VOYEURISME [vwajœʀism] n. m. – 1957 ◊ de *voyeur* ■ Comportement du voyeur. *Voyeurisme et exhibitionnisme.*

VOYOU [vwaju] n. m. – 1832 ◊ de *voie* et suffixe populaire ■ **1** Homme du peuple, ayant des activités délictueuses. ➤ **chenapan, garnement, vaurien.** *«Cet accent des voyous parisiens qui semble un râle»* NERVAL. *Les voyous des banlieues.* ➤ FAM. **loubard, loulou ; blouson** (noir), **hooligan.** — En appellatif *Petit voyou !* ■ **2** (1871) Individu de mœurs et de moralité condamnables. ➤ **crapule ;** FAM. **arsouille,** 2 **frappe, fripouille, gouape** (cf. Mauvais garçon*). *«Traînant dans tous les mauvais lieux* [...] *en compagnie de voyous»* AYMÉ. ■ **3** adj. (1875) *Elle est un peu voyou ;* RARE un peu voyoute. *«Des termes d'argot si voyous et criés si fort»* PROUST. *Un air, un accent voyou.* ■ **4** (calque de l'anglais américain *rogue state*) *État-voyou,* qui ne respecte pas les règles du droit international et fait peser une menace sur la sécurité collective. — *Des patrons-voyous.*

VOYOUCRATIE [vwajukʀasi] n. f. – 1865 ◊ de *voyou* et *-cratie* ■ FAM. Pouvoir exercé par des personnes corrompues.

V. P. C. Sigle de *vente* par correspondance.*

VRAC [vʀak] n. m. – 1730 ; *hareng vrac* 1606 ◊ néerlandais *wrac, wraec* «(harengs) mal salés, mauvais»

I LOC. ADV. **EN VRAC.** ■ **1** Pêle-mêle, sans être arrimé et sans emballage. *Lester, charger en vrac,* à même la cale (➤ **vraquier**). *Marchandises expédiées en vrac.* — adj. *Fruits en vrac dans un camion.* ■ **2** (1893) En désordre. *Poser ses affaires en vrac sur une chaise.* — ABSTRAIT *Il avait «jeté, en vrac, sans* *hiérarchie, des arguments d'ordre très divers»* MARTIN DU GARD. ◆ LOC. FAM. (PERSONNES) *Être en vrac*, en mauvaise forme, fatigué. *«Ce matin Lucas est en vrac, ça se voit à ses yeux tout rétrécis, ses cheveux chiffonnés»* D. DE VIGAN. ■ 3 Au poids (opposé à *en paquet*). *Acheter des lentilles en vrac.* — adj. *Thé en vrac.*

II n. m. (1933) Marchandise qui n'est pas emballée ou conditionnée pour le transport, la distribution. *Stockage et manutention du vrac. Vrac solide, liquide.*

VRAI, VRAIE [vʀɛ] adj., n. m. et adv. – fin XIe ◇ du latin populaire *veracus*, renforcement de *verus* → verdict, voire, vérité, véracité

I ~ adj. ■ 1 (Jugement, énoncé) Qui présente un caractère de vérité* ; à quoi on peut et doit donner son assentiment (opposé à *faux, illusoire* ou *mensonger*). ➤ **avéré, certain, exact, incontestable, sûr, véritable.** *«ne recevoir jamais aucune chose pour vraie, que je ne la connusse évidemment être telle»* DESCARTES. — Caractérisé par une des deux valeurs possibles en logique binaire (par oppos. à *faux*). ◆ PAR EXT. Exact, juste. *«rien n'est vrai pour tous, mais seulement par rapport à qui le croit tel»* GIDE. *Récit, témoignage vrai.* ➤ **authentique, fidèle, véridique.** *«L'histoire est le récit des faits donnés pour vrais»* VOLTAIRE. — FAM. *C'est la vérité vraie.* ➤ **pur, strict.** ◆ (IMPERSONNEL) *Il est vrai que... Cela est si vrai que...*, sert à introduire une preuve à l'appui. *Il n'en est pas moins vrai que...*, sert à maintenir une affirmation. ➤ **néanmoins.** *C'est pourtant vrai. N'est-il pas vrai ?* n'est-ce pas ? FAM. *Il est commerçant, pas vrai ?* FAM. *C'est pas vrai !* c'est pas possible ! sans blague ! ; c'est intolérable, excessif. *Il est pas vrai, ce mec ! — Alors c'est vrai, vous partez ?* ➤ **sérieux.** *«C'est bien vrai, n'est-ce pas, que les moutons mangent les arbustes ?»* SAINT-EXUPÉRY. *C'est bien vrai, ça ! — Il n'y a pas un mot de vrai dans tout cela.* — LOC. *Incroyable mais vrai* : vrai mais peu vraisemblable. *Il est vrai que...* s'emploie pour introduire une concession, une restriction (cf. Sans doute*). *Il est vrai qu'il pleut souvent en cette saison. — Il est vrai, c'est vrai* (en incise). *«Il est gredin, c'est vrai, mais il a tant de talent»* R. ROLLAND. ■ 2 Qui existe indépendamment de l'esprit qui le pense (opposé à *imaginaire*). ➤ **réel.** *«Bonaparte n'est plus le vrai Bonaparte, c'est une figure légendaire»* CHATEAUBRIAND. ◆ SC. Réel, observable (et non pas calculé ou déduit). *Jour vrai* (solaire) *et jour moyen. Temps* solaire vrai. Hauteur vraie d'un astre* (opposé à *hauteur apparente*). ■ 3 (1680) (Placé avant le nom) Conforme à son apparence ou à sa désignation (opposé à *faux*). *Une poupée avec de vrais cheveux.* ➤ **véritable.** *De vraies perles. Un vrai Renoir.* ➤ **authentique.** *Ce n'est pas son vrai père.* ➤ aussi **biologique.** ◆ (Choses d'ordre moral ; personnes) Nommé à bon escient. *«La vraie éloquence se moque de l'éloquence»* PASCAL (cf. Digne* de ce nom). — (CONCRET) *«Je suis une vraie femme – la femme forte de l'Évangile, mon cher»* G. DARIEN. *C'est un vrai jardin, presque un parc.* — (EMPHATIQUE) *C'est un vrai con. Une vraie crapule.* ➤ 2 **franc.** *Il mange comme un vrai cochon.* ➤ **véritable.** ◆ (Servant à introduire une désignation métaphorique) *«c'est la perle des duègnes, un vrai dragon»* LESAGE. ◆ LOC. FAM. **VRAI DE VRAI** : absolument vrai, authentique, véritable. — SUBST. *«Je suis un Arabe pour de bon, un vrai de vrai»* QUENEAU. ◆ *Un vrai faux* (tableau) : œuvre reconnue fausse. — Faux, mais qui a l'air vrai. *«par contamination, de vrais faux souvenirs me reviennent»* J. RÉDA. — IRON. *Les vrais faux passeports d'un agent secret*, faux, mais issus d'une source officielle. ■ 4 VIEILLI (PERSONNES) Qui dit la vérité (➤ **véridique**) et qui se comporte sans dissimuler ni tromper. ➤ **loyal, sincère.** *«J'aimais un homme vrai, sans mensonge au front»* BALZAC. ■ 5 (1636) ARTS (représentation) Qui s'accorde avec le sentiment de la réalité du spectateur, de l'auditeur (en général par la sincérité et le naturel). ➤ **naturel, senti, vécu.** *Peinture vraie, plus vraie que nature. «"L'Assommoir" de Zola est tristement vrai»* L. DAUDET. ➤ **réaliste.** *«Soyez vrais, jeunes gens. Mais cela ne signifie pas : soyez platement exacts»* RODIN.

II ~ n. m. **LE VRAI** ■ 1 (milieu XIVe) La vérité. *«Et j'avais toujours un extrême désir d'apprendre à distinguer le vrai d'avec le faux»* DESCARTES. *«Je suis venue sur la terre avec le goût et le besoin du vrai»* SAND. LOC. *Plaider* le faux pour savoir le vrai.* ◆ Ce qui, dans l'art, correspond à notre sentiment du réel. *Le vrai en littérature, en art. «Rien n'est beau que le vrai»* BOILEAU. ■ 2 La réalité. *Vous êtes dans le vrai*, vous avez raison. *«L'avantage qu'il y a à être dans le vrai, c'est que toujours, forcément, on finit par avoir raison»* COURTELINE. ■ 3 LOC. VIEILLI *À dire le vrai*, mod. *à dire vrai* ; (fin XIVe) *à vrai dire*, s'emploient pour introduire une restriction. ➤ **franchement.** *À dire vrai, je n'y ai pas pensé.* — loc. adv. (1538) *Au vrai ; de vrai* (VIEILLI) : en fait, pour être tout à fait exact. *«Au vrai, j'étais grisé par la diversité de la vie»* GIDE. — LOC. FAM. *Pour de vrai*, (Canada) *pour vrai, pour le vrai* : vraiment. *«Elle a été mariée pour de vrai, tu sais»* HUYSMANS. *C'est pour de vrai ou pour de rire ?* (enfants) (cf. Pour de bon*). — FAM. (langage enfantin) *En vrai* : vraiment, pour de bon, réellement. *Elle pleure en vrai ou elle fait semblant ?*

III ~ adv. Conformément à la vérité, avec exactitude. *Parler vrai.* — ARTS En accord avec notre sentiment de la réalité. *Faire vrai. Jouer vrai.* ➤ **juste.** — FAM. et VIEILLI (détaché en tête ou en incise) Vraiment. *Je n'ai plus faim, non, vrai. «Vrai, nous n'avions pas pensé que ça tournerait si mal»* MAUPASSANT.

■ CONTR. Erroné, 1 faux, inexact, mensonger. Artificiel, factice ; feint. Imaginaire ; illusoire. Forcé, imité. — Erreur.

VRAIMENT [vʀɛmɑ̃] adv. – *vraiement* XIIIe ; *veraiement* début XIIe ◇ de *vrai* ■ 1 D'une façon indiscutable et que la réalité ne dément pas. ➤ **effectivement, réellement, sérieusement, véritablement.** *«Mais s'aimaient-ils vraiment ?»* LARBAUD. *En a-t-il vraiment besoin ? Je ne vous gêne pas, vraiment pas ? «Il avait vraiment de la chance»* MAUPASSANT. *«Il n'y a de vraiment beau que ce qui ne peut servir à rien»* GAUTIER. *Elle n'est pas vraiment belle, elle a du charme. Rien n'a vraiment changé. — La situation n'est pas vraiment drôle* (euphém.). ■ 2 (XIVe) S'emploie pour souligner une affirmation. ➤ **assurément, certainement, franchement** (cf. Sans mentir*). *«Mais vraiment j'ai des raisons de croire que celle-ci m'a aimé»* MAUROIS. *Vraiment, il exagère ! Je regrette vraiment. «Il était vraiment trop froussard»* SARTRE. *«Je ne sais vraiment pas comment il supporterait ce malheur»* MUSSET. — INTERROG. *Vraiment ?* est-ce vrai ? croyez-vous ? — **PAS VRAIMENT** : pas complètement, un peu, vaguement. *Tu as aimé ce film ? Pas vraiment. «Vous l'avez lu ? – Pas vraiment»* SOLLERS.

VRAISEMBLABLE [vʀɛsɑ̃blabl] adj. – 1266 ◇ de *vrai* et *semblable*, d'après le latin *verisimilis* ■ Qui est à bon droit considéré comme vrai ; qui semble vrai. ➤ **crédible, croyable, plausible.** *«Une supposition très vraisemblable me traversa l'esprit»* MAUPASSANT. *«Il est vraisemblable qu'un premier attentat [...] fut inspiré par Henri de Guise»* BAINVILLE. — (En parlant d'un évènement futur) *Sa réussite est vraisemblable.* ➤ **possible, probable.** ◆ (1660) Qui, dans l'art, correspond apparemment à l'idée qu'on se fait du réel. *«Nous ne prétendons pas que le portrait [...] soit vraisemblable [...] il est ressemblant»* HUGO. *«Le vrai peut quelquefois n'être pas vraisemblable»* BOILEAU. — SUBST. (XVIe) *«Il n'y a que le vraisemblable qui touche dans la tragédie»* RACINE.

■ CONTR. Invraisemblable.

VRAISEMBLABLEMENT [vʀɛsɑ̃blabləmɑ̃] adv. – 1385 ◇ de *vraisemblable* ■ 1 RARE Avec l'apparence de la vérité. *«On dirait vraisemblablement une jeune grenouille»* BAUDELAIRE. ■ 2 COUR. Selon la vraisemblance, les probabilités. ➤ **apparemment, probablement.** *Il arrivera vraisemblablement demain.* ■ CONTR. Invraisemblablement.

VRAISEMBLANCE [vʀɛsɑ̃blɑ̃s] n. f. – 1358 ◇ de *vrai* et *semblance*, d'après le latin *verisimilitudo* ■ Caractère vraisemblable ; apparence de vérité. ➤ **crédibilité.** *L'hypothèse «gagnait en force ce qu'elle perdait en vraisemblance»* PROUST. *«Soutenir avec vraisemblance une proposition absurde»* TAINE. *Louis Racine, «contre toute vraisemblance, a cru devoir nier la liaison de son père»* HENRIOT. *Selon toute vraisemblance* : sans doute. — *Au-delà de toute vraisemblance* : d'une manière incroyable. — *Respecter la vraisemblance au théâtre.* ■ CONTR. Invraisemblance.

VRAQUIER [vʀakje] n. m. – 1973 ◇ de *vrac* ■ MAR. Navire transportant des produits en vrac.

VRILLAGE [vʀijaʒ] n. m. – 1873 ◇ de *vriller* ■ TECHN. Défaut des fils textiles, des fils de pêche qui vrillent. ◆ Torsion donnée aux pales d'une hélice, aux ailes d'un avion.

VRILLE [vʀij] n. f. – 1375 ; *veille, ville...* XIIIe ; *vedile* XIe ◇ du latin *viticula*, de *vitis* «vigne» ■ 1 Organe de fixation de certaines plantes grimpantes, production foliaire allongée qui s'enroule en hélice. ➤ **cirre.** *«ces vrilles de la vigne qui s'accrochent [...] au poteau d'un cabaret»* HUGO. ■ 2 Outil formé d'une tige que termine une vis. ➤ **foret, 1 mèche, percerette, tarière.** *Percer avec une vrille.* PAR MÉTAPH. *«Son regard était une vrille. Cela était froid et cela perçait»* HUGO. ■ 3 Hélice. *«Par un escalier en vrille ouvert dans le fond de la salle»* DUHAMEL. ➤ **tirebouchon.** ◆ SPÉCIALT Mouvement d'un avion en perte de vitesse, qui descend (accident, acrobatie aérienne) en tournant sur lui-même. *«l'avion qui descend en vrille»* MALRAUX. — FIG. et FAM. *Partir en vrille* : échapper à tout contrôle, partir dans tous les sens. ➤ **déraper** (II). *Élèves qui partent en vrille. «Comme tout était parti de travers à compter de ce moment-là, comme tout était parti en vrille»* DJIAN. ➤ **dégénérer.**

VRILLÉ, ÉE [vʀije] adj. – 1778 ◊ de *vrille* ■ **1** BOT. Muni de vrilles. «*Des cordons de vignes dont les pampres vrillés* [...] *entraient par les fenêtres*» BALZAC. ■ **2** Tordu plusieurs fois sur soi-même. *Un fil de pêche tout vrillé.*

VRILLÉE [vʀije] n. f. – 1750 ; dialectal *veille, villée, veillée*... ◊ de *vrille* ■ Renouée, appelée aussi *faux liseron.*

VRILLER [vʀije] v. ‹1› – 1752 ◊ de *vrille*

I v. intr. ■ **1** Monter, descendre en tournant sur soi-même. *Fusée, avion qui vrille.* ♦ Se tordre, s'enrouler sur soi-même. *Cordon qui vrille. Ligne dont le crin vrille.* ■ **2** FAM. Perdre le contrôle (cf. Partir en vrille). «*le mec est devenu tout rouge, elle a vu qu'il allait vriller et lui en coller une*» V. DESPENTES.

II v. tr. (1843) Percer avec une vrille. ➤ **tarauder.** *Vriller une planche.* — FIG. «*une névralgie furieuse lui vrillait les tempes*» HUYSMANS.

VRILLETTE [vʀijɛt] n. f. – 1762 ◊ de *vrille* ■ Petit insecte coléoptère dont la larve ronge les bois ouvragés.

VROMBIR [vʀɔ̃biʀ] v. intr. ‹2› – 1883 ◊ onomat., cf. *vroum* ■ Produire un son vibré, par un mouvement périodique rapide. ➤ **bourdonner.** «*des essaims de mouches bleues vrombissaient furieusement*» TOURNIER. *Moteur qui vrombit.* ➤ **ronfler.**

VROMBISSANT, ANTE [vʀɔ̃bisɑ̃, ɑ̃t] adj. – 1908 ◊ de *vrombir* ■ Qui vrombit. *Insectes vrombissants.* ➤ **bourdonnant.** *Des motos vrombissantes.*

VROMBISSEMENT [vʀɔ̃bismɑ̃] n. m. – 1891 ◊ de *vrombir* ■ Bruit de ce qui vrombit. «*Des mouches tournoyaient sur la mare avec un petit vrombissement*» PERGAUD. ➤ **bourdonnement.** «*le tiède vrombissement des séchoirs*» C. SIMON. *Le vrombissement du moteur.* ➤ **ronflement.**

VROUM [vʀum] interj. – 1932 ◊ onomat., cf. *vrombir* ■ Onomatopée imitant le bruit d'un moteur qui accélère.

V. R. P. Abrév. de *voyageur*, représentant, placier.*

VS ➤ **VERSUS**

V. S. N. [veesɛn] n. m. – sigle ■ Volontaire du service national, jeune Français effectuant son service national civil en coopération. ➤ **coopérant.**

1 **VTC** [vetese] n. m. – 1993 ◊ sigle de *vélo tout chemin* ■ Vélo conçu pour une utilisation sur route et sur chemin. *Les VTC ont un cadre plus haut et des roues plus grandes que les VTT.*

2 **VTC** [vetese] n. m. ou f. – 2010 ◊ sigle de *voiture* (ou *véhicule*) *de transport* (ou *tourisme*) *avec chauffeur* ■ Voiture de location avec chauffeur, que l'on peut emprunter uniquement sur réservation (contrairement au taxi). *Commander un VTC.*

VTT ou **V. T. T.** [vetete] n. m. – 1987 ◊ sigle ■ **1** Vélo tout-terrain. ➤ **tout-terrain.** ■ **2** (Canada) Véhicule tout-terrain. ➤ **quatre-quatre.**

1 **VU, VUE** [vy] adj. – XVe ◊ de *voir* ■ **1** Perçu par le regard. «*Choses vues*», souvenirs de Hugo. loc. adv. *Ni vu ni connu*.* ♦ SUBST. (1510) *Au vu et au su de tout le monde* : au grand jour. ➤ **ostensiblement, ouvertement.** — *C'est du déjà vu* : ce n'est pas une nouveauté. *Une impression de déjà-vu.* ➤ **paramnésie.** — *Au vu, sur le vu de* : en voyant. ■ **2** Compris. *C'est bien vu ?* FAM. *Vu ? Bien vu !*, votre analyse de la situation est perspicace. ♦ FAM. *C'est tout vu !* tout examiné ; il n'y a pas à revenir là-dessus. ■ **3** *Bien, mal vu* : qui est bien, mal considéré. *Des employés bien vus de leur patron.* ➤ **apprécié** (cf. Se faire bien [mal] voir*).

2 **VU** [vy] prép. – XIVe ◊ du p. p. de *voir* ■ **1** En considérant, eu égard à. *Vu les circonstances, il vaut mieux attendre.* «*Vu la quantité, ce n'est pas trop cher*» FLAUBERT. ♦ (1690) DR. Après avoir examiné. *Vu la loi, les pièces du dossier...* ■ **2** loc. conj. (1421) VX ou RÉGION. *Vu que...* : étant donné que... ➤ **attendu** (que). «*Je pensais qu'il ne dirait rien, par peur du scandale, vu qu'il est sénateur*» MAUPASSANT.

VUE [vy] n. f. – fin XIe ◊ du participe passé de *voir*

I PHÉNOMÈNE SENSORIEL **A.** ACTION DE VOIR ■ **1** Sens par lequel les stimulations lumineuses donnent naissance à des sensations spécifiques (de lumière, couleur, forme) organisées en une représentation de l'espace. «*La vue est de tous les sens celui dont on peut le moins séparer les jugements de l'esprit*» ROUSSEAU. *Perdre la vue* : devenir aveugle (➤ **cécité**). *Rendre la vue à qqn* (par une opération). *Organes de la vue* : œil, nerf optique, etc. ■ **2** Manière de percevoir les sensations visuelles. ➤ **vision.** *Diminution, troubles de la vue* : achromatopsie, amblyopie, amétropie, astigmatisme, daltonisme, diplopie, héméralopie, hypermétropie, myopie, nyctalopie, presbytie, strabisme. — (Qualifié) *Avoir une bonne, une mauvaise vue. Vue basse, courte.* ➤ **myopie.** *Vue perçante. — Sa vue baisse.* ♦ (milieu XIIe) La vision humaine dans ses caractères normaux (portée, acuité...). *Aussi loin que la vue allait. À perte* de vue. — Hors* de vue.* — ➤ **point de vue.** ■ **3** (milieu XIIIe) Fait de regarder. ➤ **regard.** *Les objets qui se présentent à la vue. Jeter, porter la vue sur* : diriger ses regards vers. — *Perdre* qqn de vue.* — **À LA VUE DE :** aux regards de. *Exposer, dissimuler qqch. à la vue de qqn. — À la vue de tous* : en public. ➤ 1 **devant.** — **À PREMIÈRE VUE :** au premier regard, au premier coup d'œil. *À première vue, ce travail semble facile.* ♦ Visionnage (d'une vidéo) sur Internet. *Son clip a fait un million de vues. Elles «postent des "tutoriels make up" qui cartonnent à hauteur de 56 millions de vue»* V. DESPENTES. *Youtubeur rémunéré, classé selon le nombre de vues.* ■ **4** Manière de regarder ; direction du regard. *Vue plongeante, rasante.* ♦ LOC. (1538) **DE VUE :** par la vue. *Je le connais de vue* : je le connais pour l'avoir déjà vu (sans avoir d'autres relations). — (XVIIe) **À VUE :** en regardant, sans quitter des yeux. *Garder* à vue. Tirer à vue*, sur un objectif visible. *Piloter, voler, naviguer, atterrir à vue*, en se guidant seulement avec ce qu'on peut voir. FIG. *Naviguer à vue* : agir au jugé, improviser selon les circonstances. — En appréciant par la vue, sans mesure ni instruments. *Dessin à vue.* — THÉÂTRE *Changement à vue* : changement de décor qui se fait devant le spectateur, sans baisser le rideau ; FIG. changement soudain et total. — FIN. *Effet payable à vue*, à la première présentation. *Compte à vue* : compte courant*. ♦ (XVe) **À VUE D'ŒIL :** d'une manière perceptible par le sens de la vue. *Évoluer, changer à vue d'œil. Les pages noircissaient à vue d'œil*, assez rapidement pour qu'on puisse les voir changer d'aspect. PAR EXT. *Grandir à vue d'œil*, très vite. — FAM. *À vue de nez*.*

B. LES YEUX, ORGANES QUI PERMETTENT DE VOIR (fin XIIIe) «*Mme d'Holbach s'use la vue à broder*» DIDEROT. *S'abîmer la vue. Une lumière qui fatigue la vue.* — LOC. VX *Donner dans la vue à qqn*, l'éblouir. «*Ce Monsieur le Comte* [...] *lui donne peut-être dans la vue*» MOLIÈRE. MOD. et FAM. *En mettre plein la vue à qqn*, l'impressionner (➤ **épater**). *En mettre à qqn dans la vue* : l'emporter sur lui. (avec un compl.) «*sur une côte de deux kilomètres, il nous mettait encore une minute dans la vue*» HOUELLEBECQ.

C. CE QUI EST VU ■ **1** (début XIIe) Étendue de ce qu'on peut voir d'un lieu. ➤ **panorama, paysage, perspective.** «*De ma chambre, la vue n'était ni belle ni étendue*» FRANCE. «*De hauts talus de terre qui muraient tristement la vue*» LOTI. *Vue imprenable*.* SANS COMPL. *On a de la vue*, une vue étendue. *Chambre avec vue.* «*un appartement au sixième étage, sous les toits, sans vue et presque sans soleil*» LE CLÉZIO. ■ **2** Aspect sous lequel se présente (un objet). *Vue de face, de côté.* ♦ (1552) **EN VUE :** dans une situation telle que la vue le perçoit ; aisément visible*. *Terre en vue ! Un objet d'art bien en vue dans la vitrine* (cf. En évidence, en valeur). — FIG. *Un personnage en vue*, marquant, remarqué. «*Une des jeunes femmes les plus en vue de Moscou*» MORAND. *Une position, une situation très en vue.* — (dans le temps) *Grève en vue dans les transports. Le règlement du conflit est en vue*, imminent, envisageable. ■ **3** (XVe) *La vue de...* : la perception visuelle de... ; l'aspect visible que présente... ➤ **image, spectacle, vision.** *La vue du sang le terrifie. Ces dernières roses «dont la vue fait plaisir»* BALZAC. *À la vue de qqn, de qqch.* : en voyant (qqn, qqch.). «*Je le vis, je rougis, je pâlis à sa vue*» RACINE. — (1637) **EN VUE DE :** à une distance d'où l'on voit. *Le train arrive en vue de la gare.* ♦ **VUE D'ENSEMBLE,** globale. «*à moins de monter sur le Campanile de Saint Marc, Venise est une ville qui se dérobe à toute vue d'ensemble*» SARTRE. FIG. *Cet article donne une vue d'ensemble de la situation.* ■ **4** (1634) Ce qui représente (un lieu, une étendue de pays) ; image, photo. *Une vue de Paris. — Prise* de vues. — Vue cavalière*, représentée selon une perspective cavalière*. *Vue aérienne*.* ♦ PEINT. Paysage ; tableau représentant une ville, etc. «*Vue de Delft*», *tableau de Vermeer.*

D. CE QUI PERMET DE VOIR (milieu XVe) ■ **1** (milieu XVe) DR. Ouverture. *Faire boucher, condamner des vues.* ♦ ARCHÉOL. Fente de la visière d'un casque, d'un chanfrein. ■ **2** (1707) *Avoir vue sur* : être dirigé vers, permettre de voir. *Maison ayant vue sur la mer* (➤ **donner** sur).

II PHÉNOMÈNE MENTAL ■ **1** (1580) Faculté de former des images mentales, de se représenter ; exercice de cette faculté. «*L'intuition est une vue du cœur dans les ténèbres*»

SUARÈS. LOC. *Avoir la vue courte :* manquer de perspicacité. *Une politique à courte vue,* manquant d'ampleur et de pénétration. — *Hauteur de vues :* ampleur de vision. ◆ *Seconde vue, double vue :* faculté de voir par l'esprit des objets réels, des faits qui sont hors de portée des yeux. ➤ **voyance.** *Avoir le don de double vue.* ■ **2** Image, idée ; façon de se représenter (qqch.) et de présenter. *Une vue large, exacte, superficielle des choses* (cf. ci-dessus Vue d'ensemble). *Une personne d'une grande profondeur, hauteur de vues. Avoir une vue optimiste des choses.* — *Imposer ses vues,* ses idées sur (qqch.). **ÉCHANGE DE VUES :** conférence, préliminaires, entretien où l'on expose les conceptions des parties en présence. — LOC. *C'est une vue de l'esprit,* une vue théorique, sans rapport suffisant avec le réel. ■ **3** Le fait de considérer (un but, une fin). ➤ **intention.** VIEILLI *« Dans la seule vue d'obliger »* NERVAL. — **EN VUE.** *Avoir qqch. en vue,* y songer, l'envisager. *Il a une meilleure situation en vue.* — SPÉCIALT *Avoir qqn en vue, pour un emploi, une mission.* ◆ **loc. prép.** (1665) **EN VUE DE... :** de manière à permettre, à préparer (une fin, un but). ➤ **pour.** *Passer des tests en vue d'une embauche.* — (Suivi d'un inf.) Dans l'intention de. ➤ **afin de, pour.** *Il a vendu tout ce qu'il avait en vue de partir faire le tour du monde.* ■ **4** (Le plus souvent au plur.) Dessein, projet. *« Je vous repasse l'affaire, si cela reste dans vos vues »* ROMAINS. ◆ (1740) *Avoir des vues sur (qqn) :* penser à (qqn pour qqch.). ➤ **songer (à).** *J'ai des vues sur lui pour la direction de l'affaire.* — SPÉCIALT (pour le mariage, la séduction) *Il a des vues sur elle.* — *Avoir des vues sur qqch.* ➤ **convoiter, guigner,** FAM. **reluquer,** en **vouloir** à. *Il a des vues sur son héritage.*

VULCAIN [vylkɛ̃] **n. m.** – 1762 ◇ de *Vulcain,* latin *Vulcanus,* dieu du feu ■ Vanesse, d'une variété de couleur rouge et noire. *« Voici le vulcain rapide, Qui vole comme un oiseau »* NERVAL.

VULCANALES [vylkanal] **n. f. pl.** – 1765 ◇ latin *Vulcanalia,* de *Vulcanus* ■ ANTIQ. ROM. Fêtes en l'honneur de Vulcain.

VULCANIEN, IENNE [vylkanjɛ̃, jɛn] **adj.** – 1889 ; *îles vulcaniennes* 1845, ancien nom des îles Éoliennes ◇ latin *vulcaniæ insulæ* «îles de Vulcain» (→ volcan), parmi lesquelles l'île volcanique de *Vulcano* ■ GÉOL. Se dit d'un type de volcan ou d'éruption volcanique caractérisé par une lave très visqueuse qui le plus souvent se fige dans la cheminée, déterminant des explosions.

VULCANISATION [vylkanizasjɔ̃] **n. f.** – 1847 ◇ anglais *vulcanization* → vulcaniser ■ Opération de polymérisation consistant à incorporer du soufre au caoutchouc (naturel ou synthétique) afin d'améliorer sa résistance en lui conservant son élasticité. *« Une odeur de vulcanisation flottait dans l'air »* LE CLÉZIO.

VULCANISER [vylkanize] **v. tr.** ‹1› – 1847 ◇ anglais *to vulcanize,* de *Vulcan, Vulcain,* dieu du feu ■ Traiter (le caoutchouc, un élastomère) par vulcanisation. — **p. p. adj.** *Caoutchouc vulcanisé.*

VULCANOLOGIE ➤ **VOLCANOLOGIE**

VULGAIRE [vylgɛʀ] **adj.** et **n. m.** – 1452 ; *vulgal* 1270 ◇ latin *vulgaris,* de *vulgus* «le commun, la foule»

I ~ adj. ■ **1** VX Très répandu ; admis, mis en usage par la majorité des personnes d'un groupe, d'une communauté (sans aucune valeur péj.). ➤ **banal,** 1 **courant.** *« C'était un mal vulgaire et bien connu des hommes »* MUSSET. *« Faire, selon une expression vulgaire, la pluie et le beau temps »* BALZAC. ◆ (1312) LING. Se dit de la forme de langue connue de tous (opposé à *littéraire*). *Latin vulgaire,* le latin populaire*, modifié, parlé dans les pays romans (distinct des formes écrites : bas latin, latin médiéval). *Langues vulgaires,* se dit des principales langues romanes (opposé à *latin, langue savante*). *« Les écrivains osent utiliser [...] les langues vulgaires, la provençale et la française, au lieu du latin »* ARAGON. — SC. (opposé à *scientifique, technique*) *Nom vulgaire d'une plante, d'un animal.* ➤ 1 **courant, usuel.** ■ **2** DIDACT. ou LITTÉR. Qui ne se distingue en rien ; ordinaire. *« Lecteur vulgaire, pardonnez-moi mes paradoxes »* ROUSSEAU. *« depuis le coton vulgaire jusqu'à la plus fine batiste »* MAUPASSANT. ➤ **simple.** SC. NAT. Se dit de l'espèce, de la variété la plus commune. ➤ **commun.** — DR. *Substitution vulgaire :* la substitution proprement dite, opposée au fidéicommis*. ◆ (Avant le nom) Quelconque ; qui n'est que cela (avec une légère valeur péj.). *« Un passant, un vulgaire passant de la rue, qui me ressemble »* DUHAMEL. — *C'est un vulgaire menteur. « De vulgaires études d'atelier, auxquelles le maître n'attachait aucune importance »* BAUDELAIRE. ■ **3** (1552) COUR. PÉJ. Qui est ordinaire, sans intérêt particulier, sans élévation morale. ➤ 1 **bas, commun.** *Les réalités vulgaires.* ➤ **prosaïque, terre à terre, trivial.** *Votre pensée « vous paraissait épaisse et vulgaire »* GIDE. *Des goûts vulgaires.* ➤ **grossier.** — *Des personnes, des êtres vulgaires,* de condition médiocre et aux façons de penser ordinaires. *Un esprit vulgaire.* ◆ Qui, par manque de distinction ou de délicatesse, est considéré comme propre aux couches les plus basses de la société. ➤ **grossier, populacier.** *Il a beau être riche, ses manières, ses expressions sont affreusement vulgaires. « quelque chose de lourd, de vulgaire à la fois et de cossu »* ROMAINS. VAR. FAM. **VULGOS** [vylgos]. *Des tenues un peu vulgos.* — SPÉCIALT Qui exprime les tabous sociaux. *Avoir un langage vulgaire.* ➤ **trivial.** *Mot, expression vulgaire* (cf. Gros* mot).

II ~ n. m. LE VULGAIRE ■ **1** VIEILLI Le commun des individus, la foule. ➤ **peuple.** *« La gloire d'un homme ordinaire* [...] *est* [...] *une secrète flatterie au vulgaire »* FRANCE. — PÉJ. Populace. ➤ **plèbe.** ■ **2** LITTÉR. Ce qui est vulgaire. *« Le vulgaire, dans la nature, se mêle souvent au sublime »* Mme DE STAËL. — *Tomber dans le vulgaire.* ➤ **vulgarité.** ■ **3** Langue véhiculaire, courante (opposé à *langue savante*). *Le vulgaire roman qui a précédé le français. « Le vulgaire illustre »* (d'après DANTE) : la langue courante rendue propre à la littérature.

■ CONTR. 2 Original, remarquable. Distingué, 2 fin, noble. — Aristocratie, élite.

VULGAIREMENT [vylgɛʀmɑ̃] **adv.** – 1446 ; *vulgarement* XIIIe ◇ de *vulgaire* ■ **1** LITTÉR. ou VIEILLI D'une manière commune, courante ; dans la langue commune (devant un p. p. : *dit, appelé,* etc.). *« L'amphithéâtre suprême, vulgairement dit* poulailler *»* NERVAL. — DIDACT. (opposé à *scientifiquement*) *« C'est un* Uranonis rubra [...], *vulgairement : un Paradisier rouge »* BOSCO. ➤ **vulgo.** ■ **2** PÉJ. Avec vulgarité. *Il s'exprime vulgairement. Elle est maquillée vulgairement.*

VULGARISATEUR, TRICE [vylgaʀizatœʀ, tʀis] **n.** et **adj.** – 1836 ◇ de *vulgariser* ■ **1** VIEILLI ou LITTÉR. Personne qui répand des connaissances, des habitudes, etc., dans la société. ➤ **diffuseur, propagateur.** ◆ Plus cour. Spécialiste de la vulgarisation scientifique. ■ **2 adj.** Qui est propre, apte à vulgariser. *« une documentation abondante et vulgarisatrice sur la question »* QUENEAU.

VULGARISATION [vylgaʀizasjɔ̃] **n. f.** – 1846 ◇ de *vulgariser* ■ LITTÉR. Fait de répandre dans le public. ➤ **diffusion, propagation.** *La vulgarisation de l'art par les reproductions.* ◆ (1867) COUR. *Vulgarisation scientifique :* le fait d'adapter un ensemble de connaissances techniques, scientifiques, de manière à les rendre accessibles à un lecteur non spécialiste. *Un ouvrage de vulgarisation.*

VULGARISER [vylgaʀize] **v. tr.** ‹1› – 1823 ; «publier» 1512 ◇ du latin *vulgaris* → vulgaire ■ **1** Répandre (des connaissances) en mettant à la portée du grand public. *Voltaire « vulgarisa les résultats et les problèmes de l'exégèse biblique »* LANSON. ◆ Répandre (un mot, un fait de langue, une mode...). *Le mot* enliser *a été vulgarisé par* Les Misérables *de Hugo.* ■ **2** (1837) Rendre ou faire paraître vulgaire (3°). *Une expression « insolemment sensuelle déformait et vulgarisait ses traits »* MARTIN DU GARD. ■ CONTR. Ennoblir.

VULGARISME [vylgaʀism] **n. m.** – 1801 ◇ anglais *vulgarism ;* du latin *vulgaris* ■ DIDACT. Expression, tour propre aux personnes peu instruites (ex. donne-moi-z'en pour donne-m'en).

VULGARITÉ [vylgaʀite] **n. f.** – 1800 ; «multitude» 1496 ◇ latin *vulgaritas* ■ **1** LITTÉR. Caractère commun ou terre à terre. *Ceux « dont le raffinement supporte mal la vulgarité de l'existence moderne »* CARREL. ■ **2** (1853) PÉJ. et COUR. Caractère vulgaire, absence totale de distinction et de délicatesse. ➤ **bassesse, trivialité.** *La vulgarité de ses manières. Un café dansant « dont la vulgarité tout aussitôt m'écœura »* GIDE. ◆ *Une, des vulgarités.* Manière vulgaire d'agir, de parler. ➤ **vulgarisme.** ■ CONTR. Délicatesse, distinction, raffinement.

VULGATE [vylgat] **n. f.** – *version vulgate* début XVIIe ◇ latin *vulgata (versio),* proprt «(version) répandue», de *vulgare* «répandre dans le public» ■ **1** RELIG. *La Vulgate,* version latine de la Bible, due à saint Jérôme et adoptée par le concile de Trente. ■ **2** PAR EXT. Texte, idéologie dans une version destinée au plus grand nombre. *La vulgate marxiste, libérale. « la vulgate psychanalytique sur les bienfaits de la parole »* E. CARRÈRE.

VULGO [vylgo] **adv.** – 1832 ◇ adv. latin ■ DIDACT. Dans la langue commune (opposé à *scientifiquement*). ➤ **vulgairement.** — Dans une langue grossière. *« Le souteneur (vulgo "maquereau") »* L. DAUDET.

VULGUM PECUS [vylgɔmpekys] **n. m. sing.** – 1843 ◊ loc. pseudo-latine, de *vulgus* «foule» et *pecus* «troupeau» ■ FAM. Le commun des mortels, les ignorants. *C'est trop savant, trop difficile pour le vulgum pecus.*

VULNÉRABILITÉ [vylneʀabilite] **n. f.** – 1836 ◊ du radical latin de *vulnérable* ■ LITTÉR. Caractère vulnérable. ➤ **fragilité.** *La vulnérabilité de l'organisme. La vulnérabilité d'une théorie.*

VULNÉRABLE [vylneʀabl] **adj.** – 1676 ◊ latin *vulnerabilis,* de *vulnerare* «blesser» ■ **1** Qui peut être blessé, frappé par un mal physique. *Endroit, point vulnérable. Ils «ne sont pas immunisés, ils sont vulnérables»* DUHAMEL (➤ **fragile**). ♦ *Espèce (animale) vulnérable,* menacée d'extinction à l'état sauvage. ■ **2** (ABSTRAIT) Qui peut être facilement atteint, se défend mal. *Être vulnérable aux attaques de qqn. «Toucher l'homme en un point vulnérable»* MAC ORLAN. ➤ **sensible** (cf. Le défaut de la cuirasse*, le talon* d'Achille). *«Sa jeunesse, son inexpérience* [...] *la rendaient vulnérable»* BEAUVOIR. *Personne vulnérable :* mineur(e) de 15 ans ou personne qui n'est pas en mesure de se protéger (en raison de son âge, de son état de santé, de son handicap...). ➤ **fragile.** ■ **3** Au bridge, Se dit de l'équipe qui a gagné une première manche et qui risque de ce fait des pénalisations doubles. ■ CONTR. Insensible, invulnérable.

VULNÉRAIRE [vylneʀɛʀ] **adj.** et **n.** – 1539 ◊ latin *vulnerarius,* de *vulnus* «blessure» ■ **1** VX Qui guérit les blessures, les plaies. ■ **2 n. m.** (1694) VX Médicament qu'on appliquait sur les plaies. — Cordial. ♦ **n. f.** (1694) Plante dicotylédone, anthyllis cultivée comme plante fourragère, et utilisée en médecine populaire.

VULNÉRANT, ANTE [vylneʀɑ̃, ɑ̃t] **adj.** – 1560 ◊ du latin *vulnerare* «blesser» ■ Qui blesse. *Pouvoir vulnérant d'un projectile,* les dommages qu'il occasionne aux tissus vivants. *«Puissance vulnérante des obus»* GIDE. ♦ SC. NAT. *Animaux vulnérants,* parmi les animaux nuisibles, ceux qui, sans être parasites, causent des lésions à d'autres organismes.

VULPIN, INE [vylpɛ̃, in] **adj.** et **n. m.** – XIVe ◊ latin *vulpinus,* de *vulpes* «renard» ■ **1** DIDACT. Du renard. *La rage vulpine.* ■ **2 n. m.** (1778) Plante herbacée *(graminées),* à panicules en forme de queue de renard, cultivée comme fourrage.

VULTUEUX, EUSE [vyltɥø, øz] **adj.** – 1814 ◊ latin *vultuosus,* de *vultus* «mine, visage» ■ DIDACT. Se dit du visage quand il est congestionné et gonflé. ➤ **bouffi.** *Face vultueuse.* — **n. f. VULTUOSITÉ,** 1834.

1 **VULVAIRE** [vylvɛʀ] **n. f.** – 1664 ◊ latin des botanistes *vulvaria,* de *vulva* «vulve», parce qu'on employait cette plante en gynécologie ■ Chénopode des décombres, d'une odeur très désagréable.

2 **VULVAIRE** [vylvɛʀ] **adj.** – 1822 ◊ de *vulve* ■ ANAT. Relatif à la vulve, qui appartient à la vulve. *Fente vulvaire.*

VULVE [vylv] **n. f.** – 1304 ◊ latin *vulva* ■ Ensemble des organes génitaux externes de la femme (et des femelles de mammifères). *Chez la femme, la vulve comprend essentiellement les grandes et les petites lèvres, le clitoris et le méat urinaire.* — SPÉCIALT Orifice extérieur du vagin. ➤ **sexe ;** FAM. **chatte, con, foufoune.** *«Singes d'hommes tombés de la vulve des mères»* RIMBAUD.

VULVITE [vylvit] **n. f.** – 1846 ◊ de *vulve* et *-ite* ■ MÉD. Inflammation de la vulve.

VUMÈTRE [vymɛtʀ] **n. m.** – milieu XXe ◊ de l'anglais *Volume Unit (Meter)* «unité de volume» et *-mètre* ■ Appareil de mesure électrique du volume sonore. *Vumètre d'un magnétophone.*

VUS ➤ **SUV**

VUVUZÉLA ou **VUVUZELA** [vuvuzela] **n. f.** – 2009 ◊ mot zoulou, d'un radical onomatopéique ■ Trompe produisant un bourdonnement strident, employée massivement par le public lors des rencontres de football en Afrique australe. *Supporteurs soufflant dans des vuvuzélas.*

W

1W [dubləve] **n. m. inv.** ■ Vingt-troisième lettre et dix-huitième consonne de l'alphabet (prise aux langues germaniques au Moyen Âge), présente dans les emprunts à l'anglais, à l'allemand et aux langues slaves. — PRONONC. Lettre qui, prononcée, note à l'initiale la fricative labiodentale sonore [v] *(wagon)* ou la semi-consonne [w] *(watt). Digrammes avec w : ow,* qui note [o] *(browning, chow-chow)* ou [u] *(clown) ; aw,* qui note [o] *(crawl) ; ew,* qui note [ju] *(newton, happy few, interview).*

2W **abrév. et symboles** ■ **1 W** [wat] **n. m. inv.** Watt. — *Wh* [watœʀ]. Wattheure. ■ **2** W^+, W^- [dubləveplys, dubləvemwɛ̃] **n. m. inv.** Boson chargé.

WADING [wediŋ] **n. m.** – 1952 ◊ mot anglais, de *to wade* «patauger» ■ ANGLIC. Pêche en rivière, le pêcheur étant dans l'eau (notamment pêche à la truite, au brochet).

WAGAGE [wagaʒ] **n. m.** – 1877 ◊ mot dialectal, du néerlandais *wak* «humide» ■ RÉGION. Limon de rivière servant d'engrais.

WAGNÉRIEN, IENNE [vagneʀjɛ̃, jɛn] **adj.** – 1873 ◊ de *Wagner* ■ Qui concerne Wagner et sa musique. *Les opéras wagnériens. Chanteur wagnérien,* qui chante dans ces opéras. — **n.** Admirateur, admiratrice de Wagner. *«Le roi Louis* [de Bavière], *ce wagnérien enragé»* DAUDET.

WAGON [vagɔ̃] **n. m.** – 1829 ; «chariot de transport de houille» 1780 ◊ mot anglais, du néerlandais *wagen* «chariot» ■ **1** Véhicule sur rails, tiré par une locomotive ; voiture d'un train aménagée pour le transport des marchandises, des bestiaux... *Wagon de marchandises, à bagages, à bestiaux...* ➤ **2fourgon, plateau, plateforme, 2truc.** *Wagons plats. Wagons couverts. Wagon porte-automobiles. Wagons frigorifiques.* — COUR. (abusif en techn.) Voiture destinée aux voyageurs. ➤ **voiture** (plus cour. depuis 1970). *«La plaque trépidante d'un passage à soufflets entre deux wagons»* MARTIN DU GARD. ♦ FAM. Grosse automobile. ■ **2** Contenu d'un wagon. *Un wagon de légumes.* — FAM. Grande quantité. *Il y en a un wagon !* (cf. Il y en a des tonnes*).

WAGON-BAR [vagɔ̃baʀ] **n. m.** – 1906 ◊ de *wagon* et *1bar* ■ VIEILLI ➤ **voiture-bar.** *Des wagons-bars.*

WAGON-CITERNE [vagɔ̃sitɛʀn] **n. m.** – 1864 ◊ de *wagon* et *citerne* ■ Wagon en forme de réservoir, aménagé pour le transport des liquides (vin, pétrole). ➤ **wagon-réservoir.** *Des wagons-citernes.* — Pour le vin, on disait *wagon-foudre* **n. m.,** VX.

WAGON-LIT [vagɔ̃li] **n. m.** – 1861 ◊ de *wagon* et *lit* ■ Dans un train, Voiture formée de compartiments fermés, munis de couchettes et d'eau courante, pour permettre aux voyageurs d'y passer la nuit. ➤ **sleeping.** *Des wagons-lits.* — REM. Le terme administratif est *voiture-lit.* — *Voyager en wagon-lit.* ♦ Place dans un wagon-lit. *Je n'ai plus de wagon-lit, voulez-vous une couchette ?*

WAGONNET [vagɔnɛ] **n. m.** – 1872 ◊ de *wagon* ■ Petit chariot sur rails, destiné au transport de matériaux, au roulage dans les mines, sur les chantiers. ➤ **benne, lorry.**

WAGONNIER [vagɔnje] **n. m.** – *wagonier* 1846 ◊ de *wagon* ■ TECHN. Homme d'équipe employé à la manœuvre des wagons.

WAGON-RÉSERVOIR [vagɔ̃ʀezɛʀvwaʀ] **n. m.** – 1894 ◊ de *wagon* et *réservoir* ■ ANCIENNT Wagon-citerne. *Des wagons-réservoirs.*

WAGON-RESTAURANT [vagɔ̃ʀɛstɔʀɑ̃] **n. m.** – 1873 ◊ de *wagon* et *restaurant* ■ Voiture d'un train aménagée en restaurant. *Des wagons-restaurants.* — REM. Le terme administratif est *voiture-restaurant.*

WAGON-SALON [vagɔ̃salɔ̃] **n. m.** – 1846 ◊ de *wagon* et *salon* ■ VIEILLI Voiture de train de luxe aménagée en salon. ➤ **pullman.** *Des wagons-salons.*

WAGON-TOMBEREAU [vagɔ̃tɔ̃bʀo] **n. m.** – 1893 ◊ de *wagon* et *tombereau* ■ TECHN. Wagon à bords élevés, dont le chargement se fait par le haut et le déchargement par des portes latérales. *Des wagons-tombereaux.*

WAGON-TRÉMIE [vagɔ̃tʀemi] **n. m.** – 1964 ◊ de *wagon* et *trémie* ■ TECHN. Wagon à une ou plusieurs trémies servant au transport des matériaux en vrac. *Des wagons-trémies.*

WAGON-VANNE [vagɔ̃van] **n. m.** – 1872 ◊ de *wagon* et *1vanne* ■ TECHN. Wagon circulant sur une voie ferrée à l'intérieur de certains égouts. *Des wagons-vannes.*

WAHHABISME [waabism] **n. m.** – 1811 *wahabisme* ◊ de *wahhabite,* membre d'une communauté islamique fondée par Muhammad ibn ʿAbd al-*Wahhab* (1703-1792) ■ DIDACT. Doctrine puritaine islamique des wahhabites, intégrisme musulman. — **adj.** et **n.** **WAHHABITE.**

WAH-WAH [wawa] **adj.** et **n. f. inv.** – 1945 *wa-wa* ◊ de l'anglais, d'origine onomatopéique ■ MUS. *Effet wah-wah,* obtenu en faisant varier la fréquence d'un instrument pour lui donner une tonalité proche de celle de la voix humaine. — Qui permet d'obtenir cet effet. *Sourdine wah-wah* (pour cuivres). *Pédale wah-wah* (pour guitare et basse électriques). — **n. f. inv.** Pédale wah-wah. *Hendrix, virtuose de la wah-wah.*

WAKAMÉ [wakame] **n. m.** – 1878, *wakame ;* répandu v. 1990 ◊ mot japonais ■ Algue marine brune utilisée dans la cuisine asiatique. *Soupe miso au wakamé.*

WALÉ [wale] **n. m.** – date inconnue ◊ mot d'une langue africaine, variantes *wali, waré,* etc. ■ Jeu africain qui consiste à faire passer des pions (graines, cauris) d'un trou à l'autre, selon des règles précises, dans une table évidée de douze trous ; cette table. — On dit aussi **AWALÉ.**

WALI [wali] **n. m.** – milieu XXe ◊ mot arabe ■ En Algérie, Haut fonctionnaire responsable d'une wilaya* (homologue du préfet en France).

WALKIE-TALKIE ➤ **TALKIE-WALKIE**

WALKMAN [wɔ(l)kman] **n. m.** – 1980 ◇ nom déposé, de l'anglais *to walk* «marcher» et *man* «homme» ■ ANGLIC. Baladeur* (3ᵉ; **recomm. offic.**). *Des walkmans.*

WALK-OVER [wɔ(l)kɔvœʀ ; walkɔvœʀ] **n. m. inv.** /WALKOVER **n. m.**/ – 1855 *walkover* ◇ de l'anglais *to walk over*, proprt «marcher au-dessus» ■ ANGLIC. SPORT Course à laquelle ne prend part qu'un seul cheval, par suite du forfait des autres engagés. — Match enlevé par un concurrent dont l'adversaire ne se présente pas. *Gagner par walk-over* (ABRÉV. *W. O.*). ♦ FAM. Course, épreuve où un des concurrents l'emporte sans rencontrer d'opposition. *Des walk-over.*

WALKYRIE [valkiʀi] **n. f.** – 1854 ; *valkyrie* 1756 ◇ ancien nordique *valkyrja* ; cf. allemand *Walküre*, du haut allemand *wal* «champ de bataille» et *kyrja* «celle qui choisit» ■ Dans la mythologie scandinave, Chacune des trois déesses guerrières qui décident du sort des combats et désignent ceux qui doivent mourir. *«La Walkyrie», opéra de Richard Wagner.* ♦ PLAISANT Femme plantureuse, robuste.

WALLABY [walabi] **n. m.** – 1848 ◇ mot indigène d'Australie, par l'anglais ■ Kangourou de petite taille, de diverses espèces. *Des wallabys.* On emploie aussi le pluriel anglais *des wallabies.* ♦ COMM. Fourrure du rat musqué ou ondatra.

WALLINGANT, ANTE [walɛ̃gɑ̃, ɑ̃t] **n. et adj.** – 1912 ◇ de *wallon*, d'après *flamingant* ■ **(Belgique)** PÉJ. Partisan de l'émancipation politique de la Wallonie vis-à-vis de la Flandre.

WALLON, ONNE [walɔ̃, ɔn] **adj. et n.** – XVIᵉ ◇ latin médiéval *wallo*, du francique °*walha* «les Romains, les peuples romanisés» ■ De Wallonie, partie méridionale de la Belgique, de langue et de civilisation romanes. *Les provinces wallonnes. La Région wallonne.* — **n.** *Les Flamands et les Wallons. Les Wallons et les Bruxellois constituent la Communauté française de Belgique.* — **n. m.** Parler gallo-roman de Wallonie, appartenant au groupe du français d'oïl. *Le mot français* houille *est emprunté au wallon.*

WALLONISME [walɔnism] **n. m.** – 1806 ; hapax 1565 ◇ de *wallon* ■ LING. OU RÉGION. Emprunt ou calque du wallon dans le français en usage en Belgique (cf. Belgicisme, flandricisme).

WAOUH [wau] **interj.** – 1973 *wouaho* ; 1972 *ouaou* au Québec ◇ anglais *wow* ■ FAM. Exprime l'admiration, la jubilation. ➤ 2 **ouah.** *Waouh, quelle équipe !*

WAP [wap] **n. m.** – 1998 ◇ sigle anglais, de *Wireless Application Protocol* «protocole pour application sans fil» ■ ANGLIC. Technologie permettant d'accéder depuis un téléphone mobile aux services offerts par Internet. *Le WAP, le Wap.*

WAPITI [wapiti] **n. m.** – 1860 ◇ mot anglais américain, de l'algonquin «croupe blanche» ■ Grand cerf d'Amérique du Nord et de Sibérie. *Des wapitis.*

WARGAME [waʀgɛm] **n. m.** – 1977 ◇ mot anglais, de *war* «guerre» et *game* «jeu» ; calque de l'allemand *Kriegspiel* ■ ANGLIC. Jeu de simulation d'un conflit armé. *Wargame électronique.*

WARNING [waʀniŋ] **n. m.** – v. 1980 ◇ anglais *warning (light)* «voyant (lumineux)», de *to warn* «avertir d'un danger» ■ ANGLIC. Feux de détresse* (d'une automobile). *Mettre son warning, ses warnings.*

WARRANT [vaʀɑ̃] **n. m.** – 1836 ; «mandat d'amener» 1671 ◇ mot anglais, ancien français *warant*, forme dialectale de *garant* ■ DR. COMM. Billet à ordre dont le paiement est garanti par un gage portant sur des marchandises (déposées dans un magasin général ou conservées par le souscripteur). ➤ **récépissé ; caution, gage.** *Warrant agricole, hôtelier, pétrolier.* ♦ (v. 1980) FIN. Titre donnant à son propriétaire le droit d'en acquérir un autre, selon des conditions définies. *Obligation à warrant.* ■ HOM. Varan.

WARRANTAGE [vaʀɑ̃taʒ] **n. m.** – 1894 ◇ de *warranter* ■ DR. COMM. Constitution d'un warrant.

WARRANTER [vaʀɑ̃te] **v. tr.** ⟨1⟩ – 1874 ◇ de *warrant* ■ DR. COMM. Gager (une marchandise) par un warrant.

WASABI [wazabi] **n. m.** – 1994 ◇ mot japonais «rose trémière de montagne» ■ Pâte piquante et parfumée préparée avec le rhizome d'un crucifère (appelée aussi *raifort japonais*), utilisée comme condiment dans la cuisine japonaise. *Des wasabis.*

WASHINGTONIA [waʃiŋtɔnja] **n. m.** – 1904 ◇ de *G. Washington*, président des États-Unis ■ Grand palmier de Californie et du Mexique, aux feuilles très amples en éventail.

WASP [wasp] **n. et adj.** – v. 1980 ◇ acronyme anglais de *White Anglo-Saxon Protestant* ■ ANGLIC. Aux États-Unis, Anglo-Saxon blanc et protestant (modèle valorisé). *Les wasps. Il «a suivi le cursus habituel d'un WASP issu d'une grande famille du Connecticut»* M. DUGAIN. — **adj.** *La culture wasp.*

WASSINGUE [wasɛ̃g ; vasɛ̃g] **n. f.** – 1895 ◇ mot flamand d'origine germanique ; cf. allemand *waschen* «laver» ■ RÉGION. **(Nord)** Toile à laver. ➤ **serpillière.** *«les haillons du ciel qui s'effilochaient comme de vieilles wassingues»* BUTOR.

WATER-BALLAST [watɛʀbalast] **n. m.** /WATERBALLAST/ – 1879 «lest d'eau» ◇ mot anglais, de *water* «eau» et *ballast* → ballast ■ MAR. ■ **1** (1886) Compartiment d'un navire servant au transport de l'eau, du mazout..., et qui peut servir de lest. ■ **2** (1907) Réservoir de plongée d'un sous-marin que l'on peut remplir ou vider à volonté. *Des water-ballasts.*

WATER-CLOSET ➤ **W.-C.**

WATERGANG [watɛʀgɑ̃g] **n. m.** – XIIIᵉ ◇ mot néerlandais, de *water* «eau» et *gang* «voie» ■ RÉGION. **(Nord, Belgique)** Canal, fossé en bordure d'un polder ou d'un chemin.

WATERINGUE [watʀɛ̃g] **n. f. (parfois m.)** – 1298 ◇ flamand *wateringen*, de *water* «eau» ■ RÉGION. **(Nord, Belgique)** ■ **1** Fossé de drainage. ➤ **watergang.** ■ **2** Ensemble des travaux d'assèchement et de drainage. ➤ **moere.** ■ **3** Association de propriétaires qui financent ces travaux.

WATERPOLO [watɛʀpɔlo] **n. m.** – 1891 *water-polo* ◇ anglais *water polo* (1875), de *water* «eau» et *polo* ■ Sport de ballon analogue au handball, qui se joue dans l'eau, entre deux équipes de sept nageurs. *Des waterpolos. Joueur de waterpolo.* ➤ **poloïste.** — On écrit aussi *water-polo, des water-polos.*

WATERPROOF [watɛʀpʀuf] **adj. inv. et n. m.** – 1775 ◇ mot anglais «à l'épreuve *(proof)* de l'eau *(water)*» ■ ANGLIC. ■ **1** COMM. Se dit d'objets qui sont garantis étanches. *Montre waterproof.* ➤ **étanche.** ♦ Résistant à l'eau. *Mascara waterproof.* ■ **2 n. m.** VX Imperméable. *«la veste de tweed et l'inséparable waterproof»* DANINOS. *Des waterproofs.*

WATERS [watɛʀ] **n. m. pl.** – 1913 ◇ abrév. de *water-closet* ■ VIEILLI Lieux d'aisances. ➤ **toilettes*, W.-C.** *Aller aux waters.* — PAR EXT. Cuvette des waters. *Les waters sont bouchés. La chasse* d'eau des waters.* (On dit parfois *un water.*)

WATERZOÏ ou **WATERZOOI** [watɛʀzoj] **n. m.** – 1846 *waterzode, waterzoo* ◇ hapax 1765 ; flamand *waterzootje*, de *water* «eau» et *zootje, zoodje* «bouillant» ■ Plat d'origine flamande à base de volaille ou de poissons d'eau douce que l'on fait cuire dans un court-bouillon lié à la crème. *Waterzoï de poulet.*

WATT [wat] **n. m.** – 1881 ◇ du nom de l'ingénieur *J. Watt* ■ MÉTROL. Unité de mesure de puissance mécanique ou électrique, de flux énergétique (SYMB. W), équivalant à la puissance qui donne lieu à une production d'énergie de 1 joule en 1 seconde. ➤ **aussi kilowatt, mégawatt.** *Watt par mètre kelvin :* unité de mesure de conductivité thermique (SYMB. W/m.K). *Watt par stéradian :* unité de mesure d'intensité énergétique (SYMB. W/sr). ■ HOM. Ouate.

WATTHEURE [watœʀ] **n. m.** – 1887 ◇ de *watt* et *heure* ■ MÉTROL. Unité de mesure d'énergie, de travail et de quantité de chaleur (SYMB. Wh), correspondant à l'énergie fournie en une heure par une puissance de 1 watt et valant 3 600 joules. *Des wattheures.*

WATTMAN [watman] **n. m.** – 1895 ◇ faux anglic., de *watt* et anglais *man* «homme» ■ VX Conducteur de tramway. ➤ **traminot.** *Des wattmans.* On dit aussi *des wattmen* [watmɛn] (d'après l'angl.).

WATTMÈTRE [watmɛtʀ] **n. m.** – 1883 ◇ de *watt* et *-mètre* ■ ÉLECTR. Appareil de mesure de la puissance électrique.

WAX [waks] **n. m.** – 1965 ◇ de l'anglais *wax (print)* «(tissu imprimé) à la cire» ■ ANGLIC. Tissu de coton aux motifs colorés, imprimé à la cire, très répandu en Afrique. *Wax hollandais. «elle avait mis son pagne le plus neuf en wax, aux dessins inédits»* H. LOPES. — EN APPOS. *Pagne wax* ou *wax :* pagne fait dans ce tissu.

W.-C. [dubləvese ; vese] **n. m. pl.** – 1887 ◇ anglais *W. C.*, abrév. de *water-closet(s)* (1816), de *water* «eau» et *closet* «cabinet» ■ Waters. ➤ **vécés ; toilettes*.** — Siège d'aisances. *Cuvette*, lunette* des W.-C. W.-C. chimiques.* ■ HOM. Vesser.

WEB [wɛb] **n. m.** – 1994 ◇ abrév. anglaise de *World Wide Web* «toile d'araignée mondiale» ■ ANGLIC. Système basé sur les liens hypertextuels, permettant l'accès aux ressources du réseau Internet. ➤ 3 **net** (cf. La Toile). *Surfer sur le web, le Web. Le web 2.0* (➤ **deux** IV). **Recomm. offic.** *toile (d'araignée) mondiale.* — APPOS. *Sites, pages* web, Web.*

WEB- ▪ Élément, de *web*, entrant dans la composition de mots en rapport avec Internet : *webdocumentaire, websérie.* ➤ aussi **cyber-, e-.**

WEBCAM [wɛbkam] **n. f.** – 1999 ◇ n. déposé ; mot anglais américain, de *web* et *camera* ▪ ANGLIC. Caméra numérique reliée à un ordinateur, permettant de filmer et de diffuser des images vidéos sur Internet. *Des webcams.* — **Recomm. offic.** *cybercaméra.*

WEBDESIGN [wɛbdizajn] **n. m.** – 1998 ◇ de *web-* et *design* ▪ ANGLIC. Conception d'interfaces web.

WEBDESIGNER [wɛbdizajnœʀ] **n.** – 1998 ◇ de *web-* et *designer* ▪ ANGLIC. Spécialiste du webdesign. *Des webdesigners.*

WEBER [vebɛʀ] **n. m.** – 1880 ◇ du nom du physicien *W. Weber* ▪ MÉTROL. Unité de mesure de flux d'induction magnétique (SYMB. Wb), correspondant au flux d'induction magnétique qui, traversant un circuit d'une seule spire, y produirait une force électromotrice de 1 volt, si on l'amenait à zéro en 1 seconde par décroissance uniforme.

WEBINAIRE [wɛbinɛʀ] **n. m.** – 2001 ◇ mot-valise, de *web* et *(sém)inaire,* d'après l'anglais ▪ Séminaire en ligne auquel les internautes participent à distance.

WEBMESTRE [wɛbmɛstʀ] **n.** – 1996, aussi *webmaster* ◇ adaptation d'après *bourgmestre* de l'anglais *webmaster,* de *web* et *master* ▪ INFORM. Responsable de la conception et de l'administration d'un site, d'un serveur.

WEBZINE [wɛbzin] **n. m.** – 1996 ◇ mot-valise anglais américain, de *web* et *(maga)zine,* sur le modèle de *fanzine* ▪ ANGLIC. Magazine électronique diffusé sur Internet.

WECH [wɛʃ] **adv. interrog.** – 1983, en Algérie ◇ de l'arabe dialectal ▪ POP. Comment ? Quoi ? *Wech wech ? que se passe-t-il ? — Parler wech wech,* comme les jeunes des banlieues. — REM. On trouve aussi les graphies *wesh, ouech.*

WEEK-END ou **WEEKEND** [wikɛnd] **n. m.** – 1906 à propos de l'Angleterre ◇ mot anglais, de *week* «semaine» et *end* «fin» ▪ ANGLIC. Congé de fin de semaine, comprenant la journée ou l'après-midi du samedi et le dimanche. *Des week-ends, des weekends. Partir pour le week-end, en week-end. Bon week-end ! Le long week-end de la Pentecôte.* ➤ **pont.**

WELCHE ➤ **VELCHE**

WELLINGTONIA [weliŋtɔnja] **n. m.** – 1867 ◇ du nom de *Wellington* ▪ BOT. Séquoia.

WELSH [wɛlʃ] **n. m.** – 1926 ◇ abréviation de *Welsh rarebit* (1901), mots anglais (1781), altération de *Welsh rabbit* (1725) «lapin *(rabbit)* gallois *(Welsh)*», d'origine obscure ▪ ANGLIC. Plat d'origine galloise, tranche de pain, parfois garnie de jambon, recouverte d'un mélange de bière et de fromage (cheddar ou chester) et gratinée au four, populaire dans le nord de la France.

WELTANSCHAUUNG [vɛltanʃauŋ(g)] **n. f.** – 1894 ◇ mot allemand, de *Welt* «monde» et *Anschauung* «opinion» ▪ PHILOS. Vue métaphysique du monde, sous-jacente à la conception qu'on se fait de la vie.

WELTER [wɛltɛʀ ; vɛltɛʀ] **n. m.** – 1909 ◇ de l'anglais *welter weight* ▪ ANGLIC. BOXE Poids* mi-moyen.

WENGÉ [vɛŋge ; wɛŋge] **n. m.** – 1964 *wenghé* ◇ mot d'une langue africaine ▪ Arbre d'Afrique équatoriale *(fabacées),* au bois brun veiné de noir, appelé aussi *faux ébénier* ou *palissandre d'Afrique.* — Ce bois. *Parquet en wengé.*

WERGELD [vɛʀgɛld] **n. m.** – 1904 ; *wehrgeld* 1842 ; *weregild* 1765 ◇ d'après le latin médiéval *weregeldum, weregildum* ; saxon *wergeld,* de *wer* «homme» et *geld* «argent» ▪ HIST. Dans le droit germanique (et en France, à l'époque franque), Indemnité que l'auteur d'un dommage payait à la victime ou à ses ayants droit. SPÉCIALT Somme que devait verser un meurtrier à la famille de la victime.

WESH ➤ **WECH**

WESTERN [wɛstɛʀn] **n. m.** – 1919 ◇ mot anglais «de l'Ouest» ▪ ANGLIC. Film d'aventures ayant pour thème la conquête de l'Ouest des États-Unis (Far West) sur les Indiens au XIXe s., et les mœurs de ces régions à l'époque ; genre cinématographique que constituent ces films. *Le shérif, les cow-boys, les Indiens, personnages de westerns. Les chevauchées des westerns. — Western spaghetti :* western italien. *Les westerns spaghettis.*

WHARF [waʀf] **n. m.** – 1833 ◇ mot anglais «quai» ▪ ANGLIC. Appontement qui s'avance dans la mer, pour permettre aux navires d'accoster. *«Rufisque avance dans la mer quatre wharfs courts et trapus»* J.-R. BLOCH.

WHIG [wig] **n.** – 1690 ◇ mot anglais ▪ **1** HIST. Au XVIIe s., Partisan du bill d'exclusion voté contre le catholique duc d'York. ▪ **2** Membre du parti libéral opposé aux torys, aux XVIIIe et XIXe s. — **adj.** *«leurs adversaires whigs»* MADELIN.

WHIP [wip] **n.** – 1874 ◇ mot anglais «fouet» ▪ Au Canada, Parlementaire chargé(e) de maintenir la cohésion de son parti et d'assurer la discipline parmi ses membres. *Le whip en chef et les whips adjoints.*

WHIPCORD [wipkɔʀd] **n. m.** – 1893 ◇ mot anglais, proprt «corde *(cord)* de fouet *(whip)*» ▪ ANGLIC. Tissu serré, à côtes parallèles et obliques (dont on fait notamment les culottes de cheval).

WHISKEY [wiskɛ] **n. m.** – 1753 ◇ même origine que *whisky* ▪ Whisky irlandais à base d'orge, distillé en alambic. *Des whiskeys.*

WHISKY [wiski] **n. m.** – 1770 ◇ mot anglais, abréviation de *whisky bae,* du gaélique *uiscebeathad* «eau *(uisce)*-de-vie *(bethu)*» ▪ Eau-de-vie de grains (seigle, orge, avoine, maïs), fabriquée dans les îles Britanniques et en Amérique du Nord. *Whisky écossais* (➤ 1 **scotch**), *irlandais* (➤ **whiskey**), *canadien* (➤ **rye**), *américain* (➤ **bourbon**). *Whisky pur malt. Whisky tourbé. Des whiskys.* On emploie parfois le pluriel anglais *des whiskies.* — Verre de cette eau-de-vie. *Whisky sec. Un whisky-soda,* allongé d'eau gazeuse. *«Je courus au bar et je revins avec deux whiskys»* DURAS. *«Le lendemain matin fut pénible, sans doute à cause des whiskies de la veille»* SAGAN.

WHIST [wist] **n. m.** – 1687 ; variante *w(h)isk* XVIIIe ◇ mot anglais ▪ ANCIENNT Jeu de cartes répandu en France au XIXe s., ancêtre du bridge (qui l'a éliminé).

WHITE-SPIRIT [wajtspiʀit] **n. m.** – 1930 ◇ mot anglais «essence blanche» ▪ ANGLIC. Produit pétrolier intermédiaire entre l'essence et le pétrole lampant, utilisé comme solvant de dégraissage et comme diluant de peinture. *Des white-spirits.* — ABRÉV. FAM. **WHITE.**

WIDGET [widʒɛt] **n. m.** – 2003 ◇ mot anglais américain «gadget» (v. 1920), d'origine incertaine ▪ INFORM. Application interactive permettant à un internaute d'afficher sur son écran des informations variées (météo, actualité, bloc-note, liens...) sans passer par son navigateur. *Télécharger des widgets.* — **Recomm. offic.** *vignette active.*

WIFI **n. m.** ou **WI-FI** [wifi] **n. m. inv.** – 2001 ◇ mot anglais, de *Wireless Fidelity,* littéralt «fidélité sans fil» ▪ ANGLIC. TÉLÉCOMM. Norme de communication par ondes radioélectriques, qui permet le transfert de données numériques entre divers appareils (ordinateur, périphérique, assistant personnel, téléviseur...). *Des wifis, des wi-fi. Le wifi et le Bluetooth. «il a installé le wifi parce que j'avais décidé d'écrire un blog sur mes tricots»* G. DELACOURT. — **Recomm. offic.** *accès sans fil à l'internet.*

WIGWAM [wigwam] **n. m.** – 1688 ◇ mot anglais, de l'algonquin *wikiwam* «leur maison» ▪ Hutte ou tente des Indiens d'Amérique du Nord ; village indien. *Des wigwams.*

WIKI [wiki] **n. m.** – 2003 ◇ mot anglais américain, abréviation de *WikiWikiWeb,* nom du site créé par W. Cunningham en 1995, de l'hawaïen *wiki wiki* «vite» ▪ Site web collaboratif dont le contenu peut être librement modifié par les visiteurs autorisés. *Le développement des wikis.* — APPOS. *Site, encyclopédie wiki.*

WILAYA [wilaja ; vi-] **n. f.** – v. 1955 ◇ mot arabe ▪ Division administrative de l'Algérie. *Fonctionnaire placé à la tête d'une wilaya.* ➤ **wali.**

WILLIAMS [wiljams] **n. f.** – 1874 ◇ du n. du premier distributeur ▪ Poire d'une variété fondante et parfumée.

WINCH [win(t)ʃ] **n. m.** – 1953 ◇ mot anglais ▪ ANGLIC. TECHN. Petit treuil à main (➤ **cabestan, recomm. offic.**), sur un yacht. *Des winchs.* On emploie aussi le pluriel anglais *des winches.*

WINCHESTER [win(t)ʃɛstɛʀ] **n. f.** – 1885 ◇ du nom de l'inventeur, l'Américain *Winchester* ▪ Carabine à répétition par levier de sous-garde, utilisée notamment pendant la guerre de 1870 (calibre 10,7 mm).

WINDSURF [windsœʀf] **n. m.** – 1972 ◇ mot anglais américain (marque déposée), de *wind* «vent» et *surf* ▪ ANGLIC. Planche à voile. *Le windsurf et le funboard.*

WINSTUB [vinʃtub] **n. f.** – 1969 ◊ mot alsacien, littéralt «pièce *(stub)* où l'on boit du vin *(win)*» ■ RÉGION. **(Alsace, Moselle)** Bar à vins où l'on sert des plats régionaux. «*Et toute l'âme de l'Alsace se trouve dans une winstub*» (Le Point, 2007). *Des winstubs.*

WINTERGREEN [wintɛʀgʀin ; wintœʀgʀin] **n. m.** – 1843 ◊ mot anglais «gaulthérie» ■ *Essence de wintergreen :* huile essentielle, extraite des feuilles de gaulthérie ou de l'écorce de bouleau, employée en parfumerie.

WISHBONE [wiʃbon] **n. m.** – 1858 ◊ mot anglais ■ ANGLIC. Espar formé d'un arceau très allongé qui entoure la voile dans certains gréements. *Le wishbone d'une planche à voile.* — Recomm. offic. ***bôme double.***

WISIGOTH, OTHE [vizigo, ɔt] **adj. et n.** – 1876 ; *visigoth* 1667 ; *Wisigots* 1601 ◊ bas latin *Visigothus,* p.-ê. «Goth de l'Ouest» ■ HIST. De la partie occidentale des territoires occupés par les Goths. *Art wisigoth d'Espagne.* ➤ **wisigothique.** — **n.** Habitant de cette région. *Les Wisigoths et les Ostrogoths.*

WISIGOTHIQUE [vizigɔtik] **adj.** – *visigothique* 1842 ◊ bas latin *Visigothus,* p.-ê. «Goth de l'Ouest» ■ Wisigoth. *Arc wisigothique.* ➤ **outrepassé.**

WITLOOF [witlɔf] **n. f.** – 1890 ◊ mot flamand, de *wit* «blanc» et *loof* «feuille» ■ BOT. Chicorée sauvage à grosse racine qui, traitée par étiolement, donne l'endive*.

WOH [wo] **interj.** – 1927 ◊ p.-ê. de l'anglais *wo,* cri pour arrêter les chevaux ; on trouve *houô* dans le parler saintongeais ■ **(Canada)** FAM. Sert à modérer, à arrêter. *Woh !* c'est assez, ça suffit.

WOK [wɔk] **n. m.** – 1980 ◊ mot chinois (cantonais) ■ Ustensile de cuisine asiatique, sorte de poêle profonde qui sert à faire revenir les aliments à feu vif. *Légumes sautés au wok.*

WOLFRAM [vɔlfʀam] **n. m.** – 1759 ◊ mot allemand (XVIe), réfection de *wolfshaum,* traduction du latin *spuma lupi* «écume de loup», d'après le moyen haut allemand *ram* «saleté, suie», ce métal laissant une traînée dans les fours ■ Principal minerai de tungstène, tungstate naturel de fer et de manganèse, noirâtre. *Mines de wolfram.* — On dit aussi **WOLFRAMITE n. f.,** 1892.

WOLOF ou **OUOLOF** [wɔlɔf] **adj. et n.** – 1825, -1829 ; *yolof* 1747 ◊ mot de cette langue ■ Relatif à une ethnie d'Afrique de l'Ouest (Sénégal, Gambie). ♦ **n.** *Les Wolofs.* — **n. m.** Langue du groupe atlantique occidental, une des langues nationales du Sénégal.

WOMBAT [wɔ̃ba] **n. m.** – 1803 ◊ mot anglais (1798), d'une langue indigène d'Australie ■ Phascolome (marsupial).

WON [wɔn] **n. m.** – 1964 ◊ mot coréen ■ Unité monétaire de la Corée du Nord et du Sud. *Des wons.*

WOOFER [wufœʀ] **n. m.** /WOOFEUR/ – 1955 ◊ mot anglais, de *woof* «bruit imitant un aboiement» ■ ANGLIC. Haut-parleur reproduisant les sons graves. — Recomm. offic. ***haut-parleur de graves.***

WORMIEN [vɔʀmjɛ̃] **adj. m.** – 1771 ◊ de *Worm,* n. d'un médecin danois ■ ANAT. *Os wormiens :* petits os surnuméraires qui peuvent se rencontrer entre les divers os du crâne.

WRAP [ʀap] **n. m.** – 1998 ◊ mot anglais américain, de *to wrap* «envelopper» ■ ANGLIC. Sandwich composé d'une tortilla de blé roulée en forme de cornet et garnie. *Des wraps au poulet et crudités.*

WÜRMIEN, IENNE [vyʀmjɛ̃, jɛn] **adj.** – 1943 ◊ de *Würm,* nom d'un lac et d'une rivière d'Allemagne ■ GÉOL. Relatif à la quatrième période glaciaire (glaciation de *Würm*). *La régression würmienne.*

WYANDOTTE [vjɑ̃dɔt] **n. f. et adj.** – 1886 ◊ de *Wyandotte,* n. d'un comté des États-Unis, nom d'origine amérindienne ■ Poule d'une race américaine, excellente pondeuse. *Des wyandottes blanches.* — **adj.** *Poules wyandottes.*

X

1 **X** [iks] **n. m. inv.** ▪ **1** Vingt-quatrième lettre et dix-neuvième consonne de l'alphabet : *x majuscule* (X), *x minuscule* (x). — PRONONC. Lettre qui, prononcée, note les groupes de consonnes [ks] *(extrême, lynx)* ou [gz], en particulier dans les mots commençant par *ex-* suivi d'une voyelle *(exagéré, exemple, exiger, exhibition)*, ou à l'initiale *(xénon)*, ou [z] *(deuxième, dixième)* ainsi qu'en liaison *(deux amis* [døzami]), ou encore [s] *(Bruxelles, soixante)*. — REM. X sert à former le pluriel* des mots en *-eau*, *-eu* et de certains noms en *-ou* (pou, chou, hibou, genou, caillou, bijou, joujou). ▪ **2** PAR COMPAR. (Forme de X majuscule). *Les deux routes font un X*, sont croisées comme les barres d'un X. — PAR EXT. Petit tabouret à pieds croisés. ♦ (marque déposée) *Crochets X* : crochets qu'on peut fixer solidement par des clous.

2 **X** **abrév. et symboles** ▪ **1 x** ou **X** [iks] **n. m. inv.** (XVIIe) En algèbre, Symbole littéral désignant une inconnue. *Les x et les y*. — En géométrie, La première des coordonnées cartésiennes. *L'axe des x*, celui des abscisses. ♦ **n.** (1686) COUR. Personne, chose inconnue. *Information, plainte contre X. Madame X*, une femme dont on ne veut pas dévoiler l'identité (cf. Un tel*). *Accoucher sous X*, en gardant l'anonymat, en abandonnant l'enfant. ♦ **adj.** *Rayons* X* (ainsi nommés parce qu'on ne pouvait les identifier). *La génération* X* (sans identité). *Pendant x temps, x années* : pendant un temps, un nombre d'années indéterminés. *Je te l'ai répété x fois* (➤ **ixième**). — *Chromosome X. Formule femelle XX, formule mâle XY d'un être vivant. Syndrome de l'X fragile* : maladie génétique héréditaire entraînant un retard mental. ▪ **2 n.** (1840) VX *Les x* : les mathématiques. ♦ (1850) MOD. *L'X* [liks] : l'École polytechnique. ➤ **pipo**. « *il fut simultanément admis à Normale et à l'X* » PENNAC. — *Un X, une X* : un polytechnicien, une polytechnicienne. ▪ **3 adj.** (1975 ◊ du trait de stylo qui biffe et annule) **X** [iks]. *Un film classé X*, et ELLIPT *un film X*, pornographique (➤ **ixer**). — **n. m.** *L'industrie du X*. « *On demande précisément au X ce qu'on craint de lui : dire la vérité sur nos désirs* » V. DESPENTES. ▪ **4 X adj. et n. m. inv.** Dix, en chiffres romains. *Charles X*. ▪ **5 X** [iks] **n. f.** (abrév. anglaise [ɛks], de *XTC* mot-rébus pour *ecstasy*) ANGLIC. Ecstasy. *Pilules d'X*.

XANTHIE [gzɑ̃ti] **n. f.** – 1889 ; autre sens 1834 ◊ latin des zoologistes *xanthia*, du grec *xanthos* « jaune » ▪ ZOOL. Papillon de nuit, jaune et roux. ➤ **noctuelle**.

XANTHINE [gzɑ̃tin] **n. f.** – 1889 ; autre sens 1834 ◊ de *xanth(o)-* et *-ine* ▪ BIOCHIM. Base organique dérivée de la purine. *La xanthine donne sa couleur jaune à l'urine. La caféine, la théophylline et la théobromine sont des xanthines*.

XANTH(O)- ▪ Élément, du grec *xanthos* « jaune ».

XANTHOME [gzɑ̃tom ; gzɑ̃tɔm] **n. m.** – 1878 ◊ de *xanth(o)-* et *-ome* ▪ PATHOL. Petit nodule ou petite tache jaunâtre de la peau, constitués de cellules chargées de cholestérol.

XANTHOPHYLLE [gzɑ̃tɔfil] **n. f.** – 1812 ◊ de *xantho-*, d'après *chlorophylle* ▪ BOT. Pigment caroténoïde jaune, fixé sur les plastes, qui colore les feuilles, les pétales, les fruits. *La fucoxanthine, la lutéine sont des xanthophylles*.

XÉNARTHRES [gzenaʀtʀ ; kse-] **n. m. pl.** – *xénarthrés* 1906 ◊ du grec *xenon* « étrange » et *arthron* « articulation » ▪ ZOOL. Ordre de mammifères placentaires d'Amérique du Sud, à deux ou trois doigts et sans dents antérieures, appelés autrefois *édentés*. *Les xénarthres comprennent les fourmiliers, les paresseux et les tatous. Xénarthres fossiles* (glyptodon, mégathérium, etc.). — **Au sing.** *Un xénarthre*.

XÉNÉLASIE [gzenelazi] **n. f.** – 1759 terme d'Antiquité grecque ◊ grec *xenêlasia*, de *xenos* « étranger » et *elaunein* « chasser » ▪ DR. INTERNAT. PUBL. Droit pour un État belligérant d'expulser les ressortissants du pays ennemi.

XÉN(O)- ▪ Élément, du grec *xenos* « étranger ».

XÉNODEVISE [gzenodəviz] **n. f.** – v. 1970 ◊ de *xéno-* et *devise* ▪ Surtout au plur. Avoir en devises détenu par des non-résidents hors de leur pays d'origine. ➤ **eurodevise, eurodollar**.

XÉNOGREFFE [gzenogʀɛf] **n. f.** – 1973 ◊ de *xéno-* et *greffe* ▪ MÉD. Hétérogreffe où le donneur et le receveur appartiennent à des espèces différentes (ex. foie de babouin greffé sur un être humain).

XÉNON [gzenɔ̃] **n. m.** – 1903 ◊ du grec *xenon* « chose étrangère, étrange », par l'anglais (1898) ▪ CHIM. Corps simple (Xe ; n° at. 54 ; m. at. 131,30), le plus lourd des gaz rares de l'air. *Ampoule au xénon. Lampe au xénon*, utilisée en métallographie pour sa très grande luminosité.

XÉNOPHILE [gzenɔfil] **adj. et n.** – 1906 ◊ de *xéno-* et *-phile* ▪ RARE Qui a de la sympathie pour les étrangers, qui est ouvert à ce qui vient de l'étranger. ▪ CONTR. Xénophobe.

XÉNOPHILIE [gzenɔfili] **n. f.** – 1906 ◊ de *xénophile* ▪ RARE Sympathie pour les étrangers. ▪ CONTR. Xénophobie.

XÉNOPHOBE [gzenɔfɔb] **adj. et n.** – 1903 ◊ de *xéno-* et *-phobe* ▪ Hostile aux étrangers, à tout ce qui vient de l'étranger. ➤ **chauvin**. *Attitude xénophobe*. — **n.** *Un, une xénophobe. Les racistes et les xénophobes*. ▪ CONTR. Xénophile.

XÉNOPHOBIE [gzenɔfɔbi] **n. f.** – 1904 ◊ de *xénophobe* ▪ Hostilité à ce qui est étranger. ➤ **chauvinisme**. « *Une vague de xénophobie souleva la France* » BEAUVOIR. ▪ CONTR. Xénophilie.

XÉRANTHÈME [gzeʀɑ̃tɛm ; kse-] **n. m.** – 1765 ◊ latin des botanistes *xeranthemum* (1700) ; du grec *xêros* « sec » et *anthemon* « fleur » ▪ BOT. Plante herbacée *(composées)*, communément appelée *immortelle annuelle*.

XÉRÈS [gzeʀɛs ; keʀɛs ; kseʀɛs] **n. m.** – début XVIIIe ◊ du nom d'une ville d'Andalousie ▪ Vin blanc de la région de Jerez. ➤ **manzanilla, sherry**. *Xérès sec. Vinaigre de xérès*. — On dit aussi **JEREZ** [xeʀɛs].

XÉR(O)- ■ Élément, du grec *xêros* «sec».

XÉRODERMIE [gzeʀɔdɛʀmi ; kse-] **n. f.** – 1890 ◇ de *xéro-* et *-dermie* ■ MÉD. Sécheresse anormale de la peau qui présente une desquamation pulvérulente (premier degré de l'ichtyose*).

XÉROGRAPHIE [gzeʀɔgʀafi ; kse-] **n. f.** – v. 1950 ◇ de *xéro-* et *-graphie* ■ Technique permettant de reproduire des documents sans contact, en nombre illimité (cf. Photographie* électrostatique). — **adj. XÉROGRAPHIQUE.**

XÉROPHILE [gzeʀɔfil ; kse-] **adj.** – 1874 ◇ de *xéro-* et *-phile* ■ ÉCOL. Qui vit, peut vivre dans des milieux secs. *Plantes xérophiles.* ➤ **xérophyte.**

XÉROPHTALMIE [gzeʀɔftalmi ; kse-] **n. f.** – 1694 ◇ grec *xêrophthalmia* ■ MÉD. Sécheresse et atrophie de la conjonctive, entraînant l'opacité de la cornée et la diminution ou la perte de la vision.

XÉROPHYTE [gzeʀɔfit ; kse-] **n. f.** – 1819 ◇ de *xéro-* et *-phyte* ■ BOT. Plante xérophile. *Des xérophytes.*

XÉRUS [gzeʀys ; kseʀys] **n. m.** – 1893 ◇ latin des zoologistes *xerus*, du grec *xêros* «sec» ■ ZOOL. Petit rongeur d'Afrique et d'Asie, aux poils durs et épineux, communément appelé *rat palmiste.*

XI ou **KSI** [ksi] **n. m. inv.** – v. 1400, -1866 ◇ mot grec ■ Quatorzième lettre de l'alphabet grec (Ξ, ξ), correspondant au *x* français.

XIÈME ➤ **IXIÈME**

XIMÉNIE [gzimeni ; ksi-] **n. f.** – 1765 ◇ de *Ximénès*, n. d'un missionnaire espagnol ■ BOT. Petit arbre des régions tropicales *(olacacées)*, dont les fruits sont appelés *pommes* ou *citrons de mer.* — On emploie aussi le mot sc. **XIMENIA n. m.**

XIPHOÏDE [gzifɔid ; ksi-] **adj.** – XVIe ◇ grec *xiphoeidês* «en forme d'épée» ■ ANAT. *Appendice xiphoïde* : partie terminale inférieure du sternum. ♦ BOT. En forme de glaive. *Iris xiphoïde.* ➤ **ensiforme.**

XIPHOÏDIEN, IENNE [gzifɔidjɛ̃, jɛn ; ksi-] **adj.** – 1822 ◇ de *xiphoïde* ■ ANAT. Relatif à l'appendice xiphoïde.

XIPHOPHORE [gzifɔfɔʀ ; ksi-] **n. m.** – 1955 ◇ latin des zoologistes *xiphophorus* «qui porte une épée», du grec *xiphos* «épée» ■ ZOOL. Poisson osseux du golfe du Mexique, à prolongement caudal en forme de glaive, appelé aussi *porte-épée.* — ABRÉV. **XIPHO** [ksifo].

XML [iksɛmɛl] **n. m.** – 1997 ◇ sigle anglais, de *eXtensible Markup Language* «langage de balisage extensible» ■ INFORM. Langage de structuration de données, utilisé notamment pour la gestion et l'échange d'informations sur Internet. *Le XML et le HTML.* — APPOS. *Le langage XML. Fichiers XML.*

XXL [iksiksɛl] **adj.** – fin XXe ◇ mot anglais, de *extra extra large* ■ ANGLIC. De très grande taille. *«le torse enveloppé d'un tee-shirt XXL»* TH. JONQUET. — SUBST. *S'habiller en XXL.* — PAR EXT. *Bouteille XXL.* ♦ FIG. FAM. Important, de grande envergure. *Un projet XXL. «la porte ouverte aux emmerdes taille XXL»* O. ADAM (cf. De taille).

XYLÈME [gzilɛm ; ksilɛm] **n. m.** – 1964 ◇ de l'allemand *Xylem*, du grec *xulon* «bois» ■ BOT. Tissu végétal, formé de fibres ligneuses et de vaisseaux conduisant la sève brute, constituant le bois. *Le phloème et le xylème.*

XYLÈNE [gzilɛn ; ksilɛn] **n. m.** – 1872 ◇ de *xyl(o)-* et *-ène* ■ CHIM. Hydrocarbure liquide benzénique, de formule $C_6H_4(CH_3)_2$, extrait du benzol ou de certaines fractions de pétrole, utilisé comme solvant et comme matière première pour des synthèses (colorants, explosifs, etc.).

XYLIDINE [gzilidin ; ksi-] **n. f.** – 1877 ◇ de *xylène* ■ CHIM. Amine dérivée du xylène, utilisée dans la préparation des colorants azoïques.

XYL(O)- ■ Élément, du grec *xulo-*, de *xulon* «bois».

XYLOCOPE [gzilɔkɔp ; ksi-] **n. m.** – 1839 ◇ latin des zoologistes *xylocopa*, du grec *xulokopos* «coupeur de bois» ■ Grosse abeille solitaire des régions tropicales, qui creuse des galeries de ponte dans le bois mort.

XYLOGRAPHE [gzilɔgʀaf ; ksi-] **n.** – 1836 ◇ de *xylo-* et *-graphe* ■ TECHN. Graveur pratiquant la xylographie.

XYLOGRAPHIE [gzilɔgʀafi ; ksi-] **n. f.** – 1771 ◇ de *xylo-* et *-graphie* ■ TECHN. Ancienne technique d'impression de textes et de figures avec des planches gravées en relief, en usage aux XVe et XVIe s. ; gravure ainsi obtenue.

XYLOGRAPHIQUE [gzilɔgʀafik ; ksi-] **adj.** – 1802 ◇ de *xylographie* ■ TECHN. Qui utilise la xylographie. *Incunable xylographique.*

XYLOPHAGE [gzilɔfaʒ ; ksi-] **adj.** – 1808 ◇ grec *xulophagos* «mangeur de bois» ■ DIDACT. Qui se nourrit de bois. *Insecte xylophage.* — **n. m.** Insecte dont les larves vivent dans le bois.

XYLOPHÈNE [gzilɔfɛn ; ksi-] **n. m.** – relevé en 1989 ◇ marque déposée ; de *xylo-* et du radical de *phénol* ■ Produit liquide dont on imprègne le bois pour le protéger de l'action des insectes xylophages et des termites. *Traiter des poutres, une charpente au xylophène.* ABRÉV. FAM. **XYLO.**

XYLOPHONE [gzilɔfɔn ; ksi-] **n. m.** – 1868 ◇ de *xylo-* et *-phone* ■ Instrument de musique à percussion, formé de lames de bois de longueurs inégales, sur lesquelles on frappe avec des petits maillets spéciaux (mailloches), en général au nombre de deux. ➤ aussi **balafon, marimba, vibraphone.**

XYLOPHONISTE [gzilɔfɔnist ; ksi-] **n.** – attesté XXe ◇ de *xylophone* ■ Joueur de xylophone.

XYLOSE [gziloz ; ksiloz] **n. m.** – 1904 ◇ de *xyl(o)-* et 1 *-ose* ■ BIOCHIM. Sucre végétal, pentose appelé aussi *sucre de bois. Le xylose peut être obtenu par hydrolyse de l'hémicellulose.*

XYSTE [ksist] **n. m.** – 1546 ◇ latin d'origine grecque *xystus* ■ ANTIQ. GR. Galerie couverte d'un gymnase.

Y

1Y [igʀɛk] **n. m. inv.** ■ **1** Vingt-cinquième lettre et sixième voyelle de l'alphabet, dont les Latins se servaient pour transcrire le upsilon grec : *y majuscule* (Y), *y minuscule* (y). — PRONONC. Lettre qui, à l'initiale ou après consonne, correspond à la voyelle étirée fermée [i] *(ypérite, cycle, lady)* et à la semi-consonne [j] (➤ **yod**) quand elle est suivie d'une voyelle *(yeux, myope)*. REM. Devant *y* initial, il y a absence de liaison et d'élision, ce qui est indiqué dans la transcription phonétique de l'entrée par ['] (*yaourt* ['jauʀt] ; *des yaourts* [dejauʀt]), sauf pour les mots *yeuse, yèble* et *yeux* (*les yeux* [lezjø]). — *Digrammes comportant y :* suivi d'une voyelle, *ay, ey* notent [ɛj] ou [ej] *(balayer, grasseyer)*, *oy* note [waj] *(noyer, voyage, moyen)*, *uy* note [ɥij] *(essuyer)*, sauf dans quelques mots (*gruyère* [gʀyjɛʀ], *mayonnaise* [majɔnɛz], *fayot* [fajo]) ; *ay, ey* notent [ɛ] à la finale *(tramway, poney)* ; *yn* (→ 1 n) ; *ym* (→ 1 m). REM. *-ay-* note [ei] dans *pays* (et dérivés) et *abbaye* ; *oy* note [ɔj] *(cow-boy, boycotter)*. ■ **2** PAR COMPAR. (Forme de Y majuscule). *« La localité est un vaste Y irrégulièrement ourlé de façades basses »* BARBUSSE.

2Y **abrév. et symboles** [igʀɛk] **n. m. inv.** ■ **1** **y** ou **Y** En algèbre, La seconde inconnue (après *x*). — Fonction de la variable *x*. — GÉOM. La seconde des coordonnées cartésiennes. *Axe des y :* axe des ordonnées. ■ **2** **Y** (avec *X*) Personne indéterminée. *Qu'il sorte avec X ou Y, ça m'est égal.* ■ **3** **Y** adj. *Chromosome Y. Mammifère mâle de formule XY. La génération* Y.*

3Y [i] **pron. et adv.** – Xe ◇ latin *hic* ; a éliminé *iv* (842), du latin *ibi* ■ REM. Avec l'impératif, on ajoute un *s* aux verbes qui n'en ont pas, par euphonie : *vas-y, restes-y* [ʀɛstəzi]. Pronom adverbial représentatif d'une chose, d'un énoncé, quelquefois d'une personne. ■ **1** (Pour rappeler le lieu où l'on est, où l'on va) Dans ce lieu, dans cela. *Elle y a vécu plusieurs années. « On y entre et on en sort »* MUSSET. *J'y suis, j'y reste. Restez-y. Allons-y. Je n'y suis* (chez moi) *pour personne :* je ne veux recevoir personne. FAM. *Tu y vas, à cette soirée ?* — FIG. *Y compris*. Ah ! j'y suis :* je comprends. *Je n'y suis pour rien :* je n'ai aucune responsabilité dans cette affaire. *Nous y voici ; nous y voilà*.* ■ **2** (Représentant un compl. précédé de *à*) À ce(s)..., à cette..., à cela. *« Le pouvoir de penser à une chose ou de n'y pas penser »* VOLTAIRE. *J'y renonce. Je n'y manquerai pas. Que voulez-vous que j'y fasse ?* ◆ RARE (PERSONNES) À lui, à elle. *« Souvent femme varie, Bien fol est qui s'y fie »* HUGO. ◆ POP. Lui. ➤ **lui.** *J'y ai dit* [ʒjedi] : je lui ai dit. *« Un jour j'y ai flanqué des gifles pour la faire jaser »* MAUPASSANT. *Dis-y de venir.* ◆ (Représentant un compl. précédé d'une autre prép.) *N'y comptez pas :* ne comptez pas là-dessus. ■ **3** (Dans divers gallicismes) *Il y a.* ➤ 1 **avoir** (IV). *Y aller.* ➤ 1 **aller** (I, A et B). *Il s'y connaît*, s'y entend** (IV, 2°). *Savoir s'y prendre** (III, B, 7°). *Je n'y tiens** (II, 3°) *plus. Ça y est !* la chose est arrivée, s'est produite ; l'action, l'opération dont il est question ou qu'on attendait est terminée. ■ HOM. Hi.

4Y [i] **pron.** – début XIXe ◇ notation de la prononciation populaire de *il* ■ POP. Il. ➤ **il.** *« Ah ! c'est-y pas malheureux, s'écria François »* BALZAC. *« Qu'est-ce qu'il fait ? – Y chiale »* ANOUILH.

YACHT ['jot] **n. m.** – 1572 ◇ néerlandais *jacht* ■ Navire de plaisance à voiles ou à moteur. *Yachts de croisière, de course.* ➤ **cabin-cruiser, cruiser ; bélouga, finn, vaurien.** ◆ (1906) *Yacht à glace :* voilier à patins, utilisé pour se déplacer sur la glace.

YACHT-CLUB ['jɔtklœb] **n. m.** – 1855 ◇ mot anglais ■ Association groupant des pratiquants du yachting, de la plaisance et des sports nautiques. *Des yacht-clubs.*

YACHTING ['jɔtiŋ] **n. m.** – 1851 ◇ mot anglais, de *yacht* ■ VIEILLI Pratique de la navigation de plaisance, et en particulier de la voile (cf. Sport nautique*).

YACHTMAN ['jɔtman] **n. m.** – 1858 *yachtsmen* plur. ◇ mot anglais ■ ANGLIC. VIEILLI Homme qui pratique le yachting. *Des yachtmans* ou *des yachtmen* ['jɔtmɛn] (plur. angl.) — On écrit aussi *yachtsman, des yachtsmen.*

YAK ou **YACK** ['jak] **n. m.** – 1791, -1808 ◇ anglais *yak*, du tibétain *gyak* ■ Ruminant *(bovidés)* au corps massif, à longue toison soyeuse, qui vit au Tibet où il est domestiqué.

YAKA ➤ **Y-A-QU'À**

YAKITORI ['jakitɔʀi] **n. m.** – v. 1970 ◇ mot japonais ■ Brochette de viande (poulet, bœuf, porc) préalablement marinée (plat japonais).

YAKUZA ou **YAKUSA** ['jakuza] **n. m.** – v. 1985 ◇ du japonais *ja, ku, sa* «huit, neuf, trois», combinaison perdante à un jeu de cartes japonais semblable au baccara ■ Membre d'une organisation japonaise comparable à la Mafia. *Des yakuzas, des yakusas.*

YAMS [jams] **n. m.** – attesté 1986 ◇ origine inconnue ■ Jeu qui se joue avec cinq dés avec lesquels chaque joueur doit réaliser des figures. *Jouer au yams.* ◆ Coup amenant cinq faces semblables, combinaison la plus forte à ce jeu. *Faire un brelan et un yams.* — On écrit parfois *yam's.*

YANG ['jɑ̃g ; jɑ̃ŋ] **n. m.** – 1753 *iang* ◇ mot chinois ■ Principe fondamental de la philosophie taoïste chinoise, correspondant approximativement à la notion d'activité (cf. Yin).

YANKEE ['jɑ̃ki] **n. et adj.** – 1776 ◇ mot anglais américain, d'origine inconnue ■ **1** HIST. (souvent péj.) Habitant de la Nouvelle-Angleterre, puis, durant la guerre de Sécession, Nordiste (pour les Sudistes). ■ **2** VIEILLI Américain des États-Unis (par rapport aux autres Américains). ➤ **états-unien.** adj. *Les capitaux yankees en Amérique du Sud.*

YAOURT ['jauʀt] **n. m.** – 1798 ◇ turc *yoğurt*, de *yoğurmak* «pétrir» ■ **1** Préparation de lait de vache, de brebis ou de chèvre, non égoutté et fermenté. *Le yaourt, originaire d'Asie centrale, a gagné l'Europe par la Turquie et les Balkans. « Il rangeait des pots de yaourth* [sic], *sorte de lait caillé d'une assez grande réputation, quoique sans orthographe bien sûre »* AYMÉ. *Des yaourts aux fruits ; des yaourts nature. Yaourt brassé, velouté, bulgare, à la grecque. Yaourt à boire.* ➤ **aussi lassi.** *Gâteau, glace au yaourt.* — On dit aussi **YOGOURT** ['jɔguʀt], 1455 (forme courante en

Belgique, en Suisse et au Canada). ◆ FIG. *Pédaler* dans le yaourt. Pot de yaourt* : petite voiture. ■ 2 Langue, paroles de fantaisie dont les sonorités évoquent l'anglais. *« leurs lèvres s'agitent dans le vide et leurs dialogues sont en yaourt »* ECHENOZ. *Chanter en yaourt.* ➤ aussi **scat**, RÉGION. **turlute.**

YAOURTIÈRE [ʼjauʀtjɛʀ] n. f. – 1950 ◇ de *yaourt* ■ Appareil servant à confectionner les yaourts.

Y-A-QU'À [ʼjaka] n. m. inv. – v. 1960 ◇ forme orale populaire de *il n'y a qu'à* ■ Attitude des personnes qui disent *(il n')y a qu'à* (faire ceci, cela), proposent des solutions à tous les problèmes. — On écrit aussi *yaka.*

YARD [ʼjaʀd] n. m. – 1669 ◇ mot anglais ■ MÉTROL. Unité anglo-saxonne de mesure de longueur (SYMB. yd), divisée en 3 pieds et valant 0,914 mètre. ➤ **verge.**

YASS ou **JASS** [ʼjas] n. m. – *yass* 1897 ; *lias* 1890 ◇ alémanique *Jass* ■ (Suisse) Jeu de cartes d'origine hollandaise qui se joue avec trente-six cartes entre deux, trois, quatre joueurs ou plus.

YASSA [ʼjasa] n. m. – attesté XXe ◇ mot créole de Casamance, déverbal de *yassa* « frire » ■ Plat de poisson, de poulet ou de mouton cuisiné avec des oignons et du jus de citron (cuisine africaine). *Des yassas au poisson, de poisson. Mouton au yassa.* — APPOS. *Du poulet yassa.*

YATAGAN [ʼjatagɑ̃] n. m. – 1787 ◇ turc *yatağan* ■ Sabre turc, à lame recourbée vers la pointe. ➤ **cimeterre.**

YAWL [jol] n. m. – 1848 ◇ mot anglais ■ ANGLIC. MAR. Voilier à deux mâts, dont la barre est située en avant du mât d'artimon (à la différence du ketch). *Les yawls.*

YAZIDI ➤ **YÉZIDI**

YEARLING [ʼjœʀliŋ] n. m. – 1864 ◇ mot anglais, proprt « d'un an (*year*) » ■ ANGLIC. Cheval pur sang âgé d'un an. *« ces poulains vaudront près de 2 millions d'euros aux ventes de yearlings à Deauville »* M. DUGAIN.

YÈBLE ➤ **HIÈBLE**

YEN [ʼjɛn] n. m. – 1871 ◇ mot japonais ■ Unité monétaire du Japon. ➤ **sen.** *Le cours du yen.* ■ HOM. Hyène.

YEOMAN [ʼjɔman] n. m. – 1669 ◇ mot anglais ■ En Angleterre, Vétéran de la garde, en costume du XVe s., qui paraît dans les cérémonies royales, garde la tour de Londres. *Les yeomans* ou *les yeomen* [ʼjɔmɛn] (plur. angl.).

YÉTI [ʼjeti] n. m. – 1956 ◇ mot tibétain ■ Humanoïde légendaire, surnommé aussi « l'abominable homme des neiges », supposé vivre dans le massif himalayen. — On écrit parfois *yeti.*

YEUSE [jøz] n. f. – 1552 n. m. ; ancien provençal *euse* (XIVe) ◇ latin *ilex* ■ Chêne vert. *L'yeuse. « La colline était couverte de grandes yeuses crépues »* GIONO.

YEUX ➤ **ŒIL**

YÉYÉ n. ou **YÉ-YÉ** [ʼjeje] n. inv. – 1962 ◇ de *yeah, yah,* refrain de chanson, altération de l'anglais *yes* ■ VIEILLI Nom donné au début des années soixante, aux jeunes amateurs d'un style de musique venu des États-Unis. *Les yéyés* (ou *les yé-yé*) *ont succédé aux zazous.* — adj. inv. *Le twist, danse yéyé. Les années yéyé.*

YÉZIDI, IE [ʼjezidi] adj. et n. – 1745 ; *jezides* 1674 ◇ origine obscure, peut-être du persan *yazdân* « Dieu, ange » ■ DIDACT. Relatif au yézidisme. *Les croyances yézidies.* ◆ Adepte du yézidisme. — n. *Les yézidis du Kurdistan.* — REM. On dit aussi *yézide* (1746) et *yazidi, ie* (1852).

YÉZIDISME [ʼjezidism] n. m. – 1858 ◇ de *yézidi* ■ RELIG. Religion monothéiste syncrétique d'origine obscure, apparentée aux croyances de l'Iran antique.

YIDDISH [ʼjidiʃ] n. m. inv. – 1907 ; *yudish* 1864 ◇ mot anglais, transcription de l'allemand *jüdisch* « juif », adj. ■ Ensemble des parlers germaniques des communautés juives d'Europe orientale (et autrefois d'Allemagne). ➤ **judéo-allemand.** — adj. inv. *La littérature yiddish,* écrite en yiddish.

YIN [ʼjin] n. m. – 1753 *in* ◇ mot chinois ■ Principe fondamental de la philosophie taoïste chinoise, correspondant approximativement à la notion de passivité (cf. Yang).

YLANG-YLANG ➤ **ILANG-ILANG**

-YLE ■ Élément, du grec *hulê* « matière, substance », indiquant un radical en chimie. ➤ **hyl(é)-.**

YOCTO- ■ MÉTROL. Préfixe du système international (SYMB. y), du grec *oktô* « huit », qui divise par 10^{24} l'unité dont il précède le nom.

YOD [ʼjɔd] n. m. inv. – 1842 ; *jod* 1715 ; *ioth* 1360 ◇ mot hébreu ■ 1 LING. Consonne des alphabets phénicien et hébreu correspondant à notre *y.* ■ 2 (1874) PHONÉT. Semi-consonne fricative palatale [j], transcrite en français par *y (ayant), i (pied), il (soleil), ille (maille).* ■ HOM. Iode.

YOGA [ʼjɔga] n. m. – 1825 ◇ mot sanskrit, proprt « jonction » ■ DIDACT. Discipline traditionnelle indienne visant à libérer l'âme de sa condition existentielle, dans l'union à l'absolu, par un ensemble de pratiques psychiques et corporelles. *Adepte du yoga.* ➤ **yogi.** ◆ COUR. (pour *hatha-yoga* « yoga de l'effort ») Discipline spirituelle et corporelle basée sur des exercices de postures et de respiration (pratiquée dans les pays occidentaux). *Faire du yoga.*

YOGI [ʼjɔgi] n. m. – 1842 ; *ioghi* 1575 ; *cuigi* 1298 ◇ sanskrit *yogin,* de *yug* « joindre », proprt « qui est unifié » → yoga ■ Ascète hindou qui pratique le yoga. *La méditation du yogi. Des yogis.*

YOGOURT ➤ **YAOURT**

YOHIMBEHE [ʼjɔimbe] n. m. – 1894 ◇ mot bantou ■ BOT. Arbre du Cameroun *(rubiacées),* dont le bois violacé est employé dans les mines, en constructions navales.

YOHIMBINE [ʼjɔimbin] n. f. – 1894 ◇ de *yohimbehe* ■ BIOCHIM. Alcaloïde extrait de l'écorce de yohimbehe. *Propriétés aphrodisiaques de la yohimbine.*

YOLE [ʼjɔl] n. f. – 1702 *iol* ◇ néerlandais *jol* ou danois *jolle* ■ Embarcation non pontée et légère, étroite et allongée, propulsée à l'aviron.

YOM KIPPOUR [ʼjɔmkipuʀ] ou **KIPPOUR** [kipuʀ] n. m. – 1870 ◇ mot hébreu littéralt « jour de l'expiation *(kippour)* » ■ Fête juive du Grand Pardon, consacrée au jeûne et à la prière, célébrée dix jours après le nouvel an juif (en septembre ou octobre). *La prière de Yom Kippour. Le rituel de Kippour. La guerre du Kippour* (octobre 1973). — On écrit aussi *Yom Kippur.*

YORKSHIRE-TERRIER [ʼjɔʀkʃœʀtɛʀje] n. m. – 1933 ◇ mot anglais (1872) ■ ANGLIC. Petit chien d'agrément le plus souvent toiletté de telle manière que ses très longs poils sont divisés par une raie et tombent de chaque côté du corps. *Des yorkshire-terriers.* — On dit aussi **YORKSHIRE** et **YORK.**

YOTTA- ■ MÉTROL. Préfixe du système international (SYMB. Y), du grec *oktô* « huit », qui multiplie par 10^{24} l'unité dont il précède le nom. ◆ INFORM. Préfixe qui multiplie par 2^{80} l'unité d'information dont il précède le nom : *yottaoctet.*

YOUP [ʼjup] interj. – 1798 ◇ onomatopée ■ S'emploie pour exprimer l'allégresse *(youp, youp, tralala ; youp la boum !),* pour évoquer un saut, un mouvement vif, etc. ➤ **zou.** *« Allez du balai !... Youp ! là là ! »* CÉLINE.

YOUPALA [ʼjupala] n. m. – 1942 *youpa-là* ◇ origine onomatopéique ■ Trotteur (3°).

YOUPI [ʼjupi] interj. – 1947 ◇ de *youp,* par influence de l'anglais américain *whoopee,* de *whoop,* cri de joie ■ Cri d'enthousiasme souvent accompagné d'un geste exubérant. *On a gagné, youpi !* ➤ **hourra.** ■ HOM. Yuppie.

YOUPIN, INE [ʼjupɛ̃, in] n. – 1878 ◇ déformation argotique de *youdi* (*ioudi* 1853), arabe algérien *yaoudi,* du radical latin de *juif* ■ FAM. et PÉJ. (injure raciste) Juif.

YOURTE ou **IOURTE** [ʼjuʀt] n. f. – 1797 ; *jurte* 1765 ◇ du russe *iourta* ■ Tente circulaire en feutre des nomades de l'Asie centrale ; hutte conique des Kirghizes, des Samoyèdes.

YOUTUBEUR, EUSE [ʼjutybœʀ, øz] n. – 2011 ◇ de *YouTube,* marque enregistrée ■ Personne qui publie ses propres vidéos (sketchs, tutoriels...) sur le site YouTube.

1 **YOUYOU** [ʼjuju] n. m. – 1888 ; « canot chinois » 1820 ◇ du chinois dialectal « canot à godille », du chinois *yáo* « godiller » ■ Petit canot court et large utilisé pour la navette entre les bateaux au mouillage et les quais. *Des youyous.*

2 **YOUYOU** [ʼjuju] n. m. – 1859 *you-you* ; 1847 *you ! you !* ; 1802 *ouloulou* ◇ onomatopée ■ Cri aigu longuement modulé, poussé en certaines circonstances par les femmes arabes. *Des youyous de joie. « Nous fûmes reçus par les youyous des femmes qui s'étaient mises le long de la piste »* BEN JELLOUN. *Pousser des youyous.* ➤ RÉGION. **youyouter.**

YOUYOUTER [jujute] v. intr. ⟨1⟩ – 1970 ◇ de 2 *youyou* ■ (Maghreb) Pousser des youyous. *« Les femmes youyoutaient à perdre haleine » !* L. BEN MANSOUR.

YOYO ['jojo] **n. m.** – 1931 ◊ *yo-yo* nom déposé ; p.-ê. d'origine chinoise, par les Philippines ■ Jouet formé d'un disque de bois, ou d'autre matériau, évidé par le milieu de la tranche, qu'on fait descendre et monter le long d'un fil enroulé autour de son axe. *«les yeux fixés sur le mouvement étincelant d'un yoyo lumineux qu'un marchand ambulant fait monter et descendre au bout de son doigt»* TOURNIER. *Des yoyos. Jouer au yoyo.* — FIG. *Le prix du pétrole joue au yoyo,* monte et baisse alternativement. *Avoir le moral qui fait le yoyo* (cf. Avoir des hauts et des bas*). *Régime yoyo,* alternant perte et reprise de poids. — On écrit aussi *yo-yo* (inv.).

YOYOTER ['jɔjɔte] **v. intr.** ‹1› – 1932 «jouer au yoyo» ◊ de *yoyo* ■ VIEILLI. FAM. Perdre la tête, divaguer. *Il yoyote complètement.* — LOC. *Yoyoter de la touffe :* être fou, dérangé. — On écrit aussi *yoyotter. «Tu ne touches plus une bille. Tu ne comprends plus rien. Tu yoyottes de la touffe»* FALLET.

YPÉRITE [ipeʀit] **n. f.** – 1917 ◊ de *Ypres,* flamand *Yper,* n. d'une ville belge ■ Gaz de combat, à base de sulfure d'éthyle, vésicant (cf. Gaz moutarde*).

YPONOMEUTE ➤ **HYPONOMEUTE**

YPRÉAU [ipʀeo] **n. m.** – 1611 ; *ypereau* 1432 ◊ de *Ypres,* n. d'une ville belge ■ RÉGION. Orme à larges feuilles ; peuplier blanc.

YSOPET ou **ISOPET** [izɔpɛ] **n. m.** – XIIIe, repris XIXe ◊ du nom de *Ésope,* le fabuliste ■ HIST. LITTÉR. Au Moyen Âge, Recueil de fables. *Les ysopets de Marie de France.*

YTTERBINE [itɛʀbin] **n. f.** – 1878 ◊ de *ytterbium* ■ CHIM. Oxyde d'ytterbium (Yb_2O_3).

YTTERBIUM [itɛʀbjɔm] **n. m.** – 1878 ◊ de *Ytterby,* n. d'un village de Suède ■ CHIM. Corps simple (Yb ; n° at. 70 ; m. at. 173,04), métal blanc du groupe des lanthanides.

YTTRIA [itʀija] **n. m.** – 1801 ◊ latin scientifique (1797), proprt «terre d'Ytterby» ; cf. *ytterbium* ■ CHIM. Oxyde naturel d'yttrium.

YTTRIALITE [itʀijalit] **n. f.** – 1907 ◊ de *yttrium* ■ MINÉR. Silicate naturel d'yttrium, de thorium, etc.

YTTRIFÈRE [itʀifɛʀ] **adj.** – 1834 ◊ de *yttrium* et *-fère* ■ MINÉR. Qui contient de l'yttrium. *Roche yttrifère.*

YTTRIQUE [itʀik] **adj.** – 1831 ◊ de *yttrium* ■ CHIM. Se dit de composés de l'yttrium.

YTTRIUM [itʀijɔm] **n. m.** – 1820 ◊ de *yttria* ■ CHIM. Corps simple (Y ; n° at. 39 ; m. at. 88,90585), métal gris proche des lanthanides.

YUAN ['jyan ; 'yan] **n. m.** – 1949 ◊ mot chinois «rond» ■ Unité monétaire de la République populaire de Chine.

YUCCA ['juka] **n. m.** – 1555 ◊ espagnol *yuca* «manioc», mot d'Haïti ■ Plante arborescente *(liliacées),* originaire d'Amérique centrale, à tige ligneuse, dont la hampe florale porte une panicule de fleurs en clochettes rosées ou blanches. *Le yucca est ornemental ; il peut fournir des fibres textiles. Des yuccas.*

YUPPIE ['jupi] **n.** – 1984 ◊ acronyme anglais de *Young urban professional,* et allus. à *hippie,* son contraire ■ ANGLIC. Jeune cadre dynamique et ambitieux (cf. Jeune loup*). *«l'émergence d'une génération de* yuppies *pressés de s'enrichir sans scrupules»* DUTEURTRE. ■ HOM. Youpi.

YUZU ['juzu] **n. m.** – 1922 ◊ mot japonais ■ Arbre du genre citrus originaire de l'est de l'Asie, également appelé *citronnier du Japon.* — Fruit de cet arbre, agrume de taille moyenne très parfumé. *Saint-Jacques au beurre de yuzu. «Yuzu, gingembre, épices lointaines, légumes à peine saisis»* O. ADAM.

Z

1**Z** [zɛd] **n. m. inv.** ▪ **1** Vingt-sixième lettre et vingtième consonne de l'alphabet : *z majuscule* (Z), *z minuscule* (z). — PRONONC. Lettre qui, prononcée, note la fricative dentale sonore [z] *(zan, bazar, puzzle, gaz, jazz)* et quelquefois dans des emprunts les sons [dz] *(pizza)*, [ts] *(ranz)* ou [s] *(zapatéado)*. ▪ **2** LOC. *De A* à Z. — Film de série* Z.*

2**Z** abrév. et symboles ▪ **1** **z** ou **Z** [zɛd] **n. m.** Dans l'espace euclidien, Troisième coordonnée cartésienne (verticale, usuellement). *L'axe des z. La cote z.* ▪ **2** ℤ [zɛd] **n. m.** L'ensemble des nombres entiers relatifs. ▪ **3** **Z** [zɛd] (allemand *zusammen* «ensemble») CHIM. Caractérise un stéréo-isomère dont les deux substituants sont situés du même côté de la double liaison (opposé à *E*). *Le Z-butène.*

ZABRE [zabʀ] **n. m.** – 1842 ◊ latin des zoologistes *zabrus* ; origine inconnue ▪ ZOOL. Insecte coléoptère parasite des céréales.

ZAC [zak] **n. f.** – 1967 ◊ acronyme ▪ Zone* d'aménagement concerté.

1**ZAD** [zad] **n. f.** – 1962 ◊ acronyme de *Zone d'aménagement différé* ▪ Zone* dont l'aménagement est prévu pour une époque ultérieure.

2**ZAD** [zad] **n. f.** – 2011 ◊ marque déposée ; acronyme de *zone à défendre*, détournement des initiales de 1*ZAD* ▪ Zone (souvent rurale) que des militants (➤ **zadiste**) occupent pour s'opposer à un projet d'aménagement qui porterait préjudice à l'environnement.

ZADISTE [zadist] **n. et adj.** – 2012 ◊ marque déposée ; de 2*ZAD* ▪ Militant(e) qui occupe une ZAD (2). — **adj.** *Militants zadistes.*

ZAIN [zɛ̃] **adj. m.** – 1559 ◊ italien et espagnol *zaino*, d'origine arabe ▪ HIPPOL. Se dit d'un cheval dont la robe, toute d'une couleur, n'a aucun poil blanc. — PAR ANAL. *Chien zain.*

ZAKOUSKI [zakuski] **n. m.** – 1881 ◊ mot russe ▪ Hors-d'œuvre à la russe. *Des zakouskis.* On écrit aussi *des zakouski* (inv.).

ZAMAK [zamak] **n. m.** – v. 1970 ◊ nom déposé ▪ Alliage de zinc, d'aluminium et de magnésium (et parfois de cuivre), employé pour la construction mécanique.

ZAMIER [zamje] **n. m.** – 1777 ; var. *zamie* 1819 ; *zamia* 1796 ◊ mot latin des botanistes, déformation du latin *azaniæ nuces* «noix desséchées» ▪ BOT. Arbre des régions équatoriales *(cycadacées)*, dont les feuilles ressemblent à celles des palmiers, et dont la moelle fournit le sagou.

ZANCLE [zɑ̃kl] **n. m.** – 1874 ◊ grec *zagklon* «faucille» ▪ ZOOL. Poisson des mers océaniennes, au tronc extrêmement aplati, à la tête effilée, communément appelé *tranchoir.*

ZANI ou **ZANNI** [(d)zani] **n. m.** – 1583-84 ; *Zany* n. pr. 1558 ◊ mot vénitien, de l'italien *Giovanni* «Jean» ▪ HIST. DU THÉÂTRE Bouffon des comédies vénitiennes.

ZANZI [zɑ̃zi] **n. m.** – 1896 ◊ abrév. de *zanzibar*, même sens (1884), du nom de l'île d'Afrique orientale (rapport inexpliqué) ▪ Jeu de dés qui se joue ordinairement à trois dés.

ZAOUÏA [zauja] **n. f.** – 1843 ◊ arabe *zawiyah* «coin ; cellule d'un reclus ; monastère» ▪ Établissement religieux sous l'autorité d'une confrérie musulmane, spécialement affecté à l'enseignement. *Des zaouïas.*

ZAPATÉADO [zapateado ; sapa-] **n. m.** – 1842 ◊ espagnol *zapateado*, de *zapato* «soulier» ▪ Danse espagnole sur un rythme à trois temps, scandée par des martèlements de pied au sol. *Des zapatéados.*

ZAPPER [zape] **v. intr.** ⟨1⟩ – 1984 ◊ anglais *to zap* ▪ ANGLIC. ▪ **1** Passer constamment d'une chaîne de télévision à d'autres à l'aide de la télécommande. ➤ RÉGION. **pitonner.** *On zappe pour changer de programme, éviter les publicités.* — TRANS. *Zapper la publicité.* ▪ **2** FIG. et FAM. Passer rapidement ; changer fréquemment. *Zapper d'une idée à l'autre.* ➤ **papillonner.** *«Tu ne t'intéresses pas au hockey ? Ça tombe bien, moi non plus. Zappons»* O. ROLIN. ♦ TRANS. *Zapper un cours.* ➤ FAM. **sécher.** *Zapper le petit-déjeuner.* ➤ **se passer de, sauter.** *Zapper qqn.* ➤ **esquiver, ignorer.** *«j'ai failli la zapper mais elle m'a énervée à me harceler de messages»* V. DESPENTES. — PAR EXT. *J'ai complètement zappé mon rendez-vous.* ➤ **oublier.**

ZAPPETTE [zapɛt] **n. f.** – 1990 *zapette* ◊ de *zapper* ▪ FAM. Télécommande de téléviseur.

ZAPPEUR, EUSE [zapœʀ, øz] **n.** – 1986 ◊ de *zapper* ▪ **1** Personne qui zappe. ♦ FIG. Personne qui passe sans cesse d'une chose à l'autre. *«Le consommateur moderne est exigeant, expert, infidèle. C'est un zappeur»* (Le Nouvel Observateur, 1995). ▪ **2** **n. m.** Télécommande. *«zappeur à la main, elle suivait à la télévision les aventures de Boucleline»* Y. QUEFFÉLEC. ➤ FAM. **zappette.**

ZAPPING [zapiŋ] **n. m.** – 1986 ◊ de l'anglais *to zap* «zapper» ▪ Action de zapper. ➤ RÉGION. **pitonnage.**

ZARBI [zaʀbi] ou **ZARB** [zaʀb] **adj.** – 1984 ◊ verlan de *bizarre* ▪ FAM. Bizarre, étrange (des personnes et des choses). ➤ **chelou.**

ZARZUELA [zaʀzwela ; saʀ-] **n. f.** /ZARZUÉLA/ – 1870 ◊ mot espagnol, du nom d'une résidence royale et d'un théâtre de Madrid ▪ Petit drame lyrique espagnol où la déclamation alterne avec le chant.

ZAZOU, E [zazu] **n. et adj.** – 1941 ; «joli garçon» 1937 ◊ onomat., p.-ê. d'après les onomat. en *a* et *ou* de certains chants en jazz ▪ Dans les années 40, Jeune qui se signalait par sa passion pour le jazz américain et son élégance tapageuse. *«Les zazous donnaient des "parties" où ils se grisaient de musique "swing"»* BEAUVOIR. — **adj.** *Tenue zazoue à veste très longue.*

ZÈBRE [zɛbʀ] **n. m.** – 1610 ◊ portugais *zebra* (XIIe), d'origine inconnue ; à l'origine, nom d'un équidé sauvage de la péninsule Ibérique, appliqué ensuite à l'animal d'Afrique ▪ **1** Mammifère d'Afrique, voisin du cheval, à la robe rayée de bandes noires ou brunes, à la courte crinière en brosse, au galop très rapide. — LOC. FAM. *Courir, filer comme un zèbre*, très vite. *On ne change pas les rayures du zèbre* (cf. On ne se refait pas). ▪ **2** (1889) FAM. Individu bizarre. *Un drôle de zèbre.* ➤ 2**COCO, ZOZO.**

ZÉBRER [zebʀe] v. tr. ⟨6⟩ – 1821 au p. p. ◇ de *zèbre* ■ Marquer de raies qui rappellent celles de la robe du zèbre. ➤ **rayer.** *L'avenue où le soleil «pénètre [...] en la zébrant de ses rayons obliques»* BALZAC. — *Une main zébrée d'égratignures.*

ZÉBRURE [zebʀyʀ] n. f. – 1845 ◇ de *zébrer* ■ **1** Rayure sur le pelage (d'un animal). ■ **2** Marque allongée, raie sur une surface. ➤ **strie, traînée.** *«les fumées tachaient de longues zébrures noires la muraille de granit»* J. VERNE. *Zébrure d'un coup de fouet sur le dos.*

ZÉBU [zeby] n. m. – 1752 ◇ p.-ê. du tibétain *zeu, zeba* «bosse du zébu, du chameau» ■ Grand bovidé domestique de l'Inde (répandu ensuite en Afrique et à Madagascar), caractérisé par une bosse graisseuse sur le garrot.

ZÉE [ze] n. m. – 1805 ◇ latin *zaeus* ou *zeus* ■ ZOOL. Saint-pierre (poisson).

ZÉLATEUR, TRICE [zelatœʀ, tʀis] n. – 1398 ◇ latin ecclésiastique *zelator* ■ LITTÉR. Partisan ou défenseur zélé (d'une cause, d'une personne). ➤ **adepte.** ♦ n. m. (1743) VX Religieux chargé de veiller sur les novices.

ZÈLE [zɛl] n. m. – 1512 ; *zel* XIVe ◇ bas latin *zelus* «jalousie, ardeur», grec *zêlos* ■ **1** LITTÉR. ou VIEILLI Vive ardeur à servir la cause de Dieu et de la religion. ➤ **ferveur.** *«son devoir était de réchauffer le zèle de ce chrétien si tiède»* LARBAUD. ■ **2** (1512) COUR. Vive ardeur à servir une personne ou une cause à laquelle on est sincèrement dévoué. ➤ **dévouement, empressement.** *«Récompensés de leur loyauté et de leur zèle»* HUGO. *Rivaliser de zèle. Travailler avec zèle.* ➤ **cœur, enthousiasme, flamme.** *«Mon zèle ardent pour l'équité»* ROUSSEAU. — **FAIRE DU ZÈLE :** mettre une application exagérée et ostensible dans l'exécution d'une tâche (➤ **fayoter**). **GRÈVE DU ZÈLE :** application minutieuse des moindres consignes et règlements de façon à paralyser complètement le déroulement du travail.
■ CONTR. Laisser-aller, négligence, tiédeur. Sabotage.

ZÉLÉ, ÉE [zele] adj. – 1521 ◇ de *zèle* ■ Qui est plein de zèle (religieux ou autre). *«Des chrétiens zélés et des catholiques pratiquants»* HUYSMANS. *Un secrétaire zélé.* ➤ **dévoué, diligent.**
■ CONTR. Indifférent, négligent.

ZELLIGE [zeliʒ] n. m. – 1918 ; *zelis* 1849 ◇ mot arabe maghrébin ■ ARTS Petit morceau de brique émaillée servant à la décoration de monuments ou d'intérieurs marocains. *«Étoiles et soleils de zelliges, tous les motifs habituels de la décoration moresque»* THARAUD.

ZÉLOTE [zelɔt] n. – 1606 ◇ grec *zêlotês,* proprt «zélateur» ■ HIST. Patriote juif du Ier siècle après J.-C., qui joua un rôle très actif dans la révolte contre l'occupant romain.

ZEN [zɛn] n. m. et adj. inv. – 1889 ◇ mot japonais, du chinois *chan,* sanskrit *dyāna* «méditation» ■ **1** Secte bouddhique du Japon (venue de Chine au XIIIe s.), où la méditation prend la première place, et qui, recherchant la beauté, a beaucoup contribué au développement des arts japonais. — adj. inv. *Le bouddhisme zen. Monastères, temples zen.* ■ **2** adj. inv. FAM. Calme, sans réaction affective apparente. ➤ **cool.** *Rester zen au milieu de l'agitation générale.* — interj. *Zen !* du calme !

ZÉNANA [zenana] n. m. – 1812 ◇ mot hindi, d'origine persane ■ **1** Appartement des femmes, chez les musulmans de l'Inde. ■ **2** (1892) Étoffe cloquée employée pour les vêtements d'intérieur.

ZEND, ZENDE [zɛ̃d] n. m. et adj. – 1747 ◇ moyen perse *zend, zand* «connaissance, commentaire» ■ DIDACT. et VIEILLI Langue de l'*Avesta* (livre du mazdéisme), probablement dialecte iranien de l'Est. — adj. *Langue zende. Textes zends.*

ZÉNITH [zenit] n. m. – v. 1360 ; *chenit* 1324 ◇ d'une mauvaise lecture (*ni* pour *m*) de l'arabe *samt, semt,* proprt «chemin» dans l'expr. *samt-ar-râs* «chemin au-dessus de la tête» ; cf. *azimut* ■ **1** Point de la sphère céleste situé sur la verticale ascendante de l'observateur. *Zénith et nadir**. *Le soleil était au zénith, à son zénith.* ■ **2** FIG. (1608) Point culminant. ➤ **apogée*, sommet.** *Il est au zénith de sa gloire. «Sous la Restauration il* [Chateaubriand] *est à son zénith»* SAINTE-BEUVE.

ZÉNITHAL, ALE, AUX [zenital, o] adj. – *zénital* 1612 ◇ de *zénith* ■ ASTRON. Relatif au zénith. *Distance zénithale :* distance angulaire d'un point de la sphère céleste au zénith.

ZÉNITUDE [zenityd] n. f. – 2000 ◇ de *zen* ■ PLAIS. État de sérénité. *«Place au yoga, à la zénitude et aux produits bio»* (Le Figaro, 2009).

ZÉOLITHE ou **ZÉOLITE** [zeɔlit] n. f. – 1783, -1756 ◇ du grec *zeô, zein* «bouillonner» et *-lithe* ■ MINÉR. Silicate naturel hydraté dont les gisements se rencontrent surtout dans les cavités des laves basiques. — *Zéolithes artificielles.*

ZEP [zɛp] n. f. inv. – 1981 ◇ acronyme ■ ANCIENNT Zone d'éducation prioritaire, où l'action éducative est renforcée afin de lutter contre l'échec scolaire. ➤ **REP.**

ZÉPHYR [zefiʀ] n. m. – milieu XVIe ; *zéphire* 1509 ◇ latin *zephyrus* «vent d'ouest doux et tiède», grec *zephuros* «vent du nord-ouest violent et pluvieux» ■ **1** POÉT. Vent doux et agréable, brise légère. *«Tout vous est aquilon, tout me semble zéphyr»* LA FONTAINE. ■ **2** (1877 ◇ appellation d'origine allemande) FIG., EN APPOS. *Laine zéphyr :* laine de deux fils à torsion peu serrée, utilisée notamment pour la layette et les vêtements légers. ♦ (1858) Toile de coton jumel peigné, fine et souple, utilisée pour les sous-vêtements, les vêtements d'enfant, etc.

ZEPPELIN [zɛplɛ̃] n. m. – 1907 ◇ du nom du constructeur, le comte de *Zeppelin* ■ Grand dirigeable rigide à carcasse métallique que les Allemands construisirent de 1900 à 1937.

ZEPTO- ■ MÉTROL. Préfixe du système international (SYMB. z), du latin *septem* «sept», qui divise par 10^{21} l'unité dont il précède le nom.

ZÉRO [zeʀo] n. m. – fin XVe ◇ de l'italien *zero,* contraction de *zefiro,* qui remonte, par l'intermédiaire du latin médiéval *zephirum,* à l'arabe *sifr* «vide», «zéro». *Zéro* a été introduit en français pour remplacer *chiffre,* de même origine. *Chiffre* a signifié «zéro» du XIIIe au XVIe s. avant de désigner chacun des caractères qui représentent les nombres (depuis la fin du XVe). → chiffre

I NOMBRE ■ **1** Symbole numéral (0) destiné à remplacer, dans la numération écrite, les ordres d'unités absentes. *Six et quatre dix, je pose zéro et je retiens un. Un nombre à plusieurs zéros. «on me payait la consultation en chèques à trois ou quatre zéros»* O. ADAM. *«À partir d'une certaine accumulation de zéros, les montants quittaient le domaine des nombres pour entrer dans celui de l'art abstrait»* A. NOTHOMB. *Zéro mètre cinquante* (0 m 50). ♦ FIG. (1512) *C'est un zéro,* une personne qui ne compte pas, sans valeur. ➤ **nullité.** *Il se plaignait «d'être un zéro dans sa maison»* BALZAC. — ADJT INV. *«Et même si t'es zéro pour l'école, on s'arrangeait, tu faisais apprenti avec moi»* Y. QUEFFÉLEC. ➤ **nul.** *Ils sont zéro en mécanique.* ■ **2** (XVIIe) Nombre qui représente une collection inexistante, un ensemble vide ; grandeur, valeur nulle. *Deux, plus deux, moins quatre, égale zéro* (2 + 2 – 4 = 0). *«Ces opérations algébriques compliquées, dont le résultat doit être zéro»* SARTRE. *Tendre vers zéro. Ligne de zéro :* axe pris pour représenter les valeurs nulles d'une variable. — *Appareil de zéro,* permettant d'effectuer des mesures par opposition de deux grandeurs égales, par lecture de la graduation zéro. ♦ FAM. Néant, rien. *Réduire (qqch., qqn) à zéro :* réduire à rien, anéantir. *Ses chances se réduisent à zéro,* sont nulles. *«Ma libido, elle était à zéro»* É. CHERRIÈRE. LOC. *Avoir la boule à zéro :* avoir les cheveux coupés ras ; être chauve. — *Partir de zéro :* se lancer dans une entreprise sans acquis antérieur, avec ses propres moyens. *Repartir de zéro, à zéro :* recommencer qqch. après avoir échoué. *«Ils rêvaient de repartir à zéro, de tout recommencer sur de nouvelles bases»* PEREC. *Reprendre à zéro :* reprendre à la base l'étude d'un problème. *Remettre le(s) compteur(s) à zéro :* repartir du début, sur de nouvelles bases. — *Avoir le moral* à zéro.* — POP. *Les avoir à zéro :* avoir très peur. *Avoir le trouillomètre* à zéro.* — *Compter pour zéro :* ne pas compter, être inexistant. *«Il y a des millions d'hommes pour qui la littérature c'est zéro»* BEAUVOIR. — *Zéro ! Zéro pour la question !* (formules de refus). ■ **3** (En fonction d'adj. numéral cardinal) ➤ **aucun.** *Il a fait zéro faute à sa dictée.* FAM. *Un zéro faute :* une réussite. *Ça m'a coûté zéro euro, zéro centime :* ça ne m'a rien coûté. *Fromage blanc à zéro pour cent* (0 %) *de matières grasses.* — *Zéro* (suivi d'un nom) ➤ **sans.** *Une qualité zéro défaut. Véhicule zéro émission. Démarche zéro déchet.* — ELLIPT, SPORT *Gagner par trois buts à zéro. Tennisman qui mène quatre-zéro* (jeux) *au premier set.*

II POINT DE DÉPART ; POINT LE PLUS BAS ■ **1** (1757) Point de départ des graduations thermométriques (température de la glace fondante), et de diverses échelles de grandeurs. *Zéro degré. Il fait dix degrés au-dessus, au-dessous de zéro.* (1819) *Zéro absolu* (0 K) : température* la plus basse qu'on puisse concevoir (–273,15 °C) pour laquelle l'énergie cinétique des molécules est nulle. ♦ (1949) Point de départ du décompte des heures. *Heures comptées de zéro à vingt-quatre.* — adj. *Le train part à zéro heure dix.* ➤ **minuit.** ♦ CHIM. *Effet zéro :* résultat d'une mesure obtenue quand on ne met rien dans un appareil d'analyse. — DIDACT. *État, degré zéro,* défini par l'absence des caractères d'un autre état pris comme référence. *«Elle a la peau sèche, un long corps osseux et la voix pédagogue. C'est le degré zéro du charme»* PENNAC. *«Le Degré zéro de l'écriture»,* de R. Barthes. — EN APPOS. Indique que le subst. a une valeur nulle. ➤ **nul.** *Le risque zéro n'existe pas. Prêt à taux zéro. Tolérance* zéro. Croissance* zéro. Option**

zéro, double zéro. ▪ **2** (1900) Dans une notation de zéro à dix ou vingt, à l'école, La plus basse note correspondant à la nullité absolue. ➤ 2 **bulle.** *Avoir zéro en orthographe. Attraper un zéro. Collectionner les zéros. Zéro pointé*. Zéro de conduite :* zéro comme note de conduite. — FAM. *Zéro pour moi :* ce que j'ai fait ne vaut rien.

ZÉROTAGE [zeRɔtaʒ] **n. m.** – 1872 ◇ de *zéro* ▪ SC. Action de calibrer un instrument de mesure (thermomètre, etc.) pour en déterminer le point zéro.

ZEST ou **ZESTE** [zɛst] **interj.** – 1640 ; 1611 *zest*, exprimant le bruit fait par un coup ◇ radical onomat. *zek* ▪ VX Interjection marquant le refus, plus souvent la promptitude d'une action. ◆ SUBST. (1718) LOC. FAM. *Entre le zist* [zist] *et le zest,* se dit d'une personne indécise, d'une personne ou d'une chose difficile à définir ou à juger. *« c'est un monsieur cauteleux, toujours entre le zist et le zest »* PROUST. ▪ HOM. Zeste.

ZESTE [zɛst] **n. m.** – 1611 ◇ altération, d'après l'interj. *zest,* de *sec* ou *zec* (1536), probablt onomat. comme *zest* ▪ **1** BOT. Cloison membraneuse partageant en quatre cavités l'intérieur de la noix. ▪ **2** (1645) Partie externe, sapide et odorante, légèrement amère, du péricarpe des citrons et autres agrumes (➤ **écorce**). ◆ COUR. Petite lame très mince qu'on y découpe (servant à parfumer des crèmes, gâteaux, liqueurs, etc.). *« un citron soigneusement épluché dont le zeste s'enroulait en serpent d'or »* TOURNIER. *Mettre un zeste de citron dans un martini.* — FIG. Très petite quantité, faible dose. *Un zeste d'humour.* ▪ HOM. Zest.

ZÊTA [(d)zɛta] **n. m. inv.** – 1356 *zetha* ◇ mot grec ▪ Sixième lettre de l'alphabet grec (Z, ζ).

ZÉTÈTE [zetɛt] **n. m.** – 1765 ◇ grec *zêtês* ▪ ANTIQ. GR. Magistrat athénien chargé du recouvrement des créances de l'État.

ZÉTÉTIQUE [zetetik] **adj.** – 1694 ◇ latin scientifique *zeteticus* (début XVIIe) ; du grec *zêtêtikos* « qui recherche » ▪ **1** HIST. MATH. *Analyse zététique :* nom donné par Viète à ce que nous appelons aujourd'hui *méthode analytique.* ▪ **2** (1721 ◇ grec *zêtêtikos*) HIST. PHILOS. Qui cherche, qui examine (qualificatif donné aux philosophes sceptiques).

ZETTA- ▪ MÉTROL. Préfixe du système international (SYMB. Z), du grec *zêta* « sept », qui multiplie par 10^{21} l'unité dont il précède le nom. ◆ INFORM. Préfixe qui multiplie par 2^{70} l'unité d'information dont il précède le nom : *zettaoctet.*

ZEUGMA [zøgma] ou **ZEUGME** [zøgm] **n. m.** – 1754, –1765 ; *zeume* 1380 ◇ latin *zeugma,* mot grec, proprt « lien » ▪ RHÉT. Construction qui consiste à ne pas énoncer de nouveau, quand l'esprit peut les rétablir aisément, un mot ou un groupe de mots déjà exprimés dans une proposition immédiatement voisine (ex. « L'air était plein d'encens et les prés de verdure » [Hugo]).

ZEUZÈRE [zøzɛR] **n. f.** – 1804 ◇ latin des zoologistes *zeuzera ;* origine inconnue ▪ ZOOL. Papillon nocturne *(cossidés),* dont les chenilles creusent des galeries dans les jeunes arbres.

ZÉZAIEMENT [zezɛmɑ̃] **n. m.** – 1838 ◇ de *zézayer* ▪ Défaut de prononciation de qqn qui zézaie, dû au placement de la langue trop près des incisives.

ZÉZAYER [zezeje] **v. intr.** ‹8› – 1818 ◇ onomat., de *z* redoublé ▪ Prononcer *z* [z] à la place de *j* [ʒ] (ex. ze veux pour je veux), ou *s* [s] à la place de *ch* [ʃ]. ➤ **bléser, zozoter** (cf. Avoir un cheveu* sur la langue). *Une émotion « le fait zézayer davantage »* ROMAINS.

ZGUÈGUE [zgɛg] **n. m.** – 1992 ◇ origine inconnue, peut-être de l'arabe *zkâk,* pluriel de *zekk* « cul ; sexe » ▪ VULG. Pénis. ➤ **bite.** *« il n'a jamais montré son zguègue, je m'en serais souvenue »* M. DARRIEUSSECQ.

ZIBELINE [ziblin] **n. f.** – 1534 ; *sibeline* 1396 ◇ italien *zibellino,* d'origine slave ▪ Petit mammifère carnivore *(mustélidés)* de Sibérie, Mongolie et Manchourie, du genre martre, dont la fourrure est particulièrement précieuse. ◆ Fourrure de cet animal. *Manteau de zibeline.*

ZIDOVUDINE [zidɔvydin] **n. f.** – 1987 ◇ mot anglais, de *(a)zido (deoxythymi)dine* ▪ MÉD. Médicament antirétroviral utilisé dans le traitement du sida, couramment nommé *AZT*.*

ZIEUTER [zjøte] **v. tr.** ‹1› – 1900 ◇ de *yeux,* précédé du [z] de liaison ▪ FAM. VIEILLI Jeter un coup d'œil pour observer (qqch., qqn). ➤ **lorgner, regarder,** FAM. **reluquer.** *« La môme en tient [...] Zieute-la. Tu t'rends compte »* CARCO. — On écrit aussi *zyeuter* (1890). *« zyeutant sa montre à chaque pas »* CÉLINE.

ZIG ou **ZIGUE** [zig] **n. m.** – 1835 ◇ probablt déformation de 1 *gigue,* cf. *grande gigue* ▪ FAM. Individu, type. ➤ **zèbre, zigoto.** *« Et avec ça, pourtant, un bon zig »* MAUPASSANT. *Un drôle de zig.*

ZIGGOURAT [ziguRat] **n. f.** – *ziggurat* 1874 ◇ assyrien *zigguratu* ▪ ARCHÉOL. Temple des anciens Babyloniens, en forme de pyramide à étages, qui portait un sanctuaire sur son sommet, et servait à l'observation des astres. *Les ziggourats assyriennes. La tour de Babel était une ziggourat.*

ZIGONNER [zigɔne] **v. intr.** ‹1› – 1903 sens 3° ◇ mot répandu dans divers parlers français, d'origine incertaine ▪ (Canada) FAM. ▪ **1** Faire des essais en divers sens, sans savoir s'y prendre. ▪ **2** Tenter de se frayer un passage, en se faufilant, en zigzaguant. *Zigonner dans la foule.* ▪ **3** Hésiter, tergiverser. *« La plupart des gens zigonnent avant de reconnaître une contradiction »* M. LABERGE.

ZIGOTO [zigɔto ; zigoto] **n. m.** – 1900 ; *zigoteau* 1901 ◇ de *zig* ▪ FAM. Zig. *C'est un drôle de zigoto. Faire le zigoto :* faire le malin, l'intéressant.

ZIGOUIGOUI [zigwigwi] **n. m.** – 1946 ◇ origine inconnue ▪ FAM. ▪ **1** Sexe. ➤ **zigounette,** 2 **zizi.** *« il respira le parfum de sa nuque laiteuse. Si son zigouigoui sentait aussi bon... »* R. GUÉRIN. ▪ **2** Petit objet que l'on ne sait pas nommer ; dessin, forme que l'on ne reconnaît pas. ➤ **bitoniau, machin,** 1 **truc.**

ZIGOUILLER [ziguje] **v. tr.** ‹1› – 1895 ◇ origine inconnue ; p.-ê. d'un dérivé dialectal du latin *secare* « couper » ▪ FAM. Tuer. *Ils l'ont zigouillé.*

ZIGOUNETTE [zigunɛt] **n. f.** – relevé en 1981, P. Desproges ◇ formation onomatopéique, peut-être d'après *zizi, zigouigoui* ▪ FAM. Sexe masculin (notamment du jeune garçon). ➤ **zigouigoui,** 2 **zizi.**

ZIGUE ➤ **ZIG**

ZIGZAG [zigzag] **n. m.** – 1718 ; *en ziczac* 1694 ; « assemblage articulé de pièces en losange pouvant s'allonger et se replier à volonté » 1662 ◇ formation expressive évoquant un va-et-vient ▪ Ligne brisée formant des angles alternativement saillants et rentrants. *« l'architecture saxonne, à piliers massifs [...], à ornements à zigzags »* SAINTE-BEUVE. *Chemin qui fait des zigzags. Route en zigzag.* ➤ **lacet.** *« ce bonhomme marchait en zigzag comme s'il était ivre »* HUGO.

ZIGZAGANT, ANTE [zigzagɑ̃, ɑ̃t] **adj.** – *zigzaguant* 1890 ◇ de *zigzaguer* ▪ Qui avance en faisant des zigzags. *Un ivrogne zigzagant.* PAR EXT. *Démarche zigzagante.* ➤ **titubant.**

ZIGZAGUER [zigzage] **v. intr.** ‹1› – 1786 ◇ de *zigzag* ▪ Faire des zigzags, aller de travers. *« Il faisait zigzaguer sa carriole d'un fossé à l'autre »* SARTRE. ➤ aussi **slalomer.**

ZINC [zɛ̃g] **n. m.** – 1762 ; *zinch* 1666 ; variantes *zain, zin, zinck* XVIIe-XVIIIe ◇ allemand *Zink* ▪ **1** Corps simple (Zn ; n° at. 30 ; m. at. 65,37), métal dur d'un blanc bleuâtre, qu'on trouve dans la nature sous forme de blende, de calamine, de smithsonite, etc. *Alliages de zinc.* ➤ **argentan, chrysocale, laiton, maillechort, pacfung, tombac ; galvanisation.** *Tuyaux en zinc. Comptoir de zinc.* — *Pommade à l'oxyde de zinc* (antiseptique). *Alliages de zinc.* ➤ **zamak.** ▪ **2** (1873) FAM. Comptoir d'un débit de boissons. *« Tu es debout devant le zinc d'un bar crapuleux »* APOLLINAIRE. *Boire une bière sur le zinc.* ◆ FAM. PAR EXT. Petit café, petit bar. ➤ **bistrot,** 2 **rade.** *« Le zinc du canal ouvrait juste avant le petit jour »* CÉLINE. ▪ **3** (1916) FAM. Avion (notamment d'un modèle ancien, périmé). *« Un zinc militaire a atterri là il y a quinze jours »* SARTRE.

ZINCIFÈRE [zɛ̃sifɛR] **adj.** – 1831 ◇ de *zinc* et *-fère* ▪ SC. Qui contient du zinc. — On dit aussi **ZINCIQUE** (1834).

ZINCOGRAPHIE [zɛ̃kɔgRafi] **n. f.** – 1839 ◇ de *zinc* et *-graphie* ▪ TECHN. Procédé d'impression par gravure au trait utilisant des clichés sur zinc.

ZINGAGE [zɛ̃gaʒ] **n. m.** – 1838 ; *zincage* 1842 ◇ de *zinguer* ▪ Opération consistant à recouvrir une pièce de fer ou d'acier d'une mince couche protectrice de zinc. ➤ **galvanisation.**

ZINGARO, plur. **ZINGARI** [(d)ziŋgaRo ; zɛ̃gaRo, i] **n. m.** – 1740 ◇ mot italien → tsigane ▪ Bohémien d'Italie. *Des zingari* (parfois *des zingaros*).

ZINGUER [zɛ̃ge] **v. tr.** ‹1› – 1838 ◇ de *zinc* ▪ Revêtir de zinc. *Zinguer une toiture.* — Traiter par zingage (le fer, l'acier).

ZINGUEUR, EUSE [zɛ̃gœR, øz] **n.** – 1838 ◇ de *zinguer* ▪ Ouvrier spécialisé dans les revêtements en zinc ou dans les opérations de zingage. — APPOS. *Plombier zingueur, couvreur zingueur.*

ZINJANTHROPE [zɛ̃ʒɑ̃tRɔp] **n. m.** – 1959 ◇ de *Zinj* (nom de lieu) et *-anthrope* ▪ PRÉHIST. Australopithèque* découvert en Tanzanie.

ZINNEKE [zinœkœ] **n.** – 1923 ◇ mot flamand ▪ (Belgique) FAM. ▪ **1** Chien bâtard. ▪ **2** Personne représentative du métissage culturel bruxellois. *Des zinnekes.*

ZINNIA [zinja] n. m. – 1808 ◇ latin des botanistes (1763) ; du nom du botaniste allemand *Zinn* ■ Plante herbacée *(composacées),* d'origine exotique, ornementale, à fleurs jaunes, rouges, orange et roses, aux nombreuses variétés.

1 **ZINZIN** [zɛ̃zɛ̃] n. et adj. – 1914-1918 ◇ onomat. ■ FAM. ■ **1** n. m. (argot milit., 1914-18) VIEILLI Obus, canon ; engin bruyant. ■ **2** n. m. (1945) Chose dont le nom échappe ; objet quelconque. ➤ **bidule, machin,** 1**truc.** ■ **3** adj. (1967) Un peu fou*, bizarre. ➤ **cinglé, toqué.** *Elle est un peu zinzin. Ils deviennent zinzins.* — n. *Une bande de zinzins.*

2 **ZINZIN** [zɛ̃zɛ̃] n. m. – v. 1960 ◇ abrév. phonétique de *les* (ou *des*) *investisseurs institutionnels,* avec les [z] de liaison ■ FIN. Grand organisme, institution financière qui, par nature, place une grande partie de ses ressources en valeurs mobilières, et influe ainsi sur l'évolution des cours boursiers.

ZINZINULER [zɛ̃zinyle] v. intr. ⟨1⟩ – 1907 ◇ latin *zinzibulare* ou *zinzilulare,* onomatopée ■ DIDACT. Se dit de la mésange, de la fauvette qui pousse son cri.

ZINZOLIN [zɛ̃zɔlɛ̃] n. m. – 1604 ; *zizolin* 1599 ◇ italien *zuzzulino,* de l'arabe d'Espagne *djoudjolân* «semence de sésame» ■ VIEILLI ou LITTÉR. Couleur d'un violet rougeâtre que l'on obtient du sésame. — ADJT INV. *«deux tuniques superposées de taffetas zinzolin»* GAUTIER.

ZIP [zip] n. m. – 1965 ◇ n. déposé ■ ANGLIC. Fermeture à glissière. *Blouson fermé par un grand zip.*

ZIPPER [zipe] v. tr. ⟨1⟩ – 1965 ◇ de *zip* ■ **1** Munir d'une fermeture à glissière. — p. p. adj. *Blouson zippé. Bottillons zippés.* ■ **2** Fermer au moyen d'une fermeture à glissière. *Il «a posé son canon sur le matelas de liasses au fond du sac, qu'il a zippé»* ECHENOZ. ■ **3** (du nom du format *zip*) INFORM. Compresser (un fichier). — p. p. adj. *Des fichiers zippés.* ■ CONTR. Dézipper.

ZIRCON [ziʀkɔ̃] n. m. – 1790 ; *zirkone* 1789 ◇ altération de 2*jargon* ■ Silicate de zirconium dont les variétés les plus pures et transparentes sont utilisées en joaillerie. *Le zircon incolore imite le diamant.*

ZIRCONE [ziʀkɔn ; ziʀkon] n. f. – 1801 ◇ de *zircon* ■ CHIM. Oxyde de zirconium ($Zr\,O_2$), solide blanc, utilisé comme réfractaire.

ZIRCONIUM [ziʀkɔnjɔm] n. m. – 1816 ◇ de *zircon* ■ CHIM. Corps simple (Zr ; n° at. 40 ; m. at. 91,224), métal blanc du groupe du titane, très abondant dans la croûte terrestre, utilisé notamment dans certains alliages inoxydables.

ZIST ➤ **ZEST**

ZIZANIE [zizani] n. f. – fin XIIIe ◇ latin ecclésiastique *zizania,* grec *zizanion,* d'origine sémitique ■ **1** VX Mauvaise herbe, ivraie. ◆ (1474) FIG. *Semer la zizanie :* faire naître la discorde, les disputes. *«La vieille zizanie entre les frères renaissait»* ARAGON. ➤ **désaccord, mésentente.** ■ **2** (1829) BOT. Plante herbacée *(graminées),* céréale exotique qui ressemble au riz. ■ CONTR. Concorde, entente.

1 **ZIZI** [zizi] n. m. – 1775 ◇ onomat. ■ Variété de bruant commune en France.

2 **ZIZI** [zizi] n. m. – 1911 ◇ langage enfantin, probablt déformation du mot *oiseau* ■ FAM. Pénis (surtout de l'enfant). ➤ **zigouigoui, zigounette.** PAR EXT. Sexe féminin.

ZLOTY [zlɔti] n. m. – 1924 ◇ mot polonais, de *zloto* «or» ■ Unité monétaire polonaise. *Des zlotys.*

-ZOAIRE ■ Élément, du grec *zôon* «animal» et du suffixe taxinomique de biologie *-aire.*

ZOB [zɔb] n. m. – 1894 d'abord en argot ◇ arabe *zobb* ■ VULG. Pénis. ➤ **bite.**

ZODIAC [zɔdjak] n. m. – 1966 ; marque déposée ◇ de *Zodiac,* nom d'une société, de l'anglais *zodiac* (XIVe), emprunté au français *zodiaque* ■ Bateau pneumatique à moteur de cette marque ou, ABUSIVEMENT, d'une autre marque. *«Les pompiers avaient débarqué quelques minutes plus tard, juchés sur leurs zodiacs»* O. ADAM. ■ HOM. Zodiaque.

ZODIACAL, ALE, AUX [zɔdjakal, o] adj. – début XVIe ◇ de *zodiaque* ■ **1** Du zodiaque. *Signes zodiacaux, constellations zodiacales.* ■ **2** (1710) ASTRON. *Lumière zodiacale :* lueur qu'on aperçoit dans le plan de l'écliptique, avant le lever ou après le coucher du Soleil, qui provient de la diffusion de la lumière solaire dans la zone du zodiaque.

ZODIAQUE [zɔdjak] n. m. – 1265 ◇ latin *zodiacus,* grec *zôdiakos,* de *zôdion,* diminutif de *zôon* «être vivant, figure» ■ **1** Zone de la sphère céleste limitée par deux petits cercles de cette sphère, parallèles à l'écliptique et situés à 8° 5 de lui, et dans laquelle se situe le mouvement apparent du Soleil (recoupant de nos jours treize constellations). — SPÉCIALT Cette zone, divisée en douze parties égales (nommées d'après les constellations les plus proches) par des grands cercles perpendiculaires à l'écliptique. *Signes du zodiaque :* Bélier (21 mars), Taureau (21 avril), Gémeaux (21 mai), Cancer (22 juin), Lion (23 juillet), Vierge (23 août), 1Balance (23 septembre), Scorpion (23 octobre), Sagittaire (22 novembre), Capricorne (21 décembre), Verseau (20 janvier), Poissons (19 février). *Décan* des signes du zodiaque. L'astrologie établit les horoscopes d'après les signes du zodiaque.* ■ **2** ARTS Représentation figurée de cette zone avec ses signes. *Les zodiaques des temples ptolémaïques d'Égypte.* ■ HOM. Zodiac.

ZOÉ [zɔe] n. f. – 1801 ◇ latin des zoologistes *zoea,* du grec *zôê* «vie» ■ ZOOL. Forme larvaire des crustacés décapodes qui succède au stade nauplius*.

ZOÉCIE [zɔesi] n. f. – 1834 ◇ du grec *zôon* «animal» et *oikia* «maison» ■ ZOOL. Élément d'une colonie de bryozoaires.

ZOÏDE [zɔid] n. m. – 1897 «zoécie» ◇ simplification, par attraction de *-zoïde* dans *spermatozoïde,* etc., de la forme primitive *zooïde* (1889), grec *zôoeidês* «semblable à un animal» ■ BOT. Cellule qui, pourvue de cils ou de flagelles, a la mobilité d'un animal. *Un zoïde végétal peut être un gamète* (➤ **zoogamète**) *ou une spore* (➤ **zoospore**).

ZOÏLE [zɔil] n. m. – 1537 ◇ latin *Zoilus,* grec *Zôilos,* nom d'un critique d'Alexandrie détracteur d'Homère ■ LITTÉR. Critique injuste et envieux. ➤ **détracteur.** *«L'affreux portrait que faisait de moi un zoïle»* MAUROIS.

-ZOÏQUE ■ Élément, du grec *zôikos* «relatif aux animaux».

ZOMBIE ou **ZOMBI** [zɔ̃bi] n. – 1788 ◇ créole haïtien *zonbi* ■ **1** n. m. Fantôme, revenant (dans les croyances vaudoues des Antilles). *«les noctambules la prirent pour un zombi et l'accablèrent de jurons pour la renvoyer dans sa tombe»* P. CHAMOISEAU. ■ **2** PAR EXT. Cadavre animé qui se nourrit de la chair des vivants, dans les récits fantastiques et de science-fiction. *Un film de zombies.* ■ **3** FIG. (1967) Personne qui paraît vidée de sa substance et dépourvue de toute volonté. *Errer comme un zombie. Il «ne sortait plus de chez lui et se déplaçait à petits pas comme un zombie»* D. DE VIGAN. *«on a parfois l'impression étrange qu'on ne régit plus des sujets : on manipule des zombies»* GRACQ. — adj. **ZOMBIESQUE.** ■ **4** MÉTÉOROL. *Ouragan zombie,* qui erre longuement au-dessus de l'océan avant de toucher terre.

ZONA [zona] n. m. – 1799 ◇ mot latin «ceinture», sens méd. en bas latin ■ Affection causée par un virus du groupe des herpès, caractérisée par une éruption de vésicules disposées sur le trajet de certains nerfs sensitifs. *Zona intercostal, ophtalmique. Du zona.* ➤ **zostérien.**

ZONAGE [zonaʒ] n. m. – 1951 ◇ francisation de l'anglais *zoning* ■ **1** URBANISME Réglementation organisant la répartition (d'un territoire) en zones et fixant le genre et les conditions de l'utilisation du sol (agriculture, industrie, habitat, etc.). *Plan de zonage.* ■ **2** Division (d'un territoire) en différentes zones. *Le calendrier des vacances scolaires est soumis au zonage.* ■ **3** INFORM. Répartition (des informations) en zones. ■ CONTR. Dézonage.

ZONAL, ALE, AUX [zonal, o] adj. – 1834 ◇ de *zone* ■ **1** SC. NAT. Qui présente des bandes transversales colorées. ■ **2** GÉOGR. Propre à une zone. *Climat zonal.*

ZONARD, ARDE [zonaʀ, aʀd] n. et adj. – v. 1930 ◇ de *zone* ■ FAM. Personne qui habitait la zone (5°) autour de Paris. ➤ **zonier.** ◆ (v. 1970) PÉJ. Jeune, en particulier des banlieues défavorisées, menant une existence marginale. ➤ **loubard.** *«elle en avait marre d'être une zonarde, de traîner avec des jeunes clodos, elle en avait marre de leurs histoires de baston»* V. DESPENTES. — adj. *Une adolescence zonarde.*

ZONE [zon] n. f. – 1119 ◇ latin *zona,* du grec *zônê,* proprt «ceinture» ■ **1** GÉOGR. Chacune des cinq parties de la sphère terrestre, divisée selon les cercles polaires et les tropiques, et caractérisée par un climat particulier. VIEILLI *Zones froides et glaciales, zone torride.* — MOD. *Zones polaires (arctique, antarctique), zones tempérées et zones tropicales.* PAR EXT. *Zones climatiques. Zones de végétation.* — ASTRON. Partie de la sphère céleste, comprise entre deux cercles parallèles. *La zone du zodiaque.* — GÉOM. Partie d'une surface sphérique comprise entre deux plans parallèles. ◆ PAR ANAL. (XVIe) Bande, partie allongée d'une surface (sphérique ou non). ➤ **ceinture.** *Les zones de l'onyx. «Le Lido est une zone de dunes irrégulières»*

CHATEAUBRIAND. *Des ciboires «entourés de zones d'émaux»* GAUTIER. ▪ **2** (1587) Surface quelconque ; partie importante (d'une surface ou d'un volume). ➤ 1 **espace, région, secteur.** *Zone sismique,* sujette aux tremblements de terre. *Zone littorale. Zone de basse pression. — Zone pétrolifère.* ♦ ANAT. *Zone radiculaire.* ♦ SC. Ensemble des faces d'un cristal qui sont parallèles à une direction *(bord de la zone).* ▪ **3** (1842 milit., polit.) Région, portion de territoire. *Zone des frontières, zone des armées, des opérations, zones d'action, de défense, zones de tir, zone démilitarisée. Zone libre, zone occupée* (en France, 1940-1942). *«La division du pays en deux zones coupa Paris et la campagne»* SARTRE. *Zone de non-droit.* ➤ **non-droit.** — *Zone franche,* soumise à un régime administratif et fiscal avantageux, en particulier à l'importation (franchise douanière). — *Zones monétaires,* dans lesquelles les échanges se font en une monnaie déterminée. *La zone franc, la zone dollar. La zone euro**. — URBANISME *Zone d'aménagement différé.* ➤ 1 **ZAD.** *Zone d'aménagement concerté.* ➤ **ZAC.** *Zone à urbaniser en priorité.* ➤ **ZUP.** *Zone urbaine sensible (ZUS). Zone industrielle (ZI).* ➤ RÉGION. **zoning.** *Zone résidentielle.* Au Canada, *Zone d'aménagement et de conservation. Zone d'exploitation contrôlée.* — ANCIENNT *Zone d'éducation prioritaire.* ➤ **ZEP.** — ANCIENNT *Zone bleue**. ▪ **4** FIG. (1832) Domaine, région. *Zone d'action, d'activité. «Zone de pureté et de rêve qui m'était interdite»* MAURIAC. — LOC. *De deuxième, de troisième zone* : de second ordre, mineur, médiocre. *«Poète et romancier [...] de seconde zone»* HENRIOT. ▪ **5** (1923 ♢ désignation elliptique de la *zone militaire fortifiée*) ABSOLT **LA ZONE :** les faubourgs misérables qui s'élevaient sur les terrains des anciennes fortifications de Paris (➤ **zonard, zonier**). *«La zone est devenue le paradis des spéculateurs»* GIRAUDOUX. *Les baraques de la zone.* — PAR ANAL. Banlieue d'une grande agglomération urbaine caractérisée par la pauvreté de ses aménagements. LOC. FAM. *C'est la zone :* la situation est mauvaise, décourageante.

ZONÉ, ÉE [zone] adj. – 1817 ♢ de *zone* ▪ MINÉR. Qui présente des zones, des bandes de structure ou d'aspects différents. *Roche zonée.*

ZONER [zone] v. ‹1› – 1971 intrans. ♢ de *zone* ▪ **1** v. tr. Repérer. — Répartir par zones. — INFORM. Effectuer le zonage (2°) de. ▪ **2** v. intr. (d'après *zonard*) FAM. Mener une existence marginale, vivre en zonard. — PAR EXT. Flâner, traîner sans but. ▪ **3 SE ZONER** v. pron. (1952) Se coucher.

ZONIER, IÈRE [zonje, jɛʀ] n. – fin XIXe ♢ de *zone* ▪ **1** Habitant(e) de la zone (5°) autour de Paris. ➤ FAM. **zonard.** *«De nombreux zoniers n'ont aucun titre de propriété»* GIRAUDOUX. ▪ **2** (1923) Habitant(e) d'une zone frontière, d'une zone franche. ➤ **frontalier.**

ZONING [zoniŋ] n. m. – 1994 ♢ faux anglicisme ; spécialisation du sens de l'anglais *zoning* «répartition en zones» ▪ (Belgique) Zone périurbaine où se concentrent des activités industrielles, artisanales ou commerciales. *Les entreprises du zoning industriel. Des zonings.*

ZONURE [zonyʀ] n. m. – 1842 ♢ latin des zoologistes *zonurus* (1820), du grec *zônê* «ceinture, zone» et *oura* «queue» ▪ ZOOL. Reptile saurien, lézard d'Afrique du Sud, recouvert d'écailles épineuses et dont la queue présente des anneaux.

ZOO [z(o)o] n. m. – 1895 ♢ abrév. de *(jardin) zoologique* ▪ Jardin zoologique*. *Le zoo de Vincennes. Des zoos.*

ZOO- ▪ Élément, du grec *zôon* «être vivant, animal».

ZOOGAMÈTE [zoogamɛt] n. m. – v. 1965 ♢ de *zoo-* et *gamète* ▪ BOT. Gamète mobile à flagelles des algues, des champignons. ➤ **zoïde.**

ZOOGÉOGRAPHIE [zooʒeɔgʀafi] n. f. – 1904 ♢ de *zoo-* et *géographie* ▪ DIDACT. Géographie zoologique ; partie de la biogéographie qui étudie la répartition de la vie animale sur le globe terrestre.

ZOOGLÉE [zɔɔgle] n. f. – 1889 ♢ latin scientifique *zoogloea* (1878) ; de *zoo-* et grec *glotos* «glu» ▪ BIOL. Voile mucilagineux à la surface d'un liquide, constitué par des bactéries agglutinées.

ZOOLÂTRE [zɔɔlɑtʀ] adj. et n. – 1836 ♢ de *zoo-* et *-lâtre* ▪ HIST. Adorateur, adoratrice d'animaux.

ZOOLÂTRIE [zɔɔlɑtʀi] n. f. – 1721 ♢ de *zoo-* et *-lâtrie* ▪ HIST. Adoration d'animaux divinisés.

ZOOLOGIE [zɔɔlɔʒi] n. f. – 1750 ♢ latin scientifique *zoologia* (1661) ; cf. *zoo-* et *-logie* ▪ Branche de la biologie qui a pour objet l'étude des animaux. *Zoologie descriptive :* morphologie et morphologie comparée animales. *Zoologie systématique* (➤ **zootaxie**). *Parties de la zoologie :* anatomie, physiologie, histologie et cytologie animales ; étude de l'évolution ; embryologie ; écologie et éthologie animales ; zoogéographie. *Les disciplines de la zoologie.* ➤ **cétologie, conchyliologie, entomologie, erpétologie, helminthologie, ichtyologie, malacologie, mammalogie, ornithologie ; zoosémiotique.**

ZOOLOGIQUE [zɔɔlɔʒik] adj. – 1754 ♢ latin scientifique *zoologicus* (XVIIe), de *zoologia ;* cf. *zoo-* et *-logique* ▪ Qui concerne la zoologie, les animaux. *Anatomie, physiologie zoologique. La géographie zoologique.* ➤ **faunique.** *Classification zoologique. — Jardin* ou *parc zoologique :* emplacement où des animaux rares, exotiques, sont présentés dans des conditions rappelant leur vie en liberté. ➤ **zoo** (cf. Jardin d'acclimatation*). — adv. **ZOOLOGIQUEMENT,** 1852.

ZOOLOGISTE [zɔɔlɔʒist] n. – 1734 ; var. vieillie *zoologue* 1771 ♢ de *zoologie* ▪ Spécialiste de la zoologie. ➤ **naturaliste.**

ZOOM [zum] n. m. – v. 1950 ♢ mot anglais ▪ ANGLIC. Effet d'éloignements ou de rapprochements successifs obtenu par la variété des plans, avec un objectif à distance focale variable. APPOS. INV. *Effet zoom,* au cinéma. — PAR EXT. L'objectif qui permet cette fonction. *Prendre des photos au zoom.* ➤ **zoomer.** ♦ FIG. *Zoom sur les nouveautés* (cf. Gros plan* sur...). ➤ **focus.**

ZOOMER [zume] v. intr. ‹1› – v. 1960 ♢ de *zoom* ▪ **1** Photographier, filmer avec un zoom. — TRANS. IND. Faire un gros plan (sur). *La caméra zoome sur son visage.* ▪ **2** INFORM. Agrandir, utiliser un procédé de grossissement sur (un détail, une zone d'écran...). *Cliquez sur le plan pour zoomer.* — adj. **ZOOMABLE.**

ZOOMORPHE [zɔɔmɔʀf] adj. – 1821 ♢ grec *zôomorphos ;* cf. *zoo-* et *-morphe* ▪ DIDACT. Qui figure un animal, des animaux. *Signes, hiéroglyphes, statues zoomorphes. Décoration zoomorphe.*

ZOOMORPHISME [zɔɔmɔʀfism] n. m. – 1800 ♢ de *zoo-* et *-morphisme,* probablt par l'allemand ▪ DIDACT. Métamorphose en animal. *Croyance au zoomorphisme* (dans les contes populaires).

ZOONOSE [zoonoz] n. f. – 1953 ♢ de *zoo-* et grec *nosos* «maladie» ▪ MÉD. Maladie infectieuse des animaux vertébrés transmissible à l'être humain (ex. psittacose, rage).

ZOOPATHIE [zɔɔpati] n. f. – 1906 ♢ de *zoo-* et *-pathie* ▪ PSYCHIATR. Délire de possession dans lequel le malade se croit habité par un animal.

ZOOPHILE [zɔɔfil] adj. – 1859 ♢ de *zoo-* et *-phile* ▪ DIDACT. ▪ **1** Qui manifeste (PERSONNES) ou révèle (CHOSES) de l'intérêt, de l'amour pour les animaux. ▪ **2** Qui pratique la zoophilie (3°). — n. *Un zoophile.*

ZOOPHILIE [zɔɔfili] n. f. – 1894 ♢ de *zoo-* et *-philie* ▪ **1** Amour pour les animaux. ▪ **2** Attachement excessif pour les animaux. ▪ **3** Pratique sexuelle entre un être humain et un animal. ➤ **bestialité** (2°).

ZOOPHOBIE [zɔɔfɔbi] n. f. – 1897 ♢ de *zoo-* et *-phobie* ▪ DIDACT. Peur morbide ressentie à la vue ou à la pensée de certains animaux (insectes, araignées [➤ **arachnophobie**], crapauds, serpents, chauves-souris, etc.). ➤ aussi **zoopsie.**

ZOOPHYTE [zɔɔfit] n. m. – 1546 ♢ grec *zôophuton ;* cf. *zoo-* et *-phyte* ▪ HIST. SC. Nom ancien des animaux dont l'aspect rappelle les plantes (coraux, éponges...). ➤ **phytozoaire.**

ZOOPLANCTON [zooplɑ̃ktɔ̃] n. m. – 1966 ♢ de *zoo-* et *plancton* ▪ Plancton animal. *Le zooplancton est constitué de cnidaires, d'annélides, de mollusques, de crustacés* (➤ **krill**) *et de petits poissons. Le zooplancton et le phytoplancton.*

ZOOPSIE [zɔɔpsi] n. f. – 1894 ♢ de *zoo-* et grec *opsis* «vue» ▪ PSYCHOL. Hallucination visuelle qui consiste en vision d'animaux (généralement féroces et terrifiants).

ZOOSÉMIOTIQUE [zoosemjɔtik] n. f. – 1967 ♢ anglais *zoosemiotics,* de *zoo-* et *semiotics* «sémiotique» ▪ SÉMIOL. Science qui étudie les signaux par lesquels les animaux communiquent entre eux et les comportements qui y sont associés.

ZOOSPORE [zɔɔspɔʀ] n. f. – 1847 ♢ de *zoo-* et *spore* ▪ BOT. Spore mobile à flagelles des algues (reproduction asexuée) et des champignons. ➤ **zoïde.**

ZOOTAXIE [zɔɔtaksi] n. f. – 1829 ♢ de *zoo-* et *-taxie* ▪ DIDACT. Systématique, taxinomie zoologique.

ZOOTECHNICIEN, IENNE [zooteknisjɛ̃, jɛn] n. – 1862 ♢ de *zootechnie,* d'après *technicien* ▪ DIDACT. Spécialiste de la zootechnie. ➤ **vétérinaire ; éleveur.**

ZOOTECHNIE [zɔɔtɛkni] n. f. – 1834 ♢ de *zoo-* et *-technie* ▪ DIDACT. Étude scientifique de l'élevage des animaux, de leur reproduction et de leur adaptation à des besoins déterminés. *La* *zootechnie s'occupe des animaux domestiques* (d'élevage, de course, de compagnie, etc.).

ZOOTECHNIQUE [zɔɔtɛknik] **adj.** – 1842 ◊ de *zootechnie* ■ DIDACT. Propre, relatif à la zootechnie. *Études zootechniques.*

ZOREILLE [zɔʀɛj] **n.** – 1956 ◊ de *oreille,* en créole ■ FAM. Métropolitain installé depuis peu de temps dans les D. O. M.-T. O. M. ➤ 2 **métro.** *Une zoreille.*

ZORILLE [zɔʀij ; zɔʀil] **n. f.** – 1765 ; *zorilla* «petit félin» 1719 ◊ mot espagnol, diminutif de *zorra* «renard» ■ Mammifère carnivore d'Afrique, voisin des mouffettes*, dont la fourrure noire à bandes claires est estimée. — Cette fourrure.

ZOROASTRIEN, IENNE [zɔʀɔastʀijɛ̃, ijɛn] **adj.** et **n.** – 1843 ; 1765 n. ◊ du nom de *Zoroastre,* Zarathoustra ■ HIST. RELIG. Propre à Zarathoustra, à sa religion. ➤ **guèbre, parsi.** *Mages zoroastriens.*

ZOROASTRISME [zɔʀɔastʀism] **n. m.** – 1872 ◊ de *Zoroastre* ■ HIST. RELIG. Religion dualiste fondée par Zarathoustra et professée de nos jours par les parsis. ➤ **manichéisme, mazdéisme.**

ZOSTÈRE [zɔstɛʀ] **n. f.** – 1812 ; *zoster* 1615 ◊ mot latin d'origine grecque «ceinture», à cause des feuilles allongées en forme de lanières ■ BOT. Plante *(potamogétonacées)* qui forme des prairies sous-marines. *Il glissait «sur les chevelures gluantes des zostères»* COLETTE.

ZOSTÉRIEN, IENNE [zɔsteʀjɛ̃, jɛn] **adj.** – 1901 ◊ du latin d'origine grecque *zoster* «zona» ■ MÉD. Propre au zona, causé par le zona.

ZOU [zu] **interj.** – attesté 1792 ◊ onomat. ■ RÉGION. **(sud de la France)** Allons ! vivement ! *«La farandole* [...], *le Midi à outrance, et zou !»* DAUDET. ➤ **youp.**

ZOUAVE [zwav] **n. m.** – 1830 ; «tribu kabyle» 1623 ◊ arabo-berbère *Zwâwa,* nom d'une tribu kabyle ■ **1** ANCIENNT Soldat algérien d'un corps d'infanterie légère indigène formé en 1830. — Fantassin français d'un corps distinct des tirailleurs algériens. *Chéchia, culotte de zouave. Le zouave du pont de l'Alma, à Paris* (statue décorant ce pont généralement évoquée quand la Seine est en crue). ◆ Régiment composé par ces fantassins. *Le 8ᵉ zouaves.* ◆ PAR ANAL. *Zouave pontifical :* membre de la garde du pape. ■ **2** (1886) FAM. *Faire le zouave,* le malin, crâner ; PAR EXT. faire le pitre, le guignol ; perdre son temps.

ZOUK [zuk] **n. m.** – 1981 ◊ mot créole «surprise-partie», d'abord *musique de zouk* ■ Musique de danse très rythmée, originaire des Petites Antilles. — Cette danse. *Danser le zouk* (ou **ZOUKER, v. intr.** ‹1›).

ZOULOU, E [zulu] **n.** – 1847 ◊ mot bantou ■ **1** Personne appartenant à un peuple d'origine bantoue d'Afrique australe. — **adj.** *La musique zouloue.* ◆ **n. m.** Langue bantoue parlée par les Zoulous. ■ **2** (1988) Jeune, d'origine africaine, intégré dans une bande et se réclamant d'éléments culturels négro-américains (rap, tag...).

ZOZO [zozo] **n. m.** – 1893 ◊ altération de la 1ʳᵉ syllabe de *Joseph* redoublée ■ FAM. Naïf, niais. *«Il me dit que je suis bien gentil, en d'autres termes que je suis un zozo»* MONTHERLANT. ◆ Individu quelconque, type. *Un drôle de zozo.*

ZOZOTER [zɔzɔte] **v. intr.** ‹1› – 1883 ◊ onomat. ■ FAM. Zézayer. — **n. ZOZOTEUR, EUSE,** 1936.

ZUMBA [zumba] **n. f.** – 2008 ◊ marque déposée ; origine inconnue, de l'hispano-américain, par l'anglais ■ Méthode de fitness basée sur des mouvements empruntés à différentes danses latino-américaines. *Un cours de zumba.*

ZUP [zyp] **n. f.** – 1958 ◊ acronyme ■ Zone à urbaniser en priorité. ➤ **zone.** — PAR EXT. Cette zone récemment construite d'immeubles. *Habiter la ZUP.*

ZUT [zyt] **interj.** – 1813 *z'ut* ◊ probablt onomat. ■ FAM. Exclamation exprimant le dépit, la colère (**euphémisme pour** *merde* **devenu néanmoins plus courant**). ➤ 1 **flûte ;** RÉGION. 2 **charrette.** *«Ah ! et puis zut, à la fin du compte»* HUYSMANS. *«Zut alors si le soleil quitte ces bords»* RIMBAUD. *«Zut pour les scrupules. Sauvons nos peaux !»* BERNANOS.

ZUTIQUE [zytik] **adj.** – 1875 ◊ de *zut* ■ HIST. LITTÉR. Du groupe des zutistes. *«L'Album zutique» :* recueil de poèmes des zutistes (Rimbaud, Verlaine, etc.).

ZUTISTE [zytist] **n.** – 1883 ◊ de *zut* ■ HIST. LITTÉR. Membre d'un cercle de poètes (qui disaient «zut !» à tout), présidé par Ch. Cros. — REM. On applique le mot à un cercle antérieur (1871), auquel participaient Verlaine, Rimbaud, Richepin, Ponchon, etc. ➤ **zutique.**

ZWANZE [zwɑ̃z ; swantse ; sv-] **n. f.** – 1908 ◊ mot du dialecte bruxellois ■ RÉGION. Plaisanterie populaire, histoire comique typique de l'humour bruxellois. — Forme de comique populaire, propre aux Bruxellois. — **v. intr.** ‹1› **ZWANZER. n. ZWANZEUR, EUSE.**

ZWINGLIANISME [zvɛ̃glijanism ; swinglijanism] **n. m.** – 1670 ◊ de *Zwingli* ■ RELIG. Doctrine religieuse de Zwingli (exposée en 1523), plus radicale que le luthéranisme, présentant notamment la communion comme une simple commémoration du sacrifice du Christ.

ZYEUTER ➤ **ZIEUTER**

ZYGÈNE [ziʒɛn] **n. f.** – 1765 ; *zygaine* 1572 ◊ latin d'origine grecque *zygaena* ■ ZOOL. Requin marteau. ◆ (1798) Papillon dont les antennes sont renflées en massue, qui sécrète un liquide volatil contenant de l'acide cyanhydrique (poison).

ZYGO- ■ Élément, du grec *zugon* «joug», et FIG. «couple».

ZYGOMA [zigɔma] **n. m.** – 1561 ◊ grec *zugôma,* proprt «joint» ■ ANAT. Apophyse zygomatique*.

ZYGOMATIQUE [zigɔmatik] **adj.** – 1635 ◊ de *zygoma* ■ ANAT. De la pommette. *Os zygomatique.* ➤ **malaire.** *Apophyse zygomatique :* apophyse saillante de l'écaille de l'os temporal. ➤ **zygoma.** *Arcade zygomatique :* arc formé par l'apophyse zygomatique du temporal et l'os malaire. — *Muscles zygomatiques,* et SUBST. *le grand, le petit zygomatique :* muscles rubanés qui s'étendent obliquement de la pommette à la commissure des lèvres, qu'ils relèvent en se contractant (notamment dans le rire).

ZYGOMORPHE [zigɔmɔʀf] **adj.** – 1874 ◊ de *zygo-* et *-morphe* ■ BOT. Se dit des fleurs symétriques par rapport à un plan (**opposé à** ***fleurs à symétrie axiale***). *Fleurs zygomorphes des orchidées.*

ZYGOMYCÈTES [zigɔmisɛt] **n. m. pl.** – 1907 ◊ de *zygo-* et *-mycètes* ■ BOT. Sous-groupe de champignons siphomycètes (comprenant notamment les champignons du genre *mucor*), caractérisés par la formation d'œufs nés de la fusion de gamètes (appelés *zygospores* **n. f.**).

ZYGOPÉTALE [zigɔpetal] **n. m.** – 1845 ◊ latin des botanistes *zygopetalum* ■ BOT. Orchidée tropicale d'une variété à ample labelle.

ZYGOTE [zigɔt] **n. m.** – 1913 ; bot. 1890 ◊ du grec *zugôtos* «attelé» ■ BIOL. Œuf fécondé ; cellule diploïde, animale ou végétale, résultant de la fusion de deux gamètes (un mâle et un femelle).

ZYKLON [ziklɔ̃] **n. m.** – relevé en 1979 ◊ mot allemand «cyclone», qui désignait le pesticide mis au point par les chimistes Heerdt et Haber ■ Acide cyanhydrique stabilisé qui se vaporise à température ambiante en un gaz toxique. *Le zyklon B a été utilisé par les nazis dans les chambres à gaz. Des zyklons.*

ZYMASE [zimɑz] **n. f.** – 1864 ◊ de *zym(o)-* et *-ase* ■ BIOCHIM. VX Ferment soluble. ➤ **enzyme.** *La zymase de la levure.* — MOD. Enzyme qui catalyse la fermentation alcoolique du glucose.

ZYM(O)- ■ Élément, du grec *zumê* «levain, ferment».

ZYMOTIQUE [zimɔtik] **adj.** – 1855 ◊ du grec *zumôtikos* ■ BIOCHIM. Relatif à la fermentation ou causé par la fermentation.

ZYTHOLOGIE [zitɔlɔʒi] **n. f.** – 2012 ◊ du grec *zuthos* «bière» et *-logie* ■ DIDACT. Étude de la bière, de sa production, de son histoire et de ses qualités gustatives. ➤ **biérologie.** — **n. ZYTHOLOGUE** (2004).

ZYTHUM [zitɔm] ou **ZYTHON** [zitɔ̃] **n. m.** – 1710, -1906 ◊ du grec *zuthos* «bière» ■ DIDACT. Bière que les Égyptiens faisaient avec de l'orge germée.

ZZZZ... [zzz] **interj.** – 1892 ; *zi zi zi* exprimant le sifflement du vent, 1535 ◊ onomat. ■ Onomatopée notant un bruit continu qui vibre légèrement (bourdonnement d'insecte, ronflement, bruit d'un coup de fouet, etc.). *La dame «enfonce une longue épingle à chapeau dans son chapeau, zzzzz, à travers la cervelle !»* GREEN. — **n. m.** *«dans le chant des cigales, dans le zzz des bourdons»* Y. QUEFFÉLEC.

ANNEXES

CORRESPONDANCES DES PRINCIPALES DATATIONS DE MOTS

Bien que toutes les datations données dans le dictionnaire correspondent à un texte précis, signalé dans les ouvrages spécialisés (notamment le *Französisches Etymologisches Wörterbuch* de von Wartburg) ou conservé dans les archives de la rédaction (ceci pour les dates nouvellement découvertes), l'absence de référence pourrait paraître gênante à certains lecteurs. C'est pourquoi nous présentons ici une liste des textes ayant fourni les attestations les plus nombreuses. Les textes médiévaux sont datés d'après von Wartburg (FEW), Raphaël Lévy (L.), ou le *Dictionnaire étymologique* d'A. Dauzat, J. Dubois et H. Mitterand (D.).
Pour le Moyen Âge, on a signalé les textes les plus utilisés ; à partir du XVIe siècle, seuls sont cités les ouvrages importants pour l'histoire de la langue (dictionnaires, traités, etc.).

VIIIe	*Gloses de Reichenau*
842	*Serments de Strasbourg*
v. 880	*Séquence de sainte Eulalie*
Xe	(v. 980 FEW) *Jonas*
v. 980	*Passion du Christ*
Xe	*Vie de saint Léger*
1050	*Vie de saint Alexis*
1080	*Chanson de Roland*
déb. XIIe	*Couronnement de Louis*
déb. XIIe	(1156 L.) *Roman de Thèbes*
1120	*Psautiers de Cambridge et d'Oxford*
v. 1119	*Comput* – Philippe de Thaon
v. 1130	*Chanson de Guillaume*
	Bestiaire – Philippe de Thaon
1130	*Job*
v. 1130	(1160 L.) *Eneas*
1138	(v. 1180 FEW, 1185 L.) *Vie de saint Gilles*
v. 1150	*Voyage* ou *Pèlerinage de Charlemagne*
1155	*Roman de Brut* – Wace
v. 1160	*Tristan* – Béroul
1160	*Roman de Rou* – Wace
1170	*Fierabras*
v. 1172	(1160 D.) *Chronique des ducs de Normandie* – Benoit de Sainte-Maure
1170	(ou v. 1190 D.) *Les 4 Livres des rois*
1170-1180	Principales œuvres de Chrétien de Troyes
1175	*Le Chevalier au lion* – Chrétien de Troyes
1180	(ou fin XIIe) *Roman d'Alexandre*
v. 1180	*Aimeri de Narbonne*
	Girart de Roussillon
v. 1190	*Sermons de saint Bernard*
	Œuvres de Jean Bodel
	Saint Thomas le martyr – Garnier de Pont-Sainte-Maxence
fin XIIe	(entre 1180 et 1210) *Raoul de Cambrai*
fin XIIe-XIIIe	(1175-1250) *Roman de Renart*
XIIe-XIIIe	(versions XIIe et v. 1220) *Roncevaux*
fin XIIe	(1220 FEW) *Huon de Bordeaux*
fin XIIe	*Geste des Loherains*
	Dialogues de saint Grégoire
	Lois de Guillaume le Conquérant
fin XIIe	*Aucassin et Nicolette*
2e moitié XIIe	*Fables* (v. 1180). *Lais* (v. 1165) – Marie de France
XIIIe	*Garin le Loherain*
	Isopet de Lyon
v. 1200	*La Règle de saint Benoît*
1205	*Doon de Mayence*
1206	*Bible* de Guiot de Provins
1213	*Fets des Romains*
1214	*Vie de saint Grégoire*
1218	*Lancelot du Lac*
1220	*La Queste du Saint Graal*
v. 1220	*Miracles Notre-Dame* – G. de Coincy
1240	*Roman de la Rose I* – G. de Lorris
v. 1250	*Les enfances Guillaume*
v. 1250	(1274 L.) *Li regret Notre-Dame* – Huon de Cambrai
1256	*Le Régime du corps* – Aldebrandin de Sienne
1265	*Trésor* de B. Latini
	Livre de Justice et de Plet
1268	*Livre des Mestiers* – É. Boileau
v. 1270	(1277 L.) *Roman de la Rose II* – J. de Meung
v. 1270	*Miracle de Théophile* – Rutebeuf
1273	*Berte aux grands pieds*
1274 (L.)	*Chroniques de saint Denis*
v. 1274	(1276 FEW) *Jeu de la feuillée* – Adam de la Halle
1276	*L'Enfance d'Ogier*
1280	*Les Institutes de Justinien*
(v.) 1283	*Coutumes* – Ph. de Beaumanoir
v. 1285	*Jeu de Robin et Marion* – A. de la Halle
1294	*Bible* de Guiart de Moulins
1298	(mil. XIIIe D.) *Livre de Marco Polo*
fin XIIIe	(1295 L.) *Testament* – Jean de Meung
fin XIIIe	(v. 1300) *Roman du Chastelain de Coucy*
XIVe	*Œuvres* d'Eustache Deschamps
v. 1300	*Coutumes d'Artois*
	La Dame à la licorne
déb. XIVe	(av. 1350) *Poésies* de Guillon le Muisit
1309	*Histoire de Saint Louis* – Joinville

1314 (v. 1300 FEW) *Chirurgie* – H. de Mondeville
v. 1320 *Contes* de Nicolas Bozon
Dits de Watriquet de Couvin
v. 1330 *Girart de Roussillon*
1340-1370 *Œuvres* de Guillaume de Machaut
1352 (1355 L.) *Traduction de Tite-Live* – Bersuire
v. 1360 *Perceforest*
1361-1377 *Œuvres* d'Oresme
v. 1370 *La Grande Chirurgie* – Guy de Chauliac (manuscrit de Montpellier)
1372 *Propriété des choses* – J. Corbichon
1375 *La Cité de Dieu* – Raoul de Presles
1379 (v. 1375 FEW) *Modus et Ratio*
1389 *Grandes Coutumes de France*
1390-1400 *Œuvres* de Christine de Pisan
1393 *Le Ménagier de Paris*
fin XIVe *Chroniques* de Froissart
1403 *L'Internele Consolacion*
1424 *La Belle Dame sans merci* – A. Chartier
v. 1450 *Le Mystère de la Passion* – Arnould Gréban
1458 *Chroniques de Charlemagne*
v. 1462 (1466 L.) *Les Cent Nouvelles Nouvelles*
1464 *La Farce de maître Pathelin*
1468 (1440-1475 FEW) *Chronique des ducs de Bourgogne* – G. Chastellain
1470 *Comptes de la ville de Doulens*
Livre de la discipline d'amour divine
Chronique d'Angleterre – J. de Wavrin
1478 *La Grande Chirurgie* – Guy de Chauliac (1re éd.)
av. 1478 *id.* (manuscrit antérieur à cette édition : entre 1370 et 1478)
1487 *Vocabulaire latin-français* – Garbin
1488 *Mer des histoires*
1495 (1496 FEW) [daté souvent de 1327 par erreur] *Miroir historial* – Jean de Vignay
1497 *La Nef des Fols*
1503 éd. définitive de *La Grande Chirurgie* – Guy de Chauliac
1510 *Coutumes d'Auvergne*
1530 *Éclaircissements de la langue française* – Palsgrave
1532 *Pantagruel* – Rabelais
1537-1539 *Thérapeutique : Tables anatomiques* – J. Canappe
1538 *Dictionnaire latin-français* de Robert Estienne
1542 (autre éd. 1562) *Histoire naturelle de Pline* – Du Pinet
1545 *Épîtres* – Jean Bouchet
Dissection des parties du corps – Charles Estienne
1546 *Le Tiers Livre* – Rabelais
1547 *Institution du prince* – Guillaume Budé
1549 *Histoire des Plantes* – L. Fousch
1552 *Les Amours* – Ronsard
1558 *Nouvelles Récréations* – Des Périers
L'Heptaméron – M. de Navarre
1560 *Institutions* – Calvin
1560 (1561 FEW) *Anatomie* – Ambroise Paré
1564 *Maison rustique* – Ch. Estienne et Liébault
Dictionnaire français-latin de J. Thierry
1573 *Dictionnaire français-latin* de Du Puys
1575 *Cosmographie* – Thevet
1580 *Les Essais* – Montaigne
1584 *Les Serées* – Guillaume Bouchet
1585 *Merveilles du monde* – Dampmartin
Trésor des remèdes – Liébault
Eutrapel – N. du Fail
1588 *Psautier* de Vigenère
v. 1590 *Œuvres* de Marnix
1594 *La Satire Ménippée*
1600 *Théâtre d'agriculture* – O. de Serres
1606 *Trésor de la langue française* – Nicot
1611 *Dictionnaire* de Cotgrave
1621 *Merveilles de la nature* – E. Binet
1636 *Inventaire des deux langues française et latine* – Monet
1640 *Recherches italiennes et françaises* et *Curiosités françaises* – A. Oudin
1662 *Dictionnaire italien* de A. Oudin
1675 *Dictionnaire de commerce* de Savary
1676 *Principes d'architecture* – Félibien
1677 *Dictionnaire français-anglais* de Miège
1680 *Dictionnaire* de Richelet
1687 *Dictionnaire des termes de marine* de Desroches
1688 *Grand dictionnaire français* de Miège
1690 *Dictionnaire* de Furetière
1691 *Dictionnaire mathématique* d'Ozanam
1694 *Dictionnaire de l'Académie* (1re éd.)
1696-1697 *Dictionnaire* de Bayle
1701 *Dictionnaire* de Furetière
1704 *Dictionnaire* de Trévoux (1re éd.)
1706 *Dictionnaire* de Richelet
1718 *Dictionnaire de l'Académie* (2e éd.)
1721 *Dictionnaire* de Trévoux (2e éd.)
1723 *Dictionnaire de commerce* (2e éd.) de Savary
1726 *Dictionnaire néologique* de Desfontaines
1732 *Dictionnaire* de Trévoux (3e éd.)
Dictionnaire de Richelet
1733 *Dictionnaire des drogues* de Lemery
1734 *Dictionnaire* de Trévoux
1740-1743 *Dictionnaire* de Trévoux (4e éd.)
Dictionnaire de l'Académie (3e éd.)
Dictionnaire de Richelet
1751 *Encyclopédie* de Diderot (1er volume)
Dictionnaire universel d'agriculture
1752 *Dictionnaire* de Trévoux (5e éd.)
Dictionnaire comique de Leroux

Dictionnaire des beaux-arts de La Combe
1755 *Manuel lexique* – Abbé Prévost
1762 *Dictionnaire de l'Académie* (4e éd.)
1764 *Dictionnaire de musique* de J.-J. Rousseau
Dictionnaire de médecine de Lavoisien
1765 *Encyclopédie* de Diderot (t. VIII, etc.)
1771 *Dictionnaire* de Trévoux (6e éd.)
1775-1776 *Dictionnaire d'histoire naturelle* de Valmont de Bomare
1776-1777 *Suppl. de l'Encyclopédie* de Diderot
1780 *Tables de l'Encyclopédie* de Diderot
1781 *Encyclopédie méthodique* – Panckoucke
1787 *Dictionnaire critique* de Féraud
1796 *Dictionnaire néologique* (Le néologiste français)
1797 *Dictionnaire* de Gattel
1798 *Dictionnaire de l'Académie* (5e éd.)
1800 *Dictionnaire* de Boiste (1re éd.)
1801 *La Néologie* – Mercier
Dictionnaire de Wailly
1802 *Dictionnaire* de Boiste
Dictionnaire de Laveaux
1804 *Dictionnaire des sciences naturelles*
1807 *Dictionnaire des expressions vicieuses* de Michel
1808 *Dictionnaire* de Boiste
Dictionnaire du bas langage de L'Hautel
1811-1812 *Dictionnaire français-allemand* de Mozin
1821 *Dictionnaire* de Nodier
1824 *Dictionnaire* de Raymond
1827 *Académie Suppl.*
1829 *Dictionnaire* de Boiste et supplément
1832 *Dictionnaire* de Raymond
1834 *Dictionnaire* de Landais
Dictionnaire [...] des termes usités dans les sciences naturelles de Jourdan
1835 *Dictionnaire de l'Académie* (6e éd.)
1836 *Dictionnaire* de Landais
1836 (1838-1842) *Dictionnaire de l'Académie Compl.*
1839 *Dictionnaire* de Boiste
1841 *Les Français peints par eux-mêmes*
1843 *Dictionnaire* de Landais
1845 *Dictionnaire des mots nouveaux* de Richard de Radonvilliers (2e éd.)
1845 *Dictionnaire* de Bescherelle (1re éd.)
1846 *id.*
1848 *Glossaire nautique* – Jal
1851 *Dictionnaire* de Poitevin
1853-1854 *Dictionnaire* de La Châtre
1855 *Dictionnaire de médecine* de Nysten-Littré
1858 *Dictionnaire* de Legoarant
1860 *Dictionnaire d'argot* de Larchey
1863-1872 *Dictionnaire* de Littré
1865-1876 *Dictionnaire* de P. Larousse
1866 *Dictionnaire de la langue verte* de Delvau
1877 *Dictionnaire* de Littré *(Suppl.)*
1878 *1er Suppl.* du *Dictionnaire* de P. Larousse
Dictionnaire de l'Académie (7e éd.)
1885-1903 *Grande Encyclopédie* – M. Berthelot
1890 *2e Suppl.* du *Dictionnaire* de P. Larousse
1898-1906 *Nouveau Larousse illustré*
v. 1900 *Dictionnaire général* – Hatzfeld, Darmesteter et Thomas
1907 *Nouveau Larousse illustré (Suppl.)*
1908 *Encyclopédie universelle du xxe s.*
1907-1910 *Larousse mensuel*
1920 *Omnium agricole*
1922-1923 *Larousse universel*
1924 *Dictionnaire des sciences* de Poiré
1932-1935 *Dictionnaire de l'Académie* (8e éd.)
1933 *Dictionnaire Larousse du xxe s.*
1933 *The Oxford English Dictionary*
1946 *Encyclopédie Quillet*
1951-1964 *Dictionnaire alphabétique et analogique de la langue française* par P. Robert (1re éd.)
1960-1964 *Grand Larousse encyclopédique*
1967 *Le Petit Robert* (1re éd.)
1968 *1er Suppl.* du *Grand Larousse encyclopédique*
1968-1970 *Dictionnaire encyclopédique Quillet*
1970 *Dictionnaire alphabétique et analogique de la langue française* par P. Robert *(Suppl.)*
1971-1978 *Grand Larousse de la langue française*
1971-1994 *Trésor de la langue française*
1972-1986 *The Oxford English Dictionary (Suppl.)*
1975 *2e Suppl.* du *Grand Larousse encyclopédique*
1977 *Le Petit Robert* (2e éd.)
1982-1984 *Grand Dictionnaire encyclopédique Larousse*
1985 *Le Grand Robert de la langue française* (2e éd.)
1986- ... *Dictionnaire de l'Académie* (9e éd., fascicules 1 à 6 parus en 1993)
1992 *Dictionnaire historique de la langue française* sous la direction d'Alain Rey (1re éd.)
1993 *Le Petit Robert* (3e éd.)

LISTE DES NOMS COMMUNS ET DES ADJECTIFS CORRESPONDANT AUX NOMS PROPRES DE PERSONNES ET DE LIEUX

1 - NOMS ET ADJECTIFS CORRESPONDANT AUX NOMS DE PERSONNES (RÉELLES, MYTHOLOGIQUES, IMAGINAIRES)

ABÉLIEN, IENNE Abel
ADAMIQUE Adam
ALDIN, INE Alde
AMBROSIEN, IENNE saint Ambroise
ANACRÉONTIQUE Anacréon
APHRODISIAQUE Aphrodite
APOLLINARIEN, IENNE Apollinaire
APOLLINIEN, IENNE Apollon
ARIEN, IENNE Arius
ARISTOPHANESQUE Aristophane
ARISTOTÉLICIEN, IENNE ; ARISTOTÉLIQUE Aristote
ARMINIEN, IENNE Arminius
AUGUSTÉEN, ENNE Auguste
AUGUSTINIEN, IENNE saint Augustin
AVERROÏSTE ou AVERRHOÏSTE Averroès

BABOUVISTE Babeuf
BACHIQUE Bacchus
BACONIEN, IENNE Francis Bacon
BALZACIEN, IENNE Balzac
BARRÉSIEN, IENNE Barrès
BARRISTE Barre
BARTHÉSIEN, IENNE Roland Barthes
BAUDELAIRIEN, IENNE Baudelaire
BEETHOVÉNIEN, IENNE Beethoven
BERGMANIEN, IENNE Bergman
BERGSONIEN, IENNE Bergson
BERNANOSIEN, IENNE Bernanos
BISMARCKIEN, IENNE Bismarck
BLANQUISTE Blanqui
BODLÉIEN, IENNE Bodley
BOLLANDISTE Bolland
BONAPARTISTE Bonaparte
BOUDDHIQUE Bouddha
BOULANGISTE Boulanger → BOULANGISME
BOURBONIEN, IENNE les Bourbons
BOURGUIBISTE Bourguiba
BRECHTIEN, IENNE Bertolt Brecht
BREJNÉVIEN, IENNE Brejnev
BROWNIEN, IENNE Robert Brown
BYRONIEN, IENNE Byron

CALVINISTE Calvin
CAMUSIEN, IENNE Camus
CAPÉTIEN, IENNE Hugues Capet
CARAVAGESQUE ; CARAVAGISTE Le Caravage
CARTÉSIEN, IENNE Descartes
CASTRISTE Fidel Castro → CASTRISME
CÉLINIEN, IENNE Céline
CÉSARIEN, IENNE Jules César
CÉZANNIEN, IENNE Cézanne
CHAPLINESQUE Chaplin
CHAUCÉRIEN, IENNE Chaucer
CHIRAQUIEN, IENNE Chirac
CHOMSKIEN, IENNE Chomsky
CHURCHILLIEN, IENNE Winston Churchill
CHURRIGUERESQUE Churriguera
CICÉRONIEN, IENNE Cicéron
CLAUDÉLIEN, IENNE Claudel
CLÉMENTIN, INE Clément VII, VIII, etc., papes
COLBERTISTE Colbert
COMTIEN, IENNE A. Comte
CONDILLACIEN, IENNE Condillac
CONFUCÉEN, ENNE Confucius
CONSTANTINIEN, IENNE Constantin Ier le Grand
CORNÉLIEN, IENNE Corneille
COURTELINESQUE Courteline

DANTESQUE Dante
DANTONISTE Danton
DARWINIEN, IENNE Darwin
DAVIDIEN, IENNE Louis David, peintre
DEBUSSYSTE Debussy
DIOCLÉTIEN, IENNE Dioclétien
DISRAELIEN, IENNE Disraeli
DOMINICAIN, AINE saint Dominique
DOMITIEN, IENNE Domitien
DONATISTE Donat
DONJUANESQUE Don Juan
DONQUICHOTTESQUE Don Quichotte
DOSTOÏEVSKIEN, IENNE Dostoïevski
DREYFUSARD, ARDE Dreyfus
DURASSIEN, IENNE Duras

EINSTEINIEN, IENNE Einstein
ÉLISABÉTHAIN, AINE Élisabeth Ire
ELLINGTONIEN, IENNE Duke Ellington
ÉPICURIEN, IENNE Épicure
ÉRASMIEN, IENNE Érasme
ESCHYLIEN, IENNE Eschyle
ÉSOPIQUE Ésope
EUCLIDIEN, IENNE Euclide
EURIPIDIEN, IENNE Euripide

FARADIQUE Faraday
FAULKNÉRIEN, IENNE Faulkner
FAUSTIEN, IENNE Faust
FELLINIEN, IENNE Fellini
FÉNELONIEN, IENNE Fénelon
FLAUBERTIEN, IENNE Flaubert
FLAVIEN, IENNE Titus Flavius Vespasianus (Vespasien)
FOURIÉRISTE Charles Fourier
FRANCIEN, IENNE Anatole France
FRANCISCAIN, AINE saint François
FRANCKISTE César Franck
FRANQUISTE Franco
FREUDIEN, IENNE Freud

GALILÉEN, ENNE Galilée
GANDHISTE ; GANDHIEN, IENNE Gandhi
GARGANTUESQUE Gargantua
GARIBALDIEN, IENNE Garibaldi
GASSENDISTE Gassendi
GAULLISTE ; GAULLIEN, IENNE de Gaulle
GIDIEN, IENNE Gide
GIRALDUCIEN, IENNE Giraudoux
GISCARDIEN, IENNE Giscard d'Estaing
GLUCKISTE Gluck
GODARDIEN, IENNE Godard
GOETHÉEN, ENNE Goethe
GORBATCHÉVIEN, IENNE Gorbatchev
GOYESQUE Goya
GRÉGORIEN, IENNE saint Grégoire
GUESDISTE Guesde

HABSBOURGEOIS, OISE les Habsbourg
HAUSSMANNIEN, IENNE baron Haussmann
1. HÉBERTISTE Jacques Hébert, révolutionnaire
2. HÉBERTISTE Georges Hébert → HÉBERTISME
HÉGÉLIEN, IENNE Hegel → HÉGÉLIANISME
HÉRACLITÉEN, ENNE Héraclite
HERCULÉEN, ENNE Hercule
HERMÉTIQUE Hermès
HERTZIEN, IENNE Hertz
HÉSIODIQUE Hésiode
HIÉRONYMIEN, IENNE saint Jérôme
HIPPOCRATIQUE Hippocrate
HITCHCOCKIEN, IENNE Hitchcock
HITLÉRIEN, IENNE Hitler
HOLBACHIQUE d'Holbach
HOMÉRIQUE Homère
HORACIEN, IENNE ; HORATIEN, IENNE Horace
HUGOLIEN, IENNE Hugo
HUSSITE Huss

IBSÉNIEN, IENNE Ibsen
ICARIEN, IENNE Icare
IGNACIEN, IENNE saint Ignace de Loyola
INGRISTE ; INGRESQUE Ingres
ISIAQUE Isis
ISMAÉLIEN, IENNE Ismā'īl, imam

JACOBITE Jacques Baradée
JANSÉNISTE Jansénius
JENNÉRIEN, IENNE Jenner
JOHANNIQUE saint Jean
JOSÉPHISTE Joseph II d'Autriche
JULIEN, IENNE Jules César
JUNGIEN, IENNE Jung
JUNONIEN, IENNE Junon
JUPITÉRIEN, IENNE Jupiter

KAFKAÏEN, ÏENNE Kafka
KANTIEN, IENNE Kant
KEPLÉRIEN, IENNE Kepler
KEYNÉSIEN, IENNE Keynes
KHOMEINISTE Khomeiny
KHROUCHTCHÉVIEN, IENNE Khrouchtchev
KIERKEGAARDIEN, IENNE Kierkegaard

LACANIEN, IENNE Lacan
LAMARCKIEN, IENNE ; LAMARCKISTE Lamarck
LAMARTINIEN, IENNE Lamartine
LEIBNIZIEN, IENNE Leibniz
LÉNINISTE Lénine
LEPÉNISTE Le Pen
LINNÉEN, ENNE Linné
LOCKISTE Locke
LOUIS-PHILIPPARD, ARDE Louis-Philippe
LUTHÉRIEN, IENNE Luther

MACHIAVÉLIEN, IENNE ; MACHIAVÉLIQUE Machiavel
MALLARMÉEN, ENNE Mallarmé
MALRAUCIEN, IENNE ; MALRUCIEN, IENNE Malraux
MALTHUSIEN, IENNE Malthus
MANUÉLIN, INE Manuel Ier le Grand
MAOÏSTE Mao Zedong
MARISTE ; MARIAL Marie
MARIVAUDESQUE Marivaux
MAROTIQUE Clément Marot
MARXISTE ; MARXIEN, IENNE Marx
MASOCHISTE Sacher-Masoch
MAURIACIEN, IENNE Mauriac
MAURRASSIEN, IENNE Maurras
MÉNAISIEN, IENNE Lamennais
MENDÉLIEN, IENNE Mendel
MÉROVINGIEN, IENNE Mérovée
MESMÉRIEN, IENNE Mesmer
MICHELANGÉLESQUE Michel-Ange
MITCHOURINIEN, IENNE Mitchourine
MITTERRANDISTE ; MITTERRANDIEN, IENNE Mitterrand
MOLIÉRESQUE Molière
MOSAÏQUE Moïse
MOZARTIEN, IENNE Mozart
MUSSOLINIEN, IENNE Mussolini

NAPOLÉONIEN, IENNE Napoléon
NASSÉRIEN, IENNE Nasser
NEPTUNIEN, IENNE Neptune
NERVALIEN, IENNE Nerval
NEWTONIEN, IENNE Newton
NIETZSCHÉEN, ENNE Nietzsche

OCTAVIEN, IENNE Octave
ŒDIPIEN, IENNE Œdipe
ORLÉANISTE duc d'Orléans
ORPHIQUE Orphée
OSSIANIQUE Ossian
OVIDIEN, IENNE Ovide

PALLADIEN, IENNE Palladio
PANTAGRUÉLIQUE Pantagruel
PASCALIEN, IENNE Pascal
PASTORIEN, IENNE ; PASTEURIEN, IENNE Pasteur
PAULINIEN, IENNE saint Paul
PAVÉSIEN, IENNE Pavese
PAVLOVIEN, IENNE Pavlov
PÉRONISTE Perón
PÉTAINISTE ; PÉTINISTE Pétain
PÉTRARQUISTE Pétrarque
PÉTRINIEN, IENNE saint Pierre
PHIDIESQUE Phidias
PICASSIEN, IENNE Picasso
PICKWICKIEN, IENNE Pickwick
PINDARIQUE Pindare
PIRANDELLIEN, IENNE Pirandello
PLATONICIEN, IENNE ; PLATONIQUE Platon
PLINIEN, IENNE Pline
PLUTONIEN, IENNE ; PLUTONIQUE Pluton
POMPÉIEN, IENNE Pompée
POUSSINISTE Poussin
PRAXITÉLIEN, IENNE Praxitèle
PROMÉTHÉEN, ENNE Prométhée
PROUDHONIEN, IENNE Proudhon
PROUSTIEN, IENNE Proust
PTOLÉMAÏQUE Ptolémée
PYTHAGORÉEN, ENNE ; PYTHAGORICIEN, IENNE Pythagore

RABELAISIEN, IENNE Rabelais
RACINIEN, IENNE Racine
RAPHAÉLIQUE ; RAPHAÉLESQUE Raphaël
RAVÉLIEN, IENNE Ravel
REAGANIEN, IENNE Reagan
REMBRANESQUE Rembrandt
RIEMANNIEN, IENNE Bernhard Riemann
RIMBALDIEN, IENNE Rimbaud
ROBESPIERRISTE Robespierre
ROCAMBOLESQUE Rocambole
ROCARDIEN, IENNE Rocard
ROSSELLINIEN, IENNE Rossellini
ROUSSEAUISTE Rousseau
ROUSSÉLIEN, IENNE Roussel

SADIQUE ; SADIEN, IENNE Sade
SAINT-SIMONIEN, IENNE Saint-Simon
SANDINISTE Sandino
SAPHIQUE Sapho
SARDANAPALESQUE Sardanapale
SARTRIEN, IENNE Sartre
SATURNIEN, IENNE Saturne
SAUSSURIEN, IENNE Saussure
SCHÖNBERGUIEN, IENNE Schönberg
SCHUBERTIEN, IENNE Schubert
SCHUMANNIEN, IENNE Schumann
SHAKESPEARIEN, IENNE Shakespeare
SOCRATIQUE Socrate
SPINOZISTE Spinoza
STALINIEN, IENNE Staline
STENDHALIEN, IENNE Stendhal
SWEDENBORGIEN, IENNE Swedenborg
SWIFTIEN, IENNE Swift

TAINIEN, IENNE Taine
TCHÉKHOVIEN, IENNE Tchekhov
THATCHÉRIEN, IENNE Thatcher
THOMISTE saint Thomas d'Aquin
TIBÉRIEN, IENNE Tibère
TITIANESQUE Titien
TITISTE Tito
TOLSTOÏEN, ÏENNE Tolstoï
TROTSKISTE Trotski

UBUESQUE Ubu

VALÉRIEN, IENNE Valéry
VÉNUSIEN, IENNE Vénus
VERLAINIEN, IENNE Verlaine
VICTORIEN, IENNE reine Victoria
VIRGILIEN, IENNE Virgile
VOLTAIRIEN, IENNE Voltaire

WAGNÉRIEN, IENNE Wagner
WILDIEN, IENNE Wilde

ZOLIEN, IENNE ; rare ZOLÉEN, ENNE Zola
ZOROASTRIEN, IENNE Zoroastre

2 - NOMS ET ADJECTIFS CORRESPONDANT AUX NOMS DE LIEUX

REM. On trouvera à la nomenclature les dérivés de noms propres qui désignent une langue ou qui entrent dans des locutions.

ABBEVILLOIS, OISE Abbeville (Somme)

ABKHAZE Abkhazie (Géorgie)

ABLONAIS, AISE Ablon-sur-Seine (Val-de-Marne)

ABYSSINIEN, IENNE ou ABYSSIN, INE Abyssinie (Afrique)

ACADIEN, IENNE Acadie (Canada)

AÇORÉEN, ENNE Açores (océan Atlantique)

ACQUAE-SEXTIEN, IENNE ou ACQUAE-SEXTIAN, IANE → AIXOIS

ADAMOIS, OISE [L'] Isle-Adam (Val-d'Oise)

ADJAR, ARE Adjarie (Géorgie)

AFGHAN, ANE Afghanistan (Asie)

AFRICAIN, AINE Afrique

AGENAIS, AISE Agen (Lot-et-Garonne)

AIGREFEUILLAIS, AISE Aigrefeuille-d'Aunis (Charente-Maritime)

AIGUEBELLIN, INCHE Aiguebelle (Savoie)

AIGUEPERSOIS, OISE Aigueperse (Puy-de-Dôme)

AIGUES-MORTAIS, AISE Aigues-Mortes (Gard)

AIGUILLON, ONNE Aiguilles-en-Queyras (Hautes-Alpes)

AIGUILLONNAIS, AISE Aiguillon (Lot-et-Garonne)

AIGURANDAIS, AISE Aigurande (Indre)

AIROIS, OISE Aire-sur-la-Lys (Pas-de-Calais)

AIRVAUDAIS, AISE Airvault (Deux-Sèvres)

AIXOIS, OISE Aix-les-Bains (Savoie)

AIXOIS, OISE ou ACQUAE-SEXTIEN, IENNE ou ACQUAE-SEXTIAN, IANE Aix-en-Provence (Bouches-du-Rhône)

AJACCIEN, IENNE Ajaccio (Corse-du-Sud)

AKKADIEN, IENNE Akkad (Mésopotamie)

ALBANAIS, AISE Albanie (Europe)

ALBERTIN, INE Albert (Somme)

ALBERTIVILLARIEN, IENNE Aubervilliers (Seine-Saint-Denis)

ALBERTVILLOIS, OISE Albertville (Savoie)

ALBIGEOIS, OISE Albi (Tarn)

ALBINIEN, IENNE Aubigny-sur-Nère (Cher)

ALENÇONNAIS, AISE Alençon (Orne)

ALEPPIN, INE Alep (Syrie)

ALÉSIEN, IENNE Alès (Gard)

ALEXANDRIN, INE Alexandrie (Égypte)

ALFORTVILLAIS, AISE Alfortville (Val-de-Marne)

ALGÉRIEN, IENNE Algérie (Afrique)

ALGÉROIS, OISE Alger (Algérie)

ALLAUDIEN, IENNE Allauch (Bouches-du-Rhône)

ALLEMAND, ANDE Allemagne (Europe)

ALLOSSARD, ARDE Allos (Alpes-de-Haute-Provence)

ALNÉLOIS, OISE Auneau (Eure-et-Loir)

ALPIN, INE Alpes (Europe)

ALRÉEN, ENNE Auray (Morbihan)

ALSACIEN, IENNE Alsace (France)

ALTAÏEN, ÏENNE Altaï (Russie)

ALTKIRCHOIS, OISE Altkirch (Haut-Rhin)

ALTOSÉQUANAIS, AISE Hauts-de-Seine (France)

AMANDIN, INE → SAINT-AMANDINOIS

AMANDINOIS, OISE ou AMANDOIS, OISE Saint-Amand-en-Puisaye (Nièvre)

AMANDINOIS, OISE Saint-Amand-les-Eaux (Nord)

AMAZONIEN, IENNE Amazonie (Amérique du Sud)

AMBARROIS, OISE Ambérieu-en-Bugey (Ain)

AMBERTOIS, OISE Ambert (Puy-de-Dôme)

AMBOISIEN, IENNE Amboise (Indre-et-Loire)

AMÉLIEN, IENNE ou PALALDÉEN, ENNE Amélie-les-Bains-Palalda (Pyrénées-Orientales)

AMÉRICAIN, AINE Amérique

AMIÉNOIS, OISE Amiens (Somme)

AMOLLOIS, OISE Amou (Landes)

AMSTELLODAMIEN, IENNE ou AMSTELLODAMOIS, OISE Amsterdam (Pays-Bas)

ANCENIEN, IENNE Ancenis (Loire-Atlantique)

ANCONITAIN, AINE Ancône (Italie)

ANDALOU, OUSE Andalousie (Espagne)

ANDELISIEN, IENNE [Les] Andelys (Eure)

ANDERNOSIEN, IENNE Andernos-les-Bains (Gironde)

ANDIN, INE Andes (Amérique du Sud)

ANDORRAN, ANE [principauté d'] Andorre (Europe)

ANDRÉSIEN, IENNE Saint-André-de-l'Eure (Eure)

ANGÉRIEN, IENNE Saint-Jean-d'Angély (Charente-Maritime)

ANGEVIN, INE Angers (Maine-et-Loire); Anjou (France)

ANGLAIS, AISE Angleterre (Grande-Bretagne, Europe)

ANGLOY, OYE Anglet (Pyrénées-Atlantiques)

ANGOLAIS, AISE Angola (Afrique)

ANGOUMOISIN, INE Angoulême (Charente)

ANIANAIS, AISE Aniane (Hérault)

ANNAMITE Annam (Viêtnam)

ANNÉCIEN, IENNE Annecy (Haute-Savoie)

ANNEMASSIEN, IENNE Annemasse (Haute-Savoie)

ANNONÉEN, ENNE Annonay (Ardèche)

ANNOTAIN, AINE Annot (Alpes-de-Haute-Provence)

ANTIBOIS, OISE Antibes (Alpes-Maritimes)

ANTIGUAIS ET BARBUDIEN, ANTIGUAISE ET BARBUDIENNE Antigua-et-Barbuda (Antilles)

ANTILLAIS, AISE Antilles (Amérique centrale)

ANTONIEN, IENNE Antony (Hauts-de-Seine)

ANTRAIGUAIN, AINE Antraigues-sur-Volane (Ardèche)

ANTRAINAIS, AISE Antrain (Ille-et-Vilaine)

ANVERSOIS, OISE Anvers (Belgique)

ANZINOIS, OISE Anzin (Nord)

APPAMÉEN, ENNE Pamiers (Ariège)

APTÉSIEN, IENNE Apt (Vaucluse)

AQUITAIN, AINE Aquitaine (France)

ARABE Arabie (Asie)

ARAGONAIS, AISE Aragon (Espagne)

ARAMONAIS, AISE Aramon (Gard)

ARBOISIEN, IENNE Arbois (Jura)

ARCACHONNAIS, AISE Arcachon (Gironde)

ARCADIEN, IENNE Arcadie (Grèce)

ARCHEPONTAIN, AINE Pont-de-l'Arche (Eure)

ARCISIEN, IENNE Arcis-sur-Aube (Aube)

ARDÉCHOIS, OISE Ardèche (France)

ARDENNAIS, AISE Ardenne (Belgique, France)

ARÉDIEN, IENNE Saint-Yrieix-la-Perche (Haute-Vienne)

ARÉTIN, INE Arezzo (Italie)

ARGELÉSIEN, IENNE Argelès-Gazost (Hautes-Pyrénées)

ARGENTACOIS, OISE Argentat (Corrèze)

ARGENTAIS, AISE Argent-sur-Sauldre (Cher)

ARGENTANAIS, AISE Argentan (Orne)

ARGENTEUILLAIS, AISE Argenteuil (Val-d'Oise)

ARGENTIÉROIS, OISE [L'] Argentière-la-Bessée (Hautes-Alpes)

ARGENTIN, INE Argentine (Amérique du Sud)

ARGENTONNAIS, AISE Argenton-Château (Deux-Sèvres); Argenton-sur-Creuse (Indre)

ARGENTRÉEN, ENNE Argentré-du-Plessis (Ille-et-Vilaine)

ARIÉGEOIS, OISE Ariège (France)

ARLÉSIEN, IENNE Arles (Bouches-du-Rhône)

ARLEUSIEN, IENNE Arleux (Nord)

ARMÉNIEN, IENNE Arménie (Asie)

ARMENTIÉROIS, OISE Armentières (Nord)
ARMORICAIN, AINE Armorique (France)
ARNÉTOIS, OISE Arnay-le-Duc (Côte-d'Or)
ARRAGEOIS, OISE Arras (Pas-de-Calais)
ARSAIS, AISE Ars-en-Ré (Charente-Maritime)
ARTÉSIEN, IENNE Artois (France)
ASCQUOIS, OISE Ascq (Nord)
ASIATE ou ASIATIQUE Asie
ASNIÉROIS, OISE Asnières-sur-Seine (Hauts-de-Seine)
ASSYRIEN, IENNE Assyrie (Asie)
ASTURIEN, IENNE Asturies (Espagne)
ATHÉGIEN, IENNE Athis-Mons (Essonne)
ATHÉNIEN, IENNE Athènes (Grèce)
ATHISIEN, IENNE Athis-de-l'Orne (Orne)
ATURIN, INE Aire-sur-l'Adour (Landes)
AUBETERRIEN, IENNE Aubeterre-sur-Dronne (Charente)
AUBOIS, OISE Aube (France)
AUBUSSONNAIS, AISE Aubusson (Creuse)
AUCHELLOIS, OISE Auchel (Pas-de-Calais)
AUDIERNAIS, AISE Audierne (Finistère)
AUDINCOURTOIS, OISE Audincourt (Doubs)
AUDOIS, OISE Aude (France)
AUDOMAROIS, OISE Saint-Omer (Pas-de-Calais)
AUDONIEN, IENNE Saint-Ouen (Seine-Saint-Denis)
AUDRUICQUOIS, OISE Audruicq (Pas-de-Calais)
AUDUNOIS, OISE Audun-le-Roman (Meurthe-et-Moselle)
AUGERON, ONNE [pays d'] Auge (France)
AULNAISIEN, IENNE Aulnay-sous-Bois (Seine-Saint-Denis)
AULNÉSIEN, IENNE Aulnoye-Aymeries (Nord)
AULTOIS, OISE Ault (Somme)
AUMALOIS, OISE Aumale (Seine-Maritime)
AUNAIS, AISE Aunay-sur-Odon (Calvados)
AUNISIEN, IENNE Aunis (France)
AUPSOIS, OISE Aups (Var)
AURIGNACAIS, AISE Aurignac (Haute-Garonne)
AURILLACOIS, OISE Aurillac (Cantal)
AUSCITAIN, AINE Auch (Gers)
AUSTRALIEN, IENNE (Australie)
AUTRICHIEN, IENNE Autriche (Europe)
AUTUNOIS, OISE Autun (Saône-et-Loire)
AUVERGNAT, ATE Auvergne (France)
AUXERROIS, OISE Auxerre (Yonne)
AVALLONNAIS, AISE Avallon (Yonne)
AVESNOIS, OISE Avesnes-sur-Helpe (Nord)
AVEYRONNAIS, AISE Aveyron (France)
AVIGNONNAIS, AISE Avignon (Vaucluse)
AVRANCHINAIS, AISE Avranches (Manche)
AXONAIS, AISE Aisne (France)
AZÉRI, IE ou AZERBAÏDJANAIS, AISE Azerbaïdjan (Caucase)

BABYLONIEN, IENNE Babylone (Mésopotamie)
BACHAMOIS, OISE Baccarat (Meurthe-et-Moselle)
BADONVILLOIS, OISE Badonviller (Meurthe-et-Moselle)
BAGNÉRAIS, AISE Bagnères-de-Bigorre (Hautes-Pyrénées)
BAHAMIEN, IENNE Bahamas (Antilles)
BAHREÏNI Bahreïn (Proche-Orient)
BAIXANENC, BAIXANENQUE Baixas (Pyrénées-Orientales)
BAJOCASSE → BAYEUSAIN
BALBYNIEN, IENNE Bobigny (Seine-Saint-Denis)
BALÉARE Baléares (Espagne)
BALINAIS, AISE Bali (Asie)
BALKANIQUE Balkans (Europe)
BÂLOIS, OISE Bâle (Suisse)
BALTE Baltique (Europe)
BANGLADAIS, AISE Bangladesh (Asie)
BANYULENC, BANYULENCQUE Banyuls-sur-Mer (Pyrénées-Orientales)
BAPALMOIS, OISE Bapaume (Pas-de-Calais)
BARALBIN, INE Bar-sur-Aube (Aube)
BARBADIEN, IENNE [La] Barbade (Amérique centrale)
BARCELONAIS, AISE Barcelone (Espagne)
BARCELONNETTE Barcelonnette (Alpes-de-Haute-Provence)
BARISIEN, IENNE Bar-le-Duc (Meuse)
BAROIS, OISE [Le] Bar-sur-Loup (Alpes-Maritimes)
BARSÉQUANAIS, AISE Bar-sur-Seine (Aube)
BAS-ALPIN, INE Alpes-de-Haute-Provence (France)
BASQUE, BASQUAISE [Pays] basque → EUSKARIEN
BAS-RHINOIS, OISE Bas-Rhin (France)
BASSE-TERRIEN, IENNE Basse-Terre (Guadeloupe)
BASTIAIS, IAISE Bastia (Haute-Corse)
BAVAROIS, OISE Bavière (Allemagne)
BAYEUSAIN, AINE ou BAJOCASSE Bayeux (Calvados)
BAYONNAIS, AISE Bayonne (Pyrénées-Atlantiques)
BÉARNAIS, AISE Béarn (France)
BEAUCERON, ONNE Beauce (France)
BEAUNOIS, OISE Beaune (Côte-d'Or)
BEAUVAISIEN, IENNE ou BEAUVAISIN, INE Beauvais (Oise)
BELFORTAIN, AINE Belfort (ville) (France)
BELGE Belgique (Europe)
BELGRADOIS, OISE Belgrade (Serbie-et-Monténégro)
BÉLIZIEN, IENNE Belize (Amérique centrale)
BELLACHON, ONNE Bellac (Haute-Vienne)
BELLEYSAN, ANE Belley (Ain)
BELLIFONTAIN, AINE Fontainebleau (Seine-et-Marne)
BELLILOIS, OISE Belle-Île (Morbihan)
BÉNÉDICTIN, INE Saint-Benoît-du-Sault (Indre)
BENGALI, IE ou BENGALAIS, AISE Bengale (Inde)
BÉNINOIS, OISE Bénin (Afrique)
BÉOTIEN, IENNE Béotie (Grèce)
BERGERACOIS, OISE Bergerac (Dordogne)
BERJALLIEN, IENNE Bourgoin-Jallieu (Isère)
BERLINOIS, OISE Berlin (Allemagne)
BERNAYEN, ENNE Bernay (Eure)
BERNOIS, OISE Berne (Suisse)
BERRICHON, ONNE Berry (France)
BERRUYER, ÈRE Bourges (Cher)
BÉTHUNOIS, OISE Béthune (Pas-de-Calais)
BHOUTANAIS, AISE Bhoutan (Asie)
BIAFRAIS, AISE Biafra (Afrique)
BIARROT, OTE Biarritz (Pyrénées-Atlantiques)
BIDARTARS [plur.] Bidart (Pyrénées-Atlantiques)
BIÉLORUSSE Biélorussie (Europe)
BIGOURDAN, ANE Bigorre (France)
BIRMAN, ANE Birmanie (Asie)
BISCAÏEN, ÏENNE Biscaye (Espagne)
BISONTIN, INE Besançon (Doubs)
BITERROIS, OISE Béziers (Hérault)
BLANCOIS, OISE [Le] Blanc (Indre)
BLANGEOIS, OISE Blangy-sur-Bresle (Seine-Maritime)
BLAYAIS, AISE Blaye (Gironde)
BLÉSOIS, OISE Blois (Loir-et-Cher)
BOHÉMIEN, IENNE Bohême (République tchèque)
BOLIVIEN, IENNE Bolivie (Amérique du Sud)
BOLONAIS, AISE Bologne (Italie)
BONIFACIEN, IENNE Bonifacio (Corse-du-Sud)
BONNEVILLOIS, OISE Bonneville (Haute-Savoie)
BONNOIS, OISE Bonn (Allemagne)
BÔNOIS, OISE Bône (Algérie)
BORAIN, AINE Borinage (Belgique); Bourg-Saint-Maurice (Savoie)
BORDELAIS, AISE Bordeaux (Gironde)
BOSNIAQUE ou BOSNIEN, IENNE Bosnie, Bosnie-Herzégovine (Europe)
BOSTONIEN, IENNE Boston (États-Unis)
BOTSWANAIS, AISE Botswana (Afrique)
BOUCALAIS, AISE [Le] Boucau (Pyrénées-Atlantiques)
BOUGIVALAIS, AISE Bougival (Yvelines)
BOULAGEOIS, OISE Boulay-Moselle (Moselle)

BOULONNAIS, AISE Boulogne-Billancourt (Hauts-de-Seine) ; Boulogne-sur-Mer (Pas-de-Calais)

BOURBONNAIS, AISE Bourbonnais (France)

BOURBOURGEOIS, OISE Bourbourg (Nord)

BOURCAIN, AINE Bourg-lès-Valence (Drôme)

BOURCAT, ATE Bourg-d'Oisans (Isère)

BOURGETIN, INE [Le] Bourget (Seine-Saint-Denis)

BOURGUÉSAN, ANE Bourg-Saint-Andéol (Ardèche)

BOURGUIGNON, ONNE Bourgogne (France)

BOURGUISAN, ANE Bourg-Argental (Loire)

BOURIATE Bouriatie (Russie)

BRABANÇON, ONNE Brabant (Belgique)

BRAGARD, ARDE Saint-Dizier (Haute-Marne)

BRANDEBOURGEOIS, OISE Brandebourg (Allemagne)

BRÉSILIEN, IENNE Brésil (Amérique du Sud)

BRESSAN, ANE Bresse (France)

BRESSUIRAIS, AISE Bressuire (Deux-Sèvres)

BRESTOIS, OISE Brest (Finistère)

BRETON, ONNE Bretagne (France)

BRIANÇONNAIS, AISE Briançon (Hautes-Alpes)

BRIARD, ARDE Brie (France)

BRIÉRON, ONNE Brière (France)

BRIGNOLAIS, AISE Brignoles (Var)

BRIOCHIN, INE Saint-Brieuc (Côtes-d'Armor)

BRIOTIN, INE Briey (Meurthe-et-Moselle)

BRITANNIQUE Grande-Bretagne (Europe)

BRIVADOIS, OISE Brioude (Haute-Loire)

BRIVISTE Brive-la-Gaillarde (Corrèze)

BRUAYSIEN-LABUISSIÉROIS, BRUAYSIENNE-LABUISSIÉROISE Bruay-la-Buissière (Pas-de-Calais)

BRUGEOIS, OISE Bruges (Belgique)

BRUNÉIEN, IENNE Brunei (Asie)

BRUXELLOIS, OISE Bruxelles (Belgique)

BUCARESTOIS, OISE Bucarest (Roumanie)

BUDAPESTOIS, OISE Budapest (Hongrie)

BULGARE Bulgarie (Europe)

BURGIEN, IENNE Bourg-en-Bresse (Ain)

BURKINABÉ Burkina Faso (Afrique)

BURUNDAIS, AISE Burundi (Afrique)

BYZANTIN, INE Byzance (Europe)

CADURCIEN, IENNE, CAHORSIEN, IENNE ou CAHORSIN, INE Cahors (Lot)

CAENNAIS, AISE Caen (Calvados)

CAHORSIEN, IENNE ou CAHORSIN, INE → CADURCIEN

CAIROTE [Le] Caire (Égypte)

CALABRAIS, AISE Calabre (Italie)

CALADOIS, OISE Villefranche-sur-Saône (Rhône)

CALAISIEN, IENNE Calais (Pas-de-Calais) ; Saint-Calais (Sarthe)

CALIFORNIEN, IENNE Californie (États-Unis)

CALVADOSSIEN, IENNE Calvados (France)

CALVAIS, AISE Calvi (Haute-Corse)

CAMARGUAIS, AISE, CAMARGUIN, INE ou CAMARGUEN, ENNE Camargue (France)

CAMBODGIEN, IENNE Cambodge (Asie)

CAMBRÉSIEN, IENNE Cambrai (Nord)

CAMEROUNAIS, AISE Cameroun (Afrique)

CANADIEN, IENNE Canada (Amérique du Nord)

CANANÉEN, ENNE [pays de] Canaan

CANARIEN, IENNE [îles] Canaries (Espagne)

CANDIOTE → CRÉTOIS

CANNOIS, OISE Cannes (Alpes-Maritimes)

CANTALIEN, IENNE Cantal (France)

CANTILIEN, IENNE Chantilly (Oise)

CANTONAIS, AISE Canton (Chine)

CAPOUAN, ANE Capoue (Italie)

CAP-VERDIEN, IENNE [îles du] Cap-Vert (océan Atlantique)

CARAÏBE Caraïbe (Amérique centrale)

CARCASSONNAIS, AISE Carcassonne (Aude)

CARÉLIEN, IENNE Carélie (Russie)

CARIBÉEN, ENNE Caraïbe (Amérique centrale)

CARIOCA Rio de Janeiro (Brésil)

CAROLOMACÉRIEN, IENNE Charleville-Mézières (Ardennes)

CAROLORÉGIEN, IENNE Charleroi (Belgique)

CARPENTRASSIEN, IENNE Carpentras (Vaucluse)

CARQUEFOLIEN, IENNE Carquefou (Loire-Atlantique)

CARRILLON, ONNE ou CARRIÉROIS, OISE Carrières-sur-Seine (Yvelines)

CARTHAGINOIS, OISE Carthage (Tunisie)

CASABLANCAIS, AISE Casablanca (Maroc)

CASSIDAIN, AINE Cassis (Bouches-du-Rhône)

CASTELBRIANTAIS, AISE Châteaubriant (Loire-Atlantique)

CASTELLANAIS, AISE Castellane (Alpes-de-Haute-Provence)

CASTELNAUDARIEN, IENNE → CHAURIEN

CASTELNEUVIEN, IENNE Châteauneuf-la-Forêt (Haute-Vienne)

CASTELNOVIEN, IENNE Châteauneuf-sur-Charente (Charente)

CASTÉLORIEN, IENNE Château-du-Loir (Sarthe)

CASTEL-PAPAUX → CHÂTEAUNEUVOIS

CASTELROUSSIN, INE Châteauroux (Indre)

CASTELSALINOIS, OISE Château-Salins (Moselle)

CASTELSARRASINOIS, OISE Castelsarrasin (Tarn-et-Garonne)

CASTELTHÉODORICIEN, IENNE Château-Thierry (Aisne)

CASTILLAN, ANE Castille (Espagne)

CASTRAIS, AISE Castres (Tarn) ; [La] Châtre (Indre)

CASTROGONTÉRIEN, IENNE Château-Gontier (Mayenne)

CATALAN, ANE Catalogne (Espagne)

CAUCASIEN, IENNE Caucase

CAYENNAIS, AISE Cayenne (Guyane française)

CENTRAFRICAIN, AINE [République] centrafricaine (Afrique)

CERDAN, ANE ou CERDAGNOL, OLE Cerdagne (Espagne)

CÉRETAN, ANE Céret (Pyrénées-Orientales)

CÉVENOL, OLE Cévennes (France)

CEYLANAIS, AISE [île de] Ceylan (Asie)

CHALDÉEN, ENNE Chaldée (Mésopotamie)

CHALONNAIS, AISE Chalon-sur-Saône (Saône-et-Loire)

CHÂLONNAIS, AISE Châlons-en-Champagne (Marne)

CHAMBÉRIEN, IENNE Chambéry (Savoie)

CHAMONIARD, IARDE Chamonix (Haute-Savoie)

CHAMPENOIS, OISE Champagne (France)

CHARENTAIS, AISE Charente (France)

CHARENTAIS, AISE MARITIME Charente-Maritime (France)

CHAROLAIS, AISE Charolais (France)

CHAROLLAIS, AISE Charolles (Saône-et-Loire)

CHARTRAIN, AINE Chartres (Eure-et-Loir)

CHÂTEAU-CHINONAIS, AISE Château-Chinon (Nièvre)

CHÂTEAULINOIS, OISE Châteaulin (Finistère)

CHÂTEAUNEUVOIS, OISE ou CASTEL-PAPAUX [plur.] Châteauneuf-du-Pape (Vaucluse)

CHÂTELAIN, AINE Château-d'Oléron (Charente-Maritime)

CHÂTELLERAUDAIS, AISE Châtellerault (Vienne)

CHAUMONTAIS, AISE Chaumont (Haute-Marne)

CHAURIEN, IENNE ou CASTELNAUDARIEN, IENNE Castelnaudary (Aude)

CHERBOURGEOIS, OISE Cherbourg (Manche)

CHILIEN, IENNE Chili (Amérique du Sud)

CHINOIS, OISE Chine (Asie)

CHINONAIS, AISE Chinon (Indre-et-Loire)

CHOLETAIS, AISE Cholet (Maine-et-Loire)

CHYPRIOTE ou CYPRIOTE Chypre (Méditerranée)

CIOTADEN, ENNE [La] Ciotat (Bouches-du-Rhône)
CISJORDANIEN, IENNE Cisjordanie (Proche-Orient)
CIVRAISIEN, IENNE Civray (Vienne)
CLAMARTOIS, OISE Clamart (Hauts-de-Seine)
CLAMECYCOIS, OISE Clamecy (Nièvre)
CLERMONTOIS, OISE Clermont (Oise); Clermont-Ferrand (Puy-de-Dôme)
CLODOALDIEN, IENNE Saint-Cloud (Hauts-de-Seine)
CLUSIEN, IENNE Cluses (Haute-Savoie)
COCHINCHINOIS, OISE Cochinchine (Asie)
COGNAÇAIS, AISE Cognac (Charente)
COLMARIEN, IENNE Colmar (Haut-Rhin)
COLOMBIEN, IENNE Colombie (Amérique du Sud)
COMMERCIEN, IENNE Commercy (Meuse)
COMORIEN, IENNE Comores (océan Indien)
COMPIÉGNOIS, OISE Compiègne (Oise)
COMTOIS, OISE → FRANC-COMTOIS
CONCARNOIS, OISE Concarneau (Finistère)
CONDOMOIS, OISE Condom (Gers)
CONFOLENTAIS, AISE Confolens (Charente)
CONGOLAIS, AISE Congo (Afrique)
CONSTANTINOIS, OISE Constantine (Algérie)
COPENHAGUOIS, OISE Copenhague (Danemark)
CORBEIL-ESSONNOIS, OISE Corbeil-Essonnes (Essonne)
CORDOUAN, ANE Cordoue (Espagne)
CORÉEN, ENNE Corée (Asie)
CORFIOTE Corfou (Grèce)
CORPOPÉTRUSSIEN, IENNE Saint-Pierre-des-Corps (Indre-et-Loire)
CORRÉZIEN, IENNE Corrèze (France)
CORSE Corse (France)
CORTENAIS, AISE Corte (Haute-Corse)
COSNOIS, OISE Cosne-Cours-sur-Loire (Nièvre)
COSTARICAIN, AINE ou COSTARICIEN, IENNE Costa Rica (Amérique centrale)
COSTARMORICAIN, AINE Côtes-d'Armor (France)
CÔTE D'ORIEN, IENNE Côte-d'Or (France)
CÔTOIS, OISE [La] Côte-Saint-André (Isère)
COTTERÉZIEN, IENNE Villers-Cotterêts (Aisne)
COULUMÉRIEN, IENNE Coulommiers (Seine-et-Marne)
COURTRAISIEN, IENNE Courtrai (Belgique)
COUTANÇAIS, AISE Coutances (Manche)
CREILLOIS, OISE Creil (Oise)
CRÉTOIS, OISE ou CANDIOTE [île de] Crète (Grèce)
CREUSOIS, OISE Creuse (France)
CRISTOLIEN, IENNE Créteil (Val-de-Marne)
CROATE Croatie (Europe)
CROISICAIS, AISE [Le] Croisic (Loire-Atlantique)
CUBAIN, AINE Cuba (Amérique centrale)
CUBZAGUAIS, AISE Saint-André-de-Cubzac (Gironde)
CYPRIOTE → CHYPRIOTE

DACQUOIS, OISE Dax (Landes)
DAHOMÉEN, ENNE Dahomey (Afrique)
DALMATE Dalmatie (Croatie)
DAMASCÈNE Damas (Syrie)
DANOIS, OISE Danemark (Europe)
DANUBIEN, IENNE Danube (Europe centrale)
DAUPHINOIS, OISE Dauphiné (France)
DÉLIEN, IENNE ou DÉLIAQUE Délos (Grèce)
DENAISIEN, IENNE Denain (Nord)
DÉODATIEN, IENNE Saint-Dié-des-Vosges (Vosges)
DEUX-SÉVRIEN, IENNE Deux-Sèvres (France)
DIEPPOIS, OISE Dieppe (Seine-Maritime)
DIGNOIS, OISE Digne-les-Bains (Alpes-de-Haute-Provence)
DIJONNAIS, AISE Dijon (Côte-d'Or)
DINANNAIS, AISE Dinan (Côtes-d'Armor)
DIOIS, DIOISE Die (Drôme)
DIONYSIEN, IENNE Saint-Denis (la Réunion); (Seine-Saint-Denis)
DJIBOUTIEN, IENNE [République de et ville] Djibouti (Afrique)
DOLOIS, OISE Dole (Jura)
DOMIEN, IENNE D.O.M. (département d'outre-mer)
DOMINICAIN, AINE [République] Dominicaine (Amérique centrale)
DORDOGNAIS, AISE Dordogne (France)
DOUAISIEN, IENNE Douai (Nord)
DOUARNENISTE Douarnenez (Finistère)
DOUBISTE ou DOUBIEN, IENNE Doubs (France)
DRACÉNOIS, OISE Draguignan (Var)
DRÔMOIS, OISE Drôme (France)
DROUAIS, AISE Dreux (Eure-et-Loir)
DRYAT, DRYATE Saint-André-les-Vergers (Aube)
DUBLINOIS, OISE Dublin (Irlande)
DUNKERQUOIS, OISE Dunkerque (Nord)
DUNOIS, OISE Châteaudun (Eure-et-Loir)

ÉBROÏCIEN, IENNE Évreux (Eure)
ÉCOSSAIS, AISE Écosse (Grande-Bretagne)
ÉDIMBOURGEOIS, OISE Édimbourg (Écosse)
ÉGYPTIEN, IENNE Égypte (Proche-Orient)
ELBEUVIEN, IENNE Elbeuf (Seine-Maritime)
ELBOIS, OISE [île d'] Elbe (Italie)
ÉQUATORIEN, IENNE Équateur (Amérique du Sud)
ÉRYTHRÉEN, ENNE Érythrée (Afrique)
ESPAGNOL, OLE Espagne (Europe)
ESSONNIEN, IENNE Essonne (France)
ESTONIEN, IENNE ou ESTE Estonie (Europe)
ÉTAMPOIS, OISE Étampes (Essonne)
ÉTATS-UNIEN, IENNE États-Unis d'Amérique
ÉTHIOPIEN, IENNE Éthiopie (Afrique)
ÉTOLIEN, IENNE Étolie (Grèce)
ÉTRUSQUE Étrurie (Italie)
EURASIEN, IENNE Eurasie
EUROPÉEN, ENNE Europe
EUSKARIEN, IENNE ou EUSCARIEN, IENNE [Pays] basque → BASQUE
ÉVAHONIEN, IENNE Évaux-les-Bains (Creuse)
ÉVIANAIS, AISE Évian-les-Bains (Haute-Savoie)
ÉVRYEN, ENNE Évry (Essonne)
ÉZASQUE Èze (Alpes-Maritimes)

FAOUËTAIS, AISE [Le] Faouët (Morbihan)
FASSI, IE Fès ou Fez (Maroc)
FÉCAMPOIS, OISE Fécamp (Seine-Maritime)
FÉRINGIEN, IENNE ou FÉROÏEN, ÏENNE Féroé (Danemark)
FERRARAIS, AISE Ferrare (Italie)
FERTON, ONNE Fère-Champenoise (Marne)
FIDÉSIEN, IENNE Sainte-Foy-lès-Lyon (Rhône)
FIDJIEN, IENNE [îles] Fidji ou Fiji (Océanie)
FIGEACOIS, OISE Figeac (Lot)
FINISTÉRIEN, IENNE Finistère (France)
FINLANDAIS, AISE ou FINNOIS, OISE Finlande (Europe)
FLAMAND, ANDE Flandre ou Flandres (Europe)
FLANDRIEN, IENNE Flandres
FLÉCHOIS, OISE [La] Flèche (Sarthe)
FLÉRIEN, IENNE Flers-de-l'Orne (Orne)
FLEURANTIN, INE Fleurance (Gers)
FLORACOIS, OISE Florac (Lozère)
FLORENTIN, INE Florence (Italie)
FLORENTINOIS, OISE Saint-Florentin (Yonne)
FONTENAISIEN, IENNE Fontenay-le-Comte (Vendée)
FORBACHOIS, OISE Forbach (Moselle)
FORCALQUIÉRIEN, IENNE Forcalquier (Alpes-de-Haute-Provence)
FORGION, IONNE Forges-les-Eaux (Seine-Maritime)
FORMOSAN, ANE Formose (Asie)
FOUESNANTAIS, AISE Fouesnant (Finistère)
FOUGERAIS, AISE Fougères (Ille-et-Vilaine)
FOURASIN, INE Fouras (Charente-Maritime)

FOURCHAMBAULTAIS, AISE Fourchambault (Nièvre)
FOURMISIEN, IENNE Fourmies (Nord)
FOYALAIS, AISE Fort-de-France (Martinique)
FOYEN, ENNE Sainte-Foy-la-Grande (Gironde)
FRANÇAIS, AISE France (Europe)
FRANC-COMTOIS, OISE ou COMTOIS, OISE Franche-Comté (France)
FRANCFORTOIS, OISE Francfort-sur-le-Main (Allemagne)
FRANCILIEN, IENNE Île-de-France (France)
FRÉJUSIEN, IENNE Fréjus (Var)
FRIBOURGEOIS, OISE Fribourg (Suisse)
FRISON, ONNE Frise (Pays-Bas)
FUÉGIEN, IENNE Terre de Feu (Amérique du Sud)
FUTUNIEN, IENNE Wallis-et-Futuna (Polynésie)
FUXÉEN, ENNE Foix (Ariège)

GABALITAIN, AINE Gévaudan (Lozère)
GABONAIS, AISE Gabon (Afrique)
GADITAN, ANE Cadix (Espagne)
GALICIEN, IENNE Galice (Espagne); Galicie (Pologne)
GALILÉEN, ENNE Galilée (Israël)
GALLOIS, OISE [pays de] Galles (Grande-Bretagne)
GAMBIEN, IENNE Gambie (Afrique)
GANTOIS, OISE Gand (Belgique)
GAPENÇAIS, AISE Gap (Hautes-Alpes)
GARDOIS, OISE Gard (France)
GASCON, ONNE Gascogne (France)
GASPÉSIEN, IENNE [péninsule de] Gaspé ou Gaspésie (Canada)
GAULOIS, OISE Gaule
GENEVOIS, OISE Genève (Suisse)
GÉNOIS, OISE Gênes (Italie)
GÉORGIEN, IENNE Géorgie (Caucase); (États-Unis)
GERGOLIEN, IENNE Jargeau (Loiret)
GERMAIN, AINE Germanie
GERMANOIS, OISE Saint-Germain-Laval (Loire)
GERMANOPRATIN, INE Saint-Germain-des-Prés (Paris)
GERSOIS, OISE Gers (France)
GESSIEN, IENNE ou GEXOIS, OISE Gex (Ain)
GHANÉEN, ENNE Ghana (Afrique)
GIENNOIS, OISE Gien (Loiret)
GILLOCRUCIEN, IENNE Saint-Gilles-Croix-de-Vie (Vendée)
GIRONDIN, INE Gironde (France)
GISORSIEN, IENNE Gisors (Eure)
GOURDONNAIS, AISE Gourdon (Lot)
GRANDVALLIER, IÈRE Saint-Laurent-en-Grandvaux (Jura)
GRASSOIS, OISE Grasse (Alpes-Maritimes)
GREC, GRECQUE Grèce (Europe)
GRENADIN, INE Grenade (Espagne)
GRENOBLOIS, OISE Grenoble (Isère)
GRÉSILLON, ONNE → GROISILLON
GRISON, ONNE [canton des] Grisons (Suisse)
GROENLANDAIS, AISE Groenland (Amérique du Nord)
GROISILLON, ONNE ou GRÉSILLON, ONNE [île de] Groix (Morbihan)
GUADELOUPÉEN, ENNE Guadeloupe (Antilles fr.)
GUATÉMALTÈQUE Guatemala (Amérique centrale)
GUEBWILLEROIS, OISE Guebwiller (Haut-Rhin)
GUÉRANDAIS, AISE Guérande (Loire-Atlantique)
GUÉRÉTOIS, OISE Guéret (Creuse)
GUERNESIAIS, IAISE [île de] Guernesey (Grande-Bretagne)
GUINÉEN, ENNE Guinée (Afrique)
GUINGAMPAIS, AISE Guingamp (Côtes-d'Armor)
GUINGETTOIS, OISE Bourg-Madame (Pyrénées-Orientales)
GUYANAIS, AISE Guyane (Amérique du Sud)
GUYANAIS, AISE ou GUYANIEN, IENNE Guyana (Amérique du Sud)

HAGETMAUTIEN, IENNE Hagetmau (Landes)
HAGUENOIS, OISE [La] Haye (Pays-Bas)
HAGUENOVIEN, IENNE Haguenau (Bas-Rhin)
HAILLICOURTOIS, OISE Haillicourt (Pas-de-Calais)
HAINUYER, ÈRE, HANNUYER, ÈRE ou HENNUYER, ÈRE Hainaut (Belgique)
HAÏTIEN, IENNE Haïti (Amérique centrale)
HALIGONIEN, IENNE Halifax (Canada)
HAMBOURGEOIS, OISE Hambourg (Allemagne)
HAMOIS, OISE Ham (Somme)
HANNUYER, ÈRE → HAINUYER
HANOVRIEN, IENNE Hanovre (Allemagne)
HAUT-ALPIN, INE Hautes-Alpes (France)
HAUT-GARONNAIS, AISE Haute-Garonne (France)
HAUT-MARNAIS, AISE Haute-Marne (France)
HAUT-PYRÉNÉEN, HAUTE-PYRÉNÉENNE Hautes-Pyrénées (France)
HAUT-RHINOIS, OISE Haut-Rhin (France)
HAUT-VIENNOIS, OISE Haute-Vienne (France)
HAVANAIS, AISE [La] Havane (Cuba)
HAVRAIS, AISE [Le] Havre (Seine-Maritime)
HAWAIIEN, IENNE [îles] Hawaii (Polynésie)
HAYTILLON, ONNE [La] Haye-du-Puits (Manche)
HÉDÉEN, ENNE Hédé (Ille-et-Vilaine)
HELLÈNE Hellade → GREC
HELSINKIEN, IENNE Helsinki (Finlande)
HENDAYAIS, AISE Hendaye (Pyrénées-Atlantiques)
HENNEBONTAIS, AISE Hennebont (Morbihan)
HENNUYER, ÈRE → HAINUYER
HÉRAULTAIS, AISE Hérault (France)
HIÉROSOLYMITE ou HIÉROSOLYMITAIN, AINE Jérusalem (Israël)
HIMALAYEN, ENNE Himalaya (Asie)
HIRSONNAIS, AISE Hirson (Aisne)
HOLLANDAIS, AISE Hollande (Pays-Bas, Europe) → NÉERLANDAIS
HONDURIEN, IENNE Honduras (Amérique centrale)
HONFLEURAIS, AISE Honfleur (Calvados)
HONGKONGAIS, AISE Hong Kong (Chine)
HONGROIS, OISE Hongrie (Europe)
HULLOIS, OISE Hull (Canada)
HYÈROIS, OISE Hyères (Var)

IBÈRE Ibérie (Gaule–Espagne)
ICAUNAIS, AISE Yonne (France)
INDIEN, IENNE Inde (Asie)
INDOCHINOIS, OISE Indochine (Asie)
INDONÉSIEN, IENNE Indonésie (Asie)
INDRIEN, IENNE Indre (France)
INGOUCHE Ingouchie (Russie)
IONIEN, IENNE Ionie
IRAKIEN, IENNE; IRAQUIEN, IENNE Irak ou Iraq (Proche-Orient)
IRANIEN, IENNE Iran (Proche-Orient)
IRLANDAIS, AISE Irlande (Europe)
ISÉROIS, OISE ou ISERAN, ANE Isère (France)
ISIGNAIS, AISE Isigny-sur-Mer (Calvados)
ISLANDAIS, AISE Islande (Europe)
ISLOIS, OISE [L'] Isle-sur-la-Sorgue (Vaucluse)
ISRAÉLIEN, IENNE Israël (Proche-Orient)
ISSÉEN, ENNE Issy-les-Moulineaux (Hauts-de-Seine)
ISSOIRIEN, IENNE Issoire (Puy-de-Dôme)
ISSOLDUNOIS, OISE Issoudun (Indre)
ISTANBULIOTE → STAMBOULIOTE
ISTRÉEN, ENNE Istres (Bouches-du-Rhône)
ITALIEN, IENNE Italie (Europe)
IVOIRIEN, IENNE Côte d'Ivoire (Afrique)
IVRYEN, ENNE Ivry-sur-Seine (Val-de-Marne)

JAMAÏCAIN, AINE Jamaïque (Antilles)
JAPONAIS, AISE Japon (Asie)
JARLANDIN, INE Château-Arnoux (Alpes-de-Haute-Provence)
JAVANAIS, AISE Java (Indonésie)
JERSIAIS, IAISE [île de] Jersey (Grande-Bretagne)
JOINVILLOIS, OISE Joinville (Haute-Marne)
JONZACAIS, AISE Jonzac (Charente-Maritime)

JORDANIEN, IENNE Jordanie (Proche-Orient)
JURASSIEN, IENNE Jura (France)

KABYLE Kabylie (Algérie)
KALMOUK, OUKE Kalmoukie (Russie)
KAZAKH Kazakhstan (Asie)
KÉNYAN, ANE Kenya (Afrique)
KHAKASSE Khakassie (Russie)
KIÉVIEN, IENNE Kiev (Ukraine)
KIRGHIZ, IZE Kirghizstan (Asie)
KOSOVAR, ARE Kosovo (Europe)
KOWEÏTIEN, IENNE Koweït (Arabie)
KURDE Kurdistan (Asie)

LABRADORIEN, IENNE [péninsule du] Labrador (Canada)
LACAUNAIS, AISE Lacaune (Tarn)
LAGNOLAN, ANE Lagnieu (Ain)
LANDAIS, AISE Landes (France)
LANDERNÉEN, ENNE Landerneau (Finistère)
LANDIVISIEN, IENNE Landivisiau (Finistère)
LANDRECIEN, IENNE Landrecies (Nord)
LANGONAIS, AISE Langogne (Lozère)
LANGONNAIS, AISE Langon (Gironde)
LANGROIS, OISE Langres (Haute-Marne)
LANGUEDOCIEN, IENNE Languedoc (France)
LANMEURIEN, IENNE Lanmeur (Finistère)
LANNIONNAIS, AISE Lannion (Côtes-d'Armor)
LAONNOIS, OISE Laon (Aisne)
LAOTIEN, IENNE Laos (Asie)
LAPALISSOIS, OISE Lapalisse (Allier)
LAPON, ONE Laponie (Europe)
LARGENTIÈROIS, OISE Largentière (Ardèche)
LATINO-AMÉRICAIN, AINE Amérique latine
LATVIEN, IENNE → LETTON
LAUDINIEN, IENNE → SAINT-LOIS
LAURENTIEN, IENNE Laurentides ; Saint-Laurent (Canada)
LAURENTIN, INE Saint-Laurent-de-Cerdans (Pyrénées-Orientales)
LAURENTINOIS, OISE Saint-Laurent-du-Pont (Isère)
LAUSANNOIS, OISE Lausanne (Suisse)
LAVALLOIS, OISE Laval (Mayenne)
LÉDONIEN, IENNE Lons-le-Saunier (Jura)
LEIPZIGOIS, OISE Leipzig (Allemagne)
LENSOIS, OISE Lens (Pas-de-Calais)
LÉONAIS, AISE ou LÉONARD, ARDE [pays de] Léon (Bretagne)
LESBIEN, IENNE Lesbos (Grèce)
LESCARIEN, IENNE Lescar (Pyrénées-Atlantiques)
LESOTHAN, ANE Lesotho (Afrique)
LESPARRAIN, AINE Lesparre-Médoc (Gironde)
LETTON, ONE, LETTE ou LATVIEN, IENNE Lettonie (Europe)
LEVANTIN, INE Levant
L'HAŸSSIEN, IENNE [L'] Haÿ-les-Roses (Val-de-Marne)
LIBANAIS, AISE Liban (Proche-Orient)
LIBÉRIEN, IENNE Liberia (Afrique)
LIBOURNAIS, AISE Libourne (Gironde)
LIBYEN, ENNE Libye (Afrique)
LIECHTENSTEINOIS, OISE Liechtenstein (Europe)
LIÉGEOIS, OISE Liège (Belgique)
LIGÉRIEN, IENNE Loire (France)
LIGURIEN, IENNE Ligurie (Italie)
LILLOIS, OISE Lille (Nord)
LILLOT, OTE [L'] Isle-d'Abeau (Isère)
LIMÉNIEN, IENNE Lima (Pérou)
LIMOUGEAUD, AUDE Limoges (Haute-Vienne)
LIMOUSIN, INE Limousin (France)
LIMOUXIN, INE Limoux (Aude)
LISBONNIN, INE [t. offic.], LISBOÈTE ou LISBONNAIS, AISE Lisbonne (Portugal)
LISLOIS, OISE [L'] Isle-Jourdain (Gers)
LITUANIEN, IENNE ou LITHUANIEN, IENNE Lituanie (Europe)
LOCHOIS, OISE Loches (Indre-et-Loire)
LOCTUDISTE Loctudy (Finistère)
LODÉVOIS, OISE Lodève (Hérault)
LOIR-ET-CHÉRIEN, IENNE Loir-et-Cher (France)
LOMBARD, ARDE Lombardie (Italie)
LOMMOIS, OISE Lomme (Nord)
LONDONIEN, IENNE Londres (Angleterre)
LONGJUMELLOIS, OISE Longjumeau (Essonne)
LONGNYCIEN, IENNE Longny-au-Perche (Orne)
LONGOVICIEN, IENNE Longwy (Meurthe-et-Moselle)
LOOSSOIS, OISE Loos (Nord)
LORIENTAIS, AISE Lorient (Morbihan)
LORRAIN, AINE Lorraine (France)
LOT-ET-GARONNAIS, AISE Lot-et-Garonne (France)
LOTOIS, OISE Lot (France)
LOUDÉACIEN, IENNE Loudéac (Côtes-d'Armor)
LOUDUNAIS, AISE Loudun (Vienne)
LOUHANNAIS, AISE Louhans (Saône-et-Loire)
LOUISIANAIS, AISE Louisiane (États-Unis)
LOURDAIS, AISE Lourdes (Hautes-Pyrénées)
LOUVANISTE Louvain (Belgique)
LOUVECIENNOIS, OISE Louveciennes (Yvelines)
LOVÉRIEN, IENNE Louviers (Eure)
LOZÉRIEN, IENNE Lozère (France)
LUCANIEN, IENNE Lucanie (Italie)
LUCHONNAIS, AISE Bagnères-de-Luchon (Haute-Garonne)
LUNÉVILLOIS, OISE Lunéville (Meurthe-et-Moselle)
LURCYQUOIS, OISE Lurcy-Lévis (Allier)
LURON, ONNE Lure (Haute-Saône)
LUSITANIEN, IENNE ou LUSITAIN, AINE Lusitanie → PORTUGAIS
LUSSACAIS, AISE Lussac (Gironde)
LUXEMBOURGEOIS, OISE Luxembourg (Europe)
LUZARCHOIS, OISE Luzarches (Val-d'Oise)
LUZIEN, IENNE Saint-Jean-de-Luz (Pyrénées-Atlantiques)
LYDIEN, IENNE Lydie
LYONNAIS, AISE Lyon (Rhône)
LYONSAIS, AISE Lyons-la-Forêt (Eure)

MACÉDONIEN, IENNE Macédoine (Grèce) ; (Europe)
MACHECOULAIS, AISE Machecoul (Loire-Atlantique)
MÂCONNAIS, AISE Mâcon (Saône-et-Loire)
MADELINOT, MADELINIENNE [îles de la] Madeleine (Canada)
MADÉRIEN, IENNE ou MADÉROIS, OISE Madère (Portugal)
MADRILÈNE Madrid (Espagne)
MAGHRÉBIN, INE Maghreb (Afrique)
MAHORAIS, AISE Mayotte (océan Indien)
MAINTENONNAIS AISE Maintenon (Eure-et-Loir)
MAJORQUIN, INE Majorque (Espagne)
MALABARE Malabar (Inde)
MALAIS, AISE et MALAISIEN, IENNE Malaisie et Malaysia (Asie)
MALAWITE ou MALAWIEN, IENNE Malawi (Afrique)
MALDIVIEN, IENNE [îles] Maldives (océan Indien)
MALGACHE Madagascar (océan Indien)
MALIEN, IENNE Mali (Afrique)
MALINOIS, OISE Malines (Belgique)
MALOUIN, INE Saint-Malo (Ille-et-Vilaine)
MALTAIS, AISE Malte (Europe)
MAMERTIN, INE Mamers (Sarthe)
MANCEAU, MANCELLE Maine (France) ; [Le] Mans (Sarthe)
MANCHOIS, OISE Manche (France)
MANDCHOU, OUE Mandchourie (Chine)
MANITOBAIN, AINE [province du] Manitoba (Canada)
MANNOIS, OISE [île de] Man (Grande-Bretagne)
MANOSQUIN, INE Manosque (Alpes-de-Haute-Provence)
MANTAIS, AISE Mantes-la-Jolie (Yvelines)
MANTEVILLOIS, OISE Mantes-la-Ville (Yvelines)
MANTOUAN, ANE Mantoue (Italie)
MARANDAIS, AISE Marans (Charente-Maritime)
MARCQUOIS, OISE Marcq-en-Barœul (Nord)
MARENNAIS, AISE Marennes (Charente-Maritime)

MARIGNANAIS, AISE Marignane (Bouches-du-Rhône)
MARINGOIS, OISE Maringues (Puy-de-Dôme)
MARLOIS, OISE Marle (Aisne)
MARLYCHOIS, OISE Marly-le-Roi (Yvelines)
MARMANDAIS, AISE Marmande (Lot-et-Garonne)
MARNAIS, AISE Marne (France)
MAROCAIN, AINE Maroc (Afrique)
MAROMMAIS, AISE Maromme (Seine-Maritime)
MARSEILLAIS, AISE Marseille (Bouches-du-Rhône)
MARTÉGAUX [plur.] Martigues (Bouches-du-Rhône)
MARTIEN, IENNE Mars (planète)
MARTINAIS, AISE Saint-Martin-de-Ré (Charente-Maritime)
MARTINÉROIS, OISE Saint-Martin-d'Hères (Isère)
MARTINIQUAIS, AISE Martinique (Antilles fr.)
MARVEJOLAIS, AISE Marvejols (Lozère)
MASKOUTAIN, AINE Saint-Hyacinthe (Canada)
MASOPOLITAIN, AINE Masevaux (Haut-Rhin)
MATHALIEN, IENNE Matha (Charente-Maritime)
MAUBEUGEOIS, OISE Maubeuge (Nord)
MAUBOURGUETOIS, OISE Maubourguet (Hautes-Pyrénées)
MAURE ou MORE Mauritanie (Afrique)
MAURIACOIS, OISE Mauriac (Cantal)
MAURICIEN, IENNE [île] Maurice (océan Indien)
MAURITANIEN, IENNE Mauritanie (Afrique)
MAXIPONTAIN, AINE ou PONTOIS, OISE Pont-Sainte-Maxence (Oise)
MAYENÇAIS, AISE Mayence (Allemagne)
MAYENNAIS, AISE Mayenne (dép. et ville de France)
MAZAMÉTAIN, AINE Mazamet (Tarn)
MÉDOCAIN, AINE ou MÉDOQUIN, INE Médoc (France)
MÉLANÉSIEN, IENNE Mélanésie (Océanie)
MELDOIS, OISE Meaux (Seine-et-Marne)
MELUNAIS, AISE Melun (Seine-et-Marne)
MENDOIS, OISE Mende (Lozère)
MÉNÉHILDIEN, IENNE Sainte-Menehould (Marne)
MENTONNAIS, AISE Menton (Alpes-Maritimes)
MERDRIGNACIEN, IENNE Merdrignac (Côtes-d'Armor)
MERSOIS, OISE Mers-les-Bains (Somme)
MERVILLOIS, OISE Merville (Nord)
MESNILOIS, OISE [Le] Mesnil-le-Roi (Yvelines)
MÉSOPOTAMIEN, IENNE Mésopotamie (Asie)
MESSIN, INE Metz (Moselle)
MEUDONNAIS, AISE Meudon-la-Forêt (Hauts-de-Seine)
MEULANAIS, AISE Meulan (Yvelines)
MEUSIEN, IENNE Meuse (France)
MEXICAIN, AINE Mexique (Amérique centrale)
MEYRUEISIEN, IENNE Meyrueis (Lozère)
MICRONÉSIEN, IENNE Micronésie (Océanie)
MILANAIS, AISE Milan (Italie)
MILLAVOIS, OISE Millau (Aveyron)
MILLIACOIS, OISE Milly-la-Forêt (Essonne)
MIMIZANAIS, AISE Mimizan (Landes)
MINHOTE Minho (Portugal)
MINORQUIN, INE Minorque (Espagne)
MIQUELONNAIS, AISE Saint-Pierre-et-Miquelon (océan Atlantique)
MIRAMASSÉEN, ENNE Miramas (Bouches-du-Rhône)
MIRANDAIS, AISE Mirande (Gers)
MIRAPICIEN, IENNE Mirepoix (Ariège)
MIREBALAIS, AISE Mirebeau (Vienne)
MIRIBELAN, ANE Miribel (Ain)
MODANAIS, AISE Modane (Savoie)
MODÉNAIS, AISE Modène (Italie)
MOIRANTIN, INE Moirans-en-Montagne (Jura)
MOISSAGAIS, AISE Moissac (Tarn-et-Garonne)
MOLDAVE Moldavie (Roumanie); (Europe)
MOLSHEIMIEN, IENNE ou MOLSHEIMOIS, OISE Molsheim (Bas-Rhin)
MONCOUTANTAIS, AISE Moncoutant (Deux-Sèvres)
MONÉGASQUE [principauté de] Monaco (Europe)
MONESTOIS, OISE Mennetou-sur-Cher (Loir-et-Cher)
MONGOL, OLE Mongolie (Asie)
MONISTROLIEN, IENNE Monistrol-sur-Loire (Haute-Loire)
MONPAZIÉROIS, OISE Monpazier (Dordogne)
MONSÉGURAIS, AISE Monségur (Gironde)
MONSOIS, OISE Mons-en-Barœul (Nord)
MONTACUTAIN, AINE ou MONTAIGUSIEN, IENNE Montaigu (Vendée)
MONTALBANAIS, AISE Montauban (Tarn-et-Garonne)
MONTARGOIS, OISE Montargis (Loiret)
MONTBARDOIS, OISE Montbard (Côte-d'Or)
MONTBÉLIARDAIS, AISE Montbéliard (Doubs)
MONTBRISONNAIS, AISE Montbrison (Loire)
MONTBRONNAIS, AISE Montbron (Charente)
MONTCELLIEN, IENNE Montceau-les-Mines (Saône-et-Loire)
MONTCHANINOIS, OISE Montchanin (Saône-et-Loire)
MONTCUQUOIS, OISE Montcuq (Lot)
MONTDIDÉRIEN, IENNE Montdidier (Somme)
MONT-DORIEN, IENNE [Le] Mont-Dore (Puy-de-Dôme)
MONTÉNÉGRIN, INE Monténégro (Europe)
MONTICINOIS, OISE Montcenis (Saône-et-Loire)
MONTILIEN, IENNE Montélimar (Drôme)
MONTLUÇONNAIS, AISE Montluçon (Allier)
MONTMARTROIS, OISE Montmartre (Paris)
MONTMORENCÉEN, ENNE Montmorency (Val-d'Oise)
MONTMORILLONNAIS, AISE Montmorillon (Vienne)
MONTOIS, OISE Mont-de-Marsan (Landes)
MONTPELLIÉRAIN, AINE Montpellier (Hérault)
MONTPONNAIS, AISE Montpon-Ménestérol (Dordogne)
MONTRÉALAIS, AISE Montréal (Canada)
MONTRÉJEAULAIS, AISE Montréjeau (Haute-Garonne)
MONTREUILLOIS, OISE Montreuil (Pas-de-Calais); Montreuil-sous-Bois (Seine-Saint-Denis)
MONTRICHARDAIS, AISE Montrichard (Loir-et-Cher)
MONTROUGIEN, IENNE Montrouge (Hauts-de-Seine)
MORAVE Moravie (République tchèque)
MORBIHANNAIS, AISE Morbihan (France)
MORCENAIS, AISE Morcenx (Landes)
MORDVE Mordovie (Russie)
MORÉTAIN, AINE Moret-sur-Loing (Seine-et-Marne)
MORLAISIEN, IENNE Morlaix (Finistère)
MORLAN, ANE Morlaas (Pyrénées-Atlantiques)
MORTAGNAIS, AISE Mortagne-au-Perche (Orne)
MORTAINAIS, AISE Mortain (Manche)
MORTUACIEN, IENNE Morteau (Doubs)
MORVANDIAU, MORVANDELLE Morvan (France)
MORZINOIS, OISE Morzine (Haute-Savoie)
MOSCOVITE Moscou (Russie)
MOSELLAN, ANE Moselle (France)
MOULINOIS, OISE Moulins (Allier)
MOUYSARD, ARDE Mouy (Oise)
MOUZONNAIS, AISE Mouzon (Ardennes)
MOZAMBICAIN, AINE Mozambique (Afrique)
MULHOUSIEN, IENNE Mulhouse (Haut-Rhin)
MUNICHOIS, OISE Munich (Allemagne)
MURATAIS, AISE Murat (Cantal)
MURETAIN, AINE Muret (Haute-Garonne)
MURISALTIEN, IENNE Meursault (Côte-d'Or)

MUROIS, OISE [La] Mure (Isère)

MURVIELLOIS, OISE Murviel-lès-Béziers (Hérault)

MUSSIPONTAIN, AINE Pont-à-Mousson (Meurthe-et-Moselle)

MYCÉNIEN, IENNE Mycènes

NAMIBIEN, IENNE Namibie (Afrique)

NAMUROIS, OISE Namur (Belgique)

NANCÉIEN, IENNE Nancy (Meurthe-et-Moselle)

NANTAIS, AISE Nantes (Loire-Atlantique)

NANTERRIEN, IENNE Nanterre (Hauts-de-Seine)

NANTUATIEN, IENNE Nantua (Ain)

NAPOLITAIN, AINE Naples (Italie)

NARBONNAIS, AISE Narbonne (Aude)

NAVARRAIS, AISE Navarre (Espagne)

NAZAIRIEN, IENNE Saint-Nazaire (Loire-Atlantique)

NAZARÉEN, ENNE Nazareth (Galilée)

NÉERLANDAIS, AISE Nederland, Pays-Bas (Europe) → HOLLANDAIS

NEMOURIEN, IENNE Nemours (Seine-et-Marne)

NÉO-BRISACIEN, IENNE Neuf-Brisach (Haut-Rhin)

NÉO-CALÉDONIEN, IENNE Nouvelle-Calédonie (Océanie)

NÉOCASTRIEN, IENNE Neufchâteau (Vosges)

NÉODOMIEN, IENNE Neuves-Maisons (Meurthe-et-Moselle)

NÉO-ÉCOSSAIS, AISE Nouvelle-Écosse (Canada)

NÉO-ZÉLANDAIS, AISE Nouvelle-Zélande (Océanie)

NÉPALAIS, AISE Népal (Asie)

NÉRACAIS, AISE Nérac (Lot-et-Garonne)

NEUCHÂTELOIS, OISE Neuchâtel (Suisse)

NEUFCHÂTELOIS, OISE Neufchâtel-en-Bray (Seine-Maritime)

NEUILLÉEN, ENNE Neuilly-sur-Seine (Hauts-de-Seine)

NEUSTRIEN, IENNE Neustrie (Gaule)

NEUVICOIS, OISE Neuvic (Corrèze)

NEUVILLOIS, OISE Neuville-de-Poitou (Vienne)

NEVERSOIS, OISE Nevers (Nièvre)

NEW-YORKAIS, AISE New York (États-Unis)

NICARAGUAYEN, ENNE Nicaragua (Amérique centrale)

NIÇOIS, OISE Nice (Alpes-Maritimes)

NIGÉRIAN, IANE Nigeria (Afrique)

NIGÉRIEN, IENNE Niger (Afrique)

NÎMOIS, OISE Nîmes (Gard)

NIORTAIS, AISE Niort (Deux-Sèvres)

NIVELLOIS, OISE Nivelles (Belgique)

NIVERNAIS, AISE Nièvre (France) ; Nevers (Nièvre)

NOCÉEN, ENNE Neuilly-Plaisance (Seine-Saint-Denis)

NOGAROLIEN, IENNE Nogaro (Gers)

NOGENTAIS, AISE Nogent (Haute-Marne) ; Nogent-le-Rotrou (Eure-et-Loir) ; Nogent-sur-Marne (Val-de-Marne)

NOIRMOUTRIN, INE Noirmoutier-en-l'Île (Vendée)

NOLAYTOIS, OISE Nolay (Côte-d'Or)

NONANCOURTOIS, OISE Nonancourt (Eure)

NONTRONNAIS, AISE Nontron (Dordogne)

NORD-AFRICAIN, AINE Afrique du Nord

NORD-AMÉRICAIN, AINE Amérique du Nord

NORD-CORÉEN, ENNE Corée du Nord

NORDISTE Nord (France)

NORMAND, ANDE Normandie (France)

NORVÉGIEN, IENNE Norvège (Europe)

NOUVIONNAIS, AISE [Le] Nouvion-en-Thiérache (Aisne)

NUBIEN, IENNE Nubie (Afrique)

NUITON, ONNE Nuits-Saint-Georges (Côte-d'Or)

NUMIDE Numidie (Afrique)

NUNAVUMIUT, E Nunavut (Canada)

NYONSAIS, AISE Nyons (Drôme)

OCÉANIEN, IENNE Océanie

OGIEN, IENNE [île d'] Yeu (Vendée)

OLÉRONAIS, AISE [île d'] Oléron (Charente-Maritime)

OLLIERGUOIS, OISE Olliergues (Puy-de-Dôme)

OLORONAIS, AISE Oloron-Sainte-Marie (Pyrénées-Atlantiques)

OMANAIS, AISE Oman (Arabie)

OMBRIEN, IENNE Ombrie (Italie)

ONTARIEN, IENNE [province de l'] Ontario (Canada)

ORANAIS, AISE Oran, auj. Ouahran (Algérie)

ORANGEOIS, OISE Orange (Vaucluse)

ORLÉANAIS, AISE Orléans (Loiret)

ORLYSIEN, IENNE Orly (Val-de-Marne)

ORMESSONNAIS, AISE Ormesson-sur-Marne (Val-de-Marne)

ORNAIS, AISE Orne (France)

ORNANAIS, AISE Ornans (Doubs)

OSSÈTE Ossétie (Russie) ; (Géorgie)

OSTENDAIS, AISE Ostende (Belgique)

OUDMOURTE Oudmourtie (Russie)

OUESSANTIN, INE ou OUESSANTAIS, AISE [île d'] Ouessant (Finistère)

OUGANDAIS, AISE Ouganda (Afrique)

OUZBEK, ÈKE Ouzbékistan (Asie)

OXONIEN, IENNE ou OXFORDIEN, IENNE Oxford (Angleterre)

OYONNAXIEN, IENNE Oyonnax (Ain)

PACÉEN, ENNE Pacy-sur-Eure (Eure)

PADAN, ANE Pô (Italie)

PADOUAN, ANE Padoue (Italie)

PAIMBLOTIN, INE Paimbœuf (Loire-Atlantique)

PAIMPOLAIS, AISE Paimpol (Côtes-d'Armor)

PAKISTANAIS, AISE Pakistan (Asie)

PALAISIEN, IENNE Palaiseau (Essonne) ; [Le] Palais-sur-Vienne (Haute-Vienne)

PALALDÉEN, ENNE → AMÉLIEN

PALANTIN, INE [Le] Palais (Morbihan)

PALERMITAIN, AINE ou PANORMITAIN, AINE Palerme (Italie)

PALESTINIEN, IENNE Palestine (Proche-Orient)

PALOIS, OISE Pau (Pyrénées-Atlantiques)

PANAMÉEN, ENNE ou PANAMIEN, IENNE Panamá (Amérique centrale)

PANTINOIS, OISE Pantin (Seine-Saint-Denis)

PARAGUAYEN, ENNE Paraguay (Amérique du Sud)

PARISIEN, IENNE Paris (France)

PARMESAN, ANE Parme (Italie)

PARODIEN, IENNE Paray-le-Monial (Saône-et-Loire)

PARTHENAISIEN, IENNE Parthenay (Deux-Sèvres)

PASCUAN, ANE [île de] Pâques (Polynésie)

PAUILLACAIS, AISE Pauillac (Gironde)

PAULISTE São Paulo (Brésil)

PAVESAN, ANE Pavie (Italie)

PÉAGEOIS, OISE Bourg-de-Péage (Drôme)

PÉKINOIS, OISE Pékin (Chine)

PÉLOPONNÉSIEN, IENNE Péloponnèse (Grèce)

PENNSYLVANIEN, IENNE Pennsylvanie (États-Unis)

PERCHERON, ONNE Perche (France)

PERCYAIS, AISE Percy (Manche)

PÉRIGOURDIN, INE Périgord (France) ; Périgueux (Dordogne)

PERNOIS, OISE Pernes-les-Fontaines (Vaucluse)

PÉRONNAIS, AISE Péronne (Somme)

PÉROUGIEN, IENNE Pérouges (Ain)

PERPIGNANAIS, AISE Perpignan (Pyrénées-Orientales)

PERSAN, ANE Perse

PERSANAIS, AISE Persan (Val-d'Oise)

PÉRUGIN, INE Pérouse (Italie)

PÉRUVIEN, IENNE Pérou (Amérique du Sud)

PÉTRIFONTAIN, AINE Pierrefonds (Oise)

PÉTRUVIEN, IENNE Saint-Pierre-sur-Dives (Calvados)

PHALSBOURGEOIS, OISE Phalsbourg (Moselle)

PHÉNICIEN, IENNE Phénicie (Asie)

PHILADELPHIEN, IENNE Philadelphie (États-Unis)

PHILIPPIN, INE Philippines (Océanie)

PHOCIDIEN, IENNE ou PHOCÉEN, ENNE Phocide (Grèce)

PICARD, ARDE Picardie (France)

PICTAVIEN, IENNE Poitiers (Vienne)

PICTO-CHARENTAIS, AISE Poitou-Charentes (France)

PIÉMONTAIS, AISE Piémont (Italie)
PIERREFITTOIS, OISE Pierrefitte (Seine-Saint-Denis)
PIERRELATTIN, INE Pierrelatte (Drôme)
PIERROTIN, INE Saint-Pierre (Martinique)
PISCÉNOIS, OISE Pézenas (Hérault)
PISCIACAIS, AISE Poissy (Yvelines)
PITHIVÉRIEN, IENNE Pithiviers (Loiret)
PLACENTIN, INE Plaisance (Italie)
PLOUESCATAIS, AISE Plouescat (Finistère)
PLOUHATIN, INE Plouha (Côtes-d'Armor)
POINTOIS, OISE Pointe-à-Pitre (Guadeloupe)
POITEVIN, INE Poitiers (Vienne) ; Poitou (France)
POLINOIS, OISE Poligny (Jura)
POLONAIS, AISE Pologne (Europe)
POLYNÉSIEN, IENNE Polynésie (Océanie)
POMPÉIEN, IENNE Pompéi (Italie)
PONCINOIS, OISE Poncin (Ain)
PONDINOIS, OISE Pont-d'Ain (Ain)
PONOT, OTE [Le] Puy-en-Velay (Haute-Loire)
PONT-AUDEMÉRIEN, IENNE Pont-Audemer (Eure)
PONTAVENISTE Pont-Aven (Finistère)
PONTÉPISCOPIEN, IENNE Pont-l'Évêque (Calvados)
PONTISSALIEN, IENNE Pontarlier (Doubs)
PONTIVYEN, ENNE Pontivy (Morbihan)
PONT-L'ABBISTE Pont-l'Abbé (Finistère)
PONTOIS, OISE → MAXIPONTAIN
PONTOIS, OISE Pons (Charente-Maritime) ; Pont-en-Royans (Isère)
PONTOISIEN, IENNE Pontoise (Val-d'Oise)
PONTORSONNAIS, AISE Pontorson (Manche)
PONTRAMBERTOIS, OISE Saint-Just-Saint-Rambert (Loire)
PONTRIVIEN, IENNE Pontrieux (Côtes-d'Armor)
PORNICAIS, AISE Pornic (Loire-Atlantique)
PORNICHETAIN, AINE Pornichet (Loire-Atlantique)
PORTAIS, AISE Port-Sainte-Marie (Lot-et-Garonne)
PORTORICAIN, AINE Porto Rico (Amérique centrale)
PORTUGAIS, AISE Portugal (Europe)
PORTUSIEN, IENNE Port-sur-Saône (Haute-Saône)
PORT-VENDRAIS, AISE Port-Vendres (Pyrénées-Orientales)
POUILLONNAIS, AISE Pouillon (Landes)
POYAIS, AISE Poix-de-Picardie (Somme)
PRADÉEN, ENNE Prades (Pyrénées-Orientales)
PRAGUOIS, OISE Prague (République tchèque)
PRÉMERYCOIS, OISE Prémery (Nièvre)
PRIVADOIS, OISE Privas (Ardèche)
PROVENÇAL, ALE, AUX Provence (France)
PROVINOIS, OISE Provins (Seine-et-Marne)
PRUSSIEN, IENNE Prusse
PUGÉTAIS, AISE Puget-Théniers (Alpes-Maritimes)
PUISEAUTIN, INE Puiseaux (Loiret)
PYRÉNÉEN, ENNE Pyrénées (France)

QATARI [plur.] Qatar ou Katar (Proche-Orient)
QUÉBÉCOIS, OISE Québec (Canada)
QUERCINOIS, OISE Quercy (France)
QUERCITAIN, AINE [Le] Quesnoy (Nord)
QUESNOYSIEN, IENNE Quesnoy-sur-Deûle (Nord)
QUIBERONNAIS, AISE Quiberon (Morbihan)
QUILLANAIS, AISE Quillan (Aude)
QUILLEBOIS, OISE Quillebeuf-sur-Seine (Eure)
QUIMPERLOIS, OISE Quimperlé (Finistère)
QUIMPÉROIS, OISE Quimper (Finistère)

RABASTINOIS, OISE Rabastens (Tarn)
RADOUNAUD, AUDE Oradour-sur-Glane (Haute-Vienne)
RAINCÉEN, ENNE [Le] Raincy (Seine-Saint-Denis)
RAISMOIS, OISE Raismes (Nord)
RAMBERTOIS, OISE Saint-Rambert-d'Albon (Drôme)
RAMBOLITAIN, AINE Rambouillet (Yvelines)
RAMBUVETAIS, AISE Rambervillers (Vosges)
RAVENNATE Ravenne (Italie)
REDONNAIS, AISE Redon (Ille-et-Vilaine)
RÉGINABURGIEN, IENNE Bourg-la-Reine (Hauts-de-Seine)
RÉMOIS, OISE Reims (Marne)
RENAZÉEN, ENNE Renazé (Mayenne)
RENNAIS, AISE Rennes (Ille-et-Vilaine)
RÉOLAIS, AISE [La] Réole (Gironde)
RESTÉRIEN, IENNE Retiers (Ille-et-Vilaine)
RÉTAIS, AISE → RHÉTAIS
RETHÉLOIS, OISE Rethel (Ardennes)
RÉUNIONNAIS, AISE [île de la] Réunion (océan Indien)
RHÉNAN, ANE Rhénanie (Allemagne) ; Rhin
RHÉTAIS, AISE ou RÉTAIS, AISE [île de] Ré (Charente-Maritime)
RHODANIEN, IENNE Rhône (France)
RHODIEN, IENNE [île de] Rhodes (Grèce)
RIBEAUVILLOIS, OISE Ribeauvillé (Haut-Rhin)
RICETON, ONE [Les] Riceys (Aube)
RIÉZOIS, OISE Riez (Alpes-de-Haute-Provence)
RIFAIN, AINE Rif (Maroc)
RIOMOIS, OISE Riom (Puy-de-Dôme)
RIPAGÉRIEN, IENNE Rive-de-Gier (Loire)
RIVESALTAIS, AISE Rivesaltes (Pyrénées-Orientales)
RIVOIS, OISE Rives (Isère)
ROANNAIS, AISE Roanne (Loire)
ROBERTIN, INE [Le] Robert (Martinique)
ROCHECHOUARTAIS, AISE Rochechouart (Haute-Vienne)
ROCHEFORTAIS, AISE Rochefort (Charente-Maritime)
ROCHELAIS, AISE [La] Rochelle (Charente-Maritime) ; [La] Roche-Posay (Vienne)
ROCHOIS, OISE [La] Roche-Bernard (Morbihan)
ROISSÉEN, ENNE Roissy-en-France (Val-d'Oise)
ROMAIN, AINE Rome (Italie)
ROMARIMONTAIN, AINE Remiremont (Vosges)
ROMORANTINAIS, AISE Romorantin (Loir-et-Cher)
ROUBAISIEN, IENNE Roubaix (Nord)
ROUCHON, ONNE Roche-la-Molière (Loire)
ROUENNAIS, AISE Rouen (Seine-Maritime)
ROUERGAT, ATE Rouergue (France)
ROUGÉEN, ENNE Rougé (Loire-Atlantique)
ROUMAIN, AINE Roumanie (Europe)
ROUSSILLONNAIS, AISE Roussillon (Isère)
ROYANNAIS, AISE Royan (Charente-Maritime)
ROYEN, ENNE Roye (Somme)
RUEILLOIS, OISE Rueil-Malmaison (Hauts-de-Seine)
RUFFÉCOIS, OISE Ruffec (Charente)
RUMILLIEN, IENNE Rumilly (Haute-Savoie)
RUSSE Russie (Europe)
RUTHÉNOIS, OISE Rodez (Aveyron)
RWANDAIS, AISE Rwanda (Afrique)

SABÉEN, ENNE Saba
SABLAIS, AISE [Les] Sables-d'Olonne (Vendée)
SABOLIEN, IENNE Sablé-sur-Sarthe (Sarthe)
SAGRANIER, IÈRE Salers (Cantal)
SAINT-AFFRICAIN, AINE Saint-Affrique (Aveyron)
SAINT-AGRÈVOIS, OISE Saint-Agrève (Ardèche)
SAINT-AIGNANAIS, AISE Saint-Aignan-sur-Cher (Loir-et-Cher)
SAINTAIS, AISE Saintes (Charente-Maritime)
SAINT-AMANDOIS, OISE ou AMANDIN, INE Saint-Amand-Montrond (Cher)
SAINT-ANDRÉEN, ENNE Saint-André-les-Alpes (Alpes-de-Haute-Provence)
SAINT-AUBINAIS, AISE Saint-Aubin-sur-Mer (Calvados)

SAINT-BÉATAIS, AISE Saint-Béat (Haute-Garonne)
SAINT-CÉRÉEN, ENNE Saint-Céré (Lot)
SAINT-CHAMONAIS, AISE Saint-Chamond (Loire)
SAINT-CHINIANAIS, AISE Saint-Chinian (Hérault)
SAINT-CYRIEN, IENNE Saint-Cyr-l'École (Yvelines)
SAINTE-CRIX [inv.] Sainte-Croix (Suisse)
SAINT-ESTEVARD, ARDE Saint-Étienne-en-Dévoluy (Hautes-Alpes)
SAINT-FIDÉEN, ENNE Sainte-Foy (Canada)
SAINT-FONIARD, IARDE Saint-Fons (Rhône)
SAINT-FULGENTAIS, AISE Saint-Fulgent (Vendée)
SAINT-GALLOIS, OISE Saint-Gall (Suisse)
SAINT-GAUDINOIS, OISE Saint-Gaudens (Haute-Garonne)
SAINT-GERMANOIS, OISE Saint-Germain-en-Laye (Yvelines)
SAINT-GILLOIS, OISE Saint-Gilles (Gard)
SAINT-GIRONNAIS, AISE Saint-Girons (Ariège)
SAINT-JEAN-DE-LOSNAIS, AISE Saint-Jean-de-Losne (Côte-d'Or)
SAINT-JEANNAIS, AISE Saint-Jean-de-Maurienne (Savoie) ; Saint-Jean-Pied-de-Port (Pyrénées-Atlantiques)
SAINT-JEANNOIS, OISE Saint-Jean-Cap-Ferrat (Alpes-Maritimes)
SAINT-JULIEN, IENNE Saint-Julien-Chapteuil (Haute-Loire)
SAINT-JULIENNOIS, OISE Saint-Julien-en-Genevois (Haute-Savoie)
SAINT-JUNIAUD, IAUDE Saint-Junien (Haute-Vienne)
SAINT-JURAUD, AUDE Saint-Just-en-Chevalet (Loire)
SAINT-JUSTOIS, OISE Saint-Just-en-Chaussée (Oise)
SAINT-LAURENTIN, INE Saint-Laurent-de-Neste (Hautes-Pyrénées)
SAINT-LOIS, LOISE ou LAUDINIEN, IENNE Saint-Lô (Manche)
SAINT-LOUISIEN, IENNE Port-Saint-Louis-du-Rhône (Bouches-du-Rhône)
SAINT-MAIXENTAIS, AISE Saint-Maixent-l'École (Deux-Sèvres)
SAINT-MARCELLINOIS, OISE Saint-Marcellin (Isère)
SAINT-MARINAIS, AISE ou SAN-MARINAIS, AISE Saint-Marin (Europe)
SAINT-MARTINOIS, OISE Saint-Martin-Vésubie (Alpes-Maritimes)
SAINT-MIHIELOIS, OISE ou SAMMIEL-LOIS, OISE Saint-Mihiel (Meuse)
SAINTOIS, OISE Saintes-Maries-de-la-Mer (Bouches-du-Rhône)
SAINTONGEAIS, AISE Saintonge (France)
SAINT-OUENNAIS, AISE Saint-Ouen-l'Aumône (Val-d'Oise)
SAINT-PAULAIS, AISE Saint-Paul-de-Fenouillet (Pyrénées-Orientales)
SAINT-PAULOIS, OISE Saint-Paul-de-Vence (Alpes-Maritimes)
SAINT-PÉROLLAIS, AISE Saint-Péray (Ardèche)
SAINT-PIERRAIS, AISE Saint-Pierre-et-Miquelon (océan Atlantique)
SAINT-PIERROIS, OISE Saint-Pierre-le-Moûtier (Nièvre)
SAINT-POLITAIN, AINE Saint-Pol-de-Léon (Finistère)
SAINT-POLOIS, OISE Saint-Pol-sur-Ternoise (Pas-de-Calais)
SAINT-PONAIS, AISE Saint-Pons-de-Thomières (Hérault)
SAINT-POURCINOIS, OISE Saint-Pourçain-sur-Sioule (Allier)
SAINT-QUENTINOIS, OISE Saint-Quentin (Aisne)
SAINT-RÉMOIS, OISE Saint-Rémy-sur-Durolle (Puy-de-Dôme)
SAINT-SEVERIN, INE Saint-Sever (Landes)
SAINT-VALLIÉROIS, OISE Saint-Vallier-sur-Rhône (Drôme)
SALINOIS, OISE Salins-les-Bains (Jura)
SALISIEN, IENNE Salies-de-Béarn (Pyrénées-Atlantiques)
SALLANCHARD, ARDE Sallanches (Haute-Savoie)
SALONICIEN, IENNE Salonique (Grèce)
SALTUSIEN, IENNE Saint-Julien-du-Saut (Yonne)
SALVADORIEN, IENNE Salvador (Amérique centrale)
SAMARITAIN, AINE Samarie (Palestine)
SAMIEN, IENNE ou SAMIOTE Samos (Grèce)
SAMMIELLOIS, OISE → SAINT-MIHIELOIS
SAMOAN, ANE Samoa (Polynésie)
SANCERROIS, OISE Sancerre (Cher)
SAN-CLAUDIEN, IENNE ou SANCLAUDIEN, IENNE Saint-Claude (Jura)
SANFLORAIN, AINE Saint-Flour (Cantal)
SAN-MARINAIS, AISE → SAINT-MARINAIS
SANTOMÉEN, ENNE São Tomé-et-Principe (Afrique)
SAÔNE-ET-LOIRIEN, IENNE Saône-et-Loire (France)
SAOUDIEN, IENNE Arabie Saoudite (Proche-Orient)
SARAJÉVIEN, IENNE Sarajevo (Bosnie-Herzégovine)
SARDE Sardaigne (Italie)
SARLADAIS, AISE Sarlat-la-Canéda (Dordogne)
SARREBOURGEOIS, OISE Sarrebourg (Moselle)
SARREBRUCKOIS, OISE Sarrebruck (Allemagne)
SARREGUEMINOIS, OISE Sarreguemines (Moselle)
SARROIS, OISE Sarre (Allemagne)
SARTENAIS, AISE Sartène (Corse-du-Sud)
SARTHOIS, OISE Sarthe (France)
SASKATCHEWANAIS, AISE [province de la] Saskatchewan (Canada)
SAULXURON, ONNE Saulxures-sur-Moselotte (Vosges)
SAUMUROIS, OISE Saumur (Maine-et-Loire)
SAUVETERRIEN, IENNE Sauveterre-de-Béarn (Pyrénées-Atlantiques)
SAVENAISIEN, IENNE Savenay (Loire-Atlantique)
SAVERNOIS, OISE Saverne (Bas-Rhin)
SAVINIEN, IENNE Savigny-sur-Orge (Essonne)
SAVOYARD, ARDE ou SAVOISIEN, IENNE Savoie (France)
SAXON, ONNE Saxe (Allemagne)
SCANDINAVE Scandinavie (Europe)
SCÉEN, ENNE Sceaux (Hauts-de-Seine)
SECLINOIS, OISE Seclin (Nord)
SEDANAIS, AISE Sedan (Ardennes)
SÉDÉLOCIEN, IENNE Saulieu (Côte-d'Or)
SÉGOVIEN, IENNE Ségovie (Espagne)
SEGRÉEN, ENNE Segré (Maine-et-Loire)
SEINOMARIN, INE Seine-Maritime (France)
SÉLESTADIEN, IENNE Sélestat (Bas-Rhin)
SEMUROIS, OISE Semur-en-Auxois (Côte-d'Or)
SÉNAN, ANE [île de] Sein (Finistère)
SÉNÉÇOIS, OISE ou SÉNÉCIEN, IENNE Senez (Alpes-de-Haute-Provence)
SÉNÉGALAIS, AISE Sénégal (Afrique)
SÉNÉGAMBIEN, IENNE Sénégambie (Afrique)
SENLISIEN, IENNE Senlis (Oise)
SÉNONAIS, AISE Sens (Yonne)
SEPTIMONTAIN, AINE Samoëns (Haute-Savoie)
SÉQUANO-DIONYSIEN, IENNE Seine-Saint-Denis (France)
SERBE Serbie (Europe)
SÉTOIS, OISE Sète (Hérault)
SEURROIS, OISE Seurre (Côte-d'Or)
SÉVERAGAIS, AISE Séverac-le-Château (Aveyron)
SEVRANAIS, AISE Sevran (Seine-Saint-Denis)
SÉVRIEN, IENNE Sèvres (Hauts-de-Seine)
SEYCHELLOIS, OISE Seychelles (océan Indien)
SIAMOIS, OISE Siam
SIBÉRIEN, IENNE Sibérie (Russie)
SICILIEN, IENNE Sicile (Italie)
SIENNOIS, OISE Sienne (Italie)
SIERRA-LÉONAIS, AISE Sierra Leone (Afrique)
SINGAPOURIEN, IENNE Singapour (Asie)
SISSONNAIS, AISE Sissonne (Aisne)
SISTERONAIS, AISE Sisteron (Alpes-de-Haute-Provence)
SLOVAQUE Slovaquie (Europe)
SLOVÈNE Slovénie (Europe)
SMYRNIOTE Smyrne (Turquie)
SOCHALIEN, IENNE Sochaux (Doubs)
SOFIOTE Sofia (Bulgarie)
SOISÉEN, ENNE Soisy-sous-Montmorency (Val-d'Oise)
SOISSONNAIS, AISE Soissons (Aisne)
SOLESMIEN, IENNE Solesmes (Sarthe)
SOLESMOIS, OISE Solesmes (Nord)

SOLEUROIS, OISE Soleure (Suisse)
SOLLIÈS-PONTOIS, OISE Solliès-Pont (Var)
SOLOGNOT, OTE Sologne (France)
SOLRÉZIEN, IENNE Solre-le-Château (Nord)
SOMALIEN, IENNE Somalie (Afrique)
SOMMIÈROIS, OISE Sommières (Gard)
SONÉGIEN, IENNE Soignies (Belgique)
SORIEN, IENNE Sore (Landes)
SOSPELLOIS, OISE Sospel (Alpes-Maritimes)
SOSTRANIEN, IENNE [La] Souterraine (Creuse)
SOUDANAIS, AISE Soudan (Afrique)
SOUILLAGAIS, AISE Souillac (Lot)
SOURDEVALAIS, AISE Sourdeval (Manche)
SOUSSIEN, IENNE Sousse (Tunisie)
SOVIÉTIQUE Union soviétique ou URSS
SPADOIS, OISE Spa (Belgique)
SPARNACIEN, IENNE Épernay (Marne)
SPINALIEN, IENNE Épinal (Vosges)
SPIRIPONTAIN, AINE Pont-Saint-Esprit (Gard)
SRI-LANKAIS, AISE Sri Lanka (Asie)
STAMBOULIOTE ou ISTANBULIOTE Istanbul (Turquie)
STANOIS, OISE Stains (Seine-Saint-Denis)
STÉORUELLAN, ANE Saint-Jean-de-la-Ruelle (Loiret)
STÉPHANAIS, AISE Saint-Étienne-du-Rouvray (Seine-Maritime)
STÉPHANOIS, OISE Saint-Étienne (Loire)
STOCKHOLMOIS, OISE Stockholm (Suède)
STRASBOURGEOIS, OISE Strasbourg (Bas-Rhin)
SUD-AFRICAIN, AINE Afrique du Sud
SUD-AMÉRICAIN, AINE Amérique du Sud
SUD-CORÉEN, ENNE Corée du Sud
SUD-SOUDANAIS, AISE Soudan du Sud (Afrique)
SUÉDOIS, OISE Suède (Europe)
SUISSE Suisse (Europe)
SULLYLOIS, OISE Sully-sur-Loire (Loiret)
SUMÉNOIS, OISE Sumène (Gard)
SURINAMAIS, AISE Suriname (Amérique du Sud)
SWAZI, IE Swaziland (Afrique)
SYRACUSAIN, AINE Syracuse (Sicile)
SYRIEN, IENNE Syrie (Proche-Orient)

TADJIK, IKE Tadjikistan (Asie)
TAHITIEN, IENNE Tahiti (Polynésie)
TAIWANAIS, AISE Taiwan (Asie)
TALMONDAIS, AISE Talmont-Saint-Hilaire (Vendée)
TANZANIEN, IENNE Tanzanie (Afrique)
TARARIEN, IENNE Tarare (Rhône)
TARASCONNAIS, AISE Tarascon (Bouches-du-Rhône)
TARBAIS, AISE Tarbes (Hautes-Pyrénées)
TARNAIS, AISE Tarn (France)
TARUSATE Tartas (Landes)
TASMANIEN, IENNE Tasmanie (Australie)
TAULÉSIEN, IENNE Taulé (Finistère)
TCHADIEN, IENNE Tchad (Afrique)
TCHÉCOSLOVAQUE ou TCHÈQUE Tchécoslovaquie (Europe)
TCHÈQUE [République] tchèque (Europe)
TCHÉTCHÈNE Tchétchénie (Russie)
TCHOUVACHE Tchouvachie (Russie)
TENÇOIS, OISE Tence (Haute-Loire)
TENDASQUE Tende (Alpes-Maritimes)
TERNOIS, OISE Tergnier (Aisne)
TERRASSONNAIS, AISE Terrasson-la-Villedieu (Dordogne)
TERRE-NEUVIEN, IENNE Terre-Neuve (Canada)
TERRIFORTAIN, AINE Territoire de Belfort (France)
TESTERIN, INE [La] Teste (Gironde)
TEXAN, ANE Texas (États-Unis)
THAÏLANDAIS, AISE Thaïlande (Asie)
THANNOIS, OISE Thann (Haut-Rhin)
THÉBAIN, AINE Thèbes (Grèce)
THÉOULIEN, IENNE Théoule-sur-Mer (Alpes-Maritimes)
THESSALIEN, IENNE Thessalie (Grèce)
THEUTOIS, OISE Theux (Belgique)
THIAISIEN, IENNE Thiais (Val-de-Marne)
THIERNOIS, OISE Thiers (Puy-de-Dôme)
THILLOTIN, INE [Le] Thillot (Vosges)
THIONVILLOIS, OISE Thionville (Moselle)
THIRONNAIS, AISE Thiron-Gardais (Eure-et-Loir)
THONONAIS, AISE Thonon-les-Bains (Haute-Savoie)
THOUARSAIS, AISE Thouars (Deux-Sèvres)
THUIRINOIS, OISE Thuir (Pyrénées-Orientales)
TIBÉTAIN, AINE Tibet (Asie)
TIMORAIS, AISE Timor (Indonésie)
TOGOLAIS, AISE Togo (Afrique)
TOKYOTE ou TOKYOÏTE Tokyo (Japon)
TONKINOIS, OISE Tonkin (Viêtnam)
TONNEINQUAIS, AISE Tonneins (Lot-et-Garonne)
TONNERROIS, OISE Tonnerre (Yonne)
TORONTOIS, OISE Toronto (Canada)
TOSCAN, ANE Toscane (Italie)
TOULOIS, OISE Toul (Meurthe-et-Moselle)
TOULONNAIS, AISE Toulon (Var)
TOULOUSAIN, AINE Toulouse (Haute-Garonne)
TOUQUETTOIS, OISE [Le] Touquet-Paris-Plage (Pas-de-Calais)
TOURANGEAU, ELLE Touraine (France); Tours (Indre-et-Loire)
TOURNAISIEN, IENNE Tournai (Belgique)
TOURNONAIS, AISE Tournon-sur-Rhône (Ardèche)
TOURNUSIEN, IENNE Tournus (Saône-et-Loire)
TOUROUVRAIN, AINE Tourouvre (Orne)
TOURQUENNOIS, OISE Tourcoing (Nord)
TRAITON, ONNE [Le] Trait (Seine-Maritime)
TRANSYLVAIN, AINE ou TRANSYLVANIEN, IENNE Transylvanie (Roumanie)
TRAPPISTE Trappes (Yvelines)
TRÉGASTELLOIS, OISE Trégastel (Côtes-d'Armor)
TRÉGORROIS, OISE ou TRÉCORROIS, OISE Tréguier (Côtes-d'Armor)
TREIGNACOIS, OISE Treignac (Corrèze)
TRÉLONAIS, AISE Trélon (Nord)
TREMBLADAIS, AISE [La] Tremblade (Charente-Maritime)
TRÉVIRE ou TRÉVÈRE Trèves (Allemagne)
TRÉVISAN, ANE Trévise (Italie)
TRÉVOLTIEN, IENNE Trévoux (Ain)
TRICASTIN, INE Saint-Paul-Trois-Châteaux (Drôme)
TRIESTIN, INE Trieste (Italie)
TRIFLUVIEN, IENNE Trois-Rivières (Canada)
TRINIDADIEN, IENNE Trinité-et-Tobago (Amérique du Sud)
TROPÉZIEN, IENNE Saint-Tropez (Var)
TROUVILLAIS, AISE Trouville-sur-Mer (Calvados)
TROYEN, ENNE Troie (Asie Mineure); Troyes (Aube)
TULLISTE Tulle (Corrèze)
TUNISIEN, IENNE Tunisie (Afrique)
TUNISOIS, OISE Tunis (Tunisie)
TURC, TURQUE Turquie (Proche-Orient)
TURINOIS, OISE Turin (Italie)
TURKMÈNE Turkménistan (Asie)
TURRIPINOIS, OISE [La] Tour-du-Pin (Isère)
TYROLIEN, IENNE Tyrol (Autriche)

UGINOIS, OISE, Ugine (Savoie)
UKRAINIEN, IENNE Ukraine (Europe)
URUGUAYEN, ENNE Uruguay (Amérique du Sud)
USSELLOIS, OISE Ussel (Corrèze)
USTARITZTARRAK Ustaritz (Pyrénées-Atlantiques)
UZELLOIS, OISE Uzel (Côtes-d'Armor)
UZERCHOIS, OISE Uzerche (Corrèze)
UZÉTIEN, IENNE Uzès (Gard)

VAILLICIEN, IENNE Vailly-sur-Aisne (Aisne)
VAISONNAIS, AISE Vaison-la-Romaine (Vaucluse)
VALAISAN, ANNE Valais (Suisse)
VAL-DE-MARNAIS, AISE Val-de-Marne (France)
VAL-D'OISIEN, IENNE Val-d'Oise (France)
VALDÔTAIN, AINE [val d'] Aoste (Italie)
VALENCÉEN, ENNE Valençay (Indre)
VALENCIENNOIS, OISE Valenciennes (Nord)
VALENTINOIS, OISE Valence (Drôme)

VALÉRICAIN, AINE Saint-Valery-sur-Somme (Somme)
VALÉRIQUAIS, AISE Saint-Valery-en-Caux (Seine-Maritime)
VALLAURIEN, IENNE Vallauris (Alpes-Maritimes)
VALMONTAIS, AISE Valmont (Seine-Maritime)
VALOGNAIS, AISE Valognes (Manche)
VALRÉASSIEN, IENNE Valréas (Vaucluse)
VANNETAIS, AISE Vannes (Morbihan)
VANUATUAN, ANE Vanuatu (Mélanésie)
VARENNOIS, OISE Varennes-sur-Allier (Allier)
VAROIS, OISE Var (France)
VARSOVIEN, IENNE Varsovie (Pologne)
VAUCLUSIEN, IENNE Vaucluse (France)
VAUDOIS, OISE [canton de] Vaud (Suisse)
VAUVERDOIS, OISE Vauvert (Gard)
VÉDRARIEN, IENNE → VERRIÉROIS
VELLAVE Velay (France)
VENÇOIS, OISE Vence (Alpes-Maritimes)
VENDÉEN, ENNE Vendée (France)
VENDÔMOIS, OISE Vendôme (Loir-et-Cher)
VÉNÉZUÉLIEN, IENNE ou VÉNÉZOLAN, ANE Venezuela (Amérique du Sud)
VÉNISSIAN, IANE Vénissieux (Rhône)
VÉNITIEN, IENNE Venise (Italie)
VERDUNOIS, OISE Verdun (Meuse)
VERMANDOIS, OISE Vermand (Aisne)
VERNOIS, OISE Vergt (Dordogne)
VERNOLIEN, IENNE Verneuil-sur-Avre (Eure)
VERNONNAIS, AISE Vernon (Eure)
VERNOUSAIN, AINE Vernoux-en-Vivarais (Ardèche)
VÉRONAIS, AISE Vérone (Italie)
VERRIÉROIS, OISE ou VÉDRARIEN, IENNE Verrières-le-Buisson (Essonne)
VERSAILLAIS, AISE Versailles (Yvelines)
VERTAVIEN, IENNE Vertou (Loire-Atlantique)
VERVINOIS, OISE Vervins (Aisne)
VÉSIGONDIN, INE [Le] Vésinet (Yvelines)
VÉSULIEN, IENNE Vesoul (Haute-Saône)
VEVEYSAN, ANE Vevey (Suisse)
VÉZÉLIEN, IENNE Vézelay (Yonne)
VIBRAYSIEN, IENNE Vibraye (Sarthe)
VICENTIN, INE Vicence (Italie)
VICHYSSOIS, OISE Vichy (Allier)
VICOIS, OISE Vic-Fezensac (Gers) ; Vic-sur-Cère (Cantal)
VICOLAIS, AISE Vico (Corse-du-Sud)
VICOMTOIS, OISE Vic-le-Comte (Puy-de-Dôme)
VICQUOIS, OISE Vic-en-Bigorre (Hautes-Pyrénées)
VIENNOIS, OISE Vienne (Autriche) ; (Isère)
VIERZONNAIS, AISE Vierzon (Cher)
VIETNAMIEN, IENNE Viêtnam ou Viêt Nam (Asie)
VIGANAIS, AISE [Le] Vigan (Gard)
VIGEOYEUX, EUSE Vigeois (Corrèze)
VIGNEUSIEN, IENNE Vigneux-sur-Seine (Essonne)
VILLANDRAUTAIS, AISE Villandraut (Gironde)
VILLARDIEN, IENNE Villard-de-Lans (Isère)
VILLAROIS, OISE Villers-lès-Nancy (Meurthe-et-Moselle)
VILLEFORTAIS, AISE Villefort (Lozère)
VILLEFRANCHOIS, OISE Villefranche-de-Rouergue (Aveyron)
VILLEJUIFOIS, OISE Villejuif (Val-de-Marne)
VILLEMOMBLOIS, OISE Villemomble (Seine-Saint-Denis)
VILLEMURIEN, IENNE Villemur (Haute-Garonne)
VILLENEUVIEN, IENNE Villeneuve-sur-Yonne (Yonne)
VILLENEUVOIS, OISE Villeneuve-sur-Lot (Lot-et-Garonne)
VILLENOGARENNOIS, OISE Villeneuve-la-Garenne (Hauts-de-Seine)
VILLEPINTOIS, OISE Villepinte (Seine-Saint-Denis)
VILLÉRIER, IÈRE Villers-le-Lac (Doubs)
VILLERSOIS, OISE Villers-Saint-Paul (Oise)
VILLERUPTIEN, IENNE Villerupt (Meurthe-et-Moselle)
VILLEURBANNAIS, AISE Villeurbanne (Rhône)
VIMONASTÉRIEN, IENNE Vimoutiers (Orne)
VIMYNOIS, OISE Vimy (Pas-de-Calais)
VINÇANAIS, AISE Vinça (Pyrénées-Orientales)
VINCENNOIS, OISE Vincennes (Val-de-Marne)
VIROFLAYSIEN, IENNE Viroflay (Yvelines)
VIROIS, OISE Vire (Calvados)
VITRÉEN, ENNE Vitré (Ille-et-Vilaine)
VITRIOT, IOTE Vitry-sur-Seine (Val-de-Marne)
VITRYAT, ATE Vitry-le-François (Marne)
VIVAROIS, OISE Viviers (Ardèche)
VIZILLOIS, OISE Vizille (Isère)
VOGLADIEN, IENNE → VOUGLAISIEN
VOIRONNAIS, AISE Voiron (Isère)
VOLVICOIS, OISE Volvic (Puy-de-Dôme)
VOSGIEN, IENNE Vosges (France)
VOUGLAISIEN, IENNE ou VOGLADIEN, IENNE Vouillé (Vienne)
VOUVRILLON, ONNE Vouvray (Indre-et-Loire)
VOUZINOIS, OISE Vouziers (Ardennes)

WALLISIEN, IENNE Wallis-et-Futuna (Polynésie)
WALLON, ONNE Wallonie (Belgique)
WASSELONNAIS, AISE Wasselonne (Bas-Rhin)
WASSEYEN, ENNE Wassy (Haute-Marne)
WATTIGNISIEN, IENNE Wattignies (Nord)
WATTRELOSIEN, IENNE Wattrelos (Nord)
WINNIPEGOIS, OISE Winnipeg (Canada)
WISSEMBOURGEOIS, OISE Wissembourg (Bas-Rhin)

YÉMÉNITE Yémen (Arabie)
YENNOIS, OISE Yenne (Savoie)
YERROIS, OISE Yerres (Essonne)
YONNAIS, AISE [La] Roche-sur-Yon (Vendée)
YOUGOSLAVE Yougoslavie (Europe)
YSSINGELAIS, AISE Yssingeaux (Haute-Loire)
YVELINOIS, OISE Yvelines (France)
YVETOTAIS, AISE Yvetot (Seine-Maritime)
YZEURIEN, IENNE Yzeure (Allier)

ZAGRÉBOIS, OISE Zagreb (Croatie)
ZAÏROIS, OISE Zaïre (Afrique)
ZAMBIEN, IENNE Zambie (Afrique)
ZÉLANDAIS, AISE Zélande (Pays-Bas)
ZICAVAIS, AISE Zicavo (Corse-du-Sud)
ZIMBABWÉEN, ENNE Zimbabwe (Afrique)
ZURICHOIS, OISE Zurich (Suisse)

LISTE DES NOMS PROPRES DE LIEUX ET DES NOMS D'HABITANTS ET ADJECTIFS CORRESPONDANTS

ABBEVILLE (Somme) ♦ Abbevillois, oise

ABKHAZIE (Géorgie) ♦ Abkhaze

ABLON-SUR-SEINE (Val-de-Marne) ♦ Ablonais, aise

ABYSSINIE (Afrique) ♦ Abyssin, ine ou Abyssinien, ienne → ÉTHIOPIE

ACADIE (Canada) ♦ Acadien, ienne

AÇORES (océan Atlantique) ♦ Açoréen, enne

ADJARIE (Géorgie) ♦ Adjar, are

AFGHANISTAN (Asie) ♦ Afghan, ane

AFRIQUE Africain, aine

AFRIQUE DU NORD Nord-Africain, aine

AFRIQUE DU SUD Sud-Africain, aine

AGEN (Lot-et-Garonne) ♦ Agenais, aise

AIGREFEUILLE-D'AUNIS (Charente-Maritime) ♦ Aigrefeuillais, aise

AIGUEBELLE (Savoie) ♦ Aiguebellin, inche

AIGUEPERSE (Puy-de-Dôme) ♦ Aiguepersois, oise

AIGUES-MORTES (Gard) ♦ Aigues-Mortais, aise

AIGUILLES-EN-QUEYRAS (Hautes-Alpes) ♦ Aiguillon, onne

AIGUILLON (Lot-et-Garonne) ♦ Aiguillonnais, aise

AIGURANDE (Indre) ♦ Aigurandais, aise

AIRE-SUR-L'ADOUR (Landes) ♦ Aturin, ine

AIRE-SUR-LA-LYS (Pas-de-Calais) ♦ Airois, oise

AIRVAULT (Deux-Sèvres) ♦ Airvaudais, aise

AISNE (France) ♦ Axonais, aise

AIX-EN-PROVENCE (Bouches-du-Rhône) ♦ Aixois, oise ; Acquae-Sextien, ienne ou Acquae-Sextian, iane

AIX-LES-BAINS (Savoie) ♦ Aixois, oise

AJACCIO (Corse-du-Sud) ♦ Ajaccien, ienne

AKKAD (Mésopotamie) ♦ Akkadien, ienne

ALBANIE (Europe) ♦ Albanais, aise

ALBERT (Somme) ♦ Albertin, ine

ALBERTVILLE (Savoie) ♦ Albertvillois, oise

ALBI (Tarn) ♦ Albigeois, oise

ALENÇON (Orne) ♦ Alençonnais, aise

ALEP (Syrie) ♦ Aleppin, ine

ALÈS (Gard) ♦ Alésien, ienne

ALEXANDRIE (Égypte) ♦ Alexandrin, ine

ALFORTVILLE (Val-de-Marne) ♦ Alfortvillais, aise

ALGER (Algérie) ♦ Algérois, oise

ALGÉRIE (Afrique) ♦ Algérien, ienne

ALLAUCH (Bouches-du-Rhône) ♦ Allaudien, ienne

ALLEMAGNE (Europe) ♦ Allemand, ande

ALLOS (Alpes-de-Haute-Provence) ♦ Allossard, arde

ALPES (Europe) ♦ Alpin, ine

ALPES-DE-HAUTE-PROVENCE (France) ♦ Bas-Alpin, ine

ALSACE (France) ♦ Alsacien, ienne

ALTAÏ (Russie) ♦ Altaïen, ïenne

ALTKIRCH (Haut-Rhin) ♦ Altkirchois, oise

AMAZONIE (Amérique du Sud) ♦ Amazonien, ienne

AMBÉRIEU-EN-BUGEY (Ain) ♦ Ambarrois, oise

AMBERT (Puy-de-Dôme) ♦ Ambertois, oise

AMBOISE (Indre-et-Loire) ♦ Amboisien, ienne

AMÉLIE-LES-BAINS-PALALDA (Pyrénées-Orientales) ♦ Amélien, ienne ou Palaldéen, enne

AMÉRIQUE Américain, aine

AMÉRIQUE DU NORD Nord-Américain, aine

AMÉRIQUE DU SUD Sud-Américain, aine, ou AMÉRIQUE LATINE Latino-Américain, aine

AMIENS (Somme) ♦ Amiénois, oise

AMOU (Landes) ♦ Amollois, oise

AMSTERDAM (Pays-Bas) ♦ Amstellodamien, ienne ou Amstellodamois, oise

ANCENIS (Loire-Atlantique) ♦ Ancenien, ienne

ANCÔNE (Italie) ♦ Anconitain, aine

ANDALOUSIE (Espagne) ♦ Andalou, ouse

ANDELYS [LES] (Eure) ♦ Andelisien, ienne

ANDERNOS-LES-BAINS (Gironde) ♦ Andernosien, ienne

ANDES (Amérique du Sud) ♦ Andin, ine

ANDORRE [principauté d'] (Europe) ♦ Andorran, ane

ANGERS (Maine-et-Loire) ♦ Angevin, ine

ANGLET (Pyrénées-Atlantiques) ♦ Angloy, oye

ANGLETERRE (Grande-Bretagne, Europe) ♦ Anglais, aise

ANGOLA (Afrique) ♦ Angolais, aise

ANGOULÊME (Charente) ♦ Angoumoisin, ine

ANIANE (Hérault) ♦ Anianais, aise

ANJOU (France) ♦ Angevin, ine

ANNAM (Viêtnam) ♦ Annamite

ANNECY (Haute-Savoie) ♦ Annécien, ienne

ANNEMASSE (Haute-Savoie) ♦ Annemassien, ienne

ANNONAY (Ardèche) ♦ Annonéen, enne

ANNOT (Alpes-de-Haute-Provence) ♦ Annotain, aine

ANTIBES (Alpes-Maritimes) ♦ Antibois, oise

ANTIGUA-ET-BARBUDA (Antilles) ♦ Antiguais et Barbudien, Antiguaise et Barbudienne

ANTILLES (Amérique centrale) ♦ Antillais, aise

ANTONY (Hauts-de-Seine) ♦ Antonien, ienne

ANTRAIGUES-SUR-VOLANE (Ardèche) ♦ Antraiguain, aine

ANTRAIN (Ille-et-Vilaine) ♦ Antrainais, aise

ANVERS (Belgique) ♦ Anversois, oise

ANZIN (Nord) ♦ Anzinois, oise

AOSTE [val d'] (Italie) ♦ Valdôtain, aine

APT (Vaucluse) ♦ Aptésien, ienne

AQUITAINE (France) ♦ Aquitain, aine

ARABIE (Asie) ♦ Arabe

ARABIE SAOUDITE (Proche-Orient) ♦ Saoudien, ienne

ARAGON (Espagne) ♦ Aragonais, aise

ARAMON (Gard) ♦ Aramonais, aise

ARBOIS (Jura) ♦ Arboisien, ienne

ARCACHON (Gironde) ♦ Arcachonnais, aise

ARCADIE (Grèce) ♦ Arcadien, ienne

ARCIS-SUR-AUBE (Aube) ♦ Arcisien, ienne

ARDÈCHE (France) ♦ Ardéchois, oise

ARDENNE (Belgique, France) ♦ Ardennais, aise

AREZZO (Italie) ♦ Arétin, ine

ARGELÈS-GAZOST (Hautes-Pyrénées) ♦ Argelésien, ienne

ARGENTAN (Orne) ♦ Argentanais, aise

ARGENTAT (Corrèze) ♦ Argentacois, oise

ARGENTEUIL (Val-d'Oise) ♦ Argenteuillais, aise

ARGENTIÈRE-LA-BESSÉE [L'] (Hautes-Alpes) ♦ Argentiérois, oise

ARGENTINE (Amérique du Sud) ♦ Argentin, ine

ARGENTON-CHÂTEAU (Deux-Sèvres) ♦ Argentonnais, aise

ARGENTON-SUR-CREUSE (Indre) ♦ Argentonnais, aise

ARGENTRÉ-DU-PLESSIS (Ille-et-Vilaine) ♦ Argentréen, enne

ARGENT-SUR-SAULDRE (Cher) ♦ Argentais, aise

ARIÈGE (France) ♦ Ariégeois, oise

ARLES (Bouches-du-Rhône) ♦ Arlésien, ienne

ARLEUX (Nord) ♦ Arleusien, ienne

ARMÉNIE (Asie) ♦ Arménien, ienne
ARMENTIÈRES (Nord) ♦ Armentiérois, oise
ARMORIQUE (France) ♦ Armoricain, aine
ARNAY-LE-DUC (Côte-d'Or) ♦ Arnétois, oise
ARRAS (Pas-de-Calais) ♦ Arrageois, oise
ARS-EN-RÉ (Charente-Maritime) ♦ Arsais, aise
ARTOIS (France) ♦ Artésien, ienne
ASCQ (Nord) ♦ Ascquois, oise
ASIE Asiate ou Asiatique
ASNIÈRES-SUR-SEINE (Hauts-de-Seine) ♦ Asniérois, oise
ASSYRIE (Asie) ♦ Assyrien, ienne
ASTURIES (Espagne) ♦ Asturien, ienne
ATHÈNES (Grèce) ♦ Athénien, ienne
ATHIS-DE-L'ORNE (Orne) ♦ Athisien, ienne
ATHIS-MONS (Essonne) ♦ Athégien, ienne
AUBE (France) ♦ Aubois, oise
AUBERVILLIERS (Seine-Saint-Denis) ♦ Albertivillarien, ienne
AUBETERRE-SUR-DRONNE (Charente) ♦ Aubeterrien, ienne
AUBIGNY-SUR-NÈRE (Cher) ♦ Albinien, ienne
AUBUSSON (Creuse) ♦ Aubussonnais, aise
AUCH (Gers) ♦ Auscitain, aine
AUCHEL (Pas-de-Calais) ♦ Auchellois, oise
AUDE (France) ♦ Audois, oise
AUDIERNE (Finistère) ♦ Audiernais, aise
AUDINCOURT (Doubs) ♦ Audincourtois, oise
AUDRUICQ (Pas-de-Calais) ♦ Audruicquois, oise
AUDUN-LE-ROMAN (Meurthe-et-Moselle) ♦ Audunois, oise
AUGE [pays d'] (France) ♦ Augeron, onne
AULNAY-SOUS-BOIS (Seine-Saint-Denis) ♦ Aulnaisien, ienne
AULNOYE-AYMERIES (Nord) ♦ Aulnésien, ienne
AULT (Somme) ♦ Aultois, oise
AUMALE (Seine-Maritime) ♦ Aumalois, oise
AUNAY-SUR-ODON (Calvados) ♦ Aunais, aise
AUNEAU (Eure-et-Loir) ♦ Alnélois, oise
AUNIS (France) ♦ Aunisien, ienne
AUPS (Var) ♦ Aupsois, oise
AURAY (Morbihan) ♦ Alréen, enne
AURIGNAC (Haute-Garonne) ♦ Aurignacais, aise
AURILLAC (Cantal) ♦ Aurillacois, oise
AUSTRALIE Australien, ienne
AUTRICHE (Europe) ♦ Autrichien, ienne
AUTUN (Saône-et-Loire) ♦ Autunois, oise
AUVERGNE (France) ♦ Auvergnat, ate
AUXERRE (Yonne) ♦ Auxerrois, oise
AVALLON (Yonne) ♦ Avallonnais, aise
AVESNES-SUR-HELPE (Nord) ♦ Avesnois, oise
AVEYRON (France) ♦ Aveyronnais, aise
AVIGNON (Vaucluse) ♦ Avignonnais, aise
AVRANCHES (Manche) ♦ Avranchinais, aise
AZERBAÏDJAN (Caucase) ♦ Azéri, ie ou Azerbaïdjanais, aise

BABYLONE (Mésopotamie) ♦ Babylonien, ienne
BACCARAT (Meurthe-et-Moselle) ♦ Bachamois, oise
BADONVILLER (Meurthe-et-Moselle) ♦ Badonvillois, oise
BAGNÈRES-DE-BIGORRE (Hautes-Pyrénées) ♦ Bagnérais, aise
BAGNÈRES-DE-LUCHON (Haute-Garonne) ♦ Luchonnais, aise
BAHAMAS (Antilles) ♦ Bahamien, ienne
BAHREÏN (Proche-Orient) ♦ Bahreïni
BAIXAS (Pyrénées-Orientales) ♦ Baixanenc, Baixanenque
BÂLE (Suisse) ♦ Bâlois, oise
BALÉARES (Espagne) ♦ Baléare
BALI (Asie) ♦ Balinais, aise
BALKANS (Europe) ♦ Balkanique
BALTIQUE (Europe) ♦ Balte
BANGLADESH (Asie) ♦ Bangladais, aise
BANYULS-SUR-MER (Pyrénées-Orientales) ♦ Banyulenc, Banyulencque
BAPAUME (Pas-de-Calais) ♦ Bapalmois, oise
BARBADE [LA] (Amérique centrale) ♦ Barbadien, ienne
BARCELONE (Espagne) ♦ Barcelonais, aise
BARCELONNETTE (Alpes-de-Haute-Provence) ♦ Barcelonnette
BAR-LE-DUC (Meuse) ♦ Barisien, ienne
BAR-SUR-AUBE (Aube) ♦ Baralbin, ine
BAR-SUR-LOUP [Le] (Alpes-Maritimes) ♦ Barois, oise
BAR-SUR-SEINE (Aube) ♦ Barséquanais, aise
BASQUE [Pays] Basque, Basquaise, Euskarien, ienne ou Euscarien, ienne
BAS-RHIN (France) ♦ Bas-Rhinois, oise
BASSE-TERRE (Guadeloupe) ♦ Basse-Terrien, ienne
BASTIA (Haute-Corse) ♦ Bastiais, iaise
BAVIÈRE (Allemagne) ♦ Bavarois, oise
BAYEUX (Calvados) ♦ Bayeusain, aine ou Bajocasse
BAYONNE (Pyrénées-Atlantiques) ♦ Bayonnais, aise
BÉARN (France) ♦ Béarnais, aise
BEAUCE (France) ♦ Beauceron, onne
BEAUNE (Côte-d'Or) ♦ Beaunois, oise
BEAUVAIS (Oise) ♦ Beauvaisien, ienne ou Beauvaisin, ine
BELFORT (ville) (Territoire de Belfort) ♦ Belfortain, aine
BELFORT [Territoire de] (France) ♦ Terrifortain, aine
BELGIQUE (Europe) ♦ Belge
BELGRADE (Serbie) ♦ Belgradois, oise
BELIZE (Amérique centrale) ♦ Bélizien, ienne
BELLAC (Haute-Vienne) ♦ Bellachon, onne
BELLE-ÎLE (Morbihan) ♦ Bellilois, oise
BELLEY (Ain) ♦ Belleysan, ane
BENGALE (Inde) ♦ Bengali, ie ou Bengalais, aise
BÉNIN (Afrique) ♦ Béninois, oise
BÉOTIE (Grèce) ♦ Béotien, ienne
BERGERAC (Dordogne) ♦ Bergeracois, oise
BERLIN (Allemagne) ♦ Berlinois, oise
BERNAY (Eure) ♦ Bernayen, enne
BERNE (Suisse) ♦ Bernois, oise
BERRY (France) ♦ Berrichon, onne
BESANÇON (Doubs) ♦ Bisontin, ine
BÉTHUNE (Pas-de-Calais) ♦ Béthunois, oise
BÉZIERS (Hérault) ♦ Biterrois, oise
BHOUTAN (Asie) ♦ Bhoutanais, aise
BIAFRA (Afrique) ♦ Biafrais, aise
BIARRITZ (Pyrénées-Atlantiques) ♦ Biarrot, ote
BIDART (Pyrénées-Atlantiques) ♦ Bidartars [plur.]
BIÉLORUSSIE (Europe) ♦ Biélorusse
BIGORRE (France) ♦ Bigourdan, ane
BIRMANIE (Asie) ♦ Birman, ane
BISCAYE (Espagne) ♦ Biscaïen, ïenne
BLANC [LE] (Indre) ♦ Blancois, oise
BLANGY-SUR-BRESLE (Seine-Maritime) ♦ Blangeois, oise
BLAYE (Gironde) ♦ Blayais, aise
BLOIS (Loir-et-Cher) ♦ Blésois, oise
BOBIGNY (Seine-Saint-Denis) ♦ Balbynien, ienne
BOHÊME (République tchèque) ♦ Bohémien, ienne
BOLIVIE (Amérique du Sud) ♦ Bolivien, ienne
BOLOGNE (Italie) ♦ Bolonais, aise
BÔNE (Algérie) ♦ Bônois, oise
BONIFACIO (Corse-du-Sud) ♦ Bonifacien, ienne
BONN (Allemagne) ♦ Bonnois, oise
BONNEVILLE (Haute-Savoie) ♦ Bonnevillois, oise
BORDEAUX (Gironde) ♦ Bordelais, aise
BORINAGE (Belgique) ♦ Borain, aine
BOSNIE, BOSNIE-HERZÉGOVINE (Europe) ♦ Bosniaque ou Bosnien, ienne
BOSTON (États-Unis) ♦ Bostonien, ienne
BOTSWANA (Afrique) ♦ Botswanais, aise
BOUCAU [LE] (Pyrénées-Atlantiques) ♦ Boucalais, aise
BOUGIVAL (Yvelines) ♦ Bougivalais, aise

BOULAY-MOSELLE (Moselle) ♦ Boulageois, oise

BOULOGNE-BILLANCOURT (Hauts-de-Seine) ♦ Boulonnais, aise

BOULOGNE-SUR-MER (Pas-de-Calais) ♦ Boulonnais, aise

BOURBONNAIS (France) ♦ Bourbonnais, aise

BOURBOURG (Nord) ♦ Bourbourgeois, oise

BOURG-ARGENTAL (Loire) ♦ Bourguisan, ane

BOURG-DE-PÉAGE (Drôme) ♦ Péageois, oise

BOURG-D'OISANS (Isère) ♦ Bourcat, ate

BOURG-EN-BRESSE (Ain) ♦ Burgien, ienne

BOURGES (Cher) ♦ Berruyer, ère

BOURGET [LE] (Seine-Saint-Denis) ♦ Bourgetin, ine

BOURG-LA-REINE (Hauts-de-Seine) ♦ Réginaburgien, ienne

BOURG-LÈS-VALENCE (Drôme) ♦ Bourcain, aine

BOURG-MADAME (Pyrénées-Orientales) ♦ Guingettois, oise

BOURGOGNE (France) ♦ Bourguignon, onne

BOURGOIN-JALLIEU (Isère) ♦ Berjallien, ienne

BOURG-SAINT-ANDÉOL (Ardèche) ♦ Bourguésan, ane

BOURG-SAINT-MAURICE (Savoie) ♦ Borain, aine

BOURIATIE (Russie) ♦ Bouriate

BRABANT (Belgique) ♦ Brabançon, onne

BRANDEBOURG (Allemagne) ♦ Brandebourgeois, oise

BRÉSIL (Amérique du Sud) ♦ Brésilien, ienne

BRESSE (France) ♦ Bressan, ane

BRESSUIRE (Deux-Sèvres) ♦ Bressuirais, aise

BREST (Finistère) ♦ Brestois, oise

BRETAGNE (France) ♦ Breton, onne

BRIANÇON (Hautes-Alpes) ♦ Briançonnais, aise

BRIE (France) ♦ Briard, arde

BRIÈRE (France) ♦ Briéron, onne

BRIEY (Meurthe-et-Moselle) ♦ Briotin, ine

BRIGNOLES (Var) ♦ Brignolais, aise

BRIOUDE (Haute-Loire) ♦ Brivadois, oise

BRIVE-LA-GAILLARDE (Corrèze) ♦ Briviste

BRUAY-LA-BUISSIÈRE (Pas-de-Calais) ♦ Bruaysien-labuissiérois, Bruaysienne-labuissiéroise

BRUGES (Belgique) ♦ Brugeois, oise

BRUNEI (Asie) ♦ Brunéien, ienne

BRUXELLES (Belgique) ♦ Bruxellois, oise

BUCAREST (Roumanie) ♦ Bucarestois, oise

BUDAPEST (Hongrie) ♦ Budapestois, oise

BULGARIE (Europe) ♦ Bulgare

BURKINA FASO (Afrique) ♦ Burkinabé

BURUNDI (Afrique) ♦ Burundais, aise

BYZANCE (Europe) ♦ Byzantin, ine → ISTANBUL

CADIX (Espagne) ♦ Gaditan, ane

CAEN (Calvados) ♦ Caennais, aise

CAHORS (Lot) ♦ Cadurcien, ienne, Cahorsien, ienne ou Cahorsin, ine

CAIRE [LE] (Égypte) ♦ Cairote

CALABRE (Italie) ♦ Calabrais, aise

CALAIS (Pas-de-Calais) ♦ Calaisien, ienne

CALIFORNIE (États-Unis) ♦ Californien, ienne

CALVADOS (France) ♦ Calvadossien, ienne

CALVI (Haute-Corse) ♦ Calvais, aise

CAMARGUE (France) ♦ Camarguais, aise, Camarguin, ine ou Camarguen, enne

CAMBODGE (Asie) ♦ Cambodgien, ienne

CAMBRAI (Nord) ♦ Cambrésien, ienne

CAMEROUN (Afrique) ♦ Camerounais, aise

CANAAN [pays de] Cananéen, enne

CANADA (Amérique du Nord) ♦ Canadien, ienne

CANARIES [îles] (Espagne) ♦ Canarien, ienne

CANNES (Alpes-Maritimes) ♦ Cannois, oise

CANTAL (France) ♦ Cantalien, ienne

CANTON (Chine) ♦ Cantonais, aise

CAPOUE (Italie) ♦ Capouan, ane

CAP-VERT [îles du] (océan Atlantique) ♦ Cap-Verdien, ienne

CARAÏBE (Amérique centrale) ♦ Caraïbe ou Caribéen, enne

CARCASSONNE (Aude) ♦ Carcassonnais, aise

CARÉLIE (Russie) ♦ Carélien, ienne

CARPENTRAS (Vaucluse) ♦ Carpentrassien, ienne

CARQUEFOU (Loire-Atlantique) ♦ Carquefolien, ienne

CARRIÈRES-SUR-SEINE (Yvelines) ♦ Carrillon, onne ou Carriérois, oise

CARTHAGE (Tunisie) ♦ Carthaginois, oise

CASABLANCA (Maroc) ♦ Casablancais, aise

CASSIS (Bouches-du-Rhône) ♦ Cassidain, aine

CASTELLANE (Alpes-de-Haute-Provence) ♦ Castellanais, aise

CASTELNAUDARY (Aude) ♦ Chaurien, ienne ou Castelnaudarien, ienne

CASTELSARRASIN (Tarn-et-Garonne) ♦ Castelsarrasinois, oise

CASTILLE (Espagne) ♦ Castillan, ane

CASTRES (Tarn) ♦ Castrais, aise

CATALOGNE (Espagne) ♦ Catalan, ane

CAUCASE Caucasien, ienne

CAYENNE (Guyane française) ♦ Cayennais, aise

CENTRAFRICAINE [République] (Afrique) ♦ Centrafricain, aine

CERDAGNE (Espagne) ♦ Cerdan, ane ou Cerdagnol, ole

CÉRET (Pyrénées-Orientales) ♦ Céretan, ane

CÉVENNES (France) ♦ Cévenol, ole

CEYLAN [île de] (Asie) ♦ Ceylanais, aise

CHALDÉE (Mésopotamie) ♦ Chaldéen, enne

CHÂLONS-EN-CHAMPAGNE (Marne) ♦ Châlonnais, aise

CHALON-SUR-SAÔNE (Saône-et-Loire) ♦ Chalonnais, aise

CHAMBÉRY (Savoie) ♦ Chambérien, ienne

CHAMONIX (Haute-Savoie) ♦ Chamoniard, iarde

CHAMPAGNE (France) ♦ Champenois, oise

CHANTILLY (Oise) ♦ Cantilien, ienne

CHARENTE (France) ♦ Charentais, aise

CHARENTE-MARITIME (France) ♦ Charentais, aise maritime

CHARLEROI (Belgique) ♦ Carolorégien, ienne

CHARLEVILLE-MÉZIÈRES (Ardennes) ♦ Carolomacérien, ienne

CHAROLAIS (France) ♦ Charolais, aise

CHAROLLES (Saône-et-Loire) ♦ Charollais, aise

CHARTRES (Eure-et-Loir) ♦ Chartrain, aine

CHÂTEAU-ARNOUX (Alpes-de-Haute-Provence) ♦ Jarlandin, ine

CHÂTEAUBRIANT (Loire-Atlantique) ♦ Castelbriantais, aise

CHÂTEAU-CHINON (Nièvre) ♦ Château-Chinonais, aise

CHÂTEAU-D'OLÉRON (Charente-Maritime) ♦ Châtelain, aine

CHÂTEAU-DU-LOIR (Sarthe) ♦ Castélorien, ienne

CHÂTEAUDUN (Eure-et-Loir) ♦ Dunois, oise

CHÂTEAU-GONTIER (Mayenne) ♦ Castrogontérien, ienne

CHÂTEAULIN (Finistère) ♦ Châteaulinois, oise

CHÂTEAUNEUF-DU-PAPE (Vaucluse) ♦ Châteauneuvois, oise ou Castel-Papaux [plur.]

CHÂTEAUNEUF-LA-FORÊT (Haute-Vienne) ♦ Castelneuvien, ienne

CHÂTEAUNEUF-SUR-CHARENTE (Charente) ♦ Castelnovien, ienne

CHÂTEAUROUX (Indre) ♦ Castelroussin, ine

CHÂTEAU-SALINS (Moselle) ♦ Castelsalinois, oise

CHÂTEAU-THIERRY (Aisne) ♦ Castelthéodoricien, ienne

CHÂTELLERAULT (Vienne) ♦ Châtelleraudais, aise

CHÂTRE [LA] (Indre) ♦ Castrais, aise

CHAUMONT (Haute-Marne) ♦ Chaumontais, aise
CHERBOURG (Manche) ♦ Cherbourgeois, oise
CHILI (Amérique du Sud) ♦ Chilien, ienne
CHINE (Asie) ♦ Chinois, oise
CHINON (Indre-et-Loire) ♦ Chinonais, aise
CHOLET (Maine-et-Loire) ♦ Choletais, aise
CHYPRE (Méditerranée) ♦ Chypriote ou Cypriote
CIOTAT [LA] (Bouches-du-Rhône) ♦ Ciotaden, enne
CISJORDANIE (Proche-Orient) ♦ Cisjordanien, ienne
CIVRAY (Vienne) ♦ Civraisien, ienne
CLAMART (Hauts-de-Seine) ♦ Clamartois, oise
CLAMECY (Nièvre) ♦ Clamecycois, oise
CLERMONT (Oise) ♦ Clermontois, oise
CLERMONT-FERRAND (Puy-de-Dôme) ♦ Clermontois, oise
CLUSES (Haute-Savoie) ♦ Clusien, ienne
COCHINCHINE (Asie) ♦ Cochinchinois, oise
COGNAC (Charente) ♦ Cognaçais, aise
COLMAR (Haut-Rhin) ♦ Colmarien, ienne
COLOMBIE (Amérique du Sud) ♦ Colombien, ienne
COMMERCY (Meuse) ♦ Commercien, ienne
COMORES (océan Indien) ♦ Comorien, ienne
COMPIÈGNE (Oise) ♦ Compiégnois, oise
CONCARNEAU (Finistère) ♦ Concarnois, oise
CONDOM (Gers) ♦ Condomois, oise
CONFOLENS (Charente) ♦ Confolentais, aise
CONGO (Afrique) ♦ Congolais, aise
CONSTANTINE (Algérie) ♦ Constantinois, oise
COPENHAGUE (Danemark) ♦ Copenhaguois, oise
CORBEIL-ESSONNES (Essonne) ♦ Corbeil-Essonnois, oise
CORDOUE (Espagne) ♦ Cordouan, ane
CORÉE (Asie) ♦ Coréen, enne
CORÉE DU NORD Nord-Coréen, enne
CORÉE DU SUD Sud-Coréen, enne
CORFOU (Grèce) ♦ Corfiote
CORRÈZE (France) ♦ Corrézien, ienne
CORSE (France) ♦ Corse
CORTE (Haute-Corse) ♦ Cortenais, aise
COSNE-COURS-SUR-LOIRE (Nièvre) ♦ Cosnois, oise
COSTA RICA (Amérique centrale) ♦ Costaricain, aine ou Costaricien, ienne
CÔTE D'IVOIRE (Afrique) ♦ Ivoirien, ienne
CÔTE-D'OR (France) ♦ Côte d'Orien, ienne
CÔTE-SAINT-ANDRÉ [LA] (Isère) ♦ Côtois, oise
CÔTES-D'ARMOR (France) ♦ Costarmoricain, aine
COULOMMIERS (Seine-et-Marne) ♦ Columérien, ienne
COURTRAI (Belgique) ♦ Courtraisien, ienne
COUTANCES (Manche) ♦ Coutançais, aise
CREIL (Oise) ♦ Creillois, oise
CRÈTE [île de] (Grèce) ♦ Crétois, oise ou Candiote
CRÉTEIL (Val-de-Marne) ♦ Cristolien, ienne
CREUSE (France) ♦ Creusois, oise
CROATIE (Europe) ♦ Croate
CROISIC [LE] (Loire-Atlantique) ♦ Croisicais, aise
CUBA (Amérique centrale) ♦ Cubain, aine

DAHOMEY (Afrique) ♦ Dahoméen, enne
DALMATIE (Croatie) ♦ Dalmate
DAMAS (Syrie) ♦ Damascène
DANEMARK (Europe) ♦ Danois, oise
DANUBE (Europe centrale) ♦ Danubien, ienne
DAUPHINÉ (France) ♦ Dauphinois, oise
DAX (Landes) ♦ Dacquois, oise
DÉLOS (Grèce) ♦ Délien, ienne ou Déliaque
DENAIN (Nord) ♦ Denaisien, ienne
DEUX-SÈVRES (France) ♦ Deux-Sévrien, ienne
DIE (Drôme) ♦ Diois, Dioise
DIEPPE (Seine-Maritime) ♦ Dieppois, oise
DIGNE-LES-BAINS (Alpes-de-Haute-Provence) ♦ Dignois, oise
DIJON (Côte-d'Or) ♦ Dijonnais, aise
DINAN (Côtes-d'Armor) ♦ Dinannais, aise
DJIBOUTI [République de et ville] (Afrique) ♦ Djiboutien, ienne
DOLE (Jura) ♦ Dolois, oise
D.O.M. (département d'outre-mer) ♦ Domien, ienne
DOMINICAINE [République] (Amérique centrale) ♦ Dominicain, aine
DORDOGNE (France) ♦ Dordognais, aise
DOUAI (Nord) ♦ Douaisien, ienne
DOUARNENEZ (Finistère) ♦ Douarneniste
DOUBS (France) ♦ Doubiste ou Doubien, ienne
DRAGUIGNAN (Var) ♦ Dracénois, oise
DREUX (Eure-et-Loir) ♦ Drouais, aise
DRÔME (France) ♦ Drômois, oise
DUBLIN (Irlande) ♦ Dublinois, oise
DUNKERQUE (Nord) ♦ Dunkerquois, oise

ÉCOSSE (Grande-Bretagne) ♦ Écossais, aise
ÉDIMBOURG (Écosse) ♦ Édimbourgeois, oise
ÉGYPTE (Proche-Orient) ♦ Égyptien, ienne
ELBE [île d'] (Italie) ♦ Elbois, oise
ELBEUF (Seine-Maritime) ♦ Elbeuvien, ienne
ÉPERNAY (Marne) ♦ Sparnacien, ienne
ÉPINAL (Vosges) ♦ Spinalien, ienne
ÉQUATEUR (Amérique du Sud) ♦ Équatorien, ienne
ÉRYTHRÉE (Afrique) ♦ Érythréen, enne
ESPAGNE (Europe) ♦ Espagnol, ole
ESSONNE (France) ♦ Essonnien, ienne
ESTONIE (Europe) ♦ Estonien, ienne ou Este
ÉTAMPES (Essonne) ♦ Étampois, oise
ÉTATS-UNIS D'AMÉRIQUE États-Unien, ienne ou Américain, aine
ÉTHIOPIE (Afrique) ♦ Éthiopien, ienne
ÉTOLIE (Grèce) ♦ Étolien, ienne
ÉTRURIE (Italie) ♦ Étrusque
EURASIE Eurasien, ienne
EUROPE Européen, enne
ÉVAUX-LES-BAINS (Creuse) ♦ Évahonien, ienne
ÉVIAN-LES-BAINS (Haute-Savoie) ♦ Évianais, aise
ÉVREUX (Eure) ♦ Ébroïcien, ienne
ÉVRY (Essonne) ♦ Évryen, enne
ÈZE (Alpes-Maritimes) ♦ Ézasque

FAOUËT [LE] (Morbihan) ♦ Faouëtais, aise
FÉCAMP (Seine-Maritime) ♦ Fécampois, oise
FÈRE-CHAMPENOISE (Marne) ♦ Ferton, onne
FÉROÉ (Danemark) ♦ Féringien, ienne ou Féroïen, ïenne
FERRARE (Italie) ♦ Ferrarais, aise
FÈS ou FEZ (Maroc) ♦ Fassi, ie
FIDJI ou FIJI [îles] (Océanie) ♦ Fidjien, ienne
FIGEAC (Lot) ♦ Figeacois, oise
FINISTÈRE (France) ♦ Finistérien, ienne
FINLANDE (Europe) ♦ Finlandais, aise ou Finnois, oise
FLANDRE ou FLANDRES (Europe) ♦ Flamand, ande ; Flandrien, ienne
FLÈCHE [LA] (Sarthe) ♦ Fléchois, oise
FLERS-DE-L'ORNE (Orne) ♦ Flérien, ienne
FLEURANCE (Gers) ♦ Fleurantin, ine
FLORAC (Lozère) ♦ Floracois, oise
FLORENCE (Italie) ♦ Florentin, ine
FOIX (Ariège) ♦ Fuxéen, enne
FONTAINEBLEAU (Seine-et-Marne) ♦ Bellifontain, aine
FONTENAY-LE-COMTE (Vendée) ♦ Fontenaisien, ienne
FORBACH (Moselle) ♦ Forbachois, oise
FORCALQUIER (Alpes-de-Haute-Provence) ♦ Forcalquiérien, ienne

FORGES-LES-EAUX (Seine-Maritime) ♦ Forgion, ionne
FORMOSE (Asie) ♦ Formosan, ane
FORT-DE-FRANCE (Martinique) ♦ Foyalais, aise
FOUESNANT (Finistère) ♦ Fouesnantais, aise
FOUGÈRES (Ille-et-Vilaine) ♦ Fougerais, aise
FOURAS (Charente-Maritime) ♦ Fourasin, ine
FOURCHAMBAULT (Nièvre) ♦ Fourchambaultais, aise
FOURMIES (Nord) ♦ Fourmisien, ienne
FRANCE (Europe) ♦ Français, aise
FRANCFORT-SUR-LE-MAIN (Allemagne) ♦ Francfortois, oise
FRANCHE-COMTÉ (France) ♦ Franc-Comtois, oise ou Comtois, oise
FRÉJUS (Var) ♦ Fréjusien, ienne
FRIBOURG (Suisse) ♦ Fribourgeois, oise
FRISE (Pays-Bas) ♦ Frison, onne

GABON (Afrique) ♦ Gabonais, aise
GALICE (Espagne) ♦ Galicien, ienne
GALICIE (Pologne) ♦ Galicien, ienne
GALILÉE (Israël) ♦ Galiléen, enne
GALLES [pays de] (Grande-Bretagne) ♦ Gallois, oise
GAMBIE (Afrique) ♦ Gambien, ienne
GAND (Belgique) ♦ Gantois, oise
GAP (Hautes-Alpes) ♦ Gapençais, aise
GARD (France) ♦ Gardois, oise
GASCOGNE (France) ♦ Gascon, onne
GASPÉ ou GASPÉSIE [péninsule de] (Canada) ♦ Gaspésien, ienne
GAULE Gaulois, oise → FRANCE
GÊNES (Italie) ♦ Génois, oise
GENÈVE (Suisse) ♦ Genevois, oise
GÉORGIE (Caucase ; États-Unis) ♦ Géorgien, ienne
GERMANIE Germain, aine
GERS (France) ♦ Gersois, oise
GÉVAUDAN (Lozère) ♦ Gabalitain, aine
GEX (Ain) ♦ Gessien, ienne ou Gexois, oise
GHANA (Afrique) ♦ Ghanéen, enne
GIEN (Loiret) ♦ Giennois, oise
GIRONDE (France) ♦ Girondin, ine
GISORS (Eure) ♦ Gisorsien, ienne
GOURDON (Lot) ♦ Gourdonnais, aise
GRANDE-BRETAGNE (Europe) ♦ Britannique
GRASSE (Alpes-Maritimes) ♦ Grassois, oise
GRÈCE (Europe) ♦ Grec, Grecque
GRENADE (Espagne) ♦ Grenadin, ine
GRENOBLE (Isère) ♦ Grenoblois, oise
GRISONS [canton des] (Suisse) ♦ Grison, onne
GROENLAND (Amérique du Nord) ♦ Groenlandais, aise
GROIX [île de] (Morbihan) ♦ Groisillon, onne ou Grésillon, onne
GUADELOUPE (Antilles fr.) ♦ Guadeloupéen, enne
GUATEMALA (Amérique centrale) ♦ Guatémaltèque
GUEBWILLER (Haut-Rhin) ♦ Guebwillerois, oise
GUÉRANDE (Loire-Atlantique) ♦ Guérandais, aise
GUÉRET (Creuse) ♦ Guérétois, oise
GUERNESEY [île de] (Grande-Bretagne) ♦ Guernesiais, iaise
GUINÉE (Afrique) ♦ Guinéen, enne
GUINGAMP (Côtes-d'Armor) ♦ Guingampais, aise
GUYANA (Amérique du Sud) ♦ Guyanais, aise ou Guyanien, ienne
GUYANE (Amérique du Sud) ♦ Guyanais, aise

HAGETMAU (Landes) ♦ Hagetmautien, ienne
HAGUENAU (Bas-Rhin) ♦ Haguenovien, ienne
HAILLICOURT (Pas-de-Calais) ♦ Haillicourtois, oise
HAINAUT (Belgique) ♦ Hainuyer, ère ou Hannuyer, ère ou Hennuyer, ère
HAÏTI (Amérique centrale) ♦ Haïtien, ienne
HALIFAX (Canada) ♦ Haligonien, ienne
HAM (Somme) ♦ Hamois, oise
HAMBOURG (Allemagne) ♦ Hambourgeois, oise
HANOVRE (Allemagne) ♦ Hanovrien, ienne
HAUTE-GARONNE (France) ♦ Haut-Garonnais, aise
HAUTE-MARNE (France) ♦ Haut-Marnais, aise
HAUTES-ALPES (France) ♦ Haut-Alpin, ine
HAUTES-PYRÉNÉES (France) ♦ Haut-Pyrénéen, Haute-Pyrénéenne
HAUTE-VIENNE (France) ♦ Haut-Viennois, oise
HAUT-RHIN (France) ♦ Haut-Rhinois, oise
HAUTS-DE-SEINE (France) ♦ Altoséquanais, aise
HAVANE [LA] (Cuba) ♦ Havanais, aise
HAVRE [LE] (Seine-Maritime) ♦ Havrais, aise
HAWAII [îles] (Polynésie) ♦ Hawaiien, ienne
HAYE [LA] (Pays-Bas) ♦ Haguenois, oise
HAYE-DU-PUITS [LA] (Manche) ♦ Haytillon, onne
HAŸ-LES-ROSES [L'] (Val-de-Marne) ♦ L'Haÿssien, ienne
HÉDÉ (Ille-et-Vilaine) ♦ Hédéen, enne
HELLADE Hellène → GRÈCE
HELSINKI (Finlande) ♦ Helsinkien, ienne
HENDAYE (Pyrénées-Atlantiques) ♦ Hendayais, aise
HENNEBONT (Morbihan) ♦ Hennebontais, aise
HÉRAULT (France) ♦ Héraultais, aise
HIMALAYA (Asie) ♦ Himalayen, enne
HIRSON (Aisne) ♦ Hirsonnais, aise
HOLLANDE (Europe) ♦ Hollandais, aise ou Néerlandais, aise → PAYS-BAS
HONDURAS (Amérique centrale) ♦ Hondurien, ienne
HONFLEUR (Calvados) ♦ Honfleurais, aise
HONG KONG (Chine) ♦ Hongkongais, aise
HONGRIE (Europe) ♦ Hongrois, oise
HULL (Canada) ♦ Hullois, oise
HYÈRES (Var) ♦ Hyèrois, oise

IBÉRIE (Gaule-Espagne) ♦ Ibère
ÎLE-DE-FRANCE (France) ♦ Francilien, ienne
INDE (Asie) ♦ Indien, ienne
INDOCHINE (Asie) ♦ Indochinois, oise
INDONÉSIE (Asie) ♦ Indonésien, ienne
INDRE (France) ♦ Indrien, ienne
INGOUCHIE (Russie) ♦ Ingouche
IONIE Ionien, ienne
IRAK ou IRAQ (Proche-Orient) ♦ Irakien, ienne ou Iraquien, ienne
IRAN (Proche-Orient) ♦ Iranien, ienne
IRLANDE (Europe) ♦ Irlandais, aise
ISÈRE (France) ♦ Isérois, oise ou Iseran, ane
ISIGNY-SUR-MER (Calvados) ♦ Isignais, aise
ISLANDE (Europe) ♦ Islandais, aise
ISLE-ADAM [L'] (Val-d'Oise) ♦ Adamois, oise
ISLE-D'ABEAU [L'] (Isère) ♦ Lillot, ote
ISLE-JOURDAIN [L'] (Gers) ♦ Lislois, oise
ISLE-SUR-LA-SORGUE [L'] (Vaucluse) ♦ Islois, oise
ISRAËL (Proche-Orient) ♦ Israélien, ienne
ISSOIRE (Puy-de-Dôme) ♦ Issoirien, ienne
ISSOUDUN (Indre) ♦ Issoldunois, oise
ISSY-LES-MOULINEAUX (Hauts-de-Seine) ♦ Isséen, enne
ISTANBUL (Turquie) ♦ Stambouliote ou Istanbuliote
ISTRES (Bouches-du-Rhône) ♦ Istréen, enne
ITALIE (Europe) ♦ Italien, ienne
IVRY-SUR-SEINE (Val-de-Marne) ♦ Ivryen, enne

JAMAÏQUE (Antilles) ♦ Jamaïcain, aine
JAPON (Asie) ♦ Japonais, aise
JARGEAU (Loiret) ♦ Gergolien, ienne
JAVA (Indonésie) ♦ Javanais, aise
JERSEY [île de] (Grande-Bretagne) ♦ Jersiais, iaise
JÉRUSALEM (Israël) ♦ Hiérosolymite ou Hiérosolymitain, aine
JOINVILLE (Haute-Marne) ♦ Joinvillois, oise

JONZAC (Charente-Maritime) ♦ Jonzacais, aise
JORDANIE (Proche-Orient) ♦ Jordanien, ienne
JURA (France) ♦ Jurassien, ienne

KABYLIE (Algérie) ♦ Kabyle
KALMOUKIE (Russie) ♦ Kalmouk, ouke
KAZAKHSTAN (Asie) ♦ Kazakh
KENYA (Afrique) ♦ Kényan, ane
KHAKASSIE (Russie) ♦ Khakasse
KIEV (Ukraine) ♦ Kiévien, ienne
KIRGHIZSTAN (Asie) ♦ Kirghiz, ize
KOSOVO (Europe) ♦ Kosovar, are
KOWEÏT (Arabie) ♦ Koweïtien, ienne
KURDISTAN (Asie) ♦ Kurde

LABRADOR [péninsule du] (Canada) ♦ Labradorien, ienne
LACAUNE (Tarn) ♦ Lacaunais, aise
LAGNIEU (Ain) ♦ Lagnolan, ane
LANDERNEAU (Finistère) ♦ Landernéen, enne
LANDES (France) ♦ Landais, aise
LANDIVISIAU (Finistère) ♦ Landivisien, ienne
LANDRECIES (Nord) ♦ Landrecien, ienne
LANGOGNE (Lozère) ♦ Langonais, aise
LANGON (Gironde) ♦ Langonnais, aise
LANGRES (Haute-Marne) ♦ Langrois, oise
LANGUEDOC (France) ♦ Languedocien, ienne
LANMEUR (Finistère) ♦ Lanmeurien, ienne
LANNION (Côtes-d'Armor) ♦ Lannionnais, aise
LAON (Aisne) ♦ Laonnois, oise
LAOS (Asie) ♦ Laotien, ienne
LAPALISSE (Allier) ♦ Lapalissois, oise
LAPONIE (Europe) ♦ Lapon, one
LARGENTIÈRE (Ardèche) ♦ Largentièrois, oise
LAURENTIDES (Canada) ♦ Laurentien, ienne
LAUSANNE (Suisse) ♦ Lausannois, oise
LAVAL (Mayenne) ♦ Lavallois, oise
LEIPZIG (Allemagne) ♦ Leipzigois, oise
LENS (Pas-de-Calais) ♦ Lensois, oise
LÉON [pays de] (Bretagne) ♦ Léonais, aise ou Léonard, arde
LESBOS (Grèce) ♦ Lesbien, ienne
LESCAR (Pyrénées-Atlantiques) ♦ Lescarien, ienne
LESOTHO (Afrique) ♦ Lesothan, ane
LESPARRE-MÉDOC (Gironde) ♦ Lesparrain, aine
LETTONIE (Europe) ♦ Letton, one, Lette ou Latvien, ienne
LEVANT Levantin, ine
LIBAN (Proche-Orient) ♦ Libanais, aise
LIBERIA (Afrique) ♦ Libérien, ienne
LIBOURNE (Gironde) ♦ Libournais, aise
LIBYE (Afrique) ♦ Libyen, enne
LIECHTENSTEIN (Europe) ♦ Liechtensteinois, oise
LIÈGE (Belgique) ♦ Liégeois, oise
LIGURIE (Italie) ♦ Ligurien, ienne
LILLE (Nord) ♦ Lillois, oise
LIMA (Pérou) ♦ Liménien, ienne
LIMOGES (Haute-Vienne) ♦ Limougeaud, aude
LIMOUSIN (France) ♦ Limousin, ine
LIMOUX (Aude) ♦ Limouxin, ine
LISBONNE (Portugal) ♦ Lisbonnin, ine [t. offic.], Lisboète ou Lisbonnais, aise
LISIEUX (Calvados) ♦ Lexovien, ienne
LITUANIE (Europe) ♦ Lituanien, ienne ou Lithuanien, ienne
LOCHES (Indre-et-Loire) ♦ Lochois, oise
LOCTUDY (Finistère) ♦ Loctudiste
LODÈVE (Hérault) ♦ Lodévois, oise
LOIRE (France) ♦ Ligérien, ienne
LOIR-ET-CHER (France) ♦ Loir-et-Chérien, ienne
LOMBARDIE (Italie) ♦ Lombard, arde
LOMME (Nord) ♦ Lommois, oise
LONDRES (Angleterre) ♦ Londonien, ienne
LONGJUMEAU (Essonne) ♦ Longjumellois, oise
LONGNY-AU-PERCHE (Orne) ♦ Longnycien, ienne
LONGWY (Meurthe-et-Moselle) ♦ Longovicien, ienne
LONS-LE-SAUNIER (Jura) ♦ Lédonien, ienne
LOOS (Nord) ♦ Loossois, oise
LORIENT (Morbihan) ♦ Lorientais, aise
LORRAINE (France) ♦ Lorrain, aine
LOT (France) ♦ Lotois, oise
LOT-ET-GARONNE (France) ♦ Lot-et-Garonnais, aise
LOUDÉAC (Côtes-d'Armor) ♦ Loudéacien, ienne
LOUDUN (Vienne) ♦ Loudunais, aise
LOUHANS (Saône-et-Loire) ♦ Louhannais, aise
LOUISIANE (États-Unis) ♦ Louisianais, aise
LOURDES (Hautes-Pyrénées) ♦ Lourdais, aise
LOUVAIN (Belgique) ♦ Louvaniste
LOUVECIENNES (Yvelines) ♦ Louveciennois, oise
LOUVIERS (Eure) ♦ Lovérien, ienne
LOZÈRE (France) ♦ Lozérien, ienne
LUCANIE (Italie) ♦ Lucanien, ienne
LUNÉVILLE (Meurthe-et-Moselle) ♦ Lunévillois, oise
LURCY-LÉVIS (Allier) ♦ Lurcyquois, oise
LURE (Haute-Saône) ♦ Luron, onne
LUSITANIE Lusitanien, ienne ou Lusitain, aine → PORTUGAL
LUSSAC (Gironde) ♦ Lussacais, aise
LUXEMBOURG (Europe) ♦ Luxembourgeois, oise
LUZARCHES (Val-d'Oise) ♦ Luzarchois, oise
LYDIE Lydien, ienne
LYON (Rhône) ♦ Lyonnais, aise
LYONS-LA-FORÊT (Eure) ♦ Lyonsais, aise

MACÉDOINE (Grèce ; Europe) ♦ Macédonien, ienne
MACHECOUL (Loire-Atlantique) ♦ Machecoulais, aise
MÂCON (Saône-et-Loire) ♦ Mâconnais, aise
MADAGASCAR (océan Indien) ♦ Malgache ; (vx) Madécasse
MADELEINE [îles de la] (Canada) ♦ Madelinot [masc.], Madelinienne [fém.]
MADÈRE (Portugal) ♦ Madérien, ienne ou Madérois, oise
MADRID (Espagne) ♦ Madrilène
MAGHREB (Afrique) ♦ Maghrébin, ine
MAINE (France) ♦ Manceau, Mancelle
MAINTENON (Eure-et-Loir) ♦ Maintenonnais, aise
MAJORQUE (Espagne) ♦ Majorquin, ine
MALABAR (Inde) ♦ Malabare
MALAISIE et MALAYSIA (Asie) ♦ Malais, aise et Malaisien, ienne
MALAWI (Afrique) ♦ Malawite ou Malawien, ienne
MALDIVES [îles] (océan Indien) ♦ Maldivien, ienne
MALI (Afrique) ♦ Malien, ienne
MALINES (Belgique) ♦ Malinois, oise
MALTE (Europe) ♦ Maltais, aise
MAMERS (Sarthe) ♦ Mamertin, ine
MAN [île de] (Grande-Bretagne) ♦ Mannois, oise
MANCHE (France) ♦ Manchois, oise
MANDCHOURIE (Chine) ♦ Mandchou, oue
MANITOBA [province du] (Canada) ♦ Manitobain, aine
MANOSQUE (Alpes-de-Haute-Provence) ♦ Manosquin, ine
MANS [LE] (Sarthe) ♦ Manceau, Mancelle
MANTES-LA-JOLIE (Yvelines) ♦ Mantais, aise
MANTES-LA-VILLE (Yvelines) ♦ Mantevillois, oise
MANTOUE (Italie) ♦ Mantouan, ane
MARANS (Charente-Maritime) ♦ Marandais, aise
MARCQ-EN-BARŒUL (Nord) ♦ Marcquois, oise
MARENNES (Charente-Maritime) ♦ Marennais, aise
MARIGNANE (Bouches-du-Rhône) ♦ Marignanais, aise
MARINGUES (Puy-de-Dôme) ♦ Maringois, oise
MARLE (Aisne) ♦ Marlois, oise
MARLY-LE-ROI (Yvelines) ♦ Marlychois, oise

MARMANDE (Lot-et-Garonne) ♦ Marmandais, aise
MARNE (France) ♦ Marnais, aise
MAROC (Afrique) ♦ Marocain, aine
MAROMME (Seine-Maritime) ♦ Marommais, aise
MARS (planète) ♦ Martien, ienne
MARSEILLE (Bouches-du-Rhône) ♦ Marseillais, aise
MARTIGUES (Bouches-du-Rhône) ♦ Martégaux [plur.]
MARTINIQUE (Antilles fr.) ♦ Martiniquais, aise
MARVEJOLS (Lozère) ♦ Marvejolais, aise
MASEVAUX (Haut-Rhin) ♦ Masopolitain, aine
MATHA (Charente-Maritime) ♦ Mathalien, ienne
MAUBEUGE (Nord) ♦ Maubeugeois, oise
MAUBOURGUET (Hautes-Pyrénées) ♦ Maubourguetois, oise
MAURIAC (Cantal) ♦ Mauriacois, oise
MAURICE [île] (océan Indien) ♦ Mauricien, ienne
MAURITANIE (Afrique) ♦ Mauritanien, ienne ; Maure ou More
MAYENCE (Allemagne) ♦ Mayençais, aise
MAYENNE [dép. et ville] (France) ♦ Mayennais, aise
MAYOTTE (océan Indien) ♦ Mahorais, aise
MAZAMET (Tarn) ♦ Mazamétain, aine
MEAUX (Seine-et-Marne) ♦ Meldois, oise
MÉDOC (France) ♦ Médocain, aine ou Médoquin, ine
MÉLANÉSIE (Océanie) ♦ Mélanésien, ienne
MELUN (Seine-et-Marne) ♦ Melunais, aise
MENDE (Lozère) ♦ Mendois, oise
MENNETOU-SUR-CHER (Loir-et-Cher) ♦ Monestois, oise
MENTON (Alpes-Maritimes) ♦ Mentonnais, aise
MERDRIGNAC (Côtes-d'Armor) ♦ Merdrignacien, ienne
MERS-LES-BAINS (Somme) ♦ Mersois, oise
MERVILLE (Nord) ♦ Mervillois, oise
MESNIL-LE-ROI [LE] (Yvelines) ♦ Mesnilois, oise
MÉSOPOTAMIE (Asie) ♦ Mésopotamien, ienne
METZ (Moselle) ♦ Messin, ine
MEUDON-LA-FORÊT (Hauts-de-Seine) ♦ Meudonnais, aise
MEULAN (Yvelines) ♦ Meulanais, aise
MEURSAULT (Côte-d'Or) ♦ Murisaltien, ienne
MEUSE (France) ♦ Meusien, ienne
MEXIQUE (Amérique centrale) ♦ Mexicain, aine
MEYRUEIS (Lozère) ♦ Meyrueisien, ienne
MICRONÉSIE (Océanie) ♦ Micronésien, ienne
MILAN (Italie) ♦ Milanais, aise
MILLAU (Aveyron) ♦ Millavois, oise
MILLY-LA-FORÊT (Essonne) ♦ Milliacois, oise
MIMIZAN (Landes) ♦ Mimizanais, aise
MINHO (Portugal) ♦ Minhote
MINORQUE (Espagne) ♦ Minorquin, ine
MIRAMAS (Bouches-du-Rhône) ♦ Miramasséen, enne
MIRANDE (Gers) ♦ Mirandais, aise
MIREBEAU (Vienne) ♦ Mirebalais, aise
MIREPOIX (Ariège) ♦ Mirapicien, ienne
MIRIBEL (Ain) ♦ Miribelan, ane
MODANE (Savoie) ♦ Modanais, aise
MODÈNE (Italie) ♦ Modénais, aise
MOIRANS-EN-MONTAGNE (Jura) ♦ Moirantin, ine
MOISSAC (Tarn-et-Garonne) ♦ Moissagais, aise
MOLDAVIE (Roumanie) ; (Europe) ♦ Moldave
MOLSHEIM (Bas-Rhin) ♦ Molsheimien, ienne ou Molsheimois, oise
MONACO [principauté de] (Europe) ♦ Monégasque
MONCOUTANT (Deux-Sèvres) ♦ Moncoutantais, aise
MONGOLIE (Asie) ♦ Mongol, ole
MONISTROL-SUR-LOIRE (Haute-Loire) ♦ Monistrolien, ienne
MONPAZIER (Dordogne) ♦ Monpaziérois, oise
MONSÉGUR (Gironde) ♦ Monségurais, aise
MONS-EN-BARŒUL (Nord) ♦ Monsois, oise
MONTAIGU (Vendée) ♦ Montacutain, aine ou Montaigusien, ienne
MONTARGIS (Loiret) ♦ Montargois, oise
MONTAUBAN (Tarn-et-Garonne) ♦ Montalbanais, aise
MONTBARD (Côte-d'Or) ♦ Montbardois, oise
MONTBÉLIARD (Doubs) ♦ Montbéliardais, aise
MONTBRISON (Loire) ♦ Montbrisonnais, aise
MONTBRON (Charente) ♦ Montbronnais, aise
MONTCEAU-LES-MINES (Saône-et-Loire) ♦ Montcellien, ienne
MONTCENIS (Saône-et-Loire) ♦ Monticinois, oise
MONTCHANIN (Saône-et-Loire) ♦ Montchaninois, oise
MONTCUQ (Lot) ♦ Montcuquois, oise
MONT-DE-MARSAN (Landes) ♦ Montois, oise
MONTDIDIER (Somme) ♦ Montdidérien, ienne
MONT-DORE [LE] (Puy-de-Dôme) ♦ Mont-Dorien, ienne
MONTÉLIMAR (Drôme) ♦ Montilien, ienne
MONTÉNÉGRO (Europe) ♦ Monténégrin, ine
MONTLUÇON (Allier) ♦ Montluçonnais, aise
MONTMARTRE (Paris) ♦ Montmartrois, oise
MONTMORENCY (Val-d'Oise) ♦ Montmorencéen, enne
MONTMORILLON (Vienne) ♦ Montmorillonnais, aise
MONTPELLIER (Hérault) ♦ Montpelliérain, aine
MONTPON-MÉNESTÉROL (Dordogne) ♦ Montponnais, aise
MONTRÉAL (Canada) ♦ Montréalais, aise
MONTRÉJEAU (Haute-Garonne) ♦ Montréjeaulais, aise
MONTREUIL (Pas-de-Calais) ♦ Montreuillois, oise
MONTREUIL-SOUS-BOIS (Seine-Saint-Denis) ♦ Montreuillois, oise
MONTRICHARD (Loir-et-Cher) ♦ Montrichardais, aise
MONTROUGE (Hauts-de-Seine) ♦ Montrougien, ienne
MORAVIE (République tchèque) ♦ Morave
MORBIHAN (France) ♦ Morbihannais, aise
MORCENX (Landes) ♦ Morcenais, aise
MORDOVIE (Russie) ♦ Mordve
MORET-SUR-LOING (Seine-et-Marne) ♦ Morétain, aine
MORLAAS (Pyrénées-Atlantiques) ♦ Morlan, ane
MORLAIX (Finistère) ♦ Morlaisien, ienne
MORTAGNE-AU-PERCHE (Orne) ♦ Mortagnais, aise
MORTAIN (Manche) ♦ Mortainais, aise
MORTEAU (Doubs) ♦ Mortuacien, ienne
MORVAN (France) ♦ Morvandiau, Morvandelle
MORZINE (Haute-Savoie) ♦ Morzinois, oise
MOSCOU (Russie) ♦ Moscovite
MOSELLE (France) ♦ Mosellan, ane
MOULINS (Allier) ♦ Moulinois, oise
MOUY (Oise) ♦ Mouysard, arde
MOUZON (Ardennes) ♦ Mouzonnais, aise
MOZAMBIQUE (Afrique) ♦ Mozambicain, aine
MULHOUSE (Haut-Rhin) ♦ Mulhousien, ienne
MUNICH (Allemagne) ♦ Munichois, oise
MURAT (Cantal) ♦ Muratais, aise
MURE [LA] (Isère) ♦ Murois, oise
MURET (Haute-Garonne) ♦ Muretain, aine
MURVIEL-LÈS-BÉZIERS (Hérault) ♦ Murviellois, oise
MYCÈNES Mycénien, ienne
NAMIBIE (Afrique) ♦ Namibien, ienne

NAMUR (Belgique) ♦ Namurois, oise
NANCY (Meurthe-et-Moselle) ♦ Nancéien, ienne
NANTERRE (Hauts-de-Seine) ♦ Nanterrien, ienne
NANTES (Loire-Atlantique) ♦ Nantais, aise
NANTUA (Ain) ♦ Nantuatien, ienne
NAPLES (Italie) ♦ Napolitain, aine
NARBONNE (Aude) ♦ Narbonnais, aise
NAVARRE (Espagne) ♦ Navarrais, aise
NAZARETH (Galilée) ♦ Nazaréen, enne
NEMOURS (Seine-et-Marne) ♦ Nemourien, ienne
NÉPAL (Asie) ♦ Népalais, aise
NÉRAC (Lot-et-Garonne) ♦ Néracais, aise
NEUCHÂTEL (Suisse) ♦ Neuchâtelois, oise
NEUF-BRISACH (Haut-Rhin) ♦ Néo-Brisacien, ienne
NEUFCHÂTEAU (Vosges) ♦ Néocastrien, ienne
NEUFCHÂTEL-EN-BRAY (Seine-Maritime) ♦ Neufchâtelois, oise
NEUILLY-PLAISANCE (Seine-Saint-Denis) ♦ Nocéen, enne
NEUILLY-SUR-SEINE (Hauts-de-Seine) ♦ Neuilléen, enne
NEUSTRIE (Gaule) ♦ Neustrien, ienne
NEUVES-MAISONS (Meurthe-et-Moselle) ♦ Néodomien, ienne
NEUVIC (Corrèze) ♦ Neuvicois, oise
NEUVILLE-DE-POITOU (Vienne) ♦ Neuvillois, oise
NEVERS (Nièvre) ♦ Neversois, oise ou Nivernais, aise
NEW YORK (États-Unis) ♦ New-Yorkais, aise
NICARAGUA (Amérique centrale) ♦ Nicaraguayen, enne
NICE (Alpes-Maritimes) ♦ Niçois, oise
NIÈVRE (France) ♦ Nivernais, aise
NIGER (Afrique) ♦ Nigérien, ienne
NIGERIA (Afrique) ♦ Nigérian, iane
NÎMES (Gard) ♦ Nîmois, oise
NIORT (Deux-Sèvres) ♦ Niortais, aise
NIVELLES (Belgique) ♦ Nivellois, oise
NOGARO (Gers) ♦ Nogarolien, ienne
NOGENT (Haute-Marne) ♦ Nogentais, aise
NOGENT-LE-ROTROU (Eure-et-Loir) ♦ Nogentais, aise
NOGENT-SUR-MARNE (Val-de-Marne) ♦ Nogentais, aise
NOIRMOUTIER-EN-L'ÎLE (Vendée) ♦ Noirmoutrin, ine
NOLAY (Côte-d'Or) ♦ Nolaytois, oise
NONANCOURT (Eure) ♦ Nonancourtois, oise
NONTRON (Dordogne) ♦ Nontronnais, aise
NORD (France) ♦ Nordiste
NORMANDIE (France) ♦ Normand, ande

NORVÈGE (Europe) ♦ Norvégien, ienne
NOUVELLE-CALÉDONIE (Océanie) ♦ Néo-Calédonien, ienne
NOUVELLE-ÉCOSSE (Canada) ♦ Néo-Écossais, aise
NOUVELLE-ZÉLANDE (Océanie) ♦ Néo-Zélandais, aise
NOUVION-EN-THIÉRACHE [LE] (Aisne) ♦ Nouvionnais, aise
NUBIE (Afrique) ♦ Nubien, ienne
NUITS-SAINT-GEORGES (Côte-d'Or) ♦ Nuiton, onne
NUMIDIE (Afrique) ♦ Numide
NUNAVUT (Canada) ♦ Nunavumiut, e
NYONS (Drôme) ♦ Nyonsais, aise

OCÉANIE Océanien, ienne
OLÉRON [île d'] (Charente-Maritime) ♦ Oléronais, aise
OLLIERGUES (Puy-de-Dôme) ♦ Ollierguois, oise
OLORON-SAINTE-MARIE (Pyrénées-Atlantiques) ♦ Oloronais, aise
OMAN (Arabie) ♦ Omanais, aise
OMBRIE (Italie) ♦ Ombrien, ienne
ONTARIO [province de l'] (Canada) ♦ Ontarien, ienne
ORADOUR-SUR-GLANE (Haute-Vienne) ♦ Radounaud, aude
ORAN, auj. OUAHRAN (Algérie) ♦ Oranais, aise
ORANGE (Vaucluse) ♦ Orangeois, oise
ORLÉANS (Loiret) ♦ Orléanais, aise
ORLY (Val-de-Marne) ♦ Orlysien, ienne
ORMESSON-SUR-MARNE (Val-de-Marne) ♦ Ormessonnais, aise
ORNANS (Doubs) ♦ Ornanais, aise
ORNE (France) ♦ Ornais, aise
OSSÉTIE (Russie) ; (Géorgie) ♦ Ossète
OSTENDE (Belgique) ♦ Ostendais, aise
OUDMOURTIE (Russie) ♦ Oudmourte
OUESSANT [île d'] (Finistère) ♦ Ouessantin, ine ou Ouessantais, aise
OUGANDA (Afrique) ♦ Ougandais, aise
OUZBÉKISTAN (Asie) ♦ Ouzbek, èke
OXFORD (Angleterre) ♦ Oxonien, ienne ou Oxfordien, ienne
OYONNAX (Ain) ♦ Oyonnaxien, ienne

PACY-SUR-EURE (Eure) ♦ Pacéen, enne
PADOUE (Italie) ♦ Padouan, ane
PAIMBŒUF (Loire-Atlantique) ♦ Paimblotin, ine
PAIMPOL (Côtes-d'Armor) ♦ Paimpolais, aise
PAKISTAN (Asie) ♦ Pakistanais, aise
PALAIS [LE] (Morbihan) ♦ Palantin, ine
PALAISEAU (Essonne) ♦ Palaisien, ienne
PALAIS-SUR-VIENNE [LE] (Haute-Vienne) ♦ Palaisien, ienne
PALERME (Italie) ♦ Palermitain, aine ou Panormitain, aine
PALESTINE (Proche-Orient) ♦ Palestinien, ienne

PAMIERS (Ariège) ♦ Appaméen, enne
PANAMÁ (Amérique centrale) ♦ Panaméen, enne ou Panamien, ienne
PANTIN (Seine-Saint-Denis) ♦ Pantinois, oise
PÂQUES [île de] (Polynésie) ♦ Pascuan, ane
PARAGUAY (Amérique du Sud) ♦ Paraguayen, enne
PARAY-LE-MONIAL (Saône-et-Loire) ♦ Parodien, ienne
PARIS (France) ♦ Parisien, ienne
PARME (Italie) ♦ Parmesan, ane
PARTHENAY (Deux-Sèvres) ♦ Parthenaisien, ienne
PAU (Pyrénées-Atlantiques) ♦ Palois, oise
PAUILLAC (Gironde) ♦ Pauillacais, aise
PAVIE (Italie) ♦ Pavesan, ane
PAYS-BAS (Europe) ♦ Néerlandais, aise → HOLLANDE
PÉKIN (Chine) ♦ Pékinois, oise
PÉLOPONNÈSE (Grèce) ♦ Péloponnésien, ienne
PENNSYLVANIE (États-Unis) ♦ Pennsylvanien, ienne
PERCHE (France) ♦ Percheron, onne
PERCY (Manche) ♦ Percyais, aise
PÉRIGORD (France) ♦ Périgourdin, ine
PÉRIGUEUX (Dordogne) ♦ Périgourdin, ine
PERNES-LES-FONTAINES (Vaucluse) ♦ Pernois, oise
PÉRONNE (Somme) ♦ Péronnais, aise
PÉROU (Amérique du Sud) ♦ Péruvien, ienne
PÉROUGES (Ain) ♦ Pérougien, ienne
PÉROUSE (Italie) ♦ Pérugin, ine
PERPIGNAN (Pyrénées-Orientales) ♦ Perpignanais, aise
PERSAN (Val-d'Oise) ♦ Persanais, aise
PERSE Persan, ane
PÉZENAS (Hérault) ♦ Piscénois, oise
PHALSBOURG (Moselle) ♦ Phalsbourgeois, oise
PHÉNICIE (Asie) ♦ Phénicien, ienne
PHILADELPHIE (États-Unis) ♦ Philadelphien, ienne
PHILIPPINES (Océanie) ♦ Philippin, ine
PHOCIDE (Grèce) ♦ Phocidien, ienne ou Phocéen, enne
PICARDIE (France) ♦ Picard, arde
PIÉMONT (Italie) ♦ Piémontais, aise
PIERREFITTE (Seine-Saint-Denis) ♦ Pierrefittois, oise
PIERREFONDS (Oise) ♦ Pétrifontain, aine
PIERRELATTE (Drôme) ♦ Pierrelattin, ine
PITHIVIERS (Loiret) ♦ Pithivérien, ienne
PLAISANCE (Italie) ♦ Placentin, ine
PLOUESCAT (Finistère) ♦ Plouescatais, aise
PLOUHA (Côtes-d'Armor) ♦ Plouhatin, ine

PÔ (Italie) ♦ Padan, ane
POINTE-À-PITRE (Guadeloupe) ♦ Pointois, oise
POISSY (Yvelines) ♦ Pisciacais, aise
POITIERS (Vienne) ♦ Poitevin, ine ou Pictavien, ienne
POITOU (France) ♦ Poitevin, ine
POITOU-CHARENTES (France) ♦ Picto-Charentais, aise
POIX-DE-PICARDIE (Somme) ♦ Poyais, aise
POLIGNY (Jura) ♦ Polinois, oise
POLOGNE (Europe) ♦ Polonais, aise
POLYNÉSIE (Océanie) ♦ Polynésien, ienne
POMPÉI (Italie) ♦ Pompéien, ienne
PONCIN (Ain) ♦ Poncinois, oise
PONS (Charente-Maritime) ♦ Pontois, oise
PONT-À-MOUSSON (Meurthe-et-Moselle) ♦ Mussipontain, aine
PONTARLIER (Doubs) ♦ Pontissalien, ienne
PONT-AUDEMER (Eure) ♦ Pont-Audemérien, ienne
PONT-AVEN (Finistère) ♦ Pontaveniste
PONT-D'AIN (Ain) ♦ Pondinois, oise
PONT-DE-L'ARCHE (Eure) ♦ Archepontain, aine
PONT-EN-ROYANS (Isère) ♦ Pontois, oise
PONTIVY (Morbihan) ♦ Pontivyen, enne
PONT-L'ABBÉ (Finistère) ♦ Pont-l'Abbiste
PONT-L'ÉVÊQUE (Calvados) ♦ Pontépiscopien, ienne
PONTOISE (Val-d'Oise) ♦ Pontoisien, ienne
PONTORSON (Manche) ♦ Pontorsonnais, aise
PONTRIEUX (Côtes-d'Armor) ♦ Pontrivien, ienne
PONT-SAINTE-MAXENCE (Oise) ♦ Maxipontain, aine ou Pontois, oise
PONT-SAINT-ESPRIT (Gard) ♦ Spiripontain, aine
PORNIC (Loire-Atlantique) ♦ Pornicais, aise
PORNICHET (Loire-Atlantique) ♦ Pornichetain, aine
PORTO RICO (Amérique centrale) ♦ Portoricain, aine
PORT-SAINTE-MARIE (Lot-et-Garonne) ♦ Portais, aise
PORT-SAINT-LOUIS-DU-RHÔNE (Bouches-du-Rhône) ♦ Saint-Louisien, ienne
PORT-SUR-SAÔNE (Haute-Saône) ♦ Portusien, ienne
PORTUGAL (Europe) ♦ Portugais, aise → LUSITANIE
PORT-VENDRES (Pyrénées-Orientales) ♦ Port-Vendrais, aise
POUILLON (Landes) ♦ Pouillonnais, aise
PRADES (Pyrénées-Orientales) ♦ Pradéen, enne
PRAGUE (République tchèque) ♦ Praguois, oise
PRÉMERY (Nièvre) ♦ Prémerycois, oise
PRIVAS (Ardèche) ♦ Privadois, oise
PROVENCE (France) ♦ Provençal, ale, aux
PROVINS (Seine-et-Marne) ♦ Provinois, oise
PRUSSE Prussien, ienne
PUGET-THÉNIERS (Alpes-Maritimes) ♦ Pugétais, aise
PUISEAUX (Loiret) ♦ Puiseautin, ine
PUY-EN-VELAY [LE] (Haute-Loire) ♦ Ponot, ote
PYRÉNÉES (France) ♦ Pyrénéen, enne

QATAR ou KATAR (Proche-Orient) ♦ Qatari [plur.]
QUÉBEC (Canada) ♦ Québécois, oise
QUERCY (France) ♦ Quercinois, oise
QUESNOY [LE] (Nord) ♦ Quercitain, aine
QUESNOY-SUR-DEÛLE (Nord) ♦ Quesnoysien, ienne
QUIBERON (Morbihan) ♦ Quiberonnais, aise
QUILLAN (Aude) ♦ Quillanais, aise
QUILLEBEUF-SUR-SEINE (Eure) ♦ Quillebois, oise
QUIMPER (Finistère) ♦ Quimpérois, oise
QUIMPERLÉ (Finistère) ♦ Quimperlois, oise

RABASTENS (Tarn) ♦ Rabastinois, oise
RAINCY [LE] (Seine-Saint-Denis) ♦ Raincéen, enne
RAISMES (Nord) ♦ Raismois, oise
RAMBERVILLERS (Vosges) ♦ Rambuvetais, aise
RAMBOUILLET (Yvelines) ♦ Rambolitain, aine
RAVENNE (Italie) ♦ Ravennate
RÉ [île de] (Charente-Maritime) ♦ Rhétais, aise ou Rétais, aise
REDON (Ille-et-Vilaine) ♦ Redonnais, aise
REIMS (Marne) ♦ Rémois, oise
REMIREMONT (Vosges) ♦ Romarimontain, aine
RENAZÉ (Mayenne) ♦ Renazéen, enne
RENNES (Ille-et-Vilaine) ♦ Rennais, aise
RÉOLE [LA] (Gironde) ♦ Réolais, aise
RETHEL (Ardennes) ♦ Rethélois, oise
RETIERS (Ille-et-Vilaine) ♦ Restérien, ienne
RÉUNION [île de la] (océan Indien) ♦ Réunionnais, aise
RHÉNANIE (Allemagne) ♦ Rhénan, ane
RHIN Rhénan, ane
RHODES [île de] (Grèce) ♦ Rhodien, ienne
RHÔNE (France) ♦ Rhodanien, ienne
RIBEAUVILLÉ (Haut-Rhin) ♦ Ribeauvillois, oise
RICEYS [LES] (Aube) ♦ Riceton, one
RIEZ (Alpes-de-Haute-Provence) ♦ Riézois, oise
RIF (Maroc) ♦ Rifain, aine
RIO DE JANEIRO (Brésil) ♦ Carioca
RIOM (Puy-de-Dôme) ♦ Riomois, oise
RIVE-DE-GIER (Loire) ♦ Ripagérien, ienne
RIVES (Isère) ♦ Rivois, oise
RIVESALTES (Pyrénées-Orientales) ♦ Rivesaltais, aise
ROANNE (Loire) ♦ Roannais, aise
ROBERT [LE] (Martinique) ♦ Robertin, ine
ROCHE-BERNARD [LA] (Morbihan) ♦ Rochois, oise
ROCHECHOUART (Haute-Vienne) ♦ Rochechouartais, aise
ROCHEFORT (Charente-Maritime) ♦ Rochefortais, aise
ROCHE-LA-MOLIÈRE (Loire) ♦ Rouchon, onne
ROCHELLE [LA] (Charente-Maritime) ♦ Rochelais, aise
ROCHE-POSAY [LA] (Vienne) ♦ Rochelais, aise
ROCHE-SUR-YON [LA] (Vendée) ♦ Yonnais, aise
RODEZ (Aveyron) ♦ Ruthénois, oise
ROISSY-EN-FRANCE (Val-d'Oise) ♦ Roisséen, enne
ROME (Italie) ♦ Romain, aine
ROMORANTIN (Loir-et-Cher) ♦ Romorantinais, aise
ROUBAIX (Nord) ♦ Roubaisien, ienne
ROUEN (Seine-Maritime) ♦ Rouennais, aise
ROUERGUE (France) ♦ Rouergat, ate
ROUGÉ (Loire-Atlantique) ♦ Rougéen, enne
ROUMANIE (Europe) ♦ Roumain, aine
ROUSSILLON (Isère) ♦ Roussillonnais, aise
ROYAN (Charente-Maritime) ♦ Royannais, aise
ROYE (Somme) ♦ Royen, enne
RUEIL-MALMAISON (Hauts-de-Seine) ♦ Rueillois, oise
RUFFEC (Charente) ♦ Ruffécois, oise
RUMILLY (Haute-Savoie) ♦ Rumillien, ienne
RUSSIE (Europe) ♦ Russe
RWANDA (Afrique) ♦ Rwandais, aise

SABA Sabéen, enne
SABLES-D'OLONNE [LES] (Vendée) ♦ Sablais, aise
SABLÉ-SUR-SARTHE (Sarthe) ♦ Sabolien, ienne
SAINT-AFFRIQUE (Aveyron) ♦ Saint-Affricain, aine
SAINT-AGRÈVE (Ardèche) ♦ Saint-Agrèvois, oise
SAINT-AIGNAN-SUR-CHER (Loir-et-Cher) ♦ Saint-Aignanais, aise
SAINT-AMAND-EN-PUISAYE (Nièvre) ♦ Amandinois, oise ou Amandois, oise

SAINT-AMAND-LES-EAUX (Nord) ♦ Amandinois, oise
SAINT-AMAND-MONTROND (Cher) ♦ Saint-Amandois, oise ou Amandin, ine
SAINT-ANDRÉ-DE-CUBZAC (Gironde) ♦ Cubzaguais, aise
SAINT-ANDRÉ-DE-L'EURE (Eure) ♦ Andrésien, ienne
SAINT-ANDRÉ-LES-ALPES (Alpes-de-Haute-Provence) ♦ Saint-Andréen, enne
SAINT-ANDRÉ-LES-VERGERS (Aube) ♦ Dryat, Dryate
SAINT-AUBIN-SUR-MER (Calvados) ♦ Saint-Aubinais, aise
SAINT-BÉAT (Haute-Garonne) ♦ Saint-Béatais, aise
SAINT-BENOÎT-DU-SAULT (Indre) ♦ Bénédictin, ine
SAINT-BRIEUC (Côtes-d'Armor) ♦ Briochin, ine
SAINT-CALAIS (Sarthe) ♦ Calaisien, ienne
SAINT-CÉRÉ (Lot) ♦ Saint-Céréen, enne
SAINT-CHAMOND (Loire) ♦ Saint-Chamonais, aise
SAINT-CHINIAN (Hérault) ♦ Saint-Chinianais, aise
SAINT-CLAUDE (Jura) ♦ San-Claudien, ienne ou Sanclaudien, ienne
SAINT-CLOUD (Hauts-de-Seine) ♦ Clodoaldien, ienne
SAINT-CYR-L'ÉCOLE (Yvelines) ♦ Saint-Cyrien, ienne
SAINT-DENIS (Seine-Saint-Denis); (la Réunion) ♦ Dionysien, ienne
SAINT-DIÉ-DES-VOSGES (Vosges) ♦ Déodatien, ienne
SAINT-DIZIER (Haute-Marne) ♦ Bragard, arde
SAINT-ÉTIENNE (Loire) ♦ Stéphanois, oise
SAINT-ÉTIENNE-DU-ROUVRAY (Seine-Maritime) ♦ Stéphanais, aise
SAINT-ÉTIENNE-EN-DÉVOLUY (Hautes-Alpes) ♦ Saint-Estevard, arde
SAINT-FLORENTIN (Yonne) ♦ Florentinois, oise
SAINT-FLOUR (Cantal) ♦ Sanflorain, aine
SAINT-FONS (Rhône) ♦ Saint-Foniard, iarde
SAINT-FULGENT (Vendée) ♦ Saint-Fulgentais, aise
SAINT-GALL (Suisse) ♦ Saint-Gallois, oise
SAINT-GAUDENS (Haute-Garonne) ♦ Saint-Gaudinois, oise
SAINT-GERMAIN-DES-PRÉS (Paris) ♦ Germanopratin, ine
SAINT-GERMAIN-EN-LAYE (Yvelines) ♦ Saint-Germanois, oise
SAINT-GERMAIN-LAVAL (Loire) ♦ Germanois, oise
SAINT-GILLES (Gard) ♦ Saint-Gillois, oise
SAINT-GILLES-CROIX-DE-VIE (Vendée) ♦ Gillocrucien, ienne
SAINT-GIRONS (Ariège) ♦ Saint-Gironnais, aise
SAINT-HYACINTHE (Canada) ♦ Maskoutain, aine
SAINT-JEAN-CAP-FERRAT (Alpes-Maritimes) ♦ Saint-Jeannois, oise
SAINT-JEAN-D'ANGÉLY (Charente-Maritime) ♦ Angérien, ienne
SAINT-JEAN-DE-LA-RUELLE (Loiret) ♦ Stéoruellan, ane
SAINT-JEAN-DE-LOSNE (Côte-d'Or) ♦ Saint-Jean-de-Losnais, aise
SAINT-JEAN-DE-LUZ (Pyrénées-Atlantiques) ♦ Luzien, ienne
SAINT-JEAN-DE-MAURIENNE (Savoie) ♦ Saint-Jeannais, aise
SAINT-JEAN-PIED-DE-PORT (Pyrénées-Atlantiques) ♦ Saint-Jeannais, aise
SAINT-JULIEN-CHAPTEUIL (Haute-Loire) ♦ Saint-Julien, ienne
SAINT-JULIEN-DU-SAUT (Yonne) ♦ Saltusien, ienne
SAINT-JULIEN-EN-GENEVOIS (Haute-Savoie) ♦ Saint-Juliennois, oise
SAINT-JUNIEN (Haute-Vienne) ♦ Saint-Juniaud, iaude
SAINT-JUST-EN-CHAUSSÉE (Oise) ♦ Saint-Justois, oise
SAINT-JUST-EN-CHEVALET (Loire) ♦ Saint-Juraud, aude
SAINT-JUST-SAINT-RAMBERT (Loire) ♦ Pontrambertois, oise
SAINT-LAURENT (Canada) ♦ Laurentien, ienne
SAINT-LAURENT-DE-CERDANS (Pyrénées-Orientales) ♦ Laurentin, ine
SAINT-LAURENT-DE-NESTE (Hautes-Pyrénées) ♦ Saint-Laurentin, ine
SAINT-LAURENT-DU-PONT (Isère) ♦ Laurentinois, oise
SAINT-LAURENT-EN-GRANDVAUX (Jura) ♦ Grandvallier, ière
SAINT-LÔ (Manche) ♦ Saint-Lois, Loise ou Laudinien, ienne
SAINT-MAIXENT-L'ÉCOLE (Deux-Sèvres) ♦ Saint-Maixentais, aise
SAINT-MALO (Ille-et-Vilaine) ♦ Malouin, ine
SAINT-MARCELLIN (Isère) ♦ Saint-Marcellinois, oise
SAINT-MARIN (Europe) ♦ Saint-Marinais, aise ou San-Marinais, aise
SAINT-MARTIN-DE-RÉ (Charente-Maritime) ♦ Martinais, aise
SAINT-MARTIN-D'HÈRES (Isère) ♦ Martinérois, oise
SAINT-MARTIN-VÉSUBIE (Alpes-Maritimes) ♦ Saint-Martinois, oise
SAINT-MIHIEL (Meuse) ♦ Saint-Mihielois, oise ou Sammiellois, oise
SAINT-NAZAIRE (Loire-Atlantique) ♦ Nazairien, ienne
SAINT-OMER (Pas-de-Calais) ♦ Audomarois, oise
SAINTONGE (France) ♦ Saintongeais, aise
SAINT-OUEN (Seine-Saint-Denis) ♦ Audonien, ienne
SAINT-OUEN-L'AUMÔNE (Val-d'Oise) ♦ Saint-Ouennais, aise
SAINT-PAUL-DE-FENOUILLET (Pyrénées-Orientales) ♦ Saint-Paulais, aise
SAINT-PAUL-DE-VENCE (Alpes-Maritimes) ♦ Saint-Paulois, oise
SAINT-PAUL-TROIS-CHÂTEAUX (Drôme) ♦ Tricastin, ine
SAINT-PÉRAY (Ardèche) ♦ Saint-Pérollais, aise
SAINT-PIERRE (Martinique) ♦ Pierrotin, ine
SAINT-PIERRE-DES-CORPS (Indre-et-Loire) ♦ Corpopétrussien, ienne
SAINT-PIERRE-ET-MIQUELON (océan Atlantique) ♦ Saint-Pierrais, aise et Miquelonnais, aise
SAINT-PIERRE-LE-MOÛTIER (Nièvre) ♦ Saint-Pierrois, oise
SAINT-PIERRE-SUR-DIVES (Calvados) ♦ Pétruvien, ienne
SAINT-POL-DE-LÉON (Finistère) ♦ Saint-Politain, aine
SAINT-POL-SUR-TERNOISE (Pas-de-Calais) ♦ Saint-Polois, oise
SAINT-PONS-DE-THOMIÈRES (Hérault) ♦ Saint-Ponais, aise
SAINT-POURÇAIN-SUR-SIOULE (Allier) ♦ Saint-Pourcinois, oise
SAINT-QUENTIN (Aisne) ♦ Saint-Quentinois, oise
SAINT-RAMBERT-D'ALBON (Drôme) ♦ Rambertois, oise
SAINT-RÉMY-SUR-DUROLLE (Puy-de-Dôme) ♦ Saint-Rémois, oise
SAINT-SEVER (Landes) ♦ Saint-Severin, ine
SAINT-TROPEZ (Var) ♦ Tropézien, ienne
SAINT-VALERY-EN-CAUX (Seine-Maritime) ♦ Valériquais, aise
SAINT-VALERY-SUR-SOMME (Somme) ♦ Valéricain, aine
SAINT-VALLIER-SUR-RHÔNE (Drôme) ♦ Saint-Valliérois, oise
SAINT-YRIEIX-LA-PERCHE (Haute-Vienne) ♦ Arédien, ienne
SAINTE-CROIX (Suisse) ♦ Sainte-Crix [inv.]
SAINTE-FOY (Canada) ♦ Saint-Fidéen, enne
SAINTE-FOY-LA-GRANDE (Gironde) ♦ Foyen, enne
SAINTE-FOY-LÈS-LYON (Rhône) ♦ Fidésien, ienne
SAINTE-MENEHOULD (Marne) ♦ Ménéhildien, ienne
SAINTES (Charente-Maritime) ♦ Saintais, aise
SAINTES-MARIES-DE-LA-MER (Bouches-du-Rhône) ♦ Saintois, oise
SALERS (Cantal) ♦ Sagranier, ière
SALIES-DE-BÉARN (Pyrénées-Atlantiques) ♦ Salisien, ienne
SALINS-LES-BAINS (Jura) ♦ Salinois, oise
SALLANCHES (Haute-Savoie) ♦ Sallanchard, arde

SALONIQUE (Grèce) ♦ Salonicien, ienne
SALVADOR (Amérique centrale) ♦ Salvadorien, ienne
SAMARIE (Palestine) ♦ Samaritain, aine
SAMOA (Polynésie) ♦ Samoan, ane
SAMOËNS (Haute-Savoie) ♦ Septimontain, aine
SAMOS (Grèce) ♦ Samien, ienne ou Samiote
SANCERRE (Cher) ♦ Sancerrois, oise
SAÔNE-ET-LOIRE (France) ♦ Saône-et-Loirien, ienne
SÃO PAULO (Brésil) ♦ Pauliste
SÃO TOMÉ-ET-PRINCIPE (Afrique) ♦ Santoméen, enne
SARAJEVO (Bosnie-Herzégovine) ♦ Sarajévien, ienne)
SARDAIGNE (Italie) ♦ Sarde
SARLAT-LA-CANÉDA (Dordogne) ♦ Sarladais, aise
SARRE (Allemagne) ♦ Sarrois, oise
SARREBOURG (Moselle) ♦ Sarrebourgeois, oise
SARREBRUCK (Allemagne) ♦ Sarrebruckois, oise
SARREGUEMINES (Moselle) ♦ Sarregueminois, oise
SARTÈNE (Corse-du-Sud) ♦ Sartenais, aise
SARTHE (France) ♦ Sarthois, oise
SASKATCHEWAN [province de la] (Canada) ♦ Saskatchewanais, aise
SAULIEU (Côte-d'Or) ♦ Sédélocien, ienne
SAULXURES-SUR-MOSELOTTE (Vosges) ♦ Saulxuron, onne
SAUMUR (Maine-et-Loire) ♦ Saumurois, oise
SAUVETERRE-DE-BÉARN (Pyrénées-Atlantiques) ♦ Sauveterrien, ienne
SAVENAY (Loire-Atlantique) ♦ Savenaisien, ienne
SAVERNE (Bas-Rhin) ♦ Savernois, oise
SAVIGNY-SUR-ORGE (Essonne) ♦ Savinien, ienne
SAVOIE (France) ♦ Savoyard, arde ou Savoisien, ienne
SAXE (Allemagne) ♦ Saxon, onne
SCANDINAVIE (Europe) ♦ Scandinave
SCEAUX (Hauts-de-Seine) ♦ Scéen, enne
SECLIN (Nord) ♦ Seclinois, oise
SEDAN (Ardennes) ♦ Sedanais, aise
SÉGOVIE (Espagne) ♦ Ségovien, ienne
SEGRÉ (Maine-et-Loire) ♦ Segréen, enne
SEIN [île de] (Finistère) ♦ Sénan, ane
SEINE-MARITIME (France) ♦ Seinomarin, ine
SEINE-SAINT-DENIS (France) ♦ Séquano-Dionysien, ienne
SÉLESTAT (Bas-Rhin) ♦ Sélestadien, ienne
SEMUR-EN-AUXOIS (Côte-d'Or) ♦ Semurois, oise
SÉNÉGAL (Afrique) ♦ Sénégalais, aise
SÉNÉGAMBIE (Afrique) ♦ Sénégambien, ienne
SENEZ (Alpes-de-Haute-Provence) ♦ Sénéçois, oise ou Sénécien, ienne
SENLIS (Oise) ♦ Senlisien, ienne
SENS (Yonne) ♦ Sénonais, aise
SERBIE (Europe) ♦ Serbe
SÈTE (Hérault) ♦ Sétois, oise
SEURRE (Côte-d'Or) ♦ Seurrois, oise
SÉVERAC-LE-CHÂTEAU (Aveyron) ♦ Séveragais, aise
SEVRAN (Seine-Saint-Denis) ♦ Sevranais, aise
SÈVRES (Hauts-de-Seine) ♦ Sévrien, ienne
SEYCHELLES (océan Indien) ♦ Seychellois, oise
SIAM Siamois, oise
SIBÉRIE (Russie) ♦ Sibérien, ienne
SICILE (Italie) ♦ Sicilien, ienne
SIENNE (Italie) ♦ Siennois, oise
SIERRA LEONE (Afrique) ♦ Sierra-Léonais, aise
SINGAPOUR (Asie) ♦ Singapourien, ienne
SISSONNE (Aisne) ♦ Sissonnais, aise
SISTERON (Alpes-de-Haute-Provence) ♦ Sisteronais, aise
SLOVAQUIE (Europe) ♦ Slovaque
SLOVÉNIE (Europe) ♦ Slovène
SMYRNE (Turquie) ♦ Smyrniote
SOCHAUX (Doubs) ♦ Sochalien, ienne
SOFIA (Bulgarie) ♦ Sofiote
SOIGNIES (Belgique) ♦ Sonégien, ienne
SOISSONS (Aisne) ♦ Soissonnais, aise
SOISY-SOUS-MONTMORENCY (Val-d'Oise) ♦ Soiséen, enne
SOLESMES (Nord) ♦ Solesmois, oise
SOLESMES (Sarthe) ♦ Solesmien, ienne
SOLEURE (Suisse) ♦ Soleurois, oise
SOLLIÈS-PONT (Var) ♦ Solliès-Pontois, oise
SOLOGNE (France) ♦ Solognot, ote
SOLRE-LE-CHÂTEAU (Nord) ♦ Solrézien, ienne
SOMALIE (Afrique) ♦ Somalien, ienne
SOMMIÈRES (Gard) ♦ Sommièrois, oise
SORE (Landes) ♦ Sorien, ienne
SOSPEL (Alpes-Maritimes) ♦ Sospellois, oise
SOUDAN (Afrique) ♦ Soudanais, aise
SOUDAN du SUD (Afrique) ♦ Sud-Soudanais, aise
SOUILLAC (Lot) ♦ Souillagais, aise
SOURDEVAL (Manche) ♦ Sourdevalais, aise
SOUSSE (Tunisie) ♦ Soussien, ienne
SOUTERRAINE [LA] (Creuse) ♦ Sostranien, ienne
SPA (Belgique) ♦ Spadois, oise
SRI LANKA (Asie) ♦ Sri-Lankais, aise
STAINS (Seine-Saint-Denis) ♦ Stanois, oise
STOCKHOLM (Suède) ♦ Stockholmois, oise
STRASBOURG (Bas-Rhin) ♦ Strasbourgeois, oise
SUÈDE (Europe) ♦ Suédois, oise
SUISSE (Europe) ♦ Suisse
SULLY-SUR-LOIRE (Loiret) ♦ Sullylois, oise
SUMÈNE (Gard) ♦ Suménois, oise
SURINAME (Amérique du Sud) ♦ Surinamais, aise
SWAZILAND (Afrique) ♦ Swazi, ie
SYRACUSE (Sicile) ♦ Syracusain, aine
SYRIE (Proche-Orient) ♦ Syrien, ienne
TADJIKISTAN (Asie) ♦ Tadjik, ike
TAHITI (Polynésie) ♦ Tahitien, ienne
TAIWAN (Asie) ♦ Taiwanais, aise
TALMONT-SAINT-HILAIRE (Vendée) ♦ Talmondais, aise
TANZANIE (Afrique) ♦ Tanzanien, ienne
TARARE (Rhône) ♦ Tararien, ienne
TARASCON (Bouches-du-Rhône) ♦ Tarasconnais, aise
TARBES (Hautes-Pyrénées) ♦ Tarbais, aise
TARN (France) ♦ Tarnais, aise
TARTAS (Landes) ♦ Tarusate
TASMANIE (Australie) ♦ Tasmanien, ienne
TAULÉ (Finistère) ♦ Taulésien, ienne
TCHAD (Afrique) ♦ Tchadien, ienne
TCHÉCOSLOVAQUIE (Europe) ♦ Tchécoslovaque ou Tchèque
TCHÈQUE [République] (Europe) ♦ Tchèque
TCHÉTCHÉNIE (Russie) ♦ Tchétchène
TCHOUVACHIE (Russie) ♦ Tchouvache
TENCE (Haute-Loire) ♦ Tençois, oise
TENDE (Alpes-Maritimes) ♦ Tendasque
TERGNIER (Aisne) ♦ Ternois, oise
TERRASSON-LA-VILLEDIEU (Dordogne) ♦ Terrassonnais, aise
TERRE DE FEU (Amérique du Sud) ♦ Fuégien, ienne
TERRE-NEUVE (Canada) ♦ Terre-Neuvien, ienne
TESTE [LA] (Gironde) ♦ Testerin, ine
TEXAS (États-Unis) ♦ Texan, ane
THAÏLANDE (Asie) ♦ Thaïlandais, aise
THANN (Haut-Rhin) ♦ Thannois, oise
THÈBES (Grèce) ♦ Thébain, aine
THÉOULE-SUR-MER (Alpes-Maritimes) ♦ Théoulien, ienne
THESSALIE (Grèce) ♦ Thessalien, ienne
THEUX (Belgique) ♦ Theutois, oise
THIAIS (Val-de-Marne) ♦ Thiaisien, ienne
THIERS (Puy-de-Dôme) ♦ Thiernois, oise
THILLOT [LE] (Vosges) ♦ Thillotin, ine
THIONVILLE (Moselle) ♦ Thionvillois, oise
THIRON-GARDAIS (Eure-et-Loir) ♦ Thironnais, aise
THONON-LES-BAINS (Haute-Savoie) ♦ Thononais, aise
THOUARS (Deux-Sèvres) ♦ Thouarsais, aise
THUIR (Pyrénées-Orientales) ♦ Thuirinois, oise
TIBET (Asie) ♦ Tibétain, aine

TIMOR (Indonésie) ♦ Timorais, aise
TOGO (Afrique) ♦ Togolais, aise
TOKYO (Japon) ♦ Tokyote ou Tokyoïte
TONKIN (Viêtnam) ♦ Tonkinois, oise
TONNEINS (Lot-et-Garonne) ♦ Tonneinquais, aise
TONNERRE (Yonne) ♦ Tonnerrois, oise
TORONTO (Canada) ♦ Torontois, oise
TOSCANE (Italie) ♦ Toscan, ane
TOUL (Meurthe-et-Moselle) ♦ Toulois, oise
TOULON (Var) ♦ Toulonnais, aise
TOULOUSE (Haute-Garonne) ♦ Toulousain, aine
TOUQUET-PARIS-PLAGE [LE] (Pas-de-Calais) ♦ Touquettois, oise
TOURAINE (France) ♦ Tourangeau, elle
TOURCOING (Nord) ♦ Tourquennois, oise
TOUR-DU-PIN [LA] (Isère) ♦ Turripinois, oise
TOURNAI (Belgique) ♦ Tournaisien, ienne
TOURNON-SUR-RHÔNE (Ardèche) ♦ Tournonais, aise
TOURNUS (Saône-et-Loire) ♦ Tournusien, ienne
TOUROUVRE (Orne) ♦ Tourouvrain, aine
TOURS (Indre-et-Loire) ♦ Tourangeau, elle
TRAIT [LE] (Seine-Maritime) ♦ Traiton, onne
TRANSYLVANIE (Roumanie) ♦ Transylvain, aine ou Transylvanien, ienne
TRAPPES (Yvelines) ♦ Trappiste
TRÉGASTEL (Côtes-d'Armor) ♦ Trégastellois, oise
TRÉGUIER (Côtes-d'Armor) ♦ Trégorrois, oise ou Trécorrois, oise
TREIGNAC (Corrèze) ♦ Treignacois, oise
TRÉLON (Nord) ♦ Trélonais, aise
TREMBLADE [LA] (Charente-Maritime) ♦ Trembladais, aise
TRÈVES (Allemagne) ♦ Trévire ou Trévère
TRÉVISE (Italie) ♦ Trévisan, ane
TRÉVOUX (Ain) ♦ Trévoltien, ienne
TRIESTE (Italie) ♦ Triestin, ine
TRINITÉ-ET-TOBAGO (Amérique du Sud) ♦ Trinidadien, ienne
TROIE (Asie Mineure) ♦ Troyen, enne
TROIS-RIVIÈRES (Canada) ♦ Trifluvien, ienne
TROUVILLE-SUR-MER (Calvados) ♦ Trouvillais, aise
TROYES (Aube) ♦ Troyen, enne
TULLE (Corrèze) ♦ Tulliste
TUNIS (Tunisie) ♦ Tunisois, oise
TUNISIE (Afrique) ♦ Tunisien, ienne
TURIN (Italie) ♦ Turinois, oise
TURKMÉNISTAN (Asie) ♦ Turkmène
TURQUIE (Proche-Orient) ♦ Turc, Turque
TYROL (Autriche) ♦ Tyrolien, ienne
UGINE (Savoie) ♦ Uginois, oise
UKRAINE (Europe) ♦ Ukrainien, ienne
UNION SOVIÉTIQUE ou URSS Soviétique
URUGUAY (Amérique du Sud) ♦ Uruguayen, enne
USSEL (Corrèze) ♦ Ussellois, oise
USTARITZ (Pyrénées-Atlantiques) ♦ Ustaritztarrak
UZEL (Côtes-d'Armor) ♦ Uzellois, oise
UZERCHE (Corrèze) ♦ Uzerchois, oise
UZÈS (Gard) ♦ Uzétien, ienne
VAILLY-SUR-AISNE (Aisne) ♦ Vaillicien, ienne
VAISON-LA-ROMAINE (Vaucluse) ♦ Vaisonnais, aise
VALAIS (Suisse) ♦ Valaisan, anne
VAL-DE-MARNE (France) ♦ Val-de-Marnais, aise
VAL-D'OISE (France) ♦ Val-d'Oisien, ienne
VALENÇAY (Indre) ♦ Valencéen, enne
VALENCE (Drôme) ♦ Valentinois, oise
VALENCIENNES (Nord) ♦ Valenciennois, oise
VALLAURIS (Alpes-Maritimes) ♦ Vallaurien, ienne
VALMONT (Seine-Maritime) ♦ Valmontais, aise
VALOGNES (Manche) ♦ Valognais, aise
VALRÉAS (Vaucluse) ♦ Valréassien, ienne
VANNES (Morbihan) ♦ Vannetais, aise
VANUATU (Mélanésie) ♦ Vanuatuan, ane
VAR (France) ♦ Varois, oise
VARENNES-SUR-ALLIER (Allier) ♦ Varennois, oise
VARSOVIE (Pologne) ♦ Varsovien, ienne
VAUCLUSE (France) ♦ Vauclusien, ienne
VAUD [canton de] (Suisse) ♦ Vaudois, oise
VAUVERT (Gard) ♦ Vauverdois, oise
VELAY (France) ♦ Vellave
VENCE (Alpes-Maritimes) ♦ Vençois, oise
VENDÉE (France) ♦ Vendéen, enne
VENDÔME (Loir-et-Cher) ♦ Vendômois, oise
VENEZUELA (Amérique du Sud) ♦ Vénézuélien, ienne ou Vénézolan, ane
VENISE (Italie) ♦ Vénitien, ienne
VÉNISSIEUX (Rhône) ♦ Vénissian, iane
VERDUN (Meuse) ♦ Verdunois, oise
VERGT (Dordogne) ♦ Vernois, oise
VERMAND (Aisne) ♦ Vermandois, oise
VERNEUIL-SUR-AVRE (Eure) ♦ Vernolien, ienne
VERNON (Eure) ♦ Vernonnais, aise
VERNOUX-EN-VIVARAIS (Ardèche) ♦ Vernousain, aine
VÉRONE (Italie) ♦ Véronais, aise
VERRIÈRES-LE-BUISSON (Essonne) ♦ Verriérois, oise ou Védrarien, ienne
VERSAILLES (Yvelines) ♦ Versaillais, aise
VERTOU (Loire-Atlantique) ♦ Vertavien, ienne
VERVINS (Aisne) ♦ Vervinois, oise
VÉSINET [LE] (Yvelines) ♦ Vésigondin, ine
VESOUL (Haute-Saône) ♦ Vésulien, ienne
VEVEY (Suisse) ♦ Veveysan, ane
VÉZELAY (Yonne) ♦ Vézélien, ienne
VIBRAYE (Sarthe) ♦ Vibraysien, ienne
VIC-EN-BIGORRE (Hautes-Pyrénées) ♦ Vicquois, oise
VICENCE (Italie) ♦ Vicentin, ine
VIC-FEZENSAC (Gers) ♦ Vicois, oise
VICHY (Allier) ♦ Vichyssois, oise
VIC-LE-COMTE (Puy-de-Dôme) ♦ Vicomtois, oise
VICO (Corse-du-Sud) ♦ Vicolais, aise
VIC-SUR-CÈRE (Cantal) ♦ Vicois, oise
VIENNE (Isère) ; (Autriche) ♦ Viennois, oise
VIERZON (Cher) ♦ Vierzonnais, aise
VIÊTNAM ou VIÊT NAM (Asie) ♦ Vietnamien, ienne
VIGAN [LE] (Gard) ♦ Viganais, aise
VIGEOIS (Corrèze) ♦ Vigeoyeux, euse
VIGNEUX-SUR-SEINE (Essonne) ♦ Vigneusien, ienne
VILLANDRAUT (Gironde) ♦ Villandrautais, aise
VILLARD-DE-LANS (Isère) ♦ Villardien, ienne
VILLEFORT (Lozère) ♦ Villefortais, aise
VILLEFRANCHE-DE-ROUERGUE (Aveyron) ♦ Villefranchois, oise
VILLEFRANCHE-SUR-SAÔNE (Rhône) ♦ Caladois, oise
VILLEJUIF (Val-de-Marne) ♦ Villejuifois, oise
VILLEMOMBLE (Seine-Saint-Denis) ♦ Villemomblois, oise
VILLEMUR (Haute-Garonne) ♦ Villemurien, ienne
VILLENEUVE-LA-GARENNE (Hauts-de-Seine) ♦ Villenogarennois, oise
VILLENEUVE-SUR-LOT (Lot-et-Garonne) ♦ Villeneuvois, oise
VILLENEUVE-SUR-YONNE (Yonne) ♦ Villeneuvien, ienne
VILLEPINTE (Seine-Saint-Denis) ♦ Villepintois, oise
VILLERS-COTTERÊTS (Aisne) ♦ Cotterézien, ienne
VILLERS-LE-LAC (Doubs) ♦ Villérier, ière
VILLERS-LÈS-NANCY (Meurthe-et-Moselle) ♦ Villarois, oise

VILLERS-SAINT-PAUL (Oise) ♦ Villersois, oise

VILLERUPT (Meurthe-et-Moselle) ♦ Villeruptien, ienne

VILLEURBANNE (Rhône) ♦ Villeurbannais, aise

VIMOUTIERS (Orne) ♦ Vimonastérien, ienne

VIMY (Pas-de-Calais) ♦ Vimynois, oise

VINÇA (Pyrénées-Orientales) ♦ Vinçanais, aise

VINCENNES (Val-de-Marne) ♦ Vincennois, oise

VIRE (Calvados) ♦ Virois, oise

VIROFLAY (Yvelines) ♦ Viroflaysien, ienne

VITRÉ (Ille-et-Vilaine) ♦ Vitréen, enne

VITRY-LE-FRANÇOIS (Marne) ♦ Vitryat, ate

VITRY-SUR-SEINE (Val-de-Marne) ♦ Vitriot, iote

VIVIERS (Ardèche) ♦ Vivarois, oise

VIZILLE (Isère) ♦ Vizillois, oise

VOIRON (Isère) ♦ Voironnais, aise

VOLVIC (Puy-de-Dôme) ♦ Volvicois, oise

VOSGES (France) ♦ Vosgien, ienne

VOUILLÉ (Vienne) ♦ Vouglaisien, ienne ou Vogladien, ienne

VOUVRAY (Indre-et-Loire) ♦ Vouvrillon, onne

VOUZIERS (Ardennes) ♦ Vouzinois, oise

WALLIS-ET-FUTUNA (Polynésie) ♦ Wallisien, ienne et Futunien, ienne

WALLONIE (Belgique) ♦ Wallon, onne

WASSELONNE (Bas-Rhin) ♦ Wasselonnais, aise

WASSY (Haute-Marne) ♦ Wasseyen, enne

WATTIGNIES (Nord) ♦ Wattignisien, ienne

WATTRELOS (Nord) ♦ Wattrelosien, ienne

WINNIPEG (Canada) ♦ Winnipegois, oise

WISSEMBOURG (Bas-Rhin) ♦ Wissembourgeois, oise

YÉMEN (Arabie) ♦ Yéménite

YENNE (Savoie) ♦ Yennois, oise

YERRES (Essonne) ♦ Yerrois, oise

YEU [île d'] (Vendée) ♦ Ogien, ienne

YONNE (France) ♦ Icaunais, aise

YOUGOSLAVIE (Europe) ♦ Yougoslave

YSSINGEAUX (Haute-Loire) ♦ Yssingelais, aise

YVELINES (France) ♦ Yvelinois, oise

YVETOT (Seine-Maritime) ♦ Yvetotais, aise

YZEURE (Allier) ♦ Yzeurien, ienne

ZAGREB (Croatie) ♦ Zagrébois, oise

ZAÏRE (Afrique) ♦ Zaïrois, oise

ZAMBIE (Afrique) ♦ Zambien, ienne

ZÉLANDE (Pays-Bas) ♦ Zélandais, aise

ZICAVO (Corse-du-Sud) ♦ Zicavais, aise

ZIMBABWE (Afrique) ♦ Zimbabwéen, enne

ZURICH (Suisse) ♦ Zurichois, oise

PETIT DICTIONNAIRE DES SUFFIXES DU FRANÇAIS

Cette liste alphabétique est destinée à guider le lecteur dans la compréhension de la morphologie suffixale du français. Elle a été conçue comme un complément pédagogique et pratique à la présentation des mots suffixés, telle qu'elle est faite dans le corps du dictionnaire. Les séries d'exemples ont été établies pour manifester les processus de formation lexicale ; on ne s'étonnera donc pas d'y trouver des mots qui ne figurent pas à la nomenclature du dictionnaire : ils ont été choisis en tant qu'exemples pour illustrer les processus mis en évidence.

GUIDE DE LECTURE

Ce petit dictionnaire complète le *Nouveau Petit Robert* en traitant un aspect de la formation des mots (ou *morphologie*) qui ne peut être montré clairement dans un dictionnaire ordinaire ; il manifeste comment, en français, on a formé et on peut former des mots (des *dérivés*) en ajoutant à une base (un mot ou un radical) un élément de formation placé après cette base (un *suffixe*). En effet, si les mots formés à l'aide d'un élément placé devant la base (un *préfixe*), par exemple les mots en *re-*, en *in-*, se trouvent rapprochés par l'ordre alphabétique, ceux qui sont formés à l'aide d'un élément placé après la base, tels les mots en *-age*, se trouvent dispersés dans le dictionnaire de manière imprévisible. Pour présenter de façon plus complète non seulement le résultat, mais les processus essentiels de la formation des mots en français, il était nécessaire de regrouper les suffixes dans une liste alphabétique unique. On ne trouvera dans cette liste ni les morphèmes qui expriment les rapports grammaticaux (le *-e* du féminin, le *-s* du pluriel, les désinences des conjugaisons des verbes, etc.), ni les éléments représentés seulement dans des mots empruntés à des langues étrangères. On n'y trouvera pas non plus les radicaux comme *-graphe*, *-phobe*, etc. : la plupart d'entre eux sont traités à la nomenclature du dictionnaire, au même titre que les préfixes ; ces radicaux, qu'ils soient préfixés ou suffixés, véhiculent un contenu de sens plus précis et se combinent entre eux pour former des mots (ex. *xénophobe*), notamment dans les terminologies scientifiques et techniques. Au contraire, les suffixes énumérés ici s'appliquent à l'usage général ; en outre, ils déterminent la catégorie grammaticale du mot produit : on peut former des noms avec des verbes, des adverbes avec des adjectifs, etc. Par ailleurs, la production des dérivés (« transformation » morphologique) intervient dans les transformations syntaxiques (le morphème suffixal *-eur*, *-euse* permet de passer de : celui, celle qui *chante* l'opéra à : un *chanteur*, une *chanteuse* d'opéra). On s'est d'autre part appliqué à choisir des exemples de mots formés en français, et non pas empruntés, pour montrer la productivité des suffixes décrits.

DESCRIPTION DES ARTICLES

Ce dictionnaire se consulte comme le corps du dictionnaire lui-même. Chaque suffixe retenu fait l'objet d'un article avec une entrée, une analyse en numéros (I♦, 1♦, etc.) et des exemples (qui sont ici des mots complexes, et non plus des phrases) ; on a fait figurer aussi, à la fin des articles, l'étymologie des suffixes. Quand deux suffixes différents (par l'origine ou le sens) ont la même forme, ils sont numérotés, comme les homonymes dans le dictionnaire ; dans ce cas, des indications sur la valeur sémantique de ces suffixes sont données, pour aider à les différencier.

Les suffixes et leurs variantes, qui sont mentionnées après l'entrée ou à l'intérieur des articles, selon les cas, sont soigneusement distingués des finales, qui sont des terminaisons quelconques. Les finales ou modifications de finales les plus courantes ont été signalées, notamment celles qui peuvent donner lieu à des confusions avec de véritables suffixes : précisons ici que, parmi ces terminaisons, seuls les suffixes ont une forme stable et un sens constant (ce sont des morphèmes) ; il arrive cependant parfois que des finales deviennent par mauvaise coupe des suffixes « stabilisés » et productifs (ex. *-tique* dans *bureautique*).

Les articles du dictionnaire sont rédigés de manière homogène : on présente d'abord la catégorie grammaticale des mots produits (par exemple : « pour former des noms »), puis la nature de la base qui sert à les produire (par exemple : « la base est un verbe »). À l'intérieur de chacune de ces distinctions, on a toujours suivi le même ordre : nom, adjectif, verbe, etc. Quand la base est un verbe, et que la formation des mots suffixés met en œuvre plusieurs radicaux différents, on a indiqué ceux qui fournissent la base. La forme de la base s'obtient le plus souvent à partir de celle de la Ire personne du pluriel du présent de l'indicatif ; le radical étant (sauf pour *être*) le même que celui de l'imparfait, on a, pour simplifier, mentionné « forme de l'imparfait ». Lorsqu'il s'agissait de la forme de la première personne du singulier du présent de l'indicatif, on a mentionné « forme de la Ire personne du présent » (par opposition à « forme de l'imparfait »).

Viennent ensuite les exemples qui sont regroupés selon la valeur du suffixe, selon le sens (classes sémantiques : personnes, choses, etc.), ou selon le niveau de langue (familier, etc.). Les exemples contenant une variante suffixale sont précédés par un tiret. On trouvera dans ces séries d'exemples des mots courants, mais aussi des mots rares ou archaïques et des mots argotiques ; tous ont été choisis pour illustrer le plus clairement possible le processus de formation base + suffixe. Parmi ces exemples figurent de nombreux noms de personnes, cités au masculin ou au féminin : ils sont précédés de l'article indéfini *un*, *une*, pour souligner qu'ils peuvent généralement être employés aux deux genres ; les noms de choses, en revanche, sont en général présentés sans article.

Dans le texte des articles, les renvois à d'autres suffixes sont présentés par une flèche double (comme les renvois à des mots dans le dictionnaire). Dans les étymologies, les renvois, qui sont précédés par une flèche simple, se rapportent à l'étymologie des autres suffixes.

DANIÈLE MORVAN
En hommage aux travaux de JOSETTE REY-DEBOVE

-ABLE Pour former des adjectifs. **1♦** La base est un nom. *Charitable, corvéable, effroyable, rentable, viable.* ◊ ⇒ **-ible** (1°). **2♦** La base est un verbe (la base est celle de la forme de la 1re personne du présent, ou de la forme de l'imparfait). *Abordable, buvable, critiquable, faisable, habitable, périssable.* [Avec le préfixe **in-**] *imbattable, imprenable, insoutenable, intarissable, irréprochable.* ◊ ⇒ **-ible** (2°). ◊ La terminaison de noms correspondante est *-abilité* ⇒ **-ité.** ‹lat. *-abilem,* accusatif de *-abilis.*›

-ACÉ, -ACÉE Pour former des adjectifs. ♦ La base est un nom. *Micacé, rosacé, scoriacé.* ‹lat. *-aceum, -aceam.*›

-ADE Pour former des noms féminins. **1♦** La base est un nom. *Citronnade, colonnade, cotonnade, œillade.* **2♦** La base est un verbe. *Baignade, glissade, rigolade.* ‹lat. *-atam* par le provençal *-ada,* l'italien *-ata,* l'espagnol *-ada,* et devenu suffixe de noms en français. → aussi 1. -ée, 2. -ée.›

-AGE Pour former des noms masculins. **1♦** La base est un nom. *Branchage, outillage. Esclavage. Laitage. Métrage. Ermitage.* **2♦** La base est un verbe (la base est celle de la forme de la 1re personne du présent, ou de la forme de l'imparfait). *Blanchissage, caviardage, dressage, noyautage, pilotage, remplissage, vernissage.* ‹lat. *-aticum* (accusatif de *-aticus,* de *-ticus,* du grec *-tikos*), suffixe d'adjectifs, devenu suffixe de noms en français.›

-AIE, VAR. **-ERAIE** Pour former des noms féminins. ♦ La base est un nom. *Cerisaie, chênaie, olivaie, ormaie, saulaie.* [Base en **-ier** ; finale en -ERAIE] *châtaigneraie, fraiseraie, oliveraie, palmeraie, peupleraie, roseraie. — Pineraie, ronceraie.* ‹lat. *-eta,* pluriel (neutre) de *-etum,* dans des mots désignant une collection de végétaux, une plantation.›

1. **-AIL** ou **-AILLE** Pour former des noms (valeur : dans des noms d'instruments). ♦ La base est un verbe (la base est celle de la forme de la 1re personne du présent, ou de la forme de l'imparfait). *Épouvantail, éventail, tenaille.* ‹lat. *-aculum, -aculam.*›

2. **-AIL** ou **-AILLE** Pour former des noms (valeur : collectif; « action de »). **1♦** La base est un nom. *Bétail, muraille, vitrail.* PÉJ. *cochonnaille, ferraille, pierraille, valetaille.* **2♦** La base est un verbe. *Fiançailles, semailles, sonnaille, trouvaille.* PÉJ. *mangeaille.* ‹ancien français *-al,* du lat. *-ale,* refait, par analogie, en *-ail;* lat. *-alia,* pluriel neutre de *-alis,* parfois par l'italien *-aglia,* puis *-aille* est devenu suffixe de noms en français.›

-AILLER Pour former des verbes. ♦ La base est un verbe (la base est celle de la forme de la 1re personne du présent, ou de la forme de l'imparfait). DIMIN. ou PÉJ. *criailler, écrivailler, tirailler, traînailler.* FRÉQUENTATIF *discutailler.* ◊ ⇒ **-asser, -iller, -ouiller.** ‹lat. *-aculare ;* français *-aille* (→ 2. -ail ou -aille) + 1. *-er,* puis *-ailler* est devenu suffixe de verbes en français.›

1. **-AIN, -AINE** (valeur : indique l'appartenance) **I♦** Pour former des noms. **1♦** La base est un nom commun. *Un mondain, une républicaine.* **2♦** La base est un nom propre. *Une Africaine, un Marocain.* **II♦** Pour former des adjectifs. **1♦** La base est un nom commun. *Mondain, républicain.* **2♦** La base est un nom propre. *Cubain, marocain, tibétain.* **3♦** La base est un adjectif. *Hautain.* ‹lat. *-anum, -anam.*›

2. **-AIN** ou **-AINE** Pour former des noms (valeur : « groupe de »). ♦ La base est un nom de nombre. *Centaine, dizain, dizaine, quatrain, quinzaine.* ‹lat. *-enum,* puis *-ain* (ou *-aine*) est devenu un suffixe en français.›

3. **-AIN** Pour former des noms masculins. ♦ La base est un verbe (la base est celle de la forme de la 1re personne du présent, ou de la forme de l'imparfait). *Couvain, naissain.* ‹lat. *-amen,* ou lat. *-imen,* donnant une finale *-in,* remplacée par *-ain.*›

1. **-AIRE** VAR. **-IAIRE** Pour former des noms (valeur : « qui a, dispose de; qui renferme »). ♦ La base est un nom. *Un actionnaire, une disquaire, un fonctionnaire, une milliardaire. Abécédaire, questionnaire. — Une stagiaire.* ◊ ⇒ **-ataire** (I). ‹lat. *-arium.* → aussi 1. -ier, -ière.›

2. **-AIRE** (valeur : « relatif à ») **I♦** Pour former des noms. La base est un nom. *Moustiquaire.* **II♦** Pour former des adjectifs. VAR. **-IAIRE.** La base est un nom. *Bancaire, élitaire, grabataire, herniaire, planétaire, résiduaire, universitaire. — Biliaire, conciliaire, domiciliaire, pénitentiaire.* ◊ ⇒ **-ataire** (II). ‹lat. *-arius* et lat. *-aris* (issu de *-alis* [→ -al, -ale] après un radical en *l*). → aussi 1. -ier, -ière.›

-AIS, -AISE **I♦** Pour former des noms. La base est un nom propre. *Un Japonais, une Lyonnaise.* ◊ ⇒ **-ois, -oise** (I). **II♦** Pour former des adjectifs. La base est un nom propre. *Français, japonais, montréalais, new-yorkais.* ◊ ⇒ **-ois, -oise** (II). ‹lat. *-ensem* et lat. médiéval *-iscum,* du germanique *-isk.* → aussi -ois, -oise.›

-AISON Pour former des noms féminins. **1♦** La base est un nom. *Lunaison, olivaison, siglaison, tomaison.* **2♦** La base est un verbe. *Comparaison, cueillaison, déclinaison, démangeaison, livraison, salaison.* ◊ ⇒ 1. **-son.** ‹lat. *-ationem,* accusatif de *-atio.*›

-AL, -ALE, -AUX, -ALES VAR. **-IAL, -IALE, -IAUX, -IALES** Pour former des adjectifs. ♦ La base est un nom. *Génial, matinal, musical, régional, théâtral. — Collégial, mondial, racial.* [Pluriel en -ALS, -ALES : *causals, finals,* etc.] ‹lat. *-alis* (pluriel *-ales*), par emprunt, puis *-al, -ale* est devenu un suffixe en français. → aussi -el, -elle.›

-AMMENT Pour former des adverbes. ♦ La base est un adjectif en **-ant, -ante.** *Couramment, galamment, indépendamment, puissamment, savamment.* ◊ ⇒ **-emment.** ◊ Exceptions. **1♦** La base est un participe présent (base verbale) : *notamment, précipitamment.* **2♦** La base est un nom (par analogie) : *nuitamment.* ‹origine : français *-ant* (→ -ant, -ante), avec chute du *t* final et passage de *n* à *m* + français *-ment* (→ 2. -ment).›

-AN, -ANE **I♦** Pour former des noms. **1♦** La base est un nom commun. *Paysan.* **2♦** La base est un nom propre. *Un Castillan, une Persane.* **II♦** Pour former des adjectifs. La base est un nom propre. *Bressan, mahométan, mosellan, persan.* ‹lat. *-anum, -anam.*›

-ANCE Pour former des noms féminins. **1♦** La base est un adjectif en **-ant, -ante.** *Arrogance, constance, reconnaissance, vaillance.* **2♦** La base est un verbe (la base est celle de la forme de la 1re personne du présent, ou de la forme de l'imparfait). *Alliance, appartenance, croissance, croyance, descendance, espérance, jouissance, méfiance, mouvance, naissance, nuisance, partance, suppléance, vengeance.* ◊ ⇒ **-ence.** ◊ Exception. La base est un participe présent : *échéance.* ‹lat. *-antia : -ans* (→ -ant, -ante) + *-ia.*›

-ANT, -ANTE **I♦** Pour former des noms. La base est un verbe (la base est celle de la forme de la 1re personne du présent, ou de la forme de l'imparfait). *Un assistant, une habitante, un militant, un poursuivant. Imprimante.* **II♦** Pour former des adjectifs. La base est un verbe (la base est celle de la forme de la 1re personne du présent, ou de la forme de l'imparfait). *Apaisant, brillant, charmant, descendant, finissant, irritant, méprisant.* ◊ ⇒ **-ent, -ente.** ◊ Le suffixe de noms correspondant est **-ance,** et le suffixe d'adverbes est **-amment.** ‹lat. *-antem,* accusatif du suffixe de participe présent *-ans.* REM. La terminaison *-ant* est aussi celle du participe présent des verbes.›

-ARD, -ARDE **I♦** Pour former des noms. **1♦** La base est un nom. *Un Briard, une montagnarde. Cuissard, cuissardes. Un soiffard.* PÉJ. *un froussard, un politicard.* AUGMENTATIF *une veinarde.* **2♦** La base est un adjectif. AUGMENTATIF *un richard.* PÉJ. *une soûlarde.* **3♦** La base est un verbe (la base est celle de la forme de la 1re personne du présent, ou de la forme de l'imparfait). *Buvard, reniflard, tortillard. Un grognard.* PÉJ. *une braillarde, une geignarde, une traînarde, un vantard.* **II♦** Pour former des adjectifs. **1♦** La base est un nom. *Campagnard, savoyard.* PÉJ. *flemmard, pantouflard, soixante-huitard.* AUGMENTATIF *chançard, veinard.* **2♦** La base est un adjectif. *Bonard, faiblard, vachard.* [Avec **-ouill-**] *rondouillard.* **3♦** La base est un verbe (la base est celle de la forme de la 1re personne du présent, ou de la forme de l'imparfait). *Débrouillard.* PÉJ. *geignard, nasillard, vantard.* ‹germanique *-hart,* de l'adjectif *hart* « dur, fort », entré en composition dans des noms propres ; en français, *-ard* s'est étendu à la formation de noms communs, peut-être par l'intermédiaire de noms propres et de surnoms devenus noms communs.›

-ARIAT ⇒ 1. -AT

-ASSE **I.** Pour former des noms féminins. VAR. **-IASSE.** **1.** La base est un nom. *Paillasse.* PÉJ. *caillasse, conasse, paperasse* [base en **-ier**], *vinasse. — Pouffiasse.* **2.** La base est un verbe. PÉJ. *chiasse, lavasse, traînasse.* **II.** Pour former des adjectifs. **1.** La base est un nom. PÉJ. *hommasse.* **2.** La base est un adjectif. PÉJ. *blondasse, bonasse, fadasse, mollasse.* ‹lat. *-aceam,* ou lat. *-ax* (génitif *-acis*), puis *-asse* est devenu un suffixe en français.›

-ASSER Pour former des verbes. ♦ La base est un verbe (la base est celle de la forme de la 1re personne du présent, ou de la forme de l'imparfait). PÉJ. et FRÉQUENTATIF *écrivasser, pleuvasser, rêvasser, traînasser.* ◊ ⇒ **-ailler, -iller, -ouiller.** ‹origine : → -asse, et 1. -er.›

1. **-AT,** et **-ARIAT, -ORAT** Pour former des noms masculins (valeur : indique un état, une fonction, une dignité...). **1.** La base est un nom. *Mandarinat, patronat.* — [Base en **-aire ;** finale en -ARIAT] *commissariat, notariat, secrétariat.* [Par analogie] *interprétariat, vedettariat.* — [Base en **-eur ;** finale en -ORAT]. *Doctorat, professorat.* **2.** La base est un adjectif. *Anonymat, bénévolat.* ‹lat. *-atum,* neutre de participes passés substantivés.›

2. **-AT** Pour former des noms masculins (valeur : « chose produite »). ♦ La base est un verbe (la base est celle de la forme de la 1re personne du présent, ou de la forme de l'imparfait). *Aggloméral, résultat.* ‹lat. *-atum.*›

3. **-AT, -ATE** (valeur : indique l'origine, la provenance) **I.** Pour former des noms. La base est un nom propre. *Un Auvergnat, une Rouergate.* **II.** Pour former des adjectifs. La base est un nom propre. *Auvergnat, rouergat, sauveterrat, vitryat.* ‹lat. tardif *-attum, -attam,* var. de *-ittum, -ittam* (→ -et, -ette).›

-ATAIRE **I.** Pour former des noms. La base est un verbe. *Une protestataire, un signataire, un retardataire.* ◊ ⇒ 1. **-aire.** **II.** Pour former des adjectifs. La base est un verbe. *Contestataire, protestataire.* ◊ ⇒ 2. **-aire** (II). ‹lat. *-atum* + *-arium ;* lat. *-atio* + *-arium ;* français *-ation* + *-aire.*›

-ATEUR, -ATRICE **I.** Pour former des noms. La base est un verbe. *Perforatrice, programmateur, ventilateur. Une animatrice, un vérificateur.* ◊ ⇒ 2. **-eur, -euse** (I). **II.** Pour former des adjectifs. La base est un verbe. *Congratulateur, éliminateur, retardateur.* ◊ ⇒ 2. **-eur, -euse** (II). ‹lat. *-atorem ;* pour le féminin, lat. *-atrix.*›

-ATEUX, -ATEUSE **I.** Pour former des noms (adjectifs substantivés). La base est un nom. *Un eczémateux, un exanthémateux, une œdémateuse.* ◊ ⇒ 1. **-eux, -euse** (I). **II.** Pour former des adjectifs. La base est un nom. *Eczémateux, emphysémateux, érythémateux, exanthémateux, fibromateux, œdémateux, sarcomateux.* ◊ ⇒ 1. **-eux, -euse** (II). ‹grec *-(m)at-* + lat. *-osum, -osam* (→ 1. -eux, -euse).›

-ATIF, -ATIVE **I.** -ATIF ou -ATIVE Pour former des noms. La base est un verbe. *Alternative, rectificatif, tentative.* ◊ ⇒ **-if, -ive** (I). **II.** -ATIF, -ATIVE Pour former des adjectifs. **1.** La base est un nom. *Facultatif, qualitatif.* **2.** La base est un verbe. *Décoratif, éducatif, imitatif, portatif.* ◊ ⇒ **-if, -ive** (II). ‹lat. *-ativum : -atum* + *-ivum.*›

-ATION Pour former des noms féminins. ♦ La base est un verbe (la base est celle de la forme de la 1re personne du présent, ou de la forme de l'imparfait). *Agitation, constatation, datation, miniaturisation, modernisation, résiliation, stabilisation.* ◊ ⇒ **-tion.** ‹lat. *-ationem.*›

-ATIQUE Pour former des adjectifs. ♦ La base est un nom. *Drolatique, enzymatique, fantasmatique, fantomatique, idiomatique, prismatique.* ◊ ⇒ 1. **-ique, -tique.** ‹lat. *-aticum,* du grec *-(m)at-* + *-ikos* (→ -ique).›

-ATOIRE **I.** Pour former des noms. La base est un verbe. *Dépilatoire, échappatoire. Observatoire.* ◊ ⇒ **-oir, -oire** (I). **II.** Pour former des adjectifs. La base est un verbe. *Déclamatoire, dînatoire, masticatoire, ondulatoire, préparatoire.* ◊ ⇒ **-oir, -oire** (II). ‹lat. *-atorium.*›

-ÂTRE **I.** Pour former des noms. La base est un adjectif. PÉJ. *un bellâtre.* **II.** Pour former des adjectifs. La base est un adjectif. PÉJ. *douceâtre, folâtre, jaunâtre, rougeâtre.* ‹lat. tardif *-astrum* (donnant *-astre,* puis *-âtre*), puis *-âtre* est devenu un suffixe en français.›

-ATURE ⇒ -URE

-AUD, -AUDE **I.** Pour former des noms (adjectifs substantivés). **1.** La base est un nom. PÉJ. *un pataud.* **2.** La base est un adjectif. PÉJ. *un lourdaud, un salaud.* **II.** Pour former des adjectifs. **1.** La base est un nom. *Pataud.* **2.** La base est un adjectif. *Finaud.* PÉJ. *courtaud, lourdaud, rougeaud.* ‹germanique *-ald* (du francique *-wald,* de *walden* « gouverner »), finale de noms propres ; *-aud* a servi en français à former des noms propres, puis des noms communs, et est devenu péjoratif.›

-AUTÉ Pour former des noms féminins. **1.** La base est un nom. *Papauté.* **2.** La base est un adjectif. *Communauté.* [D'après *royauté*] *privauté.* ◊ Ne pas confondre avec la terminaison *-auté* des noms formés sur une base en *-al, -ale* ⇒ **-té.** ‹français *-al, -ale* + *-té,* par analogie avec les mots en *-auté* (comme *royauté*). → -té.›

-AYER Pour former des verbes. **1.** La base est un nom. *Bégayer.* **2.** La base est une onomatopée. *Zézayer.* ◊ ⇒ **-eyer, -oyer.** ◊ Ne pas confondre avec la terminaison *-ayer* des verbes formés sur une base en *-ai* ou en *-aie* ⇒ 1. **-er.** ◊ Les noms correspondants sont des noms masculins en *-aiement* (ou *-ayement*) ⇒ **-ement.** ‹ancien français *-oyer* (→ -oyer), devenu *-ayer.*›

-CEAU ou **-CELLE** Pour former des noms. ♦ La base est un nom. DIMIN. *lionceau, souriceau. Rubicelle.* [Sur un radical latin, d'après des finales en **-cule**] *radicelle, lenticelle.* ◊ ⇒ **-eau** ou **-elle.** ‹lat. *-cellum, -cellam* pour *-culum, -culam* (→ -cule à -ule).›

-CULE ⇒ -ULE

1. **-É, -ÉE** Pour former des adjectifs (valeur : « pourvu de ; qui a l'aspect, la nature de »). ♦ La base est un nom. *Ailé, azuré, corseté, feuillé, membré, zélé.* [Avec une consonne de liaison] *chapeauté.* [Avec un préfixe] *déboussolé, dépoitraillé, éhonté, ensoleillé, ensommeillé.* [Base en **-eau** ou **-elle ;** finale en -ELÉ, -ELÉE] *burelé, cannelé, fuselé, mantelé, tavelé ;* [avec un préfixe] *écervelé.* ‹lat. *-atum, -atam.*›

2. **-É** Pour former des noms (valeur : dans des noms de juridictions). ♦ La base est un nom. *Doyenné, prieuré, vicomté.* ‹lat. *-atum.*› ◊ REM. La terminaison *-é, -ée* est aussi celle du participe passé des verbes en *-er* (ainsi que de *naître* [*né, née*] et *être* [*été*]).

-EAU ou **-ELLE** VAR. **-EREAU** ou **-ERELLE** Pour former des noms. **1.** La base est un nom. *Éléphanteau, pigeonneau, ramereau* [base en **-ier**], *renardeau, vipéreau. Citronnelle, pruneau. Gouttereau* [base en **-ière**], *paumelle, plumeau, tombeau, tuileau. Un chemineau.* DIMIN. *jambonneau, poutrelle, prunelle, ruelle, tombelle, tourelle ; un tyranneau. — Bordereau, coquerelle, hachereau. Un poétereau.* ◊ ⇒ **-ceau** ou **-celle.** **2.** La base est un verbe. *Balancelle, traîneau, videlle. — Chanterelle, passerelle, sauterelle, téterelle, tombereau.* ‹lat. *-ellus, -ella ;* souvent en ancien français sous la forme *-el, -elle,* refaite en *-eau, -elle.*›

1. **-ÉE** Pour former des noms féminins (valeur : « action, fait de »). ♦ La base est un verbe. *Criée, dégelée, envolée, traversée, veillée.* ‹lat. *-ata.* → aussi -ade.›

2. **-ÉE** Pour former des noms féminins (valeur : « ensemble, quantité »). **1.** La base est un nom. *Batelée* [base en **-eau**], *bouchée, coudée, cuillerée, matinée, panerée* [base en **-ier**], *poêlée.* **2.** La base est un verbe (la base est celle de la forme de la 1re personne du présent, ou de la forme de l'imparfait). *Buvée, enjambée, pincée.* ‹lat. *-ata.* → aussi -ade.›

3. **-ÉE** Pour former des noms féminins. ♦ La base est un nom. *Onglée.* ‹lat. *-aea,* du grec *-aia.*› ◊ REM. La terminaison *-ée* est aussi celle du féminin du participe passé des verbes en *-er* (ainsi que de *naître*).

-ÉEN, -ÉENNE VAR. **-EN, -ENNE** **I.** Pour former des noms. **1.** La base est un nom commun. *Une lycéenne.* **2.** La base est un nom propre. *Un Européen. — Un Coréen, une Vendéenne.* ◊ ⇒ 2. **-ien, -ienne** (I). **II.** Pour former des adjectifs. **1.** La base est un nom commun. *Paludéen. — Céruléen.* **2.** La base est un nom propre. *Européen, herculéen, panaméen. — Vendéen.* ◊ ⇒ 2. **-ien, -ienne** (II). ‹lat. *-aeum* ou *-eum.*›

-EL, -ELLE VAR. **-IEL, -IELLE** Pour former des adjectifs. **1.** La base est un nom. *Accidentel, constitutionnel, émotionnel, idéel, résiduel, sensationnel. — Lessiviel, présidentiel, torrentiel, trimestriel.* **2.** La base est un adjectif. *Continuel.* ‹lat. *-alis.* → aussi -al, -ale.›

-ELÉ, -ELÉE Pour former des adjectifs. **1.** La base est un nom. *Côtelé, pommelé.* **2.** La base est un verbe. *Crêpelé.* ◊ Ne pas confondre avec la terminaison *-elé, -elée* des adjectifs formés sur une base en *-eau* ou *-elle* ⇒ 1. **-é, -ée.** ‹ancien français *-el* (→ -eau ou -elle) + français *-é, -ée.* → 1. -é, -ée.›

-ELER Pour former des verbes. **1.** La base est un nom. *Bosseler, griveler, pommeler.* [Avec un préfixe] *épinceler.* **2.** La base est un verbe. *Craqueler.* ◊ Ne pas confondre avec la terminaison *-eler* des verbes formés sur une base en *-eau* ou *-elle* ⇒ 1. **-er.** ‹lat. *-illare,* ou ancien français *-el* (→ -eau ou -elle) + français 1. *-er.*›

-ELET, -ELETTE **I.** **-ELET** ou **-ELETTE** Pour former des noms. La base est un nom. DIMIN. *coquelet, côtelette, osselet, tartelette.* [Avec une consonne de liaison] *roitelet.* **II.** **-ELET, -ELETTE** Pour former des adjectifs. La base est un adjectif. DIMIN. *aigrelet, maigrelet, rondelet.* ◊ Ne pas confondre avec la terminaison *-elet* ou *-elette* des noms formés sur une base en *-eau* ou *-elle* ⇒ **-et, -ette** (I). ‹ancien français *-el* (→ -eau ou -elle) + français *-et, -ette.*›

-ELLE ⇒ -EAU ou -ELLE

-EMENT Pour former des noms masculins. **1.** La base est un nom. *Piètement, vallonnement.* [Avec un préfixe] *empiècement, entablement, remembrement.* **2.** La base est un adjectif. *Aveuglement.* **3.** La base est un verbe (la base est celle de la forme de la 1re personne du présent, ou de la forme de l'imparfait). *Agrandissement, amoncellement, blanchissement, consentement, craquement, développement, engourdissement, éternuement, groupement, picotement, remerciement, renouvellement, vieillissement.* [Pour *agréement, châtiement*] *agrément, châtiment.* [Base en **-ayer**; finale en -AIEMENT (ou -AYEMENT)] *bégaiement* (ou *bégayement*), *paiement* (ou *payement*). [Base en **-oyer** ; finale en -OIEMENT] *aboiement, verdoiement.* ◊ ⇒ 1. **-ment.** ‹lat. *-amentum,* pour *-mentum.* → 1. -ment.›

-EMENT, -ÉMENT (terminaisons d'adverbes) ⇒ 2. -MENT

-EMMENT Pour former des adverbes. ♦ La base est un adjectif en **-ent, -ente.** *Ardemment, décemment, prudemment.* ◊ ⇒ **-amment.** ◊ REM. Trois adjectifs en *-ent, -ente* donnent des adverbes en *-ment* ⇒ 2. **-ment.** ‹origine : français *-ent* (→ -ent, -ente), avec chute du *t* final et passage de *n* à *m* + français *-ment* (→ 2. -ment).›

1. **-EN, -ENNE** ⇒ -ÉEN, -ÉENNE

2. **-EN, -ENNE** ⇒ 1. -IEN, -IENNE

3. **-EN, -ENNE** ⇒ 2. -IEN, -IENNE

-ENCE Pour former des noms féminins. **1.** La base est un nom. [Avec **-esc-**] *fluorescence, phosphorescence.* [La base est un nom en **-ent, -ente**] *présidence.* **2.** La base est un adjectif en **-ent, -ente** (ou en **-escent, -escente**). *Concurrence, immanence, opalescence.* **3.** La base est un verbe (la base est celle de la forme de la 1re personne du présent, ou de la forme de l'imparfait). *Exigence, ingérence, préférence.* [Avec **-esc-**] *dégénérescence.* ◊ ⇒ **-ance.** ◊ Le suffixe d'adjectifs correspondant est **-ent, -ente.** ‹lat. *-entia* : *-ens* (→ -ent, -ente) + *-ia.* REM. La plupart des noms français en *-ence* (comme *adolescence, affluence, exigence, résidence*) sont directement empruntés aux mots latins correspondants (en *-entia*).›

-ENT, -ENTE ♦ Pour former des adjectifs. La base est un nom. [Avec **-esc-**] *fluorescent, opalescent.* [La base est un nom en **-ence** (ou en **-escence**)] *ambivalent, dégénérescent, grandiloquent, luminescent, omniscient, phosphorescent, réticent.* ⇒ **-ant, -ante** (II). ◊ Le suffixe de noms correspondant est **-ence,** et le suffixe d'adverbes est **-emment.** ‹lat. *-entem,* accusatif du suffixe de participe présent *-ens.* REM. La plupart des noms et adjectifs français en *-ent, -ente* (comme *un président, une adolescente ; différent, excellent, précédent*) sont directement empruntés aux mots latins correspondants (en *-ens,* génitif *-entis*).›

1. **-ER** VAR. **-IER** Pour former des verbes. **1.** La base est un nom. *Arbitrer, clouer, commérer, corseter, feuilleter, goudronner, papillonner, plumer, rayonner.* [Avec une consonne de liaison] *abriter, cauchemarder, caviarder, chapeauter, coincer, faisander, noyauter.* [Avec un préfixe] *dégoûter, dépoussiérer, désherber, dévaliser, égoutter, embarquer, embrasser, émerveiller, épincer.* — [La dernière consonne de la base est **c, d** ou **g**] *gracier, étudier, privilégier.* [Base en **-ai** ou en **-aie** ; finale en -AYER] *balayer, pagayer.* [Base en **-eau** ou **-elle** ; finale en -ELER] *agneler, carreler, étinceler, javeler, jumeler, morceler, niveler, ruisseler ;* [avec un préfixe] *amonceler, dépuceler, engrumeler, épanneler, ressemeler.* [Base en **-ier** ou **-ière** ; finale en -ERER (ou -ÉRER)] *acérer, liserer* (ou *lisérer*). **2.** La base est un adjectif. *Bavarder, calmer, griser, innocenter.* [Avec un préfixe] *affoler, apurer, déniaiser, ébouillanter, épurer.* ◊ ⇒ aussi **-ayer, -eler, -eyer, -oyer.** ‹lat. *-are ; -ier* ou *-yer* lorsque la consonne latine précédente était [k] ou [g].›

2. **-ER, -ÈRE** **I.** Pour former des noms. La base est un nom. *Un horloger, un volailler, une usagère. Étagère, oreiller. Oranger, pêcher.* ◊ ⇒ 1. **-ier, -ière** (I). **II.** Pour former des adjectifs. Var. de **-ier, -ière** ⇒ 1. **-ier, -ière** (II). ‹origine : suffixe *-ier, -ière,* souvent réduit à *-er, -ère* lorsque le radical se termine par *ch* [ʃ], *g* [ʒ], *l* et *n* mouillés.›

-ERAIE ⇒ -AIE

-EREAU ou **-ERELLE** ⇒ -EAU ou -ELLE

-ERESSE ⇒ 3. -EUR, -ERESSE

-ERET ou **-ERETTE** ⇒ -ET, -ETTE (I)

-ERIE Pour former des noms féminins. **1.** La base est un nom. *Ânerie, clownerie, gaminerie, pitrerie. Hôtellerie, lunetterie, oisellerie* [base en **-eau**]. *Crêperie, laiterie, parfumerie, rhumerie. Conciergerie. Argenterie, paysannerie.* ◊ Ne pas confondre avec la terminaison *-erie* des noms formés sur une base en *-er, -ère* ou en *-ier, -ière* ⇒ **-ie** (1°). **2.** La base est un adjectif. *Brusquerie, étourderie, mièvrerie, niaiserie.* ⇒ **-ie** (2°). **3.** La base est un verbe (la base est celle de la forme de la 1re personne du présent, ou de la forme de l'imparfait). *Boiterie, fâcherie, flânerie, grivèlerie, moquerie, pleurnicherie, rêvasserie, tracasserie, tricherie. Brasserie, rôtisserie.* ‹français *-(i)er* + *-ie* (exemple : *chevalier* donne *chevalerie*), puis devenu un suffixe indépendant.›

-EROLE et **-EROLLE** ⇒ -OL, -OLE (I)

1. **-ERON, -ERONNE** (valeur : « qui s'occupe de ; originaire de ») **I.** Pour former des noms. **1.** La base est un nom. *Un bûcheron, un vigneron.* [Nom propre] *un Beauceron, une Percheronne.* **2.** La base est un verbe. *Un forgeron.* **II.** Pour former des adjectifs. La base est un nom propre. *Beauceron, percheron.* ‹origine : → 2. -eron.›

2. **-ERON** Pour former des noms masculins (valeur : « sorte de ; qui fait »). **1.** La base est un nom. *Liseron.* DIMIN. *moucheron, puceron.* **2.** La base est un adjectif. *Un laideron.* **3.** La base est un verbe. *Fumeron.* ◊ Ne pas confondre avec la terminaison *-eron* des noms formés sur une base en *-ier* ou *-ière* ⇒ **-on, -onne** (I). ‹français *-(i)er* + *-on,* puis devenu un suffixe indépendant sous la forme *-eron.*›

-ESCENCE ⇒ -ENCE

-ESCENT, -ESCENTE ⇒ -ENT, -ENTE

-ESCIBLE ⇒ -IBLE

-ESQUE Pour former des adjectifs. ♦ La base est un nom. *Charlatanesque, clownesque, éléphantesque, funambulesque, jargonnesque* ; [avec une consonne de liaison] *cauchemardesque.* [Nom propre] *chaplinesque, moliéresque, rocambolesque, ubuesque.* PÉJ. *livresque.* ‹italien *-esco,* ou, plus rarement, espagnol *-esco,* du lat. *-iscum.*›

1. **-ESSE** Pour former des noms féminins (valeur : dans des noms de femmes, de femelles). ♦ La base est un nom masculin. *Une hôtesse, une maîtresse, une princesse, une traîtresse. Ânesse, tigresse.* ◊ ⇒ **-eresse** à 3. **-eur, -eresse.** ‹lat. *-issa,* du grec.›

2. **-ESSE** Pour former des noms féminins (valeur : indique la qualité liée à la base). ♦ La base est un adjectif. *Étroitesse, gentillesse, hardiesse, jeunesse, joliesse, mollesse, petitesse, robustesse, sagesse, tendresse.* ◊ ⇒ 1. **-eur.** ‹lat. *-itia.* → aussi -is ou -isse, et -ise.›

-ET, -ETTE **I.** -ET ou -ETTE VAR. -ERET ou -ERETTE Pour former des noms. **1.** La base est un nom. DIMIN. *amourette, coffret, jardinet, pincette. Une fillette, une suffragette. — Ableret, chardonneret, gorgerette, vergerette.* [Base en **-eau** ou **-elle** ; finale en -ELET ou -ELETTE] *agnelet, carrelet, cervelet, cordelette, mantelet, nivelette* ; DIMIN. *oiselet, ruisselet, tonnelet.* [Base en **-ier** ou **-ière** ; finale en -ERET ou -ERETTE] *banneret, collerette, dosseret.* **2.** La base est un adjectif. *Basset, belette* (base en **-eau, -elle**), *fauvette.* **3.** La base est un verbe (la base est celle de la forme de la 1re personne du présent, ou de la forme de l'imparfait). *Buvette, jouet, sifflet, sonnette, sucette. — Chaufferette, couperet, percerette, traceret.* ◊ ⇒ **-elet, -elette** (I) ; **-eton.** **II.** -ET, -ETTE Pour former des adjectifs. La base est un adjectif. DIMIN. *clairet, gentillet, jeunet, longuet.* [Avec **-ouill-**] *grassouillet.* ◊ ⇒ **-elet, -elette** (II). ‹lat. tardif *-ittum, -ittam* (attesté dans des noms propres et des inscriptions), peut-être d'origine celtique. → aussi -ot, -otte.›

-ETÉ, -ETÉE Pour former des adjectifs. ♦ La base est un nom. *Moucheté, tacheté.* ‹origine : → -et, -ette, et 1. -é, -ée.›

-ETER Pour former des verbes. **1.** La base est un nom. *Louveter.* DIMIN. et FRÉQUENTATIF *becqueter, moucheter, pelleter.* **2.** La base est un verbe. *Caleter.* DIMIN. et FRÉQUENTATIF *claqueter, craqueter, voleter.* ‹origine : → -et, -ette, et 1. -er.›

-ETIER, -ETIÈRE ⇒ 1. -IER, -IÈRE (I)

-ETON Pour former des noms masculins. **1.** La base est un nom. *Caneton. Banneton, œilleton. Un cureton.* **2.** La base est un verbe. *Vireton.* ◊ ⇒ **-et, -ette** (I) ; **-on, -onne** (I). ‹origine : → -et, -ette, et -on, -onne.›

-ETONS ⇒ -ONS

1. **-EUR** Pour former des noms féminins (valeur : indique une qualité). ♦ La base est un adjectif. *Blancheur, douceur, grandeur, moiteur, pâleur.* [D'après *noircir*] *noirceur.* ◊ ⇒ 2. **-esse.** ‹lat. *-orem,* accusatif de *-or* (génitif *-oris*).›

2. **-EUR, -EUSE** (valeur : « qui fait l'action de ; qui s'occupe de » ; dans des noms de machines ou d'appareils) **I.** Pour former des noms. **1.** La base est un nom. *Un camionneur, un farceur, une parfumeuse.* **2.** La base est un verbe (la base est celle de la forme de la 1re personne du présent, ou de la forme de l'imparfait). *Un bâtisseur, un buveur, un chanteur, une coiffeuse, un dormeur, une fumeuse, un menteur. Agrandisseur, couveuse, démarreur, friteuse, planeur, suceuse.* ◊ ⇒ **-ateur, -atrice** (I) ; 3. **-eur, -eresse** (I). **II.** Pour former des adjectifs. La base est un verbe (la base est celle de la forme de la 1re personne du présent, ou de la forme de l'imparfait). *Crâneur, encreur, refroidisseur, trompeur.* ◊ ⇒ **-ateur, -atrice** (II) ; 3. **-eur, -eresse** (II). ‹lat. *-orem* ; le féminin *-euse* a pour origine le féminin du suffixe *-eux* (→ 1. -eux, -euse) — avec lequel *-eur* a été confondu (→ 2. -eux, -euse) — , qui a éliminé *-eresse* (→ 3. -eur, -eresse).›

3. **-EUR, -ERESSE** (valeur : « qui fait l'action de ») **I.** Pour former des noms. La base est un verbe. *Le bailleur, la bailleresse ; un chasseur, une chasseresse ; le demandeur, la demanderesse ; un enchanteur, une enchanteresse.* [Exception : *doctoresse,* formé sur *docteur.*] ◊ ⇒ 1. **-esse** ; 2. **-eur, -euse** (I). **II.** Pour former des adjectifs. La base est un verbe. *Enchanteur, -eresse.* ◊ ⇒ 2. **-eur, -euse** (II). ‹origine : → 2. -eur, -euse ; pour *-eresse* : *-eur* (→ 2. -eur, -euse) + 1. *-esse.*›

1. **-EUX, -EUSE** (valeur : indique une qualité ou une propriété) **I.** Pour former des noms (adjectifs substantivés). VAR. -IEUX, -IEUSE **1.** La base est un nom. *Un coléreux, une morveuse, un paresseux, une peureuse.* — [Base en **-ce**] *une audacieuse, un avaricieux.* **2.** La base est un verbe. *Une boiteuse.* ◊ ⇒ **-ateux, -ateuse** (I). **II.** Pour former des adjectifs. VAR. -IEUX, -IEUSE et -UEUX, -UEUSE **1.** La base est un nom. *Aventureux, paresseux, poissonneux. Ferreux.* — [La dernière consonne de la base est **c, d** ou **g**] *audacieux, avaricieux, consciencieux, élogieux, miséricordieux, tendancieux. — Difficultueux, luxueux, majestueux, respectueux, talentueux, torrentueux.* **2.** La base est un verbe. *Boiteux, chatouilleux, oublieux.* ◊ ⇒ **-ateux, -ateuse** (II). ‹lat. *-osum, -osam* ; pour *-ieux, -ieuse,* lat. *-iosum, -iosam* ; pour *-ueux, -ueuse,* lat. *-uosum, -uosam.*›

2. **-EUX, -EUSE** (valeur : « qui fait l'action de ; qui s'occupe de ») Pour former des noms. **1.** La base est un nom. *Un violoneux. Une matheuse.* **2.** La base est un verbe. *Une partageuse, un rebouteux.* ◊ ⇒ 2. **-eur, -euse** (I). ‹français 2. *-eur, -euse,* dont le *r* n'était pas prononcé (à partir de la moitié du XIIe siècle), confondu avec 1. *-eux, -euse.*›

-EYER Pour former des verbes. **1.** La base est un nom. *Capeyer, langueyer.* **2.** La base est un adjectif. *Grasseyer.* ◊ ⇒ **-ayer, -oyer,** et aussi 1. **-er.** ‹lat. tardif *-idiare,* de *-izare.* → -iser.›

-FIER VAR. -IFIER Pour former des verbes. **1.** La base est un nom. *Cocufier, cokéfier, momifier. — Codifier, dragéifier, ossifier, personnifier.* [Finale -ÉIFIER] *gazéifier.* **2.** La base est un adjectif. *Raréfier. — Acidifier, humidifier, rigidifier, simplifier, solidifier.* [Base en **-ique**] *électrifier, plastifier, tonifier.* [Finale -ÉIFIER] *homogénéifier.* ◊ ⇒ **-iser.** ◊ Ne pas confondre avec les mots formés sur le verbe *fier* (comme *défier, méfier*). ‹lat. *-ificare,* pour *-ficare,* de *facere* « faire », en composition.›

1. **-IAIRE** ⇒ 1. -AIRE

2. **-IAIRE** ⇒ 2. -AIRE

-IAL, -IALE, -IAUX, -IALES ⇒ -AL, -ALE, -AUX, -ALES

-IASSE ⇒ -ASSE (I)

-IBLE Pour former des adjectifs. **1.** La base est un nom. *Paisible, pénible.* [Base en **-ion**] *extensible, fissible, prescriptible, prévisible.* ◊ ⇒ **-able** (1°). **2.** La base est un verbe (la base est celle de la forme de la 1re personne du présent, ou de la forme de l'imparfait). *Convertible, lisible.* [Avec le préfixe **in-**] *incorrigible, illisible, irrésistible.* [Avec **-esc-**] *fermentescible.* ◊ ⇒ **-able** (2°). ◊ La terminaison de noms correspondante est *-ibilité* ⇒ **-ité.** ‹lat. *-ibilis.*›

1. **-ICHE** Pour former des noms (valeur : « sorte de »). ♦ La base est un nom. *Barbiche, potiche.* ‹italien *-iccio* ou *-ice.*›

2. **-ICHE** **I.** Pour former des noms. La base est un nom. PÉJ. *une boniche.* **II.** Pour former des adjectifs. La base est un adjectif. AUGMENTATIF et FAM. *fortiche.* ‹origine : 1. *-iche.*›

-ICHON, -ICHONNE **I.** -ICHON VAR. -UCHON Pour former des noms masculins. La base est un nom. *Cornichon. Un ratichon. — Balluchon.* ◊ ⇒ **-on, -onne** (I). **II.** -ICHON, -ICHONNE Pour former des adjectifs. La base est un adjectif. *Folichon, maigrichon, pâlichon.* ◊ ⇒ **-on, -onne** (II). ‹origine : → 2. -iche, et -on, -onne ; pour *-uchon* : *-uche* (comme dans *nunuche, paluche, Pantruche*), d'origine argotique inconnue + *-on, -onne.*›

-ICULE ⇒ -ULE

-IE Pour former des noms féminins. **1.** La base est un nom. *Acrobatie, pairie, seigneurie. Agronomie. Boulangerie, boucherie, horlogerie. Bergerie, mairie. Aciérie. Bourgeoisie, confrérie.* [Base en **-ier, -ière** ; finale en -ERIE] *cordon-*

nerie, épicerie, mercerie, pelleterie, tonnellerie ; chancellerie; cavalerie, chevalerie. ◊ ⇒aussi **-erie** (1°). **2♦** La base est un adjectif. *Courtoisie, économie, folie, jalousie, maladie.* ◊ ⇒ aussi **-erie** (2°). ‹lat. et grec *-ia*. REM. La terminaison *-ie* est aussi celle de participes passés féminins de verbes en *-ir*, notamment de participes substantivés (comme *éclaircie, embellie, saisie, sortie*).›

-IEL, -IELLE ⇒ -EL, -ELLE

-IÈME I♦ Pour former des noms. La base est un nom de nombre. *La cinquième, le nième. Un dix-millième.* **II♦** Pour former des adjectifs. La base est un nom de nombre. *Dixième, vingt-deuxième.* ‹lat. *-esimum, -esimam,* suffixe d'adjectifs numéraux ordinaux en *-esimus,* et de noms féminins en *-esima* désignant une fraction.›

1. **-IEN, -IENNE** VAR. -EN, -ENNE Pour former des noms (valeur : «spécialiste de, qui s'occupe de»). ♦ La base est un nom. *Un grammairien, une historienne.* [Base en **-ique**] *une informaticienne, un mécanicien, un physicien. — Une chirurgienne, un comédien.* ‹lat. *-ianum, -ianam.*›

2. **-IEN, -IENNE** VAR. -EN, -ENNE (valeur : «membre de, qui fait partie de; relatif à, propre à; habitant de») **I♦** Pour former des noms. **1♦** La base est un nom commun. *Une collégienne, un milicien, un paroissien.* **2♦** La base est un nom propre. *Les Capétiens, un épicurien, un Parisien. — Une Australienne.* ◊ ⇒ **-éen, -éenne** (I). **II♦** Pour former des adjectifs. **1♦** La base est un nom commun. *Crânien, microbien.* [Base en **-ique**] *musicien.* **2♦** La base est un nom propre. *Canadien, cornélien, freudien, ivoirien, rabelaisien, sartrien, wagnérien. — Italien, libyen.* ◊ ⇒ **-éen, -éenne** (II). ‹lat. *-anum, -anam* lorsque la consonne latine précédente était [k] et [g], ou lorsque la voyelle précédente était *i*.›

1. **-IER, -IÈRE I♦** Pour former des noms. VAR. -ETIER, -ETIÈRE **1♦** La base est un nom (la base est parfois suivie d'une consonne de liaison). *Une banquière, une bouquetière, un boyaudier, un cuisinier, une échotière. Abricotier, amadouvier, cacaotier* (ou *cacaoyer*), *fruitier, pommier. Gaufrier, yaourtière. Une rentière. Échassier. Bêtisier, dentier, merdier, verrière. Cendrier, salière, saucière, sucrier. Cacaotière* (ou *cacaoyère*), *escargotière, pigeonnier, rizière. Un écolier, une postière. Boîtier, litière, sentier. Collier, gouttière, jambière, plafonnier. — Un cafetier, un grainetier. Cafetière, coquetier.* [Base en **-eau** ou **-elle**; finale en -ELIER, -ELIÈRE] *une batelière, un chamelier, un chapelier, une coutelière, un oiselier, un tonnelier ; chandelier, muselière, râtelier, vaisselier.* **2♦** La base est un adjectif. *Verdier. Clairière.* **3♦** La base est un verbe. *Un héritier, un roulier. Balancier, glissière, levier.* ◊ ⇒ 2. **-er, -ère** (I). **II♦** Pour former des adjectifs. VAR. -ER, -ÈRE **1♦** La base est un nom (la base est parfois suivie d'une consonne de liaison). *Betteravier, dépensier, morutier, ordurier, peaucier, policier, princier, rancunier. — Houiller, mensonger.* **2♦** La base est un adjectif. *Grossier. Droitier. — Étranger. Gaucher.* **3♦** La base est un verbe. *Tracassier.* ‹lat. *-arium, -ariam ;* lat. *-arem,* avec substitution de suffixe en ancien français (*-er, -ère* donnant *-ier, -ière,* réduit de nouveau à *-er, -ère* dans certains cas ; → 2. -er, -ère). → aussi 1. -aire et 2. -aire.›

2. **-IER** ⇒ 1. -ER

-IEUX, -IEUSE ⇒ 1. -EUX, -EUSE

-IF, -IVE I♦ Pour former des noms (adjectifs substantivés). La base est un nom. *Un sportif, une instinctive.* [Base en **-ion**] *un explosif, l'exécutif ; une intuitive.* ◊ ⇒ **-atif, -ative** (I). **II♦** Pour former des adjectifs. **1♦** La base est un nom. *Arbustif, hâtif, fautif, plaintif, sportif.* [Base en **-ion**] *allusif, dépressif, émotif, évolutif, intuitif, volitif.* **2♦** La base est un adjectif. *Distinctif, intensif, maladif.* **3♦** La base est un verbe (la base est celle de la forme de la 1re personne du présent, ou de la forme de l'imparfait). *Combatif, inventif, jouissif, pensif, poussif.* **4♦** La base est un adverbe. *Tardif.* ◊ ⇒ **-atif, -ative** (II). ◊ La terminaison de noms correspondante est *-ivité* ⇒ **-ité.** ‹lat. *-ivum, -ivam.*›

-IFIER ⇒ -FIER

-ILLE Pour former des noms féminins. ♦ La base est un nom. DIMIN. *brindille, charmille, faucille.* ‹lat. *-icula,* d'abord par emprunt aux langues romanes.›

-ILLER Pour former des verbes. **1♦** La base est un nom. *Gambiller, pétiller, pointiller.* DIMIN. et FRÉQUENTATIF *grappiller.* **2♦** La base est un verbe (la base est celle de la forme de la 1re personne du présent, ou de la forme de l'imparfait). DIMIN. et FRÉQUENTATIF *fendiller, mordiller, pendiller, sautiller.* ◊ ⇒ **-ailler, -ouiller.** ‹lat. *-iculare,* ou français *-ille* + 1. *-er.*›

-ILLON Pour former des noms masculins. **1♦** La base est un nom. DIMIN. *bottillon, croisillon, oisillon, portillon. Un moinillon, un négrillon.* **2♦** La base est un adjectif. *Durillon, raidillon.* ◊ ⇒ **-on, -onne** (I). ‹origine : → -ille, et -on.›

-IN, -INE I♦ Pour former des noms. **1♦** La base est un nom. DIMIN. *bottine, langoustine ;* [avec une consonne de liaison] *tableautin. Chaumine, serpentin, vitrine. Un calotin.* [Allongement **-erin**] *vacherin.* [Nom propre] *un Andin, une Girondine, un Levantin.* **2♦** La base est un adjectif. *Un blondin, un plaisantin, une rouquine. Rondin.* **3♦** La base est un verbe. *Balancine, comptine, grondin, saisine, tapin, tracassin. Un galopin, un trottin.* [Allongement **-erin**] *tisserin.* **II♦** Pour former des adjectifs. La base est un nom. *Enfantin, ivoirin, porcin, sanguin, vipérin.* [Nom propre] *alpin, andin, girondin, levantin.* ‹lat. *-inum, -inam ;* italien *-ino, -ina.*›

-INER Pour former des verbes (ces verbes sont diminutifs et fréquentatifs). **1♦** La base est un nom. *Tambouriner.* **2♦** La base est une onomatopée. *Dodiner.* [Avec un préfixe] *enquiquiner.* **3♦** La base est un verbe (la base est celle de la forme de la 1re personne du présent, ou de la forme de l'imparfait). *Pleuviner, trottiner.* ‹lat. *-inare.*›

-ING Pour former des noms masculins (la base peut être un verbe ou, plus rarement, un nom). ◊ La plupart des mots en *-ing* sont empruntés à l'anglais, soit sous la forme et avec le sens de l'anglais (dans des mots comme *karting, jogging*), soit avec une altération de la forme ou du sens ; l'abondance de ces mots fait de **-ing** un pseudo-suffixe, sans productivité réelle en français. ‹anglais *-ing,* servant à former le participe présent des verbes ; ces participes présents sont souvent substantivés.›

-INGUE Pour former des adjectifs. ♦ La base est un adjectif. FAM. et PÉJ. *lourdingue, salingue, sourdingue* (et aussi, nom, *un lourdingue, une sourdingue*). ‹suffixe français d'origine argotique inconnue.›

-IOLE ⇒ -OL, -OLE (I)

-ION ⇒ -ON, -ONNE (I)

-IOT, -IOTTE ⇒ -OT, -OTTE

1. **-IQUE** Pour former des adjectifs. **1♦** La base est un nom commun. *Alcoolique, anesthésique, atomique, lamaïque, merdique, volcanique. Ferrique, tartrique.* **2♦** La base est un nom propre. *Bouddhique, marotique, satanique.* **3♦** La base est une interjection. *Zutique.* ◊ ⇒ **-atique,** et aussi **-tique.** ◊ Terminaisons de noms correspondantes : *-icité* (⇒ **-ité**), et le suffixe **-isme.** ‹lat. *-icus,* grec *-ikos ;* l'anglais *-ic* et l'allemand *-isch* ont la même origine. REM. Une grande partie des mots français en *-ique,* notamment les noms féminins de sciences (comme *mathématique, physique, technique*), sont directement empruntés aux mots latins correspondants, eux-mêmes généralement empruntés au grec.›

2. **-IQUE** ⇒ -TIQUE

-IR Pour former des verbes. **1♦** La base est un nom. *Finir, fleurir.* [Avec un préfixe] *anéantir, atterrir.* **2♦** La base est un adjectif. *Blanchir, bleuir, faiblir, grossir, mûrir, verdir.* [Avec un préfixe] *agrandir, amoindrir, élargir.* [Base adjectif en [R] ; parfois finale en -CIR] *durcir, forcir, obscurcir ;* [avec un préfixe] *accourcir, endurcir.* ‹lat. *-ire ;* lat. *-ere,* refait en *-ire.*›

-IS ou **-ISSE** Pour former des noms. **1.** La base est un nom. *Châssis, treillis.* **2.** La base est un adjectif. *Jaunisse.* **3.** La base est un verbe (la base est celle de la forme de la 1re personne du présent, ou de la forme de l'imparfait). *Bâtisse, fouillis, hachis, logis, ramassis, roulis, semis.* ‹lat. *-icium* ; lat. *-aticium.* → aussi 2. -esse et -ise. REM. La terminaison *-is* est aussi celle de certains participes passés masculins (comme *assis, conquis, mis, pris*), notamment des participes substantivés (comme *acquis, sursis*).›

-ISANT, -ISANTE **I.** Pour former des noms (adjectifs substantivés). La base est un nom. *Une arabisante, un celtisant.* [Base en **-isme**] *un rhumatisant.* [Base en **-iste**] *un communisant.* **II.** Pour former des adjectifs. La base est un nom. *Arabisant, celtisant.* [Base en **-isme**] *archaïsant, rhumatisant.* [Base en **-iste**] *communisant, fascisant.* ‹français *-iser* + *-ant, -ante.*›

-ISE Pour former des noms féminins. **1.** La base est un nom. *Expertise, maîtrise, traîtrise. Prêtrise.* **2.** La base est un adjectif. *Bêtise, débrouillardise, franchise, sottise, paillardise, vantardise.* **3.** La base est un verbe. *Convoitise, hantise.* ‹lat. *-itia,* puis *-ise* est devenu un suffixe en français. → aussi 2. -esse, et -is ou -isse. REM. La terminaison *-ise* est aussi celle de certains participes passés féminins (comme *acquise, conquise*), notamment des participes substantivés (comme *mise, surprise*).›

-ISER Pour former des verbes. **1.** La base est un nom. *Alcooliser, alphabétiser, bémoliser, caraméliser, champagniser, étatiser, laïciser, scandaliser.* [Avec un préfixe] *démoraliser. Prolétariser, fonctionnariser. Terroriser.* [Base en **-ique**] *informatiser.* **2.** La base est un adjectif. *Fertiliser, immobiliser, moderniser, ridiculiser. Américaniser, humaniser, italianiser. Populariser, scolariser. Extérioriser. Centraliser, égaliser, régionaliser.* [Base en **-el, -elle** ; finale en -ALISER] *constitutionnaliser, industrialiser, intellectualiser, officialiser, personnaliser.* [Base en **-able** ; finale en -ABILISER] *comptabiliser, imperméabiliser, responsabiliser.* [Base en **-ible** ; finale en -IBILISER] *sensibiliser.* [Par analogie] *solubiliser.* [Base en **-ique**] *électriser, érotiser, hébraïser, mécaniser, politiser, systématiser.* [Base en **-ique**; finale en -ICISER] *techniciser.* [Base en **-if, -ive**; finale en -IVISER] *collectiviser, relativiser.* [Finale -ÉISER] *homogénéiser.* ◊ ⇒ **-fier.** ‹lat. tardif *-izare,* du grec *-izein.* → aussi -oyer.›

-ISME Pour former des noms masculins. **1.** La base est un nom. *Défaitisme, impressionnisme, progressisme, racisme, snobisme. Organisme. Alcoolisme. Capitalisme. Argotisme.* [Nom propre] *bouddhisme, hitlérisme, marxisme.* **2.** La base est un adjectif. *Parallélisme. Amoralisme, communisme, modernisme, socialisme. Américanisme, régionalisme.* [Base en **-ique**] *illogisme, romantisme.* **3.** La base est un verbe. *Arrivisme, dirigisme, transformisme.* **4.** La base est un groupe de mots, une phrase. *Aquoibonisme, je-m'en-fichisme, je-m'en-foutisme.* ◊ ⇒ aussi **-iste.** ‹lat. *-ismus,* du grec *-ismos* ; l'anglais *-ism* a la même origine.›

-ISSE ⇒ -IS ou -ISSE

-ISSIME **I.** Pour former des noms. La base est un nom. *Le généralissime.* **II.** Pour former des adjectifs. La base est un adjectif. *Illustrissime, rarissime, richissime.* ‹italien *-issimo,* du lat. *-issimus* (suffixes de superlatifs).›

-ISTE **I.** Pour former des noms (noms de personnes). **1.** La base est un nom. *Un bouquiniste, une chimiste, un dentiste, un latiniste, un pianiste, une violoncelliste. Une congressiste. Un défaitiste, un féministe, une progressiste. Un capitaliste.* [Nom propre] *un gaulliste, une maoïste.* **2.** La base est un adjectif. *Un puriste, un spécialiste. Un communiste, un socialiste.* **3.** La base est un verbe. *Un arriviste, une transformiste.* **4.** La base est un groupe de mots, une phrase. *Un je-m'en-fichiste, une jusqu'au-boutiste.* ◊ ⇒ aussi **-isme.** **II.** Pour former des adjectifs. **1.** La base est un nom. *Alarmiste, fétichiste.* [Nom propre] *bouddhiste, darwiniste, maoïste.* **2.** La base est un adjectif. *Fataliste, intimiste, royaliste.* **3.** La base est un verbe. *Arriviste, transformiste.* **4.** La base est un groupe de mots, une phrase. *Je-m'en-fichiste, jusqu'au-boutiste.* ◊ Le suffixe de noms correspondant est **-isme.** ‹lat. *-ista,* du grec *-istês ;* l'italien *-ista* et l'anglais *-ist* ont la même origine.›

-ITE **I.** Pour former des noms. La base est un nom. *Météorite. Appendicite, bronchite. Espionite.* [Nom propre] *un Annamite; une Israélite, un jésuite.* **II.** Pour former des adjectifs. La base est un nom propre. *Adamite, israélite, jésuite.* ‹grec *-itês;* lat. ecclésiastique d'origine grecque *-ita;* grec *-itis.* REM. La terminaison *-ite* est aussi celle de certains participes passés féminins.›

-ITÉ Pour former des noms féminins. ♦ La base est un adjectif. *Absoluité, continuité, exquisité, grécité, matité, spontanéité. Acidité, efficacité, fixité, frivolité, intimité, viviparité. Mondanité. Solidarité. Intériorité. Motricité. Préciosité. Fiscalité, internationalité, natalité.* [Base en **-el, -elle** ; finale en -ALITÉ] *actualité, constitutionnalité, intellectualité, matérialité, virtualité.* [Base en **-able** ; finale en -ABILITÉ] *comptabilité, impénétrabilité, maniabilité.* [Base en **-ible**; finale en -IBILITÉ] *divisibilité, lisibilité, susceptibilité.* [Par analogie] *solubilité.* [Base en **-ique**; finale en -ICITÉ] *analyticité, atomicité, authenticité, périodicité.* [Base en **-if, -ive** ; finale en -IVITÉ] *captivité, émotivité, nocivité, productivité, sportivité.* [Finale -ÉITÉ] *diaphanéité, étanchéité, homogénéité, planéité.* ◊ ⇒ **-té.** ‹lat. *-itatem,* accusatif de *-itas.*›

-ITEUR, -ITRICE Pour former des noms. ♦ La base est un verbe. *Un expéditeur, une compositrice.* ‹lat. *-it-* (dans des radicaux de supin) + *-or* (finale de noms d'agents).›

-ITUDE Pour former des noms féminins. **1.** La base est un nom. *Négritude, punkitude.* **2.** La base est un adjectif. *Exactitude, platitude.* ◊ ⇒ **-ude.** ‹lat. *-(i)tudo,* suffixe de noms abstraits. REM. La plupart des noms français en *-itude* (comme *lassitude, solitude*) sont directement empruntés aux mots latins correspondants (en *-itudo*).›

1. **-MENT** Pour former des noms masculins. ♦ La base est un verbe (la base est celle de la forme du participe passé). *Assortiment, bâtiment, blanchiment, sentiment.* ◊ ⇒ **-ement.** ◊ REM. Pour *agrément* et *châtiment,* voir à **-ement.** ‹lat. *-mentum.*›

2. **-MENT** Pour former des adverbes. **1.** La base est un adjectif masculin. *Éperdument, goulûment, instantanément, joliment, vraiment.* **2.** La base est un participe passé masculin. *Dûment, foutument, modérément, posément.* **3.** La base est un nom ou une interjection. *Bigrement, diablement, foutrement.* **4.** La base est un adverbe. *Quasiment.* **5.** La base est un adjectif féminin. [Finale -EMENT] *aucunement, doucement, follement, grandement, nettement, normalement, nouvellement;* [base adjectif en **-ent, -ente** (exceptions : au lieu de *-emment*)] *lentement, présentement, véhémentement.* [Finale -ÉMENT] *commodément, communément, énormément, exquisément, précisément.* ◊ ⇒ **-amment** (pour les adjectifs en **-ant, -ante**), **-emment** (pour les adjectifs en **-ent, -ente**). ‹lat. *mente,* ablatif de *mens,* n. f. « esprit, disposition d'esprit », dans des groupes adjectif + *mente* (comme *bona mente* « bonnement »), où le substantif prit peu à peu le sens de « manière d'être » et fut senti comme un suffixe d'adverbes.›

1. **-O** **I.** Pour former des noms (ces noms sont tous familiers). **1.** La base est un nom (la base est abrégée). *Dico. Un mécano, un métallo, un prolo, une proprio.* **2.** La base est un adjectif. *Une dingo, un facho.* **II.** Pour former des adjectifs (ces adjectifs sont tous familiers). La base est un adjectif (la base est souvent abrégée). *Alcoolo, dingo, ramollo, réglo.* ◊ Ne pas confondre avec la terminaison *-o* des abréviations familières s'achevant par un *o* qui figure dans la base (comme *métro, vélo*). ‹suffixe devenu autonome par confusion avec la finale *-o* de mots tronqués comme *aristo (aristocrate).*›

2. **-O** Pour former des adverbes. ♦ La base est un adjectif. [D'après *primo, secundo...*] FAM. *deuzio, directo, rapido,*

texto. ◊ ⇒ aussi **-os** (III). ‹lat. *-o,* finale d'adverbes, issue de l'ablatif en *-o* d'adjectifs en *-us ;* italien *-o,* finale d'adverbes.›

-OCHE Pour former des noms. **1♦** La base est un nom. *Épinoche, filoche, mailloche, mioche, pioche.* [La base est abrégée] FAM. ou POP. *bidoche, cinoche, valoche.* **2♦** La base est un verbe. FAM. ou POP. *pétoche, taloche.* ‹lat. tardif *-occa* (non attesté) et italien *-occia ;* suffixe argotique, probablement d'origine dialectale.›

-OCHER Pour former des verbes. **1♦** La base est un nom. *Boulocher.* **2♦** La base est un verbe. FRÉQUENTATIF et PÉJ. *bavocher, filocher, flânocher.* ‹origine : → -oche, et 1. -er.›

-OIR, -OIRE **I♦** **-OIR** ou **-OIRE** Pour former des noms. La base est un verbe (la base est celle de la forme de la 1re personne du présent, ou de la forme de l'imparfait). *Arrosoir, baignoire, balançoire, bouilloire, écumoire, laminoir, rôtissoire. Mâchoire, nageoire. Boudoir, fumoir, patinoire.* ◊ ⇒ **-atoire** (I). **II♦** **-OIRE** Pour former des adjectifs. La base est un nom. *Attentatoire, compromissoire, méritoire.* [Base en **-ion**] *classificatoire, collusoire, divinatoire, excrétoire, incantatoire, sécrétoire.* ⇒ **-atoire** (II). ‹lat. *-orium.*›

-OIS, -OISE **I♦** Pour former des noms. **1♦** La base est un nom commun. *Un bourgeois. Minois.* **2♦** La base est un nom propre. *Un Gaulois, une Suédoise.* ◊ ⇒ **-ais, -aise** (I). **II♦** Pour former des adjectifs. **1♦** La base est un nom commun. *Bourgeois, villageois.* **2♦** La base est un nom propre. *Bruxellois, chinois, niçois, québécois, suédois.* ◊ ⇒ **-ais, -aise** (II). ‹lat. *-ensem,* accusatif de *-ensis.* → -ais, -aise.›

-OL, -OLE **I♦** Pour former des noms. VAR. **-IOLE, -EROLE, -EROLLE** **1♦** La base est un nom. *Campagnol.* [Nom propre] *un Cévenol, une Espagnole.* — DIMIN. *artériole, bronchiole.* — *Casserole, flammerole, profiterole.* — *Moucherolle.* DIMIN. *lignerolle.* **2♦** La base est un adjectif. *Rougeole.* **3♦** La base est un verbe. *Bouterolle.* **II♦** Pour former des adjectifs. La base est un nom propre. *Cévenol, espagnol.* ‹lat. *-olus, -ola, -olum,* parfois par les langues romanes.›

-ON, -ONNE **I♦** Pour former des noms. VAR. **-ION** **1♦** La base est un nom. *Ballon, ceinturon, croûton, jupon, manchon, médaillon, poêlon.* DIMIN. *aiglon, autruchon, chaton, glaçon ; un marmiton.* PARTITIF *chaînon, échelon, maillon.* FAM. *un couillon.* — *Croupion, pyramidion, virion.* [Base en **-eau** ou **-elle ;** finale en -ELON] *chamelon, échelon, mamelon.* [Base en **-ier** ou **-ière ;** finale en -ERON] *saleron, quarteron.* **2♦** La base est un adjectif. *Molleton.* DIMIN. *une sauvageonne.* **3♦** La base est un verbe (la base est celle de la forme de la 1re personne du présent, ou de la forme de l'imparfait). *Jeton, guidon, lorgnon, nichon, pilon, torchon. Hérisson. Brouillon, pinçon, plongeon.* PÉJ. *un avorton, une souillon.* ◊ ⇒ 2. **-eron ; -eton ; -ichon, -ichonne** (I) ; **-illon ; -ton.** **II♦** Pour former des adjectifs. La base est un verbe. *Brouillon, grognon.* ◊ ⇒ **-ichon, -ichonne** (II). ‹lat. *-onem* (accusatif de noms féminins en *-o*), quelquefois par l'intermédiaire des langues romanes.›

-ONNER Pour former des verbes. ♦ La base est un verbe. DIMIN. et FRÉQUENTATIF *chantonner, griffonner, mâchonner, tâtonner.* ◊ ⇒ aussi 1. **-er.** ‹moyen français *-on-,* ajouté au suffixe verbal 1. *-er.*›

-ONS VAR. **-ETONS** Pour former des locutions adverbiales. Avec la préposition À. **1♦** La base est un verbe. *À reculons, à tâtons.* **2♦** La base est un nom. *À croupetons.* ‹suffixe à valeur expressive, probablement issu de *-on, -onne.*›

-ORAT ⇒ 1. -AT

-OS **I♦** Pour former des noms. La base est un nom. [La base est abrégée] FAM. *matos* (de *matériel*). **II♦** Pour former des adjectifs. **1♦** La base est un adjectif. FAM. *chicos, chouettos, débilos.* **2♦** La base est un verbe (la base est celle de la forme de l'imparfait). FAM. *craignos.* **III♦** Pour former des adverbes. La base est un adjectif. FAM. *rapidos, tranquillos.* ◊ ⇒ aussi 2. **-o.** ‹suffixe français d'origine inconnue ; comparer les mots d'argot comme *campos* (argot scolaire ancien), *bitos, calendos, doulos,* parfois écrits également *-o* (ou *-au*), ou *-osse.*›

-OSE Pour former des noms féminins. **1♦** La base est un nom. *Bacillose, parasitose, phagocytose, tuberculose.* **2♦** La base est un adjectif. *Sinistrose.* **3♦** La base est un verbe. *Hallucinose.* ‹grec *-ôsis.*›

-OT, -OTTE **I♦** **-OT, -OTTE** (ou **-OTE**) Pour former des noms. VAR. **-IOT, -IOTTE** (ou **-IOTE**) **1♦** La base est un nom. *Ballot, billot, cageot, cheminot, culot, culotte.* FAM. ou DIMIN. *bécot, Charlotte, cocotte, frérot, îlot, Pierrot.* — *Une loupiotte, un pégriot, un salopiot ; loupiote.* **2♦** La base est un verbe (la base est celle de la forme de la 1re personne du présent, ou de la forme de l'imparfait). *Caillot. Bougeotte, jugeote, tremblote. Bouillotte, chiottes, roulotte.* **3♦** La base est une onomatopée. *Fafiot.* **II♦** **-OT, -OTTE** Pour former des adjectifs. VAR. **-IOT, -IOTTE.** La base est un adjectif. *Chérot, fiérot, pâlot, petiot, vieillot.* — *Maigriot.* ‹lat. tardif *-ottum, -ottam,* VAR. de *-ittum, -ittam.* → -et, -ette.›

-OTER (ou **-OTTER**) Pour former des verbes. **1♦** La base est un verbe (la base est celle de la forme de la 1re personne du présent, ou de la forme de l'imparfait). DIMIN. et FRÉQUENTATIF *buvoter, clignoter, pleuvoter, siffloter, tapoter, trembloter, vivoter.* — *Frisotter.* **2♦** La base est une onomatopée. *Chuchoter, papoter.* ‹origine : → -ot, -otte, et 1. -er.›

-OUILLER Pour former des verbes. **1♦** La base est un nom. FRÉQUENTATIF *patouiller.* **2♦** La base est une onomatopée. *Gazouiller.* **3♦** La base est un verbe (la base est celle de la forme de la 1re personne du présent, ou de la forme de l'imparfait). FRÉQUENTATIF *crachouiller, gratouiller, mâchouiller, pendouiller.* ◊ ⇒ **-ailler, -iller.** ‹lat. *-uculare* (non attesté).›

-OUSE (ou **-OUZE**) Pour former des noms féminins. ♦ La base est un nom. FAM. ou POP. *bagouse* (ou *bagouze*), *partouse* (ou *partouze*), *perlouse* (ou *perlouze*), *tantouse* (ou *tantouze*). ‹suffixe français d'origine argotique inconnue; peut-être forme ancienne de *-euse* (→ 2. -eur, -euse), conservée dans des patois.›

-OYER Pour former des verbes. **1♦** La base est un nom. *Chatoyer, côtoyer, coudoyer, foudroyer, guerroyer, larmoyer, merdoyer, ondoyer.* **2♦** La base est un adjectif. *Nettoyer, rougeoyer, rudoyer, verdoyer.* **3♦** La base est un verbe. *Tournoyer.* ◊ ⇒ **-ayer, -eyer,** et aussi 1. **-er.** ◊ Les noms correspondants sont des noms masculins en *-oiement* ⇒ **-ement.** ‹lat. tardif *-izare,* du grec *-izein.* → -iser, et aussi -ayer.›

1. **-SON** Pour former des noms féminins. ♦ La base est un verbe (la base est celle de la forme du participe passé). *Garnison, guérison, trahison.* ◊ ⇒ **-aison.** ‹lat. *-tionem.* REM. La plupart des noms français en *-son* (comme *boisson ; un nourrisson*) sont directement empruntés aux mots latins correspondants (en *-tio,* génitif *-tionis*).›

2. **-SON** Pour former des noms masculins. ♦ La base est un nom (base tronquée). FAM. ou POP. *pacson, tickson.* ‹suffixe français d'origine argotique inconnue.›

-TÉ Pour former des noms féminins. ♦ La base est un adjectif. *Étrangeté, lâcheté, mocheté, propreté.* [Adjectif masculin] *beauté, chrétienté.* [Adjectif féminin] *ancienneté, grossièreté, joyeuseté, netteté, oisiveté.* [Base adjectif en **-al, -ale ;** finale en -AUTÉ] *loyauté, royauté.* ◊ ⇒ aussi **-auté, -ité.** ‹lat. *-itatem.*›

-TION Pour former des noms féminins. ♦ La base est un verbe (la base est celle de la forme du participe passé). *Comparution, parution.* ◊ ⇒ **-ation.** ‹lat. *-ionem,* précédé d'un radical de supin en *t.* REM. La plupart des noms français en *-tion* (comme *finition, résolution*) sont directement empruntés aux mots latins correspondants (en *-tio,* génitif *-tionis*), de même que les noms français à finale *-ion* (comme *action, torsion*).›

-TIQUE (ou **-IQUE** devant *t*) **I♦** Pour former des noms féminins. **1♦** La base est un nom (parfois tronqué). *Bureautique, créatique, consommatique, monétique, productique, robotique.* **2♦** La base est un adjectif. *Privatique* (de *privé*). **II♦** Pour former des adjectifs. La base est un nom. *Médiatique.* ‹origine : de la finale de *informatique,* lui-même de *information,* avec la finale des noms de sciences en *-ique.* REM. Il existe aussi des mots à finale *-matique* (comme *télématique, micromatique*), tirée également de *information.*›

-TON Pour former des noms masculins. ♦ La base est un nom. DIMIN. ou FAM. *un fiston, gueuleton, un mecton.* [Base abrégée] *fromton.* ◊ ⇒ **-on, -onne** (I). ‹suffixe français d'origine argotique inconnue.›

-TURE ⇒ -URE

-U, -UE **I.** Pour former des noms (adjectifs substantivés). La base est un nom. *Un barbu, une bossue.* **II.** Pour former des adjectifs. La base est un nom. *Bossu, feuillu, membru, moussu, poilu, têtu, ventru.* ‹lat. *-utum, -utam.* REM. La terminaison *-u, -ue* est aussi celle de certains participes passés (comme *prévu ; conclu, vaincu ; couru, tenu*), notamment des participes substantivés (comme *battue, revue, vue ; un mordu*).›

-UCHON ⇒ -ICHON, -ICHONNE (I)

-UDE Pour former des noms féminins. ♦ La base est un adjectif. *Décrépitude, incomplétude.* ◊ ⇒ **-itude.** ‹lat. *-udo.* REM. La plupart des noms français en *-ude* (comme *désuétude*) sont directement empruntés aux mots latins correspondants (en *-udo,* génitif *-udinis*).›

-UEUX, -UEUSE ⇒ 1. -EUX, -EUSE (II)

-ULE VAR. **-CULE** et **-ICULE** Pour former des noms (ces noms sont tous des diminutifs). ♦ La base est un nom. *Barbule, lobule, lunule, plumule, ridule, veinule.* — *Animalcule.* [Par analogie] *groupuscule.* — *Canalicule.* ‹lat. *-ulum, -ulam,* à valeur diminutive.›

-URE Pour former des noms féminins. **1.** La base est un nom. VAR. **-ATURE.** *Carrure, chevelure, toiture, voilure.* — *Ossature.* **2.** La base est un adjectif. *Droiture, froidure.* **3.** La base est un verbe (les bases sont celles des formes de la 1re personne du présent, de l'imparfait ou du participe passé). VAR. **-ATURE** et **-TURE.** [Présent] *brûlure, dorure, gageure, gravure.* [Imparfait] *allure, flétrissure, moisissure, meurtrissure, rayure.* [Participe passé] *ouverture;* [par analogie; finale -ETURE] *fermeture.* — [Présent] *filature.* — [Participe passé] *fourniture, garniture, pourriture.* ‹lat. *-ura ;* pour *-ature,* lat. *-atura;* pour *-ture,* lat. *-ura,* précédé d'un radical de supin en *t.*›

LES CONJUGAISONS

Remarques sur le système des conjugaisons en français

1. TABLEAUX DES CONJUGAISONS

conjugaison avec l'auxiliaire *avoir* : *réussir*
conjugaison avec l'auxiliaire *être* : *arriver*
conjugaison forme pronominale : *se reposer*

VERBES RÉGULIERS :

conjugaison 1 *chanter ; naviguer*
conjugaison 2 *finir*

VERBES IRRÉGULIERS :

conjugaisons 3 à 9 : verbes irréguliers en *-er*
conjugaisons 10 à 22 : verbes irréguliers en *-ir*
conjugaisons 23 à 34 : verbes irréguliers en *-oir*
(conjugaison 34 verbe *avoir*)
conjugaisons 35 à 61 : verbes irréguliers en *-re*
(conjugaison 61 verbe *être*)

REM. Pour la prononciation des terminaisons du passé simple et de l'imparfait, du futur et du conditionnel, voir préface p. XXIX. Pour la liaison, le [ə] caduc, voir préface p. XXVIII.

2. LE PARTICIPE PASSÉ toute terminologie ayant rôle structurant et déterminant dans l'élaboration du savoir permet d'élaborer la pensée structurée et donc raisonnement logique

REMARQUES SUR LE SYSTÈME DES CONJUGAISONS EN FRANÇAIS

PRÉSENTATION

Alors que la langue française a considérablement simplifié la morphologie héritée du latin (disparition des cas), la conjugaison est le lieu où les variations morphologiques sont le plus sensibles.

Une présentation exhaustive des formes conjuguées permet d'aller rechercher dans un tableau une forme peu connue, mais il nous a paru nécessaire de rappeler au lecteur certaines régularités du système de conjugaison. Les difficultés sont indiquées en remarque en bas de page. Pour ne pas surcharger les tableaux, seules quelques particularités de prononciation ont été notées.

Nous avons choisi d'appeler verbe irrégulier, tout verbe en *-er* présentant une alternance dans le radical, soit purement graphique (ex. *placer*), soit graphique et phonique (ex. *jeter, acheter*).
Certains verbes ayant un radical unique à l'écrit ont cependant été considérés comme irréguliers, si la rencontre entre le radical et la terminaison produit des formes graphiques inhabituelles ou entraîne des risques d'erreur (ex. *épier* pour les formes *j'épierai* et nous *épiions*).
Traditionnellement, tous les verbes en *-re* sont considérés comme irréguliers (sauf *maudire* rapproché de *finir*). Certains verbes comme *conclure* ne présentent pas de variation du radical.

À la nomenclature du dictionnaire, chaque verbe est suivi d'un numéro qui renvoie à un tableau de conjugaison du type de conjugaison concerné, à utiliser comme modèle. Pour certains numéros, il arrive que plusieurs verbes soient conjugués. Il s'agit de verbes qui présentent le même genre de difficulté, avec cependant des particularités qui justifient la présentation de deux modèles (ex. *placer et bouger* [3] ; *épier et prier* [7]).

Enfin, nous avons donné dans chaque tableau toutes les formes existantes du participe passé, qu'elles soient dans la conjugaison ou accordées dans la phrase (formes passives ou participes passés accordés avec le complément du verbe).
Parce que l'accord du participe passé ne peut figurer dans les tableaux, nous avons réuni une suite d'exemples qui eux aussi constituent des modèles pour les difficultés d'accord.

LES RÉGULARITÉS DANS LES CONJUGAISONS

Le présent de l'indicatif est le temps le plus usuel, et donc le mieux connu des francophones. Cependant, c'est un temps difficile. Même des verbes de la première conjugaison (en *-er*) présentent des alternances de radical au présent (ex. *j'achète, nous achetons*). Quant aux verbes en *-ir* et en *-re*, ils peuvent avoir un, deux, trois radicaux au présent et parfois plus. Pour ceux qui ont deux radicaux, la troisième personne du pluriel a tantôt un radical identique à celui de la première personne du singulier (ex. *croire*), tantôt à celui de la première personne du pluriel (ex. *écrire*).

Une fois les formes du présent maîtrisées, il est souvent possible de construire à partir d'elles d'autres temps verbaux :

– l'imparfait de l'indicatif se construit toujours sur la première personne du pluriel du présent (ex. *nous pouvons, je pouvais*).

– les trois personnes du singulier et la troisième du pluriel au présent du subjonctif se construisent presque toujours sur la troisième personne du pluriel du présent de l'indicatif (ex. *ils viennent, que je vienne*). Exceptions : *aille* de *aller* ; *vaille* de *valoir* ; *faille* de *falloir* ; *veuille* de *vouloir* ; *sache* de *savoir* ; *puisse* de *pouvoir* ; *aie* de *avoir* ; *fasse* de *faire*). Quant aux première et deuxième personnes du pluriel, elles sont souvent semblables aux première et deuxième personnes de l'imparfait de l'indicatif (ex. *nous voulions, que nous voulions*). Les exceptions sont peu nombreuses : *nous savions – que nous sachions* ; *nous pouvions – que nous puissions* ; *nous avions – que nous ayons* ; *nous faisions – que nous fassions.*

On enseigne souvent la règle selon laquelle le futur se construit sur l'infinitif. Historiquement, c'est vrai : je *chanterai* vient de *cantare habeo*, textuellement : *j'ai* à *chanter*. Cette règle, facile à mémoriser, justifie la présence du *e* dans des formes comme *j'épierai* où l'on n'entend jamais ce *e*, forme qui risque d'être écrite sans *e* (comme *rirai*). Mais actuellement cette règle ne rend pas compte d'un grand nombre de futurs.
D'autre part le *r* est senti comme marque du futur et non comme faisant partie du radical. Une forme comme *je bougerai* peut s'expliquer comme la troisième personne du singulier du présent de l'indicatif suivie de la terminaison *-rai*, caractéristique du futur. Cette explication vaut aussi pour *j'épierai*, et elle peut seule rendre compte de *j'achèterai, je jetterai, je noierai,* et *je paierai.*
Cependant, les exceptions restent assez nombreuses et sont toujours signalées dans cet ouvrage en remarque au bas des tableaux.

Beaucoup se plaignent de la difficulté du passé simple. C'est pourtant un temps très régulier dont toutes les personnes peuvent se déduire de la première. Les difficultés du passé simple viennent du fait qu'il est peu usité à l'oral, qu'il a souvent un radical réduit, différent de ceux rencontrés au présent et surtout que ses terminaisons semblent aléatoires. Pourquoi

je couvris et *je courus, je vis* et *je voulus, je prévis* et *je pourvus ?* Pourquoi *je vins, je naquis ?*
Il ne reste donc d'autre solution que d'apprendre ces formes ou d'éviter de les employer, solution adoptée pour les verbes défectifs. Il est amusant de remarquer que souvent les formes que l'on évite sont des formes assez rares qui présentent des risques d'homonymie (ex. *nous moulons* de *moudre* confondu avec la même forme du verbe *mouler*).

LES VARIATIONS DANS L'ORTHOGRAPHE DES VERBES

À l'oral, la conjugaison présente moins de variations qu'à l'écrit. Le passage à l'écrit présente deux sortes de difficultés :

– **La graphie des terminaisons muettes.** Si, pour la conjugaison en *-er*, les trois personnes du singulier et la troisième personne du pluriel se prononcent de la même manière, l'écrit distingue la deuxième personne du singulier en *-es*, et la troisième personne du pluriel en *-ent*. Quant aux verbes en *-ir*, et en *-re* qui se terminent souvent au présent en *-s, -s, -t*, la consonne du radical de l'infinitif quoique muette se maintient parfois (ex. *je bats, je romps, je mets*) et parfois elle disparaît (ex. *je joins, je connais*).

– **Les variations dans la graphie du radical.** Le code graphique du français impose souvent de noter un radical de façon différente selon la voyelle de la terminaison. On a ainsi *je place, nous plaçons, je bouge, nous bougeons.*
Parfois, la grammaire a choisi de garder l'invariabilité graphique au risque de créer des formes rares (ex. *je navigue, nous naviguons*).
Pour les verbes en *-guer*, le participe présent en *-guant* est particulièrement difficile car il est parfois homonyme d'un adjectif en *-gant* (ex. *le personnel navigant*, un *travail fatigant*). Ces homonymies ont été signalées à l'article.

AUTRES DIFFICULTÉS

Les difficultés liées à des problèmes de prononciation.

Le radical de certains verbes se termine par le son [j]. La terminaison de la première et de la deuxième personne du pluriel de l'imparfait de l'indicatif et du subjonctif présent commence aussi par [j] (*-ions, -iez*). La différence de prononciation est peu audible entre le présent *nous mouillons* et l'imparfait *nous mouillions*, et on risque donc d'oublier d'écrire le *i* de la terminaison dans des formes comme *nous mouillions, nous payions, nous bouillions.* Cette difficulté a été signalée en remarque dans les tableaux.

Une autre difficulté concerne les futurs. Les deux *r* graphiques sont prononcés quand le présent a aussi un *r* (*nous courons / nous courrons*) mais pas lorsque le présent n'en a pas (*nous pouvons, nous pourrons*).

Les difficultés liées à des alternances vocaliques.

Dans les conjugaisons, certaines variations de radical s'expliquent par une évolution phonétique différente des voyelles en syllabe finale de mot (syllabe accentuée) et en syllabe non finale (syllabe inaccentuée).
L'alternance vocalique ne pose pas de problème graphique quand le timbre de la voyelle est très différent (ex. *ils peuvent, nous pouvons*).

Le problème est assez délicat pour un grand nombre de verbes en *-er* où peuvent alterner les voyelles [ɛ] et [ə] (ex. *je gèle, nous gelons, je jette, nous jetons*) ou bien les voyelles [ɛ] et [e] (ex. *je cède, nous cédons*). Parfois l'usage hésite sur la prononciation (ex. *assener* ou *asséner*) et sur la graphie (on a écrit *il harcelle,* mais actuellement on écrit plutôt *il harcèle*). Au futur, la graphie officielle *nous céderons* avec *é* a tendance à être remplacée par *nous cèderons* "pour se conformer à la prononciation", dit-on. En fait, la différence entre [ɛ] et [e] en syllabe non finale est peu sensible. Cependant la graphie avec *è* est favorisée par les autres conjugaisons où le futur semble formé sur la troisième personne de l'indicatif (ex. *nous jetterons, nous achèterons*).

Nous espérons que ces quelques remarques aideront le lecteur et l'inciteront à porter un regard nouveau sur la conjugaison des verbes français.

Aliette LUCOT

RÉUSSIR
(avec l'auxiliaire *avoir*)

INDICATIF

présent	passé composé
je réussis	j'ai réussi
tu réussis	tu as réussi
il/elle réussit	il/elle a réussi
nous réussissons	nous avons réussi
vous réussissez	vous avez réussi
ils/elles réussissent	ils/elles ont réussi

imparfait	plus-que-parfait
je réussissais	j'avais réussi
tu réussissais	tu avais réussi
il/elle réussissait	il/elle avait réussi
nous réussissions	nous avions réussi
vous réussissiez	vous aviez réussi
ils/elles réussissaient	ils/elles avaient réussi

passé simple	passé antérieur
je réussis	j'eus réussi
tu réussis	tu eus réussi
il/elle réussit	il/elle eut réussi
nous réussîmes	nous eûmes réussi
vous réussîtes	vous eûtes réussi
ils/elles réussirent	ils/elles eurent réussi

futur simple	futur antérieur
je réussirai	j'aurai réussi
tu réussiras	tu auras réussi
il/elle réussira	il/elle aura réussi
nous réussirons	nous aurons réussi
vous réussirez	vous aurez réussi
ils/elles réussiront	ils/elles auront réussi

SUBJONCTIF

présent
que je réussisse
que tu réussisses
qu'il/qu'elle réussisse
que nous réussissions
que vous réussissiez
qu'ils/qu'elles réussissent

imparfait
que je réussisse
que tu réussisses
qu'il/qu'elle réussît
que nous réussissions
que vous réussissiez
qu'ils/qu'elles réussissent

passé
que j'aie réussi
que tu aies réussi
qu'il/qu'elle ait réussi
que nous ayons réussi
que vous ayez réussi
qu'ils/qu'elles aient réussi

plus-que-parfait
que j'eusse réussi
que tu eusses réussi
qu'il/qu'elle eût réussi
que nous eussions réussi
que vous eussiez réussi
qu'ils/qu'elles eussent réussi

CONDITIONNEL

présent	passé 1re forme	passé 2e forme
je réussirais	j'aurais réussi	j'eusse réussi
tu réussirais	tu aurais réussi	tu eusses réussi
il/elle réussirait	il/elle aurait réussi	il/elle eût réussi
nous réussirions	nous aurions réussi	nous eussions réussi
vous réussiriez	vous auriez réussi	vous eussiez réussi
ils/elles réussiraient	ils/elles auraient réussi	ils/elles eussent réussi

IMPÉRATIF

présent

réussis
réussissons
réussissez

PARTICIPE

présent

réussissant

passé

réussi, ie, is, ies
ayant réussi

INFINITIF

présent

réussir

passé

avoir réussi

ARRIVER

(avec l'auxiliaire *être*)

INDICATIF

présent	passé composé
j'arrive	je suis arrivé, ée
tu arrives	tu es arrivé, ée
il/elle arrive	il/elle est arrivé, ée
nous arrivons	nous sommes arrivés, ées
vous arrivez	vous êtes arrivés, ées
ils/elles arrivent	ils/elles sont arrivés, ées

imparfait	plus-que-parfait
j'arrivais	j'étais arrivé, ée
tu arrivais	tu étais arrivé, ée
il/elle arrivait	il/elle était arrivé, ée
nous arrivions	nous étions arrivés, ées
vous arriviez	vous étiez arrivés, ées
ils/elles arrivaient	ils/elles étaient arrivés, ées

passé simple	passé antérieur
j'arrivai	je fus arrivé, ée
tu arrivas	tu fus arrivé, ée
il/elle arriva	il/elle fut arrivé, ée
nous arrivâmes	nous fûmes arrivés, ées
vous arrivâtes	vous fûtes arrivés, ées
ils/elles arrivèrent	ils/elles furent arrivés, ées

futur simple	futur antérieur
j'arriverai	je serai arrivé, ée
tu arriveras	tu seras arrivé, ée
il/elle arrivera	il/elle sera arrivé, ée
nous arriverons [aʀiv(ə)ʀɔ̃]	nous serons arrivés, ées
vous arriverez	vous serez arrivés, ées
ils/elles arriveront	ils/elles seront arrivés, ées

SUBJONCTIF

présent
que j'arrive
que tu arrives
qu'il/qu'elle arrive
que nous arrivions
que vous arriviez
qu'ils/qu'elles arrivent

imparfait
que j'arrivasse
que tu arrivasses
qu'il/qu'elle arrivât
que nous arrivassions
que vous arrivassiez
qu'ils/qu'elles arrivassent

passé
que je sois arrivé, ée
que tu sois arrivé, ée
qu'il/qu'elle soit arrivé, ée
que nous soyons arrivés, ées
que vous soyez arrivés, ées
qu'ils/qu'elles soient arrivés, ées

plus-que-parfait
que je fusse arrivé, ée
que tu fusses arrivé, ée
qu'il/qu'elle fût arrivé, ée
que nous fussions arrivés, ées
que vous fussiez arrivés, ées
qu'ils/qu'elles fussent arrivés, ées

CONDITIONNEL

présent	passé 1re forme	passé 2e forme
j'arriverais	je serais arrivé, ée	je fusse arrivé, ée
tu arriverais	tu serais arrivé, ée	tu fusses arrivé, ée
il/elle arriverait	il/elle serait arrivé, ée	il/elle fût arrivé, ée
nous arriverions [aʀivəʀjɔ̃]	nous serions arrivés, ées	nous fussions arrivés, ées
vous arriveriez	vous seriez arrivés, ées	vous fussiez arrivés, ées
ils/elles arriveraient	ils/elles seraient arrivés, ées	ils/elles fussent arrivés, ées

IMPÉRATIF

présent

arrive
arrivons
arrivez

PARTICIPE

présent

arrivant

passé

arrivé, ée, és, ées
étant arrivé, ée, és, ées

INFINITIF

présent

arriver

passé

être arrivé, ée, és, ées

SE REPOSER
(forme pronominale)

INDICATIF

présent	passé composé
je me repose	je me suis reposé, ée
tu te reposes	tu t'es reposé, ée
il/elle se repose	il/elle s'est reposé, ée
nous nous reposons	nous nous sommes reposés, ées
vous vous reposez	vous vous êtes reposés, ées
ils/elles se reposent	ils/elles se sont reposés, ées

imparfait	plus-que-parfait
je me reposais	je m'étais reposé, ée
tu te reposais	tu t'étais reposé, ée
il/elle se reposait	il/elle s'était reposé, ée
nous nous reposions	nous nous étions reposés, ées
vous vous reposiez	vous vous étiez reposés, ées
ils/elles se reposaient	ils/elles s'étaient reposés, ées

passé simple	passé antérieur
je me reposai	je me fus reposé, ée
tu te reposas	tu te fus reposé, ée
il/elle se reposa	il/elle se fut reposé, ée
nous nous reposâmes	nous nous fûmes reposés, ées
vous vous reposâtes	vous vous fûtes reposés, ées
ils/elles se reposèrent	ils/elles se furent reposés, ées

futur simple	futur antérieur
je me reposerai	je me serai reposé, ée
tu te reposeras	tu te seras reposé, ée
il/elle se reposera	il/elle se sera reposé, ée
nous nous reposerons	nous nous serons reposés, ées
vous vous reposerez	vous vous serez reposés, ées
ils/elles se reposeront	ils/elles se seront reposés, ées

SUBJONCTIF

présent	imparfait
que je me repose	que je me reposasse
que tu te reposes	que tu te reposasses
qu'il/qu'elle se repose	qu'il/qu'elle se reposât
que nous nous reposions	que nous nous reposassions
que vous vous reposiez	que vous vous reposassiez
qu'ils/qu'elles se reposent	qu'ils/qu'elles se reposassent

passé	plus-que-parfait
que je me sois reposé, ée	que je me fusse reposé, ée
que tu te sois reposé, ée	que tu te fusses reposé, ée
qu'il/qu'elle se soit reposé, ée	qu'il/qu'elle se fût reposé, ée
que nous nous soyons reposés, ées	que nous nous fussions reposés, ées
que vous vous soyez reposés, ées	que vous vous fussiez reposés, ées
qu'ils/qu'elles se soient reposés, ées	qu'ils/qu'elles se fussent reposés, ées

CONDITIONNEL

présent	passé 1re forme	passé 2e forme
je me reposerais	je me serais reposé, ée	je me fusse reposé, ée
tu te reposerais	tu te serais reposé, ée	tu te fusses reposé, ée
il/elle se reposerait	il/elle se serait reposé, ée	il/elle se fût reposé, ée
nous nous reposerions	nous nous serions reposés, ées	nous nous fussions reposés, ées
vous vous reposeriez	vous vous seriez reposés, ées	vous vous fussiez reposés, ées
ils/elles se reposeraient	ils/elles se seraient reposés, ées	ils/elles se fussent reposés, ées

IMPÉRATIF

présent

repose-toi
reposons-nous
reposez-vous

PARTICIPE

présent

se reposant

passé

reposé, ée, és, ées
s'étant reposé, ée, és, ées

INFINITIF

présent

se reposer

passé

s'être reposé, ée, és, ées

REM. Les verbes pronominaux n'ont pas d'impératif passé.

1 CHANTER

INDICATIF

présent	passé composé
je chante	j'ai chanté
tu chantes	tu as chanté
il/elle chante	il/elle a chanté
nous chantons	nous avons chanté
vous chantez	vous avez chanté
ils/elles chantent	ils/elles ont chanté

imparfait	plus-que-parfait
je chantais	j'avais chanté
tu chantais	tu avais chanté
il/elle chantait	il/elle avait chanté
nous chantions	nous avions chanté
vous chantiez	vous aviez chanté
ils/elles chantaient	ils/elles avaient chanté

passé simple	passé antérieur
je chantai	j'eus chanté
tu chantas	tu eus chanté
il/elle chanta	il/elle eut chanté
nous chantâmes	nous eûmes chanté
vous chantâtes	vous eûtes chanté
ils/elles chantèrent	ils/elles eurent chanté

futur simple	futur antérieur
je chanterai	j'aurai chanté
tu chanteras	tu auras chanté
il/elle chantera	il/elle aura chanté
nous chanterons [ʃɑ̃t(ə)ʀɔ̃]	nous aurons chanté
vous chanterez	vous aurez chanté
ils/elles chanteront	ils/elles auront chanté

SUBJONCTIF

présent	imparfait
que je chante	que je chantasse
que tu chantes	que tu chantasses
qu'il/qu'elle chante	qu'il/qu'elle chantât
que nous chantions	que nous chantassions
que vous chantiez	que vous chantassiez
qu'ils/qu'elles chantent	qu'ils/qu'elles chantassent

passé	plus-que-parfait
que j'aie chanté	que j'eusse chanté
que tu aies chanté	que tu eusses chanté
qu'il/qu'elle ait chanté	qu'il/qu'elle eût chanté
que nous ayons chanté	que nous eussions chanté
que vous ayez chanté	que vous eussiez chanté
qu'ils/qu'elles aient chanté	qu'ils/qu'elles eussent chanté

CONDITIONNEL

présent	passé 1re forme	passé 2e forme
je chanterais	j'aurais chanté	j'eusse chanté
tu chanterais	tu aurais chanté	tu eusses chanté
il/elle chanterait	il/elle aurait chanté	il/elle eût chanté
nous chanterions [ʃɑ̃təʀjɔ̃]	nous aurions chanté	nous eussions chanté
vous chanteriez	vous auriez chanté	vous eussiez chanté
ils/elles chanteraient	ils/elles auraient chanté	ils/elles eussent chanté

IMPÉRATIF

présent

chante
chantons
chantez

PARTICIPE

présent

chantant

passé

chanté, ée, és, ées
ayant chanté

INFINITIF

présent

chanter

passé

avoir chanté

REM. Il ne faut pas oublier le ***i*** des 1re et 2e personnes du pluriel de l'imparfait de l'indicatif et du présent du subjonctif des verbes en ***-iller*** (ex. *mouiller : nous mouillions, vous mouilliez*), des verbes en ***-gner*** (ex. *signer : nous signions, vous signiez*) et des verbes en ***-eyer*** (ex. *grasseyer : nous grasseyions, vous grasseyiez*).

1 NAVIGUER
(terminaison en *-guer*)

INDICATIF

présent	passé composé
je navigue	j'ai navigué
tu navigues	tu as navigué
il/elle navigue	il/elle a navigué
nous naviguons	nous avons navigué
vous naviguez	vous avez navigué
ils/elles naviguent	ils/elles ont navigué

imparfait	plus-que-parfait
je naviguais	j'avais navigué
tu naviguais	tu avais navigué
il/elle naviguait	il/elle avait navigué
nous naviguions	nous avions navigué
vous naviguiez	vous aviez navigué
ils/elles naviguaient	ils/elles avaient navigué

passé simple	passé antérieur
je naviguai	j'eus navigué
tu naviguas	tu eus navigué
il/elle navigua	il/elle eut navigué
nous naviguâmes	nous eûmes navigué
vous naviguâtes	vous eûtes navigué
ils/elles naviguèrent	ils/elles eurent navigué

futur simple	futur antérieur
je naviguerai	j'aurai navigué
tu navigueras	tu auras navigué
il/elle naviguera	il/elle aura navigué
nous naviguerons [navig(ə)ʀɔ̃]	nous aurons navigué
vous naviguerez	vous aurez navigué
ils/elles navigueront	ils/elles auront navigué

SUBJONCTIF

présent	imparfait
que je navigue	que je naviguasse
que tu navigues	que tu naviguasses
qu'il/qu'elle navigue	qu'il/qu'elle naviguât
que nous naviguions	que nous naviguassions
que vous naviguiez	que vous naviguassiez
qu'ils/qu'elles naviguent	qu'ils/qu'elles naviguassent

passé	plus-que-parfait
que j'aie navigué	que j'eusse navigué
que tu aies navigué	que tu eusses navigué
qu'il/qu'elle ait navigué	qu'il/qu'elle eût navigué
que nous ayons navigué	que nous eussions navigué
que vous ayez navigué	que vous eussiez navigué
qu'ils/qu'elles aient navigué	qu'ils/qu'elles eussent navigué

CONDITIONNEL

présent	passé 1re forme	passé 2e forme
je naviguerais	j'aurais navigué	j'eusse navigué
tu naviguerais	tu aurais navigué	tu eusses navigué
il/elle naviguerait	il/elle aurait navigué	il/elle eût navigué
nous naviguerions [navigəʀjɔ̃]	nous aurions navigué	nous eussions navigué
vous navigueriez	vous auriez navigué	vous eussiez navigué
ils/elles navigueraient	ils/elles auraient navigué	ils/elles eussent navigué

IMPÉRATIF

présent

navigue
naviguons
naviguez

PARTICIPE

présent

naviguant

passé

navigué
ayant navigué

INFINITIF

présent

naviguer

passé

avoir navigué

REM. 1 – On garde le *u* après le *g* même devant *a* et *o* *(naviguant).*
2 – Les verbes en ***-éguer*** (ex. *léguer*) se conjuguent comme ***céder*** avec la particularité des verbes en ***-guer*** (cf. Rem. 1).
3 – Le verbe ***arguer*** se conjugue comme ***tuer*** avec le *u* prononcé, et non comme ***naviguer.***

2 FINIR

INDICATIF

présent	passé composé
je finis	j'ai fini
tu finis	tu as fini
il/elle finit	il/elle a fini
nous finissons	nous avons fini
vous finissez	vous avez fini
ils/elles finissent	ils/elles ont fini

imparfait	plus-que-parfait
je finissais	j'avais fini
tu finissais	tu avais fini
il/elle finissait	il/elle avait fini
nous finissions	nous avions fini
vous finissiez	vous aviez fini
ils/elles finissaient	ils/elles avaient fini

passé simple	passé antérieur
je finis	j'eus fini
tu finis	tu eus fini
il/elle finit	il/elle eut fini
nous finîmes	nous eûmes fini
vous finîtes	vous eûtes fini
ils/elles finirent	ils/elles eurent fini

futur simple	futur antérieur
je finirai	j'aurai fini
tu finiras	tu auras fini
il/elle finira	il/elle aura fini
nous finirons	nous aurons fini
vous finirez	vous aurez fini
ils/elles finiront	ils/elles auront fini

SUBJONCTIF

présent	imparfait
que je finisse	que je finisse
que tu finisses	que tu finisses
qu'il/qu'elle finisse	qu'il/qu'elle finît
que nous finissions	que nous finissions
que vous finissiez	que vous finissiez
qu'ils/qu'elles finissent	qu'ils/qu'elles finissent

passé	plus-que-parfait
que j'aie fini	que j'eusse fini
que tu aies fini	que tu eusses fini
qu'il/qu'elle ait fini	qu'il/qu'elle eût fini
que nous ayons fini	que nous eussions fini
que vous ayez fini	que vous eussiez fini
qu'ils/qu'elles aient fini	qu'ils/qu'elles eussent fini

CONDITIONNEL

présent	passé 1re forme	passé 2e forme
je finirais	j'aurais fini	j'eusse fini
tu finirais	tu aurais fini	tu eusses fini
il/elle finirait	il/elle aurait fini	il/elle eût fini
nous finirions	nous aurions fini	nous eussions fini
vous finiriez	vous auriez fini	vous eussiez fini
ils/elles finiraient	ils/elles auraient fini	ils/elles eussent fini

IMPÉRATIF

présent

finis
finissons
finissez

PARTICIPE

présent

finissant

passé

fini, ie, is, ies
ayant fini

INFINITIF

présent

finir

passé

avoir fini

REM. 1 – ***Bénir*** a pour participe passé *béni, ie (une région bénie des dieux)* et *bénit, ite.* 2 – ***Maudire*** se conjugue comme ***finir*** sauf à l'infinitif et au participe passé *(maudit, ite).* 3 – Les verbes ***impartir, répartir, réassortir,*** 3. ***sortir,*** 2. ***ressortir*** se conjuguent comme ***finir*** mais les verbes ***repartir, départir,*** 1. ***sortir,*** 1. ***ressortir*** se conjuguent comme ***partir.*** 4 – Le verbe ***asservir*** se conjugue comme ***finir*** et non comme ***servir.***

3 PLACER (alternance de *c* et *ç*)

INDICATIF

présent je place [plas], il place, nous plaçons [plasɔ̃], ils placent
imparfait je plaçais [plasɛ]
passé simple je plaçai
futur je placerai [plas(ə)ʀɛ]

IMPÉRATIF
présent place, plaçons

conditionnel
présent je placerais

SUBJONCTIF
présent que je place, que nous placions
imparfait que je plaçasse, que nous plaçassions

PARTICIPE
présent plaçant
passé placé, ée

REM. Les verbes en -ECER (ex. *dépecer*) se conjuguent comme PLACER et GELER. Les verbes en -ÉCER (ex. *rapiécer*) se conjuguent comme CÉDER et PLACER.

BOUGER (alternance de *g* et *ge*)

INDICATIF

présent je bouge [buʒ], il bouge, nous bougeons [buʒɔ̃], ils bougent
imparfait je bougeais, nous bougions
passé simple je bougeai
futur je bougerai [buʒʀɛ]

IMPÉRATIF
présent bouge, bougeons

conditionnel
présent je bougerais

SUBJONCTIF
présent que je bouge, que nous bougions
imparfait que je bougeasse, que nous bougeassions

PARTICIPE
présent bougeant [buʒɑ̃]
passé bougé, ée

REM. Les verbes en -ÉGER (ex. *protéger*) se conjuguent comme BOUGER et CÉDER.

4 APPELER (alternance de *l* et *ll*)

INDICATIF

présent j'appelle [apɛl], il appelle, nous appelons [ap(ə)lɔ̃], ils appellent
imparfait j'appelais
passé simple j'appelai
futur j'appellerai [apɛlʀɛ]

IMPÉRATIF
présent appelle, appelons

conditionnel
présent j'appellerais

SUBJONCTIF
présent que j'appelle, que nous appelions
imparfait que j'appelasse, que nous appelassions

PARTICIPE
présent appelant
passé appelé, ée

REM. 1. Le verbe INTERPELLER ne se conjugue pas comme APPELER et on écrit *nous interpellons.* 2. Quelques verbes ne doublent pas le *l* devant un *e* muet mais prennent un accent grave sur le *e* qui précède le *l* (ex. *je gèle* ; voir *geler* conjug. 5). 3. Ces verbes en -ELER peuvent se conjuguer comme GELER, sauf APPELER et ses composés (nouvelle orthographe).

JETER (alternance de *t* et *tt*)

INDICATIF

présent je jette [ʒɛt], il jette, nous jetons [ʒ(ə)tɔ̃], ils jettent
imparfait je jetais
passé simple je jetai
futur je jetterai [ʒɛtʀɛ]

IMPÉRATIF
présent jette, jetons

conditionnel
présent je jetterais

SUBJONCTIF
présent que je jette, que nous jetions
imparfait que je jetasse, que nous jetassions

PARTICIPE
présent jetant
passé jeté, ée

REM. 1. Quelques verbes ne doublent pas le *t* devant un *e* muet mais prennent un accent grave sur le *e* qui précède le *t.* Voir ACHETER (conjug. 5). 2. Les verbes TROMPETER et GUILLEMETER se conjuguent comme JETER mais se prononcent avec [e] comme dans MOQUETTER. 3. Ces verbes en -ETER peuvent se conjuguer comme ACHETER, sauf JETER et ses composés (nouvelle orthographe).

5 GELER (alternance de *el* et *èl*)

et les verbes en -EMER (ex. *semer*), -ENER (ex. *mener*), -ESER (ex. *peser*), -EVER (ex. *lever*), etc.

INDICATIF

présent je gèle [ʒɛl], il gèle, nous gelons [ʒ(ə)lɔ̃], ils gèlent

imparfait je gelais, nous gelions [ʒəljɔ̃]

passé simple je gelai

futur je gèlerai [ʒɛlʀɛ]

IMPÉRATIF

présent gèle, gelons

conditionnel

présent je gèlerais

SUBJONCTIF

présent que je gèle, que nous gelions

imparfait que je gelasse, que nous gelassions

PARTICIPE

présent gelant

passé gelé, ée

REM. 1. Les verbes en -ECER (ex. *dépecer*) se conjuguent comme GELER et PLACER. 2. Pour certains verbes, la conjugaison hésite entre celle de GELER et celle de CÉDER *(celer, receler, gangrener, grever, dégrever, halener, engrener, rengréner, assener)*. 3. Tous les verbes en -ELER, sauf APPELER et ses composés, peuvent se conjuguer selon ce modèle (nouvelle orthographe).

ACHETER (alternance de *et* et *èt*)

INDICATIF

présent j'achète [aʃɛt], il achète, nous achetons [aʃ(ə)tɔ̃], ils achètent

imparfait j'achetais [aʃtɛ], nous achetions

passé simple j'achetai

futur j'achèterai [aʃɛtʀɛ]

IMPÉRATIF

présent achète, achetons

conditionnel

présent j'achèterais

SUBJONCTIF

présent que j'achète, que nous achetions

imparfait que j'achetasse, que nous achetassions

PARTICIPE

présent achetant

passé acheté, ée

REM. 1. Les verbes BÉGUETER, CAQUETER, CORSETER, CROCHETER, DUVETER, FILETER, FURETER, HALETER, RACHETER se conjuguent comme ACHETER. 2. Tous les verbes en -ETER, sauf JETER et ses composés, peuvent se conjuguer selon ce modèle (nouvelle orthographe).

6 CÉDER (alternance de *é* et *è*)

INDICATIF

présent je cède [sɛd], il cède, nous cédons [sedɔ̃], ils cèdent

imparfait je cédais, nous cédions

passé simple je cédai

futur je céderai [sɛdʀɛ ; sedʀɛ][2]

IMPÉRATIF

présent cède, cédons

conditionnel

présent je céderais [2]

SUBJONCTIF

présent que je cède, que nous cédions

imparfait que je cédasse, que nous cédassions

PARTICIPE

présent cédant

passé cédé, ée

REM. 1. Les verbes en -ÉGER (ex. *protéger*) se conjuguent comme CÉDER et BOUGER. Les verbes en -ÉCER (ex. *rapiécer*) se conjuguent comme CÉDER et PLACER. Les verbes en -ÉGUER (ex. *léguer*) se conjuguent comme CÉDER et NAVIGUER. 2. On peut aussi employer l'accent grave au futur et au conditionnel *(je cèderai ; je cèderais)*, conformément à la prononciation (nouvelle orthographe).

7 ÉPIER (radical en *i*)

INDICATIF voir aussi page suivante PRIER

présent j'épie [epi], il épie, nous épions [epjɔ̃], ils épient

imparfait j'épiais, nous épiions [epijɔ̃]

passé simple j'épiai

futur j'épierai [epiʀɛ]

IMPÉRATIF

présent épie, épions

conditionnel

présent j'épierais

SUBJONCTIF

présent que j'épie, que nous épiions

imparfait que j'épiasse, que nous épiassions

PARTICIPE

présent épiant

passé épié, iée

PRIER

voir aussi page précédente ÉPIER

INDICATIF

présent — je prie [pRi], il prie, nous prions [pRijɔ̃], ils prient

imparfait — je priais, nous priions [pRijjɔ̃]

passé simple — je priai

futur — je prierai [pRiRɛ]

IMPÉRATIF

présent — prie, prions

conditionnel

présent — je prierais

SUBJONCTIF

présent — que je prie, que nous priions

imparfait — que je priasse, que nous priassions

PARTICIPE

présent — priant

passé — prié, priée

8 NOYER (alternance de *oy* et *oi*)

et les verbes en -UYER (ex. *appuyer, essuyer*).

INDICATIF

présent — je noie [nwa], il noie, nous noyons [nwajɔ̃], ils noient

imparfait — je noyais, nous noyions [nwajjɔ̃]

passé simple — je noyai

futur — je noierai [nwaRɛ]

IMPÉRATIF

présent — noie, noyons

conditionnel

présent — je noierais

SUBJONCTIF

présent — que je noie, que nous noyions

imparfait — que je noyasse, que nous noyassions

PARTICIPE

présent — noyant

passé — noyé, noyée

REM. ENVOYER fait au futur : *j'enverrai*, et au conditionnel : *j'enverrais* [ɑ̃vɛRɛ].

PAYER (alternance de *ay* et *ai*)

et tous les verbes en -AYER.

INDICATIF

présent — je paie [pɛ] ou je paye [pɛj], il paie ou il paye, nous payons [pɛjɔ̃], ils paient ou ils payent

imparfait — je payais, nous payions [pɛjjɔ̃]

passé simple — je payai

futur — je paierai [pɛRɛ] ou je payerai [pɛjRɛ], nous paierons ou nous payerons

IMPÉRATIF

présent — paie ou paye, payons

conditionnel

présent — je paierais ou je payerais

SUBJONCTIF

présent — que je paie ou que je paye, que nous payions

imparfait — que je payasse, que nous payassions

PARTICIPE

présent — payant

passé — payé, payée

9 ALLER

voir page ci-contre

10 HAÏR (alternance de *ï* et *i*)

INDICATIF

présent — je hais [ˊɛ], il hait [ˊɛ], nous haïssons [ˊaisɔ̃], ils haïssent [ˊais]

imparfait — je haïssais, nous haïssions

passé simple — je haïs [ˊai], nous haïmes

futur — je haïrai [ˊaiRɛ]

IMPÉRATIF

présent — hais [ˊɛ], haïssons

conditionnel

présent — je haïrais

SUBJONCTIF

présent — que je haïsse

imparfait — que je haïsse, qu'il haït, que nous haïssions

PARTICIPE

présent — haïssant

passé — haï, haïe [ˊai]

REM. 1. Le verbe HAÏR se conjugue comme FINIR sauf au singulier du présent de l'indicatif. 2. Pas d'accent circonflexe au passé simple et à l'imparfait du subjonctif. 3. Le verbe OUÏR ne se conjugue pas comme HAÏR (voyez *ouïr* à la nomenclature).

9 ALLER

INDICATIF

présent	passé composé
je vais [vɛ]	je suis allé, ée
tu vas	tu es allé, ée
il/elle va	il/elle est allé, ée
nous allons [alɔ̃]	nous sommes allés, ées
vous allez	vous êtes allés, ées
ils/elles vont [vɔ̃]	ils/elles sont allés, ées

imparfait	plus-que-parfait
j'allais [alɛ]	j'étais allé, ée
tu allais	tu étais allé, ée
il/elle allait	il/elle était allé, ée
nous allions [aljɔ̃]	nous étions allés, ées
vous alliez	vous étiez allés, ées
ils/elles allaient	ils/elles étaient allés, ées

passé simple	passé antérieur
j'allai	je fus allé, ée
tu allas	tu fus allé, ée
il/elle alla	il/elle fut allé, ée
nous allâmes	nous fûmes allés, ées
vous allâtes	vous fûtes allés, ées
ils/elles allèrent	ils/elles furent allés, ées

futur simple	futur antérieur
j'irai [iʀɛ]	je serai allé, ée
tu iras	tu seras allé, ée
il/elle ira	il/elle sera allé, ée
nous irons	nous serons allés, ées
vous irez	vous serez allés, ées
ils/elles iront	ils/elles seront allés, ées

SUBJONCTIF

présent
que j'aille [aj]
que tu ailles
qu'il/qu'elle aille
que nous allions [aljɔ̃]
que vous alliez
qu'ils/qu'elles aillent

imparfait
que j'allasse [alas]
que tu allasses
qu'il/qu'elle allât
que nous allassions
que vous allassiez
qu'ils/qu'elles allassent

passé
que je sois allé, ée
que tu sois allé, ée
qu'il/qu'elle soit allé, ée
que nous soyons allés, ées
que vous soyez allés, ées
qu'ils/qu'elles soient allés, ées

plus-que-parfait
que je fusse allé, ée
que tu fusses allé, ée
qu'il/qu'elle fût allé, ée
que nous fussions allés, ées
que vous fussiez allés, ées
qu'ils/qu'elles fussent allés, ées

CONDITIONNEL

présent	passé 1re forme	passé 2e forme
j'irais	je serais allé, ée	je fusse allé, ée
tu irais	tu serais allé, ée	tu fusses allé, ée
il/elle irait	il/elle serait allé, ée	il/elle fût allé, ée
nous irions	nous serions allés, ées	nous fussions allés, ées
vous iriez	vous seriez allés, ées	vous fussiez allés, ées
ils/elles iraient	ils/elles seraient allés, ées	ils/elles fussent allés, ées

IMPÉRATIF

présent

va
allons
allez

PARTICIPE

présent

allant

passé

allé, ée, és, ées
étant allé, ée, és, ées

INFINITIF

présent

aller

passé

être allé, ée, és, ées

REM. 1 – Aux temps composés, *être allé* est en concurrence avec *avoir été* dans la langue familière.
2 – ***S'en aller*** se conjugue comme ***aller.*** Aux temps composés, l'auxiliaire se place entre *en* et *allé (je m'en suis allé).*

11 COURIR

INDICATIF

présent je cours, il court,
nous courons, ils courent

imparfait je courais [kuʀɛ], nous courions

passé simple je courus

futur je courrai [kuʀʀe]

IMPÉRATIF
présent cours, courons

conditionnel
présent je courrais

SUBJONCTIF
présent que je coure
imparfait que je courusse, que nous courussions

PARTICIPE
présent courant
passé couru, ue

REM. On prononce les deux *r* au futur et au conditionnel.

12 CUEILLIR

INDICATIF

présent je cueille [kœj], il cueille,
nous cueillons [kœjɔ̃], ils cueillent

imparfait je cueillais, nous cueillions [kœjjɔ̃]

passé simple je cueillis

futur je cueillerai

IMPÉRATIF
présent cueille, cueillons

conditionnel
présent je cueillerais

SUBJONCTIF
présent que je cueille, que nous cueillions
imparfait que je cueillisse, que nous cueillissions

PARTICIPE
présent cueillant
passé cueilli, ie

13 ASSAILLIR

INDICATIF

présent j'assaille, il assaille,
nous assaillons [asajɔ̃], ils assaillent

imparfait j'assaillais, nous assaillions [asajjɔ̃]

passé simple j'assaillis

futur j'assaillirai

IMPÉRATIF
présent assaille, assaillons

conditionnel
présent j'assaillirais

SUBJONCTIF
présent que j'assaille, que nous assaillions
imparfait que j'assaillisse, que nous assaillissions

PARTICIPE
présent assaillant
passé assailli, ie

REM. Le verbe FAILLIR au sens (vx) de « faire faillite » se conjugue comme FINIR. Pour d'autres sens, voyez *faillir* à la nomenclature.

14 SERVIR

INDICATIF

présent je sers [sɛʀ], il sert,
nous servons [sɛʀvɔ̃], ils servent [sɛʀv]

imparfait je servais, nous servions

passé simple je servis

futur je servirai

IMPÉRATIF
présent sers, servons

conditionnel
présent je servirais

SUBJONCTIF
présent que je serve
imparfait que je servisse, que nous servissions

PARTICIPE
présent servant
passé servi, ie

REM. Ainsi se conjuguent DESSERVIR et RESSERVIR. ASSERVIR se conjugue comme FINIR.

15 BOUILLIR

INDICATIF

présent — je bous [bu], il bout, nous bouillons [bujɔ̃], ils bouillent [buj]

imparfait — je bouillais, nous bouillions [bujjɔ̃]

passé simple — je bouillis

futur — je bouillirai

IMPÉRATIF

présent — bous, bouillons

conditionnel

présent — je bouillirais

SUBJONCTIF

présent — que je bouille, que nous bouillions

imparfait — que je bouillisse, que nous bouillissions

PARTICIPE

présent — bouillant

passé — bouilli, ie

16 PARTIR

INDICATIF

présent — je pars, il part, nous partons, ils partent

imparfait — je partais, nous partions

passé simple — je partis

futur — je partirai

IMPÉRATIF

présent — pars, partons

conditionnel

présent — je partirais

SUBJONCTIF

présent — que je parte

imparfait — que je partisse, que nous partissions

PARTICIPE

présent — partant

passé — parti, ie

REM. Les verbes 1. et 2. REPARTIR, DÉPARTIR, 1. SORTIR, 1. RESSORTIR se conjuguent comme PARTIR mais IMPARTIR, RÉPARTIR, 3. SORTIR, 2. RESSORTIR se conjuguent comme FINIR.

SENTIR

INDICATIF

présent — je sens, il sent, nous sentons, ils sentent

imparfait — je sentais, nous sentions

passé simple — je sentis

futur — je sentirai

IMPÉRATIF

présent — sens, sentons

conditionnel

présent — je sentirais

SUBJONCTIF

présent — que je sente

imparfait — que je sentisse, que nous sentissions

PARTICIPE

présent — sentant

passé — senti, ie

17 FUIR

INDICATIF

présent — je fuis [fɥi], il fuit, nous fuyons [fɥijɔ̃], ils fuient

imparfait — je fuyais, nous fuyions [fɥijjɔ̃]

passé simple — je fuis, nous fuîmes

futur — je fuirai

IMPÉRATIF

présent — fuis, fuyons

conditionnel

présent — je fuirais

SUBJONCTIF

présent — que je fuie, que nous fuyions

imparfait — que je fuisse, que nous fuissions

PARTICIPE

présent — fuyant

passé — fui, fuie

18 COUVRIR

INDICATIF

présent je couvre, il couvre,
nous couvrons, ils couvrent

imparfait je couvrais, nous couvrions

passé simple je couvris

futur je couvrirai

IMPÉRATIF

présent couvre, couvrons

conditionnel

présent je couvrirais

SUBJONCTIF

présent que je couvre

imparfait que je couvrisse, que nous couvrissions

PARTICIPE

présent couvrant

passé couvert, erte [kuvɛʀ, ɛʀt]

19 MOURIR

INDICATIF

présent je meurs [mœʀ], il meurt,
nous mourons [muʀɔ̃], ils meurent

imparfait je mourais [muʀɛ], nous mourions

passé simple je mourus

futur je mourrai [muʀʀɛ]

IMPÉRATIF

présent meurs, mourons

conditionnel

présent je mourrais

SUBJONCTIF

présent que je meure

imparfait que je mourusse, que nous mourussions

PARTICIPE

présent mourant

passé mort, morte [mɔʀ, mɔʀt]

REM. On prononce les deux *r* au futur et au conditionnel.

20 VÊTIR

INDICATIF

présent je vêts [vɛ], il vêt,
nous vêtons [vɛtɔ̃], ils vêtent [vɛt]

imparfait je vêtais, nous vêtions

passé simple je vêtis [veti], nous vêtîmes

futur je vêtirai

IMPÉRATIF

présent vêts, vêtons

conditionnel

présent je vêtirais

SUBJONCTIF

présent que je vête

imparfait que je vêtisse, que nous vêtissions

PARTICIPE

présent vêtant

passé vêtu, ue [vety]

21 ACQUÉRIR

INDICATIF

présent j'acquiers [akjɛʀ], il acquiert,
nous acquérons [akeʀɔ̃], ils acquièrent

imparfait j'acquérais [akeʀɛ], nous acquérions

passé simple j'acquis

futur j'acquerrai [akɛʀʀɛ]

IMPÉRATIF

présent acquiers, acquérons

conditionnel

présent j'acquerrais

SUBJONCTIF

présent que j'acquière [akjɛʀ]

imparfait que j'acquisse, que nous acquissions

PARTICIPE

présent acquérant

passé acquis, ise [aki, iz]

REM. 1. Il ne faut pas confondre *acquis*, p. passé de ACQUÉRIR et *acquit*, p. passé substantivé de ACQUITTER.
2. On prononce les deux *r* au futur et au conditionnel.

22 VENIR

INDICATIF

présent	je viens [vjɛ̃], il vient, nous venons [v(ə)nɔ̃], ils viennent [vjɛn]
imparfait	je venais, nous venions
passé simple	je vins [vɛ̃], nous vînmes [vɛ̃m]
futur	je viendrai

IMPÉRATIF

présent	viens, venons

conditionnel

présent	je viendrais

SUBJONCTIF

présent	que je vienne [vjɛn]
imparfait	que je vinsse [vɛ̃s], que nous vinssions [vɛ̃sjɔ̃]

PARTICIPE

présent	venant
passé	venu, ue

23 PLEUVOIR

INDICATIF

présent	il pleut
imparfait	il pleuvait
passé simple	il plut
futur	il pleuvra

IMPÉRATIF

présent	n'existe pas

conditionnel

présent	il pleuvrait

SUBJONCTIF

présent	qu'il pleuve
imparfait	qu'il plût

PARTICIPE

présent	pleuvant
passé	plu

REM. Ce verbe comporte également des emplois figurés à la 3e personne du pluriel (*Les coups pleuvaient*).

24 PRÉVOIR

INDICATIF

présent	je prévois [pʀevwa], il prévoit, nous prévoyons [pʀevwajɔ̃], ils prévoient
imparfait	je prévoyais, nous prévoyions [pʀevwajjɔ̃]
passé simple	je prévis
futur	je prévoirai

IMPÉRATIF

présent	prévois, prévoyons

conditionnel

présent	je prévoirais

SUBJONCTIF

présent	que je prévoie [pʀevwa], que nous prévoyions
imparfait	que je prévisse, que nous prévissions

PARTICIPE

présent	prévoyant
passé	prévu, ue

25 POURVOIR

INDICATIF

présent	je pourvois, il pourvoit, nous pourvoyons, ils pourvoient
imparfait	je pourvoyais, nous pourvoyions
passé simple	je pourvus
futur	je pourvoirai

IMPÉRATIF

présent	pourvois, pourvoyons

conditionnel

présent	je pourvoirais

SUBJONCTIF

présent	que je pourvoie, que nous pourvoyions
imparfait	que je pourvusse, que nous pourvussions

PARTICIPE

présent	pourvoyant
passé	pourvu, ue

26 ASSEOIR

INDICATIF

présent : j'assieds [asjɛ], il assied, nous asseyons [asɛjɔ̃], ils asseyent [asɛj], ou j'assois, il assoit, nous assoyons, ils assoient

imparfait : j'asseyais, nous asseyions ou j'assoyais, nous assoyions

passé simple : j'assis

futur : j'assiérai [asjeʀɛ] ou j'asseyerai [asɛjʀɛ] ou j'assoirai

IMPÉRATIF

présent : assieds, asseyons ou assois, assoyons

conditionnel

présent : j'assiérais ou j'assoirais

SUBJONCTIF

présent : que j'asseye, que nous asseyions ou que j'assoie, que nous assoyions

imparfait : que j'assisse, que nous assissions

PARTICIPE

présent : asseyant ou assoyant

passé : assis, ise

REM. 1. La forme *j'asseyerai* (futur) est vieillie. 2. SURSEOIR conserve le *e* de l'infinitif au futur et au conditionnel : *je surseoirai(s)*. 1. SEOIR a pour p. présent *séant* et pour p. passé *sis*.

27 MOUVOIR

INDICATIF

présent : je meus [mø], il meut, nous mouvons [muvɔ̃], ils meuvent [mœv]

imparfait : je mouvais, nous mouvions

passé simple : je mus [my], nous mûmes

futur : je mouvrai

IMPÉRATIF

présent : meus, mouvons

conditionnel

présent : je mouvrais

SUBJONCTIF

présent : que je meuve, que nous mouvions

imparfait : que je musse, que nous mussions

PARTICIPE

présent : mouvant

passé : mû, mue

REM. ÉMOUVOIR et PROMOUVOIR font au p. passé *ému*, *promu*.

28 RECEVOIR

INDICATIF

présent : je reçois [ʀ(ə)swa], il reçoit, nous recevons [ʀ(ə)səvɔ̃], ils reçoivent [ʀəswav]

imparfait : je recevais, nous recevions

passé simple : je reçus [ʀ(ə)sy]

futur : je recevrai

IMPÉRATIF

présent : reçois, recevons

conditionnel

présent : je recevrais

SUBJONCTIF

présent : que je reçoive, que nous recevions

imparfait : que je reçusse, que nous reçussions

PARTICIPE

présent : recevant

passé : reçu, ue

REM. DEVOIR, REDEVOIR font au p. passé *dû, due, dus, dues ; redû, redue, redus, redues.*

29 VALOIR

voir aussi page suivante FALLOIR

INDICATIF

présent : je vaux, il vaut, nous valons, ils valent

imparfait : je valais, nous valions

passé simple : je valus

futur : je vaudrai

IMPÉRATIF

présent : vaux, valons

conditionnel

présent : je vaudrais

SUBJONCTIF

présent : que je vaille [vaj], que nous valions [valjɔ̃]

imparfait : que je valusse, que nous valussions

PARTICIPE

présent : valant

passé : valu, ue

REM. ÉQUIVALOIR fait au p. passé *équivalu* (inv.). PRÉVALOIR fait au subj. prés. *que je prévale*.

FALLOIR

voir aussi page précédente VALOIR

INDICATIF

présent il faut

imparfait il fallait

passé simple il fallut

futur il faudra

IMPÉRATIF

présent n'existe pas

conditionnel

présent il faudrait

SUBJONCTIF

présent qu'il faille [faj]

imparfait qu'il fallût

PARTICIPE

présent n'existe pas

passé fallu

30 VOIR

INDICATIF

présent je vois [vwa], il voit,
nous voyons [vwajɔ̃], ils voient

imparfait je voyais, nous voyions [vwajjɔ̃]

passé simple je vis

futur je verrai [veʀɛ]

IMPÉRATIF

présent vois, voyons

conditionnel

présent je verrais

SUBJONCTIF

présent que je voie [vwa], que nous voyions [vwajjɔ̃]

imparfait que je visse, que nous vissions

PARTICIPE

présent voyant

passé vu, vue

REM. PRÉVOIR fait je *prévoirai* au futur ; voir *prévoir* (conjug. 24).

31 VOULOIR

INDICATIF

présent je veux, il veut,
nous voulons, ils veulent

imparfait je voulais, nous voulions

passé simple je voulus

futur je voudrai

IMPÉRATIF

présent veux ou veuille, voulons, voulez ou veuillez

conditionnel

présent je voudrais

SUBJONCTIF

présent que je veuille [vœj], que nous voulions [vuljɔ̃]

imparfait que je voulusse, que nous voulussions

PARTICIPE

présent voulant

passé voulu, ue

REM. L'impératif *veux, voulons, voulez* est rare sauf dans les expressions *(ne m'en veux pas, ne m'en voulez pas)*. L'impératif *veuillez* est utilisé par politesse *(veuillez agréer...)*.

32 SAVOIR

INDICATIF

présent je sais, il sait,
nous savons, ils savent

imparfait je savais, nous savions

passé simple je sus

futur je saurai

IMPÉRATIF

présent sache, sachons

conditionnel

présent je saurais

SUBJONCTIF

présent que je sache [saʃ], que nous sachions

imparfait que je susse, que nous sussions

PARTICIPE

présent sachant

passé su, sue

33 POUVOIR

INDICATIF

présent — je peux [pø] ou je puis [pɥi], il peut, nous pouvons [puvɔ̃], ils peuvent [pœv]

imparfait — je pouvais, nous pouvions

passé simple — je pus

futur — je pourrai [puʀɛ]

IMPÉRATIF

présent — inusité

conditionnel

présent — je pourrais

SUBJONCTIF

présent — que je puisse [pɥis], que nous puissions

imparfait — que je pusse, que nous pussions

PARTICIPE

présent — pouvant

passé — pu

REM. À la forme interrogative, seule la forme *puis* est en usage *(puis-je venir ?)*. *Puis* est plus recherché que *peux* à la forme négative, et encore plus à l'affirmative.

34 AVOIR

voir page ci-contre

35 CONCLURE

INDICATIF

présent — je conclus, il conclut, nous concluons, ils concluent

imparfait — je concluais, nous concluions

passé simple — je conclus

futur — je conclurai

IMPÉRATIF

présent — conclus, concluons

conditionnel

présent — je conclurais

SUBJONCTIF

présent — que je conclue

imparfait — que je conclusse, que nous conclussions

PARTICIPE

présent — concluant

passé — conclu, ue

REM. EXCLURE se conjugue comme CONCLURE : p. passé *exclu, ue* ; INCLURE et OCCLURE se conjuguent comme CONCLURE sauf au p. passé : *inclus, use ; occlus, use.*

36 RIRE

INDICATIF

présent — je ris, il rit, nous rions [ʀjɔ̃, ʀijɔ̃], ils rient

imparfait — je riais, nous riions [ʀijjɔ̃]

passé simple — je ris

futur — je rirai

IMPÉRATIF

présent — ris, rions

conditionnel

présent — je rirais

SUBJONCTIF

présent — que je rie, que nous riions

imparfait — que je risse, que nous rissions

PARTICIPE

présent — riant

passé — ri

37 DIRE

voir aussi page suivante SUFFIRE

INDICATIF

présent — je dis, il dit, nous disons [dizɔ̃], vous dites [dit], ils disent [diz]

imparfait — je disais, nous disions

passé simple — je dis

futur — je dirai

IMPÉRATIF

présent — dis, disons, dites

conditionnel

présent — je dirais

SUBJONCTIF

présent — que je dise [diz]

imparfait — que je disse [dis], que nous dissions

PARTICIPE

présent — disant

passé — dit, dite

REM. 1. MÉDIRE, CONTREDIRE, DÉDIRE, INTERDIRE, PRÉDIRE se conjuguent comme DIRE sauf au présent de l'indicatif et de l'impératif à la deuxième personne du pluriel : *médisez, contredisez, dédisez, interdisez, prédisez.* REDIRE fait *vous redites.* 2. MAUDIRE se conjugue comme FINIR sauf au p. passé *(maudit, ite).*

34 AVOIR

INDICATIF

présent	passé composé
j'ai [e ; ɛ]	j'ai eu
tu as [a]	tu as eu
il/elle a [a]	il/elle a eu
nous avons [avɔ̃]	nous avons eu
vous avez [ave]	vous avez eu
ils/elles ont [ɔ̃]	ils/elles ont eu
imparfait	**plus-que-parfait**
j'avais	j'avais eu
tu avais	tu avais eu
il/elle avait	il/elle avait eu
nous avions	nous avions eu
vous aviez	vous aviez eu
ils/elles avaient	ils/elles avaient eu
passé simple	**passé antérieur**
j'eus [y]	j'eus eu
tu eus	tu eus eu
il/elle eut [y]	il/elle eut eu
nous eûmes [ym]	nous eûmes eu
vous eûtes [yt]	vous eûtes eu
ils/elles eurent [yʀ]	ils/elles eurent eu
futur simple	**futur antérieur**
j'aurai [ɔʀɛ]	j'aurai eu
tu auras	tu auras eu
il/elle aura	il/elle aura eu
nous aurons	nous aurons eu
vous aurez	vous aurez eu
ils/elles auront	ils/elles auront eu

SUBJONCTIF

présent

que j'aie [ɛ]
que tu aies
qu'il/qu'elle ait
que nous ayons [ɛjɔ̃]
que vous ayez [eje]
qu'ils/qu'elles aient [ɛ]

imparfait

que j'eusse [ys]
que tu eusses
qu'il/qu'elle eût [y]
que nous eussions [ysjɔ̃]
que vous eussiez
qu'ils/qu'elles eussent

passé

que j'aie eu
que tu aies eu
qu'il/qu'elle ait eu
que nous ayons eu
que vous ayez eu
qu'ils/qu'elles aient eu

plus-que-parfait

que j'eusse eu
que tu eusses eu
qu'il/qu'elle eût eu
que nous eussions eu
que vous eussiez eu
qu'ils/qu'elles eussent eu

CONDITIONNEL

présent	passé 1re forme	passé 2e forme
j'aurais [ɔʀɛ]	j'aurais eu	j'eusse eu
tu aurais	tu aurais eu	tu eusses eu
il/elle aurait	il/elle aurait eu	il/elle eût eu
nous aurions	nous aurions eu	nous eussions eu
vous auriez	vous auriez eu	vous eussiez eu
ils/elles auraient	ils/elles auraient eu	ils/elles eussent eu

IMPÉRATIF

présent

aie [ɛ]
ayons [ɛjɔ̃]
ayez [eje]

PARTICIPE

présent

ayant [ɛjɑ̃]

passé

eu, eue, eus, eues [y]
ayant eu

INFINITIF

présent

avoir

passé

avoir eu

REM. 1 – Attention, au subjonctif présent *ayez, ayons* ne prennent pas de *i* (à la différence de *payions, payiez*).
2 – Le passé composé de ***avoir*** sert à former le passé surcomposé d'autres verbes *(quand j'ai eu fini).*

SUFFIRE

voir aussi page précédente DIRE

INDICATIF

présent — je suffis, il suffit, nous suffisons, ils suffisent
imparfait — je suffisais, nous suffisions
passé simple — je suffis
futur — je suffirai

IMPÉRATIF

présent — suffis, suffisons

conditionnel

présent — je suffirais

SUBJONCTIF

présent — que je suffise
imparfait — que je suffisse, que nous suffissions

PARTICIPE

présent — suffisant
passé — suffi

REM. CONFIRE et CIRCONCIRE se conjuguent comme SUFFIRE sauf au p. passé : *confit, ite ; circoncis, ise.*

38 NUIRE

INDICATIF

présent — je nuis, il nuit, nous nuisons, ils nuisent
imparfait — je nuisais, nous nuisions
passé simple — je nuisis
futur — je nuirai

IMPÉRATIF

présent — nuis, nuisons

conditionnel

présent — je nuirais

SUBJONCTIF

présent — que je nuise
imparfait — que je nuisisse, que nous nuisissions

PARTICIPE

présent — nuisant
passé — nui

REM. 1. NUIRE, LUIRE et RELUIRE ont un p. passé invariable. 2. BRUIRE se conjugue comme FINIR et fait *bruissant* au p. présent.

CONDUIRE

INDICATIF

présent — je conduis, il conduit, nous conduisons, ils conduisent
imparfait — je conduisais, nous conduisions
passé simple — je conduisis
futur — je conduirai

IMPÉRATIF

présent — conduis, conduisons

conditionnel

présent — je conduirais

SUBJONCTIF

présent — que je conduise
imparfait — que je conduisisse, que nous conduisissions

PARTICIPE

présent — conduisant
passé — conduit, ite

REM. Ainsi se conjuguent les verbes CONSTRUIRE, CUIRE, DÉDUIRE, DÉTRUIRE, ENDUIRE, INDUIRE, INSTRUIRE, INTRODUIRE, PRODUIRE, RÉDUIRE, SÉDUIRE, TRADUIRE, etc.

39 ÉCRIRE

INDICATIF

présent — j'écris, il écrit, nous écrivons, ils écrivent
imparfait — j'écrivais, nous écrivions
passé simple — j'écrivis
futur — j'écrirai

IMPÉRATIF

présent — écris, écrivons

conditionnel

présent — j'écrirais

SUBJONCTIF

présent — que j'écrive
imparfait — que j'écrivisse, que nous écrivissions

PARTICIPE

présent — écrivant
passé — écrit, ite

40 SUIVRE

INDICATIF

présent je suis, il suit,
nous suivons, ils suivent

imparfait je suivais, nous suivions

passé simple je suivis

futur je suivrai

IMPÉRATIF

présent suis, suivons

conditionnel

présent je suivrais

SUBJONCTIF

présent que je suive

imparfait que je suivisse, que nous suivissions

PARTICIPE

présent suivant

passé suivi, ie

41 RENDRE

et les verbes en -ENDRE (sauf *prendre* et ses dérivés, voir conjug. 58), et les verbes en -ANDRE (ex. *répandre*), -ERDRE (ex. *perdre*), -ONDRE (ex. *répondre*), -ORDRE (ex. *mordre*).

INDICATIF

présent je rends, il rend,
nous rendons, ils rendent

imparfait je rendais, nous rendions

passé simple je rendis

futur je rendrai

IMPÉRATIF

présent rends, rendons

conditionnel

présent je rendrais

SUBJONCTIF

présent que je rende

imparfait que je rendisse, que nous rendissions

PARTICIPE

présent rendant

passé rendu, ue

ROMPRE

et les verbes CORROMPRE et INTERROMPRE.

INDICATIF

présent je romps [Rɔ̃], il rompt [Rɔ̃],
nous rompons, ils rompent

imparfait je rompais, nous rompions

passé simple je rompis

futur je romprai

IMPÉRATIF

présent romps, rompons

conditionnel

présent je romprais

SUBJONCTIF

présent que je rompe

imparfait que je rompisse, que nous rompissions

PARTICIPE

présent rompant

passé rompu, ue

BATTRE

INDICATIF

présent je bats, il bat,
nous battons, ils battent

imparfait je battais, nous battions

passé simple je battis

futur je battrai

IMPÉRATIF

présent bats, battons

conditionnel

présent je battrais

SUBJONCTIF

présent que je batte

imparfait que je battisse, que nous battissions

PARTICIPE

présent battant

passé battu, ue

42 VAINCRE

INDICATIF

présent je vaincs [vɛ̃], il vainc [vɛ̃], nous vainquons [vɛ̃kɔ̃], ils vainquent [vɛ̃k]

imparfait je vainquais, nous vainquions

passé simple je vainquis

futur je vaincrai

IMPÉRATIF

présent vaincs, vainquons

conditionnel

présent je vaincrais

SUBJONCTIF

présent que je vainque

imparfait que je vainquisse, que nous vainquissions

PARTICIPE

présent vainquant

passé vaincu, ue

REM. CONVAINCRE se conjugue comme VAINCRE.

43 LIRE

INDICATIF

présent je lis, il lit, nous lisons, ils lisent

imparfait je lisais, nous lisions

passé simple je lus

futur je lirai

IMPÉRATIF

présent lis, lisons

conditionnel

présent je lirais

SUBJONCTIF

présent que je lise

imparfait que je lusse, que nous lussions

PARTICIPE

présent lisant

passé lu, lue

44 CROIRE

INDICATIF

présent je crois [kʀwa], il croit, nous croyons [kʀwajɔ̃], ils croient

imparfait je croyais, nous croyions [kʀwajjɔ̃]

passé simple je crus, nous crûmes

futur je croirai

IMPÉRATIF

présent crois, croyons

conditionnel

présent je croirais

SUBJONCTIF

présent que je croie, que nous croyions

imparfait que je crusse, que nous crussions

PARTICIPE

présent croyant

passé cru, crue

45 CLORE

INDICATIF

présent je clos [klo], il clôt, ils closent [kloz] (rare)

imparfait je closais (rare)

passé simple n'existe pas

futur je clorai (rare)

IMPÉRATIF

présent clos

conditionnel

présent je clorais

SUBJONCTIF

présent que je close

imparfait n'existe pas

PARTICIPE

présent closant (rare)

passé clos, close

REM. À la 3e personne du présent de l'indicatif, DÉCLORE, ÉCLORE et ENCLORE ne prennent pas l'accent circonflexe : *il déclot, il éclot, il enclot.*

46 VIVRE

INDICATIF		**conditionnel**	
présent	je vis, il vit, nous vivons, ils vivent	présent	je vivrais
		SUBJONCTIF	
imparfait	je vivais, nous vivions	présent	que je vive
passé simple	je vécus [veky]	imparfait	que je vécusse, que nous vécussions
futur	je vivrai	**PARTICIPE**	
IMPÉRATIF		présent	vivant
présent	vis, vivons	passé	vécu, ue

47 MOUDRE

INDICATIF		**conditionnel**	
présent	je mouds, il moud, nous moulons, ils moulent	présent	je moudrais
		SUBJONCTIF	
imparfait	je moulais, nous moulions	présent	que je moule
passé simple	je moulus	imparfait	que je moulusse, que nous moulussions
futur	je moudrai	**PARTICIPE**	
IMPÉRATIF		présent	moulant
présent	mouds, moulons	passé	moulu, ue

REM. Formes conjuguées rares sauf *moudre, moudrai(s), moulu, ue*

48 COUDRE

INDICATIF		**conditionnel**	
présent	je couds, il coud, nous cousons, ils cousent	présent	je coudrais
		SUBJONCTIF	
imparfait	je cousais, nous cousions	présent	que je couse
passé simple	je cousis [kuzi]	imparfait	que je cousisse, que nous cousissions
futur	je coudrai	**PARTICIPE**	
IMPÉRATIF		présent	cousant
présent	couds, cousons	passé	cousu, ue

49 JOINDRE

INDICATIF		**conditionnel**	
présent	je joins [ʒwɛ̃], il joint, nous joignons [ʒwaɲɔ̃], ils joignent [ʒwaɲ]	présent	je joindrais
		SUBJONCTIF	
imparfait	je joignais, nous joignions [ʒwaɲjɔ̃]	présent	que je joigne, que nous joignions
passé simple	je joignis	imparfait	que je joignisse, que nous joignissions
futur	je joindrai	**PARTICIPE**	
IMPÉRATIF		présent	joignant
présent	joins, joignons	passé	joint, jointe

50 TRAIRE

INDICATIF

présent je trais [tʀɛ], il trait, nous trayons [tʀɛjɔ̃], ils traient [tʀɛ]

imparfait je trayais, nous trayions [tʀɛjjɔ̃]

passé simple n'existe pas

futur je trairai

IMPÉRATIF

présent trais, trayons

conditionnel

présent je trairais

SUBJONCTIF

présent que je traie, que nous trayions

imparfait n'existe pas

PARTICIPE

présent trayant

passé trait, traite

51 ABSOUDRE

INDICATIF

présent j'absous [apsu], il absout, nous absolvons [apsɔlvɔ̃], ils absolvent [apsɔlv]

imparfait j'absolvais, nous absolvions

passé simple j'absolus [apsɔly] (rare)

futur j'absoudrai

IMPÉRATIF

présent absous, absolvons

conditionnel

présent j'absoudrais

SUBJONCTIF

présent que j'absolve

imparfait n'existe pas

PARTICIPE

présent absolvant

passé absous, oute [apsu, ut]

REM. 1. DISSOUDRE se conjugue comme ABSOUDRE. RÉSOUDRE se conjugue comme ABSOUDRE, mais le passé simple je *résolus* est courant ; il a deux participes passés : *résolu, ue (problème résolu)* et *résous, oute (brouillard résous en pluie)*. 2. Au participe passé, on peut aussi écrire *absout, dissout* avec un *t* final, sur le modèle des féminins *absoute, dissoute* (nouvelle orthographe).

52 CRAINDRE

INDICATIF

présent je crains [kʀɛ̃], il craint, nous craignons [kʀɛɲɔ̃], ils craignent [kʀɛɲ]

imparfait je craignais, nous craignions [kʀɛɲjɔ̃]

passé simple je craignis

futur je craindrai

IMPÉRATIF

présent crains, craignons

conditionnel

présent je craindrais

SUBJONCTIF

présent que je craigne, que nous craignions

imparfait que je craignisse, que nous craignissions

PARTICIPE

présent craignant

passé craint, crainte

PEINDRE

INDICATIF

présent je peins [pɛ̃], il peint, nous peignons [pɛɲɔ̃], ils peignent [pɛɲ]

imparfait je peignais, nous peignions [pɛɲjɔ̃]

passé simple je peignis

futur je peindrai

IMPÉRATIF

présent peins, peignons

conditionnel

présent je peindrais

SUBJONCTIF

présent que je peigne, que nous peignions

imparfait que je peignisse, que nous peignissions

PARTICIPE

présent peignant

passé peint, peinte

53 BOIRE

INDICATIF
présent je bois, il boit,
nous buvons, ils boivent
imparfait je buvais, nous buvions
passé simple je bus
futur je boirai
IMPÉRATIF
présent bois, buvons

conditionnel
présent je boirais
SUBJONCTIF
présent que je boive, que nous buvions
imparfait que je busse, que nous bussions
PARTICIPE
présent buvant
passé bu, bue

54 PLAIRE

INDICATIF
présent je plais, il plaît,
nous plaisons, ils plaisent
imparfait je plaisais, nous plaisions
passé simple je plus
futur je plairai
IMPÉRATIF
présent plais, plaisons

conditionnel
présent je plairais
SUBJONCTIF
présent que je plaise
imparfait que je plusse, que nous plussions
PARTICIPE
présent plaisant
passé plu

REM. COMPLAIRE et DÉPLAIRE prennent un accent circonflexe à la 3e personne du présent de l'indicatif comme PLAIRE : *il déplaît, il complaît.*

TAIRE

INDICATIF
présent je tais, il tait,
nous taisons, ils taisent
imparfait je taisais, nous taisions
passé simple je tus
futur je tairai
IMPÉRATIF
présent tais, taisons

conditionnel
présent je tairais
SUBJONCTIF
présent que je taise
imparfait que je tusse, que nous tussions
PARTICIPE
présent taisant
passé tu, tue

55 CROÎTRE

INDICATIF
présent je croîs [krwa], tu croîs,il croît,
nous croissons [krwasɔ̃],
ils croissent [krwas]
imparfait je croissais, nous croissions
passé simple je crûs, nous crûmes
futur je croîtrai
IMPÉRATIF
présent croîs, croissons

conditionnel
présent je croîtrais
SUBJONCTIF
présent que je croisse
imparfait que je crûsse, que nous crûssions
PARTICIPE
présent croissant
passé crû

ACCROÎTRE

INDICATIF
présent j'accrois, il accroît,
nous accroissons, ils accroissent
imparfait j'accroissais, nous accroissions
passé simple j'accrus, nous accrûmes
futur j'accroîtrai
IMPÉRATIF
présent accrois, accroissons

conditionnel
présent j'accroîtrais
SUBJONCTIF
présent que j'accroisse
imparfait que j'accrusse, que nous accrussions
PARTICIPE
présent accroissant
passé accru, ue

REM. DÉCROÎTRE se conjugue comme ACCROÎTRE.

56 METTRE

INDICATIF

présent je mets [mɛ], il met
nous mettons, ils mettent

imparfait je mettais, nous mettions

passé simple je mis

futur je mettrai

IMPÉRATIF

présent mets, mettons

conditionnel

présent je mettrais

SUBJONCTIF

présent que je mette

imparfait que je misse, que nous missions

PARTICIPE

présent mettant

passé mis, mise

57 CONNAÎTRE

INDICATIF

présent je connais, il connaît,
nous connaissons,
ils connaissent

imparfait je connaissais, nous connaissions

passé simple je connus

futur je connaîtrai

IMPÉRATIF

présent connais, connaissons

conditionnel

présent je connaîtrais

SUBJONCTIF

présent que je connaisse

imparfait que je connusse, que nous connussions

PARTICIPE

présent connaissant

passé connu, ue

58 PRENDRE

INDICATIF

présent je prends [pʀɑ̃], il prend,
nous prenons [pʀənɔ̃], ils prennent [pʀɛn]

imparfait je prenais, nous prenions

passé simple je pris [pʀi]

futur je prendrai

IMPÉRATIF

présent prends, prenons

conditionnel

présent je prendrais

SUBJONCTIF

présent que je prenne, que nous prenions

imparfait que je prisse, que nous prissions

PARTICIPE

présent prenant

passé pris, prise

59 NAÎTRE

INDICATIF

présent je nais, il naît
nous naissons, ils naissent

imparfait je naissais, nous naissions

passé simple je naquis [naki]

futur je naîtrai

IMPÉRATIF

présent nais, naissons

conditionnel

présent je naîtrais

SUBJONCTIF

présent que je naisse

imparfait que je naquisse, que nous naquissions

PARTICIPE

présent naissant

passé né, née

REM. RENAÎTRE se conjugue comme NAÎTRE. Le p. passé *(rené)* est rare.

60 FAIRE

INDICATIF

présent	passé composé
je fais [fɛ]	j'ai fait
tu fais	tu as fait
il/elle fait	il/elle a fait
nous faisons [f(ə)zɔ̃]	nous avons fait
vous faites [fɛt]	vous avez fait
ils/elles font [fɔ̃]	ils/elles ont fait

imparfait	plus-que-parfait
je faisais [f(ə)zɛ]	j'avais fait
tu faisais	tu avais fait
il/elle faisait	il/elle avait fait
nous faisions [fəzjɔ̃]	nous avions fait
vous faisiez [fəzje]	vous aviez fait
ils/elles faisaient	ils/elles avaient fait

passé simple	passé antérieur
je fis	j'eus fait
tu fis	tu eus fait
il/elle fit	il/elle eut fait
nous fîmes	nous eûmes fait
vous fîtes	vous eûtes fait
ils/elles firent	ils/elles eurent fait

futur simple	futur antérieur
je ferai [f(ə)ʀɛ]	j'aurai fait
tu feras	tu auras fait
il/elle fera	il/elle aura fait
nous ferons [f(ə)ʀɔ̃]	nous aurons fait
vous ferez	vous aurez fait
ils/elles feront	ils/elles auront fait

SUBJONCTIF

présent
que je fasse [fas]
que tu fasses
qu'il/qu'elle fasse
que nous fassions
que vous fassiez
qu'ils/qu'elles fassent

imparfait
que je fisse [fis]
que tu fisses
qu'il/qu'elle fît
que nous fissions
que vous fissiez
qu'ils/qu'elles fissent

passé
que j'aie fait
que tu aies fait
qu'il/qu'elle ait fait
que nous ayons fait
que vous ayez fait
qu'ils/qu'elles aient fait

plus-que-parfait
que j'eusse fait
que tu eusses fait
qu'il/qu'elle eût fait
que nous eussions fait
que vous eussiez fait
qu'ils/qu'elles eussent fait

CONDITIONNEL

présent	passé 1re forme	passé 2e forme
je ferais [f(ə)ʀɛ]	j'aurais fait	j'eusse fait
tu ferais	tu aurais fait	tu eusses fait
il/elle ferait	il/elle aurait fait	il/elle eût fait
nous ferions [fəʀjɔ̃]	nous aurions fait	nous eussions fait
vous feriez	vous auriez fait	vous eussiez fait
ils/elles feraient	ils/elles auraient fait	ils/elles eussent fait

IMPÉRATIF

présent

fais [fɛ]
faisons [f(ə)zɔ̃]
faites [fɛt]

PARTICIPE

présent

faisant [f(ə)zɑ̃]

passé

fait, faite, faits, faites
ayant fait

INFINITIF

présent

faire

passé

avoir fait

REM. ***Parfaire*** s'emploie seulement à l'infinitif et aux temps composés.

61 ÊTRE

INDICATIF

présent	passé composé
je suis [sɥi]	j'ai été
tu es [ɛ]	tu as été
il/elle est [ɛ]	il/elle a été
nous sommes [sɔm]	nous avons été
vous êtes [ɛt]	vous avez été
ils/elles sont [sɔ̃]	ils/elles ont été

imparfait	plus-que-parfait
j'étais [etɛ]	j'avais été
tu étais	tu avais été
il/elle était	il/elle avait été
nous étions [etjɔ̃]	nous avions été
vous étiez [etje]	vous aviez été
ils/elles étaient	ils/elles avaient été

passé simple	passé antérieur
je fus [fy]	j'eus été
tu fus	tu eus été
il/elle fut	il/elle eut été
nous fûmes	nous eûmes été
vous fûtes	vous eûtes été
ils/elles furent	ils/elles eurent été

futur simple	futur antérieur
je serai [s(ə)ʀɛ]	j'aurai été
tu seras	tu auras été
il/elle sera	il/elle aura été
nous serons [s(ə)ʀɔ̃]	nous aurons été
vous serez	vous aurez été
ils/elles seront	ils/elles auront été

SUBJONCTIF

présent	imparfait
que je sois [swa]	que je fusse
que tu sois	que tu fusses
qu'il/qu'elle soit	qu'il/qu'elle fût
que nous soyons [swajɔ̃]	que nous fussions
que vous soyez	que vous fussiez
qu'ils/qu'elles soient [swa]	qu'ils/qu'elles fussent

passé	plus-que-parfait
que j'aie été	que j'eusse été
que tu aies été	que tu eusses été
qu'il/qu'elle ait été	qu'il/qu'elle eût été
que nous ayons été	que nous eussions été
que vous ayez été	que vous eussiez été
qu'ils/qu'elles aient été	qu'ils/qu'elles eussent été

CONDITIONNEL

présent	passé 1re forme	passé 2e forme
je serais [s(ə)ʀɛ]	j'aurais été	j'eusse été
tu serais	tu aurais été	tu eusses été
il/elle serait	il/elle aurait été	il/elle eût été
nous serions [səʀjɔ̃]	nous aurions été	nous eussions été
vous seriez	vous auriez été	vous eussiez été
ils/elles seraient	ils/elles auraient été	ils/elles eussent été

IMPÉRATIF

présent

sois [swa]
soyons [swajɔ̃]
soyez [swaje]

PARTICIPE

présent

étant

passé

été [ete]
ayant été

INFINITIF

présent

être

passé

avoir été

REM. 1 – Aux temps composés, se conjugue avec ***avoir.***
2 – Le passé composé de ***être*** sert à former le passé surcomposé d'autres verbes *(quand j'ai été parti).*

ACCORD DU PARTICIPE PASSÉ

Auxiliaire **AVOIR**

	v. intr.	Nous avons ri (passé composé)
OBJET DIRECT		Il m'a prêté des outils Les outils qu'il m'a prêtés Vos outils, je vous les ai rendus Cette décision, c'est lui qui l'a prise On vous a reçue, madame L'impression qu'il m'a faite est excellente Une des personnes que j'ai vues Après l'avoir vue, j'ai changé d'avis Dès qu'il nous a eu quittés, j'ai dormi Combien as-tu écrit de pages ? Combien de pages as-tu écrites ? Quelle joie nous avons eue !
	impers.	La patience qu'il a fallu ; la chaleur qu'il a fait
	double objet	La récompense que j'avais espéré qu'on lui donnerait La secrétaire que j'avais prévenue que nous viendrions
OBJET INDIRECT		Ces histoires nous ont plu [à nous] On vous a écrit, madame
ELLIPSE DE *AVOIR*		Bien reçu ta longue lettre Vu la loi de 1993
VERBES DE MESURE	**mesure**	Les cinquante kilos qu'elle a pesé Les trente ans qu'il a vécu Les millions que cela a coûté
	objet	Les voitures qu'on a pesées Les horreurs qu'il a vécues Les efforts qu'il nous a coûtés
ATTRIBUT		Ce médicament les a rendus malades Il l'a traitée d'arriviste
	v. d'opinion	On les a crus (ou cru) morts Il l'aurait souhaitée (souhaité) plus attentive Une maison qu'on aurait dite (dit) récente
INFINITIF IMMÉDIAT		On les a laissés partir On les a laissé emmener [par qqn] Les musiciens que j'ai entendus jouer La musique que j'ai entendu jouer [par qqn]
	faire (invar.)	Les paquets qu'il a fait partir Les paquets qu'il a fait expédier [par qqn]
	v. d'opinion	La lettre qu'il a dit, affirmé, nié avoir écrite Des tableaux qu'on avait cru, estimé, être des faux
	ellipse du v.	J'ai fait tous les efforts que j'ai pu [faire] Il a eu tous les honneurs qu'il a souhaité [avoir]
PRÉPOSITION ET INFINITIF		Les chemises que j'ai mis (mises) à sécher La difficulté que nous avons eu (eue) à surmonter La difficulté que nous avons eue à le convaincre
AVEC LE PRONOM *L'*		Elle était partie, comme je l'avais imaginé Elle était encore plus belle que je ne l'avais imaginé [cela], que je ne l'avais imaginée [elle]
EMPLOYÉ AVEC *EN*	OBJET DIRECT	Des pays, j'en ai vu ; j'en ai vu des pays ! Des fautes, s'il en a commis
	quantité	J'ai donné des conseils plus que je n'en ai reçu (ou reçus) Des pays, j'en ai tant vu (ou vus) Des pages, combien en as-tu écrit (ou écrites) ?
	OBJET INDIRECT	Il gardait les cadeaux qu'il en avait reçus [de sa femme]

Auxiliaire **ÊTRE**

VERBES NON PRONOMINAUX

		v. intr.	Nous sommes partis
		p. p. adj.	Nous sommes (on est) séparés et mécontents
			Nous lui sommes attachés et reconnaissants
		passif	Elles ont été félicitées ; ayant été félicitées
			Bientôt nous sera confiée une mission
		avec *ci-*	Veuillez trouver notre facture ci-jointe. Ci-joint notre facture
		ellipse du v.	Inventée ou pas, son histoire est crédible
			Sa mission terminée, il revint
			Fini (ou finis), les soucis ! [c'est fini ou ils sont finis]
			Sept ôté de dix [le nombre sept]
		en préposition	Excepté les enfants (mais : les enfants exceptés)
			Passé six heures (mais : six heures passées)

VERBES PRONOMINAUX

ESSENTIELS			Elle s'est enfuie. Elles se sont tues. Elle s'y est mal prise.
			Ils se sont emparés de l'objet ; ils s'en sont emparés
ACCIDENTELS	OBJET DIRECT	**réfl.**	Elle s'est brûlée [brûler qqn]
			Elle s'est crue malade, elle s'est crue arrivée
			Elle s'est mise à chanter, à nous taquiner
			Autrefois s'est produite une chose analogue
			Ils se sont aperçus de leur erreur, ils s'en sont aperçus
			Elle s'est persuadée qu'on la trompait
		récipr.	Ils se sont rencontrés au théâtre
			On s'est bien connus, lui et moi
		passif	Ces modèles se sont bien vendus
		(impers.)	Il s'est vendu mille exemplaires du livre
	OBJET INDIRECT	**réfl.**	Elle s'est plu, déplu, complu dans cette situation [plaire à qqn]
			Elle s'est plu à les contredire
			Ils se sont cru (ou crus) obligés d'attendre
			Elle s'est brûlé la main
			Elle s'est permis certaines choses ; les choses qu'elle s'est permises
			Elles se sont donné des objectifs ; elles s'en sont donné
			Elle s'est imaginé qu'on la trompait
		récipr.	Ils se sont parlé et ils se sont plu
			Ils se sont succédé et ils se sont nui
			Ils se sont écrit des lettres ; les lettres qu'ils se sont écrites ; des lettres, ils s'en sont écrit
AVEC L'INFINITIF IMMÉDIAT	OBJET DIRECT		Ils se sont laissés mourir [ils meurent]
			Ils se sont vus vieillir
	OBJET INDIRECT		Ils se sont laissé convaincre, faire [on les convainc]
			Elles se sont vu infliger une amende
SE FAIRE		**attribut**	Elles se sont faites plus aimables
			Elles se sont fait belles (se faire beau : loc. verb.)
		récipr.	Ils se sont fait des farces
		réfl.	Elle s'est fait des idées ; les idées qu'elle s'est faites
		infin.	Nous nous sommes fait prendre, avoir
			Elle s'est fait raccompagner par Paul
			Ils se sont fait faire le même costume

LES NOMS DE NOMBRES

■ Les composés des adjectifs numéraux cardinaux s'écrivent avec des traits d'union (exemple : *dix-sept, quatre-vingt-un*), sauf si entrent dans leur composition les mots *et, cent* ou *mille*, lesquels ne sont jamais précédés ou suivis de trait d'union (exemple : *cent sept, vingt et un, trois mille vingt-deux*).

■ La nouvelle orthographe permet d'employer le trait d'union systématiquement dans l'écriture des nombres composés : *vingt-et-un, deux-cents, quatre-cent-trente-deux, un-million-cent.*

CHIFFRES ARABES		CHIFFRES ROMAINS
0	zéro	
1	un	I
2	deux	II
3	trois	III
4	quatre	IV
5	cinq	V
6	six	VI
7	sept	VII
8	huit	VIII
9	neuf	IX
10	dix	X
11	onze	XI
12	douze	XII
13	treize	XIII
14	quatorze	XIV
15	quinze	XV
16	seize	XVI
17	dix-sept	XVII
18	dix-huit	XVIII
19	dix-neuf	XIX
20	vingt	XX
21	vingt et un	XXI
22	vingt-deux	XXII
30	trente	XXX
31	trente et un	XXXI
32	trente-deux	XXXII
40	quarante	XL
41	quarante et un	XLI
42	quarante-deux	XLII
50	cinquante	L
51	cinquante et un	LI
52	cinquante-deux	LII
60	soixante	LX
61	soixante et un	LXI
62	soixante-deux	LXII
70	soixante-dix	LXX
71	soixante et onze	LXXI
72	soixante-douze	LXXII
80	quatre-vingts	LXXX
81	quatre-vingt-un	LXXXI
82	quatre-vingt-deux	LXXXII
90	quatre-vingt-dix	XC
91	quatre-vingt-onze	XCI
92	quatre-vingt-douze	XCII

CHIFFRES ARABES		CHIFFRES ROMAINS
100	cent	C
101	cent un	CI
102	cent deux	CII
200	deux cents	CC
201	deux cent un	CCI
202	deux cent deux	CCII
300	trois cents	CCC
301	trois cent un	CCCI
302	trois cent deux	CCCII
400	quatre cents	CD
500	cinq cents	D
999	neuf cent quatre-vingt-dix-neuf	IM
1000	mille	M
1001	mille un	MI
1002	mille deux	MII
1100	mille cent ou onze cents	MC
1200	mille deux cents ou douze cents	MCC
2000	deux mille	MM

Au-delà de deux mille, on n'emploie guère les chiffres romains.

9 999	neuf mille neuf centquatre-vingt-dix-neuf
10 000	dix mille
99 999	quatre-vingt-dix-neuf mille neuf cent quatre-vingt-dix-neuf
100 000	cent mille
100 001	cent mille un ou cent mille et un
100 002	cent mille deux
101 000	cent un mille
1 000 000	un million
1 000 000 000	un milliard

TABLE DES MATIÈRES

À DÉCOUVRIR EN LIBRAIRIE

Les dictionnaires généralistes
sous la direction d'Alain Rey

Le Petit Robert de la langue française, également disponible en versions numériques
La référence de la langue française : 300 000 mots et sens, 150 000 synonymes et contraires, 75 000 étymologies, 35 000 citations.

Le Petit Robert des noms propres
40 000 noms propres. Tous les domaines du savoir et de la culture.

Les grands dictionnaires
sous la direction d'Alain Rey

Le Dictionnaire historique de la langue française
Mille ans d'histoire du français, un ouvrage à lire comme un roman.

Le Grand Robert de la langue française, disponible en versions numériques
Le plus grand dictionnaire de la langue française.

Les dictionnaires thématiques

Dictionnaire des grands écrivains de langue française

Dictionnaire des mobiliers et des objets d'art
Aurélia et Anne Lovreglio

Dictionnaire de la langue du Théâtre
Agnès Pierron

Dictionnaire Le Robert des jeux de lettres

Collection Les Mots joueurs : mots croisés et mots fléchés

La collection « Les Usuels »

Dictionnaire des synonymes, nuances et contraires

Dictionnaire des combinaisons de mots

Dictionnaire d'orthographe et de difficultés du français

Dictionnaire d'étymologie du français
Jacqueline Picoche

Dictionnaire des expressions et locutions
Alain Rey, Sophie Chantreau

Dictionnaire des rimes et assonances
Armel Louis

Dictionnaire de citations du monde
Florence Montreynaud

Dictionnaire de citations françaises
Pierre Oster

Dictionnaire des proverbes et dictons
Florence Montreynaud, Agnès Pierron, François Suzzoni

N° éditeur : 10248783/10248785 - dépôt légal : Mai 2019
Imprimé en Italie en avril 2019 par Rotolito S.p.A.